Marsch-Barner · Schäfer
Handbuch börsennotierte AG

Handbuch börsennotierte AG

Aktienrecht und Kapitalmarktrecht

herausgegeben
von

Prof. Dr. Frank A. Schäfer

5. neu bearbeitete und erweiterte Auflage

2022

ottoschmidt

Bearbeiter

Prof. Dr. Christian Arnold, LL.M. (Yale)
Rechtsanwalt, Stuttgart
Honorarprofessor
der Universität Mannheim

Prof. Dr. Michael Arnold
Rechtsanwalt, Stuttgart
Honorarprofessor
der Universität Tübingen

Dr. Dirk Busch, MBA
Rechtsanwalt, Düsseldorf

Dr. Torsten Busch
Rechtsanwalt, Frankfurt a.M.

Volker Butzke
Rechtsanwalt, Frankfurt a.M.

Dr. Henrik Drinkuth
Rechtsanwalt, Hamburg

Dr. Thomas Eckhold, LL.M.
(Warwick)
Rechtsanwalt, Düsseldorf

Dr. Andreas Gätsch
Rechtsanwalt, Düsseldorf

Christian Gehling
Rechtsanwalt, Frankfurt a.M.

Dr. Benedikt Gillessen
Rechtsanwalt, Frankfurt a.M.

Dr. Wolfgang Groß
Rechtsanwalt, Frankfurt a.M.

Dr. Timo Holzborn
Rechtsanwalt, München

Dr. Lutz Robert Krämer
Rechtsanwalt, Frankfurt a.M.

Dr. Klaus von der Linden
Rechtsanwalt, Düsseldorf

Prof. Dr. Reinhard Marsch-Barner †
Rechtsanwalt, Frankfurt a.M.
Honorarprofessor
der Universität Göttingen

Dr. Andreas Meyer
Rechtsanwalt (Syndikusrechtsanwalt), Frankfurt a.M.

Kyle Miller
Attorney-at-Law, Frankfurt a.M.

Dr. Jörg Mimberg
Rechtsanwalt, Düsseldorf

Dr. Dirk Rabenhorst
Wirtschaftsprüfer
und Steuerberater, Berlin

Prof. Dr. Frank A. Schäfer, LL.M.
(UCLA)
Rechtsanwalt, Düsseldorf
Honorarprofessor
der Universität Bochum

Dr. Matthias Schatz, LL.M.
(Harvard)
Rechtsanwalt, Köln

Dr. Stefan Schultes-Schnitzlein
Rechtsanwalt, Düsseldorf

Mark Strauch
Attorney-at-Law

Dr. Eberhard Vetter
Rechtsanwalt, Köln

Zitierempfehlung:
Verfasser in Marsch-Barner/Schäfer,
Handbuch börsennotierte AG, 5. Aufl. 2022, Rz. …

*Bibliografische Information
der Deutschen Nationalbibliothek*

Die Deutsche Nationalbibliothek verzeichnet diese Publikation in der Deutschen Nationalbibliografie; detaillierte bibliografische Daten sind im Internet über http://dnb.d-nb.de abrufbar.

Verlag Dr. Otto Schmidt KG
Gustav-Heinemann-Ufer 58, 50968 Köln
Tel. 02 21/9 37 38-01, Fax 02 21/9 37 38-943
info@otto-schmidt.de
www.otto-schmidt.de

ISBN 978-3-504-31180-3

©2022 by Verlag Dr. Otto Schmidt KG, Köln

Das Werk einschließlich aller seiner Teile ist urheberrechtlich geschützt. Jede Verwertung, die nicht ausdrücklich vom Urheberrechtsgesetz zugelassen ist, bedarf der vorherigen Zustimmung des Verlages. Das gilt insbesondere für Vervielfältigungen, Bearbeitungen, Übersetzungen, Mikroverfilmungen und die Einspeicherung und Verarbeitung in elektronischen Systemen.

Das verwendete Papier ist aus chlorfrei gebleichten Rohstoffen hergestellt, holz- und säurefrei, alterungsbeständig und umweltfreundlich.

Einbandgestaltung: Lichtenford, Mettmann
Satz: WMTP, Birkenau
Druck und Verarbeitung: Eberl & Kœsel FinePrints, Krugzell
Printed in Germany

Vorwort

Die Idee dieses Handbuchs, die verschiedenen Bereiche des Aktien-, Kapitalmarkt- und Finanzrechts, die sich speziell an börsennotierte Gesellschaften wenden, als integrierte, wechselseitig aufeinander bezogene Rechtsmaterie zu verstehen und dementsprechend in einer Gesamtdarstellung zusammenzufassen, hat sich bewährt. Die seit Jahren zu beobachtende Tendenz einer zunehmend stärkeren Differenzierung des Aktienrechts in börsennotierte und nichtbörsennotierte Gesellschaften hat sich seit dem Erscheinen der 4. Auflage dieses Handbuchs Ende 2017 fortgesetzt und weiter beschleunigt. Dabei haben die Rechtsbereiche, die börsennotierte Gesellschaften betreffen, erheblich an Umfang und Komplexität zugenommen. Dabei geht es weniger um ein „Sondergesellschaftsrecht", sondern um die Verbindung der Schnittstellen verschiedener Rechtsbereiche. Der Untertitel des Buches heißt daher weiterhin „Aktienrecht und Kapitalmarktrecht". Damit soll zum Ausdruck kommen, dass neben dem Kapitalmarktrecht auch alle wichtigen Fragen des allgemeinen Aktienrechts behandelt werden und das Handbuch somit allumfassend ist.

In den beiden letzten Jahren sind umfangreiche Gesetze in Kraft getreten, die sich ausschließlich oder vorwiegend an die börsennotierte AG und meist auch die börsennotierte KGaA und SE wenden. Dabei handelt es sich zum Teil um Regelungen von grundlegender Bedeutung. Im August 2021 wurde mit dem Gesetz zur Ergänzung und Änderung der Regelungen für die gleichberechtigte Teilhabe von Frauen an Führungspositionen in der Privatwirtschaft und im öffentlichen Dienst (FüPoG II) eine verbindliche Geschlechterquote für Vorstände aus mehr als drei Personen in börsennotierten oder der paritätischen Mitbestimmung unterliegenden Unternehmen mit der Pflicht zu der Erstellung einer Zielquote für den Frauenanteil abgesichert. Als Folge der Wirecard-Krise wurde im Juni 2021 das Gesetz zur Stärkung der Finanzmarktintegrität (FISG) verabschiedet, um das Vertrauen der Anleger in den Kapitalmarkt zu stärken.

Bei der Betrachtung der Entwicklungen des letzten Jahrzehnts ist festzustellen, dass immer mehr Bereiche durch europarechtliche Vorgaben bestimmt werden. Das traditionelle Instrument dafür ist die EU-Richtlinie. So werden z.B. wichtige Fragen des Aktienrechts durch die im Mai 2017 verabschiedete Änderungsrichtlinie zur Aktionärsrechte-Richtlinie mit der Umsetzung in nationales Recht in 2019 (ARUG II) harmonisiert. Das ARUG II hat zu grundlegenden Änderungen und zu zwei neuen Paragraphen geführt: § 19 im 4. Kapitel zur besseren Identifikation und Unterrichtung der Aktionäre („Know your Shareholder") und § 32 im 6. Kapitel zu den Geschäften mit nahestehenden Personen („Related Party Transactions"). Die Vorgaben der EU erfolgen allerdings zunehmend durch unmittelbar geltende Verordnungen. Dies geschieht nicht nur durch eine „Grund-Verordnung", sondern darüber hinaus durch eine Vielzahl ergänzender Delegierter und Durchführungs-Verordnungen und auf Level 3-Ebene durch zahlreiche untergesetzliche Äußerungen der Aufsichtsbehörden (von ESMA über EBA bis zur EZB). Genannt seien hier insbesondere die neue EU-Prospektverordnung und die dazu gehörenden Delegierten Verordnungen, die das Regelwerk für das Anbieten von Wertpapieren geändert haben. Schließlich war auch die nationale Aufsichtsbehörde BaFin nicht untätig und hat den Emittentenleitfaden überarbeitet.

Hervorzuheben ist im Zusammenhang mit den neuen Regelungen aber auch die Weiterentwicklung des Deutschen Corporate Governance Kodex. Im März 2020 wurde die erstmals seit 2002 grundlegend überarbeitete Fassung veröffentlicht. Der neugefasste Kodex verfolgt drei Ziele, die Fokussierung der Regelungsinhalte auf die Grundsätze, die Anpassung an die Vorgaben zur Vorstandsvergütung und die Konkretisierung der Änderungen an die Unabhängigkeit der Anteilseignervertreter. Zudem dominierte in den letzten beiden Jahren die Covid-19-Pandemie das Geschehen, der der Gesetzgeber unter anderem mit dem COVMG begegnete.

Der Rechtsanwender wird durch diese Regelungsdichte vor zahlreiche neue Probleme gestellt. Wichtig ist nicht nur die genaue Kenntnis dieser Bestimmungen selbst, sondern auch deren Auslegung und praktische Handhabung durch die jeweils zuständigen nationalen und europäischen Behörden. Dabei kann sich als weitere Schwierigkeit ergeben, dass nationales und europäisches Recht nebeneinander

Vorwort

anwendbar sind und dabei möglicherweise nicht zueinanderpassen. All dies wurde bei der Überarbeitung berücksichtigt und es versteht sich von selbst, dass nicht nur alle neuen Bestimmungen Eingang gefunden haben, sondern auch die in der Zwischenzeit ergangene Rechtsprechung eingearbeitet wurde.

Im Autorenkreis haben sich ebenfalls Veränderungen ergeben. Am 13.2.2020 verstarb unser geschätzter und verehrter Mitherausgeber und Mitautor Reinhard Marsch-Barner im Alter von nur 76 Jahren. Seit der 1. Auflage im Jahre 2005 – begonnen also noch zu seiner Zeit als Syndikus der Deutsche Bank AG – hat er seine profunden Kenntnisse und sein umfassendes Erfahrungswissen von mehr als 35 Jahren im Bereich der börsennotierten AG in dem vorliegenden Werk an Praktiker wie an Wissenschaftler weitergegeben und aktiv Einfluss genommen auf die Rechtsentwicklung durch kritische Reflektion von Gesetzgebung, Rechtsprechung und Literatur. Wir werden Reinhard Marsch-Barner in ehrendem Gedenken bewahren und in seinem Sinne das Werk fortführen.

Neu im Autorenkreis und herzlich willkommen sind die Rechtsanwälte Professor Dr. Christian Arnold, Dr. Dirk Busch, Dr. Klaus von der Linden, Kyle Miller, Dr. Matthias Schatz sowie Dr. Stefan Schultes-Schnitzlein. Aus dem aktiven Autorenkreis ausgeschieden sind Dr. Torsten Busch, Dr. Jens Günther und Mark Strauch, denen ich an dieser Stelle noch einmal sehr herzlich für ihre Unterstützung in den vergangenen Auflagen danken möchte.

Wir sind allen Lesern dankbar, die durch Anregungen und Hinweise zur Verbesserung dieses Handbuchs beitragen – gerne auch zu richten an den Verlag (lektorat@otto-schmidt.de).

Düsseldorf, im Dezember 2021   Frank A. Schäfer

Inhaltsübersicht

	Seite
Vorwort	VII
Inhaltsverzeichnis	XIII
Autorenverzeichnis	XXV
Allgemeines Literaturverzeichnis	XXIX
Abkürzungsverzeichnis	XXXIII

1. Kapitel
Einführung

§ 1	Entwicklung zu einem Sonderrecht der börsennotierten Aktiengesellschaft *(Marsch-Barner/Schäfer)*	1
§ 2	Corporate Governance *(Marsch-Barner/Schäfer)*	29
§ 3	Besonderheiten der börsennotierten Europäischen Gesellschaft (SE) *(Marsch-Barner/E. Vetter/Schatz)*	83

2. Kapitel
Satzung und Aktie

§ 4	Die Satzung der börsennotierten AG *(Gätsch)*	107
§ 5	Die Aktie im Rechtsverkehr *(Gätsch)*	166
§ 6	Besondere Aktiengattungen *(Butzke)*	224

3. Kapitel
Börsennotierung

§ 7	Das Konzept von Börsennotierung und Aktienplatzierungen *(Meyer)*	251
§ 8	Übernahme und Platzierung von Aktien *(Meyer)*	316
§ 9	Börsenzulassung: Zulassungsvoraussetzungen und Zulassungsverfahren *(Groß)*	432
§ 10	Due Diligence und Prospekthaftung *(Gillessen/Krämer)*	466
§ 11	Platzierung und Börsenzulassung im Ausland *(Strauch/Miller)*	630
§ 12	Börsen- und wertpapierhandelsrechtliche Zulassungsfolgepflichten *(Schäfer)*	700
§ 13	Bedeutung des Börsenkurses im Aktienrecht *(Gehling)*	726

4. Kapitel
Verhaltenspflichten von Emittenten und Intermediären am Kapitalmarkt

§ 14	Insiderrecht *(Schäfer)*	761
§ 15	Ad-hoc-Publizität *(Schäfer)*	814
§ 16	Geschäfte von Führungspersonen *(Schäfer)*	842
§ 17	Haftung für unterlassene und fehlerhafte Ad-hoc-Publizität *(Schäfer)*	855

		Seite
§ 18	Mitteilungs- und Veröffentlichungspflichten von Stimmrechtsanteilen *(Schäfer)*	872
§ 19	Übermittlung von Informationen von und an börsennotierte Gesellschaften *(Schäfer)*	912

5. Kapitel
Vorstand

§ 20	Der Vorstand im Organisationsgefüge der Aktiengesellschaft *(M. Arnold)*	919
§ 21	Bestellung und Anstellung *(M. Arnold/C. Arnold)*	966
§ 22	Beendigung von Bestellung und Anstellung *(M. Arnold/C. Arnold)*	1022
§ 23	Die Haftung des Vorstands *(M. Arnold)*	1039

6. Kapitel
Aufsichtsrat

§ 24	Der Aufsichtsrat innerhalb der Verfassung der AG *(E. Vetter)*	1091
§ 25	Zusammensetzung und Größe des Aufsichtsrates *(E. Vetter)*	1099
§ 26	Begründung, Dauer und Beendigung der Mitgliedschaft im Aufsichtsrat *(E. Vetter)*	1112
§ 27	Kompetenzen des Aufsichtsrates *(E. Vetter)*	1142
§ 28	Innere Ordnung des Aufsichtsrates *(E. Vetter)*	1184
§ 29	Ausschüsse des Aufsichtsrates *(E. Vetter)*	1227
§ 30	Rechte und Pflichten des Aufsichtsratsmitgliedes *(E. Vetter)*	1248
§ 31	Verträge der AG mit Aufsichtsratsmitgliedern *(E. Vetter)*	1285
§ 32	Geschäfte mit nahestehenden Personen *(E. Vetter)*	1295

7. Kapitel
Hauptversammlung

§ 33	Bedeutung und Kompetenzen der Hauptversammlung *(Marsch-Barner/von der Linden)*	1309
§ 34	Vorbereitung der Hauptversammlung *(Marsch-Barner/von der Linden)*	1332
§ 35	Ablauf der Hauptversammlung *(Marsch-Barner/von der Linden)*	1376
§ 36	Rechte des Aktionärs in der Hauptversammlung *(Marsch-Barner/von der Linden)*	1409
§ 37	Dokumentation der Hauptversammlung *(Marsch-Barner/von der Linden)*	1451

8. Kapitel
Rechtsstellung der Aktionäre

§ 38	Rechte und Pflichten des Aktionärs *(Mimberg)*	1465
§ 39	Anfechtungs- und Nichtigkeitsklage; Freigabeverfahren *(Mimberg)*	1483
§ 40	Spruchverfahren *(Mimberg)*	1576
§ 41	Sonstige individuelle Klagerechte der Aktionäre *(Mimberg)*	1595
§ 42	Bestellung von Sonderprüfern und besonderen Vertretern, Klagezulassungsverfahren sowie sonstige Antragsrechte der Aktionärsminderheit *(Mimberg)*	1605

9. Kapitel
Kapitalmaßnahmen

		Seite
§ 43	Die Erhöhung des Grundkapitals: Überblick *(T. Busch/D. Busch)*	1633
§ 44	Ordentliche Kapitalerhöhung gegen Einlagen *(T. Busch/D. Busch)*	1641
§ 45	Genehmigtes Kapital *(T. Busch/D. Busch)*	1709
§ 46	Bedingte Kapitalerhöhung *(T. Busch/D. Busch)*	1735
§ 47	Kapitalerhöhung aus Gesellschaftsmitteln *(T. Busch/D. Busch)*	1770
§ 48	Maßnahmen der Kapitalherabsetzung: Überblick *(T. Busch/D. Busch)*	1792
§ 49	Ordentliche Kapitalherabsetzung *(T. Busch/D. Busch)*	1795
§ 50	Vereinfachte Kapitalherabsetzung *(T. Busch/D. Busch)*	1818
§ 51	Kapitalherabsetzung durch Einziehung von Aktien *(T. Busch/D. Busch)*	1833
§ 52	Erwerb und Veräußerung eigener Aktien *(Gätsch)*	1850
§ 53	Wandel- und Optionsanleihen, Gewinnschuldverschreibungen und Genussrechte *(Groß)*	1883
§ 54	Anlegerschutz bei Wandel- und Optionsanleihen, Gewinnschuldverschreibungen und Genussrechten *(Groß)*	1930

10. Kapitel
Die Beteiligung von Mitarbeitern am Unternehmen

§ 55	Stock Options *(Holzborn/Schultes-Schnitzlein)*	1945
§ 56	Sonstige Mitarbeiterbeteiligungen *(Holzborn/Schultes-Schnitzlein)*	1990

11. Kapitel
Rechnungslegung, Prüfung und Publizität

§ 57	Jahresabschluss *(Rabenhorst)*	2011
§ 58	Konzernabschluss *(Rabenhorst)*	2046
§ 59	Unterjährige Finanzberichterstattung *(Rabenhorst)*	2072
§ 60	Prüfung *(Rabenhorst)*	2083
§ 61	Publizität *(Rabenhorst)*	2142

12. Kapitel
Öffentliche Übernahmen

§ 62	Öffentliche Übernahme börsennotierter Unternehmen *(Drinkuth)*	2151

13. Kapitel
Rückzug von der Börse

§ 63	Delisting *(Eckhold)*	2301
§ 64	Übertragung von Aktien gegen Barabfindung (Squeeze out) *(Drinkuth)*	2366

Stichwortverzeichnis 2401

Inhaltsverzeichnis

	Seite
Vorwort	VII
Inhaltsübersicht	IX
Autorenverzeichnis	XXV
Allgemeines Literaturverzeichnis	XXIX
Abkürzungsverzeichnis	XXXIII

1. Kapitel
Einführung

§ 1 Entwicklung zu einem Sonderrecht der börsennotierten Aktiengesellschaft
(Marsch-Barner/Schäfer) 1
   I. Die Aktiengesellschaft im Wandel 2
  II. Die börsennotierte AG als Leitbild der neueren Gesetzgebung 5
 III. Weitere Anpassungen an die Sicht des Kapitalmarkts 20
 IV. Ausbau des Kapitalmarktrechts 23
  V. Neuere Entwicklung des Bilanzrechts 25
 VI. Zusammenfassung und Ausblick 28

§ 2 Corporate Governance *(Marsch-Barner/Schäfer)* 29
   I. Bedeutung der Corporate Governance für die börsennotierte AG 33
  II. Der Deutsche Corporate Governance Kodex 52
 III. Neuere Entwicklungen 76

§ 3 Besonderheiten der börsennotierten Europäischen Gesellschaft (SE)
(Marsch-Barner/E. Vetter/Schatz) 83
   I. Einleitung 84
  II. Die börsennotierte SE 85
 III. Rechtliche Besonderheiten der börsennotierten SE 86
 IV. SE-Gründung unter Beteiligung börsennotierter AG 91
  V. Besondere Gestaltungsmöglichkeiten in der SE 95

2. Kapitel
Satzung und Aktie

§ 4 Die Satzung der börsennotierten AG *(Gätsch)* 107
   I. Begriff und Funktionen der Satzung 110
  II. Schaffung der Rechtsform „Aktiengesellschaft" im zeitlichen Zusammenhang mit dem Börsengang 112
 III. Inhalt der Satzung 119
 IV. Satzungsrelevante Regelungen außerhalb der Satzung 150
  V. Auslegung der Satzung 153
 VI. Änderung der Satzung und Satzungsdurchbrechung 154
 VII. Mängel der Satzung 160

§ 5 Die Aktie im Rechtsverkehr *(Gätsch)* 166
   I. Die Aktie als kapitalmarktfähiges Beteiligungspapier 169
  II. Aktienarten 182

XIII

	Seite
III. Aktiengattungen	187
IV. Verbriefung und Verwahrung	194
V. Verfügungen über Aktien	208
VI. Vinkulierung von Namensaktien	217

§ 6 Besondere Aktiengattungen *(Butzke)* ... 224
I. Überblick und rechtliche Einordnung ... 225
II. Stimmrechtslose Vorzugsaktien ... 233
III. „Tracking Stocks", „Redeemable Shares" und Investmentaktiengesellschaft ... 244
IV. Exkurs ... 248

3. Kapitel
Börsennotierung

§ 7 Das Konzept von Börsennotierung und Aktienplatzierungen *(Meyer)* ... 251
I. Vorbemerkung ... 254
II. Kapitalerhöhung und Umplatzierung ... 256
III. Börsen, Marktsegmente und Indizes (Deutschland) ... 281
IV. Öffentliche und private Platzierung ... 297
V. Zeitplan ... 302

§ 8 Übernahme und Platzierung von Aktien *(Meyer)* ... 316
I. Einschaltung der Emissionsbank ... 317
II. Zeitlicher Ablauf einer Emission ... 324
III. Dokumentation ... 375

§ 9 Börsenzulassung: Zulassungsvoraussetzungen und Zulassungsverfahren *(Groß)* ... 432
I. Überblick ... 433
II. Zulassungsvoraussetzungen ... 438
III. Zulassungsverfahren ... 450
IV. „Beendigung" der Zulassung ... 458
V. Rechtsfolgen der Zulassung: Zulassungsfolgepflichten, Kosten ... 460
VI. Rechtsmittel ... 461
VII. Haftung ... 464
VIII. Einführung ... 466

§ 10 Due Diligence und Prospekthaftung *(Gillessen/Krämer)* ... 466
I. Due Diligence bei der börsennotierten Aktiengesellschaft ... 466
II. Legal Opinion und Disclosure Letter ... 513
III. Comfort Letter und Bericht über vereinbarte Untersuchungshandlungen ... 546
IV. Prospekthaftung ... 575

§ 11 Platzierung und Börsenzulassung im Ausland *(Strauch/Miller)* ... 630
I. Einführung in die gesetzlichen Grundlagen der US-Wertpapierregulierung ... 631
II. Börsennotierte Angebote in den Vereinigten Staaten ... 654
III. Von der Registrierungspflicht befreite Angebote ... 663
IV. Das EU-Prospektregime ... 674
V. Wertpapieremissionen in Frankreich ... 678
VI. Wertpapieremissionen in Italien ... 689
VII. Wertpapieremissionen in Spanien ... 692
VIII. Wertpapieremissionen im Vereinigten Königreich ... 695

Seite

§ 12 Börsen- und wertpapierhandelsrechtliche Zulassungsfolgepflichten *(Schäfer)* 700
    I. Einführung 701
   II. Zulassungsfolgepflichten im regulierten Markt 709
  III. Freiverkehr (§ 48 BörsG) 725

§ 13 Bedeutung des Börsenkurses im Aktienrecht *(Gehling)* 726
    I. Einführung 728
   II. Grundlagen der Rechtsprechung des Bundesverfassungsgerichts zur Berücksichtigung des Börsenkurses 730
  III. Anwendungsfragen nach Fallgruppen 734
  IV. Ermittlung des Abfindungswerts oder einer Umtauschwertrelation ausschließlich anhand des Börsenkurses? 745
   V. Bestimmung des Börsenkurses 752
  VI. Abweichen des Verkehrswerts vom Börsenkurs/Marktenge 757

4. Kapitel
Verhaltenspflichten von Emittenten und Intermediären am Kapitalmarkt

§ 14 Insiderrecht *(Schäfer)* 761
    I. Entstehungsgeschichte, europarechtliche Grundlagen und Bedeutung des Insiderrechts für börsennotierte Aktiengesellschaften 763
   II. Tatbestandsvoraussetzungen der Insiderverbote nach MAR 765
  III. Ausgesuchte Einzelfälle in der Unternehmenspraxis 789
  IV. Unternehmensinterne Prävention 809
   V. Sanktionen und Haftung 811

§ 15 Ad-hoc-Publizität *(Schäfer)* 814
    I. Ad-hoc-Publizität als Teil der Unternehmenspublizität 816
   II. Europarechtliche Grundlagen und Vorgaben 819
  III. Tatbestandsvoraussetzungen der Ad-hoc-Publizität bei Insiderinformationen gemäß Art. 17 Abs. 1 MAR 821
  IV. Tatbestandsvoraussetzungen der Offenlegung von Insiderinformationen gemäß Art. 17 Abs. 8 MAR wegen Informationsweitergabe 827
   V. Aufschub der Veröffentlichung 829
  VI. Form und Inhalt der Veröffentlichung 836
 VII. Berichtigungsveröffentlichung 838
VIII. Missbrauch der Publizitätspflicht und Nutzung von Kennzahlen 839
  IX. Folgen von Pflichtverletzungen 840

§ 16 Geschäfte von Führungspersonen *(Schäfer)* 842
    I. Entwicklung der Pflicht zur Mitteilung und Veröffentlichung von Geschäften durch Führungspersonen 843
   II. Anwendungsbereich von Art. 19 MAR 845
  III. Melde- und Veröffentlichungspflichten 849
  IV. Handelsverbot 854
   V. Sanktionen 854

§ 17 Haftung für unterlassene und fehlerhafte Ad-hoc-Publizität *(Schäfer)* 855
    I. Formen fehlerhafter Kapitalmarktinformation 857
   II. Haftung des Emittenten für fehlerhafte Ad-hoc-Publizität 859
  III. Haftung der Verwaltungsmitglieder 872

	Seite
§ 18 Mitteilungs- und Veröffentlichungspflichten von Stimmrechtsanteilen *(Schäfer)*	872
I. Entstehungsgeschichte und Regelungsziel	874
II. Meldepflicht	877
III. Veröffentlichungspflichten von Inlandsemittenten (§§ 40, 41 WpHG)	908
IV. Nachweispflichten und Überwachung	910
V. Prozessuale Aspekte	911
§ 19 Übermittlung von Informationen von und an börsennotierte Gesellschaften *(Schäfer)*	912
1. Einführung	913
2. Mitteilung von Unternehmensereignissen durch den Emittenten	913
3. Übermittlung der Information von dem Letztintermediär und von der Gesellschaft zum Aktionär	915
4. Übermittlung von Informationen von dem Aktionär zum Emittenten	916
5. Auskunft über Aktionariat	916
6. Sanktionen	917

5. Kapitel
Vorstand

§ 20 Der Vorstand im Organisationsgefüge der Aktiengesellschaft *(M. Arnold)*	919
I. Der Vorstand als Organ im Verhältnis zu Aufsichtsrat und Hauptversammlung	924
II. Vertretung der Gesellschaft durch den Vorstand	946
III. Binnenorganisation des Vorstands	954
IV. Zusammenarbeit mit Aufsichtsrat, Hauptversammlung und Aktionären	960
§ 21 Bestellung und Anstellung *(M. Arnold/C. Arnold)*	966
I. Grundsätzliches zu Bestellung und Anstellung	970
II. Zuständigkeiten	973
III. Mängel	976
IV. Handelsregistereintragung	978
V. Vergütung	978
VI. Sonstige Bedingungen	1006
VII. AGG und Vorstandsmitglieder	1014
VIII. Versorgungsvertrag	1016
IX. Wiederbestellung und Vertragsverlängerung	1018
X. Besonderheiten im Konzern	1020
§ 22 Beendigung von Bestellung und Anstellung *(M. Arnold/C. Arnold)*	1022
I. Beendigung von Bestellung und Anstellung durch Zeitablauf	1023
II. Einvernehmliche Trennung durch Aufhebungsvertrag und Niederlegung	1023
III. Streitige Trennung durch Widerruf der Bestellung und Kündigung des Anstellungsvertrags	1028
IV. Besonderheiten der Versorgungszusage	1037
§ 23 Die Haftung des Vorstands *(M. Arnold)*	1039
I. Binnenhaftung und Außenhaftung	1045
II. Haftung der Vorstandsmitglieder gegenüber der Gesellschaft (Binnenhaftung)	1045
III. Haftung der Vorstandsmitglieder gegenüber den Aktionären	1072
IV. Haftung der Vorstandsmitglieder gegenüber Dritten	1074
V. Kapitalmarktrechtliche Haftung	1077

		Seite
VI.	Haftung im Konzern	1082
VII.	D&O-Versicherung	1085

6. Kapitel
Aufsichtsrat

§ 24 **Der Aufsichtsrat innerhalb der Verfassung der AG** *(E. Vetter)* 1091
    I. Der Aufsichtsrat in der Aktiengesellschaft 1091
   II. Der Aufsichtsrat als Pflichtorgan 1095
  III. Verhältnis des Aufsichtsrates zu anderen Organen der AG 1095
 IV. Kollegialorgan 1098

§ 25 **Zusammensetzung und Größe des Aufsichtsrates** *(E. Vetter)* 1099
    I. Gesetzliche Modelle 1099
   II. Geschlechterquote 1105
  III. Statusverfahren 1108

§ 26 **Begründung, Dauer und Beendigung der Mitgliedschaft im Aufsichtsrat** *(E. Vetter)* . 1112
    I. Begründung der Mitgliedschaft im Aufsichtsrat 1114
   II. Amtszeit des Aufsichtsratsmitglieds 1132
  III. Beendigung der Mitgliedschaft im Aufsichtsrat 1134
 IV. Rechtsfolgen der unwirksamen Aufsichtsratswahl 1140

§ 27 **Kompetenzen des Aufsichtsrates** *(E. Vetter)* 1142
    I. Die allgemeine Überwachungsaufgabe des Aufsichtsrates 1145
   II. Personalkompetenz 1164
  III. Bericht des Aufsichtsrates an die Hauptversammlung 1168
 IV. Mitwirkung bei Geschäftsführungsmaßnahmen 1172

§ 28 **Innere Ordnung des Aufsichtsrates** *(E. Vetter)* 1184
    I. Vorbemerkung 1186
   II. Geschäftsordnung des Aufsichtsrates 1187
  III. Vorsitz und Stellvertreter 1188
 IV. Arbeitsweise des Aufsichtsrates 1198

§ 29 **Ausschüsse des Aufsichtsrates** *(E. Vetter)* 1227
    I. Kompetenzen 1229
   II. Einsetzung 1230
  III. Delegationsverbote 1231
 IV. Besetzung 1233
  V. Innere Ordnung und Arbeitsweise 1237
 VI. Praktische Verbreitung 1241

§ 30 **Rechte und Pflichten des Aufsichtsratsmitgliedes** *(E. Vetter)* 1248
    I. Rechtsstellung des Aufsichtsratsmitglieds 1250
   II. Haftung des Aufsichtsratsmitglieds 1270
  III. Klagerechte des einzelnen Aufsichtsratsmitglieds 1280

§ 31 **Verträge der AG mit Aufsichtsratsmitgliedern** *(E. Vetter)* 1285
    I. Beratungsverträge mit Aufsichtsratsmitgliedern gemäß § 114 AktG 1286
   II. Kreditverträge mit Aufsichtsratsmitgliedern gemäß § 115 AktG 1293

	Seite
§ 32 Geschäfte mit nahestehenden Personen *(E. Vetter)*	1295
I. Einleitung	1296
II. Aufgreifkriterien	1297
III. Zustimmung des Aufsichtsrats	1304
IV. Offenlegung	1306

7. Kapitel
Hauptversammlung

§ 33 Bedeutung und Kompetenzen der Hauptversammlung *(Marsch-Barner/von der Linden)*	1309
I. Grundlagen	1310
II. Bedeutung der Hauptversammlung	1311
III. Verhältnis zu Vorstand und Aufsichtsrat	1316
IV. Gesetzliche Kompetenzen	1317
V. Satzungsmäßige Kompetenzen	1325
VI. Ungeschriebene Kompetenzen	1325
VII. Virtuelle Hauptversammlung	1332
§ 34 Vorbereitung der Hauptversammlung *(Marsch-Barner/von der Linden)*	1332
I. Grundlagen	1335
II. Organisatorische Vorbereitung	1335
III. Einberufung	1338
IV. Ergänzung der Tagesordnung	1359
V. Mitteilungspflichten	1361
VI. Gegenanträge von Aktionären	1366
VII. Wahlvorschläge von Aktionären	1370
VIII. Anmeldung und Legitimation	1371
IX. Berichtspflichten	1372
X. Sonderfall: Übernahmeangebot	1375
§ 35 Ablauf der Hauptversammlung *(Marsch-Barner/von der Linden)*	1376
I. Grundlagen	1378
II. Ablauf im Überblick	1379
III. Teilnahmerecht	1382
IV. Versammlungsleiter	1387
V. Teilnehmerverzeichnis	1396
VI. Geschäftsordnung	1399
VII. Übertragung und digitale Elemente	1401
VIII. Virtuelle Hauptversammlung	1405
§ 36 Rechte des Aktionärs in der Hauptversammlung *(Marsch-Barner/von der Linden)*	1409
I. Grundlagen	1412
II. Teilnahmerecht	1412
III. Frage- und Rederecht	1413
IV. Auskunftsrecht	1417
V. Antragsrecht	1432
VI. Stimmrecht	1434
VII. Beschlüsse und Wahlen	1442
VIII. Widerspruchsrecht	1450

	Seite
§ 37 **Dokumentation der Hauptversammlung** *(Marsch-Barner/von der Linden)*	1451
I. Grundlagen	1452
II. Notarielle Niederschrift	1453
III. Veröffentlichung der Abstimmungsergebnisse	1461
IV. Stenografisches Protokoll	1462
V. Bild- und Tonaufzeichnungen	1462

8. Kapitel
Rechtsstellung der Aktionäre

§ 38 **Rechte und Pflichten des Aktionärs** *(Mimberg)*	1465
I. Die Mitgliedschaft	1466
II. Erwerb und Verlust der Mitgliedschaft	1470
III. Keine Übertragbarkeit einzelner Mitgliedschaftsrechte	1471
IV. Gleichbehandlungsgebot (§ 53a AktG)	1471
V. Mitgliedschaftliche Treupflicht	1476
§ 39 **Anfechtungs- und Nichtigkeitsklage; Freigabeverfahren** *(Mimberg)*	1483
I. Die Beschlussmängelklagen im System der aktienrechtlichen Klage- und Antragsrechte	1487
II. Anfechtbarkeit und Nichtigkeit von Beschlüssen der Hauptversammlung	1488
III. Die Anfechtungsklage	1519
IV. Die Nichtigkeitsklage	1548
V. Spezielle Nichtigkeits- und Anfechtungsgründe bei einzelnen Beschlussgegenständen und ihre gerichtliche Geltendmachung (§§ 250 bis 255 AktG)	1553
VI. Das Freigabeverfahren (§§ 246a, 319 Abs. 6, 327e Abs. 2 AktG, § 16 Abs. 3 UmwG)	1563
VII. Einstweiliger Rechtsschutz	1575
§ 40 **Spruchverfahren** *(Mimberg)*	1576
I. Überblick	1576
II. Anwendungsbereich	1578
III. Gerichtliche Zuständigkeit	1579
IV. Antragsberechtigung	1580
V. Antragstellung	1582
VI. Mündliche Verhandlung vor Gericht	1586
VII. Beendigung des Verfahrens	1590
VIII. Kosten	1593
§ 41 **Sonstige individuelle Klagerechte der Aktionäre** *(Mimberg)*	1595
I. „Auskunftserzwingungsverfahren" (§ 132 AktG)	1595
II. Gerichtliche Entscheidung über die Zusammensetzung des Aufsichtsrates (§ 98 AktG); gerichtliche Bestellung eines Aufsichtsratsmitglieds (§ 104 AktG)	1601
III. Die „allgemeine Aktionärsklage"	1601
IV. Schadensersatzklagen	1603
V. Weitere individuelle Klagerechte	1604
§ 42 **Bestellung von Sonderprüfern und besonderen Vertretern, Klagezulassungsverfahren sowie sonstige Antragsrechte der Aktionärsminderheit** *(Mimberg)*	1605
I. Übersicht	1606
II. Gerichtliche Bestellung von Sonderprüfern (§ 142 Abs. 2 AktG)	1607
III. Gerichtliche Bestellung besonderer Vertreter zur Geltendmachung von Ersatzansprüchen (§ 147 Abs. 2 AktG)	1616
IV. Das Klagezulassungsverfahren (§§ 148 f. AktG)	1620

9. Kapitel
Kapitalmaßnahmen

	Seite
§ 43 **Die Erhöhung des Grundkapitals: Überblick** *(T. Busch/D. Busch)*	1633
I. Formen der Kapitalerhöhung	1633
II. Grundzüge der Emissionstechnik der Kapitalerhöhung der börsennotierten Aktiengesellschaft	1633
III. Kapitalmarktrechtliche und sonstige Aspekte	1636
§ 44 **Ordentliche Kapitalerhöhung gegen Einlagen** *(T. Busch/D. Busch)*	1641
I. Überblick	1643
II. Kapitalerhöhungsbeschluss	1643
III. Besonderheiten der Sachkapitalerhöhung	1656
IV. Bezugsrecht	1667
V. Mittelbares Bezugsrecht	1675
VI. Bezugsrechtsausschluss	1683
VII. Zeichnung der Aktien	1695
VIII. Erbringung der Einlage	1698
IX. Anmeldung und Eintragung im Handelsregister	1701
X. Fehlerhafte Kapitalerhöhung	1707
XI. Verwässerungsschutz Dritter	1708
§ 45 **Genehmigtes Kapital** *(T. Busch/D. Busch)*	1709
I. Überblick	1710
II. Ermächtigungsbeschluss	1711
III. Bezugsrecht und Bezugsrechtsausschluss	1717
IV. Ausnutzung der Ermächtigung	1722
V. Durchführung der Kapitalerhöhung	1729
VI. Fehlerhafte Durchführung der Kapitalerhöhung	1732
VII. Genehmigtes Kapital und Greenshoe	1733
VIII. Arbeitnehmeraktien	1735
§ 46 **Bedingte Kapitalerhöhung** *(T. Busch/D. Busch)*	1735
I. Wesen der bedingten Kapitalerhöhung	1737
II. Zwecke der bedingten Kapitalerhöhung	1739
III. Beschlussfassung	1745
IV. Bedingtes Kapital und Sacheinlagen	1758
V. Anmeldung, Eintragung und Bekanntmachung des bedingten Kapitals	1762
VI. Bezugsanspruch	1763
VII. Bezugserklärung und Aktienausgabe	1766
VIII. Anpassung der Satzung	1770
§ 47 **Kapitalerhöhung aus Gesellschaftsmitteln** *(T. Busch/D. Busch)*	1770
I. Einführung	1771
II. Kapitalerhöhungsbeschluss	1773
III. Beschlussvoraussetzungen	1775
IV. Anmeldung und Eintragung	1780
V. Zuordnung der neuen Aktien	1782
VI. Auswirkungen auf Dritte	1787
VII. Wertpapierrechtlicher Vollzug der Kapitalerhöhung aus Gesellschaftsmitteln	1790
§ 48 **Maßnahmen der Kapitalherabsetzung: Überblick** *(T. Busch/D. Busch)*	1792
I. Formen der Kapitalherabsetzung	1792
II. Kapitalmarkt- und sonstige rechtliche Aspekte	1794

		Seite
§ 49	**Ordentliche Kapitalherabsetzung** *(T. Busch/D. Busch)*	1795
I.	Inhalt und Zweck der ordentlichen Kapitalherabsetzung	1797
II.	Kapitalherabsetzungsbeschluss	1798
III.	Anmeldung und Wirksamwerden der Kapitalherabsetzung	1804
IV.	Gläubigerschutz	1809
V.	Wertpapierrechtliche Abwicklung der Kapitalherabsetzung	1813
VI.	Börsenrechtlicher Vollzug der Kapitalherabsetzung	1816
VII.	Anmeldung der Durchführung der Kapitalherabsetzung	1817
§ 50	**Vereinfachte Kapitalherabsetzung** *(T. Busch/D. Busch)*	1818
I.	Zweck und Besonderheiten der vereinfachten Kapitalherabsetzung	1818
II.	Voraussetzungen	1819
III.	Beachtung des Verfahrens der ordentlichen Kapitalerhöhung	1824
IV.	Verbindung mit Kapitalerhöhung bzw. freiwilligen Zuzahlungen	1825
V.	Verwendung der herabgesetzten Eigenkapitalposten	1826
VI.	Rücklagendotierung bei zu hoch angenommenen Verlusten	1827
VII.	Thesaurierungsgebot	1829
VIII.	Rückbeziehung	1830
IX.	Bekanntmachung des Jahresabschlusses	1833
§ 51	**Kapitalherabsetzung durch Einziehung von Aktien** *(T. Busch/D. Busch)*	1833
I.	Formen der Kapitalherabsetzung durch Einziehung	1834
II.	Einziehungsverfahren	1840
III.	Anmeldung und Eintragung	1847
IV.	Einziehungshandlung	1848
V.	Anmeldung und Eintragung der Durchführung der Kapitalherabsetzung	1849
VI.	Einziehung von Aktien aus vernichteten Kapitalerhöhungen	1850
§ 52	**Erwerb und Veräußerung eigener Aktien** *(Gätsch)*	1850
I.	Eigene Aktien in der Kapitalverfassung der Aktiengesellschaft	1853
II.	Verbot der Zeichnung eigener Aktien	1857
III.	Ausgewählte Einzelfälle des zulässigen Erwerbs eigener Aktien	1860
IV.	Durchführung des Erwerbs und Rechtsfolgen von Verstößen gegen das Erwerbsverbot	1867
V.	Behandlung eigener Aktien	1871
VI.	Veräußerung eigener Aktien	1873
VII.	Dritt- und Umgehungsgeschäfte, Inpfandnahme	1876
VIII.	Rechenschaftslegung (§ 71 Abs. 3 AktG)	1878
IX.	Kapitalmarktrechtliche Parameter bei Erwerb und Veräußerung eigener Aktien	1878
§ 53	**Wandel- und Optionsanleihen, Gewinnschuldverschreibungen und Genussrechte** *(Groß)*	1883
I.	Überblick	1885
II.	Wandelschuldverschreibungen (Wandel- und Optionsanleihen)	1899
III.	Gewinnschuldverschreibungen	1927
IV.	Genussrechte	1928
§ 54	**Anlegerschutz bei Wandel- und Optionsanleihen, Gewinnschuldverschreibungen und Genussrechten** *(Groß)*	1930
I.	Überblick	1931
II.	AGB-Recht	1934
III.	Anlegerschutz im Einzelnen	1938

10. Kapitel
Die Beteiligung von Mitarbeitern am Unternehmen

Seite

§ 55 **Stock Options** *(Holzborn/Schultes-Schnitzlein)* 1945
    I. Grundlagen 1949
    II. Zweck von Aktienoptionsplänen 1951
    III. Aktienrechtlicher Rahmen für Aktienoptionspläne 1952
    IV. Inhaltliche Eckpunkte von Aktienoptionsplänen 1956
    V. Repricing von Stock Options 1966
    VI. Arbeitsrechtliche Gesichtspunkte 1969
    VII. Besonderheiten im Konzern 1975
    VIII. Besteuerung von Aktienoptionen 1976
    IX. Bilanzrechtliche Gesichtspunkte 1981
    X. Kapitalmarktrechtliche Gesichtspunkte 1984

§ 56 **Sonstige Mitarbeiterbeteiligungen** *(Holzborn/Schultes-Schnitzlein)* 1990
    I. Zweck und Verbreitung von Modellen der Mitarbeiterbeteiligung 1992
    II. Arten von Mitarbeiterbeteiligungen 1993
    III. Aktienrechtliche Gesichtspunkte 1999
    IV. Arbeitsrechtliche Gesichtspunkte 2001
    V. Steuerrechtliche und bilanzrechtliche Gesichtspunkte 2003
    VI. Kapitalmarktrechtliche Gesichtspunkte 2008

11. Kapitel
Rechnungslegung, Prüfung und Publizität

§ 57 **Jahresabschluss** *(Rabenhorst)* 2011
    I. Bedeutung und Zwecke des Jahresabschlusses 2012
    II. Verantwortlichkeit des Vorstands 2015
    III. Verantwortlichkeit des Aufsichtsrats 2021
    IV. Für den Inhalt maßgebliche Normen 2026
    V. Änderung des Jahresabschlusses 2041

§ 58 **Konzernabschluss** *(Rabenhorst)* 2046
    I. Bedeutung und Zwecke des Konzernabschlusses nach IFRS 2047
    II. Verantwortlichkeit des Vorstands 2048
    III. Verantwortlichkeit des Aufsichtsrats 2050
    IV. Für den Inhalt maßgebende Normen 2051
    V. Rechnungslegung nach IFRS 2059
    VI. Enforcement 2069

§ 59 **Unterjährige Finanzberichterstattung** *(Rabenhorst)* 2072
    I. Bedeutung und Zwecke der unterjährigen Finanzberichterstattung .. 2073
    II. Verantwortlichkeit des Vorstands 2075
    III. Verantwortlichkeit des Aufsichtsrats 2076
    IV. Maßgebliche Vorschriften 2076
    V. Änderung von Zwischenabschlüssen 2083

§ 60 **Prüfung** *(Rabenhorst)* 2083
    I. Prüfung des Jahresabschlusses 2086
    II. Besonderheiten bei der Prüfung des Konzernabschlusses 2138

	Seite
III. Prüfung oder prüferische Durchsicht von Zwischenabschlüssen und Zwischenlageberichten	2142
IV. Prüfung des Abhängigkeitsberichts	2142
§ 61 Publizität *(Rabenhorst)*	2142
I. Offenlegungspflichten und -fristen für Jahresabschluss und Konzernabschluss	2143
II. Unterjährige Publizitätspflichten nach WpHG und Börsenordnung	2149
III. Weitere veröffentlichungspflichtige Unterlagen	2149

12. Kapitel
Öffentliche Übernahmen

§ 62 Öffentliche Übernahme börsennotierter Unternehmen *(Drinkuth)*	2151
I. Einführung	2154
II. Ablauf öffentlicher Erwerbsangebote	2166
III. Übernahme- und Pflichtangebote	2234
IV. Übernahmerechtlicher Squeeze out und Andienungsrecht	2286
V. Rechtsschutz	2292

13. Kapitel
Rückzug von der Börse

§ 63 Delisting *(Eckhold)*	2301
I. Going Private	2307
II. Rechtsquellen	2307
III. Zulassungsentziehung: Rücknahme oder Widerruf von Amts wegen	2309
IV. Börsenentlassung: Widerruf auf Antrag des Emittenten	2312
V. Rechtsschutz	2350
VI. Schadensersatz	2357
VII. Kapitalmarktrechtliche Sonderfälle	2358
VIII. Kaltes Delisting	2359
§ 64 Übertragung von Aktien gegen Barabfindung (Squeeze out) *(Drinkuth)*	2366
I. Einführung	2367
II. Ablauf eines Squeeze out	2372
III. Einzelfragen	2378
Stichwortverzeichnis	2401

Autorenverzeichnis

Prof. Dr. Christian Arnold, LL.M. (Yale), ist Rechtsanwalt und Partner der Sozietät Gleiss Lutz in deren Stuttgarter Büro und Honorarprofessor der Universität Mannheim. Er berät zum kollektiven und individuellen Arbeitsrecht und ist spezialisiert auf die Beratung bei dem Abschluss und der Beendigung von Dienstverträgen mit Vorstandsmitgliedern sowie auf die Gestaltung von Vergütungssystemen und Vergütungsberichten börsennotierter Unternehmen. Er ist Autor zahlreicher Publikationen auf diesem Gebiet und Mitherausgeber der Zeitschriften „Arbeitsrecht Aktuell" und „Fachdienst Arbeitsrecht".

Prof. Dr. Michael Arnold ist Rechtsanwalt und Partner der Sozietät Gleiss Lutz in deren Stuttgarter Büro und Honorarprofessor der Universität Tübingen. Der Schwerpunkt seiner Tätigkeit liegt im Gesellschaftsrecht, dort insbesondere im Bereich des Aktien- und Konzernrechts. Seine Tätigkeit umfasst zudem Mergers & Acquisitions, insbesondere das Übernahmerecht. Er hat auf diesen Gebieten zahlreiche wissenschaftliche Beiträge veröffentlicht und ist ständiger Mitarbeiter der Fachzeitschrift „Die Aktiengesellschaft/AG-Report".

Dr. Dirk Busch, MBA, Maître en Droit, ist Rechtsanwalt und seit 2012 Partner im Düsseldorfer Büro von Hengeler Mueller. Er berät Unternehmen, Gesellschafter und Banken bei Eigenkapitalmarkt-Transaktionen, darunter Börsengänge, Kapitalerhöhungen, Sekundärplatzierungen, öffentliche Übernahmen und Wandelschuldverschreibungen, mit oftmals komplexen grenzüberschreitenden Aufgabenstellungen, sowie in kapitalmarkt- und gesellschaftsrechtlichen Fragestellungen. Er ist Mitautor verschiedener Veröffentlichungen, darunter im Münch. Handbuch Gesellschaftsrecht, Bd. 7, sowie im Kommentar Johannsen-Roth/Illert/Ghassemi-Tabar, DCGK. Dr. Busch lehrt Aktien- und Kapitalmarktrecht im Masterstudiengang „Wirtschaftsrecht" an der Universität Münster.

Dr. Torsten Busch trat nach Studium und Referendariat in Hamburg 1991 in das Frankfurter Büro von Hengeler Mueller ein. Er ist seit 1996 Partner dieser Sozietät (seit 2016 inaktiv) mit Schwerpunkt im Bereich Börsengänge, Umplatzierungen, Kapitalerhöhungen, öffentliche Übernahmen und Wandel- bzw. Umtauschanleihen.

Volker Butzke, Rechtsanwalt, ist als Syndikus seit 1987 in der Rechtsabteilung der Deutsche Bank AG tätig. Seine Schwerpunkte liegen im Gesellschafts- und Kapitalmarktrecht. Er ist neben anderen Veröffentlichungen, etwa im Großkommentar zum AktG, Autor eines Standardwerks zur Hauptversammlung.

Dr. Henrik Drinkuth ist Rechtsanwalt und Partner von CMS Hasche Sigle in Hamburg. Seine Tätigkeitsschwerpunkte liegen in der Beratung von M&A-Transaktionen und Joint Ventures unter Beteiligung von börsennotierten und nicht börsennotierten Unternehmen. Henrik Drinkuth ist Autor von Veröffentlichungen zum Gesellschaftsrecht sowie zum Übernahmerecht.

Dr. Thomas Eckhold, LL.M. (Warwick), ist Rechtsanwalt und Partner von Sernetz Schäfer Rechtsanwälte in Düsseldorf. Er betreut neben gesellschaftsrechtlichen Mandaten überwiegend bank- und kapitalmarktrechtliche Mandate, einschließlich Mandaten im Bereich des Aufsichtsrechts der Finanz- und Versicherungswirtschaft. Er ist Autor und Mitautor verschiedener einschlägiger Veröffentlichungen, u.a. im Kommentar „Schäfer/Hamann, Kapitalmarktgesetze", „Assmann/Schütze, Handbuch des Kapitalanlagerechts" und „Borges/Meents, Rechtshandbuch Cloud Computing".

Dr. Andreas Gätsch ist seit 1997 Rechtsanwalt. Bis 2020 war er für namhafte nationale und internationale Sozietäten in Hamburg, Köln, London und Düsseldorf tätig. Seit 2021 berät er in eigener Kanzlei insbesondere inhabergeführte und Familienunternehmen im Gesellschaftsrecht, bei Unternehmenstransaktionen sowie bei Fragen der Unternehmensnachfolge. Dr. Gätsch ist Verfasser zahlreicher Veröffentlichungen in den Bereichen des Gesellschafts-, Konzern- und Kapitalmarktrechts.

Autorenverzeichnis

Christian Gehling, Rechtsanwalt, ist Partner der SZA Schilling, Zutt & Anschütz Rechtsanwalts-AG in Frankfurt. Er ist für Unternehmen mit Schwerpunkt in der gesellschafts-, konzern- und kapitalmarktrechtlichen sowie der Compliance-Beratung tätig. Er verfügt über breite Erfahrung bei der Beratung von börsennotierten Aktiengesellschaften, M&A-Transaktionen, Corporate Governance und Organpflichten. Er ist Autor von Veröffentlichungen zum Aktien- und Gesellschaftsrecht und Mitautor eines Kommentars zum Umwandlungsrecht.

Dr. Benedikt Gillessen ist Rechtsanwalt und Partner der internationalen Anwaltssozietät Norton Rose Fulbright LLP in Frankfurt. Er berät seit über 20 Jahren deutsche und ausländische Emittenten und Investmentbanken bei Börsengängen, Kapitalerhöhungen, öffentlichen Übernahmen und anderen Kapitalmarkttransaktionen mit oftmals auch komplexen grenzüberschreitenden Aufgabenstellungen. Darüber hinaus berät er Emittenten sowie deren Vorstände und Aufsichtsräte insbesondere auch im Hinblick auf ihre aktien- und kapitalmarktrechtlichen Pflichten, die aus der Zulassung von Wertpapieren zum Handel an einer deutschen Wertpapierbörse resultieren. Vor seinem Wechsel zu Norton Rose Fulbright LLP im Jahr 2017 war er in der Gesellschafts- und Kapitalmarktpraxis von zwei anderen führenden internationalen Sozietäten in Frankfurt sowie für eine internationale Investmentbank in London tätig.

Dr. Wolfgang Groß, Rechtsanwalt, ist Partner der Anwaltssozietät Hengeler Mueller und in deren Frankfurter Büro tätig. Davor war er mehr als zehn Jahre Syndikus einer deutschen Großbank. Er berät Unternehmen in gesellschaftsrechtlichen Themen, im Zusammenhang mit Umstrukturierungen, auf dem Gebiet des Unternehmenskaufs und der Unternehmensübernahme und in kapitalmarktrechtlichen Fragen des Börsengangs, der Kapitalerhöhung und bei Equity Linked Produkten. Er ist Verfasser zahlreicher Veröffentlichungen im Gesellschafts- und Kapitalmarktrecht.

Dr. Timo Holzborn begann nach Bankausbildung und rechtswissenschaftlichem Studium seine berufliche Laufbahn bei der Deutsche Börse AG in Frankfurt am Main als Rechtsanwalt in der Vorstandsabteilung und war dann bei der Frankfurter Wertpapierbörse in der Wertpapierzulassung beschäftigt. Er war darüber hinaus bei der Geschäftsstelle der Übernahmekommission zuständig für die Auslegung des Übernahmekodex. Im Anschluss war Dr. Holzborn fast sechs Jahre bei der Anwaltskanzlei Noerr und fast fünf Jahre bei der Kanzlei Eversheds tätig. Er ist nunmehr bei Orrick, Herrington & Sutcliffe LLP weiterhin im Bereich Kapitalmarkt-, Aktien- und Gesellschaftsrecht tätig und ist Lehrbeauftragter der Universität Düsseldorf. Neben der Autorenschaft von Fachbüchern und Publikationen im Bereich Gesellschafts- und Kapitalmarktrecht begleitet er kapitalmarktrechtliche Gesetzgebungsverfahren.

Dr. Lutz Robert Krämer ist Rechtsanwalt in der internationalen Anwaltssozietät White & Case LLP in Frankfurt am Main, wo er als Partner große börsennotierte Gesellschaften und Investmentbanken im Bereich Gesellschafts- und Kapitalmarktrecht berät. Vor seinem Wechsel zu White & Case LLP Anfang 2007 war er zehn Jahre im Kapitalmarktbereich einer internationalen Sozietät in Frankfurt, seit dem Jahre 2000 als Partner, und zuvor ab 1991 sechs Jahre bei einer Großbank als Syndikus tätig. Schwerpunkte seiner Beratungstätigkeit sind Börsengänge, Kapitalerhöhungen, Unternehmensübernahmen sowie die Beratung von Vorständen und Aufsichtsräten in Compliance- und Corporate Governance-Fragen sowie bei Organhaftungsklagen. Dr. Krämer ist Autor einer Vielzahl von Veröffentlichungen im Kapitalmarkt- und Gesellschaftsrecht.

Dr. Klaus von der Linden ist Rechtsanwalt bei Linklaters LLP in Düsseldorf. Er ist ein ausgewiesener Experte des Aktien- und Konzernrechts, spezialisiert auf die Beratung von Vorständen und Aufsichtsräten, öffentliche Hauptversammlungen, Organhaftung, Corporate Litigation, Corporate Governance, öffentliche Übernahmen sowie Kapital-, Struktur- und Umwandlungsmaßnahmen. Er veröffentlicht regelmäßig Beiträge zu zentralen Fragen des Aktien- und Konzernrechts in angesehenen Fachzeitschriften. Überdies ist er Autor in mehreren renommierten Handbüchern und Kommentaren, u.a. im Beck'schen Handbuch der AG und im Handbuch des Übernahmerechts. Er hält regelmäßig Vorträge zum Aktien- und Konzernrecht.

Professor Dr. Reinhard Marsch-Barner † war viele Jahre Syndikus in der Rechtsabteilung der Deutschen Bank AG in Frankfurt. Er hat dort schwerpunktmäßig in den Bereichen Corporate Governance sowie Gesellschafts- und Kapitalmarktrecht gearbeitet. Seit 2008 war er als Of Counsel in der internationalen Anwaltskanzlei Linklaters LLP tätig. 1995 erhielt er von der Georg-August-Universität in Göttingen einen Lehrauftrag für Gesellschafts- und Kapitalmarktrecht. Im Oktober 2002 wurde er dort zum Honorarprofessor ernannt. Professor Dr. Marsch-Barner war Autor und Mitautor zahlreicher Veröffentlichungen im Bereich des Gesellschafts- und Kapitalmarktrechts, u.a. in den Büchern „Kallmeyer, Kommentar zum UmwG", „Semler/v. Schenck, Arbeitshandbuch für Aufsichtsratsmitglieder", „Baums/Thoma/Verse, Kommentar zum WpÜG", „Bürgers/Körber, Kommentar zum AktG" sowie „Spindler/Stilz, Kommentar zum AktG".

Dr. Andreas Meyer, Rechtsanwalt (Syndikusrechtsanwalt), ist Syndikus der Deutsche Bank AG in Frankfurt am Main. Zuvor war er als Rechtsanwalt in einer internationalen Anwaltssozietät in Frankfurt am Main und London tätig. Er berät vor allem zu Fragen des Gesellschafts- und Kapitalmarktrechts. Dazu gehört insbesondere die Begleitung internationaler Kapitalmarkttransaktionen wie Aktien- und Anleiheemissionen sowie die Beratung bei M&A-Transaktionen. Dr. Meyer ist Autor in Veröffentlichungen zum Gesellschafts- und Kapitalmarktrecht und referiert regelmäßig zu gesellschaftsrechtlichen und kapitalmarktrechtlichen Themen.

Kyle Miller absolvierte das S.J. Quinney College of Law an der University of Utah, bevor er sein Jurastudium an der NYU mit einem LL.M. in Steuern abschloss. Er ist als Rechtsanwalt in New York zugelassen und trat 2010 bei Freshfields Bruckhaus Deringer in Deutschland ein. Als Counsel betreut er eine breite Praxis, die Equity- und Debt Kapitalmärkte- sowie M&A-Mandate abdeckt.

Dr. Jörg Mimberg ist Rechtsanwalt und Partner der Sernetz Schäfer Rechtsanwälte PartG mbB in Düsseldorf, in der er national und international tätige Unternehmen und Konzerne berät. Seine Tätigkeitsschwerpunkte liegen im Gesellschafts-, Bank- und Kapitalmarktrecht, einschließlich der gerichtlichen Vertretung in Organhaftungs- und Beschlussmängelstreitigkeiten. Nach seinem Studium war er als wissenschaftlicher Mitarbeiter an der Ruhr-Universität Bochum tätig und hat bei Professor Dr. Uwe Hüffer zu einem konzernrechtlichen Thema promoviert. Dr. Mimberg ist Autor und Mitautor verschiedener Veröffentlichungen im Bereich des Gesellschafts-, Bank- und Kapitalmarktrechts sowie Mitherausgeber eines Kommentars zum ZAG.

Dr. Dirk Rabenhorst, Wirtschaftsprüfer und Steuerberater, ist Partner der KPMG AG Wirtschaftsprüfungsgesellschaft. Nach seiner Tätigkeit als wissenschaftlicher Mitarbeiter an der Goethe-Universität und der Promotion am Lehrstuhl von Professor Dr. Winfried Mellwig war er an den Standorten Frankfurt, Berlin und München bei Abschlussprüfungen sowohl von internationalen als auch mittelständischen Unternehmen beschäftigt. Seit 2006 ist er als Partner im Department of Professional Practice Audit & Accounting, der Grundsatzabteilung der KPMG AG, tätig. Seine Schwerpunkte liegen auf dem Gebiet der Abschlussprüfung und der Corporate Governance. Dr. Rabenhorst ist in verschiedenen berufsständischen Gremien aktiv und veröffentlicht regelmäßig zu Fragestellungen des Bilanzrechts und der Abschlussprüfung.

Professor Dr. Frank A. Schäfer, LL.M. (UCLA), war über 10 Jahre Leitender Syndicus in einer Düsseldorfer Privatbank und in dieser u.a. zuständig für die rechtliche Betreuung der Anlageberatung und Vermögensverwaltung, des Emissionsgeschäfts, der Börseneinführungen und der Börseneinführungs- und Verkaufsprospekte. Seit 1998 ist Dr. Schäfer Partner der überörtlichen Rechtsanwaltssozietät Sernetz Schäfer und betreut neben gesellschaftsrechtlichen vorwiegend bank- und kapitalmarktrechtliche Mandate. Dr. Schäfer ist durch zahlreiche einschlägige Veröffentlichungen hervorgetreten, so u.a. als Herausgeber eines Kommentars zum WpHG/BörsG/VerkProspG und als Mitautor von Werken im Bankrecht und zur Vermögensverwaltung. Seit Oktober 2003 ist Dr. Schäfer Honorarprofessor an der Ruhr-Universität Bochum.

Autorenverzeichnis

Dr. Matthias Schatz, LL.M. (Harvard), ist als Rechtsanwalt und Partner im Kölner Büro der Sozietät YPOG tätig. Er berät börsennotierte und nicht börsennotierte Unternehmen sowie deren Gesellschafter und Organmitglieder im Gesellschaftsrecht, insbesondere im Aktien- und Konzernrecht einschließlich kapitalmarktrechtlicher Bezüge, sowie im Umwandlungsrecht. Ein praktischer Fokus seiner Tätigkeit in den letzten Jahren liegt in der Begleitung von Unternehmen beim Übergang in die Rechtsform einer Europäischen Aktiengesellschaft (SE). Einen weiteren Tätigkeitsschwerpunkt bilden Organhaftungsverfahren und sonstige gesellschaftsrechtliche Streitigkeiten. Dr. Matthias Schatz ist Verfasser zahlreicher Veröffentlichungen zum Gesellschaftsrecht und Mitautor eines Kommentars zum Aktien- und Kapitalmarktrecht.

Dr. Stefan Schultes-Schnitzlein ist Rechtsanwalt und Steuerberater. Er begleitet auf unterschiedlichen Seiten Restrukturierungen, Finanzierungen, Käufe und Verkäufe sowie Börsengänge. Gründer- und Mitarbeiterbeteiligungen spielen in seiner Tätigkeit eine weitere wichtige Rolle. Seit 2005 ist er für verschiedene internationale Rechtsanwaltskanzleien anwaltlich tätig gewesen, seit 2014 arbeitet er bei Orrick, Herrington & Sutcliffe LLP. Er hat zu einer Vielzahl von steuerlichen Themen Aufsätze veröffentlicht.

Mark Strauch absolvierte das Studium der Rechtswissenschaften an der Vanderbilt University Law School und hat seine Kariere in New York als Attorney-at-Law begonnen. Nach sechs Jahren in New York und fast dreißig Jahren als Kapitalmarktrechtler in Deutschland (die letzten zwanzig davon als Partner bei Freshfields Bruckhaus Deringer), ist Mark Strauch 2020 aus dem Magic Circle und in den wohlverdienten Ruhestand getreten. Mark Strauch ist Autor einer Vielzahl von Veröffentlichungen im US- und Kapitalmarktrecht.

Dr. Eberhard Vetter, Rechtsanwalt, ist Partner der Luther Rechtsanwaltsgesellschaft mbH in Köln. Er verfügt über eigene Erfahrungen als Mitglied bzw. Vorsitzender des Aufsichtsrats von börsennotierten und nicht-börsennotierten Aktiengesellschaften. Im Zentrum seiner anwaltlichen Tätigkeit stehen das Aktien- und Konzernrecht sowie Fragen der Corporate Governance und Compliance. Dr. Vetter berät Vorstände und Aufsichtsräte unter anderem bei der Vorbereitung und Durchführung von Hauptversammlungen, in Fragen der Vorstandsvergütung und der Organhaftung einschließlich der Vertretung in gerichtlichen Streitigkeiten. Bis 2002 war er Bereichsleiter in der börsennotierten Holding-Gesellschaft eines Versicherungs- und Finanzdienstleistungskonzerns. Zuvor war er in der Rechtsabteilung (zuletzt Chef-Syndikus) eines börsennotierten Unternehmens des Maschinen- und Anlagenbaus tätig. Dr. Vetter ist Autor zahlreicher Veröffentlichungen in einschlägigen Fachzeitschriften sowie von Beiträgen in Büchern zu aktien-, konzern- und kapitalmarktrechtlichen Themen sowie zu Fragen der Corporate Governance und Compliance.

Allgemeines Literaturverzeichnis

Ausführliches Schrifttum findet sich zu Beginn der einzelnen Paragraphen.

Achleitner, Handbuch Investment Banking, 3. Aufl. 2002
Adler/Düring/Schmaltz, Rechnungslegung und Prüfung der Unternehmen, 6. Aufl. 1995 ff.
Angerer/Geibel/Süßmann (Hrsg.), WpÜG, 3. Aufl. 2017
Assmann/Lenz/Ritz, Verkaufsprospektgesetz, 2001
Assmann/Schlitt/von Kopp-Colomb (Hrsg.), WpPG/VermAnlG, 3. Aufl. 2017
Assmann/Pötzsch/Uwe H. Schneider (Hrsg.), WpÜG, 3. Aufl. 2020
Assmann/Uwe H. Schneider/Mülbert (Hrsg.), Wertpapierhandelsrecht, 7. Aufl. 2019
Assmann/Schütze/Buck-Heeb (Hrsg.), Handbuch des Kapitalanlagerechts, 5. Aufl. 2020

Baumbach/Hopt, HGB, 40. Aufl. 2021
Baums (Hrsg.), Bericht der Regierungskommission Corporate Governance, 2001
Baums/Thoma/Verse (Hrsg.), WpÜG, Loseblatt
Beck Online Großkommentar zum Aktienrecht, hrsg. von Henssler
Beck'scher Bilanz-Kommentar, hrsg. von Grottel/Schmidt/Schubert/Störk, 12. Aufl. 2020
Beck'sches Formularbuch Bürgerliches, Handels- und Wirtschaftsrecht, hrsg. von Hoffmann-Becking/Gebele, 13. Aufl. 2019
Beck'sches Handbuch der AG, hrsg. von Drinhausen/Eckstein, 3. Aufl. 2018
Berrar/Meyer/Müller/Schnorbus/Singhof/Wolf (Hrsg.), Frankfurter Kommentar zum WpPG und zur EU-ProspektVO, 2. Aufl. 2017
Bosch/Groß, Das Emissionsgeschäft, 1998
Bürgers/Körber (Hrsg.), Heidelberger Kommentar zum AktG, 4. Aufl. 2017
Bürgers/Körber/Lieder (Hrsg.), Heidelberger Kommentar zum AktG, 5. Aufl. 2021
Butzke, Die Hauptversammlung der Aktiengesellschaft, 5. Aufl. 2011

Claussen, Bank- und Börsenrecht, 5. Aufl. 2014

Ehricke/Ekkenga/Oechsler, WpÜG, 2003
Eilers/Rödding/Schmalenbach (Hrsg.), Unternehmensfinanzierung, 2. Aufl. 2014
Ekkenga (Hrsg.), Handbuch der AG-Finanzierung, 2. Aufl. 2019
Emmerich/Habersack, Aktien- und GmbH-Konzernrecht, 9. Aufl. 2019

Fleischer (Hrsg.), Handbuch des Vorstandsrechts, 2006
Frodermann/Jannott (Hrsg.), Handbuch des Aktienrechts, 9. Aufl. 2017
Fuchs (Hrsg.), WpHG, 2. Aufl. 2016
Fuhrmann/Linnerz/Pohlmann, Deutscher Corporate Governance Kodex, 2015

Geßler/Hefermehl/Eckardt/Kropff, AktG, 1973 ff.
Goette/Arnold, Handbuch Aufsichtsrat, 2021
Grigoleit (Hrsg.), AktG, 2. Aufl. 2020
Groß, Kapitalmarktrecht, 7. Aufl. 2020
Großkommentar zum AktG, hrsg. von Hopt/Wiedemann, 4. Aufl. 1992 ff.
Grunewald, Gesellschaftsrecht, 11. Aufl. 2020

Haarmann/Schüppen (Hrsg.), Frankfurter Kommentar zum WpÜG, 4. Aufl. 2020
Habersack/Drinhausen (Hrsg.), SE-Recht, 2. Aufl. 2016
Habersack/Henssler, Mitbestimmungsrecht, 4. Aufl. 2018
Habersack/Mülbert/Schlitt (Hrsg.), Handbuch der Kapitalmarktinformation, 3. Aufl. 2020
Habersack/Mülbert/Schlitt (Hrsg.), Unternehmensfinanzierung am Kapitalmarkt, 4. Aufl. 2019

Allgemeines Literaturverzeichnis

Hachenburg, GmbHG, Großkommentar, 8. Aufl. 1989 ff.
Hachmeister/Kahle/Mock/Schüppen, Bilanzrecht, 2. Aufl. 2020
Happ/Bednarz, Umwandlungsrecht, 2. Aufl. 2021
Happ/Groß/Möhrle/Vetter (Hrsg.), Aktienrecht, Band I, 5. Aufl. 2019; Band II, 5. Aufl. 2020
Hauschka/Moosmayer/Lösler (Hrsg.), Corporate Compliance, 3. Aufl. 2016
Heidel (Hrsg.), Aktienrecht und Kapitalmarktrecht, 5. Aufl. 2019
Henssler/Strohn (Hrsg.), Gesellschaftsrecht, 5. Aufl. 2021
Henze/Born/Drescher, Aktienrecht – Höchstrichterliche Rechtsprechung, 6. Aufl. 2015
Hirte, Kapitalgesellschaftsrecht, 8. Aufl. 2016
Hirte/Heidel, Das neue Aktienrecht, 2020
Höche/Piekenbrock/Siegmann (Hrsg.), Bankrecht und Bankpraxis, Loseblatt
Hölters (Hrsg.), AktG, 3. Aufl. 2017
Hoffmann/Preu, Der Aufsichtsrat, 5. Aufl. 2002
Holzborn (Hrsg.), WpPG, 2. Aufl. 2014
Hommelhoff/Hopt/v. Werder (Hrsg.), Handbuch Corporate Governance, 2. Aufl. 2010
Hopt/Seibt (Hrsg.), Schuldverschreibungsrecht, 2017
Hüffer/Koch, AktG, 15. Aufl. 2021

Ihrig/Schäfer, Rechte und Pflichten des Vorstands, 2. Aufl. 2020

Jäger, Aktiengesellschaft, 2004
Johannsen-Roth/Illert/Ghassemi-Tabar, DCGK, Deutscher Corporate Governance Kodex, 2020
Just/Voß/Ritz/Becker, WpHG, 2015

Kallmeyer, UmwG, 7. Aufl. 2020
Keidel, FamFG, 20. Aufl. 2020
Klöhn, Marktmissbrauchsverordnung, 2018
Kölner Kommentar zum AktG, hrsg. von Zöllner, 2. Aufl. 1986 ff.; hrsg. von Zöllner/Noack, 3. Aufl. 2004 ff.
Kölner Kommentar zum UmwG, hrsg. von Dauner-Lieb/Simon, 2009
Kölner Kommentar zum WpHG, hrsg. von Hirte/Möllers, 2. Aufl. 2014
Kölner Kommentar zum WpÜG, hrsg. von Hirte/von Bülow, 2. Aufl. 2010
Kremer/Bachmann/Lutter/v. Werder, Deutscher Corporate Governance Kodex, 8. Aufl. 2021
Krieger/Uwe H. Schneider (Hrsg.), Handbuch Managerhaftung, 3. Aufl. 2017
Kropff, Aktiengesetz, Textausgabe, 1965
Kümpel/Hammen/Ekkenga (Hrsg.), Kapitalmarktrecht, Loseblatt
Kümpel/Mülbert/Früh/Seyfried, Bank- und Kapitalmarktrecht, 5. Aufl. 2019
Kümpel/Mülbert/Früh/Seyfried, Bankrecht und Kapitalmarktrecht, 6. Aufl. 2022

Langenbucher, Aktien- und Kapitalmarktrecht, 4. Aufl. 2018
Langenbucher/Bliesener/Spindler (Hrsg.), Bankrechts-Kommentar, 3. Aufl. 2020
Lenenbach, Kapitalmarktrecht und kapitalmarktrelevantes Gesellschaftsrecht, 2. Aufl. 2010
Lutter, Information und Vertraulichkeit im Aufsichtsrat, 3. Aufl. 2006
Lutter, UmwG, hrsg. von Bayer/J. Vetter, 6. Aufl. 2019
Lutter/Bayer (Hrsg.), Holding-Handbuch, 6. Aufl. 2020
Lutter/Hommelhoff, GmbHG, 20. Aufl. 2020
Lutter/Hommelhoff/Teichmann (Hrsg.), SE-Kommentar, 2. Aufl. 2015
Lutter/Krieger/Verse, Rechte und Pflichten des Aufsichtsrats, 7. Aufl. 2020

Meyer/Veil/Rönnau, Handbuch zum Marktmissbrauchsrecht, 2018
Münchener Anwaltshandbuch Aktienrecht, hrsg. von Schüppen/Schaub, 3. Aufl. 2018
Münchener Handbuch des Gesellschaftsrechts, Band 3: GmbH, hrsg. von Priester/Mayer/Wicke, 5. Aufl. 2018; Band 4: AG, hrsg. von Hoffmann-Becking, 5. Aufl. 2020

Münchener Kommentar zum AktG, hrsg. von Goette/Habersack, 3. Aufl. 2008 ff., 4. Aufl. 2014 ff., 5. Aufl. 2019 ff.
Münchener Kommentar zum HGB, hrsg. von K. Schmidt, 3. Aufl. 2010 ff., 4. Aufl. 2016 ff., 5. Aufl. 2021 ff.
Münchener Vertragshandbuch, hrsg. von Böhm/Burmeister, Band 1: Gesellschaftsrecht, 8. Aufl. 2018

Palandt, BGB, 80. Aufl. 2021
Potthoff/Trescher/Theisen, Das Aufsichtsratsmitglied, 6. Aufl. 2003

Raiser/Veil, Recht der Kapitalgesellschaften, 6. Aufl. 2015
Raiser/Veil/Jacobs, Mitbestimmungsgesetz und Drittelbeteiligungsgesetz, 7. Aufl. 2020
Reichert, Arbeitshandbuch für die Hauptversammlung, 5. Aufl. 2021
Roth/Altmeppen, GmbHG, 10. Aufl. 2021

Schaaf, Die Praxis der Hauptversammlung, 4. Aufl. 2018
Schäfer/Hamann (Hrsg.), Kapitalmarktgesetze, Loseblatt
Schanz, Börseneinführung, 4. Aufl. 2012
Schimansky/Bunte/Lwowski (Hrsg.), Bankrechts-Handbuch, 5. Aufl. 2017
K. Schmidt, Gesellschaftsrecht, 4. Aufl. 2002
K. Schmidt/Lutter (Hrsg.), AktG, 4. Aufl. 2020
Scholze, Das Konsortialgeschäft der deutschen Banken, 1973
Schwark/Zimmer (Hrsg.), Kapitalmarktrechts-Kommentar, 5. Aufl. 2020
Schwintowski, Bankrecht, 5. Aufl. 2018
Semler, Leitung und Überwachung der Aktiengesellschaft, 2. Aufl. 1996
Semler/Peltzer/Kubis (Hrsg.), Arbeitshandbuch für Vorstandsmitglieder, 2. Aufl. 2015
Semler/v. Schenck/Wilsing (Hrsg.), Arbeitshandbuch für Aufsichtsratsmitglieder, 5. Aufl. 2021
Semler/v. Schenck (Hrsg.), Der Aufsichtsrat, 2015
Semler/Stengel/Leonard (Hrsg.), UmwG, 5. Aufl. 2021
Semler/Volhard (Hrsg.), Arbeitshandbuch für Unternehmensübernahmen, Band 1: Unternehmensübernahme, 2001; Band 2: Das neue Übernahmerecht, 2003
Seyfarth, Vorstandsrecht, 2016
Spindler/Stilz (Hrsg.), AktG, 4. Aufl. 2019
Steinmeyer (Hrsg.), WpÜG, 4. Aufl. 2019

Ventoruzzo/Mock, Market Abuse Regulation, 2017

Wachter (Hrsg.), AktG, 3. Aufl. 2018
Widmann/Mayer (Hrsg.), Umwandlungsrecht, Loseblatt
Wiedemann, Gesellschaftsrecht, Band I: Grundlagen, 1980
Wilsing (Hrsg.), Deutscher Corporate Governance Kodex, 2012
Wißmann/Kleinsorge/Schubert, Mitbestimmungrecht, 5. Aufl. 2017

Ziemons/Binnewies, Handbuch Aktiengesellschaft, Loseblatt
Zöllner, Wertpapierrecht, 14. Aufl. 1987

Münchener Kommentar zum AktG, hrsg. von Goette/Habersack, 3. Aufl. 2008 ff./4. Aufl. 2014 ff., 5. Aufl. 2019 ff.
Münchener Kommentar zum HGB, hrsg. von K. Schmidt, 3. Aufl. 2010 ff., 4. Aufl. 2016 ff., 5. Aufl. 2021 ff.
Münchener Vertragshandbuch, hrsg. von Rhein/Barrmeister, Band 1: Gesellschaftsrecht, 8. Aufl. 2018

Pahlow, BGB, 80. Aufl. 2021
Perloff/Böcher-Theisen, Das Aufsichtsratsmitglied, 6. Aufl. 2003

Raiser/Veil, Recht der Kapitalgesellschaften, 7. Aufl. 2019
Raiser/Veil/Jacobs, Mitbestimmungsgesetz und Drittelbeteiligungsgesetz, 7. Aufl. 2020
Reichert, Arbeitshandbuch für die Hauptversammlung, 5. Aufl. 2021
Roth/Altmeppen, GmbHG, 10. Aufl. 2021

Semler, Die Praxis der Hauptversammlung, 4. Aufl. 2018
Schäfer/Hüffer, AktG, 15. Auflage 2022
Schäfer, Bezugsrechtsausschluss, Loseblatt
Schütz/Bürgers/Riotte, Die Aktiengesellschaft, 3. Aufl. 2017
Schäfer/Missling/Doering (Hrsg.), Bankrechts-Handbuch, 5. Aufl. 2017
K. Schmidt, Gesellschaftsrecht, 4. Aufl. 2002
K. Schmidt/Lutter (Hrsg.), AktG, 4. Aufl. 2020
Scholtz, Das Konzernstatut des deutschen Aktien, 1973
Schwerve/Zimmer (Hrsg.), Kapitalmarkt und Zurich-Kommentare, 5. Aufl. 2020
Schwintowski, Bankrecht, 5. Aufl. 2018
Semler, Leitung und Überwachung der Aktiengesellschaft, 2. Aufl. 1996
Semler/Peltzer/Kubis (Hrsg.), Arbeitshandbuch für Vorstandsmitglieder, 2. Aufl. 2015
Semler/Semler/Volhard (Hrsg.), Arbeitshandbuch für Aufsichtsratsmitglieder, 3. Aufl. 2021
Semler/Schenck (Hrsg.), Der Aufsichtsrat, 2015
Semler/Stengel/Leonard (Hrsg.), UmwG, 5. Aufl. 2021
Semler/Volhard (Hrsg.), Arbeitshandbuch für Unternehmensübernahmen, Band 1: Unternehmensübernahme, 2001; Band 2: Das neue Übernahmerecht, 2003
Seyfarth, Vorstandsrecht, 2016
Spindler/HSBJ (Hrsg.), AktG, 4. Aufl. 2019
Steinmeyer (Hrsg.), WpÜG, 4. Aufl. 2019

Ventoruzzo/Mock, Market Abuse Regulation, 2017

Wachter (Hrsg.), AktG, 3. Aufl. 2018
Wachmann/Mayer (Hrsg.), Umwandlungsrecht, Taschbuch
Wiedemann, Gesellschaftsrecht, Band 1: Grundlagen, 1980
Wittig (Hrsg.), Deutscher Corporate Governance Kodex, 2012
Wißmann/Kleinsorge/Schubert, Mitbestimmungsrecht, 5. Aufl. 2017

Ziemuns/Binnewies, Handbuch Aktiengesellschaft, Loseblatt
Zöllner, Wertpapierrecht, 14. Aufl. 1987

Abkürzungsverzeichnis

a.A.	anderer Ansicht
a.a.O.	am angegebenen Ort
a.E.	am Ende
a.F.	alte Fassung
abl.	ablehnend
ABl. EG	Amtsblatt der Europäischen Gemeinschaft
ABl. EU	Amtsblatt der Europäischen Union
ABS	Asset Backed Securities
Abs.	Absatz
AcP	Archiv für die civilistische Praxis (Zeitschrift)
ADHGB	Allgemeines Deutsches Handelsgesetzbuch
ADR	American Depositary Receipts
ADS	Adler/Düring/Schmaltz
ähnl.	ähnlich
AG	Aktiengesellschaft; Die Aktiengesellschaft (Zeitschrift)
AGB	Allgemeine Geschäftsbedingungen
AGG	Allgemeines Gleichbehandlungsgesetz
AICPA	American Institute of Certified Public Accountants
AIFM	Alternative Investment Fund Manager
AktG	Aktiengesetz
allg. M.	allgemeine Meinung
Alt.	Alternative
AMF	Autorité des Marchés Financiers
AngVO	Angebotsverordnung
Anh.	Anhang
Anm.	Anmerkung
AnsFuG	Anlegerschutz- und Funktionsverbesserungsgesetz
AnSVG	Anlegerschutzverbesserungsgesetz
AnwBl.	Anwaltsblatt (Zeitschrift)
AO	Abgabenordnung
AP-RiLi	Abschlussprüferrichtlinie
APAReG	Abschlussprüferaufsichtsreformgesetz
AR	Aufsichtsrat; Der Aufsichtsrat (Zeitschrift)
ArbRB	Arbeits-Rechts-Berater (Zeitschrift)
AReG	Abschlussprüfungsreformgesetz
ARRL	Aktionärsrechterichtlinie
Art.	Artikel
ARUG	Gesetz zur Umsetzung der Aktionärsrechterichtlinie
Aufl.	Auflage
AWG	Außenwirtschaftsgesetz
AWV	Außenwirtschaftsverordnung
BaFin	Bundesanstalt für Finanzdienstleistungsaufsicht
BAG	Bundesarbeitsgericht
BAnz.	Bundesanzeiger
BAWe	Bundesaufsichtsamt für den Wertpapierhandel
BayObLG	Bayerisches Oberstes Landesgericht
BB	Betriebs-Berater (Zeitschrift)
Bd.	Band

XXXIII

BDA	Bundesvereinigung der Deutschen Arbeitgeberverbände
BDI	Bundesverband der Deutschen Industrie
BDSG	Bundesdatenschutzgesetz
BeckBilKomm.	Beck'scher Bilanz-Kommentar
BeckHdb.	Beck'sches Handbuch
BeckOGK	Beck Online Großkommentar
BeckRS	Beck-Rechtsprechung
Begr.	Begründung
Beil.	Beilage
Bespr.	Besprechung
BetrAVG	Gesetz zur Verbesserung der betrieblichen Altersversorgung
BetrVG	Betriebsverfassungsgesetz
BFH	Bundesfinanzhof
BFuP	Betriebswirtschaftliche Forschung und Praxis (Zeitschrift)
BGB	Bürgerliches Gesetzbuch
BGBl.	Bundesgesetzblatt
BGH	Bundesgerichtshof
BGHZ	Entscheidungen des Bundesgerichtshofs in Zivilsachen
BHO	Bundeshaushaltsordnung
BilKoG	Bilanzrechtskontrollgesetz
BilMoG	Bilanzrechtsmodernisierungsgesetz
BilReG	Bilanzrechtsreformgesetz
BImSchG	Bundes-Immissionsschutzgesetz
BKR	Zeitschrift für Bank- und Kapitalmarktrecht
BMF	Bundesministerium der Finanzen
BMJ	Bundesministerium der Justiz
BMJV	Bundesministerum der Justiz und für Verbraucherschutz
BMWi	Bundesministerium für Wirtschaft und Energie
BNotO	Bundesnotarordnung
BörsG	Börsengesetz
BörsO	Börsenordnung(en)
BörsO FWB	Börsenordnung der Frankfurter Wertpapierbörse
BörsZulV	Börsenzulassungs-Verordnung
BR-Drucks.	Bundesrats-Drucksache
BRAO	Bundesrechtsanwaltsordnung
BStBl.	Bundessteuerblatt
BT-Drucks.	Bundestags-Drucksache
BuB	Bankrecht und Bankpraxis
BUrlG	Bundesurlaubsgesetz
BVerfG	Bundesverfassungsgericht
BVerfGE	Entscheidungssammlung des Bundesverfassungsgerichts
BWNotZ	Zeitschrift für das Notariat in Baden-Württemberg
bzgl.	bezüglich
CB	Compliance Berater (Zeitschrift)
CCP	Central Counter Party
CCZ	Corporate Compliance Zeitschrift
CEO	Chief Executive Officer
CESR	Committee of European Securities Regulators
CF	Corporate Finance (Zeitschrift)
CFB	Corporate Finance biz (Zeitschrift)
CFL	Corporate Finance law (Zeitschrift)
CFO	Chief Financial Officer

CNMV	Comisión Nacional del Mercado de Valores
CONSOB	Commissione nazionale per le società e la borsa
COVInsAG	COVID-19-Insolvenzaussetzungsgesetz
d.h.	das heißt
D&O	Directors & Officers
DAI	Deutsches Aktieninstitut
DAJV	Deutsch-Amerikanische Juristenvereinigung
DAV	Deutscher Anwaltverein
DAX	Deutscher Aktienindex
DB	Der Betrieb (Zeitschrift)
DBA	Doppelbesteuerungsabkommen
DBAG	Deutsche Börse AG
DBW	Die Betriebswirtschaft (Zeitschrift)
DCGK	Deutscher Corporate Governance Kodex
DepotG	Depotgesetz
DiRUG	Gesetz zur Umsetzung der Digitalisierungsrichtlinie
DiskE	Diskussionsentwurf
Diss.	Dissertation
DJT	Deutscher Juristentag
DM	Deutsche Mark
DNotZ	Deutsche Notar-Zeitschrift
DrittelbG	Drittelbeteiligungsgesetz
DSR	Deutscher Standardisierungsrat
DStR	Deutsches Steuerrecht (Zeitschrift)
DSW	Deutsche Schutzvereinigung für Wertpapierbesitz
DVFA	Deutsche Vereinigung für Finanzanalyse und Asset Management
DZWIR/DZWir	Deutsche Zeitschrift für Wirtschaftsrecht
E	Entwurf
EAEG	Einlagensicherungs- und Anlegerentschädigungsgesetz
EBA	European Banking Authority
EBIT	Earnings Before Interest and Taxes
EBITA	Earnings Before Interest, Taxes and Amortization
EBITDA	Earnings Before Interest, Taxes, Depreciation and Amortization
EBT	Earnings Before Taxes
ECFR	European Company and Financial Law Review
EDGAR	Electronic Data Gathering Analysis and Retrieval System
Eds.	Editors
EFG	Entscheidungen der Finanzgerichte
EFZG	Entgeltfortzahlungsgesetz
EG	Europäische Gemeinschaft(en)
EGAktG	Einführungsgesetz zum Aktiengesetz
EGBGB	Einführungsgesetz zum Bürgerlichen Gesetzbuch
EGHGB	Einführungsgesetz zum Handelsgesetzbuch
EHUG	Gesetz über elektronische Handelsregister und Genossenschaftsregister sowie das Unternehmensregister
EIOPA	European Insurance and Occupational Pensions Authority
EMIR	European Market Infrastructure Regulation
EMRK	Europäische Menschenrechtskonvention
ErfK	Erfurter Kommentar
Erg.	Ergebnis

ESEF	European Single Electronic Format
ESMA	European Securities and Markets Authority
EStG	Einkommensteuergesetz
ESUG	Gesetz zur weiteren Erleichterung der Sanierung von Unternehmen
EU-APrVO	Abschlussprüferverordnung zur Abschlussprüfung von Unternehmen von öffentlichem Interesse
EU	Europäische Union
EuG	Gericht der Europäischen Union
EuGH	Europäischer Gerichtshof
EuroEG	Euro-Einführungsgesetz
EUWAX	European Warrant Exchange
EWiR	Entscheidungen zum Wirtschaftsrecht (Zeitschrift)
EWIV	Europäische wirtschaftliche Interessenvereinigung
EWR	Europäischer Wirtschaftsraum
f., ff.	folgende, fortfolgende
FamFG	Gesetz über das Verfahren in Familiensachen und in den Angelegenheiten der freiwilligen Gerichtsbarkeit
FASB	Financial Accounting Standards Board
FAZ	Frankfurter Allgemeine Zeitung
FB	Finanz Betrieb (Zeitschrift)
FFG	Finanzmarktförderungsgesetz
FG	Finanzgericht
FGG	Gesetz über die Angelegenheiten der Freiwilligen Gerichtsbarkeit
FGO	Finanzgerichtsordnung
FGPrax	Praxis der freiwilligen Gerichtsbarkeit
FinDAG	Finanzdienstleistungsaufsichtsgesetz
FiMaNoG	Finanzmarktnovellierungsgesetz
FINRA	Financial Industry Regulatory Authority
FISG	Finanzmarktintegritätsstärkungsgesetz
FM/FinMin	Finanzministerium
FMStBG	Finanzmarktstabilisierungsbeschleunigungsgesetz
FMStFG	Finanzmarktstabilisierungsfondsgesetz
FMStFV	Finanzmarktstabilisierungsfonds-Verordnung
FMStG	Finanzmarktstabilisierungsgesetz
Fn.	Fußnote
FPO	Financial Promotion Order
FR	Finanz-Rundschau (Zeitschrift)
FrankfKomm.	Frankfurter Kommentar
FRUG	Finanzmarktrichtlinie-Umsetzungsgesetz
FS	Festschrift
FSA	Financial Services Authority
FSMA	Financial Services and Markets Act
FüPoG	Führungspositionen-Gesetz
FWB	Frankfurter Wertpapierbörse
G/H/E/K	Geßler/Hefermehl/Eckardt/Kropff
GA	Generalanwalt
GenG	Gesetz betreffend die Erwerbs- und Wirtschaftsgenossenschaften
GesR	Gesellschaftsrecht
GeschGehG	Geschäftsgeheimnisgesetz
GewStG	Gewerbesteuergesetz

GewStR	Gewerbesteuerrichtlinien
GEX	German Entrepreneurial Index
GG	Grundgesetz
ggf.	gegebenenfalls
GmbH	Gesellschaft mit beschränkter Haftung
GmbHG	Gesetz betreffend die Gesellschaften mit beschränkter Haftung
GmbHR	GmbH-Rundschau (Zeitschrift)
GNotKG	Gerichts- und Notarkostengesetz
GoB	Grundsätze ordnungmäßiger Buchführung
Großkomm.	Großkommentar
grds.	grundsätzlich
GVBl.	Gesetz- und Verordnungsblatt
GVG	Gerichtsverfassungsgesetz
GWB	Gesetz gegen Wettbewerbsbeschränkungen
GWG	Geldwäschegesetz
GWR	Gesellschafts- und Wirtschaftsrecht (Zeitschrift)
h.L.	herrschende Lehre
h.M.	herrschende Meinung
Hdb.	Handbuch
HdJ	Handbuch des Jahresabschlusses
HGB	Handelsgesetzbuch
Hrsg.	Herausgeber
HRV	Handelsregisterverordnung
HV	Hauptversammlung
i.d.F.	in der Fassung
i.d.R.	in der Regel
i.E.	im Ergebnis
i.e.S.	im engeren Sinne
i.H.v.	in Höhe von
i.S.	in Sachen
i.S.d.	im Sinne des
i.S.v.	im Sinne von
i.V.m.	in Verbindung mit
IAS	International Accounting Standards
IASB	International Accounting Standards Board
IDW	Institut der Wirtschaftsprüfer
IDW PH	IDW Prüfungshinweis
IDW PS	IDW Prüfungsstandard
IDW S	IDW Standard
IFG	Informationsfreiheitsgesetz
IFLR	International Financial Law Review (Zeitschrift)
IFRS	International Financial Reporting Standards
insb./insbes.	insbesondere
InsO	Insolvenzordnung
InvG	Investmentgesetz
IOSCO	International Organization of Securities Commissions
IPO	Initial Public Offering
IRZ	Zeitschrift für Internationale Rechnungslegung
ISIN	International Securities Identification Number
IStR	Internationales Steuerrecht (Zeitschrift)

Abkürzungsverzeichnis

JbFSt	Jahrbuch der Fachanwälte für Steuerrecht
JR	Juristische Rundschau (Zeitschrift)
JZ	Juristenzeitung (Zeitschrift)
K&R	Kommunikation & Recht (Zeitschrift)
KAGB	Kapitalanlagegesetzbuch
KAGG	Gesetz über Kapitalanlagegesellschaften
Kap.	Kapitel
KapAEG	Kapitalaufnahmeerleichterungsgesetz
KapErhG	Kapitalerhöhungsgesetz
KapInHaG	Kapitalmarktinformationshaftungsgesetz
KapMuG	Kapitalanleger-Musterverfahrensgesetz
KfW	Kreditanstalt für Wiederaufbau
KG	Kommanditgesellschaft
KGaA	Kommanditgesellschaft auf Aktien
KIID	Key Investor Information Document
KölnKomm.	Kölner Kommentar
Komm.	Kommentar
KonsG	Konsulargesetz
KonTraG	Gesetz zur Kontrolle und Transparenz im Unternehmensbereich
KoR	Kapitalmarktorientierte Rechnungslegung
KostO	Kostenordnung
KostRMoG	Kostenrechtsmodernisierungsgesetz
krit.	kritisch
KStG	Körperschaftsteuergesetz
KSzW	Kölner Schrift zum Wirtschaftsrecht (Zeitschrift)
KTS	Konkurs-, Treuhand- und Schiedsgerichtswesen (Zeitschrift)
KV	Kostenverzeichnis
KWG	Kreditwesengesetz
LAG	Landesarbeitsgericht
LBO	Leveraged Buy Out
LG	Landgericht
lit.	litera
LM	Lindenmaier/Möhring
LMV	Ley del Mercado de Valores
LPartG	Lebenspartnerschaftsgesetz
LStDV	Lohnsteuer-Durchführungsverordnung
LStR	Lohnsteuerrichtlinien
LVwVfG	Landesverwaltungsverfahrensgesetz
M&A	Mergers and Acquisitions
m.w.N.	mit weiteren Nachweisen
MaComp	Mindestanforderungen an die Compliance
MAD	Market Abuse Directive
MaKonV	Marktmanipulations-Konkretisierungsverordnung
MAR	Market Abuse Regualtion (siehe auch MMVO)
MBO	Management Buy Out
MD&A	Management's Discussion and Analysis
MDR	Monatsschrift für Deutsches Recht (Zeitschrift)
MgVG	Gesetz über die Mitbestimmung der Arbeitnehmer bei einer grenzüberschreitenden Verschmelzung

MiFID	Markets in Financial Instruments Directive
Mio.	Million
MitbestErgG	Mitbestimmungsergänzungsgesetz
MitbestG	Mitbestimmungsgesetz
MittRhNotK	Mitteilungen der Rheinischen Notarkammer (Zeitschrift)
MMVO	Marktmissbrauchs-Verordnung (siehe auch MAR)
MoMiG	Gesetz zur Modernisierung des GmbH-Rechts und zur Bekämpfung von Missbräuchen
Mrd.	Milliarde
MTF	Multilateral Trading Facility
MünchHdb. AG	Münchener Handbuch des Gesellschaftsrechts, Band 4: Aktiengesellschaft
MuSchG	Mutterschutzgesetz
n.F.	neue Fassung
n.v.	nicht veröffentlicht
Nachw.	Nachweis
NASDAQ	National Association of Securities Dealers Automated Quotation
NaStraG	Gesetz zur Namensaktie und zur Erleichterung der Stimmrechtsausübung
NJOZ	Neue Juristische Online Zeitschrift
NJW	Neue Juristische Wochenschrift (Zeitschrift)
NJW-RR	NJW-Rechtsprechungs-Report
NotBZ	Zeitschrift für die notarielle Beratungs- und Beurkundungspraxis
Nr.	Nummer
NVersZ	Neue Zeitschrift für Versicherung und Recht
NVwZ	Neue Zeitschrift für Verwaltungsrecht
NYSE	New York Stock Exchange
NZA	Neue Zeitschrift für Arbeitsrecht
NZG	Neue Zeitschrift für Gesellschaftsrecht
NZI	Neue Zeitschrift für das Recht der Insolvenz und Sanierung
NZV	Neue Zeitschrift für Verkehrsrecht
o.Ä.	oder Ähnliches
o.g.	oben genannt
ÖBA	Österreichisches BankArchiv
OECD	Organisation for Economic Cooperation and Development
OFD	Oberfinanzdirektion
OFR	Operating and Financial Review
OGAW	Organismen für gemeinsame Anlagen in Wertpapieren
OGH	Oberster Gerichtshof (Österreich)
oHG	Offene Handelsgesellschaft
OLG	Oberlandesgericht
OTC	Over the Counter
OTF	Organised Trading Facility
OWiG	Gesetz über Ordnungswidrigkeiten
PartGG	Partnerschaftsgesellschaftsgesetz
PIB	Produktinformationsblatt
PIE	Public Interest Entities
ProspektRL/ProspRL	Prospektrichtlinie
ProspektVO/ProspV	Prospektverordnung
QIB	Qualified Institutional Buyer

Abkürzungsverzeichnis

R	Richtlinie
RdA	Recht der Arbeit (Zeitschrift)
RdF	Recht der Finanzinstrumente (Zeitschrift)
RefE	Referentenentwurf
RefG	Reformgesetz
RegE	Regierungsentwurf
REIT	Real Estate Investment Trust
REITG	Gesetz über deutsche Immobilien-Aktiengesellschaften mit börsennotierten Anteilen
RG	Reichsgericht
RGZ	Entscheidungssammlung des Reichsgerichts in Zivilsachen
RICO	Racketeering Influence and Corrupt Organization Act
RIW	Recht der Internationalen Wirtschaft (Zeitschrift)
RNotZ	Rheinische Notar-Zeitschrift
RL/RiLi	Richtlinie
ROCE	Return on Capital Employed
Rpfl.	Der Deutsche Rechtspfleger (Zeitschrift)
Rspr.	Rechtsprechung
RStV	Rundfunkstaatsvertrag
Rz.	Randzahl
S.	Seite
SanInsFoG	Sanierungs- und Insolvenzrechtsfortentwicklungsgesetz
SAR	Stock Appreciation Rights
SCE	Societas Cooperativa Europaea; Europäische Genossenschaft
SCEAG	SCE-Ausführungsgesetz
SchVG	Schuldverschreibungsgesetz
SE	Societas Europaea; Europäische Gesellschaft
SEAG	SE-Ausführungsgesetz
SEBG	SE-Beteiligungsgesetz
SEC	Securities and Exchange Commission
SEEG	Gesetz zur Einführung der Europäischen Gesellschaft
SE-VO	SE-Verordnung
SICAV	Société d'Investissement à Capital Variable
sog.	sogenannt
SOX	Sarbanes Oxley Act
SprAuG	Sprecherausschussgesetz
SpruchG	Spruchverfahrensgesetz
SRO	Self Regulatory Organization
StaRUG	Unternehmensstabilisierungs- und -restrukturierungsgesetz
StBerG	Steuerberatungsgesetz
StFG	Stabilisierungsfondsgesetz
StGB	Strafgesetzbuch
str.	streitig
StückAG	Stückaktiengesetz
StuW	Steuer und Wirtschaft (Zeitschrift)
SUSMI	Substantial U.S. Market Interest
TERP	Theoretical Ex-Rights Price
TranspRLDV	Transparenzrichtlinie-Durchführungsverordnung
TransPuG	Transparenz- und Publizitätsgesetz
TUG	Transparenzrichtlinie-Umsetzungsgesetz

Tz.	Textziffer
TzBfG	Teilzeit- und Befristungsgesetz
u.a.	unter anderem
u.Ä.	und Ähnliches
u.U.	unter Umständen
UA/UAbs.	Unterabsatz
UBGG	Gesetz über Unternehmensbeteiligungsgesellschaften
ÜbK	Übernahmekodex
UKLA	UK Listing Authority
UMAG	Gesetz zur Unternehmensintegrität und Modernisierung des Anfechtungsrechts
UmwBerG	Umwandlungsbereinigungsgesetz
UmwG	Umwandlungsgesetz
UmwStG	Umwandlungssteuergesetz
unstr.	unstreitig
US GAAP	U.S. Generally Accepted Accounting Principles
US GAAS	U.S. Generally Accepted Auditing Standards
UStG	Umsatzsteuergesetz
VAG	Versicherungsaufsichtsgesetz
vBP	vereidigter Buchprüfer
VerkProspG	Verkaufsprospektgesetz
VerkProspVO	Verkaufsprospektverordnung
VermAnlG	Vermögensanlagengesetz
VermBG	Vermögensbeteiligungsgesetz
VersR	Versicherungsrecht (Zeitschrift)
VG	Verwaltungsgericht
VGH	Verwaltungsgerichtshof
vgl.	vergleiche
VGR	Gesellschaftsrechtliche Vereinigung
VO	Verordnung
VorstAG	Gesetz zur Angemessenheit der Vorstandsvergütung
VorstKoG	Gesetz zur Verbesserung der Kontrolle der Vorstandsvergütung und zur Änderung weiterer aktienrechtlicher Vorschriften (Entwurf)
VorstOG	Gesetz über die Offenlegung von Vorstandsvergütungen
VVaG	Versicherungsverein auf Gegenseitigkeit
VVG	Versicherungsvertragsgesetz
VW	Versicherungswirtschaft (Zeitschrift)
VwGO	Verwaltungsgerichtsordnung
VwVfG	Verwaltungsverfahrensgesetz
VwVG	Verwaltungs-Vollstreckungsgesetz
WG	Wechselgesetz
WiB	Wirtschaftsrechtliche Beratung (Zeitschrift)
WiPrO	Wirtschaftsprüferordnung
WKN	Wertpapier-Kennnummer
WM	Wertpapier-Mitteilungen (Zeitschrift)
WP	Wirtschaftsprüfer
WpAIV	Wertpapierhandelsanzeige- und Insiderverzeichnisverordnung
WpDVerOV	Verordnung zur Konkretisierung der Verhaltensregeln und Organisationsanforderungen für Wertpapierdienstleistungsunternehmen
WPg	Die Wirtschaftsprüfung (Zeitschrift)

WpHG	Wertpapierhandelsgesetz
WPK	Wirtschaftsprüferkammer
WPO/WiPrO	Wirtschaftsprüferordnung
WpPG	Wertpapierprospektgesetz
WpÜG	Wertpapiererwerbs- und Übernahmegesetz
WpÜG-AngVO	WpÜG-Angebotsverordnung
WpÜG-GebVO	WpÜG-Gebührenverordnung
WStBG	Wirtschaftsstabilisierungsbeschleunigungsgesetz
WuB	Entscheidungssammlung zum Wirtschafts- und Bankrecht
z.T.	zum Teil
ZBB	Zeitschrift für Bankrecht und Bankwirtschaft
ZCG	Zeitschrift für Corporate Governance
ZfB	Zeitschrift für Betriebswirtschaft
ZfbF	Zeitschrift für betriebswirtschaftliche Forschung
ZfgK	Zeitschrift für das gesamte Kreditwesen
ZfV	Zeitsschrift für Versicherungswesen
ZGR	Zeitschrift für Unternehmens- und Gesellschaftsrecht
ZHR	Zeitschrift für das gesamte Handels- und Wirtschaftsrecht
Ziff.	Ziffer
ZInsO	Zeitschrift für das gesamte Insolvenzrecht
ZIP	Zeitschrift für Wirtschaftsrecht
zit.	zitiert
ZNotP	Zeitschrift für die Notarpraxis
ZPO	Zivilprozessordnung
ZRP	Zeitschrift für Rechtspolitik
ZSR	Zeitschrift für Sozialreform
ZTR	Zeitschrift für Tarifrecht
ZuSEG	Gesetz über die Entschädigung von Zeugen und Sachverständigen
zust.	zustimmend
ZVerwWiss	Zeitschrift für Verwaltungswissenschaft
ZZP	Zeitschrift für Zivilprozess

1. Kapitel
Einführung

§ 1
Entwicklung zu einem Sonderrecht der börsennotierten Aktiengesellschaft

I. Die Aktiengesellschaft im Wandel	1.1
II. Die börsennotierte AG als Leitbild der neueren Gesetzgebung	1.7
1. EU-Harmonisierung	1.7
2. Verbesserung der Unternehmensführung	1.10
3. Anpassung des Aktienrechts an den Kapitalmarkt	1.19
a) Ausstattung der Aktien	1.20
b) Rückkauf eigener Aktien	1.21
c) Vereinheitlichung des Stimmrechts	1.22
d) Teilnahme an der Hauptversammlung	1.23
e) Rechtsverlust der Aktionäre	1.25
f) Bezugsrecht bei Kapitalerhöhungen	1.26
g) Vergütung durch Aktienoptionen ...	1.27
h) Ausschluss von Minderheitsaktionären	1.28
i) Deutscher Corporate Governance Kodex	1.29
j) Führungssystem und Mitbestimmung	1.30
III. Weitere Anpassungen an die Sicht des Kapitalmarkts	1.32
1. Steigerung des Unternehmenswertes ...	1.32
2. Unternehmensbewertung	1.33
3. Auskunftsrecht der Aktionäre	1.34
4. Transparenz	1.35
5. Börseneintritt und Börsenaustritt	1.36
IV. Ausbau des Kapitalmarktrechts	1.38
V. Neuere Entwicklung des Bilanzrechts .	1.40
VI. Zusammenfassung und Ausblick	1.45

Schrifttum: *Albach/Corte/Friedewald/Lutter/Richter*, Deregulierung des Aktienrechts: Das Drei-Stufen-Modell, 1988; *Assmann*, Corporate Governance im Schnittfeld von Gesellschaftsrecht und Kapitalmarktrecht, in FS Kümpel, 2003, S. 1; *Baums* (Hrsg.), Bericht der Regierungskommission Corporate Governance, 2001; *Baums/Drinhausen*, Weitere Reform des Rechts der Anfechtung von Hauptversammlungsbeschlüssen, ZIP 2008, § 145; *Baums/Drinhausen/Keinath*, Anfechtungsklagen und Freigabeverfahren. Eine empirische Studie, ZIP 2011, 2329; *Baums/Keinath/Gajek*, Fortschritte bei Klagen gegen Hauptversammlungsbeschlüsse? Eine empirische Studie, ZIP 2007, 1629; *Bayer*, Aktionärsrechte und Anlegerschutz, ZHR Sonderheft 71, 2002, S. 137; *Bayer*, Empfehlen sich besondere Regeln für börsennotierte und für geschlossene Gesellschaften?, Gutachten E zum 67. Deutschen Juristentag, 2008; *Bayer/Habersack*, Aktienrecht im Wandel, Bd. I, Entwicklung des Aktienrechts, 2007; *Bosse*, Grünes Licht für das ARUG: das Aktienrecht geht online, NZG 2009, 807; *Bungert/Wansleben*, Umsetzung der überarbeiteten Aktionärsrechterichtlinie in das deutsche Recht: Say on Pay und Related Party Transactions, DB 2017, 1190; *Döge/Jobst*, Aktienrecht zwischen börsen- und kapitalmarktorientiertem Ansatz, BKR 2010, 136; *Drinhausen/Keinath*, Regierungsentwurf zur Aktienrechtsnovelle 2012, BB 2012, 395; *Drygala/Staake*, Delisting als Strukturmaßnahme, ZIP 2013, 905; *Fleischer*, Das Aktiengesetz von 1965 und das neue Kapitalmarktrecht, ZIP 2006, 451; *Fleischer*, Der deutsche „Bilanzeid" nach § 264 Abs. 2 Satz 3 HGB, ZIP 2007, 97; *Gaul*, Das Vergütungssystem der Hauptversammlung nach § 120 Abs. 4 AktG im Lichte der Reform der Aktionärsrechte-Richtlinie, AG 2017, 178; *Habersack*, Der Finanzplatz Deutschland und die Rechte der Aktionäre, ZIP 2001, 1230; *Habersack*, Das Aktiengesetz und das Europäische Recht, ZIP 2006, 445; *Hommelhoff*, Anlegerinformationen im Aktien-, Bilanz- und Kapitalmarktrecht, ZGR 2000, 748; *Habersack*, Wandlungen des Aktienrechts, AG 2009, 1; *Habersack*, Staatliche und halbstaatliche Eingriffe in die Unternehmensführung, Gutachten E zum 69. Deutschen Juristentag, 2012; *Habersack*, Möglichkeiten und Grenzen staatlicher und halbstaatlicher Eingriffe in die Unternehmensführung, NJW-Beil. 2012, 94; *Hommelhoff*, Anlegerinformationen im Aktien-, Bilanz- und Kapitalmarktrecht, ZGR 2000, 748; *Klöhn/Verse*, Ist das „Verhandlungsmodell" zur Bestimmung der Verschmelzungswertrelation verfassungswidrig?, AG 2013, 2; *Kornblum*, Bundesweite Rechtstatsachen zum Unternehmens- und Gesellschaftsrecht (Stand 1.1.2017), GmbHR 2017, 739; *Kort*, Vorstandshandeln im Spannungsverhältnis zwischen Unternehmensinteresse und Aktionärsinteressen, AG 2012, 605; *Krämer/Kiefner*, Ad-hoc-Publizität nach dem Final Report der ESMA, AG 2016, 621; *Kroiß* (Hrsg.), Rechtsprobleme durch Covid-19, 2. Aufl. 2021; *Lutter*, Gesellschaftsrecht und Kapitalmarkt, in FS Zöllner, Bd. I, 1998, S. 363; *Merkt*, Zum Verhältnis von Kapitalmarktrecht und Gesellschaftsrecht in der Diskussion um die Corporate Governance, AG 2003, 126; *Möllers*, Kapitalmarkttauglichkeit des deutsche Gesellschaftsrechts, AG 1999, 433; *Mülbert/Steup*, Das zweispurige Regime der Regelpublizität nach Inkrafttreten des TUG, NZG 2007, 761; *Noack*, Identifikation der Aktionäre, neue Rolle der Intermediäre – zur Umsetzung der Aktionärsrechte-Richtlinie II, NZG 2017, 561; *Schiessl*, Ist das deutsche Aktienrecht kapitalmarkttauglich?, AG 1999, 442; *K. Schmidt*, Gesellschaftsrecht, 4. Aufl. 2002; *Poelzig*, Insider- und Marktmanipulationsverbot im neuen Marktmissbrauchsrecht, NZG 2016, 528; *Pöschke*, Besteht die Notwendigkeit, die Regelungen der deutschen Unternehmensverfassung für börsennotierte und nicht börsennotierte Unternehmen zu trennen?, Der Konzern 2010, 91; *Reymann/Herrler*, Die Neuerungen im Aktienrecht durch das ARUG, DNotZ 2009, 815 (Teil 1), DNotZ 2009, 914 (Teil 2); *C. Schäfer*, Besondere Regeln für börsennotierte und nichtbörsennotierte Gesellschaften?, NJW 2008, 2536; *Schwark*, Prospekthaftung und Kapitalerhaltung in der AG, in FS Raisch, 1995, S. 269; *Seibt*, Kapitalmarktrechtliche Überlagerungen im deutschen Aktienrecht, in Gesellschaftsrechtliche Vereinigung (Hrsg.), Band 3, Gesellschaftsrecht in der Diskussion 2000, 2001, S. 37; *Simons*, Gesetzgebungskunst – Ein Hilferuf aus dem Maschinenraum des Kapitalmarktrechts, AG 2016, 651; *Söhner*, Praxis-Update Marktmissbrauchsverordnung: Neue Leitlinien und alte Probleme, BB 2017, 259; *Spindler*, Deregulierung des Aktienrechts?, AG 1996, 53; *Spindler*, Regeln für börsennotierte vs. Regeln für geschlossene Gesellschaften – Vollendung des Begonnenen?, AG 2008, 598; *Veil*, Transaktionen mit Related Parties im deutschen Aktien- und Konzernrecht – Grundsatzfragen der Umsetzung der Aktionärsrechte-Richtlinie, NZG 2017, 521; *J. Vetter*, Modifikation der aktienrechtlichen Anfechtungsklage, AG 2008, 177; *Wiesner*, Zur Deregulierung des Aktienrechts, WM 1988, 1841; *Zöllner*, Aktienrechtsreform in Permanenz – Was wird aus den Rechten des Aktionärs?, AG 1994, 336.

I. Die Aktiengesellschaft im Wandel

1.1 Gesetzliche Regelungen der Aktiengesellschaft finden sich auf deutschem Boden seit Anfang bzw. Mitte des 19. Jahrhunderts[1]. Im Unterschied zu dem relativ stabilen, jedoch deutlich jüngeren Recht der GmbH hat das Aktienrecht grundlegende Wandlungen erfahren und eine wechselvolle Geschichte durchlebt[2]. Erheblich geschwankt hat dabei auch die wirtschaftliche Bedeutung der Aktiengesellschaft. Dennoch ist die Aktiengesellschaft durch die Jahrhunderte bis heute das wichtigste **Sammelbecken für Risikokapital** bei gleichzeitiger Beschränkung des Risikos auf die geleistete Einlage geblieben. Seit den 80er Jahren des letzten Jahrhunderts hat die Bedeutung der Aktiengesellschaft im Wirtschaftsleben der Bundesrepublik sogar deutlich zugenommen[3]. Ein besonderer Zuwachs an Aktiengesellschaften war im Rahmen der „New Economy" und des Aufschwungs der Aktienmärkte zum Ende der 90er Jahre des letzten Jahrhunderts zu verzeichnen[4]. 2006 gab es in Deutschland mit 19.512 die bislang höchste Anzahl von Aktiengesellschaften[5]. Sie ist seitdem allerdings rückläufig. So waren am 1.1.2017 in den Handelsregistern nur noch 15.130 Aktiengesellschaften eingetragen. Hinzukommen allerdings 417 SE und 322 Kommanditgesellschaften auf Aktien[6]. Von den insgesamt bestehenden Aktiengesell-

---

1 Vgl. neben dem Code de Commerce von 1807 das Preußische Gesetz über Aktiengesellschaften von 1843 und das ADHGB von 1861.
2 Vgl. *Assmann* in Großkomm. AktG, 4. Aufl. 1992, Einl. Rz. 21 ff.; *Körber* in Bürgers/Körber/Lieder, AktG, Einleitung Rz. 1 ff.; *K. Schmidt*, Gesellschaftsrecht, § 26 II 2, S. 761 ff. und *K. Schmidt* in K. Schmidt/Lutter, AktG, Einleitung Rz. 3 ff.; zur Entwicklung nach 1965 *Habersack*, AG 2009, 1 ff.
3 *Escher-Weingart*, Reform durch Deregulierung im Kapitalgesellschaftsrecht, 2001, S. 23.
4 *K. Schmidt*, Gesellschaftsrecht, § 26 II 1b, S. 759 f. und *Wittkowski*, ZHR 167 (2003), 120, 131 f.
5 *Kornblum*, GmbHR 2009, 25, 31.
6 *Kornblum*, GmbHR 2017, 739, 740.

schaften, SE und KGaA ist nur ein kleiner Teil börsennotiert. Ende 2011 waren dies 673 Gesellschaften nach einem Höchststand von 749 Gesellschaften im Jahre 2001[7]. Inzwischen ist die Zahl der börsennotierten AG, SE und KGaA auf rd. 800 angestiegen[8]. In dieser Zahl sind allerdings auch die Gesellschaften im Freiverkehr enthalten.

In der Begründung des Regierungsentwurfs zur Aktienrechtsreform 1965 heißt es zu den **Zielen der Gesetzgebung:** Durch die Neuregelung „wird zugleich der gesellschaftspolitischen Aufgabe, immer weitere Schichten und Kreise unseres Volkes an dem Produktionsvermögen der Wirtschaft zu beteiligen und einer Massierung des Kapitals in Händen weniger Personen entgegenzuwirken, wirksam gedient und eine für die Verwirklichung der Forderung breitester Streuung des Eigentums auf dem Gebiet des Aktienwesens entscheidende Voraussetzung geschaffen"[9]. Diese Aussage spiegelt die Erkenntnis, dass die börsennotierte Aktiengesellschaft die am besten geeignete Rechtsform für die Eigenkapitalversorgung mittelgroßer oder großer Unternehmen ist. Zur Verbesserung der Eigenkapitalausstattung der Unternehmen wurde zwar vorgeschlagen, einen „zweiten Börsenmarkt" einzurichten, der als Kapitalmarkt für andere Gesellschaftsformen als die AG bzw. KGaA zugänglich sein sollte[10]. Diese Überlegungen scheiterten jedoch an den technischen Schwierigkeiten, die ein börsenmäßiger Handel von Anteilen an anderen Gesellschaftsformen mit sich bringen würde[11]. Das Gegenmodell von *Albach* und *Lutter* wollte drei Typen der Aktiengesellschaft, die „Private AG", die „Offene AG" und die „Große AG", entwickeln und auf diese Weise dem Markt verschiedene Formen der Aktiengesellschaft entsprechend den jeweiligen Bedürfnissen zur Verfügung stellen[12]. Diese Überlegungen mündeten in die Frage, ob nicht stärker zwischen der börsennotierten und der geschlossenen Aktiengesellschaft unterschieden werden sollte.

1.2

Die Strategie einer **Differenzierung des (Einheits-)Aktienrechts** hat sich letztlich durchgesetzt. Während die grundsätzliche Ausrichtung auf die Publikumsgesellschaft mit einer Vielzahl von Anlegern beibehalten bzw. verstärkt wurde, wurden für die „kleine AG" mit einem überschaubaren Aktionärskreis verschiedene Erleichterungen eingeführt und das Recht der Aktiengesellschaft im Übrigen auf die Besonderheiten des Kapitalmarkts ausgerichtet[13]. Mit dieser Orientierung wird zusätzlich zu dem herkömmlichen Kreis der an der Aktiengesellschaft Interessierten, den Aktionären, den Gläubigern und den Mitarbeitern, ein weiterer Kreis von Interessenten angesprochen, nämlich die noch nicht an der Aktiengesellschaft beteiligten künftigen Kapitalanleger. Eine weiter gehende Berücksichtigung der verschiedenen Typen der börsenfernen Aktiengesellschaft ist allerdings nicht erfolgt. Insbesondere gilt die Satzungsstrenge (§ 23 Abs. 5 AktG) nicht nur für die börsennotierte, sondern gleichermaßen auch für die offene Freiverkehrs- und die geschlossene Aktiengesellschaft[14]. Selbst moderate Gestaltungsspielräume, wie sie auf dem 67. Deutschen Juristentag diskutiert wurden, sind für diese Gesellschaften nicht eingeführt worden[15]. Dagegen hat die Anzahl der Vorschriften, die nur die börsennotierte Akti-

1.3

---

7 *DAI*-Factbook, Stand Oktober 2011, S. 02-3 und 02-3-a.
8 Siehe „Liste der börsennotierten deutschen Unternehmen" in wikipedia.de, zuletzt abgerufen am 7.10.2021.
9 *Kropff*, Aktiengesetz, S. 14.
10 Kommission „Zweiter Börsenmarkt", Börsenzugang für kleine und mittlere Unternehmen, 2 Bde., 1987 und 1989.
11 In der Praxis hat es immer wieder Versuche gegeben, einen derartigen Markt bereits auf der Basis des geltenden Rechts zu organisieren, so z.B. der Versuch der Düsseldorfer Börse im Jahre 2004, unter dem Namen GEFOX ein Handelssegment für Kommanditanteile einzurichten.
12 Vgl. *Albach/Corte/Friedewald/Lutter/Richter*, Deregulierung des Aktienrechts, S. 34 ff.; *Assmann* in Großkomm. AktG, 4. Aufl. 1992, Einl. Rz. 497 ff.; kritisch zu dem Drei-Stufen-Modell *Wiesner*, WM 1988, 1841.
13 Vgl. *K. Schmidt*, Gesellschaftsrecht, § 26 II 1c, S. 760; zu den Erscheinungsformen der nichtbörsennotierten AG siehe näher *Bayer*, AG Sonderheft August 2010, 13 f.
14 Zur zentralen Bedeutung der Satzungsstrenge im Aktienrecht *Fleischer*, ZIP 2006, 451, 452 f.
15 Vgl. die Beschlüsse Nr. 9 bis 13 des 67. DJT sowie die Vorschläge von *Bayer*, Empfehlen sich besondere Regelungen für börsennotierte und für nichtbörsennotierte Aktiengesellschaften?, Gutachten in Ver-

engesellschaft betreffen und für diese erhöhte Anforderungen stellen oder die einen Bezug zum Kapitalmarkt aufweisen, weiter zugenommen. Dabei gewähren die Vorschriften für die nicht börsennotierten Gesellschaften meist Erleichterungen, während die Regelungen für börsennotierte Gesellschaften höhere Anforderungen stellen[16].

1.4 Eine weitere Differenzierung ergibt sich innerhalb der Gesellschaften zwischen den **unternehmerisch beteiligten Aktionären** und den Minderheitsaktionären, die ohne nennenswerten Einfluss nur als **Kapitalanleger** beteiligt sind. Die Bedeutung dieser Unterscheidung zeigt sich vor allem bei den verschiedenen Möglichkeiten, Aktionäre mit einer Beteiligung von höchstens 5 % oder 10 % aus der Gesellschaft auszuschließen (siehe dazu Rz. 1.28)[17]. Sie zeigt sich aber auch bei den Freigabeanträgen, denen stattzugeben ist, wenn der Kläger nicht nachweisen kann, dass er einen anteiligen Betrag von mindestens 1.000 Euro hält (vgl. z.B. § 246a Abs. 2 Nr. 2 AktG). In diesen Fällen, die zwar nicht formal, aber praktisch nur die börsennotierten Gesellschaften betreffen, wird die verbandsrechtliche Sicht zugunsten vermögensrechtlicher Wertungen zurückgedrängt[18]. Mit der Änderung der Aktionärsrechterichtlinie von 2017[19] werden erstmals auch die **institutionellen Anleger** und **Vermögensverwalter** angesprochen. Diese Aktionärsgruppe soll eine „Mitwirkungspolitik" entwickeln, in der sie u.a. offenlegt, wie sie ihre Anlagestrategie mit der Ausübung ihrer Aktionärsrechte, insbesondere dem Stimmrecht, verbindet. Diese bisher eher passiven Aktionäre sollen dabei eine aktive Rolle in der Corporate Governance der börsennotierten Gesellschaften übernehmen. Die neuen Regeln wurden zum 26.6.2021 als §§ 134a, 134b, 134c, 134d und 135 AktG in das deutsche Recht eingefügt[20].

1.5 Die Berücksichtigung der **Interessen des Kapitalmarktes** führt nicht nur dazu, dass die Renditeinteressen, insbesondere der institutionellen Anleger, stärker in den Vordergrund treten[21], sondern führt auch zu Friktionen mit den herkömmlichen Grundsätzen des Aktienrechts. Beispielhaft genannt seien die Prospekthaftungsansprüche von Kapitalanlegern gegen die Gesellschaft aus §§ 21 ff. WpPG[22] sowie die Ansprüche von im Rahmen der Ad-hoc-Publizität fehlerhaft informierten Kapitalanlegern nach §§ 97, 98 WpHG (bis 2.1.2018: §§ 37b, 37c[23]) gegen die Gesellschaft einerseits und der Grundsatz der Kapitalerhaltung mit dem Verbot der Einlagenrückgewähr nach § 57 AktG andererseits. Die h.M. hat sich hier für einen Vorrang der kapitalmarktrechtlichen Regelungen ausgesprochen[24]. Die Berück-

---

handlungen des 67. Deutschen Juristentags, 2007, S. 81 ff.; dazu *Spindler*, AG 2008, 598 ff. und *Habersack*, AG 2009, 1 ff.
16 Vgl. im Einzelnen § 67 Abs. 6 Satz 2, § 87 Abs. 1 Satz 2, § 93 Abs. 6, § 100 Abs. 2 Nr. 4 und Abs. 5, § 107 Abs. 4, § 110 Abs. 3 Satz 2, § 120 Abs. 4 Satz 1, § 121 Abs. 3 Satz 3, Abs. 4a und Abs. 7, § 122 Abs. 2 Satz 3, § 123 Abs. 3 Satz 3, § 124 Abs. 1 Satz 2 und Abs. 3 Satz 2, § 124a Satz 1, § 125 Abs. 1 Satz 3, § 126 Abs. 1 Satz 3, § 130 Abs. 1 Satz 3, Abs. 2 Satz 2 und Abs. 6, § 134 Abs. 1 Satz 2, § 135 Abs. 5 Satz 4, § 149 Abs. 1, § 161 Abs. 1, § 171 Abs. 2 Satz 2, § 175 Abs. 2 Satz 1, § 176 Abs. 1 Satz 1, § 248 Abs. 1, § 328 Abs. 3, § 404 Abs. 1 Satz 1 und Abs. 2 Satz 1, § 404a, § 405 Abs. 3 AktG.
17 Vgl. BVerfG v. 30.5.2007 – 1 BvR 390/04, AG 2007, 544 = BB 2007, 1515 m. Anm. *Bungert* zu § 327a AktG und Begr. RegE, BT-Drucks. 17/3122, S. 12 f. zu § 62 Abs. 5 UmwG.
18 Zu dieser Doppelrolle des Aktionärs auch *Fleischer*, ZIP 2006, 451, 453 f.
19 Richtlinie (EU) 2017/828 des Europäischen Parlaments und des Rates v. 17.5.2017 zur Änderung der Richtlinie 2007/36/EG im Hinblick auf die Förderung der langfristigen Mitwirkung der Aktionäre, ABl. EU Nr. L 132 v. 20.5.2017, S. 1.
20 Vgl. dazu *Hüffer/Koch*, § 134a AktG Rz. 1 ff. m.w.N.
21 Siehe dazu *Fleischer/Strothotte*, AG 2011, 221, 223 ff.; *Hopt*, ZHR 165 (2011), 444, 499 ff.; *M. Roth*, ZGR 2011, 516.
22 Für die vor dem 1.6.2012 veröffentlichten Prospekte gelten gemäß § 52 Abs. 8 BörsG die §§ 44, 45 BörsG a.F. fort.
23 Geändert durch das Zweite Gesetz zur Novellierung von Finanzmarktvorschriften auf Grund europäischer Rechtsakte (Zweites Finanzmarktnovellierungsgesetz – 2. FiMaNoG) v. 23.6.2017, BGBl. I 2017, 1693.
24 Vgl. BGH v. 31.5.2011 – II ZR 141/09, AG 2011, 548 – Telekom III; BGH v. 9.5.2005 – II ZR 287/02 – EM-TV, NZG 2005, 672 = AG 2005, 609; *Assmann* in Assmann/Schlitt/von Kopp-Colomb, §§ 21–23

sichtigung der kapitalmarktrechtlichen Anforderungen führt auch in anderem Zusammenhang, z.B. beim Bezugsrechtsausschluss im Falle einer Kapitalerhöhung zum Börsenkurs gemäß § 186 Abs. 3 Satz 4 AktG, zu Wertungswidersprüchen und gibt Anlass, die nicht immer selbstverständlichen Wertungen des Aktienrechts zu hinterfragen[25].

Soweit das Gesetz die **börsennotierte AG** anspricht, gilt für diese die **Legaldefinition** des § 3 Abs. 2 AktG. Danach sind alle Gesellschaften börsennotiert, deren Aktien zum Handel an einem Markt zugelassen sind, der von staatlich anerkannten Stellen geregelt und überwacht wird, regelmäßig stattfindet und für das Publikum mittelbar oder unmittelbar zugänglich ist. Diese Definition umfasst den Handel im regulierten Markt (§§ 32 ff. BörsG), nicht aber den Freiverkehr (§ 48 BörsG). Bei dem geregelten und überwachten Markt kann es sich auch um einen vergleichbaren ausländischen Markt handeln. Aktiengesellschaften mit Sitz in Deutschland sind deshalb auch dann als börsennotierte Gesellschaften im Sinne des Aktienrechts anzusehen, wenn ihre Aktien ausschließlich an einer ausländischen Börse gehandelt werden[26]. In der jüngeren Gesetzgebung wird z.T. nicht mehr auf die Börsennotierung, sondern auf die **Kapitalmarktorientierung** der Gesellschaft abgestellt (z.B. § 100 Abs. 5, § 107 Abs. 4, § 404a, § 405 Abs. 3b AktG i.V.m. § 264d HGB, § 2 Abs. 11 WpHG [bis 2.1.2018: § 2 Abs. 5]). Dieser erweiterte Ansatz umfasst auch Gesellschaften, die den Kapitalmarkt in anderer Rechtsform als der AG und mit anderen Wertpapieren als Aktien in Anspruch nehmen. Bisweilen werden auch im Freiverkehr notierte Gesellschaften erfasst, wenn sie an einem organisierten Markt andere Wertpapiere als Aktien emittiert haben (vgl. § 161 Abs. 1 Satz 2 AktG). Welche Trennlinie sich letztlich durchsetzen wird, bleibt abzuwarten. Während der kapitalmarktorientierte Ansatz der Entwicklung im europäischen Gesellschaftsrecht entspricht[27], hält der deutsche Gesetzgeber an der Abgrenzung zwischen börsen- und nichtbörsennotierten Aktiengesellschaften weitgehend fest[28].

II. Die börsennotierte AG als Leitbild der neueren Gesetzgebung

1. EU-Harmonisierung

In den ersten drei Jahrzehnten nach der Reform von 1965 hat sich das Aktienrecht nicht wesentlich verändert. In dieser Zeit sind zwar wichtige **gesellschaftsrechtliche EU-Richtlinien** ergangen[29]. Deren Umsetzung ins deutsche Aktienrecht hat aber kaum zu grundlegenden Änderungen geführt, was darauf zurückzuführen ist, dass diese Richtlinien nicht unwesentlich von deutschen Rechtsvorstellungen geprägt waren und deshalb nur in begrenztem Umfang Anpassungsbedarf entstand. Eine weitergehende Harmonisierung vor allem der inneren Organisation der Aktiengesellschaft, wie sie mit der fünften

---

WpPG Rz. 77; *Bayer*, WM 2013, 961, 968; *Cahn/v. Spannenberg* in Spindler/Stilz, § 57 AktG Rz. 47 f.; *Fleischer* in K. Schmidt/Lutter, § 57 AktG Rz. 66 f.; *Fleischer*, ZIP 2006, 451, 456; *Hüffer/Koch*, § 57 AktG Rz. 15; *Groß*, Kapitalmarktrecht, § 21 WpPG Rz. 10 ff.; *Schwark*, Prospekthaftung und Kapitalerhaltung in der AG, in FS Raisch, S. 269 ff. sowie Rz. 10.365.
25 Vgl. dazu *K. Schmidt*, Gesellschaftsrecht, § 22 II 2b, S. 657 f.
26 *Drescher* in Spindler/Stilz, § 3 AktG Rz. 5; *Hüffer/Koch*, § 3 AktG Rz. 6; *Lingemann/Wasmann*, BB 1998, 853, 854.
27 Vgl. *Dögel/Jobst*, BKR 2010, 136, 141; *Grundmann*, Europäisches Gesellschaftsrecht, 2. Aufl. 2011, § 1 Rz. 6, 26.
28 Vgl. z.B. § 10 Abs. 1 Satz 2 Nr. 1 AktG i.d.F. des Gesetzes zur Änderung des Aktiengesetzes (Aktienrechtsnovelle 2016) v. 22.12.2015 (BGBl. I 2015, 2565) mit der grundsätzlichen Beschränkung der Inhaberaktie auf die börsennotierten Gesellschaften.
29 Vgl. die Erste Richtlinie v. 9.3.1968 (Publizitätsrichtlinie), die Zweite Richtlinie 13.12.1976 (Kapitalrichtlinie), die Dritte Richtlinie v. 9.10.1978 (Verschmelzungsrichtlinie); dazu ausführlich *Bayer/J. Schmidt* in Bayer/Habersack, Aktienrecht im Wandel, Bd. I, 2007, S. 1 und *Habersack*, ZIP 2006, 445. Ferner die durch das ARUG umgesetzte Aktionärsrechterichtlinie v. 11.7.2007 (2007/36/EG), ABl. EU Nr. L 184 v. 3.8.2007, S. 17.

Richtlinie über die Struktur der Aktiengesellschaft sowie die Befugnisse und Verpflichtungen ihrer Organe[30] angestrebt wurde, ist letztlich nicht zustande gekommen. Teile der damaligen Richtlinien werden inzwischen als zu streng und zu wenig flexibel angesehen. So sind die Restriktionen der zweiten gesellschaftsrechtlichen Richtlinie in Bezug auf den Erwerb eigener Aktien und die Einbringung von Wertpapieren als Sacheinlage bei der Gründung und bei Kapitalerhöhungen wieder gelockert worden[31]. Vereinfacht wurden auch die dritte und sechste gesellschaftsrechtliche Richtlinie über die Verschmelzung und Spaltung von Aktiengesellschaften, indem die Verschmelzungs- und Spaltungsprüfung für verzichtbar erklärt wurden[32]. Nahezu zeitgleich mit der Rechtsprechung des EuGH zur Öffnung des UmwG für ausländische Gesellschaften[33] wurde die Richtlinie zur grenzüberschreitenden Verschmelzung von Kapitalgesellschaften aus verschiedenen Mitgliedstaaten[34] erlassen. Sie wurde durch das Zweite Änderungsgesetz zum UmwG[35] und das MgVG[36] umgesetzt. Mit seiner nachfolgenden Rechtsprechung hat der EuGH auch den grenzüberschreitenden Formwechsel europarechtlich zugelassen[37]. Um die Anwendung des europäischen Gesellschaftsrechts zu erleichtern, wurden 2017 sechs gesellschaftsrechtliche Richtlinien[38] ohne inhaltlichen Änderungen in einer neuen gemeinsamen Richtlinie zusammengefasst[39]. Die bisherigen Einzelrichtlinien wurden aufgehoben.

1.8 Um die Rechte der Aktionäre in den börsennotierten Gesellschaften zu stärken, wurde 2007 die **Aktionärsrechte-Richtlinie** erlassen[40]. Diese Richtlinie soll zu einer weiteren Harmonisierung der Aktionärsrechte, nicht zuletzt auch bei der grenzüberschreitenden Stimmrechtsausübung beitragen. Sie wurde durch das ARUG[41] umgesetzt. Die EU-Kommission hat außerdem mehrere **Empfehlungen** verabschiedet, die sich ebenfalls an börsennotierte Gesellschaften wenden. Die eine befasst sich mit den Aufgaben von Aufsichtsratsmitgliedern börsennotierter Gesellschaften sowie den Aufsichtsratsausschüssen[42], zwei andere Empfehlungen betreffen die Vergütung von Mitgliedern der Unternehmens-

---

30 Vorschlag einer Fünften Richtlinie v. 9.10.1972 i.d.F. v. 12.8.1983, ABl. EG Nr. C 240 v. 9.9.1983, S. 2.
31 Vgl. die Richtlinie 2006/68/EG v. 6.9.2006 zur Änderung der Richtlinie 77/91/EWG v. 21.9.2004, ABl. EU Nr. L 264 v. 25.9.2006, S. 32, sowie die Neufassung durch die Richtlinie 2012/30/EU des Europäischen Parlaments und des Rates v. 25.10.2012 zur Koordinierung der Schutzbestimmungen, die in den Mitgliedstaaten den Gesellschaften im Sinne des Artikels 54 Absatz 2 des Vertrages über die Arbeitsweise der Europäischen Union im Interesse der Gesellschafter sowie Dritter für die Gründung der Aktiengesellschaft sowie für die Erhaltung und Änderung ihres Kapitals vorgeschrieben sind, um diese Bestimmungen gleichwertig zu gestalten, ABl. EU Nr. L 315 v. 14.11.2012, S. 74.
32 Richtlinie 2011/35/EU des Europäischen Parlaments und des Rates v. 5.4.2011 über die Verschmelzung von Aktiengesellschaften (konsolidierter Text), ABl. EU Nr. L 110 v. 29.4.2011, S. 1.
33 Vgl. EuGH v. 13.12.2005 – C-411/03 – Sevic Systems AG, ZIP 2005, 2311 = AG 2006, 80.
34 Richtlinie 2005/56/EG des Europäischen Parlaments und des Rates v. 26.10.2005 über die Verschmelzung von Kapitalgesellschaften aus verschiedenen Mitgliedstaaten, ABl. EU Nr. L 310 v. 25.11.2005, S. 1.
35 Zweites Gesetz zur Änderung des Umwandlungsgesetzes v. 18.4.2007, BGBl. I 2007, 542.
36 Gesetz über die Mitbestimmung der Arbeitnehmer bei einer grenzüberschreitenden Verschmelzung (MgVG) v. 21.12.2006, BGBl. I 2006, 3332.
37 Vgl. EuGH v. 12.7.2012 – C-378/10, ZIP 2012, 1394, 1396 Tz. 43 – Vale; siehe dazu näher *Marsch-Barner/Wilk* in Kallmeyer, Vor §§ 122a–122l UmwG Rz. 19.
38 Spaltungsrichtlinie (82/891/EWG), Zweigniederlassungsrichtlinie (89/666/EWG), Richtlinie 2005/56/EG zur grenzüberschreitenden Verschmelzung, Publizitätsrichtlinie (2009/101/EG), Verschmelzungsrichtlinie (2011/35/EU), Kapitalrichtlinie (2012/30/EU).
39 Richtlinie (EU) 2017/1132 des Europäischen Parlaments und des Rates v. 14.6.2017 über bestimmte Aspekte des Gesellschaftsrechts, ABl. EU Nr. L 169 v. 30.6.2017, S. 46.
40 Richtlinie über die Ausübung bestimmter Rechte von Aktionären in börsennotierten Gesellschaften v. 11.7.2007 (2007/36/EG), ABl. EU Nr. L 184 v. 3.8.2007, S. 17.
41 Gesetz zur Umsetzung der Aktionärsrechterichtlinie v. 30.7.2009, BGBl. I 2009, 2479.
42 Empfehlung der EU-Kommission v. 15.2.2005 zu den Aufgaben von nicht geschäftsführenden Direktoren/Aufsichtsratsmitgliedern/börsennotierter Gesellschaften sowie zu den Ausschüssen des Verwaltungs-/Aufsichtsrats, ABl. EU Nr. L 52 v. 25.2.2005, S. 51.

leitung börsennotierter Gesellschaften[43]. In ihrem **Aktionsplan zum Gesellschaftsrecht und zur Corporate Governance** von 2012 hat die Kommission weitere Maßnahmen angekündigt[44]. Bereits vorgelegt hat die Kommission den Entwurf einer Richtlinie für ein ausgewogenes Verhältnis von Männern und Frauen in Aufsichtsräten börsennotierter Gesellschaften[45]. Danach sollen die Mitgliedstaaten in den Aufsichtsräten börsennotierter Gesellschaften eine 40 %-Quote für das unterrepräsentierte Geschlecht vorsehen. Der Entwurf hat bislang nur wenige Befürworter gefunden. In Deutschland gilt zudem seit dem 1.1.2016 bereits eine Geschlechterquote von 30 % (siehe Rz. 1.17a). Sodann wurde Anfang 2017 die Richtlinie zur **Änderung der Aktionärsrechte-Richtlinie** verabschiedet[46]. Mit den darin vorgesehenen Neuerungen sollen weitere wichtige, die börsennotierten Gesellschaften betreffende Fragen harmonisiert werden. Dazu gehören die Identifizierung der Aktionäre durch die Gesellschaft, die grenzüberschreitende Stimmrechtsausübung in den Hauptversammlungen, die Rolle der institutionellen Anleger, Vermögensverwalter und Stimmrechtsberater, die Mitsprache der Aktionäre bei der Vergütung der Verwaltungsmitglieder sowie eine nähere Regelung der Geschäfte mit nahestehenden Personen. Die neue Richtlinie wurde durch das ARUG II[47] in deutsches Recht, insbesondere durch die Änderung bzw. Neueinführung der §§ 67 ff., § 87a, §§ 111a ff. sowie der §§ 134a ff. AktG, in deutsches Recht implementiert. Alle diese Regelungen beziehen sich inhaltlich auf die börsennotierten Gesellschaften, die damit im Zentrum der bisherigen europarechtlichen Entwicklung stehen. Als Nächstes will sich die EU-Kommission mit allgemeineren Themen wie der Digitalisierung des Gesellschaftsrechts sowie der grenzüberschreitenden Mobilität von Gesellschaften im Hinblick auf Übernahmen, Spaltungen und Umwandlungen befassen. Dabei wird auch eine Harmonisierung des anwendbaren Kollisionsrechts angestrebt[48].

Eine weitere Quelle für die Weiterentwicklung des Aktienrechts bilden die **EU-Richtlinien** im Bereich des **Kapitalmarktrechts** und die dazu ergangenen Umsetzungsgesetze. Hierzu zählen etwa die Insider-Richtlinie[49] sowie die Wertpapierdienstleistungs-Richtlinie[50], die jeweils durch die Marktmissbrauchs-Richtlinie[51] bzw. durch die Richtlinie über Märkte für Finanzinstrumente[52] ersetzt wurden, die Übernahme-Richtlinie[53], die Richtlinie zur Änderung der Offenlegungspflichten[54] sowie die Transparenz-

1.9

---

43 Empfehlung der EU-Kommission v. 14.12.2004 zur Einführung einer angemessenen Regelung für die Vergütung von Mitgliedern der Unternehmensleitung börsennotierter Gesellschaften, ABl. EU Nr. L 385 v. 29.1.2004, S. 55, und Empfehlung der EU-Kommission v. 30.4.2009 zur Ergänzung der Empfehlungen 2004/913/EG und 2005/162/EG zur Regelung der Vergütung von Mitgliedern der Unternehmensleitung börsennotierter Gesellschaften, ABl. EU Nr. L 120 v. 15.5.2009, S. 120.
44 Aktionsplan: Europäisches Gesellschaftsrecht und Corporate Governance – ein moderner Rechtsrahmen für engagierte Aktionäre und besser überlebensfähige Unternehmen, COM (2012) 740/2, sowie dazu *Bayer/J. Schmidt*, BB 2013, 3, 12 ff.
45 Vorschlag der EU-Kommission für eine Richtlinie zur Gewährleistung einer ausgewogenen Vertretung von Frauen und Männern unter den nicht geschäftsführenden Direktoren/Aufsichtsratsmitgliedern börsennotierter Gesellschaften und über damit zusammenhängende Maßnahmen v. 14.11.2012, COM (2012) 614 final.
46 Richtlinie (EU) 2017/828 des Europäischen Parlaments und des Rates v. 17.5.2017 zur Änderung der Richtlinie 2007/36/EG im Hinblick auf die Förderung der langfristigen Mitwirkung der Aktionäre, ABl. EU Nr. L 132 v. 20.5.2017, S. 1.
47 Gesetz zur Umsetzung der zweiten Aktionärsrechterichtlinie (ARUG II) v. 12.12.2019, BGBl. I 2019, 2637.
48 Vgl. die Konsultation der EU-Kommission zur Modernisierung des EU-Gesellschaftsrechts v. 10.5.2017: Regelungen den digitalen Lösung und effizienter grenzüberschreitende Tätigkeiten.
49 Richtlinie v. 13.11.1989 (89/592/EWG), ABl. EG Nr. L 334 v. 18.11.1989, S. 30.
50 Richtlinie v. 10.5.1993 (93/22/EWG), ABl. EG Nr. L 141 v. 11.6.1993, S. 27.
51 Richtlinie v. 28.1.2003 (2003/6/EG), ABl. EU Nr. L 96 v. 12.4.2003, S. 16.
52 Richtlinie v. 21.4.2004 (2004/39/EG), ABl. EU Nr. L 145 v. 30.4.2004, S. 1.
53 Richtlinie v. 21.4.2004 (2004/25/EG), ABl. EU Nr. L 142 v. 30.4.2004, S. 12.
54 Richtlinie 2003/58/EG v. 15.7.2003 zur Änderung der Richtlinie 68/151/EWG des Rates in Bezug auf die Offenlegungspflichten von Gesellschaften bestimmter Rechtsformern, ABl. EU Nr. L 221 v. 4.9.2003, S. 13.

richtlinie[55] und die Änderungsrichtlinie dazu[56]. Im Unterschied zu den gesellschaftsrechtlichen Richtlinien sind die kapitalmarktrechtlichen Richtlinien stark durch anglo-amerikanische Rechtsvorstellungen geprägt. Daher führen diese Richtlinien tendenziell zu einem größeren Anpassungsbedarf. Ziel dieser Regelungen sind bestimmte Verhaltenspflichten primär der Funktionsfähigkeit des Kapitalmarktes und sekundär des Schutzes der Anleger. So geht es z.B. bei dem Übernahmeverfahren nach §§ 10 ff. WpÜG um die Rechtsstellung der Minderheitsaktionäre und bei der Beteiligungspublizität nach §§ 33 ff. WpHG (bis 2.1.2018: §§ 21 ff.[57]) sowie der Ad-hoc-Publizität gemäß Art. 7 MMVO (früher § 15 WpHG) um die Information der Kapitalanleger. Mit geregelt sind dabei z.T. auch verbandsrechtliche Fragen wie z.B. das Verhalten des Vorstands bei einem Übernahmeangebot (§ 33 Abs. 1 Satz 1 WpÜG).

1.9a Im Unterschied zu den bisherigen Regelungen durch Richtlinien geht die jüngste Entwicklung in der EU zu einer stärkeren Rechtsetzung durch **Verordnungen** über. So wurden inzwischen das Insiderrecht, die Ad-hoc-Publizität und der Marktmissbrauch EU-weit einheitlich in der Marktmissbrauchsverordnung geregelt[58]. Eine begleitende Richtlinie regelt ausschließlich die strafrechtlichen Sanktionen[59]. Die beiden EU-Rechtsakte wurden durch das 1. Finanzmarktnovellierungsgesetz (FiMaNoG) ins deutsche Recht umgesetzt bzw. übergeleitet[60]. Mit dem 2. FiMaNoG wurden die EU-Richtlinie und die EU-Verordnung zur Regelung der Märkte für Finanzinstrumente umgesetzt[61]. Auch in anderen Bereichen, wie der Reform der Abschlussprüfung für die Unternehmen von öffentlichem Interesse, zu denen vor allem die kapitalmarktorientierten Gesellschaften gehören, ist die Harmonisierung vorwiegend über eine EU-Rechtsverordnung erfolgt[62]. Die begleitende Richtlinie enthält vor allem Sanktions-

---

55 Richtlinie 2004/109/EG v. 15.12.2004 zur Harmonisierung der Transparenzanforderungen in Bezug auf Informationen über Emittenten, deren Wertpapiere zum Handel auf einem geregelten Markt zugelassen sind, und zur Änderung der Richtlinie 2001/34/EG, ABl. EU Nr. L 390 v. 31.12.2004, S. 38.
56 Richtlinie 2013/50/EU des Europäischen Parlaments und des Rates v. 22.10.2013 zur Änderung der Richtlinie 2004/109/EG des Europäischen Parlaments und des Rates zur Harmonisierung der Transparenzanforderungen in Bezug auf Informationen über Emittenten, deren Wertpapiere zum Handel auf einem Geregelten Markt zugelassen sind, der Richtlinie 2003/71/EG des Europäischen Parlaments und des Rates betreffend den Prospekt, der beim öffentlichen Angebot von Wertpapieren oder bei der Zulassung zum Handel zu veröffentlichen ist, sowie der Richtlinie 2007/14/EG der Kommission mit Durchführungsbestimmungen zu bestimmten Vorschriften der Richtlinie 2004/109/EG, ABl. EU Nr. L 294 v. 6.11.2013, S. 13.
57 Änderung durch das Zweite Gesetz zur Novellierung von Finanzmarktvorschriften auf Grund europäischer Rechtsakte (Zweites Finanzmarktnovellierungsgesetz – 2. FiMaNoG) v. 23.6.2017, BGBl. I 2017, 1693.
58 Vgl. Verordnung (EU) Nr. 596/2014 des Europäischen Parlaments und des Rates v. 16.4.2014 über Marktmissbrauch (Marktmissbrauchsverordnung) und zur Aufhebung der Richtlinie 2003/6/EG des Europäischen Parlaments und des Rates und der Richtlinien 2003/124/EG, 2003/125/EG und 2004/72/EG der Kommission, ABl. EU Nr. L 173 v. 12.6.2014, S. 1; ergänzend hat die Kommission dazu eine Reihe von Durchführungsverordnungen und Delegierte Verordnungen erlassen.
59 Richtlinie 2014/57/EU des Europäischen Parlaments und des Rates v. 16.4.2014 über strafrechtliche Sanktionen bei Marktmanipulation (Marktmissbrauchsrichtlinie), ABl. EU Nr. L 173 v. 12.6.2014, S. 179.
60 Gesetz zur Novellierung von Finanzmarktvorschriften auf Grund europäischer Rechtsakte (Erstes Finanzmarktnovellierungsgesetz – 1. FiMaNoG) v. 30.6.2016, BGBl. I 2016, 1514.
61 Richtlinie 2014/65/EU des Europäischen Parlaments und des Rates v. 15.5.2014 über Märkte für Finanzinstrumente sowie zur Änderung der Richtlinien 2002/92/EG und 2011/61/EU, ABl. EU Nr. L 173 v. 12.6.2014, S. 349, und Verordnung (EU) Nr. 600/2014 des Europäischen Parlaments und des Rates v. 15.5.2014 über Märkte für Finanzinstrumente und zur Änderung der Verordnung (EU) Nr. 648/2012, ABl. EU Nr. L 173 v. 12.6.2014, S. 84.
62 Verordnung (EU) Nr. 537/2014 des Europäischen Parlaments und des Rates v. 16.4.2014 über spezifische Anforderungen an die Abschlussprüfung bei Unternehmen von öffentlichem Interesse und zur Aufhebung des Beschlusses 2005/909/EG der Kommission, ABl. EU Nr. L 158 v. 27.5.2014, S. 77.

regelungen[63]. Die Überleitung dieser beiden Rechtsakte in das deutsche Recht erfolgte mit dem Abschlussprüfungsreformgesetz (**AReG**)[64]. Mit dem Erlass einer EU-Verordnung entfällt die Notwendigkeit einer Umsetzung in den Mitgliedstaaten. Für die verbindliche Auslegung der jeweiligen Normen sind dann nicht mehr die verschiedenen nationalen Gerichte, sondern allein der EuGH zuständig. Dieser entscheidet im Vorabentscheidungsverfahren gemäß Art. 267 AEUV.

2. Verbesserung der Unternehmensführung

Stark geprägt ist das heutige Aktienrecht auch durch zahlreiche Gesetzesänderungen, die nicht auf Harmonisierungsbestrebungen in der EU beruhen, sondern von der Absicht des deutschen Gesetzgebers getragen sind, die Aktiengesellschaft zu einer **modernen und effizienten Rechtsform** auszubauen. Mit dem Gesetz zur kleinen Aktiengesellschaft und zur Deregulierung des Aktienrechts von 1994[65] hat eine regelrechte Welle von Gesetzesänderungen eingesetzt, die eine ständige Reformdiskussion nach sich gezogen hat. Die Diskussion wird dabei dadurch belebt, dass die Aktiengesellschaft sowohl im Blick des Gesellschaftsrechts als auch des Kapitalmarktrechts steht und damit auch gelegentlich kollidierender Zielvorstellungen steht. Das viel zitierte Wort *Zöllners* von der „Aktienrechtsreform in Permanenz"[66] gilt unverändert. Dabei ist allerdings festzustellen, dass sich das Recht der börsennotierten Aktiengesellschaft inzwischen nicht mehr nur aus dem Aktiengesetz, sondern auch aus einer Reihe weiterer Gesetze, insbesondere dem WpHG, dem WpÜG und dem HGB, ergibt. 1.10

Ein Ziel dieser Gesetzesänderungen bestand zunächst darin, die Zusammenarbeit von Vorstand und Aufsichtsrat zu verbessern und zugleich die Verantwortlichkeit dieser beiden Organe zu stärken. Zu diesem Zweck wurden durch das Gesetz zur Kontrolle und Transparenz im Unternehmensbereich (**KonTraG**) von 1998[67] und das Transparenz- und Publizitätsgesetz (**TransPuG**) von 2002[68] die Berichtspflichten des Vorstands gegenüber dem Aufsichtsrat verdeutlicht (§ 90 Abs. 1 Nr. 1 AktG), die Sitzungsfrequenz des Aufsichtsrats erhöht (§ 110 Abs. 3 AktG) und die Rechte des einzelnen Aufsichtsratsmitgliedes gestärkt (§ 90 Abs. 3 Satz 2, § 110 Abs. 1 Satz 1 AktG). Die Verantwortung des Vorstandes für die Einrichtung eines Frühwarnsystems wurde durch § 91 Abs. 2 AktG klargestellt[69]. Um die Überwachungsfunktion des Aufsichtsrates zu betonen, ist in das Gesetz eine Verpflichtung zur Aufstellung eines Zustimmungskatalogs aufgenommen worden. Damit soll erreicht werden, dass der Aufsichtsrat bei Geschäften von grundlegender Bedeutung mitwirkt (§ 111 Abs. 4 Satz 2 AktG). Außerdem wurde zur Stärkung der Unabhängigkeit der Abschlussprüfung die Entscheidung über die Erteilung des Prüfungsauftrages vom Vorstand auf den Aufsichtsrat verlagert (§ 111 Abs. 2 Satz 3 AktG). Das Gesetz zur Unternehmensintegrität und Modernisierung des Anfechtungsrechts (**UMAG**) von 1.11

---

63 Richtlinie 2014/56/EU des Europäischen Parlaments und des Rates v. 16.4.2014 zur Änderung der Richtlinie 2006/43/EG über Abschlussprüfungen von Jahresabschlüssen und konsolidierten Abschlüssen, ABl. EU Nr. L 158 v. 27.5.2014, S. 196; geändert durch die Richtlinie 2014/95/EU des Europäischen Parlaments und des Rates v. 22.10.2014 zur Änderung der Richtlinie 2013/34/EU im Hinblick auf die Angabe nicht finanzieller und die Diversität betreffender Informationen durch bestimmte große Unternehmen und Gruppen, ABl. EU Nr. L 330 v. 15.11.2014, S. 1 (sog. CSR-Richtlinie).
64 Gesetz zur Umsetzung der prüfungsbezogenen Regelungen der Richtlinie 2014/56/EU sowie zur Ausführung der entsprechenden Vorgaben der Verordnung (EU) Nr. 537/2014 im Hinblick auf die Abschlussprüfung bei Unternehmen von öffentlichem Interesse (Abschlussprüfungsreformgesetz – AReG) v. 10.5.2016, BGBl. I 2016, 1142.
65 BGBl. I 1994, 1961.
66 *Zöllner*, AG 1994, 336.
67 Gesetz zur Kontrolle und Transparenz im Unternehmensbereich (KonTraG) v. 27.4.1998, BGBl. I 1998, 786, siehe dazu die Beiträge in AG 1997, Sonderheft August.
68 Gesetz zur weiteren Reform des Aktien- und Bilanzrechts, zu Transparenz und Publizität (Transparenz- und Publizitätsgesetz) v. 19.7.2002, BGBl. I 2002, 2681; dazu *Ihrig/Wagner*, BB 2002, 789 und *Seibert*, NZG 2002, 608.
69 Vgl. dazu auch die auf börsennotierte Aktiengesellschaften beschränkte Prüfungspflicht des Abschlussprüfers zur Einrichtung und Eignung des Frühwarnsystems gemäß § 317 Abs. 4 HGB.

2005[70] hat für Vorstand und Aufsichtsrat die **Business Judgment Rule** kodifiziert (§ 93 Abs. 1 Satz 2, § 116 Satz 1 AktG), um damit einen Haftungsfreiraum für qualifizierte unternehmerische Entscheidungen sicher zu stellen[71]. Im Gegenzug wurde die Durchsetzung von Sonderprüfungen und Schadensersatzansprüchen gegen Verwaltungsmitglieder durch Aktionäre moderat erleichtert (§ 142 Abs. 2, § 148 Abs. 1 Satz 1 AktG).

1.12 Mit dem UMAG wurden verschiedene Regelungen verabschiedet, die dem **Missbrauch der Anfechtungsklage** entgegenwirken sollen (§ 243 Abs. 4, § 245 Nr. 1, § 246a, § 248a AktG). Trotz dieser Reform ist die Zahl der berufsmäßigen Anfechtungskläger zunächst allerdings weiter gestiegen[72]. Deshalb wurde im Rahmen des Gesetzes zur Umsetzung der Aktionärsrechterichtlinie (**ARUG**)[73] erneut versucht, das professionelle Klagewesen zurück zu drängen. Zu diesem Zweck wurde das Freigabeverfahren[74] durch Verkürzung des Instanzenzugs, die Einführung eines Bagatellquorums und die Änderung der Interessenabwägungsklausel beschleunigt und ausgebaut. Zu verzeichnen ist infolgedessen eine Reduzierung und Verkürzung der durch gerichtlichen Beschluss beendeten Freigabeverfahren sowie ein deutlicher Rückgang der insgesamt erhobenen Beschlussmängelklagen[75]. Unabhängig davon bleiben aber weitere Reformen des Beschlussmängelrechts notwendig[76].

1.13 Mit dem Gesetz zur Modernisierung des Bilanzrechts (**BilMoG**)[77] wurde die Überwachungsaufgabe des Aufsichtsrats in Bezug auf die Rechnungslegung verstärkt. So wurde in Umsetzung von Art. 41 Abs. 2 der Abschlussprüferrichtlinie klargestellt, dass der Aufsichtsrat einen **Prüfungsausschuss** mit dem in § 107 Abs. 3 Satz 2 AktG definierten Aufgabenspektrum einrichten kann[78]. Das danach mit zu überwachende und auf seine Wirksamkeit zu prüfende Risikomanagementsystem ist als allgemeines Risikomanagementsystem zu verstehen und geht damit deutlich über das Früherkennungssystem gemäß § 91 Abs. 2 AktG hinaus[79]. Um die fachliche Kompetenz des Aufsichtsrates zu stärken, wurde außerdem bestimmt, dass dem Aufsichtsrat und Prüfungsausschuss einer kapitalmarktorientierten Gesellschaft mindestens ein unabhängiges Mitglied mit Sachverstand auf den Gebieten der Rechnungslegung oder Abschlussprüfung angehören muss (§ 100 Abs. 5, § 107 Abs. 4 AktG; sog. **Finanzexperte**)[80]. Außerdem ist der Vorschlag des Aufsichtsrates für die Bestellung des Abschlussprüfers durch die Hauptversammlung auf eine Empfehlung des Prüfungsausschusses zu stützen (§ 124 Abs. 3 Satz 2 AktG).

1.14 Im Jahre 2009 wurde auch das Gesetz zur Angemessenheit der Vorstandsvergütung (**VorstAG**) verabschiedet[81]. Ziel dieses Gesetzes ist, überhöhte **Vorstandsvergütungen** zu vermeiden und auf eine angemessene Vergütung der Vorstandsmitglieder, insbesondere bei den börsennotierten Gesellschaften, hinzuwirken. Zu diesem Zweck wurde bestimmt, dass nur der Aufsichtsrat insgesamt und nicht

---

70 Gesetz zur Unternehmensintegrität und Modernisierung des Anfechtungsrechts (UMAG) v. 22.9.2005, BGBl. I 2005, 2802; dazu näher *Seibert/Schütz*, ZIP 2004, 252 und *Fleischer*, NJW 2005, 3525.
71 Begr. RegE, BR-Drucks. 3/05, S. 17.
72 Siehe dazu die Studie von *Baums/Keinath/Gajek*, ZIP 2007, 1629 ff.
73 Gesetz zur Umsetzung der Aktionärsrechterichtlinie (ARUG) v. 30.7.2009, BGBl. I 2009, 2479; vgl. dazu *Bosse*, NZG 2009, 807; *Reymann/Herrler*, DNotZ 2009, 815/914.
74 § 246a, § 319 Abs. 6, § 320 Abs. 1, § 327e AktG; § 16 Abs. 3, § 125, § 198 Abs. 3 UmwG.
75 *Bayer/Fiebelkorn*, ZIP 2012, 2181, 2183; *Bayer/Hoffmann/Sawada*, ZIP 2012, 897, 899 ff.; *Baums/Drinhausen/Keinath*, ZIP 2011, 2329, 2349.
76 Vgl. die Vorschläge von *Bayer*, ZIP 2012, 2181; *Fleischer*, AG 2012, 765; *Habersack/Stilz*, ZGR 2010, 711 sowie des *Arbeitskreises Beschlussmängelrecht*, AG 2008, 617; der 72. Deutsche Juristentag 2018 will sich mit einer eventuellen Reform des Beschlussmängelrechts befassen.
77 Gesetz zur Modernisierung des Bilanzrechts (Bilanzrechtsmodernisierungsgesetz – BilMoG) v. 25.5.2009, BGBl. I 2009, 1102.
78 Dazu näher *Velte*, NZG 2011, 771.
79 RegE BilMoG, BT-Drucks. 16/10067, S. 102.
80 Dazu näher *Habersack*, AG 2008, 98; *Lanfermann/Röhricht*, BB 2009, 887.
81 Gesetz zur Angemessenheit der Vorstandsvergütung v. 31.7.2009, BGBl. I 2009, 2509.

lediglich ein Ausschuss die Gesamtbezüge der einzelnen Vorstandsmitglieder festsetzen kann (§ 87 Abs. 1 Satz 1, § 107 Abs. 3 Satz 3 AktG). Ergänzend wurde für die börsennotierten Gesellschaften ein Votum der Hauptversammlung zum System der Vorstandsvergütung eingeführt, das den Aufsichtsrat allerdings nicht bindet (§ 120 Abs. 4 AktG; siehe dazu auch Rz. 1.16). Inhaltlich muss die Vorstandsvergütung bei diesen Gesellschaften auf eine nachhaltige Unternehmensentwicklung ausgerichtet sein (§ 87 Abs. 1 Satz 2 AktG). Damit sind vor allem mehrjährige Vergütungsanreize gemeint (§ 87 Abs. 1 Satz 3 AktG)[82]. Um mögliche **Interessenkonflikte** zu verhindern, hat das VorstAG einen unmittelbaren Wechsel eines Vorstandsmitglieds in den Aufsichtsrat derselben Gesellschaft unterbunden. So darf ein ehemaliges Mitglied des Vorstands einer börsennotierten Gesellschaft grundsätzlich erst zwei Jahre nach seinem Ausscheiden in den Aufsichtsrat gewählt werden. Eine Ausnahme gilt nur in dem Fall, dass die Wahl auf Vorschlag von Aktionären erfolgt, die mehr als 25 % der Stimmrechte an der Gesellschaft halten (§ 100 Abs. 2 Satz 1 Nr. 4 AktG). Aufgrund dieses hohen Quorums kommt ein solcher unmittelbarer Wechsel praktisch nur noch bei Gesellschaften mit einem Großaktionär vor[83].

Um genügend Zeit für die Aufarbeitung der 2008 ausgebrochenen Finanzmarktkrise zu haben, sah sich der Gesetzgeber im Rahmen des Restrukturierungsgesetzes veranlasst, die **Verjährungsfrist** für die Geltendmachung von Ersatzansprüchen gegenüber Vorständen und Aufsichtsräten börsennotierter Gesellschaften und Kreditinstituten von bislang fünf auf **zehn Jahre** zu verlängern (§ 93 Abs. 6 AktG, § 52a Abs. 1 KWG)[84]. Insoweit ist § 52a KWG jedoch rechtsformunabhängig und erfasst auch Kreditinstitute in der Rechtsform von Anstalten öffentlichen Rechts (insbesondere also Sparkassen) und Genossenschaften (insbesondere also Volksbanken). Daran zeigt sich die kapitalmarktrechtliche Seite dieser Normen. Entsprechend wurden zudem die zulässigen Gegenstände einer gerichtlichen Sonderprüfung zeitlich erweitert (§ 142 Abs. 2 Satz 1 AktG). 1.15

Obwohl ein Votum der Hauptversammlung zum System der Vorstandsvergütung, wie es mit dem VorstAG eingeführt wurde, bei allen DAX 30-Gesellschaften freiwillig eingeholt und beachtet wurde, hatte der Gesetzgeber im Rahmen des Entwurfs eines **VorstKoG**[85] vorgesehen, bei börsennotierten Gesellschaften die Zustimmung der Hauptversammlung zum System der Vorstandsvergütung zu einer gesetzlichen Pflicht zu erheben, wobei im Rahmen dieser Zustimmung auch der Betrag der höchsten erreichbaren Gesamtbezüge festgelegt werden muss (§ 120 Abs. 4 AktG-E). Ob ein solches Zustimmungserfordernis geeignet ist, überhöhte Vergütungen zu verhindern, kann bezweifelt werden. Die Position des Aufsichtsrates gegenüber dem Vorstand würde jedenfalls in einem wichtigen Punkt geschwächt. Aus diesem und weiteren Gründen ist der Gesetzentwurf letztlich gescheitert. 1.16

Nach der Bundestagswahl 2013 wurden die Arbeiten an dem Gesetzentwurf wieder aufgenommen. Sie führten schließlich zu der **Aktienrechtsnovelle 2016**, die am 31.12.2015 in Kraft getreten ist[86]. Ein Ziel dieses Gesetzes ist es, die Beteiligungsverhältnisse bei der Aktiengesellschaft transparenter zu machen. Zu diesem Zweck wurde die **Namensaktie** als primäre Aktienform der börsennotierten Gesellschaften festgelegt (§ 10 Abs. 1 Nr. 1 AktG). Die in Deutschland traditionell vorherrschende Inhaberaktie bleibt für die börsennotierten Gesellschaften dennoch zulässig. Voraussetzung ist aber, dass der Anspruch auf Einzelverbriefung ausgeschlossen ist und die Sammelurkunde bei einer Wertpapiersam- 1.17

---

82 Vgl. *Marsch-Barner*, ZHR 175 (2011) 737.
83 Vgl. z.B. die Wahl von *Thomas Quaas* in der Hauptversammlung 2011 der Beiersdorf AG; zur Kritik an der Regelung siehe *Habersack*, Staatliche und halbstaatliche Eingriffe in die Unternehmensführung, Gutachten E zum 69. Deutschen Juristentag, 2012, E 82 und 17. Beschluss des 69. DJT; für eine Revision der gesetzlichen Regelung *M. Roth*, ZHR 178 (2014), 638.
84 I.d.F. des Gesetzes zur Restrukturierung und geordneten Abwicklung von Kreditinstituten, zur Errichtung eines Restrukturierungsfonds für Kreditinstitute und zur Verlängerung der Verjährungsfrist der aktienrechtlichen Organhaftung (Restrukturierungsgesetz) v. 9.12.2010, BGBl. I 2010, S. 1900; zur Begründung siehe RegE, BT-Drucks. 17/3024, S. 81; zu den Rechtsfragen *Harbarth/Jaspers*, NZG 2011, 368.
85 Gesetz zur Kontrolle der Vorstandsvergütung und zur Änderung weiterer aktienrechtlicher Vorschriften i.d.F. des Entwurfs v. 26.6.2013 (BT-Drucks. 17/14214).
86 Gesetz zur Änderung des Aktiengesetzes (Aktienrechtsnovelle 2016) v. 22.12.2015, BGBl. I 2015, 2565.

melbank oder einem vergleichbaren ausländischen Verwahrer hinterlegt wird (§ 10 Abs. 1 Nr. 2 AktG). Mit dieser Maßgabe hat der Gesetzgeber die begrenzte Transparenz, die sich bei den börsennotierten Gesellschaften aus den kapitalmarktrechtlichen Mitteilungspflichten ergibt, als ausreichend hingenommen[87]. Ein zweiter Aspekt betrifft die Verbesserung der Finanzierungsmöglichkeiten. So ermöglicht die neue Fassung der §§ 139, 140 AktG, **stimmrechtslose Vorzugsaktien** mit oder ohne Gewinnvorzug auszugeben und dabei auch die Nachzahlbarkeit des Vorzugs flexibel zu regeln. Diese Änderung soll vor allem den Kreditinstituten dabei helfen, dass Vorzugsaktien als regulatorisches Kernkapital anerkannt werden[88]. Sie erweitert aber auch die Finanzierungsmöglichkeiten der börsennotierten Gesellschaften. Eine weitere Verbesserung in dieser Hinsicht stellen die Änderungen der §§ 192, 221 AktG dar. Danach kann bei der Ausgabe von Schuldverschreibungen nicht nur den Gläubigern, sondern auch der Gesellschaft selbst ein Umtauschrecht eingeräumt werden kann (sog. **umgekehrte Wandelschuldverschreibung**). Damit wird die Zulässigkeit bestimmter Finanzierungsformen wie der bedingten Pflichtwandelanleihe klargestellt[89].

1.17a Ein anderes, gesellschaftspolitisches Thema war die Einführung einer **Geschlechterquote** für die Vorstände und Aufsichtsräte der größeren, insbesondere börsennotierten Aktiengesellschaften. Nach mehreren Initiativen und Gesetzentwürfen sowie dem Entwurf einer EU-Richtlinie zur Erhöhung des Frauenanteils in Führungspositionen (siehe dazu Rz. 1.8) wurde im April 2015 das Gesetz für die gleichberechtigte Teilhabe von Frauen und Männern an Führungspositionen in der Privatwirtschaft und im öffentlichen Dienst verabschiedet[90]. Das Gesetz verpflichtet alle Aktiengesellschaften, die börsennotiert sind oder der Mitbestimmung nach dem MitbestG, dem Montan-MitbestG oder dem MitbestErgG unterliegen, sicherzustellen, dass im Aufsichtsrat jeweils mindestens 30 % Frauen vertreten sind (§ 96 Abs. 2 Satz 1 AktG). Außerdem hat der Aufsichtsrat von Gesellschaften, die börsennotiert sind oder irgendeiner Form der Mitbestimmung unterliegen[91], Zielgrößen für den Frauenanteil im Vorstand festzulegen (§ 111 Abs. 5 AktG). Der Vorstand solcher Gesellschaften hat seinerseits Zielgrößen für den Frauenanteil in den beiden Führungsebenen unterhalb des Vorstands festzulegen (§ 76 Abs. 4 AktG). Für die börsennotierte SE und börsennotierte Gesellschaften, die aus einer grenzüberschreitenden Verschmelzung hervorgegangen sind, gelten diese Regelungen im Wesentlichen entsprechend (§ 96 Abs. 3 AktG, § 17 Abs. 2, § 24 Abs. 3 SEAG).

1.17b Durch das Zweite Führungspositionen-Gesetz (FüPoG II)[92] wurde mit Wirkung ab dem 1.8.2022 eine verbindliche Geschlechterquote auch für den Vorstand vorgegeben zwecks gleichberechtigter Teilhabe von Frauen an Führungspositionen. Sie gilt für börsennotierte, paritätisch mitbestimmte Unternehmen mit mehr als drei Vorstandsmitgliedern (§ 76 Abs. 3a AktG). Diese müssen zukünftig mindestens eine Frau und einen Mann aufweisen. Besetzungen des Vorstands unter Verstoß gegen die Vorgaben der Geschlechterquote sind nach § 76 Abs. 3a AktG nichtig. Durch die „stay on board"-Regelung erhalten sämtliche Mitglieder des Leitungsorgans in den Fällen des Mutterschutzes, einer Elternzeit, der Pflege von Familienangehörigen und der Krankheit einen Anspruch auf ein temporäres „Ruhen" des Vorstandsmandates in Form eines Widerrufs der Bestellung unter Zusicherung der Wiederbestellung mit zeitlichen Abstufungen für die verschiedenen Anlässe, § 84 Abs. 3 AktG. Diese Regelungen sind insgesamt dogmatisch wenig durchdacht und lassen zahlreiche Fragen, z.B. hinsichtlich der SE und

---

87 Vgl. Begr. RegE in BT-Drucks. 22/15, S. 13.
88 Begr. RegE, BT-Drucks. 22/15, S. 25.
89 Vgl. Begr. RegE, BT-Drucks. 22/15, S. 27 und dazu näher *Lieder* in Bürgers/Körber/Lieder, § 192 AktG Rz. 8, § 194 AktG Rz. 5.
90 Gesetz für die gleichberechtigte Teilhabe von Frauen und Männern an Führungspositionen in der Privatwirtschaft und im öffentlichen Dienst v. 24.4.2015, BGBl. I 2015, 642.
91 Im ersten Fall (börsennotiert oder paritätisch mitbestimmt) soll es sich um rd. 100, im zweiten Fall (börsennotiert oder mitbestimmt) um rd. 3.500 Unternehmen handeln, vgl. Begr. ReGE, BT-Drucks. 18/3784, S. 57.
92 BGBl. I 2021, 3311 v. 7.8.2021.

der KGaA, offen und wurden unter Nutzung der Vorbereitung des anstehenden Wahlkampfes der Parteien für die Bundestagswahl im September 2021 im Eilverfahren durch das Parlament gebracht.

Weitere Änderungen des AktG wurden im Rahmen der Reform der Abschlussprüfung für die kapitalmarktorientierten Gesellschaften vorgenommen. Hier wurde das erst 2009 eingeführte Erfordernis der **Unabhängigkeit** des sog. **Finanzexperten** im Aufsichtsrat wieder gestrichen (§ 100 Abs. 5, § 107 Abs. 3 Satz 2 AktG; siehe Rz. 1.13). Zur Begründung wurde zu Recht darauf hingewiesen, dass die institutionelle Trennung des Prüfungsausschusses von der Geschäftsleitung bereits ein hohes Maß an Unabhängigkeit sicherstellt. Außerdem wurde bestimmt, dass in kapitalmarktorientierten Gesellschaften die Mitglieder des Aufsichtsrats und des Prüfungsausschusses in ihrer Gesamtheit mit dem Sektor ihrer Gesellschaft vertraut sein müssen (§ 100 Abs. 5, § 107 Abs. 4 AktG). Ergänzend wurde die **Bestellung des Abschlussprüfers** nach der EU-Verordnung Nr. 537/2014 durch Sanktionen[93] und Verfahrensregeln abgesichert. Sollte das Bestellungsverfahren gegen die Verordnung verstoßen, ist eine Anfechtung der Wahl des Abschlussprüfers durch die Hauptversammlung ausgeschlossen. Stattdessen ist das gerichtliche Ersetzungsverfahren gemäß § 318 Abs. 3 Nr. 2 HGB eröffnet. Außerdem begründet ein solcher Verstoß keine Nichtigkeit des von einem fehlerhaft bestellten Abschlussprüfer geprüften Jahresabschlusses (§ 256 Abs. 1 Nr. 3 d) AktG).

1.17c

Zu Beginn des Wahljahres 2017 wurde die Diskussion um eine Begrenzung der **Vorstandsgehälter** wiederbelebt. Auslöser waren hohe Vergütungen und Abfindungen bei VW, die vor dem Hintergrund der Dieselaffäre der Gesellschaft als unangemessen empfunden wurden. Ein Gesetzentwurf der SPD sah daraufhin vor, dass die steuerliche Absetzbarkeit der Vorstandsvergütung auf 500.000 Euro p.a. begrenzt wird. Außerdem sollte die Hauptversammlung auf Vorschlag des Aufsichtsrates ein Maximalverhältnis zwischen der einzelnen Vorstandsvergütung und dem durchschnittlichen Arbeitnehmereinkommen im Unternehmen festlegen[94]. Die Diskussion dazu verebbte allerdings rasch, was u.a. darauf beruhte, dass die Regelungen zur Vergütung der Mitglieder von Vorstand und Aufsichtsrat börsennotierter Gesellschaften im Zuge der Umsetzung der geänderten Aktionärsrechte-Richtlinie (siehe Rz. 1.8) in der folgenden Legislaturperiode ohnehin überarbeitet werden mussten[95].

1.17d

Durch das Gesetz zur Umsetzung der zweiten Aktionärsrechterichtlinie (ARUG II)[96] wurde mit Wirkung ab 1.1.2020 eine Reihe von Aktionärsrechten erweitert (dazu Rz. 1.8). Durch das Gesetz zur Ergänzung und Änderung der Regelungen für die gleichberechtigte Teilhabe von Frauen an Führungspositionen in der Privatwirtschaft und im öffentlichen Dienst[97], durch das das „Gesetz für die gleichberechtigte Teilhabe von Frauen und Männern an Führungspositionen in der Privatwirtschaft und im öffentlichen Dienst" vom 24.4.2015 (dazu Rz. 1.17a) gesetzt wurde, wurde für börsennotierte und dem MitbestG, dem Montan-MitbestG oder dem MitbestErgG unterliegende Aktiengesellschaften bei Vorständen von mehr als drei Mitgliedern eine Frauenquote von mindestens einer Frau vorgeschrieben und die Bestellung von Vorständen unter Verstoß gegen diese Vorgabe für nichtig erklärt (§ 76 Abs. 3a AktG). Über die börsennotierten Gesellschaften hinaus gelten diese Regelungen nach § 393a AktG für die Besetzung von Organen von Gesellschaften mit Mehrheitsbeteiligung des Bundes (vgl. auch Rz. 1.17b).

1.17e

Die kurze Übersicht über die Änderungen des AktG während der letzten Jahre macht deutlich, dass den einzelnen Änderungen ganz unterschiedliche Motive zugrunde liegen. Meist handelt es sich um sachliche Verbesserungen, wobei teilweise nur Details modifiziert wurden. In zunehmendem Maße gibt es Änderungen, die – wie die Bestimmungen zur Vorstandsvergütung und zur Frauenquote – au-

1.18

---

93 §§ 404a, 405 AktG.
94 Entwurf eines Gesetzes zur Angemessenheit von Vorstandsvergütungen und zur Beschränkung der steuerlichen Absetzbarkeit v. 20.2.2017, veröffentlicht unter www.spdfraktion.de.
95 Vgl. dazu *Bungert/Wansleben*, DB 2017, 1190; *Gaul*, AG 2017, 178; *Leuering*, NZG 2017, 646.
96 BGBl. I 2019, 2637.
97 BGBl. I 2021, 3311.

ßerrechtlich motiviert sind und bestimmte gesellschaftspolitische Leitvorstellungen durchsetzen sollen. Diese Änderungen beziehen sich vor allem auf die börsennotierten und von der öffentlichen Hand beherrschten Gesellschaften. Das Verhalten dieser Gesellschaften wird von der Öffentlichkeit und der Politik zunehmend kritisch begleitet. Erwartet wird nicht nur ein in formaler Hinsicht gesetzeskonformes, sondern auch ein ethisch verantwortungsvolles und vorbildliches Verhalten. Ob sich dies durch immer weitergehende Regulierung erreichen lässt, ist allerdings eine andere Frage.

3. Anpassung des Aktienrechts an den Kapitalmarkt

1.19 Ein weiteres Ziel der Gesetzesänderungen der letzten Jahre war die Anpassung des deutschen Aktienrechts an die Usancen und Erwartungen der internationalen Kapitalmärkte und damit vor allem an die Standards des anglo-amerikanischen Rechtskreises. Dem dienten zahlreiche Änderungen, die im Folgenden nur kurz angesprochen werden sollen.

a) Ausstattung der Aktien

1.20 Um die Kapitalanlage in deutschen Aktien zu fördern, wurden mit dem Stückaktiengesetz[98] und dem Namensaktiengesetz[99] die **Stückaktie** eingeführt, der **Mindestnennbetrag** der Nennbetragsaktie herabgesetzt und das Recht der international vorherrschenden **Namensaktie** modernisiert. Im Zuge der Umstellung auf Euro haben fast alle börsennotierten Gesellschaften die Stückaktie eingeführt. Eine Reihe großer Publikumsgesellschaften hat darüber hinaus ihre bisherigen Inhaberaktien auf Namensaktien umgestellt. Die bei der Namensaktie erhoffte Transparenz des Aktienregisters hat sich allerdings nicht eingestellt. Insbesondere die Bestände vieler institutioneller Aktionäre werden nicht offen, sondern verdeckt über sog. „nominees" eingetragen. Um die Transparenz insoweit zu verbessern, haben die Gesellschaften mit dem Risikobegrenzungsgesetz[100] die Möglichkeit erhalten, die Eintragung sog. Legitimationsaktionäre im Aktienregister durch die Satzung zu begrenzen und in dieser einen Auskunftsanspruch über die „wahren Berechtigten" vorzusehen. Insgesamt ist die Inhaberaktie aber weiter die bei den börsennotierten Gesellschaften vorherrschende Aktiengattung[101]. Mit der Änderung von § 10 Abs. 1 AktG durch die Aktienrechtsnovelle 2016[102] ist die Namensaktie zumindest bei den nichtbörsennotierten Gesellschaften Standard geworden[103]. Über die Hälfte dieser Gesellschaften hat sich bereits für die Namensaktie entschieden[104]. Die neue Regelung dürfte diese Entwicklung verstärken.

b) Rückkauf eigener Aktien

1.21 Die Regelung zum **Rückkauf eigener Aktien** in § 71 Abs. 1 Nr. 8 AktG wurde durch das KonTraG eingefügt, um den Gesellschaften eine größere Flexibilität bei der Eigenkapitalfinanzierung zu verschaffen. Die Vorschrift gilt formell für alle Aktiengesellschaften, in der Sache sind aber vor allem börsennotierte Gesellschaften angesprochen. Der Erwerb oder die Veräußerung eigener Aktien über die Börse sind im Hinblick auf diese Ausrichtung besonders erwähnt. Mit der Lockerung der bis dahin geltenden Beschränkungen sollte das Finanzierungsinstrumentarium der deutschen Gesellschaften in einem weiteren Punkt an die internationale Praxis angeglichen werden[105]. Nach der 2006 geänderten

---

98 Gesetz über die Zulassung von Stückaktien (StückAG) v. 25.3.1998, BGBl. I 1998, 590.
99 Gesetz zur Namensaktie und zur Erleichterung der Stimmrechtsausübung (NaStraG) v. 18.1.2001, BGBl. I 2001, 123.
100 Vgl. § 67 AktG i.d.F. des Gesetzes zur Begrenzung der mit Finanzinvestitionen verbundenen Risiken (Risikobegrenzungsgesetz) v. 12.8.2008, BGBl. I 2008, 1666; zum Gesetzentwurf im Überblick *Wilsing/Goslar*, DB 2007, 2467.
101 *Bayer*, Sonderheft AG, August 2010, 49 f.
102 Gesetz zur Änderung des Aktiengesetzes (Aktienrechtsnovelle 2016) v. 22.12.2015, BGBl. I 2015, 2565.
103 Vgl. dazu näher *Bayer*, AG 2012, 141, 143 ff.
104 Begr. RegE zur Aktienrechtsnovelle 2016, BR-Drucks. 22/15, S. 15.
105 So ausdrücklich Begr. RegE zum KonTraG, ZIP 1997, 2059.

Kapitalrichtlinie können inzwischen auch mehr als 10 % des Grundkapitals zurückerworben werden[106]. Diesen erweiterten Spielraum hat der Gesetzgeber bislang jedoch nicht ausgenutzt.

Neben den aktienrechtlichen Bestimmungen haben die börsennotierten Gesellschaften die Anforderungen der europäischen **Marktmissbrauchs-Verordnung** (MMVO) zu beachten[107]. So ist der Rückkauf eigener Aktien nur für die in Art. 5 Abs. 2 MMVO bestimmten Zwecke zulässig. Außerdem müssen das Insiderhandelsverbot (Art. 14 MMVO) und das Marktmanipulationsverbot (Art. 15 MMVO) beachtet werden. Für Rückkaufprogramme (Art. 3 Abs. 1 Nr. 17 MMVO) und Kursstabilisierungsmaßnahmen (Art. 3 Abs. 2b MMVO) bieten Art. 5 Abs. 1 und 4 MMVO und die technischen Regulierungsstandards der ESMA (Art. 5 Abs. 6 MMVO) einen „sicheren Hafen"[108]. 1.21a

c) Vereinheitlichung des Stimmrechts

Im Rahmen des KonTraG wurde die Ausgabe neuer Aktien mit **Mehrstimmrechten**, die schon früher nur eingeschränkt zulässig war, endgültig untersagt (§ 12 Abs. 2 AktG). Zugleich wurde die Begründung von **Höchststimmrechten** nur noch nicht börsennotierten Gesellschaften gestattet (§ 134 Abs. 1 Satz 2 AktG)[109]. Mit Blick auf den Kapitalmarkt sollen sich Stimmrecht und Eigentum grundsätzlich entsprechen. Vor allem Höchststimmrechte stellen zudem eine Beeinträchtigung des Kapitalmarktes dar, weil sie Übernahmen behindern und damit die Kursphantasie beeinträchtigen[110]. Der Grundsatz „eine Aktie, eine Stimme" ist in Deutschland im Vergleich zu anderen EU-Ländern besonders stark entwickelt[111]. Dem entspricht, dass die Verbreitung stimmrechtsloser Vorzugsaktien jedenfalls bei den börsennotierten Gesellschaften rückläufig ist[112]. Daran dürfte auch die „Flexibilisierung" der §§ 139, 140 AktG durch die Aktienrechtsnovelle 2016 nichts ändern, da es bei dieser nur darum geht, dass die stimmrechtslosen Vorzugsaktien bei den Kreditinstituten als regulatorisches Kernkapital anerkannt werden[113]. 1.22

d) Teilnahme an der Hauptversammlung

Zur Verbesserung der Teilnahme an der Hauptversammlung wurde die Stimmrechtsvertretung durch die **Kreditinstitute** auf eine interessenfreie Vertretung ihrer Depotkunden ausgerichtet[114] und in der 1.23

---

106 Vgl. Art. 19 Abs. 1 der Kapitalrichtlinie i.d.F. der Änderungsrichtlinie v. 6.9.2006, ABl. EU Nr. L 264 v. 25.9.2006, S. 32.
107 Vgl. Verordnung (EU) Nr. 596/2014 des Europäischen Parlaments und des Rates v. 16.4.2014 über Marktmissbrauch (Markmissbrauchsverordnung) und zur Aufhebung der Richtlinie 2003/6/EG des Europäischen Parlaments und des Rates und der Richtlinie 2003/124/EG, 2003/125/EG und 2004/72/EG der Kommission, ABl. EU Nr. L 173 v. 12.6.2014, S. 1; dazu § 14 Rz. 14.88 ff. und Rz. 14.7 ff.
108 Vgl. ESMA, Final Report – Draft technical standards on the Market Abuse Regulation v. 28.9.2015, Rz. 8 ff. und Annex VII sowie die Delegierte Verordnung (EU) 2016/1052 der Kommission v. 8.3.2016 zur Ergänzung der Verordnung (EU) Nr. 596/2014 des Europäischen Parlaments und des Rates durch technische Regulierungsstandards für die auf Rückkaufprogramme und Stabilisierungsmaßnahmen anwendbaren Bedingungen, ABl. EU Nr. L 173 v. 30.6.2012, S. 34; siehe zum Ganzen auch *Poelzig*, NZG 2016, 528, 531.
109 Übergangsregelungen finden sich dazu in § 5 EGAktG.
110 Vgl. Begr. RegE zum KonTraG, ZIP 1997, 2059, 2064; kritisch dazu *Rieckers* in Spindler/Stilz, § 134 AktG Rz. 9.
111 Siehe dazu den Bericht von ISS Europe, ECGI und Shearman über das Proportionalitätsprinzip in der EU v. 18.5.2007, veröffentlicht auf der Internetseite der EU-Kommission, SEC 2007, 1705.
112 *Bormann* in Spindler/Stilz, § 139 AktG Rz. 7; *Senger/Vogelmann*, AG 2002, 193 f.; *Wirth/Arnold*, ZGR 2002, 859, 861 f.; eine Abschaffung der Vorzugsaktie hat 2013 die Hauptversammlung der Fresenius Medical Care AG beschlossen.
113 Vgl. Begr. RegE der Aktienrechtsnovelle 2016, BR-Drucks. 22/15, S. 24 f.
114 Vgl. insbesondere § 128 Abs. 1 und 2, § 135 Abs. 1 Satz 3 AktG i.d.F. des Gesetzes zur Kontrolle und Transparenz im Unternehmensbereich (KonTraG) v. 27.4.1998, BGBl. I 1998, 786.

praktischen Bedeutung zurückgedrängt. Als Variante der Vertretung in der Hauptversammlung wurde eine Spielart des US-Proxy-Voting in Form **gesellschaftseigener Stimmrechtsvertreter** eingeführt (§ 134 Abs. 3 Satz 5 AktG). Ein Markt für Stimmrechtsvertreter ist daraufhin aber nicht entstanden. Ob ein solcher Markt überhaupt wünschenswert ist, ist allerdings auch fraglich[115]. Im Rahmen der Umsetzung der Aktionärsrechterichtlinie wurde daraufhin die Stimmrechtsvertretung durch die Kreditinstitute vereinfacht, indem die Kreditinstitute nunmehr ohne Verpflichtung zur Erstellung eigener Vorschläge Weisungen im Sinne der Verwaltung einholen können (§ 135 Abs. 4 AktG). Zugleich wurde die Stimmrechtsvertretung generell erleichtert und flexibler ausgestaltet. So genügt für die Erteilung und den Widerruf einer **Stimmrechtsvollmacht** die Textform (§ 134 Abs. 3 Satz 3 AktG i.d.F. des ARUG). Abweichungen hiervon können durch die Satzung oder aufgrund einer entsprechenden Satzungsermächtigung auch in der Einberufung festgelegt werden. Börsennotierte Gesellschaften können allerdings nur Erleichterungen des Textformerfordernisses vorsehen (§ 134 Abs. 3 Satz 3 AktG).

1.24 Vereinfacht wurde bereits im UMAG die Regelung der Teilnahme an der Hauptversammlung. Das frühere Hinterlegungserfordernis bei Inhaberaktien, das vor allem bei ausländischen Aktionären für Irritationen gesorgt hatte[116], wurde gestrichen. Die Teilnahmeberechtigung kann seitdem stattdessen durch eine Bankbescheinigung nachgewiesen werden, die bei börsennotierten Gesellschaften auf einen bestimmten Tag vor der Hauptversammlung (sog. **Record Date**) zu beziehen ist (§ 123 Abs. 3 AktG). Im Zuge des ARUG wurde dieser Stichtag auf den Beginn des 21. Tages vor der Hauptversammlung festgelegt. Börsennotierte Gesellschaften haben einen Weg elektronischer Kommunikation für die Erbringung des Nachweises anzubieten. Für Namensaktien gilt diese Regelung zum Record Date zwar nicht, da sich bei diesen Gesellschaften die Legitimation der Aktionäre aus dem Aktienregister ergibt (§ 67 Abs. 2 AktG). Eine ähnliche Wirkung wird jedoch dadurch erzielt, dass im Aktienregister einige Tage vor der Hauptversammlung keine Umschreibungen mehr vorgenommen werden (sog. **Umschreibungsstopp**)[117].

1.24a Mit den Änderungen der Aktionärsrechte-Richtlinie von 2017[118] soll die Teilnahme an den Hauptversammlungen der börsennotierten Gesellschaften auch **grenzüberschreitend** erleichtert werden. Zu diesem Zweck werden die Depotbanken und anderen Intermediäre verpflichtet, den jeweiligen Gesellschaften die Daten ihrer Aktionäre (Name, Adresse, Anzahl der Aktien nebst Erwerbszeitpunkt) mitzuteilen, Mitteilungen der Gesellschaften an ihre Aktionäre weiterzuleiten sowie den Aktionären die Teilnahme an den Hauptversammlungen und die Ausübung des Stimmrechts zu erleichtern[119]. Dies gilt für die Intermediäre in der gesamten Verwahrkette. In Deutschland betrifft dies vor allem Gesellschaften mit Inhaberaktien. Die Gesellschaften mit Namensaktien können schon jetzt über das Aktienregister mit ihren Aktionären unmittelbar korrespondieren[120].

1.24b Durch die Covid-19-Pandemie, die eine physische Zusammenkunft einer großen Anzahl von Aktionären auf engstem Raum ab Frühjahr 2020 verbot, das Organ „Hauptversammlung" jedoch funktionsfähig bleiben musste, hat der Gesetzgeber eine Reihe von Maßnahmen ergriffen. Durch das „Gesetz über Maßnahmen im Gesellschafts-, Genossenschafts-, Vereins-, Stiftungs- und Wohnungseigentumsrecht zur Bekämpfung der Auswirkungen der Covid-19-Pandemie"[121] wurden Erleichterungen bei der

---

115 Kritisch etwa *Assmann* in FS Kümpel, 2003, S. 1, 11.
116 Vgl. Bericht des *BMJ* über die Ausübung des Stimmrechts in börsennotierten Gesellschaften, NZG 2004, 948, 952.
117 Zur Zulässigkeit siehe BGH v. 21.9.2009 – II ZR 174/08, NZG 2009, 1270, 1271 = AG 2009, 824 und *Rieckers* in Spindler/Stilz, § 123 AktG Rz. 32.
118 Richtlinie (EU) 2017/828 des Europäischen Parlaments und des Rates v. 17.5.2017 zur Änderung der Richtlinie 2007/36/EG im Hinblick auf die Förderung der langfristigen Mitwirkung der Aktionäre, ABl. EU Nr. L 132 v. 20.5.2017, S. 1.
119 Vgl. Art. 3a und 3c der geänderten Aktionärsrechte-Richtlinie.
120 Dazu näher *Noack*, NZG 2017, 561.
121 BGBl. I 2020, 569, verlängert durch Gesetz v. 10.9.2021, BGBl. I 2021, 4147, 4153.

Durchführung einer Hauptversammlung eingeführt, die auch ohne oder sogar entgegen Satzungsregelungen eine elektronische Teilnahme an einer Hauptversammlung ermöglichen[122]. Dabei werden dem Vorstand weitgehende Rechte eingeräumt wie etwa der Ausschluss oder die Begrenzung des Auskunfts- oder Widerspruchsrechts von elektronisch teilnehmenden Aktionären. Sogar eine rein virtuelle Hauptversammlung ist grundsätzlich möglich, jedoch mit zahlreichen streitigen Aspekten im Einzelnen[123].

e) Rechtsverlust der Aktionäre

Als eine besonders drastische Sanktionierung kapitalmarktrechtlicher Vorgaben hat der Gesetzgeber einen – zumindest vorübergehenden – Rechtsverlust ge- oder verbotswidrig handelnder Aktionäre vorgesehen. Kommt ein Aktionär seiner Mitteilungspflicht nach § 33 Abs. 1 oder 2 WpHG (bis 2.1.2018: § 21 Abs. 1 oder 1a[124]) zur Information der Gesellschaft und der BaFin über seinen 3 % oder einen höheren Schwellenwert erreichenden bzw. über- oder unterschreitenden Stimmrechtsanteil an einem Emittenten nicht oder nicht rechtzeitig nach, so führt dies nach § 44 Satz 1 WpHG (bis 2.1.2018: § 28 Satz 1) zum Verlust der Rechte aus den Aktien, die dem Meldepflichtigen gehören oder aus denen ihm Stimmrechte gemäß § 34 WpHG (bis 2.1.2018: § 22) zugerechnet werden. Dieser Rechtsverlust gilt für den Zeitraum, in dem der Mitteilungspflicht nicht erfüllt wurde. Ist die Höhe des Stimmrechtsanteils betroffen, verlängert sich die Frist bei vorsätzlicher oder grob fahrlässiger Verletzung der Mitteilungspflichten um sechs Monate[125]. Ähnliches gilt nach § 59 WpÜG für einen Aktionär, der entgegen § 35 WpÜG kein Pflichtangebot abgibt. Da dieser automatisch eintretende Rechtsverlust von den Gesellschaften nicht ohne weiteres erkannt werden kann, können sich in der Hauptversammlung leicht Fehler bei der Beschlussfeststellung ergeben, wenn dabei Stimmen mitgezählt werden, die in Wirklichkeit nicht bestehen. Eine Anfechtbarkeit besteht aber erst, wenn sich das Mitstimmen eines nach § 44 WpHG (bis 2.1.2018: § 28) ausgeschlossenen Aktionärs auf das Beschlussergebnis ausgewirkt hat[126].

1.25

f) Bezugsrecht bei Kapitalerhöhungen

Bereits durch das Gesetz zur kleinen AG und zur Deregulierung des Aktienrechts von 1994 wurde der **Ausschluss des Bezugsrechts** der Aktionäre bei einer Kapitalerhöhung für zulässig erklärt, sofern die Erhöhung 10 % des Grundkapitals nicht übersteigt und die neuen Aktien in der Nähe des Börsenkurses ausgegeben werden (§ 186 Abs. 3 Satz 4 AktG)[127]. Mit der Möglichkeit eines solchem Bezugsrechtsausschlusses sollte den börsennotierten Gesellschaften auch eine kurzfristige Inanspruchnahme des Kapitalmarkts ermöglicht werden. Die Erleichterung gilt sowohl bei der ordentlichen Kapitalerhöhung als auch beim genehmigten Kapital (§ 203 Abs. 1 AktG) und – mit gewissen Anpassungen – auch bei der Ausgabe von Wandel- und Optionsschuldverschreibungen oder Genussrechten (§ 221

1.26

---

122 Vgl. ausführlich *Selter* in Kroiß, Rechtsprobleme durch Covid-19, 2. Aufl. 2021, § 6 Rz. 26 ff. m.w.N.
123 Vgl. *Selter* in Kroiß, Rechtsprobleme durch Covid-19, 2. Aufl. 2021, § 6 Rz. 30 ff. auch zum Fragerecht (Rz. 49 ff.), Widerspruchsrecht (Rz. 53 ff.) und den Einschränkungen der Anfechtbarkeit (Rz. 61 ff.).
124 Geändert durch das Zweite Gesetz zur Novellierung von Finanzmarktvorschriften auf Grund europäischer Rechtsakte (Zweites Finanzmarktnovellierungsgesetz – 2. FiMaNoG) v. 23.6.2017, BGBl. I 2017, 1693.
125 Vgl. § 28 Satz 3 und 4 WpHG i.d.F. des Risikobegrenzungsgesetzes v. 12.8.2008, BGBl. I 2008, 1666, sowie dazu näher *von Bülow/Petersen*, NZG 2009, 481.
126 BGH v. 22.3.2011 – II ZR 229/09, NZG 2011, 669, 672 = AG 2011, 518; OLG Stuttgart v. 15.10.2008 – 20 U 19/07, AG 2009, 124, 127 ff.; OLG München v. 17.3.2005 – 23 W 2406/04, NZG 2005, 1017 f. = AG 2005, 407; *Petersen* in Spindler/Stilz, § 22 AktG Anh. Rz. 110; *Uwe H. Schneider* in Assmann/Uwe H. Schneider/Mülbert, § 44 WpHG Rz. 62.
127 Vgl. das Gesetz für kleine Aktiengesellschaften und zur Deregulierung des Aktienrechts v. 9.8.1994, BGBl. I 1994, 1961 f.

Abs. 4 Satz 2 AktG)[128]. Eine weitere Erleichterung wurde im Rahmen des Transparenz- und Publizitätsgesetzes (TransPuG)[129] geschaffen, indem bei einer Kapitalerhöhung mit Bezugsrecht der genaue Ausgabebetrag der neuen Aktien erst drei Tage vor Ablauf der Bezugsfrist bekanntgegeben werden muss und dadurch besser an den aktuellen Börsenkurs angepasst werden kann (§ 186 Abs. 2 Satz 2 AktG)[130].

g) Vergütung durch Aktienoptionen

1.27 Vom Gesetzgeber aufgegriffen wurde auch die im angelsächsischen Bereich vorherrschende Sicht des principal-agent-Konflikts, nach der es u.a. wichtig ist, die finanziellen Interessen des Managements mit denen der Aktionäre zu verknüpfen. Um diesem Ziel zu entsprechen, wurden die Ausgabe selbständiger Aktienoptionen zugelassen und die rechtlichen Grundlagen für die Auflegung von **Aktienoptionsprogrammen** für Mitarbeiter und Vorstandsmitglieder näher geregelt (§ 71 Abs. 1 Nr. 8, § 192 Abs. 2 Nr. 3, § 193 Abs. 2 Nr. 4 AktG)[131]. Von der Steuerungswirkung solcher Vergütungselemente hat der Gesetzgeber durchweg positive Impulse erwartet[132]. Mittlerweile wird aber auch die Gefahr einer Übervergütung durch Aktienoptionen oder vergleichbare Instrumente gesehen[133]. Allerdings gilt das Gebot der Angemessenheit auch für aktienbezogene Vergütungsanreize (§ 87 Abs. 1 Satz 1 AktG). Um dem Postulat der Nachhaltigkeit zu entsprechen, wurde zudem die Wartezeit für die erstmalige Ausübung solcher Optionen von zunächst zwei auf vier Jahre verlängert[134] (siehe auch Rz. 1.14).

h) Ausschluss von Minderheitsaktionären

1.28 Als Mangel des deutschen Rechts ist lange Zeit das Fehlen einer Regelung zum Ausschluss von Minderheitsaktionären empfunden worden. Für einen solchen sog. **Squeeze Out** besteht vor allem dann ein Bedürfnis, wenn eine börsennotierte Gesellschaft nur noch wenige außenstehende Aktionäre hat, deren Aktien vom Hauptaktionär über ein Abfindungsangebot aber nicht vollständig aufgekauft werden können. Der Gesetzgeber hat deshalb in das AktG einen Abschnitt über den Ausschluss von Minderheitsaktionären bei einer Beteiligung von 95 % (§§ 327a ff. AktG) eingefügt[135]. Im Rahmen der Umsetzung der Übernahmerichtlinie ist diese Regelung durch einen speziellen übernahmerechtlichen Squeeze Out ergänzt worden (§§ 39a ff. WpÜG)[136]. Mit der Novellierung des UmwG ist sodann bei der Konzernverschmelzung die Möglichkeit eines Squeeze Out schon bei einer Beteiligung von 90 % eröffnet worden (§ 62 Abs. 5 UmwG)[137]. Diese Ausschlussmöglichkeiten sind Ausdruck einer stärker vermögens- und nicht mehr nur verbandsrechtlichen Konzeption des Aktienrechts[138].

---

128 Siehe dazu näher *Hüffer/Koch*, § 221 AktG Rz. 43a m.w.N.
129 Gesetz zur weiteren Reform des Aktien- und Bilanzrechts, zu Transparenz und Publizität (Transparenz- und Publizitätsgesetz) v. 19.7.2002, BGBl. I 2002, 2681.
130 Vgl. Begr. RegE, BT-Drucks. 109/02, S. 57.
131 Zur Unzulässigkeit der Teilnahme an Optionsprogrammen durch Aufsichtsräte siehe Rz. 30.42.
132 Vgl. Begr. RegE zum KonTraG, ZIP 1997, 2059, 2067.
133 *Fuchs* in MünchKomm. AktG, 4. Aufl. 2016, § 192 AktG Rz. 71 m.w.N.; *Lutter*, ZIP 2003, 737, 742; *Binz/Sorg*, BB 2002, 1273 ff.; siehe zu den Gefahren bei der Gestaltung von Aktienoptionsplänen auch *Rieckers* in Spindler/Stilz, § 192 AktG Rz. 45.
134 § 193 Abs. 2 Nr. 4 AktG i.d.F. des Gesetzes zur Angemessenheit der Vorstandsvergütung (VorstAG) v. 31.7.2009, BGBl. I 2009, 2509.
135 Zur praktischen Bedeutung siehe *Hüffer/Koch*, § 327a AktG Rz. 4 und *Singhof* in Spindler/Stilz, § 327a AktG Rz. 6.
136 Siehe dazu LG Frankfurt v. 2.8.2007 – 3-5 O 138/07, EWiR § 39a WpÜG 1/07 (*Wilsing/Ogorek*).
137 § 62 Abs. 5 UmwG i.d.F. des Dritten Gesetzes zur Änderung des Umwandlungsgesetzes v. 11.7.2011, BGBl. I 2011, 1338.
138 *Singhof* in Spindler/Stilz, § 327a AktG Rz. 6 m.w.N.

i) Deutscher Corporate Governance Kodex

2002 wurde eine Regierungskommission gebildet, die nach angelsächsischem Vorbild den **Deutschen Corporate Governance Kodex** (DCGK) verabschiedet hat (dazu näher Rz. 2.42)[139]. Dieser Kodex, der seitdem laufend weiter entwickelt wurde, richtet sich an die börsennotierten Gesellschaften und Gesellschaften mit Kapitalmarktzugang[140] und enthält für diese national und international anerkannte Standards guter und verantwortungsvoller Unternehmensführung. Die Empfehlungen und Anregungen des Kodex enthalten zwar keine Rechtsnormen. Vorstand und Aufsichtsrat der Unternehmen sind aber verpflichtet, alljährlich zu erklären, inwieweit sie den Empfehlungen des Kodex folgen oder davon abweichen (§ 161 AktG). Dabei sind etwaige Abweichungen zu begründen[141]. Über dieses System des „comply or explain" entfalten die Empfehlungen des Kodex eine nicht unerhebliche faktische Bindungswirkung[142].

1.29

j) Führungssystem und Mitbestimmung

Die börsennotierte AG mit Sitz in Deutschland steht im Rahmen der in der EU erreichten Kapitalverkehrsfreiheit in- und ausländischen Anlegern offen. Sie steht damit in Konkurrenz zu den entsprechenden Rechtsformen in anderen Ländern. Dabei stellt das deutsche **dualistische Führungssystem** aus Vorstand und Aufsichtsrat eine Besonderheit dar, für das es im Ausland nur wenige Entsprechungen gibt. Dies gilt vor allem wegen der paritätischen **Mitbestimmung** im Aufsichtsrat, die von ausländischen Anlegern eher kritisch gesehen wird. An dieser Besonderheit dürfte sich aus politischen Gründen allerdings nichts ändern. Selbst eine angedachte Verkleinerung der Aufsichtsräte wurde nicht verwirklicht[143]. Auch die von der Bundesregierung eingesetzte „zweite" Biedenkopf-Kommission hat keine Änderungen vorgeschlagen[144]. Eine Auflockerung dieses Modells ist daher gegenwärtig nur bei einem Wechsel in die **SE** möglich. So kann der Aufsichtsrat über einen Formwechsel in die SE durch Vereinbarung mit der Arbeitnehmerseite auf z.B. 12 Mitglieder verkleinert werden[145]. Die SE bietet dabei außerdem die Option einer **monistischen Führungsstruktur**. Davon haben bisher aber nur wenige Gesellschaften Gebrauch gemacht (siehe zur SE näher § 3).

1.30

Die sich aus dem dualistischen Führungssystem ergebenden Beschränkungen haben nur in Einzelfällen zu einer Aufteilung des Vorstandes in einen **Zentralvorstand** und nachgeordnete Bereichsvorstände geführt. Die Etablierung eines **starken Vorstandsvorsitzenden** (CEO) wie in den angelsächsischen Gesellschaften wird bislang zwar hin und wieder angestrebt. Die in §§ 77, 78 AktG verankerte Gesamtverantwortung des Vorstandes setzt solchen Bestrebungen aber enge Grenzen.

1.31

Die **Zusammensetzung der Arbeitnehmerbank** nach den Regeln der deutschen Mitbestimmung ist seit einiger Zeit Kritik aus der Sicht des Europarechts ausgesetzt. Kritisiert wird, dass an den Wahlen zu den Arbeitnehmervertretern im Aufsichtsrat nur die im Inland beschäftigten Mitarbeiter des Unternehmens aktiv und passiv wahlberechtigt sind. In dieser Beschränkung wird zum Teil ein Verstoß gegen das Diskriminierungsverbot (Art. 18 AEUV) und die Arbeitnehmerfreizügigkeit (Art. 45 AEUV)

1.31a

---

139 Der Kodex ist abrufbar unter http://www.corporate-governance-code.de.
140 Vgl. den vorletzten Absatz der Präambel des Kodex.
141 Vgl. § 161 Abs. 1 Satz 1 AktG i.d.F. des Bilanzrechtsmodernisierungsgesetzes v. 21.5.2008, BGBl. I 2008, 1102.
142 Vgl. *Habersack*, Staatliche und halbstaatliche Eingriffe in die Unternehmensführung, Gutachten E zum 69. Deutschen Juristentag, Bd. I, 2012, E 54; *Hüffer/Koch*, § 161 AktG Rz. 3; *Ulmer*, ZHR 166 (2002), 150, 160; *Spindler*, NZG 2011, 1007, 1008.
143 Siehe Art. 5 des RefE des KonTraG mit der beabsichtigten Änderung von § 7 MitbestG, ZIP 1996, 2193, 2197.
144 Vgl. dazu den Bericht von *Bernhardt*, BB 2007, 381.
145 Vgl. z.B. die Allianz SE, BASF SE und E.ON SE.

gesehen[146]. Die Frage ist vom KG Berlin dem EuGH zur Vorabentscheidung vorgelegt worden[147]. Der EuGH hat jedoch die Vereinbarkeit der Mitbestimmung mit dem Unionsrecht bejaht. Er hat insbesondere festgestellt, dass kein Verstoß gegen die Freizügigkeit der Arbeitnehmer vorliegt. Ein Umzug in einen anderen Mitgliedstaat könne aufgrund der unterschiedlichen Rechtssysteme Vor- und Nachteile haben. Die Arbeitnehmerfreizügigkeit verschaffe deshalb nicht das Recht, sich im Aufnahmemitgliedstaat auf die Arbeitsbedingungen im Herkunftsmitgliedstaat zu berufen[148]. Unabhängig von dieser Entscheidung stellt die Ausklammerung der in ausländischen Unternehmensteilen beschäftigen Arbeitnehmer von der Vertretung im Aufsichtsrat allerdings ein Legitimationsdefizit dar[149].

III. Weitere Anpassungen an die Sicht des Kapitalmarkts

1. Steigerung des Unternehmenswertes

1.32 Die zunehmende Ausrichtung der börsennotierten AG auf die Anforderungen des Kapitalmarktes hat sich auch auf die Diskussion um die Ziele der Unternehmensführung ausgewirkt. Dabei stehen sich die Modelle des Shareholder Value und des Stakeholder Value gegenüber[150]. Die Vertreter des **Shareholder Value**, d.h. das Interesse der Aktionäre an einer Steigerung des Unternehmenswertes und damit auch des Aktienkurses, favorisieren einen Vorrang der Aktionärsinteressen bei der Leitung des Unternehmens[151]. Dagegen verfolgen die Vertreter des **Stakeholder Value** den Ansatz, alle betroffenen Interessen sorgfältig gegeneinander abzuwägen und zum Ausgleich zu bringen[152]. Diese Sichtweise wird insbesondere auch vom **Deutschen Corporate Governance Kodex** gestützt[153]. Danach erfolgt die Leitung des Unternehmens unter Berücksichtigung der Interessen der Aktionäre, Arbeitnehmer und sonstiger mit dem Unternehmen verbundenen Gruppen mit dem Ziel einer nachhaltigen Wertschöpfung (Präambel Abs. 1 DCGK 2020). In diesem Rahmen ist dann auch der Börsenkurs zu berücksichtigen.

2. Unternehmensbewertung

1.33 Der Börsenkurs spielt nicht nur beim Unternehmensinteresse, sondern auch bei der **Unternehmensbewertung** eine wichtige Rolle (siehe hierzu näher § 13). So hat die Rechtsprechung, angeführt vom BVerfG[154], anerkannt, dass der Börsenkurs bei der Bemessung von Abfindungen und Ausgleichsleis-

---

146 Vgl. z.B. *Hellwig/Behme*, AG 2009, 261, 264 ff.; *Rieble/Latzel*, EuZA 2011, 145; *Wansleben*, NZG 2014, 213; für Vereinbarkeit mit dem Europarecht z.B. *Heuschmidt/Ulber*, NZG 2016, 102; *Krause*, AG 2012, 485; *Seibt*, DB 2015, 912.
147 Vgl. KG v. 16.10.2015 – 14 W 89/15 – TUI, NZG 2015, 1311 = AG 2015, 872; das Verfahren gegen die Deutsche Börse AG wurde daraufhin ausgesetzt, siehe OLG Frankfurt/M. v. 17.6.2016 – 21 W 91/15, NZG 2016, 1186 = AG 2016, 793.
148 EuGH v. 18.7.2017 – C-566/15 Tz. 34 – Konrad Erzberger/TUI AG, AG 2017, 577; im Ergebnis ebenso bereits die Schlussanträge des Generalanwalts v. 4.5.2017, AG 2017, 387 = ZIP 2017, 961.
149 *Bayer*, NJW 2016, 1930, 1934.
150 *Kort*, AG 2012, 605.
151 Vgl. *Fleischer* in Spindler/Stilz, § 76 AktG Rz. 29 ff.; *Kort* in Großkomm. AktG, 4. Aufl. 2001, § 76 AktG Rz. 53 f.; *M. Weber* in Hölters, § 76 AktG Rz. 22; siehe dazu auch *Fleischer* in Hommelhoff/ Hopt/v. Werder, Hdb. Corporate Governance, S. 185, 191 ff.; *Mülbert* in FS Röhricht, 2005, S. 421; *Hüffer/Koch*, § 76 AktG Rz. 29, jeweils m.w.N.
152 Vgl. *Hüffer/Koch*, § 76 AktG Rz. 30 f.; *Kort*, AG 2012, 605; *Spindler* in MünchKomm AktG, § 76 AktG Rz. 71.
153 *Kort*, AG 2012, 605, 606; *Goslar* in Wilsing, DCGK, Ziff. 4.1.1 Rz. 13.
154 BVerfG v. 27.4.1999 – 1 BvR 1613/94 – DAT/Altana, ZIP 1999, 1436 = AG 1999, 566; BGH v. 12.3.2001 – II ZB 15/00, NJW 2001, 2080 = AG 2001, 417; OLG Düsseldorf v. 31.1.2003 – 19 W 9/00 AktE, AG 2003, 329; OLG Hamburg v. 7.8.2002 – 11 W 14/94, NZG 2003, 89, 90 f. = AG 2003, 583; dazu auch *Hüffer/Schmidt-Aßmann/Weber*, Anteilseigentum, Unternehmenswert und Börsenkurs, 2005.

tungen in Unternehmensverträgen und bei der Eingliederung nicht vernachlässigt werden darf. Er stellt bei aller Zufälligkeit und Zeitgebundenheit den aktuellen Verkehrswert dar und muss deshalb bei der Bewertung von Aktien zumindest als Untergrenze beachtet werden. Diese Erkenntnis, zu der sich die Rechtsprechung nur langsam durchgerungen hat, gilt inzwischen auch bei der Abfindung im Falle des Delisting[155] und beim Ausschluss von Minderheitsaktionären[156]. Ob und inwieweit sie auch bei der Verschmelzung eine Rolle spielt, ist im Einzelnen noch unklar[157] und wurde vom BVerfG offen gelassen[158]. Nach überwiegender Ansicht ist jedenfalls bei der Verschmelzung unabhängiger Rechtsträger eine mit der Konzernverschmelzung vergleichbare Gefährdungslage der (Minderheits-)Aktionäre nicht gegeben[159].

3. Auskunftsrecht der Aktionäre

Das Kapitalmarktrecht hat die Rechtsstellung der Aktionäre nicht nur beim Stimmrecht und der Abfindung, sondern auch beim Auskunftsrecht der Aktionäre beeinflusst. So hat ein Teil der Rechtsprechung versucht, aus § 131 AktG eine generelle Verpflichtung börsennotierter Gesellschaften zur Auskunft über Beteiligungen ab 5 % oder einem Gegenwert von 100 Mio. DM (heute 50 Mio. Euro) abzuleiten. Dies wurde damit begründet, dass der Aktionär diese Auskunft in seiner **Eigenschaft als Anleger** für eine sachgerechte Aktienanalyse benötige[160]. Die Informationen, die dem Schutz des Aktionärs als Kapitalanleger dienen, ergeben sich jedoch in erster Linie aus dem Kapitalmarktrecht[161] und darüber hinaus aus dem Bilanzrecht[162]. Weitergehende Auskunftsverlangen sind auch bei einer börsennotierten AG nur berechtigt, wenn die Auskunft im Einzelfall zur sachgemäßen Beurteilung des Gegenstands der Tagesordnung erforderlich ist (§ 131 Abs. 1 Satz 1 AktG)[163]. Soweit Beteiligungen bereits im Lagebericht anzugeben sind (§ 285 Nr. 11 HGB), ist diese Erforderlichkeit nicht gegeben[164].

1.34

4. Transparenz

Transparenz ist einer der tragenden Grundsätze des Kapitalmarktrechts. Auf ihm beruhen z.B. die Regelungen zur **Ad-hoc-Publizität** (Art. 17 MMVO; früher § 15 WpHG), die **Mitteilungspflichten** bei bestimmten Beteiligungen (§§ 33, 34, 38, 39 WpHG [bis 2.1.2018: §§ 21, 22, 25, 25a[165]]) und die

1.35

---

155 Vgl. BVerfG v. 11.7.2012 – 1 BvR 3142/07 und 1 BvR 1569/08, NZG 2012, 826 = AG 2012, 557; BGH v. 25.11.2002 – II ZR 133/01 – Macrotron, ZIP 2003, 387 = AG 2003, 273; BayObLG v. 28.7.2004 – 3 Z BR 87/04, NZG 2004, 1111, 1112 = AG 2005, 241; ausführlich § 63 Rz. 63.39 ff.
156 *Hüffer/Koch*, § 327b AktG Rz. 5; *Schnorbus* in K. Schmidt/Lutter, § 327b AktG Rz. 3.
157 OLG Stuttgart v. 4.2.2000 – 4 W 15/98, NZG 2000, 744 = AG 2000, 428; OLG Stuttgart v. 6.7.2007 – 20 W 5/06, AG 2007, 705; OLG München v. 14.5.2007 – 31 Wx 87/06, AG 2007, 701; *Marsch-Barner/Oppenhoff* in Kallmeyer, § 8 UmwG Rz. 14a.
158 BVerfG v. 24.5.2012 – 1 BvR 3221/10, AG 2012, 674, 675; *Klöhn/Verse*, AG 2013, 2, 9.
159 Vgl. *Klöhn/Verse*, AG 2013, 2, 9 m.w.N.; für eine stärkere Berücksichtigung des Börsenkurses *Hüffer/Koch*, § 303 AktG Rz. 39 ff.; *Stilz*, ZGR 2001, 875, 891 ff.; *W. Müller* in FS Röhricht, 2005, S. 1015, 1032; *Krieger* in MünchHdb. AG, § 71 Rz. 139; *Veil/Preisser* in Spindler/Stilz, § 305 AktG Rz. 55.
160 KG v. 28.8.1993 – 2 W 6111/92, ZIP 1993, 1618, 1619 = AG 1994, 83; KG v. 30.6.1994 – 2 W 4531/93 und 2 W 4642/93, WM 1994, 1479, 1483 = AG 1994, 469; KG v. 24.8.1995 – 2 W 1255/95, ZIP 1995, 1585, 1587; zust. *Kubis* in MünchKomm. AktG, 4. Aufl. 2018, § 131 AktG Rz. 226; abl. *Hüffer*, ZIP 1996, 401, 409 und *Hüffer/Koch*, § 131 AktG Rz. 19a.
161 *Decher* in Großkomm. AktG, 4. Aufl. 2001, § 131 AktG Rz. 15; *Seibt* in Gesellschaftsrecht in der Diskussion 2000, S. 37, 43 f.
162 Vgl. § 285 Nr. 11, § 313 Abs. 2 Nr. 4 HGB.
163 KG v. 15.2.2011 – 2 W 3288/10, AG 2001, 421, 422; *Siems* in Spindler/Stilz, § 131 AktG Rz. 8 und 29; *Spindler* in K. Schmidt/Lutter, § 131 AktG Rz. 57.
164 *Hüffer/Koch*, § 131 AktG Rz. 19, 19a.
165 Geändert durch das Zweite Gesetz zur Novellierung von Finanzmarktvorschriften auf Grund europäischer Rechtsakte (Zweites Finanzmarktnovellierungsgesetz – 2. FiMaNoG) v. 23.6.2017, BGBl. I 2017, 1693.

Pflicht zur **Offenlegung von Übernahmehindernissen** (§ 289 Abs. 4, § 315 Abs. 4 HGB). Dem Transparenzgebot entspricht auch das Vorstandsvergütungs-Offenlegungsgesetz (VorstOG)[166], das die Gesellschaften zur individualisierten **Offenlegung der Vorstandsvergütung** verpflichtet. Bei börsennotierten Gesellschaften erfolgte eine Erweiterung dieser Offenlegungspflicht durch das VorstAG. Danach sind im Anhang bzw. Konzernanhang insoweit weitergehende Angaben zu machen (§ 285 Satz 1 Nr. 9a Satz 5 bis 8, § 314 Abs. 1 Nr. 6 lit. a Satz 5 bis 8 HGB). Auf der Grundlage eines Beschlusses der Hauptversammlung kann davon aber abgesehen werden (§ 286 Abs. 5, § 314 Abs. 2 Satz 2 HGB). Um mehr Transparenz geht es auch bei den Informationspflichten, die durch das Risikobegrenzungsgesetz eingeführt wurden. Nach § 43 Abs. 1 WpHG müssen die **Erwerber wesentlicher Beteiligungen** Auskunft über ihre Ziele und die Herkunft ihrer Mittel geben[167]. Ergänzend dazu wurden durch das Anlegerschutz- und Funktionsverbesserungsgesetz (AnsFuG)[168] die Mitteilungspflichten auf Finanzinstrumente ausgedehnt, die den Erwerb von Stimmrechten ermöglichen (§ 39 WpHG [bis 2.1.2018: § 25a]). Mit dieser Ausdehnung der Mitteilungspflicht soll ein heimliches Anschleichen zur Vorbereitung einer Übernahme erschwert werden[169]. Mit der Änderungsrichtlinie zur Transparenzrichtlinie von 2013[170] und dem deutschen Umsetzungsgesetz von 2015[171] wurden die Mitteilungspflichten gemäß den §§ 33 ff. WpHG (bis 2.1.2018: §§ 21 ff.) europaeinheitlich weiter ausdifferenziert (siehe dazu näher § 18).

5. Börseneintritt und Börsenaustritt

1.36 Eine wichtige Frage ist, wer in der AG darüber entscheidet, ob die Aktien der Gesellschaft an die Börse gebracht oder wieder von der Börse genommen werden sollen. Nachdem der BGH die Holzmüller-Doktrin in ihrer praktischen Bedeutung eingeschränkt und im Wesentlichen auf den Gesichtspunkt der Mediatisierung gestützt hat[172], ist der **Börsengang** eine Entscheidung, die im Rahmen der Geschäftsführungsbefugnis des Vorstands liegt[173]. Rein tatsächlich ist die Börseneinführung häufig allerdings mit einer Kapitalerhöhung verbunden, so dass dann auch die Hauptversammlung in die Entscheidung einbezogen ist[174].

---

166 Gesetz über die Offenlegung der Vorstandsvergütungen (Vorstandsvergütungs-Offenlegungsgesetz – VorstOG) v. 3.8.2005, BGBl. I 2005, 2267.
167 Vgl. § 27a Abs. 1 WpHG i.d.F. des Gesetzes zur Begrenzung der mit Finanzinvestitionen verbundenen Risiken (Risikobegrenzungsgesetz) v. 12.8.2008, BGBl. I 2008, 1666.
168 Gesetz zur Stärkung des Anlegerschutzes und Verbesserung der Funktionsfähigkeit des Kapitalmarkts (Anlegerschutz- und Funktionsverbesserungsgesetz) v. 5.4.2011, BGBl. I 2001, 538.
169 Vgl. Begr. RegE, BT-Drucks. 17/3628, S. 1 und 17.
170 Richtlinie 2013/50/EG des Europäischen Parlaments und des Rates v. 22.10.2013 zur Änderung der Richtlinie 2004/109/EG des Europäischen Parlaments und des Rates zur Harmonisierung der Transparenzanforderungen in Bezug auf Informationen über Emittenten, deren Wertpapiere zum Handel auf einem geregelten Markt zugelassen sind, der Richtlinie 2003/71/EG des Europäischen Parlaments und des Rates betreffend den Prospekt, der beim öffentlichen Angebot von Wertpapieren oder bei der Zulassung zum Handel zu veröffentlichen ist, sowie der Richtlinie 2007/14/EG der Kommission mit Durchführungsbestimmungen zu bestimmten Vorschriften der Richtlinie 2004/109/EG, ABl. EU Nr. L 294 v. 6.11.2013, S. 13 (Transparenzrichtlinie-Änderungsrichtlinie).
171 Gesetz zur Umsetzung der Transparenzrichtlinie-Änderungsrichtlinie v. 20.11.2015, BGBl. I 2015, 2019.
172 Vgl. BGH v. 26.4.2004 – II ZR 155/02, ZIP 2004, 993 = AG 2004, 384; BGH v. 20.11.2006 – II ZR 226/05, ZIP 2007, 24 m. Anm. *von Falkenhausen* = AG 2007, 203.
173 *Drinhausen* in Hölters, § 119 AktG Rz. 21; *Krieger* in MünchHdb. AG, 3. Aufl. 2007, § 69 Rz. 10; *Kubis* in MünchKomm. AktG, 4. Aufl. 2018, § 119 AktG Rz. 84; *Reichert*, AG 2005, 150, 157; a.A. *Spindler* in K. Schmidt/Lutter, § 119 AktG Rz. 37; *Drygala/Staake*, ZIP 2013, 905, 913 f.
174 Vgl. dazu *Seibt* in Gesellschaftsrecht in der Diskussion 2000, S. 37, 60 f., der unter dem Eindruck der Holzmüller-Entscheidung von 1982 (BGH v. 25.2.1982 – II ZR 174/80, BGHZ 83, 122 = AG 1982, 158) noch von einer Strukturentscheidung ausgeht.

Bei dem umgekehrten Vorgang des **Delisting** hat der BGH zunächst neben der kapitalmarktrechtlichen Regelung in § 39 BörsG einen besonderen aktienrechtlichen Schutz in Form einer Zustimmung der Hauptversammlung und einem Abfindungsangebot entwickelt[175]. Nachdem das BVerfG die Veräußerbarkeit der Aktien allerdings nicht als Teil des Aktieneigentums gewertet hat, hat der BGH das Zustimmungserfordernis wieder aufgegeben und das Delisting als Maßnahme der Geschäftsführung eingeordnet[176]. Daraufhin hat der Gesetzgeber das Delisting in § 39 BörsG neu geregelt[177]. Der Schutz der Anleger wird jetzt kapitalmarktrechtlich durch ein zwingendes Erwerbsangebot an alle Inhaber der betroffenen Aktien sichergestellt (siehe dazu auch Rz. 13.40 ff., Rz. 33.39 und Rz. 63.21)[178]. Nachdem der Widerruf der Börsenzulassung vom Vorstand ohne Zustimmung der Hauptversammlung beantragt werden kann, wurde die Börsennotierung vereinzelt im Unternehmensgegenstand der Satzung festgeschrieben[179]. Einer solchen Regelung steht jedoch § 23 Abs. 3 Nr. 2 AktG entgegen, wonach der Unternehmensgegenstand nur die Art der Tätigkeit der Gesellschaft umschreibt. Die Börsennotierung der Aktien gehört dazu nicht[180].

1.37

IV. Ausbau des Kapitalmarktrechts

Angesichts der nicht unerheblichen Einflüsse des Kapitalmarkts auf das Aktienrecht sieht sich die börsennotierte AG inzwischen von einem schnell wachsenden Recht des Kapitalmarkts umgeben. Innerhalb weniger Jahre hat sich das Kapitalmarktrecht zu einem immer weiter ausgreifenden Rechtsgebiet entwickelt, das die aktienrechtlichen Regelungen in vielen Bereichen ergänzt und sich mit diesen wechselseitig durchdringt. Beschleunigt wird diese Entwicklung nicht zuletzt durch die Zielsetzung der EU-Kommission, innerhalb der nächsten Jahre eine Europäische Kapitalmarktunion mit einem einheitlichen Rechtsrahmen (Single Rulebook) zu schaffen[181]. Dabei geht es nicht um ein einheitliches Gesetzgebungswerk, sondern um eine Vielzahl von Teilregulierungen mit ganz unterschiedlichen Zielsetzungen[182].

1.38

Bei den Bereichen des „Aktienkapitalmarktrechts", das sich auf die börsennotierten Gesellschaften bezieht, handelt es sich neben zivilrechtlichen Elementen wie den §§ 97, 98 WpHG (bis 2.1.2018: §§ 37b, 37c[183]) oder § 59 WpÜG vorwiegend um Wirtschaftsverwaltungsrecht, das die sich aus dem staatlich überwachten Handel mit Aktien oder anderen Wertpapieren ergebenden besonderen organisatorischen Anforderungen und Verpflichtungen zum Gegenstand hat. So enthält das eigentliche **Börsenrecht** neben den Vorschriften über die Börsenzulassung und die Organisation der Börsen zahlreiche Zulassungsfolgepflichten, die von den börsennotierten Gesellschaften zu beachten sind (siehe § 12).

---

175 Siehe BGH v. 25.11.2002 – II ZR 133/01 – Macrotron, AG 2003, 273.
176 Vgl. BVerfG v. 11.7.2012 – 1 BvR3142/07, 1 BvR 1569/08, AG 2012, 557 und BGH v. 8.10.2013 – II ZB 26/12 – Frosta, AG 2013, 877.
177 Siehe § 39 BörsG i.d.F. des Gesetzes zur Umsetzung der Transparenzrichtlinie-Änderungsrichtlinie v. 22.11.2015, BGBl. I 2015, 2029.
178 Zur Neuregelung des Delisting siehe auch *Bayer*, NZG 2015, 1169; *Bungert/Leyendecker-Langner*, ZIP 2016, 49; *Wackerbarth*, WM 2016, 385.
179 Vgl. z.B. die Regelung in § 4 Abs. 7 der Satzung der GK Software AG, Schöneck.
180 *von der Linden*, NZG 2015, 176, 177; *Scholz*, BB 2015, 2248, 2251.
181 Vgl. Mitteilung der Kommission an das Europäische Parlament, den Rat, den Europäischen Wirtschafts- und Sozialausschuss und den Ausschuss der Regionen – Aktionsplan zur Schaffung einer Kapitalmarktunion v. 30.9.2015, COM (2015) 468 final.
182 Vgl. zu den verschiedenen Aspekten der Kapitalmarktunion *Graf-Schlicker*, Beilage zu ZIP 22/2016, S. 21 f.; *Heuer/Schütt*, BKR 2016, 45 ff.; *Kumpan*, ZGR 2016, 2 ff.; *Schneider/Karrenbrock*, WPg 2015, 1019 ff.
183 Geändert durch das Zweite Gesetz zur Novellierung von Finanzmarktvorschriften auf Grund europäischer Rechtsakte (Zweites Finanzmarktnovellierungsgesetz – 2. FiMaNoG) v. 23.6.2017, BGBl. I 2017, 1693; dazu Rz. 17.6 ff.

Mit dem WpÜG liegt zudem eine Kodifikation des **Übernahmerechts** vor, das in vielerlei Hinsicht auf das Aktienrecht zurückwirkt. Zu denken ist hier vor allem an das Neutralitätsgebot aus § 33 Abs. 1 Satz 1 WpÜG einerseits und aus § 76, § 93 Abs. 1 Satz 1 AktG andererseits. Zu erwähnen sind außerdem die Sonderregelungen des § 33 WpÜG zu möglichen Abwehrmaßnahmen im Falle einer sog. feindlichen Übernahme. Mit dem Gesetz zur Umsetzung der Übernahmerichtlinie[184] sind diese Bestimmungen um eine Wahlmöglichkeit (Opt-in) zugunsten des strengeren Europäischen Neutralitätsgebots (§ 33a WpÜG) erweitert worden. Mit der Neuregelung des **Delisting** in § 39 BörsG (siehe Rz. 1.37) wurde ein weiterer Bereich kapitalmarktrechtlich ausgestaltet, wobei dies ohne unionsrechtliche Vorgaben erfolgt ist. Der Widerruf der Börsenzulassung auf Antrag der Geschäftsleitung ist danach nur zulässig, wenn zusammen mit dem Widerrufsantrag ein Angebot zum Erwerb aller betroffenen Wertpapiere veröffentlicht wird. Für dieses Angebot gelten die Vorschriften des WpÜG entsprechend (§ 39 Abs. 2 BörsG).

1.38a Zum „aktiennahen" Kapitalmarktrecht gehören auch die kontinuierlich ausgeweiteten Vorschriften zur **Offenlegung** von Beteiligungen gemäß den §§ 33 ff. WpHG (bis 2.1.2018: §§ 21 ff.). Auch diese weitgehend harmonisierten Regeln greifen in das Aktienrecht ein, indem z.B. Verstöße gegen die Mitteilungspflichten dazu führen, dass die mit den betroffenen Aktien verbundenen Rechte vorübergehend verloren gehen (§ 28 WpÜG). Ähnliches gilt für die Bestimmungen zum **Insiderrecht** und den **Ad-hoc-Mitteilungen**. Diese waren über 20 Jahre im WpHG geregelt (§§ 12 ff., 15 WpHG a.F.)[185]. Seit dem 3.7.2016 gilt stattdessen die EU-Marktmissbrauchsverordnung[186]. Diese regelt nunmehr EU-weit einheitlich das Insiderrecht (Art. 7 ff. MMVO), das Verbot der Marktmanipulation (Art. 12, 15 MMVO), die Ad-hoc-Publizität (Art. 17 MMVO) und die Eigengeschäfte von Führungskräften (Art. 19 MMVO). Für die verwaltungsrechtlichen Maßnahmen und Sanktionen enthält die Verordnung Mindestvorgaben. Die strafrechtlichen Sanktionen sind in einer ergänzenden Richtlinie enthalten[187]. Mit dem 1. FiMaNoG[188] sind diese Vorgaben in das deutsche Recht umgesetzt worden. Auch diese Bestimmungen sind mit dem Aktienrecht eng verzahnt. Will z.B. der Vorstand einer börsennotierten AG über ein Geschäft beschließen, das an die Zustimmung des Aufsichtsrats gebunden ist, so stellt sich die Frage, ob er bereits seine eigene Entscheidung offenlegen muss oder ob er – über einen Aufschub gemäß Art. 17 Abs. 4 MMVO – die Entscheidung des Aufsichtsrats abwarten darf[189].

1.39 Die neuen Bestimmungen der MMVO einschließlich der zugehörigen Delegierten Verordnungen und Durchführungs-Verordnungen stellen die börsennotierten Gesellschaften vor hohe Anforderungen in Bezug auf die Organisation ihrer Compliance. Die neuen Regeln sind wesentlich umfangreicher als die früheren Regeln und weisen einen hohen Detaillierungsgrad auf. Sie enthalten zudem inhaltliche Widersprüche und Ungenauigkeiten[190]. Hinzukommt, dass all diese Regelungen in 24 Sprachen vorliegen, was wiederum zu inhaltlichen Abweichungen führen kann. Für die Auslegung sind nicht mehr die nationalen Behörden, sondern die zuständigen europäischen Stellen, insbesondere die ESMA und

---

184 Gesetz zur Umsetzung der Richtlinie 2004/25/EG des Europäischen Parlaments und des Rates v. 21.4.2004 betreffend Übernahmeangebote (Übernahmerichtlinie-Umsetzungsgesetz) v. 8.7.2006, BGBl. I 2006, 1426; dazu näher *Seibt/Heiser*, AG 2006, 301; *Merkt/Binder*, BB 2006, 1285 und *Meyer*, WM 2006, 1135.
185 Das WpHG wurde durch das Zweite Finanzmarktförderungsgesetz v. 26.7.1994, BGBl. I 1994, 1749, in Kraft gesetzt.
186 Siehe dazu im Überblick z.B. *Giering*, CCZ 2016, 214; *von der Linden*, DStR 2016, 1036; *Poelzig*, NZG 2016, 528; *Rubner/Pospiech*, GWR 2016, 228.
187 Richtlinie 2014/57/EU des Europäischen Parlaments und des Rates über strafrechtliche Sanktionen bei Marktmanipulation (Marktmissbrauchsrichtlinie) v. 16.4.2014, ABl. EU Nr. L 173 v. 12.6.2014, S. 179; dazu näher *Poelzig*, NZG 2016, 492.
188 Gesetz zur Novellierung von Finanzmarktvorschriften auf Grund europäischer Rechtsakte (Erstes Finanzmarktnovellierungsgesetz – 1. FiMaNoG) v. 30.6.2016, BGBl. I 2016, 1514; siehe dazu im Überblick *Rothenfußer/Jäger*, NJW 2016, 2689.
189 Siehe dazu *Krämer/Kiefner*, AG 2016, 621, 624 f. und *Söhner*, BB 2017, 259, 260 f. sowie Rz. 14.15 ff.
190 Vgl. *Simons*, AG 2016, 651 ff. und *Hemeling*, ZHR 181 (2017), 595 ff.

der EuGH, zuständig. Die BaFin kann insoweit nur unverbindliche Hinweise geben. Für die Entwicklung einer einheitlichen Rechtspraxis wird es deshalb entscheidend darauf ankommen, welche Empfehlungen und Leitlinien die ESMA zur Verfügung stellt.

V. Neuere Entwicklung des Bilanzrechts

Die Verwirklichung des europäischen Binnenmarktes erfordert in allen Bereichen, die sich auf den Kapitalmarkt beziehen, eine stärkere Angleichung. Dazu gehört auch das Recht der Rechnungslegung, zumindest der börsennotierten Gesellschaften. Das deutsche Bilanzrecht wurde zunächst zusammen mit dem Aktienrecht novelliert, um in bestimmten Fragen die Offenlegung der börsennotierten Gesellschaften zu verbessern[191]. Für die Offenlegung der Rechnungslegungsunterlagen gelten inzwischen einheitliche Regeln für alle sog. Inlandsemittenten[192].

1.40

Auf Grund der neueren EU-Richtlinien ist der Anwendungsbereich der wichtigsten Bestimmungen der Rechnungslegung auf alle **kapitalmarktorientierten Kapitalgesellschaften** erweitert worden. Darunter sind Gesellschaften zu verstehen, die einen organisierten Markt i.S.v. § 2 Abs. 11 WpHG (bis 2.1.2018: § 2 Abs. 5) durch von ihr ausgegebene Wertpapiere in Anspruch nehmen oder bei denen die Zulassung solcher Wertpapiere zum Handel beantragt ist (§ 264d HGB). Dies können neben Aktiengesellschaften auch z.B. GmbH mit börsennotierten Genussscheinen oder Inhaberschuldverschreibungen sein. Tatsächlich betroffen sind in erster Linie aber die börsennotierten Aktiengesellschaften.

1.41

Bei den Sonderregeln für die kapitalmarktorientierten Unternehmen geht es zunächst um die Klarstellung, dass für sie bestimmte Erleichterungen bei der Bilanz, der Gewinn- und Verlustrechnung, dem Anhang und dem Lagebericht nicht gelten (§ 267 Abs. 3 Satz 2, § 293 Abs. 5, § 326, § 327 i.V.m. § 264d HGB). Kapitalmarktorientierte Unternehmen sind darüber hinaus verpflichtet, ihre konsolidierten Abschlüsse nach den **Internationalen Rechnungslegungsstandards** der EU-Verordnung vom 19.7.2002[193] aufzustellen (§ 315a HGB). Damit soll erreicht werden, dass innerhalb der EU zumindest die konsolidierten Abschlüsse dieser Unternehmen nach einheitlichen Regeln, den International Financial Reporting Standards (IFRS), erstellt und damit untereinander vergleichbar werden. Über die Harmonisierung dieser Abschlüsse hinaus kann auch der konsolidierte Abschluss eines Mutterunternehmens ohne Börsenzulassung (§ 315a Abs. 3 HGB) und sogar der Einzelabschluss jeder Kapitalgesellschaft nach den IFRS erstellt werden[194]. Für den Einzelabschluss gilt dies allerdings nur zur Information im Rahmen der Offenlegung (§ 325 Abs. 2a HGB).

1.42

Nach einer Reihe von Bilanzskandalen in den Jahren 2001 bis 2003, vor allem in den USA, ging es darum, das verlorene Vertrauen der Anleger in die Zuverlässigkeit der Rechnungslegung zurück zu gewinnen. Die EU hat darauf u.a. mit der Transparenzrichtlinie[195] reagiert. Im Rahmen deren Umsetzung[196] wurde auch in Deutschland der sog. **Bilanzeid** eingeführt. Die gesetzlichen Vertreter von Kapitalgesellschaften haben danach bei der Unterzeichnung zu versichern, dass der Jahresabschluss „nach bestem Wissen" ein den tatsächlichen Verhältnissen entsprechendes Bild der Vermögens-, Finanz- und Er-

1.43

---

191 Vgl. z.B. § 285 Nr. 10, § 317 Abs. 4, § 321 Abs. 4 HGB.
192 Vgl. § 2 Abs. 17, § 114 WpHG (bis 2.1.2018: §§ 2 Abs. 7, 37v) i.V.m. § 325 HGB; zur Regelungstechnik kritisch *Mülbert/Steup*, NZG 2007, 761.
193 Verordnung (EG) Nr. 1606/2002 des Europäischen Parlaments und des Rates v. 19.7.2002 betreffend die Anwendung internationaler Rechnungslegungsstandards, ABl. EG Nr. L 243 v. 11.9.2002, S. 1.
194 Dazu näher *Merkt*, AG 2003, 126, 131 ff.
195 Richtlinie 2004/109/EG der Europäischen Parlaments und des Rates v. 15.12.2004 zur Harmonisierung der Transparenzanforderungen in Bezug auf Informationen über Emittenten, deren Wertpapiere zum Handel auf einem geregelten Markt zugelassen sind, und zur Änderung der Richtlinie 2001/34/EG, ABl. EU Nr. L 390 v. 31.12.2004, S. 38.
196 Vgl. Transparenzrichtlinie-Umsetzungsgesetz (TUG) v. 5.1.2007, BGBl. I 2007, 10.

tragslage der Gesellschaft vermittelt[197]. Zur weiteren Angleichung und Verbesserung der Rechnungslegung wurden danach die Abschlussprüferrichtlinie[198] und die sog. Abänderungsrichtlinie[199] erlassen. Deren Umsetzung ist mit dem **Bilanzrechtsmodernisierungsgesetz** (BilMoG)[200] erfolgt. Dabei wurde vor allem die Aussagekraft der HGB-Einzelabschlüsse verbessert und eine inhaltliche Annäherung an die IFRS erreicht. Die Gesellschaften wurden zudem verpflichtet, in ihrem Lagebericht die wesentlichen Merkmale des internen Kontroll- und Risikomanagementsystems im Hinblick auf den Rechnungslegungsprozess zu beschreiben (§ 289 Abs. 4, § 315 Abs. 4 HGB)[201]. Eine Rechtspflicht zur Einrichtung eines solchen Systems folgt daraus allerdings nicht[202]. Mit dem BilMoG wurden zugleich wichtige Aspekte der Corporate Governance geregelt. Kapitalmarktorientierte Kapitalgesellschaften müssen in ihrem Lagebericht eine **Erklärung zur Unternehmensführung** aufnehmen. Diese hat neben der Entsprechenserklärung gemäß § 161 AktG Angaben zur Unternehmensführung und zur Arbeitsweise von Vorstand und Aufsichtsrat zu enthalten (§ 289f HGB, vorher § 289a HGB[203])[204]. Für die börsennotierte AG bedeutet dies, dass sich damit wichtige Elemente ihrer Corporate Governance nicht mehr nur aus dem Aktienrecht, sondern nun auch aus dem Bilanzrecht ergeben.

1.43a Mit der Richtlinie 2013/34/EU[205] wurden die bisherige 4. und 7. Bilanzrichtlinie für den Jahresabschluss und den Konzernabschluss zusammengefasst. Durch Änderungen bei der Bewertung der Vermögensgegenstände und Schulden sowie dem Ansatz und der Bewertung von Rückstellungen wurde zugleich das Ziel verfolgt, die Abschlüsse und Berichte unionsweit vergleichbarer zu machen und die Qualität der Abschlüsse zu verbessern. Dabei wurden verschiedene Erleichterungen für kleine und kleinste Kapitalgesellschaften eingeführt. Die Änderungen wurden durch das **Bilanzrichtlinie-Umsetzungsgesetz** (BilRuG)[206] in das deutsche Recht umgesetzt (siehe Rz. 57.96 f.). Im Jahr 2013 wurde die Transparenz-

---

197 Vgl. § 264 Abs. 2 Satz 3 HGB sowie die entsprechenden § 289 Abs. 1 Satz 5, § 297 Abs. 2 Satz 4, § 315 Abs. 1 Satz 6 HGB, jeweils i.d.F. des Transparenzrichtlinie-Umsetzungsgesetzes (TUG); zum Bilanzeid näher *Fleischer*, ZIP 2007, 97.
198 Richtlinie 2006/43/EG des Europäischen Parlaments und des Rates v. 17.5.2006 über Abschlussprüfungen von Jahresabschlüssen und konsolidierten Abschlüssen, zur Änderung der Richtlinie 78/660/EWG und 83/349/EWG des Rates und zur Aufhebung der Richtlinie 84/253/EWG des Rates, ABl. EU Nr. L 157 v. 9.6.2006, S. 87.
199 Richtlinie 2006/46/EG des Europäischen Parlaments und des Rates v. 14.6.2006 zur Änderung der Richtlinien des Rates 78/660/EWG über den Jahresabschluss von Gesellschaften bestimmter Rechtsformen, 83/349/EWG über den konsolidierten Abschluss, 86/635/EWG über den Jahresabschluss und den konsolidierten Abschluss von Banken und anderen Finanzinstituten und 91/674/EWG über den Jahresabschluss und den konsolidierten Abschluss von Versicherungsunternehmen, ABl. EU Nr. L 224 v. 16.8.2006, S. 1.
200 Gesetz zur Modernisierung des Bilanzrechts (Bilanzrechtsmodernisierungsgesetz – BilMoG) v. 26.5.2009, BGBl. I 2009, 1102.
201 I.d.F. des CSR-Richtlinie-Umsetzungsgesetzes v. 11.4.2017, BGBl. I 2017, 802; inhaltlich näher *Hommelhoff/Mattheus*, BB 2007, 2787.
202 Vgl. *Fleischer* in Spindler/Stilz, § 91 AktG Rz. 35; einen faktischen Zwang nehmen *Wohlmannstetter*, ZGR 201, 472, 476 und *Merkt* in Baumbach/Hopt, § 289 HGB Rz. 5 an.
203 Änderung durch das CSR-Richtlinie-Umsetzungsgesetz v. 11.4.2017, BGBl. I 2017, 802.
204 Dazu näher *Habersack*, NJW-Beil. 2012, 94 f.; *Lentfer/Weber*, DB 2006, 2357 und *Kuthe/Geiser*, NZG 2008, 172.
205 Richtlinie 2013/34/EU des Europäischen Parlaments und des Rates v. 26.6.2013 über den Jahresabschluss, den konsolidierten Abschluss und damit verbundene Berichte von Unternehmen bestimmter Rechtsformen und zur Änderung der Richtlinie 2006/43/EG des Europäischen Parlaments und des Rates und zur Aufhebung der Richtlinie 78/660/EWG und 83/349/EWG des Rates, ABl. EU Nr. L 182 v. 29.6.2013, S. 19.
206 Gesetz zur Umsetzung der Richtlinie 2013/34/EU des Europäischen Parlaments und des Rates v. 26.6.2013 über den Jahresabschluss, den konsolidierten Abschluss und damit verbundene Berichte von Unternehmen bestimmter Rechtsformen und zur Änderung der Richtlinie 2006/43/EG des Europäischen Parlaments und des Rates und zur Aufhebung der Richtlinie 78/660/EWG und 83/349/EWG des Rates (Bilanzrichtlinie-Umsetzungsgesetz – BilRUG) v. 17.7.2015, BGBl. I 2015, 1245.

richtlinie durch die Transparenzrichtlinie-Änderungsrichtlinie[207] um einen Art. 4 Abs. 7 ergänzt, nach dem die Jahresfinanzberichte ab 1.1.2020 in einem einheitlichen europäischen Format (ESEF – European Single Electronic Format) zu erstellen sind, um eine europaweite Vergleichbarkeit der Jahresfinanzberichte zu ermöglichen. Diese Vorgabe und die diesbezüglichen technischen Regulierungsstandards[208] wurden durch das „Gesetz zur weiteren Umsetzung der Transparenzrichtlinie-Änderungsrichtlinie im Hinblick auf ein einheitliches elektronisches Format für Jahresfinanzberichte"[209] durch eine entsprechende Regelung in § 328 Abs. 1 HGB in das deutsche Recht implementiert.

Als Reaktion auf die im Jahre 2008 durch den Kollaps von Lehman Brothers ausgelöste Finanzmarktkrise wurde von Seiten der EU-Kommission eine umfassende **Reform der Abschlussprüfung** eingeleitet[210]. Dazu wurde die Abschlussprüferrichtlinie von 2006[211] durch die Änderungs-Richtlinie von 2014[212] geändert und die Abschlussprüfungs-Verordnung, ebenfalls von 2014[213], erlassen. Die beiden EU-Rechtsakte wurden 2016 durch das Abschlussprüfungsreformgesetz (AReG) in das deutsche Recht übergeleitet[214]. Die neuen Bestimmungen sollen die Unabhängigkeit und Qualität der Abschlussprüfung stärken. Zu den wichtigsten Reformmaßnahmen gehören die Einführung einer obligatorischen externen Rotation (Art. 17 EU-VO, § 318 Abs. 1a HGB), die Durchführung eines Auswahlverfahrens bei Wechsel des Abschlussprüfers (Art. 16 EU-VO), der Ausschluss bestimmter Nichtprüfungsleistungen (Art. 5 Abs. 1 UA 2 EU-VO) und die Stärkung des Prüfungsausschusses. Die neuen Regeln gelten nur für Unternehmen im öffentlichen Interesse, zu denen neben Kreditinstituten und Versicherungsunternehmen alle kapitalmarktorientierten Gesellschaften i.S.v. § 264d HGB gehören (siehe dazu auch Rz. 60.8a ff.)[215].

1.44

Mit der **CSR-Richtlinie** von 2014[216] wurde die traditionelle Finanzberichterstattung um eine Berichterstattung zu den Bereichen Umwelt, Soziales, Arbeitnehmerbelange, Achtung der Menschenrechte, Bekämpfung von Korruption und Bestechung erweitert. Die Richtlinie wurde 2017 durch das CSR-Richtlinie-Umsetzungsgesetz in das deutsche Recht umgesetzt[217]. Die Berichterstattung nach diesem

1.44a

---

207 ABl. EU Nr. L 294 v. 6.11.2013, S. 13.
208 Delegierte VO (EU) 2019/815, ABl. EU Nr. L 143 v. 29.5.2019, S. 1 sowie Nr. L 145 v. 4.6.2019, S. 85 – sog. „ESEF-VO".
209 BGBl. I 2020, 1874.
210 Vgl. das Grünbuch Weiteres Vorgehen im Bereich der Abschlussprüfung: Lehren aus der Krise, v. 13.10.2010, KOM (2010) 561 endgültig.
211 Richtlinie 2006/43/EG des Europäischen Parlaments und des Rates v. 17.5.2006 über Abschlussprüfungen von Jahresabschlüssen und konsolidierten Abschlüssen, zur Änderung der Richtlinie 78/660/EWG und 83/349/EWG des Rates und zur Aufhebung der Richtlinie 84/253/EWG des Rates, ABl. EU Nr. L 157 v. 9.6.2006, S. 87.
212 Richtlinie 2014/95/EU des Europäischen Parlaments und des Rates v. 22.10.2014 zur Änderung der Richtlinie 2013/34/EU im Hinblick auf die Angabe nichtfinanzieller und die Diversität betreffender Informationen durch bestimmte große Unternehmen und Gruppen, ABl. EU Nr. L 330 v. 15.11.2014, S. 1.
213 Verordnung (EU) Nr. 537/20143/des Europäischen Parlaments und des Rates v. 16.4.2014 über spezifische Anforderungen an die Abschlussprüfung bei Unternehmen von öffentlichem Interesse und zur Aufhebung des Beschlusses 2005/909/EG der Kommission, ABl. EU Nr. L 158 v. 27.5.2014, S. 77.
214 Gesetz zur Umsetzung der prüfungsbezogenen Regelungen der Richtlinie 2014/56/EU sowie zur Ausführung der entsprechenden Vorgaben der Verordnung (EU) Nr. 537/2014 im Hinblick auf die Abschlussprüfung bei Unternehmen von öffentlichem Interesse (Abschlussprüfungsreformgesetz – AReG) v. 10.5.2016, BGBl. I 2016, 1142.
215 Siehe zum Ganzen *Buhleier/Niehues/Splinter*, DB 2016, 1885 ff. und *Schüppen*, NZG 2016, 247 ff.
216 Richtlinie 2014/95/EU des Europäischen Parlaments und des Rates v. 22.10.2014 zur Änderung der Richtlinie 2013/34/EU im Hinblick auf die Angabe nichtfinanzieller und die Diversität betreffender Informationen durch bestimmte große Unternehmen und Gruppen, ABl. EU Nr. L 330 v. 15.11.2014, S. 1.
217 Gesetz zur Stärkung der nichtfinanziellen Berichterstattung der Unternehmen in ihren Lage- und Konzernlageberichten (CSR-Richtlinie-Umsetzungsgesetz) v. 11.4.2017, BGBl. I 2017, 802.

Gesetz betrifft alle **großen kapitalmarktorientierten Gesellschaften**, die mindestens 500 Arbeitnehmer beschäftigen, und darüber hinaus alle Kreditinstitute und Versicherungsunternehmen. Nach den neuen Bestimmungen sind der Lagebericht und Konzernlagebericht jeweils um eine **nichtfinanzielle Erklärung** zu ergänzen, in der die oben genannten Themen vor dem Hintergrund des Geschäftsmodells der Gesellschaft darzustellen sind (§§ 289c, 315b HGB). Dabei sind auch die Risiken aus den Liefer- und Dienstleistungsbeziehungen zu beschreiben (§ 289c Abs. 3 Nr. 4 HGB). Die Berichterstattung ist vom Aufsichtsrat inhaltlich zu prüfen (§ 171 Abs. 1 Satz 4 AktG)[218]. Der Abschlussprüfer muss dagegen nur das Vorliegen der Erklärung prüfen (§ 317 Abs. 2 Satz 3 HGB). Börsennotierte Aktiengesellschaften haben außerdem in ihren Lagebericht eine Beschreibung des **Diversitätskonzepts** für Vorstand und Aufsichtsrat aufzunehmen (§ 289f Abs. 2 Nr. 6 HGB).

VI. Zusammenfassung und Ausblick

1.45 Die Aktiengesellschaft ist – von der KGaA und der SE als Nebenformen abgesehen – die einzige Rechtsform, die für einen Börsengang ihrer Anteile offen steht. Die Aktiengesellschaft mit einer größeren Anzahl von Aktionären ist zugleich das Leitbild des AktG[219]. Die grundsätzliche Kapitalmarktoffenheit der AG hat im Rahmen der wirtschaftlichen Entwicklung, insbesondere des Zusammenwachsens der nationalen Kapitalmärkte, an Bedeutung gewonnen. Die Besonderheiten der börsennotierten Aktiengesellschaft werden deshalb bei den vielfältigen Novellierungen des Aktienrechts immer stärker berücksichtigt. Dies geschieht nicht nur ausdrücklich, sondern auch durch allgemein gefasste Regelungen, die in ihrer praktischen Auswirkung aber vor allem die börsennotierte AG betreffen. Dazu hat die Rechtsprechung verschiedene Sonderregeln entwickelt, die sich auf den Umstand der Börsennotierung beziehen.

1.46 Angesichts der zunehmenden Rechtsregeln für die börsennotierte Gesellschaft wird bereits von einem eigenen Börsengesellschaftsrecht gesprochen[220]. Ob sich auf Grund der bisherigen Ansätze schon von einem **Sonderrecht der börsennotierten AG** sprechen lässt, erscheint zum jetzigen Zeitpunkt fraglich. Die Regelungen, die sich auf die börsennotierte Gesellschaft beziehen, ergeben kein geschlossenes Bild der börsennotierten AG, sondern betreffen zum Teil ganz verschiedene Aspekte, die untereinander in keinem zwingenden systematischen Zusammenhang stehen[221]. Das BVerfG hat deshalb in seiner Entscheidung zum Delisting zu Recht festgestellt, dass von einem einheitlichen, in sich geschlossenen Gesellschaftsrecht für börsennotierte Aktiengesellschaften nicht gesprochen werden kann[222]. Dementsprechend ist es zumindest verfrüht, börsennotierte und nichtbörsennotierte Gesellschaften als unterschiedliche Rechtsformen zu betrachten und den Wechsel von dem einen in den anderen Normenbereich als Formwechsel i.S. der §§ 190 ff. UmwG zu behandeln[223]. Allein durch die Börsennotierung werden bislang jedenfalls weder die Organisationsstruktur der Gesellschaft noch die Beteiligungsrechte der Aktionäre wesentlich verändert[224].

1.47 Das Aktienrecht wird ergänzt durch ein rapide wachsendes **Kapitalmarktrecht**, in dessen Zentrum die kapitalmarktorientierte Gesellschaft und damit die börsennotierte AG als wichtigste Gesellschaft

---

218 Siehe dazu näher *Hennrichs/Pöschke*, NZG 2007, 121 ff. und *Lanfermann*, BB 2017, 747 ff.
219 Vgl. *Zöllner* in KölnKomm. AktG, 1984, Einl. Rz. 89 f.; *Fleischer*, ZIP 2006, 451.
220 Vgl. z.B. *Drygala/Staake*, ZIP 2013, 905, 911; *Fleischer*, ZHR 165 (2001), 513, 515; *Fleischer*, ZIP 2006, 451, 454; *Hommelhoff*, ZGR 2000, 748, 769; *Merkt*, AG 2003, 126, 128.
221 Siehe dazu *Habersack/Schürnbrand* in Bayer/Habersack, Aktienrecht im Wandel, Bd. I, Rz. 71; *Bayer*, Gutachten E zum 67. Deutschen Juristentag, S. 60.
222 BVerfG v. 11.7.2012 – 1 BvR 3142/07 und 1 BvR 1569/08, ZIP 2012, 1402, 1405 Rz. 66 = AG 2012, 557.
223 So aber *Drygala/Staake*, ZIP 2013, 905, 911 f.
224 BGH v. 8.10.2013 – II ZB 26/12 – Frosta, NZG 2013, 1342, 1343 Rz. 6 = AG 2013, 877.

dieses Typs steht. Aktien- und Kapitalmarktrecht ergänzen und durchdringen sich wechselseitig, sodass das Recht der börsennotierten AG nur noch durch die Berücksichtigung beider Rechtsbereiche erfasst werden kann. Hinzukommt das **Bilanzrecht** mit seinen eigenen Bestimmungen für die kapitalmarktorientierten Gesellschaften. Damit erfährt das Börsengesellschaftsrecht eine weitere, dritte Dimension mit einem erweiterten Anwendungsbereich. Hinzu kommt, dass die börsennotierten Gesellschaften zunehmend auch für **gesellschaftspolitische Anliegen** in Anspruch genommen und instrumentalisiert werden. Dies gilt etwa für die zwingende Geschlechterquote in den Vorständen und Aufsichtsräten sowie für die Einführung der CSR-Berichterstattung, die sich weniger an die Aktionäre der Gesellschaft als an die Allgemeinheit richtet. Den börsennotierten Gesellschaften wird damit über ihre ökonomische Funktion hinaus auch eine Verantwortung für Gemeinwohlbelange zugewiesen[225]. Diese fortschreitende Ausweitung und Auffächerung des Rechts der börsennotierten Gesellschaften erfordert von den betroffenen Unternehmen eine breite, integrative Sicht, um allen Anforderungen Rechnung zu tragen.

Die Führungskräfte der börsennotierten AG und ihre Berater müssen alle einschlägigen Rechtsgebiete und deren ständige Weiterentwicklung im Auge behalten. Dies kann nur gelingen, wenn diese Rechtsgebiete unabhängig von dogmatischen Überlegungen nicht getrennt, sondern als eine inhaltlich zusammenhängende Materie verstanden werden. 1.48

§ 2
Corporate Governance

I. Bedeutung der Corporate Governance für die börsennotierte AG 2.1	**5. Bewertung guter Corporate Governance** 2.35
1. Begriff der Corporate Governance . . . 2.1	a) Bewertung durch den Kapitalmarkt 2.35
2. Unterschiedliche Interessen 2.4	b) Bewertung durch Anleger und spezielle Ratingagenturen 2.37
a) Vielzahl von Aktionären 2.4	c) Bewertung durch Kreditgeber 2.41
b) Interessen von Aktionären und Management 2.5	**II. Der Deutsche Corporate Governance Kodex** 2.42
c) Verpflichtung auf das Unternehmensinteresse 2.6	**1. Funktionsweise des Kodex** 2.42
3. Vergleich der Führungssysteme 2.9	**2. Verhältnis der Kodexempfehlungen zum Gesetzesrecht** 2.45
a) Begrenzte Aussagekraft von Systemvergleichen 2.9	**3. Stand des Kodex in der internationalen Diskussion** 2.47
b) Dualistisches Führungssystem 2.11	a) Unternehmensführung 2.47
c) Monistisches Führungssystem 2.14	b) Interessenkonflikte 2.49
d) Konvergenz der Führungssysteme . 2.17	c) Unabhängigkeit der Aufsichtsratsmitglieder 2.51
e) Wahlrecht zwischen monistischem und dualistischem Führungssystem 2.21	d) Vielfalt (Diversity) 2.53
4. Entwicklung von Corporate Governance Standards 2.23	e) Vergütung 2.55
a) Corporate Governance als globales Thema 2.23	f) Haftung 2.59
b) Entwicklung nationaler Kodizes . . . 2.26	g) Prüfungsausschuss 2.60
c) Entwicklung in Deutschland 2.29	h) Unabhängigkeit des Abschlussprüfers 2.62

---

225 Krit. dazu *Kort*, NZG 2012, 926, 927 f. und *Fleischer* in Spindler/Stilz, § 76 AktG Rz. 42.

i) Transparenz 2.64
j) Konzern 2.65
4. Umsetzung des Kodex in den Unternehmen 2.66
5. Entsprechenserklärung gemäß § 161 AktG 2.72
   a) Jährliche Erklärung 2.72
   b) Erklärung von Vorstand und Aufsichtsrat 2.78
   c) Änderungen der Entsprechenserklärung 2.80
   d) Änderungen des Kodex 2.81
   e) Prüfung der Entsprechenserklärung 2.83
   f) Corporate-Governance-Bericht ... 2.85
6. Haftung für fehlerhafte Entsprechenserklärungen 2.86
   a) Verstoß gegen § 161 AktG 2.86
   b) Ersatzansprüche der Gesellschaft .. 2.89
   c) Ersatzansprüche Dritter 2.90
      aa) Ansprüche aus unerlaubter Handlung 2.91
      bb) Ansprüche aus culpa in contrahendo (§§ 311, 280 Abs. 1 BGB) 2.95
      cc) Ansprüche aus spezialgesetzlicher Prospekthaftung 2.96
      dd) Ansprüche aus zivilrechtlicher Prospekthaftung 2.97
      ee) Ansprüche wegen unterlassener Ad-hoc-Mitteilung 2.98
III. Neuere Entwicklungen 2.99
   1. Weltweite Vertrauenskrisen 2.99
   2. Entwicklung in den USA 2.100
   3. Entwicklung in der Europäischen Union 2.109
   4. Entwicklung in Deutschland 2.110

Schrifttum: Zur Corporate Governance im Allgemeinen: *Assmann,* Corporate Governance im Schnittfeld von Gesellschaftsrecht und Kapitalmarktrecht, in FS Kümpel, 2003, S. 1; *Bassen,* Private Corporate-Governance Ratings – Eine vergleichende Analyse, in FS Hartmut Schmidt, 2006, S. 529; *Baums/Buxbaum/Hopt* (Eds.), Institutional Investors and Corporate Governance, 1994; *Bayer,* Grundsatzfragen der Regulierung der aktienrechtlichen Corporate Governance, NZG 2013, 1; *Borges,* Selbstregulierung im Gesellschaftsrecht – zur Bindung an Corporate Governance Kodizes, ZGR 2003, 508; *Drobetz/Zimmermann,* Corporate Governance und Unternehmensbewertung in der Schweiz, in FS Hartmut Schmidt, 2006, S. 493; *Feddersen/Hommelhoff/Uwe H. Schneider* (Hrsg.), Corporate Governance – Optimierung der Unternehmensführung und der Unternehmenskontrolle im deutschen und amerikanischen Aktienrecht, 1996; *Fischer/Schuck,* Die Einrichtung von Corporate Governance-Systemen nach dem FISG, NZG 2021, 534; *Fleischer,* Zukunftsfragen der Corporate Governance in Deutschland und Europa, ZGR 2011, 155; *Götz,* Corporate Governance multinationaler Konzerne und deutsches Unternehmensrecht, ZGR 2003, 1; *Hirt/Hopt/Mattheus,* Dialog zwischen dem Aufsichtsrat und Investoren, AG 2016, 725; *Hommelhoff* (Hrsg.), Handbuch Corporate Governance: Leitung und Überwachung börsennotierter Unternehmen in der Rechts- und Wirtschaftspraxis, 2. Aufl. 2009; *Hommelhoff/Lutter/Schmidt/Schön/Ulmer* (Hrsg.), Corporate Governance, ZHR-Beiheft 71, 2002; *Hopt,* Vergleichende Corporate Governance, ZHR 175 (2012), 444; *Hopt/Kanda/Roe/Wymeersch/Prigge* (Eds.), Comparative Corporate Governance – The State of the Art and Emerging Research, 1998; *Hopt/Wymeersch* (Eds.), Comparative Corporate Governance – Essay and Materials, 1997; *Kleinert/Mayer,* Related-Party-Transactions nach dem Referentenentwurf zum ARUG II, EuZW 2019, 103; *Koch,* Investorengespräche des Aufsichtsrats, AG 2017, 129; *Merkt,* Zum Verhältnis von Kapitalmarktrecht und Gesellschaftsrecht in der Diskussion um die Corporate Governance, AG 2003, 126; *Müller,* Related Party Transactions nach dem ARUG II, ZIP 2019, 2429; *Ruhwedel/Epstein,* Eine empirische Analyse der Strukturen und Prozesse in den Aufsichtsräten deutscher Aktiengesellschaften, BB 2003, 161; *Schiessl,* Leitungs- und Kontrollstrukturen im internationalen Wettbewerb, ZHR 167 (2003), 235; *Uwe H. Schneider,* Die Revision der OECD-Principles of Corporate Governance 2004, AG 2004, 249; *Uwe H. Schneider,* Gute Corporate Governance für Staatsunternehmen, AG 2005, 493; *Schwarz/Holland,* Enron, WorldCom ... und die Corporate-Governance-Diskussion, ZIP 2002, 1661; *Weber/Velte,* Der Zusammenhang zwischen Corporate Governance und Kapitalkosten des Unternehmens, DStR 2011, 39; *v. Werder,* Selbstregulierung der Corporate Governance und Selbstkontrolle – Muss immer erst etwas passieren, bevor etwas geschieht?, in FS Baums, 2017, S. 1395.

Zum Deutschen Corporate Governance Kodex: *Abram,* Ansprüche von Anlegern wegen Verstoßes gegen § 161 AktG oder den Deutschen Corporate Governance Kodex – ein Literaturbericht, ZBB 2003, 41; *Austmann,* Die gesellschaftsrechtliche Kautelarpraxis unter dem Deutschen Corporate Governance Kodex, in RWS-Forum 25, Gesellschaftsrecht 2003, S. 407; *Bachmann,* Dialog zwischen Investor und Aufsichtsrat, in Gesellschaftsrecht in der Diskussion 2016, Bd. 22 der Schriftenreihe der Gesellschaftsrechtlichen Vereinigung, 2017, S. 135; *Bachmann*, Der „Deutsche Corporate Governance Kodex": Rechtswirkungen und Haftungsrisiken, WM 2002, 2137; *Bachmann*, Die Erklärung zur Unternehmensführung (Corporate Governance Statement), ZIP 2010, 1517; *Baums*, Unabhängige Aufsichtsratsmitglieder, ZHR 180 (2016), 697; *Bayer*, Grundsatzfragen der Regulierung der aktienrechtlichen Corporate Governance, NZG 2013, 1; *Bayer/Hoffmann*, „Totalverweigerer" der Empfehlungen des Deutschen Corporate Governance Kodex, AG 2012, R291; *Becker/v. Werder*, Der Deutsche Corporate Governance Kodex im internationalen Vergleich, AG 2016, 761; *Berg/Stöcker*, Anwendungs- und Haftungsfragen zum Deutschen Corporate Governance Kodex, WM 2002, 1569; *Bernhardt*, Der Deutsche Corporate Governance Kodex: Zuwahl (comply) oder Abwahl (explain)?, DB 2002, 1841; *Bernhardt*, Sechs Jahre Deutscher Corporate Governance Kodex – Eine Erfolgsgeschichte?, BB 2008, 1686; *Bertrams*, Die Haftung des Aufsichtsrats im Zusammenhang mit dem Deutschen Corporate Governance Kodex und § 161 AktG, 2004; *Böcking/Böhme/Gros*, Wissenschaftliche Studien zum DCGK und die Notwendigkeit der qualitativen Analyse von Abweichungsbegründungen, AG 2012, 615; *Bürkle*, Corporate Compliance als Standard guter Unternehmensführung des Deutschen Corporate Governance Kodex, BB 2007, 1797; *Claussen/Bröcker*, Der Corporate Governance-Kodex aus der Perspektive der kleinen und mittleren Börsen-AG, DB 2002, 1199; *Cromme*, Vorwort zum Deutschen Corporate Governance Kodex, ZIP 2002, 452; *Entwurf IDW Prüfungsstandard*: Auswirkungen des Deutschen Corporate-Governance-Kodex auf die Abschlussprüfung (IDW EPS 345), WPg 2002, 1379; *Fleischer*, Aufsichtsräte, institutionelle Investoren, *Proxy Advisors* und *Whistleblowers*, ZGR 2011, 155; *Fleischer*, Zur Rolle und Regulierung von Stimmrechtsberatern (*Proxy Advisors*) im deutschen und europäischen Aktien- und Kapitalmarktrecht, AG 2012, 2; *Gelhausen/Hönsch*, Deutscher Corporate Governance Kodex und Abschlussprüfung, AG 2002, 529; *Gelhausen/Hönsch*, Folgen der Änderung des Deutschen Corporate Governance Kodex für die Entsprechenserklärung, AG 2003, 367; *Gruber*, Der unabhängige Finanzexperte im Aufsichtsrat nach dem Referentenentwurf des Bilanzrechtsmodernisierungsgesetzes, NZG 2008, 12; *Goslar/von der Linden*, Anfechtbarkeit von Hauptversammlungsbeschlüssen auf Grund fehlerhafter Entsprechenserklärungen zum Deutschen Corporate Governance Kodex, DB 2009, 1691; *Habersack*, „Kirch/Deutsche Bank" und die Folgen – Überlegungen zu § 100 Abs. 5 AktG und Ziff. 5.4, 5.5 DCGK, in FS Goette, 2011, S. 121; *Habersack*, Aufsichtsrat und Prüfungsausschuss nach dem BilMoG, AG 2008, 98; *Handelsrechtsausschuss des DAV*: Stellungnahme zum Deutschen Corporate Governance Kodex, NZG 2015, 86; *Hecker/Peters*, BB-Report zu den Änderungen des DCGK im Jahr 2012, BB 2012, 2639; *Heintzen*, Der Deutsche Corporate Governance Kodex aus der Sicht des deutschen Verfassungsrechts, ZIP 2004, 1933; *Hirte*, Das Transparenz- und Publizitätsgesetz, 2003; *Hütten*, Unternehmenseigener Corporate-Governance-Kodex – Zulässigkeit und Sinnhaftigkeit in Zeiten von TransPuG und Deutschem Kodex, BB 2002, 1740; *Hoffmann-Becking*, Deutscher Corporate Governance Kodex – Anmerkungen zu Zulässigkeit, Inhalt und Verfahren, in FS Hüffer, 2010, 337; *Hoffmann-Becking*, Zehn kritische Thesen zum Deutschen Corporate Governance Kodex, ZIP 2011, 1173; *Hopt/Kumpan*, Governance in börsennotierten und anderen bedeutenden Aktiengesellschaften, AG 2021, 129; *Hüffer*, Die Unabhängigkeit von Aufsichtsratsmitgliedern nach Ziff. 5.4.2. DCGK, ZIP 2006, 637; *Ihrig/Meder*, Zweifelsfragen bei der Zielbenennung zur Zusammensetzung des Aufsichtsrats nach dem Kodex, ZIP 2012, 1210; *Ihrig/Wagner*, Corporate Governance: Kodex-Erklärung und ihre unterjährige Korrektur, BB 2002, 2509; *Ihrig/Wagner*, Reaktion börsennotierter Unternehmen auf die Änderung des „Deutschen Corporate Governance Kodex", BB 2003, 1625; *Kiefner*, Fehlerhafte Entsprechenserklärung und Anfechtbarkeit von Hauptversammlungsbeschlüssen, NZG 2011, 201; *Kiethe*, Falsche Erklärung nach § 161 AktG – Haftungsverschärfung für Vorstand und Aufsichtsrat?, NZG 2003, 559; *Klein*, Die Änderungen des Deutschen Corporate Governance Kodex 2012 aus Sicht der Unternehmenspraxis, AG 2012, 805; *Klöhn*, Die Regulierung institutioneller Stimmrechtsberater, ZIP 2012, 149; *Koch*, Investorengespräche des Aufsichtsrats, AG 2017, 129; *Kocher*, Die Diversity-Empfehlung des neuen Corporate Governance Kodex, BB 2010, 264; *Kocher*, Ungeklärte Fragen der Erklärung zur Unternehmensführung nach § 289a HGB, DStR 2010, 1034; *Kollmann*, Aktuelle Corporate-Governance-Diskussion in Deutschland – Deutscher Corporate-Governance-Kodex der Regierungskommission sowie Transparenz- und Publizitätsgesetz (TransPuG), WM Sonderbeilage Nr. 1/2003; *Körner*, Comply or disclose: Erklärung nach § 161 AktG und Außenhaftung des Vorstands, NZG 2004, 1148; *Kort*, Die Außenhaftung des Vorstands bei der Abgabe von Erklärungen nach § 161 AktG, in FS Raiser, 2005, S. 203; *Kort*, Interessenkonflikte bei Organmitgliedern der AG, ZIP 2008, 717; *Kremer*, Der Deutsche Corporate Governance Kodex auf dem Prüfstand: bewährte Selbst- oder freiwillige Überregulierung? ZIP 2011, 1177; *Krieger*, Interne Voraussetzungen für die Abgabe der Entsprechenserklärung nach § 161 AktG, in FS Ulmer, 2003, S. 365; *Kuthe/Geiser*, Die neue Corporate Governance-Erklärung – Neuerung des BilMoG in § 289a HGB-RE, NZG 2008, 172; *Lutter*, Die Erklärung zum Corporate Governance Kodex gemäß § 161 AktG, ZHR 166 (2002), 523; *Lutter*, Die Business Judgment Rule und ihre praktische Anwendung, ZIP 2007, 841; *Lutter*, Interessenkonflikte und Business Judgment Rule, in FS Canaris, 2007, S. 245; *Lutter*, Der Bericht des Aufsichtsrats an die

Hauptversammlung, AG 2008, 1; *Meder*, Der Nominierungsausschuss in der AG – Zur Änderung des Deutschen Corporate Governance Kodex 2007, ZIP 2007, 1538; *Möllers/Fekonja*, Private Rechtsetzung im Schatten des Gesetzes, ZGR 2012, 777; *Müller-Bonanni/Jenner/Denninger*, AG 2021, 339; *Nowak/Rott/Mahr*, Wer den Kodex nicht einhält, den bestraft der Kapitalmarkt?, ZGR 2005, 252; *Nagel*, Unabhängigkeit der Kontrolle im Aufsichtsrat und Verwaltungsrat: Der Konflikt zwischen der deutschen und der angelsächsischen Konzeption, NZG 2007, 166; *Oser/Orth/Wader*, Beachtung der Empfehlungen des Deutschen Corporate Governance Kodex, BB 2004, 1121; *Paschos/Goslar*, Unabhängigkeit von Aufsichtsratsmitgliedern nach den neuesten Änderungen des Deutschen Corporate Governance Kodex, NZG 2012, 1361; *Peltzer*, Handlungsbedarf in Sachen Corporate Governance, NZG 2002, 593; *Peltzer*, Organisation der Meldung der Entsprechenserklärung nach § 161 AktG, DB 2002, 2580; *Peltzer*, Deutsche Corporate Governance, 2003; *Peltzer*, Reparaturbedarf des Kodex – kritische Anmerkungen zu kontraproduktiven und änderungsbedürftigen Aussagen des DCGK, in FS Priester, 2007, S. 573; *Pfitzer/Oser/Wader*, Die Entsprechens-Erklärung nach § 161 AktG – Checkliste für Vorstände und Aufsichtsräte zur Einhaltung der Empfehlungen des Deutschen Corporate Governance Kodex, DB 2002, 1120; *Rieder*, Anfechtbarkeit von Aufsichtsratswahlen bei unrichtiger Entsprechenserklärung? NZG 2010, 730; *Ringleb/Kremer/Lutter/v. Werder*, Die Kodex-Änderungen vom Mai 2012, NZG 2012, 1081; *Rosengarten/S. Schneider*, Die „jährliche" Abgabe der Entsprechenserklärung, ZIP 2009, 1837; *Roth*, Deutscher Corporate Governance Kodex 2012, WM 2012, 1985; *Ruhnke*, Prüfung der Einhaltung des Deutschen Corporate Governance Kodex durch den Abschlussprüfer, AG 2003, 371; *Schiessl*, Deutsche Corporate Governance post Enron, AG 2002, 593; *Schlitt*, Die strafrechtliche Relevanz des Corporate Governance Kodexes. DB 2007, 326; *Uwe H. Schneider*, Abgestimmtes Verhalten durch institutionelle Anleger: Gute Corporate Governance oder rechtspolitische Herausforderung? ZGR 2012, 518; *Scholderer*, Unabhängigkeit und Interessenkonflikte der Aufsichtsratsmitglieder, NZG 2012, 168; *Schüppen*, Der Kodex – Chancen für den Deutschen Kapitalmarkt! DB 2002, 1117; *Seibert*, Im Blickpunkt: Der Deutsche Corporate Governance Kodex ist da, BB 2002, 581; *Seibert*, UMAG und Hauptversammlung – Der Regierungsentwurf eines Gesetzes zur Unternehmensintegrität und Modernisierung des Anfechtungsrechts, WM 2005, 157; *Seibert*, Aktionärsforum und Aktionärsforumsverordnung nach § 127a AktG, AG 2006, 16; *Seibert*, Der Referentenentwurf eines Gesetzes zur Umsetzung der Aktionärsrechterichtlinie (ARUG), ZIP 2008, 906; *Seibt*, Deutscher Corporate Governance Kodex und Entsprechens-Erklärung (§ 161 AktG-E), AG 2002, 249; *Seibt*, Deutscher Corporate Governance Kodex: Antworten auf Zweifelsfragen der Praxis, AG 2003, 465; *Seidel*, Der Deutsche Corporate Governance Kodex – eine private oder doch eine staatliche Regelung?, ZIP 2004, 285; *Seidel*, Kodex ohne Rechtsgrundlage, NZG 2004, 1095; *Semler/Wagner*, Deutscher Corporate Governance Kodex – Die Entsprechenserklärung und Fragen der gesellschaftsinternen Umsetzung, NZG 2003, 553; *Staake*, Arbeitnehmervertreter als unabhängige Aufsichtsratsmitglieder?, NZG 2016, 853; *Stephanblome*, Der Unabhängigkeitsbegriff des Deutschen Corporate Governance Kodex, NZG 2013, 445; *Strieder*, Offene Punkte bei der Entsprechenserklärung zum Corporate Governance Kodex, DB 2004, 1325; *Strieder*, DCGK Praxiskommentar, 2005; *Theusinger/Liese*, Rechtliche Risiken der Corporate Governance-Erklärung, DB 2008, 1419; *Thümmel*, Die Abweichung von der Entsprechenserklärung nach § 161 AktG, CCZ 2008, 141; *Ulmer*, Der Deutsche Corporate Governance Kodex – ein neues Regulierungsinstrument für börsennotierte Aktiengesellschaften, ZHR 166 (2002), 150; *Velte*, Förderung der Gender Diversity bei der Zusammensetzung des Aufsichtsrats, Der Konzern 2012, 1; *E. Vetter*, Der Prüfungsausschuss in der AG nach dem BilMoG, ZGR 2010, 751; *E. Vetter*, Deutscher Corporate Governance Kodex, DNotZ 2003, 748; *Waclawik*, Beschlussmängelfolgen von Fehlern bei der Entsprechenserklärung zum DCGK, ZIP 2011, 885; *Weber-Rey*, Gesellschafts- und aufsichtsrechtliche Herausforderungen an die Unternehmensorganisation, AG 2008, 345; *Weiß*, Hybride Regulierungsinstrumente, 2011; *v. Werder/Bartz*, Corporate Governance Report 2013: Abweichungskultur und Unabhängigkeit im Lichte der Akzeptanz und Anwendung des aktuellen DCGK, DB 2013, 885; *v. Werder/Turkali*, Corporate Governance Report 2015: Kodexakzeptanz und Kodexanwendung, DB 2015, 1357; *Wicke*, Der CEO im Spannungsverhältnis zum Kollegialprinzip – Gestaltungsüberlegungen zur Leitungsstruktur der AG, NJW 2007, 3755; *Wilsing*, Die Rolle der institutionellen Investoren, der Proxy-Advisors und die der Aktionäre, ZGR 2012, 291; *Wilsing/von der Linden*, Unabhängigkeit, Interessenkonflikte und Vergütung von Aufsichtsratsmitgliedern – Gedanken zur Kodexnovelle 2012, DStR 2012, 1391; *Wünschmann*, Die Haftung und die Regulierung von institutionellen Stimmrechtsberatern, 2015.

Zur Entwicklung in der EU: Zur Entwicklung des Europäischen Gesellschaftsrechts: Stellungnahme der Arbeitsgruppe Europäisches Gesellschaftsrecht (Group of German Experts on Company Law) zum Report of the High Level Group of Company Law Experts on a modern Regulatory Framework for Company Law in Europe, ZIP 2003, 863; *Bachmann*, Der „Europäische Corporate Governance-Rahmen", WM 2011, 1301; *Bayer/J. Schmidt*, BB-Gesetzgebungs- und Rechtsprechungsreport Europäisches Unternehmensrecht 2012, BB 2013, 3; *Buschmann*, EU-Grünbuch zur Corporate Governance: Alter Wein in neuen Schläuchen?, NZG

2011, 87; *Fleischer*, Corporate Governance in Europa als Mehrebenensystem, ZGR 2012, 160; *Habersack*, Europäisches Gesellschaftsrecht im Wandel – Bemerkungen zum Aktionsplan der EG-Kommission betreffend die Modernisierung des Gesellschaftsrechts und die Verbesserung der Corporate Governance in der Europäischen Union, NZG 2004, 1; *Handelsrechtsausschuss des DAV*, Stellungnahme zum Grünbuch der EU-Kommission vom 5.4.2011: Europäischer Corporate Governance-Rahmen KOM (2011) 164/3, NZG 2011, 164; *Heldt*, Der Aktionsplan Corporate Governance und andere „Feinheiten" aus der EU, ZCG 2013, 15; *Hupka*, Der Aktionsplan der EU-Kommission „Europäisches Gesellschaftsrecht und Corporate Governance", GWR 2013, 59; *Institut für Gesellschaftsrecht der Universität Köln*, Stellungnahme zum Grünbuch der EU-Kommission v. 5.4.2011: Europäischer Corporate Governance-Rahmen, NZG 2011, 975; *Jung*, Das Grünbuch der Kommission zu einem europäischen Corporate Governance-Rahmen und die Weiterentwicklung des Europäischen Gesellschaftsrechts, BB 2011, 1987; *Lutter/Bayer/J. Schmidt*, Europäisches Unternehmens- und Kapitalmarktrecht, 5. Aufl. 2012; *Peltzer*, Das Grünbuch der EU-Kommission vom 5.4.2011 und die Deutsche Corporate Governance, NZG 2011, 961; *Roesener*, Das Warten auf Aktion: Der Aktionsplan zum Europäischen Gesellschaftsrecht und die Societas Privata Europaea, NZG 2013, 241; *Teichmann*, Corporate Governance in Europa, ZGR 2001, 645; *Wiesner*, Corporate Governance und kein Ende, ZIP 2003, 977; *Wilsing*, Corporate Governance in Deutschland und Europa, ZGR 2012, 291.

Zur Entwicklung in den USA: *Block*, Neue Regelungen zur Corporate Governance gemäß Sarbanes-Oxley Act, BKR 2003, 774; *Emmerich/Schaum*, Auswirkungen des Sarbanes-Oxley Act auf deutsche Abschlussprüfer – Berufsaufsicht, Registrierung, Unabhängigkeit, WPg 2003, 677; *Ferlings/Lanfermann*, Unabhängigkeit von deutschen Abschlussprüfern nach Verabschiedung des Sarbanes-Oxley Acts, DB 2002, 2117; *Gruson/Kubicek*, Der Sarbanes-Oxley Act, Corporate Governance und das deutsche Aktienrecht, AG 2003, 337 und 393; *Hilber/Hartung*, Auswirkungen des Sarbanes-Oxley Act auf deutsche WP-Gesellschaften: Konflikte mit der Verschwiegenheitspflicht der Wirtschaftsprüfer und dem Datenschutz, BB 2003, 1054; *Heppe/Tielmann*, Die Neuerungen des Dodd-Frank Wall Street and Consumer Protection Act, WM 2011, 1883, *Hütten/Strohmann*, Umsetzung des Sarbanes-Oxley Act in der Unternehmenspraxis, BB 2003, 2223; *Kersting*, Auswirkungen des Sarbanes-Oxley-Gesetzes in Deutschland: Können deutsche Unternehmen das Gesetz befolgen?, ZIP 2003, 233; *Reiter*, Der Schutz des Whistleblowers nach dem Sarbanes-Oxley Act im Rechtsvergleich und im internationalen Arbeitsrecht, RIW 2005, 168; *Schmidt-Bendun/Prusko*, Say on Pay in den USA – Dodd-Frank Act kodifiziert Votum über Managervergütung und Golden Parachutes, NZG 2010, 1128; *Siefer*, Zwei Jahre nach Dodd-Frank – Erfahrungen mit dem Aktionärsvotum über die Vorstandsvergütung in den USA, NZG 2013, 691; *Schürrle*, „Whistleblowing unlimited" – Der U.S. Dodd-Frank Act und die neuen Regeln der SEC zum Whistleblowing, CCZ 2011, 218; *Schwarz/Holland*, Enron, WorldCom … und die Corporate Governance-Diskussion, ZIP 2002, 1661; *Stengel/Willms*, Sarbanes-Oxley Act – Der Anpassungsbedarf für deutsche Unternehmen hält sich in Grenzen, DAJV, 2003, 77; *Strauch*, Der Sarbanes-Oxley Act und die Entwicklungen im US-Aufsichtsrecht, NZG 2003, 952.

I. Bedeutung der Corporate Governance für die börsennotierte AG

1. Begriff der Corporate Governance

Über „Corporate Governance" wird schon seit langem diskutiert. Dies gilt vor allem für die angelsächsischen und angelsächsisch geprägten Länder, während dieses Thema in Deutschland erst seit einigen Jahren systematisch erörtert wird[1]. Im Allgemeinen wird dabei unter Corporate Governance der rechtliche und faktische Ordnungsrahmen für die Leitung und Überwachung eines Unternehmens, d.h. das gesamte **System der Unternehmensführung**, verstanden[2]. Dazu gehören neben der Organisation der

2.1

---

1 Vgl. z.B. die Beiträge in *Feddersen/Hommelhoff/Uwe H. Schneider*, Corporate Governance, 1996.
2 Vgl. *Bayer*, NZG 2013, 1, 2; *v. Werder* in Kremer/Bachmann/Lutter/v. Werder, Deutscher Corporate Governance Kodex, Präambel Rz. 1 und in Hommelhoff/Hopt/v. Werder, Hdb. Corporate Governance, S. 4; *Runte/Eckert* in Bürgers/Körber, 4. Aufl. 2017, § 161 AktG Rz. 64; siehe auch den sog. Cadbury Report, 1992, S. 2, wo Corporate Governance definiert ist als „the system by which companies are directed and controlled"; zu den verschiedenen Definitionen von Corporate Governance siehe *Hopt/Prigge* in Hopt/Kanda/Roe/Wymeersch/Prigge (Hrsg.), Comparative Corporate Governance, 1998, Preface S.V.; aus US-

Unternehmensleitung, insbesondere den Kompetenzen der Leitungsorgane – im System der deutschen AG Vorstand und Aufsichtsrat – auch die Ziele, denen diese Organe verpflichtet sind. Ergänzend zu der internen Führungsstruktur wird das Verhältnis der Unternehmensleitung nach außen, vor allem zu den Trägern des Unternehmens, den Aktionären, diskutiert. Diese **externe Corporate Governance** betrifft auch das Verhältnis zu den sonstigen Personengruppen, mit denen das Unternehmen verbunden ist. Diese sog. Stakeholder, insbesondere die Arbeitnehmer des Unternehmens, die Gläubiger einschließlich der Banken sowie die Öffentlichkeit in Gestalt der Kommunen und der Finanzverwaltung spielen im Rahmen der Corporate-Governance-Debatte eine je nach Betrachter sehr unterschiedliche Rolle. Überhaupt finden sich in der Corporate-Governance-Diskussion, die nicht nur juristisch, sondern vor allem auch betriebswirtschaftlich geführt wird, unterschiedliche Akzentsetzungen. In den USA werden z.B. die Beziehungen zu den Kapitalgebern in den Mittelpunkt gestellt, während in der europäischen Debatte stärker auch auf das Verhältnis zu den übrigen Stakeholdern eingegangen wird[3]. Im Mittelpunkt der Erörterungen stehen dabei jeweils die börsennotierten Gesellschaften.

2.2 In der neueren Diskussion wird das Thema Corporate Governance in verschiedene Richtungen erweitert. Die Überlegungen zur Führung und Kontrolle des Unternehmens beschränken sich nicht mehr auf die Organisation der Unternehmensleitung. Als Reaktion auf verschiedene Bilanzskandale in den USA werden vor allem die Rechnungslegung und die Berichterstattung darüber sowie die Zusammenarbeit mit dem Abschlussprüfer in die Betrachtung mit einbezogen. Dabei geht es insbesondere um die ordnungsgemäße Bilanzierung sowie die Stärkung der Unabhängigkeit des Abschlussprüfers, z.B. durch die Einschränkung zusätzlicher Beratungsleistungen außerhalb der Abschlussprüfung[4]. Nach der durch die Insolvenz von Lehman Brothers im September 2008 ausgelösten Finanzmarktkrise ist die Risikovorsorge und das Risikomanagement der Banken sowie die Vergütung der Entscheidungsträger in den Mittelpunkt von Reformüberlegungen getreten[5]. Die Unabhängigkeit der Abschlussprüfung wurde weiter ausgebaut (siehe Rz. 1.44).

2.3 Die Frage nach der richtigen Corporate Governance wird auch auf den Ordnungsrahmen außerhalb der Unternehmen ausgedehnt. So wird ergänzend zu den gesellschaftsrechtlichen Fragen der Unternehmensführung zunehmend die Rolle des Unternehmens auf den verschiedenen Märkten für Kapital, Unternehmenskontrolle und Managementleistungen in den Blick genommen. Zur Corporate Governance gehört danach auch das gesamte **Bank-, Börsen- und Kapitalmarktrecht** einschließlich des Anlegerschutzes, des Rechts der Unternehmensübernahmen und jüngst der Nachhaltigkeit[6]. Dies entspricht dem kapitalmarktorientierten Ansatz der angelsächsischen Länder. In Deutschland und in Kontinentaleuropa wird der Begriff allerdings mehr noch im Sinne der **internen Corporate Governance** mit dem Schwerpunkt auf den gesellschaftsrechtlichen Zusammenhängen verwendet[7].

---

amerikanischer Sicht *Hess* in Feddersen/Hommelhoff/Uwe H. Schneider, Corporate Governance, S. 9, 10 f.; siehe zu den unterschiedlichen Definitionen auch die Übersicht von *Weil*, Gottshal & Manges LLP, Comparative Matrix of Corporate Governance Codes relevant to the European Union and its Member States, Annex V, 2002.
3 *Hopt*, Corporate Governance: Aufsicht oder Markt? in Heidelberger Forum, Band 109, 2000, S. 9, 12; *Assmann* in FS Kümpel, S. 1, 4.
4 Vgl. § 319a Abs. 1 Satz 1 Nr. 2 und 3 HGB a.F. und nunmehr § 319 Abs. 2 bis 5, § 319b HGB und Rz. 2.62.
5 Vgl. die Beiträge in *Hopt/Wohlmanstetter* (Hrsg.), Hdb. Corporate Governance von Banken, 2011, insbes. im 2. Teil Abschn. III. sowie das Rdschr. 10/2012 der BaFin v. 14.12.2012 zu den Mindestanforderungen an das Risikomanagement der Banken und das CRD IV-Umsetzungsgesetz v. 28.8.2013 (BGBl. I 2013, 3395).
6 Siehe dazu näher *Merkt*, AG 2003, 126, 126 und *Teichmann*, ZGR 2001, 645, 657 ff.
7 Vgl. *Hüffer/Koch*, § 76 AktG Rz. 37; *Schwarz/Holland*, ZIP 2002, 1661, 1662 f.

2. Unterschiedliche Interessen
a) Vielzahl von Aktionären

Die Diskussion um eine angemessene Corporate Governance betrifft in erster Linie die börsennotierte Aktiengesellschaft. Zwar stellt sich die Frage nach der zweckmäßigen Führungsstruktur auch bei geschlossenen Gesellschaften wie z.B. **Familienunternehmen**[8] oder Unternehmen im **Staatsbesitz**. Die richtige Unternehmensführung wird in diesen Fällen aber eher als interne Angelegenheit der relativ wenigen Anteilseigner angesehen[9]. Bei der börsennotierten Aktiengesellschaft, Kommanditgesellschaft auf Aktien oder SE ist dagegen schon die Ausgangssituation anders. Die Anteilseigner sind hier bei großem **Streubesitz** nicht nur zahlreicher, sie haben häufig einzeln wenig Einfluss und sind untereinander kaum verbunden[10]. Ihre Interessen sind deshalb weitaus weniger koordiniert als die der Aktionäre einer geschlossenen Gesellschaft[11].

2.4

b) Interessen von Aktionären und Management

Hinzu kommt, dass die Interessen der Anteilseigner als Träger des wirtschaftlichen Risikos und die Interessen des Managements als handelnder Personen auseinanderfallen können (sog. Principal-Agent-Konflikt)[12]. Insbesondere besteht die Gefahr, dass das Management, auch aufgrund seines Informationsvorsprungs, eigene Interessen zu Lasten der Anteilseigner verfolgt. Um diese Gefahr zu mindern, ist einerseits erforderlich, dass der Informationsvorsprung des Managements durch sinnvolle Offenlegungspflichten nach außen eingeschränkt wird. Die Information der Anleger ist dabei so zu verbessern, dass diese das Verhalten der Unternehmensführung nachvollziehen und überwachen können. **Transparenz** gegenüber dem Kapitalmarkt ist deshalb ein wesentliches Element guter Corporate Governance. Um die Interessen der Eigentümer zu wahren, wird es außerdem als erforderlich angesehen, für das Management **finanzielle Anreize** zu schaffen, die zu einem den Interessen der Anleger entsprechenden Verhalten führen. Als geeignetes Vergütungsinstrument wurden deshalb lange Zeit Aktienoptionen angesehen, weil sie das gemeinsame Interesse von Management und Anlegern an einer nachhaltigen Wertsteigerung des Unternehmens verbinden. Diese Art der Vergütung wird inzwischen eher kritisch gesehen[13].

2.5

c) Verpflichtung auf das Unternehmensinteresse

Zur Analyse der unterschiedlichen Interessen, die in und mit einer börsennotierten Gesellschaft verfolgt werden, gehört die Frage, ob das Unternehmen primär im Interesse der Aktionäre oder auch im Inte-

2.6

---

8 Vgl. den Governance Kodex für Familienunternehmen i.d.F. v. 29.5.2015 (www.kodex-fuer-familienunternehmen.de); dazu näher *Graf/Bisle*, DStR 2010, 2409; *Koeberle-Schmid*, DB 2011, 485; *Lange*, BB 2005, 2585; *Uffmann*, ZIP 2015, 2441.
9 Zur Corporate Governance öffentlicher Unternehmen *Ruter*, Der Aufsichtsrat 2004, 7, *Hasche-Preuße*, WPg 2015, 1027, sowie *Uwe H. Schneider*, AG 2005, 493 ff. mit Blick auf die OECD-Grundsätze. Für Unternehmen mit Mehrheitsbeteiligung des Bundes hat die Bundesregierung am 1.7.2009 Grundsätze guter Unternehmens- und Beteiligungsführung für den Bereich des Bundes mit einem Public Corporate Governance Kodex (PCGK) beschlossen; dazu näher *K. Hommelhoff* in FS Hommelhoff, 2012, S. 447; *Marsch-Barner* in FS Uwe H. Schneider, 2011, S. 447; *Raiser*, ZIP 2011, 353; *Schürnbrand*, ZIP 2010, 1105; *Weber-Rey/Buckel*, ZHR 177 (2013), 13, 35 ff. Einen ähnlichen Kodex haben auch mehrere Städte und Bundesländer.
10 Die Einrichtung des Aktionärsforums gemäß § 127a AktG hat daran wenig geändert, vgl. dazu *Seibert*, WM 2005, 157, 158 f. und *Seibert*, AG 2006, 16.
11 Vgl. *Teichmann*, ZGR 2001, 645, 651 ff.
12 Siehe dazu *v. Werder* in Hommelhoff/Hopt/v. Werder, Hdb. Corporate Governance, S. 7 m.w.N.
13 Vgl. dazu auch OLG München v. 7.5.2008 – 7 U 5618/07, ZIP 2008, 1237, 1239 ff. = AG 2008, 593, das die Ausrichtung von Aktienoptionen am Kurs der Muttergesellschaft im faktischen Konzern als unzulässig ansieht.

resse der übrigen, am Unternehmen als Vertragspartner beteiligten Personen, also insbesondere der Gläubiger und Arbeitnehmer, aber auch der Kommunen und der sonstigen Öffentlichkeit, geführt werden soll. Der erste Aspekt wird unter dem Stichwort **Shareholder value** diskutiert, der zweite wird als **Stakeholder-Ansatz** bezeichnet. Die Vor- und Nachteile der jeweiligen Ausrichtung werden vor allem aus ökonomischer Sicht beleuchtet[14].

2.7 In den verschiedenen nationalen Rechtskreisen gibt es dazu historisch gewachsene unterschiedliche Auffassungen. So dominiert in den angelsächsischen Ländern traditionell der Shareholder-value-Gedanke. Das deutsche Recht geht mit der starken Berücksichtigung der Gläubigerinteressen im Gesellschafts- und Bilanzrecht sowie der Verankerung der Mitbestimmung im Aufsichtsrat von einer mehr pluralistischen Zielsetzung der Unternehmensleitung aus. Diese komplexe Zielsetzung wird unter dem Begriff des **Unternehmensinteresses** zusammengefasst. Dieser Begriff ist allerdings so offen und unpräzise, dass er als Orientierungshilfe für Leitungsentscheidungen wenig hergibt und der Unternehmensleitung damit einen eher weiten Ermessensspielraum einräumt[15].

2.8 Auch aus der Sicht der deutschen Tradition ist klar, dass erfolgreiches Wirtschaften eine renditeorientierte Unternehmensführung verlangt; nur auf diese Weise kann der Bestand des Unternehmens erhalten und gesichert werden[16]. Im Deutschen Corporate Governance Kodex wird dementsprechend versucht, die unterschiedlichen Aspekte miteinander zu verbinden. Der Vorstand ist danach bei der Leitung des Unternehmens nicht nur an das **Unternehmensinteresse** gebunden. Er ist auch zur Steigerung des nachhaltigen Unternehmenswertes oder, wie es seit 2009 heißt, dem **Ziel nachhaltiger Wertschöpfung** verpflichtet (Ziff. 4.1.1 DCGK 2017[17] bzw. Präambel Abs. 1 und Grundsatz 10 DCGK 2020[18]) verpflichtet[19]. Die Aktionärsinteressen sind damit innerhalb der verschiedenen Interessen zwar hervorgehoben, aber nicht allein maßgebend. Mit der Betonung der nachhaltigen Wertschöpfung soll der Blick auf eine langfristige Unternehmenspolitik gelenkt werden. Eine Ausrichtung auf kurzfristige Kursgewinne ist jedenfalls nicht erwünscht[20]. Durch die seit 2017 vorgeschriebene CSR-Berichterstattung bestimmter großer Gesellschaften wird diese wirtschaftliche Ausrichtung durch Gesichtspunkte der **sozialen Verantwortung** ergänzt (siehe Rz. 1.44a)[21]. Nahezu gleichzeitig wird in der Präambel des Deutschen Corporate Governance Kodex mit dem Leitbild des **Ehrbaren Kaufmanns** ein ethisch fundiertes Handeln angemahnt[22]. Die damit angesprochenen Themen dürften bei der Führung der börsennotierten Gesellschaften künftig eine größere Rolle spielen.

---

14 Siehe z.B. *Schmidt/Weiß* in Hommelhoff/Hopt/v. Werder, Hdb. Corporate Governance, S. 162 ff. sowie *v. Werder* in Hommelhoff/Hopt/v. Werder, Hdb. Corporate Governance, S. 7 ff., und *Fleischer* in Spindler/Stilz, § 76 AktG Rz. 29 ff., jeweils m.w.N.; *Bürgers* in Bürgers/Körber/Lieder, § 76 AktG Rz. 14 f.
15 Vgl. *Hüffer/Koch*, § 76 AktG Rz. 15; vgl. auch die Kritik von *Zöllner*, AG 2003, 2, 7 f.
16 Vgl. z.B. *Hüffer/Koch*, § 76 AktG Rz. 34; *Mertens/Cahn* in KölnKomm. AktG, 3. Aufl. 2010, § 76 AktG Rz. 21 ff. sowie *Schilling*, BB 1997, 373, 375 ff.; *Mülbert*, ZGR 1997, 129, 142 f. und *Seibt* in K. Schmidt/Lutter, § 76 AktG Rz. 23.
17 Deutscher Corporate Governance Kodex i.d.F. v. 7.2.2017.
18 Deutscher Corporate Governance Kodex i.d.F. v. 16.12.2019 gem. Bekanntmachung des BMJV v. 20.3.2020, BAnz AT 20.3.2020.
19 Zur Rezeption des Shareholder Value-Ansatzes *Groh*, DB 2000, 2153, 2158; *Fleischer* in Fleischer, Hdb. Vorstandsrecht, § 1 Rz. 29 ff.; *Fleischer* in Spindler/Stilz, § 76 AktG Rz. 41; *Zöllner*, AG 2003, 2, 7 f.; rechtsvergleichend *Fleischer* in Hommelhoff/Hopt/v. Werder, Hdb. Corporate Governance, S. 185.
20 Vgl. *Goslar* in Wilsing, DCGK, Ziff. 4.1.1 Rz. 21; *v. Werder* in Kremer/Bachmann/Lutter/v. Werder, Deutscher Corporate Governance Kodex, Präambel Rz. 20 ff.
21 Krit. dazu *Kort*, NZG 2012, 926, 927 f.
22 Vgl. Abs. 1 der Präambel DCGK 2020; dazu krit. *Fleischer*, DB 2017, 2015 ff.

3. Vergleich der Führungssysteme
a) Begrenzte Aussagekraft von Systemvergleichen

In der Vergangenheit sind immer wieder systemvergleichende Überlegungen angestellt worden. So wurde untersucht, ob etwa das angelsächsische System der Unternehmensleitung mit einem einheitlichen Board und seiner klaren Ausrichtung auf die Aktionärsinteressen dem deutschen dualistischen Führungssystem, bestehend aus Vorstand und Aufsichtsrat, mit der Ausrichtung auf das umfassendere Unternehmensinteresse überlegen ist[23]. Denkbare Ansätze für einen solchen Vergleich sind neben der Board-Struktur der Einfluss und die Zusammensetzung der Aktionäre, das Ausmaß der Kontrolle durch den Aufsichtsrat und den Kapitalmarkt, das Finanzierungssystem und die sonstigen rechtlichen Rahmenbedingungen wie das Wettbewerbs- und Übernahmerecht. Nach welchen Kriterien der Erfolg eines Systems gemessen werden soll, ist angesichts der verschiedenen Ansatzmöglichkeiten allerdings offen und wird auch sehr unterschiedlich gesehen[24].

2.9

Dass das eine oder andere System für falsche Entwicklungen weniger anfällig oder sogar wirtschaftlich erfolgreicher ist, konnte bislang nicht festgestellt werden. Die ökonomische Analyse einzelner Erfolgsfaktoren wie der jeweils bestehenden Anreize für das Management auf der einen und der Effizienz der Kontrollen auf der anderen Seite hat zu keinen eindeutigen Ergebnissen geführt[25]. Jedes System hat Stärken und Schwächen, deren wechselseitiger Einfluss schwer messbar ist. Dies gilt umso mehr, als die ordnungspolitischen Rahmenbedingungen in den einzelnen Ländern sehr verschieden sind. Tatsächlich hat es in beiden Systemen spektakuläre Unternehmenszusammenbrüche gegeben. Kein System kann auch für sich in Anspruch nehmen, gegen Betrug, Machtmissbrauch oder Inkompetenz gefeit zu sein.

2.10

b) Dualistisches Führungssystem

Die Stärke des dualistischen Systems liegt in der klaren Trennung zwischen Führung und Kontrolle. Aus dieser Trennung ergibt sich allerdings auch eine gewisse Schwäche. Als Folge der organisatorischen Verselbständigung des Aufsichtsrates ist dieser nämlich nicht Teil der Unternehmensführung, sondern steht neben dieser. Daher haben die Mitglieder des Aufsichtsrats gegenüber den Vorstandsmitgliedern bezüglich des Unternehmensgeschehens ein strukturelles Informationsdefizit, was ihre Aufgabenwahrnehmung erschwert. Hinzu kommt, dass der Aufsichtsrat am Tagesgeschäft kaum beteiligt ist und seine Aufgabe deshalb vorwiegend als Überwachungstätigkeit versteht[26]. Wichtig und zunehmend erfolgend ist demgegenüber, den Aufsichtsrat zumindest in die strategische Planung des Vorstands miteinzubeziehen[27].

2.11

Ein weiteres Problemfeld des dualistischen Systems, wie es in Deutschland besteht, ist die **Mitbestimmung** im Aufsichtsrat. Durch die zwingend vorgeschriebene Besetzung der Aufsichtsräte mit Arbeit-

2.12

---

23 Vgl. z.B. *Kaplan* in Hopt/Wymeersch (Eds.), Comparative Corporate Governance, 1997, S. 195 ff.; *Roe* in Baums/Buxbaum/Hopt (Eds.), Institutional Investors and Corporate Governance, 1994, S. 23 ff.; für eine eindeutige Überlegenheit des US-Corporate Governance Systems – vor Enron – der Business Roundtable, ein Zusammenschluss US-amerikanischer CEO's, siehe *Schwarz/Holland*, ZIP 2002, 1661.
24 Vgl. z.B. aus ökonomischer Sicht *Macey* in Hopt/Kanda/Roe/Wymeersch/Prigge (Hrsg.), Comparative Corporate Governance, 1998, S. 903 ff.
25 Siehe z.B. *C. Mayer* in Balling/Hennessy/O'Brien (Eds.), Corporate Governance, Financial Markets and Global Convergence, 1998, 235 ff.; vgl. auch *Hopt*, ZHR 175 (2011), 444, 468, und *Bayer*, NJW 2016, 1930, 1936.
26 Die nach § 111 Abs. 4 Satz 2 AktG zu erstellenden Zustimmungskataloge beschränken sich auf Geschäfte von grundlegender Bedeutung, vgl. Grundsatz 6 Abs. 2 DCGK 2020 und *Hüffer/Koch*, § 111 AktG Rz. 42.
27 Vgl. Grundsätze 13 und 15 DCGK 2020; dazu näher *Wilsing* in Wilsing, DCGK, Ziff. 4.1.2 Rz. 6; sowie *Oetker* in Hommelhoff/Hopt/v. Werder, Hdb. Corporate Governance, S. 281 ff.; krit. dazu *Hoffmann-Becking* in FS Hüffer, 2010, S. 337, 345 f.

nehmervertretern hat der Aufsichtsrat neben den Aktionärsinteressen auch die sozialen Belange der Belegschaft zu wahren. Diese nehmen, vor allem bei paritätischer Zusammensetzung des Aufsichtsrates[28], mitunter sogar den größten Teil der Sitzungszeit in Anspruch[29]. Die Mitbestimmung kann dazu führen, dass wirtschaftlich zweckmäßige oder sogar notwendige Entscheidungen, die sich negativ auf die im Unternehmen Beschäftigten auswirken, aufgeschoben, unterlassen oder durch Kompromisse verwässert werden. Der Aufsichtsratsvorsitzende hat zwar ein zweites Stimmrecht, mit dem er Patt-Situationen im Aufsichtsrat zugunsten der Anteilseignerseite auflösen kann[30]. Von dieser Möglichkeit wird praktisch aber so gut wie nie Gebrauch gemacht, um das Gleichgewicht der beiden „Bänke" zu wahren. In diesem Zusammenhang ist allerdings auch festzustellen, dass der institutionalisierte Interessenausgleich, wie er im Aufsichtsrat vorgesehen ist, letztlich im Interesse des gesamten Unternehmens liegt und in der Praxis nicht zu wirtschaftlich unverträglichen Konsequenzen geführt hat.

2.13 Folge der Mitbestimmung insbesondere nach dem MitbestG 1976 ist jedenfalls, dass die **Aufsichtsräte** der größeren Unternehmen mit 16 oder 20 Mitgliedern für eine effiziente Überwachung und Beratung **zu groß** sind. Obwohl dieses Problem allgemein bekannt ist, sind bislang alle Forderungen nach einer Verkleinerung des Aufsichtsrates auf z.B. zehn oder zwölf Mitglieder am Widerstand der Gewerkschaften gescheitert[31]. Erst mit der SE besteht die Möglichkeit, die Größe des Aufsichtsrats in der Satzung z.B. auf zehn Mitglieder festzulegen[32]. Bei den Unternehmen mit **ausländischer Belegschaft** wird zunehmend auch die Legitimation der Arbeitnehmervertreter im Aufsichtsrat in Zweifel gezogen, da diese nur von der inländischen Belegschaft gewählt werden[33]. Dies gilt nach der geltenden Rechtslage selbst dann, wenn die Mehrzahl der Mitarbeiter im Ausland beschäftigt ist. Die Interessen dieser Mitarbeiter sind deshalb im Aufsichtsrat regelmäßig nicht vertreten[34]. Mit der Möglichkeit einer Umwandlung in eine SE lässt sich allerdings zumindest eine „Europäisierung" der Arbeitnehmerbank erreichen. Vor dem Hintergrund dieser europarechtlichen Entwicklung wird vielfach eine grundlegende Reform der Mitbestimmung verlangt[35]. Die Ende 2005 eingesetzte „zweite" Biedenkopf-Kommission konnte sich in ihrem Abschlussbericht allerdings auf keine gemeinsamen Vorschläge einigen[36]. Mittlerweile wird die Vereinbarkeit des deutschen Mitbestimmungsrechts mit dem EU-Gemeinschaftsrecht in Frage gestellt[37]. Der EuGH hat jedoch im Fall TUI die Vereinbarkeit der Mitbestimmung im Aufsichtsrat mit dem Unionsrecht bejaht[38].

---

28 Vgl. § 1 Abs. 1, § 7 MitbestG; siehe zur Zusammensetzung des Aufsichtsrates ausführlich § 25.
29 *Semler* in Hopt/Kanda/Roe/Wymeersch/Prigge (Hrsg.), Comparative Corporate Governance, S. 267, 276.
30 Siehe § 29 Abs. 2, § 31 Abs. 4 und 5 MitbestG.
31 Vgl. *Hüffer/Koch*, § 96 AktG Rz. 5 und *Pistor* in Hommelhoff/Hopt/v. Werder, Hdb. Corporate Governance, S. 234 sowie *Neubürger* in Hommelhoff/Hopt/v. Werder, Hdb. Corporate Governance, 1. Aufl. 2003, S. 177, 190 f.
32 Vgl. Art. 40 Abs. 3 SE-VO i.V.m. § 17 Abs. 1 SEAG; *Habersack*, AG 2006, 3345 ff.; LG Nürnberg-Fürth v. 8.2.2010 – 1 HK O 847/09, BB 2010, 1113 m. zust. Anm. *Teichmann*; dazu auch *Kiefner/Friebel*, NZG 2010, 537.
33 Vgl. §§ 9 ff. MitbestG.
34 Siehe dazu *Neubürger* in Hommelhoff/Hopt/v. Werder, Hdb. Corporate Governance, 1. Aufl. 2003, S. 177, 182 f.
35 Vgl. z.B. *v. Werder*, Modernisierung der Mitbestimmung, Diskussionspapier v. 26.11.2003, mit dem Vorschlag, die Mitbestimmung im Aufsichtsrat durch ein separates Konsultationsorgan zu ersetzen; umfassende Reformvorschläge auch im Bericht der Kommission Mitbestimmung von BDA und BDI vom November 2004. Vgl. auch *Raiser*, Gutachten B zum 66. DJT, mit dem Vorschlag einer Öffnungsklausel für unternehmensspezifische Regelungen, sowie dazu *Rieble*, NJW 2006, 2214 und *Reichold*, JZ 2006, 812.
36 Siehe dazu den Bericht von *Bernhardt*, BB 2007, 381.
37 Siehe dazu die Beiträge in *Habersack/Behme/Eidenmüller/Klöhn* (Hrsg.), Deutsche Mitbestimmung unter europäischem Reformzwang, 2016; zuvor bereits ausführlich *Hellwig/Behme*, AG 2009, 261.
38 EuGH v. 18.7.2017 – C-566/15 – Konrad Erzberger/TUI, AG 2017, 577; ebenso bereits die Schlussanträge des Generalanwalts v. 4.5.2017, AG 2017, 387 = ZIP 2017, 961; vgl. dazu auch den Vorlagebeschluss des KG v. 16.10.2015 – 14 W 89/15 – TUI, AG 2015, 872 = NZG 2015, 1311, und den Aussetzungsbeschluss

c) Monistisches Führungssystem

Das Hauptproblem des monistischen Systems besteht darin, dass die im Board bestehende Machtfülle, die in der Regel auf das Executive Committee delegiert ist, nicht genügend kontrolliert wird. Es fehlt ein Gegengewicht innerhalb des Board[39]. Dies ist vor allem bei Interessenkonflikten problematisch, etwa wenn das Board über seine eigene Vergütung beschließt. In der Vergangenheit wurde versucht, diese strukturelle Schwäche dadurch auszugleichen, dass in das Board zunehmend Externe bestellt wurden, die nicht zugleich Angestellte des Unternehmens sind. Als Mitglieder eines Ausschusses wie z.B. des Compensation Committee nehmen diese „**non executives**" bestimmte **Kontrollaufgaben** wahr. Sie sollen dabei vom Management unabhängig sein. Je nach Bedeutung soll der einzelne Ausschuss mehrheitlich oder – im Falle des Audit Committee – sogar ausschließlich mit unabhängigen Board-Mitgliedern besetzt sein[40]. Auf diese Weise ist innerhalb des Board eine zunehmende Zweiteilung zwischen den executive und den unabhängigen non-executive directors entstanden, die eine gewisse Annäherung an das dualistische System bedeutet.

2.14

Vor allem bei den Boards US-amerikanischer Gesellschaften ist ein weiterer Kritikpunkt die starke Stellung des **Chief Executive Officers** (CEO), der meist zugleich **Chairman** des Board ist und damit großen Einfluss auf die Zusammensetzung und die Entscheidungen dieses Gremiums hat. Insoweit wird immer wieder gefordert, die Posten von CEO und Chairman zu trennen[41]. In Großbritannien wird die Trennung beider Funktionen zwar schon seit längerem als best practice empfohlen[42]. Nach dem Higgs-Report[43] wird diese Trennung aber noch nicht überall praktiziert.

2.15

Ein wesentliches Merkmal der angelsächsischen Corporate Governance besteht darin, dass alle Entscheidungen, insbesondere solche, die mit einem möglichen Interessenkonflikt verbunden sind, offengelegt werden. Mit diesem Postulat nach weitgehender **Transparenz** soll auch dem Kapitalmarkt ermöglicht werden, eine gewisse Kontrolle über das Unternehmen und seine Führung auszuüben.

2.16

d) Konvergenz der Führungssysteme

Die Frage, ob das eine oder andere System „besser" ist, hat inzwischen deshalb an Bedeutung verloren, weil eine zunehmende Angleichung beider Systeme stattfindet[44]. So ist bei den deutschen Aktiengesellschaften zu beobachten, dass die **Zusammenarbeit** zwischen **Vorstand** und **Aufsichtsrat** verstärkt wird, um die sich aus der funktionalen Trennung beider Organe ergebenden Nachteile zu reduzieren. Der Deutsche Corporate Governance Kodex spricht ausdrücklich von einer vertrauensvollen Zusammenarbeit beider Organe (Grundsatz 13 DCGK 2020). In den Aufsichtsräten werden zur besseren Kooperation mit dem Abschlussprüfer vermehrt Prüfungsausschüsse gebildet, die nicht vom Aufsichtsratsvorsitzenden geleitet werden[45]. Damit soll die Unabhängigkeit des früher auch im Kodex sog. Audit Committee, das im deutschen System jedoch ein Ausschuss des Aufsichtsrates bleibt, gestärkt werden[46]. Diese Funktion als Ausschuss wird bisweilen allerdings überspielt. So wird der Prüfungsaus-

2.17

---

des OLG Frankfurt a.M. v. 17.6.2016 – 21 W 91/15, AG 2016, 793 = NZG 2016, 1186 zur Deutschen Börse AG.

39 Vgl. zum US-amerikanischen Führungssystem *Schwarz/Holland*, ZIP 2002, 1661, 1664 ff.
40 Vgl. *von Hein*, RIW 2002, 501, 505 f.; vgl. auch Ziff. 6.b) der Corporate Governance Rules der NYSE.
41 Vgl. die entsprechende Forderung der Blue-Ribbon Commission on Public Trust and Private Enterprise der amerikanischen Wirtschaftswissenschaftlervereinigung The Conference Board.
42 So auch im Combined Code on Corporate Governance vom Juli 2003.
43 Siehe den Bericht von *Derek Higgs*, Review of the role and effectiveness of non-executive directors, January 2003, S. 23.
44 Dazu näher *Böckli* in Hommelhoff/Hopt/v. Werder, Hdb. Corporate Governance, 2. Aufl. 2009, S. 267 ff.
45 Vgl. Grundsatz 14 und die Empfehlungen D.2 bis D.5 DCGK 2020; nach *v. Werder/Turkali*, DB 2015, 1357, 1362, wird diese Empfehlung von allen DAX-Unternehmen befolgt.
46 Vgl. *Kremer* in Kremer/Bachmann/Lutter/v. Werder, Deutscher Corporate Governance Kodex, Rz. 1299.

schuss in der EU-Abschlussprüfungs-Verordnung von 2014[47] unmittelbar angesprochen und mit zahlreichen neuen Aufgaben bei der Auswahl und Überwachung der Abschlussprüfer ausgestattet[48]. Bei der Organisation der Vorstände gibt es auf Grund entsprechender Geschäftsverteilung starke Vorsitzende oder Sprecher, was bisweilen als Übernahme des **CEO-Modells** interpretiert wird. Tatsächlich sind einer solchen Übernahme durch den im Aktiengesetz verankerten Grundsatz der Gesamtverantwortung aber Grenzen gesetzt[49]. Selbst in den angelsächsischen Ländern ist die Entwicklung zu einem starken CEO auch wieder rückläufig[50].

2.18 Was die Rechtsstellung der Aktionäre betrifft, so wurde das Recht der **Namensaktie**, die international vorherrscht, modernisiert[51] und als reguläre Aktienform festgelegt[52]. Außerdem wurden für die Hauptversammlung in Anlehnung an das Proxy-System gesellschaftseigene **Stimmrechtsvertreter** zugelassen[53]. Ergänzend dazu wurde für **Inhaberaktien** ein sog. **Record Date** eingeführt[54]. Teilnahme- und stimmberechtigt sind danach nur die Aktionäre, die ihre Aktionärseigenschaft an einem bestimmten Tag vor der Hauptversammlung nachgewiesen haben. Der maßgebliche Nachweisstichtag ist für die börsennotierten Gesellschaften der Beginn des 21. Tages vor der Versammlung (§ 123 Abs. 4 Satz 2 AktG). Um die Interessen von Aktionären und Management besser in Einklang zu bringen, wurden selbständige **Aktienoptionen** (Stock Options) als Mittel der Vergütung von Mitarbeitern und Vorständen zugelassen[55]. Diese Form der Vergütung steht inzwischen allerdings wegen der fehlenden Transparenz und der Gefahr von Fehlanreizen in der Kritik[56].

2.19 Weitere Angleichungen finden sich in anderen Rechtsbereichen. So gilt aufgrund der MMVO und des WpHG auch für den deutschen Kapitalmarkt weitgehende **Transparenz** bei Insiderinformationen, Aktiengeschäften der Organmitglieder (dazu § 16) und Beteiligungen an börsennotierten Gesellschaften (Art. 17, 19 MMVO; §§ 33 f., 38, 39 WpHG [bis 2.1.2018: §§ 21 f., 25, 25a[57]]) (dazu § 18). Die Unternehmen können nach international üblichen Usancen **eigene Aktien** zurückerwerben und später wieder in den Markt geben (§ 71 Abs. 1 Nr. 8 AktG; Art. 5 MMVO). Die **Konzernbilanzierung** durfte zunächst wahlweise nach internationalen statt nach deutschen Rechnungslegungsgrundsätzen, ins-

---

47 Verordnung (EU) Nr. 537/2014 des Europäischen Parlaments und des Rates v. 16.4.2014 über spezifische Anforderungen an die Abschlussprüfung bei Unternehmen von öffentlichem Interesse und zur Aufhebung des Beschluss 2005/909/EG der Kommission, ABl. EU Nr. L 158 v. 27.5.2014, S. 77.
48 Vgl. z.B. Art. 5 Abs. 2, Art. 11 und 16 der Verordnung, sowie dazu näher *Meyer/Mattheus*, DB 2016, 695, 696 ff.; *Merkt*, ZHR 179 (2015), 601, 613 ff.; *Marsch-Barner* in FS Müller-Graff, 2015, S. 282 ff.
49 Siehe dazu *Fleischer* in Spindler/Stilz, § 77 AktG Rz. 42; *Spindler* in MünchKomm. AktG, 5. Aufl. 2019, § 77 AktG Rz. 67; *von Hein*, ZHR 166 (2002), 464; *Hoffmann-Becking*, NZG 2003, 745.
50 *Kort* in Großkomm. AktG, 5. Aufl. 2015, § 77 AktG Rz. 55; *Wicke*, NJW 2007, 3755, 3758.
51 Vgl. Gesetz zur Namensaktie und zur Erleichterung der Stimmrechtsausübung (Namensaktiengesetz – NaStraG) v. 18.1.2001, BGBl. I 2001, 123 sowie die Änderungen des § 67 AktG durch das Risikobegrenzungsgesetz v. 12.8.2008, BGBl. I 2008, 1666 und das AIFM-Umsetzungsgesetz v. 4.7.2013, BGBl. I 2013, 1981, 2152.
52 Vgl. § 10 Abs. 1 Satz 1 AktG i.d.F. der Aktienrechtsnovelle 2016, BGBl. I 2015, 2565.
53 Vgl. § 134 Abs. 3 Satz 5 AktG.
54 Vgl. § 123 Abs. 3 AktG i.d.F. des Gesetzes zur Unternehmensintegrität und zur Modernisierung des Anfechtungsrechts (UMAG) v. 22.9.2005, BGBl. I 2005, 2802, zuletzt geändert durch die Aktienrechtsnovelle 2016, BGBl. I 2015, 2565; für Namensaktien ergibt sich eine ähnliche Wirkung daraus, dass ab einem bestimmten Zeitpunkt vor der Hauptversammlung keine Umschreibungen im Aktienregister mehr vorgenommen werden, näher dazu *Noack/Zetzsche*, AG 2002, 651, 656 und *Hüffer/Koch*, § 67 AktG Rz. 20, § 123 AktG Rz. 14 m.w.N.
55 Vgl. § 192 Abs. 2 Nr. 3, § 193 Abs. 2 Nr. 4 sowie § 71 Abs. 1 Nr. 8 AktG, eingeführt durch das Gesetz zur Kontrolle und Transparenz im Unternehmensbereich (KonTraG) v. 27.4.1998, BGBl. I 1998, 786.
56 *Rieckers* in Spindler/Stilz, § 192 AktG Rz. 45 f.; *Fuchs* in MünchKomm. AktG, 5. Aufl. 2021, § 192 AktG Rz. 70 f.
57 Änderung durch das Zweite Finanzmarktnovellierungsgesetz (2. FiMaNoG) v. 23.6.2017, BGBl. I 2017, 1693.

besondere IAS/IFRS oder US-GAAP, erfolgen[58], womit den Interessen ausländischer Investoren entgegengekommen wurde. Innerhalb der EU ist seit 1.1.2005 nur noch die Bilanzierung nach IAS/IFRS erlaubt[59]. Diese Form kann zu Informationszwecken auch für den Einzelabschluss gewählt werden (§ 325 Abs. 2a HGB)[60]. Der Einzelabschluss nach HGB wurde mit dem Bilanzrechtsmodernisierungsgesetz[61] an die IFRS angepasst.

Bei dieser fortschreitenden Konvergenz handelt es sich allerdings, wie die Beispiele zeigen, weniger um ein Sich-Aufeinanderzubewegen der unterschiedlichen Systeme, sondern mehr um eine Anpassung des deutschen und europäischen Rechts an angelsächsische oder international übliche Standards. Dabei werden zugleich die **verbleibenden Divergenzen** deutlich[62]. So verbleibt die Verantwortung beim monistischen System trotz einer gewissen Arbeitsteilung zwischen internen und externen Mitgliedern stets beim Board als Einheit. Umgekehrt ist im dualistischen System nach wie vor der Vorstand für die Festlegung der Geschäftspolitik zuständig. Daran ändert auch die enge Zusammenarbeit mit dem Aufsichtsrat nichts. Das deutsche Aktienrecht erlaubt zudem nur in Grenzen die Annäherung der Position des Vorstandsvorsitzenden an die eines angelsächsischen CEO (siehe dazu bereits Rz. 2.17). Schließlich kann die Forderung, dass die Mehrheit der Board-Mitglieder **unabhängig** sein soll, nicht ohne weiteres auf den Aufsichtsrat übertragen werden, weil der Aufsichtsrat dem Vorstand als eigenständiges Organ gegenübersteht und zudem zweifelhaft ist, ob die aus der Belegschaft gewählten Arbeitnehmervertreter als unabhängig angesehen werden können[63]. Der Deutsche Corporate Governance Kodex begnügt sich deshalb mit der Empfehlung, dass dem Aufsichtsrat eine nach seiner Einschätzung angemessene Anzahl unabhängiger Mitglieder angehören soll[64]. Eine vorsichtige Ausweitung der Rolle des Aufsichtsrates zu einem auch nach außen auftretenden Organ findet sich in der 2017 eingefügten Anregung des Kodex, der Aufsichtsratsvorsitzende solle in angemessenem Rahmen bereit sein, **mit Investoren** über aufsichtsratsspezifische Themen **Gespräche** zu führen (Anregung A.3 DCGK 2020). Dies entspricht der Praxis und dem Wunsch vieler institutioneller Investoren[65]. Allerdings stellt sich die Frage, ob die Übernahme einer solchen Aufgabe, die inhaltlich zur Geschäftsführung gehört, dem Rollenverständnis des AktG entspricht (vgl. § 111 Abs. 4 Satz 1 AktG)[66].

2.20

---

58 Vgl. den früheren § 292a HGB, eingeführt durch das Gesetz zur Verbesserung der Wettbewerbsfähigkeit deutscher Konzerne an Kapitalmärkten und zur Erleichterung der Aufnahme von Gesellschafterdarlehen (Kapitalaufnahmeerleichterungsgesetz – KapAEG) v. 20.4.1998, BGBl. I 1998, 707.
59 Vgl. EU-Verordnung Nr. 1606/2002 v. 19.7.2002, ABl. EG Nr. L 243, S. 1.
60 I.d.F. des Bilanzrechtsreformgesetzes (BilReG) v.m 4.12.2004, BGBl. I 2004, 3166.
61 Gesetz zur Modernisierung des Bilanzrechts (Bilanzrechtsmodernisierungsgesetz – BilMoG) v. 26.5.2009, BGBl. I 2009, 1102.
62 Vgl. *Böckli* in Hommelhoff/Hopt/v. Werder, Hdb. Corporate Governance, S. 272 f.
63 Für Unabhängigkeit der Arbeitnehmervertreter mit Ausnahme der leitenden Angestellten die Empfehlung der EU-Kommission v. 6.10.2004 zu den Aufgaben der nicht geschäftsführenden Direktoren/Aufsichtsratsmitglieder, Anhang II 1(b); ebenso zum Kodex *Paschos/Goslar*, NZG 2012, 1361, 1364; *Ringleb/Kremer/Lutter/v. Werder*, NZG 2012, 1081, 1087; *Stephanblome*, NZG 2013, 445, 450; *Bicker/Preute* in Fuhrmann/Linnerz/Pohlmann, Ziff. 5 DCGK Rz. 230; a.A. *Hüffer/Koch*, § 100 AktG Rz. 5; *Baums*, ZHR 180 (2016), 697, 703 ff.; *Habersack*, Staatliche und halbstaatliche Eingriffe in die Unternehmensführung, Gutachten E zum 69. Deutschen Juristentag, 2012, E 76 f.; *Hopt/Roth* in Großkomm. AktG, 5. Aufl. 2019, § 100 AktG Rz. 194; *Scholderer*, NZG 2012, 168, 173; *Staake*, NZG 2016, 853, 856 f.; *Wilsing* in Wilsing, Ziff. 5.4 DCGK Rz. 9.
64 Vgl. Empfehlung C.6 DCGK 2020; Ziff. 5.4.2 Satz 1 DCGK i.d.F. v. 15.5.2012, krit. dazu *Strieder*, DCGK, S. 118.
65 Vgl. die Leitsätze für den Dialog zwischen Investor und Aufsichtsrat der Initiative „Developing Shareholder Communication" v. 6.7.2016, AG 2016, R300, und dazu die Erläuterungen von *Hirt/Hopt/Mattheus*, AG 2016, 725 ff.
66 Gegen die Zulässigkeit eines institutionalisierten Dialogs *Koch*, AG 2017, 129 ff.; ausführlich dazu *Bachmann* in Gesellschaftsrecht in der Diskussion 2016, 2017, S. 135 ff.

2.20a Eine Annäherung an das monistische System findet sich auch in dem durch die CRD-IV-Richtlinie[67] weiterentwickelten **Sonderrecht der Banken**. Die Anforderungen an die Mitglieder des Vorstands und des Aufsichtsrats in den sog. CRR-Instituten wurden danach aus dem Verständnis eines gemeinsamen Leitungsorgans heraus angeglichen (§§ 25c, 25d KWG)[68]. Dabei wurde der Aufsichtsrat stärker in die Informations- und Überwachungsstrukturen des jeweiligen Instituts, insbesondere dessen Risikomanagement, eingebunden. So kann z.B. der Vorsitzende des Risikoausschusses bei bestimmten Funktionsträgern unterhalb des Vorstands unmittelbar Auskünfte einholen (§ 25d Abs. 8 Satz 7 KWG). Diese können sich ihrerseits unmittelbar an den Aufsichtsrat wenden. Außerdem hat der Risikoausschuss Zugang zu externen Sachverständigen (§ 25d Abs. 8 Satz 9 KWG). Ein weiteres Beispiel ist der Vergütungskontrollausschuss des Aufsichtsrates, der die angemessene Ausgestaltung der Vergütung nicht nur der Geschäftsleiter, sondern auch der Mitarbeiter überwachen soll (§ 25d Abs. 12 Satz 2 Nr. 1 KWG). Auch wenn diese Sonderregeln keine normative Ausstrahlung auf das Aktienrecht haben[69], ist nicht auszuschließen, dass diese Regeln von den Aufsichtsräten anderer, insbesondere börsennotierter Gesellschaften, ganz oder teilweise übernommen werden. Andererseits verdeutlichen diese Ansätze, dass mittels aufsichtsrechtlicher Vorgaben bzw. aufsichtsrechtlicher Einführung von Pflichten und Rechten die gesetzlichen gesellschaftsrechtlichen Grundsätze außer Kraft gesetzt oder stillschweigend unterwandert werden können. Die sich daraus ergebende besondere Problematik liegt darin, dass nicht demokratisch legitimierte Verwaltungseinheiten (insb. BaFin, aber auch ESMA, EBA oder EIOPA) schleichend das Gesetz ändern. Derartigen Tendenzen ist grundsätzlich entgegenzutreten und die Entscheidung über – nicht mehr faktische – Gesetzesänderungen in das Parlament zu verlegen.

e) Wahlrecht zwischen monistischem und dualistischem Führungssystem

2.21 Manche Länder wie Frankreich, Italien und die Beneluxstaaten gewähren ihren Aktiengesellschaften ein **Wahlrecht**, ob sie die Unternehmensleitung monistisch oder dualistisch organisieren wollen[70]. In Deutschland ist wegen der Mitbestimmung im Aufsichtsrat die dualistische Struktur vorgeschrieben. Allerdings wird bei der **Europäischen Gesellschaft** (Societas Europaea) wahlweise eine Leitung durch Vorstand und Aufsichtsrat oder durch einen einheitlichen Verwaltungsrat zur Verfügung gestellt[71]. Es wäre konsequent, wenn dieses Wahlrecht nicht nur der deutschen SE, sondern auch der Aktiengesellschaft eingeräumt würde[72]. Dabei sollte allerdings die paritätische Mitbestimmung beim monistischen System im Interesse einer effizienten Unternehmensleitung deutlich abgeschwächt werden[73].

2.22 Die **EU-Kommission** hat sich in ihrem Aktionsplan zur Modernisierung des Gesellschaftsrechts und Verbesserung der Corporate Governance vom 21.5.2003 dafür ausgesprochen, zumindest den börsennotierten Unternehmen in der EU generell die Wahl zwischen dem monistischen und dem dualisti-

---

67 Richtlinie 2013/36/EU des Europäischen Parlaments und des Rates v. 26.6.2013 über den Zugang zur Tätigkeit von Kreditinstituten und die Beaufsichtigung von Kreditinstituten und Wertpapierfirmen, zur Änderung der Richtlinie 2002/87/EG und zur Aufhebung der Richtlinien 2006/48/EG und 2006/49/EG, ABl. EU Nr. L 176 v. 27.6.2013, S. 338.
68 Vgl. *Kaetzler/Hoops*, BKR 2013, 192, 197; *Kalss/Klampfl* in Dauses, EU-Wirtschaftsrecht, Rz. 443.
69 Vgl. zu dieser Diskussion *Dreher*, ZGR 2010, 496 ff.; *Hopt*, ZGR 2013, 165, 205; *Kaetzler/Hoops*, BKR 2013, 192, 197; *Langenbucher*, ZHR 176 (2012), 652, 666 ff.
70 Dazu *Hopt* in Hopt/Wohlmannstetter (Hrsg.), Hdb. Corporate Governance von Banken, 2011, S. 14 f.; *Hopt* in Hommelhoff/Lutter/Schmidt/Schön/Ulmer (Hrsg.), Corporate Governance, ZHR-Beiheft 71, 2002, S. 28, 45; zu Frankreich *Guyon* in FS Lutter 2000, S. 83, 85; zu Italien *Weigmann* in FS Lutter, 2000, S. 203, 208 f., *Magelli/Masotto*, RIW 2004, 903, 911 f. und *Steinhauer*, EuZW 2004, 364 f.
71 Vgl. Art. 39 ff. und 43 ff. der Verordnung v. 8.10.2001 über das Statut der Europäischen Gesellschaft (SE), ABl. EG Nr. L 294 v. 10.11.2001, S. 1 i.V.m. §§ 15 ff. und 20 ff. des SE-Ausführungsgesetzes (SEAG) v. 22.12.2004, BGBl. I 2004, 3675.
72 So auch die Empfehlung des 69. DJT (2012), Beschluss Nr. 19 der Abteilung Wirtschaftsrecht; zust. *Hopt* in FS Hoffmann-Becking, 2013, S. 563, 585; *Reichert*, AG 2016, 677, 681.
73 Vgl. zur verfassungsrechtlichen Diskussion über die paritätische Mitbestimmung im Verwaltungsrat einer deutschen SE *Jacobs* in MünchKomm. AktG, 5. Aufl. 2021, § 35 SEBG Rz. 22 ff. m.w.N.

schen System zu eröffnen[74]. Bei der Umsetzung einer entsprechenden Richtlinie soll auf die Erfahrungen aus der Anpassung der nationalen Rechtsvorschriften an die Verordnung über das Statut der SE und die Richtlinie über die Beteiligung der Arbeitnehmer der SE zurückgegriffen werden[75]. Die Kommission folgt damit einem Vorschlag der von ihr eingesetzten Expertengruppe zum Gesellschaftsrecht, die in ihrem Bericht vom 4.11.2002 ein solches Wahlrecht empfohlen hatte[76]. Dieser Vorschlag ist allgemein begrüßt worden[77], zu einer Umsetzung ist es bisher aber nicht gekommen. Im Aktionsplan Europäisches Gesellschaftsrecht und Corporate Governance vom 12.12.2012 hat die Kommission nur betont, dass sie die Koexistenz der beiden Systeme anerkenne und nicht beabsichtige, diese Strukturen in Frage zu stellen oder zu ändern[78]. Von Oktober 2020 bis Februar 2021 hat die EU-Kommission eine Konsultation zum Gesellschaftsrecht und zur Corporate Governance durchgeführt und angekündigt, darauf aufbauend eine Richtlinie zu erlassen.

4. Entwicklung von Corporate Governance Standards

a) Corporate Governance als globales Thema

Die Corporate Governance ist naturgemäß ein besonderes Anliegen der **institutionellen Investoren** und ihrer Interessenverbände, vor allem im angelsächsischen Rechtskreis[79]. Es geht nämlich um die Forderung, dass die Unternehmen für die Anleger so effizient wie möglich geführt werden. Die großen Pensionsfonds in den USA, z.B. CalPERS[80] oder TIAA-CREF[81], und in Großbritannien, z.B. Hermes[82], haben zu diesem Zweck schon seit längerem allgemeine Corporate Governance Standards, z.T. ergänzt durch spezielle Standards für einzelne Länder, darunter auch für Deutschland[83], entwickelt. Diese Standards dienen als Forderungskatalog wie auch als interne Anlagerichtlinien. Sie werden den Unternehmen, in deren Aktien investiert wird, vorgelegt, um sie auf die in diesen Richtlinien zusammengestellten Grundsätze zu verpflichten. Diese Grundsätze betreffen ganz unterschiedliche Aspekte wie z.B. die Zusammensetzung des Board, die Rechte der Aktionäre, insbesondere bei der Stimmrechtsausübung, die Bezahlung des Managements, die Beurteilung der Performance des Board, die strategische Planung des Unternehmens sowie seine soziale Verantwortung. Um die Beachtung dieser Standards zu überprüfen, führen die Pensionsfonds regelmäßig Gespräche mit den Unternehmen. Dabei werden den Unternehmen mitunter konkrete Forderungen gestellt, die sich auch im Stimmverhalten in der Aktionärsversammlung niederschlagen. Was die Abstimmung in den Hauptversammlungen angeht, so neigen die institutionellen Investoren traditionell eher zu Passivität[84]. Mangels eigener Mittel sind sie dazu übergegangen, die Ausübung ihrer Aktionärsrechte auf entsprechend spezialisierte proxy advisors zu delegieren[85].

2.23

---

74 Vgl. die Ausführungen unter Ziff. 3.1.3 des Aktionsplans und dazu *Habersack*, NZG 2004, 1, 6 f.
75 Siehe dazu die SE-VO v. 8.8.2001, ABl. EG Nr. L 294, S. 1, und das Gesetz zur Einführung der Europäischen Gesellschaft (SEEG) v. 22.12.2004, BGBl. I 2004, 3675.
76 Siehe unter Ziff. III.4.1a; vgl. dazu *Wiesner*, ZIP 2003, 977.
77 Siehe die Stellungnahme der Arbeitsgruppe Europäisches Gesellschaftsrecht, ZIP 2003, 863, 869 zum Bericht der High Level Group sowie die Stellungnahme des Handelsrechtsausschusses des DAV vom August 2003 zum Aktionsplan der EU-Kommission; vgl. auch *Maul/Lanfermann*, BB 2003, 1289, 1292 und allgemein *Schiessl*, ZHR 167 (2003), 235, 249 f.
78 Ziff. 2.1 des Aktionsplans: Europäisches Gesellschaftsrecht und Corporate Governance – ein moderner Rechtsrahmen für engagierte Aktionäre und besser überlebensfähige Unternehmen, KOM (2012) 740.
79 Vgl. dazu näher *Schmolke*, ZGR 2007, 701.
80 The California Public Employees' Retirement System: Global Governance Principles i.d.F. v. 16.3.2015; www.calpers-governance.org.
81 Teachers Insurance and Annuity Association-College Retirement Equities Fund, www.tiaa-cref.org.
82 Hermes Pension Management Ltd; siehe dazu auch *Uwe H. Schneider*, ZGR 2012, 518, 529.
83 Vgl. z.B. die Corporate Governance Markets Principles, Germany, von CalPERS, 1998.
84 Siehe dazu *Schmolke*, ZGR 2007, 701, 719 ff.; *Fleischer*, ZGR 2011, 155, 164 f.
85 Vgl. z.B. ISS, Glass Lewis und die von Glass Lewis übernommene Ivox GmbH; allgemein zu den Stimmrechtsberatern *Fleischer* ZGR 2001, 155, 169; *Fleischer*, AG 2012, 2; *Klöhn/Schwarz*, ZIP 2012, 149;

2.23a Diese sog. **Stimmrechtsberater**[86] arbeiten auf der Grundlage interner Corporate-Governance-Richtlinien, die sie in konkrete Stimmrechtsempfehlungen umsetzen[87]. Die internen Richtlinien sind meist angelsächsisch geprägt und weichen deshalb nicht selten von den Vorgaben des Aktiengesetzes[88] ab; sie stimmen auch nicht immer mit den Empfehlungen des Deutschen Corporate Governance Kodex überein[89]. Für die Abstimmungen in den Hauptversammlungen haben sie allerdings große Bedeutung erlangt[90]. Viele Unternehmen nehmen deshalb bei wichtigen Beschlussgegenständen vorsorglich Kontakt mit den bei ihnen tätigen Stimmrechtsberatern auf, um zu sondieren, ob in der Hauptversammlung bei bestimmten Punkten mit Zustimmung oder Ablehnung zu rechnen ist. Während der Einfluss der Stimmrechtsberater kontinuierlich wächst, ist ihre Einbindung in die Corporate Governance der Unternehmen unklar[91]. Dabei geht es vor allem um mehr Transparenz und die Vermeidung von Interessenkonflikten aus einer gleichzeitigen Corporate Governance-Beratung. Nach den Änderungen der Aktionärsrechte-Richtlinie[92] sollen die EU-Mitgliedstaaten dafür sorgen, dass sich die Stimmrechtsberater zur Befolgung eines **Verhaltenskodex** verpflichten und Abweichungen davon öffentlich erklären und begründen. Außerdem sollen sie alljährlich bestimmte Angaben in Bezug auf die Beratung ihrer Kunden und die Empfehlungen zur Stimmabgabe machen (Art. 3j der geänderten Aktionärsrechte-Richtlinie). Diese und andere Regelungen wurden zum 1.1.2020 durch das Gesetz zur Umsetzung der zweiten Aktionärsrechterichtlinie (ARUG II)[93] in § 134a bis § 134d AktG in deutsches Recht umgesetzt. Insbesondere werden hierdurch institutionelle Anleger und Vermögensverwalter verpflichtet, eine Mitwirkungspolitik aufzustellen und über deren Umsetzung öffentlich zu berichten. Stimmrechtsberater haben offenzulegen, ob und in welchem Umfang sie den Vorgaben eines Verhaltenskodex entsprochen haben, sowie zahlreiche weitere Angaben zu machen.

2.23b Des Weiteren stellt sich die Frage, inwieweit die **institutionellen Investoren** auch Verantwortung für die Entwicklung der Unternehmen tragen, an denen sie beteiligt sind. Ein Beispiel für diese Sicht der Anleger als verantwortliche Eigentümer ist der **UK Stewardship Code** von 2010 mit sieben Wohlverhaltensregeln für institutionelle Investoren[94]. Gegen eine Übernahme dieser Regeln in Deutschland bestehen Vorbehalte, weil die Aktionäre nach dem AktG nur zur Leistung der Einlage verpflichtet sind und im Übrigen ein „Recht auf unternehmerisches Desinteresse" haben[95]. Soweit Kapitalverwaltungsgesellschaften mit Sitz in Deutschland Stimmrechte in ihren Beteiligungsunternehmen ausüben, sind sie allerdings aufgrund ihrer Treuhänderstellung verpflichtet, dies ausschließlich im Interesse der Anleger zu tun. Die Wohlverhaltensregeln des BVI enthalten dazu entsprechende Empfehlungen[96]. Eine aktive Rolle der institutionellen Investoren bei der Überwachung der Beteiligungsunternehmen sieht

---

Kocher/Heydel, AG 2011, 543; *Uwe H. Schneider*, EuZW 2006, 289; *Uwe H. Schneider*, ZGR 2012, 518, 525 f.; *Uwe H. Schneider/Anzinger*, NZG 2007, 88; *Vaupel*, AG 2001, 63; *Wilsing* 2012, 291, 294 f.

86 Bekannt sind insbesondere International Shareholder Service (ISS), Glass Lewis und IVOX GmbH; zu den verschiedenen Marktteilnehmern näher *Wünschmann*, S. 39 ff.
87 Vgl. z.B. von ISS die European Proxy Voting Summary Guidelines für 2016 v. 22.12.2015 und die Proxy Voting Guidelines Updates für 2017 v. 21.11.2016.
88 Vgl. z.B. ISS European Policy 2016: cooling off-Zeitraum von vier Jahren statt von zwei Jahren wie in § 100 Abs. 1 Nr. 4 AktG.
89 Vgl. z.B. ISS: Ablehnung einer Wahl zum Aufsichtsrat, wenn der Kandidat bereits 12 Jahre im Aufsichtsrat war; nach Empfehlung C.3 DCGK 2020 soll die Dauer der Zugehörigkeit zum Aufsichtsrat offengelegt werden, während der DCGK 2017 noch eine Beschränkung der Mitgliedszeit auf 12 Jahre vorsah.
90 Vgl. die Beispiele von *Wünschmann*, S. 59.
91 Vgl. *Klöhn/Schwarz*, ZIP 2012, 149; *Langenbucher* in FS Hoffmann-Becking, 2013, S. 733, 740 ff.; *Wünschmann*, S. 58 ff.; *Hüffer/Koch*, § 76 AktG Rz. 39 m.w.N.
92 Richtlinie (EU) 2017/828 des Europäischen Parlaments und des Rates v. 17.5.2017 zur Änderung der Richtlinie 2007/36/EG im Hinblick auf die Förderung der langfristigen Mitwirkung der Aktionäre, ABl. EU Nr. L 132 v. 20.5.2017, S. 1.
93 BGBl. I 2019, S. 2637.
94 Dazu näher *Fleischer*, ZGR 2011, 155, 162 ff.; rechtsvergleichend *Fleischer/Strothotte*, AG 2011, 221.
95 *Hommelhoff/Suchan*, Audit Committee Quarterly I/2011, S. 5, 6.
96 Vgl. Ziff. 5 der Wohlverhaltensregeln des BVI v. 1.1.2017.

die **Aktionärsrechte-Richtlinie** vor[97]. Nach den 2017 beschlossenen Änderungen der Richtlinie sollen die EU-Mitgliedstaaten vorsehen, dass die institutionellen Investoren und Vermögensverwalter eine sog. **Mitwirkungspolitik** (Engagement Policy) erstellen und auf ihrer Internetseite veröffentlichen. Darin sollen sie beschreiben, wie sie die Beteiligungsunternehmen kontrollieren, mit ihnen sprechen, die Stimm- und sonstigen Aktionärsrechte ausüben sowie mit anderen Aktionären zusammenarbeiten. Alljährlich ist außerdem offen zu legen, wie die Mitwirkungspolitik umgesetzt wurde (Art. 3g Abs. 1 der geänderten Aktionärsrechte-Richtlinie). Die Umsetzung dieser Regelungen in das nationale Recht erfolgte gleichfalls durch das ARUG II[98] mit Wirkung zum 1.1.2020 in § 134a bis § 134d AktG (vgl. Rz. 2.23a).

Neben den institutionellen Anlegern und ihren Beratern gibt es zahlreiche private Stellen sowie staatliche und halbstaatliche Einrichtungen, die sich mit einer Verbesserung der Corporate Governance beschäftigen und dazu Vorschläge, Berichte, Richtlinien oder Kodizes entwickelt haben[99]. Träger dieser weltweiten Corporate-Governance-Diskussion sind sowohl einzelne Unternehmen, die für ihren eigenen Bereich Corporate-Governance-Grundsätze veröffentlicht haben, wie Zusammenschlüsse von Unternehmen oder von Spitzenmanagern[100], Forschungsinstitute[101], einzelne Börsen[102] und deren Aufsichtsbehörden[103]. Auch internationale Organisationen wie die OECD und die Weltbank haben sich mit der Thematik befasst. Von der **OECD** wurden 1999 vielbeachtete **Grundsätze der Corporate Governance** aufgestellt, die vor allem den Unternehmen und Regierungen in Ländern mit einer sich erst entwickelnden Marktwirtschaft als Leitfaden für die Unternehmenspraxis und die Gesetzgebung dienen sollen[104]. In der aktualisierten Fassung von 2015[105] werden vor allem Themen der externen Governance wie z.B. die Rolle der institutionellen Investoren und Intermediäre sowie die Public Sector Governance und verschiedene Empfehlungen an den Aufsichtsrat aufgegriffen[106]. Außerdem werden Fragen behandelt, die sich bei Konzernverbindungen ergeben wie z.B. die Offenlegung von gruppeninternen Geschäftsbeziehungen. Auch wenn sich die OECD-Grundsätze nicht als übernationaler Modell-Kodex, sondern nur als Mindeststandards verstehen, dürften sie einen gewissen Anpassungsdruck auf die bestehenden nationalen Kodizes ausüben.

2.24

Die **inhaltlichen Schwerpunkte** dieser global geführten Diskussion sind, von nationalen Besonderheiten abgesehen, weitgehend ähnlich. Im Vordergrund steht die Verantwortlichkeit der Unternehmensleitung gegenüber den Aktionären und sonstigen „Stakeholdern". Bei der Besetzung des Board und seiner Ausschüsse wird die Bedeutung unabhängiger Mitglieder betont. Dabei wird die Unabhängigkeit unterschiedlich definiert; auch die erforderliche Anzahl solcher Mitglieder wird unterschiedlich gesehen. Bei der Zusammensetzung des Board geht es außerdem um die qualitativen Anforderungen

2.25

---

97 Richtlinie (EU) 2017/828 des Europäischen Parlaments und des Rates v. 17.5.2017 zur Änderung der Richtlinie 2007/36/EG im Hinblick auf die Förderung der langfristigen Mitwirkung der Aktionäre, ABl. EU Nr. L 132 v. 20.5.2017, S. 1.
98 BGBl. I 2019, S. 2637.
99 Vgl. zu diesem „Mehrebenensystem" *Fleischer*, ZGR 2012, 160.
100 Vgl. z.B. The Business Roundtable Principles of Corporate Governance, 2012.
101 Vgl. z.B. das American Law Institute (ALI) mit den Principles of Corporate Governance: Analysis and Recommendations, 1994, und dazu *Hopt* in Hommelhoff/Rowedder/Ulmer, Max Hachenburg, 3. Gedächtnisvorlesung, 2000, S. 9, 14 ff., oder das European Corporate Governance Institut (ECGI) in Brüssel, www.ecgi.org.
102 Siehe z.B. den Corporate Governance Guide der New York Stock Exchange vom Dezember 2014; www.nyse.com.
103 Vgl. z.B. die Guidelines on Corporate Governance Principles for banks des Baseler Ausschusses für Bankenaufsicht i.d.F. v. 8.7.2015, www.bis.org, oder die zahlreichen Ausführungsbestimmungen der SEC zum Sarbanes-Oxley Act von 2002, dazu die Übersicht von *Lanfermann/Maul*, DB 2003, 349.
104 *Seibert*, AG 1999, 337, 340 ff.
105 Abrufbar unter http://www.oecd.org/daf/corporateaffairs/corporategovernanceprinciples/32159487.pdf.
106 Siehe dazu *Weber-Rey/Gissing*, AG 2016, R5 ff.; zur vorhergehenden Fassung siehe auch *Uwe H. Schneider*, AG 2004, 429 sowie die Stellungnahme des *IDW* in WPg 2004, 215.

sowie um Vielfalt (Diversity). Ein weiterer Schwerpunkt ist die Zuverlässigkeit der Berichterstattung gegenüber dem Kapitalmarkt sowie die Verschärfung der Haftung des Managements für richtige und vollständige Informationen. Weitere Themen sind die Unabhängigkeit der nicht geschäftsführenden Direktoren (Aufsichtsratsmitglieder) und des Abschlussprüfers, die Vergütung des Managements sowie die Offenlegung von **Geschäftsbeziehungen mit nahe stehenden Personen** (sog. related-party-transactions). Den zuletzt genannten Bereich hat die 2017 geänderte Aktionärsrechte-Richtlinie aufgegriffen[107]. Danach ist für wesentliche Transaktionen mit nahestehenden Unternehmen oder Personen die Zustimmung der Hauptversammlung oder des Aufsichtsrates erforderlich (Art. 9c Abs. 4 Aktionärsrechte-Richtlinie). Geschäfte im ordentlichen Geschäftsgang und zu marktüblichen Bedingungen sowie Geschäfte mit hundertprozentigen Tochtergesellschaften sind von der Zustimmungspflicht allerdings ausgenommen (Art. 9c Abs. 5 und 6a Aktionärsrechte-Richtlinie). Die Umsetzung in nationales Recht erfolgte zum 1.1.2020 durch das ARUG II[108], das die §§ 111a bis 111c AktG einführte[109]. Übersteigt der Wert eines Geschäftes mit einer nahestehenden Person den Betrag von 1,5% der Summe aus Anlage- und Umlaufvermögen, bedarf es nach § 111a AktG der vorherigen Einwilligung des Aufsichtsrates.

b) Entwicklung nationaler Kodizes

2.26 In Europa wurden in den 90er Jahren zahlreiche Kommissionen eingesetzt, die sich mit Fragen der Corporate Governance in dem jeweiligen Land beschäftigt haben. Eine Vorreiterrolle hat dabei **Großbritannien** gespielt. Dort haben nacheinander mehrere Ausschüsse einzelne Aspekte der Corporate Governance untersucht und dazu jeweils ausführliche Berichte mit konkreten Handlungsempfehlungen erstellt[110]. Diese Empfehlungen wurden 2000 zunächst zu dem sog. Combined Code of Best Practice zusammengeführt[111]. Aufgrund weiterer Ausschussberichte[112] wurde dieser Kodex überarbeitet. Er wurde 2003 von der Börsenaufsicht als **Combined Code on Corporate Governance** verabschiedet (inzwischen: UK Corporate Governance Code) und 2018 überarbeitet und von der FCA im Mai 2021 mit Blick auf SPACs aktualisiert. Die Befolgung der Grundsätze („Main Principles") dieses Kodex ist zwar nicht Pflicht; sie wird aber allen britischen Gesellschaften nahegelegt, deren Aktien an der Londoner Börse gehandelt werden[113]. Eine gewisse faktische Bindung an diese Grundsätze ergibt sich dabei daraus, dass die Gesellschaften ihrem Jahresabschluss eine Erklärung beifügen müssen, aus der sich ergibt, wie sie die Grundsätze des Kodex anwenden. Außerdem müssen sie bestätigen, dass sie entweder diese Grundsätze befolgt haben oder, wenn dies nicht der Fall ist, begründen, warum sie abgewichen sind („comply or explain")[114]. Auch wenn der Kodex nicht rechtsverbindlich ist, stellt er damit in Großbritannien faktisch die wichtigste Rechtsquelle für die Corporate Governance börsennotierter Gesellschaften dar.

---

107 Richtlinie (EU) 2017/828 des Europäischen Parlaments und des Rates v. 17.5.2017 zur Änderung der Richtlinie 2007/36/EG im Hinblick auf die Förderung der langfristigen Mitwirkung der Aktionäre, ABl. EU Nr. L 132 v. 20.5.2017, S. 1.
108 BGBl. I 2019, S. 2637.
109 Dazu *Müller*, ZIP 2019, 2429; *Kleinert/Mayer*, EuZW 2019, 103.
110 Vgl. Cadbury Report von 1992, insbesondere zu den Aufgaben und der Zusammensetzung des board; Greenbury Report von 1995 zur Vergütung der Board Members und der Führungskräfte; Hampel Report von 1998, insbesondere zu den Erfahrungen aus dem Cadbury Konzept; Turnbull Proposals von 1999 zur Verbesserung der internen Kontrolle.
111 The Combined Code: Principles of Good Governance and Code of Best Practice, derived by the Committee on Corporate Governance from the Committee's final report and from the Cadbury and Greenbury Reports, May 2000.
112 Higgs Report (Review on the role and effectiveness of non-executive directors, Januar 2003) und Smith Report (Audit Committees Combined Code Guidance, Januar 2003); siehe zu diesen Berichten auch *Just*, RIW 2004, 199.
113 Vgl. Tz. 9.8.6R para 5 Listing Rules.
114 Vgl. S. 4 des UK Corporate Governance Code v. April 2016.

In **anderen Ländern** Europas hat es ähnliche Kommissionen gegeben, die sich ebenfalls mit den verschiedenen Aspekten der Unternehmensleitung börsennotierter Gesellschaften befasst haben. Auf diese Weise verfügen inzwischen die meisten Mitgliedsländer der EU über einen oder mehrere nationale Corporate Governance Kodizes oder verwandte Regelwerke[115]. Diese Kodizes oder Kommissionsberichte enthalten vielfach allerdings nur unverbindliche Empfehlungen, deren Befolgung den Unternehmen freisteht. Dies gilt z.B. für den Code du Gouvernement d'Entreprises des Sociétés cotées i.d.F. von 2016 in Frankreich oder den Codice di Autodisciplina i.d.F. von 2015 in Italien. Auch der Schweizer Code of Best Practice for Corporate Governance i.d.F. von 2016 und der österreichische Corporate Governance Kodex i.d.F. von 2012 sind freiwillige Selbstregulierungen. Dagegen folgt der Deutsche Corporate Governance Kodex von 2002 dem britischen Vorbild. Die Befolgung der Empfehlungen dieses Kodex ist zwar ebenfalls freiwillig. Die börsennotierten Gesellschaften müssen aber jährlich erklären, ob sie die Empfehlungen des Kodex beachtet haben oder nicht und ob sie dies künftig tun wollen. Abweichungen vom Kodex sind offenzulegen und zu begründen (§ 161 Abs. 2 Satz 1 AktG). Was die inhaltlichen Bestimmungen der verschiedenen Kodizes angeht, so sind Vergleiche mit dem Deutsche Corporate Governance Kodex wegen der unterschiedlichen Governancesysteme nur begrenzt sinnvoll[116].

2.27

Angesichts der Vielfalt europäischer Corporate Governance Kodizes stellt sich die Frage, ob und wie innerhalb der EU eine **Harmonisierung** auf diesem Gebiet erreicht werden kann. Zu diesem Zweck hat die EU-Kommission eine vergleichende Studie der Corporate Governance Kodizes erstellen lassen, die im Januar 2002 vorgelegt wurde[117]. Eine von der EU-Kommission eingesetzte Expertengruppe von Gesellschaftsrechtlern hat ergänzend untersucht, inwieweit eine Vereinheitlichung dieser Kodizes möglich ist. In ihrem Abschlussbericht vom 4.11.2003[118] hat die Expertengruppe festgestellt, dass im Gesellschaftsrecht der Mitgliedstaaten der EU noch zu große Unterschiede vorhanden sind und es deshalb nicht sinnvoll erscheint, einheitliche europäische Corporate-Governance-Regeln aufzustellen[119]. Der entscheidende Anstoß zur Entwicklung solcher Regeln solle zudem vom Markt, also von den Gesellschaften, den Investoren und den Börsen kommen. Allerdings empfiehlt die Gruppe, dass jeder Mitgliedstaat der EU einen nationalen Corporate Governance Kodex als maßgebend bestimmt. Die Weiterentwicklung dieser Kodizes solle sodann auf freiwilliger Basis koordiniert werden. Dieser Analyse hat sich die EU-Kommission im Grundsatz angeschlossen. Allerdings will sie die **Koordinierung** der nationalen Kodizes durch das Ende 2004 errichtete **Europäische Corporate-Governance-Forum** fördern[120]. Dieses Forum hat seitdem eine Reihe von Erklärungen und Empfehlungen gegenüber der EU-Kommission abgegeben, darunter Grundsätze zur Managervergütung, zum „Empty Voting" sowie zu Transaktionen mit nahestehenden Personen und zur Einschaltung der Hauptversammlung bei wichtigen Transaktionen. Am 5.4.2011 hat die EU-Kommission ein **Grünbuch zur Europäischen Corporate Governance** vorgelegt und damit ein öffentliches Konsultationsverfahren eingeleitet[121]. Mit den darin enthaltenen Vorschlägen soll die Nachhaltigkeit der Corporate Governance gestärkt werden, nachdem sich die Selbstregulierung im Zusammenhang mit der Finanzkrise nicht als wirksam heraus-

2.28

---

115 Vgl. die Übersichten über die verschiedenen nationalen Corporate Governance Berichte und Kodizes in der vergleichende Studie von Weil, Gotshal & Manges LLP vom Januar 2002, Comparative Matrix of Corporate Governance Codes relevant to the European Union and its Member States, sowie auf der website des European Corporate Governance Institute.
116 Vgl. *Becker/v. Werder*, AG 2016, 761, 762.
117 Siehe die Studie von Weil, Gotshal & Manges LLP vom Januar 2002, Comparative Matrix of Corporate Governance Codes relevant to the European Union and its Member States.
118 Vgl. das Konsultationspapier der Hochrangigen Expertengruppe auf dem Gebiet des Gesellschaftsrechts v. 4.11.2002, unter Ziff. 6.
119 Siehe auch die Thesen zum Wirtschaftsrecht bzgl. des 69. DJT 2012, S. 54.
120 Vgl. Aktionsplan der EU-Kommission zur Modernisierung des Gesellschaftsrechts und Verbesserung der Corporate Governance v. 21.5.2003 unter Ziff. 3.1.4 und ABl. EG Nr. L 321 v. 22.10.2004, S. 53.
121 Grünbuch Europäischer Corporate Governance-Rahmen, KOM (2011) 164/3; dazu *St. Jung*, BB 2011, 1987; *Rubner/Leuering*, NJW-Spezial 2011, 591; *Peltzer*, NZG 2011, 961.

gestellt hat[122]. In dem Grünbuch wirbt die Kommission für eine Stärkung der Verwaltungsräte gegenüber der Geschäftsführung durch größere Vielfalt bei der Zusammensetzung und eine regelmäßige externe Beurteilung[123], für eine langfristige und nachhaltige Orientierung der Aktionäre sowie für eine stärkere Kontrolle der Abweichungserklärungen von den nationalen Kodex-Empfehlungen. Der Deutsche Bundestag hat sich in seiner Stellungnahme unter Hinweis auf das Subsidiaritätsprinzip allerdings gegen eine Regelung dieser Gegenstände auf europäischer Ebene ausgesprochen[124]. Auch aus wissenschaftlicher Sicht werden Bedenken gegen europäische Corporate-Governance-Regeln erhoben, weil sich die unterschiedlichen Präferenzen in den Mitgliedstaaten besser durch dezentrale Regelungen berücksichtigen lassen[125]. Ein Europäischer Corporate Governance Kodex wäre allein schon aufgrund der verschiedenen nationalen Board-Verfassungen wenig erfolgversprechend[126]. Unabhängig davon setzt die EU in einzelnen Bereichen aber durchaus eigene Standards[127], so z.B. durch die Empfehlungen zur Vergütung[128], zur Unabhängigkeit von Direktoren[129] sowie zur Qualität der Entsprechenserklärung[130]. Im Rahmen der „Sustainable Corporate Governance Initiative" hat die EU-Kommission bis Februar 2021 ein Meinungsbild dazu eingeholt, in welchem Umfang Aspekte der Corporate Governance für die nachhaltige Unternehmensführung verbesserungsbedürftig sind und will darauf aufbauend voraussichtlich im vierten Quartal 2021 einen eigenen Vorschlag – wohl in der Form einer Richtlinie – unterbreiten (vgl. Rz. 2.22).

c) Entwicklung in Deutschland

2.29 In Deutschland wurden Corporate-Governance-Grundsätze lange Zeit abgelehnt. Grund dafür war die Überzeugung, dass das Aktienrecht ausreichende rechtliche Rahmenregeln enthält, die zudem – anders als das angelsächsische Gesellschaftsrecht – weitgehend zwingendes Recht darstellen[131]. Mit diesem gesetzlichen Regelungsansatz ist zugleich ein einheitlicher Standard für alle Aktiengesellschaften gewährleistet, wobei – soweit sinnvoll – zwischen börsennotierten und nicht notierten Aktiengesellschaften differenziert wird. Soweit sich dieser Standard im Einzelnen als verbesserungsbedürftig erweist, können Verbesserungen ohne weiteres im Aktiengesetz selbst vorgenommen werden, wie dies auch mehrfach geschehen ist[132]. Der wesentliche Inhalt des Aktienrechts sollte zudem nicht privater „Normsetzung" überlassen bleiben, sondern ist Teil des staatlich gesetzten Ordnungsrahmens der Wirtschaft[133]. Soweit ein Kodex gesetzliches Recht nur wiederholt, ist er überflüssig. Soweit er das Ge-

---

122 Vgl. Presseerklärung der Kommission v. 5.4.2011 zur Konsultation über den Europäischen Corporate Governance Rahmen.
123 Siehe dazu *Fleischer*, Der Aufsichtsrat 2011, 18.
124 Vgl. BT-Drucks. 17/6506, S. 4; ebenso *Handelsrechtsausschuss des DAV*, NZG 2011, 936, 937; *Bachmann*, WM 2011, 1301, 1310; vgl. auch *Institut für Gesellschaftsrecht der Universität Köln*, NZG 2011, 975 f.
125 Ausführlich *Fleischer*, ZGR 2012, 160, 164 ff., 176.
126 Vgl. *Fleischer*, ZGR 2012, 160, 182 ff.; *Hopt* in FS Hoffmann-Becking, 2012, S. 563, 568 f.; abl. auch der 69. Deutsche Juristentag, siehe Verhandlungen des 69. Juristentags, Bd. II/1 2013, N 86 Beschluss Nr. 5a.
127 Dazu näher *Leyens/F. Schmidt*, AG 2013, 533 ff.
128 Empfehlung 2004/913/EG v. 14.12.2004 zur Einführung einer angemessenen Regelung für die Vergütung von Mitgliedern der Unternehmensleitung börsennotierter Gesellschaften, ABl. EU Nr. L 385 v. 29.12.2004, S. 55.
129 Empfehlung 2005/162/EG v. 15.2.2005 zu den Aufgaben von nicht geschäftsführenden Direktoren/Aufsichtsratsmitgliedern/börsennotierter Gesellschaften sowie zu den Ausschüssen des Verwaltungs-/Aufsichtsrats, ABl. EU Nr. L 52 v. 25.2.1005, S. 1.
130 Empfehlung 2014/208/EU v. 9.4.2014 zur Qualität der Berichterstattung über die Unternehmensführung („Comply or Explain"), ABl. EU Nr. L 109 v. 12.4.2014, S. 43; krit. dazu *Seibert*, BB 2014, 1910, 1918; zust. *v. Werder*, DB 2015, 847.
131 Vgl. § 23 Abs. 5 AktG.
132 In diesem Sinne die Kritik des *Handelsrechtsausschusses* des *DAV*, NZG 2001, 181, und von *Hüffer*, 7. Aufl. 2006, § 76 AktG Rz. 15b an einem deutschen Corporate Governance Kodex.
133 Vgl. *Claussen/Bröcker*, AG 2000, 481, 482 f.

setz ergänzt, stellt sich die Frage nach dem Verhältnis zu den gesetzlichen Regelungen. Für die Adressaten ist schließlich jede Art von Regeln, auch wenn sie sich als „Selbstregulierung" versteht, eine zusätzliche Regulierung. Entlastet werden dadurch nicht die Unternehmen, sondern allenfalls der Gesetzgeber[134].

Diese grundsätzliche Kritik hat die Entwicklung von deutschen Corporate-Governance-Regeln allerdings nicht aufhalten können. Zu groß war das Bedürfnis, den Erwartungen und Gewohnheiten internationaler Investoren entgegen zu kommen. Dabei spielt auch eine Rolle, dass das deutsche dualistische System der Unternehmensführung ausländischen Anlegern vielfach fremd vorkommt. Ein Deutscher Corporate Governance Kodex kann deshalb auch dazu dienen, das deutsche System verständlicher zu machen.

Diese Überlegungen wurden zunächst von privater Seite aufgegriffen. In Frankfurt/Main schloss sich eine Gruppe von Wissenschaftlern und Praktikern[135] zu der sog. **Grundsatzkommission Corporate Governance** zusammen, die im Januar 2000 einen von ihr erarbeiteten Code of Best Practice veröffentlichte[136]. Darin wurden allgemeine Führungsgrundsätze aufgestellt und vor allem die Rolle des Aufsichtsrates betont. Kurz darauf stellte in Berlin eine ähnliche Gruppe (sog. **Berliner Initiativkreis**)[137] einen German Code of Corporate Governance[138] vor, der den Akzent stärker auf den Vorstand und betriebswirtschaftliche Aspekte setzte. Daneben gab es einige Unternehmen wie z.B. die Deutsche Bank AG, die eigene, auf die Besonderheiten der jeweiligen Gesellschaft zugeschnittene Corporate-Governance-Grundsätze veröffentlichten.

Neben diesen privaten Initiativen hat die Bundesregierung eine **Regierungskommission Corporate Governance** eingesetzt, die das deutsche System der Unternehmensführung untersuchen und Vorschläge zur Verbesserung erarbeiten sollte[139]. Diese Kommission legte im Juli 2001 ihren Bericht mit zahlreichen Vorschlägen zur Änderung des Aktien- und Kapitalmarktrechts vor[140]. Ein Vorschlag ging dahin, einen einheitlichen deutschen Corporate Governance Kodex zu erstellen. Dazu solle eine weitere Kommission gebildet werden, die sich mit der Ausarbeitung und Weiterentwicklung eines solchen Kodex befasst. Die Kommission schlug außerdem eine Reihe von Gesetzesänderungen vor. Mit dem Transparenz- und Publizitätsgesetz (TransPuG) vom 25.7.2002[141] wurde ein erster Teil dieser

---

134 Vgl. *Hüffer*, 7. Aufl. 2006, § 76 AktG Rz. 15c.
135 Professoren *Baums, Feddersen, Nonnenmacher, v. Rosen, Uwe H. Schneider* sowie die Herren *Hartmann, R. Koehler, Hocker, Schindelhauer* und *Strenger*.
136 Januar 2000 mit geänderter Fassung vom Juli 2000, DB 2000, 238; dazu *Uwe H. Schneider/Strenger*, AG 2000, 106, 109.
137 Diesem Kreis gehörten an: Prof. *v. Werder*, Graf *Henckel von Donnersmarck*, Prof. *W. Bernhardt*, Dr. *Grosche, Nelles*, Dr. *Peltzer*, Prof. *Pohle*, Dr. *Titzrath*; hinzugezogen wurden außerdem die Herren *Dürr* und Dr. *E. F. Schröder*.
138 Vom 6.6.2000, abgedruckt in DB 2000, 1573 ff.; dazu *v. Werder* (Hrsg.), German Code of Corporate Governance (GCCG), 2000; *Peltzer/v. Werder*, AG 2001, 1 und *Pohle/v. Werder*, DB 2001, 1101.
139 Erste Zusammensetzung: Vorsitzender Prof. *Baums*, weitere Mitglieder Dr. *Achleitner, Bury*, Dr. *Eick, Andrea Fischer*, Dr. *Geiger*, Dr. *Hartmann*, Prof. *Henzler, Hocker, Koch-Weser, Kopper*, Prof. *Lutter*, Prof. *Nonnenmacher, Putzhammer, Schindelhauer, Gerhard Schmid, Schmoldt*, Dr. *Seifert, Stiegler, Strenger*, Dr. *Tacke, Margareta Wolf, Zwickel*.
140 *Baums* (Hrsg.), Bericht der Regierungskommission Corporate Governance – Unternehmensführung Unternehmenskontrolle Modernisierung des Aktienrechts, 2001; zusammenfassender Bericht von *Baums* in Hommelhoff/Lutter/Schmidt/Schön/Ulmer (Hrsg.), Corporate Governance, ZHR-Beiheft 71, 2002, S. 13 sowie von *Lutter* in Gesellschaftsrechtliche Vereinigung (Hrsg.), Gesellschaftsrecht in der Diskussion 2001, 2002, S. 47; siehe auch die Würdigung durch *Hopt* in Hommelhoff/Lutter/Schmidt/Schön/Ulmer (Hrsg.), Corporate Governance, ZHR-Beiheft 71, 2002, S. 27 sowie die Stellungnahme des DAV Handelsrechtsausschusses in BB 2003, Beilage 4.
141 BGBl. I 2002, 2681.

Vorschläge umgesetzt. Weitere Änderungen folgten mit dem Gesetz zur Unternehmensintegrität und zur Modernisierung des Anfechtungsrechts (UMAG)[142].

2.33 Zur Ausarbeitung eines deutschen Corporate Governance Kodex wurde die **Regierungskommission Deutscher Corporate Governance Kodex** gebildet[143]. Diese Kommission hat im Februar 2002 den Deutschen Corporate Governance Kodex beschlossen, der im August 2002 vom BMJ veröffentlicht wurde und seitdem wirksam ist. Die Aufgabe dieser Kodex-Kommission hat sich damit nicht erledigt. Die Kommission ist vielmehr als Dauereinrichtung vorgesehen; sie soll den Kodex jährlich überprüfen und erforderlichenfalls an neuere Entwicklungen anpassen. Inzwischen hat die Kommission den Kodex bereits mehrfach geändert, indem einzelne Empfehlungen an die gesetzliche Entwicklung angepasst und neue Empfehlungen in den Kodex aufgenommen wurden[144].

2.34 Charakteristisch für den deutschen Corporate Governance Kodex ist, dass die Befolgung seiner Empfehlungen zwar freiwillig ist. Die börsennotierten – und bestimmte kapitalmarktorientierte[145] – Gesellschaften sind aber gemäß § 161 AktG gesetzlich verpflichtet, alljährlich zu erklären, ob den Empfehlungen des Kodex „entsprochen wurde und wird oder welche Empfehlungen nicht angewendet wurden oder werden und warum nicht" (sog. **Entsprechenserklärung**). Weicht eine Gesellschaft von Kodexempfehlungen ab, ist dies nicht nur offenzulegen, sondern auch zu begründen (§ 161 Abs. 1 Satz 1 AktG). Dieses System entspricht insoweit dem britischen „comply or explain" Konzept. Zu weiteren Einzelheiten des Kodex siehe Rz. 2.42 ff. und zur Entsprechenserklärung Rz. 2.72 ff.

5. Bewertung guter Corporate Governance

a) Bewertung durch den Kapitalmarkt

2.35 Nach verbreiteter Auffassung führt die Beachtung guter Corporate Governance zu einer Steigerung des Unternehmenswertes am Kapitalmarkt. In welchem Umfang dies geschieht, ist allerdings unklar und empirisch kaum nachweisbar. Laut einer Umfrage von McKinsey sind die Anleger bereit, für die Aktien eines gut geführten Unternehmens eine **Prämie** zu zahlen, die bei deutschen Unternehmen bis zu 20 % betragen soll[146]. Aus derartigen Meinungsäußerungen lassen sich allerdings kaum allgemein gültige Zusammenhänge ableiten. Dazu sind die Einzelaspekte guter Corporate Governance und ihre Wechselwirkungen viel zu komplex. Der Erfolg eines Unternehmens beruht auch auf zahlreichen anderen Faktoren außerhalb der Corporate Governance[147]. Neuere Untersuchungen zum Deutschen Corporate Governance Kodex haben dementsprechend ergeben, dass der Inhalt der Entsprechenser-

---

142 Gesetz zur Unternehmensintegrität und Modernisierung des Anfechtungsrechts (UMAG) v. 22.9.2005, BGBl. I 2005, 2802.
143 Vorsitz bis 30.6.2008 Dr. *Cromme*, ab 1.7.2008 Prof. *K.-P. Müller*; weitere Mitglieder der Kommission waren Frau Prof. *Achleitner*, Frau *Weber-Rey*, Frau Prof. *Weder di Mauro* sowie die Herren Dr. *Gelhausen*, Dr. *Gentz*, *Hexel*, *Hocker*, Dr. *Schulte*, *Strenger*, Prof. *v. Werder*.
144 Vgl. die Übersicht über die Änderungen des Kodex auf der Internetseite der Regierungskommission Corporate Governance (www.dcgk.de).
145 Es handelt sich um Aktiengesellschaften, die andere Wertpapiere als Aktien, z.B. Schuldverschreibungen, zum Handel an einem organisierten Markt i.S.v. § 2 Abs. 11 WpHG (bis 2.1.2018: § 2 Abs. 5) ausgegeben haben und deren Aktien in einem multilateralen Handelssystem i.S.v. § 2 Abs. 8 Satz 1 Nr. 8 WpHG (bis 2.1.2018: § 2 Abs. 3 Satz 1 Nr. 8) (Freiverkehr) gehandelt werden (§ 161 Abs. 1 Satz 2 AktG).
146 *Coombes/Watson*, Three Surveys on Corporate Governance, in The McKinsey Quarterly, 4/2000, S. 74 ff.; ähnlich das Ergebnis in McKinsey Global Investor Survey, July 2002; dazu u.a. *Hopt*, Beiheft ZHR 71 (2002), 27, 52; *Ulmer*, ZHR 166 (2002), 150, 168 sowie *Wels/Scholz*, Corporate Governance wird zum Schlüsselkriterium für Investoren, FAZ v. 8.7.2002, S. 18.
147 *v. Werder* in Hommelhoff/Hopt/v. Werder, Hdb. Corporate Governance, S. 24 f. und *v. Werder/Grundei* in Hommelhoff/Hopt/v. Werder, Hdb. Corporate Governance, S. 630.

klärungen gemäß § 161 AktG keinen nennenswerten Einfluss auf den Börsenkurs hat[148]. Dies liegt u.a. auch daran, dass die Richtigkeit der Erklärung nicht im Rahmen der Abschlussprüfung geprüft wird und zudem jederzeit für die Zukunft geändert werden kann[149].

Nach verschiedenen Studien soll sich eine gute Corporate Governance zumindest in einem höheren Aktienkurs und damit niedrigeren **Eigenkapitalkosten** niederschlagen[150]. Inwieweit solche Studien nicht nur theoretische Überlegungen wiedergeben, hängt u.a. auch davon ab, ob der Kapitalmarkt die interne Corporate Governance eines Unternehmens überhaupt hinreichend beurteilen kann. Dazu wird eine Analyse der öffentlich zugänglichen Informationen häufig nicht ausreichen. Notwendig sind vielmehr auch Informationen darüber, wie innerhalb des Unternehmens eine gute und verantwortungsvolle Unternehmensführung tatsächlich gelebt wird. Dem Kapitalmarkt auch diesen Einblick zu vermitteln, ist eine Aufgabe, die in den Unternehmen vor allem den Investor-Relations-Abteilungen zufällt.

2.36

b) Bewertung durch Anleger und spezielle Ratingagenturen

Da eine gute Corporate Governance für die Unternehmen selbst wie für alle Anleger von großem Interesse ist, wird zunehmend versucht, die Corporate Governance der börsennotierten Gesellschaften zu **bewerten**[151]. In den USA sind es vor allem die institutionellen Anleger, die Richtlinien für die Bewertung der Unternehmen bzw. ihr Führungsgremium (board) entwickelt haben[152]. Dabei wird jährlich eine Liste mit den Gesellschaften veröffentlicht, die bei der regelmäßigen Überprüfung am schlechtesten abschneiden. Außerdem werden an das Management dieser Gesellschaften konkrete Forderungen gerichtet. Werden diese nicht erfüllt, so führt dies zu Kritik in der Aktionärsversammlung oder zu einem demonstrativen Verkauf der Anteile[153].

2.37

Um die Corporate Governance unterschiedlicher Unternehmen vergleichbar zu machen, müssen Kriterien entwickelt werden, die als „**benchmark**" für alle vergleichbaren Unternehmen gelten. Als Sollgrößen für deutsche Gesellschaften können insbesondere die Empfehlungen und Anregungen des Deutschen Corporate Governance Kodex herangezogen werden. Diesen ist die jeweilige Umsetzung dieser Standards im Unternehmen und deren Überwachung als Ist-Zustand gegenüberzustellen. In einem weiteren Schritt sind die Ergebnisse dieses Vergleichs auszuwerten und erforderlichenfalls in geeignete Verbesserungsmaßnahmen umzusetzen. Ein solcher mehrstufiger Evaluierungsprozess kann nicht nur für die Anleger, sondern auch für die Unternehmen selbst von Nutzen sein.

2.38

Einen ersten Versuch einer externen Corporate Governance Bewertung hat in Deutschland die Berufsvereinigung der Analysten, die **DVFA**[154], unternommen. Sie hat dazu eine sog. **Score Card** entwickelt, die, orientiert an den Vorgaben des Deutschen Corporate Governance Kodex, eine Reihe von Kriterien auflistet, deren Vorliegen mit bestimmten Punkten bewertet wird[155]. Jährlich werden danach die im DAX und im MDAX gelisteten Unternehmen bewertet und die Ergebnisse veröffentlicht[156]. Dieses Be-

2.39

---

148 Nowak/Rott/Mahr, ZGR 2005, 252 ff.; vgl. auch Bernhardt, BB 2008, 1686, 1690 f.
149 Vgl. v. Werder in FS Hopt, 2010, S. 1471, 1474 ff.
150 Weber/Velte, DStR 2011, 39 ff. m.w.N.; Drobetz/Schillhofer, Gute Coporate Governance senkt die Kapitalkosten, FAZ v. 13.1.2002, S. 20.
151 Vgl. zur Schweiz Drobetz/Zimmermann in FS Hartmut Schmidt, 2006, S. 493 ff.
152 Vgl. z.B. CalPERS, U.S. Corporate Governance Principles, 1998.
153 Vgl. dazu Brinkner/Muth, Einfluss institutioneller Anleger auf börsennotierte Unternehmen wächst, FAZ v. 11.11.2003, S. 6.
154 Deutsche Vereinigung für Finanzanalyse und Asset Management, Kommission Corporate Governance.
155 DVFA Score Card Corporate Governance, die jeweils auf den aktuellen DCGK angepasst wird; abrufbar unter http://www.dvfa.de; zu einem Kriterienkatalog am Beispiel der Aufsichtsratsbewertung siehe v. Werder/Grundei in Hommelhoff/Hopt/v. Werder, Hdb. Corporate Governance, S. 645.
156 Im Jahre 2020 war bester Wert im DAX die Munich-Re.

wertungsraster soll vor allem ausländischen Investoren und Analysten, aber auch den Unternehmen selbst helfen, die jeweiligen Führungsgrundsätze kritisch zu prüfen[157]. In der Praxis spielt dieses sehr schematische Verfahren bislang jedoch nur eine begrenzte Rolle[158].

2.40 Eine andere Linie der aktuellen Entwicklung geht dahin, die Corporate Governance der Unternehmen einem umfassenderen **Rating** zu unterwerfen, das mehr oder weniger einheitlich für alle börsennotierten Unternehmen, auch in verschiedenen Ländern, anwendbar ist. So gibt es eine Reihe von Firmen, die solche Bewertungen anhand von zum Teil sehr umfangreichen Kriterienkatalogen anbieten[159]. Da einheitliche globale oder europäische Standards fehlen, wird dabei meist auf international anerkannte Grundsätze zurückgegriffen, wie sie etwa in den Corporate Governance Principles der OECD niedergelegt sind. Aus diesen Grundsätzen wird ein Analysegitter mit thematischen Schwerpunkten (z.B. Rechte und Pflichten der Aktionäre, Bekenntnis zum Shareholder value, Transparenz, Board Struktur) entwickelt. Als Ergebnis der Analyse wird ein Rating-Bericht geliefert, der auf Wunsch des Kunden – institutionelle Investoren, D&O-Versicherungen, Unternehmen und Anwälte – veröffentlicht wird[160]. Mit solchen Berichten ist in Zukunft vermehrt zu rechnen. Dabei ist – entsprechend der Entwicklung beim Kreditrating – zu erwarten, dass derartige Berichte auch ohne Mitwirkung der betroffenen Unternehmen erstellt und veröffentlicht werden.

c) Bewertung durch Kreditgeber

2.41 Eine gute Corporate Governance kann auch ein Aspekt sein, der bei der Kreditvergabe nach den Vorgaben von **Basel II/III** eine Rolle spielt[161]. Immerhin handelt es sich um einen wichtigen Faktor bei der Beurteilung der **Kreditwürdigkeit**. Im Vordergrund der Kreditwürdigkeitsprüfung stehen allerdings quantitativ messbare Faktoren wie Ertragskraft, Liquidität, Kapitalisierung und Bilanzrelationen. Die eher „weichen" Faktoren der Corporate Governance wie z.B. die Qualität des Managements lassen sich im Rahmen eines schematischen Ratingverfahrens allenfalls als Nebenaspekt unterbringen, wobei zusätzlich zu berücksichtigen ist, dass es sich dabei um vorwiegend subjektive Einschätzungen handelt.

II. Der Deutsche Corporate Governance Kodex

1. Funktionsweise des Kodex

2.42 Eines der Hauptziele des am 26.2.2002 veröffentlichten Deutschen Corporate Governance Kodex ist es, die in Deutschland geltenden Grundsätze guter Corporate Governance kurz und knapp zusammenzufassen. Der weit überwiegende Teil des Kodex besteht deshalb in einer **Wiedergabe des geltenden**, über mehrere Gesetze, insbesondere AktG, HGB, WpHG, WpÜG und die verschiedenen Mitbestimmungsgesetze verstreuten **Rechts** der börsennotierte AG. Diese Wiedergabe ist zwangsläufig verkürzt und lediglich als Überblick gedacht[162]. Der Kodex dient damit der **Information** über das System der Unternehmensführung in Deutschland, vor allem für ausländische Investoren[163]. Er liegt des-

---

157 Siehe dazu *Strenger* in Hommelhoff/Hopt/v. Werder, Hdb. Corporate Governance, 1. Aufl. 2003, S. 700.
158 Zu einem anderen Bewertungsmodell siehe *Nowak/Rott/Mahr*, WPg 2004, 998.
159 Siehe die Übersicht bei *Strenger* in Hommelhoff/Hopt/v. Werder, Hdb. Corporate Governance, 1. Aufl. 2003, S. 713, die Hinweise von *Haar* in Hopt/Wohlmannstetter, Handbuch Corporate Governance von Banken, 2011, S. 223, 230, sowie die vergleichende Analyse von *Bassen* in FS Hartmut Schmidt, 2006, S. 529 ff.
160 Siehe dazu *Murtfeld*, RATINGaktuell, 5/2003, 16 ff.
161 Siehe dazu *Kollmann*, WM Sonderbeilage Nr. 1/2003, 1, 3.
162 Zu einzelnen inhaltlichen Ungenauigkeiten siehe *Krieger* in FS Ulmer, 2003, S. 365, 366 f. und *Seidel*, ZIP 2004, 285, 292 f.
163 Vgl. Abs. 3 der Präambel des DCGK 2020.

halb auch in Englisch vor. Er wurde 2019 grundlegend überarbeitet mit dem Ziel einer Aktualisierung und Modernisierung.

Darüber hinaus wendete sich der DCGK 2017[164] mit 85 Verhaltensempfehlungen und 9 Anregungen an die Vorstände und Aufsichtsräte der börsennotierten AG, SE und KGaA. Durch die Überarbeitung 2019 wurden daraus 25 Grundsätze, 64 Empfehlungen und 5 Anregungen[165]. Die neue Kategorie der Grundsätze hat eine Informationsfunktion und bildet die Grundlage für die Empfehlungen und Anregungen. Durch die Abbildung wichtiger rechtlicher Rahmenbedingungen in den Grundsätzen konnten Wiederholungen allgemeiner gesetzlicher Vorgaben entfallen[166]. Die **Empfehlungen** sind mit „soll" gekennzeichnet. Bei den **Anregungen** heißt es im Kodex „sollte". Weder die Empfehlungen noch die Anregungen sind für die Adressaten des Kodex verbindlich. Bezüglich der Empfehlungen sind die Unternehmen aber verpflichtet, jährlich dem Kapitalmarkt gegenüber zu erklären, ob den Empfehlungen „entsprochen wurde und wird oder welche Empfehlungen nicht angewendet wurden oder werden und warum nicht". Diese Verpflichtung ergibt sich aus § 161 AktG, der zur Umsetzung des Kodex im Rahmen des Transparenz- und Publizitätsgesetzes vom 19.7.2002[167] in das AktG eingefügt worden ist. Die ersten sog. Entsprechenserklärungen mussten noch im Jahre 2002 abgegeben werden; sie konnten sich auf die Erklärung beschränken, welchen Empfehlungen „entsprochen wird oder welche Empfehlungen nicht angewendet werden"[168]. Alle nachfolgenden Entsprechenserklärungen müssen neben der Absichtserklärung für die Zukunft auch eine Erklärung zur Befolgung des Kodex in der Vergangenheit enthalten.

2.43

Ergänzend zu der Verpflichtung, sich zur Befolgung des Kodex zu erklären, sah der Kodex ursprünglich in Ziff. 3.10 vor, dass eventuelle Abweichungen von den Kodex-Empfehlungen im Geschäftsbericht erläutert werden sollen. Diese Empfehlung wurde im Kodex zwar gestrichen[169]. Die **Pflicht**, Abweichungen von den Kodexempfehlungen zu **begründen**, ist seit 2009 allerdings in § 161 AktG unmittelbar normiert[170]. Daher entspricht diese Regelung im Ergebnis dem Vorbild des „comply or explain" nach englischem Recht[171]. Zu berücksichtigen ist hierbei, dass eine gut begründete Abweichung von einer Kodexempfehlung im Interesse einer guten Unternehmensführung sein kann[172]. Damit wird ausdrücklich darauf hingewiesen, dass an der Begründung von Vorstand und Aufsichtsrat – insbesondere im Hinblick auf ihre Stichhaltigkeit – hohe Anforderungen gestellt sind. Wie detailliert die Begründung einer Abweichung ausfällt, liegt im Ermessen von Vorstand und Aufsichtsrat. Abweichungen aus grundsätzlichen Erwägungen werden in der Regel eingehendere Überlegungen erfordern als ein Abweichen aufgrund einer einmaligen Sondersituation[173]. Verbindliche Leitlinien sind dazu bislang nicht entwickelt worden. Die EU-Kommission hat zwar eine Empfehlung zur Qualität der Berichterstattung über die Unternehmensführung veröffentlicht[174]. Diese Empfehlung hat im Kodex aber keinen Niederschlag gefunden.

2.44

---

164 DCGK i.d.F. v. 7.2.2017.
165 Vgl. DCGK i.d.F. v. 16.12.2019 gem. Bekanntmachung des BMJV v. 20.3.2020, BAnz AT 20.3.2020 B3.
166 Vgl. Presseerklärung des BMJV v. 20.3.2020 sowie die Begründung zu DCGK 2020, Ziff. II.1 (dort auch Aufführung aller wesentlichen Änderungen gegenüber der Fassung 2017).
167 BGBl. I 2002, 2681.
168 § 15 EGAktG.
169 Nach dem Stand der Kodex-Änderungen v. 15.5.2012.
170 Eingeführt durch das BilMoG v. 26.5.2009, BGBl. I 2009, 1102.
171 Dazu sowie ausführlich zu den Kodex-Änderungen v. 15.5.2012 vgl. *Ringleb/Kremer/Lutter/v. Werder*, NZG 2012, 1081 ff.
172 Vgl. Präambel Abs. 10 Satz 4 DCGK seit d.F. v. 15.5.2012.
173 Vgl. *Lutter* in Kremer/Bachmann/Lutter/v. Werder, Deutscher Corporate Governance Kodex, Teil 4, Rz. 17 ff.
174 Empfehlung der Kommission v. 9.4.2014 zur Qualität der Berichterstattung über die Unternehmensführung („Comply or Explain"), ABl. EU Nr. L 109 v. 12.4.2014, S. 43.

2. Verhältnis der Kodexempfehlungen zum Gesetzesrecht

2.45 Die Empfehlungen des Kodex sind **keine Rechtsquelle**[175]. Sie sind nicht von einer staatlichen Stelle, sondern einem privaten Gremium beschlossen worden. Sie werden zwar vom Bundesjustizministerium bekanntgemacht und erst dadurch wirksam (vgl. § 161 Abs. 1 Satz 1 AktG). Die Rechtskontrolle, die das Ministerium dabei ausübt[176], verleiht den Kodexempfehlungen jedoch keinen normativen Charakter. Die Empfehlungen stellen auch **keine Konkretisierung** des **Sorgfaltsmaßstabes** der § 93 Abs. 1 Satz 1, § 116 Satz 1 AktG dar. Nach seiner Präambel enthält der Kodex zwar allgemein anerkannte Standards guter Unternehmensführung. Die verbindliche Konkretisierung gesetzlicher Bestimmungen ist den Gerichten vorbehalten[177]. Die Empfehlungen sind auch **kein Handelsbrauch** i.S.v. § 346 HGB, da es jedenfalls aus heutiger Sicht an einer langjährigen Übung fehlt[178]. Bisweilen werden die Empfehlungen des Kodex als „**soft law**" bezeichnet[179]. Mit dieser – interpretationsbedürftigen – Bezeichnung ist allerdings nicht mehr gesagt als dass es sich um Verhaltensregeln unterhalb verbindlicher Rechtsnormen handelt. Mit diesen Regeln werden die aktienrechtlichen Bestimmungen im Sinne einer „best practice" konkretisiert und ergänzt. Dabei kann die Kodex-Kommission im Rahmen des zwingenden Rechts auch neue Standards entwickeln[180].

2.46 Eine mit den Kodexempfehlungen vergleichbare Regulierung stellen die **Standards für die Konzernrechnungslegung** dar, die gemäß § 342 HGB vom Deutschen Rechnungslegungsstandardisierungsrat beschlossen und vom Bundesjustizministerium amtlich bekannt gemacht werden. Die Zusammensetzung des Standardisierungsrates und das Verfahren seiner Entscheidungsfindung sind allerdings gesetzlich geregelt. Bei der Kodex-Kommission fehlen entsprechende Regelungen. Deshalb wird die Auffassung vertreten, die Empfehlungen des Kodex oder § 161 AktG seien mit dem **Rechtsstaats- oder Demokratiegebot** (Art. 20 Abs. 2 Satz 1 und Art. 22 Abs. 2 GG) nicht vereinbar[181]. Diese Kritik ist im Ergebnis nicht berechtigt, weil die Empfehlungen des Kodex keine unmittelbare rechtliche Relevanz haben. Soweit von Empfehlungen abgewichen wird, ist dies für die Adressaten mit keinen rechtlichen Nachteilen verbunden[182]. Die Verpflichtung, sich zu den Empfehlungen zu erklären, ergibt sich aus dem Gesetz (§ 161 AktG) und ist damit ausreichend legitimiert[183]. Dem Vorwurf fehlender Transparenz der Entscheidungen der Kodex-Kommission trägt diese seit Januar 2012 dadurch Rechnung, dass beabsichtigte Kodex-Änderungen vor ihrer Verabschiedung öffentlich zur Diskussion gestellt wer-

---

175 Siehe dazu näher *Möllers/Fekonja*, ZGR 2012, 777, 803 ff.; *Ulmer*, ZHR 166 (2002), 150, 160; *Bachmann*, WM 2002, 2137, 2139; *Hüffer/Koch*, § 161 AktG Rz. 3 sowie OLG München v. 6.8.2008 – 7 U 5628/07, NZG 2009, 508, 509 = AG 2009, 294 und LG München I v. 22.11.2007 – 5 HK O 10614/07, ZIP 2007, 2360, 2361.
176 Dazu näher *Seibert*, BB 2002, 581, 582 sowie *Seidel*, ZIP 2004, 285, 288, der den Kodex der Bundesregierung zurechnen will.
177 *Hommelhoff/Schwab* in Hommelhoff/Hopt/v. Werder, Hdb. Corporate Governance, S. 78 f.
178 *Hüffer/Koch*, § 161 AktG Rz. 3; *Berg/Stöcker*, WM 2002, 1569, 1571; *Ettinger/Grützediek*, AG 2003, 353, 355; *Hommelhoff/Schwab* in Hommelhoff/Hopt/v. Werder, Hdb. Corporate Governance, S. 77; *Ulmer*, ZHR 166 (2002), 150, 176 f.
179 Vgl. z.B. Pressemitteilung des BMJ v. 20.8.2002; *Schüppen*, ZIP 2002, 1268, 1278 und *E. Vetter*, DNotZ 2003, 748, 754; krit. dazu *Ulmer*, ZHR 166 (2002), 150, 161 und *Bachmann*, WM 2002, 2137, 2142.
180 Vgl. *Bayer*, NZG 2013, 1, 3, 5; *Bayer*, Board 2013, 56 und Beschluss Nr. II. 6b) der Abt. Wirtschaftsrecht des 69. Deutschen Juristentags.
181 *Hommelhoff/Schwab* in Hommelhoff/Hopt/v. Werder, Hdb. Corporate Governance, S. 83 f.; *Hüffer/Koch*, § 161 AktG Rz. 4; *Wernsmann/Gatzka*, NZG 2011, 1001, 1007; *Seidel*, NZG 2004, 1095; *Spindler* in K. Schmidt/Lutter, § 161 AktG Rz. 11; *Wolf*, ZRP 2002, 59, 60; krit. auch *Ettinger/Grützediek*, AG 2003, 353, 355; *Seibt*, AG 2002, 249, 250; *Kiethe*, NZG 2003, 559, 560; gegen die verfassungsrechtlichen Bedenken *Bachmann* in Kremer/Bachmann/Lutter/v. Werder, Deutscher Corporate Governance Kodex, Einl. Rz. 97 ff.; *Heintzen*, ZIP 2004, 1933 ff. und *von der Linden* in Wilsing, DCGK, Präambel Rz. 9 ff.
182 *Ulmer*, ZHR 166 (2002), 150, 164.
183 *Bachmann*, WM 2002, 2137, 2142; *Habersack*, Staatliche und halbstaatliche Eingriffe in die Unternehmensführung, Gutachten E zum 69. Deutschen Juristentag, 2012, E 54; *Lutter* in KölnKomm. AktG, 3. Aufl. 2012, § 161 AktG Rz. 23.

den. Als Kritikpunkt bleibt allerdings, dass die Einsetzung und Zusammensetzung der Kodex-Kommission ohne parlamentarische Rückkopplung erfolgt[184].

3. Stand des Kodex in der internationalen Diskussion

a) Unternehmensführung

Ein wichtiges Anliegen des Kodex besteht darin, die Führung der börsennotierten Unternehmen zu verbessern und an internationale Standards anzugleichen. Im Kodex werden deshalb gezielt Punkte angesprochen, die als Schwachstellen des deutschen Systems empfunden werden. So wurde entsprechend der Erwartung internationaler Anleger betont, dass es die Aufgabe des Vorstandes ist, den **Unternehmenswert** nachhaltig zu steigern (Ziff. 4.1.1 DCGK 2017). Im AktG steht diese Ausrichtung der Unternehmensführung nicht; sie ist mit dem Rentabilitätsgrundsatz aber durchaus vereinbar. Durch die grundlegende Überarbeitung des Kodex im Jahre 2019 entfiel der Hinweis auf die Wertsteigerung, ohne dass dies in der Begründung angesprochen wird. Mit der – verstärkten – Betonung der **Nachhaltigkeit** wird zugleich einem kurzfristigen Shareholder-Value-Denken eine Absage erteilt[185]. Im Übrigen bleiben Vorstand und Aufsichtsrat auf das Unternehmensinteresse verpflichtet (Ziff. 4.1.1 und 5.1.1 DCGK 2017 und Präambel Abs. 1 sowie Grundsätze 1, 10 und 19 im DCGK 2020) und es wurde in die Präambel (heute in Abs. 1) ergänzend das Leitbild des Ehrbaren Kaufmanns aufgenommen[186]. Damit will die Kodexkommission über die wirtschaftlichen Gesichtspunkte hinaus auch die Einhaltung ethischer Grundsätze anmahnen.

2.47

Das **duale Führungssystem** wird so dargestellt, dass Vorstand und Aufsichtsrat eng zusammenarbeiten (Ziff. 3.1 DCGK 2017 bzw. Grundsatz 13 DCGK 2020) und der Aufsichtsrat in alle grundlegenden Entscheidungen eingebunden ist (Ziff. 5.1.1 DCGK 2017 bzw. Grundsätze 2 und 6 DCGK 2020). Dies bedeutet eine Annäherung an das monistische System, entspricht aber nicht durchweg der (noch) bestehenden Praxis. Die **Mitbestimmung** im Aufsichtsrat, für die vor allem bei angelsächsischen Investoren wenig Verständnis besteht, wird im DCGK 2017 nur in der Präambel (Abs. 6) bzw. im DCGK 2020 im Grundsatz 10 und bei der Zusammensetzung (Ziff. 5.4.1 Abs. 3 DCGK 2017 bzw. Grundsatz 10 im DCGK 2020) kurz erwähnt und damit in ihrer Bedeutung heruntergespielt. Dabei besteht weitgehend Einigkeit, dass die Mitbestimmung in der derzeitigen Ausprägung einer guten Corporate Governance eher im Wege steht.

2.48

b) Interessenkonflikte

Während sich das Aktiengesetz mit **Interessenkonflikten** von Vorstands- und Aufsichtsratsmitgliedern nur vereinzelt befasst[187], werden diese im Kodex nach angelsächsischem Vorbild generell angesprochen (Ziff. 4.3 und 5.5 DCGK 2017 bzw. Teil E mit Grundsatz 10 – sowie in Empfehlung C.7 und C.9 DCGK 2020). Der Kodex empfiehlt die Offenlegung von Interessenkonflikten innerhalb des Organs sowie beim Vorstand auch gegenüber dem Aufsichtsrat und beim Aufsichtsrat auch gegenüber der Hauptversammlung (Ziff. 4.3.4, 5.5.2, 5.5.3 DCGK 2017 bzw. Empfehlungen E.1 und E.2 DCGK 2020). Vor allem die Berichterstattung über die Behandlung von Interessenkonflikten im Bericht des Aufsichtsrats an die Hauptversammlung hat erhöhte Aufmerksamkeit erlangt[188]. Dies gilt für die Aus-

2.49

---

184 Vgl. *Goette* in MünchKomm. AktG, 4. Aufl. 2018, § 161 AktG Rz. 30 f.; *Hoffmann-Becking* in FS Hüffer, 2010, S. 337, 344 und *Bachmann* in Kremer/Bachmann/Lutter/v. Werder, Deutscher Corporate Governance Kodex, Einl. Rz. 99, 103.
185 *Goslar* in Wilsing, DCGK, Ziff. 4.1.2 Rz. 21; *Bachmann* in Kremer/Bachmann/Lutter/v. Werder, Deutscher Corporate Governance Kodex, Grds. 23 Rz. 11, 51 f.
186 Kodex i.d.F. v. 7.2.2017.
187 Vgl. §§ 88, 89, 100, 105, 114 AktG; siehe auch die Übersicht von *Kort*, ZIP 2008, 717 ff.
188 Vgl. *E. Vetter*, ZIP 2006, 257, 261; *Lutter*, AG 2008, 1, 9; siehe auch LG Hannover v. 17.3.2010 – 23 O 124/09, NZG 2010, 744, 746 = AG 2010, 459.

wirkung etwaiger Mängel auf die Beschlussfassung über die Entlastung[189] ebenso wie für die Haftungsfreistellung gemäß § 93 Abs. 1 Satz 2, § 116 Satz 1 AktG[190]. Fraglich ist insbesondere, wie detailliert diese Berichterstattung sein soll. Angesichts der gebotenen Geheimhaltung vertraulicher Beratungen im Aufsichtsrat (§ 116 Satz 3 AktG) genügt in der Regel ein allgemeiner Hinweis, um die Art des Konflikts zu kennzeichnen[191]. Die betroffenen Mitglieder brauchen grundsätzlich nicht persönlich, sondern nur ihrer Zahl nach angegeben zu werden, evtl. ergänzt um die Mitteilung, dass sie an den einschlägigen Beratungen und/oder Abstimmungen nicht teilgenommen haben[192]. Etwas Anderes gilt z.B., wenn es um einen Beratungsvertrag mit einem Aufsichtsratsmitglied geht. Hier sollte wegen der besonderen Bedeutung der Angelegenheit das betroffene Mitglied genannt werden; dazu ist allerdings dessen Zustimmung erforderlich[193].

2.50 Interessenkonflikte können sich auch ergeben, wenn ein bisheriges **Vorstandsmitglied in den Aufsichtsrat wechselt**. Der Kodex hatte dazu die Empfehlung ausgesprochen, dass ein solcher Wechsel in den Aufsichtsratsvorsitz oder den Vorsitz eines Ausschusses nicht die Regel sein und der Hauptversammlung gegenüber besonders begründet werden sollte[194]. Diese Empfehlung ist durch die gesetzliche Regelung in § 100 Abs. 2 Nr. 4 AktG verdrängt worden[195]. Danach kann ein Vorstandsmitglied einer börsennotierten Gesellschaft in den Aufsichtsrat dieser Gesellschaft erst nach einer Sperrzeit von zwei Jahren wechseln. Eine Ausnahme gilt nur dann, wenn die Wahl auf einem Wahlvorschlag von Aktionären beruht, die mehr als 25 % der Stimmrechte halten. Diese Ausnahme kommt vor allem dann zum Zuge, wenn die Gesellschaft einen entsprechenden Großaktionär hat[196]. Um den Gesellschaften das know how ehemaliger Vorstandsmitglieder im Aufsichtsrat zu erhalten, hätte es genügt, nur den Wechsel in den Vorsitz des Aufsichtsrats und des Prüfungsausschusses zu erschweren[197]. Im Vergleich zur Empfehlung einer fünfjährigen Karenzzeit durch die EU-Kommission ist die derzeitige Regelung aber noch moderat[198].

---

189 Vgl. z.B. LG München I v. 16.8.2007 – 5 HK O 17682/06, BB 2008, 581 zur Nichtigerklärung der Entlastung des Aufsichtsrates wegen fehlender Berichterstattung an die Hauptversammlung; siehe dazu auch *Peltzer* in FS Priester, 2007, S. 573, 587 f.
190 Dazu näher *Fleischer* in Spindler/Stilz, § 93 AktG Rz. 72; *Lutter*, ZIP 2007, 841, 847; *Lutter* in FS Canaris, 2007, S. 245, 248 ff.; einschränkend *Krieger/Sailer-Coceani* in K. Schmidt/Lutter, § 93 AktG Rz. 15.
191 BGH v. 14.5.2013 – II ZR 196/12, AG 2013, 643; BGH v. 10.7.2012 – II ZR 48/11 – Fresenius, NZG 2012, 1064, 1066 Rz. 28 und 30 = AG 2012, 712; gegen OLG Frankfurt v. 5.7.2011 – 5 U 104/10, ZIP 2011, 1613, 1616 = AG 2011, 713.
192 Vgl. *Bicker/Preute* in Fuhrmann/Linnerz/Pohlmann, Deutscher Corporate Governance Kodex, Ziff. 5 DCGK Rz. 303; *Kremer* in Kremer/Bachmann/Lutter/v. Werder, Deutscher Corporate Governance Kodex, E.1 Rz. 15; *von der Linden*, GWR 2011, 407, 408; *Priester*, ZIP 2011, 2081, 2084; *E. Vetter*, ZIP 2006, 257, 261; *Wilsing* in Wilsing, DCGK, Ziff. 5.5.3 Rz. 6.
193 Vgl. *Butzke* in FS Hoffmann-Becking, 2013, S. 229, 244 ff.; *Marsch-Barner* in FS Stilz, 2013, S. 397, 403 f.; *Hüffer/Koch*, § 171 AktG Rz. 23.
194 Ziff. 5.4.4 DCGK i.d.F. v. 2.6.2005.
195 Eingefügt durch das Gesetz zur Angemessenheit der Vorstandsvergütung (VorstAG) v. 31.7.2009, BGBl. I 2009, 2509.
196 Vgl. zu den Gestaltungsmöglichkeiten *Bungert*, DB 2012, 1617; *Ihrig* in FS Hoffmann-Becking, 2013, S. 617; *Krieger* in FS Hüffer, 2010, S. 521; *Löbbe/Fischbach*, AG 2012, 580.
197 Vgl. *Habersack*, Staatliche und halbstaatliche Eingriffe in die Unternehmensführung, Gutachten E zum 69. Deutschen Juristentag, 2012, E 82; Beschluss III 17. der Abt. Wirtschaftsrecht des 69. Deutschen Juristentags; zust. *Bayer*, NZG 2013, 1, 13.
198 Vgl. Anhang II 1. a der Empfehlung der Kommission v. 15.2.2005 zu den Aufgaben von nicht geschäftsführenden Direktoren/Aufsichtsratsmitgliedern börsennotierter Gesellschaften sowie zu den Ausschüssen des Verwaltungs-/Aufsichtsrats, ABl. EU Nr. L 52 v. 25.2.2005, S. 51; für eine Streichung des § 100 Abs. 1 Satz 2 Nr. 4 AktG aus rechtsvergleichender Sicht *M. Roth*, ZHR 178 (2014), 638, 657 ff.

c) Unabhängigkeit der Aufsichtsratsmitglieder

Zur Zusammensetzung des Aufsichtsrats verlangt der Kodex neben der insgesamt erforderlichen fachlichen Qualifikation (Ziff. 5.4.1 DCGK 2017 bzw. Grundsatz 11 DCGK 2020), dass dem Aufsichtsrat eine nach seiner Einschätzung angemessene Anzahl **unabhängiger Mitglieder** angehört (Ziff. 5.4.2 Satz 1 DCGK 2017 bzw. Empfehlung C.6 DCGK 2020). Nach der Kodex-Fassung seit 13.5.2013 ist ein Aufsichtsratsmitglied insbesondere dann nicht als unabhängig anzusehen, wenn es in einer geschäftlichen oder persönlichen Beziehung zu der Gesellschaft, deren Organen, einem kontrollierenden Aktionär oder einem mit diesem verbundenen Unternehmen steht, die einen wesentlichen und nicht nur vorübergehenden Interessenkonflikt begründen kann (Ziff. 5.4.2 Satz 2 DCGK 2017 bzw. Empfehlung C.7 und C.9 DCGK 2020). Durch diese negativ gefasste Definition ist der Kreis der als nicht unabhängig geltenden Personen deutlich ausgeweitet worden. Abgemildert wird die Regelung vor allem dadurch, dass die Einschätzung der Anzahl unabhängiger Mitglieder – entsprechend der Empfehlung der EU-Kommission[199] – in das pflichtgemäße Ermessen des Aufsichtsrats gestellt wird. Damit verbleibt dem Aufsichtsrat ein weiter Beurteilungsspielraum[200]. Eine fehlerhafte Einschätzung sollte deshalb keine Anfechtbarkeit der Entlastung oder der Wahl zum Aufsichtsrat begründen. Die Kriterien der Unabhängigkeit sind allerdings rein objektiv bestimmt und nicht immer eindeutig[201]. Seit den Änderungen des Kodex von 2017 sollen die unabhängigen Aufsichtsratsmitglieder allerdings namentlich genannt werden (Ziff. 5.4.1 Abs. 4 Satz 3 DCGK DCGK 2017 bzw. Empfehlung C.1 DCGK 2020). Damit erhöht sich das mit einer falschen Einordnung verbundene Konfliktpotential[202]. Problematisch ist auch, dass der Vertreter oder Geschäftspartner eines **kontrollierenden Aktionärs** als nicht unabhängig eingestuft wird. Insoweit fehlt eine Abstimmung des Kodex mit dem deutschen Konzernrecht, dass sich bereits ausführlich mit dem Einfluss eines faktisch oder vertraglich herrschenden Unternehmens befasst (§§ 15 ff., 291 ff., 311 ff. AktG).

2.51

Auf internationaler Ebene spielt die Unabhängigkeit der non-executives und die Auseinandersetzung mit den Anforderungen an diese Unabhängigkeit eine zentrale Rolle. Diese Diskussion passt auf das deutsche Recht zwar nur eingeschränkt, weil mit der darin vorgeschriebenen Aufgabenverteilung zwischen Vorstand und Aufsichtsrat bereits ein System der „Checks and Balances" besteht, das sich grundsätzlich bewährt hat[203]. Angesichts der Anforderungen an die Unabhängigkeit, wie sie durch den Sarbanes Oxley Act (siehe dazu näher Rz. 2.100 ff.) eingeführt wurden und von der EU-Kommission[204] befürwortet werden, kann sich Deutschland diesem Thema nicht verschließen[205]. Zwar hat der Gesetzgeber das erst 2009 eingeführte Erfordernis der Unabhängigkeit für den sog. Finanzexperten in § 100 Abs. 5, § 107 Abs. 4 AktG im Rahmen des AReG[206] wieder gestrichen[207]. Der Kodex empfiehlt dem Aufsichtsrat aber weiterhin, sich für seine Zusammensetzung eine **angemessene Anzahl unabhängiger Mitglieder** als Ziel zu setzen. Diese Zielsetzung und ihre Umsetzung einschließlich der

2.52

---

199 Vgl. Ziff. 13.2 Satz 2 der Empfehlung der EU-Kommission v. 15.2.2005, siehe vorherige Fn.
200 *Ringleb/Kremer/Lutter/v. Werder*, NZG 2012, 1081, 1087; *Klein*, AG 2012, 805, 806; *Bayer*, NZG 2013, 1, 10.
201 Vgl. dazu näher *Ihrig/Meder*, ZIP 2012, 1210; *Kremer/v. Werder*, AG 2012, 340; *Stephanblome*, NZG 2013, 445; *Paschos/Goslar*, NZG 2012, 1361; *Scholderer*, NZG 2012, 168; *Wilsing/von der Linden*, DStR 2012, 1391; sowie *Hüffer*, ZIP 2006, 637 zur früheren Fassung der Ziff. 5.4.2 DCGK.
202 Vgl. *Handelsrechtsausschuss des DAV*, NZG 2017, 57, 60.
203 *Cromme* in Cromme, Corporate Governance Report 2002, S. 17, 22.
204 Vgl. Ziff. II.4. und Anhang II der EU-Empfehlung v. 15.2.2005 (Rz. 2.50 Fn. 198).
205 Vgl. dazu *Nagel*, NZG 2007, 166 sowie *Säcker*, AG 2004, 180 ff. und *Roth/Wörle*, ZGR 21004, 565.
206 Gesetz zur Umsetzung der prüfungsbezogenen Regelungen der Richtlinie 2014/56/EU sowie zur Ausführung der entsprechenden Vorgaben der Verordnung (EU) Nr. 537/2014 im Hinblick auf die Abschlussprüfung bei Unternehmen von öffentlichem Interesse (Abschlussprüfungsreformgesetz) v. 10.5.2016, BGBl. I 2016, 1142.
207 In der amtlichen Begründung wird dazu darauf hingewiesen, dass die institutionelle Trennung des Prüfungsausschusses von der Geschäftsleitung bereits ein hohes Maß an Unabhängigkeit sicherstelle, vgl. BT-Drucks. 18/7219, S. 56.

Namen der als unabhängig eingestuften Mitglieder soll er im Corporate-Governance-Bericht veröffentlichen (Ziff. 5.4.1 Abs. 4 Satz 2 und 3 DCGK 2017 bzw. Empfehlung C.6 DCGK 2020). Die Zielsetzung soll auch bei den Wahlvorschlägen an die Hauptversammlung berücksichtigt werden (Ziff. 5.4.1 Abs. 4 Satz 1 DCGK 2017 bzw. Empfehlung C.13 DCGK 2020). Eine feste Mindestanzahl unabhängiger Mitglieder wird dagegen weder für den Aufsichtsrat insgesamt noch für bestimmte Ausschüsse empfohlen[208]. Hat die Gesellschaft jedoch einen kontrollierenden Aktionär, sollen bei einem Aufsichtsrat von mehr als sechs Mitgliedern mindestens zwei Mitglieder unabhängig sein[209]. Zudem sollen die Vorsitzenden des Aufsichtsrates, des Prüfungsausschusses sowie des mit der Vorstandsvergütung befassten Ausschusses unabhängig sein[210]. Umstritten ist, ob die **Arbeitnehmervertreter** bei der Anzahl der unabhängigen Mitglieder mitgezählt werden. Da der Aufsichtsrat bei deren Wahl nicht mitwirkt, erscheint dies eher unangebracht (siehe Rz. 2.20). In der EU-Empfehlung werden die nach den Mitbestimmungsgesetzen gewählten Arbeitnehmervertreter wegen ihres besonderen Kündigungsschutzes allerdings formal als unabhängig eingestuft; ausgenommen sind nur die leitenden Angestellten. Dem kann sich auch der Aufsichtsrat bei seiner Zielsetzung anschließen[211]. Um Missverständnisse zu vermeiden, sollte im Corporate-Governance-Bericht allerdings klargestellt werden, ob die Arbeitnehmervertreter in der als Ziel genannten Zahl enthalten sind oder nicht[212].

d) Vielfalt (Diversity)

2.53   Zunehmende Bedeutung gewinnt der Gesichtspunkt der **Vielfalt** oder **Diversity** für die Zusammensetzung des Aufsichtsrats und des Vorstands. Mit der Vielfalt von Beruf und Herkommen soll einem effizienzmindernden Gruppendenken innerhalb des jeweiligen Organs entgegengewirkt werden[213]. Die EU-Kommission beabsichtigt, die Regulierung dazu auszuweiten[214]. Der Kodex nimmt den Gedanken auf, indem er dem Aufsichtsrat empfiehlt, bei der Bestellung der Vorstandsmitglieder auf Vielfalt zu achten (Ziff. 5.1.2 Satz 2 DCGK 2017 bzw. Empfehlung B.8 DCGK 2020) und bei den Vorschlägen zu seiner eigenen Zusammensetzung konkrete Ziele in Bezug auf die Vielfalt zu benennen und diese Ziele sowie den Stand der Umsetzung im Corporate-Governance-Bericht zu veröffentlichen (Ziff. 5.4.1 Abs. 2 und 3 DCGK 2017 bzw. Empfehlung C.1 DCGK 2020). Bei den deutschen Unternehmen hat sich daraufhin vor allem der Anteil von Ausländern in den Vorständen und Aufsichtsräten erhöht[215]. Bei den Bemühungen um Unabhängigkeit und größere Vielfalt sollte allerdings nicht vergessen werden, dass die **fachliche Kompetenz** der Organmitglieder nach wie vor im Vordergrund stehen muss[216].

---

208   Die EU-Empfehlung v. 15.2.2005 (Rz. 2.50 Fn. 198) sieht dagegen vor, dass der Nominierungs-, Vergütungs- und Prüfungsausschuss mehrheitlich aus unabhängigen Mitgliedern zusammengesetzt wird (vgl. Ziff. 2.1.2, 3.1.2 und 41). Einen festen Anteil unabhängiger Aufsichtsratsmitglieder im Plenum wie in den Ausschüssen sehen auch viele ausländische Kodizes vor, vgl. *Becker/v. Werder*, AG 2016, 761, 771 f.
209   Empfehlung C.9 DCGK 2020 – diese Regelung hat sich durch die weitergehende Regelung des FISG (dazu Rz. 2.60 ff.) erledigt.
210   Empfehlung C.10 DCGK 2020.
211   *Kremer/v. Werder*, AG 2013, 340, 344; *v. Werder/Bartz*, DB 2013, 885, 894; *Ringleb/Kremer/Lutter/v. Werder*, NZG 2012, 1081, 1087; *Klein*, AG 2012, 805, 807 f.; a.A. *Hopt/Roth* in Großkomm. AktG, 5. Aufl. 2019, § 100 AktG Rz. 194; *Ihrig/Meder*, ZIP 2012, 2110, 1212; *Roth*, WM 2012, 1985, 1987; *Scholderer*, NZG 2012, 168, 173.
212   Vgl. *Ringleb/Kremer/Lutter/v. Werder*, NZG 2012, 1081, 1084; *Klein*, AG 2012, 805, 809; *Ihrig/Meder*, ZIP 2012, 2110, 1212.
213   Vgl. Ziff. 1.1. des Grünbuchs Europäischer Corporate Governance Rahmen und Ziff. 2.1 der Mitteilung der EU-Kommission v. 12.12.2012: Europäisches Gesellschaftsrecht und Corporate Governance – ein moderner Rechtsrahmen für engagierte Aktionäre und besser überlebensfähige Unternehmen.
214   Vgl. Grünbuch Europäischer Corporate Governance Rahmen v. 5.4.2011, S. 6 ff.
215   Vgl. FAZ v. 22.7.2013, S. 18 unter Berufung auf eine Studie von *Chr. Lesch*.
216   Vgl. *Henning*, Der Aufsichtsrat 2011, 52; *Hopt*, ZHR 175 (2012), 444, 485 f.

2.54 Ein Unteraspekt der Vielfalt sind die Empfehlungen des Kodex, im Vorstand und bei der Besetzung der Führungsfunktionen im Unternehmen eine **angemessene Beteiligung von Frauen** vorzusehen (Ziff. 4.1.5, 5.1.2 Abs. 1 Satz 2 DCGK 2017 bzw. Grundsatz 3 und Grundsatz 9 DCGK 2020). Die politisch gewünschte Erhöhung des Frauenanteils in der Unternehmensleitung hat in einigen Ländern dazu geführt, dass für die Verwaltungs- und Aufsichtsräte zwingende Frauenquoten eingeführt wurden[217]. Die EU-Kommission hatte den **Entwurf einer Richtlinie** zur Verbesserung der Geschlechterquote in den Aufsichtsräten börsennotierter Unternehmen vorgelegt[218]. Darin sollen die großen börsennotierten Unternehmen[219] verpflichtet werden, bei der Bestellung neuer Aufsichtsratsmitglieder Frauen männlichen Bewerbern bei gleicher Qualifikation vorzuziehen, um auf diese Weise bis 2020 eine Frauenquote von 40 % zu erreichen. Ergänzend sollen die Unternehmen verpflichtet werden, eigene Zielvorgaben für den Frauenanteil in den Vorständen zu formulieren und jährlich über die Geschlechterquoten und die zu ihrer Verbesserung ergriffenen Maßnahmen zu berichten[220]. In Deutschland wurden verschiedene Gesetzentwürfe zur Erhöhung des Frauenanteils vorgelegt, im Bundestag aber abgelehnt[221]. Die Diskussion endete schließlich mit dem **Gesetz über eine Geschlechterquote** in bestimmten Führungspositionen (FüPoG)[222]. Danach muss sich der Aufsichtsrat von börsennotierten und paritätisch mitbestimmten Gesellschaften zu jeweils mindestens **30 %** aus Frauen und Männern zusammensetzen (§ 96 Abs. 2 AktG). Aufsichtsräte von Gesellschaften, die börsennotiert, aber nur einfach mitbestimmt sind, haben eine Zielgröße für den Frauenanteil im Aufsichtsrat und im Vorstand festzusetzen. Liegt der Frauenanteil unter 30 %, darf diese Zielgröße den jeweils erreichten Anteil nicht mehr unterschreiten (§ 111 Abs. 5 AktG). Der Vorstand dieser Gesellschaften hat außerdem **Zielgrößen** für den Frauenanteil in den beiden Führungsebenen unterhalb des Vorstands festzusetzen (§ 76 Abs. 4 AktG). In einer ersten Bewertung hat sich die Bundesregierung mit der Umsetzung des Gesetzes in den Aufsichtsräten zufrieden erklärt, bei den Vorständen aber die fortbestehende Unterrepräsentanz von Frauen beanstandet[223]. Durch das FüPoG II[224] (dazu Rz. 1.17b) wurde mit Wirkung ab 18.8.2022 zusätzlich eine Mindestquote für Frauen in Vorständen von Unternehmen mit mehr als drei Vorständen vorgeschrieben. Der Deutsche Corporate Governance Kodex war bei Drucklegung hierauf noch nicht angepasst.

e) Vergütung

2.55 Ein Dauerthema in der Corporate-Governance-Debatte ist die Vergütung von Vorstand und Aufsichtsrat. Dabei geht es nicht nur um deren **Höhe**, sondern auch um ihre **Struktur**, um die richtigen Verhaltensanreize zu setzen. In der Finanzmarktkrise 2008/2009 entstand der Eindruck, dass in den Unternehmen das kurzfristige Denken vorgeherrscht hatte und das langfristige Wohlergehen des Unter-

---

217 Vgl. die Nachweise bei *Habersack*, Staatliche und halbstaatliche Eingriffe in die Unternehmensführung, Gutachten E zum 69. Deutschen Juristentag, 2012, E 35 Fn. 130 und die Tabelle bei *Velte*, Der Konzern 2012, 1, 2.
218 Siehe dazu *St. Jung*, BB 2013, 387.
219 Mehr als 250 Beschäftigte, Jahresumsatz über 50 Mio. Euro oder Bilanzsumme von über 43 Mio. Euro.
220 Vorschlag der EU-Kommission v. 14.11.2012 für eine Richtlinie des Europäischen Parlaments und des Rates zur Gewährleistung einer ausgewogenen Vertretung von Frauen und Männern unter den nicht geschäftsführenden Direktoren/Aufsichtsratsmitgliedern börsennotierter Gesellschaften und über damit zusammenhängende Maßnahmen. Inhaltlich ist die Richtlinie durch die Gesetzgebung der letzten Jahre in Deutschland überholt, hat jedoch wohl auf EU-Ebene nur begrenzte Chancen auf eine Verabschiedung. Der BRat hat sich mit ihr erneut am 21.5.2021 beschäftigt.
221 Vgl. zuletzt Entwurf eines Gesetzes zur Förderung gleichberechtigter Teilhabe von Frauen und Männern in Führungsgremien (GlTeilhG), BT-Drucks. 17/11139 v. 23.10.2012; Nachweise der übrigen Entwürfe bei *Bayer*, NZG 2013, 1, 8.
222 Gesetz für die gleichberechtigte Teilhabe von Frauen und Männern an Führungspositionen in Unternehmen der Privatwirtschaft und im öffentlichen Dienst v. 24.4.2015, BGBl. I 2015, 642.
223 Vgl. Pressemitteilung der Bundesregierung v. 8.3.2017 (www.bmfsfj.de) und ausführlicher Bericht v. 9.3.2017, BT-Drucks. 18/11500.
224 BGBl. I 2021, S. 3311.

nehmens aus dem Blick geraten ist. Mit dem Gesetz zur Angemessenheit der Vorstandsvergütung[225] sollte dem entgegengewirkt werden[226]. Dem Aufsichtsrat wurde mit der Neufassung von § 87 Abs. 1 AktG aufgegeben, die Struktur der Vorstandvergütung bei börsennotierten Gesellschaften auf eine **nachhaltige Unternehmensentwicklung** auszurichten. Variable Vergütungsbestandteile sollen daher eine mehrjährige Bemessungsgrundlage haben[227]. Außerdem dürfen die Gesamtbezüge die übliche Vergütung nicht ohne besondere Gründe übersteigen. Zur Verbesserung der Transparenz wurde die Festsetzung der Vergütung dem Aufsichtsratsplenum vorbehalten. Ein Ausschuss kann nur noch vorbereitend tätig sein (§ 107 Abs. 3 Satz 3 AktG).

2.56 Börsennotierten Gesellschaften wurde zudem die Möglichkeit eröffnet, das System der Vorstandsvergütung der **Hauptversammlung** zur – unverbindlichen – Billigung vorzulegen (§ 120 Abs. 4 AktG)[228]. Von dieser Möglichkeit ist in der Folge von allen DAX 30-Unternehmen Gebrauch gemacht worden[229]. Mit diesem „say-on-pay" folgt Deutschland der **Empfehlung der EU-Kommission** vom 14.12.2004 zur Vergütung von Vorstandsmitgliedern in börsennotierten Gesellschaften[230]. Allerdings enthält die deutsche Regelung im Unterschied zur EU-Empfehlung[231] keine Verpflichtung zur jährlichen Vorlage[232]. Ein Votum der Aktionäre zur Vergütung der Geschäftsleiter wird seit dem Dodd-Frank Act vom 21.7.2010 auch in den USA verlangt[233]. Danach hat ein erneuter Zustimmungsbeschluss spätestens alle drei Jahre zu erfolgen[234].

2.57 Die Regelungen in §§ 87, 120, 113 AktG wurden durch das ARUG II[235] in §§ 87a, 113, 120a AktG an die geänderte Aktionärsrechte-Richtlinie[236] angepasst. Danach haben börsennotierte Gesellschaften bei jeder wesentlichen Änderung, mindestens jedoch alle vier Jahre, der Hauptversammlung eine sog. **Vergütungspolitik** in Bezug auf die Vergütung von Vorstand und Aufsichtsrat zur Abstimmung vorzulegen. Diese Abstimmung kann nach der Richtlinie als verbindliches oder nur empfehlendes Votum ausgestaltet werden (Art. 9a Abs. 2 Aktionärsrechte-Richtlinie) und wurde vom deutschen Gesetzgeber als empfehlendes Votum ausgestaltet. Ergänzend ist der Hauptversammlung alljährlich ein **Vergütungsbericht** über die im letzten Geschäftsjahr gewährten Vergütungen vorzulegen. Diese Abstimmung hat ebenfalls nur empfehlenden Charakter. Im Falle eines ablehnenden Votums muss die Gesellschaft jedoch im darauffolgenden Vergütungsbericht darlegen, wie dem Votum der Hauptversammlung Rechnung getragen wurde (Art. 9b Abs. 4 Aktionärsrechte-Richtlinie)[237].

---

225 Gesetz zur Angemessenheit der Vorstandsvergütung (VorstAG) v. 31.7.2009, BGBl. I 2009, 2509; zu den Einzelheiten *Dauner-Lieb/von Preen/Simon*, DB 2010, 377; *Fleischer*, NZG 2009, 801; *Lingemann*, BB 2009, 1918; *Nikolay*, NJW 2009, 2640; *Suchan/Winter*, DB 2009, 2531; *Wilsing/Paul*, GWR 2010, 363.
226 Vgl. Begr. RegE, BT-Drucks. 16/12278, S. 1.
227 So auch Ziff. II.3.2 der Empfehlung der Kommission v. 30.4.2009 zur Ergänzung der Empfehlungen 2004/913/EG und 2005/162/EG zur Regelung der Vergütung von Mitgliedern der Unternehmensleitung börsennotierter Gesellschaften, ABl. EU Nr. L 120 v. 15.5.2009, S. 28.
228 Siehe dazu näher *Döll*, WM 2010, 103; *Fleischer/Bedkowski*, AG 2009, 677; *E. Vetter*, ZIP 2009, 2136; *Redenius-Hövermann*, Der Aufsichtsrat 2009, 173; *Schick*, ZIP 2011, 593.
229 Vgl. die Übersicht bei *von Falkenhausen/Kocher*, AG 2010, 623 sowie *Voigt*, AG 2012, R123.
230 Empfehlung der Kommission v. 14.12.2004 zur Einführung einer angemessenen Regelung für die Vergütung von Mitgliedern der Unternehmensleitung börsennotierter Gesellschaften, ABl. EU Nr. L 385 v. 29.12.2004, S. 55.
231 Vgl. Ziff. 4.2 der EU-Empfehlung mit der Möglichkeit, die Abstimmung nur auf Antrag eines Quorums von 25 % der Stimmrechte vorzusehen.
232 Dazu krit. *Döll*, WM 2010, 103, 108.
233 Siehe dazu *Schmidt-Bendun/Prusko*, NZG 2010, 1128; *Siefer*, NZG 2013, 691.
234 Sec. 14A(a)(1) Securities Exchange Act 1934.
235 BGBl. I 2019, S. 2637.
236 Richtlinie 2007/36/EG des Europäischen Parlaments und des Rates v. 11.5.2007 über die Ausübung bestimmter Rechte von Aktionären in börsennotierten Gesellschaften, ABl. EU Nr. L 184 v. 14.7.2007, S. 17.
237 Siehe dazu näher *Gaul*, AG 2017, 2017 ff.; *Velte*, NZG 2017, 368 ff.; *Leuering*, NZG 2017, 646 ff.

Mit Fragen der Vergütung hat sich auch die **Kodex-Kommission** wiederholt befasst. Im Kodex vom Mai 2013 wird insbesondere empfohlen, für die einzelnen Vergütungsteile **Höchstgrenzen** vorzusehen (Ziff. 4.2.3 Abs. 2 Satz 5). Dies sieht nunmehr auch § 87a Abs. 1 Nr. 1 AktG vor und entspricht der ergänzenden Empfehlung der EU-Kommission vom 30.4.2009[238]. Für die individuelle Offenlegung verschiedener Aspekte der Vergütung werden im DCGK 2013 detaillierte Mustertabellen vorgegeben (Ziff. 4.2.5 Abs. 3 nebst Anhang)[239] und in 2014 leicht korrigiert. Seit dem ARUG II enthält § 87a Abs. 1 AktG eine detaillierte Regelung.

2.57a

Für die großen, insbesondere auch börsennotierten **Kreditinstitute** sind als Reaktion auf die Finanzmarktkrise zusätzliche Sonderregeln entwickelt worden[240]. Danach müssen die Vergütungssysteme so gestaltet sein, dass Anreize zur Eingehung unverhältnismäßig hoher Risiken vermieden werden. Bei bedeutenden Instituten muss ein Teil der variablen Vergütung über mehrere Jahre gestreckt werden. Negative Erfolgsbeiträge müssen sich in einer Kürzung der Vergütung niederschlagen[241]. Bereits ausgezahlte variable Vergütungsbestandteile sind u.U. im Rahmen sog. Clawback-Klauseln zurückzuzahlen. Bonuszahlungen sind grundsätzlich auf die Höhe eines Jahresgehalts **begrenzt**. Sie dürfen bis auf die doppelte Summe erhöht werden, wenn die Hauptversammlung dem mit einer Stimmenmehrheit von mindestens zwei Dritteln bei einer Präsenz von mindestens 50 % des Grundkapitals oder mit 75 % der abgegebenen Stimmen zustimmt (§ 25a Abs. 5 Satz 8 KWG). Diese Zustimmung ist bei mehreren Banken eingeholt worden[242].

2.58

f) Haftung

Ein immer wiederkehrender Diskussionspunkt in der Corporate-Governance-Debatte ist die Haftung von Vorstand und Aufsichtsrat bei Pflichtverletzungen gegenüber der Gesellschaft. Die zentralen Regelungen wie die Kodifizierung der **Business Judgment Rule** (§ 93 Abs. 1 Satz 2, § 116 AktG)[243] und die Verlängerung der **Verjährungsfrist** für Schadensersatzansprüche von börsennotierten Gesellschaften und Kreditinstituten auf zehn Jahre (§ 93 Abs. 6 AktG, § 52a KWG)[244] ergeben sich allerdings aus dem Gesetz. Der Kodex enthielt nur eine marginale Ergänzung mit der Empfehlung, dass im Falle einer **D&O-Versicherung** für die Mitglieder des Aufsichtsrats ein Selbstbehalt wie nach der gesetzlichen Regelung für die Vorstandsmitglieder (§ 93 Abs. 2 Satz 3 AktG) vereinbart werden soll (Ziff. 3.8 Abs. 3 DCGK 2017). Im DCGK 2020 ist keine derartige Empfehlung mehr enthalten. Dies erscheint

2.59

---

238 Empfehlung der Kommission v. 30.4.2009 zur Ergänzung der Empfehlungen 2004/913/EG und 2005/162/EG zur Regelung der Vergütung von Mitgliedern der Unternehmensleitungen börsennotierter Gesellschaften, ABl. EU Nr. L 120 v. 15.5.2009, S. 28.
239 Krit. dazu *Handelsrechtsausschuss des DAV*, NZG 2013, 419, 420.
240 Siehe Art. 92 ff. der Richtlinie 2013/36/EU des Europäischen Parlaments und des Rates v. 26.6.2013 über den Zugang zur Tätigkeit von Kreditinstituten und die Beaufsichtigung von Kreditinstituten und Wertpapierfirmen, zur Änderung der Richtlinie 2002/87/EG und zur Aufhebung der Richtlinien 2006/48/EG und 2006/49/EG, ABl. EU Nr. L 176 v. 27.6.2013, S. 338.
241 Vgl. dazu das Gesetz über die aufsichtsrechtlichen Anforderungen an die Vergütungssysteme von Instituten und Versicherungsunternehmen v. 21.7.2010, BGBl. I 2010, 950 sowie die Bestimmungen der Verordnung über die aufsichtsrechtlichen Anforderungen an Vergütungssysteme von Instituten (Instituts-Vergütungsverordnung – InstitutsVergV) v. 6.10.2010, BGBl. I 2010, 1374, i.d.F. v. 20.9.2021, BGBl. I 2021, S. 4270.
242 Vgl. die entsprechenden Beschlüsse der Deutsche Bank AG, der Postbank AG und der HypoVereinsbank AG in der Hauptversammlung 2014.
243 Eingefügt durch Gesetz zur Unternehmensintegrität und Modernisierung des Anfechtungsrechts (UMAG) v. 22.9.2005, BGBl. I 2005, 2802.
244 Eingefügt durch Art. 2 und 6 des Gesetzes zur Restrukturierung und geordneten Abwicklung von Kreditinstituten, zur Errichtung eines Restrukturierungsfonds für Kreditinstitute und zur Verlängerung der Verjährungsfrist der aktienrechtlichen Organhaftung v. 9.12.2010, BGBl. I 2010, 1900; siehe dazu näher Stellungnahme *Handelsrechtsausschuss des DAV*, NZG 2010, 897; *Harbarth/Jaspers*, NZG 2011, 368; *Redeke*, BB 2010, 910.

zutreffend, da die Vorschrift des § 116 Satz 1 AktG zur Verantwortlichkeit der Aufsichtsratsmitglieder zwar auf § 93 AktG verweist, jedoch von dem Verweis ausdrücklich § 93 Abs. 2 Satz 3 AktG ausnimmt. Diese Empfehlung wurde auch nicht vollständig befolgt[245]. Die aktuelle Diskussion befasst sich mit der angemessenen Informationsgrundlage bei unternehmerischen Entscheidungen[246], der Frage, wie die Haftungsfolgen, insbesondere bei bloßer Fahrlässigkeit beschränkt werden können[247] und ob die Business Judgment Rule auch bei Entscheidungen unter Rechtsunsicherheit anwendbar ist[248].

g) Prüfungsausschuss

2.60 In Anlehnung an das Audit Committee im angelsächsischen Rechtskreis empfiehlt der Kodex die Bildung eines **Prüfungsausschusses**, der ursprünglich ebenfalls als Audit Committee bezeichnet wurde (Ziff. 5.3.2 DCGK 2017 bzw. Empfehlung D.3 DCGK 2020)[249]. Tatsächlich ist seine Funktion als teils vorbereitender, teils beschließender Ausschuss des Aufsichtsrats nicht gleichbedeutend mit der eines eigenständigen Audit Committee angelsächsischer Prägung[250]. Art. 41 Abs. 1 der Abschlussprüferrichtlinie[251] sieht zwar vor, dass alle Unternehmen des öffentlichen Interesses und damit auch börsennotierte Gesellschaften[252] einen Prüfungsausschuss einrichten müssen. Diese Verpflichtung war zunächst nicht in vollem Umfang in das deutsche Recht umgesetzt worden. § 107 Abs. 3 Satz 2 AktG sieht die Einrichtung eines solchen Ausschusses nur als Möglichkeit vor[253]. Nunmehr sieht § 107 Abs. 4 AktG für Unternehmen von öffentlichem Interesse (§ 316a Satz 2 HGB) und damit für alle börsennotierten Gesellschaften sowie CRR-Kreditinstitute und Versicherungsunternehmen nach dem Gesetz zur Stärkung der Finanzmarktintegrität (FISG)[254] mit Wirkung ab 1.7.2021 die Einrichtung eines Prüfungsausschusses zwingend vor. Entsprechendes ergibt sich aus § 25 Abs. 7 KWG für „bedeutende Institute" i.S.d. § 1 Abs. 3c KWG (insb. Institute mit einer Bilanzsumme größer 15 Mrd. Euro). Für Unternehmen von öffentlichem Interesse ohne Aufsichtsrat, der die Voraussetzungen des § 100 Abs. 5 AktG erfüllt, ist der Prüfungsausschuss nunmehr grundsätzlich nach § 324 HGB einzurichten. Der Prüfungsausschuss kann sich danach insbesondere mit der Überwachung des Rechnungslegungsprozesses, der Wirksamkeit des internen Kontrollsystems, des Risikomanagementsystems und des internen Revisionssystems sowie der Abschlussprüfung, hier insbesondere der Unabhängigkeit des Abschlussprüfers, der Auswahl und der vom Abschlussprüfer zusätzlich erbrachten Leistungen und der Compliance befassen. Ob ein Prüfungsausschuss gebildet wird und welche Aufgaben ihm zugewiesen werden, liegt

---

245 Vgl. *v. Werder/Turkali*, DB 2015, 1357, 1360: 95,7 % der DAX-Gesellschaften, Durchschnitt aller börsennotierten Gesellschaften aber nur 67,6 %; vgl. davor *v. Werder/Talaulicar*, DB 2010, 853, 855: 77,8 % der DAX-Unternehmen und 43,5 % im Durchschnitt aller börsennotierten Gesellschaften.
246 Vgl. BGH v. 18.6.2013 – II ZR 86/11, NJW 2013, 3636 Rz. 30; BGH v. 22.2.2011 – II ZR 146/09, AG 2011, 378 Rz. 19; BGH v. 14.7.2008 – II ZR 202/07, NJW 2008, 3361, 3362 = GmbHR 2008, 1033 zur GmbH (alle verfügbaren Informationsquellen); dazu krit. *Fleischer*, NJW 2009, 2337, 2339; OLG Düsseldorf v. 9.12.2009 – 6 W 45/09, ZIP 2010, 28, 31 = AG 2010, 126 (alle zur Verfügung stehenden Erkenntnisquellen).
247 Dazu näher *Koch*, AG 2012, 429 und *Hüffer/Koch*, § 93 AktG Rz. 51.
248 Vgl. *Hüffer/Koch*, § 93 AktG Rz. 19 m.w.N.
249 Die Bezeichnung Audit Committee wurde mit den Änderungen des Kodex v. 5.5.2015 gestrichen.
250 Vgl. *Baums* (Hrsg.), Bericht der Regierungskommission Corporate Governance, Unternehmensführung, Unternehmenskontrolle, Modernisierung des Aktienrechts, 2001, Rz. 312; *Kremer* in Kremer/Bachmann/Lutter/v. Werder, Deutscher Corporate Governance Kodex, Empfehlung D.3 Rz. 8 f.
251 Richtlinie 2006/43/EG des Europäischen Parlaments und des Rates v. 17.5.2006 über Abschlussprüfungen von Jahresabschlüssen und konsolidierten Abschlüssen, zur Änderung der Richtlinie 78/660/EWG und 83/349/EWG des Rates und zur Aufhebung der Richtlinie 84/253/EWG des Rates, ABl. EU Nr. L 157 v. 9.6.2006 S. 87.
252 Vgl. die Definition in Art. 2 Nr. 13 der Abschlussprüferrichtlinie und dazu *Lanfermann/Maul*, DB 2006, 1505.
253 Eine Pflicht zur Einrichtung besteht nur bei kapitalmarktorientierten Kapitalgesellschaften, die über keinen dem Aktienrecht entsprechenden Aufsichtsrat verfügen, § 264d HGB.
254 BGBl. I 2021, S. 1534.

im Ermessen des Aufsichtsrats[255]. Allerdings knüpfen die EU-Verordnung zur Abschlussprüfung und das HGB bei bestimmten Aufgaben unmittelbar an den Prüfungsausschuss an, wodurch das Bestehen eines solchen Ausschusses vorausgesetzt wird[256]. Die grundlegenden Aufgaben des Prüfungsausschusses hat der **DCGK** in seine Empfehlung übernommen[257]. Zusätzlich erwähnt wird darin noch – soweit kein anderer Ausschuss damit betraut ist[258] – die Compliance (Ziff. 5.3.2 Abs. 1 DCGK 2017 bzw. Empfehlung D.3 DCGK 2020). Diese Aufgaben entsprechen weitgehend, mit Ausnahme der Zuständigkeit für Compliance, den Aufgaben, die der Prüfungsausschuss bereits nach der EU-Empfehlung von 2005 haben sollte[259]. Seine Überwachungsfunktion wird dort allerdings mit der Forderung unterstrichen, dass die Mehrheit der Ausschussmitglieder unabhängig sein sollte. § 107 Abs. 4 i.V.m. § 100 Abs. 5 AktG sieht seit dem Gesetz zur Stärkung der Finanzmarktintegrität (FISG)[260] mit Wirkung ab 1.7.2021 vor, dass dem Prüfungsausschuss mindestens zwei Mitglieder angehören, die über Sachverstand auf den Gebieten Rechnungslegung und Abschlussprüfung verfügen. Das frühere Erfordernis der Unabhängigkeit eines Mitgliedes ist durch das AReG gestrichen worden[261]. Nach der weiter geltenden Empfehlung des Kodex soll allerdings der **Vorsitzende** des Prüfungsausschusses unabhängig sein und über besondere Kenntnisse und Erfahrungen in der Anwendung von Rechnungslegungsgrundsätzen und internen Kontrollverfahren verfügen (Ziff. 5.3.2 Satz 2 und 3 DCGK 2017 bzw. Empfehlung D.4 Satz 1 DCGK 2020). Dieser Empfehlung des Kodex wird von allen DAX 30-Unternehmen entsprochen[262].

Als Konsequenz aus der Finanzmarktkrise ist der Prüfungsausschuss durch die EU-Verordnung zur Abschlussprüfung deutlich aufgewertet worden. Dem Prüfungsausschuss der kapitalmarktorientierten Gesellschaften obliegen danach zahlreiche Aufgaben im Zusammenhang mit der Abschlussprüfung, die ihn in die Nähe eines eigenständigen Unternehmensorgans rücken. So wirkt er maßgebend bei der Bestellung des Abschlussprüfers und der Überwachung verbotener Nichtprüfungsleistungen mit[263]. Außerdem erhält er vom Abschlussprüfer selbständig neben dem Aufsichtsrat den Prüfungsbericht[264]. 2.61

h) Unabhängigkeit des Abschlussprüfers

Wie die Unabhängigkeit des Abschlussprüfers sichergestellt werden kann, ist ausführlich in den §§ 318, 319, 319a a.F., 319b HGB, §§ 43, 49 WPO und den §§ 28 ff. der Berufssatzung für Wirtschaftsprüfer geregelt. Ergänzend wurde diese Unabhängigkeit in Ziff. 7.2 des DCGK 2017 angesprochen. Danach wurde dem Aufsichtsrat bzw. dem Prüfungsausschuss empfohlen, von dem vorgesehenen Prüfer eine Erklärung einzuholen, ob und ggf. welche geschäftlichen, finanziellen, persönlichen oder sonstigen Beziehungen zwischen dem Prüfer und seinen Organen und Prüfungsleitern einerseits und dem Unternehmen und seinen Organmitgliedern andererseits bestehen, die Zweifel an seiner Unabhängigkeit begründen können (Ziff. 7.2.1 Satz 1 DCGK 2017). Diese sog. **Unabhängigkeitserklärung** sollte auch Angaben des Prüfers zu erbrachten oder vereinbarten Leistungen des Abschlussprüfers außerhalb der 2.62

---

255 Begr. RegE BilMoG, BT-Drucks. 16/10067, S. 101 ff.
256 Vgl. z.B. Art. 16 Verordnung (EU) Nr. 537/2014 und § 319a Abs. 3 HGB.
257 Vgl. Ziff. 5.3.2 Abs. 1 DCGK 2017 bzw. Empfehlung D.3 DCGK 2020; zu diesen Aufgaben näher *E. Vetter*, ZGR 2010, 751.
258 So hat z.B. der Aufsichtsrat der Siemens AG 2007 einen eigenen Compliance-Ausschuss gebildet.
259 Vgl. Anhang I Ziff. 4 der Empfehlung der Kommission v. 15.2.2005 zu den Aufgaben von nicht geschäftsführenden Direktoren/Aufsichtsratsmitgliedern/börsennotierter Gesellschaften sowie zu den Ausschüssen des Verwaltungs-/Aufsichtsrats, ABl. EU Nr. L 52 v. 25.2.2005, S. 51.
260 BGBl. I 2021, S. 1534.
261 Vgl. § 100 Abs. 5, § 107 Abs. 4 AktG i.d.F. des Abschlussprüfungsreformgesetzes (AReG) v. 10.5.2016, BGBl. I 2016, 1142.
262 Vgl. z.B. *v. Werder/Turkali*, DB 2015, 1357, 1362; *v. Werder/Bartz*, DB 2013, 885, 889; *v. Werder/Talaulicar*, DB 2010, 853, 857.
263 Vgl. Art. 5 und 16 der Verordnung (EU) Nr. 537/2014.
264 Vgl. Art. 11 der Verordnung (EU) Nr. 537/2014 und § 321 Abs. 5 HGB i.d.F. des AReG; siehe dazu näher *Merkt*, ZHR 179 (2015), 601, 613 ff.

Prüfungstätigkeit, insbesondere auf dem Beratungssektor, enthalten (Ziff. 7.2.1 Satz 2 DCGK 2017). Ergänzend sollte der Abschlussprüfer auch alle während der Prüfung auftretende mögliche Ausschluss- und Befangenheitsgründe unverzüglich offen legen (Ziff. 7.2.1 Abs. 2 DCGK 2017). Über die gesetzliche Redepflicht gemäß § 321 Abs. 1 Satz 3 HGB hinaus sollte der Abschlussprüfer den Aufsichtsrat auch über alle wesentlichen Feststellungen oder Vorkommnisse unterrichten, die für seine Kontrolltätigkeit wichtig sind (Ziff. 7.2.3 Abs. 1 DCGK 2017). Diesen Empfehlungen des Kodex wurde von allen DAX 30-Unternehmen entsprochen[265]. Gegenüber den sehr detaillierten Bestimmungen der Abschlussprüfungsverordnung und des AReG haben diese Empfehlungen allerdings nur eine ergänzende Bedeutung. – Mit Blick auf Art. 6 Abs. 2 VO (EU) 537/2014, der eine jährliche Erklärung des Wirtschaftsprüfers gegenüber dem Prüfungsausschuss erfordert, finden sich im DCGK 2020 keine diesbezüglichen Regelungen mehr.

2.63 Einstweilen frei.

i) Transparenz

2.64 Die Empfehlungen des Kodex, die auf eine größere **Transparenz** bei der Veröffentlichung von Unternehmensdaten hinauslaufen, entsprechen den üblichen internationalen Anforderungen. Zu nennen sind hier die Veröffentlichung eines Finanzkalenders (Ziff. 6.4 DCGK 2017) und die Gleichbehandlung aller Informationsempfänger (Ziff. 6.1 DCGK 2017 und nunmehr Grundsatz 20 DCGK 2020)[266]. Die frühere Empfehlung zur stärkeren Nutzung des Internet als Informationsmedium (Ziff. 6.4 a.F.) wurde im Zuge der Umsetzung der Aktionärsrechterichtlinie für die Einberufung und den Ablauf der Hauptversammlung gesetzlich verankert (siehe dazu Rz. 34.1, 34.63 ff. und Rz. 35.60 ff.).

j) Konzern

2.65 Nur am Rande befasst sich der Kodex mit Fragen, die sich bei **Konzernverbindungen** ergeben. So verwendete der Kodex zwar mehrfach den Begriff „Unternehmen", wenn er zusammen mit der Gesellschaft auch deren Konzernunternehmen meint (siehe drittletzter Absatz der Präambel DCGK 2017). Auf die Besonderheiten des Konzerns ging der DCGK 2017 nicht näher ein[267]. Der DCGK 2020 verweist im Grundsatz 21 immerhin auf Konzernabschluss und -lagebericht und die Empfehlung F.2 gibt hierfür Fristen vor. Die generelle Zurückhaltung liegt daran, dass das AktG – im Unterschied zu den meisten anderen Rechtsordnungen – ausführliche Regelungen zum faktischen und zum Vertragskonzern enthält. Die Geschäftsbeziehungen verbundener Unternehmen werden dabei für den faktischen Konzern im Abhängigkeitsbericht dargestellt (§ 312 AktG). Dieser Bericht wird allerdings nicht offen gelegt. Inzwischen enthält die geänderte Aktionärsrechte-Richtlinie eingehende Regelungen zu den Geschäften mit verbundenen Unternehmen und Personen[268]. Diese Regelungen wurden durch das ARUG II in das deutsche Recht umgesetzt in §§ 111a ff. AktG.

4. Umsetzung des Kodex in den Unternehmen

2.66 Die Unternehmen können auf den Kodex auf verschiedene Weise reagieren. Sie können seine Empfehlungen vollständig oder teilweise **befolgen**; sie können ihn auch insgesamt **ablehnen** oder durch eige-

---

265 Vgl. *v. Werder/Turkali*, DB 2015, 1357, 1362; *v. Werder/Bartz*, DB 2013, 885, 891; zu den Rechtsfolgen einer insoweit fehlerhaften Entsprechenserklärung *Marsch-Barner* in FS Hommelhoff, 2012, S. 691.
266 *Kremer* in Kremer/Bachmann/Lutter/v. Werder, Deutscher Corporate Governance Kodex, Grundsatz 20 Rz. 3 m.w.N.
267 Krit. zur Vernachlässigung konzernbezogener Sachverhalte im Kodex *Uwe H. Schneider* in FS Nobel, 2005, S. 337 ff.
268 Vgl. Art. 9c der geänderten Aktionärsrechterichtlinie v. 17.5.2017, ABl. EU Nr. 132 v. 20.5.2017, S. 1; dazu näher *Bungert/Wansleben*, DB 2017, 1190 und *Veil*, NZG 2017, 521.

ne Standards ersetzen[269]. Viele Unternehmen folgen nicht nur den meisten Empfehlungen des Kodex, sondern haben die Empfehlungen, deren Befolgung sie nach außen erklären, zusätzlich in ihr internes Regelwerk übernommen. Zu diesem Zweck können vor allem die **Geschäftsordnungen** für Vorstand und Aufsichtsrat durch die Übernahme bestimmter Empfehlungen und Anregungen ergänzt werden[270]. Bei einzelnen Regelungen genügt die Aufnahme in die Geschäftsordnung allerdings nicht. So ist für die Übernahme der Empfehlungen zur Vergütung des Aufsichtsrates (Ziff. 5.4.6 DCGK 2017 bzw. Grundsatz 24 mit Empfehlungen G.17 und G.18 DCGK 2020) im Hinblick auf § 113 AktG ein Beschluss der Hauptversammlung oder eine **Satzungsänderung** erforderlich. Andere Empfehlungen wie z.B. der Begrenzung der konzernfremden Aufsichtsratsmandate für die Vorstände börsennotierter Gesellschaften (Ziff. 5.4.5 Satz 2 DCGK 2017 bzw. Empfehlung C.5 DCGK 2020) können zwar in die Satzung aufgenommen werden (§ 100 Abs. 4 AktG). Die Flexibilität für ein ausnahmsweises Abweichen von der jeweiligen Empfehlung wird dadurch aber eingeschränkt.

Einige Kodexempfehlungen wenden sich an die **Organmitglieder persönlich**, indem diese z.B. Interessenkonflikte offenlegen sollen (Ziff. 4.3.3 und 5.5.2 DCGK 2017 bzw. Empfehlungen E.1 und E.2 DCGK 2020). Solche individuellen Verpflichtungen können, soweit Vorstandsmitglieder angesprochen sind, in deren **Anstellungsverträge** aufgenommen werden[271]. Von den Aufsichtsratsmitgliedern, mit denen keine Dienstverträge geschlossen werden, können – z.B. für deren Offenlegungspflicht (Ziff. 5.5.2 DCGK 2017 bzw. Empfehlung E.1 DCGK 2020) – entsprechende individuelle Verpflichtungserklärungen eingeholt werden. Anstelle solcher einzelvertraglicher Regelungen reicht es allerdings aus, wenn die entsprechende Empfehlung als persönliche Verpflichtung der Organmitglieder in die jeweilige **Geschäftsordnung** aufgenommen und diese dann **einstimmig beschlossen** wird (vgl. dazu Rz. 28.5)[272]. Für den Vorstand ist bei Geschäftsordnungsfragen ohnehin Einstimmigkeit erforderlich (§ 77 Abs. 2 Satz 2 AktG). Unter Umständen kann nur der Aufsichtsrat eine Geschäftsordnung für den Vorstand beschließen (§ 77 Abs. 2 Satz 1 AktG). 2.67

Manche Unternehmen haben zur Umsetzung des Kodex **eigene Corporate-Governance-Grundsätze** aufgestellt und in diese die von ihnen akzeptierten Empfehlungen und Anregungen des Kodex übernommen[273]. Rechtlich notwendig ist ein solches Vorgehen nicht, da nach § 161 AktG die jährliche Erklärung zur Befolgung der Kodexempfehlungen ausreicht und durch eigene Corporate-Governance-Grundsätze auch nicht ersetzt wird[274]. Die Aufstellung solcher Grundsätze kann gleichwohl sinnvoll sein, wenn das Unternehmen über die Empfehlungen des Kodex hinausgehen will oder im Rahmen solcher Grundsätze branchenmäßige oder unternehmensindividuelle Besonderheiten z.B. in der Führungsorganisation darstellen möchte[275]. Auch im Zusammenhang mit der Erklärung zur Unternehmensführung kommt ein Verweis auf einen „Hauskodex" in Betracht (§ 289f Abs. 2 Nr. 2 HGB). An- 2.68

---

269 Vgl. zu den möglichen Entscheidungsvarianten *Goette* in MünchKomm AktG, 4. Aufl. 2018, § 161 AktG Rz. 45 ff.; zu einem generellen „Opt-out" *Ulmer*, ZHR 166 (2002), 150, 172; gegen eine pauschale Ablehnung aller Kodexempfehlungen OLG München v. 19.11.2008 – 7 U 2405/08, AG 2009, 450 Rz. 44; zu den „Totalverweigerern" siehe näher auch *Bayer/Hoffmann*, AG 2012, R291 ff.
270 Zu den verschiedenen Umsetzungsmöglichkeiten *Seibt*, AG 2002, 249, 258 ff.; *Lutter*, ZHR 166 (2002), 523, 536 ff.; *Semler/Wagner*, NZG 2003, 553, 557 f. und *Austmann* in RWS-Forum 25, Gesellschaftsrecht 2003, S. 407.
271 Siehe dazu näher *Leyens* in Großkomm. AktG, 5. Aufl. 2018, § 161 AktG Rz. 267 ff.; *Lutter* in KölnKomm. AktG, 3. Aufl. 2015, § 161 AktG Rz. 122; *Lutter*, ZHR 166 (2002), 523, 536 f.; *Seibt*, AG 2002, 249, 259.
272 Vgl. *Lutter*, ZHR 166 (2002), 523, 537; *E. Vetter*, DNotZ 2003, 748, 759.
273 Vgl. *Leyens* in Großkomm. AktG, 5. Aufl. 2018, § 161 AktG Rz. 345; *Lutter* in KölnKomm. AktG, 3. Aufl. 2015, § 161 AktG Rz. 84; *v. Werder*, BB 2002, 801, 810.
274 *Leyens* in Großkomm. AktG, 5. Aufl. 2018, § 161 AktG Rz. 346; *Lutter* in Kremer/Bachmann/Lutter/v. Werder, Deutscher Corporate Goverance Kodex, 7. Aufl. 2018, Rz. 1857; *Lutter* in KölnKomm. AktG, 3. Aufl. 2015, § 161 AktG Rz. 84; *Spindler* in K. Schmidt/Lutter, § 161 AktG Rz. 38.
275 Vgl. *Hütten*, BB 2002, 1740 f.; krit. zu solchen Grundsätzen *Austmann* in RWS-Forum 25, Gesellschaftsrecht 2003, S. 407, 424.

lass für unternehmensspezifische Corporate-Governance-Grundsätze kann ferner eine Auslandsnotierung sein. So verlangt z.B. die New Yorker Börse von den bei ihr notierten Gesellschaften eigene Corporate-Governance-Grundsätze. Dieses Erfordernis gilt zwingend allerdings nur für US-amerikanische und nicht für ausländische Gesellschaften[276].

2.69 Die **Übernahme** einzelner Kodex-Bestimmungen in das interne Regelwerk der Gesellschaft führt dazu, dass die rechtlich unverbindlichen Empfehlungen und Anregungen des Kodex für die einzelnen Organmitglieder **rechtlich verbindlich** werden. Diese Verbindlichkeit folgt allerdings nicht aus dem Kodex oder aus § 161 AktG, sondern daraus, dass es sich dann um eine Pflicht aus dem Anstellungsvertrag, der Geschäftsordnung oder der Satzung handelt. Ein Verstoß gegen diese Pflichten ist immer eine Pflichtwidrigkeit i.S.d. § 93 Abs. 1 Satz 1, § 116 Satz 1 AktG[277].

2.70 Manche Unternehmen haben nicht nur ihr internes Regelwerk an den Kodex angepasst, sondern darüber hinaus einen **Corporate-Governance-Beauftragten** bestellt[278]. Dabei handelt es sich meist um den Leiter der Rechts- oder Compliance-Abteilung oder das Vorstandsmitglied, das intern für Fragen der Corporate Governance zuständig ist. Die Aufgabe eines solchen Corporate-Governance-Beauftragten besteht vor allem darin, die Einhaltung der Empfehlungen und Anregungen des Kodex, soweit diese übernommen wurden oder nach der Entsprechenserklärung befolgt werden sollen, für den Vorstand zu überwachen[279]. Diese Aufgabe ist eine sinnvolle und auch notwendige Vorarbeit, um bei der Abgabe der Entsprechenserklärung eine zuverlässige Aussage darüber treffen zu können, ob und inwieweit die Empfehlungen des Kodex tatsächlich beachtet wurden. Sie kann z.B. durch die Erstellung von Checklisten[280] und, sofern vorhanden, die Einbindung verschiedener Stabsabteilungen des Unternehmens erleichtert werden. Für den **Aufsichtsrat** empfiehlt es sich, die entsprechende Aufgabe einem vorbereitenden **Ausschuss**[281] oder dem Büro des Aufsichtsrats zuzuweisen.

2.71 Die Empfehlungen des Kodex werden nach den bisher abgegebenen Entsprechenserklärungen **ganz überwiegend akzeptiert**[282]. Bei den DAX 30-Unternehmen geht diese Akzeptanz sehr weit, während kleinere Gesellschaften häufiger von den Empfehlungen des Kodex abweichen[283]. Nachdem die Kodex-Kommission und der Kodex selbst für eine „**Abweichungskultur**" werben[284], geht die Akzeptanz leicht zurück[285]. Einzelne kleinere Unternehmen haben den Kodex gänzlich abgelehnt[286]. Auch eine solche Total-Ablehnung entbindet die Gesellschaft allerdings nicht davon, die Ablehnung bezogen auf

---

276 Vgl. Ziff. 4b) (i) und 11 der Corporate Governance Rules der NYSE.
277 *Lutter*, ZHR 166 (2002), 523, 536.
278 Für entsprechende Verpflichtung *Hüffer/Koch*, § 161 AktG Rz. 14; *von der Linden* in Wilsing, DCGK, § 161 AktG Rz. 31.
279 Siehe dazu näher *Peltzer*, DB 2002, 2580 f.; *Bachmann* in Kremer/Bachmann/Lutter/v. Werder, Deutscher Corporate Governance Kodex, Teil 4 Rz. 107, 11; *Seibt*, AG 2003, 464, 469 f.
280 Vgl. *Pfitzer/Oser/Wader*, DB 2002, 1120, 1122 f.
281 *Seibt*, AG 2002, 249, 254.
282 Siehe die Berichte *v. Werder/Turkali*, DB 2015, 1357; *v. Werder/Bartz*, DB 2013, 885 und DB 2012, 1733; *Böcking/Böhme/Gros*, AG 2012, 615; *v. Werder/Talaulicar*, DB 2010, 853, DB 2009, 689, DB 2007, 869, DB 2006, 849 und DB 2005, 841; *v. Werder/Talaulicar/Kolat*, DB 2003, 1857 und DB 2004, 1377; *Oser/Orth/Wader*, DB 2003, 1337.
283 Laut *v. Werder/Bartz*, DB 2013, 885, 895, lag die Befolgungsquote der Kodex-Empfehlungen Anfang 2013 bei den DAX-Unternehmen bei durchschnittlich 95,8 % und im General Standard bei 68,4 %.
284 Vgl. *Bachmann* in Kremer/Bachmann/Lutter/v. Werder, Deutscher Corporate Governance Kodex, Einl. Rz. 55, 66, 99, 101 f.; krit. dazu *Bayer*, NZG 2013, 1, 5 f., und *Bayer/Scholz* in Spindler/Stilz, § 161 AktG Rz. 5.
285 2014 lag die Befolgungsquote aller Kodexbestimmungen im DAX nur noch bei 82,9 % und im General Standard bei 40,5 %, siehe *v. Werder/Turkali*, DB 2015, 1357, 1359.
286 Vgl. *Bayer/Hoffmann*, AG 2012, R291 ff.; *Oser/Orth/Wader*, DB 2003, 1337, 1338; *v. Werder/Talaulicar/Kolat*, DB 2004, 1377, 1379.

die einzelnen Empfehlungen zu begründen[287]. Die Ablehnungen bei den DAX 30-Unternehmen ändern sich im Laufe der Jahre mit der Weiterentwicklung des Kodex und der Akzeptanz neuer Empfehlungen. Bezogen auf den Kodex i.d.F. vom 24.6.2014 konzentrieren sich die Ablehnungen auf bestimmte individuelle Angaben zur Vorstandsvergütung (Ziff. 4.2.5 Abs. 3), die Empfehlungen zur Zusammensetzung des Aufsichtsrats (Ziff. 5.4.1 Abs. 2 bis 4) sowie auf die Ausrichtung der variablen Aufsichtsratsvergütung auf eine nachhaltige Unternehmensentwicklung (Ziff. 5.4.6 Abs. 2 Satz 2). Bei einigen Gesellschaften fehlt z.B. ein Selbstbehalt bei der D&O-Versicherung für den Aufsichtsrat (Ziff. 3.8 Abs. 3)[288]. Alle diese Abweichungen sind nur Momentaufnahmen; sie verändern sich von Jahr zu Jahr mit den Änderungen des Kodex. Um sie zu bewerten, ist eine genaue Analyse der jeweiligen Begründung erforderlich[289].

5. Entsprechenserklärung gemäß § 161 AktG

a) Jährliche Erklärung

Die Entsprechenserklärung muss jährlich abgegeben werden. Dafür ist auf das Kalenderjahr und nicht das Geschäftsjahr abzustellen[290]. Ein bestimmter Zeitpunkt ist nicht vorgeschrieben. In der Praxis wird die Erklärung meist gegen Ende des Geschäftsjahres beschlossen[291]. Sie kann aber auch am Anfang des Geschäftsjahrs zusammen mit der Feststellung des Jahresabschlusses für das vergangene Geschäftsjahr abgegeben werden[292]. Da die Entsprechenserklärung jährlich abzugeben ist, muss spätestens nach zwölf Monaten eine neue Erklärung folgen. Eine unwesentliche Überschreitung dieser Frist ist allerdings unschädlich[293]. Die Erklärung muss aus praktischen Gründen **schriftlich verkörpert** sein[294]. Eine eigenhändige Unterschrift sämtlicher Organmitglieder ist nicht erforderlich. Es genügt, wenn der jeweilige Vorsitzende des Vorstands und des Aufsichtsrats die Erklärung unterzeichnet. Ausreichend ist auch, wenn der jeweilige Vorsitzende das Protokoll der betreffenden Sitzung unterschreibt[295].

2.72

---

287 *Bayer/Scholz* in Spindler/Stilz, § 161 AktG Rz. 58; *Hüffer/Koch*, § 161 AktG Rz. 17; a.A. *Spindler* in K. Schmidt/Lutter, § 161 AktG Rz. 35.
288 Zu den einzelnen Abweichungen siehe *v. Werder/Turkali*, DB 2015, 1357 ff.
289 Vgl. die Analyse von sieben Kodexabweichungen durch *Böcking/Böhme/Gros*, AG 2012, 615 ff.
290 *Leyens* in Großkomm. AktG, 5. Aufl. 2018, § 161 AktG Rz. 353, 360; *Lutter* in KölnKomm. AktG, 3. Aufl. 2015, § 161 AktG Rz. 52; *Lutter* in Kremer/Bachmann/Lutter/v. Werder, Deutscher Corporate Governance Kodex, Teil 4, Rz. 68 ff.; *Seibert*, BB 2002, 581, 584; *E. Vetter*, NZG 2009, 561, 562; *von der Linden* in Wilsing, DCGK, § 161 AktG Rz. 41; a.A. *Bayer/Scholz* in Spindler/Stilz, § 161 AktG Rz. 67; *Goette* in MünchKomm. AktG, 4. Aufl. 2018, § 161 AktG Rz. 41, 51; *Hüffer/Koch*, § 161 AktG Rz. 15; *Hölters* in Hölters, § 161 AktG Rz. 29.
291 So z.B. Daimler AG, Deutsche Bank AG und Siemens AG; vgl. auch *Lutter* in KölnKomm. AktG, 3. Aufl. 2012, § 161 AktG Rz. 90.
292 Dafür die überwiegende Literatur, z.B. *Goette* in MünchKomm. AktG, 4. Aufl. 2018, § 161 AktG Rz. 41; *Leyens* in Großkomm. AktG, 5 Aufl. 2018, § 161 AktG Rz. 366; *Seibt*, AG 2002, 249, 257.
293 *Lutter* in KölnKomm. AktG, 3. Aufl. 2012, § 161 AktG Rz. 90; *Lutter* in Kremer/Bachmann/Lutter/v. Werder, Deutscher Corporate Governance Kodex, Teil 4 Rz. 72 ff.; *Spindler* in K. Schmidt/Lutter, § 161 AktG Rz. 39; *Kirschbaum*, DB 2005, 1473, 1474; großzügiger *Rosengarten/Sven H. Schneider*, ZIP 2009, 1837, 1841; für eine strikte Beachtung der Zwölf-Monats-Frist OLG München v. 23.1.2008 – 7 U 3668/07, NZG 2008, 337, 338 = AG 2008, 386; wohl auch BGH v. 16.2.2009 – II ZR 185/07, NZG 2009, 342, 345, Tz. 19 = AG 2009, 285; weniger streng BGH v. 7.12.2009 – II ZR 63/08, NZG 2010, 618, 619 Tz. 9 = AG 2010, 452: im Laufe desselben Monats des Folgejahres. *Goette* in MünchKomm. AktG, 4. Aufl. 2018, § 161 AktG Rz. 73 und *Bayer/Scholz* in Spindler/Stilz, § 161 AktG Rz. 67.
294 Vgl. *Goette* in MünchKomm. AktG, 4. Aufl. 2018, § 161 AktG Rz. 75 f.; *Hüffer/Koch*, § 161 AktG Rz. 22; *Bayer/Scholz* in Spindler/Stilz, § 161 AktG Rz. 70.
295 *Hüffer/Koch*, § 161 AktG Rz. 22; *Lutter* in KölnKomm. AktG, 3. Aufl. 2012, § 161 AktG Rz. 101; *Goette* in MünchKomm. AktG, 4. Aufl. 2018, § 161 AktG Rz. 75; a.A. *Seibt*, AG 2002, 249, 253 (Unterzeichnung durch alle Organmitglieder).

2.73 Die Erklärung ist auf der Internetseite der Gesellschaft **dauerhaft öffentlich zugänglich** zu machen (§ 161 Abs. 2 AktG). Die Internetseite muss dafür so strukturiert sein, dass die Erklärung leicht auffindbar und ohne besondere Hilfsmittel lesbar ist[296]. Nach der Gesetzesbegründung muss nur die jeweils aktuelle Erklärung einschließlich Begründung einsehbar sein[297]. Zur Wahrung des Erklärungszusammenhangs empfiehlt es sich jedoch, auch die unmittelbar vorgegangene Erklärung einsehbar zu lassen. Ziff. 3.10 Satz 4 DCGK 2017 bzw. Empfehlung F.5 DCGK 2020 empfiehlt ergänzend, ältere Erklärungen fünf Jahre lang zugänglich zu halten.

2.74 Im **Anhang** zur Bilanz und Gewinn- und Verlustrechnung ist anzugeben, dass die Entsprechenserklärung abgegeben und wo sie öffentlich zugänglich gemacht worden ist (§ 285 Nr. 16 HGB). Im **Konzernanhang** ist diese Angabe für jede in den Konzernabschluss einbezogene börsennotierte Gesellschaft zu machen (§ 314 Abs. 1 Nr. 8 HGB). Die Entsprechenserklärung muss zusammen mit dem Jahresabschluss zum **Handelsregister** eingereicht werden (§ 325 Abs. 1 Satz 3 HGB). Sie ist danach im Bundesanzeiger bekannt zu machen (§ 325 Abs. 2 HGB). Nach § 289f HGB hat jede börsennotierte und kapitalmarktorientierte Gesellschaft in ihren Lagebericht eine **Erklärung zur Unternehmensführung** aufzunehmen. Diese Erklärung muss auch die Entsprechenserklärung enthalten (§ 289f Abs. 2 Nr. 1 HGB). Die Erklärung zur Unternehmensführung ist entweder im Lagebericht oder gesondert auf der Internetseite der Gesellschaft zu veröffentlichen (§ 289f Abs. 1 HGB).

2.75 Nach dem Wortlaut des § 161 AktG muss erklärt werden, ob den Kodexempfehlungen „entsprochen wurde und wird oder welche Empfehlungen nicht angewendet wurden oder werden und warum nicht". Die Erklärung bezieht sich damit zunächst auf die **Vergangenheit**. Bei der Aussage, ob und inwieweit den Empfehlungen des Kodex in der Vergangenheit entsprochen wurde, handelt es sich um eine reine Wissenserklärung[298]. Vorstand und Aufsichtsrat müssen sich deshalb jeweils für ihren Bereich vergewissern, inwieweit die Kodexempfehlungen in der Vergangenheit tatsächlich beachtet wurden[299]. Soweit es um die Befolgung der Empfehlungen geht, die sich an die einzelnen Organmitglieder richten, müssen diese befragt werden[300]. Zur Vermeidung eventueller Haftungsrisiken empfiehlt es sich, die jeweiligen Fragen und Antworten schriftlich festzuhalten[301]. Auf welchen **Zeitraum** sich der vergangenheitsbezogene Teil der Erklärung bezieht, ist nicht ausdrücklich festgelegt. Da die Entsprechenserklärung als fortlaufende Unterrichtung des Kapitalmarkts gedacht ist, ist der seit der letzten Erklärung vergangene Zeitraum gemeint[302]. Die einzelnen Erklärungen können dann als ununterbrochene Kette (follow up) verstanden werden.

2.76 Die Erklärung muss sodann eine Aussage darüber enthalten, ob und inwieweit den Kodexempfehlungen künftig entsprochen wird. Ob die Worte „wird" und „werden" in § 161 Satz 1 AktG Präsenz oder Futur bedeuten, ist unklar. Gewollt ist nach der Gesetzesbegründung aber nicht nur eine Erklärung, die sich auf den Zeitpunkt ihrer Abgabe, sondern auf die **Zukunft** bezieht[303]. Sie kann daher nicht z.B.

---

296 *Goette* in MünchKomm. AktG, 4. Aufl. 2018, § 161 AktG Rz. 81; *von der Linden* in Wilsing, DCGK, § 161 AktG Rz. 49 f.; vgl. auch *Hüffer/Koch*, § 161 AktG Rz. 23: verständliche und unkomplizierte Menüführung.
297 BT-Drucks. 14/8769 = NZG 2002, 213, 225.
298 *Gelhausen/Hönsch*, AG 2003, 367, 369; *Goette* in MünchKomm. AktG, 4. Aufl. 2018, § 161 AktG Rz. 40; *Hüffer/Koch*, § 161 AktG Rz. 14; *Krieger* in FS Ulmer, 2003, S. 365, 371; *Lutter* in KölnKomm. AktG, 3. Aufl. 2012, § 161 AktG Rz. 91; *Pfitzer/Oser/Wader*, DB 2002, 1120, 1121; *Spindler* in K. Schmidt/Lutter, § 161 AktG Rz. 28.
299 Vgl. *Lutter* in KölnKomm. AktG, 3. Aufl. 2012, § 161 AktG Rz. 45 f.
300 *Hüffer/Koch*, § 161 AktG Rz. 12 und 14; *Krieger* in FS Ulmer, 2003, S. 365, 372.
301 Vgl. *Kiethe*, NZG 2003, 559, 561; *Hüffer/Koch*, § 161 AktG Rz. 14.
302 *Lutter* in KölnKomm. AktG, 3. Aufl. 2012, § 161 AktG Rz. 91; *Kirschbaum*, S. 216; *Spindler* in K. Schmidt/Lutter, § 161 AktG Rz. 41.
303 Begr. RegE TransPuG, BT-Drucks. 14/8769, S. 22; in diesem Sinne auch *Seibert*, BB 2002, 581, 583; *Ulmer*, ZHR 166 (2002), 150, 170 f.; *Krieger* in FS Ulmer, 2003, S. 365; *Lutter*, ZHR 166 (2002), 523, 529; *Lutter* in KölnKomm. AktG, 3. Aufl. 2006, § 161 AktG Rz. 36; LG Schweinfurt v. 1.12.2003 –

auf das laufende Geschäftsjahr beschränkt werden³⁰⁴. Gerade die Aussage zum künftigen Verhalten ist für die Anleger von besonderem Interesse. Bei diesem Teil der Entsprechenserklärung handelt es sich allerdings um eine bloße Absichtserklärung, die nicht bindend ist. Vorstand und Aufsichtsrat können die Entsprechenserklärung insoweit nach ihrer Abgabe jederzeit wieder ändern oder ganz aufheben³⁰⁵. Die Änderung muss aber unverzüglich veröffentlicht werden, weil die bisherige Erklärung unrichtig geworden ist³⁰⁶. Für die Bekanntmachung der Änderung sind beide Organe gemeinsam verantwortlich.

Seit der Änderung des § 161 AktG durch das BilMoG³⁰⁷ ist in der Entsprechenserklärung jede **Abweichung** von den Empfehlungen des Kodex zu **begründen** (§ 161 Abs. 1 Satz 1 AktG: „und warum nicht"). Die Begründung muss wahr sein, plausible Erwägungen enthalten und nachvollziehbar sein. Überzeugen muss sie dagegen nicht³⁰⁸. Die Begründungspflicht bezieht sich auf jede einzelne Empfehlung. Eine pauschale Begründung aller Abweichungen genügt in der Regel nicht³⁰⁹.   2.77

b) Erklärung von Vorstand und Aufsichtsrat

Nach dem Gesetz wird die Entsprechenserklärung von **Vorstand** und **Aufsichtsrat** abgegeben. Dazu sind getrennte Beschlüsse beider Organe erforderlich³¹⁰. Für den Beschluss des Vorstands ist grundsätzlich Einstimmigkeit erforderlich, während für die Beschlussfassung des Aufsichtsrats, sofern nichts Anderes bestimmt ist, einfache Mehrheit genügt³¹¹. Soweit zur Befolgung einer Empfehlung die Zustimmung der einzelnen Organmitglieder erforderlich ist wie z.B. bei der Offenlegung von Interessenkonflikten gemäß Ziff. 4.3.3 Satz 1 und Ziff. 5.5.3 Satz 1 DCGK 2017 bzw. Empfehlungen E.1 und E.2 DCGK 2020, darf sich das betreffende Organ nicht über das abweichende Votum eines Mitglieds hinwegsetzen³¹². Vorstand und Aufsichtsrat werden in der Regel eine **gemeinsame**, inhaltlich übereinstimmende **Erklärung** beschließen. Rechtlich notwendig ist dies aber nicht; auch voneinander abweichende Erklärungen sind denkbar³¹³. Für die Darstellung der Gesellschaft gegenüber dem Kapitalmarkt wäre eine solche offene Uneinigkeit der Führungsorgane allerdings wenig vorteilhaft.   2.78

Bei der Abgabe der Erklärung ist die **Zuständigkeit der Organe** im Innenverhältnis zu beachten, d.h. der Vorstand gibt die Erklärung in erster Linie für seinen Bereich und der Aufsichtsrat für die an ihn   2.79

---

  5 HKO 69/03, WPg 2004, 339, 340; gegen eine zukunftsgerichtete Erklärungspflicht *Seibt*, AG 2002, 249, 251 und *Schüppen*, ZIP 2002, 1269, 1273.
304 *Lutter* in KölnKomm. AktG, 3. Aufl. 2012, § 161 AktG Rz. 92, 125; *Seibert*, WPg 2004, 341; *Henze*, Der Aufsichtsrat 2004, 11; a.A. LG Schweinfurt v. 1.12.2003 – 5 HKO 69/03, WPg 2004, 339, 340.
305 *Goette* in MünchKomm. AktG, 4. Aufl. 2018, § 161 AktG Rz. 43; *Hüffer/Koch*, § 161 AktG Rz. 20; *Lutter* in KölnKomm. AktG, 3. Aufl. 2012, § 161 AktG Rz. 97; *Seibert*, BB 2002, 581, 583.
306 *Hüffer/Koch*, § 161 AktG Rz. 20.
307 Gesetz zur Modernisierung des Bilanzrechts v. 25.5.2009, BGBl. I 2009, 1102.
308 *Goette* in MünchKomm. AktG, 4. Aufl. 2018, § 161 AktG Rz. 53, 55; *Lutter* in KölnKomm. AktG, 3. Aufl. 2012, § 161 AktG Rz. 87; vgl. auch *Bayer/Scholz* in Spindler/Stilz, § 161 AktG Rz. 61.
309 Vgl. OLG München v. 19.11.2008 – 7 U 2405/08, AG 2009, 450 Rz. 44.; *von der Linden* in Wilsing, DCGK, § 161 AktG Rz. 20, 28; *Hüffer/Koch*, § 161 AktG Rz. 18.
310 *Lutter* in KölnKomm. AktG, 3. Aufl. 2012, § 161 AktG Rz. 56; *Bayer/Scholz* in Spindler/Stilz, § 161 AktG Rz. 37; *Hüffer/Koch*, § 161 AktG Rz. 11.
311 *Hüffer/Koch*, § 161 AktG Rz. 12 und 13.
312 *Bayer/Scholz* in Spindler/Stilz, § 161 AktG Rz. 41; *Goette* in MünchKomm. AktG, 4. Aufl. 2018, § 161 AktG Rz. 63; *Spindler* in K. Schmidt/Lutter, § 161 AktG Rz. 24, 26; a.A. *Hölters* in Hölters, § 161 AktG Rz. 15: Befolgung mit individueller Abweichungserklärung.
313 *Hüffer/Koch*, § 161 AktG Rz. 11, 19; *Spindler* in K. Schmidt/Lutter, § 161 AktG Rz. 23; *Krieger* in FS Ulmer, 2003, S. 365, 369; a.A. *Bayer/Scholz* in Spindler/Stilz, § 161 AktG Rz. 36; *Goette* in MünchKomm. AktG, 4. Aufl. 2018, § 161 AktG Rz. 47, 71; *Lutter* in KölnKomm. AktG, 3. Aufl. 2012, § 161 AktG Rz. 72; *Schürnbrand* in FS Uwe H. Schneider, 2011, S. 1197, 1206 f.; *Seibt*, AG 2002, 249, 253; *von der Linden* in Wilsing, DCGK, § 161 AktG Rz. 39.

gerichteten Empfehlungen ab[314]. Der Aufsichtsrat entscheidet grundsätzlich durch das Plenum. Eine Delegation an einen Ausschuss ist nach § 107 Abs. 3 Satz 2 AktG zwar nicht ausgeschlossen. Sie kommt wegen der Bedeutung der Entsprechenserklärung aber nur insoweit in Betracht, als es um bloße Ausführungsfragen wie z.b. die Anpassung der Entsprechenserklärung an eine Änderung der Aufsichtsratsvergütung durch die Hauptversammlung (Ziff. 5.4.5 des DCGK 2017 bzw. des Grundsatzes 8 DCGK 2020 jeweils i.V.m. § 113 AktG) geht[315]. Ist die Zustimmung einzelner Organmitglieder erforderlich, muss diese ergänzend zur Beschlussfassung eingeholt werden.

c) Änderungen der Entsprechenserklärung

2.80 Wird die **Entsprechenserklärung** während des Geschäftsjahres **geändert**, muss die neue Erklärung unverzüglich auf der Internetseite der Gesellschaft veröffentlicht werden. Dies folgt aus ihrem Charakter als Dauererklärung, mit der eine stets aktuelle Unterrichtung des Kapitalmarktes erreicht werden soll. Auch die neue Erklärung muss inhaltlich zutreffend sein[316]. Sie ist deshalb bei einer unterjährig beabsichtigen Abweichung vom Kodex für die Zukunft oder bei einer nachträglich erkannten Unrichtigkeit im vergangenheitsbezogenen Teil **unverzüglich** zu **korrigieren**; die berichtigte Fassung ist unverzüglich **öffentlich zugänglich zu machen**[317]. Bei entsprechender Kursrelevanz kann eine Änderung der Entsprechenserklärung u.U. auch eine mitteilungspflichtige Tatsache i.S.d. Art. 17 MMVO darstellen[318]. Die Unterlassung dieser Mitteilung kann dann eine Schadensersatzpflicht der Gesellschaft begründen (§ 97 WpHG – bis 2.1.2018: § 37b).

d) Änderungen des Kodex

2.81 Wird der Kodex geändert, indem z.B. neue Empfehlungen aufgenommen oder bisherige Empfehlungen erweitert werden, so treten diese Änderungen mit der Bekanntmachung der neuen Fassung des Kodex im Bundesanzeiger in Kraft. Die Unternehmen können auf die Änderungen sofort reagieren und ihre **zukunftsbezogene** Entsprechenserklärung auf die neuen bzw. geänderten Empfehlungen erstrecken. Rechtlich notwendig ist eine solche Anpassung der Entsprechenserklärung aber nicht. Das Gesetz sieht nur eine jährliche Erklärung vor (§ 161 Abs. 1 Satz 1 AktG). Dabei ist der Kodex in der bei Abgabe der Erklärung geltenden Fassung zugrunde zu legen. Änderungen des Kodex, die danach eintreten, brauchen erst bei der nächsten turnusmäßigen Entsprechenserklärung berücksichtigt zu werden[319]. Eine unterjährige Anpassung der Entsprechenserklärung ist mithin nicht erforderlich.

2.82 Der **vergangenheitsbezogene** Teil der Erklärung knüpft in der Regel an die zuletzt abgegebene und veröffentlichte Entsprechenserklärung an. Diese beruht auf der damals geltenden Fassung des Kodex. Eine Ergänzung des Kodex um neue Empfehlungen erfordert daher keine Anpassung des vergangen-

---

314 *Hüffer/Koch*, § 161 AktG Rz. 10; *E. Vetter*, DNotZ 2003, 748, 754.
315 *Ihrig/Wagner*, BB 2002, 2509, 2513 und *Bertrams*, Die Haftung des Aufsichtsrats im Zusammenhang mit dem Deutschen Corporate Governance Kodex und § 161 AktG, S. 158 f.; gegen jede Delegationsmöglichkeit *Bayer/Scholz* in Spindler/Stilz, § 161 AktG Rz. 44; *Goette* in MünchKomm. AktG, 4. Aufl. 2018, § 161 AktG Rz. 67; *Hüffer/Koch*, § 161 AktG Rz. 13; *Lutter* in KölnKomm. AktG, 3. Aufl. 2012, § 161 AktG Rz. 41; *Lutter/Krieger/Verse*, Aufsichtsrat, Rz. 493; *Spindler* in K. Schmidt/Lutter, § 161 AktG Rz. 26; *Seibt*, AG 2002, 249, 253.
316 *Lutter*, ZHR 166 (2002), 523, 534; *Ihrig/Wagner*, BB 2002, 2509, 2510 und BB 2003, 1625, 1627; *E. Vetter*, DNotZ 2003, 748, 761; *Spindler* in K. Schmidt/Lutter, § 161 AktG Rz. 43.
317 *Ihrig/Wagner*, BB 2002, 2509 ff. und BB 2003, 1625, 1627; *Lutter*, ZHR 166 (2002), 523, 534 f.; *Ulmer*, ZHR 166 (2002), 150, 171.
318 *Lutter* in KölnKomm. AktG, Band 3, 3. Aufl. 2006, § 161 AktG Rz. 54 und *Runte/Eckert* in Bürgers/Körber, 4. Aufl. 2017, § 161 AktG Rz. 33, jeweils zu § 15 WpHG a.F.
319 *Bayer/Scholz* in Spindler/Stilz, § 161 AktG Rz. 75; *Goette* in MünchKomm. AktG, 4. Aufl. 2018, § 161 AktG Rz. 50; *Hüffer/Koch*, § 161 AktG Rz. 15; *Lutter* in KölnKomm. AktG, 3. Aufl. 2012, § 161 AktG Rz. 94; *Runte/Eckert* in Bürgers/Körber, 4. Aufl. 2017, § 161 AktG Rz. 32; *Gelhausen/Hönsch*, AG 2003, 367, 368 f.; *IDW PS 345*, WPg 2003, 1002, 1003; *Ihrig/Wagner*, BB 2003, 1625, 1628.

heitsbezogenen Teils der Entsprechenserklärung[320]. Diese statische Ausrichtung der Entsprechenserklärung gilt auch im umgekehrten Fall, wenn im Kodex Empfehlungen gestrichen oder an Anregungen herabgestuft werden[321]. Der Gesellschaft steht es allerdings frei, sich bei der nächsten Erklärung auch zur Einhaltung der zwischenzeitlich geänderten oder neu in Kraft getretenen Empfehlungen zu äußern[322].

e) Prüfung der Entsprechenserklärung

Die Entsprechenserklärung ist nicht Teil der Rechnungslegung und deshalb auch nicht Gegenstand der jährlichen Abschlussprüfung. Der Abschlussprüfer prüft **nur formal**, ob die Entsprechenserklärung fristgerecht abgegeben und den Aktionären zugänglich gemacht wurde (§ 285 Nr. 16, § 314 Abs. 1 Nr. 8 HGB, § 161 AktG)[323]. Ist dies nicht Fall, hat er den Bestätigungsvermerk einzuschränken (§ 322 Abs. 4 HGB)[324]. Liegt die Erklärung dagegen vor, braucht der Abschlussprüfer nicht zu prüfen, ob sie inhaltlich richtig und vollständig ist. Dies gilt auch dann, wenn der Abschlussprüfer bei der Durchführung seiner Tätigkeit feststellen sollte, dass die Erklärung falsch ist, etwa weil bestimmten Empfehlungen tatsächlich nicht entsprochen wurde. § 321 Abs. 1 Satz 3 HGB statuiert zwar eine **Redepflicht** des Abschlussprüfers; diese gilt aber nur bei schwerwiegenden Verstößen gegen Gesetz oder Satzung.

Um gleichwohl eine gewisse Inhaltskontrolle der Entsprechenserklärung zu erreichen, wird dem Aufsichtsrat in Ziff. 7.2.3 Abs. 2 DCGK 2017 bzw. Empfehlung D.10 DCGK 2020 empfohlen, mit dem Abschlussprüfer eine **Erweiterung seines Prüfungsauftrags** zu vereinbaren. Der Abschlussprüfer soll aufgrund dieser Vereinbarung den Aufsichtsrat informieren bzw. im Prüfungsbericht vermerken, wenn er bei der Durchführung der Abschlussprüfung Tatsachen feststellt, die eine Unrichtigkeit der Entsprechenserklärung ergeben[325]. Ob der Abschlussprüfer danach über Verstöße gegen den Kodex berichten kann, hängt im Wesentlichen davon ab, inwieweit solche Verstöße für ihn erkennbar sind[326].

Ergänzend stellt sich die Frage, ob die inhaltliche Richtigkeit der Entsprechenserklärungen nicht von einer anderen externen Stelle als dem Abschlussprüfer überprüft werden sollte[327]. Die EU-Empfehlung zur Qualität der Berichterstattung über die Unternehmensführung spricht sich in ihrer Ziff. 11 für die Einrichtung eines **effektiven Monitoring** auf nationaler Ebene aus[328]. In Deutschland wurde dieser Gedanke bislang allerdings nicht aufgegriffen. So hat die Kodex-Kommission in ihrer Stellungnahme zu der EU-Empfehlung erklärt, dass die Beurteilung der Qualität der Entsprechenserklärungen den Adressaten, nämlich dem Aktionär/Investor, nicht aber einem nicht betroffenen Dritten oder gar einer Behörde obliege[329]. Unabhängig davon werden die Entsprechenserklärungen durch die beteiligten Organe und externe wissenschaftliche Untersuchungen ausreichend überwacht.

---

320 *Goette* in MünchKomm. AktG, 4. Aufl. 2018, § 161 AktG Rz. 50; *Lutter* in KölnKomm. AktG, 3. Aufl. 2012, § 161 AktG Rz. 91; *Lutter* in Kremer/Bachmann/Lutter/v. Werder, Deutscher Corporate Governance Kodex, Teil 4 Rz. 72; *Gelhausen/Hönsch*, AG 2003, 367, 369; *Ihrig/Wagner*, BB 2003, 1625, 1628.
321 Siehe dazu *Gelhausen/Hönsch*, AG 2003, 367 370 f.
322 Dafür Prüfungsstandard *IDW PS* 345, 10 = WPg 2005, 516, 517, Tz. 12; für Verpflichtung *von der Linden* in Wilsing, DCGK, § 161 AktG Rz. 44.
323 Vgl. dazu den Prüfungsstandard IDW PS 345, WPg 2003, 1002 sowie *Ruhmke*, AG 2003, 371, 373 ff.
324 BT-Drucks. 14/8769, S. 25; *Lutter* in KölnKomm. AktG, 3. Aufl. 2015, § 161 AktG Rz. 117.
325 Siehe dazu näher *Gelhausen/Hönsch*, AG 2002, 529, 534 f.
326 *Marsch-Barner* in Wilsing, DCGK, Ziff. 7.2.4 Rz. 4 vgl. auch *Lutter* in KölnKomm. AktG, 3. Aufl. 2015, § 161 AktG Rz. 117.
327 Für eine Überprüfung durch die BaFin z.B. *Bachmann*, WM 2002, 2137, 2143 und *Ehrhardt/Nowak*, AG 2002, 336, 342 ff; für die Einrichtung einer Selbstkontrolle nach dem Vorbild der Deutschen Prüfstelle für Rechnungslegung (§ 342b Abs. 1 Satz 1 HGB) *v. Werder* in FS Baums, 2017, S. 1395, 1402 ff.
328 Empfehlung der EU-Kommission v. 9.4.2014 zur Qualität der Berichterstattung über die Unternehmensführung ("Comply or Explain"), ABl. EU Nr. L 109 v. 12.4.2014, S. 43.
329 Stellungnahme der Regierungskommission Deutscher Corporate Governance Kodex v. 30.1.2015, S. 5.

f) Corporate-Governance-Bericht

2.85 Der DCGK 2017 empfiehlt in Ziff. 3.10 Satz 1 und der DCGK 2020 in Grundsatz 22, dass Vorstand und Aufsichtsrat alljährlich über die Corporate Governance des Unternehmens berichten und diesen Corporate-Governance-Bericht im Zusammenhang mit der Erklärung zur Unternehmensführung (§ 289f HGB) veröffentlichen. Der DCGK 2017 ebenso wie der DCGK 2020 nennt allerdings nur wenige Angaben, die in den Corporate-Governance-Bericht aufgenommen werden sollen. In die Erklärung zur Unternehmensführung sind die Entsprechenserklärung sowie Angaben zu Unternehmensführungspraktiken und der Arbeitsweise von Vorstand und Aufsichtsrat und ihrer Ausschüsse aufgenommen (§ 289f Abs. 2 HGB). Der inhaltliche Zusammenhang dieser Angaben hat in der Praxis dazu geführt, dass die Erklärung zur Unternehmensführung und der Corporate-Governance-Bericht meist in einem gemeinsamen Text außerhalb des Lageberichts zusammengeführt werden[330]. Dies liegt auf der Linie des 69. Deutschen Juristentages 2012, der zur Vereinfachung der Berichterstattung über die Corporate Governance empfohlen hat, das Nebeneinander von § 161 AktG, § 289f HGB und Ziff. 3.10 DCGK 2017 zu beseitigen[331]. Formal fällt die Abgabe der Erklärung zum Unternehmensführung von § 161 AktG und Aufsichtsrat[333], während die Entsprechenserklärung häufig einen anderen Stichtag hat (siehe Rz. 2.72).

6. Haftung für fehlerhafte Entsprechenserklärungen

a) Verstoß gegen § 161 AktG

2.86 Falls Vorstand oder Aufsichtsrat **keine Entsprechenserklärung** abgeben, liegt ein Verstoß gegen § 161 AktG vor[334]. Das Gleiche gilt, wenn **Abweichungen** von den Kodexempfehlungen **nicht dauerhaft öffentlich zugänglich** gemacht wird. Solche Verstöße gegen § 161 AktG sind zugleich ein Verstoß gegen die Sorgfaltspflichten der Gesellschaft gegenüber (§§ 93, 116 AktG). Sollte der Gesellschaft aus dem Verhalten ihrer Organe ein Schaden entstanden sein, sind Vorstand und Aufsichtsrat persönlich ersatzpflichtig. Die Hauptversammlung kann den Pflichtenverstoß zum Anlass nehmen, die Entlastung zu verweigern. Wird sie dennoch erteilt, kann bei schwerwiegenden Verstößen der Entlastungsbeschluss angefochten werden[335].

2.87 Ein Verstoß gegen die allgemeine Sorgfaltspflicht liegt auch vor, wenn die Entsprechenserklärung zwar abgegeben wurde, **inhaltlich aber falsch** ist. § 161 AktG schreibt nicht nur die Abgabe der Erklärung als solche vor. Vielmehr verlangt das Gesetz offenzulegen, welche Empfehlungen nicht angewendet wurden bzw. werden. Wird z.B. verschwiegen, dass bestimmten Empfehlungen nicht entsprochen wurde, wird gegen diese Pflicht verstoßen. Eine falsche Erklärung stellt deshalb einen Gesetzesverstoß und damit eine Pflichtwidrigkeit gemäß § 93 Abs. 1 AktG dar. Dabei kommt es für die **Anfechtbarkeit der**

---

330 *Böcking/Eibelshäuser/Arlt*, Der Konzern 2010, 614, 618; *Johannsen-Roth* in Wilsing, DCGK, Ziff. 3.10 Rz. 20 f.; *Ringleb/Kremer/Lutter/v. Werder*, NZG 2012, 1081, 1084.
331 Vgl. Beschluss II.7.d) der Abteilung Wirtschaftsrecht; für eine Abschaffung des Corporate Governance Berichts *Bredol/Schäfer*, NZG 2013, 568; zust. *Bayer/Scholz* in Spindler/Stilz, § 161 AktG Rz. 28.
332 *Bachmann*, ZIP 2010, 1517, 1521 f.; *Kocher*, DStR 2010, 1034; *C. Claussen* in KölnKomm. Rechnungslegung, 2011, § 289a HGB Rz. 14.
333 *Johannsen-Roth* in Wilsing, DCGK, Ziff. 3.10 Rz. 18; in der Praxis wird dem dadurch Rechnung getragen, dass der Bericht mit dem Aufsichtsrat abgestimmt wird.
334 *Hüffer/Koch*, § 161 AktG Rz. 25; *Ettinger/Grützediek*, AG 2003, 353; *Lutter*, ZHR 166 (2002), 523, 527; *Ulmer*, ZHR 166 (2002), 150, 165.
335 Vgl. BGH v. 25.11.2002 – II ZR 133/01 – Macrotron, AG 2003, 273; *Goette* in MünchKomm. AktG, 4. Aufl. 2018, § 161 AktG Rz. 91; *Hüffer/Koch*, § 161 AktG Rz. 31; *Lutter* in KölnKomm. AktG, 3. Aufl. 2012, § 161 AktG Rz. 142 ff; *Spindler* in K. Schmidt/Lutter, § 161 AktG Rz. 64.

Entlastung darauf an, ob die Erklärung in einem „nicht unwesentlichen Punkt" falsch ist[336]. Zweifelhaft ist dagegen, ob eine unrichtige Entsprechenserklärung auch die Anfechtbarkeit einer **Wahl zum Aufsichtsrat** begründen kann. Wird z.B. ein Kandidat gewählt, der die Altersgrenze gemäß Ziff. 5.4.1 Abs. 2 Satz 2 DCGK 2017 bzw. Empfehlung B.5 DCGK 2020 überschritten hat, geht diese Abweichung aber nicht aus der Entsprechenserklärung hervor, so liegt zwar eine falsche Erklärung vor. Der Fehler betrifft aber, wenn das tatsächliche Alter bekannt ist, keinen wesentlichen Punkt (vgl. § 243 Abs. 4 Satz 1 AktG)[337].

Kein Verstoß gegen § 161 AktG ist dagegen die bloße **Nichtbefolgung von Empfehlungen** des Kodex als solche. Die Verhaltensempfehlungen des Kodex verstehen sich zwar als Standards guter Unternehmensführung und -überwachung. Sie sind aber weder Rechtsnormen noch enthalten sie eine Konkretisierung allgemeiner Sorgfaltspflichten (siehe Rz. 2.45). Den Gesellschaften steht die Befolgung der Kodexempfehlungen ausdrücklich frei. Die Nichtbefolgung muss nur offengelegt und begründet werden. Soweit Kodexempfehlungen in das **interne Regelwerk** der Gesellschaft transformiert worden sind, ist ein Verstoß gegen diese Bestimmungen allerdings pflichtwidrig (siehe Rz. 2.69).

2.88

b) Ersatzansprüche der Gesellschaft

Soweit Vorstand und Aufsichtsrat ihre Sorgfaltspflichten der Gesellschaft gegenüber verletzen, haften sie dieser bei schuldhaftem Verhalten auf Schadensersatz (§ 93 Abs. 2 Satz 1, § 116 Satz 1 AktG). Wird eine Entsprechenserklärung überhaupt nicht oder inhaltlich unrichtig abgegeben, wird der Gesellschaft daraus allerdings nur selten ein Schaden erwachsen[338].

2.89

c) Ersatzansprüche Dritter

Denkbar ist, dass Anleger zumindest auch im Vertrauen auf eine positive Entsprechenserklärung Aktien der Gesellschaft kaufen und ihnen daraus später infolge des inzwischen gesunkenen Kurses Verluste entstehen. Stellt sich heraus, dass die zum Zeitpunkt des Erwerbs bestehende Entsprechenserklärung falsch war, so ergibt sich die Frage, ob den Anlegern wegen ihrer Verluste Ersatzansprüche gegen die Gesellschaft oder die einzelnen Organmitglieder zustehen.

2.90

aa) Ansprüche aus unerlaubter Handlung

§ 823 Abs. 1 BGB könnte Anspruchsgrundlage sein, wenn ein Verstoß gegen die Empfehlungen des Kodex als Eingriff in das Mitgliedschaftsrecht der Aktionäre zu werten wäre. Dies ist jedoch nicht der

2.91

---

336 Vgl. BGH v. 16.2.2009 – II ZR 185/07, NZG 2009, 342, 345 Tz. 19 = AG 2009, 285; BGH v. 21.9.2009 – II ZR 174/08, NZG 2009, 1270, 1272 Tz. 16 = AG 2009, 824; BGH v. 10.7.2012 – II ZR 48/11, NJW 2012, 3225, 3227 Tz. 27 = AG 2012, 712; OLG Frankfurt v. 5.7.2011 – 5 U 104/10, ZIP 2011, 1613, 1615 f. = AG 2011, 713; OLG Frankfurt v. 20.10.2010 – 23 U 121/08, WM 2011, 221, 237 = AG 2011, 36; OLG München v. 23.1.2008 – 7 U 3668/07, WM 2008, 645, 648 = AG 2008, 386; *Lutter* in KölnKomm. AktG, 3. Aufl. 2012, § 161 AktG Rz. 141; *Lutter*, ZHR 166 (2002), 523, 527; *Ulmer*, ZHR 166 (2002), 150, 165; *Spindler* in K. Schmidt/Lutter, § 161 AktG Rz. 64; *Berg/Stöcker*, WM 2002, 1569, 1577; *Ettinger/Grützediek*, AG 2003, 353, 354; *Kiefner*, NZG 2011, 201.

337 Vgl. LG München v. 22.11.2007 – 5 HK O 10614/07, BB 2008, 10, 12 = AG 2008, 90; *Goette* in MünchKomm. AktG, 4. Aufl. 2018, § 161 AktG Rz. 95; *Hüffer/Koch*, § 161 AktG Rz. 32; *Hüffer*, ZIP 2010, 1979, 1980; *Goslar/von der Linden*, DB 2009, 1691, 1696; *Kiefner*, NZG 2011, 201, 203; *Kocher*, BB 2010, 264, 266; *Rieder*, NZG 2010, 7637, 738; a.A. OLG München v. 6.8.2008 – 7 U 5628/07, NZG 2009, 508, 510 = AG 2009, 294; *Habersack* in FS Goette, 2011, S. 121, 123 f.; *Lutter* in KölnKomm. AktG, 3. Aufl. 2012, § 161 AktG Rz. 150 ff.; *E. Vetter*, NZG 2008, 121, 123 f.; *Waclawik*, ZIP 2011, 885, 888 f.; vgl. auch LG Hannover v. 17.3.2010 – 23 O 124/09, NZG 2010, 744, 745 = AG 2010, 459 zu einem Verstoß gegen Ziff. 5.4.2 Satz 2 DCGK; dazu abl. *Hüffer*, ZIP 2010, 1979.

338 *Hüffer/Koch*, § 161 AktG Rz. 25; *Lutter* in KölnKomm. AktG, 3. Aufl. 2015, § 161 AktG Rz. 154; zu einzelnen Konstellationen *Ettinger/Grützediek*, AG 2003, 353, 362.

Fall. Das Mitgliedschaftsrecht in einer Aktiengesellschaft ist zwar als sonstiges Recht i.S.v. § 823 BGB anerkannt[339]. Ein Verstoß gegen den Kodex richtet sich aber weder gegen den rechtlichen Bestand des Mitgliedschaftsrechts selbst noch den Kernbestand der damit verbundenen Einzelrechte[340]. Er trifft zudem alle Aktionäre gleich und ist deshalb nicht geeignet, als Eingriff in das Mitgliedschaftsrecht einzelner Anleger qualifiziert zu werden[341].

2.92 Anspruchsgrundlage könnte § 823 Abs. 2 BGB sein, sofern ein Verstoß gegen ein Schutzgesetz vorliegt. Der Kodex selbst mit seinen Empfehlungen kommt als Schutzgesetz schon deshalb nicht in Betracht, weil er kein staatlich gesetztes Recht enthält[342]. Auch § 161 AktG ist nicht als Schutzgesetz anzusehen. Zweck dieser Vorschrift ist es, die Unternehmensleitungen zu einem bestimmten Verhalten anzuhalten. Der Schutz des Vermögens der Anleger ist dagegen nicht das Anliegen des Gesetzes[343].

2.93 Als Schutzgesetze kommen insbesondere die allgemeinen strafrechtlichen Bestimmungen in Betracht. So macht sich nach **§ 400 Abs. 1 Nr. 1 AktG** strafbar, wer als Mitglied des Vorstands oder Aufsichtsrats die Verhältnisse der Gesellschaft unrichtig wiedergibt oder verschleiert. Von diesem begrenzten Anwendungsbereich ist die Entsprechenserklärung regelmäßig nicht erfasst, weil sie keine Darstellung über den Vermögensstand der Gesellschaft ist[344]. **§ 331 Nr. 1 HGB** kommt als Schutzgesetz in Betracht, wenn eine falsche Entsprechenserklärung als Teil der Erklärung zur Unternehmensführung (§ 289f Abs. 2 Nr. 1 HGB) im Lagebericht veröffentlicht wird (§ 289f Abs. 1 Satz 1 HGB). Dies gilt auch dann, wenn die Erklärung zur Unternehmensführung auf der Internetseite der Gesellschaft steht und im Lagebericht darauf nur Bezug genommen wird (§ 289f Abs. 1 Satz 2 HGB)[345]. Unabhängig davon wird die Entsprechenserklärung jedoch meist keine Revelanz zur Beurteilung der wirtschaftlichen Lage der Gesellschaft aufweisen[346]. Bei vorsätzlichem Handeln kommt unter besonderen Umständen ein Verstoß gegen **§ 264a StGB** (Kapitalanlagebetrug) oder **§ 265b StGB** (Kreditbetrug) sowie gegen **§§ 263, 266 StGB** (Betrug, Untreue) in Betracht[347].

2.94 In einer falschen Entsprechenserklärung kann in seltenen Fällen auch eine vorsätzlich sittenwidrige Schädigung von Anlegern liegen. Dies würde dann Ansprüche gegen die handelnden Organmitglieder aus § 826 BGB begründen[348].

---

339 *Hopt* in Großkomm. AktG, 5. Aufl. 2015, § 93 AktG Rz. 470; OLG München v. 1.10.2002 – 30 U 855/01, ZIP 2002, 1989, 1993 = AG 2003, 106.
340 *Abram*, ZBB 2003, 41, 44 f.; *Berg/Stöcker*, WM 2002, 1569, 1578; *Ettinger/Grützediek*, AG 2003, 353, 358; *Hüffer/Koch*, § 161 AktG Rz. 28; *Lutter* in KölnKomm. AktG, 3. Aufl. 2015, § 161 AktG Rz. 178; *Seibt*, AG 2002, 249, 256; *Spindler* in K. Schmidt/Lutter, § 161 AktG Rz. 72.
341 *Bayer/Scholz* in Spindler/Stilz, § 161 AktG Rz. 102.
342 *Berg/Stöcker*, WM 2002, 1569, 1578; *Ettinger/Grützediek*, AG 2003, 353, 358; *Spindler* in K. Schmidt/Lutter, § 161 AktG Rz. 71.
343 *Bayer/Scholz* in Spindler/Stilz, § 161 AktG Rz. 102; *Abram*, ZBB 2003, 41, 45; *Berg/Stöcker*, WM 2002, 1569, 1579; *Ettinger/Grützediek*, AG 2003, 353, 359; *Lutter* in KölnKomm. AktG, 3. Aufl. 2012, § 161 AktG Rz. 181; *Seibt*, AG 2002, 249, 256; i.E. auch *Spindler* in K. Schmidt/Lutter, § 161 AktG Rz. 73; *Schlitt*, DB 2007, 326, 328.
344 *Goette* in MünchKomm. AktG, 4. Aufl. 2018, § 161 AktG Rz. 110; *Spindler* in K. Schmidt/Lutter, § 161 AktG Rz. 73; *Kiethe*, NZG 2003, 559, 565, 566; *Ettinger/Grützediek*, AG 2003, 353, 360; *Körner*, NZG 2004, 1148, 1150; *Seibt*, AG 2002, 249, 256; vgl. auch BGH v. 19.7.2004 – II ZR 402/02 – Infomatec, ZIP 2004, 1593, 1596 = AG 2004, 546; a.A. *Abram*, ZBB 2003, 41, 46 und *Berg/Stöcker*, WM 2002, 1569, 1579.
345 *Bachmann*, ZIP 2010, 1517, 1521; *Goette* in MünchKomm. AktG, 4. Aufl. 2018, § 161 AktG Rz. 112; *von der Linden* in Wilsing, DCGK, § 161 AktG Rz. 70; *Lutter* in KölnKomm. AktG, 3. Aufl. 2012, § 161 AktG Rz. 192; *Tödtmann/Schauer*, ZIP 2009, 995, 999; nicht eindeutig *Theusinger/Liese*, DB 2008, 1419, 1421; zweifelnd *Bayer/Scholz* in Spindler/Stilz, § 161 AktG Rz. 104.
346 *Abram*, ZBB 2003, 41, 46; *Lutter* in KölnKomm. AktG, 3. Aufl. 2012, § 161 AktG Rz. 191.
347 Vgl. *Goette* in MünchKomm. AktG, 4. Aufl. 2018, § 161 AktG Rz. 104 ff.; zur strafrechtlichen Relevanz des Kodex *Schlitt*, DB 2007, 326; zu § 264a StGB näher *Hommelhoff/Schwab* in Hommelhoff/Hopt/v. Werder, Hdb. Corporate Governance, S. 51, 73 und *Kiethe*, NZG 2003, 559, 566.
348 Siehe dazu näher *Ettinger/Grützediek*, AG 2003, 353, 360 und *Kort* in FS Raiser, 2005, S. 203, 215 f.

bb) Ansprüche aus culpa in contrahendo (§§ 311, 280 Abs. 1 BGB)

Eine falsche Entsprechenserklärung könnte nach den Grundsätzen der **Haftung aus vertragsähnlicher Beziehung** zu Schadensersatzanprüchen von Anlegern führen. Die Erklärung dient allerdings nicht der Geschäftsanbahnung (§ 311 Abs. 2 Nr. 2 BGB), sondern gehört zu den jährlichen Berichtspflichten, die mit der Rechnungslegung im Zusammenhang stehen. Mit der an die Allgemeinheit gerichteten Entsprechenserklärung wird insbesondere auch kein persönliches Vertrauen i.S.v. § 311 Abs. 3 Satz 2 BGB in Anspruch genommen[349].

2.95

cc) Ansprüche aus spezialgesetzlicher Prospekthaftung

Die spezialgesetzlichen Regeln zur Prospekthaftung, insbesondere die **§§ 21 f. WpPG, § 20 VermAnlG, § 306 KAGB** setzen voraus, dass die falsche Entsprechenserklärung in einer Angebotsunterlage (Prospekt) enthalten ist. Dies kann bei einer Gesellschaft, deren Aktien an die Börse gebracht werden, durchaus der Fall sein. Nach § 5 Abs. 1 WpPG muss ein Prospekt zum öffentlichen Angebot oder zur Zulassung von Wertpapieren zum Börsenhandel sämtliche Angaben enthalten, um dem Publikum ein zutreffendes Urteil über die Wertpapiere zu ermöglichen. Die Entsprechenserklärung dürfte danach bei einem Börsengang in den Prospekt aufzunehmen sein. Ist die Erklärung falsch, hängt es vom Einzelfall ab, ob damit eine wesentliche Prospektangabe unrichtig oder unvollständig ist[350].

2.96

dd) Ansprüche aus zivilrechtlicher Prospekthaftung

Die gegenüber der spezialgesetzlichen Prospekthaftung subsidiären Grundsätze der zivilrechtlichen Prospekthaftung greifen schon bei leichter Fahrlässigkeit ein (§§ 276, 278 BGB)[351]. Allerdings müsste danach die Entsprechenserklärung, so wie sie auf der Internetseite der Gesellschaft steht, als Prospekt angesehen werden können. Die Entsprechenserklärung ist zwar für eine Vielzahl von Interessenten bestimmt, sie ist aber nicht unmittelbar auf die Gewinnung von Anlegern gerichtet. Sie enthält in der Regel auch keine Informationen, die für die Beurteilung einer Anlage in Wertpapieren der Gesellschaft von Bedeutung sind. Denn zu den wirtschaftlichen Verhältnissen und Aussichten der Gesellschaft enthält die Erklärung keine Aussagen. Eine Haftung unter diesem Gesichtspunkt scheidet deshalb aus[352].

2.97

ee) Ansprüche wegen unterlassener Ad-hoc-Mitteilung

Eine weitere Anspruchsgrundlage können die **§§ 97 und 98 WpHG** (bis 2.1.2018: §§ 37b und 37c[353]) bilden. Danach haften allerdings nicht die Organmitglieder persönlich. Zum Schadensersatz verpflichtet ist bei schuldhaft unterlassener Ad-hoc-Mitteilung i.S.v. Art. 17 MMVO nur die Gesellschaft. Ein Anlass zu einer Ad-hoc-Mitteilung kann im Einzelfall gegeben sein, wenn die Gesellschaft z.B. von einer für den Aktienkurs wichtigen Empfehlung abweicht[354].

2.98

---

349 *Abram*, ZBB 2003, 41, 43; *Berg/Stöcker*, WM 2002, 1569, 1580; *Hüffer/Koch* § 161 AktG Rz. 30; *Kiethe*, NZG 2003, 559, 565; *Körner*, NZG 2004, 1148, 1150; *Lutter* in KölnKomm. AktG, 3. Aufl. 2012, § 161 AktG Rz. 171; *Spindler* in K. Schmidt/Lutter, § 161 AktG Rz. 77, 79.
350 Vgl. *Abram*, ZBB 2003, 41, 43; *Berg/Stöcker*, WM 2002, 1569, 1582; *Ettinger/Grützediek*, AG 2003, 353, 361.
351 *Lutter* in KölnKomm. AktG, 3. Aufl. 2012, § 161 AktG Rz. 175.
352 *Abram*, ZBB 2003, 41, 44; *Bayer/Scholz* in Spindler/Stilz, § 161 AktG Rz. 102; *Berg/Stöcker*, WM 2002, 1569, 1580; *Goette* in MünchKomm. AktG, 4. Aufl. 2018, § 161 AktG Rz. 102; *Hommelhoff/Schwab* in Hommelhoff/Hopt/v. Werder, Hdb. Corporate Governance, S. 51, 79; *Kiethe*, NZG 2003, 559, 565; *Körner*, NZG 2004, 1148, 1149; *Spindler* in K. Schmidt/Lutter, § 161 AktG Rz. 77; siehe zum Prospektbegriff auch BGH v. 19.7.2004 – II ZR 402/02 – Infomatec, ZIP 2004, 1593, 1595 = AG 2004, 546; a.A. *Lutter* in KölnKomm. AktG, 3. Aufl. 2012, § 161 AktG Rz. 173 m.w.N.
353 Geändert durch das Zweite Finanzmarktnovellierungsgesetz (2. FiMaNoG) v. 23.6.2017, BGBl. I 2017, 1693.
354 Siehe dazu näher *Borges*, ZGR 2003, 508, 532 ff.; *Ettinger/Grützediek*, AG 2003, 353, 361.

III. Neuere Entwicklungen

1. Weltweite Vertrauenskrisen

2.99 Nach einer Reihe von Bilanzskandalen und Unternehmenszusammenbrüchen in den USA, aber auch in Europa, wurde es zu Beginn des neuen Jahrtausends als notwendig angesehen, die Verantwortlichkeit des Management für die Unternehmensführung und dabei vor allem für die Rechnungslegung und Berichterstattung stärker zu betonen, damit das Vertrauen der Anleger in die Verlässlichkeit der von den Unternehmen veröffentlichten Daten wieder hergestellt werden kann. Dazu genügte es nicht mehr, allein auf die Selbstregulierungskräfte des Marktes zu vertrauen. Notwendig wurden vielmehr Verschärfungen der zwingenden staatlichen Rahmenordnung und damit entsprechende gesetzliche und administrative Regelungen. Mit dem Zusammenbruch von Lehman Brothers im September 2008 folgte eine neue Krise, die in erster Linie die Finanzwirtschaft betraf, sich aber auch auf die sog. Realwirtschaft auswirkte. Die Aufarbeitung dieser Krise hat weltweit zu einer neuen, noch nicht abgeschlossenen Regulierungswelle geführt, in der es u.a. um die Geschäfte der Finanzindustrie und deren Risikomanagement, aber auch um Fragen der Vergütung des Führungspersonals der Unternehmen und die Einhaltung der gesetzlichen Rahmenbedingungen geht.

2. Entwicklung in den USA

2.100 In den USA wurde am 30.7.2002 als Reaktion auf zahlreiche gravierende Verstöße gegen die geltenden Bilanzierungsregeln der sog. **Sarbanes Oxley Act** (SOX) erlassen[355]. Hauptziel dieses Gesetzes, das durch umfangreiche Ausführungsbestimmungen der Securities Exchange Commission (SEC)[356] als bundesstaatlicher Aufsichtsbehörde präzisiert und ergänzt wurde, ist die Wiederherstellung des Vertrauens der Anleger darauf, dass alle entscheidungsrelevanten Informationen, die börsennotierte Gesellschaften dem Kapitalmarkt geben, richtig und vollständig sind.

2.101 Gegenstand der einzelnen Bestimmungen sind vor allem die Zuverlässigkeit der Rechnungslegung und im Zusammenhang damit die Verbesserung der Zusammenarbeit zwischen Audit Committee und Abschlussprüfer sowie die Stärkung der Unabhängigkeit des Abschlussprüfers. Die Regelungen gelten auch für **deutsche Unternehmen**, deren Aktien an einer US-amerikanischen Börse wie der NYSE oder NASDAQ unmittelbar oder in Form von ADRs[357] notiert sind[358]. Dabei gehen diese Bestimmungen, auch soweit sie in die innere Organisation der Unternehmen eingreifen, vom US-amerikanischen Board-System aus und passen deshalb nicht immer auf die Verhältnisse bei einer deutschen AG. Im Wesentlichen geht es, soweit die Führung und Kontrolle der Unternehmen berührt ist, um folgende Bereiche[359]:

2.102 Der **Vorstandsvorsitzende** (CEO) und der **Finanzvorstand** (CFO) haben in allen wesentlichen Punkten die Richtigkeit und Vollständigkeit der Rechnungslegung und der Berichterstattung darüber (Form 20-F) schriftlich zu **bestätigen**[360]. Für eine wissentlich falsche Bestätigung haften sie unter erheblicher

---

355 Public Law 107–204, 30 July 2002 (H.R. 3763) Sarbanes Oxley Act of 2002, An act to protect investors by improving the accuracy and reliability of corporate disclosures made pursuant the securities laws, and for other purposes; zum Inhalt *David C. Donald*, US-amerikanisches Kapitalmarktrecht und Corporate Governance nach Enron, 2002, Arbeitspapier Nr. 104 des Instituts für Bankrecht der Johann Wolfgang Goethe-Universität Frankfurt am Main, sowie *Atkins*, Der Konzern 2003, 260 ff.; *Willms* in Semler/v. Schenck, Arbeitshdb. für Aufsichtsratsmitglieder, 5. Aufl. 2021, § 14.
356 Siehe dazu *Lanfermann/Maul*, DB 2003, 349 ff.
357 American Depositary Receipts.
358 *Buxbaum*, IPRax 2003, 78; zu den Auswirkungen auf deutsche Unternehmen ausführlich Arbeitskreis „Externe und Interne Unternehmensüberwachung" der Schmalenbach-Gesellschaft für Betriebswirtschaft e.V., BB 2004, 2399 ff.; *Runte/Eckert* in Bürgers/Körber, 4. Aufl. 2017, § 161 AktG Rz. 83.
359 Weitere Ausführungen finden sich in § 2 Rz. 88 ff. der 2. Aufl.
360 Sec. 302 (a) SOX mit den Ausführungsbestimmungen des Release No. 33-8124 Certification of Disclosure in Companies' Quarterly and Annual Reports v. 29.8.2002.

Strafandrohung persönlich[361]. In Bezug auf Nicht-US-Gesellschaften gilt dies nur für den Jahresbericht (Form 20-F), nicht auch für die laufenden Berichte nach dem Formblatt 6 K. Nach deutschem Recht ist der Vorstand insgesamt für die Rechnungslegung verantwortlich. Der Jahres- und Konzernabschluss ist deshalb von allen Vorstandsmitgliedern zu unterschreiben[362].

Die Geschäftsleitung ist verpflichtet, wirksame **interne Kontrollverfahren** für die Rechnungslegung und die bei der SEC einzureichenden Veröffentlichungen einzurichten. Dass solche Kontrollen bestehen und dass sie wirksam sind, haben CEO und CFO persönlich schriftlich zu bestätigen[363]. Über das interne Kontrollsystem ist zudem jährlich mit einer Bewertung seiner Effizienz zu berichten[364]. Auch nach deutschem Recht ist der Vorstand für die Richtigkeit der Rechnungslegung und der damit zusammenhängenden Berichte des Unternehmens verantwortlich. Eine rechtliche Verpflichtung zur Einrichtung eines internen Kontrollsystems besteht zwar nicht. Kapitalmarktorientierte Kapitalgesellschaften sind aber verpflichtet, im Lagebericht die wesentlichen Merkmale ihres internen Kontroll- und des Risikomanagementsystems im Hinblick auf den Rechnungslegungsprozess zu beschreiben (§ 289 Abs. 4 HGB). Der Vorstand einer Aktiengesellschaft hat außerdem ein Frühwarnsystem einzurichten, um existenzgefährdende Entwicklungen rechtzeitig erkennen zu können (§ 91 Abs. 2 AktG). Aufgrund seiner allgemeinen Leitungsverantwortung gemäß § 76 Abs. 1, § 93 Abs. 1 AktG muss der Vorstand außerdem sicherstellen, dass sich das Unternehmen und seine Mitarbeiter in jeder Hinsicht rechtskonform verhalten. Dazu ist bei größeren Unternehmen regelmäßig die Einrichtung einer angemessenen **Compliance-Organisation** erforderlich. Corporate Compliance ist dementsprechend auch im Kodex als Standard guter Unternehmensführung verankert (Ziff. 3.4 Abs. 2, 4.1.3, 5.3.2 DCGK 2017 bzw. Grundsatz 5; A.2 DCGK 2020). Der Schwerpunkt der üblichen Compliance-Organisationen liegt allerdings nicht bei der Rechnungslegung, sondern beim Kapitalmarktrecht, bei der Korruptionsbekämpfung, der Einhaltung des Kartell- und Umweltrechts, der Produkthaftung und Geldwäsche sowie der Diskriminierung und sexuellen Belästigung am Arbeitsplatz[365].

2.103

Die Befugnisse des im Board-System verbreiteten Prüfungsausschusses (**Audit Committee**) wurden durch den Sarbanes Oxley Act in mehrfacher Hinsicht gestärkt[366]. Zur Einrichtung eines solchen Ausschusses sind alle börsennotierten US-Gesellschaften verpflichtet[367]. Die **Mitglieder** eines solchen Ausschusses müssen **sämtlich unabhängig** sein, wobei die Unabhängigkeit im Wesentlichen dahin definiert wird, dass das Mitglied keine der Gesellschaft nahestehende Person (affiliated person) ist und von ihr außer dem Honorar für die Mitgliedschaft im Audit Committee keine Bezüge erhält[368]. Für **Arbeitnehmervertreter** im Aufsichtsrat einer deutschen mitbestimmten AG hat die SEC eine Ausnahme zugelassen. Diese gelten als unabhängig, soweit sie nicht, wie unter Umständen der Vertreter der leitenden Angestellten, Geschäftsführungsfunktionen (executive functions) wahrnehmen[369]. Diese Einschränkung entspricht dem deutschen Recht (vgl. § 6 Abs. 2 MitbestG). **Ehemalige Vorstandsmitglieder** können Mitglied eines Audit Committee sein. Die von ihnen bezogenen Pensionsleistungen stehen als feste Zahlungen für frühere Dienste der Unabhängigkeit nicht entgegen[370].

2.104

---

361 Sec. 906 SOX: Ahndung mit bis zu 5 Mio. USD Geldstrafe und bis zu 20 Jahren Haft.
362 Vgl. § 245 Satz 1 HGB und *Winkeljohann/Schellhorn* in BeckBilkomm., 10. Aufl. 2016, § 245 HGB Rz. 2; OLG Karlsruhe v. 22.11.1986 – 15 U 78/84, AG 1989, 35.
363 Vgl. im Einzelnen Sec. 302 (a) (4) SOX.
364 Vgl. Sec. 404 SOX und Release No. 33–8238.
365 Vgl. *Fleischer* in Spindler/Stilz, § 91 AktG Rz. 54; *Fleischer*, CCZ 2008, 1, 2 f.; *Hüffer/Koch*, § 76 AktG Rz. 11.
366 Siehe dazu auch *Runte/Eckert* in Bürgers/Körber, 4. Aufl. 2017, § 161 AktG Rz. 86 f.
367 Vgl. Sec. 301 (2) SOX und Nr. 6 der Corporate Governance Rules der NYSE.
368 Siehe dazu Sec. 301 SOX und SEC-Releases No. 33-8238 und 34-47968 sowie *Block*, BKR 2003, 774, 781.
369 Vgl. *Kersting*, ZIP 2003, 2010, 2012.
370 Vgl. *Kersting*, ZIP 2003, 2010, 2012; *Block*, BKR 2003, 774, 781 allgemein zum Bezug von Pensionen; a.A. *Stengel/Detweiler/Willms*, DAJV-NL 2/03, S. 77.

2.105 Der Prüfungsausschuss ist für die Ernennung des **Abschlussprüfers**, die Erteilung des Prüfungsauftrags und die Honorarvereinbarung mit diesem sowie seine Überwachung zuständig[371]. Dies gilt für deutsche Unternehmen mit der Einschränkung, dass der Abschlussprüfer von der Hauptversammlung bestellt wird (§ 119 Abs. 1 Nr. 4 AktG, § 318 HGB). Der Prüfungsausschuss hat außerdem **Beschwerden** und Eingaben von Mitarbeitern zur Buchführung, Rechnungslegung und Abschlussprüfung entgegenzunehmen. Die Beschwerden oder Anzeigen können dabei auch anonym erfolgen (whistleblowing)[372]. Jedes Audit Committee soll unter seinen Mitgliedern mindestens einen **Finanzsachverständigen** (financial expert) haben[373]. Wer dies ggf. ist, hat der Aufsichtsrat nach den von der SEC festgelegten Kriterien sorgfältig zu prüfen.

2.106 Neben den Vorschriften des Sarbanes Oxley Act und den Durchführungsbestimmungen der SEC gibt es zusätzliche Regeln der US-Börsen, darunter auch der **NYSE** und der **NASDAQ**, zur Verbesserung der Corporate Governance der dort jeweils notierten Unternehmen. Für **ausländische Gesellschaften** sehen die Corporate Governance Rules der NYSE vor, dass mindestens einmal im Jahresbericht oder auf der Internetseite der Gesellschaft alle Abweichungen von der US-amerikanischen Corporate Governance dargestellt und begründet werden[374]. Dies muss nicht im Detail erfolgen, sondern kann in einer allgemeinen Darstellung geschehen. Dies bedeutet, dass vor allem das dualistische Führungssystem und die Mitbestimmung im Aufsichtsrat erläutert werden müssen.

2.107 Als Reaktion auf die Finanzmarktkrise seit 2008 wurde in den USA der **Dodd Frank Act** verabschiedet[375]. Dieses umfangreiche Gesetzeswerk aus dem Jahre 2010 befasst sich hauptsächlich mit den Kapitalmarktgeschäften der Finanzdienstleistungsunternehmen. Im Zusammenhang mit der Corporate Governance der börsennotierten Gesellschaften sind die Bestimmungen zum „say-on-pay", also der Beschlussfassung der Aktionäre über die Vergütung des Top-Managements, von Interesse. Sie zeigen das Bestreben, die teilweise als exzessiv empfundene Vergütung der Geschäftsleiter einer stärkeren Selbstkontrolle der Aktionäre zu unterwerfen. Die – unverbindliche – Beschlussfassung der Hauptversammlung, die mindestens all drei Jahre erfolgen soll, umfasst nicht nur die laufenden Bezüge, sondern auch etwaige Abfindungen im Falle einer Übernahme (golden handshake)[376]. Um die Aktionäre dabei ausreichend zu informieren, müssen die Proxy-Unterlagen die Korrelation der Bezahlung zur Entwicklung des Unternehmens, das durchschnittliche Jahresgehalt aller Angestellten sowie den Quotienten dieses Durchschnittsgehalts zum effektiven Jahresgehalt des Chief Executive Officers enthalten.[377] Einen ähnlichen Gedanken enthält Ziff. 4.2.2 Abs. 2 Satz 2 DCGK 2017 bzw. mit der Empfehlung an den Aufsichtsrat, bei der Festsetzung der Gesamtbezüge das Verhältnis der Vorstandsvergütung zur Vergütung des oberen Führungskreises und der relevanten Gesamtbelegschaft zu berücksichtigen. Nach dem Dodd Frank Act muss des weiteren die Unabhängigkeit der Mitglieder des **Vergütungsausschusses** gewährleistet sein. Außerdem ist die sicherzustellen, dass auch etwaige **Vergütungsberater** unabhängig sind[378]. Die Unabhängigkeit solcher Berater sieht auch der Kodex vor (G.5 DCGK 2020).

---

371 Sec. 301 SOX und Release No. 33–8173 Standards Relating to Listed Company Audit Committees v. 9.4.2003.
372 Siehe dazu näher *Reiter*, RIW 2005, 168 ff. sowie ArbG Wuppertal v. 15.6.2005 – 5 BV 20/05, NZA-RR 2005, 476 zur Mitbestimmungspflichtigkeit eines entsprechenden Verhaltenskodex.
373 Sec. 407 SOX und Release No. 33–8177 und 33–8177a.
374 Vgl. Ziff. 11 der NYSE-Corporate Governance Rules v. 4.11.2003.
375 Dodd Frank Wallstreet Reform and Consumer Protection Act v. 21.7.2010, Pub. L. No. 111–203; Übersicht bei *Heppe/Tielmann*, WM 2011, 1883.
376 Dodd Frank Act, sec. 951; zu den Einzelheiten *Heppe/Tielmann*, WM 2011, 1883, 1890 f.; *Schmidt-Bundun/Prusko*, NZG 2010, 1128; *Siefer*, NZG 2013, 691.
377 Dodd Frank Act, sec. 953; *Heppe/Tielmann*, WM 2011, 1883, 1890 f.
378 Dodd Frank Act, sec. 952.

Eine weitere Besonderheit sind die Bestimmungen zum sog. **Whistleblowing**[379]. Sie sehen für private Whistleblower eine Prämie vor, wenn die SEC aufgrund einer von ihnen erhaltenen Information bestimmte Geldstrafen verhängt. In **Deutschland** wird bislang vor allem darüber diskutiert, ob Mitarbeiter, die bestimmte Missstände im Unternehmen aufdecken, nicht stärker geschützt werden sollten. Die Incentivierung eines solchen internen Whistleblowing durch das Inaussichtstellen einer Belohnung wird dagegen eher zurückhaltend gesehen[380]. Unabhängig davon gehört es aber zumindest bei größeren Unternehmen zu einem ordnungsgemäßen Compliance-System, dass den Mitarbeitern ein Weg eröffnet wird, über den sie etwaige Regelverstöße anonym anzeigen können[381]. Der Kodex empfiehlt generell entsprechende organisatorische Vorkehrungen (Empfehlung A.2 DCGK 2020[382]). Von Sonderregelungen[383] abgesehen besteht aber keine allgemeine Rechtspflicht zur Einrichtung eines Whistleblowing-Systems bei börsennotierten Gesellschaften[384]. 2.108

3. Entwicklung in der Europäischen Union

Am 12.12.2012 hat die EU-Kommission einen **Aktionsplan zum Europäischen Gesellschaftsrecht und zur Corporate Governance** verabschiedet[385]. In diesem Plan wird ein Teil der Vorschläge aufgegriffen, die in dem Grünbuch Europäischer Corporate Governance Rahmen vom 5.4.2011 (siehe dazu Rz. 2.28) und in dem Bericht der Reflection Group[386] vom selben Tage enthalten sind. Im Unterschied zu diesen beiden Vorgänger-Berichten geht es in dem Aktionsplan weniger um materielle Änderungen, sondern vor allem um eine Verbesserung der Transparenz. So soll künftig mehr über die Diversität in den Gesellschaftsorganen und das Risikomanagement berichtet werden. Dazu sollen die Bilanzrichtlinien entsprechend geändert werden[387]. Verbessert werden soll auch die Qualität der Corporate-Governance-Berichte, insbesondere im Hinblick auf die Abweichungserklärungen von den nationalen Kodizes[388]. Dies deckt sich mit entsprechenden Überlegungen des 69. DJT[389]. Auch die Berichtspflichten zur Vergütung sollen stärker harmonisiert werden[390]. Den Aktionären soll dabei ein Recht auf Abstimmung über die Vergütungspolitik und den Vergütungsbericht gewährt werden, wie dies in § 120 Abs. 4 AktG-E des VorstKoG[391] vorgesehen war. Größere Transparenz möchte die Kommission auch in Bezug auf das Abstimmungsverhalten der institutionellen Anleger erreichen. Dazu war an eine Änderung der Aktio- 2.109

---

379 Dodd Frank Act, sec. 922; dazu näher *Schürrle*, CCZ 2011, 218 und *Fleischer/Schmolke*, NZG 2012, 361, 363.
380 Zu den Vor- und Nachteilen *Fleischer*, ZGR 2011, 155, 176 ff.; *Fleischer/Schmolke*, NZG 2012, 361, 363 ff.; zu Überlegungen der EU-Kommission zur Bekämpfung von Kapitalmarktverbrechen *Buchert*, CCZ 2013, 144.
381 Vgl. *Berndt/Hoppler*, BB 2005, 2623; *Weber-Rey*, AG 2006, 406; zu einzelnen Unternehmen *Reufels/Deviard*, CCZ 2009, 201, 208 f.
382 *Bachmann* in Kremer/Bachmann/Lutter/v. Werder, Deutscher Corporate Governance Kodex, Empfehlung A.2 Rz. 16 ff.
383 Vgl. z.B. § 25a Abs. 1 Satz 4 Nr. 3 KWG und Art. 32 MMVO.
384 Vgl. *Baur/Holle*, AG 2017, 379 ff.
385 Aktionsplan: Europäisches Gesellschaftsrecht und Corporate Governance – ein moderner Rechtsrahmen für engagiertere Aktionäre und besser überlebensfähige Unternehmen, KOM (2012) 740; dazu näher *Bayer/J. Schmidt*, BB 2013, 3, 12 ff.; *Bremer*, NZG 2013, 20; *Hupka*, GWR 2013, 59; *Roesener*, NZG 2013, 241.
386 Report of the Reflection Group – On the Future of EU Company Law v. 5.4.2011; dazu näher *Bayer/J. Schmidt*, BB 2012, 3, 13 f.; *J. Schmidt*, GmbHR 2011, R177 f.; *Lutter/Bayer/J. Schmidt*, Europäisches Unternehmens- und Kapitalmarktrecht, 5. Aufl. 2012, § 18 Rz. 5, 100 ff.
387 Vgl. Ziff. 2.1 des Aktionsplans.
388 Vgl. Ziff. 2.2 des Aktionsplans.
389 Vgl. *Habersack*, Staatliche und halbstaatliche Eingriffe in die Unternehemsführung, Gutachten E zum 69. Deutschen Juristentag, 2012, E 61 ff. und Beschluss Nr. 6a der Abt. Wirtschaftsrecht des 69. DJT.
390 Vgl. Ziff. 3.1 des Aktionsplans.
391 Entwurf eines Gesetzes zur Verbesserung der Kontrolle der Vorstandsvergütung und zur Änderung weiterer aktienrechtlicher Vorschriften v. 26.6.2013 (BT-Drucks. 17/14214).

närsrechterichtlinie gedacht worden[392]. Über eine Änderung dieser Richtlinie sollten auch Interessenkonflikte bei den Stimmrechtsberatern transparenter gemacht und möglichst ausgeschlossen werden[393].

2.109a Die Pläne der EU-Kommission sind inzwischen weitgehend umgesetzt worden. So wurde die sog. **CSR-Richtlinie** zur Offenlegung nichtfinanzieller und die Diversität betreffender Informationen verabschiedet[394] und in den Mitgliedstaaten umgesetzt[395]. Für die Erhöhung des Frauenanteils in den Aufsichtsräten wurde der Entwurf einer Richtlinie verabschiedet[396], deren Verabschiedung allerdings fraglich geworden ist, nachdem Länder wie Deutschland eigene Regelungen getroffen haben (dazu Rz. 2.54 mit Fn. 220)[397]. Zur Verbesserung der Qualität der Abweichungserklärungen hat die EU-Kommission eine Empfehlung herausgegeben. Diese Empfehlung hat im Deutschen Corporate Governance Kodex (bislang) zwar keinen Niederschlag gefunden, kann aber als Orientierung bei der Beurteilung der Abweichungsbegründungen vom Kodex dienen[398]. Die Europäischen Gremien haben schließlich nach längeren kontroversen Beratungen die Änderungsrichtlinie zur **Aktionärsrechte-Richtlinie** verabschiedet[399]. Diese Richtlinie betrifft die Identifizierung der Aktionäre, die Rolle der institutionellen Investoren und Stimmrechtsberater, die Vergütung der Vorstands- und Aufsichtsratsmitglieder sowie die Regelung der Geschäfte mit nahestehenden Unternehmen und Personen. Die Neuerungen waren bis 10.6.2019 in das nationale Recht umzusetzen und sind ein wesentlicher Baustein in der weiteren Harmonisierung der Corporate Governance der börsennotierten Gesellschaften. Sie wurden durch das ARUG II[400] mit Wirkung zum 1.1.2020 in deutsches Recht umgesetzt.

4. Entwicklung in Deutschland

2.110 In Deutschland hat es seit Mitte der 90er Jahre zahlreiche Novellierungen des Aktiengesetzes und anderer, vor allem die börsennotierte AG betreffenden Gesetze gegeben, sodass schon zu Beginn dieser Entwicklung von einer „Aktienrechtsreform in Permanenz" gesprochen wurde[401]. Ziel dieser nahezu jährlichen Regulierungen[402] war, das Aktien- und Kapitalmarktrecht und damit auch die Corporate Governance der deutschen Unternehmen an die Erfordernisse der globalisierten Märkte und die zunehmenden Regelungen der EU anzupassen (siehe dazu ausführlich § 1). Zu der staatlichen Regulierungsebene ist dabei der Deutsche Corporate Governance Kodex als neue Regelungsebene unterhalb des staatlichen Gesetzesrechts hinzugekommen (siehe dazu Rz. 2.42 ff.). Wie die gesetzlichen Bestimmungen, so wurden auch die Empfehlungen des Kodex ständig weiter entwickelt. Dabei ist bisweilen der Eindruck eines Wettlaufs zwischen Gesetzgebung und Kodex entstanden. Ein Argument für die

---

392 Ziff. 3.4 des Aktionsplans.
393 Vgl. Ziff. 3.3 des Aktionsplans; zur Regulierung von Stimmrechtsberatern näher *Fleischer*, AG 2012, 2.
394 Vgl. Richtlinie 2014/95/EU v. 22.10.2014, ABl. EU Nr. L 330 v. 15.11.2014, S. 1.
395 Für Deutschland siehe das CSR-Richtlinie-Umsetzungsgesetz v. 11.4.2017, BGBl. I 2017, 802.
396 Entwurf einer Richtlinie zur Gewährleistung einer ausgewogenen Vertretung von Frauen und Männern unter den nicht geschäftsführenden Direktoren/Aufsichtsratsmitgliedern börsennotierter Gesellschaften v. 14.11.2012 – dazu Rz. 2.54 mit Fn. 220.
397 Vgl. das Gesetz für die gleichberechtigte Teilhabe von Frauen und Männern an Führungspositionen in der Privatwirtschaft und im öffentlichen Dienst v. 24.4.2015, BGBl. I 2015, 642, sowie das FüPoG II, BGBl. I 2021, S. 3311.
398 Vgl. *v. Werder* in Kremer/Bachmann/Lutter/v. Werder, Deutscher Corporate Governance Kodex, Präambel Rz. 39 ff.
399 Richtlinie (EU) 2017/828 des Europäischen Parlaments und des Rates v. 17.5.2017 zur Änderung der Richtlinie 2007/36/EG im Hinblick auf die Förderung der langfristigen Mitwirkung der Aktionäre, ABl. EU Nr. L 132 v. 20.5.2017, S. 1.
400 BGBl. I 2019, S. 2637.
401 *Zöllner*, AG 1994, 336.
402 Gemeint sind vor allem KonTraG, StückAG, KapAEG, NaStraG, 4. FinanzmarktFördG, WpÜG, TransPuG, UMAG, VorstOG, Übernahmerichtlinie-Umsetzungsgesetz, BilMoG, ARUG, AReG und Aktienrechtsnovelle 2016, ARUG II, FüPoG und FüPoG II sowie FISG.

gesetzliche Regulierung war nicht selten, dass die Kodexempfehlungen nicht immer von allen Gesellschaften befolgt werden. Mit der Erwartung, dass den Kodexempfehlungen möglichst vollständig gefolgt wird, wird ein **faktischer Befolgungsdruck** erzeugt, der dem Konzept des Kodex jedoch nicht entspricht[403]. Wesentliches Merkmal des Kodex ist vielmehr, dass er gegenüber Abweichungen grundsätzlich offen ist. Erst in jüngster Zeit werden Abweichungen als unter Umständen sinnvoll anerkannt[404]. So wird im Kodex seit Mai 2012 klargestellt, dass eine gut begründete Abweichung von einer Kodex-Empfehlung im Interesse einer guten Unternehmensführung liegen kann (Präambel Abs. 10 Satz 4 DCGK 2017 bzw. heute Präambel Abs. 4 Satz 2 DCGK 2020).

Trotz dieser Besinnung auf die Funktionsweise des Deutschen Corporate Governance Kodex ist dieser zunehmend in die **Kritik** geraten[405]. Grund dafür ist vor allem, dass nach der Rechtsprechung eine fehlerhafte Entsprechenserklärung zur **Anfechtbarkeit** der Entlastungsbeschlüsse und eventuell auch der Beschlüsse zur Wahl des Aufsichtsrats und des Abschlussprüfers führen kann[406]. Hinzukommt, dass die Kodex-Kommission nahezu jährlich neue Empfehlungen verabschiedet und damit zur wachsenden Flut der Regulierung beiträgt, anstatt die Unternehmen zu entlasten[407]. Empfehlungen des Kodex halten die Politik auch nicht davon ab, dieselbe Materie gesetzlich zu regeln. Wichtige Fragen, zu denen die Kodex-Kommission Empfehlungen beschlossen hatte, wurden kurze Zeit später gesetzlich geregelt. Dies gilt etwa für die individualisierte Offenlegung der Vorstandsvergütung (§ 285 Nr. 9a Sätze 5 bis 8 HGB), den Wechsel vom Vorstand in den Aufsichtsrat (§ 100 Abs. 2 Nr. 4 AktG) und den Selbstbehalt bei der D&O-Versicherung (§ 93 Abs. 3 Satz 3 AktG). Ein weiteres Beispiel sind die 2010 beschlossenen Empfehlungen zur Frauenförderung (Ziff. 4.1.5, 5.1.2 Abs. 1 und 5.4.1 Abs. 2[408]). Für den Fall einer ungenügenden Befolgung hatte die Bundesregierung damit gedroht, für Vorstand und Aufsichtsrat eine gesetzliche Frauenquote einzuführen. Wenig später wurde für die börsennotierten Gesellschaften eine Geschlechterquote von 30 % in den Aufsichtsräten und eine Verpflichtung zur Festlegung von Zielgrößen für den Frauenanteil im Vorstand und den beiden Führungsebenen darunter vorgeschrieben[409]. Durch das FüPoG II wurde ähnlich für Vorstände mit mehr als drei Mitgliedern vorgeschrieben, dass mindestens ein Mann und eine Frau Mitglied sein müssen. Ein solches Vorgehen untergräbt die Funktion des Kodex[410]. Es verwundert deshalb nicht, dass vor diesem Hintergrund eine Abschaffung, zumindest aber eine deutliche Straffung des Kodex gefordert wird. Als entbehrlich werden insbesondere die Passagen angesehen, die – verkürzt und nicht immer genau – das geltende Recht

2.111

---

403 Krit. zu diesem Geltungsanspruch *Hüffer/Koch*, § 161 AktG Rz. 4; *Hoffmann-Becking* in FS Hüffer, 2010, S. 337, 353; *Hoffmann-Becking*, ZIP 2011, 1173, 1173 f.; *Wernsmann/Gatzka*, NZG 2011, 1001, 1006.
404 Vgl. *Müller* auf der 10. DCGK-Konferenz am 30.6.2011, abrufbar unter www.corporate-governance-code.de; *Habersack*, Staatliche und halbstaatliche Eingriffe in die Unternehmensführung, Gutachten E zum 69. Deutschen Juristentag, 2012, E 52 f.; Beschluss II. 9 der Abt. Wirtschaftsrecht des 69. Deutschen Juristentags.
405 Siehe dazu näher *Habersack*, Staatliche und halbstaatliche Eingriffe in die Unternehmensführung, Gutachten E zum 69. Deutschen Juristentag, 2012, E 23 ff.; *Hoffmann-Becking*, ZIP 2011, 1273; *Kremer*, ZIP 2011, 1177; *Gehling*, ZIP 2011, 1181; *Hopt* in FS Hoffmann-Becking, 2013, 563, 569 ff.; Presseerklärung der Kodexkommission v. 19.4.2012; zur Akzeptanz des Kodex siehe *v. Werder/Bartz*, DB 2012, 869.
406 Siehe dazu Rz. 2.87; zur Anfechtbarkeit der Wahl des Abschlussprüfers siehe *Marsch-Barner* in FS Hommelhoff, 2012, S. 691.
407 Im internationalen Vergleich enthält der DCGK allerdings vielfach weniger spezifische Vorgaben als manche ausländischen Kodizes, vgl. *Becker/v. Werder*, AG 2016, 761, 766 ff.
408 I.d.F. v. 26.5.2010.
409 Vgl. Gesetz für die gleichberechtigte Teilhabe von Frauen und Männern an Führungspositionen in der Privatwirtschaft und im öffentlichen Dienst v. 24.4.2015, BGBl. I 2015, 642.
410 Krit. auch *Bachmann* in Kremer/Bachmann/Lutter/v. Werder, Deutscher Corporate Governance Kodex, 7. Aufl. 2018, Rz. 88; *Hopt* in FS Hoffmann-Becking, 2013, S. 563, 575 und *Bayer*, NZG 2013, 1, 6.

wiedergeben[411]. Dies versucht der DCGK 2020 zu erreichen. Nicht ausdiskutiert ist auch die Frage nach der verfassungsrechtlichen Legitimation des Kodex und der Kommission.

2.112 Die Kodex-Kommission hat der Kritik teilweise Rechnung getragen. So hat sie im Jahre 2011 bewusst keine Empfehlungen beschlossen; beabsichtigte Änderungen werden seit 2012 auf der Website der Regierungskommission mit der Möglichkeit zur Stellungnahme innerhalb einer bestimmten Frist veröffentlicht[412]. Seit 2016 werden diese Stellungnahmen auch auf der Internetseite der Kommission veröffentlicht. Im Mai 2013 wurden in einem ersten Ansatz zur „Verschlankung" sechs Empfehlungen und eine Anregung gestrichen[413]. 2015 wurden zwei weitere Empfehlungen gestrichen[414]. Die darüber hinaus gehenden Vorschläge des DAV zur Kürzung und Präzisierung des Kodex hat die Kommission jedoch nicht aufgegriffen[415]. Der Bundestag hat die Bundesregierung aufgefordert, den Kodex verfassungsfest fortzuentwickeln und den Dialog mit der Kommission zu verstärken[416]. Die Kommission hat diese Aufforderung in der Weise aufgegriffen, dass sie ihrerseits stärker zu Regulierungsvorhaben Stellung nehmen will. Darüber hinaus trifft ein großer Teil der Kritik nicht den Kodex, sondern den Gesetzgeber, der dem Kodex nur begrenzte Wirkungsmöglichkeiten lässt. Mit dieser Kritik hat sich auch der **69. Deutsche Juristentag** befasst. Nach seinen Beschlüssen sollte der Kodex beibehalten, die Kodex-Kommission aber auf eine gesetzliche Grundlage gestellt werden[417]. Neue Empfehlungen und Anregungen sollten begründet und der Kodex von der Wiedergabe gesetzlicher Regelungen weiter entlastet werden[418]. Eine Anfechtbarkeit von Wahlbeschlüssen wegen Verletzung des § 161 AktG sollte ausgeschlossen werden[419]. Diesen Forderungen ist uneingeschränkt zuzustimmen. Dies gilt insbesondere für die zuletzt genannte Forderung, weil eine erfolgreiche Anfechtung von Aufsichtsratswahlen nach der Rechtsprechung dazu führt, dass die Stimmabgaben der betroffenen Mitglieder im Aufsichtsrat rückwirkend nichtig sind[420].

2.113 In Bezug auf die **weitere Entwicklung** hat der Vorsitzende der Kodex-Kommission, Prof. *Nonnenmacher*, angekündigt, den Kodex künftig weniger am AktG zu orientieren und mehr auf die Aufgaben von Vorstand und Aufsichtsrat auszurichten[421]. Dabei könnte der Kodex in längeren Abständen, z.B. in einem Fünfjahresturnus, überarbeitet werden. Als konkrete Themen, denen sich die Kommission näher widmen will, nannte er eine Vereinfachung der Vergütungssysteme und eine Regelung der Unabhängigkeit der Aufsichtsräte anhand eines praktikablen Kriterienkatalogs. Ein erster Schritt in diese Richtung erfolgte durch den DCGK 2020, zu dem eine umfassende Begründung veröffentlicht wurde.

---

411 Vgl. *Hoffmann-Becking* in FS Hüffer, 2010, S. 337, 344 ff.
412 Vgl. Pressemitteilung v. 4.5.2011.
413 Vgl. Pressemitteilung v. 5.2.2013, S. 2.
414 Pressemitteilung v. 25.2.2015, S. 3.
415 Vgl. die Vorschläge des *DAV-Handelsrechtsausschusses*, NZG 2015, 86 ff.
416 Entschließungsantrag der Fraktionen der CDU/CSU und FDP v. 26.6.2013, BT-Drucks. 17/14239, S. 3.
417 Beschluss II. 8b) der Abt. Wirtschaftsrecht.
418 Beschlüsse II. 8c) und 7a) der Abt. Wirtschaftsrecht.
419 Beschluss II.10b) der Abt. Wirtschaftsrecht.
420 BGH v. 19.2.2013 – II ZR 56/12, BB 2013, 1166 = AG 2013, 387; zu den praktischen Auswirkungen *Tielmann/Struck*, BB 2013, 1548; für einen Ausschluss der Anfechtbarkeit auch *Bayer/Scholz* in Spindler/Stilz, § 161 AktG Rz. 99 m.w.N.
421 Vgl. das Interview in der Börsen-Zeitung Nr. 116 v. 21.6.2017, S. 13.

§ 3
Besonderheiten der börsennotierten Europäischen Gesellschaft (SE)

I. Einleitung	3.1	2. Holding-SE	3.24
II. Die börsennotierte SE	3.4	3. Gemeinsame Tochter-SE	3.27
III. Rechtliche Besonderheiten der börsennotierten SE	3.8	4. Umwandlung	3.28
		5. Tochter-SE	3.30
1. Gesellschaftsrechtliche Regelungen	3.10	V. Besondere Gestaltungsmöglichkeiten in der SE	3.31
2. Kapitalmarktrechtliche Regelungen	3.14		
3. Rechnungslegung und Abschlussprüfung	3.16c	1. Sitzverlegung	3.32
		2. Monistische Führungsstruktur	3.37
IV. SE-Gründung unter Beteiligung börsennotierter AG	3.17	3. Corporate Governance	3.43
		4. Mitbestimmung im Aufsichtsrat	3.49
1. Verschmelzung	3.18	5. Europäische Identität	3.59

Schrifttum: *Bayer*, Die Erosion der deutschen Mitbestimmung, NJW 2016, 1930; *Bayer/J. Schmidt*, Das Vale-Urteil des EuGH: Die endgültige Bestätigung der Niederlassungsfreiheit als „Formwechselfreiheit", ZIP 2012, 1481; *Bergmann/Kiem/Mülbert/Verse/Wittig* (Hrsg.), 10 Jahre SE – Erreichter Stand – verbleibende Anwendungsfragen – Perspektiven, 2015; *Blanquet*, Das Statut der Europäischen Aktiengesellschaft, ZGR 2002, 20; *Bungert/Gotsche*, Die deutsche Rechtsprechung zur SE, ZIP 2013, 649; *Casper*, Der Lückenschluss im Recht der Europäischen Aktiengesellschaft, in FS Ulmer, 2003, S. 51; *Drinhausen/Keinath*, Verwendung der SE zur Vermeidung von Arbeitnehmermitbestimmung – Abgrenzung zulässiger Gestaltungen vom Missbrauch gemäß § 43 SEBG, BB 2011, 2699; *Drinhausen/Nohlen*, Festlegung der Amtsdauer von SE-Organmitgliedern in der Satzung nach Art. 46 Abs. 1 SE-VO, ZIP 2009, 1890; *Eder*, Die monistisch verfasste Societas Europaea – Überlegungen zur Umsetzung eines CEO-Modells, NZG 2004, 544; *Ege/Grzimek/Schwarzfischer*, Der Zementierungseffekt bei der Mitbestimmung bei Gründung einer SE und grenzüberschreitender Verschmelzung, DB 2011, 1205; *Grobys*, Das geplante Umsetzungsgesetz zur Beteiligung von Arbeitnehmern in der Europäischen Aktiengesellschaft, NZA 2004, 779; *Habersack*, Schranken der Mitbestimmungsautonomie in der SE, AG 2006, 345; *Habersack*, Konzernrechtliche Aspekte der Mitbestimmung in der Societas Europaea, Der Konzern 2006, 105; *Hecksehen*, Die SE als Option für den Mittelstand, in FS Westermann, 2008, S. 999; *Henssler/Sittard*, Die Gesellschaftsform der SE als Gestaltungsinstrument zur Verkleinerung des Aufsichtsrats, KSzW 2011, 359; *Hirte*, Die Europäische Aktiengesellschaft, NZG 2002, 1; *Hoffmann-Becking*, Organe: Strukturen und Verantwortlichkeiten, insbesondere im monistischen System, ZGR 2004, 355; *Kallmeyer*, Das monistische System in der SE mit Sitz in Deutschland, ZIP 2003, 1531; *Kämmerer/Veil*, Paritätische Arbeitnehmermitbestimmung in der monistischen Societas Europaea – ein verfassungsrechtlicher Irrweg?, ZIP 2005, 369; *Kiem*, SE-Aufsichtsrat und Dreiteilbarkeitsgrundsatz, Der Konzern 2010, 275; *Koke*, Die Finanzverfassung der Europäischen Aktiengesellschaft (SE) mit Sitz in Deutschland, 2005; *Kornblum*, Bundesweite Rechtstatsachen zum Unternehmens- und Gesellschaftsrecht (Stand 1.1.2017), GmbHR 2017, 739; *Kowalski*, Praxisfragen bei der Umwandlung einer Aktiengesellschaft in eine Europäische Gesellschaft (SE), DB 2007, 2243; *Marsch-Barner*, Zur grenzüberschreitenden Mobilität deutscher Kapitalgesellschaften, FS Haarmann, 2015, S. 115; *Marsch-Barner*, Zur monistischen Führungsstruktur einer deutschen Europäischen Gesellschaft (SE), in Kohler/Obermüller/Wittig, Gedächtnisschrift Bosch, 2006, S. 99; *Marsch-Barner*, Die Rechtsstellung der Europäischen Gesellschaft (SE) im Umwandlungsrecht, in Liber amicorum Happ, 2006, S. 161; *Merkt*, Die monistische Unternehmensverfassung für die Europäische Aktiengesellschaft aus deutscher Sicht, ZGR 2003, 650; *Merkt*, Die Europäische Gesellschaft als börsennotierte Gesellschaft, in Lutter/Hommelhoff (Hrsg.), Die Europäische Gesellschaft, 2005, S. 179; *Müller-Bonanni/Melot de Beauregard*, Mitbestimmung in der Societas Europaea, GmbHR 2005, 195; *Nagel*, Ist die Europäische Aktiengesellschaft (SE) attraktiv?, DB 2004, 1299; *Neye*, Die Regelung der grenzüberschreitenden Sitzverlegung – eine ungelöste Aufgabe des europäischen Gesetzgebers, in FS Schwark, 2009, S. 231; *Oechsler*, Die Sitzverlegung der Europäischen Aktiengesellschaft nach Art. 8 SE-VO, AG 2005, 373; *Rehberg*, Die missbräuchliche Verkürzung der unternehmerischen Mitbestimmung durch die Societas Europaea, ZGR 2005, 859; *Reichert*, Die SE als Gestaltungsinstrument für grenzüberschreitende Verschmelzungen ins deutsche Recht, Der Konzern 2006, 821; *Reichert/Brandes*, Mitbestimmung der Arbeitnehmer in der SE: Gestaltungsfreiheit und Bestandsschutz, ZGR 2003, 767; *Schuberth/von der Höh*, Zehn Jahre „deutsche" SE – Eine Bestandsaufnahme, AG 2014, 439; *Seibt/Reinhard*, Umwandlung der Aktiengesellschaft in die Europäische Gesellschaft (Societas Europaea), Der Konzern 2005, 407; *Stöber*, Die Gründung einer Holding-SE, AG 2013, 110; *C. Teichmann*, Gestaltungsfreiheit im monistischen Leitungssystem der Europäischen Aktiengesellschaft, BB 2004, 53; *Theisen/Wenz*, Die Europäische Aktiengesellschaft, 2. Aufl. 2005; *Thoma/Leuering*, Die Europäische Aktiengesellschaft – Societas Europaea, NJW 2002, 1449; *van Hulle/Maul/Drinhausen*, Handbuch zur Europäischen Gesellschaft (SE), 2007; *Velte*, Corporate Governance in der monistischen Societas Europaea, WM 2010, 1635; *Vossius*, Gründung und Umwandlung der deutschen Europäischen Gesellschaft (SE), ZIP 3005, 741; *Walden/Meyer-Landrut*, Die grenzüberschreitende Verschmelzung zu einer Europäischen Gesellschaft: Planung und Vorbereitung, DB 2005, 2119; *Wicke*, Zulässigkeit des grenzüberschreitenden Formwechsels – Rechtssache „Vale" des Europäischen Gerichtshofs zur Niederlassungsfreiheit, DStR 2012, 1756; *Wilk*, U.S. Corporation going European? – The one-tier Societas Europaea (SE) in Germany, Suffolk Transnational Law Journal, Vol. 25 (2012), S. 31; *Wollburg/Banerjea*, Die Reichweite der Mitbestimmung in der Europäischen Gesellschaft, ZIP 2005, 277.

I. Einleitung

3.1 Die Europäische Gesellschaft (Societas Europaea oder SE) ist eine eigenständige Rechtsform neben der AG, die in Deutschland seit Ende 2004 zur Verfügung steht. Im Unterschied zur AG ist die SE keine rein deutsche, sondern eine supranationale Gesellschaft. Das auf sie anzuwendende Recht ergibt sich in erster Linie aus den europäischen Rechtsgrundlagen, nämlich der **Verordnung über das Statut der SE**[1] und der ergänzenden **Richtlinie über die Beteiligung der Arbeitnehmer**[2]. Ergänzend gelten die Bestimmungen des deutschen Einführungsgesetzes zur SE[3]. Dieses Einführungsgesetz besteht aus zwei Teilen, nämlich dem Gesetz zur Ausführung der SE-Verordnung (**SEAG**)[4], das sich mit der Gründung und dem Aufbau der SE befasst, und dem SE-Beteiligungsgesetz (**SEBG**)[5], mit dem die Bestimmungen der SE-Beteiligungsrichtlinie in das deutsche Recht umgesetzt worden sind. Soweit sich aus dem Recht der SE steuerliche Besonderheiten ergeben, sind diese im SE-Steuereinführungsgesetz geregelt[6].

3.2 Nach diesem komplexen Regelwerk ist die SE eine **Sonderform der Aktiengesellschaft**. Sie ist wie diese eine juristische Person mit einem in Aktien zerlegten Grundkapital (Art. 1 Abs. 2 Satz 1 SE-VO). Auf eine SE mit Sitz in Deutschland finden demgemäß die Vorschriften über Aktiengesellschaften weitgehend entsprechende Anwendung. Besonderheiten ergeben sich vor allem daraus, dass die Grundlagen der SE, insbesondere die Modalitäten ihrer Gründung, im europäischen Recht geregelt sind und das Recht des Sitzstaates der SE nur nachrangig und ergänzend anwendbar ist[7]. Außerdem richtet sich die Mitbestimmung der Arbeitnehmer im SE-Betriebsrat und im Aufsichtsorgan der Gesellschaft in erster Linie nach der mit der Arbeitnehmervertretung getroffenen Vereinbarung[8]. Nur wenn eine solche Vereinbarung nicht erreicht wird, gilt die gesetzliche Auffangregelung[9].

---

1 Verordnung (EG) Nr. 2157/2001 des Rates v. 8.10.2001 über das Statut der Europäischen Gesellschaft (SE), ABl. EG Nr. L 294 v. 10.11.2001, S. 1.
2 Richtlinie 2001/86/EG des Rates v. 8.10.2001 zur Ergänzung des Statuts der Europäischen Gesellschaft hinsichtlich der Beteiligung der Arbeitnehmer, ABl. EG Nr. L 294 v. 10.11.2001, S. 22.
3 Gesetz zur Einführung der Europäischen Gesellschaft (SEEG) v. 22.12.2004, BGBl. I 2004, 3675.
4 BGBl. I 2004, 3675 ff.
5 BGBl. I 2004, 3686 ff.
6 Gesetz über steuerliche Begleitmaßnahmen zur Einführung der Europäischen Gesellschaft und zur Änderung weiterer steuerlicher Vorschriften (SEStEG) v. 7.12.2006, BGBl. I 2006, 2782.
7 Vgl. zur Hierarchie der Rechtsquellen Art. 9 SE-VO.
8 Vgl. § 21 SEBG.
9 Vgl. §§ 22 ff. SEBG.

Die Regelungen zur SE enthalten keine Bestimmungen, die nur für eine börsennotierte SE gelten. Zwischen börsennotierter und nicht börsennotierter SE wird meist nicht einmal unterschieden. Die **verschiedenen Gründungsformen**, insbesondere die SE-Gründung im Zuge einer grenzüberschreitenden Verschmelzung[10] oder durch Umwandlung einer AG[11], sind aus der Sicht des Kapitalmarktes neutral. Dies gilt auch für das Erfordernis, dass die SE nur von Gesellschaften und Körperschaften, nicht aber von natürlichen Personen gegründet werden kann[12]. Dass die SE börsenfähig sein kann, wird damit aber nicht ausgeschlossen, sondern als selbstverständlich unterstellt. 3.3

II. Die börsennotierte SE

Mit der Schaffung der SE als europäischer Kapitalgesellschaft sollen den Unternehmen vor allem bessere Möglichkeiten zu Kooperation und Zusammenschluss über die Grenzen der einzelnen Mitgliedstaaten hinweg eröffnet werden[13]. Der Zugang der SE zum Kapitalmarkt spielt dabei keine besondere Rolle. Die SE wird nicht wie die AG in Deutschland als Rechtsform für den Kapitalmarkt, sondern als **Standardgesellschaftsform** betrachtet, die auch für kleine und mittelgroße Unternehmen attraktiv sein soll[14]. Dieser Grundeinstellung entspricht es, dass das Mindestkapital der SE nur mit 120.000 Euro festgesetzt wurde[15]. Diese Größenordnung reicht für einen Börsengang bei weitem nicht aus. Dafür müssen der voraussichtliche Kurswert der zuzulassenden Aktien oder das Eigenkapital der Gesellschaft mindestens 1,25 Mio. Euro betragen[16]. 3.4

In den Erwägungsgründen zur SE-VO wird allerdings betont, dass bei einer öffentlichen Aufforderung zur Zeichnung von Wertpapieren einer SE die für die AG maßgebenden einzelstaatlichen Bestimmungen gelten[17]. Daraus folgt, dass die SE jedenfalls **börsenfähig** ist. Außerdem sind, wie die Art. 9 und 10 SE-VO bestätigen, alle Bestimmungen, die für eine börsennotierte AG gelten, auch von einer börsennotierten SE zu beachten. Solche börsennotierten SE sind inzwischen schon durchaus verbreitet. 3.5

Trotz anfänglicher Skepsis hat es in den letzten Jahren eine ganze Reihe von SE-Gründungen und Umwandlungen in die SE gegeben[18]. Relativ viele davon wurden in Deutschland durchgeführt. Unter den Gesellschaften, die in **Deutschland** die Rechtsform der SE angenommen haben, befinden sich auch mehrere börsennotierte Gesellschaften wie z.B. Allianz, BASF, Porsche Automobil Holding, MAN, Bilfinger, E.ON, SAP und Puma[19]. Am 1.7.2020 waren 76 SE mit Sitz in Deutschland börsennotiert[20]. Zum 31.12.2020 gab es insgesamt 413 operativ tätige deutsche SE und 749 operativ tätige SE in der EU[21]. 3.6

---

10 Artt. 2 Abs. 1, 17 ff. SE-VO.
11 Artt. 2 Abs. 4, 37 SE-VO.
12 Vgl. Art. 2 SE-VO.
13 Vgl. insbesondere den 10. Erwägungsgrund der SE-VO.
14 Vgl. den 13. Erwägungsgrund der SE-VO sowie *Blanquet*, ZGR 2002, 20, 34 ff. und *Merkt* in Lutter/Hommelhoff, Die Europäische Gesellschaft, S. 179, 180.
15 Art. 4 Abs. 2 SE-VO.
16 Art. 43 Abs. 1 Wertpapierzulassungs-Richtlinie 2001/34/EG v. 28.5.2001, ABl. EG Nr. L 184 v. 6.6.2002 sowie § 2 Abs. 1 BörsZulV.
17 12. Erwägungsgrund der SE-VO.
18 Ende Dezember 2020 gab es 3.358 SE im EWR, SE-Datenblatt der Hans-Böckler-Stiftung, Stand 31.12.2020, abrufbar unter: https://www.imu-boeckler.de/data/Mitbestimmung_SE_in_Europa_2020_12.pdf.
19 Die Fresenius SE wurde 2011 in die Fresenius SE & Co. KGaA umgewandelt.
20 Aufstellung der dem Enforcement unterliegenden Unternehmen zum Stichtag 1.7.2020 der BaFin, abrufbar unter: https://www.bafin.de/SharedDocs/Downloads/DE/Liste/dl_li_fis_enforcement.html (SE &KGaA einbezogen).
21 SE-Datenblatt der Hans-Böckler-Stiftung, Stand 31.12.2020, abrufbar unter https://www.imu-boeckler.de/data/Mitbestimmung_SE_in_Europa_2020_12.pdf.

3.7 Dass die börsennotierte SE längst Teil der Unternehmenswirklichkeit geworden ist, zeigt sich u.a. daran, dass in der Präambel des **Deutschen Corporate Governance Kodex** in seiner Fassung vom 7.2.2017 neben der AG auch die SE explizit aufgeführt wurde[22]. Die ausdrückliche Erwähnung der SE im Kodex zusammen mit einem Hinweis auf die besonderen Gestaltungsmöglichkeiten dieser Rechtsform, nämlich das monistische Führungssystem und eine Mitbestimmung kraft Vereinbarung, verdeutlichte die Bedeutung, die die börsennotierte SE inzwischen in der Unternehmenspraxis erlangt hat. In der Neufassung des Kodex findet sich diese explizite Hervorhebung zwar nicht mehr. Dass auch eine börsennotierte SE die jährliche Entsprechenserklärung gemäß § 161 AktG abgeben muss, folgt indessen weiterhin aus Art. 9 SE-VO. Dabei gilt die Verpflichtung zur Abgabe einer Entsprechenserklärung nicht nur für börsennotierte SE, sondern auch für solche SE, deren Aktien nur im Freiverkehr notiert sind, die aber andere Wertpapiere als Aktien zum Handel an einem organisierten Markt ausgegeben haben (§ 161 Abs. 1 Satz 2 AktG).

3.7a Bei der **monistisch verfassten SE** trifft die Verpflichtung zur Abgabe der Entsprechenserklärung den Verwaltungsrat (§ 22 Abs. 6 SEAG)[23]. Die geschäftsführenden Direktoren trifft die Erklärungspflicht nicht, da es sich nicht um einen Akt der Stellvertretung, sondern um eine Wissens- und Absichtserklärung handelt[24]. Darüber hinaus ist die Anwendung des Kodex auf das monistische Führungssystem mit Unsicherheiten behaftet. Grundsätzlich kann davon ausgegangen werden, dass die Empfehlungen und Anregungen, die für den Aufsichtsrat gelten, auf den Verwaltungsrat anzuwenden sind, soweit sie sich überhaupt auf die monistische SE übertragen lassen. Bei den Kodexbestimmungen für den Vorstand ist dagegen im Einzelfall zu prüfen, ob es um die Leitungsaufgabe und damit den Verwaltungsrat oder die laufende Geschäftsführung und damit die geschäftsführenden Direktoren geht[25]. Eine solche, auf die einzelnen Empfehlungen und Anregungen bezogene Zuordnung erscheint sinnvoller als den Kodex insgesamt mit der Begründung abzulehnen, dass das monistische Führungssystem nicht dem Leitbild des Kodex entspricht[26].

III. Rechtliche Besonderheiten der börsennotierten SE

3.8 Die börsennotierte SE unterliegt grundsätzlich allen für die AG geltenden Vorschriften (Art. 9 Abs. 1 lit. c ii SE-VO sowie Rz. 3.14). Dabei sind die Vorgaben des europäischen Rechts, vor allem aus der SE-VO, vorrangig zu beachten. Im Bereich der gesellschaftsrechtlichen Regelungen gibt es auf Grund dieser Vorgaben einige, durchaus bemerkenswerte Unterschiede zwischen dem Recht der SE und dem der AG. Diese Unterschiede erlauben der SE verschiedene von der AG abweichende Gestaltungen. Im Bereich des Kapitalmarktrechts gelten für die börsennotierte SE mit Sitz in Deutschland allerdings dieselben Vorschriften wie für eine börsennotierte deutsche AG.

3.9 Bei der Verweisung auf das nationale Recht handelt es sich um eine **Sachnormverweisung**, sodass die Regeln des IPR keine Anwendung finden[27]. Die Verweisung schließt ungeschriebene Rechtsgrundsätze

---

22 Vgl. Ziff. 1 Abs. 7 und 8 DCGK in der Fassung v. 7.2.2017.
23 *Eberspächer* in BeckOGK AktG, Stand 1.2.2021, Art. 43 SE-VO Rz. 3; *Reichert/Brandes* in MünchKomm. AktG, 5. Aufl. 2021, Art. 43 SE-VO Rz. 107; *Teichmann* in Lutter/Hommelhoff/Teichmann, SE-Kommentar, § 22 SEAG Rz. 43; *Verse* in Habersack/Drinhausen, SE-Recht, § 22 SEAG Rz. 56.
24 *Hüffer/Koch*, § 161 AktG Rz. 14, 20; *Verse* in Habersack/Drinhausen, SE-Recht, § 22 SEAG Rz. 56.
25 *Verse* in Habersack/Drinhausen, SE-Recht, § 22 SEAG Rz. 58.
26 So die Empfehlung von *Lutter* in KölnKomm. AktG, 3. Aufl. 2011, § 161 AktG Rz. 32; ebenso *von der Linden* in Wilsing, DCGK, § 161 AktG Rz. 9.
27 *Schürnbrand* in Habersack/Drinhausen, SE-Recht, Art. 9 SE-VO Rz. 34f; *Mayer* in Manz/Mayer/Schröder, Die Europäische Aktiengesellschaft (SE), 3. Aufl. 2019, Art. 5 SE-VO Rz. 4 f.; *C. Schäfer* in MünchKomm. AktG, 5. Aufl. 2021, Art. 9 SE-VO Rz. 3; *Casper* in BeckOGK AktG, Stand 1.6.2021, Art. 9 SE-VO Rz. 6; *Schwarz*, SE-VO, 2006, Einl. Rz. 25; *Austmann* in MünchHdb. AG, § 83 Rz. 18.

und Richterrecht ein. Sie ist zudem **dynamisch**, bezieht sich also auf das nationale Recht in seiner jeweiligen Fassung[28].

1. Gesellschaftsrechtliche Regelungen

Besondere gesellschaftsrechtliche Bestimmungen, die nur für eine börsennotierte SE gelten, gibt es nicht. Einzelne Regelungen sind für die börsennotierte SE aber von besonderer Bedeutung. So gelten die Rechtsvorschriften eines Mitgliedstaates, die ein **höheres Grundkapital** für Gesellschaften vorsehen, die bestimmte Arten von Tätigkeiten ausüben, auch für die SE mit Sitz in dem betreffenden Mitgliedstaat (Art. 4 Abs. 3 SE-VO). Gedacht ist dabei vor allem an bestimmte Finanzdienstleister[29]. Erfasst sind aber auch die Kapitalanforderungen, die z.B. für die Zulassung von Aktien zum Börsenhandel nach § 2 BörsZulV gelten[30]. In diesem Zusammenhang ist auch Art. 9 Abs. 3 SE-VO zu erwähnen, wonach besondere Vorschriften des einzelstaatlichen Rechts, die für die von der SE **ausgeübte Geschäftstätigkeit** anzuwenden sind, auf die SE uneingeschränkt Anwendung finden. 3.10

Soweit eine SE kapitalmarktfähige **Wertpapiere** wie Aktien, Schuldverschreibungen und sonstige vergleichbare Papiere herausgibt, gelten dafür die Vorschriften, die auch für eine AG gelten (Art. 5 SE-VO)[31]. Die SE kann damit alle Wertpapierformen nutzen, die auch sonst an den Finanzmärkten verwendet werden[32]. 3.11

Nach Art. 9 Abs. 1 lit. c ii SE-VO unterliegt eine **SE mit Sitz in Deutschland** den für eine deutsche AG geltenden Bestimmungen. Dies sind in erster Linie die Vorschriften des AktG, aber auch z.B. die für die AG geltenden Vorschriften des HGB oder des UmwG. Soweit § 3 Abs. 2 AktG an die Börsennotierung anknüpft, gilt diese Legaldefinition auch für die börsennotierte SE[33]. Demgemäß können z.B. die Aktien einer börsennotierten SE auf den Inhaber lauten (§ 10 Abs. 1 Satz 2 Nr. 1 AktG). Eine börsennotierte SE hat auch wie die börsennotierte AG in ihren Lagebericht eine Erklärung zur Unternehmensführung aufzunehmen (§ 289f Abs. 1 HGB). Soll eine börsennotierte SE auf eine nichtbörsennotierte Gesellschaft verschmolzen werden, so ist ihren Aktionären zum Ausgleich für den Verlust der Handelbarkeit ihrer Aktien eine angemessene Abfindung anzubieten (§ 29 Abs. 1 UmwG). Soweit wie in § 264d HGB daran angeknüpft wird, ob eine Kapitalgesellschaft einen organisierten Kapitalmarkt i.S.v. § 2 Abs. 11 WpHG durch von ihr ausgegebene Wertpapiere in Anspruch nimmt oder die Zulassung solcher Wertpapiere zum Handel an einem organisierten Markt beantragt hat, ist auch die börsennotierte SE erfasst. Im Aufsichtsrat oder Prüfungsausschuss einer börsennotierten SE muss daher mindestens ein Mitglied über Sachverstand auf den Gebieten Rechnungslegung und Abschlussprüfung verfügen; die Mitglieder müssen in ihrer Gesamtheit mit dem Sektor, in dem die Gesellschaft tätig ist, vertraut sein (§ 100 Abs. 5, § 107 Abs. 4 AktG). Für die börsennotierte SE gelten damit alle **Sonderregeln**, die **für börsennotierte und kapitalmarktorientierte Aktiengesellschaften** geschaffen worden sind (siehe dazu Rz. 1.19 ff.). 3.12

Die genannten Regelungen sind allerdings auf das dualistische Führungssystem der AG zugeschnitten. Daher ist nicht immer klar, ob und wie diese Regeln auf die **monistisch verfasste SE** übertragen werden können. So stellte sich z.B. bei § 120 Abs. 4 AktG a.F. die Frage, ob das **System der Vergütung der geschäftsführenden Direktoren** der Hauptversammlung zur Zustimmung vorgelegt werden konnte. 3.12a

---

28 *Schürnbrand* in Habersack/Drinhausen, SE-Recht, Art. 9 SE-VO Rz. 42; *Schwarz*, SE-VO, 2006, Einl. Rz. 133; *Austmann* in MünchHdb. AG, § 83 Rz. 18.
29 Vgl. § 25 Abs. 1 KAGB: 300.000 bzw. 125.000 Euro; § 2 Abs. 4 UBGG: 1 Mio. Euro; § 4 REIT-Gesetz: 15 Mio. Euro; *Fleischer* in Lutter/Hommelhoff/Teichmann, SE-Kommentar, Art. 4 SE-VO Rz. 10.
30 *Merkt* in Lutter/Hommelhoff, Die Europäische Gesellschaft, S. 179, 187.
31 *Diekmann* in Habersack/Drinhausen, SE-Recht, Art. 5 SE-VO Rz. 22 ff.; *Mayer* in Manz/Mayer/Schröder, Die Europäische Aktiengesellschaft (SE), 3. Aufl. 2019, Art. 5 SE-VO Rz. 6, 21; *Casper* in BeckOGK AktG, Stand 1.6.2021, Art. 5 SE-VO Rz. 6.
32 *Merkt* in Lutter/Hommelhoff, Die Europäische Gesellschaft, S. 179, 188.
33 Zum Meinungsstand vgl. *Wicke* in BeckOGK AktG, Stand 1.6.2021, § 130 AktG Rz. 51 f.

Die 4. Auflage verneinte dies mit der Erwägung, § 40 Abs. 7 SEAG verweise insoweit nur auf § 87 AktG. Eine Vorlage des Vergütungssystems der geschäftsführenden Direktoren an die Hauptversammlung analog § 120 Abs. 4 AktG erscheine unangebracht, weil die geschäftsführenden Direktoren gemäß § 44 Abs. 2 SEAG weisungsabhängig seien und damit den Vorstandsmitgliedern der AG nicht funktional gleichstünden (vgl. § 76 AktG). Im Zuge des ARUG II[34] hat der Gesetzgeber allerdings einen § 87a in das AktG eingefügt. Dieser sieht vor, dass der Aufsichtsrat einer börsennotierten AG ein System zur Vergütung der Vorstandsmitglieder zu beschließen (§ 87a Abs. 1 AktG) und die Vergütung der Vorstandsmitglieder in Übereinstimmung mit dem der Hauptversammlung nach § 120a AktG zur Billigung vorgelegten Vergütungssystem festzusetzen hat (§ 87a Abs. 2 Satz 1 AktG). § 87a Abs. 2 Satz 1 AktG setzt also voraus, dass vor der Festsetzung der Vergütung die in § 120a AktG nunmehr verpflichtend ausgestaltete Vorlage des Vergütungssystems an die Hauptversammlung stattzufinden und stattgefunden hat. Da § 40 Abs. 7 SEAG auch auf den neu eingefügten § 87a AktG verweist, nimmt er über dessen Absatz 2 indirekt auch § 120a AktG in Bezug. Daraus folgt, dass nach der Konzeption des Gesetzes der Verwaltungsrat einer börsennotierten monistischen SE vor Festsetzung der Vergütung der geschäftsführenden Direktoren ein Vergütungssystem i.S.d. § 87a Abs. 1 AktG zu erarbeiten und dieses der Hauptversammlung der Gesellschaft nach § 120a AktG zur Billigung vorzulegen hat. Soweit geschäftsführende Direktoren zugleich Mitglieder des Verwaltungsrates sind, richtet sich die Vergütung für diese Funktion nach der Satzung oder einem Beschluss der Hauptversammlung (§ 38 Abs. 1 SEAG i.V.m. § 113 AktG). Dabei kann die Vergütung für die Funktion als geschäftsführender Direktor auf die Vergütung als Mitglied des Verwaltungsrats angerechnet werden[35].

3.12b Will eine SE ihr Grundkapital durch Ausnutzung eines **genehmigten Kapitals** erhöhen, so sollen die neuen Aktien nach Art. 9 Abs. 1 lit. c ii SE-VO i.V.m. § 202 Abs. 3 Satz 2 AktG nur mit Zustimmung des Aufsichtsrats ausgegeben werden. Bei der monistischen SE fällt die Ausnutzung des genehmigten Kapitals als Leitungsaufgabe in die Zuständigkeit des Verwaltungsrats[36]. Die zusätzliche Kontrolle durch den Aufsichtsrat entfällt, da die Aufgaben von Vorstand und Aufsichtsrat im monistischen System grundsätzlich zusammenfallen (vgl. § 22 Abs. 6 SEAG). Als wenigstens teilweise Kompensation wird eine Verpflichtung vorgeschlagen, einen ausdrücklichen Verwaltungsratsbeschluss über die Ausnutzung des genehmigten Kapitals herbeizuführen. Dadurch soll die Mehrheit der nicht-geschäftsführenden Verwaltungsratsmitglieder (vgl. § 40 Abs. 1 Satz 2 SEAG) an ihre Kontrollfunktion gemahnt werden[37]. Ein solcher expliziter Beschluss wird in der Praxis ohnehin die Regel sein. Erwogen wird auch, die Entscheidung auf einen Ausschuss zu verlagern, der ausschließlich aus nicht-geschäftsführenden Mitgliedern besteht[38].

3.12c Einige Regelungen zur börsennotierten AG gelten für die börsennotierte SE nur modifiziert. So hat z.B. eine börsennotierte und paritätisch mitbestimmte SE wie eine entsprechend verfasste AG dafür zu sorgen, dass sich der **Aufsichtsrat** oder **Verwaltungsrat** zu **mindestens 30 %** aus **Frauen** zusammensetzt[39]. Die Verpflichtung zur Erfüllung dieser Quote ist aber wegen der Unterschiede in der Mitbestimmung gesondert geregelt (vgl. § 17 Abs. 2, § 24 Abs. 3 SEAG). Danach muss die gesetzliche Mindestquote vom Aufsichts- bzw. Verwaltungsrat der SE insgesamt erfüllt werden. Eine getrennte Erfüllung durch die Bank der Anteilseigner- und die Bank der Arbeitnehmervertreter, wie sie bei der AG

---

34 Gesetz zur Umsetzung der zweiten Aktionärsrechterichtlinie (ARUG II) v. 19.12.2019, BGBl. I 2019, S. 2637.
35 *Teichmann* in Lutter/Hommelhoff/Teichmann, SE-Kommentar, § 38 SEAG Rz. 5; *Verse* in Habersack/Drinhausen, SE-Recht, § 38 SEAG Rz. 9.
36 *Verse* in Habersack/Drinhausen, SE-Recht, § 22 SEAG Rz. 52; *Eberspächer* in BeckOGK AktG, Stand 1.2.2021, Art. 44 SE-VO Rz. 7.
37 *Koke*, S. 190, 194; *Teichmann* in Lutter/Hommelhoff/Teichmann, SE-Kommentar, Anh. Art. 43 SE-VO (§ 22 SEAG) Rz. 47.
38 *Teichmann* in Lutter/Hommelhoff/Teichmann, SE-Kommentar, Anh. Art. 43 SE-VO (§ 22 SEAG) Rz. 47.
39 Siehe dazu im Einzelnen das Gesetz für die gleichberechtigte Teilhabe von Frauen und Männern an Führungspositionen in der Privatwirtschaft und im öffentlichen Dienst v. 24.4.2015, BGBl. I 2015, 642.

möglich ist (§ 96 Abs. 2 Satz 3 AktG), passt bei der SE nicht, weil die Zusammensetzung des Aufsichts- oder Verwaltungsrats in der Regel auf einer Vereinbarung beruht[40].

Für die SE gilt nach Art. 9 Abs. 1 lit. b und lit. c SE-VO eine ähnliche **Satzungsstrenge** wie für die AG gemäß § 23 Abs. 5 AktG. Dies ist zwar keine Besonderheit der börsennotierten SE. Die Satzungsstrenge bedeutet aber eine weitgehende Standardisierung im Interesse der Handelbarkeit der Aktien. Sie dient damit dem Anlegerschutz wie der Funktionsfähigkeit des Kapitalmarktes[41].

3.13

2. Kapitalmarktrechtliche Regelungen

Für eine SE mit Sitz und Börsennotierung in Deutschland gilt wie für eine börsennotierte inländische AG das deutsche Kapitalmarktrecht. Dies folgt allerdings nicht aus Art. 9 Abs. 1 lit. c ii SE-VO, da die SE-VO das Kapitalmarktrecht nicht erfasst. Maßgebend sind vielmehr die Vorgaben des Staates, in dem die Aktien der SE notiert sind oder der Antrag auf Zulassung gestellt ist[42]. Das Kapitalmarktrecht umfasst insbesondere das **Börsenrecht** mit dem BörsG, der Börsenzulassungs-VO und der Börsenordnung der jeweiligen Börse. Eine SE muss danach zur Zulassung ihrer Aktien im amtlichen Handel wie jede andere Emittentin mindestens drei Jahre als Unternehmen bestanden und ihre Jahresabschlüsse für die drei dem Zulassungsantrag vorangegangenen Jahre offengelegt haben (§ 3 Abs. 1 BörsZulV). Während dieses Zeitraums muss das Unternehmen nur als solches, nicht aber notwendig in der Rechtsform der SE, bestanden haben[43]. Hinsichtlich der Zulassungsfolgepflichten sind vor allem die Anforderungen der Frankfurter Wertpapierbörse mit der Aufteilung des amtlichen Handels in den General Standard und den Prime Standard von Bedeutung[44]. Soweit die Wertpapiere einer SE mit Sitz in Deutschland an einer ausländischen Börse notiert sind, ist selbstverständlich deren Recht zu beachten[45].

3.14

Für die von der SE ausgegebenen **Aktien** gelten die Bestimmungen des AktG mit der danach möglichen Ausgestaltung als Namens- oder Inhaberaktien (Art. 5 SE-VO). Ergänzend finden die allgemeinen Vorschriften, z.B. des BGB für die Übertragung der Aktien und des DepotG für die Sammelverwahrung, Anwendung[46].

3.15

Für eine börsennotierte SE mit Sitz in Deutschland gelten außerdem die Vorschriften des **WpHG** zur Beteiligungspublizität (§ 33 WpHG) und zur Finanzberichterstattung (§§ 114 ff. WpHG), die **Marktmissbrauchs-VO** (EU) Nr. 596/2014 (MMVO) mit dem Insiderrecht (Art. 7, 8, 14 MMVO), der Adhoc-Mitteilungspflicht (Art. 17 MMVO) und der Offenlegung der Eigengeschäfte von Führungskräften (Art. 19 MMVO) sowie das Übernahmerecht des **WpÜG**. Die Anwendung dieser Vorschriften bereitet bei der dualistischen SE mit Leitungs- und Aufsichtsorgan (§§ 15 ff. SEAG) keine Schwierigkeiten. Zuständig für die Befolgung der jeweiligen Bestimmungen ist hier der Vorstand als Leitungsorgan (§ 76 Abs. 1 AktG). Bei der **monistisch verfassten SE** (§§ 20 ff. SEAG) bestehen dagegen erhebliche Rechtsunsicherheiten. So ist bei den Mitteilungs- und Berichtspflichten nach §§ 33, 114 ff. WpHG, Art. 17, 19 Abs. 3 MMVO streitig, ob dafür der Verwaltungsrat oder die geschäftsführenden Direkto-

3.16

---

40 Vgl. Ausschussbericht in BT-Drucks. 218/4227, S. 22.
41 *Schwarz*, SE-VO, 2006, Art. 6 SE-VO Rz. 52.
42 *Casper* in BeckOGK AktG, Stand 1.6.2021, Art. 9 SE-VO Rz. 11, 14; *Hommelhoff/Teichmann* in Lutter/Hommelhoff/Teichmann, SE-Kommentar, Art. 9 SE-VO Rz. 24; *C. Schäfer* in MünchKomm. AktG, 5. Aufl. 2021, Art. 9 SE-VO Rz. 7; *Schürnbrand* in Habersack/Drinhausen, SE-Recht, Art. 9 SE-VO Rz. 28; *Veil* in KölnKomm. AktG, 4. Aufl. 2021, Art. 9 SE-VO Rz. 41; a.A. *Merkt* in Lutter/Hommelhoff, Die Europäische Gesellschaft, S. 179, 188 f.
43 Vgl. *Groß*, Kapitalmarktrecht, §§ 1–12 BörsZulV Rz. 4 f.; *Heidelbach* in Schwark/Zimmer, § 3 BörsZulV Rz. 2.
44 Siehe dazu Abschn. IV der BörsO der FWB.
45 *Blanquet*, ZGR 2002, 20, 53; *Merkt* in Lutter/Hommelhoff, Die Europäische Gesellschaft, S. 179, 189; *Casper* in BeckOGK AktG, Stand 1.6.2021; Art. 9 SE-VO Rz. 14.
46 *Merkt* in Lutter/Hommelhoff, Die Europäische Gesellschaft, S. 179, 190.

ren zuständig sind[47]. Da sich die genannten Vorschriften nicht an ein bestimmtes Organ, sondern an den Emittenten richten, kommt es auf die interne Aufgabenverteilung zwischen Verwaltungsrat und geschäftsführenden Direktoren an (§ 22 Abs. 1, § 40 Abs. 2 SEAG). Danach sind grundsätzlich die geschäftsführenden Direktoren als gesetzliche Vertreter der SE zuständig (§ 41 Abs. 1 SEAG)[48]. Dies gilt vor allem für die Mitteilungen nach den §§ 33, 38 ff. WpHG, Art. 19 Abs. 3 MMVO. Eine **Ad-hoc-Mitteilung** nach Art. 17 MMVO und ein etwaiger Aufschub der Veröffentlichung gemäß Art. 17 Abs. 4 oder 5 MMVO gehen aber regelmäßig über das Tagesgeschäft hinaus, sodass vorsorglich im Innenverhältnis von der Zuständigkeit des Verwaltungsrates auszugehen ist[49]. Der Verwaltungsrat ist deshalb auch für die Erstellung der **Finanzberichte** gemäß §§ 114 ff. WpHG zuständig[50].

3.16a   Ist eine börsennotierte SE Ziel eines **Übernahmeangebots**, so trifft die Pflicht zur **Stellungnahme gemäß § 27 WpÜG** bei einem monistischen Führungssystem den (gesamten) Verwaltungsrat als einziges Leitungsorgan (§ 22 Abs. 6 SEAG)[51]. Soweit nach § 33 Abs. 1 Satz 2 Var. 3 WpÜG **Abwehrmaßnahmen** mit Zustimmung des Aufsichtsrats zulässig sind, ist unklar, wie dies auf eine monistischen SE zu übertragen ist. Nach h.M. gilt das Verhinderungsverbot für den Aufsichtsrat nur, soweit dieser als Verwaltungsorgan, z.B. bei der Bestellung von Vorstandsmitgliedern, tätig wird. In seiner Funktion als Überwachungsorgan gilt das Verhinderungsverbot dagegen nicht[52]. Diese Differenzierung lässt sich aber nicht auf die monistische SE übertragen, da diese nur ein Leitungsorgan und daneben kein gesondertes Überwachungsorgan hat. Aus diesem Grunde ist es auch nicht möglich, eine Zustimmung des Verwaltungsrates und daneben einen Sonderbeschluss der nicht geschäftsführenden Verwaltungsratsmitglieder zu verlangen[53]. Ein solcher Sonderbeschluss entbehrt jeder Rechtsgrundlage; er hätte wegen des Weisungsrechts des Gesamtverwaltungsrates auch keine selbstständige Bedeutung. Da die Ausführungs- und Zustimmungskompetenz im Verwaltungsrat vereinigt sind, erscheint es systemgerechter davon auszugehen, dass es bei der monistischen SE keiner Genehmigung für Abwehrmaßnahmen bedarf[54].

3.16b   Die Vorschriften des § 39 BörsG über ein sog. **Delisting** gelten auch für die börsennotierte SE. Nach § 39 Abs. 2 BörsG kann die Verwaltung der SE, d.h. der Vorstand oder im Falle einer monistischen Struktur, der Verwaltungsrat, den Widerruf der Zulassung der Aktien zum Börsenhandel beantragen. Voraussetzung für den Widerruf der Börsenzulassung ist, dass die Gesellschaft zugleich ein Angebot zum Erwerb aller betroffenen Wertpapiere nach dem WpÜG unterbreitet. Damit soll sichergestellt werden, dass die Aktionäre, die im Hinblick auf die Beendigung der Börsennotierung aus der Gesellschaft ausscheiden wollen, dies zu einem fairen Preis tun können. Eine Zustimmung der Hauptversammlung zu dem Delisting ist nicht erforderlich[55].

---

47 Für grundsätzliche Zuständigkeit der geschäftsführenden Direktoren *Reichert/Brandes* in MünchKomm. AktG, 5. Aufl. 2021, Art. 43 SE-VO Rz. 106; *Verse* in Habersack/Drinhausen, SE-Recht, § 22 SEAG Rz. 53.
48 *Verse* in Habersack/Drinhausen, SE-Recht, § 22 SEAG Rz. 53; *Siems/Müller-Liebenger* in KölnKomm. AktG, 4. Aufl. 2021, Anh. Art. 51 § 22 SEAG Rz. 30, 42 f.
49 *Reichert/Brandes* in MünchKomm. AktG, 5. Aufl. 2021, Art. 43 SE-VO Rz. 86; *Verse* in Habersack/Drinhausen, SE-Recht, § 22 SEAG Rz. 54.
50 *Verse* in Habersack/Drinhausen, SE-Recht, § 22 SEAG Rz. 54.
51 Vgl. *Verse* in Habersack/Drinhausen, SE-Recht, § 22 SEAG Rz. 55; a.A. etwa *Noack/Holzborn* in Schwark/Zimmer, § 27 WpÜG Rz. 2a: Verwaltungsrat und geschäftsführende Direktoren.
52 Vgl. *Grunewald* in Baums/Thoma/Verse, § 33 WpÜG Rz. 22; *Hirte* in KölnKomm. WpÜG, 2. Aufl. 2010, § 33 WpÜG Rz. 48 ff.; *Krause/Pötzsch/Stephan* in Assmann/Pötzsch/Schneider, § 33 WpÜG Rz. 76 ff.; *Schlitt* in MünchKomm. AktG, 5. Aufl. 2021, § 33 WpÜG Rz. 61; *Steinmeyer* in Steinmeyer, § 33 WpÜG Rz. 13.
53 So *Noack/Zetzsche* in Schwark/Zimmer, Vor §§ 33–34 WpÜG Rz. 11; ebenso *Verse* in Habersack/Drinhausen, SE-Recht, § 22 SEAG Rz. 55a.
54 Vgl. *Wilk* in Suffolk Transnational Law Journal, Vol. 25 (2012) S. 31, 52 f. = http://www.law.suffolk.edu/highlights/stuorgs/transnat/upload/Wilk_Final_Article.pdf, S. 101, 121 f.
55 Vgl. BGH v. 8.10.2013 – II ZB 26/12 – Frosta, NZG 2013, 1342 = AG 2013, 877; anders noch BGH v. 25.11.2002 – II ZR 133/01 – Macrotron, NZG 2003, 280 = AG 2003, 273.

3. Rechnungslegung und Abschlussprüfung

Die Regeln über die Rechnungslegung, Abschlussprüfung und Publizität der SE entsprechen den für die AG geltenden Vorschriften. Davon abweichende Sonderregelungen bestehen nicht. Eine börsennotierte SE mit Sitz in Deutschland gilt demgemäß bei der Rechnungslegung als große Kapitalgesellschaft (§§ 264d, 267 Abs. 3 Satz 2 HGB). Für sie gelten zudem alle weiteren Besonderheiten für börsennotierte Aktiengesellschaften (z.B. § 317 Abs. 4, § 321 Abs. 4 HGB). Wie alle kapitalmarktorientierten Gesellschaften ist die börsennotierte SE verpflichtet, ihren Konzernabschluss nach den Bestimmungen der IAS/IFRS aufzustellen (Art. 61 SE-VO i.V.m. Art. 4 IAS-VO, § 315a HGB)[56]. Die Prüfung des Jahresabschlusses nebst Lagebericht sowie des Konzernabschlusses nebst Konzernlagebericht richtet sich nach der EU Abschlussprüfungs-VO[57] i.V.m. den §§ 316 ff. HGB i.d.F. des AReG[58]. Zu den dabei erfassten Unternehmen von öffentlichem Interesse gehört auch die börsennotierte SE. Die Offenlegung der Rechnungsunterlagen erfolgt im Bundesanzeiger (§ 325 Abs. 1 HGB).

3.16c

IV. SE-Gründung unter Beteiligung börsennotierter AG

Die SE-VO kennt in Art. 2 und 3 SE-VO insgesamt fünf Formen der Gründung einer SE, nämlich die Gründung im Zuge einer Verschmelzung, durch Bildung einer Holding-SE oder einer gemeinsamen Tochter-SE sowie durch Umwandlung oder Gründung einer Tochter-SE durch eine bereits bestehende SE. Gründer können in allen diesen Fällen nur bestimmte juristische Personen und Personengesellschaften sein. Ist eine börsennotierte AG an der Gründung beteiligt, ergeben sich daraus im Allgemeinen keine Besonderheiten. Neben den Anforderungen des Gründungsrechts sind auch die einschlägigen kapitalmarktrechtlichen Vorschriften zu beachten. Dazu gehören vor allem das Insiderrecht (Art. 7 ff. MMVO) und die Ad-hoc-Mitteilungspflicht (Art. 17 MMVO). Die verschiedenen Gründungsvarianten sollen im Folgenden nur kurz skizziert werden.

3.17

1. Verschmelzung

Eine SE kann durch Verschmelzung von **Aktiengesellschaften** aus der EU oder dem EWR entstehen, sofern mindestens zwei der beteiligten AG dem Recht verschiedener Mitgliedstaaten unterliegen (Art. 2 Abs. 1 SE-VO). So kann z.B., wie bei der Bildung der Allianz SE, eine italienische SpA grenzüberschreitend auf eine deutsche AG verschmolzen werden (Verschmelzung zur Aufnahme). Die aufnehmende AG wandelt sich dann mit Wirksamwerden der Verschmelzung in eine SE um (Art. 17 Abs. 2 Satz 2 SE-VO). Entsprechendes gilt, wenn die beteiligten Aktiengesellschaften im Wege der Verschmelzung zur Neugründung fusionieren. Die aus der Verschmelzung entstehende neue Gesellschaft ist dann eine SE (Art. 17 Abs. 2 Satz 3 SE-VO). Dabei kann die neue SE ihren Sitz auch in einem anderen Mitgliedstaat als dem Sitz der Gründungsgesellschaften nehmen[59]. Für den Fall, dass die SE im Wege einer Verschmelzung zur Aufnahme i.S.d. Art. 17 Abs. 2 lit. a SE-VO gegründet werden soll, sieht Art. 31 SE-VO wesentliche Erleichterungen vor, wenn die aufnehmende Gesellschaft die zu verschmelzende, in einem anderen Mitgliedstaat domizilierte Gesellschaft beherrscht (*upstream merger* einer ausländischen Tochtergesellschaft). Eine Verschmelzungsgründung nach Art. 2 Abs. 1, Art. 17 Abs. 2

3.18

---

[56] Vgl. *Kleindiek* in Lutter/Hommelhoff/Teichmann, SE-Kommentar, Art. 61 SE-VO Rz. 16.
[57] EU-Verordnung Nr. 537/2014 v. 16.4.2014, ABl. EU Nr. L 158, S. 77, über spezifische Anforderungen an die Abschlussprüfung bei Unternehmen von öffentlichem Interesse.
[58] Gesetz zur Umsetzung der prüfungsbezogenen Regelungen der Richtlinie 2014/56/EU sowie zur Ausführung der entsprechenden Vorgaben der Verordnung (EU) Nr. 537/2014 im Hinblick auf die Abschlussprüfung bei Unternehmen von öffentlichem Interesse – Abschlussprüfungsreformgesetz v. 10.5.2016, BGBl. I 2016, 1142 ff.
[59] *Bayer* in Lutter/Hommelhoff/Teichmann, SE-Kommentar, Art. 17 SE-VO Rz. 4; *Marsch-Barner* in Habersack/Drinhausen, SE-Recht, Art. 17 SE-VO Rz. 8; *Reichert*, Der Konzern 2006, 821, 828.

lit. a SE-VO unter Inanspruchnahme der in Art. 31 SE-VO vorgesehenen Erleichterungen kommt auch in Betracht, wenn die in eine SE umzuwandelnde aufnehmende Gesellschaft allein zu diesem Zwecke eine hundertprozentige ausländische Tochtergesellschaft erwirbt. Darin liegt weder eine unzulässige Umgehung des in Art. 2 Abs. 4 SE-VO für die SE-Gründung durch Umwandlung (Formwechsel) vorgesehenen Zwei-Jahres-Erfordernisses noch führt ein solches Vorgehen zu einer analogen Anwendung dieses Erfordernisses auf die Verschmelzungsgründung[60].

3.19 Das Verschmelzungsverfahren entspricht im Wesentlichen dem aus dem UmwG bekannten Ablauf[61]. Die Geschäftsleitungen der beteiligten Gesellschaften müssen jeweils einen **Verschmelzungsplan** mit den Mindestangaben nach Art. 20 SE-VO aufstellen. Dazu gehört auch die Satzung der künftigen SE (Art. 20 Abs. 1 lit. h SE-VO). Der Verschmelzungsplan ist von gerichtlich zu bestellenden **Sachverständigen** zu prüfen (Art. 22 SE-VO). Außerdem ist ein **Verschmelzungsbericht** zu erstellen (Art. 18 SE-VO i.V.m. §§ 8, 36 Abs. 1 UmwG). Die Hauptversammlungen der beteiligten Gesellschaften beschließen dann über den jeweiligen Verschmelzungsplan (Art. 23 Abs. 1 SE-VO). Die **Eintragung** der Verschmelzung erfolgt im Register einer jeden beteiligten Gesellschaft. Für die Wirksamkeit der Verschmelzung ist jedoch die Eintragung im Register der aufnehmenden oder neuen Gesellschaft maßgebend (Art. 26 Abs. 1 SE-VO). Die anderen beteiligten Register haben dazu für ihren Verfahrensabschnitt eine Bescheinigung über die Rechtmäßigkeit des Verfahrens zu erstellen (Art. 25 Abs. 2 SE-VO).

3.20 Hat die künftige SE ihren Sitz im Ausland, ist den widersprechenden Aktionären einer beteiligten deutschen AG im Verschmelzungsplan ein **Barabfindungsangebot** zu unterbreiten (§ 7 SEAG). Dies kann zu einer erheblichen Liquiditätsbelastung führen[62]. In einem solchen Fall ist auch der **Gläubigerschutz** modifiziert. Anders als nach § 22 UmwG können die Gläubiger schon vor der Eintragung Sicherheit verlangen. Die Eintragung der Verschmelzung kann erst erfolgen, wenn die Vorstandsmitglieder der übertragenden Gesellschaft(en) versichern, dass allen Gläubigern Sicherheit geleistet worden ist (§§ 8, 13 SEAG)[63]. Eine weitere Besonderheit gegenüber einer inländischen Verschmelzung besteht darin, dass ein **Spruchverfahren** zur Überprüfung der Angemessenheit des Umtauschverhältnisses oder der Barabfindung bei einer deutschen übertragenden AG nur stattfindet, wenn dem die anderen Gesellschaften, deren Rechtsordnung ein solches Verfahren nicht kennt, ausdrücklich zugestimmt haben (Art. 25 Abs. 3 Satz 1 SE-VO)[64]. Dabei steht das Spruchverfahren allen Aktionären offen, die mit dem Umtauschverhältnis nicht einverstanden sind[65]. Wird die Zustimmung nicht erteilt, kann der Verschmelzungsbeschluss abweichend von § 14 Abs. 2 UmwG auch mit der **Bewertungsrüge** angefochten werden (vgl. § 7 Abs. 5 und 7 SEAG). Bei einer grenzüberschreitenden Verschmelzung kann das Umtauschverhältnis damit ein besonderes Anfechtungsrisiko darstellen, zumal es keine einheitlichen Bewertungsgrundsätze innerhalb der EU gibt[66].

---

60 *Oechsler* in MünchKomm. AktG, 5. Auflage 2021, Art. 2 SE-VO Rz. 14; *Casper* in BeckOGK AktG, Stand 1.6.2021, Art. 2 SE-VO Rz. 24.
61 Siehe zum Verschmelzungsverfahren näher *Bayer* in Lutter/Hommelhoff, Die Europäische Gesellschaft, S. 25, 32 ff.; *Drinhausen* in van Hulle/Maul/Drinhausen, Handbuch zur Europäischen Gesellschaft (SE), 2007, S. 59 ff.; *Marsch-Barner/Wilk* in Kallmeyer, UmwG, Anhang I zur SE Rz. 7 ff.; *Marsch-Barner* in Habersack/Drinhausen, SE-Recht, Art. 17 SE-VO Rz. 9 ff.; *Walden/Meyer-Landrut*, DB 2005, 2119 ff.; *Vossius*, ZIP 2005, 743 ff.
62 Kritisch dazu *J. Vetter* in Lutter/Hommelhoff, Die Europäische Gesellschaft, S. 111, 145.
63 Nach der Entscheidung des EuGH in der Rechtssache KA Finanz (ZIP 2016, 715) widerspricht diese Regelung allerdings Art. 4 Abs. 2 Satz 1 der 10. Richtlinie, vgl. dazu *Bayer/J. Schmidt*, ZIP 2016, 841, 847 f. und *Marsch-Barner* in Habersack/Drinhausen, SE-Recht, Art. 24 SE-VO, Rz. 6.
64 Zu den Voraussetzungen des Zustimmungsbeschlusses vgl. *Marsch-Barner* in Habersack/Drinhausen, SE-Recht, Art. 25 SE-VO Rz. 30.
65 Vgl. Begr. RegE SEEG, BT-Drucks. 15/3405, S. 32 und *Austmann* in MünchHdb. AG, § 84 Rz. 40.
66 Vgl. dazu *Marsch-Barner/Wilk* in Kallmeyer, UmwG, Anhang I zur SE Rz. 23 und *Achleitner* in Cromme, Corporate Governance Report 2007, S. 48, 54.

Die künftige SE kann erst eingetragen werden, wenn eine Vereinbarung über die Beteiligung der Arbeitnehmer geschlossen wurde oder die Verhandlungsfrist abgelaufen ist, ohne dass eine Vereinbarung zustande gekommen ist (Art. 12 Abs. 2 SE-VO). Im ersten Fall gilt die **vereinbarte Mitbestimmung** (§ 21 SEBG). Im zweiten Fall gilt eine **gesetzliche Auffangregelung** für den SE-Betriebsrat (§§ 22 ff. SEBG) und für die Beteiligung der Arbeitnehmer im Aufsichtsorgan der SE (§§ 34 ff. SEBG). Für die Mitbestimmung im Aufsichtsrat setzt sich danach die Mitbestimmung mit der höchsten Anzahl von Arbeitnehmervertretern durch (§ 35 Abs. 2 SEBG). Ist an der Verschmelzung eine dem deutschen MitbestG unterliegende AG beteiligt, gilt die paritätische Mitbestimmung regelmäßig auch für die SE. Eine Ausnahme besteht nur für die Fälle, in denen die Zahl der bislang mitbestimmten Mitarbeiter unter 25 % aller von der Verschmelzung betroffenen Arbeitnehmer liegt (§ 34 Abs. 1 Nr. 2 SEBG). Diese Regeln gelten grundsätzlich auch bei **allen** anderen **SE-Gründungen**. Die Schwellenwerte für das Arbeitnehmerquorum sind allerdings unterschiedlich[67]. 3.21

Für die Verhandlungen über die Mitbestimmung ist auf Arbeitnehmerseite ein **besonderes Verhandlungsgremium** zu bilden. Dafür ist ein Zeitraum von bis zu zehn Wochen vorgesehen (§ 11 Abs. 1 SEBG). Die sich dann anschließenden Verhandlungen können bis zu sechs Monate dauern. Dieser Zeitraum kann einvernehmlich auf höchstens ein Jahr verlängert werden (§ 20 SEBG). 3.22

Die Hauptversammlung jeder an der Verschmelzung beteiligten Gesellschaft kann sich **vorbehalten**, die Eintragung der Verschmelzung von einer Genehmigung der erzielten Mitbestimmungsregelung[68] abhängig zu machen (Art. 23 Abs. 2 Satz 2 SE-VO). Damit kann sich das Gründungsverfahren um eine weitere Hauptversammlung verzögern. Um dies zu vermeiden, empfiehlt es sich, das Mitbestimmungsverfahren so frühzeitig einzuleiten, dass das endgültige Mitbestimmungsmodell bereits im Zeitpunkt der Beschlussfassung über die Verschmelzung feststeht. 3.23

2. Holding-SE

Aktiengesellschaften können eine SE auch als Holding gründen, wenn mindestens zwei von ihnen dem Recht verschiedener Mitgliedstaaten unterliegen oder seit mindestens zwei Jahren eine dem Recht eines anderen Mitgliedstaates unterliegende Tochtergesellschaft oder eine Zweigniederlassung in einem anderen Mitgliedstaat unterhalten (Art. 2 Abs. 3 SE-VO). Bei der Gründung einer Holding-SE bleiben die an der Gründung beteiligten Gesellschaften bestehen[69]. Deren Aktionäre erhalten jedoch Gelegenheit, einen bestimmten Mindestprozentsatz ihrer Aktien an den Gründungsgesellschaften gegen die Ausgabe von neuen Aktien der SE in diese einzubringen (Art. 32 Abs. 2, Art. 33 Abs. 1 und 4 SE-VO). Es handelt sich damit um eine Sachgründung, bei der die Gründungsgesellschaften zu Tochtergesellschaften der SE werden[70]. 3.24

Die Gründung erfolgt gemäß Artt. 32, 33 SE-VO in **zwei Stufen**[71]. Zunächst müssen die Aktionäre der beteiligten Gesellschaften über den gemeinsamen, von Sachverständigen geprüften Gründungsplan mit der darin enthaltenen Satzung der neuen SE anhand des Prüfungsberichts und eines Gründungsberichts beschließen. In einem zweiten Schritt haben die Aktionäre sodann ihre Aktien an der jewei- 3.25

---

67 Vgl. § 34 Abs. 1 Nr. 3 lit. a und lit. b SEBG: mindestens 50 % bei einer Holding-SE und einer Tochter-SE.
68 Entgegen dem Wortlaut der VO kann sich der Zustimmungsvorbehalt auch auf die gesetzliche Auffangregelung beziehen, vgl. *Marsch-Barner* in Habersack/Drinhausen, SE-Recht, Art. 23 SE-VO Rz. 21 m.w.N.
69 *Paefgen* in KölnKomm. AktG, 4. Aufl. 2021, Art. 32 SE-VO Rz. 23; *Stöber*, AG 2013, 110, 112.
70 *Austmann* in MünchHdb. AG, § 84 Rz. 51; *Stöber*, AG 2013, 110, 111.
71 Zu den einzelnen Verfahrensschritten *Marsch-Barner/J. Schmidt* in Lutter/Bayer, Holding-Handbuch, Rz. 17.14 ff.; *Scholz* in Habersack/Drinhausen, SE-Recht, Art. 32 SE-VO Rz. 1 ff.; *Vossius*, ZIP 2005, 741, 744 ff. und *Drinhausen* in van Hulle/Maul/Drinhausen, Handbuch zur Europäischen Gesellschaft (SE), 2007, S. 82 ff.

ligen Gründungsgesellschaft aufgrund entsprechender Verpflichtungserklärungen im Umfang von mehr als 50 % in die neue SE zum Zwecke ihrer Gründung einzubringen.

3.26 Auf diesem Wege können sich Gesellschaften aus verschiedenen Mitgliedstaaten zu einem Konzernverbund unter einheitlicher Leitung der neuen Holding-SE zusammenschließen. Für eine Zusammenführung bislang unabhängiger börsennotierter Gesellschaften ist dieser Weg allerdings wegen seiner **Dauer** problematisch. Dies gilt nicht nur für das eigentliche Gründungsverfahren, sondern auch für die begleitenden Verhandlungen über die Mitbestimmung im Aufsichtsorgan der künftigen Holding. Eine an der Gründung beteiligte deutsche AG muss ihren Aktionären zudem ein **Abfindungsangebot** unterbreiten, wenn sich der Sitz der künftigen Holding-SE im Ausland befindet oder wenn die SE ihrerseits abhängig i.s.v. § 17 AktG ist (§ 9 SEAG). Als Besonderheit kommt weiter hinzu, dass umstritten ist, ob die Aufforderung an die Aktionäre einer deutschen börsennotierten Gründungsgesellschaft, ihre Aktien in die neue SE einzubringen, ein öffentliches **Übernahmeangebot** i.S.d. §§ 29 ff. WpÜG darstellt[72]. Ein Risiko stellt – wie bei der Verschmelzung – auch die Ermittlung des **Umtauschverhältnisses** dar, da für grenzüberschreitende Zusammenschlüsse bislang kein harmonisiertes Bewertungsverfahren existiert. Verglichen damit ist das herkömmliche Verfahren eines parallelen Übernahmeangebotes einer NewCo, wie es z.B. bei der Bildung der DaimlerChrysler AG praktiziert wurde, deutlich schneller und sicherer[73].

3. Gemeinsame Tochter-SE

3.27 Nach Art. 2 Abs. 3 SE-VO können Gesellschaften mit Sitz und Hauptverwaltung in der EU eine Tochter-SE durch Zeichnung ihrer Aktien gründen, sofern mindestens zwei von ihnen dem Recht verschiedener Mitgliedstaaten unterliegen oder seit mindestens zwei Jahren eine dem Recht eines anderen Mitgliedstaates unterliegende Tochtergesellschaft oder eine Zweigniederlassung in einem anderen Mitgliedstaat haben. Bei der Gründung einer solchen gemeinsamen Tochter-SE handelt es sich um eine **Bar-** oder **Sachgründung** nach dem Aktienrecht des Sitzstaates der SE[74]. Ein Gründungsplan ist dafür nicht erforderlich. In der Regel werden die Gründungsgesellschaften allerdings eine mehr oder weniger formalisierte Vereinbarung über die Gründung der gemeinsamen Tochter treffen. An den Zeitpunkt dieser Vereinbarung knüpft § 4 Abs. 2 Satz 3 SEBG die Pflicht zur Unterrichtung der Arbeitnehmervertretungen über das Gründungsvorhaben. Bei der Gründung handelt es sich um eine Geschäftsführungsmaßnahme. Ein **Beschluss der Hauptversammlung** dazu ist auf Seiten einer beteiligten deutschen AG nur in den Fällen des § 179a AktG oder bei einer Maßnahme nach den Kriterien der Holzmüller/Gelatine-Rechtsprechung erforderlich[75].

4. Umwandlung

3.28 Der einfachste Weg zur Umwandlung einer börsennotierten AG in eine (börsennotierte) SE ist der Formwechsel. Dieser ist zulässig, wenn die AG mit Sitz und Hauptverwaltung in der Gemeinschaft seit mindestens zwei Jahren eine dem Recht eines anderen Mitgliedstaates unterliegende Tochtergesellschaft hat (Art. 2 Abs. 4 SE-VO). Für die Umwandlung gelten Art. 37 SE-VO und Art. 15 Abs. 1 SE-VO i.V.m. §§ 190 ff. UmwG[76]. Als Besonderheit ist dabei zu beachten, dass der **Sitz** der Gesellschaft anlässlich des Formwechsels **nicht** in einen anderen Mitgliedstaat **verlegt** werden darf (Art. 37 Abs. 3

---

[72] Vgl. dazu verneinend *Brandes*, AG 2005, 177, 179, 186; ebenso *Marsch-Barner/J. Schmidt* in Lutter/Bayer, Holding-Handbuch, Rz. 17.91 ff.; sowie ausführlich *Scholz* in Habersack/Drinhausen, SE-Recht, Art. 32 SE-VO Rz. 22 ff.; bejahend *Paefgen* in KölnKomm. AktG, 4. Aufl. 2021, Art. 32 SE-VO Rz. 147 ff. m.w.N.

[73] Vgl. dazu *Reichert*, Der Konzern 2006, 821, 830.

[74] Zum Gründungsablauf *Vossius*, ZIP 2005, 741, 746 f.

[75] *Austmann* in MünchHdb. AG, § 84 Rz. 59, 61 m.w.N.

[76] *Bücker* in Habersack/Drinhausen, SE-Recht, Art. 37 SE-VO Rz. 4; *Schwarz*, SE-VO, 2006, Art. 37 SE-VO Rz. 10; *Austmann* in MünchHdb. AG, § 84 Rz. 62, 63 m.w.N.; *Vossius*, ZIP 2005, 741, 747 f.

SE-VO). Damit soll einer Flucht aus der Mitbestimmung vorgebeugt werden[77]. Dieser Gesichtspunkt spielt auch insofern eine Rolle, als eine Rückumwandlung der SE in eine AG frühestens nach zwei Jahren möglich ist (Art. 66 Abs. 1 Satz 2 SE-VO)[78]. Der deutsche Gesetzgeber hat die Mitbestimmung außerdem dadurch abgesichert, dass in der SE im Falle einer Umwandlung zumindest das gleiche Ausmaß an Mitbestimmung gewährleistet werden muss wie in der Ausgangsgesellschaft (§ 21 Abs. 6 SEBG)[79].

Das Umwandlungsverfahren entspricht dem Formwechsel nach dem UmwG[80]. Die Geschäftsleitung hat einen **Umwandlungsplan** nebst einem **Umwandlungsbericht** zu erstellen. Beide müssen offengelegt werden. Außerdem hat eine vereinfachte **Prüfung** der Vermögensverhältnisse zu erfolgen (Art. 37 Abs. 6 SE-VO). Im Anschluss hieran kann die Hauptversammlung über den Formwechsel beschließen (Art. 37 Abs. 7 SE-VO). Mit der Eintragung der Umwandlung im Handelsregister ist das Verfahren abgeschlossen. Ein Abfindungsangebot muss nicht unterbreitet werden. Der europäische Gesetzgeber hat in der Umwandlung einer AG in eine SE gleicher nationaler Prägung zu Recht keine wesentliche Rechtsformverschiedenheit gesehen[81].

3.29

5. Tochter-SE

Die fünfte Gründungsform geht davon aus, dass bereits eine SE besteht. Diese kann eine oder mehrere weitere SE in einem beliebigen Mitgliedstaat gründen (Art. 3 Abs. 2 SE-VO). Für die Gründung einer solchen Tochter-SE gelten gemäß Art. 15 Abs. 1 SE-VO die Vorschriften des AktG über die Gründung gegen **Bar-** oder **Sacheinlagen**. Eine Tochter-SE kann daneben auch durch **Ausgliederung** gemäß § 123 Abs. 3 Nr. 2 UmwG gegründet werden[82].

3.30

V. Besondere Gestaltungsmöglichkeiten in der SE

Die auf die SE anwendbaren Vorschriften erlauben verschiedene rechtliche Gestaltungen, die bei der AG nicht möglich sind. Solche Besonderheiten wie z.B. die Möglichkeit, den Aufsichtsrat durch Vereinbarung mit der Arbeitnehmerseite von 20 auf 12 Mitglieder zu verkleinern (siehe dazu näher Rz. 3.43 ff.), sind zwar nicht davon abhängig, ob die betreffende SE börsennotiert ist. Sie sind unter Umständen aber gerade für börsennotierte Gesellschaften von Interesse und können daher für diese ein Motiv sein, um in die Rechtsform der (börsennotierten) SE zu wechseln. Die einzelnen Gestaltungsmöglichkeiten ergeben sich aus den gesetzlichen Bestimmungen oder aus einer entsprechenden Regelung in der Satzung.

3.31

---

77 *Bücker* in Habersack/Drinhausen, SE-Recht, Art. 37 SE-VO Rz. 2, 5; *Casper* in BeckOGK AktG, Stand 1.2.2021, Art. 37 SE-VO Rz. 2; *J. Schmidt* in Lutter/Hommelhoff/Teichmann, SE-Kommentar, Art. 37 SE-VO Rz. 9.
78 Vgl. dazu *Eberspächer* in BeckOGK AktG, Stand 1.2.2021, Art. 66 SE-VO Rz. 4; zur Rückumwandlung in eine KGaA siehe OLG Frankfurt v. 15.2.2011 – 5 U 30/10 – Fresenius, NZG 2011, 351, 352 = AG 2011, 256.
79 Vgl. *Henssler/Sittard*, KSzW 2011, 359, 364 f.; *Hohenstatt/Müller-Bonanni* in Habersack/Drinhausen, SE-Recht, § 21 SEBG Rz. 31 ff.
80 Siehe dazu näher *Bayer* in Lutter/Hommelhoff, Die Europäische Gesellschaft, S. 25, 59 ff.; *Marsch-Barner/Wilk* in Kallmeyer, UmwG, Anhang I zur SE Rz. 92 ff.; *Seibt/Reinhard*, Der Konzern 2005, 407 ff.; *Kowalski*, DB 2007, 2243 ff.; *Drinhausen* in van Hulle/Maul/Drinhausen, Handbuch zur Europäischen Gesellschaft (SE), 2007, S. 107 ff.
81 Dies entspricht der Wertung des § 250 UmwG für den Formwechsel zwischen AG und KGaA.
82 *Schwarz*, SE-VO, 2006, Art. 3 SE-VO Rz. 29; *Bayer* in Lutter/Hommelhoff, Die Europäische Gesellschaft, S. 25, 29; *Marsch-Barner* in Liber amicorum Happ, 2006, S. 161, 165 f.; *Habersack* in Habersack/Drinhausen, SE-Recht, Art. 3 SE-VO Rz. 12.

1. Sitzverlegung

3.32 Die SE ist – neben der EWIV[83] und der SCE[84] – die bislang einzige Gesellschaftsform, die ihren **Satzungssitz** identitätswahrend und rechtssicher in ein anderes Land innerhalb der EU und des EWR verlegen kann. Das Verfahren dazu ist in Art. 8 SE-VO i.V.m. den §§ 12 ff. SEAG näher geregelt. Die AG kann nur ihren effektiven **Verwaltungssitz** ins EU-Ausland verlegen, ohne dass ein solcher Beschluss nichtig wäre oder zur Auflösung der Gesellschaft führt[85]. Die Verlegung des Satzungssitzes nach Art. 8 SE-VO geht aber weiter, da sie mit einem **Wechsel des anwendbaren Rechts** verbunden ist[86]. Eine SE, die ihren satzungsmäßigen Sitz ins Ausland verlegt, unterstellt sich damit künftig dem Gesellschaftsrecht des betreffenden Mitgliedstaates[87]. Eine AG, die nur den Sitz ihrer Verwaltung ins Ausland verlegt, bleibt dagegen weiter eine AG nach deutschem Aktienrecht. Mit der Sitzverlegung kann somit die Unterstellung der Gesellschaft unter eine andere Rechtsordnung erreicht werden, was aus unterschiedlichen Gründen von Interesse sein kann. Eine solche Sitzverlegung ist für die AG nach geltendem Recht nicht möglich[88].

3.33 Nach der Rechtsprechung des EuGH bedeutet die Niederlassungsfreiheit gemäß Artt. 49, 54 AEUV, dass unter bestimmten Voraussetzungen ein **grenzüberschreitender Formwechsel** zulässig ist[89]. Ein solcher Formwechsel führt zwangsläufig auch zu einer Verlegung des Satzungssitzes. Allerdings gibt es dafür bislang keine gesicherten Verfahrensregeln, weshalb eine Überarbeitung und Verabschiedung der 14. Gesellschaftsrechtlichen Richtlinie über die Sitzverlegung[90] dringend geboten erscheint[91]. Darin wäre auch die isolierte grenzüberschreitende Sitzverlegung zu regeln. Bis es dazu kommt, bleibt die SE vorerst die einzige Rechtsform, in der eine börsennotierte Gesellschaft ihren satzungsmäßigen Sitz unter Aufrechterhaltung ihrer Identität innerhalb der EU verlegen kann.

3.34 Die Verlegung des Sitzes einer deutschen SE ins Ausland hat allerdings ihren Preis. Die Sitzverlegung erfolgt zwar identitätswahrend, soweit es um den Fortbestand der juristischen Person geht[92]. Mit ihr ändert sich aber das anwendbare nationale Recht, das die SE zu einem großen Teil prägt[93]. Die Sitzverlegung ähnelt daher einer **wirtschaftlichen Neugründung**, wie sie sich beim Formwechsel voll-

---

83 Vgl. Artt. 13, 14 EWIV-VO.
84 Vgl. Art. 7 SCE-VO i.V.m. § 11 SCEAG.
85 Vgl. § 5 AktG sowie *Hüffer/Koch*, § 5 AktG Rz. 3 und *Marsch-Barner* in FS Haarmann, 2015, S. 115, 119, 123 f.; zur europarechtlichen Zulässigkeit siehe EuGH v. 16.12.2008 – C-210/06 – Cartesio, NJW 2009, 569 = AG 2009, 79.
86 *Veil* in KölnKomm. AktG, 4. Aufl. 2021, Art. 8 SE-VO Rz. 103.
87 Vgl. die Sitzverlegung der Tipp24 SE in 2013 von Hamburg nach London mit neuen Statutes nach dem Companies Act 2006; in London inzwischen unter der Firma ZEAL Network SE eingetragen.
88 Vgl. zur GmbH OLG Brandenburg v. 30.11.2004 – 6 Wx 4/04, ZIP 2005, 489 = GmbHR 2005, 484 und OLG München v. 4.10.2007 – 31 Wx 36/07, ZIP 2007, 2124 = GmbHR 2007, 1273, sowie *Marsch-Barner* in FS Haarmann, 2015, S. 115, 124 m.w.N.
89 EuGH v. 12.7.2012 – C-378/10 – Vale, ZIP 2012, 1394 = GmbHR 2012, 860; OLG Nürnberg v. 19.6.2013 – 12 W 520/13, NZG 2014, 349; KG v. 21.3.2016 – 22 W 64/15, NZG 2016, 834; abl. noch OLG Nürnberg v. 13.2.2012 – 12 W 2361/11, ZIP 2012, 572.
90 Vgl. zum Text des Vorentwurfs der Richtlinie ZIP 1997, 1721 ff. sowie dazu näher *Priester*, ZGR 1999, 36 ff.
91 Vgl. *Bayer/J. Schmidt*, ZIP 2012, 1481, 1491; *Behme*, NZG 2012, 935, 939; *Wicke*, DStR 2012, 1756, 1758; zu den bisherigen Arbeiten an einer Sitzverlegungsrichtlinie *Neye* in FS Schwark, 2009, S. 231 ff.; zu den Erwartungen an eine künftige Sitzverlegungsrichtlinie *Kiem*, ZHR 180 (2016), 289 ff.
92 Vgl. *Schwarz*, SE-VO, 2006, Art. 8 SE-VO Rz. 1; *Oechsler*, AG 2005, 373, 374.
93 Vgl. dazu *Casper* in FS Ulmer, 2003, S. 51 ff. und *Reichert*, Der Konzern 2006, 821, 825; vgl. auch *Lutter/Hommelhoff*, Die Europäische Gesellschaft, S. 2, wonach das Recht der SE zu 40 % europäisch und zu 60 % national bestimmt ist; welche Auswirkungen die Sitzverlegung auf eine Beteiligungsvereinbarung der Arbeitnehmer hat, ist noch ungeklärt, vgl. dazu *Oetker*, AG 2005, 373, 377 und *Teichmann*, AG 2008, 797, 801 f.

zieht[94]. Gläubiger und Minderheitsgesellschafter werden deshalb stärker geschützt als bei einer innerstaatlichen Sitzverlegung.

Um die Durchsetzung von Forderungen, die vor der Sitzverlegung entstanden sind, zu erleichtern, wird zunächst fingiert, dass die SE insoweit weiter ihren Sitz im Wegzugsstaat hat (Art. 8 Abs. 16 SE-VO). Die **Gläubiger** können daher wählen, ob sie die SE im Zuzugsstaat oder weiter im Wegzugsstaat **verklagen** wollen. Große praktische Bedeutung dürfte diese Regelung indessen nicht erlangen, da im bisherigen Sitzstaat meist ohnehin ein Betrieb oder eine Niederlassung zurückbleibt[95].

3.35

Praktisch wichtiger ist das Recht auf **Sicherheitsleistung** gemäß Art. 8 Abs. 7 SE-VO i.V.m. § 13 Abs. 1 SEAG. Gläubigern, die glaubhaft machen, dass durch die Sitzverlegung die Erfüllung ihrer Forderungen gefährdet wird, ist danach Sicherheit zu leisten. Voraussetzung dafür ist, dass die Gläubiger ihren Anspruch innerhalb von zwei Monaten nach Offenlegung des Verlegungsplans nach Grund und Höhe schriftlich anmelden. Dieser Anspruch auf Sicherheitsleistung ähnelt auf den ersten Blick der Regelung in §§ 22, 204 UmwG. Anders als beim Formwechsel nach dem UmwG ist die Sicherheitsleistung aber Voraussetzung für die Eintragung und damit das Wirksamwerden der Sitzverlegung. So hat das Leitungsorgan nach Art. 8 Abs. 7 SE-VO i.V.m. § 13 Abs. 3 SEAG zu **versichern**, dass allen Gläubigern, die einen Anspruch auf Sicherheitsleistung haben, eine angemessene Sicherheit geleistet wurde. Ein einziger Rechtsstreit um einen Anspruch auf Sicherheitsleistung steht damit einer Eintragung der Sitzverlegung entgegen[96]. Will die Gesellschaft diese „Registersperre" überwinden, muss sie praktisch jede geltend gemachte Forderung, ggf. unter dem Vorbehalt des § 814 BGB, absichern oder begleichen.

3.36

Nach Art. 8 Abs. 5 i.V.m. § 12 Abs. 1 Satz 1 SEAG ist Aktionären, die in der Hauptversammlung gegen die Sitzverlegung **Widerspruch zu Protokoll** gegeben haben, der Erwerb ihrer Aktien gegen **angemessene Barabfindung** anzubieten[97]. Die Angemessenheit der Abfindung kann im Rahmen eines Spruchverfahrens überprüft werden (§ 12 Abs. 2, § 7 Abs. 5, 7 SEAG)[98].

2. Monistische Führungsstruktur

Ein anderer Vorteil liegt darin, dass die SE die einzige Gesellschaftsform ist, die bei der Führungsstruktur ein **Wahlrecht** zwischen dem dualistischen und dem monistischen System eröffnet. Dieses Wahlrecht ist in Artt. 39 ff., 43 ff. SE-VO und im SEAG näher geregelt. Es besteht nicht nur bei der Gründung der SE; die SE kann durch satzungsändernden Hauptversammlungsbeschluss das **Führungssystem jederzeit wechseln**[99]. Im Fall der dualistischen Struktur werden die Bestimmungen des Aktienrechts zu Vorstand und Aufsichtsrat lediglich ergänzt (§§ 15 ff. SEAG). Die monistische Struktur ist dagegen im Einzelnen ausformuliert (§§ 20 ff. SEAG). Im monistischen System gibt es nur ein Leitungsorgan, den Verwaltungsrat. Dieser **Verwaltungsrat** leitet die Gesellschaft, bestimmt die Grundlinien ihrer Tätigkeit und überwacht zudem deren Umsetzung (§ 22 Abs. 1 SEAG). Der Verwaltungsrat vereinigt damit Funktionen von Vorstand und Aufsichtsrat in einem Organ.

3.37

---

94 *Oechsler/Mihaylova* in MünchKomm. AktG, 4. Aufl. 2017, Art. 8 SE-VO Rz. 3; *Schröder* in Manz/Mayer/Schröder, Die Europäische Gesellschaft (SE), 3. Aufl. 2019, Art. 8 SE-VO Rz. 18 f.; *Casper* in BeckOGK AktG, Stand 1.2.2021, Art. 8 SE-VO Rz. 1.
95 *Schwarz*, SE-VO, 2006, Art. 8 SE-VO Rz. 71.
96 *Casper* in BeckOGK AktG, Stand 1.6.2021, Art. 8 SE-VO Rz. 18.1; für eine engere Auslegung des Sicherungsinteresses *Diekmann* in Habersack/Drinhausen, SE-Recht, Art. 8 SE-VO Rz. 72.
97 *Diekmann* in Habersack/Drinhausen, SE-Recht, Art. 8 SE-VO Rz. 39; *Veil* in KölnKomm. AktG, 4. Aufl. 2021, Art. 8 SE-VO Rz. 109.
98 *Diekmann* in Habersack/Drinhausen, SE-Recht, Art. 8 SE-VO Rz. 39; *Veil* in KölnKomm. AktG, 4. Aufl. 2021, Art. 24 SE-VO Rz. 15.
99 *Scholz* in Habersack/Drinhausen, SE-Recht, Art. 38 SE-VO Rz. 29; *Thoma/Leuering*, NJW 2002, 1449, 1451; *Hirte*, NZG 2002, 1, 5; *Heckschen* in FS Westermann, 2008, S. 999, 1010.

3.38 Für das monistische Führungssystem ist zusätzlich vorgeschrieben, dass ein oder mehrere **geschäftsführende Direktoren** bestellt werden müssen (§ 40 Abs. 1 Satz 1 SEAG). Diese Bestellung obliegt dem Verwaltungsrat, der sowohl eigene Mitglieder als auch Externe zu geschäftsführenden Direktoren bestellen kann. Die **Mehrheit** der Mitglieder des Verwaltungsrates muss aber aus **nicht geschäftsführenden Mitgliedern** bestehen (§ 40 Abs. 1 Satz 2 SEAG). Die geschäftsführenden Direktoren haben nach außen hin eine ähnliche Stellung wie die Vorstandsmitglieder im dualistischen System (§ 40 Abs. 2 Satz 1 SEAG). Im Innenverhältnis unterliegen sie aber den **Weisungen des Verwaltungsrates** (§ 44 Abs. 2 SEAG)[100]. Sie können von diesem **jederzeit auch ohne wichtigen Grund abberufen** werden, sofern die Satzung nichts anderes bestimmt (§ 40 Abs. 5 SEAG)[101]. Insofern ähnelt ihre Stellung derjenigen von GmbH-Geschäftsführern[102]. Die Abberufung ist **zwingende Plenumsentscheidung** und kann ungeachtet des offenen Wortlauts von § 34 Abs. 4 SEAG nicht an einen Ausschuss zur endgültigen Erledigung übertragen werden[103].

3.39 Die Wahl eines monistischen Führungssystems kann aus unterschiedlichen Gründen von Interesse sein[104]. Für einen ausländischen Konzern, dessen Gesellschaften üblicherweise monistisch strukturiert sind, kann es z.B. von Vorteil sein, dass auch die Tochtergesellschaften in Deutschland monistisch organisiert sind. Eine inländische Familiengesellschaft kann daran interessiert sein, den Vertreter des Mehrheitsaktionärs statt zum Vorsitzenden des Vorstands oder des Aufsichtsrates zum **Vorsitzenden des Verwaltungsrates** zu bestimmen. Dieser Vorsitzende des Verwaltungsrates kann zugleich Vorsitzender der Geschäftsführung sein und damit die Funktionen eines Chairman und eines CEO im angelsächsischen Sinne miteinander verbinden[105]. In dieser Rolle kann ihm auch ein Vorschlagsrecht für die Bestellung der geschäftsführenden Direktoren eingeräumt werden. Es kann also eine Machtkonzentration etabliert werden, wie sie bei der Aktiengesellschaft nicht möglich ist. Eine solche Machtkonzentration wird vor allem bei kleineren Gesellschaften in Betracht kommen. Bei börsennotierten Gesellschaften werden die Funktionen von Leitung und Überwachung meist getrennt. Es gibt nur wenige Gegenbeispiele[106].

3.40 Weniger geeignet ist das monistische System allerdings bei Gesellschaften, die der **paritätischen Mitbestimmung** unterliegen. Der Umfang der Mitbestimmung im Aufsichtsrat oder im Verwaltungsrat einer SE kann grundsätzlich zwar frei ausgehandelt werden. Der Spielraum dafür ist allerdings dadurch begrenzt, dass im Falle eines Scheiterns der Verhandlungen die gesetzlichen Auffangregelungen eingreifen. Wird keine Einigung erzielt, gilt unter Umständen die paritätische Mitbestimmung auch für den Verwaltungsrat. Gehören diesem geschäftsführende Mitglieder an, bezieht sich die Mitbestimmung auch auf diese (§ 35 Abs. 2 SEAG). Die Mitbestimmung erstreckt sich dann auch auf die Leitung der Gesellschaft. Eine Beschränkung der Arbeitnehmervertretung auf nicht geschäftsführende Funktionen, wie sie aus verfassungsrechtlichen Gründen nahe liegen würde[107], ist im Gesetz nicht vorgesehen. Eine solche Beschränkung lässt sich allenfalls dadurch erreichen, dass nur Externe zu geschäftsführenden

---

100 *Austmann* in MünchHdb. AG, § 86 Rz. 19; *Verse* in FS Hoffmann-Becking, 2013, S. 1277, 1281 ff.
101 *Teichmann* in Lutter/Hommelhoff/Teichmann, SE-Kommentar, Anh. Art. 43 SE-VO (§ 40 SEAG) Rz. 48; *Verse* in Habersack/Drinhausen, SE-Recht, § 40 SEAG Rz. 18.
102 *Merkt*, ZGR 2003, 650, 663; *Nagel*, NZA 2004, 833, 836; *Marsch-Barner* in GS Bosch, 2006, S. 99, 105.
103 *Siems/Müller-Leibenger* in KölnKomm. AktG, 4. Aufl. 2021, § 34 SEAG Rz. 34; *Verse* in Habersack/Drinhausen, SE-Recht, § 40 SEAG Rz. 53; a.A. *Teichmann* in Lutter/Hommelhoff/Teichmann, SE-Kommentar, Anh. Art. 43 SE-VO (§ 40 SEAG) Rz. 49.
104 Zu weiteren Einzelheiten siehe *Marsch-Barner* in GS Bosch, 2006, S. 99 ff.; *Drinhausen/Keinath/Waldvogel* in FS Marsch-Barner, 2018, S. 159, 169 ff.
105 Vgl. Begr. RegE zu § 40 SEAG, abgedruckt bei *Neye*, Die Europäische Aktiengesellschaft, 2005, S. 140; *Scholz* in Habersack/Drinhausen, SE-Recht, Art. 38 SE-VO Rz. 27; *Eder*, NZG 2004, 544, 546; *Kallmeyer*, ZIP 2003, 1531, 1534; *Teichmann*, BB 2004, 53, 55; *Marsch-Barner* in GS Bosch, 2006, S. 99, 108.
106 Vgl. zum US-amerikanischen Recht *von Hein*, RIW 2002, 501, 506.
107 Vgl. *Kallmeyer*, ZIP 2003, 1531, 1534; *Reichert/Brandes*, ZGR 2003, 767, 788 ff.; *Teichmann*, BB 2004, 53, 56; gegen eine verfassungskonforme Reduktion *Köstler*, ZGR 2003, 800, 834 f. und *Kämmerer/Veil*, ZIP 2005, 369, 375 f.

Direktoren bestellt werden[108]. Darin liegt dann allerdings eine verdeckte dualistische Struktur, bei der sich die Frage stellt, ob dazu unbedingt das monistische System gewählt werden muss[109].

Die SE-VO sieht als Vorkehrung gegen eine Überparität der Arbeitnehmervertreter vor, dass der Vorsitzende des Verwaltungsrates bei paritätischer Mitbestimmung nur ein Vertreter der Aktionäre sein kann (Art. 45 Satz 2). Ihm steht bei Stimmengleichheit ein nicht abdingbarer **Stichentscheid** zu (Art. 50 Abs. 2). Nach § 35 Abs. 3 SEAG wächst dem Verwaltungsratsvorsitzenden außerdem eine **zusätzliche Stimme** zu, wenn ein geschäftsführendes Mitglied des Verwaltungsrates aus rechtlichen Gründen gehindert ist, an der Beschlussfassung teilzunehmen. Ein solcher Fall liegt z.B. vor, wenn über den Anstellungsvertrag eines dem Verwaltungsrat angehörenden geschäftsführenden Direktors beschlossen werden soll. Die Regelung soll verhindern, dass es bei Stimmverboten aufgrund von Interessenkollisionen zu einer Majorisierung der Anteilseignervertreter durch die Arbeitnehmervertreter im Verwaltungsrat kommt[110]. Dieses Ziel wird indessen nicht erreicht, wenn der Verwaltungsratsvorsitzende selbst auch geschäftsführender Direktor ist. In diesem Fall spricht einiges dafür, dass das zusätzliche Stimmrecht dem stellvertretenden Vorsitzenden des Verwaltungsrates zufällt[111]. Gesichert ist diese Lösung aber nicht. Eine andere Möglichkeit zur Vermeidung von Interessenkonflikten besteht darin, entsprechende Beschlussgegenstände einem **Ausschuss** zuzuweisen, dem ausschließlich nicht geschäftsführende Verwaltungsratsmitglieder angehören[112]. Zur Beschlussfassung ist allerdings zu berücksichtigen, dass Entscheidungen in Leitungsfragen einem Ausschuss nicht übertragen werden können (§ 34 Abs. 4 Satz 2, § 22 Abs. 1 SEAG). Die Verantwortung bleibt damit bei den nicht geschäftsführenden Verwaltungsratsmitgliedern unter Einschluss etwaiger Arbeitnehmervertreter[113].

3.41

Angesichts dieser Implikationen ist für die Unternehmenspraxis davon auszugehen, dass von einer Aktiengesellschaft, die der paritätischen Mitbestimmung im Aufsichtsrat unterliegt, das monistische System nicht gewählt werden wird. Die Gesellschaften, die sich bisher für die monistische Struktur entschieden haben, sind in der Regel Gesellschaften, deren Verwaltungsrat keine Arbeitnehmervertreter angehören[114].

3.42

3. Corporate Governance

Das Recht der SE erlaubt verschiedene Gestaltungsmöglichkeiten, die unter dem Gesichtspunkt einer Verbesserung der Corporate Governance von Interesse sein können. Zu erwähnen ist vor allem die Möglichkeit, den **Aufsichtsrat** zu **verkleinern**[115]. Es ist allgemein anerkannt, dass Aufsichtsräte mit 16 oder 20 Mitgliedern, wie sie das MitbestG verlangt, zu groß sind, um eine effektive Überwachung und Beratungstätigkeit auszuüben. Zwar sind die Aufsichtsräte dazu übergegangen, einen großen Teil ihrer Arbeit in Ausschüsse zu delegieren. Damit ist das Größenproblem zwar entschärft, aber nicht gelöst.

3.43

---

108 *Austmann* in MünchHdb. AG, § 86 Rz. 23; *Marsch-Barner* in GS Bosch, 2006, S. 99, 113.
109 Kritisch auch *Bücker* in Bergmann/Kiem/Mülbert/Verse/Wittig, 10 Jahre SE, 2015, S. 203, 211.
110 Vgl. BT-Drucks. 15/4053, S. 59 und dazu *Reichert/Brandes* in MünchKomm. AktG, 4. Aufl. 2017, Art. 50 SE-VO Rz. 41 f.; *Teichmann* in Lutter/Hommelhoff/Teichmann, SE-Kommentar, Anh. Art. 50 SE-VO Rz. 24.
111 *Drinhausen* in Habersack/Drinhausen, SE-Recht, Art. 50 SE-VO Rz. 27; *Verse* in Habersack/Drinhausen, SE-Recht, § 34 SEAG Rz. 9 ff.; *Reichert/Brandes* in MünchKomm. AktG, 4. Aufl. 2017, Art. 50 SE-VO Rz. 44; a.A. *Teichmann* in Lutter/Hommelhoff/Teichmann, SE-Kommentar, Anh. Art. 50 SE-VO Rz. 24.
112 *Reichert/Brandes* in MünchKomm. AktG, 4. Aufl. 2017, Art. 50 SE-VO Rz. 46.
113 *Austmann* in MünchHdb. AG, § 86 Rz. 25.
114 Vgl. z.B. Mensch und Maschine Software SE, Impreglon SE, IMW Immobilien SE, Conrad Holding SE und Conrad Electronics SE, Pulsion Medical Systems SE.
115 Viele der Aktiengesellschaften, die zur SE übergegangen sind, haben diese Gelegenheit genutzt, um ihren Aufsichtsrat auf 12 Mitglieder zu verkleinern oder auf diese Größe festzuschreiben, vgl. z.B. Allianz SE, Porsche Automobil Holding SE, BASF SE und E.ON SE.

3.44 Die SE bietet demgegenüber die Möglichkeit, die **Größe des Aufsichtsrates** nach den Bedürfnissen des Unternehmens zu gestalten. Da die SE, wie § 1 MitbestG belegt, nicht dem MitbestG unterliegt[116], gelten dessen Vorgaben nicht. Nach der SE-VO muss der Aufsichtsrat nur aus mindestens drei Personen bestehen[117]. Eine höhere Zahl muss grundsätzlich durch drei und bei einer paritätischen Besetzung auch durch zwei teilbar sein. Bei der mitbestimmten SE tritt allerdings dieses sog. Dreiteilungsgebot nach § 17 Abs. 1 Satz 3 SEAG hinter der vorrangigen Mitbestimmungsvereinbarung zurück, sodass auch eine Besetzung des Aufsichtsrats mit z.B. zehn Mitgliedern vereinbart werden kann, von denen vier Arbeitnehmervertreter sind[118].

3.45 Aus wie vielen Mitgliedern sich der Aufsichtsrat einer SE zusammensetzt, ist nach der SE-VO in der **Satzung** festzulegen[119]. Diese Möglichkeit stößt bei den Gesellschaften mit einem mitbestimmten Aufsichtsrat auf großes Interesse[120]. Allerdings ist umstritten, ob nicht die Größe des Aufsichtsrates auch Gegenstand der mit der Arbeitnehmerseite zu schließenden **Mitbestimmungsvereinbarung** sein kann. Diese hätte gemäß Art. 12 Abs. 4 SE-VO Vorrang. Nach Art. 4 Abs. 2 lit. g der Richtlinie zur Beteiligung der Arbeitnehmer[121] bezieht sich die Mitbestimmungsvereinbarung aber nur auf den zahlenmäßigen Anteil der Arbeitnehmer und nicht auf die Gesamtgröße des Aufsichtsrates. Nach dieser zutreffenden Ansicht kann die Größe des Aufsichtsrates abschließend in der Satzung bestimmt werden[122].

3.46 In Bezug auf den Aufsichtsrat bestehen noch weitere Gestaltungsmöglichkeiten. Zunächst ist zwingend vorgesehen, dass im Falle paritätischer Besetzung der **Vorsitzende des Aufsichtsrates** ein Vertreter der Aktionäre ist (Art. 42 Satz 2 SE-VO). Bei Stimmengleichheit im Aufsichtsrat gibt seine Stimme Art. 50 Abs. 2 SE-VO automatisch den Ausschlag (*casting vote*). Anders als nach § 29 Abs. 2 MitbestG ist somit keine zweite Abstimmung erforderlich, bei der der Aufsichtsratsvorsitzende erst sein Zweitstimmrecht einsetzen kann. Anders als in der AG muss auch der **stellvertretende Vorsitzende** des Aufsichtsrates aus den Reihen der Anteilseignervertreter bestellt werden (Art. 42 Satz 2 SE-VO). Für den Fall, dass der Aufsichtsratsvorsitzende verhindert ist, steht der Stichentscheid analog Art. 50 Abs. 2 SE-VO diesem Stellvertreter zu. Auf diese Weise ist das verfassungsrechtlich gebotene leichte Übergewicht der Anteilseignerseite abgesichert[123].

3.47 Eine weitere Erleichterung besteht darin, dass der Aufsichtsrat die **Vorstandsmitglieder** mit einfacher Mehrheit bestellen und abberufen kann (Art. 50 Abs. 1 lit. b SE-VO). Dabei muss kein Arbeitsdirektor als gleichberechtigtes Mitglied der Geschäftsleitung (§ 33 Abs. 1 Satz 1 MitbestG) bestellt werden. Dies

---

116 § 47 Abs. 1 Nr. 1 SEBG; *Hohenstatt/Müller-Bonanni* in Habersack/Drinhausen, SE-Recht, § 35 SEBG Rz. 2.
117 Art. 17 Abs. 1 Satz 1 SE-VO und Art. 20 SE-VO i.V.m. § 95 Satz 2 AktG.
118 Vgl. LG Nürnberg-Fürth v. 8.2.2010 – 1 HK O 8471/09, NZG 2010, 547 = AG 2010, 384; *Paefgen* in KölnKomm. AktG, 4. Aufl. 2021, Art. 40 SE-VO Rz. 105; *Seibt* in Habersack/Drinhausen, SE-Recht, Art. 40 SE-VO Rz. 67; für eine durch drei und zwei teilbare Mitgliederzahl *Habersack*, ZHR 171 (2007), 613, 632 ff.; *Kiem*, ZHR 171 (2007), 713, 722.
119 Art. 39 Abs. 4, Art. 40 Abs. 3, Art. 43 Abs. 2 SE-VO.
120 Vgl. zur Allianz SE *Achleitner* in Cromme, Corporate Governance Report 2007, S. 48, 51.
121 Richtlinie 2001/86/EG des Rates zur Ergänzung des Statuts der Europäischen Gesellschaft hinsichtlich der Beteiligung der Arbeitnehmer v. 8.10.2001, ABl. EG Nr. L 294 v. 10.11.2001, S. 22.
122 *Henssler/Sittard*, KSzW 2011, 359, 364; *Marsch-Barner* in Kallmeyer, UmwG, Anh. I zur SE Rz. 72a; *Reichert/Brandes* in MünchKomm. AktG, 4. Aufl. 2017, Art. 40 SE-VO Rz. 68; *Habersack*, AG 2006, 345, 351 f.; *Kallmeyer*, AG 2003, 197, 200; *Austmann* in MünchHdb. AG, § 86 Rz. 42; a.A. *Drygala* in Lutter/Hommelhoff/Teichmann, SE-Kommentar, Art. 40 SE-VO Rz. 32; *Krause*, BB 2005, 1221, 1226; *Oetker*, ZIP 2006, 1113, 1116; *Seibt* in Habersack/Drinhausen, SE-Recht, Art. 40 SE-VO Rz. 66; *Schwarz*, SE-VO, 2006, Einl. Rz. 288.
123 *Drinhausen* in Habersack/Drinhausen, SE-Recht, Art. 50 SE-VO Rz. 27; *Schwarz*, SE-VO, 2006, Art. 50 SE-VO Rz. 38 f.; *Siems* in KölnKomm. AktG, 4. Aufl. 2021, Art. 50 SE-VO Rz. 28; a.A. *Teichmann* in Lutter/Hommelhoff/Teichmann, SE-Kommentar, Art. 50 SE-VO Rz. 24.

hat zur Folge, dass in der Satzung dem **Vorsitzenden des Vorstands** ein **Vetorecht** eingeräumt werden kann[124]. Anders als nach dem AktG können die Mitglieder des Vorstands wie auch des Aufsichtsrates für eine Amtszeit von bis zu **sechs Jahren** bestellt werden (Art. 46 Abs. 1 SE-VO). Der vorgesehene Zeitraum muss in der Satzung festgelegt sein, wobei eine Festlegung der Höchstdauer genügt. Die Festlegung im Einzelfall bleibt dann dem Bestellungsorgan überlassen[125].

Für die **Hauptversammlung** der SE gelten im Wesentlichen die gleichen Bestimmungen wie im Aktienrecht. Eine Besonderheit besteht darin, dass die ordentliche Hauptversammlung innerhalb von **sechs Monaten** nach Abschluss des Geschäftsjahres zusammentritt (Art. 54 Abs. 1 Satz 1 SE-VO), während dieser Zeitraum sonst acht Monate beträgt (§ 175 Abs. 1 Satz 2 AktG). Eine weitere Besonderheit besteht darin, dass die Beschlüsse der Hauptversammlung mit der Mehrheit der abgegebenen gültigen Stimmen gefasst werden (Art. 57 SE-VO). Eine Kapitalmehrheit ist daneben nicht vorgeschrieben[126]. Die im Aktienrecht vor allem bei Strukturänderungen notwendige Drei-Viertel-Kapitalmehrheit ist aber als „größere Mehrheit"[127] oder als zusätzliches Erfordernis[128] zu berücksichtigen. Für die **Änderung der Satzung** bedarf es grundsätzlich einer Mehrheit von zwei Dritteln der abgegebenen Stimmen. Die Satzung kann jedoch, von bestimmten Ausnahmen abgesehen, die einfache Stimmenmehrheit genügen lassen, wenn mindestens die Hälfte des gezeichneten Grundkapitals vertreten ist (Art. 59 SE-VO i.V.m. § 51 SEAG). Diese Regelung bedeutet im Verhältnis zum Aktienrecht eine Erschwernis. Danach ist für Satzungsänderungen neben der einfachen Stimmenmehrheit (§ 133 Abs. 1 AktG) zwar noch eine Drei-Viertel-Kapitalmehrheit erforderlich (§ 179 Abs. 2 Satz 1 AktG). Die Satzungen börsennotierter Gesellschaften lassen insoweit aber meist die einfache Kapitalmehrheit genügen (§ 179 Abs. 2 Satz 2 AktG). Bei der börsennotierten AG kann die **Feststellung** des Versammlungsleiters über die **Beschlussfassungen** gemäß § 130 Abs. 2 Satz 3 AktG beschränkt werden, wenn kein Aktionär eine umfassende Feststellung verlangt. Diese Erleichterung gilt auch für die börsennotierte SE (Art. 9 Abs. 1 lit. c ii SE-VO).

4. Mitbestimmung im Aufsichtsrat

Ein weiterer Gesichtspunkt, der für die Gründung einer SE sprechen kann, ist die Möglichkeit, die Mitbestimmung im Aufsichtsrat nach dem DrittelbG oder dem MitbestG zu modifizieren oder durch ein anderes Modell zu ersetzen. Eine SE mit Sitz in Deutschland unterliegt weder dem einen noch dem anderen Gesetz[129]. Allerdings sind die an der Gründung einer SE beteiligten Gesellschaften verpflichtet, über die **künftige Mitbestimmung** im Überwachungsorgan der SE mit der Arbeitnehmervertretung zu **verhandeln**. Diese Verhandlungen sind grundsätzlich ergebnisoffen und zwingen nicht zu einer Übernahme der bei den Gründungsgesellschaften bestehenden Mitbestimmung. Die Mitbestimmung im Aufsichtsorgan der SE kann von der Mitbestimmung in den Gründungsgesellschaften abweichen. Diese kann abgeschwächt oder sonst wie geändert werden. Bei den Verhandlungen ist allerdings das Selbstorganisationsrecht des Aufsichtsrates zu wahren[130]. In einer Mitbestimmungsvereinbarung

---

124 *Drinhausen* in Habersack/Drinhausen, SE-Recht, Art. 50 SE-VO Rz. 20; einschränkend *Reichert/Brandes* in MünchKomm. AktG, 4. Aufl. 2017, Art. 50 SE-VO Rz. 30 ff.
125 *Hoffmann-Becking*, ZGR 2004, 355, 364; *Reichert/Brandes* in MünchKomm. AktG, 4. Aufl. 2017, Art. 46 SE-VO Rz. 3; *Schwarz*, SE-VO, 2006, Art. 46 SE-VO Rz. 13 ff.; *Verse* in Habersack/Drinhausen, SE-Recht, Art. 46 SE-VO Rz. 10; a.A. *Teichmann* in Lutter/Hommelhoff/Teichmann, SE-Kommentar, Art. 46 SE-VO Rz. 4; zu Formulierungsbeispielen siehe *Drinhausen/Nohlen*, ZIP 2009, 1890, 1894.
126 *Spindler* in Lutter/Hommelhoff/Teichmann, SE-Kommentar, Art. 57 SE-VO Rz. 13.
127 *Bücker* in Habersack/Drinhausen, SE-Recht, Art. 57 SE-VO Rz. 25 ff., 28; *Schwarz*, SE-VO, 2006, Art. 57 SE-VO Rz. 10; a.A. *Eberspächer* in BeckOGK AktG, Stand 1.2.2021, Art. 58 SE-VO Rz. 5; *Spindler* in Lutter/Hommelhoff/Teichmann, SE-Kommentar, Art. 57 SE-VO Rz. 13; *Maul* in van Hulle/Maul/Drinhausen, Handbuch zur Europäischen Gesellschaft (SE), 2007, S. 166.
128 So *Kiem* in KölnKomm. AktG, 4. Aufl. 2021, Art. 57 SE-VO Rz. 38, 42.
129 Vgl. § 47 Abs. 1 Nr. 1 SEBG i.V.m. § 1 DrittelbG und § 1 MitbestG.
130 *Seibt* in Habersack/Drinhausen, SE-Recht, Art. 40 SE-VO Rz. 27 m.w.N.; vgl. auch die Beispiele von *Bungert/Gotsche*, ZIP 2013, 649, 653.

können daher weder die Bildung von Ausschüssen noch die Bestimmung des Vorsitzenden oder seiner Stellvertreter verbindlich geregelt werden[131].

3.50 Bei der SE-Gründung durch Umwandlung ist der Verhandlungsspielraum zusätzlich eingeengt. Im Zuge eines solchen **Formwechsels** ist es von Gesetzes wegen ausgeschlossen, dass das Verhandlungsergebnis zu einer Minderung der Mitbestimmungsrechte führen kann[132]. Eine dagegen verstoßende Vereinbarung ist unwirksam (§ 134 BGB). Eine Flucht aus der Mitbestimmung ist auf diese Weise nicht möglich. Allerdings lässt sich diese Sperre umgehen, wenn die neue SE nicht über einen Formwechsel, sondern über eine Verschmelzung gegründet wird. Der einfachste Weg dazu ist die Verschmelzung einer ausländischen Tochter-AG auf die inländische AG-Mutter[133]. Die Nutzung dieser gesetzlich eröffneten Möglichkeit ist kein Verstoß gegen das Missbrauchsverbot des § 43 SEBG[134].

3.51 Normalerweise werden die Verhandlungen nicht zu einer Einschränkung oder gar Abschaffung der Mitbestimmung führen. Das liegt vor allem an der gesetzlichen **Auffangregelung**, die nach §§ 34 ff. SEBG bei Scheitern der Verhandlungen eingreift. Vor dem Hintergrund dieser Absicherung besteht für die Arbeitnehmerseite keinerlei Anreiz zu irgendwelchen Kompromissen. Hinzukommt, dass die an den Verhandlungen regelmäßig beteiligten Gewerkschaftsvertreter darauf achten, dass die bisherige Mitbestimmung nicht verwässert wird. Eine Abschwächung der Mitbestimmung im Aufsichtsrat ist daher allenfalls bei geschlossenen Gesellschaften, eventuell auch gegen Zugeständnisse bei der betrieblichen Mitbestimmung, zu erwarten.

3.52 Über die gesetzliche Auffangregelung ist aber nur das schon bestehende Mitbestimmungsstatut geschützt. Dieser Gesichtspunkt ist z.B. dann von Bedeutung, wenn sich eine Gesellschaft kurz davor befindet, in den Geltungsbereich des DrittelbG oder des MitbestG zu gelangen. Eine Gesellschaft, die z.B. 450 oder 1.900 Mitarbeiter beschäftigt und weitere Akquisitionen beabsichtigt, kann, wenn sie sich vorher in eine SE umwandelt, vermeiden, dass sie durch ein späteres Anwachsen der Belegschaft auf über 500 bzw. über 2.000 Mitarbeiter in den Geltungsbereich des DrittelbG bzw. des MitbestG gelangt[135]. Ebenso kann eine Gesellschaft, die dem MitbestG unterliegt und damit rechnet, dass sie bei einem weiteren Ansteigen der Belegschaft ihren Aufsichtsrat von bisher 12 auf 16 oder 20 Mitglieder erweitern muss, durch einen rechtzeitigen Wechsel in die SE vermeiden, dass diese Regelungen zum Zuge kommen[136]. Erhöht sich die Belegschaft erst in der SE auf über 10.000 bzw. über 20.000, muss der Aufsichtsrat nicht ergänzt werden. Ein Überschreiten der genannten Schwellenwerte führt auch nicht dazu, dass über die bei der Gründung der SE festgelegte Mitbestimmung neu verhandelt werden muss[137].

3.53 Die Mitbestimmung im Aufsichtsrat kann somit in bestimmten Konstellationen vermieden oder auf dem erreichten Niveau „**eingefroren**" werden. Dies bedeutet allerdings auch umgekehrt, dass eine dem MitbestG unterliegende AG, die sich in eine SE umwandelt, zur paritätischen Besetzung des Aufsichtsrates auch dann verpflichtet bleibt, wenn ihre **Belegschaft** später auf unter 2.000 Mitarbeiter **ab-**

---

131 *Seibt* in Habersack/Drinhausen, SE-Recht, Art. 42 SE-VO Rz. 7; *Habersack*, AG 2006, 345, 349.
132 Vgl. § 15 Abs. 5, § 16 Abs. 3, § 21 Abs. 6, § 34 Abs. 1 Nr. 4, § 35 Abs. 1 SEBG.
133 Vgl. den Fall der Conrad Electronics SE, die durch die Herein-Verschmelzung ihrer österreichischen Tochter-AG entstanden ist und deren Verwaltungsrat keine Arbeitnehmervertreter angehören.
134 Vgl. *Hohenstatt/Müller-Bonanni* in Habersack/Drinhausen, SE-Recht, § 43 SEBG Rz. 2 f.; *Oetker* in Lutter/Hommelhoff/Teichmann, SE-Kommentar, § 43 SEBG Rz. 6.
135 Siehe dazu *Heckschen* in FS Westermann, 2008, S. 999, 1013 f.; *Drinhausen/Keinath*, BB 2011, 2699, 2701, 2704 sowie *Bayer*, NJW 2016, 1930, 1932.
136 Ein Beispiel ist die Fresenius AG, die sich vor dem Erwerb der Helios-Kliniken in eine SE umgewandelt hatte, inzwischen allerdings die Rechtsform der SE & Co. KGaA angenommen hat.
137 *Austmann* in MünchHdb. AG, § 86 Rz. 54; *Habersack*, Der Konzern 2006, 105, 107 f.; *Jacobs* in MünchKomm. AktG, 4. Aufl. 2017, § 18 SEBG Rz. 19; *Müller-Bonanni/Melot de Beauregard*, GmbHR 2005, 195, 197 f.; *Wollburg/Banerjea*, ZIP 2005, 277, 282 f.

sinken sollte[138]. Das Statusverfahren gemäß §§ 97 ff. AktG gilt dabei nicht für die Durchführung einer Beteiligungsvereinbarung, sondern nur insoweit, als es um die Beachtung zwingender gesetzlicher Regeln geht[139].

Die Festschreibung der Mitbestimmung bei der Gründung der SE wird dann durchbrochen, wenn **strukturelle Änderungen** geplant sind, die geeignet sind, die Beteiligungsrechte der Arbeitnehmer zu mindern (§ 18 Abs. 3 Satz 1 SEBG). In solchen Fällen ist die SE-Leitung verpflichtet, ein neues, vereinfachtes Verhandlungsverfahren einzuleiten, das bei einem Scheitern zur gesetzlichen Auffangregelung nach dem geänderten Sachverhalt führt[140]. Was unter „strukturellen Veränderungen" zu verstehen ist, ist allerdings mangels gesetzlicher Umschreibung äußerst umstritten[141]. Die Gesetzesbegründung erwähnt als Beispiel die „Aufnahme" eines mitbestimmen Unternehmens durch eine SE, in der es bisher keine Mitbestimmung gibt[142]. Ob damit schon ein bloßer Beteiligungserwerb gemeint ist, erscheint zweifelhaft, da in einem solchen Fall die Mitbestimmung weder in dem Beteiligungsunternehmen noch in der SE gemindert wird[143]. Gemeint sein könnte eine Verschmelzung auf die SE, die als solche, da sie sich nach den Regeln des UmwG vollzieht[144], nicht zu einer Modifikation der Mitbestimmung bei der SE führt[145]. Dementsprechend dürfte es nur um Vorgänge gehen, die sich auf der Ebene der SE selbst abspielen und damit korporativen Charakter haben[146].

3.54

Die strukturellen Änderungen müssen zudem **geeignet** sein, die **Beteiligungsrechte** der Arbeitnehmer **zu mindern**. Dabei geht es nicht nur um Beteiligungsrechte in der SE, sondern, wie das Beispiel in der Gesetzesbegründung zeigt, auch um Beteiligungsrechte der Arbeitnehmer in einem von der SE übernommenen Unternehmen. In diesem Unternehmen müssen allerdings schon Beteiligungsrechte wie z.B. nach dem MitbestG bestehen[147]. Eine Mitbestimmung, die sich erst aus der Zusammenrechnung der Arbeitnehmerzahlen von SE und Beteiligungsunternehmen ergeben würde, genügt nicht. Eine Minderung von Beteiligungsrechten liegt auch dann nicht vor, wenn das Beteiligungsunternehmen infolge der Übernahme aus einem Konzern ausscheidet, in dem es bisher an dessen Mitbestimmung beteiligt war. Dieser Verlust beruht nicht auf der sich erst anschließenden Aufnahme in die SE[148].

3.55

---

138 Vgl. *Wollburg/Banerjea*, ZIP 2005, 277, 282 f.; *Habersack*, Der Konzern 2006, 105, 109; *Ege/Grzimek/Schwarzfischer*, DB 2011, 1205, 1208.
139 Vgl. dazu LG Nürnberg-Fürth v. 8.2.2012 – 1 HKO 8471/09, AG 2010, 384; *Bungert/Gotsche*, ZIP 2013, 649, 651; *Kiem*, Der Konzern 2010, 275, 281 ff.; *Seibt* in Habersack/Drinhausen, SE-Recht, Art. 40 SE-VO Rz. 74.
140 § 18 Abs. 1 Satz 3 i.V.m. § 1 Abs. 4 SEBG.
141 Siehe z.B. nur *Ege/Grzimek/Schwarzfischer*, DB 2011, 1205, 1208; *Hohenstatt/Müller-Bonanni* in Habersack/Drinhausen, SE-Recht, § 18 SEBG Rz. 8.
142 Begr. RegE SEEG, BT-Drucks. 15/3405, S. 50.
143 *Hohenstatt/Müller-Bonanni* in Habersack/Drinhausen, SE-Recht, § 18 SEBG Rz. 10; *Jacobs* in MünchKomm. AktG, 4. Aufl. 2017, § 18 SEBG Rz. 17; siehe dazu auch *Habersack*, Der Konzern 2006, 105, 109 f.; *Wollburg/Banerjea*, ZIP 2005, 277, 278 f., 280 f.; *Grobys*, NZA 2005, 84, 91; a.A. *Austmann* in MünchHdb. AG, 4. Aufl. 2015, § 86 Rz. 55; *Köstler* in Theisen/Wenz, Die Europäische Aktiengesellschaft, S. 331, 371.
144 Vgl. zur Beteiligung einer SE an Umwandlungen nach dem UmwG *Marsch-Barner* in Liber amicorum Happ, 2006, S. 161, 169 ff.
145 Vgl. *Wollburg/Banerjea*, ZIP 2005, 277, 282; *Jacobs* in MünchKomm. AktG, 4. Aufl. 2017, § 18 SEBG Rz. 16.
146 *Hohenstatt/Müller-Bonanni* in Habersack/Drinhausen, SE-Recht, § 18 SEBG Rz. 9; *Wollburg/Banerjea*, ZIP 2005, 277, 279; *Habersack*, Der Konzern 2006, 105, 109; *Jacobs* in MünchKomm. AktG, 4. Aufl. 2017, § 18 SEBG Rz. 12; zurückhaltend *Austmann* in MünchHdb. AG, § 86 Rz. 55; abl. *Köstler* in Theisen/Wenz, Die Europäische Aktiengesellschaft, S. 331, 371.
147 *Wollburg/Banerjea*, ZIP 2005, 277, 279 f.; *Austmann* in MünchHdb. AG, § 86 Rz. 56.
148 *Wollburg/Banerjea*, ZIP 2005, 277, 279 f.; *Austmann* in MünchHdb. AG, § 86 Rz. 56; *Hohenstatt/Müller-Bonanni* in Habersack/Drinhausen, SE-Recht, § 18 SEBG Rz. 15.

3.56 Die SE darf schließlich nicht dazu missbraucht werden, den Arbeitnehmern generell Beteiligungsrechte zu entziehen oder vorzuenthalten (§ 43 Satz 1 SEBG). Dieses allgemeine **Missbrauchsverbot** ist strafrechtlich sanktioniert (§ 45 Abs. 1 Nr. 1 SEBG)[149]. Ein Missbrauch wird – widerleglich – vermutet, wenn **innerhalb eines Jahres nach Gründung der SE strukturelle Änderungen** vorgenommen werden, die den Arbeitnehmern Beteiligungsrechte vorenthalten oder entziehen (§ 43 Satz 2 SEBG). Bei Vorliegen eines sachlichen Grundes für die Änderung ist diese Vermutung widerlegt[150].

3.57 Möglichkeiten zu einer Modifizierung der Mitbestimmung ergeben sich nicht nur bei der Gründung einer SE. Sie bestehen auch bei einer **grenzüberschreitenden Verschmelzung** nach dem **UmwG**[151] und dem Gesetz zur Umsetzung der Regelungen über die Mitbestimmung der Arbeitnehmer bei einer Verschmelzung von Kapitalgesellschaften aus verschiedenen Mitgliedstaaten (**MgVG**)[152]. Auch bei einer solchen Verschmelzung ist die Mitbestimmung in erster Linie Verhandlungssache. Allerdings ist der Prozentsatz der Arbeitnehmer, der zur Anwendung der gesetzlichen Auffangregelung führt, unterschiedlich hoch. Nach dem SEBG[153] muss sich die Mitbestimmung auf mindestens 25 % der betroffenen Arbeitnehmer beziehen, nach dem MgVG[154] liegt dieser Prozentsatz bei 33⅓ %. Je nachdem, in welcher Konstellation ein Zusammenschluss stattfinden soll, kann damit bei einer grenzüberschreitenden Verschmelzung nach dem UmwG i.V.m. dem MgVG ein größerer Verhandlungsspielraum gegeben sein. Unabhängig von diesem Unterschied kann aber generell festgestellt werden, dass die SE durchaus geeignet ist, das bisherige System der Mitbestimmung im Aufsichtsrat aufzulockern.

3.58 Wird – wie insbesondere bei der Umwandlung einer mitbestimmten AG – auch in der SE ein mitbestimmter Aufsichtsrat gebildet, so sind die auf die Arbeitnehmer entfallenden Sitze entsprechend der Anzahl der jeweils Beschäftigten auf die beteiligten Mitgliedstaaten zu verteilen (§ 34 SEBG). Die sich daraus unter Umständen ergebende „**Europäisierung**" der **Arbeitnehmerbank** wird im Allgemeinen als positiver Nebeneffekt des Wechsels in die SE gewertet[155]. Eine Besetzung des Aufsichtsrates auch mit ausländischen Arbeitnehmern kann dazu beitragen, dass die unterschiedlichen Kulturen in international tätigen Unternehmen besser zusammenwachsen[156]. Die Zusammensetzung des Aufsichtsrates in der SE führt in der Regel aber auch dazu, dass im Aufsichtsrat kein **leitender Angestellter** mehr vertreten ist. Dies gilt insbesondere bei einer Verkleinerung des Aufsichtsrates auf 12 Mitglieder[157].

5. Europäische Identität

3.59 Als weiteres Motiv für die SE wird häufig angeführt, dass diese Rechtsform gut geeignet ist, um die internationale und vor allem europäische Ausrichtung eines Unternehmens zu verdeutlichen und nach innen und außen zu dokumentieren. Dieser Gesichtspunkt der europäischen **Corporate Identity** darf nicht unterschätzt werden[158]. Der Wechsel in die SE setzt nicht nur einen formalen Bezug zu mehreren Mitgliedstaaten in der Europäischen Union voraus, sondern ist zumeist auch ein bewusstes Bekenntnis

---

149 Siehe dazu *Drinhausen/Keinath*, BB 2011, 2699 ff.
150 *Hohenstatt/Müller-Bonanni* in Habersack/Drinhausen, SE-Recht, § 43 SEBG Rz. 4; *Oetker* in Lutter/Hommelhoff/Teichmann, SE-Kommentar, § 43 SEBG Rz. 9.
151 §§ 122a ff. UmwG.
152 BGBl. I 2006, 3332.
153 § 34 Abs. 1 Nr. 2a SEBG.
154 § 23 Abs. 1 Satz 2 Nr. 1 MgVG.
155 Vgl. *Achleitner* in Cromme, Corporate Governance Report 2007, S. 48, 52.
156 *Lutter* in Lutter/Hommelhoff/Teichmann, SE-Kommentar, Einl. SE-VO Rz. 41; *Habersack* in Bergmann/Kiem/Mülbert/Verse/Wittig, 10 Jahre SE, 2015, S. 5, 18.
157 Vgl. den gegenüber § 3 Abs. 1 Nr. 2, § 15 Abs. 2 Nr. 2 MitbestG begrenzten Minderheitenschutz der leitenden Angestellten in § 6 Abs. 4, § 36 Abs. 3 SEBG.
158 Siehe dazu *Lutter* in Lutter/Hommelhoff/Teichmann, SE-Kommentar, Einl. SE-VO Rz. 33 und *Heckschen* in FS Westermann, 2008, S. 999, 1008.

zur Verankerung in dieser Union. Das supranationale Element kann etwa bei einem „Merger of Equals" psychologisch sowohl hinsichtlich der Mitarbeiter und Aktionäre, aber auch der Geschäftspartner hilfreich sein. Kleinere Gesellschaften können außerdem versucht sein, sich mit der Rechtsform SE zu schmücken, um damit eine europäische Bedeutung zu demonstrieren, die längerfristig angestrebt wird. Solche Marketingaspekte dürften bei größeren Unternehmen eher keine oder nur eine geringe Rolle spielen.

zur Veranschaulichung dieser Situation. Das Supparationale Element kann etwa bei einem „Moment of Epoché" psychologisch sowohl hinsichtlich des Mitarbeiter und Aktionärin, aber auch der Geschäftspartner fallt reich sein. Kleinere Gesellschaften können außerdem versucht sein, sich mit der Rechtsform SE zu schmücken, um damit eine europäische Bedeutung zu demonstrieren, die tatsächlich angestrebt wird. Solche Marketingaspekte dürften bei größeren Unternehmen eher keine oder nur eine geringe Rolle spielen.

2. Kapitel
Satzung und Aktie

§ 4
Die Satzung der börsennotierten AG

I. Begriff und Funktionen der Satzung	4.1
II. Schaffung der Rechtsform „Aktiengesellschaft" im zeitlichen Zusammenhang mit dem Börsengang	4.7
1. Wechsel der Rechtsform	4.8
2. Neugründung einer Aktiengesellschaft	4.11
a) Notarielle Errichtung, insbesondere Satzungsfeststellung	4.12
b) Übernahme der Aktien	4.16
c) Bestellung des ersten Aufsichtsrats und des ersten Vorstands	4.17
d) Leistung der Einlagen	4.18
e) Gründungsbericht und Gründungsprüfung	4.19
f) Registergerichtliches Verfahren und Eintragung	4.20
III. Inhalt der Satzung	4.22
1. Allgemeines	4.22
2. Der Grundsatz der Satzungsstrenge (§ 23 Abs. 5 AktG)	4.25
a) Allgemeines	4.25
b) Zwingende aktienrechtliche Regelungen	4.26
c) Zulässigkeit abweichender statutarischer Regelungen (§ 23 Abs. 5 Satz 1 AktG)	4.27
d) Ergänzende Satzungsregelungen (§ 23 Abs. 5 Satz 2 AktG)	4.28
e) Folgen eines Verstoßes gegen § 23 Abs. 5 AktG	4.29
3. Notwendige Satzungsbestimmungen im Einzelnen	4.30
a) Firma	4.30
b) Sitz	4.31
c) Unternehmensgegenstand	4.32
d) Geschäftsjahr	4.34
e) Dauer der Gesellschaft	4.35
f) Höhe des Grundkapitals	4.36
g) Nennbetrags- oder Stückaktien	4.37
h) Aktiengattungen	4.38
i) Inhaber- oder Namensaktien	4.39
j) Zahl der Vorstandsmitglieder	4.40
k) Bekanntmachungen	4.41
l) Sonstige notwendige Satzungsbestimmungen	4.42
4. Fakultative Satzungsbestimmungen im Einzelnen	4.43
a) Allgemeine Bestimmungen	4.44
b) Grundkapital und Aktien	4.45
aa) Genehmigtes Kapital	4.45
bb) Bedingtes Kapital	4.46
cc) Ausschluss des Verbriefungsanspruchs	4.47
dd) Vinkulierung	4.48
c) Vorstand	4.49
d) Aufsichtsrat	4.50
e) Hauptversammlung	4.58
f) Jahresabschluss und Gewinnverwendung	4.67
g) Schlussbestimmungen	4.69
h) Sonstiges	4.70
IV. Satzungsrelevante Regelungen außerhalb der Satzung	4.73
1. Aktionärsvereinbarungen	4.73
a) Stimmbindungs- oder Poolvereinbarungen	4.74
b) Vereinbarung von Verfügungsbeschränkungen	4.75
c) Auswirkungen auf das gesellschaftsrechtliche Innenverhältnis	4.77
2. Geschäftsordnungen	4.78
V. Auslegung der Satzung	4.79
1. Körperschaftsrechtliche (materielle) Satzungsbestimmungen	4.80
2. Individualrechtliche (formelle) Satzungsbestimmungen	4.81
VI. Änderung der Satzung und Satzungsdurchbrechung	4.82
1. Änderung der Satzung	4.82
a) Allgemeines	4.82
b) Beschluss der Hauptversammlung	4.86
c) Sonstige Erfordernisse, Befristung und Bedingung	4.87
d) Anmeldung zum Handelsregister	4.89
e) Prüfung durch das Registergericht	4.90
f) Eintragung im Handelsregister	4.91

g) Fassungsänderungen durch den Aufsichtsrat	4.92
2. Satzungsdurchbrechung	4.93
VII. Mängel der Satzung	4.94
1. Fehlerhafte Gründungssatzung	4.95
a) Vor der Registereintragung	4.95
b) Nach der Registereintragung	4.96
2. Fehlerhafte Satzungsänderungen	4.99
a) Nichtigkeit und Anfechtbarkeit	4.100
b) Folge: rückwirkende Unwirksamkeit	4.102
3. Behebung von Satzungsmängeln	4.105
a) Bestätigung	4.105
b) Heilung	4.106
c) Änderung der Satzung	4.107

Schrifttum: *Angerer*, Die Beschränkung des Rede- und Fragerechts des Aktionärs in der Hauptversammlung – Besprechung der Entscheidung BGH, NJW 2010, 1604 (Redezeitbeschränkung), ZGR 2011, 27; *Arnold/Carl/Götze*, Aktuelle Fragen bei der Durchführung der Hauptversammlung, AG 2011, 349; *Arnold/Gärtner*, Beschränkungen des Frage- und Rederechts der Aktionäre – Ist eine Anpassung der Satzung wirklich sinnvoll?, GWR 2010, 288; *Baums/Kiem*, Die Investmentaktiengesellschaft mit veränderlichem Kapital, in FS Hadding, 2004, S. 741; *Bayer*, Empfehlen sich besondere Regelungen für börsennotierte und für geschlossene Gesellschaften?, Verhandlungen des 67. Deutschen Juristentags, 2008, Band I, Gutachten E; *Bayer*, Aktienrechtsnovelle 2012 – Kritische Anmerkungen zum Regierungsentwurf, AG 2012, 141; *Bayer/Hoffmann*, Abschlagszahlungen auf den Bilanzgewinn (§ 59 AktG) in der Praxis, AG 2010, R471; *Blasche*, Satzungsregelungen zur Amtszeit der Aufsichtsratsmitglieder, AG 2017, 112; *Blasche*, Individualisierung sowie Über- und Unterschreitung des Unternehmensgegenstands, DB 2011, 517; *Borris*, Die Schiedsfähigkeit gesellschaftsrechtlicher Streitigkeiten in der Aktiengesellschaft, NZG 2010, 481; *Butzke*, Hinterlegung, Record Date und Einberufungsfrist – Überlegungen und praktische Hinweise für die ersten Hauptversammlungen nach Inkrafttreten der Gesetzesänderungen durch das UMAG, WM 2005, 1981; *Casper*, Die Heilung nichtiger Beschlüsse im Kapitalgesellschaftsrecht, 1998; *Diekmann*, Änderungen im Wertpapier- und Übernahmegesetz anlässlich der Umsetzung der EU-Übernahmerichtlinie in das deutsche Recht, NJW 2007, 17; *Eckhold*, Struktur und Probleme des Aktienrechts der Investmentaktiengesellschaft unter Berücksichtigung des Entwurfs des Investmentänderungsgesetzes, ZGR 2007, 654; *Feldhaus*, Der Verkauf von Unternehmensteilen einer Aktiengesellschaft und die Notwendigkeit einer außerordentlichen Hauptversammlung, BB 2009, 562; *Fleischer*, Gestaltungsgrenzen für Zustimmungsvorbehalte des Aufsichtsrats nach § 111 Abs. 4 S. 2 AktG, BB 2013, 835; *Fleischer/Maas*, Satzungsgestaltung in den DAX-Unternehmen, AG 2020, 761; *Gätsch*, Die Neuregelungen des Rechts der Namensaktie durch das Risikobegrenzungsgesetz, in FS Beuthien, 2009, S. 133; *Gätsch/Mimberg*, Der Legitimationsnachweis nach § 123 Abs. 3 AktG in der Fassung des UMAG bei börsennotierten Gesellschaften, AG 2006, 746; *Goette*, Zur entsprechenden Anwendbarkeit des § 242 Abs. 2 AktG im GmbH-Recht, in FS Röhricht, 2005, S. 115; *Götz*, Rechte und Pflichten des Aufsichtsrats nach dem Transparenz- und Publizitätsgesetz, NZG 2002, 599; *Götze*, Erteilung von Stimmrechtsvollmacht nach dem ARUG, NZG 2010, 93; *Götze*, „Gelatine" statt „Holzmüller" – Zur Reichweite ungeschriebener Mitwirkungsbefugnisse der Hauptversammlung, NZG 2004, 585; *Grobecker*, Beachtenswertes zur Hauptversammlungssaison, NZG 2010, 165; *Grundmann/Möslein*, Die Goldene Aktie – Staatskontrollrechte in Europarecht und wirtschaftspolitischer Bewertung, ZGR 2003, 317; *Grunewald*, Satzungsfreiheit für das Beschlussmängelrecht, NZG 2009, 967; *Gubitz/Nikoleyczik*, Erwerb der Dresdner Bank durch die Commerzbank: Ein „Holzmüller"-Fall?, NZG 2010, 539; *Habersack*, Unwirksamkeit „zustandsbegründender" Durchbrechungen der GmbH-Satzung sowie darauf gerichteter schuldrechtlicher Nebenabreden – Besprechung der Entscheidung BGH NJW 1993, 2246 –, ZGR 1994, 354; *Habersack*, Wandlungen des Aktienrechts, AG 2009, 1; *Habersack/Schürnbrand*, Die Bestätigung fehlerhafter Beschlüsse, in FS Hadding, 2004, S. 391; *Hasselbach/Schumacher*, Hauptversammlung im Internet, ZGR 2000, 258; *Henze*, Treuepflichten der Gesellschafter im Kapitalgesellschaftsrecht, ZHR 162 (1998), 186; *Hirte*, Die aktienrechtliche Satzungsstrenge: Kapitalmarkt und sonstige Legitimation versus Gestaltungsfreiheit, in Lutter/Wiedemann (Hrsg.), Gestaltungsfreiheit im Gesellschaftsrecht, ZGR-Sonderheft 13, 1998, S. 61; *Kersting*, Eine Niederlage für Berufskläger? – Zur Zulässigkeit inhaltlicher Beschränkungen des Frage- und Rederechts der Aktionäre gem. 131 II 2 AktG – Zugleich Besprechung von BGH, Urt. v. 8.2.2010 – II ZR 94/08 – Redezeitbeschränkung, NZG 2010, 446; *Kersting*, Das Auskunftsrecht des Aktionärs bei elektronischer Teilnahme an der Hauptversammlung (§§ 118, 131 AktG), NZG 2010, 130; *Kindl*, Beschlussfassung des Aufsichtsrats und neue Medien – Zur Änderung des § 108 Abs. 4 AktG, ZHR 166 (2002), 335; *Kollmorgen/Hoppe/Feldhaus*, Die deutsche REIT-Aktiengesellschaft – Mustersatzung mit Erläuterungen, BB 2007, 1345; *Koppensteiner*, „Holzmüller" auf dem Prüfstand des BGH,

Der Konzern 2004, 381; *Kort*, Rechtsfragen der Höhe und Zusammensetzung der Vergütung von Mitgliedern des Aufsichtsrats einer AG, in FS Hüffer, 2010, S. 483; *Kort*, Die Bedeutung von Unternehmensgegenstand und Gesellschaftszweck einer AG bei Auslagerung von Geschäftsbereichen auf gemeinnützige Gesellschaften, NZG 2011, 929; *Langer/Peters*, Rechtliche Möglichkeiten einer unterschiedlichen Kompetenzzuweisung an einzelne Vorstandsmitglieder, BB 2012, 2575; *Lieder*, Zustimmungsvorbehalte des Aufsichtsrats nach neuer Rechtslage, DB 2004, 2251; *Lieder*, Virtuelle Hauptversammlungen im Jahre 2021 und danach, ZIP 2021, 161; *Lutter/Leinekugel*, Kompetenzen von Hauptversammlung und Gesellschafterversammlung beim Verkauf von Unternehmensteilen, ZIP 1998, 225; *Marsch-Barner*, Zur neueren Entwicklung im Recht der Namensaktie, in FS Hüffer, 2010, S. 627; *Marsch-Barner*, Treuepflichten zwischen Aktionären und Verhaltenspflichten bei der Stimmrechtsbündelung – Prinzipienbildung und Differenzierung in der Praxis –, ZHR 157 (1993), 172; *Mayer*, Grenzen von Aktionärsvereinbarungen, MittBayNot 2006, 281; *Mertens*, Satzungs- und Organisationsautonomie im Aktien- und Konzernrecht, ZGR 1994, 426; *Mimberg*, Schranken der Vorbereitung und Durchführung der Hauptversammlung im Internet – die Rechtslage nach dem Inkrafttreten von NaStraG, Formvorschriften-AnpassungsG und TransPuG –, ZGR 2003, 21; *Mimberg/Gätsch*, Die Hauptversammlung der Aktiengesellschaft nach dem ARUG, 2010; *Mormann*, Satzungsmäßige Gerichtsstandsklauseln für informationsbedingte Kapitalanlegerklagen im europäischen Zuständigkeitsregime, AG 2011, 10; *W. Müller*, Die Änderungen im HGB und die Neuregelung der Sachdividende durch das Transparenz- und Publizitätsgesetz, NZG 2002, 752; *Neuling*, Präsenzpflicht in der Bilanzsitzung des Aufsichtsrats, AG 2002, 610; *Noack*, Hauptversammlung der Aktiengesellschaft und moderne Kommunikationstechnik – aktuelle Bestandsaufnahme und Ausblick, NZG 2003, 241; *Noack*, Satzungsergänzende Verträge der Gesellschaft mit ihren Gesellschaftern, NZG 2013, 281; *Priester*, Unterschreitung des satzungsmäßigen Unternehmensgegenstandes im Aktienrecht, ZGR 2017, 474; *Priester*, Satzungsvorgaben zum Vorstandshandeln – Satzungsautonomie contra Leitungsautonomie, in FS Hüffer, 2010, S. 777; *Riegger/Wilke*, Auf dem Weg zu einer allgemeinen Schiedsfähigkeit von Beschlussmängelstreitigkeiten? – Zugleich Besprechung der Entscheidung BGH ZIP 2009, 1003 (Schiedsfähigkeit II), ZGR 2010, 733; *C. Schäfer*, Besondere Regelungen für börsennotierte und nichtbörsennotierte Gesellschaften?, NJW 2008, 2536; *C. Schäfer*, Beschlussanfechtbarkeit bei Beschlussvorschlägen durch einen unterbesetzten Vorstand – Besprechung der Urteile BGH NJW 2002, 1128 „Sachsenmilch III" und BGH ZIP 2002, 216 „Sachsenmilch IV", ZGR 2003, 147; *K. Schmidt*, Heilung kartellverbotswidriger Satzungsänderungen nach § 242 AktG? – Zum Verhältnis zwischen Art. 85 Abs. 2 EGV und 242 AktG, AG 1996, 385; *K. Schmidt*, „Schutzgemeinschaft II": ein gesellschaftsrechtliches Lehrstück über Stimmrechtskonsortien, ZIP 2009, 737; *Schockenhoff*, Die Auslegung von GmbH- und AG-Satzungen, ZGR 2013, 76; *Seebach*, Kontrollpflicht und Flexibilität – Zu den Möglichkeiten des Aufsichtsrats bei der Ausgestaltung und Handhabung von Zustimmungsvorbehalten, AG 2012, 70; *Seibert/Böttcher*, Der Regierungsentwurf der Aktienrechtsnovelle 2012, ZIP 2012, 12; *Seibt/Danwerth*, Die Zukunft der virtuellen Hauptversammlung während und nach der COVID-19-Pandemie – Erkenntnisse der Hauptversammlungssaison 2020, Trends und Ausblick, NZG 2020, 1241; *Simon/Zetzsche*, Aktionärslegitimation und Satzungsgestaltung – Überlegungen zu § 123 AktG i.d.F. des UMAG, NZG 2005, 369; *Spindler*, Die Reform der Hauptversammlung und der Anfechtungsklage durch das UMAG, NZG 2005, 825; *Stein*, Rechtsschutz gegen gesetzeswidrige Satzungsnormen bei Kapitalgesellschaften, ZGR 1994, 472; *Teichmann*, Cartesio: Die Freiheit zum formwechselnden Wegzug. Zugleich eine Besprechung EuGH v. 16.12.2008 – Rs. C-210/06 – Cartesio, ZIP 2009, 393; *Trendelenburg*, Auswirkungen einer nichtigen Kapitalerhöhung auf die Wirksamkeit nachfolgender Kapitalerhöhungen bei Aktiengesellschaften, NZG 2003, 860; *Ulmer*, Der Deutsche Corporate Governance Kodex – ein neues Regulierungsinstrument für börsennotierte Aktiengesellschaften, ZHR 166 (2002), 150; *Vocke*, Einberufung und Durchführung der Hauptversammlung bei fehlerhaften Satzungsbestimmungen, NZG 2010, 1249; *Wachter*, Beschränkung der Frage- und Rederechts von Aktionären, DB 2010, 829; *Waclawik*, Zulässigkeit und Regelungsmacht satzungsmäßiger Treuepflicht- und Gerichtsstandsregeln bei der Aktiengesellschaft, DB 2005, 1151; *Wagner*, Aufsichtsratssitzung in Form der Videokonferenz – Gegenwärtiger Stand und mögliche Änderungen durch das Transparenz- und Publizitätsgesetz, NZG 2002, 57; *Winter*, Die Anfechtung eintragungsbedürftiger Strukturbeschlüsse de lege lata und de lege ferenda, in FS Ulmer, 2003, S. 699; *Zöllner*, Folgen der Nichtigkeit einer Kapitalerhöhung für nachfolgende Kapitalerhöhungen. Zur Anwendung der Geschäftsgrundlagenlehre auf strukturändernde Beschlüsse bei Kapitalgesellschaften, in FS Hadding, 2004, S. 725; *Zöllner*, Die Bestätigung von Hauptversammlungsbeschlüssen – ein problematisches Rechtsinstitut – Bemerkungen aus Anlass der Entscheidung des BGH v. 15.12.2003 – II ZR 194/01, AG 2004, 204 –, AG 2004, 397.

I. Begriff und Funktionen der Satzung

4.1 Privatrechtliche Personenverbände und Gesellschaften entstehen auf rechtsgeschäftlicher Grundlage[1]. Dies gilt auch für die Aktiengesellschaft, für deren Gründung die **Feststellung der Satzung** erforderlich ist, die das Gesetz in diesem Stadium noch als Gesellschaftsvertrag bezeichnet (§ 2 AktG). Sind an der Gründung mehrere Personen beteiligt, hat die Gründung Vertragscharakter, während im Falle der Einmanngründung[2] an die Stelle des Vertrages die einseitige Gründungserklärung des Gründers tritt. Jeweils handelt es sich jedoch um eine rechtsgeschäftliche Maßnahme. Die Satzungsfeststellung erfolgt im Rahmen eines **notariellen Errichtungsakts**. Dem schließen sich die **Aufbringung des Grundkapitals** und die **Anmeldung** und **Eintragung der Gesellschaft im Handelsregister** an. Durch die Registereintragung erlangt die Gesellschaft **Rechtsfähigkeit**. Auf die Eintragung besteht ein Rechtsanspruch, wenn der Gründungsvorgang und insbesondere die festgestellte Satzung den gesetzlichen Anforderungen genügt („System der Normativbestimmungen")[3].

4.2 Die Aktiengesellschaft ist ebenso wie der bürgerlich-rechtliche Verein, die GmbH und die Genossenschaft eine privatrechtliche **Körperschaft**[4]. Das bedeutet, dass sie organschaftlich organisiert und vom Bestand und Wechsel ihrer Mitglieder unabhängig ist. Der Zweck der Gesellschaft ist auf einen wirtschaftlichen Geschäftsbetrieb gerichtet[5]. Nach § 3 Abs. 1 AktG gilt sie daher, auch wenn der Gegenstand ihres Unternehmens nicht im Betrieb eines Handelsgewerbes besteht, als **Handelsgesellschaft** (Formkaufmann). Die Satzung bildet die **Verfassung der Gesellschaft**[6]. In ihr werden, soweit dies nicht bereits durch das Aktiengesetz – weitgehend zwingend (§ 23 Abs. 5 AktG) – geschehen ist, die grundlegenden Verhältnisse der Gesellschaft geregelt[7]: die Identität der Gesellschaft (Name, Sitz, Unternehmensgegenstand) und ihre Organisation (Gesellschaftsorgane und deren Zuständigkeiten), die Rechte und Pflichten zwischen der Gesellschaft und ihren Mitgliedern (Beitragspflicht sowie Teilhabe- und Vermögensrechte der Aktionäre) sowie die Finanzordnung der Gesellschaft (Grundkapital, genehmigtes Kapital, Rücklagenbildung, Ausschüttungsregeln). Diese Satzungsbestimmungen gelten für die gegenwärtigen und künftigen Aktionäre sowie – soweit sie Außenwirkung haben – für die Gläubiger der Gesellschaft und damit für einen unbestimmten Personenkreis. Ihnen kommt **körperschaftsrechtlicher Charakter** zu[8].

4.3 Das bedeutet: Die Gründung der Gesellschaft, in deren Zusammenhang die Feststellung der Satzung erfolgt, ist rechtsgeschäftlich einzuordnen. Die festgestellte Satzung erfährt durch die Willensübereinstimmung sämtlicher Gründer ihre Legitimation. Nach Gründung der Gesellschaft stellt die Satzung die vom Gründerwillen unabhängige Verfassung der Gesellschaft dar und ist daher wie objektives

---

1 *K. Schmidt*, Gesellschaftsrecht, § 5 I 1a, S. 75.
2 § 2 AktG wurde entsprechend geändert durch das Gesetz für kleine Aktiengesellschaften und zur Deregulierung des Aktienrechts v. 2.8.1994, BGBl. I 1994, 1961.
3 Vgl. zur geschichtlichen Entwicklung der Rechtsform Aktiengesellschaft Rz. 1.1 ff.; *K. Schmidt*, Gesellschaftsrecht, § 26 II, S. 758 ff.
4 Vgl. *Hirte*, Kapitalgesellschaftsrecht, Rz. 1.3 ff.; *K. Schmidt*, Gesellschaftsrecht, § 26 I 2, S. 755 f.; *Hüffer/Koch*, § 1 AktG Rz. 2 („Korporation, also Verein i.S.d. §§ 21 ff. BGB"); auch *Beuthien/Gätsch*, ZHR 156 (1992), 459 ff.
5 So die Terminologie in den §§ 21, 22 BGB in Abgrenzung zum sog. Idealverein. § 3 Abs. 1 AktG stellt hingegen nicht auf den Gesellschaftszweck, sondern auf den Unternehmensgegenstand ab.
6 So ausdrücklich § 25 BGB für den rechtsfähigen Verein. Vgl. auch *Limmer* in BeckOGK AktG, Stand 1.2.2021, § 23 AktG Rz. 6; *Seibt* in K. Schmidt/Lutter, § 23 AktG Rz. 2; *Arnold* in KölnKomm. AktG, 3. Aufl. 2010, § 23 AktG Rz. 8.
7 *Limmer* in BeckOGK AktG, Stand 1.2.2021, § 23 AktG Rz. 6; *Wiedemann* in Großkomm. AktG, 4. Aufl. 1995, § 179 AktG Rz. 32.
8 BGH v. 11.10.1993 – II ZR 155/92 – IBH, BGHZ 123, 347, 350 = AG 1994, 78.

Recht zu behandeln, was insbesondere bei der Auslegung und revisionsgerichtlichen Überprüfung der körperschaftsrechtlichen Satzungsbestimmungen zu berücksichtigen ist[9].

Neben den körperschaftsrechtlichen Bestimmungen kann die Satzung auch sog. **individualrechtliche** 4.4
Regelungen enthalten. Darunter versteht man Bestimmungen, die zwar formell in die Satzungsurkunde aufgenommen werden, die aber nicht körperschaftsrechtliche, sondern nur schuldrechtliche Wirkung haben, wie etwa Vereinbarungen der Gesellschaft mit Dritten oder mit Gesellschaftern oder Vereinbarungen der Gesellschafter untereinander, wenn diese nicht auf der Mitgliedschaft fußen[10]. Derartige Bestimmungen spielen im Satzungstext börsennotierter Gesellschaften nur eine untergeordnete Rolle, kommen aber als schuldrechtliche Vereinbarungen außerhalb der Satzung häufiger vor (dazu Rz. 4.73 ff.).

Aufgrund der vom Gesetzgeber insoweit in den Vordergrund gestellten kapitalmarktrechtlichen Ausrichtung der Aktiengesellschaft ist primär aus Gründen der Standardisierung der Gesellschaftsstruktur zur **Sicherung der Verkehrsfähigkeit der Aktie** die Möglichkeit, ihre Satzung frei zu gestalten (sog. Satzungsautonomie), weitgehend eingeschränkt. Es gilt vielmehr der **Grundsatz der Satzungsstrenge** (§ 23 Abs. 5 AktG)[11]. Dies mag für Publikumsgesellschaften und insbesondere börsennotierte Aktiengesellschaften erforderlich sein, wird aber den anderen Erscheinungsformen der Aktiengesellschaft, wie der „kleinen Aktiengesellschaft", der der Gesetzgeber 1994 Sonderbestimmungen gewidmet hat, oder der Einmann-Aktiengesellschaft, deren Gründung der Gesetzgeber 1995 zugelassen hat, nur bedingt gerecht. Aus diesem Grund ist der nach wie vor für alle Aktiengesellschaften gleichermaßen geltende Grundsatz der Satzungsstrenge in jüngerer Zeit zunehmend in **Kritik** geraten[12]. Im Ergebnis führt das Prinzip der Satzungsstrenge dazu, dass die Satzungen insbesondere börsennotierter Aktiengesellschaften inhaltlich ein weitgehend standardisiertes Erscheinungsbild haben, was aus Gründen des Anleger- und Kapitalmarktschutzes sinnvoll erscheint[13]. 4.5

In der Satzung ist insbesondere der **Unternehmensgegenstand** in hinreichend konkretisierter Form anzugeben (§ 23 Abs. 3 Nr. 2 AktG). Dies dient der **Information** der Allgemeinheit über den Tätigkeitsbereich der Gesellschaft[14]. Nichtssagende Angaben und Leerformeln können daher vom Registergericht zurückgewiesen werden (§ 38 AktG). Der Vorstand ist verpflichtet, den Unternehmensgegenstand im Rahmen seiner Geschäftsführung aktiv zu verwirklichen[15]. Zugleich begrenzt der Unternehmensgegenstand die Geschäftsführungsbefugnis des Vorstands zwar nicht im Sinne eines rechtlichen 4.6

---

9 BGH v. 4.10.1956 – II ZR 121/55, BGHZ 21, 370, 373 ff.; BGH v. 6.3.1967 – II ZR 231/64, BGHZ 47, 172, 179 ff.; BGH v. 11.11.1985 – II ZB 5/85, BGHZ 96, 245 ff. = AG 1986, 164; *Körber/König* in Bürgers/Körber/Lieder, § 23 AktG Rz. 22; *Limmer* in BeckOGK AktG, Stand 1.2.2021, § 23 AktG Rz. 58 f.; *K. Schmidt*, Gesellschaftsrecht, § 5 I 1b, S. 76 f.
10 *Körber/König* in Bürgers/Körber/Lieder, § 23 AktG Rz. 20; *Limmer* in BeckOGK AktG, Stand 1.2.2021, § 23 AktG Rz. 60 ff.; *Seibt* in K. Schmidt/Lutter, § 23 AktG Rz. 6; *Wiedemann* in Großkomm. AktG, 4. Aufl. 1995, § 179 AktG Rz. 39.
11 *Braunfels* in Heidel, § 23 AktG Rz. 40; *Hüffer/Koch*, § 23 AktG Rz. 34; *Körber/König* in Bürgers/Körber/Lieder, § 23 AktG Rz. 40; *Limmer* in BeckOGK AktG, Stand 1.2.2021, § 23 AktG Rz. 46 ff.; *Seibt* in K. Schmidt/Lutter, § 23 AktG Rz. 53.
12 Vgl. insbesondere *Bayer*, Gutachten E zum 67. Deutschen Juristentag, S. E 27 ff.; *Grunewald*, NZG 2009, 967, 969; *Seibt* in K. Schmidt/Lutter, § 23 AktG Rz. 53; zurückhaltend *Hüffer/Koch*, § 23 AktG Rz. 34; *Habersack*, AG 2009, 1, 7 ff.; für die Beibehaltung des Grundsatzes der Satzungsstrenge auch Braunfels in Heidel, § 23 AktG Rz. 40.
13 Vgl. jüngst in rechtstatsächlicher Hinsicht zur Satzungsgestaltung der DAX30-Unternehmen *Fleischer/Maas*, AG 2020, 761,762 (Rz. 4) und 772 ff. (Rz. 55 ff.); *Habersack*, AG 2009, 1, 8 ff.; i.E. auch *Braunfels* in Heidel, § 23 AktG Rz. 40, und *Seibt* in K. Schmidt/Lutter, § 23 AktG Rz. 53.
14 BGH v. 3.11.1980 – II ZB 1/79, WM 1981, 163, 164 = MDR 1981, 293; *Braunfels* in Heidel, § 23 AktG Rz. 21 ff.; *Hüffer/Koch*, § 23 AktG Rz. 21 ff.
15 *Limmer* in BeckOGK AktG, Stand 1.2.2021, § 23 AktG Rz. 30 m.w.N.

„Könnens", wohl aber im Sinne eines rechtlichen „Dürfens" und dient insoweit dem **Schutz der Aktionäre** vor Kompetenzüberschreitungen durch den Vorstand[16].

II. Schaffung der Rechtsform „Aktiengesellschaft" im zeitlichen Zusammenhang mit dem Börsengang

4.7 Aktiengesellschaften, die den Kapitalmarkt durch Zulassung ihrer Aktien zum **Handel im regulierten Markt an einer Börse** (§§ 32 ff. BörsG) zur Aufnahme von Eigenkapital nutzen und dadurch **börsennotiert** i.S.d. § 3 Abs. 2 AktG werden, existieren regelmäßig bereits über einen längeren Zeitraum[17]. Nicht notwendig ist es jedoch, dass das Unternehmen in dem nach § 3 Abs. 1 BörsZulV vorgesehenen Dreijahreszeitraum vor dem Börsengang in der **Rechtsform der Aktiengesellschaft** bestanden hat. Es genügt vielmehr, dass es in dieser Zeit in anderer Rechtsform betrieben wurde und vor dem Börsengang umgewandelt wird[18]. Da nur **börsenfähige Wertpapiere** zum Börsenhandel zugelassen werden[19], stehen Unternehmen mit Satzungssitz in Deutschland, die ihre Anteile zum Handel an der Börse zulassen wollen, nur die Rechtsformen der **Aktiengesellschaft**, der **Kommanditgesellschaft auf Aktien** und seit Herbst 2004 auch der **Europäischen Gesellschaft** (Societas Europaea – SE) zur Verfügung[20]. Um einen liquiden Handel zu gewährleisten, muss bei der Beantragung der Zulassung von Aktien

---

16 Die im anglo-amerikanischen Rechtsraum anerkannte „Ultra-Vires-Doktrin", nach der der Unternehmensgegenstand die Rechts- und Handlungsfähigkeit der Gesellschaft und damit die Handlungsmacht des Vorstands im Außenverhältnis beschränkt, findet im deutschen Recht keine Anwendung. Maßnahmen des Vorstands, die den statutarisch definierten Unternehmensgegenstand überschreiten, sind im Außenverhältnis wirksam und berechtigen und verpflichten daher die Gesellschaft gegenüber dem Dritten, soweit nicht ausnahmsweise die Grundsätze über den Missbrauch der Vertretungsmacht eingreifen. Sie stellen aber im Innenverhältnis zwischen Gesellschaft und handelndem Vorstandsmitglied eine Pflichtverletzung dar (vgl. *Seibt* in K. Schmidt/Lutter, § 23 AktG Rz. 38; dazu näher *K. Schmidt*, Gesellschaftsrecht, § 8 V 2, S. 214 ff.).
17 Nach § 3 Abs. 1 BörsZulV muss der die Zulassung seiner Aktien zum Börsenhandel beantragende Emittent grundsätzlich mindestens drei Jahre als Unternehmen bestanden und seine Jahresabschlüsse für die drei dem Zulassungsantrag vorangegangenen Geschäftsjahre entsprechend den hierfür geltenden Vorschriften offengelegt haben.
18 Vgl. *Groß*, Kapitalmarktrecht, §§ 1–12 BörsZulV Rz. 4; *Heidelbach* in Schwark/Zimmer, § 3 BörsZulV Rz. 2.
19 Das BörsG definiert den Begriff des Wertpapiers nicht (vgl. *Groß*, Kapitalmarktrecht, § 32 BörsG Rz. 12; *Heidelbach* in Schwark/Zimmer, § 32 BörsG Rz. 25 ff.). Der börsenrechtliche Begriff des Wertpapiers ist den Erfordernissen des Börsenrechts und des Börsenhandels entsprechend sowie nach dem Sinn und Zweck des Börsengesetzes gemäß § 2 Nr. 1 WpPG zu bestimmen (vgl. *Groß* a.a.O.), der auf Art. 2 Buchst. a) Verordnung (EU) 2017/1129 verweist, der wiederum „übertragbare Wertpapiere" nennt und damit auch Aktien umfasst (zum Begriff der Aktie Rz. 5.12). Aus den Erfordernissen des Börsenhandels (anonymer Massenmarkt, schnelle Geschäftsabschlüsse und Geschäftsabwicklung) folgt, dass börsenfähige Wertpapiere vertretbar i.S.d. § 91 BGB und zirkulationsfähig, d.h. in besonders hohem Maße umlauffähig, sein müssen (vgl. *Groß* und *Heidelbach* jeweils a.a.O.).
20 Von den im DAX 30 notierten Unternehmen sind folgende nicht als Aktiengesellschaft verfasst (Stand März 2021): Allianz SE, BASF SE, Delivery Hero SE, Deutsche Wohnen SE, E.ON SE, Fresenius Medical Care AG & Co. KGaA, Fresenius SE & Co. KGaA, Henkel AG & Co. KGaA, Linde plc (nach Fusion der Linde AG mit der US-amerikanischen Praxair, Inc. im Jahre 2018; dazu LG München I v. 20.12.2018 – 5HK O 15236/17 – Linde/Praxair, NZG 2019, 384, 391, Rz. 45 = AG 2019, 225 ff. = EWiR 2019, 171 [m. Anm. *Goslar*]; OLG München v. 14.10.2020 – 7 U 448/19, NZG 2021, 1160, 1166 (Rz. 89); *Hippeli*, NZG 2019, 535; *Seidel/Kromer*, AG 2019, 206 ff.; Schmidbauer/Kürten, NZG 2021, 1150 ff.), Merck KGaA, SAP SE und die Vonovia SE. Zu praktischen Erfahrungen mit der SE vgl. Rz. 4.10a. Zum Einsatz einer SE als Special Purpose Acquisition Company (SPAC) vgl. *Just*, ZIP 2009, 1698 ff. und *Thiergart/Olbertz*, BB 2010, 1547 ff.

zum regulierten Markt nach § 2 Abs. 1 BörsZulV der voraussichtliche Kurswert der Aktien oder das Eigenkapital der Gesellschaft mindestens 1,25 Mio. Euro betragen. Das der Schaffung von Marktliquidität dienende Erfordernis ausreichender Streuung (§ 9 BörsZulV) gilt als gegeben, wenn mindestens 25 % des Grundkapitals der Gesellschaft an die Börse gebracht werden[21].

1. Wechsel der Rechtsform

Soll ein noch nicht als Aktiengesellschaft verfasstes Unternehmen an die Börse gebracht werden, kann der Wechsel der Rechtsform in eine Aktiengesellschaft durch einen **Formwechsel** i.S.d. §§ 190 ff. UmwG erfolgen[22]. Die für den Formwechsel im Einzelnen zu beachtenden umwandlungsgesetzlichen Vorschriften unterscheiden sich je nach Rechtsform des formwechselnden Rechtsträgers[23]. Generell bedarf es für einen Formwechsel in eine Aktiengesellschaft neben der Erstattung eines **Umwandlungsberichts** (§ 192 UmwG) eines notariell zu beurkundenden **Umwandlungsbeschlusses** (§ 193 UmwG), der von den Anteilsinhabern des formwechselnden Rechtsträgers in einer Versammlung gefasst wird und außer dem in § 194 UmwG bestimmten Inhalt auch die **Feststellung der Satzung der Aktiengesellschaft** beinhalten muss[24]. Unter Vorlage dieses Beschlusses und der sonst erforderlichen Unterlagen ist der Formwechsel dann zum Handelsregister anzumelden[25]. Er wird grundsätzlich erst **mit Eintragung im Handelsregister wirksam** (§ 202 UmwG) mit der Folge, dass der formwechselnde Rechtsträger unter Wahrung seiner Identität[26] in der im Umwandlungsbeschluss bestimmten neuen Rechtsform, bei einem Formwechsel zur Vorbereitung eines Börsenganges also in der Rechtsform der Aktiengesellschaft, weiter besteht und die Anteilsinhaber des formwechselnden Rechtsträger Aktionäre der neuen Aktiengesellschaft werden[27].

4.8

---

21 Vgl. im Einzelnen zu den Zulassungsvoraussetzungen Rz. 9.11 ff.
22 Vgl. *Kallmeyer*, DB 1996, 28, 29 f. Auch möglich ist die Verschmelzung des bestehenden Rechtsträgers oder die Übertragung der dem bestehenden Rechtsträger gehörenden Wirtschaftsgüter des Aktiv- und Passivvermögens auf der Grundlage des Umwandlungsrechts oder im Wege der Einzelübertragung jeweils auf eine neu gegründete Aktiengesellschaft.
23 In § 191 Abs. 1 UmwG unter den formwechselfähigen Rechtsträgern nicht genannt sind das einzelkaufmännische Unternehmen, die BGB-Gesellschaft und die Europäische Wirtschaftliche Interessenvereinigung (EWIV). Zur Formwechselfähigkeit der EWIV vgl. *Hoger* in Lutter, § 191 UmwG Rz. 2; *Meister/Klöcker/Berger* in Kallmeyer, § 191 UmwG Rz. 5; dort auch zur Formwechselfähigkeit einer im Geltungsbereich des UmwG gegründeten SE. Näher zu den Besonderheiten der börsennotierten SE vgl. § 3.
24 Bei einem Formwechsel in eine Aktiengesellschaft gilt dies nach § 218 Abs. 1 UmwG für eine formwechselnde Personenhandelsgesellschaft, nach § 225c UmwG für eine formwechselnde Partnerschaftsgesellschaft, nach § 243 UmwG für eine formwechselnde Kapitalgesellschaft anderer Rechtsform, nach § 263 UmwG für eine formwechselnde eingetragene Genossenschaft, nach § 276 UmwG für eine formwechselnden rechtsfähigen Verein, nach § 294 UmwG für einen VVaG, der kein kleiner Verein i.S.d. § 210 VAG ist (§ 291 Abs. 1 UmwG), und nach § 302 UmwG für eine formwechselnde Körperschaft oder Anstalt des öffentlichen Rechts.
25 Vgl. §§ 198 f., 222 f., 225c, 246, 265, 278, 296, 302 UmwG. Daneben gelten §§ 36, 37, 37a AktG, soweit sie nicht durch die umwandlungsgesetzlichen Regelungen verdrängt werden (*Meister/Klöcker/Berger* in Kallmeyer, § 197 UmwG Rz. 45).
26 Das Wesen des Formwechsels besteht, da keine Vermögensübertragung stattfindet, im Wechsel der Rechtsform unter Wahrung der Identität des Rechtsträgers (vgl. *Hoger* in Lutter, UmwG, § 190 UmwG Rz. 1 ff.; *Meister/Klöcker/Berger* in Kallmeyer, § 190 UmwG Rz. 6). Das soll zivilrechtlich auch für den Formwechsel einer Personenhandelsgesellschaft in die Kapitalgesellschaft gelten (*Hoger* in Lutter, § 190 UmwG Rz. 3 ff.; krit. *Vossius* in Widmann/Mayer, § 190 UmwG Rz. 27 [„bloße Fiktion"]). Steuerrechtlich gelten beim Formwechsel einer Personenhandelsgesellschaft in eine Aktiengesellschaft gemäß § 25 UmwStG die §§ 20 bis 23 UmwStG entsprechend (vgl. im Einzelnen *Schumacher* in Lutter, Anh. 1 nach § 304 UmwG Rz. 29 ff. m.w.N.).
27 Ausnahmen gelten für die persönlich haftenden Gesellschafter einer KGaA, die durch den Formwechsel ausscheiden (§ 247 Abs. 2 UmwG), und können für Mitglieder eines VVaG, die diesem weniger als drei Jahre vor Beschlussfassung über den Formwechsel angehört haben, in dem Umwandlungsbeschluss vorgesehen werden (§ 294 Abs. 1 Satz 2 UmwG). Zur Behandlung der nicht am Kapital beteiligten Komple-

4.9 Nach § 197 UmwG sind auf den Formwechsel in die Aktiengesellschaft die aktienrechtlichen Gründungsvorschriften mit Ausnahme der Vorschriften über die Bildung und Zusammensetzung des ersten Aufsichtsrats grundsätzlich anwendbar, soweit das Umwandlungsgesetz nichts anderes bestimmt. Für den **Inhalt der Satzung**, die in dem Beschluss über die Umwandlung in eine Aktiengesellschaft festzustellen ist, gelten somit grundsätzlich die aktienrechtlichen Vorschriften, insbesondere § 23 Abs. 3 und 4, § 26, § 27 AktG. Sonderregelungen enthalten § 241 Abs. 1 Satz 1 und § 243 Abs. 3 UmwG. Für den Fall des Formwechsels einer GmbH in eine Aktiengesellschaft sieht § 243 Abs. 1 Satz 2 UmwG vor, dass **Festsetzungen über Sondervorteile, Gründungsaufwand, Sacheinlagen und Sachübernahmen**, die in dem Gesellschaftsvertrag der formwechselnden GmbH enthalten sind, in die Satzung der Aktiengesellschaft zu übernehmen sind. Diese Festsetzungen müssen insgesamt 30 Jahre in der Satzung verbleiben, wobei die beim formwechselnden Rechtsträger zurückgelegten Zeiten mitgerechnet werden (§ 26 Abs. 5 AktG)[28].

4.10 Bei einem Formwechsel einer Personengesellschaft in eine Aktiengesellschaft oder KGaA gelten nach § 220 Abs. 3 UmwG in den ersten zwei Jahren nach Eintragung des Formwechsels die aktienrechtlichen **Nachgründungsvorschriften** der §§ 52, 53 AktG[29]. Danach werden in dieser Frist Austauschverträge zwischen der Gesellschaft und Gründern oder mit mehr als zehn Prozent des Grundkapitals an der Gesellschaft beteiligten Aktionären nur mit Zustimmung der Hauptversammlung und durch Eintragung in das Handelsregister wirksam. Für den Formwechsel einer KGaA in eine Aktiengesellschaft und umgekehrt gelten die Nachgründungsvorschriften nach § 245 Abs. 2, 3 UmwG nicht. Gleiches gilt für den Formwechsel einer GmbH in eine Aktiengesellschaft oder KGaA, wenn die GmbH vor Wirksamwerden des Formwechsels bereits länger als zwei Jahre in das Register eingetragen war (§ 245 Abs. 1 Satz 3 UmwG).

4.10a Seit Herbst 2004 existiert in Deutschland mit der **Europäischen Gesellschaft** (Societas Europaea – SE) neben der AG und der KGaA eine weitere börsenfähige Rechtsform, bei der es sich – anders als bei der AG und der KGaA – nicht um eine rein deutsche, sondern um eine supranationale Gesellschaftsform handelt (vgl. näher zur SE § 3). Die Gründung einer SE kann unter anderem durch die Verschmelzung von bestehenden Aktiengesellschaften erfolgen, wenn diese nach dem Recht eines EU-Mitgliedstaates gegründet worden sind, ihren Sitz sowie ihre Hauptverwaltung in der Gemeinschaft haben und mindestens zwei von ihnen dem Recht verschiedener Mitgliedstaaten unterliegen (Art. 2 Abs. 1 SE-VO)[30]. Auch die formwechselnde Umwandlung einer nationalen Aktiengesellschaft in eine SE ist möglich, wenn sie seit mindestens zwei Jahren eine dem Recht eines anderen Mitgliedstaates unterliegende Tochtergesellschaft hat (Art. 2 Abs. 4 SE-VO)[31].

---

mentär-GmbH im Falle des Formwechsels einer GmbH & Co. KG vgl. *Meister/Klöcker/Berger* in Kallmeyer, § 191 UmwG Rz. 13 ff.

28 Vgl. dazu *Rieger* in Widmann/Mayer, § 243 UmwG Rz. 22.

29 Dazu auch *Bärwaldt* in Semler/Stengel, § 197 UmwG Rz. 55; *Decher* in Lutter, § 197 UmwG Rz. 42 ff.; *Meister/Klöcker/Berger* in Kallmeyer, § 197 UmwG Rz. 44. Zum Formwechsel einer eG, eines eV oder eines VVAG in eine AG oder KGaA vgl. jeweils § 264 Abs. 3 UmwG, ggf. i.V.m. §§ 277 oder 295 UmwG.

30 Als erste große deutsche Aktiengesellschaft wurde die Allianz AG 2006 in eine SE umgewandelt, indem sie nach mehreren vorbereitenden Maßnahmen im Rahmen der grenzüberschreitenden Verschmelzung einer italienischen Tochtergesellschaft der Allianz AG auf diese mit Eintragung der Verschmelzung im Handelsregister am Sitz der Allianz AG die Rechtsform einer SE annahm (Art. 17 Abs. 2 Satz 2 und Art. 29 Abs. 1 lit. d SE-VO). Zu Fakten zur SE und zur grenzüberschreitenden Verschmelzung vgl. *Köstler/Pütz*, AG 2013, R180 f.

31 Die Fresenius AG wurde 2007 gemäß Art. 2 Abs. 4 i.V.m. Art. 37 SE-VO formwechselnd in die Fresenius SE umgewandelt; 2011 wechselte sie in die Rechtsform der SE & Co. KGaA. Formwechselnde Umwandlungen von der AG in die SE erfolgten bei folgenden Dax 30-Gesellschaften (Stand März 2021): BASF (2008), Delivery Hero (2018), E.ON (2012), SAP (2014) und Vonovia (2012).

2. Neugründung einer Aktiengesellschaft

Insbesondere wenn nicht ein Unternehmen insgesamt, sondern nur ein Teil eines Unternehmens an die Börse gebracht werden soll, erfolgt die rechtliche Verselbständigung dieses Unternehmensteils regelmäßig in einer neu gegründeten Aktiengesellschaft. In diesem Fall werden die zu dem betreffenden Unternehmensteil gehörenden Wirtschaftsgüter des Aktiv- und Passivvermögens auf der Grundlage des Umwandlungsgesetzes[32] oder im Wege der Einzelübertragung auf die neue Gesellschaft übertragen. Ebenfalls zur Gründung einer neuen Aktiengesellschaft kann es kommen, wenn zwei oder mehr bereits börsennotierte Gesellschaften miteinander verbunden werden sollen[33]. Der Vorgang der Gründung wird nachfolgend – soweit für die Satzung relevant – unter Auswahl einiger wesentlicher Problemfelder kurz dargestellt[34].

4.11

a) Notarielle Errichtung, insbesondere Satzungsfeststellung

aa) Im Rahmen der durch notarielle Beurkundung erfolgenden Gründung der Gesellschaft wird die Satzung festgestellt (§ 23 Abs. 1 Satz 1 AktG) und erfolgt die Übernahme der Aktien durch die Gründer (§ 23 Abs. 2 AktG, sog. Einheitsgründung). Bei der **Satzungsfeststellung** handelt es sich um das Kernstück des notariellen Errichtungsvorgangs. In der notariellen Gründungsurkunde müssen die Angaben nach § 23 Abs. 2 Nr. 1 bis 3 AktG enthalten sein, nämlich der[35] oder die Gründer, bei Nennbetragsaktien der Nennbetrag und bei Stückaktien die Zahl, der Ausgabebetrag und, wenn mehrere Gattungen bestehen, die Gattung der Aktien, die jeder Gründer übernimmt, sowie der eingezahlte Betrag des Grundkapitals. Die Satzung wird der Gründungsurkunde regelmäßig als Anlage beigefügt[36]. Welche Bestimmungen die Satzung enthalten muss bzw. kann, wird unten im Einzelnen erläutert (vgl. Rz. 4.30 ff. und Rz. 4.43 ff.). Die am 31.7.2019 in Kraft getretene Digitalisierungsrichtlinie (Richtlinie (EU) 2019/1151 vom 20.6.2019), die u.a. Vorgaben zur Online-Gründung von Kapitalgesellschaften enthält, wurde vom deutschen Gesetzgeber durch das Gesetz zur Umsetzung der Digitalisierungsrichtlinie (DiRUG) vom 5.7.2021[37] umgesetzt. Eine Online-Gründung ist nach dem DiRUG nur für die GmbH und die UG (haftungsbeschränkt), nicht aber für die AG vorgesehen (sog. Opt-Out)[38].

4.12

bb) Stellvertretung beim Gründungsvorgang ist möglich. Allerdings bedürfen Bevollmächtigte einer notariell beglaubigten Vollmacht (§ 23 Abs. 1 Satz 2 AktG). Dies entspricht im Wesentlichen der Situation bei der GmbH[39] und stellt insbesondere bei Einmanngründungen eine Quelle tiefgreifender recht-

4.13

---

32 In Betracht kommt insbesondere die Ausgliederung nach § 123 Abs. 3 UmwG.
33 Beispiele: Gründung der DaimlerChrysler AG, auf die die Aktionäre der Daimler-Benz AG und der Chrysler Corp. ihre Aktien im Rahmen von Sachkapitalerhöhungen gegen Gewährung von Aktien an der DaimlerChrysler AG übertragen haben, im Jahr 1998 (vgl. dazu *Thoma/Reuter*, M&A Review 1999, 314 ff.); Verschmelzung der Thyssen AG und der Fried. Krupp AG Hoesch-Krupp zur Neugründung der ThyssenKrupp AG im Jahr 1999.
34 Ausführlich zur Gründung von Aktiengesellschaften *Hoffmann-Becking* in MünchHdb. AG, §§ 3 ff.; *Mulert* in Happ/Groß/Möhrle/Vetter, Aktienrecht, Band I, 2.01 (Bargründung) und 2.02 (Sachgründung); *Hölters* in Münchener Vertragshdb., Bd. 1, Gesellschaftsrecht, Abschnitt V, 1. bis 25.
35 Zwar spricht § 23 Abs. 2 Nr. 1 AktG nur im Plural von „die Gründer", seit dem Gesetz für kleine Aktiengesellschaften und zur Deregulierung des Aktienrechts v. 2.8.1994 (BGBl. I 1994, 1961) ist aber die Einmanngründung auch bei der Aktiengesellschaft zulässig (vgl. § 2 AktG).
36 Die Angaben nach § 23 Abs. 2 AktG, insbesondere die Aktienübernahmeerklärung, sind nicht rechtlich notwendige Bestandteile der Satzung, in dieser regelmäßig auch nicht enthalten, sondern Teil der Gründungsurkunde (vgl. *Röhricht/Schall* in Großkomm. AktG, 5. Aufl. 2016, § 23 AktG Rz. 93; *Limmer* in BeckOGK AktG, Stand 1.2.2021, § 23 AktG Rz. 42; a.A. insoweit *Braunfels* in Heidel, § 23 AktG Rz. 12 („Doppelnatur") und *Pentz* in MünchKomm. AktG, 5. Aufl. 2019, § 23 AktG Rz. 55.
37 BGBl. 2021 I, 3338.
38 Vgl. *Heckschen/Knaier*, NZG 2021, 1093.
39 Nach § 2 Abs. 2 GmbHG ist die Unterzeichnung des Gesellschaftsvertrages bei der GmbH-Gründung durch Bevollmächtigte nur aufgrund einer notariell errichteten oder beglaubigten Vollmacht zulässig.

4.14 **cc)** Die Gründung der Gesellschaft und insbesondere die Feststellung ihrer Satzung in **nicht-deutscher Sprache** ist heute grundsätzlich als zulässig anerkannt[41]. Erforderlich ist allerdings, dass die Gesellschaft der Anmeldung zur Eintragung in das Handelsregister eine deutsche Übersetzung in beglaubigter Form beifügt. Gleiches dürfte im Zusammenhang mit der Anmeldung von Änderungen nicht-deutschsprachiger Satzungen gelten.

4.15 **dd)** Bei der Frage, ob eine **Satzungsfeststellung im Ausland** vor einem nicht-deutschen Notar möglich ist, sind zwei Problemkreise zu unterscheiden, nämlich zum einen die Geltung des Ortsstatuts gemäß Art. 11 Abs. 1 EGBGB und zum anderen die Frage der Gleichwertigkeit der Amtshandlungen eines ausländischen Notars mit denen eines deutschen Notars[42]. Nach ganz überwiegender Meinung unterliegen die die Gründung und die Verfassung einer Gesellschaft betreffenden Vorgänge dem Recht, dem die Gesellschaft selbst unterliegt, also im Falle einer AG mit Sitz im Inland deutschem Recht, so dass es nur noch auf die Frage der Gleichwertigkeit der Beurkundung im Ausland ankommt[43]. Die im Schrifttum im Zusammenhang mit einer Auslandsbeurkundung behaupteten Kostenvorteile[44] dürften bei der Gründung einer Aktiengesellschaft ohnehin nur eingeschränkt bestehen, da der Geschäftswert der für die Gründung anfallenden notariellen Gebühren zwar dem Ausgabebetrag des übernommenen Grundkapitals entspricht, jedoch auf einen Höchstbetrag von 10 Mio. Euro beschränkt ist (§ 107 Abs. 1 GNotKG)[45]. Für die Beurkundung der Gründung einer deutschen GmbH durch einen Schweizer Notar mit Amtssitz im Kanton Bern hat das Kammergericht die Anforderungen des § 2 Abs. 1 GmbHG jedenfalls dann als erfüllt angesehen, wenn die Niederschrift in Gegenwart des Notars den Beteiligten vorgelesen, von ihnen genehmigt und eigenhändig unterschrieben worden ist; in dem Eintragungsverfahren durch das Registergericht könne die Beurkundung durch den Schweizer Notar daher nicht beanstandet werden[46].

b) Übernahme der Aktien

4.16 Mit der Übernahme aller Aktien (**Zeichnung**) durch die Gründer ist die Gesellschaft errichtet (§ 29 AktG). Die errichtete, aber noch nicht im Handelsregister eingetragene Gesellschaft wird als **Vorgesellschaft** bezeichnet. Gründer sind dabei diejenigen Aktionäre, die die Satzung festgestellt haben (§ 28 AktG). Aus § 23 Abs. 2 Nr. 2 AktG wird gefolgert, dass auch die Übernahme der Aktien durch die Gründer der notariellen Form bedarf und mit der Satzungsfeststellung in einer Urkunde erfolgen muss (sog. „**Einheitsgründung**")[47]. Mit der Übernahmeerklärung wird die Einlageverpflichtung des Gründers gegenüber der Gesellschaft begründet. Übernimmt ein Gründer, bei dem es sich um ein Un-

---

40 Dazu KG v. 14.12.2011 – 25 W 48/11, GmbHR 2012, 569 = NZG 2012, 353; LG Berlin v. 15.8.1995 – 98 T 34/95, GmbHR 1996, 123; DNotI-Report 2018, 177 ff.; *Dürr*, GmbHR 2008, 408 ff.; *Grooterhorst*, NZG 2007, 605 ff.; *Hasselmann*, ZIP 2012, 1947 ff.; *Wachter*, GmbHR 2003, 660 ff. (jeweils zur GmbH).
41 LG Düsseldorf v. 16.3.1999 – 36 T 3/99, GmbHR 1999, 609 f. (zur GmbH); *Limmer* in BeckOGK AktG, Stand 1.2.2021, § 23 AktG Rz. 13 (unter Verweis auf § 5 Abs. 2 BeurkG).
42 Im Einzelnen *Braunfels* in Heidel, § 23 AktG Rz. 4 f.; *Pentz* in MünchKomm. AktG, 5. Aufl. 2019, § 23 AktG Rz. 30 ff.; *Seibt* in K. Schmidt/Lutter, § 23 AktG Rz. 16 ff.
43 *Seibt* in K. Schmidt/Lutter, § 23 AktG Rz. 17 ff.; *Limmer* in BeckOGK AktG, Stand 1.2.2021, § 23 AktG Rz. 21 ff.; *Vedder* in Grigoleit, § 23 AktG Rz. 14, *Braunfels* in Heidel, § 23 AktG Rz. 5, jeweils m.w.N. auch zur Gegenmeinung.
44 *Jäger*, Aktiengesellschaft, § 7 Rz. 3, S. 95; *K. Schmidt*, Gesellschaftsrecht, § 27 II 1, S. 785.
45 Vgl. *Braunfels* in Heidel, § 23 AktG Rz. 54. Zu den mit einer AG-Gründung verbundenen Kosten vgl. *Schmitz* in Happ/Groß/Möhrle/Vetter, Aktienrecht, Band I, 2.01 Rz. 77.1 ff.
46 Vgl. KG v. 14.1.2018 – 22 W 25/16, NJW 2018, 1828 ff.; dazu *Herrler*, NJW 2018, 1787 ff.
47 *Hoffmann-Becking* in MünchHdb. AG, § 2 Rz. 13; *Jäger*, Aktiengesellschaft, § 7 Rz. 7, S. 98; *Braunfels* in Heidel, § 23 AktG Rz. 13.

ternehmen handelt, mehr als 25 % oder die Mehrheit der Aktien, muss dies der Gesellschaft unverzüglich schriftlich mitgeteilt (§ 20 Abs. 1, 4 AktG) und von der Gesellschaft in den Gesellschaftsblättern bekannt gemacht werden (§ 20 Abs. 6 AktG)[48]. Für die Zeit der Nichterfüllung der Mitteilungspflichten nach § 20 Abs. 1, 4 AktG bestehen die Rechte aus den Aktien des mitteilungspflichtigen Unternehmens nicht (§ 20 Abs. 7 AktG).

c) Bestellung des ersten Aufsichtsrats und des ersten Vorstands

Die Gründer haben den ersten Aufsichtsrat der Gesellschaft und den Abschlussprüfer für das erste Voll- oder Rumpfgeschäftsjahr zu bestellen (§ 30 Abs. 1 Satz 1 AktG). Da die Bestellung ebenfalls der notariellen Beurkundung bedarf (§ 30 Abs. 1 Satz 2 AktG), ist es zweckmäßig, wenn auch nicht notwendig, sie mit der Satzungsfeststellung zu verbinden. Der erste Aufsichtsrat bestellt den ersten Vorstand (§ 30 Abs. 4 AktG).

4.17

d) Leistung der Einlagen

Vor der Anmeldung müssen die Leistungen auf die Einlagen in der gesetzlich geforderten Höhe endgültig zur freien Verfügung des Vorstands erbracht sein. Bei **Bareinlagen** muss mindestens ein Viertel des geringsten Ausgabebetrages (§ 9 Abs. 1 AktG) und, im Falle einer Überpari-Ausgabe, das gesamte Aufgeld eingezahlt worden sein (§ 36a Abs. 1 AktG). **Sacheinlagen** sind grundsätzlich vollständig zu leisten (§ 36a Abs. 2 Satz 1 AktG).

4.18

e) Gründungsbericht und Gründungsprüfung

Nach § 32 AktG haben die Gründer über den Gründungshergang einen schriftlichen Bericht (**Gründungsbericht**) zu erstatten. In diesem sind bei **Sachgründungen** die wesentlichen Umstände darzulegen, die die Angemessenheit der Leistungen für Sacheinlagen beinhalten. Insbesondere, aber nicht ausschließlich auf der Grundlage des Gründungsberichts müssen die **Mitglieder des Vorstands und des Aufsichtsrats den Hergang der Gründung prüfen** (§ 33 Abs. 1 AktG). Unter den in § 33 Abs. 2 AktG genannten Voraussetzungen ist außerdem eine **Prüfung durch einen oder mehrere externe Gründungsprüfer** erforderlich, bei denen es sich regelmäßig um Wirtschaftsprüfer bzw. Wirtschaftsprüfungsgesellschaften handelt. Nach dem 2009 zur Erleichterung von Sachgründungen durch das ARUG eingeführten § 33a AktG kann von einer Prüfung durch externe Gründungsprüfer bei einer Gründung abgesehen werden, soweit als Sacheinlage übertragbare Wertpapiere oder Geldmarktinstrumente i.S.d. § 2 Abs. 1, 2 WpHG zu einer Bewertung auf Basis ihres gewichteten Durchschnittspreises, zu dem sie während der letzten drei Monate vor dem Tag ihrer tatsächlichen Einbringung auf mindestens einem organisierten Markt i.S.d. § 2 Abs. 11 WpHG gehandelt wurden, oder andere Vermögensgegenstände zu ihrem aktuellen, durch einen unabhängigen Sachverständigen nach den allgemein anerkannten Bewertungsgrundsätzen ermittelten Zeitwert eingebracht werden.

4.19

f) Registergerichtliches Verfahren und Eintragung

Die Gesellschaft ist nach Maßgabe der §§ 36, 37 und ggf. 37a AktG von allen Gründern und Mitgliedern des Vorstands und des Aufsichtsrats bei dem zuständigen Registergericht zur Eintragung in das Handelsregister **anzumelden**[49]. Im Rahmen des Eintragungsverfahrens hat das **Registergericht** zu

4.20

---

[48] BGH v. 24.4.2006 – II ZR 30/05, WM 2006, 1151 ff. = AG 2006, 501 ff. = BB 2006, 1408 f. (m. Anm. *Theusinger/Klein*); *Rachlitz* in Grigoleit, § 20 AktG Rz. 5. § 20 AktG gilt nach seinem Abs. 8 nicht, wenn es sich bei der AG um einen Emittenten i.S.d. § 33 Abs. 4 WpHG i.d.F. des 2. FiMaNoG (§ 21 Abs. 2 WpHG a.F.) handelt, für den die §§ 33 ff. WpHG i.d.F. des 2. FiMaNoG (§§ 21 ff. WpHG a.F.) gelten.

[49] Aufgrund der 2008 durch das MoMiG erfolgten Streichung des § 37 Abs. 3 Nr. 5 AktG a.F. sind der Anmeldung Urkunden über eine etwa erforderliche staatliche Genehmigung nicht mehr beizufügen;

prüfen, ob die Gesellschaft ordnungsgemäß errichtet und angemeldet ist (§ 38 Abs. 1 AktG). Dies umfasst unter anderem die **Überprüfung der durch die Gründer festgestellten Satzung** auf mangelhafte, fehlende oder nichtige Bestimmungen. Das Fehlen oder die Nichtigkeit von Satzungsbestimmungen rechtfertigt die Ablehnung der Eintragung durch das Registergericht nur nach Maßgabe des § 38 Abs. 4 Nr. 1 bis 3 AktG[50], also wenn die Bestimmung, ihr Fehlen oder ihre Nichtigkeit

- Tatsachen oder Rechtsverhältnisse betrifft, die nach § 23 Abs. 3 AktG oder auf Grund anderer zwingender gesetzlicher Vorschriften **in der Satzung bestimmt sein müssen** oder die in das Handelsregister einzutragen oder von dem Gericht bekanntzumachen sind,
- **Vorschriften verletzt**, die ausschließlich oder überwiegend **zum Schutze der Gläubiger** der Gesellschaft oder sonst **im öffentlichen Interesse** gegeben sind, oder
- die **Nichtigkeit der Satzung** zur Folge hat.

4.21 Der Inhalt der **Handelsregistereintragung** der Gesellschaft ist in § 39 AktG geregelt. Durch die Eintragung entsteht die Aktiengesellschaft als **juristische Person** (§ 41 Abs. 1 Satz 1 AktG). Gründungsmängel können nach Eintragung der Gesellschaft nur noch in eingeschränktem Umfang geltend gemacht werden (dazu Rz. 4.96 ff.). Die **Handelndenhaftung**, nach der für Rechtsgeschäfte, die im Rahmen der Vorgesellschaft eingegangen worden sind, die insoweit Handelnden persönlich haften (§ 41 Abs. 1 Satz 2 AktG), erlischt mit Eintragung der Gesellschaft[51]. Erfolgt die Aktivierung der Gesellschaft unter Verwendung einer **Mantel- oder Vorratsgesellschaft**, sind die vom BGH in einer Reihe von Entscheidungen zum GmbH-Recht[52] unter dem Gesichtspunkt der **wirtschaftlichen Neugründung** entwickelten Anforderungen zu beachten[53]. Insbesondere sind die der Gewährleistung der Kapitalaufbringung dienenden Gründungsvorschriften anzuwenden; die wirtschaftliche Neugründung der Gesellschaft ist gegenüber dem Registergericht offenzulegen und – bezogen auf das satzungsmäßige Grundkapital – mit der Erklärung und dem Nachweis gemäß § 37 AktG zu versehen. Dadurch soll dem Registergericht eine Gründungsprüfung ermöglicht werden. Werden diese verfahrensrechtlichen Gebote nicht beachtet, droht den Gesellschaftern eine möglicherweise zeitlich unbegrenzte Unterbilanzhaftung.

---

staatliches Genehmigungsverfahren und registergerichtliches Eintragungsverfahren wurden also voneinander abgekoppelt (vgl. *Hüffer/Koch*, § 37 AktG Rz. 14).

50 Vgl. im Einzelnen *Pentz* in MünchKomm. AktG, 5. Aufl. 2019, § 38 AktG Rz. 69 ff. In Bezug auf in § 38 Abs. 4 AktG nicht genannte Satzungsmängel soll eine Prüfung ebenso wie Belehrungen, Gegenvorschläge und Zwischenverfügungen unterbleiben müssen, da sie zu einer Verzögerung des Eintragungsverfahrens führen würde (vgl. *Hüffer/Koch*, § 38 AktG Rz. 12; weniger strikt *Pentz* in MünchKomm. AktG, 5. Aufl. 2019, § 38 AktG Rz. 70). Allerdings ist nicht davon auszugehen, dass das Registergericht seine Amtspflichten überschreitet, wenn es auf evidente Satzungsmängel hinweist, die nicht § 38 Abs. 4 AktG unterfallen.

51 *Vedder* in Grigoleit, § 41 AktG Rz. 42, *Hüffer/Koch*, § 41 AktG Rz. 25 m.w.N.; *Pentz* in MünchKomm. AktG, 5. Aufl. 2019, § 41 AktG Rz. 109.

52 Vgl. BGH v. 12.7.2011 – II ZR 71/11, AG 2011, 751; auch BGH v. 9.12.2002 – II ZB 12/02, GmbHR 2003, 227; BGH v. 7.7.2003 – II ZB 4/02, AG 2003, 684; BGH v. 18.1.2010 – II ZR 61/09, NJW 2010, 1459 = GmbHR 2010, 474; vgl. auch BGH v. 16.3.1992 – II ZB 17/91, NJW 1992, 1824 = AG 1992, 227 (zur AG).

53 Vgl. *DNotI*, DNotI-Report 2011, 1 ff. und DNotI-Report 2008, 91 ff.; ausf. *Braunfels* in Heidel, § 23 AktG Rz. 26 ff.; *Hüffer/Koch*, § 23 AktG Rz. 25 ff., insb. 27a f.; *Limmer* in BeckOGK AktG, Stand 1.2.2021, § 23 AktG Rz. 63 ff.; *Seibt* in K. Schmidt/Lutter, § 23 AktG Rz. 39 ff.; *Arnold* in KölnKomm. AktG, 3. Aufl. 2010, § 23 AktG Rz. 92 ff.; einschränkend *Heinze*, BB 2012, 67 ff.; kritisch zur BGH-Rspr. *Habersack*, AG 2010, 845, 849 f.

III. Inhalt der Satzung

1. Allgemeines

§ 23 Abs. 3 und 4 AktG bestimmt den **gesetzlich notwendigen Mindestinhalt der Satzung**[54] (dazu im Einzelnen Rz. 4.30 ff.); bei dessen Fehlen hat das Registergericht die Eintragung der Gesellschaft ins Handelsregister abzulehnen (§ 38 Abs. 1, 3 Nr. 1 AktG). Danach muss die Satzung enthalten: die Firma und den Sitz der Gesellschaft, den Unternehmensgegenstand, die Höhe des Grundkapitals, die Zerlegung des Grundkapitals in Nennbetrags- oder in Stückaktien, bei Nennbetragsaktien deren Nennbeträge und die Zahl der Aktien jedes Nennbetrages, bei Stückaktien deren Zahl, ob die Aktien auf den Inhaber oder den Namen lauten, die Zahl der Mitglieder des Vorstands oder die Regeln, nach denen diese Zahl festgelegt wird, sowie Bestimmungen über die Form der Bekanntmachungen der Gesellschaft. Aussagen über die Gattung der Aktien und die Zahl der Aktien jeder Gattung muss die Satzung nur treffen, wenn mehrere Gattungen von Aktien vorhanden sind[55]. Nach überwiegender Auffassung gelten auch Angaben zum Geschäftsjahr, obwohl gesetzlich nicht vorgesehen, als notwendiger Satzungsbestandteil[56]. Durch § 23 Abs. 3 und 4 AktG wird zugleich klargestellt, dass die dort genannten Gegenstände nur in der Satzung, nicht aber außerhalb der Satzung durch schuldrechtliche Vereinbarungen zwischen den Gründern bzw. Aktionären geregelt werden können[57]. Sie können zwar geändert, nicht aber gänzlich aus der Satzung gestrichen werden.

4.22

In der Satzung außerdem anzugeben sind der **Gründungsaufwand** (§ 26 Abs. 2 AktG), einzelnen Aktionären oder Dritten eingeräumte **Sondervorteile** (§ 26 Abs. 1 AktG) sowie im Falle der Sachgründung der Gesellschaft die nach § 27 Abs. 1 AktG erforderlichen Angaben über den Gegenstand der **Sacheinlage** oder **Sachübernahme**, die Person, von der die Gesellschaft den Gegenstand erwirbt, sowie den Nennbetrag bzw. die Stückzahl der auszugebenden Aktien bzw. die Vergütung. Die statutarischen Festsetzungen nach § 26 Abs. 1 und 2, § 27 Abs. 1 AktG können erst geändert werden, wenn die Gesellschaft fünf Jahre im Handelsregister eingetragen ist (§ 26 Abs. 4, § 27 Abs. 5 AktG), sie können erst beseitigt werden, wenn die Gesellschaft dreißig Jahre im Handelsregister eingetragen ist und die den Festsetzungen zugrunde liegenden Rechtsverhältnisse seit mindestens fünf Jahren abgewickelt sind (§ 26 Abs. 5, § 27 Abs. 5 AktG). Entweder die Satzung oder der Aufsichtsrat hat zu bestimmen, dass der Vorstand **bestimmte Arten von Geschäften nur mit Zustimmung des Aufsichtsrats** vornehmen darf (§ 111 Abs. 4 Satz 2 AktG) Grundsatz 6 des DCGK 2020 verlangt insoweit „Geschäfte von grundlegender Bedeutung für das Unternehmen"[58].

4.23

Darüber hinaus können in die Satzung weitere Bestimmungen aufgenommen werden, die nicht notwendiger Inhalt der Satzung sind, die aber, wenn sie geregelt werden sollen, nur in der Satzung geregelt werden können (**fakultative Satzungsbestimmungen**) (dazu im Einzelnen Rz. 4.43 ff.). Dazu gehören: die Schaffung unterschiedlicher Aktiengattungen (§§ 11, 23 Abs. 3 Nr. 4 a.E. AktG), Vertrags-

4.24

---

54 *Braunfels* in Heidel, § 23 AktG Rz. 18 ff.; *Limmer* in BeckOGK AktG, Stand 1.2.2021, § 23 AktG Rz. 28; *Pentz* in MünchKomm. AktG, 5. Aufl. 2019, § 23 AktG Rz. 64; *Seibt* in K. Schmidt/Lutter, § 23 AktG Rz. 30. Weitere notwendige Satzungsbestimmungen ergeben sich aus anderen spezialgesetzlichen Regelungen, z.B. für Rechteverwertungs-, Investment- oder Immobilienaktiengesellschaften (vgl. *Pühler* in Happ/Groß/Möhrle/Vetter, Aktienrecht, Band I, 1.01 Rz. 1.2) oder die REIT-AG (vgl. *Seibt* in K. Schmidt/Lutter, § 23 AktG Rz. 52).
55 Insoweit zählen Bestimmungen über die Gattung von Aktien nur zum gesetzlich notwendigen Mindestinhalt der Satzung, wenn mehrere Aktiengattungen bestehen.
56 Vgl. *Arnold* in KölnKomm. AktG, 3. Aufl. 2010, § 23 AktG Rz. 14; *Hüffer/Koch*, § 23 AktG Rz. 3; *Pühler* in Happ/Groß/Möhrle/Vetter, Aktienrecht, Band I, 1.01 Rz. 5.1; offenlassend *Sailer-Coceani* in Münch-Hdb. AG, § 9 Rz. 1 ff.
57 *Pentz* in MünchKomm. AktG, 5. Aufl. 2019, § 23 AktG Rz. 64.
58 Vgl. im Einzelnen *Hüffer/Koch*, § 111 AktG Rz. 36; *Schnorbus/Ganzer*, BB 2020, 386 ff. und 451 ff. Zu den Folgen der Verletzung von Zustimmungsvorbehalten vgl. BGH v. 10.7.2018 – II ZR 24/17, NZG 2018, 1189 ff. = AG 2018, 841 ff.

strafen für den Fall nicht rechtzeitiger Einlagenzahlung (§ 63 Abs. 3 AktG), die Vinkulierung der Übertragung von Namensaktien (§ 68 Abs. 2 AktG), die Aufstellung persönlicher Voraussetzungen für die Mitgliedschaft in Vorstand und Aufsichtsrat, Geschäftsführungs- oder Vertretungsregelungen (§§ 77, 78 AktG), die Möglichkeit der Befreiung von dem Verbot der Mehrvertretung (§ 181 Alt. 2 BGB), die Festlegung der Zahl der Aufsichtsratsmitglieder (§ 95 Satz 2 AktG), Entsenderechte in Bezug auf Aufsichtsratsmitglieder (§ 101 Abs. 2 AktG), Bestimmungen über die Beschlussfähigkeit des Aufsichtsrats (§ 108 Abs. 2 AktG), Teilnahme ermächtigter Dritter an Aufsichtsratssitzungen (§ 109 Abs. 3 AktG), die Festsetzung der Aufsichtsratsvergütung (§ 113 AktG) sowie von den gesetzlichen Vorgaben abweichende Mehrheitserfordernisse für die Abberufung von Aufsichtsratsmitgliedern (§ 103 Abs. 1 Satz 3 AktG) und Kapitalmaßnahmen (§ 182 Abs. 1 Satz 2, § 186 Abs. 3 Satz 3, § 193 Abs. 1 Satz 2, § 202 Abs. 2 Satz 3 AktG)[59] sowie die Opt-In- und Opt-Out-Regelungen nach §§ 33a, 33b WpÜG und § 43 Abs. 3 WpHG (bis 2.1.2018: § 27a Abs. 3) (vgl. Rz. 4.72a f.). Weitere statutarische Gestaltungsmöglichkeiten, wie die Erweiterung des Auskunftsrechts der Aktionäre unter Beachtung des Gleichbehandlungsgrundsatzes nach § 53a AktG, die Begründung zusätzlicher Publizitätspflichten oder die Schaffung zusätzlicher Gesellschaftsorgane werden im Schrifttum im Zusammenhang mit dem Grundsatz der Satzungsstrenge (dazu sogleich Rz. 4.25 ff.) diskutiert[60].

2. Der Grundsatz der Satzungsstrenge (§ 23 Abs. 5 AktG)

a) Allgemeines

4.25 Der Grundsatz der Satzungsstrenge (§ 23 Abs. 5 AktG) besagt, dass die Satzung der Gesellschaft von den Vorschriften des Aktiengesetzes **nur abweichen** kann, **wenn dies ausdrücklich zugelassen ist**. **Ergänzende Bestimmungen** der Satzung sind zulässig, es sei denn, dass das Aktiengesetz eine abschließende Regelung enthält. Die Vorschrift ist 1965 (damals als § 23 Abs. 4 AktG) in das Aktiengesetz eingeführt worden, kodifizierte aber nach Auffassung des Gesetzgebers die seinerzeit bereits herrschende Auffassung[61]. Inhaltlich führt die Bestimmung zu einer vorrangigen Geltung der aktiengesetzlichen Vorschriften für das Innenrecht der Aktiengesellschaft und damit im Ergebnis zu einer **weitgehenden Einschränkung des Prinzips der Vertragsfreiheit** im Bereich des Aktienrechts[62]. Dies unterscheidet die Aktiengesellschaft grundlegend von der GmbH, in Bezug auf deren Innenverhältnis der Grundsatz der gesellschaftsvertraglichen Gestaltungsfreiheit gilt. Zweck des § 23 Abs. 5 AktG soll es sein, die Satzungen der Aktiengesellschaft im Sinne der **(Börsen-)Verkehrsfähigkeit** der von der Gesellschaft ausgegebenen Aktien zu **standardisieren**[63]: Jeder Aktionär, auch der zukünftige, soll sich darauf verlassen können, dass die Satzung keine ungewöhnlichen Bestimmungen enthält. § 23 Abs. 5 AktG erhält damit eine kapitalmarktbezogene Prägung. Ob die Regelung zur Verfolgung dieses Zwecks erforderlich und angemessen ist, ist in jüngerer Zeit mehrfach hinterfragt und zum Teil im Ergebnis

---

59 § 24 AktG a.F., der die statutarisch vorzusehende Möglichkeit betraf, auf Verlangen eines Aktionärs Inhaber- in Namensaktien bzw. umgekehrt umzuwandeln, spielte in der Praxis keine Rolle und ist durch die Aktienrechtsnovelle 2016 (BGBl. I 2015, 2565) mit Wirkung zum 31.12.2015 aufgehoben worden. Sieht die Satzung einen Umwandlungsanspruch nach § 24 AktG in der bis zum 30.12.2015 geltenden Fassung vor, bleibt diese Satzungsbestimmung wirksam (§ 26h Abs. 2 EGAktG).
60 Vgl. im Einzelnen *Arnold* in KölnKomm. AktG, 3. Aufl. 2010, § 23 AktG Rz. 149 ff.; *Hüffer/Koch*, § 23 AktG Rz. 38, *Pentz* in MünchKomm. AktG, 5. Aufl. 2019, § 23 AktG Rz. 155, 165 ff.
61 Überblick zur Entwicklung der Rechtsprechung und juristischem Schrifttum bei *Hirte* in Lutter/Wiedemann (Hrsg.), Gestaltungsfreiheit im Gesellschaftsrecht, ZGR-Sonderheft 13 (1998), S. 61, 63 ff.
62 *Braunfels* in Heidel, § 23 AktG Rz. 40; *Hüffer/Koch*, § 23 AktG Rz. 34; *Limmer* in BeckOGK AktG, Stand 1.2.2021, § 23 AktG Rz. 46; *Seibt* in K. Schmidt/Lutter, § 23 AktG Rz. 53; *Röhricht/Schall* in Großkomm. AktG, 5. Aufl. 2016, § 23 AktG Rz. 173.
63 *Braunfels* in Heidel, § 23 AktG Rz. 40; *Fleischer/Maas*, AG 2020, 761 ff.; *Vedder* in Grigoleit, § 23 AktG Rz. 36, *Hüffer/Koch*, § 23 AktG Rz. 34; *Limmer* in BeckOGK AktG, Stand 1.2.2021, § 23 AktG Rz. 46; *Pentz* in MünchKomm. AktG, 5. Aufl. 2019, § 23 AktG Rz. 156; *Röhricht/Schall* in Großkomm. AktG, 5. Aufl. 2016, § 23 AktG Rz. 173 ff.; *Seibt* in K. Schmidt/Lutter, § 23 AktG Rz. 53.

verneint worden[64]. Denn die Bestimmungen des § 23 Abs. 5 AktG gelten nicht nur für börsennotierte Publikumsgesellschaften, sondern auch für Aktiengesellschaften mit geschlossenem Gesellschafterkreis, bei denen eine Ungleichbehandlung mit der GmbH kaum gerechtfertigt erscheint[65]. Andererseits enthält das Aktiengesetz eine Reihe von Öffnungsmöglichkeiten, die der wünschenswerten Standardisierung der Satzungen börsennotierter Gesellschaften entgegenstehen. So kann die Satzung für satzungsändernde Beschlüsse der Hauptversammlung abweichend von der nach § 179 Abs. 2 Satz 1 AktG erforderlichen Mehrheit von drei Vierteln des bei der Beschlussfassung vertretenen Grundkapitals eine andere, kleinere oder größere[66], für eine Änderung des Unternehmensgegenstands jedoch wiederum nur eine größere Kapitalmehrheit bestimmen und weitere Erfordernisse aufstellen (§ 179 Abs. 2 Satz 2 und 3 AktG). Bei der bezugsrechtswahrenden Barkapitalerhöhung kann die Satzung für den Kapitalerhöhungsbeschluss abweichend von der grundsätzlich erforderlichen Dreiviertelmehrheit eine andere, kleinere oder größere[67], Kapitalmehrheit vorsehen, für die Ausgabe von Vorzugsaktien ohne Stimmrecht allerdings wiederum nur eine größere Kapitalmehrheit (§ 182 Abs. 1 Sätze 1 und 2 AktG). Soll das Bezugsrecht der Aktionäre bei der Kapitalerhöhung ausgeschlossen werden, bedarf der Kapitalerhöhungsbeschluss einer Mehrheit von drei Vierteln des vertretenen Grundkapitals, wobei die Satzung allerdings eine größere Kapitalmehrheit und weitere Erfordernisse bestimmen kann (§ 186 Abs. 3 Sätze 2 und 3 AktG). Bereits diese wenigen Beispiele verdeutlichen, dass auch für die börsennotierte Aktiengesellschaft erhebliche Gestaltungsspielräume bestehen, die einer Vereinfachung und Vereinheitlichung der für diese geltenden gesetzlichen Bestimmungen entgegenstehen. Der Gesetzgeber hat in jüngerer Zeit – ausgehend von den für alle Aktiengesellschaften gleichermaßen geltenden Bestimmungen des AktG – eine Vielzahl von **Sonderregelungen für börsennotierte Aktiengesellschaften** geschaffen (dazu im Einzelnen Rz. 1.7 ff.). Diese bilden jedoch keine geschlossene Kodifikation für die börsennotierte Gesellschaft, sondern betreffen nur einzelne Aspekte (vgl. dazu im Einzelnen Rz. 1.45 ff.). Auf dem 67. Deutschen Juristentag 2008 wurde die Frage, ob sich besondere Regelungen für börsennotierte und nichtbörsennotierte Gesellschaften empfehlen, intensiv diskutiert[68]. Änderungen des § 23 Abs. 5 AktG wurden sowohl für börsennotierte als auch für nichtbörsennotierte Aktiengesellschaften abgelehnt[69].

b) Zwingende aktienrechtliche Regelungen

Zwingend sind die Bestimmungen des Aktiengesetzes, die die **organschaftliche Struktur** der Aktiengesellschaft, d.h. das Vorhandensein von Vorstand, Aufsichtsrat und Hauptversammlung, die Zuständigkeiten der Gesellschaftsorgane und ihre Zusammensetzung regeln[70]. Ebenfalls zwingend sind die

4.26

---

64 *Bayer*, Gutachten E zum 67. Deutschen Juristentag, S. E 27 ff.; *Grunewald*, NZG 2009, 967, 969; *Hirte* in Lutter/Wiedemann (Hrsg.), Gestaltungsfreiheit im Gesellschaftsrecht, ZGR-Sonderheft 13 (1998), S. 61 ff.; *Mertens*, ZGR 1994, 426 ff.; *Nodoushani*, NZG 2008, 452 f.; *Seibt* in K. Schmidt/Lutter, § 23 AktG Rz. 53; *Spindler*, AG 1998, 53 ff.; ausführlich *Pleßke*, Die Satzungsstrenge im Aktienrecht – Mehr Gestaltungsfreiheit für die kapitalmarktferne Aktiengesellschaft, 2007. Den Grundsatz der Satzungsstrenge auch bei der personalistisch strukturierten AG für gerechtfertigt hält *Braunfels* in Heidel, § 23 AktG Rz. 40.
65 Vgl. *Grundmann/Möslein*, ZGR 2003, 317, 361 f.; *Hirte* in Lutter/Wiedemann (Hrsg.), Gestaltungsfreiheit im Gesellschaftsrecht, ZGR-Sonderheft 13 (1998), S. 61 ff.; *Seibt* in K. Schmidt/Lutter, § 23 AktG Rz. 53.
66 BGH v. 28.11.1974 – II ZR 176/72, NJW 1975, 212 f. = AG 1975, 16; BGH v. 29.6.1987 – II ZR 242/86, NJW 1988, 260, 261 = AG 1987, 348; LG Frankfurt/Main v. 13.11.2001 – 3/4 O 14/01, AG 2002, 356, 357; *Hüffer/Koch*, § 179 AktG Rz. 16 ff.
67 *Hüffer/Koch*, § 182 AktG Rz. 8.
68 Vgl. *Bayer*, Gutachten E zum 67. Deutschen Juristentag (Kurzfassung des Gutachtens Beilage zu NJW Heft 21/2008, S. 2123 ff.).
69 Vgl. *Hüffer/Koch*, § 23 AktG Rz. 34; zust. *Arnold* in KölnKomm. AktG, 3. Aufl. 2010, § 23 AktG Rz. 134.
70 *Hüffer/Koch*, § 23 AktG Rz. 36; *Seibt* in K. Schmidt/Lutter, § 23 AktG Rz. 55. Die Verordnung über das Statut der Europäischen Gesellschaft (SE) (Verordnung [EG] Nr. 2157/2001 des Rates v. 8.10.2001, ABl. EG Nr. L 294 v. 10.11.2001, S. 1) sieht in ihren Art. 38 ff. ein durch entsprechende Satzungsgestaltung

grundsätzliche Geltung des **Gebots der Gleichbehandlung der Aktionäre** (§ 53a AktG)[71], die Bestimmungen zur Zahl der Arbeitnehmervertreter im Aufsichtsrat, die Geschlechterquote im Aufsichtsrat börsennotierter, mitbestimmter Gesellschaften (§ 96 Abs. 2, 3, § 111 Abs. 5 AktG) sowie die gesetzlich vorgesehenen **Minderheitsrechte**[72]. Eine Ausnahme bildet insoweit § 122 Abs. 1 Satz 2 AktG: Danach kann die Satzung das Recht, die Einberufung der Hauptversammlung zu verlangen, an eine andere Form und an den Besitz eines geringeren Anteils am Grundkapital als in § 122 Abs. 1 Satz 1 AktG vorgesehen knüpfen[73]. Auch die Sorgfalts- und Verschwiegenheitspflichten der Mitglieder von Vorstand und Aufsichtsrat können statutarisch weder verschärft noch gemildert werden. Zwingend ist auch das Erfordernis der Zustimmung der Vorzugsaktionäre zu einer Aufhebung oder Beschränkung des Vorzugs nach § 141 Abs. 1 AktG[74]. Auch kann statutarisch ein Schiedsgerichtsverfahren nicht vorgesehen werden, soweit das Aktiengesetz Rechtsschutz durch staatliche Gerichte anordnet[75].

c) Zulässigkeit abweichender statutarischer Regelungen (§ 23 Abs. 5 Satz 1 AktG)

4.27 Zulässig sind Abweichungen der Satzung von den gesetzlichen Vorschriften, wenn das Aktiengesetz dies ausdrücklich zulässt (§ 23 Abs. 5 Satz 1 AktG). Die Befugnis zur Abweichung von den aktiengesetzlichen Vorschriften und der Umfang der zulässigen Abweichung müssen sich aus dem Wortlaut des Gesetzes selbst, ggf. durch dessen Auslegung, ergeben[76]. Unzulässig soll es sein, wenn die Satzung dem Vorstand – außerhalb der Festlegung des Unternehmensgegenstands und des Gesellschaftszwecks – Vorgaben in Bezug auf die Führung des Gesellschaftsunternehmens macht[77]. Dementsprechend soll die Satzung den Vorstand bzw. Aufsichtsrat nicht pauschal zur Befolgung der Empfehlungen des Deutschen Corporate Governance Kodex verpflichten können[78].

d) Ergänzende Satzungsregelungen (§ 23 Abs. 5 Satz 2 AktG)

4.28 Ergänzende Bestimmungen der aktiengesetzlichen Regelungen durch die Satzung sind zulässig, es sei denn, dass das Gesetz eine abschließende Regelung enthält. Das Aktiengesetz selbst lässt in einer Reihe

---

auszuübendes Wahlrecht zwischen dem dualistischen System (Bildung eines Leitungsorgans und eines Aufsichtsorgans) und dem monistischen System (Bildung eines Verwaltungsorgans mit Leitungs- und Aufsichtsfunktion) vor. So auch der 4. Abschnitt (§§ 15 ff.) des SE-Ausführungsgesetzes (SEAG) v. 22.12.2004 (BGBl. I 2004, 3675 ff.).

71 Vgl. *Götze* in MünchKomm. AktG, 5. Aufl. 2019, § 53a AktG Rz. 17 ff.; *Grigoleit/Rachlitz* in Grigoleit, § 53a AktG Rz. 12, *Henze/Notz* in Großkomm. AktG, 4. Aufl. 2004, § 53a AktG Rz. 84; *Hüffer/Koch*, § 53a AktG Rz. 5.

72 Vgl. *Seibt* in K. Schmidt/Lutter, § 23 AktG Rz. 55 jeweils m.w.N.

73 Nach § 122 Abs. 1 Satz 1 AktG ist eine Hauptversammlung einzuberufen, wenn Aktionäre, deren Anteile zusammen fünf Prozent des Grundkapitals erreichen, dies schriftlich unter Angabe des Zwecks und der Gründe verlangen.

74 *Hüffer/Koch*, § 23 AktG Rz. 36; *Pentz* in MünchKomm. AktG, 5. Aufl. 2019, § 23 AktG Rz. 164; a.A. *Zöllner* in KölnKomm. AktG, 1. Aufl. 1985, § 141 AktG Rz. 7.

75 BGH v. 29.3.1996 – II ZR 124/95, BGHZ 132, 278, 282 = AG 1996, 318; *Pentz* in MünchKomm. AktG, 5. Aufl. 2019, § 23 AktG Rz. 164; *K. Schmidt*, ZGR 1988, 523, 537.

76 *Hüffer/Koch*, § 23 AktG Rz. 35. Aufstellungen derjenigen aktienrechtlichen Vorschriften, die Abweichungen zulassen, finden sich etwa bei *Arnold* in KölnKomm. AktG, 3. Aufl. 2010, § 23 AktG Rz. 139 ff.; *Limmer* in BeckOGK AktG, Stand 1.2.2021, § 23 AktG Rz. 48; *Pentz* in MünchKomm. AktG, 5. Aufl. 2019, § 23 AktG Rz. 163; *Röhricht/Schall* in Großkomm. AktG, 5. Aufl. 2016, § 23 AktG Rz. 185 ff.; *Seibt* in K. Schmidt/Lutter, § 23 AktG Rz. 54.

77 *Arnold* in KölnKomm. AktG, 3. Aufl. 2010, § 23 AktG Rz. 151 a.E.; *Röhricht/Schall* in Großkomm. AktG, 5. Aufl. 2016, § 23 AktG Rz. 250.

78 *Bayer/Scholz* in BeckOGK AktG, Stand 1.2.2021, § 161 AktG Rz. 76; *Grigoleit/Zellner* in Grigoleit, § 161 AktG Rz. 19, *Hüffer/Koch*, § 161 AktG Rz. 12; *Pühler* in Happ/Groß/Möhrle/Vetter, Aktienrecht, Band I, 1.01 Rz. 1.8; *Ulmer*, ZHR 166 (2002), 150, 174 f.

von Bestimmungen Ergänzungen zu[79]. Regelungswahlrechte können aber auch außerhalb des Aktiengesetzes begründet sein, z.B. in den §§ 33a, 33b WpÜG und § 43 Abs. 3 WpHG (bis 2.1.2018: § 27a Abs. 3). Ob eine Bestimmung des Aktiengesetzes abschließend ist, ist durch Auslegung zu ermitteln. Nach der Formulierung des § 23 Abs. 5 Satz 2 AktG („es sei denn") ist das nur ausnahmsweise der Fall. Eine Ergänzung liegt dann vor, wenn das Aktiengesetz selbst keine Regelung enthält oder die vorhandene gesetzliche Regelung weitergeführt wird, ohne in ihrem Regelungsgehalt angetastet zu werden[80].

e) Folgen eines Verstoßes gegen § 23 Abs. 5 AktG

Ob Satzungsbestimmungen, die gegen zwingendes Aktienrecht und damit gegen § 23 Abs. 5 AktG verstoßen, nichtig sind, ist umstritten[81]. Teils wird von der Nichtigkeit ausgegangen, wobei ganz überwiegend auf die in § 241 Nr. 3 AktG genannten Nichtigkeitsgründe zurückgegriffen wird[82], vereinzelt aber auch die Nichtigkeitsfolge ohne Rückgriff auf § 241 AktG direkt aus § 23 Abs. 5 AktG hergeleitet wird[83]; teils wird eine differenzierende Auffassung vertreten[84]. Der BGH hat diese Frage bislang offengelassen[85]. Gegen die Annahme der **Nichtigkeit** spricht, dass nach dem Wortlaut des § 241 Nr. 3 AktG gerade nicht jeder Verstoß gegen zwingende Vorschriften des Aktiengesetzes, sondern nur die Verletzung solcher Normen, die ausschließlich oder überwiegend im Interesse der Gläubiger der Gesellschaft

4.29

---

79 Vgl. *Seibt* in K. Schmidt/Lutter, § 23 AktG Rz. 57. Beispiele sind: § 39 Abs. 2 AktG (Dauer der Gesellschaft), § 55 Abs. 2 AktG (Vertragsstrafen für den Fall der Verletzung von Nebenverpflichtungen), § 58 Abs. 5 AktG (Sachausschüttungen), § 63 Abs. 3 AktG (Vertragsstrafen für den Fall nicht rechtzeitiger Einlageneinzahlung), § 67 Abs. 1, 2 AktG (Voraussetzungen für die Eintragung von einem Dritten gehörenden Aktien im eigenen Namen im Aktienregister, insbesondere Höchstgrenzen), § 68 Abs. 2 AktG (Vinkulierung), § 100 Abs. 4 AktG (persönliche Anforderungen für in Hauptversammlung zu wählende oder entsandte Mitglieder des Aufsichtsrats), § 101 Abs. 2 AktG (Recht, Mitglieder in den Aufsichtsrat zu entsenden), § 113 Abs. 1 Satz 2 AktG (Aufsichtsratsvergütung – für die börsennotierte Gesellschaft vgl. jetzt § 119 Abs. 1 Nr. 3 AktG), § 118 AktG (Modalitäten der Teilnahme an der Hauptversammlung, der Stimmabgabe, der Zuschaltung von Aufsichtsratsmitgliedern und der Übertragung der Versammlung – durch das Gesetz zur Abmilderung der Folgen der COVID-19-Pandemie v. 27.3.2020 [BGBl. 2020 I 569, nachfolgend „COVID-19-Folgen-Abmilderungsgesetz"] sind derartige Maßnahmen für eine bestimmte Zeit auch ohne entsprechende Satzungsermächtigung möglich), § 119 Abs. 1 (Beschlusszuständigkeit der Hauptversammlung), § 121 Abs. 1, Abs. 2 Satz 3 AktG (Gründe für Einberufung der Hauptversammlung und Einberufungsrecht), § 123 Abs. 2, 3 AktG (Anmeldeerfordernis zur Hauptversammlung und Berechtigungsnachweis), § 134 Abs. 3, 4 (Form der Vollmacht und der Ausübung des Stimmrechts), § 237 Abs. 1 Satz 2 AktG (Zwangseinziehung).
80 *Braunfels* in Heidel, § 23 AktG Rz. 43; *Hüffer/Koch*, § 23 AktG Rz. 37; ausführlich *Pentz* in MünchKomm. AktG, 5. Aufl. 2019, § 23 AktG Rz. 165 ff.; *Seibt* in K. Schmidt/Lutter, § 23 AktG Rz. 57.
81 Dabei wird verbreitet zwischen Satzungsregelungen unterschieden, die bereits in der Gründungssatzung enthalten sind (Errichtungsmangel, daher Eintragungshindernis), und solchen, die auf einem satzungsändernden Hauptversammlungsbeschluss beruhen (so *Hüffer/Koch*, § 23 AktG Rz. 43; *Limmer* in BeckOGK AktG, Stand 1.2.2021, § 23 AktG Rz. 50; *Pentz* in MünchKomm. AktG, 5. Aufl. 2019, § 23 AktG Rz. 170 ff.). Generell zu Satzungsmängeln Rz. 4.94 ff.
82 *K. Schmidt* in Großkomm. AktG, 4. Aufl. 1996, § 241 AktG Rz. 56, der solche Beschlüsse als mit dem Wesen der Gesellschaft unvereinbar ansieht; ähnlich *Röhricht/Schall* in Großkomm. AktG, 5. Aufl. 2016, § 23 AktG Rz. 261; *Sailer-Coceani* in MünchHdb. AG, § 6 Rz. 12; *Austmann* in MünchHdb. AG, § 42 Rz. 25.
83 *Pentz* in MünchKomm. AktG, 5. Aufl. 2019, § 23 AktG Rz. 170; *Geßler*, ZGR 1980, 427, 444.
84 *Hüffer/Koch*, § 241 AktG Rz. 15 ff.; *Schäfer* in MünchKomm. AktG, 5. Aufl. 2021, § 241 AktG Rz. 47 ff.; *Drescher* in BeckOGK AktG, Stand 1.2.2021, § 241 AktG Rz. 215 ff.; *Zöllner* in KölnKomm. AktG, 1. Aufl. 1985, § 241 AktG Rz. 115.
85 BGH v. 15.12.1986 – II ZR 18/86, BGHZ 99, 211, 216 f. = AG 1987, 152; BGH v. 29.6.1987 – II ZR 242/86, NJW 1988, 260, 261 = AG 1987, 348.

oder im öffentlichen Interesse gegeben sind, zur Nichtigkeit führt[86]. Daher sollte maßgeblich darauf abgestellt werden, ob die verletzte zwingende Vorschrift dem vom Gläubigerinteresse oder öffentlichen Interesse getragenen **aktienrechtlichen Regelungskern** zuzurechnen ist[87]. Nach h.M. gilt für die **Heilung von Mängeln der Ursprungssatzung** § 242 Abs. 2 AktG entsprechend, so dass die Nichtigkeit nicht mehr geltend gemacht werden kann, wenn seit der Eintragung drei Jahre verstrichen sind[88].

3. Notwendige Satzungsbestimmungen im Einzelnen

a) Firma

4.30 Die Firma der Gesellschaft gehört zu den notwendigen Satzungsbestandteilen (§ 23 Abs. 3 Nr. 1 AktG). Nach § 4 AktG muss die Firma der Gesellschaft als **Rechtsformzusatz** die Bezeichnung „Aktiengesellschaft" oder eine allgemein verständliche Abkürzung („AG") enthalten. Im Übrigen gilt der Grundsatz der freien Firmenbildung nach §§ 17 ff. HGB[89], so dass Sach-, Personen- und Phantasiefirmen und Mischformen uneingeschränkt zulässig sind, solange die handelsrechtlichen Anforderungen (Kennzeichnungseignung, Unterscheidungskraft, Verbot der Irreführung) und marken- und wettbewerbsrechtlichen Vorschriften gewahrt bleiben[90]. Investmentaktiengesellschaften mit veränderlichem Kapital müssen nach § 118 Abs. 1 KAGB abweichend von § 4 AktG die Bezeichnung „Investmentaktiengesellschaft" oder eine allgemein verständliche Abkürzung dieser Bezeichnung („InvAG") enthalten; Investmentaktiengesellschaften mit Teilgesellschaftsvermögen müssen darüber hinaus den Zusatz „mit Teilgesellschaftsvermögen" oder eine allgemein verständliche Abkürzung dieser Bezeichnungen enthalten[91]. Die durch das Gesetz über deutsche Immobilien-Aktiengesellschaften mit börsennotierten Anteilen (REITG) vom 28.5.2007[92] eingeführten REIT-Aktiengesellschaften müssen nach § 6 REITG die Bezeichnung „REIT-Aktiengesellschaft" oder „REIT-AG" in ihrer Firma führen. Im Falle der Insolvenz der Aktiengesellschaft ist der Insolvenzverwalter auch im Fall der Verwertung der Firma nicht befugt, die Satzung hinsichtlich der Firma zu ändern[93].

b) Sitz

4.31 Die Satzung muss den Sitz der Gesellschaft enthalten (§ 23 Abs. 3 Nr. 1 AktG). Zugleich bestimmt § 5 AktG, dass Sitz der Gesellschaft der **Ort im Inland** ist, den die Satzung bestimmt. Anzugeben ist die politische Gemeinde, so dass eine eindeutige Bestimmung des für die Gesellschaft zuständigen Ge-

---

86 Vgl. insb. *Hüffer/Koch*, § 241 AktG Rz. 19; *Zöllner* in KölnKomm. AktG, 1. Aufl. 1985, § 241 AktG Rz. 115.
87 Ähnlich *Schäfer* in MünchKomm. AktG, 5. Aufl. 2021, § 241 AktG Rz. 49 ff.; *Hüffer/Koch*, § 23 AktG Rz. 43; *Limmer* in BeckOGK AktG, Stand 1.2.2021, § 23 AktG Rz. 50; *Seibt* in K. Schmidt/Lutter, § 23 AktG Rz. 62; *Braunfels* in Heidel, § 23 AktG Rz. 50 f.; vgl. auch *Zöllner* in KölnKomm. AktG, 1. Aufl. 1985, § 241 AktG Rz. 115, der nach der Verzichtbarkeit der betroffenen Position unterscheiden will.
88 Vgl. BGH v. 19.6.2000 – II ZR 73/99, NJW 2000, 2819, 2820 = AG 2000, 515 (zur GmbH); *Arnold* in KölnKomm. AktG, 3. Aufl. 2010, § 23 AktG Rz. 155; *Hüffer/Koch*, § 23 AktG Rz. 43 m.w.N.; *Limmer* in BeckOGK AktG, Stand 1.2.2021, § 23 AktG Rz. 51; a.A. *Goette* in FS Röhricht, 2005, S. 115, 123 ff.
89 Das in § 4 Abs. 1 AktG a.F. enthaltene Entlehnungsgebot, nach dem die Firma der Gesellschaft im Regelfall dem Gegenstand des Unternehmens zu entnehmen sei, ist 1998 durch das Handelsrechtsreformgesetz aufgehoben worden.
90 Vgl. im Einzelnen *Pühler* in Happ/Groß/Möhrle/Vetter, Aktienrecht, Band I, 1.01 Rz. 3.1-3.4; *Heider* in MünchKomm. AktG, 5. Aufl. 2019, § 4 AktG Rz. 14 ff.; *Limmer* in BeckOGK AktG, Stand 1.2.2021, § 23 AktG Rz. 29.
91 Vgl. Gesetz zur Umsetzung der Richtlinie 2011/61/EU über die Verwalter alternativer Investmentfonds v. 4.7.2013, BGBl. I 2013, 1981.
92 BGBl. I 2007, 914.
93 Vgl. BGH v. 26.11.2019 – II ZB 21/17, BGHZ 224, 72 = AG 2020, 215.

richts (§ 17 Abs. 1 ZPO) möglich ist[94]. § 5 Abs. 2 AktG a.F., der vorsah, dass der statutarische Sitz in der Regel der Ort zu sein hat, an dem die Gesellschaft einen Betrieb hat oder an dem sich ihre Geschäftsleitung befindet oder die Verwaltung geführt wird, ist durch das MoMiG vom 23.10.2008[95] gestrichen worden. Die Gesetzesänderung ermöglicht es deutschen Gesellschaften, einen **Verwaltungssitz** zu wählen, der nicht mit dem notwendigerweise im Inland liegenden durch § 5 AktG bestimmten **Satzungssitz** übereinstimmen muss und auch außerhalb des deutschen Hoheitsgebiets liegen kann[96]. Mit Ausnahme des Inlandserfordernisses besteht somit hinsichtlich der Wahl des Satzungssitzes volle Satzungsautonomie[97]. Eine Verlegung des Satzungssitzes bedarf eines satzungsändernden Hauptversammlungsbeschlusses (§ 179 AktG), für das registergerichtliche Verfahren gilt § 45 AktG. Eine bloße Änderung der tatsächlichen Verhältnisse (z.B. Verlegung des Verwaltungssitzes) macht hingegen keine Änderung des Satzungssitzes notwendig, auch wenn Satzungssitz und Verwaltungssitz bislang übereinstimmten[98]. Eine **Verlegung des Satzungssitzes** der Gesellschaft **in das Nicht-EU-Ausland** unter Beibehaltung ihrer rechtlichen Identität ist nicht möglich und auch innerhalb von EU/EWR gemeinschaftsrechtlich nicht geboten[99]. Etwas anderes gilt innerhalb von EU/EWR grundsätzlich für die grenzüberschreitende Sitzverlegung unter Wechsel in die entsprechende Rechtsform des Zuzugsstaates ohne vorherige Auflösung und Liquidation (**grenzüberschreitender Formwechsel**), wenn das Recht des Zuzugsstaates einen solchen Formwechsel vorsieht und die in dem Zuzugsstaat bestehenden Gründungsvorschriften beachtet werden[100]. Der insoweit von der Rechtsprechung des EUGH vorgegebene Weg wird durch den EU-Gesetzgeber durch die am 1.1.2020 in Kraft getretene Mobilitätsrichtlinie (Richtlinie (EU) 2019/2121 vom 27.11.2019) fortgesetzt, die bis zum 31.1.2023 von den Mitgliedstaaten in nationales Recht umzusetzen ist.

---

94 *Hüffer/Koch*, § 5 AktG Rz. 6; *Drescher* in BeckOGK AktG, Stand 1.2.2021, § 5 AktG Rz. 5; zu Aktiengesellschaften mit Doppelsitz vgl. Rz. 4.31a.
95 BGBl. I 2008, 2026 ff. Zugleich hat das MoMiG die Pflicht zur Anmeldung und Eintragung einer inländischen Geschäftsanschrift im Handelsregister geschaffen (§ 37 Abs. 3 Nr. 1, § 39 Abs. 1 Satz 1 AktG).
96 So bereits zur alten Rechtslage BGH v. 13.3.2003 – VII ZR 370/98, AG 2003, 386 f.
97 *Hüffer/Koch*, § 5 AktG Rz. 1, 8.
98 *Hüffer/Koch*, § 5 AktG Rz. 11 f. (auch zur Verlegung des Verwaltungssitzes ins Ausland); *Drescher* in BeckOGK AktG, Stand 1.2.2021, § 5 AktG Rz. 13; anders noch zu § 4a Abs. 2 GmbHG a.F. BGH v. 2.6.2008 – II ZB 1/06, NZG 2008, 707 ff. = GmbHR 2008, 990 ff.
99 Vgl. EuGH v. 16.12.2008 – C-210/06 – Cartesio, WM 2009, 223, 229 f. = AG 2009, 79 f. Rz. 99 ff., insb. Rz. 110 (gegen die Schlussanträge von GA P. Maduro v. 22.5.2008 – C-210/06, ZIP 2008, 1067 ff.); *Hüffer/Koch*, § 1 AktG Rz. 37 ff. und § 5 AktG Rz. 13 (Drittstaaten) und Rz. 14 (EU/EWR) m. zahlr. w.N.; *Teichmann*, ZIP 2009, 393 ff.; zu den verschiedenen Konstellationen der grenzüberschreitenden Sitzverlegung vgl. *Ringe* in K. Schmidt/Lutter, § 45 AktG Rz. 18 ff. Der Referentenentwurf eines Gesetzes zum Internationalen Privatrecht der Gesellschaften, Vereine und juristischen Personen v. 7.1.2008, der insgesamt auf der Gründungstheorie basierte und in Art. 10b EGBGB eine Kollisionsnorm über den Wechsel des anwendbaren Rechts beim grenzüberschreitenden Rechtsformwechsel enthielt, ohne diesen selbst zuzulassen, hat es nicht bis in das formale Gesetzgebungsverfahren geschafft (vgl. BGH v. 27.10.2008 – II ZR 158/06, DNotZ 2009, 385 ff. m. Anm. *Thölke* [S. 389, 390] = DStR 2009, 59 ff. m. Anm. *Goette* [S. 63]).
100 Vgl. EUGH (GrK) v. 25.10.2017 – C-106/16 – Polbud, NZG 2017, 1308 ff., bereits zuvor EuGH v. 12.7.2012 – C-378/10 – Vale, NZG 2012, 871 ff.; EuGH v. 16.12.2008 – C-210/06 – Cartesio, WM 2009, 223, 230 = AG 2009, 79 f.; OLG Nürnberg v. 19.6.2013 – 12 W 520/13, NZG 2014, 349 ff. m. Anm. *Stiegler* (formwechselnde Umwandlung einer luxemburgischen S. à r.l. in eine deutsche GmbH); KG v. 21.3.2016 – 22 W 64/15, AG 2016, 586 = NZG 2016, 834 ff. m. Anm. *Stiegler* (formwechselnde Umwandlung einer französischen S. à r.l. in eine deutsche GmbH); dazu *Hüffer/Koch*, § 5 AktG Rz. 15 m. zahlr. w.N.; *Stiegler*, AG 2017, 846 ff.; *Zwirlein*, ZGR 2017, 114 ff.; Rechtstatsächliches zu grenzüberschreitenden Formwechseln und Sitzverlegungen bei *Bayer/Hoffmann*, AG 2019, R40 ff. Zur Europarechtswidrigkeit der Besteuerung nicht realisierter Wertzuwächse in Folge der Verlegung des Satzungs- und Verwaltungssitzes in einen anderen EU-Mitgliedstaat vgl. EuGH v. 6.9.2012 – C-38/10 – Kommission/Portugal, ZIP 2012, 1801 ff.

4.31a   Die Begründung eines **Doppelsitzes** kommt nach h.M. nur ausnahmsweise in Betracht, wenn erhebliche im Unternehmensinteresse liegende Gründe ein Abweichen vom im Interesse des Verkehrsschutzes bestehenden Grundsatz des einen Gesellschaftssitzes rechtfertigen[101].

c) Unternehmensgegenstand

4.32 Die nach § 23 Abs. 3 Nr. 2 AktG erforderliche Angabe des Unternehmensgegenstands bezweckt, Dritte über den **Tätigkeitsbereich der Gesellschaft zu informieren** und zugleich die **Geschäftsführungsbefugnis des Vorstands zu begrenzen** (§ 82 Abs. 2 AktG)[102]. Der Unternehmensgegenstand ist nicht identisch mit dem Gesellschaftszweck. Der Gesellschaftszweck bezeichnet den Sinn und Zweck des gesellschaftsrechtlichen Zusammenschlusses, der bei der AG als Handelsgesellschaft regelmäßig in der Gewinnerzielung liegt, während der Unternehmensgegenstand das hierfür eingesetzte Mittel beschreibt[103]. Die nicht leicht zu treffende Abgrenzung ist von Bedeutung, da eine Änderung des Unternehmensgegenstands durch einen Beschluss der Hauptversammlung mit der in § 179 Abs. 2 Satz 2 AktG vorgesehenen qualifizierten Mehrheit erfolgen kann, während für eine Änderung des Gesellschaftszwecks darüber hinaus die Zustimmung aller Aktionäre erforderlich ist[104]. Für die Beschreibung des Unternehmensgegenstands nicht genügend sind bloße Leerformeln, das Gesetz verlangt vielmehr eine hinreichend konkrete Angabe der von dem Unternehmen betriebenen Tätigkeiten[105]. Zulässigkeitsschranken ergeben sich aus den §§ 134, 138 BGB und – insbesondere für eine Reihe von freiberuflichen Tätigkeiten – aus spezialgesetzlichen Vorschriften[106]. Darüber hinaus sind für bestimmte Unternehmensgegenstände öffentlich-rechtliche Genehmigungspflichten zu beachten[107]. Der Vorstand ist zum einen verpflichtet, die Grenzen des in der Satzung beschriebenen Unternehmensgegenstands im Rahmen seiner Geschäftsführung einzuhalten (sog. **Überschreitungsverbot**, § 82 Abs. 2 AktG)[108],

---

101 AG Essen v. 5.1.2001 – 89b AR 1241/00, AG 2001, 434, 435 (Verschmelzung Thyssen/Krupp); *Pluskat*, WM 2004, 601 ff.; *Hüffer/Koch*, § 5 AktG Rz. 10 m.w.N.; *Pühler* in Happ/Groß/Möhrle/Vetter, Aktienrecht, Band I, 1.01 Rz. 4.2 f.; *Ringe* in K. Schmidt/Lutter, § 5 AktG Rz. 13 ff.; nach *Bayer/Hoffmann* (AG 2019, R148) gibt es in Deutschland elf Aktiengesellschaften mit Doppelsitz; zur Siemens AG als einziger Gesellschaft mit Doppelsitz (Berlin und München) im DAX30 vgl. *Fleischer*, AG 2019, 481.
102 Vgl. BGH v. 3.11.1980 – II ZB 1/79, WM 1981, 163, 164 = MDR 1981, 293; BayObLG v. 22.6.1995 – 3 Z BR 71/95, NJW-RR 1996, 413 f. = GmbHR 1995, 722; OLG Düsseldorf v. 6.10.2010 – 3 Wx 231/10, GmbHR 2010, 1261 f.; *Hüffer/Koch*, § 23 AktG Rz. 21; krit. zur Fassung des § 23 Abs. 3 Nr. 2 AktG *Hirte* in FS Hüffer, 2010, S. 329, 334 f.
103 Vgl. im Einzelnen *Kort*, NZG 2011, 929, 930 f.; *Arnold* in KölnKomm. AktG, 3. Aufl. 2010, § 23 AktG Rz. 74; *Hüffer/Koch*, § 23 AktG Rz. 22; *Pentz* in MünchKomm. AktG, 5. Aufl. 2019, § 23 AktG Rz. 70 ff.; *Röhricht/Schall* in Großkomm. AktG, 5. Aufl. 2016, § 23 AktG Rz. 125 ff.
104 So die h.M.: vgl. KG v. 3.9.2004 – 14 U 333/02, AG 2005, 90 f.; *Holzborn* in BeckOGK AktG, Stand 1.2.2021, § 179 AktG Rz. 59 f.; *Hüffer/Koch*, § 179 AktG Rz. 33; *Pühler* in Happ/Groß/Möhrle/Vetter, Aktienrecht, Band I, 1.01 Rz. 7.1; *Seibt* in K. Schmidt/Lutter, § 179 AktG Rz. 10; *Stein* in MünchKomm. AktG, 5. Aufl. 2021, § 179 AktG Rz. 129 ff.
105 *Hüffer/Koch*, § 23 AktG Rz. 24; Einzelheiten bei *Pentz* in MünchKomm. AktG, 4. Aufl. 2016, § 23 AktG Rz. 80 ff. § 9 VAG verlangt für Versicherungsunternehmen die Angabe des Versicherungszweigs.
106 Vgl. Angaben bei *Hüffer/Koch*, § 23 AktG Rz. 23. Besondere Anforderungen gelten für den Unternehmensgegenstand der Investmentaktiengesellschaft mit veränderlichem Kapital nach § 110 Abs. 2 KAGB (zu § 96 Abs. 2 InvG a.F. vgl. *Eckhold*, ZGR 2007, 654, 657 ff.) und der REIT-AG nach § 1 Abs. 1 REITG (dazu *Kollmorgen/Hoppe/Feldhaus*, BB 2007, 1345 ff., insb. 1347 f.).
107 Zur Entkoppelung des Registereintragungsverfahrens von staatlichen Genehmigungsverfahren durch Streichung des § 37 Abs. 4 Nr. 5 AktG a.F. vgl. *Hüffer/Koch*, § 37 AktG Rz. 14; *Kleindiek* in K. Schmidt/Lutter, § 37 AktG Rz. 35.
108 Dazu BGH v. 25.9.2018 – II ZR 190/17, NZG 2018, 1350, 1351 f., Rz. 17 ff. (dort auch zur Abgrenzung von Unternehmensgegenstand und „unternehmerischer Ausrichtung" i.S.d. § 22 Abs. 2 WpHG a.F. [jetzt § 34 Abs. 2 WpHG]); zur Pflichtwidrigkeit nicht vom Unternehmensgegenstand gedeckter Geschäfte vgl. BGH v. 15.1.2013 – II ZR 90/11, NJW 2013, 1958 ff. = AG 2013, 259 ff.; OLG Köln v.

zum anderen ist er gehalten, den statutarisch bestimmten Unternehmensgegenstand aktiv auszufüllen[109]. Daher besteht Anpassungsbedarf im Hinblick auf den statutarischen Unternehmensgegenstand, wenn die Gesellschaft in neuen, in der Beschreibung des Unternehmensgegenstands nicht genannten Geschäftsbereichen auf Dauer tätig werden oder aber in der Satzung genannte Geschäftsbereiche dauerhaft einstellen will[110]. Wird die statutarische Erweiterung des Unternehmensgegenstands notwendig, ist streitig, ob diese vor Aufnahme der entsprechenden Geschäftstätigkeit erfolgen muss[111] oder auch erst danach erfolgen kann[112].

Da börsennotierte Gesellschaften ihr Unternehmen regelmäßig nicht oder zumindest nicht ausschließlich unmittelbar selbst, sondern zumindest auch über eine Reihe von Tochtergesellschaften und Beteiligungen betreiben, ist dieser Umstand bei der Beschreibung des Unternehmensgegenstands zu berücksichtigen[113]. Trotz Bestehens einer **Konzernklausel** in der Satzung der Gesellschaft sollen Maßnahmen, die zwar von dieser Klausel gedeckt sind (wie etwa die Einbringung einer wirtschaftlich bedeutsamen unmittelbaren Tochtergesellschaft der Gesellschaft in eine 100-prozentige Tochtergesellschaft), nach Auffassung des BGH ausnahmsweise und in engen Grenzen dann **Mitwirkungsbefugnisse der Hauptversammlung** auslösen, wenn sie Veränderungen nach sich ziehen, die denjenigen zumindest nahekommen, die allein durch eine Satzungsänderung herbeigeführt werden können[114]. Nach Auffassung des OLG Frankfurt/Main stellt bei Vorliegen einer statutarischen Konzernklausel der Erwerb einer Unternehmensbeteiligung unabhängig von der dadurch geschaffenen Anteilsquote eine Geschäftsführungsangelegenheit dar, für die keine ungeschriebene Zuständigkeit der Hauptversammlung besteht, sondern über die der Vorstand autonom entscheiden kann[115]. Für den Fall, dass eine

4.33

19.10.2018 – 18 W 53/17, NZG 2019, 582, 584, Rz. 36; *Hüffer/Koch*, § 82 AktG Rz. 9; *Blasche*, DB 2011, 517, 519; *Priester* in FS Hüffer, 2010, S. 777 ff. Vgl. auch BGH v. 14.1.2014 – II ZB 5/12, NZG 2014, 423, 427 Rz. 48 = AG 2014, 402 (zur Zulässigkeit von Hilfsgeschäften).

109 Eingehend OLG Köln v. 15.1.2009 – 18 U 205/07, ZIP 2009, 1469 ff. = AG 2009, 416 ff.; OLG Stuttgart v. 14.5.2003 – 20 U 31/02, AG 2003, 527, 532; *Blasche*, DB 2011, 517, 519 f.; *Feldhaus*, BB 2009, 562, 563 ff.; *Hüffer/Koch*, § 179 AktG Rz. 9a; *Krieger* in MünchHdb. AG, § 70 Rz. 7 f.; *Lutter/Leinekugel*, ZIP 1998, 225, 227 f.; *Pluskat*, EWiR 2009, 395 f.; ausf. *Priester*, ZGR 2017, 474 ff.; *Priester* in FS Hüffer, 2010, S. 777, 782 ff.; *Sailer-Coceani* in MünchHdb. AG, § 9 Rz. 17.

110 Vgl. *Stein* in MünchKomm. AktG, 5. Aufl. 2021, § 179 AktG Rz. 107 f. (Unterschreitung des Unternehmensgegenstands durch Delisting, wenn Satzung Börsenzulassung als Teil des Unternehmensgegenstands vorschreibt); *Sailer-Coceani* in MünchHdb. AG, § 9 Rz. 18 f.; *Krieger* in MünchHdb. AG, § 70 Rz. 7 f.

111 OLG Köln v. 15.1.2009 – 18 U 205/07, ZIP 2009, 1469, 1470/1471 = AG 2009, 416; *Krieger* in MünchHdb. AG, § 70 Rz. 8 (ggf. unter auflösender Bedingung oder Rücktrittsvorbehalt); *Lutter/Leinekugel*, ZIP 1998, 225, 228; im Grundsatz auch *Seibt* in K. Schmidt/Lutter, § 23 AktG Rz. 38 f.

112 OLG Stuttgart v. 13.7.2005 – 20 U 1/05, AG 2005, 693, 696 (nächste HV); *Wollburg/Gehling* in FS Lieberknecht, 1997, S. 133, 142 ff.

113 BGH v. 26.4.2004 – II ZR 155/02 – Gelatine, AG 2004, 384, 385 f. = ZIP 2004, 993, 995 (m. Anm. *Altmeppen*) und BGH v. 26.4.2004 – II ZR 154/02, ZIP 2004, 1001, 1002 f., jeweils im Anschluss an BGH v. 25.2.1982 – II ZR 174/80 – Holzmüller, BGHZ 83, 122, 130 ff. = AG 1982, 158; *Götze*, NZG 2004, 585, 586; *Hüffer/Koch*, § 23 AktG Rz. 24a; eingehend *Pühler* in Happ/Groß/Möhrle/Vetter, Aktienrecht, Band I, 1.01 Rz. 9.1 ff. (mit Formulierungsvorschlägen auch zur Holdingklausel); *Seibt* in K. Schmidt/Lutter, § 23 AktG Rz. 36.

114 So BGH v. 26.4.2004 – II ZR 155/02 – Gelatine, AG 2004, 384, 387 = ZIP 2004, 993, 996 (m. Anm. *Altmeppen*) und BGH v. 26.4.2004 – II ZR 154/02, ZIP 2004, 1001, 1002 f.; *Limmer* in BeckOGK AktG, Stand 1.2.2021, § 23 AktG Rz. 16a; zur Auslegung einer Konzernklausel vgl. auch OLG Frankfurt/Main v. 21.6.2007 – 5 U 34/07, AG 2008, 862; krit. zu dem vom BGH zugrunde gelegten Verständnis von „ungeschriebenen Mitwirkungsbefugnissen" und Satzung *Koppensteiner*, Der Konzern 2004, 381, 382.

115 OLG Frankfurt/Main v. 7.12.2010 – 5 U 29/10 – Commerzbank/Dresdner Bank, NZG 2011, 62 ff. = AG 2011, 173 ff.; insoweit offengelassen in BGH v. 7.2.2012 – II ZR 253/10, NJW-RR 2012, 558, 559 = AG 2012, 248; dazu *Gubitz/Nikoleyczik*, NZG 2010, 539 ff.

Aktiengesellschaft sich der Leitung eines anderen Unternehmens im Wege faktischer Konzernierung unterstellt, wird von der h.M. keine Satzungsänderung für erforderlich gehalten[116].

d) Geschäftsjahr

4.34 Obwohl im Aktiengesetz nicht ausdrücklich erwähnt[117], zählt die Angabe des Geschäftsjahrs nach h.M. zu den notwendigen materiellen Satzungsbestimmungen[118]. Das Geschäftsjahr kann bei Gründung der Gesellschaft frei gewählt werden[119], es sollte aber aufgrund der Pflicht zur Aufstellung des Jahresabschlusses „für den Schluss eines jeden Geschäftsjahres" (§ 242 HGB) mit dem Ultimo des betreffenden Monats enden. Die Dauer des Geschäftsjahres darf zwölf Monate nicht überschreiten (§ 240 Abs. 2 Satz 2 HGB). Die durch Satzungsänderung erfolgende Änderung des Geschäftsjahres ist bei Bestehen eines vom Kalenderjahr abweichenden Geschäftsjahres ohne weiteres möglich, wenn das Geschäftsjahr an das Kalenderjahr angepasst werden soll. Hingegen ist die Umstellung auf ein vom Kalenderjahr abweichendes Geschäftsjahr steuerlich nur im Einvernehmen mit dem Finanzamt wirksam (§ 7 Abs. 4 Satz 3 KStG)[120].

e) Dauer der Gesellschaft

4.35 Soll die Dauer der Gesellschaft auf einen bestimmten Zeitraum befristet werden (§ 262 Abs. 1 Nr. 1 AktG), ist eine entsprechende Bestimmung in die Satzung aufzunehmen (§ 39 Abs. 2 AktG).

f) Höhe des Grundkapitals

4.36 Die Höhe des Grundkapitals ist nach § 23 Abs. 3 Nr. 3 AktG zwingend in der Satzung anzugeben[121]. Bei der Gründung der Gesellschaft muss ihr Grundkapital mindestens 50.000 Euro betragen (§ 7 AktG). Weitergehende Anforderungen an das Grundkapital enthält das Aktiengesetz nicht, insbesondere verlangt es keine an der Größe des Unternehmens orientierte angemessene Grundkapitalziffer[122]. Aufgrund spezialgesetzlicher Bestimmungen kann die Bildung eines höheren Grundkapitals bzw. die

---

116 Vgl. LG München I v. 20.12.2018 – 5HK O 15236/17 – Linde/Praxair, NZG 2019, 384, 391, Rz. 45 = AG 2019, 225 ff. = EWiR 2019, 171 (m. Anm. *Goslar*); offenlassend OLG München v. 14.10.2020 – 7 U 448/19, NZG 2021, 1160, 1166 (Rz. 89); dazu *Hippeli*, NZG 2019, 535, 536; *Seidel/Kromer*, AG 2019, 206 ff.; *Schmidbauer/Kürten*, NZG 2021, 1150 ff.; auch *Krieger* in MünchHdb. AG, § 70 Rz. 57; a.A. *Strohn*, ZHR 182 (2018), 114 ff.
117 § 39 Abs. 2 AktG besagt lediglich, dass, wenn die Satzung Bestimmungen über die Dauer der Gesellschaft enthält, diese in das Handelsregister einzutragen sind.
118 *Arnold* in KölnKomm. AktG, 3. Aufl. 2010, § 23 AktG Rz. 14; *Hüffer/Koch*, § 23 AktG Rz. 3; *Pentz* in MünchKomm. AktG, 5. Aufl. 2019, § 23 AktG Rz. 40; *Pühler* in Happ/Groß/Möhrle/Vetter, Aktienrecht, Band I, 1.01 Rz. 5.1. A.A. wohl *Sailer-Coceani* in MünchHdb. AG, § 9 Rz. 2; vgl. auch OLG Stuttgart v. 7.5.1992 – 8 W 72/92, WM 1993, 1754 f. = GmbHR 1992, 468: statutarische Übertragung des Bestimmungsrechts bezüglich des Geschäftsjahrs auf die Geschäftsführung einer GmbH.
119 Insbesondere muss es nicht mit dem Kalenderjahr übereinstimmen (§ 7 Abs. 4 Satz 2 KStG).
120 Zur Zulässigkeit einer rückwirkenden Eintragung einer Geschäftsjahresänderung im Falle der Eröffnung eines Insolvenzverfahrens vgl. BGH v. 14.10.2014 – II ZB 20/13, NZG 2015, 157 ff.; vgl. auch BGH v. 21.2.2017 – II ZB 16/15, AG 2017, 401 (jeweils zur GmbH).
121 Eine Ausnahme bildet das durch das Investmentgesetz v. 15.12.2003 (BGBl. I 2003, 2676) geschaffene und seit 2013 in §§ 108 ff. KAGB (BGBl. I 2013, 1981) geregelte Investmentaktiengesellschaft mit veränderlichem Kapital. Deren Vorstand ist gemäß § 115 KAGB ermächtigt, das Gesellschaftskapital bis zu dem in der Satzung bestimmten Höchstbetrag wiederholt durch Ausgabe neuer Aktien gegen Einlagen zu erhöhen. Vgl. zur alten Rechtslage im Einzelnen *Baums/Kiem* in FS Hadding, S. 741 ff.; *Dornseifer*, AG 2008, 53, 60 ff.; *Eckhold*, ZGR 2007, 654, 671 ff.; *Hermanns*, ZIP 2004, 1297 ff.
122 Vgl. *Sailer-Coceani* in MünchHdb. AG, § 11 Rz. 5; *Hüffer/Koch*, § 7 AktG Rz. 2. Zur angemessenen Höhe des Grundkapitals einer AG vgl. *Eidenmüller/Engert*, AG 2005, 97 ff.

Einzahlung eines höheren als des in § 36a AktG vorgesehenen Einlagebetrages erforderlich sein[123]. Für die erstmalige Zulassung von Aktien einer Gesellschaft zum Handel am regulierten Markt einer Börse verlangt § 2 Abs. 1 Satz 1 BörsZulV, dass der voraussichtliche Kurswert der zuzulassenden Aktien oder, falls dieser nicht geschätzt werden kann, das Eigenkapital der Gesellschaft i.S.d. § 266 Abs. 3 Buchst. A HGB mindestens 1,250 Mio. Euro beträgt[124] (zu den Zulassungsvoraussetzungen im Einzelnen Rz. 9.13 ff.). Die faktischen Marktanforderungen an die **Börsenreife** von Unternehmen setzen ein deutlich höheres Grundkapital voraus[125].

g) Nennbetrags- oder Stückaktien

Die Satzung muss Angaben zur Zerlegung des Grundkapitals in Nennbetrags- oder in Stückaktien, bei Nennbetragsaktien deren Nennbeträge und die Zahl der Aktien jedes Nennbetrags bzw. bei Stückaktien deren Zahl enthalten (§ 23 Abs. 3 Nr. 4 AktG). **Nennbetragsaktien** müssen auf mindestens einen Euro lauten, höhere Nennbeträge auf volle Euro lauten (§ 8 Abs. 2 AktG). **Stückaktien** lauten auf keinen Nennbetrag, der auf die einzelne Stückaktie entfallende anteilige Betrag des Grundkapitals darf einen Euro jedoch nicht unterschreiten (§ 8 Abs. 3 AktG). Grundsätzlich ist die Gesellschaft bei der Bestimmung des Aktientyps frei[126]. Ein Nebeneinander von Nennbetrags- und Stückaktien ist allerdings nicht zulässig. Wohl aber können Nennbetragsaktien unterschiedliche Nennbeträge haben[127].

4.37

h) Aktiengattungen

Bestimmungen über die Gattungen der Aktien und die Zahl der Aktien jeder Gattung muss die Satzung nur enthalten, wenn mehrere Gattungen von Aktien bestehen (§ 23 Abs. 3 Nr. 4 AktG)[128]. Dies bedeutet im Umkehrschluss, dass die Satzung keine derartigen Bestimmungen enthalten muss, wenn

4.38

---

123 Das Grundkapital einer REIT-AG muss mindestens 15 Mio. Euro betragen (§ 4 REITG). Erhöhte Eigenmittel- bzw. Solvabilitätsanforderungen gelten für bestimmte Unternehmen in der Finanz- oder Versicherungswirtschaft. Das Grund- oder Stammkapital einer Unternehmensbeteiligungsgesellschaft muss mindestens 1,0 Mio. Euro betragen und voll geleistet werden (§ 2 Abs. 4 UBGG). Interne Kapitalverwaltungsgesellschaften müssen nach § 25 Abs. 1 Nr. 1 lit. a) KAGB mit einem Anfangskapital (nicht notwendigerweise Grundkapital) von mindestens 300.000 Euro ausgestattet sein, bei externen Kapitalverwaltungsgesellschaften muss das Anfangskapital nach § 25 Abs. 1 Nr. 1 lit. b) KAGB 125.000 Euro betragen. Für Wirtschaftsprüfungs-Gesellschaften sieht § 28 Abs. 6 Satz 2 WPO bei Antragstellung einen Reinvermögensnachweis in Höhe des gesetzlichen Mindestbetrags von Grund- bzw. Stammkapital vor. Die am 8.10.2004 in Kraft getretene Verordnung über das Statut der Europäischen Gesellschaft (SE) (Verordnung [EG] Nr. 2157/2001 des Rates v. 8.10.2001, ABl. EG Nr. L 294 v. 10.11.2001, S. 1) sieht in Art. 4 Abs. 2 für die SE ein gezeichnetes Kapital von mindestens 120.000 Euro vor. Vgl. auch *Heider* in MünchKomm. AktG, 5. Aufl. 2019, § 7 AktG Rz. 14 ff.
124 § 2 Abs. 1 BörsZulV gilt für Nennbetrags- und Stückaktien gleichermaßen und geht insoweit als Spezialvorschrift dem § 2 Abs. 3 BörsZulV, der für nennwertlose Wertpapiere eine Mindeststückzahl von 10.000 verlangt, vor (*Heidelbach* in Schwark/Zimmer, § 2 BörsZulV Rz. 4; a.A. *Schlitt* in Semler/Volhard, ArbeitsHdb. Unternehmensübernahmen, Band 1, § 23 Rz. 22). Dabei dürfte es sich angesichts eines im Zusammenhang mit einem Börsengang regelmäßig erwarteten Grundkapitals von mindestens 10 Mio. Euro (so *Schlitt* in Semler/Volhard, ArbeitsHdb. Unternehmensübernahmen, Band 1, § 23 Rz. 50) eher um ein theoretisches Problem handeln.
125 Vgl. *Schlitt* in Semler/Volhard, ArbeitsHdb. Unternehmensübernahmen, Band 1, § 23 Rz. 22: Mindestgrundkapital von 10 Mio. Euro.
126 Vgl. *Heider* in MünchKomm. AktG, 5. Aufl. 2019, § 8 AktG Rz. 43; *Ziemons* in K. Schmidt/Lutter, § 8 AktG Rz. 5. Sonderregelungen gelten nach § 109 Abs. 1 KAGB für Investmentaktiengesellschaften mit veränderlichem Kapital, die ausschließlich Stückaktien ausgeben dürfen.
127 Zu Nennbetrags- und Stückaktien sowie zur Umwandlung der einen in die andere Aktienform vgl. im Einzelnen Rz. 5.7 ff.
128 Ein typisches gattungsbegründendes Merkmal ist die statutarische Ausstattung von Vorzugsaktien mit einem Gewinnvorzug gegenüber den nicht bevorrechtigten Stammaktien. Erheblicher statutarischer

nur eine Gattung von Aktien besteht. Mehrere Gattungen von Aktien bestehen, wenn die Aktien ihren Inhabern **verschiedene Rechte** gewähren oder **verschiedene Pflichten** auferlegen (vgl. dazu Rz. 5.44 ff. sowie ausführlich Rz. 6.1 ff.). Besonderheiten sieht § 109 KAGB für die Aktienklassen einer Investmentaktiengesellschaft vor[129].

i) Inhaber- oder Namensaktien

4.39 Die Satzung muss bestimmen, ob die Aktien auf den Inhaber oder den Namen ausgestellt werden (§ 23 Abs. 3 Nr. 5 AktG). Dabei geht es um die **Verbriefung der Mitgliedschaft** in Inhaber- oder Namensaktien (§ 10 Abs. 1 AktG)[130]. Diese Frage konnte bis zur **Aktienrechtsnovelle 2016** grundsätzlich für alle Aktiengesellschaften frei nach Zweckmäßigkeitserwägungen entschieden werden, es sei denn, die Ausgabe einer bestimmten Form von Aktienurkunden war ausnahmsweise gesetzlich vorgeschrieben[131]. Nach dem durch das Gesetz zur Änderung des Aktiengesetzes (Aktienrechtsnovelle 2016) vom 22.12.2015[132] neu gefassten § 10 Abs. 1 AktG besteht diese **Wahlfreiheit nur für börsennotierte Gesellschaften**. Für nicht börsennotierte Gesellschaften hingegen ist die Namensaktie als Standardverbriefung vorgesehen; diese dürfen Inhaberaktien nur noch dann ausgeben, wenn der Anspruch auf Einzelverbriefung gemäß § 10 Abs. 5 AktG ausgeschlossen ist und die Inhaberaktien in einer Sammelurkunde verbrieft sind, die bei einer Wertpapiersammelbank oder einem Zentralverwahrer hinterlegt werden muss (im Einzelnen zu Inhaber- und Namensaktien Rz. 5.34 ff.). Eine Pflicht der Gesellschaft, von sich aus Aktienurkunden auszustellen, besteht – wie § 214 Abs. 4 Satz 1 AktG zeigt – nicht[133]. Wohl aber besteht ein mitgliedschaftlicher Anspruch der Aktionäre auf Verbriefung, der allerdings durch die Ausstellung einer oder mehrerer, sämtliche Mitgliedschaftsrechte verbriefende Globalurkunden erfüllt werden kann, wenn durch die Satzung der Anspruch des Aktionärs auf Verbriefung seines Anteils nach § 10 Abs. 5 AktG ausgeschlossen ist (dazu Rz. 5.15). Von der Möglichkeit des § 10 Abs. 5 AktG wird in der Praxis ganz überwiegend Gebrauch gemacht, um die Aktien in Girosammelverwahrung verwahren und im Effektengiroverkehr übertragen zu können (dazu im Einzelnen Rz. 5.67 f. und 5.81 ff.). Die Vorschrift des § 24 AktG, nach der die Satzung bestimmen konnte, dass auf Verlangen eines Aktionärs seine Inhaberaktien in Namensaktien bzw. seine Namensaktien in Inhaberaktien umzuwandeln sind, hatte nur geringe praktische Bedeutung und wurde durch die Aktienrechtsnovelle 2016 aufgehoben.

j) Zahl der Vorstandsmitglieder

4.40 Die Satzung muss eine Bestimmung über die **Zahl der Mitglieder des Vorstands oder die Regeln, nach denen diese Zahl festgelegt wird**, enthalten (§ 23 Abs. 3 Nr. 6 AktG). Genügend ist die Angabe

---

Gestaltungsaufwand ergibt sich bei der Einführung von Spartenaktien (vgl. §§ 3, 4 der Satzung der HHLA Hamburger Hafen und Logistik AG [Stand September 2020]).
129 Vgl. *Eckhold*, ZGR 2007, 654, 663; *Fischer*, NZG 2007, 133 ff.
130 Nach § 10 Abs. 2 AktG müssen auch die Aktien börsennotierter Gesellschaften (§ 3 Abs. 2 AktG), in Bezug auf die grundsätzlich Wahlfreiheit zwischen Namens- und Inhaberaktien besteht (vgl. § 10 Abs. 1 Satz 2 Nr. 1 AktG), auf den Namen lauten, wenn sie vor der vollen Leistung des Ausgabebetrages ausgegeben werden. Zu weiteren Ausnahmen vgl. Rz. 5.36.
131 Unternehmensaktien einer Investmentaktiengesellschaft mit veränderlichem Kapital müssen nach § 109 Abs. 2 Satz 3 KAGB auf den Namen lauten; zu weiteren Sondervorschriften, nach denen die Ausgabe von Namensaktien erforderlich ist, vgl. *Limmer* in BeckOGK AktG, Stand 1.2.2021, § 23 AktG Rz. 39.
132 BGBl. I 2015, 2565 ff. Nach der Übergangsregelung des § 26h Abs. 1 EGAktG ist die ab dem 31.12.2015 geltende Neufassung des § 10 Abs. 1 AktG nicht auf Gesellschaften anzuwenden, deren Satzung vor dem 31.12.2015 durch notarielle Beurkundung festgestellt worden ist und deren Aktien auf den Inhaber lauten. Für diese Gesellschaften ist § 10 Abs. 1 AktG in der am 30.12.2015 geltenden Fassung weiter anzuwenden.
133 Vgl. *Sailer-Coceani* in MünchHdb. AG, § 12 Rz. 3; *Heider* in MünchKomm. AktG, 5. Aufl. 2019, § 10 AktG Rz. 12; *Vatter* in BeckOGK AktG, Stand 1.2.2021, § 10 AktG Rz. 32 f.

einer bestimmten Mindest- und Höchstzahl von Vorstandsmitgliedern in der Satzung[134]. Ebenfalls ausreichend ist, wenn die Satzung die Festlegung der Zahl der Vorstandsmitglieder dem Aufsichtsrat überlässt[135]. Stellvertreter von Vorstandsmitgliedern (§ 94 AktG) sind in die Berechnung mit einzubeziehen. Bei Aktiengesellschaften mit einem Grundkapital von mehr als 3,0 Mio. Euro verlangt § 76 Abs. 2 Satz 2 AktG, dass der Vorstand aus mindestens zwei Personen besteht, es sei denn, die Satzung bestimmt, dass er nur aus einer besteht. Eine Satzungsbestimmung, nach der der Vorstand aus einer oder mehreren Personen besteht, genügt dem[136]. Diese Bestimmung ist insofern zweckmäßig, als sie vermeidet, dass der Vorstand wegen Unterschreitens der nach § 76 Abs. 2 Satz 2 AktG erforderlichen Mindestzahl von Vorstandsmitgliedern handlungsunfähig wird[137], solange zumindest noch ein Vorstandsmitglied vorhanden ist. Ist in der Satzung eine feste Zahl oder eine Mindestzahl bestimmt und wird diese Zahl durch das Ausscheiden von Vorstandsmitgliedern unterschritten, ist eine Satzungsänderung erst erforderlich, wenn feststeht, dass die freigewordenen Vorstandssitze auf Dauer nicht neu besetzt werden[138]. Die vormalige Kodex-Empfehlung (vgl. Ziff. 4.2.1 DCGK 2017), dass der Vorstand börsennotierter Aktiengesellschaften aus mehreren Personen bestehen soll, ist im DCGK 2020 gestrichen worden. Sonderregelungen gelten für mitbestimmte Aktiengesellschaften, die einen Arbeitsdirektor bestellen müssen und bei denen daher ein mehrköpfiger Vorstand erforderlich ist[139].

k) Bekanntmachungen

Nach § 23 Abs. 4 AktG muss die Satzung Bestimmungen über die **Form der Bekanntmachungen** der Gesellschaft enthalten. § 23 Abs. 4 AktG betrifft lediglich freiwillige Bekanntmachungen. In Bezug auf sog. **Pflichtbekanntmachungen**, d.h. solche, die aufgrund Gesetzes oder der Satzung in den Gesellschaftsblättern zu veröffentlichen sind[140], verlangt § 25 AktG die Veröffentlichung im Bundesanzeiger[141]. **Freiwillige Bekanntmachungen** sind solche, die von Gesetz oder Satzung vorgesehen sind, ohne dass sie in den Gesellschaftsblättern veröffentlicht werden müssen, wie z.B. die Bekanntmachung der Aufforderung des Vorstands, die Einlagen einzuzahlen (§ 63 Abs. 1 Satz 2 AktG), oder die Veröffentlichung von Quartalsberichten[142]. Die Form dieser Bekanntmachungen kann in der Satzung frei gewählt werden. Insbesondere bei börsennotierten Gesellschaften ist es jedoch üblich, auch insoweit den Bundesanzeiger zu wählen. Für die Übermittlung von Informationen an die Inhaber zugelassener Aktien im Wege der Datenfernübertragung verlangt der auf Grund des Transparenzrichtlinie-Umsetzungsgesetzes (TUG) vom 5.1.2007[143] in das Gesetz eingefügte § 49 Abs. 3 Satz 1 Nr. 1 WpHG i.d.F.

4.41

---

134 LG Köln v. 10.6.1998 – 91 O 15/98, AG 1999, 137 f.; *Arnold* in KölnKomm. AktG, 3. Aufl. 2010, § 23 AktG Rz. 124; *Hüffer/Koch*, § 23 AktG Rz. 31; *Pentz* in MünchKomm. AktG, 5. Aufl. 2019, § 23 AktG Rz. 144; zurückhaltend *Röhricht/Schall* in Großkomm. AktG, 5. Aufl. 2016, § 23 AktG Rz. 164.
135 BGH v. 17.12.2001 – II ZR 288/99 – Sachsenmilch IV, AG 2002, 289 = NZG 2002, 817, 818 = EWiR § 76 AktG 1/2002, 317 (*Zetzsche*); *Hüffer/Koch*, § 23 AktG Rz. 31; *Pentz* in MünchKomm. AktG, 5. Aufl. 2019, § 23 AktG Rz. 146; *C. Schäfer*, ZGR 2003, 147, 155 ff.; *Seibt* in K. Schmidt/Lutter, § 23 AktG Rz. 50; zweifelnd *Röhricht/Schall* in Großkomm. AktG, 5. Aufl. 2016, § 23 AktG Rz. 166.
136 LG Köln v. 10.6.1998 – 91 O 15/98, AG 1999, 137 f.; LG München I v. 28.8.2008 – 5 HKO 2522/08, NZG 2009, 143, 144 = AG 2008, 904; *Hüffer/Koch*, § 76 AktG Rz. 55.
137 BGH v. 12.11.2001 – II ZR 225/99 – Sachsenmilch III, BGHZ 149, 158 ff. = AG 2002, 241 ff.
138 Vgl. *Pentz* in MünchKomm. AktG, 5. Aufl. 2019, § 23 AktG Rz. 145.
139 Vgl. dazu *Spindler* in MünchKomm. AktG, 5. Aufl. 2019, § 76 AktG Rz. 121 ff.; auch Rz. 21.19.
140 Zur Abgrenzung der freiwilligen Bekanntmachung von der Pflichtbekanntmachung (z.B. der Einberufung der Hauptversammlung gemäß § 121 Abs. 4 Satz 1 AktG) vgl. *Pentz* in MünchKomm. AktG, 5. Aufl. 2019, § 25 AktG Rz. 3.
141 § 25 Satz 2 AktG, der die Möglichkeit vorsah, dass die Satzung andere Blätter oder elektronische Informationsmedien als Gesellschaftsblätter bezeichnete, ist durch die Aktienrechtsnovelle 2016 (BGBl. I 2015, 2565) gestrichen worden. Für Altsatzungen (Stichtag: 30.12.2015), die von dieser Möglichkeit Gebrauch gemacht haben, gilt die Übergangsregelung des § 26h Abs. 3 EGAktG. Vgl. dazu *Hüffer/Koch*, § 25 AktG Rz. 1.
142 *Pentz* in MünchKomm. AktG, 5. Aufl. 2019, § 23 AktG Rz. 151.
143 BGBl. I 2007, 10.

des 2. FiMaNoG (§ 30b Abs. 3 Satz 1 Nr. 1 WpHG a.F.) unter anderem, dass die Hauptversammlung dem zugestimmt hat. Dieser Voraussetzung kommen die betroffenen börsennotierten Gesellschaften regelmäßig durch die Aufnahme einer entsprechenden Bestimmung in ihrer Satzung nach.

l) Sonstige notwendige Satzungsbestimmungen

4.42 Außerdem in die Satzung aufzunehmen sind Festsetzungen über einzelnen Aktionären oder Dritten eingeräumte **Sondervorteile** und den **Gründungsaufwand** (§ 26 Abs. 1 und 2 AktG) sowie in Bezug auf **Sacheinlagen** und **Sachübernahmen** (§ 27 Abs. 1 AktG). Nach dem 2002 durch das TransPuG geänderten § 111 Abs. 4 Satz 2 AktG muss die Satzung oder der Aufsichtsrat bestimmen, dass der Vorstand **bestimmte Arten von Geschäften nur mit der Zustimmung des Aufsichtsrats** vornehmen darf (dazu Rz. 27.24 ff.).

4. Fakultative Satzungsbestimmungen im Einzelnen

4.43 Typischerweise wird die Satzung insbesondere börsennotierter Aktiengesellschaften in die Abschnitte „Allgemeine Bestimmungen", „Grundkapital und Aktien", „Der Vorstand", „Der Aufsichtsrat", „Die Hauptversammlung", „Jahresabschluss und Gewinnverwendung" sowie „Schlussbestimmungen" gegliedert[144]. Nachfolgend wird anhand dieses Gliederungsschemas eine Auswahl der in insbesondere börsennotierter Aktiengesellschaften (neben den bereits zuvor unter 3. [Rz. 4.30 ff.] dargestellten notwendigen Satzungsbestimmungen) typischerweise anzutreffenden fakultativen Satzungsbestimmungen dargestellt.

a) Allgemeine Bestimmungen

4.44 Unter den Allgemeinen Bestimmungen finden sich regelmäßig die Regelungen zu **Firma, Sitz** und **Geschäftsjahr** der Gesellschaft sowie zu ihrem **Unternehmensgegenstand** und den **Bekanntmachungen** (dazu bereits Rz. 4.30 ff.). Im Nachgang zu der „Frosta"-Entscheidung des BGH[145], in der dieser die von ihm in der „Macroton"-Entscheidung[146] für das Delisting entwickelten Grundsätze wieder aufgehoben hat, wird erwogen, die Börsennotierung der Gesellschaft in der Satzung zu verankern, um auf diese Weise eine Befassung der Hauptversammlung mit der grundsätzlich von der Geschäftsführung zu treffenden Delisting-Entscheidung sicherzustellen[147]. Dagegen wird geltend gemacht, die Verankerung der Börsennotierung in der Satzung verstoße gegen das Prinzip der Satzungsstrenge und sei mit dem Wesen der Aktiengesellschaft nicht vereinbar (vgl. im Einzelnen Rz. 63.61)[148]. Hier bleibt die weitere Entwicklung nach der Neufassung der kapitalmarktrechtlichen Voraussetzungen des Delistings durch die Änderung des § 39 BörsG durch das Gesetz zur Umsetzung der Transparenzrichtlinie-Änderungsrichtlinie vom 20.11.2015[149] abzuwarten.

---

144 Vgl. das Muster der Satzung einer Publikumsgesellschaft bei *Pühler* in Happ/Groß/Möhrle/Vetter, Aktienrecht, Band I, 1.01, S. 7 ff.; ähnlich auch *Fleischer/Maas*, AG 2020 761, 762 (Rz. 4).
145 BGH v. 8.10.2013 – II ZB 26/12, ZIP 2013, 2254 ff. = AG 2013, 877.
146 BGH v. 25.11.2002 – II ZR 133/01, ZIP 2001, 700 ff. = AG 2003, 273.
147 Vgl. *Schockenhoff*, ZIP 2013, 2429, 2434; *Lochner* in Heidel, Vor §§ 327a ff. AktG Rz. 18; bereits zuvor *Arnold*, ZIP 2005, 1573, 1576; *Habersack*, AG 2005, 137, 141; a.A. *Spindler* in K. Schmidt/Lutter, § 119 AktG Rz. 52. Entsprechende Bestimmungen hat die GK Software SE, Schöneck, in die Abs. 7 und 8 des § 4 ihrer Satzung (Stand 29.1.2020) aufgenommen.
148 Vgl. *Groß*, AG 2015, 812, 814; *Hüffer/Koch*, § 119 AktG Rz. 40; *von der Linden*, NZG 2015, 176 ff.; *Scholz*, BB 2015, 2248 ff.; *Hoffmann* in BeckOGK AktG, Stand 1.2.2021, § 119 AktG Rz. 71; a.A. *Kubis* in MünchKomm. AktG, 4. Aufl. 2018, § 119 AktG Rz. 93 m.w.N.
149 BGBl. I 2015, 2029; dazu *Hüffer/Koch*, § 119 AktG Rz. 36 ff

b) Grundkapital und Aktien
aa) Genehmigtes Kapital

Neben dem notwendig in der Satzung anzugebenden Grundkapital (vgl. Rz. 4.36) empfiehlt es sich, ein genehmigtes Kapital in die Satzung aufzunehmen. Nach § 202 AktG kann der Vorstand bereits in der Gründungssatzung oder aber durch Satzungsänderung für die Dauer von höchstens fünf Jahren nach Eintragung der Gesellschaft bzw. der Satzungsänderung ermächtigt werden, das Grundkapital der Gesellschaft um höchstens die Hälfte des im Ermächtigungszeitpunkt vorhandenen Grundkapitals durch Ausgabe neuer Aktien gegen Einlagen zu erhöhen. Das genehmigte Kapital, das den Vorstand unter bestimmten Voraussetzungen auch zum **Ausschluss des Bezugsrechts** der Aktionäre ermächtigen kann, gehört heute zum Standard in den Satzungen börsennotierter Gesellschaften und verschafft dem Vorstand Flexibilität bei der Kapitalbeschaffung und dem Einsatz neuer Aktien der Gesellschaft als Akquisitionswährung (vgl. im Einzelnen zum genehmigten Kapital § 45). Da im Falle der ganzen oder teilweisen Ausnutzung des genehmigten Kapitals der entsprechenden Handelsregisteranmeldung (§ 203 Abs. 1 Satz 1, § 188 AktG) nach h.M. eine berichtigte Fassung der Satzung beigefügt werden muss[150], empfiehlt es sich in diesem Zusammenhang auch, den Aufsichtsrat zu Änderungen der Satzung zu ermächtigen, die nur ihre Fassung betreffen (§ 179 Abs. 1 Satz 2 AktG), da andernfalls die Satzungsberichtigung einen Hauptversammlungsbeschluss erfordern würde.

4.45

bb) Bedingtes Kapital

In der Praxis als Instrument für Unternehmensakquisitionen nicht durchgesetzt hat sich hingegen das bedingte Kapital (§§ 192 ff. AktG). Dieses dient in erster Linie der Unterlegung von Mitarbeiteroptionen sowie von Umtausch- oder Bezugsrechten aus Wandel- oder Optionsschuldverschreibungen (vgl. im Einzelnen zum bedingten Kapital § 46). Dabei wurde durch die Aktienrechtsnovelle 2016[151] der Wortlaut der §§ 192 und 221 AktG dahingehend geändert, dass auch die Gesellschaft selbst zum Umtausch berechtigt sein kann (sog. umgekehrte Wandelanleihe)[152]. Ob es notwendig ist, das bedingte Kapital in die Satzung aufzunehmen, ist umstritten[153]. Der von § 202 AktG („Die Satzung kann …") abweichende Wortlaut des § 192 AktG („Die Hauptversammlung kann …") legt nahe, dass ein entsprechendes gesetzliches Erfordernis nicht besteht. Dennoch ist die Aufnahme eines bedingten Kapitals in den Satzungstext üblich und aus Informationsgründen sinnvoll[154]. Bei den Änderungen des Satzungstextes, die infolge der Ausgabe von Bezugsaktien und dem damit einhergehenden Wirksamwerden der Kapitalerhöhung (§ 200 AktG) erforderlich werden, handelt es sich um Fassungsänderungen, die die Hauptversammlung dem Aufsichtsrat übertragen kann und, wenn die Satzung keine entsprechende Bestimmung vorsieht, in dem das bedingte Kapital schaffenden Hauptversammlungsbeschluss auch übertragen sollte (§ 179 Abs. 1 Satz 2 AktG).

4.46

cc) Ausschluss des Verbriefungsanspruchs

§ 10 Abs. 5 AktG ermöglicht es, den Anspruch des Aktionärs auf Verbriefung seines Anteils in der Satzung auszuschließen (dazu im Einzelnen Rz. 5.15). Von dieser Möglichkeit machen börsennotierte Gesellschaften ganz überwiegend Gebrauch. Sie werden dadurch in die Lage versetzt, den grundsätzlich bestehenden Verbriefungsanspruch des Aktionärs durch Ausstellung einer oder mehrerer Global-

4.47

---

150 Vgl. nur *Hüffer/Koch*, § 203 AktG Rz. 15 m.w.N. auch zur Gegenauffassung.
151 BGBl. I 2015, 2565.
152 Vgl. Begr. RegE Aktienrechtsnovelle 2016, BT-Drucks. 18/4349, S. 28; auch *Fuchs* in MünchKomm. AktG, 4. Aufl. 2016, § 192 AktG Rz. 10b; *Hüffer/Koch*, § 192 AktG Rz. 9, jeweils m.w.N.
153 Die Notwendigkeit einer Aufnahme in den Satzungstext verneinend: *Butzke*, HV, L Rz. 32; *Hüffer/Koch*, § 192 AktG Rz. 5; *Rieckers* in BeckOGK AktG, Stand 1.2.2021, § 192 AktG Rz. 20; *Scholz* in MünchHdb. AG, § 58 Rz. 28, 58; *Wachter/Dürr*, § 192 AktG Rz. 6; für die Notwendigkeit einer Aufnahme in den Satzungstext insbesondere *Fuchs* in MünchKomm. AktG, 4. Aufl. 2016, § 192 AktG Rz. 21.
154 *Frey* in Großkomm. AktG, 4. Aufl. 2001, Vor §§ 192–201 AktG Rz. 23.

urkunden zu erfüllen. Diese können dann bei der Clearstream Banking AG als der einzigen in Deutschland zugelassenen Wertpapiersammelbank girosammelverwahrt und im Effektengiroverkehr stückelos übertragen werden. Bei der REIT-Aktiengesellschaft ist der Verbriefungsanspruch bereits durch Gesetz ausgeschlossen (§ 5 Abs. 2 REITG).

dd) Vinkulierung

4.48 Nach § 68 Abs. 2 AktG kann die Satzung die Übertragung von Namensaktien an die Zustimmung der Gesellschaft binden (**Vinkulierung**)[155]. Die Zustimmung erklärt der Vorstand. Die Satzung kann jedoch im gesellschaftsrechtlichen Innenverhältnis eine Beschlussfassung von Aufsichtsrat oder Hauptversammlung vorsehen. Sie kann auch Gründe vorsehen, aus denen die Zustimmung verweigert werden darf. Eine Störung des Börsenhandels i.S.v. § 5 Abs. 2 Nr. 2 BörsZulV wird durch die Vinkulierung dann nicht bewirkt, wenn die betroffenen Aktien blankoindossiert und in die Girosammelverwahrung einbezogen sind (dazu Rz. 5.82 und 5.104 f.). Wegen Verstoßes gegen den Grundsatz der freien Übertragbarkeit der Mitgliedschaft nach § 241 Nr. 3 AktG nichtig ist hingegen ein satzungsändernder Hauptversammlungsbeschluss, durch den das Erfordernis einer Unterschriftsbeglaubigung auf Kosten des betreffenden Aktionärs als Wirksamkeits- oder Nachweiserfordernis für die Übertragung von (nicht verbrieften) Namensaktien nachträglich eingeführt werden soll[156]. Die Vinkulierung kann auch nachträglich im Wege der Satzungsänderung eingeführt werden, der entsprechende Hauptversammlungsbeschluss bedarf dann zu seiner Wirksamkeit jedoch der Zustimmung aller betroffenen Aktionäre (§ 180 Abs. 2 AktG). Es soll aber zulässig sein, den satzungsändernden Beschluss so zu fassen, dass die Vinkulierung nur für den zustimmenden Aktionär wirksam wird[157]. Umstritten ist, ob die Zustimmung der Inhaber nicht vinkulierter Aktien nach § 180 Abs. 2 AktG für den satzungsändernden Beschluss erforderlich ist, wenn im Rahmen einer bezugsrechtswahrenden Kapitalerhöhung erstmals vinkulierte Namensaktien ausgegeben werden sollen[158].

c) Vorstand

4.49 Die Zahl der Mitglieder des Vorstands oder die Regeln, nach denen diese zu bestimmen ist, gehört nach § 23 Abs. 3 Nr. 6 AktG zu den notwendigen Satzungsbestandteilen (dazu bereits Rz. 4.40). Neben den insbesondere in § 76 Abs. 3 AktG und in Spezialgesetzen[159] genannten **Eignungsvoraussetzungen** für Vorstandsmitglieder können in der Satzung weitere Eignungskriterien vorgesehen werden, solange diese sachlich gerechtfertigt und im Gesellschaftsinteresse legitimiert sind und dem Aufsichtsrat ein ausreichendes Auswahlermessen verbleibt[160]. Empfehlung B.5 DCGK 2020 sieht vor, eine **Altersgrenze für Vorstandsmitglieder** festzulegen; dies kann in der Satzung erfolgen[161]. Hingegen ist die Fest-

---

155 Im Einzelnen zur Vinkulierung von Namensaktien Rz. 5.93 ff.
156 BGH v. 20.9.2004 – II ZR 288/02, ZIP 2004, 2093, 2094 = AG 2004, 673 (dazu Rz. 5.78).
157 *Holzborn* in BeckOGK AktG, Stand 1.2.2021, § 180 AktG Rz. 16; *Stein* in MünchKomm. AktG, 5. Aufl. 2021, § 180 AktG Rz. 23 ff.
158 Bejahend *Holzborn* in BeckOGK AktG, Stand 1.2.2021, § 180 AktG Rz. 11; verneinend *Cahn* in BeckOGK AktG, Stand 1.2.2021, § 168 AktG Rz. 42 ff.; *Hüffer/Koch*, § 180 AktG Rz. 7; *Stein* in MünchKomm. AktG, 5. Aufl. 2021, § 180 AktG Rz. 24 f.; vgl. auch Rz. 5.94.
159 Vgl. etwa § 24 VAG (Personen, die ein Versicherungsunternehmen tatsächlich leiten), § 25c, § 1 Abs. 1b KWG (Geschäftsleiter von Kredit- oder Finanzdienstleistungsinstituten).
160 Vgl. ausf. *Fleischer* in BeckOGK AktG, Stand 1.2.2021, § 76 AktG Rz. 134 ff.; auch *Hüffer/Koch*, § 76 AktG Rz. 60; *Seibt* in K. Schmidt/Lutter, § 76 AktG Rz. 61 ff., jeweils m. zahlr. w.N. auch zur Gegenmeinung, insb. in Bezug auf mitbestimmte Gesellschaften.
161 *Hüffer/Koch*, § 23 AktG Rz. 38. Nach *Seibt* (in K. Schmidt/Lutter, § 76 AktG Rz. 62 unter Verweis auf BGH v. 23.4.2012 – II ZR 163/10, NZG 2012, 777 = GmbHR 2012, 845 [zur GmbH]) ist die Satzungsautonomie für Altersgrenzen eng zu fassen und die Festlegung eines Höchstalters von unter 58 Jahren bei der Bestellung unzulässig, die Statuierung eines Mindestalters hingegen nach § 10 Satz 3 Nr. 2 AGG ausdrücklich erlaubt.

legung einer **Zielgröße für den Frauenanteil für Vorstand und Aufsichtsrat** von Gesellschaften, die börsennotiert sind oder der Mitbestimmung unterliegen, in der Satzung nicht zulässig, da hierfür nach Einführung des § 111 Abs. 5 AktG durch das Gesetz für die gleichberechtigte Teilhabe von Frauen und Männern an Führungspositionen in der Privatwirtschaft und im öffentlichen Dienst vom 24.4.2015[162] ausschließlich der Aufsichtsrat zuständig ist[163]. Besteht der Vorstand aus mehreren Personen, so sind grundsätzlich sämtliche Vorstandsmitglieder nur gemeinschaftlich zur Geschäftsführung und Vertretung befugt (§ 77 Abs. 1 Satz 1, § 78 Abs. 2 Satz 1 AktG). Hinsichtlich der **Geschäftsführungsbefugnis** kann die Satzung oder die Geschäftsordnung für den Vorstand, hinsichtlich der **Vertretungsbefugnis** nur die Satzung etwas Abweichendes bestimmen[164]. Aufgrund der flexibleren Handhabbarkeit erfolgen Regelungen in Bezug auf die Geschäftsführung (Mehrheitsprinzip, Ressortverteilung etc.) regelmäßig in der Vorstandsgeschäftsordnung. Das Prinzip der gemeinschaftlichen Vertretung der Gesellschaft durch sämtliche Vorstandsmitglieder (§ 78 Abs. 2 Satz 1 AktG, **Gesamtvertretung**) kann in der Satzung abweichend geregelt werden, indem die Gesellschaft entweder durch einzelne oder alle Vorstandsmitglieder oder aber durch zwei Vorstandsmitglieder oder durch ein Vorstandsmitglied gemeinsam mit einem Prokuristen vertreten wird (§ 78 Abs. 3 Satz 1 AktG)[165]. Auch kann statutarisch die Möglichkeit vorgesehen werden, dass der Aufsichtsrat einem, einzelnen oder allen Vorstandsmitgliedern **Einzelvertretungsmacht** und **Befreiung von dem Verbot der Mehrvertretung** (§ 181 Alt. 2 BGB) einräumen kann (§ 78 Abs. 3 Satz 2 AktG)[166]. Hingegen ist eine Befreiung der Vorstandsmitglieder von dem Verbot des Selbstkontrahierens (§ 181 Alt. 1 BGB) nicht möglich, da die Gesellschaft gegenüber ihren Vorstandsmitgliedern gerichtlich und außergerichtlich nach § 112 AktG zwingend durch ihren Aufsichtsrat vertreten wird. Die Satzung kann die Kompetenz zum **Erlass einer Geschäftsordnung für den Vorstand** auf den Aufsichtsrat übertragen und Einzelfragen der Geschäftsordnung bindend regeln (§ 77 Abs. 2 AktG). Hiervon sollte Gebrauch gemacht werden, wenn die Geschäftsordnung des Vorstands einen Katalog zustimmungspflichtiger Maßnahmen enthalten soll[167]. Die Haftung der Vorstandsmitglieder nach § 93 AktG ist zwingend und kann durch die Satzung nicht modifiziert werden[168]. Die Diskussion, ob Fragen der Organhaftung von Vorstand und Aufsichtsrat zumindest de lege ferenda satzungsautonom geregelt können werden sollen, steht derzeit am Anfang[169].

d) Aufsichtsrat

Die **Größe und Zusammensetzung** des Aufsichtsrats der mitbestimmungsfreien Gesellschaft regelt § 95 AktG: Danach besteht der Aufsichtsrat aus **drei Mitgliedern**. Die Satzung kann eine bestimmte **höhere Zahl** von Aufsichtsratsmitgliedern festsetzen. Diese muss nach der Änderung des § 95 Satz 3 AktG durch die Aktienrechtsnovelle 2016 nur noch dann **durch drei teilbar** sein, wenn dies zur Erfül-

4.50

---

162 BGBl. I 2015, 642.
163 Vgl. *Drygala* in K. Schmidt/Lutter, § 111 AktG Rz. 68 ff.
164 Zu den insoweit bestehenden Gestaltungsmöglichkeiten vgl. *Langer/Peters*, BB 2012, 2575 ff.
165 *Hüffer/Koch*, § 78 AktG Rz. 14 ff.
166 Dazu *Langer/Peters*, BB 2012, 2575 f. Ob hinsichtlich der Befreiung vom Verbot der Mehrvertretung, wenn sie generell und nicht nur im Einzelfall durch den Aufsichtsrat erfolgen soll, eine statutarische Ermächtigung erforderlich ist, ist streitig: bejahend KG v. 21.3.2006 – 1 W 252/05, GmbHR 2006, 653 (zur GmbH); *Fleischer* in BeckOGK AktG, Stand 1.2.2021, § 78 AktG Rz. 12; *Hüffer/Koch*, § 78 AktG Rz. 7; *Mertens/Cahn* in KölnKomm. AktG, 3. Aufl. 2010, § 78 AktG Rz. 75; *Pühler* in Happ/Groß/Möhrle/Vetter, Aktienrecht, Band I, 1.01 Rz. 33.2; *Seibt* in K. Schmidt/Lutter, § 78 AktG Rz. 8; *Spindler* in MünchKomm. AktG, 5. Aufl. 2019, § 78 AktG Rz. 128; verneinend *Ekkenga*, AG 1985, 40, 42; *Habersack/Foerster* in Großkomm. AktG, 5. Aufl. 2015, § 78 AktG Rz. 25, 64 ff. Vorsorglich sollte jedenfalls eine entsprechende Satzungsregelung vorgesehen werden.
167 Dazu Rz. 4.56.
168 Vgl. *Hüffer/Koch*, § 93 AktG Rz. 2; *Sailer-Coceani* in K. Schmidt/Lutter, § 93 AktG Rz. 3; *Spindler* in MünchKomm. AktG, 5. Aufl. 2019, § 93 AktG Rz. 27 ff.; a.A. *Grunewald*, AG 2013, 813, 815 ff.; ebenfalls einschränkend *Hoffmann*, NJW 2012, 1393, 1395.
169 Vgl. *Bachmann*, Gutachten E zum 70. DJT, 2014, Abteilung Wirtschaftsrecht; *Vetter*, NZG 2014, 921 ff.

lung mitbestimmungsrechtlicher Vorgaben erforderlich ist[170]. Die **Höchstzahl** der Aufsichtsratsmitglieder ist vom Betrag des Grundkapitals der Gesellschaft abhängig (vgl. § 95 Satz 4 AktG). Abweichende Bestimmungen gelten für Gesellschaften, die dem Mitbestimmungsgesetz, dem Montan-Mitbestimmungsgesetz oder dem Mitbestimmungsergänzungsgesetz unterliegen. Bei diesen Gesellschaften sowie solchen, für die Vorschriften des § 76 Abs. 1 BetrVG 1952 bzw. seit 1.7.2004 des Gesetzes über die Drittelbeteiligung der Arbeitnehmer im Aufsichtsrat (Drittelbeteiligungsgesetz – DrittelbG)[171] gelten, setzt sich der Aufsichtsrat aus Anteilseigner- und Arbeitnehmervertretern sowie ggf. einem oder mehreren weiteren Mitgliedern zusammen, bei den übrigen Gesellschaften nur aus Mitgliedern, die durch die Aktionäre gewählt werden. Ein Hinweis in der Satzung, welchem Mitbestimmungsrecht die Gesellschaft unterliegt, ist weder gesetzlich erforderlich noch üblich und sollte im Interesse größerer Flexibilität bei Änderungen des mitbestimmungsrechtlichen Status unterbleiben[172].

4.51 Über die in § 100 Abs. 1, 2 und 5 AktG[173] vorgesehenen **persönlichen Eignungsvoraussetzungen** hinaus kann die Satzung weitergehende persönliche Voraussetzungen nur für die von der Hauptversammlung ohne Bindung an einen Wahlvorschlag zu wählenden oder die nach der Satzung zu entsendenden Aufsichtsratsmitglieder festlegen (§ 100 Abs. 4 AktG)[174]. Für die Arbeitnehmervertreter im Aufsichtsrat kann die Satzung daher keine Eignungsvoraussetzungen aufstellen. Weitere Anforderungen an die Zusammensetzung des Aufsichtsrats enthält Abschnitt C. DCGK 2020, insbesondere im Hinblick auf die Unabhängigkeit der Aufsichtsratsmitglieder der Anteilseignerseite in den Empfehlungen C.6 bis C.12.

4.52 Die Bestellung der Aufsichtsratsmitglieder der Anteilseigner erfolgt grundsätzlich durch die Hauptversammlung. Allerdings kann die Satzung für bestimmte Aktionäre oder für die jeweiligen Inhaber bestimmter Aktien das Recht vorsehen, **Mitglieder in den Aufsichtsrat zu entsenden**, höchstens aber für ein Drittel der sich aus dem Gesetz oder der Satzung ergebenden Zahl der Aufsichtsratsmitglieder der Aktionäre (§ 101 Abs. 2 AktG)[175]. Nach § 102 Abs. 1 AktG können Aufsichtsratsmitglieder nicht länger als bis zur Beendigung der Hauptversammlung bestellt werden, die über die Entlastung für das vierte Geschäftsjahr nach Beginn der **Amtszeit** beschließt, wobei das Geschäftsjahr, in das der Beginn der Amtszeit fällt, nicht mitgerechnet wird. Auch wenn eine Beschlussfassung über die Entlastung des

---

170 Zu der Neuregelung *Bayer/Scholz*, ZIP 2016, 193 ff.
171 BGBl. I 2004, 974.
172 Die Änderung des mitbestimmungsrechtlichen Status erfolgt dann allein nach Durchführung eines Statusverfahrens (§ 96 Abs. 2, § 97, § 98 AktG), ohne dass zusätzlich eine Änderung der Satzung erforderlich ist.
173 Nach dem 2009 durch das BilMoG eingeführten § 100 Abs. 5 AktG muss bei kapitalmarktorientierten Aktiengesellschaften i.S.d. § 264d HGB mindestens ein unabhängiges Mitglied des Aufsichtsrats über Sachverstand auf den Gebieten der Rechnungslegung oder Abschlussprüfung verfügen. Das gilt nunmehr auch für die CRR-Kreditinstitute i.S.d. § 1 Abs. 3d Satz 1 KWG (mit Ausnahme der in § 2 Abs. 1 Nr. 1 und 2 KWG genannten Institute) und die Versicherungsunternehmen i.S.d. Art. 2 Abs. 1 der Richtlinie 91/674/EWG des Rates v. 19.12.1991, zuletzt geändert durch die Richtlinie 2006/46/EG. Zu diesen sog. „Public Interest Entities" vgl. *Hüffer/Koch*, § 100 AktG Rz. 23.
174 Vgl. ausf. *Blasche*, AG 2017, 112 ff.; *Pühler* in Happ/Groß/Möhrle/Vetter, Aktienrecht, Band I, 1.01 Rz. 36.4 ff.; im Einzelnen Rz. 26.14 f.
175 Vgl. BGH v. 8.6.2009 – II ZR 111/08, AG 2009, 2009 = DStR 2009, 2547 (m. Anm. *Goette*); OLG Hamm v. 31.3.2008 – 8 U 222/07, AG 2008, 552 = BB 2008, 1136 ff. (m. Anm. *Ogorek/von der Linden*); LG Essen v. 29.6.2007 – 45 O 15/07, AG 2007, 797; auch BVerfG v. 30.10.2009 – 1 BvR 1892/09 (unveröffentlicht), jeweils zur Begründung eines Entsenderechts zugunsten der Alfried Krupp von Bohlen und Halbach-Stiftung in der Satzung der ThyssenKrupp AG; zur Nichtigkeit eines satzungsändernden Hauptversammlungsbeschlusses, der ein Entsenderecht unabhängig von der Höhe der Beteiligung des entsendeberechtigten Aktionärs vorsieht, wegen Verstoßes gegen den Gleichbehandlungsgrundsatz nach § 53a AktG vgl. LG München I v. 19.12.2019 – 5 HKO 12082/18 (rkr), ZIP 2020, 915, 918; allgemein zum Entsenderecht vgl. *Seeling/Zwickel*, BB 2008, 622 ff.; *Gaul*, AG 2019, 405 ff.; im Einzelnen Rz. 26.27 f.

Aufsichtsrats für das betreffende Geschäftsjahr (etwa aufgrund einer Vertagung der Entlastungsentscheidung) nicht erfolgt, endet das Aufsichtsratsamt nach der Rechtsprechung des BGH in dem Zeitpunkt, in dem die Hauptversammlung spätestens über die Entlastung hätte entscheiden müssen[176]. Im Ergebnis läuft dies auf eine maximal fünfjährige Amtszeit der Aufsichtsratsmitglieder hinaus. Satzungsregelungen börsennotierter Gesellschaften orientieren sich regelmäßig an dieser gesetzlichen Vorgabe, enthalten aber auch zumindest für die von der Anteilseignerseite zu wählenden Mitglieder die Möglichkeit einer kürzeren Bestellung[177]. Satzungsgestaltungen, die eine zeitgleiche Amtsperiode für sämtliche Aufsichtsratsmitglieder zum Inhalt haben, sind zulässig[178]. Die Wiederwahl von Aufsichtsratsmitgliedern ist ebenfalls zulässig, die Satzung kann diese Möglichkeit jedoch beschränken oder ausschließen[179]. Die Wahl von **Ersatzmitgliedern** ist in § 101 Abs. 3 AktG geregelt und der Disposition der Satzung entzogen[180].

Die Möglichkeit der **Amtsniederlegung durch Aufsichtsratsmitglieder** auch ohne Vorliegen eines wichtigen Grundes ist allgemein anerkannt[181]. Üblich sind Satzungsregelungen, die die ohne wichtigen Grund erfolgende Amtsniederlegung an eine angemessene Frist knüpfen sowie den Adressaten und die Form der Niederlegungserklärung festlegen[182]. 4.53

Die §§ 107 bis 110 AktG[183] enthalten Regelungen über die **innere Ordnung** des Aufsichtsrats und Aufsichtsratssitzungen. Diese sind vom Gesetzgeber bewusst nicht abschließend gefasst worden, sondern lassen Raum für eine entsprechende Gestaltung durch die Satzung und/oder eine **Geschäftsordnung**[184]. Ob die Satzung oder die Geschäftsordnung zur Regelung dieser Frage gewählt wird, hängt von grundsätzlichen Erwägungen ab[185]: Während eine Satzungsregelung im Hinblick auf den bekundeten Aktionärswillen eine größere „Legitimationswirkung" besitzt, bietet eine vom Aufsichtsrat selbst erlassene Geschäftsordnung eine deutlich höhere Flexibilität im Hinblick auf eventuell notwendig werdende Anpassungen. Nach Empfehlung D.1 DCGK 2020 soll sich der Aufsichtsrat eine Geschäftsordnung geben. Nach § 107 Abs. 1 AktG hat die Satzung eine Bestimmung über die Wahl des Vorsitzenden des Aufsichtsrats und mindestens eines Stellvertreters zu treffen[186]. Grundsatz 16 und Empfeh- 4.54

---

176 BGH v. 24.6.2002 – II ZR 296/01, DB 2002, 1928 f. = AG 2002, 676 f.; auch OLG München v. 9.11.2009 – 31 Wx 136/09, NZG 2010, 1430 f. = AG 2010, 87; vgl. auch *Hoffmann-Becking* in MünchHdb. AG, § 30 Rz. 80 m.w.N. und *Habersack* in MünchKomm. AktG, 5. Aufl. 2019, § 102 AktG Rz. 18: „längstens acht Monate nach dem Ende des vierten Geschäftsjahrs"; a.A. *Hüffer/Koch*, § 102 AktG Rz. 3 („verlängert sich Amtszeit auch über Fünfjahresfrist hinaus").
177 Eine statutarische Verkürzung der Amtszeit ist grundsätzlich auch für die Arbeitnehmervertreter im Aufsichtsrat zulässig, erfolgt aber mit Blick auf den mit den Wahlen der Arbeitnehmervertreter verbundenen Kosten- und Zeitaufwand regelmäßig nicht (vgl. *Blasche*, AG 2017, 112, 113; *Hoffmann-Becking*, MünchHdb. AG, § 30 Rz. 85 f.).
178 Vgl. ausf. *Pühler* in Happ/Groß/Möhrle/Vetter, Aktienrecht, Band I, 1.01 Rz. 40.1 ff.
179 Vgl. *Hüffer/Koch*, § 102 AktG Rz. 6, dort auch zur Möglichkeit einer vorzeitigen Wiederwahl.
180 Die Amtszeit eines Ersatzmitglieds erlischt spätestens mit Ablauf der Amtszeit des weggefallenen Aufsichtsratsmitglieds (§ 102 Abs. 2 AktG). Die Satzung kann daher lediglich eine kürzere Amtszeit vorsehen und deren Beendigung z.B. von der Nachwahl eines Aufsichtsratsmitglieds durch die Hauptversammlung abhängig machen. Für die Nachwahl gilt die für die Abberufung von Aufsichtsratsmitgliedern gesetzlich vorgesehene Dreiviertelmehrheit des § 103 Abs. 1 Satz 2 AktG oder aber das in der Satzung hierfür vorgesehene abweichende Mehrheitserfordernis (vgl. BGH v. 15.12.1986 – II ZR 18/86, BGHZ 99, 211, 216 = AG 1987, 152; BGH v. 25.1.1988 – II ZR 148/87, NJW 1988, 1214 = AG 1988, 139; *Hüffer/Koch*, § 101 AktG Rz. 16; *Pühler* in Happ/Groß/Möhrle/Vetter, Aktienrecht, Band I, 1.01 Rz. 43.3).
181 *Hüffer/Koch*, § 103 AktG Rz. 17 m.w.N.
182 Angemessen ist jedenfalls eine Frist von einem Monat. Adressat der Erklärung sollte der Vorstand oder der Aufsichtsratsvorsitzende sein. Für die Erklärung sollte Schriftform (§ 126 BGB) vorgesehen werden.
183 Teils abweichende oder ergänzende Bestimmungen enthalten §§ 27 bis 29, 31, 32 MitbestG.
184 *Lutter/Krieger/Verse*, Aufsichtsrat, Rz. 652 f.; *Hüffer/Koch*, § 107 AktG Rz. 1.
185 Vgl. *Hoffmann/Preu*, Aufsichtsrat, Rz. 402.
186 Dazu *Lutter/Krieger/Verse*, Aufsichtsrat, Rz. 660 ff. (Aktiengesetz) und Rz. 668 ff. (MitbestG).

lung D.6 des DCGK 2020 enthalten Aussagen im Hinblick auf die Aufgaben und Befugnisse des Aufsichtsratsvorsitzenden, insbesondere in Bezug auf die Koordination der Arbeit im Aufsichtsrat und die Aufrechterhaltung des regelmäßigen Kontakts zum Vorstand. Bei börsennotierten Gesellschaften muss der Aufsichtsrat zwei Sitzungen im Kalenderhalbjahr abhalten (§ 110 Abs. 3 AktG)[187]. Jedenfalls für diese Gesellschaften kann die Satzung eine höhere Sitzungsfrequenz vorsehen[188]. Die umstrittene Frage, ob die Aufsichtsratsmitglieder zu ihren Sitzungen körperlich zusammentreten müssen, ist durch den durch das TransPuG neu gefassten § 110 Abs. 3 AktG, der nunmehr nicht mehr das „Zusammentreten zu Sitzungen", sondern das „Abhalten von Sitzungen" vorsieht, dahingehend geregelt worden, dass **Präsenzsitzungen** zwar die Regel sein sollen, dass aber in Ausnahmefällen **Sitzungen auch per Telefon- oder Videokonferenz** abgehalten werden können[189]. § 108 Abs. 4 AktG sieht vor, dass auch schriftliche, fernmündliche oder andere vergleichbare Formen der Beschlussfassung des Aufsichtsrats und seiner Ausschüsse vorbehaltlich einer näheren Regelung durch die Satzung oder die Geschäftsordnung des Aufsichtsrats zulässig sind, wenn kein Aufsichtsratsmitglied diesem Verfahren widerspricht; das Widerspruchsrecht des einzelnen Aufsichtsratsmitglieds kann durch die Satzung oder Geschäftsordnung ausgeschlossen werden[190]. Allerdings wird vertreten, dass für die **Bilanzsitzung** des Aufsichtsrats, in der über die Billigung des Jahres- und ggf. Konzernabschlusses entschieden wird, die persönliche Anwesenheit der Aufsichtsratsmitglieder erforderlich ist, damit auf diese Weise der direkte Austausch mit dem ebenfalls zur Anwesenheit verpflichteten Abschlussprüfer (§ 171 Abs. 1 Satz 2 AktG) gewährleistet ist[191]. Die Satzung oder die Geschäftsordnung des Aufsichtsrats sollte Bestimmungen hinsichtlich der **Form und Frist der Einberufung** von Aufsichtsratssitzungen und der **Tagesordnung** enthalten[192]. Die **Beschlussfähigkeit** des Aufsichtsrats kann, soweit sie nicht gesetzlich geregelt ist[193], durch die Satzung bestimmt werden (§ 108 Abs. 2 Satz 1 AktG). Zwingend erforderlich ist, dass mindestens die Hälfte der Mitglieder, aus denen der Aufsichtsrat nach Gesetz oder Satzung zu bestehen hat, jedenfalls aber drei Mitglieder an der Beschlussfassung teilnehmen (§ 108 Abs. 2 Sätze 2 und 3 AktG)[194].

4.55 Die **Vergütung der Aufsichtsratsmitglieder**[195] kann im Einzelfall von der Hauptversammlung bewilligt oder aber in der Satzung festgelegt werden (§ 113 Abs. 1 Satz 2 AktG). Sie soll nach § 113 Abs. 1 Satz 3 AktG in einem angemessenen Verhältnis zu den Aufgaben der Aufsichtsratsmitglieder und zur Lage der Gesellschaft stehen. Sie sollte in einer **Festvergütung** bestehen. Wird den Mitgliedern des Aufsichtsrats neben einer festen eine **erfolgsorientierte Vergütung** zugesagt, sollte diese nach Anregung G.18 des DCGK 2020 auf eine langfristige Unternehmensentwicklung ausgerichtet sein[196]. Der Vorsitz und stellvertretende Vorsitz im Aufsichtsrat sowie der Vorsitz und die Mitgliedschaft in Auf-

---

187 Bei nicht-börsennotierten Gesellschaften kann der Aufsichtsrat beschließen, dass nur eine Sitzung im Kalenderhalbjahr abzuhalten ist (§ 110 Abs. 3 Satz 2 AktG).
188 *Lutter/Krieger/Verse*, Aufsichtsrat, Rz. 688 f.; *Spindler* in BeckOGK AktG, Stand 1.2.2021, § 110 AktG Rz. 48.
189 Begr. RegE, BT-Drucks. 14/8769, S. 17; näher dazu *Spindler* in BeckOGK AktG, Stand 1.2.2021, § 110 AktG Rz. 50; *Kindl*, ZHR 166 (2002), 335 ff.; *Wagner*, NZG 2002, 57 ff.; auch *Götz*, NZG 2002, 599, 601 f.; zur praktischen Relevanz von Videokonferenzen vgl. *Simons*, AG 2013, 547 ff.
190 Vgl. *Habersack* in MünchKomm. AktG, 5. Aufl. 2019, § 108 AktG Rz. 66 f.; *Hüffer/Koch*, § 108 AktG Rz. 15 f.; *Spindler* in BeckOGK AktG, Stand 1.2.2021, § 108 AktG Rz. 64 ff. (dort auch zu den Bestimmungen des COVID-19-Folgen-Abmilderungsgesetzes).
191 Vgl. *Neuling*, AG 2002, 610 ff.; *Neuling*, BB 2003, 166, 169; *Hopt/Roth* in Großkomm. AktG, 4. Aufl. 2005, § 110 AktG Rz. 71; a.A. *Hennrichs/Pöschke* in MünchKomm. AktG, 4. Aufl. 2018, § 171 AktG Rz. 129 m.w.N.
192 Dazu *Lutter/Krieger/Verse*, Aufsichtsrat, Rz. 692.
193 Zu den mitbestimmungsrechtlichen Regelungen vgl. Rz. 28.50.
194 Zur Beschlussfassung, insbesondere den Mehrheitserfordernissen, vgl. *Lutter/Krieger/Verse*, Aufsichtsrat, Rz. 715 ff., 735 ff.
195 Vgl. dazu *Kort* in FS Hüffer, 2010, S. 483 ff.
196 Aktienoptionen kommen nach dem Urteil des BGH v. 16.2.2004 – II ZR 316/02, AG 2004, 265 f., als Vergütungsbestandteile für Aufsichtsratsmitglieder allerdings nicht in Betracht, soweit sie mit nach

sichtsratsausschüssen sollen berücksichtigt werden (Empfehlung G.17 des DCGK 2020). § 113 Abs. 1 Satz 4 AktG, nach dem, wenn die Aufsichtsratsvergütung in der Satzung festgesetzt ist, die Hauptversammlung eine Satzungsänderung, durch die eine **Herabsetzung der Vergütung** erfolgen soll, mit einfacher Stimmenmehrheit beschließen kann, wurde durch das ARUG II zum 1.1.2020 aufgehoben. Eingeführt wurde durch das ARUG II § 113 Abs. 3 AktG, der vorsieht, dass bei börsennotierten Gesellschaften mindestens alle vier Jahre über die Vergütung der Aufsichtsratsmitglieder Beschluss zu fassen ist. Dabei stellt § 113 Abs. 3 Satz 3 AktG klar, dass die Festsetzung auch in der Satzung erfolgen kann. In diesem Fall können die andernfalls erforderlichen Angaben nach § 87a Abs. 1 Satz 2 AktG unterbleiben[197].

Durch das TransPuG vom 19.7.2002 ist die bis dahin in § 111 Abs. 4 Satz 2 AktG vorgesehene Möglichkeit, dass **bestimmte Arten von Geschäften nur mit Zustimmung des Aufsichtsrats** vorgenommen werden dürfen, in eine entsprechende Pflicht umgewandelt worden, der die Hauptversammlung in der Satzung oder der Aufsichtsrat Rechnung tragen können (vgl. auch Grundsatz 6 des DCGK 2020)[198]. Aus Gründen der höheren Flexibilität empfiehlt es sich, einen Katalog zustimmungspflichtiger Maßnahmen nicht in der Satzung, sondern in einer vom Aufsichtsrat zu erlassenden Geschäftsordnung für den Vorstand vorzusehen[199].

4.56

Nach § 179 Abs. 1 Satz 2 AktG kann die Hauptversammlung die Befugnis zur **Änderung der Satzung, die nur deren Fassung betreffen**, dem Aufsichtsrat übertragen. Dies geschieht üblicherweise in der Satzung (vgl. Rz. 4.92).

4.57

e) Hauptversammlung

Die Hauptversammlung ist in den durch das Gesetz oder die Satzung bestimmten Fällen sowie dann einzuberufen, wenn das Wohl der Gesellschaft es erfordert (§ 121 Abs. 1 AktG). Die Hauptversammlungstätigkeit bei börsennotierten Gesellschaften beschränkt sich typischerweise auf die einmal jährlich in den ersten acht Monaten des Geschäftsjahres (§ 175 Abs. 1 Satz 2 AktG) stattfindende **ordentliche Hauptversammlung**, die den festgestellten Jahresabschluss und Lagebericht und ggf. den gebilligten Konzernabschluss und Konzernlagebericht entgegennimmt[200] und über die Verwendung eines ggf. vorhandenen Bilanzgewinns, die Entlastung der Mitglieder von Vorstand und Aufsichtsrat[201] sowie die Wahl des Abschlussprüfers[202] beschließt. Sonstige in die Zuständigkeit der Hauptversammlung fallende Maßnahmen wie die Neuwahl von Aufsichtsratsmitgliedern, die Ermächtigung zum Erwerb eigener Aktien nach § 71 Abs. 1 Nr. 8 AktG, Kapitalmaßnahmen oder Satzungsänderungen werden im Rahmen der ordentlichen Hauptversammlung üblicherweise mitbehandelt. Dass die Satzung einer börsennotierten Aktiengesellschaft über die gesetzlich vorgesehenen Einberufungsgründe[203] hinaus

4.58

---

§ 71 Abs. 1 Nr. 8 Satz 5 AktG zurückgekauften eigenen Aktien oder einem bedingten Kapital nach § 192 Abs. 2 Nr. 3 AktG unterlegt werden.
197 Vgl. zu den Neuregelungen des § 113 Abs. 3 AktG *Hüffer/Koch*, § 113 AktG Rz. 28 ff.
198 Vgl. *Fleischer*, BB 2013, 835 ff.; *Lieder*, DB 2004, 2251 ff.; *Seebach*, AG 2012, 70 ff.
199 *Hoffmann-Becking* in MünchHdb. AG, § 29 Rz. 59; Muster eines Katalogs zustimmungspflichtiger Geschäfte und Maßnahmen im Rahmen einer Vorstandsgeschäftsordnung bei *Happ/Ludwig* in Happ/Groß/Möhrle/Vetter, Aktienrecht, Band I, 8.01 (dort § 8), Rz. 22.1 ff.
200 Nach § 173 Abs. 1 AktG stellt ausnahmsweise die Hauptversammlung den Jahresabschluss fest, wenn Vorstand und Aufsichtsrat dies beschlossen haben oder der Aufsichtsrat den Jahresabschluss nicht gebilligt hat. Hat der Aufsichtsrat eines Mutterunternehmens i.S.d. § 290 Abs. 1, 2 HGB den Konzernabschluss nicht gebilligt, so entscheidet ebenfalls die Hauptversammlung über die Billigung.
201 Nach § 120 Abs. 3 Satz 1 AktG soll die Verhandlung über die Entlastung mit der Verhandlung über die Verwendung des Bilanzgewinns verbunden werden.
202 Vgl. § 318 HGB und Grundsatz 8 des DCGK 2020.
203 Insbesondere Einberufungspflicht bei einem Verlust in Höhe der Hälfte des Grundkapitals (§ 92 Abs. 1 AktG), bei finanzdienstleistungsaufsichtsrechtlichen Prüfungen (§ 44 Abs. 5 KWG) oder versicherungsaufsichtsrechtlichen Prüfungen (§ 83 Abs. 1 Satz 1 Nr. 6 VAG).

weitere Einberufungsgründe enthält, ist angesichts des mit der Abhaltung von Hauptversammlungen bei Publikumsgesellschaften verbundenen organisatorischen, zeitlichen, personellen und finanziellen Aufwands regelmäßig nicht der Fall[204].

4.59 Die **Einberufung** der Hauptversammlung[205] erfolgt in der Regel durch den Vorstand (§ 121 Abs. 2 AktG), im Ausnahmefall, wenn das Wohl der Gesellschaft es erfordert, auch durch den Aufsichtsrat (§ 111 Abs. 3 AktG). § 122 Abs. 1 Satz 1 AktG sieht vor, dass eine **Minderheit** von mindestens fünf Prozent der Aktionäre berechtigt ist, vom Vorstand schriftlich unter Angabe von Zweck und Gründen die Einberufung einer Hauptversammlung zu verlangen. Dieses Recht kann statutarisch an eine andere Form und einen geringeren Anteil am Grundkapital geknüpft werden (§ 122 Abs. 1 Satz 2 AktG). Der Inhalt der Einberufung richtet sich nach § 121 Abs. 3 AktG. Sie ist in den Gesellschaftsblättern und damit jedenfalls im Bundesanzeiger **bekanntzumachen** (§ 121 Abs. 4 Satz 1, § 25 Satz 1 AktG). Die für den Fall, dass die Aktionäre der Gesellschaft namentlich bekannt sind, in § 121 Abs. 4 AktG vorgesehene Möglichkeit der Einberufung durch eingeschriebenen Brief kommt bei börsennotierten Publikumsgesellschaften regelmäßig nicht in Betracht. Die **Einberufungsfrist** beträgt nach der Neufassung des § 123 AktG durch das Gesetz zur Unternehmensintegrität und Modernisierung des Anfechtungsrechts (UMAG) vom 22.9.2005[206] mindestens 30 Tage, wobei der Tag der Einberufung nicht mitzurechnen ist[207] (§ 123 Abs. 1 AktG). Sie kann, da es sich um eine Mindestfrist handelt, **statutarisch verlängert** werden[208]. Durch das Gesetz zur Umsetzung der Aktionärsrechterichtlinie (**ARUG**)[209] vom 30.7.2009 sind die Fristenregelungen im Zusammenhang mit der Hauptversammlung einmal mehr geändert worden: Sieht die Satzung ein Anmeldeerfordernis i.S.d. § 123 Abs. 2 AktG vor (dazu sogleich Rz. 4.61), verlängert sich nach § 123 Abs. 2 Satz 5 AktG die Mindestfrist des § 123 Abs. 1 AktG um die Tage der Anmeldefrist des § 123 Abs. 2 Satz 2 AktG[210]. Dabei ist davon auszugehen, dass die Verlängerung nicht nur für die gesetzliche, sondern auch für eine davon abweichende statutarische Einberufungsfrist gilt[211]. Hat die Gesellschaft von der nach § 123 Abs. 2 Satz 3 AktG bestehenden Möglichkeit Gebrauch gemacht, die nach Gesetz sechs Tage betragende Anmeldefrist statutarisch abzukürzen oder wird in der Einberufung auf Grund einer entsprechenden Satzungsermächtigung einer kürzere Anmeldefrist vorgesehen, ist hinsichtlich der Verlängerung der Einberufungsfrist auf die verkürzte statutarische Frist und nicht auf die gesetzliche Frist von sechs Tagen abzustellen[212]. Für die **Berechnung der Einberufungsfrist** gelten im Übrigen die Bestimmungen des § 121 Abs. 7 AktG[213], von denen die Satzungen börsennotierter Gesellschaften nicht abweichen können.

4.60 Nach § 121 Abs. 5 AktG kann die Satzung Bestimmungen über den **Ort der Hauptversammlung** enthalten. Dabei ist auch nach den Änderungen des Hauptversammlungsrechts durch das ARUG und insbesondere der weitgehenden Zulassung der Online-Teilnahme der Aktionäre (dazu Rz. 4.62a) vom Grundsatz der **Präsenzhauptversammlung** auszugehen mit der Folge, dass ein physischer Versamm-

---

204 *Noack/Zetzsche* in KölnKomm. AktG, 3. Aufl. 2011, § 121 AktG Rz. 24 f.
205 Gesetzliche Sonderregelungen, die auch ohne entsprechende Umsetzung in der Satzung Anwendung finden, gelten während der Corona-Pandemie zeitlich befristet für die Einberufung und Durchführung von Hauptversammlungen aufgrund von Art. 2 § 1 des COVID-19-Folgen-Abmilderungsgesetzes.
206 BGBl. I 2005, 2802.
207 Dazu BGH v. 31.5.2010 – II ZR 105/09, WM 2010, 1839, 1840 f. Rz. 9 ff. = AG 2010, 748.
208 *Hüffer/Koch*, § 123 AktG Rz. 2; *Mimberg/Gätsch*, HV nach ARUG, Rz. 81.
209 BGBl. I 2009, 2479.
210 Gleiches gilt, wenn die Satzung einen Nachweis über die Teilnahmeberechtigung verlangt, vgl. § 123 Abs. 3 Satz 1, 2. HS AktG.
211 Vgl. *Mimberg/Gätsch*, HV nach ARUG, Rz. 83.
212 Nunmehr klargestellt durch die Aktienrechtsnovelle 2016 durch Streichung der Wörter „des Satzes 2" in § 123 Abs. 2 Satz 5 AktG (vgl. Begr. RegE Aktienrechtsnovelle 2016, BT-Drucks. 18/4349, S. 22); vgl. zuvor bereits *Mimberg/Gätsch*, HV nach ARUG, Rz. 83; auch *Grobecker*, NZG 2010, 165, 166.
213 Dazu *Mimberg/Gätsch*, HV nach ARUG, Rz. 68 ff.

lungsort vorgesehen werden muss und eine virtuelle Hauptversammlung nicht zulässig ist[214]. Enthält die Satzung keine Bestimmung hinsichtlich des Versammlungsortes, soll die Hauptversammlung am Sitz der Gesellschaft bzw. kann sie, wenn die Aktien der Gesellschaft an einer deutschen Börse zum Handel im regulierten Markt zugelassen sind, auch am Sitz der Börse stattfinden. Die Satzungsregelung kann auch mehrere mögliche Hauptversammlungsorte zur Auswahl stellen, solange die Satzung eine sachgerechte, am Teilnahmeinteresse der Aktionäre ausgerichtete Vorgabe enthält, die das Ermessen des Einberufungsberechtigten bindet und diesem keine uneingeschränkte Auswahlfreiheit einräumt[215]. Danach unzulässig ist eine Satzungsbestimmung, die dem Einberufungsberechtigten die Auswahl unter einer großen Zahl geographisch weit auseinanderliegender Orte überlässt[216]. Üblich sind Satzungsregelungen, wonach die Hauptversammlung am Sitz der Gesellschaft oder in einer anderen deutschen Stadt mit mehr als einer bestimmten Einwohnerzahl[217] oder am Sitz der Gesellschaft oder an einem deutschen Börsenplatz[218] stattfindet. Die bislang umstrittene Frage, ob eine Satzungsregelung zulässig ist, die die Möglichkeit der Durchführung der Hauptversammlung an einem Ort im Ausland vorsieht, hat der BGH nunmehr dahingehend entschieden, dass die Satzung bei einer mit einem inländischen Versammlungsort vergleichbaren Erreichbarkeit auch einen Versammlungsort im Ausland bestimmen kann[219].

Wird im Zusammenhang mit einem **öffentlichen Erwerbsangebot** in Bezug auf Aktien einer Zielgesellschaft von dieser eine Hauptversammlung einberufen, gelten nach § 16 Abs. 4 WpÜG eine Reihe von Abweichungen von den vorgenannten allgemeinen Vorschriften, insbesondere ist die Einberufung bis spätestens zwei Wochen vor dem Tag der Versammlung möglich und die Gesellschaft bei der Wahl des Versammlungsortes frei. 4.60a

Die Satzung kann die **Teilnahme an der Hauptversammlung** oder die **Ausübung des Stimmrechts** davon abhängig machen, dass sich **die Aktionäre** vor der Versammlung **anmelden** (§ 123 Abs. 2 AktG)[220]. Die Bestimmung gilt für börsennotierte und nicht börsennotierte Gesellschaften mit Inhaber- oder Namensaktien gleichermaßen. Satzungsbestimmungen, die darüber hinausgehende Anforderungen für die Teilnahme an oder die Stimmrechtsausübung auf der Hauptversammlung beinhalten, sind unzulässig[221]. Die Anmeldung muss der Gesellschaft mindestens sechs Tage vor der Versammlung zugehen, wobei der Tag des Zugangs nicht mitzurechnen ist. Die Satzung oder die Einberufung auf Grund einer Ermächtigung durch die Satzung kann eine kürzere in Tagen zu bemessende Frist 4.61

---

214 Vgl. Begr. RegE ARUG, BT-Drucks. 16/11642, S. 26; *Rieckers* in BeckOGK AktG, Stand 1.2.2021, § 134 AktG Rz. 90; ausf. *Mimberg/Gätsch*, HV nach ARUG, Rz. 178 f., 200; während der Corona-Pandemie gelten zeitlich befristet Sonderregelungen aufgrund von Art. 2 § 1 des COVID-19-Folgen-Abmilderungsgesetzes.
215 BGH v. 21.10.2014 – II ZR 330/13, NZG 2015, 18, 19 Rz. 20 ff. = AG 2015, 82; *Hüffer/Koch*, § 121 AktG Rz. 13; *Kubis* in MünchKomm. AktG, 4. Aufl. 2018, § 121 AktG Rz. 90 ff.
216 BGH v. 21.10.2014 – II ZR 330/13, NZG 2015, 18, 20 Rz. 21 = AG 2015, 82.
217 So z.B. § 16 Abs. 1 der Satzung der Deutsche Bank AG; Abschnitt VI. Ziffer 19 der Satzung der Henkel AG & Co. KGaA; § 15 der Satzung der ThyssenKrupp AG.
218 So z.B. § 14 Abs. 3 der Satzung der Fresenius Medical Care AG & Co. KGaA (dort auch: „Sitz einer inländischen Beteiligungsgesellschaft"); § 13 der Satzung der Infineon Technologies AG. Rechtstatsächliches zum Ort der Hauptversammlung bei *Bayer/Hoffmann*, AG 2013, R23 ff.
219 Vgl. BGH v. 21.10.2014 – II ZR 330/13, NZG 2015, 18, 19 Rz. 14 ff. = AG 2015, 82 ff.; dazu *Herrler*, ZGR 2015, 918 f.; *Bungert/Leyendecker-Langner*, BB 2015, 268 ff.; ausf. *Hüffer/Koch*, § 121 AktG Rz. 14 ff.; *Kubis* in MünchKomm. AktG, 4. Aufl. 2018, § 121 AktG Rz. 91; *Noack/Zetzsche* in KölnKomm. AktG, 3. Aufl. 2011, § 121 AktG Rz. 187; *Rieckers* in BeckOGK AktG, Stand 1.2.2021, § 121 AktG Rz. 82 f.
220 Die in § 123 Abs. 2 AktG a.F. vorgesehene Möglichkeit der Hinterlegung ist 2005 durch das UMAG abgeschafft worden.
221 OLG Düsseldorf v. 11.7.1991 – 6 U 59/91, AG 1991, 444, 445; *Kubis* in MünchKomm. AktG, 4. Aufl. 2018, § 123 AktG Rz. 47 f. m.w.N.

vorsehen. Für die Berechnung der Anmeldefrist gilt – der für börsennotierte Gesellschaften zwingende – § 121 Abs. 7 AktG.

4.61a Nach § 123 Abs. 3 AktG in der Fassung der Aktienrechtsnovelle 2016[222] kann die Satzung darüber hinaus nicht mehr nur für Inhaberaktien, sondern nunmehr auch für Namensaktien bestimmen, wie die **Berechtigung zur Teilnahme an der Hauptversammlung oder zur Ausübung des Stimmrechts nachzuweisen** ist. Statutarische Gestaltungsmöglichkeiten ergeben sich insoweit allerdings in erster Linie nur für nicht börsennotierte Gesellschaften[223]. Bei **Inhaberaktien börsennotierter Gesellschaften** genügt nach § 123 Abs. 4 AktG[224] in der durch das ARUG II geänderten Fassung als Berechtigungsnachweis ein Nachweis gemäß § 67c Abs. 3 AktG, d.h. ein durch den Letztintermediär in Textform erstellter Nachweis des Anteilsbesitzes gemäß den Anforderungen nach Art. 5 Durchführungs-VO (EU) 2018/1212. Letztintermediär ist dabei nach der Legaldefinition des § 67a Abs. 5 Satz 2 AktG derjenige, der als Intermediär (§ 67a Abs. 4 AktG) für einen Aktionär Aktien einer Gesellschaft verwahrt, also in der Regel das depotführende Institut[225]. Der Nachweis hat sich auf den 21. Tag vor der Hauptversammlung zu beziehen (sog. „Record Date") und muss, soweit in der Satzung oder in der Einberufung auf Grund einer entsprechenden Satzungsermächtigung keine kürzere Frist vorgesehen ist, der Gesellschaft mindestens sechs Tage vor der Versammlung zugehen. Auch hier ist der Tag des Zugangs nicht mitzurechnen und erfolgt die Fristberechnung im Übrigen nach § 121 Abs. 7 AktG. Im Verhältnis zur Gesellschaft gilt für die Teilnahme an der Hauptversammlung oder die Ausübung des Stimmrechts als Aktionär, wer den Nachweis erbracht hat[226]. Für **Namensaktien börsennotierter Gesellschaften** gilt hinsichtlich der Berechtigung zur Teilnahme an der Hauptversammlung oder zur Ausübung des Stimmrechts nach dem durch die Aktienrechtsnovelle 2016 neu eingefügten § 123 Abs. 5 AktG die durch das ARUG II neu gefasste Regelung des § 67 Abs. 2 Satz 1 AktG, nach der im Verhältnis zur Gesellschaft Rechte und Pflichten aus Aktien nur für den im Aktienregister Eingetragenen bestehen[227]. Ob daneben in Satzungen börsennotierter Gesellschaften alternative Legitimationsformen vorgesehen werden können[228], dürfte jedenfalls für Namensaktiengesellschaften aufgrund des Merkmals „nur" in § 67 Abs. Satz 1 AktG fraglich sein. Bei diesen nach wie vor zulässig ist es, dass die Gesellschaft Umschreibungen in Bezug auf die Namensaktien im Aktienregister für einen an der Anmel-

---

222 BGBl. I 2015, 2565.
223 Vgl. *Hüffer/Koch*, § 123 AktG Rz. 9 f.; *Götze/Nartowska*, NZG 2015, 298, 301; *Herrler* in Grigoleit, § 123 AktG Rz. 21; *Liebscher* in Henssler/Strohn, § 123 AktG Rz. 8. Insbesondere kann bei nicht börsennotierten Gesellschaften die Teilnahme von einer Hinterlegung der Aktien abhängig gemacht werden (vgl. *Ziemons* in K. Schmidt/Lutter, § 123 AktG Rz. 39 ff.).
224 Nach Art. 2 § 1 des COVID-19-Folgen-Abmilderungsgesetzes hat sich der Nachweis des Anteilsbesitzes bei börsennotierten Gesellschaften abweichend von § 123 Abs. 4 AktG auf den Beginn des zwölften Tages vor der Versammlung zu beziehen und muss bei Inhaberaktien der Gesellschaft an die in der Einberufung hierfür mitgeteilten Adresse bis spätestens am vierten Tag vor der Hauptversammlung zugehen, soweit der Vorstand in der Einberufung der Hauptversammlung keine kürzere Frist für den Zugang des Nachweises bei der Gesellschaft vorsieht; abweichende Satzungsbestimmungen sind unbeachtlich.
225 Vgl. *Cahn* in BeckOGK AktG, Stand 1.2.2021, § 67a AktG Rz. 47; *Rachlitz* in Grigoleit, § 67a AktG Rz. 51 ff.; *Hüffer/Koch*, § 67a AktG Rz. 8 und § 67c Rz. 9 („idR Depotbank").
226 Vgl. *Butzke*, WM 2005, 1981 ff.; *Gätsch/Mimberg*, AG 2006, 746 ff.; *Kiefner/Zetzsche*, ZIP 2006, 551; *Simon/Zetzsche*, NZG 2005, 369 ff.; zur Übergangsregelung des § 16 Satz 2 EGAktG vgl. OLG Stuttgart v. 12.10.2007 – 20 U 13/07, AG 2008, 299 = ZIP 2008, 182.
227 Ein „Record Date" nicht lediglich für Inhaberaktien, sondern auch für Namensaktien vorzusehen, um insoweit zu einer Gleichbehandlung beider Aktienarten zu gelangen, wie es in einer ursprünglichen Entwurfsfassung der Aktienrechtsnovelle 2016 vorgesehen war, ist vom Gesetzgeber letztendlich nicht umgesetzt worden (vgl. dazu *Hüffer/Koch*, § 123 AktG Rz. 14).
228 Vgl. *Hüffer/Koch*, § 123 AktG Rz. 11 („Freiheit zur Satzungsergänzung"); *Liebscher* in Henssler/Strohn, § 123 AktG Rz. 9.

defrist orientierten Zeitraum vor Durchführung der Hauptversammlung aussetzt (**Umschreibungsstopp**)[229].

Den **Vorsitz in der Hauptversammlung** überträgt die Satzung üblicherweise dem Aufsichtsratsvorsitzenden oder einem anderen Aufsichtsratsmitglied der Anteilseignerseite[230]. Nach § 131 Abs. 2 Satz 2 AktG kann die Satzung (oder die Geschäftsordnung der Hauptversammlung) den Versammlungsleiter ermächtigen, das **Frage- und Rederecht der Aktionäre zeitlich angemessen zu beschränken** und dazu das Nähere zu bestimmen[231]. Die in der Praxis anzutreffende Bandbreite der Satzungsregelungen ist groß und reicht von der allgemeinen Ermächtigung des Versammlungsleiters zur angemessenen Beschränkung des Frage- und Rederechts bis hin zu detaillierten Festlegungen von Rede- und Fragezeiten[232].

4.62

Bis zur Änderung der Rechtslage durch das ARUG I im Jahre 2009 war für die **Teilnahme eines Aktionärs an der Hauptversammlung** erforderlich, dass er selbst oder ein von ihm bevollmächtigter Vertreter im Wege körperlicher Anwesenheit an der Hauptversammlung teilnahm[233]. Durch die Neufassung des § 118 Abs. 1 Satz 2 AktG durch das ARUG wurden die Möglichkeiten der Teilnahme der Aktionäre in Umsetzung des Art. 8 der Aktionärsrechterichtlinie erweitert, da nunmehr auch eine aktive Teilnahme des Aktionärs an der Hauptversammlung ohne seine körperliche Anwesenheit oder die eines Vertreters am Versammlungsort zulässig ist[234]. Erforderlich ist, dass die Satzung diese Möglichkeit unmittelbar vorsieht oder den Vorstand ermächtigt, sie vorzusehen[235]. Die **Online-Teilnahme** ist nicht verpflichtend vorgeschrieben, sondern vom Gesetz als Option vorgesehen[236]. Das Online-Teilnahmerecht kann umfassend ausgestaltet sein und sämtliche versammlungsgebundenen Aktionärsrechte (insbesondere das Rede-, Antrags-, Stimm- und Widerspruchsrecht) beinhalten. Allerdings gewährt § 118 Abs. 1 Satz 2 AktG („sämtliche oder einzelne ihrer Rechte") insoweit Satzungsautonomie, die es ermöglicht, dass die Satzung die Online-Ausübung nicht sämtlicher, sondern nur einzelner Ak-

4.62a

---

[229] BGH v. 21.9.2009 – II ZR 174/08, NZG 2009, 1270 f. Rz. 9 = AG 2009, 824; dazu *Baums* in FS Hüffer, 2010, S. 15 ff.; *Bayer/Lieder*, NZG 2009, 1361 ff.; auch *Liebscher* in Henssler/Strohn, § 123 AktG Rz. 9 (zur Rechtslage nach der Aktienrechtsnovelle 2016).

[230] *Butzke*, HV, D.II.2a, Rz. 8 ff.; *Herrler* in Grigoleit, § 129 AktG Rz. 36; *Hüffer/Koch*, § 129 AktG Rz. 18; *Ziemons* in K. Schmidt/Lutter, § 129 AktG Rz. 57 f.; kritisch zu dieser Praxis *Kubis* in MünchKomm. AktG, 4. Aufl. 2018, § 118 AktG Rz. 30: „Systemfehler". Nach § 23 Abs. 1 der Satzung der Henkel AG & Co. KGaA (Stand 16.9.2020) wird der Vorsitzende der Hauptversammlung „jeweils vom Gesellschafterausschuss bestimmt."

[231] Dazu BGH v. 8.2.2010 – II ZR 94/08 – Redezeitbeschränkung, NZG 2010, 423 = AG 2010, 292 (Vorinstanz: OLG Frankfurt/Main v. 12.2.2008 – 5 U 8/07, NZG, 2008, 432 f. = AG 2008, 592); zum Umfang der Auskunftspflicht in der HV vgl. BGH v. 5.11.2013 – II ZB 28/12, NJW 2014, 541 ff. = AG 2014, 87; zur Ermessensausübung durch den Versammlungsleiter vgl. OLG Frankfurt/Main v. 16.12.2014 – 5 U 24/14, NZG 2015, 1357, 1359 Rz. 27 = AG 2015, 272. Vgl. auch *Angerer*, ZGR 2011, 27 ff.; *Arnold/Gärtner*, GWR 2010, 288 ff.; *Kersting*, NZG 2010, 446 ff.; *Göz/Holzborn*, WM 2006, 157, 163; *Spindler*, NZG 2005, 825, 826; *Wachter*, DB 2010, 829 ff.; *Hüffer/Koch*, § 131 AktG Rz. 42 ff.

[232] Vgl. *Kremer* in FS Hoffmann-Becking, 2013, S. 697, 704 ff.; Formulierungsvorschlag einer generellen Ermächtigung bei *Pühler* in Happ/Groß/Möhrle/Vetter, Aktienrecht, Band I, 1.01 (dort § 20 Abs. 3) Rz. 85.8.

[233] Zur Rechtslage vor dem ARUG I vgl. *Mimberg/Gätsch*, HV nach ARUG, Rz. 178 ff.

[234] Vgl. *Hoffmann* in BeckOGK AktG, Stand 1.2.2021, § 118 AktG Rz. 44 ff.; *Hüffer/Koch*, § 118 AktG Rz. 10 ff.; *Spindler* in K. Schmidt/Lutter, § 118 AktG Rz. 49 ff.; *Mimberg/Gätsch*, HV nach ARUG, Rz. 189 ff.

[235] Nach Art. 2 § 1 Abs. 2 des COVID-19-Folgen-Abmilderungsgesetzes ist zeitlich beschränkt während der Corona-Pandemie auch ohne entsprechende Satzungsgrundlage eine rein virtuelle Hauptversammlung möglich; vgl. dazu *Fleischer/Maas*, AG 2020, 761, 771 (Rz. 48); ausf. *Dubovitskaya*, NZG 2020, 647 ff.; *Lieder*, ZIP 2021, 161 ff.; *Seibt/Danwerth*, NZG 2020, 1241 ff.

[236] Vgl. Begr. RegE ARUG, BT-Drucks. 16/11642, S. 26 l. Sp.

tionärsrechte zulässt[237]. Die Möglichkeit zur Differenzierung zwischen den physisch anwesenden bzw. vertretenen und den online zugeschalteten Aktionären ist ausdrücklich gesetzlich eröffnet und steht daher nicht im Widerspruch zum Grundsatz der Gleichbehandlung der Aktionäre (§ 53a AktG).

4.63 Der Aktionär kann sich auf der Hauptversammlung **durch einen Bevollmächtigten vertreten** lassen (§ 134 Abs. 3 Satz 1 AktG). Nach § 134 Abs. 3 Satz 3 AktG bedürfen die Erteilung der Vollmacht, ihr Widerruf und der Nachweis der Bevollmächtigung gegenüber der Gesellschaft der **Textform**. Die Satzung oder die Einberufung aufgrund einer Ermächtigung durch die Satzung kann etwas Abweichendes, bei börsennotierten Gesellschaften allerdings nur Erleichterungen vorsehen[238]. Da die internetbasierte Erteilung der Vollmacht via Bildschirmformular und Internetdialog als von der Textform umfasst angesehen wird[239], besteht für statutarische Erleichterungen derzeit kaum Spielraum. Für Hauptversammlungen im Zusammenhang mit öffentlichen Übernahmeangeboten hat die Gesellschaft den Aktionären die Erteilung von Stimmrechtsvollmachten soweit nach Gesetz und Satzung möglich zu erleichtern (§ 16 Abs. 4 Satz 6 WpÜG).

4.63a Die **Form der Stimmrechtsausübung** richtet sich nach der Satzung (§ 134 Abs. 4 AktG). Diese überlässt die Festlegung üblicherweise dem Versammlungsleiter, der damit auf der Hauptversammlung nach pflichtgemäßem Ermessen zu entscheiden hat[240]. Gleiches gilt regelmäßig für die weiteren Einzelheiten der Abstimmung. Üblich ist die Verwendung von **Stimmkarten** und die Auszählung der Stimmen nach dem **Additions- oder Subtraktionsverfahren**[241]. Nach § 118 Abs. 2 AktG kann die Satzung vorsehen oder den Vorstand dazu ermächtigen vorzusehen, dass Aktionäre ihre Stimmen, auch ohne an der Versammlung teilzunehmen, schriftlich oder im Wege elektronischer Kommunikation abgeben dürfen[242]. Das Gesetz bezeichnet dies als **Briefwahl**. Ebenso wie bei der Online-Teilnahme handelt es sich bei der Einführung der Briefwahl um eine Gestaltungsoption für die Gesellschaft[243]. Die in Ziff. 2.3.3 DCGK i.d.F. v. 26.5.2010 enthaltene Empfehlung zur Unterstützung der Briefwahl, aus der vereinzelt eine Verpflichtung der Gesellschaft zur Durchführung der Briefwahl gefolgert worden war[244], wurde 2012 gestrichen. Ist die Briefwahl vorgesehen, müssen börsennotierten Gesellschaften nach § 124a Satz 1 Nr. 5 AktG alsbald nach der Einberufung der Hauptversammlung Formulare, die bei Stimmabgabe mittels Briefwahl zu verwenden sind, über die Internetseite der Gesellschaft zugänglich machen, sofern diese Formulare den Aktionären nicht direkt übermittelt werden. Im Falle der elektronischen Stimmrechtsausübung ist nach dem durch das ARUG II neu in § 118 Abs. 1 AktG eingefügten Sätzen 3 bis 5 dem Abstimmenden u.a. der Zugang der elektronisch abgegebenen Stimme von der Gesellschaft nach Maßgabe der Durchführungs-VO (EU) 2018/2012 elektronisch zu bestätigen. Der per Briefwahl abstimmende Aktionär nimmt nicht an der Hauptversammlung teil, ihm stehen daher nicht notwendig die sonstigen versammlungsgebundenen Rechte zu[245].

---

237 Vgl. Begr. RegE ARUG, BT-Drucks. 16/11642, S. 26 r. Sp.; *Arnold/Carl/Götze*, AG 2011, 349, 360 ff.; *Kersting*, NZG 2010, 130; *Mimberg/Gätsch*, HV nach ARUG, Rz. 206 ff.
238 Zur Unzulässigkeit einer Satzungsbestimmung, die den Kreis der Personen beschränkt, durch den sich ein Aktionär vertreten lassen darf, vgl. LG München I v. 20.2.2020 – 5 HKO 7924/19, AG 2020, 497 = NJW-Spezial 2020, 497 (m. Anm. *Leuering*); auch *Hüffer/Koch*, § 134 AktG Rz. 25.
239 *Götze*, NZG 2010, 93, 94 (jedenfalls im Falle der ohnehin zu empfehlenden Speicherung der übermittelten Informationen); auch *Hüffer/Koch*, § 134 AktG Rz. 2, der auf das als Textformerfordernis zu verstehende Schriftformerfordernis nach Art. 11 Abs. 2 ARRL verweist; vgl. auch *Einsele* in MünchKomm. BGB, 8. Aufl. 2018, § 126b BGB Rz. 4 ff.
240 Vgl. *Hüffer/Koch*, § 134 AktG Rz. 35.
241 *Hüffer/Koch*, § 133 AktG Rz. 23 f.; vgl. im Einzelnen Rz. 36.67.
242 *Hoffmann* in BeckOGK AktG, Stand 1.2.2021, § 118 AktG Rz. 44 ff.; *Hüffer/Koch*, § 118 AktG Rz. 15 ff.; ausführlich *Mimberg/Gätsch*, HV nach ARUG, Rz. 224 ff.
243 Nach *Fleischer/Maas* (AG 2020, 761, 771, Rz. 51) finden sich in 25 Satzungen von DAX30-Gesellschaften Ermächtigungen zugunsten des Vorstands, die Briefwahl zuzulassen.
244 Vgl. *Höreth/Pickert* in Semler/Volhard/Reichert, ArbeitsHdb. HV, § 7 Rz. 79.
245 Vgl. zu den Gestaltungsmöglichkeiten *Hoffmann* in BeckOGK AktG, Stand 1.2.2021, § 118 AktG Rz. 45; *Mimberg/Gätsch*, HV nach ARUG, Rz. 237.

Satzungsbestimmungen in Bezug auf die **Beschlussfähigkeit** der Hauptversammlung bilden bei börsennotierten Gesellschaften die Ausnahme. Die Beschlüsse der Hauptversammlung bedürfen grundsätzlich der Mehrheit der abgegebenen Stimmen (**einfache Stimmenmehrheit**), soweit nicht das Gesetz oder die Satzung eine größere Mehrheit oder weitere Erfordernisse verlangen (§ 133 Abs. 1 AktG)[246]. Lediglich bei Wahlen kann die Satzung andere Bestimmungen treffen (§ 133 Abs. 2 AktG) und z.B. die relative Mehrheit genügen lassen[247]. Das Aktiengesetz enthält eine Reihe von Bestimmungen, nach der die Beschlussfassung außer der **einfachen Stimmenmehrheit** einer qualifizierten Mehrheit von in der Regel drei Vierteln des bei der Beschlussfassung vertretenen Grundkapitals bedarf. Diese **Kapitalmehrheit** kann statutarisch teils herabgesetzt oder erhöht[248], teils nur erhöht[249] werden. In den Satzungen börsennotierter Gesellschaften wird typischerweise vorgesehen, dass die Beschlüsse der Hauptversammlung mit einfacher Mehrheit der Stimmen und, soweit eine Kapitalmehrheit erforderlich ist, mit einfacher Mehrheit des bei der Beschlussfassung vertretenen Grundkapitals gefasst werden, soweit nicht das Gesetz oder die Satzung zwingend etwas anderes vorschreibt[250]. Ob eine solche allgemeine Satzungsregelung auch für den Beschluss über die ordentliche Kapitalerhöhung nach § 182 AktG gilt, ist streitig[251].

4.64

Nach § 118 Abs. 4 AktG kann die Satzung oder die Geschäftsordnung der Hauptversammlung vorsehen oder den Vorstand oder Versammlungsleiter dazu ermächtigen vorzusehen, die **Bild- und Tonübertragung der Hauptversammlung** zuzulassen[252]. Die 2002 durch das TransPuG eingefügte und 2009 durch das ARUG neu gefasste Bestimmung schafft lediglich eine Regelungskompetenz. Eine Verpflichtung der Gesellschaft zur Übertragung besteht ebenso wenig wie ein darauf gerichteter Rechtsanspruch der Aktionäre oder anderer Personen. In welchem Umfang und wohin die Hauptversammlung übertragen werden soll, kann die Satzung oder die Geschäftsordnung der Hauptversammlung entweder selbst festlegen oder in das Ermessen des Vorstands oder des Versammlungsleiters stellen. Trotz der durch das TransPuG und das ARUG geschaffenen Gestaltungsmöglichkeiten hinsichtlich der Online-Ausübung von Aktionärsrechten verbleibt es nach h.M. bei dem **Grundsatz der Präsenzhauptversammlung**[253]. Erfolgt eine Übertragung der Hauptversammlung auf Grundlage einer ent-

4.65

---

246 So kann die für die Abberufung der von der Hauptversammlung ohne Bindung an einen Wahlvorschlag gewählten Aufsichtsratsmitglieder nach § 103 Abs. 1 AktG erforderliche Mehrheit von drei Vierteln der abgegebenen Stimmen statutarisch abgesenkt oder verschärft werden (*Hüffer/Koch*, § 103 AktG Rz. 4). Hingegen ist die Mehrheit von mindestens drei Vierteln der abgegebenen Stimmen bei Beschlussfassungen der Hauptversammlung über die Zustimmung zu Geschäftsführungsmaßnahmen nach § 111 Abs. 4 AktG nach dessen Satz 5 zwingend (*Hüffer/Koch*, § 111 AktG Rz. 50).
247 *Hüffer/Koch*, § 133 AktG Rz. 32 f.
248 Z.B.: Satzungsänderungen mit Ausnahme von Änderungen des Unternehmensgegenstands (§ 179 Abs. 2 AktG); ordentliche Kapitalerhöhung gegen Einlagen mit Ausnahme der Ausgabe von Vorzugsaktien ohne Stimmrecht (§ 182 Abs. 1 Sätze 1 bis 3 AktG).
249 Z.B.: Änderung des Unternehmensgegenstands (§ 179 Abs. 2 AktG); Ausgabe von Vorzugsaktien ohne Stimmrecht (§ 182 Abs. 1 Satz 2 AktG); Bezugsrechtsausschluss (§ 186 Abs. 3 Sätze 2 und 3 AktG); Schaffung eines bedingten Kapitals (§ 193 Abs. 1 AktG); Schaffung eines genehmigten Kapitals (§ 202 Abs. 2 Sätze 2 und 3 AktG).
250 Vgl. *Pühler* in Happ/Groß/Möhrle/Vetter, Aktienrecht, Band I, Abschnitt 1.01 Rz. 86.4; vgl. auch *Fleischer/Maas*, AG 2020, 761, 771 (Rz. 50).
251 Bejahend insb. *Stein* in MünchKomm. AktG, 5. Aufl. 2021, § 179 AktG Rz. 88; *Schürnbrand/Verse* in MünchKomm. AktG, 5. Aufl. 2021, § 182 AktG Rz. 27; verneinend *Hüffer/Koch*, § 179 AktG Rz. 18 und § 182 AktG Rz. 8; *Seibt* in K. Schmidt/Lutter, § 179 AktG Rz. 12 (durch „Auslegung zu ermitteln und im Zweifelsfalle zu verneinen").
252 Nach Art. 2 § 1 Abs. 2 Satz 1 Nr. 1 des COVID-19-Folgen-Abmilderungsgesetzes ist während der Corona-Pandemie zeitlich beschränkt auch ohne entsprechende Satzungsgrundlage eine Bild- und Tonübertragung zulässig. Vgl. zu Erfahrungen mit der virtuellen Hauptversammlung in der HV-Saison 2020 *Seibt/Danwerth*, NZG 2020, 1241 ff.; Ausblick für 2021 und danach bei *Lieder*, ZIP 2021, 161 ff.
253 Vgl. *Hüffer/Koch*, § 118 AktG Rz. 10; *Kubis* in MünchKomm. AktG, 4. Aufl. 2018, § 118 AktG Rz. 80, jeweils mit zahlr. w.N. auch zur Gegenmeinung und zu weitergehenden Reformüberlegungen. Zu den

sprechenden Satzungs- oder Geschäftsordnungsregelung, ist der einzelne Aktionär nicht berechtigt, der Übertragung und/oder Aufzeichnung seines Redebeitrags zu widersprechen[254].

4.66 Nach § 118 Abs. 3 AktG sollen die Mitglieder des Vorstands und des Aufsichtsrats an der Hauptversammlung teilnehmen. Die Satzung kann jedoch bestimmte Fälle vorsehen, in denen die **Teilnahme von Mitgliedern des Aufsichtsrats im Wege der Bild- und Tonübertragung** erfolgen darf[255]. Diese 2002 durch das TransPuG eingeführte Bestimmung erlaubt es dem Satzungsgeber, die Mitglieder des Aufsichtsrats für im Einzelnen zu präzisierende Fälle von der grundsätzlich bestehenden Pflicht zur persönlichen Teilnahme an der Hauptversammlung zu befreien und ihnen die Teilnahme auf telekommunikativem Wege zu ermöglichen. Für börsennotierte Gesellschaften wird dieses Verfahren nur in seltenen Ausnahmefällen in Betracht kommen[256].

f) Jahresabschluss und Gewinnverwendung

4.67 Nach § 150 Abs. 1 AktG hat die Gesellschaft zwingend eine **gesetzliche Gewinnrücklage** zu bilden[257]. In diese sind nach § 150 Abs. 2 AktG jährlich fünf Prozent des um einen Verlustvortrag aus dem Vorjahr geminderten Jahresüberschusses einzustellen, bis die gesetzliche Rücklage und die Kapitalrücklagen nach § 272 Abs. 2 Nr. 1 bis 3 HGB zusammen mindestens zehn Prozent des Grundkapitals der Gesellschaft betragen. Die Satzung kann insoweit eine höhere Obergrenze vorsehen, bei der es sich jedoch immer um einen Teil der Grundkapitalziffer handeln muss, die die Grundkapitalziffer somit weder erreichen noch überschreiten darf[258]. Die statutarische Bestimmung eines höheren jährlichen Zuweisungsbetrages über die fünf Prozent hinaus ist hingegen unzulässig[259]. Eine Verpflichtung zur Einstellung von Teilen, höchstens der Hälfte des Jahresüberschusses in **andere Gewinnrücklagen** kann die Satzung nur für den Fall vorsehen, dass ausnahmsweise die Hauptversammlung den Jahresabschluss feststellt (§ 58 Abs. 1, § 173 AktG). Stellt – wie im Regelfall – der Aufsichtsrat den vom Vorstand aufgestellten Jahresabschluss fest (§ 172 AktG), so können Vorstand und Aufsichtsrat nur einen Teil des Jahresüberschusses, höchstens jedoch die Hälfte, in andere Gewinnrücklagen einstellen (§ 58 Abs. 2 Satz 1 AktG). Allerdings kann die Satzung Vorstand und Aufsichtsrat zur Einstellung eines größeren oder kleineren Teils des Jahresüberschusses ermächtigen, wobei auf Grund einer solchen Satzungsbestimmung Vorstand und Aufsichtsrat keine Beträge in andere Gewinnrücklagen einstellen dürfen, wenn die anderen Gewinnrücklagen die Hälfte des Grundkapitals bereits übersteigen oder nach der Einstellung übersteigen würden (§ 58 Abs. 2 Sätze 2, 3 AktG). Satzungen börsennotierter Gesellschaften ermächtigen Vorstand und Aufsichtsrat auf Grundlage von § 58 Abs. 2 Sätze 2, 3 AktG gelegentlich zur Einstellung eines größeren Teils als der Hälfte des Jahresüberschusses in die anderen

---

Möglichkeiten der Online-Hauptversammlung vgl. *von Holten/Bauerfeind*, AG 2015, 489 ff. Vgl. aber zu der zeitlich befristeten Möglichkeit der Durchführung virtueller Hauptversammlungen während der Corona-Pandemie Art. 2 § 1 Abs. 1, 2 des COVID-19-Folgen-Abmilderungsgesetzes; dazu *Seibt/Danwerth*, NZG 2020, 1241 ff.

254 *Kubis* in MünchKomm. AktG, 4. Aufl. 2018, § 118 AktG Rz. 118.
255 Nach Art. 2 § 1 Abs. 1, 2 des COVID-19-Folgen-Abmilderungsgesetzes besteht diese Möglichkeit zeitlich befristet auch ohne entsprechende Satzungsgrundlage.
256 Vgl. Begr. RegE zu § 118 Abs. 2, abgedruckt in NZG 2002, 213, 223; auch *Kubis* in MünchKomm. AktG, 4. Aufl. 2018, § 118 AktG Rz. 104. Zu den praktischen Erfahrungen mit virtuellen Hauptversammlungen aufgrund des COVID-19-Folgen-Abmilderungsgesetzes während der HV-Saison 2020 vgl. *Seibt/Danwerth*, NZG 2020, 1241 ff.; auch *Lieder*, ZIP 2021, 161 ff.
257 § 13 REITG sieht eine Pflicht zur Ausschüttung von mindestens 90 Prozent des handelsrechtlichen Jahresüberschusses der REIT-AG, gemindert um die nach § 13 Abs. 3 REITG zu bildende Rücklage und einen etwaigen Verlustvortrag, vor; § 150 AktG findet auf die REIT-AG keine Anwendung (§ 13 Abs. 1 Satz 2 REITG).
258 *Euler/Sabel* in BeckOGK AktG, Stand 1.2.2021, § 150 AktG Rz. 14 ff.; *Hennrichs/Pöschke* in MünchKomm. AktG, 4. Aufl. 2018, § 150 AktG Rz. 19.
259 *Euler/Sabel* in BeckOGK AktG, Stand 1.2.2021, § 150 AktG Rz. 9; *Hennrichs/Pöschke* in MünchKomm. AktG, 4. Aufl. 2018, § 150 AktG Rz. 7.

Gewinnrücklagen, begrenzt auf maximal die Hälfte des Grundkapitals[260]. Ebenfalls möglich ist die statutarische Ermächtigung des Vorstands zur **Zahlung eines Abschlags auf den voraussichtlichen Bilanzgewinn** an die Aktionäre nach Ablauf des Geschäftsjahres auf Basis eines vorläufigen Jahresabschlusses (§ 59 AktG)[261].

Nach § 58 Abs. 4 AktG haben die Aktionäre **Anspruch auf den Bilanzgewinn**, soweit er nicht nach Gesetz oder Satzung, durch Hauptversammlungsbeschluss nach § 58 Abs. 3 AktG oder als zusätzlicher Aufwand auf Grund des Gewinnverwendungsbeschlusses von der Verteilung unter die Aktionäre ausgeschlossen ist[262]. In der Regel bestimmen sich die Gewinnanteile der Aktionäre nach ihren Anteilen am Grundkapital (§ 60 Abs. 1 AktG). Im Falle einer Kapitalerhöhung sieht § 60 Abs. 2 Satz 3 AktG eine anteilige Dividendenberechtigung für die seit der Einlagenleistung verstrichene Zeit bezogen auf das Gesamtgeschäftsjahr vor. Die Satzung kann eine andere Art der Gewinnverteilung vorsehen (§ 60 Abs. 3 AktG). Dabei kann der Beginn der Gewinnberechtigung auf einen in der Vergangenheit liegenden Zeitpunkt bezogen werden, wenn für die betreffenden Zeiträume zum Zeitpunkt der Ausgabe der neuen Aktien noch kein Gewinnverwendungsbeschluss gefasst worden ist[263]. Nach § 58 Abs. 5 AktG kann die Hauptversammlung, sofern die Satzung dies vorsieht, hinsichtlich des verteilungsfähigen Bilanzgewinns anstelle der üblichen Bardividende auch eine **Sachausschüttung** beschließen[264]. Die Aufnahme einer solchen Bestimmung in die Satzung, bei der es sich um eine die Handlungsoptionen der Hauptversammlung erweiternde Ermächtigung handelt, ist zweckmäßig und mit satzungsänderndem Mehrheitsbeschluss, der keiner weiteren sachlichen Rechtfertigung bedarf, möglich[265]. Ein Automatismus im Hinblick auf die Leistung einer Sachdividende ist mit dem Vorhandensein einer Satzungsregelung nicht verbunden, vielmehr bedarf die Sachdividende jeweils im Einzelfall eines entsprechenden Hauptversammlungsbeschlusses. Durch die Aktienrechtsnovelle 2016 hat der Gesetzgeber die **Fälligkeit der Dividende** auf den dritten auf den Hauptversammlungsbeschluss folgenden Geschäftstag festgelegt (§ 58 Abs. 4 Satz 2 AktG), um auf diese Weise zur Harmonisierung der Wertpapierabwicklung in der EU beizutragen[266]. In dem Gewinnverwendungsbeschluss der Hauptversammlung oder in der Satzung kann eine spätere Fälligkeit festgelegt werden (§ 58 Abs. 4 Satz 3 AktG)[267].

4.68

---

260 Vgl. *Fleischer/Maas*, AG 2020, 661, 771 (Rz. 52).
261 Vgl. dazu *Bayer/Hoffmann*, AG 2010, R471 ff.
262 Zu den praktisch kaum bedeutsamen Möglichkeiten der anderweitigen Gewinnverwendung bei entsprechender Satzungsermächtigung gemäß § 58 Abs. 3 Satz 2 AktG, insb. der Förderung gemeinnütziger Ziele, vgl. *Cahn/von Spannenberg* in BeckOGK AktG, Stand 1.2.2021, § 58 AktG Rz. 91.
263 Str., vgl. *Groß* in Happ/Groß/Möhrle/Vetter, Aktienrecht, Band II, 12.04 Rz. 2.2; *Herchen* in Happ/Groß/Möhrle/Vetter, Aktienrecht, Band II, 12.01 Rz. 7.3; *Hüffer/Koch*, § 60 AktG Rz. 10, jeweils m.w.N. Eine geeignete Rückdatierung des Beginns der Gewinnberechtigung neuer Aktien hilft in praktischer Hinsicht den Streit darüber zu vermeiden, ob Aktien mit unterschiedlich beginnender Gewinnberechtigung jeweils eine eigene Gattung bilden (dazu *Trapp/Schlitt/Becker*, AG 2012, 57, 61; vgl. auch Rz. 6.5a).
264 Dazu *W. Müller*, NZG 2002, 752, 757 ff.; *Hüffer/Koch*, § 58 AktG Rz. 31 ff. Zu der in Deutschland erstmals 2013 von der Deutsche Telekom AG und sodann von einer Reihe weiterer börsennotierter Gesellschaften angebotenen Aktiendividende („Scrip Dividend") vgl. *Hüffer/Koch*, § 58 AktG Rz. 33a; *Schlitt/Kreymborg*, AG 2018, 685 ff.; *Schlitt/Kreymborg* in Habersack/Mülbert/Schlitt, Unternehmensfinanzierung am Kapitalmarkt, § 28 Rz. 28.1 ff., insb. Rz. 28.6 und 28.16 zur Notwendigkeit einer gesonderten Satzungsermächtigung; *Sickinger/Zipperle*, AG 2015, R189 f.; *Winter-Schieszl/Haberl*, AG 2015, R8 f.; *Mense/Klie*, GWR 2016, 111, 113; *Rieckers*, DB 2019, 107, 113.
265 Vgl. *Drygala* in KölnKomm. AktG, 3. Aufl. 2011, § 58 AktG Rz. 173. Nach *Fleischer/Maas*, AG 2020, 761, 771 (Rz. 52) haben 21 DAX-Gesellschaften eine statutarische Grundlage für Sachdividenden geschaffen. Erstmals hat die Deutsche Telekom AG auf ihrer Hauptversammlung vom 16.5.2013 ihren Aktionären ein Wahlrecht eingeräumt, sich die Dividende für 2012 statt in bar in Aktien der Gesellschaft auszahlen zu lassen.
266 Vgl. Begr. RegE Aktienrechtsnovelle 2016, BT-Drucks. 18/4349, S. 19 f.; *Hüffer/Koch*, § 58 AktG Rz. 28; *Müller-Eising*, GWR 2015, 50, 51.
267 Vgl. aber Art. 1 Nr. 15 und 8 Abs. 2 der Durchführungsverordnung (EU) 2018/1212 v. 3.9.2018 (ABl. EU Nr. L 223 v. 4.9.2018, 1) sowie dazu *Mutter*, AG 2021, R 22.

g) Schlussbestimmungen

4.69 Hier werden regelmäßig die Bestimmungen in Bezug auf die **Entstehung der Gesellschaft** und den **Gründungsaufwand**, soweit dieser von der Gesellschaft zu übernehmen ist, aufgenommen.

h) Sonstiges

4.70 Grundsätzlich ist auch bei der Aktiengesellschaft über die gesetzlich vorgesehenen Gesellschaftsorgane hinaus die Bildung **weiterer Gesellschaftsorgane** möglich. Diesen können allerdings keine Aufgaben zugewiesen werden, die gesetzlich einem der notwendigen Gesellschaftsorgane zugewiesen sind[268]. Insbesondere Gesellschaften in der Finanzdienstleistungsbranche bilden gelegentlich beratende Gremien, die die Fühlungnahme und Pflege der Geschäftsbeziehungen mit Kreisen der Wirtschaft zur Aufgabe haben[269]; auch bei börsennotierten Familiengesellschaften finden sich Gremien, denen durchaus weit reichende Befugnisse zukommen[270]. Als Gesellschaftsorgan sind solche Gremien allerdings nur dann zu qualifizieren, wenn sie ihre Grundlage und Zuständigkeiten in der Satzung der Gesellschaft erhalten[271]. Die Schaffung eines zusätzlichen Gesellschaftsorgans bei börsennotierten Aktiengesellschaften, insbesondere wenn sie sich an einen internationalen Anlegerkreis wenden, dürfte allerdings nur ausnahmsweise zu empfehlen sein, da bereits das in Deutschland bestehende „Two-Tier-System" der gesetzlich institutionalisierten Trennung von Leitung durch den Vorstand und Überwachung durch den Aufsichtsrat bei anglo-amerikanischen Interessenten, denen in erster Linie das einstufige „Board-System"[272] geläufig ist, erheblichen Erklärungsbedarf hervorruft.

4.71 Der allgemeine Gerichtsstand einer Aktiengesellschaft wird nach § 17 Abs. 1 Satz 1 ZPO durch ihren (statutarischen) Sitz bestimmt[273]. Wird die Gesellschaft von einer Partei mit Sitz in Deutschland verklagt, so muss die Klage auch ohne Gerichtsstandsvereinbarung in der Regel am Sitz der Gesellschaft

---

268 Vgl. *Arnold* in KölnKomm. AktG, 3. Aufl. 2010, § 23 AktG Rz. 151; *Beuthien/Gätsch*, ZHR 156 (1992), 459, 477 f.
269 Vgl. § 8 der Satzung der Deutsche Bank AG (Fassung v. 20.5.2020): „regionale Beraterkreise der Gesamtbank und Bezirksbeiräte". Keine statutarische Grundlage hatte das bei der Deutsche Bank AG 2002 gebildete und im Oktober 2015 aufgelöste „Group Executive Committee", dessen Aufgaben und Verantwortlichkeiten „insbesondere die fortlaufende Unterrichtung des Vorstands über Geschäftsentwicklungen und spezifische Transaktionen, regelmäßige Überprüfung der Geschäftssegmente der Bank, Erörterung strategischer Fragen mit dem Vorstand sowie Beratung desselben und Vorbereitung von Vorstandsentscheidungen" waren; vgl. dazu Geschäftsbericht der Deutsche Bank AG für das Geschäftsjahr 2015; auch *Binder* in Hopt/Wohlmannstetter, Handbuch Corporate Governance von Banken, 2011, S. 701 f.
270 Vgl. den „Gesellschafterausschuss" nach Abschnitt VII. der Satzung der Henkel AG & Co. KGaA sowie den „Gemeinsamen Ausschuss" nach §§ 13a ff. der Satzungen der Fresenius Medical Care AG & Co. KGaA und der Fresenius SE & Co. KGaA.
271 Vgl. im Einzelnen *Beuthien/Gätsch*, ZHR 156 (1992), 459, 467 ff.; *Beuthien/Gätsch*, ZHR 157 (1993), 483, 484 ff.
272 Im Board vertreten sind sowohl die Executive Directors, denen die Geschäftsführung obliegt, als auch die für die Überwachung zuständigen Non-Executive Directors. Anders als beim zweistufigen System nimmt der Chief Executive Officer (CEO), dessen Position mit der des Vorstandsvorsitzenden vergleichbar ist, häufig zugleich auch die Stellung des Chairman of the Board (COB), die mit der des Aufsichtsratsvorsitzenden vergleichbar ist, ein. Ein Wahlrecht zwischen dem monistischen und dualistischen System sehen die Regelungen in Bezug auf die Europäische Gesellschaft (SE) vor (vgl. Rz. 3.37).
273 Vgl. *Patzina* in MünchKomm. ZPO, 6. Aufl. 2020, § 17 ZPO Rz. 10. Für Klagen, mit denen der Ersatz eines auf Grund falscher, irreführender oder unterlassener öffentlicher Kapitalmarktinformationen verursachten Schadens oder ein vertraglicher Erfüllungsanspruch, der auf einem Angebot nach dem Wertpapiererwerbs- und Übernahmegesetz beruht, geltend gemacht wird, ist gemäß § 32b ZPO ausschließlich das Gericht am Sitz des betroffenen Emittenten, des betroffenen Anbieters von sonstigen Vermögensanlagen oder der Zielgesellschaft zuständig; zu satzungsmäßigen Gerichtsstandsklauseln für informationsbedingte Kapitalanlegerklagen vgl. *Mormann*, AG 2011, 10 ff.

erhoben werden. Will die Gesellschaft ihrerseits ein Mitglied als solches mit Sitz in Deutschland klageweise in Anspruch nehmen, so kann sie dies nach § 22 ZPO im Gerichtsstand der Mitgliedschaft und damit an ihrem allgemeinen Gerichtsstand tun. Die Aufnahme einer entsprechenden **Gerichtsstandsklausel** in die Satzung der Gesellschaft kann aber dann erwägenswert sein, wenn an der Gesellschaft im Ausland ansässige Aktionäre beteiligt sind bzw. dies zu erwarten ist[274]. Wird eine solche Gerichtsstandsklausel nachträglich durch Satzungsänderung eingefügt, bindet sie sämtliche Aktionäre, d.h. auch diejenigen, die dem Beschluss nicht zugestimmt haben[275]. **Statutarische Schiedsklauseln** sollen nach h.M. wegen Verstoßes gegen § 23 Abs. 5 AktG unzulässig sein[276]; unabhängig davon dürften die von der Rechtsprechung zur Schiedsfähigkeit von Beschlussmängelstreitigkeiten in der GmbH[277] gemachten Vorgaben (Beteiligung sämtlicher Gesellschafter an dem Verfahren sowie der Auswahl und Bestellung der Schiedsrichter) bei der börsennotierten Gesellschaft nicht umsetzbar sein[278].

Die Infineon Technologies AG hat auf ihrer Hauptversammlung am 25.1.2005 eine Satzungsänderung beschlossen, durch die die im Aktienrecht richterrechtlich anerkannte **Treuepflicht der Aktionäre**[279] ausdrücklich in die Satzung aufgenommen wurde[280]. Das LG München I hat eine dagegen erhobene Anfechtungsklage abgewiesen[281]. 4.72

Gestaltungsmöglichkeiten, die der Satzung vorbehalten sind, ergeben sich aus den durch das Übernahmerichtlinie-Umsetzungsgesetz vom 8.7.2006[282] eingeführten §§ **33a ff.** WpÜG[283]. Die Bestimmungen der Übernahmerichtlinie vom 21.4.2004[284] zum Verhinderungsverbot (Verbot von Verteidigungsmaßnahmen des Vorstands oder Aufsichtsrats der Zielgesellschaft, die geeignet sind, einen Bieter an dem Erwerb oder der Ausübung der Kontrolle über die Zielgesellschaft zu hindern) und zur Durchbrechungsregel (Außerkraftsetzung von Regelungen in Bezug auf die Zielgesellschaft und ihre Aktien im Fall einer Übernahme, die die Übernahme hemmen oder behindern würden) sind als sog. Opt-Out- 4.72a

---

274 BGH v. 11.10.1993 – II ZR 155/92, NJW 1994, 51 = AG 1994, 78; vgl. im Einzelnen *Bork*, ZHR 157 (1993), 48 ff. Zur Zulässigkeit einer Satzungsregelung hinsichtlich der ausschließlichen Zuständigkeit der deutschen Gerichte vgl. LG München I v. 13.4.2006 – 5 HKO 4326/05, AG 2007, 255, 258; dazu rechtstatsächlich *Fleischer/Maas*, AG 2020, 761, 763 (Rz. 7).
275 EuGH v. 10.3.1992 – C-214/89, Slg. 1992, 1769 = AG 1992, 264, 265; BGH v. 11.10.1993 – II ZR 155/92, BGHZ 123, 347, 351 f.; LG München I v. 13.4.2006 – 5 HKO 4326/05, AG 2007, 255, 258 f.; vgl. auch *Mülbert*, ZZP 118 (2005), 313 ff.
276 Vgl. *Hüffer/Koch*, § 246 AktG Rz. 18 m.w.N. auch zur Gegenauffassung; vgl. auch *Behme*, BB 2008, 685 ff.; *Borris*, NZG 2010, 481 ff.; *Heinrich*, NZG 2016, 1406, 1410; *H.P. Westermann*, ZGR 2017, 38 ff.
277 Bei der GmbH wird die Schiedsfähigkeit von Beschlussmängelstreitigkeiten bejaht: vgl. BGH v. 6.4.2009 – II ZR 255/08 – Schiedsfähigkeit II, AG 2009, 496 ff. = NJW 2009, 1962 ff. (m. Anm. *Duve/Keller*); BGH v. 29.3.1996 – II ZR 124/95 – Schiedsfähigkeit I, AG 1996, 318; vgl. auch die „Ergänzenden Regeln für gesellschaftsrechtliche Streitigkeiten" (DIS-ERGeS) der Deutschen Institution für Schiedsgerichtsbarkeit e.V. (DIS) und die dementsprechend von der DIS empfohlene Musterklausel für den Gesellschaftsvertrag 2018 (abrufbar unter www.dis-arb.de) sowie Rz. 39.72.
278 So auch *Riegger/Wilke*, ZGR 2010, 733, 748.
279 BGH v. 1.2.1988 – II ZR 75/87, BGHZ 103, 184, 194 f. = AG 1988, 135 ff.; BGH v. 22.6.1992 – II ZR 178/90, NJW 1992, 3167, 3171 = AG 1993, 28 ff.; BGH v. 20.3.1995 – II ZR 205/94, BGHZ 129, 136, 142 ff. = AG 1995, 368 ff.; BGH v. 5.7.1999 – II ZR 126/98, BGHZ 142, 167, 169 ff. = AG 1999, 517 ff.; vgl. im Einzelnen Rz. 38.28 ff.
280 Vgl. § 3 Abs. 1 der Satzung (abrufbar unter www.infineon.com): „Jeder Aktionär ist kraft seiner Mitgliedschaft gegenüber seinen Mitaktionären verpflichtet, deren Interessen angemessen zu beachten, auch im Rahmen einer rechtlichen Auseinandersetzung mit der Gesellschaft.".
281 LG München I v. 13.4.2006 – 5 HKO 4326/05, AG 2007, 255, 257 f.; dazu auch *Pühler* in Happ/Groß/Möhrle/Vetter, Aktienrecht, Band I, 1.01 Rz. 1.7 m.w.N.; *Waclawik*, DB 2005, 1151 ff.; *Wastl*, NZG 2005, 17, 19.
282 BGBl. I 2006, 1426.
283 Dazu *Diekmann*, NJW 2007, 17 ff. m.w.N.
284 Richtlinie 2004/25/EG des Europäischen Parlaments und des Rates betreffend Übernahmeangebote (ABl. EU Nr. L 142 v. 30.4.2004, S. 12).

Recht konzipiert, d.h. die Mitgliedstaaten konnten wählen, ob sie diese Regelungen in das nationale Recht übernehmen oder den Status quo des nationalen Rechts in Hinblick auf Abwehrmaßnahmen gegen Übernahmen beibehalten wollten. Der deutsche Gesetzgeber machte im Gegensatz zur Mehrheit der EU-Länder von dem Opt-Out Gebrauch und verzichtete auf entsprechende Vorschriften. Gleichzeitig wurde den Zielgesellschaften durch §§ 33a, 33b WpÜG die Möglichkeit gegeben, sich durch entsprechende Satzungsbestimmungen freiwillig den Regelungen der europäischen Übernahmerichtlinie zum Verhinderungsverbot und/oder zur Durchbrechungsregel zu unterwerfen (freiwilliges Opt-In). Die Aufnahme und die Aufhebung entsprechender Satzungsbestimmungen richten sich nach allgemeinen aktienrechtlichen Vorschriften. Erforderlich ist also in der Regel ein Beschluss der Hauptversammlung mit satzungsändernder Mehrheit und seine Eintragung im Handelsregister[285]. Macht die Satzung von den Möglichkeiten der §§ 33a, 33b WpÜG Gebrauch, kann die Hauptversammlung für die Dauer von 18 Monaten einen Vorbehalt der Gegenseitigkeit beschließen, der zur Folge hat, dass die optierten Bestimmungen keine Anwendung finden, wenn der Bieter oder ein ihn beherrschendes Unternehmen nicht seinerseits entsprechenden Regelungen unterliegt (§ 33c WpÜG).

4.72b Von den durch das Risikobegrenzungsgesetz vom 12.8.2008[286] für die Inhaber wesentlicher Beteiligungen eingeführten **Mitteilungspflichten gemäß § 43 WpHG i.d.F. des 2. FiMaNoG (§ 27a WpHG a.F.)** kann abgesehen werden, wenn die Satzung des Emittenten dies vorsieht (§ 43 Abs. 3 WpHG i.d.F. des 2. FiMaNoG (§ 27a Abs. 3 WpHG a.F.))[287]. Ebenfalls durch das Risikobegrenzungsgesetz geändert wurden die Bestimmungen hinsichtlich des Aktienregisters bei Namensaktiengesellschaften des § 67 AktG. Danach besteht für die Gesellschaft die Möglichkeit, die grundsätzlich zulässige Eintragung von Legitimationsaktionären ins Aktienregister durch Satzungsregelung einzuschränken, insbesondere auf eine Höchstgrenze zu beschränken. Auch können statutarisch entsprechende Offenlegungsbestimmungen vorgesehen werden[288] (vgl. insgesamt Rz. 5.69 ff.).

IV. Satzungsrelevante Regelungen außerhalb der Satzung

1. Aktionärsvereinbarungen

4.73 Im Zusammenhang mit der Gesellschaft stehende **schuldrechtliche Vereinbarungen zwischen einzelnen oder allen Aktionären** treten in vielfältigen Gestaltungen auf und werden heute allgemein als zulässig erachtet[289].

---

285 Vgl. *Süßmann* in Angerer/Geibel/Süßmann, § 33a WpÜG Rz. 2 f. und § 33b WpÜG Rz. 2 f.
286 BGBl. I 2008, 1666.
287 Dazu *Bayer* in MünchKomm. AktG, 4. Aufl. 2016, Anhang zu § 22 AktG, § 27a WpHG Rz. 22 f.; Rechtstatsächliches zum Opting-Out nach § 27a WpHG a.F. bei *Bayer/Hoffmann*, AG 2013, R199 ff.; vgl. z.B. Abschnitt II. Ziffer 7. Abs. (2) der Satzung der Henkel AG & Co. KGaA.
288 Zu den Änderungen des § 67 AktG durch das Risikobegrenzungsgesetz und den dadurch geschaffenen statutarischen Gestaltungsmöglichkeiten vgl. ausführlich *Cahn* in BeckOGK AktG, Stand 1.2.2021, § 67 AktG Rz. 27 ff.; *Gätsch* in FS Beuthien, 2009, S. 133, 148 ff.; *Marsch-Barner* in FS Hüffer, 2010, S. 627 ff.
289 Vgl. BGH v. 24.11.2008 – II ZR 116/08 – Schutzgemeinschaftsvertrag II, NZG 2009, 183, 184 Rz. 12 = AG 2009, 163; jüngst OLG Karlsruhe v. 29.4.2019 – 15 U 138/16, BeckRS 2019, 49058, Rz. 107 (Vorinstanz: LG Heidelberg v. 28.7.2016 – 2 O 240/14, AG 2017, 162 ff.); auch BGH v. 15.7.2014 – II ZR 375/13, AG 2014, 705 = BeckRS 2014, 15556 (Zurückweisung Nichtzulassungsbeschwerde); ausf. *Mayer*, MittBayNot 2006, 281 ff.; *Löbbe* in Happ, Konzern- und Umwandlungsrecht, 5.01–5.03, S. 445 ff.; *Röhricht/Schall* in Großkomm. AktG, 5. Aufl. 2016, § 23 AktG Rz. 296, 314 ff.; *Sickinger* in Schüppen/Schaub, MAH Aktienrecht, 3. Aufl. 2018, § 11 Rz. 1 ff.; zur Nichtigkeit einer unentgeltlichen Aktienrückübertragungsvereinbarung zwischen Gesellschaft und Aktionär vgl. BGH v. 22.1.2013 – II ZR 80/10, NZG 2013, 220 = AG 2013, 224; dazu *Noack*, NZG 2013, 281 ff.; *Limmer* in BeckOGK AktG, Stand 1.2.2021, § 23 AktG Rz. 60.

a) Stimmbindungs- oder Poolvereinbarungen

Typische Fälle solcher Aktionärsvereinbarungen sind Stimmbindungs- oder Poolverträge[290]. Durch derartige Verträge verpflichten sich die beitretenden Aktionäre, ihr Stimmrecht auf der Hauptversammlung in einer bestimmten Weise einheitlich auszuüben. Die Gestaltungen, die insoweit in Bezug auf den Zweck, die Dauer und die Art und Weise der internen Entscheidungsfindung bestehen, sind vielfältig. Typisches Beispiel ist die **Poolung der Stimmrechte von Familienaktionären**, etwa im Zusammenhang mit dem Börsengang der Gesellschaft, die der Aufrechterhaltung des Einflusses der Familie auf die Gesellschaft dient[291]. Derartige regelmäßig umfassende, mit Verfügungsbeschränkungen (dazu sogleich Rz. 4.75) einhergehende und auf lange Dauer angelegte Stimmbindungsvereinbarungen führen jedenfalls dann, wenn dem Pool die für eine Majorisierung der Hauptversammlung ausreichende Zahl von Stimmrechten angehört, dazu, dass die entscheidende Willensbildung nicht auf der Hauptversammlung der Gesellschaft, sondern bereits vorab bei der Entscheidungsfindung innerhalb des Pools stattfindet[292]. Dabei ist eine Regelung im Gesellschaftsvertrag eines als Innengesellschaft bürgerlichen Rechts ausgestalteten Stimmrechtskonsortiums, nach der die Konsortialmitglieder ihr Stimmrecht aus den von ihnen gehaltenen Aktien an einer Kapitalgesellschaft auch bei dort einer qualifizierten Mehrheit bedürftigen Beschlüssen so auszuüben haben, wie das jeweils zuvor in dem Konsortium mit einfacher Mehrheit beschlossen wurde, nach personengesellschaftsrechtlichen Grundsätzen wirksam und verstößt nicht gegen zwingende Vorschriften des Kapitalgesellschaftsrechts; allerdings kann eine solche Mehrheitsentscheidung im Einzelfall wegen Verstoßes gegen die gesellschafterliche Treuepflicht unwirksam sein[293]. Bei börsennotierten Gesellschaften sind im Zusammenhang mit dem Abschluss von Stimmbindungsvereinbarungen die für die Berechnung der Schwellenwerte für Mitteilungspflichten nach § 33 WpHG (bis 2.1.2018: § 21) bzw. für die Kontrollerlangung (§ 29 Abs. 2 WpÜG) relevanten **Zurechnungstatbestände der § 34 Abs. 2 WpHG, § 30 Abs. 2 WpÜG** zu beachten[294].

4.74

b) Vereinbarung von Verfügungsbeschränkungen

Auch Verfügungsbeschränkungen treten in verschiedensten Erscheinungsformen auf. Beim **Familienpoolvertrag** stellen sie neben der Stimmbindung ein Mittel dar, um eine Veräußerung von Aktien an Familienfremde und damit eine Schwächung des Einflusses der Familie auf die Gesellschaft zu erschweren[295]. Erreicht wird dies regelmäßig durch **Vereinbarung von Andienungspflichten des veräußerungswilligen Aktionärs** gegenüber den Mitgliedern des Familienpools, denen damit korrespondierende **Vorkaufsrechte** zustehen. Allerdings wirken diese Regelungen nur schuldrechtlich und hin-

4.75

---

290 Vgl. ausführlich *Dutta*, ZGR 2016, 581 ff.; *Hoffmann-Becking*, ZGR 1994, 442 ff.; *Hirte*, Kapitalgesellschaftsrecht, Rz. 3.269 ff.; *Löbbe* in Happ, Konzern- und Umwandlungsrecht, 5.01 Rz. 1 ff., S. 463 ff., sowie 5.02, S. 494 ff. (Muster eines Poolvertrags unter Aktionären einer börsennotierten AG); *Mayer*, MittBayNot 2006, 281, 286 f.
291 Zu aufgrund von Änderungen des Erbschaftsteuergesetzes durch die Erbschaftsteuerreform 2009 (insb. § 13b Abs. 1 Nr. 3 ErbStG) motivierten Poolgestaltungen vgl. *Feick/Nordmeier*, DStR 2009, 893; *Felten*, DStR 2010, 1261; *Felten*, ZEV 2010, 627; *Leitzen*, ZEV 2010, 401.
292 Vgl. *Hoffmann-Becking*, ZGR 1994, 442, 443.
293 Vgl. BGH v. 24.11.2008 – II ZR 116/08, NZG 2009, 183, 184 Rz. 17 ff. = AG 2009, 163; dazu *K. Schmidt*, ZIP 2009, 737 ff.; *Wertenbruch*, NZG 2009, 645 ff.; vgl. auch Beschluss des BGH v. 21.9.2009 – II ZR 250/07, NZG 2010, 62 f. = AG 2009, 870.
294 Vgl. VG Frankfurt/Main v. 4.11.2015 – 7 K 4703/15.F, NZG 2016, 913 ff. = AG 2016, 336; dazu *Rück/Heusel*, NZG 2016, 897 ff.; auch BaFin, FAQ zu den Transparenzpflichten WpHG v. 28.11.2016, Frage 42a, S. 25 f. (Änderung der Verwaltungspraxis); *Dietrich*, WM 2016, 1577 ff.; *Wunsch*, BB 2011, 2315 ff.; *Löbbe* in Happ, Konzern- und Umwandlungsrecht, 5.02 Rz. 2, S. 501 ff., und Rz. 13, S. 514 ff., sowie Rz. 18.38 ff. und Rz. 62.201 ff.
295 Vgl. etwa den Hinweis auf die Übertragungsbeschränkung auf Grund des „Aktienbindungsvertrags der Familie Henkel" in Abschnitt II. Ziffer 7. Abs. (1) der Satzung der Henkel AG & Co. KGaA; zu den sich daraus ergebenden Stimmrechtsmitteilungspflichten vgl. VG Frankfurt/Main v. 4.11.2015 – 7 K 4703/15.F, NZG 2016, 913 ff. = AG 2016, 336, und *Rück/Heusel*, NZG 2016, 897 ff.

dern den veräußerungswilligen Familienaktionär daher nicht an der wirksamen Übertragung seiner Aktien[296]. Eine Verbindung der schuldrechtlich vereinbarten Andienungs- und Vorkaufsregelungen mit der „dinglich" wirkenden Vinkulierung in dem Sinne, dass die Zustimmung zur Aktienveräußerung nach § 68 Abs. 2 AktG erst erteilt werden darf, wenn das Andienungsverfahren ordnungsgemäß durchlaufen worden ist[297], kommt für die börsennotierte Gesellschaft nicht in Betracht. Für die nicht börsennotierte AG hat der BGH entschieden, dass ein schuldrechtlicher Vertrag zwischen der AG und einem Aktionär, der den Aktionär im Falle der Vertragsbeendigung zur unentgeltlichen Übertragung seiner Aktien auf die AG verpflichtet, jedenfalls dann nichtig ist, wenn der Aktionär die Aktien zuvor entgeltlich erworben hat[298].

4.76 Insbesondere wenn Private-Equity-Unternehmen Beteiligungen an (börsennotierten) Gesellschaften erwerben, versuchen sie, schuldrechtliche Vereinbarungen mit anderen maßgeblich beteiligten Aktionären abzuschließen, in denen sich diese für den Fall des Beteiligungsverkaufes durch den Private-Equity-Investor zu einem Mitverkauf an den Käufer verpflichten (**Mitverkaufsverpflichtung**). Durch die Möglichkeit des Verkaufs eines Mehrheitspaketes an einen Finanz- oder strategischen Investor wird der Ausstieg aus dem Investment erleichtert[299].

c) Auswirkungen auf das gesellschaftsrechtliche Innenverhältnis

4.77 Welchen Einfluss die vorstehend skizzierten schuldrechtlichen Vereinbarungen auf das Innenverhältnis insbesondere der börsennotierten Aktiengesellschaft haben, ist bislang noch nicht abschließend geklärt[300]. Für das GmbH-Recht nimmt der BGH ein „**Durchschlagen**" solcher Vereinbarungen **auf die Gesellschaftsebene** an, wenn sämtliche Aktionäre durch die Vereinbarung gebunden sind; ein von der Satzung gedeckter, der schuldrechtlichen Vereinbarung aber widersprechender Beschluss soll dann angefochten werden können[301]. Zwar ist es faktisch so gut wie ausgeschlossen, dass bei einer börsennotierten Gesellschaft alle Aktionäre sich einer derartigen schuldrechtlichen Vereinbarung anschließen. Jedoch wird die korporationsrechtliche Wirkung einer schuldrechtlichen Vereinbarung von Teilen des juristischen Schrifttums bereits dann bejaht, wenn ihr zwar nicht sämtliche Aktionäre, aber eine zur Änderung der Satzung genügende Mehrheit der Aktionäre beigetreten ist[302].

2. Geschäftsordnungen

4.78 Für den Vorstand und die Hauptversammlung ist die Möglichkeit, sich eine Geschäftsordnung zu geben, gesetzlich vorgesehen (§ 77 Abs. 2, § 129 Abs. 1 Satz 1 AktG)[303]. Für den Aufsichtsrat wird diese

---

296 Dinglich wirkende rechtsgeschäftliche Verfügungsverbote oder -beschränkungen sind unzulässig (§ 137 Satz 1 BGB).
297 Vgl. *Hoffmann-Becking*, ZGR 1994, 442, 443.
298 BGH v. 22.1.2013 – II ZR 80/10, AG 2013, 224 ff. = NZG 2013, 220 ff.; zu entsprechenden Regelungen (auch in der Satzung) bei Belegschaftsaktien vgl. *Knott/Jacobsen*, NZG 2014, 372 ff.
299 Zur Zulässigkeit einer von der Satzung abweichenden Gewinnverteilungsvereinbarung vgl. LG Frankfurt/Main v. 23.12.2014 – 3-05 O 47/14, NZG 2015, 482 ff. = AG 2015, 590; dazu *Harbarth/Zeyher/Brechtel*, AG 2016, 801 ff.; *Priester*, ZIP 2015, 2156 ff.
300 Vgl. *Drescher* in BeckOGK AktG, Stand 1.2.2021, § 243 AktG Rz. 58 ff.; *Wiedemann* in Großkomm. AktG, 4. Aufl. 1995, § 179 AktG Rz. 47.
301 BGH v. 20.1.1983 – II ZR 243/81, NJW 1983, 1910, 1911 = AG 1983, 249; BGH v. 27.10.1986 – II ZR 240/85, NJW 1987, 1890 ff.; ausführlich dazu *Hoffmann-Becking*, ZGR 1994, 442, 448 ff.; krit. *Happ*, ZGR 1984, 168, 173 ff.; *Ulmer*, NJW 1987, 1849, 1853.
302 *Noack*, Gesellschaftervereinbarungen bei Kapitalgesellschaften, S. 167; abweichend *Dürr*, BB 1995, 1365, 1367; *Winter*, ZHR 154 (1990), 259, 268 f.; für die börsennotierte AG ablehnend *Schockenhoff*, ZGR 2013, 76, 106 f.
303 Die in Ziff. 4.2.1 DCGK 2017 für den Vorstand noch enthaltene entsprechende Erlassempfehlung wurde im DCGK 2020 aufgegeben; vgl. *Hüffer/Koch*, § 77 AktG Rz. 19.

Möglichkeit trotz Fehlens einer gesetzlichen Vorschrift allgemein bejaht[304]. Die Kompetenz zum Erlass einer **Geschäftsordnung für den Vorstand** liegt primär beim Aufsichtsrat und nur nachrangig beim Vorstand selbst[305]. Hingegen liegt die Kompetenz zum Erlass einer **Geschäftsordnung für den Aufsichtsrat** beim Aufsichtsrat selbst[306]. Soll die Geschäftsordnung des Vorstands einen Katalog zustimmungspflichtiger Maßnahmen enthalten (§ 111 Abs. 4 Satz 2 AktG), empfiehlt es sich, die Erlasskompetenz statutarisch dem Aufsichtsrat zuzuweisen. Von der in § 129 Abs. 1 Satz 1 AktG geregelten Möglichkeit der **Hauptversammlung, sich eine Geschäftsordnung zu geben**, in der Fragen wie die Befugnisse des Versammlungsleiters, die Ausgestaltung des Rede- und Fragerechts und der Stimmauszählung geregelt werden können, wird in der Praxis nur sehr vereinzelt Gebrauch gemacht (vgl. im Einzelnen Rz. 35.50 ff.). Inhaltlich müssen sich die Geschäftsordnungen für die Gesellschaftsorgane jeweils im Rahmen **der durch das Aktiengesetz und die Satzung der Gesellschaft gesetzten Grenzen** halten.

V. Auslegung der Satzung

Bei der Auslegung der Satzung ist zwischen Satzungsbestimmungen mit körperschaftsrechtlichem (materiellem) und solchen mit individualrechtlichem (formellem) Charakter zu unterscheiden[307]. Nach der ständigen Rechtsprechung des BGH ist eine Satzungsbestimmung dann dem körperschaftsrechtlichen – und nicht dem individualrechtlichen – Bereich zuzurechnen, wenn sie nicht nur für die derzeitigen, bei Inkrafttreten der Bestimmung vorhandenen Gesellschafter oder einzelne von ihnen gilt, sondern für einen unbestimmten Personenkreis, zu dem sowohl gegenwärtige als auch künftige Gesellschafter und/oder Gläubiger der Gesellschaft gehören, von Bedeutung ist[308].

4.79

1. Körperschaftsrechtliche (materielle) Satzungsbestimmungen

Der Vorgang der Gründung einer Aktiengesellschaft und insbesondere die Satzungsfeststellung haben privatrechtsgeschäftlichen Charakter. Bis zur Eintragung der Gesellschaft in das Handelsregister unterliegt der gesamte Inhalt der Satzungsurkunde den nach der allgemeinen Rechtsgeschäftslehre geltenden Auslegungsgrundsätzen der §§ 133, 157 BGB[309]. Mit Eintragung in das Handelsregister besteht die Aktiengesellschaft „als solche" (§ 41 Abs. 1 AktG). Die bestehende Aktiengesellschaft ist körperschaftlich verfasst und damit vom Bestand ihrer Mitglieder unabhängig. Dies gilt in besonderem Maße für die börsennotierte Gesellschaft. Für die körperschaftsrechtlichen Bestimmungen der Satzung bedeutet dies, dass diese grundsätzlich **objektiv – einem Gesetz vergleichbar – auszulegen** sind[310]. Die

4.80

---

304 Vgl. *Hüffer/Koch*, § 107 AktG Rz. 34. Empfehlung D.1 DCGK 2020 sieht vor, dass sich der Aufsichtsrat eine Geschäftsordnung geben soll.
305 Vgl. im Einzelnen Rz. 20.103 ff.
306 Vgl. Empfehlung D.1 DCGK 2020; im Einzelnen Rz. 29.3 ff.
307 Allg.M., vgl. *Arnold* in KölnKomm. AktG, 3. Aufl. 2010, § 23 AktG Rz. 19 ff.; *Braunfels* in Heidel, § 23 AktG Rz. 11; *Hüffer/Koch*, § 23 AktG Rz. 39 f.; *Limmer* in BeckOGK AktG, Stand 1.2.2021, § 23 AktG Rz. 58 f.; *Seibt* in K. Schmidt/Lutter, § 23 AktG Rz. 9 f.; zu der insoweit anzutreffenden Begriffsvielfalt vgl. *Holzborn* in BeckOGK AktG, Stand 1.2.2021, § 179 Rz. 31, 33.
308 Vgl. BGH v. 11.10.1993 – II ZR 155/92 – IBH, BGHZ 123, 347, 350 f. = AG 1994, 78 ff. m.w.N.
309 Vgl. *Pentz* in MünchKomm. AktG, 5. Aufl. 2019, § 23 AktG Rz. 48; einschränkend *Hüffer/Koch*, § 23 AktG Rz. 40.
310 Ständige Rechtsprechung: BGH v. 9.6.1954 – II ZR 70/53, BGHZ 14, 25, 36 f.; BGH v. 29.1.1962 – II ZR 1/61, BGHZ 36, 296, 314 = AG 1962, 74; BGH v. 13.7.1967 – II ZR 238/64, BGHZ 48, 141, 143 f. = AG 1968, 54; BGH v. 11.10.1993 – II ZR 155/92 – IBH, BGHZ 123, 347, 350 f. = AG 1994, 78; KG v. 12.2.2016 – 22 W 93/15, FGPrax 2016, 158 f. = AG 2016, 550. In BGH v. 11.11.1985 – II ZB 5/85, BGHZ 96, 245, 250 = AG 1986, 164, wurde der Gründerwille ausnahmsweise deswegen berücksichtigt, da sich der Gesellschafterkreis seit der Gründung der Gesellschaft nicht verändert hatte. Dies kommt bei der börsennotierten Gesellschaft faktisch nicht in Betracht. Aus dem juristischen Schrifttum vgl. *Grunewald*,

Auslegung hat vom Wortlaut der Bestimmung auszugehen. Zu berücksichtigen sind daneben der Zweck der betreffenden Regelung sowie ihr Sinnzusammenhang und ihr systematischer Bezug zu den anderen Bestimmungen der Satzung[311]. Außerhalb der Satzungsurkunde liegende Umstände sind nur zu berücksichtigen, wenn sie über allgemein zugängliche Quellen, insbesondere Registerunterlagen, verfügbar sind. Insoweit nicht dokumentierte Vorgänge, insbesondere Willensäußerungen der Gründer, die keinen Eingang in die Satzungsurkunde gefunden haben, müssen bei der Satzungsauslegung außer Betracht bleiben[312]. Aufgrund ihrer Auslegung nach objektiven Gesichtspunkten unterliegen die körperschaftsrechtlichen Bestimmungen der Satzung der Nachprüfung durch das Revisionsgericht[313].

2. Individualrechtliche (formelle) Satzungsbestimmungen

4.81   Soweit in der Satzung individualrechtliche Regelungen im Sinne der Rechtsprechung des BGH (vgl. Rz. 4.79) enthalten sind (was bei börsennotierten Gesellschaften nur ausnahmsweise der Fall ist), sind diese **nach den allgemeinen zivilrechtlichen Bestimmungen** über die Auslegung von Willenserklärungen (§§ 133, 157 BGB) auszulegen[314].

VI. Änderung der Satzung und Satzungsdurchbrechung

1. Änderung der Satzung

a) Allgemeines

4.82   Auch bei der Änderung der Satzung wird üblicherweise zwischen der formalen Satzungsänderung im weiteren Sinne und der materiellen Satzungsänderung im engeren Sinne unterschieden. Dabei versteht man unter **Satzungsänderung im formalen Sinn** jede Einwirkung auf den Text der Satzungsurkunde, durch die etwas eingefügt, gestrichen oder inhaltlich verändert wird, während die **Satzungsänderung im materiellen Sinn** jede Hinzufügung, Aufhebung oder inhaltliche Veränderung von Regeln ist, die in Ergänzung der gesetzlichen Vorschriften die normative Grundordnung der Aktiengesellschaft bilden[315]. Zuständig für Satzungsänderungen ist im Grundsatz[316] die **Hauptversammlung**, die hierüber durch Beschluss entscheidet (§ 179 Abs. 1 Satz 1, § 119 Abs. 1 Nr. 5 AktG). Für die Einberufung der Hauptversammlung und die Bekanntmachung der Tagesordnung gelten die allgemeinen Vorschriften (vgl. dazu § 34, dort insb. Rz. 34.47). § 30c WpHG a.F., nach dem beabsichtigte Änderungen der Satzung einer Gesellschaft, die Emittentin zugelassener Wertpapiere mit Sitz in Deutschland ist, unverzüglich nach der Entscheidung von Vorstand und Aufsichtsrat, der Hauptversammlung die Änderung der Satzung vorzuschlagen, der BaFin und der jeweiligen Zulassungsstelle (Geschäftsführung der Börse) zu melden waren, ist durch das Gesetz zur Änderung der Transparenzrichtlinie-Änderungsrichtlinie vom 26.11.2015[317] aufgehoben worden.

ZGR 1995, 68; *Schockenhoff*, ZGR 2013, 76, 104 ff.; *Hüffer/Koch*, § 23 AktG Rz. 39 f.; *Arnold* in KölnKomm. AktG, 3. Aufl. 2010, § 23 AktG Rz. 20 ff.; *Pentz* in MünchKomm. AktG, 5. Aufl. 2019, § 23 AktG Rz. 47 ff., insb. 49 ff.; *Röhricht/Schall* in Großkomm. AktG, 5. Aufl. 2016, § 23 AktG Rz. 37 ff.
311 *Röhricht/Schall* in Großkomm. AktG, 5. Aufl. 2016, § 23 AktG Rz. 41.
312 *Röhricht/Schall* in Großkomm. AktG, 5. Aufl. 2016, § 23 AktG Rz. 47.
313 Ständige Rechtsprechung: BGH v. 29.1.1962 – II ZR 1/61, BGHZ 36, 296, 314 = AG 1962, 74; BGH v. 11.10.1993 – II ZR 155/92 – IBH, BGHZ 123, 347, 350 f. = AG 1994, 78.
314 *Arnold* in KölnKomm. AktG, 3. Aufl. 2010, § 23 AktG Rz. 19; *Hüffer/Koch*, § 23 AktG Rz. 40; *Röhricht/Schall* in Großkomm. AktG, 5. Aufl. 2016, § 23 AktG Rz. 54.
315 Vgl. ausf. *Stein* in MünchKomm. AktG, 5. Aufl. 2021, § 179 AktG Rz. 22 ff. m.w.N.
316 Die Befugnis zu Änderungen der Satzung, die nur deren Fassung betreffen, kann die Hauptversammlung dem Aufsichtsrat übertragen (§ 179 Abs. 1 Satz 2 AktG, vgl. Rz. 4.92). Zu weiteren Ausnahmen vgl. *Hüffer/Koch*, § 179 AktG Rz. 10.
317 BGBl. I 2015, 2029; dazu *Söhner*, ZIP 2015, 2451 ff.

Die für Beschlussfassungen über Satzungsänderungen zu beachtenden **allgemeinen Verfahrensregelungen** sind in den §§ 179 ff. AktG enthalten. Erforderlich ist ein mit einfacher Stimmenmehrheit (§ 133 Abs. 1 AktG) und – wenn die Satzung nicht eine kleinere oder größere, für eine Änderung des Unternehmensgegenstands nur größere Kapitalmehrheit vorsieht – mit einer Kapitalmehrheit von mindestens drei Vierteln des bei der Beschlussfassung vertretenen Grundkapitals zu fassender **Hauptversammlungsbeschluss** (§ 179 Abs. 2 AktG). Die Satzung kann weitere Erfordernisse vorsehen. Der Vorstand hat Satzungsänderungen zur **Eintragung in das Handelsregister** anzumelden (§ 181 Abs. 1 Satz 1 AktG). Mit der Eintragung im Handelsregister wird die Satzungsänderung **wirksam** (§ 181 Abs. 3 AktG).

4.83

Den aktiengesetzlichen Bestimmungen über Satzungsänderungen unterliegen nur die **körperschaftsrechtlichen (materiellen) Bestandteile** der Satzung, während die Änderung in der Satzung enthaltener schuldrechtlicher (formeller) Regelungen sich in der Regel nach den insoweit geltenden schuldrechtlichen Bestimmungen richtet[318].

4.84

Die Satzung der Aktiengesellschaft muss **abänderbar** sein und bleiben. Eine Satzungsbestimmung, die die Abänderbarkeit der Satzung insgesamt oder einzelner ihrer Bestimmungen ausschließt oder in einem Maße einschränkt, die einem Ausschluss faktisch gleichkommt, ist nichtig[319]. Unzulässig ist es daher bei einer Publikumsgesellschaft, Satzungsänderungen von der Zustimmung aller Aktionäre oder auch nur einer einstimmigen Beschlussfassung abhängig zu machen[320].

4.85

b) Beschluss der Hauptversammlung

Die Änderung der Satzung setzt einen Beschluss der Hauptversammlung voraus. Dieser bedarf außer der **einfachen Stimmenmehrheit** nach § 133 Abs. 1 AktG einer Mehrheit, die mindestens **drei Viertel des bei der Beschlussfassung vertretenen Grundkapitals** umfasst (§ 179 Abs. 2 Satz 1 AktG). Nach § 179 Abs. 2 Satz 2 AktG kann die Satzung eine andere, auch kleinere Kapitalmehrheit vorsehen, das Erfordernis einer Kapitalmehrheit muss aber gewahrt bleiben[321]. Für eine **Änderung des Unternehmensgegenstandes** und **bestimmte Kapitalmaßnahmen** kann sie jedoch **nur eine größere Kapitalmehrheit** bestimmen[322]. Das Aktiengesetz enthält hinsichtlich der Mehrheitsanforderungen darüber hinaus weitere Sonderregelungen[323]. In den Satzungen börsennotierter Gesellschaften wird verbreitet vorgesehen, dass Hauptversammlungsbeschlüsse, soweit nicht zwingende gesetzliche Vorschriften entgegenstehen, mit einfacher Stimmenmehrheit und, soweit das Gesetz eine Kapitalmehrheit verlangt, mit einfacher Kapitalmehrheit zu fassen sind. Diese Mehrheitsanforderungen gelten dann im Grund-

4.86

---

318 *Hüffer/Koch*, § 179 AktG Rz. 4 f.; *Stein* in MünchKomm. AktG, 5. Aufl. 2021, § 179 AktG Rz. 30 ff.
319 *Hüffer/Koch*, § 179 AktG Rz. 3; *Stein* in MünchKomm. AktG, 5. Aufl. 2021, § 179 AktG Rz. 55 f. (zur Möglichkeit der Umdeutung einer Unabänderlichkeitsklausel Rz. 58 f.); *Zöllner* in KölnKomm. AktG, 2. Aufl. 1995, § 179 AktG Rz. 2.
320 *Hüffer/Koch*, § 179 AktG Rz. 23; so auch *Stein* (in MünchKomm. AktG, 5. Aufl. 2021, § 179 AktG Rz. 98) für den Fall, dass das Einstimmigkeitserfordernis nicht durch Satzungsänderung mit Dreiviertelmehrheit beseitigt werden kann.
321 *Hüffer/Koch*, § 179 AktG Rz. 19; *Stein* in MünchKomm. AktG, 5. Aufl. 2021, § 179 AktG Rz. 90 (Kapitalmehrheit) und Rz. 93 (Stimmenmehrheit).
322 Bei bestimmten Satzungsänderungen, insbesondere bestimmten Kapitalerhöhungen, verlangt das Gesetz eine Mindestkapitalmehrheit von drei Vierteln des bei der Beschlussfassung vertretenen Grundkapitals: z.B. bei Kapitalerhöhungen gegen Einlagen unter Ausgabe von Vorzugsaktien ohne Stimmrecht (§ 182 Abs. 1 Sätze 1 und 2 AktG) oder unter Ausschluss des Bezugsrechts (§ 186 Abs. 3 Sätze 2 und 3 AktG), bei bedingtem Kapital (§ 193 Abs. 1 AktG) oder genehmigtem Kapital (§ 202 Abs. 2 Satz 2 AktG).
323 Z.B. Beschlussfassung über Satzungsbestimmungen hinsichtlich der Zusammensetzung des Aufsichtsrats im Statusverfahren (§ 97 Abs. 2 Satz 4, § 98 Abs. 4 Satz 2 AktG).

satz auch für Satzungsänderungen, wobei dies für spezielle Formen der Satzungsänderung, wie etwa die Kapitalerhöhung, streitig ist[324].

c) Sonstige Erfordernisse, Befristung und Bedingung

4.87 Das Aktiengesetz selbst macht in einer Reihe von Fällen die Wirksamkeit von satzungsändernden Hauptversammlungsbeschlüssen vom **Eintritt weiterer Bedingungen**, wie z.B. dem Sonderbeschluss der Aktionäre einer bestimmten Gattung von Aktien (§ 179 Abs. 3 AktG) oder der Zustimmung der durch die Begründung von Nebenverpflichtungen oder der Anteilsvinkulierung nachteilig betroffenen Aktionäre (§ 180 Abs. 1, 2 AktG), abhängig. Auch können Satzungsänderungen vom **Vorliegen einer öffentlich-rechtlichen Genehmigung** abhängen[325]. Weitere Erfordernisse, wie z.B. eine Mindestpräsenz (Quorum), können in der **Satzung** der Gesellschaft aufgestellt werden (§ 179 Abs. 2 Satz 3 AktG)[326]. Diese spielen bei börsennotierten Gesellschaften aber faktisch keine Rolle.

4.88 Die Hauptversammlung kann die Satzungsänderung auch in der Weise beschließen, dass sie erst zu einem bestimmten Zeitpunkt (**Befristung**) oder bei Eintritt eines bestimmten Ereignisses (**aufschiebende Bedingung**) wirksam wird[327]. Dies kommt etwa bei der Anpassung der Satzung an eine geänderte Rechtslage oder bei miteinander in Sachzusammenhang stehenden Satzungsänderungen in Betracht. Alternativ besteht die Möglichkeit, den Vorstand in dem Hauptversammlungsbeschluss anzuweisen, die Satzungsänderung nicht vor einem bestimmten Zeitpunkt bzw. Ereignis zur Eintragung ins Handelsregister anzumelden[328]. Aus Gründen der Rechtssicherheit nicht zulässig ist es hingegen, die Geltung einer Satzungsbestimmung selbst von einer Bedingung abhängig zu machen[329].

d) Anmeldung zum Handelsregister

4.89 Der Vorstand[330] hat die Satzungsänderung zur Eintragung in das Handelsregister anzumelden (§ 181 Abs. 1 Satz 1 AktG). Genügend ist die Anmeldung durch **Vorstandsmitglieder in vertretungsberechtigter Zahl**. Eine Vertretung von Vorstandsmitgliedern bei der Anmeldung ist nur zulässig, wenn die Anmeldung keine Erklärungen enthält, für deren Richtigkeit die Anmeldenden zivil- oder strafrechtlich persönlich verantwortlich sind[331]. Die Anmeldung selbst und eine etwaige Vollmacht zur Anmeldung bedürfen der **öffentlichen Beglaubigung** (§ 12 Abs. 1, 2 HGB). Inhaltlich genügt es grundsätzlich, wenn die Anmeldung auf das notarielle Protokoll des Hauptversammlungsbeschlusses und die

---

324 Zu den insoweit geltenden Bestimmtheitsanforderungen vgl. BGH v. 29.6.1987 – II ZR 242/86, NJW 1988, 260 (2. Leitsatz); LG Frankfurt/Main v. 13.11.2001 – 3/4 O 14/01, AG 2002, 356, 357; *Holzborn* in BeckOGK AktG, Stand 1.2.2021, § 179 AktG Rz. 120 ff.; *Hüffer/Koch*, § 179 AktG Rz. 18; *Stein* in MünchKomm. AktG, 5. Aufl. 2021, § 179 AktG Rz. 88 ff.
325 Z.B. Änderung der Satzung von Versicherungsunternehmen mit Ausnahme von Kapitalerhöhungen (§ 12 Abs. 1, § 9 Abs. 2 Nr. 1 VAG). Zur grundsätzlichen Entkoppelung von Genehmigungs- und Eintragungsverfahren bei genehmigungspflichtigen Änderungen des Unternehmensgegenstands vgl. *Hüffer/Koch*, § 37 AktG Rz. 14 und § 181 Rz. 10; zur Nachweispflicht der Erlaubnis nach § 32 KWG gegenüber dem Handelsregister und dessen Prüfungspflicht vgl. § 43 KWG und § 3 Abs. 5 KAGB.
326 *Holzborn* in BeckOGK AktG, Stand 1.2.2021, § 179 AktG Rz. 126; *Stein* in MünchKomm. AktG, 4. Aufl. 2016, § 179 AktG Rz. 137 ff.; *Wiedemann* in Großkomm. AktG, 4. Aufl. 1995, § 179 AktG Rz. 133 ff.
327 *Hüffer/Koch*, § 179 AktG Rz. 25 f.; *Stein* in MünchKomm. AktG, 5. Aufl. 2021, § 179 AktG Rz. 46 ff.; *Zöllner* in KölnKomm. AktG, 2. Aufl. 1995, § 179 AktG Rz. 195 ff.
328 Unechte Bedingung oder Befristung, vgl. *Stein* in MünchKomm. AktG, 5. Aufl. 2021, § 179 AktG Rz. 46, 49; *Zöllner* in KölnKomm. AktG, 2. Aufl. 1995, § 179 AktG Rz. 195.
329 *Hüffer/Koch*, § 179 AktG Rz. 26; *Stein* in MünchKomm. AktG, 5. Aufl. 2021, § 179 AktG Rz. 50.
330 Bei Maßnahmen der Kapitalerhöhung oder -herabsetzung auch der Vorsitzende des Aufsichtsrats (§ 184 Abs. 1 Satz 1, § 188 Abs. 1, § 195 Abs. 1 Satz 1, § 203 Abs. 1, § 207 Abs. 2 Satz 1, § 223, § 229 Abs. 3, § 237 Abs. 4 Satz 5 AktG).
331 *Hüffer/Koch*, § 181 AktG Rz. 4. Dies ist z.B. nach § 399 Abs. 1 Nr. 4, Abs. 2 AktG bei Kapitalerhöhungen der Fall.

sonstigen bei Registergericht einzureichenden Unterlagen Bezug nimmt. Betrifft die Satzungsänderung hingegen einen der in § 39 AktG genannten Gegenstände (Firma, Sitz, Unternehmensgegenstand, Höhe des Grundkapitals, Vertretungsbefugnis der Vorstandsmitglieder, Dauer der Gesellschaft, genehmigtes Kapital), sind die geänderten Satzungsbestandteile hinreichend konkret in zusammengefasster Form zu bezeichnen, ohne dass allerdings der Wortlaut der geänderten Bestimmung selbst angegeben werden muss[332]. Der Anmeldung sind der vollständige Wortlaut der Satzung, versehen mit der Bescheinigung eines Notars, dass die geänderten Bestimmungen der Satzung mit dem Beschluss über die Satzungsänderung und die unveränderten Bestimmungen mit dem zuletzt zum Handelsregister eingereichten vollständigen Wortlaut der Satzung übereinstimmen, sowie die notarielle Niederschrift des Hauptversammlungsbeschlusses beizufügen[333]. Nicht mehr beizufügen ist nach der 2009 durch das ARUG erfolgten Streichung des § 181 Abs. 1 Satz 3 AktG a.F. die Urkunde über eine gegebenenfalls erforderliche staatliche Genehmigung[334]. Handelt es sich bei der Satzungsänderung um eine Fassungsänderung durch den Aufsichtsrat i.S.d. § 179 Abs. 1 Satz 2 AktG, ist der entsprechende Aufsichtsratsbeschluss einzureichen.

e) Prüfung durch das Registergericht

Anders als im Zusammenhang mit der Gründung der Gesellschaft (§ 38 AktG) schreibt das Aktiengesetz für Satzungsänderungen eine registergerichtliche Prüfung nicht vor. Dennoch ist anerkannt, dass dem **Registergericht eine Prüfungsbefugnis in Bezug auf die formelle und materielle Rechtmäßigkeit der Satzungsänderung** zusteht[335]. Umstritten ist allerdings der Umfang seiner materiellen Prüfungsbefugnis. Da das Registergericht die Funktion einer Rechtsaufsichtsbehörde wahrnimmt[336], ist es zur Prüfung der Zweckmäßigkeit der neuen Satzungsbestimmung nicht befugt[337]. Stellt das Registergericht nach ordnungsgemäßer Anmeldung keine die Satzungsänderung oder die diesbezügliche Beschlussfassung betreffenden Unwirksamkeitsgründe fest und wurde kein Eintragungsverbot gemäß § 16 Abs. 2 HGB erwirkt, so hat das Registergericht, falls auch keine Anfechtungs- oder Nichtigkeitsklage erhoben wurde, die Satzungsänderung einzutragen[338]. Bei rechtzeitig erhobener Anfechtungs- oder Nichtigkeitsklage kann das Registergericht das Eintragungsverfahren aussetzen (§§ 21, 381 FamFG)[339]. Im Falle der Unwirksamkeit des Satzungsänderungsbeschlusses aufgrund des Fehlens von Wirksamkeitsvoraussetzungen, bei Vorliegen eines Nichtigkeitsgrundes nach § 241 Nr. 1 bis 4 AktG oder eines rechtskräftigen Anfechtungs- oder Nichtigkeitsurteils hat das Gericht hingegen die Eintragung abzulehnen[340]. Haftet dem satzungsändernden Hauptversammlungsbeschluss ein zur Anfech-

4.90

---

332 BGH v. 16.2.1987 – II ZB 12/86, WM 1987, 1100, 1101 (GmbH); *Hüffer/Koch*, § 181 AktG Rz. 6; *Wiedemann* in Großkomm. AktG, 4. Aufl. 1995, § 181 AktG Rz. 12 f.; *Zöllner* in KölnKomm. AktG, 2. Aufl. 1995, § 181 AktG Rz. 8.
333 *Hüffer/Koch*, § 181 AktG Rz. 7 ff.; ausführlich *Holzborn* in BeckOGK AktG, Stand 1.2.2021, § 181 AktG Rz. 11 ff.; *Zöllner* in KölnKomm. AktG, 2. Aufl. 1995, § 181 AktG Rz. 10 ff. (dort auch zu evtl. sonst erforderlichen Unterlagen).
334 Vgl. *Hüffer/Koch*, § 181 AktG Rz. 10; *Stein* in MünchKomm. AktG, 5. Aufl. 2021, § 181 AktG Rz. 31; zur Nachweispflicht der Erlaubnis nach § 32 KWG gegenüber dem Handelsregister und dessen Prüfungspflicht vgl. § 43 KWG und § 3 Abs. 5 KAGB.
335 OLG Karlsruhe v. 17.7.2001 – 14 Wx 62/00, EWiR 2002, 739 f.; *Hüffer/Koch*, § 181 AktG Rz. 12; *Seibt* in K. Schmidt/Lutter, § 181 AktG Rz. 22; *Stein* in MünchKomm. AktG, 5. Aufl. 2021, § 181 AktG Rz. 38 ff.; *Wiedemann* in Großkomm. AktG, 4. Aufl. 1995, § 181 AktG Rz. 21 ff.; *Zöllner* in KölnKomm. AktG, 2. Aufl. 1995, § 181 AktG Rz. 29 ff.
336 Nach *Hirte* (Kapitalgesellschaftsrecht, Rz. 6.8) und *Wiedemann* (in Großkomm. AktG, 4. Aufl. 1995, Vor § 182 AktG Rz. 82) soll es für börsennotierte Gesellschaften auch die Funktion einer Kapitalmarktaufsicht ausüben.
337 *Hüffer/Koch*, § 181 AktG Rz. 12; *Seibt* in K. Schmidt/Lutter, § 181 AktG Rz. 22.
338 *Holzborn* in BeckOGK AktG, Stand 1.2.2021, § 181 AktG Rz. 19; *Stein* in MünchKomm. AktG, 5. Aufl. 2021, § 181 AktG Rz. 57.
339 *Hüffer/Koch*, § 181 AktG Rz. 16. Zum Freigabeverfahren nach § 246a AktG vgl. Rz. 39.171 ff.
340 *Stein* in MünchKomm. AktG, 5. Aufl. 2021, § 181 AktG Rz. 42–44.

tung berechtigender Mangel an, ohne dass innerhalb der Monatsfrist des § 246 Abs. 1 AktG Anfechtungsklage erhoben wird, ist der Beschluss endgültig unanfechtbar. In diesem Fall ist streitig, ob das Registergericht gehalten ist, die Satzungsänderung einzutragen[341], oder ob es jedenfalls bei Verletzung zwingender gesetzlicher Vorschriften, die zum Schutz der Gesellschaftsgläubiger oder sonst im öffentlichen Interesse gegeben sind, befugt ist, die Eintragung zu verweigern[342]. Zutreffend dürfte sein, die registergerichtliche Prüfungsbefugnis an der Bestimmung des § 38 Abs. 4 AktG (gerichtliche Gründungsprüfung) zu orientieren und das Registergericht aus den dort genannten Gründen zur Verweigerung der Eintragung einer auf einem unanfechtbaren Hauptversammlungsbeschluss beruhenden Satzungsänderung zu berechtigen (dazu Rz. 4.20).

f) Eintragung im Handelsregister

4.91 Nach § 181 Abs. 3 AktG wird die **Satzungsänderung erst mit der Eintragung in das Handelsregister wirksam**. An ein einer Anfechtungsklage stattgebendes rechtskräftiges Gestaltungsurteil ist das Registergericht gebunden (§ 248 Abs. 1 Satz 3 AktG)[343]. Die Erhebung einer Anfechtungsklage gegen den satzungsändernden Hauptversammlungsbeschluss allein hindert die Eintragung der Satzungsänderung hingegen rechtlich nicht. Eine Registersperre, wie sie bei der Eingliederung (§ 319 Abs. 5 Satz 2 AktG), dem Squeeze-Out (§ 327e Abs. 2, § 319 Abs. 5 Satz 2 AktG) und umwandlungsrechtlichen Maßnahmen (§ 16 Abs. 2 Satz 2 UmwG) vorgesehen ist, besteht für Satzungsänderungen nicht. Solange ein Anfechtungsurteil fehlt, liegt es im Ermessen des Gerichts, ob es die Eintragung vornimmt[344]. In der Praxis neigen die Registergerichte in dieser Konstellation häufig zu einer **Aussetzung des Eintragungsverfahrens** gemäß §§ 381, 21 FamFG, es sei denn, die Anfechtungsklage erscheint offensichtlich oder mit zumindest weit überwiegender Wahrscheinlichkeit unzulässig oder unbegründet[345]. Die Erhebung der Anfechtungsklage führt damit häufig zu einer „**faktischen Registersperre**". Die damit verbundene Blockadewirkung machen sich Aktionäre immer wieder zunutze, um durch Erhebung einer Anfechtungsklage eigennützige Interessen gegenüber der Gesellschaft durchzusetzen[346]. Das durch das UMAG eingeführte Freigabeverfahren (§ 246a AktG) gilt nur für Unternehmensverträge und Kapitalmaßnahmen, nicht aber für sonstige Satzungsänderungen. Die durch das Registergericht vorgenommene Eintragung selbst ist nicht anfechtbar (§ 383 Abs. 3 FamFG); es ist jedoch anerkannt, dass im Wege des Berichtigungsantrags („Fassungsbeschwerde") die Korrektur bzw. Klarstellung von Namens-, Firmen- oder Datumsangaben oder die konkrete Verlautbarung rechtlicher Verhältnisse herbeigeführt werden kann[347].

g) Fassungsänderungen durch den Aufsichtsrat

4.92 Nach § 179 Abs. 1 Satz 2 AktG kann die Hauptversammlung die Befugnis zu Änderungen der Satzung, die nur deren Fassung betreffen, dem Aufsichtsrat übertragen. Genügend ist ein entsprechender Haupt-

---

341 So OLG München v. 14.6.2012 – 31 Wx 192/12, GmbHR 2012, 905 ff. (m. Anm. *Gerber*); BeckRS 2012, 14698; OLG Köln v. 9.6.1981 – 2 Wx 11/81, GmbHR 1982, 211 f. (jeweils zur GmbH).
342 Vgl. *Holzborn* in BeckOGK AktG, Stand 1.2.2021, § 181 AktG Rz. 26; *Hüffer/Koch*, § 181 AktG Rz. 14; *Seibt* in K. Schmidt/Lutter, § 181 AktG Rz. 26; *Stein* in MünchKomm. AktG, 5. Aufl. 2021, § 181 AktG Rz. 46 ff.; *Wiedemann* in Großkomm. AktG, 4. Aufl. 1995, § 181 AktG Rz. 25.
343 *Hüffer/Koch*, § 181 AktG Rz. 52; *Stein* in MünchKomm. AktG, 5. Aufl. 2021, § 181 AktG Rz. 43.
344 *Vatter* in BeckOGK AktG, Stand 1.2.2021, § 245 AktG Rz. 75; *Schäfer* in MünchKomm. AktG, 5. Aufl. 2021, § 243 AktG Rz. 135.; *K. Schmidt* in Großkomm. AktG, 4. Aufl. 1996, § 243 AktG Rz. 72; *Zöllner* in KölnKomm. AktG, 1. Aufl. 1985, § 243 AktG Rz. 41 ff.
345 Vgl. *Winter* in FS Ulmer, 2003, S. 699, 701; *Hüffer/Koch*, § 243 AktG Rz. 53; ausf. *Drescher* in BeckOGK AktG, Stand 1.2.2021, § 241 AktG Rz. 141 ff.
346 Zu Missbrauch der Anfechtungsbefugnis, Blockadewirkung der Anfechtungsklage und Registersperre vgl. Rz. 39.92 ff., Rz. 39.171 ff.
347 Vgl. OLG Düsseldorf v. 18.2.2014 – I-3 Wx 154/13, NZG 2015, 202 f. = AG 2014, 410.

versammlungsbeschluss, üblich ist die Erteilung einer entsprechenden **Ermächtigung in der Satzung**[348]. Ermächtigt werden kann nur der Aufsichtsrat insgesamt als Organ der Gesellschaft, nicht einzelne Aufsichtsratsmitglieder oder -ausschüsse. Fassungsänderungen sind Änderungen der sprachlichen Fassung des Satzungstextes, die den Inhalt der Satzung unverändert lassen[349]. Hauptanwendungsfälle für Fassungsänderungen sind Anpassungen der Kapitalziffern nach Ausnutzung bedingter oder genehmigter Kapitalia[350]. Der Aufsichtsrat beschließt über die Fassungsänderung nach den für seine Beschlussfassung geltenden gesetzlichen und statutarischen Bestimmungen. Der Beschluss ist zu protokollieren und dem Vorstand zum Zwecke der Registeranmeldung zuzuleiten.

2. Satzungsdurchbrechung

Eine Änderung der Satzung kommt nur durch das vorstehend beschriebene formelle Verfahren zustande. Die Mitglieder des Vorstands oder des Aufsichtsrats sind verpflichtet, bei ihrer Amtsführung die Bestimmungen der Satzung einzuhalten. Weichen sie davon ab, kann dem mit der Geltendmachung von Unterlassungs- und Schadensersatzansprüchen, ggf. auch mit der Abberufung des betreffenden Organmitglieds, begegnet werden[351]. Fasst hingegen die Hauptversammlung einen Beschluss, der von den Bestimmungen der Satzung abweicht, ohne diese formell zu ändern, so spricht man von einer Satzungsdurchbrechung[352]. Dies ist nach herrschender Auffassung zum GmbH-Recht zulässig, wenn dadurch nicht ein dauerhaft von der Satzung abweichender Zustand begründet wird, sondern es sich um ein einmaliges, sog. „punktuelles" Abweichen handelt und die Gesellschafterversammlung mit der für eine Änderung der betreffenden Satzungsbestimmung erforderlichen Mehrheit entschieden hat, die Maßnahme trotz der Abweichung von der bestehenden Satzung als rechtmäßig anzusehen[353]. Im Aktienrecht werden nach allgemeiner Auffassung jedenfalls **zustandsbegründende Satzungsdurchbrechungen**[354], aber auch ganz überwiegend **punktuelle Satzungsdurchbrechungen** als unzulässig angesehen[355].

4.93

---

348 Nach *Bayer/Hoffmann/Sawada* (AG 2010, R513, R514) verfügen sämtliche DAX- und MDAX-Gesellschaften über eine entsprechende statutarische Generalermächtigung (Stand August 2010).
349 *Hüffer/Koch*, § 179 AktG Rz. 11.
350 Vgl. OLG München v. 31.7.2014 – 31 Wx 274/14, NZG 2014, 1105 = AG 2014, 674 (Streichung einer durch Zeitablauf obsolet gewordenen Satzungsregelung über ein bedingtes Kapital).
351 Vgl. *Hüffer/Koch*, § 179 AktG Rz. 9; *Seibt* in K. Schmidt/Lutter, § 179 AktG Rz. 16.
352 *Hüffer/Koch*, § 179 AktG Rz. 7; dazu ausführlich *Leuschner*, ZHR 180 (2016), 422 ff.; *Stein* in MünchKomm. AktG, 5. Aufl. 2021, § 179 AktG Rz. 38 ff.; *Zöllner* in KölnKomm. AktG, 2. Aufl. 1995, § 179 AktG Rz. 90 ff.
353 Vgl. BGH v. 11.5.1981 – II ZR 25/80, ZIP 1981, 1205, 1206 f.; BGH v. 7.6.1993 – II ZR 81/92, BGHZ 123, 15 ff. = NJW 1993, 2246 ff.; *Habersack*, ZGR 1994, 354, 368; *Pöschke*, DStR 2012, 1089 ff.; *Selentin*, NZG 2020, 292 ff.
354 BGH v. 7.6.1993 – II ZR 81/92, BGHZ 123, 15, 19 = NJW 1993, 2246 ff. (Verlängerung der Amtszeit der Aufsichtsratsmitglieder einer GmbH); OLG Köln v. 26.10.2000 – 18 U 79/00, AG 2001, 426 f. (Vorinstanz: LG Bonn v. 20.4.2000 – 14 O 36/00, AG 2001, 201, 202 f.); *Habersack*, ZGR 1994, 354 ff.
355 Vgl. *Holzborn* in BeckOGK AktG, Stand 1.2.2021, § 179 AktG Rz. 46–52; *Seibt* in K. Schmidt/Lutter, § 179 AktG Rz. 19–21 (mit Differenzierung zwischen kapitalmarktnaher und nichtkapitalmarktnaher AG); *Stein* in MünchKomm. AktG, 5. Aufl. 2021, § 179 AktG Rz. 40; wohl auch BGH v. 16.2.2009 – II ZR 185/07 – Kirch/Deutsche Bank, NZG 2009, 342, 346 f. = AG 2009, 285 (Abweichung von der statutarisch vorgesehenen Listenwahl von Aufsichtsratsmitgliedern). Nach *Hüffer/Koch* (§ 179 AktG Rz. 8) ist bei der AG jedenfalls die notarielle Beurkundung des Beschlusses gemäß § 130 Abs. 1 Satz 1 AktG und Registereintragung erforderlich. Zur Notwendigkeit der Registereintragung vgl. auch *Habersack*, ZGR 1994, 354, 367, und *Zöllner* in KölnKomm. AktG, 2. Aufl. 1995, § 179 AktG Rz. 98 f. Zur Möglichkeit der Umdeutung des HV-Beschlusses in eine satzungsergänzende Nebenabrede vgl. *Koch*, AG 2015, 213 ff.

VII. Mängel der Satzung

4.94 Mängel im Zusammenhang mit der Satzung können sowohl bereits bei der Feststellung der Gründungssatzung als auch nachträglich durch eine fehlerhafte Änderung der Satzung entstehen[356]. Zu unterscheiden ist jeweils zwischen Mängeln, die das Zustandekommen der Gründungssatzung bzw. der Satzungsänderung oder den Inhalt der Satzung oder einzelner ihrer Bestimmungen betreffen. Für die Behandlung der Folgen von Satzungsmängeln stellt die Handelsregistereintragung eine bedeutsame Zäsur dar.

1. Fehlerhafte Gründungssatzung

a) Vor der Registereintragung

4.95 Im Rahmen des Eintragungsverfahrens bei der Gesellschaftsgründung hat das **Registergericht** zu prüfen, ob die Gesellschaft ordnungsgemäß errichtet und angemeldet ist (§ 38 Abs. 1 AktG). Dies umfasst die **Überprüfung der durch die Gründer festgestellten Satzung** auf aus formellen oder materiellen Gründen mangelhafte, fehlende oder nichtige Bestimmungen. Das Fehlen oder die Nichtigkeit von Satzungsbestimmungen rechtfertigt die Ablehnung der Eintragung durch das Registergericht nach Maßgabe des § 38 Abs. 4 Nr. 1 bis 3 AktG[357] (dazu Rz. 4.20). **Außerhalb des Eintragungsverfahrens** können Fehler bei der Satzungsfeststellung, wie z.B. Willensmängel einzelner Gründer, vor der Eintragung der Gesellschaft wegen der Vertragsnatur der Satzungsfeststellung nach den insoweit geltenden **Vorschriften des BGB** geltend gemacht werden[358]. Hat die Gesellschaft ihre Geschäfte bereits aufgenommen (Invollzugsetzung), sollen derartige Mängel nach den **Regeln der fehlerhaften Gesellschaft** behandelt werden[359].

b) Nach der Registereintragung

4.96 Nach Eintragung der Gesellschaft in das Handelsregister berühren Gründungsmängel aller Art die Wirksamkeit der Gesellschaft und ihrer Satzung grundsätzlich nicht mehr[360]. Ausnahmen ergeben sich ausschließlich aus §§ 275 ff. AktG, §§ 397 ff. FamFG. Nach § 275 AktG kann jeder Aktionär oder jedes Mitglied des Vorstands oder des Aufsichtsrats innerhalb von drei Jahren nach Eintragung der

---

356 Vgl. *Maul* in Beck'sches Hdb. AG, § 2 Rz. 364 ff. Zu den Folgen eines Verstoßes gegen § 23 Abs. 5 AktG vgl. bereits Rz. 4.29 und Rz. 39.21.
357 Sieht die Satzung einer nicht börsennotierten Aktiengesellschaft Inhaberaktien, aber keinen Ausschluss des Anspruchs auf Einzelverbriefung gemäß § 10 Abs. 5 AktG vor, dann muss das Registergericht die Eintragung nach § 38 Abs. 4 Nr. 1 AktG ablehnen. Wird dennoch eingetragen, droht ein Zwangslöschungsverfahren nach § 399 FamFG (vgl. Begr. RegE Aktienrechtsnovelle 2016, BT-Drucks. 18/4349, S. 18; auch *Vatter* in BeckOGK AktG, Stand 1.2.2021, § 10 AktG Rz. 18).
358 *Casper*, Die Heilung nichtiger Beschlüsse im Kapitalgesellschaftsrecht, S. 297; *Hüffer/Koch*, § 23 AktG Rz. 41; *Arnold* in KölnKomm. AktG, 3. Aufl. 2010, § 23 AktG Rz. 158; *Braunfels* in Heidel, § 23 AktG Rz. 46; *Röhricht/Schall* in Großkomm. AktG, 5. Aufl. 2016, § 23 AktG Rz. 265 ff. Da § 139 BGB auf die Satzung vor Eintragung der Gesellschaft nach wohl h.M. keine Anwendung finden soll, führt die Nichtigkeit einer einzelnen Satzungsbestimmung regelmäßig nicht zur Nichtigkeit der gesamten Satzung; vgl. *Hüffer/Koch*, a.a.O.; *Seibt* in K. Schmidt/Lutter, § 23 AktG Rz. 59; einschränkend *Arnold* (a.a.O., Rz. 159) und *Röhricht* (a.a.O., Rz. 212 f.): Anwendbarkeit des § 139 BGB bei Nichtigkeit einer Essentiale des Gesellschaftsvertrags.
359 Vgl. *Arnold* in KölnKomm. AktG, 3. Aufl. 2010, § 23 AktG Rz. 160 ff.; *Hüffer/Koch*, § 23 AktG Rz. 41 m.w.N.; *Limmer* in BeckOGK AktG, Stand 1.2.2021, § 23 AktG Rz. 56; *Röhricht/Schall* in Großkomm. AktG, 5. Aufl. 2016, § 23 AktG Rz. 266 f.
360 BGH v. 9.10.1956 – II ZB 11/56, BGHZ 21, 378, 382 = NJW 1957, 19; *Hüffer/Koch*, § 23 AktG Rz. 42; *Limmer* in BeckOGK AktG, Stand 1.2.2021, § 23 AktG Rz. 57; *Röhricht/Schall* in Großkomm. AktG, 5. Aufl. 2016, § 23 AktG Rz. 278; *Seibt* in K. Schmidt/Lutter, § 23 AktG Rz. 60.

Gesellschaft **Klage auf Nichtigerklärung der Gesellschaft** erheben, wenn die Satzung keine Bestimmung über die Höhe des Grundkapitals oder über den Gegenstand des Unternehmens enthält oder die Bestimmungen über den Unternehmensgegenstand nichtig sind (§ 275 Abs. 1, 3 AktG). Satzungsmängel, die den Unternehmensgegenstand betreffen, können unter Beachtung der gesetzlichen und statutarischen Bestimmungen für Satzungsänderungen geheilt werden (§ 276 AktG). Nach Ablauf der Dreijahresfrist kann lediglich das **Registergericht** die Gesellschaft unter den in §§ 275, 276 AktG genannten Voraussetzungen **von Amts wegen löschen** (§ 397 FamFG).

Enthält die Satzung einer eingetragenen Aktiengesellschaft eine der nach § 23 Abs. 3 Nr. 1, 4, 5 oder 6 AktG wesentlichen Bestimmungen[361] nicht oder ist eine dieser Bestimmungen oder die Bestimmung nach § 23 Abs. 3 Nr. 3 AktG[362] nichtig, kann das **Registergericht die Gesellschaft durch Feststellung des Satzungsmangels auflösen**, nachdem es sie erfolglos zur Behebung des Mangels innerhalb einer bestimmten Frist aufgefordert hat (§ 399 Abs. 1, 2 FamFG)[363]. Die Nichtigkeit der Gesellschaft aufgrund rechtskräftigen Urteils oder registergerichtlicher Entscheidung führt nicht zur sofortigen Vollbeendigung der Gesellschaft. Diese wird vielmehr nach den für die Abwicklung im Falle der Auflösung der Gesellschaft geltenden Vorschriften liquidiert (§ 277 Abs. 1 AktG).

4.97

Aktionäre oder die Mitglieder von Vorstand oder Aufsichtsrat können hingegen eine Klage auf Nichtigerklärung der Gesellschaft nicht auf die Nichtigkeit sonstiger Bestimmungen der Ursprungssatzung, die nicht von § 275 AktG erfasst werden, stützen. Insoweit verbleibt es bei der Möglichkeit, eine **Klage auf Feststellung der Nichtigkeit der betroffenen Satzungsbestimmung** zu erheben[364]. Umstritten ist, ob sich die Nichtigkeit solcher Satzungsbestimmungen nach den allgemeinen Bestimmungen des BGB oder ausschließlich nach § 241 AktG richtet[365]. Aufgrund der nach § 38 Abs. 4 AktG eingeschränkten registergerichtlichen Kontrolle der Gründungssatzung und der vom BGH[366] bejahten entsprechenden Anwendung der Heilungswirkung des § 242 Abs. 2 AktG auf die Gründungssatzungen von Aktiengesellschaft und GmbH sprechen gute Gründe dafür, die Nichtigkeit der Bestimmungen der Gründungssatzung, die nicht § 275 AktG unterfallen, allein nach § 241 AktG zu beurteilen. Einigkeit besteht indes insoweit, dass die Geltendmachung der Nichtigkeit einzelner Satzungsbestimmungen nach Eintragung der Gesellschaft nicht zur Nichtigkeit der Satzung insgesamt führt[367].

4.98

2. Fehlerhafte Satzungsänderungen

Änderungen der Satzung sind vom Vorstand zur Eintragung ins Handelsregister anzumelden und werden erst mit der Registereintragung wirksam (§ 181 Abs. 1, 3 AktG). Anders als bei der Gesellschaftsgründung ist eine **registergerichtliche Prüfung** in Bezug auf die geänderte Satzungsbestimmung gesetzlich nicht vorgesehen. Dennoch ist allgemein anerkannt, dass das Registergericht die angemeldete Satzungsänderung ebenfalls in formeller und materieller Hinsicht zu überprüfen hat[368]. Streitig ist allerdings der Umfang der Prüfung in materieller Hinsicht (dazu Rz. 4.90).

4.99

---

361 § 23 Abs. 3 Nr. 1 AktG: Firma und Sitz; § 23 Abs. 3 Nr. 4 AktG: Zerlegung des Grundkapitals in Nennbetrags- oder Stückaktien, Aktiengattungen; § 23 Abs. 3 Nr. 5 AktG: Inhaber- oder Namensaktien; § 23 Abs. 3 Nr. 6 AktG: Zahl der Vorstandsmitglieder oder Berechnungsregelungen.
362 § 23 Abs. 3 Nr. 3 AktG: Höhe des Grundkapitals.
363 Vgl. näher dazu *Heinemann* in Keidel, § 399 FamFG Rz. 1 ff.
364 *Koch* in MünchKomm. AktG, 5. Aufl. 2021, § 275 AktG Rz. 38 ff.; *Braunfels* in Heidel, § 23 AktG Rz. 47 ff.
365 Vgl. *Casper*, Die Heilung nichtiger Beschlüsse im Kapitalgesellschaftsrecht, S. 299, m.w.N. in Fn. 90.
366 BGH v. 19.6.2000 – II ZR 73/99, BGHZ 144, 365, 367 f. = AG 2000, 515 ff.; zust. *Casper* in BeckOGK AktG, Stand 1.2.2021, § 242 AktG Rz. 30; *Schwab* in K. Schmidt/Lutter, § 242 AktG Rz. 24; abl. *Goette* in FS Röhricht, 2005, S. 115, 123 ff. Näher zur Heilung nach § 242 Abs. 2 AktG Rz. 4.106.
367 *Casper*, Die Heilung nichtiger Beschlüsse im Kapitalgesellschaftsrecht, S. 297 f.
368 OLG Karlsruhe v. 17.7.2001 – 14 Wx 62/00, EWiR 2002, 739 f.; *Hüffer/Koch*, § 181 AktG Rz. 12 ff.

a) Nichtigkeit und Anfechtbarkeit

4.100 Im Hinblick auf etwaige Mängel satzungsändernder Beschlüsse gilt wie bei sonstigen Hauptversammlungsbeschlüssen auch, dass diese im Interesse der Rechtssicherheit nur aus bestimmten Gründen und eine begrenzte Zeit geltend gemacht werden können[369]. Unterschieden werden üblicherweise drei Kategorien von Mängeln: Nichtigkeit, Anfechtbarkeit und Unwirksamkeit[370]. Dabei ist der unwirksame Beschluss kein im eigentlichen Sinne mangelhafter, sondern ein formell und materiell mangelfrei gefasster Beschluss, zu dessen Wirksamkeit jedoch noch eine weitere Bedingung hinzutreten muss[371]. Im eigentlichen Sinne mangelhaft sind lediglich nichtige und anfechtbare Beschlüsse. Dabei führen nur schwere Mängel zur Nichtigkeit des Beschlusses (§ 241 AktG). Diese können durch **Klage auf Feststellung der Nichtigkeit** des betreffenden Beschlusses oder auf andere Weise geltend gemacht werden (§ 249 Abs. 1 AktG). Sonstige Verletzungen des Gesetzes oder der Satzung sind durch die Erhebung einer **Anfechtungsklage** innerhalb eines Monats nach der Beschlussfassung geltend zu machen (§§ 243, 246 AktG).

4.101 Diese Regelungen gelten auch für satzungsändernde Hauptversammlungsbeschlüsse. Auch ein satzungsändernder Beschluss, der zu einer nichtigen Satzungsbestimmung hinsichtlich des Unternehmensgegenstands führen würde, begründet nach der im Aktienrecht herrschenden Auffassung keine Klage auf Nichtigerklärung der Gesellschaft nach § 275 AktG, sondern nur eine auf die Nichtigkeit des Änderungsbeschlusses gerichtete Nichtigkeitsklage nach § 249 AktG[372]. Dem ist zu folgen, da im Falle der Nichtigkeit der Satzungsänderung die vorherige wirksame Satzungsbestimmung weitergilt[373]. Darüber hinaus besteht die Möglichkeit, dass das Registergericht einen satzungsändernden Beschluss der Hauptversammlung nach seiner Registereintragung als nichtig löscht, wenn er durch seinen Inhalt zwingende gesetzliche Vorschriften verletzt und seine Beseitigung im öffentlichen Interesse erforderlich erscheint (§ 398 FamFG).

b) Folge: rückwirkende Unwirksamkeit

4.102 Nichtige Hauptversammlungsbeschlüsse entfalten – außer in den Fällen des Eintritts der Heilungswirkung nach § 242 AktG – keine Rechtswirkungen[374]. Anfechtbare Hauptversammlungsbeschlüsse sind zunächst wirksam, werden aber nach fristgemäßer Erhebung einer Anfechtungsklage bei Eintritt der formellen Rechtskraft eines den Beschluss für nichtig erklärenden Urteils endgültig nichtig (§ 241 Nr. 5 AktG). Auch die Amtslöschung vernichtet den Beschluss rückwirkend[375].

4.103 Wird ein satzungsändernder Hauptversammlungsbeschluss durch rechtskräftiges **Anfechtungsurteil** für nichtig erklärt, hat der Vorstand das Urteil unverzüglich **zum Handelsregister einzureichen** (§ 248

---

369 *K. Schmidt* in Großkomm. AktG, 4. Aufl. 1996, § 241 AktG Rz. 10.
370 *Casper*, Die Heilung nichtiger Beschlüsse im Kapitalgesellschaftsrecht, S. 33. Auf die sog. Nicht- oder Scheinbeschlüsse ist an dieser Stelle nicht einzugehen.
371 Beispiele sind die Sonderbeschlüsse nach § 179 Abs. 3, § 182 Abs. 2 AktG als Wirksamkeitsvoraussetzung des betreffenden Hauptversammlungsbeschlusses.
372 *Koch* in MünchKomm. AktG, 5. Aufl. 2021, § 275 AktG Rz. 24; *Hüffer/Koch*, § 275 AktG Rz. 13; *Bachmann* in BeckOGK AktG, Stand 1.2.2021, § 275 AktG Rz. 12; *Wiedemann* in Großkomm. AktG, 3. Aufl. 1973, § 275 AktG Anm. 3.
373 Mit dieser Erwägung erscheint es auch angemessen, Amtsverfahren, bei denen in Folge einer Satzungsänderung tatbestandlich die Voraussetzungen für eine Löschung bzw. Auflösung der Gesellschaft vorliegen (§§ 397, 399 FamFG), auf eine Löschung des satzungsändernden Hauptversammlungsbeschlusses zu beschränken; a.A. offenbar *Heinemann* in Keidel, § 399 FamFG Rz. 7, der meint, dass das Registergericht zwingend ein Auflösungsverfahren nach § 399 FamFG einleiten muss. Zum Registerverfahren wegen faktischer Satzungsänderung vgl. BGH v. 2.6.2008 – II ZB 1/06, NZG 2008, 707 ff. = GmbHR 2008, 990.
374 *Hüffer/Koch*, § 241 AktG Rz. 4.
375 *Heinemann* in Keidel, § 398 FamFG Rz. 28.

Abs. 1 Satz 2 AktG). Die börsennotierte Gesellschaft (§ 3 Abs. 2 AktG) hat darüber hinaus die durch das rechtskräftige Urteil oder anderweitig (z.B. durch Prozessvergleich) bewirkte Verfahrensbeendigung in den Gesellschaftsblättern bekannt zu machen (§ 248a AktG)[376]. Mit dem Urteil ist der vollständige Wortlaut der Satzung, wie er sich unter Berücksichtigung des Urteils und aller bisheriger Satzungsänderungen ergibt, mit der Bescheinigung eines Notars über diese Tatsache zum Handelsregister einzureichen (§ 248 Abs. 2 AktG)[377]. Das Urteil ist ins Handelsregister **einzutragen** und **bekanntzumachen** (§ 248 Abs. 1 Sätze 3 und 4 AktG). Gleiches gilt im Falle eines die **Nichtigkeit feststellenden Urteils** (§ 249 Abs. 1 Satz 1 AktG).

Der Wegfall des Hauptversammlungsbeschlusses kann in Fällen, in denen nach Beschlussfassung und vor Feststellung der Beschlussnichtigkeit **Ausführungshandlungen** vorgenommen worden sind, Folgeprobleme in Bezug auf deren **Wirksamkeit** aufwerfen. Dies gilt allgemein für **Satzungsänderungen**, aber insbesondere für **Kapitalerhöhungen**. Solche Maßnahmen sind nach den für die fehlerhafte Gesellschaft entwickelten Grundsätzen solange als wirksam zu behandeln, bis die Nichtigkeit des Beschlusses durch ein rechtskräftiges Urteil unwiderruflich feststeht[378]. Bis zu diesem Zeitpunkt ist daher eine auf einem nichtigen oder für nichtig erklärten Beschluss der Hauptversammlung beruhende, bereits durchgeführte Kapitalerhöhung als wirksam anzusehen, bedarf jedoch danach der Rückabwicklung[379]. Die Rückabwicklung erfolgt nach den für die Einziehung von Aktien geltenden Vorschriften (§ 237 AktG). Kommt es zu einer Neuvornahme des Kapitalerhöhungsbeschlusses, muss es sich notwendigerweise um eine Sachkapitalerhöhung handeln, deren Einbringungsgegenstand dann – entsprechende Werthaltigkeit vorausgesetzt – die Ansprüche des Aktionärs gegen die Gesellschaft sind[380].

4.104

3. Behebung von Satzungsmängeln

a) Bestätigung

Berechtigt der Mangel eines satzungsändernden Hauptversammlungsbeschlusses lediglich zur Anfechtung nach § 243 AktG, führt der Ablauf der einmonatigen Anfechtungsfrist des § 246 AktG dazu, dass der Mangel nicht mehr geltend gemacht werden kann. Um die während des Laufs der Anfechtungsfrist bzw. – im Falle der Erhebung einer Anfechtungsklage – bis zum Abschluss des Rechtsstreits bestehende Unsicherheit hinsichtlich der Bestandskraft des Beschlusses zu beseitigen, besteht die Möglichkeit der **Bestätigung des anfechtbaren Hauptversammlungsbeschlusses** (§ 244 AktG). Der seinerseits wirksam gefasste Bestätigungsbeschluss der Hauptversammlung führt materiell-rechtlich zum Wegfall der Anfechtbarkeit und damit zur Bestandskraft des ursprünglich anfechtbaren Beschlusses[381]. Für

4.105

---

[376] H.M., vgl. *Vatter* in BeckOGK AktG, Stand 1.2.2021, § 248a AktG Rz. 2; *Schäfer* in MünchKomm. AktG, 5. Aufl. 2021, § 248a AktG Rz. 3; *Schwab* in K. Schmidt/Lutter, § 248a AktG Rz. 2; a.A. *Göz* in Bürgers/Körber/Lieder, § 248a AktG Rz. 2.

[377] Einzelheiten bei *Zöllner/Winter*, ZHR 158 (1994), 59, 60 f.

[378] Vgl. *Schäfer* in MünchKomm. AktG, 5. Aufl. 2021, § 248 AktG Rz. 20 ff., insb. Rz. 23; *Vatter* in BeckOGK AktG, Stand 1.2.2021, § 248 AktG Rz. 9 ff.; *K. Schmidt* in Großkomm. AktG, 4. Aufl. 1996, § 248 AktG Rz. 7. Anders offenbar der XI. Zivilsenat des BGH (v. 14.7.1998 – XI ZR 173/97, BGHZ 139, 225, 231 = AG 1998, 520 ff.) in einer Entscheidung, in der es um die Haftung für die Unvollständigkeit eines Unternehmensberichts ging: „(...) Zu solchen Streitigkeiten gehört insbesondere eine Anfechtungsklage gegen den Kapitalerhöhungsbeschluss, auf dem die Emission neuer Aktien beruht. Hat eine solche Klage Erfolg, so ist der Beschluss über die Kapitalerhöhung nichtig (§ 248 Abs. 1 AktG) mit der Folge, dass alle Zeichnungen unwirksam sind und die ausgegebenen neuen Aktien keine Mitgliedschaftsrechte an der Gesellschaft verbriefen. (...)"

[379] Im Einzelnen *Kort*, ZGR 1994, 291, 314 ff.; *Zöllner/Winter*, ZHR 158 (1994), 59, 60 ff.; auch *Temme/Küperkoch*, GmbHR 2004, 1556 ff. (zur GmbH); zu den Folgen der Nichtigkeit einer Kapitalerhöhung für nachfolgende Kapitalerhöhungen vgl. *Trendelenburg*, NZG 2003, 860 ff.; *Zöllner* in FS Hadding, 2004, S. 725 ff.

[380] Vgl. *Zöllner/Winter*, ZHR 158 (1994), 59, 84 ff.

[381] BGH v. 15.12.2003 – II ZR 194/01, AG 2004, 204 ff.; vgl. auch *Zöllner*, AG 2004, 397, 401 f.

satzungsändernde **Hauptversammlungsbeschlüsse** kommt eine Bestätigung in erster Linie in Betracht, wenn der Beschluss lediglich verfahrensfehlerhaft zustande gekommen ist, nicht aber unter einem materiellen Mangel leidet[382]. Haftet auch dem Bestätigungsbeschluss der zur Anfechtung des Ausgangsbeschlusses berechtigende (materielle) Mangel an, entfaltet er die Bestätigungswirkung nur, wenn er seinerseits nicht erfolgreich angefochten und daher bestandskräftig wird[383].

b) Heilung

4.106 Nach § 241 Nr. 1, 3 oder 4 AktG **nichtig** sind Hauptversammlungsbeschlüsse, die in einer Hauptversammlung gefasst worden sind, die unter Verstoß gegen § 121 Abs. 2, Abs. 3 Satz 1 oder Abs. 4 AktG einberufen worden war, die mit dem Wesen der Aktiengesellschaft nicht vereinbar sind oder durch ihren Inhalt Vorschriften verletzen, die ausschließlich oder überwiegend zum Schutze der Gläubiger der Gesellschaft oder sonst im öffentlichen Interesse gegeben sind oder die gegen die guten Sitten verstoßen. Trotz der Schwere der Mängel tritt für solche Beschlüsse unter den in § 242 Abs. 2 AktG genannten Voraussetzungen **Heilungswirkung** ein[384]. Erforderlich ist, dass der betreffende Beschluss **in das Handelsregister eingetragen** worden ist und **seit der Registereintragung drei Jahre verstrichen** sind. Auch **satzungsändernde Hauptversammlungsbeschlüsse** unterliegen nach ganz überwiegender Meinung der Heilung nach § 242 Abs. 2 AktG, und zwar auch dann, wenn sie wegen eines Verstoßes gegen zwingendes Aktienrecht (§ 23 Abs. 5 AktG) nichtig sind[385]. Die lange Zeit umstrittene Frage, ob die Regelung des § 242 Abs. 2 AktG auch auf nichtige **Bestimmungen der Ursprungssatzung** entsprechende Anwendung findet, hat der BGH zwischenzeitlich bejaht[386].

c) Änderung der Satzung

4.107 aa) Wird **vor Eintragung der Gesellschaft** ein Satzungsmangel festgestellt, der zur Nichtigkeit der Satzung oder einzelner Satzungsbestandteile führen und damit die Registereintragung der Gesellschaft gefährden würde, kann dem durch nochmalige Feststellung einer mangelfreien Satzung abgeholfen werden. Für die Gründer kann aufgrund ihrer gesellschafterlichen **Treuepflicht** eine **Verpflichtung** bestehen, **einer Änderung der Satzung zuzustimmen** und an ihrer nochmaligen Feststellung mitzuwirken, um so die ordnungsgemäße Errichtung und Eintragung der Gesellschaft zu ermöglichen[387].

---

382 *Habersack/Schürnbrand* in FS Hadding, 2004, S. 391, 394.
383 Ausführlich zur Bestätigung Rz. 39.64 ff. Dort auch zur Neuvornahme und Wiederholung von Hauptversammlungsbeschlüssen.
384 Die Nichtigkeit eines Hauptversammlungsbeschlusses, der entgegen § 130 Abs. 1, Abs. 2 Satz 1 oder Abs. 4 AktG nicht oder nicht gehörig beurkundet worden ist (Nichtigkeitsgrund nach § 241 Nr. 2 AktG), kann nach § 242 Abs. 1 AktG nicht mehr geltend gemacht werden, wenn der Beschluss in das Handelsregister eingetragen worden ist.
385 BGH v. 15.12.1986 – II ZR 18/86, BGHZ 99, 211, 216 f. = AG 1987, 152; BGH v. 19.6.2000 – II ZR 73/99, BGHZ 144, 365, 367 f. = AG 2000, 515; *Casper*, Die Heilung nichtiger Beschlüsse im Kapitalgesellschaftsrecht, S. 210 ff.; *Casper* in BeckOGK AktG, Stand 1.2.2021, § 242 AktG Rz. 19 f.; *Pentz* in MünchKomm. AktG, 5. Aufl. 2019, § 23 AktG Rz. 172; *Röhricht/Schall* in Großkomm. AktG, 5. Aufl. 2016, § 23 AktG Rz. 262; *K. Schmidt* in Großkomm. AktG, 4. Aufl. 1996, § 241 AktG Rz. 54 und § 242 AktG Rz. 8; *Zöllner* in KölnKomm. AktG, 1. Aufl. 1985, § 242 AktG Rz. 23. Einschränkend *Stein*, ZGR 1994, 472, 485 ff., die vorschlägt, die Grundsätze der Lehre von der fehlerhaften Gesellschaft anzuwenden.
386 BGH v. 19.6.2000 – II ZR 73/99, BGHZ 144, 365, 367 f. = AG 2000, 515; wohl auch BGH v. 16.12.1991 – II ZR 58/91, BGHZ 116, 359, 368 = GmbHR 1992, 257; offengelassen in BGH v. 15.12.1986 – II ZR 18/86, BGHZ 99, 211, 217 = AG 1987, 152. Vgl. bereits Rz. 4.98.
387 OLG Karlsruhe v. 19.12.1997 – 1 U 170/97, AG 1999, 131 f.; ausführlich *Röhricht/Schall* in Großkomm. AktG, 5. Aufl. 2016, § 23 AktG Rz. 272; *Arnold* in KölnKomm. AktG, 3. Aufl. 2010, § 23 AktG Rz. 159; *Seibt* in K. Schmidt/Lutter, § 23 AktG Rz. 61.

bb) Einen **mittelbaren Zwang zur Satzungsänderung** begründen § 275 Abs. 2 AktG und § 399 FamFG, die einen zur Erhebung der Klage auf Nichtigerklärung Befugten bzw. das Registergericht ermächtigen, die Aktiengesellschaft zur Behebung des Satzungsmangels aufzufordern. Behoben werden können nach § 276 AktG Mängel, die die Bestimmung über den Gegenstand des Unternehmens betreffen, und zwar unabhängig davon, ob eine solche Bestimmung gänzlich fehlt oder zwar vorhanden, aber nichtig ist; nicht heilbar ist hingegen das Fehlen einer Bestimmung über die Höhe des Grundkapitals[388]. Nach § 399 Abs. 1 FamFG hat das Registergericht die Gesellschaft von Amts wegen oder auf Antrag der berufsständischen Organe im Falle des Fehlens oder der Nichtigkeit einer der Bestimmungen nach § 23 Abs. 3 Nr. 1, 4, 5 oder 6 AktG[389] bzw. im Falle der Nichtigkeit der Bestimmung nach § 23 Abs. 3 Nr. 3 AktG (Höhe des Grundkapitals) zur Behebung des Satzungsmangels durch Vornahme einer entsprechenden Satzungsänderung innerhalb einer bestimmten Frist aufzufordern. Gleichzeitig hat das Gericht darauf hinzuweisen, dass ein nicht behobener Mangel festzustellen ist und dass die Gesellschaft dadurch nach § 262 Abs. 1 Nr. 5 AktG oder § 289 Abs. 2 Nr. 2 AktG aufgelöst wird.

4.108

Die Behebung des Satzungsmangels erfolgt durch **Satzungsänderung** aufgrund eines satzungsändernden Hauptversammlungsbeschlusses. Für die Hauptversammlung und die Beschlussfassung gelten die allgemeinen Vorschriften[390]. Ob eine **Verpflichtung der Aktionäre besteht, einer notwendigen Satzungsänderung zuzustimmen**, um so an der Behebung des Satzungsmangels mitzuwirken, ist umstritten[391]. Generell dürfte eine Verpflichtung zu einer positiven Stimmabgabe bei Aktiengesellschaften aufgrund des dort geltenden Stimmen- bzw. Kapitalmehrheitsprinzips, bei dem Stimmenthaltungen unberücksichtigt bleiben[392], nicht begründbar sein; vielmehr geht es um die Verpflichtung, notwendige Maßnahmen nicht durch eine negative Stimmabgabe zu blockieren[393]. Eine solche Verpflichtung ist zunächst – basierend auf der gesellschafterlichen Treuepflicht – für Personengesellschaften und die personalistische GmbH bejaht worden, wenn die Zustimmung zur Änderung des Gesellschaftsvertrages **im Interesse der Gesellschaft dringend geboten** und **den Gesellschaftern zumutbar** ist[394]. Aufgrund der Anerkennung der Treuepflicht auch für die Aktionäre einer Publikums-Aktiengesellschaft durch den BGH[395] wird man das Bestehen einer Verpflichtung, eine Satzungsänderung zur Behebung eines Satzungsmangels nicht zu verhindern, unter den genannten, allerdings nur in Ausnahmefällen gegebenen Voraussetzungen auch für deren Aktionäre annehmen müssen[396]. Erforderlich ist, dass das

4.109

---

388 *Bachmann* in BeckOGK AktG, Stand 1.2.2021, § 276 AktG Rz. 4; *Hüffer/Koch*, § 276 AktG Rz. 1; *Koch* in MünchKomm. AktG, 5. Aufl. 2021, § 276 AktG Rz. 4 f.
389 § 23 Abs. 3 Nr. 1 AktG: Firma und Sitz; § 23 Abs. 3 Nr. 4 AktG: Zerlegung des Grundkapitals in Nennbetrags- oder Stückaktien, Aktiengattungen; § 23 Abs. 3 Nr. 5 AktG: Inhaber- oder Namensaktien; § 23 Abs. 3 Nr. 6 AktG: Zahl der Vorstandsmitglieder oder Berechnungsregelungen.
390 *Koch* in MünchKomm. AktG, 5. Aufl. 2021, § 276 AktG Rz. 6 ff.
391 Grundsätzlich ablehnend: *K. Schmidt* in Großkomm. AktG, 4. Aufl. 1996, § 243 AktG Rz. 50; *Wiedemann* in Großkomm. AktG, 4. Aufl. 1995, § 179 AktG Rz. 157; neuerdings einschränkend *Koch* in MünchKomm. AktG, 5. Aufl. 2021, § 276 AktG Rz. 9 f.; *Hüffer/Koch*, § 179 AktG Rz. 30 f. und § 276 AktG Rz. 2 (unter Umständen positive Stimmpflicht im Einzelfall, „wenn Satzungsänderung dazu dient, Grundlagen des Gesellschaftsverhältnisses wiederherzustellen"); ähnlich zuvor bereits *Bachmann* in BeckOGK AktG, Stand 1.2.2021, § 276 AktG Rz. 6 (es kommt darauf an, „ob es im Einzelfall triftige Gründe gibt, sich dem Heilungsbeschluss zu widersetzen").
392 Vgl. *Hüffer/Koch*, § 133 AktG Rz. 12 (Stimmenmehrheit) und § 179 AktG Rz. 14 (Kapitalmehrheit).
393 *Henze*, ZHR 162 (1998), 186, 192. Etwas anderes kann allenfalls dann in Betracht kommen, wenn die Zustimmung sämtlicher Aktionäre erforderlich ist.
394 BGH v. 25.9.1986 – II ZR 262/85, BGHZ 98, 276 ff. (Zustimmungspflicht der GmbH-Gesellschafter zur Kapitalerhöhung infolge GmbH-Novelle 1980); BGH v. 7.7.2003 – II ZR 235/01, BGHZ 155, 329 ff. (Zustimmungspflicht der GmbH-Gesellschafter zu Heilungsmaßnahmen hinsichtlich einer verdeckten Sacheinlage).
395 BGH v. 20.3.1995 – II ZR 205/94 – Girmes, BGHZ 129, 136, 142 ff. = AG 1995, 368.
396 OLG Stuttgart v. 23.7.2003 – 20 U 5/03, AG 2003, 588, 590 (Antrag auf Bestellung eines Sonderprüfers nach § 142 AktG); *K. Schmidt* in Großkomm. AktG, 4. Aufl. 1996, § 243 AktG Rz. 50.

Abstimmungsermessen der Aktionäre auf eine bestimmte Entscheidung, die allein dem Wohl der Gesellschaft dient, gerichtet sein muss, während jede andere Entscheidung der Gesellschaft schweren Schaden zufügen würde. Besteht allerdings die Gefahr der Nichtigerklärung bzw. Auflösung der Gesellschaft, dürfte die Dringlichkeit der Satzungsänderung im Interesse der Gesellschaft grundsätzlich zu bejahen sein. Eine Stimmabgabe gegen die erforderliche Satzungsänderung ist dann treuwidrig mit der Folge, dass der die notwendige Satzungsänderung ablehnende Beschluss anfechtbar ist[397]. Die weitergehende Auffassung, die die treuwidrige Stimmabgabe bei der Ermittlung des Abstimmungsergebnisses unberücksichtigt lassen will, damit auf diese Weise die gesetzlich oder statutarisch erforderliche Mehrheit für einen satzungsändernden Hauptversammlungsbeschluss erreicht wird[398], würde den Leiter einer Hauptversammlung vor der Beschlussfeststellung nach § 130 Abs. 2 AktG mit der kaum lösbaren Aufgabe belasten zu beurteilen, ob die die Satzungsänderung ablehnende Stimmabgabe treuwidrig war oder nicht. Das ist allenfalls für evident treuepflichtwidrige Stimmabgaben praktikabel[399].

4.110 Kommt die Gesellschaft der Aufforderung zur Beseitigung des Satzungsmangels durch eine entsprechende Änderung der Satzung nicht fristgemäß nach, können die nach § 275 Abs. 1 AktG Klagebefugten **Klage auf Nichtigerklärung** erheben bzw. kann das Registergericht nach § 399 FamFG durch Feststellung des Satzungsmangels die **Auflösung der Gesellschaft** herbeiführen.

4.111 cc) Die Mängel sonstiger satzungsändernder Hauptversammlungsbeschlüsse, die an einem Nichtigkeitsgrund leiden, der nicht unter § 275 AktG bzw. § 399 FamFG fällt, sondern der nach §§ 241, 249 AktG bzw. § 398 FamFG geltend zu machen ist, können durch **Aufhebung** des betreffenden Beschlusses bzw. der betreffenden Satzungsänderung und – falls erforderlich oder gewollt – durch Verabschiedung einer mangelfreien Satzungsbestimmung beseitigt werden.

§ 5
Die Aktie im Rechtsverkehr

I. Die Aktie als kapitalmarktfähiges Beteiligungspapier ... 5.1
1. Begriff der Aktie ... 5.1
2. Nennbetrags- und Stückaktien ... 5.7
3. Die Aktie als Wertpapier ... 5.12
    a) Allgemeines ... 5.12
    b) Verbriefungsanspruch ... 5.15
    c) Inhalt und Form von Aktienurkunden ... 5.16
    d) Mängel der Urkunde ... 5.19
    e) Unteilbarkeit von Aktien ... 5.22
4. Aktienrechtliche Nebenpapiere ... 5.23
    a) Zwischenscheine ... 5.23
    b) Dividendenscheine ... 5.24
    c) Erneuerungsscheine ... 5.25
    d) Sonstige ... 5.26
5. American Depositary Receipts (ADRs) und Global Shares ... 5.28
    a) American Depositary Receipts (ADRs) ... 5.28
    b) Global Shares ... 5.33
II. Aktienarten ... 5.34
1. Allgemeines ... 5.34
    a) Begriff ... 5.34
    b) Wahl zwischen Inhaber- und Namensaktien ... 5.36
    c) Tatsächliche Entwicklungen ... 5.37
    d) Ausgabe der falschen Aktienart ... 5.38
2. Inhaberaktien ... 5.39
3. Namensaktien ... 5.40

---

397 *Marsch-Barner*, ZHR 157 (1993), 172, 188 f.; *K. Schmidt* in Großkomm. AktG, 4. Aufl. 1996, § 243 AktG Rz. 50.
398 *Wiedemann* in Großkomm. AktG, 4. Aufl. 1995, § 179 AktG Rz. 157.
399 *Drinhausen/Marsch-Barner*, AG 2014, 757, 762; *Marsch-Barner*, ZHR 157 (1993), 172, 189; *Hüffer/Koch*, § 179 AktG Rz. 31.

4. Umwandlung der Aktienart 5.41
III. Aktiengattungen 5.44
 1. Allgemeines 5.44
 2. Gattungsbegründende Merkmale 5.45
 3. Arten von Aktiengattungen 5.47
    a) Stammaktien und Vorzugsaktien .. 5.47
    b) Sonstige Aktiengattungen 5.48
 4. Schaffung von Aktiengattungen 5.49
 5. Änderung des Verhältnisses bestehender Aktiengattungen zueinander 5.53
 6. Wechsel der Aktiengattung 5.54
    a) Umwandlung von Vorzugsaktien in Stammaktien durch Satzungsänderung 5.55
    b) Zuzahlung einer Barprämie neben der Umwandlung 5.56
    c) Rückkauf von Vorzugsaktien durch die Gesellschaft 5.57
    d) Rückkauf von Vorzugsaktien und Ausgabe neuer Stammaktien 5.58
IV. Verbriefung und Verwahrung 5.59
 1. Einzel-, Sammel- und Globalurkunden 5.59
    a) Allgemeines 5.59
    b) Einzelurkunden 5.60
    c) Sammelurkunden 5.61
    d) Dauerglobalurkunden 5.62
 2. Verwahrung 5.63
    a) Allgemeines 5.63
    b) Sonderverwahrung 5.64
    c) Sammelverwahrung 5.65
       aa) Haussammelverwahrung 5.66
       bb) Girosammelverwahrung 5.67
       cc) Internationalisierung der Girosammelverwahrung 5.68
 3. Eintragung von Namensaktien im Aktienregister 5.69
    a) Allgemeines 5.69
    b) Eintragung im Aktienregister 5.70
    c) Wirkung der Eintragung im Aktienregister 5.71
    d) Löschung und Neueintragung 5.72
    e) Übermittlungspflicht der mitwirkenden Intermediäre 5.74

f) Löschungsverfahren 5.75
g) Informationsrecht des Aktionärs .. 5.76
h) Entsprechende Geltung des § 67 AktG 5.77
V. Verfügungen über Aktien 5.78
 1. Vollrechtsübertragung 5.78
    a) Allgemeines 5.78
    b) Wertpapierrechtliche Übertragung von Aktien 5.80
       aa) Aktienübertragung im Effektengiroverkehr 5.81
       bb) Börsenhandelbarkeit von Namensaktien 5.82
    c) Sonstige Eigentumsübertragungstatbestände, insbesondere nach Depotgesetz 5.83
    d) Abtretung 5.84
    e) Gutgläubiger Erwerb 5.85
    f) Legitimationsübertragung 5.86
 2. Bestellung beschränkt dinglicher Rechte 5.87
 3. Pfändung 5.88
 4. Kraftloserklärung und Umtausch von Aktienurkunden 5.89
    a) Allgemeines 5.89
    b) Gerichtliche Kraftloserklärung (Aufgebotsverfahren) 5.90
    c) Kraftloserklärung durch die Gesellschaft 5.91
    d) Austausch von Urkunden 5.92
VI. Vinkulierung von Namensaktien 5.93
 1. Allgemeines 5.93
 2. Einführung und Aufhebung 5.94
 3. Ausgestaltung 5.96
 4. Betroffene Rechtsgeschäfte 5.98
 5. Zustimmung der Gesellschaft 5.99
    a) Zuständiges Gesellschaftsorgan ... 5.99
    b) Entscheidungsmaßstab 5.100
    c) Rechtsfolgen 5.101
    d) Folgen der unberechtigten Zustimmungsverweigerung 5.102
 6. Umgehung 5.103
 7. Vinkulierung und Börsenhandel 5.104

Schrifttum: *Altmeppen*, Umwandlung von Vorzugsaktien in Stammaktien gegen Zuzahlung, NZG 2005, 771; *Barthelmeß/Braun*, Zulässigkeit schuldrechtlicher Verfügungsbeschränkungen über Aktien zugunsten der Aktiengesellschaft, AG 2000, 172; *Baums*, Der Eintragungsstopp bei Namensaktien, in FS Hüffer, 2010, S. 15; *Bayer*, Vorsorge- und präventive Abwehrmaßnahmen gegen feindliche Übernahmen, ZGR 2002, 588; *Bayer*, Gesetzliche Zuständigkeit der Hauptversammlung für die Zustimmung zur Übertragung vinkulierter Namensaktien auf einen künftigen Mehrheitsaktionär?, in FS Hüffer, 2010, S. 35; *Bayer/Lieder*, Umschreibungsstopp bei Namensaktien vor Durchführung der Hauptversammlung, NZG 2009, 1361; *Bayer/Scholz*, Der Legitimationsaktionär – Aktuelle Fragen aus der gerichtlichen Praxis, NZG 2013, 721; *Berger*, Verpfändung und Verwertung globalverbriefter Aktien im Rahmen einer Sanierungstreuhand, ZInsO 2016, 474; *Berger*, Verpfändung und Verwertung von Aktien, WM 2009, 577; *Bitter/Alles*, Das Verwertungsrecht des Insolvenzverwalters gemäß § 166 Abs. 1 InsO bei verpfändeten globalverbrieften Aktien, KTS 2013, 113; *Blitz*, Namensaktien – kein Clearingproblem, in von Rosen/Seifert (Hrsg.), Die Namensaktie, 2000, S. 373; *Böckenhoff/Ross*, „American Depositary Receipts" (ADR) – Strukturen und rechtliche Aspekte, WM 1993, 1781 (Teil I) und 1825 (Teil II); *Böhm*, „Tracking stock" – innovatives Mittel der Kapitalbeschaffung auch für deutsche Aktiengesellschaften?, BWNotZ 2002, 73; *Böning*, Der Besitz des Hinterlegers an Dauerglobalaktien, ZInsO 2008, 873; *Bork*, Vinkulierte Namensaktien in der Zwangsvollstreckung und Insolvenz des Aktionärs, in FS Henckel, 1995, S. 23; *Bredbeck/Schmidt/Sigl*, Das elektronische Aktienregister (Musteraktienbuch), in von Rosen/Seifert (Hrsg.), Die Namensaktie, 2000, S. 315; *Breuninger/Krüger*, Tracking Stocks als Gestaltungsmittel im Spannungsfeld von Aktien- und Steuerrecht, in FS W. Müller, 2001, S. 527; *Burgi*, Die vinkulierte Namensaktie und das EU-Beihilferecht, in FS Hüffer, 2010, S. 63; *Cichy/Heins*, Tracking Stocks: Ein Gestaltungsmittel für deutsche Unternehmen (nicht nur) bei Börsengängen, AG 2010, 181; *Eder*, Die rechtsgeschäftliche Übertragung von Aktien, NZG 2004, 107; *Eggers/de Raet*, Das Recht börsennotierter Gesellschaften zu Identifikation ihrer Aktionäre gemäß der EU-Aktionärsrechterichtlinie – Neue Rechte für Aktionäre, neue Pflichten für Kreditinstitute, AG 2017, 464; *Einsele*, Wertpapierrecht als Schuldrecht – Funktionsverlust von Effektenurkunden im internationalen Rechtsverkehr, 1995; *Einsele*, Wertpapiere im elektronischen Bankgeschäft, WM 2001, 7; *Einsele*, Inhaberaktien vs. Namensaktien: Publizität und Legitimation der Aktionäre, JZ 2019, 121; *Fuchs*, Tracking Stock – Spartenaktien als Finanzierungsinstrument für deutsche Aktiengesellschaften, ZGR 2003, 167; *Fuchs*, Aktiengattungen, Sonderbeschlüsse und gesellschaftsrechtliche Treuepflicht, in FS Immenga, 2004, S. 589; *Gätsch*, Die Neuregelungen des Rechts der Namensaktie durch das Risikobegrenzungsgesetz, in FS Beuthien, 2009, S. 133; *Gätsch/Theusinger*, Naked Warrants als zulässige Finanzierungsinstrumente für Aktiengesellschaften, WM 2005, 1256; *Grigoleit/Rachlitz*, Beteiligungstransparenz aufgrund des Aktienregisters, ZHR 174 (2010), 12; *Grunewald*, Die Rechtsstellung des Legitimationsaktionärs, ZGR 2015, 347; *Gruson*, Die Doppelnotierung von Aktien deutscher Gesellschaften an der New Yorker und Frankfurter Börse: die so genannte Globale Aktie, AG 2004, 358; *Habersack/Mayer*, Globalverbriefte Aktien als Gegenstand sachenrechtlicher Verfügungen? – Ein (weiteres) Plädoyer für die Ablösung der Globalurkunde durch Wertrechte, WM 2000, 1678; *Happ*, Vom Aktienbuch zum elektronischen Aktionärsregister – Einige Bemerkungen zu einem altehrwürdigen aktienrechtlichen Institut, in FS G. Bezzenberger, 2000, S. 111; *Heckschen/Weitbrecht*, Überfremdungsschutz im GmbH- und Aktienrecht, NZG 2019, 721; *Hirte/Knof*, Das Pfandrecht an globalverbrieften Aktien in der Insolvenz, WM 2008, 7 (Teil I) und 49 (Teil II); *Hoffmann*, Die Verpfändung von Aktien in der Konsortialkreditpraxis, WM 2007, 1547; *Horn*, Die Erfüllung von Wertpapiergeschäften unter Einbeziehung eines Zentralen Kontrahenten an der Börse – Sachenrechtliche Aspekte –, WM Sonderbeilage Nr. 2/2002, S. 1; *Hüffer*, Kompetenzfragen bei der Zustimmung zur Übertragung vinkulierter Namensaktien, Liber amicorum M. Winter, 2011, S. 279; *Immenga*, Vertragliche Vinkulierung von Aktien?, AG 1992, 79; *Iversen*, Die außerbörsliche Übertragung von Aktien unter Beachtung des sachenrechtlichen Bestimmtheitsgrundsatzes – Erläuterungen und Leitlinien für die Praxis, AG 2008, 736; *Kastner*, Das Integrierte Aktienbuch: Unternehmen kommunizieren erfolgreich mit ihren Anlegern, in von Rosen/Seifert (Hrsg.), Die Namensaktie, 2000, S. 335; *König*, Kraftloserklärung nicht eingereichter Aktien von Minderheitsaktionären nach einem Squeeze-out, NZG 2006, 606; *Liebscher*, Umgehungsresistenz von Vinkulierungsklauseln, ZIP 2003, 825; *Liebscher/Lübke*, Die zwangsweise Verwertung vinkulierter Anteile – zur angeblich vinkulierungsfreien Pfand- und Insolvenzverwertung, ZIP 2004, 241; *Lieder*, Staatliche Sonderrechte in Aktiengesellschaften, ZHR 172 (2008), 306; *Loges/Distler*, Gestaltungsmöglichkeiten durch Aktiengattungen, ZIP 2002, 467; *Lutter*, Die Rechte und Pflichten des Vorstands bei der Übertragung vinkulierter Namensaktien, AG 1992, 369; *Marsch-Barner*, Zur neueren Entwicklung im Recht der Namensaktie, in FS Hüffer, 2010, S. 627; *Maume/Fromberger*, Die Blockchain-Aktie, ZHR 185 (2021), 507; *Mentz/Fröhling*, Die Formen der rechtsgeschäftlichen Übertragung von Aktien, NZG 2002, 201; *Merkt*, Die Geschichte der Namensaktie, in von Rosen/Seifert (Hrsg.), Die Namensaktie, 2000, S. 63; *Mirow*, Die Übertragung von Aktien im Aktienkaufvertrag – Formulierungshilfen für die Praxis, NZG 2008, 52; *Mock*, Aktiengesellschaften mit Inhaberaktien nach neuem Recht – Gründung, Umstellung und Kapitalerhöhung, AG 2016, 261; *Modlich*, Die außerbörsliche Übertragung von Aktien, DB 2002, 671; *Mülbert*, Die Aktie zwischen mitgliedschafts- und wertpapierrechtlichen Vorstellungen, in FS Nobbe, 2009, S. 691; *Müller-von Pilchau*, Von der physischen Urkunde zur „virtuellen" Aktie – Die Realisierung der Girosammelverwahrung für Namensaktien in Deutschland, in von Rosen/Seifert (Hrsg.), Die Namensaktie, 2000, S. 97; *Müller-von Pilchau*, Zur Offenlegungspflicht des Namensaktionärs nach § 67 Abs. 4 AktG – Auskunftsverlangen ohne Sanktionsfolgen?, AG 2011, 775; *Noack*, Neues Recht für die Namensaktie – Zum Referentenentwurf eines NaStraG, ZIP 1999, 1993; *Noack*, Die Umstellung von Inhaber- auf Namensaktien, in FS G. Bezzenberger, 2000, S. 291; *Noack*, Namensaktie und Aktienregister: Einsatz für Investor Relations und Produktmarketing – Rechtslage nach Inkrafttreten des Namensaktiengesetzes, DB 2001, 27; *Noack*, Aktien – Gattungen, Verbriefung, Übertragung, in Bayer/Habersack (Hrsg.), Aktienrecht im Wandel, Band II, 2007, S. 510; *Noack*, Identifikation der Aktionäre, neue Rolle der Intermediäre – zur Umsetzung der Aktionärsrechterichtlinie II, NZG 2017, 561; *Nodoushani*, Die Pauschalzustimmung zur Übertragung vinkulierter Anteile, ZGR 2014, 809; *F. Schäfer*, Wandel- und Optionsanleihen in Deutschland – Praxisprobleme von Equity-linked-Emissionen –, in Lutter/Hirte (Hrsg.), Wandel- und Optionsanleihen in Deutschland und Europa, ZGR Sonderheft 16, 2000, S. 62; *Schäfer/Hoffmann*, Die gesetzlichen Anforderungen an die Ausgabe und Verwahrung von Aktien durch Aktiengesellschaften, GWR 2016, 478; *Schaper*, Aktienurkunden in der Praxis – Verbriefung, Übertragung, Umtausch und Kraftloserklärung, AG 2016, 889; *Schlitt/Löschner*, Abgetrennte Optionsrechte und Naked Warrants, BKR 2002, 150; *K. Schmidt*, Nebenleistungsgesellschaften (§ 55 AktG, § 3 Abs. 2 GmbHG) zwischen Gesellschaftsrecht, Schuldrecht und Kartellrecht – Von der Rübenzucker-AG zum Nebenleistungsnetzwerk, in FS Immenga, 2004, S. 705; *Uwe H. Schneider*, Die reformierte Namensaktie – Lücken in der Transparenz des Aktienregisters bei Kapuzenaktionären, in FS Hopt, 2010, S. 1327; *Uwe H. Schneider/Müller-von Pilchau*, Der nicht registrierte Namensaktionär – zum Problem der freien Meldebestände, AG 2007, 181; *Uwe H. Schneider/Müller-von Pilchau*, Vollrechtstreuhänder als Namensaktionäre – die Pflicht zur Offenlegung und deren Auslandswirkung, WM 2011, 721; *Seibert*, Der Entwurf eines Gesetzes zur Namensaktie und zur Erleichterung der Stimmrechtsausübung (Namensaktiengesetz – NaStraG) – Vom geltenden Recht über den Referentenentwurf zum Regierungsentwurf, in von Rosen/Seifert (Hrsg.), Die Namensaktie, 2000, S. 11; *Seibert*, Die neue „Verordnung über den Ersatz von Aufwendungen der Kreditinstitute", ZIP 2003, 1270; *Seibt*, Verbandssouveränität und Abspaltungsverbot im Aktien- und Kapitalmarktrecht – Revisited: Hidden Ownership, Empty Voting und andere Kleinigkeiten, ZGR 2010, 795; *Senger/Vogelmann*, Die Umwandlung von Vorzugsaktien in Stammaktien, AG 2002, 193; *Sieger/Hasselbach*, „Tracking Stock" im deutschen Aktienrecht, BB 1999, 1277; *Sieger/Hasselbach*, „Tracking Stock" im deutschen Aktien- und Kapitalmarktrecht, AG 2001, 391; *Sieveking/Technau*, Das Problem so genannter „disponibler Stimmrechte" zur Umgehung der Vinkulierung von Namensaktien, AG 1989, 17; *Staake*, Unverkörperte Mitgliedschaften beim bedingten Kapital, AG 2017, 188; *Stupp*, Anforderungen an die Vinkulierungsklausel bei Namensaktien, NZG 2005, 205; *Tonner*, Zulässigkeit und Gestaltungsmöglichkeiten von Tracking Stocks nach deutschem Aktienrecht, IStR 2002, 317; *von Dryander*, Depotverträge für ADR-Programme deutscher Emittenten, in von Rosen/Seifert (Hrsg.), Zugang zum US-Kapitalmarkt für deutsche Aktiengesellschaften, 1998, S. 81; *von Rosen/Gebauer*, Namensaktie und Investor Relations, in von Rosen/Seifert (Hrsg.), Die Namensaktie, 2000, S. 127; *Widder/Kocher*, Stimmrechtsmitteilungspflicht des weisungsgebundenen Legitimationsaktionärs nach §§ 21 ff. WpHG?, ZIP 2012, 2092; *Wieneke/Kunz*, Das Gesetz zur Einführung von elektronischen Wertpapieren, NZG 2021, 316; *Wirth*, Vinkulierte Namensaktien: Ermessen des Vorstandes bei der Zustimmung zur Übertragung – Ein Instrument zur Abwehr feindlicher Übernahmen? –, DB 1992, 617; *Wirth/Arnold*, Umwandlung von Vorzugsaktien in Stammaktien, ZGR 2002, 859; *Zachert*, Zugangsmöglichkeiten zum US-amerikanischen Kapitalmarkt durch American Depositary Receipts, ZIP 1993, 1426.

I. Die Aktie als kapitalmarktfähiges Beteiligungspapier

1. Begriff der Aktie

Der Begriff der Aktie ist mehrdeutig: Er umfasst die Aktie als rechnerische Beteiligungsquote an der Gesellschaft, die Aktie als Mitgliedschaftsrecht und die Aktie als Wertpapier[1]. Nach § 1 Abs. 2 AktG hat die Aktiengesellschaft ein in Aktien zerlegtes Grundkapital. Die Aktie stellt insoweit also einen bestimmten **Anteil am Grundkapital** der Gesellschaft dar. Das Grundkapital der Aktiengesellschaft muss auf einen Nennbetrag in Euro lauten (§ 6 AktG) und mindestens fünfzigtausend Euro betragen (§ 7 AktG). Eine darüber hinausgehende Höhe des Grundkapitals steht im Ermessen der Gründer

5.1

---

1 Vgl. *Mülbert* in FS Nobbe, 2009, S. 691, 693; *Noack* in Bayer/Habersack (Hrsg.), Aktienrecht im Wandel, Band II, 510, 512 ff.; einen Überblick über die Geschichte der Aktie geben *Merkt* in von Rosen/Seifert, Die Namensaktie, S. 63, 65 ff., und *Noack*, ZIP 1999, 1993 f.

bzw. Aktionäre, es sei denn, gesetzliche Vorschriften sehen für bestimmte Arten von Unternehmen ein höheres Grundkapital vor. Das Grundkapital ist in der Bilanz der Aktiengesellschaft als gezeichnetes Kapital auszuweisen (§ 152 Abs. 1 Satz 1 AktG). Es bildet mit der Kapitalrücklage, den Gewinnrücklagen, dem Gewinn- bzw. Verlustvortrag und dem Jahresüberschuss bzw. -fehlbetrag das bilanzielle Eigenkapital der Gesellschaft, das auf der Passivseite der Bilanz auszuweisen ist (§ 266 Abs. 3 lit. A. HGB). Anders als das Eigenkapital der Gesellschaft, dessen Höhe infolge von Gewinnen oder Verlusten des von ihr betriebenen Unternehmens stets Schwankungen unterworfen ist, handelt es sich bei dem Grundkapital um eine grundsätzlich feste Bilanzgröße, die lediglich durch Kapitalerhöhungen oder -herabsetzungen verändert werden kann.

5.2 Die Aktie bezeichnet darüber hinaus die **Mitgliedschaft** des Aktionärs in der Aktiengesellschaft, verstanden als ein Bündel von Rechten und Pflichten, die dem Aktionär aufgrund seiner Beteiligung an der Gesellschaft dieser gegenüber zustehen[2]. Mitgliedschaftsrechte werden unterschieden in Verwaltungsrechte (dazu zählen das Recht zur Teilnahme an der Hauptversammlung, das Auskunftsrecht, das Stimmrecht, das Recht, Hauptversammlungsbeschlüsse gerichtlich überprüfen zu lassen) und Vermögensrechte (dazu zählen das Gewinnbezugsrecht, das Bezugsrecht auf junge Aktien und das Recht auf Beteiligung am Gesellschaftsvermögen)[3]. Zu den Pflichten des Mitglieds gehört im Wesentlichen die Erbringung der Einlageleistung sowie darüber hinaus die Leistung von Nebenverpflichtungen, soweit diese statutarisch vorgesehen sind (§ 55 Abs. 1 AktG).

5.3 Schließlich stellt die **Aktie als Wertpapier** das in einer Urkunde verbriefte Substrat der Mitgliedschaft dar[4]. Durch die Verbriefung wird die Mitgliedschaft in der Gesellschaft, der ansonsten die Qualität eines anderen Rechts i.S.d. § 413 BGB zukommt und die dementsprechend nach §§ 398 ff. BGB durch Abtretung übertragen wird, „versachenrechtlicht". Der Besitz der Aktienurkunde begründet Legitimationswirkung, d.h. die Vermutung, dass der Inhaber der Urkunde auch Inhaber des materiellen Mitgliedschaftsrechts ist. Die Übertragung der Aktien erfolgt grundsätzlich nach den für bewegliche Sachen geltenden Bestimmungen (§§ 929 ff. BGB), gutgläubiger Erwerb ist möglich. Dadurch wird das Mitgliedschaftsrecht – und damit der in ihm verkörperte wirtschaftliche Wert – in erhöhtem Maße verkehrsfähig. Allerdings kommt es heute, da der Anspruch des Aktionärs auf Verbriefung seines Anteils statutarisch regelmäßig ausgeschlossen wird (§ 10 Abs. 5 AktG), in der Regel nicht mehr zur Ausgabe von Einzelurkunden (sog. „effektive Stücke"), sondern die Verbriefung der Aktien erfolgt regelmäßig in Globalurkunden, die in Sammelverwahrung genommen werden und Grundlage für die Bör-

---

2 *Heider* in MünchKomm. AktG, 5. Aufl. 2019, § 1 AktG Rz. 99; *Sailer-Coceani* in MünchHdb. AG, § 12 Rz. 1. Zum Grundrechtsschutz des in der Aktie verkörperten Anteilseigentums durch Art. 14 Abs. 1 GG vgl. BVerfG v. 11.7.2012 – 1 BvR 3142/07, 1569/08, NJW 2012, 3081 ff. = AG 2012, 557; BVerfG v. 7.9.2011 – 1 BvR 1460/10, NZG 2011, 1379, 1380 Rz. 16 = AG 2011, 873; BVerfG v. 26.4.2011 – 1 BvR 2658/10, NZG 2011, 869, 879 f. Rz. 18 ff. = AG 2011, 511; BVerfG v. 20.12.2010 – 1 BvR 2323/07, NZG 2011, 236 f. Rz. 8 ff. = AG 2011, 128 (jeweils m.w.N.); grundlegend BVerfG v. 27.4.1999 – 1 BvR 1613/94, NJW 1999, 3769 ff. = AG 1999, 566; auch *Krafczyk*, WM 2012, 1992 ff.

3 Kein wertpapiermäßig in der Aktie verkörperter Teil des Mitgliedschaftsrecht, sondern ein schuldrechtlicher Anspruch auf der Grundlage eines Beherrschungs- und/oder Gewinnabführungsvertrages, der in der Person jedes außenstehenden Aktionärs jeweils neu entsteht, ist nach Auffassung des BGH der Anspruch auf Abfindung des außenstehenden Aktionärs gegen das herrschende Unternehmen nach § 305 AktG (vgl. BGH v. 8.5.2006 – II ZR 27/05 – Jenoptik, ZIP 2006, 1392, 1394 [m. Anm. *Braun/Krämer*] = AG 2006, 543; dazu *Koppensteiner*, DStR 2006, 1603 ff.; *Lehmann*, WM 2007, 771 ff.).

4 Im Falle eines Squeeze-Out verbriefen nach Eintragung des zum Ausschluss der Minderheitsaktionäre gefassten Übertragungsbeschlusses in das Handelsregister und dem hierdurch bewirkten Übergang der Aktien der Minderheitsaktionäre auf den Hauptaktionär die über diese Aktien ausgegebene Aktienurkunden den vollen Barabfindungsanspruch des früheren Minderheitsaktionärs einschließlich einer etwaigen Differenz zwischen der vom Hauptaktionär festgelegten und der in einem nachfolgenden Spruchverfahren ermittelten (höheren) Barabfindung (vgl. BGH v. 31.1.2017 – II ZR 285/15, AG 2017, 231 ff. = NZG 2017, 341 ff.).

senhandelbarkeit der Aktien bilden[5]. Damit verbunden ist eine weitgehende Entmaterialisierung der Aktie als Wertpapier. Das „Gesetz über elektronische Wertpapiere" (eWpG) vom 3.6.2021[6] bezieht zunächst im Wesentlichen nur elektronische Inhaber-Schuldverschreibungen ein, nicht aber auch elektronische Aktien; deren Einbeziehung in das eWpG soll wegen der zu erwartenden „erheblichen gesellschaftsrechtlichen Auswirkungen" erst „zu einem späteren Zeitpunkt" erfolgen[7].

Zur **Ausgabe von Aktien** als Mitgliedschaftsrechten kann es bei Gründung der Aktiengesellschaft und bei einer Erhöhung des Grundkapitals der bestehenden Aktiengesellschaft kommen. Die Ausgabe von Aktienurkunden ohne Begründung neuer Mitgliedschaften ist bei einer Neueinteilung des unverändert bleibenden Grundkapitals (Aktiensplit) denkbar. 5.4

Die **Gründung der Aktiengesellschaft** erfolgt durch notariellen Errichtungsakt, in dessen Verlauf insbesondere die Satzung der Gesellschaft festgestellt (§ 23 Abs. 1 AktG), regelmäßig – wenn auch rechtlich nicht notwendig – der erste Aufsichtsrat bestellt (§ 30 Abs. 1 AktG) und die Übernahme der Aktien durch die Gründer erklärt wird (§ 29 AktG). Im Anschluss daran erfolgt die Leistung der (Bar- oder Sach-)Einlagen durch die Gründer an die Gesellschaft zumindest in Höhe des gesetzlich erforderlichen Umfangs (§ 36a AktG). Erforderlich sind außerdem die Erstattung eines Gründungsberichts durch die Gründer (§ 32 AktG), eine Gründungsprüfung durch die Mitglieder des Vorstands und des Aufsichtsrats (§ 33 Abs. 1, § 34 AktG) sowie unter bestimmten Voraussetzungen eine Prüfung durch einen oder mehrere externe Gründungsprüfer, soweit diese nicht ausnahmsweise entbehrlich ist (§ 33 Abs. 2 bis 5, § 33a und § 34 AktG). Im Anschluss daran ist die Gesellschaft von allen Gründern sowie Vorstands- und Aufsichtsratsmitgliedern zur Eintragung ins Handelsregister anzumelden (§§ 36, 37 AktG). Durch die Eintragung ins Handelsregister entsteht die Gesellschaft als rechtsfähige juristische Person (§ 41 Abs. 1 AktG) und die Mitgliedschaft in der Aktiengesellschaft. Erst jetzt dürfen Aktien durch die Gesellschaft an die Gründer ausgegeben werden (§ 41 Abs. 4 AktG). 5.5

Die ordentliche **Kapitalerhöhung** setzt einen Kapitalerhöhungsbeschluss durch die Hauptversammlung voraus (§ 182 AktG). Die Einlageverpflichtung der an der Kapitalerhöhung teilnehmenden Personen entsteht durch Abschluss eines Zeichnungsvertrages im Wege der Unterzeichnung und Begebung eines Zeichnungsscheins (§ 185 AktG). Sowohl der Kapitalerhöhungsbeschluss als auch die Durchführung der Kapitalerhöhung bedürfen der Eintragung ins Handelsregister (§§ 184, 188 AktG). Erst mit der Eintragung der Durchführung der Kapitalerhöhung wird diese wirksam (§ 189 AktG) und können neue Aktien ausgegeben werden (§ 191 AktG). Besondere Bestimmungen gelten für die bedingte Kapitalerhöhung (§§ 192 ff. AktG), das genehmigte Kapital (§§ 202 ff. AktG) und die Kapitalerhöhung aus Gesellschaftsmitteln (§§ 207 ff. AktG). 5.6

2. Nennbetrags- und Stückaktien

Nach dem durch das Gesetz über die Zulassung von Stückaktien (Stückaktiengesetz) vom 25.3.1998[8] geänderten § 8 Abs. 1 AktG können Aktien entweder als Nennbetragsaktien oder als Stückaktien begründet werden[9]. Dabei muss sich die in der Satzung zu treffende Festlegung (§ 23 Abs. 3 Nr. 4 AktG) 5.7

---

5 Nach der Rechtsprechung des BVerfG nimmt die durch den Handel im regulierten Markt der Börse möglicherweise faktisch gesteigerte Verkehrsfähigkeit der Aktie nicht an der Gewährleistung des Aktieneigentums durch Art. 14 GG teil (vgl. BVerfG v. 11.7.2012 – 1 BvR 3142/07, 1569/08, NJW 2012, 3081, 3083 Rz. 56 ff. = AG 2012, 557).
6 BGBl. I 2021, 1423.
7 Vgl. Begr. RegE eWpG, BRat-Drucks. 8/21, S. 38; krit. zur Nichteinbeziehung von Aktien *Wieneke/Kunz*, NZG 2021, 316, 317; zu Fragen der Zulässigkeit sog. „Blockchain-Aktien" vgl. *Maume/Fromberger*, ZHR 185 (2021), 507 ff.
8 BGBl. I 1998, 590.
9 Dazu *Noack* in Bayer/Habersack (Hrsg.), Aktienrecht im Wandel, Band II, S. 510, 533.

aus Gründen der Klarheit und Praktikabilität auf das gesamte Grundkapital der Gesellschaft beziehen, ein Nebeneinander von Nennbetrags- und Stückaktien ist nicht zulässig[10].

5.8 Nach § 8 Abs. 2 AktG müssen **Nennbetragsaktien** auf einen Nennbetrag in vollen Euro von mindestens 1,- Euro lauten. Aktien über einen geringeren Ausgabebetrag sind nichtig. Für den Schaden aus der Ausgabe zu einem zu geringen Ausgabebetrag sind die Ausgebenden den Inhabern als Gesamtschuldner verantwortlich. Die Summe der Nennbeträge der von der Gesellschaft ausgegebenen Aktien entspricht dem Nennbetrag des Grundkapitals der Gesellschaft. Dementsprechend bestimmt sich der Anteil am Grundkapital, den die einzelne Nennbetragsaktie repräsentiert, nach dem Verhältnis ihres Nennbetrags zum Grundkapital der Gesellschaft (§ 8 Abs. 4 AktG).

5.9 **Stückaktien** hingegen haben keinen Nennbetrag (§ 8 Abs. 3 AktG). Der Anteil am Grundkapital, den sie repräsentieren, bestimmt sich nach der Zahl der ausgegebenen Aktien (§ 8 Abs. 4 AktG). Die Stückaktien einer Gesellschaft müssen daher am Grundkapital der Gesellschaft in gleichem Umfang beteiligt sein. Auch der auf die einzelne Stückaktie entfallende anteilige Betrag des Grundkapitals darf 1,- Euro nicht unterschreiten. Da sich für die einzelne Stückaktie ein anteiliger Betrag am Grundkapital ermitteln lässt, bezeichnet man sie als „unechte Stückaktie"[11].

5.10 Die gesetzliche Zulassung von Stückaktien in Deutschland erfolgte im zeitlichen Zusammenhang mit der Einführung der Vorschriften zur Euro-Umstellung aufgrund des Gesetzes zur Einführung des Euro (EuroEG) vom 9.6.1998[12]. Danach sind seit dem 1.1.2002 Neugründungen von Aktiengesellschaften nur noch **mit einem auf Euro lautenden Grundkapital** möglich. Für Gesellschaften, die ein in D-Mark ausgewiesenes Grundkapital hatten, bestand eine gesetzliche Pflicht zur Umstellung auf Euro nur bei einer Änderung des Grundkapitals nach dem 31.12.2001 (§ 3 Abs. 5 EGAktG). Da Kursfeststellungen an den deutschen Börsen seit Anfang 1999 lediglich noch in Euro erfolgen, bestand für börsennotierte Aktiengesellschaften die Notwendigkeit, ihr Grundkapital auf Euro umzustellen. Die Einführung der Stückaktie erleichterte die Euro-Umstellung, da neben dieser eine Glättung des Grundkapitals oder des auf die einzelne Stückaktie entfallenden Anteils am Grundkapital nicht erforderlich war, wenngleich sie auch in der Praxis im Regelfall erfolgte[13].

5.11 Die **Umstellung von Nennbetrags- auf Stückaktien** erfordert eine **Änderung der Satzung** (§ 23 Abs. 3 Nr. 4 AktG), für die die in §§ 179 ff. AktG und in der Satzung der Gesellschaft vorgesehenen Regelungen gelten. Da durch die Änderung von Nennbetrags- in Stückaktien sowohl der Umfang der Anteilsrechte der Aktionäre als auch das Verhältnis verschiedener Aktiengattungen zueinander unverändert bleiben, bedarf es weder der Zustimmung sämtlicher Aktionäre noch eines Sonderbeschlusses der Aktionäre einzelner Aktiengattungen[14]. Im Zusammenhang mit der Umstellung von Nennbetrags- auf Stückaktien ist darüber hinaus eine Anpassung aller Satzungsbestimmungen erforderlich, die den Aktiennennbetrag zum Gegenstand haben bzw. auf diesen Bezug nehmen[15]. Neben der statutarischen Regelung in Bezug auf die Einteilung des Grundkapitals sind dies insbesondere ggf. bestehende genehmigte und

---

10 *Hüffer/Koch*, § 8 AktG Rz. 4; LG München I v. 6.11.2014 – 5 HKO 679/14, AG 2015, 639 f. = BeckRS 2015, 11008.
11 Vgl. *Dauner-Lieb* in KölnKomm. AktG, 3. Aufl. 2010, § 8 AktG Rz. 28; *Heider* in MünchKomm. AktG, 5. Aufl. 2019, § 8 AktG Rz. 21, 29 ff.; *Mock* in Großkomm. AktG, 5. Aufl. 2017, § 8 AktG Rz. 71 ff. Nach dem Aktiengesetz nicht zulässig sind hingegen sog. „echte Stückaktien", insbesondere „Quotenaktien", die einen bestimmten in Form einer Bruchzahl ausgedrückten Mitgliedschaftsanteil an der Gesellschaft verkörpern (vgl. *Heider* in MünchKomm. AktG, 5. Aufl. 2019, § 8 AktG Rz. 23 ff.; *Hüffer/Koch*, § 8 AktG Rz. 2).
12 BGBl. I 1998, 1242.
13 So wurden Nennbetragsaktien mit einem Nennbetrag von 5,- DM häufig in Stückaktien umgestellt, die einen rechnerischen Anteil von 2,56 Euro am Grundkapital der Gesellschaft repräsentieren (vgl. z.B. § 4 Abs. 1 der Satzung der Deutsche Bank AG).
14 *Heider*, AG 1998, 1, 8 f.; *Hüffer/Koch*, § 8 AktG Rz. 20; *Ihrig/Streit*, NZG 1998, 201, 205.
15 *Ihrig/Streit*, NZG 1998, 201, 205.

bedingte Kapitalia, Wandelschuldverschreibungen, Vorzugsdividenden und variable Bestandteile der Aufsichtsratsvergütung, soweit diese auf eine bestimmte Kennzahl pro Aktie Bezug nehmen[16]. Mit Wirksamwerden der Umstellung auf Stückaktien durch Eintragung der entsprechenden Satzungsänderung im Handelsregister (§ 181 Abs. 3 AktG) werden die ausgegebenen Aktienurkunden unrichtig. Die Gesellschaft kann die Aktionäre gemäß § 73 AktG auffordern, die unrichtigen Aktienurkunden bei ihr zum Zwecke des Umtausches oder der Berichtigung einzureichen und sie, sollte dies nicht fristgemäß geschehen, für kraftlos erklären[17]. § 73 Abs. 1 Satz 2 AktG findet keine Anwendung, da die Einführung von Stückaktien qualitativ nicht gleichbedeutend ist mit der Änderung des Nennbetrags von Nennbetragsaktien[18]. Von dem aufwendigen und kostenintensiven Verfahren nach § 73 AktG kann abgesehen werden mit der Folge, dass die Nennbetragsaktien Stückaktien repräsentieren, solange nicht die Gefahr der Irreführung besteht[19].

3. Die Aktie als Wertpapier

a) Allgemeines

Ein für alle Kodifikationen und Fragestellungen gleichermaßen geltender einheitlicher Wertpapierbegriff existiert im deutschen Recht nicht, vielmehr besteht ein auf den jeweiligen Normzweck bezogenes Begriffsverständnis[20]. **Wertpapiere im zivil- bzw. wertpapierrechtlichen Sinne** sind nach herrschender Meinung Urkunden, die ein privates Recht in der Weise verbriefen, dass zu seiner Geltendmachung das Innehaben der Urkunde erforderlich ist. Aktien, und zwar sowohl die Inhaberaktie als Inhaberpapier als auch die Namensaktie als Orderpapier, sind Wertpapiere im Sinne dieser Definition[21]. Der an den Anforderungen des Kapitalmarkts orientierte Begriff des **Wertpapiers im kapitalmarktrechtlichen Sinne** ist in § 2 Abs. 1 WpHG und § 2 Nr. 1 WpPG definiert[22]. Während § 2 Abs. 1 Nr. 1 WpHG Aktien ausdrücklich nennt, verweist § 2 Nr. 1 WpPG auf Art. 2 Buchst. a) der Verordnung (EU) 2017/1129 (neue Prospektverordnung). Maßgeblich für die Wertpapiereigenschaft ist dabei weniger die Möglichkeit der Verbriefung als vielmehr die Fungibilität[23]. Somit zählen Aktien, auch wenn über sie keine Urkunden ausgestellt sind, zu den Wertpapieren im Sinne dieser Bestimmungen, und zwar wiederum unabhängig von ihrer Erscheinungsform als Inhaber-, Namens- oder vinkulierte Namensaktie[24]. Im Sinne des **Depotgesetzes** sind Aktien hingegen nur dann Wertpapiere, wenn über sie wenigstens eine Globalurkunde ausgestellt ist[25].

5.12

---

16 *Heider*, AG 1998, 1, 8 ff.; *Ihrig/Streit*, NZG 1998, 201, 205 ff.; *Mock* in Großkomm. AktG, 5. Aufl. 2017, § 8 AktG Rz. 176 ff.
17 *Hüffer/Koch*, § 8 AktG Rz. 24.
18 Vgl. Begr. RegE StückAG, BT-Drucks. 13/9573, S. 14 (zu § 8 AktG).
19 Begr. RegE StückAG, BT-Drucks. 13/9573, S. 14 (zu § 8 AktG); *Dauner-Lieb* in KölnKomm. AktG, 3. Aufl. 2010, § 8 AktG Rz. 35; *Hüffer/Koch*, § 8 AktG Rz. 24; *Vatter* in BeckOGK AktG, Stand 1.2.2021, § 8 AktG Rz. 15; zum Ganzen auch *Kopp*, BB 1998, 701, 703 f. Zum Verfahren der Kraftloserklärung von Aktienurkunden nach § 73 AktG vgl. Rz. 5.91.
20 Vgl. *Habersack* in MünchKomm. BGB, 8. Aufl. 2020, Vor § 793 BGB Rz. 7 ff.; Überblick über die verschiedenen gesetzlichen Wertpapierbegriffe bei *Casper* in Baumbach/Hefermehl, Wechsel- und Scheckgesetz, 24. Aufl. 2020, WPR Rz. 10 ff.
21 *Habersack* in MünchKomm. BGB, 8. Aufl. 2020, Vor § 793 BGB Rz. 16, 17.
22 *Schmidtbleicher* in Kümpel/Mülbert/Früh/Seyfried, Bankrecht und Kapitalmarktrecht, Rz. 15.25 ff.; zum Wertpapierbegriff des WpPG vgl. *Groß*, Kapitalmarktrecht, § 2 WpPG Rz. 2 ff.; *Heidelbach* in Schwark/Zimmer, § 2 WpPG Rz. 3 ff. Im Börsengesetz ist der Wertpapierbegriff nicht definiert, es spricht aber viel dafür, auch insoweit auf die Begriffsdefinition des § 2 Abs. 1 WpHG zurückzugreifen (vgl. *Groß*, Kapitalmarktrecht, § 32 BörsG Rz. 12; *Heidelbach* in Schwark/Zimmer, § 32 BörsG Rz. 25).
23 Vgl. *Groß*, Kapitalmarktrecht, § 2 WpPG Rz. 3; *Heidelbach* in Schwark/Zimmer, § 2 WpPG Rz. 5.
24 *Kumpan* in Schwark/Zimmer, § 2 WpHG Rz. 14.
25 Vgl. *Kumpan* in Baumbach/Hopt, HGB, § 1 DepotG Rz. 1 f.; auch Merkblatt der BaFin „Hinweise zum Tatbestand des Depotgeschäfts" v. 6.1.2009 (Stand 17.2.2014), dort unter 1a).

5.13 Die Verbriefung von Mitgliedschaftsrechten in Urkunden ist im deutschen Gesellschaftsrecht nur bei der Aktiengesellschaft, der Kommanditgesellschaft auf Aktien und über die Verweisung in Art. 5 SE-VO der SE vorgesehen. Das GmbH-, Genossenschafts-, Personengesellschafts- und Vereinsrecht kennen die Verbriefung von Mitgliedschaftsrechten nicht. Damit unterscheidet sich die deutsche Rechtsordnung von ausländischen Rechtsordnungen, die auch für einer Börsennotierung nicht offenstehende Unternehmensformen die Verbriefung der entsprechenden Gesellschaftsanteile kennen[26]. Dabei ist auch im Aktiengesetz die Ausgabe von Aktienurkunden nicht ausdrücklich geregelt, sondern wird vom Gesetz vorausgesetzt[27]. Allerdings ist eine Verbriefung des Mitgliedschaftsrechts für seine Entstehung grundsätzlich nicht erforderlich. Vielmehr entsteht die Mitgliedschaft regelmäßig bei der Gesellschaftsgründung oder der Erhöhung ihres Stammkapitals durch die jeweils konstitutiv wirkende Handelsregistereintragung der neu gegründeten Gesellschaft (§ 41 Abs. 1 Satz 1 AktG), der Durchführung einer ordentlichen Kapitalerhöhung (§ 189 AktG) bzw. einer Kapitalerhöhung aus genehmigtem Kapital (§ 203 Abs. 1 Satz 1, § 189 AktG) oder des Beschlusses über die Erhöhung des Grundkapitals aus Gesellschaftsmitteln (§ 211 AktG). Der **Verbriefung** selbst kommt in diesen Fällen **nur deklaratorische Bedeutung** zu[28]. Zulässig ist die Ausgabe von Aktienurkunden jeweils erst nach der Registereintragung der Gesellschaft bzw. der vorgenannten Kapitalmaßnahmen, vorher ausgegebene Aktien sind nichtig (§ 41 Abs. 4, § 191, § 203 Abs. 1, § 219 AktG).

5.14 Eine Ausnahme bildet insoweit die **bedingte Kapitalerhöhung:** Hier wird die Kapitalerhöhung nicht durch Registereintragung, sondern durch Ausgabe von Bezugsaktien wirksam (§ 200 AktG). Der Eintragung ins Handelsregister, deren Anmeldung innerhalb eines Monats nach Ablauf des Geschäftsjahres, in dem die Bezugsaktien ausgegeben worden sind, zu erfolgen hat (§ 201 Abs. 1 AktG), kommt lediglich deklaratorische Bedeutung zu[29]. Voraussetzung für die Entstehung der Mitgliedschaft bei einer Kapitalerhöhung durch bedingtes Kapital ist nach überwiegender Meinung zwingend die Ausstellung einer Aktienurkunde und die Verschaffung des Eigentums hieran durch den Abschluss eines entsprechenden Begebungsvertrages, da auf diese Weise trotz des Fehlens einer konstitutiv wirkenden Registereintragung ein äußerlich erkennbares Zeichen für das Wirksamwerden der Kapitalerhöhung geschaffen wird[30]. Ob die Eigentumsverschaffung durch die Gesellschaft an die Bezugsberechtigten nur im Wege des § 929 Satz 1 BGB erfolgen kann[31] oder ob auch die anderen Übereignungstatbestände der §§ 929 ff. BGB in Betracht kommen, ist umstritten. Die Tendenz geht dahin, auch die Übereignung nach § 929 Satz 2 BGB (Übereignung durch bloße Einigung über den Eigentumsübergang im Falle des Besitzes des Erwerbers)[32] und nach § 929 Satz 1, § 931 BGB (Einigung über den Eigentumsübergang und Abtretung des Herausgabeanspruchs gegen einen Dritten) als ausreichend anzusehen, nicht aber eine solche nach § 929 Satz 1, § 930 BGB (Einigung über den Eigentumsübergang und Besitzkonstitut zwischen Veräußerer und Erwerber), da nur schwerlich von einer „Ausgabe" gesprochen werden kön-

---

26 Vgl. die Pflicht zur Ausgabe von „Share Certificates" gemäß Sec. 769 Companies Act 2006 für die UK-Recht unterliegenden Gesellschaften.
27 Vgl. z.B. § 10 Abs. 1 AktG (Inhaber- oder Namensaktien), § 10 Abs. 5 AktG (Ausschluss des Anspruchs auf Einzelverbriefung), § 13 AktG (Unterzeichnung von Aktienurkunden).
28 Allg. M., vgl. *Dauner-Lieb* in KölnKomm. AktG, 3. Aufl. 2010, § 10 AktG Rz. 2; *Hüffer/Koch*, § 13 AktG Rz. 3; *Vatter* in BeckOGK AktG, Stand 1.2.2021, § 10 AktG Rz. 32 f.; *Ziemons* in K. Schmidt/Lutter, § 10 AktG Rz. 34.
29 *Hüffer/Koch*, § 200 AktG Rz. 1; *Rieckers* in BeckOGK AktG, Stand 1.2.2021, § 200 AktG Rz. 1.
30 *Frey* in Großkomm. AktG, 4. Aufl. 2001, § 199 AktG Rz. 12; *Fuchs* in MünchKomm. AktG, 5. Aufl. 2021, § 199 AktG Rz. 4 f.; *Hüffer/Koch*, § 199 AktG Rz. 2 f. und § 200 AktG Rz. 2; *Lutter* in KölnKomm. AktG, 2. Aufl. 1995, § 199 AktG Rz. 3 und § 200 AktG Rz. 3; *Veil* in K. Schmidt/Lutter, § 199 Rz. 2 und § 200 AktG Rz. 2; *Scholz* in MünchHdb. AG, § 58 Rz. 77 ff.; krit. aufgrund der Änderung des § 10 Abs. 1 AktG aufgrund der Aktienrechtsnovelle 2016 *Staake*, AG 2017, 188 ff.
31 So *Lutter* in KölnKomm. AktG, 2. Aufl. 1995, § 199 AktG Rz. 3.
32 Ob dieser Fall praktisch relevant ist, erscheint fraglich: Die Gesellschaft als Ausstellerin der Urkunde hält an dieser zunächst unmittelbaren (Eigen-)Besitz. Dass sie den Besitz auf die Bezugsberechtigten überträgt, ohne diesen zugleich Eigentum an den Urkunden zu verschaffen, erscheint kaum denkbar.

ne, wenn die Gesellschaft im Besitz der Aktie bleibe[33]. Jedoch erscheint auch die letztgenannte Einschränkung nicht zwingend: Wenn die Gesellschaft es übernimmt, für ihre Aktionäre die Aktienurkunden zu verwahren[34], stellt es einen unnötigen Formalismus dar, wenn die Gesellschaft die Urkunden zunächst an die Aktionäre übergeben muss, damit diese sie dann zur Verwahrung an die Gesellschaft zurückgeben. Zum Zwecke der Dokumentation der Aktienausgabe dürfte es vielmehr genügen, dass die Gesellschaft und die Bezugsaktionäre den Verwahrvertrag in schriftlicher Form abschließen. Sollen die aus einer bedingten Kapitalerhöhung stammenden Aktien – wie heute verbreitet üblich – in einer Globalurkunde verbrieft werden, so ist dies zulässig[35]. Da allerdings zum Zeitpunkt der Schaffung der Urkunde noch nicht sämtliche aufgrund des bedingten Kapitals entstehenden Mitgliedschaften feststehen oder gar schon bestehen, sondern diese erst sukzessive nach Ausübung des Bezugsrechts aufgrund der Ausgabe von Bezugsaktien entstehen, behilft man sich in der Praxis in diesen Fällen mit „bis zu"-Globalurkunden[36].

b) Verbriefungsanspruch

Unabhängig von der grundsätzlich nicht bestehenden Notwendigkeit einer Verbriefung der Aktien wird ein **Anspruch jedes Aktionärs** gegen die Gesellschaft **auf Verbriefung der Aktien** vorausgesetzt. Dies wird aus § 10 Abs. 5 AktG gefolgert, aufgrund dessen zwar der Anspruch des Aktionärs auf Verbriefung seines Anteils statutarisch ausgeschlossen werden kann, der aber einen – in seinem Kern unantastbaren – Anspruch jedes Aktionärs auf Ausstellung einer Aktienurkunde zumindest in Form einer Globalurkunde gerade voraussetzt[37]. § 10 Abs. 5 AktG wurde durch das Gesetz zur Kontrolle und Transparenz im Unternehmensbereich (KonTraG) vom 27.4.1998[38] geändert. Der bis dahin geltende, erst durch das Gesetz für kleine Aktiengesellschaften und zur Deregulierung des Aktienrechts vom 2.8.1994[39] eingeführte § 10 Abs. 5 AktG ermöglichte lediglich, in der Satzung den Anspruch der Aktionäre auf Einzelverbriefung auszuschließen, beließ ihnen aber die Möglichkeit, die von ihnen gehaltenen Aktien in einer Sammelurkunde (Mehrfachurkunde) verbriefen zu lassen. Der nach § 10 Abs. 5 AktG bei entsprechender Satzungsgestaltung verbleibende unentziehbare Verbriefungsanspruch des Aktionärs kann durch die Ausstellung einer oder mehrerer Globalurkunden über den gesamten Aktienbestand der Gesellschaft erfüllt werden (dazu im Einzelnen Rz. 5.61 f.). In der Praxis wird von der Möglichkeit des § 10 Abs. 5 AktG ganz überwiegend Gebrauch gemacht.

5.15

c) Inhalt und Form von Aktienurkunden

Welchen Inhalt Aktienurkunden haben müssen, ist im Aktiengesetz nicht abschließend geregelt. Grundsätzlich muss erkennbar sein, ob es sich um Inhaber- oder Namensaktien handelt (dazu im Einzelnen

5.16

---

33 *Frey* in Großkomm. AktG, 4. Aufl. 2001, § 199 AktG Rz. 17.
34 Zu der damit unter Umständen verbundenen bankrechtlichen Erlaubnispflicht vgl. Rz. 5.63.
35 *Fuchs* in MünchKomm. AktG, 5. Aufl. 2021, § 199 AktG Rz. 5; *Scholz* in MünchHdb. AG, § 58 Rz. 78.
36 *Frey* in Großkomm. AktG, 4. Aufl. 2001, § 199 AktG Rz. 19 f.; *Fuchs* in MünchKomm. AktG, 5. Aufl. 2021, § 199 AktG Rz. 5; *Rieckers* in BeckOGK AktG, Stand 1.2.2021, § 199 AktG Rz. 5; vgl. auch Rz. 46.55.
37 OLG München v. 4.5.2005 – 23 U 5121/04, NZG 2005, 756, 757 = AG 2005, 584 ff.; *Heider* in MünchKomm. AktG, 5. Aufl. 2019, § 10 AktG Rz. 13; *Hüffer/Koch*, § 10 AktG Rz. 3; *Modlich*, DB 2002, 671, 672; *Mülbert* in FS Nobbe, 2009, 691, 697; *Schäfer/Hoffmann*, GWR 2016, 478, 480; *Seibert*, DB 1999, 267, 269; *Vatter* in BeckOGK AktG, Stand 1.2.2021, § 10 AktG Rz. 34; *Ziemons* in K. Schmidt/Lutter, § 10 AktG Rz. 55; a.A. offenbar *Noack* in Bayer/Habersack (Hrsg.), Aktienrecht im Wandel, Band II, S. 510, 515: „Richtigerweise kann die Satzung bestimmen, ob die Anteile einzeln, gesammelt, global oder überhaupt nicht verbrieft werden." Näher zu der auf § 10 Abs. 5 AktG beruhenden Möglichkeit der Ausstellung von Dauerglobalurkunden Rz. 5.62.
38 BGBl. I 1998, 786.
39 BGBl. I 1994, 1961.

Rz. 5.34 ff.)[40]. Weitere Teilaspekte werden in den §§ 8, 10, 13 und 55 AktG angesprochen: Bei Nennbetragsaktien muss die Urkunde den Nennbetrag, bei Stückaktien die Zahl der verkörperten Aktien enthalten (§ 8 Abs. 4 AktG). Ist der Aktionär aufgrund seiner Mitgliedschaft verpflichtet, neben der Einlage auf das Grundkapital wiederkehrende, nicht in Geld bestehende Leistungen zu erbringen, setzt dies die Ausgabe vinkulierter Namensaktien voraus, in denen die Verpflichtung und der Umfang der Leistungen und, ob diese entgeltlich oder unentgeltlich zu erbringen sind, anzugeben sind (§ 55 Abs. 1 Sätze 2 und 3 AktG). Neben diesen aktienrechtlichen Anforderungen muss die Urkunde die Aktiengesellschaft als den Aussteller angeben sowie erkennen lassen, dass sie die Mitgliedschaft in der ausstellenden Aktiengesellschaft verkörpert[41]. Aktien verschiedener Gattung sind in unterschiedlichen Urkunden unter Angabe der Gattung zu verbriefen[42].

5.17 Die Aktienurkunde muss **schriftlich** abgefasst sein, wobei jede Form der schriftlichen Fassung genügt und die Art der Herstellung grundsätzlich im Ermessen des Vorstands steht. Die Aktienurkunde ist in der Form des § 13 AktG zu unterzeichnen. Dafür zuständig sind die Vorstandsmitglieder der Gesellschaft, die in vertretungsberechtigter Zahl handeln müssen[43]. Deren eigenhändige **Namenszeichnung** genügt stets, ist aber nach § 13 Satz 1 AktG nicht erforderlich. Vielmehr genügt eine durch Stempel, Druck oder in sonstiger Weise (Faksimile) vervielfältigte Namensunterschrift, die mit Wissen und Wollen des Namensträgers auf die Urkunde gelangt[44]. Die Gültigkeit der Unterzeichnung kann nach § 13 Satz 2 AktG von der Beachtung einer besonderen Form, z.B. der zusätzlichen Unterschrift einer Kontrollperson, etwa des Aufsichtsratsvorsitzenden oder eines Kontrollbeamten[45], abhängig gemacht werden. Solche Formerfordernisse sind von den Gründern in der Ursprungssatzung oder durch die Hauptversammlung durch einfachen Beschluss vorzusehen[46]. Im Interesse des Schutzes des Rechtsverkehrs sind sie nur beachtlich, wenn sie in der Urkunde selbst enthalten sind (§ 13 Satz 3 AktG).

5.18 Sollen die Aktien zum Handel an einer deutschen Wertpapierbörse zugelassen werden, ist für die Ausgabe von in ausgedruckten Einzelurkunden verbrieften Aktien Voraussetzung, dass die **Druckausstattung** der Urkunden einen ausreichenden Schutz vor Fälschung bietet (§ 8 Abs. 1 Satz 1 BörsZulV). Dafür sind die „Gemeinsamen Grundsätze der deutschen Wertpapierbörsen für den Druck von Wertpapieren (‚Druckrichtlinien')" vom 13.10.1991 in der zuletzt am 17.4.2000 geänderten Fassung zu beachten[47]. Diese Bestimmungen haben jedoch erheblich an praktischer Bedeutung verloren, da Aktien-

---

40 *Dauner-Lieb* in KölnKomm. AktG, 3. Aufl. 2010, § 13 AktG Rz. 11; *Vatter* in BeckOGK AktG, Stand 1.2.2021, § 13 AktG Rz. 20. Vor der Leistung des vollen Ausgabebetrages dürfen lediglich Namensaktien ausgegeben werden, in denen der Betrag der Teilleistungen anzugeben ist (§ 10 Abs. 2 AktG).
41 *Dauner-Lieb* in KölnKomm. AktG, 3. Aufl. 2010, § 13 AktG Rz. 9; *Heider* in MünchKomm. AktG, 5. Aufl. 2019, § 13 AktG Rz. 10 f.; *Mock* in Großkomm. AktG, 5. Aufl. 2017, § 13 AktG Rz. 18; *Gätsch* in Happ/Groß/Möhrle/Vetter, Aktienrecht, Band I, 4.01 Rz. 2.2.
42 *Dauner-Lieb* in KölnKomm. AktG, 3. Aufl. 2010, § 13 AktG Rz. 13; *Gätsch* in Happ/Groß/Möhrle/Vetter, Aktienrecht, Band I, 4.01 Rz. 2.2; *Ziemons* in K. Schmidt/Lutter, § 13 AktG Rz. 7 a.E.
43 *Heider* in MünchKomm. AktG, 5. Aufl. 2019, § 13 AktG Rz. 25; *Hüffer/Koch*, § 13 AktG Rz. 6.
44 *Heider* in MünchKomm. AktG, 5. Aufl. 2019, § 13 AktG Rz. 26; *Ziemons* in K. Schmidt/Lutter, § 13 AktG Rz. 12.
45 Abschnitt B.V.5 der „Gemeinsamen Grundsätze der deutschen Wertpapierbörsen für den Druck von Wertpapieren (‚Druckrichtlinien')" v. 13.10.1991 in der Fassung v. 17.4.2000 (abrufbar unter www.deutsche-boerse-cash-market.com) verlangt für Einzelurkunden, die zum Börsenhandel zugelassen werden sollen, eine Kontrollunterschrift. Diese wird im Regelfall von der die Emission begleitenden Bank geleistet. Die Notwendigkeit einer Kontrollunterschrift zur Erlangung der Börsenzulassung entfällt, wenn mindestens eine Unterschrift des Wertpapierausstellers handschriftlich geleistet wird. Da börsennotierte Wertpapiere heute im Regelfall als Globalurkunden verbrieft sind, die von den vertretungsberechtigten Organmitgliedern des Ausstellers persönlich unterzeichnet sind, ist die Abgabe einer Kontrollunterschrift zur Erlangung der Börsenzulassung nur noch in seltenen Ausnahmefällen erforderlich.
46 *Hüffer/Koch*, § 13 AktG Rz. 7; *Ziemons* in K. Schmidt/Lutter, § 13 AktG Rz. 13.
47 *Groß*, Kapitalmarktrecht, §§ 1–12 BörsZulV Rz. 17.; *Heidelbach* in Schwark/Zimmer, § 8 BörsZulV Rz. 3; *Gätsch* in Happ/Groß/Möhrle/Vetter, Aktienrecht, Band I, 4.01 Rz. 2.2.

gesellschaften regelmäßig keine Einzelurkunden mehr ausgeben, sondern von der durch § 10 Abs. 5 AktG geschaffenen Möglichkeit Gebrauch machen, den Anspruch des Aktionärs auf Verbriefung seines Anteils statutarisch auszuschließen. In diesem Fall erfolgt die Verbriefung kostengünstig in einer oder mehreren den Aktienbestand dauerhaft verbriefenden **Dauerglobalurkunden** i.S.v. § 9a DepotG. Diese sind nicht zum Umlauf bestimmt, sondern werden bei der Clearstream Banking AG als Wertpapiersammelbank eingeliefert und von dieser in Girosammelverwahrung genommen[48]. Sie müssen die Bezeichnung als Globalurkunde tragen und enthalten neben der Angabe des Höchstbetrags der verbrieften Aktien regelmäßig die Hinweise, dass die Urkunde ausschließlich zur Verwahrung bei der Clearstream Banking AG bestimmt ist und sich die Anzahl der verbrieften Aktien jeweils aus dem neuesten Depotauszug der Clearstream Banking AG ergibt[49]. Aus dem gleichen Grund hat auch die umstrittene Frage, ob Aktienurkunden individualisierbar sein müssen (etwa durch Anbringung eines Serienzeichens oder einer Seriennummer)[50], zumindest für börsennotierte Aktiengesellschaften nur noch geringe praktische Bedeutung. Die für börsengehandelte Aktien nach Abschnitt A.II.1.2.1 der Druckrichtlinien erforderliche Angabe der Wertpapier-Kennnummer (WKN) ist 2003 für den internationalen Wertpapierhandel durch die International Security Identification Number (ISIN) abgelöst worden[51]. In Deutschland wird aus praktischen und technischen Gründen neben der ISIN weiterhin auch die WKN parallel verwendet und bei der Neuzulassung eines Wertpapiers von der WM Datenservice als der *National Numbering Agency* ebenfalls vergeben.

d) Mängel der Urkunde

Wenn die Aktienurkunde den Aussteller oder die Tatsache, dass ein Mitgliedschaftsrecht an der ausstellenden Gesellschaft verbrieft wird, nicht erkennen lässt, die Aktienurkunde nicht auf einen Nennbetrag oder eine bestimmte Zahl an Stückaktien lautet oder keine dem § 13 Satz 1 AktG genügende Unterschriftsleistung enthält bzw. die sich aus der Urkunde ergebenden zusätzlichen Formerfordernisse des § 13 Satz 2 AktG nicht eingehalten sind, liegt **keine wirksame wertpapiermäßige Verbriefung** der Mitgliedschaft in der Gesellschaft vor[52]. Der Bestand der Mitgliedschaft, die mit der Eintragung der Gründung der Gesellschaft bzw. der Durchführung einer Kapitalerhöhung wirksam geworden ist und die Verbriefung grundsätzlich nicht voraussetzt (vgl. Rz. 5.13 f.), bleibt davon unberührt[53]. Einfluss hat die unwirksame Verbriefung lediglich auf die wertpapiermäßige Übertragung der Aktien und die damit verbundene Möglichkeit des gutgläubigen Erwerbs[54]. 5.19

Wird entgegen § 10 Abs. 2 Satz 2 AktG bei nicht voll erbrachter Leistung des Ausgabebetrages der Betrag der Teilleistungen in der Aktienurkunde nicht angegeben oder enthält die Aktienurkunde kei- 5.20

---

48 *Groß*, Kapitalmarktrecht, §§ 1–12 BörsZulV Rz. 16 f.; *Heidelbach* in Schwark/Zimmer, § 8 BörsZulV Rz. 2 f. Vgl. dazu im Einzelnen Rz. 5.62 ff.
49 Vgl. *Hilgers* in Deilmann/Lorenz, Die börsennotierte AG, § 3 Rz. 29 f.; *Vatter* in BeckOGK AktG, Stand 1.2.2021, § 10 AktG Rz. 48 f.
50 So die wohl h.M.: vgl. *Heider* in MünchKomm. AktG, 5. Aufl. 2019, § 13 AktG Rz. 14 und 21; *Hüffer/Koch*, § 13 AktG Rz. 4; *Mock* in Großkomm. AktG, 5. Aufl. 2017, § 13 AktG Rz. 22; *Vatter* in BeckOGK AktG, Stand 1.2.2021, § 13 AktG Rz. 24; *Ziemons* in K. Schmidt/Lutter, § 13 AktG Rz. 7; auch *Dauner-Lieb* in KölnKomm. AktG, 3. Aufl. 2010, § 13 AktG Rz. 20; a.A. noch *Kraft* in KölnKomm. AktG, 2. Aufl. 1988, § 13 AktG Rz. 9.
51 *Gätsch* in Happ/Groß/Möhrle/Vetter, Aktienrecht, Band I, 4.01 Rz. 3.1.
52 *Heider* in MünchKomm. AktG, 5. Aufl. 2019, § 13 AktG Rz. 15 ff. (Inhaltsmängel) und 29 f. (Formmängel); *Vatter* in BeckOGK AktG, Stand 1.2.2021, § 13 Rz. 28; *Ziemons* in K. Schmidt/Lutter, § 13 AktG Rz. 9 f. (Inhaltsmängel) und Rz. 15 f. (Formmängel).
53 *Dauner-Lieb* in KölnKomm. AktG, 3. Aufl. 2010, § 13 AktG Rz. 21; *Heider* in MünchKomm. AktG, 5. Aufl. 2019, § 13 AktG Rz. 16 ff.; *Mock* in Großkomm. AktG, 5. Aufl. 2017, § 13 AktG Rz. 15.
54 Zu den Folgen der Falschbezeichnung der Aktien in der Urkunde bzw. im Kapitalerhöhungsbeschluss (Nennbetrags- statt Stückaktien) vgl. BFH v. 7.7.2011 – IX R 2/10, AG 2011, 915, 916, Rz. 19 ff.; LG München I v. 6.11.2014 – 5 HKO 679/14, AG 2015, 639 f. = BeckRS 2015, 11008 (Nichtigkeit des HV-Beschlusses wegen Perplexität).

nen Hinweis auf bestehende Nebenverpflichtungen i.S.d. § 55 Abs. 1 AktG, ist die Verbriefung dennoch wirksam[55]. Ein gutgläubiger Zweiterwerber der Urkunde erwirbt die Mitgliedschaft frei von der Pflicht zur Leistung des Restausgabebetrages bzw. zur Erbringung von Nebenpflichten[56]. Der pflichtwidrig handelnde Verfasser der Urkunde, also im Regelfall die unterzeichnenden Vorstandsmitglieder gemäß § 93 Abs. 2 AktG, aber auch die sonstigen Unterzeichner der Urkunde, wie z.B. Aufsichtsratsmitglieder oder die emissionsbegleitende Bank, sind der Gesellschaft zum Ersatz des daraus entstehenden Schadens verpflichtet.

5.21 Wird gegen das Gebot verstoßen, Nennbetragsaktien für einen Nennbetrag bzw. Stückaktien für einen anteiligen Betrag des Grundkapitals von mindestens einem Euro auszugeben, sind die Aktien nichtig (§ 8 Abs. 2 Satz 2, Abs. 3 Satz 4 AktG). Für den Schaden aus der Ausgabe sind die Ausgeber den Inhabern als Gesamtschuldner verantwortlich. Für die handelnden Vorstands- und Aufsichtsratsmitglieder stellt dies eine Ordnungswidrigkeit dar, die mit einer Geldbuße bis zu 25.000 Euro geahndet werden kann (§ 405 Abs. 1 Nr. 3, Abs. 4 AktG).

e) Unteilbarkeit von Aktien

5.22 Aktien sind unteilbar (§ 8 Abs. 5 AktG). Unzulässig ist die Aufspaltung der Aktie in einzelne Teilmitgliedschaften, darüber hinaus auch die bereits nach allgemeinen Grundsätzen des Gesellschaftsrechts (vgl. § 717 Satz 1 BGB) verbotene Abspaltung einzelner Verwaltungs-, Schutz- oder Teilhaberechte aus der Mitgliedschaft[57]. Hiervon unberührt ist eine Neueinteilung des unverändert bleibenden Grundkapitals (Aktiensplit) durch Herabsetzung des Nennbetrags bei Nennbetragsaktien bzw. Erhöhung der Aktienzahl bei Stückaktien, vorausgesetzt, dass ein Nennbetrag bzw. ein anteiliger Betrag am Grundkapital von mindestens einem Euro pro Aktie gewahrt bleibt. Während die Teilung der Aktie nach § 8 Abs. 5 AktG unzulässig ist, ist die Rechtsgemeinschaft mehrerer Personen an einer ungeteilten Aktie zulässig; für diese gelten dann die Bestimmungen des § 69 AktG[58].

4. Aktienrechtliche Nebenpapiere

a) Zwischenscheine

5.23 Nach der Legaldefinition in § 8 Abs. 6 AktG sind Zwischenscheine Anteilsscheine, die den Aktionären vor der Ausgabe der Aktien erteilt werden. Zweck von Zwischenscheinen (auch „Interimsscheinen") ist es, die Mitgliedschaft **vorläufig** bis zur Ausgabe von Aktienurkunden zu verbriefen, die im Falle von Inhaberaktien erst nach vollständiger Leistung des Ausgabebetrags, d.h. des Nennbetrages bzw. des auf die einzelne Stückaktie entfallenden anteiligen Betrags am Grundkapital zuzüglich eines etwa geschuldeten Agios, ausgegeben werden dürfen (§ 10 Abs. 2 AktG). Liegen nach vollständiger Einlageleistung alle Voraussetzungen für die Ausgabe von Aktienurkunden vor, werden Zwischenscheine gegen diese ausgetauscht. Allerdings dürfen Zwischenscheine erst mit der Eintragung der Gesellschaft im Handelsregister bzw. mit der Eintragung der Durchführung der Kapitalerhöhung ausgegeben werden, da vorher ausgegebene Zwischenscheine ebenso wie vorher ausgegebene Aktien nichtig sind[59].

---

55 *Hüffer/Koch*, § 10 AktG Rz. 9; *Mock* in Großkomm. AktG, 5. Aufl. 2017, § 10 AktG Rz. 191 ff.; *Ziemons* in K. Schmidt/Lutter, § 10 AktG Rz. 10.
56 BGH v. 5.4.1993 – II ZR 195/91, NJW 1993, 1983, 1987; OLG Köln v. 8.2.2001 – 14 U 9/99, AG 2002, 92, 93; *Heider* in MünchKomm. AktG, 5. Aufl. 2019, § 10 AktG Rz. 56 f.; *Hüffer/Koch*, § 10 AktG Rz. 8 f.
57 *Hüffer/Koch*, § 8 AktG Rz. 26 f.; *Mock* in Großkomm. AktG, 5. Aufl. 2017, § 8 AktG Rz. 185 ff.; *Vatter* in BeckOGK AktG, Stand 1.2.2021, § 8 AktG Rz. 51 f.; *Ziemons* in K. Schmidt/Lutter, § 8 AktG Rz. 27 ff.; zur Aushöhlung des Unteilbarkeitsgrundsatzes des § 8 Abs. 5 AktG durch die synthetische Teilung des Mitgliedschaftsrechts mittels des Einsatzes von Finanzderivaten vgl. *Seibt*, ZGR 2010, 795 ff.
58 Vgl. *Hüffer/Koch*, § 69 AktG Rz. 1 ff.; zum gemeinschaftlichen Vertreter der Erbengemeinschaft im Aktienrecht vgl. *Bayer/Sarakinis*, NZG 2018, 561 ff.
59 Vgl. § 41 Abs. 4 AktG für die Neugründung, § 191 AktG für die ordentliche Kapitalerhöhung, § 203 Abs. 1 Satz 1, § 191 AktG für die Kapitalerhöhung aus genehmigtem Kapital und § 219 AktG für die

Zwischenscheine müssen zwingend **auf den Namen** lauten, auf den Inhaber ausgestellte Zwischenscheine sind nichtig (§ 10 Abs. 3 und 4 AktG). Sie sind geborene Orderpapiere[60]. Im Übrigen gelten die für Nennbetrags- bzw. Stückaktien geltenden Vorschriften des § 8 Abs. 1 bis 5 AktG auch für Zwischenscheine. Einen Anspruch auf Ausstellung von Zwischenscheinen haben die Aktionäre nur, wenn die Satzung dies vorsieht; ist das nicht der Fall, steht die Entscheidung über die Ausgabe von Zwischenscheinen im Ermessen des Vorstands[61]. Schließt die Satzung den Anspruch des Aktionärs auf Verbriefung seines Anteils gemäß § 10 Abs. 5 AktG aus, kommt auch eine Ausgabe von Zwischenscheinen nicht in Betracht[62]. Nach § 67 Abs. 7 AktG gelten die für Namensaktien geltenden Vorschriften über das Aktienregister auch für Zwischenscheine. Sie können wie Namensaktien auch durch Indossament übertragen und durch entsprechende Satzungsbestimmung vinkuliert werden (§ 68 Abs. 4 AktG).

b) Dividendenscheine

Der Dividendenschein (auch „Gewinnanteilschein" oder „Coupon")[63] verbrieft den Anspruch des Aktionärs auf Zahlung der im Gewinnverwendungsbeschluss der Hauptversammlung nach § 174 AktG festgesetzten Dividende[64]. Die Ausgabe von Dividendenscheinen ist gesetzlich nicht vorgeschrieben, sie bestimmt sich nach Maßgabe der Satzung[65]. Enthält diese keine Regelung, soll sich ein entsprechender Anspruch der Aktionäre auf Grund der Üblichkeit von Dividendenscheinen ergeben[66]. Ebenso wie in der Praxis verbreitet der Anspruch des Aktionärs auf Verbriefung seines Anteils in der Satzung ausgeschlossen wird (§ 10 Abs. 5 AktG), geschieht dies auch in Bezug auf Dividendenscheine und Erneuerungsscheine[67]. Erfolgt die Ausgabe von Dividendenscheinen in Form von Einzelurkunden, werden diese den (einzelverbrieften) Aktien (sog. „Mantel") in Form von „Bogen" beigefügt. Der Bogen besteht aus einer Reihe von einzeln abtrennbaren Dividendenscheinen, die die (zukünftigen) Dividendenansprüche verkörpern, sowie aus einem Erneuerungsschein. Für Dividendenscheine und Erneuerungsscheine, die zum Börsenhandel an einer deutschen Wertpapierbörse zugelassen werden sollen, sind die Einzelheiten über Format, Aufbau, Gestaltung und Druck der Urkunden insbesondere zur Gewährleistung ihrer Fälschungssicherheit in den „Gemeinsamen Grundsätzen der deutschen Wertpapierbörsen für den Druck von Wertpapieren (‚Druckrichtlinien')" vom 13.10.1991 in der zuletzt am 17.4.2000 geänderten Fassung enthalten (vgl. dazu bereits Rz. 5.18). Der Dividendenschein ist, da er den selbständig übertragbaren Dividendenanspruch verbrieft und keinen Bestandteil der Ak-

5.24

Kapitalerhöhung aus Gesellschaftsmitteln, bei der das Gesetz allerdings auf die Eintragung des Erhöhungsbeschlusses abstellt.

60 Vgl. *Gätsch* in Happ/Groß/Möhrle/Vetter, Aktienrecht, Band I, 4.06 Rz. 1.2; *Mock* in Großkomm. AktG, 5. Aufl. 2017, § 8 AktG Rz. 209; *Sailer-Coceani* in MünchHdb. AG, § 12 Rz. 25; *Vatter* in BeckOGK AktG, Stand 1.2.2021, § 10 AktG Rz. 91.
61 *Hüffer/Koch*, § 8 AktG Rz. 28.
62 *Dauner-Lieb* in KölnKomm. AktG, 3. Aufl. 2010, § 10 AktG Rz. 44; *Vatter* in BeckOGK AktG, Stand 1.2.2021, § 10 AktG Rz. 90.
63 Dazu ausführlich *Bayer* in MünchKomm. AktG, 5. Aufl. 2019, § 58 AktG Rz. 118 ff.; *Drygala* in KölnKomm. AktG, 3. Aufl. 2011, § 58 AktG Rz. 144 ff.; *Gätsch* in Happ/Groß/Möhrle/Vetter, Aktienrecht, Band I, 4.06 Rz. 2.1 ff. (mit Muster).
64 *Bayer* in MünchKomm. AktG, 5. Aufl. 2019, § 58 AktG Rz. 118; *Gätsch* in Happ/Groß/Möhrle/Vetter, Aktienrecht, Band I, 4.06 Rz. 2.2; *Hüffer/Koch*, § 58 AktG Rz. 29; zur Verkehrsfähigkeit des Dividendenanspruchs nach Fassung des Gewinnverwendungsbeschlusses vgl. OLG München v. 17.9.2014 - 7 U 3876/13, ZIP 2014, 1980 ff. = AG 2014, 864.
65 *Gätsch* in Happ/Groß/Möhrle/Vetter, Aktienrecht, Band I, 4.06 Rz. 2.4.
66 Str., vgl. *Bayer* in MünchKomm. AktG, 5. Aufl. 2019, § 58 AktG Rz. 118 m.w.N.; *Cahn/v. Spannenberg* in BeckOGK AktG, Stand 1.2.2021, § 58 AktG Rz. 111; *Fleischer* in K. Schmidt/Lutter, § 58 AktG Rz. 51; *Hüffer/Koch*, § 58 AktG Rz. 29; a.A. *Drygala* in KölnKomm. AktG, 3. Aufl. 2011, § 58 AktG Rz. 149; zweifelnd auch *Sailer-Coceani* in MünchHdb. AG, § 12 Rz. 27.
67 Vgl. *Einsele*, JZ 2019, 121, 126 f. sowie z.B. § 4 Abs. 2 der Satzung der Daimler AG; § 5 Abs. 3 der Satzung der Deutsche Bank AG. Zum Erneuerungsschein siehe sogleich unter Rz. 5.25.

tie darstellt, **Inhaberpapier**, auch wenn die Aktien selbst auf den Namen lauten und damit Orderpapiere sind[68]. Es handelt sich um Inhaberschuldverschreibungen i.S.d. § 793 BGB, auf die die für diese geltenden Bestimmungen Anwendung finden[69]. Die **Übertragung der Dividendenscheine** richtet sich nach den allgemein für Inhaberpapiere geltenden sachenrechtlichen Vorschriften der §§ 929 ff. BGB. Insbesondere findet auch § 935 Abs. 2 BGB Anwendung, so dass ein Abhandenkommen des Papiers einem gutgläubigen Erwerb nicht entgegensteht. Nach § 796 BGB kann die Aktiengesellschaft dem Inhaber des Dividendenscheins nur solche Einwendungen entgegenhalten, die die Gültigkeit der Ausstellung der Urkunde betreffen, sich aus der Urkunde ergeben oder der Gesellschaft unmittelbar gegen den Inhaber des Dividendenscheins zustehen.

c) Erneuerungsscheine

5.25   Der der Aktienurkunde beigefügte Bogen enthält in der Regel eine begrenzte Anzahl von Dividendenscheinen und einen Erneuerungsschein (auch „Talon")[70]. Dieser berechtigt zum Bezug eines neuen Bogens, der seinerseits wiederum Dividendenscheine und einen Erneuerungsschein enthält. Allerdings begründet § 75 AktG den Vorrang des Besitzers der Aktienurkunde bzw. des Zwischenscheins (Haupturkunden) gegenüber dem Inhaber des Erneuerungsscheins[71]. Der Erneuerungsschein verbrieft also anders als der Dividendenschein nicht selbständig einen Anspruch, sondern der Anspruch auf den Bezug neuer Dividendenscheine folgt bereits aus der Mitgliedschaft des Aktionärs. Dementsprechend ist der Erneuerungsschein kein Wertpapier, sondern lediglich einfaches **Legitimationspapier**[72]. Die Aktiengesellschaft kann die Ausgabe von Dividendenscheinen verweigern, wenn der Inhaber der Haupturkunde (Aktie oder Zwischenschein) dem widerspricht (§ 75 Halbs. 1 AktG). Der Inhaber des Erneuerungsscheins muss dann seine materielle Berechtigung nachweisen. Erfüllt die Gesellschaft hingegen das Ausgabeverlangen, erfolgt dies für sie mit befreiender Wirkung, solange der Aktionär nicht widersprochen hat[73]. Da der Anspruch auf Ausgabe neuer Dividendenscheine Bestandteil der Mitgliedschaft des Aktionärs ist, geht dieser Anspruch im Falle der Übertragung der Aktie auf den Erwerber über, ohne dass es dazu eines gesonderten Rechtsaktes bedarf. Der Erwerber kann den Erneuerungsschein nach § 952 BGB herausverlangen.

d) Sonstige

5.26   Nicht zu den aktienrechtlichen Nebenpapieren im eigentlichen Sinne gehören **Wandel-, Options- und Gewinnschuldverschreibungen** sowie **Genussscheine** i.S.d. § 221 AktG (dazu im Einzelnen §§ 51 f.). Hierbei handelt es sich um Instrumente, die der Gesellschaft zur Beschaffung von Fremdkapital dienen, die aber aufgrund des mit ihnen verbundenen Bezugsrechts auf Aktien (im Falle der Wandel- oder Optionsschuldverschreibungen) bzw. ihrer Ausgestaltung im Einzelfall (insbesondere im Falle von Genussrechten) eigenkapitalähnlichen Charakter haben. Ihre Ausgabe kann nur aufgrund eines Beschlusses der Hauptversammlung erfolgen (§ 221 Abs. 1, 3 AktG). Den Aktionären steht bei der Ausgabe von Wandel-, Options- und Gewinnschuldverschreibungen sowie Genussscheinen ein Bezugsrecht zu, für das die Bestimmungen des § 186 AktG entsprechend gelten (§ 221 Abs. 4 AktG).

---

68 *Bayer* in MünchKomm. AktG, 5. Aufl. 2019, § 58 AktG Rz. 119; *Hüffer/Koch*, § 58 AktG Rz. 29; *Gätsch* in Happ/Groß/Möhrle/Vetter, Aktienrecht, Band I, 4.06 Rz. 2.2.
69 *Bayer* in MünchKomm. AktG, 5. Aufl. 2019, § 58 AktG Rz. 120; zur Verkehrsfähigkeit des Dividendenanspruchs und zur Anwendbarkeit des § 793 BGB vgl. OLG München v. 17.1.2018 – 7 U 1801/17, BeckRS 2018, 132, Rz. 23, 34 ff.
70 Vgl. dazu *Gätsch* in Happ/Groß/Möhrle/Vetter, Aktienrecht, Band I, 4.06 Rz. 3.1 ff. (mit Muster); *Sailer-Coceani* in MünchHdb. AG, § 12 Rz. 30 f.
71 *Hüffer/Koch*, § 75 AktG Rz. 1 f.
72 Allg. M., vgl. *Bayer* in MünchKomm. AktG, 5. Aufl. 2019, § 58 AktG Rz. 124; *Drygala* in KölnKomm. AktG, 3. Aufl. 2011, § 58 AktG Rz. 159; *Hüffer/Koch*, § 58 AktG Rz. 30; *Sailer-Coceani* in MünchHdb. AG, § 12 Rz. 30.
73 *Sailer-Coceani* in MünchHdb. AG, § 12 Rz. 30 f.

Seit langem umstritten ist die Zulässigkeit der Ausgabe sog. **"nackter Optionen"**, die ein Bezugsrecht auf Aktien der emittierenden Aktiengesellschaft beinhalten, das nicht mit einer Schuldverschreibung i.S.d. § 221 AktG verbunden ist[74]. Insbesondere ist nicht abschließend geklärt, ob nackte Optionen mit einem bedingten Kapital unterlegt werden können. Der Gesetzgeber hat diese Instrumente 1998 durch das KonTraG im Bereich von Mitarbeiterbeteiligungsmodellen durch § 192 Abs. 2 Nr. 3, § 193 AktG anerkannt, nachdem die Praxis sich bei Aktienoptionsprogrammen für Führungskräfte und Mitarbeiter lange mit Alternativgestaltungen auf Grundlage von Wandelschuldverschreibungen beholfen hat. Da in der Praxis auch über den Bereich von Mitarbeiterbeteiligungsmodellen hinaus ein Bedürfnis für die Ausgabe nackter Optionen besteht und überzeugende Argumente, die gegen die Zulässigkeit dieser Instrumente sprechen, nicht erkennbar sind, sollte ihre Zulässigkeit anerkannt werden[75].

5.27

5. American Depositary Receipts (ADRs) und Global Shares

a) American Depositary Receipts (ADRs)

Als American Depositary Receipt (ADR) bezeichnet man ein auf den Namen lautendes Wertpapier, das eine oder mehrere Aktien eines nicht US-amerikanischen Unternehmens oder den Bruchteil einer solchen Aktie repräsentiert und von einer US-amerikanischen Depotbank (Depositary Bank) aufgrund bei einer Hinterlegungsbank (Custodian Bank) im Sitzstaat des Unternehmens hinterlegter Unternehmensaktien an einer US-Wertpapierbörse ausgegeben wird[76]. Durch dieses Wertpapier, bei dem es sich um einen in US-Dollar notierten Hinterlegungsschein handelt, wird die repräsentierte Aktie des nicht an einer US-amerikanischen Börse zugelassenen Unternehmens in den USA handelbar, ohne dass sich das Unternehmen dem vollständigen für eine Börsenzulassung erforderlichen Zulassungsverfahren der SEC unterziehen muss. Der Wert der Zweitverbriefung in Form des ADR entspricht weitgehend dem in US-Dollar umgerechneten Marktwert der verkörperten Aktien an der Heimatbörse[77]. Zu den Vor- und Nachteilen und den verschiedenen Typen von ADR-Programmen vgl. ausführlich Rz. 11.35 ff.

5.28

Einstweilen frei.

5.29–5.32

b) Global Shares

Als Global Shares, insbesondere in Form der Global Registered Shares (Globale Namensaktie), bezeichnet die New York Stock Exchange (NYSE) Aktien von nicht US-amerikanischen Gesellschaften, die in einer einheitlichen Form und einheitlichen Art und Weise auf verschiedenen Aktienmärkten weltweit gehandelt werden[78]. Im Gegensatz zu ADRs sind Globale Namensaktien Wertpapiere, die direkte Eigentumsrechte verbriefen. Sie werden in einem einheitlichen Register geführt und an der NYSE ebenso gehandelt wie auf ihrem jeweiligen Heimatmarkt. Vorteile der Global Shares sind die Gleichbehandlung aller Aktionäre weltweit, insbesondere auch die Möglichkeit der unmittelbaren Ausübung der Mitgliedschaftsrechte ohne Zwischenschaltung von Banken oder Treuhändern. Ob die Glo-

5.33

---

74 Vgl. insbesondere *Fuchs*, AG 1995, 433 ff.; *Fuchs* in MünchKomm. AktG, 45. Aufl. 2021, § 192 AktG Rz. 48 ff.; *Gätsch/Theusinger*, WM 2005, 1256 ff.; *Rieckers* in BeckOGK AktG, Stand 1.2.2021, § 192 AktG Rz. 38 f.; *F. Schäfer*, ZGR Sonderheft 16, 2000, S. 62, 78 f.; *Schlitt/Löschner*, BKR 2002, 150 ff.; die Zulässigkeit ablehnend OLG Stuttgart v. 16.1.2002 – 8 W 517/2001, BKR 2003, 122 ff.
75 *Gätsch/Theusinger*, WM 2005, 1256 ff.; im Einzelnen dazu Rz. 53.13.
76 *Zachert*, ZIP 1993, 1426, 1428.
77 Vgl. *Than*, WM 1994, Sonderheft, S. 85, 92. Vertiefend zu ADR-Programmen *Böckenhoff/Ross*, WM 1993, 1781 ff. und 1825 ff.; *Meyer-Sparenberg*, WM 1996, 1117 ff.; *von Dryander* in von Rosen/Seifert, Zugang zum US-Kapitalmarkt für deutsche Aktiengesellschaften, S. 81 ff.; *Zachert*, ZIP 1993, 1426, 1429 f.
78 Vgl. *Gruson*, AG 2004, 358 ff.; vgl. auch Rz. 11.42 f. Eine Liste der an der NYSE gelisteten nicht US-amerikanischen Emittenten ist unter www.nyse.com/publicdocs/nyse/data/CurListofallStocks.pdf verfügbar. Danach gibt es sechs ADR- und drei Nicht-ADR-Emittenten aus Deutschland, darunter die Deutsche Bank AG als einziger Emittent von Global Shares (Stand 31.5.2021).

bal Shares insbesondere aufgrund der mit ihrer Ausgabe für die emittierende Gesellschaft verbundenen, im Vergleich zu ADRs höheren Kosten diese auf dem Weg zu einem Global Equity Market ablösen werden, bleibt abzuwarten.

II. Aktienarten

1. Allgemeines

a) Begriff

5.34 § 10 AktG betrifft die **wertpapiermäßige Verbriefung der Mitgliedschaft in einer Aktiengesellschaft** durch die Aktie als Urkunde[79]. Nach dem durch die Aktienrechtsnovelle 2016[80] geänderten § 10 Abs. 1 AktG lauten die Aktien grundsätzlich auf den Namen. Sie können auf den Inhaber lauten, wenn die Gesellschaft börsennotiert ist (§ 10 Abs. 1 Satz 2 Nr. 1 AktG) oder der Anspruch auf Einzelverbriefung ausgeschlossen ist und die Sammelurkunde (Dauerglobalurkunde) bei einer im Gesetz ausdrücklich genannten Stellen[81] hinterlegt wird (§ 10 Abs. 1 Satz 2 Nr. 2 AktG). Ein uneingeschränktes **Wahlrecht zwischen Inhaber- und Namensaktien besteht somit nur noch für die börsennotierte Aktiengesellschaft** (§ 3 Abs. 2 AktG)[82]. Für nicht börsennotierte Aktiengesellschaften, die keine Dauerglobalurkunde in die Girosammelverwahrung geben, sieht das Gesetz im Interesse einer erhöhten Beteiligungstransparenz zur Bekämpfung von Geldwäsche und Terrorismusfinanzierung die Namensaktie zwingend als Standardverbriefung vor[83]. Solange im Fall des § 10 Abs. 1 Satz 2 Nr. 2 AktG die Sammelurkunde nicht hinterlegt ist, sind die Bestimmungen zum Aktienregister (§ 67 AktG) entsprechend anzuwenden. Im Zuge der Neufassung des § 10 Abs. 1 AktG ist auch § 24 AktG, der die statutarische Möglichkeit vorsah, dass auf Verlangen eines Aktionärs seine Inhaberaktie in eine Namensaktie oder seine Namensaktie in eine Inhaberaktie umzuwandeln war, aufgehoben worden[84].

5.34a Ob die Aktien auf den Inhaber oder auf den Namen ausgestellt werden, ist in der **Satzung** festzulegen (§ 23 Abs. 3 Nr. 5 AktG). Allerdings ist die Verbriefung der Aktie grundsätzlich keine Voraussetzung für die Entstehung der Mitgliedschaft in der Gesellschaft, für die regelmäßig die Eintragung der Gesellschaft bzw. die Eintragung der Durchführung der Kapitalerhöhung im Handelsregister maßgeblich ist[85]. Vor der Eintragung der Gesellschaft können Anteilsrechte nicht übertragen, Aktien und Zwischenscheine nicht ausgegeben werden; dennoch ausgegebene Aktien oder Zwischenscheine sind nichtig (§ 41 Abs. 4 Satz 1 und 2 AktG). Gleiches gilt im Falle einer ordentlichen Kapitalerhöhung (§ 191 AktG) bzw. einer Kapitalerhöhung aus genehmigtem Kapital (§ 203 Abs. 1 Satz 1, § 191 AktG) jeweils vor Eintragung der Durchführung der Kapitalerhöhung, im Falle einer bedingten Kapitalerhöhung oder

---

79 Dazu *Noack* in Bayer/Habersack (Hrsg.), Aktienrecht im Wandel, Band II, S. 510, 525 ff.; *Hüffer/Koch*, § 10 AktG Rz. 1; *Ziemons* in K. Schmidt/Lutter, § 10 AktG Rz. 1. Vgl. zur Verbriefung im Einzelnen Rz. 5.59 ff.
80 BGBl. I 2015, 2565.
81 Nach § 10 Abs. 1 Satz 2 Nr. 2 AktG zugelassene Hinterlegungsstellen sind eine Wertpapiersammelbank i.S.d. § 1 Abs. 3 Satz 1 DepotG (Clearstream Banking AG), ein zugelassener Zentralverwahrer oder ein anerkannter Drittland-Zentralverwahrer gemäß Verordnung (EU) Nr. 909/2014 oder ein sonstiger ausländischer Verwahrer, der die Voraussetzungen des § 5 Abs. 4 Satz 1 DepotG erfüllt.
82 *Hüffer/Koch*, § 10 AktG Rz. 5 ff.; *Wöstmann* in Henssler/Strohn, Gesellschaftsrecht, § 10 AktG Rz. 4 f.
83 Vgl. ausf. Begr. RegE Aktienrechtsnovelle 2016, BT-Drucks. 18/4349, S. 15 ff.; *Hüffer/Koch*, § 10 AktG Rz. 5 ff. Die Neuregelungen des § 10 Abs. 1 AktG sind nach § 26h Abs. 1 EGAktG nicht auf Gesellschaften anzuwenden, deren Satzung vor dem 31.12.2015 durch notarielle Beurkundung festgestellt wurde und deren Aktien auf Inhaber lauten.
84 Vgl. Begr. RegE Aktienrechtsnovelle 2016, BT-Drucks. 18/4349, S. 18.
85 Vgl. *Hüffer/Koch*, § 10 AktG Rz. 2. Eine Ausnahme bildet die Kapitalerhöhung aufgrund eines bedingten Kapitals, bei der die Kapitalerhöhung mit Ausgabe der Bezugsaktien wirksam wird (§ 200 AktG). Vgl. im Einzelnen Rz. 5.13 f.

einer Kapitalerhöhung aus Gesellschaftsmitteln jeweils vor Eintragung des entsprechenden Beschlusses (§§ 197, 219 AktG)[86]. Aktien sind also grundsätzlich keine konstitutiven, sondern deklaratorische Wertpapiere, ihre Verbriefung erfolgt erst nach Entstehung der Mitgliedschaft[87]. Für die Entstehung der Aktie als Wertpapier erforderlich ist nach heute ganz überwiegend vertretener Auffassung die wirksame **Ausstellung einer Urkunde** durch die Gesellschaft sowie der **Abschluss eines Begebungsvertrages** zwischen der Gesellschaft und dem Aktionär bei gleichzeitiger Übergabe der Aktienurkunde[88].

Sowohl **Inhaber- als auch Namensaktien** sind **Wertpapiere** im Sinne der zivil- bzw. wertpapierrechtlichen Definitionen[89]. Während die Inhaberaktie ein Inhaberpapier ist, das nach den für bewegliche Sachen geltenden Grundsätzen (§§ 929 ff. BGB) übertragen wird, handelt es sich bei der Namensaktie um ein geborenes Orderpapier, das „auch durch Indossament" übertragen werden kann (§ 68 Abs. 1 Satz 1 AktG)[90].

5.35

b) Wahl zwischen Inhaber- und Namensaktien

Seit der Änderung des § 10 Abs. 1 AktG durch die Aktienrechtsnovelle 2016 besteht in Bezug auf die Wahl zwischen Inhaber- oder Namensaktien nur noch **für die börsennotierte Gesellschaft (§ 3 Abs. 2 AktG) grundsätzlich Wahlfreiheit**, während die Aktien bei nicht börsennotierten Gesellschaften auf den Namen lauten müssen, wenn sie keine Dauerglobalurkunde ausgegeben und bei einem Verwahrer i.S.d. § 10 Abs. 1 Satz 2 Nr. 2 AktG hinterlegt haben[91]. Unabhängig vom Vorliegen der Voraussetzungen des § 10 Abs. 1 Satz 2 AktG müssen die Aktien jedoch in folgenden Fällen auf den Namen lauten[92]: (1) wenn sie vor der vollen Leistung des Ausgabebetrages ausgegeben werden (§ 10 Abs. 2 Satz 1 AktG); (2) wenn die Satzung der Gesellschaft eine Verpflichtung der Aktionäre enthält, neben der Leistung der Einlage auf das Grundkapital wiederkehrende, nicht in Geld bestehende Leistungen zu erbringen[93], da das Aktiengesetz derartige Nebenverpflichtungen nur anerkennt, wenn die Übertragung der Aktien an die Zustimmung der Gesellschaft gebunden ist (§ 55 Abs. 1 Satz 1 AktG) und die Vinkulierung nur bei Namensaktien zulässig ist (§ 68 Abs. 2 AktG); (3) im Falle eines Entsendungsrechts für Inhaber bestimmter Aktien (§ 101 Abs. 2 Satz 2 AktG); (4) für börsennotierte Luftfahrtunternehmen (§ 2 Abs. 1 Luftverkehrsnachweissicherungsgesetz); (5) für Wirtschaftsprüfungsgesellschaften und Buchprüfungsgesellschaften (§ 28 Abs. 5, § 130 WPO); (6) für Steuerberatungsgesellschaften (§ 50 Abs. 5 StBerG); (7) für gemeinnützige Wohnungsbauunternehmen; (8) die Unternehmensaktien einer Investment-AG (§ 109 Abs. 2 KAGB); (9) in der Rechtsform der AG betriebene private Veranstalter von bundesweit verbreitetem Rundfunk (vgl. § 53 Abs. 2 MedienStV). Nach § 1 Abs. 3 des Gesetzes über die Überführung der Anteilsrechte an der Volkswagenwerk GmbH in private

5.36

---

86 Zum Abschluss von Aktienkaufverträgen vor Ausgabe effektiver Stücke bzw. vor Börseneinführung (sog. „Handel per Erscheinen") vgl. *Heidelbach* in Schwark/Zimmer, § 38 BörsG Rz. 21.
87 Allg. M., vgl. *Dauner-Lieb* in KölnKomm. AktG, 3. Aufl. 2010, § 10 AktG Rz. 2; *Hüffer/Koch*, § 10 AktG Rz. 2; *Mock* in Großkomm. AktG, 5. Aufl. 2017, § 10 AktG Rz. 34; *Vatter* in BeckOGK AktG, Stand 1.2.2021, § 10 Rz. 32 f.; *Ziemons* in K. Schmidt/Lutter, § 10 AktG Rz. 34 ff.
88 *Habersack* in MünchKomm. BGB, 8. Aufl. 2020, Vor § 793 BGB Rz. 24 ff., insb. Rz. 29; *Lutter/Drygala* in KölnKomm. AktG, 3. Aufl. 2009, Anh. § 68 AktG Rz. 9; *Vatter* in BeckOGK AktG, Stand 1.2.2021, § 10 AktG Rz. 35 ff.; *Ziemons* in K. Schmidt/Lutter, § 10 AktG Rz. 35; *Zöllner*, Wertpapierrecht, § 29 III, S. 184.
89 Vgl. *Habersack* in MünchKomm. BGB, 8. Aufl. 2020, Vor § 793 BGB Rz. 16 f., sowie Rz. 5.12.
90 *Habersack* in MünchKomm. BGB, 8. Aufl. 2020, Vor § 793 BGB Rz. 17; *Hüffer/Koch*, § 68 AktG Rz. 1.
91 *Hüffer/Koch*, § 10 AktG Rz. 5; *Wöstmann* in Henssler/Strohn, Gesellschaftsrecht, § 10 AktG Rz. 4 f.; *Mock* in Großkomm. AktG, 5. Aufl. 2017, § 10 AktG Rz. 129 ff.
92 Überblick bei *Heider* in MünchKomm. AktG, 5. Aufl. 2019, § 10 AktG Rz. 21 ff.; *Mock* in Großkomm. AktG, 5. Aufl. 2017, § 10 AktG Rz. 142 ff.; *Vatter* in BeckOGK AktG, Stand 1.2.2021, § 10 AktG Rz. 22 ff.; *Ziemons* in K. Schmidt/Lutter, § 10 AktG Rz. 17 f.
93 Allgemein zu Nebenleistungsgesellschaften *K. Schmidt* in FS Immenga, 2004, S. 705 ff.

Hand in der Fassung des Änderungsgesetzes vom 2.8.1966[94] dürfen Aktien der Volkswagen AG nicht auf den Namen, sondern müssen auf den Inhaber lauten.

5.36a Bei nicht börsennotierten Gesellschaften, die keine Dauerglobalurkunde ausgegeben und bei einem Verwahrer i.S.d. § 10 Abs. 1 Satz 2 Nr. 2 AktG hinterlegt haben, müssen die Aktien nach der Neufassung des § 10 Abs. 1 AktG auf den Namen lauten. Bestimmt die nicht börsennotierte Gesellschaft in ihrer Satzung hingegen, dass Inhaberaktien ausgestellt werden (§ 23 Abs. 3 Nr. 5 AktG) und dass der Anspruch des Aktionärs auf Verbriefung seines Anteils ausgeschlossen ist (§ 10 Abs. 5 AktG), müssen die von der Gesellschaft über ihre Aktien ausgestellten Sammelurkunden bei einer Wertpapiersammelbank oder einem in § 10 Abs. 1 Satz 2 Nr. 2 AktG bezeichneten ausländischen Verwahrer hinterlegt werden (vgl. Rz. 5.34). Dies ermöglicht auch Gesellschaften ohne Börsennotierung i.S.d. § 3 Abs. 2 AktG den Zugang zum Freiverkehr[95]. Solange die Sammelurkunde nicht hinterlegt ist, ist § 67 AktG entsprechend anzuwenden (§ 10 Abs. 1 Satz 3 AktG), d.h. die Inhaberaktien werden wie Namensaktien behandelt. Das bedeutet insbesondere, dass die Gesellschaft verpflichtet ist, ein Aktienregister zu führen und dass im Verhältnis zur Gesellschaft nur der als Aktionär gilt, der als solcher im Aktienregister eingetragen ist[96]. Verliert eine börsennotierte Gesellschaft, die Inhaberaktien ausgestellt hat, ihre Börsenzulassung ("Delisting", dazu im Einzelnen § 61) und liegen die Voraussetzungen des § 10 Abs. 1 Satz 2 Nr. 2 AktG nicht vor, muss die Gesellschaft gemäß § 10 Abs. 1 Satz 1 AktG Namensaktien ausstellen. Hierzu bedarf es eines satzungsändernden Hauptversammlungsbeschlusses (§ 23 Abs. 3 Nr. 5, § 179 Abs. 1 Satz 1 AktG). Unabhängig davon werden die vorher ausgestellten Inhaberaktien unrichtig i.S.v. § 73 AktG. Sie müssen berichtigt bzw. umgetauscht oder in dem Verfahren nach § 73 AktG für kraftlos erklärt werden[97].

c) Tatsächliche Entwicklungen

5.37 Lange Zeit herrschten in Deutschland Inhaberaktien vor, die formlos nach sachenrechtlichen Grundsätzen übertragen werden können und daher das höchste Maß an Verkehrsfähigkeit gewähren. Seit Ende der 1990er Jahre hat sich mit zunehmender Verbreitung der Aktiengesellschaft in Deutschland und der Anpassung insbesondere börsennotierter Aktiengesellschaften an die Gepflogenheiten der international führenden Kapitalmärkte in den USA und Großbritannien ein **Trend zur Namensaktie** herausgebildet[98]. Dieser wurde nachhaltig gefördert durch das Gesetz zur Namensaktie und zur Erleichterung der Stimmrechtsausübung (Namensaktiengesetz – NaStraG) vom 18.1.2001[99]. Börsengehandelte Namensaktien können, auch im Falle ihrer Vinkulierung, in einer (blankoindossierten) Globalurkunde verbrieft und damit in die Girosammelverwahrung einbezogen werden[100]. Der durch die Aktienrechtsnovelle 2016 geänderte § 10 Abs. 1 AktG sieht für nicht börsennotierte Aktiengesellschaf-

---

94 BGBl. I 1966, 461.
95 Vgl. Begr. RegE Aktienrechtsnovelle 2016, BT-Drucks. 18/4349, S. 17.
96 Vgl. Begr. RegE Aktienrechtsnovelle 2016, BT-Drucks. 18/4349, S. 17; *Hüffer/Koch*, § 10 AktG Rz. 7; *Mock* in Großkomm. AktG, 5. Aufl. 2017, § 10 AktG Rz. 140; *Mock*, AG 2016, 261, 265.
97 Vgl. Begr. RegE Aktienrechtsnovelle 2016, BT-Drucks. 18/4349, S. 17; *Hüffer/Koch*, § 10 AktG Rz. 7.
98 Vgl. *Bayer* in MünchKomm. AktG, 5. Aufl. 2021, § 67 AktG Rz. 2 ff.; *Heider* in MünchKomm. AktG, 5. Aufl. 2019, § 10 AktG Rz. 19; *Mock* in Großkomm. AktG, 5. Aufl. 2017, § 10 AktG Rz. 12; *Gätsch* in Happ/Groß/Möhrle/Vetter, Aktienrecht, Band I, 4.02 Rz. 1.2. Insbesondere börsennotierte Gesellschaften versprechen sich von dem durch Namensaktien ermöglichten direkten Kontakt Vorteile bei der Pflege der Beziehungen zu den Aktionären (Investor Relations) sowie genauere Kenntnisse über die Zusammensetzung des Aktionärskreises; dazu *von Rosen/Gebauer* in von Rosen/Seifert, Die Namensaktie, S. 127 ff.; *Noack*, DB 2001, 27 ff.; *von Nussbaum*, AG 2016, R240 f.; krit. *Einsele*, JZ 2019, 121, 122 ff. Schließlich können sich Namensaktien aufgrund der Vinkulierungsmöglichkeit bei der Überwachung von Verpflichtungen, die Aktien innerhalb eines bestimmten Zeitraums nicht zu verkaufen, im Vergleich zu Inhaberaktien als zweckmäßiger erweisen; dazu *Noack* in FS G. Bezzenberger, 2000, S. 291, 296.
99 BGBl. I 2001, 123.
100 *Bayer* in MünchKomm. AktG, 5. Aufl. 2021, § 67 AktG Rz. 3; dazu näher Rz. 5.104 f.

ten, die keine Dauerglobalurkunde in die Girosammelverwahrung geben, die Namensaktie nunmehr zwingend als Standardverbriefung vor[101].

Das der Umsetzung der Richtlinie (EU) 2017/828 des Europäischen Parlaments und des Rates vom 17.5.2017 zur Änderung der Aktionärsrechte-Richtlinie (ARRL II) dienende ARUG II vom 12.12.2019[102] hat zur Aufnahme der §§ 67a bis 67f AktG geführt, deren Zweck die Verbesserung der Kommunikationsmöglichkeiten zwischen Gesellschaft und Aktionär ist[103]. § 67 Abs. 1 Satz 1 AktG wurde durch das ARUG II insofern ergänzt, als bei Namensaktiengesellschaften neben dem Namen und Geburtsdatum des Aktionärs auch eine Postanschrift und eine elektronische Adresse zu den in das Aktienregister einzutragenden Angaben gehören (vgl. im Einzelnen Rz. 5.69). Nach § 26j Abs. 4 EGAktG gelten die vorgenannten Änderungen ab dem 3.9.2020 bzw. sind erstmals auf nach diesem Datum einberufene Hauptversammlungen anzuwenden. Die für Namensaktiengesellschaften 2009 durch das Risikobegrenzungsgesetz eingeleitete Entwicklung wird durch die ARRL-Änderungsrichtlinie und deren Umsetzung durch das ARUG II nunmehr auch auf Inhaberaktiengesellschaften ausgeweitet. Ob dies das Ende der Inhaberaktie bedeutet, bei der die Anonymität des Aktionariats eine der wesentlichen Charaktereigenschaften ist,[104] bleibt abzuwarten.

5.37a

d) Ausgabe der falschen Aktienart

Werden nach Eintragung der Gesellschaft oder der Durchführung einer Kapitalerhöhung Inhaber- bzw. Namensaktien ausgegeben[105], die aufgrund der Satzung[106] oder des Gesetzes[107] in dieser Form nicht ausgegeben werden durften, ist die Aktienausgabe nach allgemeiner Meinung dennoch wirksam[108]. Die Mitgliedschaft in der Aktiengesellschaft, die grundsätzlich unabhängig von der Ausgabe von Aktienurkunden entsteht, wird durch eine **fehlerhafte Ausgabe von Aktienurkunden** nicht berührt. Die handelnden Mitglieder des Vorstands und des Aufsichtsrats handeln pflichtwidrig und ma-

5.38

---

101 Vgl. ausf. Begr. RegE Aktienrechtsnovelle 2016, BT-Drucks. 18/4349, S. 15 ff.; *Hüffer/Koch*, § 10 AktG Rz. 5 ff.; *Einsele*, JZ 2019, 121 f.
102 BGBl. I 2019, 2637. Zur ARRL II vgl. *Eggers/de Raet*, AG 2017, 464; *Noack*, NZG 2017, 561 ff.; zur Aktionärstransparenz als taugliches Mittel zur Geldwäschebekämpfung vgl. *Ebner/Kraft*, ZWH 2017, 153 ff.; *Einsele*, JZ 2019, 121, 129. Weitergehende Transparenzanforderungen enthalten die §§ 18–26a des Geldwäschegesetzes (GwG) v. 23.6.2017. Danach besteht u.a. für juristische Personen des Privatrechts die Pflicht zur Mitteilung wirtschaftlich Berechtigter an das Transparenzregister. Die insoweit nach § 20 Abs. 2 GwG a.F. bestehende Mitteilungsfiktion und die für börsennotierte Gesellschaften geltenden Erleichterungen wurden durch das Transparenzregister- und Finanzinformationsgesetz (TraFinG) v. 10.6.2021 (BGBl. I 2021, 2083) gestrichen. Zu den daraus für börsennotierte Gesellschaften folgenden Konsequenzen vgl. *M. Goette*, DStR 2021, 1551, 1556 und *John*, NZG 2021, 957, 958 f.; zum RegE des TraFinG vgl. *Bode/Gätsch*, NZG 2021, 437 ff.
103 Vgl. *Bayer* in MünchKomm. AktG, 5. Aufl. 2021, § 67 AktG Rz. 12a ff. Im Einzelnen zu den §§ 67a bis 67f AktG vgl. Rz. 19.1 ff.
104 Diese Frage stellen *Eggers/de Raet*, AG 2017, 464, 469.
105 Vor Eintragung der Aktiengesellschaft in das Handelsregister können Aktien und Zwischenscheine nicht ausgegeben werden; dennoch ausgegebene Aktien oder Zwischenscheine sind nichtig (§ 41 Abs. 4 AktG). Ebenso § 191 AktG für die ordentliche Kapitalerhöhung bzw. § 203 Abs. 1 Satz 1, § 191 AktG für die Kapitalerhöhung aus genehmigtem Kapital, jeweils vor der Eintragung der Durchführung der Kapitalerhöhung. Auch § 197 AktG für die bedingte Kapitalerhöhung und § 219 AktG für die Kapitalerhöhung aus Gesellschaftsmitteln, jeweils vor Eintragung des entsprechenden Beschlusses ins Handelsregister.
106 Ausgabe von Inhaberaktien, obwohl die Satzung Namensaktien vorsieht, bzw. Ausgabe von Namensaktien, obwohl die Satzung Inhaberaktien vorsieht.
107 Etwa Ausgabe von Inhaberaktien trotz nicht vollständiger Leistung des Ausgabebetrages entgegen § 10 Abs. 2 Satz 1 AktG oder Unterlassen der Angabe des Betrags der Teilleistung in der Namensaktie entgegen § 10 Abs. 2 Satz 2 AktG.
108 *Heider* in MünchKomm. AktG, 5. Aufl. 2019, § 10 AktG Rz. 56 ff.; *Hüffer/Koch*, § 10 AktG Rz. 9; vgl. auch KG v. 12.2.2016 – 22 W 93/15, FGPrax 2016, 158 f. = AG 2016, 550.

chen sich ggf. schadensersatzpflichtig (§ 93 Abs. 3 Nr. 4, § 116 AktG). Verstöße gegen § 10 Abs. 2 AktG stellen Ordnungswidrigkeiten dar, die mit einer Geldbuße bis 25.000 Euro geahndet werden können (§ 405 Abs. 1 Nr. 1, Abs. 4 AktG).

2. Inhaberaktien

5.39 Die Inhaberaktie ist wertpapierrechtlich ein **Inhaberpapier** und wird daher nach den für bewegliche Sachen geltenden Bestimmungen (§§ 929 ff. BGB) übertragen. Der Besitz der Inhaberaktie begründet die **Legitimationswirkung**, d.h. die Vermutung, dass der Inhaber der Urkunde zugleich auch Inhaber des materiellen Mitgliedschaftsrechts ist[109]. Die Legitimationswirkung gilt auch dem früheren Besitzer gegenüber, dem die Inhaberaktie gestohlen worden, verloren gegangen oder sonst abhandengekommen ist (§ 1006 Abs. 1 Satz 2 BGB). Der Schuldner kann an den derart legitimierten Inhaber der Inhaberaktie mit schuldbefreiender Wirkung leisten (**Liberationswirkung**)[110]. Gutgläubiger Erwerb der Inhaberaktie ist im Falle ihrer wertpapiermäßigen Übertragung unter den Voraussetzungen der §§ 932 bis 934 BGB möglich, und zwar auch dann, wenn die Inhaberaktie dem vorherigen Eigentümer gestohlen worden, verloren gegangen oder sonst abhandengekommen ist (§ 935 Abs. 2 BGB)[111].

3. Namensaktien

5.40 Die Namensaktie ist wertpapierrechtlich ein **geborenes Orderpapier**[112]. Nach § 68 Abs. 1 Satz 1 AktG kann die Namensaktie auch durch **Indossament** übertragen werden. Grundsätzlich gelten hinsichtlich der **Legitimationswirkung** im Verhältnis des Aktieninhabers zu Dritten, der Liberationswirkung und der Möglichkeit des gutgläubigen Erwerbs die Ausführungen zu der Inhaberaktie entsprechend, allerdings ist die Legitimationswirkung der Namensaktie im Vergleich zur Inhaberaktie dem früheren Besitzer gegenüber eingeschränkt, da § 1006 Abs. 1 Satz 2 BGB nur für Inhaber-, nicht aber für Orderpapiere gilt. Im Verhältnis zwischen der Gesellschaft und dem Inhaber der Namensaktie beruht die Legitimationswirkung auf der Eintragung im Aktienregister (§ 67 Abs. 2 AktG). Diese begründet die unwiderlegliche Vermutung, dass der Eingetragene Aktionär ist und ihm die aus der Mitgliedschaft folgenden Rechte zustehen[113].

4. Umwandlung der Aktienart

5.41 In den letzten Jahren hat sich mit zunehmender Verbreitung der Aktiengesellschaft auch in Deutschland und der Anpassung insbesondere börsennotierter Aktiengesellschaften an die Gepflogenheiten der führenden Kapitalmärkte in den USA und England ein Trend zur Namensaktie herausgebildet (vgl. bereits Rz. 5.37). So haben in den letzten Jahren eine Reihe namhafter börsennotierter Unternehmen von Inhaber- auf Namensaktien umgestellt[114].

---

109 *Heider* in MünchKomm. AktG, 5. Aufl. 2019, § 10 AktG Rz. 37 ff.; *Lutter/Drygala* in KölnKomm. AktG, 3. Aufl. 2009, Anh. § 68 AktG Rz. 14 f.; *Mock* in Großkomm. AktG, 5. Aufl. 2017, § 10 AktG Rz. 36 ff.; *Vatter* in BeckOGK AktG, Stand 1.2.2021, § 10 AktG Rz. 9, 50 ff.; *Ziemons* in K. Schmidt/Lutter, § 10 AktG Rz. 6 ff.
110 *Ziemons* in K. Schmidt/Lutter, § 10 AktG Rz. 7.
111 *Heider* in MünchKomm. AktG, 5. Aufl. 2019, § 10 AktG Rz. 38 ff.; *Lutter/Drygala* in KölnKomm. AktG, 3. Aufl. 2009, Anh. § 68 AktG Rz. 17; *Ziemons* in K. Schmidt/Lutter, § 10 AktG Rz. 8.
112 *Heider* in MünchKomm. AktG, 5. Aufl. 2019, § 10 AktG Rz. 29; *Lutter/Drygala* in KölnKomm. AktG, 3. Aufl. 2009, § 68 AktG Rz. 7; *Mock* in Großkomm. AktG, 5. Aufl. 2017, § 10 AktG Rz. 39 f.
113 *Heider* in MünchKomm. AktG, 5. Aufl. 2019, § 10 AktG Rz. 32; *Hüffer/Koch*, § 67 AktG Rz. 12 ff.; vgl. im Einzelnen Rz. 5.71, dort auch zu den Einschränkungen des Grundsatzes durch das Risikobegrenzungsgesetz v. 12.8.2008 (BGBl. I 2008, 1666).
114 Aus dem DAX30 (Stand März 2021) etwa BASF (2010), Bayer (2009), Deutsche Bank (1999), Deutsche Telekom (1999), E.ON (2008), Siemens (1999). Zur Namenaktie als „Erfolgsgeschichte" vgl. auch *Uwe H. Schneider/Müller-von Pilchau*, WM 2011, 721 f. Nach *Fleischer/Maas*, AG 2020, 761, 764, Rz. 17, verfügen 16 der 30 DAX-Gesellschaften über Namensaktien.

Die **Umwandlung von Inhaber- in Namensaktien** erfolgt durch Satzungsänderung. Dafür erforderlich ist ein satzungsändernder Hauptversammlungsbeschluss mit der gesetzlich vorgesehenen Mehrheit von drei Vierteln des bei der Beschlussfassung vertretenen Grundkapitals bzw. der statutarisch vorgesehenen größeren oder kleineren Mehrheit (§ 179 Abs. 2 AktG). Ein Sonderbeschluss i.S.d. § 179 Abs. 3 AktG ist nicht erforderlich, da Inhaber- und Namensaktien keine Aktien unterschiedlicher Gattung sind. Nach Wirksamwerden der Umstellung durch Eintragung der entsprechenden Satzungsänderung im Handelsregister (§ 181 Abs. 3 AktG) können die nunmehr unrichtig gewordenen Aktienurkunden eingezogen und gegebenenfalls für kraftlos erklärt werden (§ 73 AktG) (dazu Rz. 5.91). In welchem Umfang neue Aktienurkunden auszugeben sind, hängt davon ab, ob die Gesellschaft von der Möglichkeit Gebrauch gemacht hat, den Anspruch des Aktionärs auf Verbriefung seines Anteils auszuschließen oder einzuschränken (§ 10 Abs. 5 AktG). Auch im Falle des Ausschlusses dieses Anspruchs besteht der unentziehbare Anspruch der Aktionäre auf Verbriefung der Aktien in zumindest einer Globalurkunde (vgl. Rz. 5.15).

5.42

Nur von untergeordneter praktischer Bedeutung war die in § 24 AktG vorgesehene Möglichkeit, eine Bestimmung in die Satzung aufzunehmen, nach der auf Verlangen eines Aktionärs seine Inhaberaktie in eine Namensaktie bzw. umgekehrt seine Namensaktie in eine Inhaberaktie umzuwandeln ist. Die Vorschrift wurde im Zuge der Aktienrechtsnovelle 2016 ersatzlos gestrichen[115].

5.43

III. Aktiengattungen

1. Allgemeines

Aktien können, namentlich bei der Verteilung des Gewinns oder des Gesellschaftsvermögens, **verschiedene Rechte** gewähren (§ 11 Satz 1 AktG). Aktien mit gleichen Rechten bilden eine **Gattung** (§ 11 Satz 2 AktG). Rechte i.S.d. § 11 AktG sind die durch die Aktie vermittelten Mitgliedschaftsrechte, also **die mitgliedschaftlichen Verwaltungs- und Vermögensrechte**[116]. Unter § 11 AktG fallen hingegen nicht sog. Gläubigerrechte, die dem Aktionär eine Rechtsstellung vermitteln, die derjenigen eines außenstehenden Dritten entspricht[117]. Hinsichtlich statutarisch eingeräumter Sonderrechte[118] ist zu unterscheiden: Ist das Sonderrecht einem Mitglied namentlich eingeräumt, so stellen die Aktien des betreffenden Mitglieds keine eigene Gattung dar; sind die Sonderrechte hingegen mit der Aktie als Mitgliedschaftsrecht verbunden und endet das Sonderrecht für den Betreffenden mit der Beendigung seiner Aktionärsstellung, so stellen die betreffenden Aktien eine eigene Gattung dar[119]. Nach allgemeiner Auffassung können Aktien auch mit unterschiedlichen Pflichten ausgestattet sein; Aktien mit gleichen

5.44

---

115 BGBl. I 2015, 2565; vgl. Begr. RegE Aktienrechtsnovelle 2016, BT-Drucks. 18/4349, S. 18.
116 *Hüffer/Koch*, § 11 AktG Rz. 1, 3 f.; *Dauner-Lieb* in KölnKomm. AktG, 3. Aufl. 2010, § 11 AktG Rz. 7 ff.; Mock in Großkomm. AktG, 5. Aufl. 2017, § 11 AktG Rz. 48 ff.; *Vatter* in BeckOGK AktG, Stand 1.2.2021, § 11 AktG Rz. 8 ff.; zu Aktiengattungen ausführlich § 6.
117 *Hüffer/Koch*, § 11 AktG Rz. 5; *Dauner-Lieb* in KölnKomm. AktG, 3. Aufl. 2010, § 11 AktG Rz. 7: Ein Gläubigerrecht ist etwa der nach Fassung des Gewinnverwendungsbeschlusses durch die Hauptversammlung bestehende Dividendenanspruch des Aktionärs, bei dem es sich um einen selbständigen, nicht mehr an die Mitgliedschaft gebundenen Anspruch gegenüber der Gesellschaft handelt und der unabhängig von der Aktie übertragen werden kann.
118 Kritisch zur Verwendung des Begriffs im Aktienrecht *Dauner-Lieb* in KölnKomm. AktG, 3. Aufl. 2010, § 11 AktG Rz. 24; *Heider* in MünchKomm. AktG, 5. Aufl. 2019, § 11 AktG Rz. 14 ff.; *Vatter* in BeckOGK AktG, Stand 1.2.2021, § 11 AktG Rz. 5.
119 Denkbar etwa für ein Ehrenamt in der Gesellschaft (z.B. Ehrenvorsitzender des Aufsichtsrats). Nach *Heider* (in MünchKomm. AktG, 5. Aufl. 2019, § 11 AktG Rz. 16) handelt es sich bei den in der Literatur als Beispiele für Sonderrechte angeführten Mitgliedschaftsrechten „ausnahmslos um gattungsbegründende Merkmale". Als nicht gattungsbegründend gilt nach § 101 Abs. 2 Satz 3 AktG das Entsendungsrecht.

Pflichten begründen dann ebenfalls eine Gattung[120]. Nach § 23 Abs. 3 Nr. 4 AktG muss die **Satzung**, wenn mehrere Gattungen bestehen, die Gattung der Aktien und die Zahl der Aktien jeder Gattung bestimmen. Da, wenn die Aktien einer Gesellschaft mit unterschiedlichen Rechten oder Pflichten ausgestattet sind, die Gefahr besteht, dass sich bestimmte aktien- oder umwandlungsrechtliche Maßnahmen für die jeweiligen Aktionärsgruppen unterschiedlich auswirken[121], werden die für diese Maßnahmen erforderlichen Hauptversammlungsbeschlüsse jeweils nur aufgrund eines entsprechenden **Sonderbeschlusses** wirksam[122]. Dabei besteht in den Fällen der § 182 Abs. 2, § 193, § 202, § 222 Abs. 2 und § 229 AktG das Erfordernis eines Sonderbeschlusses nur bei Bestehen mehrerer Gattungen stimmberechtigter Aktien. Aufgrund der zahlreichen Sonderbeschlusserfordernisse, die bei unternehmerischen Entscheidungen als hinderlich empfunden werden, und der Tatsache, dass bei börsennotierten Gesellschaften jeweils nur die größere bzw. liquidere Gattung bei Erstellung der Ranglisten für die Aufnahme in die Auswahlindizes der Deutsche Börse AG DAX, MDAX, SDAX, TecDAX berücksichtigt wird[123], haben Vorzugsaktien bei börsennotierten Gesellschaften in den vergangen Jahren zwar an Bedeutung verloren[124]; insbesondere Familiengesellschaften nutzen die Ausgabe börsennotierter Vorzugsaktien als Instrument der Unternehmensfinanzierung, während die Stammaktien zur Sicherung des unternehmerischen Einflusses im Familienbesitz verbleiben.

2. Gattungsbegründende Merkmale

5.45 Eine Gattung von Aktien entsteht dadurch, dass eine bestimmte Anzahl von **Aktien** in der Satzung der Gesellschaft (§ 23 Abs. 3 Nr. 4 AktG) **mit besonderen Rechten und Pflichten**, über die allgemein mit der Mitgliedschaft verbundenen Rechte und Pflichten hinausgehen, ausgestattet wird[125]. Handelt es sich bei den gattungsbegründenden Merkmalen um Rechte, können diese inhaltlich mit den allgemeinen Mitgliedschaftsrechten identisch sein, aber umfangmäßig weitergehen (so z.B. im Falle des Gewinn- oder Liquidationsvorzugs). Als gattungsbegründende Pflichten kommen insbesondere unterschiedliche Einlageverpflichtungen und Nebenverpflichtungen i.S.d. § 55 Abs. 2 AktG in Betracht.

---

120 *Heider* in MünchKomm. AktG, 5. Aufl. 2019, § 11 AktG Rz. 28; *Hüffer/Koch*, § 11 AktG Rz. 7.
121 Zum Verhältnis von Aktiengattungen und aktienrechtlichem Gleichbehandlungsgrundsatz (§ 53a AktG) vgl. *Heider* in MünchKomm. AktG, 5. Aufl. 2019, § 11 AktG Rz. 49; *Hüffer/Koch*, § 11 AktG Rz. 2.
122 Vgl. § 141 AktG (Aufhebung oder Beschränkung des Vorzugs), § 179 Abs. 3 AktG (Satzungsänderung zum Nachteil einer Aktiengattung), § 182 Abs. 2 AktG (ordentliche Kapitalerhöhung), § 193 Abs. 1 Satz 3 i.V.m. § 182 Abs. 2 AktG (Schaffung eines bedingten Kapitals), § 202 Abs. 2 Satz 4 i.V.m. § 182 Abs. 2 AktG (Schaffung eines genehmigten Kapitals), § 221 Abs. 1 Satz 2 bzw. Abs. 3 i.V.m. § 182 Abs. 2 AktG (Ausgabe von Wandel- oder Gewinnschuldverschreibungen oder Genussrechten), § 222 Abs. 2 AktG (ordentliche Kapitalherabsetzung), § 229 Abs. 3 i.V.m. § 222 Abs. 2 AktG (vereinfachte Kapitalherabsetzung), § 65 Abs. 2, § 73 UmwG (Verschmelzung), § 125 Satz 1, § 135 Abs. 1 UmwG (Spaltung), §§ 176–179 UmwG (Vermögensübertragung), § 233 Abs. 2 Satz 1 Halbs. 2, § 240 Abs. 1 Satz 1 Halbs. 2 UmwG (Formwechsel). Zur Funktion der gesetzlichen Sonderbeschlüsse und insoweit bestehenden Gestaltungsmöglichkeiten vgl. *Fuchs* in FS Immenga, 2004, S. 589, 592 ff. Zu § 65 Abs. 2 UmwG hat der BGH (v. 23.2.2021 – II ZR 65/19, BeckRS 2021, 6236, Rz. 69 f. = ZIP 2021, 738 ff.) jüngst entschieden, dass ein Sonderbeschluss der Stammaktionäre nach § 65 Abs. 2 Satz 2 UmwG nicht erforderlich ist, wenn es neben den stimmberechtigten Stammaktien als weitere Aktiengattung nur stimmrechtslose Vorzugsaktien gibt.
123 Vgl. Ziffern 2.3 und 4.1.1.2 des Guide to the Dax Equity Indices, Version 10.04 (veröffentlicht am 24.11.2020); vgl. im Einzelnen zu den Aktienindizes der Deutschen Börse AG Rz. 7.61 ff.
124 Vgl. Rz. 6.22; auch *Fuchs* in FS Immenga, 2004, S. 589, 591. Zu den Gestaltungsmöglichkeiten bei nicht-börsennotierten Aktiengesellschaften, bei denen insbesondere US-amerikanische Venture-Capital-Gesellschaften ihre Eigenkapitalbeteiligung von der Ausgabe sog. „preferred shares" abhängig machen, vgl. *Loges/Distler*, ZIP 2002, 467 ff.
125 Vgl. *Heider* in MünchKomm. AktG, 5. Aufl. 2019, § 11 AktG Rz. 28 f.; *Hüffer/Koch*, § 11 AktG Rz. 3 ff.

Nicht gattungsbegründend wirkt die Verbriefung einzelner Mitgliedschaften, die Festsetzung unterschiedlicher Nenn- oder Ausgabebeträge oder die – nur bei nicht börsennotierten Gesellschaften mögliche – Festsetzung von Höchststimmrechten (§ 134 Abs. 1 Satz 2 AktG)[126]. Ebenfalls nicht als gattungsbegründend gilt das Recht nach § 101 Abs. 2 Satz 1 AktG, Mitglieder in den Aufsichtsrat zu entsenden, und zwar auch dann nicht, wenn dieses Recht durch die Satzung nicht einem bestimmten Aktionär, sondern den jeweiligen Inhabern bestimmter Aktien eingeräumt wird (vgl. § 101 Abs. 2 Satz 3 AktG). Streitig ist, ob junge Aktien aus einer Kapitalerhöhung oder der Ausübung von Bezugsrechten, die nach Ablauf eines Geschäftsjahres ausgegeben werden, für das ein Gewinnverwendungsbeschluss noch nicht gefasst worden ist und daher nur vorübergehend eine von den Altaktien abweichende Gewinnberechtigung aufweisen, eine eigene Gattung i.S.v. § 11 Satz 2 AktG darstellen[127].

5.46

3. Arten von Aktiengattungen

a) Stammaktien und Vorzugsaktien

In der Praxis wird typischerweise zwischen **Stammaktien** und **Vorzugsaktien** unterschieden. Soweit börsennotierte Gesellschaften über Vorzugsaktien verfügen, besteht der Vorzug in der Regel in einem Dividendenvorzug bei der Verteilung des Bilanzgewinns[128]. Nach § 12 Abs. 1 Satz 2 AktG können Vorzugsaktien als Aktien ohne Stimmrecht ausgegeben werden. Die Einzelheiten bestimmen die §§ 139 bis 141 AktG. Während die Ausgabe **stimmrechtsloser Vorzugsaktien** bislang die Nachzahlbarkeit des Vorzugs[129] voraussetzte, kann die Satzung nach der Neufassung des § 139 AktG durch die Aktienrechtsnovelle 2016 auch einen nicht nachzuzahlenden Vorzug vorsehen[130] (dazu im Einzelnen Rz. 6.20 ff.).

5.47

b) Sonstige Aktiengattungen

Insbesondere für börsennotierte Großunternehmen, die in verschiedenen Geschäftsfeldern aktiv sind, wurde vor einigen Jahren die Einführung sog. Spartenaktien („Tracking Stocks") diskutiert[131]. Diese

5.48

---

126 Zur Europarechtswidrigkeit des § 2 Abs. 1 VW-Gesetz a.F. (Stimmrechtsbeschränkung auf 20 %) und weiterer Bestimmungen des VW-Gesetzes vgl. EuGH v. 23.10.2007 – C-112/05, ZIP 2007, 2068 ff. = EuZW 2007, 697 ff. (m. Anm. *Pießkalla*) = AG 2007, 817. Die von der Kommission am 21.2.2012 wegen des in § 4 Abs. 3 VW-Gesetz für wesentliche Hauptversammlungsentscheidungen weiterhin enthaltenen Mehrheitserfordernisses von vier Fünfteln des bei der Beschlussfassung vertretenen Grundkapitals, das dem mit 20,2 % an der Volkswagen AG beteiligten Land Niedersachsen eine faktische Sperrminorität verleiht, erneut gegen Deutschland eingeleitete Vertragsverletzungsklage wurde vom EuGH abgewiesen (EUGH v. 22.10.2013 – C-95/12, NZG 2013, 1308 ff. = AG 2013, 921). Die früher bestehende Möglichkeit der Ausgabe von Mehrstimmrechtsaktien ist 1998 durch das KonTraG abgeschafft worden (§ 12 Abs. 2 AktG).
127 So insb. *Ziemons* in K. Schmidt/Lutter, § 11 AktG Rz. 8; *Westermann* in Bürgers/Körber, 4. Aufl. 2017, § 11 AktG Rz. 10; a.A. *Butzke*, Rz. 6.5a; *T. Busch/D. Busch*, Rz. 46.21 Fn. 96; *Groß* in Happ/Groß/Möhrle/Vetter, Aktienrecht, Band II, 12.02 Rz. 2.2; *Hüffer/Koch*, § 11 AktG Rz. 8; *Singhof* in FS Hoffmann-Becking, 2013, S. 1163, 1180 f. Nach der Begründung zum RegE des Prospektrichtlinie-Umsetzungsgesetzes „gelten" Aktien, die sich nur in Bezug auf den Beginn der Dividendenberechtigung unterscheiden, als Aktien derselben Gattung (vgl. BT-Drucks. 15/4999, S. 30, re. Sp.).
128 Vgl. *Noack* in Bayer/Habersack, Aktienrecht im Wandel, Band II, S. 510, 518 ff.; vgl. z.B. Abschnitt IX. Ziffer 35 Abs. 2 der Satzung der Henkel AG & Co. KGaA in der Fassung v. 16.9.2020; § 27 Abs. 2 der Satzung der Volkswagen AG in der Fassung von Oktober 2020.
129 Zur Behandlung der Nachzahlungsansprüche von Vorzugsaktionären im Insolvenzverfahren über das Vermögen der AG vgl. BGH v. 15.4.2010 – IX ZR 188/09, WM 2010, 1179 ff. = AG 2010, 491.
130 Vgl. Begr. RegE Aktienrechtsnovelle 2016, BT-Drucks. 18/4349, S. 25; *Müller-Eising*, GWR 2014, 229, 230 f.; krit. zur heute üblichen partizipierenden Ausgestaltung der stimmrechtslosen Vorzugsaktie *T. Bezzenberger*, ZHR 183 (2019), 521 ff.
131 Vgl. *Böhm*, BWNotZ 2002, 73 ff.; *Breuninger/Krüger*, in FS W. Müller, 2001, S. 527; *Friedl*, BB 2002, 1157 ff.; *Fuchs*, ZGR 2003, 167 ff.; *Fuchs* in FS Immenga, 2004, S. 589, 590 f.; *Sieger/Hasselbach*, BB 1999, 1277 ff.; *Sieger/Hasselbach*, AG 2001, 391 ff.; *Thiel*, Spartenaktien für deutsche Aktien-

bei US-amerikanischen börsennotierten Gesellschaften gelegentlich anzutreffenden Instrumente vermitteln keine Beteiligung am wirtschaftlichen Ergebnis des Gesamtunternehmens, sondern nur am Erfolg einer einzelnen Unternehmenssparte. Die Zulässigkeit einer solchen Gestaltung auf Grundlage entsprechender Satzungsregelungen ist auch in Deutschland allgemein anerkannt, sie führt zur Bildung einer eigenen Aktiengattung[132]. Zur Ausgabe derartiger Aktien ist es bislang allerdings in Europa nur sehr vereinzelt und in Deutschland lediglich im Fall der Hamburger Hafen und Logistik AG (HHLA)[133] gekommen (vgl. im Einzelnen Rz. 6.40 ff.). Ebenfalls gattungsbegründend dürfte die Verbindung von Aktien mit sonstigen Rechten, z.B. mit Bezugsrechten auf weitere Aktien der Gesellschaft (sog. „Huckepackaktien"), jedenfalls dann sein, wenn diese Verbindung nicht getrennt werden kann. Die damit im Zusammenhang stehenden Fragen sind im juristischen Schrifttum bislang – soweit ersichtlich – nicht abschließend erörtert worden.

4. Schaffung von Aktiengattungen

5.49 Die Schaffung verschiedener Aktiengattungen kann im Rahmen der **Gesellschaftsgründung**, einer **Kapitalerhöhung** oder durch sonstige **Satzungsänderung** erfolgen[134].

5.50 Im Rahmen der **Gesellschaftsgründung** erfolgt die Schaffung mehrerer Aktiengattungen im Einverständnis aller Gründer durch Feststellung der Satzung und Übernahme der entsprechenden Aktien durch die jeweiligen Gründer. Ein Verstoß gegen den Gleichbehandlungsgrundsatz kommt nicht in Betracht, das Erfordernis eines Sonderbeschlusses besteht daher nicht[135].

5.51 Erfolgt die Schaffung einer neuen Gattung von Aktien im Rahmen einer **Kapitalerhöhung**, ist wie folgt zu unterscheiden[136]: Bestehen bereits mehrere Gattungen stimmberechtigter Aktien, so bedarf der Hauptversammlungsbeschluss zu seiner Wirksamkeit der Zustimmung der Aktionäre jeder Gattung durch Sonderbeschluss (§ 182 Abs. 2 AktG). Sodann ist nach der Art der durch die neue Gattung gewährten Rechte zu unterscheiden: Gewähren die Aktien der neu zu schaffenden Gattung weniger Rechte als die bereits bestehenden Aktien, bedarf es lediglich des satzungsändernden Hauptversammlungsbeschlusses und ggf. der Sonderbeschlüsse nach § 182 Abs. 2 AktG. Da in bestehende Mitgliedschaftsrechte nicht eingegriffen wird, ist ein Sonderbeschluss nach § 179 Abs. 3 AktG nicht erforderlich. Gewähren die Aktien der neu zu schaffenden Gattung hingegen mehr oder umfangreichere Rechte als die bereits bestehenden Aktien, wird durch die Schaffung der neuen Gattung in bestehende Mitgliedschaftsrechte eingegriffen, so dass neben dem satzungsändernden Hauptversammlungsbeschluss und eventuell erforderlichen Sonderbeschlüssen nach § 182 Abs. 2 AktG zusätzlich die Zustimmung aller nachteilig betroffenen Aktionäre erforderlich ist. Das gilt auch dann, wenn die Aktien der neu zu schaffenden Gattung gegenüber den bereits bestehenden Aktien sowohl Vor- als auch Nachteile gewähren. Ein Mehrheitsbeschluss der benachteiligten Aktionäre in analoger Anwendung des § 179 Abs. 3 AktG kommt nicht in Betracht, da diese Ausnahmevorschrift lediglich für die Änderung des

---

gesellschaften – Übernahme des US-amerikanischen Tracking-Stock-Modells in europäische Rechtsordnungen, 2001; *Tonner*, Tracking Stocks – Zulässigkeit und Gestaltungsmöglichkeiten von Geschäftsbereichsaktien nach deutschem Aktienrecht, 2002; *Tonner*, IStR 2002, 317 ff.

132 *Hüffer/Koch*, § 11 AktG Rz. 4; *Mock* in Großkomm. AktG, 5. Aufl. 2017, § 11 AktG Rz. 63; *Sailer-Coceani* in MünchHdb. AG, § 13 Rz. 10 f.; *Sieger/Hasselbach*, AG 2001, 391, 392; *Westermann* in Bürgers/Körber, 4. Aufl. 2017, § 11 AktG Rz. 12; *Ziemons* in K. Schmidt/Lutter, § 11 AktG Rz. 9.

133 Dazu *Cichy/Heins*, AG 2010, 181 ff.; skeptisch zu Tracking Stocks *Vatter* in BeckOGK AktG, Stand 1.2.2021, § 11 AktG Rz. 3.

134 *Heider* in MünchKomm. AktG, 5. Aufl. 2019, § 11 AktG Rz. 38 ff.; *Mock* in Großkomm. AktG, 5. Aufl. 2017, § 11 AktG Rz. 32 ff.; *Vatter* in BeckOGK AktG, Stand 1.2.2021, § 11 AktG Rz. 22.

135 *Heider* in MünchKomm. AktG, 5. Aufl. 2019, § 11 AktG Rz. 39; *Mock* in Großkomm. AktG, 5. Aufl. 2017, § 11 AktG Rz. 33; *Vatter* in BeckOGK AktG, Stand 1.2.2021, § 11 AktG Rz. 23.

136 Vgl. *Heider* in MünchKomm. AktG, 5. Aufl. 2019, § 11 AktG Rz. 40 ff.; *Mock* in Großkomm. AktG, 5. Aufl. 2017, § 11 AktG Rz. 38 ff.; *Vatter* in BeckOGK AktG, Stand 1.2.2021, § 11 AktG Rz. 24 ff.

Verhältnisses mehrerer bereits bestehender Gattungen zueinander gilt, nicht aber für die Schaffung einer neuen Aktiengattung.

Soll eine neue Aktiengattung im Wege der **Satzungsänderung** dadurch geschaffen werden, dass ein Teil der bereits bestehenden Aktien mit gattungsbegründenden Rechten oder Pflichten versehen wird, ist neben dem satzungsändernden Hauptversammlungsbeschluss die Zustimmung aller Aktionäre erforderlich, in deren Rechte eingegriffen wird. Auch in diesem Fall kommt eine analoge Anwendung von § 179 Abs. 3 AktG nicht in Betracht[137]. 5.52

5. Änderung des Verhältnisses bestehender Aktiengattungen zueinander

Soll das bisherige Verhältnis mehrerer Gattungen von Aktien zum Nachteil einer Gattung geändert werden, so bedarf der satzungsändernde Beschluss der Hauptversammlung zu seiner Wirksamkeit der **Zustimmung der benachteiligten Aktionäre** (§ 179 Abs. 3 AktG). Diese haben hierüber im Wege eines **Sonderbeschlusses** zu entscheiden, für den die gesetzlichen bzw. statutarischen Anforderungen an satzungsändernde Hauptversammlungsbeschlüsse gelten. Indem § 179 Abs. 3 AktG eine Mehrheitsentscheidung genügen lässt, stellt die Vorschrift eine Ausnahme von dem Grundsatz dar, dass nachteilige Veränderungen einer bestehenden Rechtsposition nur mit Zustimmung des Betroffenen zulässig sind, und erleichtert damit die Einführung von Veränderungen zu Lasten einer bestehenden Gattung[138]. Besteht die Veränderung der Gattung darin, dass der Vorzug aufgehoben oder beschränkt werden soll, bedarf der satzungsändernde Beschluss zu seiner Wirksamkeit der Zustimmung der Vorzugsaktionäre nach den Bestimmungen des § 141 AktG[139]. Sollen den Inhabern bestimmter Aktien Nebenverpflichtungen auferlegt werden, genügt ein Sonderbeschluss der benachteiligten Aktionäre nach § 179 Abs. 3 AktG für die Wirksamkeit des satzungsändernden Hauptversammlungsbeschlusses nicht. In diesem Fall ist nach § 180 Abs. 1 AktG vielmehr die Zustimmung aller betroffenen Aktionäre erforderlich[140]. 5.53

6. Wechsel der Aktiengattung

Der Wechsel der Aktiengattung, insbesondere die **Umwandlung von Vorzugs- in Stammaktien**[141], hat bei börsennotierten Aktiengesellschaften nach einer Neuordnung der Aktienindizes der Deutschen Börse AG im Juni 2002 eine Rolle gespielt. Seit dieser Zeit wird bei Vorhandensein mehrerer die Auswahlkriterien erfüllender Aktiengattungen nur die größere bzw. liquidere Gattung in die Auswahlindices DAX, MDAX, SDAX und TecDAX aufgenommen[142]. Für börsennotierte Aktiengesellschaften, die die Aufnahme bzw. den Verbleib in einem dieser Aktienindizes anstreben, stellt das Vorhandensein mehrerer Aktiengattungen somit einen erheblichen Nachteil gegenüber Wettbewerbern mit nur einer Aktiengattung dar. Um diesen Nachteil zu beheben, haben eine Reihe börsennotierter Gesellschaften 5.54

---

137 Vgl. *Heider* in MünchKomm. AktG, 5. Aufl. 2019, § 11 AktG Rz. 46; *Mock* in Großkomm. AktG, 5. Aufl. 2017, § 11 AktG Rz. 35 ff.; *Vatter* in BeckOGK AktG, Stand 1.2.2021, § 11 AktG Rz. 24 ff.
138 Vgl. *Hüffer/Koch*, § 179 AktG Rz. 41; *Stein* in MünchKomm. AktG, 5. Aufl. 2021, § 179 AktG Rz. 178; *Vatter* in BeckOGK AktG, Stand 1.2.2021, § 11 AktG Rz. 33.
139 *Vatter* in BeckOGK AktG, Stand 1.2.2021, § 11 AktG Rz. 34. Dabei ist streitig, ob das Erfordernis des Sonderbeschlusses nach § 141 Abs. 1 AktG nur die Beeinträchtigung des Gewinnvorzugsrechts, das nach § 139 Abs. 1 AktG den Ausschluss des Stimmrechts rechtfertigt, oder auch für die Beeinträchtigung sonstiger Vorzugsrechte gilt (vgl. zum Meinungsstand *Hüffer/Koch*, § 141 AktG Rz. 3; *Bormann* in BeckOGK AktG, Stand 1.2.2021, § 141 AktG Rz. 6 f.; *Arnold* in MünchKomm. AktG, 4. Aufl. 2018, § 141 AktG Rz. 3 f.). Zum Erfordernis eines Sonderbeschlusses bei Aktienzusammenlegungen vgl. *Bock*, NZG 2015, 824 ff.
140 *Heider* in MünchKomm. AktG, 5. Aufl. 2019, § 11 AktG Rz. 58; *Vatter* in BeckOGK AktG, Stand 1.2.2021, § 11 AktG Rz. 32.
141 Dazu ausf. *Marsch-Barner* in Liber amicorum M. Winter, 2011, S. 467 ff.; im Einzelnen Rz. 6.36 ff.
142 Vgl. Ziffern 2.3 und 4.1.1.2 des Guide to the Dax Equity Indices, Version 10.04 (veröffentlicht am 24.11.2020); vgl. im Einzelnen zu den Aktienindizes der Deutschen Börse AG Rz. 7.61 ff.

in der Vergangenheit die Zahl ihrer ausstehenden Vorzugsaktien reduziert bzw. die Vorzugsaktien vollständig vom Markt genommen[143].

a) Umwandlung von Vorzugsaktien in Stammaktien durch Satzungsänderung

5.55 Die Umwandlung von Vorzugs- in Stammaktien kann durch die Aufhebung des Vorzugs erfolgen. Da bei Bestehen mehrerer Aktiengattungen die Aktiengattungen selbst und die Zahl der Aktien jeder Gattung notwendige Satzungsbestandteile sind (§ 23 Abs. 3 Nr. 4 AktG), erfordert dies eine **Änderung der Satzung**. Der nach § 179 Abs. 1 AktG erforderliche Hauptversammlungsbeschluss bedarf zu seiner Wirksamkeit der **Zustimmung der Vorzugsaktionäre** (§ 141 Abs. 1 AktG)[144] und, wenn das Verhältnis mehrerer Gattungen von Aktien zum Nachteil einer Gattung geändert wird, der **Zustimmung der benachteiligten Aktionäre** (§ 179 Abs. 3 AktG)[145]. Trotz des mit der Aufhebung des Vorzugs verbundenen Eingriffs in die Mitgliedschaftsrechte des Vorzugsaktionärs ist die Zustimmung jedes einzelnen Vorzugsaktionärs nicht erforderlich. Vielmehr genügt nach § 141 Abs. 3 AktG, dass die Vorzugsaktionäre in einer gesonderten Versammlung einen Sonderbeschluss mit einer Mehrheit von mindestens drei Vierteln der abgegebenen Stimmen fassen. Die Aufhebung des Vorzugs wird wie jede Satzungsänderung mit Eintragung im Handelsregister wirksam (§ 181 Abs. 3 AktG). Mit Wirksamwerden der Aufhebung des nachzahlbaren Gewinnvorzugs i.S.d. § 139 Abs. 1 AktG gewähren bis dahin stimmrechtslose Aktien das Stimmrecht (§ 141 Abs. 4 AktG). Folge dieser Maßnahme ist, dass die betreffenden Vorzugsaktien im Verhältnis 1:1 in Stammaktien umgewandelt werden.

b) Zuzahlung einer Barprämie neben der Umwandlung

5.56 So einfach das vorstehend beschriebene Verfahren zur Umwandlung von Vorzugs- in Stammaktien durch Satzungsänderung theoretisch ist, so sehr stellt sich in der Praxis das Problem seiner Umsetzung. Dies rührt daher, dass die Vorzugs- und die Stammaktien trotz gleichen Nennbetrags bzw. gleichen anteiligen Betrags am Grundkapital vom Markt nur selten gleich bewertet werden. Regelmäßig weist die Vorzugsaktie gegenüber der Stammaktie einen nicht selten erheblichen Bewertungsabschlag auf. Um in diesen Fällen die Zustimmung der Stammaktionäre mit der erforderlichen Mehrheit zu der Umwandlung der Vorzugs- in Stammaktien zu erreichen, muss sichergestellt sein, dass die Stamm-

---

143 Dabei sind die Gesellschaften unterschiedlich vorgegangen: Teils sind die Vorzugsaktien im gleichen Verhältnis in Stammaktien der Gesellschaft umgewandelt worden, teils ist neben der Umwandlung eine Barprämie an die Vorzugsaktionäre geleistet worden und teils erfolgte ein Rückkauf der Vorzugsaktien am Markt zum Zwecke ihrer Einziehung.
144 Aufgrund seiner systematischen Stellung im Sechsten Unterabschnitt „Vorzugsaktien ohne Stimmrecht" wird § 141 AktG verbreitet ausschließlich auf den Gewinnvorzug stimmrechtsloser Vorzugsaktien i.S.d. § 139 Abs. 1 AktG bezogen (vgl. *Arnold* in MünchKomm. AktG, 4. Aufl. 2018, § 141 AktG Rz. 1: „nur mit Zustimmung der mangels Stimmberechtigung an dem Hauptversammlungsbeschluss nicht mitwirkenden Vorzugsaktionäre wirksam"; auch *G. Bezzenberger* in Großkomm. AktG, 4. Aufl. 1999, § 141 AktG Rz. 10). Streitig ist hingegen, ob ein Sonderbeschluss der Vorzugsaktionäre nach § 141 AktG auch im Falle der Aufhebung bzw. Beschränkung eines in einer Vorzugsaktie mit Stimmrecht enthaltenen sonstigen Vorrechts zu verlangen ist (vgl. zum Streitstand *Hüffer/Koch*, § 141 AktG Rz. 3 m.w.N.).
145 Zu einem solchen Nachteil kommt es bei der Aufhebung eines in einer Vorzugsaktie ohne Stimmrecht enthaltenen Vorzugs auch aus der Sicht der Inhaber von Stammaktien: Da mit der Aufhebung des Vorzugs die ehemaligen Vorzugsaktionäre das Stimmrecht erhalten (§ 141 Abs. 4 AktG), tritt bei den ehemaligen Stammaktionären eine entsprechende Verwässerung ihres relativen Stimmrechtsanteils ein. Ein Sonderbeschluss der Stammaktionäre nach § 179 Abs. 3 AktG ist aber entbehrlich, wenn neben den Stammaktien nur noch eine Gattung von Vorzugsaktien besteht. In diesem Fall wären der satzungsändernde Beschluss nach § 179 Abs. 1 AktG und der Zustimmungsbeschluss nach § 179 Abs. 3 AktG von den Stammaktionären auf Grundlage der gesetzlich bzw. statutarisch vorgesehenen Mehrheitserfordernisse zu fassen; beide Beschlüsse wären daher im Ergebnis identisch (*Wirth/Arnold*, ZGR 2002, 859, 871; *Hüffer/Koch*, § 179 AktG Rz. 45; a.A. *Butzke*, HV, L Rz. 48).

aktionäre neben der mit der Umwandlung der stimmrechtslosen Vorzugsaktien in stimmberechtigte Stammaktien verbundenen Verwässerung ihres relativen Stimmanteils nicht auch noch eine erhebliche Minderung des Wertes ihrer Aktien hinnehmen müssen. Dies kann dadurch erreicht werden, dass die Vorzugsaktionäre im Rahmen der Umwandlung ihrer Aktien in Stammaktien **bare Zuzahlungen** an die Gesellschaft leisten[146]. Eine solche bare Zuzahlung kann jedoch nicht in der Weise vorgesehen werden, dass der einzelne Vorzugsaktionär allein durch die Satzungsänderung zur Zahlung der Ausgleichsprämie verpflichtet wäre, ohne dass er hierzu seine Zustimmung erteilt hat. Dies verstieße gegen den Grundsatz, dass die Verpflichtung der Aktionäre zur Leistung der Einlage durch den Ausgabebetrag der Aktien begrenzt wird (§ 54 Abs. 1 AktG). Erforderlich ist vielmehr, dass der Vorzugsaktionär sich mit der Umwandlung seiner Vorzugs- in Stammaktien und der damit verbundenen Zuzahlung eines bestimmten Barbetrages einverstanden erklärt[147].

c) Rückkauf von Vorzugsaktien durch die Gesellschaft

Der Rückkauf eigener Aktien durch die Aktiengesellschaft ist grundsätzlich unzulässig und nur unter den Voraussetzungen des § 71 AktG ausnahmsweise erlaubt (dazu im Einzelnen § 52). Ein Rückkauf eigener Aktien zum Zwecke der Beseitigung von Vorzugsaktien kommt insbesondere aufgrund einer **Ermächtigung der Hauptversammlung** (§ 71 Abs. 1 Nr. 8 AktG) oder aufgrund eines **Beschlusses der Hauptversammlung zur Einziehung nach den Vorschriften der Kapitalherabsetzung** (§ 71 Abs. 1 Nr. 6 AktG i.V.m. § 237 AktG) in Betracht. Die Ermächtigung nach § 71 Abs. 1 Nr. 8 AktG kann für höchstens zehn Prozent des Grundkapitals erteilt werden. Das muss allerdings nicht zum Erwerb sämtlicher Vorzugsaktien genügen, da von der Möglichkeit zur Ausgabe stimmrechtsloser Vorzugsaktien bis zur Hälfte des Grundkapitals (§ 139 Abs. 2 AktG) Gebrauch gemacht werden kann. Eine umfangmäßige Beschränkung der Rückerwerbsmöglichkeit besteht im Falle des § 71 Abs. 1 Nr. 6 AktG nicht. Die in einem Rückkaufsangebot an die Vorzugsaktionäre liegende Ungleichbehandlung von Vorzugs- und Stammaktionären ist durch das Interesse der Gesellschaft an einer liquideren Aktie sachlich gerechtfertigt. Der Rückkauf eigener Aktien führt zu einem Liquiditätsabfluss bei der Gesellschaft. Erforderlich ist daher im Falle des § 71 Abs. 1 Nr. 8 AktG, dass die Gesellschaft im Erwerbszeitpunkt eine Rücklage in Höhe der Aufwendungen für den Erwerb der eigenen Aktien bilden könnte, ohne das Grundkapital oder eine gesetzlich oder statutarisch vorgesehene Rücklage zu mindern, und dass der Ausgabebetrag auf die Aktien voll geleistet ist (§ 71 Abs. 2 Sätze 2, 3 AktG). Eine anschließende Einziehung der eigenen Aktien führt zu einer Herabsetzung des Grundkapitals[148].

5.57

d) Rückkauf von Vorzugsaktien und Ausgabe neuer Stammaktien

Eine weitere Möglichkeit, Vorzugs- in Stammaktien umzuwandeln, besteht darin, dass die Gesellschaft wie zuvor beschrieben Vorzugsaktien im Wege des Rückkaufs eigener Aktien erwirbt und zugleich

5.58

---

146 Abfindungsleistungen der Gesellschaft an die Inhaber von Stammaktien für den Fall der Umwandlung von Vorzugs- in Stammaktien sind gesetzlich nicht vorgesehen. Derartige Leistungen der Gesellschaft sind, wenn sie nicht ausnahmsweise eine Verteilung von Bilanzgewinn darstellen, unzulässig (§ 57 AktG).

147 Vgl. dazu *Altmeppen*, NZG 2005, 771 ff.; *Wirth/Arnold*, ZGR 2002, 859, 868, unter Hinweis auf die von der Metro AG und der RWE AG durchgeführten Verfahren; auch LG Köln v. 7.3.2001 – 91 O 131/00, ZIP 2001, 572 ff. = AG 2002, 103 und OLG Köln v. 20.9.2001 – 18 U 125/01, ZIP 2001, 2049 ff. = AG 2002, 244 ff.; vgl. auch die Ad-hoc-Mitteilung der Fresenius Medical Care AG & Co. KGaA v. 4.4.2013 zur obligatorischen Umwandlung stimmrechtsloser Vorzugsaktien in stimmberechtigte Stammaktien bei gleichzeitiger Verpflichtung zur Leistung einer Barzahlung ausschließlich durch den maßgeblich beteiligten Vorzugsaktionär.

148 Nach § 237 Abs. 3 Nr. 3 AktG brauchen die Vorschriften über die ordentliche Kapitalherabsetzung nicht befolgt zu werden, wenn es sich bei den betroffenen Aktien um Stückaktien handelt und der Hauptversammlungsbeschluss bestimmt, dass sich durch die Einziehung der Anteil der übrigen Aktien am Grundkapital der Gesellschaft gemäß § 8 Abs. 3 AktG erhöht.

eine Kapitalerhöhung durchführt, durch die Stammaktien ausgegeben werden. Bei dieser Kapitalerhöhung muss es sich um eine **Sachkapitalerhöhung** handeln, da Einlagegegenstand keine Barzahlung, sondern die Kaufpreisforderung aus der Veräußerung der Vorzugsaktien ist. Der Rückkauf der Vorzugsaktien kann dabei von der Bedingung der Teilnahme an der Sachkapitalerhöhung abhängig gemacht werden[149]. Dadurch werden der Rückkauf der Vorzugsaktien und die Ausgabe neuer Stammaktien zu einem einheitlichen Vorgang verknüpft. Wirtschaftlich werden die Vorzugsaktien durch Stammaktien ausgetauscht. Das Grundkapital bleibt in gleicher Höhe erhalten, wenn Vorzugs- und Stammaktien mit gleichem Nennbetrag bzw. gleichem anteiligen Betrag am Grundkapital im Verhältnis 1:1 getauscht werden. Zu einem Liquiditätsabfluss bei der Gesellschaft kommt es infolge der Einlage der Kaufpreisforderung, die dadurch erlischt, nicht. Um einen Ausgleich für den höheren Wert der Stammaktie gegenüber der Vorzugsaktie zu gewähren, können neben der zu leistenden Sacheinlage bare Zuzahlungen vereinbart werden. Auch ist es denkbar, ein bestimmtes Umtauschverhältnis vorzusehen. Für die Wirksamkeit des Sachkapitalerhöhungsbeschlusses ist ein Sonderbeschluss der Aktionäre jeder Gattung nur erforderlich, wenn die Aktiengattungen das Stimmrecht vermitteln (§ 182 Abs. 2 Satz 1 AktG).

IV. Verbriefung und Verwahrung

1. Einzel-, Sammel- und Globalurkunden

a) Allgemeines

5.59 Zur Verbriefung von Aktien in Einzel- oder Sammelurkunden enthält das Aktiengesetz keine Vorgaben. Für die Entstehung der Mitgliedschaft in der Aktiengesellschaft ist die Ausgabe von Aktienurkunden grundsätzlich nicht erforderlich[150]. Allerdings sind mit der Änderung des § 10 Abs. 5 AktG durch das KonTraG im Jahre 1998, der vorsieht, dass in der Satzung der Anspruch des Aktionärs auf Verbriefung seines Anteils ausgeschlossen oder eingeschränkt werden kann, die Voraussetzungen dafür geschaffen worden, Aktien in Dauerglobalurkunden i.S.d. § 9a Abs. 3 Satz 2 DepotG zu verbriefen (dazu Rz. 5.62). Dies hat zu erheblichen Rationalisierungseffekten bei der Girosammelverwahrung und zu einer weiteren Vereinfachung der massenhaften Abwicklung von Aktienkäufen und -verkäufen im Effektengiroverkehr, allerdings auch zu einem weitgehenden Verlust der mit der Verbriefung des Mitgliedschaftsrechts eigentlich bezweckten Legitimationsfunktion geführt[151].

b) Einzelurkunden

5.60 Von einer Einzelurkunde spricht man in Bezug auf Aktien dann, wenn jedes einzelne durch eine Nennbetrags- oder Stückaktie i.S.v. § 8 Abs. 1 AktG repräsentierte Mitgliedschaftsrecht in einer gesonderten Urkunde verbrieft ist[152]. Für börsengehandelte einzelverbriefte Aktien verlangt § 8 Abs. 1 Satz 1 BörsZulV im Hinblick auf die Druckausstattung einen ausreichenden Fälschungsschutz und die Möglichkeit einer sicheren und leichten Abwicklung des Wertpapierverkehrs (dazu bereits Rz. 5.18). Aufgrund der in § 10 Abs. 5 AktG vorgesehenen Möglichkeit, den Anspruch der Aktionäre auf Verbriefung ihres Anteils in der Satzung auszuschließen, von der insbesondere börsennotierte Aktiengesellschaften überwiegend Gebrauch machen, spielt die Ausgabe von Einzelurkunden bei diesen praktisch keine Rolle mehr.

---

149 *Wirth/Arnold*, ZGR 2002, 859, 864.
150 *Hüffer/Koch*, § 10 AktG Rz. 2 m.w.N.; dazu bereits Rz. 5.13 f.
151 *Bauer* in Kümpel/Mülbert/Früh/Seyfried, Bankrecht und Kapitalmarktrecht, Rz. 18.131 f.; zur geschichtlichen Entwicklung der Namensaktie *Müller-von Pilchau* in von Rosen/Seifert, Die Namensaktie, S. 97 ff.
152 *Mock* in Großkomm. AktG, 5. Aufl. 2017, § 10 AktG Rz. 43 ff.; *Ziemons* in K. Schmidt/Lutter, § 10 AktG Rz. 37.

c) Sammelurkunden

Eine Sammelurkunde[153] ist nach der Legaldefinition des § 9a Abs. 1 Satz 1 DepotG ein Wertpapier, das mehrere Rechte verbrieft, die jedes für sich in vertretbaren Wertpapieren einer und derselben Art verbrieft sein könnten. Vorausgesetzt wird der Wertpapierbegriff des § 1 Abs. 1 DepotG, der Aktien umfasst. Die Zusammenfassung mehrerer gleichartiger Rechte in einer einzigen Urkunde dient der technischen Erleichterung bei der Urkundenherstellung und -verwahrung, die in der Sammelurkunde verbrieften Einzelrechte verlieren hingegen nicht ihre rechtliche Selbständigkeit[154]. Eine Form der Sammelurkunde ist die **Globalurkunde**, bei der sämtliche Einzelrechte in einer einzigen Urkunde verbrieft sind[155]. Dementsprechend handelt es sich bei der **Globalaktie** um die Zusammenfassung mehrerer Mitgliedschaftsrechte gleicher Art (Inhaber- oder Namensaktien) und gleicher Gattung (§ 11 AktG) in einer einzigen Aktienurkunde, die die rechtliche Selbständigkeit der einzelnen Anteilsrechte unangetastet lässt[156]. An der Sammel- bzw. Globalurkunde haben, wenn die in dieser verbrieften Aktien mehreren Personen zustehen, diese Miteigentum zu Bruchteilen, so dass die Bestimmungen zur Gemeinschaft Anwendung finden (§§ 741 ff. BGB)[157]. Die Zusammenfassung der Aktien in einer Sammelurkunde kann jederzeit rückgängig gemacht werden, wenn der berechtigte Aktionär einen ihm zustehenden, nicht nach § 10 Abs. 5 AktG ausgeschlossenen Anspruch auf Auslieferung von einzelnen Wertpapieren geltend macht (§ 9a Abs. 3 Satz 1 DepotG).

5.61

d) Dauerglobalurkunden

Dauerglobalurkunden sind dadurch charakterisiert, dass der Aussteller nach dem zugrundeliegenden Rechtsverhältnis nicht verpflichtet ist, an die Inhaber der in der Globalurkunde verbrieften Rechte einzelne Wertpapiere auszugeben (§ 9a Abs. 3 Satz 2 DepotG). § 10 Abs. 5 AktG sieht vor, dass in der Satzung der Anspruch des Aktionärs auf Verbriefung seines Anteils ausgeschlossen oder eingeschränkt werden kann (dazu bereits Rz. 5.15). Von dieser Möglichkeit hat die überwiegende Zahl der börsennotierten Aktiengesellschaft Gebrauch gemacht[158], indem die auf dieser Grundlage geschaffenen Dauerglobalurkunden bei der Clearstream Banking AG als Wertpapiersammelbank eingeliefert und im Effektengiroverkehr übertragen werden. Folge ist, dass die Aktionäre weder von der Gesellschaft (§ 10 Abs. 5 AktG) noch von der Wertpapiersammelbank die Auslieferung einzelner Aktien (§ 9a Abs. 3 Satz 2 DepotG) verlangen können. Der damit einhergehende wertpapiermäßige **Funktionsverlust** insbesondere der Dauerglobalurkunde hat allerdings zu der Frage geführt, ob es sich bei solchen Urkunden noch um Wertpapiere oder um bloße Wertrechte handelt[159], da der Erwerb von Miteigentumsrechten an derart in einer Dauerglobalurkunde verbrieften Aktien ausschließlich im Wege des Effektengiroverkehrs durch Umbuchung von Anteilen am Girosammelbestand auf dem Depotkonto

5.62

---

153 Zu den Arten der Sammelurkunde vgl. *Klanten* in Schimansky/Bunte/Lwowski, Bankrechts-Handbuch, § 72 Rz. 60 ff., S. 2394 f.; zum Muster einer Inhaberaktie als Dauerglobalurkunde vgl. *Gätsch* in Happ/Groß/Möhrle/Vetter, Aktienrecht, Band I, 4.01.
154 *Klanten* in Schimansky/Bunte/Lwowski, Bankrechts-Handbuch, § 72 Rz. 55, S. 2393; insbesondere findet auf globalverbriefte Aktien § 69 AktG keine Anwendung, vgl. *Habersack/Mayer*, WM 2000, 1678, 1679.
155 Vgl. *Habersack/Mayer*, WM 2000, 1678 Fn. 1; *Mock* in Großkomm. AktG, 5. Aufl. 2017, § 10 AktG Rz. 52 f.
156 Vgl. *Heider* in MünchKomm. AktG, 5. Aufl. 2019, § 10 AktG Rz. 43.
157 Vgl. *Heider* in MünchKomm. AktG, 5. Aufl. 2019, § 10 AktG Rz. 45; *Sailer-Coceani* in MünchHdb. AG, § 12 Rz. 23.
158 Vgl. *Sailer-Coceani* in MünchHdb. AG, § 12 Rz. 23, zu den Voraussetzungen für die Zulassung von Aktien zum regulierten Markt nach § 32 BörsG im Einzelnen vgl. Rz. 9.11 ff.
159 *Canaris*, Bankvertragsrecht, Rz. 1871; *Einsele*, JZ 2019, 121, 126 f.; *Einsele*, WM 2001, 7, 8 ff.; *Einsele* in MünchKomm. HGB, Band 6, 4. Aufl. 2019, Depotgeschäft, Rz. 61 f.; *Horn*, WM Sonderbeilage 2/2002, 1, 17; *Hirte/Knof*, WM 2008, 7, 9 f.; zum Begriff des Wertrechts vgl. *Klanten* in Schimansky/Bunte/Lwowski, Bankrechts-Handbuch, § 72 Rz. 66 f., S. 2395 f.

des Anlegers, nicht aber durch die Übertragung effektiver Stücke möglich ist[160]. Dennoch geht die herrschende Meinung von der Wertpapiereigenschaft der Dauerglobalurkunde aus[161]. Das „Gesetz über elektronische Wertpapiere" (eWpG) vom 3.6.2021[162] bezieht im Wesentlichen nur elektronische Inhaber-Schuldverschreibungen ein, nicht aber auch elektronische Aktien; deren Einbeziehung in das eWpG solle wegen der zu erwartenden „erheblichen gesellschaftsrechtlichen Auswirkungen" erst „zu einem späteren Zeitpunkt" erfolgen"[163].

2. Verwahrung
a) Allgemeines

5.63 Die Verwahrung verbriefter Aktien, bei der die Verwahrungspflicht nicht lediglich Nebenpflicht aus einem Vertragsverhältnis anderer Art ist, sondern die vertragswesentliche Hauptleistung darstellt[164], ist zivilrechtlich als **Verwahrungsvertrag i.S.d. §§ 688 ff. BGB** einzuordnen. Ein solcher Verwahrungsvertrag wird, wenn die „Verwahrung und die Verwaltung von Wertpapieren für andere" gewerbsmäßig bzw. in einem Umfang erfolgt, der einen in kaufmännischer Weise eingerichteten Geschäftsbetrieb erfordert, in § 1 Abs. 1 Satz 2 Nr. 5 KWG als **Depotgeschäft** definiert und den **Bankgeschäften** zugerechnet. Darüber hinaus finden, da es sich bei Aktien um Wertpapiere i.S.d. § 1 Abs. 1 DepotG handelt, die Vorschriften des Depotgesetzes Anwendung[165]. Dies führt insbesondere zu zwei Abweichungen von den Bestimmungen der §§ 688 ff. BGB: Zum einen ist nach § 3 Abs. 1 DepotG abweichend von der Auslegungsregel des § 691 BGB die Drittverwahrung zulässig, zum anderen werden Wertpapiere, die zur Sammelverwahrung durch eine Wertpapiersammelbank zugelassen sind, grundsätzlich gemäß § 5 DepotG in Sammelverwahrung genommen, wodurch der Eigentümer der Wertpapiere seine bisherige eigentumsrechtliche Position verliert und ex lege Miteigentümer nach Bruchteilen an den zum Sammelbestand des Verwahrers gehörenden Wertpapieren derselben Art wird[166]. Das Fehlen der für das Betreiben des Depotgeschäfts erforderlichen Bankerlaubnis nach § 32 KWG kann zu Problemen führen, wenn die Gesellschaft ihren Aktionären die Verwahrung der Aktien als Serviceleistung anbietet[167]. Nach ständiger Verwaltungspraxis der BaFin benötigt zumindest eine kleine Aktiengesellschaft, die eine Inhaberglobalaktie für nicht mehr als einhundert Aktionäre auf deren ausdrückliches Verlangen unentgeltlich verwahrt, keine Erlaubnis zum Betreiben des Depotgeschäftes[168]. Diese Ver-

---

160 Vgl. BGH v. 30.11.2004 – XI ZR 200/03, WM 2005, 272, 273; OLG München v. 17.1.2018 – 7 U 1801/17, BeckRS 2018, 132, Rz. 36 f. Diese Praxis wird als „Zwangsgiro" bezeichnet. Im Einzelnen zur Übertragung von in Dauerglobalurkunden verbrieften Aktien Rz. 5.80 ff.
161 Vgl. BGH v. 16.7.2004 – IXa ZB 24/04, WM 2004, 1747, 1748; *Klanten* in Schimansky/Bunte/Lwowski, Bankrechts-Handbuch, § 72 Rz. 57, S. 2393 f.; *Mentz/Fröhling*, NZG 2002, 201, 208 ff.; *Berger*, WM 2009, 577, 578 ff.; so auch ausdrücklich der Bericht des Rechtsausschusses zu § 10 Abs. 5 AktG, BT-Drucks. 13/10038, S. 25.
162 BGBl. I 2021, 1423.
163 Vgl. Begr. RegE eWpG, BRat-Drucks. 8/21, S. 38; krit. zur Nichteinbeziehung von Aktien in das eWpG *Wieneke/Kunz*, NZG 2021, 316, 317; zu Fragen der Zulässigkeit sog. „Blockchain-Aktien" vgl. *Maume/Fromberger*, ZHR 185 (2021), 507 ff.
164 Zu diesem Abgrenzungsmerkmal etwa *Sprau* in Palandt, § 688 BGB Rz. 4, 6. Eine gesetzliche Nebenpflicht ist die Verwahrpflicht z.B. im Rahmen des Kommissionsgeschäftes (vgl. §§ 383 ff., 390 HGB).
165 *Klanten* in Schimansky/Bunte/Lwowski, Bankrechts-Handbuch, § 72 Rz. 53, S. 2392; *Einsele* in MünchKomm. HGB, Band 6, 4. Aufl. 2019, Depotgeschäft, Rz. 1 ff.
166 Vgl. *Einsele* in MünchKomm. HGB, Band 6, 4. Aufl. 2019, Depotgeschäft, Rz. 1.
167 Dazu *Schwennicke*, AG 2001, 118, 119.
168 Vgl. BaFin, Ziffer 2 des Merkblatts Depotgeschäft v. 6.1.2009, geändert am 17.2.2014 (veröffentlicht unter www.bafin.de); ebenso bereits Stellungnahme des BaKred v. 15.11.2001 „Kleine Aktiengesellschaft und Verwahrung von Inhaberglobalaktien" (Az: VII 4 – 71.51 (5517)). Dabei versteht die BaFin unter einer „kleinen Aktiengesellschaft" eine nicht börsennotierte Gesellschaft mit weniger als 500 Arbeitnehmern. Kritisch zum Ganzen *Noack* in Bayer/Habersack, Aktienrecht im Wandel, Band II, S. 510, 516 f.

waltungspraxis, die die Namensglobalaktie nicht ausdrücklich einbezieht, wird sich nach der Änderung des § 10 Abs. 1 AktG durch die Aktienrechtsnovelle 2016, nach der nicht börsennotierte Aktiengesellschaften Inhaberaktien nur ausgeben dürfen, wenn diese bei einer Wertpapiersammelbank oder einem sonstigen in § 10 Abs. 1 Satz 2 Nr. 2 AktG genannten Verwahrer hinterlegt werden, allenfalls für Namensaktien, nicht aber für Inhaberaktien aufrecht erhalten lassen[169].

b) Sonderverwahrung

Aktien befinden sich in Sonderverwahrung, wenn sie unter äußerlich erkennbarer Bezeichnung jedes Hinterlegers gesondert von den Aktien derselben Art der depotführenden Bank oder anderer Depotkunden aufbewahrt werden[170]. Nach § 2 Satz 1 DepotG ist die depotführende Bank als Verwahrer zu dieser Sonderverwahrung verpflichtet, wenn es sich um Aktien handelt, die nicht zur Sammelverwahrung durch eine Wertpapiersammelbank zugelassen sind, oder wenn der Depotkunde die gesonderte Aufbewahrung verlangt[171]. Die Aufbewahrung erfolgt in Streifbändern (deshalb auch „**Streifbandverwahrung**") oder anderen geeigneten Behältnissen, die zur Identifikation des Depotkunden seinen Namen oder seine Depotnummer tragen. Die Aktien verbleiben im Falle der Sonderverwahrung im Alleineigentum des Depotkunden, der an diesen mittelbaren Besitz hat.

5.64

c) Sammelverwahrung

Die Sammelverwahrung (§ 5 DepotG) ist die **Regelform der Verwahrung**. Bei dieser werden vertretbare Wertpapiere derselben Art für mehrere Hinterleger/Eigentümer ungetrennt in einem einheitlichen Bestand, dem Sammelbestand, verwahrt[172]. Aktien einer Gattung sind sammelverwahrfähig, da sie vertretbar i.S.d. § 91 BGB, d.h. innerhalb derselben Gattung austauschbar sind[173]. Auch für vinkulierte Namensaktien kann die Sammelverwahr- und damit Börsenfähigkeit („Lieferbarkeit") hergestellt werden, indem die Aktien mit einem Blankoindossament versehen werden[174]. Werden Aktien in Sammelverwahrung genommen, so entsteht mit dem Zeitpunkt des Eingangs beim Sammelverwahrer für die bisherigen Eigentümer Miteigentum nach Bruchteilen an den zum Sammelbestand des Verwahrers gehörenden Aktien derselben Art (§ 6 Abs. 1 DepotG)[175]. Das Depotgesetz unterscheidet an verschiedenen Stellen zwischen der Sammelverwahrung durch eine Wertpapiersammelbank i.S.d. § 1 Abs. 3 DepotG (sog. „Girosammelverwahrung") und der Sammelverwahrung durch ein sonstiges Kreditinstitut (sog. „Haussammelverwahrung").

5.65

---

169 Vgl. *Schäfer/Hoffmann*, GWR 2016, 478, 481.
170 Vgl. *Einsele* in MünchKomm. HGB, Band 6, 4. Aufl. 2019, Depotgeschäft, Rz. 42 f.; *Klanten* in Schimansky/Bunte/Lwowski, Bankrechts-Handbuch, § 72 Rz. 122, S. 2411; *Sailer-Coceani* in MünchHdb. AG, § 14 Rz. 60.
171 Bis zum Inkrafttreten des 2. Finanzmarktförderungsgesetzes im Jahre 1994 stellte die Sonderverwahrung nach § 2 DepotG die Regelverwahrart dar (vgl. *Klanten* in Schimansky/Bunte/Lwowski, Bankrechts-Handbuch, § 72 Rz. 122, S. 2411).
172 Vgl. *Einsele* in MünchKomm. HGB, Band 6, 4. Aufl. 2019, Depotgeschäft, Rz. 44; *Klanten* in Schimansky/Bunte/Lwowski, Bankrechts-Handbuch, § 72 Rz. 71 ff., S. 2397 ff.; *Sailer-Coceani* in MünchHdb. AG, § 14 Rz. 63.
173 *Bauer* in Kümpel/Mülbert/Früh/Seyfried, Bankrecht und Kapitalmarktrecht, Rz. 18.48.
174 Vgl. Nr. XI Abs. 1 Satz 4 der Allgemeinen Geschäftsbedingungen der Clearstream Banking AG v. 14.10.2020 (abrufbar unter www.clearstream.com); § 17 der Bedingungen für Geschäfte an der Frankfurter Wertpapierbörse in der Fassung v. 23.11.2020; *Einsele* in MünchKomm. HGB, Band 6, 4. Aufl. 2019, Depotgeschäft, Rz. 46 f.; *Klanten* in Schimansky/Bunte/Lwowski, Bankrechts-Handbuch, § 72 Rz. 75 ff., S. 2398 f.; *Bauer* in Kümpel/Mülbert/Früh/Seyfried, Bankrecht und Kapitalmarktrecht, Rz. 18.48; vgl. auch Rz. 5.104 f.
175 Zur Rechtsposition des Hinterlegers im Einzelnen vgl. *Klanten* in Schimansky/Bunte/Lwowski, Bankrechts-Handbuch, § 72 Rz. 79 ff., S. 2399 f.

aa) Haussammelverwahrung

5.66 Bei der Haussammelverwahrung verwahrt die Depotbank die vom Kunden eingelieferten Wertpapiere ungetrennt von ihren eigenen Beständen derselben Art oder von solchen anderer Depotkunden oder vertraut sie einer anderen Depotbank zur Sammelverwahrung an. Voraussetzung dafür ist, dass der Depotkunde die Depotbank hierzu ausdrücklich und schriftlich ermächtigt hat (§ 5 Abs. 1 Satz 2 DepotG).

bb) Girosammelverwahrung

5.67 Die Girosammelverwahrung ist die vom Gesetzgeber privilegierte und in der Praxis regelmäßig praktizierte Form der bankmäßigen Verwahrung von Wertpapieren[176]. Sie ist für die Depotbanken und Depotkunden kostengünstiger als die Sonderverwahrung und bildet über die Girosammelbestände der Wertpapiersammelbank die **wertpapiermäßige Grundlage für den stückelosen Effektengiroverkehr** mit Wertpapieren. In Deutschland ist die Clearstream Banking AG in Frankfurt/Main, bei der es sich mittelbar um eine 100-prozentige Tochtergesellschaft der Deutsche Börse AG handelt, als Wertpapiersammelbank zugelassen[177]. Da Kunden der Clearstream Banking AG regelmäßig nur in- und ausländische Kredit- und Finanzdienstleistungsinstitute sind[178], handelt es sich um einen Fall der **Drittverwahrung** i.S.d. § 3 DepotG: Die Clearstream Banking AG verwahrt die ihr übergebenen Aktien als unmittelbare Fremdbesitzerin für die sie jeweils beauftragende Bank, die wiederum die Wertpapiere als mittelbare Fremdbesitzerin für ihren Kunden verwahrt[179]. Die Depotkunden der depotführenden Banken, die Inhaber der betreffenden Aktien sind, sind als mittelbare Eigenbesitzer (mindestens) zweiter Stufe Miteigentümer nach Bruchteilen des von der Clearstream Banking AG gehaltenen Sammelbestandes (§ 6 DepotG)[180].

cc) Internationalisierung der Girosammelverwahrung

5.68 Nach § 5 Abs. 4 DepotG darf die Wertpapiersammelbank einem ausländischen Verwahrer im Rahmen einer gegenseitigen Kontoverbindung, die zur Aufnahme eines grenzüberschreitenden Effektigirover-

---

176 *Bauer* in Kümpel/Mülbert/Früh/Seyfried, Bankrecht und Kapitalmarktrecht, Rz. 18.45 ff.
177 Instruktiv das Kundenhandbuch der Clearstream Banking AG (Stand Januar 2021, abrufbar unter www.clearstream.com). Nach Art. 2 Abs. 1 des Gesetzes zu dem Abkommen v. 18.9.1998 zwischen der Regierung der Bundesrepublik Deutschland und der Europäischen Zentralbank über den Sitz der Europäischen Zentralbank v. 19.12.1998 (BGBl. II 1998, 2995) nimmt die EZB als Wertpapiersammelbank am Geschäftsverkehr der Wertpapiersammelbanken teil. Zum Missbrauch einer marktbeherrschenden Stellung durch die Clearstream Banking AG durch unterschiedliche Preisgestaltung gegenüber in- und ausländischen Kunden für gleichwertige Leistungen vgl. EuG v. 9.9.2009 – T 301/04, Slg. II 2009, 3164 ff.
178 In Nrn. 2 und 3 der Allgemeinen Geschäftsbedingungen (AGB) der Clearstream Banking AG (CBF) i.d.F. v. 1.2.2004 hieß es noch, Kunden der CBF dürften nur in- und ausländische Kredit- und Finanzdienstleistungsinstitute sein, die der Depotprüfung nach § 29 KWG unterliegen oder sich dieser freiwillig unterwerfen würden. Nach II Abs. 1 der AGB der CBF i.d.F. v. 14.10.2020 kann Kunde „jede juristische Person sein, mit der CBF eine Geschäftsverbindung eingeht."
179 *Bauer* in Kümpel/Mülbert/Früh/Seyfried, Bankrecht und Kapitalmarktrecht, Rz. 18.50 f.
180 So die h.M.: BGH v. 30.11.2004 – XI ZR 200/03, WM 2005, 272, 273; BGH v. 22.4.1997 – XI ZR 127/96, WM 1997, 1136; OLG Karlsruhe v. 3.12.1998 – 19 U 33/98, WM 1999, 2451, 2455 = WuB I G 3.-1.00 (m. Anm. *Schäfer/Mimberg*); ausführliche Darstellung des Streitstands bei *Berger*, WM 2009, 577 ff.; *Hirte/Knof*, WM 2008, 7, 10 ff.; *Klanten* in Schimansky/Bunte/Lwowski, Bankrechts-Handbuch, § 72 Rz. 79 ff., S. 2399 ff.; a.A. *Einsele*, Wertpapier als Schuldrecht, S. 75 ff., 88; *Einsele*, WM 2001, 7, 11; *Einsele* in MünchKomm. HGB, Band 6, 4. Aufl. 2019, Depotgeschäft, Rz. 61 f. und 86 ff.; *Habersack/Mayer*, WM 2000, 1678, 1680 f. Zu der Frage, ob die in einer Dauerglobalurkunde verbrieften Aktien Wertpapiere oder lediglich Wertrechte darstellen, sowie zum Regierungsentwurf eines Gesetzes zur Einführung von elektronischen Wertpapieren v. 16.12.2020, vgl. Rz. 5.62 und Rz. 5.81. Zur Hinterlegung sammelverwahrter Aktien vgl. BayObLG v. 15.9.2004 – 3 ZBR 145/04, ZIP 2004, 2285 ff. = AG 2005, 244 ff.

kehrs vereinbart wird, Wertpapiere zur Sammelverwahrung anvertrauen[181]. Die Wertpapiere müssen vertretbar und zur Sammelverwahrung durch die Wertpapiersammelbank und den ausländischen Verwahrer im Rahmen der gegenseitigen Kontoverbindung zugelassen sein. Der Schutz der deutschen Depotkunden hinsichtlich der im Ausland unterhaltenen Guthaben muss mit dem durch das Depotgesetz gewährten Schutz funktional gleichwertig sein, insbesondere muss der Depotkunde eine insolvenz- und vollstreckungssichere Rechtsstellung an den sammelverwahrten Beständen besitzen. Auch muss grundsätzlich gutgläubiger Erwerb möglich sein. Die Anschaffung von Wertpapieren im Ausland im Rahmen eines bankmäßigen Effektengeschäftes richtet sich nach Nr. 12 der Sonderbedingungen für Wertpapiergeschäfte[182].

3. Eintragung von Namensaktien im Aktienregister

a) Allgemeines

Namensaktien sind nach der Neufassung des § 10 Abs. 1 AktG durch die Aktienrechtsnovelle 2016 für die nicht börsennotierte Aktiengesellschaft die Standardverbriefungsart. Während diese nur unter den in § 10 Abs. 1 Satz 2 AktG genannten Voraussetzungen für Inhaberaktien optieren können, können börsennotierte Gesellschaften nach wie vor frei zwischen Inhaber- und Namensaktien wählen[183]. Nach § 67 Abs. 1 Satz 1 AktG[184] sind Namensaktien unter Angabe des Namens, des Geburtsdatums, einer Postadresse und einer elektronischen Adresse des Aktionärs sowie der Stückzahl oder der Aktiennummer und bei Nennbetragsaktien des Betrags **in das Aktienregister der Gesellschaft einzutragen**. Bei Namensaktien bestehen im Verhältnis zur Gesellschaft Rechte und Pflichten aus Aktien nur für und gegen den im Aktienregister Eingetragenen (§ 67 Abs. 2 Satz 1 AktG). § 67 AktG ist durch das **Namensaktiengesetz** (NaStraG) vom 18.1.2001[185] insgesamt neu gefasst und sodann durch das **UMAG** vom 22.9.2005[186], das **Risikobegrenzungsgesetz** vom 12.8.2008[187], die **Aktienrechtsnovelle 2016** vom 22.12.2015[188] und das **ARUG II** vom 12.12.2019[189] erheblich geändert worden. Die durch das Risikobegrenzungsgesetz in Bezug auf Namensaktien eingeführten Regelungen[190] stellen eine Reaktion auf Defizite bei der Registereintragung insbesondere ausländischer institutioneller Investoren dar[191]. Sie sollen dem „gesetzlichen Leitbild des möglichst vollständigen Aktienregisters" dienen und der Gesellschaft „mehr Transparenz über die wahren Inhaber" insbesondere solcher Aktien verschaffen, für die Nominee-Banken im Aktienregister eingetragen sind[192]. Zu diesem Zwecke wurde in § 67 Abs. 1 Satz 2

5.69

---

181 Zum grenzüberschreitenden Effektengiroverkehr unter Berücksichtigung des Projektes Target2Securities (T2S) des Europäischen Systems der Zentralbanken (ESZB) vgl. im Einzelnen *Klanten* in Schimansky/Bunte/Lwowski, Bankrechts-Handbuch, § 72 Rz. 109 ff., S. 2406 ff.; *Bauer* in Kümpel/Mülbert/Früh/Seyfried, Bankrecht und Kapitalmarktrecht, Rz. 18.63 ff.; *Parmentier*, EuZW 2018, 393 f.; zum Kollisionsrecht vgl. zur Abwicklung von grenzüberschreitenden Geschäften in Bezug auf durch Intermediäre verwahrte Wertpapiere vgl. *Einsele*, EuZW 2018, 402 ff.
182 Dazu *Hopt* in Baumbach/Hopt, HGB, 40. Aufl. 2021, 2. Teil V, Bankgeschäfte 8a (Stand Januar 2018); *Klanten* in Schimansky/Bunte/Lwowski, Bankrechts-Handbuch, § 72 Rz. 146 f., S. 2417 f.
183 Dazu und zum Begriff der Namensaktie vgl. Rz. 5.34 ff.
184 Die Bestimmungen des § 67 Abs. 1 bis 6 AktG gelten nach § 67 Abs. 7 AktG sinngemäß auch für Zwischenscheine.
185 BGBl. I 2001, 123.
186 BGBl. I 2005, 2802.
187 BGBl. I 2008, 1666.
188 BGBl. I 2015, 2565.
189 BGBl. I 2019, 2637.
190 Dazu *Gätsch* in FS Beuthien, 2009, S. 133 ff.; *Grigoleit/Rachlitz*, ZHR 174 (2010), 12 ff.; *Uwe H. Schneider* in FS Hopt, 2010, S. 1327 ff.; *Marsch-Barner* in FS Hüffer, 2010, S. 627 ff.
191 Vgl. *Uwe H. Schneider/Müller-von Pilchau*, AG 2007, 181, 183; *Lutter/Drygala* in KölnKomm. AktG, 3. Aufl. 2009, § 67 AktG Rz. 13 ff.
192 Vgl. Begr. RegE, BT-Drucks. 16/7438, S. 13 f. und Bericht des Finanzausschusses, BT-Drucks. 16/9821, S. 10.

AktG eine **Verpflichtung des Aktieninhabers** eingeführt, **der Gesellschaft die in das Aktienregister einzutragenden Angaben mitzuteilen**. Auch kann die Satzung nach § 67 Abs. 1 Satz 3 AktG nähere Bestimmungen in Bezug auf die Zulässigkeit der Eintragung von Personen für Aktien, die dinglich einem anderen gehören, und entsprechende Offenlegungspflichten (vgl. § 67 Abs. 2 Satz 2 AktG) vorsehen. Der Eingetragene hat der Gesellschaft auf deren Verlangen mitzuteilen, inwieweit ihm die Aktien, als deren Inhaber er im Aktienregister eingetragen ist, auch gehören (§ 67 Abs. 4 Satz 2 AktG). Die damit verbundenen notwendigen Kosten hat die Gesellschaft zu erstatten. Im Falle der Überschreitung einer nach § 67 Abs. 1 Satz 3 AktG statutarisch vorgesehenen Höchstgrenze oder der Nichterfüllung einer statutarischen Offenlegungspflicht oder der gesetzlichen Mitteilungspflicht nach § 67 Abs. 4 Sätze 2 und 3 AktG bestehen Stimmrechte aus den Aktien nicht (§ 67 Abs. 2 Sätze 2 und 3 AktG). Zudem stellt der Verstoß gegen die gesetzliche Mitteilungspflicht des § 67 Abs. 4 Satz 2 AktG eine Ordnungswidrigkeit dar (§ 405 Abs. 2a AktG). Durch die **Aktienrechtsnovelle 2016** wurde in Satz 1 des § 67 Abs. 1 AktG lediglich klargestellt, dass das Aktienregister unabhängig von einer tatsächlich erfolgten Verbriefung der Aktien zu führen ist. Nach der ebenfalls durch die Aktienrechtsnovelle 2016 erfolgten Neufassung des § 10 Abs. 1 AktG ist § 67 AktG entsprechend anzuwenden, wenn die Aktien einer nicht börsennotierten Gesellschaft, in deren Satzung der Anspruch auf Einzelverbriefung ausgeschlossen ist (§ 10 Abs. 5 AktG), auf den Inhaber lauten, solange die Sammelurkunde nicht nach Maßgabe des § 10 Abs. 1 Satz 2 Nr. 2 AktG hinterlegt ist (§ 10 Abs. 1 Satz 3 AktG). Die durch das **ARUG II** zur Umsetzung der Richtlinie (EU) 2017/828 des Europäischen Parlaments und des Rates vom 17.5.2017 zur Änderung der Aktionärsrechte-Richtlinie (ARRL II) erfolgten Änderungen des § 67 AktG haben überwiegend klarstellenden Charakter[193] (vgl. Rz. 5.37a sowie sogleich Rz. 5.70). Wesentliche Änderungen sind für börsennotierte Gesellschaften insoweit durch die Einfügung der §§ 67a bis 67f AktG erfolgt. Diese gelten sowohl für Inhaber- als auch Namensaktiengesellschaften gleichermaßen und führen daher zu einem Nebeneinander des nur für die Namensaktiengesellschaft geltenden Identifikationsregimes nach § 67 AktG mit den neuen Bestimmungen[194]. Die neuen Vorschriften sollen die Kommunikation zwischen der AG und ihren Aktionären trotz langer Verwahrketten durch einen erleichterten Informationsaustausch verbessern und so die Ausübung von Aktionärsrechten fördern und zugleich die Corporate Governance stärken[195]. Zu den §§ 67a ff. AktG vgl. im Einzelnen Rz. 19.1 ff.

5.69a Die Eintragung im Aktienregister betrifft nur das **Verhältnis zwischen Aktionär und Gesellschaft**, nicht auch das Verhältnis des Aktionärs zu Dritten. Die Änderung des Wortlauts des § 67 Abs. 2 Satz 1 AktG durch das ARUG II ändert an der bisherigen Rechtslage nichts: Wie bisher auch schafft die Eintragung im Verhältnis zur Gesellschaft die unwiderlegliche Vermutung, dass den im Aktienregister Eingetragenen die aus der Mitgliedschaft folgenden Berechtigungen und Verpflichtungen treffen[196]. Hingegen ist die Eintragung im Aktienregister weder Voraussetzung für den Erwerb der Namensaktie noch heilt sie etwaige Erwerbsmängel (dazu näher unter Rz. 5.71). Aus datenschutzrechtlichen Gründen dient das Aktienregister nicht mehr als Informationsquelle des einzelnen Aktionärs über seine Mitaktionäre[197].

---

193 Vgl. *Bayer* in MünchKomm. AktG, 5. Aufl. 2021, § 67 AktG Rz. 12b.; *Grigoleit/Rachlitz* in Grigoleit, § 67 AktG Rz. 8; zur ARRL II auch *Eggers/de Raet*, AG 2017, 464; *Noack*, NZG 2017, 561 ff.
194 Vgl. *Grigoleit/Rachlitz* in Grigoleit, § 67 AktG Rz. 7.
195 Vgl. Begr. RegE., BT-Drucks. 19/9739, 60; auch *Zetzsche*, ZGR 2019, 1, 3. Krit. zur Regelungstechnik der §§ 67a ff. AktG *Hüffer/Koch*, § 67a AktG Rz. 2: „ausgesprochen technisch und herkömmlichem Rechtsanwender kaum zu erschließen".
196 Vgl. Begr. RegE, BT-Drucks. 19/9739, S. 57; *Bayer* in MünchKomm. AktG, 5. Aufl. 2021, § 67 AktG Rz. 147 ff., insb. Rz. 51a; *T. Bezzenberger* in K. Schmidt/Lutter, § 67 AktG Rz. 13 f.; *Cahn* in BeckOGK AktG, Stand 1.2.2021, § 67 AktG Rz. 32 ff.; *Hüffer/Koch*, § 67 AktG Rz. 11.
197 *Bayer* in MünchKomm. AktG, 5. Aufl. 2021, § 67 AktG Rz. 1, 7.

b) Eintragung im Aktienregister

Die Tatsache, dass es sich insbesondere bei börsennotierten Gesellschaften bei dem Aktionärsverzeichnis heute im Regelfall um eine EDV-basierte Datenbank handelt, hat den Gesetzgeber im NaStraG dazu veranlasst, den Begriff des „Aktienbuchs" durch den des „Aktienregisters" zu ersetzen[198]. Allerdings kommt als Aktienregister neben einer elektronischen Datenbank jede andere Form der Aufzeichnung in Betracht, solange die Anforderungen des § 239 HGB erfüllt sind[199]. Zuständig für die Führung des Aktienregisters ist der Vorstand[200]. Insbesondere bei börsennotierten Gesellschaften wird die Führung des Registers auf elektronischer Basis von entsprechenden Dienstleistungsunternehmen übernommen[201]. Die Bestimmungen des § 67 AktG gelten grundsätzlich nur für Namensaktien und Zwischenscheine. Sie sind aber nach § 10 Abs. 1 Satz 3 AktG auf Inhaberaktien entsprechend anzuwenden, wenn die Gesellschaft nicht börsennotiert ist und in ihrer Satzung der Anspruch auf Einzelverbriefung ausgeschlossen ist, solange die Sammelurkunde nicht nach Maßgabe des § 10 Abs. 1 Satz 2 Nr. 2 AktG hinterlegt ist[202]. Die früher herrschende, allerdings nicht unbestrittene Auffassung, nach der es erforderlich war, dass die Namensaktien bzw. Zwischenscheine zumindest in einer Globalurkunde verbrieft waren, ist durch die im Rahmen der Aktienrechtsnovelle 2016 erfolgte Ergänzung von Satz 1 des § 67 Abs. 1 AktG um das Merkmal „unabhängig von ihrer Verbriefung" obsolet geworden[203]. In das Aktienregister einzutragen sind bei natürlichen Personen der Name, das Geburtsdatum und eine Postanschrift sowie eine elektronische Adresse[204] des Aktionärs, bei juristischen Personen und Personenhandelsgesellschaften die Firma, der Sitz, die Geschäftsadresse und eine elektronische Adresse, sowie in jedem Fall die Stückzahl oder die Aktiennummer und bei Nennbetragsaktien der Betrag. Für den Inhaber von Namensaktien besteht seit dem 2008 durch das Risikobegrenzungsgesetz eingeführten § 67 Abs. 1 Satz 2 AktG die **Pflicht, der Gesellschaft die entsprechenden Angaben mitzuteilen**[205]. Ist eine BGB-Gesellschaft Inhaberin von Namensaktien, sollten aufgrund der zwischenzeitlich erfolgten Anerkennung der Rechtsfähigkeit dieser Rechtsform durch den BGH[206] der Name und Sitz der Gesellschaft, wegen fehlender Registerpublizität darüber hinaus auch die Namen, Adressen und Geburtsdaten ihrer Gesellschafter aufgeführt werden[207]. Auch die **Eintragung von Legitima-**

5.70

---

198 Zur Geschichte des Aktienbuchs bzw. -registers vgl. *Happ* in FS Bezzenberger, 2000, S. 111, 115 f.
199 Das Aktienregister ist nach allgemeiner Auffassung kein Handelsbuch, sondern eine „sonst erforderliche Aufzeichnung" i.S.d. § 239 HGB (vgl. *Bayer* in MünchKomm. AktG, 5. Aufl. 2021, § 67 AktG Rz. 14; *Hüffer/Koch*, § 67 AktG Rz. 4). Zum Muster eines Aktienregisters mit Anmerkungen vgl. *Gätsch* in Happ/Groß/Möhrle/Vetter, Aktienrecht, Band I, 4.07.
200 OLG München v. 4.5.2005 – 23 U 5121/04, NZG 2005, 756 ff. = AG 2005, 584 ff.; *Kort*, NZG 2005, 963 ff.; *Bayer* in MünchKomm. AktG, 5. Aufl. 2021, § 67 AktG Rz. 15.
201 Zu den insoweit bestehenden praktischen Erfahrungen und Möglichkeiten, insbesondere bei girosammelverwahrten Aktien, vgl. *Bayer* in MünchKomm. AktG, 5. Aufl. 2021, § 67 AktG Rz. 13; *Bredbeck/Schmidt/Sigl* in von Rosen/Seifert, Die Namensaktie, S. 315 ff.; *Chudaska* in von Rosen/Seifert, Die Namensaktie, S. 355 ff.; *Kastner* in von Rosen/Seifert, Die Namensaktie, S. 335 ff.
202 *Bayer* in MünchKomm. AktG, 5. Aufl. 2021, § 67 AktG Rz. 18; *Hüffer/Koch*, § 10 AktG Rz. 10.
203 Vgl. OLG München v. 4.5.2005 – 23 U 5121/04, NZG 2005, 756, 757 =AG 2005, 584 ff.; *Bayer* in MünchKomm. AktG, 5. Aufl. 2021, § 67 AktG Rz. 17; *Cahn* in BeckOGK AktG, Stand 1.2.2021, § 67 AktG Rz. 12; *Lutter/Drygala* in KölnKomm. AktG, 3. Aufl. 2009, § 67 AktG Rz. 40 f.
204 Nach der auf das ARUG II zurückgehenden Änderung sind grundsätzlich beide Adressformen erforderlich, allerdings nur unter dem Vorbehalt, dass eine elektronische Adresse (grds. E-Mail-Adresse) existiert; eine Pflicht zur Einrichtung einer solchen Adresse besteht jedenfalls für natürliche Personen nicht (vgl. *Hüffer/Koch*, § 67 AktG Rz. 7).
205 Dazu *Bayer* in MünchKomm. AktG, 5. Aufl. 2021, § 67 AktG Rz. 39 f.; *Gätsch* in FS Beuthien, 2009, S. 133, 142 ff.; *Hüffer/Koch*, § 67 AktG Rz. 8; *Lutter/Drygala* in KölnKomm. AktG, 3. Aufl. 2009, § 67 AktG Rz. 13 ff.
206 Grundlegend BGH v. 29.1.2001 – II ZR 331/00, BGHZ 146, 341 ff. = AG 2001, 307.
207 Vgl. *Bayer* in MünchKomm. AktG, 5. Aufl. 2021, § 67 AktG Rz. 30; so BGH v. 26.6.2018 – II ZB 12/16, NJW 2018, 2794 ff., Rz. 8 ff. m. Anm. *Cziupka*; Vorinstanz: OLG Hamm v. 24.5.2016 – 27 W 27/16, NZG 2016, 1147 ff., jeweils zur GmbH-Gesellschafterliste.

tionsaktionären in das Aktienregister ist nach wie vor grundsätzlich zulässig[208], allerdings können insoweit nach dem durch das Risikobegrenzungsgesetz eingeführten § 67 Abs. 1 Satz 3 AktG statutarisch Einschränkungen vorgesehen werden[209]. Der ebenfalls durch das Risikobegrenzungsgesetz eingeführte § 67 Abs. 1 Satz 4 AktG enthält eine Klarstellung in Bezug auf die Behandlung von Aktien, die zu einem in- oder ausländischen Investmentvermögen gehören, dessen Anteile nicht ausschließlich von Anlegern, die nicht natürliche Personen sind, gehalten werden[210]. In § 67 Abs. 1 Satz 1 AktG nicht aufgeführte sonstige Angaben zu den Namensaktien bzw. ihren Inhabern[211] können im Aktienregister eingetragen werden, sie nehmen aber nicht an den Rechtswirkungen des § 67 Abs. 2 AktG teil[212]. Aufzeichnungen der Gesellschaft über Inhaberaktien sind zulässig, auch wenn die Voraussetzungen des § 10 Abs. 1 Satz 3 AktG nicht vorliegen, sie stellen in diesem Fall aber kein Aktienregister i.S.d. § 67 AktG dar[213]. Der Vorstand ist auch ohne entsprechende Mitteilung von Amts wegen verpflichtet, Änderungen in Bezug auf die Ausgestaltung der Namensaktien selbst (z.B. Änderung ihres Nennbetrages, Wechsel von Nennbetrags- zu Stückaktien bzw. umgekehrt, Änderung der Gattung) in das Aktienregister einzutragen[214].

c) Wirkung der Eintragung im Aktienregister

5.71 Nach § 67 Abs. 2 Satz 1 AktG bestehen bei Namensaktien im Verhältnis zur Gesellschaft Rechte und Pflichten aus Aktien nur für denjenigen, der im Aktienregister eingetragen ist. Die Vorschrift, deren Wortlaut durch das ARUG II neu gefasst wurde, ohne dass damit eine inhaltliche Änderung verbunden war,[215] betrifft nur das Rechtsverhältnis zwischen der Gesellschaft und dem im Aktienregister Eingetragenen, nicht aber zu Dritten[216]. Im Verhältnis zur Gesellschaft schafft die ordnungsgemäße Eintragung die **unwiderlegliche Vermutung**, dass der Eingetragene Mitglied der Gesellschaft ist und ihm daher die aus der Mitgliedschaft folgenden Rechte und Pflichten gegenüber der Gesellschaft zuste-

---

208 Vgl. ausdrücklich Begr. RegE zum Risikobegrenzungsgesetz, BT-Drucks. 16/7438, S. 13, re. Sp.; *Happ* in FS Bezzenberger, 2000, S. 111, 120; i. E. trotz Bedenken auch *Bayer* in MünchKomm. AktG, 5. Aufl. 2021, § 67 AktG Rz. 24. Üblicherweise erfolgt eine Offenlegung durch den Vermerk „Fremdbesitz".
209 Vgl. Begr. RegE, BT-Drucks. 16/7438, S. 13, re. Sp.; näher dazu *Cahn* in BeckOGK AktG, Stand 1.2.2021, § 67 AktG Rz. 27 ff.; *Gätsch* in FS Beuthien, 2009, S. 133, 148 ff.; *Grigoleit/Rachlitz*, ZHR 174 (2010), 12, 43 ff.; *Hüffer/Koch*, § 67 AktG Rz. 8a f.; *Marsch-Barner* in FS Hüffer, 2010, S. 627, 629 ff.; *Uwe H. Schneider* in FS Hopt, 2010, S. 1327, 1334 ff.
210 Vgl. dazu Bericht des Finanzausschusses, BT-Drucks. 16/9821, S. 18, li. Sp.
211 Zu denken ist an das Geschlecht oder die Staatsangehörigkeit des Aktionärs, das Bestehen von Haltefristen oder, ob die Aktien in Eigen- oder Fremdbesitz gehalten werden. Zur Eintragung eines gemeinschaftlichen Vertreters im Aktienregister vgl. *Blasche*, AG 2015, 342 ff.
212 Ausführlich zum Meinungsstand *Bayer* in MünchKomm. AktG, 5. Aufl. 2021, § 67 AktG Rz. 32 ff. Nach einer im Vordringen befindlichen Auffassung sollen jedoch im Aktienregister enthaltene Angaben zu dinglichen Belastungen der Aktien, obwohl in § 67 Abs. 1 Satz 1 AktG nicht vorgesehen, den Wirkungen des § 67 Abs. 2 Satz 1 AktG unterfallen (*Bayer* in MünchKomm. AktG, 5. Aufl. 2021, § 67 AktG Rz. 37 m.w.N.; *Lutter/Drygala* in KölnKomm. AktG, 3. Aufl. 2009, § 67 AktG Rz. 33 ff.).
213 Vgl. *Bayer* in MünchKomm. AktG, 5. Aufl. 2021, § 67 AktG Rz. 18; *Hüffer/Koch*, § 67 AktG Rz. 10; noch zur Rechtslage vor Änderung des § 67 Abs. 1 AktG durch die Aktienrechtsnovelle 2016: OLG München v. 4.5.2005 – 23 U 5121/04, NZG 2005, 756, 757 = AG 2005, 584 ff.; *Lutter/Drygala* in KölnKomm. AktG, 3. Aufl. 2009, § 67 AktG Rz. 40 f.
214 *Bayer* in MünchKomm. AktG, 5. Aufl. 2021, § 67 AktG Rz. 94; *Hüffer/Koch*, § 67 AktG Rz. 9.
215 Vgl. *T. Bezzenberger* in K. Schmidt/Lutter, § 67 AktG Rz. 27a; *Hüffer/Koch*, § 67 AktG Rz. 11.
216 OLG Frankfurt/Main v. 9.1.2006 – 20 W 166/05, NZG 2006, 667, 669 = AG 2006, 293 (Antragsberechtigung im Spruchverfahren). Die Erben eines Aktionärs können sich auch dann auf dessen Eintragung im Aktienregister berufen, wenn sie selbst noch nicht im Aktienregister eingetragen sind (vgl. OLG Jena v. 25.2.2004 – 2 U 635/03, AG 2004, 268, 270 m.w.N.; OLG Brandenburg v. 6.6.2001 – 7 U 145/00, AG 2003, 328, 329). Zu den Legitimationswirkungen des Aktienregisters bei fehlgeschlagenen Anteilsübertragungen vgl. *Wicke*, ZIP 2005, 1397 ff.

hen[217]. Eingeschränkt wird dieser Grundsatz durch die 2008 durch das Risikobegrenzungsgesetz in § 67 Abs. 2 AktG eingeführten Sätze 2 und 3. Danach bestehen im Falle der Überschreitung einer auf Grundlage von § 67 Abs. 1 Satz 3 AktG statutarisch vorgesehenen Höchstgrenze oder der Nichterfüllung einer statutarisch vorgesehenen Offenlegungspflicht oder der in § 67 Abs. 4 Sätze 2 und 3 AktG angeordneten gesetzlichen Mitteilungspflichten Stimmrechte aus den Aktien nicht[218]. Keinen Einfluss hat die Eintragung im Aktienregister auf die materielle Rechtslage[219]. Verfügungen über Namensaktien erfolgen außerhalb des Aktienregisters, die Eintragung im Register ist weder Voraussetzung für die Wirksamkeit der Verfügung noch werden unwirksame Verfügungen durch die Eintragung im Register geheilt[220]. Insbesondere ist mit der Eintragung kein Gutglaubensschutz verbunden. Die Wirkungen des § 67 Abs. 2 AktG zwischen Gesellschaft und Eingetragenem treten auch ein, wenn der Gesellschaft positiv bekannt ist, dass der Eingetragene materiell nicht Aktionär ist. Wird ein Aktionär fälschlich nicht als Aktionär in das Aktienregister eingetragen, richten sich die Ansprüche des materiell wahren Aktionärs nach den Vorschriften des allgemeinen Zivilrechts[221]. In Fällen der **Gesamtrechtsnachfolge** geht die für den im Aktienregister Eingetragenen bestehende Legitimation nach h.M. unabhängig von der Registereintragung des Rechtsnachfolgers auf diesen über[222].

d) Löschung und Neueintragung

Nach § 67 Abs. 3 AktG erfolgen **Löschung und Neueintragung im Aktienregister** auf Mitteilung und Nachweis. Die Einschränkung, dass dies nur im Falle des Übergangs der Namensaktie auf einen anderen gilt, ist durch das ARUG II gestrichen worden[223]. Anders als nach der vor dem Risikobegrenzungsgesetz von 2008 geltenden Rechtslage, nach der die an der Aktienübertragung Beteiligten nicht ver-

5.72

---

217 Vgl. OLG Jena v. 25.2.2004 – 2 U 635/03, AG 2004, 268; OLG Hamburg v. 11.9.2003 – 11 W 30/03, NZG 2004, 45 f. = AG 2003, 694; OLG Brandenburg v. 6.6.2001 – 7 U 145/00, AG 2003, 328, 329; *Bayer* in MünchKomm. AktG, 5. Aufl. 2021, § 67 AktG Rz. 46 ff.; *Cahn* in BeckOGK AktG, Stand 1.2.2021, § 67 AktG Rz. 30 ff.; *Hüffer/Koch*, § 67 AktG Rz. 13 ff.; *Lutter/Drygala* in KölnKomm. AktG, 3. Aufl. 2009, § 67 AktG Rz. 42 ff.; ausf. *Wiersch*, ZGR 2015, 591 ff.; a.A. noch das RG (RGZ 86, 154, 160; RGZ 123, 279, 286). Zum eher akademischen Streit, ob es sich bei § 67 Abs. 2 AktG um eine unwiderlegliche Vermutung oder um eine Fiktion handelt, vgl. *Bayer* in MünchKomm. AktG, 5. Aufl. 2021, § 67 AktG Rz. 51 f.; *Hüffer/Koch*, § 67 AktG Rz. 13. Die früher umstrittene Frage, ob der im Aktienregister eingetragene Legitimationsaktionär den Mitteilungspflichten des § 21 WpHG a.F. (jetzt § 33) unterliegt (vgl. dazu OLG Köln v. 6.6.2012 – 18 U 240/11, ZIP 2012, 1458, 1460 ff., Rz. 52 ff. = AG 2012, 599; dazu *Cahn*, AG 2013, 459 ff.; *Nastowska*, NZG 2013, 124 ff.; *Widder/Kocher*, ZIP 2012, 2092 ff.), wurde durch das Kleinanlegerschutzgesetz v. 3.7.2015 (BGBl. I 2015, 1114) durch Einfügung der Worte „aus ihm gehörenden" vor „Aktien" in § 21 Abs. 1 WpHG a.F. (jetzt § 33 WpHG) im Sinne der h.M. verneint (vgl. dazu *Piroth*, AG 2015, 10 ff.; *Hüffer/Koch*, § 67 AktG Rz. 15a m.w.N.).
218 Vgl. dazu *Bayer* in MünchKomm. AktG, 5. Aufl. 2021, § 67 AktG Rz. 87 f. (dort auch zu der durch das ARUG II zusätzlich in § 67 Abs. 2 Satz 3 AktG eingeführten Notwendigkeit der Androhung des Stimmrechtsverlustes); *Cahn* in BeckOGK AktG, Stand 1.2.2021, § 67 AktG Rz. 57 ff.; *Grigoleit/Rachlitz*, ZHR 174 (2010), 12, 52 ff.; *Hüffer/Koch*, § 67 AktG Rz. 15b; *Lutter/Drygala* in KölnKomm. AktG, 3. Aufl. 2009, § 67 AktG Rz. 74 ff.; *Marsch-Barner* in FS Hüffer, 2010, S. 627, 635 ff., 640 f. und 643 ff.; *Müller-von Pilchau*, AG 2011, 775, 776 ff.
219 Vgl. *Bayer* in MünchKomm. AktG, 5. Aufl. 2021, § 67 AktG Rz. 46 m.w.N.; zum Löschungsverfahren nach § 67 Abs. 5 AktG vgl. Rz. 5.75.
220 OLG Stuttgart v. 1.12.2008 – 20 W 12/08, AG 2009, 204, 206.
221 *T. Bezzenberger* in K. Schmidt/Lutter, § 67 AktG Rz. 27b; *Hüffer/Koch*, § 67 AktG Rz. 15 a.E.; *Lutter/Drygala* in KölnKomm. AktG, 3. Aufl. 2009, § 67 AktG Rz. 47, 105 ff.
222 OLG Jena v. 25.2.2005 – 2 U 635/03, AG 2004, 268, 269 f. (Vererbung); *T. Bezzenberger* in K. Schmidt/Lutter, § 67 AktG Rz. 31a (Erbfolge) und Rz. 31b (Umwandlung); *Cahn* in BeckOGK AktG, Stand 1.2.2021, § 67 AktG Rz. 48 f. (Erwerb im Erbgang); *Lutter/Drygala* in KölnKomm. AktG, 3. Aufl. 2009, § 67 AktG Rz. 71; a.A. *Bayer* in MünchKomm. AktG, 5. Aufl. 2021, § 67 AktG Rz. 78 ff. (Erbfolge) und Rz. 84 (Umwandlung).
223 Vgl. *Hüffer/Koch*, § 67 AktG Rz. 16.

pflichtet waren, entsprechende Mitteilungen zu machen, sondern allenfalls entsprechende Handlungsobliegenheiten zur Herbeiführung der Rechtswirkungen des § 67 Abs. 2 Satz 1 AktG bestanden, verpflichtet der durch das Risikobegrenzungsgesetz neu eingeführte § 67 Abs. 1 Satz 2 AktG die Inhaber von Namensaktien nunmehr, der Gesellschaft die Angaben nach § 67 Abs. 1 Satz 1 AktG mitzuteilen. Der Vorstand ist aus eigener Zuständigkeit nach wie vor nicht berechtigt, Löschungen oder Neueintragungen von Aktionären vorzunehmen, wenn er von der Aktienübertragung zwar Kenntnis hat, aber entsprechende Mitteilungen nicht erfolgt sind[224]. Allerdings sind die Befugnisse des Vorstands deutlich erweitert, da mit der Auskunftspflicht der Aktionäre nach § 67 Abs. 1 Satz 2 AktG ein entsprechender vom Vorstand geltend zu machender **Auskunftsanspruch der Gesellschaft** korrespondiert. Außerdem kann der Vorstand für die Gesellschaft von demjenigen, der in das Aktienregister eingetragen ist, die Mitteilung verlangen, ob ihm die Aktien gehören bzw. für wen er die Aktien hält (§ 67 Abs. 4 Satz 2 AktG). Eine entsprechende Auskunftspflicht besteht für denjenigen, dessen Identität auf diese Weise offengelegt wird (§ 67 Abs. 4 Satz 3 AktG), so dass sich die Gesellschaft ausgehend von dem im Aktienregister Eingetragenen über die **Offenlegung der gesamten Verwahrkette** Kenntnis von der Person des eigentlichen Aktieninhabers verschaffen kann[225]. Die den Intermediären dadurch entstehenden notwendigen Kosten sind ihnen von der Gesellschaft zu erstatten (§ 67 Abs. 4 Satz 4 Halbs. 2 AktG). Der nach der Änderung des § 67 Abs. 3 AktG durch das NaStraG im Jahre 2001 rechtlich anerkannten Möglichkeit, dass die Löschung des Altaktionärs im Register erfolgt, ohne dass der Erwerber eingetragen wird und das Aktienregister daher Leerposten aufweist[226], hat das Risikobegrenzungsgesetz 2008 durch die Einführung der Mitteilungspflicht des § 67 Abs. 1 Satz 2 AktG grundsätzlich der Boden entzogen. Dennoch verbleibt die Möglichkeit, dass die Gesellschaft nach dem 2005 durch das UMAG eingeführten § 67 Abs. 4 Satz 5 AktG auch ohne Zustimmung des Aktionärs verlangen kann, dass das depotführende Institut sich gegen Erstattung der notwendigen Kosten durch die Gesellschaft an dessen Stelle als „Platzhalter" gesondert in das Aktienregister eintragen lässt[227].

5.73 Auf die **Mitteilungen** nach § 67 Abs. 1 Satz 2, Abs. 3 AktG finden als geschäftsähnliche Handlungen die Bestimmungen über Willenserklärungen entsprechende Anwendung[228]. Sie sind formfrei möglich. Zur Mitteilung der Neueintragung und der dieser notwendigerweise vorausgehenden Löschung ist immer der Erwerber der Aktie verpflichtet und berechtigt, während der Veräußerer nur zu Mitteilung seiner Löschung im Register befugt ist[229]. Bei girosammelverwahrten Aktien erfolgen die Mitteilungen im Wege elektronischer Datenübermittlung über das von der Clearstream Banking AG betriebene Abwicklungssystem CASCADE-RS[230]. Für den Nachweis des Aktienübergangs kommt bei Vorhandensein effektiver Stücke die Vorlage der Aktienurkunde, die das den Inhaber bezeichnende Indossament oder ein Blankoindossament enthält, und bei girosammelverwahrten Aktien insbesondere die Vorlage elektronischer Umschreibebestätigungen der an der Verwahrung mitwirkenden Intermediäre an den Zentralverwahrer in Betracht[231]. Nach dem durch das ARUG II neu eingeführten § 67 Abs. 3 Satz 2

---

224 Vgl. *Noack*, ZIP 1999, 1993, 1996; *Bayer* in MünchKomm. AktG, 5. Aufl. 2021, § 67 AktG Rz. 94; *Hüffer/Koch*, § 67 AktG Rz. 17. Zu den auf die Aktie als solche bezogenen Änderungen, die der Vorstand ohne entsprechende Mitteilung vornehmen kann, vgl. *Bayer* in MünchKomm. AktG, 5. Aufl. 2021, § 67 AktG Rz. 94 und Rz. 5.70 a.E.
225 Vgl. Begr. RegE, BT-Drucks. 16/7438, S. 14, re. Sp.; *T. Bezzenberger* in K. Schmidt/Lutter, § 67 AktG Rz. 44 ff.; *Gätsch* in FS Beuthien, 2009, S. 133, 146 ff.; *Hüffer/Koch*, § 67 AktG Rz. 21; zur Anwendbarkeit des § 67 Abs. 4 AktG auf ausländische Verwahrbanken vgl. *Uwe H. Schneider/Müller-von Pilchau*, WM 2011, 721, 725 f.
226 Vgl. *Seibert* in von Rosen/Seifert, Die Namensaktie, S. 11, 12.
227 Vgl. *Bayer* in MünchKomm. AktG, 5. Aufl. 2021, § 67 AktG Rz. 128 f.; *Uwe H. Schneider/Müller-von Pilchau*, AG 2007, 181 ff.
228 H.M., vgl. *Cahn* in BeckOGK AktG, Stand 1.2.2021, § 67 AktG Rz. 74; *Hüffer/Koch*, § 67 AktG Rz. 17; *Lutter/Drygala* in KölnKomm. AktG, 3. Aufl. 2009, § 67 AktG Rz. 98.
229 *Bayer* in MünchKomm. AktG, 5. Aufl. 2021, § 67 AktG Rz. 101 ff.
230 Die technischen Abläufe sind in Abschnitt 7.1 des Kundenhandbuchs der Clearstream Banking AG (Stand Januar 2021) als Betreiberin des Abwicklungssystems CASCADE-RS beschrieben.
231 *Cahn* in BeckOGK AktG, Stand 1.2.2021, § 67 AktG Rz. 80; *Zetzsche*, AG 2020, 1 ff. (Rz. 52).

AktG kann die Eintragung auch aufgrund einer Mitteilung nach § 67d Abs. 4 AktG erfolgen[232]. Die Gesellschaft darf bei Namensaktien Umschreibungen im Aktienregister für einen an der Anmeldefrist orientierten Zeitraum vor Durchführung der Hauptversammlung aussetzen (**Umschreibungsstopp**)[233]. Die im Gesetzgebungsverfahren zur Aktienrechtsnovelle 2016 erwogene Schaffung eines gesetzlich definierten Stichtags für den Nachweis zur Teilnahme- und Stimmberechtigung auch für Namensaktien börsennotierter Gesellschaften (vgl. § 123 Abs. 4 AktG für Inhaberaktien börsennotierter Gesellschaften) ist nicht umgesetzt worden; bei diesen Gesellschaften folgt die Teilnahme- und Stimmberechtigung somit aus der Eintragung im Aktienregister (§ 123 Abs. 5, § 67 Abs. 2 Satz 1 AktG).

e) Übermittlungspflicht der mitwirkenden Intermediäre

Außer der Pflicht des depotführenden Intermediärs nach § 67 Abs. 4 Satz 5 AktG, sich auf Verlangen der Gesellschaft für einen nicht eintragungswilligen Aktionär als Platzhalter in das Aktienregister eintragen zu lassen, sind nach § 67 Abs. 4 Satz 1 AktG die bei der Übertragung oder Verwahrung von Namensaktien **mitwirkenden** Intermediäre[234] verpflichtet, **der Gesellschaft die für die Führung des Aktienregisters erforderlichen Angaben gegen Erstattung der notwendigen Kosten zu übermitteln**. Eine dieser Verpflichtung der Intermediäre gegenüber der Gesellschaft[235] inhaltlich entsprechende Verpflichtung ergibt sich für die Banken des Aktienveräußerers bzw. -erwerbers diesen gegenüber regelmäßig aus dem jeweiligen Kommissions- oder Depotvertrag. Eine etwaige Weisung des Kunden gegenüber der Bank, derartige Mitteilungen zu unterlassen, verstößt gegen § 67 Abs. 1 Satz 2 AktG und ist daher unbeachtlich[236]. Die notwendigen Kosten des Intermediärs für die Datenübermittlung (nicht der Datenerhebung und -speicherung) sind von der Aktiengesellschaft zu tragen. Dabei ging der Rechtsausschuss im Gesetzgebungsverfahren zum NaStraG davon aus, dass notwendige Kosten nicht die bei dem Intermediär tatsächlich entstehenden, sondern die bei gehöriger Anstrengung unter Einsatz aller technischen Hilfsmittel **unvermeidbaren Kosten** sind, und dass diese zumindest „auf längere Sicht bei vollelektronischer Erfassung und Übermittlung an die Clearingstellen und Weiterleitung an die Aktienregister gegen Null tendieren könnten."[237] Die Ermächtigungsgrundlage für eine Verordnung in Bezug auf die Erstattung der den Kreditinstituten wegen Erfüllung ihrer Pflichten nach § 67 Abs. 4 AktG entstehenden Kosten (§ 128 Abs. 3 Satz 1 Nr. 1 AktG) und die auf dieser Grundlage erlassene „**Verordnung über den Ersatz von Aufwendungen der Kreditinstitute**" vom 17.6.2003[238]

5.74

---

232 Dazu *Zetzsche*, AG 2020, 1 ff. (Rz. 55 f.); *Cahn* in BeckOGK AktG, Stand 1.2.2021, § 67 AktG Rz. 85 f.
233 BGH v. 21.9.2009 – II ZR 174/08, NZG 2009, 1270 f. Rz. 9 = AG 2009, 824; dazu *Baums* in FS Hüffer, 2010, S. 15 ff.; *Bayer/Lieder*, NZG 2009, 1361 ff.; *T. Bezzenberger* in K. Schmidt/Lutter, § 67 AktG Rz. 42 f.
234 Durch das ARUG II wurde in § 67 Abs. 4 AktG der Begriff des Kreditinstituts durch den des Intermediärs ersetzt, der in § 67a Abs. 4 AktG legaldefiniert ist; erfasst sind neben Kreditinstituten auch Wertpapierfirmen und Zentralverwahrer; auf den Sitz des Intermediärs kommt es nicht an (vgl. *Hüffer/Koch*, § 67 AktG Rz. 21 und § 67a AktG Rz. 8). Zur Anwendbarkeit der Offenlegungs- und Auskunftspflichten nach § 67 Abs. 4 AktG a.F. auf ausländische depotführende Kreditinstitute vgl. Uwe H. *Schneider/Müller-von Pilchau*, WM 2011, 721, 725 f.
235 Durch das Risikobegrenzungsgesetz ist die früher umstrittene Frage, ob die Kreditinstitute der Gesellschaft gegenüber zur Mitteilung verpflichtet sind und die Gesellschaft gegen die Kreditinstitute einen Anspruch auf Mitteilung hat, geklärt (vgl. Bericht des Rechtsausschusses zu § 67 Abs. 4 AktG, BT-Drucks. 14/4618, S. 13).
236 Str., wie hier *Noack*, NZG 2008, 721; *Gätsch* in FS Beuthien, 2009, S. 133, 145; *T. Bezzenberger* in K. Schmidt/Lutter, § 67 AktG Rz. 46; *Hüffer/Koch*, § 67 AktG Rz. 21; *Wieneke* in Bürgers/Körber/Lieder, § 67 AktG Rz. 28; a.A. *Bayer* in MünchKomm. AktG, 5. Aufl. 2021, § 67 AktG Rz. 118 f.; *Cahn* in BeckOGK AktG, Stand 1.2.2021, § 67 AktG Rz. 88; auch *Lutter/Drygala* in KölnKomm. AktG, 3. Aufl. 2009, § 67 AktG Rz. 109.
237 Vgl. Bericht des Rechtsausschusses zu § 67 Abs. 4 AktG, BT-Drucks. 14/4618, S. 13.
238 BGBl. I 2003, 885; dazu *Seibert*, ZIP 2003, 1270 ff.; zur Aufhebung und übergangsweisen Fortgeltung der Verordnung vgl. *Bayer* in MünchKomm. AktG, 5. Aufl. 2021, § 67 AktG Rz. 121a.

sind durch das ARUG II aufgehoben worden, die Verordnung findet aber nach Maßgabe des Art. 26j Abs. 5 EGAktG für eine Übergangszeit, längstens bis zum 3.9.2025, sinngemäße Anwendung. Eine modifizierte Verordnungsermächtigung ist nunmehr in § 67f Abs. 3 Satz 1 Nr. 1 AktG vorgesehen[239].

f) Löschungsverfahren

5.75 § 67 Abs. 5 AktG enthält Bestimmungen für das Löschungsverfahren für den Fall, dass jemand **nach Ansicht der Gesellschaft zu Unrecht als Aktionär in das Aktienregister eingetragen** worden ist[240]. Die Gesellschaft kann die Eintragung nur löschen, wenn sie die Beteiligten vorher von der beabsichtigten Löschung **benachrichtigt** und ihnen eine angemessene **Frist zur Geltendmachung eines Widerspruchs** gesetzt hat. Widerspricht ein Beteiligter innerhalb der Frist, hat die Löschung bis zu einer gerichtlichen Beseitigung des Widerspruchs zu unterbleiben[241]. Die Fehlerhaftigkeit der Eintragung kann darauf beruhen, dass der Eingetragene zum Zeitpunkt der Eintragungsmitteilung nicht Aktionär war, dass er zwar Aktionär war, er aber weder selbst eine Eintragungsmitteilung gemacht hat noch für ihn eine solche Mitteilung gemacht wurde oder die Eintragung aus sonstigen Gründen nicht ordnungsgemäß war[242]. Wurde die Aktie hingegen nach ordnungsgemäßer Eintragung veräußert, kann eine Löschung nur auf Grundlage von § 67 Abs. 3 AktG, nicht aber nach § 67 Abs. 5 AktG, erfolgen. Ohne die Einhaltung des Verfahrens nach § 67 Abs. 5 AktG ist die Gesellschaft nicht berechtigt, eigenmächtig fehlerhafte Eintragungen zu löschen[243]. **Beteiligte** sind all diejenigen, in deren Rechtsstellung durch eine Löschung eingegriffen würde, also der Eingetragene selbst, sein unmittelbarer Vormann, da dieser im Falle der Löschung der Eintragung wieder anstelle des zu Unrecht Eingetragenen im Verhältnis zur Gesellschaft in die Rechtsstellung des Aktionärs einrückt, sowie die mittelbaren Vormänner des Eingetragenen, soweit diese noch nach § 65 AktG in Anspruch genommen werden können[244]. Die **Frist zur Geltendmachung des Widerspruchs** muss angemessen sein. Die Angemessenheit beurteilt sich je nach Komplexität des zugrundeliegenden Sachverhalts im Einzelfall, sie sollte aber grundsätzlich einen Monat nicht unterschreiten[245]. Stimmen alle Beteiligten der Löschung ausdrücklich zu oder reagieren sie innerhalb der angemessenen Frist nicht, ist die Gesellschaft berechtigt, die Eintragung zu löschen. Legt auch nur ein Beteiligter innerhalb der Frist Widerspruch ein, muss die Löschung der Eintragung unterbleiben (§ 67 Abs. 5 Satz 2 AktG). Die Gesellschaft oder jeder sonstige in seinen Rechten Betroffene kann gegen den Widerspruch im Wege der **Klage** vorgehen[246]. Die Löschung der Eintragung beseitigt deren Wirkung nach § 67 Abs. 2 Satz 1 AktG für die Zukunft mit der Folge, dass von der Löschung an die Eintragungswirkung für den unmittelbaren Vormann des Gelöschten gilt[247].

---

239 Vgl. *Hüffer/Koch*, § 67f AktG Rz. 10.
240 Zur Berichtigungsbefugnis der Gesellschaft ohne Einhaltung des Verfahrens nach § 67 Abs. 5 AktG bei einfachen Schreibfehlern und offenbaren Unrichtigkeiten vgl. *Bayer* in MünchKomm. AktG, 5. Aufl. 2021, § 67 AktG Rz. 132 f.
241 *Hüffer/Koch*, § 67 AktG Rz. 25; OLG München v. 17.7.2015 – 14 W 1132/15, NZG 2015, 1272, 1274 Rz. 42 ff. (zur entsprechenden Anwendbarkeit des § 67 Abs. 5 AktG auf die GmbH-Gesellschafterliste nach § 40 GmbHG).
242 *Hüffer/Koch*, § 67 AktG Rz. 23.
243 Vgl. OLG Zweibrücken v. 3.12.1996 – 3 W 171/96, AG 1997, 140 f. (Ausnahme: Schreibfehler und offenbare Unrichtigkeiten).
244 *Bayer* in MünchKomm. AktG, 5. Aufl. 2021, § 67 AktG Rz. 138; *Hüffer/Koch*, § 67 AktG Rz. 24; *Lutter/Drygala* in KölnKomm. AktG, 3. Aufl. 2009, § 67 AktG Rz. 134 ff.
245 *Hüffer/Koch*, § 67 AktG Rz. 24; differenzierend *Cahn* in BeckOGK AktG, Stand 1.2.2021, § 67 AktG Rz. 104.
246 Nach der wohl überwiegenden Meinung ist die Klage als Leistungsklage auf Rücknahme des Widerspruchs zu richten (vgl. *Bayer* in MünchKomm. AktG, 5. Aufl. 2021, § 67 AktG Rz. 144 ff.; *T. Bezzenberger* in K. Schmidt/Lutter, § 67 AktG Rz. 63; *Cahn* in BeckOGK AktG, Stand 1.2.2021, § 67 AktG Rz. 106; *Hüffer/Koch*, § 67 AktG Rz. 25), während nach anderer Auffassung die Klage auch auf Erteilung der Zustimmung zur Löschung gerichtet werden kann (*Lutter/Drygala* in KölnKomm. AktG, 3. Aufl. 2009, § 67 AktG Rz. 139).
247 *Hüffer/Koch*, § 67 AktG Rz. 26.

Bis zur Löschung galt hingegen der zu Unrecht Eingetragene im Verhältnis zur Gesellschaft als Aktionär[248]. Aufgrund der weitreichenden Folgen, die die Eintragung im Aktienregister im Verhältnis zwischen Gesellschaft und Eingetragenem hat, ist die Gesellschaft zur Einleitung des Verfahrens nach § 67 Abs. 5 AktG verpflichtet, wenn sie der Ansicht ist, dass jemand zu Unrecht als Aktionär im Aktienregister eingetragen ist. Diese Verpflichtung kann durch den Eingetragenen, den materiell berechtigten Aktionär und die in ihren Rechten betroffenen Vormänner klageweise durchgesetzt werden[249].

g) Informationsrecht des Aktionärs

Das NaStraG hat im Jahre 2001 aus datenschutzrechtlichen Gründen zu einer erheblichen Einschränkung des Informationsrechts der Aktionäre im Hinblick auf den Inhalt des Aktienregisters geführt[250]. Während nach bis dahin geltender Rechtslage jeder Aktionär Einsicht in das Aktienbuch und damit in die dort gespeicherten Daten seiner Mitaktionäre nehmen konnte[251], kann der Aktionär nach der Fassung des § 67 Abs. 6 Satz 1 AktG durch das NaStraG von der Gesellschaft **nur Auskunft über die zu seiner Person in das Aktienregister eingetragenen Daten** verlangen. Börsennotierte Gesellschaften können hiervon (anders als nicht börsennotierte Gesellschaften, bei denen insoweit Satzungsfreiheit besteht[252]) nicht durch entsprechende Satzungsgestaltung abweichen (§ 67 Abs. 6 Satz 2 AktG). § 67 Abs. 6 Satz 1 AktG dient, insbesondere im Hinblick auf die weitgehenden Wirkungen des § 67 Abs. 2 Satz 1 AktG, der Kontrolle der von der Gesellschaft in Bezug auf den einzelnen Aktionär geführten Daten durch den Aktionär selbst[253]. Die Gesellschaft darf die im Aktienregister enthaltenen sowie die nach § 67 Abs. 4 Satz 2 und 3 AktG mitgeteilten Daten für ihre Aufgaben im Verhältnis zu den Aktionären (Investor Relations-Maßnahmen) verwenden (§ 67 Abs. 6 Satz 3 AktG)[254], zur Werbung für das von der Gesellschaft betriebene Unternehmen allerdings nur, soweit der Aktionär dem nach angemessener Information über sein Widerspruchsrecht nicht widerspricht (§ 67 Abs. 6 Sätze 4 und 5 AktG)[255].

5.76

h) Entsprechende Geltung des § 67 AktG

Nach § 67 Abs. 7 AktG gelten die Bestimmungen des § 67 Abs. 1 bis 6 AktG sinngemäß auch für Zwischenscheine. Nach der durch die Aktienrechtsnovelle 2016 erfolgten Neufassung des § 10 Abs. 1 AktG ist § 67 AktG entsprechend anzuwenden, wenn die Aktien einer nicht börsennotierten Gesellschaft, in deren Satzung der Anspruch auf Einzelverbriefung ausgeschlossen ist (§ 10 Abs. 5 AktG), auf den Inhaber lauten, solange die Sammelurkunde nicht nach Maßgabe des § 10 Abs. 1 Satz 2 Nr. 2 AktG hinterlegt ist (§ 10 Abs. 1 Satz 3 AktG) (dazu Rz. 5.36 f.).

5.77

---

248 Zu den Einzelheiten vgl. *Bayer* in MünchKomm. AktG, 5. Aufl. 2021, § 67 AktG Rz. 149 f. Erfolgt eine Löschung fehlerhaft, hängen die Folgen im Wesentlichen davon ab, ob die ursprüngliche Eintragung zu Recht oder zu Unrecht erfolgt ist (vgl. *Bayer*, a.a.O., Rz. 151 ff.).
249 *Bayer* in MünchKomm. AktG, 5. Aufl. 2021, § 67 AktG Rz. 146 f.; *Hüffer/Koch*, § 67 AktG Rz. 27.
250 Dazu *Dammann/Kummer* in von Rosen/Seifert, Die Namensaktie, S. 45 ff.
251 § 67 Abs. 5 AktG a.F.
252 *Hüffer/Koch*, § 67 AktG Rz. 30.
253 *Bayer* in MünchKomm. AktG, 5. Aufl. 2021, § 67 AktG Rz. 8; krit. zur Rechtslage in Deutschland *T. Bezzenberger* in K. Schmidt/Lutter, § 67 AktG Rz. 67 („Monopolwissen der Unternehmensleiter").
254 BGH v. 22.10.2007 – II ZR 184/06 (Hinweisbeschluss), AG 2008, 164, 165 Rz. 4.
255 Vgl. *Grigoleit/Rachlitz*, ZHR 174 (2010), 12, 23 f. Verbreitet werden gegen die Bestimmung vor dem Hintergrund der DSGVO datenschutzrechtliche Bedenken vorgebracht (vgl. *Bayer* in MünchKomm. AktG, 5. Aufl. 2021, § 67 AktG Rz. 167 f.; *T. Bezzenberger* in K. Schmidt/Lutter, § 67 AktG Rz. 66; *Cahn* in BeckOGK AktG, Stand 1.2.2021, § 67 AktG Rz. 120; *Grigoleit/Rachlitz* in Grigoleit, § 67 AktG Rz. 153; *Hüffer/Koch*, § 67 AktG Rz. 31a).

V. Verfügungen über Aktien

1. Vollrechtsübertragung

a) Allgemeines

5.78 Die weitgehend uneingeschränkte **Verkehrsfähigkeit** von Aktien gehört zum Wesen der Aktiengesellschaft und unterscheidet diese wesentlich von der GmbH, bei der sowohl die Verpflichtung zur Übertragung von Geschäftsanteilen als auch deren Übertragung zu ihrer Wirksamkeit der notariellen Beurkundung bedürfen (§ 15 Abs. 3 und 4 GmbHG[256]). Die Aktien der Aktiengesellschaft, der Kommanditgesellschaft auf Aktien und der SE[257] sind in der deutschen Rechtsordnung die einzigen Mitgliedschaftsrechte, in Bezug auf die gesetzlich (wenn auch nicht zwingend) eine Verbriefung vorgesehen ist. Bei der die Mitgliedschaft verbriefenden Aktienurkunde handelt es sich um eine bewegliche Sache. Dennoch ist der rechtsgeschäftliche Erwerb von Aktien **Rechtskauf**, nicht Sachkauf, der aber als Unternehmenskauf (und damit als Sachkauf) anzusehen ist, wenn der Käufer sämtliche oder nahezu sämtliche Anteile des Unternehmens erwirbt[258]. Hinsichtlich der rechtsgeschäftlichen Übertragung der Mitgliedschaft kommen bei Bestehen von Aktienurkunden sowohl die an sachenrechtlichen Grundsätzen (§§ 929 ff. BGB) ausgerichtete **wertpapierrechtliche Übertragung der Aktienurkunde**[259] als auch die **Abtretung des Mitgliedschaftsrechts** nach §§ 398, 413 BGB in Betracht[260]. Die grundsätzlich freie Übertragbarkeit des Mitgliedschaftsrechts kann mit dinglicher Wirkung nur bei Namensaktien durch eine statutarische **Vinkulierung** gemäß § 68 Abs. 2, § 180 Abs. 2 AktG eingeschränkt werden (dazu Rz. 5.93 ff.). Sonstige dinglich wirkende Einschränkungen, wie etwa bestimmte Form- oder Nachweiserfordernisse für die Übertragung, sind unzulässig und können auch nicht statutarisch vorgesehen werden[261]. Ausgeschlossen ist die Übertragung von Anteilsrechten vor Eintragung der neu gegründeten Gesellschaft (§ 41 Abs. 4 AktG); gleiches gilt für neue Anteilsrechte vor Eintragung der Durchführung einer Kapitalerhöhung (§ 191 AktG).

5.79 Im Zusammenhang mit dem Erwerb von Aktien ist die Einhaltung der bei Erreichen oder Überschreiten bestimmter Schwellenwerte für den Erwerber und die Gesellschaft geltenden **Mitteilungspflichten** nach §§ 20 ff. AktG (für nicht börsennotierte Gesellschaften) bzw. nach §§ 33 ff. WpHG (bis 2.1.2018: §§ 21 ff.) (für börsennotierte Gesellschaften)[262] zu beachten. Für die Zeit, für die der Meldepflichtige seine Mitteilungspflicht nicht erfüllt, bestehen die Rechte aus den dem Meldepflichtigen gehörenden Aktien an der Gesellschaft nicht (§ 20 Abs. 7 AktG bzw. § 44 WpHG (bis 2.1.2018: § 28)).

---

256 Die im Rahmen des MoMiG-Gesetzgebungsverfahrens verschiedentlich angeregte Aufgabe des Beurkundungszwangs zumindest für das der GmbH-Anteilsübertragung zugrunde liegende schuldrechtliche Verpflichtungsgeschäft (vgl. etwa die Stellungnahme des *Handelsrechtsausschusses des DAV* zum RefE, NZG 2007, 211, 223) ist nicht umgesetzt worden (vgl. Begr. RegE, BR-Drucks. 354/07, S. 57).
257 Für die Aktien einer SE mit Sitz im Inland gelten die Vorschriften des Aktiengesetzes (Art. 5 SE-VO).
258 Vgl. *Groß* in Happ/Groß/Möhrle/Vetter, Aktienrecht, Band I, 5.01 Rz. 1.1 m.w.N.; zuletzt BGH v. 26.9.2018 – VIII ZR 187/17, NJW 2019, 145, 146 f., Rz. 19 ff. (zur GmbH).
259 Bei der Namensaktie muss zur Einigung und Übergabe nach § 68 Abs. 1 AktG das Indossament als auf der Aktienurkunde angebrachte schriftliche Übertragungserklärung hinzutreten (vgl. *Hüffer/Koch*, § 68 AktG Rz. 4).
260 Überblick bei *T. Bezzenberger* in K. Schmidt/Lutter, § 68 AktG Rz. 5 ff.; *Sailer-Coceani* in MünchHdb. AG, § 14 Rz. 2. Zur Notwendigkeit der Beachtung des sachenrechtlichen Bestimmtheitsgrundsatzes vgl. *Iversen*, AG 2008, 736 ff.
261 Vgl. BGH v. 20.9.2004 – II ZR 288/02, ZIP 2004, 2093, 2094 = AG 2004, 673; dazu auch *Stupp*, NZG 2005, 205, 206 f.
262 Dazu im Einzelnen § 18.

b) Wertpapierrechtliche Übertragung von Aktien

Sind die Aktien in Urkunden verbrieft, kommt eine wertpapierrechtliche Übertragung in Betracht. Die Art und Weise der Übertragung im Einzelnen hängt dabei im Wesentlichen von der Art der Aktien (Inhaber- oder Namensaktien) und ihrer Verwahrung ab. Die Verwahrung wird ihrerseits wiederum maßgeblich davon bestimmt, ob die Aktien in Einzel-, Sammel- oder Dauerglobalurkunden verbrieft sind[263].

5.80

aa) Aktienübertragung im Effektengiroverkehr

Typischerweise sind Aktien sowohl börsennotierter Aktiengesellschaften als auch von nicht börsennotierten Gesellschaften mit Inhaberaktien (vgl. § 10 Abs. 1 Satz 2 Nr. 2 AktG) heute in **Globalurkunden** verbrieft, und zwar auf Grundlage des § 10 Abs. 5 AktG, durch den der Anspruch des Aktionärs auf Verbriefung seines Anteils in der Satzung ausgeschlossen werden kann, in **Dauerglobalurkunden**[264]. Die Aktien werden dann regelmäßig in **Sammelverwahrung bei der Clearstream Banking AG** als **Wertpapiersammelbank** verwahrt (sog. „Girosammelverwahrung"). Ob der Hinterleger in diesen Fällen noch eine Besitzposition innehat, die notwendige Voraussetzung für eine Übertragung nach den für die Übereignung beweglicher Sachen geltenden Vorschriften der §§ 929 ff. BGB ist, ist aufgrund des Ausschlusses des Auslieferungsanspruchs nach § 9a Abs. 3 Satz 2 DepotG im juristischen Schrifttum umstritten[265]. Der Gesetzgeber hat sich im Zusammenhang mit der Änderung des § 10 Abs. 5 AktG dafür ausgesprochen, die sachenrechtliche Fundierung des Effektengiroverkehrs beizubehalten[266]. Das „Gesetz über elektronische Wertpapiere" (eWpG) vom 3.6.2021[267] bezieht im Wesentlichen nur elektronische Inhaber-Schuldverschreibungen ein, nicht aber auch elektronische Aktien; deren Einbeziehung in das eWpG solle wegen der zu erwartenden „erheblichen gesellschaftsrechtlichen Auswirkungen" erst „zu einem späteren Zeitpunkt" erfolgen"[268]. Auch die Bankenpraxis[269] und die herrschende Meinung in Rechtsprechung und Schrifttum[270] gehen jedenfalls vom Bestehen gestufter

5.81

---

263 Vgl. *Groß* in Happ/Groß/Möhrle/Vetter, Aktienrecht, Band I, 5.01 Rz. 5.1 ff.; *Mirow*, NZG 2008, 52 ff.; *Sailer-Coceani* in MünchHdb. AG, § 14 Rz. 1 ff.
264 Zum Begriff der Dauerglobalurkunde vgl. *Klanten* in Schimansky/Bunte/Lwowski, Bankrechts-Handbuch, § 72 Rz. 57, S. 2393 f. sowie Rz. 5.62.
265 Bejahend: insb. *Horn*, WM Sonderbeil. Nr. 2/2002, S. 1, 8 f.; *Klanten* in Schimansky/Bunte/Lwowski, Bankrechts-Handbuch, § 72 Rz. 59, 102 ff.; *Kümpel* in BuB, Rz. 8/100b; *Lutter/Drygala* in KölnKomm. AktG, 3. Aufl. 2009, Anh. § 68 AktG Rz. 26–32; *Bauer* in Kümpel/Mülbert/Früh/Seyfried, Bankrecht und Kapitalmarktrecht, Rz. 18.104 f.; *Berger*, WM 2009, 577 ff.; verneinend: *Canaris*, Bankvertragsrecht, Rz. 2125 und 2133; *Einsele* in MünchKomm. HGB, Band 6, 4. Aufl. 2019, Depotgeschäft, Rz. 96 ff. und 110 ff.; *Einsele*, WM 2001, 7, 11; *Habersack* in MünchKomm. BGB, 8. Aufl. 2020, Vor § 793 BGB, Rz. 36 ff.; *Habersack/Mayer*, WM 2000, 1678, 1680; vgl. zum Streitstand bei Aktien *Mentz/Fröhling*, NZG 2002, 201, 208 ff.
266 Vgl. Bericht des Rechtsausschusses zu § 10 Abs. 5 AktG, BT-Drucks. 13/10038, S. 25; *Habersack/Mayer*, WM 2000, 1678; *Seibert*, DB 1999, 267, 269.
267 BGBl. I 2021, 1423.
268 Vgl. Begr. RegE eWpG, BRat-Drucks. 8/21, S. 38; krit. zur Nichteinbeziehung von Aktien in das eWpG *Wieneke/Kunz*, NZG 2021, 316, 317; zu Fragen der Zulässigkeit sog. „Blockchain-Aktien" vgl. *Maume/Fromberger*, ZHR 185 (2021), 507 ff.
269 Vgl. insb. Nr. XI der AGB der Clearstream Banking AG (Stand 14.10.2020).
270 Vgl. BGH v. 24.9.2015 – IX ZR 272/13, NZG 2016, 187, 188 f. Rz. 12 ff. = AG 2016, 29 (Verpfändung globalverbriefter Inhaberaktien); BGH v. 30.11.2004 – XI ZR 49/04, WM 2005, 274, 275; BGH v. 16.7.2004 – IXa ZB 24/04, WM 2004, 1747, 1748; BGH v. 22.4.1997 – XI ZR 127/96, WM 1997, 1136; OLG München v. 17.1.2018 – 7 U 1801/17, BeckRS 2018, 132, Rz. 36 f.; OLG Karlsruhe v. 3.12.1998 – 19 U 33/98, WM 1999, 2451, 2455 = WuB I G 3.-1.00 (m. Anm. *Schäfer/Mimberg*); *Berger*, ZInsO 2016, 474 ff.; *Berger*, WM 2009, 577, 578 ff.; *Böning*, ZInsO 2008, 873; *Brand*, ZBB 2015, 40 ff.; *Schaper*, AG 2016, 889, 891; vgl. auch *Bauer* in Kümpel/Mülbert/Früh/Seyfried, Bankrecht und Kapitalmarktrecht, Rz. 18.131 f.; zur Vereinbarkeit des sachenrechtlichen Verständnisses des Effektengiroverkehrs mit dem Genfer Wertpapierübereinkommen vgl. *Eichholz*, WM 2013, 250 ff.

Besitzmittlungsverhältnisse zum einen zwischen der Wertpapiersammelbank und ihren Kunden, den Depotbanken, und zum anderen zwischen der jeweiligen Depotbank und deren Kunden, den Hinterlegern, aus. Die Lieferansprüche aus Wertpapiergeschäften, insbesondere aus den an den Wertpapierbörsen getätigten Geschäften[271], werden üblicherweise „stückelos" im Rahmen des **Effektengiroverkehrs** unter Einschaltung depotführender Banken durch Verschaffung von Miteigentum an dem von der Clearstream Banking AG verwahrten Sammelbestand erfüllt[272]. Dabei vollzieht sich die Verschaffung des Miteigentums nach § 929 BGB durch die Einigung über die Miteigentumseinräumung und die Begründung eines Besitzmittlungsverhältnisses zwischen der Wertpapiersammelbank und der beteiligten Depotbanken durch Umstellung des Besitzmittlungswillens der Clearstream Banking AG in Bezug auf die zu übertragenden Bruchteile[273]. Die Clearstream Banking AG belastet auf Anweisung der Depotbank des Aktienverkäufers deren bei der Clearstream Banking AG unterhaltenes Depotkonto und schreibt dem bei der Clearstream Banking AG unterhaltenen Depotkonto der Depotbank des Aktienkäufers den entsprechenden Sammelbestandanteil gut. Zugleich stellt die Clearstream Banking AG als unmittelbare Besitzerin aufgrund der vorgenannten Anweisung ihr Besitzmittlungsverhältnis von der Verkäuferdepotbank auf die Käuferdepotbank um. Die Umstellung des Besitzmittlungsverhältnisses ersetzt die Übergabe des girosammelverwahrten Wertpapiers an die Käuferdepotbank[274].

bb) Börsenhandelbarkeit von Namensaktien

5.82 Die vorstehend dargestellten Grundsätze gelten für die **Übertragung von girosammelverwahrten Inhaberaktien** ohne weiteres. Für von einer deutschen Aktiengesellschaft ausgegebene nicht vinkulierte **Namensaktien**, die an einer inländischen Wertpapierbörse zum regulierten Markt zugelassen sind, gelten sie, wenn die Aktien in die Girosammelverwahrung einbezogen sind. Das ist möglich, wenn sie mit einem **Blankoindossament** versehen sind[275]. Sie werden dadurch vertretbar i.S.d. § 5 Abs. 1 Satz 1 DepotG. Blankoindossierte Namensaktien sind entsprechend Art. 14 Abs. 2 Nr. 3 WG nach den Bestimmungen der §§ 929 ff. BGB und damit wie Inhaberaktien übertragbar[276]. **Vinkulierte Namensaktien** sind börsenfähig, wenn die letzte Übertragung der Namensaktien und nur diese durch Blankozession erfolgt ist oder wenn den Aktien Blankoumschreibungsanträge des Verkäufers beigefügt sind[277]. Die in

---

271 Zur Anwendbarkeit des Rechts am Ort der Börse (sog. Marktrecht) bei einem Aktienerwerb an der Börse, der Verbindungen zum Recht verschiedener Staaten aufweist, nach der Rom-I-Verordnung vgl. *Göthel*, ZIP 2011, 505, 508; auch *Einsele*, WM 2009, 289, 291 f.; § 34 der Bedingungen für Geschäfte an der Frankfurter Wertpapierbörse (Stand 23.11.2020) sieht Frankfurt/Main als Erfüllungsort für alle diesen Bedingungen unterliegenden Geschäfte vor; zur Bedeutung der Erfüllungsortvereinbarung als (stillschweigende) Rechtswahl vgl. *Martiny* in MünchKomm. BGB, 8. Aufl. 2021, Art. 3 VO (EG) 593/2008 (Rom I-VO) Rz. 65.
272 Das Beispiel eines Kauf- und Übertragungsvertrages in Bezug auf girosammelverwahrte Inhaberaktien findet sich bei *Groß* in Happ/Groß/Möhrle/Vetter, Aktienrecht, Band I, 5.01; vgl. auch *Iversen*, AG 2008, 736, 739 ff.
273 Vgl. Nr. XI der AGB der Clearstream Banking AG (Stand 14.10.2020); auch BGH v. 30.11.2004 – XI ZR 49/04, WM 2005, 274, 275; BGH v. 16.7.2004 – IXa ZB 24/04, WM 2004, 1747, 1748; BGH v. 4.2.1999 – III ZR 56/98, NJW 1999, 1393 (für Investmentanteile); *Berger*, WM 2009, 577, 578 ff.; *Groß* in Happ/Groß/Möhrle/Vetter, Aktienrecht, Band I, 5.01, Rz. 5.20; *Klanten* in Schimansky/Bunte/Lwowski, Bankrechts-Handbuch, § 72 Rz. 102 ff., S. 2404 ff.; *Bauer* in Kümpel/Mülbert/Früh/Seyfried, Bankrecht und Kapitalmarktrecht, Rz. 18.106 ff.; *Bayer* in MünchKomm. AktG, 5. Aufl. 2019, § 68 AktG Rz. 5 ff. (für die blankoindossierte Namensaktie im Girosammelbestand).
274 Die wertpapiermäßige Abwicklung von Transaktionen in girosammelverwahrfähigen Wertpapieren wird in Abschnitt 3 „Abwicklung" des Kundenhandbuchs der Clearstream Banking AG (Stand Januar 2021) dargestellt.
275 Nr. XI Abs. 1 Satz 4 der AGB der Clearstream Banking AG (Stand 14.10.2020).
276 Vgl. ausf. *Einsele*, JZ 2019, 121, 125 f.
277 § 17 Abs. 2 der Bedingungen für Geschäfte an der Frankfurter Wertpapierbörse (Stand 23.11.2020); vgl. auch *Klanten* in Schimansky/Bunte/Lwowski, Bankrechts-Handbuch, § 72 Rz. 73 ff., S. 2398 f.

die Girosammelverwahrung der Clearstream Banking AG einbezogenen vinkulierten Namensaktien einer deutschen Gesellschaft sind im Effektengiroverkehr lieferbar[278].

c) Sonstige Eigentumsübertragungstatbestände, insbesondere nach Depotgesetz

Weitere Eigentumsübertragungstatbestände enthalten § 18 Abs. 3 und § 24 Abs. 2 DepotG. Nach § 18 Abs. 3 DepotG geht im Falle der Einkaufskommission bei in Sonderverwahrung befindlichen Wertpapieren mit der Absendung eines Stückeverzeichnisses durch den Kommissionär das Eigentum an den darin bezeichneten Wertpapieren auf den Kommittenten über. Bei in Girosammelverwahrung befindlichen Wertpapieren kann der Kommissionär seine Eigentumsverschaffungspflicht nach § 24 Abs. 2 DepotG durch Eintragung eines Übertragungsvermerks in seinem Verwahrungsbuch erfüllen. Ein Eigentumsübergang nach § 18 Abs. 3, § 24 Abs. 2 DepotG erfolgt jeweils nur, wenn der Kommissionär verfügungsberechtigt ist und das Eigentum nicht nach den Bestimmungen des bürgerlichen Rechts schon früher auf den Erwerber übergegangen ist. Da der Eigentumserwerb regelmäßig nach § 929 BGB durch Einigung und depotmäßige Umbuchung stattfindet, spielt der Eigentumserwerb nach § 18 Abs. 3, § 24 Abs. 2 DepotG praktisch nur eine untergeordnete Rolle[279].

5.83

d) Abtretung

Die Abtretung der Mitgliedschaft, verstanden als ein Bündel von Rechten und Pflichten des Aktionärs gegenüber der Gesellschaft, nach §§ 398, 413 BGB ist dann die einzige Möglichkeit der rechtsgeschäftlichen Übertragung von Aktien, wenn diese **nicht urkundlich verbrieft** sind[280]. Aber auch für die in Form von **Namensaktien** verbriefte Mitgliedschaft wird die Möglichkeit der Abtretung allgemein anerkannt[281]. Die Rechtsprechung und ein Teil des Schrifttums verlangen dann allerdings aus Gründen der Rechtsklarheit und Rechtssicherheit für die Wirksamkeit der Aktienübertragung durch Abtretung die Übertragung des Besitzes an den Aktienurkunden[282], wobei der BGH dieses Erfordernis nunmehr für die Abtretung der in einer Inhaberschuldverschreibung verbrieften Forderung aufgegeben hat[283]. Auch wenn dieses Erfordernis aus dem Gesetz nicht ableitbar ist, sollte in der Praxis daher neben der Abtretung des Mitgliedschaftsrechts die Übergabe des Besitzes an den Aktienurkunden oder ein Übergabesurrogat vorgesehen werden[284]. Für in Urkunden verkörperte **Inhaberaktien** ist die Frage, ob das in ihnen verbriefte Mitgliedschaftsrecht durch Abtretung übertragen werden kann, streitig[285]. Warum

5.84

---

278 § 17 Abs. 3 der Bedingungen für Geschäfte an der Frankfurter Wertpapierbörse (Stand 23.11.2020); vgl. im Einzelnen Rz. 5.104 f.
279 *Mentz/Fröhling*, NZG 2002, 201, 208; *Bauer* in Kümpel/Mülbert/Früh/Seyfried, Bankrecht und Kapitalmarktrecht, Rz. 18.119.
280 BGH v. 20.9.2004 – II ZR 288/02, ZIP 2004, 2093, 2094 = AG 2004, 673, 674; vgl. *Lutter/Drygala* in KölnKomm. AktG, 3. Aufl. 2009, Anh. § 68 AktG Rz. 2; *Mirow*, NZG 2008, 52, 53; *Sailer-Coceani* in MünchHdb. AG, § 14 Rz. 2 f.
281 *Hüffer/Koch*, § 68 AktG Rz. 3; *Lutter/Drygala* in KölnKomm. AktG, 3. Aufl. 2009, § 68 AktG Rz. 34 ff.; *Mentz/Fröhling*, NZG 2002, 201, 202 f. m.w.N. Eine statutarisch vorgesehene Vinkulierung der Namensaktienübertragung gilt auch für die Abtretung (OLG Celle v. 24.11.2004 – 9 U 119/04, AG 2005, 438 f.).
282 Vgl. KG v. 20.12.2002 – 14 U 5141/00, AG 2003, 568 f. (zur Namensaktie); FG München v. 30.11.2010 – 13 K 1150/07, juris Rz. 43 f. (zum Zwischenschein); dazu *Perwein*, AG 2012, 611 ff.; auch BGH v. 12.12.1957 – II ZR 43/57, NJW 1958, 302, 303 (zum Wechsel); a.A. *Bayer* in MünchKomm. AktG, 5. Aufl. 2019, § 68 AktG Rz. 30; *Cahn* in BeckOGK AktG, Stand 1.2.2021, § 68 Rz. 24; *Habersack/Mayer*, WM 2000, 1678, 1682; *Lutter/Drygala* in KölnKomm. AktG, 3. Aufl. 2009, § 68 AktG Rz. 17; *Sailer-Coceani* in MünchHdb. AG, § 14 Rz. 13 (Übergang des Eigentums an der Urkunde entsprechend § 952 BGB); *Schaper*, AG 2016, 889, 890.
283 Vgl. BGH v. 14.5.2013 – XI ZR 160/12, NZG 2013, 903 ff. = ZIP 2013, 1270.
284 *Mentz/Fröhling*, NZG 2002, 201, 203.
285 Nachweise bei *Mentz/Fröhling*, NZG 2002, 201, 202; auch *Schaper*, AG 2016, 889, 890.

allerdings für die Abtretung der in Inhaberaktien verkörperten Mitgliedschaft insoweit andere Maßstäbe gelten sollen als für die in Namensaktien verbriefte Mitgliedschaft, ist nicht ersichtlich. Auch hier ist die Zulässigkeit der Abtretung zu bejahen, allerdings sollte auch in diesen Fällen die Abtretung aber mit der Besitzübergabe an den Aktienurkunden verbunden werden[286].

e) Gutgläubiger Erwerb

5.85 Erfolgt der Erwerb des Mitgliedschaftsrechts durch **Abtretung** nach §§ 398, 413 BGB, kann der Erwerber nur die Rechte erwerben, die dem Veräußerer tatsächlich zustehen. Ist der Veräußerer nicht Aktionär, besteht sein Mitgliedschaftsrecht nicht in behauptetem Umfang oder ist sein Mitgliedschaftsrecht belastet, geht dieses Risiko zu Lasten des Erwerbers, der kein, ein weniger umfangreiches oder ein belastetes Mitgliedschaftsrecht erwirbt. Ein gutgläubiger Erwerb bzw. gutgläubiger lastenfreier Erwerb kommt in diesen Fällen nicht in Betracht[287]. Erfolgt hingegen ein sachenrechtlicher Erwerb von **Inhaberaktien**, besteht Gutglaubensschutz nach §§ 932 ff. BGB und ggf. § 366 HGB selbst für den Fall, dass die Inhaberaktien dem Eigentümer gestohlen worden, verloren gegangen oder sonst abhandengekommen sind (§ 935 Abs. 2 BGB)[288]. In Bezug auf **Namensaktien** richtet sich der gutgläubige Erwerb gemäß § 68 Abs. 1 Satz 2 AktG nach Art. 16 Abs. 2 WG[289]. Sowohl bei Inhaber- als auch bei Namensaktien setzt der gutgläubige Erwerb die wirksame Ausstellung der Urkunde und deren wirksame Begebung voraus[290]. Auch im Falle des Erwerbs girosammelverwahrter Aktien ist das Bedürfnis nach einem **Gutglaubensschutz** im Interesse der Funktionsfähigkeit des Effektengiroverkehrs anzuerkennen; da der Mitbesitz am Wertpapiersammelbestand nach allgemeiner Ansicht kein geeigneter Rechtsscheinträger hinsichtlich des Miteigentumsanteils ist, werden die Voraussetzungen für den Gutglaubenserwerb depotrechtlich dadurch umgeformt, dass die Buchung im Verwahrbuch an die Stelle des Mitbesitzes tritt[291].

f) Legitimationsübertragung

5.86 Bei dem im Aktiengesetz nicht geregelten, sondern von ihm vorausgesetzten[292] Institut der Legitimationsübertragung handelt es sich nicht um eine besondere Form der Übertragung von Aktien, sondern um eine Ermächtigung i.S.d. § 185 BGB, Rechte aus fremden Aktien (insbesondere das Stimmrecht) im eigenen Namen auszuüben[293]. Durch § 129 Abs. 3 AktG wird die Legitimationsübertragung als

---

286 Vgl. *Mentz/Fröhling*, NZG 2002, 201, 202.
287 *Bayer* in MünchKomm. AktG, 5. Aufl. 2019, § 68 AktG Rz. 31; *T. Bezzenberger* in K. Schmidt/Lutter, § 68 AktG Rz. 5; *Cahn* in BeckOGK AktG, Stand 1.2.2021, § 68 AktG Rz. 24; *Lutter/Drygala* in KölnKomm. AktG, 3. Aufl. 2009, Anh. § 68 AktG Rz. 3.
288 Vgl. *Heider* in MünchKomm. AktG, 5. Aufl. 2019, § 10 AktG Rz. 40 ff. Ein Zweiterwerber, der in gutem Glauben Inhaberaktien erwirbt, obwohl entgegen § 10 Abs. 2 Satz 1 AktG die Einlagen auf diese Aktien noch nicht voll geleistet worden sind, haftet nicht auf die Zahlung der rückständigen Einlagen (vgl. OLG Köln v. 8.2.2001 – 14 U 9/99, AG 2002, 92 ff., im Anschluss an BGH v. 5.4.1993 – II ZR 195/91, NJW 1993, 1983, 1987). Zu Fragen des Gutglaubenserwerbs nach Durchführung eines Squeeze-Out vgl. *Weißhaupt/Özdemir*, ZIP 2007, 2110 ff.
289 Vgl. *Heider* in MünchKomm. AktG, 5. Aufl. 2019, § 10 AktG Rz. 36.
290 *Heider* in MünchKomm. AktG, 5. Aufl. 2019, § 10 AktG Rz. 42; *Lutter/Drygala* in KölnKomm. AktG, 3. Aufl. 2009, Anh. § 68 AktG Rz. 10; *Zöllner*, Wertpapierrecht, § 29 III, S. 183 f.
291 H.M., vgl. *Klanten* in Schimansky/Bunte/Lwowski, Bankrechts-Handbuch, § 72 Rz. 116 f., S. 2410; *Bauer* in Kümpel/Mülbert/Früh/Seyfried, Bankrecht und Kapitalmarktrecht, Rz. 18.108, S. 2365; abl. *Einsele* in MünchKomm. HGB, Band 6, 4. Aufl. 2019, Depotgeschäft, Rz. 113 ff.
292 Vgl. § 129 Abs. 3, § 135 Abs. 6 AktG.
293 Ausf. *Bayer/Scholz*, NZG 2013, 721 ff.; *Grunewald*, ZGR 2015, 347 ff.; *Kubis* in MünchKomm. AktG, 4. Aufl. 2018, § 129 AktG Rz. 35; *Hüffer/Koch*, § 129 AktG Rz. 12 f.; *Noack/Zetzsche* in KölnKomm. AktG, 3. Aufl. 2011, § 129 AktG Rz. 58 ff.; *Sailer-Coceani* in MünchHdb. AG, § 14 Rz. 67 ff. Die bislang umstrittene Frage, ob der im Aktienregister eingetragene Legitimationsaktionär den Meldepflichten nach § 33 WpHG (§ 21 WpHG a.F.) unterliegt (vgl. OLG Köln v. 6.6.2012 – 18 U 240/11, ZIP 2012,

zulässig anerkannt. Rspr. und Lit. verlangen die Übertragung des Besitzes an den Aktien auf den Dritten, damit dieser gegenüber der Aktiengesellschaft als durch den Aktienbesitz legitimierter Vollrechtsinhaber auftreten kann[294]. Für die Berechtigung des Legitimationsaktionärs zur Teilnahme an der Hauptversammlung und zur Stimmrechtsausübung genügt bei einer börsennotierten Gesellschaft mit Inhaberaktien, wie auch für Aktieninhaber selbst, der Nachweis des depotführenden Instituts nach § 123 Abs. 4, § 67c Abs. 3 AktG[295]. Bei **Namensaktiengesellschaften** bedarf es grundsätzlich der Eintragung in das Aktienregister[296]. Bei diesen Gesellschaften kann die Satzung nach § 67 Abs. 1 Satz 3 AktG Näheres dazu bestimmen, unter welchen Voraussetzungen Aktienregistereintragungen im eigenen Namen für Aktien, die einem anderen gehören, zulässig sind; danach kann die Satzung die Eintragung von Legitimationsaktionären im Aktienregister beschränken oder ganz ausschließen[297]. Ist ein Intermediär für Namensaktien, die ihm nicht gehören, als deren Inhaber im Aktienregister eingetragen, darf er nach § 135 Abs. 6 AktG das Stimmrecht aus diesen Aktien nur auf Grund einer gesonderten Ermächtigung ausüben[298].

2. Bestellung beschränkt dinglicher Rechte

Die Bestellung beschränkt dinglicher Rechte, insbesondere eines **Pfandrechts**[299] oder eines **Nießbrauchs**, erfolgt bei **nicht verbrieften Aktien** entsprechend den für die Übertragung des Rechts geltenden Vorschriften (§ 1069 Abs. 1, § 1274 Abs. 1, § 413, §§ 398 ff. BGB) und bei **in Urkunden verbrieften Aktien** grundsätzlich durch Einigung über die Einräumung des beschränkt dinglichen Rechts und Verschaffung des Mitbesitzes an der Urkunde (§§ 1032, 1081 f. BGB) bzw. deren Übergabe (§§ 1205, 1292, 1293 BGB)[300]. Bei in **Dauerglobalurkunden** verbrieften und in Girosammelverwahrung befindlichen Aktien stellen sich im Hinblick auf die Besitzübertragung die zur Vollrechtsübertragung dargestellten Themen (vgl. Rz. 5.81 f.) entsprechend und werden von der h.M. in gleicher Weise gelöst[301]. Im Falle der Girosammelverwahrung genügt nach § 1205 Abs. 2 BGB eine Anzeige der Verpfändung gegenüber der Depotbank des Aktieninhabers, eine Anzeige an die unmittelbar besitzende

5.87

1458, 1460 ff., Rz. 52 ff. = AG 2012, 599; dazu *Widder/Kocher*, ZIP 2012, 2092 ff.), wurde durch das Kleinanlegerschutzgesetz v. 3.7.2015 (BGBl. I 2015, 1114) durch Einfügung der Worte „aus ihm gehörenden" vor „Aktien" in § 21 Abs. 1 WpHG a.F. (jetzt § 33 WpHG i.d.F. des 2. FiMaNoG) im Sinne der h.M. verneint (vgl. dazu *Piroth*, AG 2015, 10 ff.; *Hüffer/Koch* § 67 AktG Rz. 15a m.w.N.).

294 Vgl. OLG Bremen v. 16.8.2012 – 2 U 51/12, AG 2013, 643, 646; KG v. 10.12.2009 – 23 AktG 1/09, NZG 2010, 224 f. = AG 2010, 166; *Ziemons* in K. Schmidt/Lutter, § 129 AktG Rz. 28.

295 Vgl. *Hüffer/Koch*, § 129 AktG Rz. 12; *Noack/Zetzsche* in KölnKomm. AktG, 3. Aufl. 2011, § 129 AktG Rz. 58.

296 Ausf. *Arnold* in MünchKomm. AktG, 4. Aufl. 2018, § 135 AktG Rz. 180 ff.; *Hüffer/Koch*, § 135 AktG Rz. 43 ff. Fehlt es an der Eintragung des Intermediärs in das Aktienregister, gelten die für Inhaberaktien bestehenden Grundsätze.

297 Vgl. *Hüffer/Koch*, § 67 AktG Rz. 8a; *Gätsch* in FS Beuthien, 2009, S. 133, 148 ff.; *Marsch-Barner* in FS Hüffer, 2010, S. 627, 630f.; Rechtstatsächliches bei *Bayer/Hoffmann*, AG 2013, 259 ff.

298 Vgl. *Einsele*, JZ 2019, 121, 127 f.; *Hüffer/Koch*, § 135 AktG Rz. 43 ff.

299 Dazu ausführlich *Berger*, WM 2009, 577 ff.; *Hirte/Knof*, WM 2008, 7 ff., 49 ff.; *Hoffmann*, WM 2007, 1547 ff.; auch *Nodoushani*, WM 2007, 289 ff.; zur Verpfändung konkreter Bezugsrechte auf Aktien vgl. *Nodoushani*, WM 2011, 1 ff.

300 *Vatter* in BeckOGK AktG, Stand 1.2.2021, § 10 AktG Rz. 71 ff.; *Sailer-Coceani* in MünchHdb. AG, § 14 Rz. 70–74 (Nießbrauch), Rz. 75–77 (Verpfändung) und Rz. 78–81 (Treuhand). Die Regeln der Sachverpfändung gelten für verbriefte Inhaber- und Namensaktien mit Blankoindossament, die nicht blankoindossierte Namensaktie kann auch durch Pfandindossament verpfändet werden (§ 1292 BGB, Art. 19 WG).

301 Vgl. BGH v. 24.9.2015 – IX ZR 272/13, NZG 2016, 187, 188 f. Rz. 12 = AG 2016, 29 (Verpfändung und Verwertung globalverbriefter Inhaberaktien); dazu *Berger*, ZInsO 2016, 474 ff.; vgl. auch *Berger*, WM 2009, 577 ff.; *Hirte/Knof*, WM 2008, 7 ff., 49 ff.; *Nodoushani*, WM 2007, 289 ff.; *Lutter/Drygala* in KölnKomm. AktG, 3. Aufl. 2009, Anh. § 68 AktG Rz. 44 f.

Wertpapiersammelbank ist nicht erforderlich[302]. Für die Bestellung eines Pfandrechts oder Nießbrauchs an **vinkulierten Namensaktien** soll nach h.M. die Zustimmung der Gesellschaft erforderlich sein (§ 68 Abs. 2 AktG), wobei die Zustimmung zur Verpfändung auch die Zustimmung beinhalten soll, die verpfändeten Aktien im Sicherungsfalle verwerten zu dürfen[303]. Da die Verpfändung vinkulierter Namensaktien die Interessen der Gesellschaft im Regelfall nicht tangiert, wird teilweise vertreten, diese ohne Zustimmung der Gesellschaft zuzulassen und erst die Verwertung der Aktien von der Zustimmung der Gesellschaft abhängig zu machen[304].

3. Pfändung

5.88 **Nicht verbriefte Aktien** unterliegen der Rechtspfändung (§ 857 ZPO), **verbriefte Inhaber- und Namensaktien** nach h.M. der Sachpfändung (§ 808, § 831 Abs. 1 ZPO)[305]. Girosammelverwahrte Aktien sind als Miteigentumsanteile an den zum Sammelbestand des Verwahrers gehörenden Wertpapieren als andere Vermögensrechte i.S.d. § 857 Abs. 1, §§ 828 ff. ZPO pfändbar und verwertbar[306]. Die Pfändung **vinkulierter Namensaktien** erfolgt nach herrschender Auffassung ohne Zustimmung der Gesellschaft. Diese ist erst für die Verwertung der Aktien erforderlich[307]. Nach Auffassung des BGH[308] erfolgt die Zwangsvollstreckung eines Titels, der auf die Übertragung von sammelverwahrten Aktien gerichtet ist, in entsprechender Anwendung des § 886 ZPO. Insoweit genügt es, dass die Depotbank den Eigentumswechsel durch eine Umbuchung vollziehen kann. Den dahin gehenden Anspruch des Schuldners muss der Gläubiger pfänden und sich zur Einziehung überweisen lassen können, um eine erfolgreiche Vollstreckung aus dem Herausgabetitel zu bewirken.

4. Kraftloserklärung und Umtausch von Aktienurkunden

a) Allgemeines

5.89 Die Kraftloserklärung und der Umtausch von Aktienurkunden sind in den **§§ 72 bis 74 AktG** geregelt. Ist eine Aktienurkunde oder ein Zwischenschein abhandengekommen oder vernichtet worden, so kann die Urkunde **gerichtlich im Aufgebotsverfahren** nach den Vorschriften des FamFG für kraftlos erklärt werden (§ 72 AktG). Ist der Inhalt der Aktienurkunden durch Veränderung der rechtlichen Verhältnisse unrichtig geworden, so kann die **Gesellschaft die Aktien für kraftlos erklären** (§ 73 AktG). Im Falle der Beschädigung oder Verunstaltung von Aktienurkunden kann der Inhaber unter den Voraussetzungen des § 74 AktG den **Umtausch der Urkunden** verlangen. Da eine Verbriefung der Aktie grundsätzlich keine Voraussetzung für den Bestand der Mitgliedschaft des Aktionärs ist, haben die genannten Maßnahmen keinen Einfluss auf die Mitgliedschaft[309]. Sonderregelungen für die Kraftloserklärung im Rahmen einer Kapitalherabsetzung enthält § 226 AktG (dazu im Einzelnen Rz. 49.44 ff.). Erhebliche praktische Bedeutung kommt den Vorschriften insbesondere bei börsennotierten Gesellschaften, bei denen die Aktien heute ganz überwiegend nicht mehr in Form von effek-

---

302 OLG Karlsruhe v. 3.12.1998 – 19 U 33/98, WM 1999, 2451, 2455 = WuB I G 3.-1.00 (m. Anm. *Schäfer/Mimberg*).
303 Vgl. *Bayer* in MünchKomm. AktG, 5. Aufl. 2019, § 68 AktG Rz. 56; *Hüffer/Koch*, § 68 AktG Rz. 11; *Lutter/Drygala* in KölnKomm. AktG, 3. Aufl. 2009, § 68 AktG Rz. 54; *Sailer-Coceani* in MünchHdb. AG, § 14 Rz. 75.
304 So *Liebscher/Lübke*, ZIP 2004, 241, 244 f.; *Cahn* in BeckOGK AktG, Stand 1.2.2021, § 68 AktG Rz. 34.
305 *Vatter* in BeckOGK AktG, Stand 1.2.2021, § 10 AktG Rz. 75.
306 BGH v. 12.12.2007 – VII ZB 21/07, NJW-RR 2008, 494 f.; zur Verwertungsbefugnis des Insolvenzverwalters bei verpfändeten globalverbrieften Aktien vgl. *Bitter/Alles*, KTS 2013, 113 ff.
307 *Bayer* in MünchKomm. AktG, 5. Aufl. 2019, § 68 AktG Rz. 56 und ausf. Rz. 111 ff.; *Lutter/Drygala* in KölnKomm. AktG, 3. Aufl. 2009, § 68 AktG Rz. 55 f. m.w.N.
308 BGH v. 16.7.2004 – IXa ZB 24/04, WM 2004, 1747, 1748 f.
309 Vgl. *T. Bezzenberger* in K. Schmidt/Lutter, §§ 72–75 AktG Rz. 3; BGH v. 14.5.2013 – XI ZR 160/12, NZG 2013, 903, 904 Rz. 8 (Verlust einer Inhaberschuldverschreibung).

tiven Stücken ausgegeben, sondern in einer oder mehreren Globalurkunden verbrieft und girosammelverwahrt werden, nicht zu[310].

b) Gerichtliche Kraftloserklärung (Aufgebotsverfahren)

Nach § 72 AktG können Urkunden gerichtlich im Aufgebotsverfahren für kraftlos erklärt werden, wenn die **Aktienurkunden abhanden gekommen oder vernichtet** worden sind. Die Vorschrift soll den Aktionär vor dem Risiko eines gutgläubigen Erwerbs schützen, der auch bei abhanden gekommenen Inhaberaktien möglich ist (§ 935 Abs. 2 BGB), und ihm im Falle zerstörter Aktienurkunden weiterhin die Rechtsausübung ermöglichen. Eine Parallelvorschrift findet sich in § 799 Abs. 1 BGB für Inhaberschuldverschreibungen. Gegenstand der Kraftloserklärung nach § 72 Abs. 1 AktG können Aktien oder Zwischenscheine sein. Mit Aktien sind die die Mitgliedschaft verbriefenden **Aktienurkunden** gemeint. Auf die Art der Verbriefung (Inhaber- oder Namensaktie) kommt es nicht an. Auf andere aktienrechtliche Nebenpapiere mit Ausnahme des Zwischenscheins findet § 72 AktG keine Anwendung[311]. Der **Begriff des Abhandenkommens** erfasst jeden Fall, in dem dem Berechtigten der Besitz aus tatsächlichen Gründen entzogen ist, ohne dass es auf die Unfreiwilligkeit des Besitzverlustes ankommt[312]. **Vernichtet ist eine Aktienurkunde**, wenn sie vollständig zerstört oder aber soweit beschädigt ist, dass ihr wesentlicher Inhalt oder ihre Unterscheidungsmerkmale nicht mehr sicher zu erkennen sind und ein Umtausch der Aktienurkunde nach § 74 AktG daher nicht mehr in Betracht kommt[313]. Das **Aufgebotsverfahren zur Kraftloserklärung von Urkunden** findet **auf Antrag** statt (§ 434 Abs. 1 FamFG) und ist im Einzelnen in den **§§ 433 ff., 466 ff. FamFG** geregelt[314]. **Zuständig** ist das Amtsgericht (§ 23a Abs. 2 Nr. 7 GVG), in dessen Bezirk der in der Urkunde bezeichnete Erfüllungsort liegt, in Ermangelung eines solchen der Satzungssitz der Gesellschaft als ihr allgemeiner Gerichtsstand (§ 466 Abs. 1 FamFG, § 17 ZPO). **Antragsberechtigt** ist bei Inhaberaktien und blankoindossierten Namensaktien oder Zwischenscheinen nach § 467 Abs. 1 FamFG der bisherige Inhaber des abhanden gekommenen oder vernichteten Papiers, d.h. der letzte unmittelbare Besitzer[315]. Bei nicht blankoindossierten Namensaktien oder Zwischenscheinen ist derjenige antragsbefugt, der das Recht aus der Urkunde geltend machen kann (§ 467 Abs. 2 FamFG). Auf die Legitimationswirkung der Eintragung im Aktienregister (§ 67 Abs. 2 Satz 1 AktG) kann insoweit nicht abgestellt werden, da nicht das Verhältnis zwischen Aktionär und Gesellschaft betroffen ist[316]. Der Antrag ist zu begründen, der Verlust der Urkunde und sonstiger Tatsachenvortrag ist glaubhaft zu machen und an Eides Statt zu versichern (§ 468 FamFG)[317]. Die Gesellschaft als Ausstellerin der Urkunde ist nach § 72 Abs. 1 Satz 2 AktG i.V.m. § 799 Abs. 2 BGB verpflichtet, dem Antragsteller auf Verlangen die erforderlichen Auskünfte zu erteilen und Zeugnisse auszustellen. Im Übrigen hat das Gericht die zur Feststellung der entscheidungserheblichen Tatsachen erforderlichen Ermittlungen von Amts wegen durchzuführen (§ 26 FamFG)[318]. Im Falle der Zulässigkeit des Antrags erlässt das Gericht das **Aufgebot**, in dem die

5.90

---

310 Soweit effektive Stücke ausgegeben wurden, gelten insoweit die „Richtlinien für die Lieferbarkeit beschädigter, amtlich notierter Wertpapiere" der Frankfurter Wertpapierbörse v. 4.5.1981 (abrufbar im Internet unter www.xetra.com oder www.deutsche-boerse-cash-market.com).
311 *Hüffer/Koch*, § 72 AktG Rz. 2.
312 *Hüffer/Koch*, § 72 AktG Rz. 3; *Oechsler* in MünchKomm. AktG, 5. Aufl. 2019, § 72 AktG Rz. 4. In den Fällen der §§ 935, 1006 BGB wird unter Abhandenkommen lediglich der unfreiwillige Verlust des unmittelbaren Besitzes verstanden (vgl. *Bassenge* in Palandt, § 935 BGB Rz. 3).
313 *Hüffer/Koch*, § 72 AktG Rz. 3 a.E.
314 Vgl. im Einzelnen *Schaper*, AG 2016, 889, 892 ff.
315 *Cahn* in BeckOGK AktG, Stand 1.2.2021, § 72 AktG Rz. 9 f. Im Falle von girosammelverwahrten Aktien ist somit allein die Clearstream Banking AG zur Antragstellung berechtigt.
316 *Hüffer/Koch*, § 72 AktG Rz. 4; *Oechsler* in MünchKomm. AktG, 5. Aufl. 2019, § 72 AktG Rz. 8.
317 Für die Erkennbarkeit nach § 468 Nr. 1 FamFG (§ 1007 Nr. 1 ZPO a.F.) verlangt die Rechtsprechung die Angabe der Aktiennummer (vgl. BGH v. 25.9.1989 – II ZR 53/89, AG 1990, 78, 80).
318 OLG München v. 5.1.2012 – 34 Wx 369/11, NZG 2012, 182 f. = AG 2012, 376 (Kraftloserklärung von Inhaberaktien).

Kraftloserklärung der Urkunde anzudrohen ist (§ 434 Abs. 2, § 469 FamFG). Die **Aufgebotsfrist**, die nach alter Rechtslage mindestens sechs Monate betragen musste (§ 1015 Satz 1 ZPO a.F.), beträgt nunmehr mindestens sechs Wochen (§ 437 FamFG) und soll höchstens ein Jahr betragen (§ 476 FamFG). Nach erfolglosem Ablauf der Aufgebotsfrist erklärt das Gericht durch **Ausschließungsbeschluss** die aufgebotene Urkunde für kraftlos (§ 478 Abs. 1 FamFG). Der Ausschließungsbeschluss ist seinem wesentlichen Inhalt nach im **Bundesanzeiger** bekanntzumachen (§ 478 Abs. 2 FamFG). Gegen den Ausschließungsbeschluss findet als Rechtsmittel die **Beschwerde** nach § 58 FamFG statt[319]. Derjenige, der den Ausschließungsbeschluss erwirkt hat, ist berechtigt, die Rechte aus der Urkunde geltend zu machen (§ 479 Abs. 1 FamFG) und die Erteilung einer neuen Urkunde zu verlangen (§ 72 Abs. 1 Satz 2 AktG i.V.m. § 800 BGB). Mit der Kraftloserklärung **verliert die Urkunde ihre Wirkung als Legitimationsgrundlage** gegenüber der Gesellschaft oder Dritten, insbesondere findet ein gutgläubiger Erwerb aufgrund der Vorlage der Urkunde nicht mehr statt[320].

c) Kraftloserklärung durch die Gesellschaft

5.91 Nach § 73 AktG kann die Gesellschaft, wenn der **Inhalt der Aktienurkunden** durch eine Veränderung der rechtlichen Verhältnisse **unrichtig** geworden ist, die Aktien, die trotz Aufforderung nicht zur Berichtigung oder zum Umtausch bei ihr eingereicht werden, mit Genehmigung des Gerichts für kraftlos erklären. Gegenstand der in § 73 AktG geregelten Kraftloserklärung können neben der dort ausdrücklich genannten Aktienurkunden auch **Zwischenscheine** sein, nicht aber Dividenden- und Erneuerungsscheine[321]. **Voraussetzung** für die Kraftloserklärung nach § 73 AktG ist, dass der Inhalt der Urkunde nach deren Ausgabe durch eine Veränderung der rechtlichen Verhältnisse hinsichtlich der Gesellschaft[322] oder der Mitgliedschaft[323] unrichtig geworden ist, die Aktienurkunden trotz Aufforderung durch die Gesellschaft nicht zur Berichtigung oder zum Umtausch eingereicht worden sind und das Gericht die Kraftloserklärung genehmigt hat. Im Falle einer Änderung des Nennbetrags von Aktien erfolgt eine Kraftloserklärung nach § 73 Abs. 1 Satz 2 AktG nur im Zusammenhang mit der Herabsetzung des Grundkapitals in den Fällen des § 222 Abs. 4 Satz 1 AktG (ordentliche Kapitalherabsetzung) und des § 229 Abs. 3 AktG (vereinfachte Kapitalherabsetzung); soweit zur Herabsetzung des Grundkapitals Aktien zusammengelegt werden, gelten vorrangig die Bestimmungen des § 226 AktG (§ 73 Abs. 4 AktG). Über die **Einleitung des Verfahrens**[324] nach § 73 Abs. 1 AktG entscheidet der **Vorstand** nach pflichtgemäßem Ermessen. Die für die Kraftloserklärung erforderliche **gerichtliche Genehmigung** ist von Vorstandsmitgliedern in vertretungsberechtigter Anzahl bei dem für die Gesellschaft zuständigen Registergericht zu beantragen. Wenn die gerichtliche Genehmigung vorliegt, erfolgt die **Aufforderung**, die Aktien zum Zwecke der Berichtigung oder des Umtausches bei der Gesellschaft

---

319 OLG München v. 5.1.2012 – 34 Wx 369/11, NZG 2012, 182 f. = AG 2012, 376; Beschwerdegericht ist das Oberlandesgericht (§ 119 Abs. 1 Nr. 1 lit. b GVG), die Beschwerdefrist beträgt, soweit gesetzlich keine andere Frist bestimmt ist, einen Monat (§ 63 FamFG).
320 Vgl. *T. Bezzenberger* in K. Schmidt/Lutter, §§ 72–75 AktG Rz. 5; *Cahn* in BeckOGK AktG, Stand 1.2.2021, § 72 AktG Rz. 12; *Hüffer/Koch*, § 72 AktG Rz. 5; *Oechsler* in MünchKomm. AktG, 5. Aufl. 2019, § 72 AktG Rz. 13; auch KG v. 27.11.1996 – 23 U 6159/95, KGR Berlin 1998, 30 ff.
321 Allg. M.: vgl. *Cahn* in BeckOGK AktG, Stand 1.2.2021, § 73 AktG Rz. 4; *Hüffer/Koch*, § 73 AktG Rz. 2; *Lutter/Drygala* in KölnKomm. AktG, 3. Aufl. 2009, § 73 AktG Rz. 6; *Oechsler* in MünchKomm. AktG, 5. Aufl. 2019, § 73 AktG Rz. 3. Zur Auswirkung der Kraftloserklärung nach § 73 AktG auf Dividenden- und Erneuerungsscheine vgl. *Cahn* in BeckOGK AktG, Stand 1.2.2021, § 73 AktG Rz. 24; *Oechsler* in MünchKomm. AktG, 5. Aufl. 2019, § 73 AktG Rz. 32.
322 Z.B. Änderung der Firma oder des Sitzes der Gesellschaft (vgl. OLG Frankfurt/Main v. 1.2.2016 – 20 W 106/13, NZG 2016, 1340 ff. = AG 2017, 156: Verlegung des Satzungssitzes einer SE ins EU-Ausland).
323 Z.B. Umwandlung von Inhaber- in Namensaktien, von Nennbetrags- in Stückaktien oder von Vorzugs- in Stammaktien oder jeweils umgekehrt. Zur Kraftloserklärung nicht eingereichter Aktienurkunden von Minderheitsaktionären nach Durchführung eines Squeeze-Out vgl. *König*, NZG 2006, 606 ff.; *Weppner/Groß-Bölting*, BB 2012, 2196 ff.
324 Zum Verfahren vgl. *Cahn* in BeckOGK AktG, Stand 1.2.2021, § 73 AktG Rz. 12 ff.; *Hüffer/Koch*, § 73 AktG Rz. 4; *Schaper*, AG 2016, 889, 894 f.

einzureichen. Die nach § 73 Abs. 2 Satz 2, § 64 Abs. 2 AktG grundsätzlich dreimal in den Gesellschaftsblättern bekanntzumachende[325] Aufforderung hat die Kraftloserklärung anzudrohen und auf die gerichtliche Genehmigung hinzuweisen. Nicht fristgemäß eingereichte Aktien können für kraftlos erklärt werden. Dies geschieht durch **Bekanntmachung in den Gesellschaftsblättern** (§ 73 Abs. 2 Satz 3 AktG). Dabei sind die betroffenen Aktien eindeutig zu bezeichnen (§ 73 Abs. 2 Satz 4 AktG). Durch die wirksame Kraftloserklärung wird die Wertpapiereigenschaft der betreffenden Aktie bzw. des betreffenden Zwischenscheins beseitigt, ohne dass dadurch das insoweit verbriefte Mitgliedschaftsrecht selbst berührt wird[326]. An Stelle der für kraftlos erklärten Aktien sind neue Aktie auszugeben und dem Berechtigten auszuhändigen oder, wenn ein Recht zur Hinterlegung besteht, zu hinterlegen, es sei denn, die Satzung der Gesellschaft hat den Anspruch des Aktionärs auf Verbriefung seines Anteils gemäß § 10 Abs. 5 AktG ausgeschlossen[327]. In diesem Fall besteht kein Anspruch des Aktionärs auf Ausgabe von Einzelurkunden bzw. einer Sammelurkunde an ihn, sondern lediglich ein Anspruch auf Verbriefung der Aktien insgesamt in einer Globalurkunde[328]. Für die Praxis bedeutet dies, dass, wenn die Gesellschaft beabsichtigt, von der Möglichkeit des § 10 Abs. 5 AktG Gebrauch zu machen, zunächst die Satzung entsprechend geändert und anschließend eine Maßnahme ergriffen werden sollte, die zur Unrichtigkeit der Aktienurkunden aufgrund einer Veränderung der rechtlichen Verhältnisse führt. Zur Kraftloserklärung von Aktien im Rahmen einer Kapitalherabsetzung vgl. Rz. 49.44 ff.

d) Austausch von Urkunden

§ 74 AktG regelt den **Austausch von Aktienurkunden und Zwischenscheinen** im Falle ihrer Beschädigung oder Verunstaltung. Die Vorschrift gilt nicht für Dividenden- und Erneuerungsscheine[329]. Ein Austausch kann verlangt werden, wenn die Urkunde derart schwerwiegend beschädigt oder verunstaltet ist, dass sie zum Umlauf nicht mehr geeignet ist. Bei börsennotierten Aktien wird insoweit auf ihre Lieferbarkeit abgestellt. Nicht lieferbar sind Wertpapiere unter anderem dann, wenn sie wesentliche Beschädigungen aufweisen[330]. Lassen sich der wesentliche Inhalt und die Unterscheidungsmerkmale der Urkunde nicht mehr sicher erkennen, kommt kein Austausch nach § 74 AktG, sondern nur das gerichtliche Verfahren der Kraftloserklärung nach § 72 AktG in Betracht. Unter den Voraussetzungen des § 74 AktG kann der Berechtigte Erteilung einer neuen Urkunde gegen Aushändigung der alten verlangen. Er hat die dafür anfallenden Kosten zu tragen und vorzuschießen (§ 74 Satz 2 AktG).

5.92

VI. Vinkulierung von Namensaktien

1. Allgemeines

Nach § 68 Abs. 2 Satz 1 AktG kann die Satzung die Übertragung von Namensaktien an die Zustimmung der Gesellschaft binden (**Vinkulierung**). Dadurch wird die **Wirksamkeit der Verfügung über die Na-**

5.93

---

325 Bei vinkulierten Namensaktien genügt die einmalige Einzelaufforderung des betreffenden Aktionärs unter Gewährung einer Nachfrist von mindestens einem Monat (§ 64 Abs. 2 Satz 4 AktG).
326 BGH v. 25.9.1989 – II ZR 53/89, NJW-RR 1990, 166, 168 f.; *Cahn* in BeckOGK AktG, Stand 1.2.2021, § 73 AktG Rz. 23.
327 Zum Entfallen der Hinterlegungsmöglichkeit nach § 73 Abs. 3 Satz 1 AktG im Falle der Änderung der Gesellschaftssatzung nach § 10 Abs. 5 AktG nach Kraftloserklärung der bisherigen Aktien vgl. OLG Celle v. 5.2.2003 – 16 VA 4/02, NdsRpfl 2003, 217 f.
328 Zu § 10 Abs. 5 AktG vgl. im Einzelnen Rz. 5.15.
329 *Oechsler* in MünchKomm. AktG, 5. Aufl. 2019, § 74 AktG Rz. 3. Insoweit kommt eine Anwendung von § 798 BGB in Betracht.
330 Vgl. § 14 Abs. (1) lit. c) der „Bedingungen für Geschäfte an der Frankfurter Wertpapierbörse" in der Fassung v. 23.11.2020 sowie die „Richtlinien für die Lieferbarkeit beschädigter, amtlich notierter Wertpapiere" der Frankfurter Wertpapierbörse in der Fassung v. 4.5.1981 (jeweils abrufbar unter www.xetra.com oder www.deutsche-boerse-cash-market.com).

mensaktie von der Erteilung der Zustimmung der Gesellschaft abhängig gemacht. Die Vinkulierung ist lediglich bei Namensaktien, nicht aber bei Inhaberaktien zulässig. Sie stellt die – einzig zulässige – Ausnahme vom Grundsatz der freien Übertragbarkeit von Aktien dar[331]. Bis zur Erteilung der Zustimmung ist die Übertragung schwebend unwirksam, bei (endgültiger) Verweigerung der Zustimmung endgültig unwirksam[332]. Die Vinkulierung erfasst nur die Übertragung selbst, nicht aber das schuldrechtliche Geschäft, das die Verpflichtung zur Übertragung der (vinkulierten) Namensaktien begründet. Die Aufnahme von Vinkulierungsklauseln in die Satzung der Gesellschaft kann auf einer entsprechenden gesetzlichen Anordnung[333] oder auf dem Wunsch beruhen, die Beteiligungsverhältnisse an der Gesellschaft kontrollieren zu können[334]. Auch kann durch eine Vinkulierung der Aktien bezweckt werden, die Gesellschaft vor einer (feindlichen) Übernahme zu schützen[335]. Dabei ist jedoch zu berücksichtigen, dass die nachträgliche Einführung der Vinkulierung für bereits bestehende Aktien der Zustimmung sämtlicher betroffener Aktionäre (§ 180 Abs. 2 AktG) bedarf und daher bei börsennotierten Gesellschaften praktisch nicht in Betracht kommt.

2. Einführung und Aufhebung

5.94 Die Vinkulierung bedarf einer entsprechenden **Satzungsbestimmung**. Sie kann bereits in der Ursprungssatzung der Gesellschaft für alle im Rahmen der Gründung auszugebenden Namensaktien vorgesehen werden, sie kann auch nachträglich für bereits ausgegebene und bislang nicht vinkulierte Namensaktien eingeführt oder (ggf. erstmals) für im Rahmen von Kapitalerhöhungen auszugebende Namensaktien vorgesehen werden. Im Falle der **nachträglichen Einführung der Vinkulierung** bedarf der satzungsändernde Hauptversammlungsbeschluss nach § 180 Abs. 2 AktG der **Zustimmung aller betroffenen Aktionäre**. Gleiches gilt für die Verschärfung einer bereits bestehenden Vinkulierung[336]. Zulässig soll es auch sein, dass die Satzung die Möglichkeit der Vinkulierung oder ihrer Verschärfung in einer entsprechenden Ermächtigung vorsieht, ohne dass diese sofort umgesetzt wird, mit der Folge, dass der die Vinkulierung oder ihre Verschärfung dann umsetzende satzungsändernde Beschluss der Hauptversammlung nicht mehr der Zustimmung der betroffenen Aktionäre nach § 180 Abs. 2 AktG bedarf[337]. In jedem Fall unzulässig wäre es allerdings, wenn die Hauptversammlung durch einfachen Mehrheitsbeschluss oder der Vorstand bzw. Aufsichtsrat von einer solchen Ermächtigung für bereits

---

331 Vgl. BGH v. 20.9.2004 – II ZR 288/02, ZIP 2004, 2093, 2094 = AG 2004, 673; dazu bereits Rz. 5.78. Ausf. zu Vinkulierungsklauseln jüngst *Heckschen/Weitbrecht*, NZG 2019, 721, 723 ff. Rechtstatsächliches zu Vinkulierungsklauseln bei deutschen Aktiengesellschaften bei *Bayer/Hoffmann*, AG 2007, R375 ff. Zur Frage der (europarechtlichen) Zulässigkeit von auf staatliche Einflussnahme zurückzuführenden Vinkulierungsregelungen vgl. *Burgi* in FS Hüffer, 2010, S. 63 ff.; *Lieder*, ZHR 172 (2008), 306, 308 ff.
332 Keine Anwendung soll das Vinkulierungserfordernis nach Auffassung des OLG München finden, wenn der Erwerber der Aktien Alleinaktionär wird (OLG München v. 4.5.2005 – 23 U 5121/04, NZG 2005, 756, 757 f. = AG 2005, 584 ff.; dazu *Heller/Timm*, NZG 2006, 257 ff.).
333 Vgl. etwa § 55 Abs. 1 Satz 1 AktG (Nebenverpflichtungen der Aktionäre); § 101 Abs. 2 Satz 2 AktG (Entsendungsrecht für Inhaber bestimmter Aktien); § 2 Abs. 1 Luftverkehrsnachweissicherungsgesetz (zur Gewährleistung der Einhaltung von Nationalitätsanforderungen börsennotierter Luftfahrtunternehmen; dazu auch *von Franckenstein*, NJW 1998, 286 ff.); § 28 Abs. 5 WPO (für Wirtschaftsprüfungsgesellschaften und Buchprüfungsgesellschaften); § 50 Abs. 5 StBerG (für Steuerberatungsgesellschaften).
334 *Liebscher*, ZIP 2003, 825, 826.
335 *Bayer* in MünchKomm. AktG, 5. Aufl. 2019, § 68 AktG Rz. 37; *Bayer*, ZGR 2002, 588, 591.
336 *Stein* in MünchKomm. AktG, 5. Aufl. 2021, § 180 AktG Rz. 18 f. (mit Beispielsfällen); *Seibt* in K. Schmidt/Lutter, § 180 AktG Rz. 9.
337 Diese Möglichkeit bejahend: *Seibt* in K. Schmidt/Lutter, § 180 AktG Rz. 9; *Zöllner* in KölnKomm. AktG, 2. Aufl. 1995, § 180 AktG Rz. 12; verneinend: *Stein* in MünchKomm. AktG, 5. Aufl. 2021, § 180 AktG Rz. 20 f.; *Wiedemann* in Großkomm. AktG, 4. Aufl. 1995, § 180 AktG Rz. 13. Wenn eine solche Ermächtigung nicht schon in der Gründungssatzung enthalten ist, dürfte für ihre nachträgliche Aufnahme in die Satzung das Zustimmungserfordernis des § 180 Abs. 2 AktG gelten.

bestehende Aktien Gebrauch machen könnte[338]. Im Falle einer **Kapitalerhöhung** ist zu unterscheiden: Sind sämtliche Aktien der Gesellschaft aufgrund einer entsprechenden Satzungsregelung vinkuliert, erstreckt sich die Vinkulierung automatisch auch auf die im Rahmen der Kapitalerhöhung ausgegebenen neuen Aktien, ohne dass es einer Zustimmung nach § 180 Abs. 2 AktG bedarf[339]. Sollen im Rahmen einer bezugsrechtswahrenden Kapitalerhöhung einer Gesellschaft ohne statutarische Vinkulierungsklausel erstmals vinkulierte Aktien ausgegeben werden, ist streitig, ob die Notwendigkeit der Zustimmung aller Altaktionäre nach § 180 Abs. 2 AktG für die dann erforderliche Satzungsänderung besteht[340]; eine im Vordringen befindliche Auffassung verneint dies mit dem Argument, den Altaktionären stehe trotz Fehlens einer Vinkulierungsklausel kein Bezugsrecht auf nicht vinkulierte Aktien zu[341]. Nach allgemeiner Auffassung findet § 180 Abs. 2 AktG auf die erforderliche Satzungsänderung jedenfalls dann keine Anwendung, wenn den Altaktionären kein Bezugsrecht auf die neuen vinkulierten Aktien zusteht[342].

Die **Aufhebung oder Lockerung** einer statutarischen Vinkulierungsklausel ist – soweit diese nicht auf einem gesetzlichen Erfordernis beruht – durch eine entsprechende Satzungsänderung jederzeit möglich; § 180 Abs. 2 AktG findet auf den satzungsändernden Beschluss der Hauptversammlung keine Anwendung[343]. 5.95

3. Ausgestaltung

Die statutarisch vorgesehene Vinkulierung erlegt dem Aktionär eine Verfügungsbeschränkung auf, indem sie die **Wirksamkeit der Übertragung der Namensaktie** von der Erteilung der Zustimmung der Gesellschaft abhängig macht. Das wird vom Gesetz als zulässige Ausnahme vom Grundsatz der freien Übertragbarkeit von Aktien angesehen[344]. Unzulässig sind allerdings Vinkulierungsklauseln, die die Übertragbarkeit der Aktie gänzlich ausschließen[345]. Davon abgesehen besteht im Rahmen der Vorgaben des § 68 Abs. 2 AktG grundsätzlich **Gestaltungsfreiheit**[346]. Zulässig ist es, das Zustimmungs- 5.96

---

338 Zutreffend *Wiedemann* in Großkomm. AktG, 4. Aufl. 1995, § 180 AktG Rz. 13; *Stein* in MünchKomm. AktG, 5. Aufl. 2021, § 180 AktG Rz. 20.
339 *Hüffer/Koch*, § 180 AktG Rz. 7 m.w.N.
340 So *Bayer* in MünchKomm. AktG, 5. Aufl. 2019, § 68 AktG Rz. 48; *Holzborn* in BeckOGK AktG, Stand 1.2.2021, § 180 AktG Rz. 12; *Merkt* in Großkomm. AktG, 4. Aufl. 2008, § 68 AktG Rz. 264; *Seibt* in K. Schmidt/Lutter, § 180 AktG Rz. 12; *Sailer-Coceani* in MünchHdb. AG, § 14 Rz. 18.
341 Vgl. *T. Bezzenberger* in K. Schmidt/Lutter, § 68 AktG Rz. 18; *Cahn* in BeckOGK AktG, Stand 1.2.2021, § 68 AktG Rz. 43; *Hüffer/Koch*, § 180 AktG Rz. 7; *Lutter/Drygala* in KölnKomm. AktG, 3. Aufl. 2009, § 68 AktG Rz. 62; *Stein* in MünchKomm. AktG, 5. Aufl. 2021, § 180 AktG Rz. 24.
342 *Bayer* in MünchKomm. AktG, 5. Aufl. 2019, § 68 AktG Rz. 48; *Holzborn* in BeckOGK AktG, Stand 1.2.2021, § 180 AktG Rz. 11; *Merkt* in Großkomm. AktG, 4. Aufl. 2008, § 68 AktG Rz. 265; *Seibt* in K. Schmidt/Lutter, § 180 AktG Rz. 12 f. (dort auch für den Fall, dass teils vinkulierte und teils nicht vinkulierte Altaktien bestehen).
343 Allg. M., vgl. *Bayer* in MünchKomm. AktG, 5. Aufl. 2019, § 68 AktG Rz. 51; *Holzborn* in BeckOGK AktG, Stand 1.2.2021, § 180 AktG Rz. 10; *Hüffer/Koch*, § 180 AktG Rz. 6; *Merkt* in Großkomm. AktG, 4. Aufl. 2008, § 68 AktG Rz. 267; *Seibt* in K. Schmidt/Lutter, § 180 AktG Rz. 10; *Stein* in MünchKomm. AktG, 5. Aufl. 2021, § 180 AktG Rz. 22.
344 Vgl. BGH v. 20.9.2004 – II ZR 288/02, ZIP 2004, 2093, 2094 = AG 2004, 673; *T. Bezzenberger* in K. Schmidt/Lutter, § 68 AktG Rz. 2, 15. Zur Frage der (europarechtlichen) Zulässigkeit von auf staatliche Einflussnahme zurückzuführenden Vinkulierungsregelungen vgl. *Burgi* in FS Hüffer, 2010, S. 63 ff.; *Lieder*, ZHR 172 (2008), 306, 308 ff.
345 *T. Bezzenberger* in K. Schmidt/Lutter, § 68 AktG Rz. 16; *Heckschen/Weitbrecht*, NZG 2019, 721, 726; *Hüffer/Koch*, § 68 AktG Rz. 14; *Lutter/Drygala* in KölnKomm. AktG, 3. Aufl. 2009, § 68 AktG Rz. 66; auch BVerfG v. 27.4.1999 – 1 BvR 1613/94, NJW 1999, 3769 ff. = AG 1999, 566.
346 Als unstatthafte Erschwerung unzulässig ist eine Satzungsregelung, die eine kumulative Zustimmung von Vorstand und Hauptversammlung vorsieht, da § 68 Abs. 2 Satz 3 AktG ausdrücklich nur die alternative Zuständigkeit anderer Organe als des Vorstandes zulässt (vgl. LG München v. 27.2.2017 –

erfordernis auf bestimmte Verfügungen zu beschränken bzw. bestimmte Übertragungen (etwa an verbundene Unternehmen) von dem Zustimmungserfordernis auszunehmen. Die Satzung kann auch vorsehen, dass für die Entscheidung über die Erteilung der Zustimmung nicht wie im Regelfall der Vorstand, sondern der Aufsichtsrat oder die Hauptversammlung zuständig ist[347]. Ebenfalls zulässig ist es, dem für die Zustimmung zuständigen Gesellschaftsorgan in Bezug auf die Erteilung der Zustimmung Entscheidungsfreiheit zu belassen oder aber die Gründe, aus denen die Zustimmung verweigert werden kann, in der Satzung zu benennen[348]. Die Einführung sonstiger Voraussetzungen, die die Übertragbarkeit der Aktien über die Vinkulierung hinaus erschweren, ist unzulässig[349].

5.97 Da das der Übertragung zugrundeliegende **schuldrechtliche Verpflichtungsgeschäft** von der Vinkulierung nicht betroffen ist, sind Satzungsregelungen, die die Wirksamkeit des schuldrechtlichen Verpflichtungsgeschäftes an die Zustimmung der Gesellschaft binden, nichtig[350]. Gleiches gilt für Satzungsregelungen, die Andienungspflichten verkaufswilliger Aktionäre oder Vorkaufsrechte der in der Gesellschaft verbleibenden Aktionäre mit körperschaftsrechtlicher Wirkung festschreiben[351]. Zulässig sind hingegen schuldrechtliche Abreden zwischen den Aktionären bzw. zwischen der Gesellschaft und Aktionären, die bestimmte Andienungs- oder Haltepflichten bzw. Vorerwerbsrechte vorsehen[352].

4. Betroffene Rechtsgeschäfte

5.98 Gegenstand der Vinkulierung ist die **rechtsgeschäftliche Übertragung von Aktien** im Sinne der eigentumsändernden Verfügung[353]. Nicht erfasst sind hingegen schuldrechtliche Geschäfte, die die Verpflichtung zur Übertragung von Aktien begründen, oder auf Gesetz beruhende Eigentumsübergangstatbestände[354]. Grundsätzlich muss sich die Zustimmung auf eine konkrete Übertragung oder auf einen individuell bestimmten Kreis von Rechtsgeschäften beziehen. Nicht zulässig sind daher Global- oder Blankettzustimmungen, bei denen Veräußerungsgegenstand und Erwerber noch nicht feststehen, da dies mit dem Sinn der Vinkulierungsklausel nicht zu vereinbaren ist[355]. Nach überwiegender Auf-

---

5 HKO 14748/16, BeckRS, 107418, Leitsatz 1, Rz. 14 ff. = AG 2017, 591 ff.); weitere Beispiele bei *Heckschen/Weitbrecht*, NZG 2019, 721, 727. Zu den Ausnahmen, in denen eine Vinkulierung gesetzlich vorzusehen ist, vgl. Rz. 5.93 Fn. 332.

347 *Hüffer/Koch*, § 68 AktG Rz. 14. Bei börsennotierten Gesellschaften kommt es aus Praktikabilitätsgründen grundsätzlich nicht in Betracht, die Entscheidungszuständigkeit der Hauptversammlung zu übertragen.

348 Vgl. *Bayer* in MünchKomm. AktG, 5. Aufl. 2019, § 68 AktG Rz. 60 f.

349 Vgl. BGH v. 20.9.2004 – II ZR 288/02, ZIP 2004, 2093, 2094 = AG 2004, 673.

350 *Bayer* in MünchKomm. AktG, 5. Aufl. 2019, § 68 AktG Rz. 38; *Hüffer/Koch*, § 68 AktG Rz. 14; *Merkt* in Großkomm. AktG, 4. Aufl. 2008, § 68 AktG Rz. 305.

351 *Bayer* in MünchKomm. AktG, 5. Aufl. 2019, § 68 AktG Rz. 39; *T. Bezzenberger* in K. Schmidt/Lutter, § 68 AktG Rz. 16. Zur (unentgeltlichen) Rückübertragungspflicht des Aktionärs gegenüber der Gesellschaft vgl. BGH v. 22.1.2013 – II ZR 80/10, AG 2013, 224 ff. Zur statutarisch verankerten schuldrechtlichen Andienungspflicht des veräußerungswilligen Aktionärs gegenüber den verbleibenden Aktionären vgl. LG München v. 27.2.2017 – 5 HKO 14748/16, BeckRS, 107418, Leitsatz 4, Rz. 22 f. = AG 2017, 591 ff.

352 Vgl. *Barthelmeß/Braun*, AG 2000, 172 ff.; auch BayObLG v. 24.11.1988 – BReg. 3 Z 111/88, WM 1989, 138 ff. = WuB II A. § 68 AktG 1.89 (m. Anm. *Marsch-Barner*); a.A. *Immenga*, AG 1992, 79 ff.; *Otto*, AG 1991, 369 ff.

353 Allg. M., vgl. *Bayer* in MünchKomm. AktG, 5. Aufl. 2019, § 68 AktG Rz. 52; *T. Bezzenberger* in K. Schmidt/Lutter, § 68 AktG Rz. 19; *Cahn* in BeckOGK AktG, Stand 1.2.2021, § 68 AktG Rz. 32; *Hüffer/Koch*, § 180 AktG Rz. 11; *Lutter/Drygala* in KölnKomm. AktG, 3. Aufl. 2009, § 68 AktG Rz. 6, 66; *Merkt* in Großkomm. AktG, 4. Aufl. 2008, § 68 AktG Rz. 306.

354 Vgl. *Hüffer/Koch*, § 180 AktG Rz. 11; *Lieder/Scholz*, ZIP 2015, 1705, 1707 f.

355 Vgl. *Bayer* in MünchKomm. AktG, 5. Aufl. 2019, § 68 AktG Rz. 91. Unter diesem Gesichtspunkt war die früher im Rahmen von Börsenzulassungsverfahren geübte Praxis, nach der die Zulassungsstelle die Erklärung der Gesellschaft verlangte, von der Möglichkeit der Zustimmungsverweigerung nur unter

fassung soll auch die Einräumung beschränkt dinglicher Rechte (Nießbrauch oder Pfandrecht) in Bezug auf vinkulierte Namensaktien dem Zustimmungsvorbehalt unterliegen, nicht aber die Pfändung der Aktien, da durch letztere die Interessen der Gesellschaft nicht berührt würden[356]. Ob diese unterschiedliche Behandlung der rechtsgeschäftlichen Verpfändung und der Pfändung gerechtfertigt ist, ist fraglich. Interessengerecht erscheint es vielmehr, die Einräumung beschränkt dinglicher Rechte nur dann dem Zustimmungsvorbehalt zu unterwerfen, wenn diese ausdrücklich von der Satzungsregelung erfasst sind. Wenn danach die Verpfändung und Pfändung vinkulierter Aktien ohne Zustimmung der Gesellschaft erfolgen können, ist es allerdings erforderlich, dass die Verwertung dieser Aktien im Wege der Veräußerung aufgrund des (Pfändungs-)Pfandrechts nur mit Zustimmung der Gesellschaft erfolgen kann, da nur so den mit der Vinkulierung verfolgten berechtigten Schutzinteressen der Gesellschaft genügt wird[357].

5. Zustimmung der Gesellschaft

a) Zuständiges Gesellschaftsorgan

Für die Entscheidung über die **Erteilung der Zustimmung** ist, wenn die Satzung nichts anderes bestimmt, der Vorstand zuständig, der als Gesamtorgan entscheidet. Die Entscheidungszuständigkeit kann statutarisch dem Aufsichtsrat oder der Hauptversammlung zugewiesen werden (§ 68 Abs. 2 Satz 3 AktG), allerdings nur alternativ, nicht kumulativ[358]. Sehr umstritten ist, ob eine Pflicht zur Befassung der Hauptversammlung mit der Vinkulierungsentscheidung besteht, wenn die Gesellschaft durch den Aktienerwerb von dem Erwerber abhängig wird[359]. Ist die Hauptversammlung für die Entscheidung über die Zustimmung zuständig, ist der veräußernde Aktionär bei der Beschlussfassung nicht an der Ausübung des Stimmrechts gehindert[360]. Die Erklärung der Zustimmung oder ihrer Verweigerung gegenüber dem Veräußerer oder dem Erwerber fällt als Maßnahme der Vertretung der Gesellschaft stets in die Zuständigkeit des Vorstands, auch wenn die Entscheidung über die Zustimmung statutarisch einem anderen Organ der Gesellschaft zugewiesen ist (§ 68 Abs. 2 Satz 2 AktG)[361].

5.99

---

engen Voraussetzungen Gebrauch zu machen, rechtlich fragwürdig (vgl. *Wirth*, DB 1992, 617, 618; *Merkt* in Großkomm. AktG, 4. Aufl. 2008, § 68 AktG Rz. 477). Kritisch jüngst *Nodoushani*, ZGR 2014, 809 ff.

356 *Bayer* in MünchKomm. AktG, 4. Aufl. 2016, § 68 AktG Rz. 56; *Hüffer/Koch*, § 68 AktG Rz. 11; *Lutter/Drygala* in KölnKomm. AktG, 3. Aufl. 2009, § 68 AktG Rz. 54–56; *Merkt* in Großkomm. AktG, 4. Aufl. 2008, § 68 AktG Rz. 279 ff. a.A. *Liebscher/Lübke*, ZIP 2004, 241, 250, die das Erfordernis der Zustimmung für die rechtsgeschäftliche Verpfändung verneinen, aber für die in der Verwertung erfolgende Anteilsveräußerung bejahen. Zur Pfändung *Bork* in FS Henckel, 1995, S.23, 30 ff.

357 So auch *Liebscher/Lübke*, ZIP 2004, 241, 251; für die Verwertung in der Zwangsvollstreckung herrschende Meinung: vgl. *Bayer* in MünchKomm. AktG, 5. Aufl. 2019, § 68 AktG Rz. 112 f. mit zahlreichen weiteren Nachweisen auch zur Mindermeinung.

358 Vgl. *Bayer* in MünchKomm. AktG, 5. Aufl. 2019, § 68 AktG Rz. 65; *T. Bezzenberger* in K. Schmidt/Lutter, § 68 AktG Rz. 27a; LG München v. 27.2.2017 – 5 HKO 14748/16, BeckRS, 107418, Leitsatz 1, Rz. 14 ff. = AG 2017, 591 ff.

359 Ablehnend *T. Bezzenberger* in K. Schmidt/Lutter, § 68 AktG Rz. 28; *Cahn* in BeckOGK AktG, Stand 1.2.2021, § 68 AktG Rz. 50; *Hüffer/Koch*, § 68 AktG Rz. 15; *Hüffer* in Liber amicorum M. Winter, 2011, S. 279 ff.; *Immenga*, BB 1992, 2446, 2447; bejahend *Bayer* in FS Hüffer, 2010, S. 35, 37 ff.; *Bayer* in MünchKomm. AktG, 5. Aufl. 2019, § 68 AktG Rz. 64; *Lutter*, AG 1992, 369; *Lutter/Drygala* in KölnKomm. AktG, 3. Aufl. 2009, § 68 AktG Rz. 68; *Merkt* in Großkomm. AktG, 4. Aufl. 2008, § 68 AktG Rz. 367 ff.; *K. Schmidt* in FS Beusch, 1993, S. 759, 768 ff.

360 *Bayer* in MünchKomm. AktG, 5. Aufl. 2019, § 68 AktG Rz. 68 m.w.N.; *Lutter/Drygala* in KölnKomm. AktG, 3. Aufl. 2009, § 68 AktG Rz. 75; a.A. *Zöllner* in KölnKomm. AktG, 1. Aufl. 1985, § 136 AktG Rz. 29.

361 *Bayer* in MünchKomm. AktG, 5. Aufl. 2019, § 68 AktG Rz. 87; Einzelheiten zum Inhalt und den Modalitäten der Erklärung bei *Bayer*, a.a.O., Rz. 84–95.

b) Entscheidungsmaßstab

5.100 Sind die Gründe, aus denen die Zustimmung verweigert werden darf, in der Satzung festgelegt, hat das zuständige Gesellschaftsorgan zu prüfen, ob einer dieser Gründe vorliegt. Auch wenn dies der Fall ist, soll der Gesellschaft eine Entscheidungsfreiheit über die Erteilung die Zustimmung verbleiben, da statutarische Zustimmungsverbote unzulässig seien[362]. Enthält die Satzung keine Maßgaben für die Erteilung bzw. Verweigerung der Zustimmung, steht die Entscheidung des zuständigen Gesellschaftsorgans nicht in seinem freien, sondern in seinem **pflichtgemäßen, am Wohl der Gesellschaft zu orientierenden Ermessen**, das auch den **Grundsatz der Gleichbehandlung der Aktionäre (§ 53a AktG)** zu berücksichtigen hat[363]. Im Falle einer börsennotierten Gesellschaft soll die Verweigerung der Zustimmung nur ausnahmsweise in Betracht kommen[364]. Ist die Gesellschaft von einem Übernahmeangebot betroffen, stellt die Entscheidung des Vorstands, der Übertragung der Namensaktien an den Bieter nicht zuzustimmen, eine **Verhinderungsmaßnahme nach § 33 Abs. 1 WpÜG** dar, die der Genehmigung des Aufsichtsrats bedarf (§ 33 Abs. 1 Satz 2 WpÜG), wobei beide Organe ihre Entscheidung nach pflichtgemäßem Ermessen zu treffen haben[365].

c) Rechtsfolgen

5.101 Wird die Zustimmung zur Übertragung der Namensaktien entweder vorab als Einwilligung oder nachträglich als Genehmigung erteilt, wird die Übertragung **wirksam**. Dabei wirkt die nachträglich erteilte Zustimmung auf den Zeitpunkt der Vornahme der Übertragung zurück (§ 184 Abs. 1 BGB). Solange die Zustimmung noch nicht erteilt ist, ist die Übertragung der Aktien **schwebend unwirksam**; wird die Zustimmung endgültig verweigert, ist auch die Übertragung **endgültig unwirksam**[366]. Das zur Übertragung der Aktien verpflichtende schuldrechtliche Geschäft wird von der Zustimmungsverweigerung nicht betroffen und bleibt daher wirksam. In der Praxis empfiehlt es sich daher, den schuldrechtlichen Vertrag unter den Vorbehalt des Rücktritts für den Fall der Verweigerung der Zustimmung bzw. unter eine entsprechende Bedingung zu stellen.

d) Folgen der unberechtigten Zustimmungsverweigerung

5.102 Im Falle der unberechtigten Verweigerung der Zustimmung kann der **verkaufswillige Aktionär** die Gesellschaft auf Zustimmung verklagen. Die Verweigerung der Zustimmung ist dann unberechtigt, wenn die Gesellschaft zur Erteilung der Zustimmung, etwa aufgrund einer entsprechenden Gestaltung der Vinkulierungsklausel, verpflichtet ist. Hat das für die Zustimmung zuständige Gesellschaftsorgan hingegen sein Entscheidungsermessen nicht oder nur fehlerhaft ausgeübt, hat der Aktionär lediglich einen Anspruch auf nochmalige, nunmehr ermessensfehlerfreie Entscheidung und ggf. einen Schadensersatzanspruch[367]. Dem **erwerbswilligen Dritten** steht aus eigenem Recht gegen die Gesellschaft

---

362 *Bayer* in MünchKomm. AktG, 5. Aufl. 2019, § 68 AktG Rz. 62 m.w.N.
363 BGH v. 1.12.1986 – II ZR 287/85, BB 1987, 435 (auch zu der Frage, unter welchen Voraussetzungen eine Zustimmungspflicht angenommen werden kann); LG Aachen v. 19.5.1992 – 41 O 30/92, AG 1992, 410, 411 ff.; *Bork* in FS Henckel, 1995, S. 23, 25 ff.; *Bayer* in MünchKomm. AktG, 5. Aufl. 2019, § 68 AktG Rz. 72 f.; *Lutter*, AG 1992, 369, 370 ff.; insb. für die börsennotierte AG *Merkt* in Großkomm. AktG, 4. Aufl. 2008, § 68 AktG Rz. 421 ff.
364 *Bayer* in MünchKomm. AktG, 4. Aufl. 2016, § 68 AktG Rz. 77; *Cahn* in BeckOGK AktG, Stand 1.2.2021, § 68 AktG Rz. 56; differenzierend *Lutter/Drygala* in KölnKomm. AktG, 3. Aufl. 2009, § 68 AktG Rz. 80; a.A. *Merkt* in Großkomm. AktG, 4. Aufl. 2008, § 68 AktG Rz. 423.
365 Vgl. *T. Bezzenberger* in K. Schmidt/Lutter, § 68 AktG Rz. 33; *Brandi* in Angerer/Geibel/Süßmann, § 33 WpÜG Rz. 57, 64; *Hirte* in KölnKomm. WpÜG, § 33 WpÜG Rz. 60 a.E., 172; *Merkt* in Großkomm. AktG, 4. Aufl. 2008, § 68 AktG Rz. 434 ff.; *Schlitt* in MünchKomm. AktG, 4. Aufl. 2017, § 33 WpÜG Rz. 113 f.; anders *Lutter/Drygala* in KölnKomm. AktG, 3. Aufl. 2009, § 68 AktG Rz. 81.
366 Vgl. *Hüffer/Koch*, § 68 AktG Rz. 16; *Merkt* in Großkomm. AktG, 4. Aufl. 2008, § 68 AktG Rz. 493 ff.
367 *Bayer* in MünchKomm. AktG, 5. Aufl. 2019, § 68 AktG Rz. 106 ff.; *Lutter/Drygala* in KölnKomm. AktG, 3. Aufl. 2009, § 68 AktG Rz. 91; *Merkt* in Großkomm. AktG, 4. Aufl. 2008, § 68 AktG Rz. 513 ff.

kein Anspruch auf Zustimmung und damit auch kein Klagerecht zu[368]. In Betracht kommt allenfalls ein Schadensersatzanspruch nach § 826 BGB, wenn die Zustimmungsverweigerung eine vorsätzliche sittenwidrige Schädigung darstellt[369].

6. Umgehung

Durch die Wahl bestimmter Gestaltungen kann einem Dritten ein derart nachhaltiger Einfluss auf die aus den vinkulierten Aktien folgenden Verwaltungsrechte verschafft werden, dass dies, ohne dass dem Dritten die Aktien zivilrechtlich übertragen werden, wirtschaftlich einer Übertragung der Aktien gleich- oder zumindest nahekommt. Zu denken ist an Treuhandkonstruktionen, Stimmbindungsverträge und Stimmrechtsvollmachten, aber auch an die aufgrund einer entsprechenden Konzernklausel zustimmungsfreie Einbringung der vinkulierten Namensaktien in eine Tochtergesellschaft des Aktionärs und anschließender Übertragung der Beteiligung an der Tochtergesellschaft[370]. Werden solche Gestaltungen zum Zwecke der Umgehung der Vinkulierung gewählt, wird das entsprechende Rechtsgeschäft grundsätzlich nur mit Zustimmung der Gesellschaft wirksam[371].

5.103

7. Vinkulierung und Börsenhandel

Die Vinkulierung von Namensaktien steht ihrer **Börsenzulassung und -handelbarkeit** nach allg. Auffassung nicht entgegen[372]. Für börsengehandelte Namensaktien hat die Clearstream Banking AG mit dem Clearingsystem CASCADE-RS[373] ein System entwickelt, das die Vorteile von Namensaktien mit denen der Girosammelverwahrung verbindet und mit dem ein automatischer Abgleich mit elektronisch geführten Aktienregistern möglich ist[374]. Mit der Einlieferung von Globalurkunden bei der Clearstream Banking AG erteilt diese darüber den ihr angeschlossenen Depotbanken eine Depotgutschrift, wie es im Fall der Verwahrung von Inhaberpapieren üblich ist. Alle weiteren mit der Transaktion zusammenhängenden Schritte erfolgen ausschließlich buchmäßig über die EDV-Systeme der Clearstream Banking AG und der ihr angeschlossenen Depotbanken, ohne dass Aktienurkunden physisch bewegt werden. Der insoweit ablaufende Prozess unterscheidet sich nicht vom Clearing girosammelverwahrter Inhaberaktien.

5.104

Nach § 5 Abs. 1 BörsZulV müssen Aktien als **Voraussetzung für die Börsenzulassung** frei handelbar sein. Nach § 5 Abs. 2 Nr. 2 BörsZulV kann die Geschäftsführung der Börse Aktien, deren Erwerb einer Zustimmung bedarf, zulassen, wenn das Zustimmungserfordernis nicht zu einer Störung des Börsenhandels führt. Die in die Girosammelverwahrung einbezogenen vinkulierten Namensaktien sind im

5.105

---

368 Vgl. zum Ganzen *Wirth*, DB 1992, 617, 620 f.
369 *Merkt* in Großkomm. AktG, 4. Aufl. 2008, § 68 AktG Rz. 516.
370 *Liebscher*, ZIP 2003, 825, 826 f. (unter Hinweis auf OLG Köln v. 7.12.1987 – 21 U 12/87, BeckRS 2005, 13618, und die unveröffentlichte Entscheidung des LG München I v. 12.9.2002 – 15 HK O 15764/02 – Springer/Kirch); auch *Kiefner/Happ*, ZIP 2015, 1811, 1812 f. (zu Standstill- und Lock-up-Vereinbarungen); *Lutter/Grunewald*, AG 1989, 409 ff.; *Sieveking/Technau*, AG 1989, 17 ff.; auch OLG Naumburg v. 22.1.2004 – 7 U 133/03, NZG 2004, 775, 778 ff.; *Cahn* in BeckOGK AktG, Stand 1.2.2021, § 68 AktG Rz. 79; *Merkt* in Großkomm. AktG, 4. Aufl. 2008, § 68 AktG Rz. 516.
371 Vgl. *Bayer* in MünchKomm. AktG, 5. Aufl. 2019, § 68 AktG Rz. 116 ff.
372 Ausführlich *Merkt* in Großkomm. AktG, 4. Aufl. 2008, § 68 AktG Rz. 226 ff. und *Nodoushani*, ZGR 2014, 809, 836 ff. Die entgegengesetzte Auffassung des Reichsgerichts aus seiner „Victoria"-Entscheidung (RGZ 132, 149, 158) ist durch die Praxis überholt.
373 CASCADE-RS steht für Central Application for Settlement, Clearing And Depository Expansion of Registered Shares; zur Funktionsweise von CASCADE-RS vgl. Abschnitt 7.1 des Kundenhandbuchs der Clearstream Banking AG (Stand Januar 2021).
374 Dazu *Blitz* in von Rosen/Seifert, Die Namensaktie, S. 373 ff.; *Chudaska* in von Rosen/Seifert, Die Namensaktie, S. 355, 358 ff.

Effektengiroverkehr lieferbar und damit börsenfähig[375]. Die Einbeziehung vinkulierter Namensaktien in die Girosammelverwahrung der Clearstream Banking AG erfolgt insbesondere gemäß Ziff. XI Abs. 1, XXVI der Allgemeinen Geschäftsbedingungen der Clearstream Banking AG (Stand 14.10.2020). Durch die vorstehend beschriebene Einbeziehung von (auch vinkulierten) Namensaktien in die Girosammelverwahrung ist eine Störung des Börsenhandels im Regelfall nicht anzunehmen, so dass sich das Ermessen der Geschäftsführung (der Börse) insoweit auf Null reduziert, die Zulassung also zu bewilligen ist[376]. Ebenfalls zur Börsenfähigkeit von vinkulierten Namensaktien trägt eine entsprechende Gestaltung der Vinkulierungsklauseln in den Gesellschaftssatzungen bei, nach der die Gesellschaft die ordnungsgemäß beantragte Zustimmung nur dann verweigern wird, wenn sie es aus außerordentlichen Gründen im Interesse des Unternehmens für erforderlich hält[377].

§ 6
Besondere Aktiengattungen

I. Überblick und rechtliche Einordnung . 6.1	3. Stimmrecht 6.27
1. Aktienarten und Aktiengattungen 6.1	a) Aufleben des Stimmrechts
2. Gestaltungsmöglichkeiten durch unterschiedliche Aktiengattungen 6.7	(§ 140 Abs. 2 AktG) 6.28
	b) Zustimmungserfordernisse bei Beeinträchtigung des Vorzugs
3. Rechtliche Konsequenzen der Existenz mehrerer Gattungen stimmberechtigter Aktien 6.9	(§ 141 AktG) 6.30
	c) Sonderversammlung 6.33
4. Entstehung und Zusammenfassung von Aktiengattungen 6.15	4. Schaffung und Umwandlung von Vorzugsaktien ohne Stimmrecht 6.34
a) Schaffung von Aktiengattungen 6.15	a) Erstmalige Schaffung von Vorzugsaktien ohne Stimmrecht 6.34
b) Abschaffung von Aktiengattungen . . 6.19	b) Umwandlung in Stammaktien nach AktG 6.36
II. Stimmrechtslose Vorzugsaktien 6.20	
1. Grundlagen 6.20	c) Abschaffung von Vorzugsaktien bei Umwandlungsvorgängen 6.38
a) Rechtsstellung im Überblick 6.20	
b) Entwicklung 6.21	d) Individualvertragliche Umwandlung von Vorzugsaktien 6.39
c) Bedeutung und Umfang 6.22	
2. Gewinnvorrecht und andere Sonderrechte 6.23	III. „Tracking Stocks", „Redeemable Shares" und Investmentaktiengesellschaft 6.40
a) Vorzugsdividende 6.23	
b) Nachzahlbarkeit 6.24	1. Grundlagen 6.40
c) Weitere Sonderrechte 6.26	2. Spartenaktien („Tracking Stocks") 6.43

---

375 § 17 Abs. 3 der Bedingungen für Geschäfte an der Frankfurter Wertpapierbörse (Stand 23.11.2020); vgl. auch *Klanten* in Schimansky/Bunte/Lwowski, Bankrechts-Handbuch, § 72 Rz. 73 ff., S. 2398 f.
376 *Heidelbach* in Schwark/Zimmer, § 5 BörsZulV Rz. 3 f.
377 Vgl. etwa § 2.2 der Satzung der Allianz SE (Fassung Januar 2021). § 5 der Satzung der Deutsche Lufthansa AG (Fassung Juni 2020) bestimmt, dass die Gesellschaft die Zustimmung zur Übertragung der Aktien nur verweigern darf, wenn zu besorgen ist, dass durch die Eintragung die Aufrechterhaltung der luftverkehrsrechtlichen Befugnisse gefährdet sein könnte. Hingegen stellt § 3 Abs. 2 der Satzung der Münchener Rückversicherungs-Gesellschaft AG (Fassung September 2020) die Erteilung der Zustimmung in das freie Ermessen der Gesellschaft, die überdies nicht verpflichtet ist, Gründe für eine Verweigerung der Zustimmung anzugeben.

3. Rückerwerbbare Aktien („Redeemable
   Shares") 6.46
4. Investmentaktiengesellschaft 6.48

IV. **Exkurs** 6.49
  1. American Depositary Receipts (ADRs) . 6.50
  2. Stapled Stock 6.51

Schrifttum: *Altmeppen*, Umwandlung von Vorzugsaktien in Stammaktien gegen Zuzahlung, NZG 2005, 771; *Baums*, Spartenorganisation, „Tracking Stock" und deutsches Aktienrecht, in FS Boujong, 1996, S. 19; *Bayer/Hoffmann*, Tracking stock-Strukturen bei (teil-)privatisierten Stadtwerken, AG 2010, R180; *T. Bezzenberger*, Vorzugsaktien ohne Stimmrecht, 1991; *T. Bezzenberger*, Was wird aus der Vorzugsaktie ohne Stimmrecht?, ZHR 183 (2019), 521; *T. Bezzenberger*, Aktiengattungen, Sonderbeschlüsse und gleichmäßige Behandlung, in FS Seibert, 2019, S. 93; *Böckenhoff/Ross*, „American Depositary Receipts" (ADR) – Strukturen und rechtliche Aspekte –, WM 1993, 1781 und 1825; *Brauer*, Die Zulässigkeit der Ausgabe von sog. „Tracking Stocks" durch Aktiengesellschaften nach deutschem Aktienrecht, AG 1993, 324; *Breuninger/Krüger*, Tracking Stocks als Gestaltungsmittel im Spannungsfeld von Aktien- und Steuerrecht, in FS W. Müller, 2001, S. 527; *Bungert/Paschos*, American Depositary Receipts, Gestaltungspotentiale, kollisionsrechtliche und aktienrechtliche Aspekte, DZWir 1995, 221; *Cichy/Heins*, Tracking Stocks: Ein Gestaltungsmittel für deutsche Unternehmen (nicht nur) bei Börsengängen, AG 2010, 181; *de la Concepción Chamorro Dominguez*, Rückerwerbbare Aktien: ein Plädoyer für ihre Zulassung in Deutschland aus rechtsvergleichender Perspektive, AG 2004, 487; *Eckhold*, Struktur und Probleme des Aktienrechts der Investmentaktiengesellschaft unter Berücksichtigung des Entwurfs des Investmentänderungsgesetzes, ZGR 2007, 654; *Fuchs*, Tracking Stock – Spartenaktien als Finanzierungsinstrument für deutsche aktienrechtliche Gesellschaften, ZGR 2003, 167; *Fuchs*, Aktiengattungen, Sonderbeschlüsse und gesellschaftsrechtliche Treuepflicht, in FS Immenga, 2004, S. 589; *Habersack*, Rückerwerbbare Aktien auch für deutsche Gesellschaften!, in FS Lutter, 2000, S. 1329; *Habersack*, Wandelbare Vorzugsaktien, insbesondere aus genehmigtem Kapital, in FS Westermann, 2008, S. 913; *Hemeling*, Der nicht nachzuzahlende Vorzug und die rückzahlbare Aktie, in FS Uwe H. Schneider, 2011, S. 471; *Kiem*, Die Stellung der Vorzugsaktionäre bei Umwandlungsmaßnahmen, ZIP 1997, 1627; *Krauel/Weng*, Das Erfordernis von Sonderbeschlüssen stimmrechtsloser Vorzugsaktionäre bei Kapitalerhöhungen und Kapitalherabsetzungen, AG 2003, 561; *Loges/Distler*, Gestaltungsmöglichkeiten durch Aktiengattungen, ZIP 2002, 467; *Madaus*, Sind Vorzugsaktionärsrechte letztrangige Insolvenzforderungen?, ZIP 2010, 1214; *Marsch-Barner*, Abschaffung von stimmrechtslosen Vorzugsaktien nach den Regeln des AktG oder dem UmwG, in Liber amicorum Winter, 2011, S. 467; *Pellens/Hillebrandt*, Vorzugsaktien und Corporate Governance-Diskussion, AG 2001, 57; *K. Schmidt*, Nebenleistungsgesellschaften (§ 55 AktG, § 3 Abs. 2 GmbHG) zwischen Gesellschaftsrecht, Schuldrecht und Kartellrecht – Von der Rübenzucker-AG zum Nebenleistungsnetzwerk, in FS Immenga, 2004, S. 705; *Schüppen/Tretter*, Aktienrecht 2015 – Jubiläum, Restposten und Reform, WPg 2015, 643; *Senger/Vogelmann*, Die Umwandlung von Vorzugsaktien in Stammaktien, AG 2002, 193; *Sethe*, Aktien ohne Vermögensbeteiligung?, ZHR 162 (1998), 474; *Sieger/Hasselbach*, „Tracking Stock" im deutschen Aktienrecht, BB 1999, 1277; *Sieger/Hasselbach*, „Tracking Stock" im deutschen Aktien- und Kapitalmarktrecht, AG 2001, 391; *Wallach*, Die Investmentaktiengesellschaft mit veränderlichem Kapital im Gewand des Investmentänderungsgesetzes 2007, Der Konzern 2007, 487; *Werner*, Die Beschlussfassung der Inhaber von stimmrechtslosen Vorzugsaktien, AG 1971, 69; *Wieneke*, Die Stellung des Inhabers von ADRs in der Hauptversammlung der Gesellschaft, AG 2001, 504; *Wirth/Arnold*, Umwandlung von Vorzugsaktien in Stammaktien, ZGR 2002, 859; *Zetzsche*, Das Gesellschaftsrecht des Kapitalanlagegesetzbuches, AG 2013, 613; *Zöllner*, Neustückelung des Grundkapitals und Neuverteilung von Einzahlungsquoten bei teileingezahlten Aktien der Versicherungsgesellschaften, AG 1985, 19.

I. Überblick und rechtliche Einordnung

1. Aktienarten und Aktiengattungen

Das deutsche Aktienrecht kennt keinen Grundsatz der Gleichberechtigung aller Aktien einer Gesellschaft. Auch § 53a AktG fordert ihn gerade nicht, sondern macht die Gleichbehandlung vom Vorlie- 6.1

gen gleicher Voraussetzungen abhängig, lässt also z.B. Differenzierungen durch die Satzung zu[1]. Das Aktiengesetz selbst erkennt u.a. in §§ 11 und 12 AktG das Bestehen von Aktien an, die ungleiche Rechte vermitteln, und regelt die Besonderheiten stimmrechtsloser Vorzugsaktien, des praktisch weitaus wichtigsten Falls, eingehend in §§ 139–141 AktG. Unterschiede zwischen den Aktien eines Unternehmens sind also zulässig und werden auch in der Praxis bewusst als Gestaltungselement eingesetzt.

6.2 **Aktiengattungen** sind in § 11 AktG gesetzlich definiert: Aktien mit gleichen Rechten bilden eine Gattung. Zugleich stellt § 11 AktG klar, dass verschiedene Rechte, namentlich bei der Verteilung des Gewinns und des Gesellschaftsvermögens, gattungsbegründend wirken können. Daraus wird zugleich deutlich, dass nicht alle Unterschiede zwischen Aktien zu mehreren Aktiengattungen führen, sondern nur solche, die unterschiedliche Rechte gegenüber der Gesellschaft vermitteln bzw., wie zu ergänzen ist, unterschiedliche Pflichten gegenüber der Gesellschaft begründen[2]. In erster Linie bieten sich Differenzierungen bei den Vermögensrechten – Beteiligung an Gewinn und Liquidationserlös, ggf. auch Nebenleistungspflichten – an. Im Bereich der Verwaltungsrechte sieht das Gesetz selbst die Stimmrechtsdifferenzierung (heute allerdings nur noch in Form stimmrechtsloser Vorzugsaktien) vor. Differenzierungen bei den Informations- und Mitverwaltungsrechten sind dagegen grundsätzlich unzulässig, weil die gesetzlichen Rechte insoweit nicht dispositiv sind[3]. Auch Bezugsrechte sind zur Differenzierung zwischen Gattungen ungeeignet, sie können nicht generell, sondern gemäß § 186 Abs. 3 AktG nur im einzelnen Kapitalerhöhungsbeschluss ausgeschlossen oder eingeschränkt werden[4]. Andere Unterschiede – wie etwa der zwischen Inhaber- und Namensaktien mit ansonsten gleicher Ausstattung – begründen lediglich verschiedene **Aktienarten**, die durchaus nebeneinander bei einer Gesellschaft bestehen können, mit deren Existenz aber keine besonderen Rechtsfolgen verbunden sind.

Da verschiedene gesetzliche Regelungen an das Vorhandensein unterschiedlicher Aktiengattungen anknüpfen, ist die Abgrenzung der Ausstattungsunterschiede nötig, die zu getrennten Aktiengattungen führen. Dabei hilft ein Blick auf die praktisch anzutreffenden Unterschiede bei Aktien derselben Gesellschaft.

6.3 **Keine unterschiedlichen Gattungen** bilden Aktien, die sich nur im Nennbetrag unterscheiden, wie dies früher recht verbreitet war. Auch das Nebeneinander ausstattungsgleicher Inhaber- und Namensaktien oder die teilweise Vinkulierung von Namensaktien, die lediglich die Übertragung der Aktien an besondere Regeln knüpft, aber wiederum die mit den Aktien verbundenen Rechte und Pflichten nicht ändert, führt nicht zum Entstehen einer eigenständigen Aktiengattung[5]. Gleiches gilt für die Unterscheidung zwischen börsenzugelassenen und nicht börsenzugelassenen Aktien, auch hier sind die Rechte und Pflichten gegenüber der Gesellschaft gleich. So liegt es auch beim Unternehmensvertrag in Be-

---

1 *Hüffer/Koch*, § 11 AktG Rz. 2; *Vatter* in BeckOGK AktG, Stand 1.2.2021, § 11 AktG Rz. 7; *Mock* in Großkomm. AktG, 5. Aufl. 2017, § 11 AktG Rz. 17 m.w.N.
2 RGZ 80, 95, 97; *Hüffer/Koch*, § 11 AktG Rz. 7; *Heider* in MünchKomm. AktG, 5. Aufl. 2019, § 11 AktG Rz. 28 m.w.N.
3 Vgl. etwa *Dauner-Lieb* in KölnKomm. AktG, 3. Aufl. 2010, § 11 AktG Rz. 12 ff.; *Vatter* in BeckOGK AktG, Stand 1.2.2021, § 11 AktG Rz. 12 ff. und *Ziemons* in K. Schmidt/Lutter, § 11 AktG Rz. 12, die auf die unterschiedlichen Meinungen hinsichtlich der Zulässigkeit erweiterter Informationsrechte einzelner Aktionäre hinweisen, die wohl allenfalls bei nicht börsennotierten Gesellschaften praktikabel sein könnten und auch dort richtigerweise abzulehnen sind – sehr kritisch auch *Mock* in Großkomm. AktG, 5. Aufl. 2017, § 11 AktG Rz. 64. Zu solchen „preferred shares" auch *Loges/Distler*, ZIP 2009, 467 ff., 469 ff. und ablehnend *Fleischer*, ZGR 2009, 505 ff., 525.
4 Vgl. nur *Hüffer/Koch*, § 11 AktG Rz. 4; *Vatter* in BeckOGK AktG, Stand 1.2.2021, § 11 AktG Rz. 11; *Dauner-Lieb* in KölnKomm. AktG, 3. Aufl. 2010, § 11 AktG Rz. 11.
5 *Hüffer/Koch*, § 11 AktG Rz. 7 m.w.N.; *Vatter* in BeckOGK AktG, Stand 1.2.2021, § 11 AktG Rz. 19; *Heider* in MünchKomm. AktG, 5. Aufl. 2019, § 11 AktG Rz. 30 f.; *Ziemons* in K. Schmidt/Lutter, § 11 AktG Rz. 11; *Mock* in Großkomm. AktG, 5. Aufl. 2017, § 11 AktG Rz. 67; zweifelnd *Westermann* in Bürgers/Körber/Lieder, § 11 AktG Rz. 10.

zug auf die von der Dividendengarantie erfassten bzw. ausgleichsleistungsberechtigten Aktien. Dort bestehen die Garantieansprüche ausschließlich gegenüber dem Großaktionär[6].

Klare Fälle der Gattungsverschiedenheit sind hingegen, neben den später eingehend behandelten Vorzugsaktien ohne Stimmrecht und den in Deutschland bisher nur ganz vereinzelt genutzten „Tracking Stocks", Vorzugsaktien mit Stimmrecht, die mit einer großen Bandbreite von Vorteilen und/oder Nachteilen bei der Gewinnverteilung bzw. der Verteilung des Liquidationserlöses ausgestattet werden können, und Nebenleistungsaktien, wie sie besonders bei bäuerlich geprägten Gesellschaften – etwa zur Sicherstellung von Zuckerrüben- oder Milchlieferungen – z.T. neben gewöhnlichen Stammaktien vorkommen[7]. Eine gattungsbegründende Stimmrechtsdifferenzierung war – in Form von Mehrstimmenrechten – nur bis 1998 zulässig. Seither ist sie durch § 12 Abs. 2 AktG ausdrücklich verboten. Altfälle dürfte es kaum noch geben, da sie nur durch ausdrücklichen Hauptversammlungsbeschluss mit qualifizierter Mehrheit aufrechterhalten werden konnten[8]. 6.4

Für einige **weitere Fallgruppen** ist die Einordnung nicht ganz so eindeutig: 6.5

– Gemäß § 60 Abs. 2 AktG werden teil- und volleingezahlte Aktien, wie man sie z.T. noch bei Versicherungsunternehmen antrifft, bei der Gewinnverteilung unterschiedlich behandelt, auch das Stimmrecht besteht gemäß § 134 Abs. 2 AktG für diese Aktien in unterschiedlichem Umfang. Dennoch liegt hier keine Gattungsverschiedenheit vor. Die Differenzierung ist gerade Ausfluss des Gleichbehandlungsgebots, sie entfällt außerdem bei Volleinzahlung, die der Aktionär bewirken kann[9].

– Aktien, die ein Entsendungsrecht für Aufsichtsratsmitglieder nach § 101 Abs. 2 Satz 1 Alt. 2 AktG begründen, würden eigentlich die Voraussetzungen für eine selbständige Aktiengattung erfüllen[10], § 101 Abs. 2 Satz 3 AktG bestimmt aber ausdrücklich, dass sie nicht als eine besondere Gattung gelten.

– Auf einen Teil der Aktien bezogene satzungsmäßige Zwangseinziehungsrechte machen diese Aktien nach heute ganz überwiegender Meinung nicht zu einer eigenständigen Gattung[11]. Tatsächlich begründet die Möglichkeit der Zwangseinziehung keine eigenständigen mitgliedschaftlichen Rechte für die Aktionäre und die drohende Zwangseinziehung muss nicht zwingend als mitgliedschaftliche Übertragungspflicht verstanden werden.

Von erheblicher praktischer Bedeutung ist die lange mit erstaunlich geringer Aufmerksamkeit behandelte Frage, ob die **abweichende Gewinnberechtigung junger Aktien** aus einer Kapitalerhöhung (oder aus der Ausübung von Options- oder Wandlungsrechten) gattungsbegründend wirkt. Während das Reichsgericht[12] die Frage noch offengelassen hatte, wird sie in einigen jüngeren Kommentierungen 6.5a

---

6 A.A. (für eigenständige Gattung der Aktien der außenstehenden Aktionäre) nur LG Hannover v. 20.7.1994 – 23 O 156/93, DB 1994, 1968 ff.; diesem wohl folgend *Westermann* in Bürgers/Körber/Lieder, § 11 AktG Rz. 6.
7 RGZ 80, 95, 97; *Sailer-Coceani* in MünchHdb. AG, § 13 Rz. 9; *Cahn/v. Spannenberg* in BeckOGK AktG, Stand 1.2.2021, § 55 AktG Rz. 18, jew. m.w.N.; eingehend zu dieser Sonderform der Aktiengesellschaft auch *K. Schmidt* in FS Immenga, 2004, S. 705 ff.
8 Zur früheren Rechtslage etwa *Schwark* in FS Semler, 1993, S. 367; zur heutigen Situation eingehend *Vatter* in BeckOGK AktG, Stand 1.2.2021, § 12 AktG Rz. 23 ff.
9 Vgl. RGZ 132, 159; *Hüffer/Koch*, § 11 AktG Rz. 7; *Mock* in Großkomm. AktG, 5. Aufl. 2017, § 11 Rz. 70 m.w.N.; *Vatter* in BeckOGK AktG, Stand 1.2.2021, § 11 AktG Rz. 19 und § 10 AktG Rz. 79.
10 *Mock* in Großkomm. AktG, 5. Aufl. 2017, § 11 AktG Rz. 68; *Hoffmann-Becking* in MünchHdb. AG, § 30 Rz. 61; *Vatter* in BeckOGK AktG, Stand 1.2.2021, § 11 AktG Rz. 16.
11 Vgl. *Ziemons* in K. Schmidt/Lutter, § 11 AktG Rz. 11; *Dauner-Lieb* in KölnKomm. AktG, 3. Aufl. 2010, § 11 AktG Rz. 11; *Hüffer/Koch*, § 11 AktG Rz. 7; *Mock* in Großkomm. AktG, 5. Aufl. 2017, § 11 AktG Rz. 69; zweifelnd *Vatter* in BeckOGK AktG, Stand 1.2.2021, § 11 AktG Rz. 18.
12 RGZ 83, 419.

bejaht[13]. Die weitreichenden Folgen, die eine solche Einordnung für die folgende Hauptversammlung der Gesellschaft haben kann, lassen sich aus der Tagesordnung der ordentlichen Hauptversammlung der Commerzbank AG 2012 erahnen. Dort erhielten die Sonderbeschlüsse hohe Zustimmung, weil die jungen Aktien in festen Händen lagen. Wenn aber durch Ausübung von Options- oder Wandlungsrechten noch kurz vor der Hauptversammlung eine – ggf. sehr kleine – neue Aktiengattung entstehen könnte, wäre ein gefährliches neues Betätigungsfeld für „räuberische" Aktionäre eröffnet. Erfreulicherweise scheinen sich zwischenzeitlich auch in der aktienrechtlichen Literatur die ablehnenden Stimmen durchzusetzen[14]. Die These der Gattungsverschiedenheit junger Aktien wegen abweichender Dividendenberechtigung im ersten Jahr kann bei genauer Betrachtung nicht überzeugen: Über die Gewinnverwendung für das zurückliegende Geschäftsjahr hinaus, für die eine Sonderbeschlussfassung ohnehin nicht vorgesehen wäre, besteht zwischen den Aktien kein materieller Unterschied. Sonderrechte mit Blick auf andere Beschlussfassungen sind damit sachlich nicht gerechtfertigt und rechtspolitisch verfehlt. Schließlich wäre es ein unvertretbarer Wertungswiderspruch, junge Aktien einer eigenen Gattung zuzuordnen, darauf aber bei teileingezahlten Aktien zu verzichten. In beiden Fällen trägt der Gedanke des § 60 AktG die vorübergehenden Unterschiede. Auf der Basis der zwischenzeitlichen Entwicklung des Meinungsstandes sollten vorsorgliche Sonderbeschlüsse wie im Fall der Commerzbank nicht mehr erforderlich sein. Die Aufnahme in die gesellschaftsrechtliche Diskussion sollte für die erforderliche Sicherheit gesorgt haben.

6.6 Die Satzung hat gemäß § 23 Abs. 3 Nr. 4 AktG die verschiedenen Gattungen zu bezeichnen und die Zahl der jeder Gattung zugehörigen Aktien zu benennen.

2. Gestaltungsmöglichkeiten durch unterschiedliche Aktiengattungen

6.7 Bei börsennotierten Aktiengesellschaften sind stimmrechtslose Vorzugsaktien bei weitem die verbreitetste Form der Gattungsdifferenzierung. Die besonderen Gründe für ihre Verbreitung werden ebenso wie die möglichen Motive für die Nutzung von Tracking Stocks gesondert in den folgenden Abschnitten behandelt (siehe Rz. 6.21 f., 6.40).

Differenzierungen insbesondere bei der Gewinnbeteiligung und/oder bei der Beteiligung am Liquidationserlös unter Gewährung von Stimmrechten, wie sie bei Vorzugsaktien mit Stimmrecht vorkommen, können vor allem interessant sein, um einem unterschiedlichen Maß der Risikobereitschaft im Aktionärskreis Rechnung zu tragen. So können Aktien mit einem nachzahlbaren (ggf. sogar selbständigen) Gewinnvorzug geschaffen werden, deren Gewinnteilnahme und Teilnahme am Liquidationserlös aber auf einem bestimmten Niveau gekappt oder eingeschränkt wird, um einen Ausgleich für die größere Sicherheit zu schaffen. Auch Gründer können versuchen, sich Sonderrechte über eine speziell ausgestattete Aktiengattung zu sichern. Große praktische Bedeutung haben solche Gestaltungen als „Preferred Stock" im anglo-amerikanischen Bereich besonders bei Venture Capital Investitionen. Dort suchen viele Finanziers über Sonderrechte nicht nur erhöhte Sicherheit – etwa auch für weitere Finanzierungsrunden – sondern oft auch verstärkten Einfluss auf die Gesellschaft[15]. In deutschen Aktiengesellschaften lässt sich auf diesem Weg im Wesentlichen eine Differenzierung der ökonomischen (Risiko-)Position darstellen. Flexibler sind insoweit stille Beteiligungen, die nicht zuletzt deswegen bei „Start-up"-Finanzierungen verbreitet sind.

---

13 Vgl. *Ziemons* in K. Schmidt/Lutter, § 11 AktG Rz. 8, der den Unterschied zwischen dem aktienrechtlichen und dem kapitalmarktrechtlichen Gattungsbegriff (dazu Rz. 6.9) zu ignorieren scheint und aus unterschiedlichen WKN/ISIN zu Unrecht auf unterschiedliche Gattungen im aktienrechtlichen Sinn schließt; *Westermann* in Bürgers/Körber/Lieder, § 11 AktG Rz. 10.
14 *Hüffer/Koch*, § 11 AktG Rz. 8; *Mock* in Großkomm. AktG, 5. Aufl. 2017, § 11 AktG Rz. 70; *Vedder* in Grigoleit, § 11 AktG Rz. 7; *Rieckers* in BeckOGK AktG, Stand 1.2.2021, § 193 AktG Rz. 9; *Drygalla/Staake* in KölnKomm. AktG, 3. Aufl. 2017, § 193 AktG Rz. 33; *Scholz* in MünchHdb. AG, § 57 Rz. 34; *T. Busch/D. Busch*, Rz. 46.21 (mit Fn. 96); *Singhof* in FS Hoffmann-Becking, 2013, S. 1163 ff., 1180 f.
15 Vgl. zum Ganzen *Loges/Distler*, ZIP 2002, 467 ff.; zu obligationenähnlichen Vorzugsaktien im anglo-amerikanischen Recht vgl. *T. Bezzenberger*, ZHR 183 (2019), 521 ff., 525 ff.

Für börsennotierte Gesellschaften hat all dies keine praktische Bedeutung. Wenn derartige Besonderheiten bestehen, werden sie rechtzeitig vor dem Börsengang aufgehoben, da sie in der Vermarktung hinderlich und bei einer Publikumsgesellschaft auch sachlich fehl am Platze wären.

Auch **Nebenleistungsaktien**, die neben einer zu Finanzierungszwecken ausgegebenen börsennotierten Aktiengattung bei landwirtschaftlichen Produktions- oder Verwertungsgesellschaften bestehen könnten, finden sich im deutschen Markt praktisch nicht. 6.8

Obwohl man derzeit kaum Beispiele des dauerhaften Nebeneinanders mehrerer stimmberechtigter Aktiengattungen bei börsennotierten Gesellschaften findet, lohnt sich ein Blick auf deren rechtliche Behandlung, zumal mit „Tracking Stocks", rückerwerbbaren Aktien, Investmentaktiengesellschaften und anderen innovativen Modellen[16] mögliche Anwendungsfälle auch für börsennotierte Gesellschaften diskutiert werden.

3. Rechtliche Konsequenzen der Existenz mehrerer Gattungen stimmberechtigter Aktien

Das Nebeneinander verschiedener Aktiengattungen – gleichgültig ob stimmberechtigt oder stimmrechtslos – löst zunächst – neben der Auflistung in der Satzung (§ 23 Abs. 3 Nr. 4 AktG) – entsprechende **Angabepflichten** in der Bilanz (§ 152 Abs. 1 Satz 2 AktG) und im Anhang (§ 160 Abs. 1 Nr. 3 AktG), bei börsennotierten Aktiengesellschaften auch im Lagebericht (§ 289a Abs. 1 Nr. 1, § 315a Abs. 1 Nr. 1 HGB) und bei der Veröffentlichung der Einberufung der Hauptversammlung auf der Internetseite (§ 124a Nr. 4 AktG) aus. Bei Kapitalmaßnahmen müssen neben dem Kapitalerhöhungsbeschluss und der Anmeldung zum Handelsregister auch die Bezugserklärungen der Aktionäre die Gattungsverschiedenheiten der bezogenen Aktien berücksichtigen, wie § 185 Abs. 1 Satz 1 und § 198 Abs. 1 Satz 3 AktG ausdrücklich klarstellen. Die Börsenzulassung kann auf einzelne Gattungen der Aktien einer Gesellschaft beschränkt werden, grundsätzlich muss sie sich dann aber auf alle Aktien dieser Gattung beziehen (§ 7 BörsZulV, dort auch zu den – bei großen Gesellschaften nicht seltenen – Ausnahmen). Jede Gattung von Aktien erhält eine gesonderte, europaweit einheitliche ISIN (International Securities Identification Number) und im deutschen Markt zugleich eine in aller Regel mit dieser teilidentische Wertpapierkennnummer (WKN). Allerdings ist die Erteilung der ISIN/WKN nicht auf gattungsverschiedene Aktien beschränkt[17]. Inhaber- und Namensaktien, Aktien verschiedener Stückelung etc. und auch junge Aktien oder solche, für die ein Angebot nach WpÜG angenommen wurde, erhalten eine gesonderte ISIN; letztere lediglich für die Zeit, bis sie ihre Besonderheit verlieren. 6.9

Nahezu bedeutungslos ist die Gattungsverschiedenheit stimmberechtigter Aktien für die Auslösung von **Meldepflichten** nach dem WpHG und von **Angebotspflichten** nach dem WpÜG. Anknüpfungspunkt ist dort jeweils nur der durch Stimmrechte vermittelte Einfluss. Mehrere stimmberechtigte Gattungen sind in Bezug auf ihr Stimmgewicht zusammenzurechnen. Lediglich für die Bestimmung der Gegenleistung und etwaige Nachzahlungen ist nach § 31 WpÜG und § 3 Satz 3 WpÜG-AngVO gattungsbezogen zu differenzieren, so dass der Bieter auch bei mehreren stimmberechtigten Aktiengattungen differenzierte Preise stellen kann[18]. 6.10

Bei Vorhandensein mehrerer stimmberechtigter Aktiengattungen sieht das AktG vielfach **besondere Beschlussmehrheiten** vor. Für die verschiedensten Arten von Kapitalmaßnahmen, insbesondere für 6.11

---

16 Vgl. etwa *Sethe*, ZHR 162 (1998), 474 ff. zu Aktien ohne Vermögensbeteiligung; *T. Bezzenberger*, ZHR 183 (2019), 521 ff. zu rückerwerbbaren obligationenähnlichen Vorzugsaktien.
17 Für die Vergabe getrennter ISIN ist der kapitalmarktrechtliche Gattungsbegriff maßgeblich, dem es um die Bildung gleicher Kategorien geht, die die Grundlage für die Belieferung von Wertpapiergeschäften bilden – vgl. nur *Heidelbach* in Schwark/Zimmer, § 32 BörsG Rz. 46.
18 Dazu etwa *Kremer/Oesterhaus* in KölnKomm. WpÜG, § 31 WpÜG Anh. § 3 AngebVO Rz. 9 f.; *Marsch-Barner* in Baums/Thoma, § 31 WpÜG Rz. 21 f.; *Krause* in Assmann/Pötzsch/Uwe H. Schneider, § 31 WpÜG Rz. 29 ff.; eingehend *Habersack*, ZIP 2003, 1123 ff.

Kapitalerhöhungen und -herabsetzungen, bestimmen § 182 Abs. 2, § 193 Abs. 1 Satz 3, § 202 Abs. 2 Satz 4, § 221 Abs. 1 Satz 4, § 222 Abs. 2, § 229 Abs. 3 und § 237 Abs. 2 Satz 1 AktG, dass die Beschlussfassung der jeweils vorgesehenen Mehrheit nicht nur aller an der Beschlussfassung in der Hauptversammlung teilnehmenden Aktien, sondern auch jeder Gattung stimmberechtigter Aktien bedarf[19]. Neben der Beschlussfassung der Hauptversammlung insgesamt müssen daher in diesen Fällen Sonderbeschlüsse jeder Aktiengattung herbeigeführt werden.

6.12 Diese **Sonderbeschlüsse** sind nicht Teil des Kapitalbeschlusses, sondern ein zusätzliches Wirksamkeitserfordernis für ihn[20]. Daher können sie vor oder – innerhalb angemessener Zeit – nach[21] dem Kapitalerhöhungsbeschluss der Hauptversammlung gefasst werden, ihr Fehlen macht diesen aber schwebend unwirksam. Die erforderlichen Sonderbeschlüsse können, wie § 138 AktG regelt, entweder in einer gesonderten Versammlung der Aktionäre der entsprechenden Gattung oder – weitaus weniger aufwendig und daher der praktische Regelfall – in der Hauptversammlung gefasst werden. Welcher Weg gewählt wird, bestimmt der für die Einberufung Zuständige.

Sonderbeschlüsse unterliegen den allgemeinen Regeln über die Einberufung der Versammlung, die Veröffentlichung der Tagesordnung und die Beschlussvorschläge[22]. Das heißt, dass die Sonderbeschlüsse als eigenständige Tagesordnungspunkte anzukündigen sind (die Ankündigung der Kapitalmaßnahme deckt sie nicht mit ab) und auch selbständig angefochten werden können. Die Sonderbeschlüsse sind auch erforderlich, wenn der Hauptversammlungsbeschluss einstimmig erging. Lediglich bei der Ein-Personen-AG und evtl. bei Präsenz und ausdrücklicher Zustimmung aller Aktionäre erscheint die Sonderbeschlussfassung als bloße Formalie verzichtbar[23].

Eine Besonderheit gilt hier für Minderheitsverlangen: Sie können sich auf die Abhaltung einer Sonderversammlung bzw. auf die Aufnahme eines Punktes zur gesonderten Abstimmung in die Tagesordnung der Hauptversammlung beziehen. Neben den in § 122 AktG genannten Quoren aller Aktionäre können gemäß § 138 Satz 3 AktG auch 10 % der betreffenden Gattung den Antrag stellen.

Die Notwendigkeit der Sonderbeschlüsse erhöht das Risiko des Scheiterns der Beschlussfassung, weil schon kleine Minderheiten der Aktionäre, die über eine Sperrminorität in einer Gattung verfügen, den Sonderbeschluss verhindern können. Der Sonderbeschluss kann allerdings auch nachgeholt, ein fehlerhafter Sonderbeschluss ggf. auch durch Bestätigungsbeschluss (§ 244 AktG) geheilt und ein angefochtener Sonderbeschluss dem Freigabeverfahren (§ 246a AktG) unterworfen werden[24]. Erst die Ver-

---

19 Hier liegt das besondere Problem einer (richtigerweise verfehlten) Einordnung junger Aktien als separate Gattung.
20 RGZ 148, 175 ff., 186 f.; *Hüffer/Koch*, § 182 AktG Rz. 21; *Lieder* in Bürgers/Körber/Lieder, § 182 AktG Rz. 40; eingehend auch *Ekkenga* in KölnKomm. AktG, 3. Aufl. 2017, § 182 AktG Rz. 19 ff.
21 Bei ordentlicher Kapitalerhöhung sind das etwa 3 Monate – vgl. *Lieder* in Bürgers/Körber/Lieder, § 182 AktG Rz. 41; *Hüffer/Koch*, § 182 AktG Rz. 20 m.w.N.; a.A. (registergerichtliche Nachfrist) nur *Ekkenga* in KölnKomm. AktG, 3. Aufl. 2017, § 182 AktG Rz. 23; für andere Sonderbeschlüsse wird regelmäßig Nachholung spätestens in der nächsten ordentlichen Hauptversammlung ausreichen – vgl. *Hüffer/Koch*, § 138 AktG Rz. 7; *Bezzenberger/Bezzenberger* in Großkomm. AktG, 5. Aufl. 2020, § 138 Rz. 19 jew. m.w.N.
22 Vgl. *Bezzenberger/Bezzenberger* in Großkomm. AktG, 5. Aufl. 2020, § 138 AktG Rz. 37 ff.; *Hüffer/Koch*, § 138 AktG Rz. 5; vgl. auch *Spindler/Bayer* in K. Schmidt/Lutter, § 138 AktG Rz. 10 ff.
23 So auch mit Unterschieden im Detail *Hüffer/Koch*, § 182 AktG Rz. 18; *Schürnbrand/Verse* in MünchKomm. AktG, 5. Aufl. 2021, § 182 AktG Rz. 31 (nicht bei bloßer Einstimmigkeit); *Ekkenga* in KölnKomm. AktG, 3. Aufl. 2017, § 182 AktG Rz. 20; *Servatius* in BeckOGK AktG, Stand 1.2.2021, § 182 AktG Rz. 43 (einstimmige Beschlussfassung aller Aktionäre).
24 *Lieder* in Bürgers/Körber/Lieder, § 182 AktG Rz. 41. m.w.N.; *Schäfer* in MünchKomm. AktG, 5. Aufl. 2021, § 246a AktG Rz. 6; das gilt aber nicht für alle Sonderbeschlüsse nach § 138 AktG, so steht bei einer Reduzierung des Vorzugs bestehender Aktien richtigerweise kein Freigabeverfahren offen, vgl. *Hüffer/Koch*, § 246a AktG Rz. 3; OLG Frankfurt v. 2.12.2010 – 5 Sch 3/10, NZG 2012, 351; kritisch dazu *Meul/Ritter*, AG 2017, 841.

weigerung der Zustimmung durch Sonderbeschluss macht die entsprechende Kapitalmaßnahme endgültig unwirksam[25]. War die Kapitalmaßnahme (unzulässigerweise) ohne Sonderbeschluss im Handelsregister eingetragen worden, so tritt nach 3 Jahren Heilung der Unwirksamkeit analog § 242 Abs. 2 AktG ein[26].

Derselben Mechanik folgt das **Umwandlungsgesetz** für die Verschmelzung (§ 65 Abs. 2 UmwG), die Spaltung (§ 125, § 65 Abs. 2 UmwG) und den Formwechsel (§ 242, § 65 Abs. 2 UmwG) unter Beteiligung einer Aktiengesellschaft mit mehreren Gattungen stimmberechtigter Aktien. Hier ist für die Sonderbeschlüsse neben der Stimmenmehrheit eine mindestens 75%ige Kapitalmehrheit der an der Beschlussfassung teilnehmenden Aktionäre erforderlich. Die Satzung kann noch größere Mehrheiten vorsehen, was aber praktisch nicht vorkommt. Für Anteile ohne Stimmrecht[27] gibt es auch hier die Notwendigkeit einer Sonderbeschlussfassung nicht. Diese sind – anders als stimmberechtigte Aktien – durch § 23 UmwG besonders geschützt, der zur Gewährung von (mindestens) gleichwertigen Rechten in dem neuen bzw. übernehmenden Rechtsträger verpflichtet. Die Inhaber stimmberechtigter Anteile können mit dem Sonderbeschluss auch Regelungen akzeptieren, die die Rechte der Gattung beschränken. Damit nicht einverstandenen Aktionären dieser Gattung bleibt dann die Möglichkeit der Anfechtungsklage.

6.13

Einem etwas anderen Konzept folgt die Regelung des § 179 Abs. 3 AktG, der nur außerhalb der in den vorstehenden spezielleren Vorschriften geregelten Fälle zur Anwendung kommt[28]. Er bindet **Satzungsänderungen**, die einzelne Gattungen von Aktien gegenüber anderen benachteiligen, an die Zustimmung dieser Gattung durch Sonderbeschluss (mit einfacher Stimmen- und grundsätzlich 75%iger Kapitalmehrheit). Die Frage, wann ein Nachteil entsteht, ist in Grenzfällen offen. Richtigerweise muss es zu einer unmittelbaren Änderung im Verhältnis der Gattungen zueinander kommen, die sich (auch) relativ nachteilig auswirkt. Eine bloß gegenüber einer anderen Gattung geringere Verbesserung der Rechtsstellung genügt wohl nicht. Eine „Verrechnung" von gleichzeitig entstehenden Vor- und Nachteilen sollte nicht möglich sein, so dass in diesem Fall ein Sonderbeschluss erforderlich wird[29]. Mit dem Sonderbeschlusserfordernis erleichtert das Gesetz Satzungsänderungen, die zu Lasten einzelner Aktiengattungen gehen. Ohne diese Regelung wäre die Zustimmung aller benachteiligten Aktionäre erforderlich. Die Privilegierung gilt nur, wenn die Benachteiligung an die Gattung anknüpft, nicht bei gattungsunabhängiger Schlechterstellung von Aktionären[30], sie gilt auch nicht für Eingriffe in gesetzliche Rechte, z.B. die Beseitigung oder Einschränkung des Stimmrechts einer Gattung, die allenfalls bei Zustimmung aller Betroffenen erfolgen kann[31]. Die Sonderbeschlussfassung folgt dem oben beschriebenen Verfahren. Zu Sonderfragen für Vorzugsaktien ohne Stimmrecht vgl. Rz. 6.29 ff.

6.14

---

25 *Hüffer/Koch*, § 138 AktG Rz. 7; *Bezzenberger/Bezzenberger* in Großkomm. AktG, 5. Aufl. 2020, § 138 AktG Rz. 18; *Rieckers* in BeckOGK AktG, Stand 1.2.2021, § 138 AktG Rz. 4.
26 Vgl. etwa OLG Schleswig v. 16.3.2000 – 5 U 244/97, NZG 2000, 895 ff., 896; *Hüffer/Koch*, § 242 AktG Rz. 10 m.w.N.
27 Das bezieht nach überkommener Auffassung Vorzugsaktien ohne Stimmrecht bewusst, wenn auch systemwidrig, mit ein – vgl. *Kiem*, ZIP 1997, 1627 ff., 1632; *Marsch-Barner* in Kallmeyer, § 23 UmwG Rz. 4; *Grunewald* in Lutter, § 23 UmwG Rz. 10; a.A. (einschränkende Auslegung oder teleologische Reduktion geboten) *Rieder* in Habersack/Wicke, § 23 UmwG Rz. 8; *Kalss* in Semler/Stengel/Leonard, § 23 UmwG Rz. 11; *Simon* in KölnKomm. UmwG, § 23 UmwG Rz. 10.
28 Vgl. *Hüffer/Koch*, § 179 AktG Rz. 42; *Stein* in MünchKomm. AktG, 5. Aufl. 2021, § 179 AktG Rz. 180; eingehend zu § 179 Abs. 3 AktG und seiner rechtspolitischen Rechtfertigung auch *Fuchs* in FS Immenga, 2004, S. 589 ff., 593 ff.; vgl. weiter *T. Bezzenberger* in FS Seibert, 2019, S. 93 ff. passim.
29 Zur jüngeren Diskussion vgl. OLG Celle v. 30.10.2002 – 9 U 83/02, AG 2003, 505 ff., 506; *Hüffer/Koch*, § 179 AktG Rz. 45; *Stein* in MünchKomm. AktG, 5. Aufl. 2021, § 179 AktG Rz. 186 ff.
30 Vgl. zum Ganzen *Hüffer/Koch*, § 179 AktG Rz. 41 ff.; *Stein* in MünchKomm. AktG, 5. Aufl. 2021, § 179 AktG Rz. 178; *Butzke*, HV, L Rz. 47 f., jew. m.w.N.
31 Vgl. *Stein* in MünchKomm. AktG, 5. Aufl. 2021, § 179 AktG Rz. 193; *Holzborn* in BeckOGK AktG, Stand 1.2.2021, § 179 AktG Rz. 194; *Ziemons* in Schmidt/Lutter, § 11 AktG Rz. 21 f.; *Heider* in MünchKomm. AktG, 5. Aufl. 2019, § 11 AktG Rz. 51 ff., jew. m.w.N. *Heider* will diese strikten Anforderungen weit-

4. Entstehung und Zusammenfassung von Aktiengattungen
a) Schaffung von Aktiengattungen

6.15 Werden bereits bei **Gründung** der Aktiengesellschaft verschiedene Gattungen von Aktien geschaffen, so erfolgt das im Einverständnis aller Gründer und ist rechtlich unproblematisch.

Später stehen grundsätzlich zwei Wege der Schaffung neuer Aktiengattungen zur Verfügung: Die Änderung der Ausstattung eines Teils der bestehenden Aktien oder die Kapitalerhöhung durch Ausgabe neuer, von den bestehenden Aktien gattungsverschiedener Aktien.

6.16 Bei **Umwandlung** bestehender Aktien müssen richtigerweise alle Aktionäre, deren Aktien umgewandelt werden sollen, der Umwandlung zustimmen[32]. Darüber hinaus muss aber auch die Zustimmung aller übrigen Aktionäre gefordert werden, wenn diese gegenüber der neuen Gattung generell oder auch nur teilweise benachteiligt werden[33]. Bei einer bloßen Benachteiligung der umzuwandelnden Aktien gegenüber denen, die in der ursprünglichen Gattung verbleiben, ist dagegen kein Grund zu sehen, auch deren Zustimmung zu fordern. § 53a AktG begründet ein solches Erfordernis richtigerweise nicht, da die Verschonung von Nachteilen keinen relevanten Verstoß gegen den Gleichbehandlungsgrundsatz darstellt[34]. Eine analoge Anwendung des § 179 Abs. 3 AktG, der die Zustimmung einer bloßen Mehrheit der Betroffenen genügen lassen würde, kommt nicht in Betracht. Er ist eine Sondervorschrift für den Fall, dass bereits mehrere Gattungen von Aktien bestehen und schränkt dafür die Aktionärsrechte ein. Damit ist er eng auszulegen und nicht analogiefähig[35]. Das hat auch erhebliche praktische Bedeutung: Während das Fehlen eines erforderlichen Sonderbeschlusses die Maßnahme schwebend unwirksam macht, hat die fehlende Zustimmung mittelbar betroffener Aktionäre nach § 53a AktG lediglich die Anfechtbarkeit des Beschlusses zur Folge, wenn er nicht – ausnahmsweise – sittenwidrig ist oder Strukturprinzipien des Gesetzes verletzt[36].

6.17 Bei der **Schaffung neuer Aktien** mit abweichenden Rechten liegt es ähnlich: Werden die neuen Aktien ausschließlich mit geringeren Rechten als die bereits bestehenden Aktien ausgestattet, so genügt die allgemein für die Kapitalmaßnahme erforderliche Mehrheit[37]. Ein Eingriff in die Rechte der Altaktionäre liegt nicht vor. Sollen die neuen Aktien mit (auch) besseren Rechten als die bereits bestehenden Aktien ausgestattet werden, so wird vielfach noch die Zustimmung aller Altaktionäre für erforderlich gehalten[38]. Das überzeugt jedenfalls nicht für den Fall, dass den Altaktionären ein uneingeschränktes Bezugsrecht gewährt wird, ist aber für die praktische Gestaltung zu berücksichtigen.

---

gehend auf die Einschränkung des Stimmrechts beschränken und bei Gewinnanspruch und Beteiligung am Liquidationserlös auch Mehrheitsentscheidungen nach § 179 Abs. 3 AktG zulassen – dazu auch *Vatter* in BeckOGK AktG, Stand 1.2.2021, § 11 AktG Rz. 30.

32 Dazu etwa *Dauner-Lieb* in KölnKomm. AktG, 3. Aufl. 2010, § 11 AktG Rz. 37; *Heider* in MünchKomm. AktG, 5. Aufl. 2019, § 11 AktG Rz. 46 m.w.N.

33 Vgl. *Mock* in Großkomm. AktG, 5. Aufl. 2017, § 11 AktG Rz. 35 f.; *Heider* in MünchKomm. AktG, 5. Aufl. 2019, § 11 AktG Rz. 45 m.w.N.

34 So auch *Heider* in MünchKomm. AktG, 5. Aufl. 2019, § 11 AktG Rz. 46, 43; vgl. auch *Hüffer/Koch*, § 179 AktG Rz. 45.

35 *Brändel* in Großkomm. AktG, 4. Aufl. 1992, § 11 AktG Rz. 25; *Hüffer/Koch*, § 179 AktG Rz. 43; im Grundsatz auch *Heider* in MünchKomm. AktG, 5. Aufl. 2019, § 11 AktG Rz. 44.; *Ziemons* in K. Schmidt/Lutter, § 11 AktG Rz. 21 ff.

36 Dazu besonders *Westermann* in Bürgers/Körber/Lieder, § 11 AktG Rz. 14; *Vatter* in BeckOGK AktG, Stand 1.2.2021, § 11 AktG Rz. 28.

37 Vgl. etwa *Mock* in Großkomm. AktG, 5. Aufl. 2017, § 11 AktG Rz. 39; *Heider* in MünchKomm. AktG, 5. Aufl. 2019, § 11 AktG Rz. 43.

38 Vgl. *Heider* in MünchKomm. AktG, 5. Aufl. 2019, § 11 AktG Rz. 43 f.; unklar *Mock* in Großkomm. AktG, 5. Aufl. 2017, § 11 AktG Rz. 38 und 40 f.; zu Recht kritisch *Ziemons* in K. Schmidt/Lutter, § 11 AktG Rz. 23; wohl auch *Vatter* in BeckOGK AktG, Stand 1.2.2021, § 11 AktG Rz. 29.

Interessanterweise wird für die **Schaffung von Vorzugsaktien ohne Stimmrecht** trotz der als Ausgleich für den Stimmrechtsverlust vorgesehenen Vorzugsdividende, die eine Besserstellung gegenüber den Stammaktionären bedeutet, eine Zustimmung aller Stammaktionäre zwar ganz überwiegend im Fall der – nicht alle Aktionäre gleichmäßig berechtigenden – Umwandlung, aber gar nicht bei Schaffung durch Kapitalerhöhung gefordert[39]. 6.18

b) Abschaffung von Aktiengattungen

Die Beseitigung von Aktiengattungen erfolgt praktisch nur durch satzungsändernden Beschluss, der die Rechte der Gattungen vereinheitlicht. Hier ist § 179 Abs. 3 AktG anzuwenden, so dass Sonderbeschlüsse all der Aktiengattungen erforderlich sind, die bei der Angleichung (auch) einen Nachteil erleiden[40]. Eine Ausnahme bildet insoweit die Abschaffung von Vorzugsaktien ohne Stimmrecht, bei der für die Vorzugsaktionäre die zum gleichen Ergebnis führende Sonderregelung des § 141 AktG die allgemeine Regelung des § 179 Abs. 3 AktG verdrängt[41]. Keiner Beschlussfassung bedarf die Beseitigung gattungsbegründender Rechte, wenn diese durch Befristung oder Bedingung limitiert, der Zwangseinziehung unterworfen oder z.B. mit einem Wandlungsrecht in die andere Gattung verbunden sind[42]. Dort ist die Möglichkeit der Änderung Teil der Ausstattung der Gattung. 6.19

II. Stimmrechtslose Vorzugsaktien

1. Grundlagen

a) Rechtsstellung im Überblick

Die einzige im Aktiengesetz detaillierter geregelte Aktiengattung sind Vorzugsaktien ohne Stimmrecht (§§ 139–141 AktG). Sie gewähren, wie der Name schon sagt, abweichend vom Grundsatz des § 12 Abs. 1 Satz 1 AktG kein Stimmrecht, müssen dafür aber zwingend mit einem – seit Inkrafttreten der Aktienrechtsnovelle 2016 **nicht mehr notwendig nachzahlbaren** – Vorzug bei der Gewinnverteilung ausgestattet sein[43]. Daneben trifft das AktG besondere Vorkehrungen zum Schutz der Vorzugsaktionäre gegen Beeinträchtigungen ihrer Vorzugsstellung und definiert ebenfalls zwingend, dass und unter welchen Voraussetzungen das Stimmrecht der Vorzugsaktionäre bei Nichtzahlung der Vorzugsdividende auflebt. 6.20

b) Entwicklung

Vorzugsaktien ohne Stimmrecht sieht das Aktienrecht erst seit 1937 vor. Während auslösend für diese Entwicklung die Suche nach alternativen Finanzierungsmöglichkeiten für Aktiengesellschaften in einer 6.21

---

39 Vgl. nur *Hüffer/Koch*, § 139 AktG Rz. 15.; *Bezzenberger/Bezzenberger* in Großkomm. AktG, 5. Aufl. 2020, § 139 AktG Rz. 94, 99; eingehend *Bormann* in BeckOGK AktG, Stand 1.2.2021, 139 AktG Rz. 39 ff.; einschränkend (kein Zustimmungserfordernis bei uneingeschränktem Wahlrecht) *Arnold* in MünchKomm. AktG, 4. Aufl. 2018, § 139 AktG Rz. 6.
40 *Brändel* in Großkomm. AktG, 4. Aufl. 1992, § 11 AktG Rz. 43; OLG Celle v. 30.10.2002 – 9 U 83/02, AG 2003, 505 ff., 506; unklar („individuelle Zustimmung") *Mock* in Großkomm. AktG, 5. Aufl. 2017, § 11 AktG Rz. 81.
41 OLG Köln v. 20.9.2001 – 18 U 125/01, AG 2002, 244 ff., 245; *Hüffer/Koch*, § 179 AktG Rz. 42; *Stein* in MünchKomm. AktG, 5. Aufl. 2021, § 179 AktG Rz. 181 f.; *Zetzsche* in KölnKomm. AktG, 3. Aufl. 2019, § 179 AktG Rz. 409; *Seibt* in BeckOGK AktG, Stand 1.2.2021, § 179 AktG Rz. 49.
42 Zu solchen – bislang weitgehend theoretischen – Strukturen vgl. *Vatter* in BeckOGK AktG, Stand 1.2.2021, § 11 AktG Rz. 36 und *Habersack* in FS Westermann, 2008, S. 913 ff.
43 Auch wenn § 139 Abs. 1 Satz 3 AktG jetzt den Ausschluss des Nachzahlungsrechts durch die Satzung zulässt, ist es bislang wohl nicht zu solchen Gestaltungen gekommen. Zur Möglichkeit der Beseitigung des Nachzahlungsrechts bei bestehenden stimmrechtslosen Vorzugsaktien Rz. 6.30.

Zwischenform von Aktie und Schuldverschreibung war, entwickelte sich daraus eine Aktie für Anleger, die bereit sind, für erweiterte Gewinnteilnahme auf gestaltenden Einfluss in der Gesellschaft zu verzichten. Die Ausgestaltung im AktG 1965 ist geprägt durch das Ziel, einen Zugang zu den Kapitalmärkten auch für Familiengesellschaften zu eröffnen, ohne dass diese Überfremdung fürchten müssen[44]. Einem ganz anderen Ziel diente die zum 1.1.2016 erfolgte Öffnung des § 139 AktG für stimmrechtslose Vorzugsaktien, deren Vorzug nicht nachzahlbar ist. Der Gesetzgeber wollte damit stimmrechtslose Vorzugsaktien auch für **Kreditinstitute** attraktiv machen. Das auf Anteile mit nachzahlbarem Vorzug eingezahlte Grundkapital galt nämlich nach § 10 Abs. 2a Satz 1 Nr. 2 KWG nicht als Kernkapital der Bank. Vorzugsaktien mit Vorabdividende aber ohne Nachzahlungsrecht hätten diese Einschränkung der Anerkennung nicht ausgelöst. Zwischenzeitlich hat die sog. **CRR-Verordnung** (VO (EU) 575/2013) in ihren Art. 25 ff. das regulatorisch besonders bedeutende harte Kernkapital aber noch deutlich engeren Voraussetzungen unterworfen. Insbesondere ist nach Art. 28 Abs. 1 lit. h i) der Verordnung jede Vorzugsbehandlung in Bezug auf die Reihenfolge der Ausschüttungen für die Anerkennung schädlich. Der deutsche Gesetzgeber hat dem zwar Rechnung getragen und in § 139 Abs. 1 Satz 2 AktG auch Vorzugsaktien zugelassen, die lediglich eine nicht nachzahlbare Mehrdividende zum Ausgleich der Stimmrechtslosigkeit gewähren, die Attraktivität solcher Instrumente für Anleger ist damit aber sehr begrenzt[45]. Ob die Öffnung für andere Unternehmen Vorzugsaktien attraktiver macht, erscheint ebenfalls fraglich. Das Fehlen des Nachzahlungsrechts wird ggf. entsprechenden Niederschlag im Preis der Aktie finden und auch das frühere Aufleben des Stimmrechts macht das Instrument für Stammaktionäre weniger attraktiv. Ein positiver Schub für stimmrechtslose Vorzugsaktien ist von der Neuregelung nicht zu erwarten.

c) Bedeutung und Umfang

6.22 Während bis Ende der 70er Jahre des 20. Jahrhunderts Vorzugsaktien nur geringe praktische Bedeutung erlangten, erfuhren sie in den 80er Jahren einen wahren Boom gerade bei Familiengesellschaften, die oft lediglich Vorzugsaktien ohne Stimmrecht an die Börse brachten, um sich zu finanzieren, und die stimmberechtigten Aktien ausschließlich in Familienbesitz hielten[46]. Einige Fälle, in denen die Stimmrechte der Vorzugsaktionäre auflebten, aber auch die Beschränkungen durch die Volumenbegrenzung für stimmrechtslose Vorzugsaktien auf die Hälfte des Grundkapitals (§ 139 Abs. 2 AktG) ließen diese Entwicklung Mitte der 90er Jahre zum Stillstand kommen. Die Corporate Governance-Diskussion, aus deren Blickwinkel Aktien ohne Einfluss ein Fremdkörper sind[47], aber auch die z.T. erheblichen Kursabschläge für Vorzugsaktien, die zunehmende Zurückhaltung institutioneller Investoren gegenüber diesem Instrument und die geänderte Behandlung für Gesellschaften mit mehreren börsennotierten Aktiengattungen in den Indizes der Deutsche Börse AG[48] haben in vielen Fällen zur Abschaffung börsennotierter Vorzugsaktien geführt. Dennoch gibt es selbst unter den 30 DAX-Gesellschaften noch fünf, die – z.T. allerdings nur noch in geringem Umfang[49] – auch Vorzugsaktien ausgegeben haben.

---

44 *Hüffer/Koch*, § 139 AktG Rz. 2 f.; eingehend zur Gesetzeshistorie *J. Vetter* in KölnKomm. AktG, 3. Aufl. 2019, § 139 AktG Rz. 18 ff.; *Bezzenberger/Bezzenberger* in Großkomm. AktG, 5. Aufl. 2020, § 139 AktG Rz. 12 ff.
45 Vgl. zum Ganzen *Spindler/Bayer* in K. Schmidt/Lutter, § 139 AktG Rz. 3; *Hüffer/Koch*, § 139 AktG Rz. 9.
46 Dazu etwa *Bezzenberger/Bezzenberger* in Großkomm. AktG, 5. Aufl. 2020, § 139 AktG Rz. 22 ff.; vgl. auch *Reckinger*, AG 1983, 216 ff.
47 Vgl. etwa *Pellens/Hillebrandt*, AG 2001, 57 ff.; dazu auch *Hüffer/Koch*, § 139 AktG Rz. 3; *J. Vetter*, KölnKomm. AktG, 3. Aufl. 2019, § 139 AktG Rz. 46.
48 Dazu etwa *Senger/Vogelmann*, AG 2002, 193; *Pellens/Hillebrandt*, AG 2001, 57 ff., 67; *Fuchs* in FS Immenga, 2004, S. 589 ff., 591.
49 So etwa RWE oder Fresenius Medical Care, früher war auch Metro hier zu nennen, die nur noch im S-DAX vertreten ist; andererseits ist bei Henkel und VW die Vorzugsaktie als liquidere Gattung im DAX vertreten.

2. Gewinnvorrecht und andere Sonderrechte
a) Vorzugsdividende

§ 139 AktG knüpft die Möglichkeit des Stimmrechtsausschlusses zwingend an die Ausstattung der Aktien mit einem **Vorzug**, also einer Besserstellung **bei der Verteilung des Gewinns**. Dieser Gewinnvorzug kann in der Praxis entweder in einem vorweg auf die Aktie entfallenden Gewinnanteil (Vorabdividende) oder in einem erhöhten Gewinnanteil (Mehrdividende) bestehen (§ 139 Abs. 1 Satz 2 AktG), oder auch beides kombinieren (dazu auch Rz. 6.26). Der Vorzug wird bei Nennbetragsaktien traditionell als Prozentsatz des Nennbetrags der Aktien beschrieben, bei Stückaktien bietet sich die Angabe eines festen Betrages an. Auch eine andere Definition – z.B. eine Verknüpfung mit dem Basiszinssatz nach § 247 BGB[50] – ist zulässig, selbst eine Bindung an die Höhe des Bilanzgewinns oder die Festlegung als Vielfaches der Dividende auf Stammaktien kommt heute in Betracht. Die Vorzugsaktien sind dann ohne Nachzahlungsrechte ausgestattet[51]. Diese seit 2016 bestehende Möglichkeit, den Vorzug allein als Mehrdividende darzustellen, hat sich allerdings bislang nicht etabliert. Der Vorzug kann theoretisch beliebig klein sein, er kann sogar mit einer Begrenzung der absoluten Höhe der Dividende verbunden werden und damit zu einer obligationenähnlichen Ausstattung der Vorzugsaktien führen[52]. Praktische Bedeutung haben diese Modelle allerdings nicht erlangt. Am Kapitalmarkt finden sich im Wesentlichen fixe Vorabdividenden in eher bescheidener Höhe, oft verbunden mit einer – ggf. auch nach der Höhe der Gewinnausschüttung gestaffelten – Mehrdividende (dazu Rz. 6.26). Erst diese Ausstattung, die den Nachteil der Stimmrechtslosigkeit durch eine etwas sicherere und ggf. höhere Dividende zu kompensieren sucht, machte die Vorzugsaktie am Kapitalmarkt als Eigenkapitalinstrument attraktiv[53].

6.23

b) Nachzahlbarkeit

Die Auszahlung der Vorzugsdividende setzt – wie jede Form der Gewinnverwendung – einen entsprechenden Beschluss der Hauptversammlung zur Verwendung des Bilanzgewinns voraus. Diesen Beschluss fassen allein die stimmberechtigten Aktionäre, erst mit ihm entsteht der Zahlungsanspruch der Vorzugsaktionäre. Fehlt es in einem Jahr an dem für eine Ausschüttung erforderlichen Bilanzgewinn oder beschließt die Hauptversammlung seine anderweitige Verwendung, so kann der satzungsmäßige Vorzugsbetrag für dieses Jahr nicht gezahlt werden. Während bis Ende 2015 die Stimmrechtslosigkeit der Vorzugsaktien zwingend voraussetzte, dass der Vorzug mit einem – in der Regel unselbständigen (dazu Rz. 6.25) Nachzahlungsrecht verbunden war, lässt § 139 Abs. 1 AktG n.F. **dem Satzungsgeber die Wahl** und knüpft an die unterschiedliche Ausgestaltung unterschiedliche Konsequenzen beim Aufleben des Stimmrechts (dazu Rz. 6.28). Eine gesetzliche Regel gibt es nur für Vorabdividenden. Diese sind nachzahlbar, wenn die Satzung nichts Abweichendes bestimmt (§ 139 Abs. 1 Satz 3 AktG). Sowohl Vorab- als auch Mehrdividenden können richtigerweise mit Nachzahlungsrecht ausgestattet werden[54]. Eine nachzahlbare Mehrdividende ist dann mit ihrem jährlichen Betrag, bei einer Betragsstaffel

6.24

---

50 Dazu etwa *Bormann* in BeckOGK AktG, Stand 1.2.2021, § 139 AktG Rz. 14; *Bezzenberger/Bezzenberger* in Großkomm. AktG, 5. Aufl. 2020, § 139 AktG Rz. 51; *J. Vetter* in KölnKomm. AktG, 3. Aufl. 2019, § 139 AktG Rz. 94.
51 *J. Vetter* in KölnKomm. AktG, 3. Aufl. 2019, § 139 AktG Rz. 95 f.; *Bezzenberger/Bezzenberger* in Großkomm. AktG, 5. Aufl. 2020, § 139 AktG Rz. 48 ff.
52 So auch *Hüffer/Koch*, § 139 AktG Rz. 8; *Bezzenberger/Bezzenberger* in Großkomm. AktG, 5. Aufl. 2020, § 139 AktG Rz. 51; *Bormann* in BeckOGK AktG, Stand 1.2.2021, § 139 AktG Rz. 14; *J. Vetter* in KölnKomm. AktG, 3. Aufl. 2019, § 139 AktG Rz. 94 m.w.N.; a.A. noch *Zöllner* in KölnKomm. AktG, 1973, § 139 AktG Rz. 12, weil es dann an einer Gewinnbeteiligung fehle.
53 Dazu etwa (mit Beispielen) *Bezzenberger/Bezzenberger* in Großkomm. AktG, 5. Aufl. 2020, § 139 AktG Rz. 27 ff.
54 Für erstere ist das der gesetzliche Regelfall, für letztere bedarf es dafür einer ausdrücklichen Satzungsregelung – vgl. *Hüffer/Koch*, § 139 AktG Rz. 12; *J. Vetter* in KölnKomm. AktG, 3. Aufl. 2019, § 139 AktG Rz. 111.

mit dem niedrigsten Betrag, für die jeweiligen Jahre des Dividendenausfalls nachzuzahlen. Ein Nachzahlungsrecht nach § 140 Abs. 2 Satz 1 AktG muss bewirken, dass in Folgejahren, in denen eine Gewinnverteilung erfolgt, zunächst die Nachzahlungsansprüche aus Vorjahren und der Betrag einer etwaigen Vorabdividende der Vorzugsaktionäre für das abgelaufene Jahr zu bedienen ist, und erst die dann ggf. verbleibenden Beträge unter Einbeziehung der Stammaktionäre zu verteilen sind[55]. Einen Ausgleich für die Nachzahlungsbeträge erhalten die Stammaktionäre nicht. Die Vorzugsaktionäre können über ihr Nachzahlungsrecht disponieren, also etwa auch im Zuge einer Umwandlung der Vorzugsaktien in Stammaktien durch Sonderbeschluss nach § 141 Abs. 1 AktG auf rückständige Nachzahlungen verzichten[56]. Im Insolvenzplanverfahren erlöschen unselbständige Nachzahlungsansprüche wie selbständige mit der rechtskräftigen Bestätigung des Plans, damit erlischt auch das Stimmrecht der Vorzugsaktionäre[57]. Schon bei Schaffung der Vorzugsaktien kann die Satzung z.B. auch bestimmen, dass die Aktien unter Wegfall des Nachzahlungsrechts für die Zukunft endgültig zu Stammaktien werden, wenn die Nachzahlung für einen längeren Zeitraum nicht erbracht wird. Nach neuer Rechtslage sind auch andere Gestaltungen – zeitlich oder gegenständlich beschränkte Nachzahlungsrechte, Nachzahlung ohne Priorität etc. – möglich. Praktische Bedeutung haben diese Möglichkeiten bislang nicht. Das Interesse der Stammaktionäre ist meist darauf gerichtet, den Vorzugsaktien möglichst zuverlässig das Stimmrecht vorzuenthalten und es nach Aufleben schnell wieder zu entziehen. Denkbar wären nach der Neuregelung Versuche, ein betraglich oder **zeitlich beschränktes Nachzahlungsrecht** zu gewähren[58], um das Entstehen des Stimmrechts bei Nichtzahlung hinauszuschieben. Dem Wortlaut des § 140 Abs. 2 AktG dürfte zu entnehmen sein, dass Nachzahlungsrechte, die sich lediglich auf einen Teil des Vorzugs beziehen, nicht ausreichen, um das Aufleben des Stimmrechts hinauszuschieben[59]. Bei Gestaltungen, die die Nachzahlbarkeit z.B. auf ein oder zwei Jahre limitieren, spricht dagegen einiges für die Anwendbarkeit des § 140 Abs. 2 Satz 1 AktG[60]. Für die Vermarktbarkeit der Vorzugsaktien dürften solche Gestaltungsversuche eher nachteilig sein.

6.25 Als praktisch kaum genutzte Alternative zu dem gesetzlichen Regelfall des unselbständigen Nachzahlungsanspruchs sieht § 140 Abs. 3 AktG die Möglichkeit zur Schaffung **selbständiger Nachzahlungsansprüche** durch die Satzung vor. Bei dieser Gestaltung entsteht schon mit dem Ausfall der Vorzugsdividende in einem Jahr für diejenigen, die zu diesem Zeitpunkt Vorzugsaktionäre waren, ein eigenständiger (Nach-)Zahlungsanspruch, der lediglich durch die Fassung eines entsprechenden Gewinnverwendungsbeschlusses bedingt ist. Ein solcher Anspruch kann dann natürlich nicht durch spätere Satzungsänderung beseitigt werden[61], allenfalls können die jeweiligen Berechtigten mit der Gesell-

---

55 Vgl. etwa *Hüffer/Koch*, § 139 AktG Rz. 18; *Bezzenberger/Bezzenberger* in Großkomm. AktG, 5. Aufl. 2020, § 139 AktG Rz. 68; *Arnold* in MünchKomm. AktG, 4. Aufl. 2018, § 139 AktG Rz. 20 ff.; *Spindler/Bayer* in Schmidt/Lutter, § 139 AktG Rz. 20.
56 Dazu etwa *Hüffer/Koch*, § 140 AktG Rz. 9; *Bormann* in BeckOGK AktG, Stand 1.2.2021, § 140 AktG Rz. 36; *J. Vetter* in KölnKomm. AktG, 3. Aufl. 2019, § 139 AktG Rz. 201; *Bezzenberger/Bezzenberger* in Großkomm. AktG, 5. Aufl. 2020, § 141 AktG Rz. 60 .
57 Dazu nur BGH v. 15.4.2010 – IX ZR 188/09, AG 2010, 491 ff. (entgegen OLG Düsseldorf v. 30.9.2009 – I-6 U 166/08, AG 2010, 258 ff.); *Hüffer/Koch*, § 140 AktG Rz. 7; *Krüger/Staack*, BB 2010, 1817 f.; kritisch dazu *Madaus*, ZIP 2010, 1214 ff.; zu weiteren Fragen der Behandlung in der Insolvenz vgl. etwa *J. Vetter* in KölnKomm. AktG, 3. Aufl. 2019, § 139 AktG Rz. 337 ff.
58 Dazu auch *Herrler* in Grigoleit, § 140 AktG Rz. 8; *Hüffer/Koch*, § 139 AktG Rz. 14; *Spindler/Bayer* in Schmidt/Lutter, § 139 AktG Rz. 5; *Bormann* in BeckOGK AktG, Stand 1.2.2021, § 141 AktG Rz. 28 ff.
59 Heute wohl weitgehend anerkannt, vgl. *Hüffer/Koch*, § 139 AktG Rz. 14; *J. Vetter* in KölnKomm. AktG, 3. Aufl. 2019, § 139 AktG Rz. 115 und § 140 AktG Rz. 60 ff.; *Bezzenberger/Bezzenberger* in Großkomm. AktG, 5. Aufl. 2020, § 140 Rz. 36 ff.; *Herrler* in Grigoleit, § 140 AktG Rz. 8.
60 Ebenso *Hüffer/Koch*, § 139 AktG Rz. 14 a.e.; wohl auch *Bormann* in BeckOGK AktG, Stand 1.2.2021, § 140 AktG Rz. 19; unklar *Bezzenberger/Bezzenberger* in Großkomm. AktG, 5. Aufl. 2020, § 139 AktG Rz. 91; wohl a.A. *J. Vetter* in KölnKomm. AktG, 3. Aufl. 2019, § 140 AktG Rz. 62 a.E.
61 Vgl. OLG Stuttgart v. 23.1.1995 – 5 U 117/94, AG 1995, 283 f., 284 m.w.N.; *Hüffer/Koch*, § 140 AktG Rz. 10; *J. Vetter* in KölnKomm. AktG, 3. Aufl. 2019, § 140 AktG Rz. 121.

schaft einen Verzichtsvertrag schließen[62]. Schließlich können auch bei einer Gesellschaft mehrere **im Rang verschiedene Gattungen** von Vorzugsaktien bestehen. Dort gilt das Vorstehende entsprechend, dabei sind Nachzahlungen und laufender Vorzug der besserrangigen Vorzüge jeweils vor denen der rangniedrigeren zu bedienen[63].

c) Weitere Sonderrechte

Viele der bestehenden Vorzugsaktien kombinieren nachzahlbare Vorzugsdividende und **nicht nachzahlbare Mehrdividende**. Dabei war bislang unstreitig, dass (lediglich) die Vorabdividende die Stimmrechtslosigkeit trug, während die Mehrdividende dazu dient, die wirtschaftliche Attraktivität der Vorzugsaktien zu erhöhen. Nach der Neuregelung ist ein so enges Verständnis des Vorzugs nicht mehr angebracht[64]. Auch bei den Altfällen, bei denen die Mehrdividende traditionell als Sonderrecht (und nicht als vorzugsbegründend) verstanden wurde, muss damit von einem Aufleben der Stimmrechte mit dem ersten Dividendenausfall ausgegangen werden[65]. Soweit ersichtlich, haben die betroffenen Gesellschaften bislang nicht durch geeignete Satzungsänderungen (z.B. Erweiterung der Nachzahlbarkeit oder Ersetzung der Mehrdividende) reagiert. Ob auch eine ausdrückliche Satzungsbestimmung, dass § 140 Abs. 2 Satz 1 AktG auf die Gestaltung anzuwenden sei, das Problem lösen kann[66], erscheint angesichts des grundsätzlich zwingenden Charakters des § 140 Abs. 2 AktG fraglich.

6.26

Unverändert können Vorteile bei der **Verteilung des Gesellschaftsvermögens** – praktisch wohl eher bei nicht börsennotierten Gesellschaften – als Sonderrecht neben den die Stimmrechtslosigkeit tragenden Vorzug treten. Wertbildend sind solche Rechte allerdings wohl im Wesentlichen nur, wenn die Gesellschaft auf beschränkte Zeit angelegt ist.

3. Stimmrecht

Wie der Name schon sagt, steht den Vorzugsaktien ohne Stimmrecht in der Hauptversammlung **grundsätzlich kein Stimmrecht** zu. Ihnen kann auch kein reduziertes oder thematisch begrenztes Stimmrecht gewährt werden[67], zumal so die Stammaktien wirtschaftlich zu Mehrstimmrechtsaktien würden, was nach § 12 Abs. 2 AktG unzulässig wäre. Im Übrigen vermitteln sie die vollen Aktionärsrechte, also insbesondere Teilnahme- und Fragerechte in der Hauptversammlung, alle Minderheitenrechte, die auf Anteile am Grundkapital abstellen und auch uneingeschränkte Möglichkeiten der Beschlussanfechtung[68]. Von der Stimmrechtslosigkeit gibt es folgende Ausnahmen:

6.27

a) Aufleben des Stimmrechts (§ 140 Abs. 2 AktG)

Wesentliche Rechtfertigung für die Stimmrechtslosigkeit der Vorzugsaktien ist der ihnen eingeräumte Gewinnvorzug. Dementsprechend wird die Stimmrechtslosigkeit bei Vorzugsaktien mit nachzahl-

6.28

---

62 Dazu *J. Vetter* in KölnKomm. AktG, 3. Aufl. 2019, § 140 AktG Rz. 121; im Ergebnis ebenso (allerdings ein Sonderrecht annehmend) *Bezzenberger/Bezzenberger* in Großkomm. AktG, 5. Aufl. 2020, § 139 AktG Rz. 86 ff.; *Arnold* in MünchKomm. AktG, 4. Aufl. 2018, § 140 Rz. 17.
63 Vgl. nur *Hüffer/Koch*, § 139 AktG Rz. 20; *J. Vetter* in KölnKomm. AktG, 3. Aufl. 2019, § 139 AktG Rz. 129 ff.; *Arnold* in MünchKomm. AktG, 4. Aufl. 2018, § 139 AktG Rz. 22 f.
64 Dazu nur *Hüffer/Koch*, § 140 AktG Rz. 4.
65 *Hüffer/Koch*, § 139 AktG Rz. 14; *Bezzenberger/Bezzenberger* in Großkomm. AktG, 5. Aufl. 2020, § 140 AktG Rz. 36 ff.; *J. Vetter* in KölnKomm. AktG, 3. Aufl. 2019, § 140 AktG Rz. 60 ff.; *Herrler* in Grigoleit, § 140 AktG Rz. 8; a.A. *Spindler/Bayer* in Schmidt/Lutter, § 140 AktG Rz. 14; *Bormann* in BeckOGK AktG, Stand 1.2.2021, § 140 AktG Rz. 20.
66 So wohl *J. Vetter* in KölnKomm. AktG, 3. Aufl. 2019, § 140 AktG Rz. 63.
67 Dazu nur *Hüffer/Koch*, § 139 AktG Rz. 17; *Bezzenberger/Bezzenberger* in Großkomm. AktG, 5. Aufl. 2020, § 139 AktG Rz. 32; *J. Vetter* in KölnKomm. AktG, 3. Aufl. 2019, § 139 AktG Rz. 68 ff. jew. m.w.N.; a.A. *Sieger/Hasselbach*, AG 2001, 391 ff., 394.
68 Eingehend *Bezzenberger/Bezzenberger* in Großkomm. AktG, 5. Aufl. 2020, § 140 AktG Rz. 12 ff.

barem Vorzug ausgesetzt, wenn der Vorzugsbetrag in einem Jahr nicht gezahlt wurde und im Folgejahr nicht zusammen mit dem Vorzugsbetrag für dieses Jahr nachgezahlt wird. Steht schon vor der Hauptversammlung des Folgejahres – z.B. weil im festgestellten Jahresabschluss kein Bilanzgewinn ausgewiesen ist – fest, dass die Nachzahlung nicht erfolgen kann, besteht das Stimmrecht der Vorzugsaktionäre uneingeschränkt schon in dieser Hauptversammlung[69]. Ist im festgestellten Jahresabschluss ein theoretisch ausreichender Bilanzgewinn ausgewiesen oder die Feststellung des Jahresabschlusses der Hauptversammlung überlassen, so lebt das Stimmrecht der Vorzugsaktionäre nach heute überwiegender und zutreffender Meinung schon während dieser Hauptversammlung auf, sobald durch Feststellung des Ergebnisses der Beschlussfassung über die Gewinnverwendung bzw. die Feststellung des Jahresabschlusses, der keinen (ausreichenden) Bilanzgewinn ausweist, feststeht, dass die erforderliche Ausschüttung nicht erfolgen wird[70]. Eine Möglichkeit zur Steuerung der Stimmberechtigung in der Hauptversammlung durch die Festlegung der Abstimmreihenfolge wird heute wohl überwiegend abgelehnt, in der Regel wird in solchen Konstellationen vorab über die Gewinnverwendung abzustimmen sein[71].

Bei Vorzugsaktien, deren Vorzug nicht nachzahlbar ist, lebt das Stimmrecht nach § 140 Abs. 2 Satz 2 AktG zwingend bereits bei einmaligem Ausfall der Vorzugsdividende auf. Das frühe Aufleben des Stimmrechts kompensiert dann letztlich den endgültigen Ausfall der Vorzugsdividende für dieses Jahr. Die vorstehenden Regeln zur Behandlung vorhersehbarer Ausfälle müssen hier – angesichts des für beide Gestaltungen parallel formulierten Wortlauts – entsprechend gelten.

Die Stimmberechtigung der Vorzugsaktionäre erlischt bei Bestehen des Nachzahlungsrechts, sobald alle Rückstände einschließlich des laufenden Vorzugsbetrages (nach-)gezahlt sind, bei nicht nachzahlbarer Vorzugsdividende endet sie nach vollständiger Zahlung des laufenden Vorzugsbetrags in einem späteren Jahr, also in beiden Fällen erst nach der Hauptversammlung, in der der dafür erforderliche Gewinnverwendungsbeschluss gefasst wird, und auch nur, wenn die beschlossene Zahlung auch tatsächlich erfolgt[72].

6.28a Eine **Kombination von nachzahlbarem und nicht nachzahlbarem Vorzug** (z.B. nachzahlbare Vorzugsdividende und darüber hinaus gehende, nicht nachzahlbare Mehrdividende, die gemeinsam den Vorzug bilden sollen) ist rechtlich zur Begründung des Stimmrechtsausschlusses nicht erforderlich und sachlich nicht empfehlenswert. Dort würde richtigerweise das Stimmrecht mit dem ersten Dividendenausfall aufleben und erst nach vollständiger Zahlung der Rückstände und laufender Dividende wieder erlöschen, aus Sicht der Stammaktionäre also die Nachteile beider Modelle kumulieren[73].

6.29 Während die Stimmrechte der Vorzugsaktionäre aufgelebt sind, werden sie bei Beschlussfassungen der Hauptversammlung grundsätzlich nicht separat behandelt. Stimmen- und Kapitalmehrheiten werden

---

[69] Vgl. nur *Hüffer/Koch*, § 140 AktG Rz. 5; *Spindler/Bayer* in Schmidt/Lutter, § 140 AktG Rz. 17; *Bezzenberger/Bezzenberger* in Großkomm. AktG, 5. Aufl. 2020, § 140 AktG Rz. 41.

[70] Vgl. nur *Hüffer/Koch*, § 140 AktG Rz. 5; *Roth* in Heidel, § 140 AktG Rz. 7 m.w.N.; *Bezzenberger/Bezzenberger* in Großkomm. AktG, 5. Aufl. 2020, § 140 AktG Rz. 42 f.; *Spindler/Bayer* in Schmidt/Lutter, § 140 AktG Rz. 18; teilw. a.A. *Arnold* in MünchKomm. AktG, 4. Aufl. 2018, § 140 AktG Rz. 12 (der Beschluss sei erst mit Versammlungsende unabänderlich gefasst).

[71] Zum Ganzen eingehend *Butzke*, HV, E Rz. 31 f.; *Bezzenberger/Bezzenberger* in Großkomm. AktG, 5. Aufl. 2020, § 140 AktG Rz. 42; *J. Vetter* in KölnKomm. AktG, 3. Aufl. 2019, § 140 AktG Rz. 83; *Hüffer/Koch*, § 140 AktG Rz. 5; *Bormann* in BeckOGK AktG, Stand 1.2.2021, § 140 AktG Rz. 25 a.E.; *Herrler* in Grigoleit, § 140 AktG Rz. 9.

[72] Dazu statt aller *Hüffer/Koch*, § 140 AktG Rz. 7; *Spindler/Bayer* in Schmidt/Lutter, § 140 AktG Rz. 22; *Bezzenberger/Bezzenberger* in Großkomm. AktG, 5. Aufl. 2020, § 140 AktG Rz. 52; *J. Vetter* in KölnKomm. AktG, 3. Aufl. 2019, § 140 AktG Rz. 94.

[73] Vgl. schon Rz. 6.26; wie hier auch *J. Vetter* in KölnKomm. AktG, 3. Aufl. 2019, § 140 AktG Rz. 93; *Bezzenberger/Bezzenberger* in Großkomm. AktG, 5. Aufl. 2020, § 140 AktG Rz. 36; *Schüppen/Tretter*, WPg 2015, 643 ff., 647; a.A. (Erlöschen des Stimmrechts, auch wenn die Auszahlung nicht erfolgt) *Hüffer/Koch*, § 140 AktG Rz. 5.

einheitlich aus allen jeweils stimmberechtigten Aktien ermittelt – § 140 Abs. 2 Satz 3 AktG. Das gilt richtigerweise auch für ausnahmsweise relevante Minderheitsquoren der beschließenden Aktionäre (z.B. § 302 Abs. 3 AktG). Auch während der Zeit, in der die Stimmberechtigung der Vorzugsaktien aufgelebt ist, bilden sie **keine Gattung stimmberechtigter Aktien** i.S.d. § 182 Abs. 2 und § 222 Abs. 2 AktG, so dass Sonderbeschlüsse nach diesen Regeln auch dann durch die „Vorzugsaktionäre ohne Stimmrecht" nicht zu fassen sind[74]. Unabhängig vom Aufleben des Stimmrechts können dagegen Sonderbeschlüsse der Vorzugsaktionäre nach § 141 AktG, soweit der Vorzug betroffen ist, oder nach § 179 Abs. 3 AktG, wenn disproportional in andere (Sonder-)Rechte eingegriffen werden soll, erforderlich werden.

b) Zustimmungserfordernisse bei Beeinträchtigung des Vorzugs (§ 141 AktG)

§ 141 Abs. 1 AktG regelt die Zustimmungsbedürftigkeit von Beschlüssen, durch die der Vorzug aufgehoben oder beschränkt wird. Er ist eine **Sonderregelung** zu § 179 Abs. 3 AktG und geht ihm in seinem Anwendungsbereich vor. Der Schutz, den § 141 AktG für die Vorzugsaktionäre bietet, ist unter zwei Aspekten stärker als der nach § 179 AktG: Beschlüsse bedürfen unabdingbar einer 75 %-Stimmenmehrheit (bei § 179 Abs. 3 AktG kann die Satzung die Anforderung auf einfache Mehrheit reduzieren) und der Beschluss muss in einer Sonderversammlung erfolgen (dazu Rz. 6.33).

6.30

Streitig ist allerdings die **Abgrenzung der Anwendungsbereiche** beider Regelungen. Richtig dürfte es sein, den Vorzug in § 141 AktG ebenso wie in § 139 AktG zu verstehen[75]. Er umfasst damit nur den die Stimmrechtslosigkeit begründenden **Gewinnvorzug**. Dieser ist aber in seiner konkreten Ausgestaltung gegen Aufhebung und Beschränkung geschützt. Ist er also mit Nachzahlungsrecht ausgestattet, so bedarf auch die Beseitigung oder Einschränkung des Nachzahlungsrechts, die zwangsläufig zugleich eine Beeinträchtigung des Gewinnvorzugs darstellt, des Sonderbeschlusses nach § 141 AktG. Besteht der Gewinnvorzug ausschließlich oder auch aus einer Mehrdividende, so ist auch diese durch § 141 Abs. 1 AktG gegen Beeinträchtigungen geschützt. Dieser Schutz greift auch, wenn Änderungen des Vorzugs in der Satzung vorbehalten waren. Das Konzept des § 141 Abs. 2 Satz 2 AktG ist auf diesen Fall nicht übertragbar[76]. **Andere Sonderrechte**, die nicht als die Stimmrechtslosigkeit begründende Vorzüge ausgestaltet sind, können Liquidationsvorzüge aber auch (zusätzliche) Mehrdividenden (dazu Rz. 6.26) sein. Ihre nachteilige Änderung erfordert richtigerweise nur einen Sonderbeschluss der stimmrechtslosen Vorzugsaktien nach § 179 Abs. 3 AktG.

Nur **unmittelbare Eingriffe**, also direkte Schmälerungen der Vorrechte, sollen die Notwendigkeit eines Sonderbeschlusses auslösen, während eine nur mittelbare Beeinträchtigung, wie sie besonders plastisch bei einer **Kapitalherabsetzung** eintritt, weil der Gesamtbetrag des Vorzugs bezogen auf alle Vorzugsaktien in der Regel geringer wird, keine Zustimmungsnotwendigkeit auslösen soll[77]. Dem ist im

6.31

---

74 Dazu eingehend *Bezzenberger/Bezzenberger* in Großkomm. AktG, 5. Aufl. 2020, § 141 AktG Rz. 27; *Schürnbrand/Verse* in MünchKomm. AktG, 5. Aufl. 2021, § 182 AktG Rz. 34; *Hüffer/Koch*, § 182 AktG Rz. 19; *Bormann* in BeckOGK AktG, Stand 1.2.2021, § 141 AktG Rz. 32 jew. m.w.N.; jetzt auch *Lieder* in Bürgers/Körber/Lieder, § 182 Rz. 38 (a.A. noch *Marsch-Barner* in der 4. Aufl., § 182 AktG Rz. 30).
75 Vgl. *Stein* in MünchKomm. AktG, 5. Aufl. 2021, § 179 AktG Rz. 181; *J. Vetter* in KölnKomm. AktG, 3. Aufl. 2019, § 141 AktG Rz. 27 ff.; *Holzborn* in Bürgers/Körber/Lieder, § 141 AktG Rz. 2; *Bezzenberger/Bezzenberger* in Großkomm. AktG, 5. Aufl. 2020, § 141 AktG Rz. 50 ff.; *Hüffer/Koch*, § 141 AktG Rz. 3; etwas streitig ist dabei die Behandlung des Liquidationsvorzugs, wo wohl zu Unrecht z.T. ein Wertungswiderspruch zu § 141 Abs. 2 Satz 1 AktG gesehen wird – vgl. *Bormann* in BeckOGK AktG, Stand 1.2.2021, § 141 AktG Rz. 6; noch weiter gehend (sämtliche Vorrechte der stimmrechtslosen Vorzugsaktionäre seien Vorzug i.S.d. § 141 Abs. 1 AktG) *Werner*, AG 1971, 69.
76 Dazu nur *Hüffer/Koch*, § 141 AktG Rz. 11; *J. Vetter* in KölnKomm. AktG, 3. Aufl. 2019, § 141 AktG Rz. 104.
77 Vgl. *Hüffer/Koch*, § 141 AktG Rz. 8 f.; *Holzborn* in Bürgers/Körber/Lieder, § 141 AktG Rz. 5; *Spindler/Bayer* in K. Schmidt/Lutter, § 141 AktG Rz. 15.; *Arnold* in MünchKomm. AktG, 4. Aufl. 2018, § 141 AktG Rz. 11.; a.A. *J. Vetter* in KölnKomm. AktG, § 141 AktG Rz. 85 ff.; *Roth* in Heidel, § 141 AktG Rz. 6;

Ergebnis zuzustimmen. Zwar kann durch eine Kapitalherabsetzung der Vorzug erheblich entwertet werden, andererseits kommt es zu einer solchen meist nur in einer existenzbedrohenden Situation für die Gesellschaft, in der nicht einzusehen ist, warum nicht auch die Vorzugsaktionäre ihren Beitrag leisten sollten. Eine ordentliche Kapitalherabsetzung, die ohne wirtschaftliche Notwendigkeit im Wesentlichen dazu dient, den Vorzug zu schmälern, wäre ersichtlich rechtsmissbräuchlich, ein entsprechender Beschluss auf Anfechtungsklage für nichtig zu erklären.

Auch bei der **Kapitalerhöhung aus Gesellschaftsmitteln** ist § 141 Abs. 1 AktG nicht anwendbar[78]. Hier folgt schon aus der Regelung in § 216 Abs. 1 AktG, dass der Vorzug derart auf alte und junge Aktien aufzuteilen ist, dass der absolute Umfang des Vorzugs unverändert bleibt. Das erschwert natürlich solche Kapitalerhöhungen u.U. erheblich.

6.32 Praktisch bedeutsamer ist das Sonderbeschlusserfordernis bei Maßnahmen, durch die **neue Vorzugsaktien** geschaffen werden sollen (§ 141 Abs. 2 AktG), also in erster Linie für Kapitalerhöhungen, aber ggf. auch für die Umwandlung von Stammaktien in Vorzugsaktien[79]. Es dient dem Schutz der Gattungssonderrechte der bestehenden Vorzugsaktien in ihrem Rang, erstreckt sich aber trotz des missverständlich weiten Wortlauts des § 141 Abs. 2 Satz 1 AktG nicht auf Verwässerungen der Rechtsstellung der Vorzugsaktionäre im Übrigen. Als Gattungssonderrechte geschützt sind damit auch Mehrdividenden, selbst wenn sie nicht als Teil des Vorzugs gestaltet sind, und Liquidationsvorrechte, nicht dagegen die gewöhnliche Teilnahme an der Gewinnverteilung oder am Liquidationserlös gleichberechtigt zu den Stammaktien[80].

Für die Ausgabe von Stammaktien – ob mit oder ohne Bezugsrecht der Aktionäre – bedarf es eines Sonderbeschlusses der Vorzugsaktionäre somit nicht, ebenso wenig bedarf es eines Sonderbeschlusses, wenn Aktien mit ausschließlich nachrangigen (wenn auch ggf. weiter gehenden – z.B. höherer Vorzugsbetrag) Vorzügen ausgegeben werden sollen[81]. In beiden Fällen bleibt den Vorzugsaktionären nur die gerichtliche Kontrolle von Hauptversammlungsbeschlüssen, wenn sie die Maßnahmen für unzulässig halten[82]. In aller Regel sieht die Satzung auch die Ausgabe weiterer Vorzugsaktien ausdrücklich vor (§ 141 Abs. 2 Satz 2 AktG), so dass es der Zustimmung der Vorzugsaktionäre zur Ausgabe neuer gleich- oder vorrangiger Vorzugsaktien meist nur bedarf, wenn ihr Bezugsrecht ganz oder teilweise ausgeschlossen ist[83]. Dies ist in der Praxis allerdings der Regelfall der Kapitalerhöhung. Bei Schaffung

---

Bormann in BeckOGK AktG, Stand 1.2.2021, § 141 AktG Rz. 17 f., jew. m.w.N.; kritisch auch *Krauel/Weng*, AG 2003, 561 ff., 564.

78 OLG Stuttgart v. 11.2.1992 – 10 U 313/90, AG 1993, 94 f.; *Hüffer/Koch*, § 141 AktG Rz. 7; *Arnold* in MünchKomm. AktG, 4. Aufl. 2018, § 141 AktG Rz. 10; *J. Vetter* in KölnKomm. AktG, 3. Aufl. 2019, § 141 AktG Rz. 80.

79 *Hüffer/Koch*, § 141 AktG Rz. 13; *Roth* in Heidel, § 141 AktG Rz. 8; *J. Vetter* in KölnKomm. AktG, 3. Aufl. 2019, § 141 AktG Rz. 124; *Spindler/Bayer* in K. Schmidt/Lutter, § 141 AktG Rz. 25; a.A. *Bezzenberger/Bezzenberger* in Großkomm. AktG, 5. Aufl. 2020, § 141 AktG Rz. 61, die § 141 Abs. 1 AktG anwenden wollen.

80 Dazu auch *Hüffer/Koch*, § 141 AktG Rz. 14; Holzborn in Bürgers/Körber/Lieder, § 141 AktG Rz. 7; *Spindler/Bayer* in K. Schmidt/Lutter, § 141 AktG Rz. 27; *Roth* in Heidel, § 141 AktG Rz. 9; *Bormann* in BeckOGK AktG, Stand 1.2.2021, § 141 AktG Rz. 38 ff.; *Werner*, AG 1971, 69, 71 f.; a.A. (Schutz gegen jede wirtschaftliche Beeinträchtigung durch neue Vorzugsaktien) *J. Vetter* in KölnKomm. AktG, 3. Aufl. 2019, § 141 AktG Rz. 138 ff.

81 *Hüffer/Koch*, § 141 AktG Rz. 15; *Bezzenberger/Bezzenberger* in Großkomm. AktG, 5. Aufl. 2020, § 141 AktG Rz. 75 f.; *J. Vetter* in KölnKomm. AktG, 3. Aufl. 2019, § 141 AktG Rz. 145; *Werner*, AG 1971, 69 ff., 71 f.

82 Dabei kann insbesondere die unzulässige Beeinträchtigung des Bezugsrechts der Vorzugsaktionäre eine Rolle spielen, die neben den allgemein geltenden Regeln auch gegeben sein kann, wenn Bezugsrechte asymmetrisch zugunsten von Stammaktionären gewährt werden.

83 Zu Zweifeln an der Europarechts-Konformität dieser Regelung vgl. *Bezzenberger/Bezzenberger* in Großkomm. AktG, 5. Aufl. 2020, § 141 AktG Rz. 86 und *J. Vetter* in KölnKomm. AktG, 3. Aufl. 2019, § 141 Rz. 160 ff. jew. m.w.N.

eines genehmigten Kapitals wird fast immer die **Möglichkeit des Bezugsrechtsausschlusses** für Spitzenbeträge, oft auch zugunsten der Inhaber von Options- oder Wandelrechten oder zur vereinfachten Platzierung an Investoren vorgesehen. Auch beim Direktbeschluss sind solche Einschränkungen regelmäßig anzutreffen. Jede dieser Einschränkungen des Bezugsrechts der Vorzugsaktionäre auf Vorzugsaktien genügt, um das Sonderbeschluss-Erfordernis auszulösen[84]. Etwas schwieriger ist die Situation bei der Schaffung bedingten Kapitals, das in aller Regel der Unterlegung von Wandel- oder Optionsanleihen etc. dient, die nach § 221 AktG ausgegeben werden. Ob hier das Zustimmungserfordernis zur Schaffung des bedingten Kapitals genügt, um die Rechtsposition der Vorzugsaktionäre zu schützen, oder auch die Ermächtigung nach § 221 AktG der Zustimmung nach § 141 Abs. 2 AktG zu unterwerfen ist, ist offen[85]. Die Beschränkung des Bezugsrechts der Vorzugsaktionäre auf Vorzugsaktien (sog. Ausschluss des „Über-Kreuz-Bezugsrechts") löst dagegen für sich genommen keine Notwendigkeit eines Sonderbeschlusses aus, hier wird gerade das Recht der Vorzugsaktionäre zum Bezug von Vorzugsaktien intensiviert[86].

c) Sonderversammlung

Sonderbeschlüsse stimmrechtsloser Vorzugsaktionäre nach § 141 AktG müssen zwingend in einer gesonderten Versammlung der Vorzugsaktionäre[87] mit qualifizierter Mehrheit gefasst werden (§ 141 Abs. 3 AktG). Das dient dem Schutz dieser Aktionäre, die unbeeinflusst von den stimmberechtigten Aktionären entscheiden können sollen. Bei Bezugsrechtsausschluss für Kapitalmaßnahmen muss § 186 Abs. 3–5 AktG beachtet werden, der Ausschluss muss also ausdrücklicher Beschlussinhalt sein. Der Bericht über den Bezugsrechtsausschluss ist auch der Sonderversammlung vorzulegen und die besonderen Mehrheitserfordernisse für Kapitalbeschlüsse sind zu beachten. Im Übrigen gilt das oben (Rz. 6.12) Gesagte.

6.33

4. Schaffung und Umwandlung von Vorzugsaktien ohne Stimmrecht

a) Erstmalige Schaffung von Vorzugsaktien ohne Stimmrecht

Zu den formellen Anforderungen kann auf die generellen Erläuterungen oben (Rz. 6.15 ff.) verwiesen werden, die auch für stimmrechtslose Vorzugsaktien gelten. Lediglich auf zwei **Besonderheiten** ist noch einmal hinzuweisen: Neben der Regelung zur Gewinnverteilung und der Anpassung der Regelung der Satzung zum Stimmrecht, in der die generelle Stimmrechtslosigkeit der Vorzugsaktien zu berücksichtigen ist, empfiehlt es sich dringend (und ist in der Praxis auch allgemein üblich), die Ausgabe weiterer Vorzugsaktien ausdrücklich in der Satzung vorzubehalten, damit in den Fällen des § 141 Abs. 2 Satz 2 AktG, d.h. wenn den Vorzugsaktionären das Bezugsrecht auf die neuen Vorzugsaktien eingeräumt wird, auf eine Sonderbeschlussfassung der Vorzugsaktionäre verzichtet werden kann.

6.34

---

84 Allg. M., vgl. nur *Hüffer/Koch*, § 141 AktG Rz. 17; *Bormann* in BeckOGK AktG, Stand 1.2.2021, § 141 AktG Rz. 51; *Arnold* in MünchKomm. AktG, 4. Aufl. 2018, § 141 AktG Rz. 32; *Bezzenberger/Bezzenberger* in Großkomm. AktG, 5. Aufl. 2020, § 141 AktG Rz. 87 ff.
85 Zum Stand der Diskussion vgl. *J. Vetter* in KölnKomm. AktG, 3. Aufl. 2019, § 141 AktG Rz. 128; da praktisch immer gleichzeitig und einheitlich beschlossen wird, ist die praktische Bedeutung der Frage bislang gering.
86 Ob es sich insoweit überhaupt um einen Bezugsrechtsausschluss handelt oder – so die Mindermeinung – das Bezugsrecht bei Ausgabe beider Gattungen automatisch auf die jeweilige Gattung beschränkt ist, ist umstritten, zum Meinungsstand und zu Recht für einen offenen Ansatz *Bezzenberger/Bezzenberger* in Großkomm. AktG, 5. Aufl. 2020, § 140 Rz. 21 ff. m.w.N.; eingehend zum Ausschluss des „Über-Kreuz-Bezugsrechts" *Rittig*, NZG 2012, 1292 ff.
87 Anders bei der SE, dort schließt Art. 60 SE-VO eine Sonderversammlung aus – dazu näher *Fischer*, ZGR 2013, 832, 851 f.

Entgegen dem Gesetzeswortlaut soll eine solche Regelung zwar auch nachträglich in die Satzung aufgenommen werden können, bedarf dann aber der Zustimmung der Vorzugsaktionäre durch Sonderbeschluss nach § 141 Abs. 2 Satz 1 AktG, mit dessen Fassung nicht ohne Weiteres zu rechnen ist[88].

6.35 Die erstmalige Ausgabe stimmrechtsloser **Vorzugsaktien aus genehmigtem Kapital** bedarf keinerlei besonderer Erwähnung (oder gar Regelung der Ausstattung) im Beschluss der Hauptversammlung zur Schaffung des genehmigten Kapitals. Aus dem Wortlaut des § 204 Abs. 2 AktG wird geschlossen, dass der Vorstand (mit Zustimmung des Aufsichtsrats) sowohl über das „Ob" der Ausgabe stimmrechtsloser Vorzugsaktien als auch über deren Ausstattung nach pflichtgemäßem Ermessen entscheiden kann, wenn die Hauptversammlung in der Ermächtigung keine Beschränkungen setzt[89]. Gleiches gilt im Übrigen für die spätere Ausgabe nachrangiger Vorzugsaktien (die allerdings in der Praxis keine Rolle spielt).

b) Umwandlung in Stammaktien nach AktG

6.36 Das AktG behandelt nur eine Form der Umwandlung von Vorzugsaktien in Stammaktien ausdrücklich, nämlich diejenige durch **Aufhebung des Vorzugs**[90]. Diese bedarf – wie in Rz. 6.30 näher beschrieben – jedenfalls mit Blick auf den Wegfall des Gewinnvorzugs neben der Beschlussfassung der Hauptversammlung der Zustimmung der Sonderversammlung der Vorzugsaktionäre. Sie führt mit ihrem Wirksamwerden zum vollständigen und endgültigen Aufleben des Stimmrechts der seitherigen Vorzugsaktionäre, wie auch in § 141 Abs. 4 AktG klargestellt wird. Die bisherigen Vorzugsaktien ohne Stimmrecht werden zu Stammaktien, wenn sämtliche Vorzüge entfallen, bzw. zu stimmberechtigten Vorzugsaktien, wenn einzelne Vorzugsrechte verbleiben.

Eine solche Aufhebung des Vorzugs kann nur unter Erhaltung der Identität der Aktien erfolgen, also im **Nennwertverhältnis 1:1** und ohne dass an die Aufhebung des Vorzugs etwa Einzahlungspflichten der Aktionäre der einen oder anderen Gattung geknüpft werden könnten. Nur diese Gestaltung ist durch die Beschlusserleichterung nach § 141 AktG gedeckt, andere Lösungen erfordern zwingend die Einzelzustimmung der Betroffenen[91]. Sie stellt den klassischen Weg der Beseitigung von Vorzugsaktien ohne Stimmrecht dar und schafft zuverlässig alle Vorzugsaktien ab, da die Satzungsänderung für alle Vorzugsaktionäre wirkt.

6.37 Dabei ist zu beachten, dass der satzungsändernde Beschluss der Hauptversammlung wegen der Verwässerung der Stimmrechte der bislang stimmberechtigten Aktionäre für diese eine Benachteiligung darstellt, so dass grundsätzlich jede Gattung stimmberechtigter Aktien auch noch einen **Sonderbeschluss nach § 179 Abs. 3 AktG** mit der erforderlichen Mehrheit fassen muss. Dies gilt richtigerweise nicht, wenn lediglich die Stammaktien in der Hauptversammlung stimmberechtigt waren. Eine erneute Beschlussfassung wäre hier eine unnötige Formalie, wenn und weil den Stammaktionären be-

---

88 Vgl. nur *Arnold* in MünchKomm. AktG, 4. Aufl. 2018, § 141 AktG Rz. 30; *Bezzenberger/Bezzenberger* in Großkomm. AktG, 5. Aufl. 2020, § 141 AktG Rz. 82; *Bormann* in BeckOGK AktG, Stand 1.2.2021, § 141 AktG Rz. 47; *Hüffer/Koch*, § 141 AktG Rz. 16; a.A. (zwingend vorherige Vereinbarung) *Werner*, AG 1971, 69 ff., 72 (bes. Fn. 18).
89 Vgl. OLG Schleswig v. 27.5.2004 – 5 U 2/04, DB 2004, 1492 f. = AG 2005, 48; *Bayer* in MünchKomm. AktG, 5. Aufl. 2021, § 204 AktG Rz. 9, 32; *Lieder* in Bürgers/Körber/Lieder, § 204 AktG Rz. 13; *Wamser* in BeckOGK AktG, Stand 1.2.2021, § 204 Rz. 9; *Bezzenberger/Bezzenberger* in Großkomm. AktG, 5. Aufl. 2020, § 141 AktG Rz. 91.
90 Zu Befristung und Bedingung des Vorzugs und zu satzungsmäßigen Wandlungsmöglichkeiten vgl. Rz. 6.19 a.E.
91 Das verkennen *Senger/Vogelmann*, AG 2002, 193 ff., 203, die eine Kapitalherabsetzung zulasten der Vorzugsaktionäre für zulässig zu halten scheinen und auch über asymmetrische Ausschüttungen aus Gewinnrücklagen nachdenken, in denen richtigerweise immer ein Verstoß gegen § 57 AktG liegt.

reits durch die Ankündigung in der Tagesordnung die Tragweite ihrer Entscheidung deutlich gemacht wird[92].

c) Abschaffung von Vorzugsaktien bei Umwandlungsvorgängen

Der Formwechsel der Fresenius SE in eine KGaA, der mit der einheitlichen Gewährung von Stammaktien auch an die vormaligen Vorzugsaktionäre der SE einherging, verdeutlicht, dass in bestimmten Konstellationen das UmwG attraktive Lösungsalternativen zur Abschaffung von Vorzugsaktien nach dem AktG bereithält[93]. Bei Umwandlungsvorgängen sind stimmrechtslose Vorzugsaktien grundsätzlich nicht stimmberechtigt. Sie haben nach § 23 UmwG lediglich Anspruch auf Gewährung gleichwertiger (nicht: gleicher) Rechte in dem übernehmenden/formgewechselten Rechtsträger. Vorzugsaktien in dem übertragenden/formwechselnden Rechtsträger können somit vollständig durch Stammaktien in dem übernehmenden/formgewechselten Rechtsträger ersetzt werden. Die Gleichwertigkeit können die betroffenen Aktionäre im Spruchverfahren überprüfen lassen, Anfechtungsrisiken sind nicht zuletzt dank des hier zur Verfügung stehenden Freigabeverfahrens (dazu Rz. 39.171 ff.) beherrschbar.

6.38

Allerdings bewirkt die Maßnahme die Aufhebung der Vorzugsrechte im Sinne des § 141 Abs. 1 AktG. Nach der bislang wohl überwiegenden Meinung wäre dennoch kein Sonderbeschluss zu fassen, weil die spezialgesetzliche Regelung des § 65 Abs. 2 UmwG das aktienrechtliche Beschlusserfordernis verdränge. Dem hat der *BGH*[94] jüngst auch unter Hinweis auf die europarechtlichen Vorgaben der Gesellschaftsrechtsrichtlinie (RL (EU) 2017/1132) eine grundsätzliche Absage erteilt. Ein **Sonderbeschluss der Vorzugsaktionäre** nach § 141 Abs. 1 AktG ist damit in diesen Fällen **unverzichtbar**. Die Praxis – so auch bei Fresenius – hat schon bisher entsprechende vorsorgliche Sonderbeschlüsse gefasst.

d) Individualvertragliche Umwandlung von Vorzugsaktien

Gerade bei großen positiven Kursdifferenzen der Stammaktien gegenüber den Vorzugsaktien können beide vorstehenden Wege der Umwandlung seitens der Stammaktionäre als unangemessen empfunden werden. Ob die Kursdifferenzen tatsächlich auf dem Fehlen des Stimmrechts beruhen, mag dahingestellt bleiben[95]. In Einzelfällen wurden jedenfalls Wege zur Umwandlung von Vorzugsaktien in Stammaktien gewählt, die diesen Bedenken zumindest teilweise Rechnung tragen:

6.39

Neben RWE, wo eine Sondersituation genutzt wurde, um Stimmrechte von Mehrstimmrechtsaktionären an Vorzugsaktionäre zu veräußern und so aus Mehrstimmrechtsaktien und Vorzugsaktien Stammaktien zu machen[96], ist die erstmals von der Metro AG in ihrer Hauptversammlung 2000 gewählte Konstruktion ein praktisch gangbarer Weg[97]. Dort beschloss die Hauptversammlung die Umwandlung all jener Vorzugsaktien in Stammaktien, deren Inhaber eine **bare Zuzahlung** an die Gesellschaft erbrächten. Die Vorzugsaktionäre fassten – wohl ohne zwingende Notwendigkeit[98] – einen entsprechenden Sonderbeschluss. Während einer festgelegten Frist konnten Vorzugsaktionäre ihre Aktien und die

---

92 Heute wohl allg. M., vgl. nur *Hüffer/Koch*, § 179 AktG Rz. 45; *Stein* in MünchKomm. AktG, 5. Aufl. 2021, § 179 AktG Rz. 195; *Marsch-Barner* in Liber amicorum M. Winter, 2011, S. 467 ff., 468 jew. m.w.N.; an der abweichenden Auffassung (*Butzke*, HV, L Rz. 48) wird nicht festgehalten.
93 Dazu eingehend *Marsch-Barner* in Liber amicorum M. Winter, 2011, S. 467 ff.
94 BGH v. 23.2.2021 – II ZR 65/19, ZIP 2021, 738 ff. mit umfangreichem Nachweis zum bisherigen Meinungsstand (dort Rz. 54 f.).
95 Dazu etwa *Pellens/Hillebrandt*, AG 2001, 57 ff., 63; *Senger/Vogelmann*, AG 2002, 193 ff., 205 jew. m.w.N.
96 Dazu auch *Marsch-Barner* in Reform des Aktienrechts, der Rechnungslegung und der Prüfung, 1999, S. 285 ff., 293 f.
97 Dazu etwa OLG Köln v. 20.9.2001 – 18 U 125/01, AG 2002, 244; vgl. auch *Senger/Vogelmann*, AG 2002, 193; *Altmeppen*, NZG 2005, 771 ff.
98 Dazu eingehend *Altmeppen*, NZG 2005, 771 ff.; ebenso *Holzborn* in BeckOGK AktG, Stand 1.2.2021, § 179 AktG Rz. 193; *Bezzenberger/Bezzenberger* in Großkomm. AktG, 5. Aufl. 2020, § 139 AktG Rz. 116a.

bare Zuzahlung einreichen, ihre Aktien wurden mit der Eintragung der Satzungsänderung ins Handelsregister, die erst nach Ablauf der Einreichungsfrist beantragt werden konnte, zu Stammaktien. Die relativ hohe Annahmequote von 88 %, die ca. 235 Mio. Euro Zuzahlung erbrachte, und die erfolgreiche Abwehr der von Stammaktionären eingereichten Anfechtungsklage haben dazu geführt, dass MAN und FMC dem Beispiel mit ähnlichen Ergebnissen folgten. Allerdings verbleibt bei diesem Verfahren zwangsläufig zumindest eine kleine, im Zweifel von besonders kritischen Aktionären geprägte Gruppe von Vorzugsaktionären, so dass etwaige separate Beschlussfassungen weiter erforderlich bleiben. Diese Vorzugsaktionäre könnten wohl allenfalls durch Aufhebung des Vorzugs, also ohne Zuzahlung, zum Umtausch bewegt werden. Damit wird man aber einige Zeit warten müssen, schon um nicht die Aktionäre zu verärgern, die sich für die Zuzahlung entschieden haben.

III. „Tracking Stocks", „Redeemable Shares" und Investmentaktiengesellschaft

1. Grundlagen

6.40 Seit einiger Zeit werden **im US-Kapitalmarkt entwickelte Modelle** auf ihre Nutzbarkeit bei deutschen Aktiengesellschaften geprüft und häufig als fast sicheres Erfolgskonzept deutschen Gesellschaften zur Nachahmung empfohlen. Auch Versuche der Schaffung von Aktiengattungen nach US-amerikanischem Vorbild fallen in diesen Bereich.

Das bei weitem bekannteste, wenn auch immer noch in Deutschland – außerhalb von Investmentaktiengesellschaften (dazu Rz. 6.48) – weitgehend unerprobte, Beispiel sind die so genannten „Tracking Stocks" oder „Spartenaktien", die seit vielen Jahren literarische Beachtung finden[99]. Der eigentlich faszinierende Grundgedanke ist, dass ein Unternehmen – z.B. im Zusammenhang mit dem Erwerb oder Aufbau einer neuen Unternehmenssparte – Aktien ausgibt, die Teilhaberechte (also insbesondere auch Stimmrechte) wie alle anderen Aktien des Unternehmens vermitteln, deren Vermögensrechte, insbesondere also Gewinnbezugsrechte, aber am wirtschaftlichen Erfolg der betreffenden Unternehmenssparte orientiert sind. Diese Aktien würden eine eigenständige Aktiengattung bilden, da sie von den anderen Aktien abweichende Gewinnrechte trügen. Ob sie auch als stimmrechtslose Vorzugsaktien ausgestattet werden können[100], hängt weitgehend von der Ausgestaltung ihres Dividendenrechts ab. Denkbar wäre wohl, ihnen eine fixe Vorabdividende zu gewähren und nur weitere Dividendenzahlungen spartenbezogen auszugestalten.

6.41 In den USA wurden zahlreiche **Tracking Stocks** an die Börse gebracht, zum Teil aber auch schon wieder abgeschafft, die Alcatel S.A. in Frankreich hat sich dieses Instruments für eine ihrer Sparten bedient[101] und im November 2007 ging mit der Hamburger Hafen und Logistik AG auch eine deutsche Gesellschaft mit Aktien einer Sparte an die Börse. Der große Durchbruch ist allerdings bisher ausgeblieben, vereinzelt haben sich auch schon deutliche Schwierigkeiten des Spartenaktien-Konzepts gezeigt.

6.42 Auch **„Redeemable Shares"**, also Aktien, die durch die Gesellschaft zu vorgegebenen Konditionen zurückgefordert bzw. – seltener – von Aktionären zu vorgegebenen Konditionen an die Gesellschaft zu-

---

99 Vgl. nur *Brauer*, AG 1993, 324 ff.; *Breuninger/Krüger* in FS W. Müller, 2001, S. 527 ff.; *Baums* in FS Boujong, 1996, S. 19 ff.; *Sieger/Hasselbach*, BB 1999, 1277 ff.; *Sieger/Hasselbach*, AG 2001, 391 ff.; *Fuchs*, ZGR 2003, 167 ff. Mit unmittelbarem Praxisbezug *Cichy/Heins*, AG 2010, 181 ff. – zu dem einzigen Anwendungsfall im Bereich deutscher börsennotierter Gesellschaften – und *Bayer/Hoffmann*, AG 2010, R180 ff. – zu teilprivatisierten Stadtwerken.
100 Dafür *Sieger/Hasselbach*, AG 2001, 391 ff., 392 ff.; *Fuchs*, ZGR 2003, 167 ff., 168; vgl. auch *J. Vetter* in KölnKomm. AktG, 3. Aufl. 2019, § 139 AktG Rz. 351 ff.
101 Vgl. *Fuchs*, ZGR 2003, 167 ff., 169.

rückgegeben werden können, sind in den USA, aber auch im europäischen Ausland anzutreffen. Art. 39 der zweiten gesellschaftsrechtlichen EU-Richtlinie[102] ließ die Schaffung solcher Aktien erstmals europarechtlich zu. Das deutsche Aktienrecht kennt sie bislang nicht und obwohl schon die Regierungskommission Corporate Governance die Eröffnung dieser Möglichkeit in ihrem Bericht empfohlen hat[103], ist eine Einführung nicht konkret geplant.

Wenn damit auch keine größere praktische Bedeutung dieser Formen gesonderter Aktiengattungen zu erkennen ist, sollen die Rahmenbedingungen für ihre Nutzung in Deutschland nachfolgend doch kurz angesprochen werden.

2. Spartenaktien („Tracking Stocks")

Dass Spartenaktien, die – bei im Übrigen gleichen Mitgliedschaftsrechten, wie sie mit den anderen Aktien der Gesellschaft verbunden sind – modifizierte, weil an den Erfolg eines Unternehmensteils geknüpfte Vermögensrechte tragen, auch nach deutschem Recht **grundsätzlich zulässig** sind, ist heute anerkannt[104]. Allerdings lösen sie einige Probleme aus, die ihre praktische Nutzung als Kapitalmarktinstrument erschweren. Dabei ist die Notwendigkeit einer nachprüfbaren Segment bezogenen Rechnungslegung eines der kleineren Probleme. Börsennotierte Spartengesellschaften legen schon heute im Konzernabschluss nach IFRS (§ 315a HGB) in der Regel eingehende Segmentberichterstattungen vor, die auch als Anknüpfungspunkt für die Gewinnverteilung geeignet sein sollten.

6.43

Auch die – rechtlich zwingende – Begrenzung der Beteiligung am Spartenerfolg durch den Erfolg des Gesamtunternehmens ist in der Regel hinnehmbar. Sie mag allerdings im Einzelfall dazu führen, dass eine Ausschüttung zugunsten der einen Aktionärsgruppe an der schlechten Performance des anderen Bereichs scheitert, die den Ausweis eines Bilanzgewinns verhindert.

6.44

Nicht zu unterschätzen sind allerdings gerade bei Spartenaktien die **Probleme**, die durch die oben beschriebenen Erfordernisse von Sonderbeschlüssen – besonders bei Kapitalmaßnahmen – bei Vorhandensein mehrerer Gattungen stimmberechtigter Aktien auftreten können. Hier drohen nämlich verstärkt Interessenkonflikte der Aktionäre, denen unterschiedliche Teile des Unternehmens besonders am Herzen liegen. Vor allem aber für die Verwaltung ergeben sich fast zwangsläufig erhebliche Beschränkungen, weil sie bei Strategie- und Finanzierungsentscheidungen, aber auch bis hinein in die Allokation von Management know how, die Markenstrategie etc. überlegen muss, ob nicht die eine Sparte gegenüber dem Rest des Unternehmens ungerechtfertigt bevorzugt oder benachteiligt wird.

Ein letztes Thema soll hier aus der Fülle der ungeklärten, aber vielfach sicher lösbaren Fragen[105] herausgegriffen werden: Es fehlt in Deutschland außerhalb der nicht verhältniswahrenden Spaltung ein einfacher Weg, die Schaffung der Spartenaktien „rückgängig" zu machen[106], d.h., auch wenn die Unternehmensstruktur sich völlig verändert hat, können die Spartenaktien, die dann eine unangemessene Lösung bilden können, nicht in einem gesicherten Verfahren in Stammaktien überführt oder eingezogen werden, wenn nicht alle betroffenen Aktionärsgruppen kooperieren.

Die Spartenaktie mag **im unmittelbaren Vorfeld eines Börsenganges** (der – dann gesellschaftsrechtlich zu trennenden – Sparte) ggf. auch als Instrument der Mitarbeitermotivation interessant sein, als Teil einer auf Dauer angelegten Unternehmensstruktur dürfte sie deutliche Nachteile und Belastungen

6.45

---

102 Art. 39 zwischenzeitlich überführt in Art. 82 der Gesellschaftsrechts-Richtlinie (RL (EU) 2017/1132).
103 *Baums*, Bericht der Regierungskommission Corporate Governance, 2001, Rz. 235.
104 Vgl. nur *Hüffer/Koch*, § 11 AktG Rz. 4; *Ziemons* in K. Schmidt/Lutter, § 11 AktG Rz. 9; *Baums* in FS Boujong, 1996, S. 19 ff., 35; *Fuchs*, ZGR 2003, 167 ff., 169 f. m.w.N.
105 Umfangreiche Erwägungen dazu insbesondere bei *Fuchs*, ZGR 2003, 167 ff. mit zahlreichen weiterführenden Hinweisen.
106 Dazu auch *Sieger/Hasselbach*, AG 2001, 391 ff., 397 ff.; *Cichy/Heins*, AG 2010, 181 ff., 190 f., wobei letztere die konkrete (Sonder-)Situation bei HHLA zum Muster verallgemeinern.

mit sich bringen und in aller Regel nicht empfehlenswert sein. Die Situation bei der Hamburger Hafen und Logistik AG ist insofern als atypisch zu betrachten. Dort hält wirtschaftlich die Stadt Hamburg die nicht börsennotierten Aktien der anderen Sparte und trägt eine spartenbezogene Verlustausgleichspflicht. Zudem handelt es sich bei der Sparte um ein voll mit Eigenmitteln finanziertes Immobilienportfolio, also ein sehr stabiles Geschäft. Für die Aktionäre der börsennotierten Sparte sind die Risiken aus der anderen Sparte damit praktisch abgeschirmt, während sich die Stadt Hamburg einen höheren Stimmenanteil um den Preis eines zusätzlichen Risikos aus der Logistiksparte sichert.

3. Rückerwerbbare Aktien („Redeemable Shares")

6.46 Das deutsche Aktienrecht kennt die Möglichkeit der Einziehung von Aktien, einschließlich der Zwangseinziehung (§ 237 AktG). Die Satzung muss die entsprechende Regelung vor Schaffung der betroffenen Aktien bzw. mit Zustimmung aller betroffenen Aktionäre vorsehen. Die der Zwangseinziehung ausgesetzten Aktien bilden eine gesonderte Gattung.

Die Satzungsregelung kann – als **„angeordnete" Zwangseinziehung** – die Bestimmung von Voraussetzungen, Zeitpunkt und Einziehungsentgelt vollständig selbst treffen und damit dem Vorstand jeden eigenen Entscheidungsspielraum nehmen. Dabei kann als Einziehungsgrund auch ein entsprechendes Verlangen des Aktionärs oder das Ergebnis eines definierten Losentscheids festgelegt werden[107]. Noch weiter vom Gedanken der „Redeemable Shares" entfernt ist die „gestattete" Zwangseinziehung, bei der die Satzung das Verfahren nicht regelt, dafür aber jeweils ein Beschluss der Hauptversammlung Voraussetzung für die Einziehung ist.

Eine im Ermessen der Verwaltung oder der Aktionäre stehende Möglichkeit, Aktien nicht nur einzuziehen und damit zu vernichten, sondern der Gesellschaft zur Verfügung zu stellen, kennt das deutsche Aktienrecht nicht.

6.47 Demgegenüber lässt **Art. 82 der Gesellschaftsrechts-Richtlinie** solche Strukturen zu. Im englischen Gesellschaftsrecht werden sie seit vielen Jahrzehnten genutzt, Spanien hat 1998 die europarechtlich eröffnete Möglichkeit genutzt und rückerwerbbare Aktien zugelassen[108]. Anders als bei den im deutschen Aktienrecht verfügbaren Konzepten werden die rückerwerbbaren Aktien schon vor ihrer Ausgabe in der Satzung als gesonderte Gattung ausgestaltet. Neben dieser Gattung muss jedenfalls eine Gattung nicht rückerwerbbarer Aktien bestehen. Die Voraussetzungen und Bedingungen des Rückerwerbs werden – im Rahmen der gesetzlichen Vorgaben – durch die Satzung festgelegt. Dabei kann den Aktionären oder der Gesellschaft das Recht eingeräumt werden, den Rückerwerb auszulösen. Auch das Schicksal der rückerworbenen Aktien – Einziehung oder Fortbestehen als eigene Aktien – kann je nach den gesetzlichen Vorgaben gestaltet werden. Die ansonsten geltende 10 %-Grenze für den Erwerb eigener Aktien gilt nach der Gesellschaftsrechts-Richtlinie für rückerwerbbare Aktien nicht. Damit kann die Finanzierung der Gesellschaft insgesamt weit stärker flexibilisiert werden, als das deutsche Aktienrecht es derzeit zulässt. Neben den möglicherweise unangemessenen Sonderbeschluss-Notwendigkeiten des deutschen Aktienrechts wären besonders auch Fragen des Gläubigerschutzes zu klären, wenn der Gesetzgeber über solche Modelle nachdenken sollte.

Bei börsennotierten Gesellschaften besteht für solche Gestaltungen wohl kein großes praktisches Bedürfnis[109]. Lediglich eine börsennotierte deutsche Aktiengesellschaft, die insgesamt einem sehr atypi-

---

107 Zum Ganzen etwa *Hüffer/Koch*, § 237 AktG Rz. 10 ff.; die Parallele zur Zwangseinziehung betonend auch *Hemeling* in FS Uwe H. Schneider, 2011, S. 471, 482 f.
108 Dazu und zum Folgenden eingehend *Habersack* in FS Lutter, 2000, S. 1329 ff.; *de la Concepción Chamorro Domínguez*, AG 2004, 487 ff.
109 Die Überlegungen von *Hemeling* in FS Uwe H. Schneider, 2011, S. 471, 477 ff., sind stark durch die Sondersituation der Banken nach der Finanzkrise geprägt und stoßen selbst dort an – auch regulatorische – Grenzen.

schen Anlagekonzept folgte, hatte ein Modell gewählt, das – über schuldrechtliche Regelungen – mögliche Effekte von „Redeemable Shares" imitierte: Die Deutsche Wohnen AG sollte ihren eigenen Immobilienbestand, der praktisch ihr gesamtes Vermögen bildete, geordnet verwerten. Mit diesem Geschäftszweck sprach sie primär Investoren an, die eine geringe Risikoneigung hatten. Um die Position der Anleger noch stärker der von Anleihegläubigern anzunähern, wurden die Aktien mit einer langfristigen Put-Option für die Aktionäre gegen den Initiator verbunden, der die Gesellschaft im Gegenzug über einen Beherrschungsvertrag kontrollierte. Durch diese Verbindung entstand keine gesonderte Aktiengattung, die Rechte der Aktionäre gegen die Gesellschaft wurden durch die Put-Option nicht modifiziert[110]. Ob abgesehen von solchen ganz außergewöhnlichen Situationen „Redeemable Shares" für börsennotierte Aktiengesellschaften attraktiv sind, ist zumindest zweifelhaft[111].

4. Investmentaktiengesellschaft

Seit 1998 kennt das deutsche Recht grundsätzlich die Möglichkeit, Investmentsondervermögen auch in der Rechtsform einer Aktiengesellschaft zu führen. Mit dem Investmentänderungsgesetz hat der Gesetzgeber 2007 die Investment-AG mit veränderlichem Kapital zu einem der luxemburgischen SICAV (société d'investissement à capital variable) vergleichbaren Anlagevehikel gestaltet[112], seit 22.7.2013 regeln sie §§ 108 ff. des Kapitalanlagegesetzbuchs (KAGB). Dazu war es erforderlich, den Anlegerschutz weitgehend den investmentrechtlichen Regeln zu unterstellen und dafür die aktienrechtlichen Schutzmechanismen für diese Gesellschaften abzuschwächen. Die gesetzlichen Vorgaben setzen mehrere Aktiengattungen fast zwingend voraus und lassen auch Tracking Stocks und Redemption Rights weitgehend zu: Die Investment AG unterscheidet grundsätzlich (§ 109 Abs. 1 KAGB) zwischen Unternehmensaktien, die die Initiatoren halten, und die Stimm- und Teilnahmerechte in der Hauptversammlung gewähren, und Anlageaktien, die die Anleger halten, der grundsätzlich zur Rücknahme verpflichteten Gesellschaft vorlegen (§ 110 Abs. 2 Satz 2, § 116 Abs. 2 KAGB) und – ggf. auch an einer Börse – handeln können. Die Anlageaktien gewähren grundsätzlich weder Teilnahme- noch Stimmrecht in der Hauptversammlung (§ 109 Abs. 3 KAGB), ihnen können aber Mitspracherechte – z.B. in wichtigen Anlagefragen – durch die Satzung eingeräumt werden. Ein Aufleben des Stimmrechts ist ebenso wenig vorgesehen wie eine Volumenbegrenzung für die Anlageaktien. Am Gesellschaftskapital (ein „Grundkapital" gibt es nicht) sind grundsätzlich alle Aktien gleichmäßig beteiligt (§ 109 Abs. 1 Satz 3 KAGB). Die Gesellschaft kann innerhalb durch die Satzung festgelegter Bandbreiten ihre Aktien jederzeit ausgeben und zurücknehmen (§ 116 Abs. 1 KAGB).

6.48

Das KAGB sieht (in § 117) die Möglichkeit von „Umbrella-Konstruktionen" vor, bei denen mehrere Teilgesellschaftsvermögen unter einer Investment-AG geführt werden. Die entsprechenden Anlageaktien sind den haftungs- und vermögensrechtlich getrennten Teilgesellschaftsvermögen zugeordnet und bilden eine Form von Tracking Stocks, eine Struktur, die in diesem spezifischen Umfeld handhabbar sein sollte.

Im Übrigen gelten grundsätzlich die Regeln des AktG, diese sind aber durch Ausschluss des § 23 Abs. 5 AktG (§ 108 Abs. 2 KAGB) weitgehend dispositiv, so dass große Gestaltungsspielräume bestehen[113].

---

110 Im Jahr 2006 hat die Deutsche Wohnen AG dieses Konzept aufgegeben. Die ganz überwiegende Mehrheit der Aktionäre hat auf die Put-Option verzichtet und damit den Weg zur Aufhebung des Beherrschungsvertrags und zu einer auch auf Neugeschäft orientierten Gesellschaft geöffnet.
111 Vgl. zum Ganzen auch *Baums*, Bericht der Regierungskommission Corporate Governance, 2001, Rz. 236.
112 Eingehend auch zur Historie *Wallach*, Der Konzern 2007, 487 ff.; *Eckhold*, ZGR 2007, 654 ff.; zu den gesellschaftsrechtlichen Strukturen *Zetzsche*, AG 2013, 613 ff.
113 Zu den Einzelheiten vgl. etwa *Lorenz* in Weitnauer/Boxberg/Anders, § 108 KAGB Rz. 9 ff.; *Wallach* in Assmann/Wallach/Zetzsche, § 108 KAGB Rz. 21 ff., 36 ff.

IV. Exkurs

6.49 Nicht unerwähnt bleiben sollen einige Gestaltungen **börsennotierter Rechte**, die neben börsennotierten Aktien der betreffenden Gesellschaft anzutreffen sind, etwas andere Rechte verschaffen und daher unter einer gesonderten ISIN, vielfach auch an anderen Börsen, gehandelt werden, aber keine eigenständige Aktiengattung bilden. Sie sollen hier nur kurz in ihrer Struktur und Funktionsweise beschrieben, aber nicht im Detail erläutert werden:

1. American Depositary Receipts (ADRs)

6.50 Die klassische Form, Aktien deutscher Gesellschaften über die amerikanischen Börsen auch dortigen Investoren zugänglich zu machen, ist das ADR (vgl. dazu auch Rz. 5.28 ff. und Rz. 11.35 ff.), das häufig im Verhältnis 1:1, z.T. aber auch in kleineren, dem amerikanischen Markt vertrauteren Stückelungen[114] die Aktien der betreffenden Gesellschaft abbilden. Vergleichbare Strukturen stehen auch in anderen Ländern zur Verfügung, ADRs sind aber die bei weitem verbreitetste Ausprägung solcher Zertifikate zur (mittelbaren) Herstellung der Handelbarkeit.

Es handelt sich bei ihnen nicht um Aktien, sie beinhalten keine Mitgliedschaftsrechte an der Gesellschaft und gewähren auch keine direkten vermögensrechtlichen Ansprüche gegen sie[115]. Sie vermitteln lediglich Ansprüche gegen den „depositary", meist eine Bank, die in genau dem Umfang Aktien der Gesellschaft separiert hält, wie sie ADRs an Anleger ausgibt. Die Bank ist Aktionär der Gesellschaft und vermittelt den Inhabern der ADRs Aktionärsrechte. In welchem Umfang sie dies tut, richtet sich nach den zugrunde liegenden Bedingungen. Z.T. verpflichtet sie sich darin auch zur Stimmrechtsausübung, trifft Regelungen zur Behandlung von Bezugsrechten etc. Mit der Entstehung verschiedener Aktiengattungen hat all das nichts zu tun.

2. Stapled Stock

6.51 Auch hier handelt es sich um eine Gestaltung, die zunächst in den USA diskutiert und genutzt wurde, in Europa **nur vereinzelt anzutreffen** ist und mit Blick auf den deutschen Markt bislang, soweit ersichtlich, erst in einem Fall, nämlich im Rahmen der Kooperation des Baukonzerns Redland mit dem deutschen Bauzulieferer Braas[116] eingesetzt wurde. Es geht dabei im Grundsatz darum, die Aktionärsstellung in einem Unternehmen mit der Teilhabe an den Erträgen eines anderen Unternehmens derart zu verbinden, dass letztere entweder neben die oder an die Stelle der originär mit der Aktionärsstellung verbundenen Erträge treten. Die Motivationen für solche Gestaltungen waren vielfältig. Im Fall von Redland/Braas ging es darum, den deutschen Aktionären von Redland das Körperschaftsteuer-Anrechnungsguthaben von Braas zugänglich zu machen, das für Redland als Muttergesellschaft nicht nutzbar war, indem sie statt der Dividende auf Redland-Aktien eine gleich hohe Leistung über einen Genussschein erhielten, der von Braas ausgegeben und bedient wurde[117].

6.52 In welcher **Form** die beiden Rechte, die hier letztlich zusammengeführt werden, nämlich die Aktionärsstellung bei einer Gesellschaft und die Gewinnbeteiligung bei einer anderen, dauerhaft fest verbunden und einheitlich handelbar gemacht werden können, hängt weitgehend vom anwendbaren nationalen Recht ab. Im deutschen Recht bietet sich wohl nur die Zwischenschaltung eines „stapling

---

114 Bei den ADRs der SAP AG vor dem Aktiensplit Ende 2006 etwa 10:1.
115 Vgl. Rz. 11.36 f.; eingehend zur rechtlichen Einordnung auch *Böckenhoff/Ross*, WM 1993, 1782 ff. und 1825 ff.; *Bungert/Paschos*, DZWir 1995, 221 ff.; *Wieneke*, AG 2001, 504 ff.
116 Dort wurden für den deutschen Markt Redland-Aktien mit Genussrechten kombiniert, die von Braas ausgegeben worden waren. Die Akzeptanz dieser Konstruktion blieb recht gering. Mit der Übernahme von Redland durch Lafarge wurden auch die Stapled Stocks aus dem Markt genommen.
117 Zur Historie und praktischen Nutzung mit zahlreichen weiteren Beispielen *Kessler/Schürner*, WPg 2001, 1041 ff.

agent" an, der – ähnlich dem „depositary" bei ADRs – die beiden zugrunde liegenden Wertpapiere hält und lediglich ein Zertifikat an den Markt bringt, das schuldrechtliche Ansprüche in Bezug auf die kombinierten Rechte gegen den „stapling agent" verschafft. Nur so lässt sich auch die dauerhafte Verbindung der beiden Wertpapiere zuverlässig sicherstellen. Dass auch hier die Aktie als solche unverändert bleibt, also keine neue Aktiengattung entsteht, ist evident.

Auch sog. **„Huckepack-Aktien"** (dazu auch Rz. 53.13 f.), bei denen Aktien und Optionsrechte kombiniert werden, oder – wiederum aus der amerikanischen Rechtspraxis entlehnt – Income Depositary Shares (IDS) bzw. Enhanced Income Securities (EIS), eine Kombination von Aktie und High Yield Bond, dürften für deutsche Gesellschaften nur über ein solches, sie zusammenfassendes Zertifikat handelbar sein. Eine neue Gattung von Aktien entsteht dabei nicht. 6.53

3. Kapitel
Börsennotierung

§ 7
Das Konzept von Börsennotierung und Aktienplatzierungen

I. Vorbemerkung	7.1
II. Kapitalerhöhung und Umplatzierung	7.3
1. Interessenlage	7.4
a) Gesellschaft	7.4
aa) Verschaffung von Eigenmitteln	7.5
bb) Steigerung des Streubesitzes	7.6
cc) Nutzung der Emission zu Marketingzwecken	7.7
b) Aktionäre	7.8
aa) Mittelbeschaffung	7.8
bb) Anlage- und Unternehmensstrategie des Aktionärs	7.10
c) Investoren	7.11
2. Rechtliche Aspekte	7.13
a) Prospekt und Prospekthaftung	7.13
b) Mitwirkung der Gesellschaft bei reinen Umplatzierungen	7.19
aa) Vermögensinteressen	7.20
bb) Vertraulichkeit	7.23
c) Regelungen über Kapitalmaßnahmen	7.25
d) Bezugsrecht und Bezugsrechtsausschluss	7.27
aa) Bezugsrechtsausschluss: Gründe und Anforderungen	7.28
bb) Bezugsrechtsemissionen	7.33
III. Börsen, Marktsegmente und Indizes (Deutschland)	7.41
1. Auswahl der Börsenplätze	7.41
2. Marktsegmente	7.43
a) Marktsegmentierung nach BörsG	7.44
aa) Regulierter Markt	7.45
bb) Freiverkehr	7.48
b) Marktsegmentierung an der Frankfurter Wertpapierbörse	7.49
aa) General Standard	7.50
bb) Prime Standard	7.51
cc) Scale	7.57
dd) Basic Board	7.60a
3. Indizes	7.61
a) Auswahlindizes	7.62
aa) Die Auswahlindizes i.e.S.	7.63
bb) Scale 30 als Auswahlindex i.w.S.	7.67
b) All Share- und Sektor-Indizes	7.72
c) Indizes für eigentümergeführte und für nachhaltige Unternehmen	7.74
d) Sektorindizes	7.76
IV. Öffentliche und private Platzierung	7.77
1. Öffentliche Platzierung	7.78
a) Vorteile	7.79
b) Nachteile	7.80
2. Privatplatzierung	7.84
a) Vorteile	7.85
b) Nachteile	7.88
c) Arten	7.90
aa) Block Trade/Accelerated Bookbuilding	7.91
bb) Festübernahme/Kommission und Mischformen	7.92
V. Zeitplan	7.93
1. Bedeutung	7.93
2. Ausgestaltung	7.94
a) Inhalte	7.94
b) Insbesondere: Berücksichtigung rechtlicher Vorgaben	7.95
aa) Finanzinformationen	7.96
bb) Vereinfachtes Prospektregime	7.100a
cc) Prospektbilligungs- und Börsenzulassungsverfahren	7.101
dd) Durchführung der Kapitalerhöhung	7.105
ee) Blackout Period	7.113

Schrifttum: *Achleitner*, Handbuch Investment Banking, 3. Aufl. 2002; *Ahr/Loitz/Seidel*, Informationsvermittlung durch Quartalsberichterstattung – wachsender Trend zur Quartalsmitteilung, BB 2017, 1451; *Arbeitskreis zum „Deutsche Telekom III-Urteil" des BGH*, Thesen zum Umgang mit dem „Deutsche Telekom III-Urteil" des BGH vom 31.05.2011, NJW 2011 S. 2179 bei künftigen Börsengängen, CFL 2011, 377; *Apfelbacher/ Kuthe/Meyer*, Vorschläge zur vereinfachten Eigenkapitalaufnahme aus privater Hand zur Bewältigung der COVID-19-Krise, AG 2020, 501; *Arnold/Aubel*, Einlagenrückgewähr, Prospekthaftung und Konzernrecht bei öffentlichen Angeboten von Aktien, ZGR 2012, 113; *Baums/Hutter*, Die Information des Kapitalmarkts beim Börsengang (IPO), in FS Ulmer, 2003, S. 779; *Bayer*, Emittentenhaftung versus Kapitalerhaltung, WM 2013, 961; *Becker*, Aktienrechtliches und handelsrechtliches Agio, NZG 2003, 510; *Becker/Fett*, Börsengang im Konzern, WM 2001, 549; *Behrmann/Loy/Zimmermann*, Zur Deregulierung der Quartalsberichterstattung, WPg 2021, 1214; *Bezzenberger/Bezzenberger*, Kapitalaufbringung und verdeckte Sacheinlagen bei der Aktienplatzierung durch Emissionsbanken, in FS Hopt, 2010, S. 392; *Blaurock*, Der Vorvertrag zur Zeichnung von Aktien, in FS Rittner, 1991, S. 33; *Böckem/Rabenhorst*, Praxis der Quartalsberichterstattung der DAX 30-Unternehmen nach neuem Recht, BB 2016, 1580; *Brandner/Bergmann*, Zur Zuteilung von Aktienemissionen an Privatanleger, in FS Peltzer, 2001, S. 17; *Brandi*, Gewährleistungen durch die Aktiengesellschaft bei Anteilserwerb durch Kapitalerhöhung, NZG 2004, 600; *Brandt*, Stimmrechtsmitteilungen nach §§ 21, 25, 25a, 27a WpHG im Aktienemissionsgeschäft, WM 2014, 543; *Brellochs*, Die Neuregelung der kapitalmarktrechtlichen Beteiligungspublizität – Anmerkungen aus Sicht der M&A und Kapitalmarktpraxis, AG 2016, 157; *Buchheim/Schmidt/Ulbrich*, Was ändert sich mit dem Gesetz zur Umsetzung der Transparenzrichtlinie-Änderungsrichtlinie, WPg 2016, 102; *Buchheim/Hossfeld/Schmidt*, Die Quartalsberichterstattung in Deutschland, Frankreich und Großbritannien, WPg 2017, 756; *Busch*, Aktien- und börsenrechtliche Aspekte von Force Majeure-Klauseln in Aktienübernahmeverträgen, WM 2001, 1277; *Busch*, Aktuelle Rechtsfragen des Bezugsrechts und Bezugsrechtsausschlusses beim Greenshoe im Rahmen von Aktienemissionen, AG 2002, 230; *Busch*, Refreshing the Shoe, in FS Hoffmann-Becking, 2013, S. 211; *Busch/Groß*, Vorerwerbsrechte der Aktionäre beim Verkauf von Tochtergesellschaften über die Börse?, AG 2000, 503; *Döpfner*, Der Comfort Letter nach dem Standard des AICPA, WPg 2016, 884; *Escher-Weingart*, Die Zuteilung von Aktien beim „going public" – Gleiches Recht für alle?, AG 2000, 164; *Findeisen*, Kapitalmaßnahmen börsennotierter Unternehmen im Zeichen der Finanzmarktkrise, ZIP 2009, 1647; *Fleischer*, Börseneinführung von Tochtergesellschaften, ZHR 165 (2001), 513; *Fleischer*, Marktschutzvereinbarungen beim Börsengang, WM 2002, 2305; *Fleischer*, Statthaftigkeit und Grenzen der Kursstabilisierung, ZIP 2003, 2045; *Fleischer*, Umplatzierung von Aktien durch öffentliches Angebot (Secondary Public Offering) und verdeckte Einlagenrückgewähr nach § 57 Abs. 1 AktG, ZIP 2007, 1969; *Fleischer/Bedkowski*, Aktien- und kapitalmarktrechtliche Probleme des Pilot Fishing bei Börsengängen und Kapitalerhöhungen, DB 2009, 2195; *Fleischer/Thaten*, Einlagenrückgewähr und Übernahme des Prospekthaftungsrisikos durch die Gesellschaft bei der Platzierung von Altaktien, NZG 2011, 1081; *Fleischer/Schneider/Thaten*, Kapitalmarktrechtlicher Anlegerschutz versus aktienrechtliche Kapitalerhaltung – wie entscheidet der EuGH?, NZG 2012, 801; *Frese*, Kredite und verdeckte Sacheinlage – Zur Sondersituation von Emissionsbanken, AG 2001, 15; *Fuchs*, Der Schutz der Aktionäre beim Börsengang der Tochtergesellschaft, in RWS-Forum 20, Gesellschaftsrecht 2001; *Gebauer*, Börsenprospekthaftung und Kapitalerhaltungsgrundsatz in der Aktiengesellschaft, 1999; *Goette*, Zuteilung der Aktien beim vereinfachten Bezugsrechtsausschluss nach § 186 Abs. 3 Satz 4 AktG, ZGR 2012, 505; *Greene/Silverman/Braverman/Sperber/Grabar/Fleisher*, U.S. Regulation of the International Securities and Derivatives Markets, 12th edition 2017; *Groß*, Verdeckte Sacheinlage, Vorfinanzierung und Emissionskonsortium, AG 1993, 108; *Groß*, Bookbuilding, ZHR 162 (1998), 318; *Groß/Klein*, Kein Untergang von Verlusten nach § 8c KStG beim Börsengang, AG 2007, 896; *Grunewald/Schlitt*, Einführung in das Kapitalmarktrecht, 4. Aufl. 2020; *Habersack*, „Holzmüller" und die schönen Töchter – Zur Frage eines Vorerwerbsrechts der Aktionäre beim Verkauf von Tochtergesellschaften, WM 2001, 545; *Habersack*, Die Umplatzierung von Aktien und das Verbot der Einlagenrückgewähr – Folgerungen aus der „DTAG"-Entscheidung des BGH, insbesondere hinsichtlich des Regresses des Aktionärs, in FS Hommelhoff, 2012, S. 303; *Hahne/Seiler/Rath*, Der Verzicht auf das Bezugsrecht bei Kapitalerhöhungen und seine steuerlichen Konsequenzen, CFL 2013, 171; *Hein*, Rechtliche Fragen des Bookbuildings nach deutschem Recht, WM 1996, 1; *Hergeth/Eberl*, Schuldrechtliche Zuzahlungspflichten bei der Kapitalerhöhung einer Aktiengesellschaft, DStR 2002, 1818; *Hergeth/Eberl*, Wirksamkeitsvoraussetzungen des Zeichnungsvorverträge, NZG 2003, 205; *Hilgard*, Der Freistellungsanspruch beim Unternehmenskauf, AG 2016, 837; *Hoffmann-Becking*, Neue Formen der Aktienemission, in FS Lieberknecht, 1997, S. 25; *Holmes/Castellon*, Block Trades, PLC 05/2006, 19; *Hopt*, Emissionsgeschäft und Emissionskonsortien, in FS Kellermann, 1991, S. 181; *Ihrig*, Geklärtes und Ungeklärtes zum Vereinfachten Bezugsrechtsausschluss nach § 186 Abs. 3 Satz 4 AktG, Liber amicorum Happ, 2006, S. 109; *Iversen*, Die außerbörsliche Übertragung von Aktien unter Beachtung des sachenrechtlichen Bestimmtheitsgrundsatzes, AG 2008, 736; *Kalss*, Die Übernahme der Haftungsfreizeichnung bei einem Secondary Offering nach österreichischem Recht, CFL 2011, 404; *Klenke*, Der Rückzug mehrfach notierter Unternehmen von den deutschen Regionalbörsen, WM 1995, 1089; *Klöhn*, Die neue Prospektfreiheit „kleiner" Wertpapieremissionen unter 8 Mio. €, ZIP 2018, 1713;

Kohler/Obermüller/Wittig (Hrsg.), Kapitalmarkt – Recht und Praxis, Gedächtnisschrift für Ulrich Bosch, 2005; *Kopp*, Finanz- und Ertragslage des Emittenten in Verkaufs- und Börsenzulassungsprospekten – Darstellung und Analyse (MD&A), RIW 2002, 661; *Kort*, Bezugsrechtsfragen und „Holzmüller"-Fragen einer Tochter-Kapitalerhöhung aus Sanierungsgründen, AG 2002, 369; *Kowalewski*, Das Vorerwerbsrecht der Mutteraktionäre beim Börsengang einer Tochtergesellschaft, 2008; *Krämer/Kiefner*, Das „Telekom III"-Urteil des BGH – Risikozuweisungen an der Schnittstelle von Aktien- und Kapitalmarktrecht, CFL 2011, 328; *Krömker*, Der Anspruch des Paketaktionärs auf Informationsbeschaffung zum Zwecke der Due Diligence, NZG 2003, 418; *Kuntz/Stegemann*, Zur Dogmatik des mittelbaren Bezugsrechts, AG 2016, 837; *Kuntz/Stegemann*, Grundfragen des faktischen Bezugsrechtsausschlusses, ZIP 2016, 2341; *Leppert/Stürwald*, Die Safe-Harbour-Regeln der Verordnung (EG) Nr. 2273/2003 und die KuMaKV, ZBB 2004, 302; *Leßmann*, Heilung nichtiger Aktienzeichnungsvorverträge, DB 2006, 1256; *Leuschner*, Öffentliche Umplatzierung, Prospekthaftung und Innenregress, NJW 2011, 3275; *Lüders/Wulff*, Rechte der Aktionäre der Muttergesellschaft beim Börsengang des Tochterunternehmens, BB 2001, 1209; *Lutter*, Das Vor-Erwerbsrecht der Aktionäre beim Verkauf von Tochtergesellschaften über die Börse, AG 2000, 342; *Lutter*, Noch einmal: Zum Vorerwerbsrecht der Aktionäre beim Verkauf von Tochtergesellschaften über die Börse, AG 2001, 349; *Maaß/Troidl*, Haftung des Großaktionärs bei Einlagenrückgewähr – Folgen aus dem Telekom/KfW-Urteil, BB 2011, 2563; *Maerker/Pfüller*, Rechtliche Rahmenbedingungen bei der Zuteilung von Aktien, Die Bank 1999, 670; *Mentz/Fröhling*, Die Formen der rechtsgeschäftlichen Übertragung von Aktien, NZG 2002, 201; *Meyer*, Der „Greenshoe" und das Urteil des Kammergerichts, WM 2002, 1106; *Meyer*, Anlegerschutz und Förderung des Finanzplatzes Deutschland durch die Going Public Grundsätze der Deutsche Börse AG, WM 2002, 1864; *Meyer*, Der IDW-Prüfungsstandard für Comfort Letters, WM 2003, 1745; *Meyer*, Neue Entwicklungen bei der Kursstabilisierung, AG 2004, 289; *Meyer*, Anforderungen an Finanzinformationen in Wertpapierprospekten, Accounting 2006, Heft 2 S. 11; *Meyer/Weber*, Kurzfristige Eigenkapitalaufnahme de lege ferenda – Denkanstöße zur Deregulierung der rechtlichen Anforderungen an Eigenkapitalmaßnahmen börsennotierter Gesellschaften im Lichte der Finanzkrise, CFL 2012, 249; *Meyer*, Erleichterungen im Recht der Stimmrechtsmitteilungen bei Aktienemissionen, BB 2016, 771; *Meyer*, Finanzanalysen in WpHG, MAR und MiFID II in: Klöhn/Mock, FS 25 Jahre WpHG, 2020, S. 939; *Meyer*, Beteiligung von Analysten und Erstellung von Research-Berichten im Rahmen von Börsengängen im Spannungsfeld von Regulierung und Markterwartungen, ZBB 2020, 141; *Mirow*, Die Übertragung von Aktien im Aktienkaufvertrag – Formulierungshilfen für die Praxis, NZG 2008, 52; *Mülbert/Wilhelm*, Haftungsübernahme als Einlagenrückgewähr – Überlegungen zu § 57 AktG im Nachgang zu Telekom III, in FS Hommelhoff, 2012, S. 747; *Noudoushani*, Verbotene Einlagenrückgewähr und bilanzielle Betrachtungsweise, ZIP 2012, 97; *Parmentier*, Ad-hoc-Publizität bei Börsengang und Aktienplatzierung, NZG 2007, 407; *Parmentier*, Verdeckte Sacheinlage seitens der Emissionsbank, ZInsO 2008, 9; *Pellens/Knappstein/Muschallik/Schmidt*, Quartalsfinanzbericht oder Quartalsmitteilung, DB 2017, 1; *Poelzig*, Erleichterungen der Prospektpflicht zur Anpassung an die EU-Prospektverordnung, BKR 2018, 357; *Pfüller/Flatten*: Aktienübernahmeverträge und Platzierungsrisiko, FB 2001, 388; *Polkinghorne/Rosenberg*, Expecting the Unexpected: the Force Majeure, Business Law International 2015, 49; *Priester*, Kapitalaufbringung bei mittelbarem Bezugsrecht, in FS Brandner, 1996, S. 97; *Priester*, Kapitalaufbringungspflicht und Gestaltungsspielräume beim Agio, in FS Lutter, 2000, S. 617; *Qureshi*: Rights issues: why US shareholders are not always welcome, IFLR 03/2003, 37; *Roth*, Das Gesetz zur Umsetzung der Transparenzrichtlinie-Änderungsrichtlinie, GWR 2015, 485; *Rubner/Pospiech*, „Scale" – das neue Marktsegment der Deutsche Börse AG für KMU, NJW-Spezial 2017, 143; *Schäfer*, Vereinbarungen bei Aktienemissionen, ZGR 2008, 455; *Schäfer*, Prospekthaftung bei öffentlicher Umplatzierung von Aktien – zur richtigen Verteilung der Risiken, ZIP 2010, 1877; *Schäfer*, Einlagenrückgewähr und Risikoübernahme im faktischen AG-Konzern – was folgt aus der Telekom-Entscheidung des BGH, in FS Hoffmann-Becking, 2013, S. 998; *Schlitt*, Die öffentliche Umplatzierung von Aktien, CFL 2010, 304; *Schlitt/Schäfer/Basnage*, Aktuelle rechtliche Entwicklungen und Gestaltungen in der Praxis bei Equity- und Equity-linked Transaktionen, CFL 2013, 49; *Schlitt/Schäfer*, Quick to market – Aktuelle Rechtsfragen im Zusammenhang mit Block-Trade-Transaktionen, AG 2004, 346; *Schlitt/Schäfer*, Alte und neue Fragen im Zusammenhang mit 10 %-Kapitalerhöhungen, AG 2005, 67; *Schlitt/Schäfer*, Drei Jahre Praxis unter dem Wertpapierprospektgesetz – eine Zwischenbilanz, AG 2008, 525; *Schlitt/Schäfer*, Aktuelle Entwicklungen bei Bezugsrechtskapitalerhöhungen, CFL 2011, 410; *Schlitt/Seiler*, Aktuelle Rechtsfragen bei Bezugsrechtsemissionen, WM 2003, 2175; *Schlitt/Seiler/Singhof*, Rechtsfragen und Gestaltungsmöglichkeiten bei Wandelschuldverschreibungen, AG 2003, 254; *Schniepp/Holfeld*, Compliancegarantien in Unternehmenskaufverträgen, DB 2016, 1738; *Schnorbus*, Die Rechtsstellung der Emissionsbank bei der Aktienemission, AG 2004, 113; *Schnorbus*, Die prospektfreie Platzierung von Wertpapieren nach dem WpPG, AG 2008, 389; *Schnorbus/Plassmann*, Bilanzierung eines schuldrechtlichen Agios als andere Zuzahlung gem. § 272 Abs. 2 Nr. 4 HGB, ZIP 2016, 693; *Schorling/Vogel*, Schuldrechtliche Finanzierungsvereinbarungen neben Kapitalerhöhungsbeschluss und Zeichnung, AG 2003, 86; *Seibt/Voigt*, Kapitalerhöhungen zu Sanierungszwecken, AG 2009, 133; *Seibt*, Sanierungskapitalerhöhungen: Dogmatische Überlegungen und Praxisgestaltungen, Der Konzern 2009, 261; *Seibt*, Barkapitalemissionen mit erleichtertem Bezugsrechtsausschluss deutscher Emittenten nach § 186 Abs. 3, CFL 2011, 74; *Sieder/Baumgartner*, Direct Listing – Alternative zum klassischen Börsengang?, ZBB 2020, 372; *Simons/Kallweit*, Quartalsberichte – Quartalsprüfung-Prüferbestellung: Praxishinweise zu den Änderungen durch das TransparenzRLÄndRL-UG, BB 2016, 332; *Singhof*, Die Außenhaftung von Emissionskonsortien für Aktieneinlagen, 1998; *Singhof/Schlitt*, How Lufthansa boosted its rights offer pricing, IFLR 8/2004, 15; *Singhof/Schlitt*, How Lufthansa boosted its rights offer pricing, IFLR 8/2004, 15; *Singhof*, „Market Sounding" nach der Marktmissbrauchsverordnung, ZBB 2017, 193; *Söhner*, Die Umsetzung der Transparenzrichtlinie III, ZIP 2015, 2451; *Stoffels*, Grenzen der Informationsweitergabe durch den Vorstand einer Aktiengesellschaft im Rahmen einer „Due Diligence", ZHR 165 (2001), 362; *Stoll*, Vereinbarung und Missachtung von lock up agreements aus kapitalmarktrechtlicher Sicht, Der Konzern 2007, 561; *Tautges*, Stimmrechtsmitteilungen (§§ 21 ff. WpHG) im Aktienemissionsgeschäft nach dem Gesetz zur Umsetzung der Transparenzrichtlinie-Änderungsrichtlinie, WM 2017, 512; *Technau*, Gestaltung von Übernahmeverträgen („Underwriting Agreements") bei Aktienemissionen, AG 1998, 445; *Tieben*, At the market-Programme deutscher Aktiengesellschaften am US-amerikanischen Kapitalmarkt, AG 2021, 430; *Timm/Schöne*, Zwingende gesamtschuldnerische Haftung der Mitglieder eines Übernahmekonsortiums?, ZGR 1994, 113; *Trapp/Schick*, Die Rechtsstellung des Aktionärs der Obergesellschaft beim Börsengang von Tochtergesellschaften, AG 2001, 381; *Vaupel/Reers*, Kapitalerhöhungen bei börsennotierten Aktiengesellschaften in der Krise AG 2010, 93 ff.; *Wackerbarth*, Aktionärsrechte beim Börsengang einer Tochter – obey the law, if not the spirit, AG 2002, 14; *Wackerbarth*, Prospektveranlassung durch Altaktionäre und Einlagenrückgewähr, WM 2011, 193; *Weidlich/Dietz*, Nach der Neuregulierung des Open Market der Deutschen Börse: Notierungsmöglichkeiten für Unternehmen, GWR 2013, 39; *Weitnauer*, Das neue Börsensegment „Scale" der Deutsche Börse AG: Neue Finanzierungs- und Exit-Möglichkeiten für KMUs, GWR 2017, 235; *Weitzell*, Refreshing the shoe – Strafbare Marktmanipulation?, NZG 2017, 411; *Westermann*, Das Emissionskonsortium als Beispiel der gesellschaftsrechtlichen Typendehnung, AG 1967, 285; *Westermann/Paefgen*, Kritische Überlegungen zum Telekom III-Urteil des BGH und seinen Folgen, in FS Hoffmann-Becking, 2013, S. 1363; *Willamowski*, Bookbuilding, 2000; *Willamowski*, Die strategische Allokation von Aktien bei Emissionen, WM 2001, 653; *Wink*, Übernahme des Prospekthaftungsrisikos durch die Gesellschaft bei der Umplatzierung von Aktien und Verbot der Einlagenrückgewähr nach § 57 AktG, AG 2011, 569; *Zetzsche*, Die Marktsondierung nach Art. 11 MAR, AG 2016, 610; *Ziemons*, Die Übernahme von Transaktionskosten und Prospektrisiken durch die Aktiengesellschaft nach der BGH-Entscheidung „Dritter Börsengang" der Telekom, GWR 2011, 404.

I. Vorbemerkung

7.1 Die Themen **Börsennotierung** und **Emission** von Wertpapieren sind eng miteinander verbunden. Für viele Investoren sind Notierung und Handel von Wertpapieren an einer Börse Voraussetzung für deren Erwerb. So können sie bei Bedarf die betreffenden Papiere kurzfristig über die Börse veräußern[1]. In Bezug auf die Aktien einer Gesellschaft ist die Börsennotierung daher die – rechtliche und tatsächliche – Voraussetzung, sich durch deren Platzierung Eigenmittel über den Kapitalmarkt zu beschaffen[2]. Bei der Erstnotierung der Aktien einer Gesellschaft – sog. **Börsengang** – wird jedoch regelmäßig nicht nur die Börsenzulassung angestrebt. Diese ist typischerweise verbunden mit einem (öffentlichen) Angebot von Aktien und deren nachfolgenden Verkauf an Investoren, der sog. **Platzierung**. Deshalb bezeichnet man im Englischen den Börsengang auch als **Initial Public Offering** (kurz „IPO") – auf Deutsch: erstmaliges öffentliches Angebot. Die Gesellschaft nutzt dabei nicht nur die ihr mit der Börsenzulassung eröffnete Möglichkeit der Eigenkapitalbeschaffung über den Kapitalmarkt. Eine breite Platzierung im Zusammenhang mit der Aufnahme der Börsennotierung ermöglicht vielmehr

---

1 *Schanz*, Börseneinführung, § 2 Rz. 6; *Lenenbach*, Kapitalmarktrecht, § 10 Rz. 10.2.
2 *Scheffler* in Lutter/Scheffler/Uwe H. Schneider, Handbuch der Konzernfinanzierung, 1998, Rz. 8.36; *Singhof/Weber* in Habersack/Mülbert/Schlitt, Unternehmensfinanzierung am Kapitalmarkt, Rz. 3.1.; *Kuntz* in Ekkenga, Handbuch der AG-Finanzierung, 2. Aufl. 2019, Kapitel 8 Rz. 5.

erst, diese tatsächlich nutzen zu können. Die für den Investor entscheidende Möglichkeit der Veräußerung und des Erwerbs von Aktien an der Börse setzt nämlich nicht nur die Börsennotierung als solche (also das rechtliche „Dürfen") voraus. Aktien lassen sich erst dann kurzfristig veräußern oder erwerben, wenn sie in ausreichender Zahl gehandelt werden. Nur dann lässt sich im Markt auch eine Gegenpartei finden, die zu verkaufende Aktien abnimmt bzw. zu erwerbende veräußert. Mit anderen Worten: neben dem rechtlichen „Dürfen" muss auch das faktische „Können" des Kaufs oder Verkaufs über die Börse gegeben sein. Man spricht dabei auch von der erforderlichen „Liquidität" der Aktie[3]. Diese wird durch ein Mindestmaß an Streubesitz (*free float*) erreicht[4]. Je mehr Aktionäre es gibt, und je mehr davon nicht nur langfristig orientierte Investoren sind, desto mehr wird in der betreffenden Aktie gehandelt. Daher werden Aktien im Zusammenhang mit der Aufnahme ihrer Notierung an der Börse traditionell möglichst „breit", d.h. nicht nur bei vielen, sondern auch bei verschiedenartigen Investoren platziert.

Die Platzierung erfolgt dabei nicht „an der Börse" oder „über die Börse", wie es z.B. der Begriff Börsengang suggeriert, sondern durch den außerbörslichen Verkauf der betreffenden Aktien. Dies ergibt sich schon daraus, dass die betreffenden Aktien vor Durchführung des „Börsengangs" noch gar nicht an der Börse gehandelt werden. Die Aufnahme des Börsenhandels setzt vielmehr – wie ausgeführt – ein gewisses Maß an Streubesitz voraus, das durch eine vorangehende Platzierung erst hergestellt wird. Doch auch bei börsennotierten Gesellschaften wird die Platzierung eines größeren Volumens von Aktien außerbörslich vorgenommen. Der Börsenhandel wäre nicht in der Lage, mit einem Mal ein zusätzliches größeres Volumen an Aktien aufzunehmen. Zudem lässt sich nur durch eine außerbörsliche Platzierung die Aktionärsstruktur im Sinne einer Mischung zwischen lang- und kurzfristig orientierten Investoren gezielt steuern (vgl. auch Rz. 8.43). Dies ist auch der Hintergrund für eine in jüngerer Zeit auch **Re-IPO** genannte Transaktionsform. Darunter versteht man eine Platzierung von Aktien einer bereits börsennotierten Gesellschaft, die nur über geringen Streubesitz verfügt und typischerweise von einem Großaktionär dominiert wird[5]. Die Platzierung einer signifikanten Zahl von Aktien bei Investoren erfordert in diesen Fällen regelmäßig eine Vorbereitung und Dokumentation sowie Vermarktungsaktivitäten wie bei einem „echten" Börsengang mit erstmaliger Börsennotierung.

7.2

Eine neue Variante des Börsengangs wird mit dem Begriff **Direct Listing** nur ungenau bezeichnet. Es handelt sich um eine Börsenzulassung, der kein öffentliches Angebot, sondern eine Privatplatzierung an eine größere Zahl institutioneller Investoren vorausgeht. Diese Gestaltung resultiert aus der abnehmenden Bedeutung einer breiten Platzierung an Privatanleger. Ziel dieser Transaktionsform ist weniger die breite Streuung der Aktien des Unternehmens im Publikum als die Herbeiführung eines Sekundärmarktes zur einfachen und kurzfristigen Veräußerung. Nach deutschem Börsenrecht ist aber ein Streubesitz von 25 % der Aktien der zuzulassenden Gattung grundsätzlich Voraussetzung für die Börsenzulassung nach § 9 Abs. 1 Satz 2 1. Halbsatz BörsZulV. Die Börsengeschäftsführung kann im Einzelfall aber eine Ausnahme zulassen, wenn wegen der großen Zahl von Aktien derselben Gattung und ihrer breiten Streuung ein ordnungsgemäßer Börsenhandel auch mit einem prozentual geringeren Streubesitz gewährleistet ist (§ 9 Abs. 1 Satz 2 2. Halbsatz BörsZulV) oder wenn die Geschäftsführung davon überzeugt ist, dass eine ausreichende Streuung kurzfristig nach der Börseneinführung erreicht sein wird (§ 9 Abs. 2 Nr. 1 BörsZulV)[6]. In der Zulassungspraxis der Frankfurter Wertpapierbörse wurde im Einzelfall bei großvolumigen Zulassungen eine Platzierung von 10 % der Gesamtzahl der zuzu-

7.2a

---
3 Vgl. auch *Schanz*, Börseneinführung, § 11 Rz. 36 ff.
4 Dazu *Schanz*, Börseneinführung, § 11 Rz. 38 f. So erklärt sich auch der für die Zulassung grds. erforderliche Mindest-Streubesitz von 25 % nach § 9 Abs. 1 Satz 2 BörsZulV.
5 Beispiele sind etwa die Umplatzierung von Aktien der Grammer AG im Jahre 2005 oder die Umplatzierung von Aktien der RTL Group S.A. im Jahr 2013.
6 Dazu *Siedler/Baumgarten*, ZBB 2020, 372, allerdings mit einer Darstellung der Preisfindung beim IPO, die nicht der Regel in der europäischen Marktpraxis entspricht; *Seiler/Rath*, Börsen-Zeitung v. 21.12.2019, S. 9.

lassenden Aktien an ca. 100 Investoren als ausreichende Streuung angesehen[7]. Beispiele sind die Börsengänge von Evonik Industries AG (2013), Schaeffler AG (2015) und Jost Werke AG (2017), wobei die Platzierungsstruktur bei letzterer Transaktion mit einem Platzierungsvolumen von 57 % des Grundkapitals und der Preisfestsetzung im Bookbuilding-Verfahren eher einem klassischen IPO ähnelte, mit Ausnahme des öffentlichen Angebots an Privatanleger.

II. Kapitalerhöhung und Umplatzierung

7.3 Bei einer bereits **börsennotierten Aktiengesellschaft** kann die „Emission" von Aktien verschiedenen Zielen dienen. Unterschiede ergeben sich insbesondere daraus, ob die Platzierung von der Gesellschaft oder von deren Aktionären (sog. Altaktionäre) initiiert wird. Streng genommen ist nur die von der Gesellschaft betriebene Emission neuer Aktien eine „Emission" im wertpapierrechtlichen Sinne[8]. Jedoch kann auch die sog. Umplatzierung von bestehenden Aktien aus Altaktionärsbesitz für die Gesellschaft selbst von Bedeutung sein. Daher sind nachfolgend auch Umplatzierungen bereits „emittierter" Aktien zu betrachten. Indes können – abhängig von der Transaktionsstruktur – die Interessen der Beteiligten unterschiedlich liegen[9].

1. Interessenlage

a) Gesellschaft

7.4 Geht die Initiative zur Durchführung einer Aktienplatzierung von der Gesellschaft aus, so liegt der Transaktion typischerweise eine **Kapitalerhöhung** zugrunde (dazu Rz. 7.25 ff. sowie im Einzelnen bei §§ 43–45). Die dafür maßgeblichen Motive sind vielgestaltig:

aa) Verschaffung von Eigenmitteln

7.5 Das primäre Interesse einer Aktiengesellschaft an der Durchführung einer Kapitalerhöhung ist die Verschaffung von weiteren Eigenmitteln. Diese ist natürlich kein Selbstzweck. Eine Verbesserung der Eigenkapitalausstattung kann Vorstufe zur Aufnahme weiterer Fremdmittel sein[10]. So werden bisweilen verschiedenen Formen der Fremdfinanzierung, sei es durch Kredite, sei es durch Anleihen (insbesondere – abhängig vom Rating der betreffenden Gesellschaft[11] – sog. *High Yield Bonds*, d.h. Hochzins-Anleihen) von einer Verbesserung der Eigenkapitalausstattung abhängig gemacht, die typischerweise durch eine Kapitalerhöhung herbeigeführt wird[12]. Zudem ist die Eigenkapitalausstattung auch

---

7 *Groß*, Kapitalmarktrecht, § 1-12 BörsZulV Rz. 19.
8 Vgl. *Bosch* in BuB, Rz. 10/65 f.
9 Die Begriffe „Emission" und „Platzierung" werden uneinheitlich verwandt. So bezeichnet § 2 Abs. 8 WpHG (bis 2.1.2018: § 2 Abs. 3) in seiner Nr. 5 mit „Emission" die Übernahme von Finanzinstrumenten durch ein Wertpapierdienstleistungsunternehmen auf eigenes Risiko und in Nr. 6 mit „Platzierung" die Platzierung von Finanzinstrumenten ohne feste Übernahmeverpflichtung.
10 Vgl. *Schanz*, Börseneinführung, § 2 Rz. 4; *Harrer* in Beck'sches Hdb. AG, § 20 Rz. 13; *Ekkenga* in Köln-Komm. AktG, 3. Aufl. 2017, Vor § 182 AktG Rz. 4 f.; *Fey/Kuhn*, ZfgK 2008, 114, 115; *Schlienkamp*, AG 2007, R356.
11 Zu Fragen des Ratings: *Dörscher* in Hopt/Seibt, Schuldverschreibungsrecht, Rz. 8.15 ff.; *Foerster* in Habersack/Mülbert/Schlitt, Hdb. Kapitalmarktinformation, § 24 Rz. 14 ff.; *Rösler/Wimmer*, BKR 2020, 336; *Strauch* in Eilers/Rödding/Schmalenbach, Unternehmensfinanzierung, 2. Aufl. 2014, Abschnitt C Rz. 297.
12 Diese ist sowohl bei Refinanzierungen börsennotierter Unternehmen als auch bei Akquisitionsfinanzierungen zu beobachten.

bei der Bestimmung des sog. (Kredit-)Ratings einer Gesellschaft relevant[13]. Darunter versteht man die Einschätzung der Bonität der Gesellschaft durch eine unabhängige Ratingagentur (z.B. Standard & Poors, Moody's oder Fitch). Dieses **Rating** spielt bei der Kreditvergabe durch Banken eine bedeutende Rolle, sei es unter Gesichtspunkten des Risikomanagements, sei es im Hinblick auf die nach Risikoklassen differenzierende Beurteilung von Kreditrisiken bei den Eigenkapitalanforderungen des Bankaufsichtsrechts[14]. Die Einschätzung der Bonität einer Gesellschaft durch die Ratingagenturen hängt – neben anderen Kriterien – auch vom Verhältnis von Eigen- zu Fremdfinanzierung ab[15]. Unabhängig vom Rating wird eine angemessene Eigenkapitalausstattung als Voraussetzung dafür angesehen, dass dem Unternehmen im notwendigen Umfang Fremdkapital zur Verfügung gestellt werden kann[16]. Daneben verringert die **Rückführung von Bankschulden** durch Eigenmittel die Zinslast des Unternehmens[17] und entlastet damit die Gewinn- und Verlustrechnung. Oft führen auch geplante Akquisitionen oder Investitionen zu einem Kapitalbedarf der Gesellschaft, den diese über eine Kapitalerhöhung zu decken versucht. Gerade konkrete Investitionsvorhaben können dabei sowohl Anlass (da nicht allein durch Fremdmittel zu finanzieren) als auch Gelegenheit (da das Interesse des Kapitalmarktes geweckt werden kann) für eine **Stärkung der Eigenkapitalbasis** durch eine Aktienemission mit Platzierung am Kapitalmarkt sein. Bei Kreditinstituten kommt hinzu, dass die Eigenkapitalausstattung ein begrenzendes Element für das Geschäftsvolumen ist, müssen doch (Kredit-)Risiken aufgrund bankaufsichtsrechtlicher Vorgaben mit Eigenkapital unterlegt werden[18].

bb) Steigerung des Streubesitzes

Bisweilen befinden sich Aktien börsennotierter Aktiengesellschaften nur in geringem Umfang in Streubesitz. Das bedeutet, dass die Aktie nur in geringen Volumina gehandelt wird. Der Vorteil einer Börsennotierung, nämlich die Möglichkeit kurzfristig Aktien zu erwerben und zu veräußern, kann so mangels **Liquidität** der betreffenden Aktie kaum oder gar nicht genutzt werden. Die Veräußerung einer Beteiligung durch Verkauf über die Börse ist dann kaum möglich. Auch können neue Investoren bei geringer Liquidität der Aktie nur schwer gewonnen werden. Gerade für institutionelle Investoren sind deshalb Gesellschaften erst ab einem gewissen Mindest-Streubesitz attraktiv. Ferner hängt die Aufnahme in einen der sog. **Auswahlindizes** (siehe Rz. 7.62 ff.) u.a. maßgeblich von der Marktkapitalisierung

---

13 So ist der Verschuldungsgrad (der sich u.a. in der Eigenkapitalquote der Bilanzsumme ausdrückt) ein maßgebliches Kriterium zur Beurteilung der Kreditwürdigkeit eines Unternehmens, vgl. *Scheffler* in Lutter/Scheffler/Uwe H. Schneider, Handbuch der Konzernfinanzierung, 1998, Rz. 8.29 f.; *Füser/Heidusch*, Rating, 2002, S. 210; eine Übersicht zur Systematik von Credit Ratings findet sich bei *Hutter* in Habersack/Mülbert/Schlitt, Unternehmensfinanzierung am Kapitalmarkt, Rz. 17.45; *Foerster* in Habersack/Mülbert/Schlitt, Hdb. Kapitalmarktinformation, § 24 Rz. 14 ff.
14 *Wittig*, ZHR 169 (2005), 212 ff.; *Bartsch* in Eilers/Rödding/Schmalenbach, Unternehmensfinanzierung, 2. Aufl. 2014, Abschnitt G Rz. 271 ff.; *Sudmeyer* in Schüppen/Schaub, Münchener Anwaltshandbuch Aktienrecht, 2. Aufl. 2010, § 10 Rz. 33; Art. 92 Abs. 1, 135 Abs. 1 Verordnung (EU) Nr. 575/2013 v. 26.6.2013 über Aufsichtsanforderungen an Kreditinstitute und Wertpapierfirmen, ABl. EU Nr. L 176 v. 27.6.2013, S. 1; BaFin, Beitrag zu Eigenmittelanforderungen für Kreditrisiken v. 22.3.2016, im Internet abrufbar unter https://www.bafin.de/DE/Aufsicht/BankenFinanzdienstleister/Eigenmittelanforderungen/Kreditrisiken/kreditrisiken_node.html; *Kolassa* in Schimansky/Bunte/Lwowski, Bankrechts-Handbuch, § 137 Rz. 32 ff.
15 Vgl. S&P Global, General Criteria: Principles Of Credit Ratings v. 16.2.2011, zuletzt überarbeitet am 14.12.2020, im Internet verfügbar unter https://disclosure.spglobal.com/ratings/en/regulatory/article/-/view/type/HTML/id/2570533; dort ist unter Tz. 23 der „leverage", also das Verhältnis von Fremd- zu Eigenkapital als einer der für das Rating von Unternehmen wesentlichen Finanzkennzahlen genannt.
16 *Baums*, Recht der Unternehmensfinanzierung, 2017, § 3 Rz. 30; zum Zusammenspiel von Fremd- und Eigenkapitalfinanzierung auch *Parmentier* in Ekkenga, Handbuch der AG-Finanzierung, Kapitel 1 Rz. 230 ff.
17 *Wiedemann* in Großkomm. AktG, 4. Aufl. 2006, Vor § 182 AktG Rz. 52.
18 *Freis-Janik* in Kümpel/Mülbert/Früh/Seyfried, Bankrecht und Kapitalmarktrecht, 6. Aufl. 2022, Rz. 2.202, 2.236.

und dem vorhandenen Streubesitz ab[19]. Durch die Aufnahme in einen Index wird die Aktie der Gesellschaft wiederum für bestimmte institutionelle Investoren erst interessant. Mit dieser ist allgemein ein größeres öffentliches Interesse für die betreffende Aktie verbunden. Hinzu kommen Investmentfonds, deren Anlagestrategie passiv der Zusammensetzung eines Index folgt und die daher nur die in den Index aufgenommenen Werte erwerben[20]. Somit kann auch die Steigerung der eigenen Attraktivität für Investoren durch Erhöhung des Streubesitzes ein Motiv der Gesellschaft sein, sich an einer Umplatzierung bereits bestehender Aktien aus Altaktionärsbestand zu beteiligen, auch wenn ihr selbst kein Erlös daraus zufließt. Denn eine Umplatzierung kann u.U. die **Unabhängigkeit** der Gesellschaft durch ihre Lösung von einem möglicherweise dominierenden **Großaktionär** steigern, der Gesellschaft so neue unternehmerische Perspektiven eröffnen und zudem ihre Attraktivität für Investoren steigern[21]. Denkbar ist auch, dass die Gesellschaft ein eigenes Interesse an einer Umplatzierung durch den Altaktionär hat, da sie sich dadurch aus einer von diesem ausgehenden Blockade befreien kann, die z.B. die Ermächtigung zu – unternehmerisch möglicherweise erforderlichen – Kapitalmaßnahmen verhindert[22]. Eine durch die Umplatzierung stärker diversifizierte Aktionärsstruktur, z.B. durch einen dadurch erreichten höheren Anteil an ausländischen (institutionellen) Investoren kann ebenfalls attraktivitätssteigernd wirken, auch im Hinblick auf die Generierung von Nachfrage bei künftigen Kapitalmaßnahmen.

cc) Nutzung der Emission zu Marketingzwecken

7.7 Eine öffentliche Platzierung von Aktien (unabhängig davon, ob diese aus einer Kapitalerhöhung oder einer Umplatzierung stammen) kann dazu beitragen, den **Bekanntheitsgrad** der Gesellschaft zu steigern und ihre Investor Relations-Arbeit unterstützen. So kann auch ein höheres Interesse an Aktien der Gesellschaft im Sekundärmarkt erzielt werden. Investoren werden durch die Platzierung auf die Gesellschaft aufmerksam und erwerben Aktien der Gesellschaft ggf. nach Beobachtung des Kurses zu einem späteren Zeitpunkt. Die Durchführung einer Platzierung mit Prospektveröffentlichung kann sich auch auf das Interesse von Investoren an anderen Wertpapieren der Gesellschaft wie z.B. Anleihen positiv auswirken.

b) Aktionäre

aa) Mittelbeschaffung

7.8 Für Aktionäre, die sich im Wege der Platzierung von einem Aktienbestand trennen möchten, steht die Mittelbeschaffung als Motivation im Vordergrund. Dies spielt insbesondere eine Rolle für sog. *Venture Capital* oder *Private Equity Investoren*. Dies sind Gesellschafter, die sich vorübergehend an einem Unternehmen beteiligen, um an dessen Wertsteigerung zu partizipieren. Da es sich dabei aber um eine Finanzbeteiligung handelt, die meist kein **längerfristiges strategisches Interesse** an der erworbenen Beteiligung haben, ist der zumindest mittelfristige Wiederausstieg (*exit*) durch Platzierung der erworbenen Beteiligung am Kapitalmarkt Wesensmerkmal von Engagements solcher Investoren[23]. Beispiele für Transaktionen, die maßgeblich durch einen Private Equity Exit bestimmt waren sind die Börsengänge Norma Group AG (2011), LEG Immobilien AG (2013), Evonik Industries AG (2013), Kion Group AG (2013) und Deutsche Annington Immobilen SE (2013) oder Hensoldt AG (2020).

7.9 Einstweilen frei.

---

19 Guide to the DAX Equity Indices der STOXX Ltd., Version 11.2.1 v. 15.9.2021, Ziff. 3.1., 4.1.1.1, Ziff. 4.1.1.2.
20 *Holleschek/Venter* in Weitnauer/Boxberger/Anders, KAGB, 2. Aufl. 2021, § 209 KAGB Rz. 3.
21 Vgl. auch die Aufzählung bei *Hlawati/Doralt* in Brandl/Kalss/Lucius/Oppitz/Saria, Handbuch Kapitalmarktrecht, Bd. 2, S. 301 ff.
22 *Krämer/Baudisch*, WM 1998, 1161, 1166; *Sigle/Zinger*, NZG 2003, 301, 303; *Fleischer*, ZIP 2007, 1969, 1975.
23 *Kaiser/Lauterbach*, ZfGK 2008, 118; zu Venture Capital-Beteiligungen *Göckeler* in Beck'sches Hdb. AG, § 21 Rz. 106 ff.; *Achleitner*, Handbuch Investment Banking, S. 564, insbesondere S. 717, 746 ff.

bb) Anlage- und Unternehmensstrategie des Aktionärs

Die Verkaufsbestrebungen eines (Groß-)Aktionärs können auch mit dessen Anlage- und Unternehmensstrategie zusammenhängen (siehe die Ausführungen zu *Private Equity Investoren* bei Rz. 7.8). Seit der Jahrtausendwende ist zu beobachten, dass sich ehemals diversifizierte Mischkonzerne auf ihr Kerngeschäft konzentrieren, eine Entwicklung, die bis heute anhält. Als Beispiel können die Einbringung der Luftfahrtaktivitäten der früheren Daimler-Benz AG in die sodann an die Börse gebrachte EADS N. V. sowie aus jüngerer Vergangenheit die Börsengänge der Covestro AG (Chemie- und Kunststoffsparte der Bayer AG, Börsengang 2015), der Innogy SE (Sparte erneuerbare Energien der RWE AG, Börsengang 2016), der DWS Group GmbH & Co. KGaA (Investmentfondsgeschäft der Deutsche Bank AG, Börsengang 2018), Siemens Healthineers AG (Medizintechniksparte der Siemens AG, Börsengang 2018) und der Traton SE (Nutzfahrzeugsparte des Volkswagen-Konzerns, Börsengang 2019) genannt werden. Eine breite Platzierung von Aktien am Kapitalmarkt mit Aufnahme der Börsennotierung steht aber im Konkurrenzverhältnis zu anderen „Exit"-Strategien. Diese können in der privaten Veräußerung an einen strategischen Erwerber (wie etwa in den Fällen Siemens/VDO und Thyssen Krupp/Stainless) oder auch der Abspaltung (in den Fällen Siemens/Osram 2012, E.ON/Uniper 2016 oder Siemens/Siemens Energy AG 2020)[24]. Die Wahl der jeweiligen Exit-Strategie hängt im Einzelfall von einer Vielzahl unterschiedlicher Faktoren ab, so etwa dem aktuell vorherrschenden Markumfeld, den Refinanzierungsmöglichkeiten für potentielle Erwerbsinteressenten und der strategischen Attraktivität des Zielobjekts. Daher werden oft mehrere Ausstiegsszenarien parallel vorbereitet, um dem abgabewilligen Großaktionär verschiedene Handlungsoptionen offen zu lassen (sog. **Dual oder Triple Track**-Verfahren)[25]. Zudem mündet die Veräußerung von Nicht-Kernaktivitäten durch Konzerne an *Private Equity Investoren* häufig nach einigen Jahren ebenfalls in einen Börsengang mit Aktienplatzierung. Beispiele sind die Wincor Nixdorf AG, zuvor zu Siemens gehörend (2004), oder die als KION Group AG firmierende frühere Gabelstaplersparte der Linde AG (2013). Mitunter lässt sich im Nachgang zu einem Börsengang ein erneuter Erwerb durch einen einzelnen Investor, oft mit der Folge der Aufgabe der Börsennotierung beobachten, wie etwa in den Fällen der Elster SE (Börsengang 2010, Übernahme durch Melrose PLC mit anschließendem Delisting 2012), oder der Tognum AG, die vormals Teil des früheren Daimler-Benz-Konzerns war (Börsengang 2007, Übernahme durch ein Gemeinschaftsunternehmen der Daimler AG und der Rolls-Royce Group plc. 2011). Auch die öffentliche Hand hat, vor allem zum Zweck der Haushaltskonsolidierung, von Aktienplatzierungen wiederholt Gebrauch gemacht, nachdem sie durch die Privatisierung von vormaligen Staatsunternehmen (z.B. Deutsche Telekom AG, Deutsche Post AG) die Möglichkeit zur sukzessiven Veräußerung von solchen Unternehmensbeteiligungen geschaffen hat. Im weiteren Sinne in den Zusammenhang der Privatisierung über den Kapitalmarkt gehören auch die Veräußerungen von Wohnungsbauunternehmen aus den Beständen der öffentlichen Hand, von Gewerkschaften oder auch Industrieunternehmen, die – häufig über den „Umweg" der Veräußerung an Finanzinvestoren – in den letzten Jahren vermehrt an die Börse geführt wurden. Beispiele sind die Deutsche Wohnen AG (Börsengang 1999), Gagfah S.A. (Börsengang 2006), GSW Immobilien AG (Börsengang 2011) und die LEG Immobilien AG (Börsengang 2013).

c) Investoren

Schließlich ist – wie bereits angedeutet – die Beurteilung der gewählten Emissionsstruktur durch den Kapitalmarkt maßgeblich für den Erfolg der geplanten Platzierung. Das Interesse der Investoren an einem Erwerb von Aktien und damit deren Platzierbarkeit hängt maßgeblich von der Einschätzung der zukünftigen Kursentwicklung ab. Diese wird – abgesehen von allgemeinen konjunkturellen und markttechnischen Faktoren – nicht zuletzt vom Geschäftsmodell der Gesellschaft und den sich daraus

---

24 Dazu *Göhring/Borsche/Thurner* in Habersack/Mülbert/Schlitt, Unternehmensfinanzierung am Kapitalmarkt, Rz. 4.45.
25 Zum Dual Track Verfahren *Maassen/Wilczek* in Habersack/Mülbert/Schlitt, Unternehmensfinanzierung am Kapitalmarkt, Rz. 4.1 ff.

ergebenden unternehmerischen Perspektiven geprägt. Man spricht insoweit von der **Equity Story**[26]. Bei einer Platzierung neuer Aktien aus einer Kapitalerhöhung wird es entscheidend darauf ankommen, wie die mit der Platzierung erzielten Mittel von der Gesellschaft verwendet werden sollen. Die Verwendung der Mittel für bestimmte Entwicklungsvorhaben, die Modernisierung vorhandener und den Ausbau neuer Produktionskapazitäten oder den Erwerb von (strategischen) Beteiligungen kann das Interesse von Investoren und deren Erwartung an eine positive Kursentwicklung fördern.

7.12 Bei einer reinen Umplatzierung mag vordergründig bisweilen der Eindruck entstehen, abgebende Altaktionäre seien primär daran interessiert, „Kasse zu machen". Dies könnte als Zeichen verstanden werden, dass jedenfalls aus deren Sicht kaum weiteres Kurssteigerungspotenzial zu erwarten ist. Angesichts der vielfältigen Gründe für eine Abgabe von Aktien aus Altaktionärsbeständen ist eine solch pauschale Bewertung freilich nicht angebracht. So sind Gründe für die Abgabe von Aktienpaketen mitunter in der geänderten Unternehmensstrategie des abgebenden Aktionärs zu suchen. Bei vielen Finanzinvestoren ist zudem in der Regel geplant, Unternehmensbeteiligungen nur vorübergehend zu halten[27]. Zudem kann eine reine Umplatzierung von Aktien aus Altaktionärsbeständen der Gesellschaft auch neue Perspektiven eröffnen. Die daraus resultierende **Erweiterung des Aktionärsspektrums** und die Steigerung der **Liquidität** der Aktie können sich positiv auf deren Kurs auswirken. Gleiches gilt auch für die aus einer Umplatzierung möglicherweise resultierende **Lösung** der Gesellschaft von einem dominanten **Großaktionär** (siehe Rz. 7.8).

2. Rechtliche Aspekte

a) Prospekt und Prospekthaftung

7.13 Bei einer breiten öffentlichen Platzierung von Aktien[28] (d.h. nicht nur bei institutionellen, sondern auch bei Privatanlegern) wird es schon zur **Vermarktung** sinnvoll sein, ein Angebotsdokument zu erstellen. Dieses ist auch aus rechtlichen Gründen regelmäßig erforderlich. Von einer börsennotierten Aktiengesellschaft bei einer Kapitalerhöhung neu ausgegebene Aktien sind nicht automatisch zum Börsenhandel zugelassen. Die Zulassung **neuer Aktien zum Börsenhandel** im regulierten Markt setzt gemäß Art. 3 Abs. 1 EU-Prospektverordnung 2017/1129 [„ProspektV"][29] grds. die Erstellung und nachfolgende Veröffentlichung eines **Wertpapierprospekts** nach dem WpPG voraus.

7.14 Werden Aktien öffentlich angeboten (zu den verschiedenen Angebotsformen, siehe Rz. 7.77 ff.), ist zuvor grds. ebenfalls ein **Wertpapierprospekt** zu veröffentlichen, Art. 3 Abs. 1 ProspektV. Dies gilt sowohl bei dem Angebot neuer, noch nicht börsenzugelassener Aktien, als auch bei der Umplatzierung bestehender Aktien aus Altaktionärsbestand, und zwar unabhängig davon, ob diese bereits börsenzugelassen sind oder nicht. Unter einem die Prospektpflicht auslösenden **öffentlichen Angebot** von Wertpapieren ist nach Art. 2 lit. d) ProspektV eine Mitteilung an das Publikum in jedweder Form und auf jedwede Art und Weise zu verstehen, die ausreichende Informationen über die Angebotsbedingungen und die anzubietenden Wertpapiere enthält, um einen Anleger in die Lage zu versetzen, sich für den Kauf oder die Zeichnung dieser Wertpapiere zu entscheiden; dies gilt auch für die Platzierung von Wertpapieren durch Finanzintermediäre. Ein solches „Angebot" erfordert also keinen Antrag i.S.v.

---

26 Dazu *Kirchhoff* in Deutsche Börse AG (Hrsg.), Praxishandbuch Börsengang, 2006, S. 271 ff.; *Singhof/Weber* in Habersack/Mülbert/Schlitt, Unternehmensfinanzierung am Kapitalmarkt, Rz. 3.40.
27 *Weitnauer* in Weitnauer, Handbuch Venture Capital, 6. Aufl. 2018, Teil I Rz. 1; *Gummert* in Münch. Hdb. GesR, Bd. 5, 5. Aufl. 2021, Rz. 43; *Bergjan/Schwarz van Berk* in Holzapfel/Pöllath/Bergjan/Engelhardt, Unternehmenskauf in Recht und Praxis, 16. Aufl. 2021, Abschnitt B XIX.1 Rz. 1775f.
28 Zur Privatplatzierung im Vergleich zur öffentlichen Platzierung siehe Rz. 7.77 ff. unter „IV.".
29 Verordnung (EU) 2017/1129 des Europäischen Parlaments und des Rates v. 14.6.2017 über den Prospekt, der beim öffentlichen Angebot von Wertpapieren oder bei deren Zulassung zum Handel an einem geregelten Markt zu veröffentlichen ist und zur Aufhebung der Richtlinie 2003/71/EG, ABl. EU Nr. L 168 v. 30.6.2017, S. 12.

§ 145 BGB[30]; vielmehr reicht bereits eine Aufforderung zur Abgabe von Angeboten (*invitatio ad offerendum*) aus[31]. Die BaFin legt jedoch den Begriff des öffentlichen Angebotes insofern restriktiv aus, als dafür eine **konkrete Zeichnungs- bzw. Erwerbsmöglichkeit** für den Anleger bestehen muss[32]. Daneben sprechen für das Vorliegen eines öffentlichen Angebotes konkrete Werbemaßnahmen, die zielgerichtete Ansprache von Investoren und deren Informationsbedürfnis[33]. Kein öffentliches Angebot liegt dagegen vor, wenn Wertpapiere nur einem **qualitativ bestimmten Personenkreis** angeboten werden, d.h. die Adressaten des Angebotes dem Anbieter im Einzelnen bekannt sind, sie gezielt ausgewählt und individuell angesprochen werden sowie deren Aufklärung durch einen Prospekt nicht erforderlich ist[34]. Entgegen ihrer früheren Verwaltungspraxis geht die BaFin aber auch bei einem nur an die Aktionäre einer börsennotierten Gesellschaft gerichteten Bezugsangebot davon aus, dass es sich dabei um ein prospektpflichtiges öffentliches Angebot handelt, unabhängig davon, ob ein börslicher Bezugsrechtshandel eingerichtet wird oder nicht[35], es sei denn es greifen die (eng gefassten) Ausnahmen von der Prospektpflicht nach Art. 1 Abs. 2–6b und Art. 3 Abs. 2 ProspektV ein[36]. Dabei hat Deutschland in § 3 Nr. 2 WpPG von dem in Art. 1 Abs. 3 und Art. 3 Abs. 2 ProspektV eingeräumten Wahlrecht Gebrauch gemacht, auch Angebote im Volumen von bis zu acht Mio. Euro innerhalb eines Zwölfmonatszeitraums von der Prospektpflicht auszunehmen. Beträgt das Emissionsvolumen zwischen 100.000 und acht Mio. Euro, ist der Anbieter aber verpflichtet, ein sog. Wertpapier-Informationsblatt nach §§ 4 ff. WpPG zu veröffentlichen[37].

Im Zusammenhang mit Aktienemissionen bedeutsam sind vor allem die folgenden Ausnahmen von der Prospektpflicht. So sind nach Art. 1 Abs. 4 lit. a) ProspektV Angebote, die ausschließlich an sog. **qualifizierte Anleger** i.S.v. Art. 2 lit. e) ProspektV gerichtet sind, sowie nach Art. 1 Abs. 4 lit. b) ProspektV, Angebote **an weniger als 150 nicht qualifizierte Anleger** pro EU-Mitgliedstaat von der Prospektpflicht befreit. Ferner nimmt Art. 1 Abs. 4 lit. e)–j) ProspektV eine Reihe von Angeboten von der Prospektpflicht aus, bei denen die Information der Anleger durch ein anderes gleichwertiges Dokument sichergestellt ist oder nicht erforderlich erscheint. Beispiele hierfür sind eine Angebotsunterlage nach § 11 WpÜG, wenn Aktien bei einem Erwerbs- oder Übernahmeangebot als Gegenleistung angeboten werden (sog. Tauschangebot)[38], oder ein Verschmelzungsbericht, wenn Aktien anlässlich einer Verschmelzung angeboten oder zugeteilt werden, ferner Kapitalerhöhungen aus Gesellschaftsmitteln. Art. 1 Abs. 6a, 6b ProspektV enthält für Tauschangebote, Verschmelzungs- und Spaltungsvorgänge wei-

7.15

---

30 Zur Terminologie siehe nur *Ellenberger* in Palandt, § 145 BGB Rz. 1 f.; *Armbrüster* in Erman, § 145 BGB Rz. 1, 4.
31 *Groß*, Kapitalmarktrecht, § 2 WpPG Rz. 11.
32 So zum Recht vor Anwendung der ProspektV *Glomb-Schmidt/Gockel*, 4. Workshop „Praxiserfahrungen mit dem Wertpapierprospektgesetz (WpPG)", Präsentation „Ausgewählte Rechtsfragen in der Aufsichtspraxis" v. 4.9.2007, S. 4; so auch Begr. RegE WpPG, BT-Drucks. 15/4999, S. 25, 28; von der Fortgeltung dieser Praxis auch unter der ProspektV ist auszugehen *Groß*, Kapitalmarktrecht, § 2 WpPG Rz. 17; *Preuße* in Schwark/Zimmer, § 2 WpPG Rz. 13, 17; *Schlitt* in Habersack/Mülbert/Schlitt, Hdb. Kapitalmarktinformation, § 3 Rz. 31.
33 Wie vorherige Fn.
34 Dazu *Groß*, Kapitalmarktrecht, § 2 WpPG Rz. 22, auch zur Abgrenzung zu dem früher verwendeten Begriff des „begrenzten" Personenkreises.
35 *Berrar/Wiegel*, CFL 2012, 97, 107; *Henningsen*, BaFin Journal 9/12, S. 5, 7; *Meyer* in Habersack/Mülbert/Schlitt, Unternehmensfinanzierung am Kapitalmarkt, Rz. 36.5; *Groß*, Kapitalmarktrecht, § 2 WpPG Rz. 25.
36 Siehe den Überblick über wesentliche Ausnahmen von der Prospektpflicht bei *Meyer* in Habersack/Mülbert/Schlitt, Unternehmensfinanzierung am Kapitalmarkt, Rz. 36.5; zu den weitgehend identischen Ausnahmen der bis 2019 geltenden Vorgängerregelung *Oltmanns/Zöllter-Petzold*, NZG 2013, 489, 490.
37 Dazu *Meyer* in Habersack/Mülbert/Schlitt, Unternehmensfinanzierung am Kapitalmarkt, Rz. 36.6a; *Schulteis*, GWR 2018, 365; *Klöhn*, ZIP 2018, 1713, 1717; *Poelzig*, BKR 2018, 357, 359.
38 *Schnorbus* in FrankfKomm. WpPG, § 4 WpPG Rz. 6 ff.; in diesem Fall müssen nach § 2 Nr. 2 WpÜG-AngVO die Mindestangaben nach der Delegierten Verordnung 2019/980 in die Angebotsunterlage aufgenommen werden, dazu *Meyer* in Assmann/Pötzsch/Uwe H. Schneider, § 2 WpÜG-AngVO Rz. 7 ff.

tere Voraussetzungen für die Ausnahme von der Prospektpflicht; die Europäische Kommission hat zudem eine Delegierte Verordnung erlassen, die Mindestinformationen definiert, die in diesen Fällen in ein prospektersetzendes Dokument aufzunehmen sind[39]. **Angebote an Mitarbeiter** sind von der Prospektpflicht befreit, sofern die Hauptverwaltung oder der Sitz des Emittenten im EWR-Raum liegt oder Wertpapiere des Emittenten zum Handel an einem organisierten Markt im EWR oder einem von der EU-Kommission als gleichwertig erachteten Markt zugelassen sind. Dabei muss aber jeweils ein Dokument mit Informationen über Anzahl und Art der Wertpapiere sowie die Gründe und die Einzelheiten des Angebots zur Verfügung gestellt werden[40]. Die Kombination mehrerer Ausnahmen von der Prospektpflicht für Angebote nach der ProspektV ist grds. möglich, z.B. in Form eines Angebots von Wertpapieren an qualifizierte Anleger sowie an weniger als 150 nicht qualifizierte Anleger pro EWR-Vertragsstaat, vgl. Art. 1 Abs. 6 Satz 1 ProspektV[41].

7.16 Der Anbieter von Kapitalanlagen muss jedoch auch **außerhalb einer gesetzlichen Prospektpflicht** dem Anleger alle Informationen verschaffen, die für dessen Anlageentscheidung von wesentlicher Bedeutung sind[42]. Dem Anleger ist zu ermöglichen, über die Anlage eigenverantwortlich in Kenntnis sämtlicher für deren Beurteilung maßgeblichen Umstände zu entscheiden[43]. Freilich muss dies nicht zwingend in Form eines Prospekts erfolgen. So kann ggf. ein Verweis auf vorhandene Veröffentlichungen wie z.B. Geschäftsberichte, Jahres- und Zwischenabschlüsse etc. genügen. Bei dem Vertrieb von Aktien an Privatanleger wird ein Anbieter von Kapitalanlagen jedoch auch außerhalb eines öffentlichen Angebotes zum eigenen Schutz und zur Dokumentation der Erfüllung seiner Aufklärungspflichten die Erstellung eines freiwilligen „Prospekts" (sog. Informationsmemorandum) in Erwägung ziehen. Denn hinsichtlich Art und Umfang der erforderlichen Aufklärung kommt es auf den Horizont des potentiellen Kapitalanlegers an, der mit einem Angebot von Wertpapieren angesprochen werden soll[44]. Richtet sich das Angebot auch an Privatanleger, so ist bei Wertpapieren die an der Börse zugelassen sind oder zugelassen werden sollen der Informationsbedarf des „durchschnittlichen Anlegers" entscheidend, der zwar eine Bilanz zu lesen versteht, aber nicht unbedingt mit der in eingeweihten Kreisen gebräuchlichen Schlüsselsprache vertraut ist[45]. Werden aber ausdrücklich auch unkundige und börsenunerfahrene Privatanleger angesprochen, gilt diese Formel nicht (mehr). Vielmehr bestimmt sich dann der für die Prospekterstellung maßgebliche Empfängerhorizont nach den Fähigkei-

---

39 Delegierte Verordnung (EU) 2021/528 v. 16.12.2020 im Hinblick auf die Mindestinformationen des Dokuments, das der Öffentlichkeit bei einer Ausnahme von der Prospektpflicht im Zusammenhang mit einer Übernahme im Wege eines Tauschangebots, einer Verschmelzung oder einer Spaltung zur Verfügung zu stellen ist, ABl. EU Nr. L 106 v. 26.3.2021, S. 32.
40 Dazu *Meyer* in Habersack/Mülbert/Schlitt, Unternehmensfinanzierung am Kapitalmarkt, Rz. 36.7; *Schlitt* in Assmann/Schlitt/von Kopp-Colomb, § 4 WpPG Rz. 30; *Schnorbus* in FrankfKomm. WpPG, § 4 WpPG Rz. 47 ff.
41 Eine Ausnahme gilt nur bei prospektfreien Zulassungen zum Handel an einem geregelten Markt. Hier dürfen nach Art. 1 Abs. 6 Satz 1 ProspektV die in Art. 1 Abs. 5 UAbs. 1 lit. a und b vorgesehenen Ausnahmen nicht dergestalt kombiniert werden, dass über einen Zeitraum von 12 Monaten mehr als 20 % der Zahl der Aktien derselben bereits zugelassenen Gattung prospektfrei zugelassen werden; dazu auch BaFin, Präsentation „Ausnahmen und vereinfachtes Prospektregime" v. 28.5.2019, Folie 20; in diesem Sinne wohl auch ESMA, Questions and Answers on the Prospectus Regulation ESMA/2019/ESMA31-62-1258, Version 10 v. 27.7.2021, Antwort auf Frage 15.3 *„All the exemptions in Article 1(5) Prospectus Regulation (EU) 2017/1129 are stand-alone and therefore if one of them applies there is no requirement to publish a prospectus"*.
42 BGH v. 31.5.1990 – VII ZR 340/88, BGHZ 111, 314, 317.
43 BGH v. 5.7.1993 – II ZR 194/92 – Hornblower/Fischer, BGHZ 123, 106, 113 = AG 1994, 32.
44 Vgl. BGH v. 5.7.1993 – II ZR 194/92 – Hornblower/Fischer, BGHZ 123, 106, 112 = AG 1994, 32.
45 Dazu BGH v. 12.7.1982 – II ZR 175/81 – Beton- und Monierbau, WM 1982, 862, 863 = AG 1982, 278; bestätigt in BGH v. 18.9.2012 – XI ZR 344/11 – Wohnungsbau Leipzig-West, WM 2012, 2147, 2150 = AG 2012, 874.

ten und Erkenntnismöglichkeiten eines durchschnittlichen (Klein-)Anlegers, der sich allein anhand der Prospektangaben über die Kapitalanlage informiert und über keinerlei Spezialkenntnisse verfügt[46].

Die Erstellung eines Prospekts wirkt sich nicht nur auf die Emissions- bzw. Platzierungskosten aus. Auch die **Prospekthaftung** ist zu berücksichtigen. Die für die Erstellung eines Wertpapierprospekts Verantwortlichen haften gegenüber den Erwerbern der angebotenen bzw. zugelassenen Wertpapiere gemäß § 9 Abs. 1 Satz 1 Nr. 1, 10 WpPG für die richtige und vollständige Darstellung der für die Beurteilung der Wertpapiere wesentlichen Angaben. **Prospektverantwortliche** sind regelmäßig die emittierende Gesellschaft und die die Emission begleitende(n) Bank(en). Daneben haftet aber auch derjenige, von dem der Erlass des Prospektes ausgeht, der sog. **Prospektveranlasser**, nach § 9 Abs. 1 Satz 1 Nr. 2 WpPG. Dies ist bei einer Umplatzierung bestehender Aktien von besonderer Bedeutung für den abgebenden Aktionär. So sieht der BGH als Prospektveranlasser Personen an, die ein eigenes wirtschaftliches Interesse an der Emission der Wertpapiere haben und darauf hinwirken, dass ein Prospekt veröffentlicht wird. Der BGH übernimmt dabei die Kriterien der sog. Hintermannhaftung, die im Zusammenhang mit der sog. bürgerlich-rechtlichen Prospekthaftung entwickelt wurden. Übertragen auf den Fall der Umplatzierung von Aktien genügt danach für die Prospektveranlassung des abgebenden Aktionärs, wenn dieser auf die Konzeption der Platzierung maßgeblich Einfluss genommen hat. Die gesellschaftsrechtliche Stellung des Aktionärs sowie ein erhebliches wirtschaftliches Eigeninteresse sprechen für einen solchen Einfluss. Dagegen kommt es nicht darauf an, ob er unmittelbar bei der Gestaltung des Prospekts mitgewirkt hat. Es genügt vielmehr, wenn der Prospekt mit seiner Kenntnis in Verkehr gebracht wurde[47].

7.17

Ein Prospektverantwortlicher oder -veranlasser kann jedoch u.a. dann nicht in Anspruch genommen werden, wenn er nachweist, dass er in Bezug auf die Unrichtigkeit oder Unvollständigkeit des Prospekts **nicht grob** fahrlässig war, § 12 Abs. 1 WpPG. Ein die Umplatzierung von Altaktien veranlassender Altaktionär hat also ein Interesse daran, sicherzustellen, dass der Prospekt mit der gebotenen Sorgfalt erstellt wird. Zudem sind abgebende Aktionäre aufgrund der durch den BGH in der „Deutsche Telekom"-Entscheidung aufgestellten Grundsätze mit der Forderung der Emittentin konfrontiert, diese von Haftungsrisiken aus einem zum Zwecke der Umplatzierung erstellten Prospekt freizustellen (siehe Rz. 7.21a). Sie haben in diesem Fall also das aus dem Prospekt resultierende Haftungsrisiko i.E. selbst zu tragen. Dies gilt unabhängig davon, ob die Gesellschaft etwaige Prospekthaftungsansprüche durch einen fehlerhaft erstellten Prospekt selbst verursacht oder gar (mit-)verschuldet hat[48]. Daher nehmen abgebende Aktionäre vermehrt, ggf. auch mit eigenen (Rechts-)Beratern, aktiv am Prospekterstellungsprozess teil[49]. Zu den weiteren Einzelheiten der Prospekthaftung, insbesondere zur Reichweite der gesetzlichen Prospekthaftung nach §§ 9, 10 WpPG und der ggf. ergänzend eingreifenden sog. bürgerlich-rechtlichen Prospekthaftung siehe Rz. 10.494 ff.

7.18

b) Mitwirkung der Gesellschaft bei reinen Umplatzierungen

Das Prospekterfordernis bei einem öffentlichen Angebot bereits börsenzugelassener Aktien seit Inkrafttreten des WpPG bedeutet, dass bei Umplatzierungen von Aktien aus dem Bestand von Altaktionären im Wege eines öffentlichen Angebotes ein **Prospekt erstellt** werden muss. Dabei ist die **Unterstützung der Gesellschaft** bei dessen Erstellung wünschenswert, wenn nicht sogar im Hinblick auf

7.19

---

46 BGH v. 18.9.2012 – XI ZR 344/11 – Wohnungsbau Leipzig-West, WM 2012, 2147, 2152 = AG 2012, 874.
47 So in Bezug auf die Haftung des beherrschenden Mehrheitsaktionärs für den bei einer Anleiheemission der abhängigen Emittentin veröffentlichten Prospekt BGH v. 18.9.2012 – XI ZR 344/11, WM 2012, 2147, 2152 = AG 2012, 874 m.w.N.; zur Rechtsprechung betreffend die bürgerlich-rechtliche Prospekthaftung; dazu krit. *Mülbert/Steup* in Habersack/Mülbert/Schlitt, Unternehmensfinanzierung am Kapitalmarkt, Rz. 41.80 f.
48 BGH v. 31.5.2011 – II ZR 141/09 – Deutsche Telekom, ZIP 2011, 1306, 1309 = AG 2011, 548.
49 Dies empfehlend bereits *Wink*, AG 2011, 569, 577.

den Zugang zu den dazu erforderlichen Informationen notwendig[50]. Jedoch erfolgt eine solche Umplatzierung zunächst im Interesse des abgebenden Aktionärs. Umgekehrt ist der Vorstand der Gesellschaft verpflichtet, die Vermögensinteressen der Gesellschaft wahrzunehmen und über vertrauliche Angaben und ihre Geschäftsgeheimnisse Stillschweigen zu bewahren, vgl. § 93 Abs. 1 Satz 2 AktG. Hinzu kommt, dass mit der Unterstützung des abgebenden Aktionärs dieser möglicherweise gegenüber anderen Aktionären privilegiert wird. Der Vorstand der Gesellschaft ist jedoch nach § 53a AktG grds. zur Gleichbehandlung der Aktionäre verpflichtet. Daher ist zu prüfen, ob eine (aktive) Unterstützung der Erstellung eines Prospekts anlässlich einer reinen Umplatzierung aktienrechtlich zulässig ist.

aa) Vermögensinteressen

7.20 Eine aktive Begleitung der Prospekterstellung durch die Gesellschaft kann in erheblichem Maße Ressourcen der Gesellschaft binden. Dadurch und durch eine ggf. auch auf Seiten der Gesellschaft erforderliche Einschaltung von Beratern sowie des Abschlussprüfers der Gesellschaft entstehen dieser zudem beträchtliche Kosten. Hinzu kommt, dass die Gesellschaft jedenfalls bei der Übernahme der Prospektverantwortung i.S.v. § 8 Satz 1 WpPG der Prospekthaftung gemäß § 9 Abs. 1 WpPG unterliegt. Da die Prospekterstellung bei einer reinen Umplatzierung vor allem im Interesse des abgebenden Aktionärs liegt, könnte der Aufwand für die Prospekterstellung und die Übernahme des Prospekthaftungsrisikos gegen das Verbot der **Einlagenrückgewähr** nach § 57 AktG verstoßen. Davon ist jegliche vermögenswerte Zuwendung zugunsten des Aktionärs erfasst sein, die mit einer Beeinträchtigung des Gesellschaftsvermögens einhergeht[51]. Aufwendungen im Zusammenhang mit der Prospekterstellung, ferner die Übernahme der Prospektverantwortung sowie das Eingehen von Freistellungsverpflichtungen und Gewährleistungen zu Gunsten der Konsortialbanken durch die Gesellschaft stellen daher bei einer reinen Umplatzierung bestehender Aktien eine solche Zuwendung an den **abgebenden Aktionär** dar. Dem Aktionär fließt dadurch nämlich ein wirtschaftlicher Vorteil zu, da er von dem auf den Prospekt gestützten Angebot profitiert. Allerdings liegt eine verbotene Einlagenrückgewähr nach § 57 Abs. 1 AktG nicht vor, wenn die Gesellschaft von dem abgebenden Aktionär eine angemessene Gegenleistung erhält[52]. Diese zu bestimmen wirft jedoch in der Praxis erhebliche Schwierigkeiten auf.

7.21 Lange konzentrierte sich die Diskussion vor allem darauf, ob das im Einzelfall zu bestimmende eigene Interesse der Gesellschaft an der Platzierung als Ausgleich ausreichen kann[53]. Insbesondere war fraglich, ob auch **nicht bezifferbare Vorteile** der Gesellschaft Berücksichtigung finden können, wenn der Vorstand der Gesellschaft bei der Abwägung von Chancen und Risiken das ihm nach § 93 Abs. 1 Satz 1 AktG zustehende unternehmerische Ermessen nicht fehlerhaft ausgeübt hat[54]. Denn der Vorstand darf danach unternehmerische Risiken eingehen, wenn er nach seiner Einschätzung auf Grundlage angemessener Informationen vernünftigerweise annehmen konnte, zum Wohle der Gesellschaft zu handeln, dazu Rz. 20.32 und Rz. 23.20 ff. Diesem Gesichtspunkt wurde auch bei einer konzernrechtlichen Betrachtung eine entscheidende Bedeutung beigemessen, die im Fall der Umplatzierung von Aktien aus dem Bestand eines beherrschenden Großaktionärs regelmäßig relevant wird. Denn nach § 317

---

50 *Ekkenga/Maas* in Kümpel/Hammen/Ekkenga, Kapitalmarktrecht, Kennzahl 055 Rz. 115.
51 *Hüffer/Koch*, § 57 AktG Rz. 2; *Cahn/v. Spannenberg* in BeckOGK AktG, Stand 1.6.2021, § 57 AktG Rz. 20; *Drygala* in KölnKomm. AktG, 3. Aufl. 2011, § 57 AktG Rz. 16; ebenso LG Bonn v. 1.6.2007 – 1 O 552/05 – Deutsche Telekom, AG 2007, 715, 716 (nicht rechtskräftig).
52 *Bayer* in MünchKomm. AktG, 5. Aufl. 2019, § 57 AktG Rz. 63, 85; BGH v. 31.5.2011 – II ZR 141/09 – Deutsche Telekom, ZIP 2011, 1306, 1308 ff. = AG 2011, 548 so auch unter umfangreicher Würdigung des erstinstanzlichen Urteils; *Fleischer*, ZIP 2007, 1969, 1973 ff.
53 Im Grundsatz dafür *Hoffmann-Becking* in FS Lieberknecht, 1997, S. 25, 37; *Technau*, AG 1998, 445, 457; *Schnorbus*, AG 2004, 113, 124 Fn. 127; Überlegungen hierzu auch bei *Krämer/Baudisch*, WM 1998, 1161, 1166; *Sigle/Zinger*, NZG 2003, 301, 305; dagegen *Bayer* in MünchKomm. AktG, 3. Aufl. 2008, § 57 AktG Rz. 91; *Hirte* in Lutter/Scheffler/Uwe H. Schneider, Handbuch der Konzernfinanzierung, 1998, Rz. 35.37.
54 Dazu die 2. Aufl., § 7 Rz. 21 m.w.N. sowie *Schlitt*, CFL 2010, 304, 308.

Abs. 2 AktG tritt die Pflicht des herrschenden Unternehmens zum Ausgleich der von ihm veranlassten Nachteile gemäß § 317 Abs. 1 AktG nicht ein, wenn ein ordentlicher und gewissenhafter Geschäftsleiter einer unabhängigen Gesellschaft die Maßnahme ebenso getroffen hätte. In Fällen eines – wie im Fall der Prospekthaftung – erst im Nachhinein quantifizierbaren Risikos, wurde dabei ein nach § 311 Abs. 1 AktG ausgleichspflichtiger Nachteil verneint, wenn der Vorstand dieses nach pflichtgemäßem unternehmerischem Ermessen als durch einen damit einhergehenden ggf. auch nicht quantifizierbaren Vorteil ausgeglichen ansah[55].

Mit dem Urteil des BGH in Sachen „**Deutsche Telekom**" ist derlei Überlegungen jedenfalls für von einem abgebenden Aktionär ausgehende Umplatzierungen von Aktien bereits börsennotierter Gesellschaften die Grundlage entzogen. Danach hat das Prospekthaftungsrisiko aus einer Umplatzierung den Altaktionär zu treffen, denn er und nicht die Gesellschaft **veranlasst** die Platzierung und die aus diesem Anlass erfolgende Prospektveröffentlichung. Zudem profitiert vor allem der Altaktionär von der Platzierung, da ihm der dabei erzielte Erlös zufließt[56]. Dagegen stellt ein Eigeninteresse der Gesellschaft an den ihr aus der Umplatzierung erwachsenden Vorteilen keine ausreichende Kompensation für die Übernahme von Kosten und Haftungsrisiken aus der Prospekterstellung dar, solange diese nicht bezifferbar und bilanziell messbar sind. Dabei stützt sich der BGH auf die nach § 57 Abs. 1 Satz 3 AktG maßgebliche **bilanzielle Betrachtungsweise**[57]. In Ermangelung bezifferbarer und bilanziell messbarer Vorteile kann die Übernahme der Prospekthaftung grds. nur durch eine **Freistellung** der Gesellschaft durch den abgebenden Aktionär ausgeglichen werden[58]. Freilich ist nicht zu verlangen, dass eine die Einlagenrückgewähr vermeidende Kompensation durch den Aktionär bereits als Aktivum bilanzierbar sein muss[59]. Vielmehr genügt ein Ausgleich durch nicht bilanzwirksame Gegenleistungen, wenn deren Wert zumindest bezifferbar ist und der Höhe nach der Leistung der Gesellschaft mindestens entspricht[60]. Denn auch der nach der „Deutsche Telekom"-Entscheidung zur Vermeidung der Einlagenrückgewähr einzuräumende Freistellungsanspruch gegen den abgebenden Aktionär kann ebenso wenig aktiviert werden wie das potenzielle Haftungsrisiko aus der von der Gesellschaft übernommenen Prospektverantwortung als Passivposten bilanziert werden kann[61]. So lässt sich eine Rückstellung für eine ungewisse Verbindlichkeit nach § 249 Abs. 1 Satz 1 HGB bzw. IAS 37.23 nur bilden, wenn die Verbindlichkeit hinreichend konkret und überwiegend wahrscheinlich ist[62]. Die vom BGH herangezogene bilanzielle Betrachtungsweise ist insoweit eingeschränkt zu interpretieren. Dies widerspricht auch nicht § 57 Abs. 1 Satz 3 AktG. Dieser stellt nur positiv klar, dass bei der Beurteilung von Geschäften mit einem Aktionär vollwertige Gegenansprüche der Gesellschaft zu berücksichtigen sind[63].

7.21a

---

55 *Koppensteiner* in KölnKomm. AktG, 3. Aufl. 2004, § 311 AktG Rz. 110, 113; ähnlich *Krieger* in Münch-Hdb. AG, 3. Aufl. 2007, § 69 Rz. 87; *Schlitt*, CFL 2010, 304, 308; dafür auch *Westermann/Paefgen* in FS Hoffmann-Becking, 2013, S. 1363, 1368; so auch zur Rechtslage in Österreich *Kalss*, CFL 2011, 404, 407.
56 BGH v. 31.5.2011 – II ZR 141/09 – Deutsche Telekom, ZIP 2011, 1306, 1308 = AG 2011, 548; zur Konkretisierung der Kriterien für eine solche Veranlassung *Mülbert/Wilhelm* in FS Hommelhoff, 2012, S. 747, 769.
57 BGH v. 31.5.2011 – II ZR 141/09 – Deutsche Telekom, ZIP 2011, 1306, 1309 = AG 2011, 548.
58 BGH v. 31.5.2011 – II ZR 141/09 – Deutsche Telekom, ZIP 2011, 1306, 1309 = AG 2011, 548.
59 *Mülbert/Wilhelm* in FS Hommelhoff, 2012, S. 747, 774; *Schäfer* in FS Hoffmann-Becking, 2013, S. 998, 1001 f.
60 *Fleischer/Thaten*, NZG 2011, 1081, 1083; *Habersack* in FS Hommelhoff, 2012, S. 303, 308.
61 Darauf verweisen *Fleischer/Thaten*, NZG 2011, 1081, 1082; *Krämer/Gillessen*, CFL 2011, 328, 330; *Noudoushani*, ZIP 2012, 97, 105; *Arnold/Aubel*, ZGR 2012, 113, 132 f.; *Habersack* in FS Hommelhoff, 2012, S. 303, 308; *Westermann/Paefgen* in FS Hoffmann-Becking, 2013, S. 1363, 1369.
62 *Böcking/Gros* in Ebenroth/Boujong/Joost/Strohn, 4. Aufl. 2020, § 249 HGB Rz. 27; *Merkt* in Baumbach/Hopt, § 249 HGB Rz. 9; ähnlich *Ballwieser* in MünchKomm. HGB, 4. Aufl. 2020, § 249 HGB Rz. 13 bzw. 46 (IFRS).
63 *Krämer/Gillessen*, CFL 2011, 328, 330; *Arbeitskreis zum „Deutsche Telekom III-Urteil" des BGH*, CFL 2011, 377, 378; RegE des Gesetzes zur Modernisierung des GmbH-Rechts und zur Bekämpfung von Missbräuchen (MoMiG), BT-Drucks. 16/6140, S. 99.

Dies ist insbesondere vor dem Hintergrund zu sehen, dass § 57 Abs. 1 Satz 3 AktG als Reaktion des Gesetzgebers auf die verfehlte sog. „November"-Entscheidung des BGH[64] verstanden werden muss, nach der selbst bilanziell vollwertige Gegenansprüche gegen den Aktionär als Kompensation für eine an diesen erfolgte Leistung der Gesellschaft hätten unberücksichtigt bleiben müssen. Der Umkehrschluss, dass für die Kompensation einer Zuwendung stets ein bilanziell vollwertiger Gegenanspruch erforderlich sei, ist dagegen nicht geboten und offensichtlich vom Gesetzgeber auch nicht gewollt[65]. Vielmehr ist § 57 Abs. 1 Satz 3 AktG als Regelbeispiel für eine zulässige Zuwendung an den Aktionär zu verstehen. Daher wird im Schrifttum auch nach der „Deutsche Telekom"-Entscheidung durchaus vertreten, dass die Übernahme der Prospektverantwortung durch die Gesellschaft bei einer reinen Umplatzierung nicht an § 57 Abs. 1 Satz 3 AktG, sondern an der Generalnorm des § 57 Abs. 1 Satz 1 AktG zu messen sei, und dass dabei durchaus auch nicht bezifferbare Vorteile zur Kompensation des dabei eingegangenen Risikos berücksichtigt werden können[66]. Die konzernrechtliche Rechtfertigung mit einer im Fall einer unabhängigen Gesellschaft nicht zu beanstandenden unternehmerischen Entscheidung nach § 311 Abs. 2, § 93 Abs. 1 Satz 2 AktG lehnt der BGH aber mit einem Verweis auf § 93 Abs. 3 Nr. 1 AktG ab. Hinsichtlich der im Fall einer Nachteilszufügung im faktischen Konzern eintretenden Rechtsfolge der Nachteilsausgleichspflicht nach § 311 Abs. 2 AktG lässt der BGH einen Rechtsanspruch auf künftigen Nachteilsausgleich genügen, wohl im Hinblick darauf, dass im Jahr der Übernahme der Prospektverantwortung der Wert des Nachteils meist noch nicht bezifferbar ist[67]. I.E. führt daher die Ablehnung der Berücksichtigung nicht konkret bezifferbarer Vorteile auch bei konzernrechtlicher Betrachtung nach § 311 AktG zu demselben Ergebnis wie bei unmittelbarer Anwendung des § 57 AktG (siehe oben)[68].

7.21b Ungeachtet der bedenkenswerten Argumente der vor der „Deutsche Telekom"-Entscheidung weit verbreiteten Auffassung[69], nach der auch nicht bezifferbare Vorteile zu berücksichtigen sind, orientiert sich die Praxis an den durch den BGH in der „Deutsche Telekom"-Entscheidung entwickelten Grundsätzen. Läge demnach ein Fall der Einlagenrückgewähr vor, würde der Vorstand seine Sorgfaltspflicht nach § 93 Abs. 1 AktG verletzen und wäre der Gesellschaft nach § 93 Abs. 3 Nr. 1 AktG zum Schadensersatz verpflichtet[70]. Der Vorstand ist also sowohl in der pflichtgemäßen Wahrnehmung der Interessen der Gesellschaft als auch im eigenen Interesse gehalten, vor Übernahme der Prospektverantwortung durch die Gesellschaft mit dem abgebenden Aktionär eine **Freistellungsvereinbarung** zu schließen. Dabei ist davon auszugehen, dass der Wert des Freistellungsanspruchs dem übernommenen Prospekthaftungsrisiko zu entsprechen hat[71]. In der Praxis wird eine solche Freistellung häufig durch entsprechenden Versicherungsschutz ergänzt, wobei konsequenterweise die Versicherungsprämie von dem

---

64 BGH v. 24.11.2003 – II ZR 171/01 – November-Entscheidung, BGHZ 157, 72, 75 = NZG 2004, 233; noch vor Inkrafttreten des MoMiG korrigiert durch BGH v. 1.12.2008 – II ZR 102/07 – MPS, AG 2009, 81 = GmbHR 2009, 199.
65 *Krämer/Gillessen*, CFL 2011, 328, 330; *Arbeitskreis zum „Deutsche Telekom III-Urteil" des BGH*, CFL 2011, 377, 378; *Arnold/Aubel*, ZGR 2012, 113, 132.
66 *Habersack* in FS Hommelhoff, 2012, S. 303, 310; *Mülbert/Wilhelm* in FS Hommelhoff, 2012, S. 747, 773 f.; *Arnold/Aubel*, ZGR 2012, 113, 132; ähnlich *Westermann/Paefgen* in FS Hoffmann-Becking, 2013, S. 1363, 1368; für Österreich *Kalss*, CFL 2011, 404, 407.
67 BGH v. 31.5.2011 – II ZR 141/09 – Deutsche Telekom, ZIP 2011, 1306, 1312 = AG 2011, 548 mit Verweis auf BGH v. 1.12.2008 – II ZR 102/07 – MPS, BGHZ 179, 71 Rz. 11 = AG 2009, 81.
68 Kritisch zu dieser Sperrwirkung des § 93 Abs. 3 Nr. 1 AktG auf ansonsten gerechtfertigte unternehmerische Entscheidungen *Westermann/Paefgen* in FS Hoffmann-Becking, 2013, S. 1363, 1374, 1377 und 1385; ähnlich im Ansatz *Wackerbarth*, WM 2011, 193, 203.
69 Dazu die 2. Aufl., § 7 Rz. 21 m.w.N.; *Schlitt*, CFL 2010, 304, 310 sowie die umfangreichen Nachweise in BGH v. 31.5.2011 – II ZR 141/09 – Deutsche Telekom, ZIP 2011, 1306, 1309 bei Tz. 25 = AG 2011, 548; ferner *Haag* in Habersack/Mülbert/Schlitt, Unternehmensfinanzierung am Kapitalmarkt, Rz. 29.62; ebenso für Österreich *Kalss*, CFL 2011, 404, 407.
70 BGH v. 31.5.2011 – II ZR 141/09 – Deutsche Telekom, ZIP 2011, 1306, 1310 = AG 2011, 548.
71 Zu Überlegungen zur Bewertung des Haftungsrisikos siehe *Arbeitskreis zum „Deutsche Telekom III-Urteil" des BGH*, CFL 2011, 377, 379 f.

zur Freistellung verpflichteten Aktionär übernommen wird. Dies spielt insbesondere eine Rolle, wenn es sich bei dem abgebenden Aktionär nicht um ein dauerhaft operativ tätiges Unternehmen, sondern um ein Investitionsvehikel handelt, das darauf angelegt ist, nach erfolgreicher Veräußerung der Beteiligung an der Emittentin den erzielten Erlös an seine Investoren auszukehren und das danach ggf. aufgelöst wird, so dass ein Haftungssubstrat möglicherweise nicht dauerhaft vorhanden ist[72]. Dabei dürften einer – bei derlei Versicherungen üblichen – Begrenzung der Deckungssumme keine grundsätzlichen Bedenken entgegenstehen, sofern diese sich im Rahmen des erfahrungsgemäß erwartbaren Haftungsrisikos bewegt. Insoweit werden Haftungssummen von bis zu 15–25 % des Marktwertes der Platzierungsaktien diskutiert[73]. Angesichts der – nur vereinzelt vorhandenen – empirischen Erfahrungswerte scheint selbst dieser Betrag eher hoch gegriffen[74]. Ebenso wird erwogen, dass es zur Vermeidung einer Einlagenrückgewähr ausreichen sollte, wenn sich die Gesellschaft vom abgebenden Aktionär anstelle eines Freistellunganspruchs einen pauschalen Haftungsausgleich zahlen lässt, bei dessen Bemessung sich die von Versicherungen für eine Prospekthaftungsversicherung verlangten Prämien heranziehen lassen[75]. Dem Vergleich mit einer Versicherungsprämie mag man freilich entgegenhalten, dass ein Versicherungsunternehmen über andere Risikostreuungsmöglichkeiten verfügt, die sich auch in der Prämiengestaltung niederschlagen dürften. Letztlich wird man auch eine Entscheidung des Vorstandes, sich den vom BGH als primärem Lösungsweg aufgezeigten Freistellunganspruch durch eine Risikoprämie pauschal abgelten zu lassen, im Einzelfall an § 93 Abs. 1 Satz 2 AktG zu messen haben. Wegen der insoweit bestehenden Unsicherheiten[76] tendiert die Praxis freilich zu einer Kombination aus Freistellungsanspruch und/oder externer Versicherungslösung.

Bei **Börsengängen** wirft die Umsetzung dieser Vorgaben freilich eine Reihe ungeklärter Fragen auf. Denn hier ist oft eine Mischform aus Platzierung bestehender Aktien aus dem Bestand eines Aktionärs und Ausgabe neuer Aktien festzustellen, mit der auch eine Aufteilung des Platzierungserlöses im Verhältnis der Zahl der platzierten Aktien einhergeht. Dabei fragt sich, anhand welcher Kriterien die vom BGH in der „Deutsche Telekom"-Entscheidung zum Ausgangspunkt der Feststellung einer Einlagenrückgewähr herangezogene Veranlassung der Prospekterstellung[77] dem Aktionär oder der Gesellschaft zuzuordnen ist. Teilweise wird erwogen, jedenfalls dann eine Veranlassung durch die Gesellschaft anzunehmen, wenn sie den überwiegenden Platzierungserlös erhält, da in diesem Fall ihr Finanzierungsinteresse im Vordergrund steht. Eine Veranlassung durch den Altaktionär wäre nur gegeben (mit der Folge der Freistellungsverpflichtung), wenn die Platzierungsaktien überwiegend aus Altaktien bestehen und ihm daher den größere Teil des Platzierungserlöses zusteht[78]. In letzterem Fall sollen gleichwertige alternative Veräußerungsmöglichkeiten die Veranlassungsvermutung entkräften können[79]. In der Praxis dürfte die Auffassung überwiegen, das Haftungsrisiko bei derartigen Mischformen propor-

7.21c

---

72 Vgl. zur Werthaltigkeit des Freistellungsanspruchs *Habersack* in FS Hommelhoff, 2012, S. 303, 310; die Zulässigkeit einer „Versicherungslösung" ebenfalls befürwortend *Mülbert/Wilhelm* in FS Hommelhoff, 2012, S. 747, 772; *Schäfer* in FS Hoffmann-Becking, 2013, S. 998, 1006 f.; ähnlich *Arnold/Aubel*, ZGR 2012, 113, 151.
73 *Fleischer/Thaten*, NZG 2011, 1081, 1083; *Krämer/Gillessen*, CFL 2011, 328, 338; *Arnold/Aubel*, ZGR 2012, 113, 139f.; zurückhaltend *Noudoushani*, ZIP 2012, 97, 102.
74 Vgl. *Arbeitskreis zum „Deutsche Telekom III-Urteil" des BGH*, CFL 2011, 377, 380; *Schäfer* in FS Hoffmann-Becking, 2013, S. 998, 1007; ähnlich *Arnold/Aubel*, ZGR 2012, 113, 133.
75 So im Ansatz LG Bonn v. 1.6.2007 – 1 O 552/05 – Deutsche Telekom, AG 2007, 715, 718 und *Arnold/Aubel*, ZGR 2012, 113, 134; *Haag* in Habersack/Mülbert/Schlitt, Unternehmensfinanzierung am Kapitalmarkt, Rz. 29.62; ähnlich, jedoch mit Zweifeln an der Umsetzbarkeit *Schäfer*, ZIP 2010, 1877, 1881; *Leuschner*, NJW 2011, 3275, 3276.
76 *Fleischer/Thaten*, NZG 2011, 1081, 1083 sehen die Vergütung des Haftungsrisikos als vom BGH stillschweigend abgelehnt an.
77 BGH v. 31.5.2011 – II ZR 141/09 – Deutsche Telekom, ZIP 2011, 1306, 1308 = AG 2011, 548.
78 *Arbeitskreis zum „Deutsche Telekom III-Urteil" des BGH*, CFL 2011, 377, 379; *Schäfer* in FS Hoffmann-Becking, 2013, S. 998, 1006; siehe auch die Überlegungen zu einer Einzelfallbetrachtung bei *Krämer/Gillessen*, CFL 2011, 328, 334 ff.
79 *Arbeitskreis zum „Deutsche Telekom III-Urteil" des BGH*, CFL 2011, 377, 379.

tional nach dem Anteil am Emissionserlös zu verteilen, was als eine sachgerechte Differenzierung erscheint[80]. Dabei hat die Einräumung einer sog. Greenshoe-Option durch einen Altaktionär, also der Möglichkeit des Erwerbs weiterer Aktien zum Platzierungspreis, um eine zur Ermöglichung von Mehrzuteilungen eingegangene sog. Wertpapierleihe zurückzuführen (dazu Rz. 8.67), außer Betracht zu bleiben. Denn diese dient nicht primär der Erzielung eines zusätzlichen Platzierungserlöses, sondern der Ermöglichung von Kursstabilisierungsmaßnahmen. Ihre Ausübung ist unsicher und erfolgt grds. nur, wenn der Börsenkurs über dem Platzierungspreis liegt. Damit ist die Greenshoe-Option für sich genommen ein für den betreffenden Altaktionär ungünstiges Geschäft, das er im Interesse der Gesamttransaktion tätigt. Sie rechtfertigt nicht, die an der Erlösverteilung der Haupttransaktion (ohne Greenshoe) ausgerichtete Haftungsverteilung zu korrigieren[81].

7.21d Die proportionale Verteilung des Haftungsrisikos zeigt im Übrigen auch die Lösung für den Fall auf, dass es sich um eine Umplatzierung für eine **Mehrzahl von abgebenden Aktionären** handelt. Die in der Literatur erwogene gesamtschuldnerische Haftung[82] ist schon wirtschaftlich unangemessen, da sie den einzelnen abgebenden Aktionären jeweils ein höheres Haftungsrisiko auferlegt als es dem Wert der entgegen § 57 AktG empfangenen und nach § 62 AktG zurückzugewährenden Zuwendung entspräche. Eine am eigenen Anteil am Platzierungserlös orientierte pro-ratarische Beteiligung des einzelnen Altaktionärs an der Freistellung der Gesellschaft erscheint daher als angemessen und ausreichend[83].

7.22 Ein Sonderfall ist gegeben, wenn noch nicht alle Aktien derselben Gattung zum regulierten Markt zugelassen sind. Die Gesellschaft ist dann nach § 40 Abs. 1 BörsG, § 69 Abs. 1 BörsZulV grds. verpflichtet, für nicht zugelassene Aktien die **Zulassung zum regulierten Markt** zu beantragen. Insoweit handelt sie in Erfüllung ihrer gesetzlichen Pflichten, wenn sie die Erstellung eines Prospekts aktiv begleitet und die Verantwortung dafür gemäß § 5 Abs. 3 Satz 2 WpPG sowie die üblichen Gewährleistungs- und Freistellungsverpflichtungen gegenüber einer die Börsenzulassung begleitenden Emissionsbank übernimmt, selbst wenn der Prospekt von einem Aktionär auch für eine Umplatzierung genutzt werden kann. Eine andere Wertung ist freilich zu prüfen, wenn die zur Börsenzulassung vorgenommene Prospekterstellung zur Vorbereitung einer geplanten Umplatzierung erfolgt[84].

bb) Vertraulichkeit

7.23 Nach § 93 Abs. 1 Satz 2 AktG ist der Vorstand verpflichtet, über vertrauliche Angaben und Geheimnisse der Gesellschaft Stillschweigen zu bewahren. Diese Schweigepflicht besteht im **Unternehmensinteresse** und kann deshalb auch durch dieses eingeschränkt bzw. überlagert werden (dazu Rz. 23.32)[85]. Ob vor diesem Hintergrund die Weitergabe vertraulicher Informationen im Rahmen der Vorbereitung einer Umplatzierung von Aktien aus Altaktionärsbestand zulässig ist, hängt von den Umständen des Einzelfalles und deren Bewertung im Hinblick auf das Unternehmensinteresse ab (dazu Rz. 10.35 ff.). Grds.

---

80 *Fleischer/Thaten*, NZG 2011, 1081, 1084; *Wink*, AG 2011, 569, 578; *Ziemons*, GWR 2011, 404; *Noudoushani*, ZIP 2012, 97, 101; *Arnold/Aubel*, ZGR 2012, 113, 145; ebenso für den Regelfall *Krämer/Gillessen*, CFL 2011, 328, 336; *Mülbert/Wilhelm* in FS Hommelhoff, 2012, S. 747, 771; ähnlich *Habersack* in FS Hommelhoff, 2012, S. 303, 312; *Schlitt/Schäfer/Basnage*, CFL 2013, 49, 51.
81 *Fleischer/Thaten*, NZG 2011, 1081, 1085; *Krämer/Gillessen*, CFL 2011, 328, 335 f.; *Arnold/Aubel*, ZGR 2012, 113, 145 f.; *Mülbert/Wilhelm* in FS Hommelhoff, 2012, S. 747, 768; *Schäfer* in FS Hoffmann-Becking, 2013, S. 998, 1005; i.E. wohl ähnlich *Noudoushani*, ZIP 2012, 97, 10.
82 *Fleischer/Thaten*, NZG 2011, 1081, 1084; *Arnold/Aubel*, ZGR 2012, 113, 146 ff.
83 So mit überzeugenden Argumenten *Krämer/Gillessen*, CFL 2011, 328, 339 f.; ebenso *Mülbert/Wilhelm* in FS Hommelhoff, 2012, S. 747, 771.
84 *Krämer/Gillessen*, CFL 2011, 328, 337; angedeutet bei *Ziemons*, GWR 2011, 404.
85 *Hüffer/Koch*, § 93 AktG Rz. 32; *Seiler-Coceani* in K. Schmidt/Lutter, § 93 AktG Rz. 27; *Hopt/Roth* in Großkomm. AktG, 5. Aufl. 2014, § 93 AktG Rz. 300 ff.; *Mertens/Cahn* in KölnKomm. AktG, 3. Aufl. 2010, § 93 AktG Rz. 120; *Stoffels*, ZHR 165 (2001), 362, 373 f.; *Jäger*, JZ 2003, 1048, 1050; *Rittmeister*, NZG 2004, 1032, 1033 f.

wird man eine Weitergabe vertraulicher Informationen zur Platzierungsvorbereitung – mit gewissen Einschränkungen – für zulässig halten können[86]. Sie sollte jedoch auf den Personenkreis beschränkt bleiben, der diese Informationen zur Vorbereitung der geplanten Platzierung benötigt, z.B. die Rechtsberater der Gesellschaft und der Emissionsbanken, die eingeschalteten Wirtschaftsprüfer (die im Übrigen schon kraft Gesetzes[87] zur Vertraulichkeit verpflichtet sind) sowie die an der Emissionsvorbereitung beteiligten Mitarbeiter der Emissionsbank. Daneben dürfte es sich für den Vorstand empfehlen, die Verpflichtung der Empfänger zur vertraulichen Behandlung der erhaltenen Informationen durch den Abschluss einer Vertraulichkeitsvereinbarung zu dokumentieren[88].

Neben der aktienrechtlichen Vertraulichkeitsverpflichtung spielt bei börsennotierten Gesellschaften auch das Verbot der unrechtmäßigen Offenlegung von **Insiderinformationen** nach Art. 10 Abs. 1 MAR eine Rolle. Eine Offenlegung von Insiderinformationen ist rechtmäßig, wenn sie im Zuge der normalen Ausübung einer Beschäftigung oder eines Berufs oder der normalen Erfüllung von Aufgaben (des Weitergebenden) erfolgt. Erfordert eine Kapitalmaßnahme der Gesellschaft die Erstellung eines Prospektes nach der ProspektV (siehe Rz. 7.12, 7.14), dann liegt nahe, dass die Offenlegung von potentiell insiderrelevanten Informationen an die mit der Prospekterstellung bzw. der Transaktionsvorbereitung befassten Personen als rechtmäßig anzusehen ist[89]. Unterstützt die Gesellschaft die Erstellung eines Prospektes zum Zweck einer Umplatzierung von Aktien aus Altaktionärsbestand dürfte jedenfalls dann Entsprechendes gelten, wenn diese im Interesse der Gesellschaft liegt[90]. Dabei ist aber zu beachten, dass der Europäische Gerichtshof diese Ausnahme vom Verbot der Weitergabe von Insiderinformationen eng auslegt. Daher muss eine Weitergabe auf das für die Erfüllung der betreffenden Aufgabe Unerlässliche beschränkt werden, d.h. insbesondere auf den Personenkreis, der zur Erfüllung der betreffenden Aufgabe auf diese Informationen angewiesen ist[91]. Um einen verbotenen Fall der „Nutzung" von Insiderinformationen i.S.v. Art. 8 Abs. 1 MAR sollte es sich bei vorheriger Veröffentlichung eines die kursrelevanten Informationen offen legenden Prospekts eigentlich nicht handeln, da diese mit Prospektveröffentlichung öffentlich bekannt werden und damit vor der eigentlichen Durchführung der Platzierung keine Insiderinformation mehr sind. Hinzuweisen ist aber darauf, dass zwar die ProspektV nach Art. 21 Abs. 2 ProspektV eine der Internetseiten des Emittenten, des Anbieters, der die Zulassung zum Börsenhandel beantragenden Person, der die betreffenden Wertpapiere platzierenden Finanzintermediäre oder des relevanten Handelsplatzes für notwendig, aber auch hinreichend für die Veröffentlichung des Prospektes erachtet. Die Verfügbarkeit von Informationen im Internet (auch auf der Internetseite des Emittenten) wird indes im Insiderrecht nach der MAR im Allgemeinen nicht als ausreichend erachtet, um das Tatbestandsmerkmal „nicht öffentlich bekannt" der Definition der Insiderinformation i.S.v. Art. 7 Abs. 1 MAR auszuschließen[92], zumal der Veröffentli- 7.24

---

[86] Allgemein für den Fall des Beteiligungsverkaufs: *Hüffer/Koch*, § 93 AktG Rz. 32 f.; *Hopt/Roth* in Großkomm. AktG, 5. Aufl. 2014, § 93 AktG Rz. 304; zur Frage eines Anspruchs zur Offenbarung von Informationen im Rahmen der Due Diligence *Krömker*, NZG 2003, 418, 422.; einschränkend: nur bei Vorliegen eines überwiegenden Eigeninteresses der Gesellschaft: *Fleischer* in BeckOGK AktG, Stand 1.6.2021, § 93 AktG Rz. 2004; *Sailer-Coceani* in K. Schmidt/Lutter, § 93 AktG Rz. 27.
[87] § 43a Abs. 2 BRAO, § 43 Abs. 1 WPO.
[88] *Hopt/Roth* in Großkomm. AktG, 5. Aufl. 2014, § 93 AktG Rz. 304; *Krömker*, NZG 2003, 418, 422; *Stoffels*, ZHR 165 (2001), 362, 377.
[89] *Assmann* in Assmann/Uwe H. Schneider/Mülbert, Wertpapierhandelsrecht, Art. 10 VO 596/2014 Rz. 62; *Kumpan/Grütze* in Schwark/Zimmer, Kapitalmarktrecht, Art. 5 VO(EU) 596/2014 Rz. 97; allgemein zur Zulässigkeit der Offenlegung an im Emittenteninteresse tätige Berater *Klöhn* in Klöhn, Art. 10 MAR Rz. 139 ff.
[90] *Meyer* in Meyer/Veil/Rönnau, Handbuch Marktmissbrauchsrecht, § 8 Rz. 36.
[91] EuGH v. 22.11.2005 – C-384/02 – Grøngaard & Bang, WM 2006, 612, 615.
[92] BaFin, Emittentenleitfaden, Modul C, Regelungen aufgrund der Marktmissbrauchsverordnung (MAR), Stand 25.3.2020, Abschnitt I.2.1.1 (S. 10); *Assmann* in Assmann/Uwe H. Schneider/Mülbert, Wertpapierhandelsrecht, Art. 10 VO 596/2014 Rz. 69; *Meyer* in Kümpel/Mülbert/Früh/Seyfried, Bankrecht und Kapitalmarktrecht, 6. Aufl. 2022, Rz. 12.182.

chungsweg für Ad-hoc-Mitteilungen nach Art. 17 MAR („Medienbündel")[93] ein anderer ist. Aufgrund dieser – bedauerlichen – Inkonsistenz der Anforderungen an die Veröffentlichung von Kapitalmarktinformationen im Rahmen der Prospekt- und Ad-hoc-Publizität sind etwa bei der Gesellschaft noch vorhandene Insiderinformationen vor Prospektveröffentlichung ad hoc zu publizieren[94].

7.24a Auch zur Vorbereitung einer **Privatplatzierung** von Aktien einer börsennotierten Gesellschaft kann die Offenlegung von Insiderinformationen zulässig sein. Dies mag etwa bedeutsam sein, wenn eine Kapitalmaßnahme Voraussetzung einer noch vertraulichen Unternehmenstransaktion oder zur Deckung kurzfristigen Kapitalbedarfs erforderlich ist. Dies ist zulässig, wenn die Offenlegung von Insiderinformationen dazu führt, dass die Gesellschaft und der Erwerber der Aktien in Bezug auf die Insiderinformationen den gleichen Kenntnisstand haben (sog. *face-to-face*-Geschäft), so dass der Schutzzweck des Insiderrechts nicht berührt ist. In diesem Fall wird von keiner der Parteien des Geschäfts ein ungerechtfertigter Vorteil aufgrund von Insiderinformationen zum Nachteil des anderen erzielt. Entsprechende Überlegungen gelten auch bei Umplatzierungen[95].

7.24b Gibt eine börsennotierte Gesellschaft befugt Insiderinformationen weiter oder macht sie anderen eine solche Information zugänglich (z.B. durch Einrichten eines Datenraumes), müsste sie diese eigentlich nach Art. 17 Abs. 1, Abs. 8 Satz 1 MAR veröffentlichen. Sie kann allerdings nach Art. 17 Abs. 8 Satz 2 MAR von der Veröffentlichung absehen, sofern der Empfänger rechtlich zur **Verschwiegenheit** verpflichtet ist. Dies gilt unabhängig davon, ob sich diese Verpflichtung aus Rechts- oder Verwaltungsvorschriften, einer Satzung oder einem Vertrag ergibt. Da eine börsennotierte Gesellschaft sie unmittelbar betreffende Insiderinformationen nach Art. 17 Abs. 1 MAR ad hoc veröffentlichen muss, dürfte die beschriebene Situation regelmäßig mit dem Aufschub der Veröffentlichung (sog. Selbstbefreiung) nach Art. 17 Abs. 4 MAR zusammenfallen.

7.24c Ein insbesondere bei sog. **Re-IPOs** (dazu Rz. 7.2) relevantes Sonderthema ist die Erstellung von sog. **Pre-Deal Research Reports**. Diese werden vor allem bei bislang eher unbekannten Emittenten als für die Information von institutionellen Investoren wesentlich angesehen[96]. Um Analysten die Erstellung solcher Reports zu ermöglichen, veranstaltet der Emittent einige Zeit vor dem Börsengang eine sog. Analystenpräsentation, in der sein Unternehmen und die aktuellen Finanzauweise vorgestellt werden. Mit Blick auf das Konsistenzgebot des Art. 22 Abs. 3 und 4 ProspektV[97], aber auch die Gleichbehandlungspflicht nach Art. 22 Abs. 5 ProspektV[98], ist zunächst besonderes Augenmerk darauf zu legen, dass die **Analystenpräsentation** mit den später in den Prospekt aufzunehmenden Informationen zumindest im Wesentlichen inhaltlich übereinstimmt. Bei einem sog. Re-IPO kommt hinzu, dass bei einer bereits bestehenden Zulassung der Aktien des Emittenten zum Handel am regulierten Markt das Insiderrecht der Art. 7 ff. MAR Anwendung findet. Enthält die Analystenpräsentation möglicherweise noch nicht öffentlich bekannte Informationen, dann sind – neben der Frage der Ad-hoc-Pflicht des Emittenten nach Art. 17 MAR – nicht nur die oben genannten Restriktionen bei deren Weitergabe zu

---

[93] Art. 2 der DVO (EU) 2016/1055, §3a WpAV, dazu BaFin, Emittentenleitfaden, Modul C, Regelungen aufgrund der Marktmissbrauchsverordnung (MAR), Stand 25.3.2020, Abschnitt I.3.10.2 (S. 50).
[94] So schon *Mennicke* in Fuchs, § 14 WpHG Rz. 344.
[95] Dazu BaFin, Emittentenleitfaden, Modul C, Regelungen aufgrund der Marktmissbrauchsverordnung (MAR), Stand 25.3.2020, Abschnitt I.4.2.5.2.3 (S. 61); *Kumpan/Schmidt* in Schwark/Zimmer, Kapitalmarktrecht, Art. 8 VO(EU) 596/2014 Rz. 789 ff.; *Meyer* in Kümpel/Mülbert/Früh/Seyfried, Bankrecht und Kapitalmarktrecht, 6. Aufl. 2022, Rz. 12.263 sowie zu weiteren Transaktionsfällen ausführlich *Meyer* in Meyer/Veil/Rönnau, Handbuch Marktmissbrauchsrecht, § 8 Rz. 36 ff.
[96] *Stäcker* in Habersack/Mülbert/Schlitt, Unternehmensfinanzierung am Kapitalmarkt, Rz. 1.51; in Abgrenzung zu Transaktionen bereits kapitalmarktbekannter Emittenten *Schäcker/Wohlgefahrt/Johannson* in Habersack/Mülbert/Schlitt, Unternehmensfinanzierung am Kapitalmarkt, Rz. 2.47.
[97] *Schlitt* in Assmann/Schlitt/von Kopp-Colomb, § 15 WpPG Rz. 35; dieser gilt auch nach der ProspektV, *Meyer* in Habersack/Mülbert/Schlitt, Unternehmensfinanzierung am Kapitalmarkt, Rz. 36.98.
[98] *Berrar* in FrankfKomm. WpPG, § 15 WpPG Rz. 45; *Groß*, Kapitalmarktrecht, Art. 22 Verordnung (EU) 2017/1129 Rz. 3.

beachten. Es kommt hinzu, dass auch die Einschätzung des Emittenten durch den jeweiligen Analysten für sich genommen eine Insiderinformation darstellen kann[99]. Jedoch ergibt sich aus Erwägungsgrund 28 Satz 1 MAR, dass Analysen und Bewertungen, die aufgrund öffentlich verfügbarer Angaben erstellt wurden, keine Insiderinformation darstellen sollten. Daher sollten Geschäfte auf der Grundlage solcher Analysen und Bewertungen nicht als Nutzung von Insiderinformationen (d.h. verbotener Insiderhandel i.S.v. Art. 8 Abs. 1 MAR) gelten.[100]

Indes können nach Erwägungsgrund 28 Satz 2 MAR Analysen und Bewertungen dennoch **Insiderinformationen** darstellen, wenn (i) ihre Veröffentlichung oder Verbreitung vom Markt routinemäßig erwartet wird und (ii) diese Veröffentlichung und Verbreitung zur Preisbildung von Finanzinstrumenten beiträgt. Entsprechendes soll gelten, wenn Analysen und Bewertungen Ansichten eines anerkannten Marktkommentators oder einer Institution enthalten, die die Preise verbundener Finanzinstrumente beeinflussen können[101]. 7.24d

Das bedeutet freilich nicht, dass nunmehr Analystenberichte (ob transaktionsbezogen oder nicht) künftig jedermann in der Art einer Ad hoc-Mitteilung kostenlos zugänglich gemacht werden müssten, um dadurch sicherzustellen, dass sie keine Insiderinformationen mehr darstellen. Dies wäre ein evidenter Widerspruch zu den parallel zur MAR durch den europäischen Gesetzgeber in der sog. **MiFID II**[102] und den dazu erlassenen delegierten Rechtsakten entwickelten Vorgaben für Analystenberichte. Denn danach sollen Wertpapierfirmen, die sowohl Ausführungs- als auch Analysedienstleistungen erbringen, diese separat bepreisen und anbieten[103]. Dies wäre offensichtlich nicht möglich, wenn sie verpflichtet wären, Analystenberichte kostenlos zu veröffentlichen. Die Weitergabe von Finanzanalysen an Kunden (d.h. vor allem solche, die Analystenberichte gegen Entgelt erwerben) wird also auch weiterhin vom Gesetzgeber als typische Verbreitungsform angesehen[104]. 7.24e

Ohnehin dürfte die in Erwägungsgrund 28 Satz 2 MAR angesprochene Konstellation nur ausnahmsweise einschlägig sein, wenn der Analystenbericht eine wesentlich andere Sicht des beurteilten Wertes beinhaltet als dies vom Markt erwartet wird, etwa eine unerwartete Änderung der Empfehlung. Selbst in diesem Fall dürfte keine spezifische Veröffentlichungspflicht bestehen, solange ein etwa als Insiderinformation anzusehender Inhalt eines Analystenberichts mit seiner üblichen Verbreitung als öffentlich bekannt gilt. Die BaFin sieht einen Umstand als **öffentlich bekannt** an, wenn er einem breiten Anlegerpublikum und damit einer unbestimmten Zahl von Personen zugänglich gemacht wurde, etwa 7.24f

---

99 BaFin, Emittentenleitfaden, Modul C, Regelungen aufgrund der Marktmissbrauchsverordnung (MAR), Stand 25.3.2020, Abschnitt I.3.2.2.2 (S. 33); unter Verweis auf CESR – Market Abuse Directive, Level 3 – Second set of guidance and information on the common operation of the Directive to the market, Ref.: CESR/06-562b vom Juli 2007 unter Tz. 1.16 (S. 8).
100 Dazu auch *Meyer*, ZBB 2020, 141, 153.
101 Dazu *Klöhn*, WM 2016, 1665.
102 Richtlinie 2014/65/EU des Europäischen Parlaments und des Rates v. 15.5.2014 über Märkte für Finanzinstrumente, ABl. EU Nr. L 173 v. 12.6.2014, S. 349.
103 Erwägungsgrund 26 Delegierte Richtlinie (EU) 2017/593 der Kommission v. 7.4.2016 zur Ergänzung der Richtlinie 2014/65/EU des Europäischen Parlaments und des Rates im Hinblick auf den Schutz der Finanzinstrumente und Gelder von Kunden, Produktüberwachungspflichten und Vorschriften für die Entrichtung beziehungsweise Gewährung oder Entgegennahme von Gebühren, Provisionen oder anderen monetären oder nicht-monetären Vorteilen ABl. EU Nr. L 87 v. 31.3.2017, S. 500.
104 Erwägungsgrund 55 und Art 37 Abs.1 lit. a) Delegierte Verordnung (EU) 2017/565 der Kommission v. 25.4.2016 zur Ergänzung der Richtlinie 2014/65/EU des Europäischen Parlaments und des Rates in Bezug auf die organisatorischen Anforderungen an Wertpapierfirmen und die Bedingungen für die Ausübung ihrer Tätigkeit sowie in Bezug auf die Definition bestimmter Begriffe für die Zwecke der genannten Richtlinie, ABl. EU Nr. L 87 v. 31.3.2017; a.A. offenbar *Klöhn*, WM 2016, 1665, 1670, aber ohne auf die angesprochenen Vorgaben der MiFID II einzugehen.

durch ein allgemein zugängliches, elektronisches Informationsverbreitungssystem[105]. Dabei ist unschädlich, wenn der Zugang zu diesem System kostenpflichtig ist[106]. Eine Veröffentlichung in den Medien sei dagegen nicht erforderlich. Dagegen genüge die Bekanntgabe in einem nur in bestimmten Kreisen einschlägigen Börseninformationsdienst oder Newsboard nicht. Auf dieser Grundlage wird die Ergänzung des Erwägungsgrundes 28 der MAR um seinen Satz 2 bisweilen als ein allgemeiner Hinweis auf das Verbot des sog. Frontrunnings verstanden, also dem Handeln vor Verbreitung der Analysen. Dafür spricht auch der Hinweis in Erwägungsgrund 28 Satz 3 MAR, dass Marktteilnehmer zur Vermeidung von Insiderhandel zu berücksichtigen haben, in welchem Umfang die betreffenden Informationen nicht öffentlich sind und welche Auswirkungen auf Finanzinstrumente möglich wären, wenn sie vor deren Veröffentlichung oder Verbreitung handeln würden.

7.24g Für Wertpapierdienstleistungsunternehmen dürfte auch nach dem Vorstehenden die Offenlegung von Analyseberichten gegenüber ihren Kunden selbst dann weiterhin zulässig sein, wenn zwar nicht die zugrundeliegenden faktischen Informationen über den Emittenten, jedoch die darin enthaltene Bewertung (ausnahmsweise) für sich eine Insiderinformation darstellen könnte. Denn diese Offenlegung geschieht im Zuge der **normalen Ausübung der Beschäftigung** als Ersteller von Analysen und damit zulässigerweise i.S.v. Art. 10 Abs. 1 MAR. Dafür spricht zum einen die Erwähnung der „Verbreitung" von Analysen als zweite Kommunikationsform neben der „Veröffentlichung" in Erwägungsgrund 28 MAR. Zum anderen sprechen hierfür auch die angesprochenen Vorgaben der MiFID II und der hierzu erlassenen delegierten Rechtsakte. In jedem Fall erscheint es angeraten, die **Analystenpräsentation** spätestens vor Verteilung der Research-Berichte öffentlich bekannt zu machen und den Analysten dahingehend zu belehren, dass er seine Einschätzung ausschließlich auf die darin enthaltenen oder sonst öffentlich bekannte Informationen stützen darf[107].

c) Regelungen über Kapitalmaßnahmen

7.25 Die Regelungen des Aktienrechts über Kapitalmaßnahmen (§§ 182 ff. AktG) bilden einen wesentlichen Teil des rechtlichen Rahmens für die Entwicklung eines Emissionskonzepts (im Einzelnen dazu §§ 43–45). Von Bedeutung sind dabei insbesondere die Bestimmungen über Kapitalerhöhungen gegen Einlagen. Das Gesetz geht im Regelfall davon aus, dass eine Kapitalerhöhung unmittelbar von der **Hauptversammlung** beschlossen wird (dazu im Einzelnen § 44). Bei der Planung einer Kapitalerhöhung mit nachfolgender Platzierung der neuen Aktien wären daher die Vorgaben für die Einberufung der Hauptversammlung zu berücksichtigen, so die Einberufungsfrist des § 123 Abs. 1 AktG von 30 Tagen, die Bestimmungen über die Anmeldung zur Hauptversammlung in § 123 Abs. 2 und 3 AktG sowie die insoweit bestehenden Veröffentlichungspflichten in den Gesellschaftsblättern nach § 121 Abs. 4 Satz 1, § 124 Abs. 2 Satz 3 AktG[108]. Ein unmittelbarer Beschluss der Kapitalerhöhung durch die Hauptversammlung ist aber nicht nur wegen des erforderlichen Vorlaufs zeitaufwändig[109]. Wegen der Kosten für die Vorbereitung und Durchführung der Hauptversammlung wird man ihn möglichst nur für die jährliche ordentliche Hauptversammlung nach § 175 Abs. 1 AktG vorsehen. Einer kurzfristigen Durchführung der Emission zur Ausnutzung einer günstigen Marktlage steht dies jedoch entgegen.

---

105 In der Literatur werden als Beispiele DGAP, Reuters, Bloomberg or VWD genannt, *Ritz* in Just/Voß/Ritz/Becker, § 13 WpHG Rz. 110; *Brellochs* in Habersack/Mülbert/Schlitt, Hdb. Kapitalmarktinformation, § 1 Rz. 75.
106 BaFin, Emittentenleitfaden, Modul C, Regelungen aufgrund der Marktmissbrauchsverordnung (MAR), Stand 25.3.2020, Abschnitt I.2.1.1 (S. 10), so auch die britische Financial Conduct Authority zu der nach dem Austritt des Vereinigten Königreichs dort grds. weitergeltenden MAR: FCA Handbook, Chapter MAR 1.2.2012 (3).
107 Ähnlich *Schlitt/Schäfer/Basnage*, CFL 2013, 49, 50; dem scheint die Marktpraxis zu folgen, vgl. *Financial Conduct Authority*, Reforming the availability of information in the UK equity IPO process, Consultation Paper CP17/5, March 2017.
108 *Hüffer/Koch*, § 121 AktG Rz. 11a.
109 Dazu *Meyer/Weber*, CFL 2012, 249, 256.

Hinzu kommt die jedem Hauptversammlungsbeschluss immanente **Gefahr der Anfechtung** durch Aktionäre nach §§ 243 ff. AktG. Diese besteht insbesondere bei einem Ausschluss des Bezugsrechts der Aktionäre. Hierfür gelten grds. strenge Anforderungen (siehe Rz. 44.72 ff., insbes. Rz. 44.78 ff.), deren Einhaltung oft Gegenstand von Anfechtungsklagen war. Dadurch kann die Durchführung der Kapitalerhöhung und damit eine Platzierung neuer Aktien blockiert werden (dazu Rz. 44.114)[110]. Deshalb und wegen des langen zeitlichen Vorlaufs ist es heute eher die Ausnahme, dass die Hauptversammlung unmittelbar über eine Kapitalerhöhung beschließt[111]. Eine gewisse Entspannung hat sich freilich durch das Freigabeverfahren nach § 246a AktG ergeben. Zum einen kann in aller Regel darauf vertraut werden, dass dieses innerhalb der Drei-Monats-Frist des § 246a Abs. 3 Satz 6 AktG abgeschlossen ist. Zum anderen haben auch die verschärften vom Anfechtungskläger zu erbringenden Anforderungen nach § 246a Abs. 2 AktG dazu geführt, dass die Zahl der Anfechtungsklagen spürbar zurückgegangen ist[112]. Dennoch muss bei der gebotenen vorsichtigen Zeitplanung von der Einladung zur Hauptversammlung bis zur Eintragung eines Kapitalerhöhungsbeschlusses in das Handelsregister unter Berücksichtigung eines Freigabeverfahrens ein Zeitraum von ca. sechs Monaten einkalkuliert werden[113].

Gebräuchlicher ist daher eine Kapitalerhöhung aus **genehmigtem Kapital**. Nach § 202 Abs. 1 AktG kann eine entsprechende Ermächtigung des Vorstandes in der Satzung vorgesehen bzw. gemäß § 202 Abs. 2 Satz 2 AktG von der Hauptversammlung beschlossen werden. Dies kann in sicherem zeitlichem Abstand vor der tatsächlichen Durchführung einer Kapitalerhöhung erfolgen. Die Möglichkeit der Anfechtung des in diesem Fall durch den Vorstand mit Zustimmung des Aufsichtsrats (§ 202 Abs. 3 Satz 2 AktG) zu fassenden Kapitalerhöhungsbeschlusses besteht dann nicht mehr. Eine Kapitalerhöhung aus genehmigtem Kapital kann so kurzfristig vor Durchführung der Platzierung beschlossen werden. Dies ermöglicht auch eine späte Festlegung des Kapitalerhöhungsvolumens und damit eine gerade bei unsicheren Marktverhältnissen gewünschte Flexibilität[114]. 7.26

d) Bezugsrecht und Bezugsrechtsausschluss

Bei einer Erhöhung des Grundkapitals ist grds. den Aktionären der Gesellschaft anteilig zu ihrer bisherigen Beteiligung ein Recht zum Bezug neuer Aktien zu gewähren, § 186 Abs. 1 AktG (dazu Rz. 44.42 ff.). Zu dessen Ausübung muss ihnen nach § 186 Abs. 1 Satz 2 AktG eine **Bezugsfrist** von mindestens zwei Wochen eingeräumt werden. In den Gesellschaftsblättern ist nach § 186 Abs. 2 Satz 1 AktG zugleich der Preis bekannt zu machen, zu dem neue Aktien erworben werden können (**„Bezugspreis"**). Alternativ kann sich das Bezugsangebot insoweit auch auf die Angabe der Grundlagen seiner Festlegung (dazu Rz. 7.36; Rz. 44.54 ff.) beschränken. In diesem Fall ist spätestens drei Tage vor Ablauf der Bezugsfrist der endgültige Ausgabebetrag in den Gesellschaftsblättern und über ein elektronisches Informationsmedium zu publizieren, § 186 Abs. 2 Satz 2 AktG. Diese Vorgaben gelten auch, wenn – wie es heute aus abwicklungstechnischen Gründen der Regelfall ist – von der Möglichkeit des sog. mittel- 7.27

---

110 In diesem Fall kann der Registerrichter das Eintragungsverfahren gemäß § 21 Abs. 1, § 381 FamFG aussetzen, *Hüffer/Koch*, § 181 AktG Rz. 17, § 243 AktG Rz. 53. Die so eintretende Registersperre kann zwar durch Entscheidung des Prozessgerichts im Freigabeverfahren nach § 246a AktG durchbrochen werden. Trotz dessen Ausgestaltung als Eilverfahren muss aber mit einer gewissen Zeitverzögerung gerechnet werden. So sieht § 246a Abs. 3 Satz 5 AktG einen über den Freigabeantrag entscheidenden Beschluss binnen drei Monaten nach Antragstellung vor; eingehend zur Problematik *Meyer/Weber*, CFL 2012, 249, 255 f. mit Gesetzgebungsvorschlägen.
111 Vgl. *Heinsius* in FS Kellermann, 1991, S. 115; *Martens*, ZIP 1992, 1677: „Die reguläre Barkapitalerhöhung ist tot, es lebe das ‚Genehmigte Kapital'".
112 Dazu ausführlich *Baums/Drinhausen/Keinath*, ZIP 2011, 2329 ff. und *Bayer/Hoffmann/Sawada*, ZIP 2012, 897 ff.
113 Dazu *Meyer/Weber*, CFL 2012, 249, 255 f.
114 *Veil* in K. Schmidt/Lutter, § 202 AktG Rz. 2; *Herfs* in Habersack/Mülbert/Schlitt, Unternehmensfinanzierung am Kapitalmarkt, Rz. 5.9.

baren Bezugsrechts nach § 186 Abs. 5 AktG Gebrauch gemacht wird (dazu Rz. 44.58 ff.). Nach § 186 Abs. 5 Satz 2 AktG hat der Vorstand das Bezugsangebot der eingeschalteten Bank(en) mit den Angaben gemäß § 186 Abs. 2 Satz 1 AktG bekannt zu machen, einschließlich der mindestens zweiwöchigen Bezugsfrist[115].

aa) Bezugsrechtsausschluss: Gründe und Anforderungen

7.28 Unter dem Gesichtspunkt der effizienten Durchführung einer Kapitalmarkttransaktion mit dem Ziel einen möglichst hohen Erlös zu erzielen, erscheint eine Emission unter Ausschluss des Bezugsrechts gegenüber der Bezugsrechtsemission aus einer Vielzahl von Gründen praktikabler. Bei Ausschluss des Bezugsrechts wird eine **flexiblere Zeitplanung** der Platzierung möglich. Die zweiwöchige Bezugsfrist des § 186 Abs. 1 Satz 2 AktG gilt hier nicht, so dass zwischen Ankündigung der Platzierung und ihrer Durchführung ein erheblich kürzerer Zeitraum liegen kann. So ist eine Privatplatzierung auch größerer Volumina an institutionelle Investoren binnen weniger Stunden durchführbar[116]. Gerade in einem unsicheren Marktumfeld können so günstige Nachfragesituationen kurzfristig ausgenutzt werden. Dies dient auch der **Erlösmaximierung**, da auf diese Weise zu einem Preis nahe am Börsenkurs platziert werden kann.

7.29 Dagegen werden Kapitalerhöhungen mit Bezugsrecht in aller Regel nur zu einem Bezugspreis vorgenommen, der nicht unerheblich unter dem Börsenkurs bei Veröffentlichung des Bezugsangebotes liegt. Der **Abschlag** kann bis zu 25 %, ggfs. sogar 40 % zum sog. Theoretical Ex-Rights Price (TERP) betragen[117]. Grund dafür ist vor allem die frühzeitige Bekanntgabe des Bezugspreises, die bei traditioneller Ausgestaltung zusammen mit dem Bezugsangebot erfolgt[118]. Sinkt der Börsenkurs während der Bezugsfrist unter einen (zu hoch) festgesetzten Bezugspreis, würden Bezugsrechte kaum ausgeübt. Bezugswillige Aktionäre könnten dann nämlich Aktien der Gesellschaft über die Börse billiger erwerben als bei Ausübung ihres Bezugsrechts. Zudem würde sich die Verwertung der dann in erheblichem Umfang verbleibenden nicht bezogenen Aktien kompliziert gestalten. Denn bei der Platzierung des nicht bezogenen Teils einer Bezugsrechtskapitalerhöhung ist die Verwaltung der Gesellschaft bzw. die im Wege des sog. mittelbaren Bezugsrechts nach § 186 Abs. 5 AktG eingeschaltete Bank nicht nur gehalten, die Aktien „bestens" zu verwerten[119]. Der ursprüngliche Bezugspreis wird vielmehr als Untergrenze für die freie Verwertung angesehen, sofern nicht den Aktionären zu einem etwaigen niedrigeren Bezugspreis ein neues Bezugsangebot unterbreitet wird (zur Verwertung nicht bezogener Aktien siehe Rz. 44.71)[120].

---

115 *Schlitt/Seiler*, WM 2003, 2175, 2179.
116 So wurde die Kapitalerhöhung der Deutsche Bank AG am Abend des 29.4.2013 angekündigt und eine entsprechende Platzierung von Aktien im Laufe des darauf folgenden Tages abgeschlossen.
117 *Hein*, WM 1996, 1, 2; *Groß* in BuB, Rz. 10/260; *Schlitt/Seiler*, WM 2003, 2175, 2177 verweisen auf einen Abschlag von 40 % bei der Kapitalerhöhung der Allianz AG im April 2003; *Seibt*, Börsen-Zeitung v. 16.6.2010, nennt für die Zeit nach Beginn der globalen Finanzkrise Abschläge von 30–35 %, dazu auch *Schlitt/Schäfer*, CFL 2011, 410 Fn. 7; ähnlich aus jüngerer Zeit *Schäcker/Wohlgefahrt/Johannson* in Habersack/Mülbert/Schlitt, Unternehmensfinanzierung am Kapitalmarkt, Rz. 2.71.
118 *Heinsius* in FS Kellermann, 1991, S. 115, 122; *Martens*, ZIP 1992, 1677, 1687; *Busch*, AG 2002, 230, 234; *Bezzenberger*, ZIP 2002, 1917, 1921; die als Flexibilisierung gedachte Möglichkeit, den endgültigen Bezugspreis nach § 186 Abs. 2 Satz 2 AktG erst drei Tage vor dem Ablauf der Bezugsfrist bekannt zu machen, wurde bisher nur selten praktiziert, auch aus Gründen der Transaktionssicherheit *Schäcker/Wohlgefahrt/Johannson* in Habersack/Mülbert/Schlitt, Unternehmensfinanzierung am Kapitalmarkt, Rz. 2.72.
119 BGH v. 19.6.1995 – II ZR 29/94 – Beton- und Monierbau, NJW 1995, 2486, r. Sp.; *Hüffer/Koch*, § 186 AktG Rz. 53; *Ekkenga* in KölnKomm. AktG, 3. Aufl. 2017, § 186 AktG Rz. 25; *Veil* in K. Schmidt/Lutter, § 186 AktG Rz. 51; *Scholz* in MünchHdb. des Gesellschaftsrechts, Bd. 4, § 57 Rz. 108.
120 *Ekkenga* in KölnKomm. AktG, 3. Aufl. 2017, § 186 AktG Rz. 25; *Hüffer/Koch*, § 186 AktG Rz. 53; *Veil* in K. Schmidt/Lutter, § 186 AktG Rz. 51.

Der Ausschluss des Bezugsrechts ist – sei es in Form eines unmittelbaren Beschlusses, sei es in Form der Ermächtigung des Vorstandes – nur durch die **Hauptversammlung** möglich und erfordert nach § 186 Abs. 3 Satz 2 AktG eine Mehrheit von mindestens drei Vierteln des bei Beschlussfassung vertretenen Grundkapitals. Daneben bedarf es der sachlichen Rechtfertigung durch das Interesse der Gesellschaft[121] sowie nach § 186 Abs. 4 Satz 2 AktG eines Berichts des Vorstandes, der die Gründe für den Ausschluss des Bezugsrechts und des vorgeschlagenen Ausgabebetrages erläutert (eingehend dazu Rz. 44.74 ff.).

7.30

Die seit Ende der 1970er Jahre die durch Rechtsprechung des BGH entwickelten Anforderungen an die **sachliche Rechtfertigung** eines Bezugsrechtsausschlusses führten zu einem erheblichen Anfechtungsrisiko, das die Durchführung einer Kapitalerhöhung unter Bezugsrechtsausschluss zunehmend generell in Frage stellte (dazu Rz. 44.78 ff.)[122]. Diese gelten grds. auch für die Ermächtigung des Vorstandes zu einer Kapitalerhöhung aus genehmigtem Kapital unter Ausschluss des Bezugsrechts (dazu Rz. 45.18 ff.). Kurzfristig auftretende Marktchancen konnten so kaum genutzt werden[123].

7.31

Durch den 1994 eingeführten **§ 186 Abs. 3 Satz 4 AktG** wurden deshalb Kapitalerhöhungen unter Bezugsrechtsausschluss unter bestimmten Voraussetzungen erleichtert. Danach ist der Ausschluss des Bezugsrechts bei einer Kapitalerhöhung gegen Bareinlagen, die 10 % des bestehenden Grundkapitals nicht überschreiten, insbesondere dann zulässig, wenn der „Ausgabebetrag" den Börsenpreis nicht wesentlich unterschreitet. Einer sachlichen Rechtfertigung bedarf es in diesem Fall grds. nicht; für den Vorstandsbericht nach § 186 Abs. 4 Satz 2 AktG gelten erleichterte Anforderungen (dazu Rz. 44.91)[124].

7.32

bb) Bezugsrechtsemissionen

Jenseits der 10 %-Grenze des § 186 Abs. 3 Satz 4 AktG besteht freilich nach wie vor im Fall des Bezugsrechtsausschlusses ein nicht unerhebliches **Anfechtungsrisiko**. Daher sind die Gesellschaften mit Kapitalerhöhungen und genehmigten Kapitalia jedenfalls für Barkapitalerhöhungen[125] ohne einigermaßen konkrete Zweckbindung oft zurückhaltend, soweit sie die 10 %-Schwelle des § 186 Abs. 3 Satz 4 AktG überschreiten.[126]

7.33

In einem schwierigen Marktumfeld kann zudem die **Platzierbarkeit** großer Volumina zu einem hohen Platzierungspreis in der Nähe des Börsenkurses fraglich sein. Oberhalb von 10 % gelten zwar die Vorgaben des § 186 Abs. 3 Satz 4 AktG in Bezug auf den Ausgabepreis nicht („nicht wesentlich unter Börsenkurs"). Allerdings ist bei allen Kapitalerhöhungen unter Ausschluss des Bezugsrechts § 255 Abs. 2 AktG zu beachten (siehe Rz. 44.76 f.), wonach der Ausgabebetrag nicht unangemessen niedrig sein darf (§ 255 Abs. 2 Satz 1 AktG). Bei einer Bezugsrechtsemission gelten für die Entscheidung über die Höhe des Bezugspreises derartige Beschränkungen hingegen grds. nicht (vorbehaltlich konkreter Vorgaben der Hauptversammlung bei der Schaffung eines genehmigten Kapitals)[127]. Will der Vorstand daher die neuen Aktien mit einem Abschlag vom aktuellen Börsenkurs anbieten, um einen Zeichnungsanreiz zu schaffen und den Erfolg der Emission sicherzustellen[128], bietet die Bezugsrechtsemis-

7.34

---

121 Vgl. *Hüffer/Koch*, § 186 AktG Rz. 25 f. m.w.N.
122 *Heinsius* in FS Kellermann, 1991, S. 115, 122; *Martens*, ZIP 1992, 1677, 1681; *Volhard*, AG 1998, 397.
123 Dazu die Begründung des Entwurfs eines Gesetzes für kleine Aktiengesellschaften und zur Deregulierung des Aktienrechts BT-Drucks. 12/6721, S. 10 sowie die diesbezügliche Beschlussempfehlung des Rechtsausschusses BT-Drucks. 12/7848, S. 9.
124 Umfassend dazu *Seibt*, CFL 2011, 74.
125 Für Ermächtigungen zu Sachkapitalerhöhungen hatte der BGH im Urteil v. 23.6.1997 – II ZR 132/93 – Siemens/Nold, BGHZ 136, 133, 140 = AG 1997, 465, Erleichterungen geschaffen, dazu Rz. 45.18 ff.
126 Dazu *Apfelbacher/Kuthe/Meyer*, AG 2020, 501, 505 m.w.N.
127 *Schlitt/Seiler*, WM 2003, 2175, 2177 f.; ähnlich *Lutter* in KölnKomm. AktG, 2. Aufl. 1995, § 182 AktG Rz. 28 („nach pflichtgemäßem Ermessen"); *Scholz* in MünchHdb. des Gesellschaftsrechts, Bd. 4, § 57 Rz. 28 ff.
128 *Schlitt/Seiler*, WM 2003, 2175, 2177.

sion bei der Bestimmung des Platzierungspreises die größere Flexibilität, da sie nicht den Schranken des § 255 Abs. 2 AktG unterliegt. Im Einzelfall soll allerdings ein deutlich unter dem rechnerischen Börsenkurs nach Durchführung der Kapitalerhöhung liegender Bezugspreis unter dem Gesichtspunkt des faktischen Bezugsrechtsausschlusses unzulässig sein und zur Anfechtung eines Hauptversammlungsbeschlusses nach § 243 Abs. 1 AktG berechtigen können. Dabei sind jedoch hohe Anforderungen zu stellen, da dem Interesse des Aktionärs am Schutz vor Verwässerung durch das gesetzliche Bezugsrecht grds. ausreichend Rechnung getragen wird[129].

7.35 Um die wirtschaftlichen Nachteile von Bezugsrechtsemissionen zu minimieren, wurden Ende der 1990er Jahre in der Praxis Konzepte entwickelt, um durch **marktnahe Preisfestsetzung** einen höheren Emissionserlös zu erreichen. Das der Festsetzung eines hohen Bezugspreises entgegenstehende Marktrisiko während der Bezugsfrist wurde dadurch verringert, dass im Bezugsangebot der Bezugspreis nicht betragsmäßig festgelegt, sondern nur ein maximaler Bezugspreis angegeben wurde[130]. Die Festlegung des Bezugspreises erfolgte dann am Ende der Bezugsfrist nahe am Börsenkurs auf der Grundlage einer parallel durchgeführten Platzierung im Bookbuildingverfahren. Der im Bezugsangebot angegebene Maximalpreis bildete dabei jedoch die Obergrenze. Dadurch war das Bezugsangebot weniger attraktiv als bei einem hohen Abschlag, so dass auch der Wert des Bezugsrechts[131] gering blieb. Bezugsrechte wurden daher kaum ausgeübt, so dass eine ausreichend große Zahl an nicht bezogenen neuen Aktien zur Verfügung stand, um parallel zum Bezugsangebot ein „freies" Angebot an außen stehende Investoren durchzuführen. Diese erwarben die neuen Aktien mindestens zu dem nahe am Börsenpreis zum Ende der Bezugsfrist festgelegten Bezugspreis, je nach der im Wege des Bookbuilding-Verfahrens ermittelten Nachfrage ggf. auch zu einem höheren Preis[132].

7.36 Einer marktnäheren Festsetzung des Bezugspreises dient auch die Ergänzung des § 186 Abs. 2 Satz 1 AktG durch das **Transparenz- und Publizitätsgesetz** (TransPuG) aus dem Jahr 2002, nach der es auch genügt, wenn im Bezugsangebot nur die „**Grundlagen der Festlegung**" des Bezugspreises angegeben werden. Die Angabe einer mathematischen Formel, aus der der Bezugspreis berechnet werden kann, ist dabei nicht erforderlich; vielmehr genügt die Beschreibung des Mechanismus der Preisbestimmung[133]. In diesem Fall muss der Ausgabebetrag nach § 186 Abs. 2 Satz 2 AktG spätestens drei Tage vor Ablauf der Bezugsfrist in den Gesellschaftsblättern und über ein elektronisches Informationsmedium bekannt gemacht werden (dazu Rz. 44.54). Auch bei dieser „späten" Festlegung des Bezugspreises ist deshalb ein gewisser Abschlag zum aktuellen Börsenpreis bei Festlegung des Bezugspreises unvermeidlich. Problematisch ist insbesondere, dass die Zahl der für eine freie Platzierung zur Verfügung stehenden Aktien erst am Ende der Bezugsfrist, also mehrere Tage nach erfolgter Zuteilung bei einem zur Preisfestsetzung durchgeführten Bookbuilding-Verfahren feststeht. Um zu vermeiden, dass bei einer unerwartet hohen Bezugsquote nicht alle Zuteilungen beliefert werden können, ist daher mit den am Bookbuilding teilnehmenden Investoren ein sog. **Claw-Back** zu vereinbaren, d.h. das Recht der Emissionsbank(en), einen Teil der Zuteilungen zurückzunehmen, wenn dies erforderlich wird, um Bezüge von Bezugsberechtigten zu beliefern[134]. Angesichts der dargestellten Komplexität überrascht es

---

129 OLG Hamburg v. 12.2.2021 – 11 AktG 1/20, AG 2021, 568, 570, dazu *Servatius*, EWiR 2021, 227; ähnlich OLG Düsseldorf v. 22.11.2018 – 6 AktG 1/18, AG 2019, 467, 472.
130 *Busch*, AG 2002, 230, 234; dieses Konzept lag z.B. der zweiten öffentlichen Platzierung von Aktien der Deutsche Telekom AG (*DT II*) im Jahre 1999 zugrunde.
131 *Wiedemann* in Großkomm. AktG, 4. Aufl. 1995, § 186 AktG Rz. 222.
132 Vgl. *Busch*, AG 2002, 230, 234, *Busch/Groß*, AG 2000, 503, 509 f.
133 Der Begründung zum Regierungsentwurf des TransPuG nimmt insoweit ausdrücklich Bezug auf das Bookbuildingverfahren, RegE TransPuG, BT-Drucks. 14/8769, S. 23; dazu *Schlitt/Schäfer*, CFL 2011, 410, 411; *Meyer/Weber*, CFL 2012, 249, 254; *Herfs* in Habersack/Mülbert/Schlitt, Unternehmensfinanzierung am Kapitalmarkt, Rz. 5.104.
134 *Schlitt/Seiler*, WM 2003, 2175, 2181; im Zusammenhang mit der Emission von Wandelschuldverschreibungen: *Schlitt/Seiler/Singhof*, AG 2003, 254, 262.

daher nicht, dass von der Möglichkeit der bloßen Angabe der Grundlagen der Festlegung des Bezugspreises im Bezugsangebot bislang selten Gebrauch gemacht wurde[135].

Die vor Inkrafttreten des TransPuG praktizierte Lösung (Bezugsangebot nur mit Höchstpreis, parallele freie Platzierung) ist angesichts der nunmehr klaren gesetzlichen Vorgaben die Grundlage entzogen[136]. In Österreich, wo die betreffenden Änderungen durch das TransPuG nicht nachvollzogen wurden, findet dieses Verfahren bei Bezugsrechtskapitalerhöhungen jedoch bis heute regelmäßig Anwendung,[137] so etwa bei der Bezugsrechtskapitalerhöhung der BUWOG AG im Jahre 2017. 7.37

Das Erfordernis eines Claw-Back kann auch durch Absprache mit einem oder mehreren Großaktionären der Gesellschaft vermieden werden. Erklären diese den **Verzicht auf die Bezugsrechte**, wachsen die frei werdenden Bezugsrechte nicht etwa den anderen Aktionären an, sondern können von den Emissionsbanken verwertet werden[138], beispielsweise durch Platzierung bei institutionellen Investoren. Eine alternative Gestaltung ist die **Übertragung** von Bezugsrechten an die Konsortialbanken. Schließlich ist auch ein Verzicht auf die Ausübung der Bezugsrechte denkbar, so dass eine Mindestzahl an frei platzierbaren Aktien auf diese Weise möglich wird. Kann ein solcher Bezugsrechtsverzicht nicht erreicht werden, bleibt noch die Möglichkeit des **Erwerbs von Bezugsrechten** im Rahmen des Bezugsrechtshandels durch die Emissionsbanken, um so die für eine freie Platzierung erforderliche Zahl an Aktien zu erhalten[139]. Das so zur Verfügung stehende Volumen bleibt allerdings zunächst bis zum Ende des Bezugsrechtshandels unsicher. 7.38

Ein marktnäherer Bezugspreis und eine größere Transaktionssicherheit lassen sich zudem durch eine **Bezugsrechtskapitalerhöhung mit Vorabplatzierung** erzielen. Hier werden bereits vor Beginn des Bezugsangebotes Aktien im Wege einer Privatplatzierung neue Aktien an institutionelle Anleger platziert (zu den Techniken, dabei einen Verstoß gegen das Bezugsrecht nach § 186 Abs. 1 AktG zu vermeiden sogleich). Der Platzierungspreis der Privatplatzierung ist dann typischerweise mit dem Bezugspreis identisch. Um auch bei einer hohen Bezugsquote alle ausgeübten Bezugsrechte beliefern zu können, werden in der Praxis auch hier entweder ein sog. Claw-back vereinbart. Das bedeutet, die neuen Aktien werden (nach Maßgabe des § 187 Abs. 1 AktG) nur unter dem Vorbehalt des Bezugsrechts der Aktionäre platziert. Soweit die so vorab platzierten Aktien benötigt werden, um ausgeübte Bezugsrechte zu beliefern, kann eine unter diesem sog. Claw-back Vorbehalt vorgenommene Zuteilung nachträg- 7.38a

---

135 Bei den Bezugsrechtskapitalerhöhungen der Deutsche Bank AG (2010), Porsche Automobil Holding SE (2011) und Commerzbank AG (2011), in jüngerer Zeit Bayer AG (2018), Grammer AG (2020), TUI AG (2020, 2021) und Lufthansa AG (2021), wurde das traditionelle Konzept der frühzeitigen Festlegung des Bezugspreises bereits im Bezugsangebot mit deutlichem Abschlag vom aktuellen Börsenkurs verfolgt; die TransPuG-Regelung kam bislang eher bei kleineren Unternehmen zur Anwendung, etwa bei den Kapitalerhöhungen der GPC Biotech AG (2004), Premiere AG (2007), Manz Automation AG (2008), Roth & Rau AG (2008) sowie Deutsche Wohnen AG (2012) zur Anwendung.
136 *Seibert*, der seinerzeit für Gesellschaftsrecht zuständige Referatsleiter im Bundesministerium der Justiz, ließ dies in NZG 2002, 608, 612 offen („Damit befasst sich die vorliegende Regelung nicht."); dagegen *Schlitt/Seiler*, WM 2003, 2181, 2175; ebenso zweifelnd *Groß* in BuB, Rz. 10/270e.
137 So für den Fall des mittelbaren Bezugsrechts *Winner* in Doralt/Nowotny/Kalss, AktG, 2003, § 153 Rz. 71, 74; *Winner* in MünchKomm. AktG, 4. Aufl. 2013, § 186 AktG Rz. 236, dessen Hinweis auf „nähere Berechnungsmethoden" allerdings nicht die langjährige Transaktionspraxis wiedergibt, zumal der im Angebot genannte maximale Bezugspreis bzw. eine Preisspanne nicht „berechnet" wird, sondern sich aus einer Prognose der Kursentwicklung während des Bezugsangebots und einem abzuziehenden Sicherheitsabschlag ergibt, siehe Rz. 7.29.
138 *Ekkenga* in KölnKomm. AktG, 3. Aufl. 2017, § 186 AktG Rz. 45 („Verwalter"); *Hüffer/Koch*, § 186 AktG Rz. 53; *Veil* in K. Schmidt/Lutter, § 186 AktG Rz. 51; *Frese*, AG 2001, 15, 20 f.; *Schlitt/Seiler/Singhof*, AG 2003, 254, 262 Fn. 103; dazu und zu dabei auftretenden steuerlichen Folgefragen *Hahne/Seiler/Rath*, CFL 2013, 171.
139 Der Erwerb von Bezugsrechten im Rahmen des Bezugsrechtshandels führt nicht zu deren Erlöschen im Wege der Konfusion, *Frese*, AG 2001, 15, 21 Fn. 60.

lich entsprechend gekürzt werden. Alternativ kann mit einem Großaktionär dessen Verzicht, Ausübungsverzicht oder die Übertragung von Bezugsrechten vereinbart werden. In diesem Fall können neue Aktien im Umfang der Vorabplatzierung bereits zu Beginn der Bezugsfrist gezeichnet werden, um eine kurzfristige Belieferung der Erwerber aus der Privatplatzierung zu ermöglichen. Üben im Fall der Bezugsrechtsübertragung die Konsortialbanken das übertragene Bezugsrecht aus und wird ihnen insoweit ermöglicht, die neuen Aktien früher zu beziehen als andere Bezugsberechtigte, die ebenfalls zu diesem Zeitpunkt ihr Bezugsrecht ausgeübt haben, werden sie freilich diesen gegenüber jedenfalls formal bessergestellt. Dies dürfte jedoch keinen Verstoß gegen den Gleichbehandlungsgrundsatz nach § 53a AktG darstellen. Denn dieses Bezugsrecht erwächst nicht aus einer Aktionärsstellung der Konsortialbanken. Zudem erscheint eine Ungleichbehandlung durch die Abwicklungsfunktion der Banken bei der Umsetzung einer im Interesse der Gesellschaft gewählten Transaktionsstruktur gerechtfertigt. Denkbar wäre daneben, die frühe Zeichnung generell auf neue Aktien zu erstrecken, bezüglich derer das Bezugsrecht frühzeitig, d.h. bis zu einem bestimmten Stichtag am Anfang der Bezugsfrist ausgeübt wurde. Aktienrechtlich sollte dies auch bei einem sog. „Direktbeschluss" der Kapitalerhöhung durch die Hauptversammlung ungeachtet der Diskussion um die Zulässigkeit der Durchführung einer solchen Kapitalerhöhung in **Tranchen** nicht problematisch sein. Nach einer Entscheidung des OLG München kann der Vorstand eine von der Hauptversammlung beschlossene Kapitalerhöhung nicht zeitlich unbegrenzt in mehreren Tranchen durchführen, da sonst die Grenzen zum genehmigten Kapital verwischt würden[140]. In der Literatur ist dies umstritten[141]. Jedoch ist auch nach Auffassung derjenigen Autoren, die die Durchführung einer Kapitalerhöhung in Tranchen grds. ablehnen, eine teilweise Durchführung in Höhe der eingegangenen Zeichnungen möglich, wenn der Kapitalerhöhungsbeschluss dies so vorsieht. Entscheidend ist aber, dass der Beschluss eine nicht zu weit ausgedehnte Durchführungsfrist vorsieht und dem Vorstand nicht – wie beim genehmigten Kapital – ein eigenes Ermessen hinsichtlich des Umfangs der Durchführung zukommt[142].

7.38b Bei der hier vorgeschlagenen Zeichnung in mehreren Stufen im Rahmen eines Bezugsangebots wird der Kapitalerhöhungsbeschluss gerade nicht (wie in dem vom OLG München entschiedenen Fall) unter Verwischung der Grenzen zum genehmigten Kapital über mehrere Monate auf verschiedene Transaktionen aufgeteilt. Es handelt sich vielmehr um **eine Maßnahme mit einem Bezugsangebot**, bei der aus abwicklungstechnischen Gründen mehrere Durchführungsschritte in zeitlicher Nähe zueinander vorgesehen sind[143]. Letztlich liegt es hier nicht anders als bei der klassischen Bezugsrechtskapitalerhöhung ohne Einschaltung einer Bank, bei der die einzelnen bezugsberechtigten Aktionäre jeweils eigene Zeichnungsscheine einreichen und die diesbezügliche Bündelung der Anmeldung der Durchführung der Kapitalerhöhung sich zwar aus Effizienzgründen regelmäßig empfiehlt, rechtlich aber nicht zwingend geboten ist. Empfehlenswert erscheint es freilich, diese Vorgehensweise ausdrücklich im Kapitalerhöhungsbeschluss vorzusehen, zumal das OLG München die Möglichkeit der Durchführung einer Kapitalerhöhung nach § 182 AktG in mehreren Schritten für diesen Fall ausdrücklich offengelassen hat[144].

---

140 OLG München v. 22.9.2009 – 31 Wx 110/09, ZIP 2009, 1954 f. = NZG 2009, 1274 = AG 2010, 88.
141 Mit dem OLG München gegen eine Zeichnung in Tranchen *Priester*, NZG 2010, 81; *Veil* in K. Schmidt/Lutter, § 182 AktG Rz. 17; *Lieder* in Bürgers/Körber/Lieder, § 182 AktG Rz. 26; *Pluskat*, EWiR § 182 1/10, 203; für eine Zulässigkeit, wenn dies ausdrücklich im Hauptversammlungsbeschluss und in der Handelsregisteranmeldung vorgesehen ist, grundlegend *Schüppen*, AG 2001, 125, 127; dem folgend *Hüffer/Koch*, § 182 AktG Rz. 12; *Servatius* in BeckOGK AktG, Stand 1.6.2021, § 182 AktG Rz. 56; *von Dryander/Niggemann* in Hölters, § 188 AktG Rz. 6, *Sickinger/Kuthe* in Schüppen/Schaub, Münchener Anwaltshandbuch Aktienrecht, 2. Aufl. 2010, § 3 Rz. 37 f.; *Bücker*, NZG 2009, 1339, 1340; *Kallweit*, AG 2009, R479; *Holzmann/Eichstädt*, DStR 2010, 277, 281.
142 *Priester*, NZG 2010, 81, 84; *Holzmann/Eichstädt*, DStR 2010, 277, 281; *Herchen* in Happ/Groß/Mörle/Vetter, Aktienrecht, Band II, Abschnitt 12.01, Rz. 4.2 ff., 12.1.
143 *Schlitt/Schäfer*, CFL 2011, 410, 414 Fn. 66.
144 OLG München v. 22.9.2009 – 31 Wx 110/09, ZIP 2009, 1954, 1955 = NZG 2009, 1274, 1275 = AG 2010, 88.

Um eine angemessene Information der im Rahmen der Vorabplatzierung angesprochenen Anleger sicherzustellen, findet diese regelmäßig nach Prospektveröffentlichung statt; der Bezugspreis wird dann gemäß Art. 17 Abs. 2 ProspektV danach veröffentlicht. Sofern der Prospekt jedoch nicht bereits eine konkrete **Preisindikation** enthält, etwa in Form einer Preisspanne, ist nach der Verwaltungspraxis der BaFin in Bezug auf die von Bezugspreis und Emissionserlös abhängigen Angaben ein **Nachtrag** nach Art. 23 ProspektV erforderlich[145].

7.38c

Erfolgt die Vorabplatzierung vor Prospektveröffentlichung, ist sicherzustellen, dass der Emittent nicht über **Insiderinformationen** verfügt, insbesondere er nicht von der sog. Selbstbefreiung nach Art. 17 Abs. 4 MAR Gebrauch macht. Sofern die Kapitalerhöhung nicht bereits öffentlich angekündigt wurde, dürfte jedenfalls in Bezug auf die Transaktion selbst eine Insiderinformation vorliegen. Die geplante Kapitalerhöhung muss aber den angesprochenen institutionellen Anleger zwangsläufig offengelegt werden. Insiderrechtlich begegnet dies jedoch keinen grundsätzlichen Bedenken, da es sich einer solchen Vorabplatzierung um ein sog. *face-to-face*-Geschäft handelt, bei dem beide Parteien über dieselben Insiderinformationen verfügen und das daher nach Sinn und Zweck des Insiderrechts[146] nicht vom Verbot des Art. 8 Abs. 1, 14 lit. a) MAR erfasst ist (dazu Rz. 8.57 ff. m.w.N., auch zu den insoweit zu treffenden Vorkehrungen gegen Insidergeschäfte seitens der Investoren)[147]. Freilich werden die Anleger ein Interesse daran haben, vor ihrer Investitionsentscheidung von der Offenlegung im Prospekt Kenntnis nehmen zu können, zumal da auch bei einer auf dem aktuellen Stand befindlichen Ad-hoc-Publizität das Gesamtbild des Prospektes für die Anlageentscheidung von Bedeutung sein kann. Sofern der Prospekt noch nicht in gebilligter Form vorliegt, erscheint hier denkbar, den angesprochenen institutionellen Anlegern einen weitgehend finalen **Entwurf des Prospektes** zur Verfügung zu stellen. Erhalten sie dadurch möglicherweise Insiderinformationen in Bezug auf die Verhältnisse der Gesellschaft, ist die Vorab-Platzierung jedoch auch insoweit als zulässiges *face-to-face*-Geschäft anzusehen[148]. Die Weitergabe ist freilich auf den zur Durchführung der Transaktion unerlässlichen Personenkreis zu beschränken. Ferner sind die Investoren zu belehren, dass sie die Informationen bis zu deren Veröffentlichung weder weitergeben noch auf ihrer Grundlage Geschäfte in der betreffenden Aktie tätigen dürfen (dazu Rz. 8.58a, 8.185a)[149]. Treten nach der Überlassung des Prospektentwurfs noch Änderungen ein, kann den Investoren eine mit Änderungsmarkierungen versehene Version der Billigungsfassung übermittelt und ihnen ein (grds. vor der Billigung auszuübendes) Rücktrittsrecht eingeräumt werden. Zudem sollte der Zeitraum zwischen Vorabplatzierung und Prospektveröffentlichung so kurz wie möglich sein.

7.38d

Ein **kombiniertes Angebot** mit und ohne Bezugsrecht ist aber auch mit herkömmlicher Bezugspreisbestimmung nach dem Festpreisverfahren denkbar. Motivation hierfür kann z.B. sein, dass die Gesellschaft das Grundkapital um mehr als 10 % erhöhen möchte, der Vorstand aber – wie häufig – nur

7.39

---

145 Zur Problematik *Meyer* in Habersack/Mülbert/Schlitt, Unternehmensfinanzierung am Kapitalmarkt, Rz. 36.75 ff.; dazu auch ESMA, Questions and Answers Prospectuses, 30th updated version – April 2019, v. 8.4.2019, ESMA31-62-780, Antwort auf Frage 55; diese sog. Level 3 Guidance zur Anwendung der durch die ProspektV abgelöste Prospektrichtlinie findet weiterhin Anwendung, vgl. ESMA Questions and Answers on the Prospectus Regulation, ESMA/2019/ESMA31-62-1258, Version 10 v. 27.7.2021, Antwort auf Frage 2.1.
146 Vgl. insbesondere Erwägungsgrund 23 MAR, *Veil* in Meyer/Veil/Rönnau, Handbuch zum Marktmissbrauchsrecht, § 7 Rz. 3; *Klöhn* in Klöhn, MAR, Art. 8 Rz. 143f.
147 Dazu auch *Schlitt/Schäfer*, CFL 2011, 410, 415.
148 Dazu BaFin, Emittentenleitfaden, Modul C, Regelungen aufgrund der Marktmissbrauchsverordnung (MAR), Stand 25.3.2020, Abschnitt I.4.2.5.2.3 (S. 61); *Assmann* in Assmann/Uwe H. Schneider/Mülbert, Wertpapierhandelsrecht, Art. 8 VO 596/2014 Rz. 40; *Veil* in Meyer/Veil/Rönnau, Handbuch Marktmissbrauchsrecht, § 7 Rz. 45f.; *Kumpan/Schmidt* in Schwark/Zimmer, Kapitalmarktrecht, Art. 8 VO(EU) 596/2014 Rz. 89f.
149 Ebenso *Seibt/Voigt*, AG 2009, 133, 140 f.; vgl. auch den Hinweis der BaFin, Emittentenleitfaden, Modul C, Regelungen aufgrund der Marktmissbrauchsverordnung (MAR), Stand 25.3.2020, Abschnitt I.4.4.2.1 a.E. (S. 63).

zum erleichterten Bezugsrechtsausschluss nach § 186 Abs. 3 Satz 4 AktG ermächtigt und insoweit auf ein Volumen von maximal 10 % des Grundkapitals begrenzt ist. Will man die Komplikationen zweier paralleler Angebote mit und ohne Bezugsrecht vermeiden, aber auf jeden Fall eine hohe Bezugsquote erreichen, sowie den Aktionärskreis erweitern, bietet es sich an, bei einer Kapitalerhöhung teils mit, teils ohne Bezugsrecht die beiden Angebote nacheinander durchzuführen[150]. Dabei fasst der Vorstand auf der Grundlage eines entsprechenden genehmigten Kapitals einen sog. „Bis-zu"-Kapitalerhöhungsbeschluss[151], der nur das maximale Volumen der Kapitalerhöhung festlegt und eine Zeichnung in zwei Tranchen (siehe Rz. 7.38a) vorsieht, je eine für jede Angebotsart. Sodann erfolgt zunächst das Bezugsangebot. Anschließend werden nach dessen Abschluss die nicht bezogenen Aktien zusammen mit den Aktien aus der bezugsrechtsfreien Tranche platziert. Die bezugsrechtsfreie Tranche wird dann in dem Umfang ausgeschöpft, der sich aufgrund der Marktresonanz unter Berücksichtigung der Zahl noch zu verwertender Aktien aus der Bezugsrechtstranche als platzierbar erweist.

7.40 Werden umgekehrt die Platzierungschancen im freien Markt (auch angesichts des Platzierungsvolumens) eher kritisch eingeschätzt, hängt der Erfolg der Kapitalerhöhung entscheidend von der Bezugsquote ab. In dieser Situation kann es hilfreich sein, Großaktionäre zum Eingehen einer **festen Bezugsverpflichtung** zu bewegen. Die Mitteilung, dass sich bestimmte Großaktionäre an der Emission beteiligen, kann als vertrauensbildende Maßnahme dazu führen, dass sich weitere Aktionäre anschließen. Gegebenenfalls lässt sich zumindest ein Teilbezug im Wege einer sog. **Opération Blanche** herbeiführen. Dabei übt der bezugsberechtigte Aktionär seine Bezugsrechte insoweit aus, als er den Bezugspreis aus dem Erlös der Veräußerung von Bezugsrechten bezahlen kann[152]. Er beteiligt sich dadurch in dem Umfang an der Kapitalerhöhung, der ihm ohne Einsatz zusätzlicher Mittel möglich ist. Eine Variante zur Opération Blanche besteht darin, dass ein bezugsberechtigter Aktionär die Mittel zur Ausübung von Bezugsrechten durch eine Veräußerung von Altaktien nach Ankündigung der Kapitalerhöhung aufbringt. So kann er aufgrund der Differenz zwischen Börsenkurs und (erwartetem) Bezugspreis ebenfalls seine Verwässerung ohne Einsatz zusätzlicher Mittel zumindest minimieren. Will er sicherstellen, dass er die Bezugsrechte aus sämtlichen von ihm vor der Maßnahme gehaltenen Altaktien erhält, muss die Lieferung der veräußerten Altaktien nach Beginn der Bezugsfrist erfolgen, da zu diesem Zeitpunkt die Bezugsrechte von den Altaktien abgetrennt und gesondert verbucht werden. Die Aktien werden ab diesem Tag „ex Bezugsrechte" gehandelt; die Lieferung von Aktien dieser Gattung erfolgt also ohne die Bezugsrechte. Die Erwerber der Aktien sollten darauf hingewiesen werden.

7.40a Eine Abwandlung der Festbezugserklärung ist der sog. **Backstop**. Hier verpflichtet sich ein außenstehender Investor, nicht bezogene neue Aktien in einem bestimmten Umfang fest zu übernehmen und zwar mindestens zum Bezugspreis (ansonsten bestünde die Gefahr des faktischen Bezugsrechtsausschlusses, dazu Rz. 44.71)[153]. Diese Gestaltung ist auch unter Beteiligung von Altaktionären denkbar, die sich ggf. bereiterklären, über die volle Ausübung ihres Bezugsrechts weitere neue Aktien zu erwerben. Dabei ist aber auf eine sorgfältige Begründung der mit dieser Konstellation potentiell einhergehenden Privilegierung des „Backstop-Aktionärs" gegenüber anderen Aktionären zu achten[154]. Gerade bei der Beteiligung eines externen Investors hat diese Struktur freilich den Nachteil, dass dessen Übernahmeverpflichtung zwar die Transaktionssicherheit erhöht, er aber bei einer dadurch ermöglichten hohen Bezugsquote mitunter nur in geringem Umfang neue Aktien erwerben kann. Es erscheint dabei

---

150 Angedeutet bereits bei *Hefermehl/Bungeroth* in G/H/E/K, 1989, § 186 AktG Rz. 156; in jüngerer Zeit: *Schlitt/Seiler*, WM 2003, 2175, 2178. Ein solches kombiniertes Angebot wurde im Herbst 2003 von der STADA Arzneimittel AG durchgeführt.
151 Zu dessen Zulässigkeit bereits RG v. 30.5.1903 – I 21/03, RGZ 55, 65, 68.
152 Vgl. z.B. *Wiedemann* in Großkomm. AktG, 4. Aufl. 2006, § 186 AktG Rz. 93; *Frese*, AG 2001, 15, 20 Fn. 58; *Schlitt/Seiler*, WM 2003, 2175, 2181 f. Fn. 86; so war z.B. die Münchener Rückversicherungs-Gesellschaft AG bei der Kapitalerhöhung der Allianz AG im April 2003 vorgegangen, vgl. Bericht in der FAZ v. 20.3.2003.
153 Ein Beispiel für diese Struktur ist die Kapitalerhöhung der Infineon Technologies AG (2009).
154 Dazu *Schlitt/Schäfer*, CFL 2011, 410, 416.

grds. möglich, dem Investor das Übernahmerisiko in Form einer Vergütung abzugelten, jedenfalls solange diese die übliche Übernahmeprovision für Banken nicht überschreitet[155]. Dies stellt auch keinen Verstoß gegen §§ 57, 71a AktG dar, da sich die Backstop-Provision als marktübliches Entgelt für das Eingehen des Übernahmerisikos darstellt und eben nicht als Vorfinanzierung der zu erbringenden Einlage. Dies gilt insbesondere, wenn sie unabhängig von dem Umfang gezahlt wird, in dem der Backstop-Investor tatsächlich Aktien übernimmt[156].

III. Börsen, Marktsegmente und Indizes (Deutschland)

1. Auswahl der Börsenplätze

Die historisch gewachsene Vielfalt unterschiedlicher Börsenhandelsplätze in Deutschland hat in Zeiten elektronischer Handelssysteme an Bedeutung eingebüßt. Für den Aktienhandel ist die **Frankfurter Wertpapierbörse** die mit weitem Abstand bedeutendste deutsche Börse[157]. Bei an mehreren Börsen notierten Werten konzentriert sich der Handel zunehmend auf den liquidesten Markt, so dass eine Vielzahl von Notierungen in demselben Land nicht mehr sinnvoll erscheint. Daher stellt sich aus Kostengründen die Frage, ob bei historisch gewachsener Mehrfachnotierung auf die Notierung an Regionalbörsen verzichtet werden kann (zum Delisting siehe § 63)[158].

7.41

Für mittelständische Emittenten kann die Notierung an einer **Regionalbörse** freilich den Vorteil größerer Visibilität bei Anlegern aus der Region bieten[159], etwa durch breitere Berichterstattung in der regionalen Wirtschafts- und Tagespresse[160]. Dies gilt insbesondere für Unternehmen, die in überregionalen Medien aufgrund ihrer Größe und Marktkapitalisierung eine eher untergeordnete Rolle spielen. Auch haben Regionalbörsen spezielle auf mittelständische Unternehmen ausgerichtete Marktsegmente geschaffen, wie etwa den m:access der Börse München[161] oder die Mittelstandsbörse Deutschland der Börse Hamburg[162], die innerhalb des gesetzlich unregulierten Freiverkehrs (siehe Rz. 7.48) mit einem gewissen Mindestmaß an Regulierung eine durch die steigende Regelungsdichte an regulierten Märkten entstandene Marktlücke schließen.

7.42

2. Marktsegmente

Von den Börsenplätzen zu unterscheiden sind die am jeweiligen Börsenplatz bestehenden Marktsegmente, wobei die Marktsegmente der Frankfurter Wertpapierbörse die größte Bedeutung haben. Die Differenzierung der Marktsegmente ist vor allem für solche Gesellschaften von Interesse, die faktisch von ihrer Börsennotierung in jüngerer Vergangenheit wenig Gebrauch gemacht haben, für die sich aber aus Anlass einer Emission die Gelegenheit bietet, ihre Attraktivität für Investoren zu verbessern.

7.43

---

155 *Schlitt/Schäfer*, CFL 2011, 410, 416; *Seibt*, Der Konzern 2009, 261, 272; *Vaupel/Reers*, AG 2010, 93, 98; *Herfs* in Habersack/Mülbert/Schlitt, Unternehmensfinanzierung am Kapitalmarkt, Rz. 5.118.
156 *Seibt*, Der Konzern 2009, 260, 272; ähnlich für eine sog. break fee als pauschalisierten Aufwendungsersatz im Fall des Scheiterns einer Transaktion *Cahn* in BeckOGK AktG, Stand 1.6.2021, § 71a AktG Rz. 43.
157 So macht der Handel im elektronischen Handelssystem Xetra der Deutsche Börse AG, dem Börsenträger der Frankfurter Wertpapierbörse, über 90 % des Aktienhandels an allen deutschen Wertpapierbörsen aus, vgl. www.deutsche-boerse.com; zur Organisation des Kassamarktes *Seiffert/Lembke* in Kümpel/Mülbert/Früh/Seyfried, Bankrecht und Kapitalmarktrecht, 6. Aufl. 2022, Rz. 14.281 ff.; dazu auch *Harrer/Fisher/Evans*, RIW 2003, 81, 84.
158 *Klenke*, WM 1995, 1089, 1091.
159 *Schanz*, Börseneinführung, § 11 Rz. 80 f.; *Achleitner*, Handbuch Investment Banking, S. 282.
160 *Klenke*, WM 1995, 1089, 1091.
161 Siehe dazu unter www.boerse-muenchen.de/maccess.
162 Siehe dazu unter www.boersenag.de/Mittelstandsboerse_Deutschland.

Dies kann z.B. durch einen Wechsel des Marktsegments geschehen oder auch durch das Anstreben der Aufnahme in einen Index[163].

a) Marktsegmentierung nach BörsG

7.44 Das BörsG gibt eine Aufteilung des Börsenhandels von Wertpapieren in zwei verschiedene Marktsegmente vor: den regulierten Markt und den Freiverkehr.

aa) Regulierter Markt

7.45 Der regulierte Markt ist das Marktsegment mit den **strengsten Zulassungsvoraussetzungen**. Dort sind traditionell sämtliche große deutsche börsennotierte Gesellschaften (sog. *Blue Chips*) notiert. Folglich ist traditionell die Börsenkapitalisierung und die Liquidität in diesem Segment am höchsten[164].

7.46 Die Notierung von Wertpapieren im regulierten Markt setzt gemäß § 32 Abs. 1 BörsG die **Zulassung** durch die Geschäftsführung der betreffenden Wertpapierbörse voraus. Dazu ist gemäß § 32 Abs. 3 BörsG die vorherige Veröffentlichung eines nach dem WpPG gebilligten Prospekts erforderlich, es sei denn, eine Ausnahmeregelung des WpPG greift ein. Zudem müssen die weiteren Zulassungsvoraussetzungen der BörsZulV nach § 32 Abs. 3 BörsG erfüllt sein (siehe § 9). An der Zulassung knüpfen eine Vielzahl weiterer Pflichten an (**Zulassungsfolgepflichten**), die im WpHG geregelt sind. Sie bestehen für den Emittenten insbesondere aus den Regelungen zur Veröffentlichung von Stimmrechtsmeldungen (§§ 33 ff. WpHG), zu bestimmten Verhaltens- und Informationspflichten gegenüber Wertpapierinhabern (§§ 48 ff. WpHG) sowie im Bereich der Finanzberichterstattung (sog. Regelpublizität, §§ 114 ff. WpHG). Zudem ist das **WpÜG** nach § 1 Abs. 1 WpÜG nur auf Angebote zum Erwerb von Wertpapieren einer Zielgesellschaft anwendbar, wenn diese zum Handel an einem organisierten Markt[165] zugelassen sind (dazu Rz. 62.18 ff.). Ferner knüpft die Pflicht börsennotierter Gesellschaften zur Abgabe der Erklärung zum **Deutschen Corporate Governance Kodex (DCGK)** (sog. Entsprechenserklärung, dazu Rz. 2.72 ff.) nach § 161 AktG angesichts der Legaldefinition des § 3 Abs. 2 AktG an die Zulassung zum Handel an einem organisierten Markt an[166]. Die früher an der Zulassung zum regulierten Markt anknüpfenden Emittentenpflichten des Insiderrechts sind mittlerweile in der europäischen Marktmissbrauchsverordnung[167] geregelt und sind zum 3.7.2016 an die Stelle der bisherigen Verpflichtungen nach §§ 12 ff. WpHG a.F. getreten. Sie gelten nun für alle Emittenten von Finanzinstrumenten, die auf Antrag oder mit Zustimmung des Emittenten (irgend)einem Handelsplatz in der Europäischen Union zugelassen oder gehandelt werden oder deren Zulassung von dem Emittenten beantragt wurde[168]. Im Einzelnen bestehen sie in der Pflicht zur unverzüglichen Veröffentlichung von Insiderinformationen

---

163 Zur Bedeutung der Indexzugehörigkeit *Schäcker/Wohlgefahrt/Johannson* in Habersack/Mülbert/Schlitt, Unternehmensfinanzierung am Kapitalmarkt, Rz. 2.32.
164 *Schanz*, Börseneinführung, § 11 Rz. 23.
165 D.h. im Inland dem regulierten Markt, vgl. *Pötzsch/Favoccia* in Assmann/Pötzsch/Uwe H. Schneider, § 1 WpÜG Rz. 31.
166 Zur wenig praxisrelevanten Erweiterung auf Unternehmen, deren Aktien „nur" in einem multilateralen Handelssystem (wie etwa dem Freiverkehr einer deutschen Wertpapierbörse notiert sind, die aber andere an einem organisierten Markt i.S.v. § 2 Abs. 5 WpHG (d.h. einem regulierten Markt einer deutschen Wertpapierbörse) zugelassene Wertpapiere ausgegeben haben, *Spindler* in K. Schmidt/Lutter, § 161 AktG Rz. 17.
167 Verordnung (EU) Nr. 596/2014 des Europäischen Parlaments und des Rates v. 16.4.2014 über Marktmissbrauch (Marktmissbrauchsverordnung), ABl. EU Nr. L 173 v. 12.6.2014, S. 1 („MAR").
168 Art. 17 Abs. 1 Unterabs. 3, Art. 18 Abs. 7, Art. 19 Abs. 4 MAR; zu den verschiedenen Arten der Handelsplätze (regulierter Markt, multilaterales Handelssystem und organisiertes Handelssystem vgl. Art. 3 Abs. 1 Nr. 6–8, 10 MAR, Art. 4 Abs. 1 Nr. 21–24 Richtlinie 2014/65/EU des Europäischen Parlaments und des Rates v. 15.5.2014 über Märkte für Finanzinstrumente, ABl. EU Nr. L 173 v. 12.6.2014, S. 1 („MiFID II").

(sog. Ad-hoc-Publizität, Art. 17 MAR), zur Führung von Insiderlisten (Art. 18 MAR) sowie zur Veröffentlichung von Meldungen über Eigengeschäften von Führungskräften (früher auch als *Directors' Dealings* bezeichnet, Art. 19 Abs. 3 MAR).

Daneben ist nach § 33 BörsG die **Einbeziehung** von Wertpapieren zum Börsenhandel in den regulierten Markt durch die Geschäftsführung der Börse ohne Zulassung nach näherer Maßgabe der jeweiligen Börsenordnung möglich. Dies setzt voraus, dass die betreffenden Wertpapiere bereits an einer anderen inländischen Börse zum Handel im regulierten Markt oder in einem anderen Vertragsstaat des Abkommens über den Europäischen Wirtschaftsraum zum Handel an einem organisierten Markt oder an einem Markt in einem Drittstaat zugelassen sind, der mit denen des regulierten Marktes vergleichbare Zulassungsvoraussetzungen, Melde- und Transparenzpflichten aufweist. Zudem muss der Informationsaustausch mit den für die Handelsüberwachung im jeweiligen Staat zuständigen Stellen gewährleistet sein. Auch dürfen keine Umstände bekannt sein, die zu einer Übervorteilung des Publikums oder einer Schädigung erheblicher allgemeiner Interessen führen. Hintergrund dieser Sonderregelung ist, dass eine Zweitnotierung im regulierten Markt einer deutschen Wertpapierbörse nicht unnötig erschwert werden soll. Der Schutz des (deutschen) Anlegerpublikums durch die Zulassungsvoraussetzungen und die an die Zulassung anknüpfenden Folgepflichten sind in diesem Fall im Hinblick auf vergleichbare, da auf denselben europäischen Vorgaben beruhenden, rechtlichen Anforderungen des Marktes der Erstnotierung nicht erforderlich[169].

7.47

bb) Freiverkehr

Wertpapiere, die nicht zum Handel im regulierten Markt zugelassen sind, können nach § 48 BörsG im Freiverkehr gehandelt werden. Dieser ist **rein privatrechtlich** organisiert; der Börsengeschäftsführung obliegt lediglich eine **Missbrauchsaufsicht**[170]. Die an die Zulassung zu einem organisierten Markt anknüpfenden Regelungen (siehe Rz. 7.46) gelten hier nicht[171], wohl aber die Verbote des Insiderhandels und der unberechtigten Offenlegung von Insiderinformationen (Art. 8, 14 MAR) und der Marktmanipulation Art. 12, 15 MAR)[172], ferner die vorgenannten Emittentenpflichten nach der MAR (Rz. 7.46). Näheres ergibt sich aus den Börsenregularien, so aus § 120 Abs. 1 BörsO FWB, wonach die Frankfurter Wertpapierbörse (FWB) den Betrieb eines Freiverkehrs durch den Börsenträger, die Deutsche Börse AG, auf Grundlage der von diesen erlassenen Geschäftsbedingungen zulässt. Die Einzelheiten des Freiverkehrs an der FWB (dort auch als **Open Market** bezeichnet) sind in den Allgemeinen Geschäftsbedingungen für den Freiverkehr an der Frankfurter Wertpapierbörse (AGB FV FWB) geregelt. Für Aktien stehen dabei mehrere Marktsegmente zur Verfügung. Die Einbeziehung von Aktien in das **Quotation Board**, die nach § 10 AGB FV FWB von einem als sog. Spezialist i.S.v. § 85 BörsO FWB, § 33 AGB FV FWB tätigen Handelsteilnehmer oder auch der Deutsche Börse AG selbst ohne Mitwirkung des Emittenten beantragt werden kann, löst dabei keine von dem jeweiligen Emittenten zu erfüllenden Folgepflichten aus. Jedoch können nach § 12 Abs. 1 AGB FV FWB nur solche Aktien in das Quotation Board einbezogen werden, die bereits zum Handel an einem von der Deutsche Börse AG anerkannten börsenmäßigen Handelsplatz zugelassen sind[173].

7.48

---

169 RegE des 4. Finanzmarktförderungsgesetzes v. 16.1.2002, BT-Drucks. 14/8017, S. 82.
170 *Seiffert/Lembke* in Kümpel/Mülbert/Früh/Seyfried, Bankrecht und Kapitalmarktrecht, 6. Aufl. 2022, Rz. 14.319 ff.; *Schwark* in Schwark/Zimmer, Kapitalmarktrecht, § 48 BörsG Rz. 29.
171 Hinzuweisen ist jedoch Pflicht zur Mitteilung einer Beteiligung von mehr als 25 % an einer Aktiengesellschaft nach § 20 Abs. 1 Satz 1 AktG, die gemäß § 20 Abs. 8 AktG außerhalb des Anwendungsbereichs der §§ 33 ff. WpHG eingreift.
172 Dazu *Harrer/Müller*, WM 2006, 653, 655.
173 Vgl. „Liste der anerkannten börsenmäßigen Handelsplätze i.S.v. § 12 Abs. 1 Allgemeine Geschäftsbedingungen der Deutsche Börse AG für den Freiverkehr an der Frankfurter Wertpapierbörse", Stand 3.5.2021, im Internet abrufbar unter http://www.deutsche-boerse-cash-market.com.

7.48a Für Emittenten, deren Aktien nicht an einem weiteren anerkannten börsenmäßigen Handelsplatz zugelassen sind, steht das Börsensegment **Scale** zur Verfügung. Scale soll als Teilsegment des Freiverkehrs eine Alternative zum regulierten Markt zu schaffen. Dessen Zulassungsvoraussetzungen und -folgepflichten werden insbesondere von kleinen Unternehmen als übermäßig hohe Hürde für den Kapitalmarkteintritt empfunden. Durch die Einbeziehungsfolgepflichten im Segment Scale soll in Abgrenzung zum reinen Freiverkehr (wie etwa im Quotation Board) eine gewisse Seriosität gewährleistet werden (siehe Rz. 7.57 ff.)[174]. Scale gehört, wie das zum 1.3.2017 durch Scale ersetzte Vorgängersegment Entry Standard, zu den sog. börsenregulierten Marktsegmenten, die in einigen europäischen Staaten als Reaktion auf die seit den frühen 2000er Jahren infolge der Umsetzung diverser europäischer Rechtssetzungsakte verschärften Zulassungsfolgepflichten entstanden sind. Weitere Beispiele hierfür sind vor allem der Alternative Investment Market (AIM) in Großbritannien (wiewohl nunmehr ein Drittstaatsmarkt), aber auch die Marktsegmente Access, Access+ und Growth[175] an den von Euronext betriebenen Börsen in Brüssel, Paris und Lissabon (Euronext Growth auch in Dublin und Oslo).

7.48b Scale ist seit dem 16.12.2019 auf kleine und mittelständische Unternehmen ausgerichtet und als sog. **KMU-Wachstumsmarkt**[176] i.S.v. Art. 33 MiFID II registriert[177]. Nachdem sich der Entry Standard zwischenzeitlich mit einer dreistelligen Emittentenzahl (186 Emittenten zum 1.4.2013)[178] durchaus positiv entwickelt hatte, blieb Scale mit 48 Emittenten zum 19.7.2021 bislang dahinter zurück[179].

7.48c Auch an den deutschen Regionalbörsen werden innerhalb des Freiverkehrs erleichterte Möglichkeiten des Zugangs zum Börsenhandel von Aktien eingeräumt. Dabei sehen die Freiverkehrssegmente **Mittelstandsbörse Deutschland** der Börsen Hamburg und Hannover und das Segment **m:access** des Freiverkehrs an der Börse München ähnlich wie der Scale an der Frankfurter Wertpapierbörse (dazu siehe Rz. 7.57 ff.) gewisse Mindestvoraussetzungen für die Einbeziehung vor und erlegen den Emittenten bestimmte Folgepflichten auf. Insbesondere setzt die Notierung in diesen Segmenten grds. die vorherige Veröffentlichung eines gebilligten Wertpapierprospekts und eine bestimmte Mindestkapitalisierung voraus. Zudem wird eine jährliche Finanzberichterstattung und zumindest ein Zwischenbericht zur Mitte des Geschäftsjahres vorgeschrieben[180]. Diese Initiativen sind indes von unterschiedlichem Erfolg gekrönt. Während im Segment m:access per 19.7.2021 immerhin 67 Unternehmen notiert waren, wies die Mittelstandsbörse zum selben Datum lediglich elf Notierungen auf.

7.48d Die Börse Hamburg hat mit dem **High Risk Market** sogar ein Handelssegment für Aktien im Freiverkehr geschaffen, das bewusst eine geringe Regelungsdichte aufweist. Es steht Unternehmen offen, deren Aktien nach Auffassung des Freiverkehrsausschusses der Börse ein erhöhtes Risikoprofil aufweisen. Die Notierung im High Risk Market verlangt keine vorherige Veröffentlichung eines gebilligten Wertpapierprospekts; allerdings wurden mittlerweile einige Publizitätspflichten wie die Vorlage und Veröffentlichung von Jahres- und Halbjahresfinanzberichten sowie von Ad-hoc-Mitteilungen eingeführt[181]. Letztere hat freilich wegen der Erstreckung der Ad-hoc-Publizität nach Art. 17 Abs. 1 MAR auf den Freiverkehr keine eigenständige Bedeutung mehr. Neben einigen formalen Anforderungen sind die einzigen wesentlichen materiellen Voraussetzungen für die Einbeziehung in die Notierung am High Risk Market ein Mindestnennbetrag der Aktien von insgesamt mindestens 250.000 Euro sowie

---

174 *Harrer/Müller*, WM 2006, 653.
175 Siehe dazu https://www.euronext.com/en/raise-capital/how-go-public/choosing-market.
176 Dazu *Gebauer* in Assmann/Schneider/Mülbert, Wertpapierhandelsrecht, § 76 WpHG Rz. 3.
177 Pressemitteilung der Deutsche Börse AG v. 16.12.2019, https://deutsche-boerse.com/dbg-de/media/pressemitteilungen/Scale-ist-jetzt-registrierter-KMU-Wachstumsmarkt–1674108.
178 Siehe 3. Aufl., § 7 Rz. 48.
179 https://www.boerse-frankfurt.de/aktien/segmente/scale.
180 Geschäftsbedingungen für den Freiverkehr an der Börse München v. 3.1.2018, §§ 13 ff.; Börse, §§ 5 f.; AGB Freiverkehr der Hanseatische Wertpapierbörse Hamburg vom August 2017 und AGB Freiverkehr der Niedersächsischen Börse zu Hannover v. 27.10.2015, jeweils §§ 12 ff.
181 AGB Freiverkehr der Hanseatische Wertpapierbörse Hamburg vom August 2017, §§ 23 ff.

eine ausreichende Streuung, die bei einem Streubesitz von 25 % des Gesamtnennbetrages der einzubeziehenden Aktien vermutet wird[182]. Im High Risk Market waren am 19.7.2021 Aktien von 18 Unternehmen notiert[183].

b) Marktsegmentierung an der Frankfurter Wertpapierbörse

Nach § 42 Abs. 1 BörsG können die Börsen in ihrer jeweiligen Börsenordnung Teilbereiche des regulierten Marktes einrichten, in denen **zusätzliche Voraussetzungen** für die Einführung von Aktien oder Aktien vertretenden Zertifikate und weitere Unterrichtungspflichten des Emittenten auf Grund deren Einführung zum Schutz des Publikums oder für einen ordnungsgemäßen Börsenhandel gelten. Auf dieser Grundlage wurden in der Börsenordnung für die Frankfurter Wertpapierbörse (BörsO FWB) zwei **Teilbereiche** des regulierten Marktes **mit unterschiedlichen Zulassungsfolgepflichten** geschaffen. 7.49

aa) General Standard

Im Teilbereich General Standard beschränken sich die Zulassungsfolgepflichten auf die **gesetzlichen (Mindest-)Anforderungen** des geltenden Rechts. Der General Standard richtet sich vor allem an kleinere und mittlere Unternehmen, die überwiegend nationale Investoren ansprechen und daran interessiert sind, die Kosten der Börsennotierung überschaubar zu halten[184]. 7.50

bb) Prime Standard

Die Notierung im Teilbereich des regulierten Marktes mit weiteren Zulassungsfolgepflichten (Prime Standard) erfordert vom Emittenten die Einhaltung von **weiteren Transparenzanforderungen**, die sich an den Vorbildern anderer internationaler Finanzmärkte orientieren (§§ 48–57 BörsO FWB). Allerdings sind eine Reihe dieser Pflichten seit Umsetzung der EU-Transparenzrichtlinie („TransparenzRL")[185] für Emittenten von Wertpapieren, die an einem organisierten Markt in einem Mitgliedstaat des EWR (wie etwa dem regulierten Markt einer deutschen Wertpapierbörse) zugelassen sind, ohnehin gesetzlich vorgeschrieben, so dass sich Prime Standard und General Standard seither in wesentlichen Punkten angenähert haben. Die Zulassung zum Prime Standard als Teilbereich des regulierten Marktes kann nur für Aktien und Aktien vertretende Zertifikate beantragt werden (§ 48 Abs. 1 Satz 1 BörsO FWB). Davon zu unterscheiden ist der Prime Standard für Unternehmensanleihen, der als privatrechtliches Listing-Segment eingerichtet wurde[186]. 7.51

---

182 AGB Freiverkehr der Hanseatische Wertpapierbörse Hamburg vom August 2017, § 25.
183 https://www.boersenag.de/High_Risk_Market.
184 Deutsche Börse AG, Factsheet General Standard im Internet verfügbar unter www.deutsche-boerse.com; §§ 45 ff. BörsO FWB v. 28.6.2021.
185 Richtlinie 2004/109/EG des Europäischen Parlaments und des Rates v. 15.12.2004 zur Harmonisierung der Transparenzanforderungen in Bezug auf Informationen über Emittenten, deren Wertpapiere zum Handel auf einem geregelten Markt zugelassen sind, und zur Änderung der Richtlinie 2001/34/EG, ABl. EU Nr. L 390 v. 31.12.2004, S. 38, in deutsches Recht umgesetzt durch das Gesetz zur Umsetzung der Richtlinie 2004/109/EG des Europäischen Parlaments und des Rates v. 15.12.2004 zur Harmonisierung der Transparenzanforderungen in Bezug auf Informationen über Emittenten, deren Wertpapiere zum Handel auf einem geregelten Markt zugelassen sind, und zur Änderung der Richtlinie 2001/34/EG (Transparenzrichtlinie-Umsetzungsgesetz – TUG) v. 5.1.2007, BGBl. I 2007, 10.
186 § 4 Abs. 1 lit. a) Allgemeine Geschäftsbedingungen der Deutsche Börse AG für die Teilnahme am Prime Standard für Unternehmensanleihen, Stand 21.4.2017, im Internet verfügbar unter http://www.deutsche-boerse-cash-market.com/blob/2989620/ec7191ab0e98b495f429337daad393a2/data/NEU-Allgemeine-Geschaeftsbedingungen-der-Deutsche-Boerse-AG-fuer-die-Teilnahme-am-Prime-Standard-fuer-Unternehmensanleihen-1-.pdf.

7.52 Im Einzelnen unterliegen Emittenten von zum Prime Standard zugelassenen Aktien oder Aktien vertretenden Zertifikaten folgenden Pflichten:

- **Jahresfinanzbericht (§ 51 BörsO FWB):** Über die gesetzlichen Anforderungen nach §§ 114, 117 WpHG hinaus ist der Jahresfinanzbericht (dazu § 56) neben der deutschen auch in englischer Sprache abgefasst ist; ausländische Emittenten können sich mit der englischen Sprache begnügen, § 51 Abs. 1 Satz 3 BörsO FWB. Der Jahresfinanzbericht ist der Börsengeschäftsführung innerhalb von vier Monaten nach Ende des Geschäftsjahres elektronisch zu übermitteln, die sich dann um dessen Veröffentlichung kümmert, § 51 Abs. 2 BörsO FWB. Diese Frist gilt für die Veröffentlichung des Jahresfinanzberichts schon nach § 114 Abs. 1 Satz 1 WpHG. Verglichen mit Empfehlung F.2 des DCGK 2020, wonach der (geprüfte) Konzernabschluss einer deutschen börsennotierten Aktiengesellschaft bereits binnen 90 Tagen nach Geschäftsjahresende öffentlich zugänglich sein soll[187], erscheint sie großzügig. Auf eine Abweichung von dieser Empfehlung müsste die Gesellschaft in ihrer jährlichen Entsprechenserklärung nach § 161 Satz 1 AktG ausdrücklich hinweisen.

- **Halbjahresfinanzbericht (§ 529 BörsO FWB):** Auch in Bezug auf den Halbjahresfinanzbericht für die ersten sechs Monate eines jeden Geschäftsjahres, der von allen im regulierten Markt notierten Emittenten nach §§ 115, 117 WpHG zu erstellen ist, verweist die BörsO FWB nur noch auf die gesetzlichen Bestimmungen. Lediglich die Regelungen zur Abfassung in englischer Sprache werden in § 52 Abs. 2 BörsO FWB nach dem Muster des Jahresfinanzberichts ergänzt. Für die Übermittelung an die Geschäftsführung bleibt es nach § 52 Abs. 4 Satz 1 BörsO FWB ebenso bei der gesetzlichen Frist von drei Monaten gemäß § 115 Abs. 1 Satz 1 WpHG. Freilich sieht der DCGK 2020 auch insoweit in seiner Empfehlung F.2 eine kürzere Veröffentlichungsfrist vor. Danach sollen verpflichtende unterjährige Finanzinformationen binnen 45 Tagen nach Ende des jeweiligen Berichtszeitraums öffentlich zugänglich sein. Wie schon nach § 115 Abs. 5 WpHG kann der Halbjahresfinanzbericht einer prüferischen Durchsicht (dazu Rz. 59.20 ff.) unterzogen werden. Dabei handelt es sich nach wie vor nur um eine Empfehlung.

- **Quartalsmitteilung (§ 53 BörsO FWB):** Zum Stichtag des ersten und dritten Quartals eines Geschäftsjahres verlangt § 53 Abs. 1 BörsO FWB die Erstellung einer (Konzern-)Quartalsmitteilung. Gemäß § 53 Abs. 2 BörsO FWB hat die Quartalsmitteilung Informationen zu enthalten, die eine Beurteilung darüber ermöglichen, wie sich die Geschäftstätigkeit des Emittenten im jeweiligen Mitteilungszeitraum entwickelt hat. Dabei sind die wesentlichen Ereignisse und Geschäfte des Mitteilungszeitraums im Unternehmen des Emittenten und ihre Auswirkungen auf die Finanzlage des Emittenten zu erläutern sowie die Finanzlage und das Geschäftsergebnis des Emittenten zu beschreiben. In der Quartalsmitteilung zum Stichtag des dritten Quartals kann sich die Darstellung auf den Zeitraum vom Beginn des Halbjahres bis zum Stichtag des Berichtszeitraums oder vom Beginn des Geschäftsjahres bis zum Stichtag beziehen. Haben sich nach Einschätzung des Emittenten die im letzten Konzern- bzw. Zwischenlagebericht abgegebenen Prognosen und sonstige Aussagen zur voraussichtlichen Entwicklung des Emittenten für das Geschäftsjahr wesentlich verändert, so ist darüber nach § 53 Abs. 3 BörsO FWB in der Quartalsmitteilung zu berichten. Dabei genügt es, sich auf die wesentlichen Prognosen und sonstigen Aussagen zu beschränken. Die Quartalsmitteilung muss in deutscher und in englischer Sprache abgefasst sein; bei Emittenten mit Sitz im Ausland genügt die englische Sprachfassung. Es soll eine rein beschreibende (d.h. verbale) Darstellung genügen; allerdings werden in der Praxis regelmäßig auch ausgewählte (zahlenmäßige) Finanzinformationen aufgenommen (dazu Rz. 59.31 f.)[188]. Die Quartalsmitteilung ist binnen zwei

---

187 Deutscher Corporate Governance Kodex, im Internet verfügbar unter www.dcgk.de.
188 Internetseite der Deutsche Börse AG, Deutsche Börse Cash Market, Rubrik „Primary Market/Being Public/IPO-Line Being Public unter „Folgepflichten Regulierter Markt – Quartalsmitteilung oder Quartalsfinanzbericht", http://www.deutsche-boerse-cash-market.com/dbcm-de/primary-market/being-public/ipo-line-being-public/regulierter-markt/!ipo-30578-80280; *Böckem/Rabenhorst*, BB 2016, 1578, 1579; *Ahr/Loitz/Seidel*, BB 2017, 1451, 1453; *Ottenstein/Zülch/Wolters/Hecht*, DB 2020, 2137, 2142; *Behrmann/Loy/Zimmermann*, WPg 2021, 1214, 1218.

Monaten nach dem Ende des jeweiligen Mitteilungszeitraums der Geschäftsführung der FWB in elektronischer Form zu übermitteln, die diese sodann veröffentlicht. Eine Quartalsmitteilung ist nicht erforderlich, wenn der Emittent einen Quartalsfinanzbericht entsprechend den inhaltlichen Vorgaben für einen Halbjahresfinanzbericht nach § 115 WpHG erstellt, § 53 Abs. 6 BörsO FWB.

- **Insolvenzverfahren (§ 53a BörsO FWB):** Ein im Prime Standard notierter Emittent ist verpflichtet, der Börsengeschäftsführung unverzüglich anzuzeigen, wenn über sein Vermögen ein Insolvenzverfahren beantragt oder eröffnet wurde.
- **Unternehmenskalender (§ 54 BörsO FWB):** Mit Aufnahme der Notierung sowie im Anschluss zu Beginn jedes Geschäftsjahres für die Dauer mindestens des jeweiligen Geschäftsjahres ist der Emittent von im Prime Standard notierten Aktien nach § 54 Abs. 1 BörsO FWB verpflichtet, einen Unternehmenskalender in deutscher und englischer Sprache zu veröffentlichen und fortlaufend zu aktualisieren. Darin sind die wesentlichen Termine des Emittenten, insbesondere Hauptversammlung, (Bilanz-)Pressekonferenzen und Analystenveranstaltungen anzugeben. Der Unternehmenskalender ist auch im Internet zu veröffentlichen und der Geschäftsführung der Börse elektronisch zu übermitteln, § 54 Abs. 3 BörsO FWB.
- **Analystenveranstaltung (§ 55 BörsO FWB):** Außerhalb der Bilanzpressekonferenz hat der Emittent mindestens einmal jährlich eine Analystenveranstaltung durchzuführen[189].
- **Veröffentlichung und Mitteilung von Insiderinformationen in englischer Sprache (§ 56 BörsO FWB):** Der Emittent ist verpflichtet, Ad-hoc-Mitteilungen (Art. 17 MAR) neben der Veröffentlichung in deutscher Sprache (vgl. § 3b WpAV)[190] – zeitgleich in englischer Sprache zu veröffentlichen.

Mit Umsetzung der Transparenzrichtlinie-Änderungsrichtlinie[191] zum 26.11.2015[192] war die bis dahin nach § 37x WpHG a.F. geltende Pflicht für (alle) Emittenten von am regulierten Markt zugelassenen Aktien, sog. Quartalsmitteilungen zu erstellen, gestrichen worden. Zeitgleich entfiel die bis dahin für Aktienemittenten im Prime Standard vorgesehene Pflicht zur Erstellung eines Quartalsfinanzberichts nach Maßgabe der Vorschriften für einen Halbjahresfinanzbericht, § 116 Abs. 3 Satz 1 WpHG[193]. Die FWB machte indes durch das stattdessen im Prime Standard geltende Erfordernis der Quartalsmitteilungen weiterhin von der Möglichkeit Gebrauch, als Betreiber eines geregelten Marktes von Emittenten, deren Wertpapiere zum Handel an diesem Markt zugelassen sind, in einigen oder allen Segmenten dieses Markts **zusätzliche regelmäßige Finanzinformationen** zu verlangen[194].

Allerdings bleibt der Prime Standard damit hinter den **in den USA** für börsennotierte Unternehmen geltenden Anforderungen an die Zwischenfinanzberichterstattung zurück. In den USA ist der Emittent börsennotierter Wertpapiere verpflichtet, binnen 45 Tagen nach dem Ende jedes der ersten

7.53

---

189 Dazu *Gebhardt*, WM-Sonderbeilage Nr. 2/2003, S. 13.
190 Die Regelungen der WpAV über die Veröffentlichung von Ad-hoc-Mitteilungen ergänzen die Anforderungen Art. 17 MAR und Art. 2 der DVO (EU) 2016/1055, vgl. BaFin, Emittentenleitfaden, Modul C, Regelungen aufgrund der Marktmissbrauchsverordnung (MAR), Stand 25.3.2020, Abschnitt I.3.10.2 (S. 50).
191 Richtlinie 2013/50/EU des Europäischen Parlaments und des Rates v. 22.10.2013 zur Änderung der Richtlinie 2004/109/EG des Europäischen Parlaments und des Rates zur Harmonisierung der Transparenzanforderungen in Bezug auf Informationen über Emittenten, deren Wertpapiere zum Handel auf einem geregelten Markt zugelassen sind, […], ABl. EU Nr. L 294 v. 6.11.2013, S. 13 („TransparenzRL-ÄnderungsRL"); dazu *Oser/Staß*, DB 2015, 2825.
192 Gesetz zur Umsetzung der Transparenzrichtlinie-Änderungsrichtlinie v. 20.11.2015, BGBl. I 2015, S. 2029.
193 FWB, Xetra-Rundschreiben 124/15 v. 18.11.2015.
194 Erwägungsgrund 5 der TransparenzRL-ÄnderungsRL.

drei Quartale eines Geschäftsjahres einen Quartalsfinanzbericht vorzulegen[195]. Dort wird außerdem zwingend dessen prüferische Durchsicht („review") durch einen Wirtschaftsprüfer verlangt[196].

7.54 Erwähnenswert ist in diesem Zusammenhang, dass nach Empfehlung F.3 des DCGK 2020[197] auch eine nicht zu Quartalsmitteilungen verpflichtete Gesellschaft (also insbesondere eine im **General Standard** notierte), neben dem Halbjahresfinanzbericht unterjährig in geeigneter Form über die **Geschäftsentwicklung**, insbesondere über **wesentliche Veränderungen der Geschäftsaussichten** sowie der **Risikosituation** informieren soll. Dabei geht die Regierungskommission Deutscher Corporate Governance Kodex davon aus, dass die auch im General Standard empfohlene Erklärung gegenüber einer Quartalsmitteilung deutlich reduziert und vereinfacht ist. Zudem wird bewusst auf detaillierte Vorgaben zu Inhalt oder Veröffentlichungszeitpunkt verzichtet, so dass Unternehmen über ein Maximum an Freiraum verfügen[198]. In der Literatur wird als Beispiel angeführt, zumindest über Abweichungen von im zurückliegenden Jahresfinanzbericht enthaltenen Prognosen zu berichten[199]. Insoweit ist auch darauf hinzuweisen, dass eine Veränderung der eigenen (Ergebnis-)Prognose des Emittenten auch eine nach Art. 17 Abs. 1 MAR unverzüglich zu veröffentlichende Insiderinformation darstellen kann[200].

7.55 Einstweilen frei.

7.56 Am Prime Standard notierte Emittenten haben nach Wirksamwerden der beschriebenen Erleichterungen weitgehend die früher erstellten Quartalsfinanzberichte durch **Quartalsmitteilungen** ersetzt[201]. Indes veröffentlichen die meisten Emittenten, die sich für eine Quartalsmitteilung entschieden haben, weiterhin mit Gewinn- und Verlustrechnung, Bilanz und Kapitalflussrechnung sowie Prognosebericht wesentliche Bestandteile eines Quartalsfinanzberichts[202]. Fraglich ist aber, ob solche Quartalsmitteilungen ausreichend sind, um einer **prüferischen Durchsicht** durch den Abschlussprüfer unterzogen zu werden; dies dürfte von ihrem Detaillierungsgrad im Einzelfall abhängen (siehe Rz. 59.32)[203]. Dies kann – je nach Emissionszeitpunkt – bei einer unterjährig kurzfristig durchzuführenden Wertpapieremission nach den einschlägigen Berufsregeln der Wirtschaftsprüfer Voraussetzung dafür sein, dass der Abschlussprüfer den von den Emissionsbanken in Bezug auf die in einem für die Emission erstellten Wertpapierprospekt enthaltenen Comfort Letter einschließlich einer Negativerklärung (sog. *negative assurance*) betreffend die aktuellen Verhältnisse der Gesellschaft abgeben kann (dazu siehe Rz. 7.97).

---

195 Section 13 (a) (2) Securities Exchange Act von 1934 i.V.m. Rule 13a-13 (a) der General Regulations zum Securities Exchange Act von 1934 und General Instruction A. Ziff. 1 Satz 2 von Form 10-Q. Für sog. „accelerated filers" wird diese Frist nach Unterabsatz „a." neuerdings auf bis zu 40 Tage verkürzt, zur Zwischenberichterstattung in den USA auch *Merkt/Göthel*, RIW 2003, 23, 26.
196 Article 10 Rule 10-01 (d) der Regulation S-X.
197 Deutscher Corporate Governance Kodex, im Internet verfügbar unter www.dcgk.de.
198 Erläuterungen der Änderungsvorschläge der Regierungskommission Deutscher Corporate Governance Kodex aus der Plenarsitzung v. 13.10.2016, Begründung/Erläuterungen zu Ziff. 7.1.1 (S. 11), im Internet abrufbar unter https://www.dcgk.de/de/kommission/die-kommission-im-dialog/deteilansicht/vorschlaege-fuer-kodexaenderungen-2017.html.
199 *Bachmann* in Kremer/Bachmann/Lutter/v. Werder, Deutscher Corporate Governance Kodex, DCGK F.3 Rz. 10.
200 BaFin, Emittentenleitfaden, 5. Aufl., Modul C, Stand: 25.3.2020, Abschnitt I.2.1.5.2 (S. 15); *Meyer* in Kümpel/Mülbert/Früh/Seyfried, Bankrecht und Kapitalmarktrecht, 6. Aufl. 2022, Rz. 12.345 ff.
201 Vgl. die Untersuchungen von *Sigel/Hachmeister*, WPg 2020, 1107, 1111 und *Ottenstein/Zülch/Wolters/Hecht*, DB 2020, 2137, 2140.
202 *Sigel/Hachmeister*, WPg 2020, 1107, 1114; *Ottenstein/Zülch/Wolters/Hecht*, DB 2020, 2137, 2139, 2143; *Behrmann/Loy/Zimmermann*, WPg 2021, 1214, 1218.
203 *Böckem/Rabenhorst*, BB 2016, 1578, 1582; *Sigel/Hachmeister*, WPg 2020, 1107, 1117; *Behrmann/Loy/Zimmermann*, WPg 2021, 1214, 1219f.; kritisch bei einer nur den Mindestanforderungen genügende Quartalsmitteilung *Ahr/Loitz/Seidel*, BB 2017, 1451, 1454.

cc) Scale

Bei dem Marktsegment Scale handelt es sich um ein Marktsegment des Freiverkehrs an der an der Frankfurter Wertpapierbörse, das sich von diesem durch weiter gehende **Transparenz- und Informationsanforderungen** unterscheidet. Er zielt auf kleine und mittelständische Unternehmen, die die mit einer Notierung im regulierten Markt verbundenen Kosten (z.B. für die regelmäßige Finanzberichterstattung nach IFRS und die zur Sicherstellung der Einhaltung der Zulassungsfolgepflichten erforderliche Compliance-Organisation)[204] scheuen, sich aber dennoch die Möglichkeit zur Eigenkapitalbeschaffung über den Kapitalmarkt eröffnen wollen. 7.57

Die **Einbeziehung** von Aktien in Scale erfolgt wie schon zuvor beim Entry Standard auf privatrechtlicher Grundlage[205] nach Maßgabe der AGB FV FWB. Sie muss von dem Emittenten nach § 16 Satz 1 AGB FV FWB zusammen mit einer Bank (d.h. einem Kreditinstitut oder einem nach § 53 Abs. 1 oder § 53b Abs. 1 Satz 1 KWG tätigen Unternehmen) beantragt werden, das von der Deutsche Börse AG als **Capital Market Partner** anerkannt wurde[206]. 7.58

Die Einbeziehung von Aktien ist an die folgenden wesentlichen Voraussetzungen geknüpft[207]:

- **Einbeziehungsdokument.** Vor der Einbeziehung muss ein Einbeziehungsdokument nach Maßgabe der Anlage 2 der AGB FV FWB erstellt werden. Der darin enthaltene Katalog an Informationen stellt einen Auszug wesentlicher Informationen aus den Anhängen 1 und 11 zur Delegierten Verordnung 2019/980[208] dar, die die Mindestangaben für einen Wertpapierprospekt für Aktienemissionen enthält. Wurde im Falle eines prospektpflichtigen öffentlichen Angebots der einzubeziehenden Aktien ein Wertpapierprospekt nach der ProspektV erstellt und gebilligt, ist daneben kein Einbeziehungsdokument erforderlich.

- **Bestehen des Emittenten.** Der Emittent muss als Unternehmen seit mindestens zwei Jahren bestanden haben. Das sollte nicht ausschließen, als rechtlichen Emittenten kurz vor Einbeziehung eine neue Holdinggesellschaft zu gründen, sofern das von deren Tochtergesellschaft(en) betriebene operative Unternehmen seit mindestens zwei Jahren besteht.

- **Voraussichtlicher Kurswert.** Der voraussichtliche Kurswert der Aktien zum Zeitpunkt der Einbeziehung in den Handel beträgt mindestens 30 Mio. Euro.

- **Mindeststreuung.** Die einzubeziehenden Aktien sind ausreichend gestreut. Dies ist der Fall, wenn mindestens 20 % oder mindestens 1 Mio. Stück im Publikum gestreut sind. Es genügt, dass die Streuung über die Aufnahme des Handels erreicht werden soll und dies nach Überzeugung der Deutsche Börse AG innerhalb kurzer Frist nach der Aufnahme des Handels gelingt.

- **Research Report.** Es ist der Deutsche Börse AG ein Research Report vorzulegen, der von einem durch die Deutsche Börse AG ausgewählten Research Provider erstellt wurde.

- **Capital Market Partner.** Der Emittent muss nach § 17 Abs. 1 lit. a) GB FV FWB einen Vertrag mit einem betreuenden Capital Market Partner abgeschlossen haben, der die in Anlage 1 zu den AGB FV FWB festgelegten Mindestinhalte aufweist. Danach muss sich der Capital Market Partner ver-

---

204 Dazu z.B. *Meyer/Paetzel/Will* in KölnKomm. WpHG, § 33 WpHG Rz. 39 ff.; *Franke/Grenzebach* in Hauschka/Moosmayer/Lösler, Corporate Compliance, § 17 Rz. 29 ff.
205 *Weitnauer*, GWR 2017, 235; ausführlich zum Entry Standard *Schlitt/Schäfer*, AG 2006, 147.
206 Eine Liste der anerkannten Capital Market Partner findet sich auf der Internetseite der Deutsche Börse AG unter https://www.deutsche-boerse-cash-market.com/dbcm-de/primary-market/capital-market-partner/suche-deutsche-boerse-capital-market-partner.
207 Zu den Einzelheiten § 17 AGB FV FWB.
208 Delegierte Verordnung (EU) 2019/980 v. 14.3.2019 [...] hinsichtlich der Aufmachung, des Inhalts, der Prüfung und der Billigung des Prospekts, der beim öffentlichen Angebot von Wertpapieren oder bei deren Zulassung zum Handel an einem geregelten Markt zu veröffentlichen ist, und zur Aufhebung der Verordnung (EG) Nr. 809/2004 der Kommission, ABl. EU Nr. L 166 v. 21.6.2019, S. 26.

pflichten, den Emittenten vor und bei der Antragstellung auf Einbeziehung über die Einbeziehungsfolgepflichten aufzuklären und dazu zu beraten. Dies betrifft sowohl die Pflichten nach den AGB FV FWB als auch die sonstigen an die Einbeziehung anknüpfenden rechtlichen Pflichten, insbesondere nach der MAR und dem WpHG. Daneben muss er den Emittenten bei seinen Investor Relations-Aktivitäten sowie bei der Erstellung eines Unternehmenskurzportraits und eines Unternehmenskalenders im Rahmen der Antragstellung beraten und unterstützen. Während der Dauer der Einbeziehung führt der Capital Market Partner den Emittenten mindestens einmal jährlich ein Informationsgespräch mit dem Emittenten zu den vorgenannten Beratungsschwerpunkten sowie die Möglichkeit der Zulassung der Wertpapiere zum Handel im regulierten Markt und dessen Segmenten General Standard und Prime Standard einschließlich der damit verbundenen Pflichten. Zudem hat er den Emittenten bei der Erfüllung der Einbeziehungsfolgepflichten in Scale zu unterstützen und zu beraten. Der betreuende Capital Market Partner muss nicht zugleich der antragstellende Capital Market Partner sein. Das ergibt sich daraus, dass von der Deutsche Börse neben Banken auch Anwaltskanzleien, Wirtschaftsprüfungsgesellschaften und Emissionsberater AG als Capital Market Partner anerkannt sind (die mangels Bankerlaubnis kein antragstellender Capital Market Partner sein können).

Der antragstellende Capital Market Partner muss durch Abgabe einer förmlichen Bestätigung[209] die **Geeignetheit des Emittenten** für Scale nachweisen. Diese Bestätigung bezieht sich auf die ordnungsgemäße Errichtung und das Bestehen des Emittenten, die wirksame Ausgabe der einzubeziehenden Wertpapiere, das Betreiben eines operativen Geschäfts des Emittenten sowie das Erreichen bestimmter Kennzahlen in Bezug auf die Unternehmensgröße. Ferner sind darin die in Anlage 3 zu den AGB FV FWB in allgemeiner Form beschriebene Vorkehrungen in Bezug auf das interne Risikomanagement, das interne Berichtswesen, interne Compliance-Bestimmungen sowie die Betreuung von Aktionären, Investoren und Analysten sowie die hinreichende Sachkunde oder (!) Erfahrung von Vorstand und Aufsichtsrat des Emittenten zu bestätigen. Ist kein Wertpapierprospekt zu erstellen, muss der Capital Market Partner ferner das Einbeziehungsdokument unterschreiben und damit dessen Vollständigkeit, Kohärenz und Verständlichkeit bestätigen.

Den betreuenden Capital Market Partner treffen zudem nach § 25 Abs. 2 lit. c) AGB FV FWB **Informationspflichten gegenüber der Deutsche Börse AG**. Diese hat er unverzüglich zu informieren, wenn er Kenntnis davon erlangt, dass Voraussetzungen für die Einbeziehung in Scale von Anfang an nicht vorgelegen haben oder er Anhaltspunkte dafür hat, dass eine ordnungsgemäße Vertretung oder Erreichbarkeit des Emittenten nicht mehr gesichert ist, ebenso wenn sich der von ihm benannte Ansprechpartner oder dessen Kontaktdaten geändert haben oder der Vertrag zwischen dem Emittenten und dem betreuenden Capital Market Partner von einer der beiden Parteien beendet wurde.

– **Weitere Unterlagen.** Dem Einbeziehungsantrag sind nach § 17 AGB FV FWB eine Reihe weiterer Unterlagen vorzulegen. Dazu gehören der Vertrag mit dem betreuenden Capital Market Partner, das Einbeziehungsdokument bzw. ein gebilligter Wertpapierprospekt einschließlich etwaiger Nachträge samt Billigungsbescheinigung und Veröffentlichungsnachweis sowie des Jahres- bzw. Konzernabschlüsse und (Konzern-) Lageberichte der letzten zwei Geschäftsjahre vorzulegen. Diese können bei Emittenten mit Sitz in einem EWR-Vertragsstaat nach IFRS oder nach nationalem Recht des Sitzstaates des Emittenten aufgestellt worden sein. Zumindest Abschluss und Lagebericht des letzten Geschäftsjahres müssen geprüft sein. Sie sind zusammen mit dem Bestätigungsvermerk oder dem Vermerk über dessen Versagung (!) zu übermitteln. Erwähnenswert ist ferner das nach den Vorgaben der Anlage 4 zu den AGB FV FWB einzureichende Unternehmenskurzportrait, das einige technische Unternehmens-, Handels- und Wertpapierdaten enthält.

7.58a Mit der Antragstellung haften der Emittent und der antragstellende Capital Market Partner gegenüber der Deutsche Börse AG nach § 17 Abs. 5 AGB FV FWB für Schäden, die dieser aufgrund von Unrich-

---

[209] Nach dem Muster der Anlage 3 zu den AGB FV FWB.

tigkeit und Unvollständigkeit der im Antrag gemachten Angaben oder der abgegebenen Bestätigungen entstanden sind sowie für die Unvollständigkeit der eingereichten Unterlagen. In Bezug auf das Einbeziehungsdokument haftet der Emittent für die Unrichtigkeit und Unvollständigkeit; der Capital Market Partner für die Unvollständigkeit, Inkohärenz und Unverständlichkeit nach Maßgabe des Katalogs gemäß Anlage 2 der AGB FV FWB. Hinzuweisen ist in diesem Zusammenhang auch darauf, dass die eingereichten Unterlagen, also insbesondere das Einbeziehungsdokument nach § 36 AGB FV FWB durch die Deutsche Börse AG veröffentlicht werden können. Inwieweit dadurch Haftungsansprüche gegenüber Anlegern entstehen, ist nicht abschließend geklärt. Zwar wird allgemein die **Haftung** für Kurzexposés, die zur Einbeziehung in den Freiverkehr dienen, abgelehnt[210]. Anders mag es liegen, wenn das betreffende Dokument die für die Beurteilung der angebotenen Anlage erhebliche Angaben enthält oder den Anschein eines solchen Inhalts erweckt und damit nach den in der Rspr. entwickelten Grundsätzen als Prospekt im Sinne der sog. bürgerlich-rechtlichen Prospekthaftung[211] anzusehen ist.

Werden Aktien im Zusammenhang mit der Einbeziehung in Scale prospektpflichtig öffentlich angeboten, ist der Emittent nach § 20 AGB FV FWB verpflichtet, die **Zeichnungsfunktionalität DirectPlace** der Deutsche Börse AG zu nutzen. Es handelt sich dabei um eine technische Plattform zur Abgabe und Annahme von Kaufangeboten. Die Nutzung anderweitiger Art und Weisen der Zeichnung bleibt unberührt. Handelt es sich bei dem öffentlichen Angebot im Zusammenhang mit der Einbeziehung aber um eine reine Umplatzierung bestehender Aktien aus dem Bestand eines Altaktionärs läuft die Verpflichtung leer, da der durch die Regelung verpflichtete Emittent selbst keine Aktien anbietet.   7.58b

Auch Emittenten im Freiverkehr (einschließlich des Segments Scale) notierter Wertpapiere unterliegen den **insiderrechtlichen Emittentenpflichten**, wenn sie deren Einbeziehung beantragt oder diese zumindest gebilligt haben.[212] Das gilt insbesondere für die sog. Ad-hoc Publizität nach Art. 17 MAR (dazu § 15), so dass es insoweit keiner ausdrücklichen Regelung bedarf. Für in Scale notierte Emittenten sind zudem besondere Publizitätspflichten in Bezug auf die fortlaufende **Finanzberichterstattung** vorgesehen (sog. Regelberichterstattung). Nach § 21 Abs. 1 lit. a) AGB FV FWB hat der Emittent die Veröffentlichung eines geprüften **Konzernabschlusses samt Konzernlagebericht** (ist kein Konzernabschluss zu erstellen: Einzelabschlusses mit Lagebericht) nach IFRS oder anwendbaren nationalen Rechnungslegungsvorschriften des Sitzstaates des Emittenten (die bei Emittenten aus Nicht-EU-Staaten den IFRS grds. gleichwertig sein müssen) in deutscher oder englischer Sprache binnen sechs Monaten nach Ende des Geschäftsjahres samt Bestätigungsvermerk oder Vermerk über dessen Versagung an die Deutsche Börse AG zu übermitteln. Binnen vier Monaten nach dem Ende des ersten Halbjahres jedes Geschäftsjahres hat der Emittent ferner nach § 21 Abs. 1 lit. b) AGB FV FWB einen **Halbjahresabschluss** und einen **Zwischenlagebericht** der Deutsche Börse AG zu übermitteln. Der Halbjahresabschluss muss mindestens eine verkürzte Bilanz, eine verkürzte Gewinn- und Verlustrechnung und einen Anhang enthalten und nach den für den Jahresabschluss geltenden Rechnungslegungsgrundsätzen erstellt sein. Im Zwischenlagebericht sind die wichtigen Ereignisse des Berichtszeitraums und ihre Auswirkungen auf den verkürzten Abschluss anzugeben sowie die wesentlichen Chancen und Risiken für die dem Berichtszeitraum folgenden sechs Monate des Geschäftsjahres zu beschreiben. Konzernabschlusspflichtige Emittenten können sich auf einen Halbjahresabschluss und Zwischenlagebericht   7.59

---

210 Vgl. etwa *Mülbert/Steup* in Habersack/Mülbert/Schlitt, Unternehmensfinanzierung am Kapitalmarkt, Rz. 41.169; *Groß* in Ebenroth/Boujong/Joost/Strohn, 4. Aufl. 2020, Bd. 2, Bank- und Börsenrecht, § 16 WpPG Rz. 6 f.
211 St. Rspr., vgl. BGH v. 17.11.2011 – III ZR 103/10, WM 2012, 19, 21 m.w.N. = AG 2012, 130; dazu *Mülbert/Steup* in Habersack/Mülbert/Schlitt, Unternehmensfinanzierung am Kapitalmarkt, Rz. 41.160 ff.; *Siol* in Schimansky/Bunte/Lwowski, Bankrechts-Handbuch, § 45 Rz. 26; *Assmann/Kumpan* in Assmann/Schütze, Handbuch des Kapitalanlagerechts, § 5 Rz. 37 ff.
212 *Kiesewetter/Parmentier*, BB 2013, 2371, 2375; *Rubner/Pospiech*, GWR 2016, 228; *Seibt/Wollenschläger*, AG 2014, 593, 595; ausdrücklich mit Bezug auf Scale *Rubner*, NJW-Spezial 2017, 143; *Meyer* in Kümpel/Mülbert/Früh/Seyfried, Bankrecht und Kapitalmarktrecht, 6. Aufl. 2022, Rz. 12.126 f.; in diesem Sinne auch BaFin, Emittentenleitfaden, Modul C, Regelungen aufgrund der Marktmissbrauchsverordnung (MAR), Stand 25.3.2020, Abschnitt I.3.2.1.1 (S. 26).

auf konsolidierter Basis beschränken. Eine Quartalsmitteilung oder -bericht ist nicht vorgesehen. Die Deutsche Börse AG veröffentlicht die übermittelten Finanzberichte nach § 36 Abs. 1 AGB FV FWB.

7.59a Daneben sieht das Regelwerk für Scale **weitere Maßnahmen** vor, um das Investoreninteresse im Zweitmarkt zu fördern. So muss der Emittent dem von der Deutsche Börse AG beauftragten Research Provider alle von diesem angeforderten, für die Erstellung der Aktualisierung seiner Research Reports erforderlichen Informationen in der von dieser vorgegebenen Frist zur Verfügung stellen, § 21 Abs. 1 lit. c) AGB FV FWB. Ferner ist der Unternehmenskalender des Emittenten gemäß § 21 Abs. 1 lit. d) AGB FV FWB fortlaufend zu aktualisieren, mindestens zu Beginn jedes Geschäftsjahres, und an die Deutsche Börse AG zu übermitteln. Der Emittent hat zudem nach § 21 Abs. 1 lit. e) AGB FV FWB mindestens einmal jährlich eine Veranstaltung zur Information von Analysten und Investoren durchzuführen. Es ist ferner sicherzustellen, dass Emittent während der Einbeziehung in Scale stets einen betreuenden Capital Market Partner beauftragt hat. Wird der Vertrag zwischen Emittent und betreuendem Capital Market Partner beendet, hat der Emittent binnen eines Monats einen Capital Market Partner zu beauftragen und den mit diesem abgeschlossenen Vertrag der Börse vorzulegen, § 21 Abs. 1 lit. f) AGB FV FWB. Änderung der im Unternehmenskurzportrait anzugebenden Daten sind in Form einer aktualisierten Fassung des Unternehmenskurzportraits unverzüglich der Börse zu übermitteln, § 21 Abs. 1 lit. g) AGB FV FWB.

7.60 Scale steht auch für eine Notierung von **Unternehmensanleihen** zur Verfügung, vgl. § 19 AGB FV FWB.

dd) Basic Board

7.60a Unterhalb des Segments Scale wurde zudem ein sog. Basis-Segment (**Basic Board**) eingerichtet. Dieses soll den bis zum 28.2.2017 im Entry Standard notierten Emittenten, die die Einbeziehungsvoraussetzungen von Scale nicht erfüllen, ermöglichen, ihre Börsennotierung fortzusetzen, § 41 Abs. 2 AGB FV FWB. Emittenten von in das Basic Board einbezogenen Aktien müssen gemäß § 28 AGB FV FWB die Einbeziehungsfolgepflichten nur in Bezug auf die Vorlage von Jahresabschluss und Lagebericht, Halbjahresabschluss und Zwischenlagebericht sowie die Mitteilung von Veränderungen erfüllen. Das Basic Board wird nicht als Börsensegment gesondert ausgewiesen[213].

3. Indizes

7.61 Die angestrebte Aufnahme in einen Index kann für eine Gesellschaft ein bedeutsamer Gesichtspunkt bei der Planung einer Aktienplatzierung bzw. -emission sein. Die Zugehörigkeit zu einem Index macht eine Aktie für manche institutionelle Investoren erst interessant, insbesondere für ausländische Investoren[214]. Sie verbessert zudem aufgrund des allgemeinen öffentlichen Interesses an den Aktienindizes und die damit zusammenhängende Medienberichterstattung auch den **Bekanntheitsgrad** des betreffenden Unternehmens[215]. Mithin kann sich eine Gesellschaft durch die Aufnahme in einen Index weitere Investorenkreise erschließen und letztlich auch die Nachfrage nach ihren Aktien verbessern. Für an der Frankfurter Wertpapierbörse notierte Emittenten sind dabei insbesondere die von der STOXX Ltd., einem Konzernunternehmen der Deutsche Börse AG berechneten Indizes relevant[216].

---

213 Erläuterung auf der Internetseite der Deutsche Börse AG unter http://www.deutsche-boerse-cash-market.com/dbcm-de/primary-market/marktstruktur/segmente/basic-board.
214 Dazu *Schanz*, Börseneinführung, § 11 Rz. 61; *Schäcker/Wohlgefahrt/Johannson* in Habersack/Mülbert/Schlitt, Unternehmensfinanzierung am Kapitalmarkt, Rz. 2.32; *Hofmann* in Lutter/Scheffler/Uwe H. Schneider, Handbuch der Konzernfinanzierung, 1998, Rz. 10.32.
215 *Gebhardt*, WM-Sonderbeilage Nr. 2/2003, S. 16.
216 Diese werden von der STOXX Ltd., einer mittelbaren Tochtergesellschaft der Deutsche Börse AG auf privat-rechtlicher Grundlage errechnet, dazu Factsheet DAX der Qontigo GmbH, Tochtergesellschaft

a) Auswahlindizes

7.62 Die wohl bedeutsamste Gruppe innerhalb der Indexsystematik der Deutsche Börse AG stellen die sog. **Auswahlindizes** dar. Dies sind die Indizes DAX, MDAX, TecDAX und SDAX, denen gemeinsam die Anknüpfung an die Notierung des Emittenten im regulierten Markt an der Frankfurter Wertpapierbörse sowie sein rechtlicher oder operativer Unternehmenssitz in Deutschland (Auswahlindizes i.e.S.). Gewisse Besonderheiten weist der Scale 30 Index auf, der daher als Auswahlindex i.w.S. bezeichnet werden kann (siehe Rz. 7.76). Alle Auswahlindizes bestehen jeweils aus einer festen Anzahl von Werten, die nach bestimmten, nachfolgend näher zu beschreibenden Kriterien ausgewählt werden.

aa) Die Auswahlindizes i.e.S.

7.63 Der **DAX** stellt den Index der gemessen an der Marktkapitalisierung[217] 40 größten Unternehmen, die im regulierten Markt an der Frankfurter Wertpapierbörse notiert sind. Voraussetzung für die Aufnahme in den DAX sind die Einhaltung bestimmter Qualitätskriterien sowie die Erfüllung der im Indexregelwerk vorgesehenen Profitabilitätsanforderungen (siehe Rz. 7.66)[218]. Die Systematik der Auswahlindizes i.e.S. folgt einem Aufbau, der sich – in Form einer Pyramide gut veranschaulichen lässt:

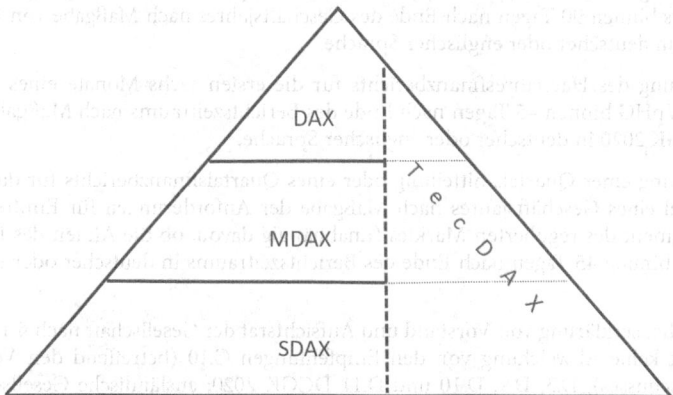

7.64 Unterhalb des DAX folgen zunächst die Indizes MDAX und SDAX. Der **MDAX** setzt sich aus den 50 Gesellschaften zusammen, die entweder in Bezug auf die Größe der Marktkapitalisierung jenen des DAX folgen oder aber trotz einer eigentlich für die Aufnahme in den DAX ausreichenden Marktkapitalisierung die für den DAX geltenden Profitabilitätsanforderungen nicht erfüllen. In den **SDAX** werden sodann die auf die 50 Werte des MDAX folgenden nächsten 70 Werte aufgenommen. Anders als früher ist die Aufnahme zu MDAX und SDAX nicht mehr an die Zugehörigkeit des operativen Geschäfts eines Emittenten an sog. klassische Branchen geknüpft, sondern branchenunabhängig.

7.65 Der **TecDAX** ist dagegen sog. Technologiewerten vorbehalten. Er setzt sich aus den 30 in Bezug auf die Marktkapitalisierung größten Unternehmen zusammen, deren operatives Geschäft einer der Branchen angehört, die im Indexregelwerk als Technologie-Branchen eingestuft sind[219]. Die Aufnahme in den

---

der Deutsche Börse AG und mittelbare Muttergesellschaft der STOXX Ltd., abrufbar unter www.dax-indices.com/ressourcen.
217 Im Guide to the DAX Equity Indices der STOXX Ltd., Version 11.2.4 v. 15.9.2021, Ziff. 2.9 definiert als das Produkt aus der Zahl der ausgegebenen Aktien der betreffenden Gattung und dem Preis einer Aktien der betreffenden Gattung.
218 Guide to the DAX Equity Indices der STOXX Ltd., Version 11.2.4 v. 15.9.2021, Ziff. 3.1.
219 Guide to the DAX Equity Indices der STOXX Ltd., Version 11.2.4 v. 15.9.2021, Ziff. 3.1., 4.1.1.2, 11.3.

TecDAX kann, anders als früher, zusätzlich zur Einbeziehung in den DAX, MDAX oder SDAX erfolgen[220].

7.66 Für die Auswahl zur **Aufnahme in einen Auswahlindex i.e.S.** kommen von vornherein nur Aktien solcher Unternehmen in Frage, die folgenden sog. Basiskriterien erfüllen[221]:

- Notierung im regulierten Markt der Frankfurter Wertpapierbörse – die bislang verlangte Notierung im Prime Standard ist nicht mehr erforderlich, wohl aber die auch dort geltende Pflicht zur Erstellung von Quartalsmitteilungen (dazu sogleich in dieser Aufzählung).
- Fortlaufender Handel in Xetra.
- Mindest-Streubesitz (Freefloat)[222] von mindestens 10 %.
- Satzungssitz oder operatives Hauptquartier (d.h. Sitz der (Teil-)Geschäfts- oder Verwaltungsführung) in Deutschland[223]; ausländische Gesellschaften müssen ihren Satzungssitz in einem EU oder EFTA Staat, d.h. dem EWR und der Schweiz oder ihr operatives Hauptquartier in Deutschland haben.
- Veröffentlichung des Jahresfinanzberichts nach § 114 WpHG samt Bestätigungsvermerk des Abschlussprüfers binnen 90 Tagen nach Ende des Geschäftsjahres nach Maßgabe von Empfehlung F.2 DCGK 2020 in deutscher oder englischer Sprache.
- Veröffentlichung des Halbjahresfinanzberichts für die ersten sechs Monate eines Geschäftsjahres nach § 115 WpHG binnen 45 Tagen nach Ende des Berichtszeitraums nach Maßgabe von Empfehlung F.2 DCGK 2020 in deutscher oder englischer Sprache.
- Veröffentlichung einer Quartalsmitteilung oder eines Quartalsfinanzberichts für das erste und das dritte Quartal eines Geschäftsjahres nach Maßgabe der Anforderungen für Emittenten im Prime Standard Segment des regulierten Marktes (unabhängig davon, ob die Aktien des Emittenten dort notiert sind) binnen 45 Tagen nach Ende des Berichtszeitraums in deutscher oder englischer Sprache.
- Die Entsprechenserklärung von Vorstand und Aufsichtsrat der Gesellschaft nach § 161 Abs. 1 Satz 1 AktG enthält keine Abweichung von den Empfehlungen C.10 (betreffend den Vorsitzenden des Prüfungsausschusses), D.3, D.9, D.10 und D.11 DCGK 2020; ausländische Gesellschaften erfüllen das Kriterium durch jährliche Veröffentlichung einer entsprechenden Erklärung nach Maßgabe eines von STOXX herausgegebenen Musters.
- Mindestliquidität: zum Stichtag für die Aufnahme in einen Auswahlindex i.e.S. muss eine Gesellschaft für die letzten zwölf Monate einen Orderbuchumsatz[224] von 1 Mrd. Euro oder eine Umsatzrate (Orderbuchumsatz der letzten zwölf Monate dividiert durch die Freefloat-Marktkapitalisierung)[225] von 20 % erzielen; für das Verbleiben im Index genügen 12-Monats Orderbuchumsatz von 0,8 Mrd. Euro oder eine Umsatzrate von 10 %.

Für die Aufnahme in den DAX muss eine Gesellschaft zudem ihre Profitabilität durch ein positives EBITDA[226] in den letzten beiden Geschäftsjahren belegen.

---

220 Guide to the DAX Equity Indices der STOXX Ltd., Version 11.2.4 v. 15.9.2021, Ziff. 11.3. Fn. 25.
221 Guide to the DAX Equity Indices der STOXX Ltd., Version 11.2.4 v. 15.9.2021, Ziff. 4.1.1.1.
222 Definiert in Guide to the DAX Equity Indices der STOXX Ltd., Version 11.2.4 v. 15.9.2021, Ziff. 2.3.
223 Guide to the DAX Equity Indices der STOXX Ltd., Version 11.2.4 v. 15.9.2021, Ziff. 2.7 und 2.8.
224 Guide to the DAX Equity Indices der STOXX Ltd., Version 11.2.4 v. 15.9.2021, Ziff. 2.10.
225 Guide to the DAX Equity Indices der STOXX Ltd., Version 11.2.4 v. 15.9.2021, Ziff. 2.6.
226 Earnings Before Interest, Tax, Depreciation and Amortization = Gewinn vor Zinsen, Steuern und Abschreibungen auf materielle und immaterielle Wirtschaftsgüter, zum Begriff erläuternd *Müller*, BC 2017, 94.

bb) Scale 30 als Auswahlindex i.w.S.

Ebenfalls zu den Auswahlindizes gezählt wird der **Scale 30**. Dieser unterscheidet sich von den Auswahl Indizes der DAX Familie aber in mehrfacher Hinsicht. In den Scale 30 werden die Emittenten der nach dem Orderbuchumsatz der letzten zwölf Monate liquidesten Aktien im Marktsegment Scale (also gerade nicht im regulierten Markt) aufgenommen[227]. Anders als bei den Auswahlindizes i.e.S. müssen zur Aufnahme in den Scale 30 keine weiteren Basiskriterien erfüllt werden.

7.67

Einstweilen frei.

7.68–7.71

b) All Share- und Sektor-Indizes

Daneben sieht die Indexsystematik der Deutsche Börse AG noch weitere sog. All Share–Indizes vor. Diese setzen sich aus allen in einem bestimmten Marktsegment notierten Aktien zusammen, sind also nicht auf eine bestimmte Anzahl von Werten beschränkt. An ihnen lässt sich also die **Entwicklung eines gesamten Segments** ablesen. Dies mag zwar für den einzelnen Emittenten unmittelbar nicht denselben Stellenwert haben wie die Aufnahme in einen Auswahlindex. Aus den All Share-Indizes lassen sich jedoch auch für den einzelnen Emittenten wertvolle Schlüsse ziehen, so z.B. auf die relative Entwicklung des eigenen Kurses verglichen mit an anderen Werten in dem betreffenden Segment. Dies kann u.U. bei der Ausgestaltung eines Aktienoptionsplans von Interesse sein.

7.72

Da es wegen der fehlenden zahlenmäßigen Begrenzung der jeweils enthaltenen Werte keiner ausdrücklichen Entscheidung über die Aufnahme oder den Ausschluss eines Wertes aus dem betreffenden Index bedarf, werden Veränderungen in der Zusammensetzung des betreffenden Segments durch Neuaufnahmen, Löschungen, Fusionen o.Ä. sofort im Index nachvollzogen, bei Erstnotierungen an der FWB am Tag nach der ersten Notierung[228]. Als All Share-Indizes berechnet STOXX den Prime All Share, den Technology All Share, den Classic All Share, General All Share, Scale All Share und den CDAX. Der **Prime All Share** erfasst alle Werte im Prime Standard Segment. Im **Technology All Share**-Index sind alle Werte des Prime Standard aus Branchen des sog. Technologie-Sektors, im **Classic All Share** alle im Prime Standard notierten Werte aus klassischen Branchen zusammengefasst – jeweils mit Ausnahme der in den DAX 30 aufgenommenen (die aufgrund ihrer Dominanz das Bild der Branchenentwicklung verfälschen könnten). Im **CDAX** werden alle deutschen Werte des Prime und des General Standard zusammengefasst. Der CDAX zeigt damit die Entwicklung des gesamten deutschen Aktienmarkts auf. Aus ihm lassen sich daher auch Schlüsse auf die allgemeine Einschätzung deutscher Unternehmen durch den Kapitalmarkt ziehen. Entsprechend dem Prime All Share-Index enthält der **General All Share**-Index alle Unternehmen, die dem General Standard angehören und veranschaulicht damit die Wertentwicklung dieses Segments. Dem **Scale All Share** Index gehören alle in Scale notierten Unternehmen an[229].

7.73

c) Indizes für eigentümergeführte und für nachhaltige Unternehmen

Seit dem 3.1.2005 gibt es auch einen Index für eigentümergeführte Unternehmen (**German Entrepreneurial Index – GEX**)[230]. Auch dieser wird, wie die vormals von der Deutsche Börse AG ermittelten Auswahlindizes der DAX-Familie, mittlerweile von deren Konzernunternehmen STOXX Ltd. bereitgestellt. Die Zahl der dem GEX zugehörigen Werte ist nicht beschränkt, so er dass zu den All-Share-Indizes zählt[231]. Damit wird dem Umstand Rechnung getragen, dass eigentümergeführte Unterneh-

7.74

---

227 Guide to the DAX Equity Indices der STOXX Ltd., Version 11.2.4 v. 15.9.2021, Ziff. 4.1.2.
228 Dazu Guide to the DAX Equity Indices der STOXX Ltd., Version 11.2.4 v. 15.9.2021, Ziff. 4.2.1, 4.2.2.
229 Guide to the DAX Equity Indices der STOXX Ltd., Version 11.2.4 v. 15.9.2021, Ziff. 3.2.
230 Dazu Broschüre der Deutsche Börse AG „GEX – Der neue Mittelstandsindex" v. 22.11.2004, im Internet abrufbar unter www.deutsche-boerse.com; *Mai*, AG 2005, R18, sowie *Zeller*, Der Aufsichtsrat 2005, 9.
231 Guide to the GEX® Equity Indices der STOXX Ltd., Version 2.1.4 vom Oktober 2020, Ziff. 2.

men oft wegen ihrer Marktkapitalisierung die Kriterien der Auswahlindizes nicht erfüllen und deshalb bislang wenig wahrgenommen wurden. Umgekehrt können gerade diese Unternehmen insbesondere für langfristig orientierte Anleger von besonderem Interesse sein. Der GEX stellt daher eine mittelstandsspezifische Ergänzung der Auswahlindizes dar. Voraussetzungen für die Aufnahme in den GEX sind[232]:

- Führung des Unternehmens durch die „Eigentümer", d.h., zwischen 25 und 75 % der Stimmrechte werden von aktiven oder ehemaligen Mitgliedern des Vorstands oder Aufsichtsrats oder deren Familien unmittelbar oder mittelbar gehalten,
- Börsennotierung seit maximal zehn Jahren,
- Sitz des Unternehmens in Deutschland,
- Notierung im Prime Standard.

7.75 Seit Ende 2020 wird zudem als weiterer Auswahlindex der **DAX 50 ESG** berechnet. Dieser fasst die 50 größten an der Frankfurter Wertpapierbörse notierten Gesellschaften mit guter Nachhaltigkeitsbilanz anhand von Environmental, Social und Governance (ESG) Kriterien zusammen. In den DAX 50 ESG können nur Unternehmen aufgenommen werden, die bereits dem HDAX angehören, der sich aus den in den DAX, den MDAX und den TecDAX notierten Gesellschaften zusammensetzt[233]. Damit müssen auch die in den DAX 50 ESG die sog. Basiskriterien erfüllen (siehe Rz. 7.66)[234]. Von den HDAX-Emittenten können nur diejenigen in den DAX 50 ESG aufgenommen werden, die nicht von den ESG-Ausschlusskriterien des Indexleitfadens erfasst werden[235]. Dies sind Gesellschaften, die nach dem Sustainalytics Global Standards Screening Assessment allgemein akzeptierte internationale Normen und Standards der Nachhaltigkeit nach Maßgabe der United Nations Global Compact (UNGC) Principles, der OECD Guidelines for Multinational Enterprises, der UN Guiding Principles on Business and Human Rights (UNGPs) und der dazu erlassenen Konventionen verletzten oder zu verletzen drohen. Dies betrifft Unternehmen, die in nennenswertem Umfang Umsätze in den Bereichen umstrittene Waffen, Tabak, Kraftwerkskohle, Atomenergie oder Kriegswaffen erzielen.

d) Sektorindizes

7.76 Schließlich berechnet die Deutsche Börse noch Sektorindizes, denen jeweils die Unternehmen aus bestimmten Branchen zugeordnet werden. Die Sektorzuordnung richtet sich nach dem Umsatzschwerpunkt des Unternehmens[236]. Insgesamt werden die Unternehmen 63 Branchen (**Subsektoren**) zugeordnet, die wiederum in 18 Sektoren zusammengefasst sind; aus den 18 **Sektoren** werden wiederum neun **Supersektoren** gebildet.[237] Auf dieser Grundlage ermittelt die Deutsche Börse AG die DAXsupersector, DAXsector und DAXsubsector-Indizes, bei denen nur Unternehmen aus dem Prime Standard berücksichtigt werden. Ferner werden als All-Share-Indizes die DAXsector All- und DAXsubsector All-Indizes berechnet, die zusätzlich auch Unternehmen aus dem General Standard und dem Entry Standard berücksichtigen. Für die Supersektoren wird indes kein All-Share-Index ermittelt[238]. Auch diese Indizes können zum Zwecke des Benchmarkings, d.h. der Beurteilung der Entwicklung des Akti-

---

232 Guide to the GEX® Equity Indices der STOXX Ltd., Version 2.1.4 vom Oktober 2020, Ziff. 2.1.
233 Guide to the DAX Equity Indices der STOXX Ltd., Version 11.2.4 v. 15.9.2021, Ziff. 3.1, 4.1.5.
234 Guide to the DAX Equity Indices der STOXX Ltd., Version 11.2.4 v. 15.9.2021, Ziff. 4.1.1.1, 4.1.5.1.
235 Guide to the DAX Equity Indices der STOXX Ltd., Version 11.2.4 v. 15.9.2021, Ziff. 4.1.5.2 ESG Exclusion Criteria.
236 Dazu Guide to the DAX Equity Indices der STOXX Ltd., Version 11.2.4 v. 15.9.2021, Ziff. 2.11.
237 Warum der Guide to the DAX Equity Indices der STOXX Ltd., Version 11.2.4 v. 15.9.2021, in Ziff. 3.3 von acht Supersektoren und 35 Subsektoren spricht, dann in Ziff. 11.3 aber neun Supersektoren und 63 Subsektoren aufführt, bleibt unklar.
238 Zur Zuordnung einzelner Branchen zu Subsektoren, Sektoren und Supersektoren: Guide to the DAX Equity Indices der STOXX Ltd., Version 11.2.4 v. 15.9.2021, Ziff. 3.3; 4.3 und 11.3.

enkurses eines Unternehmens im Vergleich zu den anderen Unternehmen derselben Branche, herangezogen werden.

IV. Öffentliche und private Platzierung

Zu Zeiten des Börsenbooms Ende der 1990er Jahre war in Deutschland vorübergehend das Interesse von Privatanlegern an einer Geldanlage in Aktien deutlich gestiegen. Nicht zuletzt deshalb fanden auch nach der erstmaligen Platzierung von Aktien eines Unternehmens anlässlich des Börsenganges Platzierungen von Aktien häufig in Form eines öffentlichen Angebotes statt. Seit den Kursrückgängen der Jahre 2000–2002 ist jedoch das Interesse von Privatanlegern an Aktien zurückgegangen[239]; der nach den Jahren der Finanzkrise zu beobachtende Anstieg vieler Aktienkurse und -indizes hat daran nichts Entscheidendes geändert. Daher hat auch der Anteil öffentlicher Angebote an der Gesamtzahl der Aktienplatzierungen abgenommen. Da oft eine nennenswerte Nachfrage nur von institutionellen Anlegern zu erwarten war, wurden auch größere Emissionen von vornherein nur als **Privatplatzierungen bei institutionellen Anleger**n durchgeführt. Augenfällig wurde dies etwa durch die Börsengänge Evonik Industries AG (2013), Schaeffler AG (2015) und JOST Werke AG (2017), bei denen jeweils Aktien ohne öffentliches Angebot ausschließlich bei institutionellen Investoren platziert wurden[240]. Die Wahl der Form der Platzierung hängt freilich neben der allgemeinen Marktentwicklung auch von den Besonderheiten der jeweiligen Platzierung ab. In jüngerer Zeit wurden bei Börsengängen indes regelmäßig wieder **öffentliche Angebote** durchgeführt, so etwa bei den IPOs der Hensoldt AG (2020), der Auto1 Group SE (2021), der Vantage Towers AG (2021) oder der Synlab AG (2021).

7.77

1. Öffentliche Platzierung

Sollen Aktien an einen möglichst breiten Kreis an Investoren platziert werden, so werden sie öffentlich, d.h. jedermann angeboten. Typischerweise ist dies eine Form, die im Zusammenhang mit der sog. Börsengang einer Gesellschaft gewählt wird (daher auch der Begriff „IPO" – Initial Public Offering = erstmaliges öffentliches Angebot). Sie findet aber auch Anwendung bei Folgeemissionen. Rechtliche Bedeutung hat der Begriff des öffentlichen Angebotes im Hinblick auf die **Prospektpflicht** nach Art. 3 Abs. 1 ProspektV. Danach muss der Anbieter von Wertpapieren einen Prospekt veröffentlichen, wenn er diese im Europäischen Wirtschaftsraum[241] öffentlich anbietet und kein Ausnahmetatbestand nach Art. 1 Abs. 3 und 4 ProspektV[242] eingreift (dazu Rz. 7.15).

7.78

a) Vorteile

Für eine Platzierung im Wege eines öffentlichen Angebotes spricht, dass so ein **breites Anlegerspektrum** erreicht werden kann, insbesondere Privatanleger. Durch ein öffentliches Angebot werden auch Anleger, die keine Kundenbeziehung zu den die Emission begleitenden Banken unterhalten, auf die Emission aufmerksam. Die Gesellschaft erreicht durch die mit der Durchführung eines öffentlichen Angebotes verbundene **Publizitätswirkung** (einschließlich etwaiger Berichterstattung in der Presse) auch über die Platzierung hinaus größere Aufmerksamkeit.

7.79

---

239 *Leven*, AG 2008, R59 ff.
240 Pressemitteilung der Evonik Industries AG v. 25.4.2013; Pressemitteilung der Schaeffler AG v. 5.10.2015 sowie Prospekt der Schaeffler AG v. 7.10.2015, S. S-51; Ad-hoc Mitteilung der JOST Werke AG v. 12.7.2017 sowie Prospekt der JOST Werke AG v. 14.7.2017, S. S-40 und S-46.
241 Die Anwendbarkeit der ProspektV über die EU hinaus auch im Europäischen Wirtschaftsraum ergibt sich aus dem Beschluss des Gemeinsamen EWR-Ausschusses Nr. 84/2019 v. 29.3.2019 zur Änderung des Anhang IX (Finanzdienstleistungen) des EWR-Abkommens [2019/1400], ABl. EU Nr. L 235 v. 12.9.2019, S. 5.
242 Das zeitlich versetzte Inkrafttreten ergibt sich aus Art. 49 Abs. 2 ProspektV.

b) Nachteile

7.80 Die mit einer öffentlichen Platzierung einhergehenden Nachteile sind vor allem mit der bei solchen Angeboten regelmäßig geltenden **Prospektpflicht** verbunden. Die Prospekterstellung verursacht erheblichen zeitlichen, personellen und finanziellen Aufwand. Gleiches gilt auch für die bei Emissionen mit Prospekterstellung übliche Vertragsdokumentation. Der für die Prospekterstellung vorzusehende zeitliche Vorlauf bedeutet zudem einen Verlust an Flexibilität. Platzierungschancen, die sich aufgrund von günstigen Marktentwicklungen kurzfristig ergeben, können mit öffentlichen Angeboten nur schwer genutzt werden. Bei volatilen Marktverhältnissen wie sie in der jüngeren Vergangenheit zeitweise zu beobachten waren, kann dies u.U. die gesamte Platzierung in Frage stellen.

7.81 Die zuvor angesprochene **Publizitätswirkung** eines bei einem öffentlichen Angebot typischerweise zu veröffentlichenden Prospekts hat auch eine Kehrseite. Im Prospekt sind in der für einen verständigen Anleger[243] erforderlichen Deutlichkeit vor allem auch die mit der Anlage verbundenen Risiken auszuführen[244]; diese erhalten durch den vorgeschriebenen Abschnitt „Risikofaktoren" besondere Prominenz[245]. Selbst wenn diese bei börsennotierten Emittenten im Hinblick auf deren Pflicht zur Ad-hoc-Publizität nach Art. 17 MAR dem Markt bereits bekannt sein müss(t)en, wird durch die Prospektveröffentlichung erneut besonderes Augenmerk auf die bei der Gesellschaft bestehenden Risiken gelenkt. Dies kann sich ggf. negativ auf den Kursverlauf der Aktie auswirken.

7.82 Ferner ist das mit einer Prospektveröffentlichung einhergehende **Haftungs- und Prozessrisiko** zu bedenken. Die Prospektverantwortlichen haften nicht nur gegenüber den Erstkäufern der angebotenen Wertpapiere, die diese im Zuge des Angebotes erwerben, sondern gegenüber allen Anlegern, die die angebotenen bzw. börsenzugelassenen Wertpapiere binnen sechs Monaten nach dem ersten öffentlichen Angebot bzw. der Erstnotiz erwerben, bei Vorliegen der sonstigen Voraussetzungen von §§ 9 ff. WpPG auf Schadensersatz (dazu im Einzelnen Rz. 10.391 ff.). Dies gilt entsprechend für die Erwerber ausstattungsgleicher Wertpapiere im Zweitmarkt, d.h. der bereits vor Durchführung der Emission börsennotierten Aktien[246]. Das Risiko der Prospekthaftung ist nicht nur theoretisch oder auf den Zusammenbruch des Emittenten beschränkt. Bei entsprechender Kursentwicklung schützen auch sorgfältig vorbereitete Prospekte nicht immer vor der Erhebung von Prospekthaftungsklagen. Ansätze zu aus den USA bekannten Tendenzen, erlittene Spekulationsverluste durch Prospekthaftungsklagen zu kompensieren und so das Anlagerisiko auf die Prospektverantwortlichen abzuwälzen[247], sind auch in Deutschland zu erkennen. Die Schaffung eines Musterverfahrens in kapitalmarktrechtlichen Streitigkeiten durch

---

243 Als Maßstab für die Prospektdarstellung hatte sich die Formel des „durchschnittlichen Anlegers, der eine Bilanz zu lesen versteht, aber nicht unbedingt mit der in eingeweihten Kreisen gebräuchlichen Schlüsselsprache vertraut zu sein braucht" etabliert, vgl. BGH v. 12.7.1982 – II ZR 175/81 – Beton- und Monierbau, WM 1982, 862, 863 = AG 1982, 278; OLG Frankfurt a.M. v. 1.2.1994 – 5 U 213/92 – Bond, WM 1994, 291, 295 = AG 1994, 184; OLG Frankfurt a.M. v. 17.3.1999 – 21 U 260/97 – MHM Mode, ZIP 1999, 1005, 1006 = AG 1999, 325; diese Figur wurde zuletzt unter Bezugnahme auf die BGH-Entscheidung v. 12.7.1982 zum „verständigen" Anleger präzisiert BGH v. 17.12.2020 – II ZB 31/14 – HRE, WM 2021, 285 Rz. 375, ebenso *Groß*, Kapitalmarktrecht, § 9 WpPG Rz. 41 ff.
244 *Meyer* in FrankfKomm. WpPG, § 5 WpPG Rz. 7.
245 *Meyer* in Habersack/Mülbert/Schlitt, Unternehmensfinanzierung am Kapitalmarkt, Rz. 36.53 f.; *Schlitt* in Habersack/Mülbert/Schlitt, Hdb. Kapitalmarktinformation, § 4 Rz. 51.
246 Vgl. *Groß*, Kapitalmarktrecht, § 9 WpPG Rz. 69; die von *Groß* erwogene Möglichkeit, zu Vermeidung dieser Haftungsausweitung nicht ausstattungsgleiche Wertpapiere auszugeben oder die neuen Papiere vorübergehend mit einer anderen Wertpapierkennnummer zu versehen, erscheint auf Grund der – auch von Groß angesprochenen – Zersplitterung des Handels und der dann zu befürchtenden geringen Liquidität der neuen Papiere nur schwer umsetzbar.
247 Zu Missbrauchsgefahren im US-amerikanischen Kapitalanlagerecht *Lenenbach*, WM 1999, 1393; zu einer etwaigen extraterritorialen Anwendung der U.S. Securities Laws *Kuntz* in Ekkenga, Handbuch der AG-Finanzierung, Kapitel 8 Rz. 537 ff.

das KapMuG[248] bedeutet zwar keine Einführung einer Sammelklage US-amerikanischer Prägung. Jedoch führt es zu einer Bündelung von Verfahren zur Durchsetzung gleichgerichteter Ansprüche, indem eine für alle Klagen gleiche Anspruchsvoraussetzung (z.B. die Unrichtigkeit eines Prospekts) einheitlich festgestellt wird[249].

Gerade bei breit platzierten Emissionen droht so die Gefahr, Prospekthaftungsklagen in erheblichem Ausmaß ausgesetzt zu sein, die ggf. durch zur Klageerhebung aufrufende **Medienberichte** unterstützt werden. Bereits die Erhebung einer noch so unbegründeten und unsubstantiierten Prospekthaftungsklage kann negative Auswirkungen auf die Gesellschaft haben. Schon die mit dem öffentlichen Bekanntwerden der Klageerhebung ausgelöste Sorge vor Haftungsrisiken führt u.U. zu Kursrückgängen. Die Verteidigung gegen Prospekthaftungsansprüche ist aufwändig und kostenintensiv. Die **Kosten** entsprechend spezialisierter Anwälte werden auch im Falle des Obsiegens nicht vollständig ersetzt werden können, da diese die gemäß § 91 Abs. 1, 2 Satz 1 ZPO ersetzbaren gesetzlichen Gebühren häufig nicht unerheblich übersteigen. Zudem muss mit erheblichem, nicht ersetzbarem internem Aufwand auf Seiten des Emittenten gerechnet werden. Schließlich besteht die Gefahr, dass die Gesellschaft sich während des laufenden Prospekthaftungsverfahrens immer wieder negativer Berichterstattung ausgesetzt sieht.

7.83

2. Privatplatzierung

Nicht zuletzt die gesunkene Nachfrage nach Aktien aus dem Kreis der Privatanleger hat dazu geführt, dass Pakete von Aktien einer bereits börsennotierten Gattung regelmäßig „privat", d.h. ohne öffentliches Angebot nur an eine **begrenzte Zahl primär institutioneller Investoren** platziert werden. Dies betrifft nicht nur Umplatzierungen bestehender Aktien, sondern auch neue Aktien aus Kapitalerhöhungen.

7.84

a) Vorteile

Ein wesentlicher Vorteil der Privatplatzierung von Aktien ist der geringere **Zeit- und Kostenaufwand** für die Vorbereitung der Transaktion. Selbst wenn neue Aktien aus einer Kapitalerhöhung erstmals angeboten werden, entfällt die Pflicht zur Veröffentlichung eines Prospekts nach Art. 3 Abs. 1 ProspektV, wenn die Aktien ausschließlich an **qualifizierte Anleger** i.S.v. Art. 2 lit. e) ProspektV angeboten werden. Darunter fallen solche Anleger, die nach § 67 WpHG oder den entsprechenden Regelungen in anderen Staaten des EWR als **professionelle Kunden** oder **geeignete Gegenparteien** eingestuft werden. Bei professionellen Kunden wird nach § 67 Abs. 2 Satz 1 WpHG angenommen, dass sie über ausreichende Erfahrungen, Kenntnisse und Sachverstand verfügen, um ihre Anlageentscheidungen zu treffen und die damit verbundenen Risiken angemessen beurteilen zu können. Dazu gehören zunächst die sog. „geborenen professionellen Kunden" nach § 67 Abs. 2 Satz 2 WpHG. Dort sind insbesondere zulassungs- oder aufsichtspflichtige Unternehmen der Finanzbranche aufgeführt, die als institutionelle Anleger tätig sind (etwa Wertpapierdienstleistungsunternehmen, Finanzinstitute, Versicherungsunternehmen, Investment- und Pensionsfonds mit deren Verwaltungsgesellschaften, Börsen- und Warenderivatehändler) sowie sonstige Unternehmen, sofern sie die im Gesetz aufgeführten Schwellenwerte für Bilanzsumme, Umsatzerlöse und Eigenmittel überschreiten, ferner nationale und regionale Regierun-

7.85

---

248 Gesetz über Musterverfahren in kapitalmarktrechtlichen Streitigkeiten (Kapitalanleger-Musterverfahrensgesetz – KapMuG) v. 16.8.2005, BGBl. I 2005, 2437, neu gefasst durch Gesetz zur Reform des Kapitalanleger-Musterverfahrensgesetzes und zur Änderung anderer Vorschriften v. 19.10.2012, BGBl. I 2012, 2182.
249 Begr. RegE KapMuG BR-Drucks. 2/05, S. 36; RegE Gesetz zur Reform des Kapitalanleger-Musterverfahrensgesetzes, BT-Drucks. 17/8799, S. 13; zur Neufassung des KapMuG *Wigand*, AG 2012, 845; *v. Bernuth/Kremer*, NZG 2012, 890; *Wolf/Lange*, NJW 2012, 3751; *Söhner*, ZIP 2013, 7; zum Vergleich der Systeme kollektiver Rechtsdurchsetzung *Möllers/Pregler*, ZHR 176 (2012), 144; *Möllers/Wolf*, BKR 2021, 249, jeweils m.w.N.

gen, Stellen der öffentlichen Schuldenverwaltung, Zentralbanken und internationale und überstaatliche Einrichtungen wie die Weltbank, der IWF oder die Europäische Investmentbank. Ebenfalls als qualifizierte Anleger gelten sog. „gekorene professionelle Kunden", die nach § 67 Abs. 6 Satz 1 WpHG auf eigenen Wunsch als professioneller Kunde eingestuft werden. Geeignete Gegenparteien sind bestimmte in § 67 Abs. 4 WpHG näher beschriebene Unternehmen der Finanzbranche sowie Großunternehmen i.S.v. § 67 Abs. 2 Nr. 2 WpHG, die der Einstufung als geeignete Gegenpartei zugestimmt haben[250]. Zusätzlich können Wertpapiere nach Art. 1 Abs. 4 lit. b) ProspektV **an weniger als 150 nicht qualifizierte Anleger** pro EWR-Staat prospektfrei angeboten werden. Eine Kombination beider Ausnahmetatbestände ist möglich (siehe Rz. 7.15).

7.86 Sollte die Börsenzulassung neuer Aktien erforderlich sein, kann gemäß Art. 1 Abs. 5 Unterabs. 1 lit. a) ProspektV auf einen **Prospekt verzichtet** werden, wenn diese *weniger als* 20 % der Zahl der (unmittelbar vor der relevanten Zulassungsentscheidung) bereits zugelassenen Wertpapiere gleicher Gattung ausmachen[251]. Freilich ist zu beachten, dass die Möglichkeit des vereinfachten Ausschlusses des Bezugsrechts bei Kapitalerhöhungen börsennotierter Aktiengesellschaften gemäß § 186 Abs. 3 Satz 4 AktG auf 10 % des Grundkapitals beschränkt ist[252].

7.86a Im Hinblick auf das meist überschaubare Platzierungsvolumen wird bei solchen Transaktionen regelmäßig kein Übernahmekonsortium gebildet, was zu einer **Begrenzung des Dokumentations- und Koordinationsaufwandes** beiträgt. Insbesondere kann der sonst bei Erstellung eines Prospekts übliche umfangreiche Gewährleistungskatalog allgemeiner gehalten werden (dazu im Einzelnen Rz. 8.181). Die schlankeren Strukturen bei der Emissionsvorbereitung bedeuten größere Flexibilität bei der Durchführung der Platzierung. Dies ermöglicht ein schnelleres Reagieren auf Marktchancen, was gerade bei den in der jüngeren Vergangenheit wieder zu beobachtenden volatilen Märkten von erheblicher Bedeutung ist.

7.87 Ein Vorteil der Privatplatzierung nur an institutionelle Investoren liegt auch in dem – jedenfalls faktisch – **geringeren Haftungsrisiko**. Mangels Prospekt greifen die Tatbestände der gesetzlichen Prospekthaftung (§§ 9 ff. WpPG) nicht ein. Allerdings werden auch für die Platzierung von Aktien bei institutionellen Investoren bestimmte Vertriebsunterlagen verwendet. Üblich sind sog. Term Sheets, die wesentliche Daten der Platzierung und des Emittenten enthalten sowie ggf. kurz gefasste Informationsmemoranden. Inwieweit hier die sog. bürgerlich-rechtliche Prospekthaftung Anwendung findet, hängt von den Umständen des Einzelfalls ab. Ein Prospekt im Sinne der bürgerlich-rechtlichen Prospekthaftung ist jedes Schriftstück, das für die Beurteilung der Anlage wesentliche Angaben enthält oder den Eindruck eines solchen Inhalts erwecken soll[253]. Kurzexposés, die offenkundig nicht den Eindruck der Vollständigkeit erwecken, sollten also keinen Prospekt im haftungsrechtlichen Sinn darstellen (dazu Rz. 10.495 ff.). Ein Haftungsrisiko wird jedoch nicht schon dadurch ausgeschlossen, dass sich eine Platzierung nur an erfahrene institutionelle Anleger richtet. Auch diese können grds. anspruchsberechtigt sein[254], jedenfalls insoweit, als sie ein Informationsdefizit hinsichtlich der angebotenen Anlage haben[255]. Bei der Platzierung von Aktien einer börsennotierten Gesellschaft wird sich das Informationsdefizit eines institutionellen Anlegers angesichts der Offenlegungspflichten des Emitten-

---

250 *Koller* in Assmann/Uwe H. Schneider/Mülbert, Wertpapierhandelsrecht, § 67 WpHG Rz. 15, 19.
251 *Lachner/von Heppe*, WM 2008, 576 ff.; *Schnorbus*, AG 2008, 389, 406 f.
252 Für eine Anpassung des aktienrechtlichen Schwellenwertes zur Erleichterung kurzfristiger Eigenkapitalaufnahme *Apfelbacher/Kuthe/Meyer*, AG 2020, 501, 509; in diesem Sinne bereits *Meyer/Weber*, CFL 2012, 249, 251.
253 *Groß*, Kapitalmarktrecht, § 16 WpPG Rz. 5; *Assmann/Kumpan* in Assmann/Schütze, Handbuch des Kapitalanlagerechts, § 5 Rz. 37; *Siol* in Schimansky/Bunte/Lwowski, Bankrechts-Handbuch, § 45 Rz. 47 f.; *Mülbert/Steup* in Habersack/Mülbert/Schlitt, Unternehmensfinanzierung am Kapitalmarkt, Rz. 41.157 f.; *Habersack* in Habersack/Mülbert/Schlitt, Hdb. Kapitalmarktinformation, § 28 Rz. 76.
254 *Assmann/Kumpan* in Assmann/Schütze, Handbuch des Kapitalanlagerechts, § 5 Rz. 91.
255 BGH v. 17.5.1984 – II ZR 199/83, WM 1984, 960; *Lenenbach*, Kapitalmarktrecht, Rz. 9.33; gegen eine Aufklärungspflicht gegenüber institutionellen Investoren *Schlitt/Schäfer*, AG 2004, 346, 351 f.

ten vor allem auf dessen aktuelle Entwicklung beziehen. Veränderungen der finanziellen oder geschäftlichen Verhältnisse der Gesellschaft muss diese jedoch, soweit sie zur Kursbeeinflussung geeignet sind, ohnehin unverzüglich gemäß Art. 17 MAR ad hoc dem Markt mitteilen. Typischerweise werden daher an Investoren verteilte Kurzinformationen lediglich die aktuellen veröffentlichten Finanzinformationen der Gesellschaft zusammenfassen. Dabei sind solche Informationen jedoch nicht wie bei einem Prospekt für ein öffentliches Angebot am durchschnittlichen Anleger auszurichten, sondern können auf den Kenntnisstand des angesprochenen institutionellen Adressatenkreises zugeschnitten werden. Daneben entfällt auch die beschriebene Haftung für Erwerbsvorgänge im Sekundärmarkt, die §§ 9 ff. WpPG vorsehen.

b) Nachteile

Die schlankere Vertragsdokumentation und – mangels Prospekterstellung – verkürzte Emissionsvorbereitung bei einer prospektfreien Platzierung schlägt sich auf die Vorlaufzeit einer Emission allerdings nur dann signifikant nieder, wenn es den Emissionsbanken selbst möglich ist, innerhalb relativ kurzer Zeit ausreichende **Gewissheit über die Lage der Gesellschaft** und ihre finanziellen Verhältnisse zu erlangen. Dies ist auch bei prospektfreien Emissionen vonnöten. Trotz geringerer Haftungsrisiken haben die Emissionsbanken schon aus Reputationsgründen ein eigenes Interesse daran, die Emission nur dann zu begleiten, wenn sie sich hinreichend vergewissern konnten, dass die Kapitalmarktpublizität der Gesellschaft deren aktuelle wirtschaftliche Lage zutreffend widerspiegelt. Dabei dürfte es eine Rolle spielen, inwieweit sich die Finanzberichterstattung der Gesellschaft in der Vergangenheit als verlässlich erwiesen hat und ob diese auch hinsichtlich der Aktualität guter Marktpraxis entspricht. Zudem lassen sich die Emissionsbanken typischerweise bestätigen, dass die Gesellschaft derzeit keinen Gebrauch von der Möglichkeit nach Art. 17 Abs. 4 MAR macht, die Offenlegung von (eigentlich nach Art. 17 Abs. 1 MAR unverzüglich zu veröffentlichenden) Insiderinformationen aufzuschieben (sog. Selbstbefreiung). 7.88

Soweit es sich jedoch um eine **reine Umplatzierung** von Aktien aus Altaktionärsbestand handelt, wird die Möglichkeit zu eigenen Untersuchungen durch die Emissionsbank äußerst begrenzt sein. Die Platzierung muss daher unter Zugrundelegung der von der Gesellschaft veröffentlichten Informationen stattfinden. Aktionär, Emissionsbank und erwerbende Investoren müssen sich daher regelmäßig auf deren Richtigkeit und auf die Einhaltung der Ad-hoc-Mitteilungspflicht der Gesellschaft nach Art. 17 MAR verlassen. 7.89

c) Arten

Im Rahmen der Privatplatzierung von Aktien sind unterschiedliche Gestaltungsformen der Platzierung denkbar, die hier kurz umrissen werden sollen. 7.90

aa) Block Trade/Accelerated Bookbuilding

Die Begriffe Block Trade und Accelerated Bookbuilding bezeichnen unterschiedliche Formen der Vermarktung privat angebotener Wertpapiere[256]. Beim **Block Trade** verkauft die Bank durch private Ansprache institutioneller Investoren unmittelbar außerbörslich Pakete der zur Platzierung übernommenen Aktien. Dagegen werden beim sog. **Accelerated Bookbuilding** – ähnlich dem Bookbuilding bei öffentlichen Platzierungen (dazu näher siehe Rz. 8.30) – Investoren aufgrund einer anhand der gegenwärtigen Markteinschätzung festgelegten Preisspanne angesprochen. Sie werden dabei aufgefordert, bis zu einem zuvor festgelegten Zeitpunkt ihrerseits Angebote zum Erwerb einer bestimmten Zahl der 7.91

---

[256] Ausführlich zu den verschiedenen Gestaltungsformen *Schlitt/Schäfer*, AG 2004, 346, die „Block Trade" als Oberbegriff verstehen, der auch das Accelerated Bookbuilding und andere Platzierungsformen wie z.B. das Kommissionsgeschäft (dazu sogleich unten Rz. 7.92) erfasst.

angebotenen Aktien zu einem bestimmten Preis innerhalb dieser Preisspanne abzugeben. Der Zeitraum für die Abgabe dieser Angebote beträgt typischerweise – anders als bei öffentlichen Platzierungen – nur wenige Stunden. Nach dem Ende dieses Zeitraumes werden die eingegangenen Angebote ausgewertet, ein einheitlicher Platzierungspreis festgelegt und die Platzierungsaktien an Investoren zugeteilt. Beiden Formen ist gemeinsam, dass die Ansprache von ausschließlich institutionellen Investoren eine schnelle Platzierung ermöglicht. Diese Art der Platzierung ist mittlerweile auch bei Kapitalerhöhungen im Volumen von unter 10 % des Grundkapitals gebräuchlich; die so entstandenen neuen Aktien können aufgrund der Befreiung von der Prospektpflicht in Art. 1 Abs. 5 1. Unterabs. lit. a) ProspektV prospektfrei zum Börsenhandel zugelassen werden (eingehend dazu siehe Rz. 8.180 ff.).

bb) Festübernahme/Kommission und Mischformen

7.92 Bei der Umplatzierung von Aktien aus Altaktionärsbestand ist daneben zu unterscheiden, ob die Bank die Platzierungsaktien fest oder nur kommissionsweise übernimmt. Die **Festübernahme** ist dadurch gekennzeichnet, dass die Bank die Platzierungsaktien zu einem bestimmten Preis fest übernimmt und damit das Platzierungsrisiko trägt. Ihr steht dann aber auch der über den Übernahmepreis hinaus erzielte Platzierungserlös zu. Bei der **Kommission** übernimmt die Bank die Platzierungsaktien für Rechnung des abgebenden Aktionärs, um diese bestmöglich zu platzieren. Dabei wird ein bestimmter Zeitraum festgelegt, innerhalb dessen die Platzierung zu erfolgen hat. Der bei der Platzierung erzielte Erlös ist an den Aktionär abzuführen, abzüglich einer in Prozent des Platzierungspreises zu bemessenden Provision sowie ggf. etwa entstandener Kosten. Nicht platzierte Aktien werden dem Aktionär zurückgegeben. Die Bank trägt mithin kein Platzierungsrisiko, ist aber am Platzierungserlös nur insoweit beteiligt, als sich die regelmäßig in Prozent bemessene Platzierungsprovision proportional zum erzielten Platzierungspreis erhöht. Bisweilen sind auch **Mischformen** zu beobachten, bei denen die Bank Aktien fest übernimmt, den abgebenden Aktionär jedoch in gewissem Umfang an dem bei der Weiterplatzierung über den Festpreis hinaus erzielten Erlös beteiligt (sog. *Upside Sharing*). Umgekehrt kann auch bei einer Platzierung im Wege des Accelerated Bookbuilding für den abgebenden Aktionär eine höhere Platzierungssicherheit durch Kombination mit einer Festübernahme zu einem Mindestpreis erreicht werden (sog. *Backstop Underwriting*)[257].

V. Zeitplan

1. Bedeutung

7.93 Für das Gelingen einer Emission bzw. Platzierung ist – gerade in Zeiten volatiler Märkte – eine vorausschauende Zeitplanung von entscheidender Bedeutung. Hierbei trifft die Emissionsbank eine wichtige Koordinationsfunktion. Im Hinblick auf **Berichtszeiträume**, konkurrierende Emissionen und saisonale Umstände wie z.B. Feiertage und das ruhigere **Marktumfeld** in den Sommermonaten können bereits Verzögerungen um nur wenige Tage erhebliche Verschiebungen im Zeitplan zur Folge haben. Dies kann die Platzierbarkeit der Aktien erschweren und schlimmstenfalls sogar zur Absage der ganzen Transaktion führen. Daher sind die Abläufe der Transaktionsvorbereitung und die jeweiligen Verantwortlichkeiten frühzeitig festzulegen. Zwangsläufig ergeben sich im Laufe des Prozesses immer wieder Änderungen im Zeitplan, der regelmäßig und zeitnah zu aktualisieren ist. Dabei empfiehlt es sich, konservativ zu planen und zeitliche „Puffer" vorzusehen, um nicht vorhergesehene Verzögerungen auffangen zu können. Da die Emissionsvorbereitung ein arbeitsteiliger Vorgang ist, muss die Zeitplanung mit allen Beteiligten, einschließlich hinzugezogenen Beratern (v.a. Rechtsanwälte und Wirtschaftsprüfer) sowie im Hinblick auf das Prospektbilligungsverfahren mit der BaFin frühzeitig abgestimmt werden.

---

257 Zur konkreten Ausgestaltung Rz. 8.191 ff. sowie *Schlitt/Schäfer*, AG 2004, 346, 348.

2. Ausgestaltung

a) Inhalte

Aus nahe liegenden Gründen weist jeder Zeitplan je nach Transaktionsstruktur Besonderheiten auf. Als **Beispiel** ist nachstehend ein Zeitplan für eine Bezugsrechtskapitalerhöhung aufgeführt[258].

7.94

Mo, 16. Juli	– Kick-off Meeting
Di, 17. Juli	– Beginn Due Diligence und Prospekterstellung
Di, 14. August	– Veröffentlichung des Zwischenberichts zum 30. Juni
Mo, 24. September	– Erste Einreichung eines Prospektentwurfs bei der BaFin
Di, 25. September	– Verteilung des ersten Entwurfs des Übernahmevertrages
	– Verteilung erster Entwürfe von Legal und Disclosure Opinions sowie des Comfort Letters
Di, 9. Oktober	– Kommentare der BaFin (sog. Anhörungsschreiben)
Fr, 12. Oktober	– Zweite Einreichung eines (überarbeiteten) Prospektentwurfs bei der BaFin
Mi, 17. Oktober	– Abstimmung der zum Handelsregister einzureichenden Unterlagen mit dem Registerrichter
Di, 23. Oktober	– Abschließende Kommentare der BaFin zur zweiten Einreichungsfassung des Prospekts
	– Einladung der Konsorten[259]
Mi, 24. Oktober	– Einreichung der Billigungsfassung des Prospekts bei der BaFin
Do, 25. Oktober	– Grundsatzbeschlüsse von Vorstand und Aufsichtsrat über Art und Inhalt der Kapitalerhöhung
	– Ad-hoc-Mitteilung und Pressemitteilung
	– Einreichung von Legal und Disclosure Opinions sowie des Comfort Letters beim Rechtsberater der Konsortialbanken zur treuhänderischen Verwahrung (*escrow*)
	– Unterzeichnung des Übernahmevertrages
Fr, 26. Oktober	– Freigabe von Disclosure und Legal Opinions sowie Comfort Letters
	– Billigung des Prospekts durch die BaFin
	– Veröffentlichung des Prospekts durch Einstellen ins Internet (Art. 21 Abs. 2 ProspektV)
So, 28. Oktober	– Beschlüsse von Vorstand und Aufsichtsrat über den Bezugspreis
	– Ad-hoc-Mitteilung und Pressemitteilung zur Höhe des Bezugspreises
Mo, 29. Oktober	– Veröffentlichung des Bezugsangebots mit Bezugspreis

---

258 Der für die Erstellung eines einreichungsfähigen Prospektes zu veranschlagende Zeitraum kann je nach den Umständen des Einzelfalles auch deutlich länger zu bemessen sein. Dies hängt z.B. davon ab, ob dabei auf Prospekte aus anderen Transaktionen oder auf Dokumente der Regelpublizität nach US-Regeln (etwa das sog. 20-F Filing, dazu Rz. 11.32) als Grundlage zurückgegriffen werden kann. Siehe auch den Beispielszeitplan bei *Schlitt/Schäfer*, AG 2008, 525, 529.

259 Zwischen der Einladung der Konsorten, die mit der Aufforderung zur Erteilung einer Vollmacht zum Abschluss des Übernahmevertrages verbunden wird und dem Abschluss des Übernahmevertrages selbst können – je nach Emissionsstruktur – u.U. auch nur wenige Tage, manchmal sogar nur Stunden liegen; vgl. auch *Groß* in Ebenroth/Boujong/Joost/Strohn, HGB, 4. Aufl. 2020, Rz. VI 18.

Di, 30. Oktober	– Beginn der Bezugsfrist
	– Beginn des Bezugsrechtshandels
Di, 6. November	– Abgabe von Legal Opinions
	– Zeichnung der neuen Aktien
	– Anmeldung der Durchführung der Kapitalerhöhung beim Handelsregister
	– Antrag auf Börsenzulassung und Notierungsaufnahme (bzw. Einbeziehung in die laufende Notierung)
Mi, 7. November	– Eintragung der Durchführung der Kapitalerhöhung
Do, 8. November	– Zulassung der neuen Aktien zum Handel im regulierten Markt
	– Ende des Bezugsrechtshandels
Fr, 9. November	– Veröffentlichung des Zulassungsbeschlusses
Mo, 12. November	– Ende der Bezugsfrist
Di, 13. November	– Einbeziehung der neuen Aktien in die laufende Notierung
	– Platzierung der nicht bezogenen neuen Aktien
Mi, 14. November	– Abgabe von Disclosure und Legal Opinions sowie eines (Bring down-) Comfort Letters Abrechnung der bezogenen Aktien (erstes Settlement oder auch Closing I)
Do, 15. November	– Abrechnung der Umplatzierung nicht bezogener Aktien (zweites Settlement oder auch Closing II)

b) Insbesondere: Berücksichtigung rechtlicher Vorgaben

7.95 Bei der konkreten Ausgestaltung eines Zeitplanes sind insbesondere rechtliche Vorgaben zu berücksichtigen, die die Abläufe einer Emission erheblich prägen können.

aa) Finanzinformationen

7.96 Finanzinformationen des Emittenten sind ein maßgeblicher Bestandteil eines Prospekts. Bei Prospekten für das Angebot und/oder die Börsenzulassung von Aktien enthält die von der EU-Kommission erlassene Delegierte Verordnung 2019/980, welche die gemäß Art. 13 ProspektV in einen Prospekt aufzunehmenden Mindestangaben regelt[260], in ihren Anhängen 1 und 11 detaillierte Vorgaben für die aufzunehmenden Finanzinformationen[261]. So hat der Prospekt für jedes der letzten **drei Geschäftsjahre** des Emittenten grds. **geprüfte Finanzinformationen nach IFRS** in den Prospekt aufzunehmen (**historische Finanzinformationen**, siehe Punkt 18.1 des Anh. I der Delegierte Verordnung 2019/980). Für Zeiträume, für die der Emittent (noch) keine IFRS-Konzernabschlüsse nach der Verordnung (EG) 1606/2002 („IAS-VO")[262] zu erstellen hatte (dazu Rz. 58.20, genügt jedoch die Aufnahme von Finanzangaben nach **nationalen Rechnungslegungsgrundsätzen** eines EU-Mitgliedstaates. Für das letzte Geschäftsjahr müssen die historischen Finanzinformationen (einschließlich der Vergleichsinformationen für das vorangegangene Jahr) aber konsistent mit dem nächsten gleichartigen Jahresabschluss sein. I.E. bedeutet dies wegen der Pflicht kapitalmarktorientierter Unternehmen zur IFRS-Konzernberichterstat-

---

260 Verordnung (EG) Nr. 809/2004 der Kommission v. 29.4.2004, ABl. EU Nr. L 149 v. 30.4.2004, S. 1; Berichtigung in ABl. EU Nr. L 215 v. 16.6.2004, S. 3.
261 Ausführlich zu Anforderungen an Finanzinformationen in Wertpapierprospekten Meyer in Habersack/Mülbert/Schlitt, Unternehmensfinanzierung am Kapitalmarkt, Rz. 36.25 ff.
262 Verordnung (EG) Nr. 1606/2002 des Europäischen Parlaments und des Rates v. 19.7.2002 betreffend die Anwendung internationaler Rechnungslegungsstandards, ABl. EG Nr. L 243 v. 11.9.2002, S. 1.

tung nach Art. 4 IAS-VO, dass für die letzten beiden Geschäftsjahre geprüfte Finanzangaben nach IFRS beizubringen sind. Etwaige nach **nationalen Rechnungslegungsgrundsätzen** erstellte Finanzinformationen müssen alle Bestandteile enthalten, die für Abschluss nach IFRS vorgeschrieben sind[263], d.h. bei Abschlüssen nach deutschen Rechnungslegungsgrundsätzen müssen i.d.R. eine Eigenkapitalveränderungsrechnung und eine Kapitalflussrechnung neu erstellt und geprüft werden[264]. Dass die BaFin bei deutschen Emittenten zudem die Aufnahme eines **HGB-Einzelabschlusses** für das letzte Geschäftsjahr verlangt[265], ist für den Zeitplan unproblematisch, da dieser ohnehin zu erstellen ist (dazu Rz. 57.90)[266]. Ferner dürften die jüngsten geprüften Finanzinformationen nach Punkt 18.1.7 des Anh. I der Delegierte Verordnung 2019/980 grds. nicht älter 16 bzw. 18 Monate sein, wobei es auf den **Bilanzstichtag** ankommt. Die längere Frist gilt, wenn der Emittent geprüfte Zwischenabschlüsse in den Prospekt aufnimmt (was in der Praxis so gut wie nicht vorkommt); die kürzere, wenn die Zwischenabschlüsse ungeprüft sind (was den Regelfall darstellt). Eine Pflicht zur Aufnahme von Zwischenfinanzinformationen besteht wie folgt: Hat der Emittent seit dem Stichtag seines letzten geprüften Jahresabschlusses **Quartals- oder Halbjahres-Finanzinformationen** veröffentlicht, sind diese gemäß Punkt 18.2.1 Satz 1 des Anh. I der Delegierte Verordnung 2019/980 in den Prospekt aufzunehmen. Wird der Prospekt mehr als neun Monate nach dem Ende des letzten Geschäftsjahres veröffentlicht, müssen nach Punkt 18.2.2 Anh. I Delegierte Verordnung 2019/980 auf jeden Fall Zwischenfinanzinformationen für die ersten sechs Monate des (laufenden) Geschäftsjahres aufgenommen werden. Eine Prüfung ist nicht erforderlich. Diese Zwischenfinanzinformationen sind nach denselben Rechnungslegungsgrundsätzen zu erstellen wie die in den Prospekt aufgenommenen historischen Finanzinformationen, also grds. nach den IFRS[267]. Ohnehin sollte schon im Hinblick auf eine erfolgreiche Vermarktung den Prospektverantwortlichen daran gelegen sein, in dem Prospekt möglichst aktuelle Zahlen des Emittenten zu zeigen.

Hinzu kommt, dass der als Abschlussprüfer der Gesellschaft tätige Wirtschaftsprüfer damit zu beauftragen ist, in Bezug auf die Entwicklung der Gesellschaft nach dem Stichtag des letzten abgedruckten Abschlusses bestimmte **Untersuchungshandlungen** vorzunehmen. Deren Ergebnisse werden internationalen Standards entsprechend in einem sog. Comfort Letter zusammengefasst (dazu Rz. 10.291 ff.). Für den unmittelbar vor dem Prospektdatum liegenden Zeitraum, der nicht mehr von einem Jahres- oder Zwischenabschluss erfasst ist, bestehen diese Untersuchungen vor allem aus dem Lesen der Protokolle von Vorstand und Aufsichtsrat, dem kritischen Lesen von etwa vorhandener Monatsberichterstattung sowie aus Befragungen von leitenden Mitarbeitern mit Verantwortung für das Rechnungswesen[268]. Auf deren Grundlage bestätigt der Abschlussprüfer im Comfort Letter, er habe keine Kenntnis von Veränderungen bestimmter wesentlicher Kennzahlen, es sei denn, diese sind im Prospekt offengelegt (sog. **negative assurance**). Nach 135 oder mehr Tagen seit dem Stichtag des letzten geprüften oder prüferisch durchgesehenen Abschlusses sind Wirtschaftsprüfer jedoch grds. nicht mehr bereit, eine solche Aussage zu treffen. Sie beschränken sich dann nur noch auf die Wiedergabe der ihnen er-

7.97

---

263 Vgl. IAS 1.8.
264 ESMA, Final Report – ESMA Guidelines on disclosure requirements under the Prospectus Regulation, ESMA31-62-1426 v. 15.7.2020, Guideline 17; so schon unter der früheren Prospektrichtlinie BaFin, Workshop: 100 Tage WpPG, Präsentation „Entwicklung der Verwaltungspraxis zu Finanzinformationen im Prospekt nach WpPG" v. 3.11.2005, S. 6; dazu IDW Prüfungshinweis: Prüfung von zusätzlichen Abschlusselementen (IDW PH 9 960.2), abgedruckt in WPg 2006, 333.
265 Dazu *Schlitt/Schäfer*, AG 2005, 498, 503; *Apfelbacher/Metzner*, BKR 2006, 81, 88.
266 Vgl. auch RegE BilReG, BT-Drucks. 15/3419, S. 23.
267 ESMA update of the CESR's recommendations „The consistent implementation of Commission Regulation (EC) No 809/2004 implementing the Prospectus Directive", Ref.: ESMA/2013/319 v. 20.3.2013, Rz. 103; im Internet abrufbar unter https://www.esma.europa.eu/sites/default/files/library/2015/11/2013-319.pdf.
268 IDW Prüfungsstandard: Grundsätze für die Erteilung eines Comfort Letter (IDW PS 910) v. 4.3.2004, WPg 2004, 342, 351, Tz. 72 ff.; AICPA Professional Standards, AU-C Section 920 Letters for Underwriters and Certain Other Requesting Parties, Tz. 58 ff.; erläuternd dazu *Meyer*, WM 2003, 1745, 1753.

teilten Auskünfte (sog. 135-Tage-Regel)[269]. Dies ist bei der Zeitplanung der Emission zu berücksichtigen. Insbesondere die für die Erstellung eines Zwischenabschlusses und dessen **prüferische Durchsicht** durch den Abschlussprüfer[270] erforderliche Zeit sollte von vornherein mit dem Prüfer abgestimmt werden. Gleiches gilt auch für andere von dem Abschlussprüfer im konkreten Fall durchzuführende Untersuchungen. Hinzu kommt, dass der Umfang und die Qualität der vom Prüfer erwarteten *negative assurance* maßgeblich von den Informationen abhängt, die ihm für den zu beurteilenden Zeitraum zur Verfügung stehen. Dabei hat sich das Vorliegen von aktuellen Monatsberichten, die aus den Systemen des Rechnungswesens stammen sollten, als nützlich erwiesen.

7.98 Hat der Emittent im laufenden oder während des abgeschlossenen Geschäftsjahrs eine Unternehmenstransaktion durchgeführt, die zu einer Veränderung um mehr als 25 % bei einer oder mehreren für den Umfang des Geschäftsbetriebs des Emittenten maßgeblichen Kennzahlen wie Bilanzsumme, Umsatzerlöse oder Jahresergebnis[271] geführt hat, sind nach Punkt 18.4 Anh. 1 Delegierte Verordnung 2019/980 in Prospekt (grds.) **Pro-forma-Finanzinformationen** aufzunehmen. Diese sollen darstellen, wie sich die Transaktion auf Aktiva, Passiva und Erträge des Emittenten ausgewirkt hätte, wäre sie bereits zum Beginn des jeweiligen Berichtszeitraumes durchgeführt worden. Nach Punkt 2.2 Anh. 20 Delegierte Verordnung 2019/980 können Pro-forma-Finanzinformationen nur für den laufenden **Berichtszeitraum**, den letzten abgeschlossenen Berichtszeitraum und/oder den letzten Zwischenberichtszeitraum, für den jeweils Finanzinformationen im Prospekt enthalten sind, aufgenommen werden. Die BaFin besteht auf die Aufnahme von Pro-forma-Finanzinformationen für den letzten Zwischenberichtszeitraum, in Bezug auf den Zwischenfinanzinformationen im Prospekt abgedruckt sind. Den Pro-forma-Finanzinformationen ist ein **Bericht eines Wirtschaftsprüfers** beizufügen, in dem dieser bestätigt, dass diese ordnungsgemäß auf der angegebenen Basis erstellt wurden und diese Basis mit den Rechnungslegungsmethoden des Emittenten konsistent ist[272]. Für die Erstellung und die nachfolgende Prüfung der Pro-Forma-Finanzinformationen ist ausreichend Zeit zu veranschlagen. Bei abzubildenden Unternehmensakquisitionen sollte insbesondere berücksichtigt werden, wann der Emittent Zugang zum Rechnungswesen des Zielunternehmens erhält.

7.99 Daneben kann die Billigungsbehörde auch bei einer wesentlichen der Prospekterstellung vorangegangenen Umstrukturierung oder noch nicht abgeschlossenen Akquisitionen nach Art. 18 Delegierte Verordnung 2019/980 die Aufnahme zusätzlicher (Finanz-)Informationen in den Prospekt verlangen. Dies betrifft zum einen Emittenten mit sog. **komplexer finanztechnischer Vorgeschichte** i.S.v. Art. 18 Abs. 3 Delegierte Verordnung 2019/980. Diese liegt vor, wenn das Unternehmen des Emittenten durch die Mindestangaben nach den maßgeblichen Anhängen der Delegierten Verordnung 2019/980 (insbesondere den historischen Finanzinformationen) nicht zutreffend dargestellt ist, die Bildung eines fundierten Urteils über den Emittenten i.S.v. Art. 6 Abs. 1 und 14 Abs. 1 ProspektV) dadurch eingeschränkt ist und die dazu benötigten Informationen Gegenstand von (Finanz-)Informationen einer anderen Gesellschaft sind[273]. Zum anderen bezieht sich die Neuregelung auf Emittenten, die **bedeutende finanzielle Verpflichtungen** eingegangen sind, die nach ihrer Durchführung Pro-forma-Finanz-

---

269 IDW Prüfungsstandard: Grundsätze für die Erteilung eines Comfort Letter (IDW PS 910) v. 4.3.2003, WPg 2004, 342, Tz. 73 f., 87 sowie Formulierungsbeispiel 4.1, Tz. 5b, c in der Anlage dazu; *Meyer*, WM 2003, 1745, 1753; zur entsprechenden Regelung im US-Comfort Letter Standard AU-C 920 (früher SAS 72) *Döpfner*, WPg 2016, 884, 889.
270 Dazu *Schindler*, WPg 2002, 1121; *Klein/Rulfs* in WP-Handbuch 2008, Bd. II, Abschnitt P sowie IDW Prüfungsstandard: Grundsätze für die prüferische Durchsicht von Abschlüssen (IDW PS 900), WPg 2001, 1078 ff.
271 ESMA Guidelines on disclosure requirements under the Prospectus Regulation, ESMA32-382-1138 v. 4.3.2021, Abschnitt V.6, Guideline 16 Rz. 86.
272 Abschnitt 3 Anhang 20 Delegierte Verordnung 2019/980; dazu IDW-Prüfungshinweis: Prüfung von Pro-Forma-Finanzinformationen (IDW PH 9.960.1), WPg 2006, 133.
273 *Arnold/Lehmann*, 4. Workshop der BaFin „Praxiserfahrungen mit dem Wertpapierprospektgesetz (WpPG)", Präsentation „Complex Financial History' und weitere Neuerungen bei den Finanzinformationen" v. 4.9.2007, S. 8.

angaben erforderlich machen würden, vgl. Art. 18 Abs. 4 Delegierte Verordnung 2019/980. In beiden Fällen verlangt die Billigungsbehörde die Aufnahme von Finanzinformationen einer anderen Gesellschaft (oder von Teilen davon) in den Prospekt, wenn dies zur Bildung eines fundierten Urteils auf der Grundlage des Prospekts erforderlich ist. Welche Finanzinformationen im Einzelfall abzudrucken sind, liegt im **Ermessen** der Billigungsbehörde.

Bestand die komplexe finanztechnische Vorgeschichte des Emittenten aus einer Umstrukturierung von Unternehmensbereichen aus demselben Konsolidierungskreis, so kann der Geschäftsbetrieb des Emittenten in seiner Gestalt zum Datum des Prospekts ggf. durch sog. **kombinierte Finanzinformationen** (*combined financial statements*) dargestellt werden, da dann schon vor der Umstrukturierung in allen Bereichen des Emittenten für die Zwecke der Konzernrechnungslegung einheitliche Rechnungslegungsmethoden angewandt wurden (dazu Rz. 58.61). Ein Wirtschaftsprüfer ist dann regelmäßig in der Lage, aufgrund einer Prüfung zu bestätigen, dass diese Finanzangaben ein den tatsächlichen Verhältnissen entsprechendes Bild (*true and fair view*) der dargestellten wirtschaftlichen Einheit abgeben. In diesem Fall wendet die BaFin die zeitlichen Beschränkungen für Pro-forma-Finanzinformationen (siehe Rz. 7.98) nicht an, so dass sich die wirtschaftlichen Verhältnisse des Geschäftsbetriebes des Emittenten in seiner zum Datum des Prospekts bestehenden Struktur durch kombinierte Finanzinformationen für die letzten drei Geschäftsjahre darstellen lassen[274].

7.100

bb) Vereinfachtes Prospektregime

Börsennotierte Emittenten können unter bestimmten Voraussetzungen auf das sog. vereinfachte Offenlegungsregelung für **Sekundäremissionen** nach Art. 14 Abs. 1 ProspektV zurückgreifen. Dazu müssen ihre Wertpapiere mindestens während der letzten 18 Monate ununterbrochen zum Handel an einem geregelten Markt oder an einem sog. KMU-Wachstumsmarkt zugelassen sein. Diese Möglichkeit besteht zunächst für Emissionen von Wertpapieren, die mit den bereits zugelassenen Wertpapieren fungibel sind. Emittenten von zugelassenen Dividendenwerten (also Aktien) können das vereinfachte Prospektregime für Sekundäremissionen auch bei der Emission von Nichtdividendenwerten oder Wertpapieren, die Zugang zu Dividendenwerten geben (wie etwa Wandelschuldverschreibungen) nutzen. Ferner können auch (Zweit-)Anbieter von Wertpapieren, die mindestens während der letzten 18 Monate ununterbrochen zum Handel an einem geregelten Markt oder an einem KMU-Wachstumsmarkt zugelassen waren, diese Regelungen für etwaige öffentliche Angebote solcher Wertpapiere in Anspruch nehmen. Zum 31.12.2019 hinzugekommen ist die Möglichkeit für Emittenten von Wertpapieren, die bereits öffentlich angeboten wurden und seit mindestens zwei Jahren ununterbrochen zum Handel an einem KMU-Wachstumsmarkt zugelassen waren, einen vereinfachten Prospekt für Zweitemissionen für die Zulassung von mit diesen fungiblen Wertpapieren zum Handel an einem geregelten Markt zu verwenden (sog. **Uplisting**)[275]. Dies setzt voraus, dass sie während der bisherigen Zulassung ihrer Wertpapiere ihre Melde- und Offenlegungspflichten uneingeschränkt erfüllt haben. Aus Satz 1 des Art. 14 Abs. 1 ProspektV, der sich ausdrücklich sowohl auf Angebote als auch Zulassungen bezieht, folgt, dass ein vereinfachter Prospekt für Sekundäremissionen auch für ein mit dem Uplisting einhergehendes öffentliches Angebot verwendet werden kann. Den Vereinfachungen des Prospektregimes für Sekundäremissionen liegt die Überlegung zugrunde, dass Informationen, über die die Öffentlichkeit durch die **Regel- und Ad-hoc-Publizität** des Emittenten informiert ist, die dieser aufgrund der bestehenden Zulassung zu erfüllen hat, im Prospekt nicht wiederholt werden müssen, vgl. Erwägungsgründe 48 ff. ProspektV[276].

7.100a

---

274 Dazu *Meyer*, Accounting 2/2006, 11, 13 anhand des Beispiels des Börsengangs der Praktiker Bau- und Heimwerkermärkte Holding AG.
275 Art. 14 Abs. 1 lit. d) ProspektV, eingeführt durch Verordnung (EU) 2019/2115 v. 27.11.2019 zur [...] Förderung der Nutzung von KMU-Wachstumsmärkten, ABl.EU Nr. L 320 v. 11.12.2019, S. 1.
276 Zu den Einzelheiten *Schlitt* in Habersack/Mülbert/Schlitt, Handbuch der Kapitalmarktinformation, § 4 Rz. 120.

7.100b In Bezug auf die **Prospekthaftung** nach §§ 9 ff. WpPG, insbesondere das Postulat der Prospektvollständigkeit[277], ist zu berücksichtigen, dass Art. 14 Abs. 2 lit. a) ProspektV ausdrücklich vorsieht, dass der vereinfachte Prospekt in Bezug auf den Emittenten nur jene (verkürzten) Angaben enthalten muss, die es Anlegern ermöglichen, sich über seine Aussichten und die bedeutenden Änderungen seiner Geschäftstätigkeit und Finanzlage seit Ende des letzten Geschäftsjahres zu informieren. Dabei unterstellt der Verordnungsgeber, dass die Anleger bei ihrer Anlageentscheidung auch die im Rahmen der Regel- und Ad-hoc-Publizität nach §§ 114 ff. WpHG und Art. 17 MAR durch den Emittenten offengelegten Informationen berücksichtigen, Art. 14 Abs. 2 UAbs. 2 ProspektV. §§ 9 ff. WpPG sind insoweit verordnungskonform auszulegen[278].

7.100c In der Praxis zeigt sich zudem, dass Belange der Vermarktung und der regelmäßig bei größeren Aktienemissionen durchzuführenden Privatplatzierung bei institutionellen US-Investoren nach Rule 144A zum U.S. Securities Act von 1933 zu einer **Mischform** führt, bei der einige bei einer Sekundäremission formal nicht vorgeschriebene Bestandteile des allgemeinen Regimes dennoch erstellt werden, weil sie aus Investorensicht als erforderlich angesehen werden[279].

7.100d Ein weiteres Prospektregime mit vereinfachten Anforderungen stellt der sog. **EU-Wachstumsprospekt** nach Art. 15 ProspektV dar. Dieser kann nur für öffentliche Angebote von Wertpapieren verwendet werden (nicht jedoch für deren Zulassung zu einem geregelten Markt) und nur wenn keine Wertpapiere des Emittenten zum Handel an einem geregelten Markt zugelassen sind. Es steht nach Art. 15 Abs.1 lit. a) ProspektV zunächst kleinen und mittleren Unternehmen („KMU") zur Verfügung. Dieser Begriff ist in Art. 2 lit. f) ProspektV prospektspezifisch definiert. Er erfasst zunächst KMU nach der Definition der MiFID II[280], also Unternehmen mit einer durchschnittlichen Marktkapitalisierung in den letzten drei Kalenderjahren von weniger als 200.000.000 Euro. Zum Zweiten können auch solche Gesellschaften den EU-Wachstumsprospekt verwenden, die nach ihrem letzten Jahres- bzw. Konzernabschluss zumindest zwei der nachfolgenden drei Kriterien erfüllen: durchschnittliche Beschäftigtenzahl im letzten Geschäftsjahr von weniger als 250, Gesamtbilanzsumme von höchstens 43 Mio. Euro und ein Jahresnettoumsatz von höchstens 50 Mio. Euro. Drittens kann ein EU-Wachstumsprospekt gem. Art. 15 Abs. 1 lit. b) ProspektV genutzt werden von Emittenten, bei denen es sich zwar nicht um KMU handelt, ihre Wertpapiere aber an einem KMU-Wachstumsmarkt gehandelt werden oder gehandelt werden sollen und ihre durchschnittliche Marktkapitalisierung in den letzten drei Kalenderjahren weniger als 500 Mio. Euro betrug. Hinzu kommen viertens nach Art. 15 Abs.1 lit. c) ProspektV Emittenten, deren öffentliches Angebot von Wertpapieren über einen Zeitraum von 12 Monaten höchstens 20 Mio. Euro entspricht, sofern keine Wertpapiere dieser Emittenten an einem MTF gehandelt werden und ihre durchschnittliche Beschäftigtenzahl im letzten Geschäftsjahr bis zu 499 betrug. Die Einzelheiten sind auch hier gemäß Art. 15 Abs. 2 ProspektV von der EU-Kommission delegierten Rechtsakten zu bestimmen[281]. Schließlich können fünftens auch (Zweit-)Anbieter von Wertpapieren den EU-Wachstumsprospekt nutzen, wenn die angebotenen Wertpapiere von einem Emittenten ausgegeben worden sind, der einer der drei ersten vorstehenden Fallgruppen angehört (Art. 15 Abs. 1 lit. d Pro-

---

277 *Mülbert/Steup* in Habersack/Mülbert/Schlitt, Unternehmensfinanzierung am Kapitalmarkt, Rz. 41.44 ff.; *Seiler/Singhof* in FrankfKomm. WpPG, § 21 WpPG Rz. 55.
278 Dazu allgemein *Preuße* in Schwark/Zimmer, Kapitalmarktrecht, § 1 WpPG Rz. 25; *Groß*, Kapitalmarktrecht, vor § 1 WpPG Rz. 11; allgemein zur Ausstrahlung von europäischem Verordnungsrecht auf Regelungen nationalen Rechts etwa *Bievert* in Schwarze/Becker/Hatje/Schoo, EU-Kommentar, 4. Aufl. 2019, Art. 288 AEUV Rz. 21; *Dörr* in Sodan/Ziekow, VwGO, 5. Aufl. 2018, Abschnitt Europäischer Verwaltungsrechtsschutz, 2. Teil A. III.1 Rz. 189 ff.
279 So enthält der nach den Regelungen über einen Prospekt für eine Sekundäremission erstellte Prospekt für die Kapitalerhöhung der TUI AG den formal nicht verlangten, aber gemeinhin als bedeutsam angesehenen Abschnitt „Angaben zur Geschäfts- und Finanzlage" (*operating and financial review*), vgl. Prospekt der TUI AG v. 29.12.2020.
280 Art. 4 Abs. 1 Nr. 13 RL 2014/65/EU.
281 Dazu ESMA Consultation Paper Draft technical advice on content and format of the EU Growth prospectus, ESMA 31-62-649 v. 6.7.2017.

spektV). Die inhaltlichen Mindestanforderungen an einen EU-Wachstumsprospekt sind in den Anhängen 23–27 der Delegierten Verordnung 2019/980 geregelt[282].

Nach Art. 9 ProspektV können Emittenten für die emittentenbezogenen Prospektangaben auch ein sog. **einheitliches Registrierungsformular** erstellen und als Bestandteil eines dreiteiligen Prospektes verwenden.[283] Dessen wesentlicher Vorteil besteht darin, dass für einen solchen Prospekt ein **verkürztes Billigungsverfahren** nach Art. 20 Abs. 6 ProspektV gilt. Die Billigungsfrist für dreiteilige Prospekte, die ein einheitliches Registrierungsformular verwenden, wird von zehn auf fünf Arbeitstage verkürzt. Das einheitliche Registrierungsformular kann nach Art. 9 Abs. 12 ProspektV auch zur Erfüllung der Pflicht zur Veröffentlichung eines Jahres- bzw. Halbjahresfinanzberichts nach Art. 4 f. der TransparenzRL bzw. §§ 114 ff. WpHG (**Regelpublizität**) verwendet werden, die nicht mehr gesondert veröffentlicht werden müssen, wenn sie bereits im einheitlichen Registrierungsformular enthalten sind. Wurde ein einheitliches Registrierungsformular des Emittenten in zwei aufeinanderfolgenden Geschäftsjahren gebilligt, genügt in den Folgejahren anstelle seiner Billigung gem. Art. 9 Abs. 2 ProspektV die bloße **Hinterlegung** des einheitlichen Registrierungsformulars bei der Billigungsbehörde[284]. Die in ein einheitliches Registrierungsformular aufzunehmenden Mindestinformationen sind in Anhang 2 der Delegierten Verordnung 2019/980 aufgeführt. Ein regelmäßig erstelltes einheitliches Registrierungsformular ist für Emittenten von Interesse, die regelmäßig Wertpapiere ausgeben. Dies erfolgt jedoch regelmäßig durch Anleiheemissionen. Für diese steht mit dem Basisprospekt nach Art. 8 ProspektV ein für den kurzfristigen Zugang zum Kapitalmarkt effizienteres Prospektregime zur Verfügung. Anders als dieser erfordert ein unter Verwendung eines einheitlichen Registrierungsformulars erstellter emissionsbezogener Prospekt die Anfertigung einer gesonderten Wertpapierbeschreibung, die zudem eigens gebilligt werden muss. Zudem müssen die emittentenbezogenen Informationen den Anforderungen für Dividendenwerte entsprechen, die gegenüber jenen für Nichtdividendenwerte gegenüber deutlich umfangreicher sind. Dagegen ist für die Emission einer Schuldverschreibung auf der Grundlage eines Basisprospektes nur die Erstellung und Veröffentlichung sog. endgültiger Bedingungen (*final terms*) erforderlich, die keiner gesonderten Billigung bedürfen[285]. Erwartungsgemäß hat daher jedenfalls in der Emissionspraxis deutscher Emittenten das einheitliche Registrierungsformular (noch?) keine größere Verbreitung gefunden.

Seit dem 18.3.2021 kann für ein öffentliches Angebot von Aktien eines börsennotierten Emittenten und deren Zulassung zum Börsenhandel das Format des **EU-Wiederaufbauprospekts** genutzt werden. Dieses ist gegenüber dem konzeptionell verwandten Prospektregime für Sekundäremissionen nach Art. 14 ProspektV (siehe Rz. 7.100a) nochmals vereinfacht und gestrafft[286]. Ein EU-Wiederaufbauprospekt steht nur Emittenten zur Verfügung, deren Aktien mindestens während der vergangenen 18 Monate ununterbrochen zum Handel an einem geregelten Markt zugelassen oder – wenn bereits zuvor ein Prospekt für das Angebot dieser Aktien veröffentlicht worden war – einem KMU-Wachstumsmarkt gehandelt werden, sofern die neu emittierten Aktien mit bereits zuvor begebenen Aktien fungibel sind. Der Prospekt kann auch von Zweitanbietern dieser seit 18 Monaten zum Handel zugelassenen Aktien genutzt werden, Art. 14a Abs. 1 UAbs. 1 ProspektV. Die Zahl der angebotenen Aktien darf aber gem. Art. 14a Abs. 1 UAbs. 1 ProspektV zusammen anderen Aktien, die etwa in den letzten 12 Monaten be-

---

282 Dazu *Möller/Zieglttrum*, BKR 2020, 161; *Schlitt* in Habersack/Mülbert/Schlitt, Handbuch der Kapitalmarktinformation, § 4 Rz. 121f.
283 Zu den konzeptionellen Unterschieden zwischen einteiligem und dreiteiligem Prospekt *Meyer* in Habersack/Mülbert/Schlitt, Unternehmensfinanzierung am Kapitalmarkt, Rz. 36.16 ff.
284 Zu den Einzelheiten des bei der Verwendung eines einheitlichen Registrierungsformulars geltenden Billigungsverfahrens *Meyer* in Habersack/Mülbert/Schlitt, Unternehmensfinanzierung am Kapitalmarkt, Rz. 36.100 ff.; *Geyer/Schelm*, BB 2019, 1731, 1735; *Groß*, Kapitalmarktrecht, Art. 9 VO 2017/1129 Rz. 8 ff.
285 Zum Vergleich *Meyer* in Habersack/Mülbert/Schlitt, Unternehmensfinanzierung am Kapitalmarkt, Rz. 36.105; *Geyer/Schelm*, BB 2019, 1731, 1736; *Oulds/Wöckener*, RdF 2020, 4, 6.
286 Zu den Einzelheiten *Lenz*, AG 2021, R103 ff.

reits über einen EU-Wiederaufbauprospekt angeboten worden sind, nicht mehr als 150 % der Gesamtzahl der bereits zugelassenen Aktien ausmachen. Eine Zulassung einer bisher an einem KMU-Wachstumsmarkt notierten Aktiengattung zum Handel im geregelten Markt (Uplisting) kann jedoch nicht aufgrund eines EU-Wiederaufbauprospekts erfolgen[287]. Nach Art. 14a Abs. 2 ProspektV beschränkt sich der EU-Wiederaufbauprospekt auf Angaben über die Aussichten und die finanzielle Leistungsfähigkeit des Emittenten sowie die bedeutenden Änderungen der Finanz- und Geschäftslage des Emittenten informieren, die seit Ablauf des letzten Geschäftsjahres eingetreten sind. Zudem sind Ausführungen über seine langfristige Geschäftsstrategie und seine Ziele zu machen. Dabei sind mit mindestens 400 Wörtern die geschäftlichen und finanziellen Auswirkungen sowie der erwarteten künftigen Auswirkungen der COVID-19-Pandemie darzustellen. Hinzu kommen, wie im allgemeinen Prospektregime, wesentliche Informationen über die Aktien, die Gründe für die Emission und ihre Auswirkungen auf den Emittenten sowie Angaben zur Kapitalstruktur und -ausstattung und Verschuldung sowie eine Erklärung zum Geschäftskapital und die Verwendung der Emissionserlöse. Nach Art. 14a Abs. 4 ProspektV ist der EU-Wiederaufbauprospekt als einteiliger Prospekt zu erstellen. Er muss die in Anhang Va ProspektV festgelegten Mindestinformationen enthalten und darf eine Länge von 30 DIN-A4-Seiten nicht überschreiten. Dabei werden die maximal zwei DIN A4-Seiten umfassende Zusammenfassung (Art. 7 Abs. 12a UAbs. 2 ProspektVO) und durch Verweis einbezogene Dokumente nicht mitgerechnet. Die allgemeine Billigungsfrist von zehn Arbeitstagen nach Art. 20 Abs. 2 ProspektV wird für den EU-Wachstumsprospekt gem. Art. 20 Abs. 6a ProspektV auf sieben Arbeitstage verkürzt. Wohl auch mit Blick auf die ungeachtet des Gebots der unionsrechtskonformen Auslegung (siehe Rz. 7.100a) ungeklärten Haftungsrisiken (man denke nur an eine ausreichende Darstellung der Risiken trotz der gegenüber üblichen Prospektumfängen von über 100 Seiten drastischen Umfangsbegrenzung) sind indes (noch) keine Anwendungsfälle des EU-Wiederaufbauprospekts bekannt geworden[288].

cc) Prospektbilligungs- und Börsenzulassungsverfahren

7.101 Der Zeitplan einer Platzierung ist auch auf den Ablauf der behördlichen Verfahren zur Prospektbilligung und zur Börsenzulassung abzustimmen. Der vor einem **öffentlichen Angebot** von Aktien sowie vor deren **Börsenzulassung** zu veröffentlichende Prospekt muss vor seiner Veröffentlichung gemäß Art. 20 Abs. 1 i.V.m. Art. 10 ProspektV behördlich geprüft werden. Für die Prüfung von Prospekten für ein Angebot und/oder die Börsenzulassung von Dividendenwertpapieren (wie Aktien, Art. 2 lit. b) ProspektV) deutscher Emittenten ist die BaFin als Billigungsbehörde des Sitzstaates („Herkunftsstaat", Art. 2 lit. m) ProspektV) zuständig[289]. Sie entscheidet über die Billigung gemäß Art. 20 Abs. 2, 3 ProspektV) binnen zehn (bzw. bei Erstemissionen noch nicht börsennotierter Emittenten binnen 20) Arbeitstagen. Dabei zählen nach Art. 2 Abs. 2 der Europäischen Fristenverordnung[290] als Arbeitstage alle Tage außer Feiertagen, Sonntagen und Samstagen[291]. Fällt jedoch das Ende der Frist auf einen Samstag oder Sonntag, so endet diese stattdessen gemäß Art. 3 Abs. 4 Europäische Fristenverordnung erst mit Ablauf des letzten Arbeitstages. Der Tag der Einreichung wird bei der Fristberechnung nach Art. 3 Abs. 1 Europäische Fristenverordnung nicht mitgezählt[292]. Anders als die Gestattung der Veröffent-

---

287 Erwägungsgrund 8 Verordnung (EU) 2021/337 v. 16.2.2021 zur Änderung der Verordnung (EU) 2017/1129 im Hinblick auf den EU-Wiederaufbauprospekt [...] zur Unterstützung der wirtschaftlichen Erholung von der COVID-19-Krise, ABl. EU Nr. L 68 v. 26.2.2021, S.1.
288 Krit. *Lenz*, AG 2021, R103, R105; im Ansatz positiver *Schmidt*, EuZW 2020, 684 und EuZW 2021, 228; auf europarechtliche Bedenken weist *Brauneck*, WM 2021, 912 hin.
289 Dazu *Kullmann/Sester*, WM 2005, 1068, 1070.
290 Verordnung (EWG, EURATOM) Nr. 1182/71 v. 3.6.1971 zur Festlegung der Regeln für die Fristen, Daten und Termine, ABl. EG Nr. L 124 v. 8.6.1971, S. 1.
291 Anders noch die Verwaltungspraxis der BaFin vor Anwendbarwerden der ProspV, dazu *Groß*, Kapitalmarktrecht, Art. 20 VO 2017/1129 Rz. 10; BaFin, Präsentation Prüfungs- und Billigungsverfahren v. 28.5.2019, S. 15.
292 Ebenso *Apfelbacher/Metzner*, BKR 2006, 81, 83.

lichung einer Angebotsunterlage nach § 14 Abs. 2 Satz 1 WpÜG wird die Billigung durch bloßen Fristablauf nicht fingiert[293]. Fordert die BaFin im Rahmen ihrer Prüfung weitere Informationen an, beginnt die Billigungsfrist gemäß Art. 20 Abs. 4 lit. a) ProspektV) von Neuem, sobald diese Informationen bei ihr eingehen. Allerdings ist die BaFin regelmäßig bereit, sich im Vorhinein auf einen Zeitplan zu verständigen, der die übliche Kommentierung des Prospekts durch die BaFin und die Einarbeitung dieser Kommentare berücksichtigt. Dies setzt die **frühzeitige Abstimmung** des Zeitplanes und wesentlicher struktureller Fragen voraus. Der Schwerpunkt dieser Abstimmung liegt neben der Zeitplanung auf dem Aufbau des Prospekts und den darin enthaltenen Finanzinformationen. Sollte sich nämlich erst im Billigungsverfahren ergeben, dass weitere, ggf. noch zu erstellende Finanzinformationen aufgenommen werden müssen, würde dies die Einhaltung des Zeitplanes in Frage stellen. Allerdings sollte man in dem der BaFin vorzulegenden Zeitplanvorschlag für das gesamte Billigungsverfahren einen insgesamt längeren Zeitraum als die gesetzliche Billigungsfrist vorsehen[294]. Dabei ist bereits die zweimalige Kommentierung des Prospektentwurfs durch die BaFin und die nachfolgende Einreichung einer überarbeiteten Entwurfsfassung berücksichtigt. Ein solches geplantes Nachreichen von Informationen bzw. einer überarbeiteten Prospektfassung wird im Einzelfall von der BaFin ohne erneuten Beginn der Billigungsfrist akzeptiert, wenn die Prospekteinreicher bereits die erste Einreichungsfassung realistischerweise als billigungsfähig ansehen konnten und die Kommentare der BaFin keinen grundlegenden Charakter haben. Ausnahmsweise können u.U. bei Ersteinreichung noch nicht fertig gestellte Zwischenfinanzinformationen in der ersten Überarbeitungsversion nachgereicht werden. Indes hat die BaFin anlässlich des Anwendbarwerdens der ProspektV darauf hingewiesen, dass bei der vorgeschlagenen Zeitplanung nicht standardmäßig von einer gesetzlichen Verkürzung von Fristen bei der regelmäßigen mehrfachen Einreichung ausgegangen werden kann[295]. Ferner sollten in den überarbeiteten Prospektfassungen die gegenüber der Vorversion vorgenommenen Änderungen markiert sein[296].

Ist beabsichtigt, den sog. **Europäischen Pass für Emittenten** zu nutzen und den gebilligten Prospekt gemäß Art. 24 Abs. 1 Satz 1 ProspektV auch für ein öffentliches Angebot oder eine Börsenzulassung in einem weiteren EWR-Staat zu verwenden, bedarf es der Übermittlung einer Billigungsbescheinigung und einer Kopie des Prospekts durch die BaFin an die zuständige Behörde dieses Staates (Aufnahmestaat) und die Europäische Wertpapier- und Marktaufsichtsbehörde ESMA, sog. **Notifizierung** nach Art. 25 ProspektV). Die Notifizierung erfolgt nach Art. 25 Abs. 1 ProspektV auf Antrag binnen eines Arbeitstages. Hinzuweisen ist hierbei auf die besonderen Anforderungen an die Prospektsprache nach Art. 27 ProspektV und § 21 WpPG; bei grenzüberschreitenden Angeboten ist i.E. die Abfassung des Prospektes ausschließlich in englischer Sprache ebenso aus Sicht des deutschen Rechts nach § 21 Abs. 2 WpPG ausreichend wie aus der Sicht des Aufnahmemitgliedstaates nach Art. 27 Abs. 3 ProspektV erforderlich. In diesem Fall muss der Abschnitt „Zusammenfassung" auch in deutscher Sprache abgefasst sein. Der jeweilige Aufnahmemitgliedstaat kann ebenso eine Übersetzung der Zusammenfassung in seine Amtssprache(n) verlangen.

7.102

Das Börsenzulassungsverfahren ist in Deutschland von der Prospektbilligung entkoppelt. Für die **Zulassung** ist nach § 32 Abs. 1 BörsG die Geschäftsführung der Börse zuständig. Die Zulassung kann gemäß § 50 BörsZulV bereits an dem auf die Einreichung des Zulassungsantrages folgenden Handelstag vorgenommen werden. Der frühestmögliche Zeitpunkt der Einführung, d.h. der Aufnahme der Börsennotierung (§ 38 BörsG), ist nach § 52 BörsZulV auf die erste Prospektveröffentlichung oder im Falle der prospektfreien Zulassung der auf die Veröffentlichung der Zulassung folgende Werktag. Während ersterer Fall unproblematisch sein dürfte, ist bei prospektfreien Zulassungen zu beachten, dass die Zulassung nach § 51 BörsZulV von der Börsengeschäftsführung im Bundesanzeiger veröffent-

7.103

---

293 *Groß*, Kapitalmarktrecht, Art. 20 VO 2017/1129 Rz. 3.
294 *Ries* in Grunewald/Schlitt, Einführung in das Kapitalmarktrecht, 4. Aufl. 2020, § 2 III 1.d) (S. 37) veranschlagt bei einem Börsengang statt 20 insgesamt ca. 40 Arbeitstage.
295 BaFin, Präsentation Prüfungs- und Billigungsverfahren v. 28.5.2019, S. 15.
296 *Apfelbacher/Metzner*, BKR 2006, 81, 83.

licht wird. Somit sind die dort geltenden zeitlichen Vorgaben zu beachten und der zeitliche Ablauf ggf. abzustimmen[297].

7.104 Einstweilen frei.

dd) Durchführung der Kapitalerhöhung

7.105 Bei der Platzierung neuer Aktien aus einer Kapitalerhöhung sind die **aktienrechtlichen Vorgaben** für deren Durchführung bei der Zeitplanung zu berücksichtigen.

7.106 **Allgemeines zur Kapitalerhöhung:** Soll die Kapitalerhöhung nach §§ 182 ff. AktG (ausnahmsweise) unmittelbar von der Hauptversammlung beschlossen werden, so sind insoweit die Regelungen zur Einberufung der Hauptversammlung und die diesbezüglichen **Fristen** (einschließlich der Vorlaufzeiten der als Gesellschaftsblätter fungierenden Publikationen) zu berücksichtigen (siehe Rz. 7.25). Bei der Einberufung ist nach § 121 Abs. 3 Satz 2, Abs. 4 Satz 1 AktG auch die Tagesordnung in den Gesellschaftsblättern bekannt zu machen. Dieser ist gemäß § 124 Abs. 2 Satz 3 AktG auch der Wortlaut der geplanten Satzungsänderung beizufügen. Ferner ist die Anfechtungsfrist des § 246 Abs. 1 AktG von einem Monat zu beachten. Durch Erhebung einer Anfechtungsklage könnte die Durchführung der Kapitalerhöhung und damit eine diesbezügliche Platzierung blockiert werden. Daher wird man sicherheitshalber die Durchführung einer Platzierung von Aktien aus einer unmittelbar durch die Hauptversammlung beschlossenen Kapitalerhöhung erst nach Ablauf der Anfechtungsfrist vorsehen (sofern man nicht vorsichtshalber für den Fall der Erhebung einer Anfechtungsklage zumindest die für die Durchführung eines Freigabeverfahrens erforderliche Zeit einkalkulieren will, dazu Rz. 7.25). Wurde gegen den Beschluss kein Widerspruch zur Niederschrift gemäß § 245 Nr. 1 AktG erklärt (dazu Rz. 39.75 ff.) mag dies eine gewisse Wahrscheinlichkeit begründen, dass eine Anfechtungsklage ausbleibt, mehr angesichts der anderen Fälle der Anfechtungsbefugnis nach § 245 AktG, insbesondere Nr. 2 aber auch nicht. Die Durchführung der – gebräuchlicheren – Kapitalerhöhung aus genehmigtem Kapital kann dagegen ohne Anfechtungsrisiko von Vorstand und Aufsichtsrat recht kurzfristig vor der eigentlichen Platzierung beschlossen werden.

7.107 Nach erfolgtem Kapitalerhöhungsbeschluss, sei es durch die Hauptversammlung, sei es – unter Ausnutzung genehmigten Kapitals – durch den Vorstand mit der Zustimmung des Aufsichtsrats hat die **Zeichnung** der neuen Aktien nach § 185 AktG sowie die Leistung der Mindesteinlage gemäß § 188 Abs. 2 i.V.m. § 36 Abs. 2, §§ 36a und 37 AktG zu erfolgen. Aus Praktikabilitätsgründen erfolgt die Zeichnung der gesamten Kapitalerhöhung regelmäßig durch eine oder mehrere Emissionsbanken (zur Problematik der Zeichnung „namens eines Konsortiums" näher in Rz. 8.115 ff.). Eine der Emissionsbanken führt typischerweise auch ein Sonderkonto Kapitalerhöhung, auf dem die Mindesteinlage gutgeschrieben wird und stellt die Einzahlungsbestätigung nach § 37 Abs. 1 Satz 2 AktG aus. Danach nehmen der Vorstand und der Vorsitzende des Aufsichtsrats die **Anmeldung** der Durchführung der Kapitalerhöhung zur **Eintragung in das Handelsregister** vor, § 188 AktG (dazu Rz. 44.105 ff.)[298]. Nach erfolgter Eintragung können die neuen Aktien (soweit erforderlich nach vorheriger Leistung des noch nicht erbrachten Teils der Mindesteinlage, § 36a Abs. 1 Halbs. 2 AktG)[299] ausgegeben werden. Bei bör-

---

297 Nach den „Informationen zur elektronischen Auftragsabwicklung im Bundesanzeiger", Stand März 2018 (https://publikations-plattform.de), Ziff. 1.4 ist dort ggf. eine gleichtägige Veröffentlichung am Tag der Datenübermittelung möglich.

298 Die bei einem Direktbeschluss der Hauptversammlung nach § 184 AktG vorgesehene Anmeldung des Kapitalerhöhungsbeschlusses selbst kann ggf. zusammen mit der Anmeldung der Durchführung des Kapitalerhöhungsbeschlusses nach § 188 AktG erfolgen, § 188 Abs. 4 AktG; dazu *Hüffer/Koch*, § 184 AktG Rz. 2, § 188 AktG Rz. 18.

299 Zu dessen Einzahlung sind die Aktionäre nach Eintragung kraft Gesetzes verpflichtet, bei Ausgabe von Aktien ohne volle Einzahlung des geringsten Ausgabebetrages läge eine verbotene Unterpariemission vor, vgl. *Hüffer/Koch*, § 9 AktG Rz. 6.

sennotierten Gesellschaften werden diese typischerweise in einer **Globalurkunde** verbrieft. Diese ist unverzüglich – meist durch die konsortialführende Bank – zur Girosammelverwahrung bei der Clearstream Banking AG einzuliefern, um die rechtzeitige depotmäßige Belieferung der Investoren sicherzustellen (dazu sogleich).

Zur Vermeidung unnötiger finanzieller Risiken und um sich die Flexibilität hinsichtlich des Kapitalerhöhungsvolumens zu erhalten, erfolgen Beschluss, Zeichnung und Anmeldung der Kapitalerhöhung zum Handelsregister so spät wie möglich. In anderen Jurisdiktionen wird daher die tatsächliche Übernahme erst nach erfolgreich durchgeführter Platzierung vereinbart. Das hängt zum einen damit zusammen, dass in vielen Ländern keine Handelsregisteranmeldung und -eintragung erforderlich ist. Bei Wertpapieren, die an einer deutschen Börse gehandelt werden sollen, werden die zugeteilten Aktien zumeist **binnen zwei Börsentagen** den Investoren gutgeschrieben („T+2"). Dies ergibt sich mittelbar aus den Vorgaben für die Erfüllung von Börsengeschäften[300]. Sollen Investoren – wie üblich – in die Lage versetzt werden, die ihnen zugeteilten Aktien ggf. auch kurzfristig über die Börse veräußern zu können, so muss die Handelsregistereintragung (und daher die dieser vorangehende Zeichnung der neuen Aktien) so rechtzeitig erfolgen, dass die neuen Aktien spätestens zwei Börsentage nach Zuteilung ausgegeben werden können und über die Clearstream Banking AG im Effektengiroverkehr lieferbar sind. Denn die Kapitalerhöhung wird gemäß § 189 AktG mit Eintragung ihrer Durchführung in das Handelsregister wirksam. Dann kann die Ausgabe der neuen Aktien wirksam erfolgen; etwa zuvor ausgegebene Aktien wären nichtig, vgl. § 191 Satz 1, 2 AktG. Eine die neuen Aktien verkörpernde Globalurkunde kann somit erst nach Eintragung der Durchführung der Kapitalerhöhung bei der Clearstream Banking AG eingeliefert werden, die die neuen Aktien anschließend den Depotbanken zur Verbuchung in die Wertpapierdepots der betreffenden Investoren gutschreibt[301]. Zudem kann eine Weiterveräußerung über die Börse erst nach Einführung der Wertpapiere nach § 38 BörsG, § 52 BörsZulV erfolgen, der die Zulassung der Papiere zum Börsenhandel zugrunde liegt. Die Zulassung wiederum setzt die Existenz der zuzulassenden Wertpapiere voraus[302]. Die Einführung darf nach § 38 Abs. 2 BörsG erst erfolgen, wenn die Zuteilung abgeschlossen ist.

7.108

Um Verzögerungen bei der rechtzeitigen Ausgabe der Aktien und der Belieferung der Investoren zu vermeiden, ist daher sorgfältige Zeitplanung und **Abstimmung** vonnöten. Die Gesellschaft hat dazu die Verfügbarkeit von Vorstand und Aufsichtsrat für die Beschlussfassung und die Handelsregisteranmeldung (vgl. § 188 Abs. 1 AktG) sicherzustellen oder rechtzeitig für Grundsatzbeschlüsse und die Delegation weiterer, im Rahmen der Durchführung der Transaktion erforderlicher Beschlüsse (etwa zum Emissionsvolumen und zum Platzierungspreis) auf Ausschüsse von Vorstand[303] und Aufsichtsrat[304] zu sorgen. Unsicherheit kann allerdings hinsichtlich der für die Eintragung in das Handelsregister zu veranschlagenden Zeit bestehen. Daher empfiehlt es sich, dass die Rechtsberater der Gesellschaft und/oder der die Anmeldung einreichende Notar frühzeitig Kontakt mit dem zuständigen Register-

7.109

---

300 Nach § 4 Abs. 1 Satz 1 der Bedingungen für Geschäfte an der Frankfurter Wertpapierbörse sind Börsengeschäfte am zweiten Börsentag nach dem Tag des Geschäftsabschlusses zu erfüllen.
301 Zwar lässt sich die rechtzeitige Belieferung auch über eine Wertpapierleihe überbrücken. Dies kommt aber aus Kostengründen und wegen meist eingeschränkter Leihkapazitäten nur bei begrenzten Platzierungsvolumina in Frage. Je größer das Emissionsvolumen ist, desto geringer wird auch die Neigung von Altaktionären sein, vorübergehend Restrisiken in Bezug auf die Eintragung der Kapitalerhöhung und die Rückführung der „Leihe" durch Rücklieferung der neuen Aktien einzugehen.
302 Dies ergibt sich mittelbar aus § 48 Abs. 2 Satz 2 BörsZulV, wonach die Börsengeschäftsführung verlangen kann, dass ihr die Rechtsgrundlage der Wertpapierausgabe nachzuweisen (Nr. 5) sowie die Hinterlegung einer Sammelurkunde bei einer Wertpapiersammelbank (Nr. 7) zu bestätigen ist. Die wirksame Ausgabe (und auch Übertragung) von neuen Aktien aus einer Kapitalerhöhung erfordert wiederum nach § 191 Satz 1 AktG die Eintragung der Durchführung der Kapitalerhöhung in das Handelsregister.
303 Dazu etwa *Fleischer* in BeckOGK AktG, Stand 1.6.2021, § 77 AktG Rz. 41; *Spindler* in MünchKomm. AktG, 5. Aufl. 2019, § 77 AktG Rz. 71.
304 Vgl. *Spindler* in BeckOGK AktG, Stand 1.6.2021, § 107 AktG Rz. 931 ff.

richter aufnehmen. Diesem sollten Entwürfe der einzureichenden Unterlagen zur Prüfung vorgelegt und die geplante Transaktion erläutert werden. Etwaige Rückfragen sollten sich so vorab klären lassen. Das Gericht muss dann die tatsächliche Anmeldung samt Anlagen nur noch auf Übereinstimmung mit den zuvor abgestimmten Entwürfen prüfen. Daneben sollte auch die Verfügbarkeit des Registerrichters (ggf. auch seines Vertreters) an dem vorgesehenen Einreichungstag sowie die zügige Bearbeitung der Eintragungsverfügung und die Versendung (ggf. vorab als pdf-Datei per E-Mail) der Eintragungsbestätigung an die Beteiligten im Vorfeld ausdrücklich vereinbart werden. Vor überzogenen Erwartungen an die Bereitschaft des Registerrichters, sich in die Zeitplanung von Emittent und Emissionsbank einbinden zu lassen, kann dabei nur gewarnt werden. Die mittlerweile mit Blick auf die elektronische Registerführung nach § 8 Abs. 1 HGB vorgeschriebene elektronische Anmeldung[305] hat zudem zu einer erhöhten Komplexität und bisweilen Verzögerungsanfälligkeit des Anmeldungs- und Eintragungsvorgangs geführt. Beschleunigt hat sie ihn jedenfalls nicht.

7.110 **Besonderheiten bei Kapitalerhöhungen mit Bezugsrecht.** Bei Kapitalerhöhungen mit Bezugsrecht ist auf die korrekte Berechnung der **Bezugsfrist** zu achten. Zur Minimierung der Marktrisiken sind Gesellschaft und Emissionsbanken bestrebt, die Frist zur Ausübung der Bezugsrechte im Rahmen des Zulässigen so kurz wie möglich zu halten. Nach § 186 Abs. 1 Satz 2 AktG ist dafür eine Frist von mindestens zwei Wochen vorzusehen, die nach § 187 Abs. 1, § 188 Abs. 2 BGB berechnet wird[306].

7.111 Soll der endgültige Bezugspreis gemäß § 186 Abs. 2 Satz 1 Alt. 2 AktG erst gegen Ende der Bezugsfrist festgelegt werden, so lässt sich das Risiko aus Kursschwankungen während der Zeit zwischen Preisfestsetzung und Ende der Bezugsfrist durch geschickte Zeitplanung zumindest verringern. Nach § 186 Abs. 2 Satz 2, Abs. 5 Satz 2 AktG muss der endgültige Bezugspreis spätestens drei Tage vor Ablauf der Bezugsfrist in den Gesellschaftsblättern und über ein elektronisches Informationsmedium bekannt gemacht werden; die Veröffentlichung im Bundesanzeiger sollte rechtzeitig mit dem Bundesanzeiger-Verlag abgestimmt werden[307]. Da das Gesetz hier von „Tagen" (und damit Kalendertagen) spricht, reicht es bei Ende der Bezugsfrist an einem Montag (bzw. mit dessen Ablauf) aus, wenn der endgültige Bezugspreis am vorangehenden Freitag bekannt gemacht wird[308]. Dem steht nicht entgegen, dass die Aktionäre dann gehindert sind, noch nach Festlegung des endgültigen Bezugspreises ihre Bezugsrechte im Rahmen eines börslichen Bezugsrechtshandels zu veräußern. Nach § 72 Abs. 2 Satz 1 BörsO FWB findet nämlich an den letzten beiden Tagen der Bezugsfrist kein Bezugsrechtshandel mehr statt. Dies wird damit begründet, dass die Aktionäre durch die vorherige Veröffentlichung der Grundlagen der Festlegung des Bezugspreises ausreichend geschützt sind. Die Aktionäre haben ohnehin keinen Anspruch darauf, dass überhaupt ein organisierter Bezugsrechtshandel stattfindet. Findet ein **Bezugsrechtshandel** statt, ist darauf zu achten, dass nach § 72 Abs. 2 Satz 1 BörsO FWB das Bezugsangebot spätestens am ersten Werktag vor Beginn der Bezugsfrist zu veröffentlichen ist.

7.112 Der Zeitpunkt der **Zeichnung** bei Bezugsrechtskapitalerhöhungen wird in der Praxis unterschiedlich gehandhabt. Früher war es üblich, vor Beginn des Bezugsangebotes zu zeichnen, die Durchführung der Kapitalerhöhung in das Handelsregister eintragen zu lassen und die neuen Aktien bereits an die zeichnende Bank zum Zwecke der Belieferung von Bezugserklärungen auszugeben[309]. Eine solche Abfolge legt auch der Wortlaut des § 186 Abs. 5 Satz 1 AktG nahe; diese ist aber nach Sinn und Zweck der Regelung nicht zwingend (siehe auch Rz. 44.62 ff.). Ohnehin erfolgt aus abwicklungstechnischen

---

305 Dazu etwa *Preuß* in Oetker, 7. Aufl. 2021, § 12 HGB Rz. 58 ff.
306 *Hüffer/Koch*, § 186 AktG Rz. 15; *Ekkenga* in KölnKomm. AktG, 3. Aufl. 2017, § 186 AktG Rz. 42 f.
307 Siehe dazu den Hinweis in den „Informationen zur elektronischen Auftragsabwicklung im Bundesanzeiger", Stand März 2018 (https://publikations-plattform.de), Ziff. 1.3.1 („Eine Verkürzung des 2-tägigen Bearbeitungszeitraums ist nur in eng begrenzten Ausnahmefällen nach vorheriger Abstimmung mit dem Verlag möglich").
308 *Seibert*, NZG 2002, 608, 612; *Busch*, AG 2002, 230, 235; *Schlitt/Seiler*, WM 2003, 2175, 2181.
309 *Priester* in FS Brandner, 1996, S. 97, 99; *Hölters* in MünchVertragsHdb., vor V. 113; *Herchen* in Happ/Groß/Möhrle/Vetter, Aktienrecht, Band II, Abschnitt 12.03, Rz. 16.1; *Schlitt/Seiler*, WM 2003, 2175, 2184.

Gründen die Lieferung der bezogenen neuen Aktien grds. einheitlich nach Ende der Bezugsfrist; ansonsten entstünde ein – von der Gesellschaft zu tragender – unnötiger erhöhter Aufwand. Für das bloße Anbieten, d.h. den Antrag i.S.v. § 145 BGB auf Abschluss eines Kaufvertrages über neue Aktien, müssen diese noch nicht entstanden sein. Vor diesem Hintergrund erscheint es nicht plausibel, wenn die Eintragung der Durchführung der Kapitalerhöhung (und als deren Voraussetzung die Leistung der Mindesteinlage) bereits zu einem Zeitpunkt zu erfolgen hätte, der mehr als zwei Wochen vor der Übertragung der neuen Aktien an die Bezugsberechtigten liegt.

ee) Blackout Period

Die sog. Black Out Period für **Research Berichte** hat sich zunächst auf der Grundlage US-rechtlicher Vorgaben entwickelt (zu den US-Vorgaben siehe Rz. 11.83). Dort ist es grundsätzlich untersagt, Wertpapiere anzubieten, sofern nicht ein Registration Statement bei der SEC eingereicht wurde. Auch die Veröffentlichung eines Research-Berichtes könnte ein solches Angebot darstellen[310]. Diese Restriktionen gelten jedoch nicht für Wertpapiergeschäfte einer Bank außerhalb ihrer Rolle als Emissionsbank, die nach Ablauf von 40 Tagen nach dem Abschluss einer rechtmäßig durchgeführten Wertpapierplatzierung getätigt werden[311]. Zudem werden regelmäßig (z.B. nach der Veröffentlichung eine (Zwischen-)Abschlusses des Emittenten) erscheinende Research-Berichte eines Wertpapierdienstleisters (*broker or dealer*) nicht als ein (registrierungspflichtiges) Angebot von Wertpapieren angesehen, solange sich die Darstellung im bisher üblichen Rahmen hält und keine Neuaufnahme der regelmäßigen Research-Berichterstattung über den betreffenden Emittenten darstellt (sog. *ordinary course research*)[312].

7.113

Auf der Grundlage der vorgenannten Regelungen hat sich auch bei Aktienplatzierungen außerhalb der USA eine Marktpraxis entwickelt, nach der zur **Vermeidung von Interessenkonflikten** und **Haftungsrisiken** die Verbreitung von Research-Berichten während eines bestimmten Zeitraums vor und nach der Platzierung nur eingeschränkt zugelassen wird[313]. Üblicherweise dürfen die an einer Aktienemission beteiligten Konsortialbanken während einer Blackout-Periode vor und nach einem öffentlichen Angebot von Aktien keine emissionsbezogenen Unternehmensstudien (Research-Berichte) über den Emittenten verteilen. Diese sog. Blackout-Periode beginnt ca. zwei Wochen vor dem öffentlichen Angebot und endet regelmäßig nach Maßgabe der US-Regelungen 40 Tage nach Abschluss der Platzierung (d.h. i.d.R. nach Preisfestsetzung und Zuteilung) liegt. Ausgenommen sind – ebenfalls in Anlehnung an die US-Regelungen – **nicht-emissionsbezogene Unternehmensstudien**, die unabhängig von einer konkreten Emission in regelmäßigen Abständen erstellt und veröffentlicht werden. Dadurch wird sichergestellt, dass die regelmäßige Research-Berichterstattung über börsennotierte Emittenten nicht durch eine geplante Emission beeinträchtigt wird[314]. Aus Gründen der Vorsicht wird die Blackout-Periode jedoch bisweilen auch auf nicht-emissionsbezogene Unternehmensstudien erstreckt.

7.114

---

310 Section 5 (c) U.S. Securities Act of 1933.
311 Section 4 (3) U.S. Securities Act of 1933.
312 Rule 139 General Regulations under the U.S. Securities Act of 1933, dazu *Greene/Silverman/Braverman/Sperber/Grabar/Fleisher*, U.S. Regulation of the International Securities and Derivatives Markets, 12. Aufl. 2017, § 3.02 [3][e] (S. 3-77 ff.); *Meyer*, ZBB 2020, 141, 145.
313 *Meyer/Paetzel/Will* in KölnKomm. WpHG, § 33 WpHG Rz. 80; *Hutter/Leppert*, NJW 2002, 2208, 2213; *Seiler/Kehler*, CFL 2012, 340, 345; *Meyer*, ZBB 2020, 141, 155; zur Marktpraxis in Großbritannien siehe auch vgl. *Financial Conduct Authority*, Reforming the availability of information in the UK equity IPO process, Policy Statement PS17/23, Oktober 2017.
314 In diesem Sinne auch – unter Spezifizierung von weiteren Voraussetzungen, unter denen nicht-emissionsbezogene Research-Berichte zulässig sein sollen – *Baums/Hutter* in FS Ulmer, 2003, S. 779, 787; *Hutter/Leppert*, NJW 2002, 2208, 2213.

§ 8
Übernahme und Platzierung von Aktien

I. Einschaltung der Emissionsbank	8.1
1. Transaktionsbezogene Emissionsbegleitung	8.2
a) Platzierung	8.2
b) Börsenzulassung und Begleitung der Prospekterstellung	8.4
2. Research	8.6
3. Emissionsfolgebetreuung	8.8
a) Zahlstellendienst	8.9
b) Führung des Aktienregisters	8.10
c) Designated Sponsor	8.11
II. Zeitlicher Ablauf einer Emission	8.14
1. Konzeptionierung	8.15
a) Grundsatzentscheidung zur Durchführung einer Emission	8.15
b) Entwicklung eines Emissionskonzepts	8.16
c) Auswahl einer Führungsbank	8.17
d) Bankenkonsortium	8.18
2. Vorbereitung	8.21
3. Durchführung	8.23
a) Preisermittlung	8.24
aa) Festpreisverfahren	8.26
bb) Auktionsverfahren	8.28
cc) Bookbuilding	8.30
dd) Kombinierte Verfahren	8.36
aaa) Auktionsverfahren bei Kapitalerhöhungen mit Bezugsrecht	8.37
bbb) Auktionsverfahren bei Block Trades	8.38
ee) Bestmögliche Ausführung	8.41
ff) Zusätzliche Verfahrensvorgaben nach der delegierten Verordnung zu MiFID II	8.41a
b) Zuteilung	8.42
aa) Interessenlage	8.43
bb) Anspruch auf Zuteilung?	8.44
cc) Pflicht zur Gleichbehandlung?	8.52
dd) Zuteilungsverfahren	8.54
c) Insiderrecht	8.57
d) Meldung von Stimmrechten	8.60
e) Angebotspflicht nach dem WpÜG	8.61
f) Kursstabilisierung, Greenshoe	8.63
aa) Begriff und Anwendungsbereich	8.63
bb) Mittel zur Unterstützung der Kursstabilisierung	8.65
cc) Kapitalmarktrechtliche Einordnung und Zulässigkeit	8.74
III. Dokumentation	8.83
1. Vertraulichkeitsvereinbarung	8.84
a) Grundsätzliches	8.84
b) Vertraulichkeitsverpflichtung	8.85
c) Ausnahmen	8.86
d) Rückgabe/Vernichtung/Dauer	8.87
e) Vertragsstrafe	8.88
2. Mandatsvereinbarung	8.89
a) Umfang des Mandates	8.91
b) Informationen, Due Diligence	8.93
c) Erstellung der Platzierungsdokumente	8.97
d) Marktschutzklausel	8.98
e) Provision, Auslagen und Kosten	8.102
3. Übernahmevertrag	8.104
a) Funktion und Rechtsnatur	8.104
b) Zeitpunkt des Abschlusses	8.106
c) Parteien	8.112
d) Inhalt und Struktur	8.114
aa) Übernahme der Platzierungsaktien	8.115
aaa) Neue Aktien	8.115
(1) Zeichnung und Übernahme	8.115
(2) Einlageleistung	8.120
(3) Einzahlungsbestätigung	8.124
(4) Anmeldung und Abwicklung	8.125
(5) Mittelbares Bezugsrecht	8.126
bbb) Alte Aktien: Aktienkauf	8.132
ccc) Greenshoe-Aktien	8.133
ddd) Ausfall eines Konsorten	8.136
bb) Börsenzulassung, Prospekt(e)	8.137
cc) Platzierung, Platzierungsbeschränkungen	8.140
dd) Gewährleistungen/Garantien/Freistellung	8.143
aaa) Gewährleistungen	8.143
bbb) Freistellung	8.147
ccc) Rechtliche Einordnung der Gewährleistungen	8.149
ddd) Aktienrechtliche Zulässigkeit von Gewährleistungen und Freistellung durch die Gesellschaft	8.151
(1) Im Verhältnis zu den Emissionsbanken bei einer Kapitalerhöhung	8.151

(2) Im Verhältnis zu Altaktionären bei einer Umplatzierung 8.154
eee) Gewährleistungen abgebender Altaktionäre 8.158
fff) Gewährleistungen der Emissionsbanken 8.161
ee) Verhaltenspflichten 8.162
aaa) Verhaltenspflichten der Gesellschaft 8.163
bbb) Verhaltenspflichten der Altaktionäre 8.164
ccc) Verhaltenspflichten der Emissionsbanken 8.165
ff) Aufschiebende Bedingungen, Rücktrittsrecht 8.166
aaa) Die Bedingungen im Einzelnen 8.167
bbb) Rechtsfolgen des Nichteintritts von Bedingungen bzw. des Rücktritts .. 8.170

(1) Umplatzierung von Altaktien 8.170
(2) Platzierung von Aktien aus einer Kapitalerhöhung 8.171
gg) Provisionen, Aufwendungen, Auslagen 8.175
hh) Sonstiges 8.176
e) Privatplatzierung 8.180
aa) Kapitalerhöhung 8.180
bb) Umplatzierung 8.186
aaa) Festübernahme 8.187
bbb) Kommission 8.189
ccc) Mischformen 8.191
4. Vereinbarungen zwischen den Konsortialbanken (Überblick) 8.193
a) Vorbemerkung: Rechtsnatur des Konsortiums 8.193
b) Konsortialvertrag 8.195

Schrifttum: Siehe bei § 7.

I. Einschaltung der Emissionsbank

Eine Platzierung von Aktien erfolgt aus einer Vielzahl von Gründen so gut wie immer unter Einschaltung einer Emissionsbank. Dies hängt vor allem mit den von der Bank zu erfüllenden Funktionen zusammen. 8.1

1. Transaktionsbezogene Emissionsbegleitung

a) Platzierung

Ein wesentlicher Grund für die Kapitalbeschaffung durch eine Wertpapieremission liegt darin, dass sich die betreffende Gesellschaft nur so den Zufluss von Mitteln aus Investorenkreisen erschließen kann, zu denen sie selbst keinen Zugang besitzt[1]. Dabei kommt der Bank eine **Mittlerfunktion** zwischen der Gesellschaft als Emittent von Wertpapieren und den Investoren als Interessenten an einer Kapitalanlage zu. Ihre Aufgabe ist es, zunächst die Aufnahmefähigkeit des Marktes für eine Platzierung zu analysieren. Auf dieser Grundlage wird die Emissionsbank gemeinsam mit der Gesellschaft erarbeiten, wie sich diese (ggf. besser) gegenüber Investoren präsentieren kann, um deren Interesse an einer Investition zu wecken. Die Einschätzung der Bank über die in Frage kommenden Investorenkreise spielt dabei eine entscheidende Rolle. Sie bringt also ihre Kenntnisse des Marktes zur Anwendung, um der Gesellschaft die Kapitalbeschaffung zu ermöglichen. Hinzu kommt, dass die Expertise der Bank gefragt ist, um den richtigen Zeitpunkt für die Durchführung einer Platzierung zu ermitteln. Dabei spielen z.B. bevorstehende Unternehmensnachrichten wie die Veröffentlichung aktueller Finanzinformationen oder Berichte über den Abschluss wesentlicher Transaktionen wie Unternehmenskäufe oder -verkäufe sowie wichtiger Aufträge eine Rolle. Aufgabe der Investmentbank ist es zudem, die Platzie- 8.2

---

1 *Schnorbus*, AG 2004, 113, 114.

rungsaktien möglichst „marktschonend" zu platzieren, d.h. ohne gravierende Auswirkungen auf den Börsenkurs.

8.3 Hinzu kommt, dass die Übernahme von Wertpapieren zum Zweck ihrer Platzierung ein Bankgeschäft darstellt, das eine **Erlaubnis** nach § 32 Abs. 1 Satz 1 KWG erfordert[2]. Dies gilt sowohl für die sog. Festübernahme, bei der der Übernehmer das Absatzrisiko trägt („Emissionsgeschäft" i.S.v. § 1 Abs. 1 Satz 2 Nr. 10 KWG) als auch für die Übernahme als Kommissionär („Finanzkommissionsgeschäft" i.S.d. § 1 Abs. 1 Satz 2 Nr. 4 KWG). Ferner wird die Platzierung von Wertpapieren ohne feste Übernahmeverpflichtung als „Platzierungsgeschäft" i.S.d. § 1 Abs. 1a Satz 1 Nr. 1c KWG als ebenfalls nach § 32 Abs. 1 Satz 1 KWG erlaubnispflichtige Finanzdienstleistung angesehen (zur Abgrenzung gegenüber dem Finanzkommissionsgeschäft siehe Rz. 8.41). Zudem sind für die Abwicklung des Emissionsgeschäfts weitere Dienstleistungen erforderlich, die als Bankgeschäfte erlaubnispflichtig sind, so z.B. das Führen der benötigten Geldkonten und Wertpapierdepots (Einlagengeschäft, § 1 Abs. 1 Satz 2 Nr. 1 KWG; Depotgeschäft, § 1 Abs. 1 Satz 2 Nr. 5 KWG). In diesen Zusammenhang gehört auch die erleichterte Abwicklung von Kapitalerhöhungen einer Aktiengesellschaft mit Einräumung des Bezugsrechts der Aktionäre im Wege des sog. mittelbaren Bezugsrechts nach § 186 Abs. 5 Satz 1 AktG unter Einschaltung eines Kreditinstituts.

b) Börsenzulassung und Begleitung der Prospekterstellung

8.4 Sollen neue Aktien platziert werden, erfordert auch deren Zulassung zum Börsenhandel im regulierten Markt die Einschaltung einer Bank oder eines Finanzdienstleistungsinstituts. Der Handel von Wertpapieren am regulierten Markt einer deutschen Wertpapierbörse setzt deren Zulassung zum Börsenhandel voraus[3]. Der **Antrag auf Börsenzulassung** muss nach § 32 Abs. 2 Satz 1 BörsG zusammen mit einem Kreditinstitut oder Finanzdienstleistungsinstitut gestellt werden. Der hierfür regelmäßig gemäß § 32 Abs. 3 Nr. 2 BörsG, Art. 3 Abs. 3 ProspektV zu veröffentlichende Prospekt (hierzu und zu den Ausnahmen von der Prospektpflicht siehe Rz. 7.15) muss zuvor von der zuständigen Behörde nach Art. 20 Abs. 1 ProspektV gebilligt werden. Die für die **Prospektbilligung** zuständige Behörde ist von dem jeweiligen Herkunftsmitgliedstaat des Emittenten zu bestimmen. Für Aktien („Dividendenwerte", Art. 2 lit. b) ProspektV) ist nach Art. 2 lit. m) UAbs. i) ProspektV **Herkunftsmitgliedstaat** der Mitgliedstaat, in dem der Emittent seinen Sitz hat. Für Prospekte, die die Aktien von Aktiengesellschaften mit Sitz in Deutschland zum Gegenstand haben, ist also Deutschland der Herkunftsmitgliedstaat; die BaFin ist nach § 17 WpPG die für die Billigung zuständige Behörde. Dient der Prospekt der Zulassung von Aktien zum regulierten Markt, haben die Antragsteller (d.h. neben der Gesellschaft auch das antragstellende Institut) ausdrücklich die Verantwortung für dessen Inhalt zu übernehmen, § 8 Satz 1 und 3 WpPG. Werden Wertpapiere öffentlich angeboten, ist zuvor nach Art. 3 Abs. 1 ProspektV ebenfalls grundsätzlich ein Prospekt zu veröffentlichen und zwar durch den bzw. die Anbieter der angebotenen Wertpapiere. Als solcher ist (auch) eine von dem Emittenten mit der Durchführung des Angebotes betraute Bank anzusehen, jedenfalls wenn sie nach außen in dieser Funktion auftritt[4]. Auch der Anbieter von Wertpapieren muss die Verantwortung für den Inhalt des Prospektes übernehmen, § 8 Satz 1 WpPG[5].

---

[2] Dazu *Freis-Janik* in Kümpel/Mülbert/Früh/Seyfried, Bankrecht und Kapitalmarktrecht, Rz. 2.93 ff.; 2.107 ff. und 2.125.
[3] § 32 Abs. 1 BörsG; zur Einbeziehung in den Handel im regulierten Markt ohne Zulassung nach § 33 BörsG siehe Rz. 7.47. Dagegen können im Freiverkehr auch nicht zugelassene Wertpapiere gehandelt werden, § 48 Abs. 1 BörsG; vgl. auch *Groß*, Kapitalmarktrecht, § 48 BörsG Rz. 3 ff.
[4] *Groß*, Kapitalmarktrecht, § 2 WpPG Rz. 30; *Preuße* in Schwark/Zimmer, § 2 WpPG Rz. 40 ff.; *von Kopp-Colomb/Knobloch* in Assmann/Schlitt/von Kopp-Colomb, § 2 WpPG Rz. 71; eingehend *Ritz/Zeising* in Just/Voß/Ritz/Zeising, § 2 WpPG Rz. 203.
[5] Zum Billigungsverfahren siehe *Meyer* in Habersack/Mülbert/Schlitt, Unternehmensfinanzierung am Kapitalmarkt, § 36 Rz. 80 ff. sowie die ausführliche Darstellung auf der Internetseite der BaFin unter „https://www.bafin.de/DE/Aufsicht/Prospekte/Wertpapiere/ErstellungBilligung/erstellung_billigung_node.html".

Auch unabhängig von den rechtlichen Erfordernissen wird sich ein Emittent im Zusammenhang mit der **Prospekterstellung** regelmäßig der Expertise einer erfahrenen Emissionsbank bedienen. Diese hat ein eigenes Interesse an der Beteiligung am Prospekterstellungsprozess. Ein Prospekt wird – zumindest bei weniger bekannten Emittenten sowie bei einer Platzierung an Privatanleger – regelmäßig zum Vertrieb der zu platzierenden Wertpapiere benötigt. Früher erfolgte die Prospekterstellung oft durch die Emissionsbanken selbst. Die Börsenzulassungsabteilungen der größeren Banken betrieben schwerpunktmäßig Börsenzulassungsverfahren und waren daher mit den Prospektanforderungen sowie der Praxis der (bis zum 30.6.2005 für die Prospektbilligung zuständigen) Zulassungsstellen der Börsen vertraut. Bei der Prospekterstellung verarbeiteten sie die von der Gesellschaft gelieferten Informationen. Sie mussten dabei weitgehend auf deren Richtigkeit und Vollständigkeit vertrauen. Seit dem Ende der 1990er Jahre wurde die Prospekterstellung schrittweise auf externe Anwälte verlagert. Dies hängt mit der Internationalisierung des Emissionsgeschäfts zusammen. Die Prospekterstellung durch externe Anwälte ist insbesondere in den USA gängige Praxis. Dabei liegt die Federführung typischerweise bei den Anwälten der Gesellschaft (dazu auch Rz. 8.21). Die Prospekterstellung durch den Anwalt geht einher mit dessen eigenständiger Überprüfung der von der Gesellschaft gelieferten Informationen im Rahmen der sog. Legal Due Diligence (dazu Rz. 10.1 ff.). Diese erfolgt in enger Abstimmung mit der von den Emissionsbanken selbst durchgeführten Untersuchung der finanziellen und wirtschaftlichen Verhältnisse des Emittenten (sog. *Financial und Business Due Diligence*), die nicht nur der Prospekterstellung, sondern auch der Prüfung der Platzierungschancen dient. Dadurch und durch die insoweit üblicherweise in Form von sog. Legal und Disclosure Opinions (dazu Rz. 10.141 ff.) abgegebenen Bestätigungen der Anwälte erhalten die Emissionsbanken zusätzliche Gewähr für die Richtigkeit und Vollständigkeit des Prospektes. Dieses Verfahren sowie insbesondere die genannten Bestätigungen sind für international tätige Investmentbanken regelmäßig Voraussetzung für ihre Beteiligung an einer Platzierung.

2. Research

Früher wurde auch die Unterstützung der Marketingbemühungen durch Analysten der Emissionsbanken und die von diesen erstellten Studien (sog. **Research-Berichte**) als Teil der Aufgaben im Rahmen der Emissionsbegleitung angesehen[6]. Verwiesen wurde auf die Expertise der Analysten bei der Einschätzung von Unternehmen aus den einzelnen Branchen und deren Resonanz bei Investoren[7]. Die Beteiligung von Analysten an der Vermarktung einer Emission steht jedoch in gewissem Spannungsverhältnis zum allgemeinen Verständnis des Wesens von Research. So erhebt Research den Anspruch, auf einer unabhängigen Beurteilung durch einen Experten zu beruhen und gewinnt gerade daraus seinen Stellenwert[8]. Deutlich wurde dies angesichts von Berichten über Unterschiede zwischen veröffentlichter und privater Einschätzung bestimmter Wertpapiere durch Analysten sowie von möglichen Interessenkonflikten der bei Investmentbanken beschäftigten Analysten, insbesondere in den USA[9].

Die aufsichtsrechtlichen Vorgaben für Research wurden in der MAR und der MiFID II neu geregelt. So gelten für Research-Berichte die Bestimmungen der MAR für **Anlageempfehlungen**. Darunter versteht Art. 3 Abs. 1 Nr. 35 MAR Informationen mit expliziten oder impliziten Empfehlungen oder Vorschlägen zu Anlagestrategien in Bezug auf ein oder mehrere Finanzinstrumente oder Emittenten, die für Verbreitungskanäle oder die Öffentlichkeit vorgesehen sind. Dies schließt eine Beurteilung des ak-

---

6 So noch *Schanz*, Börseneinführung, § 9 Rz. 8; *Harrer/Heidemann*, DStR 1999, 254, 258.
7 *Schanz*, Börseneinführung, § 9 Rz. 8.
8 So schon die Standesrichtlinien der DVFA (Deutsche Vereinigung für Finanzanalyse und Asset Management) von 1995, Ziff. 1b) und 2a); ebenso *von Rosen/Gerke*, Kodex für anlegergerechte Kapitalmarktkommunikation, 2001, die in § 2 Abs. 2, § 3 Abs. 3 und § 4 Abs. 6 ihres Kodex die Unabhängigkeit und Objektivität der Analyse als besonderes Wesensmerkmal hervorheben.
9 Dazu *Schlößer*, BKR 2003, 404 sowie *Meyer*, AG 2003, 610; *Meyer* in FS 25 Jahre WpHG, 2020, S. 939, 940.

tuellen oder künftigen Wertes oder Kurses solcher Instrumente ein (sog. Kursziel). In den Anforderungen an Anlageempfehlungen schreibt der Gesetzgeber im Wesentlichen die zuvor nach § 34b WpHG a.F. geltenden Regelungen fort[10]. So sind nach Art. 20 Abs. 1 MAR Informationen in Anlageempfehlungen objektiv darzustellen; die Ersteller von Anlageempfehlungen müssen (darin) ihre Interessen oder Interessenkonflikte hinsichtlich der darin besprochenen Finanzinstrumente offenlegen. Diese Vorgaben werden in einer delegierten Verordnung konkretisiert[11]. Nach § 85 Abs. 1 WpHG müssen daher Unternehmen, die Anlageempfehlungen erstellen oder verbreiten, so organisiert sein, dass **Interessenkonflikte** möglichst gering sind. Sie müssen insbesondere über angemessene Kontrollverfahren verfügen, die geeignet sind, Verstößen gegen die Verpflichtungen nach Art. 20 Abs. 1 MAR entgegenzuwirken[12].

8.6b Ein möglicher Interessenkonflikt wurde schon vor Inkrafttreten von MAR und MiFID II insbesondere angenommen, wenn das Wertpapierdienstleistungsunternehmen, dem der jeweilige Verfasser einer Analyse angehört, zugleich Teil eines **Emissionskonsortiums** ist, das das Absatzrisiko oder vergleichbare Garantien in Bezug auf die analysierten Wertpapiere übernommen hat. Denn es hat in diesem Fall ein besonderes Interesse an deren erfolgreichen Platzierung[13]. Daher wird eine Einbindung von Analysten in die Vermarktung einer Emission bereits seit Anfang der 2000er Jahre kritisch gesehen[14].

8.6c Seit dem 3.1.2018 gelten die **zusätzlichen organisatorischen Anforderungen** der Art. 36 ff. VO 2017/565 zur Ergänzung der MiFID II[15]. Deren Bestimmungen knüpfen an dem schon aus dem alten Recht (§ 34b WpHG a.F.) bekannten Begriff der Finanzanalyse an[16]. Art. 36 Abs. 1 VO 2017/565 definiert Finanzanalysen als Analysen oder andere Informationen, in denen für ein oder mehrere Finanzinstrumente oder die Emittenten von Finanzinstrumenten explizit oder implizit eine Anlagestrategie empfohlen oder vorgeschlagen wird. Ähnlich wie bei der Definition nach Art. 3 Abs. 1 Nr. 35 MAR schließt dies insbesondere für Informationsverbreitungskanäle oder die Öffentlichkeit bestimmte Stellungnahmen zum aktuellen oder künftigen Wert oder Preis dieser Instrumente ein. Diese Informationen stellen nicht nur dann Finanzanalysen dar, wenn sie als solche (oder ähnlich) bezeichnet oder beschrieben sind; es genügt, dass sie als objektive oder unabhängige Erläuterung dargestellt werden. Ausgenommen sind Fälle der Anlageberatung, also eine persönliche Empfehlung an einen Anleger, die

---

10 *Geier/Hombach/Schütt*, RdF 2017, 108, 110; zur Gesetzentwicklung *Meyer* in FS 25 Jahre WpHG, 2020, S. 939, 943 ff.
11 Delegierte Verordnung (EU) 2016/958 der Kommission v. 9.3.2016 zur Ergänzung der Verordnung (EU) Nr. 596/2014 des Europäischen Parlaments und des Rates im Hinblick auf die technischen Regulierungsstandards für die technischen Modalitäten für die objektive Darstellung von Anlageempfehlungen oder anderen Informationen mit Empfehlungen oder Vorschlägen zu Anlagestrategien sowie für die Offenlegung bestimmter Interessen oder Anzeichen für Interessenkonflikte, ABl. EU Nr. L 160 v. 17.6.2016, S. 15.
12 Ausführlich *Meyer* in FS 25 Jahre WpHG, 2020, S. 939, 950 ff.; *Meyer*, ZBB 2020, 141, 147 ff.
13 Vgl. die Pflicht nach § 34b Abs. 1 Satz 2 Nr. 2, Abs. 8 WpHG a.F. (i.d.F. des AnSVG, BGBl. I 2004, 2630) i.V.m. § 5 Abs. 3 Nr. 2b FinAnV (BGBl. I 2004, 3522 sowie ZBB 2004, 422, 428) zur Offenlegung der Beteiligung an der Führung eines Konsortiums für eine Emission im Wege eines öffentlichen Angebots der analysierten Finanzinstrumente innerhalb der vorangegangenen zwölf Monate; dazu auch *Möllers* in KölnKomm. WpHG, § 34b WpHG Rz. 176.
14 *von Kopp-Colomb*, WM 2003, 609, 613 wies darauf hin, es könne problematisch sein, wenn ein Analyst neben der Analyse weitere Aufgaben in den Bereichen Corporate Finance oder IPO übernimmt; dies dürfte insbesondere bei einer Beteiligung an der Vermarktung einer Emission gelten.
15 Delegierte Verordnung (EU) 2017/565 der Kommission v. 25.4.2016 zur Ergänzung der Richtlinie 2014/65/EU des Europäischen Parlaments und des Rates in Bezug auf die organisatorischen Anforderungen an Wertpapierfirmen und die Bedingungen für die Ausübung ihrer Tätigkeit sowie in Bezug auf die Definition bestimmter Begriffe für die Zwecke der genannten Richtlinie, ABl. EU Nr. L 87 v. 31.3.2017, S. 1.
16 Der deutsche Gesetzgeber hat im WpHG den Begriff der Finanzanalyse durch jenen (weiteren) der Anlageempfehlung ersetzt, vgl. RegE Erstes Finanzmarktnovellierungsgesetz (1. FiMaNoG) BT-Drucks. 18/7482, S. 17, 63.

gestützt auf eine Prüfung dessen persönlicher Verhältnisse als für diesen geeignet dargestellt wird und sich auf eine bestimmte Anlagehandlung (Kauf, Verkauf etc.) bezieht[17]. Damit erfasst die Neuregelung insbesondere die Erstellung der klassischen Research-Berichte. Gemäß Art. 37 Abs. 1 VO 2017/565 sind zunächst die allgemeinen Anforderungen an das Konfliktmanagement nach Art. 34 Abs. 3 VO 2017/565 zu erfüllen, d.h. insbesondere Informationsschranken einzurichten (sog. *Chinese Walls*)[18]. Die Maßnahmen zur Bewältigung von Interessenkonflikten im Zusammenhang mit der Erstellung von Finanzanalysen sollten dabei die Objektivität und Unabhängigkeit von Finanzanalysten gewährleisten. Dabei wird vermutet, dass diese insbesondere durch die Geschäftsinteressen der Bereiche Unternehmensfinanzierung sowie Verkauf und Handel beeinträchtigt sein können[19]. Folglich sind Maßnahmen zu treffen, die ungebührlichen Einfluss auf die Erbringung der betreffenden Dienstleistungen vermeiden und die Einbeziehung der Ersteller von Research Berichten in potenziell in Konflikt stehenden Dienstleistungen zu verhindern[20]. Zudem ist es nach Art. 37 Abs. 2 VO 2017/565 verboten, Emittenten eine für sie günstige Analyse zu versprechen[21]. Auch dürfen Emittenten den Entwurf einer Analyse nicht auf die Korrektheit der darin dargestellten Sachverhalte oder einen anderen Zweck hin überprüfen, wenn dieser eine Empfehlung oder einen Zielpreis enthält, außer um die Einhaltung der rechtlichen Pflichten durch das Wertpapierdienstleistungsunternehmen zu kontrollieren[22].

Daneben unterliegen international tätige Investmentbanken auch den verschärften Regelungen zur **Unabhängigkeit von Analysten in den USA**.[23] Bei einer Platzierung in den USA sind diese ohnehin zu beachten. Wegen der Vorreiterrolle der USA in diesem Bereich ist zudem denkbar, dass die dortigen Regeln auch zur Konkretisierung der Organisationspflichten nach Art. 37 VO 2017/565 herangezogen werden. Die US-Regelungen zur Vermeidung von Interessenkonflikten sehen nicht nur u.a. die vollständige organisatorische und finanzielle Trennung von Research und Investmentbanking, sondern u.a. auch ein grundsätzliches Verbot von Kommunikation zwischen Research und Investmentbanking und das Verbot der Teilnahme an mandats- oder vertriebsbezogenen Aktivitäten durch Analysten vor[24]. Diese strengen Regelungen wurden zwar durch den sog. JOBS Act aufgeweicht (dazu auch Rz. 11.16)[25]. Auch haben die meisten der global tätigen Investmentbanken im Nachgang zu Fehlentwicklungen während des sog. New Economy Booms der späten 1990er und frühen 2000er Jahre mit diversen U.S.-amerikanischen Aufsichtsbehörden einen Vergleich (sog. Global Settlement) abgeschlossen, in dem sie sich einer Reihe von über das Gesetz hinausgehenden Beschränkungen zur Vermeidung von Interessenkonflikten bei der Erstellung von Research unterworfen haben. Dieses Global Settlement[26] ist – mit

8.6d

---

17 Art. 4 Abs. 1 Nr. 4 MiFID II; Art. 9 VO 2017/565.
18 *Möllers* in KölnKomm. WpHG, § 34b WpHG Rz. 248 ff.; *Faust* in Schimansky/Bunte/Lwowski, Bankrechts-Handbuch, § 109 Rz. 113 f., 135a ff., 156 ff.; *Meyer*, AG 2003, 610, 613; *Meyer* in FS 25 Jahre WpHG, 2020, S. 939, 958 ff.; *Meyer*, ZBB 2020, 141, 147 ff.
19 Erwägungsgründe 51 f. VO 2017/565.
20 Art. 34 Abs. 3 lit. d) VO 2017/565.
21 Art. 37 Abs. 2 lit. e) VO 2017/565.
22 Art. 37 Abs. 2 lit. f) VO 2017/565.
23 Dazu *Meyer*, ZBB 2020, 141, 142 ff.; *Greene/Silverman/Braverman/Sperber/Grabar/Fleisher*, U.S. Regulation of the International Securities and Derivatives Markets, 12. Aufl. 2017, § 14.07[5] (S. 14–116 ff.).
24 Ein Überblick über die US-amerikanischen Regelungen findet sich im Internet auf der Website der U.S. Securities and Exchange Commission (SEC) unter www.sec.gov/rules/final/33_8193.htm; weitere Informationen über die verschärften Anforderungen des mit einer Vielzahl von Investmentbanken geschlossenen sog. „Global Settlement" unter www.sec.gov/spotlight/globalsettlement.htm.
25 „Jumpstart Our Business Startups Act" v. 3.1.2012, Ref. H.R. 3606, im Internet verfügbar unter www.gpo.gov; dazu *Basuage/Huertas*, CFL 2012, 332; sowie die Informationsseite der U.S. Securities and Exchange Commission (SEC) unter www.sec.gov/spotlight/jobs-act.shtml.
26 Siehe die Veröffentlichungen der SEC unter www.sec.gov/spotlight/globalsettlement.htm; sowie der Financial Industry Regulatory Authority (FINRA) unter http://www.finra.org/industry/2003-global-settlement.

Modifikationen[27] – weiterhin gültig und wird auch durch die Neuregelungen des JOBS Act nicht berührt.

8.7 Die Aufnahme von **Research Coverage**, der regelmäßigen Erstellung von Research-Berichten, kann daher nicht als Teil der Emissionsbegleitung angesehen werden. Jedoch ist der Beitrag, den Analysten bei der Emissionsbegleitung leisten können, sowie das praktische Bedürfnis nach Research Coverage zur Gewinnung institutioneller Investoren nicht zu bestreiten. Soll aber im Zusammenhang mit einer geplanten Kapitalmarkttransaktion die Expertise eines Analysten bei der Vermarktung hinzugezogen werden, so erscheint die Erstellung eines Research-Berichtes durch ihn zumindest bis zum Abschluss der Platzierung zweifelhaft. In der Praxis wird daher mittlerweile die Rolle des Analysten im Rahmen der Emissionsvorbereitung stark eingeschränkt. Solange – wie bei Börsengängen üblich – ein emissionsbegleitender Research-Bericht geschrieben werden soll, wird der Analyst der Emissionsbank wie ein Analyst eines fremden Instituts behandelt: er wird lediglich zur Vorstellung des Emittenten im Rahmen der Analystenpräsentation und zur Klärung von Rückfragen zu tatsächlichen Informationen über die Gesellschaft und deren Darstellung in seinem Research-Bericht mit der Gesellschaft und der Emissionsabteilung der betreffenden Bank in Kontakt treten dürfen. Nach Verteilung seines Research-Berichtes darf er seine Einschätzung gegenüber dem bankeigenen Vertriebspersonal erläutern (*sales force briefing*). Jedoch ist er über den Abschluss der betreffenden Platzierung hinaus bis zum Ende der sog. Blackout Periode grundsätzlich daran gehindert, einen weiteren Bericht über den betreffenden Emittenten zu verfassen[28]. Soll bei einer Gesellschaft im Zusammenhang mit einer Platzierung die Research-Coverage erst aufgenommen werden, so erscheint es jedenfalls nach deutschem Recht möglich, dass die Emissionsabteilung einer Bank den Kontakt zwischen einer Gesellschaft und der Analyseabteilung vermittelt. Die Analyseabteilung muss aber in ihrer Entscheidung, Research-Coverage zu übernehmen, frei bleiben und darf in Bezug auf den Inhalt der Analyse nicht beeinflusst werden[29].

8.7a Die hier geschilderte tradierte Praxis der Einbindung von Analysten in die IPO-Vorbereitung wurde – ungeachtet der beschriebenen organisatorischen Maßnahmen zum Konfliktmanagement – in der Vergangenheit mit Blick auf das Spannungsverhältnis zum Postulat der Unabhängigkeit der Analysten und die Frage der Privilegierung von Analysen der Konsortialbanken gegenüber unabhängigen Analysten wiederholt kontrovers diskutiert. 2017 wurde sie von der britischen **Financial Conduct Authority (FCA)** einer kritischen Würdigung unterzogen. Die FCA entwickelte Vorgaben, die insbesondere die Einbindung unabhängiger Analysten verbessern sollten, die nicht mit einer der Emissionsbanken verbunden sind[30]. Außerhalb des Vereinigten Königreichs haben diese Vorgaben freilich nicht zu einer Veränderung der Praxis der Erstellung von IPO-Research geführt.

3. Emissionsfolgebetreuung

8.8 Die Aufgaben einer Emissionsbank erschöpfen sich jedoch nicht nur in der reinen Emissionsbegleitung. Emittenten börsenzugelassener Wertpapiere unterliegen bestimmten Emissionsfolgepflichten. Diese können je nach Marktsegment unterschiedlich umfangreich ausgestaltet sein. Bei der Erfüllung einiger dieser Pflichten ist die Unterstützung einer Bank geboten.

---

27 *Greene/Silverman/Braverman/Sperber/Grabar/Fleisher*, U.S. Regulation of the International Securities and Derivatives Markets, 12. Aufl. 2017, § 14.07[5][b] (S. 14–122 ff.); *Meyer*, ZBB 2020, 141, 144 f.
28 Eingehend zu den üblichen Restriktionen bei emissionsbegleitenden Research-Berichten *Singhof/Weber* in Habersack/Mülbert/Schlitt, Unternehmensfinanzierung am Kapitalmarkt, § 3 Rz. 3.48 ff.; *Meyer*, ZBB 2020, 141, 150 ff.
29 In diesem Sinne auch *Möllers* in KölnKomm. WpHG, § 34b WpHG Rz. 248.
30 Financial Conduct Authority (FCA), Policy Statement PS 17/23 „Reforming the availability of information in the UK equity IPO process, October 2017, im Internet verfügbar unter https://www.fca.org.uk; dazu *Meyer* ZBB 2020, 141, 156 f.

a) Zahlstellendienst

In der Regel übernimmt die **Emissionsbank** bzw. der **Konsortialführer**, der eine Wertpapieremission betreut, den Zahlstellendienst für die emittierten Wertpapiere. Das bedeutet, dass die betreffende Bank die Abwicklung der auf die Wertpapiere zu leistenden Zahlungen (bei Aktien: Dividendenzahlungen) koordiniert. Bei girosammelverwahrten Aktien, bei denen typischerweise die Gewinnanteilsscheine ebenfalls globalverbrieft und girosammelverwahrt sind, erfolgt die Abwicklung der Dividendenzahlung über das Depotbankensystem[31].

8.9

b) Führung des Aktienregisters

Die internationale Verbreitung von **Namensaktien** (vor allem in den USA) sowie die erleichterte Girosammelverwahrung von Namensaktien und Führung des Aktienregisters durch das Abwicklungssystem CASCADE RS der Clearstream Banking AG haben insbesondere Ende der 1990er Jahre zu einer stärkeren Verbreitung dieser Aktiengattung geführt, vor allem durch die seinerzeit von einigen Unternehmen angestrebte Börsennotierung in den USA, wo Namensaktien der Regelfall sind[32]. Diese Entwicklung wurde durch die im Jahre 2001 mit dem Gesetz zur Namensaktie und zur Erleichterung der Stimmrechtsausübung (Namensaktiengesetz – NaStraG)[33] geschaffenen Erleichterungen weiter gefördert[34]. Hat eine Gesellschaft Namensaktien ausgegeben, so ist sie verpflichtet, ein Aktienregister zu führen[35]. Die technische Führung des Aktienregisters kann an Dritte vergeben werden[36]; zumeist sind dies aus Rechenzentren der Banken entstandene, mit diesen Banken verbundene Dienstleister[37].

8.10

c) Designated Sponsor

Zu den von einer Emissionsbank für den Zeitraum nach einer Platzierung häufig übernommenen Funktionen gehört weiterhin die des sog. Designated Sponsors. Dieser hat im Rahmen des elektronischen Handelssystems **XETRA** an der Frankfurter Wertpapierbörse die Aufgabe, in Bezug auf ein bestimmtes von ihm betreutes börsengehandeltes Wertpapier innerhalb einer von der Börsengeschäftsführung vorgegebenen Spanne zwischen Kauf- und Verkaufskurs verbindliche Kauf- und Verkaufsangebote zu stellen, § 82 BörsO FWB (sog. Market-Maker-Quotes i.S.v. Art. 1 Abs. 1 Delegierte Verordnung 2017/578[38]). Geht ein Auftrag ein (und findet sich im Markt keine korrespondierende Gegenorder), so kommt zwischen dem Auftraggeber und dem Designated Sponsor auf dieser Grundlage ein Wertpapierkauf zustande. Dadurch wird für alle Marktteilnehmer auch bei Werten mit geringer **Liquidität** die Möglichkeit zum **kontinuierlichen Handel** sichergestellt[39]. Der Designated Sponsor erklärt sich in einem Vertrag mit dem Börsenträger bereit, die Aufgabe des Designated Sponsors für bestimmte Wert-

8.11

---

31 Dazu *Butzke*, HV, H Rz. 100 ff.; *Noack/Zetzsche*, WM 2004, 1, 5; *Oulds* in Kümpel/Mülbert/Früh/Seyfried, Bankrecht und Kapitalmarktrecht, Rz. 10.100.
32 *Hüffer/Koch*, § 67 AktG Rz. 3 m.w.N.; *Diekmann*, BB 1999, 1985; *Huep*, WM 2000, 1626; *von Rosen/Seifert*, Die Namensaktie, 2000; *Butzke*, HV, E Rz. 93.
33 BGBl. I 2001, 123.
34 Dazu *Seibert*, ZIP 2001, 53; *Noack*, ZIP 2001, 57; *Goedecke/Heuser*, BB 2001, 369; *Noack*, DB 2001, 27 sowie *Bayer* in MünchKomm. AktG, 5. Aufl. 2019, § 67 AktG Rz. 1 ff.
35 *Hüffer/Koch*, § 67 AktG Rz. 5; *Bayer* in MünchKomm. AktG, 5. Aufl. 2019, § 67 AktG Rz. 16 f.
36 *Hüffer/Koch*, § 67 AktG Rz. 5; *Bayer* in MünchKomm. AktG, 5. Aufl. 2019, § 67 AktG Rz. 13.
37 Zu nennen sind z.B. die Link Market Services (Frankfurt) GmbH (ehemals registrar services GmbH, früher ein Tochterunternehmen der Deutsche Bank AG), die ADEUS Aktienregister-Service-GmbH (ein Unternehmen der Allianz-Gruppe) sowie die Computershare Deutschland GmbH & Co. KG.
38 Delegierte Verordnung (EU) 2017/578 v. 13.6.2016 zur Ergänzung der Richtlinie 2014/65/EU des Europäischen Parlaments und des Rates über Märkte für Finanzinstrumente durch technische Regulierungsstandards zur Angabe von Anforderungen an Market-Making-Vereinbarungen und -Systeme, ABl. EU Nr. L 87 v. 31.3.2017, S. 183.
39 *Seiffert/Lembke* in Kümpel/Mülbert/Früh/Seyfried, Bankrecht und Kapitalmarktrecht, Rz. 14.289; *Singhof* in Habersack/Mülbert/Schlitt, Hdb. Kapitalmarktinformation, § 21 Rz. 55 ff.

papiere zu übernehmen, § 81 Abs. 1 BörsO FWB. Als Designated Sponsor dürfen nur Unternehmen beauftragt werden, die die in § 81 Abs. 2 Satz 3 BörsO FWB spezifizierten Mindestanforderungen in Bezug auf personelle, technische und finanzielle Ressourcen sowie Eignung und Erfahrung erfüllen[40]. Ein Emittent, der wünscht, dass in Bezug auf den Handel in seinen Aktien ein Designated Sponsor tätig wird, schließt daneben mit einem zum Börsenhandel zugelassenen Unternehmen einen weiteren Vertrag über diese Tätigkeit. Wiewohl Designated Sponsoring dazu führt, dass mehr Aufträge in den Börsenhandel eingehen, als es der tatsächlichen Marktlage entspricht, werden dadurch keine falschen oder irreführenden Signale für das Angebot und die Nachfrage i.S.v. Art. 12 Abs. 1 lit. a) (i) MAR[41] gesetzt, da es sich um eine in den Börsenregeln vorgesehene und damit den Marktteilnehmern bekannte Funktion zur Erhaltung der für einen geordneten Handel erforderlichen Mindestliquidität handelt[42].

8.12–8.13 Einstweilen frei.

II. Zeitlicher Ablauf einer Emission

8.14 Der Ablauf einer Emission lässt sich im Wesentlichen in drei Phasen einteilen:
– Konzeptionierung: von den Vorüberlegungen bis zur Mandatierung einer Investmentbank (Rz. 8.15 ff.)
– Vorbereitung: von der Mandatierung der Investmentbank bis zum Angebot (Rz. 8.21 ff.)
– Durchführung: vom öffentlichen Angebot bis zur Aufnahme des Börsenhandels (Rz. 8.23 ff.).

1. Konzeptionierung

a) Grundsatzentscheidung zur Durchführung einer Emission

8.15 Vor Beginn der eigentlichen Emissionsvorbereitung muss geklärt werden, ob eine Emission bzw. Platzierung in Anbetracht der **gegenwärtigen Lage der Gesellschaft** sowie des **aktuellen Marktumfeldes** sinnvoll erscheint. Dazu werden eine (oder mehrere) Emissionsbanken auf der Grundlage der von der Gesellschaft veröffentlichten Informationen, aber ggf. auch aufgrund ihrer Kenntnis der Gesellschaft im Rahmen einer laufenden Kundenbeziehung, ihre Einschätzung abgeben und mit der Gesellschaft diskutieren.

b) Entwicklung eines Emissionskonzepts

8.16 Ist die Grundsatzentscheidung zur Vorbereitung einer Emission/Platzierung einmal gefallen, ist ein Emissionskonzept zu entwickeln[43]. Dazu sind die vorstehend unter § 7 erörterten Überlegungen zur

---

40 Zu den Anforderung der Deutsche Börse AG an Designated Sponsors und deren Überwachung siehe Deutsche Börse AG, Designated Sponsor Guide Version 12.1 v. 8.1.2021, im Internet abrufbar unter http://www.xetra.com.
41 Das Verbot der Marktmanipulation nach Art. 12 MAR entspricht im Ansatz zwar grundsätzlich der Vorgängerregelung § 20a WpHG a.F., vgl. *Kieswetter/Parmentier*, BB 2013, 2371, 2375; *Krause*, CCZ 2014, 248, 258; *Worms* in Assmann/Schütze/Buck-Heeb, Handbuch des Kapitalanlagerechts, § 10 Rz. 7 ff.; der Anwendungsbereich und der Detaillierungsgrad der Verbotstatbestände wird jedoch erheblich erweitert, vgl. *de Schmidt*, RdF 2016, 4; *Schmolke* in Klöhn, vor Art. 12 MAR Rz. 74; Art. 12 MAR Rz. 3.
42 *Mülbert* in Assmann/Uwe H. Schneider/Mülbert, Wertpapierhandelsrecht, Art. 5 VO Nr. 596/2014 Rz. 118; *Stüber* in Seibt/Buck-Heeb/Harnos, BeckOK Wertpapierhandelsrecht, 1. Edition 2021, VO (EU) 596/2014 Art. 5 Rz. 185 f.; *Singhof* in Habersack/Mülbert/Schlitt, Hdb. Kapitalmarktinformation, § 21 Rz. 55; ähnlich *Zimmer/Bator* in Schwark/Zimmer, VO 597/2014, Art. 5 Rz. 50; vgl. auch Erwägungsgrund 29 MAR.
43 *Schanz*, Börseneinführung, § 6 Rz. 36 ff.; § 14.

Art der Platzierung anzustellen. In diesem Zusammenhang sind die seit 3.1.2018 im Rahmen der Umsetzung der MiFID II konkretisierten **Verhaltenspflichten** zu beachten. Nach § 63 Abs. 7 WpHG ist ein Wertpapierdienstleistungsunternehmen verpflichtet, seinen Kunden (d.h. bei einer Aktienemission bzw. Platzierung den Emittenten bzw. abgebenden Aktionär) u.a. über die ihm vorgeschlagenen Dienstleistungen (insbesondere deren Art und die damit verbundenen Risiken) zu informieren. Diese Vorgaben werden nach § 63 Abs. 13 WpHG in der VO 2017/565 näher bestimmt. In Bezug auf das Emissions- und Platzierungsgeschäft sieht Art. 38 VO 2017/565 zusätzliche Anforderungen vor. So ist ein Emittent, der von dem Wertpapierdienstleistungsunternehmen auch zur Kapitalstruktur beraten wird, nach Art. 38 Abs. 1 VO 2017/565 über die verschiedenen, dem Wertpapierdienstleistungsunternehmen verfügbaren Finanzierungsalternativen (dazu Rz. 8.91a)[44], die damit verbundenen Kosten und Preisgestaltung, Verfahren zur Preisermittlung, Zeitplanung und Ablauf einer geplanten Platzierung, Zielgruppe der anzusprechenden Anleger[45], die Abteilungen und Personen an der Erbringung der Beratung über den Preis und die Zuteilung von Finanzinstrumenten beteiligt sind, sowie die Vorkehrungen zur Verhinderung oder Bewältigung von Interessenkonflikten bei der Platzierung von Finanzinstrumenten bei anderen Kunden des Wertpapierdienstleistungsunternehmens (einschließlich dessen Eigenhandelsbuch) aufzuklären.

c) Auswahl einer Führungsbank

Die Gesellschaft hat sich dann für die Emissionsbank(en) zu entscheiden, die die Transaktion führend begleiten sollen. Ein späterer Wechsel der Emissionsbank bzw. bei einer Platzierung durch ein Bankenkonsortium des **Konsortialführers** wäre nahezu zwangsläufig mit Mehraufwand und Mehrkosten, häufig sogar mit erheblichen Verschiebungen im Zeitplan verbunden. Die Entscheidung für eine oder mehrere Emissionsbanken wird auch in aller Regel eine Entscheidung für das von dieser befürwortete Emissionskonzept bedeuten. Sofern sich die Gesellschaft nicht, z.B. aufgrund vorheriger Erfahrungen bei ähnlichen Transaktionen oder einer dauerhaften Kundenbeziehung, vorab auf eine bestimmte Bank festgelegt hat, wird sie sich häufig im Rahmen einer Ausschreibung (*beauty contest*) von mehreren Banken Angebote vorlegen lassen. Dabei stellen die Banken auch das für die Transaktion vorgesehene Team und dessen Expertise vor. Auf der Grundlage der vorgelegten Unterlagen und einer Erläuterung im Rahmen einer Präsentation (*pitch*) erfolgt dann die Auswahl der die Emission begleitenden bzw. das Emissionskonsortium führenden Bank(en)[46]. Gerade bei größeren Platzierungen werden mehrere Emissionsbanken bzw. Konsortialführer (sog. *Joint Lead Managers* oder *Joint Global Coordinators*) ausgewählt. Die Gesellschaften dürften sich davon versprechen, Zugang zu einer breiteren Investorenbasis zu erhalten[47]. Oft soll zwar die „Hausbank" an der Emission teilnehmen, jedoch ergänzend ein bei internationalen Emissionen erfahren(er)es Instituts beteiligt werden. Auch kann ein gewisser „Wettbewerb" unter den Führungsbanken bezweckt sein. Mehrere Banken unterschiedlicher Ausrichtung können sich als gemeinsame Konsortialführer durchaus ergänzen. Die Auswahl mehrerer Konsortialführer führt zugleich zu größerem Abstimmungsbedarf. Jede Investmentbank hat ihren eigenen Stil der Emissionsvorbereitung und eigene Vorstellungen über die Dokumentation. So sind amerikanische Investmentbanken von in den USA üblichen Prozeduren geprägt. Es bedarf hier jedoch einer differenzierten Betrachtung wegen des von den Verhältnissen in den USA nicht unbeträchtlich abweichenden rechtlichen Umfeldes in Deutschland. Ob die so möglicherweise entstehenden Reibungsverluste durch die mit der Einschaltung mehrerer gleichberechtigter Führungsbanken bezweckten Vorteile aufgewogen werden, muss letztlich im Einzelfall entschieden werden.

---

[44] ESMA, Questions and Answers on MiFID II and MiFIR investor protection topics v. 28.5.2021, ESMA35-43-349, Antworten auf Fragen 1 und 4 zu Abschnitt 6 „Underwriting and Placing".

[45] ESMA, Questions and Answers on MiFID II and MiFIR investor protection topics v. 28.5.2021, ESMA35-43-349, Antwort auf Frage 2 zu Abschnitt 6 „Underwriting and Placing".

[46] *Achleitner*, Handbuch Investment Banking, S. 253 ff.

[47] Denkbar ist beispielsweise, dass sich ein Konsortialführer auf Privatanleger konzentriert (sog. retail offering), ein anderer auf institutionelle; oder: ein Konsortialführer soll (schwerpunktmäßig) deutsche und europäische, eine anderer US-amerikanische Investoren ansprechen.

d) Bankenkonsortium

8.18 Größere Aktienplatzierungen werden traditionell nicht nur von einer einzigen Emissionsbank durchgeführt, sondern von einer Gruppe von Banken, dem sog. Konsortium. Ein Grund hierfür liegt darin, dass das Volumen der betreffenden Emission oft die finanziellen Ressourcen und/oder die Risikobereitschaft einer einzelnen Bank u.U. übersteigt[48]. Für die Einschaltung mehrerer Banken kann ferner sprechen, wenn eine breite Platzierung in verschiedenen Märkten angestrebt wird, in denen jeweils bestimmte Banken eine besonders starke Marktstellung und besondere Erfahrung mit den dortigen Verhältnissen, insbesondere den rechtlichen Anforderungen und den vorherrschenden Marktusancen aufweisen[49]. Dies gilt insbesondere, wenn eine Platzierung auch bei Privatanlegern vorgesehen ist, zu denen nicht alle im Emissionsgeschäft tätigen Banken ausreichenden Zugang haben. Dies hängt u.a. mit dem sog. **Trennbankensystem** in den USA zusammen. US-Amerikanische Investmentbanken war es, vor allem nach dem *Glass-Steagall Act*, lange Zeit untersagt, neben dem Investmentbankgeschäft auch klassisches Bankgeschäft zu betreiben[50]. Diese Beschränkungen wurden jedoch in den 90er Jahren durch die US-Bankenaufsicht, aber auch den *Gramm-Leach-Bliley Act* weitgehend aufgegeben[51]. Mittlerweile verfügt jedoch jede der führenden Emissionsbanken über eine weltweite Präsenz an den wesentlichen Finanzmärkten. Durch die internationale Konzentration im Bankenbereich hat zudem die – globale – Platzierungskraft der wesentlichen Investmentbanken zugenommen. Regulatorische Erleichterungen haben auch in den USA zur Bildung von Großbankenkonzernen geführt, die jedenfalls unter dem Dach ihrer Unternehmensgruppe u.a. Investmentbanking sowie Commercial und Private Banking verbinden (so z.B. die Citigroup oder auch J.P. Morgan Chase)[52]. Daher nimmt die Bedeutung der Konsortialbildung im Emissionsgeschäft ab[53]. So werden mittlerweile Aktienplatzierungen im Volumen von mehreren hundert Millionen Euro durch nur eine Emissionsbank durchgeführt. Für große Emissionen im Milliardenbereich, Börsengänge sowie für breite Platzierungen auch bei Privatanlegern hat jedoch die Bildung von Emissionskonsortien nach wie vor Bedeutung. Hinzu kommt, dass Emittenten es bisweilen ausdrücklich wünschen, mehrere Banken zu beteiligen, selbst wenn dies für eine erfolgreiche Durchführung der Emission nicht zwingend erforderlich wäre. Gründe hierfür können die Pflege von bestehenden Geschäftsbeziehungen oder Prestigeüberlegungen sein. Aktuelle Entwicklungen zu einer stärkeren Separierung des Handelsgeschäfts von Investmentbanken haben an dem Vorstehendem bislang nichts geändert. So sieht etwa die im Zuge des *Dodd-Frank Act* zur Abschottung des als besonders risikoreich erachteten Handelsgeschäfts der Investmentbanken in den USA erlassene sog. *Volcker Rule* zwar für Einlagenkreditinstitute ein Verbot bestimmter Arten von Handelsgeschäften auf eigene Rechnung vor. Für „Underwriting", also das Emissionsgeschäft, besteht jedoch

---

48 *Lemke* in BuB, Rz. 10/269; *Schantz* in Schwintowski, Bankrecht, 5. Aufl. 2018, Kap. 23 Rz. 22; *Grundmann* in Schimansky/Bunte/Lwowski, Bankrechts-Handbuch, § 112 Rz. 12; *R. Müller/Schmidtbleicher* in Kümpel/Mülbert/Früh/Seyfried, Bankrecht und Kapitalmarktrecht, Rz. 15.114; *Kuntz* in Ekkenga, Handbuch der AG-Finanzierung, Kapitel 8 Rz. 24 ff.; *Achleitner*, Handbuch Investment Banking, S. 495 ff.
49 *Achleitner*, Handbuch Investment Banking, S. 268 ff.
50 *Claussen*, Bank- und Börsenrecht, § 1 Rz. 87 sowie *Achleitner*, Handbuch Investment Banking, S. 6, 120 ff.; *Greene/Beller/Rosen/Silverman/Braverman/Sperber/Grabar*, U.S. Regulation of the International Securities and Derivatives Markets, 11. Aufl. 2015, § 1.07 (S. 1-19 f.), § 19.01 (S. 19-7); *Gruson*, ZBB 2000, 153 f.; *Möslein*, BKR 2013, 397, 398, 400.
51 *Greene/Beller/Rosen/Silverman/Braverman/Sperber/Grabar*, U.S. Regulation of the International Securities and Derivatives Markets, 11. Aufl. 2015, § 1.07 (S. 1-19 f.), § 19.01 (S. 19-7); *Fein*, Federal Bank Holding Company Law, 3rd ed. 2017, § 3.04[10] S. 3-27.
52 Zur Liberalisierung des Trennbankensystems insbesondere durch den sog. Gramm-Leach-Bliley Act *Claussen*, Bank- und Börsenrecht, § 1 Rz. 87 Fn. 194; *Hoffmann*, WM 2000, 1773; *Gruson*, ZBB 2000, 153, 155 ff.; zu Tendenzen einer Auflösung der klassischen Aufteilung des Bankwesens *Achleitner*, Handbuch Investment Banking, S. 12 ff., 132 ff.
53 So schon *Hopt* in FS Kellermann, 1991, S. 181, 196; zur aktuellen Entwicklung vgl. nur *Schäcker/Wohlgefahrt/Johannson* in Habersack/Mülbert/Schlitt, Unternehmensfinanzierung am Kapitalmarkt, § 2 Rz. 2.33 f.

eine Ausnahmeregelung[54]. Eine ähnliche Handhabung nimmt in Deutschland das sog. **Trennbankengesetz** vor[55]. Nach der Begründung zu dessen Regierungsentwurf werden das Emissionsgeschäft und das Platzierungsgeschäft als für sog. CRR-Kreditinstitute[56] grundsätzlich zulässig angesehen[57].

Zudem kommt es bei großen Emissionen bisweilen zu einer teilweisen Weitergabe von Übernahmerisiken an nachgeordnete Banken, sog. **Sub-Underwriting**[58]. Diese nachgeordneten Banken erklären sich gegenüber einer Konsortialbank bereit, einen Teil des Übernahmerisikos der betreffenden Konsortialbank zu übernehmen, ohne selbst in eine Vertragsbeziehung mit dem Emittenten zu treten. Daneben können auch sog. Sellers auftreten (bei mehreren Sellers spricht man von der **Selling Group**), die ohne Übernahmeverpflichtung (aber auch mit dementsprechend geringerer Provisionsbeteiligung) Platzierungsaktien an ihre Kunden vertreiben, so z.B. kleine Privatbanken, die über einen Kreis vermögender (Privat-)Kunden verfügen können.

8.19

Die **Einschaltung** nachrangiger Konsorten (also der „einfachen" Konsortialbanken) erfolgt typischerweise erst kurz vor der Durchführung der Emission (dazu Rz. 7.94). Zur Vorbereitung der Platzierung ist ihre Beteiligung nicht erforderlich. Eine frühzeitige Einbindung mehrerer Banken würde einen nicht unerheblichen Koordinationsbedarf verursachen. Zudem steigt aufgrund der größeren Zahl der beteiligten Personen de facto die Gefahr, dass die geplante Platzierung vorzeitig bekannt werden könnte. Anders mag es liegen, wenn bei geplanter breiter Platzierung bei Privatanlegern (z.B. im Rahmen eines Börsenganges) die Kunden verschiedener Banken rechtzeitig über die bevorstehende Emission informiert und daher die nachgeordneten Banken zur Vorbereitung des Marketings eingebunden werden sollen. Die **Zusammenstellung der Konsortiums** erfolgt aufgrund größerer Sachnähe zumeist durch den Konsortialführer, wobei die Gesellschaft allerdings u.U. eigene Interessen verfolgen will, so z.B. zur Pflege der Geschäftsbeziehung zu anderen Banken (siehe Rz. 8.18).

8.20

2. Vorbereitung

Nach der Mandatierung einer, ggf. mehrerer Führungsbanken beginnt die eigentliche Emissionsvorbereitung. Neben einer realistischen und streng befolgten Zeitplanung (siehe Rz. 7.94 ff.) ist dabei eine klare Aufgabenverteilung zwischen den Beteiligten von entscheidender Bedeutung. Diese wird von dem bzw. den Konsortialführer(n) koordiniert. Wesentlicher Bestandteil der Emissionsvorbereitung ist insbesondere die sog. **Due Diligence**, d.h. die Untersuchung der Verhältnisse eines Unternehmens im Vorfeld einer Transaktion (dazu § 10). Sie dient zunächst einer Analyse des Unternehmens, um es im Hinblick auf die Durchführung der Emission und deren Vermarktung besser beurteilen zu können. Daneben stellt eine eingehende Due Diligence-Prüfung die Voraussetzung für die **Prospekterstellung** dar. Die Prospekterstellung wird parallel zur Due Diligence vorangetrieben und erfolgt zumeist durch die für die Transaktion mandatierten Anwälte (siehe Rz. 8.5), die dabei ihre Erkenntnisse aus der Due Diligence unmittelbar verwerten können. In der Regel liegt die Federführung bei der Prospekterstellung in der Hand der Gesellschaft und ihrer Anwälte. Dies hat sich – ungeachtet der von der Bank und

8.21

---

54 *Greene/Beller/Rosen/Silverman/Braverman/Sperber/Grabar*, U.S. Regulation of the International Securities and Derivatives Markets, 11. Aufl. 2015, § 19.04 [2] (S. 19-37), § 19.06 [2] (S. 19-76, 19-84).
55 Gesetz zur Abschirmung von Risiken und zur Planung der Sanierung und Abwicklung von Kreditinstituten und Finanzgruppen v. 7.8.2013, BGBl. I 2013, 3090 (Abschirmungsgesetz); dazu *Möslein*, BKR 2013, 397.
56 Der Begriff des CRR-Kreditinstituts wird mit dem sog. CRD IV-Umsetzungsgesetz eingeführt und entspricht dem Begriff des Einlagenkreditinstituts nach bisheriger bankaufsichtsrechtlicher Terminologie, vgl. RegE CRD IV-Umsetzungsgesetz, BT-Drucks. 17/10974, S. 70.
57 RegE Gesetz zur Abschirmung von Risiken und zur Planung der Sanierung und Abwicklung von Kreditinstituten und Finanzgruppen (sog. Trennbankengesetz), BT-Drucks. 17/12601, S. 41.
58 *R. Müller/Schmidtbleicher* in Kümpel/Mülbert/Früh/Seyfried, Bankrecht und Kapitalmarktrecht, Rz. 15.117; *de Meo*, Bankenkonsortien, 1994, Erster Teil, Zweites Kapitel Rz. 109; *Groß* in Langenbucher/Bliesener/Spindler, Bankrechts-Kommentar, 40. Kapitel Rz. 17.

ihren eigenen Beratern durchzuführenden Untersuchungen – als sinnvoll erwiesen, da die Gesellschaft den direkteren Zugang zu Informationen über sich selbst hat und am ehesten in der Lage ist, ihre eigene Geschäftstätigkeit zu beschreiben. Für die Anwälte der Gesellschaft (sog. **Issuer's Counsel**), ist es wiederum regelmäßig leichter als für die Anwälte der Emissionsbank(en), die Vorbereitungen auf Seiten der Gesellschaft zu koordinieren. Den Anwälten der Emissionsbanken (sog. **Underwriters' Counsel**), kommt eher eine Kontrollfunktion zu, indem sie die Prospektentwürfe mit den Erkenntnissen ihrer eigenen Untersuchungen abgleichen. Bei kleineren Emissionen begegnete man noch in den 1990er Jahren dem sog. **Transaction Counsel**. Darunter wurde seinerzeit ein Anwalt verstanden, der – z.B. für die Zwecke der Prospekterstellung – vorwiegend aus Kostengründen sowohl von der Gesellschaft als auch von der/den Emissionsbank(en) beauftragt wird. Unter dem Gesichtspunkt des Interessenkonfliktes ist ein solches Verständnis der Rolle des Transaction Counsel problematisch. Vielmehr sollte auf eine klare Festlegung der Aufgaben und der Mandatsbeziehungen der eine Wertpapieremission begleitenden Rechtsberater geachtet werden. Daher begegnet man mittlerweile dem Transaction Counsel in der Praxis allenfalls in einer Konstellation, in der abweichend vom vorstehend beschriebenen Regelfall der Anwalt der Konsortialbanken die Prospekterstellung vornimmt. Damit nimmt er eine dem vorstehend beschriebenen Transaction Counsel zumindest ähnliche Funktion wahr und wird daher manchmal auch als solcher bezeichnet (obwohl „Underwriters Counsel mit erweitertem Aufgabenbereich" zutreffender wäre). Der Rechtsberater des Emittenten konzentriert sich in dieser Konstellation vor allem auf die Unterstützung der Due Diligence und die Verhandlung der Vertragsdokumentation. An die Prospekterstellung schließt sich die Durchführung des **Prospektbilligungs- und Börsenzulassungsverfahrens** an, das in der Regel der Konsortialführer federführend betreibt (siehe dazu Rz. 8.4). Währenddessen erfolgt eine laufende Fortschreibung des Prospektes, da es für seine Richtigkeit und Vollständigkeit auf den Zeitpunkt seiner Billigung ankommt[59]. Danach ist im Hinblick auf die Nachtragspflicht bis zum Ende des Angebots bzw. der Einführung der Wertpapiere in den Börsenhandel zu prüfen, ob wichtige neue Umstände auftreten oder wesentliche Unrichtigkeiten erkannt werden; in diesem Fall ist ein Nachtrag nach Art. 23 ProspektV zu veröffentlichen.

8.22 Gegen Ende der Prospektvorbereitung ist rechtzeitig vor Ankündigung und Durchführung des Angebotes mit der Erstellung und Verhandlung der **Vertragsdokumentation** zu beginnen. Damit ist in erster Linie der Übernahmevertrag (*Underwriting Agreement*), aber auch dessen Begleitdokumentation wie Legal und Disclosure Opinions sowie Comfort Letters gemeint. Allerdings können konkrete Verhandlungen über diese Dokumente sinnvollerweise erst erfolgen, wenn sich die Parteien zumindest im Wesentlichen über die Emissionsstruktur und den Inhalt des Prospektes verständigt haben, da der Inhalt der genannten Dokumente maßgeblich davon abhängt. Ansonsten laufen die Beteiligten Gefahr, eher abstrakt über Vertragsinhalte zu verhandeln und das Verhandlungsergebnis später anhand der Umstände des Einzelfalles nachbessern zu müssen.

3. Durchführung

8.23 Nach Abschluss der Emissionsvorbereitung kann die Emission bzw. Platzierung durchgeführt werden. Deren genauer Ablauf hängt von der Angebotsstruktur ab, insbesondere davon, ob es sich um eine Privatplatzierung oder ein öffentliches Angebot, um eine Bezugsrechtsemission oder eine „freie" Platzierung handelt oder auch nach welchem Verfahren, nach dem der Emissions- bzw. Platzierungspreis bestimmt wird. Das Angebot von Aktien an Investoren leitet die Durchführung ein. An die Angebotsphase schließt sich die Zuteilung der Platzierungsaktien (bzw. bei Bezugsrechtsemissionen die nicht von Bezugsberechtigten bezogenen Aktien) an Investoren an. Darauf folgt die sog. Stabilisierungsphase, in der die Emissionsbanken stabilisierend in die Preisbildung am Markt eingreifen können, um Schwankungen auszugleichen, die infolge der Emission auftreten können.

---

59 *Groß*, Kapitalmarktrecht, § 9 WpPG Rz. 43 ff.; *Mülbert/Steup* in Habersack/Mülbert/Schlitt, Unternehmensfinanzierung am Kapitalmarkt, § 41 Rz. 41.57.

Seit dem 3.1.2018 treffen Wertpapierdienstleistungsunternehmen im Zusammenhang mit der Strukturierung einer Wertpapieremission zusätzliche organisatorische Pflichten[60]. Nach § 80 Abs. 9 WpHG muss ein Wertpapierdienstleistungsunternehmen, das Finanzinstrumente zum Verkauf konzipiert (**Konzepteur**), ein Verfahren für die Freigabe jedes Finanzinstruments einrichten, das von jedem Finanzinstrument durchlaufen werden muss, bevor es an Kunden vertrieben wird (**Produktfreigabeverfahren**). Das Konzipieren von Finanzinstrumenten umfasst nach § 11 Abs. 1 WpDVerOV das Neuschaffen, Entwickeln, Begeben oder die Gestaltung von Finanzinstrumenten. Dabei ist ein Wertpapierdienstleistungsunternehmen bereits Konzepteur, wenn es ein anderes Unternehmen bei der „Auflage" neuer Finanzinstrumente berät[61]. Mit Blick auf Zusammenhang sowie Sinn und Zweck der Regelung ist davon auszugehen, dass diese Beratung sich auf die strukturelle Ausgestaltung des Finanzinstruments oder seiner Emission beziehen muss. Daher kann das Wertpapierdienstleistungsunternehmen nicht als Konzepteur gelten, wenn es auf die Strukturierung der Finanzinstrumente und der Emission keinen Einfluss hatte und dazu nicht beraten hat. Arbeiten Wertpapierdienstleistungsunternehmen beim Konzipieren eines Finanzinstruments mit anderen Wertpapierdienstleistungsunternehmen zusammen, müssen sie die jeweiligen Verantwortlichkeiten in einer schriftlichen Vereinbarung festhalten, § 11 Abs. 6 WpDVerOV. Dies wird jedenfalls dann der Fall sein, wenn bereits in der Phase der strukturellen Planung mehrere Wertpapierdienstleistungsunternehmen tätig sind, etwa mehrere Konsortialführer. Die Regelung zu den Verantwortlichkeiten wird regelmäßig im Konsortialvertrag getroffen (dazu Rz. 8.197). 8.23a

Das Produktfreigabeverfahren dient dazu, für jedes Finanzinstrument einen **Zielmarkt** festzulegen, in dem das Finanzinstrument vertrieben werden soll. Dabei muss der Kreis der potenziellen Erwerber bestimmt werden, mit deren Bedürfnissen, Merkmalen und Zielen das Finanzinstrument im Einklang steht. Ebenso sind etwaige Kundengruppen zu identifizieren, mit deren Bedürfnissen (etc.) das Finanzinstrument nicht vereinbar ist (**negativer Zielmarkt**), § 11 Abs. 7 WpDVerOV. Das Finanzinstrument und die beabsichtigte Vertriebsstrategie müssen dem Zielmarkt einschließlich der für diesen Markt einschlägigen Risiken entsprechen, § 63 Abs. 4, § 80 Abs. 9 Satz 4 f. WpHG. In diesem Zusammenhang ist eine Szenarioanalyse durchzuführen, um zu beurteilen, unter welchen Umständen das Produkt ein aus Investorensicht schlechtes Ergebnis erzielt. § 11 Abs. 9 WpDVerOV nennt Beispiele solcher Szenarien. Auf dieser Grundlage muss der Konzepteur feststellen, ob das Finanzinstrument, insbesondere sein Risiko- und Ertragsprofil den ermittelten Bedürfnissen, Merkmalen und Zielen des Zielmarktes entspricht, § 11 Abs. 10, 11 WpDVerOV. Der Konzepteur muss nach § 80 Abs. 11 WpHG jedem Wertpapierdienstleistungsunternehmen, das die von ihm konzipierten Finanzinstrumente seinen Kunden anbietet oder empfiehlt (**Vertriebsunternehmen**), Informationen zu dem Finanzinstrument und dem Produktfreigabeverfahren zur Verfügung stellen. 8.23b

Die Ergebnisse des Produktfreigabeverfahrens sind nach § 80 Abs. 10 WpHG **regelmäßig** daraufhin zu **überprüfen**, ob sie noch den aktuellen Verhältnissen entsprechen, insbesondere anhand der Kriterien in § 11 Abs. 13, 14 WpDVerOV[62]. Der Konzepteur hat ferner wesentliche Ereignisse zu bestimmen, die die Risiko- und Ertragserwartungen des Finanzinstruments beeinflussen können, insbesondere das Überschreiten einer Schwelle, die das Ertragsprofil des Finanzinstruments beeinflussen wird, 8.23c

---

60 Dazu ESMA, Final Report „Guidelines on MiFID II product governance requirements" v. 2.6.2017, ESMA 35-43-620; *Busch*, WM 2017, 409.
61 Erwägungsgrund 15 der Delegierten Richtlinie (EU) 2017/593 der Kommission v. 7.4.2016 zur Ergänzung der Richtlinie 2014/65/EU des Europäischen Parlaments und des Rates im Hinblick auf den Schutz der Finanzinstrumente und Gelder von Kunden, Produktüberwachungspflichten und Vorschriften für die Entrichtung beziehungsweise Gewährung oder Entgegennahme von Gebühren, Provisionen oder anderen monetären oder nicht-monetären Vorteilen, ABl. EU Nr. L 87 v. 31.3.2017, S. 500; Dazu ESMA, Final Report „Guidelines on MiFID II product governance requirements" v. 2.6.2017, ESMA 35-43-620, Abschnitt 3.4 Annex IV – Guidelines, unter III. 6 (S. 32); dazu *Busch*, WM 2017, 409, 410.
62 ESMA, Final Report „Guidelines on MiFID II product governance requirements" v. 2.6.2017, ESMA 35-43-620, Abschnitt 3.4 Annex IV – Guidelines, unter V.3.4.3 Tz. 65 (S. 43).

oder die Solvenz derjenigen Emittenten, deren Wertpapiere oder Garantien die Wertentwicklung des Finanzinstruments beeinflussen können, § 11 Abs. 15 WpDVerOV. Bei Eintritt eines wesentlichen Ereignisses, das die Einschätzung des Finanzinstruments verändert, muss der Konzepteur nach § 11 Abs. 16 WpDVerOV geeignete Maßnahmen treffen, um einer etwaigen Veränderung der Zielmarktbestimmung Rechnung zu tragen. Dazu kann die Information der Kunden, ggf. auch Vertriebsunternehmen, nach § 11 Abs. 15 WpDVerOV über das Ereignis und seine Auswirkungen auf das Finanzinstrument gehören, ferner eine Veränderung des Produktfreigabeverfahrens, die Einstellung der weiteren Begebung des Finanzinstruments, die Änderung der Vertragsbedingungen des Finanzinstruments, eine Prüfung und ggf. Anpassung der Vertriebskanäle, eine Einstellung des Vertriebs oder die Unterrichtung der BaFin.

8.23d **Vertriebsunternehmen** müssen selbst **eigene Produktfreigabeverfahren** durchführen, sofern sie nicht selbst Konzepteur sind. Deren Einzelheiten sind in § 80 Abs. 12 WpHG sowie § 12 WpDVerOV geregelt. Die Anforderungen an das Produktfreigabeverfahren der Konzepteure und Vertriebsunternehmen orientieren sich offensichtlich an strukturierten Finanzinstrumente, die für den Dauervertrieb über eine Kette von Vertriebsunternehmen gedacht sind. Für Aktienemissionen, die innerhalb eines relativ kurzen Zeitraums von in der Regel maximal zwei Wochen (im Fall einer Bezugsrechtskapitalerhöhung) abgeschlossen sind, erscheinen sie unpassend. Dennoch sind diese aufgrund des weit gefassten Anwendungsbereichs offensichtlich erfasst. Es ist zu erwarten, dass sich in der Praxis aufgrund der strukturell zwischen den Aktien verschiedener Emittenten nicht grundlegend unterschiedlichen Risikostruktur eine schematische Vorgehensweise für jedenfalls die typischen Transaktionen herausbilden wird. Zudem erscheint die sachliche Rechtfertigung von Informationspflichten im Fall der nachträglichen Veränderung von Verhältnissen des Emittenten angesichts dessen Pflicht zur Ad-hoc-Publizität nach Art. 17 MAR bei Aktien fragwürdig, zumal – wie ausgeführt – der aktive Vertrieb sich auf einen überschaubaren Zeitraum beschränkt. So führt die ESMA in ihren Leitlinien zu den Produktüberwachungsanforderungen der MiFID II zu den Pflichten für Vertriebsunternehmen aus, dass Informationen über einfachere, gebräuchlichere Produkte wie zum Beispiel Stammaktien in der Regel den vielfältigen Informationsquellen entnommen werden, die für regulatorische Zwecke für diese Produkte veröffentlicht werden[63]. Die BaFin hat in ihren MaComp klargestellt, dass bei einfachen, weit verbreiteten Produkten der Zielmarkt in geringerer Detailtiefe bestimmt werden muss als bei strukturierten Produkten. Insbesondere können die Zielmarktkategorien für alle Produkte einer Produktart, die über hinreichend gemeinsame Merkmale verfügen (etwa Zugehörigkeit zu einem bestimmten Börsenindex oder -segment mit gewissen Anforderungen), gemeinsam bestimmt oder generisch beschrieben werden[64].

a) Preisermittlung

8.24 Die Festsetzung des „richtigen" Emissionspreises war wiederholt Gegenstand kontroverser Diskussionen. Dies hängt mit den **unterschiedlichen Interessen** der an einer Aktienplatzierung Beteiligten zusammen. Banken wird nachgesagt, sie wollten durch einen niedrigen Platzierungspreis ihr Platzierungsrisiko gering halten. Für Anleger sind die Renditeerwartungen umso größer, je niedriger ihr Einstiegspreis ausfällt. Dagegen hat eine emittierende Gesellschaft bei einer Kapitalerhöhung ein Interesse an einem möglichst hohen Platzierungspreis, um den ihr zufließenden Erlös zu maximieren. Gleiches

---

63 ESMA, Leitlinien zu den Produktüberwachungsanforderungen der MiFID II v. 5.2.2018, ESMA 35-43-620 DE, Tz. 62; so auch BaFin, Rundschreiben 05/2018 (WA) – Mindestanforderungen an die Compliance-Funktion und weitere Verhaltens-, Organisations- und Transparenzpflichten – MaComp (Fassung v. 10.8.2021), Abschnitt BT 5.3.7.
64 BaFin, Rundschreiben 05/2018 (WA) – Mindestanforderungen an die Compliance-Funktion und weitere Verhaltens-, Organisations- und Transparenzpflichten – MaComp (Fassung v. 10.8.2021), Abschnitt 5.2.2.; dazu *Koller* in Assmann/Uwe H. Schneider/Mülbert, Wertpapierhandelsrecht, § 80 WpHG Rz. 136; *Fett* in Schwark/Zimmer, § 80 WpHG Rz. 216, *Lohmann/Gebauer*, BKR 2018, 244, 250 f.; ähnlich im Ansatz *Bley*, WM 2018, 162, 165.

gilt für abgebende Aktionäre[65]. Bei näherem Hinsehen erweist sich die Interessenlage jedoch als komplexer. Die Banken erhalten für ihre Tätigkeit eine Provision, die sich aus einem zuvor vereinbarten Prozentsatz des Platzierungserlöses ergibt; oft wird auch eine im Ermessen der Gesellschaft bzw. der abgebenden Aktionäre stehende zusätzliche Erfolgsprovision vereinbart. Daher haben die Banken durchaus auch ein Interesse an einem hohen Erlös und damit einem hohen Platzierungspreis. Umgekehrt kann weder der Gesellschaft noch den Banken an einem Platzierungspreis gelegen sein, der sich im Zweitmarkt nicht halten lässt. Ein Absinken des Kurses unter den Platzierungspreis führt zur Unzufriedenheit der Anleger; für Folgeemissionen wird die Vermarktung umso schwerer. Auch Aktionäre, die sich bei der Platzierung nur von Teilen ihres Bestandes trennen, können das Kursentwicklungspotential der Aktie nicht außer Acht lassen. Aus aktienrechtlicher Sicht kommt bei der Platzierung neuer Aktien aus einer Kapitalerhöhung hinzu, dass diese nicht nur gemäß § 9 Abs. 1 AktG mindestens zum Nennbetrag bzw. bei Stückaktien auf sie jeweils entfallenden anteiligen Betrag des Grundkapitals ausgegeben werden müssen. Im Falle des Bezugsrechtsausschlusses dürfen zudem nach § 255 Abs. 2 Satz 1 AktG Aktien nicht zu einem „unangemessen niedrigen" Ausgabebetrag ausgegeben werden (zu den Einzelheiten Rz. 44.76 f.)[66]. Dabei ist bei der Zeichnung durch eine Emissionsbank nicht der „Ausgabebetrag" im technischen Sinne, sondern der der Gesellschaft infolge der Kapitalerhöhung zufließende Erlös maßgeblich. Bei Zeichnung der neuen Aktien durch eine Emissionsbank zum geringsten Ausgabebetrag kommt daher ein Verstoß gegen § 255 Abs. 2 Satz 1 AktG nicht in Betracht, sofern der der Gesellschaft im Rahmen der Durchführung der Kapitalerhöhung zufließende Gegenwert (also einschließlich des von der Emissionsbank bei der Platzierung neuer Aktien erzielten und an die Gesellschaft abgeführten Mehrerlöses) nicht unangemessen niedrig ist. Hinsichtlich des Maßstabes für die Beurteilung der Unangemessenheit dürfte sich mittlerweile das Verständnis durchgesetzt haben, dass jedenfalls ein in einem marktnahen Verfahren gefundener Platzierungspreis nicht „unangemessen niedrig" i.S.v. § 255 Abs. 2 AktG sein kann[67].

Angesichts der komplexen Interessenlage überrascht daher nicht, dass die Beurteilung von Platzierungspreisen unterschiedlich ausfallen kann. In den 1990er Jahren bis in das Jahr 2000 hinein wurde – angesichts oft erzielter „Zeichnungsgewinne" durch Kursanstiege unmittelbar nach Durchführung einer Emission (insbesondere bei Börsengängen) – vielfach behauptet, Platzierungspreise würden zu niedrig festgesetzt[68]. Später war angesichts der Kursverluste der folgenden Jahre zu hören, Platzierungen seien zu überhöhten Preisen erfolgt[69]. Die Bestimmung des „richtigen" Platzierungspreises erweist sich mithin als eine **komplexe Aufgabe**, bei der ein Kompromiss zwischen den widerstreitenden Interessen zu finden ist. Dabei kommt nicht nur der abstrakten Ermittlung des Wertes der emittierenden Gesellschaft, sondern vor allem der Einschätzung der konkreten Nachfragesituation und daran anknüpfend der Bewertung der betreffenden Aktie durch den Markt maßgebliche Bedeutung zu. Hierzu sind unterschiedliche Verfahren entwickelt worden. 8.25

aa) Festpreisverfahren

Traditionell wurde der Platzierungspreis im Festpreisverfahren bestimmt. Auf der Grundlage einer **Unternehmensbewertung**[70], unter Berücksichtigung der Börsenkurse von Vergleichsunternehmen sowie 8.26

---

65 Zur Interessenlage der Beteiligten auch *Lenenbach*, Kapitalmarktrecht, Rz. 10.184.
66 Zur Anwendung des auf die Anfechtbarkeit eines Kapitalerhöhungsbeschlusses abziehenden § 255 Abs. 2 AktG auf eine Kapitalerhöhung aus genehmigtem Kapital *Meyer*, WM 2002, 1106, 1111.
67 Ebenso *Ekkenga/Maas* in Kümpel/Hammen/Ekkenga, Kapitalmarktrecht, Kennzahl 055 Rz. 123; ähnlich der auf den Verkehrswert der Aktie mit einem zur Herstellung der Platzierbarkeit zulässigen geringfügigen Abschlag abstellende Ansatz bei *Schwab* in K. Schmidt/Lutter, § 255 AktG Rz. 4 f.; *Stilz/Schumann* in BeckOGK AktG, Stand 1.9.2021, § 255 AktG Rz. 22, 26 ff.; *Ehmann* in Grigoleit, § 255 AktG Rz. 7; *Englisch* in Hölters, § 255 AktG Rz. 22.
68 Zum angeblichen „Underpricing-Phänomen" *Kaserer/Kempf*, ZBB 1995, 45; *Fleischer*, ZHR 165 (2001), 514, 531.
69 Vgl. z.B. *Gerke*, FAZ v. 24.2.2003.
70 Dazu z.B. *Singhof* in MünchKomm. HGB, 4. Aufl. 2019, Emissionsgeschäft Rz. 75.

der allgemeinen Marktverfassung einigen sich Gesellschaft und konsortialführende Emissionsbank (ggf. zusammen mit abgebenden Altaktionären) vor Veröffentlichung eines Verkaufsangebotes auf einen festen Preis, zu dem die Aktien der Emission angeboten und veräußert werden sollen[71]. Bei bereits börsennotierten Gesellschaften ist wesentliche Grundlage der Bestimmung des Emissionspreises der **Börsenkurs** und seine Entwicklung in der jüngeren Vergangenheit. Der so bestimmte Emissionspreis liegt dann dem Verkaufsangebot zugrunde. Das Festpreisverfahren spielt insbesondere eine Rolle bei Bezugsrechtsemissionen, bei denen bis zur Ergänzung des § 186 Abs. 2 AktG durch das TransPuG der Bezugspreis – jedenfalls nach traditioneller Lesart (siehe Rz. 7.27) – im Bezugsangebot genannt werden musste. Das bedeutete, dass er bereits vor Beginn der zweiwöchigen Bezugsfrist festzulegen war[72].

8.27 Beim Festpreisverfahren muss daher bereits erhebliche Zeit vor der eigentlichen Durchführung einer Platzierung eine Prognose des wahrscheinlich erzielbaren Platzierungspreises erfolgen. Die tatsächliche Nachfrage kann nur geschätzt werden[73]. So besteht – gerade in einem volatilen Marktumfeld – eine erhebliche Gefahr von Fehleinschätzungen[74]. Emissionsbanken sind daher einem erheblichen Platzierungsrisiko ausgesetzt. Nicht platzierte Aktien können ggf. erst bei später steigender Nachfrage sukzessiv in den Markt abgegeben werden. Ein an sich möglicher Kursanstieg würde so u.U. verhindert oder zumindest gebremst[75]. Diese Unsicherheiten führen regelmäßig zu einem **Abschlag** von dem durch Bewertung ermittelten Preis, um die Platzierbarkeit der Aktien sicherzustellen. Dies trifft insbesondere auf Bezugsangebote zu. Ein hoher, d.h. nah am Börsenkurs festgelegter Bezugspreis macht den Bezug eher unattraktiv und führt daher regelmäßig zu einer eher geringen Bezugsquote (siehe Rz. 7.35)[76]. Dies ist (nur) dann sinnvoll, wenn eine größere Zahl an Aktien für eine „freie" Platzierung zur Verfügung stehen soll. Dagegen wird man in volatilen Märkten und bei unsicherer Nachfrage auf eine hohe Bezugsquote abzielen und daher den Bezugspreis eher niedrig festsetzen, auch um etwaige Kursrückgänge während der (mindestens) zweiwöchigen Bezugsfrist zu berücksichtigen[77]. Die in jüngerer Zeit aufgekommene Erwägung, ein zu niedrig festgesetzter Bezugspreis führe zu einem faktischen Bezugszwang und verstoße daher gegen die Treuepflicht der Gesellschaft gegenüber ihren Aktionären, dürfte in der Regel nicht durchgreifen. Denn dem Interesse der Aktionäre am Schutz vor Verwässerung aufgrund der Ausgabe neuer Aktien ist nach der Wertung des Gesetzgebers bereits durch die Einräumung des Bezugsrechts grundsätzlich ausreichend Rechnung getragen[78]. Die Erwägungen der DAT-Altana-Entscheidung des BVerfG[79] zur Maßgeblichkeit des Börsenkurses bei der Bemessung der Abfindung beim Squeeze Out sind daneben auf die Preisfestsetzung bei einer Bezugsrechtskapitalerhöhung nicht übertragbar[80]. Zum einen kann der Aktionär im Falle der Bezugsrechtskapitalerhöhung anders als beim Squeeze Out in der Regel den Wert seiner Aktie durch deren Veräußerung über die

---

71 *Meyer* in Kümpel/Mülbert/Früh/Seyfried, Bankrecht und Kapitalmarktrecht, Rz. 14.514; *Groß* in Bosch/Groß, Emissionsgeschäft, 1998, Rz. 10/260; *Voigt*, Die Bank 1995, 339.
72 So zur Rechtslage vor dem TransPuG *Hüffer*, § 186 AktG Rz. 19 sowie Rz. 52 für den Fall des mittelbaren Bezugsrechts; *Schürnbrand* in MünchKomm. AktG, 4. Aufl. 2016, § 186 AktG Rz. 164.
73 Darauf weist auch *Fleischer*, ZHR 165 (2001), 513, 530 hin.
74 *Meyer* in Kümpel/Mülbert/Früh/Seyfried, Bankrecht und Kapitalmarktrecht, Rz. 14.514; *Groß* in Bosch/Groß, Emissionsgeschäft BuB, Rz. 10/261; *Voigt*, Die Bank 1995, 339.
75 Vgl. *Schanz*, Börseneinführung, § 10 Rz. 77.
76 Zumindest ein über dem Börsenkurs liegender Bezugspreis wird als Fall des sog. faktischen Bezugsrechtsausschlusses angesehen, vgl. *Ekkenga* in KölnKomm. AktG, 3. Aufl. 2017, § 186 AktG Rz. 123.
77 Zu den Überlegungen bei der Festlegung des Bezugspreises auch *Schlitt/Seiler*, WM 2003, 2175, 2177 f.
78 OLG Hamburg v. 12.2.2021 – 11 AktG 1/20, AG 2021, 568, 570; OLG Düsseldorf v. 22.11.2018 – 6 AktG 1/18, AG 2019, 467, 471; i.E. ebenso OLG Stuttgart v. 21.12.2012 – 20 AktG 1/12, AG 2013, 604, 611; ebenso *J. Koch* in MünchKomm. AktG, 5. Aufl. 2021, § 255 AktG Rz. 29; *Englisch* in Hölters, § 255 AktG Rz. 24.
79 BVerfG v. 27.4.1999 – 1 BvR 1613/94 – DAT/Altana, BVerfGE 100, 289, 307 f. = AG 1999, 566, dort insbes. Rz. 56 ff.
80 So schon für die Anwendung des § 255 Abs. 2 AktG bei der bezugsrechtsfreien Kapitalerhöhung *Stilz/Schumann* in BeckOGK AktG, Stand 1.9.2021, § 255 AktG Rz. 28; in diesem Sinne unter Betonung der Aspekte der Missbrauchskontrolle und des zur sicheren Durchführbarkeit von Kapitalmaßnahmen gebo-

Börse zum aktuellen Kurs realisieren. Zudem ist das Interesse der Gesellschaft an der Kapital- und Liquiditätszufuhr durch die Kapitalmaßnahme zu berücksichtigen. Dazu ist dem Vorstand die nötige Flexibilität bei der Konditionsfestsetzung zuzubilligen, die in Anbetracht der aktuellen Marktverhältnisse und der diesbezüglichen Prognoseunsicherheit die Durchführung der Maßnahmen mit hinreichender Sicherheit ermöglicht[81].

bb) Auktionsverfahren

8.28 Vereinzelt wird ein Auktionsverfahren als Alternative der Preisfestsetzung diskutiert. Dabei geben Investoren limitierte Kaufangebote ab. Die Zuteilung erfolgt beginnend mit dem höchsten Gebot in absteigender Reihenfolge bis alle Aktien platziert sind. Ein einheitlicher Platzierungspreis wird in diesem Falle nicht gebildet[82]. Eine Abwandlung ist die sog. holländische Auktion, bei der ein einheitlicher Platzierungspreis auf der Grundlage des niedrigsten Gebots festgesetzt wird, das bei der Zuteilung nach vorstehend beschriebenem Mustern gerade noch bedient würde[83].

8.29 Das Auktionsverfahren ist einseitig auf **Erlösmaximierung** ausgerichtet. Die vorhandene Nachfrage wird weitestgehend abgeschöpft. Dadurch besteht die Gefahr, dass nach Durchführung der Emission kaum noch Nachfrage nach den platzierten Aktien besteht, jedenfalls nicht zum Platzierungspreis. Mithin ist ein **Kursrückgang** im Zweitmarkt zu befürchten[84]. Dies liegt weder im Interesse der Gesellschaft noch der Banken, da die Platzierung dann gemeinhin als Misserfolg angesehen würde. Erst recht dürfte das erhöhte Risiko von „Zeichnungsverlusten" Anleger eher abschrecken. Hinzu kommt, dass die Zuteilung ohne Ansehung der Investoren ausschließlich nach dem gebotenen Preis erfolgt. Eine – als grundsätzlich sinnvoll angesehene – gesteuerte Verteilung der Platzierungsaktien auf verschiedene Investorengruppen ist dann nicht mehr möglich (dazu Rz. 8.32)[85].

cc) Bookbuilding

8.30 Bei bezugsrechtsfreien Emissionen hat sich das Bookbuilding-Verfahren weitestgehend durchgesetzt[86]. In seiner klassischen Form werden dabei die Platzierungsaktien zunächst nicht zu einem festen Preis, sondern unter Angabe einer im Prospekt an Stelle eines festen Angebotspreises (so der gesetzliche Regelfall vgl. Ziff. 5.3.1 Anhang III der ProspektV) enthaltenen **Preisspanne** angeboten. Diese wird auf der Grundlage der vorherigen Bewertung, den Preisindikationen von zuvor unverbindlich angesprochenen Investoren[87], der Börsenkurse von Vergleichsunternehmen sowie bei bereits börsennotierten

---

tenen unternehmerischen Ermessens *Meyer*, WM 2002, 1106, 1114; ähnlich, auf die Platzierbarkeit neuer Aktien abstellend *Hüffer/Koch*, § 255 AktG Rz. 7, 11 m.w.N.
81 In diesem Sinne OLG Hamburg v. 12.2.2021 – 11 AktG 1/20, AG 2021, 568, 571.
82 *Pfüller/Maerker*, Die Bank 1999, 670, 673.
83 *Pfüller/Maerker*, Die Bank 1999, 670, 673; *Schuster/Rudolf* in Kümpel/Hammen/Ekkenga, Kapitalmarktrecht, Kennzahl 240 unter C.II.2. Wie *Schuster/Rudolf* sieht auch *Weiler* in Wirtz/Salzer, IPO-Management, S. 85, 97 die sog. holländische Auktion offenbar als den Normalfall eines Auktionsverfahrens an (angesichts der sehr geringen Verbreitung kann man ohnehin kaum von einer gefestigten Praxis sprechen; bislang ist in Deutschland nur ein Anwendungsfall bekannt geworden, nämlich beim Börsengang der Trius AG, dazu *Schanz*, Börseneinführung, § 10 Rz. 90 (Fn. 162); *Weiler* in Wirtz/Salzer, IPO-Management, S. 85, 97).
84 Darauf weisen auch *Schäcker/Wohlgefahrt/Johannson* in Habersack/Mülbert/Schlitt, Unternehmensfinanzierung am Kapitalmarkt, § 2 Rz. 2.54 hin.
85 *Weiler* in Wirtz/Salzer, IPO-Management, S. 85, 97; *Achleitner*, Handbuch Investment Banking, S. 575 f.
86 *Groß* in Happ/Groß/Möhrle/Vetter, Aktienrecht, 5. Aufl. 2020, Abschnitt 15.02 Rz. 31.1.
87 Dieses sog. *pilot fishing* spielt vor allem bei IPOs eine Rolle, bei denen die Unsicherheit über die Nachfrage und dem im Markt erzielbaren Preis in Ermangelung eines Börsenkurses besonders groß ist; eingehend dazu *Fleischer/Bedkowski*, DB 2009, 2195; im Insiderrecht wird dies auch als Marktsondierung (*market sounding*) bezeichnet und unter bestimmten Voraussetzungen vom insiderrechtlichen Offenlegungsverbot freigestellt, Art. 10, 11 MAR, dazu *Meyer* in Meyer/Veil/Rönnau, Handbuch zum Markt-

Gesellschaften auch der aktuellen Börsenkurse der Aktien der Gesellschaft selbst bestimmt. Die Spanne bewegt sich ca. 10–15 % um einen so ermittelten möglichen Platzierungspreis[88]. Bei Platzierungen von Aktien einer bereits börsennotierten Gesellschaft wird bisweilen auch auf die Angabe einer Preisspanne verzichtet. Während einer **Angebotsphase** von üblicherweise ca. 5–10 Tagen können Anleger ihren Wunsch, Aktien zu beziehen, über ihre Depotbank bei dem Konsortialführer anmelden (*order taking period*)[89]. Dabei kann nicht nur die (Höchst-)Zahl der gewünschten Aktien sondern auch ein bestimmter oder maximaler Erwerbspreis angegeben werden. Der Konsortialführer sammelt diese „Orders" im sog. **Orderbuch** (faktisch geschieht dies elektronisch). Daher bezeichnet man diesen Vorgang als Bookbuilding[90]. Nach Ende der Angebotsphase wertet der Konsortialführer gemeinsam mit der Gesellschaft und/oder abgebenden Altaktionären das Orderbuch aus. Auf dieser Grundlage legen Konsortialführer, Gesellschaft und/oder Altaktionäre im Rahmen der Preisspanne den endgültigen Platzierungspreis fest und dokumentieren dies im **Preisfestsetzungsvertrag**. Dabei liegt die aktienrechtliche Kompetenz zur Festsetzung des Platzierungspreises bei dem Vorstand der Gesellschaft[91], die Emissionsbank(en) haben insoweit eine beratende Funktion. Das Erfordernis ihrer Zustimmung zur Preisfestsetzung ergibt sich daraus, dass sie aufgrund ihrer Marktkenntnis beurteilen müssen, ob das beabsichtigte Volumen an Aktien zu diesem Preis tatsächlich platzierbar ist. Nach erfolgter Preisfestsetzung wird sodann die **Zuteilung** der Aktien an die Investoren vorgenommen, d.h. die Entscheidung, welcher Investor wie viele Aktien zum Platzierungspreis erwirbt (siehe Rz. 8.42 ff.).

8.31 Anders als ein Bezugsangebot im Rahmen des mittelbaren Bezugsrechts nach § 186 Abs. 5 AktG[92] – stellt ein sog. „öffentliches Angebot" im Rahmen einer Platzierung im Bookbuilding-Verfahren keinen bindenden Antrag i.S.v. § 145 BGB dar, der durch die Annahme seitens des Investors zum Vertragsschluss führt. Ein bindender Vertrag über den Erwerb einer bestimmten Zahl von Aktien zum Platzierungspreis kommt vielmehr erst mit der Zuteilung zustande. Daher ist das sog. öffentliche Angebot als Aufforderung an den Investor zur Abgabe eines Antrages (**invitatio ad offerendum**) zu verstehen[93].

---

missbrauchsrecht, § 8 Rz. 87; *Meyer* in Kümpel/Mülbert/Früh/Seyfried, Bankrecht und Kapitalmarktrecht, Rz. 12.307, *Assmann* in Assmann/Uwe H. Schneider/Mülbert, Wertpapierhandelsrecht, Art. 11 VO Nr. 596/2014 Rz. 7; *Singhof*, ZBB/JBB 2017, 193.

88 *Voigt*, Die Bank 1995, 339, 340; ähnlich *Groß*, ZHR 162 (1998), 318, 321; *Achleitner*, Handbuch Investment Banking, S. 570 f.

89 Eine wesentlich kürzere Angebotsphase kennzeichnet das in jüngerer Zeit häufiger auftretende sog. Accelerated Bookbuilding. Es findet vor allem Verwendung bei Privatplatzierungen von Aktien börsennotierter Gesellschaften einschließlich Kapitalerhöhungen von bis zu 10 %. Es erfolgt zumeist aufgrund der individuellen Ansprache von Investoren, die zur Abgabe von Kaufangeboten binnen weniger Stunden aufgefordert werden. Die Zuteilung wird dann meist noch am selben Tag vorgenommen. Diese Form des Bookbuildings eignet sich insbesondere für volatile Märkte, da das Übernahme- und Platzierungsrisiko wegen der kurzen Angebotsfrist gering gehalten wird; dazu auch *Schlitt/Schäfer*, AG 2004, 346.

90 Dazu *Groß*, ZHR 162 (1998), 318 ff.

91 Bei der Kapitalerhöhung aus genehmigtem Kapital ergibt sich dies aus § 204 Abs. 1 Satz 1 AktG; nach § 204 Abs. 1 Satz 2 AktG ist die Zustimmung des Aufsichtsrats erforderlich, dazu *Technau*, AG 1998, 445, 450. Wird die Kapitalerhöhung (ausnahmsweise) unmittelbar von der Hauptversammlung beschlossen (sog. Direktbeschluss) und der „Ausgabebetrag" darin noch nicht festlegt, obliegt die Preisfestsetzung – unter Beachtung des von der Hauptversammlung nach § 186 Abs. 3 AktG festzusetzenden Mindestbetrages – dem Vorstand. Die Hauptversammlung kann auch die Zuständigkeit oder das Erfordernis der Zustimmung des Aufsichtsrats beschließen, vgl. *Hüffer/Koch*, § 182 AktG Rz. 24.

92 *Hüffer/Koch*, § 186 AktG Rz. 51; *Ekkenga* in KölnKomm. AktG, 3. Aufl. 2017, § 186 AktG Rz. 190 ff. Das Bezugsangebot nach § 186 Abs. 5 Satz 2 AktG ist also ein nach § 145 BGB bindender Antrag. Mit Annahme durch die – regelmäßig über die jeweilige Depotbank des Bezugsberechtigten – abzugebende Bezugserklärung kommt ein Kaufvertrag zwischen der betreffenden Emissionsbank und dem Bezugsberechtigten zustande.

93 *Hein*, WM 1996, 1, 4; *Groß*, ZHR 162 (1998), 318, 323 f.; *Pfüller/Maerker*, Die Bank 1999, 670, 671; *Kümpel* in Kümpel/Hammen/Ekkenga, Kapitalmarktrecht, Kennzahl 240 unter I.; *Willamowski*, WM 2001, 653, 655; *Singhof* in MünchKomm. HGB, 4. Aufl. 2019, Bd. 6 Teil 2 Abschnitt L. Emissionsgeschäft, Rz. 84; so

Erst im Kaufangebot des Anlegers liegt der Antrag i.S.v. § 145 BGB, dessen Inhalt sich auf der Grundlage des öffentlichen Angebotes bestimmt. Mit der Zuteilung nimmt die Emissionsbank sodann den Antrag des Investors an. Dabei geht die ganz h.M. davon aus, dass – den Marktgebräuchen entsprechend – der Investor gemäß § 151 Satz 1 BGB auf den Zugang der Annahme verzichtet[94]. Somit kommt durch die Zuteilung der Aktienkaufvertrag mit dem Investor zustande.

Das Bookbuilding erleichtert die **marktnahe Festsetzung** des Emissionspreises anhand der konkreten Nachfrage. Dies vermeidet die dem Festpreisverfahren immanenten Prognose- und Bewertungsrisiken. Es eröffnet zudem Flexibilität, um im Rahmen der gewählten Preisspanne auf Marktentwicklungen zu reagieren und bei der Preisfestsetzung genügend Kurssteigerungspotential zu belassen. So wird üblicherweise angestrebt, zu einem Preis zu platzieren, zu dem ein **Nachfrageüberhang** besteht, der eine gewisse Nachfrage im Zweitmarkt gewährleistet[95]. Somit sollte die Nachfrage für die Platzierungsaktien zu dem Platzierungspreis das angebotene Volumen übersteigen; man spricht dann von einer „überzeichneten" Emission. Dies wird – zumindest bei einem Platzierungspreis in der oberen Hälfte der Bookbuilding-Spanne – gemeinhin als Erfolg bewertet. Zudem ermöglicht das Bookbuildingverfahren bei einem solchen Nachfrageüberhang eine gesteuerte **Investorenauswahl** und so den gewünschten Investorenmix zwischen eher kurzfristig und eher langfristig orientierten Investoren, um sowohl ausreichende Liquidität als auch Preisstabilität im Zweitmarkt zu fördern (siehe Rz. 8.43)[96]. 8.32

Vorübergehend war das Bookbuilding-Verfahren in die **Kritik**[97] geraten. Während des Börsenbooms 1999 und 2000 waren z.T. erhebliche Kurssteigerungen kurz nach Notizaufnahme zu verzeichnen. Angebliche Platzierungen unter Wert sorgten gerade bei sog. Tochter-IPOs zu Verärgerung bei Aktionären der Muttergesellschaft. Diese fürchteten, um ihre wirtschaftlichen Beteiligung am „Tafelsilber" der Muttergesellschaft gebracht zu werden[98]. Später haben sich freilich die aufgetretenen Kursgewinne we- 8.33

---

schon *Canaris*, Bankvertragsrecht, 2. Aufl. 1981, Rz. 2268. Dass es sich „nur" um eine invitatio ad offerendum handelt, muss aus der Formulierung des sog. öffentlichen Verkaufsangebotes deutlich hervorgehen. Eine übliche Formulierung lautet: „Das Angebot, im Rahmen dessen Anleger die Möglichkeit erhalten, Kaufangebote für die Aktien abzugeben, beginnt voraussichtlich am [...] und endet voraussichtlich am [...]. Die Preisspanne, innerhalb derer Kaufangebote abgegeben werden können, beträgt [...] bis [...]. Kaufangebote können während des Angebotszeitraums bei den deutschen Niederlassungen der Konsortialbanken abgegeben werden. [...] Nach Ablauf des Angebotszeitraums wird der Platzierungspreis voraussichtlich am [...] von der Gesellschaft, dem Abgebenden Aktionär und den Konsortialführern mit Hilfe des im Bookbuilding-Verfahren erstellten so genannten Orderbuchs gemeinsam festgelegt. Grundlage dieses Bookbuilding-Verfahrens wird die Preisspanne sein. Der Preisfestsetzung liegen die im vorgenannten Orderbuch gesammelten Kaufangebote zu Grunde, die von Investoren während des Angebotszeitraums abgegeben wurden. [...] Nach Festlegung des Platzierungspreises werden die Angebotsaktien aufgrund der dann vorliegenden Angebote an Anleger zugeteilt. Der Platzierungspreis wird voraussichtlich am [...] im Wege einer Ad-hoc-Mitteilung über ein elektronisch betriebenes Informationssystem und unter der Internetadresse der Gesellschaft sowie frühestens am darauf folgenden Werktag durch Bekanntmachung in der [...]Zeitung veröffentlicht werden. Anleger, die ihr Kaufangebot über eine der Konsortialbanken erteilt haben, können den Platzierungspreis sowie die Anzahl der ihnen jeweils zugeteilten Aktien frühestens an dem auf die Preisfestsetzung folgenden Bankarbeitstag bei der betreffenden Konsortialbank erfragen. Zeichnungsaufträge durch Anleger sind bis zum Ende der Angebotsfrist frei widerruflich. Mehrfachzeichnungen sind zulässig. Die buchmäßige Lieferung der zugeteilten Aktien gegen Zahlung des Platzierungspreises erfolgt voraussichtlich am [...]. Insbesondere für den Fall, dass das Platzierungsvolumen nicht ausreicht, um sämtliche Kaufaufträge zum Platzierungspreis zu bedienen, behalten sich die Konsortialbanken vor, Kaufangebote nicht oder nur teilweise anzunehmen."

94 *Schanz*, Börseneinführung, § 10 Rz. 102 Fn. 185; *Groß*, ZHR 162 (1998), 318, 330; *Willamowski*, WM 2001, 653, 655.
95 *Trapp/Schick*, AG 2001, 381, 389; *Jäger*, NZG 1999, 814, 816.
96 *Weiler* in Wirtz/Salzer, IPO-Management, S. 85, 96.
97 Diese klingt z.B. bei *Lutter*, AG 2001, 349, 351 an.
98 Genannt wurden z.B. die IPOs von Infineon (damals Tochter der Siemens AG), Comdirect (Tochter der Commerzbank AG) sowie T-Online (Tochter der Deutsche Telekom AG).

niger als Ergebnis eines angeblichen Underpricings[99] als einer vorübergehenden Überhitzung des Marktes erwiesen. Die betreffenden Aktien notierten einige Zeit nach dem Börsengang deutlich unter Emissionspreis und haben dessen Niveau auch nicht mehr erreicht[100]. Die vorübergehenden Übertreibungen während der zurückliegenden Boomphase sind daher nicht geeignet, das Bookbuilding als marktnahes Preisfestsetzungsverfahren nachhaltig in Zweifel zu ziehen.

8.34 Dessen ungeachtet kommt bei Börsengängen bisweilen eine Abwandlung des vorstehend beschriebenen „klassischen" Bookbuilding-Verfahrens zum Einsatz, das sog. **entkoppelte Bookbuildingverfahren** (*decoupled bookbuilding*). Dieses Verfahren zeichnet sich dadurch aus, dass Prospektveröffentlichung und Beginn der Vermarktung der angebotenen Aktien durch Investorengespräche im Rahmen der sog. Roadshow vom eigentlichen Bookbuilding entkoppelt werden[101]. Bei dem entkoppelten Bookbuilding-Verfahren wird auf die Angabe einer Preisspanne im Prospekt verzichtet. Diese ist nach Art. 17 Abs. 1 lit. b) ii) ProspektV, Punkt 5.3.1 UAbs. 2 Verordnung 2019/980[102] eigentlich nicht erforderlich, sofern Methode und Kriterien der Preisfindung im Prospekt beschrieben werden. Im Rahmen der Investorengespräche während der Roadshow erhalten die Emissionsbanken von den Investoren, die dann bereits Gelegenheit hatten, den Prospekt auszuwerten, Indikationen, zu welchen Preisen diese ggf. bereit wären, Aktien zu erwerben. Auf dieser Grundlage wird dann die Preisspanne bestimmt. Anschließend beginnt das eigentliche Bookbuilding, dem ein Nachtrag i.S.v. Art. 23 ProspektV vorangeht, der das sog. Verkaufsangebot und die Preisspanne enthält[103]. Dieses Verfahren eignet sich vor allem für Börsengänge von Gesellschaften, bei denen die Festlegung einer Preisspanne bereits im Prospekt (siehe Rz. 8.30) besonderen Unsicherheiten unterliegt. Dies ist insbesondere der Fall, wenn es an börsennotierten Vergleichsunternehmen derselben Branche fehlt oder bei einem besonders volatilen Marktumfeld[104]. Freilich genügt es nach Erwägungsgrund 55 der ProspektV in Bezug auf die Beschreibung von Methode und Kriterien der Preisfindung nicht, das Bookbuildingverfahren zu erläutern. Vielmehr reicht eine Beschreibung des Preisfindungsverfahrens nur dann aus, wenn der Preis so vorbestimmbar wäre wie bei der Angabe eines Höchstpreises. Das ist bei dem Decoupled Bookbuilding in seiner ursprünglichen Form ohne Preisspanne oder Höchstpreis nicht möglich, so dass es nunmehr grundsätzlich nur eingeschränkt, d.h. mit Angabe eines Höchstpreises, angewandt werden kann. Es hat daher in den letzten Jahren, soweit ersichtlich, keine Anwendung mehr gefunden[105].

---

99 Die während der Boomphase auf den Aktienmärkten in den 1990er Jahren angestellten Erwägungen über das angebliche Underpricing-Phänomen (dazu etwa *Kaserer/Kempf*, ZBB 1995, 45; *Papel/Serfling*, AG 1999, 289) erscheinen angesichts der Entwicklungen zu Beginn dieses Jahrtausends im Nachhinein in einem etwas anderen Licht.
100 In anderem Zusammenhang hierzu anschaulich *Busch/Groß*, AG 2000, 503, 504; *Fuchs* in Henze/Hoffmann-Becking, RWS-Forum 20-Gesellschaftsrecht, 2001, S. 259, 261, 281, insbesondere Fn. 5. Die These vom angeblichen Underpricing wird bereits durch einen Vergleich von Bookbuilding-Spanne und Kursen am ersten Handelstag relativiert, vgl. die Auswertung von *Fleischer*, ZHR 165 (2001), 513, 531 Fn. 115 f.
101 Dazu *Bozicevic*, AG 2006, R234.
102 Delegierte Verordnung (EU) 2019/980 v. 14.3.2019 zur Ergänzung der Verordnung (EU) 2017/1129 des Europäischen Parlaments und des Rates hinsichtlich der Aufmachung, des Inhalts, der Prüfung und der Billigung des Prospekts, der beim öffentlichen Angebot von Wertpapieren oder bei deren Zulassung zum Handel an einem geregelten Markt zu veröffentlichen ist, ABl. EU Nr. L 166 v. 21.6.2019, S. 26.
103 Zur Verwaltungspraxis der BaFin in Bezug auf die hierbei erforderlichen Prospektangaben: *Meyer* in Habersack/Mülbert/Schlitt, Unternehmensfinanzierung am Kapitalmarkt, § 36 Rz. 36.75 ff.; *Meyer* in FrankfKomm. WpPG, § 8 WpPG Rz. 55.
104 Dieses Verfahren wurde erstmals beim Börsengang der Conergy AG im März 2005 angewandt, vgl. *Apfelbacher/Metzner*, BKR 2006, 81, 86; instruktiv dazu *Ries* in Grunewald/Schlitt, Einführung in das Kapitalmarktrecht, 4. Aufl. 2020, § 2 III 3b.
105 Zur insoweit restriktiven Aufsichtspraxis vgl. ESMA, Questions and Answers Prospectuses, 30th updated version – April 2019, v. 8.4.2019, ESMA 31-62-780, Antwort auf Frage 55; diese sog. Level 3 Guidance zur Anwendung der durch die ProspektV abgelöste Prospektrichtlinie findet weiterhin Anwendung; ESMA Questions and Answers on the Prospectus Regulation, ESMA/2019/ESMA 31-62-1258,

Bei bereits **börsennotierten Aktien** stellt sich das Problem der Preisbildung ohnehin nicht in derselben Schärfe wie bei Ersteinführungen. Der Börsenkurs gibt hier regelmäßig einen Anhaltspunkt für die aktuelle Bewertung der Aktie durch den Markt. Bei Kapitalerhöhungen unter vereinfachtem Bezugsrechtsausschluss nach § 186 Abs. 3 Satz 4 AktG sind der Preisfestsetzung ohnehin enge Grenzen gesetzt. Der Platzierungspreis sollte hier den Börsenkurs grundsätzlich nicht mehr als um die in der Literatur diskutierte zulässige Toleranzschwelle von 3 % bis maximal 5 % unterschreiten (dazu, auch zur Frage des für die Berechnung des Abschlags relevanten Referenzwertes Rz. 44.89)[106].

8.35

dd) Kombinierte Verfahren

Vereinzelt werden indes Elemente des Auktionsverfahrens in unterschiedlicher Ausprägung angewendet, ohne dass es sich dabei strenggenommen um ein Auktionsverfahren im engeren Sinne handelt.

8.36

aaa) Auktionsverfahren bei Kapitalerhöhungen mit Bezugsrecht

Eine in Deutschland bei den Kapitalerhöhungen der Bayerische Hypo- und Vereinsbank AG und der Deutsche Lufthansa AG[107] im Jahr 2004, der Fresenius AG 2005 und der Deutsche Bank AG 2010 praktizierte Form des Auktionsverfahrens stellt sich bei näherer Betrachtung als **Kombination** von Elementen des **Auktions-**, **Bookbuilding-** und **Festpreisverfahrens** heraus. Dem in traditioneller Form nach dem Festpreisverfahren durchgeführten Bezugsangebot (dazu Rz. 7.27) geht dabei zur Bestimmung des dem Bezugsangebot zu Grunde liegenden festen Bezugspreises eine Art Auktionsprozess unter bestimmten als Konsortialmitglieder in Frage kommenden Banken voraus. Diese werden gegen Ende der Transaktionsvorbereitung von dem Emittenten eingeladen, sich an der Emission auf der Grundlage einer mit Hilfe einer beratenden Bank (auch **Prozessbank**) bereits ausverhandelten Dokumentation zu beteiligen, die sie mit der Einladung erhalten[108]. Sie werden darin aufgefordert, in Form eines bindenden Angebotes mitzuteilen, wie viele Aktien sie zu welchem Preis fest zu übernehmen bereit sind[109]. Dies kann auch gestaffelt nach Preis und Volumen in Form einer sog. Preis- und Volumen-Matrix erfolgen. Die Gebote werden der Preisfestsetzung mit dem Ziel zugrunde gelegt, einen Bezugspreis festzusetzen, zu dem die Durchführung der Emission durch entsprechende Übernahmeverpflichtungen der Konsortialbanken gesichert ist. Den eingeladenen Banken wird u.U. sogar die Beteiligung an der Konsortialführung in Aussicht gestellt, wobei die beratende Bank mitunter das Recht erhält, sich den von eingeladenen Banken gebotenen Konditionen anzuschließen. Die Entscheidung über den Bezugspreis und die Zusammensetzung des Konsortiums erfolgt durch den Emittenten und die beratende Bank nach deren freiem Ermessen. Mithin ähnelt diese Form der Preisermittlung eher dem **Bookbuilding** als einem Auktionsverfahren[110]. Durch die Kombination der Preisermittlung mit der Auswahl der Konsortialbanken wird eine Minimierung des für das Festpreisverfahren typischen Sicherheitsabschlages erreicht. Zugleich wird durch das Einholen fester Übernahmezusagen zum vor-

8.37

Version 10 v. 27.7.2021, Antwort auf Frage 2.1.; zu diesem Thema Zur Problematik *Meyer* in Habersack/Mülbert/Schlitt, Unternehmensfinanzierung am Kapitalmarkt, § 36 Rz. 36.75 ff.; *Meyer* in Kümpel/Mülbert/Früh/Seyfried, Bankrecht und Kapitalmarktrecht, Rz. 15.520.

106 So der Bericht zur Beschlussempfehlung des Rechtsausschusses zum Entwurf des Gesetzes für kleine Aktiengesellschaften und zur Deregulierung des Aktienrechts, BT-Drucks. 12/7848, S. 9; *Hüffer/Koch*, § 186 AktG Rz. 39d m.w.N.; *Lutter* in KölnKomm. AktG, 2. Aufl. 1995, Nachtrag zu § 186 AktG Rz. 15 f.; zur Anwendung der Vorgaben, insbesondere zur Frage des Referenzwertes *Veil* in K. Schmidt/Lutter, § 186 AktG Rz. 42 f.
107 Börsen-Zeitung v. 25.5.2004; FAZ v. 25.5.2004.
108 Kritisch, insbesondere in Bezug auf Börsengänge *Schäcker/Wohlgefahrt/Johannson* in Habersack/Mülbert/Schlitt, Unternehmensfinanzierung am Kapitalmarkt, § 2 Rz. 2.18.
109 Eingehend die Beschreibung bei *Singhof/Schlitt*, Börsen-Zeitung v. 18.6.2004; *Singhof/Schlitt*, IFLR 8/2004, 15 f.
110 *Singhof/Schlitt*, Börsen-Zeitung v. 18.6.2004; *Singhof/Schlitt*, IFLR 8/2004, 15, 16.

geschlagenen Bezugspreis die Durchführung der Kapitalerhöhung ohne Abhängigkeit von der tatsächlichen Bezugsquote sichergestellt, da die Konsortialbanken dann nicht bezogene Aktien zum Bezugspreis übernehmen. Mitunter werden solche auktionsartigen Verfahren mehrmals nacheinander durchgeführt, um bei Annäherung an die Bezugsfrist und damit einhergehender abnehmender Unsicherheit über die Marktverhältnisse den Bezugspreis zu optimieren (sog. *step-up* Verfahren)[111].

bbb) Auktionsverfahren bei Block Trades

8.38 In ähnlicher Form kann ein Auktionsverfahren auch zur Auswahl der Konsortialbanken bei einer **Privatplatzierung** (sog. *block trade*) genutzt werden (dazu siehe Rz. 7.90). Dabei wird in der vorstehend für Bezugsrechtskapitalerhöhungen beschriebenen Weise die Auswahl der die Platzierung durchführenden Emissionsbank von dem auf der Grundlage einer vorgefertigten Dokumentation gebotenen Preis und Volumen abhängig gemacht, das die betreffende Bank bereit ist, **fest zu übernehmen** (*back stop underwriting*). Die feste Übernahme der Platzierungsaktien durch die Banken zu einem Mindestpreis wird oft mit einer Platzierung im Wege des **Accelerated Bookbuilding** kombiniert, wobei die Banken üblicherweise an dem über den Mindestpreis erzielten Mehrerlös beteiligt werden (*upside sharing*)[112].

8.39–8.40 Einstweilen frei.

ee) Bestmögliche Ausführung

8.41 Wertpapierdienstleistungsunternehmen, die Aufträge ihrer Kunden für den Kauf oder Verkauf von Finanzinstrumenten ausführen, müssen nach § 82 Abs. 1 WpHG alle angemessenen Vorkehrungen treffen, um das bestmögliche Ergebnis für ihre Kunden zu erreichen (*best execution*). Insbesondere haben sie zu diesem Zweck **Grundsätze zur Auftragsausführung** (*best execution policy*) nach näherer Maßgabe von § 82 Abs. 2 WpHG festzulegen und die Auftragsausführung gemäß diesen Grundsätzen sicherzustellen. Ob diese auf die einheitliche Behandlung von Kundenaufträgen im Massengeschäft abzielende Regelung auf die individuell vereinbarte Platzierung von größeren Aktienbeständen passt, erscheint fraglich. Bei Einführung der Regelung im Zuge der Umsetzung der MiFID durch das FRUG[113] hatte der deutsche Gesetzgeber sowohl die Platzierung von Finanzinstrumenten mit fester Übernahmeverpflichtung (Emissionsgeschäft, § 2 Abs. 8 Nr. 5 WpHG- sog. *hard underwriting*) als auch die Platzierung von Finanzinstrumenten ohne feste Übernahmeverpflichtung (Platzierungsgeschäft i.S.v. § 2 Abs. 8 Nr. 5 WpHG – sog. *soft underwriting*) vom Anwendungsbereich ausgenommen. Im Zuge der MiFID II-Umsetzung durch das 2. FiMaNoG blieb die Regelung insoweit unverändert[114]. Allerdings interpretieren BaFin und Bundesbank den Begriff des Platzierungsgeschäfts einschränkend dahingehend, dass es nur Veräußerungen von Finanzinstrumenten im fremden Namen für fremde Rechnung im Rahmen einer Emission (also für den Emittenten) beinhaltet[115]. Diese Auslegung lässt sich zwar nicht aus dem Wortlaut des Gesetzes ableiten, lehnt sich aber offenbar an die Regierungsbegründung des FRUG[116] an (mit dem der heutige § 82 WpHG als § 33a WpHG a.F. eingeführt wurde). Diese

---

111 *Schlitt/Schäfer*, CFL 2011, 410, 411; *Herfs* in Habersack/Mülbert/Schlitt, Unternehmensfinanzierung am Kapitalmarkt, § 5 Rz. 5.17.
112 Dazu *Schlitt/Schäfer*, AG 2004, 346, 348; *Holmes/Castellon*, PLC 05/2006, 19, 20.
113 Finanzmarktrichtlinie-Umsetzungsgesetz (FRUG) v. 16.7.2007, BGBl. I 2007, 1330.
114 Dabei wurde offenbar die Verschiebung des Katalogs der Wertpapierdienstleistungen von § 2 Abs. 3 WpHG a.F. in Abs. 8 WpHG n.F. offenbar übersehen.
115 Merkblatt der BaFin und der Deutschen Bundesbank zum Tatbestand des Platzierungsgeschäfts v. 27.12.2007, im Internet abrufbar unter www.bafin.de; kritisch zur Beschränkung auf Geschäfte für den Emittenten *Assmann* in Assmann/Uwe H. Schneider/Mülbert, Wertpapierhandelsrecht, § 2 WpHG Rz. 103, 144.
116 RegE des Gesetzes zur Umsetzung der Richtlinie über Märkte für Finanzinstrumente und der Durchführungsrichtlinie der Kommission (Finanzmarktrichtlinie-Umsetzungsgesetz), BT-Drucks. 16/4028, S. 92.

bezeichnete das Platzierungsgeschäft als Unterfall der Abschlussvermittlung (und nicht etwa des Finanzkommissionsgeschäfts)[117]. Die Regierungsbegründung des 2. FiMaNoG äußert sich dazu nicht[118]. Die (Um-)Platzierung von bereits bestehenden Finanzinstrumenten ohne feste Übernahmeverpflichtung lässt sich aber als Anschaffung oder Veräußerung von Finanzinstrumenten im eigenen Namen für fremde Rechnung ansehen und damit unter § 2 Abs. 8 Nr. 1 WpHG (Finanzkommissionsgeschäft) subsumieren[119]. In Bezug auf diese Art der Wertpapierdienstleistung gilt wiederum § 82 WpHG. Zudem nahm die Wertpapierdienstleistungsrichtlinie (MiFID)[120], auf der § 82 WpHG beruht, weder das Platzierungsgeschäft noch das Emissionsgeschäft ausdrücklich vom Anwendungsbereich des Art. 21 MiFID (Verpflichtung zur kundengünstigsten Ausführung von Aufträgen) aus, zu dessen Umsetzung § 82 WpHG dient[121]. Entsprechendes gilt für die Nachfolgeregelung in Art. 27 MiFID II[122]. Indes sieht § 82 Abs. 4 WpHG in Umsetzung von Art. 27 Abs. 1 Satz 2 MiFID II vor, dass die Pflicht zur Erzielung des bestmöglichen Ergebnisses als erfüllt gilt, wenn das Wertpapierdienstleistungsunternehmen einen Auftrag gemäß einer **ausdrücklichen Kundenweisung** ausführt. Angesichts der ausdrücklichen Regelungen über die Art der Platzierung und den anzuwendenden Preisfindungsmechanismus in den bei Aktienplatzierungen abgeschlossenen Übernahme- bzw. Platzierungsverträgen mag man ohnehin davon ausgehen, dass der Kunde mit Abschluss eines solchen Vertrages bereits eine ausdrückliche Weisung erteilt, die Platzierung nach Maßgabe des Vertrages durchzuführen. Zur Klarstellung dürfte sich aber empfehlen, nicht nur die Platzierung und den Preisfindungsmechanismus in dem Vertrag genau zu beschreiben, sondern dort auch ausdrücklich zu regeln, dass es sich bei der Vereinbarung einer Platzierung nach diesen Vorgaben um eine ausdrückliche Kundenweisung nach § 82 Abs. 4 WpHG handelt. Eine solche klarstellende Klausel hat sich mittlerweile als Marktstandard etabliert.

ff) Zusätzliche Verfahrensvorgaben nach der delegierten Verordnung zu MiFID II

Seit 3.1.2018 gelten in Bezug auf die **Preisermittlung bei Wertpapieremissionen** zusätzlich die Anforderungen nach Art. 39 VO 2017/565. Danach müssen Wertpapierdienstleistungsunternehmen gemäß Art. 39 Abs. 1 VO 2017/565 über Systeme, Kontrollen und Verfahren zur Identifizierung und Verhinderung oder Bewältigung von Interessenkonflikten verfügen, die bei der Festsetzung eines zu niedrigen oder zu hohen Platzierungspreises oder durch die am Preisfestsetzungsverfahren beteiligten Personen entstehen. Dabei muss zumindest gewährleistet sein, dass die Preisgestaltung nicht die Interessen anderer Kunden (etwa Investoren) oder die eigenen Interessen des Wertpapierdienstleistungsunternehmens in einer Weise fördert, die mit den Interessen des Emittenten im Widerspruch stehen könnten. Personen, die für Dienstleistungen an Investorenkunden verantwortlich sind, dürfen an der Beratung

8.41a

---

117 RegE des Gesetzes zur Umsetzung der Richtlinie über Märkte für Finanzinstrumente und der Durchführungsrichtlinie der Kommission (Finanzmarktrichtlinie-Umsetzungsgesetz), BT-Drucks. 16/4028 – dies ergibt sich indes nicht aus der Begründung zu § 2 Abs. 3 WpHG, sondern findet sich in der Begründung zu den Änderungen von § 2 Abs. 8 KWG (S. 116), § 33 KWG (S. 131) und § 64i Abs. 5 KWG (S. 135), die ebenfalls auf das Platzierungsgeschäft abstellen.
118 RegE des Zweiten Gesetzes zur Novellierung von Finanzmarktvorschriften auf Grund europäischer Rechtsakte (Zweites Finanzmarktnovellierungsgesetz – 2. FiMaNoG), BT-Drucks. 18/10936, S. 1.
119 *Baum* in KölnKomm. WpHG, § 2 WpHG Rz. 150; *Assmann* in Assmann/Uwe H. Schneider/Mülbert, Wertpapierhandelsrecht, § 2 WpHG Rz. 98 ff.
120 Richtlinie 2004/39/EG des Europäischen Parlaments und des Rates v. 21.4.2004 über Märkte für Finanzinstrumente, zur Änderung der Richtlinien 85/611/EWG und 93/6/EWG des Rates und der Richtlinie 2000/12/EG des Europäischen Parlaments und des Rates und zur Aufhebung der Richtlinie 93/22/EWG des Rates (MiFID), ABl. EU Nr. L 145 v. 30.4.2004, S. 1.
121 Zwar verwendet die MiFID weitgehend den Begriff „Ausführung von Aufträgen im Namen des Kunden" (so in der Definition in Art. 2 Abs. 1 Nr. 5 MiFID), Art. 21 spricht jedoch nur von „Ausführung von Aufträgen", dürfte mithin sowohl Aufträge erfassen, die im eigenen Namen des Wertpapierdienstleistungsunternehmens ausgeführt werden als auch solche in fremdem Namen.
122 Richtlinie 2014/65/EU des Europäischen Parlaments und des Rates v. 15.5.2014 über Märkte für Finanzinstrumente ABl. EU Nr. L 173 v. 12.6.1932014, S. 349.

des Emittenten über die Preisgestaltung nicht unmittelbar beteiligt sein[123]. Ferner müssen Wertpapierdienstleistungsunternehmen nach Art. 39 Abs. 2 VO 2017/565 den Emittenten und ggf. abgebende Aktionäre über die Grundlage ihrer Empfehlung bezüglich des Angebotspreises und der Zeitplanung der Platzierung informieren. Der Emittent ist zudem über Entwicklungen bezüglich der Preisgestaltung auf dem Laufenden zu halten. Bei dem marktüblichen Bookbuilding-Verfahren dürfte dies bedeuten, den Emittenten (und etwa abgebende Aktionäre) regelmäßig über die Entwicklung des Orderbuchs zu informieren. Dies entspricht ohnehin der Marktpraxis. Ferner müssen mit dem Emittenten etwaige Überlegungen zu Absicherungs- und Stabilisierungsgeschäften und deren Auswirkungen auf seine Interessen besprochen werden.

b) Zuteilung

8.42 Die Zuteilung, also die Entscheidung an welche Investoren wie viele Platzierungsaktien verkauft werden, war zu Zeiten des boomenden Aktienemissionsgeschäfts Ende der 1990er Jahre und während des Jahres 2000 ein umstrittenes Thema. Die rasanten Kursanstiege nach Notierungsaufnahme sorgten für erhebliche sog. Zeichnungsgewinne der Ersterwerber. Bei den z.T. massiv überzeichneten Emissionen[124] kam jedoch nur ein Bruchteil der interessierten Investoren in den Genuss dieser Renditechancen. Dies warf die Frage auf, inwieweit Anleger ein **Recht auf Zuteilung** oder zumindest **faire Behandlung** im Zuteilungsverfahren haben.

aa) Interessenlage

8.43 Nicht nur die Interessen der Anleger, sondern auch die der Gesellschaft und der beteiligten Banken sind im Zusammenhang mit der Zuteilung von Bedeutung. Insbesondere besteht ein Interesse aller beteiligten Parteien an einer nachhaltig positiven Kursentwicklung. Die Auswahl von Investoren im Rahmen der Zuteilung kann sich auf die Kursentwicklung der Aktie der Gesellschaft niederschlagen. Werden Platzierungsaktien vorwiegend von kurzfristig orientierten Anlegern erworben, ist zu befürchten, dass bereits kurz nach erfolgter Platzierung vermehrt Aktien abgestoßen werden, sei es um etwaige „Zeichnungsgewinne" mitzunehmen, sei es – weil diese ausgeblieben sind – um drohende Kursverluste zu vermeiden. In beiden Fällen droht ein Kurseinbruch. Die ausschließliche Zuteilung an langfristig orientierte Investoren birgt dagegen die Gefahr, dass die gewünschte Steigerung des Streubesitzes und der Liquidität der Aktien nicht erreicht wird. Ziel einer sinnvollen Zuteilung ist daher eine Mischung von kurz- und langfristig orientierten Investoren („**Investorenmix**"). Dazu bedarf es einer Einschätzung von deren voraussichtlichem Verhalten. Bei institutionellen Investoren ergibt sich aus deren Geschäftsmodell bereits eine Indikation für das zu erwartende Anlageverhalten. Große, international tätige Investmentfonds, Pensionsfonds und Versicherungsgesellschaften sind eher am Erreichen langfristiger Renditeziele als am Erzielen kurzfristiger Kursgewinne interessiert. Dagegen spekulieren Hedgefonds und sonstige Händler und Broker typischerweise auf kurzfristige Kursgewinne[125]. Erfahrungswerte aus früheren Transaktionen runden die Einschätzung der Investoren ab. Bei Privatanlegern fällt dagegen eine solche Klassifizierung schwer; aufgrund ihrer Vielzahl und der vergleichsweise kleinen Ordergrößen scheidet eine individuelle Einschätzung meist aus. Zudem liegen in der Regel keine ver-

---

123 Die deutsche Sprachfassung ist dergestalt unverständlich als sie „investment client" unzutreffend mit „Wertpapierkunde" statt „Investorenkunde" übersetzt. Denn der Konflikt besteht hier nicht darin, dass anderen Kunden irgendwelche Wertpapierdienstleistungen erbracht werden, sondern dass Investoren bei Wertpapieremissionen auf der Käuferseite stehen und im Gegensatz zum Emittenten an einem möglichst niedrigen Preis interessiert sind.
124 Als Beispiel wird meist das IPO der Infineon Technologies AG im März 2000 genannt, das trotz eines Emissionsvolumens von 12 Mrd. Euro 33-fach überzeichnet war, vgl. *Schuster/Rudolf* in Kümpel/Hammen/Ekkenga, Kapitalmarktrecht, Kennzahl 240 unter A. Fn. 1.
125 Eingehend hierzu *Killat/Bohn* in Wirtz/Salzer, IPO-Management, 2001, S. 271 f.; zu neueren Entwicklungen in den Anlagestrategien von Hedgefonds und den diesbezüglichen aktienrechtlichen Rahmenbedingungen *Arnold*, ZHR 185 (2021), 281.

lässlichen Erfahrungswerte über das jeweilige Anlageverhalten vor. Regelmäßig sind Privatanleger jedoch eher langfristig orientiert[126]. Abgesehen von den vorgenannten eher objektiven Kriterien, spielen auch subjektive Faktoren eine Rolle. Die Gesellschaft möchte u.U. **Geschäftspartner** durch eine Beteiligung stärker an sich zu binden. Ähnliches kann z.B. für die Berücksichtigung von Mitgliedern der eigenen **Unternehmensleitung** und von **Mitarbeitern** gelten. Die Beteiligung von Mitarbeitern an Aktienemissionen des eigenen Unternehmens ist ein bekanntes Mittel der Mitarbeitermotivation, das zugleich die Identifikation des Mitarbeiters mit „seinem" Unternehmen fördert.

bb) Anspruch auf Zuteilung?

Bei der Kapitalerhöhung einer Aktiengesellschaft haben die Aktionäre nach § 186 AktG grundsätzlich ein **Bezugsrecht** zum Erwerb neuer Aktien anteilig zu ihrem bisherigen Aktienbesitz. Damit wird die Zuteilung neuer Aktien aus einer Kapitalerhöhung vorgegeben, sofern nicht das Bezugsrecht nach § 186 Abs. 3 AktG ausgeschlossen wurde oder bezugsberechtigte Aktionäre (oder Erwerber des Bezugsrechts im Rahmen eines Bezugsrechtshandels) ihr Bezugsrecht nicht ausüben. Hinsichtlich der Zuteilung nicht bezogener Aktien ist die Gesellschaft dagegen grundsätzlich frei; sie darf ihre Aktionäre nur nicht ungleich behandeln[127]. Die gleichen Grundsätze gelten bei der Übernahme neuer Aktien durch ein Kreditinstitut im Wege des mittelbaren Bezugsrechts zum Zweck der Durchführung eines Bezugsangebotes (heute der Regelfall bei Bezugsangeboten)[128]. In beiden Fällen besteht nach Ablauf der Bezugsfrist kein weiteres „Bezugsrecht zweiter Hand"[129]. 8.44

Während des IPO-Booms der späten 1990er Jahre war indes ein **Anspruch auf Zuteilung** diskutiert worden, der interessierten Anlegern zustehen soll, die bei einer Platzierung ein Kaufangebot abgeben, auch ohne bezugsberechtigter Aktionär zu sein. Aus dem aktienrechtlichen **Gleichbehandlungsgrundsatz** nach § 53a AktG können Außenstehende solche Ansprüche jedoch nicht herleiten[130]. Gleiches gilt für die entsprechende Pflicht eines Emittenten gegenüber den Inhabern der von ihm emittierten, zum Börsenhandel zugelassenen Wertpapiere nach § 48 WpHG, da die interessierten Anleger gerade nicht zu dem von ihm gleich zu behandelnden Personenkreis gehören. Erwogen wurde aber, einen Anspruch auf Zuteilung auf den zwischen der Gesellschaft und den Emissionsbanken geschlossenen **Übernahmevertrag** als Vertrag zugunsten Dritter i.S.v. § 328 Abs. 1 BGB zu stützen. Dies kann jedoch – anderes als bei der Übernahme von Aktien im Wege des sog. mittelbaren Bezugsrechts nach § 186 Abs. 5 AktG[131] – bei einer bezugsrechtsfreien Emission nicht unterstellt werden. Die aktienrechtliche Verpflichtung nach § 186 Abs. 5 Satz 1 AktG gilt hier nicht. Bei bezugsrechtsfreien Emissionen übernimmt die Emissionsbank die Aktien vielmehr lediglich mit der Maßgabe, sie bei Investoren (ggf. breit gestreut) zu platzieren[132]. Ein Parteiwille, einzelnen Anlegern einen Anspruch auf Zuteilung einräumen zu wollen, kann daher nicht unterstellt werden. Vielmehr wollen sich Gesellschaft und Bank gera- 8.45

---

126 *Killat/Bohn* in Wirtz/Salzer, IPO-Management, 2001, S. 271 f.; *Willamowski*, WM 2001, 653, 659.
127 *Hüffer/Koch*, § 185 AktG Rz. 25; *Schlitt/Schäfer*, Corporate Finance Law 2011, 410, 412; *Apfelbacher/Niggemann* in Hölters, § 186 AktG Rz. 30; *Scholz* in MünchHdb. AG, § 57 Rz. 109 f.; BGH v. 10.7.2018 – II ZR 120/16, BGHZ 219, 215 = AG 2018, 706 = WM 2018, 1550, 1554 = NJW 2018, 2796, 2800, Rz. 44 f.
128 *Hüffer/Koch*, § 186 AktG Rz. 53; *Ekkenga* in KölnKomm. AktG, 3. Aufl. 2017, § 186 AktG Rz. 241.
129 *Wiedemann* in Großkomm. AktG, 4. Aufl. 2006, § 186 AktG Rz. 97; sollen die Aktien dabei aber unterhalb des im Bezugsangebot genannten Bezugspreis veräußert werden, so sind sie den bezugsberechtigten Aktionären erneut anzubieten, dazu im Einzelnen hier Rz. 8.173.
130 *Escher-Weingart*, AG 2000, 164, 166; *Willamowski*, WM 2001, 653, 654; *Pfüller/Maerker*, Die Bank 1999, 670; *Brandner/Bergmann* in FS Peltzer, 2001, S. 17, 19.
131 BGH v. 22.4.1991 – II ZR 231/90, BGHZ 114, 203, 208 = AG 1991, 270; BGH v. 13.4.1992 – II ZR 277/90, BGHZ 118, 83, 96 = AG 1992, 312; *Wiedemann* in Großkomm. AktG, 4. Aufl. 2006, § 186 AktG Rz. 215.
132 Eine Regelung des Zuteilungsverfahrens findet sich im Übernahmevertrag eher selten. Auch diese soll aber einzelnen Anlegern kein individuelles Forderungsrecht einräumen, vgl. *Pfüller/Maerker*, Die Bank 1999, 670, 671; *Lenenbach*, Kapitalmarktrecht, Rz. 7.91.

de die Flexibilität erhalten, auf die konkrete Angebotslage reagieren zu können[133]. Ein Anspruch auf Zuteilung scheitert auch daran, dass sich der Kreis der Berechtigten nicht festlegen ließe[134]. Die Gesellschaft müsste zur Befriedigung eines solchen Anspruches das Emissionsvolumen beliebig anpassen können. Dies wäre weder praktikabel noch gewollt[135]. Auch aus dem sog. **Verkaufsangebot** lässt sich kein Anspruch auf Zuteilung ableiten. Außer bei Bezugsrechtsemissionen ist dieses kein bindendes Angebot, sondern lediglich eine *invitatio ad offerendum* gegenüber den bei einem öffentlichen Angebot weder näher bekannten noch irgendwie bestimmten Anlegern. Auch ein angeblich daraus begründetes vorvertragliches Schuldverhältnis zwischen Bank und Anleger[136] kann keinen Anspruch auf Zuteilung begründen. Sonst würde die Grenze zwischen *invitatio ad offerendum* und echtem Antrag i.S.v. § 145 BGB verwischt. Das Wesen der *invitatio* besteht gerade darin, dass eine korrespondierende Erklärung des Adressaten noch nicht zum Vertragsschluss führt[137]. Pflichten aus einem vorvertraglichen Schuldverhältnis ergeben sich (nur) aus konkret hervorgerufenem Vertrauen. Stellt das Verkaufsangebot klar, dass es „freibleibend" erfolgt, besteht kein schutzwürdiges Vertrauen auf eine Zuteilung[138].

8.46 **Sonderfall: Bezugs- oder Vorerwerbsrecht der Aktionäre der Mutter beim Tochter-IPO?** Besondere Beachtung hat die Frage nach Ansprüchen auf Zuteilung bei sog. Tochter-IPOs gefunden. Gerade börsennotierte Unternehmen haben sich seit dem Ende der 1990er Jahre von einer auf Risikostreuung durch Diversifizierung abzielenden Unternehmensstrategie abgewandt und streben eine Fokussierung auf ihr Kerngeschäft an. Daher wurden in den letzten Jahren immer wieder einzelne Unternehmensbereiche in Tochtergesellschaften eingebracht und an die Börse geführt[139]. Im Hinblick auf dabei während des Börsenbooms der Jahre 1999 und 2000 erzielte „Zeichnungsgewinne" war die Forderung nach

---

133 *Kümpel* in Kümpel/Hammen/Ekkenga, Kapitalmarktrecht, Kennzahl 240 unter I.; *Pfüller/Maerker*, Die Bank 1999, 670, 671.
134 *Canaris*, Bankvertragsrecht, 2. Aufl. 1981, Rz. 2267 f.; *Gottwaldt* in MünchKomm. BGB, 8. Aufl. 2019, § 328 BGB Rz. 24.
135 *Pfüller/Maerker*, Die Bank 1999, 679, 671; *Willamowski*, WM 2001, 653, 655; *Brandner/Bergmann* in FS Peltzer, 2001, S. 17, 19.
136 Zu Recht bereits gegen ein solches vorvertragliches Schuldverhältnis nur aufgrund der vorangehenden *invitatio ad offerendum: Ekkenga/Maas* in Kümpel/Hammen/Ekkenga, Kapitalmarktrecht, Kennzahl 055 Rz. 468.
137 *Bork* in Staudinger, BGB, Neubearbeitung 2020, § 145 BGB Rz. 26; *Armbrüster* in Erman, 16. Aufl. 2020, § 145 BGB Rz. 4; *Busche* in MünchKomm. BGB, 9. Aufl. 2021, § 145 BGB Rz. 10.
138 Dies gilt erst recht, wenn das Verkaufsangebot klarstellt, dass eine Annahme der Kaufangebote insbesondere im Falle der Überzeichnung unterbleiben kann (siehe das Formulierungsbeispiel in der Fußnote zu Rz. 8.31). Dazu auch *Groß*, ZHR 162 (1998), 318, 330; *Willamowski*, WM 2001, 653, 655; *Brandner/Bergmann* in FS Peltzer, 2001, S. 17, 21; *Pfüller/Maerker*, Die Bank 1999, 679, 671; i.E. ebenso *Kümpel* in Kümpel/Hammen/Ekkenga, Kapitalmarktrecht, Kennzahl 240 unter I.; *Escher-Weingart*, AG 2000, 164, 166; i.E. ebenso *Köndgen*, ZBB 2000, 287.
139 Diversifizierte Unternehmen, die nicht eindeutig einer bestimmten Branche zugeordnet werden können, müssen oft mit einem Kursabschlag rechnen, verglichen mit denen, die nur in einem Kerngeschäftsfeld tätig sind. Solche Konglomerate sind aus Investorensicht schwerer einzuschätzen, auch weil sie kaum an Vergleichsunternehmen oder der Entwicklung einer Branche gemessen werden können. Dazu *Fleischer*, ZHR 165 (2001), 513, 517 m.w.N. Beispiele für diese Entwicklung sind Siemens in Bezug auf Epcos und Infineon, die Deutsche Telekom mit T-Online oder die Commerzbank mit Comdirect, aber auch die frühere Veba mit Stinnes oder die Babcock-Borsig AG mit Nordex, Südzucker mit CropEnergies, Metro mit Praktiker sowie Infineon mit Qimonda, als jüngerer Zeit VW/Traton oder Siemens/Siemens Healthineers. In jüngerer Vergangenheit gab es ebenfalls vergleichbare Transaktionen, die aber statt zu einem Börsengang zu einer Veräußerung oder Abspaltung des Tochterunternehmens führten, so etwa Siemens/VDO, Thyssen Krupp/Geschäftsbereich Stainless, Siemens/Osram oder E.On/Uniper sowie – hier in Form der Aufspaltung – Metro/Ceconomy, Siemens/Siemens Energy, Continental/Vitesco sowie die für Ende 2021 geplante Abspaltung Daimler/Daimler Truck Holding AG. Zu Sonderformen des Börsengangs *Maassen/Wilczek/Göhring/Borsche/Thurner/Harrer* in Habersack/Mülbert/Schlitt, Unternehmensfinanzierung am Kapitalmarkt, § 4.

einem **Bezugs- oder Vorerwerbsrecht** der Aktionäre der Muttergesellschaft aufgekommen[140]. Zur Begründung wurde abgestellt auf (i) die Holzmüller-Entscheidung des BGH zur Zustimmungspflicht der Hauptversammlung bei der Veräußerung wesentlicher Unternehmensteile, (ii) eine analoge Anwendung des § 186 AktG und (iii) eine Treuepflicht der Muttergesellschaft gegenüber ihren Aktionären.

Die BGH-Entscheidung in Sachen **Holzmüller** betraf die Einbringung des wertvollsten Teils des Geschäftsbetriebes der Hauptgesellschaft in eine 100%ige Tochtergesellschaft. Nach Auffassung des BGH wurde dabei so nachhaltig in die Mitgliedschaftsrechte und die damit verbundenen Vermögensinteressen der Aktionäre eingegriffen, dass der Vorstand vernünftigerweise nicht annehmen konnte, er dürfte dies ohne Beschluss der Hauptversammlung nach § 119 Abs. 2 AktG entscheiden[141]. Daher soll bei einer Kapitalerhöhung der Tochtergesellschaft, in die dieser wesentliche Unternehmensteil „ausgegliedert" wurde, die Hauptversammlung der Mutter über die Kapitalmaßnahme sowie darüber entscheiden, ob das Bezugsrecht der Muttergesellschaft ausgeschlossen und ob stattdessen ihren Aktionären entsprechend § 186 Abs. 1, 2 und 5 AktG ein Bezugsrecht eingeräumt werden soll[142]. Ein Bezugsrecht der Aktionäre der Mutter bei einer im Rahmen des IPO der Tochter durchgeführten Kapitalerhöhung kommt – unter Zugrundelegung der Holzmüller-Rechtsprechung – aber nur bei einer vergleichbar wesentlichen Beeinträchtigung ihrer Interessen in Betracht. Der Tochtergesellschaft muss also im Gesamtkonzern erhebliches Gewicht zukommen, die Kapitalerhöhung bzw. die Beteiligung Dritter zu einer wesentlichen Strukturänderung bei der Muttergesellschaft führen[143]. In diesem Sinne hat der BGH gut 20 Jahre nach „Holzmüller" in der **Gelatine**-Entscheidung die in der Literatur teilweise zu beobachtende Ausweitung der Holzmüller-Grundsätze zurückgeführt. Danach kommt die (Pflicht zur) Einschaltung der Hauptversammlung nur dann ausnahmsweise in Betracht, wenn eine Maßnahme so tief in die Mitgliedsrechte der Aktionäre eingreift, dass diese Auswirkungen an die Notwendigkeit einer Satzungsänderung heranreichen[144]. Dies wird nicht nur in Bezug auf die Bedeutung der Tochtergesellschaft und deren Geschäft für den Konzern der Mutter, sondern auch für die Höhe der am Kapitalmarkt platzierten Beteiligung zu gelten haben[145]. Diese Voraussetzungen sind nur in Ausnahmefällen gegeben[146]. Auf die in der Literatur angeführten Beispiele, anhand derer ein Bezugsrecht der Ak-

8.47

---

140 Vgl. z.B. *Lutter*, AG 2000, 342 ff. und *Lutter*, AG 2001, 349 ff.
141 BGH v. 25.2.1982 – II ZR 174/80 – Holzmüller, BGHZ 83, 122, 131 = AG 1992, 158.
142 BGH v. 25.2.1982 – II ZR 174/80 – Holzmüller, BGHZ 83, 122, 143 = AG 1992, 158.
143 Eingehend *Fuchs* in Henze/Hoffmann-Becking, RWS-Forum 20 – Gesellschaftsrecht, 2001, S. 259, 266 f.; *Krieger* in MünchHdb. AG, § 70 Rz. 11, 43 ff.; *Simon* in Heckschen/Simon, Umwandlungsrecht, 2003, § 4 Rz. 79 f.; *Lüders/Wulff*, BB 2001, 1209, 1212; ähnlich *Busch/Groß*, AG 2000, 503, 506 f.; ebenso *Schlitt* in Semler/Volhard, ArbeitsHdb. Unternehmensübernahmen, Band 1, § 23 Rz. 140. Nach *Henze* in FS Ulmer, 2003, S. 211 ff. (insbesondere S. 223), soll eine Entscheidungskompetenz der Hauptversammlung der Muttergesellschaft (und ein etwa an diese anknüpfendes Bezugs- oder Vorerwerbsrecht) bei einem Anteil eines zu veräußernden (oder an die Börse zu bringenden) Unternehmensteils von weniger als 50 % an den hier diskutierten Kenngrößen (z.B. Umsatz, Ertrag oder Vermögen) in der Regel nicht in Betracht kommen. Generell die Heranziehung der Holzmüller-Doktrin für ein Bezugsrecht der Aktionäre der Muttergesellschaft ablehnend: *Hüffer/Koch*, § 119 AktG Rz. 24.
144 BGH v. 26.4.2004 – II ZR 155/02 – Gelatine, AG 2004, 384, 387, erläuternd dazu insbesondere *Götze*, NZG 2004, 585, 586 („einer Strukturmaßnahme nahe kommend").
145 So *Bungert*, BB 2004, 1345, 1351; weiter gehend für die Zuständigkeit der Hauptversammlung der Muttergesellschaft bei einer Kapitalerhöhung in der Tochtergesellschaft unter Ausschluss des Bezugsrechts im Rahmen von deren Börsengang, sofern in einer wesentlichen Tochter die Beteiligung der Mutter unter 75 % sinkt, *Kowalewski*, Das Vorerwerbsrecht der Mutteraktionäre bei einem Börsengang einer Tochtergesellschaft, 2008, S. 216, der dabei die Holzmüller- und Gelatine-Doktrin wohl überspannt, da sich allein an diesen Kriterien nicht der satzungsändernde Charakter der Maßnahme für die Muttergesellschaft festmachen lässt.
146 So bereits vor der Gelatine-Entscheidung des BGH: *Fuchs* in Henze/Hoffmann-Becking, RWS-Forum 20 – Gesellschaftsrecht, 2001, S. 259, 271; *Trapp/Schick*, AG 2001, 381, 387 f.; bestätigend BGH v. 26.4.2004 – II ZR 155/02 – Gelatine, AG 2004, 384, 387. Die bloße Überschreitung der im Schrifttum im Zusammenhang mit der Holzmüller-Rechtsprechung genannten, auf unterschiedliche Parameter

tionäre der Muttergesellschaft gefordert wurde, dürfte dies nicht zutreffen[147]. Im Übrigen sah bereits die Holzmüller-Entscheidung lediglich vor, dass – im Falle von Strukturentscheidungen – die Hauptversammlung der Muttergesellschaft bei der Kapitalerhöhung der Tochter ihren Aktionären ein Bezugsrecht *einräumen kann*, aber nicht muss[148]. Für die Abgabe von Aktien der Tochter aus dem Bestand der Mutter gilt das erst recht[149].

8.48 Das bei einer Kapitalerhöhung der Tochter **entsprechend § 186 AktG** geforderte Bezugsrecht der Aktionäre der Mutter scheitert bereits mangels Vorliegen der Voraussetzungen einer Analogie[150]. Es fehlt schon an einer planwidrigen Regelungslücke[151]. Der Gesetzgeber hat in mehreren Änderungen des § 186 AktG nach dem Holzmüller-Urteil eine Erweiterung des Bezugsrechts der Aktionäre nach § 186 AktG nicht vorgenommen[152]. Auch das TransPuG, in dem durch die Flexibilisierung der Bezugsangebote das Bezugsrecht der Aktionäre gestärkt wurde[153], griff diese Überlegungen nicht auf, ebenso wenig wie die diesem nachfolgenden vielen weiteren Änderungen des AktG[154]. Daher kann aus dem Fehlen eines gesetzlichen Bezugsrechts der Aktionäre der Mutter bei der Kapitalerhöhung der Tochter[155] nicht auf eine planwidrige Regelungslücke geschlossen werden[156]. Es fehlt zudem an der Vergleichbarkeit mit dem von § 186 AktG geregelten Sachverhalt[157]. Das Ziel des Bezugsrechts, die Aktionäre vor Verwässerung ihrer Beteiligung (an der Muttergesellschaft) zu schützen[158], ist bei der Abgabe von Aktien

---

(z.B. Bilanzsumme, Umsatz, Mitarbeiterzahl, Ertrag – vgl. *Krieger* in MünchHdb. AG, § 70 Rz. 11) bezogenen Schwellenwerte von 10 % bis 50 % kann danach nicht ausreichen. Ebenso, auch für den Fall des Tochter-IPO: *Götze*, NZG 2004, 585, 588.

147 *Busch/Groß*, AG 2000, 503 ff.; *Habersack*, WM 2001, 545 ff.; *Trapp/Schick*, AG 2001, 381, 387.
148 BGH v. 25.2.1982 – II ZR 174/80 – Holzmüller, BGHZ 83, 122, 143 = AG 1992, 158; dazu *Habersack*, WM 2001, 545, 546; *Trapp/Schick*, AG 2001, 381, 385; vgl. auch *Lutter*, AG 2001, 349, 350.
149 *Habersack*, WM 2001, 545, 546; *Lutter*, AG 2001, 349, 350; für den Fall der Veräußerung bestehender Aktien der Tochter ebenso *Kowalewski*, Das Vorerwerbsrecht der Mutteraktionäre beim Börsengang einer Tochtergesellschaft, 2008, S. 224.
150 Vgl. *Larenz*, Methodenlehre der Rechtswissenschaft, 6. Aufl. 1991, S. 375 ff., sowie zu den Grenzen gesetzesübersteigender Rechtsfortbildung S. 426 ff.; ähnlich *Pawlowski*, Methodenlehre für Juristen, 3. Aufl. 1999, Rz. 472 ff.; an den Voraussetzungen für eine Analogie zweifelt letztlich auch *Lutter*, AG 2000, 342, 344; *Lutter*, AG 2001, 349, 351, wonach ein „Vorrecht" in Anlehnung an § 186 AktG einzuräumen sein soll.
151 Dieses Erfordernis kehrt *Wackerbarth*, AG 2002, 14, 16 (insbesondere Fn. 17) in sein Gegenteil um, indem er bestreitet, der Gesetzgeber habe darauf verzichtet, das Bezugsrecht der Aktionäre der Mutter beim Tochter-IPO in seinen „Plan" aufzunehmen. Gründe dafür, dass eine planwidrige Lücke bestünde, die der Gesetzgeber trotz mehrerer Änderungen des § 186 AktG versehentlich nicht geschlossen hat, benennt *Wackerbarth* nicht. Seine These, dass das Bezugsrecht „unternehmensbezogen" und nicht „gesellschaftsbezogen" sei, also auch – rechtsträgerübergreifend – Kapitalmaßnahmen bei einer 100 %-Tochter erfasst, findet im Gesetz keine Stütze.
152 *Busch/Groß*, AG 2000, 503, 508 Fn. 48; *Kort*, AG 2002, 369, 372.
153 Vgl. BT-Drucks. 14/8769, S. 23.
154 Siehe dazu den Überblick bei *K. Schmidt* in K. Schmidt/Lutter, AktG, Einleitung Rz. 9 ff.
155 *Lüders/Wulff*, BB 2001, 1209, 1212.
156 Ebenso *Trapp/Schick*, AG 2001, 381, 390; a.A. *Kowalewski*, Das Vorerwerbsrecht der Mutteraktionäre beim Börsengang einer Tochtergesellschaft, 2008, S. 324, allerdings ohne Begründung für seine Annahme eines gesetzgeberischen „Plans", das Konzept des Bezugsrechts auf Kapitalmaßnahmen einer Tochtergesellschaft zu erstrecken.
157 *Habersack*, WM 2001, 545, 547 ff.; *Fuchs* in Henze/Hoffmann-Becking, RWS-Forum 20 – Gesellschaftsrecht, 2001, S. 259, 273 m.w.N.
158 Vgl. z.B. *Hüffer/Koch*, § 186 AktG Rz. 2; *Kort*, AG 2002, 369, 372 verweist zudem darauf, dass beim Tochter-IPO nicht nur kein Eingriff in die Gesellschafterstellung vorliegt, vor dem der Aktionär bei einer Kapitalerhöhung durch Einräumung des Bezugsrechts bewahrt werden soll. Vielmehr würde die Einräumung eines solchen Rechts zugunsten der Mutter-Aktionäre das Regelungskonzept des § 186 AktG insofern überspannen, als dies dazu führte, dass dadurch einem Nicht-Aktionär an der betreffenden Tochter (an dieser ist der Mutter-Aktionär gar nicht beteiligt) ein Bezugsrecht eingeräumt würde.

der Tochtergesellschaft im Zusammenhang mit deren Börsengang oder auch bei der Schaffung neuer Aktien an der Tochtergesellschaft im Wege einer Kapitalerhöhung nicht tangiert. Weder das Stimmrecht des Aktionärs der Muttergesellschaft noch sein Anteil am Bilanzgewinn (§ 58 Abs. 4 AktG) oder Überschuss (§ 271 Abs. 1 AktG) aus der Liquidation der Mutter werden beeinträchtigt[159]. Im Gegenteil: typischerweise realisiert die Muttergesellschaft bei der Abgabe von Aktien im Rahmen des IPO der Tochter einen Gewinn. Sie erlangt auch zusätzliche Liquidität, die zuvor in der Beteiligung an der Tochter gebunden war und die sie nunmehr bei der Verfolgung der eigenen unternehmerischen Ziele (z.B. Ausbau ihres Kerngeschäfts) zum eigenen und damit mittelbar auch zum Vorteil ihrer Aktionäre nutzen kann. Ferner wird der Börsengang einer Tochtergesellschaft, insbesondere wenn er mit einer Konzentration der Mutter auf ihr Kerngeschäft einhergeht, vom Kapitalmarkt regelmäßig als für die Muttergesellschaft positiv bewertet[160]. Dabei spielt auch eine Rolle, dass der Börsengang der Tochtergesellschaft neue Finanzquellen erschließt und sie damit die Konzernfinanzierung der Muttergesellschaft weniger oder gar nicht mehr belastet.

Bei der Veräußerung von Aktien aus dem Bestand der Muttergesellschaft wurde ferner versucht, ein Bezugs- bzw. Erwerbsrecht aus einer **Treuepflicht** der Muttergesellschaft und ihrer Organe gegenüber ihren Aktionären abzuleiten[161]. Eine innergesellschaftliche Treuepflicht ist zwar in der Rspr. anerkannt[162]. Sie wurde vor allem anhand von Fällen entwickelt, in denen ein einzelner Aktionär seine Aktionärsrechte missbräuchlich gegen die Interessen der Gesellschaft und der anderen Aktionäre ausübte und so gegen Treuepflichten verstieß. Eine Treuepflicht der Muttergesellschaft gegenüber ihren Aktionären hat aber lediglich den Charakter einer Schutzpflicht und begründet keine zusätzlichen, vom Gesetz nicht vorgesehenen Teilhaberechte[163]. Eine (Treue-)Pflicht des Vorstandes gegenüber den Aktionären, aufgrund derer er von einer im Interesse der Gesellschaft für richtig gehaltenen Zuteilung zugunsten der Aktionäre abweichen müsste, ist ebenfalls abzulehnen[164]. Dies betrifft zunächst den Vorstand der Mutter hinsichtlich der Zuteilung von Aktien aus deren Bestand. Es gilt erst recht – in Bezug auf neue Aktien aus einer Kapitalerhöhung – für den Vorstand der Tochter, der allenfalls einer Treupflicht gegenüber der Mutter als Aktionärin der Tochtergesellschaft unterläge. Freilich ist der Vorstand einer Aktiengesellschaft ausschließlich dem Wohl der Gesellschaft, nicht dem Wohl der Aktionäre verpflichtet. Letzteres ist von ihm allenfalls als Reflex aus dem Gesellschaftsinteresse zu achten; nicht jedoch gegen das Wohl der Gesellschaft selbst und auch nicht gegen dieses abzuwägen. Das Teilnahmerecht der Mutter als Aktionär an einer Kapitalerhöhung der Tochter ist jedoch durch deren Bezugsrecht nach § 186 AktG abschließend geregelt[165].

8.49

Bestünde ein aus einer innergesellschaftlichen Treuepflicht abgeleitetes Bezugs- oder Vorerwerbsrecht der Mutter-Aktionäre, so wäre dieses zudem angesichts der wechselseitigen Treueverpflichtungen zwischen Gesellschaft und Aktionär einer **Abwägung** der in Rede stehenden Interessen zu unterwerfen. Ein Bezugsrecht oder Zuteilungsprivileg liefe wesentlichen wirtschaftlichen Anforderungen für das Gelingen eines Börsenganges zuwider und damit den Interessen von Mutter- und Tochtergesellschaft. Das für eine freie Platzierung verfügbare Volumen wäre nur schwer bestimmbar; der gewünschte In-

8.50

---

159 *Trapp/Schick*, AG 2001, 381, 384; ebenso *Fleischer*, ZHR 165 (2001), 513, 543; *Hüffer/Koch*, § 186 AktG Rz. 5a; ähnlich *Kort*, AG 2002, 369, 371.
160 Dazu auch *Fleischer*, ZHR 165 (2001), 513, 548 m.w.N.
161 *Lutter*, AG 2000, 342, 344.
162 Vgl. bereits RG v. 19.11.1935 – II 200/35, RGZ 149, 305, 311 f.; BGH v. 9.6.1954 – II ZR 70/53, BGHZ 14, 25, 38; BGH v. 1.2.1988 – II ZR 75/87 – Linotype, BGHZ 103, 184, 190 = AG 1988, 135; BGH v. 20.3.1995 – II ZR 205/94 – Girmes, BGHZ 129, 136, 142 = AG 1995, 368.
163 *Hüffer/Koch*, § 186 AktG Rz. 5a; ähnlich *Habersack*, WM 2001, 545, 548; eine solche Treuepflicht der Gesellschaft gegenüber ihrem Aktionär lehnt dagegen *Kort*, AG 2002, 369, 372 generell ab.
164 Dazu *Fleischer*, ZHR 165 (2001), 513, 544; *Fleischer*, WM 2003, 1045, 1046; *Mülbert* in Großkomm. AktG, 4. Aufl. 1999, Vor §§ 118–147 AktG Rz. 194; *Habersack*, WM 2001, 545, 548; *Fuchs* in Henze/Hoffmann-Becking, RWS-Forum 20 – Gesellschaftsrecht, 2001, S. 259, 275; *Kort*, AG 2002, 369, 372; ebenso LG Kassel v. 21.3.2002 – 11 O 4233/01, AG 2002, 414, 416.
165 *Trapp/Schick*, AG 2001, 381, 390; *Busch/Groß*, AG 2000, 503, 508.

vestorenmix kaum erreichbar[166]. Zudem hat sich seit dem Holzmüller-Urteil des BGH das Verständnis der Beteiligung an einer Aktiengesellschaft gewandelt. Aktionäre begreifen ihre Beteiligung zunehmend eher als Form der Kapitalanlage denn als Erwerb einer Mitgliedschaft; ihre Bindung an die Gesellschaft ist oft auf das Interesse an Kursgewinnen und Dividende beschränkt[167]. So war gerade die Diskussion um das angebliche Bezugs- oder Vorerwerbsrecht beim Tochter-IPO weniger verbandsrechtlich geprägt als vor allem vermögensbezogen[168]. Nach dem Einbruch der Börsenkurse in den Jahren 2000–2002 ist sie schnell verstummt und nach deren Erholung nicht wieder aufgekommen. I.E. ist nicht zu erkennen, dass die Interessen der Aktionäre der Mutter, über ihre Beteiligung an dieser hinaus auch unmittelbar an dem IPO der Tochter zu partizipieren, die Interessen der Mutter und Tochter an einem erfolgreichen Börsengang mit positiver Zweitmarktperformance überwiegen. Folglich sind weder der Vorstand der Muttergesellschaft, noch jener der Tochter verpflichtet, zu Gunsten der Aktionäre der Muttergesellschaft die Interessen beider an einem ordnungsgemäßen Ablauf des Börsenganges und einer ausgewogenen Preisfestsetzung und Zuteilung zurückzustellen.

8.51 Im Zusammenhang mit einem etwaigen Bezugs- oder Vorerwerbsrecht der Aktionäre der Muttergesellschaft wurde auch ein **Anspruch auf bevorrechtigte Zuteilung** erwogen. Dieser soll dazu führen, dass der Vorstand der Muttergesellschaft sicherzustellen habe, dass den eigenen Aktionären, die Aktien erwerben wollen, diese mit Sicherheit zugeteilt werden. Der Vorstand der Muttergesellschaft soll dabei gehalten sein, den Vorstand der Tochter dementsprechend anzuweisen[169]. I.E. unterscheidet sich ein solcher Anspruch jedoch nicht wesentlich von einem gegen die Muttergesellschaft gerichteten vorstehend diskutierten Vorerwerbs- oder Bezugsrecht, so dass dieser aus den vorstehend dargestellten Gründen abzulehnen ist. Hinzu kommt, dass – anders als der Geschäftsführer einer GmbH – der Vorstand einer Aktiengesellschaft keinen Weisungen des Aufsichtsrats oder der Gesellschafter unterliegt (siehe Rz. 20.13), es sei denn, es besteht ein Beherrschungsvertrag, der das herrschende Unternehmen gemäß § 308 Abs. 1 Satz 1 AktG zu Weisungen gegenüber dem Vorstand der beherrschten AG berechtigt.

cc) Pflicht zur Gleichbehandlung?

8.52 Im Zusammenhang mit der Zuteilung wird ferner eine Pflicht zur Gleichbehandlung von Investoren diskutiert. Auf den aktienrechtlichen Gleichbehandlungsgrundsatz nach **§ 53a AktG** lässt sich eine solche Pflicht freilich nur im Verhältnis zwischen der Gesellschaft und ihren bestehenden Aktionären stützen (zum Verbot der willkürlichen Ungleichbehandlung von Aktionären siehe Rz. 8.185a). Im Übrigen schützt § 53a AktG nur vor willkürlicher Ungleichbehandlung, d.h. nicht jedoch vor sachlich gerechtfertigter Differenzierung[170]. Daneben wird auf ein mit dem Kaufangebot des Anlegers begründetes **vorvertragliches Schuldverhältnis** zwischen Anleger und Emissionsbank verwiesen[171]. Das Verweigern des Vertragsschlusses bedeutet jedoch nur dann eine Pflichtverletzung, wenn bei der Gegenseite das Vertrauen auf den Vertragsschluss geweckt und dieser sodann ohne triftigen Grund verweigert wird[172]. Ein pauschaler Anspruch auf Gleichbehandlung bei der Zuteilung besteht daher

---

166 *Trapp/Schick*, AG 2001, 381, 389; *Busch/Groß*, AG 2000, 503, 509; *Fuchs* in Henze/Hoffmann-Becking, RWS-Forum 20 – Gesellschaftsrecht, 2001, S. 259, 276 ff.
167 *Henze* in FS Ulmer, 2003, S. 211, 238.
168 Vgl. *Lutter*, AG 2000, 342 ff. Zum gesetzlichen Leitbild des „hybriden" Aktionärs, dessen Interessen sich sowohl aus den Belangen als Verbandsmitglied als auch aus seiner vermögensmäßigen Beteiligung ergeben sowie zu Tendenzen, den Schutz der Mitgliedschaftsrechte bei kleinteiligen Beteiligungen, wie sie vor allem für börsennotierte Aktiengesellschaften prägend sind, vor allem auf Vermögensinteressen zu konzentrieren, vgl. *Mülbert* in FS Ulmer, 2003, S. 433.
169 *Becker/Fett*, WM 2001, 549, 556.
170 *Hüffer/Koch*, § 53a AktG Rz. 8, 10.
171 *Willamowski*, WM 2001, 653, 656; *Pfüller/Maerker*, Die Bank 1999, 670, 671.
172 *Grüneberg* in Palandt, 80. Aufl. 2021, § 311 BGB Rz. 31 f.; *Feldmann* in Staudinger, Neubearbeitung 2018, § 311 BGB Rz. 143; *Dieckmann* in Erman, 16. Aufl. 2020, § 311 BGB Rz. 39a; BGH v. 1.6.1978 – III ZR 44/77, BGHZ 71, 395.

nicht[173]. Vielmehr sind die Emissionsbanken gehalten, die Zuteilung nach sachlichen Kriterien vorzunehmen[174]. Eine Zuteilung, die im Hinblick auf eine positive Entwicklung des Kurses im Zweitmarkt, aber auch auf sonstige Interessen der Gesellschaft Differenzierungen vornimmt, ist also grundsätzlich zulässig[175]. Gleiches gilt etwa in Sanierungsfällen oder bei unsicheren Marktverhältnissen. Hier kann es im Einzelfall zulässig sein, im Interesse der Transaktionssicherheit auch im Fall des (vereinfachten) Bezugsrechtsausschlusses sich vorab die Zeichnung einzelner Investoren zu versichern und diesen dabei einen Zuteilungsvorteil einzuräumen, selbst wenn diese bereits Aktionäre der Gesellschaft sind[176]. Dabei ist jedoch mit Blick auf den Gleichbehandlungsgrundsatz (§ 53a AktG) eine bevorzugte Behandlung einzelner Aktionäre nur mit sachlichem Grund zulässig[177]. Ein solches Abgrenzungskriterium könnte etwa der Umfang der bisherigen Beteiligung sein. So erscheint es nicht zu beanstanden, wenn nur wenige Großaktionäre wegen einer solchen Backstop-Vereinbarung angesprochen werden, sofern sie nicht willkürlich ausgewählt und bei ungefähr gleicher Beteiligung gleich behandelt werden. Dies gilt umso mehr als eine Begrenzung der Investorenansprache auf den zur Erreichung der angestrebten Transaktionssicherheit erforderlich erscheinenden Personenkreis auch insiderrechtlich geboten erscheint (siehe Rz. 8.58)[178].

Emissionsbanken haben sich jedoch (auch bei der Zuteilung) nach § 63 Abs. 1, 2 WpHG um die **Vermeidung von Interessenkonflikten** zu bemühen. Bei der Zuteilung widerstreiten die Interessen der abgebenden Aktionäre, der Gesellschaft sowie der interessierten Anleger[179]. Bei solchen unvermeidbaren Interessenkonflikten sind Kundenaufträge unter der gebotenen Wahrung des Kundeninteresses auszuführen[180]. Zudem sind bei unvermeidbaren Interessenkonflikten nach § 63 Abs. 2 WpHG die allgemeine Art und Herkunft der Interessenkonflikte darzulegen, soweit organisatorische Vorkehrungen nicht ausreichen, um eine Beeinträchtigung von Kundeninteressen zu vermeiden. Dabei ist der Grad der Professionalität des Kunden zu berücksichtigen[181]. Wird Privatkunden der Erwerb von Wertpapieren durch Zeichnung angeboten, so sind diese im Prospekt über das Zuteilungsverfahren, insbesondere

8.53

---

173 *Groß*, ZHR 162 (1998), 318, 330; *Hein*, WM 1996, 1, 4; *Heidelbach* in Schwark/Zimmer, § 38 BörsG Rz. 16.
174 In diesem Sinne auch *Schücking* in MünchHdb. Gesellschaftsrecht, Bd. 1, 5. Aufl. 2019, § 32 Rz. 88.
175 *Groß*, ZHR 162 (1998), 318, 330; *Hein*, WM 1996, 1, 4; *Willamowski*, WM 2001, 653, 656; *Pfüller/Maerker*, Die Bank 1999, 670, 671; *Brandner/Bergmann* in FS Peltzer, 2001, S. 17, 21.
176 *Goette*, ZGR 2012, 505, 517.
177 Vgl. *Schlitt/Schäfer*, Corporate Finance Law 2011, 410, 412; *Apfelbacher/Niggemann* in Hölters, § 186 AktG Rz. 30; *Scholz* in MünchHdb. AG, § 57 Rz. 109 f.; BGH v. 10.7.2018 – II ZR 120/16, BGHZ 219, 215 = AG 2018, 706 = WM 2018, 1550, 1554 = NJW 2018, 2796, 2800, Rz. 44 f.; gegen die Erforderlichkeit eines Ausschreibungsverfahrens vor dem Abschluss einer Backstop-Vereinbarung auch BGH v. 22.9.2020 – II ZR 399/18, AG 2020, 905, 909.
178 Dazu *Meyer* in Kümpel/Mülbert/Früh/Seyfried, Bankrecht und Kapitalmarktrecht, Rz. 15.461; zu den insiderrechtlichen Vorgaben *Meyer* in Meyer/Veil/Rönnau, Handbuch zum Marktmissbrauchsrecht, 2018, § 8 Rz. 36; *Brellochs* in Habersack/Mülbert/Schlitt, Hdb. Kapitalmarktinformation, § 1 Rz. 205.
179 Alle genannten sind „Kunden" des Wertpapierdienstleistungsunternehmens, da die jeweils geschuldete Leistung eine Wertpapierdienstleistung darstellt, vgl. § 2 Abs. 8 Nr. 5 WpHG (Übernahme von Wertpapieren zur Platzierung – Gesellschaft, abgebende Aktionäre); sowie § 2 Abs. 8 Nr. 3 WpHG (Anschaffung von Wertpapieren in fremdem Namen und für fremde Rechnung – Anleger). Letztere sind bereits dann „Kunden" i.S.v. § 63 WpHG, wenn sie lediglich in vorvertraglichem Kontakt zu dem Wertpapierdienstleistungsunternehmen stehen mit dem Ziel des Abschlusses eines Vertrages, vgl. *Koller* in Assmann/Uwe H. Schneider/Mülbert, Wertpapierhandelsrecht, § 63 WpHG Rz. 3; a.A. *Möllers* in KölnKomm. WpHG, § 31 WpHG Rz. 149, nach dessen Auffassung mangels Vorliegen einer Wertpapierdienstleistung § 31 Abs. 1 Nr. 2 WpHG a.F. nicht einschlägig ist.
180 *Kümpel* in Kümpel/Hammen/Ekkenga, Kapitalmarktrecht, Kennzahl 240 unter II.1; die Interessen eines jeden Kunden sollen bestmöglich zu wahren sein (*Koller* in Assmann/Uwe H. Schneider/Mülbert, Wertpapierhandelsrecht, § 63 WpHG Rz. 17 ff.), d.h. die Beeinträchtigung seiner Interessen ist geringstmöglich zu halten; *Möllers* in KölnKomm. WpHG, § 31 WpHG Rz. 155.
181 *Koller* in Assmann/Uwe H. Schneider/Mülbert, § 63 WpHG Rz. 38 ff., 43; *Rothenhöfer* in Schwark/Zimmer, § 63 WpHG Rz. 41 ff., 69.

bei Überzeichnung, zu informieren[182]. Auch wenn im Vorhinein kein festes Zuteilungsverfahren für den Fall der Überzeichnung bestimmt wurde, sind die Kunden (z.B. im Prospekt) darüber aufzuklären, dass im Falle der Überzeichnung deren Aufträge entweder nur teilweise oder gar nicht ausgeführt werden.

8.53a Seit 3.1.2018 sind bei der **Zuteilung zusätzliche organisatorische Anforderungen** nach Art. 40 VO 2017/565 zu beachten. So muss ein Wertpapierdienstleistungsunternehmen dauerhaft wirksame Vorkehrungen einrichten, die verhindern, dass Empfehlungen im Zusammenhang mit Platzierungen (insbesondere bei der Zuteilung) von sachfremden Interessen beeinflusst werden, insbesondere von anderen Kundenbeziehungen (Art. 40 Abs. 1 VO 2017/565). Namentlich sind Interessenkonflikte zu bewältigen, die dadurch entstehen können, dass Personen an Entscheidungen über Zuteilungsempfehlungen[183] für den Emittenten mitwirken, die für Dienstleistungen an Investorenkunden[184] verantwortlich sind (Art. 40 Abs. 2 VO 2017/565). Wertpapierdienstleistungsunternehmen sind zudem nach Art. 40 Abs. 4 VO 2017/565 verpflichtet, Grundsätze für das bei der Zuteilung zu beachtende Verfahren festzulegen und dauerhaft umzusetzen. Diese **Zuteilungsgrundsätze** müssen dem Emittenten vor der Beauftragung des Wertpapierdienstleistungsunternehmens mit Platzierungsdienstleistungen zur Verfügung gestellt werden. Darin sind insbesondere Informationen über die vorgeschlagene Zuteilungsmethodik für die betreffende Platzierung darzulegen, soweit bereits verfügbar.

8.53b Das Wertpapierdienstleistungsunternehmen hat weiterhin gemäß Art. 40 Abs. 5 VO 2017/565 den Emittenten in Diskussionen über das Platzierungsverfahren einzubinden, damit es seine Interessen und Ziele nachvollziehen und berücksichtigen kann. Diese Vorgabe korreliert mit der Verpflichtung nach Art. 38 Abs. 1 VO 2017/565 (siehe Rz. 8.16) vor Abschluss der Vereinbarung über die Durchführung einer Platzierung den Emittenten u.a. über die Zielgruppe der anzusprechenden Anleger zu informieren. Die insoweit herauszuarbeitenden Bedürfnisse und Erwartungen des Emittenten ergänzen die Vorgaben der allgemeinen Zuteilungsgrundsätze des Wertpapierdienstleistungsunternehmens. Auf dieser Grundlage entwickelt das Wertpapierdienstleistungsunternehmen eine **Zuteilungsstrategie** für die betreffende Platzierung, die die geplante Zuteilung zumindest nach der Art der Investoren konkretisiert. Der Emittent muss dieser Zuteilungsstrategie nach Art. 40 Abs. 5 VO 2017/565 zustimmen[185]. Wertpapierdienstleistungsunternehmen sind zudem nach Art. 43 VO 2017/565 verpflichtet, Inhalt und Zeitpunkt von Kunden erhaltener Vorgaben aufzuzeichnen. Gleiches gilt für die konkreten Zuteilungsentscheidungen (einschließlich der entsprechenden Buchungen). Dies dient dazu, die vollständige Nachprüfbarkeit des Zuteilungsprozesses sicherzustellen. Sämtliche Aufzeichnungen der wesentlichen Schritte des Platzierungsverfahrens müssen den zuständigen Aufsichtsbehörden auf Anfrage zur Verfügung gestellt werden[186].

dd) Zuteilungsverfahren

8.54 In der Praxis haben sich anerkannte und marktübliche Zuteilungsmechanismen herausgebildet. Anhaltspunkte bieten dabei weiterhin die von der **Börsensachverständigenkommission** beim Bundes-

---

182 Dies ist im Übrigen auch prospektrechtlich nach Punkt 5.2 Anhang 11 der Verordnung 2019/980 erforderlich.
183 Die deutsche Sprachfassung übersetzt „allocation" sinnentstellend mit „Mittelzuweisung". Gemeint ist „Zuteilung".
184 Die deutsche Sprachfassung verwendet auch hier den Begriff des „Wertpapierkunden" für den in der englischen Sprachfassung verwandten Terminus „investment client". Dies lässt leider den Inhalt der Regelung nicht mehr erkennen und ist sachgerecht mit „Investorenkunde" zu übersetzen.
185 Dazu ESMA, Questions and Answers on MiFID II and MiFIR investor protection topics v. 28.5.2021, ESMA 35-43-349, Antwort auf Frage 2 zu Abschnitte 6 „Underwriting and Placing".
186 Zu den Einzelheiten der Dokumentationspflichten ESMA, Questions and Answers on MiFID II and MiFIR investor protection topics v. 28.5.2021, ESMA 35-43-349, Antwort auf Frage 3 zu Abschnitt 6 „Underwriting and Placing".

ministerium der Finanzen[187] im Jahre 2000 veröffentlichten **Grundsätze für die Zuteilung von Aktienemissionen an Privatanleger**[188]. Die Grundsätze sind eine Verhaltensempfehlung für Emittenten und Wertpapierdienstleistungsunternehmen[189]; ihre Einhaltung wird aber von den Zulassungsstellen der deutschen Wertpapierbörsen (bzw. deren Geschäftsführungen, die nach Abschaffung der Zulassungsstellen durch das FRUG deren Aufgaben übernommen haben[190]) und der BaFin überwacht[191]. Damit sind sie auch als Konkretisierung der Pflichten nach § 63 WpHG zu verstehen, zumal die BaFin bei der Prüfung der Pflichten nach § 63 WpHG auch ihre Einhaltung untersuchen will[192]. Weitere Anhaltspunkte für anerkannte Zuteilungsmethoden finden sich im **CESR-Standard „Stabilisation and Allotment"** vom April 2002. Dieser fasst von den europäischen Wertpapieraufsichtsbehörden grundsätzlich als zulässig erachtete Zuteilungsmethoden zusammen, ohne allerdings rechtlich verbindlich zu sein[193].

Zu den bei größeren Platzierungen üblichen Zuteilungstechniken gehört die **Aufteilung in Tranchen**. Dabei werden die Investoren, denen Aktien zugeteilt werden sollen, nach verschiedenen Kriterien unterschieden. Jeder dieser Investorengruppen wird ein bestimmter Teil des Platzierungsvolumens zugeordnet. In der Regel wird man zunächst institutionelle Investoren und Privatanleger unterscheiden. Daneben kann auch z.B. eine Differenzierung je nach Herkunft des Investors (internationale/nationale/u.U. auch regionale Investoren) erfolgen[194]. Darauf aufbauend erfolgt die Zuteilung an **institutionelle Investoren** in erster Linie nach qualitativen Kriterien wie z.B. Ordergröße, Orderzeitpunkt oder

8.55

---

187 *Singhof/Weber* in Habersack/Mülbert/Schlitt, Unternehmensfinanzierung am Kapitalmarkt, § 3 Rz. 3.83; *Groß* in Happ/Groß/Möhrle/Vetter, Aktienrecht, 5. Aufl. 2020, Abschnitt 15.02 Rz. 30.2. Die seit 1968 bestehende Börsensachverständigenkommission (BSK) berät das Bundesministerium der Finanzen in Fragen der Kapitalmarktpolitik. Der BSK gehören an: Vertreter der Anlegerschutzverbände, Kreditinstitute, Versicherungen, Investmentgesellschaften, Börsen, Industrie, Deutschen Bundesbank, Wissenschaft und des Länderarbeitskreises Börsen. Das Sekretariat der BSK ist bei der Deutsche Börse AG angesiedelt. Weitere Informationen zur BSK unter www.deutsche-boerse.com.
188 Börsensachverständigenkommission beim Bundesministerium der Finanzen, Grundsätze für die Zuteilung von Aktienemissionen an Privatanleger, 2000, im Internet abrufbar auf der Website der BaFin (www.bafin.de); abgedruckt bei *Schuster/Rudolf* in Kümpel/Hammen/Ekkenga, Kapitalmarktrecht, Kennzahl 240; sowie ZBB 2000, 287. Erläuternd dazu *Schuster/Rudolf* in Kümpel/Hammen/Ekkenga, Kapitalmarktrecht, Kennzahl 240.
189 Grundsätze für die Zuteilung von Aktienemissionen an Privatanleger, Art. 16.
190 RegE eines Gesetzes zur Umsetzung der Richtlinie über Märkte für Finanzinstrumente und der Durchführungsrichtlinie der Kommission (Finanzmarktrichtlinie-Umsetzungsgesetz – FRUG), BT-Drucks. 16/4028, S. 87 (Begr. zu § 32 BörsG).
191 Grundsätze für die Zuteilung von Aktienemissionen an Privatanleger, Art. 17.
192 Vgl. Schreiben des BAWe an emissionsbegleitende Banken v. 22.1.2001, abgedruckt in Kümpel/Hammen/Ekkenga, Kapitalmarktrecht, Kennzahl 631/3, sowie *Birnbaum* in Kümpel/Hammen/Ekkenga, Kapitalmarktrecht, Kennzahl 631/1 unter III. f); ebenso *Schuster/Rudolf* in Kümpel/Hammen/Ekkenga, Kapitalmarktrecht, Kennzahl 240 unter IV; vgl. auch AG 2000, R274; im Hinblick auf die Rechtsnatur der Grundsätze kritisch hierzu *Heidelbach* in Schwark/Zimmer, § 38 BörsG Rz. 14.
193 Das frühere Committee of European Securities Regulators (CESR) setzte sich zusammen aus Vertretern der Wertpapieraufsichtsbehörden der Mitgliedsstaaten der Europäischen Union und wurde im Jahre 2001 zur Vereinheitlichung der Kapitalmarktregelungen innerhalb der EU gegründet. Zum 1.1.2011 ist CESR in der Europäische Wertpapier- und Marktaufsichtsbehörde ESMA aufgegangen, vgl. Verordnung (EU) Nr. 1095/2010 des Europäischen Parlaments und des Rates v. 24.11.2010 zur Errichtung einer Europäischen Aufsichtsbehörde (Europäische Wertpapier- und Marktaufsichtsbehörde) ABl. EU Nr. L 331 v. 15.12.2010, S. 84; ESMA führt den CESR-Standard „Stabilisation and Allotment" weiterhin auf seiner Internetseite als Verlautbarung auf, vgl. http://www.esma.europa.eu/documents. Die BaFin hat bislang von einer Umsetzung des Standards, auch im Wege der Auslegung des § 31 WpHG, abgesehen. Seine Einhaltung wird man in Zweifelsfällen jedoch zumindest als Argument für eine interessengerechtes Zuteilungsverfahren heranziehen können.
194 *Willamowski*, WM 2001, 653, 657 f.; dies setzt – den Marktstandards entsprechend – auch der CESR-Standard Stabilisation and Allotment voraus (dort Abschnitt VI.2, 3).

voraussichtliche Haltedauer. Dabei wird man gerade im institutionellen Bereich den Schwerpunkt der Bildung des angestrebten „Investorenmix" setzen, da die institutionellen Investoren in ihrem Anlageverhalten eher einzuschätzen sind als zumeist unbekannte und als einzelne relativ unbedeutende Privatanleger[195]. Die Kriterien der Zuteilung an **Privatanleger** werden daher unabhängig von der Identität des einzelnen Investors festgelegt. Sachliche Kriterien der Investorenauswahl und -berücksichtigung sind in den Grundsätzen der Börsensachverständigenkommission aufgeführt, die die bereits zuvor geltende Marktpraxis widerspiegeln[196].

8.56 Auch die Festlegung von Investorengruppen, die aus bestimmten sachlichen Gründen bevorzugt behandelt werden, ist grundsätzlich zulässig. Zu denken ist dabei zunächst an das bereits angesprochene sog. **Friends & Family-Programm**. Damit bezeichnet man gemeinhin die Zuteilung von Aktien an Investoren, die zuvor von der Gesellschaft bestimmt wurden. Dies können Geschäftspartner wie z.B. Kunden oder Zulieferer, aber auch Mitarbeiter und Führungskräfte der Gesellschaft sein[197]. Dadurch soll die Bindung des betreffenden Investors an die Gesellschaft gestärkt werden[198]. Kritisch werden allerdings Friends & Family-Programme gesehen, wenn sie wortwörtlich genommen werden und auch Verwandte der vorgenannten Personen berücksichtigen. Entscheidend dürfte sein, ob die bevorzugte Berücksichtigung des genannten Personenkreises durch Interessen der Gesellschaft gerechtfertigt ist[199]. Eine bevorzugte Berücksichtigung im Rahmen eines Friends and Family-Programmes sollte ohnehin nur bis zu einem bestimmten Teil der Gesamtplatzierung vorgesehen werden; als Obergrenze werden 10 % des Platzierungsvolumens vorgeschlagen[200]. Daneben ist eine Bevorzugung von **Mitarbeitern** denkbar. Bei einem sog. Tochter-IPO (siehe Rz. 8.43 ff.) kann zudem – ungeachtet des Umstandes, dass ein Bezugsrecht oder Recht auf bevorzugte Berücksichtigung der **Aktionäre der Muttergesellschaft** nicht besteht – diesen freiwillig ein Teil des Platzierungsvolumens reserviert werden, der ihnen bevorzugt zugeteilt wird („Friends & Family-Programm für Mutteraktionäre")[201].

---

195 *Willamowski*, WM 2001, 653, 658.
196 Zur Marktpraxis bereits vor Veröffentlichung der Grundsätze: *Pfüller/Maerker*, Die Bank 1999, 670, 672 f.; Die Grundsätze nennen beispielhaft folgende Zuteilungsverfahren, die auch kombiniert werden können, lassen aber andere sachgerechte Verfahren ebenfalls zu: Losverfahren (identisches Losschema oder nach unterschiedlichen Losgrößen verteilt), Zuteilung nach Ordergröße (Bildung von Anlegergruppen je nach Ordergröße), Quotale Berücksichtigung der Kaufangebote; ggf. Unterscheidung nach einer bestimmten Mindeststückzahl möglich, Berücksichtigung der Kaufangebote nach zeitlicher Reihenfolge des Eingangs.
197 Grundsätze für die Zuteilung von Aktienemissionen an Privatanleger, Begriffsbestimmungen; erläuternd dazu *Schuster/Rudolf* in Kümpel/Hammen/Ekkenga, Kapitalmarktrecht, Kennzahl 240 unter C.II.4; *Schanz*, Börseneinführung, § 10 Rz. 69; das Regelwerk Neuer Markt unterschied in Abschnitt 2 Ziff. 3.10 noch zwischen Friends and Family-Programmen und Mitarbeiterprogrammen; ähnlich *Willamowski*, WM 2001, 653, 662.
198 *Schuster/Rudolf* in Kümpel/Hammen/Ekkenga, Kapitalmarktrecht, Kennzahl 240 unter C.II.4.; *Escher-Weingart*, AG 2000, 164, 170.
199 *Willamowski*, WM 2001, 653, 661 f. oder auch *Escher-Weingart*, AG 2000, 164, 170 („Friends and Family dient im Regelfall nicht etwa dazu, der Oma einen netten Gewinn für den Lebensabend zuzuschustern, sondern es geht um massive Unternehmensinteressen."), großzügiger dagegen *Schanz*, Börseneinführung, § 10 Rz. 69.
200 *Willamowski*, WM 2001, 653, 658; die meisten Friends and Family-Programme dürften bislang unterhalb dieses Anteils geblieben sein, vgl. z.B. *Escher-Weingart*, AG 2000, 164, 166 Fn. 27.
201 Dies erfolgte z.B. bei dem IPO der Nordex AG im Frühjahr 2001 zu Gunsten der Aktionäre der damaligen börsennotierten mittelbaren Muttergesellschaft BDAG Balcke-Dürr AG im Umfang von bis zu 8,8 % oder auch beim IPO der CropEnergies AG im September 2006 zu Gunsten der Aktionäre der Südzucker AG im Umfang von bis zu 30 % des Platzierungsvolumens. Bei Tochter-IPOs der jüngeren Vergangenheit wie jenem der Siemens Healthineers AG (2018) oder der Traton SE (2019) wurde von solchen freiwilligen bevorrechtigten Zuteilungen zugunsten der Aktionäre der Muttergesellschaft indes kein Gebrauch gemacht.

c) Insiderrecht

Bei der Durchführung einer Emission oder Platzierung von Aktien einer börsennotierten Aktiengesellschaft sind die Vorgaben des Insiderrechts (Art. 7 ff. MAR) zu beachten. Nicht erst die Zulassung oder Einbeziehung dieser Aktien zum Handel im regulierten Markt oder einem multilateralen Handelssystem (MTF, z.B. dem Freiverkehr an einer deutschen Wertpapierbörse) oder einem organisierten Handelssystem (OTF) führt zur Anwendung des Insiderrechts, sondern bereits das Stellen eines Antrags auf Zulassung zum Handel im regulierten Markt oder einem MTF, vgl. Art. 2 Abs. 1 Satz 1 MAR[202]. Dabei können nicht nur die im Rahmen der Vorbereitung einer Emission oder Platzierung im Rahmen der **Due Diligence** bzw. Prospekterstellung erlangten Erkenntnisse Insiderinformationen i.S.v. Art. 7 Abs. 1 MAR darstellen. Bereits der Umstand der **Platzierung** selbst ist möglicherweise eine Insiderinformation, sieht doch Art. 7 Abs. 1 lit. d) MAR für Personen, die mit der Ausführung von Aufträgen in Bezug auf Finanzinstrumente beauftragt sind, Informationen, die von einem Kunden mitgeteilt wurden und sich auf dessen noch nicht ausgeführten Aufträge in Bezug auf Finanzinstrumente beziehen, als Insiderinformation an[203]. Die Durchführung einer Due-Diligence-Untersuchung vor Durchführung einer Platzierung von Aktien eines börsennotierten Emittenten dürfte insiderrechtlich jedenfalls solange unproblematisch sein, als sie nur dazu dient, sicherzustellen, dass auf Seiten des Emittenten oder abgebenden Aktionärs gerade keine Insiderinformationen vorliegen, der Markt mithin über alle Umstände mit wesentlichem Preisbeeinflussungspotential informiert ist[204]. Dient die Due Diligence dagegen der Prospekterstellung, so wird vereinzelt erwogen, ob der Abschluss eines Übernahmevertrages durch die Emissionsbanken vor Veröffentlichung eines Prospektes im Hinblick auf das darin enthaltene Verpflichtungsgeschäft zum Erwerb von Aktien gegen das Erwerbsverbot nach Art. 8 Abs. 1, 14 lit. a) MAR verstößt, dies jedoch im Hinblick auf die Treuhänderfunktion der Banken bei der Emission neuer Aktien zu Recht verneint[205]. Ferner handelt es sich bei dem „Erwerb" der Aktien von einer an der Due-Diligence-Untersuchung beteiligten oder diese erst ermöglichenden Partei um ein sog. *face-to-face*-Geschäft, bei dem es gerade an dem für ein verbotenes Insidergeschäft typischen Informationsgefälle zwischen den beiden Parteien fehlt[206].

8.57

Zudem fragt sich, inwieweit eine Emissionsbank die Umplatzierung eines Pakets börsennotierter Aktien an institutionelle Investoren (sog. **Block Trade**) durchführen kann, ohne dass diese ein verbotenes Insidergeschäft darstellt. Denn nach Art. 7 Abs. 1 lit. d) MAR kann bereits der bloße Verkaufsantrag eine Insiderinformation sein. So könnte schon die für die Durchführung der Platzierung zwingend notwendige Ansprache von potentiellen Erwerbern als solche als **Offenlegung von Insiderinformationen** i.S.v. Art. 10 Abs. 1 MAR angesehen werden. Indes wird man zu differenzieren haben: Beauftragt der veräußerungswillige Aktionär eine Emissionsbank mit der Platzierung eines Aktienpakets, ist dies und die nachfolgende Anfrage bei Investoren nach deren Erwerbsinteresse als eine nach Art. 10 Abs. 1 MAR berechtigte Weitergabe anzusehen. Sie sind denknotwendige Voraussetzung für das Zustandekommen einer Umplatzierung im Wege eines *Block Trades* und erfolgt damit im Zuge der normalen Ausübung einer Beschäftigung bzw. der normalen Erfüllung der Aufgaben der mit der Verwaltung der betreffenden Beteiligung betrauten Personen. Diese marktübliche Transaktionsform soll als

8.58

---

202 Dazu *Meyer* in Kümpel/Mülbert/Früh/Seyfried, Bankrecht und Kapitalmarktrecht, Rz. 12.143 ff.
203 Dazu *Krause* in Meyer/Veil/Rönnau, Handbuch zum Marktmissbrauchsrecht, 2018, § 6 Rz. 190 ff.; *Parmentier*, NZG 2007, 407, 409.
204 Damit korrespondieren die Gewährleistungen der Gesellschaft zum Nichtvorliegen wesentlicher nachteilige Änderungen der Lage der Gesellschaft oder der Einhaltung der Ad-hoc-Pflichten ohne aktuelle Selbstbefreiung von der Ad-hoc-Publizität nach Art. 17 Abs. 4 MAR im Falle einer prospektfreien Kapitalerhöhung (Rz. 8.181) sowie der Unkenntnis des abgebenden Aktionärs von Insiderinformationen im Falle der Umplatzierung (Rz. 8.187).
205 *Ekkenga/Maas* in Kümpel/Hammen/Ekkenga, Kapitalmarktrecht, Kennzahl 055 Rz. 304a.
206 Vgl. Erwägungsgrund 23 MAR; zur Rechtslage vor Anwendbarkeit der MAR *Klöhn* in KölnKomm. WpHG, § 14 WpHG Rz. 187, 190; *Ekkenga/Maas* in Kümpel/Hammen/Ekkenga, Kapitalmarktrecht, Kennzahl 055 Rz. 304a.

solche nicht durch die Insiderregelungen verhindert werden[207]; dies zeigt auch die besondere Privilegierung der als Marktsondierung bezeichneten Vorab-Ansprache von Investoren im Vorfeld einer geplanten Platzierung, vgl. Art. 11 MAR. Werden darüber hinaus jedoch unternehmensbezogene Insiderinformation mitgeteilt, die sich z.B. aus einer vorangegangenen Due Diligence-Untersuchung ergeben haben, ist das Bild weniger klar. Ein Paketerwerb nach Durchführung einer Due Diligence-Prüfung ist dann zulässig, wenn beide Parteien über den gleichen Kenntnisstand verfügen und die Insiderinformation somit keinem von ihnen zum Nachteil des anderen zu Gute kommt (sog. *face-to-face*-Geschäft)[208]. Die früher vertretene formale Beschränkung auf Pakete ab 3 % des Grundkapitals (d.h. der Eingangsschwelle für die Stimmrechtsmeldepflicht nach § 33 WpHG) und auf eine kleine Zahl von ernsthaften Erwerbsinteressenten[209], wird zwar nicht mehr vertreten, wohl weil der Zusammenhang mit den Stimmrechtsmeldungen nicht zwingend erscheint. Jedenfalls sollte aber die Weitergabe auf einen möglichst kleinen zur erfolgreichen Durchführung der Transaktion erforderlichen Personenkreis beschränkt bleiben. Dies folgt auch daraus, dass der Europäische Gerichtshof die Ausnahme vom Verbot der Weitergabe von Insiderinformationen nach der Vorläuferregelung des Offenlegungsverbots des Art. 10 MAR in der Insiderrichtlinie[210] eng auslegt und sie auf das im Rahmen einer Arbeit oder eines Berufes oder für die Erfüllung einer Aufgabe (hier: Aktienplatzierung) **Unerlässliche** beschränkt[211]. Fördert eine etwa vor einer geplanten Aktienplatzierung durchgeführte Due-Diligence-Untersuchung nicht öffentlich bekannte Informationen mit Kursbeeinflussungspotential zutage, sollte vor der Ansprache von Investoren grundsätzlich deren Veröffentlichung durch eine entsprechende Ad-hoc-Mitteilung der Gesellschaft abgewartet werden[212]. Davon abzugrenzen ist der Sonderfall des Einstiegs weniger Investoren anstelle einer breiteren Platzierung, etwa in Sanierungsfällen (siehe Rz. 8.185a)[213]. Allgemein dürfte es sich anbieten, einen Block Trade kurz nach der Veröffentlichung aktueller Finanzangaben des Emittenten durchzuführen, da zu diesem Zeitpunkt ein Höchstmaß an Transparenz in Bezug auf dessen Unternehmen besteht[214]. Hält man die Information über den Block Trade als solchen – wie ausgeführt – bereits für eine Insiderinformation, fragt sich zudem, ob die Durchführung der Platzierung selbst als **Geschäft unter Verwendung einer Insiderinformation** i.S.v. Art. 8 Abs. 1, 14 lit. a) MAR gewertet werden kann, auch wenn keine weitergehenden Informationen vorliegen. Allerdings betrifft das Verbot von Geschäften unter Verwendung der Insiderinformation „Auftrag über den Verkauf von Finanzinstrumenten" nicht die Erledigung des Auftrages, sondern von dem Auftrag selbst verschiedene Geschäfte in dessen Kenntnis (sog. Along-

---

207 *Wolf* in Habersack/Mülbert/Schlitt, Unternehmensfinanzierung am Kapitalmarkt, 4. Aufl. 2019, § 7 Rz. 7.40, 7.45 f.; *Schlitt/Schäfer*, AG 2004, 346, 355; ebenso für die Rechtslage in Großbritannien nach Umsetzung der EU-Marktmissbrauchsrichtlinie *Holmes/Castellon*, PLC 05/2006, 19, 22 f. sowie die britische Finanzmarktaufsichtsbehörde (Financial Services Authority – FSA) in Market Watch, Ausgabe 20 vom Mai 2007, S. 3.
208 BaFin, Emittentenleitfaden, 5. Auflage, Modul C, Stand 25.3.2020, Abschnitt I.4.2.5.2.2.3 (S. 61); *Assmann* in Assmann/Uwe H. Schneider/Mülbert, Wertpapierhandelsrecht, Art. 8 VO 596/2014 Rz. 40; so schon grundlegend EuGH v. 10.5.2007 – C-391/04, AG 2007, 542 = EuZW 2007, 572, 573 Tz. 39 (Georgakis).
209 So zum alten Recht vor Anwendbarkeit der MAR Emittentenleitfaden der BaFin, Stand 15.7.2005, unter III.2.2.2.1 (S. 41) („jedenfalls"); *Assmann* in Assmann/Uwe H. Schneider, 6. Aufl. 2012, § 14 WpHG Rz. 168.
210 Art. 3 lit. a) der Richtlinie 89/592/EWG des Rates v. 13.11.1989 zur Koordinierung der Vorschriften betreffend Insider-Geschäfte, ABl. EG Nr. L 334 v. 18.11.1989, S. 30 („Insiderrichtlinie").
211 EuGH v. 22.11.2005 – C-384/02 – Grøngaard & Bang, WM 2006, 612, 615.
212 Ebenso im Ansatz *Wolf* in Habersack/Mülbert/Schlitt, Unternehmensfinanzierung am Kapitalmarkt, § 7 Rz. 7.50.
213 *Schlitt/Schäfer*, AG 2004, 346, 354 f.; ausführlich dazu *Meyer* in Kümpel/Mülbert/Früh/Seyfried, Bankrecht und Kapitalmarktrecht, Rz. 12.143 ff.
214 *Holmes/Castellon*, PLC 05/2006, 19, 20.

side-Geschäfte)²¹⁵. Somit bestehen insoweit gegen die Durchführung der Platzierung keine insiderrechtlichen Bedenken.

Wie schon unter der Vorgängerregelung bestehen gegen die in den letzten Jahren üblich gewordene sog. **Marktsondierungen**, d.h. die Ansprache von Investoren im Vorfeld der Platzierung, um deren generelles Interesse an einer Platzierung zu testen, keine grundlegenden insiderrechtlichen Bedenken. Hier lässt sich bereits bezweifeln, ob die potentielle Platzierung in diesem Stadium überhaupt schon eine Insiderinformation darstellt. Denn einerseits lässt sich aus der vorherigen Ansprache einzelner Investoren nicht schließen, dass die Durchführung der Platzierung bereits hinreichend bzw. überwiegend wahrscheinlich sei. Die Unsicherheit über die Aufnahmefähigkeit der Markts, die den Grund für eine solche Ansprache darstellt, spricht sogar eher dagegen²¹⁶. Selbst wenn man aber vom Vorliegen einer Insiderinformation ausgeht, hat der Verordnungsgeber in der MAR ausdrücklich bestätigt, dass diese Ansprache sogar ein ausgesprochen wertvolles Instrument darstellt, um größere Transaktionssicherheit sicherzustellen. Daher gelten Marktsondierungen als wichtig für das ordnungsgemäße Funktionieren der Finanzmärkte und sollten als solche nicht als Marktmissbrauch untersagt werden²¹⁷. Art. 11 MAR und zwei dazu von der Kommission erlassene Delegierte Verordnungen regeln zudem detaillierte Verfahrensvoraussetzungen, bei deren Einhaltung vermutet wird, dass eine im Zuge einer Marktsondierung erfolgende Offenlegung von Insiderinformationen rechtmäßig war²¹⁸. Diese Vermutung soll einen sicheren, aber nicht abschließenden Rechtsrahmen für die Durchführung der als sinnvoll angesehenen Marktsondierung schaffen. Die Reichweite dieser Vermutung ist freilich unklar. Der Wortlaut der gesetzlichen Vermutung in Art. 11 Abs. 4 MAR spricht dafür, dass bereits die Einhaltung der (formalen) Vorgaben der Art. 11 Abs. 3 und 5 MAR sowie der beiden dazu von der Kommission erlassenen Delegierten Verordnungen genügt, um die Offenlegung von Insiderinformation rechtmäßig zu machen.²¹⁹ Da jedoch keine Anhaltspunkte dafür bestehen, dass der Gesetzgeber seine restriktive Haltung zur Verbreitung von Insiderinformationen aufgegeben hat²²⁰, empfiehlt sich den-

8.58a

---

215 *Assmann* in Assmann/Uwe H. Schneider/Mülbert, Wertpapierhandelsrecht, Art. 8 VO 596/2014 Rz. 43; ebenso im Zusammenhang mit der Frage nach einer Pflicht zur vorherigen Ankündigung eines Block Trades unter britischem Recht (die zutreffend verneint wird) *Holmes/Castellon*, PLC 05/2006, 19, 20.
216 Ebenso *Fleischer/Bedkowski*, DB 2009, 2195, 2198; auf den Einzelfall und die Konkretisierung der bevorstehenden Platzierung abstellend *Schlitt* in Habersack/Mülbert/Schlitt, Hdb. Kapitalmarktinformation, § 14 Rz. 12.
217 Erwägungsgrund 32 MAR.
218 Art. 11 Abs. 4 MAR; zu den die Vermutung eröffnenden Verfahrensregelungen siehe Art. 11 Abs. 3, 5–8 MAR i.V.m. Delegierte Verordnung (EU) 2016/960 der Kommission v. 17.5.2016 zur Ergänzung der Verordnung (EU) Nr. 596/2014 [...] durch technische Regulierungsstandards für angemessene Regelungen, Systeme und Verfahren für offenlegende Marktteilnehmer bei der Durchführung von Marktsondierungen, ABl. EU Nr. L 160 v. 17.6.2016, S. 29 und Durchführungsverordnung (EU) 2016/959 der Kommission v. 17.5.2016 zur Festlegung technischer Durchführungsstandards für Marktsondierungen in Bezug auf die von offenlegenden Marktteilnehmern zu nutzenden Systeme und Mitteilungsmuster und das Format der Aufzeichnungen gemäß Verordnung (EU) Nr. 596/2014 [...], ABl. EU Nr. L 160 v. 17.6.2016, S. 23; dazu eingehend *Singhof*, ZBB 2017, 193; *Meyer* in Meyer/Veil/Rönnau, Handbuch zum Marktmissbrauchsrecht, 2018, § 8 Rz. 97 ff.
219 So *Assmann* in Assmann/Uwe H. Schneider/Mülbert, Wertpapierhandelsrecht, Art. 11 VO Nr. 596/2014 Rz. 7; *Brellochs* in Klöhn, Art. 11 MAR Rz. 16; *Kumpan/Grütze* in Schwark/Zimmer, Art. 11 MAR Rz. 130; *Singhof*, ZBB 2017, 193, 203; *Fuhrmann*, WM 2018, 645, 646; zurückhaltend dagegen *Meyer* in Meyer/Veil/Rönnau, Handbuch zum Marktmissbrauchsrecht, § 8 Rz. 88 f.; BaFin, Emittentenleitfaden, 5. Auflage, Modul C, Stand 25.3.2020, Abschnitt VI (S. 93), die statt eine safe harbour bei Einhaltung der Verfahrensvorgaben „nur" eine legitime Handlung annimmt, für die der Vorbehalt des Art. 9 Abs. 6 MAR gilt.
220 In diesem Sinne etwa ESMA, Final Report „Draft technical standards on the Market Abuse Regulation" v. 28.9.2015, ref. ESMA/2015/1455, Tz. 76 sowie Annex IV – Feedback on the Consultation Paper, Rz. 87; ebenso *Veil*, ZBB 2014, 85; *Poelzig*, NZG 2016, 528; ähnlich *Tissen*, NZG 2015, 1254; **a.A.** *Zetzsche*, NZG 2015, 827; nach eingehender Analyse des Wortlauts wohl auch *Singhof*, ZBB 2017, 193, 201, der dies aber zu recht kritisiert.

noch, die Weitergabe von Insiderinformationen im Rahmen von Marktsondierungen auf das notwendig erscheinende zu begrenzen, sei es in Bezug auf die weiterzugebenden Informationen, sei es in Bezug auf den anzusprechenden Personenkreis[221].

8.58b Halten Marktteilnehmer bei der Durchführung einer Marktsondierung diese Vorgaben des Art. 11 MAR nicht ein, bedeutet dies aber nicht, dass eine dabei erfolgte Offenlegung von Insiderinformationen deswegen unrechtmäßig wäre[222]. In diesem Fall ist jedoch auf die Einhaltung der allgemeinen Regeln zu achten, insbesondere das von Rechtsprechung entwickelte Gebot der „Unerlässlichkeit" der Offenlegung von Insiderinformationen (siehe Rz. 8.58). Diese dürfte freilich gegeben sein, wenn der abgabewillige Aktionär, der eine Kapitalerhöhung planende Emittent oder auch die begleitende Bank die Offenlegung von Insiderinformationen als erforderlich ansehen, um die Transaktion mit der nötigen Sicherheit durchführen zu können. Dabei dürfen die Anforderungen an die Voraussetzungen der „Unerlässlichkeit" nicht zu eng gezogen werden. Denn es ist keinem der Beteiligten zuzumuten, ein Fehlschlagen der Transaktion zu riskieren und daraus resultierende etwaige Kursverwerfungen im Markt in Kauf zu nehmen[223]. Allerdings sollten **Vorkehrungen gegen die Gefahr von Insidergeschäften** getroffen werden. Es empfiehlt sich insoweit auch dann eine Orientierung an den Regelungen des Art. 11 MAR und den dazu erlassenen Delegierten Verordnungen, wenn diese nicht strikt befolgt werden, um in den Genuss der Rechtmäßigkeitsvermutung des Art. 11 Abs. 4 MAR zu kommen. Dazu gehört insbesondere der Hinweis auf die mögliche Insiderrelevanz der potenziellen Transaktion und eine Belehrung der angesprochenen Investoren über die insiderrechtlichen Verhaltenspflichten, bevor die Identität des Emittenten und der Einzelheiten der Transaktion mitgeteilt werden. Die Identität des Emittenten und die Einzelheiten der Transaktion werden den so angesprochenen Investoren nur dann offengelegt, wenn sie sich mit diesen Vorgaben einverstanden erklären[224]. Dies wird entweder in einer entsprechenden Vertraulichkeitsvereinbarung oder – mit Blick auf die regelmäßig gegebene Eilbedürftigkeit – mündlich (oft im Rahmen eines mit Einverständnis des Gesprächspartners aufgezeichneten Telefonats) mit einer nachfolgenden bestätigenden E-Mail-Nachricht dokumentiert[225].

8.59 Eine geplante Aktienplatzierung kann auch die Pflicht des betreffenden Emittenten zur Veröffentlichung einer sog. **Ad-hoc-Mitteilung** nach Art. 17 MAR auslösen. Freilich gilt es hier zu differenzieren. So muss ein Emittent nur solche Insiderinformationen veröffentlichen, die ihn unmittelbar betreffen[226]. Bei einer reinen **Umplatzierung** von Aktien – sollte der Emittent davon Kenntnis erlangen oder gar an ihr mitwirken – ist dies daher gerade nicht der Fall. Sie dürfte ihn vielmehr nur ausnahmsweise unmittelbar betreffen, z.B. wenn mit ihr ersichtlich strategische Zielsetzungen verfolgt werden, die Einfluss auf seine künftige Entwicklung haben[227]. Anders liegt es bei einer Aktienplatzierung, die

---

221 Im Ergebnis ähnlich nach detaillierter Analyse der Regelungssystematik *Singhof*, ZBB 2017, 193, 202; ebenso unter Verweis auf die „effet utile" Doktrin des EuGH ESMA, MAR Review report v. 23.9.2020, ESMA 70-156-2391, Rz. 255, 262, 289 ff.
222 So ausdrücklich Erwägungsgrund Nr. 35 Satz 4 MAR; ebenso BaFin, Emittentenleitfaden, 5. Auflage, Modul C, Stand 25.3.2020, Abschnitt VI.4 (S. 94); fragwürdig dagegen ESMA, MAR Review Report v. 23.9.2020, ESMA 70-156-2391, Rz. 255, 262, 289 ff., die in den unter Art. 11 MAR erlassenen Verfahrensregelungen strikt zu beachtende Verhalts- und Organisationspflichten versteht; kritisch dazu *Meyer* in Kümpel/Mülbert/Früh/Seyfried, Bankrecht und Kapitalmarktrecht, Rz. 12.316b.
223 Ähnlich *Fleischer/Bedkowski*, DB 2009, 2195, 2199.
224 *Fleischer/Bedkowski*, DB 2009, 2195, 2199.
225 Dazu *Meyer* in Kümpel/Mülbert/Früh/Seyfried, Bankrecht und Kapitalmarktrecht, Rz. 12.313 ff.; Rz. 15.609; *Wolf* in Habersack/Mülbert/Schlitt, Unternehmensfinanzierung am Kapitalmarkt, § 7 Rz. 7.41.
226 *Veil/Brüggemeier* in Meyer/Veil/Rönnau, Handbuch zum Marktmissbrauchsrecht, § 10 Rz. 49; *Assmann* in Assmann/Uwe H. Schneider/Mülbert, Wertpapierhandelsrecht, Art. 17 VO Nr. 596/2014 Rz. 28; *Klöhn* in Klöhn, Art. 17 MAR Rz. 86; BaFin, Emittentenleitfaden, 5. Auflage, Modul C, Stand 25.3.2020, Abschnitt I.3.2.2.2 (S. 33), *Klöhn*, AG 2016, 423, 429; *Götze/Carl*, Der Konzern 2016, 529, insbesondere zu Konzernsachverhalten.
227 BaFin, Emittentenleitfaden, 5. Auflage, Modul C, Stand 25.3.2020, Abschnitt I.3.2.2.2 (S. 33); *Parmentier*, NZG 2007, 407, 413.

mit einer **Kapitalmaßnahme** einhergeht, da Letztere sich auf die Kapitalstruktur des Emittenten unmittelbar auswirkt[228]. Künftige Umstände (wie etwa eine in Planung befindliche Kapitalerhöhung) werden nach Art. 7 Abs. 2 Satz 1 MAR zu einer die Ad-hoc-Pflicht auslösenden Insiderinformation, wenn ihr Eintritt vernünftigerweise erwartet werden kann. Nach der Verwaltungspraxis der BaFin und der Rechtsprechung des BGH bedeutet eine Eintrittswahrscheinlichkeit von mehr als 50 %. Der Eintritt des zukünftigen Ereignisses muss also wahrscheinlicher sein als dessen Nichteintritt (sog. „eher als nicht" Formel)[229]. Weder der Beginn der Vorbereitung einer Aktienplatzierung noch die Beauftragung von Beratern wurden insoweit bislang als ausreichend für das Entstehen der Ad-hoc-Pflicht angesehen, behalten sich doch Emittent und Bank typischerweise die Entscheidung über die Durchführung der Platzierung bis zum Abschluss der Vorbereitungsarbeiten vor[230]. Eine hinreichende Wahrscheinlichkeit wurde jedoch angenommen, wenn eine verfestigte Übernahmeverpflichtung der Banken eingetreten ist, z.B. durch Unterzeichnung des Übernahmevertrages (ungeachtet der diversen aufschiebenden Bedingungen, unter denen die tatsächliche Übernahme nach diesem Vertrag typischerweise steht, siehe Rz. 8.166)[231]. Das gleiche gilt jedenfalls, wenn der Vorstand die Durchführung einer Kapitalerhöhung beschlossen hat[232], ggf. auch schon bei einem Grundsatzbeschluss[233]. Einer etwa nach § 204 Abs. 1 Satz 2 AktG erforderlichen Zustimmung des Aufsichtsrats kann grundsätzlich durch Aufschub der Veröffentlichung im Wege der Selbstbefreiung nach Art. 17 Abs. 4 MAR Rechnung getragen werden; auch nach Auffassung der ESMA kann dies unter bestimmten Voraussetzungen weiterhin im berechtigten Interesse sowohl des Emittenten liegen. Allerdings hat die ESMA die Voraussetzungen für eine solche Selbstbefreiung verschärft. Diese ist nur noch möglich, wenn die unverzügliche Offenlegung der Vorstandsentscheidung vor Zustimmung des Aufsichtsrats die korrekte Bewertung der Informationen durch das Publikum gefährdet und der Emittent dafür sorgt, dass der Aufsichtsrat seine Entscheidung so schnell wie möglich trifft[234].

Zudem sind seit dem EuGH-Urteil i.S. **Geltl/Daimler** bei sog. mehrstufigen Entscheidungsprozessen verschärfte Anforderungen zu beachten[235]. Zu solchen Prozessen gehören insbesondere auch Kapitalerhöhungen oder M&A-Transaktionen, da sie über einen längeren Zeitraum vorbereitet werden und ihre Realisierung typischerweise von mehreren Entscheidungen über den weiteren Fortgang des Projekts abhängen (siehe auch Rz. 14.15). Nach Auffassung des EuGH ist nicht mehr nur auf jeder Stufe zu prüfen, ob der Eintritt des stufenweise angestrebten Endereignisses nunmehr hinreichend wahrscheinlich geworden ist. Vielmehr ist jeder Zwischenschritt dahingehen zu beurteilen, ob er für sich genommen bereits eine Insiderinformation darstellt, also geeignet ist, im Falle seines öffentlichen Bekanntwerdens den Börsenkurs der Aktie des Emittenten Insiderpapiere erheblich zu beeinflussen. Dies ist unter Berücksichtigung der Umstände des Einzelfalls fortlaufend zu prüfen[236] (dazu im Einzelnen Rz. 15.25 ff.).

8.59a

---

228 BaFin, Emittentenleitfaden, 5. Auflage, Modul C, Stand 25.3.2020, Abschnitt I.2.1.5.4 (S. 17); *Parmentier*, NZG 2007, 407, 409.
229 BGH v. 23.4.2013 – II ZB 7/09, WM 2013, 1171, 1176 = AG 2013, 518; BaFin, Emittentenleitfaden, 5. Auflage, Modul C, Stand 25.3.2020, Abschnitt I.2.1.2 (S. 10).
230 *Frowein/Berger* in Habersack/Mülbert/Schlitt, Hdb. Kapitalmarktinformation, § 10 Rz. 35; *Parmentier*, NZG 2007, 407, 411; ähnlich im Zusammenhang mit M&A-Transaktionen" BaFin, Emittentenleitfaden, 5. Auflage, Modul C, Stand 25.3.2020, Abschnitt I.2.1.5.6 (S. 18).
231 *Weiand/Schlitt/Behrends* in GS Bosch 2006, S. 239, 243; *Parmentier*, NZG 2007, 407, 411.
232 *Klöhn* in Klöhn, Art. 7 MAR Rz. 393, 396; *Schlitt/Schäfer*, AG 2005, 67, 74.
233 *Veil/Brüggemeier* in Meyer/Veil/Rönnau, Handbuch zum Marktmissbrauchsrecht, § 10 Rz. 82 ff.
234 ESMA, MAR-Leitlinien – Aufschub der Offenlegung von Insiderinformationen v. 20.10.2016, ESMA/2016/1478, Tz. 8 lit. c).
235 EuGH v. 28.6.2012 – C-19/11 – Geltl/Daimler, WM 2012, 1807 = AG 2012, 555; siehe auch BGH v. 23.4.2013 – II ZB 7/09 – Geltl/Daimler, AG 2013, 518.
236 Zur differenzierten Anwendung der Theorie der Zwischenschritte unter Berücksichtigung des Tatbestandsmerkmals „für sich genommen" BaFin, Emittentenleitfaden, 5. Auflage, Modul C, Stand 25.3.2020, Abschnitt I.2.1.4.3 (S. 13 f.); dazu *Meyer* in Kümpel/Mülbert/Früh/Seyfried, Bankrecht und Kapitalmarktrecht, Rz. 12.174 ff. m.w.N.

d) Meldung von Stimmrechten

8.60 Wer die Schwellen von 3 %, 5 %, 10 %, 15 %, 20 %, 25 %, 30 %, 50 % oder 75 % der Stimmrechte an einer Gesellschaft, deren Aktien zum Handel an einem organisierten Markt zugelassen sind[237], erreicht, über- oder unterschreitet, muss dies nach § 33 Abs. 1 Satz 1 WpHG der Gesellschaft und der BaFin melden. Die Gesellschaft hat ihr zugegangene Meldungen gemäß § 40 Abs. 1 Satz 1 WpHG zu veröffentlichen. Ebenso mitzuteilen sind nach § 33 Abs. 2 WpHG Stimmrechte, die zum Zeitpunkt der erstmaligen Zulassung von Aktien der Gesellschaft zum Börsenhandel gehalten werden, wenn der Bestand des Meldepflichtigen die vorgenannten Schwellenwerte erreicht oder überschreitet. Bei einer deutschen Aktiengesellschaft folgt das Stimmrecht der Mitgliedschaft, da Stimmrechte nicht vom Mitgliedschaftsrecht gelöst werden können (sog. Abspaltungsverbot)[238]. Bis zur Umsetzung der TransparenzRL-ÄnderungsRL zum 26.11.2015[239] kam es daher für die Stimmrechtsanteile, aus denen sich die **Meldepflicht** nach § 33 Abs. 1 Satz 1 WpHG ergibt, auf das Eigentum an stimmberechtigten Aktien der Gesellschaft an[240]. Nunmehr fingiert jedoch § 33 Abs. 3 WpHG, dass für die Zwecke der Stimmrechtsmeldepflichten bereits das Bestehen eines auf die Übertragung von Aktien (gemeint: des Eigentums an den Aktien) gerichteten unbedingten und ohne zeitliche Verzögerung zu erfüllenden Anspruchs oder einer entsprechenden Verpflichtung als „Gehören" gilt[241]. Maßgeblich für das Entstehen der Meldepflicht ist also nicht mehr das Verfügungsgeschäft, sondern schon das Verpflichtungsgeschäft. Als Erfüllung „ohne zeitliche Verzögerung" gilt dabei eine Abwicklung des Geschäfts innerhalb der üblicherweise im jeweiligen Markt akzeptierten Fristen[242]. Darunter ist bei Wertpapieren, die an einem Handelsplatz im Sinne der MiFID II[243] gehandelt werden, nach Maßgabe von Art. 5 Abs. 2 Verordnung 2014/909 eine Ausführung am zweiten Geschäftstag nach dem betreffenden Geschäftsabschluss (T+2) zu verstehen[244].

8.60a Des Weiteren können nach § 38 Abs. 1 WpHG auch bestimmte **auf bereits ausgegebene stimmberechtigte Aktien** an einer börsennotierten Gesellschaft **bezogene Instrumente** Stimmrechtsmeldepflichten nach § 33 Abs. 1 und 2 WpHG auslösen. Dies betrifft zum einen Instrumente, die dem Inhaber das

---

237 Genauer: an einem Emittenten, für den die Bundesrepublik Deutschland der Herkunftsstaat ist; Entsprechendes gilt für Emittenten, deren Herkunftsstaat ein anderer EWR-Staat ist, vgl. Art. 9 Richtlinie 2004/109/EG des Europäischen Parlaments und des Rates v. 15.12.2004 zur Harmonisierung der Transparenzanforderungen in Bezug auf Informationen über Emittenten, deren Wertpapiere zum Handel auf einem geregelten Markt zugelassen sind, und zur Änderung der Richtlinie 2001/34/EG, ABl. EU Nr. L 390 v. 31.12.2004, S. 38 (EU-TransparenzRL), geändert durch Richtlinie 2013/50/EU des Europäischen Parlaments und des Rates v. 22.10.2013 zur Änderung der Richtlinie 2004/109/EG des Europäischen Parlaments und des Rates zur Harmonisierung der Transparenzanforderungen in Bezug auf Informationen über Emittenten, deren Wertpapiere zum Handel auf einem geregelten Markt zugelassen sind [...], ABl. EU Nr. L 294 v. 6.11.2013, S. 13 (EU-TransparenzRL-ÄnderungsRL).
238 *Hüffer/Koch*, § 8 AktG Rz. 26; RG v. 31.3.1931 – II 222/30, RGZ 132, 149, 159; BGH v. 17.11.1986 – II ZR 96/86, NJW 1987, 780.
239 Gesetz zur Umsetzung der Transparenzrichtlinie-Änderungsrichtlinie v. 20.11.2015, BGBl. I 2015, 2029.
240 Früher allg. M.: *Opitz* in Schäfer/Hamann, Kapitalmarktgesetze, § 21 WpHG Rz. 20; *Uwe H. Schneider* in Assmann/Uwe H. Schneider, WpHG, 6. Aufl. 2012, § 21 WpHG Rz. 73; *Schwark* in Schwark/Zimmer, 4. Aufl. 2010, § 21 WpHG a.F. Rz. 17; *Hirte* in KölnKomm. WpHG, 2. Aufl. 2014, § 21 Rz. 107.
241 BaFin, Emittentenleitfaden, Modul B, Stand 30.10.2018, Abschnitt I.2.3.3.2 (S. 12).; ausführlich dazu *Brellochs*, AG 2016, 157, 160.
242 BaFin, Emittentenleitfaden, Modul B, Stand 30.10.2018, Abschnitt I.2.3.3.2 (S. 12).
243 Art. 2 Abs. 1 Nr. 42 Richtlinie 2014/909 verweist insoweit auf Art. 4 Abs. 1 Nr. 24 der Richtlinie 2014/65/EU (MiFID II). Danach umfasst der Begriff „Handelsplatz" einen geregelten Markt, ein multilaterales Handelssystem (MTF) oder ein organisiertes Handelssystem (OTF), dazu *Seiffert/Lembke* in Kümpel/Mülbert/Früh/Seyfried, Bankrecht und Kapitalmarktrecht, Rz. 14.215 ff.
244 Begründung RegE Transparenzrichtlinie-Änderungsrichtlinie-Umsetzungsgesetz BT-Drucks. 18/5010, S.1, 44; *Uwe H. Schneider* in Assmann/Uwe H. Schneider/Mülbert, Wertpapierhandelsrecht, § 33 WpHG Rz. 75.

Recht verleihen, solche Aktien zu erwerben. Zum anderen werden auch Instrumente erfasst, die sich auf solche Aktien beziehen und eine vergleichbare wirtschaftliche Wirkung haben wie die ein Erwerbsrecht vermittelnden Instrumente, unabhängig davon, ob sie einen Anspruch auf Lieferung einräumen oder nicht. Insoweit sind die Stimmrechte aus den Aktien, die diesen Instrumenten zugrunde liegen, bei der Berechnung des Stimmrechtsanteils des Inhabers der Instrumente zu berücksichtigen. Bei den Instrumenten, die ein Recht auf **physische Lieferung** (Erwerbsrecht) vermitteln, ist die Zahl der maßgeblichen Stimmrechte anhand der vollen nominalen Anzahl der zugrunde liegenden Aktien zu berechnen. Bei Instrumenten, die bei auf **reinen Barausgleich** gerichtet sind, muss dagegen die sog. Delta-angepasste Berechnungsweise angewandt werden[245]. Hierbei gelten die Meldeschwellen nach § 33 Abs. 1 WpHG mit Ausnahme der Eingangsschwelle von 3 %. Bei verschiedenen Instrumenten, die sich auf Aktien desselben Emittenten beziehen, sind die Stimmrechtsbestände zusammenzurechnen; Veräußerungspositionen dürfen dabei aber nicht verrechnet werden, § 38 Abs. 4 WpHG. Instrumente, die innerhalb des für Börsengeschäfte üblichen Abrechnungszyklus von zwei Handelstagen[246] abgewickelt werden, lösen keine Meldepflicht nach § 38 WpHG aus[247].

Ergänzend gilt nach § 39 Abs. 1 WpHG eine weitere Meldepflicht, wenn die Stimmrechtsbestände nach § 33 Abs. 1 WpHG sowie diejenigen aus Instrumenten nach § 38 WpHG **zusammengerechnet** zu einer Schwellenberührung führen. 8.60b

Die Mitteilungspflichten nach §§ 33, 38 und 39 WpHG gelten gemäß § 33 Abs. 2 WpHG entsprechend zum **Zeitpunkt der erstmaligen Zulassung** von Aktien der Gesellschaft zum Börsenhandel im regulierten Markt, wenn der Bestand des Meldepflichtigen zu diesem Zeitpunkt die vorgenannten Schwellenwerte erreicht oder überschreitet. 8.60c

Schließlich ist darauf hinzuweisen, dass in Fällen, in denen der Anteil nach §§ 33 und 34 WpHG gehaltenen oder zugerechneten Stimmrechte die Schwelle von **10 %** oder eine höheren Meldeschwelle erreicht oder überschreitet, nach § 43 Abs. 1 WpHG dem Emittenten **weitere Informationen** binnen 20 Handelstagen mitzuteilen sind. Es sind dies die mit dem Erwerb der Stimmrechte verfolgten **Ziele** sowie die **Herkunft** der für den Erwerb verwendeten **Mittel** nach näherer Maßgabe des § 43 Abs. 1 WpHG. Diese Bestimmung resultierte aus dem Versuch des Gesetzgebers, Risiken für die Stabilität des Finanzsystems und die Unternehmen, die Ziel des Aufbaus einer erheblichen Beteiligung insbesondere durch Finanzinvestoren sind, durch Erhöhung der Beteiligungstransparenz zu begrenzen[248]. So sollen die Aktionäre, die Gesellschaft und ihre Arbeitnehmer frühzeitig über die Strategie, den Einfluss und etwaige weitere Zuerwerbe von Großinvestoren informiert werden[249]. 8.60d

Auch eine **vorübergehende kurzfristige Schwellenberührung** oder -überschreitung kann eine Meldepflicht auslösen[250]. Jedoch hält die BaFin bei Über- und nachfolgendem Unterschreiten innerhalb desselben Tages eine Meldung nicht für erforderlich[251]. Dennoch können grundsätzlich **Meldepflich-** 8.60e

---

245 Zur Berechnungsweise siehe Delegierte Verordnung (EU) 2015/761 der Kommission v. 17.12.2014 zur Ergänzung der Richtlinie 2004/109/EG des Europäischen Parlaments und des Rates im Hinblick auf bestimmte technische Regulierungsstandards für bedeutende Beteiligungen ABl. EU Nr. L 120 v. 13.5.2015, S. 2; BaFin, Emittentenleitfaden, Modul B, Stand 30.10.2018, Abschnitt I.2.8.1 (S. 41).
246 § 4 Abs. 1 der Bedingungen für Geschäfte an der FWB, Stand 2.7.2012.
247 BaFin, Emittentenleitfaden, Modul B, Stand 30.10.2018, Abschnitt I.2.3.3.2 (S. 12); *Uwe H. Schneider* in Assmann/Uwe H. Schneider/Mülbert, Wertpapierhandelsrecht, § 38 WpHG Rz. 17; *v. Hein* in Schwark/Zimmer, § 38 WpHG Rz. 10.
248 Begr. RegE Risikobegrenzungsgesetz, BT-Drucks. 16/7438, S. 1.
249 *Uwe H. Schneider* in Assmann/Uwe H. Schneider/Mülbert, Wertpapierhandelsrecht, § 43 WpHG Rz. 1.
250 *Uwe H. Schneider* in Assmann/Uwe H. Schneider/Mülbert, Wertpapierhandelsrecht, § 33 WpHG Rz. 21; *Schnorbus*, AG 2004, 113, 121; *Bayer* in MünchKomm. AktG, 5. Aufl. 2019, § 22 Anh. § 33 WpHG Rz. 33.
251 BaFin, Emittentenleitfaden, Modul B, Stand 30.10.2018, Abschnitt I.2.3.5 (S. 17); *Meyer*, BB 2016, 771, 774; für eine Erweiterung dieses Prinzips auf ein Über- und nachfolgendes Unterschreiten der 10 %-

ten für **Emissionsbanken** entstehen, wenn sie (Stamm-)Aktien börsenzugelassener Emittenten zum Zweck der Weiterplatzierung vorübergehend als Eigentümer halten und dieser Bestand über Nacht bestehen bleibt oder sie sich zum (kurzfristigen) Erwerb solcher Aktien verpflichten.

8.60f Allerdings kommen im Rahmen der Begleitung von Aktienemissionen eine Reihe von **Ausnahmetatbeständen** zur Anwendung, aufgrund derer unnötige und irreführende Meldungen des vorübergehenden Unter- und Überschreitens von Meldeschwellen (weitgehend) vermieden werden können. So bleiben nach § 36 Abs. 1 WpHG von einem Wertpapierdienstleistungsunternehmen mit Sitz im EWR gehaltene Stimmrechte im Umfang von maximal 5 % der Gesamtzahl der Stimmrechte der Gesellschaft unberücksichtigt, wenn es die betreffenden Aktien im **Handelsbestand** hält und sicherstellt, dass die Stimmrechte weder ausgeübt noch anderweitig zur Einflussnahme auf die Geschäftsführung des Emittenten genutzt werden. Die Befreiung des Handelsbestands gilt auch für Instrumente i.S.v. § 38 Abs. 1 WpHG[252]. Unter diese Ausnahme fallen auch zum Zweck der Platzierung gehaltene Aktien[253]. Unberücksichtigt bleiben bei der Berechnung des Stimmrechtsanteils ferner nach § 36 Abs. 2 WpHG Stimmrechte aus Aktien, die nach der Verordnung (EG) Nr. 2273/2003 **zu Stabilisierungszwecken erworben** wurden, wenn der Aktieninhaber sicherstellt, dass die Stimmrechte aus den betreffenden Aktien nicht ausgeübt und nicht anderweitig genutzt werden, um auf die Geschäftsführung des Emittenten Einfluss zu nehmen. Die Verordnung (EG) Nr. 2273/2003, die eine sog. Safe Harbour Regelung für Kursstabilisierungsmaßnahmen begründete[254], wurde indes zwischenzeitlich gemäß Art. 37 MAR aufgehoben. Ersetzt wurde sie durch Art. 5 Abs. 4, 5 MAR sowie einen dazu erlassenen technischen Regulierungsstandard („EU-VO 2016/1052")[255]. Inhaltlich haben sich aber gegenüber der Vorgängerregelung keine wesentlichen Änderungen ergeben (dazu Rz. 8.74 ff.)[256], sodass der Verweis als solcher auf die Neuregelung und die unterlassene Anpassung als Redaktionsversehen angesehen werden kann[257]. Daneben bleiben Stimmrechte unberücksichtigt, sofern die betreffenden Aktien ausschließlich zur Abrechnung und Abwicklung von Geschäften für höchstens drei Handelstage gehalten werden (§ 36 Abs. 3 Nr. 1 WpHG, sog. „**Abwicklungsbestand**").

8.60g Die BaFin sieht Fälle der **Zeichnung neuer Aktien** durch ein Emissionsunternehmen oder Emissionskonsortium (§§ 185, 186 Abs. 5 AktG) ebenso wie die **Übernahme von Altaktien** zur (Um-)Platzierung am Markt als ein solches Halten von Aktien ausschließlich für Zwecke der Abrechnung und Ab-

---

Schwelle des § 43 WpHG innerhalb der 20tägigen Mitteilungspflicht *Linke/Lichtenberg*, BKR 2021, 545; kritisch *Uwe H. Schneider* in Assmann/Uwe H. Schneider/Mülbert, Wertpapierhandelsrecht, § 33 WpHG Rz. 23.

252 § 38 Abs. 1 Satz 2 WpHG; dazu BaFin, Emittentenleitfaden, Modul B, Stand 30.10.2018, Abschnitt I.2.6.3 (S. 37), dabei sind mit Blick auf den Schwellenwert von 5 % nach § 26 Abs. 1 Nr. 2 WpHG die Bestände nach §§ 33 und 34 sowie die Instrumente nach § 38 WpHG zusammenzurechnen.

253 *Uwe H. Schneider* in Assmann/Uwe H. Schneider/Mülbert, Wertpapierhandelsrecht, § 35 WpHG Rz. 13; *v. Hein* in Schwark/Zimmer, § 36 WpHG Rz. 4; *Schnorbus*, AG 2004, 113, 121; zweifelnd offenbar *Bayer* in MünchKomm. AktG, 5. Aufl. 2019, § 22 Anh. § 23 WpHG Rz. 5, aber ohne nähere Begründung; zu den einzelnen Fallgruppen *Meyer* in GS Bosch, 2006, S. 133, 137 ff.; *Meyer*, BB 2016, 771, 772; in diesem Sinne auch BaFin, Emittentenleitfaden, Modul B, Stand 30.10.2018, Abschnitt I.2.6.2.1 (S. 36).

254 Dazu *Meyer*, AG 2004, 289; *Feuring/Berrar* in Habersack/Mülbert/Schlitt, Unternehmensfinanzierung am Kapitalmarkt, § 39 Rz. 39.15.

255 Delegierte Verordnung (EU) 2016/1052 der Kommission v. 8.3.2016 zur Ergänzung der Verordnung (EU) Nr. 596/2014 des Europäischen Parlaments und des Rates durch technische Regulierungsstandards für die auf Rückkaufprogramme und Stabilisierungsmaßnahmen anwendbaren Bedingungen, ABl. EU Nr. L 173 v. 30.6.2016, S. 34.

256 ESMA Final Report „Draft technical standards on the Market Abuse Regulation" v. 28.9.2015, ESMA/2015/1455, Annex IV – Feedback on the Consultation Paper, Rz. 2, 33.

257 So ist wohl auch BaFin, Emittentenleitfaden, Modul B, Stand 30.10.2018, Abschnitt I.2.6.3 (S. 37); ebenso *v. Hein* in Schwark/Zimmer, § 36 WpHG Rz. 9; *Buckel/Vogel* in Habersack/Mülbert/Schlitt, Hdb. Kapitalmarktinformation, § 19 Rz. 108.

wicklung an²⁵⁸. Emissionsbanken müssen daher solche Aktien nicht mehr bei der Berechnung ihrer Stimmrechtsanteile für die Zwecke der Stimmrechtsmeldungen nach § 33 WpHG berücksichtigen, sofern die weiteren Voraussetzungen von § 36 Abs. 3 Nr. 1 WpHG erfüllt sind, d.h. insbesondere die Haltedauer drei Handelstage nicht überschreitet. Die BaFin hat insoweit im Zuge der Umsetzung der TransparenzRL-ÄnderungsRL ihre zuvor restriktivere Haltung unter Verweis auf den neuen Ausnahmetatbestand für das Halten von Aktien im Zusammenhang mit Stabilisierungsmaßnahmen aufgegeben²⁵⁹. Bei einem Börsengang beginnt dabei die Frist nach § 36 Abs. 3 Nr. 1 WpHG für die maximale Haltedauer von Aktien ausschließlich für den Zweck der Abrechnung und Abwicklung von Geschäften mit dem Zeitpunkt des Zulassungsbeschlusses, da erst zu diesem Zeitpunkt die Meldepflichten nach §§ 33 ff. WpHG entstehen (einschließlich der sog. Bestandsmeldung nach § 33 Abs. 2 WpHG)²⁶⁰. Auch hier gilt die Privilegierung einer lediglich untertägig erfolgenden Schwellenüber- und nachfolgenden unterschreitung (dazu Rz. 8.60e). Es ist also im Rahmen der erstmaligen Bestandsmeldung nur der Bestand zum Tagesultimo mitzuteilen und dies nur, wenn dieser einen Schwellenwert berührt oder überschreitet²⁶¹.

Im Fall der **Umplatzierung** konnte in der Praxis das Entstehen von Stimmrechtsmeldepflichten auch dadurch vermieden werden, dass im Übernahmevertrag vereinbart wurde, dass die Platzierungsaktien direkt von einem Kundendepot des abgebenden Aktionärs auf Kundendepots der erwerbenden Investoren umgebucht werden. Zudem sehen Übernahmeverträge oft vor, dass eine etwaige (ggf. abwicklungstechnisch erforderliche) Zwischenverbuchung der Platzierungsaktien auf einem Eigendepot der Emissionsbank nicht zum Eigentumserwerb führt, sondern dass das Eigentum an den Platzierungsaktien erst mit Einbuchung in das Depot des erwerbenden Investors unmittelbar vom abgebenden Aktionär auf den jeweiligen Investor übergeht. Bei einer **Kapitalerhöhung** von der Emissionsbank gezeichnete neue Aktien entstehen indes in der Hand des Zeichners, so dass der vorübergehende Eigentumserwerb bis zur Weiterplatzierung insoweit nicht vermieden werden kann²⁶². 8.60h

Der Berechnung des Stimmrechtsanteils ist gemäß § 12 Abs. 3 WpAV die letzte Veröffentlichung nach § 41 WpHG zu Grunde zu legen. Danach hat der Emittent in den Fällen der Zu- oder Abnahme von Stimmrechten die **Gesamtzahl der Stimmrechte** unter Angabe des Datums der Wirksamkeit der Veränderung nach § 41 Abs. 1 WpHG unverzüglich, spätestens innerhalb von zwei Handelstagen zu veröffentlichen. Die Veröffentlichung ist der BaFin mitzuteilen und dem Unternehmensregister zur Speicherung zu übermitteln. 8.60i

In Bezug auf den vor Durchführung einer Aktienplatzierung abzuschließenden **Übernahmevertrag** ist in Bezug auf etwaige Stimmrechtsmeldepflichten nach § 38 Abs. 1 WpHG zu differenzieren. Zu dessen wesentlichem Inhalt gehört regelmäßig die Verpflichtung der Emissionsbank, die im Vertrag näher bestimmte Zahl an Aktien zu übernehmen und an Investoren zu platzieren sowie die korrespondierende Verpflichtung des Emittenten bzw. des abgebenden Aktionärs, diese Aktien zu übereignen (dazu Rz. 8.115 ff.). Betrifft die Übernahmeverpflichtung neu auszugebende Aktien aus einer Kapitalerhöhung, greift § 38 Abs. 1 WpHG nicht ein, da er diese Meldepflicht ausschließlich durch Rechte auf den Erwerb bereits ausgegebener Aktien ausgelöst wird. Wird eine Emissionsbank jedoch zur Übernahme bestehender Aktien verpflichtet, gilt folgendes: Soll die Emissionsbank (vorübergehend) Eigentum an den Platzierungsaktien erwerben, kann der Übernahmevertrag ein Instrument i.S.v. § 38 Abs. 1 Satz 1 Nr. 2 WpHG darstellen. Ist aber die Erfüllung des Anspruchs der Emissionsbank auf Lieferung inner- 8.60j

---

258 BaFin, Emittentenleitfaden, Modul B, Stand 30.10.2018, Abschnitt I.2.6.4 (S. 38).
259 *Meyer*, BB 2016, 771, 774.
260 BaFin, Emittentenleitfaden, Modul B, Stand 30.10.2018, Abschnitt I.2.4 (S. 17); *Meyer*, BB 2016, 771, 775.
261 BaFin, Emittentenleitfaden, Modul B, Stand 30.10.2018, Abschnitt I.2.4 (S. 17).
262 *Aubel/Wunderlich*, Börsen-Zeitung v. 12.4.2007; ebenso im Zusammenhang mit der (vor Entstehen neuer Aktien unwirksamen) Vorausabtretung neuer Aktien OLG Frankfurt a.M. v. 30.11.2005 – WpÜG – OWI 1/04, AG 2006, 798, 799.

halb der Frist des § 36 Abs. 3 Nr. 1 WpHG vorgesehen, löst der Übernahmevertrag nach § 36 Abs. 3 Nr. 1 WpHG keine Stimmrechtsmeldepflicht aus, da diese Ausnahmeregelung nach § 38 Abs. 1 Satz 2 WpHG auch bei Instrumenten nach § 38 Abs. 1 Satz 1 Anwendung findet[263]. Ist eine längere Frist vorgesehen (was bei einer Umplatzierung eher ungewöhnlich wäre), entsteht in der Regel eine Meldepflicht nach § 38 Abs. 1 Nr. 1 WpHG solange nicht, wie der Anspruch noch von Bedingungen abhängt, deren Eintritt (oder den Verzicht darauf) die Bank nicht allein beeinflussen kann[264]. Dies ist etwa der Fall, wenn der betreffende Lieferanspruch noch unter der Bedingung des Abschlusses eines Preisfestsetzungsvertrages steht. An diesem muss der abgebende Aktionär zwangsläufig mitwirken. Auf ihn kann auch nicht verzichtet werden, weil ohne den Preis als *essentialium negotii* des Platzierungsvertrages kein hinreichend spezifischer Lieferanspruch besteht.

8.60k Hat die Bank – wie üblich – im Übernahmevertrag vereinbart, dass der abgebende Aktionär das Eigentum unmittelbar und **ohne Zwischenerwerb der Bank** dem jeweils aus der Platzierung erwerbenden Investor zu verschaffen hat, löst dies keine Meldepflicht nach § 38 Abs. 1 WpHG aus. Die BaFin hat klargestellt, dass bei Vereinbarungen, die ausschließlich einem Dritten (der ggf. selbst einer Mitteilungspflicht nach § 38 WpHG unterliegt) eine Erwerbsmöglichkeit verschaffen, keine Mitteilungspflicht der Bank nach § 38 Abs. 1 WpHG besteht[265].

8.60l Hat sich die Bank jedoch zur Übernahme der Platzierungsaktien zu einem garantierten (Mindest-)Preis verpflichtet (sog. **Backstop**), kann dieser Gesichtspunkt zur Meldepflicht nach § 38 Abs. 1 Nr. 2 WpHG führen. Zwar steht der Backstop unter der Bedingung mangelnder anderweitiger Platzierbarkeit zu mindestens dem garantierten Preis. Jedoch entspricht er einer (bedingten) Put-Option, die bei Bedingungseintritt zur Anwendung der Meldepflicht nach § 38 Abs. 1 Nr. 2 WpHG führt[266]. Eine solche bedingte Verpflichtung zur Übernahme von Aktien, die innerhalb des Abwicklungszyklus von höchstens drei Handelstagen i.S.v. § 36 Abs. 3 Nr. 1 WpHG zu erfüllen ist, führt freilich auch bei § 38 Abs. 1 Nr. 2 WpHG nicht zur Meldepflicht (siehe Rz. 8.60a). Dagegen kann eine Meldepflicht der Bank nach § 33 Abs. 1 WpHG entstehen, wenn die Platzierung fehlschlägt, das Erwerbsgeschäft der Bank damit unbedingt wird und sie den daraus resultierenden Bestand dann eben nicht mehr nur zu Abwicklungszwecken, sondern aufgrund ihrer Übernahmeverpflichtung hält.

8.60m Die in Übernahmeverträgen regelmäßig vorgesehene Einräumung einer sog. **Greenshoe-Option** löst nach § 36 Abs. 2, § 38 Abs. 1 Satz 2 WpHG keine Mitteilungspflicht der Emissionsbank nach § 38 WpHG aus. Die Greenshoe-Option steht ebenso wie die Möglichkeit der Mehrzuteilung in engem Zusammenhang mit der Möglichkeit von Kursstabilisierungsmaßnahmen. Denn dadurch verschaffen sich Emissionsbanken den dafür nötigen wirtschaftlichen Spielraum (dazu Rz. 8.63 ff.). So ist die Möglichkeit einer Greenshoe-Option in Art. 8 Verordnung (EU) 2016/1052 (entspricht der Vorgängerregelung in Art. 11 Verordnung (EU) 2273/2003 ausdrücklich als zulässig und vom Verbot der Marktmanipulation freigestellt vorgesehen. Die Greenshoe-Option nach den Vorgaben der EU-Verordnung Verordnung (EU) 2016/1052 wird von der BaFin als eine Abwicklungsmodalität im Rahmen einer Mehrzuteilung angesehen. Sie geht in der Regel mit einer vorherigen Leihe der Aktien einher, die die Banken zur Belieferung von Mehrzuteilungen benötigen. Der verleihende Altaktionär hat dabei lediglich einen bedingten Anspruch auf Rückerwerb der „verliehenen" Aktien. Denn dieser steht unter der Bedingung der Nichtausübung der Greenshoe-Option. Die Bank trifft wegen ihrer durch ihre eigene Optionsausübung bedingten Lieferansprüche aus der Greenshoe-Option keine Mitteilungspflicht nach § 33 Abs. 1 oder § 38 Abs. 1 WpHG. Für diese gilt die Ausnahme nach § 36 Abs. 2, § 38 Abs. 1 Satz 2

---

263 *Meyer*, BB 2016, 771, 775.
264 BaFin, Emittentenleitfaden, Modul B, Stand 30.10.2018, Abschnitt I.2.8.1.1 (S. 42).
265 BaFin, FAQ zu den Transparenzpflichten des WpHG in den Abschnitten 6 (§§ 33 ff.) und 7 (§§ 48 ff.) Stand 21.9.2020, Antwort zu Frage Nr. 15 (S. 14).
266 Dass die BaFin Put-Optionen als Instrumente i.S.v. § 38 Abs. 1 Nr. 2 WpHG a.F. ansieht, ergibt sich aus BaFin, Emittentenleitfaden, Modul B, Stand 30.10.2018, Abschnitt I.2.8.1.1 (S. 42).

WpHG, da sie zu dem Komplex der Stabilisierungsmaßnahmen gehören und etwaige Lieferansprüche zu Stabilisierungszwecken eingeräumt wurden[267]. Dagegen kann sich der Altaktionär, der Aktien im Wege einer Wertpapierleihe für die Belieferung von Mehrzuteilungen zur Verfügung gestellt hat, nicht auf die Ausnahme nach § 36 Abs. 2 WpHG berufen. Er ist daher wegen seines Rücklieferungsanspruch aus einer der Emissionsbank eingeräumten Wertpapierleihe ggf. nach § 38 Abs. 1 Nr. 2 WpHG mitteilungspflichtig[268].

Haben sich Investoren gegenüber der Emissionsbank verpflichtet, neue Aktien aus einer Kapitalerhöhung zu übernehmen (sog. **Zweitzeichner**), erwerben sie ggf. im Gegenzug auch einen Anspruch gegen die Emissionsbank auf Lieferung dieser Aktien. Dieser kann gemäß § 33 Abs. 3 WpHG bei Schwellenberührung eine Meldepflicht auslösen, sobald die neuen Aktien entstanden sind. Jedoch wird es für einen Zweitzeichner u.U. schwer festzustellen sein, wann die neuen Aktien genau durch Eintragung der Durchführung der Kapitalerhöhung ins Handelsregister nach §§ 189, 203 AktG entstehen und wann – je nach Vertragsgestaltung – genau ein unbedingter und sofort zu erfüllender Anspruch auf Aktienlieferung entsteht. Daher kann nach Auffassung der BaFin in diesen Fällen auf den Zeitpunkt der Gutschrift der neuen Aktien auf dem Depot des Zweitzeichners, mithin auf den Zeitpunkt der sachenrechtliche Eigentumserlangung für die Entstehung der Meldepflicht nach § 33 WpHG abgestellt werden. Für den Zeitraum zwischen Eintragung der Durchführung der Kapitalerhöhung und der Depotgutschrift nimmt die BaFin keine Mitteilungspflicht des Zeitzeichners nach § 40 Abs. 1 WpHG an. Dagegen geht die BaFin davon aus, dass Mitteilungspflichten aufgrund von Schwellenberührungen durch Bestandsveränderungen bei Altaktionären, die bei **Bezugsrechtskapitalerhöhungen** durch deren Verwässerung entstehen, bereits mit der Eintragung der Durchführung der Kapitalerhöhung eintreten. Dabei berücksichtigt die BaFin aber Stimmrechte aus im Rahmen der Kapitalerhöhung durch den Altaktionär bezogenen Aktien ebenfalls bereits ab der Eintragung der Durchführung der Kapitalerhöhung und unabhängig von ihrer Einbuchung im Depot des Aktionärs[269]. Dadurch wird vermieden, dass Aktionäre, die ihr Bezugsrecht ausüben und daher nach der Kapitalerhöhung weiterhin denselben Stimmrechtsanteil halten, wegen der rein buchungstechnisch bedingten vorübergehenden Verwässerung im Zuge der Abwicklung der Kapitalerhöhung mit Handelsregistereintragung erst das Unter- und dann mit Einbuchung der neuen Aktien das Überschreiten einer Schwelle melden müssen. Die BaFin scheint dabei die Meldung der erhöhten Gesamtzahl der Stimmrechte aufgrund der Kapitalerhöhung nach § 41 Abs. 1 WpHG, die binnen zwei Handelstagen zu erfolgen hat, zu unterstellen[270]. Dem dürfte der Rechtsgedanke des § 33 Abs. 1 Satz 5 WpHG zugrunde liegen. Danach beginnt bei einer (sog. passiven) Schwellenberührung infolge von Ereignissen, die die Gesamtzahl der Stimmrechte verändern, die Mitteilungsfrist bereits ab Kenntnis des Meldepflichtigen von der Schwellenberührung, auch wenn die neue Veröffentlichung der Gesamtzahl der Stimmrechte durch den Emittenten nach § 41 Abs. 1 WpHG noch nicht erfolgt ist[271]. Diese pragmatische Vorgehensweise erscheint zur Vermeidung irreführender Mitteilungen durch Herauf- und Herabmelden bei tatsächlich gleichbleibendem Stimmrechtsanteil sinnvoll.

8.60n

---

267 *Meyer*, BB 2016, 771, 774.
268 BaFin, Emittentenleitfaden, Modul B, Stand 30.10.2018, Abschnitt I.2.6.3.2 (S. 38), I.2.8.1.3 (S. 45); *Meyer*, BB 2016, 771, 775; *Tautges*, WM 2017, 512, 514; *Kraack* in BeckOGK Wertpapierhandelsrecht, Stand 1.7.2021, § 36 Rz. 21.
269 BaFin, Emittentenleitfaden, Modul B, Stand 30.10.2018, Abschnitt I.2.3.4.1.1.2 (S. 15); BaFin, FAQ zu den Transparenzpflichten des WpHG in den Abschnitten 6 (§§ 33 ff.) und 7 (§§ 48 ff.) Stand 21.9.2020, Antwort zu Frage Nr. 8 (S. 9).
270 Dies lässt sich jedenfalls aus dem Fallbeispiel in BaFin, Emittentenleitfaden, Modul B, Stand 30.10.2018, Abschnitt I.2.3.4.1.1.2 (S. 15) schließen.
271 BaFin, Emittentenleitfaden, Modul B, Stand 30.10.2018, Abschnitt I.2.3.2.1 (S. 12), wonach auch Kennenmüssen für die Berücksichtigung der faktisch geänderten Gesamtzahl der Stimmrechte ausreicht; *Schürnbrand/Habersack* in Emmerich/Habersack, Aktien- und GmbH-Konzernrecht, § 33 WpHG Rz. 9 beschränken dies nach strenger Wortlautauslegung auf positive Kenntnis.

e) Angebotspflicht nach dem WpÜG

8.61 Hat eine Emissionsbank bei der Durchführung einer Aktienplatzierung vorübergehend Eigentum an stimmberechtigten Aktien einer börsennotierten AG, so kann dies die Angebotspflicht nach § 35 WpÜG auslösen[272]. Danach hat, wer unmittelbar oder mittelbar die Kontrolle über eine börsennotierte AG oder KGaA mit Sitz im Inland erlangt, deren anderen Aktionären nach Maßgabe von §§ 35 ff. WpÜG ein Angebot auf Übernahme der von ihnen gehaltenen Aktien dieser Gesellschaft zu unterbreiten (sog. **Pflichtangebot**). Als **Kontrolle** gilt dabei nach § 29 Abs. 2 WpÜG das Halten von mindestens 30 % der Stimmrechte an der Zielgesellschaft (dazu Rz. 62.190 ff.). Hierfür ist auch nach Umsetzung der TransparenzRL-ÄnderungsRL (anders als bei den Stimmrechtsmitteilungen) das Eigentum an den Aktien maßgeblich, die das Stimmrecht vermitteln[273], auch wenn es nur für kurze Zeit gehalten wird[274]. Dabei folgt die BaFin bei der Angebotspflicht nach § 35 WpÜG nicht der im Rahmen der Stimmrechtsmeldungen nach §§ 33 ff. WpHG praktizierten großzügigeren Behandlung einer nur untertägigen vorübergehenden Schwellenüberschreitung (siehe Rz. 8.60). Vielmehr genügt das bereits Berühren der Kontrollschwelle für eine **logische Sekunde**, um die Angebotspflicht auszulösen[275]. Sind mit einer Platzierung mehrere Banken beauftragt, erfolgt allerdings keine gegenseitige Zurechnung der von diesen jeweils gehaltenen Bestände nach § 30 Abs. 2 Satz 1 WpÜG, da es an der dafür erforderlichen Koordination von Verwaltungsrechten fehlt[276]. Denn ein zur gegenseitigen Zurechnung der Stimmrechte führendes „abgestimmtes Verhalten" setzt voraus, dass sich der Meldepflichtige (...) und ein Dritter über die Ausübung von Stimmrechten verständigen oder mit dem Ziel einer dauerhaften und erheblichen Änderung der unternehmerischen Ausrichtung des Emittenten in sonstiger Weise zusammenwirken, § 30 Abs. 2 Satz 2 WpÜG. Dies ist bei dem bloßen gemeinsamen Erwerb von Aktien durch mehrere Konsortialbanken zum Zwecke der Weiterplatzierung am Kapitalmarkt nicht der Fall. Zudem lösen nach § 30 Abs. 2 Satz 1 Halbsatz 2 WpÜG Vereinbarungen in Einzelfällen keine gegenseitige Zurechnung aus; ein solcher liegt bei dem Abschluss eines Übernahmevertrages für eine einzelne Aktienplatzierung vor. Für die Parallelnorm § 34 Abs. 2 WpHG gilt für die gegenseitige Zurechnung aufgrund abgestimmten Verhaltens im Hinblick auf die Meldung von Stimmrechten Entsprechendes. Das Gesamtvolumen einer von den Banken zu zeichnenden Kapitalerhöhung wird daher zur Vermeidung der Auslösung eines Pflichtangebotes regelmäßig auf mehrere Banken aufgeteilt. Bei der Umplatzierung von Altaktien lässt sich das Erreichen der 30 %-Schwelle auch durch Aufteilung des Platzierungsvolumens in nacheinander abzuwickelnde Tranchen verhindern.

8.62 Sollte sich jedoch das vorübergehende Halten von 30 % oder mehr stimmberechtigten Stammaktien einer börsennotierten deutschen AG oder KGaA (z.B. im Rahmen einer großen Kapitalerhöhung)

---

272 Im Einzelnen zu den verschiedenen typischerweise auftretenden Transaktionsstrukturen *Meyer* in GS Bosch, 2006, S. 133, 144 ff.
273 *Assmann/Favoccia* in Assmann/Pötzsch/Uwe H. Schneider, § 29 WpÜG Rz. 22; *Wackerbarth* in MünchKomm. AktG, 5. Aufl. 2021, § 29 WpÜG Rz. 43; *Hassan Sohbi* in Heidel, Aktienrecht und Kapitalmarktrecht, § 29 Rz. 2; *Diekmann* in Baums/Thoma/Verse, § 29 WpÜG Rz. 40; *von Bülow* in KölnKomm. WpÜG, § 29 WpÜG Rz. 94; *Brellochs*, AG 2016, 157, 162.
274 Sog. formeller Kontrollbegriff, vgl. *von Bülow* in KölnKomm. WpÜG, § 29 Rz. 73, 104; § 35 Rz. 88; *Schlitt* in MünchKomm. AktG, 5. Aufl. 2021, § 35 WpÜG Rz. 60; *Diekmann* in Baums/Thoma/Verse, § 29 WpÜG Rz. 43; *Krause/Pötzsch* in Assmann/Pötzsch/Uwe H. Schneider, § 35 WpÜG Rz. 74; OLG Frankfurt a.M. v. 30.11.2005 – WpÜG – OWI 1/04, NZG 2006, 792 = AG 2006, 798; a.A. *Meyer* in GS Bosch, 2006, S. 133, 146 ff.; *Schnorbus*, AG 2004, 113, 126, der auf eine entsprechende Ausnahme für nur zum Zwecke der Weiterplatzierung erworbene Wertpapiere in Art. 16 des Übernahmekodex verweist; ebenso *Oechsler* in Ehricke/Ekkenga/Oechsler, § 29 WpÜG Rz. 11, 14. Vgl. auch *Süßmann* in Geibel/Süßmann, § 29 WpÜG Rz. 16 ff.
275 *Krause/Pötzsch* in Assmann/Pötzsch/Uwe H. Schneider, § 35 WpÜG Rz. 74.
276 *Schücking* in Habersack/Mülbert/Schlitt, Unternehmensfinanzierung am Kapitalmarkt, § 32 Rz. 32.89 f.; *Meyer* in GS Bosch, 2006, S. 133, 145; *Weiand/Schlitt/Behrends* in GS Bosch, 2006, S. 239, 243. Eine dem Verfasser bekannte Auskunft in einem solchen Fall lässt den Schluss zu, dass die BaFin diese Auffassung teilt.

durch eine Bank als unvermeidbar erweisen, kann eine **Befreiung von der Angebotspflicht** durch die BaFin angestrebt werden. Freilich kommt die Befreiung von der Berücksichtigung von Stimmrechten aus „im **Handelsbestand**" gehaltenen Aktien nach **§ 20 Abs. 1 WpÜG** nicht in Betracht. Als Handelsbestand gilt hier nämlich nur der sog. **Spekulationsbestand** nach dem Vorbild des früheren – im Zuge der Umsetzung der EU-Transparenzrichtlinie durch das TUG aufgehobenen[277] – § 23 Abs. 2 WpHG a.F., der eine Ausnahme für vorübergehend rein zu Spekulationszwecken gehaltene Aktien regelte[278]. Eine ausdrückliche Regelung für den Handelsbestand von Wertpapierdienstleistungsunternehmen wie nach § 36 WpHG fehlt dagegen. Jedoch kann die BaFin nach **§ 37 WpÜG** von der Angebotspflicht befreien, wenn dies im Hinblick auf die Art der Kontrollerlangung, die beabsichtigte Zielsetzung, ein nachfolgendes Unterschreiten der Kontrollschwelle, die Beteiligungsverhältnisse an der Zielgesellschaft oder die tatsächliche Möglichkeit zur Kontrollausübung gerechtfertigt erscheint. Die einzelnen Fallgruppen des die Befreiungsvoraussetzungen konkretisierenden § 9 WpÜG-AngV[279] dürften zwar nicht einschlägig sein. Jedoch genügen die Umstände des Erwerbs von Platzierungsaktien als Nebenfolge des technischen Ablaufs einer Aktienplatzierung, das Ziel, die Aktien nur zur Abwicklung der Platzierung vorübergehend zu halten und mit dieser gerade eine breite Streuung im Anlegerpublikum anzustreben[280], sowie das baldige (Wieder-)Unter-schreiten der Kontrollschwelle bei planmäßigem Verlauf der Platzierung[281] in aller Regel für eine Befreiung. In der Praxis hat sich die BaFin soweit ersichtlich bislang stets dieser Ansicht angeschlossen und Befreiungen unbürokratisch erteilt.

f) Kursstabilisierung, Greenshoe
aa) Begriff und Anwendungsbereich

Es entspricht **internationaler Marktpraxis**, dass Emissionsbanken unmittelbar nach Durchführung einer Platzierung von Wertpapieren durch eigene Handelsaktivitäten extremen Kursausschlägen des platzierten Wertpapiers entgegenwirken[282]. Diese treten auf, weil der Markt die Platzierung verarbeiten muss und sich insbesondere bei Neuemissionen oder Platzierungen von Aktien einer zuvor eher illiquiden Gattung noch kein Marktgleichgewicht gebildet hat. Durch die Platzierung wird ein großer Teil der vorhandenen Nachfrage erst einmal befriedigt. Danach stehen abgabewillige Aktionäre einer vorübergehend nur geringen Nachfrage gegenüber. Sinkt der Kurs kurz nach Platzierung unter den Platzierungspreis, werden möglicherweise weitere Aktionäre „aussteigen", um Verluste zu minimieren. Es besteht damit die Gefahr, dass der Kurs weiter fällt. Dieses Phänomen kann auch bei größeren Platzierungen bereits notierter Werte beobachtet werden[283]. Daher wird Kursstabilisierung gemeinhin als wirtschaftlich sinnvoll angesehen[284].

8.63

---

277 Vgl. Begr. RegE TUG, BT-Drucks. 16/2498, S. 35.
278 *Wackerbarth* in MünchKomm. AktG, 5. Aufl. 2021, § 20 WpÜG Rz. 9; *Vogel*, NZG 2005, 537, 538.
279 Im Falle einer Kapitalerhöhung zur Sanierung der Zielgesellschaft mag freilich § 9 Satz 1 Nr. 3 WpÜG-AngV einschlägig sein, insbesondere wenn von den Banken gezeichneten neue Aktien in größerem Umfang nicht von Bezugsberechtigten bezogen werden und sich auch sonst nicht als platzierbar erweisen; eingehend zu dem Gesamtkomplex „Sanierungsprivileg" *Wittig* in FS Kirchhof, 2003, S. 533.
280 Für eine Befreiung in Fällen des Kontrollerwerbs als bloße Nebenfolge einer anderen Zielsetzung *Versteegen* in KölnKomm. WpÜG, § 37 Rz. 53; *Schlitt* in MünchKomm. AktG, 5. Aufl. 2021, § 37 WpÜG Rz. 39; *Hecker* in Baums/Thoma/Verse, § 37 WpÜG Rz. 37; *Seiler* in Assmann/Pötzsch/Uwe H. Schneider, § 37 WpÜG Rz. 48 mit ausdrücklichem Verweis auf die Übernahme von Aktien durch ein Kreditinstitut zur Weiterplatzierung an Dritte.
281 *Versteegen* in KölnKomm. WpÜG, § 37 Rz. 58 für den Fall des „Durchhandelns"; *Hecker* in Baums/Thoma/Verse, § 37 WpÜG Rz. 48.
282 *Bosch* in Bosch/Groß, Emissionsgeschäft, 1998, Rz. 10/339 ff.; *Schäfer*, WM 1999, 1345; *Crüwell/Fürhoff* in Wirtz/Salzer, IPO-Management, S. 335; erläuternd dazu *Ekkenga*, WM 2002, 317; zur historischen Entwicklung *Fleischer*, ZIP 2003, 2045, 2046.
283 Anschaulich *Trapp*, AG 1997, 115, 121; *Hirte* in Großkomm. AktG, 4. Aufl. 2001, § 203 AktG Rz. 35.
284 Vgl. *Ekkenga*, WM 2002, 317, 324; *Möller*, WM 2002, 309, 314 f.; *Lenzen*, ZBB 2002, 279, 282; *Fleischer*, ZIP 2003, 2045, 2047; *Schwark* in FS Kümpel, 2003, S. 485, 493; *Meyer*, AG 2003, 289 jeweils m.w.N. sowie die Begr. RegE 4. FFG, BT-Drucks. 14/8017, S. 90.

8.64 Bei Bezugsrechtsemissionen ist Stabilisierung seltener als bei bezugsrechtsfreien Emissionen und Umplatzierungen. Bezugsrechtsemissionen erfolgen meistens zu einem erheblichen Abschlag vom aktuellen Börsenkurs. Aktionäre, die ihr Bezugsrecht ausüben, beziehen Aktien typischerweise nicht, um sie sogleich wieder zu veräußern. Vielmehr ergänzen sie ihren Bestand an Aktien der Gesellschaft, um nicht verwässert zu werden. Wollen sie dagegen keine neuen Aktien erwerben, sondern nur den aus dem Abschlag vom Börsenkurs resultierenden Differenzgewinn vereinnahmen, ist es nicht erforderlich, neue Aktien zunächst zu beziehen, um sie sodann wieder abzustoßen und so einen Veräußerungsgewinn zu erzielen. Vielmehr kann der Wert von Bezugsrechten bereits durch deren Veräußerung realisiert werden. Dazu wird bei Bezugsrechtskapitalerhöhungen börsennotierter Aktiengesellschaften in aller Regel während der Bezugsfrist ein börslicher Handel der Bezugsrechte eingerichtet (siehe Rz. 44.68). Über diesen wird die Depotbank des betreffenden Aktionärs die Bezugsrechte am letzten Tag des Bezugsrechtshandels (d.h. am drittletzten Tag der Bezugsfrist)[285] verwerten, sofern ihr der Aktionär bis zum Ablauf des vorletzten Tages des Bezugsrechtshandels keine andere Weisung erteilt hat[286]. Ein etwaiger Angebotsüberhang infolge der Emission dürfte sich daher im Zuge des Bezugsrechtshandels regulieren, so dass nach dem Abschluss der Emission eine Stabilisierung meist nicht erforderlich wird[287].

bb) Mittel zur Unterstützung der Kursstabilisierung

8.65 In engem Zusammenhang mit der Stabilisierung stehen Abreden, mit deren Hilfe sich die Emissionsbanken den nötigen wirtschaftlichen Spielraum für Stabilisierungsmaßnahmen verschaffen.

8.66 So teilen Emissionsbanken im Wege der **Mehrzuteilung** (*over-allotment*) mehr Wertpapiere an Anleger zu als eigentlich platziert werden sollen. Die Mehrzuteilung dient als Puffer für etwaige Stabilisierungskäufe. Wird keine Stabilisierung erforderlich und erweist sich so das Volumen der Mehrzuteilung als dauerhaft platzierbar, kann der infolge der Mehrzuteilung erzielte Platzierungserlös für den abgebenden Aktionär bzw. den Emittenten vereinnahmt werden (siehe Rz. 8.68).

8.67 Werden mehr als 100 % des geplanten Emissionsvolumens zugeteilt, muss grundsätzlich binnen zwei Börsentagen eine entsprechende Zahl an Aktien zur Verfügung stehen, um sie den in die Depots der Investoren, denen Aktien zugeteilt wurden, einzubuchen[288]. Diese lässt sich die Konsortialbank, die als sog. Stabilisierungsmanager (siehe Rz. 8.82) etwaige Stabilisierungsmaßnahmen durchführt, vor Durchführung der Platzierung im Umfang der geplanten Mehrzuteilung von einem oder mehreren Altaktionären der Gesellschaft im Wege einer sog. **Aktienleihe** für die Stabilisierungsphase vorübergehend zur Verfügung stellen[289]. Diese Leihaktien werden zur Belieferung der Mehrzuteilungen verwendet.

8.68 In engem Zusammenhang mit Mehrzuteilung und Stabilisierung steht die sog. **Greenshoe**-Option. Sie dient der Absicherung des Stabilisierungsmanagers. Hat er Stabilisierungskäufe vorgenommen, so kann

---

285 § 72 Abs. 2 BörsO FWB.
286 Vgl. Ziff. 15 Abs. 1 Satz 2 der Sonderbedingungen für Wertpapiergeschäfte, Stand 3.1.2018.
287 *Schlitt/Seiler*, WM 2003, 2175, 2182; zurückhaltender *Groß*, ZIP 2002, 160.
288 Aus § 4 Abs. 1 der Bedingungen für Geschäfte an der Frankfurter Wertpapierbörse (Stand 28.6.2021) ergibt sich, dass der dingliche Vollzug der Zuteilung binnen zwei Börsentagen durch Lieferung einer entsprechenden Zahl von Aktien erfolgen muss. Zwar ist der Verkauf der Platzierungsaktien im Wege der Zuteilung kein Börsengeschäft. Jedoch muss es den Anlegern ermöglicht werden, unmittelbar nach erfolgter Zuteilung Folgegeschäfte über die Börse vorzunehmen und den daraus entstehenden Lieferverpflichtungen nachzukommen.
289 Dazu *Groß*, ZIP 2002, 160, 161; *Busch*, AG 2002, 230, 231; *Meyer*, WM 2002, 1106, 1107; *Schanz*, BKR 2002, 439, 442. Der in Deutschland marktübliche Begriff der „Aktienleihe" ist allerdings irreführend. Tatsächlich handelt es sich um ein Darlehen (bzw. nach der Terminologie des modernisierten Schuldrechts „Sachdarlehen" i.S.v. §§ 607 ff. BGB), vgl. dazu die Begründung zum Entwurf des Schuldrechtsmodernisierungsgesetzes, BT-Drucks. 14/6040, S. 258 r. Sp. Im Folgenden wird aber der marktübliche Begriff „Aktienleihe" verwandt.

er mit den dabei erworbenen Aktien die zur Belieferung der Mehrzuteilung vorgenommene „Aktienleihe" zurückführen. Ist jedoch der Aktienkurs nach der Platzierung gestiegen, so dass keine Stabilisierung erfolgte, verfügt der Stabilisierungsmanager nicht über zurückgekaufte Aktien, mit denen er seine Rückerstattungspflicht aus der Aktienleihe nach § 607 Abs. 1 Satz 2 BGB erfüllen könnte. Er müsste sich dazu vor Ende der Laufzeit der Leihe Aktien durch Deckungskäufe im Markt beschaffen. Dies würde angesichts des über den bei der Mehrzuteilung erzielten Platzierungspreis gestiegenen Kurses ein erhebliches finanzielles Risiko für die Emissionsbank bedeuten. Er hätte die Differenz zwischen Emissionspreis und dem (dann höheren) Rückkaufkurs zu tragen. Auch würden solche Deckungskäufe den Aktienkurs (vorübergehend) weiter nach oben treiben. Zur Vermeidung dieser Situation dient die Greenshoe-Option[290]. Der Stabilisierungsmanager erhält dabei bis zum Ablauf der Stabilisierungsphase die Option, Aktien bis zum Umfang der Aktienleihe zum Platzierungspreis erwerben. So kann er die zur Erfüllung seiner Rückerstattungspflicht aus der Aktienleihe benötigten Aktien genau zu dem Preis erwerben, den er zuvor bei der Mehrzuteilung erlöst hatte. Deckungskäufe zu höheren Kursen und dadurch entstehende Verluste werden so vermieden[291].

Die Greenshoe-Option kann von einem oder mehreren **Altaktionären** eingeräumt werden. Dabei wird regelmäßig vereinbart, dass der Stabilisierungsmanager ganz oder teilweise anstelle der Rückerstattung von geliehenen Aktien den bei der Platzierung der Leihaktien erzielten vereinnahmten Erlös (abzüglich Provision und Kosten) an den betreffenden Altaktionär zahlt. Eine Greenshoe-Option kann auch von der **Gesellschaft** gewährt werden. Zu deren Erfüllung erhält der Stabilisierungsmanager das Recht, (weitere) neue Aktien zum Platzierungspreis zu beziehen. Dies erfordert regelmäßig eine zeitnah durchzuführende Kapitalerhöhung unter Ausschluss des Bezugsrechts[292]. Hierfür wurde das sog. **Zwei-Tranchen-Modell** entwickelt, das diese Kapitalerhöhung mit derjenigen zur Schaffung der zu platzierenden Aktien kombiniert[293]. Dabei wird im Kapitalerhöhungsbeschluss nur ein maximaler Erhöhungsbetrag festgelegt (sog. „bis zu"-Kapitalerhöhung) und die Zeichnung in mehreren Teilbeträgen („Tranchen") zugelassen. So kann zur Platzierung zunächst die „Haupttranche" gezeichnet, die Durchführung der Kapitalerhöhung insoweit zur Eintragung in das Handelsregister angemeldet sowie die daraus resultierenden neuen Aktien ausgegeben werden[294]. Bei Ausübung der Greenshoe-Option bedarf es dann keines weiteren Kapitalerhöhungsbeschlusses, sondern nur noch der Zeichnung weiterer Aktien der „Greenshoe-Tranche", der Einlageleistung sowie der Anmeldung der Durchführung der Kapitalerhöhung um den verbleibenden Betrag sowie deren Eintragung im Handelsregister, um die neuen Aktien ausgeben zu können[295]. Mit diesen kann dann die Aktienleihe zurückgeführt werden. Die gegen die Durchführung einer Kapitalerhöhung in mehreren Tranchen geäußerten Bedenken in Rechtsprechung und Schrifttum dürften auf den Fall der Greenshoe-Option im Zusammenhang mit einer bestimmten Durchführung einer Kapitalmaßnahme nicht durchgreifen (siehe Rz. 7.38a). Alter-

8.69

---

290 Die Bezeichnung stammt von einer Emission der *Greenshoe Manufacturing Corporation* in den 60er Jahren, bei der das damit bezeichnete Verfahren zum ersten Mal praktiziert wurde, vgl. *Johnson/McLaughlin*, Corporate Finance and the Securities Laws, § 2.03[K] (S. 2-38); *Greene/Beller/Rosen/Silverman/Braverman/Sperber/Grabar*, U.S. Regulation of the International Securities and Derivatives Markets, 12. Aufl. 2017, § 3.02 [5][f] Fn. 326 (S. 3-109).
291 So auch *Busch*, AG 2002, 230, 233, der anschaulich den Greenshoe als „Nullsummenspiel" bezeichnet; ebenso *Lenenbach*, Kapitalmarktrecht, Rz. 7.105.
292 Eingehend hierzu *Hirte* in Großkomm. AktG, 4. Aufl. 2001, § 203 AktG Rz. 93 f.; *Hein*, WM 1996, 1, 7; *Hoffmann-Becking* in FS Lieberknecht, 1997, S. 25, 40; *Groß*, ZIP 2002, 160, 162; *Busch*, AG 2002, 230, 232; *Meyer*, WM 2002, 1106, 1109.
293 Dazu und zu etwaigen alternativen Fallgestaltungen bei Gesellschaften mit überschaubarem Aktionärskreis (z.B. vor dem erstmaligen Börsengang) wie Verzicht auf oder Abtretung der Bezugsrechte, vgl. dazu z.B. *Groß*, ZIP 2002, 160, 162; *Meyer*, WM 2002, 1106, 1108.
294 *Scholz* in MünchHdb. AG, § 59 Rz. 43; *Trapp*, AG 1997, 115, 122; *Hirte* in Großkomm. AktG, 4. Aufl. 2001, § 203 AktG Rz. 35; für sog. „bis zu" Kapitalerhöhungsbeschlüsse *Hüffer/Koch*, § 188 AktG Rz. 4; *Veil* in K. Schmidt/Lutter, § 203 AktG Rz. 15; *Lutter* in KölnKomm. AktG, 2. Aufl. 1995, § 188 AktG Rz. 8; dies voraussetzend *Groß*, ZIP 2002, 160, 162.
295 *Trapp*, AG 1997, 115, 121 f.; *Veil* in K. Schmidt/Lutter, § 203 AktG Rz. 15.

nativ wäre an die Bedienung der von der Gesellschaft eingeräumten Greenshoe-Option durch Ausnutzung eines genehmigten Kapitals zu denken (dazu Rz. 45.30)[296].

8.70 Infolge eines Urteils des **Kammergerichts** aus dem Jahre 2001 waren vorübergehend Zweifel an der Zulässigkeit der Gewährung einer **Greenshoe-Option durch die Gesellschaft** und deren Bedienung durch eine Kapitalerhöhung aufgekommen[297]. Dieses hatte die Ausgabe neuer Aktien zum Platzierungspreis zur Bedienung der Greenshoe-Option als Verstoß gegen § 255 Abs. 2 AktG angesehen, da der Platzierungspreis deutlich unter dem Börsenkurs bei Ausübung der Option lag und daher der Ausgabebetrag der neuen Aktien unangemessen niedrig gewesen sei. Im Schrifttum war das Urteil auf einhellige Ablehnung gestoßen[298]. Es verkannte insbesondere, dass es bei einer Kapitalerhöhung aus genehmigtem Kapital für die Angemessenheit des Ausgabebetrages nach § 255 Abs. 2 AktG auf den Zeitpunkt des Beschlusses des Vorstandes über die Durchführung der Kapitalerhöhung (bzw. der Zustimmung des Aufsichtsrates) ankommt. Der Zeitpunkt der Anmeldung der Durchführung der Kapitalerhöhung zum Handelsregister und eine zwischenzeitlich etwa eingetretene Kurssteigerung der Aktien der Gesellschaft sind dagegen irrelevant. Auch wurden die wirtschaftlichen Zusammenhänge der Greenshoe-Option nicht gewürdigt. Die Greenshoe-Option dient der Rückführung einer zuvor zur Durchführung einer Mehrzuteilung eingegangenen Wertpapierleihe. Die mehrzugeteilten Aktien werden zusammen mit der Haupttranche bei Investoren zu einem typischerweise im Bookbuilding-Verfahren[299] ermittelten Preis platziert. Die Ausgabe der neuen Aktien aus der Greenshoe-Tranche dient lediglich der wertpapiertechnischen Abwicklung der Wertpapierleihe. Die Gesellschaft wird also wirtschaftlich so gestellt, als ob die Platzierung einer einheitlichen Kapitalerhöhung über das gesamte Emissionsvolumen einschließlich Mehrzuteilung erfolgt wäre[300]. Ein für die Haupttranche als angemessen erachteter Ausgabepreis (und davon wird man bei einem ordnungsgemäß durchgeführten Bookbuilding-Verfahren ausgehen können) ist daher auch für die Greenshoe-Tranche als angemessen anzusehen. Mittlerweile ist das Kammergericht von seiner Entscheidung von 2001 abgerückt und hat sich in einem neuen Urteil in der derselben Sache der vorstehend dargestellten Auffassung des Schrifttums angeschlossen[301]. Der BGH hat diese Entscheidung bestätigt[302].

8.71 Die Einräumung des **Greenshoe durch einen Altaktionär** ist recht einfach abzuwickeln. Dagegen erfordert die Einräumung einer Greenshoe-Option durch die Gesellschaft und deren Bedienung durch eine Kapitalerhöhung einen deutlichen Mehraufwand. Sie ermöglicht es aber der Gesellschaft, bei Ausübung der Greenshoe-Option einen zusätzlichen Erlös zu erzielen.

8.72 Auch bei **Bezugsrechtsemissionen** ist es grundsätzlich denkbar, eine Greenshoe-Option und deren Bedienung durch Lieferung (weiterer) neuer Aktien vorzusehen. Dabei würde das Bezugsangebot tatsächlich nur zum Teil mit neuen Aktien aus einer Kapitalerhöhung beliefert; die Bedienung des verbleibenden Teils erfolgte – ähnlich wie bei der angesprochenen Mehrzuteilung – mit „alten" Aktien aus einer sog. „Aktienleihe". Die Ausgabe neuer (Greenshoe-)Aktien an die Emissionsbank zur Rückführung der zuvor eingegangenen Leihe, wird als unschädlich angesehen (auch wenn insoweit formal wohl ein Bezugsrechtsausschluss anzunehmen wäre). Schließlich ist es für die bezugsberechtigten Aktionäre gleichgültig, ob sie bei Ausübung ihres Bezugsrechts „alte" oder neue Aktien erhalten, solange diese gattungsgleich sind. Sollte wegen erfolgter Stabilisierungskäufe die Greenshoe-Option nicht ausgeübt werden, hätten die Aktionäre allerdings mehr Aktien beziehen können, als ihnen aufgrund des Volumens der dann tatsächlich durchgeführten Kapitalerhöhung und des sich daraus ergebenden Bezugsverhältnisses

---

296 *Freitag*, AG 2009, 473, 476.
297 KG v. 22.8.2001 – 23 U 6712/99 – Senator Entertainment I, AG 2002, 243 = WM 2002, 653.
298 *Groß*, ZIP 2002, 160; *Busch*, AG 2002, 230; *Sinewe*, DB 2002, 314; *Meyer*, WM 2002, 1106; *Schanz*, BKR 2002, 439; *Paefgen*, WuB II A. § 255 AktG 1.02.
299 *Schanz*, Börseneinführung, § 10 Rz. 80 ff.; *Groß*, ZHR 162 (1998), 318, 322.
300 Vgl. *Trapp*, AG 1997, 115, 122; *Technau*, AG 1998, 445, 459; *Hein*, WM 1996, 1, 7; *Hirte* in Großkomm. AktG, 4. Aufl. 2001, § 203 AktG Rz. 94, § 204 AktG Rz. 13.
301 KG v. 16.11.2006 – 23 U 55/03 – Senator Entertainment II, ZIP 2007, 1660, 1662.
302 BGH v. 21.7.2008 – II ZR 1/07 – Senator Entertainment AG II, ZIP 2009, 913 = AG 2009, 446.

eigentlich zustanden. Dann wäre die gesetzliche Pflicht zur Einräumung eines Bezugsrechts übererfüllt worden, was aktienrechtlich nicht zu beanstanden ist[303]. Allerdings spielt Stabilisierung bei Bezugsrechtsemissionen selten eine Rolle, wenn sie – wie dies regelmäßig der Fall ist – zu einem erheblich unter dem Börsenkurs liegenden Bezugspreis erfolgen. Etwaiger Verkaufsdruck wird häufig schon im Bezugsrechtshandel abgebaut (siehe Rz. 8.64). Zudem darf die Stabilisierung nicht zu einem höheren Preis als dem Emissionspreis erfolgen (siehe Rz. 8.80). Diesen unterschreitet der Börsenkurs bei einer Bezugsrechtsemission während des bei Aktienemissionen üblichen und als zulässig anerkannten Stabilisierungszeitraumes von 30 Tagen nach Abschluss der Emission in aller Regel nicht; der vorgenommene Abschlag soll dies gerade verhindern.

Eine Mehrzuteilung kann auch erfolgen, ohne dass zuvor eine Greenshoe-Option eingeräumt wurde. Dies bezeichnet man als „**Naked Short**". Die Emissionsbank nimmt insoweit sog. **Leerverkäufe** vor (auch als Eingehen einer sog. „*short*"-Position bezeichnet), ohne dauerhaft abgesichert zu sein (also „*naked*"). Zur Erfüllung ihrer Lieferverpflichtungen muss die Emissionsbank auch hier zunächst eine sog. „Wertpapierleihe" abschließen. Kauft sie im Rahmen der Stabilisierung Aktien zurück, so kann sie diese zur Rückführung der Leihe verwenden. Verharrt der Börsenkurs jedoch dauerhaft über dem Emissionspreis und werden deshalb keine Stabilisierungskäufe getätigt, so fehlt ihr die Möglichkeit, die zur Rückführung der Leihe erforderlichen Aktien durch Ausübung einer Greenshoe-Option zu beschaffen. Sie ist gezwungen, auf eigene Rechnung Aktien zu dem dann über dem Emissionspreis liegenden Kurs im Markt zu erwerben. Je nach Kursverlauf besteht mithin erhebliches Verlustpotential für die Emissionsbank. Daher kommt diese Gestaltung in der Praxis mittlerweile praktisch nicht mehr vor.

8.73

cc) Kapitalmarktrechtliche Einordnung und Zulässigkeit

Werden bei Aktienemissionen Kursstabilisierungsmaßnahmen durchgeführt, können diese sich auf den Börsenkurs bzw. Marktpreis der betreffenden Aktien auswirken. Denn sie zielen gerade darauf ab, ein Absinken des Kurses zu verhindern oder zu mildern. Damit besteht die Gefahr, dass gleich mehrere Tatbestandsalternativen des **Verbotes der Marktmanipulation** nach Art. 12, 15 MAR erfüllt sind[304]. So könnten Stabilisierungsmaßnahmen angesehen werden als Abschluss eines Geschäfts, Erteilung eines Handelsauftrags oder auch eine andere Handlung, (i) der bzw. die falsche oder irreführende Signale hinsichtlich des Angebots, der Nachfrage oder des Preises eines Finanzinstruments gibt oder bei der dies wahrscheinlich ist, oder (ii) durch das bzw. die ein anormales oder künstliches Kursniveau eines oder mehrerer Finanzinstrumente erzielt wird oder bei dem/der dies wahrscheinlich ist (Art. 12 Abs. 1 lit. a) MAR). Verstöße gegen die Verbote der Art. 12, 15 MAR sind Ordnungswidrigkeiten nach § 120 Abs. 2 Nr. 3 WpHG; erfolgen sie vorsätzlich und führen sie tatsächlich zu einer Einwirkung auf den Börsen- oder Marktpreis, liegt sogar eine Straftat nach § 119 Abs. 1 Nr. 1 und 2 WpHG vor.

8.74

Der scheinbare Widerspruch zwischen der Weite der Verbotstatbestände der Art. 12 und 15 MAR und der erheblichen rechtlichen Sanktionierung von Verstößen (z.B. Freiheitsstrafe bis zu fünf Jahren, bei juristischen Personen Geldbuße bis zu zehn Millionen Euro oder 5 % des Jahresumsatzes [!])[305] einerseits und dem allgemeine Verständnis der Marktteilnehmer, die Stabilisierung als etwas nicht nur Übliches, sondern auch Sinnvolles ansehen, wird durch Art. 5 Abs. 4 MAR aufgelöst. Danach stellen zur **Stabilisierung** des Preises von Finanzinstrumenten durchgeführte Maßnahmen **in keinem Fall** einen Verstoß gegen das Verbot der Marktmanipulation nach Art. 15 MAR dar, soweit

8.75

– die Dauer der Stabilisierungsmaßnahme begrenzt ist;
– relevante Informationen zur Stabilisierung offengelegt und der zuständigen Behörde des Handelsplatzes, an dem die Wertpapiere gehandelt werden, gemäß Art. 15 Abs. 5 MAR gemeldet werden;

---
303 *Busch*, AG 2002, 230, 235; *Schlitt/Seiler*, WM 2003, 2175, 2182.
304 Das Verbot der Marktmanipulation nach Art. 12, 15 MAR knüpft an der Vorgängerregelung des § 20a WpHG a.F. und erweitert diese, dazu *de Schmidt*, RdF 2016, 4.
305 Dazu *von Buttlar*, BB 2014, 451; *Becker/Rodde*, ZBB/JBB 2016, 11.

insoweit haben Emittenten, (An-)Bieter oder Unternehmen, die die Stabilisierungsmaßnahme durchführen, der zuständigen Behörde des Handelsplatzes die Einzelheiten sämtlicher Stabilisierungsmaßnahmen spätestens am Ende des siebten Handelstags nach deren Ausführung mitzuteilen;

- in Bezug auf den Kurs (gemeint: Preis, zu dem Stabilisierungsmaßnahmen durchgeführt wurden) angemessene Grenzen eingehalten werden und

- die Maßnahmen den Bedingungen für die Stabilisierung den gemäß Art. 5 Abs. 6 MAR erlassenen technischen Regulierungsstandards entsprechen; auf dieser Grundlage hat die Kommission die EU-VO 2016/1052 erlassen[306].

Die Vorgaben der EU-VO 2016/1052 entsprechen im Wesentlichen jenen der zuvor geltenden Verordnung (EG) Nr. 2273/2003 der Europäischen Kommission („VO 2273/2003")[307], so dass auf die hierzu entwickelte Verwaltungspraxis und das dazu erschienene Schrifttum zurückgegriffen werden kann[308]. Bei den Regelungen zur Kursstabilisierung in der EU-VO 2016/1052 handelte es sich damit – wie bei den schon zuvor bestehenden Stabilisierungsregeln nach britischem und nach US-Recht[309] und der Vorgängerregelung in VO 2273/2003 – um sog. *Safe Harbour Rules*. Diese regeln positiv zulässige Verhaltensweisen. Maßnahmen, die sich im Rahmen dieser Vorgaben halten, sind schon tatbestandlich keine Marktmanipulation, so dass es sich bei diesen *Safe Harbour Rules* in der Terminologie des deutschen Rechts um Tatbestandsausschlussgründe handelt[310]. Eine außerhalb des *Safe Harbour* (auf Deutsch: „sicherer Hafen") liegende Verhaltensweise ist daher nicht notwendigerweise verboten. Vielmehr muss dies im Einzelfall anhand der Verbotstatbestände Art. 12, 15 MAR unter Heranziehung der näheren Bestimmungen der nicht erschöpfenden Aufzählung von Indikatoren in Anhang I der MAR und des hierzu von der Kommission erlassenen delegierten Rechtsakts (EU-VO 2016/522, dort Art. 4 und Anhang II)[311] geprüft werden[312].

---

306 Delegierte Verordnung (EU) 2016/1052 der Kommission v. 8.3.2016 zur Ergänzung der Verordnung (EU) Nr. 596/2014 des Europäischen Parlaments und des Rates durch technische Regulierungsstandards für die auf Rückkaufprogramme und Stabilisierungsmaßnahmen anwendbaren Bedingungen, ABl. EU Nr. L 173 v. 30.6.2016, S. 34.
307 Verordnung (EG) Nr. 2273/2003 der Kommission v. 22.12.2003 zur Durchführung der Richtlinie 2003/6/EG des Europäischen Parlaments und des Rates – Ausnahmeregelungen für Rückkaufprogramme und Kursstabilisierungsmaßnahmen, ABl. EU Nr. L 336 v. 23.12.2003, S. 33 ff.; zur angestrebten Regelungskontinuität *Mülbert* in Assmann/Uwe H. Schneider/Mülbert, Wertpapierhandelsrecht, Art. 5 VO Nr. 596/2014 Rz. 7.
308 *de Schmidt*, RdF 2016, 4, 8.
309 Dazu *Bosch* in Bosch/Groß, Emissionsgeschäft, 1998, Rz. 10/349; zu den US-Regelungen („Regulation M" der SEC): *Lenzen*, Unerlaubte Eingriffe in die Börsenkursbildung, 2000, § 4 IV 2c) bb) S. 97); *Fleischer*, ZIP 2003, 2045, 2048 f. Die Stabilisierungsregeln (Price Stabilising Rules) der britischen FSA sind Teil des von dieser herausgegebenen FSA Handbook (im Internet abrufbar unter http://fsahandbook.info/FSA/html/handbook), verweisen aber mittlerweile weitgehend auf die VO 2273/2003, die auch in Großbritannien unmittelbar gilt.
310 *Klöhn* in Klöhn, Art. 5 MAR Rz. 7; *Mülbert* in Assmann/Uwe H. Schneider/Mülbert, Wertpapierhandelsrecht, Art. 5 VO Nr. 596/2014 Rz. 28.
311 Delegierte Verordnung (EU) 2016/522 der Kommission v. 17.12.2015 zur Ergänzung der Verordnung (EU) Nr. 596/2014 des Europäischen Parlaments und des Rates im Hinblick auf eine Ausnahme für bestimmte öffentliche Stellen und Zentralbanken von Drittstaaten, die Indikatoren für Marktmanipulation, die Schwellenwerte für die Offenlegung, die zuständige Behörde, der ein Aufschub zu melden ist, die Erlaubnis zum Handel während eines geschlossenen Zeitraums und die Arten meldepflichtiger Eigengeschäfte von Führungskräften; ABl. EU Nr. L 88 v. 5.4.2016, S. 1.
312 *Haupt* in Meyer/Veil/Rönnau, Handbuch zum Marktmissbrauchsrecht, 2018, § 17 Rz. 3; *Mülbert* in Assmann/Uwe H. Schneider/Mülbert, Wertpapierhandelsrecht, Art. 5 VO Nr. 596/2014 Rz. 4; *Zimmer/Bator* in Schwark/Zimmer, Art. 5 Verordnung (EU) Nr. 596/2014, Rz. 1; zu der Komplexität der Subsumtion unter den Tatbestand des Art. 12 MAR *Zimmer/Bator* in Schwark/Zimmer, Art. 12 Verord-

Unter **Kursstabilisierung** sind nach Art. 3 Abs. 2 lit. d) MAR jeder Kauf bzw. jedes Angebot zum Kauf von Wertpapieren oder eine Transaktion mit vergleichbaren verbundenen Instrumenten zu verstehen, die ein Kreditinstitut oder ein Wertpapierdienstleistungsunternehmen im Rahmen eines signifikanten Zeichnungsangebots für diese Wertpapiere mit dem alleinigen Ziel tätigen, den Marktkurs dieser Wertpapiere für einen im Voraus bestimmten Zeitraum zu stützen, wenn auf diese Wertpapiere Verkaufsdruck besteht. Für die Zwecke der Safe Habour Regelung für Kursstabilisierungsmaßnahmen definiert Art. 3 Abs. 2 lit. a) MAR **Wertpapiere** als: 8.76

- Aktien und andere Wertpapiere, die Aktien entsprechen (etwa sog. aktienvertretenden Zertifikate);
- Schuldverschreibungen und sonstige verbriefte Schuldtitel oder
- verbriefte Schuldtitel, die in Aktien oder andere Wertpapiere, die Aktien entsprechen, umgewandelt bzw. gegen diese eingetauscht werden können (etwa Wandelschuldverschreibungen oder sog. Umtauschanleihen, dazu § 51).

Anders als bei der Vorgängerregelung ist es nicht erforderlich, dass die Wertpapiere zum Handel auf einem „geregelten" Markt zugelassen sind oder zumindest deren Zulassung beantragt ist („relevante Wertpapiere" i.S.v. Art. 2 Nr. 6 der früheren VO 2273/2003). Es genügt vielmehr, dass sie an einem **Handelsplatz**[313] notiert sind. Dies ergibt sich aus Art. 5 Abs. 4 lit. b) und Abs. 5 MAR, die dies durch den Verweis auf die zuständigen Behörde „des Handelsplatzes" voraussetzen[314].

Als Stabilisierungsmaßnahmen können auch Transaktionen mit sog. verbundenen Instrumenten durchgeführt werden. Als **verbundene Instrumente** bezeichnet Art. 3 Abs. 2 lit. b) MAR die nachstehend genannten Finanzinstrumente, selbst wenn sie nicht zum Handel auf einem Handelsplatz zugelassen sind, gehandelt werden oder für sie kein Antrag auf Zulassung zum Handel auf einem solchen Handelsplatz gestellt wurde: 8.76a

- Verträge über bzw. Rechte auf Zeichnung, Kauf oder Verkauf relevanter Wertpapiere,
- Finanzderivate auf Wertpapiere,
- bei Wandel- oder Umtauschanleihen die Wertpapiere, in die diese gewandelt oder umgetauscht werden können (sog. Underlying),
- Instrumente, die vom Emittenten oder Garantiegeber der Wertpapiere ausgegeben werden bzw. abgesichert sind und deren Marktkurs den Kurs der relevanten Wertpapiere erheblich beeinflussen könnte oder umgekehrt,
- in Fällen, in denen die Wertpapiere Aktien entsprechen, die von diesen vertretenen Aktien bzw. die von diesen vertretenen anderen Wertpapiere, die Aktien entsprechen.

Ein **signifikantes Zeichnungsangebot**, in dessen Rahmen Kursstabilisierungsmaßnahmen vom Verbot der Marktmanipulation freigestellt sind, ist nach Art. 3 Abs. 2 lit. c) MAR Erst- oder Zweitplatzierung relevanter Wertpapiere, die sich sowohl hinsichtlich des Werts der angebotenen Wertpapiere als auch der Verkaufsmethoden vom üblichen Handel unterscheidet. Das Erfordernis der öffentlichen Ankündigung fehlt anders als noch zuvor in Art. 2 Abs. 9 der früheren VO 2273/2003 in der Definition des signifikanten Zeichnungsangebots. Auch unterscheidet Art. 5 Abs. 1 VO 2016/1052 bei der Bestim- 8.77

---

nung (EU) Nr. 596/2014, Rz. 35; *Anschütz/Kunzelmann* in Meyer/Veil/Rönnau, Handbuch zum Marktmissbrauchsrecht, 2018, Art. 12 Rz. 46 f.
313 Geregelter Markt, multilaterales Handelssystem („MTF") oder organisiertes Handelssystem („OTF") i.S.v. Art. 3 Abs. 1 Nr. 6–8 MAR i.V.m. Art. 4 Abs. 1 Nr. 21–23, Art. 1 Abs. 1 Richtlinie 2014/65/EU – MiFID II, die jeweils gemäß Art. 4 Abs. 1 Nr. 24 MiFID II einen „Handelsplatz" darstellen.
314 In diesem Sinne auch ESMA Final Report „Draft technical standards on the Market Abuse Regulation" v. 28.9.2015, ESMA/2015/1455, Annex IV – Feedback on the Consultation Paper, Rz. 50.

mung des Stabilisierungszeitraums als Formen eines signifikanten Zeichnungsangebots zwischen einer „öffentlich angekündigten Erstplatzierung" und einer (bloßen) „Zweitplatzierung" – was so verstanden werden könnte, als ob letztere nicht öffentlich angekündigt werden müsste. Indes erfordert Art. 6 Abs. 1 VO 2016/1052, dass die Möglichkeit von Kursstabilisierungsmaßnahmen (etc.) vor Beginn der Erst- oder Zweitplatzierung der Wertpapiere in angemessener Weise bekannt gegeben werden muss. „Angemessene Bekanntgabe" bezeichnet nach Art. 1 lit. b) VO 2016/1052 die Veröffentlichung von Informationen in einer Art und Weise, die der Öffentlichkeit einen schnellen Zugriff darauf und eine vollständige, korrekte und rechtzeitige Bewertung dieser Informationen nach Maßgabe der Durchführungsverordnung (EU) 2016/1055 der Kommission ermöglicht (dazu Rz. 8.80). Dabei wird man denklogisch auch das signifikante Zeichnungsangebot erwähnen müssen, in dessen Zusammenhang die Kursstabilisierungsmaßnahmen erfolgen. Mithin ist weiterhin davon auszugehen, dass ein signifikantes Zeichnungsangebots öffentlich angekündigt sein muss[315].

8.78 Kursstabilisierungsmaßnahmen sind nur in den zeitlichen Grenzen des Art. 5 VO 2016/1052, zulässig; diese differenzieren nach Art der Platzierung wie folgt. Bei einer Platzierung von Aktien oder Aktien entsprechenden Wertpapieren beginnt der **Stabilisierungszeitraum** im Falle einer **Erstplatzierung** nach Art. 5 Abs. 1 lit. a) VO 2016/1052 am Tag der Aufnahme des Handels auf dem betreffenden Handelsplatz und endet spätestens nach 30 Kalendertagen. Darf das angebotene Wertpapier vor Aufnahme des Handels auf einem Handelsplatz gehandelt werden, beginnt die 30-Tages-Frist ab Veröffentlichung des endgültigen Platzierungspreises[316]. Dies setzt aber nach Art. 5 Abs. 2 VO 2016/1052 voraus, dass dieser vorgezogene „Handel per Erscheinen" unter Einhaltung der geltenden Vorschriften des Handelsplatzes erfolgt, auf dem die Wertpapiere später zum Handel zugelassen (!) werden sollen, einschließlich etwaiger Bekanntgabe- und Meldevorschriften. Der Verweis auf die Zulassung dürfte ein Überbleibsel aus der Vorgängerregelung sein, die auf Wertpapiere beschränkt war, die zum Handel am regulierten Markt zuzulassen sind. Nunmehr dürfte dies auch als Verweis auf Vorschriften von Handelsplätzen zu verstehen sein, an denen keine Zulassung, sondern nur eine Einbeziehung erfolgt.

Bei einer **Zweit- oder Sekundärplatzierung** kommt es nach Art. 5 Abs. 1 lit. b) VO 2016/1052 für den Beginn des Stabilisierungszeitraums ebenfalls auf die Veröffentlichung des endgültigen Platzierungspreises an (hier als „Schlusskurs" bezeichnet)[317]; der Stabilisierungszeitraum endet in diesem Fall 30 Tage nach dem Datum der Zuteilung der Wertpapiere. Der Begriff der „Zweitplatzierung" dürfte hierbei weiterhin ebenso die Umplatzierung bestehender Aktien aus Altaktionärsbestand wie auch Platzierungen neuer Aktien aus einer Kapitalerhöhung einer bereits börsennotierten Gesellschaft bezeichnen[318].

---

315 So auch ESMA Final Report „Draft technical standards on the Market Abuse Regulation" v. 28.9.2015, ESMA/2015/1455, Rz. 58 f.; BaFin, Emittentenleitfaden, 5. Auflage, Modul C, Stand 25.3.2020, Abschnitt IV. 1 (S. 84); *Mülbert* in Assmann/Uwe H. Schneider/Mülbert, Wertpapierhandelsrecht, Art. 5 VO Nr. 596/2014 Rz. 78; ausführlich unter Heranziehung der Entstehungsgeschichte *Feuring/Berrar* in Habersack/Mülbert/Schlitt, Unternehmensfinanzierung am Kapitalmarkt, § 39 Rz. 39.18 ff.
316 Wie die Vorgängerregelung Art. 8 Abs. 2 Satz 2 VO 2273/2003 spricht auch Art. 5 Abs. 2 VO 2016/1052 hier irreführenderweise von „Schlusskurs". Dies dürfte aber (leider immer noch) eine ungenaue Übersetzung des in der englischen Fassung enthaltenen Begriffes „final price of the securities" sein, welcher Begriff tatsächlich den endgültigen Platzierungspreis bezeichnet; *Klöhn* in Klöhn, Art. 5 MAR Rz. 103; *Haupt* in Meyer/Veil/Rönnau, Handbuch zum Marktmissbrauchsrecht, 2018, § 17 Rz. 128; *Mülbert* in Assmann/Uwe H. Schneider/Mülbert, Wertpapierhandelsrecht, Art. 5 VO Nr. 596/2014 Rz. 85; *Feuring/Berrar* in Habersack/Mülbert/Schlitt, Unternehmensfinanzierung am Kapitalmarkt, § 39 Rz. 39.35; so schon *Meyer*, AG 2004, 289, 296 Fn. 61; *Leppert/Stürwald*, ZBB 2004, 302, 310.
317 Zur Terminologie siehe Rz. 8.78 Fn. 316.
318 *Feuring/Berrar* in Habersack/Mülbert/Schlitt, Unternehmensfinanzierung am Kapitalmarkt, § 39 Rz. 39.34, jeweils m.w.N. *Mülbert* in Assmann/Uwe H. Schneider/Mülbert, Wertpapierhandelsrecht, Art. 5 VO Nr. 596/2014 Rz. 86; *Haupt* in Meyer/Veil/Rönnau, Handbuch zum Marktmissbrauchsrecht, 2018, § 17 Rz. 128; so schon bisher unter der VO 2273/2003, vgl. *Meyer*, AG 2004, 289, 293; *Leppert/Stürwald*, ZBB 2004, 302, 310.

Bei **Schuldverschreibungen** und **anderen verbrieften Schuldtiteln** kann gemäß Art. 5 Abs. 3 VO 2016/1052 ab der angemessenen Bekanntgabe der Angebotsbedingungen[319] bis zum Ablauf von 30 Kalendertagen nach Erhalt des Emissionserlöses durch den Emittenten („Closing") bzw. – sofern dieser Zeitpunkt früher eintritt – 60 Kalendertagen nach Zuteilung stabilisiert werden. Diese Regelung gilt auch für die sog. Equity Linked Instrumente, d.h. verbriefte Schuldtitel, die in Aktien oder andere Wertpapiere, die Aktien entsprechen, umgewandelt oder umgetauscht werden können.

Kursstabilisierungsmaßnahmen dürfen nur zu bestimmten **Kursbedingungen** erfolgen, Art. 7 VO 2016/1052. Im Falle eines Angebots von Aktien oder Aktien entsprechenden Wertpapiere darf keine Stabilisierung zu einem höheren Kurs als dem „Emissionskurs" vorgenommen werden, Art. 7 Abs. 1 VO 2016/1052. Gemeint ist damit der Preis, zu dem die Wertpapiere im Rahmen des signifikanten Zeichnungsangebotes an Investoren platziert wurden; es müsste daher eigentlich auf den „Platzierungspreis" abgestellt werden[320]. Bei Schuldverschreibungen, die in Aktien oder Aktien entsprechende Wertpapiere gewandelt oder umgetauscht werden können, ist nunmehr unklar, ob sich die Preisgrenzen auf den Marktkurs bzw. -preis dieser Schuldverschreibungen oder – wie bisher – der zu Grunde liegenden Wertpapiere (*Underlying*) bezieht. Der Wortlaut des Art. 7 Abs. 2 VO 2016/1052 deutet auf ersteres Verständnis hin. Da aber bei Equity Linked Instrumenten typischerweise Verkaufsdruck eher im Underlying entsteht (denn dieses ist das deutlich liquidere Instrument), empfiehlt es sich, bei Stabilisierungsmaßnahmen im Basiswert (Underlying) dessen Marktpreis als Obergrenze anzunehmen. Der relevante Marktpreis bzw. -kurs ist jeweils jener bei Bekanntgabe der endgültigen Bedingungen des Angebots der wandel- oder umtauschbaren Schuldverschreibungen. Für Schuldverschreibungen ohne Wandel- oder Umtauschrechte gelten in Bezug auf den Stabilisierungskurs dagegen keine Beschränkungen.

8.79

Nach Art. 6 VO 2016/1052 sind bestimmte **Bekanntgabe-, Melde- und Aufzeichnungspflichten** zu erfüllen. Vor Beginn der Zeichnungsfrist müssen die in Art. 6 Abs. 1 VO 2016/1052 aufgeführten Hinweise auf die mögliche Stabilisierung angemessen bekannt gegeben werden. Unter „angemessener Bekanntgabe" ist nach Art. 1 lit. b) VO 2016/1052 die Veröffentlichung von Informationen in einer Art und Weise, die der Öffentlichkeit einen schnellen Zugriff darauf und eine vollständige, korrekte und rechtzeitige Bewertung dieser Informationen nach Maßgabe der VO (EU) 2016/1055 ermöglicht. Es handelt sich dabei um die Anforderungen, die auch für die Bekanntgabe von Insiderinformationen gelten (Ad-hoc Publizität gemäß Art. 17 MAR). Diese sind gemäß Art. 2 Abs. 1 VO (EU) 2016/1055 mithilfe technischer Mittel bekannt zu machen, die eine nichtdiskriminierende und unentgeltliche Verbreitung an eine möglichst breite Öffentlichkeit, zeitgleich in der gesamten EU ermöglichen. Dazu sind zu veröffentlichende Informationen Medien zuzuleiten, bei denen die Öffentlichkeit vernünftigerweise davon ausgeht, dass sie die Informationen tatsächlich verbreiten, bisher sog. **Medienbündel**[321].

8.80

Die bisherige Ausnahmeregelung, wonach gemäß Art. 9 Abs. 1 Satz 2 VO 2273/2003 für Angebote, die in den Anwendungsbereich der EU-Prospektrichtlinie[322] fallen, die Anwendung dieser Hinweispflicht

---

319 Bei Schuldverschreibungen ohne Wandel- oder Umtauschrecht Angebotsbedingungen einschließlich des Aufschlages auf einen Referenzwert; bei solchen mit Wandel- oder Umtauschrecht die „endgültigen" Angebotsbedingungen.
320 *Klöhn* in Klöhn, Art. 5 MAR Rz. 124; *Mülbert* in Assmann/Uwe H. Schneider/Mülbert, Wertpapierhandelsrecht, Art. 5 VO Nr. 596/2014 Rz. 9; *Singhof* in Habersack/Mülbert/Schlitt, Hdb. Kapitalmarktinformation, § 21 Rz. 14; *Zimmer/Bator* in Schwark/Zimmer, Art. 5 Rz. 11.
321 *Haupt* in Meyer/Veil/Rönnau, Handbuch zum Marktmissbrauchsrecht, 2018, § 17 Rz. 42, 165; vgl. Begr. RegE TUG, BT-Drucks. 16/2498, S. 49, dazu *Pirner/Lebherz*, AG 2007, 19; *Noack*, WM 2007, 377, 380; *Hutter/Kaulamo*, NJW 2007, 550, 554 f.
322 Richtlinie 2003/71/EG des Europäischen Parlaments und des Rates v. 4.11.2003 betreffend den Prospekt, der beim öffentlichen Angebot von Wertpapieren oder bei deren Zulassung zum Handel zu veröffentlichen ist, und zur Änderung der Richtlinie 2001/34/EG, ABl. EU Nr. L 345 v. 31.12.2003, S. 64.

ausgesetzt wurde, ist entfallen[323]. Darauf, dass in einem **Prospekt** ohnehin entsprechende Angaben erfolgen müssen[324], kommt es also nicht mehr an.

Art. 6 Abs. 2 VO 2016/1052 sieht daneben die angemessene **Bekanntgabe der Einzelheiten** der Stabilisierungsmaßnahmen spätestens am Ende des siebten Handelstages nach deren Ausführung vor. Ferner sind die in Art. 6 Abs. 3 VO 2016/1052 genannten Einzelheiten der durchgeführten Stabilisierungsmaßnahmen innerhalb einer Woche nach Ablauf des Stabilisierungszeitraums angemessen bekannt zu geben. Zudem sind gemäß Art. 6 Abs. 4 VO 2016/1052 alle Stabilisierungsmaßnahmen von Emittent, Anbieter und dem die Stabilisierungsmaßnahmen durchführenden Unternehmen aufzuzeichnen[325]. Dagegen ist anders als bei Aktienrückkaufprogrammen keine zusätzliche Zugänglichmachung auf der Internetseite des Emittenten erforderlich[326].

8.81 Der Emittent, der (An-)Bieter und alle Unternehmen, die die Stabilisierungsmaßnahme durchführen, sowie in ihrem Auftrag handelnde Personen, haben nach Art. 6 Abs. 5 VO 2016/1052 einen von ihnen als zentrale Stelle zu bestimmen, die für die Erfüllung der Bekanntgabepflichten nach Art. 6 Abs. 1, 2 und 3 sowie die Bearbeitung von Auskunftsersuchen der in Art. 6 Abs. 4 VO 2016/1052 genannten zuständigen Behörden verantwortlich ist. Dabei handelt es sich um alle Behörden, die für die Beaufsichtigung aller Handelsplätze zuständig sind, an denen Wertpapiere, die Gegenstand der Stabilisierungsmaßnahmen sind, zum Handel zugelassen sind oder gehandelt werden, sowie der Handelsplätze, an denen Stabilisierungstransaktionen bei verbundenen Instrumenten durchgeführt werden. Diese Person bzw. Institution wird sinnvollerweise auch dieselbe sein, die bei der Vorab-Bekanntmachung der Stabilisierungsmaßnahmen nach Art. 6 Abs. 1 lit. d) VO 2016/1052 als für die Durchführung der Stabilisierungsmaßnahme zuständiges Unternehmen benannt wird. Insoweit geht die ESMA von der Fortführung des bereits den britischen Price Stabilising Rules[327] und der früheren deutschen KuMaKV[328] vor Inkrafttreten der VO 2273/2003 zu Grunde liegenden Konzept des **Stabilisierungsmanagers** aus[329]. Dieser entscheidet nach eigenem Ermessen unabhängig über die Vornahme von Stabilisierungsmaßnahmen. Dies kommt auch durch den gemäß Art. 6 Abs. 1 lit. a) VO 2016/1052 vorgesehenen öffentlichen Hinweis zum Ausdruck, dass die Durchführung von Kursstabilisierungsmaßnahmen nicht zwingend erfolgen müssen und jederzeit eingestellt werden können[330].

8.82 Schließlich lässt die VO 2016/1052 in Art. 8 auch die – üblichen – Maßnahmen zur Unterstützung von Kursstabilisierung zu, sog. **ergänzende Stabilisierungsmaßnahmen**. Eine **Mehrzuteilung**[331] relevan-

---

323 ESMA Final Report „Draft technical standards on the Market Abuse Regulation" v. 28.9.2015, ESMA/2015/1455, Rz. 42.
324 Vgl. für Aktienemissionen Ziff. 6.5 (Stabilisierung) und Ziff. 5.2.5 (Mehrzuteilung und Greenshoe) des Anh. III der Verordnung (EG) Nr. 809/2004 der Kommission v. 29.4.2004, ABl. EU Nr. L 149 v. 30.4.2004, S. 1.
325 Hinsichtlich des Inhalts dieser Aufzeichnungen verweist Art. 6 Abs. 4 VO 2016/1052 auf Art. 25 und 26 Verordnung (EU) Nr. 600/2014 des Europäischen Parlaments und des Rates v. 15.5.2014 über Märkte für Finanzinstrumente [...], ABl. EU Nr. L 173 v. 12.6.2014, S. 84 („MiFIR").
326 *Feuring/Berrar* in Habersack/Mülbert/Schlitt, Unternehmensfinanzierung am Kapitalmarkt, § 39 Rz. 39.44; dies ergibt sich im Umkehrschluss auch aus BaFin, Emittentenleitfaden, 5. Auflage, Modul C, Stand 25.3.2020, Abschnitt IV.3 (S. 85).
327 Dazu *Bosch* in Bosch/Groß, Emissionsgeschäft, 1998, Rz. 10/349.
328 Begründung zur KuMaKV, BR-Drucks. 639/03, S. 16.
329 ESMA Final Report „Draft technical standards on the Market Abuse Regulation" v. 28.9.2015, ESMA/2015/1455, Rz. 44, 48.
330 *Feuring/Berrar* in Habersack/Mülbert/Schlitt, Unternehmensfinanzierung am Kapitalmarkt, § 34 Rz. 45; *Singhof* in Habersack/Mülbert/Schlitt, Hdb. Kapitalmarktinformation, § 21 Rz. 9; zur entsprechenden Bestimmung in der Vorgängerregelung Art. 9 Abs. 1 lit. a) VO 2273/2003 ebenso *Groß* in GS Bosch, 2006, S. 49, 57; *Busch* in FS Hoffmann-Becking, 2013, S. 211, 227; *Meyer*, AG 2004, 289, 292.
331 Die deutsche Fassung der VO 2016/1052 verwendet den unzutreffenden Begriff der „Überzeichnung"; gemeint ist offensichtlich „Mehrzuteilung" oder „Überzuteilung", was die richtige Übersetzung des in der englischen Fassung verwendeten Fachbegriffes „over-allotment" wäre. Dies ergibt sich auch aus

ter Wertpapiere ist nach dem Wortlaut der Regelung (wie schon nach der Vorgängerregelung in Art. 11 VO 2273/2003) nur „innerhalb der Zeichnungsfrist" und zum „Emissionskurs" zulässig. Eine Mehrzuteilung im Rahmen der Zuteilung der Haupttranche unmittelbar im Anschluss an die Angebots bzw. Zeichnungsfrist dürfte dabei nach Sinn und Zweck der Regelung erfasst sein[332]. Eine Zuteilung vor Ende der Angebotsfrist würde der Wirkungsweise des international üblichen Bookbuilding-Verfahrens widersprechen und ist daher in der Praxis nicht üblich. Mit „Emissionskurs" ist auch hier der „Platzierungspreis" gemeint.[333]

Diese Mehrzuteilung darf durch eine **Greenshoe-Option** von bis zu 15 % des ursprünglichen Angebots abgesichert werden, die sowohl von dem Emittenten oder als auch einem Altaktionär eingeräumt werden kann. Sie darf nur im Rahmen der Mehrzuteilung ausgeübt werden. Die Ausübung der Greenshoe-Option darf nur innerhalb des Stabilisierungszeitraumes erfolgen.

Wurden zwischenzeitlich Aktien im Wege der Stabilisierung erworben, aber noch während des Stabilisierungszeitraumes wieder in den Markt verkauft, so war in der Vergangenheit die vollständige Ausübung der Greenshoe-Option weithin als zulässig angesehen worden (sog. *refreshing the shoe*)[334]. Die Praxis hatte diese Vorgehensweise als nützlich empfunden, da nach anfänglich erfolgter Stabilisierung mit nachfolgendem Anstieg des Börsenkurses so der wirtschaftliche Spielraum für bei volatiler Kursentwicklung etwa erforderliche weitere Stabilisierungskäufe erweitert werden kann. Der Erlös, der durch die Wiederveräußerung der zuvor im Rahmen der Stabilisierung erworbenen Aktien erzielt wurde, kann von dem Stabilisierungsmanager für weitere Stabilisierungskäufe verwendet werden. Sollten diese nicht erforderlich werden, konnte zum Ende des Stabilisierungszeitraums die Greenshoe-Option vollständig ausgeübt werden, also ob keine Stabilisierung stattgefunden hätte. Allerdings hatte bereits das frühere Committee of European Securities Regulators (**CESR**)[335], die Vorgängerorganisation der Europäische Wertpapier- und Marktaufsichtsbehörde European Securities and Markets Authority (**ESMA**)[336], in Leitlinien zur Marktmissbrauchsrichtlinie auf Stufe 3 Bedenken angemeldet. Danach stelle die Wiederveräußerung von durch Stabilisierung erworbenen Wertpapieren keine durch die frühere VO 2273/2003 von dem Verbot der Marktmanipulation freigestellte Verhaltensweise dar. Auch seien nach einer solchen Wiederveräußerung durchgeführte Erwerbsvorgänge nicht mehr durch die VO 2273/2003 gedeckt[337]. Solche Transaktionen seien zwar nicht per se verboten. Stabilisierungskäufe sind jedoch darauf angelegt sind, eine sonst eintretende Preisentwicklung zu verändern und laufen daher Gefahr, ohne Verfügbarkeit einer korrigierenden Safe Harbour Regelung gegen das Verbot der

8.82a

---

der Definition des Begriffes „Überzeichnung" in Art. 1 Lit. f) VO 2016/1052 (ebenso zuvor Art. 2 Nr. 13 VO 2273/2003); dazu bereits *Meyer*, AG 2004, 289, 296 Fn. 63; *Leppert/Stürwald*, ZBB 2004, 302, 314; *Fleischer* in Fuchs, § 20a WpHG Rz. 129; zur unveränderten Terminologie unter der MAR *Feuring/Berrar* in Habersack/Mülbert/Schlitt, Unternehmensfinanzierung am Kapitalmarkt, § 39 Rz. 39.61; *Singhof* in Habersack/Mülbert/Schlitt, Hdb. Kapitalmarktinformation, § 22 Rz. 18; *Klöhn* in Klöhn, Art. 5 MAR Rz. 129 ff.; *Haupt* in Meyer/Veil/Rönnau, Handbuch zum Marktmissbrauchsrecht, 2018, § 17 Rz. 119, 121; *Mülbert* in Assmann/Uwe H. Schneider/Mülbert, Wertpapierhandelsrecht, Art. 5 VO Nr. 596/2014 Rz. 100.
332 *Meyer*, AG 2004, 289, 296; *Singhof* in Habersack/Mülbert/Schlitt, Hdb. Kapitalmarktinformation, § 22 Rz. 18; *Fleischer* in Fuchs, § 20a WpHG Rz. 132.
333 Wie hier *Mülbert* in Assmann/Uwe H. Schneider/Mülbert, Wertpapierhandelsrecht, Art. 5 VO Nr. 596/2014 Rz. 104.
334 Dazu die 2. Aufl., § 8 Rz. 82 m.w.N.
335 Committee of European Securities Regulators (CESR), Market Abuse Directive Level 3 – Third set of CESR guidance and information on the common operation of the Directive to the market, v. 15.5.2009, Ref.: CESR/09-219.
336 Verordnung (EU) Nr. 1095/2010 des Europäischen Parlaments und des Rates v. 24.11.2010 zur Errichtung einer Europäischen Aufsichtsbehörde (Europäische Wertpapier- und Marktaufsichtsbehörde), zur Änderung des Beschlusses Nr. 716/2009/EG und zur Aufhebung des Beschlusses 2009/77/EG der Kommission, ABl. EU Nr. L 331 v. 15.12.2010, S. 84 („ESMA-VO"); *Baur/Boegl*, BKR 2011, 177; *Lehmann/Manger-Nestler*, ZBB 2011, 2.
337 CESR, Market Abuse Directive Level 3 – Third set of guidance v. 15.5.2009, Ref.: CESR/09-219, Tz. 47.

Marktmanipulation nach Art. 12, 15 MAR zu verstoßen[338]. Zudem sind Verkäufe von Wertpapieren, auf die kurze Zeit später die Ausübung der Greenshoe-Option folgt, nach Auffassung von CESR nicht vom Zweck der Freistellung von Mehrzuteilung und Greenshoe-Option vom Verbot der Marktmanipulation gedeckt, weil in diesem Fall kein enger Bezug zur Stabilisierung und zu deren Absicherung mehr bestünde[339]. Der für diese Aussage relevante Zeitraum wird dabei nicht konkretisiert. Damit stellte CESR für beide alternative Zwecke des *refreshing the shoe* klar, dass nach seiner Auffassung diese Vorgehensweise außerhalb der VO 2273/2003 liege[340]. Im Schrifttum wurde diese strikte Position mit durchaus beachtlichen Argumenten kritisiert[341], zumal insbesondere das Schaffen weiterer Stabilisierungsspielraums in einem volatilen Markt als im Interesse nicht nur den Emittenten und der Emissionsbanken, sondern auch der Aktionäre angesehen werden kann. Schon vor Anwendbarwerden der MAR bestand daher im Schrifttum keine Einigkeit über einen etwa verbleibenden Anwendungsbereich eines zulässigen *refreshing the shoe*[342]. ESMA hatte die Verlautbarungen des CESR übernommen und stellt sie weiterhin als aufsichtsrechtliche Leitlinien auf ihrer Internetseite zur Verfügung. Im Final Report zu technischen Standards zur MAR hat ESMA zudem die von CESR entwickelte Auffassung zum *refreshing the shoe* ausdrücklich bestätigt[343]. Dem hat sich die europäische Kommission in Erwägungsgrund 11 VO 2016/1052 angeschlossen. Daher ist angesichts der Weite des Verbotstatbestandes des Art. 12 MAR und dessen Sanktionierung als Ordnungswidrigkeit nach § 120 Abs. 2 Nr. 3 WpHG, im Falle der Preiseinwirkung sogar als Straftat nach § 119 Abs. 1 Nr. 1 WpHG auch unter der MAR und der VO 2016/1052 erst recht Zurückhaltung geboten.

8.82b Die VO 2016/1052 lässt zudem eine nicht durch eine Greenshoe-Option abgesicherte Mehrzuteilung von bis zu weiteren 5 % des Platzierungsvolumens zu (sog. **Naked Short**). Im Hinblick auf die zwischenzeitlich eingeführten Verbote ungedeckter Leerverkäufe (Art. 13 Abs. 1 EU-Leerverkaufsverordnung – EU-LeerverkaufsVO)[344] erscheint der Begriff „naked" aus heutiger Sicht etwas irreführend. Es handelt sich dabei nämlich in aller Regel um eine durch eine Leihe gedeckte Short-Position und damit gerade nicht um einen „ungedeckten" Leerverkauf im Sinne der Leerverkaufsregelungen[345]. Leerverkäufe, die im Zusammenhang mit der Stabilisierung eines Finanzinstruments nach den Regelungen der VO 2016/1052 erfolgen, sind ohnehin vom Verbot ungedeckter Leerverkäufe und von den Melde-

---

338 Insoweit eine informationsgestützte Marktmanipulation annehmend *Mock* in KölnKomm. WpHG, § 20a WpHG Rz. 395; dessen Auffassung, dass hierbei auch ungeachtet einer vorherigen (inhaltlich zutreffenden) Offenlegung der Möglichkeit des „refreshing" eine informationsgestützte (!) Marktmanipulation (Art. 12 Abs. 1 lit. c) MAR) vorliegen soll, überzeugt freilich nicht. Denn hierbei handelt es sich gerade nicht um „falsche oder irreführende Signale", sondern gerade um die Vermeidung derselben.
339 CESR, Market Abuse Directive Level 3 – Third set of guidance v. 15.5.2009, Ref.: CESR/09-219, Tz. 49.
340 Ebenso *Busch* in FS Hoffmann-Becking, 2013, S. 211, 218.
341 *Busch* in FS Hoffmann-Becking, 2013, S. 211, 220; *Feuring/Berrar* in Habersack/Mülbert/Schlitt, Unternehmensfinanzierung am Kapitalmarkt, § 39 Rz. 39.68 ff.
342 Vgl. einerseits *Busch* in FS Hoffmann-Becking, 2013, S. 211, 222 (Offenlegung der Möglichkeit von Verkäufen zum refreshing erforderlich); ähnlich *Singhof* in Habersack/Mülbert/Schlitt, Hdb. Kapitalmarktinformation, § 21 Rz. 32; *Mülbert* in Assmann/Uwe H. Schneider/Mülbert, Wertpapierhandelsrecht, Art. 5 VO Nr. 596/2014 Rz. 106; dagegen *Feuring/Berrar* in Habersack/Mülbert/Schlitt, Unternehmensfinanzierung am Kapitalmarkt, § 39 Rz. 39.75 (Offenlegung nicht erforderlich); *Klöhn* in Klöhn, Art. 5 MAR Rz. 135 sieht eine Ausübung des Greenshoe nach einem „Refreshing" als nicht vom Safe Harbour gedeckt; *Mock* in KölnKomm. WpHG, § 20a WpHG Rz. 395 nimmt sogar trotz Offenlegung eine informationsgestützte Marktmanipulation an (zur Kritik siehe Fn. 338); sogar eine Strafbarkeit von nach erfolgtem „Refreshing" vorgenommenen Stabilisierungskäufen annehmend *Weitzel*, NZG 2017, 411, 413.
343 ESMA Final Report „Draft technical standards on the Market Abuse Regulation" v. 28.9.2015, ESMA/2015/1455, Rz. 56 f.
344 Verordnung (EU) Nr. 236/2012 des Europäischen Parlaments und des Rates v. 14.3.2012 über Leerverkäufe und bestimmte Aspekte von Credit Default Swaps, ABl. EU Nr. L 86 v. 24.3.2012, S. 1.
345 *Feuring/Berrar* in Habersack/Mülbert/Schlitt, Unternehmensfinanzierung am Kapitalmarkt, § 39 Rz. 39.65.

und Offenlegungspflichten für Netto-Leerverkaufspositionen in Aktien nach Art. 17 Abs. 4 EU-LeerverkaufsVO ausgenommen[346]. Große praktische Relevanz hat dies indes nicht. Denn ein Verzicht auf eine Deckung der Lieferverpflichtung unter einer Mehrzuteilung (insbesondere durch eine vorherige Leihe) ist wegen des kurzfristigen „T+2"-Abrechnungszyklus für Börsengeschäfte[347] und der längerfristig, d.h. auf den Stabilisierungszeitraum von bis zu 30 Kalendertagen, angelegten Mehrzuteilung nicht ratsam und hat daher bei Aktienplatzierungen keine praktische Bedeutung.

Über die **Ausübung der Greenshoe-Option** ist die Öffentlichkeit unverzüglich und in allen angemessenen Einzelheiten zu **unterrichten**, insbesondere über den Zeitpunkt der Ausübung und die Zahl und Art der relevanten Wertpapiere[348]. Für die sog. ergänzenden Kursstabilisierungsmaßnahmen gelten die Bekanntgabe-, Melde- und Aufzeichnungspflichten des Art. 6 VO 2016/1052 ebenfalls. 8.82c

III. Dokumentation

Neben der Due Diligence und einer etwaigen Prospekterstellung macht die Erstellung und Verhandlung der Vertragsdokumentation einen wesentlichen Teil der Vorbereitung einer Aktienemission oder -platzierung aus. Dabei werden zur Regelung der Rechtsbeziehungen der Beteiligten in den verschiedenen Stadien einer Platzierung meist mehrere Verträge abgeschlossen, die je nach Transaktionsstruktur unterschiedlichen Detaillierungsgrad und Komplexität aufweisen. 8.83

1. Vertraulichkeitsvereinbarung

a) Grundsätzliches

Regelmäßig verlangen Emittenten bereits vor der Mandatierung einer Investmentbank den Abschluss einer **Vertraulichkeitsvereinbarung**[349] als Voraussetzung für die Überlassung erster Informationen im Vorfeld der Bewerbung der Bank um das Mandat. Zwar sind Banken aus dem mit Anbahnung eines Mandatsverhältnisses begründeten vorvertraglichen Schuldverhältnis ohnehin zur vertraulichen Behandlung der ihnen überlassenen Informationen verpflichtet[350]. Der Abschluss einer Vertraulichkeitsvereinbarung dient aber zur Dokumentation der Erfüllung der Vertraulichkeitspflichten durch den Vorstand und zur Klarstellung. Dieser hat nach § 93 Abs. 1 Satz 3 AktG über vertrauliche Angaben und Geheimnisse der Gesellschaft, Stillschweigen zu bewahren, kann sie aber ausnahmsweise offenlegen, wenn es das Gesellschaftsinteresse gebietet (dazu Rz. 23.31). Gefahren des Missbrauchs der Informationen hat er durch angemessene Schutzvorkehrungen Rechnung zu tragen; dazu kann auch eine Vertraulichkeitsvereinbarung gehören[351]. Besondere Bedeutung haben Vertraulichkeitsvereinbarungen bei Emittenten von Finanzinstrumenten, die unter Mitwirkung des Emittenten an einem Han- 8.84

---

346 *Singhof* in Habersack/Mülbert/Schlitt, Hdb. Kapitalmarktinformation, § 22 Rz. 18; *Feuring/Berrar* in Habersack/Mülbert/Schlitt, Unternehmensfinanzierung am Kapitalmarkt, § 39 Rz. 39.65; *Mülbert/Sajnovits*, ZBB 2012, 266, 282.
347 Nach § 4 Abs. 1 Satz 1 der Bedingungen für Geschäfte an der Frankfurter Wertpapierbörse sind Börsengeschäfte am zweiten Börsentag nach dem Tag des Geschäftsabschlusses zu erfüllen, dazu Rz. 7.108.
348 Hinzuweisen ist darauf, dass zwar die Zahl der durch die Ausübung der Greenshoe-Option erworbenen Aktien, nicht jedoch die genaue Zahl der mehr zugeteilten Aktien genannt werde muss, *Mock* in KölnKomm. WpHG, § 20a WpHG Anh. II – Art. 11 VO 2273/2003 Rz. 4; *Feuring/Berrar* in Habersack/Mülbert/Schlitt, Unternehmensfinanzierung am Kapitalmarkt, § 39 Rz. 39.77.
349 Zur Bedeutung von Vertraulichkeitsvereinbarungen im Zusammenhang mit der Begleitung einer Umplatzierung von Aktien aus Altaktionärsbestand siehe Rz. 7.23.
350 *Büchel* in Kümpel/Mülbert/Früh/Seyfried, Bankrecht und Kapitalmarktrecht, Rz. 3.232 ff.; 3.235; *Schwintowski*, Bankrecht, § 3 Rz. 2.
351 *Fleischer* in BeckOGK AktG, Stand 1.9.2021, § 93 AktG Rz. 209.

delsplatz i.S.v. § 2 Abs. 22 WpHG in der EU notiert sind oder deren Zulassung an einem geregelten Markt oder multilateralen Handelssystem (§ 2 Abs. 21 WpHG) der EU sie beantragt haben, im Hinblick auf die Regelungen zu Ad-hoc-Publizität[352]. Ein solcher Emittent muss nach Art. 17 Abs. 1 MAR jede Insiderinformation, die ihn unmittelbar betrifft (d.h. insbesondere wenn sie sich auf Umstände in seinem Tätigkeitsbereich bezieht) unverzüglich veröffentlichen. Diese Offenlegung kann er aber nach Art. 17 Abs. 4 MAR aufschieben, solange es der Schutz seiner berechtigten Interessen erfordert, keine Irreführung der Öffentlichkeit zu befürchten ist und er die Vertraulichkeit der Insiderinformation gewährleisten kann (sog. Selbstbefreiung; dazu Rz. 15.25 ff.).[353] Insiderinformationen, die den Emittenten nicht unmittelbar betreffen, muss der Emittent gemäß Art. 17 Abs. 8 MAR ebenfalls veröffentlichen, wenn er sie für ihn handelnde Personen offen legt, es sei denn, der Empfänger ist zur Verschwiegenheit verpflichtet. Dabei kommt es nicht darauf an, ob sich diese Verpflichtung aus Rechts- oder Verwaltungsvorschriften, einer Satzung oder einem Vertrag ergibt[354]. Folglich ist der Abschluss einer Vertraulichkeitsvereinbarung mit solchen Dritten, die bereits aus anderen Rechtsgründen (einschließlich einer vertraglichen Nebenpflicht nach § 241 Abs. 2 BGB) einer Vertraulichkeitspflicht unterliegen, nicht unbedingt erforderlich[355]. Ungeachtet dessen verlangen Emittenten regelmäßig auch von Banken die Unterzeichnung von Vertraulichkeitsvereinbarungen, u.a. um die Einhaltung ihrer Pflichten nach Art 17 Abs. 8 MAR ausdrücklich zu dokumentieren[356].

b) Vertraulichkeitsverpflichtung

8.85 In einer Vertraulichkeitsvereinbarung erfolgt zunächst eine **Konkretisierung** der Vertraulichkeitspflichten. Die Emissionsbank verpflichtet sich i.d.R. nicht nur allgemein, ihr überlassene Unterlagen, die geplante Transaktion als solche und ihre mögliche Mandatierung vertraulich zu behandeln[357]. Häufig wird die ausdrückliche Verpflichtung übernommen, diese Informationen nur denjenigen Mitarbeitern weiterzugeben, die mit der geplanten Transaktion befasst sind. Auch diese Pflicht ergibt sich bereits aus aufsichtsrechtlichen Organisationspflichten nach § 80 WpHG (*Need-to-know*-Prinzip)[358]. Der manchmal geäußerte Wunsch, diese Mitarbeiter gegenüber der Gesellschaft ausdrücklich zu benennen, erscheint indes überzogen, zumal sich im Laufe einer Transaktion Änderungen in der Zusammensetzung des Teams ergeben können. Daran ändert auch die Pflicht zur Führung von Insiderlisten nach Art. 18 MAR nichts. Insoweit reicht nämlich aus, dass der Emittent in seiner Insiderliste die bei der Vorbereitung einer Emission eingeschaltete Bank sowie die hinzugezogenen Berater als Institution sowie eine Kontaktperson aufführt[359]. Die im Einzelnen tätigen natürlichen Personen können der bei der Bank bzw. den Beratern jeweils zu führenden Insiderliste entnommen werden. So wird eine unnötige Duplizierung und eine unüberschaubare Verbreitung persönlicher Daten vermieden (vgl. die nach

---

352 Art. 17 Abs. 1 UAbs. 3 MAR, dazu BaFin, Emittentenleitfaden, 5. Auflage, Modul C, Stand 25.3.2020, Abschnitt I.3 (S. 25 ff.); *Veil/Brüggemeier* in Meyer/Veil/Rönnau, Handbuch zum Marktmissbrauchsrecht, 2018, § 10; *Meyer* in Kümpel/Mülbert/Früh/Seyfried, Bankrecht und Kapitalmarktrecht, Rz. 12.331 ff.
353 Siehe dazu auch MAR-Leitlinien „Aufschub der Offenlegung von Insiderinformationen" v. 20.10.2016, ESMA/2016/1478; BaFin, Emittentenleitfaden, 5. Auflage, Modul C, Stand 25.3.2020, Abschnitt I.3.3 (S. 36 ff.); *Veil/Brüggemeier* in Meyer/Veil/Rönnau, Handbuch zum Marktmissbrauchsrecht, 2018, § 10 Rz. 93; *Meyer* in Kümpel/Mülbert/Früh/Seyfried, Bankrecht und Kapitalmarktrecht, Rz. 12.348 ff.
354 BaFin, Emittentenleitfaden, 5. Auflage, Modul C, Stand 25.3.2020, Abschnitt I.3.3.1 (S. 40.); *Assmann* in Assmann/Uwe H. Schneider/Mülbert, Wertpapierhandelsrecht, Art. 17 VO Nr. 596/2014 Rz. 294.
355 *Simon*, Der Konzern 2005, 13, 19; dies empfiehlt auch *Assmann* in Assmann/Uwe H. Schneider/Mülbert, Wertpapierhandelsrecht, Art. 17 VO Nr. 596/2014 Rz. 294 a.E.
356 *Rodewald/Tüxen*, BB 2004, 2249, 2252; ähnlich im Hinblick auf § 15 Abs. 1 Satz 3 WpHG *Kuthe*, ZIP 2004, 883, 885; *Holzborn/Israel*, WM 2004, 1948, 1952; *Pfüller* in Fuchs, § 15 WpHG Rz. 313 ff.
357 Eine unbefugte Mitteilung, dass eine Emission oder Platzierung von Aktien einer börsennotierten Gesellschaft geplant ist, birgt ohnehin die Gefahr der Strafbarkeit nach § 119 Abs. 3 Nr. 3 WpHG.
358 *Meyer/Paetzel/Will* in KölnKomm. WpHG, § 33 WpHG Rz. 177.
359 FAQ zu Insiderlisten nach Art. 18 der Marktmissbrauchsverordnung (EU) Nr. 596/2014, 5. Version (Stand 5.6.2020), unter II.3.

Art. 18 Abs. 3 MAR, Anhang I der VO 2016/347[360] in der Insiderliste anzugebenden Informationen). Emittenten und für sie handelnden Personen, die Insiderinformationen erhalten, sind zudem nach Art. 18 Abs. 2 MAR verpflichtet, die auf der Insiderliste erfassten Personen über ihre insiderrechtlichen Pflichten und die Sanktionen von Verstößen aufzuklären und dafür zu sorgen, dass sie diese schriftlich anerkennen. Von jedem dieser Mitarbeiter darüber hinaus eine eigene Vertraulichkeitserklärung gegenüber der Gesellschaft zu verlangen, ist dagegen zur Wahrung der Interessen der Gesellschaft nicht erforderlich[361]. Mitarbeiter von Banken (und von Beratungsunternehmen) sind ohnedies bereits aus ihrem Anstellungsvertrag zur vertraulichen Behandlung von kundenbezogenen Informationen verpflichtet. Zudem haftet die Bank (bzw. der Berater) für ein Verschulden ihrer Mitarbeiter bei der Erfüllung ihrer Verbindlichkeiten gemäß § 278 Satz 1 BGB wie für eigenes Verschulden. Dies gilt auch in Bezug auf die Verletzung von Schutzpflichten[362]. Eine eigene Vertraulichkeitserklärung gegenüber der Gesellschaft hätte damit nur die Funktion, eine unmittelbare Anspruchsgrundlage für Schadensersatzansprüche gegen den einzelnen Mitarbeiter zu begründen. Angesichts der Haftung der Bank (bzw. des Beratungsunternehmens) für deren Verschulden ist dafür kein Grund ersichtlich. Neben der Weitergabe an Mitarbeiter wird einer Bank regelmäßig auch die Weitergabe an – zur Vertraulichkeit verpflichtete – Dritte, insbesondere eigene **Berater** erlaubt. Hinsichtlich der Haftung für etwaige Verstöße dieser Berater gegen die Pflicht zur vertraulichen Behandlung gilt das in Bezug auf Mitarbeiter Gesagte entsprechend. Die Pflicht zur vertraulichen Behandlung lässt sich auch insoweit konkretisieren, dass überlassene Unterlagen nur im Zusammenhang mit der geplanten Transaktion verwendet werden dürfen.

c) Ausnahmen

Von der Vertraulichkeitspflicht ausgenommen werden üblicherweise Informationen, die (i) **öffentlich verfügbar** sind oder werden, oder (ii) der Bank auf **nicht-vertraulicher Grundlage** aus anderer Quelle als der Gesellschaft überlassen wurden oder werden. Der Bank wird ferner die Verwendung vertraulicher Informationen erlaubt, soweit sie dies aus Gründen **zwingenden Rechts** (insbesondere Aufsichtsrechts) oder zur **Rechtsverteidigung** für geboten hält. Dabei ist insbesondere an den Nachweis der sorgfältigen Prospekterstellung zur Führung des Entlastungsbeweises nach § 12 Abs. 1 WpPG zu denken. Zudem wird die Herausgabe von vertraulichen Informationen bei einem entsprechenden behördlichen oder gerichtlichen Herausgabeverlangen zugelassen. Manche Vertraulichkeitsvereinbarungen sehen dabei vor, dass die Bank behördliche Auskunftsverlangen der Gesellschaft unverzüglich anzuzeigen hat. Diese Verpflichtung sollte jedoch unter den Vorbehalt der rechtlichen Zulässigkeit gestellt werden (vgl. nur das Verbot der Strafvereitelung, § 258 StGB!), selbst wenn nach Treu und Glauben ohnehin ein rechtlich verbotenes Verhalten nicht verlangt werden kann bzw. eine so weit gehende Verpflichtung wegen Verstoßes gegen ein gesetzliches Verbot nach § 134 BGB unwirksam wäre[363]. Zweifelhaft sind zudem Regelungen, wonach sich die Bank verpflichten soll, rechtliche Schritte gegen etwaige Herausgabeverlangen zu unternehmen oder solche Schritte seitens des Emittenten zu unterstützen. Denn es ist einem Unternehmen einer regulierten Industrie wie der Kreditwirtschaft nicht zuzumuten, sich zu einem Rechtsstreit mit der für seine Beaufsichtigung zuständigen Behörde oder gar den Strafverfolgungsbehörden oder Gerichten zu verpflichten.

8.86

---

360 Durchführungsverordnung (EU) 2016/347 der Kommission v. 10.3.2016 zur Festlegung technischer Durchführungsstandards im Hinblick auf das genaue Format der Insiderlisten und für die Aktualisierung von Insiderlisten gemäß der Verordnung (EU) Nr. 596/2014 des Europäischen Parlaments und des Rates, ABl. EU Nr. L 65 v. 11.3.2016, S. 49.
361 *Schlitt* in Semler/Volhard, ArbeitsHdb. Unternehmensübernahmen, Band 1, § 6 Rz. 17.
362 Vgl. nur *Grüneberg* in Palandt, 80. Aufl. 2021, § 278 BGB Rz. 18.
363 *Schubert* in MünchKomm. BGB, 8. Aufl. 2019, § 242 BGB Rz. 127; *Armbrüster* in MünchKomm. BGB, 9. Aufl. 2021, § 134 BGB Rz. 67 ff.; ausdrücklich zur Strafvereitelung *Vossler* in BeckOGK BGB, Stand 1.9.2021, § 134 BGB Rz. 325.

d) Rückgabe/Vernichtung/Dauer

8.87 Für den Abbruch der geplanten Platzierung wird die Bank häufig verpflichtet, vertrauliche Unterlagen nach Aufforderung durch die Gesellschaft an diese zurückzugeben oder sie zu vernichten. Hierbei ist insbesondere im Hinblick auf gesetzliche **Aufbewahrungspflichten** die Verwahrung einer Kopie zuzugestehen. Soweit verlangt wird, elektronische Informationen zu löschen, so ist zu beachten, dass automatisch erstellte **Sicherungskopien** technisch dem Endnutzer in der Regel nicht zugänglich sind und daher das Verlangen der Vernichtung auch solcher Kopien nicht angemessen sein dürfte. Hinsichtlich der so zulässigerweise zurückbehaltenen Informationen gilt die Vertraulichkeitsverpflichtung selbstverständlich fort. Manche Vertraulichkeitsvereinbarungen sehen eine begrenzte Laufzeit für Vertraulichkeitspflichten vor (z.B. drei Jahre). Die Bedeutung einer solchen Regelung dürfte indes gering sein, da die Informationen nach Ablauf eines solchen Zeitraumes meist keine Bedeutung mehr haben.

e) Vertragsstrafe

8.88 Bisweilen versuchen Emittenten, die Pflichten aus einer Vertraulichkeitsvereinbarung mit einer Vertragsstrafe abzusichern. Dies hat sich jedoch nicht durchgesetzt. Gerade gegenüber Banken dürfte eine Vertragsstraferegelung angesichts des ohnehin eher deklaratorischen Charakters der Vertraulichkeitsverpflichtungen, der Überwachung der regulatorischen Pflichten der Banken durch die BaFin (vgl. nur § 88 WpHG) und des im Falle eines Vertraulichkeitsverstoßes der Bank drohenden Reputationsschadens auch überzogen sein. Rechtlich geboten ist sie ohnehin nicht (vgl. Rz. 10.70).

2. Mandatsvereinbarung

8.89 Die Mandatierung einer Investmentbank für die Tätigkeit als alleinige oder konsortialführende Emissionsbank bei einer Aktienplatzierung wird zumeist in einer Mandatsvereinbarung zwischen der Gesellschaft sowie ggf. den abgebenden Altaktionären einerseits und der betreffenden Bank andererseits vereinbart. Diese Mandatsvereinbarung wird – da oft in Briefform ausgestaltet – auch als Mandatsbrief bzw. **Letter of Engagement** (abgekürzt „LoE") bezeichnet. Darin werden die wesentlichen Inhalte der Mandatierung und der Zusammenarbeit bei der Vorbereitung der Platzierung festgelegt[364]. Auch wenn vorgesehen ist, dass die geplante Platzierung durch ein Konsortium von Banken erfolgen soll, so sind außer dem (den) **Konsortialführer(n)** typischerweise keine weiteren Banken Parteien der Mandatsvereinbarung. Die weiteren Konsortialmitglieder stehen bei Abschluss der Mandatsvereinbarung selten bereits fest. Sie sind – wie ausgeführt – an der Platzierungsvorbereitung zumeist nicht beteiligt und werden oft erst relativ kurz vor der eigentlichen Durchführung bestimmt und angesprochen (dazu Rz. 8.20).

8.90 **Umfang und Detaillierungsgrad** dieser Mandatsvereinbarungen können unterschiedlich sein. Bisweilen werden nur die wesentlichen wirtschaftlichen Konditionen vereinbart, d.h. die Vergütung der Investmentbank und der Ersatz von Auslagen. Detaillierte Regelungen, insbesondere Haftungs- und Freistellungsregelungen bleiben dann dem Übernahmevertrag vorbehalten. Bisweilen werden konkretere Regelungen über die von den einzelnen Parteien zu übernehmenden Aufgaben getroffen, damit Klarheit über die Verantwortungsverteilung im Rahmen der Emissionsvorbereitung besteht. In den letzten Jahren finden sich insbesondere bei der Beteiligung von Emissionsberatern bisweilen [Dopplung; „zum Teil"?] umfangreiche Aufgabenkataloge in Mandatsvereinbarungen, die u.a. detaillierte Berichtspflichten der Emissionsbanken über den Fortschritt der Transaktionsvorbereitung enthalten. Typische Regelungsinhalte in Mandatsvereinbarungen sind etwa die folgenden Themen:

---

364 Dazu *Lemke* in BuB, Rz. 10/357 sowie das dort bei Rz. 10/463 abgedruckte Muster; *Harrer* in Harrer/Heidemann, Der Gang an die Börse, Ziff. 4.1 S. 144.

a) Umfang des Mandates

Oft werden die von der Emissionsbank übernommenen Aufgaben im Einzelnen beschrieben, z.B. wie folgt: 8.91

- Beratung zur Strukturierung der Platzierung und zur Auswahl von Beratern,
- Aufstellung eines Zeitplanes,
- Unterstützung bei der Prospekterstellung,
- Zusammenstellung und Koordination des Bankenkonsortiums,
- Erstellung von Research-Richtlinien,
- Koordination der Öffentlichkeitsarbeit, Unterstützung bei Marketingmaßnahmen (Analystenpräsentation, Kommunikation mit der Presse), Vorbereitung und Durchführung von Investorengesprächen, insbesondere der sog. Roadshow,
- Unterstützung im Rahmen des Prospektbilligungsverfahrens sowie bei der Beantragung der Börsenzulassung,
- Vorbereitung der Dokumentation, insbesondere des Übernahmevertrags,
- Koordination der Durchführung des Angebots, insbesondere bei der Festlegung der Preisspanne, der Durchführung des Preisbildungsverfahrens (i.d.R. Bookbuilding), der Preisfestsetzung und der Zuteilung.

Die Beauftragung einer Emissionsbank mit der Vorbereitung und Durchführung einer Emission bzw. Platzierung[365] ist von einem umfassenden Mandat zur Beratung eines Unternehmens über die Kapitalstruktur zu unterscheiden[366]. Art. 38 Abs. 1 VO 2017/565 sieht vor, dass ein Wertpapierdienstleistungsunternehmen, das beide Arten von Dienstleistungen anbietet, den Emittenten vor Annahme des Mandats zur Begleitung einer Wertpapieremission u.a. über die verschiedenen bei ihm verfügbaren **Finanzierungsalternativen** mit Angabe der damit jeweils verbundenen Kosten, Zeitplanung und das dafür zu durchlaufende Verfahren informiert. Nach Auffassung von ESMA schließt dies auch Finanzierungsalternativen ein, die keine Wertpapierdienstleistung darstellen, etwa die Kreditfinanzierung. Ferner soll der Kunde auch darüber informiert werden, welche Finanzierungsalternativen nicht in Erwägung gezogen werden, selbst wenn sie von dem betreffenden Wertpapierdienstleistungsunternehmen nicht angeboten werden, und warum sie außer Betracht bleiben. Freilich kann die Darstellung der Alternativen begrenzt bleiben auf jene, die mit Blick auf die Interessen des Emittenten angemessen erscheinen[367]. Wird aber keine allgemeine Beratung über die Kapitalstruktur erbracht, sondern soll das Wertpapierdienstleistungsunternehmen ausdrücklich nur mit der Begleitung einer Wertpapieremission beauftragt werden, bedarf es der vorstehend beschriebenen Aufklärung nicht[368]. 8.91a

Die Beschreibung der Aufgaben der Emissionsbank ist selten kontrovers, führt sie doch nur in allgemeiner Form auf, was üblicherweise von einer Emissionsbank bzw. einem Konsortialführers im Rahmen einer Platzierung von Wertpapieren und deren Vorbereitung übernommen wird. In Teilbereichen ist indes das allgemeine Verständnis dessen, was Aufgabe einer Emissionsbank sein kann und darf, durchaus einem Wandel unterworfen. So war früher die Aufnahme der **Research Coverage** Bestandteil des 8.92

---

365 Emissionsgeschäft, § 2 Abs. 8 Nr. 5 WpHG (bis 2.1.2018: § 2 Abs. 3 Nr. 5), Platzierungsgeschäft § 2 Abs. 8 Nr. 5 WpHG (bis 2.1.2018: § 2 Abs. 3 Nr. 6) bzw. Finanzkommissionsgeschäft, § 2 Abs. 8 Nr. 1 WpHG (bis 2.1.2018: § 2 Abs. 3 Nr. 1), dazu Rz. 8.3, 8.41.
366 Sog. Corporate Finance-Beratung, § 2 Abs. 9 Nr. 3 WpHG (bis 2.1.2018: § 2 Abs. 3a Nr. 5).
367 ESMA, Questions and Answers on MiFID II and MiFIR investor protection topics v. 28.5.2021, ESMA 35-43-349, Antwort auf Frage 1 zu Abschnitt 6 „Underwriting and Placing".
368 ESMA, Questions and Answers on MiFID II and MiFIR investor protection topics v. 28.5.2021, ESMA 35-43-349, Antwort auf Frage 4 zu Abschnitt 6 „Underwriting and Placing".

von einer Emissionsbank den Emittenten offerierten Programms. Die Verpflichtung der Aufnahme der Research Coverage im Zusammenhang mit einer konkreten Platzierung ist mittlerweile nicht mehr möglich, da sie als Verstoß gegen das Postulat der Unabhängigkeit von Research bzw. der Erstellung von Finanzanalysen angesehen wird (zu den insoweit seit 3.1.2018 geltenden Anforderungen siehe Rz. 8.6 ff.)[369]. Ungeachtet dessen bleibt Research natürlich eine von Banken erbrachte Dienstleistung, an der Emittenten und Investoren erhebliches Interesse haben. Allerdings wird man im Zusammenhang mit der Begleitung einer Platzierung nicht über die Vermittlung des Kontakts zwischen Gesellschaft und Research-Abteilung hinausgehen können, die über die Aufnahme der Research Coverage unabhängig zu entscheiden hat (dazu Rz. 8.6 ff.).

b) Informationen, Due Diligence

8.93 In Mandatsvereinbarungen finden sich oft Regelungen über die der Bank im Rahmen der Platzierungsvorbereitung zu überlassenden **Informationen**. So werden die Gesellschaft (ggf. auch die Aktionäre) verpflichtet, der Bank und ihren Beratern alle Informationen zu überlassen, die letztere zur Durchführung des Mandats für erforderlich oder sinnvoll halten. Nur so kann die Bank die für die Platzierungsvorbereitung, insbesondere die Erstellung eines Prospektes erforderlichen Untersuchungen („Due Diligence", dazu Rz. 10.1 ff.) durchführen. Dabei sind die im Vergleich z.B. zu einem Unternehmenskauf anders gelagerten **Interessen** zu berücksichtigen. Wer ein Unternehmen erwirbt, ist zwar wie eine Emissionsbank bei der Emissionsvorbereitung interessiert, sich vor dem Erwerb möglichst umfassend über die Verhältnisse des Kaufobjekts zu informieren. Wenn aber ein Verkäufer nur eingeschränkte Informationen bereitstellt, ist es die unternehmerische Entscheidung des Erwerbers, die daraus resultierenden (Rest-)Risiken in Kauf zu nehmen und den Erwerb dennoch durchzuführen. Schließlich geht die Übernahme der Risiken aus dem Erwerb damit einher, auch die unternehmerischen Chancen des erworbenen Unternehmens zu erhalten. Häufig werden in solchen Fällen Rücktrittsmöglichkeiten vorgesehen für den Fall, dass nach dem Erwerb noch wesentliche Probleme entdeckt werden, die zuvor nicht offengelegt waren. So kann z.B. ein Mindesteigenkapital garantiert werden, dessen Vorhandensein u.U. nach dem Erwerb von einem Schiedsgutachter überprüft wird. Bei dessen Unterschreiten kann der Kauf rückgängig gemacht oder der Kaufpreis angepasst werden. Ähnliche Vereinbarungen werden bisweilen für das Erreichen bestimmter Kenngrößen zu einem festgelegten Stichtag getroffen[370].

8.94 Für das Verhältnis zur Emissionsbank bei der Vorbereitung von Aktienplatzierungen sind solche Konzepte weder geeignet, noch ist die Rolle der Emissionsbank mit der des Unternehmenskäufers vergleichbar. Eine Bank handelt bei der Begleitung einer Platzierung von Wertpapieren als Dienstleister, der den Emittenten bzw. Verkäufer von Aktien dabei unterstützt, Wertpapiere an Investoren zu veräußern, die dafür erforderliche Dokumentation zu erstellen und ggf. eine Börsenzulassung zu erreichen. Dafür erhält die Bank ein Entgelt. Im Gegensatz zum Unternehmenskäufer partizipiert sie nicht unter Inkaufnahme der unternehmerischen Risiken an den künftigen Geschäftsaussichten der Gesellschaft. Dagegen unterliegt sie sowohl gegenüber Investoren, die bei der Platzierung Wertpapiere erworben haben als auch gegenüber Erwerbern im Sekundärmarkt[371] der **Prospekthaftung**. Von dieser kann sie sich – außer in den Fällen des § 12 Abs. 2 WpPG – nur durch den Nachweis entlasten, dass sie in Bezug auf die Unrichtigkeit oder Unvollständigkeit des Prospektes nicht grob fahrlässig gehan-

---

[369] Dazu und zu den Beschränkungen der Mitwirkung von Research-Analysten bei der Emissionsvorbereitung *Göres* in Schäfer/Hamann, Kapitalmarktgesetze, § 34b WpHG Rz. 171 ff.

[370] Vgl. *Semler* in Hölters, Handbuch Unternehmenskauf, 8. Aufl. 2015, Teil VII Rz. 244.; *Schrader* in Seibt (Hrsg.), Beck'sches Formularbuch Mergers & Acquisitions, 2. Aufl. 2011, Muster C.II.1 Klausel 5–7 sowie die Erläuterung bei Tz. 26.

[371] Prospekthaftungsansprüche nach §§ 9 ff. WpPG stehen auch den Anlegern zu, die die platzierten oder ausstattungsgleiche Wertpapiere innerhalb der ersten sechs Monate nach dem ersten öffentlichen Angebot bzw. der Einführung der Wertpapiere, d.h. der Aufnahme deren Notierung (§ 38 Abs. 1 BörsG) erworben haben, vgl. § 9 Abs. 1 Satz 3 WpPG.

delt hat. Daneben droht der Reputation der Bank bereits Schaden, wenn auch nur der Eindruck entsteht, diese habe eine Platzierung durchgeführt, ohne die Verhältnisse des Emittenten ausreichend untersucht zu haben. Daher muss eine Emissionsbank in die Lage versetzt werden, sich ein umfassendes und zutreffendes Bild über die Gesellschaft machen zu können. Ansonsten könnte sie schon die strukturellen Vorentscheidungen nicht adäquat treffen (z.B. betreffend die Eignung der Gesellschaft für eine Platzierung, den Platzierungszeitpunkt oder das Platzierungsvolumen) und auch Erstellung und Unterzeichnung eines Prospektes nicht verantworten. Darüber hinaus hat die Bank ein Interesse daran, zu dokumentieren, dass sie ihre Untersuchungen in dem aus ihrer Sicht erforderlichen Umfang durchführen konnte, damit sie sich im Haftungsfall nach § 12 Abs. 1 WpPG entlasten kann. Aus Sicht der Verantwortlichen auf Seiten der Gesellschaft ist zu berücksichtigen, dass sie und die Gesellschaft ein **eigenes Interesse** daran haben, dass die Emissionsbank die Untersuchungen der Gesellschaft so durchführen kann, wie sie dies für erforderlich hält. Schließlich ist die Gesellschaft als Unterzeichner des Prospekts ebenfalls für die Richtigkeit und Vollständigkeit des Prospektes nach §§ 8 ff. WpPG verantwortlich[372]. Zudem wird gerade die Gesellschaft bereits durch nur behauptete Unrichtigkeiten eines Prospektes beeinträchtigt, da schon diese sich negativ auf den Kurs der Aktien und das Vertrauen der Investoren auswirken können.

Bei einer **reinen Umplatzierung** sind jedoch die Möglichkeiten des abgebenden Aktionärs zur Informationsbeschaffung mitunter begrenzt. Oft verfügt er nur über von der Gesellschaft veröffentlichte Informationen wie Geschäftsberichte, Jahres- und Zwischenabschlüsse sowie Ad-hoc-Mitteilungen. Die Informationen, die ihm vorliegen, muss er jedoch offenbaren. Ansonsten könnte er sich dem Vorwurf aussetzen, die von ihm gehaltenen Papiere entgegen Art. 8 Abs. 1, Art. 14 lit. a) MAR unter Verwendung seiner Kenntnis von Insiderinformationen verkaufen zu wollen. Handelt es sich dabei um Insiderinformationen, kann eine Platzierung nur erfolgen, wenn diese öffentlich bekannt werden oder sonst ihre Qualität als Insiderinformationen verlieren. 8.95

Manche Mandatsvereinbarungen sehen die ausdrückliche Verpflichtung vor, dass die Gesellschaft und ggf. Altaktionäre sicherzustellen haben, dass erteilten Informationen **richtig und vollständig** sind. Dies ergänzt die eingangs genannte Pflicht zur Informationsbeschaffung. Richtige und vollständige Informationen sind für die Emissionsbank die Grundlage dafür, sich ein möglichst realistisches Bild von der Gesellschaft und deren Verhältnisse zu machen. Sie sind zudem Voraussetzung dafür, dass ein Prospekt erstellt werden kann, der den rechtlichen Anforderungen genügt. Teilweise finden sich auch ergänzende Regelungen eher organisatorischen und klarstellenden Charakters. So kann eine Pflicht der Gesellschaft vorgesehen werden, dass Vorstandsmitglieder, leitende Angestellte und Berater der Bank und deren Beratern in angemessenem zeitlichem Umfang für Auskünfte zur Verfügung stehen. 8.96

c) Erstellung der Platzierungsdokumente

In der Mandatsvereinbarung wird häufig auch die Aufgabenverteilung bei der Erstellung eines Prospektes geregelt. Dies dient vor allem der **Klarstellung der Verantwortlichkeit** im Verhältnis zwischen Gesellschaft und Bank. Die Prospekterstellung erfolgt meist durch die Gesellschaft und (vor allem) ihre Rechtsberater. Die Gesellschaft wird dabei von der Emissionsbank weitgehend unterstützt, doch hat die Gesellschaft gegenüber der Emissionsbank die Verantwortung für den Prospekt zu übernehmen. Denn der Prospekt beschreibt die Gesellschaft selbst; sie ist notwendigerweise am Prospektinhalt „näher dran" (ungeachtet umfangreicher Untersuchungen durch die Bank)[373]. Die Emissionsbank hat insoweit eine unterstützende und kontrollierende Funktion; insbesondere auch im Hinblick auf die Einschaltung von (internationalen) Kapitalmarktstandards. Detailliertere Regelungen zur Prospektverantwortung finden sich im Übernahmevertrag (dazu Rz. 8.143 ff.). 8.97

---

372 *Groß*, Kapitalmarktrecht, § 9 WpPG Rz. 18.
373 *Groß* in Ebenroth/Boujong/Joost/Strohn, HGB, 4. Aufl. 2020, F. Bank- und Börsenrecht VI, Rz. 55.

d) Marktschutzklausel

8.98 In manche Mandatsvereinbarungen wird bereits eine Verpflichtung der Gesellschaft und der Altaktionäre aufgenommen, bis zum Ablauf eines festgelegten Zeitraumes (i.d.R. sechs Monate bis zwei Jahre) nach Abschluss der Emission bestimmte Handlungen zu unterlassen, die sich negativ auf den Kursverlauf und damit auch auf die rückwirkende Beurteilung der Emission auswirken könnten[374]. In Bezug auf die Gesellschaft hat dies meist den Charakter einer **Verwässerungsschutzvereinbarung**, d.h. einer **Beschränkung von Kapitalmaßnahmen** in Form der Verpflichtung, keine Kapitalerhöhung oder die Ausgabe einer Wandel- oder Optionsanleihe anzukündigen, durchzuführen oder der Hauptversammlung vorzuschlagen. Solche Verpflichtungen werden teilweise nur insoweit für zulässig gehalten, als vorhandene Ermächtigungen zur Kapitalerhöhung aus genehmigtem Kapital oder zur Ausgabe von Wandel- oder Optionsanleihen nicht ausgenutzt werden[375]. Während sich der Vorstand sich im Rahmen seiner Kompetenzen namens der Gesellschaft insoweit durchaus binden kann, dürfte eine Verpflichtung der Hauptversammlung, auf entsprechende Beschlüsse zu verzichten, unwirksam sein. Dadurch werde unzulässig in die Verbandsautonomie und die innere Kompetenzordnung der Aktiengesellschaft eingegriffen[376]. Ebenso wenig könnte sich der Vorstand verpflichten, die Anmeldung des Hauptversammlungsbeschlusses und dessen Durchführung zu unterlassen[377]. Als zulässig wird man dagegen eine Selbstverpflichtung des Vorstands ansehen können, während der Laufzeit der Marktschutzvereinbarung der Hauptversammlung keine Kapitalmaßnahme vorzuschlagen.

8.99 In Bezug auf Altaktionäre hat die übliche Marktschutzregelung den Charakter einer **Haltevereinbarung**. Sie beinhaltet ein **Veräußerungsverbot** hinsichtlich der von ihnen noch gehaltenen Aktien der Gesellschaft (sog. *Lock-up*). Zur Vermeidung von Umgehungen werden von dem Verbot nicht nur der (mittelbare oder unmittelbare) Verkauf oder Vertrieb sowie die Übertragung und andere Verfügungen über Aktien oder andere Wertpapiere der Gesellschaft erfasst, sondern auch sonstige Transaktionen, die wirtschaftlich einem Verkauf entsprechen, z.B. die Ausgabe von Options- oder Wandlungsrechten auf Aktien der Gesellschaft. Eine solche Haltevereinbarung wird als vertrauensbildende Maßnahme gegenüber dem Kapitalmarkt verstanden, der sich darauf verlassen soll, dass Verkaufsdruck durch Abgabe größerer Aktienpakete jedenfalls für einen gewissen Zeitraum nicht zu besorgen ist. Bei Mitgliedern des Vorstandes dient der Lock-up auch dazu, Kontinuität im Management und dessen besonderes Interesse am Wohl der Gesellschaft zu dokumentieren[378].

8.100 Anerkennenswerte Interessen der Gesellschaft und/oder der Altaktionäre können jedoch Ausnahmen gebieten. Gerade bei längeren Lock-up-Fristen kann es unangemessen sein, einen Altaktionär bei plötzlich auftretendem Finanzbedarf an der Veräußerung seiner Aktien oder die Gesellschaft an einer (z.B. zur Finanzierung einer Akquisition gebotenen) Kapitalmaßnahme unter Verweis auf die Lock-up-Regelung zu hindern. Die nötige Flexibilität erreicht man durch eine **Freigabeklausel**. Darin kann vorgesehen werden, dass eine eigentlich nach der Marktschutzregelung verbotene Maßnahme mit Zustimmung der Bank(en) durchgeführt werden kann. Diese wird (werden) die Zustimmung nicht willkürlich verweigern; sie wird im Einzelfall von der Einschätzung der Marktverhältnisse und ggf. einer

---

374 Dazu *Stoll*, Der Konzern 2007, 561.
375 *Fleischer*, WM 2002, 2305, 2314; dagegen hält *Technau*, AG 1998, 445, 457 auch solche Verpflichtungen für unwirksam, da eine Gesellschaft nicht ihrer Entscheidungsfreiheit zur Durchführung einer Kapitalmaßnahme begeben dürfe, ebenso *Lutter* in KölnKomm. AktG, 2. Aufl. 1995, § 182 AktG Rz. 15; ähnlich LG München v. 5.4.2012 – 5 HK O 20488/11 – WET, NZG 2012, 1152, kritisch dazu *Krause*, CFL 2013, 192, 197; dagegen hält *Technau* einen Verzicht auf ein öffentliches Angebot und eine breite Platzierung neuer Aktien für zulässig.
376 *Fleischer*, WM 2002, 2305, 2314; *Technau*, AG 1998, 445, 457; *Picot/Land*, DB 1999, 570, 573; *Schanz*, Börseneinführung, § 9 Rz. 50 Fn. 113; *Singhof/Weber* in Habersack/Mülbert/Schlitt, Unternehmensfinanzierung am Kapitalmarkt, § 3 Rz. 3.38.
377 So i.E. *Hüffer/Koch*, § 184 AktG Rz. 3; *Haag* in Habersack/Mülbert/Schlitt, Unternehmensfinanzierung am Kapitalmarkt, § 29 Rz. 29.51.
378 *Fleischer*, WM 2002, 2305, 2307.

Übernahme der Marktschutzverpflichtung durch einen Erwerber abhängen. Daneben sind **Ausnahmen** für die Ausgabe von Wertpapieren an Führungskräfte oder Arbeitnehmer möglich. Diese erfolgt oft aufgrund bereits bestehender Verpflichtungen aus Mitarbeiterbeteiligungsprogrammen. Im Rahmen von Mitarbeiterbeteiligungsprogrammen ausgegebene Aktien sind zudem in der Regel mit Haltefristen versehen, die über den Geltungszeitraum der Marktschutzklausel hinausgehen.

Eine Marktschutzregelung kann u.U. auch erst im **Übernahmevertrag** vorgesehen sein. Es erscheint aber durchaus sinnvoll, hierüber bereits während der Platzierungsvorbereitung Einigung zu erzielen. Dies gilt auch, weil Verkäufe von Altaktionären im Vorfeld einer geplanten Platzierung in den Verdacht des Insiderhandels nach Art. 8 Abs. 1 MAR geraten könnten. Es wäre zudem ein fatales Signal an den Markt, wenn sich Altaktionäre vor der Platzierung von Aktien trennen, da der Eindruck entstünde, die Aktie habe noch nicht einmal für die übliche Lock-up-Frist Entwicklungspotential[379]. Aktienverkäufe durch Organmitglieder müssen – bei bereits börsennotierten Gesellschaften – wegen der Melde- und Veröffentlichungspflichten für Eigengeschäfte von Führungskräften des Emittenten und diesen nahestehenden Personen in mit Aktien, Schuldtiteln des Emittenten oder sich darauf beziehenden Finanzinstrumenten nach Art. 19 MAR (dazu § 16) – ohnehin kurzfristig publik gemacht werden.

8.101

e) Provision, Auslagen und Kosten

Wesentlicher Bestandteil der Mandatsvereinbarung ist die Regelung der Vergütung der Bank(en). Bei Durchführung der Platzierung wird typischerweise ein Prozentsatz des Brutto-Emissionserlöses als **Provision** vereinbart. Werden sowohl neue Aktien aus einer Kapitalerhöhung platziert als auch Aktien aus Altaktionärsbestand, wird diese Provision anteilig aus dem Bruttoemissionserlös getragen, der jeweils auf Gesellschaft und Altaktionär entfällt[380]. Bei Bildung eines **Konsortiums** wird manchmal auch schon die Verteilung der Provision unter den Konsorten in der Mandatsvereinbarung geregelt. Traditionell wurde die Gesamtprovision im Verhältnis von 60:20:20 auf die Bestandteile Verkaufs-, Übernahme- und Managementprovision aufgeteilt. Die **Verkaufsprovision** dient als Entgelt für konkret vorgenommene Verkäufe, die **Übernahmeprovision** als Abgeltung für das Übernahmerisiko und die **Managementprovision** als Gegenleistung für die Platzierungsvorbereitung. Da die Vorbereitungsarbeit meist allein vom Konsortialführer erbracht wird, erhält dieser häufig vorab einen bestimmten Teil (oft 50 %) der Managementprovision, das sog. **Praecipuum**. Der verbleibende Teil der Managementprovision sowie die Übernahmeprovision werden dann auf die Konsortialbanken (einschließlich des Konsortialführers) nach den vorab bestimmten Übernahmequoten verteilt, die den Teil der Platzierung festlegen, zu dessen Übernahme die betreffende Bank verpflichtet ist. Die Verkaufsprovision erhalten die einzelnen Konsortialbanken dagegen nach der Höhe der auf sie (bzw. die von ihnen angesprochenen Investoren) tatsächlich entfallenden Zuteilung[381]. In jüngerer Zeit wird freilich vermehrt auf diese Differenzierung verzichtet und die Provision schlicht nach Übernahmequoten verteilt, ggf. vorbehaltlich eines Präcipuums oder einer gesonderten Provision, mit der für das Konsortium zentral erledigte Aufgaben wie etwa die Abwicklung einer Kapitalerhöhung oder die Durchführung der nötigen Buchungsvorgänge als sog. *settlement agent* abgegolten werden. Zusätzlich kann eine **Erfolgsprovision** (*performance fee*) vorgesehen werden, über deren Zahlung Gesellschaft und Altaktionäre nach freiem Ermessen aufgrund ihrer Beurteilung der Leistung der Emissionsbank(en) entscheiden. Für

8.102

---

379 So im z.B. beim Börsengang des niederländischen Internet-Providers World Online im Jahr 2000: Dort soll die Firmengründerin bereits vor dem Börsengang einen großen Teil ihrer Aktien verkauft haben (offenbar ohne dass dies im Prospekt offengelegt wurde) vgl. Neue Zürcher Zeitung v. 30.5.2000, FAZ v. 1.7.2002 sowie „Die Welt" v. 17.4.2003.
380 Ein Verstoß gegen § 56 Abs. 3 AktG ist darin nicht zu sehen, vgl. *Drygala* in KölnKomm. AktG, 3. Aufl. 2011, § 56 AktG Rz. 63 ff.; *Henze* in Großkomm. AktG, 4. Aufl. 2000, § 5 AktG Rz. 62; *Götze* in MünchKomm. AktG, 5. Aufl. 2019, § 56 AktG Rz. 60; jedenfalls nicht, wenn Provision und Kosten aus dem Mehrerlös der Platzierung bestritten werden und der (geringste) Ausgabebetrag nicht angetastet wird; ohne diese Einschränkung *Cahn/v. Spannenberg* in BeckOGK AktG, Stand 1.9.2021, § 56 AktG Rz. 50.
381 Die Zuteilungsquoten können von den Übernahmequoten abweichen, siehe Rz. 8.125.

den Fall des Fehlschlagens der Emission wird bisweilen ein **Pauschalhonorar** vereinbart (sog. *break-up fee*). Daneben werden den Emissionsbanken Auslagen und Kosten erstattet.

8.103 Einer Regelung im Übernahmevertrag vorbehalten bleiben dagegen die Maßnahmen der **Durchführungsphase** und die diesbezüglichen Rechte und Pflichten, insbesondere die Verpflichtung zur Übernahme von Aktien selbst. Letzteres wird in der Mandatsvereinbarung oft ausdrücklich klargestellt[382]. Der Grund hierfür liegt zum einen darin, dass sich die Emissionsbank nicht zur Übernahme von Aktien und zur Durchführung der Platzierung verpflichten kann, bevor sie nicht einen tieferen Einblick in die Verhältnisse der Gesellschaft hatte und die Marktsituation zum geplanten Emissionszeitpunkt einschätzen werden kann. Auch lassen sich – wie schon an anderer Stelle ausgeführt – Einzelheiten des Übernahmevertrages sinnvoll erst gegen Ende der Platzierungsvorbereitungen endgültig festlegen.

3. Übernahmevertrag

a) Funktion und Rechtsnatur

8.104 Im Übernahmevertrag werden die Rechte und Pflichten der an einer Aktienplatzierung Beteiligten in Bezug auf deren Durchführung geregelt. Im Kern geht es dabei um die Übernahme und Platzierung von Aktien durch die Konsortialbanken sowie um die Regelung der Prospektverantwortung zwischen den Beteiligten. Hinsichtlich der Rechtsnatur des Übernahmevertrages ist nach der Transaktionsstruktur zu unterscheiden. Bei der **Platzierung neuer Aktien** aus einer Kapitalerhöhung wird der Charakter des Übernahmevertrages durch die Pflichten zur Zeichnung und Übernahme sowie zur Durchführung der Platzierung bzw. des Bezugsangebotes geprägt. Es handelt sich daher vor allem um eine entgeltliche **Geschäftsbesorgung** nach § 675 BGB mit dienstvertraglichen Elementen[383], ergänzt um Regelungen über die Prospektverantwortung im Innenverhältnis. Bei der **Umplatzierung bestehender Aktien** kommt – sofern die feste „Übernahme" der Platzierungsaktien und nicht nur eine Platzierung nach besten Kräften vereinbart wird – ein kaufrechtliches Element hinzu[384]. Da aber auch hier nicht nur die Übernahme der Aktien als solche, sondern auch deren Weiterplatzierung an Investoren, ggf. auch deren Börseneinführung, geschuldet ist, handelt es sich hier um einen **gemischt-typischen Vertrag mit Kauf- und Geschäftsbesorgungselementen**[385]. Übernimmt die Bank dagegen das Platzierungsrisiko nicht, sondern bemüht sich lediglich nach besten Kräften um die Platzierung (die sie also in eigenem Namen aber für Rechnung des Altaktionärs durchführt) so ist die Übernahme nicht als

---

382 So auch *Harrer* in Beck'sches Hdb. AG, § 25 Rz. 56.
383 *Groß* in Ebenroth/Boujong/Joost/Strohn, HGB, 4. Aufl. 2020, F. Bank- und Börsenrecht VI, Rz. 37; *R. Müller/Schmidtbleicher* in Kümpel/Mülbert/Früh/Seyfried, Bankrecht und Kapitalmarktrecht, Rz. 15.111 f.; *Wiedemann* in Großkomm. AktG, 4. Aufl. 2006, § 186 AktG Rz. 207; *Hopt* in FS Kellermann, 1991, S. 182, 190; *Ekkenga/Maas* in Kümpel/Hammen/Ekkenga, Kapitalmarktrecht, Kennzahl 055 Rz. 293; *Groß* in Langenbucher/Bliesener/Spindler, Bankrechts-Kommentar, 3. Aufl. 2020, 40. Kapitel Rz. 37; angedeutet auch in BGH v. 13.4.1992 – II ZR 277/90 – Beton- und Monierbau, BGHZ 118, 83, 97 = AG 1992, 312, 314 f. = WM 1992, 1225, 1229 f.
384 *Groß* in Ebenroth/Boujong/Joost/Strohn, HGB, 4. Aufl. 2020, F. Bank- und Börsenrecht VI, Rz. 36; *R. Müller/Schmidtbleicher* in Kümpel/Mülbert/Früh/Seyfried, Bankrecht und Kapitalmarktrecht, Rz. 15.112; *Lenenbach*, Kapitalmarktrecht, § 10 Rz. 10.154; *Groß* in Langenbucher/Bliesener/Spindler, Bankrechts-Kommentar, 40. Kapitel Rz. 36.
385 *Singhof* in MünchKomm. HGB, 4. Aufl. 2019, Emissionsgeschäft Rz. 160; *Hödl* in Brandl/Kalss/Lucius/Oppitz/Saria, Handbuch Kapitalmarktrecht Bd. 2, S. 170; dagegen soll nach *Ekkenga/Maas* in Kümpel/Hammen/Ekkenga, Kapitalmarktrecht, Kennzahl 055 Rz. 308 bei der Umplatzierung bestehender Aktien die Geschäftsbesorgung Kausalgeschäft für den Kauf der Aktien sein; da letzterem aber als Erfüllungsgeschäft der dingliche Erwerb des Eigentums an den Platzierungsaktien noch nachfolgt (so auch *Ekkenga/Maas* in Kümpel/Hammen/Ekkenga, Kapitalmarktrecht, Kennzahl 055, Rz. 309), erscheint diese Konstruktion, die zu einem mehrfach gestuften Kausalverhältnis führen würde, gekünstelt.

Kauf, sondern als **Kommissionsgeschäft** gemäß §§ 383 ff. HGB anzusehen[386]. Im Fall der bloßen Vermittlung eines unmittelbaren Verkaufs durch den Altaktionär an den Erwerber wäre ein Maklervertrag nach §§ 652 ff. BGB anzunehmen[387].

Häufig werden bei großen Platzierungen die Emission neuer Aktien und die Umplatzierung bestehender Aktien miteinander kombiniert, insbesondere bei Börsengängen. Bei einer Kapitalerhöhung ist für die Börsenzulassung der neuen Aktien oft gemäß Art. 3 Abs. 3 ProspektV ein Prospekt erforderlich (dazu Rz. 7.13). Dies ist für Aktionäre, die sich von nicht ohne Weiteres über die Börse verkäuflichen größeren Aktienpaketen trennen wollen, eine gute Gelegenheit, die ohnehin durchzuführenden Vertriebsaktivitäten für eine Umplatzierung ihrer Aktien zu nutzen. Umgekehrt lässt sich der Aufwand der Beteiligung der Gesellschaft an der Platzierungsvorbereitung und der Erstellung eines Vertriebsdokumentes besser rechtfertigen, wenn zugleich auch eine Platzierung neuer Aktien und damit ein entsprechender Mittelzufluss bei der Gesellschaft erfolgt (zur aktienrechtlichen Zulässigkeit siehe Rz. 7.20 ff.). Für die Rechtsnatur des Übernahmevertrages bedeutet dies, dass er nunmehr erst recht eine Mischung aus Elementen verschiedener Vertragstypen darstellt. 8.105

b) Zeitpunkt des Abschlusses

Aus seiner Funktion ergibt sich, dass dem Zeitpunkt des Abschlusses des Übernahmevertrages erhebliche Bedeutung zukommt. Emissionsbanken haben zunächst ein Interesse daran, erst möglichst spät eine bindende **Übernahmeverpflichtung** einzugehen[388]. Die Platzierbarkeit eines größeren Aktienpaketes und der erzielbare Preis hängen maßgeblich vom Marktumfeld ab, das sich kurzfristig in einer Weise verändern kann, die eine Platzierung unmöglich oder nicht angeraten erscheinen lässt. Solche Veränderungen konnten in jüngerer Zeit bereits aufgrund einzelner Ereignisse festgestellt werden, wie z.B. Terroranschläge, Zusammenbrüche einzelner Unternehmen, die Krise um durch Grundpfandrechte besicherte Darlehen von amerikanischen Kreditnehmern schlechter Bonität (*sub-prime mortgages*), der Störfall im japanischen Atomkraftwerk Fukushima, die Europäische Staatsschuldenkrise, die Corona-Pandemie oder auch deren Nachwirkungen in Form der Störung globaler Lieferketten. Auch kann sich die Einschätzung der Gesellschaft und ihrer Aktien durch Investoren kurzfristig ändern, wie z.B. durch die Veröffentlichung neuer Geschäftszahlen (nicht nur durch die Gesellschaft, sondern auch durch Vergleichsunternehmen). Eine – jedenfalls grundsätzlich – bindende Übernahmeverpflichtung wird eine Bank ohnehin erst eingehen können, wenn sie ihre Untersuchungen der Gesellschaft im Rahmen der sog. „Due Diligence" zu ihrer Zufriedenheit abgeschlossen hat. Wird für die Platzierung ein Prospekt veröffentlicht, bindet sie sich sinnvollerweise erst, wenn die Prospektarbeiten abgeschlossen sind. 8.106

In den **USA** wird der Übernahmevertrag daher erst kurz vor Einreichung der letzten Ergänzung des Registrierungsantrages bei der Wertpapieraufsichtsbehörde (*Securities and Exchange Commission – SEC*) unterzeichnet[389]. Dieser enthält im Wesentlichen den um die von der Preisfestsetzung abhängenden Informationen ergänzten endgültigen Prospekt und ist binnen zwei Tagen nach Preisfestsetzung bzw. Verteilung des – den Platzierungspreis enthaltenden – endgültigen Prospektes einzureichen:[390] Diese späte Vertragsunterzeichnung hängt damit zusammen, dass auch erst der nach erfolgter Preisfestsetzung und Zuteilung zu veröffentlichende endgültige Prospekt (als Teil des bei der SEC einzureichenden sog. Registration Statements) der Prospekthaftung unterliegt. Der zum Beginn des Angebotes 8.107

---

386 *Groß* in Ebenroth/Boujong/Joost/Strohn, HGB, 4. Aufl. 2020, F. Bank- und Börsenrecht VI, Rz. 36.
387 *Groß* in Ebenroth/Boujong/Joost/Strohn, HGB, 4. Aufl. 2020, F. Bank- und Börsenrecht VI, Rz. 36.
388 Zu bankaufsichtsrechtlichen Gesichtspunkten *Pfüller/Flatten*, FB 2001, 388; *Sprengard/Waßmann* in Boos/Fischer/Schulter-Mattler, KWG, CRR-VO, 5. Aufl. 2016, Art. 39 Rz. 19.
389 *Johnson/McLaughlin*, Corporate Finance and the Securities laws, § 2.03[B] (S. 2-26).
390 General Rules and Regulations under the U.S. Securities Act of 1933, Rule § 230.424 (b) (1), dazu *Greene/Beller/Rosen/Silverman/Braverman/Sperber/Grabar*, U.S. Regulation of the International Securities and Derivatives Markets, § 3.02[5] (S. 3-102).

veröffentlichte Prospekt wird dagegen nur als „vorläufig" angesehen. Darauf wird mit einem deutlich sichtbaren roten Aufdruck hingewiesen, weswegen er auch als *red herring* bezeichnet wird. Die Anlageentscheidung des Investors gilt als aufgrund des endgültigen Prospektes getroffen[391], der dann Grundlage von Prospekthaftungsansprüchen nach Section 11 und 12 des U.S. Securities Act von 1933 ist[392]. Allerdings wurde im Zuge der Securities Offering Reform von 2005 klargestellt, dass es für die Frage, ob einem Investor ausreichende Informationen zur Verfügung gestellt wurden, auf dessen Kenntnisstand zum Zeitpunkt des Erwerbs der angebotenen Wertpapiere (*time of sale*) ankommt[393]. Damit gilt nunmehr aus US-Sicht der Zeitpunkt der kurz nach Preisfestsetzung und Zuteilung erfolgenden Absendung der Zuteilungsbestätigung als haftungsauslösend[394].

8.108 Anders verhält es sich in **Deutschland**. Dies hängt mit den Erfordernissen deutschen Gesellschaftsrechts bei der Durchführung einer Kapitalerhöhung sowie mit der Systematik der Prospekthaftungsregelungen zusammen. Stammen Platzierungsaktien aus einer Kapitalerhöhung, ist diese so durchzuführen, dass die Belieferung der Zuteilungen sowie die Börseneinführung der neuen Aktien rechtzeitig erfolgen können. Daher muss insbesondere die Zeichnung der neuen Aktien grundsätzlich vor der Zuteilung erfolgen (zu den Besonderheiten bei einer Bezugsrechtsemission siehe Rz. 8.126)[395]. Der Übernahmevertrag wird **spätestens vor der Zeichnung der neuen Aktien** abgeschlossen[396]. Denn zuvor muss die platzierende Bank die (Mindest-)Einlage leisten; die Zeichnung führt zudem mit Eintragung der Durchführung der Kapitalerhöhung zum Erwerb der gezeichneten neuen Aktien[397]. Daher ist dies der späteste Zeitpunkt, zu dem der Rechtsgrund für die Zeichnung und die damit verbundenen Rechte und Pflichten vertraglich geregelt werden müssen[398], insbesondere die bei der üblichen Zeichnung zum geringsten Ausgabebetrag gesondert zu vereinbarende Verpflichtung, die Aktien bei Investoren zu platzieren und den dabei über die geleistete Einlage hinaus erzielten Mehrerlös (abzüglich Provision und Kosten) an die Gesellschaft abzuführen (dazu Rz. 8.120 ff.).

8.109 Hinzu kommt, dass der gemäß Art. 3 Abs. 1 ProspektV vor Durchführung eines öffentlichen Angebotes von Wertpapieren zu veröffentlichende **Prospekt** ein fertig gestelltes Dokument darstellt. Er darf gemäß Art. 20 Abs. 1 i.V.m. Art. 10 ProspektV erst nach Billigung durch die BaFin veröffentlicht werden. Die fehlenden endgültigen Angaben zu Platzierungsvolumen, Platzierungspreis und den Platzierungserlös, die bei Preisermittlung im Bookbuilding-Verfahren erst nach Veröffentlichung des Verkaufsangebotes feststehen, werden gemäß Art. 17 Abs. 2 ProspektV nachgereicht und machen keine Veröffentlichung eines weiteren „endgültigen" Prospektes erforderlich. Vielmehr dient der vor Beginn des Angebotes veröffentlichte, gebilligte Prospekt den Investoren, die im Rahmen des Angebotes erwerben, als Grundlage für ihre Anlageentscheidung und unterliegt daher der Prospekthaftung nach §§ 9 ff. WpPG. Es liegt daher nahe, die rechtlichen Voraussetzungen dafür, dass eine Bank mit Unterzeichnung des Prospekts gemäß § 8 Satz 3 WpPG die Verantwortung für diesen übernimmt, vor der die Haftung auslösenden Prospektveröffentlichung zu regeln.

---

391 *Greene/Beller/Rosen/Silverman/Braverman/Sperber/Grabar*, U.S. Regulation of the International Securities and Derivatives Markets, 12. Aufl. 2017, § 3. 02[7] (S. 3-120).
392 *Johnson/McLaughlin*, Corporate Finance and the Securities Laws, § 5.01[A] (S. 5-6).
393 General Rules and regulations under the Securities Act of 1933, § 230 159 (a); dazu *Greene/Beller/Rosen/Silverman/Braverman/Sperber/Grabar*, U.S. Regulation of the International Securities and Derivatives Markets, 12. Aufl. 2017, § 3. 02[7] (S. 3-120); *Johnson/McLaughlin*, Corporate Finance and the Securities Laws, § 5.04[U] (S. 5-70).
394 *Werlen/Sulzer* in Habersack/Mülbert/Schlitt, Unternehmensfinanzierung am Kapitalmarkt, § 45 Rz. 45.174.
395 *Busch*, WM 2001, 1277 sowie *Groß*, ZHR 162 (1998), 318, 335.
396 *Groß* in Happ/Groß/Möhrle/Vetter, Aktienrecht, Band II, 5. Aufl. 2020, Abschnitt 15.02 Rz. 1.10.
397 *Hüffer/Koch*, § 189 AktG Rz. 3; *Veil* in K. Schmidt/Lutter, § 189 AktG Rz. 2.
398 So auch *Busch*, WM 2001, 1277.

Die Praxis hat zum Zeitpunkt des Abschlusses des Übernahmevertrages **unterschiedliche Lösungen** 8.110
entwickelt (zu den Besonderheiten bei Bezugsrechtsemissionen siehe Rz. 8.126 ff.)[399]. Amerikanisch
geprägte Emissionshäuser haben sich traditionell an der **US-Praxis** orientiert. Im Hinblick auf die
Haftungswirkung eines gebilligten Prospekts nach der ProspektV wird aber auch bei dieser Vorgehensweise der Übernahmevertrag vor Veröffentlichung des Verkaufsangebotes zumindest endverhandelt,
oft aber noch nicht unterschrieben.

In **Deutschland** ist dagegen – mittlerweile auch bei Beteiligung von US-Banken – üblich, den gesamten Übernahmevertrag **vor Veröffentlichung von Angebot und Prospekt** abzuschließen. Darin sind 8.111
auch die Voraussetzungen der Durchführung von Übernahme und Platzierung zu regeln. Dabei gehen
die Banken eine Übernahmeverpflichtung nur unter einer Reihe von aufschiebenden Bedingungen
ein, die den Unsicherheiten bis zum Zeitpunkt der geplanten Durchführung Rechnung tragen (siehe
Rz. 8.166 ff.). Auch wird häufig die Zahl der zu übernehmenden Aktien noch nicht endgültig festgelegt, sondern nur ein Höchstbetrag bestimmt („bis zu"). Dementsprechend werden auch öffentliche
Verkaufsangebote als „bis zu"-Angebote formuliert[400]. Zudem bleibt bei Preisfestsetzung im Bookbuilding-Verfahren (siehe Rz. 8.30 ff.) die Festlegung des Platzierungspreises dem Preisfestsetzungsvertrag
vorbehalten. Dessen Abschluss wird ebenfalls als aufschiebende Bedingung für die Durchführung der
Platzierung und die Übernahme der Platzierungsaktien vereinbart, so dass vorher keine Übernahmeverpflichtung besteht[401].

Eine Sonderkonstellation kann bei großvolumigen Kapitalerhöhungen vorliegen, die von der (ggf. sogar außerordentlichen) **Hauptversammlung** der Emittentin beschlossen werden müssen. Insbesondere, wenn der Umfang einer solche Kapitalerhöhung das durch ein genehmigtes Kapital darstellbare 8.111a
Volumen von 50 % des bestehenden Grundkapitals (§ 202 Abs. 3 Satz 1 AktG) übersteigt, stellt die
Durchführbarkeit einer solchen Kapitalerhöhung nicht nur wegen des erforderlichen zeitlichen Vorlaufs (dazu Rz. 7.25) eine besondere Herausforderung dar. Die schiere Größe der Kapitalerhöhung
führt zu einer nicht unerheblichen Unsicherheit über die Platzierbarkeit. Zudem haben Kapitalmaßnahmen dieses Ausmaßes typischerweise ihren Grund in einem erheblichen (Eigen-)Kapitalbedarf der
Gesellschaft, der etwa aus wirtschaftlichen Schwierigkeiten, einem akuten, nicht über den Fremdkapitalmarkt zu deckenden Refinanzierungserfordernis oder einer großen Akquisition, also allesamt Ursachen, die nicht notwendigerweise zu einer hohen Nachfrage bei Investoren sorgen. Emittenten haben
in einer solchen Situation oft ein Interesse daran, vor Ankündigung der Maßnahme Transaktionssicherheit durch eine Art **Übernahmegarantie** einer oder mehrerer Konsortialbanken zu erreichen.
Dies dient dazu, den Aktionären bei Einberufung einer außerordentlichen Hauptversammlung eine
gewisse Gewähr zu geben, dass die Maßnahme – sofern sie von der Hauptversammlung wirksam beschlossen wird – durchgeführt werden kann. Die „Übernahmegarantie" kann unterschiedliche Gestalt
annehmen. So ist etwa ein sog. *volume underwriting commitment* denkbar, bei dem die Bank(en) dem
Emittenten die Erzielung eines bestimmten Emissionserlöses zusagen, sofern eine bestimmte Mindestzahl von Aktien zur Platzierung geschaffen werden kann[402]. Die Bedingungen, unter denen eine solche
Zusage getroffen wird, hängen naturgemäß vom Einzelfall ab. Häufig sind Vorbehalte hinsichtlich der
Dokumentation, wesentliche Veränderungen der wirtschaftlichen Verhältnisse der Gesellschaft und
des Marktes vorgesehen, ferner eine Befristung der Verpflichtung. Mitunter werden bestimmte Kern-

---

399 In der Literatur findet sich vor allem die Aussage, der Übernahmevertrag werde wegen der Besonderheiten des Bookbuildings häufig erst gegen Ende des Bookbuildings abgeschlossen, vgl. *Schanz*, Börseneinführung, § 9 Rz. 47; *Busch*, WM 2001, 1277; offen nunmehr *Harrer* in Beck'sches Hdb. AG, § 25 Rz. 64 („kurz vor Beginn des öffentlichen Angebots bzw. kurz vor Ende der Bookbuilding-Periode").
400 Zu den Flexibilitätsvorteilen einer „bis zu"-Kapitalerhöhung *Herfs* in Habersack/Mülbert/Schlitt, Unternehmensfinanzierung am Kapitalmarkt, § 5 Rz. 5.11.
401 Ebenso *Busch*, WM 2001, 1277; *Singhof/Weber* in Habersack/Mülbert/Schlitt, Unternehmensfinanzierung am Kapitalmarkt, § 3 Rz. 3.100; *Haag* in Habersack/Mülbert/Schlitt, Unternehmensfinanzierung am Kapitalmarkt, § 29 Rz. 29.13.
402 Angedeutet bei *Schlitt/Schäfer*, CFL 2011, 410.

inhalte des späteren Übernahmevertrages bereits in Form eines **Vorvertrages** (sog. *pre-underwriting agreement*) vorab vereinbart.

c) Parteien

8.112 Anders als bei der Mandatsvereinbarung werden bei einer Platzierung durch ein Bankenkonsortium außer dem **Konsortialführer** auch die **anderen Konsortialbanken** Parteien des Übernahmevertrages. Sie schließen diesen **einzeln** (und nicht etwa „als Konsortium")[403] ab, um klarzustellen dass sie sich jeweils einzeln und nicht etwa als Gesamtschuldner verpflichten wollen[404]. Dennoch steht die Gesellschaft in der Regel bei der Verhandlung des Übernahmevertrages nicht einer Vielzahl von Konsortialbanken gegenüber; die Verhandlung des Übernahmevertrages wird stattdessen aus Gründen der Praktikabilität, aber auch der Vertraulichkeit von dem Konsortialführer übernommen. Die anderen Konsortialbanken werden erst kurz vor Durchführung der Platzierung über das Vorhaben und die ausgehandelten Konditionen (einschließlich des Übernahmevertrages) informiert. Der Konsortialführer bietet ihnen dabei an, sich mit einer bestimmten Quote an der Platzierung zu beteiligen. Sie werden aufgefordert, binnen einer kurzen Frist von oft nur wenigen Stunden, ihre Teilnahme zu bestätigen (zu den genauen Inhalten der innerhalb des Konsortiums getroffenen Vereinbarungen siehe Rz. 8.193 ff.) und eine Vollmacht zum Abschluss des Übernahmevertrages zu erteilen. Dabei setzen die dargestellten (und üblichen) engen Zeitvorgaben voraus, dass der Übernahmevertrag die marktüblichen Regelungen insbesondere hinsichtlich der Gewährleistungen der Gesellschaft und der Übernahme der Prospektverantwortung enthält sowie dass die übliche Begleitdokumentation (sog. Legal und Disclosure Opinions der beteiligten Rechtsberater sowie Comfort Letter der Wirtschaftsprüfer, dazu § 10) vorgelegt wird.

8.113 Von den Konsortialbanken im eigentlichen Sinne sind **Sub-Underwriters** und **Selling Group Members** zu unterscheiden. Zwischen ihnen und der Gesellschaft bzw. den abgebenden Aktionären besteht kein unmittelbares Vertragsverhältnis[405]. Beim Sub-Underwriting verpflichtet sich ein nicht dem Konsortium angehörendes Institut gegenüber einer Konsortialbank, dieser einen Teil des von ihr übernommenen Platzierungsvolumens (zum Platzierungspreis) abzunehmen. Dagegen besteht das Wesen der sog. Selling Group darin, dass deren Mitglieder lediglich Platzierungsaktien für Rechnung des Konsortiums oder einzelner Konsortialbanken verkaufen, ohne jedoch ein eigenes Platzierungsrisiko zu übernehmen (dazu siehe Rz. 8.19)[406].

d) Inhalt und Struktur

8.114 Abhängig von der Struktur einer Emission bzw. Platzierung können Übernahmeverträge unterschiedlich ausgestaltet sein[407]. Ein Kern wesentlicher Bestimmungen findet sich jedoch in allen Übernahme-

---

403 So offenbar jedoch *Schücking* in MünchHdb. Gesellschaftsrecht, Bd. 1, 4. Aufl. 2014, § 32 Rz. 81; unentschieden *Grundmann* in Schimansky/Bunte/Lwowski, Bankrechts-Handbuch, § 112 Rz. 73 („Vertrag zwischen dem Emittenten und dem Konsortium bzw. den Konsorten"); wie hier *R. Müller/Schmidtbleicher* in Kümpel/Mülbert/Früh/Seyfried, Bankrecht und Kapitalmarktrecht, Rz. 15.116.
404 *Groß* in Ebenroth/Boujong/Joost/Strohn, HGB, 4. Aufl. 2020, F. Bank- und Börsenrecht VI, Rz. 20 ff.; i.E. ebenso *Singhof*, Die Außenhaftung von Emissionskonsortien, 1998, S. 234 ff., der dieses gewünschte Ergebnis durch einen „Vertrag zu Rechten Dritter" erreichen will, den das Konsortium zu Gunsten seiner einzelnen Mitglieder abschließt; diese Konstruktion erscheint jedoch unnötig kompliziert und entspricht auch nicht der Vertragswirklichkeit.
405 *Groß* in Ebenroth/Boujong/Joost/Strohn, HGB, 4. Aufl. 2020, F. Bank- und Börsenrecht VI, Rz. 17; *Meyer* in Kümpel/Mülbert/Früh/Seyfried, Bankrecht und Kapitalmarktrecht, Rz. 15.405.
406 *Grundmann* in Schimansky/Bunte/Lwowski, Bankrechts-Handbuch, § 112 Rz. 12; *Meyer* in Kümpel/Mülbert/Früh/Seyfried, Bankrecht und Kapitalmarktrecht, Rz. 15.469.
407 Dazu *Groß* in Ebenroth/Boujong/Joost/Strohn, HGB, 4. Aufl. 2020, F. Bank- und Börsenrecht VI, Rz. 31 f.

verträgen, gerade bei großen öffentlichen Platzierungen, für die ein Prospekt erstellt wird und bei denen ein Konsortium gebildet wird[408].

aa) Übernahme der Platzierungsaktien
aaa) Neue Aktien
(1) Zeichnung und Übernahme

Die Übernahme neuer Aktien aus einer Kapitalerhöhung besteht zunächst in der Mitwirkung bei deren Durchführung durch **Zeichnung** der neuen Aktien und Leistung der darauf zu entrichtenden **Einlage**. Damit stellt der Übernahmevertrag insoweit zugleich einen sog. **Zeichnungsvorvertrag** dar, für den die Anforderungen des § 185 Abs. 1 AktG an den Zeichnungsschein grundsätzlich entsprechend gelten[409]. Dabei reicht es aus, wenn die übernommene Zeichnungsverpflichtung nach Zahl und Gattung der Aktien bestimmbar ist. Insbesondere die übliche Angabe der Zeichnungsverpflichtung im Umfang von „bis zu" einer bestimmten Höchstzahl von Aktien unterliegt keinen Bedenken, da sich die genaue Zahl der zu zeichnenden Aktien anhand des Kapitalerhöhungsbeschlusses bzw. des Vorstandsbeschlusses über die Ausnutzung eines genehmigten Kapitals konkretisieren lässt[410]. Auch die bloße Verpflichtung der Bank(en), Aktien in dem Umfang zu zeichnen, in dem Bezugsrechte tatsächlich ausgeübt bzw. Aktien platziert wurden und sich nach besten Kräften um die Vermarktung der Emission zu bemühen (*best efforts underwriting*) ist zulässig[411]. Etwaige am Wortlaut des § 186 Abs. 5 Satz 1 AktG anknüpfende Bedenken gegen die Nutzung des sog. mittelbaren Bezugsrechts, da die „Übernahme" der neuen Aktien in diesem erst nach Ende des Bezugsangebots erfolgte, erscheinen formalistisch und nach Sinn und Zweck der Regelung nicht gerechtfertigt, da das Bezugsrecht der Aktionäre durch diese Vorgehensweise nicht beeinträchtigt ist[412]. Will man diesbezügliche Restrisiken vermeiden, sollte statt des mittelbaren Bezugsrechts eine Ermächtigung der zeichnenden Bank in den Bezugserklärungen der Aktionäre bzw. Inhaber des Bezugsrechts vorgesehen werden (dazu Rz. 44.12)[413].

8.115

Bei der Platzierung neuer Aktien durch ein Konsortium von Banken verpflichtet sich jede der beteiligten Banken als Teilschuldner i.S.v. § 420 BGB zur Übernahme eines bestimmten Teils des Platzierungsvolumens (sog. Übernahmequote)[414]. Die betreffende Bank übernimmt es damit, auf eigenes Risiko Platzierungsaktien bis zu der ihrer **Übernahmequote** entsprechenden Zahl bei Investoren zu platzieren. Dabei wird zur Klarstellung eine gesamtschuldnerische Haftung der Konsortialbanken sowie deren Gesamthandseigentum oder Miteigentum nach Bruchteilen an den neuen Aktien ausdrücklich

8.115a

---

408 Siehe dazu auch das Vertragsmuster bei *Groß* in Happ/Groß/Möhrle/Vetter, Aktienrecht, Band II, 5. Aufl. 2020, Abschnitt 15.02 (S. 482).
409 Dazu im Einzelnen *Groß* in Happ/Groß/Möhrle/Vetter, Aktienrecht, Band II, 5. Aufl. 2020, Abschnitt 15.02 Rz. 7.6; allgemein zum Zeichnungsvorvertrag *Wiedemann* in Großkomm. AktG, 4. Aufl. 2006, § 185 AktG Rz. 81 f.; *Blaurock* in FS Rittner, 1991, S. 31 f.; *Hergeth/Eberl*, NZG 2003, 205; *Leßmann*, DB 2006, 1256; sowie OLG Frankfurt v. 4.4.2001 – 9 U 173/00, NZG 2001, 758; OLG Koblenz v. 31.10.2001 – 1 U 1077/00, BeckRS 2001, 30216092.
410 *Hüffer/Koch*, § 185 AktG Rz. 11; *Wiedemann* in Großkomm. AktG, 4. Aufl. 2006, § 185 AktG Rz. 81; *Blaurock* in FS Rittner, 1991, S. 31, 52 f.
411 *Schlitt/Schäfer*, CFL 2011, 410, 411; *Herfs* in Habersack/Mülbert/Schlitt, Unternehmensfinanzierung am Kapitalmarkt, § 5 Rz. 5.11, 5.59; *Seibt/Voigt*, AG 2009, 133, 136, 145; *Seibt*, Der Konzern 2009, 261, 264; *Vaupel/Reers*, AG 2010, 93, 99; *Findeisen*, ZIP 2009, 1647, 1649.
412 *Herfs* in Habersack/Mülbert/Schlitt, Unternehmensfinanzierung am Kapitalmarkt, § 5 Rz. 5.30 f.; *Seibt/Voigt*, AG 2009, 133, 136.
413 *Schlitt/Schäfer*, CFL 2011, 410, 411.
414 Zur Zulässigkeit dieser Gestaltung ungeachtet der BGH-Rechtsprechung zur Rechtsnatur des Konsortiums als BGB-Gesellschaft: *Einsele*, Bank- und Kapitalmarktrecht, 3. Aufl. 2014, § 7 Rz. 17.

ausgeschlossen[415]. Dies wäre für eine eigenständige Platzierung durch die einzelnen Banken auch nicht praktikabel.

8.116 Der BGH hatte jedoch die Wirksamkeit einer solchen Abrede in einem seiner Urteile in Sachen „**Beton- und Monierbau**" verneint. In diesem Fall konnte sich eine auf die volle Einlageverpflichtung in Anspruch genommene Konsortialbank nicht auf den im Übernahmevertrag vereinbarten **Ausschluss der gesamtschuldnerischen Haftung** berufen. Entscheidend hierfür war aber die konkrete Ausgestaltung des Zeichnungsscheins. Der Konsortialführer hatte die neuen Aktien „für ein unter seiner Führung stehendes Bankenkonsortium" gezeichnet. Ein solches Konsortium stelle – so die (nicht weiter begründete) Auffassung des BGH – eine Gesellschaft bürgerlichen Rechts in Form einer Außengesellschaft dar. Durch die Zeichnung im Namen des Konsortiums werde das Konsortium selbst Mitglied der AG. Die einzelnen Konsorten hafteten daher für die Einlageverpflichtung des Konsortiums unabdingbar als Gesamtschuldner[416]. Dies ergebe sich aus der – vom BGH vorliegend nicht näher problematisierten – Haftung der Gesellschafter bürgerlichen Rechts für Gesellschaftsschulden nach den allgemeinen Vorschriften der persönlichen Verpflichtung mehrerer, insbesondere § 427 BGB[417]. An dieser Argumentation dürfte auch die Rechtsprechung des BGH zur Rechtsfähigkeit der Gesellschaft bürgerlichen Rechts nichts ändern[418]. Eine davon abweichende Abrede im Übernahmevertrag zwischen den Konsortialbanken und der Gesellschaft könne dem nicht entgegengehalten werden. Dies ergebe sich aus einer entsprechenden Anwendung von § 185 Abs. 3 AktG. Danach kann sich ein Zeichner nicht auf die Nichtigkeit oder Unverbindlichkeit des Zeichnungsscheins berufen, wenn er auf Grund des Zeichnungsscheins als Aktionär Rechte ausgeübt oder Verpflichtungen erfüllt hat. Es widerspräche dem Zweck der aktienrechtlichen Vorschriften zur Kapitalerhaltung, die Aufbringung und Erhaltung des Grundkapitals zu sichern, wenn die Mitglieder einer an der Aktiengesellschaft beteiligten Gesellschaft bürgerlichen Rechts ihre Haftung auf die von ihnen zu leistende Einlage auf das Gesamthandsvermögen beschränken oder ihre persönliche Haftung auf einen ihrer prozentualen Beteiligung entsprechenden Betrag begrenzen dürften[419].

8.117 Eine gesamtschuldnerische Haftung für die gesamte Einlageverbindlichkeit widerspricht jedoch nicht nur der von den Parteien gewünschten Begrenzung der Haftung der einzelnen Konsortialbanken auf die jeweils vereinbarte Übernahmequote. Es erscheint auch fraglich – die Zeichnung namens des Konsortiums und dessen Rechtsnatur als BGB-Gesellschaft einmal unterstellend (dazu Rz. 8.193 ff.) – ob sich die Entscheidung des BGH auf § 185 Abs. 3 AktG stützen lässt. Eine Konsortialbank, die auf ihre lediglich pro-ratarisch gewollte Verpflichtung zu Zeichnung und Übernahme verweist, beruft sich nicht auf die Nichtigkeit oder Unverbindlichkeit des Zeichnungsscheins i.S.v. § 185 Abs. 2, 3 AktG, sondern lediglich auf ihre begrenzte Haftung für die durch das Konsortium – ohne Begrenzung – eingegangene Verpflichtung[420]. Ebenso kann bezweifelt werden, ob es sich um eine nach § 185 Abs. 4

---

415 *R. Müller/Schmidtbleicher* in Kümpel/Mülbert/Früh/Seyfried, Bankrecht und Kapitalmarktrecht, Rz. 15.122; *Groß* in Langenbucher/Bliesener/Spindler, Bankrechts-Kommentar, 40. Kapitel Rz. 43; *Groß* in Ebenroth/Boujong/Joost/Strohn, HGB, 4. Aufl. 2020, F. Bank- und Börsenrecht VI, Rz. 43. Vgl. z.B. das Vertragsmuster bei *Groß* in Happ/Groß/Möhrle/Vetter, Aktienrecht, Band II, 5. Aufl. 2020, Abschnitt 15.02 (S. 482).
416 BGH v. 13.4.1992 – II ZR 277/90 – Beton- und Monierbau, BGHZ 118, 83, 99 f. = AG 1992, 312.
417 *Sprau* in Palandt, 80. Aufl. 2021, § 714 BGB Rz. 16.
418 Der BGH verweist im dafür maßgeblichen Urteil v. 29.1.2001 – II ZR 331/00, BGHZ 146, 341 = AG 2001, 307 (Leitsatz „c") darauf, dass soweit der Gesellschafter für die Verbindlichkeit der Gesellschaft bürgerlichen Rechts persönlich haftet, das Verhältnis zwischen der Verbindlichkeit der Gesellschaft und der Haftung des Gesellschafters derjenigen (es müsste wohl heißen „demjenigen") bei der OHG entspreche. Dort haften die Gesellschafter gemäß § 128 Satz 1 HGB für Gesellschaftsschulden als Gesamtschuldner; so auch im Sinne einer zur primären Haftung der Gesellschafter *Sprau* in Palandt, 80. Aufl. 2021, § 714 BGB Rz. 11 ff.
419 BGH v. 13.4.1992 – II ZR 277/90 – Beton- und Monierbau, BGHZ 118, 83, 100 = AG 1992, 312 mit Verweis auf BGH v. 3.11.1980 – II ZB 1/79, BGHZ 78, 311, 316 f.
420 *Singhof*, Die Außenhaftung von Emissionskonsortien, 1998, S. 186 f.

AktG unwirksame Beschränkung der Pflicht zum Aktienerwerb handelt[421]. Die Beschränkung der Haftung einzelner Konsorten auf ihre Übernahmequote betrifft nicht die aus der Zeichnung resultierende Pflicht zur Einlageleistung durch das Konsortium als solche, sondern nur die zur Verfügung stehende Haftungsmasse[422]. Indes wurde zwischenzeitlich erwogen, ob sich eine zwingend gesamtschuldnerische Haftung der einzelnen Konsortialbanken bei der Zeichnung neuer Aktien für ein Bankenkonsortium auf § 69 Abs. 2 AktG stützen lässt[423]. Danach haften mehrere an einer Aktie Berechtigte für Leistungen auf diese Aktie als Gesamtschuldner. Spätestens mit der Anerkennung einer – der offenen Handelsgesellschaft angeglichen – Rechtsfähigkeit der Gesellschaft bürgerlichen Rechts[424] erscheint jedoch fraglich, ob § 69 AktG in diesen Fällen anwendbar ist, da die einzelnen gezeichneten Aktien nicht „mehreren" i.S.v. § 69 Abs. 1 AktG zustehen, sondern der mit Rechtsfähigkeit ausgestatteten Gesellschaft bürgerlichen Rechts[425].

Der vorstehend geschilderte Streit kann jedoch angesichts der zwischenzeitlich – von der Beton- und Monierbau-Entscheidung des BGH geprägten – Vorgehensweise der Praxis dahinstehen. Diese vermeidet die dem erklärten und im Übernahmevertrag ausdrücklich geregelten Parteiwillen zuwider laufende[426] gesamtschuldnerische Haftung der einzelnen Konsortialbanken. Dabei sind verschiedene Gestaltungsformen zu beobachten. Eine Möglichkeit besteht in der **Zeichnung** neuer Aktien durch den **Konsortialführer** in dem von ihm selbst zu übernehmenden Umfang **in eigenem Namen**, ansonsten **in Vertretung** der jeweiligen anderen Konsortialbank entsprechend deren Übernahmeverpflichtung[427]. Im Zeichnungsschein wird der auf die einzelne Bank entfallende Zeichnungsbetrag unter dem Namen der einzelnen Bank aufgeführt[428]. Oft erfolgt zudem im Zeichnungsschein die ausdrückliche Klarstellung, dass gesamtschuldnerische Haftung, Gesamthandseigentum und Miteigentum nach Bruchteilen der Konsortialbanken an den neuen Aktien ausgeschlossen sind[429]. Dies ist kein Verstoß gegen § 185 Abs. 2 AktG, da die von den einzelnen Banken als Zeichner übernommene Verpflichtung als solche nicht entgegen § 185 Abs. 1 AktG eingeschränkt, sondern lediglich ihr Inhalt präzisiert wird. Der Zeichnungsschein stellt klar, dass die Banken dabei nicht als (Außen-)Gesellschaft handeln, sondern

8.118

---

421 Diese sollen von § 185 Abs. 4 AktG erfasst werden, vgl. *Hüffer/Koch*, § 185 AktG Rz. 22.
422 *Singhof*, Die Außenhaftung von Emissionskonsortien, 1998, S. 174, 189 f.
423 *Timm/Schöne*, ZGR 1994, 113, 126 ff.; *Singhof*, Die Außenhaftung von Emissionskonsortien, 1998, S. 174, 196 ff.
424 BGH v. 29.1.2001 – II ZR 331/00, BGHZ 146, 341 = AG 2001, 307.
425 *Hüffer/Koch*, § 69 AktG Rz. 3; *T. Bezzenberger* in K. Schmidt/Lutter, § 69 AktG Rz. 5.
426 Kritisch zu BGH v. 13.4.1992 – II ZR 277/90 – Beton- und Monierbau, BGHZ 118, 83 = AG 1992, 312; *Groß*, AG 1993, 108, 117, der eine quotale Zeichnung namens der einzelnen Konsorten bereits bei einer Zeichnung des Konsortialführers „im Namen des unter seiner Führung stehenden Konsortiums" annimmt; a.A. *Singhof*, Die Außenhaftung von Emissionskonsortien, 1998, S. 179 f., der darin eine durch Auslegung nicht mehr vornehmbare Überdehnung des Wortlautes des Zeichnungsscheines sieht; ebenso offenbar *Wiedemann* in Großkomm. AktG, 4. Aufl. 2006, § 186 AktG Rz. 204.
427 So z.B. *Meyer* in Kümpel/Mülbert/Früh/Seyfried, Bankrecht und Kapitalmarktrecht, Rz. 15.427; *Henze*, Höchstrichterliche Rspr. zum Aktienrecht, 5. Aufl. 2002, Rz. 262. Allgemein zur Zulässigkeit der Stellvertretung bei der Zeichnung von Aktien: *Hüffer/Koch*, § 185 AktG Rz. 5; *Ekkenga* in KölnKomm. AktG, 3 Aufl. 2017, § 185 AktG Rz. 92; *Wiedemann* in Großkomm. AktG, 4. Aufl. 2006, § 185 AktG Rz. 28; so bereits RG v. 24.3.1906 – I 477/05, RGZ 63, 96, 97 f.; dazu auch *Singhof*, Die Außenhaftung von Emissionskonsortien, 1998, S. 174, 179 f.
428 *Timm/Schöne*, ZGR 1994, 113, 142 stellen dagegen nicht auf die Zeichnung im Namen der einzelnen Konsortialbanken, sondern auf eine gesonderte (Global-)Verbriefung der von diesen jeweils zu übernehmenden Aktien ab. Dies dürfte aber bei der Auslegung des Zeichnungsvertrages im Sinne einer Einzelschuld nicht helfen. Zudem liegt der Sinn der Globalverbriefung gerade darin, dass eine Globalurkunde mehrere im Eigentum verschiedener Aktionäre stehende Aktien verkörpert, vgl. *Schücking* in MünchHdb. Gesellschaftsrecht, Bd. 1, 4. Aufl. 2014, § 32 Rz. 103; *Singhof*, Die Außenhaftung von Emissionskonsortien, 1998, S. 234.
429 Vgl. das Muster bei *Herchen* in Happ/Groß/Möhrle/Vetter, Aktienrecht, Band II, 5. Aufl. 2020, Abschnitt 12.03 (S. 107).

einzeln auftreten. Gesellschaftsschulden mit der Folge gesamtschuldnerischer Haftung der Konsorten entstehen daher nicht. Dies wäre nur der Fall, wenn der Konsortialführer „namens des Konsortiums" bzw. der Konsortialbanken „als Konsortium" aufträte[430]. Dieses Verständnis findet seine Stütze im Verständnis der Rechtsnatur der Gesellschaft bürgerlichen Rechts nach der BGH-Rechtsprechung, wonach Rechte und Pflichten der Gesellschaft (mithin auch Gesellschaftsschulden) nur dann entstehen, wenn diese im Namen der Gesellschaft (und nicht etwa nur der einzelnen Gesellschafter) begründet werden[431]. Eine gesamtschuldnerische Haftung der einzelnen Gesellschafter wäre die Folge einer solchen *gemeinsamen* Verpflichtung der Gesellschafter *als Gesellschaft* (d.h. nicht nur jeweils einzeln) gegenüber einem Dritten[432]. Dass eine solche Verpflichtung hier nicht gewollt ist, stellt ein wie dargestellt ausgestalteter Zeichnungsschein klar. Dem stünde auch nicht die Annahme entgegen, die einzeln zeichnenden Banken hätten sich daneben zur Koordination der Platzierung der von ihnen einzeln übernommenen Aktien zu einem Konsortium in der Form einer Gesellschaft bürgerlichen Rechts zusammengeschlossen (dazu siehe Rz. 8.193 ff.)[433]. Denkbar ist daneben natürlich auch, dass jede der einzelnen Banken einen eigenen Zeichnungsschein einreicht.

8.119 Ein anderes, gerade bei kleineren Emissionen gebräuchliches Modell besteht darin, dass der **Konsortialführer** sämtliche neuen Aktien **in eigenem Namen** und teils für eigene, teils **für Rechnung der anderen Konsortialbanken** zeichnet. Gegenüber der Gesellschaft tritt er insoweit allein auf, auch ohne dass der Zeichnungsschein auf die anderen Konsortialbanken verweist. Korrespondierend dazu sehen Kapitalerhöhungsbeschlüsse häufig vor, dass der betreffende Konsortialführer zur Zeichnung zugelassen wird mit der Maßgabe die neuen Aktien (ggf. über die die Mitglieder eines von ihm geführtes Bankenkonsortiums) bei Investoren zu platzieren. Damit kommt der Zeichnungsvertrag (dazu Rz. 44.95 ff.) allein mit ihm zustande; im Verhältnis zur Gesellschaft trifft allein ihn die Pflicht zur Einlageleistung. Die Verpflichtungen der Konsortialbanken sind dann insoweit darauf beschränkt, dem Konsortialführer die ihnen zugeteilten Aktien (bis maximal zu der ihrer Übernahmequote entsprechenden Zahl) zum Platzierungspreis abzukaufen, um diese zum Platzierungspreis und nach den Vorgaben des Übernahmevertrages sowie (ggf. des Konsortialvertrages) bei Anlegern zu platzieren[434]. Diese Vorgehensweise hat bei der Beteiligung ausländischer Konsortialbanken den praktischen Vorteil, dass deren Existenz und die Zeichnungsberechtigung der für sie handelnden Personen nicht gegenüber dem Handelsregister nachgewiesen werden muss. Die Zusammenstellung der dazu erforderlichen Dokumentation würde erheblichen zeitlichen Aufwand erfordern. Das Registergericht kann dabei eine deutsche Übersetzung von Unterlagen in ausländischer Sprache verlangen, die von einem nach den Richtlinien der Landesjustizverwaltung ermächtigten Übersetzer zu erstellen wäre[435]. Zudem birgt die

---

430 *Wiedemann* in Großkomm. AktG, 4. Aufl. 2006, § 186 AktG Rz. 205; mehrere Kreditinstitute müssen Aktien aber nicht unbedingt „als Konsortium" übernehmen, sondern können auch nebeneinander auftreten, vgl. *Ekkenga* in KölnKomm. AktG, 3. Aufl. 2017, § 186 AktG Rz. 221.

431 BGH v. 27.9.1999 – II ZR 371/98, BGHZ 142, 315 (Leitsatz, Satz 1) = GmbHR 1999, 1134 sowie BGH v. 29.1.2001 – II ZR 331/00, BGHZ 146, 341 = AG 2001, 307. Dass § 714 BGB von der Vertretung „der Gesellschafter" (und nicht „der Gesellschaft") durch den geschäftsführenden Gesellschafter spricht, steht dem nicht entgegen. Beide Entscheidungen (BGHZ 142, 315, 319 f.; BGHZ 146, 341, 346 f.) erklären die Formulierung des Gesetzes damit, dass der Gesetzgeber seinerzeit nicht an eine rechtliche Verselbständigung der Gesellschaft bürgerlichen Rechts zu einer verpflichtungsfähigen Rechtsperson gedacht hatte. Diese hat die Rechtsprechung jedoch mittlerweile anerkannt, vgl. BGHZ 146, 341 (Leitsatz a).

432 Vgl. BGH v. 27.9.1999 – II ZR 371/98, BGHZ 142, 315, 319 sowie BGH v. 29.1.2001 – II ZR 331/00, BGHZ 146, 341, 345 = AG 2001, 307.

433 *Wiedemann* in Großkomm. AktG, 4. Aufl. 2006, § 186 AktG Rz. 205; ebenso bereits *Priester* in FS Brandner, 1996, S. 97, 108.

434 Vgl. Vertragsmuster bei *Groß* in Happ/Groß/Möhrle/Vetter, Aktienrecht, Band II, 5. Aufl. 2020, Abschnitt 15.02 (S. 482) unter Artikel 1 Abs. 4.

435 Auch in Verfahren der freiwilligen Gerichtsbarkeit ist die Gerichtssprache deutsch, vgl. § 488 Abs. 3 Satz 1 FamFG, § 184 GVG; dazu *Bumiller/Harders*, 11. Aufl. 2015, § 488 FamFG Rz. 4; die Möglichkeit, eine Übersetzung anzuordnen, ergibt sich aus entsprechender Anwendung von § 142 Abs. 3 Satz 1 ZPO.

Prüfung von Unterlagen zur Existenz der ausländischen Bank sowie zur Vertretungsberechtigung nach ausländischem Recht erhebliche Unsicherheiten hinsichtlich der rechtzeitigen Eintragung der Kapitalerhöhung in das Handelsregister[436].

(2) Einlageleistung

Die Zeichnung der Platzierungsaktien durch die Konsortialbanken (bzw. den Konsortialführer) erfolgt zum Nennbetrag, bzw. bei Stückaktien zum anteiligen Betrag des Grundkapitals (**geringster Ausgabebetrag** nach § 9 Abs. 1 AktG). Für die Zwecke der Anmeldung der Durchführung der Kapitalerhöhung zum Handelsregister ist zunächst nur die Mindesteinlage in Höhe von 25 % des geringsten Ausgabebetrages nach § 188 Abs. 2 Satz 1, § 36a Abs. 1 AktG zu erbringen. Zur Ausgabe muss allerdings der volle Ausgabebetrag geleistet sein, sonst müssten die neuen Aktien auf Namen lauten, vgl. § 10 Abs. 2 Satz 1 AktG.   8.120

Im Übernahmevertrag verpflichten sich die Banken daneben, den bei der Veräußerung der neuen Aktien an Investoren über die geleistete Einlage hinaus erzielten Übererlös, abzüglich Provision und Kosten[437] an die Gesellschaft abzuführen (sog. **Zwei-Stufen-Modell**). Dieses Vorgehen wird sowohl bei Übernahme von Aktien im Rahmen des sog. mittelbaren Bezugsrechts nach § 186 Abs. 5 AktG (dazu Rz. 8.126) als auch bei bezugsrechtsfreien Platzierungen nach dem Bookbuilding-Verfahren als zulässig angesehen[438] und entspricht der gängigen Praxis. Vereinzelt war eingewandt worden, der über den geringsten Ausgabebetrag erzielte Platzierungserlös sei als Aufgeld (sog. **Agio**) anzusehen, das nach § 36a Abs. Satz 1 AktG bereits bei der Anmeldung der Kapitalerhöhung geleistet werden müsse[439]. Dies wurde damit begründet, dass über den Nennbetrag bzw. den anteiligen Betrag des Grundkapitals hinaus erzielte Mehrerlöse gemäß § 272 Abs. 2 Nr. 1 HGB wie ein im Kapitalerhöhungsbeschluss festgelegtes Agio in die Kapitalrücklage einzustellen seien. Die bilanzielle Behandlung des Mehrerlöses kann aber – auch angesichts des im Vergleich zu § 36a Abs. 1 AktG weiteren Wortlauts des § 272 Abs. 2 Nr. 1 HGB – für die gesellschaftsrechtliche Behandlung der Einlageerbringung keine entscheidende Rolle spielen[440]. Ein Aufgeld i.S.v. § 9 Abs. 2 AktG, § 36a Abs. 1 AktG müsste bereits im Kapitalerhöhungsbeschluss selbst ausdrücklich festgelegt worden sein[441]. Dieser wird jedoch – bei Preisfestsetzung im   8.121

---

436 Darauf weist z.B. *Technau*, AG 1998, 445, 446 hin.
437 Zur Zulässigkeit der Verrechnung von Provisionen und Kosten mit dem Anspruch des Emittenten auf Weiterleitung des den geringsten Ausgabebetrag übersteigenden Mehrerlöses der Platzierung neuer Aktien *Ekkenga/Maas* in Kümpel/Hammen/Ekkenga, Kapitalmarktrecht, Kennzahl 055 Rz. 361; *Hüffer/Koch*, § 186 AktG Rz. 48; *Scholz* in MünchHdb. AG, § 57 Rz. 149; ähnlich schon *Lutter* in KölnKomm. AktG, 2. Aufl. 1995, § 186 AktG Rz. 107; *Wiedemann*, WM 1979, 990, 991.
438 *Trapp*, AG 1997, 115, 118; *Hoffmann-Becking* in FS Lieberknecht, 1997, S. 25, 31; *Technau*, AG 1998, 445, 449 f.; *Groß*, ZHR 162 (1998), 318, 336; *Picot/Land*, DB 1999, 570, 572; *Frese*, AG 2001, 15, 22 ff.; *Groß* in Happ/Groß/Möhrle/Vetter, Aktienrecht, Band II, 5. Aufl. 2020, Abschnitt 15.02 Rz. 8.1; *Schnorbus*, AG 2004, 113, 123; ferner für den Fall des Bezugsrechtsausschlusses nach § 186 Abs. 3 Satz 4 AktG *Marsch-Barner*, AG 1994, 532, 536; *Groß*, DB 1994, 2431, 2433; *Ekkenga* in KölnKomm. AktG, 3. Aufl. 2017, § 186 AktG Rz. 247; ebenso *Bezzenberger/Bezzenberger* in FS Hopt, 2010, S. 392, 396 ohne Differenzierung nach Gewährung oder Ausschluss des Bezugsrechts.
439 Im Zusammenhang mit der Zeichnung beim mittelbaren Bezugsrecht: *Immenga* in FS Beusch, 1993, S. 413 ff., 415; *Schippel* in FS Steindorff, 1990, S. 249 ff., 255 ff.; dagegen für die Zulässigkeit der Zeichnung zu pari (auch) in diesem Fall: *Hüffer/Koch*, § 186 AktG Rz. 50; *Lutter* in KölnKomm. AktG, 2. Aufl. 1995, § 186 AktG Rz. 107; Nachtrag zu § 186 AktG Rz. 9; *Wiedemann* in Großkomm. AktG, 4. Aufl. 2006, § 186 AktG Rz. 202; *Scholz* in MünchHdb. AG, § 57 Rz. 149; *Priester* in FS Brandner 1996, S. 97, 110; *Busch*, AG 2002, 230, 234; *Schlitt/Seiler*, WM 2003, 2175, 2182.
440 *Wiedemann* in Großkomm. AktG, 4. Aufl. 2006, § 186 AktG Rz. 203; so auch *Hoffmann-Becking* in FS Lieberknecht, 1997, S. 25, 33; ausführlich *Hoffmann-Becking* in FS Lutter, 2000, S. 453, 466 ff.; *Becker*, NZG 2003, 510, 514.
441 *Hüffer/Koch*, § 9 AktG Rz. 8 mit Verweis auf § 182 Abs. 3 AktG sowie bei § 204 AktG Rz. 5 für Kapitalerhöhungen aus genehmigtem Kapital.

Bookbuilding-Verfahren – in aller Regel vor Ende des Bookbuildings gefasst, damit die für die Ausgabe der neuen Aktien nach § 203 Abs. 1, § 191 AktG erforderliche vorherige Eintragung der Durchführung der Kapitalerhöhung in das Handelsregister so rechtzeitig erfolgt, dass die Börsenzulassung der Aktien und die Belieferung der an das Bookbuilding unmittelbar anschließenden Zuteilungen an Investoren sichergestellt sind[442]. Daher ist beim Bookbuilding-Verfahren die Festsetzung eines entsprechenden „Aufgeldes" bereits im Kapitalerhöhungsbeschluss oft schon faktisch nicht möglich, da der Platzierungspreis und damit ein über den geringsten Ausgabebetrag hinaus erzielter Mehrerlös bei Beschlussfassung noch gar nicht feststehen. Ein zwingendes rechtliches Erfordernis, den Platzierungspreis und damit den Mehrerlös entgegen der bisherigen Praxis beim Bookbuilding-Verfahren bereits im Kapitalerhöhungsbeschluss festzulegen, besteht auch nicht[443]. Dies gilt schon deshalb, weil es bei der Ausgabe neuer Aktien keinen Anspruch gibt, überhaupt ein Aufgeld im Kapitalerhöhungsbeschluss festzulegen[444]. Der Mehrerlös ist daher nicht Teil des Ausgabebetrages i.S.v. § 36a Abs. 1 AktG. Er ergibt sich vielmehr aus dem Kaufpreis, der bei Weiterveräußerung im Rahmen der Platzierung von den Investoren zu zahlen ist und zu dessen Weiterleitung an die Gesellschaft sich die Bank im Übernahmevertrag verpflichtet[445]. Auch Sinn und Zweck der Pflicht zur Vorleistung eines Agio gebieten keine Vorleistung des den geringsten Ausgabebetrag übersteigenden Emissionserlöses. § 36a AktG dient dazu, einen Aktienerwerber vor der Pflicht zur (Nach-)Leistung des Agio zu schützen. Da die Emissionsbank nur zur Verfahrensvereinfachung im Auftrag der Gesellschaft zeichnet und die Aktien erst nach Zahlung des vereinbarten Platzierungs- bzw. Bezugspreises in Verkehr bringt, verlangt der Verkehrsschutz keine Voreinzahlung[446]. Auch bei einer **Kapitalerhöhung mit vereinfachtem Bezugsrechtsausschluss** nach § 186 Abs. 3 Satz 4 AktG gilt nichts anderes. Zwar stellt der Wortlaut dieser Bestimmung darauf ab, dass der „Ausgabebetrag" den Börsenpreis nicht wesentlich unterschreiten dürfe. Der hierdurch bezweckte Verwässerungsschutz ist jedoch nicht beeinträchtigt, wenn die neuen Aktien durch eine Bank zum geringsten Ausgabebetrag gezeichnet werden, sofern der Preis, zu dem deren Veräußerung an Investoren erfolgt, den Anforderungen des § 186 Abs. 3 Satz 4 AktG genügt und die zeichnende Bank den bei der Platzierung über die geleistete Mindesteinlage hinaus erzielten Erlös (abzüglich Provision und Kosten) an die Gesellschaft abführt[447].

8.122 Die Gegenauffassung würde die gängige Emissionspraxis gerade bei Emissionen unter Ausschluss des Bezugsrechts (zu den Bezugsrechtsemissionen sogleich Rz. 8.126 ff.) erheblich beeinträchtigen. Folgte

---

442 Vgl. z.B. *Technau*, AG 1998, 445, 447 f.
443 Vgl. auch *Ekkenga* in KölnKomm. AktG, 3. Aufl. 2017, § 186 AktG Rz. 247.
444 *Priester* in FS Lutter, 2000, S. 617, 634; *Schanz*, Börseneinführung, § 9 Rz. 68; *Technau*, AG 1998, 445, 449. Dem steht auch § 255 Abs. 2 AktG nicht entgegen. Nach dessen Sinn und Zweck kommt es darauf an, ob der Gesellschaft ein unangemessen niedriger Emissionserlös zufließt. Fließt der Gesellschaft ein nicht unangemessener Platzierungserlös zu, kommt ein Verstoß gegen § 255 Abs. 2 AktG wegen des reinen Ausgabebetrages i.S.v. § 9 Abs. 1 AktG nicht in Betracht; vgl. *Scholz* in MünchHdb. AG, § 57 Rz. 32.
445 *Wiedemann* in Großkomm. AktG, 4. Aufl. 2006, § 186 AktG Rz. 202.
446 Ausführlich vor allem *Priester* in FS Brandner, 1996, S. 97, 110 f.; *Hoffmann-Becking* in FS Lieberknecht, 1997, S. 25, 31; *Priester* in FS Lutter, 2000, S. 617, 620 f.; *Technau*, AG 1998, 445, 449 f.; *Picot/Land*, DB 1999, 570, 572; ebenso *Schlitt/Seiler*, WM 2003, 2175, 2183; sowie zur Rechtslage in Österreich *Kalss/Zollner* in Brandl/Kalss/Lucius/Oppitz/Saria, Hdb. Kapitalmarktrecht, Bd. 2, Tz. 6 (S. 135 ff.); zur Rolle der zeichnenden Bank als „Abwicklungsstelle". BGH v. 13.4.1992 – II ZR 277/90 – Beton- und Monierbau, BGHZ 118, 83, 96 f. = AG 1992, 312; BGH v. 5.4.1993 – II ZR 195/91 – co op, BGHZ 122, 180, 185 f., 189.
447 So schon *Marsch-Barner*, AG 1994, 532, 535 f.; *Groß*, DB 1994, 2431, 2433; *Lutter* in KölnKomm. AktG, 2. Aufl. 1995, Nachtrag zu § 186 AktG Rz. 14; *Trapp*, AG 1997, 115, 118; *Hoffmann-Becking* in FS Lieberknecht, 1997, S. 25, 31 ff.; *Technau*, AG 1998, 445, 449 f.; *Groß*, ZHR 162 (1998), 318, 336; *Schnorbus*, AG 2004, 113, 123 Fn. 117; *Groß* in Happ/Groß/Möhrle/Vetter, Aktienrecht, Band II, 5. Aufl. 2020, Abschnitt 12.07 Rz. 11.1 sowie 15.02 Rz. 8.1; *Schlitt/Schäfer*, AG 2005, 67, 75; *Scholz* in MünchHdb. AG, § 57 Rz. 149; *Ihrig* in Liber amicorum Happ, 2006, S. 109, 118; *Seibt*, CFL 2011, 74, 79, 83.

man ihr, so müsste der Platzierungspreis bereits zum Zeitpunkt des Kapitalerhöhungsbeschlusses und der Zeichnung bestimmt sein. Wegen der bis zur Ausgabe der Aktien für Handelsregistereintragung und Börsenzulassung erforderlichen Zeit, während der die Banken und u.U. auch die Investoren gebunden wären, aber noch nicht verfügen könnten, müsste ein Risikoabschlag in Kauf genommen werden[448]. Dies liefe der mit dem Bookbuilding bezweckten marktnahen Preisfestsetzung und damit Erlösmaximierung bei Begrenzung des Platzierungsrisikos zuwider. Zudem würde die dann höhere Mindesteinlage, die bereits vor Anmeldung zum Handelsregister zu erbringen wäre, zusätzliche Mittel binden. Die Emissionsbanken müssten die Emission bis zum Erhalt des Platzierungserlöses quasi vorfinanzieren. Eine – unnötige – Erhöhung der Emissionskosten wäre die Folge[449].

Auch ein Anfang der 2000er Jahre ergangener Beschluss des früheren Bayerischen Obersten Landesgerichts[450] steht dieser h.M. nicht entgegen und hat daher die Praxis bei Aktienemissionen nicht verändert. Danach soll eine rein schuldrechtliche Vereinbarung unter Altaktionären (offenbar nicht mit der Gesellschaft!) zur Zahlung weiterer Mittel zusätzlich zu dem bei einer Kapitalerhöhung zu erbringenden geringsten Ausgabebetrag dazu führen, dass der aus dieser gesonderten Finanzierungsabrede geschuldete zusätzliche Betrag als Agio i.S.v. § 36a Abs. 1 AktG bereits vor Eintragung der Kapitalerhöhung eingezahlt werden müsse. Dies überzeugt allerdings nicht. Das BayObLG differenziert in seiner Entscheidung nicht hinreichend zwischen einer sich aus dem Kapitalerhöhungsbeschluss ergebenden Verpflichtung zur Zahlung eines Aufgeldes[451] und einer – zulässigen[452] schuldrechtlichen Leistungspflicht, die nur den unmittelbar Verpflichteten trifft[453]. Die Zulässigkeit dieser Unterscheidung hat der BGH bestätigt[454]. Erfolgt – anders als in dem vom BayObLG zu entscheidenden Fall – die Zeichnung durch eine von der Gesellschaft zur Platzierung neuer Aktien oder zur Abwicklung des mittelbaren Bezugsrechts mandatierte Bank, so ist zudem deren Pflicht zur Abführung eines dabei erzielten Mehrerlöses als Teil ihrer technischen Funktion im Rahmen der Abwicklung der Kapitalerhöhung als für die Gesellschaft handelnder Dienstleister von der (schuldrechtlich übernommenen) Finanzierungsverpflichtung eines Aktionärs zu unterscheiden. Selbst wenn man der Kritik an dem genannten Beschluss des BayObLG nicht folgt, ergeben sich aus besagter Entscheidung also keine Zweifel an der Zulässigkeit der bisherigen Zeichnungspraxis bei der Übernahme neuer Aktien durch Emissionsbanken[455].

Häufig wählt ein Emittent eine Bank zum Emissionsbegleiter, zu der er bereits eine Kundenbeziehung aus einem **Kreditverhältnis** unterhält. Dabei kann es sich beispielsweise um die mit den Verhältnissen des Emittenten besonders vertraute „Hausbank" handeln. Durch Erteilung von Mandaten als Emissionsbank „belohnen" Emittenten zuweilen auch diejenigen Banken, die ihnen in wirtschaftlich schwierigen Situationen als Kreditgeber zur Seite standen. Ferner werden Unternehmensakquisitionen häufig aus Zeitgründen zunächst mit Krediten vorfinanziert (sog. Überbrückungsfinanzierung, *bridge loan*), um diese Kredite dann durch verschiedene Wertpapieremissionen zu refinanzieren. Zur Refinanzierung dieser Kredite dienen dann neben Anleihen[456] auch Aktienemissionen, die mitunter im Hinblick

8.123

---

448 *Groß*, ZHR 162 (1998), 318, 337; *Technau*, AG 1998, 445, 448.
449 Darauf weist auch *Schnorbus*, AG 2004, 113, 123 hin.
450 BayObLG v. 27.2.2002 – 3 Z BR 35/02, AG 2002, 510.
451 *Hüffer/Koch*, § 9 AktG Rz. 8.
452 *Hüffer/Koch*, § 23 AktG Rz. 45; *Röhricht* in Großkomm. AktG, 4. Aufl. 1997, § 23 AktG Rz. 249, 256 ff.; *Pentz* in MünchKomm. AktG, 5. Aufl. 2019, § 23 AktG Rz. 196 f.; *Seiler-Coceani* in MünchHdb. AG, § 6 Rz. 13; BGH v. 29.9.1969 – II ZR 167/68, AG 1970, 86 f.; eingehend dazu *Hermanns*, ZIP 2003, 788, 791; *Becker*, NZG 2003, 510, 513 f.; *Priester* in FS Röhricht, 2005, S. 467.
453 *Hergeth/Eberl*, DStR 2002, 1818, 1821; *Schorling/Vogel*, AG 2003, 86, 88; *Becker*, NZG 2003, 510, 513; *Schlitt/Seiler*, WM 2003, 2175, 2183; *Schnorbus*, AG 2004, 113, 124. *Brändel* in Großkomm. AktG, 4. Aufl. 1992, § 9 AktG Rz. 32 weist insoweit darauf hin, dass satzungsmäßig nicht vorgesehene Zuzahlungen nicht zu einer Über-pari-Ausgabe führen und diese den festgesetzten Ausgabebetrag unberührt lassen.
454 BGH v. 15.10.2007 – II ZR 216/06, NZG 2008, 73, 74 = GmbHR 2008, 147.
455 I.E. ebenso: *Schnorbus*, AG 2004, 113, 114 sowie *Schnorbus/Plassmann*, ZIP 2016, 693, 702.
456 Dazu *Parmentier*, ZInsO 2008, 9 f.

auf eine dadurch verbesserte Eigenkapitalausstattung Voraussetzung für die anderen Finanzierungsbausteine sein können (dazu Rz. 7.5). Werden vor diesem Hintergrund Kreditforderungen einer Emissionsbank aus den Mitteln der Kapitalerhöhung getilgt oder erfolgt die **Kredittilgung** auch nur im sachlichen und zeitlichen Zusammenhang mit der Kapitalerhöhung, wird diskutiert, ob die Grundsätze der sog. **verdeckten Sacheinlage** zur Anwendung kommen mit der Folge, dass die von der Bank erbrachte Bareinlage nicht ordnungsgemäß erbracht wäre[457]. Dann wäre eine Differenz zwischen geschuldeter Bareinlage und dem objektiven Wert der getilgten Kreditverbindlichkeit bzw. Sacheinlage bei Anmeldung der Durchführung der Kapitalerhöhung zum Handelsregister nach § 27 Abs. 3 AktG erneut zu zahlen (**Differenzhaftung**)[458]. Indes ist anerkannt, dass die Zeichnung der neuen Aktien und die damit verbundene Leistung der Bareinlage als Teil der Funktion der Bank als **Abwicklungsstelle** zur vereinfachten Durchführung der Kapitalerhöhung erfolgt. In dieser Funktion hat die Bank lediglich die Stellung eines fremdnützigen Treuhänders, so dass es nicht erforderlich ist, das Verbot der verdeckten Sacheinlage auch auf sie anzuwenden[459]. Dies gilt zunächst, wenn die Bank neue Aktien im Wege des **mittelbaren Bezugsrechts** nach § 186 Abs. 5 AktG Aktionären zum Bezug anbietet (dazu Rz. 44.66). Die Bank verliert diese Treuhänderstellung nicht, wenn sie nicht bezogene Aktien verwertet und den dabei erzielten über die bereits entrichtete Einlage (und ihre angemessene Vergütung) hinausgehenden Erlös an die Gesellschaft abführt. Dies gilt auch, wenn die Unterbringung jener Aktien (zunächst) aufgrund aktueller Marktentwicklungen nicht durchführbar ist, im Zeitpunkt der Zeichnung (bzw. dem vorgelagerten Eingehen einer Übernahmeverpflichtung)[460] die rasche Platzierung jedoch unproblematisch erschien. Die „Privilegierung" der Emissionsbank wirkt in diesem Fall fort, solange sich die Bank weiterhin um die Platzierung der Aktien bemüht[461]. Sie soll indes enden, soweit die Bank Rechte aus den Aktien wahrnimmt oder diese durch „Selbsteintritt" erwirbt (dazu Rz. 44.67). Hat die Bank die neuen Aktien im Zusammenhang mit einer **bezugsrechtsfreien Platzierung** gezeichnet, sollte nichts anderes gelten, nimmt sie doch dabei keine wesentlich andere Funktion wahr als bei einer (mittelbaren) Bezugsrechtsemission (dazu auch Rz. 44.103)[462]. Hat sie bei der Bezugsrechtsemission Treuhänderfunktion zu Gunsten der bezugsberechtigten Aktionäre, so handelt sie bei der bezugsrechtsfreien Emission zu Gunsten der die neuen Aktien erwerbenden Investoren, denen es so erspart bleibt, sich den Formalitäten der Zeichnung, Handelsregisteranmeldung und des Nachweises der Einlageerbringung zu unterziehen[463].

8.123a Für den Fall, dass bei Fehlschlagen der Platzierung die Treuhänderstellung der zeichnenden Bank endet, wurden in der Praxis verschiedene Lösungen entworfen. Eine Lösungsmöglichkeit besteht darin, die Verwendung des Emissionserlöses aus den platzierten Aktien und aus den nicht platzierten Aktien

---

457 *Winter* in FS Priester, 2007, S. 867, 869; BGH v. 9.7.2007 – II ZR 62/06 – Lurgi, AG 2007, 741, 743.
458 *Bayer* in K. Schmidt/Lutter, § 27 AktG Rz. 73 ff.
459 Grundlegend BGH v. 13.4.1992 – II ZR 277/90 – Beton- und Monierbau, BGHZ 118, 83, 96 f. = AG 1992, 312; ihm folgend die ganz h.M. vgl. nur *Wiedemann* in Großkomm. AktG, 4. Aufl. 2006, § 183 AktG Rz. 94; *Ekkenga* in KölnKomm. AktG, 3. Aufl. 2017, § 183 AktG Rz. 187; *Groß*, AG 1993, 108, 115; *Frese*, AG 2001, 15, 20; *Siebert*, NZG 2006, 366, 267; a.A. offenbar nur *Ekkenga/Maas* in Kümpel/Hammen/Ekkenga, Kapitalmarktrecht, Kennzahl 055 Rz. 332, die ungeachtet der gesetzlichen Privilegierung der Emissionsbanken in § 186 Abs. 5 AktG an der „Treuhandthese" des BGH unter Verweis auf § 56 Abs. 3 AktG zweifeln, obwohl(!) sie diese rechtspolitisch für wünschenswert halten; mit überzeugenden Argumenten dagegen *Parmentier*, ZInsO 2008, 9, 14 f.
460 *Vaupel/Reers*, AG 2010, 93, 100.
461 BGH v. 13.4.1992 – II ZR 277/90 – Beton- und Monierbau, BGHZ 118, 83, 98 = AG 1992, 312.
462 Eingehend dazu *Parmentier*, ZInsO 2008, 9, 14 f.; *Schnorbus*, AG 2004, 113, 115 ff.; *Frese*, AG 2001, 15, 24; ebenso *Singhof/Weber* in Habersack/Mülbert/Schlitt, Unternehmensfinanzierung am Kapitalmarkt, § 3 Rz. 3.64; *Vaupel/Reers*, AG 2010, 93, 100; *Bezzenberger/Bezzenberger* in FS Hopt, 2010, 392, 408 ff.; sowie mit Hinweis auf die Privilegierung des Emissionsgeschäfts im Kartell- und Steuerrecht, ohne dass zwischen hinsichtlich des Bezugsrechts bzw. dessen Ausschluss differenziert wird, *Meyer* in Kümpel/Mülbert/Früh/Seyfried, Bankrecht und Kapitalmarktrecht, Rz. 14.576; a.A. *C. Schäfer*, ZGR 2008, 455, 481.
463 Instruktiv *Parmentier*, ZInsO 2008, 9, 14 f.

zu trennen und darauf zu achten, dass die zeichnende Bank nur aus den Erlösen jener Aktien befriedigt wird, die bezogen oder im Markt platziert wurden[464]. Daneben wurde bei einem Emissionskonsortium, das nur teilweise aus Banken mit aus dem Emissionserlös zu tilgenden Kreditforderungen bestand, erwogen, die Zeichnung der neuen Aktien für Rechnung der kreditgebenden Konsorten durch eine nicht-kreditgebende Bank durchführen zu lassen. Diese ging dabei aber wirtschaftlich kein höheres Übernahmerisiko ein, da die kreditgebenden Emissionsbanken ihr neue Aktien in dem Umfang abnahmen, der ihrer vereinbarten Übernahmequote entsprach. Dieses „Vorschieben" einer nicht-kreditgebenden Bank dürfte aber nach den Grundsätzen der **Eurobike**-Entscheidung des BGH das Problem einer verdeckten Sacheinlage durch die zur Übernahme verpflichteten kreditgebenden Emissionsbanken nicht lösen. Denn daraus ergibt sich, dass die „Zwischenschaltung" einer nicht-kreditgebenden Emissionsbank als Zeichner eine verdeckte Sacheinlage nicht ausschließt, wenn sich dieser gegenüber ein Kreditgeber, der aus den Erlösen der Kapitalerhöhung befriedigt wird, schuldrechtlich zum Erwerb der neuen Aktien verpflichtet hat und für diesen Kreditgeber, hätte er gezeichnet, die Grundsätze der verdeckten Sacheinlage unmittelbar Anwendung gefunden hätten[465]. Solange sich freilich dieser Kreditgeber zwar nicht zur Zeichnung, aber zur „Übernahme" der neuen Aktien i.S.v. § 186 Abs. 5 AktG verpflichtet, kann er sich auf die einer verdeckten Sacheinlage entgegenstehenden Treuhänderstellung im Rahmen der Abwicklung des mittelbaren Bezugsrechts berufen, jedoch nur solange er diese nach den dargestellten Grundsätzen wahrnimmt. Das bedeutet: das Vorschieben eines Nicht-Kreditgebers, der für Rechnung der Mitglieder eines zum Teil aus Kreditgebern bestehenden Emissionskonsortiums zeichnet, schadet zwar der Reichweite der Privilegierung der zur Abwicklung des mittelbaren Bezugsrechts nach § 186 Abs. 5 AktG eingeschalteten Emissionsbanken nicht, es kann die nicht zeichnenden Banken aber von der Gefahr der verdeckten Sacheinlage nicht befreien, sobald diese Privilegierung endet. Die Lösung wird daher in der Regel in einer Gestaltung des Kreditvertrages zu suchen sein, nach der ein zum Emissionskonsortium gehörender Kreditgeber auf eine ihm ansonsten zustehende Tilgung aus Mitteln der Kapitalerhöhung verzichtet, soweit er dadurch aufgrund eines (teilweisen) Fehlschlagens der Platzierung der neuen Aktien Gefahr liefe, in den Anwendungsbereich der Grundsätze der verdeckten Sacheinlage zu geraten (sog. **Opt out-Klausel**)[466].

8.123b
Seit der Neuregelung der Bestimmungen über den Eigenkapitalersatz im GmbH-Recht durch das MoMiG 2008 werden sämtliche Darlehen von Gesellschaftern einer Kapitalgesellschaft nach § 39 Abs. 1 Nr. 5 InsO in der Insolvenz der Gesellschaft als nachrangig behandelt. Auf die zuvor für die Nachrangigkeit maßgeblichen Frage, ob einem **Gesellschafterdarlehen** eigenkapitalersetzender Charakter zukommt, kommt es nicht mehr an. Damit wird die Nachrangigkeit auch für Banken relevant, die durch Zeichnung neuer Aktien aus einer Kapitalerhöhung vorübergehend Aktionär werden. Denn für die Qualifikation eines Kredits als Gesellschafterdarlehen ist nunmehr unerheblich, ob die Gesellschafterstellung nur vorübergehend ist. Allerdings entfällt in entsprechender Anwendung des § 135 Abs. 1 Nr. 2 InsO der **Nachrang**, wenn der Kreditgeber seine Beteiligung seit mehr als einem Jahr vor Insolvenzantrag aufgegeben hat[467]. Eine Ausnahme gilt gem. § 39 Abs. 5 InsO ohnehin für Kleinbeteiligungen, die 10 % nicht überschreiten. Die vorgenannte Jahresfrist beginnt also bereits zu laufen, sobald nur noch eine Kleinbeteiligung innerhalb der 10 %-Schwelle vorliegt. Erwirbt eine Emissionsbank je-

---

464 *Herfs* in Habersack/Mülbert/Schlitt, Unternehmensfinanzierung am Kapitalmarkt, § 5 Rz. 5.84 mit weiteren Lösungsvorschlägen.
465 BGH v. 1.2.2010 – II ZR 173/08 – Eurobike, WM 2010, 467 f. = AG 2010, 246; ähnlich stellt hinsichtlich der wirtsamen Kapitalaufbringung bereits BGH v. 5.4.1993 – II ZR 195/91 – co op, BGHZ 122, 180, 185 f. auf die Beziehung der über die zeichnende Bank mittelbar neue Aktien beziehenden Aktionäre ab; ebenso *Bezzenberger/Bezzenberger* in FS Hopt, 2010, S. 392, 406.
466 *Walgenbach* in Langenbucher/Bliesener/Spindler, Bankrechts-Kommentar, 16. Kapitel Rz. 92.
467 Grundlegend *Gehrlein*, BB 2008, 846, 850; dem folgend *Obermüller*, Insolvenzrecht in der Bankpraxis, 9. Aufl. 2016, Rz. 5.896; so nun auch BGH v. 15.11.2011 – II ZR 6/11, WM 2012, 78 f. = GmbHR 2012, 206, der ausdrücklich offen lässt, ob der Nachrang möglicherweise bereits mit dem Ausscheiden des Gesellschafters endet und nur noch die Anfechtungsmöglichkeit bei Tilgung binnen Jahresfrist nach § 135 Abs. 1 Nr. 2 InsO verbleibt.

doch – wie üblich – bei einer Kapitalerhöhung eine Beteiligung an der Emittentin durch Zeichnung neuer Aktien, um diese an bezugsberechtigte Aktionäre oder im Rahmen einer Platzierung erwerbende Investoren weiterzugeben, spricht viel dafür, die vorstehend skizzierte **Privilegierung** der zur Abwicklung des mittelbaren Bezugsrechts oder der Platzierung an Investoren neue Aktien aus einer Kapitalerhöhung übernehmenden Bank auch auf § 39 Abs. 1 Nr. 5 InsO anzuwenden. Solange diese Bank also ihre Stellung als **fremdnütziger Treuhänder** (siehe Rz. 8.123) nicht durch Wahrnehmung von Aktionärsrechten oder „Selbsteintritt" aufgibt, sollte ihre Kreditforderung also nicht nachrangig werden, selbst wenn sie aufgrund der Zeichnung oder Übernahme neuer Aktien (vorübergehend) mehr als 10 % des Grundkapitals hält (dazu auch Rz. 44.65 ff.)[468].

(3) Einzahlungsbestätigung

8.124 Der Konsortialführer wird des Weiteren im Übernahmevertrag regelmäßig dazu verpflichtet, nach erfolgter Leistung der Mindesteinlage auf ein typischerweise bei ihm eingerichtetes „Sonderkonto Kapitalerhöhung"[469] die für die Anmeldung der Durchführung einer Kapitalerhöhung zur Eintragung in das Handelsregister nach § 203 Abs. 1 Satz 1, § 188 Abs. 2 Satz 1, § 37 Abs. 1 Satz 3 AktG erforderliche **Bankbestätigung** abzugeben (dazu Rz. 44.101 f.)[470].

(4) Anmeldung und Abwicklung

8.125 Die Gesellschaft hat die Durchführung der Kapitalerhöhung unverzüglich nach Erhalt von Zeichnungsschein (dazu Rz. 44.97) und Einzahlungsbestätigung zum Handelsregister anzumelden sowie den Konsortialführer von der **Eintragung** unter **Nachweis** durch Übersendung einer Kopie der Eintragungsnachricht des Registergerichts (und Nachreichung eines beglaubigten Handelsregisterauszuges) zu benachrichtigen[471]. Dem Konsortialführer ist sodann (ggf. Zug um Zug gegen Gutschrift noch einzuzahlender 75 % des geringsten Ausgabebetrages der neuen Aktien) eine **Globalurkunde** über die neuen Aktien mit Gewinnanteilscheinen zu übergeben, die er bei der Clearstream Banking AG als Wertpapiersammelbank i.S.v. § 1 Abs. 3 DepotG einliefert, um die rechtzeitige Belieferung von Zuteilungen im Wege des Effektengiroverkehrs zu ermöglichen[472]. Bei Zeichnung neuer Aktien ausschließlich durch den Konsortialführer verpflichten sich die anderen Konsortialbanken, diesem entsprechend ihrer Übernahmequote Platzierungsaktien zum Platzierungspreis abzukaufen. Bei einer Platzierung im Bookbuildingverfahren ist diese **Übernahmeverpflichtung** von der tatsächlichen Abnahme zu unterscheiden. Letztere richtet sich nach der **Zuteilung**, der die durch das Bookbuilding ermittelte tatsächliche Nachfrage zugrunde liegt. Somit erwirbt eine Konsortialbank u.U. weniger Aktien als es ihrer Übernahmequote (und der daraus resultierenden Verpflichtung) entspräche, z.B. weil sie eine geringere Zahl an Kaufaufträgen ihrer Kunden beigebracht hat, aber ansonsten Kaufaufträge in ausreichendem (oder gar das Platzierungsvolumen übersteigenden) Umfang vorliegen[473]. Umgekehrt kann die Zuteilung auch die sich aus der Übernahmequote ergebenden Übernahmeverpflichtung übersteigen,

---

468 *Otto*, WM 2010, 2013, 2022 f.; *Obermüller*, Insolvenzrecht in der Bankpraxis, 9. Aufl. 2016, Rz. 5.893; so i.E. auch *Laspeyres*, Hybridkapital in Insolvenz und Liquidation der Kapitalgesellschaft, 2013, S. 192.
469 Dies entspricht der absolut gängigen Praxis, vgl. dazu Rz. 44.65, 44.101; bereits das Reichsgericht hat die Einzahlung der Einlage auf ein bei der zeichnenden Bank selbst eingerichtetes Konto als zulässig bestätigt, vgl. RG v. 19.11.1904 – I 307/04, Monatsschrift für Handelsrecht und Bankwesen 1905, 142 r. Sp.
470 Eingehend *Butzke*, ZGR 1994, 94 sowie BGH v. 7.1.2008 – II ZR 283/06, ZIP 2008, 546 = AG 2008, 289.
471 Der Nachweis wird auch für die Zulassung zum Börsenhandel benötigt, da die Börsengeschäftsführung nach § 48 Abs. 2 Satz 2 Nr. 5 BörsZulV einen Nachweis über die Rechtsgrundlage der Wertpapierausgabe verlangen kann.
472 Gemäß § 48 Abs. 2 Satz 2 Nr. 7 lit. a) BörsZulV kann die Börsengeschäftsführung im Rahmen des Zulassungsverfahrens die Erklärung des Emittenten über die Hinterlegung der Globalurkunde verlangen.
473 Vgl. z.B. *Technau*, AG 1998, 445, 446 Fn. 8; die von Technau angenommene Regelung der tatsächlichen Zuteilungsquoten im Konsortialvertrag ist allerdings ungebräuchlich.

wenn die betreffende Konsortialbank Kaufaufträge in entsprechendem Umfang im Rahmen des Bookbuildings eingemeldet hat. Eine entsprechende Nachfragemeldung gilt als konkludentes Einverständnis mit der Erhöhung der Übernahmeverpflichtung[474]. In der Regel findet ohnehin kein Durchgangserwerb der nicht zeichnenden Konsortialbanken statt. Vielmehr veranlasst die die Abrechnung der Platzierung durchführende Bank (sog. *Settlement Agent*, typischerweise einer der Konsortialführer) die Umbuchung der Platzierungsaktien von einem für den jeweiligen Zeichner bzw. den abgebenden Aktionären eingerichteten Wertpapierdepot auf die jeweiligen Wertpapierdepots der eine Zuteilung erhaltenden Investoren. Der Settlement Agent verpflichtet sich weiterhin, den **Unterschiedsbetrag** zwischen der bereits geleisteten Einlage und dem bei der Platzierung erzielten Erlös an die Gesellschaft auszukehren, abzüglich der Bankprovision(en) sowie der von der Gesellschaft zu tragenden Auslagen und Kosten (siehe Rz. 8.121).

(5) Mittelbares Bezugsrecht

Werden neue Aktien aus einer Kapitalerhöhung mit Bezugsrecht übernommen, gelten eine Reihe von Besonderheiten, die sich auch auf den Übernahmevertrag auswirken. Um die Abwicklung einer Bezugsrechtskapitalerhöhung gerade bei Gesellschaften mit einem breit gestreuten Aktionärskreis zu erleichtern, sieht § 186 Abs. 5 Satz 1 AktG vor, dass die neuen Aktien nicht von den Aktionären gezeichnet werden müssen. Sie können vielmehr von einem Kreditinstitut oder einem nach § 53 Abs. 1 Satz 1 KWG oder nach § 53b Abs. 1 Satz 1, Abs. 7 KWG tätigen Unternehmen („**Emissionsunternehmen**") mit der Verpflichtung übernommen werden, sie den Aktionären zum Bezug anzubieten (sog. **mittelbares Bezugsrecht**). Dementsprechend sieht der Übernahmevertrag bei Bezugsrechtsemissionen ausdrücklich die Verpflichtung der Konsortialbank(en) vor, die neuen Aktien den Aktionären nach Maßgabe des Bezugsverhältnisses anzubieten, das sich aus dem Verhältnis der Zahl der neuen Aktien zur Zahl der bereits ausgegebenen Aktien ergibt. Das Angebot hat während einer Bezugsfrist von mindestens zwei Wochen (§ 186 Abs. 1 Satz 2 AktG) zu dem vom Vorstand festgelegten (oder nach § 186 Abs. 2 Alt. 2 AktG noch festzulegenden) Bezugspreis zu erfolgen. Ausgenommen hiervon sind Spitzenbeträge, die sich aus dem Bezugsverhältnis ergeben und für die deshalb das Bezugsrecht ausgeschlossen wurde. Ebenso kann ein bezugsrechtsfreier Bestand an Aktien dadurch entstehen, dass auf eigene Aktien der Gesellschaft gemäß § 71b AktG kein Bezugsrecht entfällt[475].

8.126

Im Hinblick auf die Pflicht zur Durchführung eines Bezugsangebotes stellt der Übernahmevertrag einen **Vertrag zu Gunsten der Aktionäre** der Gesellschaft gemäß § 328 Abs. 1 BGB dar und verschafft den Aktionären der Gesellschaft einen unmittelbaren Bezugsanspruch gegen das Emissionsunternehmen[476]. Das Emissionsunternehmen übernimmt damit die Pflichten der Gesellschaft bei der Abwicklung eines Bezugsangebotes[477].

8.127

Der **Zeitpunkt des Abschlusses des Übernahmevertrages** ist bei Bezugsrechtsemissionen selten streitig. So ist die von § 186 Abs. 5 Satz 1 AktG vorausgesetzte treuhänderische Bindung der die neuen

8.128

---

474 *Groß* in Ebenroth/Boujong/Joost/Strohn, HGB, 4. Aufl. 2020, F. Bank- und Börsenrecht VI, Rz. 20.
475 Vgl. *Hüffer/Koch*, § 71b AktG Rz. 4; insoweit kommt auch keine Veräußerung des Bezugsrechtes in Frage. Die auf die eigenen Aktien entfallenden Bezugsrechte sollen (grds.) den anderen Aktionären anteilig anwachsen, so *Wiedemann* in Großkomm. AktG, 4. Aufl. 2006, § 186 AktG Rz. 65; vgl. *Ekkenga* in KölnKomm. AktG, 3. Aufl. 2017, § 186 AktG Rz. 10. Dadurch ergibt sich u.U. ein Bezugsverhältnis mit einer erhöhten Zahl von Spitzen. Dies wird vermieden, wenn man das Bezugsverhältnis nach dem Grundkapital unter Berücksichtigung der eigenen Aktien bestimmt und hinsichtlich der auf die eigenen Aktien theoretisch entfallenden neuen Aktien das Bezugsrecht ausschließt; vgl. auch *Schlitt/Seiler*, WM 2003, 2175, 2177.
476 BGH v. 22.4.1991 – II ZR 231/90, BGHZ 114, 203, 208 = AG 1991, 270; BGH v. 13.4.1992 – II ZR 277/90 – Beton- und Monierbau, BGHZ 118, 83, 96 = AG 1992, 312; *Hüffer/Koch*, § 186 AktG Rz. 47; *Ekkenga* in KölnKomm. AktG, 3. Aufl. 2017, § 186 AktG Rz. 204; *Wiedemann* in Großkomm. AktG, 4. Aufl. 2006, § 186 AktG Rz. 209; *Veil* in K. Schmidt/Lutter, § 186 AktG Rz. 49.
477 BGH v. 22.4.1991 – II ZR 231/90, BGHZ 114, 203, 208 = AG 1991, 270.

Aktien übernehmenden Emissionsbank durch Abschluss des Übernahmevertrages vor der Zeichnung sicherzustellen[478]. Dabei wird klargestellt, dass der Bezugsanspruch und ggf. das Bezugsangebot (je nach dem wann die Kapitalerhöhung durchgeführt wird, dazu sogleich) unter der aufschiebenden Bedingung der Eintragung der Durchführung der Kapitalerhöhung in das Handelsregister steht[479]. Neben den vorgenannten Überlegungen (Rz. 8.108 ff.) ist zu berücksichtigen, dass – anders als bei einer bezugsrechtsfreien Emission mit Bookbuilding-Verfahren (siehe Rz. 8.31) – die Bank mit dem Bezugsangebot den Bezugsberechtigten einen bindenden Antrag i.S.v. § 145 BGB unterbreitet, so dass durch dessen Annahme im Lauf der Bezugsfrist ein Kaufvertrag über die bezogene Zahl neuer Aktien zustande kommt[480]. Der Emissionsbank ist daher daran gelegen, ihr Rechtsverhältnis zur Gesellschaft vor Eingehen dieser Bindung gegenüber den Bezugsberechtigten verbindlich zu klären.

8.129 Auch bei Kapitalerhöhungen im Wege des mittelbaren Bezugsrechts kann die **Zeichnung „zu pari"** d.h. zum geringsten Ausgabebetrag erfolgen. Anders als bei einer bezugsrechtsfreien Platzierung unter Preisbestimmung nach dem Bookbuilding-Verfahren wird jedoch bei Bezugsangeboten der von den Bezugsberechtigten zu entrichtende Bezugspreis in der Regel bereits im Bezugsangebot festgelegt. Bis zum Inkrafttreten des TransPuG ergab sich dies – zumindest nach herkömmlicher Lesart – unmittelbar aus § 186 Abs. 2, Abs. 5 Satz 2 AktG, wonach das für die Aktien zu leistende Entgelt im Bezugsangebot anzugeben ist[481]. Nach der Neufassung des § 186 Abs. 5 Satz 2 AktG sind die Angaben gemäß § 186 Abs. 2 Satz 1 AktG zu machen, d.h. entweder ein bereits festgelegter Bezugspreis oder die Grundlagen für seine Festlegung. Auch bei Anwendung des bei Bezugsrechtskapitalerhöhungen nach wie vor üblichen Festpreisverfahrens ist jedoch die Differenz zwischen dem geringsten Ausgabebetrag nach § 9 Abs. 1 AktG und einem bei Zeichnung bereits feststehenden Bezugspreis nicht als ein vor Anmeldung der Kapitalerhöhung zum Handelsregister einzuzahlendes Aufgeld i.S.v. § 36a Abs. 1 AktG anzusehen (siehe dazu Rz. 8.121). Die Nichtleistung der Differenz zum geringsten Ausgabebetrag ist hier nicht zu befürchten, da die Bank die neuen Aktien nur zum Bezugspreis ausgibt und damit diese erst nach Zahlung des Bezugspreises in den Verkehr kommen[482]. Die Bank ist lediglich als von der Gesellschaft zu Gunsten der bezugsberechtigten Aktionäre eingesetzter Abwicklungsgehilfe tätig und nimmt nur insoweit vorübergehend Aktionärsstellung ein. Bei der Formulierung der Beschlüsse und des Zeichnungsscheins sollte aber klar zwischen Ausgabebetrag und vom Bezugsberechtigten zu entrichtenden Bezugspreis unterschieden werden[483]. Die Bank wird zur Zeichnung zum geringsten Ausgabebetrag zugelassen mit der Maßgabe, die neuen Aktien zu einem vom Ausgabebetrag zu unterscheidenden Bezugspreis anzubieten und den dabei erzielten Erlös (abzüglich Provision und ggf. Kosten) an die Gesellschaft abzuführen.

8.130 Die vom Bezugsrecht ausgenommene Spitze und die nicht bezogenen neuen Aktien werden von den Konsortialbanken nach dem Ende der Bezugsfrist verwertet[484]. Dazu kann vorgesehen werden, dass

---

478 *Hüffer/Koch*, § 186 AktG Rz. 47; *Lutter* in KölnKomm. AktG, 2. Aufl. 1995, § 186 AktG Rz. 106, 111; *Wiedemann* in Großkomm. AktG, 4. Aufl. 2006, § 186 AktG Rz. 208; *Schlitt/Seiler*, WM 2003, 2175, 2184.
479 So geht auch *Lenenbach*, Kapitalmarktrecht, Rz. 10.181 davon aus, dass der Anspruch der Aktionäre gegen das Emissionsunternehmen erst mit Wirksamwerden der Kapitalerhöhung durch Eintragung nach § 189 AktG entsteht.
480 *Hüffer/Koch*, § 186 AktG Rz. 51; *Ekkenga* in KölnKomm. AktG, 3. Aufl. 2017, § 186 AktG Rz. 241; *Wiedemann* in Großkomm. AktG, 4. Aufl. 2006, § 186 AktG Rz. 215 ff.
481 Allerdings ohne dies zu problematisieren *Hüffer*, 5. Aufl. 2002, § 186 AktG Rz. 52; *Schlitt/Seiler*, WM 2003, 2175 Fn. 1 m.w.N.
482 *Hüffer/Koch*, § 186 AktG Rz. 48 ff., insbesondere Rz. 51; *Ekkenga* in KölnKomm. AktG, 3. Aufl. 2017, § 186 AktG Rz. 216; *Wiedemann* in Großkomm. AktG, 4. Aufl. 2006, § 186 AktG Rz. 202 f.; *Scholz* in MünchHdb. AG, § 57 Rz. 182; *Priester* in FS Brandner, 1996, S. 97, 110 ff.; *Priester* in FS Lutter, 2000, S. 617, 620, 632.
483 Darauf weist auch z.B. *Wiedemann* in Großkomm. AktG, 4. Aufl. 2006, § 186 AktG Rz. 202 hin.
484 Vgl. z.B. *Hüffer/Koch*, § 186 AktG Rz. 53; *Wiedemann* in Großkomm. AktG, 4. Aufl. 2006, § 186 AktG Rz. 209.

die Gesellschaft innerhalb einer Frist von wenigen Tagen eine konkrete Weisung hinsichtlich der **Verwertung** erteilt. Erfolgt diese nicht, verwerten die Konsortialbanken die verbliebenen Aktien nach eigenem Ermessen „bestens"[485]; der dabei erzielte Erlös ist – abzüglich der anteiligen Provision – an die Gesellschaft auszukehren. Aktionäre sind bei der Verwertung gleich zu behandeln[486]. Regelmäßig erfolgt diese im Wege einer Privatplatzierung bei institutionellen Investoren. Diese lässt sich kurzfristig durchführen; Emissionsbanken und die Gesellschaft sind so nicht länger als nötig den Marktrisiken ausgesetzt. Hierbei kann der **Bezugspreis** überschritten werden. Kann die Verwertung dagegen nur unterhalb des Bezugspreises erfolgen, so soll zuvor den bezugsberechtigten Aktionären ein erneutes Bezugsangebot zu dem niedrigeren Verwertungspreis unterbreitet werden müssen (dazu auch Rz. 44.71)[487]. Anders liegt es jedoch, wenn die Emissionsbanken im Rahmen der Verwertung die neuen Aktien selbst auf eigene Rechnung zum Bezugspreis erwerben. Mit diesem Erwerb ist die Verwertung abgeschlossen und die Treuhänderstellung der Emissionsbanken nach § 186 Abs. 5 AktG beendet. Sie sind danach frei, die Aktien zu einem in ihrem Ermessen stehenden Preis weiterzuveräußern. Teilweise sehen Übernahmeverträge sogar eine solche feste Übernahmeverpflichtung der Emissionsbanken vor. Dies kann zur Sicherstellung des Erfolgs der Emission gerade in schwierigen ökonomischen Verhältnissen und Marktsituationen dienen und ist oft – auch zur Begrenzung des wirtschaftlichen Risikos – mit einem Bezugspreis erheblich unter dem Börsenkurs verbunden.

Wurde im Rahmen von § 186 Abs. 2 Satz 1 Alt. 2 AktG der **Bezugspreis auf der Grundlage des Börsenkurses** kalkuliert (z.B. in Form eines im Bezugsangebot festgelegten Abschlags vom Börsenkurs am Ende der Bezugsfrist) soll eine Verwertung auch zu einem Preis unterhalb des so bestimmten Bezugspreises ohne vorheriges erneutes Bezugsangebot zulässig sein, sofern der Verwertungspreis nach den gleichen Grundsätzen wie der Bezugspreis bestimmt wurde[488]. Dies wäre in vorigem Beispiel der Fall, wenn ein Abschlag von dem Börsenkurs zum Zeitpunkt der Verwertung vorgenommen würde, der einem im Bezugsangebot genannten Abschlag von dem Börsenpreis zum Zeitpunkt der Festsetzung des Bezugspreises entspricht. Auch eine solche Verwertung würde jedoch dazu führen, dass der Erwerber im Rahmen der Verwertung neue Aktien zu einem günstigeren Preis beziehen kann, als es dem bezugsberechtigten Aktionär im Rahmen des Bezugsangebotes möglich war. Letzterer kann sich – anders als bei einem Bezugsrechtsausschluss nach § 186 Abs. 3 Satz 4 AktG – wegen des Abschlages trotz des gesunkenen Börsenkurses auch über die Börse nicht zu einem zumindest ungefähr gleichen Preis eindecken, um seine Verwässerung zu verhindern[489]. Damit ist auch in dieser Konstellation ohne nochmaliges Bezugsangebot zum Verwertungspreis ein faktischer Bezugsrechtsausschluss zu befürchten.

8.131

bbb) Alte Aktien: Aktienkauf

Werden im Rahmen einer Platzierung (auch) Aktien aus Altaktionärsbestand („alte Aktien") umplatziert und sollen diese von den Konsortialbanken fest übernommen werden, so enthält der Übernahmevertrag die Verpflichtung der Konsortialbanken, diese den Altaktionären zum Platzierungspreis ab-

8.132

---

485 Vgl. *Ekkenga* in KölnKomm. AktG, 3. Aufl. 2017, § 186 AktG Rz. 255 ff.; BGH v. 19.6.1995 – II ZR 29/94, NJW 1995, 2486.
486 *Hüffer/Koch*, § 186 AktG Rz. 53; *Ekkenga* in KölnKomm. AktG, 3. Aufl. 2017, § 186 AktG Rz. 255.
487 *Wiedemann* in Großkomm. AktG, 4. Aufl. 2006, § 186 AktG Rz. 97; *Ekkenga* in KölnKomm. AktG, 3. Aufl. 2017, § 186 AktG Rz. 256; ebenso *Schlitt/Seiler*, WM 2003, 2175, 2183. Diese stellen auf den „Ausgabepreis" ab, unterhalb dessen keine Verwertung stattfinden dürfe. Ist aber mittelbaren Bezugsrecht zwischen dem Ausgabebetrag (der typischerweise dem geringsten Ausgabebetrag i.S.v. § 9 Abs. 1 AktG entspricht) einerseits und dem Bezugspreis andererseits (das „für die Aktien zu leistende Entgelt" i.S.v. § 186 Abs. 5 Satz 2 AktG) zu unterscheiden, kommt es auf den Bezugspreis an. Ansonsten würde die spätere Veräußerung einen faktischen Bezugsrechtsausschluss bedeuten.
488 *Scholz* in MünchHdb. AG, § 57 Rz. 103; ebenso *Schlitt/Seiler*, WM 2003, 2175, 2183 Fn. 120.
489 Entwurf eines Gesetzes für kleine Aktiengesellschaften und zur Deregulierung des Aktienrechts, Begründung zu Nr. 15 – § 186 Abs. 3 Satz 4 AktG, BT-Drucks. 12/6721, S. 10.

zukaufen. Dies kann durch **alle Konsortialbanken** *pro rata* einer vorher festgelegten Quote (sog. Underwriting-Quote), aber auch zunächst durch den **Konsortialführer** erfolgen, dem die einzelnen Mitkonsorten die Aktien dann *pro rata* (wie zuvor für die neuen Aktien beschrieben) zum Platzierungspreis abkaufen. Letztere Variante hat gerade bei einer Mehrzahl von Altaktionären den Vorteil der Klarheit. Die Altaktionäre verpflichten sich dabei aus abwicklungstechnischen Gründen dazu, die Altaktien rechtzeitig für die Übertragung auf die Investoren auf ein bei dem Konsortialführer bzw. Settlement Agent eingerichtetes Wertpapierdepot zu übertragen. Dieser überträgt die Altaktien nach erfolgter Preisfestsetzung und Zuteilung an die Investoren (bzw. an die Mitkonsorten, die die Aktien ihrerseits an Investoren übertragen) Zug um Zug gegen Zahlung des Platzierungspreises. Der Konsortialführer verpflichtet sich, den erhaltenen Platzierungserlös abzüglich Provision sowie etwaiger von den Altaktionären zu tragenden Auslagen und Kosten zu einem festgelegten Zeitpunkt anteilig an die Altaktionäre weiterzuleiten. Da der auch nur vorübergehende Eigentumserwerb durch den Konsortialführer ggf. eine Stimmrechtsmeldepflicht oder gar ein Pflichtangebot nach § 35 WpÜG auslösen könnte, wird regelmäßig vereinbart, dass die aus abwicklungstechnischen Gründen grundsätzlich erforderliche Gutschrift auf einem Eigendepot des Konsortialführers nicht zum Eigentumsübergang führt. Vielmehr tritt dieser erst mit Gutschrift bei dem jeweiligen Investor ein; bis dahin bleibt der abgebende Aktionär Eigentümer[490].

ccc) Greenshoe-Aktien

8.133   Erfolgt – wie zumindest bei bezugsrechtsfreien Platzierungen üblich – im Hinblick auf etwaige Stabilisierungsmaßnahmen eine Mehrzuteilung unter Einräumung einer korrespondierenden Erwerbsoption (sog. *Greenshoe*) (siehe Rz. 8.68), so wird dies ebenfalls im Übernahmevertrag geregelt. Von einem oder mehreren (Groß-)Aktionär(en) werden den Konsortialbanken (bzw. dem Konsortialführer, handelnd für deren Rechnung) Aktien der Gesellschaft im Umfang von bis zu 15 % des Emissionsvolumens im Wege eines (unentgeltlichen) Aktiendarlehens (sog. **Aktienleihe**) (siehe Rz. 8.67) zur Verfügung gestellt, damit Mehrzuteilungen über das eigentliche Platzierungsvolumen hinaus vorgenommen werden können. Die Aktienleihe kann mit Aktien zurückgeführt werden, die durch Stabilisierungskäufe während der Stabilisierungsphase erworben wurden. War eine Stabilisierung nicht erforderlich, so erfolgt die Rückführung durch Ausübung einer Kauf- (siehe Rz. 8.134) oder Zeichnungsoption (siehe Rz. 8.135 sowie Rz. 8.69 f.). Wegen des Zusammenhangs mit der Stabilisierung hat die sog. Aktienleihe eine etwas längere Laufzeit als die Stabilisierungsphase, damit letztere voll ausgenutzt werden kann und noch ausreichend Zeit für die Rückführung der Leihe besteht. Sofern der die Leihaktien zur Verfügung stellende Altaktionär ansonsten nicht an der Platzierung beteiligt ist, wird die Leihe u.U. auch außerhalb des Übernahmevertrages in einer gesonderten Vereinbarung geregelt.

8.134   Räumt ein Altaktionär die sog. Greenshoe-Option ein, so erfolgt dies in Gestalt einer **Kaufoption**. Der Konsortialführer erhält (handelnd für Rechnung der Konsortialbanken) das Recht, bis zum Ende der

---

490 Eine entsprechende Klausel lautet: „Unbeschadet der Übertragung des Besitzes an den Platzierungsaktien im Rahmen der Abwicklung der Platzierung bzw. deren Einbuchung auf ein bei der [Bank] in deren eigenem Namen unterhaltenes technisches Wertpapierdepot zur Weiterverbuchung an Investoren, stimmen die Parteien überein, dass das Eigentum an den Platzierungsaktien direkt von dem Verkäufer auf die jeweiligen Investoren übergehen soll (Direkterwerb). Der Eigentumsübergang erfolgt mit Einbuchung auf die betreffenden Wertpapierdepots der jeweiligen Investoren, ohne dass die [Bank] zwischenzeitlich Eigentum an Platzierungsaktien erwirbt (kein Durchgangserwerb). Um das Eigentum an den Platzierungsaktien auf die Investoren zu übertragen, bevollmächtigt der Verkäufer die [Bank] hiermit unwiderruflich, in seinem Namen die hierzu erforderlichen Erklärungen abzugeben. Die Eigentumsübertragung erfolgt Zug um Zug gegen Zahlung des Platzierungspreises für die jeweils verkauften Platzierungsaktien an die [Bank]. Diese Abwicklung des Verkaufs an die Investoren ist für den [zweiten Bankarbeitstag in Frankfurt am Main nach Ende der Platzierungsperiode] (das „Investorenabwicklungsdatum") geplant. Mit dem Eigentumserwerb durch die Investoren ist die Verpflichtung des Verkäufers zur Übertragung des Eigentums an den Platzierungsaktien gegenüber der [Bank] erfüllt."

Stabilisierungsfrist (i.d.R. 30 Tage) vom Altaktionär Aktien aus dessen Bestand bis zur Höhe der zuvor eingeräumten Leihe zum Platzierungspreis zu erwerben. Mit diesen Aktien kann bei Ausübung der Option die Aktienleihe zurückgeführt werden. Der dafür zu entrichtende Platzierungspreis pro Aktie entspricht dem bei der Platzierung von Aktien im Wege der Mehrzuteilung vereinnahmten Erlös. Da es sich damit wirtschaftlich um eine Platzierung der Optionsaktien handelt, entfällt hierauf auch eine – in der Regel der Provision für die Haupttranche entsprechende – Provision, die von dem die Option einräumenden Altaktionär zu entrichten ist und von dem an ihn abzuführenden Platzierungspreis abgezogen werden kann. Sind bei Leihe und Option jeweils der/die selbe(n) Altaktionär(e) Vertragspartner des Konsortialführers, so werden die bei Ausübung der Option einander gegenüberstehenden Ansprüche auf Lieferung von Aktien der Gesellschaft miteinander verrechnet, so dass dann nur noch der Platzierungspreis (abzüglich Provision) zu zahlen ist.

Wurde die Greenshoe-Option durch die Gesellschaft selbst eingeräumt, so kann man sie auch als **Zeichnungsoption** bezeichnen. Sie besteht in der Berechtigung des Konsortialführers (ggf. für Rechnung der Konsortialbanken), bis zum Ende der Stabilisierungsphase bis zum Umfang der vorherigen Mehrzuteilung neue Aktien der Gesellschaft aus einer Kapitalerhöhung (i.d.R. aus genehmigtem Kapital) zum Platzierungspreis zu zeichnen und deren Ausgabe zu verlangen. Die Gesellschaft ist bei Ausübung der Option verpflichtet, unverzüglich nach Erhalt von Zeichnungsscheins und Einzahlungsbestätigung diese Kapitalerhöhung in das Handelsregister eintragen zu lassen und die neuen Aktien an den Konsortialführer auszugeben. Dieser kann damit seine Rückerstattungspflicht aus der vorherigen Leihe erfüllen. 8.135

ddd) Ausfall eines Konsorten

Sollte eine der Konsortialbanken ihre Übernahmepflicht nicht erfüllen, finden sich in Übernahmeverträgen regelmäßig Regelungen zur Übernahme des auf diese entfallenden Teils des Platzierungsvolumens. Häufig wird eine **anteilige Übernahmeverpflichtung** der anderen Konsortialbanken vorgesehen, die allerdings in der Höhe begrenzt ist (z.B. auf jeweils 10 % des jeweils übernommenen Platzierungsvolumens)[491]. Daneben kann – vor der Verteilung der Übernahmequote der ausgefallenen Bank an die verbleibenden Konsorten – auch vorgesehen werden, dass der Konsortialführer die ausgefallene Konsortialbank durch Einladung einer weiteren Bank ersetzt, die die Übernahmeverpflichtung der ausgefallenen Bank übernimmt. Für eine Auslegung des Übernahmevertrages dahingehend, dass in diesem Fall der Emittent von den verbleibenden Konsortialbanken eine quotale Ausfallhaftung in vollem Umfang verlangen könnte[492], dürfte bei einer ausdrücklich davon abweichenden Regelung kein Raum sein[493]. 8.136

---

491 *Groß* in Langenbucher/Bliesener/Spindler, Bankrechts-Kommentar, 40. Kapitel Rz. 44; dies erklärt die Regelung, dass die anderen Konsortialbanken notfalls ein 1/11 ihrer ursprünglichen Übernahmeverpflichtung zusätzlich zu übernehmen haben, dazu *Haag* in Habersack/Mülbert/Schlitt, Unternehmensfinanzierung am Kapitalmarkt, § 29 Rz. 29.86.
492 *Groß* in Langenbucher/Bliesener/Spindler, Bankrechts-Kommentar, 40. Kapitel Rz. 45; *Grundmann* in Schimansky/Bunte/Lwowski, Bankrechts-Handbuch, § 112 Rz. 95; *Groß* in Ebenroth/Boujong/Joost/Strohn, HGB, 4. Aufl. 2020, F. Bank- und Börsenrecht VI, Rz. 22; *Timm/Schöne*, ZGR 1994, 113, 139; ähnlich *Singhof*, Die Außenhaftung von Emissionskonsortien, 1998, S. 250; dagegen kommt eine Nachschusspflicht nach Bestimmungen des Rechts der Gesellschaft bürgerlichen Rechts, sei es über § 713 BGB oder § 735 BGB (vgl. *de Meo*, Bankenkonsortien, 1994, Zweiter Teil B, Rz. 96 f. (S. 57) nicht in Betracht, wenn die Übernahmeverpflichtung nicht „namens des Konsortiums" (dessen Rechtsnatur als Gesellschaft bürgerlichen Rechts ohnehin nicht zweifelsfrei ist, vgl. dazu Rz. 8.193 f.), sondern von den betreffenden Banken einzeln eingegangen wurde, vgl. dazu BGH v. 27.9.1999 – II ZR 371/98, BGHZ 142, 315 (Leitsatz, Satz 1) = GmbHR 1999, 1134 sowie BGH v. 29.1.2001 – II ZR 331/00, BGHZ 146, 341, 345 ff. = AG 2001, 307.
493 *Groß* in Happ/Groß/Möhrle/Vetter, Aktienrecht, Band II, 5. Aufl. 2020, Abschnitt 15.02 Rz. 24.1.

bb) Börsenzulassung, Prospekt(e)

8.137 Ist im Hinblick auf das geplante öffentliche Angebot oder die vorgesehene Börsenzulassung gemäß Art. 3 Abs. 1, 3 ProspektV ein Prospekt zu veröffentlichen, verpflichtet sich der Konsortialführer (oder die Konsortialbanken gemeinsam) im Übernahmevertrag ferner, diesen gemeinsam mit der Gesellschaft bei der BaFin einzureichen und bei der Geschäftsführung der betreffenden Börse die Zulassung der neuen Aktien der Gesellschaft zum Börsenhandel zu beantragen. Da bei Unterzeichnung des Übernahmevertrages die Erstellung des Prospektes typischerweise bereits abgeschlossen ist, wird diese Verpflichtung – wenn überhaupt – oft nur noch nachrichtlich in den Übernahmevertrag aufgenommen (z.B. in der Präambel).

8.138 Bedeutsamer ist die Verpflichtung der Gesellschaft zur Veröffentlichung eines Prospektnachtrages für den Fall, dass vor dem Ende des Angebotes bzw. (sofern später) bis zur Aufnahme der Börsennotierung (Einführung i.S.v. § 38 BörsG) in Bezug auf die im Prospekt enthaltenen Angaben, die die Beurteilung der Wertpapiere beeinflussen könnten, ein wichtiger neuer Umstand oder eine wesentliche Unrichtigkeit oder Ungenauigkeit auftritt oder festgestellt wird. Dem liegt die gesetzliche Pflicht der Prospektverantwortlichen zur **Veröffentlichung eines Nachtrages** zum Prospekt nach Art. 23 Abs. 1 ProspektV zu Grunde[494]. Entsprechend § 11 Abs. 2 Nr. 4 WpPG entfällt die Prospekthaftung wegen des im Nachtrag aktualisierten bzw. richtig gestellten Umstandes, wenn der Nachtrag vor Abschluss des Erwerbsgeschäfts veröffentlicht wurde bzw. der Anleger, der bereits ein verbindliches Angebot abgegeben hatte, von seinem Widerrufsrecht nach Art. 23 Abs. 2 ProspektV keinen Gebrauch gemacht hat[495]. Eine vertragliche Verpflichtung zur Nachtragsveröffentlichung mag angesichts der Gesellschaft ohnehin obliegenden gesetzlichen Verpflichtung überflüssig erscheinen. Die Nachtragspflicht (und im Falle ihrer Nichterfüllung die Prospekthaftung) trifft jedoch neben der Gesellschaft auch die Emissionsbanken. Letztere sind sowohl Anbieter als auch – bei einer Prospektveröffentlichung zur Börsenzulassung – Zulassungsantragsteller und damit Prospektverantwortliche (siehe Rz. 8.4). Da die Gesellschaft jedoch eher Kenntnis von den eine Pflicht zum Nachtrag bzw. zur Berichtigung begründenden Umständen erlangen kann (schließlich betreffen sie in erster Linie ihre Sphäre), ist es für die Emissionsbanken sinnvoll, eine ausdrückliche vertragliche Verpflichtung der Gesellschaft zur Veröffentlichung eines Nachtrags aufzunehmen. So wird klargestellt, dass im Innenverhältnis zwischen Banken und Gesellschaft die Verantwortung der für die Überwachung der Nachtragspflicht bei letzterer liegt. Hinzu kommt, dass die vertragliche Regelung typischerweise vorsieht, dass die Gesellschaft unverzüglich tätig werden muss. Im Falle eines Nachtragsereignisses ist nämlich Eile geboten. Denn Anleger, die im Rahmen eines öffentlichen Angebots vor der Veröffentlichung des Nachtrags eine auf den Erwerb der Wertpapiere gerichtete Willenserklärung abgegeben haben, können diese gemäß Art. 23 Abs. 2 Satz 1 ProspektV binnen zwei Arbeitstagen nach Veröffentlichung des Nachtrags widerrufen, sofern der neue Umstand oder die Unrichtigkeit, die den Nachtrag ausgelöst hatten, vor dem endgültigen Schluss des öffentlichen Angebots und vor der Lieferung der Wertpapiere eingetreten ist.

8.138a Werden die Wertpapiere über einen Finanzintermediär erworben oder gezeichnet, muss dieser nach Art. 23 Abs. 3 UAbs. 1 ProspektV die Anleger über die mögliche Veröffentlichung eines Nachtrags sowie deren Ort und Zeitpunkt informieren und ihnen seine Hilfe bei der Ausübung des Widerrufsrechts anbieten. Wird tatsächlich ein Nachtrag veröffentlicht, muss der Finanzintermediär die Anleger zudem am Tag (!) der Veröffentlichung des Nachtrags „kontaktieren", Art. 23 Abs. 3 UAbs. 2 ProspektV. Erfolgt der Erwerb der Wertpapiere unmittelbar vom Emittenten, hat dieser die Anleger nach Art. 23 Abs. 3 UAbs. 3 ProspektV über die mögliche Nachtragsveröffentlichung, deren Modalitäten und das Widerrufsrecht zu informieren.

Die spät in das Gesetzgebungsverfahren eingebrachte (und nicht konsultierte!) Regelung ist für Finanzintermediäre aufgrund der (so für den Emittenten nicht vorgesehenen) kurzen Frist kaum umzuset-

---

494 *Meyer* in Habersack/Mülbert/Schlitt, Unternehmensfinanzierung am Kapitalmarkt, § 36 Rz. 36.90 ff.; *Berrar* in FrankfKomm. WpPG, § 16 WpPG Rz. 15 ff.
495 *Groß*, Kapitalmarktrecht, Art. 23 Verordnung (EU) 2017/1129 Rz. 31 f.

zen; auch sind die Anforderungen an das nicht näher konkretisierte „Kontaktieren" und den Kreis der zu kontaktierenden Investoren unklar (wohl nur dessen [Beratungs-] Kunden). Eine vom 18.3.2021 bis zum 31.12.2022 geltende Übergangsregelung nach Art. 23 Abs. 2a und 3a ProspektV schafft ein wenig Linderung. Danach wird die für das „Kontaktieren" geltenden Frist immerhin bis zum Ende des ersten Arbeitstages nach dem Tag der Veröffentlichung des Nachtrag verlängert; die Widerrufsfrist beträgt dann drei Arbeitstage nach Veröffentlichung des Nachtrags[496].

Das Erfordernis einer Nachtragsveröffentlichung erhöht die Gefahr, dass das Angebot verlängert oder gar verschoben werden muss. Dieses Problem verschärft sich dadurch, dass der Nachtrag vor seiner Veröffentlichung gemäß Art. 23 Abs. 1 UAbs. 1 ProspektV von der BaFin gebilligt werden muss, die dafür bis zu gemäß Art. 23 Abs. 1 UAbs. 1 ProspektV fünf Arbeitstage Zeit hat. Allerdings ist die BaFin in der Praxis bereit, gut vorbereitete Nachträge kurzfristig, u.U. sogar gleichtägig zu billigen. Der Übernahmevertrag in diesem Zusammenhang sieht meist vor, dass die Banken (bzw. der Konsortialführer in ihrem Namen) Nachträgen und Berichtigungen vor deren Veröffentlichung zustimmen müssen. Wegen der Expertise der Banken im Bereich der Kapitalmarktinformationen empfiehlt sich dies schon im eigenen Interesse der Gesellschaft, ist aber wegen der eigenen Prospektverantwortung der Banken auch zur Wahrung von deren Belangen geboten.

Über die Nachtragsverpflichtung hinaus sehen Übernahmeverträge oft eine Verpflichtung der Gesellschaft zur **Prospektberichtigung** vor, wenn sich in den ersten sechs Monaten nach der Einbeziehung der Wertpapiere in den Börsenhandel ein Prospektfehler herausstellt. Hintergrund ist auch hier § 12 Abs. 2 Nr. 4 WpPG, wonach ein Anspruch nach § 9 WpPG nicht besteht, wenn vor dem Abschluss des Erwerbs der Wertpapiere eine Berichtigung des Prospektfehlers veröffentlicht wurde. Jedoch ist nach Abschluss des Angebotes bzw. nach Einführung neu börsenzugelassener Wertpapiere (je nach dem, was später eintritt) keine Verpflichtung zur weiteren Fortschreibung des Prospektes im Hinblick auf neu eintretende neue Entwicklungen mehr gegeben[497]. Dem Interesse der Anleger an der weiteren Aktualisierung der Prospektinformationen wird durch die Ad-hoc-Publizität nach Art. 17 MAR Rechnung getragen, zu der die Gesellschaft verpflichtet ist.

8.139

cc) Platzierung, Platzierungsbeschränkungen

Eine Platzierungspflicht der Konsortialbanken wird im Übernahmevertrag meist nur in der Präambel bei der Beschreibung der Gesamttransaktion erwähnt, zu deren Zweck die Übernahme der Aktien stattfindet. Dass die Platzierung einer der Hauptzwecke der Einschaltung der Emissionsbanken ist, ergibt sich bereits aus der Mandatsvereinbarung. Zudem wird in aller Regel in Kapitalerhöhungsbeschlüssen ausdrücklich erwähnt, dass eine (oder mehrere) Banken (nur) zu dem Zweck zur Zeichnung und Übernahme zugelassen werden, die neuen Aktien bei Investoren zu platzieren (bei Bezugsrechtsausschluss) bzw. um sie den Aktionären der Gesellschaft zum Bezug anzubieten.

8.140

Umfang und Inhalt der Regelungen über **Platzierungs- bzw. Verkaufsbeschränkungen** hängen im Einzelfall von der geplanten Struktur der Platzierung ab[498]. Im Kern geht es um die Vermeidung ungewollter Prospekterfordernisse oder behördlicher Anzeige- oder Genehmigungspflichten. Innerhalb der Europäischen Union hat schon die EU-Prospektrichtlinie die Rechtslage vereinfacht. Die ProspektV schreibt deren Regelungen zu Prospektpflichten und- Ausnahmen fort, die nunmehr als unmittelbar geltendes Recht im gesamten EWR anwendbar sind. Übernahmeverträge nehmen regelmäßig in mittlerweile weitgehend standardisierten Bestimmungen darauf Bezug. Daneben tritt eine Auffangregelung, nach der sich die Parteien verpflichten, kein nach der vereinbarten Platzierungsstruktur nicht

8.141

---

496 Ausführlich dazu, auch zur Kritik an der Regelung *Schrader*, WM 2021, 471.
497 Ebenso *Groß*, Kapitalmarktrecht, Art. 23 Verordnung (EU) 2017/1129 Rz. 12; die Diskussion über eine Aktualisierungspflicht über diese Zeitpunkte hinaus hat sich damit erübrigt.
498 Zu Einschränkungen von Bezugsangeboten im Hinblick auf ausländische Aktionäre siehe Rz. 44.50 f. sowie in Bezug auf die USA *Qureshi*, IFLR 03/2003, 37.

vorgesehenes öffentliches Angebot vorzunehmen. Ferner wird eine Verpflichtung vorgesehen, sich an die einschlägigen Vorschriften der weiteren Länder zu halten, in denen Aktienverkäufe vorgenommen werden.

8.142 Diese allgemeine Verpflichtung wird häufig in Bezug auf die detaillierten Bestimmungen hierzu in den **USA** und **Großbritannien** konkretisiert[499]. Wegen des dort vertretenen Anspruchs der Globalzuständigkeit für Angebote, die potentiell auch an die eigenen Bürger gerichtet sein könnten, nehmen diese teilweise extraterritorialen Charakter an[500]. Die ausdrückliche Aufzählung der insoweit bestehenden Pflichten dient deshalb auch der Veranschaulichung; ihr kommt auch eine gewisse Warnfunktion zu. Ein generelles Veräußerungsverbot wird im Hinblick auf die dortigen strengen Registrierungsbestimmungen bisweilen auch für Kanada, Japan und Australien aufgenommen.

dd) Gewährleistungen/Garantien/Freistellung
aaa) Gewährleistungen

8.143 Breiten Raum nehmen in Übernahmeverträgen die Gewährleistungen (*representations and warranties*) ein. Dabei stehen die Gewährleistungen der Verkäuferseite, sprich Emittent und abgebende Aktionäre im Vordergrund. Den meisten vom Emittenten zu übernehmenden Gewährleistungen liegt ein – international gültiges – grundlegendes Prinzip des Emissionsgeschäfts zugrunde: Im **Innenverhältnis** zu den Banken liegt die **Verantwortung** für den Inhalt des im Zusammenhang mit der Transaktion erstellten **Prospektes** bei der **Gesellschaft**. Dieser handelt in erster Linie von den Verhältnissen der Gesellschaft; die Gesellschaft ist also zwangsläufig an den darin enthaltenen Informationen „näher dran" als es wie mit ihren Verhältnissen nicht so vertraute Bank jemals sein kann. Zudem ist die Gesellschaft jedenfalls bei der Emission neuer Aktien aus einer Kapitalerhöhung der „Geschäftsherr", dem der Erlös aus der Transaktion zufließt. Die Banken handeln dagegen nur als Dienstleister, die für ihre Beratungs- und Platzierungsleistung sowie für ihre Dienste im Rahmen der Durchführung und Abwicklung der Transaktion ein Entgelt erhalten. Auch die Unterstützung des Emittenten bei der Prospekterstellung durch die Emissionsbanken oder zumindest den Konsortialführer und die in diesem Zusammenhang vorgenommenen Untersuchungen (*due diligence*) ändern daran nichts. Dies wird im Übernahmevertrag ausdrücklich klargestellt. Gewährleistungen dieses Inhalts und eine damit korrespondierende Freistellungsverpflichtung der Gesellschaft sind im internationalen Emissionsgeschäft üblich und werden von Banken erwartet, wenn sie sich an einem Emissionskonsortium beteiligen.

8.144 Dem Katalog von Gewährleistungen, die ein Emittent in einem Übernahmevertrag übernimmt, steht die sog. **allgemeine Prospektgewährleistung** voran. Die Gesellschaft gewährleistet dabei, dass der die Prospekt(e) den Anforderungen der einschlägigen Prospekthaftungsbestimmungen entspricht. Das bedeutet – in Anlehnung an § 9 Abs. 1 Satz 1 WpPG –, dass darin alle für die Beurteilung der angebotenen bzw. zuzulassenden Wertpapiere wesentlichen Angaben richtig und vollständig wiedergegeben sind[501]. Daneben steht die Gesellschaft dafür ein, dass die Prospektangaben im Lichte der Umstände, unter denen sie gemacht werden, nicht irreführend sind. Letztere Formulierung stammt aus den einschlägigen Bestimmungen des US-Rechts, insbesondere dem allgemeinen Irreführungsverbot in Rule 10b-5 zum Securities Exchange Act von 1934, das auch bei reinen Privatplatzierungen an institutionelle Investoren eingreift[502]. Das Verbot der Irreführung gilt indes auch in Deutschland, wenngleich es

---

499 Siehe z.B. im Muster eines Übernahmevertrages bei *Groß* in Happ/Groß/Möhrle/Vetter, Aktienrecht, Band II, 5. Aufl. 2020, Abschnitt 15.02 (S. 482), die Regelung zu den Platzierungsbeschränkungen in Artikel 7. Zu den Beschränkungen im Einzelnen Rz. 11.112 ff. und 11.180 ff.
500 Vgl. *Groß* in Happ/Groß/Möhrle/Vetter, Aktienrecht, Band II, 5. Aufl. 2020, Abschnitt 15.02 Rz. 14.2.
501 Dazu *Technau*, AG 1998, 445, 454.
502 Text von Rule 10b-5 zum Securities Exchange Act von 1934: It shall be unlawful for any person, directly or indirectly, by the use of any means or instrumentality of interstate commerce, or of the mails or of any facility of any national securities exchange, a) To employ any device, scheme, or artifice to defraud, b) To make any untrue statement of a material fact or to omit to state a material fact necessary in order

sich nicht unmittelbar aus dem Wortlaut von § 9 WpPG ergibt. Es muss vielmehr im Wege der teleologischen Auslegung hineingelesen werden[503]. Die allgemeine Prospektgewährleistung bezieht sich gleichermaßen auf den deutschsprachigen Prospekt wie auch auf Prospekte in anderen Sprachen. In der Regel wird neben dem deutschsprachigen auch ein englischsprachiger Prospekt für die ausländischen Investoren erstellt (*offering circular*). Dieser wird für Investoren in den USA noch mit einer Art Umschlag (*wrap*) versehen, in dem sich für US-Investoren wichtige Zusatzinformationen finden, wie z.B. zur Besteuerung von Dividenden und Gewinnen aus der Veräußerung von Wertpapieren nach US-amerikanischem Steuerrecht. Der Gleichlauf der Gewährleistung hat seinen Sinn darin, dass an den deutschsprachigen wie auch an den englischsprachigen Prospekt die gleichen Maßstäbe angelegt werden sollen (auch wenn auf sie u.U. unterschiedliche Prospekthaftungsnormen zur Anwendung kommen). Es soll dadurch vermieden werden, dass auch nur der Eindruck entsteht, dass gegenüber Investoren in verschiedenen Ländern unterschiedliche Informationen kommuniziert werden.

Neben der allgemeinen Prospektgewährleistung findet sich in Übernahmeverträgen noch ein **Katalog spezieller Gewährleistungen** zu den Verhältnissen der Gesellschaft. Dies mag man nach deutschem Recht im Hinblick auf die allgemeine Regelung für entbehrlich halten. Diese Praxis hat sich aber aus dem eher kasuistischen Verständnis des US-Rechts entwickelt und als internationaler Standard etabliert[504]. Der Katalog der Einzelgewährleistungen ergibt allerdings auch bei Verträgen nach deutschem Recht einen Sinn, wenngleich weniger einen primär juristischen als einen tatsächlichen. Er dient als eine Art Merkpostenliste besonders wichtiger Umstände (die sich im Einzelnen oft erst im Rahmen der Due Diligence Prüfung herausstellen) und dokumentiert damit neben den tatsächlich durchgeführten Untersuchungen im Rahmen der Due Diligence die Sorgfalt der Banken bei der Überprüfung der Prospektangaben und der ihnen zugrunde liegenden Umstände[505]. Auch schärft die Abgabe ausdrücklicher Garantien das Bewusstsein für die Bedeutung solcher Fragen. Einige wesentliche vom Gewährleistungskatalog eines Übernahmevertrages erfasste Themenkreise sind – ohne Anspruch auf Vollständigkeit – z.B. die folgenden[506]:

8.145

– Ordnungsgemäße Errichtung und Kapitalverhältnisse der Gesellschaft, Wirksamkeit von (Kapitalerhöhungs-)Beschlüssen,
– Übertragbarkeit der Platzierungsaktien,
– Richtigkeit der im Finanzteil des Prospektes abgedruckten Abschlüsse und sonstigen Zahlenwerke,

---

to make the statements made, in the light of the circumstances under which they were made, not misleading, or c) To engage in any act, practice, or course of business which operates or would operate as a fraud or deceit upon any person, in connection with the purchase or sale of any security." Bei einem öffentlichen Angebot in den USA findet sich eine ähnliche Regelung in der Prospekthaftungsnorm Section 11 (a) des U.S. Securities Act of 1933: „In case any part of the registration statement, when such part became effective, contained an untrue statement of a material fact or omitted to state a material fact required to be stated therein or necessary to make the statements therein not misleading, any person acquiring such security (unless it is proved that at the time of such acquisition he knew of such untruth or omission) may, either at law or in equity, in any court of competent jurisdiction, sue [...] with respect to such security." Dazu Rz. 11.55 ff. sowie *Gruson*, WM 1995, 89, 93.

503 Rechtsprechung und Literatur unterstellen offenbar, dass ein irreführender Prospekt auch unrichtig ist, vgl. OLG Frankfurt a.M. v. 17.3.1999 – 21 U 260/97 – MHM Mode, ZIP 1999, 1005, 1006 = AG 2000, 132; ähnlich, auf einen unzutreffenden Gesamteindruck abstellend, *Mülbert/Steup* in Habersack/Mülbert/Schlitt, Unternehmensfinanzierung am Kapitalmarkt, § 41 Rz. 41.47; *Seiler/Singhof* in FrankfKomm. WpPG, § 21 WpPG Rz. 76.
504 Vgl. *Technau*, AG 1998, 445, 454.
505 Dazu *Haag* in Habersack/Mülbert/Schlitt, Unternehmensfinanzierung am Kapitalmarkt, § 29 Rz. 29.34 ff.
506 Vgl. Mustervertrag bei *Groß* in Happ/Groß/Möhrle/Vetter, Aktienrecht, Band II, 5. Aufl. 2020, Abschnitt 15.02 (S. 482), dort Artikel 5.

– keine nicht in den Finanzangaben abgebildete Eventualverpflichtungen (*off balance sheet transactions*),

– Bestehen aller für den Geschäftsbetrieb erforderlichen Genehmigungen,

– Einhaltung aller einschlägigen rechtlichen Bestimmungen,

– keine beeinträchtigenden laufenden oder drohenden Verwaltungsverfügungen, Gerichtsurteile, Verwaltungs- oder Gerichtsverfahren (soweit nicht im Prospekt dargestellt),

– keine wesentliche nachteilige Veränderung der Vermögens-, Finanz- und Ertragslage oder des Geschäftsbetriebs der Gesellschaft und ihrer verbundenen Unternehmen (ggf. soweit nicht im Prospekt dargestellt),

– keine Kurspflege- oder Stützungsmaßnahmen durch die Gesellschaft oder verbundene Unternehmen im Vorfeld der Platzierung sowie

– keine Verletzung von Verkaufsbeschränkungen im Vorfeld der Platzierung.

8.145a Eine relativ neue Entwicklung stellen sog. **Compliance-Gewährleistungen** dar[507]. Diese beziehen sich allgemein auf die Einhaltung anwendbarer Rechtsregeln sowie insbesondere auf die Beachtung von Vorschriften zur Bekämpfung von Geldwäsche und Korruption sowie von Sanktionen im internationalen Handelsverkehr[508]. Compliance-Gewährleistungen dienen nicht nur zur Absicherung der Prüfung von (ggf. im Prospekt darzustellenden) Risiken für die Gesellschaft, etwa aufgrund von drohenden Bußgeldern oder anderen Sanktionen im Falle von Verstößen. Sie sollen auch die Emissionsbanken dagegen absichern, dass sie sich selbst durch die Mitwirkung an Finanzierungsmaßnahmen der Gesellschaft wegen der mittelbaren Förderung von gegen die vorstehenden Regelungen verstoßenden Geschäften angreifbar machen, sei es in rechtlicher Hinsicht, sei es unter Reputationsgesichtspunkten[509]. Ein Marktstandard hat sich insoweit noch nicht herausgebildet. Faktische Schwierigkeiten bei der internen Bestätigung der Richtigkeit pauschaler Gewährleistungen über die Einhaltung von Rechtsvorschriften, die gerade bei internationalen Konzernen auftreten, werden in der Praxis häufig durch ein Abstellen auf das Vorhandensein interner Compliance-Prozesse und die Abwesenheit von bekannten Verfahren wegen angeblicher Verstöße (ggf. vorbehaltlich entsprechender Prospektoffenlegung) gelöst. Die Angemessenheit dieser Regelungen ist aber bislang in der Regel einzelfallabhängig.

8.146 Der Gewährleistungskatalog ist im Einzelfall an die Besonderheiten der jeweiligen Gesellschaft anzupassen und ggf. zu ergänzen.

bbb) Freistellung

8.147 In engem sachlichen Zusammenhang mit den Gewährleistungen stehen die in Übernahmeverträgen üblicherweise vorgesehenen Regelungen zur Freistellung. Danach ist die Gesellschaft verpflichtet, die Konsortialbanken von Schäden und etwaigen gegen sie gerichteten Ansprüchen freizustellen, denen diese im Zusammenhang mit tatsächlichen oder angeblichen Fehlern eines der Prospekte oder anderer von der Gesellschaft gebilligten und an Anleger verteilten Werbeunterlagen oder wegen Verletzungen

---

507 Zur vergleichbaren Thematik von Compliance-Gewährleistungen in Unternehmenskaufverträgen *Liese/Theusinger* in Hauschka/Moosmayer/Lösler, Corporate Compliance, 3. Aufl. 2016, § 27 Rz. 85–88; *Jungkind* in Meyer-Sparenberg/Jäckle, Beck'sches M&A-Handbuch, 2017, § 78 Rz. 14 ff.; *Schniepp/Holfeld*, DB 2016, 1738.
508 Dazu *Arlt*, ZIP 2015, 2202.
509 Zur Problematik von Compliance-Klauseln als Absicherung gegen Fehlverhalten von Vertragspartnern (sog. Third Party Compliance) *Teicke/Matthiesen*, BB 2013, 771; *von Busekist/Uhlig* in Hauschka/Moosmayer/Lösler, Corporate Compliance, 3. Aufl. 2016, § 35.

der Gewährleistungen ausgesetzt sind bzw. die gegen sie geltend gemacht werden[510]. Dies beinhaltet auch die Pflicht, **Kosten** für die Rechtsverteidigung gegen Dritte zu übernehmen (so bei Prospekthaftungsklagen), unabhängig davon, ob sich die geltend gemachten Ansprüche letztlich als begründet erweisen oder nicht. Diese Regelung entspricht nicht nur den durch die US-amerikanische Vertragspraxis geprägten Gepflogenheiten bei internationalen Aktienplatzierungen. Sie ergibt sich nach deutschem Recht bereits aus dem Wesen einer Freistellungspflicht, die die Verpflichtung des Freistellungsschuldners umfasst, unbegründete Ansprüche von dem Freistellungsgläubiger abzuwehren (zur Frage der Übernahme der Rechtsverteidigung siehe sogleich Rz. 8.148)[511]. Klarstellend wird dabei meist erwähnt, dass die Freistellung nicht dadurch berührt wird, dass die Konsortialbanken bei der Erstellung der Prospekte mitgewirkt und in diesem Zusammenhang Untersuchungen vorgenommen haben[512]. Oft wird die Freistellungspflicht auch, der britischen Praxis folgend, zudem auf Fälle der angeblichen oder tatsächlichen Verletzung von Gewährleistungen oder Verpflichtungserklärungen erstreckt[513].

Bisweilen finden sich auch detaillierte Regelungen über die **Pflicht zur Benachrichtigung** des jeweils zur Freistellung Verpflichteten durch eine in Anspruch genommene Emissionsbank. Die praktische Relevanz dieser Regelung ist indes gering. Zum einen wird eine Prospekthaftungsklage höchst selten nur gegen die Emissionsbanken erhoben; die Gesellschaft wird in der Regel mitverklagt und erhält so automatisch Kenntnis vom Freistellungsfall. Zum anderen hat die in Anspruch genommene Bank ein eigenes Interesse, möglichst bald nach erstmaliger Inanspruchnahme ihre Freistellungsansprüche geltend zu machen. US-amerikanische Verträge enthalten daneben oft eine Regelung, wonach die zur Freistellung verpflichtete Gesellschaft die Rechtsverteidigung der freizustellenden Emissionsbank übernehmen und selbst die insoweit für die Emissionsbank tätigen Rechtsberater auf eigene Kosten bestellen kann (sog. *assumption of defense*). In Deutschland ist eine solche Regelung jedoch selten. Sie dürfte auch nicht den Interessen der Parteien entsprechen. Eine Emissionsbank wird schon aus Gründen des Risikomanagements Wert darauf legen, ihre Interessen in einem solchen Prozess selbst wahrzunehmen und selbst Prozessanwälte ihres Vertrauens auszuwählen. Dabei ist zu bedenken, dass allein die Klageerhebung als solche unabhängig vom späteren Ausgang des Verfahrens ein erhebliches Reputationsrisiko für die betreffende Bank bedeuten kann. Auch können Interessenkonflikte zwischen Gesellschaft und Emissionsbank im Rahmen der Verteidigung gegen Prospekthaftungsansprüche nicht ausgeschlossen werden. 8.148

ccc) Rechtliche Einordnung der Gewährleistungen

Die rechtliche Einordnung von Gewährleistungen in Übernahmeverträgen war, ähnlich denjenigen in Unternehmenskaufverträgen, bereits vor Inkrafttreten der Schuldrechtsreform jedenfalls im juristischen Schrifttum unklar. Dies lag nicht nur daran, dass es sich bei dem Übernahmevertrag um einen **gemischt-typischen Vertrag** handelt. Selbst wenn man auf den Übernahmevertrag wegen der größten 8.149

---

510 Häufig werden auch Organe und Angestellte, manchmal sogar Gesellschafter der Konsortialbanken in die Freistellung einbezogen, was sich eher aus einer im angelsächsischen Rechtskreis möglichen persönlichen Haftung als aus einem konkreten Haftungsrisiko nach deutschem Recht erklärt, dazu *Haag* in Habersack/Mülbert/Schlitt, Unternehmensfinanzierung am Kapitalmarkt, § 29 Rz. 29.64.
511 BGH v. 15.10.2007 – II ZR 136/06, WM 2007, 2289, 2291.
512 Die bei *Fleischer*, ZIP 2007, 1969, 1971, insoweit aufgeführte angeblich übliche Ausnahme für Fehlverhalten der Bank bei der Unterstützung der Erstellung der Platzierungsdokumente ist in der Praxis ungebräuchlich und verkennt die im Emissionsgeschäft grundlegende Endverantwortung der emittierenden Gesellschaft für die Platzierungsdokumente im Innenverhältnis zu den Emissionsbanken (dazu nachstehend insbesondere Rz. 8.151 ff.), vgl. zur marktüblichen Regelung anschaulich das Muster bei *Groß* in Happ/Groß/Möhrle/Vetter, Aktienrecht, Band II, 5. Aufl. 2020, Art. 8 Abs. 2 (S. 498). Bisweilen werden allenfalls Prospektfehler von der Freistellungsverpflichtung der Gesellschaft ausgenommen, die auf den von den Banken zugelieferten Informationen beruhen und zur Klarstellung in einem sog. *blood letter* abschließend aufgeführt werden, siehe unten Rz. 8.161.
513 *Witty, Hirschovits/Pearce* in Panasar/Boeckman, European Securities Law, 3rd ed. 2021, Rz. 8.37 ff.

Sachnähe (insbesondere bei Umplatzierungen bereits ausgegebener Aktien aus dem Bestand eines Altaktionärs) die Regelungen des **Kaufrechts** zur (entsprechenden) Anwendung bringen wollte, zeigten sich im Zusammenhang mit den üblichen Gewährleistungen Ungereimtheiten. Die Kategorien der kaufrechtlichen Gewährleistungsregelungen des BGB passen nicht auf solche Gewährleistungen, die sich größtenteils nicht auf die Aktien als „Kauf"sache, sondern auf das von dem Emittenten betriebene Unternehmen beziehen[514]. Um diesbezügliche Unsicherheiten zu vermeiden, hat sich bei Übernahmeverträgen – wie auch bei Unternehmenskaufverträgen – eine Marktpraxis etabliert, nach der die „Gewährleistungen" in Form eines **selbständigen verschuldensunabhängigen Garantieversprechens** abgegeben werden. Damit wird losgelöst von der kaufrechtlichen Systematik ein dem Parteiwillen entsprechendes Ergebnis erreicht, nämlich ein verschuldensunabhängiges Einstehen des Versprechenden für die Richtigkeit der von ihm abgegebenen „Gewährleistungen". Bei Übernahmeverträgen trägt diese Konstruktion angesichts deren gemischt-typischer Rechtsnatur zur Klarstellung bei und macht die Zuordnung des Vertrages zu einem bestimmten Typus des besonderen Schuldrechts entbehrlich.

8.150 In diesem Zusammenhang stellt die Begründung des Schuldrechtsmodernisierungsgesetzes klar, dass die – in ihrer Reichweite umstrittene – im Rahmen der Bestimmungen des Kaufrechts in § 443 BGB geregelte unselbständige Garantie für die Beschaffenheit der Kaufsache von dem selbständigen Garantieversprechen, das einen über die reine Sachmängelfreiheit hinaus gehenden Erfolg zum Gegenstand hat, zu unterscheiden ist[515]. Die Praxis regelt daher zur Vermeidung unnötiger kaufrechtsdogmatischer Diskussionen die Gewährleistungen bei Übernahmeverträgen als **selbständiges verschuldensunabhängiges Garantieversprechen**, wie schon vor der Schuldrechtsreform.

ddd) Aktienrechtliche Zulässigkeit von Gewährleistungen und Freistellung durch die Gesellschaft

(1) Im Verhältnis zu den Emissionsbanken bei einer Kapitalerhöhung

8.151 Im Schrifttum ist vereinzelt diskutiert worden, ob die Übernahme von Gewährleistungen durch die Gesellschaft gegenüber dem Erwerber bzw. Zeichner von Aktien der Gesellschaft eine nach § 57 AktG unzulässige **Einlagenrückgewähr** darstellt[516]. Grundsätzlich kann eine Einlagenrückgewähr auch im Eingehen eines schuldrechtlichen Vertrages mit einem Aktionär bestehen, wenn ein objektives Missverhältnis von Leistung und Gegenleistung besteht[517]. Es ist jedoch fraglich, ob das Eingehen vertraglicher Pflichten gegenüber einer Emissionsbank überhaupt in den Schutzbereich des § 57 AktG fällt[518]. Übernimmt eine Emissionsbank neue Aktien aus einer Kapitalerhöhung, um sie bei Investoren zu platzieren oder um sie den Aktionären der Gesellschaft zum Bezug anzubieten, wird sie nicht im eigenen Interesse tätig. Sie handelt vielmehr als von der Gesellschaft beauftragter fremdnütziger Treuhänder, um diese bei der Platzierung bzw. bei der Durchführung eines Bezugsangebotes zu unterstützen (dazu Rz. 8.123 ff., 8.126). Die vorübergehende Aktionärsstellung der Bank ist dabei ein technisch bedingter Vorgang, der die Ausgabe neuer Aktien an Investoren bzw. bezugsberechtigte Aktionäre erleichtert[519]. Dies verdeutlicht auch § 186 Abs. 5 AktG, der klarstellt, dass die Ausgabe neuer Aktien an eine Bank zum Zwecke der erleichterten Abwicklung eines Bezugsangebotes keinen Ausschluss des Bezugsrechts darstellt. Mithin ist die – vorübergehende – Übernahme neuer Aktien im Rahmen der Abwicklung einer Kapitalerhöhung Teil der von der Bank im diesem Zusammenhang erbrachten **Dienst-**

---

514 Zu der dieser Einschätzung zu Grunde liegenden Analyse des „alten" und des „neuen" Schuldrechts ausführlich die 1. Aufl., § 7 Rz. 141 ff. m.w.N.
515 Begründung zum Entwurf des Schuldrechtsmodernisierungsgesetzes, BT-Drucks. 14/6040, S. 237; *Weidenkaff* in Palandt, 80. Aufl. 2021, § 443 BGB Rz. 5, 9.
516 *Hoffmann-Becking* in FS Lieberknecht, 1997, S. 25, 36; dazu auch *Technau*, AG 1998, 445, 455.
517 *Hüffer/Koch*, § 57 AktG Rz. 8.
518 So sieht *Heidelbach* in Schwark/Zimmer, § 9 WpPG Rz. 32, in der Haftungsfreistellung des Emissionskonsortiums durch den Emittenten keinen Konflikt zu § 57 AktG.
519 Vgl. nur BGH v. 13.4.1992 – II ZR 277/90 – Beton- und Monierbau, BGHZ 118, 83, 96 f. = AG 1992, 312; BGH v. 5.4.1993 – II ZR 195/91 – co op, BGHZ 122, 180, 185 f., 189.

leistung, nicht jedoch deren Beteiligung an der Gesellschaft auf eigene Rechnung[520]. Die Bedingungen dieser Dienstleistung müssen unabhängig von den Restriktionen des Gesellschaftsrechts im Wege einer adäquaten Risikozuordnung im Rahmen des Dienstverhältnisses vereinbart werden können. Die Haftungsregelung im Innenverhältnis ist daher Ausdruck eines solchen interessegerechten[521] **Risikoausgleichs** zwischen Vertragsparteien aufgrund des zwischen ihnen bestehenden Vertragsverhältnisses, nicht aufgrund der – zumal nur abwicklungstechnisch bedingten – vorübergehenden Aktionärsstellung der Emissionsbank(en). Gläubigerrechte auf vertraglicher Grundlage zu marktgerechten Konditionen können jedoch mit Aktionären wie mit außenstehenden Dritten begründet werden[522].

Mit der Übernahme der Prospektverantwortung durch die Gesellschaft gegenüber den Emissionsbanken werden die Risiken im Hinblick auf die **Interessenlage** adäquat zwischen den Vertragsparteien verteilt. Der Gesellschaft fließt der Erlös aus der Platzierung neuer Aktien zu. Sie profitiert auch ansonsten von einer im Kapitalmarkt platzierten Kapitalerhöhung. Über den reinen Mittelzufluss hinaus führt diese zu einer Verbesserung der Eigenkapitalbasis. Dies stärkt die Kreditwürdigkeit der Gesellschaft und damit ihre Fähigkeit, Fremdkapital aufzunehmen, sei es durch Kredite, sei es über die Emission von Schuldverschreibungen. Eine Kapitalerhöhung führt ferner regelmäßig zur Verbreiterung der Aktionärsbasis. Dies gilt auch bei Bezugsrechtskapitalerhöhungen. An diesen können sich auch Außenstehende durch den Erwerb von Bezugsrechten im Rahmen des in aller Regel (siehe oben) durchgeführten Bezugsrechtshandels oder auch den Erwerb nicht bezogener neuer Aktien im Rahmen der Verwertung durch die Emissionsbanken beteiligen. Hinzu kommt die aus einer Platzierung bzw. dem Bezugsangebot regelmäßig resultierende Steigerung des Streubesitzes und der Liquidität der Aktie sowie der Erhöhung der Marktkapitalisierung der Gesellschaft. Dagegen hat die Emissionsbank – wie ausgeführt – lediglich ein Provisionsinteresse. Ein weiteres maßgebliches Kriterium der Interessenwertung ist der Umstand, dass die Gesellschaft zwangsläufig die Sachherrschaft über die im Prospekt darzustellenden Informationen über sich selbst innehat; sie ist an diesen „näher dran" (siehe Rz. 8.143)[523].

Schließlich haftet die Gesellschaft gegenüber den Anlegern genauso wie die Emissionsbanken als **Prospektverantwortliche** gemäß § 9 WpPG. Diese Haftung wird nicht durch § 57 AktG verdrängt, sie geht diesem vielmehr im Verhältnis zu den klagenden Aktionären vor[524]. Gewährleistungen und Frei-

---

520 Soweit *Ekkenga/Maas* in Kümpel/Hammen/Ekkenga, Kapitalmarktrecht, Kennzahl 055 Rz. 332 insoweit Bedenken im Hinblick auf § 56 Abs. 3 AktG anmelden, beziehen sich diese zum einen auf die – hier nicht in Rede stehende – Kapitalaufbringung; zu anderen lassen sie die Gründe an der gesetzgeberischen Wertung des § 186 Abs. 5 AktG anknüpfende Privilegierung der Emissionsbanken in der Rspr. des BGH (BGH v. 13.4.1992 – II ZR 277/90 – Beton- und Monierbau, BGHZ 118, 83, 96 f. = AG 1992, 312; BGH v. 5.4.1993 – II ZR 195/91 – co op, BGHZ 122, 180, 185 f., 189) außer Acht. Im Hinblick auf die nachfolgend dargestellten weiteren gegen die Anwendung von § 57 AktG sprechenden Gründe, kann dies jedoch dahinstehen, so i.E. auch *Fleischer*, ZIP 2007, 1969, 1973.
521 *Groß*, Kapitalmarktrecht, § 09 WpPG Rz. 17 ff.; *Seibt*, CFL 2011, 74, 84.
522 *Gebauer*, Börsenprospekthaftung und Kapitalerhaltungsgrundsatz in der Aktiengesellschaft, 1999, S. 102 f.; ebenso *Brandi*, NZG 2004, 600, 602.
523 In diesem Sinne *Technau*, AG 1998, 445, 456; *Groß* in Ebenroth/Boujong/Joost/Strohn, HGB, 4. Aufl. 2020, F. Bank- und Börsenrecht VI, Rz. 55; grds. ebenso *Bayer* in MünchKomm. AktG, 5. Aufl. 2019, § 57 AktG Rz. 82; insbesondere unter Verweis auf den Zufluss des Erlöses bei der Gesellschaft *Drinhausen* in Heidel, § 57 AktG Rz. 12; zur Letztverantwortlichkeit des Emittenten für den Prospekt auch *Ekkenga/Maas* in Kümpel/Hammen/Ekkenga, Kapitalmarktrecht, Kennzahl 055 Rz. 475; ähnlich, den Vorrang der §§ 44 f. BörsG über § 57 AktG auch auf den Innenausgleich der Prospektverantwortlichen übertragend, *Schnorbus*, AG 2004, 113, 124; ebenso *Cahn/v. Spannenberg* in BeckOGK AktG, Stand 1.9.2021, § 57 AktG Rz. 42.
524 *Groß*, Kapitalmarktrecht, § 9 WpPG Rz. 14 ff.; OLG Frankfurt a.M. v. 17.3.1999 – 21 U 260/97 – MHM Mode, ZIP 1999, 1005 = AG 2000, 132; für die Haftung für fehlerhafte Ad-hoc-Mitteilungen BGH v. 9.5.2005 – II ZR 287/02 – EM.TV, AG 2005, 609, 610 ff. = NZG 2005, 672, 674 ff.; ebenso mit eingehender Begründung: *Gebauer*, Börsenprospekthaftung und Kapitalerhaltungsgrundsatz in der Aktiengesellschaft, 1999; *Cahn/v. Spannenberg* in BeckOGK AktG, Stand 1.9.2021, § 57 AktG Rz. 50 ff.;

stellungsverpflichtung der Gesellschaft gegenüber der Emissionsbank regeln somit das Innenverhältnis der gesamtschuldnerisch Prospektverantwortlichen. Eine solche gewillkürte Regelung des **Gesamtschuldnerausgleichs** i.S.v. § 426 Abs. 1 Satz 1 Halbsatz 2 BGB soll aber von § 57 AktG nicht verdrängt werden[525]. Dem steht auch nicht entgegen, dass die Emissionsbank eine eigene Pflicht trifft, auf die Richtigkeit und Vollständigkeit des Prospektes hinzuwirken. Diese Pflicht obliegt ihr als Prospektverantwortlichem gegenüber den Anlegern, die aufgrund des Prospektes Aktien erwerben, nicht jedoch gegenüber der Veräußererseite. Die Gesellschaft und ggf. abgebende Altaktionäre haben selbst Sorge dafür zu tragen, dass der Prospekt richtig und vollständig ist. Die Banken sind nicht bereit, insoweit der Gesellschaft gegenüber eine „Erfolgshaftung" zu übernehmen. Dies wäre bereits angesichts des zwangsläufigen Informationsvorsprungs der Gesellschaft in Bezug auf ihre eigenen Angelegenheiten unangemessen. Daher wird häufig bereits in den Mandatsvereinbarungen klargestellt, dass die Banken die Gesellschaft bei der Prospekterstellung unterstützen, nicht aber der Gesellschaft die Prospekterstellung abnehmen. Diese verbleibt im Verantwortungsbereich der Gesellschaft, die sich zu diesem Zweck der Hilfe von auf Kapitalmarktemissionen spezialisierten Rechtsberatern bedient. Die Verteilung des Haftungsrisikos im Innenverhältnis ist letztlich auch logische Konsequenz dieser Aufgabenverteilung.

(2) Im Verhältnis zu Altaktionären bei einer Umplatzierung

8.154 Eine gesonderte Betrachtung ist geboten, wenn die Gesellschaft bei einer **reinen Umplatzierung** von Aktien aus Altaktionärsbestand, die nicht mit der Platzierung bzw. dem Angebot von Aktien aus einer Kapitalerhöhung einhergeht, die Erstellung eines Prospektes oder Informationsmemorandums aktiv begleitet und gegenüber den eingeschalteten Banken Gewährleistungen im Hinblick auf die Richtigkeit und Vollständigkeit des Prospektes oder Informationsmemorandums übernimmt.

8.155 Gegenüber der **Emissionsbank** stellt dies keine verbotene Einlagenrückgewähr dar[526]. Diese wird hier allenfalls vorübergehend und zum Zwecke der Platzierung Aktionär der Gesellschaft. Denkbar wäre zudem, dass die Platzierungsaktien auf einem für den Altaktionär bei der Emissionsbank eingerichteten Depot verbleiben und die Emissionsbank sie von dort unmittelbar auf Depots der Erwerber umbucht. In letzterem Falle gäbe es schon mangels Aktionärsstellung keinerlei Ansatzpunkt für eine Einlagenrückgewähr im Verhältnis zur Emissionsbank. Hält die Emissionsbank die Platzierungsaktien aus rein abwicklungstechnischen Gründen vorübergehend selbst, kann dies, da bei wirtschaftlicher Betrachtung kein anderer Lebenssachverhalt vorliegt, keine andere Behandlung rechtfertigen.

8.156 Hingegen könnten Aufwendungen und die Übernahme von Gewährleistungen durch die Gesellschaft bei einer reinen Umplatzierung als Zuwendung an den **abgebenden Aktionär** angesehen werden. Nach

---

Bayer, WM 2013, 961 ff.; Weber, ZHR 176 (2012), 184 ff.; in diesem Sinne auch für Österreich OGH Wien v. 30.3.2011 – 7 Ob 77/10i (unter II.1.2); OGH Wien v. 15.3.2012 – 6 Ob 28/12d (unter 2.1), jeweils im Internet abrufbar unter http://www.ris.bka.gv.at; dies auf Vorlage des Handelsgerichts Wien im Hinblick auf die Vereinbarkeit mit dem Kapitalschutz nach Art. 15 der sog. Kapitalrichtlinie (Zweite Richtlinie 77/91/EWG v. 13.12.1976 zur Koordinierung der Schutzbestimmungen, die in den Mitgliedstaaten den Gesellschaften im Sinne des Artikels 58 Absatz 2 des Vertrages im Interesse der Gesellschafter sowie Dritter für die Gründung der Aktiengesellschaft sowie für die Erhaltung und Änderung ihres Kapitals vorgeschrieben sind, um diese Bestimmungen gleichwertig zu gestalten, ABl. EG Nr. L 26 v. 31.1.1977, S. 1) bestätigend EuGH v. 19.12.2013 – C-174/12 – Alfred Hirmann/Immofinanz-AG, NZG 2014, 215.

525 *Henze* in Großkomm. AktG, 4. Aufl. 2000, § 57 AktG Rz. 55; *Groß*, Kapitalmarktrecht, § 9 WpPG Rz. 18; ebenso *Brandi*, NZG 2004, 600, 602; *Fleischer*, ZIP 2007, 1969, 1972.

526 *Groß*, Kapitalmarktrecht, § 9 WpPG Rz. 17 ff.; *Bayer* in MünchKomm. AktG, 5. Aufl. 2019, § 57 AktG Rz. 82; ebenso LG Bonn v. 1.6.2007 – 1 O 552/05 – Deutsche Telekom, AG 2007, 715, 717 (n. rkr.); *Fleischer*, ZIP 2007, 1969, 1973; *Schlitt*, CFL 2010, 304, 306 f.; *C. Schäfer*, ZIP 2010, 1877, 1883; *Wink*, AG 2011, 569, 579; *Fleischer/Thaten*, NZG 2011, 1081, 1086; *Krämer/Gillessen*, CFL 2011, 328, 340; *Arnold/Aubel*, ZGR 2012, 113, 148 f.; *Westermann/Paefgen* in FS Hoffmann-Becking, 2013, S. 1363, 1378 und 1381.

der Klarstellung durch den BGH im „Deutsche Telekom"-Urteil liegt in der Übernahme der Prospektverantwortung eine verbotene Einlagenrückgewähr nach § 57 Abs. 1 AktG. Diese könne „grundsätzlich" nur vermieden werden, wenn der abgebende Aktionär die Gesellschaft von der Prospekthaftung freistellt[527], es sei denn, der Gesellschaft erwachsen aus der Transaktion konkrete, bilanziell messbare Vorteile, die die Übernahme des Prospekthaftungsrisikos ausgleichen könnten (siehe Rz. 7.21 ff.).

Geht man in Ermangelung eines bilanziell messbaren Vorteils und einer Freistellung der Gesellschaft durch den abgebenden Aktionär im Verhältnis zu diesem von einem Verstoß gegen § 57 AktG aus, fragt sich, ob dies auch im **Verhältnis zur Emissionsbank** die Nichtigkeit der betreffenden Gewährleistungen zur Folge hätte. Erbringt eine Aktiengesellschaft gegenüber einem Dritten eine Leistung, die sich im Verhältnis zu einem ihrer Aktionäre als Einlagenrückgewähr erweist, so bedeutet das nicht unbedingt, dass dies Auswirkungen auf den Dritten hat[528]. Ein unter Verstoß gegen § 57 AktG abgeschlossenes Geschäft mit einem Dritten, das auf eine Einlagenrückgewähr an den Aktionär hinausläuft, ist nicht wegen Verstoßes gegen ein gesetzliches Verbot i.S.v. § 134 BGB nichtig, sondern führt aufgrund der Spezialregelung des § 62 Abs. 1 Satz 1 AktG zu einem Rückgewähranspruch der Gesellschaft gegen den Aktionär nach § 62 Abs. 1 Satz 1 AktG[529]. Dagegen haften Dritte grundsätzlich nicht nach § 62 AktG[530]. Eine Ausnahme soll nur gelten, wenn der Dritte wie ein Aktionär zu behandeln ist, etwa wenn der Aktionär als Treuhänder des Dritten handelte[531] oder ein dem Aktionär nahestehender Dritter die Zuwendung unmittelbar erhalten hat[532]. Die Übernahme der Prospektverantwortung für den Altaktionär als dem wirtschaftlichen Veranlasser der Transaktion ist jedoch von der Regelung des Innenverhältnisses zwischen der Gesellschaft und den Konsortialbanken als gesamtschuldnerisch für den Prospekt Verantwortlichen zu unterscheiden. Nur erstere stellt sich ggf. als Zuwendung unter Verstoß gegen § 57 AktG dar; sie ist aber gerade keine Zuwendung an die Emissionsbank. Daneben soll es nur höchst ausnahmsweise zu einem Durchschlagen der Einlagenrückgewähr auf Dritte kommen können. Dabei genügt die bloße Kenntnis des Dritten davon, dass durch die Zuwendung einem Aktionär ein Vorteil zugewandt wird, nicht[533]. Bei der Gewährung von Kreditsicherheiten durch eine Tochtergesellschaft des Kreditnehmers hat der BGH ein solches Durchschlagen einer Einlagenrückgewähr im Verhältnis zwischen Mutter- und Tochtergesellschaft auf die kreditgebende Bank auf den Fall der Sittenwidrigkeit nach § 138 BGB beschränkt. Diese liege vor, wenn Kreditinstitut und Muttergesellschaft bewusst zum Schaden der Tochtergesellschaft zusammenwirken, beispielsweise im Fall der Kollusion i.S.v. § 826 BGB, also wenn Täuschungsabsicht oder Schädigungsvorsatz gegeben sind[534]. Davon wird man bei Emissionsbanken im Hinblick auf die in einem Übernahmevertrag vereinbarten Gewährleistungen und Freistellungen der Gesellschaft im Zusammenhang mit einer Umplatzierung von Aktien aus Bestand eines Altaktionärs kaum ausgehen können, so dass ein etwaiger Verstoß gegen § 57 AktG

8.157

---

527 BGH v. 31.5.2011 – II ZR 141/09 – Deutsche Telekom, ZIP 2011, 1306, 1308 = AG 2011, 548.
528 Generell gegen eine Wirkung gegenüber Dritten *Cahn/v. Spannenberg* in BeckOGK AktG, Stand 1.9.2021, § 57 AktG Rz. 974.
529 BGH v. 12.3.2013 – II ZR 179/12, AG 2013, 431, 432 Rz. 17 = WM 2013, 748, 750.
530 *Hüffer/Koch*, § 62 AktG Rz. 5; *Cahn* in BeckOGK AktG, Stand 1.9.2021, § 62 AktG Rz. 15; *Bayer* in MünchKomm. AktG, 5. Aufl. 2019, § 62 AktG Rz. 18; *Drygala* in KölnKomm. AktG, 3. Aufl. 2011, § 62 AktG Rz. 29; *Fleischer* in K. Schmidt/Lutter, § 62 AktG Rz. 13.
531 *Hüffer/Koch*, § 62 AktG Rz. 5; *Cahn* in BeckOGK AktG, Stand 1.9.2021, § 62 AktG Rz. 16 ff.
532 BGH v. 12.3.2013 – II ZR 179/12, AG 2013, 431, 432 mit Verweis auf BGH v. 31.5.2011 – II ZR 141/09 – Deutsche Telekom, WM 2011, 1273, 1277, Tz. 44 = AG 2011, 548; der BGH verweist auf die Beispiele eine solchen Näheverhältnisses bei *Hüffer/Koch*, (jetzt) 15. Aufl. 2021, § 62 AktG Rz. 5 wie frühere oder künftige Aktionärseigenschaft, nahe Verwandtschaft, oder die Rolle des Dritten als Hintermann des als Strohmann auftretenden Aktionärs; ähnlich *Cahn* in BeckOGK AktG, Stand 1.9.2021, § 62 AktG Rz. 16 ff.; *Bayer* in MünchKomm. AktG, 5. Aufl. 2019, § 62 AktG Rz. 20 ff.; *Drygala* in KölnKomm. AktG, 3. Aufl. 2011, § 62 AktG Rz. 33 ff.; *Fleischer* in K. Schmidt/Lutter, § 62 AktG Rz. 14.
533 *Cahn* in BeckOGK AktG, Stand 1.9.2021, § 62 AktG Rz. 21.
534 BGH v. 19.3.1998 – IX ZR 22/97, BGHZ 138, 291, 298 ff. = AG 1998, 342 soll eine Einlagenrückgewähr nur im Falle der Kollusion (§ 826 BGB) auf Dritte durchschlagen.

im Verhältnis zum abgebenden Altaktionär nicht durchschlagen dürfte[535]. Zweifel wurden daran jedoch für den Fall geäußert, dass Emissionsbanken sichere Kenntnis davon haben, dass der Gesellschaft aus der Umplatzierung keine vermögenswerten Vorteile zufließen, die das Prospekthaftungsrisiko aufwiegen[536]. Dies stünde aber im Widerspruch zu den vorstehend dargestellten allgemeinen Regeln, die Raum für einen Anspruch nach § 62 AktG nur in Fällen des Näheverhältnisses oder im Fall der Kollusion vorsehen. Ungeachtet dessen lässt sich ein insoweit etwa angenommenes Restrisiko dadurch vermeiden, dass sich die Emissionsbank bzw. ihre Rechtsberater vergewissern, dass der abgebende Aktionär und die Gesellschaft eine Freistellungsvereinbarung geschlossen haben, die den Anforderungen der BGH-Entscheidung in Sachen „Deutsche Telekom" entspricht. Weiteren Schutz gewährt eine zusätzliche Haftungsfreistellung für gegen die Emissionsbanken geltend gemachte Prospekthaftungsansprüche durch den Altaktionär[537].

eee) Gewährleistungen abgebender Altaktionäre

8.158 Werden Aktien aus Altaktionärsbestand platziert, so wird neben den Gewährleistungen der Gesellschaft auch von den Altaktionären erwartet, dass sie Gewährleistungen zu den Platzierungsaktien und zu den Verhältnissen der Gesellschaft abgeben. Schließlich fließt ihnen insoweit auch der Platzierungserlös zu. Der genaue Umfang dieser Gewährleistungen hängt allerdings im Einzelfall u.a. von der Nähe des betreffenden Altaktionärs zur Gesellschaft und seinem **Kenntnisstand** ab. Handelt es sich um einen Außenstehenden, der über keine weiteren Informationen verfügt als der Kapitalmarkt aufgrund der Pflichtmitteilungen der Gesellschaft, wird es ihm häufig schwer fallen, Gewährleistungen über die Verhältnisse der Gesellschaft abzugeben. Das gilt zumindest insoweit, als sie nicht durch die Einschränkung „nach bestem Wissen" qualifiziert sind[538]. Anders wird man jedoch solche Altaktionäre zu beurteilen haben, die mit der Gesellschaft eng verbunden sind, z.B. als Gründungsgesellschafter oder Organmitglieder, und die aus diesem Grund über vertiefte eigene Kenntnisse der Gesellschaft verfügen.

8.159 In jedem Fall hat ein Altaktionär für die wirksame Ausgabe, vollständige Einzahlung, Lastenfreiheit und freie Übertragbarkeit der Aktien sowie für etwaige Prospektangaben über sich selbst und die Einhaltung von Verkaufsbeschränkungen durch ihn selbst einzustehen. Dabei hat die ausdrückliche Garantie für den Bestand der Platzierungsaktien und das Fehlen von Belastungen seit Inkrafttreten der Schuldrechtsreform nicht mehr nur deklaratorische Bedeutung. § 437 BGB a.F., der eine verschuldensunabhängige Garantiehaftung für Rechtsmängel begründete[539], wurde gestrichen und die Unterscheidung zwischen Sach- und Rechtsmängeln aufgegeben[540]. Auf den Rechtskauf finden nun die Vorschriften über den Sachkauf entsprechende Anwendung, § 453 Abs. 1 BGB. Die Pflicht, eine sach- und rechtsmangelfreie Kaufsache zu liefern wird damit Teil der Erfüllungspflicht des Verkäufers[541]. Bei der Verletzung dieser Pflicht steht dem Käufer von Gesetzes wegen nur dann ein Schadensersatzanspruch gegen den Verkäufer zu, wenn der Verkäufer den Mangel zu vertreten hat[542]. Aus Bankensicht empfiehlt es sich daher ein ausdrückliches selbständiges verschuldensunabhängiges Garantieversprechen des Altaktionärs in Bezug auf die Rechtsmängelfreiheit der von ihm veräußerten Aktien vorzusehen. Darüber hinaus sehen Übernahmeverträge typischerweise eine Gewährleistung vor, dass der Altaktionär über keine Insiderinformationen in Bezug auf die Platzierungsaktien verfügt; im Fall der Prospektveröffentlichung vor Durchführung der Platzierung ggf. mit Ausnahme solcher Informationen,

---

535 *Groß*, Kapitalmarktrecht, § 9 WpPG Rz. 22.
536 *Fleischer*, ZIP 2007, 1969, 1976, dagegen *C. Schäfer*, ZIP 2010, 1877, 1883.
537 *Fleischer*, ZIP 2007, 1969, 1976; *Arnold/Aubel*, ZGR 2012, 113, 150 f.
538 Ähnlich *Schlitt/Schäfer*, AG 2004, 346, 349.
539 *Faust* in Bamberger/Roth, 3. Aufl. 2012, § 453 BGB Rz. 17; BT-Drucks. 14/6040, S. 202.
540 Vgl. Entwurf eines Gesetzes zur Modernisierung des Schuldrechts, BT-Drucks. 14/6040, S. 209.
541 Vgl. Entwurf eines Gesetzes zur Modernisierung des Schuldrechts, BT-Drucks. 14/6040, S. 209.
542 Vgl. § 437 Nr. 3, § 280 Abs. 1 Satz 1, 2 BGB. Eine nach dem Gesetz nur verschuldensabhänge Rechtsmängelhaftung leiten daraus ab *Saenger* in Schulze, 10. Aufl. 2019, § 437 BGB Rz. 7; *Grunewald* in Erman, 16. Aufl. 2020, § 437 BGB Rz. 41; BGH v. 5.10.2005 -VIII ZR 16/05, ZIP 2006, 235, 240 (Rz. 30).

die im Prospekt offengelegt werden (und mit Prospektveröffentlichung damit keine Insiderinformationen mehr sind).

Korrespondierend zu den Gewährleistungen der Altaktionäre regeln Übernahmeverträge, dass diese die Konsortialbanken, in dem Umfang, in dem aus der Verletzung dieser Gewährleistungen den Emissionsbanken ein Schaden entsteht, freizustellen haben.

8.160

fff) Gewährleistungen der Emissionsbanken

Auch die Emissionsbanken geben im Rahmen des Übernahmevertrages Gewährleistungen ab. Diese beschränken sich freilich üblicherweise auf die Einhaltung von Verkaufsbeschränkungen und ggf. die Richtigkeit der von ihnen im Rahmen der Prospekterstellung zugelieferten Informationen, die zur Klarstellung in einem sog. *blood letter* abschließend aufgeführt werden. Mit einer korrespondierenden Freistellungsverpflichtung (*cross indemnity*) gehen diese Gewährleistungen allerdings eher selten einher[543]. Diese würde sich dann auch typischerweise auf die zugelieferten Informationen im *blood letter* beschränken. Denn einerseits dürften Prospektfehler aufgrund der wenigen technischen Informationen, die von den Konsortialbanken beigesteuert werden, kaum je zu einem Prospekthaftungsanspruch führen können[544]. Zum anderen führen etwaige Verstöße gegen Verhaltenspflichten anders als im Falle falscher Prospektangaben weniger zur Inanspruchnahme der vertragstreuen Partei durch Dritte, sondern lediglich zu einem Schaden, z.B. durch ein etwaiges vorübergehendes Verbot des Angebots (*cooling off period*), der durch einen bilateralen Schadensersatzanspruch nach § 280 Abs. 1 BGB kompensiert werden kann, ohne dass es insoweit einer ausdrücklichen vertraglichen Regelung bedürfte.

8.161

ee) Verhaltenspflichten

Übernahmeverträge regeln ferner auf das **künftige Verhalten** der Vertragsparteien bezogene Pflichten, die im Interesse aller Beteiligten dazu beitragen sollen, den ordnungsgemäßen Ablauf der Platzierung und deren nachhaltigen Erfolg zu sichern.

8.162

aaa) Verhaltenspflichten der Gesellschaft

Neben der Pflicht zur Vorbereitung und Veröffentlichung von Nachträgen und Prospektberichtigungen sowie den Verkaufsbeschränkungen ist hier die sog. Marktschutzvereinbarung zu nennen, die oft bereits in der Mandatsvereinbarung enthalten ist (dazu Rz. 8.98). Im Übernahmevertrag wird diese wiederholt (nunmehr gegenüber dem gesamten Bankenkonsortium). Weitere Verhaltenspflichten betreffen das Unterlassen eigener Kurspflegeaktivitäten der Gesellschaft während der Stabilisierungsphase, die einer geordneten Stabilisierung durch den Konsortialführer als Stabilisierungsmanager zuwider laufen würden, sowie die Einhaltung von Zulassungsfolgepflichten (dazu im Einzelnen § 11).

8.163

bbb) Verhaltenspflichten der Altaktionäre

Abgebende Altaktionäre verpflichten sich, oft für denselben Zeitraum wie die Gesellschaft, ohne die Zustimmung des Konsortialführers von ihnen noch gehaltene Aktien der Gesellschaft nicht anzubieten, zu veräußern oder deren geplante Veräußerung anzukündigen, da sich dies negativ auf den Aktienkurs auswirken könnte (sog. **Lock-up**, siehe Rz. 8.99). Gleiches gilt für Transaktionen, die wirtschaftlich einem Verkauf entsprechen, so z.B. die Emission von Wertpapieren mit Wandlungs- oder Optionsrechten in Bezug auf die Aktien der Gesellschaft. Der tatsächliche Nutzen solcher – auch im Pro-

8.164

---

543 Vgl. *Ries* in Grunewald/Schlitt, Einführung in das Kapitalmarktrecht, 4. Aufl. 2020, § 8 IV.1.f); zurückhaltend auch *Haag* in Habersack/Mülbert/Schlitt, Unternehmensfinanzierung am Kapitalmarkt, § 29 Rz. 29.66.
544 *Haag* in Habersack/Mülbert/Schlitt, Unternehmensfinanzierung am Kapitalmarkt, § 29 Rz. 29.46.

spekt typischerweise zur Vertrauensbildung bei potentiellen Erwerbern dargestellten[545] Verkaufsbeschränkungen wurde zwischenzeitlich insofern in Zweifel gezogen, als Zuwiderhandlungen zumindest faktisch nicht verhindert werden konnten[546]. Eine gewisse Absicherung zumindest gegen unmittelbare Verkäufe kann durch die Verbuchung der betreffenden Aktienbestände in einem Depot bei einer der Emissionsbanken erfolgen, das für die Laufzeit der Marktschutzklausel mit einer **Sperre** versehen ist[547]. Obwohl Marktschutzvereinbarungen als vertrauensbildende Maßnahme gegenüber den künftigen Anlegern dienen, kommt ihnen nach ganz h.M. allerdings **kein Drittschutz** zugunsten der Anleger zu, so dass diesen bei einem Verstoß keine Schadensersatzansprüche gegen den betreffenden Altaktionär zustehen[548].

ccc) Verhaltenspflichten der Emissionsbanken

8.165 Neben der Einhaltung der **Verkaufsbeschränkungen** verpflichten sich die Konsortialbanken, Maßnahmen zur **Kursstabilisierung** nur im Rahmen des rechtlich Zulässigen vorzunehmen. Dazu sind sie zwar aufgrund zwingenden öffentlichen Rechts ohnehin verpflichtet. Die Aufnahme einer solchen Regelung dient indes vor allem der Klarstellung; insoweit wird erläuternd häufig ausgeführt, dass eine Verpflichtung zur Durchführung von Stabilisierungsmaßnahmen nicht besteht und etwaige Stabilisierungsmaßnahmen jederzeit beendet werden können[549].

ff) Aufschiebende Bedingungen, Rücktrittsrecht

8.166 Die Verpflichtungen der Konsortialbanken aus dem Übernahmevertrag stehen jeweils unter einer Reihe aufschiebender Bedingungen[550]. Dies ist erforderlich, da die Konsortialbanken während der Laufzeit des Angebotes, das bei Bezugsrechtsemissionen nach § 186 Abs. 1 Satz 2 AktG mindestens zwei Wochen andauern muss, den Risiken der Verschlechterung der Verhältnisse der Gesellschaft und der Marktverhältnisse ausgesetzt sind. Die aufschiebenden Bedingungen und das an sie anknüpfende Rücktrittsrecht ermöglichen ihnen den **Abbruch der Platzierung** bei Eintritt bestimmter Ereignisse, die deren Durchführung nicht angeraten erscheinen lassen. Das Rücktrittsrecht kann nur bis zur Abrechnung der Platzierung, dem sog. *Closing* ausgeübt werden. Erfolgt diese durch Belieferung der Zuteilungen Zug um Zug gegen die Zahlung des Platzierungspreises sowie Weiterleitung des Emissions- bzw. Platzierungserlöses abzüglich bereits geleisteter Einlage sowie Provision und ggf. Kosten, ist die Emission bzw. Platzierung abgeschlossen. Ein Rücktritt kommt danach schon aus abwicklungstech-

---

545 *Fleischer*, WM 2002, 2305, 2310; vgl. die Pflicht zur Offenlegung sog. Lock-up-Vereinbarungen unter Angabe der beteiligten Parteien, des Inhalts und der Ausnahmen der Vereinbarung sowie des davon erfassten Zeitraums, Annex III Ziff. 7.3 Verordnung (EG) Nr. 809/2004 der Kommission v. 29.4.2004, ABl. EU Nr. L 149 v. 30.4.2004, S. 1.
546 Spektakulärstes Beispiel ist wohl die Veräußerung bzw. Verpfändung von Aktien der EM.TV AG durch zwei damalige Vorstandsmitglieder vor Ablauf eines zuvor in einem Verkaufsprospekt aufgeführten Veräußerungsverbotes, dazu LG Frankfurt a.M. v. 17.3.2003 – 3-07 O 26/01 – EM.TV, ZIP 2003, 400, 402 f.; OLG Frankfurt a.M. v. 6.7.2004 – 5 U 122/03 – EM.TV II, ZIP 2004, 1411, 1412 = AG 2004, 510; vgl. auch *Fleischer*, WM 2002, 2305, 2308 ff., der darauf hinweist, dass nach § 137 BGB nur schuldrechtliche Veräußerungsverbote, nicht aber solche mit dinglicher Rechtswirkung wirksam vereinbart werden können.
547 *Fleischer*, WM 2002, 2305, 2310.
548 *Fleischer*, WM 2002, 2305, 2310.
549 Weitere Regelungen, etwa über eine Stabilisierungsverpflichtung der Banken, finden sich dagegen in Übernahmeverträgen nicht (mehr), vgl. *Krämer/Hess* in Freundesgabe Döser, 1999, S. 171, 178, 181; *Ekkenga*, WM 2002, 317, 318. Eine ausdrückliche Verpflichtung würde auch den einschlägigen kapitalmarktrechtlichen Vorgaben, insbesondere dem Konzept des unabhängigen Stabilisierungsmanagers zuwiderlaufen, vgl. *Vogel*, WM 2003, 2437, 2440 f., dazu auch Rz. 8.77.
550 Beispiel für die entsprechenden Regelungen insbesondere im Mustervertrag bei *Groß* in Happ/Groß/Möhrle/Vetter, Aktienrecht, Band II, 5. Aufl. 2020, Abschnitt 15.02 (S. 482), dort Artikel 10.

nischen Gründen kaum mehr in Betracht. Sollten nicht alle Bedingungen eingetreten und kein ausdrücklicher Verzicht, jedoch die Abrechnung erfolgt sein, kann dies – jedenfalls bei Kenntnis der Sachlage – als konkludenter Verzicht auf die nicht eingetretene Bedingung aufgefasst werden[551]. Dabei ist schon nach der Interessenlage von einer einseitig möglichen Verzichtserklärung auszugehen; dies wird in der Regel auch ausdrücklich so vereinbart[552].

aaa) Die Bedingungen im Einzelnen

Bedingungen für die Erfüllung der Verpflichtungen aus dem Übernahmevertrag können z.B. sein: 8.167

- Keine Erkenntnisse der Konsortialbanken über die Verletzung von Vertragspflichten durch die Gesellschaft, insbesondere der Garantien;
- (zum Zeitpunkt der Zeichnung) ordnungsgemäß beantragte bzw. (zum Zeitpunkt des Vollzugs) erfolgte Börsenzulassung der Platzierungsaktien;
- Vorliegen von Bestätigungen mit von den Konsortialbanken erwartetem Inhalt der/des:
  - Rechtsberater der Gesellschaft und der Konsortialbanken über die rechtlichen Verhältnisse der Gesellschaft (sog. Legal Opinions) und die Richtigkeit und Vollständigkeit der Prospektangaben (sog. Disclosure Opinions);
  - US-Rechtsberater dazu, dass eine Registrierung des Angebotes bei der U.S. Securities and Exchange Commission (SEC) nicht erforderlich ist (sog. Non Registration Opinion, meist Teil einer umfassenderen U.S. Legal Opinion, die zu weiteren im Rahmen des Angebots relevanten Fragen des US-Rechts Stellung nimmt);
  - Wirtschaftsprüfer der Gesellschaft zu die in den Prospekt aufgenommenen Finanzangaben sowie zu Erkenntnissen über deren zwischenzeitliche Entwicklung bis zum Prospektdatum (sog. Comfort Letter);
  - Vorstandsmitglieder über die Richtigkeit der von der Gesellschaft übernommenen Garantien;
- (zum Zeitpunkt der Zeichnung) wirksamer Beschluss über die Kapitalerhöhung;
- Einigung über den Platzierungspreis (sofern nicht bereits im Rahmen des Festpreisverfahrens bei Unterzeichnung des Übernahmevertrages festgelegt);
- keine (wesentlichen) nachteiligen Veränderungen der Verhältnisse der Gesellschaft (sog. *material adverse change* – oder kurz *MAC*-Klausel)[553];
- kein Eintritt unvorhergesehener Veränderungen der Kapitalmärkte, die die Durchführung der Emission gefährdet erscheinen lassen (sog. *force majeure* Klausel)[554].

---

551 *Reymann* in BeckOGK BGB, Stand 1.9.2021, § 158 BGB Rz. 154; *Westermann* in MünchKomm. BGB, 9. Aufl. 2021, § 158 BGB Rz. 40; BGH v. 21.9.1994 – VIII ZR 247/93, ZIP 1994, 1687, 1688.
552 Zur Frage des einseitigen Bedingungsverzichts durch die von der Bedingung begünstigte Vertragspartei *Westermann* in MünchKomm. BGB, 9. Aufl. 2021, § 158 BGB Rz. 44.
553 Formulierungsbeispiel für eine Material Adverse Change-Klausel: „Seit den Stichtagen, die für die in den Platzierungsdokumenten enthaltenen Angaben maßgeblich sind, ist keine kursrelevante nachteilige Änderung oder voraussichtlich kursrelevante nachteilige Änderung in der Vermögens-, Finanz-, oder Ertragslage oder der Geschäftstätigkeit oder den Geschäftsaussichten der Gesellschaft und der mit ihr verbundenen Unternehmen (als Einheit betrachtet) eingetreten oder deren Eintritt wahrscheinlich, die nicht oder nicht in diesem Umfang in den Platzierungsdokumenten genannt ist." Allgemein zu Material Adverse Change-Klauseln in der US-amerikanischen Gestaltungspraxis *Schlößer*, RIW 2006, 889.
554 Formulierungsbeispiel für eine Force Majeure-Klausel: „Nach dem Abschluss dieses Vertrages ist (i) keine Änderung in den nationalen oder internationalen finanziellen, politischen oder wirtschaftlichen Rahmenbedingungen, Rechtsvorschriften, Devisenwechselkursen oder Devisenkontrollen oder der Aus-

8.168 Das Vorliegen der Bestätigungen bzw. der Nichteintritt der erwähnten Ereignisse sind jeweils **aufschiebende Bedingung** für die Vornahme einzelner Schritte durch die Emissionsbanken im Zuge der Durchführung einer Platzierung wie z.b. Freigabe der Veröffentlichung des Prospektes, Zeichnung neuer Aktien, tatsächliche Übernahme und Platzierung sowie Abrechnung und Auskehrung des Emissions- bzw. Platzierungserlöses. So wird verhindert, dass die Verpflichtungen der Konsortialbanken bei Ausbleiben einer der genannten Bedingungen automatisch bindend werden. Der dadurch ausgelöste Schwebezustand wird durch Ausübung des für den Fall des Ausbleibens einer Bedingung eingeräumten **Rücktrittsrechts** wieder beseitigt. Das gesamte Vertragsverhältnis wird *ex nunc* in ein Abwicklungs- und Rückgewährschuldverhältnis umgestaltet[555]. Die Parteien haben also gemäß § 346 Abs. 1 BGB einander die empfangenen Leistungen zurückzugewähren.

8.169 Die Feststellung des Eintritts bzw. Nichteintritts nachteiliger Veränderungen der Gesellschaft oder der Kapitalmärkte (*material adverse change* und *force majeure*) erfordert eine Bewertung der tatsächlichen Verhältnisse. Dabei steht den Emissionsbanken grundsätzlich **Ermessen** zu[556]. Dies ist konsequent, da es sich bei dem Rücktritt um ein den Banken eingeräumtes Gestaltungsrecht handelt und die Entscheidung über seine Ausübung kurzfristig erfolgen muss. Bisweilen wird eine vorherige Konsultation mit der Gesellschaft vorgesehen. Das erscheint jedoch entbehrlich, da die Parteien üblicherweise bei dem Eintritt eines solchen Ereignisses das weitere Vorgehen ohnehin besprechen werden. Den Banken muss aber – da es sich um ein ihnen eingeräumtes Gestaltungsrecht handelt – das Letztentscheidungsrecht verbleiben[557]. Zur erleichterten Abwicklung des Vertragsverhältnisses und der Ausübung der eingeräumten Gestaltungsrechte ist es üblich, dass der Konsortialführer dabei auch für die anderen Konsortialbanken handelt und im Übernahmevertrag dazu bevollmächtigt wird[558]. Dies schließt auch das Recht des Konsortialführers ein, namens der Konsortialbanken auf den Eintritt einer oder mehrerer Bedingung(en) zu verzichten.

bbb) Rechtsfolgen des Nichteintritts von Bedingungen bzw. des Rücktritts

(1) Umplatzierung von Altaktien

8.170 Bei einer geplanten Umplatzierung von Altaktien wirft der Rücktritt der Banken vom Übernahmevertrag keine besonderen Probleme auf. Den Altaktionären sind etwa zum Zweck der Durchführung der Platzierung schon auf ein bei dem Konsortialführer eingerichtetes Wertpapierdepot übertragene Platzierungsaktien zurückzugewähren.

(2) Platzierung von Aktien aus einer Kapitalerhöhung

8.171 Werden neue Aktien aus einer Kapitalerhöhung platziert, ist zu unterscheiden, in welchem Stadium der Durchführung der Kapitalerhöhung ein Rücktritt erfolgt. Wurden die neuen Aktien **noch nicht gezeichnet** und die Durchführung der betreffenden Kapitalerhöhung noch nicht zum Handelsregister angemeldet, entfallen aufgrund des Rücktritts die Verpflichtung der Emissionsbank(en) zur Zeichnung sowie die weiteren Verpflichtungen der Emissionbank(en) nach dem Übernahmevertrag. Wurde ihr

---

bruch oder eine Verschärfung von kriegerischen oder feindseligen Handlungen oder Terroranschläge eingetreten, die auf die Finanzmärkte, in denen die Platzierungsaktien platziert werden sollen, erhebliche negative Auswirkungen haben, (ii) keine wesentliche Beschränkung des Wertpapierhandels an der Frankfurter, Londoner oder New Yorker Wertpapierbörse, oder eine wesentliche Beschränkung der Wertpapierabwicklung oder des Bankgeschäfts in Deutschland, Großbritannien oder den Vereinigten Staaten erfolgt oder (iii) der Börsenhandels der Aktien der Gesellschaft an einer Börse, an der die Aktien der Gesellschaft gehandelt werden, nicht ausgesetzt worden." Allgemein zu Force Majeure-Klauseln in internationalen Wirtschaftsverträgen *Plate*, RIW 2007, 42.

555 *Grüneberg* in Palandt, 80. Aufl. 2021, § 346 BGB Rz. 4.
556 *Haag* in Habersack/Mülbert/Schlitt, Unternehmensfinanzierung am Kapitalmarkt, § 29 Rz. 29.75.
557 Vgl. *Busch*, WM 2001, 1277, 1278, insbes. Fn. 14.
558 Angedeutet bei *Busch*, WM 2001, 1277, 1278 Fn. 15.

der Zeichnungsschein bereits überlassen, aber **noch keine Anmeldung** erfolgt, hat die Gesellschaft den Zeichnungsschein zurückzugeben. Erfolgt der Rücktritt nach Einreichung des Zeichnungsscheins beim Handelsregister, hat sich die Gesellschaft nach besten Kräften um die Rücknahme des Antrages auf Eintragung der Durchführung der Kapitalerhöhung zu bemühen (siehe Rz. 44.109)[559]. Wird dieser Antrag erfolgreich zurückgenommen, entfallen die Verpflichtungen der Emissionsbank(en) zur Zeichnung sowie ihre sonstigen Verpflichtungen aus dem Übernahmevertrag. Die Gesellschaft hat den Zeichnungsschein zurückzugeben und eine eingezahlte Einlage zugunsten der Bank, die die Zahlung geleistet hat, freizugeben.

Erfolgt der Rücktritt erst **nach Eintragung** der Durchführung der Kapitalerhöhung oder kommt es trotz des Rücktrittes zur Eintragung, ergibt sich das Problem, dass eine Rückabwicklung der Kapitalerhöhung nur schwer möglich ist. Zwar wäre denkbar, eine Kapitalherabsetzung durchzuführen. Wegen des dafür erforderlichen Aufwandes (Beschluss der Hauptversammlung – grundsätzlich mit qualifizierter Mehrheit, § 222 Abs. 1, § 237 Abs. 4 AktG, grundsätzlich Sicherheitsleistung an die Gläubiger der Gesellschaft, § 225 Abs. 1 AktG) kommt dies aber kaum in Betracht[560]. Stattdessen sehen Übernahmeverträge regelmäßig Folgendes vor[561]: 8.172

- Gesellschaft und Banken erörtern, ob und für welchem Zeitraum das Angebot verschoben und ggf. zu einer niedrigeren Preisspanne bzw. einem niedrigeren Bezugspreis erneut durchgeführt wird; dabei wird ein Zeitraum für die maximale Verschiebung festgelegt, z.B. zwei Wochen, gerechnet ab dem ursprünglichen vorgesehenen Abrechnungstag.

- Können sich die Gesellschaft und die Banken nicht innerhalb einer bestimmten Frist (z.B. fünf Bankarbeitstage) über eine Verschiebung verständigen, hat die Gesellschaft das Recht, binnen eines bestimmten Zeitraumes (z.B. 14 Tage) einen oder mehrere Erwerber zu benennen, an den/die die neuen Aktien zu einem bestimmten Preis zu verkaufen sind; alternativ kann die Gesellschaft die Banken auch anweisen, die neuen Aktien den Aktionären (nochmals) zum Bezug anbieten.

- Benennt die Gesellschaft innerhalb der vereinbarten Frist keinen Erwerber, sehen bei Gesellschaften mit überschaubarem Aktionärskreis Übernahmeverträge bisweilen ein Recht der Banken vor, von den Altaktionären die anteilige Übernahme der neuen Aktien gegen Erstattung der insoweit erbrachten Einlage verlangen zu können (sog. *put option*).

- Wenn die Gesellschaft weder einen Erwerber innerhalb der dafür bestimmten Frist benannt noch ein erneutes Bezugsangebot verlangt hat bzw. eine etwa vereinbarte *put option* gegenüber den Altaktionären nicht eingreift bzw. von diesen nicht erfüllt wird, sind die Banken berechtigt, die Neuen Aktien freihändig zu veräußern (sog. *fire sale*); die Gesellschaft erhält den dabei erzielten Erlös abzüglich des bereits geleisteten Ausgabebetrages und der auf die veräußerten Aktien entfallenden Provision und zu erstattender Auslagen und Kosten.

- Sollten bei Bezugsrechtsemissionen Inhaber von Bezugsrechten ihre Bezugsrechte bereits ausgeübt haben, ist der Rücktritt vom Übernahmevertrag insoweit als nicht erfolgt anzusehen. Diese Bezugsrechtsinhaber erwerben damit die von ihnen bezogenen neuen Aktien zum Bezugspreis. Dies hängt damit zusammen, dass das Bezugsangebot – anders als das „Verkaufsangebot" bei einer bezugsrechtsfreien Platzierung – als bindender Antrag i.S.v. § 145 BGB angesehen wird, so dass mit der Bezugserklärung durch den Bezugsberechtigten ein Kaufvertrag über die bezogenen Aktien zum Bezugspreis zustande kommt[562].

---

559 Dazu *Pfeiffer/Buchinger*, BB 2006, 2317.
560 *Busch*, WM 2001, 1277, 1278; *Technau*, AG 1998, 445, 452.
561 *Busch*, WM 2001, 1277, 1278; *Technau*, AG 1998, 445, 452; ähnlich das Muster bei *Groß* in Happ/Groß/Möhrle/Vetter, Aktienrecht, Band II, 5. Aufl. 2020, Abschnitt 15.02 (S. 482) unter Artikel 10.
562 *Ekkenga* in KölnKomm. AktG, 3. Aufl. 2017, § 186 AktG Rz. 251; *Kuntz/Stegemann*; AG 2016, 837, 843 f. Dagegen verfallen noch nicht ausgeübte, aber im Rahmen des Bezugsrechtshandels weiterveräußerte Bezugsrechte, vgl. *Schlitt/Seiler*, WM 2003, 2175, 2184. Darauf wird in dem Bezugsangebot in

8.173 Bei zunächst fehlgeschlagenen Bezugsrechtsemissionen kann ein **nochmaliges Bezugsangebot** zu einem geringeren Bezugspreis sinnvoll sein. Werden die Aktien nämlich nach dem Fehlschlagen der ursprünglichen Emission zu einem niedrigeren Preis als dem zuvor angebotenen Bezugspreis an einen Dritten veräußert, könnte dies unter dem Gesichtspunkt des sog. faktischen Bezugsrechtsausschlusses bedenklich sein[563]. Bei Emissionen mit erleichtertem Bezugsrechtsausschluss nach § 186 Abs. 3 Satz 4 AktG kann dies ebenfalls geboten sein, wenn die Rechtfertigung für den erleichterten Bezugsrechtsausschluss (Ausgabe nicht wesentlich unter Börsenpreis) weggefallen ist (zu den Einzelheiten siehe Rz. 44.88 f.). Von einem erneuten Bezugsangebot soll man allerdings dann absehen können, wenn der Veräußerungspreis, den ein Dritterwerber zahlt, nicht wesentlich unter dem dann aktuellen Börsenkurs liegt. Ähnliche Erwägungen gelten auch bei einem Bezugsrechtsausschluss außerhalb des § 186 Abs. 3 Satz 4 AktG. Hier könnte der Preis, zu dem die neuen Aktien an den Dritterwerber veräußert werden, u.U. als **"unangemessen niedrig"** i.S.v. § 255 Abs. 2 AktG angesehen werden[564]. Auch bei einem *fire sale* nach Fehlschlagen einer Veräußerung an einen Dritterwerber dürften ähnliche Prinzipien gelten[565].

8.174 Erfolgt der Rücktritt vom Übernahmevertrag nach erfolgter Zuteilung, so haben die Emissionsbanken die Platzierungsaktien durch die Zuteilung bereits weiterveräußert. Allerdings stehen die Ansprüche der einzelnen Investoren, denen Aktien zugeteilt wurden, auf Lieferung der zugeteilten Stücke regelmäßig ebenfalls unter dem Vorbehalt des Rücktritts der Emissionsbanken. Das Verkaufsangebot, das den Inhalt des mit Zuteilung zustande kommenden Kaufvertrages konkretisiert, enthält regelmäßig einen solchen ausdrücklichen Hinweis[566].

---

der Regel ausdrücklich hingewiesen. Eine entsprechende Formulierung lautet: „Die Konsortialbanken sind berechtigt, unter bestimmten Umständen vom Übernahmevertrag zurückzutreten. Zu diesen Umständen zählen insbesondere wesentliche nachteilige Veränderungen in der Vermögens-, Finanz- und Ertragslage des [Emittent]-Konzerns, soweit diese nicht in dem Prospekt dargelegt sind, wesentliche Einschränkungen des Börsenhandels oder des Bankgeschäfts, der Ausbruch oder die Eskalation von Feindseligkeiten, die Erklärung eines nationalen Notstands durch die Bundesrepublik Deutschland, das Vereinigte Königreich oder die Vereinigten Staaten oder andere Katastrophen oder Krisen, die wesentliche nachteilige Auswirkungen auf die Finanzmärkte zur Folge haben oder erwarten lassen. Im Falle des Rücktritts vom Aktien-Übernahmevertrag vor Eintragung der Durchführung der Kapitalerhöhung in das Handelsregister entfällt das Bezugsrecht der Aktionäre. Eine Rückabwicklung von Bezugsrechtshandelsgeschäften durch die die Bezugsrechtsgeschäfte vermittelnden Stellen findet in einem solchen Fall nicht statt. Anleger, die Bezugsrechte über eine Börse erworben haben, würden dementsprechend in diesem Fall einen Verlust erleiden. Sofern die Konsortialbanken nach Eintragung der Durchführung der Kapitalerhöhung in das Handelsregister vom Aktien-Übernahmevertrag zurücktreten, können die Aktionäre, die ihr Bezugsrecht ausgeübt haben, die Neuen Aktien zum Bezugspreis erwerben." Eine solche Formulierung findet sich z.B. im Bezugsangebot der COMMERZBANK Aktiengesellschaft aus dem Mai 2013, das in dem in diesem Zusammenhang veröffentlichten Wertpapierprospekt auf S. 9 der Wertpapierbeschreibung abgedruckt ist.

563 Ähnlich *Busch*, WM 2001, 1277, 1279 f., der aber offenbar verlangt (Fn. 32), dass die Aktien zu dem Preis anzubieten sind, zu dem die Banken die Aktien gezeichnet hatten (d.h. typischerweise dem geringsten Ausgabebetrag). Solange aber die neuen Aktien zu einem höheren Preis an einen Dritten veräußert werden können, erscheint dies nicht zwingend. Wie hier: *Scholz* in MünchHdb. AG, § 57 Rz. 108.

564 *Busch*, WM 2001, 1277, 1279; *Technau*, AG 1998, 445, 453.

565 Ebenso *Harrer* in Beck'sches Hdb. AG, § 25 Rz. 102.

566 Die entsprechende Formulierung kann z.B. lauten: „Der Kaufvertrag über die Platzierungsaktien kommt mit Zuteilung an den Anleger zustande. Die Konsortialbanken behalten sich vor, die Durchführung des Angebots unter bestimmten Umständen abzubrechen. Bei Vorliegen solcher Umstände sind die Konsortialbanken berechtigt, bis zum [Datum, Zeit] vom Kaufvertrag zurückzutreten. Damit werden bereits vorgenommene Zuteilungen unwirksam." Eingehend dazu sowie zur Behandlung etwaiger zwischen Zuteilung und Rücktritt erfolgter Börsengeschäfte in den neuen Aktien: *Busch*, WM 2001, 1277, 1279.

gg) Provisionen, Aufwendungen, Auslagen

Der Übernahmevertrag sieht ferner eine Regelung über die den Konsortialbanken zustehenden Provisionen sowie den von der Gesellschaft und den Altaktionären geschuldeten Ersatz von Aufwendungen und Auslagen vor. Der Inhalt dieser Bestimmung ergibt sich zumeist aus bereits in der Mandatsvereinbarung getroffenen Abreden.

8.175

hh) Sonstiges

Üblicherweise enthalten Übernahmeverträge die auch aus anderen Vertragswerken wie z.B. Unternehmenskaufverträgen bekannten allgemeinen Regeln. Im Einzelnen sind dies: Rechtswahl-, Gerichtsstands- und Schriftformklausel sowie eine salvatorische Klausel zum Ausschluss des § 139 BGB, nach dem die Teilnichtigkeit eines Vertrages in der Regel dessen Gesamtnichtigkeit zur Folge hat[567].

8.176

Hinsichtlich der **Rechtswahl** liegt bei Kapitalmaßnahmen deutscher Emittenten die Wahl deutschen Rechts nahe und wird von der Gesellschaft in der Regel auch verlangt. In Fällen internationaler Platzierungen, an denen ausländische Investmentbanken beteiligt sind, ist dies jedoch nicht zwingend. Es wäre durchaus denkbar, dass ein Übernahmevertrag in einem solchen Fall nicht rein deutscher Anknüpfung z.B. dem englischen oder dem New Yorker Recht unterstellt wird. Dies kann allerdings zu einer Reihe praktischer Probleme führen[568]. Das Geringste mag noch sein, dass solche Verträge sinnvollerweise in englischer Sprache abgefasst und daher auch verhandelt werden. Dies ist selbst bei Übernahmeverträgen nach deutschem Recht nicht unüblich und bereitet auch auf Emittentenseite selten Schwierigkeiten. Allerdings wären die englischen bzw. amerikanischen Vertragsmuster an die dargestellte Mechanik von Kapitalerhöhungen deutscher Aktiengesellschaften anzupassen, die sich in ihrem Ablauf von denjenigen englischer und US-amerikanischer Gesellschaften unterscheiden (zu nennen sind z.B. die Pflicht zur Leistung einer (Mindest-)Einlage und die Eintragung in das Handelsregister). Zudem kann die Verhandlung von Übernahmeverträgen durch US-Anwälte auf beiden Seiten, die wegen der Besonderheiten deutschen Rechts durch deutsche Kollegen unterstützt werden müssen, zu einem nicht unerheblichen Kosten(mehr)aufwand führen. Schließlich ist zu bedenken, dass die Wahl des ausländischen Rechts auch sinnvollerweise mit einem ausländischen Gerichtsstand einhergeht. Wiewohl ein Vergleich der Effizienz von Gerichtsverfahren in verschiedenen Rechtsordnungen den Rahmen dieses Beitrags sprengen dürfte, sei darauf hingewiesen, dass die obsiegende Partei dann ggf. gezwungen wäre, einen ausländischen Titel in Deutschland zu vollstrecken, weil kein ausreichendes in Großbritannien oder den USA belegenes Vermögen der anderen Partei vorhanden ist, in das vollstreckt werden könnte. Dazu wäre die gerichtliche Vollstreckbarerklärung des Titels durch ein inländisches Gericht erforderlich[569]. Daher wird in der Praxis auch bei Beteiligung US-amerikanischer Investmentbanken in Übernahmeverträgen für Emissionen deutscher Emittenten i.d.R. deutsches Recht gewählt. Dafür spricht auch, dass eine im Zusammenhang mit einer Aktienplatzierung durchzuführende Kapitalerhöhung einer deutschen Aktiengesellschaft als solche zwingend deutschem Recht als dem Gesellschaftsstatut unterliegt[570]. Daher sollte auch die schuldrechtliche Verpflichtung zur Mitwirkung bei dieser Kapitalerhöhung derselben Rechtsordnung unterstellt werden[571].

8.177

---

567 Dazu *Busche* in MünchKomm. BGB, 9. Aufl. 2021, § 139 BGB Rz. 12 ff. sowie z.B. BGH v. 24.9.2002 – KZR 10/01, DB 2003, 500.
568 Zum Vergleich zwischen deutscher bzw. kontinentaleuropäischer und angloamerikanischer Vertragspraxis *Merkt*, ZHR 171 (2007), 490; *Seibel*, AnwBl. 2008, 313.
569 Art. 38 Abs. 1 Verordnung (EG) Nr. 44/2001 des Rates v. 22.12.2000 über die gerichtliche Zuständigkeit und die Anerkennung und Vollstreckung von Entscheidungen in Zivil- und Handelssachen, ABl. EG Nr. L 12 v. 16.1.2001, S. 1; §§ 722 ff. ZPO.
570 *Assmann* in Großkomm. AktG, 4. Aufl. 1992, Einl. Rz. 593; *H.-F. Müller* in BeckOGK AktG, Stand 1.9.2021, Anhang zu § 1 IntGesR, Rz. 122; *Habersack* in MünchKomm. AktG, 5. Aufl. 2019, Einleitung Rz. 77 ff.
571 Ebenso *Groß* in Happ/Groß/Möhrle/Vetter, Aktienrecht, Band II, 5. Aufl. 2020, Abschnitt 15.02 Rz. 25.1.

8.178 Bisweilen wird vorgeschlagen, die Anwendbarkeit des als Vertragsstatut gewählten deutschen Rechts auf das materielle Recht zu beschränken, während die Wahl deutschen Kollisionsrechts ausgeschlossen wird[572]. Dadurch soll eine etwaige aus dem **Kollisionsrecht** resultierende Verweisung auf ein anderes Sachrecht als das gewählte (*renvoi*) vermieden werden. Diese Sorge ist freilich unbegründet, ermöglicht doch Art. 3 Abs. 1 Rom I-Verordnung (Rom I-VO)[573] den Vertragsparteien die freie Wahl des auf den Vertrag anwendbaren Sachrechts. Dadurch ist die Beachtung einer Rück- oder Weiterverweisung des Kollisionsrechts der betreffenden Rechtsordnung ausgeschlossen[574]; dies ergibt sich auch aus Art. 20 Rom I-VO[575]. Lediglich Art. 3 Abs. 3 Rom I-VO schließt bei ausschließlicher Verbindung des vom Vertrag geregelten Sachverhaltes zu einem Staat die Abweichung von zwingenden Bestimmungen des Rechts jenes Staates aus. Bei Verträgen über die Platzierung von Aktien deutscher Emittenten steht, zumal bei Beteiligung deutscher Parteien, die Anknüpfung (auch) nach Deutschland nicht in Zweifel. Somit hat diese Ausnahme hier ersichtlich keine Bedeutung. Ein *renvoi* durch Regelungen des deutschen Kollisionsrechts ist also nicht zu befürchten. Zudem bezieht sich die Rechtswahl des Vertragsstatuts nach Art. 3 Abs. 1 Rom I-VO ohnehin (nur) auf das anzuwendende Sachrecht[576]. Hinzu kommt, dass ungeachtet einer vertraglichen Rechtswahl ein deutsches Gericht in jedem Fall von Amts wegen das deutsche IPR als das Kollisionsrecht der *lex fori* anzuwenden hat[577].

8.178a Im Hinblick auf die sog. Rom II-VO[578] wird die Rechtswahl ferner auf **außervertragliche Ansprüche** erstreckt, die im Zusammenhang mit dem Vertrag entstehen[579]. Nach Art. 1 Abs. 1 Satz 1 Rom II-VO gilt diese für außervertragliche Schuldverhältnisse auf dem Gebiet des Zivil- und Handelsrechts; dabei ordnet Art. 2 Rom II-VO Ansprüchen aus Verschulden bei Vertragsverhandlungen (*culpa in contrahendo*) – anders als die deutsche Rechtsprechung zuvor – den außervertraglichen Schuldverhältnissen zu. Allerdings gilt nach Art. 12 Rom II-VO für Ansprüche aus Verschulden bei Vertragsschluss das Recht, das auf den betreffenden Vertrag anzuwenden ist oder anzuwenden gewesen wäre. Ausgleichsansprüche gilt, die etwa aus einer gesetzlichen Haftung (z.B. Prospekthaftung)[580] abgeleitet werden, etwa im Rahmen des Gesamtschuldnerausgleichs, ist weniger klar. Deliktische Ansprüche werden nach Art. 4 Abs. 1 Rom II-VO dem Recht des Staates zugeordnet, in dem der Schaden eintritt, also dem Erfolgsort. Allerdings erlaubt Art. 14 Abs. 1 lit. b) Rom II-VO Parteien, die einer kommerziellen Tätigkeit nachgehen, auch vor Eintritt des schadensbegründenden Ereignisses das anwendbare Recht frei zu wählen[581]. Art. 20 Rom II-VO ordnet indes für Regressansprüche im Rahmen des Gesamtschuldnerausgleichs die Geltung des auf die ursprüngliche Forderung des Gläubigers geltenden Sachrechts an[582].

---

572 Vgl. zur ähnlich gelagerten Praxis bei Unternehmenskaufverträgen *Wetzler* in Hölters, Handbuch Unternehmenskauf, 8. Aufl. 2015, Teil XVI Rz. 38 Fn. 3.
573 Verordnung (EG) Nr. 593/2008 des Europäischen Parlaments und des Rates v. 17.6.2008 über das auf vertragliche Schuldverhältnisse anzuwendende Recht („Rom I"), ABl. EU Nr. L 177 v. 4.7.2008, S. 6.
574 *Thorn* in Palandt, 80. Aufl. 2021, Art. 3 Rom I-VO, Rz. 3.
575 *Martiny* in MünchKomm. BGB, 8. Aufl. 2021, Art. 20 Rom I-VO Rz. 2.
576 *Martiny* in MünchKomm. BGB, 8. Aufl. 2021, Art. 20 Rom I-VO Rz. 3.
577 *Geimer* in Zöller, 34. Aufl. 2022, § 293 ZPO Rz. 9; BGH v. 21.9.1995 – VII ZR 248/94, NJW 1996, 54; BGH v. 10.4.2003 – VII ZR 314/01, NJW 2003, 2605; ebenso unter Verweis auf auch in anderen im internationalen Geschäftsverkehr maßgeblichen Rechtsordnungen, insbesondere in den Bundesstaaten der USA *Gruson*, The International Lawyer Vol. 37, 1023 ff.; *Gruson/Hutter/Kutschera*, Legal Opinions in International transactions, 4. Aufl. 2003, S. 192 ff.
578 Verordnung (EG) Nr. 864/2007 des Europäischen Parlaments und des Rates v. 11.7.2007 über das auf außervertragliche Schuldverhältnisse anzuwendende Recht („Rom II") ABl. EU Nr. L 199 v. 31.7.2007, S. 4.
579 Einen Überblick zur Rom II-Verordnung gibt *Junker*, NJW 2007, 3675.
580 Zur Anknüpfung von Prospekthaftungsansprüchen bei internationalen Wertpapierplatzierungen *Weber*, WM 2008, 1581.
581 Eine übliche Rechtswahlklausel für Übernahmeverträge lautet: „Dieser Vertrag und alle sich in diesem Zusammenhang ergebenden vertraglichen und außervertraglichen Rechte und Verpflichtungen unterliegen deutschem Recht."
582 *Junker* in MünchKomm. BGB, 8. Aufl. 2021, Art. 20 Rom II-VO Rz. 1.

Bei der Wahl deutschen Rechts als Vertragsstatut sollte ein Rechtsstreit aus oder im Zusammenhang 8.179
mit dem Übernahmevertrag sinnvollerweise vor einem deutschen Gericht geführt werden. Meist wird
als **Gerichtsstand** für Rechtsstreitigkeiten im Zusammenhang mit dem Übernahmevertrag Frankfurt
am Main gewählt. Viele im Emissionsgeschäft tätige deutsche Kreditinstitute haben dort ihren Sitz und
damit ihren allgemeinen Gerichtsstand. Zudem war bis zum Inkrafttreten des KapMuG[583] am 1.11.2005
für die Entscheidung über Prospekthaftungsansprüche aus § 44 BörsG a.F. gemäß § 48 Satz 1 BörsG a.F.
das Landgericht am Sitz der Börse, deren Zulassungsstelle den betreffenden Prospekt gebilligt oder eine
Befreiung von der Pflicht zu Prospektveröffentlichung erteilt hat, ausschließlich zuständig. Angesichts
der überragenden Marktstellung der Frankfurter Wertpapierbörse führte dies dazu, dass **Prospekthaftungsansprüche** in aller Regel vor dem Landgericht Frankfurt verhandelt wurden. § 48 BörsG a.F. wurde jedoch durch das KapMuG aufgehoben und durch § 32b ZPO ersetzt. Nach § 32b Abs. 1 Satz Nr. 1
ZPO ist für Klagen auf Schadensersatz wegen falscher, irreführender oder unterlassener öffentlicher Kapitalmarktinformationen ausschließlich das Gericht am Sitz des betroffenen Emittenten zuständig, es
sei denn, dieser Sitz befindet sich im Ausland[584]. Eine Klage gegen eine Emissionsbank auf Prospekthaftung wird daher mit hoher Wahrscheinlichkeit am Gericht des Sitzes des Emittenten erhoben werden.
Deshalb sollte der im Übernahmevertrag gewählte Gerichtsstand nicht ausschließlich sein. Läge nämlich die ausschließliche Zuständigkeit für Rechtsstreitigkeiten im Zusammenhang mit dem Übernahmevertrag bei einem anderen Gericht als jenem, das über eine Prospekthaftungsklage zu entscheiden hat,
wäre damit die – prozessökonomisch sinnvolle – Möglichkeit der **Streitverkündung** nach § 72 Abs. 1
ZPO abgeschnitten. Dieser stünde dann die Vereinbarung einer anderweitigen ausschließlichen Zuständigkeit entgegen[585]. Ähnliche Überlegungen gelten bei internationalen Platzierungen im Hinblick darauf, dass eine Derogation durch einen ausschließlichen Gerichtsstand bei Prospekthaftungsprozessen
eine u.U. nach dem jeweiligen ausländischen Zivilprozessrecht mögliche Streitverkündung ebenfalls
ausschließen könnte. Um die Streitverkündung zu ermöglichen und sich die daraus resultierende sog.
Interventionswirkung nach § 74 Abs. 3, § 68 ZPO zu bewahren, sehen Übernahmeverträge darüber hinaus regelmäßig einen ausdrücklichen Vorbehalt der Streitverkündung vor. Damit wird eine Regelung
verbunden, wonach in diesem Fall für einen etwaigen Regressrechtsstreit auch der Gerichtsstand des ersten Rechtsstreits bzw. der Streitverkündung gewählt werden kann. Diese Wahl des Gerichtsstandes wurde bislang meist nur den Konsortialbanken eingeräumt. Eine Entscheidung des französischen Kassationsgerichtshofs erklärte freilich eine einseitige Rechtswahlklausel wegen Verstoßes gegen die sog. Brüssel I-Verordnung[586] für unzulässig[587]. Auch der deutschen Literatur und Rechtsprechung lassen sich
Zweifel an der Zulässigkeit einer solchen einseitigen Gerichtsstandswahl entnehmen[588]. Freilich muss
der vertraglich vereinbarte Gerichtsstand nicht bestimmt, sondern lediglich bestimmbar sein. Auch
können mehrere Gerichtsstände vereinbart werden[589]. Die Praxis geht deshalb dazu über, die Möglichkeit der Streitverkündung bei Inanspruchnahme einer Partei durch Dritte und Wahl des Gerichtsstands der Streitverkündung auch für den Regressrechtsstreit allen Parteien einzuräumen[590].

---

583 Gesetz über Musterverfahren in kapitalmarktrechtlichen Streitigkeiten (Kapitalanleger-Musterverfahrensgesetz – KapMuG) v. 16.8.2005, BGBl. I 2005, 2437.
584 Zu Recht kritisch hierzu *Möllers/Weichert*, NJW 2005, 2737, 2739; *Duve/Pfitzner*, BB 2005, 673, 676 f.;
so schon *Meyer*, WM 2003, 1349, 1355.
585 Vgl. z.B. *Vollkommer* in Zöller, 34. Aufl. 2022, § 72 ZPO Rz. 1.
586 Verordnung (EG) Nr. 44/2001 des Rates v. 22.12.2000 über die gerichtliche Zuständigkeit und die Anerkennung und Vollstreckung von Entscheidungen in Zivil- und Handelssachen („Brüssel I"), ABl. EG
Nr. L 12 v. 16.1.2001, S. 1.
587 Cour de cassation, Chambre civile v. 26.9.2012 – 11-26022, im Internet abrufbar unter http://www.juricaf.org.
588 *Gottwaldt* in MünchKomm. ZPO, 4. Aufl. 2013, Art. 23 EuGVO Rz. 67; *Heinrich Dörner* in Saenger,
ZPO, 2. Aufl. 2013, Art. 23 EuGVVO Rz. 21; LG Braunschweig v. 29.2.1974 – 9 a O 115/73, AWD/
RIW 1974, 346, 347.
589 *Heinrich Dörner* in Saenger, ZPO, 7. Aufl. 2017, Art. 25 EuGVVO Rz. 21.
590 Eine entsprechende Gerichtsstandsklausel lautet: „Nicht-ausschließlicher Gerichtsstand ist für alle aus
oder in Zusammenhang mit diesem Vertrag entstehenden Rechtsstreitigkeiten Frankfurt am Main.
Wird eine der Vertragsparteien im Zusammenhang mit dem Angebot oder der Börsenzulassung vor

e) Privatplatzierung
aa) Kapitalerhöhung

8.180 Die Privatplatzierung von neuen Aktien aus einer Kapitalerhöhung bei institutionellen Investoren erfreut sich bei börsennotierten Gesellschaften immer größerer Beliebtheit. Dies hat seinen Grund zum einen in der bereits angesprochenen Möglichkeit der **prospektfreien Börsenzulassung** bei Volumina unter 20 % der Zahl bereits zum Handel am selben geregelten Markt zugelassenen Wertpapiere (siehe oben). Daneben kann auch die vertragliche Dokumentation deutlich schlanker gestaltet werden. Bestimmungen, die sich auf den Prospekt beziehen, können entfallen. Angesichts des Volumens wird in der Regel auch nur eine Emissionsbank tätig, was den Verhandlungsprozess vereinfacht.

8.181 Der Ablauf einer solchen Kapitalerhöhung ähnelt dem der Mehrzuteilungstranche bei einem öffentlichen Angebot, wenn diese mit einer von der Gesellschaft gewährten Greenshoe-Option kombiniert wird, die diese durch Ausgabe neuer Aktien aus einer Kapitalerhöhung aus genehmigtem Kapital bedient. Voraussetzung ist, dass eine ausreichende Zahl an bestehenden Aktien zur Verfügung steht, die der Emissionsbank von einem oder mehreren Altaktionären zum Zwecke der Platzierung im Wege der sog. **Aktienleihe** zur Verfügung gestellt werden können (siehe Rz. 8.67). Dies dient dazu, unabhängig von der Dauer des Verfahrens zur Eintragung der Durchführung der Kapitalerhöhung in das Handelsregister (die Voraussetzung für die Ausgabe neuer Aktien ist, vgl. §§ 203, 191 AktG) und des Verfahrens zur Börsenzulassung der neuen Aktien eine Platzierung schnell durchführen zu können (dazu auch Rz. 45.23). So können auch in volatilen Märkten kurzfristig auftretende Marktchancen genutzt werden. Eingeleitet wird die Platzierung durch einen (Grundsatz-)Beschluss des Vorstandes, der – mit Zustimmung des Aufsichtsrats – eine Kapitalerhöhung um einen unter 10 % des Grundkapitals liegenden Betrag beschließt[591]. Das Bezugsrecht wird dabei gemäß § 186 Abs. 3 Satz 4 AktG ausgeschlossen. Dies setzt eine entsprechende Ermächtigung durch die Hauptversammlung gemäß § 202 Abs. 1, § 203 Abs. 1, 2 i.V.m. § 186 Abs. 3 Satz 4 AktG voraus. Der **Kapitalerhöhungsbeschluss** wird typischerweise nach Ende des Börsenhandels gefasst, weil sich dann das für Aktien deutscher Emittenten relevante Marktumfeld beruhigt. Mitunter wird selbst bei nicht in den USA börsennotierten Aktien der Börsenschluss in New York abgewartet, z.B. wenn man sich große Nachfrage aus den USA erwartet oder die Kursentwicklung auf dem US-Markt auf die Nachfrage nach Aktien des Emittenten besonderen Einfluss hat, z.B. weil maßgebliche Vergleichsunternehmen aus derselben Branche in den USA notiert sind. Sodann wird der Übernahmevertrag abgeschlossen, in dem sich die Emissionsbank aber nur insoweit zu Zeichnung und Übernahme neuer Aktien verpflichtet, wie sich die Parteien in einem nach erfolgtem Bookbuilding anzuschließenden Preisfestsetzungsvertrag auf das Platzierungsvolumen und den Platzierungspreis einigen[592]. Wird der Übernahmevertrag erst bei Preisfestsetzung abgeschlossen, ist ein gesonderter Preisfestsetzungsvertrag nicht mehr erforderlich. Neben der aufschiebend durch den Abschluss des Preisfestsetzungsvertrages bedingten Zeichnungs- und Übernahmeverpflichtung und der Pflicht zur Abführung des Platzierungserlöses enthält der **Übernahmevertrag** noch Regelungen über Gewährleistung und Freistellung der Emissionsbank durch die Gesellschaft. Die Gewährleistungen sind in Ermangelung eines Prospektes deutlich schlanker gestaltet als bei einem öffentlichen Angebot und betreffen insbesondere folgende Punkte:

---

einem anderen Gericht verklagt, hat sie das Recht, die anderen Vertragsparteien nach Maßgabe des dort jeweils geltenden Prozessrechts in diesen Streit einzubeziehen oder in diesem Zusammenhang vor diesem anderen Gericht zu verklagen."

591 Dieses – den nach § 186 Abs. 3 Satz 4 AktG maximal möglichen Umfang leicht unterschreitende – Volumen ergibt sich aus § 4 Abs. 2 Nr. 1 WpPG, wonach für die Zulassung von Aktien einer bereits zum Handel an demselben organisierten Markt zugelassenen Gattung kein Prospekt erforderlich ist, wenn deren Zahl über einen Zeitraum von zwölf Monaten unter 10 % der bereits zugelassenen Stücke derselben Gattung bleibt.

592 Vgl. *Schlitt/Schäfer*, AG 2005, 67, 73.

- Richtigkeit der der Bank im Vorfeld der Emission zur Verfügung gestellten Informationen,
- Richtigkeit des letzten veröffentlichten Einzel- und Konzernabschlusses sowie Quartals- und Zwischenberichtes der Gesellschaft,
- keine wesentliche nachteilige Änderung der Vermögens-, Finanzlage und Ertragslage sowie des allgemeinen Geschäftsverlaufs der Gesellschaft oder für eine solche Änderung seit dem Stichtag des letzten geprüften Jahres- und Konzernabschlusses,
- Einhaltung der Veröffentlichungspflichten der Gesellschaft (insbesondere nach Art. 17 MAR), sowie keine derzeitige Inanspruchnahme der Möglichkeit der Selbstbefreiung von der Ad-hoc-Publizität nach Art. 17 Abs. 4 MAR durch die Gesellschaft,
- Wirksamkeit des Kapitalerhöhungsbeschlusses und der ihm zu Grunde liegenden Hauptversammlungsermächtigung die Ausgabe der Neuen Aktien und deren Bedingungen, einschließlich des Bezugsrechtsausschlusses,
- wirksame Ausgabe und freie Übertragbarkeit der Neuen Aktien.

Hinzu kommen die üblichen Compliance-Gewährleistungen (siehe Rz. 8.145a).

Im Fall der Verletzung dieser als selbständiges verschuldensunabhängiges Garantieversprechen ausgestalteten Gewährleistungen hat die Emissionsbank das Recht zum Rücktritt und/oder auf Schadensersatz. Darüber hinaus wird die Gesellschaft zur Freistellung der Emissionsbank und ihrer Mitarbeiter von Schäden bzw. Ansprüchen (einschließlich der Kosten zur Abwehr etwaiger Ansprüche) aus oder im Zusammenhang mit einer Verletzung oder von Dritten behaupteten Verletzung der Gewährleistungen und sonstigen Pflichten der Gesellschaft aus dem Übernahmevertrag verpflichtet. Zudem stehen die Verpflichtungen der Emissionsbank bis zu ihrer Erfüllung unter aufschiebenden Bedingungen, die im Wesentlichen den vorstehend unter Rz. 8.159 dargestellten entsprechen. Der Nichteintritt einer aufschiebenden Bedingung führt auch hier zum Rücktrittsrecht. 8.182

Nach erfolgtem Kapitalerhöhungsbeschluss und Abschluss des Übernahmevertrages wird die Gesellschaft die Kapitalerhöhung unverzüglich ad hoc publizieren, die Emissionsbank diese über die elektronischen Informationssysteme bekannt machen und institutionelle Anleger auffordern, am nächsten Tag Zeichnungswünsche bei ihr anzumelden. Beginnend am nächsten Morgen wird dann auf der Grundlage dieser Zeichnungswünsche für einige Stunden ein sog. beschleunigtes Bookbuilding durchgeführt (sog. **accelerated bookbuilding**), das sich von dem Bookbuilding bei öffentlichen Angeboten durch die verkürzte Zeitdauer unterscheidet. Basierend auf dem so erzeugten Orderbuch erfolgt die endgültige Festlegung des Emissionsvolumens und des Platzierungspreises durch den Vorstand und die Zustimmung des Aufsichtsrates hierzu (bzw. eines zu diesem Zweck gebildeten Aufsichtsratsausschusses). Auf dieser Grundlage schließen die Gesellschaft und die Emissionsbank den Preisfestsetzungsvertrag, der den Tags zuvor geschlossenen Übernahmevertrag und die darin enthaltene Übernahme- bzw. Zeichnungsverpflichtung konkretisiert. Zeitgleich werden zu den im Preisfestsetzungsvertrag festgelegten Konditionen Aktien an Investoren zum Platzierungspreis zugeteilt. 8.183

Daraufhin erfolgt die **Zeichnung** neuer Aktien durch die Emissionsbank im Umfang der Zuteilung. Auch in diesem Fall sollte eine Zeichnung „zu pari", d.h. nur zum geringsten Ausgabebetrag zulässig sein. Zwar kann hier nicht argumentiert werden, der Platzierungspreis und damit die Differenz zum geringsten Ausgabebetrag stünde noch nicht fest. Allerdings handelt hier die Bank – ähnlich wie bei einer Kapitalerhöhung mit mittelbarem Bezugsrecht[593] – im Rahmen der Zeichnung nur als Abwicklungshelfer zum Zwecke der erleichterten Durchführung der Platzierung, um eine Zeichnung der einzelnen Investoren zu vermeiden. Ein Grund für ihre Pflicht zur Vorleistung des Platzierungserlöses ist daher auch hier nicht gegeben. Es reicht deshalb auch bei dieser Gestaltung aus, wenn die zeichnende 8.184

---

593 Bei der zumeist der Bezugspreis zum Zeitpunkt der Zeichnung auch schon feststeht und eine Zeichnung zu pari als zulässig anerkannt ist, siehe Rz. 8.129.

Bank sich verpflichtet, den Unterschiedsbetrag zwischen Mindesteinlage und Platzierungspreis abzüglich Provisionen an die Gesellschaft abzuführen (siehe Rz. 8.121).

8.185 Die Emissionsbank hat im Hinblick auf die Pflichten zur Erfüllung von Börsengeschäften nach den Regeln der Frankfurter Wertpapierbörse (sog. T+2 Settlement, vgl. Rz. 7.108) die zugeteilten Aktien in der Regel binnen zwei Börsentagen zu liefern (es sei denn ausnahmsweise wurde mit den Investoren eine längere Belieferungsfrist, sog. *deferred settlement* vereinbart; dann kann auch die Aktienleihe entfallen). Daher erhalten die Investoren die „geliehenen" Aktien, die der Emissionsbank von einem oder mehreren Altaktionären zur Verfügung gestellt worden waren. Nach Eintragung der Durchführung der Kapitalerhöhung in das Handelsregister stellt die Gesellschaft über die neuen Aktien eine Globalurkunde aus, die sie Zug um Zug gegen Zahlung des von der Emissionsbank – abzüglich bereits erbrachter Einlage und Provision – zu leistenden Platzierungserlöses der Emissionsbank übergibt, mit der Maßgabe, diese bei der Clearstream Banking AG zur Einbeziehung in den Effektengiroverkehr einzuliefern. Sodann wird die Emissionsbank die neuen Aktien auf den bzw. die Altaktionäre übertragen, die alte Aktien im Wege der Wertpapierleihe zur Verfügung gestellt hatten, um so ihre Rückerstattungsverpflichtung aus der Leihe zu erfüllen.

8.185a Insbesondere seit Beginn der Finanzkrise ist vermehrt eine Sonderform der Privatplatzierung neuer Aktien aus einer Kapitalerhöhung zu beobachten. Hierbei werden die neuen Aktien einigen wenigen oder mitunter sogar nur von einem Investor erworben. Dies ist gerade in den Fällen zu beobachten, in denen der Erfolg einer breiten Platzierung aufgrund des unsicheren Kapitalmarktumfeldes fraglich erscheint. Auch bietet sich diese Struktur in finanziellen Krisensituationen an, etwa wenn durch die Kapitalerhöhung die Unterschreitung bestimmter bilanzieller Schwellenwerte in Kreditverträgen (*financial covenants*) verhindert oder beseitigt werden, die anderenfalls Kündigungs- oder Nachbesicherungsrechte auslösen könnten. Dabei bestehen keine aktienrechtlichen Bedenken gegen die Ansprache eines nur sehr **kleinen Investorenkreises**, da § 186 Abs. 3 Satz 4 AktG keine breite Platzierung vorschreibt[594]. Allerdings sind dabei Aktionäre der Gesellschaft mit Blick auf den **Gleichbehandlungsgrundsatz nach § 53a AktG** unter gleichen Voraussetzungen gleich zu behandeln. Daher ist eine Bevorzugung einzelner Aktionäre ohne eine sachliche Rechtfertigung bei der Zuteilung von Aktien nicht zulässig, insbesondere wenn dadurch die Beteiligungsverhältnisse wesentlich verändert würden. Außer in Fällen dringenden Liquiditätsbedarfs rechtfertigt auch ein dadurch erreichter Zeitgewinn bei der Durchführung der Kapitalerhöhung eine Ungleichbehandlung von Aktionären nicht[595].

8.185b Soweit der wirtschaftliche Hintergrund der Kapitalerhöhung in Umständen liegt, die als Insiderinformation i.S.v. Art. 7 Abs. 1 MAR einzustufen sind und die Gesellschaft bis zur Durchführung der Kapitalerhöhung von ihrem Recht zur Selbstbefreiung nach Art. 7 Abs. 4 MAR Gebrauch machen will[596], wird die Gesellschaft die Investoren vor Durchführung der Platzierung über diese Umstände informieren müssen. Anderenfalls liefe sie Gefahr, gegen das Insiderhandelsverbot nach Art. 8 Abs. 1, 14 lit. a) MAR zu verstoßen. Dies gilt in besonderem Maße, seitdem der EuGH in der sog. **Spector Photo Group**-Entscheidung die Vermutung aufgestellt hat, dass von einer Person, die Finanzinstrumente veräußert oder erwirbt und über Insiderinformationen in Bezug auf diese Instrumente verfügt, vermutet wird, dass sie dieses Geschäft unter Verwendung der Insiderinformationen i.S.v. Art. 2 Abs. 1 Marktmissbrauchs-RL, § 14 Abs. 1 Nr. 1 WpHG a.F. tätigt[597]. Diese Vermutung gilt auch im Hinblick auf das gegenüber der Marktmissbrauchs-RL unverändert gebliebene Insiderhandelsverbot nach Art. 8 Abs. 1, 14 lit. a) MAR[598]. Haben die Investoren dagegen Gelegenheit, sich im Rahmen einer Due Dili-

---

594 *Seibt*, CFL 2011, 74, 75; zu Grenzfällen S. 82.
595 BGH v. 10.7.2018 – II ZR 120/16, WM 2018, 1550, 1554 f. = NJW 2018, 2796; dazu *Klaaßen-Kaiser/Henneweer*, NZG 2019, 417; *Oppenhoff*, NJW 2018, 2801; *Rahlmeyer/Klose*, GWR 2018 394; ebenso *Hüffer/Koch*, 14. Aufl. 2020, § 186 AktG Rz. 39e, 40; *Veil* in K. Schmidt/Lutter, § 186 AktG Rz. 44a; *Meyer* in Kümpel/Mülbert/Früh/Seyfried, Bankrecht und Kapitalmarktrecht, Rz. 15.559.
596 Anschaulich dazu *Seibt*, CFL 2011, 74, 84.
597 EuGH v. 23.12.2009 – C-45/08 – Spector Photo Group, ZIP 2010, 78 = AG 2010, 74.
598 Erwägungsgrund 24 MAR, *Kiesewetter/Parmentier*, BB 2013, 2371, 2373; *Klöhn*, AG 2016, 423, 425.

gence-Untersuchung mit den Verhältnissen der Gesellschaft vertraut zu machen, ist ihr Erwerb insiderrechtlich unbedenklich, da Gesellschaft und Investoren dann den gleichen Kenntnisstand haben, sodass eine Verwendung der betreffenden Insiderinformationen zum Nachteil einer der beiden Parteien nicht in Betracht kommt (sog. *face-to-face*-Geschäft, siehe Rz. 8.58). Damit die Weitergabe der Informationen jedoch nicht als „unbefugt" i.S.v. Art. 10 Abs. 1 MAR gilt, empfiehlt es sich, die vorstehend unter Rz. 8.58a beschriebenen Sicherungsmaßnahmen zu treffen[599].

bb) Umplatzierung

Ein häufiger Fall der Privatplatzierung ist die Umplatzierung größerer Aktienbestände aus Altaktionärsbesitz. Diese werden in der Regel außerbörslich an einen oder mehrere institutionelle Anleger veräußert. Dabei kann man – je nach Ausgestaltung des Übernahmerisikos – zwischen Festübernahme und Übernahme nach besten Kräften (*best efforts*) unterscheiden; in jüngerer Zeit treten auch Mischformen auf.

aaa) Festübernahme

Bei der Festübernahme kauft die Bank dem Altaktionär dessen Bestand an Veräußerungsaktien zu einem festen Preis ab[600]. Das Risiko der Weiterplatzierung trägt dann die Bank, der im Gegenzug auch ein über den Kaufpreis hinaus erzielter Erlös zusteht (sog. *upside potential*). Mit anderen Worten: die Gegenleistung für Übernahme und Platzierung ergibt sich aus der Differenz zwischen dem an den Altaktionär zu zahlenden Kaufpreis und dem bei Weiterplatzierung erzielten Erlös. Angelehnt an die einfache Struktur als Kauf zu einem festen Preis bezeichnet man diese Art von Umplatzierung auch als *bought deal*; sie stellt die klassische Form der auch *block trade* genannten Umplatzierung dar. Auch hier werden von dem Altaktionär Gewährleistungen verlangt, deren Umfang jedoch von seinem Kenntnisstand in Bezug auf die Gesellschaft abhängen. In jedem Fall wird von dem Altaktionär – auch im Hinblick auf das geänderte Recht der Rechtsmängelgewährleistung – ein verschuldensunabhängiges selbständiges Garantieversprechen zu folgenden Umständen erwartet[601]:

– Alleineigentum und Fehlen von Rechten Dritter an den Platzierungsaktien,
– wirksame Ausgabe, freie Übertragbarkeit, vollständige Einzahlung und volle Dividendenberechtigung sowie Börsenzulassung der Platzierungsaktien[602],
– Berechtigung des Altaktionärs zum Verkauf der Aktien (die Bedeutung dieser Gewährleistung hängt von der Rechtsform des Altaktionärs ab[603] und kann insbesondere bei Beschlusserfordernissen ausländischer Gesellschaften wichtig sein, die die Wirksamkeit des Vertragsschlusses auch im Außenverhältnis beeinträchtigen können; ebenso auch bei Körperschaften des öffentlichen Rechts – sog. *ultra vires*-Lehre)[604],
– keine Kenntnis des Altaktionärs von Insiderinformationen und

---

599 In diesem Sinne auch *Seibt/Voigt*, AG 2009, 133, 141.
600 Dazu *Schlitt/Schäfer*, AG 2004, 346, 348; Beispiel für einen einfachen Aktienkaufvertrag mit Erläuterung der technischen Einzelheiten der Übertragung von Aktien bei *Groß* in Happ/Groß/Möhrle/Vetter, Aktienrecht, Band I, 5. Aufl. 2019, 5.01.
601 Ebenso *Schlitt/Schäfer*, AG 2004, 346, 348.
602 D.h. für das laufende Geschäftsjahr sowie – falls über die Dividende des Vorjahres noch nicht beschlossen wurde – auch für das vorhergehende Geschäftsjahr.
603 Dazu *Schlitt/Schäfer*, AG 2004, 346, 349, wobei bei GmbHs und AGs aufgrund der gesetzlichen Vertretungsregelung das Erfordernis der Zustimmung von Aufsichtsorganen oder der Gesellschafterversammlung grds. keine Außenwirkung hat, vgl. § 82 Abs. 1 AktG, § 37 Abs. 2 GmbHG.
604 Dazu *K. Schmidt*, GesR, S. 214 m.w.N., insbesondere Fn. 141; *Schaub* in Ebenroth/Boujong/Joost/Strohn, HGB, 4. Aufl. 2020, Anhang § 12 Rz. 46; *Stiegler* in Jung/Krebs/Stiegler, Gesellschaftsrecht in Europa, 1. Aufl. 2019, § 20 Rz. 70; *Schmitt* in Zerey, Finanzderivate, 4. Aufl. 2016, § 34 Rz. 217; *Geier/Schmitt*,

– Beachtung aller im Hinblick auf die vom Altaktionäre gehaltenen Aktien an der Gesellschaft zu beachtenden Meldepflichten.

8.188 Werden der Bank Umstände bekannt, wonach eine dieser Gewährleistungen unzutreffend ist, kann sie vom Aktienkauf zurückzutreten und/oder von dem Altaktionär Schadenersatz verlangen. Daneben behält sich die Bank das Recht vor, bis zu einem bestimmten Stichtag (Datum der erwarteten Weiterplatzierung) von dem Vertrag zurückzutreten, sofern seit dem Abschluss des Vertrages nach Auffassung der Bank

– eine (wesentliche) nachteilige Veränderung der Verhältnisse der Gesellschaft oder
– eine unvorhergesehene Veränderung der Kapitalmärkte, die die Durchführung der Emission gefährdet erscheinen lassen,

eingetreten ist.

bbb) Kommission

8.189 Bei der Umplatzierung von in Altaktionärsbesitz befindlichen Aktien auf „**best efforts**" Basis übernimmt eine Bank die Platzierungsaktien und versucht diese während eines vorher mit dem Altaktionär vereinbarten Zeitraums nach besten Kräften im eigenen Namen, aber für Rechnung des Altaktionärs zu veräußern. In diesem Fall ist der Übernahmevertrag als **Kommissionsvertrag** nach §§ 383 ff. HGB zu qualifizieren[605]. Dabei können die Parteien einen bestimmten Verkaufspreis festlegen; sinnvollerweise beschränkt sich die Preisregelung jedoch auf einen Mindestpreis, unterhalb dessen eine Platzierung nicht mehr erfolgen soll. Ein vorteilhafter Abschluss kommt dem Altaktionär nach § 387 Abs. 1, 2 HGB zugute. Soweit der Bank die Platzierung nicht oder nicht zum vereinbarten Mindestpreis gelingt, überträgt sie die Aktien nach dem Ende des vereinbarten Platzierungszeitraumes wieder dem Altaktionär zurück. Für die erfolgte Platzierung erhält die Bank eine Provision, die sich aus einem Prozentsatz vom erzielten Platzierungserlös errechnet. Der verbleibende Platzierungserlös ist dem Altaktionär auszukehren. Im Hinblick auf das Selbsteintrittsrecht des Kommissionärs nach § 400 HGB führen Verträge über die kommissionsweise Platzierung u.U. ausdrücklich aus, dass die Bank berechtigt, aber nicht verpflichtet ist, die Veräußerungsaktien für eigene Rechnung zu erwerben. Sie hat den Aktionär hierüber unverzüglich zu benachrichtigen. In diesem Fall gilt als Verkaufspreis der Börsenpreis nach § 400 Abs. 2 Satz 2 HGB zum Zeitpunkt der Absendung der Benachrichtigung. Bei amtlich notierten Wertpapieren darf dies jedoch kein ungünstigerer Preis als der amtlich festgestellte sein, § 400 Abs. 5 HGB. Indes gab es schon seit Inkrafttreten des Vierten Finanzmarktförderungsgesetzes auch im sog. amtlichen Markt (der mittlerweile durch den regulierten Markt ersetzt wurde, siehe Rz. 7.44 ff.) keine „amtliche" Preisfeststellung mehr[606]. Vielmehr wurden zunächst elektronischer Handel und Präsenzhandel nach § 25 Satz 1 BörsG a.F. einander gleichgestellt. Mit der Neufassung des BörsG durch das FRUG ist die Differenzierung zwischen Präsenz- und elektronischem Handel dann ganz entfallen[607]. Es empfiehlt sich daher, zur Klarstellung gemäß § 400 Abs. 4 HGB einen bestimmten Kurs (z.B. den Kurs in der Xetra-Schlussauktion an der Frankfurter Wertpapierbörse am Tag der Anzeige des Selbsteintrittes) als für den Fall des Selbsteintrittes maßgeblich festzulegen.[608] Nach § 403

WM 2014, 1902; *Saenger* in Saenger/Aderhold/Lenkaitis/Speckmann, Handels- und Gesellschaftsrecht, 2008, § 8 Rz. 18; BGH v. 28.2.1956 – I ZR 84/54, BGHZ 20, 119, 123 ff.
605 *Groß* in Ebenroth/Boujong/Joost/Strohn, HGB, 4. Aufl. 2020, F. Bank- und Börsenrecht VI, Rz. 36; *Schlitt/Schäfer*, AG 2004, 346, 348.
606 Begr. RegE 4. FFG, BT-Drucks. 14/8017, S. 76; dazu *Rudolph*, BB 2002, 1036, 1038; eingehend dazu auch *Beck*, BKR 2002, 699.
607 RegE eines Gesetzes zur Umsetzung der Richtlinie über Märkte für Finanzinstrumente und der Durchführungsrichtlinie der Kommission (Finanzmarktrichtlinie-Umsetzungsgesetz – FRUG), BT-Drucks. 16/4028, S. 86 (Begr. zu § 25 BörsG).
608 Zu den Anwendungsproblemen der gesetzlichen Regelung etwa *Kumpan* in Baumbach/Hopt, 40. Aufl. 2021, § 400 HGB Rz. 9.

HGB kann die als Kommissionär tätige Bank auch im Falle des Selbsteintritts die gewöhnliche Provision verlangen, d.h. die Provision, die sie bei Vornahme eines Ausführungsgeschäftes verdient hätte[609]. Daher sehen Kommissionsverträge vor, dass auch in diesem Fall Anspruch auf die vereinbarte Provision besteht. Die von dem Altaktionär erwarteten Gewährleistungen entsprechen denjenigen bei der Festübernahme, ebenso die Rechtsfolgen bei Verstößen und die Regelung über wesentliche nachteilige Veränderungen bei der Gesellschaft oder den Marktverhältnissen.

8.190 Dieses Konzept bietet sich an, wenn in Anbetracht **unsicherer Marktverhältnisse** sowie geringer Umsätze und schwankender Kurse in dem betreffenden Wert eine Platzierung des gesamten Volumens der zur Veräußerung stehenden Aktien nicht gesichert erscheint und die Bank zu dem vom abgebenden Aktionär gewünschten Preis zu einer Festübernahme auf eigenes Risiko nicht bereit ist. Aus Sicht des Aktionärs hat diese Art der Platzierung den Vorteil, dass er keinen Abschlag für das Platzierungsrisiko in Kauf nehmen muss. Umgekehrt profitiert er von einem guten Platzierungspreis, an dem auch die Bank ein eigenes Interesse hat, da ihr Entgelt durch Bezahlung auf Provisionsbasis mit dem erzielten Platzierungserlös steigt. Für die Platzierung neuer Aktien aus einer Kapitalerhöhung scheidet diese Form der Platzierung wegen der aktienrechtlich erforderlichen festen Übernahme in Form der Zeichnung grundsätzlich aus[610], es sei denn die Verpflichtung zur Zeichnung entsteht erst, nachdem die Platzierung abgeschlossen ist und die Zahl der aufgrund der gegenüber den Investoren schuldrechtlich bereits erfolgten Platzierung zu zeichnenden Aktien feststeht. In letzterem Fall trifft die Banken dann kein Übernahme- bzw. Platzierungsrisiko, sondern nur ein Abwicklungsrisiko.

ccc) Mischformen

8.191 Mit einigen Mischformen wird versucht, die Übernahme des Platzierungsrisikos durch die Banken mit einer Optimierung des dem abgebenden Aktionärs zufließenden Erlöses zu kombinieren. Bei dem sog. *backstop underwriting*[611] übernehmen die Banken die Platzierungsaktien zu einem festen Kaufpreis (sog. Backstop Preis), um sie sodann im Wege des Accelerated Bookbuilding bei (institutionellen) Anlegern zu platzieren. Erfolgt diese Platzierung zu einem den Backstop Preis übersteigenden Platzierungspreis, wird dem abgebenden Aktionär ein bestimmter Teil des Mehrerlöses abgeführt. Das Entgelt der Banken besteht dabei i.d.R. in einer auf Grundlage des Gesamtplatzierungserlöses berechneten Provision; die Übernahme des Platzierungsrisikos zum Backstop Preis wird kompensiert durch einen ihnen außerdem verbleibenden Teil des Mehrerlöses.

8.192 Eine ähnliche Gestaltung ist bei reinen *block trades* in Form des **upside sharing** denkbar. Dabei kann vereinbart werden, dass die Banken einen Teil des bei der Platzierung der Veräußerungsaktien während einer festgelegten Verkaufsperiode über den für die Festübernahme vereinbarten Kaufpreis erzielten Mehrerlöses an den abgebenden Aktionär abführen. Sofern – wie bei klassischen *block trades* üblich – daneben keine Provision gezahlt wird, nimmt der abgebende Aktionär typischerweise erst ab Überschreiten eines über dem von den Banken fest zu zahlenden Kaufpreis liegenden Basispreises am Mehrerlös teil; d.h. statt einer Provision erhalten die Banken den vollen Mehrerlös bis zum Basispreis.

4. Vereinbarungen zwischen den Konsortialbanken (Überblick)

a) Vorbemerkung: Rechtsnatur des Konsortiums

8.193 Wesen und Rechtsnatur von Bankenkonsortien zur Übernahme und Platzierung von Wertpapieren sind Gegenstand vielfältiger Erörterungen in der juristischen Literatur. Die wohl überwiegende Auffas-

---

609 *Kumpan* in Baumbach/Hopt, § 403 HGB Rz. 1; *Füller* in Ebenroth/Boujong/Joost/Strohn, 4. Aufl. 2020, § 403 HGB Rz. 2; *Lenz* in Röhricht/von Westphalen/Haas, 5. Aufl. 2019, § 403 HGB Rz. 2.
610 *Grundmann* in Schimansky/Bunte/Lwowski, Bankrechts-Handbuch, § 112 Rz. 77; ebenso *Singhof*, Die Außenhaftung von Emissionskonsortien, 1998, S. 48.
611 Dazu auch *Schlitt/Schäfer*, AG 2004, 346, 348.

sung geht davon aus, dass die bei der Übernahme und Platzierung von Aktien tätigen Banken insoweit eine **Gesellschaft bürgerlichen Rechts** bilden[612]. Einhellig wird jedoch betont, dass sämtliche gesetzlichen Vorschriften der Gesellschaft bürgerlichen Rechts für Übernahmekonsortien als unpassend angesehen und daher abbedungen werden[613]. Die praktische Bedeutung dieser Einordnung ist daher eher gering[614]. Die vom BGH im Urteil in Sachen Beton- und Monierbau trotz entgegenstehender Abreden angenommene gesamtschuldnerische Haftung der einzelnen Konsortialbanken für die Einlageverpflichtung aus einer „für das Konsortium" vorgenommene Zeichnung neuer Aktien dürfte faktisch schon deshalb keine entscheidende Rolle mehr spielen, da die Praxis durch entsprechende Ausgestaltung der Zeichnung das Entstehen solcher Haftungsrisiken vermeidet (siehe Rz. 8.116 ff.). Dies ist ebenso konsequent wie interessegerecht, denn die Vermeidung der Haftung der einzelnen Bank für die gesamte Einlageverpflichtung ist gerade einer der maßgeblichen Gründe, warum das Übernahmerisiko bei der Zeichnung neuer Aktien aus einer Kapitalerhöhung auf mehrere Banken verteilt wird.

8.194 Angesichts der heutigen Praxis im Emissionsgeschäft erscheint die Einordnung eines Emissionskonsortiums als Gesellschaft bürgerlichen Rechts fragwürdig[615]. Bereits die Vorstellung, dass sich Banken zusammenschließen, um gemeinsam eine Platzierung bzw. Emission vorzubereiten, zu strukturieren und durchzuführen, ist heute vielfach so nicht (mehr) zutreffend. Dies mag bei der gemeinsamen Mandatierung mehrerer Führungsbanken in Bezug auf diese noch der Fall sein. Wird hingegen – wie häufig – nur ein Konsortialführer mandatiert, erfolgt die bankseitige Emissionsvorbereitung allein durch den Konsortialführer. Andere Banken treten erst bei der tatsächlichen Durchführung der Platzierung oder des Bezugsangebotes hinzu. Ihre Funktion besteht lediglich darin, einen Teil des Emissionsvolumens zu übernehmen, sei es um das Übernahmerisiko des Konsortialführers zu minimieren, sei es auf Wunsch des Emittenten, der aus Gründen der Pflege der Kundenbeziehung weitere Banken beteiligen will. In die Emissionsvorbereitung und selbst die Durchführung sind sie meist nicht näher involviert. In diesen Fällen wird man das Verhältnis der beteiligten Banken kaum noch als Gesellschaft bürgerlichen Rechts angesehen können. Daher dürfte es näherliegen, das Verhältnis zwischen Konsortialführer und den anderen Banken, die Aktien zum Zwecke der Platzierung übernehmen, vielmehr als **Kaufvertrag mit Nebenabreden** (so z.B. über die Art der Platzierung, einzuhaltender Verkaufsbeschränkungen etc.) zu verstehen[616].

---

612 *Westermann*, AG 1967, 285, 291; *Schücking* in MünchHdb. Gesellschaftsrecht, Bd. 1, 4. Aufl. 2014, § 32 Rz. 46 ff.; *Ulmer/Schäfer* in MünchKomm. BGB, 8. Aufl. 2020, Vor § 705 BGB Rz. 54; *de Meo*, Bankenkonsortien, 1994, Zweites Kapitel Rz. 3 (S. 33); *Singhof*, Die Außenhaftung von Emissionskonsortien für Aktieneinlagen, 1998, S. 72 ff.; die Rechtsnatur als Gesellschaft bürgerlichen Rechts mit Verweis auf die Kommentarliteratur ohne nähere Subsumtion unterstellend BGH v. 13.4.1992 – II ZR 277/90 – Beton- und Monierbau, BGHZ 118, 83, 99 = WM 1992, 1225, 1230 = AG 1992, 312; zu Recht an der Einordnung als Außengesellschaft zweifelnd *R. Müller/Schmidtbleicher* in Kümpel/Mülbert/Früh/Seyfried, Bankrecht und Kapitalmarktrecht, Rz. 15.121.
613 So schon *Westermann*, AG 1967, 285, 291, der den Begriff der „gesellschaftsrechtlichen Typendehnung" prägte; *de Meo*, Bankenkonsortien, 1994, Zweites Kapitel Rz. 87 (S. 54); *Timm/Schöne*, ZGR 1994, 113, 118; *Grundmann* in Schimansky/Bunte/Lwowski, Bankrechts-Handbuch, § 112 Rz. 90; *Groß* in Ebenroth/Boujong/Joost/Strohn, HGB, 4. Aufl. 2020, F. Bank- und Börsenrecht VI, Rz. 16; *Lenenbach*, Kapitalmarktrecht, Rz. 7.18; *R. Müller/Schmidtbleicher* in Kümpel/Mülbert/Früh/Seyfried, Bankrecht und Kapitalmarktrecht, 6. Aufl. 2022, Rz. 15.122 ff.
614 *Singhof* in MünchKomm. HGB, 4. Aufl. 2019, Emissionsgeschäft Rz. 249; *Grundmann* in Schimansky/Bunte/Lwowski, Bankrechts-Handbuch, § 112 Rz. 90 ff.
615 *Grundmann* in FS Boujong, 1996, S. 159, 173; ebenso *Ekkenga* in Claussen, Bank- und Börsenrecht, § 7 Rz. 206 ff.
616 So schon mit Verweis auf die internationale Praxis *Hopt* in FS Kellermann, 1991, S. 181, 196; *Bosch* in Bosch/Groß, Emissionsgeschäft, 1998, Rz. 10/33; angedeutet auch bei *Groß* in Ebenroth/Boujong/Joost/Strohn, HGB, 4. Aufl. 2020, F. Bank- und Börsenrecht VI, Rz. 30; *Lenenbach*, Kapitalmarktrecht, Rz. 7.24; *Groß* in Happ/Groß/Möhre/Vetter, Aktienrecht, 5. Aufl. 2020, Abschnitt 15.02 Rz. 26.5; *Ekkenga/Maas* in Kümpel/Hammen/Ekkenga, Kapitalmarktrecht, Kennzahl 055 Rz. 265; ausführlich zur dogmatischen

b) Konsortialvertrag

Für den das Innenverhältnis der an der Emission bzw. Platzierung beteiligten Banken regelnden **Konsortialvertrag** gibt es unterschiedliche Formen. Die aus dem Anleiheemissionsgeschäft bekannten Musterverträge, insbesondere jene der International Capital Markets Association (ICMA)[617] oder der Association for Financial Markets in Europe (AFME) haben sich bei Aktienemissionen deutscher Emittenten jedenfalls bislang nicht durchgesetzt.

8.195

Der **Inhalt des Konsortialvertrages** ist weitestgehend standardisiert und von allgemein akzeptierten Marktusancen geprägt, wenngleich – anders als etwa in den USA – es (noch) keine marktübliche einheitliche Form gibt. Er beinhaltet eine Zusammenfassung der Emissionsstruktur und der wesentlichen Regelungen des Übernahmevertrages. Dabei wird auf die Verpflichtung zur Einhaltung von Verkaufsbeschränkungen und etwaiger Regelungen hinsichtlich der Verteilung von Research Reports und sonstigem Vertriebsmaterial besonders hingewiesen. Ausdrücklich geregelt werden die Modalitäten der Stabilisierung. Diese wird üblicherweise durch den (oder einen der) Konsortialführer für Rechnung des Konsortiums durchgeführt; anderen Banken sind regelmäßig keine Stabilisierungsaktivitäten gestattet. Etwaige Verluste werden üblicherweise nach Übernahmequoten verteilt[618]. Bei Bezugsrechtsemissionen wird dagegen regelmäßig der Konsortialführer auf eigene Rechnung als Bezugsrechtskoordinator tätig. Von Bedeutung ist ferner die Regelung, dass etwaige von Dritten gegen eine der Konsortialbanken geltend gemachte Ansprüche sowie die zu ihrer Abwehr angefallenen Kosten und Auslagen im Innenverhältnis nach Übernahmequoten getragen werden. Soweit jedoch eine Konsortialbank ihre Pflichten aus dem Übernahmevertrag oder dem Konsortialvertrag verletzt, hat sie die jeweils anderen Konsortialbanken freizustellen[619]. Schließlich wird festgelegt, dass etwaige von den Banken zu tragenden Kosten und Auslagen (die typischerweise zunächst beim Konsortialführer entstanden sind) von den Konsortialbanken anteilig nach Übernahmequoten übernommen werden. Meist wird ausdrücklich festgehalten, dass die Parteien durch den Abschluss des Konsortialvertrages keine Gesellschaft bzw. *partnership* begründen.

8.196

Seit dem 3.1.2018 müssen Wertpapierdienstleistungsunternehmen, die zusammenarbeiten, um ein Produkt (= Finanzinstrument) neu zu schaffen, zu entwickeln, zu begeben oder zu gestalten und damit als „Konzepteur" i.S.v. § 63 Abs. 4, § 80 Abs. 9 WpHG, § 11 Abs. 1 WpDVerOV-RefE gelten, nach § 11 Abs. 6 WpDVerOV-RefE ihre jeweiligen Verantwortlichkeiten in einer schriftlichen Vereinbarung festhalten. Dabei kann insbesondere auch klargestellt werden, welche Wertpapierdienstleistungsunternehmen an der Konzipierung des Produkts beteiligt waren (und welche nicht). Ferner kann bestimmt werden, dass eines der beteiligten Wertpapierdienstleistungsunternehmen die Erfüllung der Pflichten als Konzepteur auch für die anderen als Konzepteur beteiligten Wertpapierdienstleistungsunternehmen übernimmt.

8.197

Einordnung der Rechtsnatur eines Konsortiums *Schücking* in Habersack/Mülbert/Schlitt, Unternehmensfinanzierung am Kapitalmarkt, § 32 Rz. 32.31.
617 Dazu *Singhof* in MünchKomm. HGB, 4. Aufl. 2019, Emissionsgeschäft Rz. 255.
618 *Groß* in Ebenroth/Boujong/Joost/Strohn, HGB, 4. Aufl. 2020, F. Bank- und Börsenrecht VI, Rz. 21 f.
619 Vgl. *Groß* in Ebenroth/Boujong/Joost/Strohn, HGB, 4. Aufl. 2020, F. Bank- und Börsenrecht VI, Rz. 25. Dass der Konsortialführer – wie *Grundmann* in Schimansky/Bunte/Lwowski, Bankrechts-Handbuch, § 112 Rz. 103 vorschlägt – im Innenverhältnis die alleinige Prospekthaftung trägt, entspricht hingegen nicht der Praxis. Das wäre auch nicht sachgerecht. Die einfachen Konsorten partizipieren anteilig durch die ihnen zustehende Provision an den Vorteilen der vom Konsortialführer vorbereiteten Transaktion. Dass sie dann auch anteilig die Risiken zu tragen haben, erscheint daher nicht unbillig.

§ 9
Börsenzulassung: Zulassungsvoraussetzungen und Zulassungsverfahren

I. Überblick 9.1
1. Börsennotierung und Zulassung zum Börsenhandel 9,1
2. Zulassung: Begriff und Rechtsnatur .. 9.3
3. Abgrenzung der Zulassung von der Emission und der Einführung 9.5
4. Bedeutung der Zulassung 9.6
5. Ausnahmen vom Zulassungserfordernis 9.8
6. Rechtliche Rahmenbedingungen 9.9
II. Zulassungsvoraussetzungen 9.11
 1. Überblick 9.11
 2. Zulassungsvoraussetzungen im Einzelnen 9.13
   a) Wertpapiere 9.13
   b) Emittenten- und wertpapierbezogene Zulassungsvoraussetzungen .. 9.14
     aa) Rechtsgrundlage des Emittenten 9.17
     bb) Mindestzulassungsvolumen ... 9.18
     cc) Dauer des Bestehens des Emittenten 9.19
     dd) Rechtsgrundlage der Wertpapiere 9.23
     ee) Handelbarkeit der Wertpapiere 9.24
     ff) Stückelung der Wertpapiere ... 9.26
     gg) Grundsatz der Gesamtzulassung 9.27
     hh) Druckausstattung der Wertpapiere 9.31
     ii) Streuung der Aktien 9.33
     jj) Spezialvorschrift für Emittenten aus Drittstaaten 9.36
     kk) Zulassung von Wertpapieren mit Umtausch- oder Bezugsrecht 9.37
     ll) Zulassung von Zertifikaten, die Akten vertreten 9.38
   c) Prospekt 9.39
   d) Prüfungspflicht der Geschäftsführung 9.46
III. Zulassungsverfahren 9.53
 1. Überblick 9.53
 2. Zulassungsverfahren im Einzelnen ... 9.56
   a) Zulassungsantrag 9.56
     aa) Antragsteller: Gesellschaft 9.57
     bb) Gesellschaftsrechtliche Voraussetzungen 9.58
     cc) Emissionsbegleiter 9.60
     dd) Formerfordernis 9.62
     ee) Antragsadressat: Geschäftsführung 9.63
   b) Einzureichende Unterlagen, weitere Angaben 9.66
   c) Billigung des Prospekts 9.67
   d) Veröffentlichung des Prospekts ... 9.69
     aa) Art der Veröffentlichung 9.69
     bb) Speziell: Alleinige Veröffentlichung im Internet 9.70
     cc) Dauer der Veröffentlichung ... 9.71
 3. Zulassungsanspruch, Ablehnung der Zulassung 9.73
IV. „Beendigung" der Zulassung 9.75
 1. Erlöschen der Zulassung kraft Gesetzes 9.75
 2. „Beendigung" der Zulassung von Amts wegen 9.78
   a) Beendigung der Zulassung nach dem Verwaltungsverfahrensgesetz 9.79
   b) Widerruf der Zulassung wegen Pflichtverletzung 9.80
   c) Widerruf der Zulassung wegen dauerhafter Notierungseinstellung 9.81
 3. Widerruf der Zulassung auf Antrag des Emittenten 9.82
V. Rechtsfolgen der Zulassung: Zulassungsfolgepflichten, Kosten 9.83
VI. Rechtsmittel 9.85
 1. Untätigkeitsklage 9.85
 2. Anfechtungs- und Verpflichtungsklage bei Ablehnung oder Widerruf und Rücknahme der Zulassung von Amts wegen 9.86
   a) Emittent, Emissionsbegleiter 9.86
   b) Anleger 9.87
     aa) Widerspruchs- und Anfechtungsbefugnis des Anlegers bei Zulassung oder deren Ablehnung 9.87
     bb) Widerspruchs- und Anfechtungsbefugnis des Anlegers bei Widerruf oder Rücknahme der Zulassung 9.90
VII. Haftung 9.91
VIII. Einführung 9.95

Schrifttum: *Beck,* Die Reform des Börsenrechts im Vierten Finanzmarktförderungsgesetz, Teil 1: Änderungen des Börsenorganisationsrechts, BKR 2002, 662; Teil 2: Neuregelung der Handelsplattformen, des Maklerrechts und der Wertpapierzulassung, BKR 2002, 699; *Bosch/Groß,* Emissionsgeschäft, 2. Ausg. 2000; *Brauer,* Die Rechte des Aktionärs beim Börsengang ihrer AG, 2005; *Crüwell,* Die europäische Prospektrichtlinie, AG 2003, 243; *Eickhoff,* Der Gang an die Börse – und kein Weg zurück?, WM 1988, 1713; *Fassbender/Reichegger,* Haftungsrechtliche Verantwortung für Fehlverhalten von Börsenorganen, WM 2009, 732; *Fleischer,* Empfiehlt es sich, im Interesse des Anlegerschutzes und zur Förderung des Finanzplatzes Deutschland das Kapitalmarkt- und Börsenrecht neu zu regeln?, Gutachten F für den 64. Deutschen Juristentag, 2002; Abdruck der Thesen auch in NJW 2002, Beil. 23, 37 ff.; *Fluck,* Zum Verzicht des Begünstigten auf Rechte aus einem Verwaltungsakt am Beispiel der Börsenzulassung, WM 1995, 553; *Foelsch/Wittmann,* Grundzüge des Börsenwesens, in Höche/Piekenbrock/Siegmann (Hrsg.), Bankrecht und Bankpraxis, Loseblatt; *Gebhardt,* Prime und General Standard: Die Neusegmentierung des Aktienmarktes an der Frankfurter Wertpapierbörse, WM-Sonderbeilage Nr. 2/2003; *Gericke,* Handbuch für die Börsenzulassung von Wertpapieren, 1992; *Groß,* Rechtsprobleme des Delisting, ZHR 165 (2001), 141; *Grupp,* Börseneintritt und Börsenaustritt, 1995; *Hopt/Baum,* Börsenrechtsreform: Überlegungen aus vergleichender Perspektive, WM-Sonderbeilage Nr. 4/1997; *Hopt/Rudolph/Baum* (Hrsg.), Börsenreform: Eine ökonomische, rechtsvergleichende und rechtspolitische Untersuchung, 1997; *Hopt,* Das Dritte Finanzmarktförderungsgesetz, in FS Drobnig, 1998, S. 525; *Just/Voß/Ritz/Zeising,* WpPG, 2009; *von Kopp-Colomb/Lenz,* Der europäische Pass für Emittenten, AG 2002, 24; *Kümpel/Hammen,* Börsenrecht, 2. Aufl. 2003; *Kunold/Schlitt,* Die neue EU-Prospektrichtlinie, BB 2004, 501; *Schlitt,* Die neuen Marktsegmente der Frankfurter Wertpapierbörse, AG 2003, 57; *Schwark/Geiser,* Delisting, ZHR 161 (1997), 739; *Weber,* Die Entwicklung des Kapitalmarktrechts 2001/2002, NJW 2003, 18.

I. Überblick

1. Börsennotierung und Zulassung zum Börsenhandel

Gegenstand dieses Handbuchs ist das Aktien- und Kapitalmarktrecht der „**börsennotierten**" Aktiengesellschaft, d.h. der Aktiengesellschaft, deren Wertpapiere „an der Börse notiert" bzw. in der Sprache des Börsengesetzes, § 38 Abs. 1, § 24 Abs. 1 BörsG, für die an der Börse ein Preis ermittelt wird. Die Aufnahme der Notierung wiederum setzt die **Zulassung** des Wertpapiers der AG zum regulierten Markt voraus[1]. Das Zulassungserfordernis als Voraussetzung der Notierung folgt für den regulierten Markt unmittelbar aus der Regelung in § 38 Abs. 1 BörsG („die Aufnahme der Notierung zugelassener Wertpapiere ..."). Zwar hat das Vierte Finanzmarktförderungsgesetz[2] auf Anregung des Börsenreformgutachtens[3] die Verknüpfung der Zulassung von Wertpapieren im einen Marktsegment mit den für dieses Marktsegment geltenden Preisfeststellungsregeln im Interesse einer Flexibilisierung aufgehoben[4]. Auch wurde in § 56 Abs. 1 BörsG i.d.F. vor dem Finanzmarktrichtlinie-Umsetzungsgesetz im früher sog. geregelten Markt neben der Zulassung die „Einbeziehung" ermöglicht, die nach der Änderung durch das Finanzmarktrichtlinie-Umsetzungsgesetz nunmehr nach § 33 BörsG im regulierten Markt zulässig ist. Diese setzt nach § 33 BörsG aber ebenfalls eine Zulassung zum regulierten Markt voraus[5].

9.1

---

1 *Groß,* Kapitalmarktrecht, § 32 BörsG Rz. 9; *Heidelbach* in Schwark/Zimmer, § 32 BörsG Rz. 18; *Klenke,* WM 1995, 1089, 1094. Zur gesonderten Zulassung zum Teilbereich des regulierten Marktes mit weiteren Zulassungsfolgepflichten (Prime Standard) vgl. ausführlich *Gebhardt,* WM-Sonderbeilage Nr. 2/2003; *Schlitt,* AG 2003, 57 ff.; zu den börsengesetzlichen Grundlagen für die Schaffung dieser Teilbereiche vgl. bereits *Beck,* BKR 2002, 699, 707.
2 BGBl. I 2002, 2010.
3 *Hopt/Rudolph/Baum,* Börsenreform, Eine ökonomische, rechtsvergleichende und rechtspolitische Untersuchung, 1997, S. 409 ff.
4 Begründung des Regierungsentwurfs eines Gesetzes zur weiteren Fortentwicklung des Finanzplatzes Deutschland (Viertes Finanzmarktförderungsgesetz), BT-Drucks. 14/8017, S. 62, 63; vgl. auch *Beck,* BKR 2002, 699 ff.
5 Ebenso die Börsenordnungen, siehe nur § 61 Abs. 4 BörsenO der FWB, abrufbar über die Internetseite der Deutsche Börse (Regelwerke), abgerufen: 31.8.2021.

An der Zulassung als Voraussetzung für eine Börsennotierung hat sich damit auch durch das Vierte Finanzmarktförderungsgesetz bzw. das Finanzmarktrichtlinie-Umsetzungsgesetz nichts geändert. Preise für Wertpapiere, die im Freiverkehr, einem auf rein privatrechtlicher Basis vom jeweiligen Träger der Börse organisierten Markt, ermittelt werden, sind zwar ebenfalls Börsenpreise, § 24 Abs. 1 Satz 2 BörsG; jedoch spricht jedenfalls das Gesetz[6] insoweit nicht von einer Börsennotierung.

9.2 Ist damit die Zulassung von Wertpapieren der Aktiengesellschaft Voraussetzung für ihre Börsennotierung und damit Voraussetzung dafür, dass die Aktiengesellschaft überhaupt Gegenstand des vorliegenden Handbuchs sein kann, dann sind das **Zulassungsverfahren** und die **Zulassungsvoraussetzungen** für die börsennotierte AG von zentraler Bedeutung.

2. Zulassung: Begriff und Rechtsnatur

9.3 Die Zulassung von Wertpapieren zum Börsenhandel ist die **öffentlich-rechtliche Erlaubnis**, für den Handel in den betreffenden Wertpapieren in dem jeweiligen Marktsegment die Börseneinrichtungen zu nutzen[7]. Die Zulassung ist begünstigender[8] Verwaltungsakt[9]. Erfasst von der Zulassung wird das Wertpapier (nicht etwa das Unternehmen)[10], im Fall der Zulassung von Aktien demnach die Aktie. Ändert sich z.B. die Firma, so ändert dies am Fortbestand der Zulassung der Aktie nichts, es bedarf keiner neuen Zulassung. Ändert sich die Rechtsform des Unternehmens, wobei allerdings die Aktie als solche bestehen bleibt, z.B. bei der Umwandlung einer AG in eine SE oder umgekehrt[11] oder einer AG in eine KGaA und umgekehrt (**streitig**)[12], dann ändert dies an der Zulassung nichts, es bedarf nicht etwa einer neuen Zulassung der umgewandelten SE/AG/KGaA/AG-Aktie.

9.4 Die Zulassung als Erlaubnis zur Nutzung der Börseneinrichtung erfolgt seit der Aufhebung der Trennung zwischen dem amtlichen oder geregelten Markt durch das Finanzmarktrichtlinie-Umsetzungsgesetz zu dem einzig verbliebenen gesetzlich geregelten Markt, dem **regulierten Markt**, § 32 Abs. 1 BörsG; beim Freiverkehr spricht man dagegen von der „Einbeziehung", vgl. § 32 Abs. 1 BörsG einerseits und § 48 Abs. 1 Satz 3 BörsG andererseits.

---

6 Und auch die Börsenordnung, vgl. § 120 Abs. 3 BörsO der FWB, abrufbar über die Internetseite der Deutsche Börse (Regelwerke), abgerufen: 31.8.2021, sowie die Freiverkehrsrichtlinien der Börsenordnungen, vgl. nur die Freiverkehrsrichtlinien der Frankfurter Wertpapierbörse, abrufbar über die Internetseite der Deutsche Börse (Regelwerke).
7 *Groß*, Kapitalmarktrecht, § 32 BörsG Rz. 7; *Heidelbach* in Schwark/Zimmer, § 32 BörsG Rz. 1 und 17; *Foelsch/Wittmann*, BuB Rz. 7/591; *Trapp* in Habersack/Mülbert/Schlitt, Unternehmensfinanzierung am Kapitalmarkt, § 37 Rz. 6.
8 Zur Frage, wer, neben dem Emittenten, Begünstigter des Verwaltungsaktes Zulassung ist, vgl. Rz. 9.87.
9 *Gebhardt* in Schäfer/Hamann, Kapitalmarktgesetze, § 30 BörsG Rz. 3; *Groß*, Kapitalmarktrecht, § 32 BörsG Rz. 7; *Heidelbach* in Schwark/Zimmer, § 32 BörsG Rz. 17; *Kümpel/Hammen*, Börsenrecht, S. 55; *Foelsch/Wittmann*, BuB Rz. 7/591; *Trapp* in Habersack/Mülbert/Schlitt, Unternehmensfinanzierung am Kapitalmarkt, § 37 Rz. 10; *Klenke*, WM 1995, 1089, 1095 m.w.N.
10 So ausdrücklich bereits *Gebhardt* in Schäfer/Hamann, Kapitalmarktgesetze, § 30 Rz. 9.
11 Das dürfte unstr. sein, die Praxis verfährt auch so. Beispiele siehe z.B. der Formwechsel bei der Dr. Ing. h. c. Porsche Aktiengesellschaft in die Porsche Automobilholding SE im Jahr 2007.
12 Die Praxis beim Rechtsformwechsel einer AG in eine KGaA oder einer KGaA in eine AG ist unterschiedlich. Während hier z.B. beim Rechtsformwechsel von einer KGaA in eine AG in einem Fall von einigen Börsen die Ansicht vertreten wurde, dass es keiner neuen Zulassung für die aus der Umwandlung der Kommanditaktien resultierenden Aktien bedarf, wurde im Fall der Umwandlung einer AG in eine KGaA eine neue Zulassung durchgeführt, vgl. Umwandlung HSBC Trinkaus & Burkhardt Kommanditgesellschaft auf Aktien in HSBC Trinkaus und Burkhardt AG einerseits und Drägerwerk AG in Drägerwerk AG & Co. KGaA andererseits. Näher dazu *Groß*, Kapitalmarktrecht, Art. 3 Verordnung (EU) 2017/1129 Rz. 7 f.

3. Abgrenzung der Zulassung von der Emission und der Einführung

Die Zulassung ist von der Ausgabe, Begebung, Emission von Wertpapieren und deren Einführung zu unterscheiden[13]: Die **Emission** erfasst sowohl die Ausgabe/Begebung der Wertpapiere als auch deren Platzierung beim Anleger[14]. Die **Zulassung** kann Teil der Platzierung und damit der Emission sein. Die Emission setzt aber keine Zulassung voraus, da auch nicht zugelassene Wertpapiere privat oder öffentlich platziert werden können. Die **Einführung** der Wertpapiere dagegen umfasst nach der Legaldefinition des § 38 Abs. 1 BörsG die Aufnahme der Notierung der zugelassenen Wertpapiere im regulierten Markt an der Börse, d.h. sie setzt eine bereits erfolgte Zulassung voraus (vgl. Rz. 9.1).

9.5

4. Bedeutung der Zulassung

Die besondere Bedeutung der Zulassung, neben der Tatsache, dass sie Voraussetzung für die Börsennotierung ist, besteht darin, dass sie nach Art. 3 Abs. 3 Verordnung (EU) 2017/1129[15] grundsätzlich (Ausnahmen in Art. 1 Abs. 5 Verordnung (EU) 2017/1129) erfordert, dass ein **gebilligter Wertpapierprospekt** veröffentlicht wurde. Damit ist grundsätzlich sichergestellt, dass ohne vorher veröffentlichten (Veröffentlichung setzt wiederrum Billigung voraus) Wertpapierprospekt kein Börsenhandel erfolgt. Allerdings führt die Zulassung, anders als bis zum Inkrafttreten des Wertpapierprospektgesetzes, nicht zur Beseitigung der Prospektpflicht, da selbst bei bereits zugelassenen Wertpapieren ein öffentliches Angebot einen Prospekt erfordern soll[16].

9.6

Per August 2021[17] wurden an der Frankfurter Wertpapierbörse im regulierten Markt Aktien von 446 Unternehmen, davon 397 inländische und 49 ausländische notiert[18]; hinzu kommen noch im Freiverkehr notierte Aktien in ganz erheblichem Umfang (Stand August 2021: 233 inländische und 12.391 ausländische)[19]; an den anderen deutschen Börsenplätzen werden noch weitere inländische und ausländische Unternehmen notiert bzw. im Freiverkehr gehandelt.

9.7

5. Ausnahmen vom Zulassungserfordernis

Die in § 37 BörsG genannten **staatlichen Schuldverschreibungen** bedürfen keiner Zulassung; sie sind qua Gesetzes zugelassen[20]. Sie werden nach entsprechender Mitteilung der Wertpapiermerkmale (Ge-

9.8

---

13 Zu den Begriffen und ihrer Abgrenzung auch *Trapp* in Habersack/Mülbert/Schlitt, Unternehmensfinanzierung am Kapitalmarkt, § 37 Rz. 6.
14 Vgl. *Groß* in Bosch/Groß, Emissionsgeschäft, Rz. 258.
15 Verordnung (EU) 2017/1129 des Europäischen Parlaments und des Rates v. 14.6.2017 über den Prospekt, der beim öffentlichen Angebot von Wertpapieren oder bei deren Zulassung zum Handel an einem geregelten Markt zu veröffentlichen ist und zur Aufhebung der Richtlinie 2003/71/EG, ABl. EU Nr. L 168 v. 30.6.2017, S. 12 zwischenzeitlich mehrfach geändert, nachfolgend Verordnung (EU) 2017/1129 oder Prospekt-VO.
16 Vgl. nur *Groß*, Kapitalmarktrecht, 6. Aufl. 2016, § 3 WpPG Rz. 2.
17 Stand August 2021, Kassamarkt-Statistik der Deutsche Börse Group – Number of Quoted Companies, abrufbar über die Internetseite der Deutsche Börse.
18 Kassamarkt-Statistik der Deutsche Börse Group – Number of Quoted Companies, abrufbar über die Internetseite der Deutsche Börse.
19 Kassamarkt-Statistik der Deutsche Börse Group – Number of Quoted Companies, abrufbar über die Internetseite der Deutsche Börse.
20 Kritisch dazu *Groß*, Kapitalmarktrecht, § 37 BörsG; *Heidelbach* in Schwark/Zimmer, § 37 BörsG Rz. 1; *Gebhardt* in Schäfer/Hamann, Kapitalmarktgesetze, § 36 BörsG Rz. 2. Dies hat sich auch durch die Verordnung (EU) 2017/1129 nicht geändert, da diese keine Anwendung findet auf im Einzelnen umschriebene Nichtdividendenwerte bzw. Wertpapiere der Mitgliedstaaten, ihrer Gebietskörperschaften und ihrer Zentralbanken, Art. 1 Abs. 2 lit. b), c), d) und e) Verordnung (EU) 2017/1129, so dass für diese keine Prospektpflicht für die Zulassung (und das öffentliche Angebot) besteht; ebenso *Heidelbach* in Schwark/Zimmer, § 37 BörsG Rz. 1.

samtnennbetrag, Stückwert, Stückelung, Rückzahlungsbedingungen, Zinstermin und Zinssatz) eingeführt[21]. Privilegiert sind (unabhängig von der Verbriefung, d.h. auch als reine Registerrechte oder Schuldbuchforderung[22]) Schuldverschreibungen des **Bundes**, seiner **Sondervermögen**[23], eines **Bundeslandes**, eines **Mitgliedstaates** der Europäischen Union oder eines Vertragsstaats des Abkommens über den Europäischen Wirtschaftsraum[24]. Nicht privilegiert sind Schuldverschreibungen der Gebietskörperschaften „unterhalb" eines Bundeslandes bzw. Mitgliedsstaates oder Vertragsstaates des Abkommens über den Europäischen Wirtschaftsraum[25]. Für Emissionen durch diese privilegierten Emittenten bedarf es weder eines Zulassungsantrags noch der Durchführung eines Zulassungsverfahrens, noch eines Prospekts, noch einer Zulassung[26]. Damit entfallen auch Zulassungsgebühren, jedoch dürfen Einführungsgebühren und, bei Schuldverschreibungen aufgrund der entsprechenden Anknüpfung in der Gebührenordnung weniger relevant, Notierungsgebühren erhoben werden[27]. Gleiches, d.h. kein Zulassungsverfahren, kein Prospekt und keine Zulassung, gilt für Aktien aus einer **Kapitalerhöhung aus Gesellschaftsmitteln** da diese qua Gesetz, § 33 Abs. 4 EGAktG (Berichtigungsaktien) zugelassen sind[28].

6. Rechtliche Rahmenbedingungen

9.9 Das derzeit geltende System der Zulassung und der Zulassungsvoraussetzungen wurde durch das Prospektrichtlinie-Umsetzungsgesetz[29], insgesamt neu gestaltet: Der **Börsenzulassungsprospekt**, früher das „Kernstück des Zulassungsantrags", ist nicht mehr Gegenstand des Zulassungsverfahrens, sondern nur noch – jenseits des Zulassungsverfahrens von einer anderen Stelle zu prüfende und zu billigende – Zulassungsvoraussetzung, so der entsprechend geänderte § 32 Abs. 3 Nr. 2 BörsG.

9.10 Das Finanzmarktrichtlinie-Umsetzungsgesetz[30] hat das Zulassungsverfahren in zwei wesentlichen Punkten geändert. Zunächst wurde die Zuständigkeit für die Zulassungsentscheidung von der Zulassungsstelle auf die Geschäftsführung der jeweiligen Börse verlagert. Darüber hinaus wurde der geregelte Markt als gesondertes Börsensegment abgeschafft und der amtliche Markt in den regulierten Markt umbenannt. Damit erfolgt seit 1.11.2007 die Zulassung von Wertpapieren nicht mehr zum amtlichen oder geregelten Markt, sondern allein zum regulierten Markt.

9.10a Der durch das Prospektrichtlinie-Umsetzungsgesetz dem Börsengesetz (und der Börsenzulassungsverordnung) und damit dem Zulassungsverfahren entzogene Börsenzulassungsprospekt wird durch die Prospekt-VO[31] geregelt, wobei die Verordnung (EU) 2017/1129 die Prospekt-RL ersetzt. Durch die De-

---

21 *Heidelbach* in Schwark/Zimmer, § 37 BörsG Rz. 7; *Trapp* in Habersack/Mülbert/Schlitt, Unternehmensfinanzierung am Kapitalmarkt, § 37 Rz. 22.
22 *Heidelbach* in Schwark/Zimmer, § 37 BörsG Rz. 5; *Trapp* in Habersack/Mülbert/Schlitt, Unternehmensfinanzierung am Kapitalmarkt, § 37 Rz. 24.
23 Beispiele bei *Heidelbach* in Schwark/Zimmer, § 37 BörsG Rz. 4; *Gebhardt* in Schäfer/Hamann, Kapitalmarktgesetze, § 36 BörsG Rz. 5.
24 *Heidelbach* in Schwark/Zimmer, § 37 BörsG Rz. 6.
25 Vgl. im Einzelnen *Gebhardt* in Schäfer/Hamann, Kapitalmarktgesetze, § 36 BörsG Rz. 5; *Heidelbach* in Schwark/Zimmer, § 37 BörsG Rz. 6.
26 *Heidelbach* in Schwark/Zimmer, § 37 BörsG Rz. 7.
27 Vgl. nur *Heidelbach* in Schwark/Zimmer, § 37 BörsG Rz. 8.
28 Vgl. *Gericke*, S. 135 ff.; *Heidelbach* in Schwark/Zimmer, § 32 BörsG Rz. 16. Streitig ist nur, ob dies nur für Berichtigungsaktien einer Aktiengesellschaft mit deutschem Gesellschaftsstatut gilt oder auch für ausländische Gesellschaften, *Groß*, Kapitalmarktrecht, Art. 1 Verordnung (EU) 2017/1129 Rz. 56. Geltung auch für Berichtigungsaktien auch ausländischer Emittenten *Heidelbach* in Schwark/Zimmer, § 32 Rz. 16.
29 BGBl. I 2005, 1698.
30 Gesetz zur Umsetzung der Richtlinie über Märkte für Finanzinstrumente und der Durchführungsrichtlinie der Kommission (Finanzmarktrichtlinie-Umsetzungsgesetz), BGBl. I 2007, 1330.
31 Verordnung (EU) 2017/1129 des Europäischen Parlaments und des Rates v. 14.6.2017 über den Prospekt, der beim öffentlichen Angebot von Wertpapieren oder bei deren Zulassung zum Handel an einem ge-

legierte Verordnung (EU) 2019/980[32], wurde die (alte) Prospekt-VO[33] aufgehoben. Die Prospekt-VO befasst sich ebenso wie die auf ihrer Grundlage erlassenen Delegierten Verordnungen[34] mit dem Erfordernis eines Prospekts beim öffentlichen Angebot oder bei der Zulassung zum Handel an einem geregelten Markt und dem eigentlichen Prospektinhalt sowie dem Prospektbilligungsverfahren. Nicht geregelt wird von der Prospekt-VO wird die eigentliche Zulassung von Wertpapieren zum Börsenhandel. Insofern haben die beiden Gesetze zur „Umsetzung"[35] der Prospekt-VO, das Gesetz zur Ausübung von Optionen der EU-Prospektverordnung und zur Anpassung weiterer Finanzmarktgesetze[36] sowie das Gesetz zur weiteren Ausführung der EU-Prospektverordnung und zur Änderung von Finanzmarktgesetzen[37], §§ 32 ff BörsG und die BörsZulV und damit das Zulassungsverfahren inhaltlich nicht materiell geändert.

32 Delegierte Verordnung (EU) 2019/980 der Kommission v. 14.3.2019 zur Ergänzung der Verordnung (EU) 2017/1129 des Europäischen Parlaments und des Rates hinsichtlich der Aufmachung, des Inhalts, der Prüfung und der Billigung des Prospekts, der beim öffentlichen Angebot von Wertpapieren oder bei deren Zulassung zum Handel an einem geregelten Markt zu veröffentlichen ist, und zur Aufhebung der Verordnung (EG) Nr. 809/2004 der Kommission, ABl. EU Nr. L 166 v. 21.6.2019, S. 26.
33 Verordnung (EG) Nr. 809/2004 der Kommission v. 29.4.2004 zur Umsetzung der Richtlinie 2003/71/EG des Europäischen Parlaments und des Rates betreffend die in Prospekten enthaltenen Angaben sowie die Aufmachung, die Aufnahme von Angaben in Form eines Verweises und die Veröffentlichung solcher Prospekte sowie die Verbreitung von Werbung, konsolidierte Änderungsfassung abrufbar über das Internet eur-lex.europa.eu.
34 Stand 31.8.2021 sind dies: Zum einen die vorgenannte Delegierte Verordnung (EU) 2019/980 sowie die Delegierte Verordnung (EU) 2019/979 der Kommission v. 14.3.2019 zur Ergänzung der Verordnung (EU) 2017/1129 des Europäischen Parlaments und des Rates durch technische Regulierungsstandards für wesentliche Finanzinformationen in der Zusammenfassung des Prospekts, die Veröffentlichung und Klassifizierung von Prospekten, die Werbung für Wertpapiere, Nachträge zum Prospekt und das Notifizierungsportal und zur Aufhebung der Delegierten Verordnung (EU) Nr. 382/2014 der Kommission und der Delegierten Verordnung (EU) 2016/301 der Kommission, ABl. EU Nr. L 166 v. 21.6.2019, S. 1, die Delegierte Verordnung (EU) 2020/1272 der Kommission vom 4.6.2020 zur Änderung und Berichtigung der Delegierten Verordnung (EU) 2019/979 zur Ergänzung der Verordnung (EU) 2017/1129 des Europäischen Parlaments und des Rates durch technische Regulierungsstandards für wesentliche Finanzinformationen in der Zusammenfassung des Prospekts, die Veröffentlichung und Klassifizierung von Prospekten, die Werbung für Wertpapiere, Nachträge zum Prospekt und das Notifizierungsportal, ABl. EU Nr. L 300 v. 14.9.2020, S. 1, die Delegierte Verordnung (EU) 2020/1273 der Kommission vom 4.6.2020 zur Änderung und Berichtigung der Delegierten Verordnung (EU) 2019/980 zur Ergänzung der Verordnung (EU) 2017/1129 des Europäischen Parlaments und des Rates hinsichtlich der Aufmachung, des Inhalts, der Prüfung und der Billigung des Prospekts, der beim öffentlichen Angebot von Wertpapieren oder bei deren Zulassung zum Handel an einem geregelten Markt zu veröffentlichen ist, ABl. EU Nr. L 300 v. 14.9.2020, S. 6 und die Delegierte Verordnung (EU) 2021/528 der Kommission vom 16.12.2020 zur Ergänzung der Verordnung (EU) 2017/1129 des Europäischen Parlaments und des Rates im Hinblick auf die Mindestinformationen des Dokuments, das der Öffentlichkeit bei einer Ausnahme von der Prospektpflicht im Zusammenhang mit einer Übernahme im Wege eines Tauschangebots, einer Verschmelzung oder einer Spaltung zur Verfügung zu stellen ist, ABl. EU Nr. L 106 v. 26.3.2021, S. 32.
35 Einer Umsetzung der Verordnung in nationales Recht bedarf es nicht, da diese unmittelbar gilt, Art. 288 Satz 2 AEUV. Insofern enthalten die beiden Gesetze auch nur ergänzende oder konkretisierende bzw. dort, wo die Verordnung (EU) 2017/1129 und die Delegierten Verordnungen 2019/979, 2019/780, 2020/1272, 2020/1273 und 2021/528 dem nationalen Gesetzgeber noch Regelungsraum überlässt, diesen ausnützende Regelungen.
36 BGBl. I 2018, 1102.
37 BGBl. I 2019, 1002.

II. Zulassungsvoraussetzungen

1. Überblick

9.11 Die Voraussetzungen[38] für die **Zulassung von Wertpapieren zum regulierten Markt** sind in § 32 Abs. 3 BörsG sowie der auf der Grundlage der Ermächtigung in § 34 BörsG erlassenen **Börsenzulassungsverordnung** geregelt. § 32 Abs. 3 Nr. 1 BörsG verweist auf die Börsenzulassungsverordnung als der nach § 34 BörsG erlassenen Vorschrift und gibt eine Auslegungsregelung für die Bestimmungen der Börsenzulassungsverordnung vor[39]. § 32 Abs. 3 Nr. 2 BörsG hebt als besondere Zulassungsvoraussetzung hervor, dass dem Zulassungsantrag ein gebilligter oder bescheinigter Prospekt beizufügen ist, soweit die Verordnung (EU) 2017/1129 in Art. 1 Abs. 5 nicht hiervon befreit bzw. nach Art. 1 Abs. 2 Verordnung (EU) 2017/1129 diese nicht anwendbar ist.

9.12 Durch das Finanzmarktrichtlinie-Umsetzungsgesetz neu eingefügt wurde in § 32 Abs. 3 Nr. 1 BörsG der Verweis auf Art. 35 der **Verordnung (EG) Nr. 1287/2006**[40]. In Umsetzung und Konkretisierung von Art. 40 der Richtlinie 2004/39/EG enthält Art. 35 Verordnung 1287/2006 unmittelbar anwendbare[41] Anforderungen an den Emittenten und die Wertpapiere hinsichtlich der freien Handelbarkeit. Der deutsche Gesetzgeber hat bei Umsetzung der Richtlinie 2004/39/EG durch das Finanzmarktrichtlinie-Umsetzungsgesetz die zur freien Handelbarkeit der Wertpapiere einschlägige Vorschrift des § 5 BörsZulV nicht geändert. Damit hat er klar zu erkennen gegeben, dass nach seiner Ansicht § 5 BörsZulV Art. 35 Verordnung 1287/2006 jedenfalls nicht widerspricht und insofern kein Änderungsbedarf besteht[42].

2. Zulassungsvoraussetzungen im Einzelnen

a) Wertpapiere

9.13 Zum regulierten Markt können nur „**Wertpapiere**" zugelassen werden. Der Begriff des Wertpapiers ist im Börsengesetz nicht definiert[43], wie das deutsche Recht keine allgemein gültige Definition des Begriffs „Wertpapier" kennt[44]. Nach dem weitesten **Wertpapierbegriff** sind Wertpapiere Urkunden, die private Rechte dergestalt verbriefen, dass diese Rechte ohne Urkunde nicht geltend gemacht werden können[45]. Dieser Wertpapierbegriff ist einerseits zu weit. Wie sich z.B. aus § 51 Abs. 1 BörsG ergibt, sind Wechsel von den Zulassungsvorschriften im 4. Abschnitt nicht erfasst[46]. Er ist andererseits aber auch zu eng, da er noch eine Verkörperung der Wertpapiere voraussetzt. Dies ist im Hinblick auf die

---

[38] Überblick über die Zulassungsvoraussetzungen auch bei *Heidelbach* in Schwark/Zimmer, § 32 BörsG Rz. 44 ff.; *Foelsch/Wittmann*, BuB Rz. 7/593 ff.

[39] Wie hier *Gebhardt* in Schäfer/Hamann, Kapitalmarktgesetze, § 30 BörsG Rz. 51: § 32 Abs. 3 Nr. 1 BörsG dient der Auslegung der BörsZulV, deren Vorschriften i.S.d. Schutzes des Publikums und des ordnungsgemäßen Börsenhandels auszulegen sind; a.A. *Heidelbach* in Schwark/Zimmer, § 32 BörsG Rz. 44, keine eigenständige Regelung.

[40] Verordnung (EG) Nr. 1287/2006 der Kommission v. 10.8.2006 zur Durchführung der Richtlinie 2004/39/EG des Europäischen Parlaments und des Rates betreffend die Aufzeichnungspflichten für Wertpapierfirmen, die Meldung von Geschäften, die Markttransparenz, die Zulassung von Finanzinstrumenten zum Handel und bestimmte Begriffe im Sinne dieser Richtlinie, ABl. EG Nr. L 241 v. 2.9.2006, S. 1.

[41] Zur unmittelbaren Anwendbarkeit europäischer Verordnungen im nationalen Recht der Mitgliedstaaten vgl. nur *Groß*, Kapitalmarktrecht, Vorbem. BörsG Rz. 20.

[42] *Groß*, Kapitalmarktrecht, § 32 BörsG Rz. 13; ausführlich zum „Nebeneinander" der DurchführungsV MIFIDI bzw. der Delegierten Verordnung (EU) 2017/568 und §§ 5, 6, 9 und 11 BörsZulV *Heidelbach* in Schwark/Zimmer, § 32 BörsG Rz. 45.

[43] Ausführlich dazu *Gebhardt* in Schäfer/Hamann, Kapitalmarktgesetze, § 30 BörsG Rz. 10 ff; *Heidelbach* in Schwark/Zimmer, § 32 BörsG Rz. 25 ff.

[44] *Schäfer/Eckhold* in Assmann/Schütze/Buck-Heeb, § 16a Rz. 46.

[45] *Heidelbach* in Schwark/Zimmer, § 32 BörsG Rz. 24.

[46] *Gebhardt* in Schäfer/Hamann, Kapitalmarktgesetze, § 30 BörsG Rz. 14.

zunehmende Entmaterialisierung der Wertpapiere nicht sachgerecht. Global- bzw. Sammelurkunden und Wert- und Registerrechte sind in den Wertpapierbegriff mit einzubeziehen[47]. Das gilt gerade auch vor dem Hintergrund der Einführung elektronischer Wertpapiere[48], auch wenn diese sich bislang auf Schuldverschreibungen beschränkt, da dies erkennbar nur ein erster Schritt ist[49]. Auch § 2 Nr. 1 WpPG bzw. Art. 2 lit. a Verordnung (EU) 2017/1129, auf den § 2 Nr. 1 WpPG verweist, die bei der Begriffsbestimmung auch im Börsengesetz zu berücksichtigen sind[50], gehen von dieser weiten Begriffsbestimmung aus[51]. Die Regierungsbegründung zum Gesetz zur Einführung elektronischer Wertpapiere spricht vom „aufsichtsrechtlichen" Wertpapierbegriff, grenzt diesen vom zivilrechtlichen Wertpapierbegriff ab und verlangt als konstitutive Merkmale die Übertragbarkeit, die Handelbarkeit an den Finanzmärkten und die Verkörperung von Rechten, die aber gerade keine Verbriefung in einer Urkunde verlange[52]. Das hat bereits die Regierungsbegründung zum Prospektrichtlinie-Umsetzungsgesetz hervorgehoben, wenn es dort heißt: „Auf eine **Verbriefung** kommt es ... nicht an. Wertpapiere sind beispielsweise auch solche Aktien, die nur in einem Register geführt werden."[53] Deshalb ist der börsenrechtliche Wertpapierbegriff nach den Erfordernissen des Börsenrechts und Börsenhandels sowie Sinn und Zweck des Börsengesetzes entsprechend § 2 Nr. 1 WpPG (Art. 2 lit. a Verordnung (EU) 2017/1129) und § 2 Abs. 1 WpHG und gemäß § 32 Abs. 3 Nr. 1 BörsG nach Art. 35 Verordnung 1287/2006 zu bestimmen. Danach kommt es entscheidend auf die **Vertretbarkeit oder Fungibilität**[54] im Sinne einer Übertragbarkeit an[55]. Unter den börsenrechtlichen Wertpapierbegriff fallen alle **handelbaren Wertpapiere** wie Aktien, aktienvertretenden Zertifikate, Genuss- oder Optionsscheine, Anleihen von Industrieunternehmen bzw. Körperschaften und auch Investmentzertifikate[56].

---

47 Wie hier jetzt auch *Heidelbach* in Schwark/Zimmer, § 32 BörsG Rz. 30; enger wohl *Gebhardt* in Schäfer/Hamann, Kapitalmarktgesetze, § 30 BörsG Rz. 15 ff. Vgl. allgemein hierzu auch *Einsele*, WM 2001, 7; *Than* in FS Schimansky, 1999, S. 821.
48 Gesetz zur Einführung von elektronischen Wertpapieren, BGBl. I 2021, 1423.
49 Offenheit des Entwurfs für Erweiterung des Anwendungsbereichs auf elektronische Aktien usw., vgl. nur Begr. zu § 1 eWpG-E, BT-Drucks. 19/26925, 38, sowie S. 70: „Zum anderen ist die Verbriefung in einer Urkunde wie auch die Ausgestaltung als elektronisches Wertpapier nach dem eWpG-E für das Vorliegen eines Wertpapiers bzw. einer Schuldverschreibung im aufsichtsrechtlichen Sinne nicht notwendig. Konstitutiv, aber auch ausreichend für ein Wertpapier im aufsichtsrechtlichen Sinne ist, dass es übertragbar und an den Finanzmärkten handelbar ist sowie wertpapierähnliche Rechte verkörpert. Für eine Handelbarkeit genügt es, dass der Inhaber des Tokens und die im Token verkörperten Rechte, beispielsweise anhand der Distributed Ledger- oder Blockchain-Technologie oder anhand vergleichbarer Technologien, jeweils dokumentiert werden können." Für eine Offenheit des Gesetzes auch *Segna*, WM 2020, 2301, 2301.
50 Enger *von Kopp-Colomb/J. Schneider* in Assmann/Schlitt/von Kopp-Colomb, § 2 WpPG Rz. 14: Wertpapierbegriff des BörsG/der BörsZulV und des WpPG dürften sich unterscheiden; für eine Einbeziehung des Wertpapierbegriffs des WpHG *Heidelbach* in Schwark/Zimmer, § 32 BörsG Rz. 26.
51 Darauf verweisen *Schäfer/Eckhold* in Assmann/Schütze/Buck-Heeb, § 16a Rz. 46 ausdrücklich, dort auch, wegen fehlender Möglichkeit des gutgläubigen Erwerbs im Ergebnis ablehnend, Rz. 47, zur Einordnung von Investment-Token als Wertpapier. Detailliert zum kapitalmarktrechtlichen Wertpapierbegriff im Hinblick auf die Einordnung von „Krypto-Token", Merkblatt der BaFin „Zweites Hinweisschreiben zu Prospekt- und Erlaubnispflichten im Zusammenhang mit der Ausgabe sogenannter Krypto-Token, WA 51-Wp 7100-2019/0011 und IF 1-AZB 1505-2019/0003", dort unter V.c)bb), sowie erstes BaFin-Hinweisschreiben v. 20.2.2018, WA 11-QB 4100-2017/0010, jeweils abrufbar über die BaFin Homepage. Entscheidend sind kapitalmarktrechtliche sowohl die Übertragbarkeit, Handelbarkeit am Finanzmarkt sowie die Ausstattung mit wertpapierähnlichen Rechten.
52 Reg. Begr des Gesetzes zur Einführung elektronischer Wertpapiere, BT-Drucks. 19/26925, S. 68 f. (elektronische Vorabfassung). Näher zum Wertpapierbegriff nach § 2 Nr. 1 WpPG (Art. 2 lit. a Prospekt-VO), *Groß*, Kapitalmarktrecht, § 2 WpPG Rz. 2 ff.
53 So ausdrücklich Begr. RegE zum Prospektrichtlinie-Umsetzungsgesetz, BR-Drucks. 85/2005, S. 54, 60 f.
54 Vgl. statt aller nur *Heidelbach* in Schwark/Zimmer, § 32 BörsG Rz. 28.
55 In diesem Sinne auch die Definition der „Wertpapiere" in Art. 2 lit. a) Verordnung (EU) 2017/1129.
56 Ausführlich *Gebhardt* in Schäfer/Hamann, Kapitalmarktgesetze, § 30 BörsG Rz. 10 ff.; *Heidelbach* in Schwark/Zimmer, § 32 BörsG Rz. 25 ff.

b) Emittenten- und wertpapierbezogene Zulassungsvoraussetzungen

9.14 § 32 Abs. 3 Nr. 1 BörsG fordert als Zulassungsvoraussetzung, dass „der Emittent und die Wertpapiere den Anforderungen nach Art. 35 der Verordnung (EG) Nr. 1287/2006 sowie den Bestimmungen entsprechen, die zum Schutz des Publikums und für einen ordnungsgemäßen Börsenhandel gemäß § 34 erlassen worden sind". Ersteres, d.h. der Verweis auf die Verordnung 1287/2006, wurde durch das Finanzmarktrichtlinie-Umsetzungsgesetz eingefügt und enthält im Wesentlichen Vorgaben hinsichtlich der Anforderungen an die Handelbarkeit der Wertpapiere[57], zweiteres verweist darauf, dass die diesbezüglichen Anforderungen der **Börsenzulassungsverordnung** eingehalten werden.

9.15 Die den **Emittenten** und die Wertpapiere betreffenden Zulassungsvoraussetzungen der Börsenzulassungsverordnung sind in den §§ 1–12 BörsZulV geregelt. Diese Bestimmungen wurden weder durch das Prospektrichtlinie-Umsetzungsgesetz noch durch das Finanzmarktrichtlinie-Umsetzungsgesetz geändert. Wie sich aus § 32 Abs. 3 Nr. 1 BörsG ergibt, sind mit den in §§ 1–12 BörsZulV enthaltenen Regelungen der Schutz des Publikums und ein ordnungsgemäßer Börsenhandel bezweckt. Diese Zielsetzung des Gesetzgebers ist bei der Auslegung der Bestimmungen zu berücksichtigen[58].

9.16 Nach § 1 BörsZulV dürfen die gesellschaftsrechtlichen Grundlagen des **Emittenten** nicht zu beanstanden sein, und er muss mindestens 3 Jahre als Unternehmen bestanden haben, § 3 BörsZulV. Die §§ 2, 4 bis 12 BörsZulV regeln die Anforderungen, die zum Schutze des Publikums bzw. des Börsenhandels an die **zuzulassenden Wertpapiere** zu stellen sind. Zu den Anforderungen an die Wertpapiere gehört, dass diese überhaupt existieren, vgl. § 4 BörsZulV, da es in Deutschland grundsätzlich keine Zulassung „per Erscheinen" gibt[59]. Eine der Ausnahmen davon ist die Zulassung von Aktien aus einem bedingten oder genehmigten Kapital, wenn diese Aktien zur Bedienung von begebenen Bezugsrechten verwendet werden sollen. Nach Eintragung des diesbezüglichen bedingten (sehr selten: genehmigten) Kapitals und unter der Voraussetzung, dass die Bezugsrechte zumindest teilweise im Umlauf sind, können diese Aktien zugelassen werden, obwohl es sie noch nicht gibt[60].

Daraus ergeben sich folgende Zulassungsvoraussetzungen:

aa) Rechtsgrundlage des Emittenten

9.17 § 1 BörsZulV fordert, dass die **Gründung** und die Satzung des Emittenten dem Recht des Staates entsprechen müssen, in dem der Emittent seinen Sitz hat. Als Sitz des Emittenten i.S.d. § 1 BörsZulV ist der in der Satzung festgelegte Sitz zu verstehen[61]. Fallen Satzungssitz und Sitz der Verwaltung auseinander, müssen Gründung und Satzung dem Recht des Gründungs- und nicht des Sitzstaates entsprechen[62].

bb) Mindestzulassungsvolumen

9.18 Eine ordnungsgemäße Kursfeststellung setzt eine hinreichende **Marktliquidität** voraus. § 2 BörsZulV regelt hier den anfänglich erforderlichen Rahmen[63] – für nach erfolgter Zulassung durchgeführte Ka-

---

57 Vgl. nur den Text von Art. 35 der Verordnung 1287/2006; vgl. auch *Heidelbach* in Schwark/Zimmer, § 32 BörsG Rz. 46 ff.
58 *Gebhardt* in Schäfer/Hamann, Kapitalmarktgesetze, § 30 BörsG Rz. 51 (str.).
59 *Groß*, Kapitalmarktrecht, 4 BörsZulV Rz. 1.
60 Ausführlich hierzu *Heidelbach* in Schwark/Zimmer, § 32 BörsG Rz. 93; vgl. auch näher Rz. 9.37.
61 Begr. RegE zur BörsZulV, BR-Drucks. 72/87, S. 70; *Gebhardt* in Schäfer/Hamann, Kapitalmarktgesetze, § 1 BörsZulV Rz. 2; *Heidelbach* in Schwark/Zimmer, § 1 BörsZulV Rz. 2.
62 *Gebhardt* in Schäfer/Hamann, Kapitalmarktgesetze, § 1 BörsZulV Rz. 4; *Trapp* in Habersack/Mülbert/Schlitt, Unternehmensfinanzierung am Kapitalmarkt, § 37 Rz. 14; a.A. statutarischen Sitz *Heidelbach* in Schwark/Zimmer, § 1 BörsZulV Rz. 2.
63 Zu den Folgen bei einem nach Zulassung eintretenden Unterschreiten des Mindestvolumens vgl. *Groß*, Kapitalmarktrecht, §2 BörsZulV Rz. 1: Wenn dadurch die Ordnungsmäßigkeit des Handels nicht mehr

pitalmaßnahmen gilt Abs. 1 Satz 1 gem. Abs. 1 Satz 2 nicht[64]: Bei Aktien muss der voraussichtliche Kurswert mindestens Euro 1,25 Mio., bei anderen Wertpapieren der Nennbetrag mindestens Euro 250.000 betragen, bei nicht auf einen Geldbetrag lautenden Wertpapieren müssen mindestens 10.000 Stück zugelassen werden. „Kurswert" ist der voraussichtliche Börsenpreis[65]. § 2 Abs. 3 BörsZulV ist auf die Zulassung nennwertloser Aktien nicht anzuwenden, da hierfür die Spezialvorschrift in § 2 Abs. 1 BörsZulV vorgeht[66]. Die andere Auffassung würde zu dem wenig überzeugenden Ergebnis führen, dass eine Mindeststreuung nur für Stückaktien, nicht aber für Nennbetragsaktien gilt[67]. Bei Wertpapieren in ausländischer Währung sind diese nach Maßgabe der zum Zeitpunkt der Entscheidung über den Zulassungsantrag geltenden Wechselkurse in Euro umzurechnen. Nach § 2 Abs. 4 BörsZulV können geringere Mindestzulassungsbeträge zugelassen werden. Voraussetzung ist aber die Überzeugung der Geschäftsführung, dass sich für die zuzulassenden Wertpapiere ein ausreichender Markt bilden wird[68] – es geht um den Schutz des Publikums und den ordnungsgemäßen Börsenhandel (siehe Rz. 9.15).

cc) Dauer des Bestehens des Emittenten

9.19 § 3 BörsZulV gilt nur für die Zulassung von Aktien und ordnet hier an, dass der **Emittent** mindestens **drei Jahre bestehen** muss. Dabei ist nicht entscheidend, ob der Emittent bereits drei Jahre die Rechtsform einer Aktiengesellschaft hat. Erforderlich ist nur, dass der Emittent als Unternehmen bereits drei Jahre besteht, wobei die Rechtsform gleichgültig[69] ist, und er seine Jahresabschlüsse für die drei dem Antrag vorangegangenen Geschäftsjahre entsprechend den hierfür geltenden Vorschriften offengelegt hat.

9.20 Von Bedeutung wird die Voraussetzung, dass der Emittent nicht als Aktiengesellschaft, sondern nur als Unternehmen drei Jahre existiert haben muss, in den Fällen, in denen die Anforderungen an die Rechnungslegung bei der früheren Rechtsform geringer waren als die der §§ 264 ff. HGB bzw. IFRS. Die Praxis behalf sich in der Vergangenheit hier mit sog. **Als-ob-Abschlüssen**, in denen so bilanziert wurde, als ob die strengeren Rechnungslegungsvorschriften bereits früher gegolten hätten[70]. Solche Als-ob-Abschlüsse sind im Hinblick auf die Prospekthaftung nicht unproblematisch[71]. Aus der Börsenzulassungsverordnung ergibt sich keine Verpflichtung zur Aufstellung von Als-ob-Abschlüssen, da § 3 BörsZulV nur eine Bilanzierung nach den für die existierende Unternehmensform geltenden Rechnungslegungsvorschriften und damit nach ggfs. geringeren Anforderungen verlangt[72]. Ob solche freiwilligen Als-ob-Abschlüsse zulässig sind, ist streitig[73]. Im Ergebnis dürften sie noch zulässig sein, wenn auch für die Praxis wegen des Haftungsrisikos Zurückhaltung geboten ist.

---

gewährleistet ist, hat die Geschäftsführung nach § 39 Abs. 1 BörsG einzuschreiten. Ebenso *Heidelbach* in Schwark/Zimmer, § 2 BörsZulV Rz. 3; *Gebhardt* in Schäfer/Hamann, Kapitalmarktgesetze, § 2 BörsZulV Rz. 9.

64 Ebenso *Heidelbach* in Schwark/Zimmer, § 2 BörsZulV Rz. 2.
65 *Gebhardt* in Schäfer/Hamann, Kapitalmarktgesetze, § 2 BörsZulV Rz. 10.
66 Begr. RegE zur BörsZulV, BR-Drucks. 72/87, S. 71; *Heidelbach* in Schwark/Zimmer, § 2 BörsZulV Rz. 4; a.A. *Schlitt*, AG 2003, 57, 61.
67 Mit gleicher Begründung ablehnend *Heidelbach* in Schwark/Zimmer, § 2 BörsZulV Rz. 4.
68 Wie hier *Heidelbach* in Schwark/Zimmer, § 2 BörsZulV Rz. 5.
69 *Gericke*, S. 69; *Groß*, Kapitalmarktrecht, §3 BörsZulV Rz. 1; *Heidelbach* in Schwark/Zimmer, § 3 BörsZulV Rz. 2; *Schlitt*, AG 2003, 57, 60.
70 *Groß*, Kapitalmarktrecht, § 3 BörsZulV Rz. 2.
71 Vgl. zu den Offenlegungspflichten bei Verwendung von Als-ob-Abschlüssen OLG Frankfurt v. 17.3.1999 – 21 U 260/97, ZIP 1999, 1005, 1006 = AG 1999, 325 und die Vorinstanz LG Frankfurt v. 7.10.1997 – 3/ 11 O 44/96, WM 1998, 1181, 1183.
72 Wie hier *Heidelbach* in Schwark/Zimmer, § 3 BörsZulV Rz. 2; *Schlitt*, AG 2003, 57, 60, insbes. Fn. 39.
73 Wohl nur, wenn die Voraussetzungen des Art. 18 Delegierte Verordnung (EU) 2019/980 vorliegen. Zum alten Recht, *Gebhardt* in Schäfer/Hamann, Kapitalmarktgesetze, § 3 BörsZulV Rz. 11; weiter (zum neuen

9.21 Will die Geschäftsführung gemäß der in § 3 Abs. 2 BörsZulV vorgesehenen Möglichkeit abweichend von § 3 Abs. 1 BörsZulV Aktien zulassen, hat sie dabei nach dem Wortlaut der Bestimmung kumulativ die **Interessen der Gesellschaft** und des **Publikums** zu berücksichtigen, nach den Motiven des Verordnungsgebers dagegen die Interessen der Gesellschaft einerseits und des Publikums andererseits abzuwägen.

9.22 Die § 3 BörsZulV zugrunde liegende europäische Bestimmung, Art. 44 Koordinierungsrichtlinie, ist hier erheblich weiter, lässt die Interessen lediglich des Emittenten ausreichen und hält es für genügend, wenn aufgrund dieses Interesses eine Abweichung wünschenswert ist[74]. Insofern ist eine Abweichung unter geringen Voraussetzungen möglich, nämlich allein auf Grund z.B. der **Interessen des Emittenten**. An die Interessen der Emittenten sind dabei keine hohen Anforderungen zu stellen[75]. Bei Abspaltung neuer Unternehmen aus börsennotierten Gesellschaften (Beispiele aus der Vergangenheit: Lanxess aus Bayer; Osram aus Siemens, Siemens Energy aus Siemens) dürften die Voraussetzungen erfüllt sein, da der Emittent börsennotierte Aktien zuteilen will und gleichzeitig die Information des Publikums sichergestellt wird durch die Möglichkeit, sog. Combined Financial Statements nach IFRS zu erstellen.[76] Auch bei Ausgliederungen, die auf eine (teilweise) **Monetisierung der Aktien** abzielen, besteht ein wirtschaftliches Interesse des Emittenten, das für die Zwecke des § 3 Abs. 2 BörsZulV ausreichen dürfte. Ein Börsengang eines so genannten Special Purpose Acquisition Vehicle (SPAC), einer Zweckgesellschaft, die mit den beim Börsengang eingeworbenen Mitteln erst einen operativen Geschäftsbetrieb erwerben will, kann eine Ausnahme von § 3 Abs. 1 BörsZulV erfordern, wenn das SPAC noch keine drei Jahre z.B. als Vorratsgesellschaft bilanziert hat. Sie muss es aber nicht, wenn nämlich eine solche Bilanzierung bereits vorliegt. Entscheidender, aber nicht im Rahmen der Börsenzulassung, sondern der Prospektbilligung zu prüfen, ist die ordnungsgemäße Darstellung des SPAC und seiner Anlagerichtlinien im Prospekt[77].

dd) Rechtsgrundlage der Wertpapiere

9.23 Nach § 4 BörsZulV müssen die zuzulassenden Wertpapiere in Übereinstimmung mit dem für den Emittenten geltenden Recht ausgegeben werden und den für das Wertpapier geltenden Vorschriften entsprechen. Die insoweit von der Geschäftsführung vorzunehmende Prüfung umfasst unzweifelhaft die **Existenz der Wertpapiere**, d.h. ob diese wirksam ausgegeben und begeben wurden. Ob darüber hinaus auch eine Prüfungspflicht der Geschäftsführung dahingehend besteht, ob die **gesellschaftsinternen Voraussetzungen** für die Ausgabe der Wertpapiere eingehalten wurden (z.B. Erfordernis eines zustimmenden Hauptversammlungsbeschlusses für ein IPO) (vgl. dazu Rz. 9.58), ist zweifelhaft. Im Ergebnis ist eine solche Prüfungspflicht aber jedenfalls dann zu verneinen, wenn, wie das bei einem Hauptversammlungsbeschluss für einen IPO der Fall wäre, diese gesellschaftsinternen Voraussetzungen nicht die Wirksamkeit der Ausgabe der Wertpapiere beeinflussen[78].

Recht) *Heidelbach* in Schwark/Zimmer, § 3 BörsZulV Rz. 2; generell die Zulässigkeit von Als-ob-Abschlüssen bejahend *Kunold* in Assmann/Schlitt/von Kopp-Colomb, Anhang I EU-ProspektVO Rz. 231.

74 So zu Recht *Gebhardt* in Schäfer/Hamann, Kapitalmarktgesetze, § 3 BörsZulV Rz. 6.
75 *Gebhardt* in Schäfer/Hamann, Kapitalmarktgesetze, § 3 BörsZulV Rz. 6.
76 Wenn die Abspaltung nicht auf eine bereits seit drei Jahren existierende (Vorrats-)Gesellschaft erfolgt. Dann kommt es allein auf diese Gesellschaft und deren Rechnungslegung an, auch wenn diese wenig aussagekräftig ist.
77 Wie hier *Heidelbach* in Schwark/Zimmer, § 3 BörsZulV Rz. 4 mit dem Hinweis, die Geschäftsführung der FWB stehe der Anwendung des Ausnahmetatbestandes bei SPACs offen gegenüber. Zu den Prospektanforderungen bei SPACs siehe auch Public Statement der ESMA v. 15.6.2021, ESMA32-384-5209, abrufbar über die Homepage: www.esma.europa.eu., aus der eine deutliche Zurückhaltung gegenüber, jedenfalls Aufforderung zu sorgfältiger Prüfung und detaillierter Offenlegung bei SPACs spricht.
78 Wie hier *Heidelbach* in Schwark/Zimmer, § 4 BörsZulV Rz. 1.

ee) Handelbarkeit der Wertpapiere

Voraussetzung eines funktionierenden Wertpapiermarktes ist die **Handelbarkeit der Wertpapiere**, § 5 Abs. 1 BörsZulV. Soweit diese Handelbarkeit durch gesetzliche – vertragliche oder rein faktische Beschränkungen reichen nicht aus[79] – Regelungen erschwert wird, weil die Wertpapiere noch nicht voll eingezahlt sind, vgl. z.B. § 10 Abs. 2 AktG i.V.m. §§ 67, 68 AktG, oder weil es sich um **vinkulierte Wertpapiere** handelt, vgl. z.B. § 68 Abs. 2 AktG, können die Wertpapiere nur zugelassen werden, wenn dadurch der Börsenhandel nicht beeinträchtigt wird und eine entsprechende Information des Publikums erfolgt. § 5 Abs. 2 Nr. 1 BörsZulV ist entsprechend anzuwenden und der danach erforderliche Hinweis im Prospekt zu veröffentlichen, wenn nach dem am Sitz des Emittenten geltenden Recht Ausländer nur einen bestimmten Anteil des Aktienpakets halten dürfen[80]; dies gilt z.B. in Deutschland bei der Deutsche Lufthansa Aktiengesellschaft, da bei dieser zur Sicherung ihres Charakters als „deutsche" Aktiengesellschaft, der nach den Luftverkehrsabkommen nach der Kontrolltheorie bestimmt wird, gesetzlich der Anteil der ausländischen Aktionäre begrenzt wurde[81].

9.24

§ 5 Abs. 2 Nr. 2 BörsZulV betrifft vor allem die **vinkulierten Namensaktien**, die nur dann zum Börsenhandel zugelassen werden dürfen, wenn die Vinkulierung nicht zu einer Störung des Börsenhandels führt. Eine solche Störung ist in Bezug auf die wertpapiertechnische Abwicklung zwischenzeitlich im Regelfall nicht mehr gegeben, da vinkulierte Namensaktien in die Girosammelverwahrung einbezogen werden können und über das System CARGO der Handel auch effektiv abgewickelt werden kann[82]. Darüber hinaus bleibt zu prüfen, ob das gesellschaftsrechtliche Zustimmungserfordernis des § 68 Abs. 2 AktG nicht zu einer Störung des Börsenhandels führt. Keine Störung des Börsenhandels trotz Vinkulierung ist trotz der erheblichen Probleme, die ein solches Zustimmungserfordernis und eine verweigerte Zustimmung auslösen[83], dann anzunehmen, wenn der Emittent gegenüber der Geschäftsführung schriftlich erklärt, von der Möglichkeit der Zustimmungsverweigerung keinen bzw. nur in außergewöhnlichen Fällen im Gesellschaftsinteresse Gebrauch zu machen[84].

9.25

ff) Stückelung der Wertpapiere

§ 6 BörsZulV fordert, dass die Stückelung der Wertpapiere den Bedürfnissen des Börsenhandels und des Publikums Rechnung tragen muss. Zielrichtung dieser Bestimmung ist eine ausreichende **Streuung der Wertpapiere**, damit eine ausreichende **Liquidität** und letztendlich eine hinreichende Markttiefe, um eine ordnungsgemäße Preisfeststellung zu ermöglichen.

9.26

gg) Grundsatz der Gesamtzulassung

Im regulierten Markt gilt der Grundsatz der Zulassung aller Wertpapiere einer Emission[85]. Die **Teilzulassung** anderer Wertpapiere als Aktien ist **unzulässig**, § 7 Abs. 2 BörsZulV. Auch bei Aktien muss

9.27

---

79 *Gebhardt* in Schäfer/Hamann, Kapitalmarktgesetze, § 5 BörsZulV Rz. 2.
80 *Gericke*, S. 71 f.
81 Gesetz zur Sicherung des Nachweises der Eigentümerstellung und der Kontrolle von Luftfahrtunternehmen für die Aufrechterhaltung der Luftverkehrsbetriebsgenehmigung und der Luftverkehrsrechte v. 1.7.1997, BGBl. I 1997, 1322 bzw. Verordnung (EG) Nr. 1008/2008 des Europäischen Parlaments und des Rates v. 24.9.2008 über gemeinsame Vorschriften für die Durchführung von Luftverkehrsdiensten in der Gemeinschaft, ABl. EG Nr. L 293 v. 31.10.2008, S. 3; wie hier auch *Heidelbach* in Schwark/Zimmer, § 5 BörsZulV Rz. 3. Kritisch hier *Gebhardt* in Schäfer/Hamann, Kapitalmarktgesetze, § 5 BörsZulV Rz. 3, der eine solche Beschränkung nicht ausreichen lassen will, da sie in der europäischen Grundlage, Art. 46 Koordinierungsrichtlinie, nicht enthalten sei.
82 *Jütten*, Die Bank 1997, 112; *Schlitt*, AG 2003, 57, 61.
83 Ausführlich *Gebhardt* in Schäfer/Hamann, Kapitalmarktgesetze, § 5 BörsZulV Rz. 15.
84 *Gebhardt* in Schäfer/Hamann, Kapitalmarktgesetze, § 5 BörsZulV Rz. 16.
85 Siehe schon § 40 Abs. 1 BörsG, gemäß Ermächtigung in § 40 Abs. 2 BörsG näher ausgestaltet in §§ 7, 69 BörsZulV.

sich die Zulassung gemäß § 7 Abs. 1 Satz 1 BörsZulV grundsätzlich auf alle Aktien derselben Gattung beziehen. Dieser Grundsatz gilt aber zunächst nur beschränkt auf Aktien „derselben Gattung", wobei hier § 11 Satz 2 AktG maßgeblich ist. Aktien, die sich nur hinsichtlich des Beginns der Dividendenberechtigung unterscheiden, bilden zulassungsrechtlich keine eigene Gattung[86], was früher in § 45 Nr. 3b letzter Halbs. BörsZulV a.F. eindeutig bestimmt war, aber auch heute selbst ohne ausdrückliche Regelung noch gilt. Aus der Gattungsgleichheit als Voraussetzung des Gebots der Gesamtzulassung folgt, dass die in der Praxis insbesondere bei Familiengesellschaften jedenfalls früher häufig anzutreffende Gestaltung zulässig ist, dass z.B. nur die Vorzugsaktien zum Börsenhandel zugelassen wurden, nicht aber die Stammaktien[87]. Das gilt jenseits von Stamm- und Vorzugsaktien allgemein für unterschiedliche **Aktiengattungen**, z.B. auch für im Ausland noch anzutreffende sog. Class A und Class B Shares; hier kann die Zulassung auf eine Gattung beschränkt werden.

9.28 Außerdem lässt § 7 Abs. 1 Satz 2 BörsZulV Ausnahmen von dem Grundsatz der Zulassung aller Aktien gleicher Gattung zu und nennt hier zwei mögliche Gründe: Entweder zur Sicherung des **beherrschenden Einflusses** auf den Emittenten, oder, weil die Aktien für eine bestimmte Zeit aufgrund **gesetzlicher**[88] oder **vertraglicher**[89] **Veräußerungsverbote** nicht gehandelt werden dürfen. In beiden vorgenannten Fällen ist es aber erforderlich, dass aus der Teilzulassung keine Nachteile für die Erwerber der zuzulassenden Aktien erwachsen. Außerdem ist in jedem Fall der Teilzulassung das Publikum gemäß § 7 Abs. 1 Satz 3 BörsZulV im Prospekt oder auf sonstige Weise (entsprechende Pressemitteilung o.Ä.) hierüber zu unterrichten.

9.29 Der Grundsatz der Zulassung aller Wertpapiere einer Emission bzw. bei Aktien aller Aktien der Gesellschaft wird durch die **Zulassungsfolgepflicht** des § 69 BörsZulV auch auf alle später öffentlich ausgegebenen Aktien derselben Gattung erstreckt, dort aber auch durch dieselben Ausnahmemöglichkeiten wie bei der erstmaligen Zulassung eingeschränkt[90]. Außerdem gewährt § 69 Abs. 2 BörsZulV insoweit eine Frist von einem Jahr.

9.30 § 69 BörsZulV ist durch das Finanzmarktrichtlinie-Umsetzungsgesetz nicht geändert worden. Er dient der ordnungsgemäßen Kursbildung durch eine möglichst große Marktbreite.

hh) Druckausstattung der Wertpapiere

9.31 § 8 BörsZulV zwingt nicht zum **Ausdruck effektiver Stücke**, sondern regelt nur die Fälle, in denen tatsächlich effektive Stücke gedruckt werden. Dies ist aber, insbesondere seit den Änderungen des § 10

---

86 Vgl. insoweit Begr. RegE zum Prospektrichtlinie-Umsetzungsgesetz, die für das Wertpapierprospektgesetz klarstellt, dass Aktien, die sich nur in Bezug auf den Beginn der Dividendenberechtigung unterscheiden, als Aktien derselben Gattung gelten, BT-Drucks. 15/4999, S. 25, 30. Das muss auch für die Börsenzulassungsverordnung gelten. Eine andere Frage ist, ob junge Aktien aktienrechtlich eine eigene Gattung bilden, vgl. zum Meinungsstand *Hüffer/Koch*, § 11 AktG Rz. 8: keine eigene Gattung, entspricht wohl zwischenzeitlich überwiegender Ansicht.
87 Allerdings ist die Anzahl von Gesellschaften mit unterschiedlichen Aktiengattungen eher rückläufig, *Schäcker/Kunze/Wohlgefahrt* in Habersack/Mülbert/Schlitt, Unternehmensfinanzierung am Kapitalmarkt, § 3 Rz. 22.
88 So wurden z.B. bei der Börsenzulassung der Aktien der Deutsche Telekom AG 1996 die Aktien, welche die Bundesrepublik Deutschland hielt, größtenteils gemäß § 7 Abs. 1 Satz 2 Alt. 2 BörsZulV nicht zugelassen, die danach § 3 Abs. 1 Nr. 2 des Bundesanstalt Post-Gesetzes, BGBl. I 1994, 2325, bis zum 31.12.1999 nicht über die Börse gehandelt werden sollten.
89 Z.B. Lock-up, vgl. *Gebhardt* in Schäfer/Hamann, Kapitalmarktgesetze, § 7 BörsZulV Rz. 7 f.; Belegschaftsaktien, vgl. *Heidelbach* in Schwark/Zimmer, § 7 BörsZulV Rz. 2 f. mit dem ausdrücklichen Hinweis, dass Lock-up Vereinbarungen, auch wenn sie allein das Ziel haben, die Tatbestandsvoraussetzung des § 7 BörsZulV zu erfüllen, akzeptiert werden; insgesamt dazu auch *Trapp* in Habersack/Mülbert/Schlitt, Unternehmensfinanzierung am Kapitalmarkt, § 37 Rz. 20.
90 *Groß*, Kapitalmarktrecht, § 69 BörsZulV Rz. 2.

Abs. 5 AktG durch das Gesetz zur Kleinen AG[91] und das Gesetz zur Kontrolle und Transparenz im Unternehmensbereich[92], mit denen auch im Bereich des Aktienrechts ein Ausschluss des Anspruchs auf Einzelverbriefung sowohl der Aktien als solcher als auch des Anteils des Aktionärs insgesamt erreicht wurde, eher die Ausnahme. Im Regelfall werden nur noch eine oder mehrere Globalurkunde(n) ausgedruckt, bei der Clearstream Banking AG Frankfurt (ehemals Deutsche Börse Clearing AG, davor Deutsche Kassenverein AG) eingeliefert[93] und im Effektengiroverkehr übertragen, vgl. auch § 9a DepotG[94].

Soweit noch **Einzelurkunden** ausgedruckt werden, sind hinsichtlich der Druckausstattung der Wertpapiere von den deutschen Wertpapierbörsen „**Gemeinsame Grundsätze der deutschen Wertpapierbörsen für den Druck von Wertpapieren**"[95] erlassen worden. Diese gelten grundsätzlich für sämtliche zum Handel an einer deutschen Wertpapierbörse zuzulassenden Wertpapiere. Für Emittenten aus anderen EU-Ländern enthält § 8 Abs. 1 Satz 2 BörsZulV eine noch auf die ursprüngliche Börsenzulassungsrichtlinie[96] zurückgehende Erleichterung insoweit, dass Wertpapiere dieser Emittenten nur die in ihren Staaten jeweils geltenden Vorschriften beachten müssen. Soweit die nationalen Vorschriften anderer EU-Länder keinen ausreichenden Schutz vor Fälschungen bieten, ist gemäß den Bestimmungen der Börsenzulassungsrichtlinie das Publikum hierauf hinzuweisen, vgl. auch § 8 Abs. 2 BörsZulV[97]; der mangelnde Schutz vor Fälschungen bietet in diesen Fällen keinen Grund für die Versagung der Zulassung[98].

9.32

ii) Streuung der Aktien

§ 9 BörsZulV („**free float**") begründet ausschließlich für Aktien und nach der Verwaltungspraxis ausschließlich bei erstmaliger Zulassung[99] eine Zulassungsvoraussetzung, nach der mindestens 25 % des Gesamtnennbetrages der zuzulassenden Aktien dem Publikum zur Verfügung zu stellen ist. Wird die Schwelle nach der Zulassung unterschritten, kann dies im Rahmen von § 39 Abs. 1 BörsG den Widerruf der Zulassung begründen[100]. Nach den Grundsätzen für die Zuteilung von Aktienemissionen an Privatanleger der Börsensachverständigenkommission beim Bundesministerium der Finanzen vom 7.6.2000[101] zählt ein sog. Friends & Family-Programm, durch das ein bestimmter Teil der Emission für Zuteilungen an zuvor vom Emittenten festgelegte Personen (Mitarbeiter, Geschäftspartner etc.) reserviert wird, nicht zum free float. Das wird man auch im Rahmen des § 9 BörsZulV so sehen müs-

9.33

---

91 Gesetz für kleine Aktiengesellschaften und zur Deregulierung des Aktienrechts, BGBl. I 1994, 1961.
92 KonTraG, BGBl. I 1998, 786.
93 Die drucktechnische Gestaltung dieser „Urkunde(n)" sollte mit Clearstream Banking vorab abgestimmt werden.
94 Vgl. hierzu auch *Than* in FS Schimansky, 1999, S. 821, 831.
95 Abrufbar über die Internetseite der Deutsche Börse AG.
96 Schema A Nr. II.6 sowie Schema B Buchstabe A Nr. II.5 und Buchstabe B. 4 der Börsenzulassungsrichtlinie, Richtlinie des Rates v. 5.3.1979 zur Koordinierung der Bedingungen für die Zulassung von Wertpapieren zur amtlichen Notierung an einer Wertpapierbörse, RL 79/279/EWG, ABl. EG Nr. L 66 v. 16.3.1979, S. 21.
97 *Heidelbach* in Schwark/Zimmer, § 8 BörsZulV Rz. 3.
98 Wie hier auch *Heidelbach* in Schwark/Zimmer, § 8 BörsZulV Rz. 4.
99 *Heidelbach* in Schwark/Zimmer, § 9 BörsZulV Rz. 2; *Gebhardt* in Schäfer/Hamann, Kapitalmarktgesetze, § 9 BörsZulV Rz. 2, der dies jedoch im Hinblick auf die europäische Grundlage, Art. 48 Abs. 3 Koordinierungsrichtlinie, die eine solche Differenzierung nicht enthalte, kritisiert. Das scheint bei richtiger Lesart des Art. 48 Abs. 3 Koordinierungsrichtlinie – „zusätzliche Tranche" – nicht ganz zutreffend. Wurde nämlich die Streuung bereits bei der Erstemission erreicht, liegt sie schon vor und ist nach Art. 48 Abs. 3 Koordinierungsrichtlinie bei der zusätzlichen Tranche entbehrlich. Im Ergebnis bedeutet die Verwaltungspraxis, dass bei einer Kapitalerhöhung die neuen Aktien zugelassen werden können, auch wenn sie ausschließlich bei einem Investor platziert werden.
100 *Heidelbach* in Schwark/Zimmer, § 9 BörsZulV Rz. 2.
101 Abrufbar über die Internetseite der Deutsche Börse AG.

sen[102]. Die nach § 9 Abs. 1 BörsZulV geforderte ausreichende Streuung der Wertpapiere wird bei Einreichung des Zulassungsantrages grundsätzlich unterstellt. Im Zweifelsfall ist sie vor Aufnahme der Notierung zu erfüllen und muss der Geschäftsführung gegenüber nachgewiesen werden.

9.34 § 9 Abs. 1 Satz 2 Alt. 2 BörsZulV enthält eine **Ausnahme** von der 25 %-Regel bei größeren Emissionen, § 9 Abs. 2 BörsZulV weitere Ausnahmemöglichkeiten[103].

9.35 Der Wortlaut der Regelung in § 9 Abs. 1 BörsZulV impliziert, dass die breite Streuung als Zulassungsvoraussetzung bereits im Zeitpunkt der Zulassung vorliegen muss[104]. Tatsächlich erfolgt aber bei einem IPO die Zuteilung an das Publikum und damit die breite Streuung erst nach Zulassung – es sollen ja keine Wertpapiere von den Anlegern erworben werden, die noch nicht zugelassen sind. Diesen Sachverhalt kann man auch nicht unmittelbar unter § 9 Abs. 2 Nr. 1 BörsZulV subsumieren, da die Streuung nicht „über die" bzw. „nach der" Einführung erfolgt, sondern bereits davor; anderenfalls würde man gegen § 38 Abs. 2 BörsG verstoßen. Man wird deshalb § 9 Abs. 1 BörsZulV dahingehend auslegen müssen, dass es ausreicht, wenn die Geschäftsführung bei Zulassung davon ausgehen kann, dass die Streuung bei Einführung gegeben sein wird.

jj) Spezialvorschrift für Emittenten aus Drittstaaten

9.36 § 10 BörsZulV enthält eine Spezialvorschrift für Emittenten aus Staaten außerhalb der Europäischen Gemeinschaften oder außerhalb der anderen Vertragsstaaten des Abkommens über den Europäischen Wirtschaftsraum.

kk) Zulassung von Wertpapieren mit Umtausch- oder Bezugsrecht

9.37 § 11 BörsZulV soll sicherstellen, dass die Wertpapiere, die durch Ausübung eines Umtausch- oder Bezugsrechts entstehen und/oder erworben werden, zumindest gleichzeitig mit denjenigen Wertpapieren, die den Gläubigern ein Umtausch- oder Bezugsrecht auf diese Wertpapiere einräumen, zugelassen werden. Dies bedeutet bei durch ein **bedingtes oder ausnahmsweise** (vgl. 53.60) **genehmigtes Kapital** gesicherten **Wandel- oder Optionsanleihen**, dass grundsätzlich spätestens mit Zulassung der Anleihe auch das entsprechende bedingte/genehmigte Kapital zuzulassen ist[105], bzw. bei Nicht-Zulassung der Anleihe (eher der Regelfall) die Aktien aus dem bedingten/genehmigten Kapital im zeitlichen Zusammenhang mit der Endfälligkeit und damit der Wandlung zugelassen werden, obwohl die diesbezüglichen Aktien mangels Ausübung des Options- bzw. Wandelungsrechts noch nicht entstanden sind. Soweit sich die Wandel- oder Optionsanleihe auf bereits existierende Aktien dritter Unternehmen beziehen, müssen diese ebenfalls zumindest gleichzeitig mit der Wandel- oder Optionsanleihe zugelassen werden. Hier kommt ggf. die Prospektbefreiung des Art. 1 Abs. 5 lit. b Verordnung (EU) 2017/1129 in Betracht. Wenn jedoch die Wandel- und/oder Optionsrechte, z.B. auf Grund von Sperrfristen, noch nicht ausgeübt werden können, ist fraglich, ob für die zeitgleiche Zulassung der Aktien ein rechtliches Interesse besteht[106]. So lässt sich vertreten, dass in Anlehnung an § 38 Abs. 4 BörsG ein rechtliches

---

102 Wie hier *Gebhardt* in Schäfer/Hamann, Kapitalmarktgesetze, § 9 BörsZulV Rz. 6; a.A. *Heidelbach* in Schwark/Zimmer, § 9 BörsZulV Rz. 3; *Trapp* in Habersack/Mülbert/Schlitt, Unternehmensfinanzierung am Kapitalmarkt, § 37 Rz. 18.
103 Näher *Groß*, Kapitalmarktrecht, §9 BörsZulV Rz. 2.
104 So auch ausdrücklich *Gebhardt* in Schäfer/Hamann, Kapitalmarktgesetze, § 9 BörsZulV Rz. 9.
105 *Gericke*, S. 77; *Heidelbach* in Schwark/Zimmer, § 11 BörsZulV Rz. 1; kritisch *Gebhardt* in Schäfer/Hamann, Kapitalmarktgesetze, § 11 BörsZulV Rz. 6.
106 Es geht nicht darum, ob die Bezugsrechte bereits ausgegeben wurden, hierzu *Heidelbach* in Schwark/Zimmer, § 32 BörsG Rz. 94, die als Voraussetzung der Zulassung des bedingten Kapitals fordert, dass die Bezugsrechte „zumindest teilweise im Umlauf sind". Das ist so oder so Voraussetzung des § 11 BörsZulV. Vielmehr geht es darum, ob die Bezugsrechte ausübbar sind, oder aber u.U. wegen einer

Interesse dann fehlt und somit keine Zulassung erfolgen kann, wenn die Wandlung oder Option erstmals später als in drei Monaten zulässig ist. Allerdings beeinträchtigt die Zulassung den Börsenhandel nicht, während andererseits bei Ausübung der Umtausch- oder Bezugsrechte i.d.R. aufgrund vertraglicher Verpflichtungen sichergestellt sein muss, dass die Aktien zugelassen sind. Insofern wird man hier ein rechtliches Interesse eher von geringeren Anforderungen abhängig machen wollen. § 11 BörsZulV gilt gleichermaßen für Wandel- wie für Optionsanleihen, aber auch für Umtauschanleihen oder reine Optionen (naked warrants)[107].

II) Zulassung von Zertifikaten, die Akten vertreten

§ 12 BörsZulV enthält eine Spezialvorschrift für Zertifikate, die Aktien vertreten, z.B. American Depositary Receipts[108]. 9.38

c) Prospekt

Nach § 32 Abs. 3 Nr. 2 BörsG ist Voraussetzung der Zulassung, dass ein nach den Vorschriften der Verordnung (EU) 2017/1129[109] **gebilligter** oder **bescheinigter Prospekt** – oder ein vergleichbarer Prospekt – veröffentlicht worden ist (sofern nicht eine Prospektbefreiung nach Art. 1 Abs. 2 oder 5 Verordnung (EU) 2017/1129 gegeben ist). 9.39

Da die Zulassung als solche bereits einen gebilligten Prospekt voraussetzt, wurde § 51 BörsZulV durch das Prospektrichtlinie-Umsetzungsgesetz (Art. 4 Nr. 9 des Gesetzes) geändert. Die früher mögliche und übliche Veröffentlichung der Zulassung im Prospekt selbst wurde aufgehoben, so dass nur noch die bereits früher auch mögliche **Veröffentlichung der Zulassung** im Bundesanzeiger[110] verblieben ist. 9.40

Sperrfrist, vgl. die Wartefrist bei Stock Options von 4 Jahren nach § 193 Abs. 2 Nr. 4 AktG, noch nicht ausgeübt werden können.
107 Zu letzteren *Heidelbach* in Schwark/Zimmer, § 11 BörsZulV Rz. 2; *Trapp* in Habersack/Mülbert/Schlitt, Unternehmensfinanzierung am Kapitalmarkt, § 37 Rz. 25.
108 Vgl. zu American Depositary Receipts nur *Bungert/Paschos*, WM 1993, 133 ff., 221 ff.
109 Diese Prospekt-VO wurde zwischenzeitlich mehrfach geändert, zu den Änderungen vgl. Groß, Kapitalmarktrecht, Vorbemerkungen Prospekt-VO Rz. 2. Durch die Verordnung (EU) 2021/337 des Europäischen Parlaments und des Rates v. 16.2.2021 zur Änderung der Verordnung (EU) 2017/1129 im Hinblick auf den EU-Wiederaufbauprospekt und gezielte Anpassungen für Finanzintermediäre und der Richtlinie 2004/109/EG im Hinblick auf das einheitliche elektronische Berichtsformat für Jahresfinanzberichte zur Unterstützung der wirtschaftlichen Erholung von der COVID-19-Krise, ABl. EU Nr. L 68 v. 26.2.2021, S. 1 wurde die Prospekt-VO in Art. 1 Abs. 4, Art. 1 Abs. 5, Art. 6, Art. 7, Art. 14a, Art. 20, Art. 23 und Art. 47a geändert bzw. wurden die entsprechenden Artikel neu eingefügt, hauptsächlich zwecks Einführung von „Maßnahmen ..., die Investitionen in die Realwirtschaft erleichtern, eine rasche Rekapitalisierung von Unternehmen in der Union ermöglichen und Emittenten in einem frühen Stadium des Erholungsprozesses den Zugang zu öffentlichen Märkten eröffnen. Hierzu ist es zweckmäßig, einen neuen Kurzprospekt mit der Bezeichnung „EU-Wiederaufbauprospekt" einzuführen, in dem auch auf die speziell durch die COVID-19-Pandemie aufgeworfenen wirtschaftlichen und finanziellen Probleme eingegangen wird und der gleichzeitig für Emittenten leicht zu erstellen, für Anleger – insbesondere Kleinanleger –, die Emittenten finanzieren wollen, leicht zu verstehen und für die zuständigen Behörden leicht zu prüfen und zu billigen ist", Erwägungsgrund 5 Verordnung 2021/337. Zum Wiederaufbauprospekt auch kurz *Lenz*, AG 2021, R. 103.
110 Die Veröffentlichung der Zulassung in einem Börsenpflichtblatt wurde durch das EHUG, BGBl. I 2006, 2553, gestrichen, der Verweis auf den elektronischen Bundesanzeiger durch das Gesetz zur Änderung von Vorschriften über Verkündung und Bekanntmachungen sowie der Zivilprozessordnung, des Gesetzes betreffend die Einführung der Zivilprozessordnung und der Abgabenordnung, BGBl. I 2011, 3044, durch den Verweis allein auf den Bundesanzeiger ersetzt.

9.41 Seit 21.7.2019 und der zu diesem Zeitpunkt eingetretenen unmittelbaren Geltung der gesamten Prospekt-VO[111] bestimmen sich der Prospektinhalt einschließlich Sonderfällen, die Veröffentlichung des Prospekts und die Befreiung von der Prospektpflicht durch die Verordnung (EU) 2017/1129 und die auf ihrer Grundlage ergangenen Delegierten Verordnungen[112].

9.42 Hinsichtlich der Angaben, die im Prospekt enthalten sein müssen, enthalten die Art. 6–10 und 13–19 Verordnung (EU) 2017/1129 (einschließlich Anhängen) bereits recht detaillierte Regeln, welche durch die Bestimmungen der Delegierten Verordnungen[113] noch näher konkretisiert werden. Bei deren Auslegung sind wiederum die Empfehlungen der ESMA zu beachten, welche die Verordnungen noch weiter konkretisieren[114]. Über diesen Detailanforderungen schwebt die Generalklausel des Art. 6 Abs. 1 Verordnung (EU) 2017/1129, nach der ein Prospekt alle „erforderlichen Informationen (enthalten muss), die für den Anleger wesentlich sind, um sich ein fundiertes Urteil über Folgendes bilden zu können: a) die Vermögenswerte und Verbindlichkeiten, die Gewinne und Verluste, die Finanzlage und die Aussichten des Emittenten und eines etwaigen Garantiegebers; b) die mit den Wertpapieren verbundenen Rechte; und c) die Gründe für die Emission und ihre Auswirkungen auf den Emittenten." Daraus kann sich je nach Einzelfall ergeben, dass über die in der Verordnung (EU) 2017/1129 und deren Anhängen sowie die in den Delegierten Verordnungen 2019/979 und 2019/980 und deren Anhängen genannten Bestandteilen hinaus weitere Angaben erforderlich sind, aber auch, dass nicht alle in den vorgenannten Regelungen aufgeführten Detailangaben enthalten sein müssen[115].

---

111 Verordnung (EU) 2017/1129 des Europäischen Parlaments und des Rates v. 14.7.2017 über den Prospekt, der beim öffentlichen Angebot von Wertpapieren oder bei deren Zulassung zum Handel an einem geregelten Markt zu veröffentlichen ist und zur Aufhebung der Richtlinie 2003/71/EG, ABl. EU Nr. L 168 v. 30.6.2017, S.12.

112 Delegierte Verordnung (EU) 2019/979 der Kommission v. 14.3.2019 zur Ergänzung der Verordnung (EU) 2017/1129 des Europäischen Parlaments und des Rates durch technische Regulierungsstandards für wesentliche Finanzinformationen in der Zusammenfassung des Prospekts, die Veröffentlichung und Klassifizierung von Prospekten, die Werbung für Wertpapiere, Nachträge zum Prospekt und das Notifizierungsportal und zur Aufhebung der Delegierten Verordnung (EU) Nr. 382/2014 der Kommission und der Delegierten Verordnung (EU) 2016/301 der Kommission, ABl. EU Nr. L 166 v. 21.6.2019, S. 1, geändert durch die Delegierte Verordnung (EU) 2020/1272, ABl. EU Nr. L 300 v. 14.9.2020, S. 1, und Delegierte Verordnung (EU) 2019/980 der Kommission v. 14.3.2019 zur Ergänzung der Verordnung (EU) 2017/1129 des Europäischen Parlaments und des Rates hinsichtlich der Aufmachung, des Inhalts, der Prüfung und der Billigung des Prospekts, der beim öffentlichen Angebot von Wertpapieren oder bei deren Zulassung zum Handel an einem geregelten Markt zu veröffentlichen ist, und zur Aufhebung der Verordnung (EG) Nr. 809/2004 der Kommission, ABl. EU Nr. L 166 v. 21.6.2019, S. 26 geändert durch die Delegierte Verordnung (EU) 2020/1273, ABl. EU Nr. L 300 v. 14.9.2020, S. 6 sowie Delegierte Verordnung (EU) 2021/528 der Kommission v. 16.12.2020 zur Ergänzung der Verordnung (EU) 2017/1129 des Europäischen Parlaments und des Rates im Hinblick auf die Mindestinformationen des Dokuments, das der Öffentlichkeit bei einer Ausnahme von der Prospektpflicht im Zusammenhang mit einer Übernahme im Wege eines Tauschangebots, einer Verschmelzung oder einer Spaltung zur Verfügung zu stellen ist, ABl. EU Nr. L 106 v. 26.3.2021, S. 32.

113 Insbesondere durch die einzelnen Anhänge der Delegierten Verordnung (EU) 2019/980, ABl. EU Nr. L 166 v. 21.6.2019, S. 26.

114 Gem. ESMA, Questions and Answers on the Prospectus Regulation, Ziffer 2.1 sind die älteren Level 3 Erläuterungen, z.B. CESR's Recommendations for the Consistent Implementation of the European Commission's Regulation on Prospectuses n° 809/2004, CESR/05–54b, aktualisiert durch ESMA update on the CESR recommendations, abrufbar über die homepage: www.esma.europa.eu nach wie vor zur Auslegung von Zweifelsfragen heranzuziehen. Außerdem gibt es weitere ESMA Guidelines, z.B. Final Report ESMA Guidelines on risk factors under the Prospectus Regulation, EMA31-62-1217, abrufbar über die Homepage: www.esma.europa.eu, die zusätzliche Erläuterungen zu Zweifelsfragen bei der Anwendung der Prospekt-VO sowie der Delegierten VOs beantworten.

115 Näher dazu *Groß*, Kapitalmarktrecht, § 9 WpPG Rz. 58 ff.

Wie sich aus § 32 Abs. 3 Nr. 2 BörsG ergibt, ist die Veröffentlichung eines nach den Vorschriften der Verordnung (EU) 2017/1129 gebilligten oder bescheinigten Prospektes oder eines vergleichbaren Prospektes nur dann Zulassungsvoraussetzung, wenn nicht nach „Artikel 1 Absatz 2 oder 5 der Verordnung (EU) 2017/1129 von der Veröffentlichung (und damit von der Erstellung und Billigung, Anm. des Verf.) eines Prospektes abgesehen werden kann". Das setzt zunächst die Anwendbarkeit der Verordnung (EU) 2017/1129 voraus. Ist diese nach ihrem Art. 1 Abs. 2 und 3 Verordnung (EU) 2017/1129 überhaupt nicht anwendbar, dann begründet sie auch keine Prospektpflicht, sodass für die Zulassung ebenfalls kein Prospekt erforderlich ist[116]. 9.43

Eine ganz andere Frage ist die, ob bei bestehender Anwendbarkeit der Verordnung (EU) 2017/1129 sie selbst Befreiungen von der Prospektpflicht bei der Zulassung von Wertpapieren enthält. Solche Bestimmungen, nach denen nach der Verordnung (EU) 2017/1129 für die Zulassung von Wertpapieren kein Prospekt erforderlich ist, enthält Art. 1 Abs. 5 Verordnung (EU) 2017/1129. 9.44

Dabei gelten die **Befreiungstatbestände** des Art. 1 Abs. 5 Verordnung (EU) 2017/1129 **qua Gesetzes**, ohne dass es hierfür einer ausdrücklichen Entscheidung der zuständigen Stelle bedarf. Das bedeutet, dass die Geschäftsführung auch formal nicht mehr für die Befreiung von der Prospektpflicht zuständig ist[117]. Materiell entscheidet die Geschäftsführung aber inzidenter doch darüber, ob eine Prospektbefreiung vorliegt oder nicht, indem nämlich allein sie über die **Zulassung trotz Fehlen eines Prospektes** entscheidet[118]. 9.45

d) Prüfungspflicht der Geschäftsführung

Früher wurde im Zusammenhang mit § 30 Abs. 3 Nr. 3 BörsG a.F. die Frage der Prüfungspflicht der früher zuständigen Zulassungsstelle hinsichtlich des Vorliegens der Zulassungsvoraussetzungen bzw. des Nichtvorliegens von Zulassungshindernissen insbesondere daraufhin diskutiert, in welchem Umfang die Zulassungsstelle sich die Kenntnis vom Vorliegen der Zulassungsvoraussetzungen bzw. vom Nichtvorliegen von Zulassungshindernissen durch eigene Ermittlungen verschaffen musste. Dabei wurde unter anderem eine eingeschränkte materielle Prüfungspflicht der Geschäftsführung vertreten, die sog. „**Prospekttheorie**"[119]. Danach sollte auch eine materielle Prüfung des Prospektes auf die Zulassungsvoraussetzungen sowie sich aus dem Prospekt ergebende Zulassungshindernisse erfolgen. 9.46

Seit der Streichung des § 30 Abs. 3 Nr. 3 BörsG a.F. durch das Prospektrichtlinie-Umsetzungsgesetz stellt sich diese Frage der Prüfungspflicht der jetzt zuständigen **Geschäftsführung** anders. Insbesondere aufgrund der Begründung für die Streichung des § 30 Abs. 3 Nr. 3 BörsG a.F.[120] ist klargestellt, dass **keine Prüfung** des Prospektes durch die Geschäftsführung mehr erfolgt. 9.47

Jedoch beschränkte sich auch früher die von der herrschenden Meinung geforderte begrenzte materielle Prüfungspflicht[121] nicht nur auf die Prüfung der Vollständigkeit des Prospektes, sondern bezog sich 9.48

---

116 Ausführlich zu den entsprechenden Vorgängervorschriften *Gebhardt* in Schäfer/Hamann, Kapitalmarktgesetze, § 30 Rz. 53; ebenso auch *v. Kopp-Colomb/Sargut* in Assmann/Schlitt/von Kopp-Colomb, WpPG § 1 Rz. 74.
117 *Gebhardt* in Schäfer/Hamann, Kapitalmarktgesetze, § 30 BörsG Rz. 53 f., dort auch zu den sich daraus ergebenden Zuständigkeitsfragen (BaFin oder Geschäftsführung) Rz. 54.
118 Vgl. dazu *Groß*, Kapitalmarktrecht, § 48 BörsZulV Rz. 7 sowie *Gebhardt* in Schäfer/Hamann, Kapitalmarktgesetze, § 30 BörsG Rz. 54; *Heidelbach* in Schwark/Zimmer, § 32 BörsG Rz. 58.
119 *Elle*, ZHR 128 (1966), 273 ff.; *Fleischer*, Gutachten F 52 m.w.N.; *Weber*, NJW 2003, 18, 21.
120 Vgl. Beschlussempfehlung und Bericht des Finanzausschusses, der insoweit auf die Begründung des Bundesrates, BR-Drucks. 85/05, S. 12, verweist, BT-Drucks. 15/5373, S. 50: Eine Doppelprüfung des Prospekts soll in jedem Fall vermieden werden. Deshalb solle § 30 Abs. 3 Nr. 3 gestrichen oder geändert werden. Der Finanzausschuss hat sich für die Streichung entschlossen.
121 BGH v. 6.7.1993 – XI ZR 12/93, BGHZ 123, 126, 130 = WM 1993, 1455, 1456 f.; LG Frankfurt v. 3.9.2004 – 2/4 O 435/02, WM 2004, 2155.

auch auf Vorliegen der **sonstigen Zulassungsvoraussetzungen** und forderte hierfür eine begrenzte eigenständige Prüfungspflicht der Zulassungsstelle. Bei dieser wird es damit auch – nunmehr beschränkt auf die sonstigen Zulassungsvoraussetzungen – bleiben[122]. So hat die Geschäftsführung bei der Prüfung der Zulassungsvoraussetzungen z.B. der § 5 Abs. 2 Nr. 1, § 7 Abs. 1 Satz 3 und § 8 Abs. 2 BörsZulV sehr wohl den Prospekt daraufhin zu prüfen, ob die dort genannten Voraussetzungen eingehalten werden[123]. Ebenso hat die Geschäftsführung die Voraussetzungen für die Prospektbefreiung nach Art. 1 Abs. 5 Verordnung (EU) 2017/1129 zu prüfen und darüber zu entscheiden. Dies tut sie impliziert mit Erteilung der Zulassung oder deren Ablehnung[124]. Diese Prüfung führt zwar nicht zur Übernahme einer Gewähr für die Güte der zuzulassenden Wertpapiere[125]. Diese Prüfung wird aber dahin gehen, das Vorliegen der Zulassungsvoraussetzungen materiell zu prüfen und ebenfalls zu untersuchen, ob auf der Grundlage der Prospektinformation und der sonstigen der Geschäftsführung bekannten Umstände die **Zulassungsvoraussetzungen vorliegen** bzw. **Zulassungshindernisse fehlen**[126]. Die dabei zu berücksichtigenden sonstigen Umstände kann die Geschäftsführung dem Prospekt, ihrem allgemeinen Wissen, aber auch speziellen, auf andere Weise erworbenen Informationen entnehmen. Hierfür kann die Geschäftsführung gemäß § 48 Abs. 2 Satz 2 BörsZulV auch die Vorlage weiterer Unterlagen als die dort genannten („insbesondere") und analog § 41 oder § 26 VwVfG u.U. auch Auskünfte bei dem Emittenten bzw. dem Emissionsbegleiter einholen.

9.49 Andererseits ist auch durch die Begründung des Gesetzgebers für die Streichung des § 30 Abs. 3 Nr. 3 BörsG a.F. klargestellt, dass nicht – nunmehr über den Umweg des § 32 Abs. 3 Nr. 1 BörsG – eine doppelte Prospektprüfung erfolgt, zunächst im Rahmen der Prospektbilligung durch die BaFin und dann im Rahmen der Prüfung des § 32 Abs. 3 Nr. 1 BörsG durch die Geschäftsführung. Die Geschäftsführung hat die Voraussetzungen des § 32 Abs. 3 Nr. 1 BörsG zu prüfen und darf dabei die Prospektinformationen verwenden. Den **Prospekt prüft sie nicht.**

9.50–9.52 Einstweilen frei.

III. Zulassungsverfahren

1. Überblick

9.53 Die Einzelheiten des **Zulassungsverfahrens** und die **Zulassungsvoraussetzungen** sind für den regulierten Markt in §§ 32 ff. BörsG und in der auf der Grundlage des § 34 BörsG erlassenen **Börsenzulassungsverordnung** geregelt. Für den Freiverkehr ergeben sich die Einzelheiten des Einbeziehungsverfahrens in den vom jeweiligen Börsenträger erlassenen Richtlinien für den Freiverkehr. Das Prospektrichtlinie-Umsetzungsgesetz, vor allem aber das Finanzmarktrichtlinie-Umsetzungsgesetz, haben das Zulassungsverfahren, insbesondere dessen Dauer, erheblich verändert.

9.54 Die Zulassung setzt nach § 32 Abs. 2 BörsG einen **Antrag des Emittenten** zusammen mit einem Emissionsbegleiter voraus. Der Inhalt des Antrags und die beizufügenden Unterlagen sind in § 32 Abs. 3 BörsG i.V.m. § 48 BörsZulV geregelt. Die früher gemäß § 49 BörsZulV vorgesehene Veröffentli-

---

122 Ebenso *Heidelbach* in Schwark/Zimmer, § 32 BörsG Rz. 59.
123 *Gebhardt* in Schäfer/Hamann, Kapitalmarktgesetze, § 30 BörsG Rz. 58.
124 Ausführlich dazu *Groß*, Kapitalmarktrecht, § 4 WpPG Rz. 8 f.
125 BGH v. 6.7.1993 – XI ZR 12/93, BGHZ 123, 126, 130 = WM 1993, 1455, 1456 f.; *Ellenberger* in FS Schimansky, S. 591, 595.
126 BGH v. 6.7.1993 – XI ZR 12/93, BGHZ 123, 126, 130 = WM 1993, 1455, 1456 f.; *Samm*, S. 96 f.; *Gebhardt* in Schäfer/Hamann, Kapitalmarktgesetze, § 30 BörsG Rz. 58; *Schwark*, NJW 1987, 2041, 2043; zu den Rechtsfolgen bei Verletzung der diesbezüglichen Pflichten vgl. *Groß*, Kapitalmarktrecht, § 32 BörsG Rz. 28.

chung des Zulassungsantrags wurde durch das Finanzmarktrichtlinie-Umsetzungsgesetz gestrichen. Das ist eine erhebliche Erleichterung insbesondere bei zeitkritischen Accelerated Bookbuildings. Die Geschäftsführung prüft in dem durch § 32 Abs. 3 BörsG vorgegebenen Umfang, ob die Voraussetzungen der Zulassung vorliegen[127]. Durch das Finanzmarktrichtlinie-Umsetzungsgesetz wurde die bis dahin in § 50 BörsZulV a.F. enthaltene Drei-Werktages-Frist[128] verkürzt und beginnt – aufgrund der Streichung des § 49 BörsZulV a.F. – nicht mehr mit der Veröffentlichung des Zulassungsantrags, sondern mit dem Datum der Einreichung. Gleichzeitig wurde eine früher kontrovers beurteilte Frage, die der Anwendung des § 187 Abs. 1 oder Abs. 2 BGB, durch die neue Formulierung entschieden: Der **früheste Zeitpunkt der Zulassung** ist der dem **Tag der Einreichung des Zulassungsantrags folgende Handelstag**, d.h. wird der Zulassungsantrag am 6.12.2021 gestellt, kann die Zulassung am 7.12.2021 erfolgen.

Wie lange sich die Geschäftsführung für die Zulassung Zeit lassen darf, ist nicht geregelt. Früher wurde gelegentlich vertreten, eine Frist von 10–15 Werktagen sei angemessen. Das mag zu Zeiten, in denen die Zulassungsstelle aus 20 und mehr Vertretern der Handelsteilnehmer bestand, noch vertretbar gewesen sein. Spätestens seit der Übertragung der Zulassungskompetenz auf die Geschäftsführung der Börse durch das Finanzmarktrichtlinie-Umsetzungsgesetz dürfte man aber ein deutlich schnelleres Vorgehen erwarten können. Die Geschäftsführung der FWB selbst sieht das offensichtlich ebenso, wenn sie als Anlage ihres Rundschreibens Listing 01/2007 im Zeitplan den Zulassungsbeschluss auf den Tag nach Einreichung des Zulassungsantrags festlegt[129].

Der **Zeitablauf** für ein mögliches Zulassungsverfahren kann (ohne Berücksichtigung des Prospektbilligungsverfahrens) bei enger Zusammenarbeit aller Beteiligten nach den §§ 48 bis 52 BörsZulV wie folgt gestaltet werden[130]: 9.55

– Zulassungsantrag wird am Tag T gestellt;

– die Zulassung wird am Tag T + 1 erteilt;

– Veröffentlichung der erfolgten Zulassung am Tag T + 2, § 51 BörsZulV;

– Einführung der zugelassenen Wertpapiere am Tag T + 3[131], § 52 BörsZulV.

Bei diesem Ablaufplan sind Sonn- und Feiertage nicht berücksichtigt worden; der Samstag gilt als Werktag. Bei § 50 BörsZulV kommt es allerdings auf „Handelstage" an, zu denen der Samstag nicht zählt. Bei § 52 BörsZulV spricht der Wortlaut zwar vom „Werktag", faktisch muss es sich aber auch hier um einen Handelstag handeln, da es um die Notierungsaufnahme geht, die wiederum nur an einem Handelstag erfolgen kann[132].

---

127 Zum Umfang des Prüfungsrechts, formell oder auch materiell, vgl. Rz. 9.48.
128 Vgl. zur Begründung dieser Frist noch Begr. RegE zur BörsZulV, BR-Drucks. 72/87, S. 67, 87.
129 Allerdings verweist sie ausdrücklich darauf, dass die Anlage nur die gesetzlichen Mindestfristen enthalte. „Die tatsächlichen Fristen für die Bearbeitung eines Zulassungsverfahrens können je nach Art des Verfahrens und Aufwand auch länger sein. Dennoch wird man bemüht sein, die eingehenden Verfahren schnellstmöglich zu erledigen." Ziffer 5 Rundschreiben Listing 01/2007 v. 21.9.2007. Insofern empfiehlt sich eine Abstimmung vorab mit der Geschäftsführung und ggfls. auch, Unterlagen vorab einzureichen.
130 Rundschreiben Listing 01/2007 der Frankfurter Wertpapierbörse, dort Übersichten in den Anlagen.
131 Bei geeigneter Vorabsprache kann dieser Zeitplan auf T+2 verkürzt werden, wenn nämlich eine Veröffentlichung der Zulassung an T+1 gelingt. Die Frankfurter Wertpapierbörse arbeitet eng mit dem Bundesanzeiger zusammen, so dass bei einer Zulassungsentscheidung am Vormittag u.U. die Zulassungsentscheidung sogar noch am selben Tag im Bundesanzeiger veröffentlicht werden kann.
132 Wie hier, auch ein Redaktionsversehen annehmen, *Berrar* in Berrar/Meyer/Müller/Schnorbus/Singhof/Wolf, § 13 WpPG Rz. 89 Fn. 225.

2. Zulassungsverfahren im Einzelnen
a) Zulassungsantrag

9.56 Das Zulassungsverfahren wird durch den **Zulassungsantrag** eröffnet. Der Zulassungsantrag muss vom **Emittenten** und einem **Emissionsbegleiter** gestellt werden, wobei Bevollmächtigung untereinander zulässig[133] und üblich ist. Form (vgl. Rz. 9.62) und Inhalt des Zulassungsantrages ergeben sich aus § 48 Abs. 1 BörsZulV[134].

aa) Antragsteller: Gesellschaft

9.57 Unstreitig wird der Emittent bei Stellung des Antrags durch sein Vertretungsorgan, bei der Aktiengesellschaft durch den **Vorstand**, organschaftlich vertreten – auch rechtsgeschäftliche Vertretung etwa durch Bevollmächtigung des Emissionsbegleiters oder durch Prokuristen etc. ist nicht ausgeschlossen.

bb) Gesellschaftsrechtliche Voraussetzungen

9.58 In der Literatur[135] wird verschiedentlich vertreten, der Vorstand der Gesellschaft könne zwar kraft seiner gesetzlich umfassenden Vertretungsmacht die für den Börsengang erforderlichen rechtsgeschäftlichen Handlungen vornehmen. Er bedürfe aber hierfür intern einer gesonderten **Ermächtigung durch die Hauptversammlung**, die darüber mit einfacher Stimmenmehrheit[136] oder nach a.A. mit satzungsändernder ¾-Mehrheit[137] beschließen müsse[138]. Der **BGH** hatte in der **„Macrotron"-Entscheidung** zum Delisting eine Zuständigkeit der Hauptversammlung für die Entscheidung über das reguläre (vollständige) Delisting ausschließlich mit dem darin liegenden Eingriff in das **Eigentumsrecht** der Aktionäre, zu dem auch die **Verkehrsfähigkeit** der Aktie gehöre, begründet[139], dies aber in der Frosta-Entscheidung[140] wieder aufgegeben. Er hatte bereits in der Macrotron-Entscheidung ausdrücklich allen anderen Begründungsversuchen für eine Zuständigkeit der Hauptversammlung beim Delisting eine Absage erteilt[141]. Ganz auf der Linie des BGH im „Macrotron-Urteil", die Holzmüller-Grundsätze auf diejenigen Fälle zurückzuführen, für die sie entwickelt wurden, nämlich allein „Strukturentscheidungen", liegen die **„Gelatine-Urteile"** des BGH vom 26.4.2004[142]. Spätestens bereits damit war der

---

133 *Gebhardt* in Schäfer/Hamann, Kapitalmarktgesetze, § 30 BörsG Rz. 38, § 48 BörsZulV Rz. 4.
134 Näher *Groß*, Kapitalmarktrecht, § 48 BörsZulV Rz. 6; *Foelsch/Wittmann*, BuB Rz. 7/592a.
135 *Grupp*, Börseneintritt und Börsenaustritt, S. 146 ff., 149 ff.; *Lutter/Drygala* in FS Raisch, 1995, S. 239, 241; *Lutter* in FS Zöllner, 1998, Bd. 1, S. 363, 376; *Vollmer/Grupp*, ZGR 1995, 459, 465 f.; ausführlich zum Meinungsstand *Brauer*, S. 58 ff.; *Drygala/Staake*, ZIP 2013, 905, 913 f.
136 So *Grupp*, Börseneintritt und Börsenaustritt, S. 154 ff.; *Vollmer/Grupp*, ZGR 1995, 459, 466 und auch noch *Lutter/Drygala* in FS Raisch, 1995, S. 239, 241; ausführlich zum Meinungsstand *Brauer*, Die Rechte der Aktionäre beim Börsengang und Börsenrückzug ihrer Aktiengesellschaft, 2005, 58 ff.; nach der Entscheidung des BVerfG zum Delisting und Downgrading *Drygala/Staake*, ZIP 2013, 905, 913 f.
137 So *Lutter* in FS Zöllner, 1998, Bd. 1, S. 363, 378; ebenso auf Grund der Anwendung der §§ 190 ff. UmwG auf den Fall des Börsengangs *Drygala/Staake*, ZIP 2013, 905, 913 f.
138 Kritisch hierzu *Hüffer/Koch*, § 119 AktG Rz. 23; *Brauer*, S. 129 ff.; *Groß*, ZHR 165 (2001), 147, 161 ff. (hauptsächlich zum Delisting); *Halasz/Kloster*, ZBB 2001, 474, 477 ff.; *Hopt* in FS Drobnig, 1998, Bd. I, S. 525, 536 f.
139 BGH v. 25.11.2002 – II ZR 133/01, BGHZ 153, 47 = AG 2003, 273. Ablehnend *Adolff/Tieves*, BB 2003, 797, 798 ff.; *Krämer/Theiß*, AG 2003, 225, 228 weisen vollkommen zu Recht darauf hin, dass der Verkehrsfähigkeit der Aktien im Falle „Macrotron" laut Sachverhaltswiedergabe durch die Erstinstanz rein tatsächlich nicht mehr im Sinne eines effektiven Börsenhandels gegeben war.
140 BGH v. 8.10.2013 – II ZB 26/12, WM 2013, 2213 f. Rz. 3 = AG 2013, 877.
141 BGH v. 25.11.2002 – II ZR 133/01, BGHZ 153, 47 = AG 2003, 273. Insoweit ausdrücklich zustimmend *Adolff/Tieves*, BB 2003, 797, 798.
142 BGH v. 26.4.2004 – II ZR 154/02, WM 2004, 1085; BGH v. 26.4.2004 – II ZR 155/02, BGHZ 159, 30 = AG 2004, 384.

Begründung einer Hauptversammlungszuständigkeit beim Börsengang mit Holzmüller-Argumenten die Grundlage entzogen. Dies gilt erst Recht seit der Aufgabe der Macrotron-Rechtsprechung durch Frosta und der im Frosta-Beschluss nochmals ausdrücklich betonten Ablehnung anderer Begründungsversuche für eine Zuständigkeit der Hauptversammlung beim Delisting[143]. Es blieb damit nur noch das Eigentumsrecht der Aktionäre, zu dessen Schutzbereich auch die Verkehrsfähigkeit der Aktie gehören sollte, als Anknüpfungspunkt, was aber das BVerfG anders sieht[144]. Damit lässt sich eine Zuständigkeit der Hauptversammlung für die Entscheidung über den Börsengang im Übrigen auch gerade nicht begründen[145]. Die Verkehrsfähigkeit der Aktien wird nicht beeinträchtigt, sondern gerade gesteigert.

In der Praxis kommt ein isolierter Beschluss zum Börsengang eher selten vor[146]. Dies liegt in erster Linie wohl daran, dass die für den Handel an der Börse vorgesehenen Aktien in der Regel zumindest teilweise durch eine **Kapitalerhöhung** geschaffen werden. Soweit der nach § 9 BörsZulV bei einer Zulassung der Aktien zum regulierten Markt erforderliche Anteil von 25 % der gesamten zuzulassenden Aktien, die vom Publikum erworben werden können[147] („free float"), nicht durch Abgabe von den derzeitigen Aktionären sichergestellt werden kann, ist eine solche Kapitalerhöhung erforderlich. Eine Kapitalerhöhung zum Zweck des Gangs an die Börse enthält aber zumindest konkludent, in der Regel aber sogar ausdrücklich, eine Entscheidung über den Börsengang als solchen und macht damit eine gesonderte **isolierte Beschlussfassung** zum Börsengang entbehrlich[148].

9.59

cc) Emissionsbegleiter

Der Kreis zulässiger Emissionsbegleiter in § 32 Abs. 2 BörsG ist durch das Begleitgesetz[149] infolge der Umsetzung der alten Wertpapierdienstleistungsrichtlinie[150] über die **Kreditinstitute** hinaus auf **Finanzdienstleistungsinstitute** und Unternehmen i.S.d. § 53 Abs. 1 Satz 1 KWG oder § 53b Abs. 1 Satz 1 KWG sowie durch das Gesetz zur Umsetzung der Richtlinie (EU) 2019/2034 über die Beaufsichtigung

9.60

---

143 Im Ergebnis wie hier *Hüffer/Koch*, § 119 AktG Rz. 23.
144 Das sieht das BVerfG zu Recht anders: „Grundsätzlich nicht geschützt [vom Eigentumsgrundrecht, Anm. d. Verf.] sind hingegen der bloße Vermögenswert des Aktieneigentums und der Bestand einzelner wertbildender Faktoren, insbesondere solche, die die tatsächliche Verkehrsfähigkeit einer Aktie steigern." BVerfG v. 11.7.2012 – 1 BvR 3142/07 und 1 BvR 1569/08, AG 2012, 557 Rz. 53.
145 Ausführlich hierzu *Brauer*, S. 82 ff.; *Groß*, ZHR 165 (2001), 141, 163 ff.; *Heidelbach* in Schwark/Zimmer, § 32 BörsG Rz. 81 ff.
146 Das gilt jedenfalls für die Gesellschaft, die selbst den Börsengang anstrebt. Davon zu unterscheiden ist die Frage, ob die Beschlussfassung der Hauptversammlung der Muttergesellschaft für den Börsengang einer Tochtergesellschaft erforderlich ist, vgl. dazu die Übersicht über den Meinungsstand bei *Hüffer/Koch*, § 119 AktG Rz. 24 und weitere Nachweise in § 186 AktG Rz. 5a. Eine solche Beschlusskompetenz der Hauptversammlung ist selbst, wenn die Tochtergesellschaft durch Ausgliederung betriebswesentlicher Teile aus der Muttergesellschaft entstanden ist, nicht gegeben; *Hüffer/Koch*, § 119 AktG Rz. 24 und weitere Nachweise in § 186 AktG Rz. 5a.
147 Zu den Voraussetzungen des § 9 BörsZulV vgl. Rz. 9.33 ff.; *Groß*, Kapitalmarktrecht, § 9 BörsZulV Rz. 1.
148 Vgl. nur *Hüffer/Koch*, § 115 AktG Rz. 23; *Lutter* in FS Zöllner, 1998, Bd. 1, S. 361, 379; abweichend *Drygala/Staake*, ZIP 2013, 905, 913, die einen ausdrücklichen Beschluss der Hauptversammlung mit Ermächtigung und Verpflichtung des Vorstands, die für den Börsengang erforderlichen Schritte einzuleiten, fordern.
149 Begleitgesetz zum Gesetz zur Umsetzung von EG-Richtlinien zur Harmonisierung bank- und wertpapieraufsichtsrechtlicher Vorschriften, BGBl. I 1997, 2567.
150 Richtlinie über Wertpapierdienstleistungen v. 12.5.1993, RL 93/22/EWG, ABl. EG Nr. L 141 v. 11.6.1993, S. 27. Die Wertpapierdienstleistungsrichtlinie wurde gem. Art. 69 der Richtlinie 2004/39/EG des Europäischen Parlaments und des Rates v. 21.4.2004 über Märkte für Finanzinstrumente, zur Änderung der Richtlinien 85/611/EWG und 93/6/EWG des Rates und der Richtlinie 2000/12/EG des Europäischen Parlaments und des Rates und zur Aufhebung der Richtlinie 93/22/EWG des Rates, ABl. EU Nr. L 145 v. 30.4.2004, S. 1 mit Wirkung zum 30.4.2006 aufgehoben.

von Wertpapierinstituten[151] auf Wertpapierinstitute erweitert worden und, jedenfalls in der nunmehr vorliegenden Form, mit Art. 12 GG vereinbar[152]. Früher wurde das Erfordernis, dass der Emissionsbegleiter an einer inländischen Wertpapierbörse mit dem Recht zum Handel zugelassen sein muss, damit begründet, das börsenbegleitende Unternehmen übernehme auch nach erfolgter Zulassung weitere Pflichten, z.B. die laufende Beratung des Emittenten bei der Gestaltung und Durchführung der börsenrechtlichen Publizität, die Unterrichtung der Börsengeschäftsführung über die Fälligkeit der Dividenden, oder die Gewährleistung der börsenmäßigen Lieferbarkeit der Wertpapiere[153]. Nur durch das Erfordernis der Zulassung mit dem Recht zum Handel sei sichergestellt, dass der Emissionsbegleiter über die erforderlichen Erfahrungen und Kenntnisse hinsichtlich der mit einer Notierung an einer Wertpapierbörse verbundenen Verpflichtungen verfüge[154]. Da auf Grund der Änderungen der Börsenzulassungsverordnung die vorgenannten Pflichten jedoch zumindest größtenteils entfallen sind, ist fraglich, ob das Erfordernis der Emissionsbegleitung als solches, zumindest aber das der Zulassung mit dem Recht zum Handel, noch erforderlich und angemessen ist[155].

9.61 Die Entscheidung darüber, ob eine Person als Emissionsbegleiter agieren kann, ist kein eigenständiger Verwaltungsakt, sondern ein **verwaltungsinterner Mitwirkungsakt** im Rahmen des Verwaltungsverfahrens über die Zulassung der Wertpapiere[156]. Ein Unternehmen, dessen Kapitalanteile zu 100 % von dem Emittenten gehalten werden[157], kann nicht Emissionsbegleiter sein, ebenso wenig ein Wirtschaftsprüfer[158].

dd) Formerfordernis

9.62 Seit der Änderung des § 48 Abs. 1 BörsZulV[159] durch die Verordnung zur Änderung der Börsenzulassungs-Verordnung[160] ist der Zulassungsantrag **elektronisch** zu stellen, es sei denn, die Börsenordnung schreibt eine schriftliche Antragstellung vor. Diese, sinngemäß bereits im Rahmen der Stellungnahme des Bundesrates zum 2. FiMaNoG vom Bundesrat angeregte, Änderung[161] beruht vor allen Dingen auf der Überlegung, dass dem genauen Zeitpunkt der Antragstellung wesentliche Bedeutung für die Anwendung einzelner Regelungen der Marktmissbrauchsverordnung zukommt und bei elektronischer Antragstellung dieser Zeitpunkt leichter exakt bestimmt werden kann[162]. Außerdem soll die elektronische Antragstellung die Übermittlung von Datum und Uhrzeit der Antragstellung an die BaFin er-

---

151 BGBl. I 2021, 990, dort Art. 7 Nr. 20.
152 Wie hier mit ausführlicher Begründung *Heidelbach* in Schwark/Zimmer, § 32 BörsG Rz. 35 ff.; zweifelnd *Gebhardt* in Schäfer/Hamann, Kapitalmarktgesetze, § 30 BörsG Rz. 40.
153 Vgl. zu den weiteren Pflichten auch *Gericke*, S. 41; *Trapp* in Habersack/Mülbert/Schlitt, Unternehmensfinanzierung am Kapitalmarkt, § 37 Rz. 40.
154 Begr. RegE zum Begleitgesetz, BT-Drucks. 13/7143, S. 16, 27. Bei Emissionsbegleitung durch ein Konsortium ist ausreichend, dass ein Konsortialmitglied die Voraussetzungen des § 32 Abs. 2 BörsG erfüllt; nicht erforderlich ist, dass sämtliche Konsortialmitglieder die Voraussetzungen erfüllen, vgl. *Gericke*, S. 40; *Heidelbach* in Schwark/Zimmer, § 32 BörsG Rz. 39.
155 Dies ausdrücklich bejahend *Heidelbach* in Schwark/Zimmer, § 32 BörsG Rz. 37.
156 So für die Zulassung zum früheren geregelten Markt VGH Kassel v. 19.3.1996 – 11 UE 1714/93, NJW-RR 1997, 110, 111 f.; wie hier auch zum aktuellen Recht *Heidelbach* in Schwark/Zimmer, § 32 BörsG Rz. 63.
157 *Gebhardt* in Schäfer/Hamann, Kapitalmarktgesetze, § 30 BörsG Rz. 42; a.A. *Heidelbach* in Schwark/Zimmer, § 32 BörsG Rz. 38.
158 So für die Zulassung zum früheren geregelten Markt VGH Kassel v. 19.3.1996 – 11 UE 1714/93, NJW-RR 1997, 110, 113; *Gebhardt* in Schäfer/Hamann, Kapitalmarktgesetze, § 30 BörsG Rz. 38; *Heidelbach* in Schwark/Zimmer, § 32 BörsG Rz. 39.
159 Satz 1 des § 48 Abs. 1 BörsZulV a.F. wurde durch die Sätze 1–3 ersetzt.
160 V. 12.7.2017, BGBl. I 2017, 2359.
161 BT-Drucks. 18/11290, S. 13.
162 BT-Drucks. 18/11290, S. 13.

leichtern und soll „eine einfachere, kostengünstigere und effizientere Form der Antragstellung" darstellen[163]. Die technischen Anforderungen für die elektronische Übermittlung werden von den einzelnen Börsen im Rahmen der ihnen zustehenden Satzungsautonomie näher geregelt. Der Antrag ist – auch bei einem anderssprachigem Prospekt – in **deutscher Sprache**[164] zu stellen, § 48 Abs. 1 Satz 1 BörsZulV i.V.m. § 23 Abs. 1 VwVfG. Er hat die in § 48 Abs. 1 Satz 4 und 5 BörsZulV genannten Angaben zu enthalten. Die Frankfurter Wertpapierbörse empfiehlt dringend[165], das auf der Internet-Seite der Deutsche Börse AG eingestellte **Antragsformular** zu verwenden. Obwohl die Verwendung dieses Formulars nicht zwingend ist[166], empfiehlt es sich doch, diese „Hilfestellung" zu nutzen, um damit vermeidbare Nachfragen und dadurch bedingte zeitliche Verzögerung[167] zu vermeiden.

ee) Antragsadressat: Geschäftsführung

Der Zulassungsantrag ist auf Grund der Änderungen durch das Finanzmarktrichtlinie-Umsetzungsgesetz nicht mehr bei der Zulassungsstelle, sondern bei der Geschäftsführung derjenigen Börse, an der die Zulassung beantragt wird, einzureichen[168]. 9.63

Nachdem das frühere sog. **Kooperationsverfahren**[169] bereits Ende 2003 und die nachfolgende allein privatrechtliche Kooperation zwischen den Trägergesellschaften der jeweiligen Börsen[170] durch das Finanzmarktrichtlinie-Umsetzungsgesetz beendet wurden, verbleiben Erlass des Zulassungsbeschlusses sowie die Feststellung der Gebühren bei den jeweiligen Geschäftsführungen der jeweiligen Börsen. Allerdings haben die Börsen Berlin, Düsseldorf, Hamburg, Hannover, München und Stuttgart für Emittenten in HDAX wieder eine gemeinsame Geschäftsstelle eingerichtet[171]. 9.64

Nach § 48 Abs. 1 Satz 5 BörsZulV ist im Zulassungsantrag anzugeben, ob ein gleichartiger Antrag zuvor oder gleichzeitig an einer **anderen inländischen Börse** oder in einem **anderen Mitgliedstaat** der Europäischen Union oder in einem anderen Vertragsstaat des Abkommens über den europäischen Wirtschaftsraum gestellt worden ist oder alsbald gestellt werden wird. Diese Vorschrift dient der Sicherung der Zusammenarbeit der verschiedenen in- und ausländischen Börsen und damit der Einheitlichkeit der jeweils zu treffenden Zulassungsentscheidung, vgl. auch §§ 35, 36 BörsG. Nach § **35 Abs. 3 BörsG** ist bei einem Zulassungsantrag bei verschiedenen inländischen Börsen eine Zulassung nur mit Zustimmung aller Geschäftsführungen zulässig. Diese Zustimmung ist für den Antragsteller ein **interner, nicht einklagbarer Akt**[172]. Wird eine Zulassung wegen fehlender Zustimmung abgelehnt, stehen ihm somit nur gegen die nach außen entscheidende, die Zulassung ablehnende Stelle die allgemeinen 9.65

---

163 Begründung der Bundesregierung zur Änderung der Börsenzulassungsverordnung, BR-Drucks. 413/17, S. 2.
164 *Heidelbach* in Schwark/Zimmer, § 32 BörsG Rz. 40. In der Praxis wird hiervon vereinzelt abgewichen, was auch von der Geschäftsführung akzeptiert wird, *Gebhardt* in Schäfer/Hamann, Kapitalmarktgesetze, § 48 BörsZulV Rz. 5, z.B. Sprache des Prospekts.
165 So ausdrücklich Rundschreiben Listing 04/2003 der Zulassungsstelle der Frankfurter Wertpapierbörse v. 11.6.2003. Ebenso Listing-Rundschreiben 03/2017 v. 13.7.2017.
166 Ebenso Rundschreiben Listing 04/2003 der Zulassungsstelle der Frankfurter Wertpapierbörse v. 11.6.2003.
167 So ausdrücklich Rundschreiben Listing 04/2003 der Zulassungsstelle der Frankfurter Wertpapierbörse v. 11.6.2003, in dem „im Interesse einer Verfahrensbeschleunigung dringend empfohlen (wird), zukünftig von dem Antragsformular Gebrauch zu machen".
168 Zum Zugangserfordernis vgl. näher *Gebhardt* in Schäfer/Hamann, Kapitalmarktgesetze, § 30 BörsG Rz. 32.
169 Vgl. dazu nur *Gebhardt* in Schäfer/Hamann, Kapitalmarktgesetze, § 30 BörsG Rz. 28.
170 Vgl. dazu nur *Gebhardt* in Schäfer/Hamann, Kapitalmarktgesetze, § 30 BörsG Rz. 28.
171 *Trapp* in Habersack/Mülbert/Schlitt, Unternehmensfinanzierung am Kapitalmarkt, § 37 Rz. 51, Fn. 1.
172 *Heidelbach* in Schwark/Zimmer, § 35 BörsG Rz. 5; *Trapp* in Habersack/Mülbert/Schlitt, Unternehmensfinanzierung am Kapitalmarkt, § 37 Rz. 52.

Rechtsmittel (vgl. Rz. 9.85 ff.) zur Verfügung. Wird die Zulassung trotz fehlender Zustimmung erteilt, ist sie dennoch wirksam[173].

b) Einzureichende Unterlagen, weitere Angaben

9.66 Dem Antrag sind, soweit nicht eine Prospektbefreiung nach Art. 1 Abs. 5 Verordnung (EU) 2017/1129 vorliegt, neben dem Entwurf des Prospektes bzw. dem gebilligten Prospekt diejenigen Unterlagen beizufügen, die der Geschäftsführung die Beurteilung der in § 32 Abs. 3 Nr. 1 BörsG genannten Voraussetzungen ermöglicht[174]. Dies sind **insbesondere** die in **§ 48 Abs. 2 Satz 2 BörsZulV genannten Unterlagen**: Beglaubigter Auszug aus dem Handelsregister nach neuestem Stand; Satzung/Gesellschaftervertrag in der neuesten Fassung; Jahresabschlüsse und Lageberichte für die dem Antrag vorangehenden drei Geschäftsjahre, einschließlich der Bestätigungsvermerke der Wirtschaftsprüfer; Nachweis über die Rechtsgrundlage der Wertpapierausgabe, d.h. Dokumentation der maßgeblichen Gremienbeschlüsse über die Emission. In der Praxis werden diese Unterlagen immer beigefügt, obwohl die Vorschrift von einem diesbezüglichen Verlangen der Geschäftsführung spricht. Wie durch das Wort „insbesondere" zum Ausdruck gebracht wird, kann die Geschäftsführung ggf. die Vorlage weiterer Unterlagen verlangen.

9.66a Durch das Gesetz zur Novellierung von Finanzmarktvorschriften aufgrund europäischer Rechtsakte (Erstes Finanzmarktnovellierungsgesetz – 1. FiMaNoG)[175] wurde in § 32 Abs. 2 Satz 4 BörsG eine Regelung eingefügt, nach der die Geschäftsführung der jeweiligen Börse vom Emittenten die Übermittlung von **Referenzdaten** in Bezug auf die zuzulassenden Wertpapiere verlangen kann, soweit dies zur Erfüllung der Anforderungen aus Art. 4 der Verordnung (EU) Nr. 596/2014 (**Marktmissbrauchsverordnung**) erforderlich ist. Dabei geht es um die Mitteilung, mit deren Hilfe die Liste der Finanzinstrumente, die an dem jeweiligen Markt gehandelt werden, erstellt werden soll. Damit die Geschäftsführung der Verpflichtung zur Übermittlung der entsprechenden Informationen nachkommen kann, muss sie die erforderlichen Daten beim Emittenten abfragen können[176]. Soweit die Geschäftsführung der Börse diese Daten abfragt, sind sie vom Emittenten zu übermitteln.

c) Billigung des Prospekts

9.67 Zulassungsvoraussetzung nach § 32 Abs. 3 Nr. 2 BörsG ist ein nach den Vorschriften des Wertpapierprospektgesetzes gebilligter oder bescheinigter Prospekt oder ein Verkaufsprospekt im Sinne des § 42 InvG bzw. § 165 KAGB oder ein Prospekt im Sinne des § 318 Abs. 3 KAGB, soweit nicht nach Art. 1 Abs. 2 oder 1 Abs. 5 Verordnung (EU) 2017/1129 von der Veröffentlichung eines Prospekts abgesehen werden kann. Dem Zulassungsantrag ist nach § 48 Abs. 2 Satz 1 BörsZulV der **Entwurf des Prospektes** oder ein **gebilligter Prospekt** beizufügen. Das Prospektbilligungsverfahren selbst wurde durch das Prospektrichtlinie-Umsetzungsgesetz dem Zulassungsverfahren entzogen und ist seit In-Kraft-Treten der Verordnung (EU) 2017/1129 teils in Art. 20 Verordnung (EU) 2017/1129, insbesondere hinsichtlich der Prüfungsfristen und des Prüfungsmaßstabs, und teilweise in Art. 35 ff. der Delegierten Verordnung 2019/980, dort insbesondere mit Konkretisierungen des Prüfungsmaßstabs, geregelt.

Die **Billigung des Prospekts** im Rahmen des Wertpapierprospektgesetzes durch die BaFin ist die Regelung eines Einzelfalles auf dem Gebiet des öffentlichen Rechts mit unmittelbarer Außenwirkung und

---

173 *Groß*, Kapitalmarktrecht, § 32 BörsG Rz. 41.
174 *Heidelbach* in Schwark/Zimmer, § 32 BörsG Rz. 41.
175 V. 30.6.2016, BGBl. I 2016, 1514, Art. 5 Nr. 4.
176 Die entsprechende Regelung wurde auf Empfehlung des Finanzausschusses in § 32 Abs. 2 Satz 4 BörsG aufgenommen, BT-Drucks. 18/8099, S. 111.

damit ein begünstigender **Verwaltungsakt**[177]. Das war bei der Prospektbilligung nach § 30 BörsG a.F.[178] bzw. § 8a VerkProspG a.F. im Falle der förmlichen Gestattung der Veröffentlichung[179] nicht anders.

Die BaFin entscheidet über den Antrag innerhalb der Fristen der Art. 20 Abs. 2 und 3 (und Abs. 6 und 6a) Verordnung (EU) 2017/1129. Aus der Gesamtschau der Abs. 2–6a des Art. 20 ergibt sich folgende klare zeitliche Abfolge: Die BaFin ist verpflichtet[180], nach Prospekteinreichung innerhalb der Frist von 10/20/7/5 Arbeitstagen (Abs. 2, 3, 6 oder 6a) die Entscheidung über die Billigung mitzuteilen. Dabei kommt es nicht darauf an, ob der Prospekt vollständig, kohärent und verständlich, also billigungsfähig ist, Art. 20 Abs. 4 lit. a) Verordnung (EU) 2017/1129. In aller Regel wird die BaFin Änderungen oder Ergänzungen zur Ersteinreichung verlangen[181]. Diese hat sie (ebenfalls Verpflichtung) dem Antragsteller innerhalb der Frist von 10/20 (und wohl auch 5 bzw. 7, auch wenn Abs. 6 und 6a in Abs. 4 lit. a nicht genannt wird) Arbeitstagen mitzuteilen (Art. 20 Abs. 4 lit. a) Verordnung (EU) 2017/1129). Wird daraufhin eine geänderte Fassung des Prospekts eingereicht, hat sie innerhalb der Frist von 10/5 Arbeitstagen über die Billigung zu entscheiden. Die frühere, hinsichtlich der Zweit- und Dritteinreichung etwas flexiblere Verwaltungspraxis der BaFin[182] wird von dieser aktuell nicht mehr angewendet.

9.68

d) Veröffentlichung des Prospekts

aa) Art der Veröffentlichung

Der Prospekt darf nach Art. 21 Abs. 1 UAbs. 1 Verordnung (EU) 2017/1129 erst nach seiner Billigung veröffentlicht werden. Anders als Art. 14 Abs. 1 Satz 1 Prospekt-RL und § 14 Abs. 1 Satz 1 WpPG a.F., die noch eine Fristenregelung zwischen Billigung und Veröffentlichung enthielten („so bald wie praktisch möglich" bzw. „unverzüglich"), enthält Art. 21 Abs. 1 Verordnung (EU) 2017/1129 hierzu zu Recht keine Regelung. Entscheidend für den Anlegerschutz durch Information ist nicht die Veröffentlichung nach Billigung, sondern allein, dass sie „rechtzeitig vor und spätestens mit Beginn des öffentlichen Angebots oder der Zulassung", so Art. 21 Abs. 1 UAbs. 1 Verordnung (EU) 2017/1129, erfolgt.

9.69

bb) Speziell: Alleinige Veröffentlichung im Internet

Die alleinige Veröffentlichung des Prospekts im Internet lässt auch Art. 21 Verordnung (EU) 2017/1129 nicht zu. Art. 21 Abs. 2 Verordnung (EU) 2017/1129 konzentriert zwar die Veröffentlichungsform auf das Internet und lässt hierfür verschiedene, in lit. a–c genau benannte Websites zu. Zwischen diesen kann der Emittent/Anbieter/die eine Zulassung beantragende Person wählen. Ganz auf das Internet verlassen, wollte sich der europäische Gesetzgeber jedoch nicht. Art. 21 Abs. 11 Verordnung (EU) 2017/1129 verlangt deshalb, dass auf Verlangen jedem potentiellen Anleger ein dauerhafter Datenträger (Definition in Art. 2 lit. z) Verordnung (EU) 2017/1129) und letztendlich, wenn der potentielle Anleger dies „ausdrücklich" verlangt, auch eine Papierversion kostenlos zur Verfügung gestellt wird.

9.70

---

177 So ausdrücklich Begr. RegE zum Prospektrichtlinie-Umsetzungsgesetz, BT-Drucks. 15/4999, S. 25, 34; im Übrigen auch unstr., vgl. nur *Berrar* in Berrar/Meyer/Müller/Schnorbus/Singhof/Wolf, § 13 WpPG Rz. 8; *Ritz/Voß* in Jost/Voß/Ritz/Zeising, § 13 WpPG Rz. 18; *von Kopp-Colomb* in Assmann/Schlitt/ von Kopp-Colomb, § 13 WpPG Rz. 16; *Kullmann/Sester*, WM 2005, 1068, 1073.
178 Begr. RegE zum Dritten Finanzmarktförderungsgesetz, BT-Drucks. 13/8933, S. 54, 72. *Heidelbach* in Schwark, 3. Aufl. 2004, § 30 BörsG Rz. 33.
179 *Heidelbach* in Schwark, 3. Aufl. 2004, § 8a VerkProspG Rz. 2.
180 Früher war dies str., vgl. nur Darstellung des Meinungsstandes *Groß*, Kapitalmarktrecht, 6. Aufl. 2016, § 13 WpPG Rz. 10.
181 Dazu, dass dies nicht zwingend fristunterbrechend wirken muss vgl. *Groß*, Kapitalmarktrecht, Art. 20 Verordnung (EU) 2017/1129 Rz. 12.
182 *Groß*, Kapitalmarktrecht, 6. Aufl. 2016, § 13 WpPG Rz. 10.

cc) Dauer der Veröffentlichung

9.71 Art. 21 Abs. 7 Verordnung (EU) 2017/1129 verlangt, der Prospekt müsse mindestens zehn Jahre auf den Websites zugänglich bleiben. Vor diesem Hintergrund ist der Warnhinweis nach Art. 21 Abs. 8 Verordnung (EU) 2017/1129, ab wann der Prospekt nicht mehr gültig ist – in der Regel mit Aufnahme des Handels – von Bedeutung[183].

9.72 Einstweilen frei.

3. Zulassungsanspruch, Ablehnung der Zulassung

9.73 Sind die Voraussetzungen des § 32 Abs. 3 BörsG erfüllt, besteht ein – einklagbarer[184] – **Anspruch auf Zulassung**[185], es sei denn, die Voraussetzungen des § 32 Abs. 4 BörsG lägen vor. In diesem Fall besteht nur ein Anspruch auf fehlerfreie Ermessensentscheidung[186].

9.74 Sind die in § 32 Abs. 3 BörsG genannten gesetzlichen Voraussetzungen nicht erfüllt und kann von einer **fehlenden Zulassungsvoraussetzung** nicht befreit werden, muss die Geschäftsführung den Zulassungsantrag **ablehnen**[187]. Sie kann den Antrag auf Zulassung der Wertpapiere trotz Erfüllung der Voraussetzungen des § 32 Abs. 3 BörsG gemäß § 32 Abs. 4 BörsG ablehnen, wenn der Emittent seine Pflichten aus der Zulassung zum regulierten Markt an einer anderen inländischen Börse oder an einer Börse in einem anderen Mitgliedstaat der Europäischen Union oder in einem anderen Vertragsstaat des Abkommens über den Europäischen Wirtschaftsraums nicht erfüllt. Die Ablehnung der Zulassung ist gemäß § 35 Abs. 1 BörsG zu begründen und den anderen Geschäftsführungen mitzuteilen.

IV. „Beendigung" der Zulassung

1. Erlöschen der Zulassung kraft Gesetzes

9.75 Gemäß § 38 Abs. 4 Satz 1 BörsG erlischt die Zulassung zum regulierten Markt kraft Gesetzes, wenn die zugelassenen Wertpapiere nicht innerhalb von **drei Monaten** nach Veröffentlichung der Zulassungsentscheidung eingeführt werden, d.h. wenn für sie innerhalb von drei Monaten nach Veröffentlichung der Zulassungsentscheidung keine Notierung im regulierten Markt erfolgt. Eine angemessene Verlängerung der Frist ist gemäß § 38 Abs. 4 Satz 2 BörsG möglich.

9.76 Von Gesetz wegen erlischt die Zulassung als **begünstigender Verwaltungsakt** auch durch ihre **Erledigung** gemäß § 43 Abs. 2 VwVfG. Das ist zum Beispiel der Fall bei einem **Formwechsel** der Aktiengesellschaft in eine Gesellschaft anderer Rechtsform, wenn die Aktien der formwechselnden Gesellschaft untergehen. Anders ist die Situation allerdings bei einem Formwechsel, bei dem die Aktien, wenn auch mit geänderten Rechten, bestehen bleiben, z.B. beim Formwechsel der (streitig) KGaA in eine AG[188] oder

---

183 *Groß*, Kapitalmarktrecht, Art. 21 Verordnung (EU) 2017/1129 Rz. 10 ff.
184 Vgl. zu den Rechtsmitteln sogleich Rz. 9.85 ff.
185 Unstr.: *Gebhardt* in Schäfer/Hamann, Kapitalmarktgesetze, § 30 BörsG Rz. 46; *Heidelbach* in Schwark/Zimmer, § 32 BörsG Rz. 66; *Kümpel/Hammen*, Börsenrecht, S. 194; *Foelsch/Wittmann*, BuB Rz. 7/592b; *Trapp* in Habersack/Mülbert/Schlitt, Unternehmensfinanzierung am Kapitalmarkt, § 37 Rz. 49.
186 *Heidelbach* in Schwark/Zimmer, § 32 BörsG Rz. 67; *Trapp* in Habersack/Mülbert/Schlitt, Unternehmensfinanzierung am Kapitalmarkt, § 37 Rz. 49.
187 *Gebhardt* in Schäfer/Hamann, Kapitalmarktgesetze, § 30 BörsG Rz. 47 f.
188 Die Praxis beim Rechtsformwechsel einer AG in eine KGaA oder einer KGaA in eine AG ist unterschiedlich. Während hier z.B. beim Rechtsformwechsel von einer KGaA in eine AG in einem Fall von einigen Börsen die Ansicht vertreten wurde, dass es keiner neuen Zulassung für die aus der Umwandlung der Kommanditaktien resultierenden Aktien bedarf, wurde im Fall der Umwandlung einer AG in eine KGaA eine neue Zulassung durchgeführt, vgl. Umwandlung HSBC Trinkaus & Burkhardt Kom-

einer (unstreitig) AG in eine SE[189] oder umgekehrt. So lange die Aktien als solche weiter existieren, ändert sich nicht automatisch etwas an deren Zulassung[190]. Fälle der Erledigung des Verwaltungsakts Zulassung nach § 43 Abs. 2 VwVfG sind dagegen z.B. für die Aktien der übertragenden Gesellschaft, nicht dagegen für die Aktien der übernehmenden Gesellschaft, die **Verschmelzung**, weil durch die Eintragung der Verschmelzung der übertragende Rechtsträger und damit die in den Aktien verkörperten Mitgliedschaftsrechte an diesem Rechtsträger erlöschen, schließlich die **Aufspaltung**[191].

Keine Fälle des automatischen Erlöschens der Zulassung kraft Gesetzes sind dagegen die Eingliederung und der aktienrechtliche, § 327e Abs. 3 Satz 3 AktG, und übernahmerechtliche, § 39b Abs. 5 Satz 3 WpÜG, Squeeze-Out[192]; anders dagegen der umwandlungsrechtliche Squeeze-Out, der erst mit Eintragung der Verschmelzung wirksam wird, § 62 Abs. 5 Satz 7 UmwG, damit zum gleichen Zeitpunkt, zu dem die Aktien infolge Verschmelzung untergehen und ihre Zulassung sich damit erledigt hat.

9.77

2. „Beendigung" der Zulassung von Amts wegen

Für die „Beendigung" der Zulassung von Amts wegen[193] bestehen nach § 39 Abs. 1 BörsG drei Möglichkeiten: Zum einen die nach den Vorschriften des **Verwaltungsverfahrensgesetzes**, zum anderen bei **Nichterfüllung der Emittentenpflichten** und drittens die, nach der die Geschäftsführung die Zulassung widerrufen kann, wenn sich die Umstände, die zuvor zur **Einstellung der Notierung** geführt haben, als dauerhaft erweisen.

9.78

a) Beendigung der Zulassung nach dem Verwaltungsverfahrensgesetz

Bei der Beendigung der Zulassung nach den Vorschriften des Verwaltungsverfahrensgesetzes handelt es sich zum einen um die **Rücknahme** einer von Anfang an **rechtswidrigen Zulassung** gemäß § 48 VwVfG. Zum anderen handelt es sich um den **Widerruf** einer **anfänglich rechtmäßigen Zulassung** gemäß § 49 VwVfG. Da es sich bei der Zulassung um einen begünstigenden Verwaltungsakt handelt, sind beim Widerruf der Zulassung die Einschränkungen des § 49 Abs. 2 VwVfG zu beachten[194].

9.79

---

manditgesellschaft auf Aktien in HSBC Trinkaus und Burkhardt AG einerseits und Drägerwerk AG in Drägerwerk AG & Co. KGaA andererseits. Kein Erlöschen der Zulassung z.B. vertreten von den Börsen Düsseldorf, München und Stuttgart, a.A. FWB, vgl. auch *Groß*, Kapitalmarktrecht, Art. 3 Verordnung (EU) 2017/1129 Rz. 7 f.

189 So zu recht *Kowalski* DB 2007, 2243, 2244, vgl. auch die Bekanntmachung der Porsche Automobilholding SE, BZ v. 15.11.2007, S. 22: „Mit Wirkung vom 16.11.2007 an wird die Notierung der auf den Inhaber lautenden Vorzugsaktien der Gesellschaft im regulierten Markt an den Wertpapierbörsen [...] von der Gattungsbezeichnung „Dr. Ing. h. c. F. Porsche Aktiengesellschaft" Stuttgart in „Porsche Automobil Holding SE, Stuttgart" geändert. Die ISIN [...] sowie [...] und das Börsenkürzel [...] ändern sich durch diese Umstellung nicht [...] Vorliegende Börsenaufträge sind nicht betroffen und bestehen unverändert fort."

190 Vgl. auch *Groß*, Kapitalmarktrecht, Art. 3 Verordnung (EU) 2017/1129 Rz. 7 f.

191 Ebenso für Formwechsel, Verschmelzung und Aufspaltung *Kümpel/Hammen*, Börsenrecht, S. 199; *Groß*, Kapitalmarktrecht, § 39 BörsG Rz. 4 und 12 ff.; vgl. auch Rz. 63.92.

192 Vgl. näher *Groß*, Kapitalmarktrecht, § 39 BörsG Rz. 12 ff. Der Widerruf der Zulassung erfolgt in diesen Fällen von Amts wegen durch die Geschäftsführung, da kein Handel mehr stattfindet.

193 Es wird hier bewusst untechnisch von der Beendigung gesprochen, da § 39 Abs. 1 BörsG ganz verschiedene Beendigungsmöglichkeiten nennt, Widerruf und Rücknahme nach dem Verwaltungsverfahrensgesetz, Widerruf wegen fehlender Gewährleistung des ordnungsgemäßen Börsenhandels, Widerruf wegen Verstoßes gegen die Zulassungsfolgepflichten sowie Widerruf auf Antrag des Emittenten.

194 Zur Rücknahme und zum Widerruf der Zulassung nach den Vorschriften des Verwaltungsverfahrensgesetzes vgl. insgesamt nur *Kümpel/Hammen*, Börsenrecht, S. 199; *Gebhardt* in Schäfer/Hamann, Kapitalmarktgesetze, § 38 BörsG Rz. 37.

b) Widerruf der Zulassung wegen Pflichtverletzung

9.80 Der Widerruf der Zulassung nach § 39 Abs. 1 BörsG setzt voraus, dass der Emittent auch nach einer ihm gesetzten **angemessenen Frist** die **Zulassungsfolgepflichten nicht erfüllt**. In der Praxis haben in der Vergangenheit verschiedene ausländische Gesellschaften § 39 Abs. 1 BörsG als Mittel zum Rückzug von der Börse genutzt, indem sie gegenüber der Zulassungsstelle erklärt haben, den Zulassungsfolgepflichten auf Dauer nicht mehr nachkommen zu wollen[195]. Daraufhin hat die früher zuständige Zulassungsstelle die Zulassung widerrufen.

c) Widerruf der Zulassung wegen dauerhafter Notierungseinstellung

9.81 Eine weitere Möglichkeit für den Widerruf der Zulassung eröffnet § 39 Abs. 1 Alt. 3 BörsG, wenn sich die Umstände, die zuvor zur Einstellung der Notierung geführt haben, als dauerhaft erweisen[196].

3. Widerruf der Zulassung auf Antrag des Emittenten

9.82 Der Widerruf der Zulassung auf Antrag des Emittenten ist durch das Gesetz zur Umsetzung der Transparenzrichtlinie-Änderungsrichtlinie[197] in § 39 Abs. 2 bis 6 BörsG fundamental neu gesetzlich geregelt worden und wird in § 63 ausführlich behandelt.

V. Rechtsfolgen der Zulassung: Zulassungsfolgepflichten, Kosten

9.83 Die Zulassung führt dazu, dass der Emittent verschiedene börsenrechtlich begründete Verpflichtungen zu erfüllen hat. Diese **Zulassungsfolgepflichten** werden an anderer Stelle in diesem Handbuch behandelt[198]. Darüber hinaus sich aus der Börsenzulassung ergebende Pflichten, z.B. der Marktmissbrauchsverordnung (**Insiderrecht**[199], **Ad-hoc-Publizität**[200], **Directors' Dealings**[201]) sowie des WpHG (Mitteilungs- und Veröffentlichungspflichten bei **Stimmrechtsanteilen**[202]) werden ebenfalls an anderer Stelle ausführlich behandelt, so dass hierauf verwiesen werden kann. Weitere sich aus dem Aktien- und Bilanzrecht ergebende Besonderheiten der börsennotierten Aktiengesellschaft[203] führen zu gewissen Sonderregelungen, rechtlich nicht aber zu fundamentalen Unterschieden zwischen der börsennotierten Aktiengesellschaft einerseits und der nicht börsennotierten Aktiengesellschaft andererseits[204].

---

195 Beispielsfälle bei *Radtke*, S. 41, Fn. 80 dort auch zu den möglichen – auch haftungsrechtlichen – Folgen.
196 *Heidelbach* in Schwark/Zimmer, § 39 BörsG Rz. 5 verweist insoweit vollkommen zu Recht darauf, dass es sich um ein gestuftes Verfahren handelt. Zunächst erfolgt die Einstellung der Notierung auf Grund einer mittelfristigen schlechten Prognose. Dann ergibt sich im weiteren Verlauf, dass auch die weitere Prognose für die Wiederaufnahme des Handels schlecht ist. In diesem Fall kann die Geschäftsführung die Zulassung widerrufen.
197 BGBl. I 2015, 2029.
198 Vgl. § 12.
199 Vgl. § 14.
200 Vgl. § 15.
201 Vgl. § 16.
202 Vgl. § 18.
203 Übersicht bei *Groß*, ZHR 165 (2001), 141, 163 f.
204 A.A. *Drygala/Staake*, ZIP 2013, 905, 908 ff., die von zwei Formen der AG ausgehen, der börsennotierten und der nichtbörsennotierten, und deshalb den Wechsel von der einen Form zur anderen als Formwechsel i.S.d. UmwG ansehen.

Die Zulassung als solche ist **nicht kostenfrei**; vielmehr fällt eine Zulassungsgebühr von mindestens 12.000 Euro bei Aktien bzw. festverzinslichen Wertpapieren an[205]. Sonstige einmalige Kosten sind die Kosten der Veröffentlichung der Zulassung und des Prospekts, die Druckkosten des Prospekts, eventuelle Kosten des Drucks der Wertpapiere die (früher übliche, zwischenzeitlich eher selten anzutreffende) Börseneinführungsprovision der Emissionsbegleiter[206] und die Übernahme- und Platzierungsprovision der Konsortialbanken. Daneben entstehen die laufenden Kosten, die mit der Erfüllung der vorgenannten Veröffentlichungspflichten verbunden sind, und nach der ebenfalls kostenpflichtigen Einführung u.U. die Notierungsgebühren. Trotz der mit der Änderung der Gebührenstruktur 2018 bei der Frankfurter Wertpapierbörse verbundenen erheblichen Erhöhung der Gebühren sollen diese nach Angaben der Frankfurter Wertpapierbörse im Vergleich zu anderen europäischen Börsen noch deutlich geringer sein[207].

9.84

VI. Rechtsmittel

1. Untätigkeitsklage

Bleibt die Geschäftsführung nach beantragter Zulassung drei Monate[208] untätig, können die Antragsteller, d.h. Emittent oder Emissionsbegleiter, gemäß § 75 VwGO Untätigkeitsklage erheben[209] (zur Befugnis der Aktionäre vgl. sogleich Rz. 9.87 ff.).

9.85

2. Anfechtungs- und Verpflichtungsklage bei Ablehnung oder Widerruf und Rücknahme der Zulassung von Amts wegen

a) Emittent, Emissionsbegleiter

Ablehnung, Widerruf und Rücknahme der Zulassung sind Verwaltungsakte, gegen die der Verwaltungsrechtsweg nach einem entsprechenden Widerspruchsverfahren[210] offen steht[211]. Aktiv legitimiert

9.86

---

205 Vgl. § 11 der Gebührenordnung für die Frankfurter Wertpapierbörse sowie für die anderen Gebührentatbestände (Einführung, Notierung), §§ 14, 15 Gebührenordnung für die Frankfurter Wertpapierbörse, abrufbar über die Internet-Seite der Deutsche Börse AG (Regelwerke), abgerufen: 19.3.2021.
206 Die Aussage von *Foelsch/Wittmann*, BuB Rz. 7/610, die Börseneinführungsprovisionen der Kreditinstitute seien ein „nicht unerheblicher Teil der entstehenden Kosten", ist nicht zutreffend. Soweit solche überhaupt noch erhoben werden – sehr selten – sind sie marginal. Davon zu unterscheiden sind die für die Übernahme und Platzierung der Aktien erhobenen Bankenprovisionen, die nicht zu vernachlässigen sind.
207 Aussage der Frankfurter Wertpapierbörse gem. Beitrag BörsenZ v. 19.6.2018, 2. Zu früheren Kostenvergleichen siehe Kosten der Eigenkapitalbeschaffung – Frankfurt a. M. und London im Vergleich, AG 2007, R8 f.; vgl. auch die ausführliche Studie „Auswahl eines Börsenplatzes zur Platzierung von Aktien und Anleihen (basierend auf einer Studie von *Kaserer/Schiereck*, Primary Markets Activity and the Cost of Going and Being Public – An Update, Sep. 2011)".
208 *Trapp* in Habersack/Mülbert/Schlitt, Unternehmensfinanzierung am Kapitalmarkt, § 37 Rz. 46.
209 *Gebhardt* in Schäfer/Hamann, Kapitalmarktgesetze, § 30 BörsG Rz. 60; für den Emittenten ebenso *Heidelbach* in Schwark/Zimmer, § 32 BörsG Rz. 62, die jedoch eine eigenständige Antragsbefugnis des Emissionsbegleiters ablehnt: *Trapp* in Habersack/Mülbert/Schlitt, Unternehmensfinanzierung am Kapitalmarkt, § 37 Rz. 49 (Emittent: ja), Rz. 50 (Emissionsbegleiter: nein).
210 Zur Widerspruchs- und Anfechtungsbefugnis des Anlegers beim Widerruf der Zulassung auf Antrag des Emittenten (Delisting) vgl. auch Rz. 9.90 und Rz. 63.68 f.
211 *Heidelbach* in Schwark/Zimmer, § 32 BörsG Rz. 63 (zur Ablehnung der Zulassung); *Gebhardt* in Schäfer/Hamann, Kapitalmarktgesetze, § 30 BörsG Rz. 59; *Samm*, S. 97 f.

für Widerspruch und Klage sind sowohl der Emissionsbegleiter als auch der Emittent selbst[212]. Die Klage richtet sich gegen die Börse als solche[213].

b) Anleger

aa) Widerspruchs- und Anfechtungsbefugnis des Anlegers bei Zulassung oder deren Ablehnung

9.87 Ob der einzelne Anleger bzw. Aktionär im Falle einer gewährten Zulassung widerspruchs- bzw. anfechtungsbefugt oder im Falle einer verweigerten Zulassung verpflichtungsklagebefugt ist, richtet sich nach allgemeinen Regeln. Das Widerspruchsverfahren setzt eine **Widerspruchsbefugnis** des Widerspruchsführers[214] und die Anfechtungsklage bzw. bei Ablehnung der Zulassung die Verpflichtungsklage auf Erteilung der Zulassung eine **Klagbefugnis** des Klägers nach § 42 Abs. 2 VwGO voraus. Beides[215] ist nur gegeben, wenn der Widerspruchsführer bzw. Anfechtungs- oder Verpflichtungskläger „geltend macht, durch den Verwaltungsakt oder seine Ablehnung oder Unterlassung in seinen Rechten verletzt zu sein".

9.88 Da der Aktionär nicht befugt ist, den Zulassungsantrag zu stellen, er auch nicht Adressat des Verwaltungsakts Zulassung ist, scheidet jedenfalls nach der **Adressatentheorie**[216] aus, dass er im Falle der Ablehnung der Zulassung im Widerspruchsverfahren bzw. Verwaltungsprozess antrags- bzw. klagebefugt ist.

9.89 Die in Rechtsprechung und Literatur herrschende Meinung bestimmt die Widerspruchs- bzw. Anfechtungsbefugnis nach der sog. **Möglichkeitstheorie**[217]. Danach ist die Widerspruchs- oder Anfechtungsbefugnis dann gegeben, wenn die Verletzung einer Rechtsnorm, die auch dem Schutz der Interessen von Personen zu dienen bestimmt ist, die sich in der Lage des Klägers befinden, nicht offensichtlich und eindeutig nach jeder Betrachtungsweise unmöglich erscheint[218]. Die Zulassungsvorschriften dienen nicht dem Schutz des einzelnen Anlegers, sondern dem Schutz der Allgemeinheit[219]. Der Schutz des einzelnen Anlegers ist Rechtsreflex des Schutzes der Allgemeinheit; der einzelne Anleger hat kein subjektiv-öffentliches Recht auf Zulassung[220]. Deshalb kann der einzelne Anleger nicht geltend machen, die Zulassung bzw. ihre Ablehnung verletze Bestimmungen, die zumindest auch zu seinem individuellen Schutz geschaffen wurden; eine Widerspruchs- bzw. Klagbefugnis des einzelnen Anlegers bzw. Aktionärs bei Erteilung bzw. Ablehnung der Zulassung scheidet damit aus[221].

---

212 Vgl. hierzu insgesamt *Gebhardt* in Schäfer/Hamann, Kapitalmarktgesetze, § 30 BörsG Rz. 60; *Groß*, Kapitalmarktrecht, § 32 BörsG Rz. 48; *Heidelbach* in Schwark/Zimmer, § 32 BörsG Rz. 62, die allerdings eine eigenständige Antragsbefugnis des Emissionsbegleiters ablehnt; *Trapp* in Habersack/Mülbert/Schlitt, Unternehmensfinanzierung am Kapitalmarkt, § 37 Rz. 49 (Emittent: ja), Rz. 50 (Emissionsbegleiter: nein).
213 *Gebhardt* in Schäfer/Hamann, Kapitalmarktgesetze, § 30 BörsG Rz. 59; VGH Kassel v. 19.3.1996 – 11 UE 1714/93, NJW-RR 1997, 110 f.
214 *Kopp/Schenke*, 26. Aufl. 2020, § 69 VwGO Rz. 6.
215 Etwas weiter *Kopp/Schenke*, 26. Aufl. 2020, § 69 VwGO Rz. 6 für die Widerspruchsbefugnis.
216 *Kopp/Schenke*, 26. Aufl. 2020, § 42 VwGO Rz. 69.
217 *Kopp/Schenke*, 26. Aufl. 2020, § 42 VwGO Rz. 66.
218 *Kopp/Schenke*, 26. Aufl. 2020, § 42 VwGO Rz. 66.
219 Unstr., vgl. nur *Heidelbach* in Schwark/Zimmer, § 32 BörsG Rz. 73; *Eickhoff*, WM 1988, 1713, 1714; *Fluck*, WM 1995, 553, 558; *Radtke*, S. 53.
220 BVerfG v. 11.7.2012 – 1 BvR 3142/07 und 1 BvR 1569/08, AG 2012, 557, 560 Rz. 58.
221 Das müsste das BVerfG ebenso sehen, wenn es das subjektiv öffentliche Recht ablehnt, BVerfG v. 11.7.2012 – 1 BvR 3142/07 und 1 BvR 1569/08, AG 2012, 557, 560 Rz. 58. Vgl. ferner *Eickhoff*, WM 1988, 1713, 1714; *Fluck*, WM 1995, 553, 558; *Groß*, ZHR 165 (2001), 141, 148 f.; *Gebhardt* in Schäfer/Hamann, Kapitalmarktgesetze, § 30 BörsG Rz. 61 mit Verweis auf § 31 Abs. 5 BörsG i.d.F. vor dem Finanzmarktrichtlinie-Umsetzungsgesetz, entspricht jetzt – nach Übertragung der Kompetenz auf die Geschäftsführung – insoweit § 15 Abs. 6 BörsG; differenzierend *Heidelbach* in Schwark/Zimmer, § 32

bb) Widerspruchs- und Anfechtungsbefugnis des Anlegers bei Widerruf oder Rücknahme der Zulassung

Ob bei einem Widerruf der Zulassung von Amts wegen nach § 39 Abs. 1 BörsG eine Widerspruchs- und Anfechtungsbefugnis des einzelnen Anlegers besteht, ist streitig, wird aber von der Rechtsprechung verneint[222]. Die nachfolgend dargestellten Gründe des Vertrauensschutzes sowie der auf dessen Grundlage getroffenen Vermögensentscheidung greifen auch bei dem Widerruf der Börsenzulassung von Amts wegen, so dass eine Widerspruchs- und Anfechtungsbefugnis des einzelnen Anlegers durchaus in Betracht kommt. Dagegen steht jedoch die gesetzliche Wertung in § 15 Abs. 8 BörsG. Diese Wertung, dass die Geschäftsführung die nach dem Börsengesetz ihr zugewiesenen Aufgaben wie z.B. den Widerruf der Zulassung von Amts wegen, allein im öffentlichen Interesse wahrnimmt, wird beim Widerruf von Amts wegen auch nicht durch die klare und eindeutige Intention des Gesetzgebers, mit der Neuregelung in § 39 Abs. 2 bis 6 BörsG den Anlegerschutz zu stärken, überlagert, weil § 39 Abs. 1 BörsG und der Widerruf der Zulassung von Amts wegen im Rahmen der Neuregelung des Delisting 2015 durch das Gesetz zur Umsetzung der Transparenzrichtlinie-Änderungsrichtlinie[223] nicht geändert wurde. Bleibt es demnach beim Widerruf von Amts wegen nach § 39 Abs. 1 BörsG bei der Wertung des § 15 Abs. 8 BörsG, dann wird man wohl trotz des auch hier geltenden Vertrauensschutzes eine Widerspruchs- und Anfechtungsbefugnis des einzelnen Anlegers ausschließen müssen[224]. Das ist bei einem Widerruf der Zulassung auf Antrag des Emittenten anders. Hinsichtlich der Widerspruchs- und Anfechtungsbefugnis des einzelnen Anlegers geht ein Verweis auf deren Fehlen bei einer verweigerten Zulassung[225] an der entscheidenden Problematik vorbei. Die Situation beim Widerruf bzw. der Rücknahme einer bereits erteilten Zulassung ist mit der eines Verfahrens, in dem es darum geht, die Zulassung erst zu erlangen, für den Anleger nicht vergleichbar. Auch § 15 Abs. 8 BörsG, nach dem die Geschäftsführung die Aufgaben nach diesem Gesetz nur im öffentlichen Interesse wahrnimmt, ist beim Widerruf der Zulassung auf Antrag des Emittenten kein einschlägiges Argument[226], jedenfalls nicht mehr seit der Änderung des § 39 Abs. 2 BörsG durch das Gesetz zur Umsetzung der Transparenzrichtlinie-Änderungsrichtlinie. Eine bestehende Zulassung schafft einen **Vertrauenstatbestand** auf dessen Grundlage einzelne Anleger **Vermögensentscheidungen** getroffen haben[227]. Selbst wenn man die Verkehrsfähigkeit der Aktie in Übereinstimmung mit dem Delisting-Urteil des Bundesverfassungsgerichts zu Recht nicht als grundrechtlich geschützt ansieht[228], so bleibt es beim Gesichtspunkt des Vertrauensschutzes, der als solcher ausreicht, einen Drittschutz des § 39 Abs. 2 BörsG und damit die Widerspruchs- und Anfechtungsbefugnis zu bejahen[229]. Auch das BVerfG schließt

9.90

BörsG Rz. 73 f.: Keine Widerspruchs- und Anfechtungsbefugnis bei Ablehnung der Zulassung; zweifelnd dagegen, wenn Zulassung gewährt wird.
222 Hess. VGH v. 22.2.2021 – 6 B 2656/2020 Rz. 26 – juris, insoweit zustimmend *Heidel*, Anm. zu dem vorzitierten Beschluss des VGH Kassel, BKR 2021, 438, 440 f.
223 BGBl. I 2015, 2029.
224 So der Hess. VGH v. 22.2.2021 – 6 B 2656/2020 Rz. 26 – juris und *Heidelbach* in Schwark/Zimmer, § 32 Rz. 74; die in der Vorauflage noch vertretene a.A. wird aufgegeben.
225 *Groß*, Kapitalmarktrecht, § 32 BörsG Rz. 50.
226 So aber VG Frankfurt a. M. v. 25.3.2013 – 2 L 1073/13. F, BeckRS 2013, 51275 und *Gebhardt* in Schäfer/Hamann, Kapitalmarktgesetze, § 38 BörsG Rz. 62 mit dem Verweis auf § 31 Abs. 5 i.d.F. vor dem Finanzmarktrichtlinie-Umsetzungsgesetz, der – nach Übertragung der Kompetenz auf die Geschäftsführung – § 15 Abs. 8 entspricht.
227 So ausdr. auch VG Frankfurt a. M. v. 17.6.2002 – 9 E 2285/01 (V) – Macrotron, ZIP 2002, 1446, 1447 zum Delisting, dort eine Widerspruchs- bzw. Anfechtungsbefugnis bejahend; ebenso *Hüffer/Koch*, § 119 AktG Rz. 38, dagegen *Gebhardt* in Schäfer/Hamann, Kapitalmarktgesetze, § 38 BörsG Rz. 62.
228 BVerfG v. 11.7.2012 – 1 BvR 3142/07, 1 BvR 1569/08, AG 2012, 557 Rz. 53.
229 In diesem Sinne auch Stellungnahme des 8. Revisionssenats des BVerwG, wiedergegeben bei BVerfG v. 11.7.2012 – 1 BvR 3142/07, 1 BvR 1569/08, www.bverfg.ders20120711_1bvr314207.html Rz. 35 (insoweit nicht abgedr. in AG 2012, 557 ff.): „Das Börsengesetz (§ 39 Abs. 2 BörsG) biete ... ausreichende Ansatzpunkte für einen angemessenen, mit Widerspruch und Anfechtungsklage gegen den Widerruf der Zulassung durchsetzbaren Schutz der betroffenen Aktionäre." Auch der BGH verweist ausdr. auf

es nicht aus, „dass sich der Aktionär möglicherweise auf einzelne börsenrechtliche Bestimmungen im Sinne eines einfachrechtlichen subjektiven Rechts berufen kann."[230] Da der Kreis der geschützten Anleger auf diejenigen beschränkt ist, die im Zeitpunkt des Widerrufs bzw. der Rücknahme Anleger in dem betroffenen Wertpapier des einzelnen Emittenten sind, ist dieser Kreis auch überschaubar. Das Argument, die Widerspruchs- oder Klagebefugnis des einzelnen Anlegers müsse zur Vermeidung von Popularklagen ausgeschlossen werden, trägt hier deshalb nicht. Nach der Neufassung der Absätze 2 bis 3 des § 39 BörsG will das VG Frankfurt a. M. seine alte Rechtsprechung[231] nicht mehr aufrecht erhalten und eine Klage- und Anfechtungsbefugnis von betroffenen Aktionären, begrenzt auf § 39 Abs. 2 BörsG, annehmen[232]. Der Hessische VGH hat sich dem angeschlossen[233]. Das VG Düsseldorf hatte bereits früher ein subjektiv-öffentliches Recht des Anlegers aus § 39 Abs. 2 BörsG bejaht[234]. Die drittschützende Wirkung des § 39 Abs. 2 Satz 2 BörsG kann seit der detaillierten Regelung der Voraussetzungen für den Widerruf der Zulassung auf Antrag des Emittenten durch das Gesetz zur Umsetzung der Transparenzrichtlinie-Änderungsrichtlinie in § 39 Abs. 2 Satz 3 BörsG und den Abs. 3–6 nicht mehr bezweifelt werden. Dem Gesetzgeber ging es bei dieser Änderung ausdrücklich um die Verstärkung des Anlegerschutzes und um die gerichtliche Nachprüfbarkeit der Delisting-Entscheidung der Geschäftsführung[235]. Deshalb kann der Anleger im Fall der Gewährung des Delisting aus den oben dargestellten Gründen nach einem entsprechenden Widerspruchsverfahren Anfechtungsklage erheben[236].

VII. Haftung

9.91 Die Mitglieder der **Geschäftsführung** sind als Träger hoheitlicher Verwaltung **Beamte im haftungsrechtlichen Sinne**, so dass im Falle einer Amtspflichtverletzung Amtshaftungsansprüche nach § 839

---

den verwaltungsrechtlichen und ggf. verwaltungsgerichtlichen Schutz: „Wenn die Anleger in der Verwaltungspraxis nicht ausreichend geschützt werden, ist einer unzutreffenden Anwendung von § 39 Abs. 2 Satz 2 BörsenG mit den verwaltungsrechtlichen (auch aufsichtsrechtlichen) Mitteln zu begegnen. § 39 Abs. 2 Satz 2 BörsenG bietet, wie der 8. Revisionssenat des Bundesverwaltungsgerichts in seiner Stellungnahme zu den Verfassungsbeschwerden … betont hat …, ausreichende Ansatzpunkte für einen angemessenen, mit Widerspruch und Anfechtungsklage gegen den Widerruf der Zulassung durchsetzbaren Schutz der betroffenen Aktien …" BGH v. 8.10.2013 – II ZB 26/12, WM 2013, 2213 Rz. 16. Im Ergebnis ebenso Hess. VGH v. 22.2.2021 – 6 B 2656/2020 Rz. 24 f. – juris, insoweit zustimmend *Heidel*, Anm. zu dem vorzitierten Beschluss des VGH Kassel, BKR 2021, 438, 439; VG Düsseldorf v. 7.8.2015 – 20 L 2589/15, ZIP 2015, 1733, 1734 f. und *Heidelbach* in Schwark/Zimmer, § 32 Rz. 76; *Heidelbach* in Schwark/Zimmer, § 39 Rz. 40; *Reger/Schilha*, NJW 2012, 3066, 3067; a.A. VG Frankfurt a. M. v. 25.3.2013 – 2 L 1073/13.F, BeckRS 2013, 51275; *Gebhardt* in Schäfer/Hamann, Kapitalmarktgesetze, § 38 BörsG Rz. 62; wie hier schon *Groß*, ZHR 165 (2001), 141, 151 ff.
230 BVerfG v. 11.7.2012 – 1 BvR 3142/07 und 1 BvR 1569/08, AG 2012, 557, 561 Rz. 61.
231 VG Frankfurt a. M. v. 25.3.2013 – 2 L 1073/13.F, BeckRS 2013, 51275. Zur Entwicklung der Rspr., bei der das VG Frankfurt a. M. und ihm folgend das VG Düsseldorf und der VGH Mannheim eine Anfechtungsbefugnis bejaht hatten, vgl. ausf. *Hammen*, ZBB 2016, 398, 401 f.
232 VG Frankfurt v. 29.10.2020 – 7 L 2867/20.F – juris.
233 Hess. VGH v. 22.2.2021 – 6 B 2656/2020 Rz. 23ff. – juris, zustimmend *Heidel*, Anm. zu dem vorzitierten Beschluss des VGH Kassel, BKR 2021, 438, 439.
234 VG Düsseldorf v. 7.8.2015 – 20 L 2589/15, ZIP 2015, 1733, 1734 f.
235 Beschlussempfehlung des Finanzausschusses, BT-Drucks. 18/6220, 84: „… erscheint eine gesetzliche Verbesserung des Anlegerschutzes beim Widerruf der Zulassung eines Wertpapiers … erforderlich", S. 86: „Gegenstand des verwaltungsrechtlichen Rechtsschutzes gegen die Entscheidung über den Widerruf durch die Geschäftsführung der jeweiligen Börse." Ebenso ausdr. auch *Hammen*, ZBB 2016, 398, 406 und jetzt Hess. VGH v. 22.2.2021 – 6 B 2656/2020 Rz. 24 – juris.
236 Wie hier ausdr. auch *Heidelbach* in Schwark/Zimmer, § 32 BörsG Rz. 76 ff.

BGB i.V.m. Art. 34 GG gegenüber dem jeweiligen Bundesland geltend gemacht werden können[237], wobei gemäß § 5 Abs. 6 BörsG der Börsenträger das Land von den entsprechenden Ansprüchen frei zu stellen hat[238]. Voraussetzung dafür ist, dass eine Amtspflicht verletzt wurde, die zumindest auch den Zweck hat, gerade die Interessen des Anspruchstellers wahrzunehmen[239].

Durch das Vierte Finanzmarktförderungsgesetz hat der Gesetzgeber über die bereits früher bestehende Regelung für die Börsenaufsichtsbehörde (§ 1 Abs. 6 BörsG a.F.) hinaus für jedes Börsenorgan[240] eine Regelung aufgenommen, nach der dieses Organ seine **Aufgaben allein im öffentlichen Interesse** wahrnimmt; das Finanzmarktrichtlinie-Umsetzungsgesetz hat daran nichts geändert. Bezweckt war damit – auch wenn dies nicht ausdrücklich in den jeweiligen Aussagen der Regierungsbegründung angesprochen wird – der Ausschluss einer Amtshaftung des Landes für das jeweilige Börsenorgan[241]. Dient nämlich die ordnungsgemäße Wahrnehmung der jeweiligen Amtspflicht ausschließlich öffentlichen Interessen, die Amtspflicht der Geschäftsführung ausschließlich den Belangen der Anleger in ihrer Gesamtheit und nicht dem Schutz einzelner Anleger[242], so scheidet ein Anspruch des Anlegers mangels ihn speziell schützender Amtspflicht aus. Für die Geschäftsführung enthält § 15 Abs. 6 BörsG die entsprechende Regelung. 9.92

Man mag diese gesetzliche Regelung als verfassungsrechtlich bedenklich ansehen[243]. Hält man sie aber für wirksam, so wird man aufgrund der gesetzlichen Änderung nunmehr[244] davon ausgehen müssen, dass auch bei **pflichtwidriger Zulassung** oder **pflichtwidriger Ablehnung der Zulassung** kein Schadensersatzanspruch des Anlegers gegen das jeweilige Bundesland in Betracht kommt[245]. Beim **pflichtwidrigen Widerruf der Zulassung** ist allerdings fraglich, ob tatsächlich die generelle Regelung des § 15 Abs. 6 BörsG die geschützte Position der Verkehrsfähigkeit der Aktie und speziell den drittschützenden Charakter des § 39 Abs. 2 BörsG beseitigen kann. Insofern bleibt erwägenswert, trotz der Spezialregelung des § 15 Abs. 6 BörsG einen Gleichklang von Widerspruchs- und Anfechtungsbefugnis und Drittschutz der Amtspflicht anzunehmen und damit die Möglichkeit von Amtshaftungsansprüchen der 9.93

---

237 *Gebhardt* in Schäfer/Hamann, Kapitalmarktgesetze, § 31 BörsG Rz. 53 zur Zulassungsstelle; *Heidelbach* in Schwark/Zimmer, § 32 BörsG Rz. 68. Nach Ansicht von *Fassbender/Reschegger*, WM 2009, 732, 736 ff. ist jedoch nicht das jeweilige Bundesland als „Anvertrauter" Haftungsverpflichteter, sondern der Anstaltsträger.
238 *Groß*, Kapitalmarktrecht, § 5 BörsG Rz. 19.
239 Auch hierzu speziell bei börsenrechtlichen Pflichten vgl. nur OLG Frankfurt v. 18.1.2001 – 1 U 209/99, ZIP 2001, 730, 731; LG Frankfurt v. 3.9.2004 – 2/4 O 435/02, WM 2004, 2155, 2156; *Gebhardt* in Schäfer/Hamann, Kapitalmarktgesetze, § 30 BörsG Rz. 10 ff.
240 Für die Börsenaufsichtsbehörde jetzt § 3 Abs. 3, § 7 Abs. 6 BörsG für die Handelsüberwachungsstelle, § 12 Abs. 6 BörsG für den Börsenrat, § 15 Abs. 6 BörsG für die Börsengeschäftsführung, § 22 Abs. 2 Satz 3 BörsG für den Sanktionsausschuss.
241 Kritisch dazu *Kümpel/Hammen*, Börsenrecht, S. 135 ff. neutral *Kumpan* in Schwark/Zimmer, § 3 BörsG Rz. 31 und speziell für die Handelsüberwachungsstelle *Kumpan* in Schwark/Zimmer, § 7 BörsG Rz. 26. Ausführliche Nachw. zu diesen Bedenken bei *Baumbach/Hopt*, BankGesetz, Rz. A/5. Die früher in § 6 Abs. 4 KWG enthaltene entsprechende Regelung hält der EuGH für europarechtlich unbedenklich, EuGH v. 12.10.2004 – C-222/02, ZIP 2004, 2039, der BGH hat daraufhin auch einen Verstoß gegen das Grundgesetz verneint, BGH v. 20.1.2005 – III ZR 48/01, ZIP 2005, 287, 291 f.
242 So ausdrücklich Begr. RegE zum Vierten Finanzmarktförderungsgesetz zu § 30 Abs. 4 Entwurfsfassung = § 31 Abs. 5 BörsG, BT-Drucks. 14/8017, S. 62, 79.
243 Ausführliche Nachw. zu diesen Bedenken bei *Baumbach/Hopt*, BankGesetz, Rz. A/5.
244 Zur alten Rechtslage ausführlich *Gebhardt* in Schäfer/Hamann, Kapitalmarktgesetze, § 31 BörsG Rz. 52.
245 Ebenso bereits für „altes" Recht LG Frankfurt v. 3.9.2004 – 2/4 O 435/02, WM 2004, 2155, 2157; ebenso *Gebhardt* in Schäfer/Hamann, Kapitalmarktgesetze, § 31 BörsG Rz. 48 ff.; im Ergebnis ebenso *Heidelbach* in Schwark/Zimmer, § 32 BörsG Rz. 68, da sie nur einen Schadensersatzanspruch des Emittenten bejaht.

Anleger im Falle sowohl des § 39 Abs. 1 BörsG, vor allen Dingen aber des § 39 Abs. 2 BörsG[246], zu bejahen.

9.94 Bei pflichtwidriger Zulassung scheidet ein Amtshaftungsanspruch gegenüber Emittent und/oder Emissionsbegleiter unabhängig von der Regelung von vornherein aus. Bei pflichtwidriger Nichtzulassung ist aufgrund des darin liegenden Verstoßes gegen den Zulassungsanspruch des Emittenten (siehe Rz. 9.73) ein Amtshaftungsanspruch des Emittenten und der Emissionsbegleiter dagegen zu bejahen[247]. Ebenso zu bejahen ist ein Amtshaftungsanspruch des Emittenten bei pflichtwidrigem Widerruf der Zulassung[248].

VIII. Einführung

9.95 Nach der Legaldefinition des § 38 Abs. 1 BörsG ist die Einführung „die **Aufnahme der Notierung** zugelassener Wertpapiere im regulierten Markt". Sie ist seit der Änderung durch das Vierte Finanzmarktförderungsgesetz **nicht** mehr **Verwaltungsakt**, sondern schlicht privatrechtliche Tätigkeit[249], setzt die Zulassung voraus (vgl. schon Rz. 9.1) und erfolgt auf Antrag des Emittenten. Das Erfordernis, dass der Antrag von einem Kreditinstitut gestellt werden musste, ist durch das Vierte Finanzmarktförderungsgesetz[250] entfallen[251].

Zu den Einzelheiten der **Einführung**, aber auch zur **Kursaussetzung** und **Einstellung**, sei auf die Spezialliteratur verwiesen[252].

§ 10
Due Diligence und Prospekthaftung

I. Due Diligence bei der börsennotierten Aktiengesellschaft

I. Due Diligence bei der börsennotierten Aktiengesellschaft 10.1	aa) Ziele und Funktion der M&A-Due Diligence 10.5
1. Begriff und Funktion 10.1	bb) Ziele und Funktion der Due Diligence bei Kapitalmarkttransaktionen 10.8
a) Einführung 10.1	
b) Unterschiede der M&A-Due Diligence gegenüber der Due Diligence bei Kapitalmarkttransaktionen 10.5	2. Gegenstand der Due Diligence 10.14
	a) Wirtschaftliche Due Diligence (Business Due Diligence) 10.15

---

246 Eine Überlagerung des § 15 Abs. 6 BörsG im Falle des § 39 Abs. 2 BörsG annehmend *Heidelbach* in Schwark/Zimmer, § 32 BörsG Rz. 77.
247 Vgl. auch *Gebhardt* in Schäfer/Hamann, Kapitalmarktgesetze, § 31 BörsG Rz. 53; *Heidelbach* in Schwark/Zimmer, § 32 BörsG Rz. 68.
248 *Gebhard* in Schäfer/Hamann, Kapitalmarktgesetze, § 38 BörsG Rz. 35.
249 *Kümpel/Hammen*, Börsenrecht, S. 236; a.A. *Gebhard* in Schäfer/Hamann, Kapitalmarktgesetze, § 37 BörsG Rz. 4; *Heidelbach* in Schwark/Zimmer, § 38 BörsG Rz. 2: Einführung sei Verwaltungsakt.
250 BGBl. I 2002, 2010.
251 Vgl. Begr. RegE Viertes Finanzmarktförderungsgesetz BT-Drucks. 14/8017, S. 62, 80.
252 *Groß*, Kapitalmarktrecht, Kommentierung § 25 BörsG und § 38 BörsG.

b) Bilanzielle und finanzielle Due Diligence (Financial Due Diligence) . 10.16
c) Rechtliche und steuerrechtliche Due Diligence (Legal and Tax Due Diligence) 10.18
d) Technische Due Diligence 10.23
e) Umwelt-Due Diligence, CSR/ESG-Due Diligence 10.26
3. **Voraussetzungen und Besonderheiten der Due Diligence bei der börsennotierten Aktiengesellschaft** 10.30
   a) Grundsatz: Gleichbehandlung aller Aktionäre (§§ 53a, 131 Abs. 4 AktG) 10.31
   b) Vertraulichkeit 10.34
   c) Due Diligence im Vorfeld von Unternehmensübernahmen? 10.38
   d) Interesse des Unternehmens an neuen Großaktionären 10.43
   e) Interesse von Großaktionären an Paketverkauf 10.45
   f) Due Diligence bei beabsichtigtem Business Combination Agreement 10.46
   g) Verbot der Weitergabe von Insiderinformationen (Artt. 7, 10 Abs. 1, 14 MAR) 10.47
   h) Insiderhandelsverbot (Artt. 7, 8, 14 Abs. 1 lit. a MAR) 10.50
   i) Ad-hoc-Mitteilungen im Rahmen der Due Diligence und des Erwerbs börsennotierter Unternehmen (Art. 17 MAR) 10.54
4. **Weitere wesentliche Anforderungen einer Due Diligence** 10.60
   a) Datenschutzrechtliche Auswirkungen auf die Due Diligence 10.61
   b) Arbeitsrechtliche Auswirkungen auf die Due Diligence 10.63
   c) Kartellrechtliche Auswirkungen auf die Due Diligence 10.65
5. **Verfahrensrechtliche Absicherungen zur Interessenwahrung der börsennotierten Gesellschaft** 10.69
   a) Vertraulichkeitsvereinbarung 10.70
   b) Anforderungen an die Organisation des Datenraums 10.72
   c) Abgestufte Informationsherausgabe 10.74
   d) Besonderheiten bei der Organisation des Datenraums für eine kapitalmarktrechtliche Due Diligence 10.77
6. **Sachliche Reichweite und Intensität der Due Diligence bei Kapitalmarkttransaktionen** 10.82
   a) Due Diligence bei Börsengängen . 10.85
   b) Due Diligence bei Kapitalerhöhungen 10.95
   c) Due Diligence bei Wandelanleihen und Optionsanleihen 10.98
   d) Due Diligence bei Umtauschanleihen 10.100
   e) Due Diligence bei großvolumigen Anleihen in Abhängigkeit von einem erteilten externen Rating . . . 10.102
   f) Verzicht auf Due Diligence bzw. Begrenzung der Due Diligence aufgrund einer Exkulpationsfunktion externer Ratings? 10.107
   g) Due Diligence bei öffentliche Übernahmen 10.110
7. **Due Diligence und Gewährleistungsrecht beim Unternehmenskauf** 10.114
   a) Informations- und Aufklärungspflichten beim Unternehmenskauf nach der neueren Rechtsprechung 10.114
   b) Due Diligence als (Sorgfalts-) Pflicht des Käufers beim Unternehmenserwerb 10.116
   c) Wechselwirkungen zwischen der Intensität der Due Diligence und der Vertragsgestaltung 10.120
8. **Dokumentationsaspekte bei der Due Diligence** 10.125
   a) Disclaimer hinsichtlich des Umfangs, der Intensität der Prüfung und der Weitergabe der Untersuchungsergebnisse im Rahmen eines Due Diligence-Berichts 10.125
   b) Auswirkungen eines Due Diligence-Berichts auf andere transaktionsbegleitende Dokumente . . 10.128
   c) Notwendigkeit aktualisierender Dokumente im Transaktionsverlauf 10.130
      aa) Vollständigkeitserklärung des Vorstands im Hinblick auf einen Prospekt 10.130
      bb) Bring Down Due Diligence Calls 10.131
II. **Legal Opinion und Disclosure Letter** 10.141
   1. **Begriff und Funktion der Legal Opinion** 10.141
      a) Einführung 10.141
      b) Wesentliche Anwendungsgebiete . 10.147

- aa) Abschluss von Kreditverträgen ... 10.148
- bb) Kapitalmarkttransaktionen ... 10.149
- cc) Unternehmenserwerbe ... 10.154
2. Inhalt und Erscheinungsformen von Legal Opinions ... 10.161
  - a) Aufbau und typischer Inhalt ... 10.161
    - aa) Einleitung (Introduction) ... 10.162
    - bb) Geprüfte Dokumente (Documents Reviewed) ... 10.167
    - cc) Annahmen (Assumptions) ... 10.170
    - dd) Berücksichtigtes Recht (Laws Considered) ... 10.175
    - ee) Materielle Aussagen (Opinion Statements) ... 10.176
      - (1) Bestand der Gesellschaft (Incorporation and Corporate Existence) ... 10.178
      - (2) Fähigkeit der Gesellschaft, ein bestimmtes Geschäft abzuschließen (Corporate Powers) ... 10.180
      - (3) Rechtliche Verbindlichkeit des Vertrages ... 10.182
    - ff) Vorbehalte und Einschränkungen (Qualifications) ... 10.188
    - gg) Schlussbemerkungen (Final Remarks) ... 10.194
    - hh) Briefkopf und Unterschriften ... 10.195
  - b) Besonderheiten der internationalen Praxis ... 10.196
    - aa) Principal Counsel ... 10.197
    - bb) Local Counsel ... 10.202
    - cc) Special Counsel ... 10.203
    - dd) Issuer's Counsel und Underwriters' Counsel ... 10.206
    - ee) In-house Counsel ... 10.208
3. Begriff und Funktion des Disclosure Letters ... 10.212
4. Funktionen von Legal Opinions und Disclosure Letters aus der Sicht der beteiligten Parteien ... 10.220
  - a) Sicht des Empfängers ... 10.221
  - b) Sicht des Mandanten ... 10.227
  - c) Sicht des Anwalts ... 10.229
5. Zeitpunkte der Abgabe ... 10.233
6. Haftung und Haftungsfolgen ... 10.237
  - a) Vertrauenstatbestand ... 10.240
    - aa) Begründung ... 10.240
    - bb) Reichweite ... 10.243
  - b) Zurechenbarkeit ... 10.244
  - c) Voraussetzungen in der Person des Schadensersatzgläubigers ... 10.245
  - d) Haftungsausfüllung ... 10.247
- e) Auslegungs- und Haftungsfragen im Zusammenhang mit In-house Opinions ... 10.249
  - aa) In-house Opinion als Erklärung des Syndikus oder Erklärung der Gesellschaft ... 10.250
  - bb) Haftung für eine In-house Opinion ... 10.259
7. Haftungsbegrenzung ... 10.267
8. Interessenkonflikte ... 10.273

III. Comfort Letter und Bericht über vereinbarte Untersuchungshandlungen ... 10.291
1. Begriff und Funktion ... 10.291
  - a) Comfort Letter ... 10.291
  - b) Bericht über vereinbarte Untersuchungshandlungen (agreed-upon procedures) ... 10.297
2. Das Testat des Wirtschaftsprüfers im Prospekthaftungsregime des deutschen Kapitalmarktrechts ... 10.305
3. Wichtige Hinweise für die Transaktionspraxis ... 10.315
  - a) Das Emittenteninteresse an einem marktgerechten Comfort Letter ... 10.316
  - b) Inhalt und Haftungsumfang des Comfort Letters ... 10.319
  - c) Die Bedeutung zeitnaher Ermittlung des erhältlichen Versicherungsschutzes ... 10.321
4. Haftung ... 10.328
  - a) Haftung aus Auskunftsvertrag ... 10.331
  - b) Haftung aus Vertrag zugunsten Dritter ... 10.337
  - c) Haftung aus Vertrag mit Schutzwirkung für Dritte ... 10.340
  - d) Ergebnis ... 10.344
5. Der typische Inhalt eines Comfort Letters nach IDW PS 910 ... 10.349
  - a) Adressatenkreis ... 10.350
  - b) Aussage zu den geprüften Jahresabschlüssen ... 10.351
  - c) Untersuchungshandlungen nach Erteilung des letzten Bestätigungsvermerks ... 10.354
  - d) Aussage zu ungeprüften Zwischenfinanzinformationen ... 10.359
  - e) Aussage zur Geschäftsentwicklung zwischen dem letzten (Zwischen-)Abschluss und dem Prospektdatum ... 10.362
  - f) Bedeutung der aktuellen Entwicklung vor dem „cut off"-Datum in der Transaktionspraxis ... 10.367

g) Zeitliche Begrenzungen des Comforts (die „135 Tage-Regel") 10.368
h) Formaler Abgleich von Zahlen in Comfort Lettern („circle up") 10.369
i) Verwendungsbeschränkungen und Gerichtsstand 10.370
j) Sonderfall: „split comfort" 10.373
6. Kollisionsrechtliche Fragen bei grenzüberschreitenden Platzierungen 10.377
   a) Ein Comfort Letter für die gesamte Transaktion 10.379
   b) „Zwei Brief"-Lösung bei internationalen Platzierungen 10.380
IV. Prospekthaftung 10.391
1. Überblick 10.391
2. Der Prospektbegriff als Anknüpfungspunkt der spezialgesetzlichen Prospekthaftung 10.397
3. Das Haftungskonzept der Gesamtverantwortlichkeit von Emittent, Banken und anderen Prospektverantwortlichen 10.403
   a) Primärverantwortlichkeit des Emittenten 10.404
   b) Verantwortlichkeit der emissionsbegleitenden Kreditinstitute 10.405
   c) Weitere Prospektverantwortliche . 10.408
   d) Einschaltung Dritter als Experten . 10.409
      aa) Wirtschaftsprüfer 10.410
      bb) Gutachter 10.414
   e) Haftung der Prospektverantwortlichen im Außen- und Innenverhältnis 10.415
      aa) Außenverhältnis 10.415
      bb) Innenverhältnis 10.417
      cc) Ersatzansprüche gegen Experten 10.419
4. Fehlerhaftigkeit der Prospektangaben 10.423
   a) Maßgeblicher Adressatenhorizont 10.424
   b) Unrichtigkeit oder Unvollständigkeit wesentlicher Angaben 10.426
      aa) Wesentliche Angaben 10.427
      bb) Unrichtigkeit 10.428
         (1) Einzelangaben 10.428
         (2) Gesamteindruck 10.429
      cc) Unvollständigkeit 10.434
         (1) Grundsätze 10.434
         (2) Risikofaktoren 10.437
         (3) Ratings und negative Presseberichterstattung 10.438
         (4) Betriebsgeheimnisse und Bankgeheimnis ... 10.439
         (5) Prognosen 10.440

      dd) Unerheblichkeit der Prospektbilligung durch die BaFin für die Prospekthaftung 10.446
   c) Prospektaktualität 10.447
5. Verschuldensmaßstab 10.452
   a) Emittent 10.453
   b) Emissionsbegleitende Banken ... 10.454
   c) Weitere Prospektverantwortliche . 10.458
6. Anspruchsberechtigung 10.462
   a) Erwerbszeitpunkt 10.462
   b) Erwerbsgegenstand 10.463
   c) Erwerbsgeschäft 10.465
   d) Inlandsbezug 10.466
7. Haftungsbegründende Kausalität ... 10.470
8. Haftungsumfang und Haftungsausschluss 10.476
   a) Haftungsumfang 10.476
      aa) Prospekthaftungsspezifischer Schadensersatzanspruch 10.476
      bb) Haftungsausfüllende Kausalität 10.478
      cc) Schadensminderungsobliegenheit des Erwerbers 10.479
   b) Kollision mit dem aktienrechtlichen System der Kapitalerhaltung 10.480
   c) Das Verbot der Einlagenrückgewähr bei Umplatzierungen – das Telekom III-Urteil des BGH 10.481
   d) Haftungsausschluss 10.487
      aa) Prospektberichtigung 10.487
      bb) Haftungsausschluss für Zusammenfassung 10.489
      cc) Verbot vorheriger Haftungsausschlüsse 10.490
9. Konkurrenzen 10.494
   a) Allgemeine zivilrechtliche Prospekthaftung 10.495
   b) Vertragliche und vertragsähnliche Ansprüche 10.499
   c) Deliktische Ansprüche 10.500
10. Durchsetzung von Prospekthaftungsansprüchen 10.505
   a) Verjährung 10.505
   b) Gerichtliche Zuständigkeit 10.506
   c) Fehlender Nachrang in der Insolvenz 10.507
11. Kapitalanleger-Musterverfahrensgesetz 10.512
   a) Kollektives Musterverfahren 10.513
      aa) Anwendungsbereich 10.514
      bb) Einleitung des Musterverfahrens 10.515

cc) Das Verfahren vor dem OLG	10.519	b) Ausschließlicher Gerichtsstand	10.525
dd) Rechtliche Bindung des Musterentscheids und des Vergleichs	10.522	c) Bisherige Erfahrungen und Ausblick	10.526
ee) Kosten	10.524	12. Verwaltungsrechtliche Sanktionen	10.533

Schrifttum: *Aha*, Vorbereitung des Zusammenschlusses im Wege der Kapitalerhöhung gegen Sacheinlage durch ein „Business Combination Agreement", BB 2001, 2225; *Adolff/Meister/Randall/Stephan*, Takeovers in Germany, 2002; *Baums/Thoma* (Hrsg.), WpÜG Kommentar zum Wertpapiererwerbs- und Übernahmegesetz, Band 2, Stand September 2017; *Barnert*, Mängelhaftung beim Unternehmenskauf zwischen Sachgewährleistung und Verschulden bei Vertragsschluss im neuen Schuldrecht, WM 2003, 416; *Becker*, Verhaltenspflichten des Vorstands der Zielgesellschaft bei feindlichen Übernahmen, ZHR 165 (2001), 280; *Beisel/Klumpp* (Begr.), Der Unternehmenskauf, 7. Aufl. 2016; *Bergjan/Schwarz*, Scheitern von Vertragsverhandlungen bei M&A-Transaktionen: Die Breakup-Fee-Klausel im Letter of Intent, GWR 2013, 4; *Besen/Gronemeyer*, Kartellrechtliche Risiken bei Unternehmenskäufen – Informationsaustausch und Clean Team, CCZ 2009, 67; *Besen/Gronemeyer*, Informationsaustausch im Rahmen von Unternehmenskäufen – Kartellrechtliche Entwicklungen und Best Practice, CCZ 2013, 137; *Böttcher*, Verpflichtung des Vorstands einer AG zur Durchführung einer Due Diligence, NZG 2005, 49; *Brandi/Süßmann*, Neue Insiderregeln und Ad-hoc-Publizität – Folgen für Ablauf und Gestaltung von M&A-Transaktionen, AG 2004, 642; *Braun/Wybitul*, Übermittlung von Arbeitnehmerdaten bei Due Diligence – Rechtliche Anforderungen und Gestaltungsmöglichkeiten, BB 2008, 782; *Bussian*, Due Diligence bei Pakettransaktionen, 2008; *Diller/Deutsch*, Arbeitnehmer-Datenschutz contra Due Diligence, K&R 1998, 16; *Eggenberger*, Gesellschaftsrechtliche Voraussetzungen und Folgen einer due-diligence-Prüfung, 2001; *Fabritius* in Hopt, Vertrags- und Formularhandbuch zum Handels-, Gesellschafts- und Bankrecht, 4. Aufl. 2013; *Feldhaus*, Gestaltung von Unternehmenskaufverträgen in Zeiten von Corona, BB 2020, 1546; *Fleischer/Körber*, Due diligence und Gewährleistung beim Unternehmenskauf, BB 2001, 841; *Fleischer/Schmolke*, Gerüchte im Kapitalmarktrecht – Insiderrecht, Ad-hoc-Publizität, Marktmanipulation, AG 2007, 841; *Frhr. von Falkenhausen*, Die Post-M&A Due Diligence – Eine Pflicht des Käufers und seiner Geschäftsführung?, NZG 2015, 1209; *Freitag/Korch*, Die Angemessenheit der Information im Rahmen der Business Judgment Rule (§ 93 Abs. 1 Satz 2 AktG), ZIP 2012, 2281; *Fromm-Russenschuck/Banerjea*, Die Zulässigkeit des Handels mit Insiderpapieren nach Durchführung einer Due-Diligence-Prüfung, BB 2004, 2425; *Goette*, Managerhaftung: Handeln auf Grundlage angemessener Information. Umfang einer Due-Diligence-Prüfung beim Unternehmenskauf, DStR 2014, 1776; *Goette*, Zu den vom Aufsichtsrat zu beachtenden Abwägungskriterien im Rahmen seiner Entscheidung nach den ARAG/GARMENBECK-Kriterien – dargestellt am Beispiel des Kartellrechts in FS Hoffmann-Becking, 2013, S. 377; *Goslar*, Verdeckte Beherrschungsverträge, DB 2008, 800; *Gößwein/Hohmann*, Modelle der Compliance-Organisation in Unternehmen – Wider den Chief Compliance Officer als „Überoberverantwortungsnehmer", BB 2011, 963; *Graf von Westphalen*, Wider die angebliche Unattraktivität des AGB-Rechts, BB 2010, 195; *Groß/Klein*, Kein Untergang von Verlusten nach § 8c KStG beim Börsengang, AG 2007, 896; *Habersack/Schürnbrand*, Unternehmenskauf im Wege des Auktionsverfahrens aus AGB-rechtlicher Sicht, in FS Canaris, 2007, S. 359; *Habersack*, Rechtsfragen des Emittenten-Ratings, ZHR 169 (2005), 185; *Harrer/Heidemann*, Going Public – Einführung in die Thematik, DStR 1999, 254; *Hensel/Dröstling*, Grenzen der Offenlegung im Rahmen der Due Diligence, DStR 2021, 170; *Hilgard*, Kenntnis des Käufers von einer Garantieverletzung beim Unternehmenskauf, BB 2013, 963; *Hohaus/Kaufhold*, Garantien des Managements bei Private Equity-Transaktionen, BB 2015, 709; *Hopt*, Aktionärskreis und Vorstandsneutralität, ZGR 1993, 534; *Hopt*, ECLR – Übernahmen, Geheimhaltung und Interessenkonflikte: Probleme für Vorstände, Aufsichtsräte und Banken, ZGR 2002, 333; *Hölters*, Handbuch Unternehmenskauf, 9. Aufl. 2019; *Hübner*, Schadensersatz wegen Täuschung beim Unternehmenskauf, BB 2010, 1483; *Ihrig/Kranz*, Das Geltl/Daimler-Verfahren in der nächsten Runde – keine abschließende Weichenstellung der BGH für die Ad-hoc Publizität bei gestreckten Geschehensabläufen, AG 2013, 515; *Kessel/Stomps*, Haftungsklauseln im Geschäftsverkehr zwischen Unternehmen – Plädoyer für eine Änderung der Rechtsprechung, BB 2009, 2666; *Keßler*, Datenschutz als Bestandteil der M&A Due Diligence, CCZ 2020, 158; *Kiefner*, Investorenvereinbarungen zwischen Aktien- und Vertragsrecht – Zur Stellung des Eigenkapitalinvestors als hybridem Wesen, ZHR 178 (2014), 547; *Kindl*, Unternehmenskauf und Schuldrechtsmodernisierung, WM 2003, 409; *Kiwitz/Melzer*, Die Kosten der Börseneinführung eines mittelständischen Unternehmens, DStR 2001, 42; *Koch*, Praktiker-Handbuch Due Diligence: Ganzeinheitliche Analyse und Bewertung von Unternehmen, 3. Aufl. 2011; *Krause*, Kapitalmarktrechtliche Compliance: neue

Pflichten und drastisch veschärfte Sanktionen nach der EU-Marktmissbrauchsverordnung, CCZ 2014, 248; *Krämer*, „Nach fest kommt ab" – Zur Kursrelevanz von Zwischenschritten, verständigen und irrationalen Anlegern, in FS Hopt, 2020, S. 585; *Krämer/Gillessen/Kiefner*, Das „Telekom III"-Urteil des BGH – Risikozuweisungen an der Schnittstelle von Aktien- und Kapitalmarktrecht, CFL 2011, 328; *Krämer/Kiesewetter*, Rechtliche und praktische Aspekte einer Due Diligence aus öffentlich zugänglichen Informationsquellen einer börsennotierten Gesellschaft, BB 2012, 1679; *Krämer*, Bankrechtstag 2004, „Internes und externes Rating, Aktuelle Entwicklungen im Recht der Kreditsicherheiten – national und international", Aktuelle Rechtsfragen des externen Ratings; *Krämer/Stephanblome*, Kapitalmarkt-Compliance nach der Marktmissbrauchsverordnung, ZRFC 2016, 262; *Krebs/Kemmerer*, Non-Reliance Letter – ein wirkungsvolles Gestaltungsinstrument?, NZG 2012, 847; *Krömker*, Der Anspruch des Paketaktionärs auf Informationsoffenbarung zum Zwecke der Due Diligence, NZG 2003, 418; *Leuschner*, Gebotenheit und Grenzen der AGB-Kontrolle, AcP 2007, 492; *Liese*, Compliance in Due-Diligence-Fragelisten, BB Special 4 (zu BB 2010), 27; *Lutter*, Due diligence des Erwerbers beim Kauf einer Beteiligung, ZIP 1997, 613; *Meincke*, Geheimhaltungspflichten im Wirtschaftsrecht, WM 1998, 749; *Mellert*, Selbstständige Garantien beim Unternehmenskauf – Auslegungs- und Abstimmungsprobleme, BB 2011, 1667; *Menke*, Befugnis des Vorstands einer börsennotierten Aktiengesellschaft zur bevorzugten Information eines Aktionärspools, NZG 2004, 697; *Merkelbach*, Die Haftung von Experten gegenüber Dritten für Fehler im Due Diligence Report, 2010; *Merkner/Sustmann/Retsch*, Update: Insiderrecht und Ad-hoc-Publizität im neuen (und nun finalen) Emittentenleitfaden der BaFin, AG 2020, 477; *Metzger*, US-amerikanische Investitionskontrolle durch CFIUS, RIW 2014, 794; *Muthers*, Rücktritt vom Vertrag – Verschweigen von Informationen über die Kaufsache, MDR 2004, 492; *Müller*, Gestattung der Due Diligence durch den Vorstand der Aktiengesellschaft, NJW 2000, 3452; *Müller*, Einfluss der due diligence auf die Gewährleistungsrechte des Käufers beim Unternehmenskauf, NJW 2004, 2196; *Paschos/Fleischer* (Hrsg.), Handbuch zum Übernahmerecht nach dem WpÜG, 2017; *Peemöller/Reinel-Neumann*, Corporate Governance und Corporate Compliance im Akquisitionsprozess, BB 2009, 206; *Picot*, Unternehmenskauf und Restrukturierung, 4. Aufl. 2013; *Poelzig*, Insider- und Marktmanipulationsverbot im neuen Marktmissbrauchsrecht, NZG 2016, 528; *Rodewald/Unger*, Corporate Compliance – Organisatorische Vorkehrungen zur Vermeidung von Haftungsfällen der Geschäftsleitung, BB 2006, 113; *Roth/Schoneweg*, Einsicht in Aufsichtsratsprotokolle als due diligence defense, NZG 2004, 206; *Schiessl*, Pflicht zur Gleichbehandlung konkurrierender Übernahmeinteressen bei der Due Diligence?, in FS Hopt, 2010, S. 2455; *Schiffer/Bruß*, Due Diligence beim Unternehmenskauf und vertragliche Vertraulichkeitsvereinbarung, BB 2012, 847; *Schiffer/Weichel*, AGB-Kontrolle im Rahmen von Unternehmenskaufverträgen?, BB 2011, 1283; *Schneider*, Reichweite der Expertenhaftung gegenüber Dritten – Die Sicht des Experten, ZHR 163 (1999), 246; *Schroeder*, Darf der Vorstand der Aktiengesellschaft dem Aktienkäufer eine Due Diligence gestatten?, DB 1997, 2161; *Schulz*, Unwirksame Sacheinlagevereinbarungen bei börsenotierten Aktiengesellschaften, NZG 2010, 41; *Seibt*, Verhaltenspflichten und Handlungsoptionen der Leitungs- und Aufsichtsorgane in Übernahmesituationen in 10 Jahre Wertpapiererwerbs- und Übernahmegesetz (WpÜG) 2011, S. 148; *Seibt*, Sleeping with the Enemy? – Ankeraktionäre und Übernahmen, in FS Hopt, 2020, S. 1171; *Seibt/Kulenkamp*, CFIUS-Verfahren und Folgen für M&A-Transaktionen mit Beteiligung deutscher Unternehmen – und als Modell für die Weiterentwicklung des deutschen Außenwirtschaftsrechts?, ZIP 2017, 1345; *Seibt/Wunsch*, Investorenvereinbarungen bei öffentlichen Übernahmen, Der Konzern 2009, 195; *Sommerschuh*, Berufshaftung und Berufsaufsicht: Wirtschaftsprüfer, Rechtsanwälte und Notare im Vergleich, 2003; *Stoffels*, Grenzen der Informationsweitergabe durch den Vorstand einer Aktiengesellschaft im Rahmen einer „Due Diligence", ZHR 165 (2001), 362; *Triebel/Hölzle*, Schuldrechtsreform und Unternehmenskaufverträge, BB 2002, 521; *Triebel*, Mergers & Acquisitions, 2004; *Trendelenburg*, Auswirkungen einer nichtigen Kapitalerhöhung auf die Wirksamkeit nachfolgender Kapitalerhöhungen bei Aktiengesellschaften, NZG 2003, 860; *v. Busekist/Timmerbeil*, Die Compliance Due Diligence in M&A-Prozessen, CCZ 2013, 225; *Vaupel/Lüßmann*, Takeover Defence und Abschluss von Vereinbarungen zwischen Bieter und Zielgesellschaft, GWR 2013, 77; *Verse*, Der Gleichbehandlungsgrundsatz im Recht der Kapitalgesellschaften, 2006; Handbuch zum Marktmissbrauchsrecht, 2018, § 7 Insiderverbot; *Veil/Brüggemeier* in Meyer/Veil/Rönnau, Handbuch zum Marktmissbrauchsrecht, 2018, § 10 Veröffentlichung von Insiderinformationen,wie zuvor; *Wegmann/Koch*, Due Diligence – Unternehmensanalyse durch externe Gutachter – Ablauf und Technik, Folge-Due Diligence als neuer Analysestandard, DStR 2000, 1027; *Weiss*, Weitergabe eines Verkäufer Legal Due Diligence Berichts an den Käufer?, M&A Review 2004, 164; *Weißhaupt*, Haftung und Wissen beim Unternehmenskauf, WM 2013, 782; *Weitnauer*, Auswirkungen eines Brexits auf M&A-Prozesse, GWR 2019, 321; *Wolf*, Der Mythos „Neutralitätspflicht" nach dem Übernahmerichtlinie-Umsetzungsgesetz, ZIP 2008, 300; *Wolf/Kaiser*, Die Mängelhaftung beim Unternehmenskauf nach neuem Recht, DB 2002, 411; *Ziegler*, „Due Diligence" im Spannungsfeld zur

Geheimhaltungspflicht von Geschäftsführern und Gesellschaftern, DStR 2000, 249, *Ziemons*, Die Weitergabe von Unternehmensinterna an Dritte durch den Vorstand einer Aktiengesellschaft, AG 1999, 492.

1. Begriff und Funktion

a) Einführung

10.1 Die **Due Diligence-Prüfung** (etwa „Prüfung zum Zwecke der Einhaltung der gebotenen Sorgfalt") kann allgemein folgendermaßen umschrieben werden: Es handelt sich um die Untersuchung eines Unternehmens, bei der die Geschäftsführung sowie die wirtschaftlichen und rechtlichen Angelegenheiten der Gesellschaft genau betrachtet werden. Die Prüfung erstreckt sich entweder auf das Gesamtunternehmen oder auf definierte Teilbereiche und umfasst neben öffentlich zugänglichen Informationen oft auch nicht öffentliche (Insider-) Informationen, sofern sich aus der Transaktionsstruktur (z.B. feindliche Übernahme) oder dem Kapitalmarktinstrument (z.B. Umtauschanleihen hinsichtlich des sog. „*Underlyings*") nichts Anderes ergibt. Durch den Erwerb eines rund 45%igen Aktienpakets an der börsennotierten EnBW Energie Baden-Württemberg AG durch das Land Baden-Württemberg im Jahr 2010 hat sich in prominenter Weise die Frage nach Art, Umfang und Bedeutung einer Due Diligence-Prüfung bei Erwerb eines größeren Aktienpaketes einer börsennotierten Aktiengesellschaft gestellt. Abgesehen von der festgestellten Verfassungswidrigkeit[1] der vom damaligen Finanzminister für die Transaktion erteilten Notbewilligung, stand aufgrund nicht oder nur sehr eingeschränkt durchgeführter Akquisition-Due Diligence und eines angeblich demzufolge unangemessenen hohen Kaufpreises eine Haftung der beteiligten Banken und der beratenden Anwaltssozietät zur Debatte[2]. Dies zeigt die unverändert **hohe haftungsrechtliche Relevanz** einer Unternehmensprüfung selbst bei grundsätzlich eingeschränkter Due Diligence, weswegen sowohl das Ob und die Art der Durchführung als auch die rechtliche Einordnung weiterhin von grundlegender Bedeutung sind[3].

10.2 Davon dürfte auch die Zahl von Insolvenzen der Emittenten von sog. Mittelstandsanleihen zeugen, denn eine sachgerechte Due Diligence ist grundsätzlich dazu geeignet und bestimmt, Anzeichen für eine zeitnah auf den Transaktionsabschluss möglicherweise drohende Unternehmenskrise zutage zu fördern oder den prospektiven Investoren durch die Offenlegung der in der Due Diligence zu Tage getretenen möglichen Risiken der Emittentin eine realistische Einschätzung ihres Investments zu geben. Emittenten setzen sich mit dem erstmaligen **Eintritt in den Kapitalmarkt** einem für sie **neuen Risikoprofil** aus. Erfahrungswerte zeigen, dass gerade kleinere Unternehmen mit reputablem Namen (aber auch deren Berater und begleitenden Banken) hier oftmals anfällig sind, wenn sie diesen Aspekt unterschätzen und, z.B. aus Kostengründen, an für die bisherigen Zwecke möglicherweise ausreichenden Mustern festhalten. Ähnliches kann aber auch für die Emission von größeren und am Kapitalmarkt bereits eingeführten Unternehmen gelten, wie der spektakuläre Fall der Wirecard AG zeigt, die im Jahr 2020 Insolvenz angemeldet hat und deren Aufstieg und Fall offenbar in erheblichem Umfang auf lediglich vorgetäuschte Umsätze zurückgeht; die Gesellschaft war zum Zeitpunkt der Insolvenz Mitglied im von der Deutschen Börse AG gebildeten Index DAX und gehörte entsprechend den damaligen Indexanforderungen zu den 30 größten deutschen börsennotierten Unternehmen. Auch wenn

---

1 StGH Baden-Württemberg v. 6.10.2011 – GR 2/11, NVwZ 2012, 300, zu den Voraussetzungen des Notbewilligungsrechts des Baden-Württembergischen Finanzministers und der Verfassungswidrigkeit der Erteilung der Notbewilligung bzgl. des Aktienkaufs im Fall EnBW Energie Baden-Württemberg AG durch das Land Baden-Württemberg.
2 Vgl. auch *Wolff* in Legal Tribune v. 7.10.2011 zur etwaigen Nichtigkeit des Aktiengeschäfts im Hinblick auf § 138 BGB wegen Sittenwidrigkeit aufgrund bestehenden krassen Widerspruchs zwischen der öffentlichen Beteiligung und dem Gemeinwohl. BGH v. 21.7.2016 – IX ZR 252/15, BGHZ 211, 251 = NJW 2016, 3432, zur Nichteinbeziehung des damaligen Ministerpräsidenten in den Schutzbereich des zwischen dem Land Baden-Württemberg und der beauftragten Anwaltskanzlei geschlossenen Beratungsvertrags.
3 Vgl. LT-BW Drucks. 14/7556, 15/1015, 15/1018, 15/1064, 15/1074 bzgl. der Anträge im Landtag zur Einsetzung eines Untersuchungsausschusses zwecks Aufklärung der Sachlage.

dies nicht die eigentliche Funktion ist, kann eine sachgerechte Due Diligence zumindest auch dazu dienen, Betrugsfälle frühzeitig aufzudecken, auch wenn dies nicht in jedem Einzelfall gelingen mag[4].

Zwar wird mit einer Due Diligence-Prüfung regelmäßig zunächst ein Unternehmenskauf assoziiert. Ein weiterer wichtiger **Anlass** der Due Diligence sind jedoch auch alle Kapitalmarkttransaktionen, in deren Vorfeld Informationsasymmetrien zwischen Unternehmen, Veräußerern und Investoren beseitigt werden sollen. Zu derartigen Transaktionen zählen etwa die Vorbereitung von Börsengängen[5] und Kapitalerhöhungen sowie die Emission von Wandel-, Options- und Umtausch- sowie von Hochrisiko- oder auch Hochzinsanleihen (*High Yield Bonds*). Daneben findet die Due Diligence auch Anwendung bei größeren Kreditfinanzierungen durch Banken[6], im eingeschränkten Umfang vor externen Ratings und bei anderen Finanzierungsinstrumenten, so z.B. *Asset Backed Securities*. 10.3

Die **Funktion** der Due Diligence-Prüfung dient stets der Beseitigung einer Informationsasymmetrie, differiert darüber hinaus aber je nach Art der vorbereiteten Transaktion in ihrer Intensität erheblich und hängt ganz entscheidend von den mit ihr verfolgten weiteren Zielen ab. 10.4

b) Unterschiede der M&A-Due Diligence gegenüber der Due Diligence bei Kapitalmarkttransaktionen

aa) Ziele und Funktion der M&A-Due Diligence

Die M&A-Due Diligence, die von einem Käufer und dessen Beratern durchgeführt wird, hat in erster Linie die Funktion, eine sachgerechte **Entscheidungsgrundlage für den Käufer** zu liefern. Der Käufer möchte möglichst genau über die wirtschaftlich bedeutsamen Risiken und Schwachstellen des Kaufobjekts informiert sein, bevor er eine unternehmerische Entscheidung trifft[7]. Dabei soll die Due Diligence die Grundlage für insbesondere folgende Entscheidungen im Rahmen des Transaktionsprozesses liefern[8]: 10.5

– **Fortsetzung oder Abbruch der Transaktion.** Zum einen bildet die Due Diligence die Entscheidungsgrundlage über Fortsetzung oder Abbruch der Transaktion. Ein Abbruch wird dann in Betracht kommen, wenn schwerwiegende Risiken auftreten, die sich nicht vorab beseitigen oder auf ein akzeptables Maß verringern lassen und denen nicht durch entsprechende Vertragsbedingungen begegnet werden kann. Wenn sie auftreten, resultieren sie häufig aus rechtlichen Bedenken. So kann aufgrund der Due Diligence zweifelhaft werden, ob die zu verkaufenden Anteile dem Verkäufer gehören oder Dritte Rechte daran haben. Ein anderes Beispiel können bestimmte Verträge sein, auf die die Zielgesellschaft zwingend angewiesen ist und die bei einem maßgeblichen Eigentümerwechsel (*Change of Control*) gekündigt werden können, sofern eine solche Kündigung nicht gänzlich unwahrscheinlich ist. Schließlich kann ein beabsichtigter Erwerb an kartellrechtlichen oder außenwirtschaftsrechtlichen Bedenken scheitern. Aber auch in wirtschaftlicher Sicht liefert eine Due Diligence wertvolle Erkenntnisse über die Sinnhaftigkeit des Erwerbs an sich und ob sich die dem Erwerb zugrunde gelegten Ziele mit dem konkreten Zielunternehmen erreichen lassen.

---

4 Siehe z.B. auch den Fall der Hess AG, die im Jahr 2013 nur wenige Monate nach ihrem Börsengang Insolvenz angemeldet hat. Eine ähnlich kurze Zeitspanne verging im Fall der Steilmann SE, auch wenn hier die Hintergründe der im Jahr 2016 angemeldeten Insolvenz, soweit bekannt, noch nicht abschließend aufgeklärt sind und diese zumindest auch im Zusammenhang mit einer allgemein schwierigen Lage der deutschen Textilindustrie stehen dürfte.
5 Vgl. *Eggenberger*, S. 46; *Kiwitz/Melzer*, DStR 2001, 42, 43; *Harrer/Heidemann*, DStR 1999, 254, 255.
6 Vgl. *Eggenberger*, S. 48.
7 Zur Erheblichkeit der Compliance-Prüfung im Rahmen der Due Diligence besonders im Zusammenhang mit Reputationsverlusten des Zielunternehmens bei M&A-Transaktionen siehe *Liese*, BB Special 2010, Nr. 4, 27 ff. mit einzelnen Hinweisen zur Gestaltung der Fragelisten, vgl. auch *Goette*, DStR 2014, 1776, 1779; allgemein zur Compliance Due Diligence v. *Busekist/Timmerbeil*, CCZ 2013, 225.
8 Vgl. hierzu auch *Eggenberger*, S. 56; *Schiffer/Bruß*, BB 2012, 847, 848; *Hilgard*, BB 2013, 963, 964.

- **Festlegung des Gewährleistungs- und Garantieprogramms.** Die Aufdeckung bestimmter Risiken durch eine Due Diligence kann dazu führen, dass der Käufer im Rahmen der Vertragsverhandlungen spezielle Gewährleistungen, Garantien bzw. Freistellungen im Hinblick auf die entdeckten Risiken fordert. Soweit der Verkäufer vorab eine eigene ausführliche Due Diligence (sog. *Vendor Due Diligence*) durchgeführt hat, was insbesondere bei bedeutenderen Unternehmenskäufen oder Abspaltungen oder auch vor einem Auktionsverfahren häufig der Fall ist, kann er derartige Forderungen antizipieren und ihnen mit angemessen begrenzten Vorschlägen begegnen. Ohnehin kann eine *Vendor Due Diligence* auch dazu genutzt werden, erkannte Schwächen vorab bereits zu eliminieren und damit den Verkaufsprozess von vornherein zu erleichtern, Stärken zu fördern und letztlich insgesamt kaufpreissteigernd wirken zu können.
- **Beweissicherungsfunktion.** Zudem dient die Due Diligence dazu, Vorsorge für den Fall künftiger Rechtsstreitigkeiten zwischen Käufer und Verkäufer zu treffen, indem der Zustand der Zielgesellschaft im Zeitpunkt der Vertragsverhandlungen und/oder Übertragung der Geschäftsanteile oder der Vermögensgegenstände dokumentiert und festgehalten wird.
- **Kaufpreisfindung.** Die Due Diligence wird – vor allem bei größeren Unternehmenstransaktionen – häufig Grundlage für die Bewertung oder zumindest eine Bestätigung für eine vereinbarte Basis für die (endgültige) korrigierte Bewertung(sspanne) eines Unternehmens durch den Käufer und seine Berater liefern. Wird als Gegenleistung nicht eine Zahlung in bar, sondern in Form von Aktien oder Geschäftsanteilen des Käufers vereinbart, kann auch eine Due Diligence des Käufers durch den Verkäufer (sog. *Reverse Due Diligence*) erforderlich werden, um die Angemessenheit der Gegenleistung bewerten zu können[9].
- **Transaktionsstruktur.** Des Weiteren haben die Ergebnisse der Due Diligence oft Auswirkungen auf die Wahl der Transaktionsstruktur. Steuerliche oder gesellschaftsrechtliche Risiken der Zielgesellschaft führen nicht selten dazu, dass statt des zunächst beabsichtigten Erwerbs der Anteile (sog. „*Share Deal*") die Transaktionsstruktur auf den gesamten Geschäftsbetrieb der Zielgesellschaft durch einen Erwerb der einzelnen Vermögensgegenstände (sog. „*Asset Deal*") ausgerichtet wird oder umgekehrt.
- **Finanzierung.** Soll der Unternehmenserwerb durch Kredite finanziert werden, wird die Due Diligence auch Entscheidungsgrundlagen für die Konditionen des Finanzierungsgeschäfts liefern, insbesondere Auswirkungen auf die Einhaltung mit dem Kreditgeber vereinbarter Kennzahlen (*Covenants*) etc.
- **Definition und Anpassung von Integrationsmaßnahmen (*Post M&A-Integration*).** Nicht selten wird die Due Diligence des Käufers zudem darauf gerichtet sein, seine Maßnahmen zur Integration des zu erwerbenden Unternehmens oder der zu erwerbenden Vermögensgegenstände zu definieren oder anzupassen. Zudem werden aber grundsätzlich in einer Due Diligence auch aktuelle politische[10], gesellschaftliche und wirtschaftliche[11] Ereignisse berücksichtigt und die Betrachtung der einzelnen Themen in einer Due Diligence vor dem Hintergrund dieser Ereignisse getätigt und analysiert, um Handlungsempfehlungen auch im Bezug auf Struktur- und Integrationsmaßnahmen nach der M&A-Transaktion abzugeben.

Insbesondere vor dem Hintergrund der Festlegung des Gewährleistungsprogramms und der Bewertung/Kaufpreisfindung sind die Interessen des Käufers und des Verkäufers kontradiktorischer Natur. Eine M&A-Due Diligence ist nicht selten bereits „Kampfplatz" oder zumindest sind die hier gewonne-

---

9 So etwa bei der Übernahme der Wincor Nixdorf AG durch die Diebold Inc. im Jahr 2015/2016.
10 Vgl. hierzu mit Ausführungen zu Rechtsfragen insbesondere im Rahmen von Due Diligence-Prüfungen im Zusammenhang des Brexits *Weitnauer*, GWR 2019, 321, 323; vor dem Hintergrund einer gesteigerten Sensibilität für Belange des Klimaschutzes können künftig u.U. – und entsprechende Rechtsgrundlagen vorausgesetzt – auch drohende Umwelt(haftungs)prozesse größerer Bedeutung erlangen.
11 Vgl. *Feldhaus*, BB 2020, 1546, 1546 ff.

nen Erkentnisse Ausgangspunkt für die weiteren Verhandlungen. Daher sind hier sowohl Prüfungsmaßstäbe als auch angewendete Schwellenwerte typischerweise granularer.

Die Berater des Auftraggebers werden bei einer M&A-Transaktion als Zusammenfassung der Ergebnisse der Due Diligence typischerweise einen **Due Diligence-Bericht** erstellen, der die Ergebnisse der Prüfung darlegt (siehe zur Ausgestaltung auch Rz. 10.125 ff.). In seltenen Ausnahmefällen wird der Käufer keinen Bericht oder – was inzwischen öfter zu beobachten ist – nur einen auf grundlegende Aspekte reduzierten sog. „*red flag*"-Report verlangen. Des Weiteren sind die Unterschiede im Umfang und der Ausführlichkeit des Berichts (wie auch der Tiefe der Duchführung der Due Diligence selbst) in der Praxis beträchtlich, da dieser sich an den individuellen Bedürfnissen des Käufers orientiert[12]. Nicht selten werden zumindest Teile der geschäftlichen, finanziellen und mitunter auch technischen Aspekte der Due Diligence durch Mitarbeiter der die Due Diligence-Prüfung durchführenden Käuferin (im Falle einer *Vendor Due Diligence*: der Verkäuferin) übernommen.

10.6

Insgesamt erfüllt die Due Diligence damit im Wesentlichen Risikoermittlungs-, Wertermittlungs- und Gewährleistungsfunktionen[13] und bildet einen wesentlichen Teil der von der Geschäftsleitung zumindest des Käufers, u.U. aber auch der des Verkäufers, verlangten Sorgfalt im Rahmen ihrer Leitungstätigkeit. Über den Due Diligence-Bericht erfüllt die Due Diligence-Prüfung auch eine Beweissicherungsfunktion, zudem dient dieser auch dem Nachweis der erbrachten Sorgfalt und insoweit intern der Risikoabsicherung.

10.7

bb) Ziele und Funktion der Due Diligence bei Kapitalmarkttransaktionen

Die Due Diligence bei einer Kapitalmarkttransaktion verfolgt demgegenüber teilweise andere Ziele, was sich in erheblichen Maße auch in ihrer Durchführung niederschlägt. Ein wesentlicher Unterschied zur Due Diligence bei M&A-Transaktionen besteht im Hinblick auf die beteiligten Parteien. Im Gegensatz zu einer M&A Due Diligence wird die Due Diligence bei Kapitalmarkttransaktionen regelmäßig von beiden Parteien (also der Emittentin und den konsortialführenden Banken) sowie deren jeweiligen Beratern im Wesentlichen parallel zueinander durchgeführt. Zu einer etwaigen Due Diligence auch durch im Rahmen eines Börsengangs oder einer anderweitigen prospektpflichtigen Umplatzierung verkaufende Aktionäre und deren Berater siehe Rz. 10.20.

10.8

Dabei sind die Interessen aller Beteiligten in einem deutlich höheren Maße gleichgerichtet als dies bei einer M&A-Transaktion der Fall ist: **Hauptziel** einer Kapitalmarkt-Due Diligence ist es, dass der **Prospekt**, der im Rahmen der Transaktion erstellt wird und für den sowohl die Emittentin als auch die Konsortialbanken gem. §§ 8 ff. Wertpapierprospektgesetz (WpPG) bzw. §§ 7, 20 Vermögensanlagengesetz (VermAnlG) die Verantwortung übernehmen, in Bezug auf alle für die Beurteilung der Wertpapiere wesentlichen Angaben **richtig und vollständig** ist[14]. Emittentin und Emissionsbanken tragen hierfür, ggf. zusammen mit im Rahmen der Transaktion verkaufenden Aktionären und ggf. weiteren Parteien, die ein erhebliches eigenes wirtschaftliches Interesse an der Transaktion haben[15], die Prospekthaftung[16]. Ein Ziel aller Beteiligten ist es daher, für den Prospekt notwendige Informationen zu

10.9

---

12 Im Wesentlichen ist hier zwischen Due Diligence-Berichten zu unterscheiden, die als sog. „Issue List" nur die Aufgabe haben, kritische Aspekte zusammenzufassen, aber keine (oder fast keine) deskriptiven Elemente enthalten. Im anderen Extremfall wird ein Due Diligence-Bericht sämtliche wesentlichen Rechtsgebiete und wichtigen Verträge des Unternehmens ausführlich darstellen. In der Praxis aber durchgesetzt hat sich wohl, dass in dem Due Diligence-Bericht zu jedem aufgeführten Thema eine Handlungsempfehlung abgegeben wird, wie das mögliche Risiko mitigiert oder zumindest nach dem Vollzug der Transaktion aufgelöst werden kann.
13 Vgl. *Fleischer/Körber*, BB 2001, 841, 842; *Werner*, ZIP 2000, 989.
14 Diesen Aspekt betont zu Recht auch *Nägele* in Habersack/Mülbert/Schlitt, Unternehmensfinanzierung am Kapitalmarkt, § 33 Rz. 3 ff.
15 Siehe zu den möglichen Anspruchsgegnern der Prospekthaftung Rz. 10.403 ff.
16 Siehe zu den Anspruchsvoraussetzungen der Prospekthaftung ausführlich Rz. 10.391 ff.

ermitteln, relevante Risiken im Rahmen der Due Diligence aufzudecken und diese entweder durch gestaltende Maßnahmen zu beseitigen oder im Prospekt zutreffend zu beschreiben. Da die einzelnen Investoren im späteren Vermarktungsprozess für die angebotenen Wertpapiere im Regelfall keine Möglichkeit haben, eine eigene Due Diligence durchzuführen, haben die konsortialführenden Banken eine Art „Treuhänderfunktion" gegenüber den künftigen Investoren mit ihren Informationsbedürfnissen. Der Wertpapierprospekt dient daher – auch – als eine Art formalisierter, gemäß gesetzlicher Vorschriften erstellter und daran zu messender „Due Diligence-Bericht", der etwaige Investorenfragen antizipieren und als Grundlage für deren Kaufentscheidung zugleich abschließend beantworten soll und auf den sich diese dementsprechend verlassen können müssen. Der Wertpapierprospekt ist aber zugleich auch die Grundlage sämtlicher Vermarktungsdokumentation (wie z.B. Roadshowpräsentation, Term Sheets etc.), so dass sehr häufig auch im Rahmen der jeweiligen Kapitalmarkttransaktion unter den Projektbeteiligten diskutiert wird, wie und in welcher Tenorierung mit einzelnen Aspekten, die in der Due Diligence aufgedeckt wurden, in Wertpapierprospekt und Vermaktungsdokumentation umgegangen werden muss.

10.10 Außer für den Prospekt hat die Due Diligence eine erhebliche Bedeutung für die Abgabe und den Inhalt der **Legal Opinion** und des **Disclosure Letter**[17], die jeweils von den rechtlichen Beratern der Emittentin und der Banken im Wesentlichen inhaltsgleich abgegeben werden und für die die Durchführung einer umfassenden Due Diligence eine zwingende Voraussetzung ist. Vor allem die rechtlichen Berater der Parteien haben daher wesentlichen Einfluss auf den inhaltlichen und zeitlichen Umfang der Due Diligence.

10.11 Unter anderem aufgrund der Verpflichtung zur Erstellung der in den wesentlichen Punkten standardisierten Legal Opinions und Disclosure Letters von auf derartige Transaktionen spezialisierten Kapitalmarktkanzleien werden im Gegensatz zu M&A-Transaktionen **bei Kapitalmarkttransaktionen** in aller Regel **keine Due Diligence-Berichte** erstellt (zu Auswirkungen im Falle einer seltenen Ausnahme siehe Rz. 10.128 f.). Andernfalls müssten die Opinions auf praktisch alle Rechtsfragen hinweisen, die in den Due Diligence-Berichten adressiert sind und deren Bedeutung im Hinblick auf die „Aufgreifschwelle" in einer Opinion zweifelhaft erscheinen könnte. Überdies konzentrieren sich die Berater auf den Prospekt als zentrales und in Bezug auf alle für die Beurteilung der Wertpapiere wesentlichen Angaben abschließendes Offenlegungsdokument zugunsten aller Anleger. Sie wollen auch insoweit mit einem Due Diligence-Bericht kein, jedenfalls für Rechtsfragen, „konkurrierendes" Offenlegungsdokument schaffen, das nur einzelnen Beteiligten zugänglich und dessen Verhältnis zum Due Diligence Bericht unklar wäre. In der Praxis werden bisweilen Listen mit überprüften Dokumenten erstellt, um die Identifizierung von Verträgen und gesellschaftsrechtlichen Dokumenten im Hinblick auf die Darstellung im Prospekt zu gewährleisten oder die Herkunft bestimmter im Prospekt verwendeter Informationen (in Ergänzung zu dem vom Wirtschaftsprüfer ausgestellten Comfort Letter und dem von ihm im Prospekt überprüften Zahlenangaben[18]) intern zu dokumentieren.

Im Ergebnis hat die Due Diligence damit bei Kapitalmarkttransaktionen ebenfalls Risikoermittlungs- und Wertermittlungsfunktionen, vor dem Hintergrund der Prospekthaftung aller für den Prospekt verantwortlichen Personen kommt aber hinzu, dass sie in hohem Maße auch der Einhaltung der Sorgfaltspflichten im Rahmen der Prospekterstellung dient. Auch wenn sie nicht das einzige denkbare Mittel ist, um im Schadensfall die gesetzliche Vermutung grober Fahrlässigkeit[19] der Prospektverantwortlichen zu widerlegen, ist sie hierzu in vielerlei Hinsicht sehr gut geeignet, und es ist zumindest möglich, dass deutsche Gerichte, gestützt auf US-amerikanische Kapitalmarktgepflogenheiten, deren Durchführung bei der Ermittlung des anzulegenden Sorgfaltsmaßstabs als „Verkehrssitte" ansehen[20].

---

17 Vgl. allgemein zu Legal Opinions Rz. 10.141 ff.
18 Siehe zu diesem sog. „*circle up*" oder „*tick-mark comfort*" Rz. 10.369.
19 Siehe zum Verschuldensmaßstab der spezialgesetzlichen Prospekthaftung ausführlich Rz. 10.452 ff. sowie zum (weiteren) Verschuldensmaßstab bei der allgemeinen zivilrechtlichen Prospekthaftung unter Rz. 10.455.
20 *Nägele* in Habersack/Mülbert/Schlitt, Unternehmensfinanzierung am Kapitalmarkt, Rz. 33.47.

Nicht zuletzt wird sie auch ganz praktisch dafür genutzt, wesentliche Informationen für den zu erstellenden Wertpapierprospekt und die Analystenpräsentation zu liefern, die ihrerseits als Grundlage für die Berichte der unabhängigen Finanzanalysten dient (sog. „*Research Reports*").

Einstweilen frei. 10.12–10.13

2. Gegenstand der Due Diligence

Mögliche **Prüfungsgegenstände** der Due Diligence sind vor allem die von den nachfolgend näher umschriebenen Formen umfassten Bereiche. Bestimmte Aspekte davon lassen sich auch in eigenen Prüfungskomplexen zusammenfassen, soweit deren vertiefte Untersuchung im Einzelfall als erforderlich angesehen wird, so z.B. in Form einer Human Ressources Due Diligence[21], einer Psychological Due Diligence[22], einer Kartell Due Diligence[23] oder einer Insurance Due Diligence[24]. 10.14

a) Wirtschaftliche Due Diligence (Business Due Diligence)

Die wirtschaftliche Due Diligence, auch als Commercial Audit oder Business Due Diligence bezeichnet, untersucht die **wirtschaftliche Lage des Unternehmens** sowie sein **wirtschaftliches Umfeld**, d.h. insbesondere seine Wettbewerber. Im Einzelnen gehört zur Beurteilung der wirtschaftlichen Lage ein Überblick über die Unternehmensstruktur, die Wettbewerbsfähigkeit wesentlicher Produkte und Dienstleistungen einschließlich etwaiger Marktzutrittsschranken, die Forschungs- und Entwicklungstätigkeit, Patente, gewerbliche Schutzrechte und ähnliche Rechte sowie die Analyse der Beziehungen zu den wichtigsten Zulieferern und Kunden. Hinzu kommt eine Analyse der Aufbauorganisation einschließlich Struktur der Anteilseigner und der Corporate Governance[25] sowie der Vergütungssysteme. Schließlich umfasst eine Business Due Diligence die Beurteilung des Managementinformationssystems einschließlich des Frühwarn- und Überwachungssystems nach § 91 Abs. 2 AktG, also der Buchführungs- und Budgetierungssysteme, der Berichts-, Informations- und Kontrollsysteme sowie der IT-Struktur. 10.15

Ziel ist es, Chancen und Risiken des Unternehmens im Vergleich zu den wichtigsten Wettbewerbern zu identifizieren.

b) Bilanzielle und finanzielle Due Diligence (Financial Due Diligence)

Die Financial Due Diligence umfasst die Analyse der **finanziellen und bilanziellen Situation des Unternehmens**. Grundlage hierfür sind regelmäßig die Jahresabschlüsse und Buchhaltungsunterlagen der letzten drei bis fünf Jahre[26] und damit mindestens der Zeiträume, für die auch der Wertpapierprospekt Finanzinformationen enthalten muss, sowie die Planung und die Zahlungsströme des Unternehmens (Cashflow aus der laufenden Geschäftstätigkeit, Cashflow aus der Investitionstätigkeit, Cashflow aus der Finanzierungstätigkeit). Bei dieser Überprüfung erfolgt regelmäßig eine Bereinigung der Vergan- 10.16

---

21 *Fleischer/Körber*, BB 2001, 841 f. Zu typischen Problemen bei der Übermittlung von Arbeitnehmerdaten zuletzt *Braun/Wybitul*, BB 2008, 783 ff.
22 Vgl. *Wegmann/Koch*, DStR 2000, 1027, 1030.
23 Vgl. *Besen/Gronemeyer*, CCZ 2009, 67 und *Besen/Gronemeyer*, CCZ 2013, 137 auch zu den Voraussetzungen und Zielen eines sog. „*Clean Team*"-Konzepts.
24 Vgl. *Fleischer/Körber*, BB 2001, 841, 842. Zu weiteren Untersuchungsgegenständen *Nägele* in Habersack/Mülbert/Schlitt, Unternehmensfinanzierung am Kapitalmarkt, Rz. 33.20.
25 Detailliert zur Corporate Governance und Corporate Compliance im Akquisitionsprozess auch in Bezug zu den einzelnen Due Diligence-Formen mit Blick auf mögliche Korruptionstatbestände im Zielunternehmen und Verstößen gegen das Insiderrecht *Peemöller/Reinel-Neumann*, BB 2009, 206 ff.; zu den unterschiedlichen Compliancemodellen – CCO und kollegiale Compliance – vgl. *Gößwein/Hohmann*, BB 2011, 963 ff.
26 *Fleischer/Körber*, BB 2001, 841; *Nägele* in Habersack/Mülbert/Schlitt, Unternehmensfinanzierung am Kapitalmarkt, Rz. 33.18 ff.

genheitsergebnisse, die Analyse der Planung (Planungsverfahren/-rechnung) des Unternehmens, die Analyse des nicht-betriebsnotwendigen Vermögens sowie Untersuchungen zum Substanzwert[27]. Kern der Financial Due Diligence ist, gestützt u.a. auf eine Analyse der finanziellen Entwicklung der Gesellschaft in der Vergangenheit, die kritische Prüfung des Business Plans für die nächsten drei Geschäftsjahre und der in vielen Fällen in den Prospekt aufzunehmenden Erklärung zum Geschäftskapital (sog. *Working Capital Statement*)[28].

In diesem Kontext wird regelmäßig auch eine sog. Auditor's Due Diligence durchgeführt, in der sich die Emissionsbanken anhand eines an die Wirtschaftsprüfer gerichteten Fragenkatalogs u.a. Erkenntnisse über das Verhältnis der Wirtschaftsprüfer zur Gesellschaft und etwaigen Diskussionspunkten im Zusammenhang mit der Prüfung der Jahresabschlüsse verschaffen. Dabei ist eine Befragung der Wirtschaftsprüfer ohne gleichzeitige Anwesenheit von Vertretern der Gesellschaft aufgrund einer größeren Unbefangenheit bei der Beantwortung von Fragen zu bevorzugen. Die Durchführung einer entsprechenden Due Diligence empfiehlt sich auch im Hinblick auf andere Experten, von denen Stellungnahmen in einen Wertpapierprospekt aufgenommen werden sollen, beispielsweise Wertgutachter für die Bestände von Immobiliengesellschaften.

10.17 Die Financial Due Diligence wird bei anglo-amerikanischen Banken ausschließlich **in-house** und bei kleineren und mittelgroßen deutschen Banken – zumindest hinsichtlich der Plausibilität des Business Plans – nicht selten mit Unterstützung einer **Wirtschaftsprüfungsgesellschaft** durchgeführt[29].

c) Rechtliche und steuerrechtliche Due Diligence (Legal and Tax Due Diligence)

10.18 Die **Legal Due Diligence** ist Teil jeder eingehenden Due Diligence-Prüfung. In diesem Rahmen werden insbesondere die gesellschaftsrechtlichen Grundlagen des Emittenten bzw. der Zielgesellschaft sowie die Kapital- und Beteiligungsverhältnisse der Gesellschaft untersucht. Hierzu gehören etwaige Gründungsmängel, Mängel der Satzung, Verstöße gegen § 52 AktG (Nachgründung), (verdeckte) Sacheinlagen und die Einhaltung der Mitteilungspflichten gem. §§ 20 ff. AktG und §§ 33 ff. WpHG, etwaige Umstrukturierungen einschließlich der Rechtsvorgänger der Gesellschaft(en) sowie die Ordnungsgemäßheit der Kapitalerhöhungsbeschlüsse und Bezugsrechtsausschlüsse[30]. Daneben werden die rechtlichen Grundlagen aller wesentlichen Vermögensgegenstände wie etwa von Tochtergesellschaften, Grundstücken und gewerblichen Schutzrechten, wesentliche Liefer- und Abnahmeverträge[31], kartellrechtliche Fragen sowie die Rechtsstreitigkeiten des Unternehmens analysiert. Bei der Frage, ob eine Beteiligung an einer Tochtergesellschaft als wesentlich anzusehen ist, wird üblicherweise gemäß Leitlinien der European Securities and Markets Authority (ESMA) ein Schwellenwert von 10 % des Eigenkapitals des Emittenten als Beteiligungsbuchwert oder 10 % des Jahresergebnisses angesetzt[32], sofern

---

27 Hierzu ausführlich *Koch*, Praktiker-Handbuch Due Diligence, S. 116 ff.
28 Siehe z.B. für Aktienemissionen Anhang 11 Ziff. 3.1 Delegierte Verordnung (EU) 2019/980 der Kommission v. 14.3.2019, ABl. EU Nr. L 166 v. 21.6.2019, S. 26.
29 Vgl. *Nägele* in Habersack/Mülbert/Schlitt, Unternehmensfinanzierung am Kapitalmarkt, Rz. 33.6.
30 Zu den Auswirkungen früherer fehlerhafter Kapitalerhöhungen auf aktuelle Kapitalerhöhungsmaßnahmen ausführlich: *Trendelenburg*, NZG 2003, 860 ff.; Beispiel eines Due Diligence-Fragebogens vgl. *Hoffmann-Becking/Gebele*, Beck'sches Formularbuch Bürgerliches, Handels- und Wirtschaftsrecht, III A. 10; ausführlicher in *Beisel/Andreas*, Beck'sches Mandatshandbuch Due Diligence, Abschnitt C.; zu rechtlichen und praktischen Aspekten bei öffentlich zugänglichen Informationsquellen siehe *Krämer/Kiesewetter*, BB 2012, 1679.
31 Bei der Prüfung der für den künftigen Geschäftserfolg wichtigen Verträge ist insbesondere auf die Ausgestaltung von Kündigungs- und Schadensersatzregelungen (z.B. *Change of Control*-Klauseln), feste Liefer- und Abnahmeverpflichtungen sowie die Möglichkeit einer Anpassung an geänderte Rahmenbedingungen zu achten.
32 Anhang 6.2 Delegierte Verordnung (EU) 2019/980 sowie ESMA, ESMA, „*Guidelines on disclosure requirements under the Prospectus Regulation*" v. 4.3.2021, Rz. 218 ff.

nicht bereits andere Gründe (wie beispielsweise deren aktuelle oder erwartete strategische Bedeutung im Konzern) für eine entsprechende Einstufung als wesentlich sprechen.

Die **steuerrechtliche Due Diligence** hat zwei Ziele: Zum einen dient sie der Aufdeckung von steuerlichen Risiken für vergangene Wirtschaftsjahre. Methodisch ähnelt sie dabei einer vorgezogenen Betriebsprüfung für die vergangenen Wirtschaftsjahre, bei der eventuelle Nachzahlungen für die betreffenden Steuerarten ermittelt werden[33]. Daneben beschafft sich der Käufer eines Unternehmens durch die steuerrechtliche Due Diligence Informationen für eine steueroptimierte Gestaltung der Transaktion; wichtige Aspekte sind dabei die Abschreibungsmöglichkeiten hinsichtlich des Kaufpreises, die steuerliche Absetzbarkeit der Finanzierungskosten, die Möglichkeit einer Buchwertfortführung, die Schaffung der Organschaftsvoraussetzungen sowie die Nutzung etwaiger in der Zielgesellschaft bzw. der prospektiven Emittentin vorhandener Verlustvorträge[34]. 10.19

Die rechtliche Due Diligence (ggf. einschließlich der steuerrechtlichen Due Diligence) wird von den **rechtlichen Beratern** durchgeführt. Soweit eine steuerrechtliche Due Diligence durchgeführt wird, sind mit ihr zum Teil auch Wirtschaftsprüfungs- bzw. Steuerberatungsgesellschaften befasst. Hierbei fällt den Beratern auf Seiten des potentiellen Übernehmers bzw. der Konsortialbanken im Falle einer Aktien- oder Anleiheemission neben der „Aufdeckung von Risiken" und deren adäquate Offenlegung im Prospekt oder ggf. in der Angebotsunterlage v.a. eine Kontrollfunktion zu. Die Berater des Emittenten bzw. der Zielgesellschaft haben ebenfalls die Aufgabe, Risiken aufzudecken; darüber hinaus sollten sie idealerweise für erkennbare Risiken bereits Lösungs- oder Formulierungsvorschläge entwickeln[35]. 10.20

Zusätzlich zu den Rechtsberatern der Gesellschaft führen regelmäßig auch vom Bankenkonsortium beauftragte Rechtsberater eine eigene Due Diligence durch, wobei die Kosten hierfür entsprechend der Dienstleistungsfunktion der Banken im Rahmen der Transaktion grundsätzlich ebenfalls von der Emittentin im Wege des Auslagenersatzes getragen werden. Lediglich in kleineren Transaktionen wird vereinzelt noch mit nur einer Rechtsanwaltskanzlei als sog. **„Transaction Counsel"** gearbeitet, die entweder von der Emittentin oder – unter Anlegerschutzaspekten klar vorzugswürdig – von den Konsortialbanken mandatiert wird. Trotz der für die Emittentin höheren Kosten ist das Vier-Augen-Prinzip mit Prüfung durch zwei Kanzleien klar zu bevorzugen, zumal es nahezu sichere Konfliktsituationen bei der Beratung der Transaktion insgesamt vermeidet, etwa bei der Einwertung aufgedeckter Risiken oder im Rahmen der Verhandlung des Aktienübernahmevertrags, bei der ein Transaction Counsel lediglich eine Seite (seinen Mandanten) beraten und vertreten kann. Ein *Transaction Counsel* wird von großen anglo-amerikanischen Banken zu Recht als unterhalb des hinnehmbaren Standards abgelehnt. 10.21

Eine eigene rechtliche Due Diligence durch rechtliche Berater verkaufender und prospektverantwortlicher Großaktionäre wurde in einer Phase der Unsicherheit im unmittelbaren Nachgang zur „Telekom III"-Entscheidung des BGH[36] zur zwingenden (Mit-) Übernahme des Prospekthaftungsrisikos bzw. der Kompensation des Emittenten durch einen Großaktionär für die Übernahme des Prospekthaftungsrisikos kurzzeitig bei einzelnen Transaktionen praktiziert, ist heute aber Sondersituationen vorbehalten und auch dann meist thematisch begrenzt. Bei Börsengängen werden in der heutigen Praxis die wirtschaftlichen Folgen etwaiger Prospektfehler und die Kosten der Vorbereitung und Durchführung der Transaktion aufgrund vertraglicher Regelungen zwischen Emittentin und den verkaufen- 10.22

---

33 *Schimmelschmidt* in Semler/Volhard, Arbeitshdb. Unternehmensübernahmen, Band 1, § 26 Rz. 617; *Rödding/Bühring*, DStR 2010, 1761, 1763, insbesondere mit Betonung auf Due Diligence und Beschreibung steuerlicher Risikofaktoren im Prospekt; *Krüger/Kalbfleisch*, DStR 1999, 174, 178 ff.
34 *Schimmelschmidt* in Semler/Volhard, Arbeitshdb. Unternehmensübernahmen, Band 1, § 26 Rz. 618. Zur seit dem Unternehmenssteuerreformgesetz 2008 bestehenden Verschärfung des Verlustabzugs durch § 8c KStG beim Börsengang instruktiv *Groß/Klein*, AG 2007, 896 ff.
35 Näher zu den Beteiligten gerade bei der kapitalmarktrechtlichen Due Diligence und deren unterschiedlichen Aufgabenspektrum *Nägele* in Habersack/Mülbert/Schlitt, Unternehmensfinanzierung am Kapitalmarkt, Rz. 33.6 ff.
36 Siehe dazu ausführlich Rz. 10.481 ff.

den Aktionären geteilt[37]; insoweit verlassen sich die verkaufenden Aktionäre im Ergebnis auf die von den Anwälten der Emittentin geleistete Arbeit. Zur Vermeidung einer sog. Einlagenrückgewähr nach § 57 AktG ist die Platzierungsstruktur bezüglich der Kapitalerhöhung und des Volumens der etwaigen Umplatzierungskomponente zu analysieren und zu entscheiden, ob im Einzelfall eine Abweichung von der quotalen Aufteilung der Prospekthaftungsübernahme begründbar ist[38]. Siehe dazu auch Rz. 8.151 ff.

d) Technische Due Diligence

10.23 Bei der technischen Due Diligence wird der **Entwicklungsstand der Produkte des Unternehmens** sowie der **Zustand der technischen Ausstattung** (z.B. Computersysteme in Dienstleistungsunternehmen einschließlich Software bzw. Produktionsanlagen im produzierenden Gewerbe), auch wegen möglicherweise drohender Substitutionsprozesse, untersucht[39]. Eine technische Due Diligence wird sich im Einzelnen mit der Infrastruktur und den Funktionssystemen, den Produktionsverfahren, der Produktions- und Lagerkapazität, Effizienz des Produktionsablaufs, Qualitätssicherungsverfahren, Zertifizierungen etc. befassen.

10.24 **Ziel** der technischen Due Diligence ist es, die Produktions- und Lagerkapazitäten des Unternehmens zu evaluieren sowie Produktionsablauf und Qualitätskontrolle bewerten zu können. Eng verknüpft ist damit eine Bewertung der Effizienz der Forschungs- und Entwicklungsanstrengungen des Unternehmens also des prozentualen Anteils des Forschungsaufwands am Umsatz.

10.25 Die technische Due Diligence wird bei einem Unternehmenskauf gerade bei strategischen Investoren nicht selten von den **Erwerbsinteressenten selbst durchgeführt**, während diese Aufgabe bei Kapitalmarkttransaktionen entweder von **spezialisierten Sektoranalysten** oder Dritten im Auftrag der Konsortialbanken durchgeführt wird. Die technische Due Diligence ergänzt die Ergebnisse der Business Due Diligence vor allem hinsichtlich nur mit technischem Spezialwissen ermittelbarer Risiken sowie der (nachhaltigen) Entwicklungsmöglichkeiten des Unternehmens im Wettbewerb und in jüngster Zeit vor allem auch die **Gefährdungslage bezüglich sog. disruptiver Entwicklungen**.

e) Umwelt-Due Diligence, CSR/ESG-Due Diligence

10.26 In den letzten Jahren ist auch die Sensitivität für Umweltrisiken[40] nochmals deutlich gestiegen, wobei sich zu Standard-Untersuchungsgebieten, die früher eher der technischen Due Diligence zuzuordnen waren, wie etwa dem (Nicht-)Vorhandensein von Altlasten an Unternehmensstandorten zunehmend auch Fragen der Nachhaltigkeit gesellen. Vorläufiger Höhepunkt der zugrunde liegenden Entwicklungen dürfte ein am 26.5.2021 in den Niederlanden gegen die Royal Dutch Shell plc in erster Instanz ergangenes Urteil[41] sein, nach dem der Konzern die von ihm weltweit verantworteten CO_2-Emissionen bis zum 31.12.2030 um 45 % im Vergleich zum Jahr 2019 reduzieren muss. Auch wenn eine Übertrag-

---

37 Siehe hierzu auch Rz. 10.484 und *Meyer* unter Rz. 8.151 ff.
38 Siehe hierzu eingehend *Krämer/Gillessen/Kiefner*, CFL 2011, 328 ff. sowie BGH v. 31.5.2011 – II ZR 141/09 Telekom III, BGHZ 190, 7 = NJW 2011, 2719 = AG 2011, 548; *Groß*, Kapitalmarktrecht, § 9 WpPG Rz. 22a–22d.
39 Vgl. *Fleischer/Körber*, BB 2001, 841; ausführlich dazu *Koch*, Praktiker-Handbuch Due Diligence, 2011, S. 74 ff. Gerade im Bereich disruptiver Geschäftsmodelle ist die Bedeutung etwa der IT-Technik in den letzten Jahren erheblich gestiegen und hat insbesondere auch zu Diskussion über die Frage der Angemessenheit des IT-Standards bei renommierten Banken im Vergleich zu ihren Wettbewerbern („*Peer group*") geführt.
40 Je nach Branchenschwerpunkt kann der sog. Environmental Due Diligence auch eine wichtige eigenständige Bedeutung – z.B. bzgl. des Ausschlusses oder sachgerechten Risikoverteilung und -begrenzung bei Altlasten – zukommen.
41 Bezirksgericht Den Haag v. 26.5.2021 – C/09/571932/HA ZA 19-379 – Royal Dutch Shell.

barkeit des auf niederländischem Deliktsrecht[42] beruhenden Urteils auf deutschem Recht unterliegende Emittenten keineswegs sicher ist und die Royal Dutch Shell plc Berufung gegen die Entscheidung angekündigt hat, werden entsprechende Fragestellungen im Rahmen der Due Diligence zusätzlich in den Fokus rücken. Beginnend auch schon vor diesem Urteil haben Aspekte verantwortlichen unternehmerischen Handelns (*Corporate Social Responsibilty* – CSR) bzw. der Berücksichtigung von Faktoren wie Umwelt, Soziales und Unternehmensführung (*Environmental Social Governance* – ESG) eine zunehmende Bedeutung erlangt, etwa im Rahmen der Beurteilung der „*IPO Readiness*" von Kandidaten für einen möglichen Börsengang. Maßgeblich hierfür sind nicht bloß mit solchen Aspekten verbundene rechtliche Risiken, sondern auch deren mögliche Auswirkungen im Übrigen auf das Unternehmen, beispielsweise dessen Reputation, die Unternehmensstrategie insgesamt und letztlich dessen Bewertung. Entsprechende Fragestellungen werden daher zunehmend Teil der *Equity Story*, also der zusammengefassten Gründe, die für eine Anlage in Wertpapiere des entsprechenden Unternehmens sprechen.

Einstweilen frei. 10.27–10.29

3. Voraussetzungen und Besonderheiten der Due Diligence bei der börsennotierten Aktiengesellschaft

Die Due Diligence bei börsennotierten Aktiengesellschaften unterliegt **gesteigerten Anforderungen an die Zulässigkeit ihrer Durchführung**. Im Vergleich zu anderen Gesellschaftsformen wirkt sich insbesondere das Fehlen eines individuellen Informationsrechts des Aktionärs aus. Bei börsennotierten Aktiengesellschaften sind darüber hinaus die kapitalmarktrechtlichen Beschränkungen der Marktmissbrauchsverordnung (MAR) sowie die aus dem Wertpapiererwerbs- und Übernahmegesetz resultierenden Pflichten zu beachten (dazu Rz. 10.38 ff.). Dies hat insbesondere bei der Vorbereitung von Paketkauf- und -verkaufsverträgen Auswirkungen, auf die nachfolgend vertieft eingegangen wird. 10.30

a) Grundsatz: Gleichbehandlung aller Aktionäre (§§ 53a, 131 Abs. 4 AktG)

In der Aktiengesellschaft besteht – anders als beispielsweise bei der GmbH (vgl. § 51a GmbHG) – **kein individuelles Informationsrecht** der Aktionäre[43]. Informationen können zum einen nach § 131 Abs. 1 Satz 1 AktG grundsätzlich nur in der Hauptversammlung erteilt werden[44]. Zum anderen darf der Vorstand die Auskunft nach § 131 Abs. 3 Nr. 1 AktG verweigern, wenn der Gesellschaft ein nicht unerheblicher Nachteil zugefügt würde. 10.31

Ein **außerhalb der Hauptversammlung bestehendes Informationsrecht** existiert nicht. Zudem bestimmt § 131 Abs. 4 AktG, dass Informationen, die einem Aktionär *wegen* seiner Eigenschaft als Aktionär außerhalb der Hauptversammlung gegeben worden sind, jedem anderen Aktionär auf dessen Verlangen in der Hauptversammlung zu geben sind. Dies gilt unabhängig davon, ob diese Information zur sachgemäßen Beurteilung des Gegenstands der Tagesordnung erforderlich ist. Diese Regelung ist Ausfluss des aktienrechtlichen Gleichbehandlungsgebots (vgl. § 53a AktG)[45]. 10.32

---

42 Das Urteil beruht auf einer richterlichen Fortentwicklung einer Grundnorm des niederländischen Deliktsrechts (6.162 Niederländisches Zivilgesetzbuch), wonach nicht nur die Verletzung von Gesetzen sondern auch die von „ungeschriebenen" Sorgfaltspflichten zur Haftung führen könne.
43 Zum Vergleich der Informationsrechte zwischen GmbH und AktG statt vieler *Ziegler*, DStR 2000, 249 ff.; zum Informationsrecht eines Aktionärs im Falle der Beantragung eines Auskunftserzwingungsverfahrens nach §§ 132, 131 AktG bei falsch erteilter Auskunft durch die Hauptversammlung siehe KG v. 16.7.2009 – 23 W 69/08, ZIP 2010, 698 = AG 2010, 254 = WM 2010, 324.
44 Auch gilt der Anspruch nur in Bezug auf durch den Vorstand erteilte Informationen, nicht aber im Hinblick auf in Aufsichtsratssitzungen erlangte Kenntnisse; siehe dazu LG Frankfurt v. 16.2.2016 – 3/5 O 132/15, NJW-RR 2016, 739 = ZIP 2016, 1535 = AG 2016, 758.
45 *Kersting* in KölnKomm. AktG, § 131 AktG Rz. 426.

10.33 Der Vorstand – und sofern im Einzelfall ausnahmsweise eingebunden: der Aufsichtsrat – der AG muss die **Wertung des § 131 Abs. 4 AktG** bei seiner Interessenabwägung über die Zulassung einer Due Diligence-Prüfung **berücksichtigen**.[46] Im Regelfall wird diese Wertung dazu führen, dass eine nach Interessenabwägung zugelassene Due Diligence zu keinem Auskunftsrecht der übrigen Aktionäre nach § 131 Abs. 4 AktG führt. Der Gleichbehandlungsgrundsatz verbietet nicht schlechthin jede Ungleichbehandlung. Nur dann soll und muss die Gesellschaft die Aktionäre gleich behandeln, wenn die Voraussetzungen die gleichen sind[47] bzw. keine sachliche Rechtfertigung für eine Ungleichbehandlung besteht[48]. Die Situation etwa eines veräußerungswilligen Großaktionärs[49] stellt sich im Vergleich zu den übrigen (Klein-) Aktionären durchaus unterschiedlich dar, können letztere doch ohne weiteres über die Börse veräußern und sind nicht auf strategische Erwerber außerhalb der Börse oder (institutionelle) Finanzinvestoren angewiesen. Der Großaktionär hat in diesen Fällen ein konkretes Informationsbedürfnis, das Kleinaktionäre nicht haben[50]. Würden Großaktionären generell zusätzliche Informationen versagt, könnte dies zu einer faktischen Vinkulierung ihrer Pakete führen[51].

b) Vertraulichkeit

10.34 Nach § 93 Abs. 1 Satz 2 AktG haben die Vorstandsmitglieder über vertrauliche Angaben und Geheimnisse der Gesellschaft, namentlich Betriebs- oder Geschäftsgeheimnisse, die ihnen durch ihre Tätigkeit im Vorstand bekannt geworden sind, Stillschweigen zu bewahren. „Geheimnisse" und „vertrauliche Angaben" sind solche, deren Weitergabe an Dritte grundsätzlich nicht im Unternehmensinteresse liegt. Eine Verletzung dieser **Verschwiegenheitspflicht** führt nach § 93 Abs. 2 Nr. 1 AktG zu Schadensersatzansprüchen gegen die Mitglieder des Vorstands, daneben können sie sich nach § 404 Abs. 1 Nr. 1 AktG strafbar machen[52].

---

46 Zur Einbeziehung des Aufsichtsrats im Falle erkennbarer Interessenkonflikte oder Zuständigkeit kraft Geschäftsordnung vgl. Rz. 10.36.
47 So *Ziegler*, DStR 2000, 249, 254.
48 Dazu *Krömker*, NZG 2003, 418, 423; *Hüffer/Koch*, § 53a AktG Rz. 10 f.
49 Dabei ist die Bestimmung eines „Großaktionärs" bzw. eines zu einer Sonderstellung berechtigenden „Pakets" durchaus streitig. Als untere Grenze wird man noch nicht die Eingangsmeldeschwelle des § 33 Abs. 1 WpHG (bis 2.1.2018: § 21 Abs. 1) von 3 %, wohl aber in Einzelfällen schon die folgende Meldeschwelle mit 5 % heranziehen können, da diese nicht bloß das Recht zur Einberufung einer Hauptversammlung (§ 122 Abs. 1 AktG), sondern auch die gerade im Übernahmekontext wesentliche aktienrechtliche Sperrminorität bei Squeeze-outs (§ 327a Abs. 1 AktG) vermittelt; je nach Aktionärsstruktur und Streubesitz mögen im Einzelfall aber auch deutlich mehr als 10 % erforderlich sein.
50 So auch *Bussian*, Due Diligence bei Pakettransaktionen, 2008, S. 100 f.; ob dies, wie *Krömker* (NZG 2003, 418, 423) meint, zu einem Informationsanspruch führen kann, mag zweifelhaft sein; jedenfalls sprechen in diesen Fällen gute Argumente für eine Zulassung der Due Diligence nach entsprechender Abwägung, zumal in aller Regel kein Konkurrenzverhältnis besteht und deshalb eine sog. Vendor Due Diligence im Falle der vollständigen Kostentragung durch den Großaktionär wenig Nachteile haben dürfte.
51 *Krömker*, NZG 2003, 418, 423; dies gilt insbesondere für börsennotierte Gesellschaften mit – im Vergleich zu dem zur Veräußerung bereitstehenden Paket – geringerem Streubesitz. Dass ein „unkooperativer" Vorstand eine außerbörsliche Veräußerung bisweilen erheblich erschweren oder – wegen entsprechender Minderung des potentiellen Veräußerungserlöses mangels Information – sogar verhindern kann, zeigt der gescheiterte Verkauf der AGIV-Beteiligung durch die Metallgesellschaft AG an die BHF-Bank an die Metallgesellschaft AG Anfang 1997. Ob einem Großaktionär im Ergebnis ein Anspruch auf eine Due Diligence zusteht, ist jedoch stets nach umfassender Abwägung aller Umstände des Einzelfalles (insbesondere auch Wettbewerbsüberlegungen) zu entscheiden.
52 Vgl. dazu auch *Hensel/Dröstling*, DStR 2021, 170, 170 f.; Zur Zulässigkeit einer bevorzugten Informationsweitergabe an Aktionärspools durch den Vorstand bei Vorliegen eines faktischen Konzernverhältnisses und einer Informationserteilung zum Zwecke einer einheitlichen Konzernleitung siehe *Menke*, NZG 2004, 697, 700 f.

In der höchstrichterlichen Rechtsprechung[53] ist seit langem anerkannt, dass die Verschwiegenheitspflicht nicht absolut gilt. Sie soll nur dann gelten, wenn die Verschwiegenheit im objektiven Interesse der Gesellschaft liegt[54]. Dieses Interesse kann es aber aus unternehmerischer Sicht zwingend erfordern oder zumindest geboten erscheinen lassen, Informationen an unternehmensexterne Personen weiterzugeben. Der Vorstand hat im Einzelfall mit Blick auf das **Unternehmensinteresse** abzuwägen, ob die voraussichtlichen Vorteile der durch die Due Diligence-Prüfung vorbereiteten Transaktion, also z.B. des Beteiligungserwerbs, die möglichen Nachteile durch die Weitergabe von vertraulichen Informationen überwiegen[55]. Bezugspunkt der Abwägungsentscheidung des Vorstandes ist das Unternehmensinteresse, da auch das Geheimhaltungsgebot des § 93 Abs. 1 Satz 2 AktG Ausfluss des allgemeinen Unternehmensinteresses ist. Daher muss das Geheimhaltungsinteresse dann zurücktreten, wenn wichtigere Belange des Unternehmensinteresses dies gebieten[56]. Diese unternehmerische Entscheidung des Vorstandes zur Weitergabe vertraulicher Informationen unterliegt nur in eingeschränktem Umfang einer etwaigen späteren gerichtlichen Kontrolle[57].

10.35

Dem Vorstand ist dringend zu empfehlen, in einem **schriftlichen Beschluss** die maßgeblichen Erwägungen für die Offenbarung vertraulicher Informationen festzuhalten. Des Weiteren ist es zweckmäßig, in diesem Beschluss die wesentlichen Verfahrensgrundsätze für die Due Diligence-Prüfung festzulegen. Die in der Satzung oder Geschäftsordnung vorgesehene Möglichkeit, Mehrheitsentscheidungen zu treffen (vgl. § 77 Abs. 1 Satz 2 AktG), gilt auch für diesen Beschluss[58]. Widersprechen jedoch einzelne Vorstandsmitglieder – inhaltlich – der Due Diligence-Prüfung, so wird dies ein gewisses Indiz sein, dass die Preisgabe vertraulicher Informationen im Hinblick auf das Unternehmensinteresse problematisch ist. Dies gilt insbesondere im Fall einer etwaigen Due Diligence durch – auch nur partielle – Wettbewerber.

10.36

Eine **Zuständigkeit der Hauptversammlung**, über die Informationsweitergabe zu entscheiden, besteht nicht[59]. Aufgrund der gesetzlichen Kompetenzverteilung in der Aktiengesellschaft besteht ebenfalls keine derartige **Zuständigkeit des Aufsichtsrats**[60]. Eine Zustimmungspflicht des Aufsichtsrats kann jedoch durch Satzung oder Geschäftsordnung des Aufsichtsrates bzw. des Vorstandes vorgesehen werden. Der Aufsichtsrat kann des Weiteren durch Beschluss die Zustimmungspflichtigkeit einer Weitergabe vertraulicher Informationen durch den Vorstand begründen (§ 111 Abs. 4 Satz 2 AktG); ein solcher **Zustimmungsvorbehalt** kann vom Aufsichtsrat auch *ad hoc* beschlossen werden[61]. Jedenfalls

10.37

---

53 BGH v. 5.6.1975 – II ZR 156/73 – Bayer, BGHZ 64, 325, 330 = AG 1975, 219 (i.V.m. § 116 Abs. 1 AktG für den Aufsichtsrat; zustimmende Anmerkungen zu diesem Urteil: *Mertens*, AG 1975, 235 ff.).
54 *Wiesner* in Hoffmann-Becking, MünchHdb. AG, § 25 Rz. 47 m.w.N.; *Spindler* in Goette/Habersack/Kalss, MünchKomm. AktG, § 93 AktG Rz. 119; so auch *Bussian*, Due Diligence bei Pakettransaktionen, 2008, S. 100 f.
55 Statt vieler *Müller*, NJW 2000, 3452, 3453; *Ziegler*, DStR 2000, 249, 252 jeweils m.w.N. Dabei muss der Vorstand jedoch insbesondere auch die möglichen Nachteile im Falle eines Scheiterns der Transaktion durch die Preisgabe von Unternehmensinterna in die Abwägung einbeziehen, dies insbesondere bei der Due Diligence durch Wettbewerber. Hierzu und zur Minderung dieses Risikos z.B. durch die Vereinbarung sog. *break-up fees Adolff/Meister/Randall/Stephan*, Public Company Takeovers in Germany, 2002, S. 181 f.; *Bergjan/Schwarz*, GWR 2013, 4.
56 So etwa *Müller*, NJW 2000, 3452, 3453 und *Ziegler*, DStR 2000, 249, 252, die sich jeweils auch mit der vor allem von *Lutter*, ZIP 1997, 613 ff. begründeten, inzwischen weitgehend überholten, Gegenansicht auseinandersetzen.
57 Zum Ermessen des Vorstandes grundsätzlich BGH v. 21.4.1997 – II ZR 175/95 – ARAG/Garmenbeck, BGHZ 135, 244, 253 ff. = NJW 1997, 1926. Dazu zuletzt eingehend *Goette* in FS Hoffmann-Becking, 2013, S. 377 ff. Zur Vorstandsentscheidung als Abwägungsentscheidung und notwendigen verfahrensmäßigen Vorkehrungen *Körber* in Fleischer, Hdb. Vorstandsrecht, § 10 Rz. 23 ff.
58 A.A. *Meincke*, WM 1998, 749, 751; *Schroeder*, DB 1997, 2161, 2162.
59 Inzwischen allg. M., vgl. nur *Eggenberger*, S. 85 ff. m.w.N.
60 Vgl. *Eggenberger*, S. 91.
61 BGH v. 15.11.1993 – II ZR 235/92, BGHZ 124, 111, 127 = NJW 1994, 520 = AG 1994, 124.

dann, wenn widerstreitende Interessen innerhalb des Vorstands erkennbar werden oder ein Finanzinvestor den amtierenden Vorstand im Rahmen eines *Buy-Outs* „übernehmen" will sowie einer Due Diligence durch Hauptwettbewerber, dürfte sich die Einschaltung des Aufsichtsrats dringend empfehlen[62]. Außerhalb dieser Sonderkonstellationen wird von einer Zustimmungspflicht des Aufsichtsrats zu Recht selten Gebrauch gemacht.

c) Due Diligence im Vorfeld von Unternehmensübernahmen?

10.38 Bei der Due Diligence zur **Vorbereitung einer Unternehmensübernahme** muss der Vorstand der Zielgesellschaft, wie soeben dargestellt, im Rahmen seines unternehmerischen Ermessens entscheiden, ob die Weitergabe der Informationen im Interesse des Unternehmens liegt[63]. Dies ist der Fall, wenn das Interesse an der Durchführung des geplanten Beteiligungserwerbs höher einzustufen ist als die Gefahr, die mit der Weitergabe der angeforderten vertraulichen Informationen verbunden ist[64]. Bei dieser Ermessensentscheidung hat der Vorstand nicht nur hinsichtlich der potentiell positiven und negativen Aspekte, sondern auch bei deren Gewichtung einen Beurteilungsspielraum. Insbesondere kommen folgende Abwägungskriterien in Betracht:

10.39 Für eine Informationsweitergabe sprechende Aspekte:

- Vorliegen eines objektiven Interesses der Gesellschaft am geplanten Beteiligungserwerb/eines neuen Großaktionärs und Bedeutung dieses Interesses;

- Ernsthaftigkeit des Erwerbsinteresses und Solvenz des möglichen Erwerbers;

- Ausmaß und Wahrscheinlichkeit der durch den Beteiligungserwerb eintretenden Vorteile für die Gesellschaft;

- Wahrscheinlichkeit der erfolgreichen Durchführung des Beteiligungserwerbs (u.a. kartellrechtliche und außenwirtschaftsrechtliche Genehmigungen bzw. – bei Tochtergesellschaften im Ausland – solche nach dort anwendbarem Recht)[65];

- bei Kapitalmarkttransaktionen, wie z.B. Kapitalerhöhungen, auch Erhöhung des Streubesitzes und Aufnahme in einen (ggf. auch: bedeutenderen als den bisherigen) Börsenindex.

---

62 In den Fällen eines *Management Buy-Ins* bzw. eines *Leveraged Buy-Outs*, bei denen (einzelne) Vorstandsmitglieder in einem Interessenkonflikt bezüglich des zu vereinbarenden Kaufpreises stehen (können), kann im Einzelfall eine Ermessensreduzierung auf null in Bezug auf die Zustimmungspflicht des Aufsichtsrats eintreten.
63 Zur Entscheidung über eine und ggf. Durchführung der – derzeit jedoch nicht allgemein üblichen – sog. „Post-M&A Due Diligence" nach Erwerb durch den Käufer zur Feststellung, ob sich der Kaufgegenstand im nach dem Vertrag und den Vorstellungen des Käufers erwartbaren Zustand befindet, *Frhr. v. Falkenhausen*, NZG 2015, 1209 ff.
64 Ausführlich zu diesem Interessenskonflikt insbesondere in Fällen vertraglicher Vertraulichkeitsvereinbarungen zwischen Zielgesellschaft und Dritten *Schiffer/Bruß*, BB 2012, 847, 849.
65 Dieser Aspekt hat gerade in jüngerer Zeit eine immer größere Bedeutung für die Frage der Transaktionssicherheit gewonnen. Dies betrifft einerseits die Pläne zu einer Verschärfung der Investorenkontrolle unter dem deutschen Außenwirtschaftsgesetz (insbesondere vor dem Hintergrund der – letztlich im Jahr 2016 untersagten – Übernahme der Aixtron SE durch eine chinesische Gesellschaft sowie der Veräußerung des Lampengeschäfts für Allgemeinbeleuchtung (LEDVANCE) der OSRAM Licht AG im gleichen Jahr an ein chinesisches Konsortium) und andererseits entsprechende Regelungen unter ausländischem Recht wie etwa den mitunter gravierenden und aufgrund breiten Ermessens schwer zu berechnenden Einfluss des *Committee on Foreign Investment in the United States* (CFIUS) nach Section 721 des US-amerikanischen Defense Production Acts von 1950 in der derzeit gültigen Fassung. Zu CFIUS allgemein insbesondere *Metzger*, RIW 2014, 794 und *Seibt/Kulenkamp*, ZIP 2017, 1345.

Mögliche Nachteile einer frühzeitigen Informationsgewährung: 10.40

- Geringe Wahrscheinlichkeit der erfolgreichen Durchführung;
- Ausmaß und Wahrscheinlichkeit der Gefahr zweckwidriger Verwendung der offengelegten vertraulichen Informationen;
- Wettbewerbssituation zwischen der Gesellschaft und dem möglichen Erwerber und die damit verbundene Zugänglichmachung wettbewerbsrechtlich relevanter Informationen an einen Wettbewerber;
- Fortbestehende Nachteile bei Abbruch der Transaktion trotz strafbewehrter Vertraulichkeitsvereinbarung und etwaiger Strafzahlungen (sog. *break-up fees*)[66].

Scheitert der geplante Aktienerwerb oder stellt sich heraus, dass die Informationen missbräuchlich zum Nachteil der Gesellschaft verwendet werden, so ergibt sich nicht schon hieraus die **Verantwortlichkeit des Vorstandes**[67]. Der Vorstand haftet grundsätzlich nicht für die Richtigkeit des Ergebnisses seiner Abwägung. Vielmehr kann die Abwägungsentscheidung vor den Gerichten nur daraufhin untersucht werden, ob der Vorstand auf einer **sorgfältig aufbereiteten Informations- und Entscheidungsgrundlage** eine **nachvollziehbare Entscheidung** getroffen hat[68]. Des Weiteren darf der Vorstand keine unerlaubte, gegen das Neutralitätsgebot verstoßende Einflussnahme auf den Aktionärskreis ausüben, oder Ziele zu erreichen versuchen, die nicht in seiner Entscheidungsbefugnis stehen. Gleiches gilt, wenn die Entscheidung durch sachfremde oder persönliche Umstände beeinflusst werden könnte[69]. 10.41

Verhindern Vorstandsmitglieder eine Prüfung aufgrund der Befürchtung, im Falle eines neuen Mehrheitsaktionärs abberufen zu werden, stellt dies eine **unzulässige Berücksichtigung persönlicher Interessen** dar. Gleiches gilt, wenn der Vorstand eine Prüfung ohne verfahrensrechtliche Absicherungen zulässt, weil er befürchtet, dass der Kaufinteressent ansonsten nach dem Kauf des Unternehmens auf seine Abberufung drängen wird[70]. 10.42

d) Interesse des Unternehmens an neuen Großaktionären

Ein regelmäßig für die Zulassung der Due Diligence sprechendes Kriterium ist die Notwendigkeit oder doch **Vorteilhaftigkeit eines neuen Großaktionärs**[71]. Ist zu erwarten, dass mit dem neuen Großaktionär bestimmte strategische und wirtschaftliche Vorteile erzielt werden können, so streitet dies für die Zulassung der Due Diligence. Dies können beispielsweise Skalen- und Synergieeffekte[72], strategische 10.43

---

66 Dazu sogleich bei den verfahrensrechtlichen Absicherungen einer Due Diligence Rz. 10.69 ff.; siehe hierzu auch *Körber* in Fleischer, Hdb. Vorstandsrecht, § 10 Rz. 25 f.
67 *Hölters* in Hölters, Handbuch Unternehmenskauf, Rz. 12.15 ff.
68 Sog. Business Judgement Rule, § 93 Abs. 1 Satz 2 AktG; hierzu ausführlich auch *M. Arnold* unter Rz. 23.20 ff.; dazu *Spindler* in MünchKomm. AktG, § 93 AktG Rz. 36 ff.; *Krieger/Sailer-Coceani* in K. Schmidt/Lutter, § 93 AktG Rz. 13 ff.; *Fleischer* in Fleischer, Hdb. Vorstandsrecht, § 7 Rz. 45 ff.; ferner *Freitag/Korch*, ZIP 2012, 2281, 2284 ff.; vgl. hierzu auch OLG Oldenburg v. 22.6.2006 – 1 U 34/03, BB 2007, 66 = ZIP 2006, 2087 = NZG 2007, 434, 437, welches eine Geschäftsführerhaftung bei erheblichen Fehlinvestitionen aufgrund unterlassener Due-Diligence angenommen hat; hierzu ebenfalls *Beisel/Andreas*, Beck'sches Mandatshandbuch Due Diligence, § 7 Rz. 22; zur Durchführung einer Corporate Compliance-Prüfung als Instrument zur Vermeidung von persönlicher Haftung der Geschäftsführungsorgane einer Aktiengesellschaft siehe *Rodewald/Unger*, BB 2006, 113 ff.
69 *Fleischer* in Fleischer, Hdb. Vorstandsrecht, § 7 Rz. 60.
70 Vgl. *Eggenberger*, S. 113 ff.
71 Dabei ist es zweitrangig, ob der Großaktionär die Gewähr bietet, an künftigen Kapitalerhöhungen teilzunehmen oder mit Gesellschafterdarlehen zur Verfügung zu stehen; auch eine gewisse Aussicht hierauf oder ein hervorragendes Standing des prospektiven Großaktionärs kann bereits im Einzelfall ausreichend sein.
72 Vgl. *Stoffels*, ZHR 165 (2001), 362, 374.

Allianzen[73] oder auch die Verbesserung der Kapitalausstattung[74] sein. Andererseits steigt in diesen Fällen auch das Missbrauchsrisiko in Bezug auf die weitergegebenen Informationen, da es sich in diesen Fällen regelmäßig nicht um die Informationsweitergabe an einen Finanzinvestor, sondern an einen (direkten) Wettbewerber handeln wird. Der Vorstand muss gerade hier mit Hilfe seiner rechtlichen Berater eine Abwägung treffen[75].

10.44 Grundsätzlich gilt auch bei mehreren Interessenten für ein großes Aktienpaket, dass der Vorstand sich unerlaubter Einflussnahme auf den Aktionärskreis zu enthalten hat, wobei allerdings Geltung und Reichweite eines solchen Neutralitätsgebots umstritten sind[76]. Im Falle von **Anteilserwerben im Vorfeld einer** unter das WpÜG fallenden **Übernahme**, können und werden jedoch nicht selten vielfältige Aspekte in die Abwägung einfließen (müssen). Hat die Zielgesellschaft i.S.d. § 2 Abs. 3 WpÜG einem ihr genehmen Bieter gestattet, eine Due Diligence-Prüfung durchzuführen, so kommt eine Verweigerung der Einsicht gegenüber weiteren Bietern nur aus wichtigen Gründen des Gesellschaftsinteresses in Betracht[77]. Zwar ist dies nicht ausdrücklich im WpÜG normiert; aus verschiedenen Einzelvorschriften, insbesondere aus § 22 Abs. 3 WpÜG, wird jedoch von Teilen der Literatur ein Prinzip der grundsätzlichen **Bietergleichbehandlung** jedenfalls bei freundlichen Übernahmen (Sondierungen) abgeleitet, welches neben § 3 WpÜG tritt[78]. Fraglich ist, ob dies auch hinsichtlich des ersten – feindlichen – Bieters gilt, wenn einem sog. „Weißen Ritter" (*White Knight*) eine Due Diligence gestattet wird. Hier wird teilweise gefordert[79], dass infolge des Gleichbehandlungsgrundsatzes auch dem ersten feindlichen Bieter eine Unternehmensprüfung ermöglicht werden müsse, wenn diese vorher dem freundlichen Bieter gewährt wurde. Allerdings müssen auch in Bezug auf den ersten Bieter die gesellschaftsrechtlichen Voraussetzungen für eine Due Diligence-Prüfung vorliegen. Eine unter Berücksichtigung der konkreten Unternehmensinteressen vom Vorstand durchzuführende Abwägung wird jedoch gerade im Falle einer feindlichen Übernahme häufig ergeben, dass diese Anforderungen im Verhältnis des ersten Bieters zum sog. Weißen Ritter stark differieren, etwa wenn der erste Bieter ein konkurrierendes Unternehmen ist[80] oder eine knapp unter der ein Pflichtangebot auslösenden Schwelle verbleibende, aufgrund der Mehrheitsverhältnisse in der Hauptversammlung aber im Einzelfall mögliche „kalten Beherrschungen" anstelle der Durchführung eines Übernahmeangebots und ggf. des Abschlusses eines Beherrschungs- und Gewinnabführungsvertrags anstrebt. Entsprechendes gilt auch schon im Falle lediglich drohender Übernahmen. Es wäre daher nicht sachgerecht, wenn dem Vorstand im Rahmen seiner Verantwortung für die Unternehmensleitung nach § 76 Abs. 1 AktG nicht das Recht zugestanden –

---

73 Vgl. *Eggenberger*, S. 112.
74 Vgl. *Stoffels*, ZHR 2001, 362, 374; *Schroeder*, DB 1997, 2161, 2162.
75 Zu den mit einem neuen Großaktionär perspektivischen Gefahr einer – ggf. auch feindlichen – Übernahme instruktiv *Seibt* in FS Hopt, 2020, S. 1121 ff., mit einer Auswertung einer Vielzahl von Übernahmen nach ursprünglich strategisch motiviertem Paketerwerb.
76 Vgl. dazu Diskussion bei *Hopt*, ZGR 1993, 534, 545 ff.; *Eggenberger*, S. 113; a.A. explizit *Wolf*, ZIP 2008, 300 ff.; zu den Anforderungen an Vereinbarungen zwischen Zielgesellschaft und Bieter vgl. *Vaupel/Lüßmann*, GWR 2013, 77; für eine Readjustierung des Verständnisses des Pflichtenmaßstabs für Vorstand und Aufsichtsrat im Kontext von öffentlichen Übernahmen und gegen ein strenges Neutralitätsgebot insbesondere *Seibt*, 10 Jahre Wertpapiererwerbs- und Übernahmegesetz (WpÜG), 2011, S. 148, 160 ff. m.w.N., sowie der entsprechende Diskussionsbericht auf S. 189 f.
77 Vgl. *Schmolke* in Paschos/Fleischer, Handbuch zum Übernahmerecht, § 6 Rz. 41 ff.; *Fleischer*, ZIP 2002, 651, 656 m.N. zur Gegenmeinung; a.A. *Wolf*, ZIP 2008, 300 ff.
78 So ausdrücklich *Fleischer*, ZIP 2002, 651, 656.
79 *Hirte* in KölnKomm. WpÜG, § 33 WpÜG Rz. 77 m.w.N.; *Grunewald* in Baums/Thoma, § 33 WpÜG Rz. 66; *Schlitt/Ries* in MünchKomm. AktG, § 33 WpÜG Rz. 158; *Hopt*, ZGR 2002, 333, 358; *Becker*, ZHR 2001, 280, 286; vgl. zu den einzelnen Argumenten *Schiessl* in FS Hopt, 2010, S. 2455, 2460 ff., welcher sich jedoch gegen einen *de lege lata* (allgemein gültigen) bestehenden Gleichbehandlungsanspruch ausspricht; ebenso *Fuchs* in Fleischer, Hdb. Vorstandsrecht, § 22 Rz. 106; abweichend *Krause/Pötzsch/Stephan* in Assmann/Pötzsch/Uwe H. Schneider, § 33 Rz. 165; *Kiem* in Baums/Thoma, § 33a WpÜG Rz. 65; *Verse*, Der Gleichbehandlungsgrundsatz im Recht der Kapitalgesellschaften, 2006, S. 549 ff.
80 Vgl. *Hirte* in KölnKomm. WpÜG, § 33 WpÜG Rz. 77.

wenn nicht gar die Pflicht auferlegt – würde, solche u.U. sehr unterschiedlichen Interessen zu bewerten und gegeneinander abzuwägen, um ihn dadurch in die Lage zu versetzen, der Situation und dem Abwägungsergebnis im Sinne der **Business Judgement Rule** des § 93 Abs. 1 Satz 2 AktG angemessene Handlungen zu ergreifen[81]. Man wird daher von dem Grundsatz der Bietergleichbehandlung mindestens dann eine Ausnahme machen müssen, wenn wichtige Gründe des Gesellschaftsinteresses dies fordern[82]. Im Einzelfall – etwa bei nur in geringerem Maße divergierenden Interessenlagen verschiedener Interessenten – kann die Suche nach einem *White Knight* dem Vorstand allerdings die Ablehnung der Due Diligence gegenüber anderen Bietern erschweren. Hier wird die (Aktionärs-)Öffentlichkeit häufig für erheblichen Druck sorgen.

e) Interesse von Großaktionären an Paketverkauf

Wie dargestellt, kann allein das Partikularinteresse eines verkaufswilligen Aktionärs es regelmäßig nicht rechtfertigen, dass der Vorstand geheimhaltungsbedürftige Informationen über die Gesellschaft unternehmensexternen Personen mitteilt[83]. Das **Verkaufsinteresse des Großaktionärs** kann daher regelmäßig nur den **Anlass für die Ermessensentscheidung des Vorstands** bilden[84]. Es gelten dann wiederum die oben dargestellten Grundsätze. Liegt der Erwerb des Aktienpaketes durch vom Vorstand identifizierte Erwerbsinteressenten, z.B. aus strategischen Gründen, im Interesse der Gesellschaft, so streitet dies in der Regel für die Zulassung der Due Diligence.

10.45

f) Due Diligence bei beabsichtigtem Business Combination Agreement

Auch bei einem geplanten Business Combination Agreement muss der Vorstand die dargelegte **Interessenabwägung** vornehmen. Dabei ist jedoch das Interesse der Unternehmen, die am Business Combination Agreement beteiligt sind, als **besonders hoch** einzustufen. Durch die im Business Combination Agreement vorgesehenen Transaktionen erwarten die Vorstände beider Aktiengesellschaften in der Regel erhebliche Vorteile für beide Unternehmen; insbesondere behält der Vorstand auf diese Weise eine erhöhte Kontrolle über den Beteiligungs- bzw. Erwerbsprozess[85]. Dies dürfte regelmäßig zu einer positiven Entscheidung über die Zulässigkeit der Due Diligence-Prüfung führen[86].

10.46

---

81 So auch *Seibt*, 10 Jahre Wertpapiererwerbs- und Übernahmegesetz (WpÜG), 2011, 148, 160 ff.
82 Siehe hierzu *Schiessl* in FS Hopt, 2010, S. 2455, 2465 f., m.w.N., mit schlussfolgernder Betonung, dass ein allgemeiner Gleichbehandlungsgrundsatz zum Nachteil der Aktionäre eine restriktivere Due Diligence-Praxis nach sich ziehen könnte, da potentielle Zielgesellschaften befürchten werden, ihre Informationen auch unerwünschten Dritten preisgeben zu müssen. Hiervon könnten, nach Auffassung der Verfasser dieses Handbuchbeitrags, öffentliche Übernahmen von Private-Equity-Fonds besonders schwer betroffen sein. Zu im Ergebnis ähnlicher Gesamtbeurteilung der Handlungsmöglichkeiten für den Vorstand (pflichtgemäße Abwägung der ernsthaften Interessen aller Beteiligten mit der Möglichkeit, Informationszugang ggf. auch zu verweigern) *Paschos/Fleischer*, Handbuch zum Übernahmerecht, § 6 Rz. 43 m.w.N.
83 Allerdings hält *Ziemons*, AG 1999, 492, 493 ff. dies unter dem Gesichtspunkt der Treuepflicht der Gesellschaft für nicht ausgeschlossen. *Krömker*, NZG 2003, 418, spricht ebenfalls von dem Risiko einer „faktischen Vinkulierung" für den Großaktionär, doch sind sich gerade professionell agierende Großinvestoren der mit einer außerbörslichen Veräußerung von Aktienpaketen verbundenen Probleme bewusst. Siehe dazu auch bei Rz. 10.30 ff.; hierzu auch *Beisel/Andreas*, Beck'sches Mandatshandbuch Due Diligence, § 7 Rz. 13.
84 Vgl. *Eggenberger*, S. 109.
85 Allgemein zu Business Combination Agreements: *Aha*, BB 2001, 2225 ff.; *Servatius* in Spindler/Stilz, § 187 AktG Rz. 19–21; *Apfelbacher/Niggemann* in Hölters, § 187 AktG Rz. 9 f.; *Seibt/Wunsch*, Der Konzern 2009, 195 ff.; *Kiefner* ZHR 2014, 547 ff. m.w.N.
86 Eine Ausnahme kann für Übernahmen, die lediglich kommunikativ in der Form eines Business Combination Agreements vorgestellt werden, gelten: Handelt es sich um einen „verdeckten" Beherrschungsvertrag", können im Einzelfall strengere Maßstäbe anzulegen sein. Dazu *Goslar*, DB 2008, 800 ff. Zur streitigen Frage, wann ein solcher vorliegen kann, in zur Übernahme der W.E.T. Automotive Systems AG, LG

g) Verbot der Weitergabe von Insiderinformationen (Artt. 7, 10 Abs. 1, 14 MAR)

10.47 Nach Art. 10 Abs. 1 MAR ist es einem Insider verboten, anderen Personen Insiderinformationen i.S.v. Art. 7 MAR offenzulegen, es sei denn, die Offenlegung geschieht im Zuge der normalen Ausübung einer Beschäftigung oder eines Berufs oder der normalen Erfüllung von Aufgaben. Die ganz herrschende Ansicht im Schrifttum zum durch die MAR ersetzten § 14 Abs. 1 Nr. 2 WpHG a.F., der auf das Merkmal der „Befugnis" abstellte, hält die Weitergabe von Insiderinformationen im Rahmen einer Due Diligence-Prüfung dann für **zulässig, wenn** der beabsichtigte Beteiligungserwerb einen sog. **Paketkauf** darstellt oder in Vorbereitung einer Kapitalmarkttransaktion durchgeführt wird[87]. Die scheinbar liberalere Formulierung der MAR („normal") darf indes nicht darüber hinwegtäuschen, dass auch unter den neuen Regelungen der MAR ein enger Zusammenhang zwischen Berufsausübung und Weitergabe der Information bestehen und die Informationsweitergabe damit zur Aufgabenbeschreibung im konkreten Projektzusammenhang gehören muss[88]. Im Ergebnis wird man deshalb auch weiterhin die Weitergabe von Insiderinformationen im Rahmen einer Due Diligence unter den vorstehend genannten Prämissen für zulässig halten können.

10.48 Soweit ersichtlich, musste die **Rechtsprechung** zu der Frage der Zulässigkeit bislang weder nach altem noch nach neuem Recht Stellung nehmen. Die **Bundesanstalt für Finanzdienstleistungsaufsicht** hat sich bisher auch nicht gegen die Durchführung von Due Diligence-Prüfungen bei börsennotierten Aktiengesellschaften gewandt[89]. Während sich aus der **Gesetzesbegründung** zum WpHG[90] noch entnehmen ließ, dass der Gesetzgeber die Due Diligence-Prüfung bedacht hat und diese nicht durch § 14 Abs. 1 Nr. 2 WpHG a.F. untersagen wollte, sind entsprechende Überlegungen im Zusammenhang mit der MAR nicht dokumentiert, sprechen aber auch nicht gegen eine derartige Auslegung. Dieser für einen funktionierenden M&A- sowie Aktienmarkt zwingend erforderliche Vorgang sollte nicht verboten werden[91].

10.49 Verstößt die Weitergabe der geheimen und vertraulichen Informationen nicht gegen Art. 10 Abs. 1 MAR, sondern ist rechtmäßig bzw. erfolgt im Rahmen der „normalen" Erfüllung von Aufgaben, so sind gleichwohl **Sicherheitsmaßnahmen** zu treffen.[92] Die Empfänger der Informationen müssen sich in der Regel **vertraglich verpflichten**, diese nicht wiederum weiterzugeben, nicht zu nutzen, Dritten den Kauf entsprechender Wertpapiere zu empfehlen oder sie dazu anzustiften sowie insbesondere selbst keine weiteren Aktien unter Verstoß gegen Art. 14 lit. a MAR zu kaufen (sog. *Alongside*-Käufe). Die Verletzung dieser Verbote muss – neben dem insoweit eingreifenden gesetzlichen Instrumentarium der MAR – vertraglich sanktioniert werden[93].

München v. 5.4.2012 – 5 HK O 20488/11, ZIP 2012, 2445 = NZG 2012, 1152 ff. und OLG München v. 14.11.2012 – 7 AktG 2/12, ZIP 2012, 2439 ff. = WM 2013, 703 ff. = AG 2012, 173 ff.
87 Zur Zulässigkeit nach Inkrafttreten des Anlegerschutzverbesserungsgesetzes (AnSVG) v. 29.10.2004 vgl. *Brandi/Süßmann*, AG 2004, 642, 647 f.; *Fromm-Russenschuck/Banerjea*, BB 2004, 2425 ff.; siehe ferner BaFin, Emittentenleitfaden, Modul C (25.3.2020), Ziff. I.4.4.2.1.
88 Siehe dazu auch EuGH v. 22.11.2005 – C-384/02 – Grøngaard, Rz. 48 ff., NJW 2006, 133 = ZIP 2006, 123, das zu den Urteilen des EuGH im Bereich des Kapitalmarktrechts gehört, deren Entscheidungsergebnisse durch die MAR letztlich kodifiziert und nicht in Frage gestellt werden sollten.
89 Die grundsätzliche Zulässigkeit einer Due Diligence ist im Rahmen von öffentlichen Übernahmeangeboten und Unternehmenszusammenschlüssen von der BaFin anerkannt; dies ergibt sich aus BaFin, Emittentenleitfaden, Modul C (25.3.2020), Ziff. I.4.2.5.2.1.5.
90 Begründung zum Regierungsentwurf eines Gesetzes über den Wertpapierhandel und zur Änderung börsenrechtlicher und wertpapierrechtlicher Vorschriften (Zweites Finanzmarktförderungsgesetz), BT-Drucks. 12/6679, 47.
91 Zur früheren Rechtslage nach dem WpHG auch *Brandi/Süßmann*, AG 2004, 642, 647.
92 Vgl. dazu auch *Hensel/Dröstling*, DStR 2021, 170, 176.
93 Zu den „kapitalmarktrechtlichen Grenzen" der Due Diligence im Ergebnis wie hier auch *Nägele* in Habersack/Mülbert/Schlitt, Unternehmensfinanzierung am Kapitalmarkt, Rz. 33.56 f. sowie ausdrücklich gegen sog. alongside-Käufe BaFin, Emittentenleitfaden, Modul C (25.3.2020), Ziff. I.4.2.5.2.1.5.

h) Insiderhandelsverbot (Artt. 7, 8, 14 Abs. 1 lit. a MAR)

Das Insiderhandelsverbot des Art. 14 Abs. 1 lit. a MAR unterscheidet gem. Art. 8 Abs. 4 MAR nicht zwischen Primärinsidern (also insbesondere der Vorstand und Aufsichtsrat) und Sekundärinsidern, sondern verbietet jeglichen Inhabern von Insiderinformationen i.S.v. Art. 7 MAR das Tätigen von Insidergeschäften wie in Art. 8 MAR definiert. Bei der Due Diligence zur Vorbereitung des Kaufs eines Aktienpaketes betrifft Art. 14 Abs. 1 lit. a MAR insbesondere die Kaufinteressenten. Wird ein Aktienpaket einer börsennotierten Aktiengesellschaft nach Durchführung einer Due Diligence-Prüfung gekauft, so werden dabei Insiderinformationen i.S.v. Art. 7 MAR dann nicht „genutzt", wenn ein *face to face*-Geschäft vorliegt[94]. Dies ist der Fall, wenn jeder Vertragspartei die Identität der anderen Vertragspartei bekannt ist, alle Vertragsparteien die Insiderinformationen kennen und zusätzlich wissen, dass der jeweils andere gleichfalls über die Information verfügt. Daneben muss sich der Erwerb der Aktien außerhalb eines der in Art. 2 Abs. 1 MAR genannten und in Art. 3 Abs. 1 Nr. 6–8 MAR definierten Märkte und ohne Einschaltung eines Berufshändlers vollziehen.

10.50

Stützen lässt sich die Ausnahme für sog. *face to face*-Geschäfte mit dem Erwägungsgrund 23 der MAR, die diese Konstellation zwar nicht ausdrücklich anspricht, jedoch feststellt, dass das wesentliche Merkmal von Insidergeschäften ein **ungerechtfertigter Vorteil** sei, der mittels Insiderinformation **zum Nachteil Dritter** erzielt werde, die diese Information nicht kennen, und infolgedessen in der Untergrabung der Integrität der Finanzmärkte und des Vertrauens der Investoren liege. Folglich solle das Verbot von Insidergeschäften gelten, wenn eine Person im Besitz von Insiderinformationen dadurch einen ungerechtfertigten Vorteil aus dem mit Hilfe dieser Informationen erzielten Nutzen zieht, dass er aufgrund dieser Informationen Markttransaktionen durchführt, indem er für eigene Rechnung oder für Rechnung Dritter, sei es unmittelbar oder mittelbar, Finanzinstrumente, auf die sich diese Informationen beziehen, erwirbt oder veräußert bzw. zu erwerben oder zu veräußern versucht oder einen Auftrag zum Kauf bzw. Verkauf storniert oder ändert bzw. zu stornieren oder zu ändern versucht[95]. Bei *face to face*-Geschäften, bei denen **alle Parteien aufgrund gleicher Wissensbasis handeln** und bei denen aufgrund des bilateralen Charakters des Geschäfts die erwerbsgegenständlichen **Wertpapiere den Finanzmärkten zum Handel nicht zur Verfügung stehen**, kann ein ungerechtfertigter Vorteil zum Nachteil Dritter und eine Beeinträchtigung der Integrität der Finanzmärkte jedoch nicht eintreten. Der Erwerb muss daher in solchen Situationen erlaubt sein. Ein anderes Verständnis der Norm dürfte im Hinblick auf die Transaktionsform „Unternehmenskauf" großen Bedenken begegnen. Es könnten sonst keine Aktienpakete an börsennotierten Aktiengesellschaften mehr ge- und verkauft werden. Weitere, hier zu diskutierende Konstellationen:

10.51

Anonymer Erwerb von Aktien über die Börse. Bei dem der Due Diligence nachfolgenden anonymen Erwerb von Aktien über die Börse verfügt der Verkäufer regelmäßig nicht über die Insiderinformationen und weiß auch nicht, dass der Käufer als sein „Vertragspartner" diese hat. Dementsprechend ist ein „Nutzen" i.S.v. Art. 8 Abs. 1 MAR durch den Käufer in der Regel gegeben[96].

10.52

Außerbörslicher Erwerb der Aktien. Beim außerbörslichen Erwerb weiterer Aktien im Rahmen des Übernahmeangebots liegt kein Nutzen einer Insiderinformation vor. Dabei spielt es keine Rolle, ob der Käufer ausdrücklich erklärt, dass er über Insiderinformationen verfügt oder diese Erklärung nicht ab-

10.53

---

94 A.A. *Krause*, CCZ 2014, 248, 252, der auch bei *face to face*-Geschäften von einer Vermutung des Insiderhandels ausgeht, die jedoch widerlegt werden könne; *Klöhn* in Klöhn, Art. 8 MAR Rz. 143 und 171 ff. m.w.N.; *Veil* in Meyer/Veil/Rönnau, Handbuch zum Marktmissbrauchsrecht, § 7 Rz. 45 f. m.w.N.
95 Umfassend zur früheren Rechtslage *Klöhn* in KölnKomm. WpHG, § 14 WpHG Rz. 5 ff.; die nunmehr ausdrückliche Erfassung auch der Stornierung gem. Art. 8 Abs. 1 Satz 2 MAR ist eine wichtige Erweiterung und schließt eine Regelungslücke.
96 Vgl. zur alten Rechtslage vor Inkrafttreten der MAR *Eggenberger*, S. 313. Zur Rechtslage nach Inkrafttreten der MAR zwar nicht ausdrücklich, aber im Umkehrschluss (in Abgrenzung zu *face to face*-Geschäften) auch *Klöhn* in Klöhn, Art. 8 MAR Rz. 143; *Veil* in Meyer/Veil/Rönnau, Handbuch zum Marktmissbrauchsrecht, § 7 Rz. 45 f.

gibt[97]. Denn aus der Sicht eines verständigen Durchschnittsaktionärs umfasst das Angebot die Erklärung, dass der Käufer die Due Diligence-Prüfung durchgeführt hat. Da der Bieter das Unternehmen erwerben will, kommen ihm insoweit die Erwägungsgründe 30 und 31 der MAR zu Gute[98].

i) Ad-hoc-Mitteilungen im Rahmen der Due Diligence und des Erwerbs börsennotierter Unternehmen (Art. 17 MAR)

10.54 Bei der Durchführung von Due Diligence-Prüfungen in Zusammenhang mit dem Erwerb börsennotierter Unternehmen kommt in vielen Konstellationen auch das Vorliegen einer Insiderinformation i.S.v. Art. 7 MAR und damit grundsätzlich eine Ad-hoc-Mitteilungspflicht nach Art. 17 Abs. 1 MAR in Betracht[99]. Nach Art. 17 Abs. 1 Unterabs. 1 MAR ist der Emittent zur Ad-hoc-Publizität verpflichtet, soweit nicht die Voraussetzungen einer Selbstbefreiung nach Art. 17 Abs. 4 MAR vorliegen. Die Ad-hoc-Mitteilungspflicht gehört dabei zum Pflichtenkreis des Vorstands[100]. Wird eine Due Diligence-Prüfung zur Vorbereitung des Kaufs börsennotierter Unternehmen durchgeführt, stellt sich daher die Frage, **zu welchem Zeitpunkt** für das Unternehmen **publizitätspflichtige Informationen** eintreten und ob diese unmittelbar veröffentlicht werden müssen.

10.55 Entscheidend ist für den **Zeitpunkt des Eintritts publizitätspflichtiger Informationen** zunächst, dass eine „nicht öffentlich bekannte präzise Information, die direkt oder indirekt einen oder mehrere Emittenten oder ein oder mehrere Finanzinstrumente betreffen und die, wenn sie öffentlich bekannt würde, geeignet wären, den Kurs dieser Finanzinstrumente oder den Kurs damit verbundener derivativer Finanzinstrumente erheblich zu beeinflussen", vorliegt. Die Frage, ob (erst) die *in concreto* geplante und umsetzungsreife Transaktion (*Share Deal* im Hinblick auf die Aktien der Zielgesellschaft, einschließlich eines Übernahmeangebots, oder *Asset Deal*) oder bereits **einzelne wesentliche Zwischenschritte** im Falle ihres öffentlichen Bekanntwerdens geeignet ist, den Börsen- oder Marktpreis erheblich zu beeinflussen, wird von den **konkreten Umständen des Einzelfalls abhängen**. Bei einem Übernahmeangebot wird dies i.d.R. auch schon für wichtige Zwischenschritte der Fall sein[101]. Soweit es um eine Umplatzierung von Aktienpaketen der Zielgesellschaft geht, wird es v.a. von der Größe des Pakets und den sonstigen Umständen der Umplatzierung[102] abhängen, ob eine Eignung zur Kursbeeinflussung vorliegt und sich diese Information direkt oder indirekt auf den Emittenten selbst bezieht, er also z.B. über den Vorstand in die Umplatzierung einbezogen ist.

Auch wann eine hinreichend „präzise Information" gegeben ist, wird man nur im Einzelfall entscheiden können. Allgemein liegt nach Art. 7 Abs. 2 Satz 1, Abs. 3 MAR eine solche nur dann vor, wenn

---

97 So zur alten Rechtslage vor Inkrafttreten der MAR auch *Eggenberger*, S. 314 f.
98 Vgl. dazu auch *Poelzig*, NZG 2016, 528, 532 f.
99 Zur Publizitätspflicht bzgl. der Zulassung einer Due Diligence ablehnend *Bussian*, Due-Diligence bei Pakettransaktionen, 2008, S. 191 ff.
100 Siehe zu den entsprechenden Organisationspflichten auch hier *Schäfer* unter Rz. 14.101 sowie unter Rz. 15.50; ferner *Klöhn* in Klöhn, Art. 17 MAR Rz. 60; *Veil/Brüggemeier* in Meyer/Veil/Rönnau, Handbuch zum Marktmissbrauchsrecht, § 10 Rz. 37 f.; vgl. zur alten Rechtslage unter WpHG auch *Schulz*, NZG 2010, 41, 45 ff. zur Fragestellung einer Ad-hoc-Mitteilungspflicht bei unwirksamer Sacheinlagevereinbarung.
101 Siehe dazu auch BaFin, Emittentenleitfaden, Modul C (25.3.2020), Ziff. I.2.1.4.3.
102 Neben der Größe des Aktienpakets kann es eine Rolle spielen, ob es sich bei den bisherigen Aktionären um strategische Investoren handelt. Auch ist zu berücksichtigen, ob sich der Aktionär von seinem gesamten Paket trennen möchte und wie die Aktionärsstruktur im Übrigen zusammengesetzt ist. Ob auch die Zielgesellschaft nach Art. 17 Abs. 1 MAR ad-hoc-publizitätspflichtig ist, hängt wesentlich von der Einbeziehung des Vorstands, z.B. bei Roadshows und Präsentationen, an der Maßnahme ab. Die BaFin neigt jedenfalls bei außerbörslichen Paketverkäufen durch Großinvestoren ohne strategische Zielsetzung der Ansicht zu, dass zwar eine Insiderinformation vorliegt, aber aufgrund lediglich mittelbarer Betroffenheit der Emittentin diese nicht zur Veröffentlichung einer Ad-hoc-Mitteilung verpflichtet ist, vgl. BaFin, Emittentenleitfaden, Modul C (25.3.2020), Ziff. I.2.1.3.

damit eine Reihe von Umständen gemeint ist, die bereits gegeben sind oder bei denen man vernünftigerweise erwarten kann, dass sie in Zukunft gegeben sein werden, oder ein Ereignis, das bereits eingetreten ist oder von dem man vernünftigerweise erwarten kann, dass es in Zukunft eintreten wird, und diese Informationen darüber hinaus **spezifisch genug** sind, um einen **Schluss** auf die mögliche Auswirkung dieser Reihe von Umständen oder dieses Ereignisses **auf die Kurse der Finanzinstrumente** oder des damit verbundenen derivativen Finanzinstruments zuzulassen, wobei ein Zwischenschritt in einem zeitlich gestreckten Vorgang ebenfalls als eine Insiderinformation betrachtet wird, falls er für sich genommen die Kriterien für Insiderinformationen erfüllt[103]. Hinsichtlich der Eintrittswahrscheinlichkeit ging der BGH bislang vom Überschreiten einer Schwelle von 50 % aus[104], wobei für eine Änderung dieses Maßstabs auch unter Geltung der MAR kein Anlass besteht und auch im Einklang mit der EuGH-Rechtsprechung zur früheren Rechtslage eine „überwiegende" Wahrscheinlichkeit ausreichend ist[105]; eine „hohe" Wahrscheinlichkeit ist nicht erforderlich.

Man wird hier insgesamt auf den Einzelfall abstellen müssen[106].

Soweit die Umstände hinreichend präzise sind und eine Eignung zur Kursbeeinflussung gegeben ist, wird i.d.R. auch die „direkte oder indirekte Betroffenheit" bei der Gesellschaft gegeben sein. Es wird nicht gefordert, dass es sich um Umstände handelt, die im Tätigkeitsbereich des Emittenten eingetreten sind. Vielmehr kann es sich dabei auch um **von außen kommende Tatsachen** handeln, die den Emittenten betreffen, wie etwa die **Übermittlung eines Übernahmeangebots** nach § 29 WpÜG durch eine andere Gesellschaft oder die **Herabstufung durch eine externe Ratingagentur**, wenn sich durch die Herabstufung Auswirkungen auf die Geschäftstätigkeit der Gesellschaft ergeben (z.B. durch erheblich steigende Refinanzierungskosten)[107]. 10.56

Maßgeblich für den **Zeitpunkt einer Veröffentlichung** nach Art. 17 Abs. 1 MAR ist damit regelmäßig, ob nach den konkreten Umständen die Voraussetzungen für eine Verschiebung der Veröffentlichung nach Art. 17 Abs. 4 MAR gegeben sind. Der Emittent kann die Offenlegung von Insiderinformationen nach Art. 17 Abs. 4 MAR aufschieben, wenn und solange (a) die unverzügliche Offenlegung geeignet wäre, die berechtigten Interessen des Emittenten zu beeinträchtigen, (b) die Aufschiebung der Offenlegung nicht geeignet wäre, die Öffentlichkeit irrezuführen, und (c) der Emittent die Geheimhaltung dieser Informationen sicherstellen kann. Um den Schutz berechtigter Interessen zu konkretisieren, nennt Erwägungsgrund 50 der MAR neben laufenden Verhandlungen, bei denen der normale Ablauf von der Veröffentlichung wahrscheinlich beeinträchtigt werden würde (und hier insbesondere Situationen, in denen die finanzielle Überlebensfähigkeit des Emittenten durch eine frühzeitige Veröffent- 10.57

---

103 Die MAR schreibt damit die schon unter vorheriger Rechtslage insbesondere vom EuGH vorgenommene Auslegung fest, vgl. Art. 1 Nr. 1 Richtlinie 2003/6/EG des Europäischen Parlaments und des Rates v. 28.1.2003 über Insider-Geschäfte und Marktmanipulationen („Marktmissbrauchsrichtlinie"), ABl. EU Nr. L 96 v. 12.4.2003, S. 16; Art. 1 Abs. 1 Richtlinie 2003/124/EG der Kommission v. 22.12.2003 zur Durchführung der Richtlinie 2003/6/EG, ABl. EU Nr. L 339 v. 24.12.2003, S. 70; EuGH v. 28.6.2012 – C-19/11 – Geltl/Daimler, NJW 2012, 2787 = ZIP 2012, 1282 = AG 2012, 555 = BB 2012, 1817; BGH v. 23.4.2013 – II ZB 7/09 – Geltl/Daimler, NJW 2012, 2114 = ZIP 2013, 1165 = AG 2013, 518; *Poelzig*, NZG 2016, 528, 531 f.; *Merkner/Sustmann/Retsch*, AG 2020, 477, 480.
104 Gegen den sog. Probability/Magnitude-Test BGH v. 23.4.2013 – II ZB 7/09 – Geltl/Daimler, NJW 2012, 2114 = ZIP 2013, 1165 = AG 2013, 518 ff.; *Ihrig/Kranz*, AG 2013, 515 ff. Ablehnend ist wohl auch Erwägungsgrund 16 Satz 3 der MAR zu verstehen, der sich an dieser Stelle jedoch nur ausdrücklich auf Zwischenschritte bezieht. Detaillierte Analyse zu Zwischenschritten bei M&A-Transaktionen aus Sicht der Praxis bei *Krämer* in FS Hopt, 2020, S. 585, 591 ff.
105 EuGH v. 28.6.2012 – C-19/11 – Geltl/Daimler, NJW 2012, 2787 = ZIP 2012, 1282 = AG 2012, 555 = BB 2012, 1817.
106 Zu Gerüchten, insbesondere bei zuvor erfolgter Selbstbefreiung, noch unter alter Rechtslage *Fleischer/Schmolke*, AG 2007, 841 ff.; dazu auch *Krämer/Stephanblome*, ZRFC 2016, 262 ff.
107 Siehe auch BaFin, Emittentenleitfaden, Modul C (25.3.2020), Ziff. I.3.2.2.3.

lichung stark und unmittelbar gefährdet ist, indem der Abschluss spezifischer Verhandlungen vereitelt werden würde, die eigentlich zur Gewährleistung einer langfristigen finanziellen Erholung des Emittenten gedacht sind), und vom Geschäftsführungsorgan eines Emittenten getroffene Entscheidungen oder abgeschlossene Verträge die der Zustimmung durch ein anderes Organ des Emittenten bedürfen, um wirksam zu werden, sofern die Struktur eines solchen Emittenten die Trennung zwischen diesen Organen vorsieht und eine Bekanntgabe der Informationen vor der Zustimmung zusammen mit der gleichzeitigen Ankündigung, dass die Zustimmung noch aussteht, die **korrekte Bewertung der Informationen durch das Publikum gefährden** würde[108]. Hinsichtlich der Sicherstellung der Geheimhaltung legt Art. 17 Abs. 7 MAR strengere Anforderungen an als § 15 Abs. 3 WpHG a.F.: Während ein Emittent in der Vergangenheit auch im Falle des Auftauchens eines präzisen Gerüchts die Selbstbefreiung aufrechterhalten und zumindest für eine gewisse Zeit eine „No Comment"-Strategie verfolgen konnte, wenn er ausschließen konnte, dass das Gerücht aus seinem Einflussbereich stammte (etwa weil starke Anhaltspunkte dafür sprechen, dass bei einer kontroversen M&A-Transaktion die Information über die Gegenseite in den Markt durchgesickert war), hat der Gesetzgeber dieser „Sphärentheorie" nunmehr eine Absage erteilt. In der Praxis ist nun allein die **inhaltliche Qualität des Gerüchts**, nicht aber dessen mögliche Herkunft, zu beurteilen. Ist das Gerücht entsprechend präzise, kann dies einen weiteren Aufschub der Veröffentlichung hindern und damit eine Veröffentlichung zur Unzeit erforderlich machen[109].

10.58–10.59   Einstweilen frei.

4. Weitere wesentliche Anforderungen einer Due Diligence

10.60 Unabhängig von den sich aus der Börsennotierung der Aktien einer Gesellschaft ergebenden Voraussetzungen und Besonderheiten haben Geheimhaltungspflichten des Unternehmens ebenfalls einen erheblichen Einfluss auf Zulässigkeit und Gestaltung der Due Diligence. Neben vertraglichen Geheimhaltungsvereinbarungen mit Dritten (siehe dazu auch Rz. 8.84 ff. und Rz. 14.84) resultieren diese insbesondere aus datenschutz- und arbeitsrechtlichen Vorschriften und Anforderungen.

a) Datenschutzrechtliche Auswirkungen auf die Due Diligence

10.61 Datenschutzrechtliche Anforderungen an die Due Diligence ergeben sich insbesondere aus den Vorschriften über den Schutz personenbezogener Daten nach dem **Bundesdatenschutzgesetz**. Liegen personenbezogene Daten i.S.v. § 3 BDSG vor, so ist deren Übermittlung (d.h. Bekanntgabe gegenüber Dritten) grundsätzlich nur zulässig, wenn und soweit das BDSG oder eine andere Rechtsvorschrift dies erlaubt oder der Betroffene eingewilligt hat. Nach § 28 Abs. 1 Satz 1 Nr. 2, Abs. 2 Nr. 2a BDSG ist eine Übermittlung etwa dann zulässig, soweit sie zur Wahrung berechtigter Interessen der verantwortlichen Stelle (Aktiengesellschaft) oder eines Dritten (potentieller Erwerber) erforderlich ist und kein Grund zur Annahme besteht, dass schutzwürdige Interessen der Betroffenen an dem Ausschluss der Übermittlung überwiegen. Dies ist im Einzelfall zu prüfen. Zwar sieht § 4a BDSG auch die Einwilligung der betroffenen Personen vor, allerdings ist dies aus Zeit- und Geheimhaltungsgründen bei einer Due Diligence-Prüfung nicht praktikabel. Datenschutzrechtlich unproblematisch ist die Informationsweitergabe im Regelfall nur, wenn die Daten anonymisiert (§ 3 Abs. 6 BDSG) sind. Einen Unterfall der Anonymisierung von Daten stellt ihre Zusammenfassung dar, wenn sich als Folge dieser Zusammenfassung

---

[108] Siehe dazu auch BaFin, Emittentenleitfaden, Modul C (25.3.2020), Ziff. I.3.3.1.2. sowie umfassend hier bei § 14.

[109] Dazu insgesamt von der ESMA den *„Final Report – Guidelines on the Market Abuse Regulation – market soundings and delay of disclosure of inside information"* v. 13.7.2016 sowie die MAR-Leitlinien „Aufschub der Offenlegung von Insiderinformationen" v. 20.10.2016 und BaFin, Emittentenleitfaden, Modul C (25.3.2020), Ziff. I.3.3.1. mit relative strengen Anforderungen an eine ausreichende Präzision im vorgenannten Sinne; hierzu insgesamt auch *Merkner/Sustmann/Retsch*, AG 2020, 477.

keine personenbezogenen Daten mehr ermitteln lassen (sog. Aggregation)[110]. In der Praxis kommen – je nach Art der Daten und den Anforderungen des Kaufinteressenten – verschiedene Verfahren zur Anwendung, um die Einhaltung datenschutzrechtlicher Vorschriften im Rahmen der Due Diligence zu gewährleisten[111]. Infolge des Inkrafttretens der **EU-Datenschutz-Grundverordnung** am 25.5.2018, welche die Bedingungen zur Verarbeitung personenbezogener Daten weiter verschärft hat und zugleich für Verstöße Geldbußen von bis zu 20.000.000 € oder 4 % des weltweit im Vorjahr erzielten Umsatzes des betroffenen Unternehmens vorsieht, hat dieser Gesichtspunkt zweifelsohne weiter an Bedeutung gewonnen.[112]

Die Vorschriften des BDSG gelten auch bei der **Weitergabe an Rechtsanwälte und Wirtschaftsprüfer**, also an zur Berufsverschwiegenheit verpflichtete Dritte. Dies unterscheidet die datenschutzrechtlichen Bestimmungen von den Vorsichtsmaßnahmen, die aufgrund aktienrechtlicher Normen vorgenommen werden müssen. Sollen besonders sensible Daten im Rahmen der Due Diligence-Prüfung übergehen, so kann dies nach den aktienrechtlichen Bestimmungen (insbesondere § 93 AktG) in aller Regel durch ihre Übergabe an zur Berufsverschwiegenheit verpflichtete Personen gelöst werden. Für die Weitergabe personenbezogener Daten bleibt es jedoch bei den oben skizzierten Beschränkungen. 10.62

b) Arbeitsrechtliche Auswirkungen auf die Due Diligence

Die soeben beschriebenen datenschutzrechtlichen Beschränkungen machen sich insbesondere bei der arbeitsrechtlichen Due Diligence bemerkbar. Wird das BDSG verletzt, so ist dies nach § 44 BDSG **bußgeldbewehrt**. Daneben können Betriebsrat oder Arbeitnehmer versuchen, eine **einstweilige Verfügung** zu erlangen, mit der die Weitergabe von Informationen verzögert bzw. verhindert werden soll[113]. Neben das BDSG tritt das **allgemeine Persönlichkeitsrecht der Arbeitnehmer**. Bei rechtswidrigen Eingriffen in das Persönlichkeitsrecht hat der betroffene Arbeitnehmer einen Beseitigungsanspruch. Weiterhin können Schadensersatz- und im Ausnahmefall sogar Schmerzensgeldansprüche ausgelöst werden. 10.63

Nicht den genannten Einschränkungen aus dem BDSG sowie dem allgemeinen Persönlichkeitsrecht der Arbeitnehmer unterliegt allerdings die Weitergabe betrieblicher Kollektivvereinbarungen (Tarifverträge, Betriebsvereinbarungen etc.)[114]. Desgleichen ist auch die Information über Gerichtsverfahren zwischen Arbeitgeber und Arbeitnehmern sowie dem Betriebsrat zulässig. Einzelne Arbeitsverträge der Führungskräfte dürfen übermittelt werden; für Angestellte ohne Führungsaufgaben kann dagegen nur der Musterarbeitsvertrag eingesehen werden. 10.64

c) Kartellrechtliche Auswirkungen auf die Due Diligence

Zudem können sich Auswirkungen auf den Due Diligence Prozess ergeben, sobald es sich bei einem Kaufinteressenten um einen (auch nur potentiellen) Wettbewerber der Gesellschaft handelt. Die Offenlegung wettbewerbsrechtlich sensibler Informationen bedarf dann besonderer Vorkehrungen. Zu den Informationen, die geeignet sind wettbewerbsrechtlich sensible Informationen darzustellen, zählen insbesondere strategische Daten, wie Kundenlisten, Marketingpläne oder Verkaufszahlen. Um mög- 10.65

---

110 Vgl. zu den datenschutzrechtlichen Grenzen auch *Nägele* in Habersack/Mülbert/Schlitt, Unternehmensfinanzierung am Kapitalmarkt, Rz. 33.58 ff.
111 Vgl. dazu auch *Hensel/Drösling*, DStR 2021, 170, 172; siehe ferner z.B. Innenministerium Baden-Württemberg, Hinweise zum Datenschutz für die private Wirtschaft (Nr. 38), A. Schutz der Kundendaten bei der Fusion von Banken; Berliner Beauftragter für Datenschutz und Informationsfreiheit, Jahresbericht 2003, Ziff. 4.6.1, Jahresbericht 2006, Ziff. 7.2.1, und Jahresbericht 2007, Ziff. 9.2.
112 Siehe dazu auch mit praktischen Hinweisen *Keßler*, CCZ 2020, 158 ff.
113 *Diller/Deutsch*, K&R 1998, 16, 17. Zu arbeitsrechtlichen Gestaltungsmöglichkeiten *Braun/Wybitul*, BB 2008, 782 ff.
114 Vgl. *Diller/Deutsch*, K&R 1998, 16, 23.

liche Verstöße gegen das Wettbewerbsrecht (Art. 101 AEUV, § 1 GWG) zu vermeiden, ist es ratsam, entsprechende verfahrensrechtliche Absicherungen, wie nachstehend beschrieben, aufzusetzen.

10.66–10.68   Einstweilen frei.

5. Verfahrensrechtliche Absicherungen zur Interessenwahrung der börsennotierten Gesellschaft

10.69   Bevor der Vorstand die vertraulichen Informationen an den Erwerbsinteressenten herausgibt, müssen die Vertragsverhandlungen schon relativ weit fortgeschritten sein. Vorbehaltlich der Ergebnisse der Due Diligence-Prüfung – dieser Vorbehalt muss jedem Interessenten zugestanden werden – muss der Erwerb der Aktien mit einer gewissen Wahrscheinlichkeit zu erwarten sein[115]. Unter Umständen kann daher die Beibringung einer Finanzierungsbestätigung bzw. eines Kapitalnachweises durch den Käufer vor der Due Diligence-Prüfung unentbehrlich sein, um dessen Finanzierungsfähigkeit beurteilen zu können. Als weitere Absicherungen der Zielgesellschaft kommen insbesondere folgende Maßnahmen in Betracht:

a) Vertraulichkeitsvereinbarung

10.70   Der Kaufinteressent muss sich vor Durchführung der Due Diligence einer Vertraulichkeitsvereinbarung unterwerfen[116]. Diese Vereinbarung sollte den Zweck der Informationsweitergabe bezeichnen und den Kreis der Mitarbeiter und Berater des potentiellen Erwerbers umgrenzen. Der Erwerbsinteressent muss sich darin verpflichten, die bei der Due Diligence-Prüfung erlangten Informationen weder an andere Personen weiterzugeben, noch diese zu einem anderen Zweck als der geplanten Transaktion zu verwenden. Für den Fall des Scheiterns der Erwerbsverhandlungen ist i.d.R. eine Verpflichtung zur Rückgabe bzw. Vernichtung vertraulicher Daten zu vereinbaren. Eine Absicherung der Vertraulichkeitsvereinbarung durch ein Vertragsstrafeversprechen ist in vielen Fällen wünschenswert, lässt sich aber in der Praxis je nach Verhandlungsmacht des potentiellen Erwerbers und Situation der Zielgesellschaft im Regelfall nicht durchsetzen.[117] Jedenfalls ist ein solches Vertragsstrafeversprechen keine zwingende Voraussetzung für die Zulässigkeit der Due Diligence. In Engagement Lettern für Kapitalmarkttransaktionen finden sich im Regelfall nicht-strafbewehrte Vertraulichkeitsvereinbarungen; allerdings ist in diesen Fällen die Missbrauchsgefahr durch die begleitenden Banken deutlich geringer.

10.71   In der Vertraulichkeitsvereinbarung sollten die Personen bezeichnet werden, die auf Seiten des Interessenten mit den Daten in Berührung kommen, neben eigenen Mitarbeitern also typischerweise Rechts-, Finanz- und ggf. auch technische Berater. Der Interessent ist in der Vertraulichkeitsvereinbarung zu verpflichten, dass **auch diese Personen mindestens im gleichen Umfang zur Vertraulichkeit verpflichtet** sind, wenn diese nicht schon kraft Gesetz zur Verschwiegenheit verpflichtet sind[118], wie dies bei den jeweils beratenden Rechtsanwälten der Fall ist.

Zudem werden in der Praxis auch immer häufiger bereits in der Vertraulichkeitsvereinbarung die Kaufinteressenten dazu verpflichtet, bereits im Falle einer möglichen Offenlegung von wettbewerbsrechtlich relevanten Informationen vor der Due Diligence ein entsprechendes sog. „*Clean Team Agreement*" abzuschließen und die entsprechenden internen Organisationsstrukturen aufzusetzen.

---

115   Vgl. *Eggenberger*, S. 119; *Wiesner* in MünchHdb. AG, § 25 Rz. 48.
116   Allg. M.: vgl. etwa *Müller*, NJW 2000, 3452, 3455 m.w.N.; *Nägele* in Habersack/Mülbert/Schlitt, Unternehmensfinanzierung am Kapitalmarkt, Rz. 33.54; *Schiffer/Bruß*, BB 2012, 847.
117   Ebenso *Nägele* in Habersack/Mülbert/Schlitt, Unternehmensfinanzierung am Kapitalmarkt, Rz. 33.54 f. mit zutreffendem Hinweis auf weitere Verfahrensabsicherungen bei sog. „*dual track*"-Verfahren, bei denen parallel zur Vorbereitung eines Börsengangs auch strategischen Interessenten im Hinblick auf eine alternative Akquisition der prospektiven Emittentin Einblick gewährt werden soll.
118   Aufgrund der Verpflichtung zur Führung von Insiderverzeichnissen gem. Art. 18 MAR ist dies bei börsennotierten Gesellschaften schon aus Vorsichtsgründen Standard.

b) Anforderungen an die Organisation des Datenraums

Der Vorstand darf **keine unkontrollierte Einsichtnahme in die Geschäftsunterlagen** gestatten. In der Regel wird ein besonderer Raum, der sog. Data Room (Datenraum), bereitgestellt. In diesem Raum können die mit der Due Diligence befassten Personen Einsicht in ausgewählte Unterlagen nehmen, die aufgrund einer zuvor unter den beteiligten Anwälten und Banken/Finanzberatern abgestimmte Due Diligence-Checkliste für die Due Diligence freigegeben worden sind. Für die Benutzung dieses Datenraumes wird in der Regel in einer detaillierten Vereinbarung mindestens Folgendes festgelegt:

10.72

- Namentliche Benennung der Due Diligence-Prüfer;
- Öffnungszeiten des Datenraumes;
- Ansprechpartner des Zielunternehmens;
- Benutzung von Bürologistik und weitere technische Details und Regeln der Datenraumnutzung, etwa zur Frage der Zulässigkeit der Anfertigung von Fotokopien.

Der Datentraum besteht typischerweise aus einem dem Transaktionsteam allgemein zugänglichen Teil (**„Green Data Room"**), während ggf. einzelne, besonders vertrauliche Unterlagen in einem gesonderten Ordner (**„Red Data Room"**) abgelegt werden, der erst in einer späteren Phase oder nur bestimmten Personen zur Einsicht ausgehändigt wird.

Um Art und Umfang der zusätzlich mitzuteilenden Informationen zu überwachen, sollte der Vorstand dem potentiellen Erwerber eine bestimmte, mit den Verhältnissen des Unternehmens vertraute **Auskunftsperson** benennen. Seine Mitarbeiter sollte er anweisen, Auskünfte nur über bzw. durch diese Auskunftsperson an den potentiellen Erwerber zu übermitteln.

Vom physischen Datenraum ist der sog. **virtuelle Datenraum** oder digitale Datenraum[119] zu unterscheiden, in dem sämtliche im Rahmen der Due Diligence einzusehende Dokumente elektronisch eingestellt und zumeist von einem professionellen Service Provider gepflegt werden. Der virtuelle Datenraum hat den Vorteil, dass gerade bei großen Projekten eine zeit- und zielgenaue Information über die Einstellung neuer Dokumente und deren Freischaltung an alle an der Due Diligence-Prüfung Beteiligten möglich ist und die Beantwortung von Nachfragen über das gleiche System dokumentiert werden kann. Aus Sicht der prüfenden Anwälte hat der virtuelle Datenraum oftmals den Nachteil, dass komplexe Verträge mit Anlagen auf elektronischem Wege nicht genauso konzentriert durchgearbeitet werden können wie im Falle des physischen Ausdrucks. Im Rahmen virtueller Datenräume wird nämlich jedenfalls im Hinblick auf M&A-Transaktionen regelmäßig vereinbart, dass lediglich eine „read only"-Funktion besteht, der Ausdruck vertraulicher Dokumente also nicht möglich ist; bei Kapitalmarkttransaktionen ist die Handhabung in der Praxis oft weniger restriktiv und dürfte damit unbewusst den weitgehenden Interessengleichlauf der Parteien (Richtigkeit und Vollständigkeit des Prospektes im Hinblick auf alle für die Beurteilung der Wertpapiere wesentlichen Angaben, siehe Rz. 10.77) widerspiegeln. Wichtig in der Praxis ist in jedem Fall, dass nach Öffnung des Datenraums neu eingestellte Dokumente durch den Nutzer leicht herausgefiltert werden können, weshalb die Systeme professioneller Datenraumanbieter trotz damit verbundener höherer Kosten den unternehmensintern möglicherweise bereits vorhandenen Softwarelösungen zur Datenablage bzw. zum Dokumentenaustausch oder gemeinsamen Zugriff in der Regel überlegen sind. Von professionellen Datenraumanbietern zunehmend angebotene Software zur automatischen Analyse eingestellter Unterlagen mittels „künstlicher Intelligenz" hat sich bislang in der Praxis – von Immobilientransaktionen abgesehen – noch nicht durchgesetzt, zumal hier alle Nutzer auf die Qualität der von dem jeweiligen Datenraumanbieter zur Verfügung gestellten Software vertrauen müssen, sofern nicht auch die Anbindung anderer, ggf. von einzelnen Teilnehmern bevorzugter und von ihnen bereits „angelernter" Softwarelösungen möglich

10.73

---

119 Zu den Vor- und Nachteilen physischer oder virtueller Datenräume *Nägele* in Habersack/Mülbert/Schlitt, Unternehmensfinanzierung am Kapitalmarkt, Rz. 33.37.

ist. In inhaltlicher Hinsicht unterscheidet sich ein virtueller Datenraum jedoch nicht von einem physischen.

c) Abgestufte Informationsherausgabe

10.74 Je nach Fortschritt und Stadium der Transaktion können auch geheimhaltungsbedürftige Informationen herausgegeben werden[120]. Besonders wichtige Verträge und sensible Daten werden i.d.R. zutreffend nicht bereits zusammen mit den übrigen Unterlagen („Green Data Room"), sondern erst dann dem Erwerber zur Verfügung gestellt, wenn diese Transaktion überwiegend wahrscheinlich ist. Für besonders sensible Daten kommt die Einrichtung eines **gesonderten Datenraumes** („Red Data Room") oder mehrerer nach Vertraulichkeitsstufen eingerichteter Datenräume in Betracht, für die **besondere Zugangsbeschränkungen** bestehen; so wird etwa der Zugang nur für zur Berufsverschwiegenheit verpflichtete Personen, also insbesondere Rechtsanwälte, Steuerberater und Wirtschaftsprüfer – und hier u.U. auch nur einer verkleinerten Anzahl – vereinbart. Diese eingeschalteten Berater sollten dann ggf. verpflichtet werden, ihrem Auftraggeber nicht die Daten selbst, sondern lediglich eine allgemeine Auswertung der Daten zur Verfügung zu stellen[121]. Im Falle von vertraulichen Vorstands- oder Aufsichtsratsprotokollen kann sich dies auch in der Mitteilung des prüfenden Partners erschöpfen, dass dort keine – über bereits bekannte Risiken hinaus – problematischen Sachverhalte erörtert worden seien[122]. Diesbezüglich abgestimmte Verfahrensweisen sind deshalb von besonderer Bedeutung, weil die Prüfung von Vorstands- und Aufsichtsratsprotokollen (zumeist: der letzten drei Jahre) integraler Bestandteil jeder Due Diligence ist.

10.75 Ist das Risiko einer nachteiligen Verwertung der Informationen besonders groß, etwa weil der potentielle Erwerber ein Wettbewerber ist, empfiehlt sich folgendes Vorgehen unter Einsatz eines sog. „*Clean Teams*": Im Einvernehmen mit den Kaufinteressenten sind **neutrale**, zur Berufsverschwiegenheit verpflichtete **Fachleute mit der Durchführung der Due Diligence** bzw. einzelner Punkte zu **beauftragen**. Diese dürfen die ausgewählten Informationsunterlagen nicht an Interessenten weitergeben, sondern erstellen lediglich einen **knappen Due Diligence-Bericht**, der sich auf die Auswertung der Prüfergebnisse beschränkt und **vor Weiterleitung** an die Erwerbsinteressenten **mit dem Vorstand der Zielgesellschaft erörtert**, jedoch von diesem nicht geändert wird[123]. Eine andere Möglichkeit wäre auch ein *Clean Team*, welches zwar aus internen, jedoch nicht operativ oder strategisch tätigen Mitarbeitern des Erwerbsinteressenten besteht, aufzustellen, welches die wettbewersrechtlich relevanten Daten ebenfalls auswertet und den Entscheidungsträgern des Erwerbsinteressenten eine diesbezügliche Entscheidungsgrundlage vorbereitet.

10.76 Über die jeweils zweckmäßigste Vorgehensweise entscheidet – ggf. im laufenden Due Diligence-Verfahren – der Vorstand unter Berücksichtigung der **Geheimhaltungsbedürftigkeit der Informationen** und des **Gesellschaftsinteresses**.

---

120 Vgl. *Eggenberger*, S. 119. Zu den verschiedenen Vertraulichkeitsstufen ausführlich *Nägele* in Habersack/Mülbert/Schlitt, Unternehmensfinanzierung am Kapitalmarkt, Rz. 33.39.
121 *Müller*, NJW 2000, 3452, 3455; *Schiffer/Bruß*, BB 2012, 847, 851.
122 Vgl. *Roth/Schoneweg*, NZG 2004, 206, 207 f. zur Zulässigkeit der Einsicht in Aufsichtsratsprotokolle als *due diligence defense* im Vergleich zur US-amerikanischen Praxis.
123 Auf diese Weise behält der Vorstand bis zuletzt die Entscheidungsgewalt über die Weitergabe sensibler Informationen und kann das Scheitern der Transaktion noch in einem relativ späten Stadium gegenüber der – mittelbaren – Informationsweitergabe abwägen. Zudem wird der Vorstand der Zielgesellschaft zu diesem Zeitpunkt zumeist bereits einen Preis für den Beteiligungserwerb (vorbehaltlich der Prüfung besonders vertraulicher Informationen durch den Erwerber) ausgehandelt haben. Bricht der prospektive Erwerber nach Einsichtnahme in die Dokumente die Verhandlungen aus nicht nachvollziehbaren Gründen ab, setzt er sich einem erhöhten Risiko einer Haftung gem. § 311 Abs. 2 BGB aus.

d) Besonderheiten bei der Organisation des Datenraums für eine kapitalmarktrechtliche Due Diligence

Bei der Erstellung eines Datenraums im Vorfeld von Kapitalmarktmaßnahmen, wie beispielsweise Börsengängen, Kapitalerhöhungen oder der Begebung von Wandel- oder Unternehmensanleihen, ist zu berücksichtigen, dass die die Due Diligence durchführenden **Banken** nicht in einem kontradiktorischen Verhältnis zu dem prospektiven **Emittenten** stehen. Anders als ein Erwerbsinteressent bei einem Unternehmenskauf nehmen die konsortialführenden Banken bzw. der Konsortialführer und seine Anwälte vielmehr die Funktion eines „Treuhänders" der Investoren wahr, die im Vorfeld eine angemessene Bewertung für die Bookbuilding-Spanne bzw. den Emissionspreis der zu emittierenden Aktien oder (Wandel-)Anleihen bestimmen müssen. Da die Banken zugleich Berater des Emittenten sind, handelt es sich bei der Unternehmens-Due Diligence und der Preisfindung um einen **gemeinsamen Prozess** mit der Emittentin und ggf. deren (abgebenden) Aktionären. Dementsprechend sind die Datenraum-Regeln bei Kapitalmarkttransaktionen weniger restriktiv und wichtige Informationen werden zumeist zur näheren Prüfung durch die Banken und deren Berater auch in Kopie ausgehändigt oder sind zum Drucken und Speichern freigegeben. Diesem – richtigen – Verständnis des Due Diligence-Prozesses bei Kapitalmarkttransaktionen entspricht es, dass die Due Diligence nicht auf die Senkung des Platzierungspreises der Aktien bzw. Anleihen gerichtet ist, sondern lediglich eine fundierte Einschätzung für eine realistische Bandbreite der Unternehmensbewertung bilden soll[124]. Zudem ist es Ziel der Due Diligence der Banken, die Richtigkeit und Vollständigkeit des Prospektes im Hinblick auf alle für die Beurteilung der Wertpapiere wesentlichen Angaben sicherzustellen, was auch im Interesse des Emittenten ist. Der Datenraum dient dementsprechend auch den Rechtsberatern des Emittenten als Grundlage für die Erstellung des Prospekts.

10.77

Aufgrund des Kapitalmarktkontextes, der häufig – insbesondere bei Kapitalerhöhungen bereits börsennotierter Gesellschaften – auch den Austausch insiderrelevanter Informationen (zumindest der Transaktionsdurchführung als solcher) bedingt, muss bei virtuellen Datenräumen sichergestellt sein, dass die gewählte Software-Lösung bzw. der von einem Dienstleister angebotene Service die notwendigen Vertraulichkeitsanforderungen erfüllt.

10.78

Einstweilen frei.

10.79–10.81

6. Sachliche Reichweite und Intensität der Due Diligence bei Kapitalmarkttransaktionen

Die sachliche Reichweite und Intensität einer Due Diligence-Prüfung wird in der Praxis von einer Vielzahl von Faktoren determiniert. Ausmaß und Durchführung der Due Diligence werden sowohl durch die **konkrete Unternehmenstransaktion** bestimmt als auch durch das „**Vorleben**" der börsennotierten Gesellschaft in Bezug auf frühere Transaktionen und hierfür erstellte Dokumentationen. Nicht zuletzt können auch Zwischenergebnisse der Due Diligence die weitere Prüfungstiefe beeinflussen: Legen etwa Stichproben eine auffällig große Zahl von Risiken offen, kann eine vertiefte Prüfung angezeigt sein; Gleiches gilt, wenn erste Prüfungsergebnisse implausibel erscheinen oder es anderweitige Hinweise gibt, die eine tiefergehende kritische Untersuchung im Sinne einer **Nachforschungspflicht** angezeigt erscheinen lassen[125].

10.82

---

124 Dementsprechend wird diese gefundene Bandbreite in der Vor-Vermarktungsphase (sog. *Pre-Marketing*) mit besonders wichtigen institutionellen Investoren erörtert und aufgrund vergleichbarer Unternehmen der betreffenden Branche und deren Unternehmensbewertung durch die Börse(n) analysiert. Da solche Vergleichsparameter gerade bei Private M&A-Transaktionen fehlen, dient die Due Diligence in diesen Fällen häufig im Wesentlichen zur „Ansammlung" von Argumenten für eine Senkung des Kaufpreises durch den prospektiven Erwerber.
125 Beispielsweise hatten einzelne Marktteilnehmer sowie die „Financial Times" bereits ab dem Jahr 2015 in verschiedenen Veröffentlichungen Zweifel im Hinblick auf die Finanzberichterstattung der Wircard

10.83 Aufgrund der erwähnten **unterschiedlichen Zielsetzungen der Due Diligence** bei M&A-Transaktionen und Kapitalmarkttransaktionen unterscheiden sich die entsprechenden Due Diligence-Prozesse auch in ihrer Intensität. Der Umfang und die Tiefe einer M&A-Due Diligence resultiert daraus, dass *ein* potentieller Käufer seine Investitionsentscheidung in einem kontradiktorischen Verfahren treffen muss und dabei das Unternehmen insgesamt oder zumindest einen erheblichen Teil davon erwerben will. Selbst bei Auktionen verbleiben in der u.a. durch eingehende Due Diligence gekennzeichneten „zweiten Runde" zumeist maximal drei oder vier Bieter. Je nach Größe der Zielgesellschaft und des potentiellen Erwerbers werden hier die Schwellenwerte für die zu prüfenden Dokumente i.d.R. erheblich geringer sein als etwa bei einem Börsengang, zumal Rückgriffsmöglichkeiten gegenüber dem Veräußerer nur im Rahmen der individuell vereinbarten und häufig eng begrenzten Gewährleistungen bestehen. Bei einer Kapitalmarkttransaktion wollen dagegen *viele* Anleger ein oft nur begrenztes Investment in Form einer Beteiligung an der Gesellschaft eingehen. Im Prospekt müssen daher – vor allem in den Risikofaktoren – (nur) diejenigen Punkte offengelegt werden, die für die Beurteilung der gegenständlichen Wertpapiere „wesentlich" sind, also einen erheblichen Einfluss auf die Vermögens-, Finanz- und Ertragslage haben. Aufgrund der Prospekthaftung der Prospektverantwortlichen, haben diese – unabhängig von einem drohenden Reputationsschaden – schon ökonomisch keinen Anreiz für das Verschweigen von für die Kaufentscheidung der Investoren wesentlicher Umstände, zumal bei Börsengängen zumeist nur ein Teil des Aktienkapitals platziert wird und der Gesamterlös von Aktionären, die weitere Aktienpakete erst einige Zeit nach dem Börsengang veräußern – jedenfalls in der Regel – auch von der Kursperformance nach dem Börsengang abhängt[126].

10.84 Ungeachtet der Prospektpflicht bestehen aber auch zwischen den verschiedenen Kapitalmarktinstrumenten **erhebliche Unterschiede hinsichtlich Umfang und Intensität der Due Diligence**. Dabei richtet sich die Intensität der Due Diligence bei Kapitalmarkttransaktionen zum einen nach den formalen Dokumentationsanforderungen für das betreffende Kapitalmarktinstrument (Aktienemissionen, Wandelanleihen, Anleihen etc.), deren immanenten Risiken (Eigen-, Hybrid- oder Fremdkapital), dem **Ruf des Unternehmens am Kapitalmarkt** (sog. „Kapitalmarktstanding"), ggf. dem Rating des Emittenten und insgesamt dem sich aus sonstigen Umständen noch ergebenden Risikoprofil des Emittenten (z.B. Sektorrisiken) und der geplanten Transaktion. Nicht zuletzt ist auch die Investorenerwartung hinsichtlich der Darstellungstiefe im Wertpapierprospekt und darauf aufbauender weiterer Unterlagen (z.B. Roadshow Präsentation) zu berücksichtigen.

a) Due Diligence bei Börsengängen

10.85 Aufgrund fehlender Kapitalmarkthistorie[127] und der Notwendigkeit, vollständig neue Investorenkreise zu erschließen, hat die Due Diligence vor einem Börsengang die **höchste Intensität**. Sie bildet zugleich

---

AG erhoben, die im Jahr 2020 Insolvenz anmeldete, die offenbar auf lediglich vorgetäuschte Umsätze in erheblichem Umfang zurückgeht. Zwar müssen derartige Veröffentlichungen nicht zwingend zutreffend sein (und wurden von der BaFin – wohl auch aufgrund der Art und Weise der Veröffentlichungen einzelner Marktteilnehmer, die eher auf eine Leerverkaufsattacke (*Short Selling*-Attacke) schließen ließen – über einen längeren Zeitraum hinweg zunächst auch nur als Versuch der Marktmanipulation durch einzelne Marktteilnehmer gewertet, gegen die die Wirecard AG geschützt werden müsse); im Regelfall werden jedoch plausible Hinweise zumindest erfordern, dass den aufgeworfenen Fragen im Rahmen der Due Diligence bei nachfolgenden Transaktionen in angemessener Weise nachgegangen wird und diese zufriedenstellend und plausibel beantwortet werden können.

126 Anders kann dies in Hausse-Phasen bei IPOs von durch Private Equity Fonds gehaltenen Gesellschaften aussehen, da derartige Fonds nach einer gewissen Laufzeit vollständig abgewickelt werden sollen. Dort ähnelt die Risikostruktur der Investoren daher stärker einer M&A-Transaktion mit dem Ziel einer möglichst schnellen und vollständigen Veräußerung durch den Altgesellschafter.

127 Jedenfalls als Aktienemittent; gerade größere Unternehmen verfügen dagegen oft aufgrund einer Anzahl von Anleihe- oder Genussscheinemissionen durchaus über eine gewisse Kapitalmarkthistorie, wobei die Dokumentationstiefe allerdings weit hinter dem für einen Aktienprospekt im Rahmen eines Börsengangs notwendigen Detailgrad zurückbleibt.

die Basis für die umfangreiche Darstellung des Emittenten im Prospekt, die im Wesentlichen auf den Anforderungen der Anhänge 1, 11 und ggf. auch 20 Delegierte Verordnung (EU) 2019/980 beruht.

Üblicherweise wird die Due Diligence damit beginnen, dass die Berater und die Banken an einer **Management-Präsentation** teilnehmen, durch die ein erster Einblick in das Geschäftsmodell gewonnen wird. Das Management stellt hier das Geschäftsmodell der Gesellschaft vor und geht auf jüngste Entwicklungen ein. Hieraus ergeben sich erste Anhaltspunkte dafür, wo Stärken, Schwächen, Chancen und potentielle Risiken des Geschäfts gesehen werden.

10.86

In einem weiteren Gespräch zwischen den Beratern der Banken, den Beratern der Emittentin sowie dem Leiter der Rechtsabteilung[128] der Emittentin wird dann gewöhnlich der Umfang der Due Diligence und die offenzulegenden Dokumente anhand einer – vorläufigen und daher sehr detaillierten – Due Diligence-Checkliste diskutiert. Die Berater erhalten dann auch durch den Leiter der Rechtsabteilung oder das für Rechtsfragen zuständige Mitglied der Geschäftsleitung eine Einschätzung dem Unternehmen bekannter bestehender Rechtsrisiken. Dies ist vor allem deshalb wertvoll, weil die Rechtsabteilung kontinuierlich mit den unternehmenstypischen Verträgen, Dokumenten und Rechtsstreitigkeiten befasst und auch mit dem für die Gesellschaft maßgeblichen regulatorischen Umfeld in besonderer Weise vertraut ist.

Bei der eigentlichen **Durchsicht und Prüfung der Dokumente** empfiehlt sich in der Praxis ein sog. „*Top Down*"-Ansatz, d.h. man beginnt die Durchsicht der Dokumente typischerweise mit den Aufsichtsrats- und Vorstandsprotokollen der letzten drei Jahre[129]. Weiter zurückreichende Planungen, Transaktionen und Risiken, die in älteren Protokollen angesprochen sind, werden sich im Zeitpunkt der Due Diligence entweder erledigt haben oder sind umgesetzt bzw. mit Änderungen realisiert worden. Im letzteren Fall haben deren Auswirkungen in den Bilanzen und Gewinn- und Verlustrechnungen sowie den Prüfungsberichten der Abschlussprüfer des Unternehmens ihren Niederschlag gefunden. Ziel der Durchsicht der Protokolle ist es, ein Gespür für die aktuellen Risiken des Unternehmens zu erhalten und das Bild, das aus der Management-Präsentation und dem Gespräch mit dem Leiter der Rechtsabteilung gewonnen wurde, zu bestätigen und zu vertiefen. Die Prüfung der Protokolle ermöglicht darüber hinaus auch eine Einschätzung der Corporate Governance des Unternehmens; dies gilt für Inhalt, Form und Ausführlichkeit der Protokolle, die Prognosesicherheit in der Vergangenheit sowie die Häufigkeit der Sitzungen.

10.87

Sodann werden die Prüfungsberichte der Abschlussprüfer und die Geschäftsberichte der letzten zwei bis drei Jahre geprüft. Die auf diese Weise „vorgebildeten" Rechtsanwälte erstellen auf dieser Basis sodann gemeinsam mit dem Unternehmen eine auf das Unternehmen zugeschnittene **Due Diligence-Checkliste**; aus Gründen der Vollständigkeit müssen hierbei jedoch oft auch eine Reihe von Aspekten (Rechtsgebiete und Dokumente) abgefragt werden, die nach den Vorgesprächen bzw. sonstigen Erkenntnissen voraussichtlich nicht einschlägig sind bzw. nicht vorliegen, die sich jedoch gewöhnlich mit einem kurzen schriftlichen Negativvermerk durch das Unternehmen abschließend beantworten lassen.

10.88

Die **Art der zu prüfenden Dokumente** unterscheidet sich nicht wesentlich von denen einer M&A-Transaktion; die Aufgreifschwelle ist beim Börsengang jedoch höher, da die Bewertung des Unternehmens beim Börsengang maßgeblich von außerrechtlichen Faktoren abhängt und jedenfalls der Legal Due Diligence im Wesentlichen die Funktion einer Bestätigung fehlender oder Identifizierung (und wenn möglich Vorbereitung der Heilung) etwaiger gravierender Risiken zukommt.

10.89

---

128 In kleineren Gesellschaften auch ein Mitglied der Geschäftsleitung.
129 Zu Fragen, die sich bei börsennotierten Aktiengesellschaften aus umfänglicher Auswertung öffentlich zugänglicher Informationsquellen ergeben vgl. *Krämer/Kiesewetter*, BB 2012, 1679. Eine Befassung mit allen öffentlich zugänglichen Informationen empfiehlt sich naturgemäß auch schon vor der Teilnahme an der ersten Unternehmenspräsentation.

10.90 **Inhaltlich** von besonderer Bedeutung sind vor allem die gesellschaftsrechtlichen Unterlagen, also insbesondere die Handelsregisterauszüge, Gesellschaftsvertrag/Satzung der Unternehmen, Gründungsdokumente und Hauptversammlungsprotokolle. Den Hauptversammlungsbeschlüssen sowie ggf. Vorstands- und Aufsichtsratsbeschlüssen, mit denen das Stamm- bzw. Grundkapital der Gesellschaft erhöht (bzw. ggf. auch herabgesetzt) worden ist, kommt eine besondere Bedeutung zu, da die Kapitalverhältnisse und deren Entwicklung in einem Aktienemissionsprospekt detailliert beschrieben werden müssen (Anhang 1 Ziff. 19.1 Delegierte Verordnung (EU) 2019/980).

10.91 Zu den Angaben über die Kapitalverhältnisse der Emittentin gehören auch **Informationen über wesentliche Aktionäre**, soweit diese der Emittentin bekannt sind[130] (Anhang 1 Ziff. 16 Delegierte Verordnung (EU) 2019/980). Ebenso wie bei M&A-Transaktionen wird insbesondere bei Umplatzierungen geprüft, ob die abgebenden Personen auch tatsächlich Aktionäre bzw. Gesellschafter sind. Daher ist die Überprüfung einer geschlossenen Urkundenkette über die Veräußerung von Gesellschaftsanteilen ab dem Zeitpunkt der Gesellschaftsgründung unter Beifügung sämtlicher der Gesellschaft in diesem Zusammenhang (z.B. nach § 16 GmbHG a.F., §§ 20 f. AktG, § 33 WpHG) zugegangener Mitteilungen erforderlich. Bei GmbHs sind daneben die Gesellschafterlisten von großer Bedeutung. Im Falle von Inhaberaktien und größerem Aktionärskreis schon bei vorbörslichen Kapitalmaßnahmen ist die Feststellung der Aktieninhaberschaft i.d.R. jedoch nicht abschließend möglich. Gerade die Meldungen nach §§ 20 f. AktG und § 33 WpHG können wegen der gravierenden Rechtsfolge des Rechtsverlusts gem. § 44 WpHG auch für die Beurteilung der Wirksamkeit von Hauptversammlungsbeschlüssen bedeutsam sein.

10.92 Wichtige gesellschaftsrechtliche Dokumente sind des Weiteren solche über wesentliche **Beteiligungsunternehmen** nach Anhang 1 Ziff. 6.2 Delegierte Verordnung (EU) 2019/980[131] und eine Reihe persönlicher Angaben über **Geschäftsführungs- und Aufsichtsorgane der Emittentin** und ein ggf. vorhandenes **oberes Management** nach Anhang 1 Ziff. 12 Delegierte Verordnung (EU) 2019/980. Letztere werden, da sie der Emittentin nicht vollständig vorliegen können, als Teil der Due Diligence typischerweise anhand von Fragebögen direkt von den jeweiligen Personen eingeholt.

10.93 Neben der im Rahmen der Financial Due Diligence zu prüfenden Finanzinformationen der Gesellschaft[132], werden auch relevante Einkaufs-, Absatz- und Wettbewerbsbedingungen des Unternehmens

---

130 Auch wenn in den allermeisten Fällen die Aktien einer Gesellschaft zum Zeitpunkt ihres Börsengangs nur von einem oder wenigen Aktionären gehalten wurden, muss dies nicht immer so sein: Den extremsten Ausnahmefall in Deutschland dürfte die Cargolifter AG dargestellt haben, die zum Zeitpunkt ihres Börsengangs im Frühjahr 2000 infolge einer Reihe von in den Vorjahren durchgeführten Privatplatzierungen bereits über 13.000 Aktionäre hatte; aufgrund der Vinkulierung der ausgegebenen Namensaktien waren der Gesellschaft ihre Aktionäre allerdings im Einzelnen bekannt.

131 Als Beteiligungsunternehmen ist ein Unternehmen anzusehen, an dem die Emittentin unmittelbar oder mittelbar Anteile hält, deren Buchwert mindestens 10 % ihres Eigenkapitals beträgt oder die mit mindestens 10 % zu ihrem Jahresergebnis oder -verlust beitragen. Von diesen Unternehmen werden i.d.R. (1) Firma und Sitz, (2) Tätigkeitsbereich, (3) Höhe des Anteils am gezeichneten Kapital und den Stimmrechten. Im Einzelfall können zusätzliche Angaben erforderlich sein, vgl. ESMA, *„Guidelines on disclosure requirements under the Prospectus Regulation"* v. 4.3.2021, Rz. 218 ff. Über das vorstehend genannte 10 %-Kriterium hinaus können jedoch auch andere Gründe (wie beispielsweise deren aktuelle oder erwartete strategische Bedeutung im Konzern) für eine entsprechende Einstufung als wesentliches Beteiligungsunternehmen sprechen.

132 Neben den Jahresabschlüssen, nebst Lagebericht und Prüfungsbericht der Abschlussprüfer, werden u.a. die Art der Eventualverbindlichkeiten untersucht, die Offenlegung von Vereinbarungen oder die Inanspruchnahme oder Gewährung von Krediten und deren Besicherung (u.a. durch Anteilsverpfändungen, Globalzessionen, Sicherungsübereignungen, Garantien), eine Dokumentation über sonstige Finanzierungen und Angaben zu Bürgschaften, Garantieverpflichtungen oder Sicherheitsleistungen aller Art (einschließlich Patronatserklärungen) der Gesellschaft zugunsten Dritter sowie Verpflichtungen gegenüber Dritten, die wiederum für die Gesellschaft Bürgschaften, Garantien oder sonstige Sicherheiten gestellt haben.

untersucht[133]. Ferner gehören der Umfang des **Versicherungsschutzes**, bedeutende gewerbliche Schutz- und Urheberrechte[134] und Aktiv- sowie vor allem **Passivprozesse**[135] ebenfalls routinemäßig zum Prüfungsumfang.

Bei **Unternehmen des produzierenden Gewerbes** werden die Betriebsstätten, Grundstücke und Betriebsanlagen sowie einzelne Umweltschutzgesetze (WHG, BImSchG, CO_2-Zertifikate bzw. Ausstoßvolumina und deren Reduzierung etc.) und das Kartellrecht oft eine erhebliche Rolle spielen und Risiken bergen, die im Prospekt entweder schon aufgrund formaler Anforderungen offengelegt werden müssen[136] oder deren Nennung im Übrigen geboten erscheint, damit der Prospekt in allen für eine Anlageentscheidung wesentlichen Aspekten richtig und vollständig ist. Auch Fragen der Bestandskraft und damit letztlich Werthaltigkeit von Auftragseingang und Auftragsbestand spielen hier oft eine wichtige Rolle. Bei Dienstleistungsunternehmen liegt der Schwerpunkt i.d.R. im Bereich Kundenbeziehungen und Personalangelegenheiten.

Bei **Medien- und forschungsintensiven Unternehmen** liegt der Fokus dagegen erfahrungsgemäß bei gewerblichen Schutzrechten, Urheberrechten und Nutzungsrechten an solchen Rechten. Bei Unternehmen mit Geschäftsmodellen, die weitgehend auf der Nutzung des Internets beruhen, treten wiederum auch Aspekte wie die Validierung von „Klick"- und Nutzerzahlen sowie Verweildauer in den Vordergrund.

Die identifizierten finanziellen, rechtlichen und geschäftlichen Risiken werden sodann in den sog. **Risikofaktoren** des Prospekts hervorgehoben. Hierbei bedarf es häufig des Einfühlungsvermögens der Banken und der Anwälte, den Emittenten von der Sinnhaftigkeit deutlich dargestellter Risiken im Einklang mit den regulatorischen Anforderungen[137] und der Marktpraxis zu überzeugen.

10.94

b) Due Diligence bei Kapitalerhöhungen

Die **Anforderungen** an eine Due Diligence bei Kapitalerhöhungen (mit und ohne Umplatzierung) bleiben jedenfalls bei etablierten Gesellschaften meist hinter denen eines Börsengangs vergleichbarer Unternehmen zurück. Das dahinter erwartete etwas geringere Risikoprofil solcher Transaktionen, dem die generelle Verfügbarkeit von Informationen für den Anleger aufgrund der Regelberichterstattung börsennotierter Gesellschaften und des MAR-Regimes zugrunde liegt, zeigt sich auch in den etwas reduzierten Anforderungen an die Prospektdarstellung für unter bestimmten, in Art. 14 EU-Prospektverordnung[138] dargelegten Voraussetzungen möglichen Sekundäremissionen, für die im Wesentlichen Anhänge 3, 12 und ggf. 20 Delegierte Verordnung (EU) 2019/980 gelten.

10.95

---

133 Bei produzierenden Unternehmen sind hier v.a. Angaben zu etwaigen Abhängigkeiten von den größten Lieferanten und Kunden von Interesse bzw. von solchen Lieferanten oder Abnehmern, die bei bestimmten Produkten eine Quasi-Monopolstellung haben (*„Single Sourcing"*). Daneben gehören hierher u.a. Joint-Venture-, Kooperations-, Gesellschafts- und ähnlichen Verträge, um nur einige Beispiele zu nennen.
134 Anhang 1 Ziff. 5.5 Delegierte Verordnung (EU) 2019/980.
135 Anhang 1 Ziff. 18.6 Delegierte Verordnung (EU) 2019/980.
136 Wie beispielsweise die zunehmend wichtiger werdenden Umweltaspekte, die die Verwendung von Sachanlagen durch den Emittenten beeinflussen könnte, Anhang 1 Ziff. 5.7.4 Delegierte Verordnung (EU) 2019/980.
137 Vgl. Anhang 1 Ziff. 3 und Anhang 11 Ziff. 2.1 Delegierte Verordnung (EU) 2019/980 i.V.m. ESMA, *„Guidelines on Risk factors under the Prospectus Regulation"* v. 1.10.2019.
138 Verordnung (EU) 2017/1129 des Europäischen Parlaments und des Rates v. 14.6.2017 über den Prospekt, der beim öffentlichen Angebot von Wertpapieren oder bei deren Zulassung zum Handel an einem geregelten Markt zu veröffentlichen ist und zur Aufhebung der Richtlinie 2003/71/EG, ABl. EU Nr. L 168 v. 30.6.2017, S. 12, zwischenzeitlich mehrfach geändert

In der Praxis machen größere Emittenten von den Möglichkeiten zur vereinfachten Darstellung allerdings nur sehr zurückhaltend Gebrauch[139] und erstellen im Regelfall sowohl aus Vorsichts- als auch aus Vermarktungsgründen weiterhin einen „Vollprospekt" gemäß Anhängen 1, 11 und ggf. 20 Delegierte Verordnung (EU) 2019/980 oder nutzen zwar formal die Ausnahmemöglichkeit für Kapitalerhöhungen, nehmen aber ergänzend gleichwohl viele der eigentlich nur für Vollprospekte erforderlichen Bestandteile freiwillig auf. Insbesondere in Sondersituationen wie beispielsweise einem Restrukturierungsbedarf von Gesellschaften in der Krise ist das Kriterium der Vollständigkeit eines Prospekts u.U. schwieriger zu bemessen und wird sich eine Berufung auf das formale Erfordernis lediglich der reduzierten Prospektanforderungen für Sekundäremissionen als nicht ausreichend erweisen. Zumindest in diesen Fällen, die typischerweise ohnehin auch nach einer vertieften Due Diligence verlangen, ohne die eine Entscheidung über eine angemessene Prospektdarstellung nicht getroffen werden kann, spricht auch aus rechtlicher Sicht viel dafür, von den möglichen Prospekterleichterungen keinen oder nur sehr zurückhaltenden Gebrauch zu machen. Ohnehin kann von erleichterten Prospektanforderungen nicht automatisch auf einen geringeren Umfang der erforderlichen Due Diligence geschlossen werden, da sich erst nach Abschluss einer Due Diligence beurteilen lässt, ob eine knappe Prospektdarstellung als ausreichend angesehen werden kann.

10.96 Bei Kapitalerhöhungen ohne Prospekt können wesentliche Teile der Due Diligence, in Abhängigkeit auch von der Vorkenntnis der Emissionsbanken über die Emittentin, in der Regel über eine (wenn auch sehr ausführliche) Management-Befragung in angemessener Weise erfolgen und muss dann im Nachgang je nach Bedarf nur noch punktuell vertieft werden. Einer beschleunigten Platzierung mit geringer Gesamtvorbereitungszeit von wenigen Wochen steht dann meistens nichts im Wege.

10.97 Von Ausnahmefällen abgesehen wird die Due Diligence i.d.R. eine **geringere Zeitspanne** als bei einem Börsengang umfassen. Während bei einem Börsengang eines Unternehmens die Dokumentation zur Gründung des Unternehmens und die folgenden Anteilsübertragungen von großer Bedeutung sind, da rechtliche Probleme in diesem Bereich besonders gravierende Auswirkungen haben können, kann es bei einer Kapitalerhöhung – je nach Einzelfall – ausreichen, nur die Kapitalmaßnahmen seit dem Börsengang bzw. der letzten platzierten Kapitalerhöhung einer genaueren Überprüfung zu unterziehen[140]. Hier werden die beteiligten Anwälte – in Abhängigkeit vom Kapitalmarktstanding des Emittenten und Größe und Aufstellung der Rechtsabteilung – auf bereits vorangegangene Due Diligence-Prüfungen vertrauen können. Daneben werden die Qualität bereits vorhandener Daten (z.B. die Zwischenfinanzinformationen) und die Verlässlichkeit der bisherigen Finanzberichterstattung Anhaltspunkte für mögliche Risiken geben können. Schließlich ist zu berücksichtigen, dass börsennotierte Unternehmen Umstände mit erheblichen Auswirkungen auf ihre Finanz- und Ertragslage ohnehin im Wege der Ad-hoc-Publizität veröffentlichen mussten, so dass der Umfang insbesondere etwaiger negativer Insiderinformationen im Due Diligence-Zeitpunkt i.d.R. überschaubar sein sollte[141] und diese im Zeitpunkt der Prospektveröffentlichung definitionsgemäß nicht (mehr) vorliegen dürfen.

---

139 Siehe z.B. den Prospekt der Vossloh AG v. 30.5.2016, der allerdings noch auf den Bestimmungen der inzwischen außer Kraft gesetzten, insoweit aber mit den nunmehr geltenden Regelungen vergleichbaren Verordnung (EG) Nr. 809/2004 beruht. Der Großaktionär der Gesellschaft hatte hier die Ausübung der auf ihn entfallenden Bezugsrechte im Umfang von mehr als 40 % der gesamten Emission bereits im Vorfeld zugesagt.
140 Zu den Auswirkungen mangelbehafteter und nichtiger Kapitalerhöhungen auf die Wirksamkeit nachfolgender Kapitalerhöhungen vgl. *Trendelenburg*, NZG 2003, 860 ff.
141 Art. 17 Abs. 1 MAR; hinsichtlich etwaiger negativer Meldungen zur Finanzlage ist insbesondere an Trendmeldungen und ggf. sog. Gewinnwarnungen zu denken. Bei Kapitalerhöhungen und Umplatzierungen kommt daher der Entwicklung im letzten Quartal vor der Platzierung sowie der Überprüfung der Prognose(-qualität) für das laufende Geschäftsjahr entscheidende Bedeutung zu.

c) Due Diligence bei Wandelanleihen und Optionsanleihen

Bei Wandelanleihen und Optionsanleihen ergeben sich die inhaltlichen Anforderungen an den Prospekt im Wesentlichen aus den Anhängen 1, 11 und 14, in Bezug auf einzelne weitere Angaben jedoch auch aus anderen Anhängen der Delegierten Verordnung (EU) 2019/980. Für EU-Wachstumsprospekte gelten andere Anhänge mit vereinfachten Anforderungen. Diese orientieren sich in erheblichem – wenn auch nicht vollem – Umfang an den vorgenannten.[142]

10.98

Diese Prospektanforderungen umfassen dabei nicht nur Wertpapiere, die dem Anleger ein Umtausch- oder Bezugsrecht einräumen, d.h. vor allem Wandel- und Optionsanleihen, sondern auch solche, die der Emittentin als Schuldnerin ein Andienungsrecht auf Aktien gewähren, d.h. die nach Wahl der Emittentin in Geld oder Aktien zurückgezahlt werden können oder die eine Wandlungspflicht der Inhaber am Ende der Laufzeit vorsehen[143]. Wandelanleihen werden jedoch in der Praxis meist unter Nutzung von Prospektbefreiungstatbeständen ausgegeben und gehandelt[144] und entsprechende Prospekte sind dementsprechend selten[145], spiegeln dafür u.U. aber Sondersituationen (wie beispielsweise einen Restrukturierungsbedarf) wider, die *per se* einen erhöhten Due Diligence-Aufwand zeitigen. Die Emission von Wandel- oder Optionsanleihen setzt angesichts der spezifischen – institutionellen – Investorengruppen einen gewissen Streubesitz und Liquidität der Aktie und ein gewisses Kapitalmarktstanding des Emittenten voraus. Angesichts des im Regelfall lediglich fakultativen Eigenkapitalcharakters ist der Umfang der Due Diligence als auch der Dokumentation i.d.R. deutlich geringer als bei Kapitalerhöhungen vergleichbarer Emittenten. Dabei sollte der Umfang der Due Diligence von dem Volumen des maximal wandelbaren Aktienkapitals abhängig gemacht werden, da sich hieraus in Verbindung mit dem Kreditrisiko der Anleihekomponente das Risikoprofil des Finanzierungsinstruments Wandel- bzw. Optionsanleihe ergibt. In der Praxis ist zu beobachten, dass hinsichtlich des Dokumentations- und Due Diligence-Aufwands eher nach der Zugehörigkeit zu bestimmten Marktsegmenten (siehe dazu Rz. 7.41 ff.) bzw. Indizes[146] differenziert wird, als nach dem Rating des Anleiheemittenten. Dies ist unter Risikogesichtspunkten schwer zu rechtfertigen[147] und dürfte als eine gewisse Markineffizienz anzusehen sein. Es gehört jedoch gerade zur Qualität des die Transaktion begleitenden Konsortialführers und der involvierten Anwälte, anhand einer **Analyse** des jeweiligen **Finanzierungsinstruments**, etwaiger Besonderheiten in den **Anleihebedingungen**[148], etwa vorhandener **Ratings**, des vorhandenen **Dokumentationsmaterials** aufgrund jüngerer oder älterer **Wertpapierprospekte** und sonstiger bekannter Informationen den angemessenen Umfang der Due Diligence zu bestimmen.

10.99

d) Due Diligence bei Umtauschanleihen

Im Unterschied zu Options- und Wandelanleihen sind bei Umtauschanleihen Emittent der Anleihe und das sog. *„Underlying"* verschiedene Unternehmen. Am Ende der Laufzeit kann also nicht in Aktien des

10.100

---

142 Siehe zur unübersichtlichen Anforderungslage auch den Annex zu Antwort 14.10 in ESMA, „Questions and Answers on the Prospectus Regulation".
143 Ausführlich zu Wandelanleihen hier *Groß* unter Rz. 53.1 ff.
144 In der Praxis richten sich Wandelanleihen vor allem an institutionelle Investoren und werden mit einer Stückelung von 100.000 Euro emittiert und lediglich im Freiverkehr gehandelt, so dass nach Art. 1 Abs. 4 lit. d) EU-Prospektverordnung kein Prospekt für Zwecke des öffentlichen Angebots erstellt werden muss und gem. Art. 2 lit. b) EU-Prospektverordnung keine Zulassung zu einem geregelten Markt erfolgt.
145 Zu den bekannteren Emittenten gehörten etwa die Q-Cells SE (Prospekt v. 28.9.2010) und die Gigaset AG (Prospekte v. 27.9.2013 und 27.6.2014), in allen Fällen als Bezugsangebote (gleichzeitig auch für neue Aktien) ausgestaltet und im Fall der Gigaset AG zudem in beiden Fällen mit Pflichtwandlung am Laufzeitende.
146 DAX-, M-DAX-, Tec-DAX- oder S-DAX-Zugehörigkeit.
147 Siehe zu der diesen Aspekt jüngst noch einmal deutlich vor Augen führenden Insolvenz der Wirecard AG im Jahr 2020 bereits Rz. 10.2.
148 So z.B. eines Pflichtwandlungsrechts des Emittenten als risikoerhöhendem Merkmal.

Emittenten der Anleihe **gewandelt** werden, sondern **in Aktien eines anderen Unternehmens**. Wegen der Besonderheiten der Struktur werden von der Delegierten Verordnung (EU) 2019/980 neben den Angaben über den Emittenten der Anleihe auch gewisse Angaben über das *Underlying* verlangt.

10.101 Der Anleiheemittent hat zwar Informationen über die Gesellschaft, mit deren Aktien die Anleihe zurückgezahlt werden kann, gemäß der Delegierten Verordnung (EU) 2019/980 offenzulegen; sofern es sich hierbei nicht um eine Konzerngesellschaft oder eine beherrschte Gesellschaft handelt, hat der Emittent rechtlich jedoch keinen Zugriff auf besondere Daten bezüglich der Risiko- bzw. Finanzlage der anderen Gesellschaft. Insbesondere hat der Anleiheemittent in aller Regel[149] **keine Möglichkeit**, eine **Due Diligence** bei dieser Gesellschaft allein aufgrund der beabsichtigten Emission einer Umtauschanleihe **durchzuführen**. Der Anleiheemittent ist für die Prospekterstellung also auf die Verwendung **öffentlich zugänglicher Unterlagen** beschränkt. Im Verhältnis zu Umfang und Detailgenauigkeit der Unternehmens- und Risikobeschreibung des Anleiheemittenten ist daher das Risiko fehlerhafter und vor allen Dingen fehlender wichtiger Informationen über das *Underlying* vergleichsweise groß. Daher kommen bei Umtauschanleihen entsprechenden **deutlich gestalteten Hinweisen im Prospekt** auf die beschränkte Aussagekraft sowie die Beschränkung auf öffentliche Informationen erhebliche Bedeutung zu[150].

e) Due Diligence bei großvolumigen Anleihen in Abhängigkeit von einem erteilten externen Rating

10.102 Bei großvolumigen Anleihen ist sowohl der Fokus bei der Erstellung der Dokumentation als auch die Interessenlage der Investoren eine grundsätzlich andere als bei Kapitalerhöhungen. Bei Börsengängen und Kapitalerhöhungen muss der prospektive Anleger durch den Prospekt in die Lage versetzt werden, das gesamte unternehmerische Risiko zutreffend einschätzen zu können, weil er in Höhe seines Investments dieses unternehmerische Risiko in Form der zu erwartenden erheblichen Volatilität mitträgt. Daneben trägt der Investor das Insolvenzrisiko der Gesellschaft. Im Grundsatz ist er daher an einer umfassenden Risikoeinschätzung interessiert, die sich nicht nur auf Einzelaspekte beschränken kann.

10.103 Bei Debt-Instrumenten müssen die Investoren dagegen lediglich eine Prognose darüber treffen, ob während der Laufzeit der Anleihe die versprochenen Zahlungen erfolgen und am Ende der Laufzeit die Tilgung vorgenommen werden kann. Die Investoren sind daher in erster Linie an dem (**zukünftigen**) **Cash Flow der Gesellschaft** interessiert und analysieren weniger künftige Ertragschancen als diejenigen Risiken, die die zukünftige Fähigkeit zum Tilgungsdienst einschränken könnten. Dieses spezifische Interesse beeinflusst wiederum Tiefe und Umfang der Due Diligence. Da sowohl das begleitende Bankenkonsortium als auch die Investoren durch die externen Ratingagenturen eine statistisch relativ verlässliche Aussage über die Wahrscheinlichkeit des zukünftigen Tilgungsdienstes erhalten, ist bei großvolumigen Anleihen börsennotierter oder kapitalmarktnaher Unternehmen der **Umfang der Due Diligence** zu einem großen Teil von der **Ratingeinstufung abhängig**.

10.104 Hinsichtlich des Umfangs der Due Diligence ist gerade bei großvolumigen Anleihen im deutschen Markt noch eine große Abstufung zwischen sog. *Investment Grade-* und *Non-Investment Grade-***Anleihen** zu beobachten. Während bei Anleihen im Investment-Grade-Bereich zwischen AAA und BBB- in der Regel lediglich eine knappe gesellschaftsrechtliche Due Diligence sowie diverse Management-

---

149 Gewisse Ausnahmen bestehen bei Holdinggesellschaften, die über die Emission von Umtauschanleihen die Beteiligung an einer ebenfalls börsennotierten Tochtergesellschaft reduzieren wollen.
150 Bei Umtauschanleihen stimmt die BaFin einem entsprechend deutlichen Hinweis in aller Regel zu. Typischerweise werden Umtauschanleihen von großen DAX-Unternehmen begeben, die auf diese Weise am Ende der Laufzeit den Bestand eines Portfolio-Unternehmens reduzieren wollen, so z.B. frühere Umtauschanleihen der Deutsche Bank AG auf Aktien der vormaligen Daimler Benz AG und der vormaligen Allianz AG (nunmehr Allianz SE), der Münchener Rück AG, E.ON AG (nunmehr E.ON SE) und BASF AG (nunmehr BASF SE).

Gespräche zu jüngsten Entwicklungen und Risiken seit dem letzten sowie dem kommenden Zwischenbericht durchgeführt werden, wird bei Emittenten von Hochzinsanleihen (sog. *„High Yield Bonds"*)[151] in der Regel eine Due Diligence auf dem Niveau einer Kapitalerhöhung durchgeführt. Der erhebliche Unterschied im Dokumentationsumfang sowie der Due Diligence-Tiefe ist allein durch das sog. *„Rating Cliff"* zwischen BBB- und BB+ nicht zu erklären. Hier haben sich vielmehr zunächst getrennte Marktsegmente mit unterschiedlich risikofreudigen Investorengruppen gebildet. Da gerade der Markt für *High Yield Bonds* auf der Nachfrageseite von einer überschaubaren Anzahl spezialisierter Fonds und Investoren dominiert wird und die **Dokumentationsanforderungen** ursprünglich ausschließlich vom US-amerikanischen Markt geprägt waren, sind die Anforderungen an die potentiellen Emittenten vergleichsweise hoch. Nach dem Ausfall einiger großvolumiger Anleihen ehemaliger Investment-Grade-Emittenten[152] hat dies partiell bereits zu erhöhten Due Diligence-Anforderungen auch bei (*lower*) Investment-Grade-Anleihen geführt. Auf der anderen Seite hat sich ein *„Crossover Segment"* im Bereich BB/BB+ gebildet, in dem die Dokumentation z.T. deutlich hinter dem üblichen für *High Yield Bonds* geltenden Standard zurück bleibt und bei deutschen Emittenten z.T. deutsches Recht vereinbart wird[153]. Da *High Yield Bonds* aufgrund ihrer vergleichsweise geringeren Bonität relativ risikoreich sind, sind die Anleger gegenüber weiteren, dieses Risiko noch erhöhenden Faktoren besonders zurückhaltend. Daraus resultieren z.B. folgende typische Due Diligence-Themen:

– *Negative Pledge-* und *Pari Passu-*Klauseln in anderen Finanzierungsverträgen[154];
– *Cash Pooling-*Verträge im Konzern;
– Ausgestaltung der Kündigungsrechte einzelner Gesellschaften; Saldenausgleich auf täglicher Basis;
– Auskaufverpflichtungen anderer Gesellschafter bei Tochtergesellschaften (Put-Optionen).

Um die künftige Tilgungsfähigkeit der Emittenten von *High Yield Bonds* sicherzustellen, wird in umfangreichen sog. *„Covenants"* versucht, das wesentliche Vermögen sowie den künftigen Cashflow zur Schuldentilgung für die Anleihegläubiger zu erhalten. Durch „gleitende" oder „atmende" *Covenants* wird darüber hinaus sichergestellt, dass die Gesellschaft einerseits die Fähigkeit zu künftigem Wachstum behält, auf der anderen Seite jedoch die Fähigkeit zu künftiger gleichrangiger oder gar vorrangiger Verschuldung in Abhängigkeit vom künftigen Cashflow – u.U. erheblich – eingeschränkt wird[155]. Die Due Diligence dient in diesem Zusammenhang zur Identifizierung bestehender und künftiger Risiken für die Tilgungsfähigkeit des Unternehmens.

10.105

Umfang und Tiefe der Due Diligence sind daher bei *High Yield Bonds* schwächerer Emittenten[156] mit denen von Aktienplatzierungen vergleichbar, während sich bei Anleihen von Schuldnern mit – als sicher eingeschätzter – **Investment Grade-Qualität bisher keine Due Diligence** mit vertiefter dokumentärer Qualität durchgesetzt hat. Es wird abzuwarten sein, ob Bestrebungen einiger Investmentfonds zur Erhöhung des Dokumentationsstandards auch bei Anleiheplatzierungen im *Investment Grade-*Segment von Erfolg gekrönt sein werden.

10.106

---

151 Dies sind Anleihen von Emittenten mit einem Rating von BB+ (Standard & Poor's und Fitch) bzw. Ba1 (Moody's) und schlechter.
152 Zu denken ist etwa an die Anleihen der Swissair Schweizerische Luftverkehr-AG (ehemaliges Rating BBB) und der Flowtex GmbH kurz nach der Jahrtausendwende, die ebenfalls im Zeitpunkt ihrer beabsichtigten Ausgabe mit BBB geratet worden war; dergleichen 2012 z.B. die ehemals ebenfalls BBB geratete Anleihe der SIC Processing AG im Segment der Mittelstandsanleihen.
153 Erstmals bei Anleihen der HeidelbergCement AG oder der Continental AG in den Jahren 2004/2005.
154 Eine *Negative Pledge-*Klausel legt fest, dass andere Verpflichtungen des Emittenten nicht (ohne Zustimmung) besichert werden dürfen. Eine *Pari Passu-*Klausel bestimmt, dass alle ungesicherten Verpflichtungen den gleichen Rang haben.
155 Dies geschieht mittels sog. in Umfang und Nutzungsmöglichkeit jeweils exakt vordefinierter *„baskets"*.
156 Rating im Bereich B bzw. BB- bzw. B2 bis Ba3.

f) Verzicht auf Due Diligence bzw. Begrenzung der Due Diligence aufgrund einer Exkulpationsfunktion externer Ratings?

10.107 Aufgrund des skizzierten Zusammenhangs zwischen dem Rating von Emittenten und dem Dokumentationsstandard der von diesen begebenen Anleihen bzw. der vor einer Anleihebegebung durchgeführten Due Diligence stellt sich die Frage, inwieweit sich die begleitenden Konsortialbanken für die Bestimmung ihres Due Diligence-Aufwands hinsichtlich einer etwaigen **Nachforschungspflicht** im Rahmen der §§ 9 ff. WpPG bzw. §§ 20, 21 VermAnlG **auf vorhandene externe Ratings renommierter Ratingagenturen stützen** dürfen.

10.108 Während begleitende Konsortialbanken häufig über vertrauliche Informationen der betreffenden Emittenten aufgrund eigener Vorkenntnisse (etwa infolge einer Hausbankfunktion oder in der Vergangenheit begleiteter Kapitalerhöhungen und Anleihebegebungen des Emittenten) verfügen, können sich Ratingagenturen bei der Erstellung ihres Ratings meist nicht auf vergleichbar tiefe Kenntnisse stützen. Gleichwohl ist anerkannt, dass dem Kapitalmarktstanding des Emittenten entscheidender Einfluss auf die *ex ante*-Bestimmung des Umfangs der Due Diligence vor einer beabsichtigten Kapitalmarktplatzierung zuzugestehen sein kann. Das Investment-Grade-Rating einer renommierten Ratingagentur und erst recht ein übereinstimmendes Rating zweier oder dreier voneinander unabhängiger Ratingagenturen hat damit jedenfalls eine **wichtige Indizfunktion** bei der Entscheidung des Senior Managements der Konsortialbanken für die Bestimmung des maßgeblichen Due Diligence-Umfangs[157] und damit auch für eine etwaige Exkulpation.

10.109 Sind sowohl Ertragslage als auch Verschuldungsgrad und Eigenkapitalquote in einem als solide zu erachtenden Bereich und wird dies durch externe Ratings mit einem entsprechenden Investment-Grade-Rating unterstützt, werden sich die Banken auf eine Plausibilitätsprüfung der Planungen, Prüfung der Berichte des Abschlussprüfers, eine Diskussion des aktuellen Geschäftsverlaufs sowie der Geschäftsrisiken der prospektiven Emittentin beschränken können. Die frühere Dichotomie und irrationale Nähe des *Investment Grade*-Bereichs und des *Non-Investment Grade*-Bereichs zwischen BBB- und BB+ zeigt jedoch, dass sich hier jede schablonenhafte Wertung verbietet. Wichtig ist vielmehr, aufgrund einer **Analyse der wesentlichen finanziellen und rechtlichen Risiken** Art und Umfang der **Nachforschungen individuell** zu bestimmen. In der Praxis liegt der Due Diligence-Umfang bei Anleiheemittenten mit schlechterer Bonität ebenso wie bei Kapitalerhöhungen und Börsengängen im Durchschnitt deutlich über den Maßstäben, wie sie für prospektpflichtige Kapitalmarkttransaktionen zur Vermeidung einer Haftung nach § 9 WpPG als Standard anzusetzen sind, während er bei Anleiheschuldnern mit „gerade noch" Investmentqualität (BBB/BBB-) in der Praxis nicht selten eher an der Untergrenze des rechtlich und wirtschaftlich zu Forderndem liegt[158].

g) Due Diligence bei öffentliche Übernahmen

10.110 Zur Zulässigkeit der Due Diligence im Rahmen von öffentlichen Übernahmen siehe bereits Rz. 10.38 ff.

Hinsichtlich der Reichweite wird sich die Due Diligence bezüglich des Zielunternehmens im Rahmen einer öffentlichen Übernahme zunächst hauptsächlich auf die öffentlich verfügbaren Unterlagen der

---

157 Umfassend zur Bedeutung der wirtschaftlichen Funktion sowie zur generellen Prognosequalität externer Ratings *Krämer*, Bankrechtstag 2004, „Internes und externes Rating Aktuelle Entwicklungen im Recht der Kreditsicherheiten – national und international", Aktuelle Rechtsfragen des externen Ratings, S. 3 ff. und *Habersack*, ZHR 2005, 185 ff.

158 Hierfür ist im Anleihebereich mitunter schlicht die Wettbewerbssituation ausschlaggebend, weil bei geringen Margen bzw. Provisionen die Kosten einer intensiveren Due Diligence überproportional zu Buche schlagen. Bei der Analyse des rechtlich notwendigen Due Diligence-Umfangs sollte gerade bei „reinen" Anleiheemittenten stärker darauf geachtet werden, wie lange die Prüfung des letzten Jahresabschlusses vor dem Emissionsdatum liegt und ob es z.B. sektorspezifische Risiken gibt, die Schwankungen des Cashflows wahrscheinlich machen.

Zielgesellschaft (wie z.B. Geschäftsbericht, Ad-hoc-Mitteilungen etc.) beziehen, da die Zielgesellschaft aufgrund ihrer kapitalmarktrechtlichen Transparenzpflichten der Öffentlichkeit ohnehin ein realistisches Bild ihrer Vermögens-, Finanz- und Ertragslage sowie ihrer Geschäftstätigkeit geben muss[159].

Inwieweit darüber hinaus eine Due Diligence durchgeführt werden kann, wird erheblich davon beeinflusst, ob es sich um eine sog. freundliche oder feindliche öffentliche Übernahme handelt. Bei einer freundlichen öffentlichen Übernahme stehen die über den Umfang der Due Diligence entscheidenden Personen auf Seiten der Zielgesellschaft der Übernahme im Grundsatz positiv gegenüber, so dass in den meisten Fällen davon auszugehen ist, dass die Interessenabwägung des Einzelfalls (dazu Rz. 10.35) zugunsten einer tieferen Due Diligence führen wird. Bei einer feindlichen öffentlichen Übernahme werden hingegen die Gründe, die das Management der Zielgesellschaft zu einer generellen Ablehnung der geplanten Übernahme bewegen, auch einer Due Diligence durch die Bietergesellschaft entgegenstehen.

Einstweilen frei. 10.111–10.113

7. Due Diligence und Gewährleistungsrecht beim Unternehmenskauf

a) Informations- und Aufklärungspflichten beim Unternehmenskauf nach der neueren Rechtsprechung

Nach dem alten, bis zum 31.12.2002 geltenden Schuldrecht löste die **Nichterfüllung von Informations- und Aufklärungspflichten** durch den Verkäufer bei einem Unternehmenskauf nach der Rechtsprechung Schadensersatzansprüche aus **Verschulden bei Vertragsabschluss, nunmehr § 311 Abs. 2 BGB** aus. Das Ausmaß der zu erfüllenden Informations- und Aufklärungspflichten wurde vom BGH tendenziell immer weiter gefasst. Ganz besonders hohe Anforderungen stellten zwei Urteile des BGH[160] aus dem Jahre 2001, die noch zum alten Schuldrecht ergangen sind. Beide Urteile betrafen Unternehmenskäufe[161], bei denen der jeweilige Käufer Schadensersatzansprüche wegen verletzter Informations- bzw. Aufklärungspflichten geltend machte. In seiner Entscheidung vom 4.4.2001[162] ging der BGH beim Unternehmenskauf von der Prämisse aus, dass sich der Käufer im Hinblick auf den für den Kaufpreis im Regelfall erheblichen Ertragswert nur anhand der Bilanzen, der laufenden betriebswirtschaftlichen Auswertungen, sonstiger Buchführungsunterlagen und ergänzender Auskünfte des Verkäufers ein Bild machen kann. Diese dem Verkäufer bekannte Erschwerung der Bewertung des Kaufobjektes durch einen außenstehenden Dritten, die – so zumindest die damalige Ansicht des BGH – auch durch dessen möglicherweise vorhandene Sachkunde nicht ausgeglichen wird, seine besondere Abhängigkeit von der Vollständigkeit und Richtigkeit der ihm erteilten Informationen (vor allem zur Umsatz- und Ertragslage des Unternehmens) sowie die regelmäßig weitreichenden wirtschaftlichen Folgen der Kaufentscheidung sollten es rechtfertigen, dem Verkäufer eine **gesteigerte Aufklärungspflicht** aufzuerlegen und an die hierbei anzuwendende **Sorgfalt einen strengen Maßstab** anzulegen. Von diesem Grundsatz geht auch die Entscheidung des BGH vom 28.11.2001[163] aus. Zwar sah der Senat wegen der besonderen Umstände des Einzelfalles eine reduzierte Aufklärungspflicht, bestätigte aber den von ihm im Urteil vom 4.4.2001 niedergelegten Grundsatz.

10.114

---

159 *Krämer/Kiesewetter*, BB 2012, 1679.
160 BGH v. 4.4.2001 – VIII ZR 32/00, NJW 2001, 2163 = ZIP 2001, 918 = BB 2001, 1167 = GmbHR 2001, 516 und BGH v. 28.11.2001 – VIII ZR 37/01, NJW 2002, 1042 = ZIP 2002, 440 = BB 2002, 428.
161 Zum Begriff des Unternehmenskaufs siehe BGH v. 28.11.2001 – VIII ZR 37/01, NJW 2002, 1042, 1043 m.w.N. = ZIP 2002, 440 = BB 2002, 428.
162 BGH v. 4.4.2001 – VIII ZR 32/00, NJW 2001, 2163 2163 = ZIP 2001, 918 = BB 2001, 1167 = GmbHR 2011, 516.
163 BGH v. 28.11.2001 – VIII ZR 37/01, NJW 2002, 1042, 1043 = ZIP 2002, 440 = BB 2002, 428.

10.115 Die genauen Auswirkungen des seit dem 1.1.2002 geltenden Schuldrechts auf die Informations- und Aufklärungspflichten des Verkäufers sind höchstgerichtlich – soweit ersichtlich – bislang nicht abschließend entschieden worden[164]. Ein Teil der Umstände, die nach dem alten Schuldrecht zur Haftung aus Verschulden bei Vertragsabschluss, nunmehr § 311 Abs. 2 BGB, führten, dürften nun dem **Sachmängelgewährleistungsrecht** nach § 434 Abs. 1 BGB bzw. dem **Rechtsmängelgewährleistungsrecht** gem. § 435 BGB unterfallen[165]. Bei vorsätzlichem Vorenthalten von aufklärungsbedürftigen Informationen bzw. einer arglistigen Täuschung ist eine Haftung aus **Verschulden bei Vertragsabschluss**, § 311 Abs. 2 BGB jedoch allgemein anerkannt[166]. Die Haftung nach § 280 Abs. 1, § 311 Abs. 2 BGB für solche Umstände, die sich nicht direkt auf das Unternehmen beziehen, so z.B. auch falsche Angaben zu Unternehmenskennzahlen, da sie in der Regel keine zusicherungsfähigen Eigenschaften eines Unternehmens darstellen[167], sollte ebenfalls weiterhin in Betracht kommen[168]. Jedenfalls indirekt sind die vom BGH früher herausgearbeiteten Aufklärungs- und Informationspflichten über § 442 Abs. 1 Satz 2 BGB von Bedeutung.[169] In Bezug auf solche Umstände, für die der BGH Aufklärungs- bzw. Informationspflichten angenommen hat, dürfte dem Käufer nur schwerlich vorzuwerfen sein, dass ihm diese aufgrund grober Fahrlässigkeit unbekannt geblieben seien.

---

164 Die Auswirkungen auf das Verhältnis zwischen Gewährleistungsrecht zu Schadensersatzansprüchen aus *culpa in contrahendo* wurden vom BGH ausdrücklich offen gelassen im Urt. v. 17.1.2008 – III ZR 224/06 (Vorinstanz: OLG Jena), NJW-RR 2008, 564. Nach der (inzwischen rechtskräftigen) Entscheidung des OLG Köln v. 29.1.2009 – 12 U 20/08, ZIP 2009, 2063 zur Konkurrenz zwischen *culpa in contrahendo* und §§ 433 ff. BGB soll ein Unternehmensmangel grundsätzlich nur in Frage kommen, wenn ein einzelner Mangel auf das ganze Unternehmen durchschlägt. Auf die einzelnen zum Unternehmen gehörenden Gegenstände soll es nicht ankommen. In diesem Fall sei dann auch ein Rückgriff auf die § 311, 280 BGB abzulehnen. Zu Betriebskosten als möglichem Gegenstand einer Beschaffenheitsvereinbarung bezüglich eines Grundstücks vgl. BGH v. 5.11.2010 – V ZR 228/09, NJW 2011, 1217 = ZIP 2011, 33.
165 Die Regierungsbegründung zum Entwurf eines Gesetzes zur Modernisierung des Schuldrechts, BT-Drucks. 14/6040, 242, geht für Unternehmenskäufe und speziell im Hinblick auf unzutreffende Angaben zu Umsatz oder Ertrag des verkauften Unternehmens vom Vorrang der Sachmängelhaftung nach neuem Recht gegenüber der Haftung wegen Verschuldens bei Vertragsabschluss aus; bestätigt durch OLG Köln v. 29.1.2009 – 12 U 20/08, ZIP 2009, 2063; siehe aber auch *Baumbach/Hopt*, Einl. vor § 1 HGB Rz. 46 (Rückgriff auf *culpa in contrahendo* zulässig); *Hübner*, BB 2010, 1483, 1484.
166 BGH v. 27.3.2009 – V ZR 30/08, NJW 2009, 2120 = BB 2009, 729 (allerdings bezogen auf einen Verkauf eines mit Asbest gebauten Wohnhauses); *Mellert*, BB 2011, 1667, 1673 mit Betonung auf Aufklärungspflichten im Bieterverfahren in Anschluss an die Erläuterungen der Kaufinteressenten bzgl. der Kaufpreisberechnung, selbst wenn die preisscheidenden Tatsachen zu einer Kaufpreisminderung führen würden.
167 Vgl. OLG München v. 26.7.2006 – 7 U 2128/06, ZIP 2006, 1911 = DNotZ 2007, 712; anders bei Unternehmenskennzahlen die sich über einen längeren, mehrjährigen Zeitraum erstrecken und deswegen zur Bewertung der Ertragsfähigkeit und des Unternehmenswertes herangezogen werden können.
168 A.A. wohl OLG Köln v. 29.1.2009 – 12 U 20/08, ZIP 2009, 2063; *Wolf/Kaiser*, DB 2002, 411, 416 f.; demgegenüber sehen *Triebel/Hölzle*, BB 2002, 521, 533; *Barnert*, WM 2003, 416, 423 die Verletzung von Aufklärungspflichten als einen weiter bestehenden Anwendungsbereich des Verschuldens beim Vertragsabschluss beim Unternehmenskauf; zu der ungeklärten Problematik eines Rücktrittsrechts gem. § 324 BGB wegen Verschulden bei Vertragsabschluss *Muthers*, MDR 2004, 492, 493, in Anlehnung an OLG Hamm v. 13.5.2003 – 28 U 150/02, NJW-RR 2003, 1360; zur Kaufpreisminderung nach § 441 Abs. 3 BGB bei Verkäuferhaftung aus *culpa in contrahendo* *Kindl*, WM 2003, 409, 412.
169 In diese Richtung auch das LG Hamburg v. 13.3.2015 – 315 O 89/13, GWR 2015, 279 das die Klage des Käufers nach durchgeführter Due Diligence unter Hinweis auf § 442 Abs. 1 Satz 2 BGB abwies. Die Klägerin habe über erhebliches Wissen im Hinblick auf die Risiken eines Unternehmenskaufs verfügt und zudem im Rahmen der Due Diligence zugesichert, ausreichend informiert worden zu sein.

b) Due Diligence als (Sorgfalts-)Pflicht des Käufers beim Unternehmenserwerb

Eine generelle Pflicht oder Obliegenheit des Erwerbers eines Unternehmens, eine Due Diligence vor Abschluss des Unternehmenskaufvertrages durchzuführen, besteht nach geltendem deutschem Recht nicht[170].

10.116

Im Rahmen von § 460 Satz 2 BGB a.F. (siehe nun § 442 Abs. 1 Satz 2 BGB n.F.) wurden allerdings drei Fallgruppen herausgebildet, gemäß denen der Käufer eine Untersuchungsobliegenheit haben soll. Neben der besonderen Sachkunde des Käufers (1. Fallgruppe) oder der konkreten Warnung vor Mängeln (2. Fallgruppe) legt das Bestehen einer Verkehrssitte (3. Fallgruppe) die Annahme eines Gewährleistungsausschlusses nach § 442 Abs. 1 Satz 2 BGB nahe. Während die ersten zwei Fallgruppen unabhängig von einer Due Diligence-Prüfung vorliegen können, ist daran zu denken, dass – jedenfalls bei Unternehmenskäufen – eine **Verkehrssitte** dahingehend bestehen könnte, eine **Due Diligence-Prüfung durchzuführen**. Dies ist allerdings aus zwei Gründen abzulehnen: Zum einen besteht keine bestimmte, genau umrissene Form der Due Diligence-Prüfung; zum anderen bestehen nach dem Aktiengesetz und dem Wertpapierhandelsgesetz zahlreiche Einschränkungen für die Durchführung einer Due Diligence-Prüfung, die sich nur schwerlich mit einer Qualifikation der Due Diligence als Verkehrssitte vereinbaren lassen[171]. Damit kann die Nichtdurchführung einer Due Diligence dem Käufer nicht schon im Rahmen des § 442 Abs. 1 Satz 2 BGB entgegengehalten werden.

10.117

Bestehende Informations- und Aufklärungspflichten kann der Verkäufer auch nicht durch die Gestattung einer Due Diligence-Prüfung erfüllen. Insofern besteht auch **keine Pflicht** des Käufers bei Unternehmensübernahmen, eine Due Diligence durchzuführen. Insbesondere kann dem Käufer auch nicht entgegengehalten werden, dass er die Due Diligence-Prüfung unsorgfältig durchgeführt oder nur auf Teilbereiche beschränkt habe[172]. Der Käufer muss sich jedoch das **Wissen** der Geschäftsführung der Zielgesellschaft grundsätzlich dann analog § 166 BGB **zurechnen lassen**, wenn und soweit die Geschäftsführung aufgrund vorzeitig übergegangener Loyalität (etwa im Fall eines *Management Buy-Outs*) dem Lager der Käuferin zuzurechnen ist, wobei die Wissenszurechnung allerdings durch den Unternehmenskaufvertrag wirksam ausgeschlossen werden kann[173].

10.118

Auch wenn danach die Aufklärungspflichten des Verkäufers nicht schon durch die Gestattung einer Due Diligence erfüllt werden, so dürfte sich deren Gestattung durch den Verkäufer im Streitfall in Bezug auf die Darlegungs- und Beweislast jedenfalls zu seinen Gunsten auswirken[174].

10.119

---

170 *Eggenberger*, S. 262; *Nägele* in Habersack/Mülbert/Schlitt, Unternehmensfinanzierung am Kapitalmarkt, Rz. 33.1; *Beisel/Klumpp*, Der Unternehmenskauf, 7. Aufl. 2016, § 2 Rz. 28; siehe auch *Merkelbach*, Die Haftung von Experten gegenüber Dritten für Fehler im Due Diligence Report, 2010, S. 126 ff.; *Böttcher*, NZG 2005, 49 ff., spricht sich für eine Haftung aus §§ 76, 93 AktG aus und behandelt die Problematik anhand der ARAG-Rechtsprechung, dem UMAG, der sog. „Business Judgement Rule" sowie den Erkenntnissen der Betriebswirtschaftlehre. Eine Due Diligence sei immer dann durchzuführen, wenn diese aus Kosten-Nutzen-Gesichtspunkten erforderlich erscheint; in einer Randbemerkung sieht auch das OLG Frankfurt v. 7.12.2010 – 5 U 29/10, Rz. 228 (zit. nach juris), ZIP 2010, 429 = BB 2011, 403, eine Due Diligence-Prüfung zumindest bei dem Erwerb „einer anderen Großbank" als Teil der Sorgfaltspflicht des Vorstands des Erwerbers an (Commerzbank/Dresdner Bank).
171 Vgl. bei Rz. 10.30 ff. und ausführlich dazu *Eggenberger*, S. 247 ff. m.zahlr.w.N.; siehe auch *Fleischer/Körber*, BB 2001, 841, 845 ff.; *Hilgard*, BB 2013, 963, 967; *Weißhaupt*, WM 2013, 782, 783 insbesondere auch zu sog. „Wissensorganisationspflichten" auf Seiten des Käufers.
172 So schon *Eggenberger*, S. 277 ff.
173 OLG Düsseldorf v. 16.6.2016 – 6 U 20/15, ZIP 2016, 2363 = DB 2016, 1987 = AG 2017, 124.
174 Vgl. BGH v. 28.11.2001 – VIII ZR 37/01, NJW 2002, 1042, 1044 = ZIP 2002, 440 = BB 2002, 428; BGH v. 19.5.2006 – V ZR 264/05, BGHZ 168, 35 = NJW 2006, 3139 = BB 2006, 1650, 1653 (allerdings im Fall vorvertraglicher Verhandlungen bzgl. eines Grundstückskaufs im Rahmen eines Immobilienprojekts).

c) Wechselwirkungen zwischen der Intensität der Due Diligence und der Vertragsgestaltung

10.120 Eine fachgerecht durchgeführte Due Diligence-Prüfung bereitet stets auch die konkrete Ausgestaltung des Unternehmenskaufvertrages bzw. der Gewährleistungen des Aktienkaufvertrages vor. Dabei bildet sie insbesondere die Entscheidungsgrundlage für die im Vertrag vereinbarten Gewährleistungen und Garantien[175].

10.121 Hat der Verkäufer dem Käufer bzw. – naturgemäß seltener – der Emittent den Banken nur eine eingeschränkte Due Diligence gestattet bzw. wurde eine solche aufgrund der konkreten Transaktion vereinbart, so muss dies in der vertraglichen Ausgestaltung berücksichtigt werden. In diesen Fällen werden in der Regel auch alle diejenigen Umstände garantiert, über die in nur eingeschränktem Umfang eine Due Diligence durchgeführt worden ist.

10.122–10.124 Einstweilen frei.

8. Dokumentationsaspekte bei der Due Diligence

a) Disclaimer hinsichtlich des Umfangs, der Intensität der Prüfung und der Weitergabe der Untersuchungsergebnisse im Rahmen eines Due Diligence-Berichts

10.125 Steht bei einer M&A-Transaktion fest, dass ein Due Diligence-Bericht erstellt werden soll, stellt sich die Frage nach dessen Ausgestaltung. Dabei ist zunächst zu klären, in welcher Form und in welchem Umfang die Ergebnisse der Due Diligence-Prüfung dem Adressaten zur Verfügung gestellt werden sollen[176]. Unabhängig davon, auf welchen Berichtstypus man sich einigt, sollte ein Abschnitt in einem professionell ausgestalteten Due Diligence-Bericht nie fehlen: der sog. „Disclaimer" (**Haftungsausschluss**). Er findet sich in aller Regel in einem unmittelbar auf das Inhaltsverzeichnis folgenden ersten Abschnitt des Due Diligence-Berichts unter der Überschrift „Einleitung"[177].

10.126 Sinn und **Zweck** dieser **Einleitung** ist es, den Umfang und die Intensität der Due Diligence-Prüfung niederzulegen, um dadurch zugleich die Grenzen der Haftung des Autors des Due Diligence-Berichts aufzuzeigen. Nach einer kurzen Beschreibung der geplanten Transaktion ist in der Regel darauf einzugehen, welche Dokumente und sonstigen Informationen die Tatsachenbasis für die Due Diligence-Prüfung bildeten und in welcher Weise („realer" oder „virtueller" Datenraum, Kopien, Management Interviews etc.) sowie für welchen Zeitraum diese Informationen zur Verfügung standen. Bereits daraus ergibt sich eine erste Indikation für den Umfang der Haftung des Beraters[178]. Weiter empfiehlt sich stets eine Aussage dazu, unter welchen Gesichtspunkten bestimmte Dokumente ggf. *nicht* geprüft wurden[179]. Bei einer Legal Due Diligence wird man etwa darauf hinweisen, dass eine Commercial, Fi-

---

175 Vgl. *Eggenberger*, S. 59 m.w.N.
176 Vgl. *Fabritius* in Hopt, Vertrags- und Formularbuch, Form. I K.1. Anm. 6, S. 196: fokussierte Problemübersicht vs. breite deskriptive Darstellung in einem ausführlichen Bericht.
177 Vgl. zum Aufbau eines typischen Due Diligence-Berichts etwa *Dietzel* in Semler/Volhard, Arbeitshdb. Unternehmensübernahmen, Band 1, § 9 Rz. 162 ff.
178 Vgl. etwa *Picot* in Picot, Unternehmenskauf und Restrukturierung, 4. Aufl. 2013, S. 209 f.; *Triebel* in Triebel, Mergers & Acquisitions, 2004, S. 137 f., Rz. 381 sowie *Müller*, NJW 2004, 2196, 2198, die einen Ausschluss der Haftung des Verkäufers nach § 442 Abs. 1 Satz 2 BGB aufgrund grob fahrlässiger Unkenntnis eines Mangels seitens des Käufers wegen einer unsorgfältig oder unvollständig durchgeführten Due Diligence im Hinblick auf den regelmäßig hohen Zeitdruck und die typischen Umstände eines solchen Prozesses zurecht kritisch kommentieren. Zur Auswirkung einer Due Diligence auf das Haftungssystem insgesamt, vgl. bereits Rz. 10.116 sowie *Fabritius* in Hopt, Vertrags- und Formularbuch, Form. I K.1. Anm. 3, S. 192.
179 Vgl. *Dietzel* in Semler/Volhard, Arbeitshdb. Unternehmensübernahmen, Band 1, § 9 Rz. 163.

nancial, Tax oder Technical Due Diligence Prüfung durch den Verfasser gerade nicht stattgefunden hat[180]. Außerdem sollte in einem Disclaimer stets dazu Stellung genommen werden, ob nur Fragen des deutschen Rechts geprüft oder ob – und gegebenenfalls welche – weiteren Rechtsordnungen einbezogen worden sind. Zudem empfiehlt sich ein ausdrücklicher Hinweis darauf, dass der Due Diligence-Bericht nicht von der Notwendigkeit befreit, etwaige Haftungsrisiken in der weiteren Transaktionsdokumentation adäquat zu spiegeln, also etwa im Falle eines Unternehmenskaufvertrages angemessene Garantie- und Freistellungsregelungen vorzusehen. Diesen **Kernaussagen eines Disclaimers** können dann weitere Hinweise folgen, etwa dahingehend, dass bei der Prüfung davon ausgegangen wurde, dass die regelmäßig lediglich in Kopie zur Verfügung gestellten Dokumente die Originale vollständig und zutreffend wiedergeben.

Ein zentraler Inhalt eines sachgerechten Disclaimers, mit dem dieser in der Regel abschließt, ist eine **klare Aussage** bezüglich des **Adressaten des Due Diligence-Berichts** und zu seiner **Weitergabe an Dritte**. Im Regelfall wird deutlich darauf hingewiesen, dass der Bericht ausschließlich für den Adressaten und nach dessen Bedürfnissen und Wünschen erstellt wurde. Dritten dagegen darf der Bericht meist nicht ohne vorherige Zustimmung der Autoren zugänglich gemacht werden und jene Dritte dürfen in der Konsequenz auf den Inhalt des Berichts auch nicht vertrauen[181]. Mittlerweile ist es allerdings auch in der deutschen Unternehmensrechtspraxis aus verschiedenen Gründen nicht mehr selten, dass eine Weitergabe eines Due Diligence-Berichts an Dritte ausdrücklich zugelassen wird. Dritter kann dabei beispielsweise eine finanzierende Bank oder ein Dritterwerber, aber auch der oder die Käufer im Falle eines ursprünglich für den Verkäufer erstellten sog. *Vendor Due Diligence*-Berichts (insbesondere im Auktionsverfahren) sein[182]. Falls die Beteiligten eine solche Weitergabe an Dritte, die in jedem Einzelfall stets sorgfältig in ihren Auswirkungen auf den Transaktionsprozess und die Haftungslage zu prüfen ist, befürworten, wird als Disclaimer allerdings regelmäßig ein den Bericht begleitendes separates Schreiben, ein sog. **(Non-)Reliance Letter**, verfasst[183]. Ein solcher Reliance Letter regelt detailliert den Umfang der Haftung für die Ergebnisse des Due Diligence-Berichts. Er schränkt diese im Vergleich zur Haftung gegenüber dem ursprünglichen Adressaten des Berichts zumeist (nochmals) substantiell ein. Dies wird schon deshalb erforderlich sein, weil die Ziele und Interessen des Dritten selten identisch sind mit denen des eigentlichen Adressaten, für dessen Zwecke der Bericht ursprünglich erstellt wurde.

10.127

b) Auswirkungen eines Due Diligence-Berichts auf andere transaktionsbegleitende Dokumente

Wird bei Kapitalmarkttransaktionen ausnahmsweise ein Due Diligence-Bericht erstellt, so hat dies Auswirkungen auf die Formulierung transaktionsbegleitender Dokumente, und hier insbesondere Legal Opinions und Disclosure Letter.

10.128

Haben nämlich die konsortialführenden Banken aufgrund besonderer Umstände auf der Anfertigung eines Due Diligence-Berichts bei einer Kapitalmarkttransaktion bestanden, so werden die begleitenden

10.129

---

180 Zu den vielfältigen Bereichen einer Due Diligence vgl. Rz. 10.15 ff. sowie *Fabritius* in Hopt, Vertrags- und Formularbuch, Form. I K 1. Anm. 1 m. w. N, S. 191.
181 Vgl. die Empfehlung bei *Dietzel* in Semler/Volhard, Arbeitshdb. Unternehmensübernahmen, Band 1, § 9 Rz. 163.
182 Vgl. zu Letzterem *Weiss*, M&A Review 2004, 164 ff.; für die englische Version siehe *Weiss*, International Business Lawyer 2004, 205 ff.
183 Vgl. dazu und zum Folgenden *Weiss*, M&A Review 2004, 164, 166; für die englische Version siehe *Weiss*, International Business Lawyer 2004, 205 ff. Zur Haftung von Anwälten gegenüber Dritten allgemein vgl. etwa *Schneider*, ZHR 1999, 246 ff.; *Sommerschuh*, Berufshaftung und Berufsaufsicht: Wirtschaftsprüfer, Rechtsanwälte und Notare im Vergleich, 2003, S. 96 ff.; auch *Krebs/Kemmerer*, NZG 2012, 847; ausführlich zur Expertenhaftung bei Due Diligence siehe *Merkelbach*, Die Haftung von Experten gegenüber Dritten für Fehler im Due Diligence Report, 2010.

Anwälte in der Legal Opinion bzw. dem Disclosure Letter auf die **Existenz dieses Due Diligence-Berichts** und einige spezifische dort aufgeführte rechtliche Probleme **hinweisen**. Da die „Aufgreifschwelle" in einem u.U. mehrere hundert Seiten umfassenden Due Diligence-Bericht erheblich niedriger ist und auch eine gutachterliche Prüfung zumindest der entscheidungserheblichen Rechtsfragen umfasst, kann der die Legal Opinion bzw. den Disclosure Letter erstellende Anwalt es in der Regel nicht bei den dort zumeist typisierten und begrenzten Aussagen belassen (vgl. zu diesen Aussagen Rz. 10.176 ff.).

c) Notwendigkeit aktualisierender Dokumente im Transaktionsverlauf

aa) Vollständigkeitserklärung des Vorstands im Hinblick auf einen Prospekt

10.130 Um bei Kapitalmarkttransaktionen die Bedeutung der Prospektdarstellung jedem einzelnen Vorstandsmitglied vor Augen zu führen und aufgrund der Tatsache, dass zumindest bei großen börsennotierten Gesellschaften zumeist lediglich der Rechts- oder Finanzvorstand in die Prospekterstellung näher eingebunden ist[184], ist die Vorlage einer Vollständigkeitserklärung zum Tag der Veröffentlichung des Prospekts sinnvoll. Die Gesellschaft gibt durch ihren Vorstand zwar im Aktienübernahmevertrag bzw. im Anleihekaufvertrag wesentlich umfangreichere Zusicherungen und Gewährleistungen ab[185]; durch die nochmalige zusammenfassende Wiederholung der wesentlichsten Zusicherungen auf zumeist nur einer Seite wird den Vorstandsmitgliedern jedoch noch einmal die Bedeutung der Prospektdarstellung – gleichsam deklaratorisch – vor Augen geführt. Es ist deshalb zu beobachten, dass nicht nur Wirtschaftsprüfer vor Abgabe ihres Comfort Letters, sondern auch führende Anwaltskanzleien vor der Abgabe ihrer jeweiligen Disclosure Letter auf der Unterzeichnung entsprechender **Vollständigkeitserklärungen** bestehen. Diese Vollständigkeitserklärung wird typischerweise zum Datum der erstmaligen Verwendung des Prospekts abgegeben und dann zum Tage des Aktienerwerbs (bei Umplatzierung) sowie der Zeichnung (bei Kapitalerhöhungen) durch das Bankenkonsortium sowie zum Closing wiederholt.

bb) Bring Down Due Diligence Calls

10.131 Um die Aktualität des Prospektes zu gewährleisten und ihrer Nachforschungspflicht umfassend Genüge zu tun, setzen die Konsortialführer sowohl bei Anleihe- als auch Aktienemissionen vor dem Tag des Angebots bzw. vor dem Closing der Transaktion aktualisierende („*bring down*") Telefonkonferenzen (sog. „**Bring Down Due Diligence Calls**") an. Je nach Lage der Gesellschaft und der während der Due Diligence zutage getretenen wirtschaftlichen Themen und Rechtsprobleme werden vor diesen Bring Down Due Diligence Calls Fragelisten zur Vorbereitung der zu befragenden Vorstandsmitglieder versandt, die teils spezifische Due Diligence Aspekte aufgreifen und zusätzlich zur Abrundung allgemein nach neuesten prospektrelevanten Entwicklungen hinsichtlich der Entwicklung des Umsatzes sowie der Finanz- und Ertragslage und etwaiger Rechtsstreitigkeiten fragen. Bei rechtzeitiger Übersendung des Fragenkatalogs vorab lassen sich die entsprechenden Fragen meist bündig und in kurzen Telefonkonferenzen mit „Ja" oder „Nein" beantworten, wobei die Erwartung besteht, dass etwa für den weiteren Transaktionsverlauf problematische Antworten bereits vorab mit den anderen Transaktionsbeteiligten aufgenommen werden und nicht erstmals im Bring Down Due Diligence Call angesprochen werden. Bring Down Due Diligence Calls dienen daher idealerweise lediglich einer aktualisierten formalisierten Bestätigung der zuvor ermittelten und im Prospekt bereits berücksichtigten Ergebnisse der bis dahin schon durchgeführten Due Diligence.

Bei nicht-prospektpflichtigen Kapitalmarkttransaktionen sind entsprechende Bring Down Due Diligence Calls für einen formalisierten Abschluss der Due Diligence ebenfalls erforderlich, wobei Fragen zu Prospektdarstellungen naturgemäß obsolet sind.

---

184 Bei den Prospektabschnitten Strategie, Wettbewerbsumfeld und Risikofaktoren sollten allerdings die Banken und die begleitenden Anwälte darauf drängen, dass auch der Vorstandsvorsitzende die Prospektentwürfe kritisch liest und kommentiert.

185 Siehe zu Garantien des Managements bei Private Equity-Transaktionen auch *Hohaus/Kaufhold*, BB 2015, 709.

Die Aussagen der Gesellschaft zu den gestellten Fragen sind zu dokumentieren, so dass etwa die begleitenden Emissionsbanken die Einhaltung ihrer Sorgfaltspflicht im Falle negativer Unternehmensmeldungen in zeitlicher Nähe der Anleihe- oder Aktienplatzierung nachweisen können. 10.132

Einstweilen frei. 10.133–10.140

II. Legal Opinion und Disclosure Letter

Schrifttum: *Adolff*, Die zivilrechtliche Verantwortlichkeit deutscher Anwälte bei der Abgabe von Third Party Legal Opinions, 1997; *Biegel*, Unrichtige „Legal Opinion" des Unternehmensjuristen – Ein Fall persönlicher Haftung?, BB 2004, 1457; *Bosch*, Expertenhaftung gegenüber Dritten – Überlegungen aus der Sicht der Bankpraxis, ZHR 163 (1999), 274; *Canaris*, Die Reichweite der Expertenhaftung gegenüber Dritten, ZHR 163 (1999), 206; *Canaris*, Schutzwirkungen zugunsten Dritter bei Gegenläufigkeit der Interessen, JZ 1995, 441; *Canaris*, Die Haftung des Sachverständigen zwischen Schutzwirkungen für Dritte und Dritthaftung aus culpa in contrahendo, JZ 1998, 603; *Ganter*, Die Third Party Legal Opinion und das Verbot der Vertretung widerstreitender Interessen – eine „Tretmine" in der Anwaltspraxis, NJW 2014, 1771; *Giesen/Mader*, Third Party Legal Opinions – Hintergründe und typische Kernaussagen, RIW 2012, 21; *Graf von Bernstorff*, Die Bedeutung der Legal Opinion in der Außenhandelsfinanzierung, RIW 1988, 680; *Gruson*, Persönliche Haftung deutscher Unternehmensjuristen für die Richtigkeit einer legal opinion nach US-amerikanischem Recht, RIW 2002, 596; *Gruson/Hutter*, Acquisition of Shares in a Foreign Country, 1993; *Gruson/Hutter/Kutschera*, Legal Opinions in International Transactions, 4. Aufl. 2003; *Hamacher*, Bericht über die 5. Jahrestagung 1998 der Arbeitsgemeinschaft der Syndikusanwälte, AnwBl. 1999, 96; *Henn/Alexander*, Laws of Corporations and Other Business Enterprises, 1983; *Henssler/Deckenbrock*, Neue anwaltliche Betätigungsverbote bei Interessenkonflikten, NJW 2008, 1275; *Jakobs*, Managementerklärungen bei Unternehmenskäufen – Risiken und Absicherung aus Sicht der Geschäftsführung, BB 2016, 1987; *Jander/Du Mesnil de Rochemont*, Die Legal Opinion im Rechtsverkehr mit den USA, RIW 1976, 332; *Koch*, Haftungsbeschränkungen bei der Abgabe von Third Party Legal Opinions, WM 2005, 1208; *Koch*, § 311 III BGB als Grundlage einer vertrauensrechtlichen Auskunfthaftung, AcP 2004, 59; *Lang*, Einmal mehr: Berufsrecht, Berufspflicht und Berufshaftung, AcP 2001, 451; *Louven*, Die Haftung des deutschen Rechtsanwalts im internationalen Mandat, VersR 1997, 1050; *Maier-Reimer*, Nochmals: Third Party Legal Opinion und das Verbot der Vertretung widerstreitender Interessen, NJW 2014, 2613; *F. Müller*, Auskunftshaftung nach deutschem und englischem Recht, 1995, S. 83; *Musielak*, Die „gefestigte Rechtsprechung" des Bundesgerichtshofs zum Zustandekommen eines Auskunftsvertrages mit einer Bank, WM 1999, 1593; *O'Kelley/Thompson*, Corporations and Other Business Associations: Selected Statutes, Rules and Forms, 3. Aufl. 1999; *Schneider*, Reichweite der Expertenhaftung gegenüber Dritten, ZHR 163 (1999), 246; *Thümmel* in Schütze/Weipert/Rieder (Hrsg.), Münchener Vertragshandbuch, Band 4 Wirtschaftsrecht III, 8. Aufl. 2018; *Vorpeil*, Legal Opinions bei internationalen Transaktionen, IWB Nr. 14 vom 27.7.2011, 1.

1. Begriff und Funktion der Legal Opinion

a) Einführung

Bei einer Legal Opinion handelt es sich um eine **formalisierte rechtliche Stellungnahme zu ausgewählten Aspekten** eines Vertragswerks oder einer **Transaktion**. Sie wird von einem Anwalt auf Verlangen des eigenen Mandanten entweder an diesen selbst oder an eine andere Partei der Transaktion (sog. *Third Party Legal Opinion*) ausgestellt und ist aufgrund des typischerweise internationalen Kontexts zumeist in der englischen Sprache formuliert, weshalb auch in der folgenden Darstellung vielfach englische Fachbegriffe verwendet werden. 10.141

Dabei analysiert eine Legal Opinion nicht komplexe rechtliche Fragen im Detail im Sinne eines Gutachtens, sondern enthält eine Reihe **kurzer Aussagen** mit **rechtlichen Schlussfolgerungen** in zumeist 10.142

standardisierter Form, ohne i.d.R. diese Schlussfolgerungen zu begründen[186]. Diese Art der Darstellung erklärt sich aus dem Zweck einer Legal Opinion. Vor Vertragsschluss bzw. vor Abschluss der Transaktion soll feststehen, dass bestimmte Erklärungen der Parteien wirksame und durchsetzbare Forderungen begründen bzw. dass bestimmte grundlegende rechtliche Umstände oder Rechtsfolgen, etwa hinsichtlich bestimmter gesellschaftsrechtlicher Voraussetzungen oder der rechtlichen Zulässigkeit bestimmter Maßnahmen, gegeben sind[187]. Rechtliche Risiken, die mit Transaktionen dieser Art typischerweise verbunden sind, sollen entweder ausgeschlossen oder im Gegenteil identifiziert werden. Der Empfänger der Legal Opinion erwartet daher die professionelle Einschätzung des Ausstellers hinsichtlich präzise definierter Fragen bzw. Aussagen, die für den Empfänger (mit-) entscheidungserheblich sind, auf der Grundlage einer mit der gebotenen Sorgfalt und Gründlichkeit durchgeführten Untersuchung[188]. Eine Legal Opinion hat daher zunächst den Zweck, zu bestätigen, dass eine rechtliche Beziehung, welche die Parteien einzugehen beabsichtigen, die angestrebten Rechtsfolgen zeitigt[189] (**Bestätigungsfunktion**). Eine weitere wichtige Funktion einer Legal Opinion ist es, auf verbleibende Rechtsrisiken hinzuweisen, die der geplanten Transaktion inhärent sind und insgesamt sicherzustellen, dass bestimmte wesentliche Punkte im Vorfeld eigenständig untersucht wurden (**Informationsfunktion** oder auch **Risikoaufdeckungsfunktion**). Eine Legal Opinion ist damit auch ein Mittel des Risikomanagements der Vertragsparteien, da sie – jedenfalls im Regelfall – die vertragstypischen oder transaktionstypischen Rechtsrisiken adressiert und entweder allein die rechtliche Wirksamkeit der Vereinbarungen bestätigt (sog. „*Clean Opinion*") oder, sofern nach dem Prüfungsergebnis Anlass dazu besteht und eine *Clean Opinion* dementsprechend nicht abgegeben werden kann, auf Streitfragen und Zweifel bzw. eine etwaige Teilunwirksamkeit (sog. „*Reasoned Opinion*" bzw. „*Qualified Opinion*") hinweist[190].

10.143 Bei Kapitalmarkttransaktionen tritt auch die **Verteidigungsfunktion** als wesentlicher Aspekt hinzu, denn eine von einem professionellen Berater ausgestellte Legal Opinion kann es dem Empfänger ermöglichen, seine Haftung gegenüber Investoren für etwaige Prospektfehler auszuschließen[191].

10.144 Auch wenn die Legal Opinion typischerweise erst zu einem sehr späten Zeitpunkt im Rahmen der Transaktion abgegeben wird, ist deren Vorbereitung und die Tatsache ihrer geplanten und erwarteten Abgabe immer auch ein wesentliches Instrument der im Transaktionskontext durchzuführenden rechtlichen Due Diligence und insoweit ebenfalls bereits Teil der Risikoaufdeckungsfunktion[192]. Für den Empfänger ist schließlich auch die Erwartung nicht unerheblich, unter bestimmten Umständen auf den Aussteller als weiteren Schuldner zurückgreifen zu können (**Funktion der Risikoabwälzung**)[193], auch wenn dieser Aspekt für das Verlangen nach Abgabe einer Legal Opinion nachrangig sein sollte.

10.145 Aus diesem Grund müssen die Parteien und ihre Anwälte in jeder Transaktion diejenigen Rechtsfragen, zu denen eine Legal Opinion Stellung nehmen soll, rechtzeitig vorab festlegen. Dabei können gerade die **Verhandlungen** über Aussagen und Umfang der Opinion rechtliche Probleme und **Risiken der Transaktion** aufdecken. In einigen Fällen werden die Parteien daraufhin (und soweit nicht eine Beseitigung der aufgedeckten Risiken vorab möglich ist) die rechtliche Struktur der Transaktion ver-

---

186 Vgl. zu den Funktionen und Aufgaben der Legal Opinion auch *Giesen/Mader*, RIW 2012, 21, 22 f.; *Maier-Reimer*, NJW 2014, 2613, 2614.
187 Vgl. zu Begriff und Bedeutung auch *Graf von Bernstorff*, RIW 1988, 680 ff.; *Biegel*, BB 2004, 1457 ff.; *Seiler* in Habersack/Mülbert/Schlitt, Unternehmensfinanzierung am Kapitalmarkt, Rz. 35.2.
188 Siehe auch *Seiler* in Habersack/Mülbert/Schlitt, Unternehmensfinanzierung am Kapitalmarkt, Rz. 35.7 f.; *Giesen/Mader*, RIW 2012, 21 ff.
189 *Jander/Du Mesnil de Rochemont*, RIW 1976, 332, 333 führen die Legal Opinion auf ein besonderes Sicherheits- und Garantiebedürfnis des Common Law sowie auf das Fehlen anderweitiger Informationsquellen, wie etwa ein landesweites Handelsregister, etc. zurück.
190 Zum Zweck der Legal Opinion zur Risikoabschätzung *Hamacher*, AnwBl. 1999, 96, 97.
191 Siehe zum Aspekt der Verteidigungsfunktion ausführlicher Rz. 10.222.
192 Siehe dazu auch Rz. 10.10.
193 Siehe zum Aspekt der Risikoabwälzung ausführlicher Rz. 10.223.

ändern, um derartige Schwierigkeiten und Unsicherheiten zu vermeiden. In anderen Fällen entscheiden sich die Parteien, die Probleme und Unsicherheiten, die mit der Transaktion einhergehen, zu akzeptieren und in deren Kenntnis die Transaktion durchzuführen oder aber von der Transaktion Abstand zu nehmen. *Clean Opinions* können etwaige Mängel in der Transaktionsstruktur nicht beseitigen und, jedenfalls bei Kenntnis der Konsortialbanken von solchen Mängeln, auch ihre Funktion als Nachweis der Einhaltung der gebotenen Sorgfalt (**Verteidigungsfunktion**) für diese nicht erfüllen[194].

Legal Opinions haben ihren **Ursprung im Common Law** und dort insbesondere im US-amerikanischen Kontext[195]. Legal Opinions sind aber nicht nur in Transaktionen mit US-amerikanischer Beteiligung üblich, sondern inzwischen auch fester Bestandteil vieler internationaler Transaktionen und finden zunehmend auch bei Sachverhalten ohne grenzüberscheitenden Kontext Eingang[196]. Gerade bei Transaktionen mit US-amerikanischen Unternehmen spielt eine Legal Opinion, welche bspw. die rechtliche Existenz und Vertretungsbefugnisse der Gesellschaft bestätigt, eine bedeutende Rolle, weil es hier an einem mit dem Handelsregister vergleichbaren öffentlichen Register fehlt und beispielsweise Vertretungsbefugnisse nur über die Corporate Books der US-amerikanischen Gesellschaft erschlossen werden können[197].

10.146

b) Wesentliche Anwendungsgebiete

Legal Opinions werden zumeist im Zusammenhang mit Kreditfinanzierungen (dazu Rz. 10.148), Kapitalmarkttransaktionen (dazu Rz. 10.149 ff.) und Unternehmenserwerben (dazu Rz. 10.154 ff.) abgegeben. Ihre rechtzeitige Vorlage ist nach den jeweils von den Parteien geschlossenen Vereinbarungen dabei typischerweise Voraussetzung (*condition precedent*) für die weitere Durchführung des Vertrags und die Erfüllung der darin von dem geplanten Empfänger der Legal Opinion übernommenen Verpflichtungen. Je nach Anwendungsfall erfüllen die Legal Opinions unterschiedliche Funktionen und enthalten dementsprechend unterschiedliche Aussagen. Neben den vorstehend genannten Hauptanwendungsfällen werden Legal Opinions aber z.B. auch in komplexen Immobilientransaktionen sowie anlässlich von Sanierungsverhandlungen zwischen Schuldnern und Gläubigern abgegeben.

10.147

aa) Abschluss von Kreditverträgen

Der Abschluss von Kreditverträgen gehört zu der Art von Rechtsgeschäften, bei denen in der Praxis am häufigsten eine Legal Opinion gefordert wird[198]. Zu den beim Abschluss von Kreditverträgen typischen Bestätigungen gehören sowohl solche, die den Kreditnehmer betreffen (vor allem der rechtliche Bestand des Kreditnehmers), als auch solche, die den Kreditvertrag betreffen[199]. Typische Aussagen sind beispielsweise, dass

10.148

– der Abschluss sowie die Erfüllung des Kreditvertrages nicht gegen ein Gesetz verstößt (*No Violation of Law Opinion*),

---

194 *Gruson/Hutter/Kutschera*, S. 20. Zur Verteidigungsfunktion auch *Seiler* in Habersack/Mülbert/Schlitt, Unternehmensfinanzierung am Kapitalmarkt, Rz. 35.10, die jedoch bei Disclosure Lettern eine noch größere Bedeutung hat – siehe dazu auch oben unter Rz. 10.215.
195 Zum Hintergrund auch *Jander/Du Mesnil de Rochemont*, RIW 1976, 332 ff.
196 Eine frühe Auseinandersetzung mit Legal Opinions etwa *Jander/Du Mesnil de Rochemont*, RIW 1976, 332 ff. Diese gehen noch davon aus, dass es für die Legal Opinion keine institutionalisierte Form im deutschen Recht gibt.
197 Vgl. auch *Giesen/Mader*, RIW 2012, 21, 22; *Maier-Reimer*, NJW 2014, 2613, 2614.
198 Zur Legal Opinion bei Kreditverträgen, v.a. in der Außenhandelsfinanzierung auch *Graf von Bernstorff*, RIW 1988, 680 ff.; vgl. auch *Giesen/Mader*, RIW 2012, 21, 22, die internationale Finanzierungs- und Sicherungsverträge als den typischen Fall ansehen, bei dem *Third Party Legal Opinions* der gängigen Praxis entsprechen.
199 Siehe z.B. *Graf von Bernstorff*, RIW 1988, 680, 682.

- für den Abschluss keine behördliche Genehmigung erforderlich ist (*Absence of Needed Consent Opinion*),
- der Kreditnehmer berechtigt ist, hinsichtlich aller als Sicherheit dienender Gegenstände[200] diese als Sicherheit zu bestellen.

Übliche Vorbehalte in solchen Legal Opinions im Kontext von Kreditverträgen sind Qualifikationen zu den Themenkreisen Besicherung und Eigenkapitalersatzrecht.

bb) Kapitalmarkttransaktionen

10.149 Große Bedeutung haben Legal Opinions auch bei Kapitalmarkttransaktionen. Dies gilt sowohl bei der Aufnahme von Fremdkapital (*Debt*) als auch von Eigenkapital, also etwa der Emission von Aktien (*Equity*) sowie den in jüngerer Zeit vor allem im Banken- und Versicherungsbereich verbreiteten hybriden Finanzierungsinstrumenten (*Hybrids*).

Bei **Fremdkapitalmaßnahmen** unterscheidet sich der Inhalt der Legal Opinion nicht wesentlich von den Bestätigungen, die im Zusammenhang mit dem Abschluss von Kreditverträgen abgegeben werden. Bei Eigenkapitalmaßnahmen müssen Legal Opinions zwar ähnlich zu Abschlüssen von Kreditverträgen und Fremkapitalmaßnahmen auch den rechtlichen Bestand der Gesellschaft, der Wirksamkeit und Durchsetzbarkeit im Transaktionskontext abgeschlossener Verträge und darin enthaltener Verpflichtungen sowie der Beschlussfassung durch die zuständigen Organe erfassen, sich ergänzend jedoch auch auf eine Reihe anderer spezifischer Aspekte beziehen. Maßgeblich sind hier vor allem Aussagen zum Grundkapital der Gesellschaft sowie ggf. weiteren Kapitalia, der Wirksamkeit der Ausgabe bestehender und neu auszugebender Aktien, deren Ausstattungsmerkmale wie Übertragbarkeit, Gewinnberechtigung sowie Freiheit von Rechten Dritter und damit insgesamt zur Rechtsstellung, die die neu hinzutretenden Investoren durch den Erwerb der Aktien erlangen werden[201]. Bei Fremdkapitalemissionen sind entsprechende Aussagen zu den dort gegenständlichen Instrumenten zu treffen. Hinzutreten bei Legal Opinions im Kapitalmarktkontext Aussagen zu börsen-, wertpapier- und prospektrechtlichen Aspekten wie der Notwendigkeit behördlicher Genehmigungen im Hinblick auf ein öffentliches Angebot oder die Zulassung der entsprechenden Wertpapiere zum Börsenhandel sowie zur Korrektheit bestimmter rechtlicher Beschreibungen im entsprechenden Wertpapierprospekt. In Deutschland überkommen, und letztlich allenfalls noch vor dem Hintergrund der häufigen Beteiligung ausländischer Investmentbanken zu erklären, ist in Legal Opinions bei Kapitalmarkttransaktionen zudem eine Aussage zum Nichtvorhandensein einer Stempelsteuer[202].

Während Legal Opinions im Kontext des Abschlusses von Kreditverträgen oder Fremdkapitalemissionen typischerweise sehr viel isoliertere Beurteilungen einzelner Sachverhalte vornehmen und den *Opinion Statements* dementsprechend eine verhältnismäßig große Anzahl von Annahmen und Qualifikationen zugrunde legen, ist dies im Kontext von Transaktionen zur **Aufnahme von Eigenkapital** weniger üblich. Dies kann damit erklärt werden, dass der Rechtsberater bei Eigenkapitalmaßnahmen meist gesamthafter eingebunden ist und seine Aussagen aufgrund umfassenderer Prüfungstätigkeit häufig

---

200 Vgl. dazu und zu weiteren Beispielen *Adolff*, S. 24 ff.
201 Vgl. hier *Adolff*, S. 25.
202 Gerade bei Kapitalmarkttransaktionen ist wegen des hohen Haftungsrisikos besondere Sorgfalt auf die Formulierung der Aussagen und etwa erforderlicher Einschränkungen zu verwenden. So wird es dem Anwalt *ex post* in aller Regel im Falle von Inhaberaktien nicht möglich sein, die ordnungsgemäße Einladung bzw. Legitimation der beschließenden Aktionäre bei Kapitalerhöhungen vor dem eigentlichen IPO zweifelsfrei zu bestätigen. Des Weiteren ist bei allen Aussagen bezüglich der Aufbringung des Grundkapitals Vorsicht geboten. Bei einer aktuellen Barkapitalerhöhung ist hierfür die Bestätigung der zeichnenden Bank gem. § 188 Abs. 2, § 36 Abs. 2, §§ 36a, 37 Abs. 1 AktG erforderlich und ausreichend; bei Sachkapitalerhöhungen wird ein Anwalt – anders als der hierfür zuständige Sacheinlagenprüfer – i.d.R. nicht einmal die Werthaltigkeit in Höhe des geringsten Ausgabebetrages i.S.d. § 9 AktG bestätigen können.

auch auf etwas weniger weitreichende Annahmen und Qualifikationen stützen kann. Gleichwohl dürften sich hierauf nicht alle Unterschiede von Legal Opinions in den jeweiligen Anwendungsgebieten zurückführen lassen und sind diese jedenfalls zum Teil schlicht auch auf eine jahrzehntelange Marktpraxis und entsprechender Erwartungshaltung der Empfänger der Opinions zurückzuführen, aufgrund derer Abweichungen in der Praxis nur schwer durchsetzbar sind.

Die typischerweise sowohl vom Anwalt der Emittentin (als sog. *Third Party Legal Opinion*) als auch dem Anwalt der Emissionsbanken gegenüber den Banken abzugebenden Legal Opinions stimmen in Bezug auf ihre Aussagen und die zugrunde liegenden Annahmen sowie etwaige Qualifikationen gewöhnlich im Wesentlichen überein.

10.150

Dies bedeutet für die Emissionsbanken eine erhöhte Sicherheit, da sie von zwei Rechtsanwälten eine Bestätigung zu den adressierten rechtlichen Aspekten erhalten. Auch für den Anwalt des Emittenten und des Bankenkonsortiums ist es jedoch jeweils vorteilhaft, wenn eine weitere renommierte Sozietät eine jedenfalls im Kern identische Legal Opinion abgibt. Das Renommee und die nachgewiesene Transaktionserfahrung (sog. *track record*) der Rechtsanwaltskanzleien und ihrer persönlich handelnden Anwälte als auch der Wirtschaftsprüfer[203] haben darüber hinaus sowohl für die Emittentin als auch die Konsortialbanken über die inhaltlichen Aussagen hinaus eine nicht zu unterschätzende – faktische – Verteidigungsfunktion.

Bei einer prospektfreien Platzierung (typischerweise im Wege einer sog. **Privatplatzierung**) kommt zu den vorstehend genannten Aussagen jeweils eine Bestätigung hinzu, dass die (rechtlichen) Voraussetzungen für eine Ausnahme von der generellen Prospektpflicht vorliegen und deshalb insbesondere keine Untersagung des Angebots droht. Umgekehrt werden bei einer **prospektpflichtigen Transaktion** (wie bei IPOs und Bezugsrechtskapitalerhöhungen) zusätzlich Angaben dahingehend aufgenommen, dass die für diese Transaktionsform geltenden Anforderungen formal erfüllt wurden, also etwa hinsichtlich der Prospektbilligung und ggf. Notifizierungen an weitere Aufsichtsbehörden im In- oder Ausland.

10.151

Zusätzlich zu einer Legal Opinion werden bei prospektpflichtigen Transaktionen i.d.R. sowohl von dem Anwalt der Emittentin als auch vom Anwalt des Bankenkonsortiums ein sog. **Disclosure Letter** abgegeben (vgl. dazu Rz. 10.212 ff.). Dieser steht wiederum häufig neben dem sog. *„Officer's Certificate"*, in dem der Vorstand im Gegensatz zum Disclosure Letter positiv erklärt, dass alle Gewährleistungen im Übernahmevertrag zum Zeitpunkt der Unterzeichnung des Certificates zutreffen und der Emittent seine Verpflichtungen bis zu diesem Zeitpunkt erfüllt hat[204].

10.152

Im Kontext von Kapitalmarkttransaktionen abgebene Legal Opinions werden im Rahmen der Transaktion Investoren und anderen Dritten gegenüber weder in Bezug genommen noch offengelegt.

10.153

cc) Unternehmenserwerbe

Schließlich spielen Legal Opinions bei M&A-Transaktionen, also Erwerb, Veräußerung und Verschmelzung von Unternehmen, Unternehmensteilen oder Unternehmensanteilen eine erhebliche Rolle.

10.154

Im Falle einer **Veräußerung von Gesellschaftsanteilen** ist es im anglo-amerikanischen Rechtskreis nicht unüblich, dass der Rechtsanwalt des Veräußerers dem Erwerber gegenüber eine Legal Opinion abgibt, in der er bestätigt, dass die Anteile, die erworben werden sollen, wirksam bestehen und nicht belastet sind, dem Veräußerer gehören bzw. der Veräußerer berechtigt ist, darüber zu verfügen. Letztlich will der Erwerber aufgrund der Legal Opinion die Sicherheit darüber haben, dass er durch die

10.155

---

203 Siehe zu den Comfort Letters der Wirtschaftspürfer ausführlich Rz. 10.291 ff.
204 Generell zu Managementerklärungen bei Unternehmenskäufen siehe jüngst auch *Jakobs/Thiel*, BB 2016, 1987 ff. Zur rechtlich bedeutsamen Unterscheidung zwischen der sog. *negative assurance* im Disclosure Letter und der positiven Bestätigung in Legal Opinions Rz. 10.169 am Ende und Rz. 10.213 f.

geplante Transaktion auch das angestrebte Ziel, nämlich den Erwerb der Anteile und damit die volle Verfügung über die Gesellschafterrechte des Veräußerers, erreichen kann.

10.156 In Transaktionen **in Deutschland** ohne Auslandsbezug sind dagegen derartige **Legal Opinions nicht üblich**[205]. Auch in grenzüberschreitenden Transaktionen sind derartige Legal Opinions jedenfalls nicht eindeutiger Marktstandard. Zudem besteht etwa bei GmbH-Anteilen und Aktien fast immer die Schwierigkeit, dass der Rechtsanwalt kaum mit Sicherheit sagen kann, dass der Veräußerer Inhaber der Gesellschafterstellung ist. Nicht selten ist z.B. im Falle der Veräußerung von Familiengesellschaften mit einer komplexen Historie bezüglich Anteilsveräußerungen lediglich eine Bestätigung möglich, dass es keine Anhaltspunkte für eine unvollständige Kette von Anteilsübertragungen gibt.

10.157 Gerade bei Akquisitionen kann die Abgabe von *Third Party Legal Opinions* zudem häufiger zu Interessenkonflikten führen, siehe Rz. 10.273 ff.

10.158–10.160 Einstweilen frei.

2. Inhalt und Erscheinungsformen von Legal Opinions

a) Aufbau und typischer Inhalt

10.161 Der Aufbau einer Legal Opinion ist ebenso wie die Sprache und die Kernaussagen im Wesentlichen standardisiert[206]. Aufgrund dieser **international akzeptierten Standards** ist es für den Empfänger einer Opinion leichter, die rechtlichen Risiken einer Transaktion zu verstehen, da er i.d.R. weiß, welche Aussagen üblicherweise getroffen werden. Würde der die Opinion verfassende Anwalt diese im eigenen Stil und mit eigenen Worten schreiben, wäre die Einschätzung der Risiken sehr viel schwieriger als es der inzwischen erreichte standardisierte Aufbau und Inhalt gewährleistet. Für US-amerikanische Legal Opinions kommt dabei dem sog. TriBar Report (1998)[207] und dem sog. ABA Opinion Accord[208] besondere Bedeutung zu.[209] Angesichts der systematischen Unterschiede der Rechtssysteme sind diese innerhalb Europas jedoch nur eingeschränkt übertragbar. Allerdings werden hier diese internationalen Standards durch multinationale Gremien und Ausschüsse wie z.B. das Opinion Committee der International Bar Association[210] und auf nationaler Ebene durch Anwaltsvereinigungen und Opinion Committees der führenden internationalen Kanzleien beständig fortentwickelt.

Eine Legal Opinion ist regelmäßig in folgende Abschnitte gegliedert, auf die nachfolgend näher eingegangen wird:

(aa) Einleitung (*Introduction*) (Rz. 10.162 ff.); (bb) Dokumente, die geprüft wurden (*Documents Reviewed*) (Rz. 10.167 ff.); (cc) Annahmen (*Assumptions*) (Rz. 10.170 ff.); (dd) Berücksichtigtes Rechts (*Laws Considered*) (Rz. 10.175); (ee) Materielle Aussagen (*Opinion Statements*) (Rz. 10.176 ff.); (ff)

---

205 Vgl. auch *Giesen/Mader*, RIW 2012, 21, 22.
206 Für einen kurzen Überblick auch *Graf von Bernstorff*, RIW 1988, 680, 681 f. Dieser Artikel enthält auch auf S. 683 ein kurzes Muster einer Legal Opinion bei einer internationalen Finanzierung. Ebenso enthält bereits *Jander/Du Mesnil de Rochemont*, RIW 1976, 332, 339 ein Muster einer Legal Opinion. Zum Inhalt von Legal Opinions speziell in Kapitalmarkttransaktionen ausführlich *Seiler* in Habersack/Mülbert/Schlitt, Unternehmensfinanzierung am Kapitalmarkt, Rz. 35.13 ff.
207 TriBar Opinion Committee, Third – Party Closing Opinions, 53 The Business Lawyer 592 (1998).
208 American Bar Association, Third – Party Legal Opinion Report, Including the Legal Opinion Accord, 47 The Business Lawyer 167 (1991).
209 Vgl. hierzu ausführlich *Giesen/Mader*, RIW 2012, 21, 22 f.
210 Vgl. dazu http://www.ibanet.org/LPD/Financial_Services_Section/Banking_Law/Legal_Opinions/Default.aspx. Das Subkommittee „Legal Opinions" wurde eingerichtet, um eine Vereinheitlichung im Hinblick auf die Interpretation bestimmter Standardformulierungen zu erreichen, die in Legal Opinions internationaler Transaktionen verwendet werden.

Vorbehalte und Einschränkungen (*Qualifications*) (Rz. 10.188 ff.) und (gg) Schlussbemerkungen (*Final Remarks*) (Rz. 10.194).

Anzumerken ist jedoch, dass ein spezieller Abschnitt für *Qualifications* nicht der einzige Ort ist, an dem solche Vorbehalte und Einschränkungen stehen können. Gerade wenn sich die *Qualification* auf eine bestimmte Aussage innerhalb der *Opinion Statements* bezieht, ist es durchaus üblich, die *Qualification* in der relevanten Passage zu integrieren. Dies erleichtert vor allem die Lesbarkeit der Legal Opinion.

aa) Einleitung (*Introduction*)

Eine Legal Opinion oder ein sog. Opinion Letter[211] ist hinsichtlich des formalen Rahmens ein **Schreiben auf normalem Briefkopf des Ausstellers**. 10.162

Gleichwohl kommt den Formalien eine erhebliche rechtliche Bedeutung zu. So bezeichnet das **Datum** der Opinion, das üblicherweise das Datum des Signings oder Closings ist[212], den Zeitpunkt, für den bzw. bis zu dem die in der Opinion enthaltenen Aussagen Richtigkeit beanspruchen. Dies hat für Veränderungen sowohl der Sachlage als auch der Rechtslage erhebliche Bedeutung. Zwar kann eine Legal Opinion in eng begrenzten Ausnahmefällen auch zukunftsbezogene Aussagen enthalten; dies sind dann aber lediglich Prognosen, die aus der *ex ante*-Sicht und ggf. vorbehaltlich des Eintrittes bestimmter, ausdrücklich benannter Ereignisse zu beurteilen sind. Zur Bekräftigung der inhaltlichen und zeitlichen Beschränkung der Aussagen findet sich am Ende der Opinion zumeist ein klarstellender Satz, dass den Unterzeichner keine (Hinweis-)Pflichten zur Berücksichtigung sachlicher oder rechtlicher Änderungen nach dem Datum der Opinion treffen. 10.163

Die **Adressierung** der Legal Opinion macht deutlich, wer sich auf die Opinion verlassen darf. Soweit sich auch die Gegenpartei auf die Opinion stützen dürfen soll, gibt es zwei Gestaltungsmöglichkeiten: Entweder wird die Legal Opinion unmittelbar an die Gegenpartei adressiert (sog. *Third Party Legal Opinion*) oder die Legal Opinion wird an den eigenen Mandanten adressiert, diesem wird aber ausdrücklich gestattet, die Legal Opinion an die Gegenseite weiterzugeben. Üblich ist auch eine Adressierung nur an die Führer eines Bankenkonsortiums, die jedoch zugleich auch als Vertreter der übrigen Konsortialbanken agieren. Wesentlich ist, dass die Adressierung allein noch nicht darüber entscheidet, ob für die Aussage gegenüber dem Empfänger auch gehaftet werden soll[213]. 10.164

Im **Einleitungssatz** wird üblicherweise darauf Bezug genommen, in welcher Eigenschaft die Legal Opinion abgegeben wird. So wird ein deutscher Anwalt einer deutschen Kanzlei, der die Opinion im Zuge einer internationalen Transaktion abgegeben hat, darauf hinweisen, dass er als „[Special] German Counsel", also als Berater speziell für Fragen des deutschen Rechts, seine Aussagen gemacht hat. Gerade im US-amerikanischen Kontext ist es im Übrigen üblich, darauf hinzuweisen, aus welchem Grund diese Legal Opinion abgegeben wird, d.h. welche Vertragsklausel die Abgabe einer Legal Opinion erfordert. Nach US-amerikanischem Recht dient dieser konkrete Bezug bei einer *Third Party Legal Opinion* dem Nachweis der Zustimmung des entsprechenden Mandanten, dass die Legal Opinion abgegeben wird[214]. Da der Anwalt eine berufliche Verpflichtung hat, das Vertrauen und die vertraulichen Informationen seines Mandanten zu schützen, darf er Aussagen über seinen Mandanten nur mit dessen Zustimmung treffen und kann eine fehende Zustimmung die rechtlich wirksame Zustellung (*de-* 10.165

---

211 Zum Opinion Letter auch *Jander/Du Mesnil de Rochemont*, RIW 1976, 332, 333.
212 Zur Bedeutung des Datums auch *Jander/Du Mesnil de Rochemont*, RIW 1976, 332, 340. Zu den wichtigsten Abgabezeitpunkten und Ausnahmen im Kapitalmarktgeschäft vgl. Rz. 10.149 ff. und *Seiler* in Habersack/Mülbert/Schlitt, Unternehmensfinanzierung am Kapitalmarkt, Rz. 35.11 f.
213 Vgl. exemplarisch *Adolff*, S. 8, und auch *Louven*, VersR 1997, 1050, 1058.
214 TriBar Opinion Committee, Third – Party Closing Opinions, 53 The Business Lawyer 592 (1998), § 1.7 Fn. 33.

livery) der Legal Opinion an einen Dritten hindern[215]. Eine typische Formulierung einer solchen Einleitung könnte wie folgt lauten:

„We have acted as [special] German counsel to [name of client] in relation to [description of the transaction]. In this capacity, we have been requested to provide an opinion to you pursuant to [relevant clause] of [description of document]."

10.166 Der Bezug zum Mandatsverhältnis mit dem eigentlichen Mandanten und die Aussage dazu, dass die Opinion in diesem Zusammenhang abgegeben wird, sollen nach deutschem Recht klarstellen, dass **durch die Opinion kein Mandatsverhältnis** mit dem Adressaten begründet wird. Zu Folgefragen der Haftung sowie möglicher Interessenkonflikte siehe Rz. 10.237 ff.

bb) Geprüfte Dokumente (*Documents Reviewed*)

10.167 Die Tatsachenbasis der Opinion ist mit den Tatbestandsmerkmalen derjenigen Normen, aus denen sich die bestätigten Rechtsfolgen ergeben, identisch. Der Anwalt legt jedoch zu Beginn der Legal Opinion dar, auf welcher Basis er seine Aussagen macht und auf welche tatsächlichen Annahmen er sich stützt.

10.168 Dies erfolgt in zweifacher Weise. Zum einen werden die **Informationsquellen offengelegt**. Auf diese Weise wird dem Empfänger die empirische Basis für die rechtliche Würdigung dargelegt. Die so definierte Tatsachenbasis wird gewöhnlich bezüglich der Untersuchungstiefe durch Annahmen (Assumptions) eingeschränkt, dazu sogleich Rz. 10.170 ff.

10.169 Die vor Abgabe der Legal Opinion geprüften **Dokumente** werden im zweiten Abschnitt der Legal Opinion i.d.R. **enumerativ aufgeführt**. Die Dokumente sollten hierbei so bezeichnet werden, dass sie eindeutig identifiziert werden können[216]. Sofern durch den Untersuchungsgegenstand möglich oder angezeigt, sollte die Aufzählung der geprüften Dokumente **vollständig und abschließend** sein[217]. Dies kann durch einen Hinweis, dass außer den aufgezählten Dokumenten keine anderen Dokumente vor der Abgabe der Opinion geprüft wurden, zusätzlich hervorgehoben werden. Offene Formulierungen wie „*inter alia*" oder „*... and any such other documents, declarations, certificates and other papers as we have deemed necessary as a basis for the opinions expressed herein*" finden sich zwar in der Praxis häufig zu Beginn bzw. Ende der Aufzählung der zugrunde gelegten Dokumente und mögen aus Sicht des Empfängers wünschenswert sein, können aber zu Unklarheiten des Prüfungsumfangs führen und sollten daher vermieden werden[218]. Eine solche Formulierung nimmt auf bestimmte Sorgfaltsanforderungen, die sich aus den American Bar Association Reports ergeben, Bezug. Da in Deutschland der-

---

215 Normalerweise ist die Zustimmung aus den Gesamtumständen ersichtlich und muss die Legal Opinion die Zustimmung des Mandanten nicht ausdrücklich erwähnen. In einem Fall verneinte ein Gericht die Einhaltung der Sorgfaltspflicht des Anwalts gegenüber dem Empfänger der Legal Opinion mit der Begründung, dass der Mandant des Anwalts der Zustellung des Opinion Letters nicht zugestimmt hatte. Die Argumentation der Entscheidung ist dürftig, aber selbst wenn man ihr folgen würde, hätte der Fall keine Auswirkung auf Opinion Letters, die bei Closing abgegeben werden, wenn dies in der zugrunde liegenden Vereinbarung vorgesehen war. Siehe United Bank of Kuwait PLC v. Enventure Energy Enhanced Oil Recovery Assocs., 755 F. Supp. 1195, 1203-04 (S.D.N.Y. 1989).
216 Vgl. auch *Giesen/Mader*, RIW 2012, 21, 24, die richtigerweise darauf hinweisen, dass es besonders hervorgehoben werden sollte, wenn es sich bei den untersuchten Dokumenten lediglich um Kopien oder Entwürfe handelte, und *Seiler* in Habersack/Mülbert/Schlitt, Unternehmensfinanzierung am Kapitalmarkt, Rz. 35.22 mit dem weiteren Hinweis, dass bei Aussagen auf der Basis von (Vertrags-)Entwürfen in jedem Fall deren Erstelldatum aufzunehmen ist.
217 Zu diesem Hinweis auch *Louven*, VersR 1997, 1050, 1057. Kritisch zu offenen Formulierungen auch *Seiler* in Habersack/Mülbert/Schlitt, Unternehmensfinanzierung am Kapitalmarkt, Rz. 35.22.
218 Vgl. auch *Giesen/Mader*, RIW 2012, 21, 24 f., die auch auf die mit der abschließenden Aufzählung einhergehenden Haftungsbeschränkungen hinweisen.

zeit kein derartiges Referenzsystem besteht, sollten derartig unspezifische Formulierungen nur dort verwendet werden, wo dies – wie z.T. bei der Beurteilung von Wertpapierprospekten für Kapitalmarkttransaktionen – üblich oder durch den Untersuchungsgegenstand sowie die diesbezüglich erwartete Qualität der Aussage gerechtfertigt ist.

Zur generellen Gebräuchlichkeit solcher offenen Formulierungen hingegen in Disclosure Letters bei Kapitalmarkttransaktionen, die anders als Legal Opinions nicht einzelne rechtliche Aspekte positiv bestätigen, sondern der sog. *„negative assurance"* im Hinblick auf Inhalte eines Wertpapierprospekts dienen, siehe Rz. 10.213 f.

cc) Annahmen (*Assumptions*)

Der dritte Abschnitt einer Legal Opinion enthält bestimmte Annahmen (*Assumptions*), die der Opinion zugrunde gelegt werden. Die US-amerikanische Praxis unterscheidet hierbei zwischen Assumptions, die ausdrücklich erwähnt werden, und solchen, deren rechtstatsächlicher Hintergrund zwar sehr wahrscheinlich, in der Praxis jedoch schwer zu verifizieren ist, und daher zugrunde gelegt werden können (*Implied Assumptions*)[219]. In einer Legal Opinion unter Geltung deutschen Rechts empfiehlt es sich ungeachtet dessen, alle Annahmen, von denen der Verfasser der Legal Opinion ausgeht, ausdrücklich offen zu legen, wobei dies darauf beschränkt sein sollte, für den Verfasser nicht oder nur schwer verifizierbare Aspekte auszuklammern, und nicht dazu genutzt werden sollte, den Prüfungsumfang zu verkleinern (siehe dazu Rz. 10.174).

10.170

Hierbei sind verschiedene Gruppen von Annahmen zu unterscheiden: Zunächst zählen hierzu **Annahmen, die sich auf die Dokumente selbst beziehen**. So wird z.B. unterstellt, dass die Kopien der Dokumente mit den Originalen übereinstimmen und dass die Unterschriften authentisch und vollständig sind. Darüber hinaus gehört in diesen Kreis der Annahmen die Annahme der Vollständigkeit der angeforderten und präsentierten Dokumente und Handelsregisterauszüge. Dies umfasst insbesondere die Annahme, dass keine weiteren Vereinbarungen existieren, durch die die vorgelegten Vereinbarungen abgeändert, ergänzt, beendet oder aufgehoben wurden. Der zweite Kreis der Annahmen bezieht sich auf die Fähigkeit derjenigen Personen, die die Dokumente unterzeichnet haben, dies auch tatsächlich tun zu können. Dies umfasst sowohl die Vertretungsberechtigung aufgrund wirksamer Vollmacht oder Bestellung als Geschäftsführer oder Vorstand als auch die volle Geschäftsfähigkeit der handelnden Personen. Weitere Annahmen beziehen sich auf die tatsächlichen Umstände, die sich aus den Unterlagen ergeben. Die am weitesten verbreitete Annahme zielt darauf, dass die tatsächlichen Aussagen in den vorgelegten Dokumenten zutreffend sind[220].

10.171

Weitere gebräuchliche Annahmen betreffen die **Intentionen und Konditionen, mit bzw. zu denen die dokumentierten Verträge und Maßnahmen abgeschlossen** worden sind. Hier wird regelmäßig unterstellt, dass die Willenserklärungen und Verträge im guten Glauben und ggf. auch *„at arm's length"* abgeschlossen worden sind. Der Vorbehalt des „guten Glaubens" soll dabei vor allem mögliche Kollusionsfälle erfassen. Darüber hinaus sollte unterstellt werden, dass die Entscheidungen der Parteien nicht durch Irrtum oder andere Fehler bei der Willensbildung beeinflusst (worden) sind, so dass Anfechtungsgründe nach §§ 119, 123 BGB als ausgeschlossen gelten. Auf einer ähnlichen Ebene liegt die Unterstellung, dass alle äußeren Voraussetzungen für die Wirksamkeit der Verträge erfüllt sind, soweit sich die Unwirksamkeit nicht unmittelbar aus dem Dokument selbst ergibt. Diese Annahme empfiehlt sich insbesondere für Zustimmungsbeschlüsse, den Umfang notarieller Beurkundungen oder auch Verwaltungsakte.

10.172

---

219 Vgl. dazu *Adolff*, S. 9 f.
220 Dazu auch *Graf von Bernstorff*, RIW 1988, 680, 681 f.; *Seiler* in Habersack/Mülbert/Schlitt, Unternehmensfinanzierung am Kapitalmarkt, Rz. 35.25.

10.173 Die üblicherweise letzten sog. Assumptions betreffen **bei grenzüberscheitenden Transaktionen Fragen ausländischen Rechts**. Dies betrifft etwa die Frage, ob eine ausländische Partei eines deutschen Vertrages diesen hätte abschließen dürfen, also ob sie als Gesellschaft wirksam gegründet wurde und ob die aufgetretenen Personen befugt waren, für diese Gesellschaft zu handeln. Ebenfalls bei grenzüberschreitenden Sachverhalten nicht unüblich ist die Annahme, dass die Dokumente rechtliche Wirksamkeit und Bindung der Parteien im Hinblick auf alle übrigen Rechtsordnungen mit Ausnahme des jeweiligen nationalen (deutschen) Rechts entfalten, in dessen Rechtsordnung der betreffende Rechtsanwalt praktiziert.

10.174 Die **Bedeutung** dieser ausdrücklichen Annahmen sollte nicht unterschätzt und ihrer Formulierung sowohl vom Opinion-Verfasser als auch vom Adressaten entsprechende Bedeutung beigemessen werden. Dem Empfänger wird signalisiert, dass er sich auf die Richtigkeit der Annahme ebenso wenig verlassen kann, wie wenn diesbezüglich keine Legal Opinion abgegeben worden wäre. Aus diesem Grunde sind die Annahmen (*Assumptions*) bei Legal Opinions großer Kanzleien überwiegend standardisiert und der unterzeichnende Anwalt wird nur in begründeten Ausnahmefällen entsprechende Annahmen einschränken (können). Andererseits nimmt eine weitverbreitete Auffassung an, dass eine *Assumption* jedenfalls dann nicht gemacht werden kann, wenn der Anwalt positive Kenntnis oder jedenfalls eine überwiegende Vermutung von deren Unrichtigkeit hat, so dass jedenfalls im US-amerikanischen Rechtsverkehr davon ausgegangen wird, dass der Anwalt keine gegenteilige Kenntnis von den *Assumptions* hat[221]. Auch nach deutschem Recht wird sich in diesen Fällen ein ausdrücklicher Vorbehalt (sog. „*Opinion Carve-out*") empfehlen[222].

dd) Berücksichtigtes Recht (*Laws Considered*)

10.175 Soweit nicht bereits unter den Annahmen gemäß Rz. 10.170 ff. enthalten, weist der Anwalt in einem weiteren Abschnitt darauf hin, dass er die Legal Opinion z.B. als deutscher Rechtsanwalt abgegeben hat und dass sich die Aussagen auf deutsches Recht beschränken. Üblicherweise wird ausdrücklich hinzugefügt, dass die Opinion **keinerlei Aussage zu ausländischen Rechtsordnungen** trifft, insbesondere dass der Anwalt keine Nachforschungen im Hinblick auf ausländische Rechtsordnungen angestellt hat. Schließlich enthält dieser Teil der Legal Opinion üblicherweise erneut einen Hinweis darauf, dass sich die in der Legal Opinion getroffenen Aussagen auf das **zum Zeitpunkt ihrer Erstellung geltende Recht** beschränken[223].

Ferner folgt die Angabe, dass die Legal Opinion insgesamt deutschem Recht unterfällt. Ein Auseinanderfallen von Rechtsordnung und materieller Rechtsfrage könnte (ebenso wie eine ausdrückliche Vereinbarung eines ausländischen Gerichtsstands) dazu führen, dass ein mit dem hiesigen Rechtssystem nicht vertrauter Richter einer ausländischen Jurisdiktion (u.U. zudem in einer fremden Sprache) für seine Entscheidung mitunter komplizierte Fragen etwa des deutschen Aktien- oder Kapitalmarktrechts beurteilen müsste. Abweichende Formulierungen in Legal Opinions sind daher nicht bloß unüblich, sondern auch kontraproduktiv. Es ist dabei aus Perspektive des Empfängers der Legal Opinion hinzunehmen, dass beispielsweise ausländische Investmentbanken, die sich nach Platzierungen von Aktien einer deutschen AG in den USA Schadensersatzansprüchen dortiger Investoren ausgesetzt sehen, ihren etwaigen **Rückgriffsanspruch** gegen den Aussteller der Legal Opinion **nach deutscher Rechtsordnung geltend machen** müssen, auch wenn dies im Einzelfall dazu führen kann, dass sich eine im Ausland getroffene Entscheidung zu Lasten der Investmentbanken nach deutscher Rechtslage als unrichtig erweist und einem entsprechenden Ersatzanspruch nicht stattzugeben ist.

---

221 Vgl. dazu auch *Adolff*, S. 10 m.w.N. Zur haftungsbeschränkenden Funktion solcher Annahmen und Unterschieden in Abhängigkeit der Nähe des Opinion-Erstellers zu den Aussagen bzw. dem Unternehmen auch *Seiler* in Habersack/Mülbert/Schlitt, Unternehmensfinanzierung am Kapitalmarkt, Rz. 35.67.
222 „*Gegenstand unserer Untersuchung war nicht -*"
223 Vgl. auch *Giesen/Mader*, RIW 2012, 21, 25.

ee) Materielle Aussagen (*Opinion Statements*)

Der folgende Abschnitt mit den sog. *Opinion Statements* bildet das Kernstück der Legal Opinion. Wie erwähnt, werden in den *Opinion Statements* lediglich die Ergebnisse einer juristischen Subsumtion mitgeteilt. Dabei lassen sich in der Regel zwei Arten von Legal Opinions unterscheiden: Bei der sog. *Clean Opinion* verbleibt es lediglich bei den reinen Ergebnissen, ohne dass einzelne Ableitungen, Literaturmeinungen oder Subsumtionen erwähnt werden. Soweit das Ergebnis dem Anwalt zweifelhaft erscheint, werden Einschränkungen (sog. *Qualified Opinion*) oder zumindest Erläuterungen zu den getroffenen Aussagen (sog. *Reasoned Opinion*) angeführt.

10.176

In der Regel werden die *Opinion Statements* wie folgt eingeleitet:

10.177

„Based on the foregoing and subject to the limitations and qualifications stated herein and to any factual matters or documents not disclosed to us, we are of the opinion that:"

Inhaltlich beschränken sich die Aussagen regelmäßig auf solche, die im Transaktionskontext und vor dem Hintergrund der Funktion einer Legal Opinion für den unmittelbaren Empfänger der Legal Opinion erforderlich sind (vgl. dazu sogleich Rz. 10.221 ff.). Für die Aufnahme von aus Sicht des Empfängers lediglich wünschenswerten *Opinion Statements* besteht hingegen keine Notwendigkeit.

Typische Aussagen im Rahmen der *Opinion Statements* sind die folgenden:

(1) Bestand der Gesellschaft (*Incorporation and Corporate Existence*)

Häufig werden bei Transaktionen, zu deren *Signing/Closing* Legal Opinions abgegeben werden, auf beiden Seiten Kapitalgesellschaften auftreten. Eine der ersten Bestätigungen in diesem Zusammenhang wird die Rechtsfähigkeit bzw. rechtliche Existenz der Kapitalgesellschaft betreffen. Bestätigt wird hier die Gründung und Existenz (*Incorporation and Corporate Existence*) der Gesellschaft. Bei einer Transaktion unter Beteiligung einer deutschen GmbH oder Aktiengesellschaft könnte eine typische Formulierung in einer Legal Opinion wie folgt lauten:

10.178

„[Name of the relevant party] is a stock corporation (Aktiengesellschaft)/limited liability company (Gesellschaft mit beschränkter Haftung) duly incorporated[224] [for an unlimited time] under German law. [Name of the relevant party] has not been deleted from the commercial register and the commercial register excerpt reveals no resolution or court order for wind up of [name of the relevant party]."

Im US-amerikanischen Kontext findet sich häufig auch die Formulierung, die Gesellschaft sei *„in good standing"*. Diese Aussage hat im deutschen Recht keine hinreichend klare Entsprechung. In den USA erteilen die meisten Secretaries of State eine Bescheinigung über das *„good standing"* dann, wenn die Gesellschaft bestimmte Steuern oder Gebühren bezahlt oder bestimmte Jahresabschlüsse eingereicht

10.179

---

[224] Neben der Formulierung „duly incorporated", die die wirksame Gründung einer Gesellschaft mit eigener Rechtspersönlichkeit bestätigt, finden sich nicht selten die zwei weiteren Formulierungen *„duly established"* und *„duly organized"*, deren Voraussetzungen jedoch gerade bei deutschen Gesellschaften nicht immer klar gesehen und nicht selten vorschnell bestätigt werden: *„Duly established"* wird bei der Gründung von Personengesellschaften verwendet. *„Duly organized"* geht dagegen über eine wirksame Gründung hinaus und setzt eine vollständige Due Diligence voraus, kann also bei der Beurteilung einzelner Verträge in aller Regel nicht abgegeben werden. Es zeigt sich hier neben unterschiedlichen Standards verschiedener Rechtsordnungen exemplarisch die Problematik der Verwendung der englischen Sprache bei der Anwendbarkeit deutschen Rechts (zur Parallelproblematik einer Aussage betreffend *„good standing"* sogleich Rz. 10.179). Vgl. auch *Giesen/Mader*, RIW 2012, 21, 25 f., die zu Recht darauf hinweisen, dass es gängige Praxis ist, dass bei der Frage des Bestands einer Gesellschaft lediglich leicht öffentlich zugängliche Dokumente, wie der Handelsregisterauszug und der Gesellschaftsvertrag zu einer Prüfung herangezogen werden und eine Einsichtnahme in die Handelsregisterakte oder eine Prüfung der Kapitalaufbringung in der Regel unterbleibt.

hat[225]. Die entsprechende Aussage wäre daher bei Zugrundelegung deutschen Rechts mindestens zweifelhaft, wenn die betreffende Gesellschaft z.B. ihre Jahresabschlüsse nicht zum Handelsregister eingereicht hat.

(2) Fähigkeit der Gesellschaft, ein bestimmtes Geschäft abzuschließen (*Corporate Powers*)

10.180   Auch die üblicherweise in grenzüberscheitenden Transaktionen erwartete Aussage zur Fähigkeit der Gesellschaft, ein bestimmtes Geschäft abzuschließen (*Corporate Powers*), erklärt sich aus dem US-amerikanischen Kontext. Die Aussage, ein bestimmtes Geschäft abschließen und ausführen zu können, hängt mit der Ultra-Vires Lehre des US-amerikanischen Rechts zusammen, nach der die Vertretungsmacht von dem Umfang des Gesellschaftszwecks abhängig ist[226].

10.181   Soweit eine Legal Opinion im Zusammenhang mit der Durchführung eines Kreditvertrages steht und dabei Sicherheiten gegeben werden sollen, wäre hier auch der Ort, auf etwaige Einschränkungen (*Qualifications*) der **wirksamen Bestellung bzw. Inanspruchnahme von Sicherheiten im Hinblick auf § 30 GmbHG oder § 57 AktG** einzugehen bzw. auf spätere *Qualifications* zu verweisen.

(3) Rechtliche Verbindlichkeit des Vertrages

10.182   Die materiellen Aussagen der Legal Opinion enthalten des Weiteren eine Bestätigung, dass die Vertragspflichten des Mandanten rechtsverbindlich bestehen und zu ihrer Durchsetzung ein Rechtsmittel zur Verfügung steht (*Legal, Valid, Binding and Enforceable*).

10.183   Voraussetzung hierfür ist zunächst der wirksame Abschluss der Vereinbarung, wobei ggf. auf die Vertretungsmacht – sofern nicht in den Assumptions ausgenommen – sowie ggf. auf weitere Anforderungen einer rechtlichen Wirksamkeit, wie ein Schriftformerfordernis (*Due Authorization, Execution and Delivery*) einzugehen ist.

10.184   Eine mögliche Formulierung könnte wie folgt lauten:

„[Description of document] has been duly executed [and delivered] on behalf of [name of relevant party] and the execution [and delivery] of [description of document] has been duly authorized by all necessary corporate action on behalf of [name of relevant party]."

Der Begriff „*delivery*" erfasst dabei alle weiteren Schritte, die erforderlich sind, um eine vertragliche Bindung für die betreffende Partei herbeizuführen, insbesondere den **Zugang** und die Wahrung von Schriftformerfordernissen. Die Probleme, die sich hier stellen, liegen meist im Tatsächlichen, etwa bei Verwendung von vorausgefertigten Unterschriftsseiten und entsprechenden *„Escrow Arrangements"*. Eine Aussage zur *„due delivery"* kann ein Anwalt vernünftigerweise nur dann treffen, wenn er insoweit selbst tätig geworden ist oder sich die Wahrung der materiell-rechtlichen Erfordernisse aus den ihm vorliegenden Dokumenten ergibt (z.B. aus Empfangsbekenntnissen). Da insoweit das Vertragsstatut gilt, ist eine Aussage zur *„due delivery"* ferner nicht angebracht, wenn für das Dokument selbst ausländisches Recht gilt (Art. 10 Abs. 1 Rom I-VO)[227].

10.185   Wird die Legal Opinion in Bezug auf ein ausländisches Unternehmen abgegeben, wird häufig eine Aussage dazu gefordert, dass das Unternehmen in Deutschland **ohne weitere Registrierungen oder Genehmigungen** tätig werden darf. Diese Aussage kann etwa im Zusammenhang mit Darlehensver-

---

225 Vgl. dazu nur *Adolff*, S. 14; Vgl. auch *Giesen/Mader*, RIW 2012, 21, 26.
226 Vgl. *Henn/Alexander*, Laws of Corporations, 1983, § 184, S. 477 ff.; *O'Kelley/Thompson*, Corporations and Other Business Associations, 3. Aufl. 1999, S. 670 ff., vgl. auch *Giesen/Mader*, RIW 2012, 21, 26.
227 Vgl. auch *Giesen/Mader*, RIW 2012, 21, 27, die generell von einer Stellungnahme zu der Rechtsverbindlichkeit der vertraglichen Verpflichtung abraten, wenn der Vertrag nicht deutschem Recht unterliegt.

trägen und deren Besicherung in Betracht kommen, wenn das Erfordernis einer Erlaubnis für Bankgeschäfte nach § 32 Abs. 1, §§ 53 ff. KWG in Frage steht.

Eine weitere zentrale Aussage betrifft die **rechtliche Wirksamkeit** der entsprechenden Verbindlichkeiten **nach deutschem Recht**. Hier ist etwa die folgende Formulierung üblich: 10.186

„Each [description of document] constitutes legal, valid and binding obligations of [name of relevant party]."

Dabei bedeuten die drei Begriffe „*legal, valid and binding*" nach deutschem Rechtsverständnis jeweils dasselbe, nämlich, dass eine vertragliche Verpflichtung wirksam begründet wurde und dass bei einer Verletzung des Vertrages Rechtsmittel zur Verfügung stehen[228].

Dabei geht es vorrangig auch darum, eine ordnungsgemäße Vertretung der Gesellschaft sicherzustellen. Hierzu sollte der Ersteller der Legal Opinion jedoch nur dann Stellung beziehen, wenn dieser die Gesellschaft und deren geschäftsführende Organe gut kennt bzw. die Identität der handelnden Personen im Fall einer rechtsgeschäftlichen Vertretung selbst nachprüfen konnte[229].

Häufig wird eine Legal Opinion an dieser Stelle Aussagen zur **Erforderlichkeit von behördlichen Zustimmungen** (etwa auch Handelsregistereintragungen, Prospektbilligung und ggf. Notifizierungen durch Aufsichtsbehörden, Zulassungsbeschlüssen der Börsen etc.) machen. Des Weiteren mögen sich im Einzelfall materielle Aussagen zum Rang der Forderung im Insolvenzfall finden, darüber hinaus über das anwendbare Recht für die Verbindlichkeiten sowie die Durchsetzbarkeit von ausländischen Entscheidungen, um einige Beispiele zu nennen[230].   10.187

Schließlich wird in einer Legal Opinion oft auch zu der **Wirksamkeit der Rechtswahl** Stellung genommen[231], wobei von Seiten des Ausstellers besonderes Augenmerk darauf gelegt werden sollte, dass die gesetzlichen Schranken der Zulässigkeit einer Rechtswahl nach Art. 21, 9 Rom I-VO[232] hervorgehoben werden.

Dagegen sind Äußerungen zur Insolvenzfestigkeit einer Forderung oder Sicherheit im Rahmen einer Legal Opinion eher unüblich, da dies in der Regel von den Umständen des Einzelfalls abhängt[233].

Welche der vorgenannten Inhalte im jeweiligen Einzelfall zum Gegenstand einer Legal Opinion gemacht werden, hängt von der jeweiligen Transaktion, der Vereinbarung zwischen den Parteien und dem Herkunftsstaat des Erstellers ab[234].

---

228 Zur Differenzierung der Begriffe im US-amerikanischen Recht etwa *Jander/Du Mesnil de Rochemont*, RIW 1976, 332, 341.
229 Vgl. auch *Giesen/Mader*, RIW 2012, 21, 26.
230 Zu weiteren materiellen Aussagen, insbesondere in Opinions für Kapitalmarkttransaktionen, *Seiler* in Habersack/Mülbert/Schlitt, Unternehmensfinanzierung am Kapitalmarkt, Rz. 35.27 ff., z.B. zur Notwendigkeit eines Prospekts, steuerlichen Fragen, Rechtswahl oder der Wirksamkeit von Hauptversammlungsbeschlüssen. Vgl. auch *Giesen/Mader*, RIW 2012, 21, 30 f., die insbesondere bei Legal Opinions im Rahmen von Kreditverträgen entsprechende *Qualifications* im Hinblick auf § 26 Abs. 2 KWG i.V.m. §§ 59 ff. KWG (damals noch § 26 Abs. 2 AWG i.V.m. §§ 59 ff. AWV) für dringend angezeigt halten.
231 Vgl. auch ausführlich *Giesen/Mader*, RIW 2012, 21, 27.
232 VO (EG) Nr. 593/2008 v. 4.7.2008, ABl. EU Nr. L 177 v. 4.7.2008, S. 6.
233 Vgl. auch *Giesen/Mader*, RIW 2012, 21, 29 f.
234 Vgl. *Giesen/Mader*, RIW 2012, 21, 25 f. die inhaltlich zwischen *Capacity*, *Validity* und *Enforceability* differenzieren; ebenso *Vorpeil*, IWB Nr. 14 v. 27.7.2011, S. 1, 3 f. Die Abgabe einer Legal Opinion zur rechtlichen Durchsetzbarkeit von Ansprüchen (*Enforceability Opinion*) hängt mitunter auch davon ab, ob der Ersteller der Legal Opinion selbst an der Gestaltung der Verträge und an den Vertragsverhandlungen intensiv beteiligt war oder nicht, ob eine Stellungnahme hierzu in der Legal Opinion angezeigt erscheint oder nicht.

ff) Vorbehalte und Einschränkungen (*Qualifications*)

10.188 Für den Mandanten sowie die Gegenpartei ist es natürlich am besten, wenn der Anwalt eine *Clean Opinion* abgeben kann, also die Aussage zur rechtlichen Wirksamkeit der vertraglichen Verbindlichkeiten unter keinerlei Einschränkung stellen muss. Dies wird je nach Rechtsgebiet und Bestehen einer gefestigten Rechtsprechung allerdings eher die Ausnahme sein. Häufig wird der Anwalt zu einzelnen Aspekten eine *Qualified Opinion* abgeben müssen, die bestimmte Einschränkungen und Vorbehalte enthält oder zumindest Erläuterungen zu den getroffenen Aussagen (sog. *Reasoned Opinion*) anführen.

10.189 Da die Durchführung einer Transaktion oder eines Vertrages nicht selten von der Abgabe einer oder zweier *Unqualified Opinions*, jedenfalls zu den wichtigsten Rechtsfragen, abhängig gemacht wird, hat sich in der Praxis eine feine **Trennlinie zwischen einer *Reasoned Opinion* und einer *Qualified Opinion*** herausgebildet: Letztlich trifft der Anwalt bei der Abgrenzung eine Einschätzung, wie wahrscheinlich das Eintreten einer bestimmten ungünstigen Rechtsfolge ist. Dies wird vor allem danach entschieden, ob es für die bevorzugte Rechtsfolge eine tragfähige Basis in der – möglichst obergerichtlichen – Rechtsprechung gibt und keine Anhaltspunkte vorliegen, dass sich eine Änderung der Rechtsprechung bereits angekündigt hat. Soweit sich der Verfasser der Legal Opinion auf wenig oder keine Rechtsprechung stützen kann, wird der Meinungsstand in der Literatur und das Bestehen einer vorherrschenden Meinung von wesentlicher Bedeutung sein.

10.190 **Typische *Qualifications*** sind z.B. im Zusammenhang mit Kreditverträgen und *High Yield Bonds* und deren Besicherung Aussagen zum Eigenkapitalersatzcharakter nach § 30 GmbHG/§ 57 AktG, die insbesondere bei sog. *Upstream Guarantees*, also Garantien der Tochtergesellschaft für die Muttergesellschaft, umstritten sind.

Eine übliche *Qualification* bei einer GmbH könnte wie folgt lauten:

„It should be noted that a German limited liability company, or a limited partnership in which no general partner is a natural person, may not make any repayment to a shareholder if the net worth of such limited liability company or limited partnership is, or as a consequence of such repayment would be, lower than the registered share capital of such limited liability company or the registered limited partnership capital of such limited partnership, as the case may be. Accordingly, only the excess of the net worth of a limited liability company or limited partnership over its registered share capital or registered limited partnership capital may be made available for the financing of a parent or sister company[235].

This does not apply for (i) repayments/performances (Leistungen) made during the existence of a domination and/or profit and loss pooling agreement (Beherrschungs- und/oder Gewinnabführungsvertrag) (Section 291 of the German Stock Corporation Act) between the German limited liability company and its shareholder or (ii) repayments/performances (Leistungen) for which the German limited liability company has a recoverable claim for consideration or refund (werthaltiger Gegenleistungs- oder Rückgewähranspruch) or (iii) for the repayment of a shareholder loan or performances (Leistungen) with regard to claims arising from legal actions which are equivalent to a shareholder loan[236]."

10.191 Ein üblicher genereller Vorbehalt ist der sog. **Insolvenzvorbehalt**, wonach die Verpflichtungen durch insolvenzrechtliche Vorschriften beeinträchtigt werden können. Soweit es um die potentielle Durchsetzbarkeit von Rechten geht, ist eine Aussage dazu angebracht, dass die Durchsetzung von Rechten von einem Vorschuss für Prozesskosten (bei Ausländern mit Sicherheitsleistung) abhängig ist[237].

---

235 Rechtslage bis zum Inkrafttreten des GmbH-Gesetzes durch das Gesetz zur Modernisierung des GmbH-Rechts und zur Bekämpfung von Missbräuchen (MoMiG).
236 Rechtslage nach Inkrafttreten der Änderungen des GmbH-Gesetzes durch das Gesetz zur Modernisierung des GmbH-Rechts und zur Bekämpfung von Missbräuchen (MoMiG).
237 Vgl. auch *Giesen/Mader*, RIW 2012, 21, 29 f.

Darüber hinaus ist es im Falle der Abfassung einer Legal Opinion in englischer Sprache zu Fragen des deutschen Rechts ratsam, auf Unschärfen hinzuweisen, weil für die **deutsche Fachterminologie** häufig keine präzisen und deckungsgleichen Übersetzungen existieren.

Eine typische diesbezügliche *Qualification* könnte wie folgt lauten:

„In this opinion, concepts of German law are addressed in the English language and not in the original German terms, which may differ in their exact legal meaning. This opinion may, therefore, only be relied upon under the express condition that any issues of interpretation arising hereunder will be governed by German law and be brought before a German court."

Darüber hinaus lässt sich dieses in grenzüberschreitenden Transaktionen typische Problem durch die Hinzufügung wichtiger Termini in deutscher Sprache in Form von – dann für die Auslegung maßgebenden – Klammerzusätzen auf pragmatische Weise reduzieren.

Als weitere Qualifikation wird sich i.d.R. der klarstellende, z.T. aber auch konstitutive Zusatz finden, dass keine gesonderte Due Diligence durchgeführt worden ist und daher ausschließlich die gesondert erwähnten Dokumente geprüft und den Aussagen zugrunde gelegt wurden.

gg) Schlussbemerkungen (*Final Remarks*)

In den Schlussbemerkungen (sog. „*Final Remarks*") wird u.a. in der Regel nochmals darauf aufmerksam gemacht, dass die Legal Opinion ausschließlich an den Adressaten adressiert ist und die Opinion anderen Personen als dem unmittelbaren Empfänger nicht oder nur eingeschränkt zugänglich gemacht werden darf, wobei bei Legal Opinions für Kapitalmarkttransaktionen die Bezugnahme im Underwriting Agreement oder eine Verwendung zur eigenen Rechtsverteidigung eingeschlossen ist. Überdies wird üblicherweise erneut darauf hingewiesen, dass solche Dritte sich weder auf die Legal Opinion berufen noch Rechte aus ihr herleiten können[238] und schließlich erfolgt hierin typischerweise nochmals der Hinweis, dass den Ersteller **keine Hinweis- oder Ergänzungspflichten** treffen, sollten sich die tatsächlichen oder rechtlichen Gegebenheiten nach dem Stichtag der Legal Opinion ändern.

hh) Briefkopf und Unterschriften

Legal Opinions werden auf dem Briefpapier der Kanzlei abgegeben, der der Unterzeichner angehört. Während bei in Deutschland zugelassenen Rechtsanwälten deutscher Kanzleien die Unterzeichnung von Legal Opinions mit Namen üblich und erforderlich ist, hat sich bei anglo-amerikanischen Kanzleien (*law firms*) die Praxis herausgebildet, Legal Opinions zwar handschriftlich (sofern nicht elektronische Signaturen verwendet werden), aber mit dem Namen der Firma zu unterzeichnen, wodurch der Eindruck entsteht, dass es sich bei den Aussagen um solche der *Law Firm* handelt und nicht bloß des handelnden Anwalts. Diese Praxis bietet Anlass für Missverständnisse hinsichtlich der von der Law Firm zu beachtenden Sorgfaltspflichten: Eine *Law Firm* praktiziert Recht nur durch die Anwälte, die für sie handeln. Wer die entsprechende Legal Opinion vorbereitet, ist auch dafür verantwortlich, dass die Handlungen vorgenommen werden, die notwendig sind, um die darin getätigten Aussagen zu treffen. Die Law Firm erfüllt ihre Verpflichtungen gegenüber dem Empfänger durch die Handlungen des Unterzeichners, der bei der Vorbereitung und Ausstellung die erforderliche Sorgfalt walten zu lassen hat.[239] Mit Ausnahme ausdrücklicher Feststellungen in der Legal Opinion oder in anderen seltenen Ausnahmefällen, kann hingegen nicht angenommen werden, dass andere Mitglieder der *Law Firm* in die Vorbereitung der Legal Opinion eingebunden waren.

---

238 Vgl. auch *Giesen/Mader*, RIW 2012, 21, 25, die betonen, dass hierdurch das Haftungsrisiko des Erstellers einer Legal Opinion (weiter) reduziert wird.
239 TriBar Opinion Committee, Third – Party Closing Opinions, 53 The Business Lawyer 592 (1998), § 1.8.

Zur entsprechenden Dokumentation legen beispielsweise Investmentbanken als regelmäßige und insoweit „professionelle" Empfänger von Legal Opinions auch Wert darauf, dass der Name des Ausstellers zumindest an einer Stelle des Dokuments hervorgeht (z.B. durch Nennung im Briefkopf) und sollte letztlich auch die Law Firm ein eigenes Interesse an einer entsprechenden Dokumentation haben.

b) Besonderheiten der internationalen Praxis

10.196 In der internationalen Praxis und bei grenzüberschreitenden Transaktionen werden im Zusammenhang mit der Abgabe von Legal Opinions für die Bezeichnung der verschiedenen eingebundenen Rechtsanwälte und deren Funktionen von **Fachbegriffen** verwendet, die nachfolgend kurz erläutert werden sollen.

aa) Principal Counsel

10.197 Regelmäßig werden bei internationalen Transaktionen die rechtlichen Fragen eine Mehrzahl von Rechtsordnungen berühren. In diesen Fällen wird für die Legal Opinion häufig das Zusammenspiel von *Principal Counsel* einerseits und *Local Counsel* bzw. *Foreign Counsel* andererseits relevant.

10.198 Unter dem *Principal Counsel*[240] versteht man den Rechtsanwalt, der der Rechtsordnung angehört, der die **wichtigsten Verträge der Transaktion** unterliegen und dem gegenüber der betreffenden Partei die „**Steuerung**" und **Strukturierung der Transaktion** obliegt. Er gibt die Legal Opinion zu diesen wesentlichen Verträgen ab und muss auch nach den Vorschriften und Regeln des Internationalen Privatrechts bestimmen, welche anderen Rechtsordnungen auf die vertraglichen Verpflichtungen und betroffenen rechtlichen Fragen Anwendung finden, um ggf. einen *Local Counsel* mit diesen Rechtsfragen zu betrauen.

10.199 In der Verantwortung des *Principal Counsel* liegt es, gegenüber dem Mandanten die u.U. verschiedenen **Local Counsel anzusprechen** und deren Legal Opinions mit der Gegenseite abzustimmen und die termingerechte Abgabe zu **koordinieren**. Dabei wird man davon ausgehen können, dass der *Principal Counsel* seinen Pflichten nicht schon dann genügt, wenn er einfach eine Legal Opinion eines *Local Counsel* einholt. Der *Principal Counsel* hat i.d.R. auch die Verpflichtung, die erforderliche Sorgfalt aufzuwenden, um die bei umfassender Betrachtung relevanten rechtlichen Probleme und Risiken unter anderen Rechtsordnungen zu adressieren und sicherzustellen, dass diese in der Legal Opinion des *Local Counsel* angesprochen sind[241].

10.200 In der Legal Opinion des *Principal Counsel* wird sich das Verhältnis zur Legal Opinion der *Local Counsels* zumeist dadurch zeigen, dass der *Principal Counsel* in seiner Legal Opinion alle **Rechtsfragen ausklammert**, die Bezug zu **einer fremden Rechtsordnung** haben bzw. einem fremden Recht unterliegen. Dies kann auf zwei Arten geschehen: Der *Principal Counsel* kann entweder in seiner Legal Opinion bestimmte Annahmen (*Assumptions*) im Hinblick auf Fragen treffen, die dem fremden Recht unterliegen. Ein anderer Weg ist es, dass der *Principal Counsel* zwar Aussagen über rechtliche Schlussfolgerungen der eigenen Rechtsordnung trifft, die von rechtlichen Schlussfolgerungen des fremden Rechts abhängen, aber in der Opinion deutlich macht, dass er sich dabei auf eine Legal Opinion des *Local Counsel* stützt und selbst keine eigenen Aussagen zu diesen Fragen treffen will. In beiden Fällen wird für den Empfänger der Legal Opinion klar, inwieweit er die Legal Opinion des *Local Counsel* heranziehen muss, um für die Gesamttransaktion die nötige Sicherheit zu erlangen[242].

---

240 Vgl. zum Begriff des Principal Counsel *Gruson/Hutter*, S. xxvii und *Gruson/Hutter/Kutschera*, S. 14 ff., jeweils herausgegeben von der International Bar Association (IBA). Zu den verschiedenen Ausstellern von Opinions bei Kapitalmarkttransaktionen ausführlich zuletzt *Seiler* in Habersack/Mülbert/Schlitt, Unternehmensfinanzierung am Kapitalmarkt, Rz. 35.13 ff.
241 Vgl. zu diesen Pflichten etwa *Gruson/Hutter*, S. xxix und *Gruson/Hutter/Kutschera*, S. 16 f.
242 So insbesondere *Gruson/Hutter/Kutschera*, S. 15 ff.

Daneben besteht die eher theoretische Möglichkeit, dass sowohl der *Principal Counsel* als auch der *Local Counsel* eine Legal Opinion zur Gesamttransaktion abgeben und beide darin darlegen, dass sie – soweit fremdes Recht betroffen ist – sich jeweils auf die Aussagen des anderen Anwalts verlassen. Dieser Ansatz hat für den Empfänger der Legal Opinion zumeist den Nachteil, dass für ihn nicht hinreichend klar wird, wie die Verantwortungsbereiche zwischen *Principal Counsel* und *Local Counsel* abgesteckt sind. Daher wird – etwa auch in den Veröffentlichungen der International Bar Association (IBA) – darauf hingewiesen, dass dies in der Regel den Anforderungen des Empfängers nicht genügen dürfte und nicht einer „*good practice*" entspricht[243]. Es zeigt sich hier für den Empfänger in internationalen Transaktionen der Vorteil integrierter globaler Kanzleien: diese werden häufig gerade mit Bezug auf deren Präsenz in den Hauptrechtsordnungen ausgewählt, so dass sich das Problem „blinder Flecken" in den Verantwortungsbereichen typischerweise nicht stellt. 10.201

bb) *Local Counsel*

Der *Local Counsel* bzw. *Foreign Counsel* stellt den Gegenbegriff zum *Principal Counsel* dar. Es ist die Aufgabe des *Local Counsel*, zu den Rechtsfragen zu beraten und eine Legal Opinion abzugeben, die bei einer internationalen Transaktion – aus dem Blickwinkel des *Principal Counsels* – einer fremden Rechtsordnung unterliegen. Wie bereits dargelegt, wird der *Principal Counsel* ein Anwalt aus derjenigen Rechtsordnung sein, der die wesentlichen Verträge der Transaktion unterliegen. Soweit für weitere Verträge oder vorgreifliche Rechtsfragen ein anderes Recht anwendbar ist, ist der jeweilige *Local Counsel* gefordert. *Local Counsel* gehören nicht selten kleinen renommierten lokalen Kanzleien an. 10.202

cc) *Special Counsel*

Ein *Special Counsel* ist ein Rechtsanwalt, der eine separate Legal Opinion zu **rechtlichen Sonderfragen** abgibt, die inhaltlich bzw. hinsichtlich einer besonderen Rechtsmaterie nicht von der Legal Opinion des *Principal Counsel* umfasst werden. 10.203

Eine derartige Legal Opinion eines *Special Counsel* kommt etwa in Betracht, wenn steuerliche Fragen für eine Transaktion eine erhebliche Rolle spielen und die **steuerliche Gestaltung** bzw. die Aussage, dass die gewählte Gestaltung die gewünschten steuerlichen Folgen hat, durch eine Legal Opinion bestätigt werden soll[244]. In einem solchen Falle würde für steuerrechtliche Fragen ein *Special Counsel* eine inhaltlich klar umgrenzte und beschränkte Legal Opinion abgeben, sofern dem *Local Counsel* die erforderliche Expertise fehlt oder angesichts der potentiellen Haftung eine größere Kanzlei involviert werden soll. 10.204

Ein weiteres Beispiel für eine Legal Opinion eines *Special Counsel* sind **insolvenzrechtliche Fragen**, sofern diese für die Transaktion von besonderer Bedeutung sind, etwa weil der Kauf von Vermögensgegenständen aus der Insolvenz einer Gesellschaft in Frage steht. Hier wird der *Principal Counsel* die insolvenzrechtlichen Fragen oft nicht mitbehandeln. Die notwendige Transaktionssicherheit wird vielmehr durch eine gesonderte Legal Opinion eines *Special Counsel* für diese Fragestellungen gewährleistet. 10.205

Weitere Anwendungsfälle für Legal Opinions eines *Special Counsel* sind beispielsweise umweltrechtliche Fragestellungen bei Grundstückstransaktionen sowie gewerbliche Schutzrechte, und hier insbesondere Patente[245], sowie Fragen des anwendbaren Außenwirtschaftsrechts (insbesondere nach dem

---

243 *Gruson/Hutter/Kutschera*, S. 17.
244 Vgl. auch *Giesen/Mader*, RIW 2012, 21, 31 und 34 f.
245 Insbesondere zu Patentanwälten als *Special Counsel* ausführlich *Seiler* in Habersack/Mülbert/Schlitt, Unternehmensfinanzierung am Kapitalmarkt, Rz. 35.16. Derartige Fragestellungen sind insbesondere in der Biotechnologie- und Pharmabranche aufgrund der Bedeutung für den Unternehmenswert gegenüber sog. Generika-Herstellern von Bedeutung.

Außenwirtschaftsgesetz (AWG) oder die in den Zuständigkeitsbereich des *Committee on Foreign Investment in the United States* (CFIUS) fallen).

dd) *Issuer's Counsel* und *Underwriters' Counsel*

10.206 Der „*Issuer's Counsel*", also der rechtliche Berater des Emittenten, stellt den Gegenbegriff zum „*Banks' Counsel*" oder auch „*Underwriters' Counsel*", also dem rechtlichen Berater der (Emissions-)Banken, dar und hat bei Kapitalmarkttransaktionen Bedeutung.

10.207 Auf die Aufgaben eines Emittentenanwalts bzw. dessen Legal Opinion wurde bereits oben im Zusammenhang mit der Rolle von Legal Opinions bei Kapitalmarkttransaktionen eingegangen (siehe Rz. 10.149 ff.). Der Emittentenanwalt gibt gemäß Beauftragung durch seinen Mandanten eine **Legal Opinion ebenfalls gegenüber den Emissionsbanken** ab[246], dementsprechend als *Third Party Legal Opinion*, deren Aussagen mit der des Bankenanwalts zumindest deckungsgleich sein sollten, wenn sie nicht im Einzelfall sogar darüber hinausgehen.

ee) *In-house Counsel*

10.208 Bei großen Transaktionen oder renommierten Emittenten, deren eigene Rechtsabteilung aufgrund größerer Sachnähe meist über eigenes Fachwissen sowie Interna bezüglich wichtiger Sachverhalte verfügt, wird bisweilen auch eine sog. „*In-house Opinion*" des *General Counsel* (Chefsyndikus) des Emittenten gefordert[247]. Hierbei handelt es sich stets um eine *Third Party Legal Opinion*, da dieser die entsprechenden Aussagen als angestellter Mitarbeiter mit Rechtsanwaltszulassung für eine Vertragspartei bzw. den Emittenten und gegenüber einer anderen Vertragspartei bzw. den Emissionsbanken auf dem Briefbogen des Emittenten tätigt.

Zur Frage der Auslegung und Haftung in diesem Kontext siehe Rz. 10.249 ff.

10.209–10.211 Einstweilen frei.

3. Begriff und Funktion des Disclosure Letters

10.212 Ein sog. Disclosure Letter ist ein nur bei Kapitalmarkttransaktionen, die auf der Grundlage eines Prospekts durchgeführt werden, verwendetes Schreiben, in dem der Aussteller erklärt, dass ihm im Zusammenhang mit der Erstellung des Prospekts und bei der Einsichtnahme in Unterlagen der Gesellschaft bzw. den in diesem Kontext geführten Beratungen und Diskussionen mit den Transaktionsbeteiligten keine Umstände bekannt geworden sind, die zu einer **Unrichtigkeit oder Unvollständigkeit des Prospekts** in wesentlichen Punkten führen würden. Von dieser Erklärung werden die im Prospekt enthaltenen Finanzinformationen und alle sich darauf beziehenden Aussagen sowie Stellungnahmen von weiteren Experten oder sonstige externe Quellen ausdrücklich ausgenommen. Ebenso wie Legal Opinions sind Disclosure Letter ausschließlich an die Emissionsbanken gerichtet und werden sowohl vom Emittentenanwalt (als *Third Party Disclosure Letter*) als auch vom Bankenanwalt ausgestellt.

10.213 Anders als in einer Legal Opinion, die das Vorliegen einzelner rechtlicher Umstände ausdrücklich positiv bestätigt, ist in dem Disclosure Letter lediglich eine „*negative assurance*" enthalten, d.h. es wird aufgrund professioneller Tätigkeit eine Aussage zum **Nicht-Vorhandensein bestimmter Kenntnisse**

---

246 Zur Abgrenzung des Beratungsumfangs gegenüber dem Bankenanwalt und die häufig vorhandene „Nähe" zum Emittenten, *Seiler* in Habersack/Mülbert/Schlitt, Unternehmensfinanzierung am Kapitalmarkt, Rz. 35.13 m.w.N.
247 Die Aussagen betreffen häufig z.B. den aktuellen Stand zu bedeutenden anhängigen Gerichts- oder behördlichen Verfahren. Zu Haftungsfragen im Zusammenhang mit Opinions des *In-house Counsel* siehe näher Rz. 10.259 ff.

des Ausstellers und damit in Bezug auf **rein tatsächliche Umstände** getätigt. Dementsprechend ist im amerikanischen Rechtskreis auch die Bezeichnung als „*Negative Assurance Letter*" gebräuchlich. Die manchmal verwendete Bezeichnung als „Disclosure Opinion" zeigt aus diesem Grund hingegen in die falsche Richtung.

Demgegenüber ist der sog. Comfort Letter[248], der im Regelfall von den Wirtschaftsprüfern der Gesellschaft bezüglich des Finanzteils und bestimmter finanzbezogener Zahlenangaben in den übrigen Teilen des Prospekts abgegeben wird, in Teilen (in Bezug auf dessen positive Bestätigungen) einer „Opinion" vergleichbar und in anderen Teilen (in Bezug auf Aussagen mit „*negative assurance*") mit einem „Disclosure Letter" vergleichbar, auch wenn sich die *negative assurance* hier nicht auf die Prospektdarstellung in ihrer Gesamheit bezieht, sondern lediglich auf die im Prospekt enthaltenen Finanzinformationen und das Ergebnis der hierzu getätigten Prüfungen (vgl. dazu umfassend Rz. 10.291 ff.).

Die zentrale Passage eines Disclosure Letters lautet typischerweise wie folgt: 10.214

„In the course of our acting as German counsel to the Underwriters [the issuer] in connection with the preparation of the Offering Circular (Wertpapierprospekt), we participated in conferences and telephone conversations with representatives of the Company, [representatives of the US counsel of the Company], the US counsel of the Underwriters, representatives of the independent public accountants of the Company, and your representatives during which conferences and conversations the contents of the Offering Circular and related matters were discussed, and we reviewed certain German corporate records and other documents furnished to us by the Company and carried out such further inquiries as we have deemed necessary and appropriate as to German law and obtained such further information. In addition, we reviewed comfort letters dated [date] and addressed to you from the Company's auditors.

Based on our participation in such conferences and conversations and review of such records and documents as described above as well as certain legal opinions governed by foreign law, our understanding of the German Securities Prospectus Act (Wertpapierprospektgesetz), the Prospectus Regulation (EU) 2017/1129 and the Commission Delegated Regulations issued therunder as well as the German Stock Exchange Act (Börsengesetz) and the experience we have gained in our practice thereunder, we advise you that no information has come to our attention that causes us to believe that the Offering Circular (except the financial statements and schedules and other financial, accounting or statistical data included therein or statements or explanations relating thereto such as the above-referenced summary of significant accounting principles, as to which we express no view), as of its date, contained an untrue statement of, or omitted to state a fact which is material for the assessment of an investment in the Offer Shares („unrichtige oder unvollständige Angaben, welche für die Beurteilung von Wertpapieren wesentlich sind"), all within the meaning of §§ 9 f. German Securities Prospectus Act."

Die Formulierung orientiert sich dabei an dem zu Rule 10b-5 unter dem U.S. Securities and Exchange Act von 1934 entwickelten Standard für Platzierungen in den USA, weswegen Disclosure Letter nach der deutschen Rechtsordnung (ebenso wie in manchen anderen Jurisdiktionen) in der Transaktionspraxis aus amerikanischer Perspektive manchmal auch als „*10b-5 look-alike*" bezeichnet werden.

Die **Funktion eines Disclosure Letters** besteht zunächst darin, das **Risiko der Prospekthaftung** aus 10.215
§§ 9 f. WpPG für die Prospektverantwortlichen **abzumildern**. Durch die Bestätigungen der Anwälte wollen die Konsortialbanken eine zusätzliche Absicherung, dass sie weder positive Kenntnis noch grob fahrlässige Unkenntnis von der Unrichtigkeit oder Unvollständigkeit des Prospekts hatten. Es handelt sich wie beim durch ein oder mehrere Vorstandsmitglieder zu verschiedenen Zeitpunkten der Transaktion ausgestellte „*Officer's Certificate*" mit bestimmten Bestätigungen und Wiederholung der im zugrunde liegenden Vertragswerk erklärten Gewährleistungen um ein dokumentarisch unterlegtes und

---

248 Siehe zum Comfort Letter ausführlich Rz. 10.291 ff.

damit finalisiertes Element der durch Due Diligence aufgebauten Verteidigungslinie zur **Abwehr möglicher Prospekthaftungsansprüche** (sog. *„due diligence defense"*)[249].

10.216 Ebenso wie Legal Opinions werden auch Disclosure Letters dem Recht unterstellt, das im Land des Ausstellers gilt[250] und dürfen von den Empfängern ausschließlich in dem darin genannten Kontext verwendet werden. Der Disclosure Letter wird daher im Kontext der Transaktion Investoren oder anderen Dritten gegenüber ebenfalls weder in Bezug genommen noch offengelegt. Einleitungs- und Schlussabsätze von Disclosure Letters ähneln daher in ihrer Aussage insgesamt den in Legal Opinions unter Einleitungen (*Introduction*) und Schlussbemerkungen (*Final Remarks*) enthaltenen Passagen.

10.217–10.219 Einstweilen frei.

4. Funktionen von Legal Opinions und Disclosure Letters aus der Sicht der beteiligten Parteien

10.220 Bei grenzüberschreitenden Transaktionen oder bei Aktienplatzierungen gibt der Rechtsanwalt die Legal Opinion auf Veräußerer- bzw. Emittentenseite i.d.R. nicht gegenüber dem eigenen Mandanten ab, sondern **adressiert** sie **an die Gegenseite**. Gleiches gilt bei prospektbasierten Kapitalmarkttransaktionen für den Disclosure Letter.

Daher sind bei der Bestimmung der Funktionen der Legal Opinion und ggf. des Disclosure Letters auch die unterschiedlichen Sichtweisen der beteiligten Parteien, also des Empfängers, des Mandanten und des Anwalts zu berücksichtigen[251].

a) Sicht des Empfängers

10.221 Die hauptsächliche Funktion einer Legal Opinion und ggf. des Disclosure Letters aus Sicht des Empfängers liegt in der **Risikobegrenzung für den Empfänger**. Dabei hat die Risikobegrenzung zwei verschiedene Aspekte: Zum einen haben die Legal Opinion und Disclosure Letter eine **Informationsfunktion** bzw. **Risikoaufdeckungsfunktion**. Die Vorbereitung und Verhandlung des genauen Wortlauts von Legal Opinion und Disclosure Letter führt im praktischen Ergebnis zu einem „Anforderungskatalog" an den Ersteller: Um die entsprechenden Aussagen treffen zu können, muss er bestimmte Prüfungshandlungen vornehmen; so soll sichergestellt werden, dass bestimmte wesentliche Punkte im Vorfeld eigenständig untersucht wurden und etwaige Risiken der Transaktion aufgedeckt und sachgerecht eingeschätzt werden können[252]. Gegebenenfalls können auch Gestaltungsmöglichkeiten gefunden werden, durch die die Risiken minimiert oder sogar ganz beseitigt werden. Der Empfänger der Legal Opinion bzw. des Disclosure Letters wird zu diesen Risiken zwar auch den eigenen Rechtsberater konsultieren; der Vorteil einer Auskunft der Gegenseite besteht aber darin, dass die Gegenseite nicht selten aufgrund der größeren Nähe zum Sachverhalt und den handelnden Personen einen Informationsvorsprung hat, was gerade bei Disclosure Letters von besonderer Bedeutung ist. Im Verhältnis zwischen dem Vertragspartner und dessen rechtlichem Berater können durchaus Gründe dafür sprechen, dem rechtlichen Berater ein größeres Vertrauen zu schenken als der Gegenseite selbst. Für den rechtlichen Berater steht seine Reputation auf dem Spiel, außerdem hat er ein Interesse an einer Beteiligung an ähnlichen Transaktionen in der Zukunft. Irreführende oder schuldhaft falsche Auskünfte können darüber hinaus auch berufsrechtliche Folgen für den rechtlichen Berater haben.

---

249 Dabei ist der (10b-5) Disclosure Letter vor allem bei Platzierungen in den USA nach Rule 144A unverzichtbar; dem Officers Certificate kommt daneben gerade im deutschen Recht ergänzend eine nicht unwesentliche Bedeutung zu.
250 Siehe zu den entsprechenden Überlegungen bei Legal Opinions bereits Rz. 10.175.
251 Vgl. dazu auch *Adolff*, S. 28 ff.
252 Vgl. dazu auch *Giesen/Mader*, RIW 2012, 21, 24 f.

Dagegen besteht bei Auskünften der anderen Vertragspartei das Risiko, dass sich deren Unrichtigkeit häufig erst in der Insolvenz der Partei herausstellt[253].

Im Übrigen bestehe nach allgemeiner Lebenserfahrung eine höhere Richtigkeitsgewähr für den Inhalt der im Rahmen der Legal Opinion begutachteten Verträge und den hierin oder im Zuge dessen getätigten Aussagen, wenn dies nochmals durch eine Legal Opinion bestätigt wird. Denn der die Legal Opinion abgebende Anwalt handelt in dem Bewusstsein, für die in der Legal Opinion seinerseits getätigten Schlussfolgerungen und deren Richtigkeit haftbar gemacht werden zu können[254]. In gleicher Weise zwingt auch die Ausstellung eines Disclosure Letters zu nochmals sorgfältiger Prüfung der im Prospekt getätigten Aussagen und der gewählten Darstellungsform.

Die Information bzw. Risikoaufdeckung in einer Legal Opinion bezieht sich jedoch stets nur auf den von den Parteien als Vertragswerk vereinbarten Inhalt oder den von den Parteien vorgelegten Sachverhalt. Eine Aussage, ob die gewählte Gestaltung die bestgeeignetste für den vom Empfänger gewünschten Zweck ist, ist damit nicht verbunden[255].

Gerade bei Kapitalmarkttransaktionen tritt die **Verteidigungsfunktion** als wesentlicher Aspekt hinzu, denn eine von einem professionellen Berater ausgestellte Legal Opinion bzw. ein Disclosure Letter kann es dem Empfänger ermöglichen, den Vorwurf eines grob fahrlässigen Handelns auszuräumen und – soweit nicht Fahrlässigkeit insgesamt ausgeschlossen werden kann – auf die Schwelle der einfachen Fahrlässigkeit abzumildern. Bei Platzierungen und Börsenzulassungen aufgrund eines nach den Vorschriften der Verordnung (EU) 2017/1129[256] (EU-Prospektverordnung) erstellten Wertpapierprospekts kann gem. § 12 WpPG nämlich nicht in Anspruch genommen werden, wer nachweisen kann, dass er die Unrichtigkeit oder Unvollständigkeit der Angaben des Wertpapierprospekts nicht gekannt hat und dass die Unkenntnis nicht auf Vorsatz oder grober Fahrlässigkeit beruht[257]. Dies hat zwar in der Praxis für Disclosure Letter und Comfort Letter größere Relevanz, kann aber auch Aspekte einer Legal Opinion betreffen. Da es hierbei ausschließlich um spezifisch rechtliche Sachverhalte geht, kann es hier jedenfalls im Einzelfall leichter sein, lediglich einfache Fahrlässigkeit des Empfängers anzunehmen, als bei einem Disclosure Letter oder Comfort Letter, der in stärkerem Umfang auch Aspekte betrifft, in Bezug auf die bei den die Kapitalmarkttransaktion begleitenden Banken häufig bereits in nicht unerheblichem Umfang eigene Kenntnisse über die Branchen und Märkte, in denen die betroffene Emittentin tätig ist, sowie deren Geschäftsmodell und finanzielle Entwicklung vorhanden sind. Sowohl Legal Opinions als auch Disclosure Letter sind daher (zusammen mit Comfort Letters) wesentliche Mittel der **Abwehr möglicher zukünftiger Prospekthaftungsansprüche** (sog. „*due diligence defense*") der die Emission begleitenden Banken.

10.222

Eine weitere Funktion sowohl der Legal Opinion als auch ggf. des Comfort Letters ist die Möglichkeit der **Risikoabwälzung**. Für den Fall, dass die Transaktion fehlschlägt, besteht bei Abgabe einer Legal Opinion bzw. eines Comfort Letters die Erwartung, bei entsprechend eindeutigen Aussagen auf einen weiteren Schuldner zugreifen zu können[258]. Auch wenn die Haftung des Anwalts etwa aus einer Legal Opinion je nach Rechtsordnung stark variiert und es etwa für das US-amerikanische Recht außer Streit zu stehen scheint, dass ein Anwalt durch die Abgabe einer Legal Opinion nicht für den Mandanten, dessen Bonität oder die Richtigkeit der wesentlichen Aussagen haftet, wird die Legal Opinion gleichwohl häufig als wichtiges zusätzliches Instrument der Kreditsicherung wahrgenommen[259]. We-

10.223

---

253 Vgl. dazu *Adolff*, S. 29.
254 Vgl. dazu *Giesen/Mader*, RIW 2012, 21, 22.
255 *Vorpeil*, IWB Nr. 14 v. 27.7.2011, S. 1.
256 Verordnung (EU) 2017/1129 des Europäischen Parlaments und des Rates v. 14.6.2017 über den Prospekt, der beim öffentlichen Angebot von Wertpapieren oder bei deren Zulassung zum Handel an einem geregelten Markt zu veröffentlichen ist und zur Aufhebung der Richtlinie 2003/71/EG.
257 Siehe zur Prospekthaftung ausführlicher Rz. 10.391 ff.
258 Vgl. zu dieser Funktion auch *Louven*, VersR 1997, 1050, 1057.
259 So auch *Adolff*, S. 31.

der Legal Opinions noch Disclosure Letters haben jedoch die Funktion, den Vertragsparteien ökonomische Risiken der Transaktion abzunehmen oder Mängel der Transaktionsstruktur zu kompensieren; sie dienen also insbesondere nicht der Versicherung einzelner Transaktionsteilnehmer[260].

Doch auch so kann sich der Empfänger einer Legal Opinion bzw. eines Disclosure Letters – ebenso wie beim Comfort Letter der Wirtschaftsprüfer – u.U. nicht oder zumindest nicht allein auf deren Existenz und Inhalt verlassen. Insbesondere können eigene Aufklärungs- und Kontrollpflichten bestehen[261]. Siehe dazu ausführlicher Rz. 10.240 ff.

10.224 Die beiden beschriebenen Funktionen von Legal Opinion und Disclosure Letter können sich aus durchaus unterschiedlichen Motiven ergeben und unterschiedliche Erwartungen widerspiegeln[262]: Wenn es dem Empfänger bei der Legal Opinion in erster Linie um die Risikoabwälzungsfunktion geht, wird er eher darauf drängen, eine möglichste „harte" Opinion ohne Einschränkungen (*Qualifications*) zu erhalten, da so die Sicherheit erhöht wird, im Falle eines Scheiterns oder Misserfolgs des Projekts aus Rechtsgründen keinen Schaden zu nehmen. Anders ist es dagegen, wenn die Informationsfunktion im Vordergrund steht. Eine Legal Opinion mit Einschränkungen wird diese Informationsfunktion eher erfüllen als eine *Clean Opinion*, da nur sie den Empfänger auf mögliche Risiken einer Transaktion aufmerksam macht. Das Interesse, einseitig Risiken abzuwälzen, wird immer dann besonders deutlich, wenn der Empfänger einer *Reasoned Opinion* oder *Qualified Opinion* entweder auch noch nach dem Erhalt der Opinion an der Richtigkeit der Aussagen zweifelt oder für Themenbereiche eine eindeutige Aussage vom Anwalt erhalten möchte, zu der dieser sich außer Stande sieht.

10.225 Neben der Risikobegrenzung erfüllt die Legal Opinion aus Sicht des Empfängers auch eine **Referenzfunktion**[263]. Dies gilt insbesondere, wenn durch die Legal Opinion gegenüber dritten Parteien belegt werden soll, dass die Forderungen aus einem Vertrag zu dem die Legal Opinion abgegeben wurde, wirksam und durchsetzbar sind; letzteres allerdings nur, sofern die Offenlegung der Opinion erlaubt ist.

10.226 Die Abgabe einer Legal Opinion hat hingegen i.d.R. **nicht die Funktion**, Prüfungsaufwand auf Seiten einer Partei zu vermeiden und damit eine **Verlagerung von Kosten** zwischen den Beteiligten zu bewirken. Infolge des erwarteten Erhalts einer Legal Opinion soll deren Empfänger seine eigenen Pürfungsanstrengungen (bzw. die des von ihm beauftragten Anwalts) nicht unter das Maß verringern, dass er auch ohne generische Legal Opinion anwenden müsste. Soweit eine Verlagerung von Transaktionskosten gewünscht ist, kann dies durch vertragliche Gestaltungen direkt (Kostentragungsregelung) oder indirekt (Anpassungen des Kaufpreises) geregelt werden; eine Beeinflussung des Sorgfaltsmaßstabs wäre hierfür der falsche Weg. Im Übrigen steht etwaigen derartigen Überlegungen auch der potentielle Renommee-Verlust der die Legal Opinion abgebenden Berater entgegen, sowie im Haftungsfalle der Einwand des Mitverschuldens (siehe dazu auch Rz. 10.247 f.).

b) Sicht des Mandanten

10.227 Zur Abgabe einer Legal Opinion bzw. eines Disclosure Letters wird der Mandant seinen Anwalt nur dann auffordern, wenn dies einer **Forderung der Gegenseite** entspricht. Häufig fordert die Gegenseite die Abgabe einer Legal Opinion oder eines Disclosure Letters und sieht darin eine konkrete aufschiebende Bedingung für das Geschäft (*condition precedent*), so dass der Vollzug des Geschäfts (*Settlement* mit Investoren bzw. *Closing* mit der Vertragspartei) u.a. von der Abgabe der Legal Opinion und ggf. des Disclosure Letters abhängt.

---

260 So auch *Seiler* in Habersack/Mülbert/Schlitt, Unternehmensfinanzierung am Kapitalmarkt, Rz. 35.9; ferner *Graf von Bernstorff*, RIW 1988, 680; *Vorpeil*, IWB Nr. 14 v. 27.7.2011, S. 1.
261 *Seiler* in Habersack/Mülbert/Schlitt, Unternehmensfinanzierung am Kapitalmarkt, Rz. 35.10.
262 So zutreffend zu Legal Opinions auch *Adolff*, S. 31.
263 So auch *Giesen/Mader*, RIW 2012, 21 f.

Soweit die Abgabe einer Legal Opinion nicht ohnehin der gängigen Marktpraxis in dem betreffenden Marktsegment entspricht, wird hinter der Aufforderung des Mandanten gegenüber seinem Anwalt, eine Legal Opinion abzugeben, häufig der **Bestätigungsaspekt** stehen. Die Gegenpartei schenkt den Aussagen des Mandanten selbst keinen hinreichenden Glauben und möchte daher durch eine Begutachtung der Fragen durch den Anwalt eine zusätzliche Sicherheit erlangen. Maßgeblich ist, wie groß das Vertrauen des Empfängers in die Kompetenz der Kanzlei und die Sorgfalt bei der Überprüfung der sachlichen Richtigkeit der Aussagen ist[264].

10.228

c) Sicht des Anwalts

Der Anwalt selbst hat generell **kein eigenes Interesse an** der Abgabe einer Legal Opinion oder eines Disclosure Letters. Im Vordergrund steht hier allein die Förderung der Mandanteninteressen.

10.229

Dagegen ist die Abgabe einer Legal Opinion bzw. eines Disclosure Letters aus Sicht des Anwalts mit erheblichen **Risiken** behaftet. Entscheidend ist die **Gefahr für die Reputation** und ein u.U. weitreichendes **Haftungsrisiko**. Der Anwalt wird sich die Abgabe einer Legal Opinion und ggf. eines Disclosure Letters daher durch ein erhöhtes Honorar kompensieren lassen, das nicht nur den eigentlichen Arbeitsaufwand nach Stunden abdeckt, sondern auch das erhöhte Risiko einschließlich (ggf. anteilig kalkulierter) Versicherungskosten mit berücksichtigt[265].

Einstweilen frei.

10.230–10.232

5. Zeitpunkte der Abgabe

Im Verlauf einer Emission verlangen die Konsortialbanken häufig zusätzlich zu den ursprünglich abgegebenen Stellungnahmen weitere sog. **Bring Down Legal Opinions** bzw. **Bring Down Disclosure Letter**. Sofern es sich dabei nicht um fortgeschriebene und unter aktuellem Datum ausgestellte, neue Legal Opinions bzw. Disclosure Letter handelt, bestätigen diese in einem kurzen Schreiben unter Bezugnahme auf die bereits abgegebenen Legal Opinions bzw. Disclosure Letter, dass sich seit deren Erteilung die Umstände nicht geändert bzw. nur plangemäß (erfolgte Preisfeststellung, Zuteilung, Handelsregistereintragung) entwickelt haben und die in den früheren Stellungnahmen getroffenen Aussagen weiterhin zutreffend sind. **Typische Daten** für die Übersendung der Legal Opinions bzw. Disclosure Letter sind (1.) die Unterzeichnung des Underwriting Agreements, (2.) die Veröffentlichung des Wertpapierprospekts, (3.) das Datum der Zeichnung von neuen Aktien, (4.) das Datum des Settlement, wobei zu einzelnen Daten manchmal nur eine Legal Opinion oder nur ein Disclosure Letter erforderlich ist. Soweit innerhalb eines kurzen Zeitraums von z.B. 24 Stunden mehrere dieser typischen Opinion-Zeitpunkte zusammenfallen, einigen sich die Parteien meist auf eine entsprechende Reduzierung der insgesamt abzugebenden Legal Opinions bzw. Disclosure Letters, da der zusätzliche Erkenntniswert der weiteren Legal Opinions bzw. Disclosure Letters in solchen Fällen meist gering ist. Ohnehin neigt die deutsche Praxis zu einer höheren Zahl von Abgabezeitpunkten als notwendig und in manchen anderen Jurisdiktionen üblich, in denen insgesamt meist nur zwei Abgabezeitpunkte (einschließlich Bring Down Legal Opinions bzw. Bring Down Dislosure Letters) vorgesehen sind (nämlich bei verbindlicher Verpflichtung der Emissionsbanken zur Zeichnung sowie zum Closing), allerdings ergänzt um die formalisierte Abgabe eines „finalen Entwurfs" bereits zum öffentlichen Start (*Launch*) der Transaktion.

10.233

Einstweilen frei.

10.234–10.236

---

264 *Adolff*, S. 34.
265 Zu Kostenfragen, insbesondere der Kostenüberwälzung, im Kapitalmarktrecht *Seiler* in Habersack/Mülbert/Schlitt, Unternehmensfinanzierung am Kapitalmarkt, Rz. 35.48 f. sowie *Thümmel* in Schütze/Weipert/Rieder, Münchener Vertragshandbuch, I 3, Anm. 12, S. 47.

6. Haftung und Haftungsfolgen

10.237 Während sich die Haftung für eine dem eigenen Mandanten gegenüber abgegebene Legal Opion bzw. einen entsprechenden Dislcosure Letter unmittelbar aus dem zugrunde liegenden Beratungsvertrag ergibt, ist die Haftung aus einer *Third Party Legal Opinion* oder aus einem *Third Party Disclosure Letter* dogmatisch bei der **Haftung des Experten gegenüber Dritten** zu verorten, da ein vertragliches Beratungsverhältnis zu dem Dritten i.d.R. nicht begründet werden soll[266]. Diese Expertenhaftung ist eine **Schöpfung des Richterrechts**. Die dogmatischen Grundlagen einer solchen Haftung sind in hohem Maße umstritten. Dabei werden im Einzelnen die folgenden Anspruchsgrundlagen diskutiert: Auskunftsvertrag (Auskunftserteilungsvertrag/Auskunftshaftungsvertrag); Garantievertrag; echter Vertrag zugunsten Dritter; Vertrag mit Schutzwirkung für Dritte; Drittschadensliquidation; unerlaubte Handlung (§ 823 Abs. 2, § 826 BGB); § 311 Abs. 2 BGB i.V.m. § 241 Abs. 2, § 280 BGB (*culpa in contrahendo*) sowie ein gesondertes Rechtsinstitut der „Berufshaftung".

10.238 An dieser Stelle kann die auch nach jahrzehntelanger Diskussion immer noch nicht gelöste dogmatische Einordnung der Haftung nicht im Einzelnen dargestellt, sondern nur angerissen werden[267]. Der Grund für den ungelösten dogmatischen Streit liegt im Wesentlichen in **zwei Strukturentscheidungen** des deutschen Rechts. Zum einen gibt es grundsätzlich **keine deliktische Haftung für reine Vermögensschäden** und die Voraussetzungen von § 826 BGB bzw. § 823 Abs. 2 BGB i.V.m. § 263 StGB als Schutzgesetz werden in aller Regel nicht erfüllt sein. Zwar wird in der Literatur diskutiert, ob fremde Vermögensinteressen über Verkehrssicherungspflichten als Schutzgesetze i.S.d. § 823 Abs. 2 BGB angesehen werden können. Dies ist aber *de lege lata* abzulehnen. Würde man den Schutz fremder Vermögensinteressen über die Verkehrssicherungspflicht unter § 823 Abs. 2 BGB subsumieren, würde dies zu einer uneingeschränkten Ausdehnung der Haftungsgrundlagen führen, die im Übrigen der oben genannten Wertung des BGB entgegenstünde. Hier müsste also der Gesetzgeber tätig werden[268]. Die zweite Grundentscheidung ergibt sich aus § 675 Abs. 2 BGB, wonach **aus einem Rat** oder einer **Empfehlung** (wozu auch Auskünfte gehören können) im Regelfall **keine Haftung** resultiert, wenn dafür keine Basis in einem Vertragsverhältnis, einer unerlaubten Handlung oder sonstigen gesetzlichen Bestimmungen besteht.

10.239 Während der BGH die Haftung aus *Third Party Legal Opinions* ursprünglich vorrangig aus einem stillschweigend geschlossenen Auskunftsvertrag herleitete[269], dann aber zunehmend danach differenzierte, ob ein unmittelbarer Kontakt zwischen Auskunftsgeber und Auskunftsempfänger besteht oder die Auskunft zur Weiterleitung an einen bestimmten Empfänger vorgesehen war (dann Auskunftsvertrag) oder eine Weiterleitung zwar erkennbar, der oder die Empfänger aber noch unbestimmt war (dann Vertrag mit Schutzwirkung für Dritte)[270], stoßen beide Konzepte in der Literatur auf deutlichen

---

266 Ausführlich zur Expertenhaftung *Canaris*, ZHR 163 (1999), 206 ff. und *Schneider*, ZHR 1999, 246 ff. Zur Haftung für eine Legal Opinion nach US-amerikanischen Recht vgl. schon *Jander/Du Mesnil de Rochemont*, RIW 1976, 332, 339 und ausführlich bei *Gruson*, RIW 2002, 596 ff. Allgemein zur Haftung in internationalen Mandaten *Louven*, VersR 1997, 1050 ff., der auf S. 1057 auf die Haftung bei einer unrichtigen Legal Opinion eingeht. Ebenfalls zur Haftung für Legal Opinion *Bosch*, ZHR 1999, 274, 276 ff.
267 Siehe *Koch*, WM 2005, 1208, 1208; vgl. zu den einzelnen Anspruchsgrundlagen *Schneider*, ZHR 1999, 246, 249 ff.; *Giesen/Mader*, RIW 2012, 21, 22 f.; sowie ausführlich *Adolff*, S. 80 ff.; *Canaris*, ZHR 163 (1999), 206, 212 ff.; *Seiler* in Habersack/Mülbert/Schlitt, Unternehmensfinanzierung am Kapitalmarkt, Rz. 35.62 f.; in neuerer Zeit ausführlich *Maier-Reimer*, NJW 2014, 2613, 2616, insgesamt als Erwiderung zu *Ganter*, NJW 2014, 1771.
268 Ähnlich *Adolff*, S. 115 ff.
269 Ständige Rechtsprechung seit RGZ 52, 365, 366 f.; Übernahme durch BGHZ 7, 371, 374; weitere Nachweise bei *Koch*, AcP 2004, 59, 61.
270 BGH v. 27.1.1982 – VIII ZR 295/80, NJW 1982, 2431 = ZIP 1982, 825; BGH v. 19.3.1986 – IVa ZR 127/84, NJW-RR 1986, 1307 = BB 1986, 1179 = WM 1986, 711; BGH v. 26.11.1986 – Iva ZR 86/85, NJW 1987, 1758 = ZIP 1987, 376; BGH v. 2.4.1998 – III ZR 245/96, BGHZ 138, 257, 260 ff. = NJW

Widerspruch[271]. Die besseren Gründe sprechen dafür, als Haftungsgrundlage für *Third Party Legal Opinions* oder *Third Party Disclosure Letters* eine **Vertrauenshaftung** anzunehmen, deren dogmatische Grundlage seit der Schuldrechtsreform in § 311 Abs. 2 i.V.m. § 241 Abs. 2, § 280 BGB (*culpa in contrahendo*) wurzelt, so wie sie vom BGH im Zusammenhang mit der **Sachwalterhaftung** bzw. der Haftung für die **Inanspruchnahme von besonderem persönlichen Vertrauen** angenommen worden ist[272].

a) Vertrauenstatbestand

aa) Begründung

Für die Begründung des Vertrauenstatbestands ist zunächst die **Adressierung der Legal Opinion bzw. des Disclosure Letters** von Bedeutung. Nur wer Adressat der Legal Opinion bzw. des Disclosure Letters ist bzw. an wen die Weitergabe ausdrücklich gestattet ist, darf sich auf die darin enthaltenen Aussagen verlassen. Gegenüber anderen Personen wird kein Vertrauenstatbestand begründet[273]. Falls das entsprechenden Dokument keine ausdrückliche Weitergabe gestattet, müssen besondere Umstände des Einzelfalls für einen weitreichenden Vertrauenstatbestand sprechen.

10.240

Legal Opinion und vor allem Disclosure Letter entheben die Empfänger dabei nicht vollständig von dem Erfordernis eigener Befassung und Nachforschung, weil zumindest die von der Erklärung des Disclosure Letters regelmäßig nicht umfassten Angaben, soweit dies im Einzelfall erforderlich erscheint, Gegenstand einer eigenen Due Diligence bleiben und daher von vornherein kein entsprechender Vertrauensschutz eintreten kann. Darüber hinaus hat der Empfänger die Obliegenheit, die Legal Opinion auf Konsistenz der Argumentation und das Fehlen jedenfalls offenkundiger Widersprüche zu prüfen[274].

An einem Vertrauenstatbestand und damit der Möglichkeit einer Risikoabwälzung fehlt es jedoch, wenn der Empfänger sich auf den Inhalt etwa einer Legal Opinion nicht verlassen durfte. Dies ist beispielsweise dann der Fall, wenn eine Behörde im Rahmen der Erteilung von Verwaltungsakten den Antragsteller zur Beibringung eines Rechtsgutachtens auffordert, dessen materieller Gegenstand gerade in die Prüfungskompetenz der entsprechenden Behörde fällt: Eine Behörde kann nicht zur Vereinfachung ihrer eigenen Arbeit eine in den Kernbereich ihrer eigenen Tätigkeit entfallende und allein ihr

---

1998, 1948 = ZIP 1998, 826 = WM 1998, 1032. Vgl. zur Unterscheidung insbesondere die Ausführungen unter BGH v. 10.11.1994 – III ZR 50/94, BGHZ 127, 378, 380 = NJW 1995, 392 = ZIP 1994, 1954; BGH v. 21.5.1996 – XI ZR 199/95, BGHZ 133, 36, 42 = NJW 1996, 2734 = ZIP 1996, 1667 und BGH v. 26.6.2001 – X ZR 231/99, NJW 1998, 1059 = ZIP 1998, 556 = WM 2001, 1428 ff., ferner *Koch*, WM 2005, 1208, 1209; *F. Müller*, Auskunftshaftung nach deutschem und englischem Recht, 1995, S. 83; *Musielak*, WM 1999, 1593, 1595.

271 Siehe Nachweise zum Auskunftsvertrag bei *Adolff*, S. 91 ff. und *Lang*, AcP 2001, 451, 459 ff. sowie zum Vertrag mit Schutzwirkung für Dritte bei *Adolff*, S. 107 ff.; *Canaris*, JZ 1995, 441, 442 ff.; *Canaris*, JZ 1998, 603, 604 f.; *Canaris*, ZHR 163 (1999), 206, 216 f.

272 Vgl. dazu im Einzelnen mit zahlreichen Nachweisen *Adolff*, S. 118 ff. und S. 137 ff. Für die Drittheftung aus *culpa in contrahendo* plädieren ebenfalls *Canaris*, ZHR 163 (1999), 206, 220 ff. mit ausführlicher Auseinandersetzung mit den dogmatischen Grundlagen, und offenbar auch *Maier-Reimer*, NJW 2014, 2613, 2615 f. Insbesondere zu versicherungsrechtlichen Aspekten siehe auch *Koch*, WM 2005, 1208, 1210 f. sowie generell zu den Vorteilen einer Lösung über die Vertrauenshaftung *Koch*, AcP 2004, S. 59 ff.

273 *Adolff*, S. 167 ff.; so auch *Schneider*, ZHR 1999, 246, 267; vgl. auch *Giesen/Mader*, RIW 2012, 21, 23, die zu Recht davon ausgehen, dass die Haftung des Erstellers auch durch entsprechende *Assumptions* und *Qualifications* in der Legal Opinion eingeschränkt werden kann und den Ersteller im Übrigen auch keine generelle Überprüfungspflicht trifft.

274 Dabei können die Grundsätze der BGH-Rechtsprechung zum Vertrauen auf Rechtsrat herangezogen werden, BGH v. 20.9.2011 – II ZR 234/09 – Ision, NJW-RR 2011, 1670 = AG 2011, 876 = ZIP 2011, 2097; etwas eingrenzend BGH v. 28.4.2015 – II ZR 63/14, NJW-RR 2015, 988 = AG 2015, 535 = ZIP 2015, 1220; ferner auch BGH v. 16.5.2017 – VI ZR 266/16, NJW-Spezial 2017, 559 = ZIP 2017, 1423.

zugewiesene Prüfungsarbeit auf den entsprechenden Antragsteller oder dessen Rechtsberater zurückdelegieren und das Ergebnis ungeprüft zur Grundlage ihrer Verwaltungsentscheidung machen. Selbst bei einer Plausibilisierung des Gutachtens durch die Behörde könnte dieses nicht kausal für einen Schaden sein oder, würde man dies gleichwohl bejahen, wäre ein etwaiger Ersatzanspruch jedenfalls stets durch ein Mitverschulden der Behörde um 100 % gemindert, weil die Behörde ihre Prüfungskompetenz eigenständig und unabhängig davon ausüben muss, ob ihr der Antragsteller eine rechtliche Stellungnahme zur entsprechenden Frage zukommen lässt oder nicht.[275]

10.241 Die Voraussetzung der **Inanspruchnahme persönlichen Vertrauens** setzt voraus, dass die Legal Opinion bzw. der Disclosure Letter eine **Erklärung des Anwalts selbst** darstellt. Soweit der Anwalt nur im Namen seines Mandanten auftritt, ist dies nicht der Fall. Es fehlt dann an einer eigenen Erklärung des Anwalts. Die Situation ist hier ähnlich wie bei der *In-house Opinion* des Syndikusanwalts. Die unterschiedliche Praxis in Bezug auf die Unterzeichnung von Legal Opinions bzw. Disclosure Letters (siehe dazu bereits Rz. 10.195) führt hier zu keiner unterschiedlichen Betrachtung, da es hier letztlich um die Abgrenzung von Expertenmeinung (unabhängig ob als Law Firm oder als individuelle Person) von einer Meinungsäußerung der Partei geht.

10.242 Die **Inanspruchnahme eines besonderen Vertrauens** stellt darauf ab, dass es um eine Handlung im Kontext rechtlicher Beziehungen gehen muss. Bei der Abgabe einer Legal Opinion bzw. eines Disclosure Letters wird sich dieses *besondere* Vertrauen regelmäßig bereits aus der Berufsstellung und dem daraus resultierenden privilegierten Zugang zu den von ihm weitergeleiteten Informationen ergeben.

bb) Reichweite

10.243 Ausgangspunkt für die Reichweite des Vertrauenstatbestands ist zunächst, dass der Anwalt bei der Abgabe einer Anwaltsbestätigung der **Wahrheitspflicht** unterliegt. Darüber hinausgehende Pflichten, wie etwa Aufklärungs- und Vervollständigungspflichten, obliegen dem Rechtsanwalt gegenüber Dritten nicht, weil dies sonst mit dem nach § 43a Abs. 4 BRAO bestehenden Verbot der Wahrnehmung widerstreitender Interessen kollidieren könnte[276]. Daraus ergibt sich, dass die inhaltlichen Grenzen der Äußerung auch die Grenzen des Vertrauenstatbestands darstellen. Bei der äußeren Reichweite steht der Wortlaut der einzelnen Aussagen (bei Legal Opinions also der *Opinions Statements*) ebenso im Mittelpunkt wie das intendierte Geschäft und die Berücksichtigung der Interessenlage. Für den Anwalt führt dies aus folgenden Erwägungen gerade bei Legal Opinions zu einer besonderen Schwierigkeit: Die **Legal Opinion** hat eine sehr **knappe formalisierte Sprache**, weshalb die darin enthaltenen Erklärungen nicht selten auslegungsbedürftig sind. Im Übrigen werden Legal Opinions im internationalen Rechtsverkehr fast ausschließlich in englischer Sprache abgegeben. Da die Aussagen jedoch nach deutschem materiellem Recht abgegeben werden, ergeben sich weitere Schwierigkeiten aus der Inkongruenz aus Sprache und Gegenstand des Gutachtens. Auch erschwert das Dreiecksverhältnis mit den damit ggf. verbundenen Interessengegensätzen die Auslegung der Erklärung[277]. Da dem Anwalt keine Aufklärungs- oder Beratungspflichten gegenüber dem Adressaten der *Third Party Legal Opinion* obliegen[278],

---

275 Es spricht natürlich nichts dagegen, wenn sich die Behörde zur Prüfung der ihr obliegenden Aufgaben der Hilfe eines eigenen Beraters versichert, wobei sich dessen Haftung dann isoliert nach dem zwischen ihm und der Behörde bestehenden Vertragsverhältnis bestimmt.
276 Vgl. dazu auch *Adolff*, S. 159 ff.; ferner – wenn auch im Übrigen mit unzutreffenden Annahmen und Schlussfolgerungen – auch *Ganter*, NJW 2014, 1771, hiergegen zu Recht *Maier-Reimer*, NJW 2014, 2613, 2614.
277 Vgl. dazu insgesamt *Adolff*, S. 170 f. Viel spricht daher dafür, bei Auslegungsproblemen der Interessenlage des Mandanten mehr Gewicht zu geben als der des Erklärungsempfängers. Die Auslegungskriterien für AGB gelten bei einer Legal Opinion trotz formalisierten Aufbaus und Sprache wegen des hochindividuellen Erklärungsgehalts gerade nicht.
278 A.A. *Ganter*, NJW 2014, 1771, 1776; dagegen zu Recht *Maier-Reimer*, NJW 2014, 2613, 2618.

kann nicht erwartet werden, dass der Anwalt auch Problemen nachgeht, die außerhalb ihres formalisierten Erklärungsinhalts liegen[279]. Für Disclosure Letter gelten diese Schwierigkeiten in sehr vergleichbarer Weise.

b) Zurechenbarkeit

Für die Zurechenbarkeit des Verhaltens ist es erforderlich, dass der Anwalt fahrlässig verkannt hat, dass der Eindruck, den seine Äußerung beim Empfänger hervorrufen musste, unrichtig war[280]. Nach § 282 BGB wird das Verschulden des Anwalts dabei vermutet, wenn die Unrichtigkeit der Aussage feststeht.

10.244

c) Voraussetzungen in der Person des Schadensersatzgläubigers

Der Empfänger der Legal Opinion bzw. des Disclosure Letters muss tatsächlich auf die Aussage des Rechtsanwalts vertraut haben, er muss also **hinsichtlich der Aussage gutgläubig** gewesen sein. Wenn der Empfänger selbst die Unrichtigkeit der Aussage kennt oder doch begründete Zweifel an ihrer Richtigkeit hat, kann er auch durch die Legal Opinion bzw. den Disclosure Letters i.d.R. keine Sicherheit erlangen und kann dementsprechend der in prospektpflichtigen Kapitalmarkttransaktionen wichtige Entlastungsbeweis (Ausschluss grober Fahrlässigkeit) fehlschlagen. Auch wenn der Empfänger aufgrund der Gesamtumstände Anlass dafür hat anzunehmen, dass die für die Abgabe der Legal Opinion bzw. des Disclosure Letters erforderlichen Vorarbeiten nicht ordnungsgemäß erbracht wurden oder erbracht werden konnten, etwa weil dem entsprechenden Anwalt für die entsprechenden Aussagen notwendige Unterlagen offensichtlich nicht vorlagen oder die dafür erforderlichen Arbeiten aufgrund des dafür erforderlichen Zeit- und Arbeitsaufwands nicht geleistet werden konnten oder es aufgrund einer ungewöhnlich niedrigen Honorierung unwahrscheinlich ist, dass sie geleistet wurden, kann er sich u.U. auf die erhaltenen Dokumente nicht verlassen[281]; dies führt jedoch nicht dazu, dass den Empfänger der Legal Opinion oder des Disclosure Letters generell eigene Überprüfungspflichten im Hinblick auf die Tätigkeit des Anwalts treffen, sondern kann nur in Fällen gelten, in denen sich dies dem Empfänger aufgrund der ihm bekannten Umstände aufdrängen muss. In all diesen Fällen ergibt sich die Haftungsfolge insbesondere auch nicht aus der „reinen" Haftungserwartung des Empfängers der Legal Opinion oder des Disclosure Letters. Dabei muss sich der Empfänger die Bösgläubigkeit des eigenen Anwalts nach § 166 BGB und – bei entsprechender interner Befassung – der Syndikusanwälte zurechnen lassen.

10.245

Schließlich muss die **Kausalität** einer fehlerhaften Aussage für den eingetretenen Schaden gegeben sein, wenn die Gutgläubigkeit des Empfängers für den Abschluss des Geschäfts ursächlich geworden ist. Darüber hinaus muss der Schaden im **Schutzbereich der Wahrheitspflicht** des Anwalts liegen. Es werden also nur solche Schäden umfasst, die gerade aufgrund derjenigen Entscheidung entstanden sind, die durch die Abgabe der Legal Opinion bzw. des Disclosure Letters beeinflusst werden sollte.

10.246

---

279 Zur Intensität der Richtigkeitskontrolle Seiler in Habersack/Mülbert/Schlitt, Unternehmensfinanzierung am Kapitalmarkt, Rz. 35.66, der zutreffend darauf hinweist, dass der Anwalt die Richtigkeit der getroffenen Aussagen nicht garantiert und auch keine Gewähr dafür übernimmt, dass ein Gericht im gleichen Sinne entscheiden wird. Jedenfalls bei Vorliegen konkreter Anhaltspunkte hat er jedoch darauf hinzuweisen, dass die Rechtsprechung anderer Auffassung sein könnte bzw. bislang ist; so auch Giesen/Mader, RIW 2012, 21, 23.
280 Hierzu auch Giesen/Mader, RIW 2012, 21, 23, die davon ausgehen, dass von dem Aussteller einer Legal Opinion erwartet werden kann, dass er den Sachverhalt eingehend analysiert, die im vorgelegten Dokumente gründlich prüft und eine rechtlich sorgfältige Auskunft erteilt.
281 BGH v. 20.9.2011 – II ZR 234/09 – Ision, NJW-RR 2011, 1670 = AG 2011, 876 = ZIP 2011, 2097; etwas eingrenzend BGH v. 28.4.2015 – II ZR 63/14, NJW-RR 2015, 988 = AG 2015, 535 = ZIP 2015, 1220.

d) Haftungsausfüllung

10.247 Sofern ein Schaden ursächlich auf eine fehlerhafte Opinion oder auf einen fehlerhaften Disclosure Letters zurückzuführen ist, muss gem. § 249 BGB der Empfänger so gestellt werden, wie er ohne die Wahrheitspflichtverletzung bzw. die fehlerhafte rechtliche Aussage gestanden hätte. Der Anspruch richtet sich also **auf das negative** und nicht auf das positive **Interesse**.[282]

10.248 In der Praxis wird bei komplexen Transaktionen die Frage eines **Mitverschuldens** auf Empfängerseite von großer Bedeutung sein. Hierbei ist zu beachten, dass bereits eine Kenntnis des Empfängers der Legal Opinion bzw. des Disclosure Letters von bestehenden rechtlichen oder tatsächlichen Problemen den Vertrauenstatbestand einschränkt.

Praktisch relevant dürften bei *Third Party Legal Opinions* bzw. *Third Party Disclosure Letters* vor allem die Fälle werden, in denen der Anwalt der Gesellschaft bzw. des Emittenten zwar eine weitergehende Erklärung als der Anwalt der Banken abgegeben hat, der Gegenseite jedoch aufgrund der durchgeführten Due Diligence die Fragwürdigkeit der Ausführungen hätte bekannt sein müssen oder Unterschiede im Aussagegehalt der Legal Opinions zu den gegenständlichen Themen offensichtlich waren.

e) Auslegungs- und Haftungsfragen im Zusammenhang mit *In-house Opinions*

10.249 Ein besonderes Problem bei der Abgabe von *In-house Opinions* ist die Frage, inwieweit der **Unterzeichner** der *In-house Opinions* für die Abgabe der Opinion **haftet**. Unabhängig von der allgemeinen Haftungsfrage geht es hierbei um zwei Fragen: Zum einen ist zu klären, ob eine an die Vertragsgegenseite gerichtete *In-house Opinion* eine eigene Erklärung des Syndikus ist oder eine Erklärung der Gesellschaft, für die der Syndikus arbeitet. Soweit man eine eigene Erklärung des Syndikusanwalts annimmt, stellt sich die Frage nach einer persönlichen Haftung des Syndikus im Falle einer falschen Erklärung. Wenn dagegen die *In-house Opinion* eine Erklärung der Gesellschaft darstellt, wird regelmäßig im Falle einer falschen Erklärung keine Haftung des Syndikus, sondern eine Haftung der Gesellschaft selbst in Betracht kommen, die dann neben die übrigen Pflichten des Vertrages tritt[283] und dementsprechend im Insolvenzfall der Gesellschaft keine zusätzliche oder bessere Anspruchsposition vermitteln, wobei in Fällen einer von einer anderen Vertragspartei geforderten *In-house Opinion* im Regelfall ohnehin der auch für den Gewährleistungskatalog geltende Aspekt im Vordergrund stehen dürfte, dass im Zusammenhang mit dem Vertragsabschluss der Fokus der zur Beibringung der *In-house Opinion* verpflichteten Partei noch einmal auf die den entsprechenden Aussagen zugrunde liegenden Sachverhalte gerichtet werden soll.[284]

aa) *In-house Opinion* als Erklärung des Syndikus oder Erklärung der Gesellschaft

10.250 Die Frage, ob eine eigene Erklärung des Syndikus oder eine Erklärung der Gesellschaft vorliegt, ist durch die **Auslegung der Erklärung** unter Bestimmung des Erklärungsinhalts zu beantworten. Ausgangspunkt hierfür sind die Regelungen über die Vertretung und dabei insbesondere § 164 BGB. Nach § 164 Abs. 1 Satz 2 BGB sind für die Auslegung der Willenserklärung, ob eine Erklärung im eigenen Namen oder im fremden Namen gewollt war, auch die Umstände des Einzelfalls heranzuziehen. Bei der Abgabe einer *In-house Opinion* können solche Umstände v.a. im Wortlaut und Inhalt der Erklärung, der Unterzeichnung der Opinion und der Wahl des Briefpapiers liegen. Z.B. gibt der Syndikus-

---

282 Vgl. auch *Giesen/Mader*, RIW 2012, 21, 23, die zumindest dann, wenn es sich bei der Legal Opinion um eine Closing Condition handelt, in dem Abschluss des Vertrags zu den gegebenen Konditionen den Schaden sehen wollen.
283 Vgl. dazu *Biegel*, BB 2004, 1457, 1460.
284 Siehe dazu auch Rz. 10.261.

anwalt eine Erklärung eindeutig im Namen der Gesellschaft ab, wenn er **Geschäftspapier der Gesellschaft** verwendet und er den Brief **im Namen der Gesellschaft** unterzeichnet („ppa.")[285].

Ein Beispiel einer solchen Erklärung (auf Geschäftspapier der Gesellschaft) könnte wie folgt aussehen: 10.251

„We, the undersigned [name of the issuer] („the Issuer"), [acting through its Legal Department] are giving this opinion pursuant to ...

...

Yours sincerely

[Name of the issuer]

ppa. i.V.

[Signature 1] [Signature 2]"

Hier sprechen sowohl **Inhalt** als auch **Form** der gesamten Erklärung eindeutig dafür, dass der Syndikusanwalt, der die Erklärung unterzeichnet hat, eine Erklärung für die Gesellschaft abgeben will. Darauf deutet neben den bereits genannten Aspekten die Unterzeichnung unter der Firma des Emittenten hin, auch der Vertretungszusatz ppa. oder i.V., der jedenfalls im deutschen Rechtsverkehr eindeutig zum Ausdruck bringt, dass es sich um eine Erklärung als Vertreter handelt. Ebenfalls spricht dafür die „Wir"-Form, die eine Erklärung der Gesellschaft enthält sowie die Unterschrift durch zwei Personen, die ebenfalls Vertretung andeutet. 10.252

Eine Erklärung des Syndikusanwalts liegt dagegen vor, wenn diese von ihm **in eigenem Namen**, auf **eigenem Briefpapier** abgegeben wurde und von ihm selbst in seiner Eigenschaft **als Rechtsanwalt** unterzeichnet wird. 10.253

Ein Beispiel einer solchen Erklärung – auf einem eigenen Briefpapier des Syndikusanwalts – könnte wie folgt lauten: 10.254

„I am duly admitted to the practice of law in the Federal Republic of Germany [and have advised [name of the issuer] (the „Issuer"), in my capacity as its General Counsel, in relation to the [name of the agreement] (the „Agreement") dated [date] between the Issuer and yourselves] and am giving this opinion pursuant to ...

...

Yours sincerely

[Signature]

[General Counsel]"

Hier spricht für die eigene Erklärung der persönliche Briefkopf („Syndikusbogen") ebenso wie die „Ich"-Form, die auf die unterzeichnende Person hinweist, und der Bezug auf den Status als Rechtsanwalt. Schließlich fehlt in diesem Beispiel auch jeder Hinweis auf ein Vertretungsverhältnis. 10.255

Zweifelsfälle können etwa dann entstehen, wenn die Erklärung zwar auf Briefbögen der Gesellschaft abgegeben wird, aus dem Wortlaut der Erklärung aber nicht hinreichend deutlich wird, dass keine Erklärung als Syndikusanwalt gewollt ist, sondern eine Erklärung der Gesellschaft; dies ist z.B. dann der Fall, wenn der Syndikus die Erklärung im eigenen Namen abgibt oder im eigenen Namen unterzeichnet, ohne auf eine Vertretung der Gesellschaft Bezug zu nehmen. 10.256

---

285 Siehe auch *Gruson*, RIW 2002, 596, 606 ff.; *Biegel*, BB 2004, 1457, 1460 f.; *Giesen/Mader*, RIW 2012, 21, 23.

10.257 Es sollte daher darauf geachtet werden, dass *In-house Opinions* in Formulierung und Umständen eher dem ersten Fall entsprechen, um auf diese Weise eine eigene Erklärung des Syndikusanwalts und damit dessen persönliche Haftung auszuschließen.

10.258 Bei der Auslegung sind schließlich der Empfängerhorizont und das internationale Szenario zu berücksichtigen. Gerade vor diesem Hintergrund empfiehlt es sich, eine möglichst **eindeutige Sprache und Erklärung zu wählen**, um auch gegenüber einem ausländischen Empfänger nicht den Eindruck zu erwecken, dass eine eigene Erklärung des Syndikus mit ggf. eigener Haftung gewollt war.

bb) Haftung für eine *In-house Opinion*

10.259 Soweit die Auslegung der Erklärung ergeben hat, dass es sich bei der *In-house Opinion* um eine Erklärung der Gesellschaft handelt, gilt für die Rechtsnatur und die rechtlichen Konsequenzen[286] das Nachfolgende:

10.260 Der Syndikusanwalt gibt die Erklärung im Namen der Gesellschaft ab und verpflichtet damit die Gesellschaft selbst. Hinsichtlich des Inhalts der Erklärung liegt eine Gewährleistung vor. Je nach den Umständen des Einzelfalls kann dann die *In-house Opinion* als **Angebot zum Abschluss eines Gewährleistungsvertrags** unter Verzicht auf den Zugang der Annahme zu verstehen sein (§ 151 BGB). Der Gewährleistungsvertrag kann dann ggf. sogar selbständig neben die übrigen Verpflichtungen des Vertrags treten.

10.261 Das Interesse des Empfängers einer *In-house Opinion* ist es, eine Gewähr dafür zu haben, dass der Vertragspartner durch seinen Juristen auch in formalisierter Weise bestätigt hat, dass die Verpflichtungen aus dem Vertrag wirksam sind[287]. Damit erhält der Vortrag der Vertragsgegenseite noch einmal eine **zusätzliche formelle Basis**. Dies ist für den Empfänger zumeist **wichtiger als eine weitere Haftungsgrundlage**, falls sich die Aussage als falsch erweisen sollte. Durch die selbständige Erklärung der Gesellschaft wird die Rechtstellung der Gegenseite noch einmal verstärkt.

10.262 Im Falle unzutreffender Aussagen in der *In-house Opinion* stellt dies i.d.R. eine **verschuldensunabhängige Garantiehaftung der Gesellschaft** dar, die selbständig neben die Gewährleistungen aus dem Vertrag (sog. Representations and Warranties) tritt. Von Bedeutung kann diese weitere Haftungsgrundlage etwa in einem Fall sein, in dem der Vertrag nichtig ist. Dann sind nämlich auch die im Vertrag enthaltenen Gewährleistungen nichtig und der Vertragsgegner kann daraus keine Haftungsfolgen mehr ableiten. Eine Haftung aus der *In-house Opinion* kommt dagegen möglicherweise gleichwohl in Betracht.

10.263 Soweit die *In-house Opinion* nicht im Namen der Gesellschaft abgegeben wurde, sondern eine eigene Erklärung des Syndikusanwalts darstellt, stellt sich die Haftung genauso dar, wie bei einem Rechtsanwalt, der eine Legal Opinion abgibt. Auf die einschlägigen Anspruchsgrundlagen und Haftungsvoraussetzungen wird im nächsten Abschnitt eingegangen[288].

10.264–10.266 Einstweilen frei.

---

[286] Vgl. zur Haftung für eine *In-house Opinion* allgemein auch *Gruson*, RIW 2002, 596, insbesondere 604 ff. und *Biegel*, BB 2004, 1457 ff.

[287] Vgl. auch *Gruson*, RIW 2002, 596, 605, der als Grund für eine *In-house Opinion* anführt, dass der Vertragspartner die Gewähr haben möchte, dass sich die juristischen Mitarbeiter der Vertragspartei die Verträge angesehen haben, mit der Transaktion vertraut sind und keine rechtlichen Probleme bei der Durchführung sehen. Zudem stellt die *In-house Opinion* in gewisser Weise sicher, dass der Syndikusanwalt auch die Gewährleistungen des Vertrages überprüft hat.

[288] Zu den Möglichkeiten einer Vermeidung der Haftung vgl. *Gruson*, RIW 2002, 596, 608; vgl. auch *Giesen/Mader*, RIW 2012, 21, 23.

7. Haftungsbegrenzung

10.267 Die Zulässigkeit einer Haftungsbegrenzung ergibt sich für das zwischen dem Auftraggeber und dem Rechtsanwalt bestehende Vertragsverhältnis aus § 52 Abs. 1 BRAO[289]. Danach ist durch eine schriftliche Vereinbarung im Einzelfall eine Haftungsbeschränkung bis zur Höhe der Mindestversicherungssumme zulässig. Durch vorformulierte Vertragsbedingungen kann die Haftung für Fälle einfacher Fahrlässigkeit auf den vierfachen Betrag der Mindestversicherungssumme, wenn insoweit Versicherungsschutz besteht, begrenzt werden. Hintergrund der Regelung ist, dass die Risiken einer Rechtsberatung – v.a. bei komplexen Transaktionen – hinsichtlich der Schadenshöhe oft erhebliche Summen erreichen können, so etwa bei der Übernahme einer börsennotierten Aktiengesellschaft durch eine andere Gesellschaft. Die Möglichkeit der Haftungsbegrenzung macht das Risiko für den beauftragten Rechtsanwalt erst kalkulierbar. Allerdings hängt es von den Umständen des Einzelfalls ab, ob jeweils eine Haftungsbegrenzungsvereinbarung abgeschlossen wird bzw. als marktüblich akzeptiert wird[290].

10.268 Eine **typische Formulierung** einer Haftungsbegrenzungsvereinbarung kann wie folgt lauten:

Haftungsbegrenzungsvereinbarung gem. § 52 Abs. 1 Ziff. 1 BRAO

zwischen der

[Rechtsanwaltskanzlei]

– nachstehend „[Rechtsanwaltskanzlei]" –

und

[Mandanten]

– nachstehend die „Mandanten" –

Die Haftung von [Rechtsanwaltskanzlei] für falsche, unvollständige oder auf andere Weise mängelbehaftete Leistungen und Stellungnahmen im Zusammenhang mit der Beratung der Mandanten bei [Transaktion] im Rahmen des zwischen [Rechtsanwaltskanzlei] und dem Mandanten vereinbarten Mandatsverhältnisses ([Beschreibung der Transaktion]) ist für die Fälle von normaler und grober Fahrlässigkeit auf eine Haftungshöchstsumme von insgesamt [Summe] (in Worten: [Summe]) beschränkt. [Die Mandanten haben unter Berücksichtigung der andernfalls notwendigen Versicherungskosten für eine höhere Haftungshöchstsumme von deren Vereinbarung abgesehen. Die Mandanten verzichten daher in Kenntnis eines etwaigen Schadensrisikos i.H.v. mehr als [Summe] ausdrücklich auf eine [Summe] übersteigende Haftung von [Rechtsanwaltskanzlei]].

Für Beratungsleistungen außerhalb des deutschen Rechts wird keine Gewährleistung übernommen. Diese Vereinbarung unterliegt deutschem Recht. Gerichtsstand ist [Ort].

[Rechtsanwaltskanzlei] [Mandant]

[Ort], den [Datum] [Ort], den [Datum]

---

289 Zur Haftungsbegrenzung auch schon *Louven*, VersR 1997, 1050, 1056 f. und *Schneider*, ZHR 1999, 246, 269; vgl. auch *Giesen/Mader*, RIW 2012, 21, 23.

290 Bei Kapitalmarkttransaktionen ist eine Haftungsbeschränkung die Ausnahme und wird – wenn überhaupt – nur von angestammten regionalen „Hauskanzleien" des Emittenten bei kleineren Transaktionen akzeptiert, und dies zumeist auch nur, wenn auf Bankenseite zugleich eine renommierte Kapitalmarktkanzlei die entsprechenden Legal Opinions bzw. Disclosure Letter ohne Haftungsbeschränkung abgibt. Für eine Haftungsbeschränkung auch bei Börsengängen *Seiler* in Habersack/Mülbert/Schlitt, Unternehmensfinanzierung am Kapitalmarkt, Rz. 35.70, für diejenigen Aktien, die einer Marktschutzvereinbarung unterworfen sind. In anderen Rechtsbereichen kann eine Beschränkung hingegen üblich sein und ggf. direkt in AGBs der ausstellenden Kanzlei enthalten sein, siehe *Vorpeil*, IWB Nr. 14 v. 27.7.2011, S. 1, 2.

10.269 Die Überlegungen zu Haftungsbegrenzungen gelten in gleicher Weise für die Abgabe von *Third Party Legal Opinions* bzw. *Third Party Disclosure Letters*. Auch diese werden oft in Transaktionen abgegeben, die – aufgrund des hohen Transaktionsvolumens – ein erhebliches Risiko aufweisen und schwierige Rechtsfragen umfassen. Wenn eine Haftungseinschränkung nach § 52 Abs. 1 BRAO bei einem ausdrücklich abgeschlossenen Beratervertrag möglich ist, muss dies aber auch für eine Vertrauenshaftung gelten, wenn diese auf einer drittgerichteten Wissenserklärung im geschäftlichen Verkehr beruht. Daher wird man annehmen können, dass § 52 Abs. 1 BRAO auf die **Beschränkung der Haftung** gegenüber dem **Empfänger einer *Third Party Legal Opinion* bzw. eines *Third Party Disclosure Letter* jedenfalls analog** angewendet werden kann. Dies erfordert eine rechtsgeschäftliche Vereinbarung zwischen dem Anwalt und dem Empfänger der *Third Party Legal Opinion* bzw. des *Third Party Disclosure Letter*[291], was in der Praxis sowohl durch separate Vereinbarung als auch zusätzlich durch eine entsprechende Klausel in der *Third Party Legal Opinion* bzw. dem *Third Party Disclosure Letter* erfolgt.

Wie bereits dargelegt (vgl. dazu umfassend Rz. 10.170 ff. und Rz. 10.188 ff.), ist es dem Ersteller einer Legal Opinion daneben auch weiterhin noch möglich, seine Haftung der Sache nach durch entsprechende Annahmen (*Assumptions*) und Qualifikationen (*Qualifications*) einzuschränken[292].

10.270–10.272 Einstweilen frei.

8. Interessenkonflikte

10.273 Die Abgabe einer *Third Party Legal Opinion* oder eines *Third Party Disclosure Letter* kann nicht selten zu Interessenkonflikten führen[293]. Dabei ist an zwei Aspekte zu denken: Zum einen obliegt dem Rechtsanwalt nach § 43a Abs. 2 BRAO, § 203 Abs. 1 Nr. 3 StGB eine **Verschwiegenheitspflicht**; zum anderen besteht aus § 43a Abs. 4 BRAO, § 356 StGB das **Verbot der Wahrnehmung widerstreitender Interessen**.

10.274 Soweit es die Verschwiegenheitspflicht des Anwalts betrifft, ist dieses Problem leicht dadurch lösbar, dass der Mandant dem Anwalt nach vorheriger entsprechender Aufklärung eine Weisung zur Weitergabe von Informationen bzw. zur Abgabe einer *Third Party Legal Opinion* gibt bzw. eines *Third Party Disclosure Letter* erteilt[294].

10.275 Schwieriger ist dagegen die Lage bei dem Verbot der Wahrnehmung widerstreitender Interessen[295]. Schutzgut der § 43a Abs. 4 BRAO, § 356 StGB sind nicht allein die Interessen des Mandanten, sondern auch das Ansehen der Rechtsanwaltschaft als Organ der Rechtspflege. Insofern steht es grundsätzlich nicht zur Disposition des Mandanten[296]. Der Tatbestand dieser Normen ist nicht erst dann verletzt, wenn es tatsächlich zu einem Interessenkonflikt kommt und der Anwalt die Interessen des Mandanten vernachlässigt, sondern schon dann, wenn er sich in eine Situation bringt, in der diese Gefahr besteht.

10.276 Dies ist bei der Abgabe von *Third Party Legal Opinions* und *Third Party Disclosure Letters* an einen Vertragsgegner nicht von vornherein ausgeschlossen. Es ist evident, dass der **Mandant** und der **Ver-**

---

291 So auch schon *Adolff*, S. 184 zur Vorgängernorm § 51a Abs. 1 BRAO. Ausführlich zur Haftungsbeschränkung bei Third Party Legal Opinions auch *Koch*, WM 2005, 1208, 1211 ff.
292 So auch *Giesen/Mader*, RIW 2012, 21, 23.
293 Vgl. dazu auch bereits *Jander/Du Mesnil de Rochemont*, RIW 1976, 332, 338.
294 So auch *Jander/Du Mesnil de Rochemont*, RIW 1976, 332, 338; vgl. auch *Giesen/Mader*, RIW 2012, 21, 24; *Maier-Reimer*, NJW 2014, 2613, 2618.
295 Auf dieses Problem im Rahmen der Expertenhaftung weist auch *Bosch*, ZHR 1999, 274, 283 hin.
296 So auch *Giesen/Mader*, RIW 2012, 21, 24, es sei denn, durch die Zustimmung des Mandanten wird ein etwaiger Interessenskonflikt vollständig beseitigt. Bei einer *Third Party Legal Opinion* könne aber nur dann davon ausgegangen werden, wenn Gegenstand der Legal Opinion zugleich Gegenstand einer vorvertraglichen Wahrheits- und Aufklärungspflicht des Mandanten sei. Vgl. ferner auch *Maier-Reimer*, NJW 2014, 2613, 2618.

tragsgegner bei einem kontradiktorischen Vertrag **gegenläufige Interessen** haben. Diese zeigen sich auch bei der Abgabe von Legal Opinions und Disclosure Letters. Zum einen dient die *Third Party Legal Opinion* und der *Third Party Disclosure Letter* dem Interesse des Mandanten, weil er dadurch seine Glaubwürdigkeit verbessern kann. Daneben dienen diese Dokumente aber auch Interessen des Vertragsgegners, die denen des Mandanten entgegengesetzt sein können. Der Empfänger möchte durch die Erklärungen des gegnerischen Anwalts, wie bereits oben erwähnt, etwaige rechtlich relevante Probleme des Vertragsgegners ausforschen und die Motivationslage des Anwalts beeinflussen. Bei der Ausforschung der Schwächen der Verhandlungsposition des Mandanten besteht nur dann keine Gefahr eines Verstoßes gegen das Verbot widerstreitender Interessen, wenn sich der Anwalt hinsichtlich seiner Aussagen an die Weisungen des Mandanten hält und ggf. auch Angaben weisungsgemäß unterlässt. Dabei ist aber zu berücksichtigen, dass die Reichweite der *Third Party Legal Opinion* zumeist vom Empfänger vorgegeben wird, der aus dem Schweigen oder einem ausdrücklichen sog. *„Carve-out"* ebenfalls Schlüsse ziehen wird. Ohnehin wird der entsprechende Aspekt bereits im Rahmen der Verhandlung des Wortlauts der *Third Party Legal Opinion* bzw. des *Third Party Disclosure Letters* in den Fokus rücken. Auf die Beeinflussung der Motivationslage wurde bereits unter Rz. 10.220 ff. eingegangen.

Bei der sachgerechten Handhabung potentieller Interessenkonflikte muss der Anwalt bei Abgabe einer *Third Party Legal Opinion* bzw. eines *Third Party Disclosure Letters* daher von vornherein im Blick haben, dass sein Mandant ihn zur Abgabe entsprechend beauftragt. Der Anwalt wird einen – in Bezug auf *Third Party Legal Opinions* bzw. *Third Party Disclosure Letter* unerfahrenen – Mandanten daher über die Eigendynamik der Abstimmung des Wortlauts der Erklärungen und die diesbezüglichen Verhandlungen mit der Gegenseite aufklären, damit der Mandant sowohl die Entscheidung über die Abgabe der *Third Party Legal Opinion* bzw. des *Third Party Disclosure Letters* als auch die Grenzen der Aussagen mit steuern kann. Eine solche **Einbindung des Mandanten** schafft die Voraussetzungen für den vom BVerfG geforderten eigenverantwortlichen Umgang sowohl des Rechtsanwalts als auch der Mandanten mit Situationen, in denen abstrakt oder konkret ein Interessenkonflikt auftreten kann[297], hinsichtlich der beschriebenen Gefahren.

10.277

In Bezug auf die beschriebenen Gefahren wird man deshalb nicht davon ausgehen können, dass eine Zustimmung des Mandanten die Gefahr des Loyalitätskonflikts beseitigt. Ein Verstoß gegen das Verbot der Wahrnehmung widerstreitender Interessen besteht nur dann nicht, wenn die **Offenbarungspflichten des Mandanten** im Rahmen des Vertragsverhältnisses mit denen der ***Third Party Legal Opinion bzw. des Third Party Disclosure Letters* übereinstimmen**. Wenn die darin enthaltenen Aussagen der Wahrheits- und Aufklärungspflicht des Mandanten entsprechen, wird durch die Abgabe der *Third Party Legal Opinion* bzw. des *Third Party Disclosure Letters* kein Interessenkonflikt begründet, da die Pflichten des Mandanten und des Anwalts dann die gleiche Reichweite haben[298]. Dies ist bei der Verhandlung des Wortlauts der Dokumente ebenso wie bei der Vereinbarung der vertraglichen Zusicherungen des Mandanten zu berücksichtigen, um einen Verstoß gegen das Verbot der Wahrnehmung widerstreitender Interessen zu vermeiden[299].

10.278

Einstweilen frei.

10.279–10.290

---

297 BVerfG v. 3.7.2003 – 1 BvR 238/01, BVerfGE 108, 150 = NJW 2003, 2520 = BB 2003, 2199. Zur Entscheidung des BGHs zur Information des Mandanten im Voraus über etwaige Interessen bzw. die Vertretung der Gegenseite durch andere Mitglieder der Sozietät BGH v. 8.11.2007 – IX ZR 5/06, BGHZ 174, 186 = NJW 2008, 1307 = ZIP 2008, 369 sowie *Henssler/Deckenbrock*, NJW 2008, 1275 ff.
298 Ebenso *Maier-Reimer*, NJW 2014, 2613, 2618, in Erwiderung der unzutreffenden Ansicht von *Ganter*, NJW 2014, 1771, 1776.
299 Die Gefahr eines Verstoßes gegen § 356 StGB dürfte zudem durch die Anerkennung von falscher Beratung (wie sie auch durch *Third Party Legal Opinions* erfolgt) in der Begründung zum Entwurf eines Gesetzes zur Modernisierung des Schuldrechts zu § 311 Abs. 2 BGB n.F. mindestens faktisch reduziert worden sein, BT-Drucks. 14/6040, 125.

III. Comfort Letter und Bericht über vereinbarte Untersuchungshandlungen

Schrifttum: *Ahr/Loitz/Seidel,* Informationsvermittlung durch Quartalsberichterstattung – wachsender Trend zur Quartalsmitteilung, BB 2017, 1451; *Böckem/Rabenhorst,* Praxis der Quartalsberichterstattung der DAX 30-Unternehmen nach neuem Recht, BB 2016, 1578; *Bosch,* Expertenhaftung gegenüber Dritten – Überlegungen aus der Sicht der Bankpraxis, ZHR 163 (1999), 274; *Breinersdorfer,* Die Haftung der Banken für Kreditauskünfte gegenüber dem Verwender, 1991; *Canaris,* Die Reichweite de Expertenhaftung gegenüber Dritten, ZHR 163 (1999), 206; *Castellon/von Diessl,* SAS 72 letters – Seeking Comfort, Practical Law Publishing 2013, S. 31; *Döpfner,* Der Comfort Letter nach dem Standard des AICPA – Bedeutung für deutsche Emittenten und Vergleich zu IDW PS 910, WPg 2016, 884; *Ebke/Siegl,* Comfort Letters, Börsengänge und Haftung: Überlegungen aus Sicht des deutschen und US-amerikanischen Rechts, WM-Sonderbeilage Nr. 2 zu Heft 22, 2001; *Fleischer,* Der Financial Services and Markets Act 2000: Neues Börsen- und Kapitalmarktrecht für das Vereinigte Königreich, RIW 2001, 817; *Gräfe/Lenzen/Schmeer/Gräfe,* Steuerberaterhaftung, 6. Aufl. 2017; *Handelsrechtsausschuss des Deutschen Anwaltsvereins,* Stellungnahme zum Vorschlag der EU-Kommission für eine Richtlinie zur Änderung der Richtlinie 2004/109/EG („Transparenzrichtlinie") sowie der Richtlinie 2007/14/EG, NZG 2012, 770; *Hirte,* Berufshaftung, 1996; *Jost,* Vertragslose Auskunfts- und Beratungshaftung, 1991; *Kalss,* Die Haftung des Abschlussprüfers gegenüber den Gläubigern, Gesellschaftern und Anlegern, ÖBA 2002, 187; *Köhler/Weiser,* Die Bedeutung von Comfort Letters im Zusammenhang mit Emissionen, DB 2003, 565; *Krämer/Baudisch,* Neues zur Börsenprospekthaftung und zu den Sorgfaltsanforderungen beim Unternehmenskauf, WM 1998, 1161; *Land,* Wirtschaftsprüferhaftung gegenüber Dritten in Deutschland, England und Frankreich, 1996; *Langendorf,* Haftungsfragen bei Anleiheemissionen – Insbesondere vor dem Hintergrund des Comfort Letter, 2006; *Medicus,* Anmerkung zum Urteil des BGH vom 13.11.1997 (WM 1998, 440), WuB IV A. § 328 BGB 1.98; *Meyer,* Aspekte einer Reform der Prospekthaftung, WM 2003, 1301; *Meyer,* Der IDW Prüfungsstandard für Comfort Letters – Ein wesentlicher Beitrag zur Weiterentwicklung des Emissionsgeschäfts in Deutschland, WM 2003, 1745; *Müller,* Auskunftshaftung nach deutschem und englischem Recht, 1995; *Pellens/Knappstein/Muschallik/Schmidt,* Quartalsfinanzbericht oder Quartalsmitteilung? – Empirische Analyse der quartalsweisen Berichterstattungspraxis der DAX30- und MDAX-Unternehmen, DB 2017, 1; *Pföhler/Kamping,* Aufträge zur Durchführung vereinbarter Untersuchungshandlungen nach dem International Standard on Related Services (ISRS) 4400, WPg 2010, 582; *Philippsen,* Zur Dritthaftung des privat beauftragten Gutachters für fahrlässig verursachte Vermögensschäden, 1998; *Säcker/Rixecker/Oetker/Limperg* (Hrsg.), Münchener Kommentar zum Bürgerlichen Gesetzbuch, 8. Aufl. 2019; *Schmitz,* Die Vertragshaftung des Wirtschaftsprüfers und Steuerberaters gegenüber Dritten – Eine Auseinandersetzung mit den Haftungsausdehnungstendenzen der Rechtsprechung des BGH, DB 1989, 1909; *Schneider,* Reichweite der Expertenhaftung gegenüber Dritten, ZHR 163 (1999), 246; *Stahl,* Zur Dritthaftung von Rechtsanwälten, Steuerberatern, Wirtschaftsprüfern und öffentlich bestellten und vereidigten Sachverständigen, 1989; *Stoffels,* Zur Wirksamkeit der Haftungsbegrenzung in den Allgemeinen Auftragsbedingungen für Wirtschaftsprüfer und Wirtschaftsprüfungsgesellschaften, ZIP 2016, 2389; *Weber,* Die Haftung des Abschlußprüfers gegenüber Dritten, NZG 1999, 1; *Zugehör,* Berufliche „Dritthaftung" – insbesondere der Rechtsanwälte, Steuerberater, Wirtschaftsprüfer und Notare – in der deutschen Rechtsprechung, NJW 2000, 1601.

1. Begriff und Funktion

a) Comfort Letter

10.291 Bei einem Comfort Letter handelt es sich um eine **schriftliche Bestätigung eines Wirtschaftsprüfers** betreffend die Bilanzen, Gewinn- und Verlustrechnungen und Kapitalflussrechnungen für die letzten drei Geschäftsjahre sowie andere Finanzzahlen, die in einem für die Platzierung von Wertpapieren erstellten Wertpapierprospekt im Sinne der Artt. 6 ff. EU-Prospektverordnung enthalten sind, und der auf das unmittelbar vor dem Prospektstichtag liegende sog. „*cut off*"-Datum datiert ist[300]. In dem

---

300 Zum Wertpapierprospektgesetz (WpPG) siehe ausführlich bei Rz. 10.391 ff.

Comfort Letter nimmt der mit dem Abschlussprüfer i.d.R. identische[301] Wirtschaftsprüfer zu den im Prospekt enthaltenen Jahresabschlüssen sowie – abhängig von Marktsegment und Platzierungszeitpunkt – ggf. enthaltenen Zwischenfinanzinformationen und ausgewählten anderen Finanzkennzahlen[302] Stellung. In Abhängigkeit von einem vorherigen **Testat** oder einer sog. **prüferischen Durchsicht** durch den Wirtschaftsprüfer oder ob sich dieser zuvor mit den Banken lediglich auf einzelne Prüfungshandlungen verständigt hat, variiert – auch in Bezug auf die einzelnen Aussagen desselben Comfort Letters – die Qualität seiner Aussagen („**level of comfort**").

Mit der Einholung des Comfort Letters werden die ursprüngliche Prüfung (Testat) bzw. prüferische Durchsicht ergänzt. Diese ursprünglichen Prüfungen beziehen sich jeweils auf den Zeitpunkt der Erteilung des betreffenden Testats bzw. einer Bescheinigung, die typischerweise deutlich vor dem Datum des Prospektes liegen. Damit die für die Anleihegläubiger oder Aktienerwerber wichtigen Finanzinformationen **nicht lediglich den Erkenntnisstand zu einem – u.U. erheblich zurückliegenden – Stichtag** widerspiegeln, werden vor der Abgabe einer gesonderten Bestätigung in Form eines Comfort Letters bestimmte zusätzliche Untersuchungs- und Prüfungshandlungen des Wirtschaftsprüfers notwendig. So soll eine hinreichende Gewähr erreicht werden, dass aufgrund der vereinbarten Prüfungshandlungen kein Anlass besteht, im **Zeitpunkt der Prospektveröffentlichung** Änderungen an den früheren Jahresabschlüssen bzw. Zwischenfinanzinformationen vorzunehmen[303].

10.292

Die zusätzliche Einholung eines Comfort Letters der Wirtschaftsprüfer vor einer Aktien- oder Anleihenbegebung ist in den USA schon seit Jahrzehnten üblich und ist in Deutschland ebenfalls seit Mitte der 90er Jahre – jedenfalls bei allen bedeutenderen Transaktionen – Marktpraxis[304]. Während in den USA das **American Institute of Certified Public Accountants (AICPA)** für die Erstellung solcher Comfort Letter und die in diesem Zusammenhang durchzuführenden Untersuchungshandlungen umfangreiche Handbücher und sog. **Statements on Auditing Standards (SAS)** herausgegeben hat[305], konnte sich in Deutschland erst Ende der 90er Jahre aufgrund leidvoller (Transaktions-)Erfahrun-

10.293

---

301 Zur Sondersituation des sog. *„split comfort"* siehe Rz. 10.373 Eingehend zum IDW Prüfungsstandard *Kunold* in Habersack/Mülbert/Schlitt, Unternehmensfinanzierung am Kapitalmarkt, Rz. 34.12 ff.
302 Beispielhaft seien erwähnt die Angaben zur Kapitalisierung und Verschuldung (*Capitalization and Indebtedness*), die die wesentlichen Kennziffern der Bilanz sowie die Struktur des Eigenkapitals und der Verbindlichkeiten widergeben.
303 Zu beachten ist, dass es sich bei den Aussagen des Wirtschaftsprüfers im Comfort Letter weder um ein Testat i.S.d. § 323 HGB handelt, noch die Intensität der Überprüfungen im Regelfall dessen Qualität und damit Belastbarkeit erlangen kann. Vielmehr kommt es im Zuge dessen lediglich zu einer Plausibilitätskontrolle und der Wirtschaftsprüfer gibt im Rahmen des Comfort Letter auch lediglich eine negative Bestätigung („*negative assurance*") dahingehend ab, dass ihm auch im Rahmen der erneuten Prüfung nichts bekannt geworden ist, was ihn zum damaligen Zeitpunkt an einer Abgabe eines entsprechenden Testats gehindert hätte und er im Rahmen der Prüfung auch keine Kenntnis von Umständen erlangt hat, die ihn zu der Annahme veranlassen, die zwischenzeitlich erstellten, ungeprüften Zwischenabschlüsse seien nicht in Übereinstimmung mit den anzuwendenden Rechnungslegungsgrundsätzen erstellt worden. Siehe hierzu auch umfassend *Kunold* in Habersack/Mülbert/Schlitt, Unternehmensfinanzierung am Kapitalmarkt, Rz. 34.21 ff. und 34.30 ff. Im Zusammenspiel mit der Business Due Diligence der Banken und der kritischen Nachfragen des Wirtschaftsprüfers über bekannte potentiell problematische Bilanzpositionen wird die Wahrscheinlichkeit fehlerhafter Finanzinformationen gegenüber einer bloßen Übernahme der veröffentlichten Jahres- und Zwischenabschlüsse jedoch signifikant vermindert. Zur analogen Anwendung von § 323 HGB auf die Durchführung von Untersuchungshandlungen *Langendorf*, Haftungsfragen bei Anleiheemissionen, 3. Kap., § 1 II 3, S. 204–207.
304 Zur Entstehungsgeschichte der Comfort Letter *Köhler/Weiser*, DB 2003, 565, 566 f.
305 Zur Rechtslage in den USA umfassend *Kunold* in Habersack/Mülbert/Schlitt, Unternehmensfinanzierung am Kapitalmarkt, Rz. 34.5 ff.; des weiteren *Castellon/von Diessl*, Practical Law Publishing 2013, S. 31 ff. mit Musterformulierungen für Debt und Equity Offerings, Hinweisen zu sog. Representation Letters der Underwriter an den Abschlussprüfer und den unterschiedlichen „*Levels of Comfort*" in Abhängigkeit von der Review Period und den jeweils zur Prüfung vorliegenden Financial Statements bzw. Management Accounts.

gen ein Verständnis für die Notwendigkeit eines Standardwortlauts für die gebräuchlichsten Transaktionsstrukturen entwickeln. Unter dem Dach des Deutschen Aktieninstituts (DAI) wurde mit führenden deutschen und internationalen Emissionshäusern, dem **Institut der Wirtschaftsprüfer**, den maßgeblichen Wirtschaftsprüfungsgesellschaften sowie Vertretern führender Rechtsanwaltskanzleien in Deutschland ein **Prüfungsstandard – IDW PS 910 –** für die Abgabe von Comfort Letter entwickelt[306].

10.294 Die Gründe für das Erfordernis eines standardisierten Comfort Letters ähneln denen für die Abgabe von Legal Opinions und Disclosure Letter bei Kapitalmarkttransaktionen. Sie gehen in ihrer Bedeutung für die Transaktion jedoch darüber hinaus: Die emissionsbegleitenden Banken möchten von dem Wirtschaftsprüfer als einem nicht unmittelbar von den Emissionserlösen profitierenden unabhängigen Dritten (§ 319 HGB) als Experten eine **professionelle Einschätzung** darüber, ob die aufgestellten Jahresabschlüsse und Zwischenfinanzinformationen sowie sonstige Finanzangaben des Emittenten nach Auffassung des Wirtschaftsprüfers den gesetzlichen Vorschriften entsprechen und insgesamt ein **zutreffendes Bild von der Vermögens-, Finanz- und Ertragslage** des Emittenten ergeben. Einem sog. „*Officer's Certificate*" gleichen Inhalts durch Vorstandsmitglieder kommt wegen der Interessenlage des Emittenten und seiner Organmitglieder keine vergleichbare Aussagekraft zu[307].

10.295 Da für die Einhaltung der gebotenen Sorgfalt sowohl nach Börsengesetz als auch Wertpapierprospektgesetz neben der Verwertung eigener Markt- und Emittentenkenntnisse und ggf. veranlasster Nachforschungen des Emissionskonsortiums auch die Einhaltung der kapitalmarkt- und branchenüblichen Sorgfalt von Bedeutung ist, sollte auch der Comfort Letter – wie die Legal Opinion bzw. der Disclosure Letter – hinsichtlich ihres Inhalts möglichst dem **Marktstandard** entsprechen. Wenngleich der Comfort Letter ausdrücklich nur an die Emissionsbanken und ggf. noch an den Emittenten gerichtet ist und weder veröffentlicht noch in Prospekten oder anderen Dokumenten ausdrücklich in Bezug genommen wird, gehen zumindest die internationalen Investoren davon aus, dass die emissionsbegleitenden Banken einen Comfort Letter erhalten werden. Ist dies nicht oder aufgrund einschränkenden Inhalts nur zum Teil der Fall, erhöht sich korrespondierend hierzu der Sorgfaltsmaßstab in Bezug auf die **Financial Due Diligence der Emissionsbanken**[308].

10.296 Ein dem Marktstandard entsprechender Comfort Letter bietet den Emissionsbanken im Falle einer Inanspruchnahme wegen eines – vorgeblich – fehlerhaften Finanzteils des Prospekts die Möglichkeit, sich neben dem Hinweis auf ihre eigenen Prüfungshandlungen bezüglich des Marktumfelds, der wirtschaftlichen Lage des Emittenten, eines etwaigen Emittentenratings sowie der jüngsten Geschäftsentwicklung auf die Experteneinschätzung des Wirtschaftsprüfers zu berufen. Dabei führt die fehlende Existenz eines Comfort Letters im Falle fehlerhafter Finanzangaben nicht schon zu einer Prospekthaftung[309]. Gleiches muss gelten, wenn ein abgegebener Comfort Letter entsprechend dem erteilten Auf-

---

306 IDW Prüfungsstandard: Grundsätze für die Erteilung eines Comfort Letters (IDW PS 910) v. 4.3.2004, abgedruckt in WPg 2004, 342. Aufgrund einer vom IDW zur Verfügung gestellten englischen Übersetzung ist der Prüfungsstandard auch bei grenzüberschreitenden Transaktionen deutscher Emittenten problemlos einsetzbar. Zur Notwendigkeit der Einholung eines Comfort Letters nach AU-C 920 neben dem nach IDW PS 910 in Abhängigkeit von der Transaktionsstruktur vgl. Rz. 10.377.
307 Zur Vollständigkeitserklärung *Kunold* in Habersack/Mülbert/Schlitt, Unternehmensfinanzierung am Kapitalmarkt, Rz. 34.18.
308 Zur Financial Due Diligence vgl. Rz. 10.16 f.; zum erhöhten Sorgfaltsmaßstab vor allem des Konsortialführers sowie zur sachgerechten Abstufung der Verantwortlichkeit im Emissionskonsortium in Abhängigkeit von der konkreten Funktion (Lead Manager, Co-Lead Manager, Manager etc.) vgl. Rz. 10.454 ff.
309 Die Emissionsbanken dürfen sich nämlich insbesondere bei renommierten Unternehmen sowie bereits börsennotierten Gesellschaften auf mit unbeschränkten Bestätigungsvermerken versehene Finanzangaben grundsätzlich verlassen, sofern nicht konkrete Anhaltspunkte für deren Unrichtigkeit und eine daraus resultierende Nachforschungspflicht bestehen. In diesem Sinne die ganz h.M.: *Groß*, Kapitalmarktrecht, § 9 WpPG Rz. 79 ff.; *Habersack* in Habersack/Mülbert/Schlitt, Hdb. der Kapitalmarktinformation, § 28 Rz. 42; *Heidelbach* in Schwark/Zimmer, § 12 WpPG Rz. 5 ff.; *Mülbert/Steup* in Habersack/

trag nicht alle Aspekte abdeckt, die typischerweise zu erwarten oder nach dem IDW Standard vorgesehen oder möglich sind. Hatte das Emissionskonsortium z.B. im Falle eines Investment Grade-Ratings des Emittenten sowie eigener Geschäftsverbindungen aus Kreditbeziehungen o.Ä. keinen Anlass, an dessen Bonität zu zweifeln, so reicht ein fehlender Comfort Letter nicht schon für die Annahme grober Fahrlässigkeit i.S.d. § 12 Abs. 1 WpPG aus. Die **Position der Emissionsbanken** wird jedoch **materiell-rechtlich und prozessual** durch die Einholung eines dem Marktstandard entsprechenden Comfort Letters **erheblich gestärkt**, weil wegen der Expertenstellung des Wirtschaftsprüfers nur grobe und „ins Auge springende" Unrichtigkeiten in den Jahresabschlüssen dazu führen werden, in diesen Fällen eine grobe Fahrlässigkeit (auch) der Emissionsbanken zu bejahen. Zudem begründet der Comfort Letter eine **eigene Haftung der Wirtschaftsprüfer** gegenüber den Emissionsbanken[310].

b) Bericht über vereinbarte Untersuchungshandlungen (*agreed-upon procedures*)

Ergänzend zur Abgabe eines Comfort Letters kann der Wirtschaftsprüfer auch beauftragt werden, weitere Untersuchungshandlungen nach dem International Standard on Related Services (ISRS) 4400 (Revised)[311] des *International Auditing and Assurance Standards Board* (IAASB) durchzuführen. Solche **vereinbarten Untersuchungshandlungen** (*agreed-upon procedures*) münden in einen Bericht, der im Kapitalmarktkontext entweder ebenso wie ein Comfort Letter sowohl an den Emittenten als auch die Emissionsbanken adressiert wird oder jedenfalls ausdrücklich auch zur Verwendung durch die Emissionsbanken bestimmt ist. Anders als ein Comfort Letter beschränkt sich dieser Bericht auf tatsächliche, objektiv überprüfbare Feststellungen (*findings* bzw. *factual results*), enthält jedoch **keine professionelle Einschätzung** (*assurance*) **des Wirtschaftsprüfers**, also keine Meinungen, Schlussfolgerungen oder Empfehlungen; die Bewertung des Untersuchungsergebnisses müssen die Empfänger des Berichts vielmehr selbst vornehmen. Typische Beispiele im Kontext von Finanzierungen sind etwa Bescheinigungen bezüglich der Einhaltung von mit dem Kreditgeber vereinbarter Kennzahlen (*Covenants*), während im Kapitalmarktkontext eine Vielzahl von Anwendungsfällen denkbar ist, beispielsweise bezüglich einzelner Abschlussposten, Abschlüsse oder Bestandteile hiervon (z.B. eine Bilanz) oder auch von bestimmten einzelnen Bestandteilen von Pro Forma-Finanzinformationen. Infolge der fehlenden *assurance* des Wirtschaftsprüfers bleibt der Aussagegehalt eines Berichts über vereinbarte Prüfungshandlungen notwendigerweise hinter dem eines Testats zu einer Abschlussprüfung aber auch einer Bescheinigung über eine prüferische Durchsicht deutlich zurück, kann aber gleichwohl in den Fällen hilfreich sein, in denen entsprechende Testate oder Bescheinigungen nicht zur Verfügung stehen oder der Comfort Letter zu den entsprechenden Aspekten aus anderen Gründen keine Aussage treffen

10.297

Mülbert/Schlitt, Unternehmensfinanzierung am Kapitalmarkt, Rz. 14.111 und *Meyer*, WM 2003, 1745, 1748; Lediglich bei größerem zeitlichen Abstand zwischen dem letzten Testat bzw. prüferisch durchgesehener (*reviewed*) Zwischenabschlüsse und Platzierung – Anhaltspunkte bieten die Fristen der Prospektverordnung – muss der Konsortialführer näher prüfen, ob das durch den Finanzteil erzeugte Bild noch aufrechterhalten werden kann, *Heidelbach* in Schwark/Zimmer, § 12 WpPG Rz. 9; *Schlitt/Kreymborg* in Habersack/Mülbert/Schlitt, Unternehmensfinanzierung am Kapitalmarkt, Rz. 28.42.

310 Siehe zu den möglichen Anspruchsgrundlagen sowie zu Beschränkungen der Haftung ausführlich Rz. 10.328 ff.

311 ISRS 4400 (Revised) ist anzuwenden auf Aufträge, die ab dem 1.1.2022 vereinbart werden. Die bis zum 31.12.2021 anzuwendende Fassung des ISRS 4400 wurde vom IAASB umfassend überarbeitet, um auf die wachsende Nachfrage nach diesen Engagements zu reagieren, insbesondere in Bezug auf die Notwendigkeit einer erhöhten Rechenschaftspflicht im Zusammenhang mit Finanzierungen und Zuschüssen. Ein breites Spektrum von Beteiligten, wie z.B. Aufsichtsbehörden, Fördereinrichtungen und Gläubiger, verwenden *agreed-upon procedures*-Berichte aus einer Vielzahl von Gründen. Die überarbeiteten Anforderungen und Anwendungshinweise fördern die Kohärenz bei der Durchführung von *agreed-upon procedures*-Aufträgen und beinhalten unter anderem Verbesserungen in Bezug auf die Ausübung des fachlichen Urteils, die Einhaltung der Unabhängigkeitsanforderungen, die Annahme des Auftrags und Überlegungen zur Fortführung des Auftrags, die Verwendung der Arbeit eines Experten aus der Praxis sowie eine größere Klarheit und Transparenz des *agreed-upon procedures*-Berichts. Eingehend zu der bis zum 31.12.2021 anzuwendenden Fassung *Pföhler/Kamping*, WPg 2010, 582 ff.

kann. Er dokumentiert, dass die Emissionsbanken die jeweiligen Themen adressiert und im Rahmen der jeweiligen Transaktion nicht „ins Blaue hinein" gehandelt haben. Zwar können die entsprechenden Untersuchungshandlungen grundsätzlich auch vom Auftraggeber bzw. Adressaten des Berichts selbst vorgenommen werden, der „Mehrwert" einer entsprechenden Untersuchung und Ergebniskommunikation durch einen Wirtschaftsprüfer beruht jedoch vor allem auf der Verpflichtung zur Beachtung professioneller Standards, einschließlich anwendbarer ethischer Erfordernisse wie dem *International code of Ethics for Professional Accountants including International Independence Standards (IESBA Code)* des International Ethics Standards Board for Accountants (IESBA) und etwaiger strengerer nationaler Vorschriften, und einer klaren Kommunikation der durchgeführten Untersuchungshandlungen und ihrer Ergebnisse im Einklang mit ISRS 4400 (Revised).

10.298 Die Prüfungshandlungen können sich auf finanzielle oder nicht-finanzielle Gegenstände beziehen, wobei ISRS 4400 (Revised) wegen der Vielzahl der denkbaren Prüfungsgegenstände lediglich einige Beispiele aufführt. Als finanzielle Prüfungsgegenstände werden genannt: (i) Abschlüsse eines Unternehmens oder bestimmte Gruppen von Geschäftsvorfällen, Kontoständen oder Angaben innerhalb eines Abschlusses, (ii) Zuschussfähigkeit von Ausgaben, die im Rahmen eines Förderprogramms geltend gemacht werden, (iii) Einnahmen zur Bestimmung von Lizenzgebühren, Mieten oder Konzessionsabgaben auf der Grundlage eines Prozentsatzes der Einnahmen, sowie (iv) Kennzahlen zur Kapitaladäquanz für Aufsichtsbehörden. Beispiele für nicht-finanzielle Gegenstände sind: (i) Zahl der an eine zivile Luftfahrtbehörde gemeldeten Fluggäste, (ii) Beobachtung der Zerstörung von gefälschten oder mangelhaften Waren, die einer Aufsichtsbehörde gemeldet wurde, (iii) an eine Aufsichtsbehörde gemeldete Datengenerierungsprozesse für Lotterieziehungen, sowie (iv) Volumen der Treibhausgasemissionen, die einer Aufsichtsbehörde gemeldet werden.

Kern der Prüfungstätigkeit ist nicht die Ermittlung von Nachweisen, die ein prüferisches Urteil ermöglichen sollen, sondern lediglich eine **prüferischen Tätigkeit**, die sich durch eindeutige Beschreibungen im Auftrag („bestätigen", „vergleichen", „überprüfen", „verfolgen", „befragen", „nachrechnen", „übersachen" etc.) von interpretationsbedürftigen Aussagen, wie sie typischerweise im Zusammenhang mit professionellen Einschätzungen („true and fair", „wesentlich", „erheblich", „angemessen" etc.) verwendet werden, unpräzisen Tätigkeitsbeschreibungen („diskutieren", „analysieren" etc.) bzw. von Bewertungen („nach unserer Einschätzung", „Opinion", „Prüfung", „prüferische Durchsicht" etc.) abgrenzen lässt. Den einzelnen prüferischen Tätigkeiten ist dabei gemeinsam, dass der Untersuchungsgegenstand mit bestimmten dafür geeigneten Kriterien verglichen wird, wie z.B. Rechnungslegungsstandards, Gesetzen, Verträgen oder Regeln der Arithmetik.

10.299 Anders als bei der Jahresabschlussprüfung, bei der der Prüfer den Umfang seiner pflichtgemäßen Prüfung im eigenen Ermessen so wählen muss, dass er mit hinreichender Sicherheit die geforderte Gesamtaussage (uneingeschränkter Bestätigungsvermerk, eingeschränkter Bestätigungsvermerk oder Versagungsvermerk aufgrund von Einwendungen) treffen kann, ist eine entsprechende Gesamtaussage für vereinbarte Prüfungshandlungen nicht vorgegeben und hat der Prüfer grundsätzlich auch gerade kein eigenes Ermessen bezüglich der Auswahl der durchzuführenden Untersuchungshandlungen. Es ist vielmehr erforderlich, die **Prüfungshandlungen im Auftrag genau zu spezifizieren**. Dies gilt beispielsweise auch für den Fall, dass Stichproben gezogen werden sollen: Mangels Definition von Art und Umfang der Stichprobenprüfung im Standard und Ausschluss eines eigenen Ermessens der Wirtschaftsprüfer muss der Auftrag hierzu eindeutige Vorgaben enthalten. Entsprechendes gilt auch für Zeitpunkt, Form und Inhalt des abschließenden Berichts.

10.300 Vor dem Hintergrund, dass der Bericht des Wirtschaftsprüfers sich auf tatsächliche Feststellungen auf Grundlage vereinbarter Untersuchungshandlungen beschränkt, ist es in der Praxis für Emittenten und vor allem die Emissionsbanken von entscheidender Bedeutung, den Untersuchungsgegenstand mit den Wirtschaftsprüfern vor Auftragserteilung im Gesamtkontext und im Hinblick auf den gewünschten Zweck eingehend zu diskutieren und die Prüfungshandlungen im Auftrag detailliert festzulegen. Nur so kann das Untersuchungsergebnis die **Berichtsempfänger zu einer sachgerechten eigenen Bewertung** befähigen. ISRS 4400 (Revised) sieht dementsprechend auch vor, dass bereits im Auftrag durch den Auftraggeber (und ggf. die weiteren Berichtsempfänger) bestätigt wird, dass die vereinbarten Untersuchungshandlungen von diesen als für die Zwecke des Auftrags angemessen angesehen werden.

ISRS 4400 (Revised) enthält in Anhang 1 ein Beispiel eines Auftragsschreibens über vereinbarte Untersuchungshandlungen bezüglich von Verträgen, die in einem bestimmten Zeitraum abgeschlossen wurden und ein bestimmtes Mindestvolumen erreichen und in Anhang 2 ein entsprechendes Beispiel für einen Bericht über die tatsächlichen Feststellungen hierzu. Aufgrund der Vielzahl denkbarer Untersuchungshandlungen können diese Beispiele nur Anhaltspunkte für die Formulierung im konkreten Einzelfall liefern, ergänzend wird man jedoch – soweit aufgrund des geringeren Aussagegehalts, insbesondere der fehlenden *assurance*, übertragbar – Formulierungen nach dem für Comfort Letter anwendbaren Standard IDW PS 910 heranziehen können. 10.301

Einstweilen frei. 10.302–10.304

2. Das Testat des Wirtschaftsprüfers im Prospekthaftungsregime des deutschen Kapitalmarktrechts

Die Abgabe eines Comfort Letters ist bei Transaktionen deutscher Emittenten seit Ende der 90er Jahre fast ausnahmslos Gegenstand langwieriger Verhandlungen und kontroverser Diskussionen zwischen Wirtschaftsprüfern und Emissionskonsortien gewesen. Hintergrund dieser Spannungen ist zum einen das auf Emittent, Emissionsbanken und ggf. weitere nach § 8 WpPG die Verantwortung für den Inhalt des Prospekts erklärende Personen beschränkte **Konzept der Gesamtverantwortlichkeit für Emissionsprospekte**[312] und das (handels-)rechtliche **Haftungsprivileg für Abschlussprüfer** andererseits. Während in bedeutenden anderen Jurisdiktionen, insbesondere in den USA, neben der Verantwortlichkeit des Emittenten für den Gesamtprospekt das Prinzip der Teilverantwortlichkeit für die jeweiligen Prospektteile gilt[313], geht § 8 WpPG im Regelfall vom Prinzip der Gesamtverantwortlichkeit des Emittenten und der Emissionsbanken aus. Ggf. treten veräußernde Aktionäre als weitere Anbieter sowie andere Personen mit wirtschaftlichem Eigeninteresse an der prospektgegenständlichen Transaktion als sog. Prospektveranlasser hinzu[314]. Lediglich über diese Gesamtverantwortlichkeit hinaus können weitere Personen freiwillig die Verantwortlichkeit für bestimmte Teile des Prospekts (ggf. auch den gesamten Prospekt) übernehmen[315]. 10.305

---

312 Siehe dazu auch Rz. 10.403.
313 Zum Konzept der partiellen Prospektverantwortung: *Meyer*, WM 2003, 1301, 1308 mit dem Hinweis, dass hierdurch das Schutzniveau für die Anleger bezüglich des Finanzteils erhöht wird. Zur Rechtslage in den USA *Ebke/Siegel*, WM 2001, Sonderbeilage 2, S. 11 mit Hinweis auf Section 11(a)(4) Securities Act sowie Section 12 Securities Exchange Act; ebenso *Kunold* in Habersack/Mülbert/Schlitt, Unternehmensfinanzierung am Kapitalmarkt, Rz. 34.5 ff. Zum US-Haftungskonzept der sog. „*expertised section*" des Prospekts und der *due diligence defense* nach Rule 10b-5 unter dem Exchange Act von 1934 auch *Castellon/von Diessl*, SAS 72 letters – Seeking Comfort, Practical Law Publishing 2013, S. 34 f. Dieses Konzept hat sich in der Marktpraxis auch für Platzierungen in den USA nach Rule 144A unter dem U.S. Securities Act von 1933 im Zusammenhang mit deutschen Kapitalmarkttransaktionen durchgesetzt, obwohl Section 11 des Exchange Act diese nicht-registrierten Angebote von Wertpapieren nicht umfasst. Zur Rechtslage in Großbritannien *Fleischer*, RIW 2001, 817 ff. und zur Vorgängerregelung des Financial Services Act *Bosch*, ZHR 1999, 274, 279 ff. Zur Außenhaftung des Abschlussprüfers in Österreich gem. § 11 Abs. 1 Nr. 4 KMG, § 80 Abs. 1 Nr. 2 BörsG (Kenntnis des Prüfers von der Unrichtigkeit voraussetzend) *Kalss*, ÖBA 2002, 187 ff., 199.
314 Siehe dazu ausführlicher Rz. 10.403 ff. sowie hier *Meyer* Rz. 7.17 f.
315 Der Diskussionsentwurf des Kapitalinformationshaftungsgesetzes (KapInHaG) aus dem Jahre 2004 enthielt zwar im Falle „ausdrücklicher" Verantwortungsübernahme der Wirtschaftsprüfer im Prospekt erstmals eine Außenhaftung auch der Wirtschaftsprüfer (§ 44a BörsG-E). Diese war jedoch in Anlehnung an § 323 Abs. 2 HGB auf die damals geltende Haftungshöchstsumme von 4 Mio. Euro beschränkt. Ob bereits die Zustimmung zur Aufnahme der testierten Jahresabschlüsse zu einer Außenhaftung ge-

10.306 Mangels wirtschaftlichen Eigeninteresses an der Emission wird demgegenüber der Wirtschaftsprüfer im Außenverhältnis zu den Anlegern nicht als verantwortlich im Hinblick auf die von ihm geprüften und mit seiner Zustimmung in den Prospekt aufgenommenen Jahresabschlüsse einschließlich des Testats bzw. der Zwischenfinanzinformationen angesehen[316]. Auch wird dieser im Regelfall nicht freiwillig die Verantwortung für Teile des Prospekts übernehmen. Im Ergebnis haften nach derzeitiger deutscher Rechtslage deshalb nur der Emittent und die Emissionsbanken im Außenverhältnis bei eigener grober Fahrlässigkeit für den gesamten Prospekt, und damit grundsätzlich auch für fehlerhaft testierte Jahresabschlüsse oder prüferisch durchgesehene Zwischenfinanzinformationen[317]. In Bezug auf die gesetzlich vorgeschriebenen Prüfung von Jahresabschlüssen hat der Gesetzgeber im Zusammenhang mit der dafür gesetzlich angeordneten Publizität (u.a. § 325 Abs. 1 Satz 1 HGB) die Verantwortlichkeit des Abschlussprüfers wegen einer vorsätzlichen oder fahrlässigen Verletzung von Pflichten nach dieser Vorschrift auf Ansprüche der Kapitalgesellschaft und verbundener Unternehmen (§ 323 Abs. 1 Satz 3 HGB) und zudem der Höhe nach bei börsennotierten Gesellschaften[318] im Falle einfacher Fahrlässigkeit auf 16 Mio. Euro (§ 323 Abs. 2 HGB) begrenzt, bei Vorsatz oder grober Fahrlässigkeit jedoch unbegrenzt[319]. Diese Haftsumme betrug seit 1998 und bis zum Inkrafttreten des **Gesetzes zur Stärkung der Finanzmarktintegretität**[320] **im Jahr 2021**, das als unmittelbare Reaktion auf die Insolvenz der Wirecard AG im Vorjahr erlassen wurde, bei fahrlässigem Handeln lediglich 4 Mio. Euro und galt auch bei grober Fahrlässigkeit. Trotz ihrer substantiellen Erhöhung ist sie jedoch – gemessen an Transaktionswerten von oft mehreren 100 Mio. Euro und mehr bei Börsengängen und Kapitalerhöhungen von Unternehmen, deren Wertpapiere zum Handel an einem regulierten Markt einer deutschen Wertpapierbörse zugelassen sind oder zugelassen werden sollen – und auch im internationalen Vergleich immer noch sehr gering. In den anderen EU-Mitgliedstaaten gibt es teilweise überhaupt keine Haftungshöchstgrenzen[321].

10.307 Darüber hinaus können zwar deliktische Ansprüche nach §§ 823, 826, 831 BGB in Betracht kommen. Inwieweit darüber hinaus Haftungsansprüche bestehen, ist umstritten[322].

---

führt oder eine solche Außenhaftung die Haftung aus dem Comfort Letter „überlagert hätte" (dazu *Kuss*, Vorsitzender des IDW Arbeitskreises Comfort Letter in der Börsen-Zeitung v. 2.12.2004), ist sehr fraglich. Da die KapInHaG-Initiative nach heftiger Kritik aus Wissenschaft und der Industrie nicht weiter verfolgt wurde, müssen sich alle Beteiligten bis auf Weiteres mit der nachfolgend unter Rz. 10.329 ff. dargestellten Rückgriffslösung arrangieren.

316 Vgl. hierzu *Assmann/Kumpan* in Assmann/Schütze/Buck-Heeb, Handbuch Kapitalanlagerecht, § 5 Rz. 163; *Meyer*, WM 2003, 1745, 1748 m.w.N.; zur Gegenauffassung: *Groß*, Kapitalmarktrecht, § 9 WpPG Rz. 37 mit Hinweis auf den formal und materiell abgegrenzten „Finanzteil" des Prospekts und das diesbezüglich bestehende Anlegervertrauen in die Richtigkeit der Testate. Allein die Aufnahme des Testats in den Prospekt führt nicht zu einer Einbeziehung Dritter in den Schutzbereich des Prüfungsvertrags, BGH v. 6.4.2006 – III ZR 256/04, BGHZ 167, 155 = NJW 2006, 1975 = ZIP 2006, 954 = AG 2006, 453. Anders als das US-amerikanische Recht kennt das deutsche Recht gerade keine Expertenhaftung. Vgl. auch *Kunold* in Habersack/Mülbert/Schlitt, Unternehmensfinanzierung am Kapitalmarkt, Rz. 34.5.
317 Die grobe Fahrlässigkeit muss sich dann allerdings gerade auch auf den Finanzteil erstrecken; die Anforderungen für eine Bejahung liegen beim Emittenten aufgrund Sachnähe deutlich niedriger als bei den Emissionsbanken.
318 Kapitalmarktorientierte Unternehmen i.S.v. § 264d HGB (d.h. solche, die einen organisierten Markt i.S.d. § 2 Abs. 11 WpHG durch von ihr ausgegebene Wertpapiere i.S.d. § 2 Abs. 1 WpHG in Anspruch nimmt oder die Zulassung solcher Wertpapiere zum Handel an einem organisierten Markt beantragt haben) zählen gem. § 316a WpHG zu den Unternehmen von öffentlichem Interesse, für die die erhöhte Haftsumme von § 323 Abs. 2 HGB gilt.
319 BGH v. 24.4.2014 – III ZR 156/13, NJW 2014, 2345 = ZIP 2014, 972.
320 Gesetz zur Stärkung der Finanzmarktintegrität v. 3.6.2021, BGBl. I 2021, 1534.
321 Begründung zum Regierungsentwurf eines Gesetzes zur Stärkung der Finanzmarktintegrität, BT-Drucks. 19/26966, 103.
322 Siehe dazu Rz. 10.409 ff.

Zur **Sondersituation** einer Prospekthaftung des Wirtschaftsprüfers im **Außenverhältnis** gegenüber Anlegern für von ihm geprüfte Gewinnprognosen oder Gewinnschätzungen oder andere Begutachtungen von Prospekten oder Prospektbestandteilen siehe Rz. 10.412).

Zwar gilt die Vorschrift des § 323 HGB nur für Jahresabschlussprüfungen[323] und nicht für die Prüfung von gesetzlich nicht geforderten Abschlüssen oder Zwischenaufstellungen, die Abgabe eines Comfort Letters oder eines Berichts über vereinbarte Untersuchungshandlungen und die jeweils damit in Zusammenhang stehenden Prüfungshandlungen, die allein aufgrund eines gesonderten Auftragsverhältnisses vorgenommen werden. Aber die regelmäßig verwendeten **Allgemeinen Auftragsbedingungen der Wirtschaftsprüfer** implementieren in der derzeit verwendeten Fassung vom 1.1.2017 in ihrer Ziff. 9 Abs. 2 eine entsprechende Haftungsbegrenzung auf 4 Mio. Euro; zudem ist in Ziff. 9 Abs. 5 für einheitliche Schäden eine maximale Schadensersatzpflicht von 5 Mio. Euro vorgesehen, auch wenn diese aus mehreren Pflichtverletzungen herrühren[324].

10.308

Die **gesamtschuldnerische Außenhaftung der Banken** neben dem Emittenten kann theoretisch selbst dann bestehen, wenn der Wirtschaftsprüfer in einem Comfort Letter unmittelbar vor der Emission den Finanzteil nochmals einer Prüfung unterzogen hatte, wenngleich in diesen Fällen eine grobe Fahrlässigkeit der Emissionsbanken kaum je anzunehmen sein wird bzw. der Entlastungsbeweis gem. § 12 Abs. 1 WpPG gelingen sollte[325]. Aufgrund des Haftungsprivilegs von § 323 Abs. 2 HGB müssten die Emissionsbanken bei unterstellter eigener grober Fahrlässigkeit im Falle der Insolvenz des Emittenten – mit Ausnahme des begrenzten Rückgriffsanspruchs – vollumfänglich für Fehler des Emittenten und des Wirtschaftsprüfers einstehen[326].

Das Auseinanderfallen von haftungsprivilegierter bzw. vertraglich begrenzter Primärverantwortung des emissionsbegleitenden Wirtschaftsprüfers (nur) gegenüber der Emittentin und den emissionsbegleitenden Banken für die im Prospekt enthaltenen Finanzzahlen einerseits und die mindestens denkbare unbeschränkte Haftung der Banken (neben der Emittentin, die u.U. dann jedoch bereits insolvent ist) im Außenverhältnis gerade auch für den Finanzteil andererseits erklärt die Beharrlichkeit,

10.309

---

[323] Siehe zur insoweit auch vor Inkrafttreten des Gesetzes zur Stärkung der Finanzmarktintegrität unveränderten Rechtslage nur *Baumbach/Hopt*, § 323 HGB Rz. 6 und 9.

[324] Zur zuvor geltenden Fassung auch *Kunold* in Habersack/Mülbert/Schlitt, Unternehmensfinanzierung am Kapitalmarkt, Rz. 34.17 f. Fn. 63.

[325] Weitergehend *Heidelbach* in Schwark/Zimmer, § 12 WpPG Rz. 5, wonach beim Vertrauen auf ein Rechtsgutachten namhafter Anwaltskanzleien über die Vollständigkeit des Prospekts oder auf einen Comfort Letter des Wirtschaftsprüfers ein unverschuldeter Rechtsirrtum vorliegen können, allerdings ohne bzgl. der Comfort Letter-Aussagen zwischen einer prüferischen Durchsicht (*Review*) und einem Testat von Zwischenabschlüssen etc. zu differenzieren.

[326] Dabei wird der Emittent in diesen Fällen nicht selten zumindest bedingt vorsätzlich gehandelt haben. Zwischen den Emissionsbanken und dem Emittenten wird praktisch ausnahmslos vereinbart, dass der Emittent die Emissionsbanken im Innenverhältnis von etwaigen Inanspruchnahmen vollumfänglich freizustellen hat. Eine solche Freistellung ist nach ganz h.M. zulässig und wirksam (*Mülbert/Steup* in Habersack/Mülbert/Schlitt, Unternehmensfinanzierung am Kapitalmarkt, Rz. 41.11 f.; *Heidelbach* in Schwark/Zimmer, § 9 WpPG Rz. 32 m.w.N.). Häufig wird jedoch die Realisierung des Freistellungsanspruches an der Insolvenz bzw. an der fehlenden Bonität des Emittenten scheitern. Hinsichtlich des Wirtschaftsprüfers sind zur groben Fahrlässigkeit der Emissionsbanken führende Kompetenzzweifel und Haftungsrisiken (in Form des Auswahlverschuldens) zwar auch dann denkbar, vor allem dann kleinere Prüfungsgesellschaften wichtige Mandanten im Zuge einer Kapitalmarkttransaktion nicht verlieren wollen, ihnen jedoch die notwendige Erfahrung für die Prüfung von IFRS- oder auch US-GAAP-Abschlüssen fehlt und sich dies mangels Referenzprojekten für das Konsortium aufdrängen musste. Von Bedeutung ist in diesem Zusammenhang, dass sich das gesetzliche Haftungsprivileg des § 323 Abs. 2 HGB nur auf Abschlussprüfungen erstreckt, nicht jedoch auf andere Prüfungshandlungen oder die Prüfung von gesetzlich nicht geforderten Abschlüssen oder Zwischenaufstellungen, statt aller *Baumbach/Hopt*, § 323 HGB Rz. 6 und 9.

mit der Banken und Wirtschaftsprüfer ihre jeweiligen Verantwortungssphären bezüglich Inhalt und Wortlaut sowie geltender Haftungshöchstgrenzen abzusichern versuchen.

10.310 Der **Prüfungsstandard IDW PS 910** hat eine Reihe bis dahin kontrovers diskutierter Fragen im Hinblick auf Formulierungen zu geprüften und ungeprüften (Zwischen-)Abschlüssen, Pro forma-Finanzinformationen und Maßnahmen zur Wertaufhellung nach dem Stichtag der letzten Prüfungshandlungen geklärt. Wenngleich in Bezug auf die wichtige Frage der Haftung für Comfort Letter lediglich ein Formelkompromiss erzielt worden ist, hat die weitgehende Einigung auf einen Standardwortlaut für Comfort Letter doch zur Konzentration von Streitigkeiten auf einige wenige Themen und damit erkennbar zu einer **Verkürzung der Comfort Letter-Verhandlungen** geführt. Insgesamt kann der IDW-Standard als **Kompromiss** zwischen den Emissionsbanken und den durch das IDW vertretenen Wirtschaftsprüfern angesehen werden. Durch die Etablierung eines angemessenen Prüfungsstandards durch die Berufsorganisation wird zudem die Versicherbarkeit der Risiken erleichtert und die Wahrscheinlichkeit einer erfolgreichen *due diligence defense* der **Emissionsbanken** – und mittelbar auch des Emittenten – im Falle der Einholung eines Comfort Letters und der Durchführung entsprechender IDW PS 910 konformer Prüfungshandlungen erhöht. Durch die Mitwirkung aller namhaften internationalen Banken ist auch eine **internationale Akzeptanz** der vorliegenden **englischsprachigen Fassung** erreicht worden.

10.311 Es ist zu erwarten, dass der Druck auf eine EU-weite Regelung der Prospekthaftung und damit auch eine Vereinheitlichung der personalen Prospektverantwortlichkeit wachsen wird. Sollte in diesem Zusammenhang auch eine EU-weite Entscheidung für das Konzept der partiellen Prospektverantwortung fallen, rückte auch eine EU-einheitliche Haftung des Wirtschaftsprüfers näher.

10.312–10.314 Einstweilen frei.

3. Wichtige Hinweise für die Transaktionspraxis

10.315 Der dargestellte Interessengegensatz zwischen Emissionsbanken und Wirtschaftsprüfern bezüglich Haftungsgegenstand, -umfang und potentieller Anspruchsgläubiger macht es erforderlich, dass sich der Emittent und seine Rechtsberater sowohl über die Bedeutung des Comfort Letters für den Abschluss der Transaktion als auch die Notwendigkeit einer frühzeitigen Adressierung der wesentlichen Aspekte bewusst sind. Im Folgenden werden daher vor der Beschreibung der möglichen Haftungsgrundlagen (dazu Rz. 10.328 ff.) sowie dem typischen Inhalt eines Comfort Letters (dazu Rz. 10.349 ff.) einige Hinweise für die Emissionspraxis vorangestellt. Die dabei dargestellten Grundsätze gelten für den – in der Praxis sehr viel selteneren – Bericht über vereinbarte Untersuchungshandlungen in gleicher Weise, so dass in der folgenden Darstellung nicht ausdrücklich ebenfalls darauf eingegangen wird.

a) Das Emittenteninteresse an einem marktgerechten Comfort Letter

10.316 Da der Comfort Letter im Wesentlichen dazu dient, den Banken die Abwehr von Prospekthaftungsansprüchen (*due diligence defense*) gem. §§ 9 f. WpPG zu erleichtern und (nur) für den Fall einer festgestellten Außenhaftung einen etwaigen Rückgriffsanspruch gegen den Wirtschaftsprüfer zu erlangen[327], haben viele Mandanten fälschlich den Eindruck, sie könnten mit ihren Rechtsberatern den diesbezüglichen Diskussionen fern bleiben. Dies ist indessen ein gravierender Fehler, da die Abgabe eines dem Marktstandard entsprechenden Comfort Letters in fast jeder Transaktion eine sog. *condition precedent* für die Übernahme der Aktien, die Unterzeichnung des Zeichnungsscheines bzw. die Übernahme der Schuldverschreibungen ist und eine fehlende Einigung über den Comfort Letter zumindest den Zeitplan für die Transaktion in Gefahr bringen kann. Unkenntnis der Voraussetzungen für die Abgabe eines dem Marktstandard entsprechenden Comfort Letters und insbesondere hinsicht-

---

327 Vgl. auch *Kunold* in Habersack/Mülbert/Schlitt, Unternehmensfinanzierung am Kapitalmarkt, Rz. 34.3 zu den einzelnen Funktionen eines Comfort Letters.

lich der hierfür regelmäßig anfallenden Kosten kann zudem gerade bei volumenmäßig überschaubaren Emissionen für sehr unliebsame Überraschungen in der Kalkulation ihres Gesamtnutzens im Vergleich zu Finanzierungsalternativen führen[328]. Schließlich versuchen sowohl der Abschlussprüfer des Emittenten als auch der Konsortialführer im Rahmen der Mandatierungsgespräche nicht selten, den Emittenten durch Aussagen zum Haftungsumfang und zur Prüfungstiefe gegenüber der jeweils anderen Seite zu präjudizieren. Dem Emittenten ist daher anzuraten, sich nicht nur in Bezug auf den Ablauf des Transaktionsprozesses, sondern auch im Hinblick auf die Dokumentationsstandards (Prospekt, prospektbegleitende Dokumente und hier insbesondere Comfort Letter) durch einen erfahrenen Kapitalmarktrechtler beraten zu lassen.

Der sachkundig beratene Emittent wird mit den Emissionsbanken und seinem Wirtschaftsprüfer das **Anforderungsprofil für die Finanzangaben** im Prospekt frühzeitig zu definieren suchen. Hierbei wird nicht nur hinsichtlich des ins Auge gefassten Emissionszeitpunkts zu entscheiden sein, ob ggf. Zwischenfinanzinformationen unmittelbar vor dem avisierten Platzierungszeitpunkt noch einer prüferischen Durchsicht (*Review*) unterzogen werden müssen, sondern auch, ob es wegen größeren Akquisitionen oder Desinvestitionen im letzten Geschäftsjahr bzw. unmittelbar bevorstehenden Akquisitionen oder Desinvestitionen im Nachgang zur Platzierung ergänzender Pro forma-Finanzinformationen bedarf, oder solche möglich oder empfehlenswert sind[329]. Emittent, Konsortialführer und Rechtsberater werden sodann unter Berücksichtigung der beabsichtigten Transaktionsstruktur, der Art der Kapitalbeschaffungsmaßnahme, ggf. vorhandener relativ aktueller Prospekte des Emittenten, eines etwaigen Emittentenratings sowie nicht zuletzt der Transaktionsgröße und der anzusprechenden Investorengruppen entscheiden, ob die Aufnahme zeitnaher Zwischenfinanzinformationen oder deren prüferische Durchsicht (*Review*) erforderlich oder angeraten ist[330]. Der Emittent wird hierbei berücksichtigen, dass er gerade in Bezug auf die Finanzinformationen stets der Letztverantwortliche ist. 10.317

Schließlich wird der Emittent gemeinsam mit seinen Rechtsberatern und den Wirtschaftsprüfern frühzeitig analysieren, welche typischerweise im Prospekt erwarteten Finanzangaben für **frühere Vergleichsperioden** nicht oder jedenfalls nicht in der üblichen Qualität erstellt bzw. geprüft werden können. Häufig können z.B. IPO-Kandidaten für den Vergleichszeitraum von zwei oder drei Jahren vor dem avisierten Börsengang ein Cash Flow-Statement nicht in der üblichen Detailgenauigkeit erstellen oder für Zwischenfinanzinformationen nicht die auch für den Vorjahreszeitraum zu erstellenden Ver- 10.318

---

328 Die Kosten für die Abgabe eines Comfort Letters (bestehend aus den in diesem Zusammenhang durchzuführenden Prüfungen einschließlich der Tochtergesellschaften im Ausland sowie der von den Wirtschaftsprüfern im Gegenzug zur Übernahme einer nach außen unbeschränkten Haftung verlangten Erstattung der Versicherungsprämie) können sich leicht auf einen hohen sechsstelligen Betrag summieren und bei großen Transaktionen auch die Millionengrenze überschreiten. Für die Beurteilung von Finanzierungsalternativen wie Anleihe und (syndizierter) Kredit können die Kosten für den Comfort Letter bis zu Volumina von unter 100 Mio. Euro daher auch unter Berücksichtigung der Vertragslaufzeit/Fälligkeit durchaus ins Gewicht fallen.
329 Zu dem Erfordernis von Pro forma-Finanzinformationen im Prospekt und der Begrenzung solcher Angaben auf i.d.R. ein Geschäftsjahr, Anhang 1 Ziff. 18.4 und Anhang 20 Delegierte Verordnung (EU) 2019/980. Vgl. auch *Kunold* in Habersack/Mülbert/Schlitt, Unternehmensfinanzierung am Kapitalmarkt, Rz. 34.42 f. zu allerdings inzwischen veralteter Rechtslage, wobei sich gerade im Bereich von Fällen von Emittenten mit komplexer finanztechnischer Vorgeschichte die Möglichkeiten zur Nutzung von Alternativen zu Pro Forma-Finanzinformationen (etwa durch Aufnahme von Jahresabschlüssen erworbener Gesellschaften) mit Inkrafttreten der EU-Prospektverordnung und infolge einer restriktiveren Auslegung durch die BaFin in der Praxis tendenziell eher verringert haben. Bei Platzierungen in den USA nach Rule 144A unter dem U.S. Securities Act von 1933 ist – bei ansonsten zumindest ähnlichen Voraussetzungen – ein gegenüber der EU-Prospektverordnung niedrigerer Schwellenwert von 20 % für das Erfordernis von Pro Forma-Finanzinformationen zu beachten.
330 Zu einem vergleichbaren *„judgement call"* bei der Bestimmung des Umfangs der Due Diligence vgl. Rz. 10.82 ff. Gerade bei Kapitalerhöhungen von frequent issuers erscheint eine prüferische Durchsicht nicht immer sachgerecht.

gleichszahlen exakt ermitteln. In diesen Fällen empfiehlt es sich, spätestens im unmittelbaren Anschluss an den Beginn der konkreten Transaktionsvorbereitung das richtige Maß zwischen erforderlicher Offenlegung einerseits und den für den Emittenten zumutbaren Aufwand und Kosten zu ermitteln. Der hierbei von allen Beteiligten erforderte Pragmatismus, die Erfahrung aus Vergleichstransaktionen und eine nicht stets auf dem Optimum beharrende Forderungshaltung offenbart die eigentliche Kapitalmarkterfahrung und Urteilskraft, die einen guten Transaktionsverantwortlichen („*deal captain*") sowohl auf Anwalts- als auch auf Bankenseite ausweist.

b) Inhalt und Haftungsumfang des Comfort Letters

10.319 Aus Sicht des Emittenten ist es sodann ratsam, dass der Wirtschaftsprüfer frühzeitig einen ersten Entwurf des beabsichtigten Comfort Letters an den Konsortialführer übersendet. Dieser Entwurf wird sich an den aufzunehmenden Finanzzahlen, dem entsprechenden IDW-Standard sowie den zuvor mit den Banken ggf. vereinbarten Aussagen bezüglich einzelner Vorperioden orientieren. Darüber hinaus wird der Entwurf unter dem Vorbehalt übermittelt werden, dass sich im Rahmen der Prüfung keine wesentlichen, der Abgabe entsprechender Erklärungen entgegenstehenden Sachverhalte ergeben haben. Vor Übersendung des Comfort Letters an den Konsortialführer sollte der mit Comfort Lettern vertraute Anwalt des Emittenten den Entwurf prüfen und etwaige für die Konsortialbanken inakzeptable Formulierungen intern mit den Wirtschaftsprüfern vorbesprechen. Der **Anwalt des Emittenten** nimmt insofern eine **Vermittlerrolle** zwischen Wirtschaftsprüfer und Emissionsbanken ein, da für ihn – wie für den Emittenten – das Gelingen der Transaktion zu für alle Beteiligten akzeptablen Bedingungen im Vordergrund steht. Daher sollte sowohl Versuchen einer übertriebenen Haftungsvermeidung auf Seiten des Wirtschaftsprüfers wie auch Versuchen einer marktunüblichen Ausweitung der Wirtschaftsprüferhaftung durch zu weitgehende Formulierungen oder inadäquate Prüfungsanforderungen durch den Emittentenanwalt begegnet werden.

10.320 Hinsichtlich des zumeist streitigen Haftungsumfangs des Comfort Letters wird der Anwalt des Emittenten sodann darauf hinwirken, dass die Haftungsfrage nicht isoliert von den Formulierungen des Comfort Letters diskutiert wird, sondern **zunächst und vordringlich** ein für alle Beteiligten **akzeptabler Wortlaut** gefunden wird, der sodann als Basis für die Verhandlungen über die Voraussetzungen einer (unbeschränkten) Außenhaftung zugrunde gelegt werden kann[331]. Hierbei ist es in der Zwischenzeit marktüblich und kaum mehr vermeidbar, im Innenverhältnis zwischen Wirtschaftsprüfer und Emittent zusätzlich auf die Leistungen der Versicherungsbranche Rückgriff zu nehmen. In der Praxis hatte sich über viele Jahre vor allem die **Versicherungsstelle Wiesbaden** für das wirtschaftliche Prüfungs- und Treuhandwesen, die von mehreren Versicherungsunternehmen getragen wird, als kompetenter Ansprechpartner – wenn auch als Quasi-Monopolist – für eine Haftungsübernahme bewährt, über die eine vertraglich vereinbarte höhere Haftungssumme der Wirtschaftsprüfer abgedeckt wurde, wobei regelmäßig die Emittentin die Kosten der Prämie übernahm. In den vergangenen Jahren ist die Praxis jedoch dazu übergangen, eine höhere Haftung der Wirtschaftsprüfer über einen im Rahmen von Vermögensschaden-Haftpflichtversicherungen für Wertpapieremissionen (*Public Offering of Securities Insurance* – „**POSI**") mitversicherten Freistellungsanspruch der Wirtschaftsprüfer gegen die Gesellschaft abzudecken, über die die Prospektverantwortlichen im Regelfall unter vertretbaren Mehrkosten einen insgesamt sehr viel umfassenderer Versicherungsschutz erreichen können.

c) Die Bedeutung zeitnaher Ermittlung des erhältlichen Versicherungsschutzes

10.321 In der Praxis hat sich gezeigt, dass erst im Anschluss an die langwierigen Verhandlungen über den Wortlaut des Comfort Letters und deshalb häufig erst sehr kurzfristig vor der Abgabe des ersten Comfort

---

331 Zur Frage der (Un-)Wirksamkeit der Haftungsbegrenzung in Nr. 9 Abs. 2 Satz 1 Abs. 1 der Allgemeinen Auftragsbedingungen für Wirtschaftsprüfer und Wirtschaftsprüfungsgesellschaften siehe *Stoffels*, ZIP 2016, 2389, 2392 ff.

Letters[332] mögliche Versicherer angesprochen werden. Dies geschieht zumeist mit nur unvollständigen Informationen, was aufgrund des von den Versicherern zu beurteilenden Risikoprofils sowohl der Transaktion als auch des Emittenten die Versicherungsprämie unnötig erhöht. Es ist daher dringend anzuraten, den Versicherungsschutz (sei es isoliert zur Erhöhung der Haftungssumme nur der Wirtschaftsprüfer oder im Rahmen einer POSI) in einem zwischen Wirtschaftsprüfer, Emittenten und ggf. auch Emissionsbanken vereinbarten Umfang **mindestens einen Monat** vor dem beabsichtigten Emissionszeitpunkt bzw. Abgabedatum des ersten Comfort Letters über einen spezialisierten und mit derartigen Versicherungen erfahrenen Makler abzufragen.

Hierzu empfiehlt sich eine knappe **instruktive Transaktionsbeschreibung** mit den Mindestangaben zu Emittent, Transaktionsart (Börsengang, Bezugskapitalerhöhung, Umplatzierung, Wandelanleihe, *High Yield Bond* etc.), Kapitalmarkthistorie des prospektiven Emittenten, Prüfungsdauer des den Comfort Letter abgebenden Wirtschaftsprüfers bei dem Emittenten, etwaige Korrekturen früherer Jahresabschlüsse, beabsichtigtes Emissionsvolumen, Art der vorgenommenen Bestätigungen (Bestätigungsvermerke, Bescheinigungen etc.), Art der abzugebenden Comfort Letter (nur nach IDW PS 910 oder auch nach AU-C 920), Beteiligungsverhältnisse, Emissionskonsortium (Standing der Konsortialführer!) sowie ein etwaiges Emittenten- bzw. Emissionsrating (Issuer Credit Rating bzw. Issue Credit Rating).

10.322

Auf der Basis dieser Daten ist es den Versicherern möglich, das Risikoprofil auch angesichts der in Deutschland vergleichsweise geringen Transaktionszahlen und die damit zwangsläufig drohenden Klumpenrisiken zu ermitteln und Teilvolumina ggf. weiter zu platzieren. Bei Versicherungen über die Versicherungsstelle Wiesbaden war aus Emittentensicht zu bemängeln, dass von Seiten der Versicherer und auch der Wirtschaftsprüfer viel zu wenig auf die Bonität des Emittenten, die Dauer der Prüfungstätigkeit des Abschlussprüfers, dessen Expertise sowie die Spezifika der jeweiligen Transaktionsstruktur geachtet wird. So sollten Sekundärmarktplatzierungen namhafter Emittenten, geführt von renommierten Konsortialführern, deutlich günstiger als z.B. Erstemissionen von Wachstumsunternehmen sein. Im Rahmen einer POSI werden solche und andere Aspekte (wie etwa die größere Risikoneigung in bestimmten Branchen) nunmehr ebenfalls gewichtet und fließen, neben einem allgemeinen Wettbewerb infolge einer Ausschreibung der Versicherungsleistungen durch den Makler, in die Preisbildung mit ein.

10.323

Im Idealfall werden Emittent, Wirtschaftsprüfer und Konsortialbanken bereits im Vorfeld der Unterzeichnung des zwischen den Konsortialbanken und dem Emittenten abzuschließenden Engagement Letters ein **gemeinsames Verständnis** sowohl von den aufzunehmenden Finanzkennzahlen und der jeweils erforderlichen Prüfungstiefe sowie der **Lösung des Haftungsthemas** unter **frühzeitiger Einbeziehung etwaiger Versicherer** entwickeln.

10.324

Einstweilen frei.

10.325–10.327

4. Haftung

Das **Konzept der partiellen Prospektverantwortlichkeit** in den USA, aber auch in Großbritannien und der Schweiz bringt es mit sich, dass dem Comfort Letter nach diesen Rechtsordnungen keine haftungsbegründende Funktion zukommt. Sind Finanzangaben in einem Prospekt objektiv fehlerhaft und wurde zugleich die nach der betreffenden Rechtsordnung geforderte Sorgfalt von einer den Comfort Letter ausstellenden Wirtschaftsprüfungsgesellschaft verletzt, so bestehen **direkte Ansprüche der Anleger gegen den Wirtschaftsprüfer** oder der Wirtschaftsprüfungsgesellschaft als Ersteller des Comfort Letters. Dem Comfort Letter kommt daneben keine haftungsbegründende Funktion, sondern **lediglich eine Entlastungsfunktion für die Banken** zu.

10.328

---

332 Im Falle von Aktienemissionen zumeist erst wenige Wochen vor Beginn des Bookbuildings-Verfahrens bzw. vor Beginn des Bezugsrechtshandels.

10.329 Aufgrund des in **Deutschland** bestehenden Konzepts der **Gesamtverantwortung für den Prospekt**, welches jedoch die Wirtschaftsprüfer nicht zu den möglichen Prospektverantwortlichen zählt, kommt dem Comfort Letter neben der **primären Entlastungsfunktion** für die Emissionsbanken auch eine **mögliche Haftungsfunktion** im Wege der Begründung von Rückgriffsansprüchen im Innenverhältnis zwischen Emissionsbanken und Wirtschaftsprüfer zu[333], da ein direkter Anspruch aufgrund der in § 323 Abs. 1 Satz 3 HGB getroffenen Regelung jedenfalls schwierig zu argumentieren wäre[334]. Diese bisher selten praktisch gewordenen Rückgriffsansprüche der Emissionsbanken gegen die Wirtschaftsprüfer sind der Hauptgrund für die zum Teil sehr kontroversen Verhandlungen zwischen Bankenkonsortien und Wirtschaftsprüfungsgesellschaften um die Formulierungen und etwaiger Haftungsbegrenzungen im Comfort Letter. Im Folgenden wird daher die dogmatische Begründung für eine mögliche Haftung des Wirtschaftsprüfers aufgrund der Ausstellung eines Comfort Letters untersucht.

10.330 Die rechtliche Basis für eine Haftungsbegründung aus Comfort Lettern gegenüber den Emissionsbanken ist im Einzelnen in der Literatur umstritten[335]. Die drei wichtigsten denkbaren **Anspruchsgrundlagen** sind: Haftung aus dem Auskunftsvertrag (Rz. 10.331 ff.), Haftung aus Vertrag zugunsten eines Dritten (Rz. 10.337 ff.) sowie Haftung aus Vertrag mit Schutzwirkung für Dritte (Rz. 10.340 ff.). Des Weiteren werden noch eine Vertrauenshaftung bzw. eine Haftung aus berechtigter Geschäftsführung ohne Auftrag diskutiert[336].

a) Haftung aus Auskunftsvertrag

10.331 Naheliegend ist zunächst ein Anspruch der Emissionsbanken gegen die Wirtschaftsprüfungsgesellschaft aus einem zwischen beiden Parteien abgeschlossenen Auskunftsvertrag gem. § 675 Abs. 2 BGB[337]. Anspruchsbegründend wäre eine Verletzung dieses Auskunftsvertrags dann gem. § 280 Abs. 1 BGB.

10.332 Nach Rechtsprechung und Literatur entscheidend ist, auf welcher Grundlage von einem Vertragsverhältnis ausgegangen werden kann, wann also zwei übereinstimmende, mit Bezug aufeinander abgegebene Willenserklärungen vorliegen[338]. Zu unterstellen ist hier der Normalfall, dass der Wirtschaftsprüfer mit den Emissionsbanken bzw. deren Rechtsberatern im Auftrag des Emittenten in Kontakt tritt und mit diesen die Einzelheiten des Comfort Letters verhandelt. Der Comfort Letter selbst wird dann zu gegebener Zeit an die Emissionsbanken bzw. an Emissionsbanken und Emittent adressiert und versandt.

---

333 Vgl. auch *Kunold* in Habersack/Mülbert/Schlitt, Unternehmensfinanzierung am Kapitalmarkt, Rz. 34.9 f.
334 Vgl. dazu auch *Meyer*, WM 2003, 1745, 1747 und *Kunold* in Habersack/Mülbert/Schlitt, Unternehmensfinanzierung am Kapitalmarkt, Rz. 34.11, die davon ausgehen, dass Rückgriffsansprüche der Emissionsbanken, ohne ausdrücklich an diese adressierte Aussage, zumindest fraglich sind.
335 Vgl. dazu etwa *Meyer*, WM 2003, 1745, 1749 und 1754 bei Fn. 84; *Ebke/Siegel*, WM 2001, Sonderbeilage 2, S. 14 ff. sowie ausführlich *Langendorf*, Haftungsfragen bei Anleiheemissionen, 3. Kap., § 159 ff.
336 Ausführlich *Langendorf*, Haftungsfragen bei Anleiheemissionen, 3. Kap., § 1 I 4. und 5., S. 188 ff. und *Ebke/Siegel*, WM 2001, Sonderbeilage 2, S. 14 ff.
337 Siehe allgemein dazu auch *Breinersdorfer*, Die Haftung der Banken für Kreditauskünfte gegenüber dem Verwender, 1991, S. 111 ff.; *Hirte*, Berufshaftung, 1996, S. 19; *Jost*, Vertragslose Auskunfts- und Beratungshaftung, 1991, S. 83 ff.; *Gräfe/Lenzen/Schmeer/Gräfe*, Steuerberaterhaftung, Rz. 424 ff.; *Stahl*, Zur Dritthaftung von Rechtsanwälten, Steuerberatern, Wirtschaftsprüfern und öffentlich bestellten und vereidigten Sachverständigen, 1989, S. 46 ff.; *Weber*, NZG 1999, 1, 4; *Land*, Wirtschaftsprüferhaftung gegenüber Dritten in Deutschland, England und Frankreich, 1996, S. 85 ff.; *Canaris*, ZHR 1999, 206, 213; *Müller*, Auskunftshaftung nach deutschem und englischem Recht, 1995, S. 44 ff., 65 ff.; *Philippsen*, Zur Dritthaftung des privat beauftragten Gutachters für fahrlässig verursachte Vermögensschäden, 1998, S. 124 ff.
338 Dazu mit zahlreichen weiteren Nachweisen *Langendorf*, Haftungsfragen bei Anleiheemissionen, 3. Kap., § 1, Fn. 634 und 635, S. 160.

Fraglich ist, ob in der Erstellung des Comfort Letters und dessen Übermittlung an die Emissionsbanken zumindest eine **konkludente Willenserklärung** des Wirtschaftsprüfers gesehen werden kann. Der BGH hat in vergleichbaren Fällen einen konkludenten Vertragsschluss angenommen, wenn es für den Auskunftgeber objektiv erkennbar war, dass die Auskunft für den Empfänger von erheblicher Bedeutung ist und zur Grundlage wesentlicher Entscheidungen gemacht wird[339]. Eine wichtige Rolle spiele dabei auch die besondere Sachkunde des Auskunftsgebers. Allerdings hat der BGH in diesem Zusammenhang auch klargestellt, dass die Bedeutung der Auskunft einerseits und die Sachkunde des Auskunftsgebers andererseits für sich alleine noch nicht ausreichen, um das Zustandekommen eines stillschweigend geschlossenen Auskunftsvertrags zu bejahen, vielmehr handele es sich dabei lediglich um Indizien. Entscheidend sei, ob die Gesamtumstände unter Berücksichtigung der Verkehrsauffassung und der Verkehrsbedürfnisse den Rückschluss zulassen, dass beide Teile die Auskunft zum Gegenstand vertraglicher Rechte und Pflichten machen wollten. Dies kann nach der Rechtsprechung des BGH jedenfalls der Fall sein, wenn der Wirtschaftsprüfer mit dem Auskunftempfänger in direktem Kontakt steht und unter Bezugnahme auf seine konkrete Prüfungstätigkeit diesem gegenüber Erklärungen oder Zusicherungen abgibt, für deren Wahrheit und Vollständigkeit er einstehen will.

10.333

Ein Comfort Letter hat für die Emissionsbanken unzweifelhaft **besondere Bedeutung**, was auch stets **für den Wirtschaftsprüfer erkennbar** ist. Dieser ist maßgeblich in die Erstellung des Wertpapierprospekts eingebunden, nimmt typischerweise und gerade auch auf Wunsch der Emissionsbanken regelmäßig an der Besprechung der Finanzinformationen betreffenden Teile des Prospekts teil oder wird um Kommentierung von Entwürfen aus seiner Sicht und Kenntnis als Abschlussprüfer der Gesellschaft gebeten. Aufgrund des **gesetzlichen Monopols für die Testierung von Jahresabschlüssen** ist seine **besondere Expertenstellung** evident, und insoweit nimmt er auch eine **neutralere Position** ein[340], so dass er eindeutig nicht lediglich unselbständige Hilfsperson des Emittenten ist.

10.334

Die besondere Bedeutung der von ihm erwarteten Auskünfte wird für den Wirtschaftsprüfer nicht zuletzt auch daraus erkennbar, dass die Kommentierung und Teilnahme an Besprechungen von Prospektentwürfen sowie die **Erstellung des Comfort Letters gegen zusätzliches Entgelt** erfolgt, auch wenn die Emissionsbanken selbst keine Kosten übernehmen und die Vergütung durch den Emittenten erfolgt[341]. Dabei ist die Vergütung in der Praxis oft auch höher bemessen als für die Tätigkeit als gesetzlicher Abschlussprüfer.

Gleichwohl ist fraglich, ob der für das Zustandekommen eines Auskunftsvertrags erforderliche **Rechtsbindungswille** vorliegt. Das Erfordernis des **direkten Kontakts** ist aufgrund der vorstehend geschilderten Umstände in der Praxis stets gegeben. Auch handelt es sich aufgrund der formalisierten Art der Auskunftserteilung im Comfort Letter, in dem sehr spezifische Aussagen zu bestimmten Zeitpunkten getroffen werden und die Gegenstand mitunter intensiver Verhandlungen zwischen Wirtschaftsprüfer und Emissionsbanken sind, **nicht lediglich um Äußerungen „bei Gelegenheit"**. Beides spricht im Licht der BGH-Rechtsprechung im Grundsatz für die Annahme eines Auskunftsvertrags.

10.335

---

339 Vgl. etwa BGH v. 17.9.1985 – VI ZR 73/84, NJW 1986, 180, 181 = ZIP 1985, 1506.
340 Insoweit unterscheidet ihn dies auch von anderen Beratern die jeweils nur eine der beteiligten Parteien vertreten; siehe zur Haftung von Rechtsanwälten für Legal Opinions und Disclosure Letter bereits Rz. 10.237 ff.
341 Eine Entgeltzahlung durch irgendeine der Parteien ist dabei insgesamt nicht einmal zwingende Voraussetzung; siehe *Gottwald* in MünchKomm. BGB, § 328 BGB Rz. 217; krit. aber *Honsell*, JZ 1985, 952, 953 mit Anm. zu BGH v. 23.11.1985 – IVa ZR 66/83; *Schmitz*, DB 1989, 1909, 1914. Wenig überzeugend dementsprechend auch gegen einen Rechtsbindungswillen *Ebke/Siegel*, WM 2001, Sonderbeilage 2, S. 16, weil der Wirtschaftsprüfer von den Emissionsbanken keine Vergütung erhalte. *Langendorf*, Haftungsfragen bei Anleiheemissionen, 3. Kap., § 1 I 1, S. 161 ff. sowie *Meyer*, WM 2003, 1745, 1746 f., sehen in dem Verhältnis zwischen Wirtschaftsprüfer und Emissionsbanken gleichsam die Grundlage für die Entgeltzahlung durch den Emittenten.

Ohne Belang wiederum ist, dass der Emittent häufig bereits im Engagement Letter mit den Banken verpflichtet wird, einen Comfort Letter beizubringen. Eine solche Verpflichtung, die ganz wesentlich Vorsorge dafür treffen (und die Frage der Kostentragung regeln) soll, dass der erst später abzuschließende Übernahmevertrag die Vorlage eines Comfort Letters zur aufschiebenden Bedingung (sog. *condition precedent*) für die weitere Durchführung der Transaktion machen kann (und wird), kann parallel zu einem etwaigen Auskunftsvertrag bestehen. Gleiches gilt für das der Abgabe des Comfort Letter zugrunde liegende Auftragsverhältnis zwischen Emittentin und Wirtschaftsprüfer. Die Aufnahme einer Gerichtsstandsklausel in den Comfort Letter kann allerdings als recht starkes Indiz für einen entsprechenden Rechtsbindungswillen angesehen werden.

10.336 Unter besonderer Berücksichtigung der kraft Gesetzes unbeschränkten Außenhaftung der Emissionsbanken, denen gerade bei größeren Emissionen ein im Verhältnis oft nur als völlig unzureichend zu beschreibender Regressanspruch von wenigen Mio. Euro gegenübersteht, bestehen auch eindeutige Verkehrsbedürfnisse für eine entsprechende Haftung des Wirtschaftsprüfers. Der **Vergleich mit anderen wichtigen Jurisdiktionen**, insbesondere den USA, zeigt ebenfalls, dass die Annahme eines direkten Rückgriffsanspruchs zugunsten der Emissionsbanken aus einem Auskunftsvertrag nicht unbillig wäre: Zum einen steht die **Realisierung des Rückgriffsanspruchs** im deutschen Recht **unter dem Vorbehalt einer fehlgeschlagenen *due diligence defense*** der Emissionsbanken als neben dem Emittenten im Außenverhältnis regelmäßig einzigen Prospektverantwortlichen; zum anderen ist die Realisierungsgefahr eines Rückgriffsanspruchs im Vergleich zu einer selbständigen partiellen Prospektverantwortung für den Finanzteil, wie etwa in den USA, Großbritannien, aber auch Österreich und der Schweiz[342], das deutlich mildere Haftungskonzept.

Allerdings muss die Möglichkeit der Annahme eines Rechtsbindungswillens des Wirtschaftsprüfers gegenüber den Emissionsbanken gestützt auf die vorstehend genannten Umstände derzeit als offen angesehen werden: Es kann mit guten Gründen bezweifelt werden, dass ein Wirtschaftsprüfer ein Interesse daran haben sollte, in ein eigenständiges Haftungsverhältnis mit den Emissionsbanken einzutreten, das weitreichendere Haftungsfolgen zur Folge hat als sie anderenfalls bestünden[343]. Im Falle starker Gesamtumstände ist allein diese Mentalreservation jedoch kaum ausreichend; nach intensiven Verhandlungen über den Wortlaut, Umfang und die Gerichtsstandsklausel erscheint auch die Annahme eines Rechtsbindungswillens vertretbar. Im Ergebnis steht ein Auskunftsvertrag bis zur höchstrichterlichen Klärung dieser Option zumindest im Raum[344].

b) Haftung aus Vertrag zugunsten Dritter

10.337 Lehnt man einen Auskunftsvertrag zwischen Wirtschaftsprüfer und Emissionsbanken ab, kommt als Anspruchsgrundlage für einen etwaigen Rückgriffsanspruch gegen die Wirtschaftsprüfer ein Vertrag zugunsten Dritter in Betracht. Der Vertrag zwischen dem Emittenten und dem Wirtschaftsprüfer über die Erstellung eines Comfort Letters kann als echter (berechtigender) oder unechter (ermächtigender) Vertrag zugunsten der Emissionsbanken i.S.d. § 328 BGB ausgestaltet sein. Der Unterschied zwischen einem echten und einem unechten Vertrag zugunsten Dritter besteht darin, dass die Emissionsbanken nur bei einem echten Vertrag zugunsten Dritter einen eigenen Anspruch gegen die Wirtschaftsprüfer hätten und Leistung an sich verlangen könnten. Für den Fall von Leistungsstörungen bei Schlechterfüllung durch den Wirtschaftsprüfer würde im Falle eines lediglich unechten Vertrags zugunsten Dritter kein Anspruch auf Schadensersatz bestehen; denn wer die vertragliche Leistung nicht an sich selbst

---
342 Siehe dazu bereits Rz. 10.328.
343 Siehe dazu sogleich Rz. 10.340 ff.
344 A.A. *Langendorf*, Haftungsfragen bei Anleiheemissionen, 3. Kap., § 1 I 1a), S. 163 ff. *Ebke/Siegel*, WM 2001, Sonderbeilage 2, S. 16 f, sehen, wenn der Comfort Letter an die Emissionsbanken adressiert ist (oder zumindest an diese versendet wird) zumindest die „Gefahr eines Auskunftsvertrages". Gemäß dem Prüfungsstandard IDW PS 910 finden Adressierung und Versand sowohl an Emittent als auch an Emissionsbanken regelmäßig statt (Tz. 12).

fordern kann, ist auch nicht zur Geltendmachung von Ersatzansprüchen wegen Störungen der Leistungspflicht berechtigt[345].

Ob der Vertrag zwischen Emittent und Wirtschaftsprüfer als echter Vertrag zugunsten der Emissionsbanken i.S.d. § 328 BGB zu qualifizieren ist, ist durch **Auslegung** des Vertragsverhältnisses zu ermitteln. Die Auslegungsregeln der § 328 Abs. 2, §§ 329 und 330 BGB helfen insoweit nicht weiter. Ein berechtigender Vertrag zugunsten Dritter wird allerdings nur dann anzunehmen sein, wenn der Versprechensempfänger (Emittent) eine Leistung vereinbart, die im alleinigen Interesse eines Dritten (Bankenkonsortium) steht[346]. Ein derartiger Fall liegt aber gerade nicht vor. Vielmehr **erfüllt der Emittent** als Prospektverantwortlicher durch die Einholung eines Comfort Letters **eine eigene Verpflichtung** gegenüber der Emissionsbank[347]. Da es sich hierbei regelmäßig um eine *condition precedent* des Übernahmevertrags handelt, hat der Emittent zumindest ein ganz erhebliches Eigeninteresse an der Abgabe eines Comfort Letters. 10.338

Auch im Übrigen entspricht die Ausstellung von Comfort Lettern nicht den typischen Dreiecks-Konstellationen (fürsorge- oder versorgungsähnliche Situationen), so dass jedenfalls eine Qualifizierung des Vertrags zwischen Emittent und Wirtschaftsprüfer als echter (berechtigender) Vertrag zugunsten der Emissionsbanken i.d.R. ausscheiden dürfte[348]. 10.339

c) Haftung aus Vertrag mit Schutzwirkung für Dritte

Als Anspruchsgrundlage für Rückgriffsansprüche kommt schließlich ein Vertrag mit Schutzwirkung für Dritte in Betracht. Eine **Schutzwirkung** des Vertrags zwischen Emittent und Wirtschaftsprüfer **zugunsten der Emissionsbanken** der zufolge die Emissionsbanken im Falle der Verletzung von vertraglichen Sorgfalts- und Obhutspflichten einen eigenen Schadensersatzanspruch gegenüber dem Wirtschaftsprüfer geltend machen könnten, ist jedoch **zweifelhaft**. 10.340

Das Institut des Vertrags mit Schutzwirkung für Dritte wurde von der Rechtsprechung vor allem in Fällen der Gutachter- oder Expertenhaftung herangezogen[349]. **Voraussetzung** für die Bejahung einer Schutzwirkung zugunsten der Emissionsbanken ist deren Einbeziehung in den Schutzbereich des Vertrags zwischen Emittenten und Wirtschaftsprüfer. Eine derartige Einbeziehung in den Schutzbereich eines Vertrags setzt wiederum voraus: 10.341

(1) Die erforderliche **Leistungsnähe** des Dritten, dass also die Emissionsbanken bestimmungsgemäß mit der Hauptleistung aus dem Comfort Letter „in Berührung" kommen, ist zweifellos gegeben. Der Comfort Letter wird zumindest auch an die Emissionsbanken gerichtet.

(2) Zweite Voraussetzung für eine Schutzwirkung ist ein **schutzwürdiges Interesse des Emittenten an der Einbeziehung der Emissionsbanken**. Diese Voraussetzung wurde von der Rechtsprechung zunächst nur bejaht, wenn der Gläubiger der Hauptleistung für das „Wohl und Wehe" des Dritten verantwortlich war, wenn also eine persönliche Fürsorge- oder Obhutspflicht oder eine soziale Abhängigkeit zwischen Gläubiger und Dritten bestand, was im Verhältnis Emittent – Emissionsbanken eindeutig zu verneinen ist. Ein Interesse des Gläubigers an der Einbeziehung des Dritten wird seit geraumer Zeit von der Rechtsprechung jedoch bereits dann angenommen, wenn besondere Anhaltspunkte für

---

345 So auch *Ebke/Siegel*, WM 2001, Sonderbeilage 2, S. 15 f. und *Langendorf*, Haftungsfragen bei Anleiheemissionen, 3. Kap., § 1 I 2, S. 180 ff.
346 Zu diesem Kriterium BGH v. 17.1.1985 – VII ZR 63/84, BGHZ 93, 271 = NJW 1985, 1457 = WM 1985, 481.
347 *Langendorf*, Haftungsfragen bei Anleiheemissionen, 3. Kap., § 1 I 2, S. 180 ff. und *Meyer*, WM 2003, 1745, 1746 i.V.m. 1749.
348 So auch *Ebke/Siegel*, WM 2001, Sonderbeilage 2, S. 15 und *Langendorf*, Haftungsfragen bei Anleiheemissionen, 3. Kap., § 1 I 2, S. 180 ff.
349 Statt vieler *Grüneberg* in Palandt, § 328 BGB Rz. 34 m.zahlr.w.N.

einen auf den Schutz des Dritten gerichteten Parteiwillen bestehen, insbesondere wenn Schutzpflichten des Gläubigers gegenüber dem Dritten aufgrund eines Vertrags bestehen[350]. Dies wird man bei der Vereinbarung über die Erstellung eines Comfort Letters bejahen können, da sich entsprechende Verpflichtungen des Emittenten gegenüber den Emissionsbanken aus dem Engagement Letter und dem Übernahmevertrag (dort als *condition precedent*) ergeben.

(3) Schließlich müsste der Kreis der potentiell einbezogenen Dritten **objektiv abgrenzbar** und für den Wirtschaftsprüfer **erkennbar** sein. Auch dies wird man bei dem Emissionskonsortium bejahen können. Der Kreis der Emissionsbanken ist klar abgrenzbar und überschaubar. Auch die Erkennbarkeit ist für den Wirtschaftsprüfer gegeben. Dieser ist sich schon aufgrund der Adressierung darüber bewusst, dass der Comfort Letter auch für alle Emissionsbanken bestimmt ist. Schließlich wird die potentielle Haftung des Wirtschaftsprüfers nicht erhöht; der etwaige Schaden bzw. Rückgriffsanspruch verteilt sich lediglich auf eine größere Anzahl von (Banken-)Rückgriffsgläubigern.

(4) Letzte Voraussetzung für die Begründung eines Rückgriffsanspruchs aus Vertrag mit Schutzwirkung für Dritte ist die **Schutzbedürftigkeit der Emissionsbanken**. Eine Schutzbedürftigkeit wird dann angenommen, wenn der Dritte für seinen Schaden keinen eigenen Ersatzanspruch gegen den Schädiger hat, der zumindest gleichwertig ist. Verneint man einen Auskunftsvertrag, wird es an einem anderweitigen Ersatzanspruch gegenüber dem Wirtschaftsprüfer fehlen, so dass dann jedenfalls eine Haftung aus Vertrag mit Schutzwirkung für Dritte gegeben ist[351].

10.342 Die Annahme eines **Anspruchs aus Vertrag mit Schutzwirkung für Dritte** ist für die Emissionsbanken gegenüber einem Anspruch aus Verletzung des Auskunftsvertrages allerdings erheblich **ungünstiger**: Der Wirtschaftsprüfer kann gegenüber den Dritten, also den Emissionsbanken, die gleichen Einwendungen erheben wie gegenüber dem Emittenten. Dies gilt insbesondere für Beschränkungen der Haftung des Wirtschaftsprüfers gegenüber dem Emittenten, etwaiger Fahrlässigkeit des Emittenten als Mitverschuldenseinwand oder bei bewusstem Verschweigen wesentlicher Umstände durch den Emittenten den Finanzteil betreffend. Der Dritte hat insoweit nach h.M. keine stärkere Rechtsposition als die Partei, aus deren vertraglichen Rechten er seinen Anspruch herleitet.

10.343 Der BGH hat zwar insbesondere für Gutachten und Expertenmeinungen eine Vertragsauslegung für möglich gehalten, gemäß welcher die Möglichkeit des Experten, sich gegenüber dem Dritten auf Einwendungen aus seinem Verhältnis mit dem Auftraggeber zu berufen, als stillschweigend abbedungen gilt[352]. Dies wird aber von der h.M. in der Literatur zu Recht kritisiert[353]. Eine solche Auslegung müsste sich zumindest eindeutig auf die Interessen bzw. den Willen beider Vertragsparteien zurückführen lassen. Jedenfalls für den Wirtschaftsprüfer ist nicht erkennbar, weshalb mögliche Einwendungen gegenüber den Emissionsbanken abbedungen sein sollen. Ein solcher Abbedingungswille lässt sich auch kaum aufgrund des objektiven Empfängerhorizonts konstruieren.

d) Ergebnis

10.344 Die Annahme eines Auskunftsvertrags zwischen Emissionsbanken und Wirtschaftsprüfer entspricht im Ergebnis am ehesten sowohl der wirtschaftlichen Bedeutung des Comfort Letters als auch der objektiven Interessenlage unter besonderer Berücksichtigung der kraft Gesetzes unbeschränkten Außen-

---

350 Etwa BGH v. 28.2.1977 – II ZR 52/75, BGHZ 69, 82, 86 = NJW 1977, 1916; BGH v. 23.9.1985 – II ZR 172/84, BGHZ 96, 9 = NJW 1986, 249.
351 Ein solcher Anspruch wird auch von *Ebke/Siegel*, WM 2001, Sonderbeilage 2, S. 17 f., grundsätzlich bejaht.
352 Vgl. etwa BGH v. 10.11.1994 – III ZR 50/94, BGHZ 127, 378, 385 = NJW 1995, 392 = ZIP 1994, 1954. Zustimmend *Medicus*, WuB IV A. § 328 BGB 1.98 zu BGH WM 1998, 440 ff.
353 So etwa *Schneider*, ZHR 1999, 246, 253; *Zugehör*, NJW 2000, 1601, 1604 und *Langendorf*, Haftungsfragen bei Anleiheemissionen, 3. Kap., § 1 I 3b), S. 187, jeweils m.w.N.

haftung der Emissionsbanken, die sich in zum Teil über einen längeren Zeitraum erstreckenden Verhandlungen eines Comfort Letters niederschlägt.

Allerdings ist der dafür notwendige Rechtsbindungswillen zweifelhaft. Trotz des gerade bei höheren Emissionsvolumina aus Perspektive der Emissionsbanken unangemessen wirtschaftlichen Ergebnisses wird im Regelfall zumindest aber ein Vertrag mit Schutzwirkung für Dritte vorliegen[354]. Soweit ersichtlich haben Gerichte zur Rechtsnatur der Haftung aus einem Comfort Letter jedoch bislang nicht Stellung genommen.

Die berechtigten Interessen der Emissionsbanken an einer höheren Haftungssumme des Wirtschaftsprüfers können (und müssen in der Praxis zur Begegnung der angeführten Zweifel) über eine entsprechende Vergütungsvereinbarung bzw. ergänzende Versicherungslösung durch den Emittenten gelöst werden. Mit Zusatzversicherungen für Wirtschaftsprüfer oder einer POSI stehen dafür auch geeignete Mittel zur Verfügung. Für die Banken ist es in Anbetracht ihrer Dienstleistungsfunktion im Rahmen der Transaktion jedenfalls nicht akzeptabel, dass ein nur aus dem Vertrag zwischen Emittent und Wirtschaftsprüfer abgeleiteter Anspruch dem Einwand bilateraler Beschränkungen und insbesondere etwaiger Vertragsverletzungen durch den Emittenten unterliegt und damit Haftungsrisiken, die mit der Tätigkeit des einen Dienstleisters (Wirtschaftsprüfer) verbunden sind, auf einen anderen Dienstleister (Emissionsbanken) abgewälzt werden. Es bleibt abzuwarten, ob die Gerichte Gelegenheit erhalten, diese Grundsatzfrage zu klären.

Ungeachtet der genauen Anspruchsgrundlage können sich die Emissionsbanken als (neben der Emittentin) Empfänger des Comfort Letters – ebenso wie der Empfänger einer Legal Opinion bzw. eines Disclosure Letters – u.U. nicht oder zumindest nicht allein auf deren Existenz und Inhalt verlassen. Insbesondere können eigene Aufklärungs- und Kontrollpflichten bestehen[355]. Siehe dazu ausführlicher Rz. 10.223 und Rz. 10.240 ff. Je nach Status und Renommee des Emittenten sind die Emissionsbanken bei Kapitalmarkttransaktionen zu einer schwächeren oder vertieften Plausibilitätskontrolle verpflichtet. Dies gilt insbesondere bei einem Comfort Letter für junge, kleine oder zweifelhafte Emittenten, da die Banken aufgrund ihres eigenen Wissens zumindest in Teilen zu einer Kontrolle in der Lage sind und ihnen dies bei Übernahme eines Emissionsmandats in Kenntnis dieser Umstände grundsätzlich auch zumutbar ist[356]. 10.345

Einstweilen frei. 10.346–10.348

5. Der typische Inhalt eines Comfort Letters nach IDW PS 910

Der standardisierte IDW PS 910 Comfort Letter ähnelt nach Form und Inhalt dem US-Vorbild, das vom zuständigen Auditing Standards Board des American Institute of Certified Public Accountants (AICPA) in „AU-C Section 920 Letters for Underwriters and Certain Other Requesting Parties" („AU-C 920")[357] kodifiziert ist. Ursprünglich war der Standard im „Statement on Auditing Standards No. 72, Letters for Underwriters and Certain Other Requesting Parties" niedergelegt, weshalb in der Praxis auch heute noch die Kurzbezeichnung als „SAS 72" gebräuchlich ist, zumal sich der Standard AU-C 920 nicht wesentlich vom früheren Standard SAS 72 unterscheidet[358]. In der englischen Übersetzung 10.349

---

354 Im Ergebnis ebenso *Kunold* in Habersack/Mülbert/Schlitt, Unternehmensfinanzierung am Kapitalmarkt, Rz. 34.17 mit Hinweis auf die – naheliegende – Rechtsauffassung des IDW.
355 *Seiler* in Habersack/Mülbert/Schlitt, Unternehmensfinanzierung am Kapitalmarkt, Rz. 35.10 f.
356 Siehe dazu näher Prospekthaftung Rz. 10.403 ff.; zu Umfang und Grenzen der Verteidigungsfunktion eines Disclosure Letters im deutschen und US-amerikanischen Recht *Seiler* in Habersack/Mülbert/Schlitt, Unternehmensfinanzierung am Kapitalmarkt, Rz. 35.10 und 35.51 f.
357 Zu Inhalt dieses Standards und wesentlichen Unterschieden zu IDW PS 910 siehe *Döpfner*, WPg 2016, 884 ff.
358 Ebenso *Kunold* in Habersack/Mülbert/Schlitt, Unternehmensfinanzierung am Kapitalmarkt, Rz. 34.6 m.w.N. zu den verschiedenen Überarbeitungen.

des Comfort Letter nach IDW PS 910 sind weite Teile mit dem amerikanischen Standard nicht nur inhalts-, sondern auch wortgleich. Gleichwohl enthält der IDW PS 910 Comfort Letter auch Ergänzungen im Hinblick auf die beschriebenen Besonderheiten deutschen Rechts (insbesondere seine im Unterschied etwa zu den USA haftungsbegründende Funktion) und geht insbesondere in Bezug auf Untersuchungshandlungen nach Erteilung des Bestätigungsvermerks über den amerikanischen Standard hinaus[359].

a) Adressatenkreis

10.350 Der IDW-Comfort Letter wird im Regelfall vom Wirtschaftsprüfer nicht nur an die Emissionsbanken, sondern auch an den Emittenten adressiert. Die **gemeinsame Adressierung** rührt nach der Begründung des IDW-Standards daher, dass der Wirtschaftsprüfer den Comfort Letter im Auftrag des Emittenten erstellt und an die Konsortialbanken übermittelt. Problematisch aus Sicht der Emissionsbanken ist, dass das Auftragsverhältnis zwischen dem Emittenten und dem Wirtschaftsprüfer auch die allgemeinen Auftragsbedingungen der Wirtschaftsprüfer und damit deren vertragliche Haftungsbegrenzung für einheitliche Schäden auf 5 Mio. Euro nach Ziff. 9 Abs. 5 der Allgemeinen Auftragsbedingungen umfasst. Fraglich ist insoweit, ob allein die Adressierung an die Emissionsbanken und den Emittenten, ohne eine ausdrückliche Verweisung auf die allgemeinen Auftragsbedingungen, bereits wegen der potentiellen Kenntnis der Banken zu einer Haftungsbeschränkung im Außenverhältnis führt[360]. Der Prüfungsstandard IDW PS 910 führt hierzu aus, dass die Haftungshöhe gegenüber den jeweiligen Beteiligten unterschiedlich geregelt werden kann[361].

b) Aussage zu den geprüften Jahresabschlüssen

10.351 Kernstück jedes Comfort Letters sind die Ausführungen des Wirtschaftsprüfers zu den (in aller Regel von ihm) zuvor geprüften Jahresabschlüssen. Während der AU-C 920-Standard lediglich eine nachrichtliche Erwähnung der früheren Prüfung in der Einleitung des Comfort Letter-Textes enthält, war bis in die späten 1990er Jahre in Deutschland die Wiederholung des Testats im Comfort Letter nicht unüblich. In jüngerer Zeit lehnen die Wirtschaftsprüfer aus Rechtsgründen jedoch zutreffend die ausdrückliche Wiederholung des Testats im Comfort Letter ab. Eine solche Testatswiederholung könnte nämlich als die erneute Durchführung einer erneuten Jahresabschlussprüfung bis zum Zeitpunkt der Abgabe des Comfort Letters angesehen werden[362]. Da eine solche jedoch nicht durchgeführt wurde, würde die Wiederholung des Testats insofern einen falschen Anschein erwecken und im Übrigen auch den Anforderungen des Berufsstands für die Abgabe eines Testats widersprechen.

10.352 Der Comfort Letter nach IDW PS 910 erhält nunmehr (lediglich) einen **Hinweis** auf die **geprüften Abschlüsse** mit dem **Datum der Testatserteilung**[363]. Der Zeitraum zwischen der letzten Testatsertei-

---

359 Siehe zu den Unterschieden auch *Döpfner*, WPg 2016, 884 ff. Allerdings ermöglicht bei Platzierungen in den USA nach Rule 144A unter dem U.S. Securities Act von 1933 aufgrund von nach dem 15.6.2018 zugänglich gemachter Angebotsunterlagen das neu eingeführte Statement on Auditing Standards No. 133 „Auditor Involvement with Exempt Offering Documents" ähnliche Untersuchungshandlungen wie IDW PS 910.
360 Siehe zur Qualifikation der Rechtsbeziehung zwischen Wirtschaftsprüfer und Emissionsbanken sowie den sich in Abhängigkeit hiervon ergebenden Auswirkungen auf Regressansprüche der Emissionsbanken bereits Rz. 10.328 ff.
361 Dazu *Meyer*, WM 2003, 1745, 1749 mit ausdrücklichem Hinweis auf die Einbeziehung von Versicherern für eine angemessene Haftungsregelung und *Kunold* in Habersack/Mülbert/Schlitt, Unternehmensfinanzierung am Kapitalmarkt, Rz. 34.17.
362 Zur Stichtagsbezogenheit des Bestätigungsvermerks und wertaufhellenden Ereignissen *Kunold* in Habersack/Mülbert/Schlitt, Unternehmensfinanzierung am Kapitalmarkt, Rz. 34.10 und Rz. 34.21 ff. mit Hinweis auf IDW PS 400, WPg 2005, 1382 ff.
363 IDW PS 910 Tz. 30 f. Hierzu und im Folgenden ausführlich *Meyer*, WM 2003, 1745, 1750 f. m.w.N.

lung und dem „*cut off*"-Datum des Comfort Letters wird durch ebenfalls im IDW PS 910 definierte Untersuchungshandlungen (dazu sogleich Rz. 10.354 ff.) bzw. die Aufnahme von Zwischenfinanzinformationen abgedeckt (dazu sogleich Rz. 10.359 ff.).

Der eingangs bereits erwähnte Arbeitskreis der Wirtschaftsprüfer und der Emissionsbanken hat in Bezug auf die Aussagen zu geprüften Abschlüssen für beide Seiten einen wichtigen Fortschritt gebracht: 10.353

Zum einen wurde in der gesamten Wirtschaftsprüferbranche, und damit auch außerhalb der „großen vier" Prüfungsgesellschaften KPMG, PwC, Ernst & Young sowie Deloitte, das Augenmerk dafür geschärft, dass vor Erteilung eines Comfort Letters die **früheren Prüfungshandlungen** bezüglich wesentlicher oder als kritisch erachteter Bilanzpositionen **noch einmal** anhand aktualisierter Fragen und einzelner bewährter Prüfungshandlungen **zu überprüfen** sind. Auf Bankenseite wurde demgegenüber das Verständnis dafür geweckt, dass Wirtschaftsprüfer im Lichte einer bevorstehenden Kapitalmaßnahme ihre früheren Prüfungshandlungen noch einmal kritisch würdigen und ggf. einzelne Formulierungen, wie z.B. Anmerkungen im Anhang (bzw. sog. Notes bei US-GAAP-Abschlüssen) ändern oder Ergänzungen in der Begründung vornehmen. Solche Änderungen sollten nicht als Kompetenzschwäche angesehen, sondern vielmehr als Qualitätssicherungsmaßnahme des Wirtschaftsprüfers positiv gewürdigt werden.

c) Untersuchungshandlungen nach Erteilung des letzten Bestätigungsvermerks

Die Vertreter der Emissionsbanken und der Wirtschaftsprüfer haben sich auf bestimmte typische Untersuchungshandlungen („*post audit review procedures*") nach der Erteilung des letzten Bestätigungsvermerks geeinigt, die zum einen mit zeitlich und ökonomisch vertretbarem Aufwand durchgeführt werden können, und auf der anderen Seite eine hinreichende Gewähr bezüglich etwaiger **wertaufhellender Ereignisse** im Hinblick auf den entsprechenden Abschluss bis zum typischerweise zwei Tage vor Abgabe des jeweiligen Comfort Letters liegenden „*cut off*"-Datums bieten[364]. Bei einem im weiteren Verlauf der Transaktion (meist zum *Closing*) zusätzlich abgegebenen „Bring Down Comfort Letter", der in Form einer kurzen Stellungnahme inhaltlich an den ursprünglich erteilten Comfort Letter anknüpft, sich aber nun auch auf die verlängerte „change period" bis zum neuen „cut off"-Datum bezieht, handelt es sich um einen aktualisierten Comfort Letter, auf den ebenfalls die Grundsätze von IDW PS 910 Anwendung finden[365]. 10.354

Der Katalog der typischen Untersuchungshandlungen sieht zum einen Befragungen des Managements der ersten und zweiten Führungsebene sowie einige strukturelle Überprüfungshandlungen vor, die denen einer prüferischen Durchsicht von Zwischenfinanzinformationen nach dem dafür geltenden Standard IDW PS 900 zwar nahekommen, deren Intensität aber nicht erreichen.

Inwieweit solche Untersuchungshandlungen beauftragt und durchgeführt werden, ist in der Praxis nicht einheitlich. Während teilweise angenommen wird, dass derartige Maßnahmen nur durchgeführt werden müssten, wenn ein besonderer Anlass hierfür bestünde, ist es für eine Reihe von Investmentbanken und deren Rechtsberater zumindest bei kleineren Gesellschaften und soweit der Aufwand nicht außer Verhältnis zum erwarteten Ergebnis steht gute Praxis, das vom Prüfungsstandard ermöglichte Instrumentarium zur allgemeinen Absicherung zu nutzen. Die Tatsache, dass nunmehr auch das AICPA mit SAS 133 einen Standard eingeführt hat, der derartige – von AU-C 920 nicht vorgesehene – Unter- 10.355

---

[364] Zu wertaufhellenden Ereignissen *Meyer*, WM 2003, 1745, 1750. Zur Notwendigkeit ergänzender Hinweise im Finanzteil zur Vermeidung eines missverständlichen Eindrucks OLG Frankfurt v. 17.3.1999 – 21 U 260/97 – MHM Mode, ZIP 1999, 1005, 1007 = AG 1999, 325 sowie *Krämer/Baudisch*, WM 1998, 1161, 1172 (zur Vorinstanz). Zu Untersuchungshandlungen nach Erteilung des letzten Bestätigungsvermerks eingehend auch *Kunold* in Habersack/Mülbert/Schlitt, Unternehmensfinanzierung am Kapitalmarkt, Rz. 34.22 ff.
[365] Vgl. auch *Kunold* in Habersack/Mülbert/Schlitt, Unternehmensfinanzierung am Kapitalmarkt, Rz. 34.50; ferner *Castellon/von Diessl*, Practical Law Publishing 2013, S. 37 f. zur US-amerikanischen Marktpraxis.

suchungshandlungen ermöglicht[366], untermauert jedenfalls den generellen Nutzen und die Bedeutung solcher Maßnahmen. Da derartige Maßnahmen gewisse Vorbereitungshandlungen auf Seiten des Emittenten erfordern, empfiehlt es sich für alle Beteiligten, Möglichkeit, Erfordernis und Umfang rechtzeitig vor Abgabe des Comfort Letters zu diskutieren und zu vereinbaren. Dies setzt jedoch typischerweise bereits eine tiefere Befassung mit den Abschlüssen und Geschäftszahlen der Gesellschaft voraus, so dass zumindest der Umfang solcher Maßnahmen meist noch nicht zu Beginn der Arbeiten am Wertpapierprospekt sondern erst im weiteren Verlauf bestimmt werden kann.

10.356 Eine **typische inhaltliche Aussage** zum letzten geprüften Jahresabschlusses in einem z.B. sechs Monate später erteilten Comfort Letter lautet, dass dem Wirtschaftsprüfer „*... nichts bekannt geworden ist, was ihn – hätte er damals bereits Kenntnis von dem Vorliegen dieser Ereignisse oder Maßnahmen gehabt – an der Erteilung des Testats in der abgegebenen Form gehindert hätte*".

10.357 Kern dieser negativen Bestätigung („*negative assurance*") ist, dass der Abschlussprüfer auch mit seinem aktuellen Kenntnisstand (ohne dass seine Prüfungshandlungen im Rahmen der Erstellung des Comfort Letters das Comfort Level einer prüferischen Durchsicht (*Review*) erreichen) an dem damals erteilten Testat festhält. Soweit diese „*negative assurance*" erteilt werden kann, sind nach dem Prüfungsstandard insoweit auch keine zusätzlichen Untersuchungshandlungen erforderlich.

Soweit andere als die in IDW PS 910 genannten Untersuchungshandlungen beauftragt werden, berichtet der Wirtschaftsprüfer über die jeweiligen Feststellungen zum Sachverhalt („*factual findings*"), wobei er keiner Pflicht zur Überprüfung der ihm erteilten Auskünfte hat und nur bei Kenntnis von der Unrichtigkeit im Comfort Letter darüber berichten muss[367]. Eine Aussage zur „*negative assurance*" wird in diesem Zusammenhang generell nicht gegeben.

10.358 Sollte im Einzelfall einmal ein **bestätigungsvermerkrelevantes Ereignis** nach Erteilung des Testats eingetreten sein und der Abschlussprüfer dieses in seinem Comfort Letter ausdrücklich festhalten, wird das Emissionskonsortium ungeachtet eines entsprechenden Hinweises in dem Finanzteil auch an ggf. korrespondierenden Stellen im Prospekt durch **deutlichen Hinweis** auf dieses wertaufhellende Ereignis aufmerksam machen müssen[368]. Neben dieser Aussage zu den testierten Jahresabschlüssen liest der Abschlussprüfer gemäß IDW PS 910 die jeweiligen Anhänge kritisch. Dies erfolgt im Hinblick darauf, dass es gemäß IDW RS HFA (Hauptfachausschuss) 6 zulässig ist, bestimmte Fehler in geprüften Abschlüssen in laufender Rechnung zu korrigieren. Eine notwendige Korrektur der früheren Jahresabschlüsse erfolgt im jeweils nächsten Abschluss sowie durch einen Hinweis im Anhang dieses Abschlusses[369]. Ein Fehler z.B. im Jahresabschluss 2019 kann auf diese Weise im Jahresabschluss 2020 aufgenommen und in laufender Rechnung korrigiert werden, ohne dass der Jahresabschluss 2019 (bzw. der insoweit erteilte Bestätigungsvermerk) zwingend widerrufen werden muss. Unter Umständen wird durch eine solche nachträgliche Korrektur (wie auch bei sog. *restatements*, etwa in Folge geänderter IFRS-Vorschriften einer verändert gliederten Segmentberichterstattung) die Vergleichbarkeit der Ab-

---

366 Siehe hierzu auch Rz. 10.349.
367 Der Fall, dass der Wirtschaftsprüfer Zweifel an der Richtigkeit erteilter Auskünfte hat, wird von IDW PS 910 in Tz. 88 nicht adressiert. Man wird jedoch annehmen – und erwarten – können, dass der Wirtschaftsprüfer solche Zweifel begründende Tatsachen schon im Hinblick auf seine Schutzpflichten gem. § 241 Abs. 2, § 242 BGB mitteilen wird; siehe *Meyer*, WM 2003, 1745, 1754; *Kunold* in Habersack/Mülbert/Schlitt, Unternehmensfinanzierung am Kapitalmarkt, Rz. 34.27.
368 Siehe zu dem Fehlen eines solchen deutlichen Hinweises und zu dem Maßstab, der bei fehlerhaften Finanzangaben – auch – an die Banken angelegt wird: LG Frankfurt v. 7.10.1997 – 3/11 O 44/96 – MHM/Mode, WM 1998, 1181 = AG 1998, 488 sowie ergänzend OLG Frankfurt v. 17.3.1999 – 21 U 260/97 – MHM Mode, ZIP 1999, 1005, 1007 = AG 1999; dazu im Einzelnen auch *Krämer/Baudisch*, WM 1998, 1161 ff.
369 Zum kritischen Lesen der Anhänge *Kunold* in Habersack/Mülbert/Schlitt, Unternehmensfinanzierung am Kapitalmarkt, Rz. 34.27.

schlüsse im Prospektkapitel „Darstellung und Analyse der Vermögens-, Finanz- und Ertragslage des Emittenten" (im Kontext der EU-Prospektverordnung häufig als *„Operating and Financial Review"* (OFR) bezeichnet, während in der Praxis in Prospekten jedoch weiterhin der auch bislang geläufige und aus der US-Kapitalmarktpraxis übernommene Begriff *„Management's Discussion and Analysis of Financial Condition and Results of Operations"* (MD&A) verwendet wird) beeinträchtigt. Je nach Bedeutung einer solchen Fehlerkorrektur kann sich deshalb möglicherweise ein deutlicher Hinweis z.B. in einem einleitenden Abschnitt zu Beginn des Kapitels mit der „Darstellung und Analyse der Vermögens-, Finanz- und Ertragslage des Emittenten" empfehlen.

In der Regel wird die Abgabe eines Comfort Letters auch von der Abgabe einer entsprechenden **Vollständigkeitserklärung von Seiten des Vorstands** des Emittenten abhängig gemacht, wobei eine Beantwortung „nach bestem Wissen und Gewissen" als ausreichend anzusehen ist[370].

d) Aussage zu ungeprüften Zwischenfinanzinformationen

Je nach dem **Zeitpunkt der beabsichtigten Emission im Geschäftsjahr** des Emittenten wird – nur – die Aufnahme von Jahresabschlüssen in den Prospekt nicht ausreichen. Gemäß den jeweils anwendbaren Anhängen zur Delegierten Verordnung (EU) 2019/980 ist nämlich eine **Aufnahme von Zwischenfinanzinformationen** in den Prospekt erforderlich, wenn diese zum Datum des Prospekts bereits anderweitig veröffentlicht wurden[371]. Seit Geltung der EG-Transparenzrichtlinie[372] trifft dies zumindest auf alle Gesellschaften zu, deren Aktien bereits an einem regulierten Markt gehandelt werden und führt dementsprechend jedenfalls bei Kapitalerhöhungen im späteren Jahresverlauf zwingend auch zur Aufnahme von Zwischenfinanzinformationen.

10.359

Aber auch wenn sich eine solche Pflicht zur Aufnahme nicht bereits aus bereits erfolgten Veröffentlichungen ergibt, werden die begleitenden Investmentbanken regelmäßig darauf hinwirken: Sind z.B. Kalenderjahr und Wirtschaftsjahr identisch und beabsichtigt der Emittent, im September des Folgejahres eine Kapitalerhöhung durchzuführen oder eine Anleihe zu begeben, wird insbesondere institutionellen Investoren der Zeitraum zwischen Veröffentlichung des testierten Jahresabschlusses, z.B. Ende März, und dem Platzierungszeitpunkt fünf bis sechs Monate später, als zu lang erscheinen, um allein auf der Basis des letzten geprüften Jahresabschlusses eine gesicherte Aussage über die Finanz- und Ertragslage des Emittenten treffen zu können. Insbesondere in volatilen Märkten, schwierigen Wettbewerbsbedingungen oder zweifelhafter Bonität des Emittenten werden die Emissionsbanken im Hinblick auf die Platzierbarkeit der Emission daher zumindest auf die Aufnahme von Zwischenfinanzinformationen zum 31. März oder 30. Juni in den Prospekt und ggf. auch auf eine sog. prüferische Durchsicht (*Review*) der Zwischenfinanzinformationen durch den Abschlussprüfer drängen[373]. Um entsprechende Investorenerwartung zu erfüllen, werden auch bei Börsengängen regelmäßig Zwischenfinanzinformationen im Sinne von IAS 34 erstellt. Liegt zum Zeitpunkt der Prospektbilligung durch die zuständige Aufsichtsbehörde der Stichtag des letzten in den Prospekt aufgenommenen geprüften

---

370 Vgl. hierzu auch *Kunold* in Habersack/Mülbert/Schlitt, Unternehmensfinanzierung am Kapitalmarkt, Rz. 34.18. Zum Erfordernis eines sog. Representation Letters des Underwriters siehe *Castellon/von Diessl*, Practical Law Publishing 2013, S. 35.

371 Siehe z.B. für Aktienemissionen Anhang 1 Ziff. 18.2.1 Delegierte Verordnung (EU) 2019/980 und für Anleiheemissionen für Kleinanleger Anhang 1 Ziff. 11.2.1 Delegierte Verordnung (EU) 2019/980.

372 Richtlinie 2004/109/EG des Europäischen Parlaments und des Rates v. 15.12.2004 zur Harmonisierung der Transparenzanforderungen in Bezug auf Informationen über Emittenten, deren Wertpapiere zum Handel auf einem geregelten Markt zugelassen sind, und zur Änderung der Richtlinie 2001/34/EG, ABl. EU Nr. L 390 v. 31.12.2004, S. 38, geändert durch Richtlinie 2013/50/EU des Europäischen Parlaments und des Rates v. 22.10.2013, ABl. EU Nr. L 294 v. 6.11.2013, S. 13.

373 Die Anforderungen von Anhang 1 Ziff. 18.2 Delegierte Verordnung (EU) 2019/980 werden in der Emissionspraxis jedenfalls bei Aktienemissionen und Anleihen im Non-Investment Grade-Bereich (BB+ und schlechter) weit übertroffen.

Jahresabschlusses neun Monate oder länger zurück, ist die Aufnahme von Zwischenfinanzinformationen ohnehin gesetzlich vorgeschrieben[374].

10.360 Hinsichtlich der typischen Aussagen im Comfort Letter ist zunächst festzuhalten, dass eine formale Prüfung im Sinne einer prüferischen Durchsicht (*Review*) von Quartals- oder anderweitigen Zwischenfinanzinformationen durch den Wirtschaftsprüfer nicht vorgeschrieben ist[375]. Auch aus Investorensicht wird eine formale prüferische Durchsicht unter Aufnahme der entsprechenden Bescheinigung in den Prospekt erfahrungsgemäß nicht als erforderlich angesehen. Allerdings lassen in der Praxis gleichwohl viele börsennotierte Aktiengesellschaften ihre Zwischenfinanzinformationen als Teil ihrer internen Qualitätskontrolle im Hinblick auf deren Veröffentlichung im Rahmen der Regelberichterstattung und zur Abschichtung der späteren Prüfung des Jahresabschlusses von ihrem Wirtschaftsprüfer prüferisch durchsehen, wobei dieser Vorgang – ebenso wie die vom Wirtschaftsprüfer geleistete prüferische Durchsicht im Hinblick auf dessen Abgabe des Comfort Letters – nicht in einer entsprechenden Bescheinigung mündet. Dementsprechend besteht auch keine Angabepflicht im Prospekt und werden die entsprechenden Finanzinformationen darin regelmäßig als „ungeprüft" gekennzeichnet.

Mit Umsetzung der überarbeiteten **EU-Transparenzrichtlinie** zum 26.11.2015 wurden die quartalsweisen Zwischenmitteilungen (§ 37x WpHG a.F.) abgeschafft. Die Frankfurter Wertpapierbörse hat hierauf erwartungsgemäß mit einer Änderung der Börsenordnung reagiert und die von internationalen Börsen in ihren Qualitätssegmenten typischerweise geforderte quartalsweise Berichterstattung für Emittenten mit Notierung im „*Prime Standard*" Segment im Grundsatz weiterhin vorgesehen. Dem ist zuzustimmen, weil insbesondere internationale Investoren überwiegend noch immer eine quartalsweise Berichterstattung erwarten[376]. Allerdings erfasst diese Pflicht anstelle der bislang geforderten „Quartalsfinanzberichte" nunmehr nur noch „Quartalsmitteilungen", die sich auf eine Erläuterung der wesentlichen Ereignisse und Geschäfte sowie eine (rein textliche) Beschreibung der Finanzlage und des Geschäftsergebnisses innerhalb des Mitteilungszeitraums beschränken können und darüber hinaus lediglich eine Aktualisierung der Prognose fordern, wenn sich die voraussichtliche Entwicklung wesentlich verändert hat (sog. Prognoseveränderungsbericht[377]). Erste Erfahrungen[378] mit den liberalisierten Vorschriften im Jahr 2016 haben gezeigt, dass sich der Umfang der Quartalsmitteilungen um gut ein Drittel gegenüber den bis dahin erforderlichen Zwischenmitteilungen reduziert hat, wobei Emittenten vor allem im Textteil Einsparungen vornehmen und in erheblichem Umfang Tabellen (insbesondere zu wesentlichen Kennzahlen, Bilanz und Gewinn- und Verlustrechnung) sowie Grafiken als effizientes Mittel zur Information nutzen. Während aufgrund des dynamischen Verweises beispielsweise in Anhang 1 Ziff. 18.2.1 Delegierte Verordnung (EU) 2019/980 im Grundsatz nichts gegen eine Aufnahme lediglich dieser veröffentlichten Informationen spricht, ist für die Praxis zu beachten, dass Quartalsmitteilungen, die nicht mindestens auch bestimmte Finanzaufstellungen wie Bilanz und Gewinn- und Verlustrechnung enthalten, keiner prüferischen Durchsicht unterliegen können und rein textliche Darstellungen hierfür nicht ausreichen. Zur Sicherstellung einer jederzeitigen Kapitalmarktfähigkeit[379] auf Grundlage eines Prospekts ist Emittenten daher zu raten, zumindest die für eine prüferische Durchsicht erforderlichen zusätzlichen Angaben weiterhin und regelmäßig zum Gegenstand ihrer Quartalsmitteilungen zu machen, sofern sie nicht ohnehin insgesamt die Anforderungen an einen Quartalsfinanzbericht nach IAS 34 erfüllen wollen.

---

374 Siehe z.B. für Aktienemissionen Anhang 1 Ziff. 18.2.1 Delegierte Verordnung (EU) 2019/980 und für Anleiheemissionen an Kleinanleger Anhang 1 Ziff. 11.2.1 Delegierte Verordnung (EU) 2019/980.
375 So sieht z.B. Anhang 1 Ziff. 18.2.1 Delegierte Verordnung (EU) 2019/980 lediglich vor, dass im Prospekt aus Gründen der Transparenz ausdrücklich anzugeben ist, ob aufgenommene Zwischenfinanzinformationen geprüft worden sind.
376 Siehe hierzu auch *Handelsrechtsausschuss des Deutschen Anwaltvereins*, NZG 2012, 770 f.
377 Eine etwaige Ad-hoc-Mitteilungspflicht gem. Art. 17 MAR bleibt hiervon unberührt; siehe dazu auch BaFin, Emittentenleitfaden, Modul C (25.3.2020), Ziff. I.2.1.5.1.
378 *Böckem/Rabenhorst*, BB 2016, 1578.
379 Ebenso *Ahr/Loitz/Seidel*, BB 2017, 1451, 1454; *Meyer* Rz. 7.56.

Erste Analysen zeigen, dass sich unter ein erheblicher Teil der Emittenten zur Veröffentlichung von Quartalsmitteilungen entschieden hat, darin aber auch eine Bilanz und eine Gewinn- und Verlustrechnung aufnimmt[380]. Bei Börsengängen bilden aus Transparenz- und Sicherheitsüberlegungen weiterhin Zwischenfinanzinformationen nach IAS 34 den Standard. Im Falle von Umplatzierungen renommierter Emittenten mag jedoch die Überarbeitung der EU-Transparenzrichtlinie dazu führen, dass die Toleranz gegenüber einem größeren Zeitraum zwischen dem letzten testierten Jahresabschluss und dem Zeitpunkt der Platzierung – ohne Zwischenberichterstattung bzw. Diskussion des Quartalsberichts – größer wird[381]. Soweit aufgrund erfolgter oder vereinbarter bedeutender Bruttoveränderungen jedoch die Aufnahme von Pro forma-Finanzinformationen in den Prospekt erforderlich ist, ist dies IFRS-konform auch weiterhin nur auf Grundlage von Zwischenfinanzinformationen möglich.

Bei der prüferischen Durchsicht (*Review*) handelt es sich um eine **Plausibilitätsbeurteilung.** Danach kann aufgrund der professionellen Erfahrung des Abschlussprüfers mit Zwischenberichten bzw. Quartalsberichten dieser Art mit einer gewissen Sicherheit davon ausgegangen werden, dass der Zwischenbericht in allen wesentlichen Aspekten in Übereinstimmung mit angewandten Rechnungslegungsgrundsätzen erstellt wurde. Es ist zwar möglich, dass lediglich der prüferischen Durchsicht unterzogene Zwischenfinanzinformationen im Falle eines nachträglichen Testats an der einen oder anderen Stelle noch Änderungen unterliegen können. Für eine hinreichende Sicherheit bzgl. eines zutreffenden Gesamtbildes der Finanzangaben reicht eine prüferische Durchsicht jedoch grundsätzlich aus. Diese ist **für einen Entlastungsbeweis** bzw. Haftungsausschluss nach § 12 Abs. 1 WpPG auch **nicht zwingend erforderlich**; allerdings steigen, auch in Abhängigkeit von den im Übrigen über den Emittenten verfügbaren Informationen und etwaigen Auffälligkeiten, der Verzicht auf eine prüferische Durchsicht die Anforderungen an eine eigene Financial Due Diligence durch die Emissionsbanken. Aufgrund der im Vergleich zu testierten Abschlüssen geringeren Prüfungstiefe wird für prüferisch durchgesehene Zwischenfinanzinformationen in einem Comfort Letter nur eine sog. „*negative assurance*", d.h. eine negative formulierte Aussage, aufgenommen. Diese lautet in der Regel wie folgt:

„*... ist uns nichts zur Kenntnis gelangt, das uns zu der Annahme veranlasst, dass der Zwischenabschluss [Beschreibung] in wesentlichen Belangen nicht in Übereinstimmung mit den anwendbaren Rechnungslegungsgrundsätzen aufgestellt worden ist.*"

e) Aussage zur Geschäftsentwicklung zwischen dem letzten (Zwischen-)Abschluss und dem Prospektdatum

Auch die unterstellte Richtigkeit der drei im Prospekt enthaltenen historischen Jahresabschlüsse sowie die zutreffende Darstellung in einem Zwischenabschluss z.B. zum 30.9.2021 würde Ansätze für Prospekthaftungsklagen einer Anfang Dezember 2021 durchgeführten Transaktion jedenfalls nicht vollständig ausschließen, wenn die Geschäftsentwicklung gerade in den Monaten Oktober und November erheblich schlechter als im Gesamtjahr verlaufen ist und der Prospekt hierauf an keiner Stelle ausdrücklich hinweist. Insoweit könnte – allerdings nur bei einer nachhaltigen Trendumkehr – das **Gesamtbild des Prospekts** i.S.v. Artt. 6 ff. EU-Prospektverordnung[382] einen falschen Eindruck vermitteln.

---

380 Siehe hierzu *Ahr/Loitz/Seidel*, BB 2017, 1451 ff.; ferner auch ein erster Überblick von *Schiereck/Bommer* in der Börsen-Zeitung v. 24.3.2017 wonach alle sechs neu notierten Unternehmen im Prime Standard des Jahres 2016 fortan in der Form von Quartalsmitteilungen berichten wollten.

381 Richtigerweise verlangt der Handelsrechtsausschuss des Deutschen Anwaltsvereins eine Klarstellung in den Erwägungsgründen der Änderungsrichtlinie, dass die Möglichkeit der Börsen, zusätzliche Anforderungen an ihre Qualitätssegmente zu stellen, nicht eingeschränkt werden dürfe.

382 Vgl. hierzu und im Folgenden Rz. 10.391 ff. Maßgebend noch immer BGH v. 12.7.1982 – II ZR 175/81 – Beton- und Monierbau, NJW 1982, 2823 = ZIP 1982, 923 = WM 1982, 862 ff. Nach diesen Grundsätzen müsste allerdings eine deutliche Trendumkehr verschwiegen werden.

§ 10 Rz. 10.363 | 3. Kapitel Börsennotierung

10.363 Indessen werden die Banken nicht nur die mit dem Wirtschaftsprüfer vereinbarten Maßnahmen (sog. „*agreed-upon procedures*") für den Zwischenzeitraum (sog. „*change period*") seit dem letzten in den Prospekt aufgenommenen geprüften Jahresabschluss bzw. dem jüngsten ggf. zusätzlich aufgenommenen Zwischenabschluss des Emittenten bis zum sog. „*cut off*"-Datum intensiv verhandeln und durch die Emittentin beauftragen lassen, sondern gerade in Bezug auf den unmittelbaren Zeitraum vor der Platzierung eine eigene Business Due Diligence (z.B. in Form der kritischen Prüfung des letzten Monatsberichts) sorgfältig durchführen.

10.364 Die **Maßnahmen des Wirtschaftsprüfers zur Aktualisierung der Erkenntnisse** sind nämlich nur teilweise geeignet, eine solche aktuelle Trendumkehr zu ermitteln. So wird typischerweise zwischen Banken und Wirtschaftsprüfern vereinbart, dass bis unmittelbar vor der Platzierung erstellte Vorstands- und Aufsichtsratsprotokolle vom Wirtschaftsprüfer auf maßgebliche Änderungen des wirtschaftlichen Umfelds und der aktuellen Branchenentwicklung sowie der Ertrags- und Finanzlage des Emittenten zu überprüfen sind[383]. Darüber hinaus hat der Wirtschaftsprüfer das Management zu aktuellen Veränderungen wesentlicher Bilanzpositionen gegenüber dem letzten im Prospekt enthaltenen (Zwischen-)Abschluss zu befragen. Schließlich wird der Wirtschaftsprüfer etwa vorhandene **Monatsberichte** des Emittenten kritisch lesen und Mitarbeiter des Rechnungswesens zu aktuellen Entwicklungen unmittelbar vor der Platzierung befragen.

10.365 Diese begrenzten Prüfungsmaßnahmen sind indessen gerade im Falle eines international agierenden Unternehmens nur eingeschränkt geeignet, aktuelle Entwicklungen adäquat zu erfassen. So verhindert häufig schon die **typische Sitzungsfrequenz** sowohl des Aufsichtsratsplenums als auch einzelner Ausschüsse[384], dass z.B. im Zeitraum zwischen der Veröffentlichung eines Quartalsabschlusses Mitte November und dem Platzierungszeitpunkt zwei Wochen später oder eine Bilanzausschusssitzung stattfindet. Die im wöchentlichen oder 14-tägigen Turnus stattfindenden Vorstandssitzungen enthalten in Abhängigkeit von der Unternehmensgröße demgegenüber häufig nur die Tagesordnungspunkte oder kurze Punktuationen, die die Brisanz einzelner Entwicklungen nicht immer erkennen lassen. Darüber hinaus kann sich die schriftliche Erstellung und „Verabschiedung" von Vorstandsprotokollen aufgrund der enormen zeitlichen Inanspruchnahme der Vorstandsmitglieder vor einer Emission im Einzelfall durchaus erheblich verzögern. Gerade kleinere Emittenten oder Emittenten mit einer Vielzahl von Auslandstochtergesellschaften werden schließlich keine konsolidierten Monatsberichte erstellen oder aber Monatsberichte nur mit einer gewissen Verzögerung erstellen können.

10.366 Es ist deshalb nicht verwunderlich, dass die Wirtschaftsprüfer für den Zeitraum bis unmittelbar vor der Platzierung lediglich eine **weniger belastbar formulierte negative Aussage** treffen, die hinter der „*negative assurance*" in Bezug auf ungeprüfte Zwischenberichte nochmals deutlich zurückbleibt. Üblicherweise enthält ein Comfort Letter dann die Formulierung, dass der Abschlussprüfer „.... *keine Kenntnis von Veränderungen [bestimmter im Voraus mit den Banken vereinbarter Kennzahlen] hat, es sei denn, diese Veränderungen sind im Prospekt offengelegt*".

f) Bedeutung der aktuellen Entwicklung vor dem „cut off"-Datum in der Transaktionspraxis

10.367 Investmentbanken schenken dem Zeitraum unmittelbar vor der Platzierung[385] zu Recht besondere Beachtung bei den **Management-Befragungen** und sog. **Bring Down Due Diligence Calls**, weil für diesen Zeitraum vergleichsweise wenig Dokumentation verfügbar ist. Je nach Qualität des Rechnungs-

---

[383] Dazu auch *Kunold* in Habersack/Mülbert/Schlitt, Unternehmensfinanzierung am Kapitalmarkt, Rz. 34.30 ff.
[384] Relevant wären hier vor allem die Sitzungen eines audit committees.
[385] In der Regel die letzten sechs bis acht Wochen vor dem Beginn des Bookbuildings.

wesens, des Emittentenratings bzw. der Dauer der Geschäftsbeziehung mit dem entsprechenden Emittenten sollten allgemeine Fragen nach signifikanten Änderungen vermieden und durch möglichst spezielle Fragen in Bezug auf einzelne Bilanz- und GuV-Positionen vorhandener hinreichender Monatsberichterstattung konkrete Veränderungen des Wettbewerbsumfeldes, der Umsatz- und Produktentwicklung, neuer Rechtsstreitigkeiten bzw. Entwicklungen existierender Rechtsstreitigkeiten usw. erfragt werden. Schließlich sollten die Emissionsbanken darauf drängen, dass bislang nur im Entwurf vorliegende Vorstands- und Aufsichtsratsprotokolle unterschrieben oder aber dem Wirtschaftsprüfer und den Rechtsberatern unter Angabe der Gründe, warum diese noch nicht unterzeichnet wurden, zugänglich gemacht werden, damit ein möglichst aktueller Einblick in die Unternehmenssituation im Platzierungszeitpunkt gewährleistet ist. Die Transaktionserfahrung zeigt, dass eine Vielzahl von Enttäuschungen im Nachgang zu Börsengängen und Kapitalerhöhungen daher rührt, dass aufgrund der starken Befassung des Top-Managements mit der Vorbereitung der Kapitalmarkttransaktion drei bis vier Monate vor der Platzierung viele Ressourcen gebunden wurden und sich diese **Ressourcen-Bindung** auf die Geschäftsentwicklung und deren ordnungsgemäße Dokumentation unmittelbar vor und nach der Emission negativ ausgewirkt hat[386]. Da der Comfort Letter für diesen letzten Zeitraum die qualitativ am wenigsten belastbaren Aussagen und damit nur einen vergleichsweise geringen *„level of comfort"* enthält, sind die Emissionsbanken im eigenen Interesse bezüglich der jüngsten Geschäftsentwicklung und den Aussichten hier besonders gefordert.

g) Zeitliche Begrenzungen des Comforts (die „135 Tage-Regel")

Sofern zwischen dem in den Prospekt aufgenommenen geprüften Jahresabschluss bzw. den jüngsten in den Prospekt aufgenommenen Zwischenfinanzinformationen und dem im Comfort Letter genannten *„cut off"*-Datum mehr als 135 Tage (nicht: Werktage) liegen, darf der Abschlussprüfer im Comfort Letter keine eigene Aussage in Form einer sog. *„negative assurance"* zu den Änderungen seit dem Tage des letzten Bestätigungsvermerks oder der prüferischen Durchsicht abgeben, sondern lediglich von der Gesellschaft erteilte Auskünfte wiedergeben[387]. Diese Begrenzung stammt ursprünglich aus den Statements on Auditing Standards No. 72 (SAS 72) bzw. den heutigen Standards AU-C 920, der für diese Fälle lediglich einen Bericht der ab dem letzten Abschluss bzw. Quartalsdatum durchgeführten Untersuchungshandlungen gestattet. Diese 135 Tage-Regel ist in der Zwischenzeit auch im deutschen Prüfungsstandard IDW PS 910 anerkannt[388]. Hintergrund der 135 Tage-Regel ist, dass in den USA börsennotierten Unternehmen verpflichtet sind, innerhalb von 45 Tagen nach dem Ende eines Quartals einen sog. Quartalsfinanzbericht vorzulegen. Nach Ablauf dieses Zeitraums – und eines in diesem Zeitraum nicht vorliegenden Quartalsfinanzberichts – könne der Wirtschaftsprüfer sich nicht mehr mit ausreichender Sicherheit von der Ordnungsgemäßheit der Finanzinformationen überzeugen, um die sog. *„negative assurance"* abgeben zu können[389]. Obgleich in Deutschland keine entsprechende gesetzliche Verpflichtung besteht, ist die 135 Tage-Regel in der Praxis Standard, unterscheidet sich vom US-Standard jedoch geringfügig in der Art und Weise ihrer genauen Berechnung[390], was bei internationeln Transaktionen mit Platzierungen auch an US-Investoren (siehe dazu auch Rz. 10.380) bei der Zeitplangestaltung zu berücksichtigen ist. Jedenfalls bei Unternehmen, die gemäß dem Deutschen

10.368

---

386 Die Prospektverordnung berücksichtigt die Richtigkeit diverser Angaben zu jüngsten Entwicklungen in Anhang 1 Ziff. 18.7 Delegierte Verordnung (EU) 2019/980. Zu den diesbezüglichen Untersuchungshandlungen vgl. auch *Kunold* in Habersack/Mülbert/Schlitt, Unternehmensfinanzierung am Kapitalmarkt, Rz. 34.34.
387 Vgl. IDW PS 910 Tz. 72, 86 f. mit Formulierungsbeispiel in Anlage 4.1.
388 Siehe insbesondere IDW PS 910 Tz. 87. Dazu auch *Kunold* in Habersack/Mülbert/Schlitt, Unternehmensfinanzierung am Kapitalmarkt, Rz. 34.36.
389 Zur Begründung der 135 Tage-Regel im IDW PS 910 vgl. dort Tz. 73.
390 Die Berechnung nach IDW PS 910 erfolgt gem. Tz. 73 nach kaufmännischer Rechnung von 30 Tagen pro Monat während für AU-C 920 eine taggenaue Berechnung erfolgt.

Corporate Governance Kodex ihre Quartalsabschlüsse nach spätestens 45 Tagen veröffentlichen, ist die zu AU-C 920 gegebene Begründung jedoch auch hier einschlägig und nachvollziehbar[391].

h) Formaler Abgleich von Zahlen in Comfort Lettern („*circle up*")

10.369 Schließlich enthält der Comfort Letter nach IDW PS 910 auch Aussagen zu dem üblicherweise von den Wirtschaftsprüfern durchzuführenden formalen Abgleich der im Prospekt enthaltenen stichtags- oder periodenbezogenen Finanzzahlen mit den Jahresabschlüssen, Zwischenabschlüssen oder bestimmten anderen Informationsquellen des Emittenten, sofern die entsprechenden Daten aus der Finanzbuchhaltung (*Accounting Records*) stammen oder aus ihr abgeleitet werden können. Dies ist typischerweise für nicht geprüfte oder prüferisch durchgesehene Monatsberichte der Fall, wohingegen operative Zahlenangaben und Daten, wie etwa Arbeitnehmerzahlen, in Verträgen enthaltene Zahlenangaben (z.B. Darlehensbeträge), die Höhe von Anteilsbesitz an anderen Gesellschaften oder auch bestimmte Schlüsselleistungskennzahlen (sog. „*Key Performance Indicators*" – KPIs) einem solchen Abgleich regelmäßig nicht zugänglich sind und durch die Emissionsbanken und deren Rechtsberater im Wege anderweitiger Due Diligence zu verifizieren sind. Auch wenn solche Angaben im geprüften oder prüferisch durchgesehenen Lagebericht, der allerdings nicht Teil des entsprechenden Abschlusses ist, enthalten sein sollten, ist im Regelfall kein Zahlenabgleich durch den Wirtschaftsprüfer möglich. Der Abgleich dieser Daten folgt im Wesentlichen dem amerikanischen Vorbild AU-C 920 durch entsprechende Markierung in einer dem Comfort Letter als Anlage beigefügten Kopie des Prospekts, wobei der **unterschiedliche „level of comfort"** in Bezug auf die zugrunde liegende Vergleichsquelle mit unterschiedlichen Großbuchstaben von A (Zahlen aus dem testierten Jahresabschluss) bis z.B. F oder G (Bestätigungen kalkulatorischer Richtigkeit unter Einschluss sachgerechter Rundungsdifferenzen etc.) reicht (sog. „*circle up*" oder „*tick-mark comfort*")[392]. Ein Formulierungsbeispiel für den formellen Zahlenabgleich enthält IDW PS 910 in Tz. 104.

Der „circle up" erfasst insbesondere auch die entsprechenden Angaben innerhalb des Kapitels mit der „Darstellung und Analyse der Vermögens-, Finanz- und Ertragslage des Emittenten", allerdings trifft der Comfort Letter keine darüberhinausgehende Aussage zu dessen Inhalt. Eine diesbezügliche „*negative assurance*" wird – trotz eigener großer Sachnähe der Wirtschaftsprüfer – nur von den Rechtsberatern in den von diesen abzugebenden Disclosure Lettern im Gesamtkontext des Prospekts erteilt.

Im Falle der Aufnahme von **Pro forma-Finanzinformationen** in den Wertpapierprospekt unterliegen diese einer eigenständigen Prüfungspflicht und die entsprechende **Prüfungsbescheinigung** ist ebenfalls im Prospekt abzudrucken[393]. Dementsprechend trifft der Comfort Letter keine spezifische Aussage zu den Pro forma-Finanzinformationen und umfasst der „*circle up*" die entsprechenden Zahlenangaben regelmäßig nur in anderen Teilen des Prospekts (z.B. der „Zusammenfassung"), nicht aber in dem Kapitel mit der Wiedergabe der Pro forma-Finanzinformationen selbst, das insgesamt unmittelbar von der Prüfungsbescheinigung abgedeckt wird.

---

391 Zur Regelung in SAS 72, der dem heutigen AU-C 920 weitgehend entspricht, vgl. *Castellon/von Diessl*, Practical Law Publishing 2013, S. 38. Kritisch zu der jedenfalls nach deutschem Standard als zu starr empfundenen Regel *Meyer*, WM 2003, 1745, 1753. Zur 135-Tage-Regel ebenfalls *Kunold* in Habersack/Mülbert/Schlitt, Unternehmensfinanzierung am Kapitalmarkt, Rz. 34.35 ff. mit dem Hinweis, dass mangels gesetzlicher Verpflichtung, innerhalb von 45 Tagen einen Quartalsfinanzbericht vorzulegen, die sog. „*change period*" in Deutschland im Einzelfall länger sein könnte. Jedenfalls für börsennotierte Unternehmen, die die Fristen des Corporate Governance-Kodex einhalten, ist dieser international akzeptierte Zeitraum jedoch der zutreffende Maßstab.
392 Dazu auch *Kunold* in Habersack/Mülbert/Schlitt, Unternehmensfinanzierung am Kapitalmarkt, Rz. 34.41 und Rz. 34.46 m.w.N. und *Castellon/von Diessl*, Practical Law Publishing 2013, S. 39 zur Aufgabenverteilung zwischen Abschlussprüfer und Anwälten der Investmentbanken beim „*circle up*" und den sog. „*tick and ties*", in dem die Prüfungen bzgl. der vordefinierten Zahlenangaben festgehalten werden.
393 Siehe z.B. Anhang 20 Delegierte Verordnung (EU) 2019/980.

i) Verwendungsbeschränkungen und Gerichtsstand

Wie auch vom Standard zu AU-C 920 vorgesehen und von Legal Opinions her bekannt, enthält der Comfort Letter abschließend ebenfalls Verwendungsbeschränkungen. Es wird darauf hingewiesen, dass sich der Comfort Letter ausschließlich an den Emittenten und die Emissionsbanken wendet, und weder zu anderen Zwecken benutzt, veröffentlicht oder weitergegeben werden darf; ausgenommen ist eine Bezugnahme im Underwriting Agreement oder eine Verwendung zur eigenen Rechtsverteidigung, wobei letzteres (Nachweis zum Ausschluss des Vorwurfs der groben Fahrlässigkeit) auch einer der wesentlichen Gründe für die Abgabe des Comfort Letters ist[394].

10.370

Der Comfort Letter schließt mit einem Hinweis auf die ausschließliche Geltung deutschen Rechts sowie auf den **ausschließlichen Gerichtsstand** für alle Streitigkeiten auf Grundlage oder im Zusammenhang mit diesem Comfort Letter. Diese Regelung verdeutlicht, dass der Comfort Letter auch von dem ausstellenden Wirtschaftsprüfer als ein **Dokument (potentieller) Rückgriffshaftung** verstanden wird und nicht nur dem – wenngleich primären – Zweck der Etablierung eines Entlastungsbeweises (*due diligence defense*) nach § 12 Abs. 1 WpPG gilt.

10.371

Jedenfalls bei **grenzüberschreitenden Transaktionen** deutscher Emittenten wird das Beharren der Wirtschaftsprüfer auf einem vereinbarten ausschließlichen Gerichtsstand nicht nur **dem Interesse** des Emissionskonsortiums, sondern in der Regel auch den Interessen des Wirtschaftsprüfers **widersprechen**. Denn werden einzelne Banken oder aber alle Mitglieder des Emissionskonsortiums im Ausland verklagt, so dürfte der **Wirtschaftsprüfer** bei einem Streit über die zutreffende Wiedergabe der Finanzzahlen sowie deren angemessene Darstellung im Prospekt fast immer ein Interesse daran haben, dem Rechtsstreit **als Streithelfer** beizutreten. Können die Emissionsbanken auf Basis des jeweils anwendbaren Rechts eine Prospekthaftungsklage erfolgreich abwehren, kommt von vornherein kein Rückgriffsanspruch gegen den Wirtschaftsprüfer in Betracht. Aber auch im Falle von Klagen in Ländern mit partieller Prospektverantwortlichkeit und einer Klagebeschränkung (zunächst) nur auf die Emissionsbanken bzw. z.B. in Großbritannien auf den sog. Sponsor kann der Wirtschaftsprüfer aus Reputationsgründen ein Interesse daran haben, bei der Verteidigung gegenüber Prospekthaftungsklagen Unterstützung zu leisten[395].

10.372

j) Sonderfall: *„split comfort"*

In einzelnen Fällen kann es vorkommen, dass während der letzten zwei oder drei im Wertpapierprospekt aufzunehmenden Geschäftsjahre der Abschlussprüfer gewechselt worden ist. Aufgrund des 2016 in Kraft getretenen Abschlussprüferreformgesetzes (AReG), das erstmals in Deutschland eine externe Rotation des Abschlussprüfers vorschreibt (im Regelfall nach maximal zehn Jahren und zusätzlich zu einer internen Rotation nach maximal sieben Jahren) wird dieser Fall in Zukunft häufiger eintreten. Zu ähnlichen Situationen kann es kommen, wenn eine börsennotierte Gesellschaft vor einer Kapitalerhöhung eine bedeutenden Gesellschaft erworben hat, die von einem anderen Wirtschaftsprüfer geprüft wurde sowie in bestimmten anderen Konzernsachverhalten oder im Fall einer gemeinschaftlichen Abschlussprüfung durch mehrere Wirtschaftsprüfer[396]. Da der den Comfort Letter abgebende Wirtschaftsprüfer nach IDW PS 910 nur zu den Abschlüssen Stellung nehmen soll, die er selbst geprüft hat bzw. bezüglich derer er auf anderem Wege ausreichende Kenntnis von den Finanzzahlen und den internen Kontrollsystemen des prospektiven Emittenten erlangt hat, stellt sich hier ggf. die Frage der sachgerechten Abdeckung des relevanten Zeitraums durch mehrere Wirtschaftsprüfer, also einer geteilten Zuständigkeit und damit des sog. *„split comfort"*. Im Falle eines aktuellen renommierten

10.373

---

394 Siehe dazu bereits Rz. 10.296.
395 In diesem Sinne bereits *Meyer*, WM 2003, 1745, 1756; ebenso *Kunold* in Habersack/Mülbert/Schlitt, Unternehmensfinanzierung am Kapitalmarkt, Rz. 34.59.
396 Vgl. IDW PS 910 Tz. 115 ff. Zu derartigen Fallkonstellationen auch *Castellon/von Diessl*, Practical Law Publishing 2013, S. 36.

Wirtschaftsprüfers (z.B. Top 4-Wirtschaftsprüfungskanzleien) werden die konsortialführenden Banken in aller Regel darauf drängen, dass dieser auch den zuvor nicht geprüften Abschluss in seinen Comfort Letter einbezieht. Soweit dies nicht möglich ist, stellt ein *„split comfort"*, bei dem vom jedem Wirtschaftsprüfer ein eigener Comfort Letter für den von ihm abgedeckten Zeitraum und Bereich eingeholt wird, **erhöhte Anforderungen** sowohl an den Emittenten als auch – nachgelagert – an die konsortialführenden Banken; sie müssen sich nämlich in diesem Fall insbesondere von der **Konsistenz der Bewertungsansätze** und der **einheitlichen Prüfungsmethoden** der jeweiligen Wirtschaftsprüfer überzeugen, damit die finanzielle Entwicklung des Emittenten im relevanten Beobachtungszeitraum der Finanzinformationen und im entsprechenden Anhang hierzu in einheitlicher Weise dargestellt worden sind. Die konsortialführenden Banken müssen darüber hinaus ein gutes Verständnis dafür entwickeln, ob der Wechsel des Prüfers lediglich rotationsbedingt erfolgte oder ob andere Gründe, wie etwa **inhaltliche Diskrepanzen**, zur Wahl eines neuen Abschlussprüfers geführt haben. Unter Umständen kann es auch schwierig sein, von dem aktuell nicht mehr prüfenden Wirtschaftsprüfer die entsprechenden Aussagen nach dem Prüfungsstandard IDW PS 910 zu erlangen. In der Summe führt daher ein *„split comfort"* immer zu einem erhöhten Due Diligence-Aufwand auf Seiten der Konsortialbanken.

10.374–10.376   Einstweilen frei.

6. Kollisionsrechtliche Fragen bei grenzüberschreitenden Platzierungen

10.377   Die aus Sicht der deutschen Emittenten wichtigsten Kapitalmärkte/Jurisdiktionen haben zumeist durch die ansässigen Berufsverbände Standards für die Abgabe von Comfort Lettern verabschiedet. Es stellt sich daher sowohl für die Emissionsbanken als auch die Wirtschaftsprüfer die Frage, ob für eine bestimmte Transaktionsstruktur ein Comfort Letter nach IDW PS 910, ein Comfort Letter nach AU-C 920 oder aber nach anderen ausländischen Standards erforderlich ist. Wichtig ist die Entscheidung dieser Frage vor allem deshalb, weil nicht nur ein Comfort Letter nach dem deutschen IDW PS 910, sondern auch ein unter englischem Recht ausgestellter Comfort Letter entsprechend seiner haftungsbegründenden Funktion typischerweise einen ausschließlichen Gerichtsstand enthalten wird.

10.378   **Kriterien** für die Entscheidung dieser Frage sind u.a. die in den Prospekt aufzunehmenden Jahres- und Zwischenabschlüsse des Emittenten (nach IFRS oder US-GAAP erstellt, ggf. UK-GAAP) sowie die angestrebte Börse bzw. der Schwerpunkt der Platzierung, wo also Aktien oder Anleihen zum Handel zugelassen oder einbezogen werden sollen[397]. Für Berichte über vereinbarte Untersuchungshandlungen nach ISRS 4400 stellen sich diese Fragen hingegen nicht, weil die entsprechenden Prüfungshandlungen und Berichte nach einem international verwendeten Standard durchgeführt bzw. abgegeben werden; dementsprechend sollten in diesem Zusammenhang nur Regelungen zum anwendbaren Recht, nicht jedoch zu einem ausschließlichen Gerichtsstand getroffen werden.

a) Ein Comfort Letter für die gesamte Transaktion

10.379   Für deutsche Emittenten wird sich für einen Comfort Letter die sog. „Ein-Brief-Lösung" in Form eines nach IDW PS 910 ausgestellten Comfort Letters nur dann empfehlen, wenn sowohl der Schwerpunkt der Geschäftstätigkeit, die ausschließliche Börsennotierung sowie der angestrebte Platzierungsschwerpunkt in Deutschland ist bzw. bei deutschen Investoren liegen wird. In diesen zumeist kleineren Plat-

---

[397] Im Falle einer Platzierungen in den USA nach Rule 144A unter dem U.S. Securities Act von 1933 erwarten die Emissionsbanken und internationalen Investoren z.B. stets einen Comfort Letter – auch – nach AU-C 920. Vgl. im Einzelnen zu den Voraussetzungen der Rule 144A unten *Strauch/Miller* Rz. 11.101 ff. Zur „Multiple Comfort Letter"-Lösung vgl. auch *Castellon/von Diessl*, Practical Law Publishing 2013, S. 36.

zierungen erübrigt sich zumeist die Abgabe eines zusätzlichen Comfort Letters nach dem Standard AU-C 920[398].

b) „Zwei Brief"-Lösung bei internationalen Platzierungen

Bei der Mehrzahl der Börsengänge und prospektpflichtigen Kapitalerhöhungen, jedenfalls bei großvolumigen Transaktionen mit nennenswertem Anteil an institutionellen Investoren, werden in aller Regel zwei Comfort Letter erwartet und abgegeben. In dieser sog. „Zwei-Brief-Lösung" ist darauf zu achten, dass die jeweilige **geographische Reichweite** der Comfort Letter **sachgerecht zueinander abgegrenzt** ist[399]. Typischerweise beschränkt sich der AU-C 920 Comfort Letter auf die Platzierung in den USA bzw. die *due diligence defense* gegenüber US-Investoren auf Basis des dortigen Kapitalmarktrechts, während der Comfort Letter nach IDW PS 910 für das öffentliche Angebot und die Börsennotierung in Deutschland sowie für die institutionellen Platzierungen nach anderen europäischen Rechtsordnungen gilt. Die hierbei auftretenden **kollisionsrechtlichen Fragen** sind **noch nicht eingehend untersucht**[400].

10.380

In der Transaktionspraxis ergeben sich aus der „Zwei Brief"-Lösung Unterschiede im Detail, so wird beispielsweise ein Comfort Letter nach IDW PS 910 zum Datum des Prospekts abgegeben, während ein Comfort Letter nach AU-C 920 erst zu dem Zeitpunkt übersandt wird, in dem die Regelungen des Übernahmevertrags für die Konsortialbanken verbindlich werden, was je nach Ausgestaltung der Transaktionsstruktur und typisch für IPOs meist erst zum Abschluss der Platzierung erfolgt; dementsprechend unterscheiden sich auch die *„Cut off"*-Daten der beiden Disclosure Letter.[401]

Einstweilen frei.

10.381–10.390

IV. Prospekthaftung

Schrifttum: *Apfelbacher/Metzner,* Das Wertpapierprospektgesetz in der Praxis – Eine erste Bestandsaufnahme, BKR 2006, 81; *Arnold/Aubel,* Einlagenrückgewähr, Prospekthaftung und Konzernrecht bei öffentlichen Angeboten von Aktien, ZGR 2012, 113; *Assmann,* Prospekthaftung, 1985; *Bischoff,* Internationale Börsen-

---

398 Die Wirtschaftsprüfer sind in aller Regel dazu bereit, zusätzlich einen weiteren Comfort Letter nach AU-C 920 auszustellen. Da diese Comfort Letter nach den US-Securities Laws nicht haftungsbegründend wirken und im Falle volumenmäßig zu vernachlässigender Platzierung bei US-Investoren auch keine direkte Inanspruchnahme des Wirtschaftsprüfers (bei sog. *„registered deals"* nach Section 11(4)(a) Securities Act von 1933) droht, besteht aus Sicht der Wirtschaftsprüfer auch wenig Veranlassung, sich gegen die Ausstellung dieses Comfort Letters zu wehren: Die Investoren haben nach diesem Konzept keinen Anspruch aus der Abgabe eines Comfort Letters nach SAS-Standard. Allerdings ist stets die Federführung eines US-Partners der betreffenden Wirtschaftsprüfungsgesellschaft erforderlich, was zu erheblichen Zusatzkosten führt und deshalb aus Emittentensicht, wo vertretbar, vermieden werden sollte. Soweit die betreffende Wirtschaftsprüfungsgesellschaft mangels US-Praxis keinen Comfort Letter nach AU-C 920 abgeben kann, hindert dies im Regelfall eine Platzierung in den USA. Sobald daher von einer Gesellschaft eine Platzierung in den USA als Option der Kapitalaufnahme angesehen wird, sollte diese – rechtzeitig – auch einen Wechsel hin zu einer der „großen vier" Prüfungsgesellschaften ernsthaft erwägen, die für praktisch alle mittelgroßen und großen börsennotierten Gesellschaften ohnehin der Standard sind.
399 In diesem Sinne auch *Kunold* in Habersack/Mülbert/Schlitt, Unternehmensfinanzierung am Kapitalmarkt, Rz. 34.52 ff. mit zutreffendem Verweis auf IDW PS 910 Tz. 3. *Castellon/von Diessl,* Practical Law Publishing 2013, S. 36.
400 Erste Überlegungen hierzu bei *Ebke/Siegel,* WM 2001, Sonderbeilage 2, S. 20 ff., allerdings mit dem Schwerpunkt auf internationaler Prospekthaftung und internationalem Deliktrecht.
401 Siehe zu weiteren Unterschieden zwischen den beiden Prüfungsstandards auch *Döpfner,* WPg 2016, 884 ff.

prospekthaftung, AG 2002, 489; *Bayer*, Emittentenhaftung versus Kapitalerhaltung, WM 2013, 961; *Beck*, Kapitalmarktrechtliche Prospekthaftung im Konzern, NZG 2014, 1410; *Beckman/Waßmuth*, Die Musterfeststellungsklage – Teil II –, WM 2019, 89; *Bitter/Jochum*, Kein Nachrang kapitalmarktrechtlicher Schadensersatzprüche in der Insolvenz des Emittenten, ZIP 2021, 2533; *Bosch*, Expertenhaftung gegenüber Dritten – Überlegungen aus der Sicht der Bankpraxis, ZHR 163 (1999), 274; *Brinkmann/Richter*, Getäuschte Aktionäre als Insolvenzgläubiger, AG 2021, 489; *Canaris*, Die Reichweite der Expertenhaftung gegenüber Dritten, ZHR 163 (1999), 206; *Canaris*, Bankvertragsrecht, 2005; *Derleder/Knops/Bamberger*, Deutsches und europäisches Bank- und Kapitalmarktrecht, 3. Aufl. 2017; *Ehricke*, Zur zivilrechtlichen Prospekthaftung der Emissionsbanken gegenüber dem Wertpapieranleger, DB 1980, 2429; *Ellenberger*, Prospekthaftung im Wertpapierhandel, 2001; *Ellenberger*, Anmerkung zum Urteil des LG Frankfurt am Main vom 17.01.2003 – 3-07 48/01, EWiR 2003, 409; *Fleischer*, Empfiehlt es sich, im Interesse des Anlegerschutzes und zur Förderung des Finanzplatzes Deutschland das Kapitalmarkt- und Börsenrecht neu zu regeln?, Gutachten F zum 64. Deutschen Juristentag, 2002; *Fleischer*, Prognoseberichterstattung im Kapitalmarktrecht und Haftung für fehlerhafte Prognosen, AG 2006, 2; *Fleischer*, Umplatzierung von Aktien durch öffentliches Angebot (Secondary Public Offering) und verdeckte Einlagenrückgewähr nach § 57 Abs. 1 AktG, ZIP 2007, 1969; *Fleischer/Thaten*, Einlagenrückgewähr und Übernahme des Prospekthaftungsrisikos durch die Gesellschaft bei der Platzierung von Altaktien, NZG 2011, 1081; *Fölsing*, Schärfere Dritthaftung des Wirtschaftsprüfers – Kritisches zum BGH-Urteil vom 24.4.2014, WP Praxis 2014, 195; *Gehrlein*, Gläubigerschutz verdrängt Anlegerschutz in der Insolvenz!, WM 2021, 763 (Teil I) und WM 2021, 805 (Teil II); *Groß*, Die börsengesetzliche Prospekthaftung, AG 1999, 199; *Groß*, Bookbuilding, ZHR 162 (1998), 318; *Haas/Hanowski*, Keine Prospekthaftung für Werbeaussagen?, NZG 2010, 254; *Hellgardt*, Von der bürgerlich-rechtlichen Prospekthaftung zur Informationshaftung beim Vertrieb von Vermögensanlagen, ZBB 2012, 72; *Hellgardt*, Europarechtliche Vorgaben für die Kapitalmarktinformationshaftung de lege lata und nach Inkrafttreten der Marktmissbrauchsverordnung, AG 2012, 154; *Henssler*, Prozessfinanzierende Inkassodienstleister – Befreit von den Schranken des anwaltlichen Berufsrechts?, NJW 2019, 545; *Hess/Michailidou*, Das Gesetz über Musterverfahren zur Schadensersatzklagen von Kapitalanlegern, ZIP 2004, 1381; *Hopt*, Die Verantwortlichkeit der Banken bei Emissionen. Recht und Praxis in der EG, in Deutschland und in der Schweiz, ZBB 1992; *Kiefner/Krämer*, Geschäftsleiterhaftung nach ISION und das Vertrauendürfen auf Rechtsrat, AG 2012, 498; *Klöhn*, Die Ausweitung der bürgerlich-rechtlichen Prospekthaftung durch das „Rupert Scholz"-Urteil des BGH, WM 2012, 97; *Koch*, Grenzen des informationsbasierten Anlegerschutzes – Die Gratwanderung zwischen angemessener Aufklärung und *information overload*, BKR 2012, 485; *Kort*, Neuere Entwicklungen im Recht der Börsenprospekthaftung (§§ 45 ff. BörsG) und der Unternehmensberichtshaftung (§ 77 BörsG), AG 1999, 9; *Köndgen*, Zur Theorie der Prospekthaftung (I), AG 1983, 85; *Krämer/Baudisch*, Neues zur Börsenprospekthaftung und zu den Sorgfaltsanforderungen beim Unternehmenskauf – Zugleich Anmerkung zum Urteil des LG Frankfurt a.M. vom 7. Oktober 1997 (WM 1998, 1181), WM 1998, 1161; *Krämer/Gillessen/Kiefner*, Das „Telekom III"-Urteil des BGH – Risikozuweisung an der Schnittstelle von Aktien- und Kapitalmarktrecht, CFL 2011, 328; *Kuntz*, Internationale Prospekthaftung nach Inkrafttreten des Wertpapierprospektgesetzes, WM 2007, 432; *Lehmann*, Die Haftung für Werbeangaben nach neuem Schuldrecht, DB 2002, 1090; *Lenz*, Die Prüfung von Treuhandkonten im Rahmen der Abschlussprüfung, DB 2020, 1465, *Lenz*, Die Prüfung von Treuhandkonten – das Fallbeispiel Wirecard AG, DB 2020, 2085; *Leuering*, Die Neuordnung der gesetzlichen Prospekthaftung, NJW 2012, 1905; *Lorenz/Schönemann/Wolf*, Geplante Neuregelung zur Prospekthaftung – Verjährung, Anspruchskonkurrenz und Prospektzusammenfassung, CFL 2011, 346; *Loritz*, Aufklärungs- und Informationsbeschaffungspflichten über Presseberichte beim Vertrieb von Kapitalanlagen, NZG 2002, 889; *Lutter/Scheffler/Uwe H. Schneider* (Hrsg.), Handbuch der Konzernfinanzierung, 1998; *Marten*, Die Prüfung von Treuhandkonten – das Fallbeispiel Wirecard AG, DB 2020, 2089; *Merkt/Zimmermann*, Die neue Musterfeststellungsklage: Eine erste Bewertung, VuR 2018, 363; *Mertens*, Aufteilung von Kosten gemischter Aktienplatzierungen zwischen Gesellschaft und Aktionären, AG 2015, 881; *Meyer*, Anlegerschutz und Förderung des Finanzplatzes Deutschland durch die Going Public Grundsätze der Deutsche Börse AG, WM 2992, 1864; *Meyer*, Aspekte einer Reform der Prospekthaftung – Eine Würdigung der Verhandlungen des 64. Deutschen Juristentages, WM 2003, 1301; *Möllers/Steinberger*, Die BGH-Entscheidung zum Telekom-Prozess und das europäische Anlegerleitbild, NZG 2015, 329; *Mülbert*, Empfiehlt es sich, im Interesse des Anlegerschutzes und zur Förderung des Finanzplatzes Deutschland das Kapitalmarkt- und Börsenrecht neu zu regeln?, JZ 2002, 826; *Mülbert/Wilhelm*, Haftungsübernahme als Einlagenrückgewähr – Überlegungen zu § 57 AktG im Nachgang zu Telekom III, in FS Hommelhoff, 2012, S. 747 ff.; *Oulds*, Die Nachtragspflicht gemäß § 16 WpPG, WM 2011, 1452; *Quick/Kayadelen*, Zur Aussagefähigkeit von Prognosen in Emissionsprospekten am Neuen Markt, WPg 2002, 949; *Rieckhoff*, Trendinformationen und Prognosen im Wertpapierprospekt – Ein Beitrag zur zukunftsbezogenen Unternehmensberichterstattung, BKR 2011, 221; *Schäfer*, Stand und Entwicklungstendenzen der spezialgesetzlichen Prospekthaftung, ZGR 2006, 41; *Schäfer*, Prospekthaftung bei öffentlicher Umplatzierung von Aktien – Zur richtigen Verteilung der Risiken, ZIP 2010, 1877; *Schlitt/Landschein*, Prospekthaftung – Aktuelle Entwicklungen, ZBB 2019, 103; *Schlitt*, Die öffentliche Umplatzierung von Aktien – Rechtsbeziehungen unter den Beteiligten, CF 2010, 304; *Schlitt/Smith/Werlen*, Die Going-Public-Grundsätze der Deutschen Börse AG, AG 2002, 478; *Schlitt/Schäfer*, Drei Jahre Praxis unter dem Wertpapierprospektgesetz – eine Zwischenbilanz, AG 2008, 525; *Schneider*, Reichweite der Expertenhaftung gegenüber Dritten – Die Sicht des Experten; ZHR 163 (1999), 246; *Schneider/Heppner*, KapMuG Reloaded – das neue Kapitalanleger-Musterverfahrensgesetz, BB 2012, 2703; *Siebel/Gebauer*, Prognosen im Aktien- und Kapitalmarktrecht, WM 2001, 118 und 173; *Singhof*, BGH: Prospekthaftung für fehlerhaften Prospekt aus § 13 VerkProspG a.F., RdF 2013, 76; *Sittmann*, Die Prospekthaftung nach dem Dritten Finanzmarktförderungsgesetz, NZG 1998, 490; *Stephan*, Prospektaktualisierung, AG 2002, 3; *Strohn*, Beratung der Geschäftsleitung durch Spezialisten als Ausweg der Haftung?, ZHR 176 (2012), 137; *Technau*, Rechtsfragen bei der Gestaltung von Übernahmeverträgen („Underwriting Agreements") im Zusammenhang mit Aktienemissionen, AG 1998, 445; *Teigelack*, Finanzanalysen und Behavioral Finance, 2009; *Thole*, Der insolvenzrechtliche Rang von kapitalmarktrechtlichen Schadensersatzansprüchen gegen den Emittenten, ZIP 2020, 2533; *Tilp/Schiefer*, VW Dieselgate – die Notwendigkeit zur Einführung einer zivilrechtlichen Sammelklage, NZV 2017, 14; *Veil*, Europäisches Kapitalmarktrecht, 2. Aufl. 2014; *von Bernuth/Kremer*, Das neue KapMuG: Wesentliche Änderungen aus Sicht der Praxis, NZG 2012, 890; *von Kopp-Colomb/Seitz*, Das neue Prospektregime – Auswirkungen der Änderungen der Prospektverordnung auf Basisprospekte für die Emission von Anleihen und verbrieften Derivaten, WM 2012, 1220; *Vorwerk/Wolf*, KapMuG, 2. Aufl. 2020; *Wackerbarth* in Holzborn, WpPG, 2. Aufl. 2014; *Wagner*, Prospekthaftung bei fehlerhaften Prognosen?, NZG 2010, 857; *Wackerbarth*, Prospektveranlassung durch Altaktionäre und Einlagenrückgewähr, WM 2011, 193; *Wambach/Dressel*, Die neue europäische Verbandsklage als Ende des Kapitalanlegermusterverfahrens?, ZIP 2020, 1149; *Weber*, Internationale Prospekthaftung nach der Rom II-Verordnung, WM 2008, 1581; *Wink*, Übernahme des Prospekthaftungsrisikos durch die Gesellschaft bei der Umplatzierung von Aktien und Verbot der Einlagenrückgewähr nach § 57 AktG, AG 2011, 569; *Wieczorek/Schütze*, ZPO, 4. Aufl. 2017, Band 13/1, KapMuG; *Zimmer/Binder*, Prospekthaftung von Experten? Kritik eines Gesetzentwurfs, WM 2005, 577.

1. Überblick

Das öffentliche Angebot von Aktien und deren Zulassung zum Handel an einem organisierten Markt erfordert in der Regel die **Veröffentlichung eines Prospekts oder eines prospektersetzenden Dokuments**[402]. Durch die in dem Prospekt enthaltenen Informationen soll der Anleger in die Lage versetzt werden, die Risiken der Anlage einzuschätzen und eine überlegte Investitionsentscheidung zu treffen. Der Prospekt dient dazu, das Informationsgefälle zwischen Emittent und Anleger auszugleichen (**Informationsasymmetrie**) und **Markttransparenz** herzustellen. Bei Unrichtigkeit oder Unvollständigkeit des Prospekts in Bezug auf für die Beurteilung der Wertpapiere wesentliche Angaben werden diese Zwecke nicht erreicht. Der in seinem Vertrauen in die Korrektheit des Prospekts enttäuschte Anleger kann in einem solchen Fall von den schuldhaft handelnden Prospektverantwortlichen unter bestimmten Voraussetzungen seinen durch die fehlerhafte Information entstandenen Schaden ersetzt verlangen. Geschützt wird im Rahmen dieser sog. **Primärmarktpublizität** allerdings bereits das sog. typisierte Anlegervertrauen, d.h. es kommt nicht auf den Nachweis des individuellen Vertrauens im konkreten Einzelfall an.

10.391

---

402 Aufgrund unklarer Gesetzessystematik in der EU-Prospektverordnung ist die Abgrenzung zwischen öffentlichen und nicht-öffentlichen Angeboten allerdings noch immer nicht trennscharf möglich. Dies betrifft insbesondere die Ausnahme von einem öffentlichen Angebot in Art. 1 Abs. 4 lit. a) und b) EU-Prospektverordnung, bei denen sich zumindest in der Praxis regelmäßig die Frage stellen kann, ob nicht ohnehin eine Privatplatzierung vorliegt und die Grundvoraussetzung eines öffentlichen Angebots nach Art. 2 lit. d) EU-Prospektverordnung nicht gegeben ist. Dies betrifft auch den in der Praxis wichtigsten Fall eines prospektfreien Angebots von Aktien, bei dem auf der Grundlage von § 186 Abs. 3 Satz 4 AktG und unter Inanspruchnahme von Ausnahmebestimmungen Aktien im Umfang von weniger als 10 % des bestehenden Grundkapitals an qualifizierte Anleger ausgegeben (Art. 1 Abs. 4 lit. a) EU-Prospektverordnung – im Regelfall dürfte es sich bei einem derartigen Angebot aber um eine Privatplatzierung handeln) und zum Börsenhandel zugelassen werden (Art. 1 Abs. 5 lit. a) EU-Prospektverordnung).

10.392 Die schon im Jahre 1896 in Kraft getretenen Prospekthaftungsnormen des Börsengesetzes (BörsG) wurden zunächst im Zuge des Dritten und Vierten Finanzmarktförderungsgesetzes den Erfordernissen des modernen Kapitalanlegerschutzes angepasst. Durch die **Umsetzung der Prospektrichtlinie**[403] **zum 1.7.2005** ergaben sich die inhaltlichen Mindestanforderungen für ab dem 1.7.2005 veröffentlichte Wertpapierprospekte entsprechend § 7 des damals neu geschaffenen und seitdem mehrfach geänderte WpPG aus der (inzwischen aufgehobenen) Verordnung (EG) Nr. 809/2004[404], allerdings verblieben die maßgeblichen Prospekthaftungsnormen zunächst weiterhin im Börsengesetz und im Verkaufsprospektgesetz. Die Anwendung der ersten Prospektrichtlinie wurde fünf Jahre nach ihrem Inkrafttreten vertragsgemäß überprüft und in Teilen überarbeitet[405]. In zeitlicher Nähe zur weiteren Umsetzung auf nationaler Ebene erhielt die **gesetzliche Prospekthaftung eine grundlegend neue Struktur** mit dem Gesetz zur Novellierung des Finanzanlagenvermittler- und Vermögensanlagenrechts (FinAnlVG)[406]. Durch die **Überführung sämtlicher relevanter Normen** aus dem BörsG und dem VerkProspG **in das WpPG** wurde ein erheblicher Teil der bis dahin bestehenden Normzersplitterung im Rahmen der Prospekthaftung überwunden[407], auch wenn andere weitere Prospekthaftungstatbestände für andere Anlageformen als Wertpapiere auch noch im **KAGB** und im **VermAnlG** geregelt sind. Die zunächst in §§ 21 ff. WpPG aufgeführten Regelungen sind (mit leichten Anpassungen) nunmehr[408] in §§ 8 ff. WpPG enthalten (sog. spezialgesetzliche Prospekthaftung, in Anlehnung an ihren früheren Standort häufig – zumal in älterer Literatur – auch noch als börsengesetzliche Prospekthaftung bezeichnet).

10.393 Zur Sanktionierung einer Pflichtverletzung, im Rahmen der Börsenzulassung von Wertpapieren einen vollständigen bzw. richtigen Prospekt zu veröffentlichen, sieht das WpPG in den §§ 8–16 WpPG eine

---

403 Richtlinie 2003/71/EG betreffend den Prospekt, der beim öffentlichen Angebot von Wertpapieren oder bei deren Zulassung zum Handel zu veröffentlichen ist, und zur Änderung der Richtlinie 2011/34/EG, ABl. EU Nr. L 345 v. 31.12.2003, S. 64. Im Zusammenhang mit dem Inkrafttreten der EU-Prospektverordnung wurde die Richtlinie 2003/71/EG aufgehoben.
404 Verordnung (EG) Nr. 809/2004 der Kommission v. 29.4.2004 zur Umsetzung der Richtlinie 2003/71/EG des Europäischen Parlaments und des Rates betreffend die in Prospekten enthaltenen Angaben sowie die Aufmachung, die Aufnahme von Angaben in Form eines Verweises und die Veröffentlichung solcher Prospekte sowie die Verbreitung von Werbung, ABl. EU Nr. L 149 v. 30.4.2004, S. 1, Nr. L 215 v. 16.6.2004, S. 3. Von der Europäischen Kommission wurden drei delegierte Verordnungen erlassen, welche die Verordnung (EG) Nr. 809/2004 ergänzten, namentlich die erste delegierte Verordnung (EU) Nr. 486/2012 v. 30.3.2012, die zweite delegierte Verordnung (EU) Nr. 862/2012 v. 4.6.2012 sowie die dritte delegierte Verordnung (EU) Nr. 759/2013 v. 30.4.2013. Die wesentlichsten Änderungen für den Inhalt und den Aufbau von Wertpapierprospekten waren Folge der ersten delegierten Verordnung (EU) Nr. 486/2012 (insbesondere im Hinblick auf Basisprospekt, Bezugsrechtskapitalerhöhungen und Zusammenfassung).
405 Richtlinie 2010/73/EU zur Änderung der Richtlinie 2003/71/EG betreffend den Prospekt, der beim öffentlichen Angebot von Wertpapieren oder bei deren Zulassung zum Handel zu veröffentlichen ist, und der Richtlinie 2004/109/EG zur Harmonisierung der Transparenzanforderungen in Bezug auf Informationen über Emittenten, deren Wertpapiere zum Handel auf einem geregelten Markt zugelassen sind, ABl. EU Nr. L 327 v. 11.12.2010.
406 Art. 6 des Gesetzes zur Novellierung des Finanzanlagenvermittler- und Vermögensanlagenrechts v. 6.12.2011, BGBl. I 2011, 2481 mit Wirkung zum 1.6.2012. Hauptziel der Novellierung war, den „grauen" Kapitalmarkt einer umfassenden Regulierung zu unterwerfen. Durch die Normierung eines dem Kapitalmarkt vergleichbaren Rechtsrahmens sollte die „Zweigleisigkeit" zwischen spezialgesetzlicher und allgemeiner zivilrechtlicher Prospekthaftung überwunden werden, wozu auch das AIFM-Umsetzungsgesetz v. 4.7.2013 gehört, durch den das Investmentgesetz aufgehoben und die darin sowie in verschiedenen anderen Gesetzen enthaltenen Bestimmungen im neuen Kapitalanlagegesetzbuch (KAGB) zusammengeführt wurden. Vgl. hierzu auch *Hellgardt*, ZBB 2012, 72; *Lorenz/Schönemann/Wolf*, CFL 2011, 346 ff.; zur früher bestehenden „Zweigleisigkeit" und historischen Entwicklung ausführlich *Assmann/Kumpan* in Assmann/Schütze/Buck-Heeb, Handbuch Kapitalanlagerecht, § 5 Rz. 1 ff.
407 *Lorenz/Schönemann/Wolf*, CFL 2011, 346 ff.
408 Art. 1 des Gesetzes zur weiteren Ausführung der EU-Prospektverordnung und zur Änderung von Finanzmarktgesetzen (2. EUProspVOAnpG), BGBl. I 2019, 1002 mit Wirkung ab 21.7.2019.

spezialgesetzliche Haftungsregelung vor. Der deutsche Gesetzgeber hat damit in diesem Bereich, ebenso wie etwa die USA (vgl. dazu Rz. 11.44 ff.) oder Großbritannien[409], **eine spezielle Vertrauens- und Berufshaftung**[410] gesetzlich verankert, die auf die spezifischen Erfordernisse des Kapitalmarkts zugeschnitten ist. Im Gegensatz zu den nunmehr in der EU-Prospektverordnung enthaltenen Regelungen über den Inhalt von Wertpapierprospekten, sind die Normen der Prospekthaftung bislang nicht EU-weit harmonisiert[411].

Einstweilen frei. 10.394–10.396

2. Der Prospektbegriff als Anknüpfungspunkt der spezialgesetzlichen Prospekthaftung

Prospekt i.S.d. §§ 9 f. WpPG ist allein der **Wertpapierprospekt** i.S.v. § 32 Abs. 3 Nr. 2 BörsG. Dazu gehören ein unter den Voraussetzungen des Art. 3 Abs. 1 und 3 EU-Prospektverordnung i.V.m. der Delegierten Verordnung (EU) 2019/979 und der Delegierten Verordnung (EU) 2019/980 erstellter und von der Bundesanstalt für Finanzdienstleistungsaufsicht (BaFin) als nach § 17 WpPG für Aktiengesellschaften mit Sitz in Deutschland zuständiger Behörde gebilligter Prospekt. Gleiches gilt für Prospekte, die von einer für Aktiengesellschaften mit Sitz in einem anderen Mitgliedstaat des Europäischen Wirtschaftsraums zuständigen Behörde des Europäischen Wirtschaftsraums nach Art. 20 Abs. 2 EU-Prospektverordnung gebilligt und nach Art. 25 Abs. 1 EU-Prospektverordnung an die BaFin notifiziert wurden. Dabei kommt es allein darauf an, dass aufgrund des **gebilligten und veröffentlichten Prospekts** die Zulassung der Wertpapiere erfolgt ist oder auf dessen Grundlage ein **öffentliches Angebot** durchgeführt wurde, unabhängig davon, ob eine Prospektpflicht besteht oder ob der Prospekt alle erforderlichen Angaben enthält[412]. 10.397

„**Informationsmemoranden**", die bei einer Kapitalerhöhung von weniger als 20 %[413] des bereits börsennotierten Kapitals trotz der grundsätzlichen Prospektbefreiungsmöglichkeit nach Art. 1 Abs. 5 lit. a) EU-Prospektverordnung erstellt und gebilligt werden, und auf deren Grundlage die Zulassung der neuen Aktien erfolgt, stellen deshalb Wertpapierprospekte i.S.d. § 9 WpPG dar[414], ebenso wie andere Prospekte, die von Emittenten auf freiwilliger Basis nach Art. 4 EU-Prospektverordnung für Zwecke einer Börsenzulassung erstellt, von der zuständigen Aufsichtsbehörde gebilligt und anschließend von

---

409 Vgl. dazu *Schlüter* in Derleder/Knops/Bamberger, Deutsches und europäisches Bank- und Kapitalmarktrecht, § 99 Rz. 95.
410 Vgl. etwas ausführlicher *Assmann/Kumpan* in Assmann/Schütze/Buck-Heeb, Handbuch Kapitalanlagerecht, § 5 Rz. 8 ff.; *Ellenberger*, Prospekthaftung im Wertpapierhandel, S. 7 ff.; *Weber*, WM 2008, 1581 m.w.N. zur europäischen Prospekthaftung und insbesondere zur Frage des anwendbaren Rechts bei internationalen Transaktionen.
411 Zum Vergleich der Regelungen im Vereinten Königreich, in Deutschland, Spanien, Italien, Österreich, Frankreich und Schweden, im Übrigen jedoch noch auf Grundlage der vor vollständigem Inkrafttreten der EU-Prospektverordnung am 21.7.2019 geltenden Rechtslage, siehe *Vokuhl* in Veil, Europäisches Kapitalmarktrecht, § 17 Rz. 55 ff.
412 Vgl. *Groß*, Kapitalmarktrecht, § 9 WpPG Rz. 23.
413 In diesem Zusammenhang ist allerdings zu beachten, dass nach § 186 Abs. 3 Satz 4 AktG deutschen Aktiengesellschaften – eine entsprechende Ermächtigung durch die Hauptversammlung vorausgesetzt – unter Ausschluss des Bezugsrechts der Aktionäre bislang weiterhin lediglich die Ausgabe von maximal 10 % des bestehenden Grundkapitals möglich ist. Die Ausschöpfung des von der EU-Prospektverordnung eingeräumten größeren Rahmens erfordert nach vollständiger Ausnutzung einer bestehenden Ermächtigung daher erst eine neue Ermächtigung durch die Hauptversammlung. Rufe nach einer entsprechenden Angleichung hat der Gesetzgeber bislang nicht erhört; siehe dazu beispielsweise das Positionspapier des Deutschen Aktieninstituts v. 30.4.2020, „Eigenkapitalaufnahme aus privater Hand zur Bewältigung der COVID-19-Krise erleichtern", S. 6.
414 *Assmann/Kumpan* in Assmann/Schütze/Buck-Heeb, Handbuch Kapitalanlagerecht, § 5 Rz. 126; *Groß*, Kapitalmarktrecht, § 9 WpPG Rz. 26; *Heidelbach* in Schwark/Zimmer, § 9 WpPG Rz. 10.

der Emittentin veröffentlicht werden. Informationsmemoranden, die bei Umplatzierungen von bereits an einer inländischen Börse zugelassenen Aktien erstellt werden, sind dagegen grundsätzlich keine Wertpapierprospekte i.S.d. § 9 Abs. 1 WpPG; sie unterfallen jedoch § 10 WpPG, wenn sie von der zuständigen Aufsichtsbehörde gebilligt und anschließend von der Emittentin veröffentlicht werden. In diesem Fall ist dann auch irrelevant, ob ein öffentliches Angebot vorliegt oder nicht (etwa weil sich das Angebot ausschließlich an qualifizierte Anleger i.S.v. Art. 1 Abs. 4 lit. a) EU-Prospektverordnung richtet) oder trotz Vorliegen anderer Ausnahmetatbestände der Prospekt auf freiwilliger Basis nach Art. 4 EU-Prospektverordnung für Zwecke eines öffentlichen Angebots erstellt wurde[415].

10.398 Dem **Wertpapierprospekt gleichgestellt** sind **schriftliche Darstellungen** (Art. 1 Abs. 5 lit. e), f), g), h) und j) Ziffern v) und vi) EU-Prospektverordnung), auf Grund deren Veröffentlichung die Zulassung erteilt wurde und die Veröffentlichung eines Prospekts nicht erforderlich war (§ 9 Abs. 4 WpPG). Dies ist vor allem für „*Share-for-Share*"-**Übernahmeangebote** relevant, bei denen die Angebotsunterlage neben den nach übernahmerechtlichen Vorschriften enthaltenen Informationen auch die nach der EU-Prospektverordnung für das Angebot von Aktien der Bieterin erforderlichen Informationen enthält und insoweit in der Praxis einem Prospekt entspricht.

10.399 Weitere Veröffentlichungen werden von der Wertpapierprospekthaftung nach WpPG nicht erfasst. So stellen etwa Jahresfinanzberichte (§ 114 WpHG), Halbjahresfinanzberichte (§ 115 WpHG), Zahlungsberichte (§ 116 WpHG), Bezugsangebote, Zeichnungsaufforderungen, Werbemaßnahmen, veröffentliche Research-Analysen sowie Ad-hoc-Mitteilungen nach Art. 17 Abs. 1 MAR **keine Prospekte** i.S.d. § 9 Abs. 1 WpPG dar[416]. Die §§ 8 ff. WpPG gelten für diese Veröffentlichungen auch nicht entsprechend. Bei Fehlerhaftigkeit dieser Darstellungen wird jedoch eine **Haftung aus allgemeiner zivilrechtlicher Prospekthaftung** diskutiert, in jüngerer Zeit jedoch ganz überwiegend mit zutreffenden Argumenten verneint (vgl. hierzu Rz. 10.496 ff.). Entsprechendes gilt für „*Initial Coin Offerings*" (ICOs) oder „*Token Sales*", da die dem Angebot zugrundeliegenden Kryptowährungen nicht verbrieft sind und dementsprechend keine Wertpapiere darstellen[417].

10.400–10.402 Einstweilen frei.

3. Das Haftungskonzept der Gesamtverantwortlichkeit von Emittent, Banken und anderen Prospektverantwortlichen

10.403 Adressaten der Prospekthaftung sind die Personen, die für den Prospekt die Verantwortung übernommen haben oder von denen der Erlass des Prospekts ausgeht (§ 9 Abs. 1 Satz 1 Nr. 1 und 2 WpPG). Gemäß § 8 WpPG haben zumindest der Anbieter, der Emittent, der Zulassungsantragsteller oder der Garantiegeber die Verantwortung für den Inhalt des Prospekts ausdrücklich zu übernehmen. Übertragen auf die Standardsituationen bei Börsengängen und Kapitalerhöhungen betrifft dies die Emittentin, die Emissionsbanken und ggf. auch im Rahmen der Transaktion verkaufende Aktionäre sowie andere Personen mit wirtschaftlichem Eigeninteresse an der Transaktion (letztgenannte als sog. Prospektveranlasser). Infolge der Formulierung „Inhalt des Prospekts" gilt das **Prinzip der Gesamtverantwortlichkeit**, d.h. diesen Personen ist es nicht möglich, ihre Verantwortung auf einzelne Teile zu beschränken, auch wenn andere Personen für die übrigen Teile freiwillig die Verantwortung übernommen haben. Nach den Vorgaben für die Verantwortungserklärungen in den einzelnen Anhängen der Delegier-

---

415 *Groß*, Kapitalmarktrecht, § 9 WpPG Rz. 26 und § 10 WpPG Rz. 3.
416 *Heidelbach* in Schwark/Zimmer, § 9 WpPG Rz. 10; *Groß*, Kapitalmarktrecht, § 9 WpPG Rz. 25; *Wackerbarth* in Holzborn, § 21–23 WpPG Rz. 32.
417 LG Berlin v. 27.5.2020 – 2 O 322/18, AG 2021, 204. Voraussichtlich im Jahr 2022 soll mit der Verordnung über Märkte für Kryptowerte und zur Änderung der Richtlinie (EU) 2019/1937 (Markets in Crypto-Assets Regulation (MiCAR)) eine europaweite (Mindest-)Regelung geschaffen werden, wobei weitergehende zivilrechtliche Haftungsansprüche nach nationalem Recht gemäß Artikel 14 des Verordnungsentwurfs der Europäischen Kommission v. 24.9.2020 nicht ausgeschlossen sein sollen.

ten Verordnung (EU) 2019/980 wäre die Übernahme der Prospektverantwortung lediglich für einzelne Prospektbestandteile zwar konzeptionell ausdrücklich zulässig[418]. Der deutsche Gesetzgeber hat sich jedoch trotz entsprechender Forderungen in der Literatur[419] dazu entschieden, an dem schon vor Inkrafttreten des WpPG geltenden Prinzip der Gesamtverantwortlichkeit festzuhalten[420]. Weitere Personen können daher lediglich zusätzlich zu den vorstehend genannten Gesamtverantwortlichen freiwillig die Verantwortung für den Prospekt oder bestimmte Teile des Prospekts, beispielsweise in Bezug auf im Prospekt wiedergegebene Gutachten oder Marktbeschreibungen (theoretisch aber auch für den gesamten Prospekt), erklären. Mangels Verantwortungserklärung und sich daraus ergebender Abgrenzungsmöglichkeit haften Prospektveranlasser i.S.v. § 9 Abs. 1 Satz 1 Nr. 2 WpPG ohnehin stets für den gesamten Prospektinhalt. Darüber hinaus ist eine **Außenhaftung** einzelner **für bestimmte Teile des Prospekts** gegenüber Aktionären **nicht vorgesehen**.

Die entsprechenden Personen haften **gesamtschuldnerisch** für die Unrichtigkeit oder Unvollständigkeit des Prospekts bzw. der entsprechenden Teile. Sie können sich von dieser Haftung entlasten, wenn sie den Nachweis führen, dass sie bei der Prospekterstellung nicht vorsätzlich oder nicht grob fahrlässig gehandelt haben (§ 12 Abs. 1 WpPG).

a) Primärverantwortlichkeit des Emittenten

Zum Kreis der Personen, die für den Prospekt Verantwortung übernommen haben, gehört zuvörderst der **Emittent** der Wertpapiere im Falle eines Angebots durch diesen bzw. im Fall einer beantragten Börsenzulassung (§ 8 WpPG). Die **(Gesamt-)Verantwortlichkeit des Emittenten** beruht vor allem darauf, dass er den zu veröffentlichenden Informationen am nächsten steht und primär ihn deshalb die Pflicht zur Information der Anleger und des Kapitalmarktes trifft. Um dieser Pflicht zu genügen, hat der Emittent dafür Sorge zu tragen, dass alle für einen richtigen und vollständigen Prospekt erforderlichen Informationen aus seinem Unternehmen in dem Prospekt dargestellt werden. Die Auswahl der in den Prospekt aufzunehmenden Informationen obliegt damit primär demjenigen, der das Unternehmen und die Branche am besten kennt. Im Vorfeld und während der Prospekterstellung obliegt dem prospektiven Emittenten damit die **Organisationspflicht**, dass aus den Geschäftsbereichen und (Auslands-) Tochtergesellschaften zeitnah alle prospektwesentlichen Informationen zugemeldet werden.

10.404

b) Verantwortlichkeit der emissionsbegleitenden Kreditinstitute

Neben dem Emittenten sind auch die **emissionsbegleitenden Kredit- oder Finanzdienstleistungsinstitute** Adressaten der Prospekthaftung. Dies ergibt sich aus der Stellung als Anbieter der Wertpapiere (§ 8 Satz 2 WpPG) bzw. bei Zulassung zum regulierten Markt aus der Mitunterzeichnung des Zulassungs-

10.405

---

418 Entsprechende Formulierungen waren auch schon in den Anhängen zur (inzwischen aufgehobenen) Verordnung (EG) Nr. 809/2004 enthalten. Auch die Zusammenfassung und etwaige Übersetzungen der Zusammenfassung gem. Art. 7 Abs. 5 lit. e) EU-Prospektverordnung werden von einer eigenen Verantwortungserklärung erfasst und es wird in diesem Zusammenhang nicht auf die Verantwortungserklärung für den Prospekt Bezug genommen, was dafür spricht, dass nach der Konzeption der EU-Prospektverordnung (zumindest auch) andere Personen für die Zusammenfassung oder einzelne ihrer Übersetzungen die Haftung übernehmen könnten.
419 *Meyer*, WM 2003, 1301, 1311; *Fleischer*, Teilgutachten F für den 64. Deutschen Juristentag 2002, S. 67 f.; kritisch dazu *Mülbert*, JZ 2002, 826, 833.
420 Vgl. Begründung zum Regierungsentwurf eines Gesetzes zur Umsetzung der Richtlinie 2003/71/EG des Europäischen Parlaments und des Rates v. 4.11.2003 betreffend den Prospekt, der beim öffentlichen Angebot von Wertpapieren oder bei deren Zulassung zum Handel zu veröffentlichen ist, und zur Änderung der Richtlinie 2001/34/EG (Prospektrichtlinie-Umsetzungsgesetz), BT-Drucks. 15/4999, 31. Ausführlich zum Konzept der Gesamtverantwortung schon unter alter Rechtslage *Meyer*, WM 2003, 1301 ff., 1306 f.; *Fleischer*, Teilgutachten F für den 64. Deutschen Juristentag 2002, S. F 66 f. jeweils mit zahlreichen weiteren Nachweisen und *Kunold* in Habersack/Mülbert/Schlitt, Unternehmensfinanzierung am Kapitalmarkt, Rz. 34.9 ff.

antrags (§ 8 Satz 3 WpPG). Auch hierbei handelt es sich grundsätzlich um eine primäre Gesamtverantwortung für den Prospekt, auch wenn diese in Bezug auf einige Prospektabschnitte wie z.B. die Finanzinformationen aufgrund des Testats der Wirtschaftsprüfer sowie der in aller Regel eingeholten Comfort Letter (siehe Rz. 10.291 ff.) hinsichtlich des konkreten Haftungsniveaus gegenüber dem Emittenten deutlich gemindert ist (siehe zum an das Verschulden jeweils anzulegenden Maßstab auch Rz. 10.453 ff.).

10.406 In der Regel wird die Emission nicht über ein einzelnes Kreditinstitut, sondern über ein Konsortium begeben. Die Konsortialbanken bilden regelmäßig eine Außengesellschaft i.S.d. § 705 BGB und sind damit sämtlich prospektverantwortlich. Bei grenzüberschreitenden Emissionen sind jedoch nicht notwendigerweise alle Konsortialmitglieder Emissionsbegleiter. Da nicht alle Banken die Voraussetzungen des § 32 Abs. 2 Satz 2 BörsG erfüllen, bilden einzelne Banken des globalen Konsortiums häufig ein deutsches Börseneinführungskonsortium, dessen Mitglieder dann als Emissionsbegleiter den Zulassungsantrag stellen und gem. § 8 Satz 3 WpPG **kraft Gesetzes als Prospektverantwortliche** zu benennen sind. Dies schließt nicht aus, auch die übrigen Konsortialbanken gem. § 8 WpPG als Prospektverantwortliche zu benennen. Eine entsprechende Verpflichtung kann sich aus dem Übernahmevertrag zwischen dem Konsortium und dem Emittenten oder dem Konsortialvertrag zwischen den Konsortialbanken ergeben, ist in der Praxis jedoch selten. Kreditinstitute, die als sog. **Sub-Underwriter** Wertpapiere übernehmen und nicht die Prospektverantwortlichkeit erklären, sind **nicht Prospektverantwortliche** im Sinne der börsengesetzlichen Haftung, selbst wenn sie als Sub-Underwriter im Prospekt aufgeführt werden[421]. Erst recht gilt dies für sog. Selling Agents, die den Konsortialbanken lediglich Kaufinteressenten zuführen.

10.407 Die Prospektverantwortlichkeit besteht unabhängig davon, ob die einzelne Konsortialbank an der Prospekterstellung mitwirkt[422]. Entscheidend ist allein, ob die Konsortialbanken nach dem **äußeren Bild des Prospekts** aus der Sicht der Anleger die Verantwortung für den Prospekt übernommen haben. Eine sachgerechte Differenzierung nach der Stellung im Emissionskonsortium[423] kann richtigerweise über den Verschuldensmaßstab bzw. die individuelle Nachforschungspflicht im Rahmen des Verschuldens vorgenommen werden.

c) Weitere Prospektverantwortliche

10.408 Mit der Haftung derjenigen, von denen der Prospekt ausgeht (§ 9 Abs. 1 Satz 1 Nr. 2 WpPG), sollen ggf. auch die **„wirtschaftlichen Urheber"** des Prospekts erfasst werden. Hiermit hat der Gesetzgeber diejenigen Personen gemeint, die ein eigenes geschäftliches Interesse an der Emission haben[424]. Von wesentlicher Bedeutung ist in diesem Kontext das von der Rechtsprechung zunächst für den früher[425] in weiten Teilen ungeregelten, „grauen" Kapitalmarkt entwickelte „Hintermann-Konzept" wonach ein Hintermann für den Prospektinhalt haftet, wenn er auf die Konzeption des mit dem Prospekt beworbenen Anlagemodells maßgeblich Einfluss genommen hat und damit letztendlich auch für die Herausgabe des Prospekts verantwortlich ist[426]. Diese Rechtsprechung hat der BGH auch zur Konkretisierung der

---

421 *Groß*, Kapitalmarktrecht, § 9 WpPG Rz. 34; *Mülbert/Steup* in Habersack/Mülbert/Schlitt, Unternehmensfinanzierung am Kapitalmarkt, Rz. 41.78.
422 A.A. *Sittmann*, NZG 1998, 490, 493.
423 Etwa als die Emission strukturierender *Global Coodinator* oder lediglich in den Verkaufsprozess eingebundener *Co-Lead Manager*.
424 Begründung zum Regierungsentwurf eines Gesetzes zur weiteren Fortentwicklung des Finanzplatzes Deutschland (Drittes Finanzmarktförderungsgesetz), BT-Drucks. 13/8933, 78.
425 Insbesondere vor der Neuordnung der Prospekthaftung durch das Gesetz zur Novellierung des Finanzanlagenvermittler- und Vermögensanlagenrechts v. 6.12.2011, BGBl. I 2011, 2481 mit Wirkung zum 1.6.2012; siehe hierzu bereits Rz. 10.392.
426 BGH v. 26.9.1991 – VII ZR 376/89, BGHZ 115, 213, 217 ff. = NJW 1992, 228, 229 = ZIP 2000, 2307; BGH v. 7.9.2000 – VII ZR 433/99, BGHZ 145, 121, 127 = NJW 2001, 436 ff. = ZIP 2000, 2307; BGH v.

vorstehend genannten Norm des WpPG verwendet. Die gesellschaftsrechtliche Rolle des Hintermanns sowie ein erhebliches wirtschaftliches Eigeninteresse können danach für eine Einflussnahme auf die Konzeption des Anlagemodells sprechen; eine Mitwirkung bei der Prospektgestaltung ist nicht erforderlich, ausschlaggebend sei vielmehr, ob der Prospekt mit Kenntnis der entsprechenden Personen in den Verkehr gebracht worden ist[427]. Der BGH schießt dabei allerdings über das Ziel hinaus, wenn er die bloße Möglichkeit der Einflussnahme (etwa durch die Stellung als Konzernmutter) oder die Kenntnis von der Verwendung des Prospekts ausreichen lassen will. Für eine Haftung muss entweder eine Einflussnahme oder aber jedenfalls ein erhebliches wirtschaftliches Eigeninteresse gegeben sein. Anderenfalls wären bereits kleinere Aktionäre, die ohne eigenen Einfluss auf die Prospekterstellung im Rahmen eines Börsengangs Aktien (mit-)veräußern, als Prospektveranlasser einzustufen, was nicht der Intention des BGH entsprechen dürfte[428].

Nach dem Willen des Gesetzgebers kommen hierfür – je nach den Umständen des Einzelfalls – beispielsweise die **Konzernmuttergesellschaft**, der seine Beteiligung **veräußernde Großaktionär**[429] oder Vorstands-, Beirats- oder Aufsichtsratsmitglieder als Prospektverantwortliche in Betracht, sofern sie auf den Börsengang und den Prospekt maßgeblichen Einfluss genommen haben[430]. Jedenfalls für Vorstandsmitglieder kann dies jedoch nur gelten, wenn diese Einflussnahme nicht bereits und ausschließlich auf ihrer Stellung als Organmitglied beruht, denn eine generelle persönliche Außenhaftung der Organmitglieder des Emittenten für fehlerhafte Prospekte besteht *de lege lata* gerade nicht. Die die Emission begleitenden Konsortialbanken bzw. Zulassungsmitantragsteller fallen aufgrund des im Verhältnis zum Platzierungsvolumen vergleichsweise geringen Vergütungsanspruchs im Regelfall nicht in die Kategorie der Prospektveranlasser[431]. Gleiches gilt in Bezug auf Dienstleister, die im Rahmen der Prospekterstellung einzelne Teile im Entwurf zugeliefert haben; deren bloßes Vergütungsinteresse reicht im Regelfall nicht aus, um diese zu Prospektverantwortlichen zu machen[432]. Auch eine Kontrolle der die verkaufenden Aktionäre beschreibenden oder das Angebot betreffenden Passagen durch diese und ggf. auch Kommentierung von Entwürfen zur Korrektur sachlicher Fehler kann für sich genommen nicht ausreichen, verkaufende Aktionäre zu Prospektveranlassern zu machen[433]. Richtigerweise wird man eine Einwirkung auf den Prospekt „insgesamt" verlangen müssen; mangels einer Verantwortungserklärung und sich daraus ergebender Abgrenzungsmöglichkeit erstreckt sich auch die Haftung von Prospektveranlassern i.S.v. § 9 Abs. 1 Satz 1 Nr. 2 WpPG stets auf den gesamten Prospektinhalt, was sich nur rechtfertigen lässt, wenn auch die Einflussnahme ein entsprechendes Maß erreicht hat.

8.12.2005 – VII ZR 372/03, NJW-RR 2006, 610 ff. = ZIP 2006, 420 = WM 2006, 427, 428; BGH v. 17.11.2011 – III ZR 103/10, BGHZ 191, 310 = NJW 2012, 758, 759 = ZBB 2012, 137 = ZIP 2011, 2410.

427 BGH v. 18.9.2012 – XI ZR 344/11 – „Wohnungsbau Leipzig-West", BGHZ 195, 1, 17 = NJW 2013, 539 (Ls.) = ZIP 2012, 2199 = NZG 2012, 1262, 1266.

428 Ebenso *Seiler/Singhof* in Berrar/Meyer/Müller/Singhof/Wolf, § 21 WpPG Rz. 93; *Singhof*, RdF 2013, 76, 77; *Schlitt/Landschein*, ZBB 2019, 103, 105.

429 BGH v. 31.5.2011 – II ZR 141/09 – Telekom III, BGHZ 190, 7 = NJW 2011, 2719 = WM 2011, 1273 = NZG 2011, 829, 831 = AG 2011, 548.

430 Begründung zum Regierungsentwurf eines Gesetzes zur weiteren Fortentwicklung des Finanzplatzes Deutschland (Drittes Finanzmarktförderungsgesetz), BT-Drucks. 13/8933, 78. Zum Themenkomplex der kapitalmarktrechtlichen Prospekthaftung im Konzern und verschiedenen Fallkonstellationen der Einflussnahme/Nicht-Einflussnahme einer Konzernmutter ausführlich *Beck*, NZG 2014, 1410.

431 Ebenso *Assmann* in Assmann/Schlitt/von Kopp-Colomb, §§ 21–23 WpPG Rz. 81 ff.; *Assmann/Kumpan* in Assmann/Schütze/Buck-Heeb, Handbuch Kapitalanlagerecht, § 5 Rz. 157; *Mülbert/Steup* in Habersack/Mülbert/Schlitt, Unternehmensfinanzierung am Kapitalmarkt, Rz. 41.75; *Groß*, Kapitalmarktrecht, § 9 WpPG Rz. 35.

432 *Meyer*, WM 2003, 1745, 1747; *Hamann* in Schäfer/Hamann, Kapitalmarktgesetze, §§ 44, 45 BörsG Rz. 91 ff.; allgemein zu Verbraucherverträgen *Heidelbach* in Schwark/Zimmer, § 9 WpPG Rz. 35.

433 Ebenso *Schlitt/Landschein*, ZBB 2019, 103, 105. Dies setzt allerdings eine einschränkende Auslegung des vom BGH konturierten Veranlasserbegriffs voraus, siehe BGH v. 18.9.2012 – XI ZR 344/11 – „Wohnungsbau Leipzig-West", BGHZ 195, 1, 16 f. = NJW 2013, 539 (Ls.) = ZIP 2012, 2199 = NZG 2012, 1262, 1266.

Indizien hierfür können sich in der Praxis aus der Größe jeweiligen Umplatzierungskomponente im Verhältnis zum Gesamtvolumen der Emission sowie der Einschaltung eigener Berater ergeben.

d) Einschaltung Dritter als Experten

10.409 Bei der Erstellung des Prospekts wirken in der Praxis neben dem Emittenten und den konsortialführenden Banken **Rechtsanwälte und Wirtschaftsprüfer**, manchmal auch sonstige **Emissionsberater** oder **Gutachter** mit. Diese leisten entweder Vorarbeiten, die Einfluss auf den Prospektinhalt haben, oder sie erstellen gemeinsam mit dem Emittenten Entwürfe für Teile des Prospekts bzw. stellen vorhandene Unterlagen bereit und beraten bei der Wahl des Börsenplatzes und der Emissionsstruktur[434]. Bei solchen Tätigkeiten handelt es sich häufig auch um Hilfestellungen bei der Erstellung des Prospekts; wie vorstehend ausgeführt, reicht das entsprechende Vergütungsinteresse nicht aus, um solche Dienstleister zu Prospektveranlassern zu machen. Im Einzelfall können deren Prospektbeiträge jedoch anders zu beurteilen sein, insbesondere wenn ihre Prospektbeiträge mit eigenem Erklärungsgehalt als Experten verbunden werden. Dies kann insbesondere bei Wirtschaftsprüfern und Gutachtern relevant werden.

aa) Wirtschaftsprüfer

10.410 Gerade die zwingend in den Wertpapierprospekt aufzunehmenden Jahresabschlüsse der letzten drei Geschäftsjahre samt Bestätigungsvermerken[435] sind für die Beurteilung des Emittenten und der Wertpapiere von entscheidender Bedeutung. Der **Wirtschaftsprüfer** verfügt aufgrund seiner Funktion als Abschlussprüfer über Kenntnisse des Emittenten, die insbesondere auch für die Beschreibung der Geschäftstätigkeit, die Erläuterung und **Analyse der Ertrags- und Finanzlage** und die Darstellung der Risikofaktoren wichtig sind. Zudem leistet er oft auch in Bezug auf die prüferische Durchsicht ggf. zusätzlich aufzunehmender Zwischenabschlüsse, die Prüfung von **Pro forma-Finanzinformationen** oder einer **Gewinnprognose** einen maßgeblichen Beitrag zum Prospekt. Daher wurde in der Literatur die Frage diskutiert, ob der an der Erstellung des Prospekts mitwirkende Wirtschaftsprüfer gegenüber Investoren u.U. direkt aus börsengesetzlicher Prospekthaftung haftet. De lege lata wird eine solche Haftung überwiegend unter Verweis auf das Haftungskonzept der Gesamtverantwortlichkeit zu Recht abgelehnt und weil der Wirtschaftsprüfer typischerweise kein vom Gesetzgeber für maßgeblich gehaltenes eigenes geschäftliches Interesse an der Emission hat[436]. Allerdings gibt es eine Reihe von Urteilen des BGH, wonach die Rechtslage zumindest in bestimmten Situationen anders zu beurteilen sein kann.

10.411 Eine Außenhaftung der Wirtschaftsprüfer ist für in den Prospekt aufgenomme Jahresabschlüsse nach § 323 Abs. 1 Satz 3 HGB wegen vorsätzlicher und fahrlässiger Pflichtverletzung bei Pflichtprüfungen ausgeschlossen[437]. Literatur und Rechtsprechung auf Ebene der Instanzgerichte gehen in Pflichtprüfungsfällen überwiegend von einer Sperrwirkung dieser Vorschrift gegenüber Ansprüchen nach Grund-

---

434 Zur allgemeinen zivilrechtlichen Haftung an der Prospekterstellung mitwirkender Dritter vgl. *Bosch*, ZHR 1999, 274, 281; *Canaris*, ZHR 1999, 206, 212 f.; *Schneider*, ZHR 1999, 246 ff.; *Hamann* in Schäfer/Hamann, Kapitalmarktgesetze, §§ 44, 45 BörsG Rz. 42 ff. De lege lata dürfte jedoch auch eine zivilrechtliche Haftung nach diesen Grundsätzen abzulehnen sein.
435 § 32 Abs. 3 Nr. 2 BörsG i.V.m. Anhang 1 Ziff. 18 Delegierte Verordnung (EU) 2019/980.
436 Vgl. *Heidelbach* in Schwark/Zimmer, § 9 WpPG Rz. 36; *Hamann* in Schäfer/Hamann, Kapitalmarktgesetze, §§ 44, 45 BörsG Rz. 100 ff.; *Assmann*, AG 2004, 435, 436 f. m.w.N.; a.A. *Groß*, Kapitalmarktrecht, § 9 WpPG Rz. 36; *Bosch*, ZHR 1999, 274, 279 ff.; *Meyer*, WM 2003, 1301, 1306 ff.; LG Hof v. 27.1.2004 – 13 O 295/03, BKR 2004, 287.
437 Siehe hierzu und zur in den Allgemeinen Auftragsbedingungen der Wirtschaftsprüfer vereinbarten Haftungsbeschränkung unter Rz. 10.306 f. Siehe auch BGH v. 6.4.2006 – III ZR 256/04, BGHZ 167, 155 = NJW 2006, 1975 = ZIP 2006, 954 = WM 2006, 1052, 1055 = AG 2006, 453, wonach der erstellte Bestätigungsvermerk eines Wirtschaftsprüfers über eine Pflichtprüfung der Gesellschaft im Zusammen-

sätzen des Vertrags mit Schutzwirkung für Dritte aus, gleichwohl ist diese zentrale Frage, ob derartige Ansprüche neben § 323 Abs. 1 Satz 1 HGB bestehen, höchstrichterlich bislang nicht entschieden. Aus verschiedenen Urteilen des BGH ergibt sich jedoch, dass der BGH zwar solche Ansprüche abhängig von den vertraglichen Regelungen der Parteien über den Prüfungsauftrag nicht für ausgeschlossen halte, aber aufgrund der langjährigen gesetzgeberischen Intention, die auch im Rahmen der 2021 vorgenommenen Neuregelung im Grundsatz aufrechterhalten wurde[438], das Haftungsrisiko des Wirtschaftsprüfers angemessen zu begrenzen, strenge Anforderungen an eine Einbeziehung Dritter in den Schutzbereich zu stellen seien[439].

Allerdings ist eine Haftung des Wirtschaftsprüfers **nach Deliktsrecht** generell möglich. Ein Anspruch aus § 823 Abs. 2 BGB in Verbindung mit vor allem als Schutzgesetz in Betracht kommenden vermögensschützenden strafrechtlichen Vorschriften scheidet in vielen Fällen aus, da der dafür erforderliche Vorsatz nur in Ausnahmefällen[440] vorliegen und zudem in der Regel nicht nachzuweisen sein wird. Gleiches gilt für eine mögliche Haftung nach § 826 BGB, die ebenfalls leichtfertiges und gewissenloses Handeln im Hinblick auf die Testatserteilung voraussetzt, etwa bei Verzicht auf notwendige Prüfungen, nachlässige Ermittlungen, „ins Blaue" gemachte Angaben oder ungeprüfter und kritikloser Übernahme von Ergebnissen für den Prüfer tätiger Sachverständiger oder auch von anderen Abschlussprüfern[441]. In einem Fall aus dem Jahr 2013 bejahte der BGH die Haftung einer Wirtschaftsprüfungsgesellschaft wegen eines im Emissionsprospekt veröffentlichten **unrichtig erteilten Jahresabschlusstestats**[442] wegen vorsätzlicher unerlaubter Handlungen dem Grunde nach. Diese Ansprüche wegen vorsätzlicher unerlaubter Handlungen könnten, so die Richter, uneingeschränkt neben den gesetzlichen Prospekthaftungsansprüchen geltend gemacht werden. Die gleiche Frage könnte die Gerichte im Zusammenhang mit der Insolvenz der Wirecard AG im Jahr 2020 in Bezug auf angeblich bestehende Treuhandguthaben in Milliarden-Höhe erneut beschäftigen[443].

In **nicht der gesetzlichen Pflichtprüfung unterfallenden Fällen** wird eine Haftung von Wirtschaftsprüfern vor allem dann in Betracht kommen, wenn diese in einem Emissionsprospekt oder anderweitig Anlegern gegenüber ausdrücklich die Verantwortung übernehmen oder zum Ausdruck bringen, dass sie für den Prospekt oder einen Teil davon inhaltlich einstehen. So hat jedenfalls der BGH entschieden, dass ein Wirtschaftsprüfer, der einem Kapitalanleger wegen **Prüfung eines Werbeprospekts** als sog. **Garant aus allgemeiner zivilrechtlicher Prospekthaftung** Schadensersatz schuldet, auch aus **Vertrag mit Schutzwirkung für Dritte** haften kann[444].

Auch haftet der Wirtschaftsprüfer gegenüber Investoren für das **Testat bezüglich** einer in einen Wertpapierprospekt aufgenommenen **Gewinnprognose** und damit einem von ihm geprüften, abgegrenzten 10.412

    hang mit einem geplanten Börsengang nicht zur Einbeziehung an einer Beteiligung interessierter Dritter in den Schutzbereich des Prüfungsvertrages.
438 Siehe zur Haftung des Wirtschaftsprüfers im Außenverhältnis für erteilte Testate Rz. 10.306.
439 BGH v. 6.4.2006 – III ZR 256/04, BGHZ 167, 155 = NJW 2006, 1975 = ZIP 2006, 954 = WM 2006, 1052, 1055 = AG 2006, 453; BGH v. 30.10.2008 – III ZR 307/07, NJW 2009, 512 = ZIP 2008, 2270 = DB 2008, 2756; BGH v. 11.11.2008 – III ZR 313/07, BeckRS 2008, 24194; BGH v. 14.6.2012 – IX ZR 145/11, BGHZ 193, 297 = NJW 2012, 3165 = ZIP 2012, 1353 = DStR 2012, 1825; BGH v. 21.11.2018 – VII ZR 3/18, BeckRS 2018, 39375; vgl. ferner auch – allerdings einen nicht-prüfungspflichtigen Fall betreffend – BGH v. 15.12.2005 – III ZR 424/04, NJW-RR 2006, 611 = ZIP 2006, 854 = WM 2006, 423 = AG 2006, 197. Vgl. ausführlich zur Rechtsprechung insgesamt und den in der Literatur vertretenen Positionen in MünchKomm. HGB, § 323 HGB Rz. 135 ff.
440 BGH v. 12.3.2020 – VII ZR 236/19, NJW-RR 2020, 1049 = NZG 2020, 1030; BGH v. 21.2.2013 – III UR 139/12, NJW 2013, 1877.
441 Siehe dazu näher *Ebke* in MünchKomm. HGB, § 323 HGB Rz. 91 ff. m.w.N.
442 BGH v. 21.2.2013 – III ZR 139/12, NJW 2013, 1877 = ZIP 2013, 935 = AG 2013, 522.
443 Zu den Anforderungen an die Prüfungen von Treuhandkonten in beträchtlicher Höhe *Lenz*, DB 2020, 1465, *Lenz*, DB 2020, 2085, sowie Duplik dazu von *Marten*, DB 2020, 2089.
444 BGH v. 8.6.2004 – X ZR 283/02, NJW 2004, 3420 = WM 2004, 1869 = ZIP 2004, 1810; siehe auch *Zimmer/Binder*, WM 2005, 577, 579 ff.

Teil des Prospekts nach den Grundsätzen des Vertrags mit Schutzwirkung für Dritte[445]; dies wurde damit begründet, dass unter der bis zum vollständigen Inkrafttreten der EU-Prospektverordnung am 21.7.2019 geltenden Rechtslage die Aufnahme der Gewinnprognose nach Ansicht des BGH[446] auf *freiwilliger* Basis erfolgte[447] (und erst infolge einer solchen Entscheidung eine gesetzliche Pflicht zur Prüfung auslöste), so dass die Situation anders zu beurteilen sei als bei der gesetzlich vorgeschriebenen Prüfung von Jahresabschlüssen, bei denen der Gesetzgeber im Zusammenhang mit der dafür gesetzlich angeordneten Publizität die Verantwortlichkeit des Abschlussprüfers auf Ansprüche der Kapitalgesellschaft und verbundener Unternehmen (§ 323 Abs. 1 Satz 3 HGB) und zudem der Höhe nach bei börsennotierten Gesellschaften (§ 323 Abs. 2 HGB) begrenzt hat[448]. In der insoweit seit 21.7.2019 geltenden EU-Prospektverordnung ist zwar die Pflicht zur Aufnahme einer anderweitig veröffentlichten Gewinnprognose oder Gewinnschätzung für Aktienemittenten noch klarer formuliert und wird die frühere Formulierung[449] für diese Emissionsform nicht mehr verwendet, allerdings ist die prospektrechtliche Pflicht zur Prüfung einer in den Prospekt aufgenommene Gewinnprognose oder Gewinnschätzung und zur Aufnahme der entsprechenden Bescheinigung durch den Wirtschaftsprüfer weggefallen. Die vorstehend geschilderte Rechtsprechung des BGH wird daher in dieser Form nur noch Anwendung finden, wenn sich die Prospektverantwortlichen zusammen mit dem Wirtschaftsprüfer ausnahmsweise zur Aufnahme einer entsprechenden Prüfungsbescheinigung in den Prospekt entschließen sollten. In der Praxis werden die Konsortialbanken allerdings regelmäßig als Teil ihrer Due Diligence die Prüfung einer in den Prospekt aufzunehmenen Gewinnprognose oder Gewinnschätzung durch den Wirtschaftsprüfer der Gesellschaft fordern, nicht jedoch auch die Wiedergabe einer entsprechenden Bescheinigung im Prospekt. Dementsprechend wird eine Haftung der Wirtschaftsprüfer für etwaige Fehler nicht gegenüber Anlegern, sondern allein im Innenverhältnis gegenüber der Emittentin als Auftraggeberin und den Konsortialbanken bestehen (siehe zum Haftungsverhältnis gegenüber den Konsortialbanken Rz. 10.328 ff.).

10.413 In einem anderen Urteil hat der BGH die Einbeziehung des Anlegers in die Schutzwirkung des zwischen Emittent und Wirtschaftsprüfer geschlossenen Vertrages bejaht. In diesem Urteil zur Schutzwirkung eines Auftrags über ein **Grundstücksbewertungsgutachten** wurde entschieden, dass als sog. Dritte, die in den Schutzbereich eines Vertrages einbezogen sind, auch eine namentlich nicht bekannte Vielzahl von Kapitalanlegern in Betracht kommt[450]. Voraussetzung ist, dass der Gutachter nach dem

---

445 Der BGH verzichtete in dieser Entscheidung ohne weitere Begründung auf das sonst im Zusammenhang mit der Expertenhaftung angelegte Erfordernis eines direkten Kontakts zwischen Experten und schutzwürdigem Dritten, so dass Unterschiede zum Testat für einen Jahresabschluss insoweit eigentlich nicht erkennbar sind; siehe dazu auch *Fölsing*, WP Praxis 2014, 195, 197; insgesamt ebenfalls kritisch auch *Schlitt/Landschein*, ZBB 2019, 103, 107.
446 BGH v. 24.4.2014 – III ZR 156/13, NJW 2014, 2345 = ZIP 2014, 972.
447 Diese Ansicht ist allerdings insoweit nicht überzeugend, als der BGH übersieht, dass die in anderem Kontext (etwa anlässlich der Regelberichterstattung) erfolgte Veröffentlichung einer Gewinnprognose oder Gewinnschätzung zwar in der Tat zunächst freiwillig erfolgte, bei Aktienemissionen dann aber von der BaFin im Einklang mit der Auffassung der ESMA als auch für Anleger stets erheblich angesehen wurde und damit zwingend und letztlich aufgrund gesetzlicher Vorschriften in den Prospekt aufzunehmen war. Ab dem Jahr 2013 und mit Inkrafttreten von DRS 20 wurden Prognosen sehr viel häufiger von Emittenten veröffentlicht und wurde dieser Umstand in der Praxis (gerade auch bei IPOs, bei denen vorher Prognosen – soweit ersichtlich – überhaupt nicht aufgenommen wurden) noch wesentlicher.
448 Siehe hierzu ausführlicher Rz. 10.306.
449 Siehe Anhang I, Ziff. 13 der Verordnung (EG) Nr. 809/2004 der Kommission v. 29.4.2004 zur Umsetzung der Richtlinie 2003/71/EG des Europäischen Parlaments und des Rates betreffend die in Prospekten enthaltenen Angaben sowie die Aufmachung, die Aufnahme von Angaben in Form eines Verweises und die Veröffentlichung solcher Prospekte sowie die Verbreitung von Werbung (ABl. EU Nr. L 149 v. 30.4.2004, S. 1, Nr. L 215 v. 16.6.2004, S. 3): *„Entscheidet sich ein Emittent dazu, eine Gewinnprognose oder Gewinnschätzung aufzunehmen, …"*.
450 BGH v. 20.4.2004 – X ZR 250/02, BGHZ 159, 1, 8 = NJW 2004, 3035, 3037 f. = WM 2004, 1887, 1890 f. = ZIP 2004, 1814, 1817; *Zimmer/Binder*, WM 2005, 577, 579. Gegen eine Haftung für die entsprechenden

Inhalt des ihm erteilten Auftrags wusste oder damit rechnen musste, dass sein Gutachten zur Erlangung von in der Höhe begrenzten Anlagemitteln bei Dritten verwendet werde.

bb) Gutachter

Das vorstehend genannte Urteil des BGH[451] ist auch für alle Immobiliengesellschaften als *Property Companies* im Sinne von Anhang 29 Delegierte Verordnung (EU) 2019/980 von unmittelbarer Bedeutung, da diese gemäß des *„ESMA Update of the CESR recommendations"*[452], Rz. 128 ff., in ihre Wertpapierprospekte Gutachten mit einer Bewertung ihres Immobilienbestands aufnehmen müssen; Entsprechendes gilt auch für die gleichfalls in Anhang 29 Delegierte Verordnung (EU) 2019/980 genannten Schifffahrtsgesellschaften und u.U. für Start-up-Gesellschaften. Darüber gilt es auch für Fälle, in denen sich Emittenten freiwillig zur Aufnahme von solchen Gutachten entschließen, etwa weil dies für Zwecke der besseren Beschreibung des Geschäftsmodells bzw. der Vermarktung der entsprechenden Wertpapiere sinnvoll erscheint. Auch kann es zweckmäßig sein, durch Experten Marktstudien erstellen zu lassen (etwa wenn diese anderweitig nicht bzw. nicht in der notwendigen Granularität oder Gliederung verfügbar sind) und zur Beschreibung des Markt- und Wettbewerbsumfelds im Prospekt zu verwenden oder zum Nachweis etwa einer führenden Marktstellung der Emittentin.

10.414

Zu etwaigen Rückgriffsansprüchen der Emittentin und der Konsortialbanken siehe die im Grundsatz vergleichbare Diskussion zur Haftung von Wirtschaftsprüfern für Comfort Letter unter Rz. 10.328 ff. mit der Ausnahme, dass für Gutachter anders als für Wirtschaftsprüfer keine gesetzliche Haftungsbeschränkung angeordnet ist und insoweit die vertraglichen Vereinbarungen maßgeblich sind.

e) Haftung der Prospektverantwortlichen im Außen- und Innenverhältnis

aa) Außenverhältnis

Sämtliche Prospektverantwortliche haften im Außenverhältnis als **Gesamtschuldner** (§ 9 Abs. 1 Satz 1 WpPG). Grundsätzlich kommt eine Gesamtschuldnerschaft jedoch nur in Betracht, soweit den einzelnen Prospektverantwortlichen ein eigenes Verschulden trifft. Hat er weder vorsätzlich noch grob fahrlässig gehandelt, haftet er nicht gesamtschuldnerisch. Ein Rechtsirrtum schließt ein Verschulden nur aus, wenn er unverschuldet war, etwa beim Vertrauen auf eine gefestigte Rechtsprechung oder einen Comfort Letter des Wirtschaftsprüfers[453]. Zwischen dem Emittenten, den emissionsbegleitenden Banken und den etwaigen sonstigen Prospektverantwortlichen findet eine Zurechnung des Verschuldens anderer Prospektverantwortlicher gem. § 425 Abs. 2, § 278 oder § 831 BGB nicht statt. Etwas anderes gilt jedoch innerhalb der emissionsbegleitenden Banken. Hier wird das Verschulden der konsortialführenden Banken den anderen Konsortialmitgliedern nach der Regel des § 425 Abs. 2 BGB zugerechnet, wobei zuvor jedoch der **jeweilige Verschuldungsmaßstab** bei der Haftungsbegründung zu berücksichtigen ist[454].

10.415

Abschnitte als „Teilveranlasser" oder nach den Grundsätzen des Vertrags mit Schutzwirkung für Dritte, *Schlitt/Landschein*, ZBB 2019, 103, 108; *Seiler/Singhof* in Berrar/Meyer/Müller/Singhof/Wolf, § 21 WpPG Rz. 103.

451 BGH v. 20.4.2004 – X ZR 250/02, BGHZ 159, 1 = WM 2004, 1887 = NJW 2004, 3035 = ZIP 2004, 1814.
452 „ESMA update of the CESR recommendations" v. 20.3.2013; dieses wurde inhaltlich zu weiten Teilen durch ESMA, *„Guidelines on disclosure requirements under the Prospectus Regulation"* v. 4.3.2021, ersetzt, bleibt jedoch in davon nicht erfassten anderen Fällen u.U. weiterhin anwendbar.
453 Vgl. *Strohn*, ZHR 176 (2012), 137, 142: Im Rahmen einer (Rechts-)Beratung ist eine Zurechnung gem. § 278 BGB abzulehnen. Eine Parallelwertung ist hier wohl nicht zwingend; siehe auch OLG Düsseldorf v. 5.4.1984 – 6 U 239/82 – Beton- und Monierbau, WM 1984, 586, 595 = ZIP 1984, 549.
454 *Hopt*, Verantwortlichkeit der Banken bei Emissionen, Rz. 192; a.A. *Lenenbach*, Kapitalmarktrecht, Rz. 10.74: Zurechnung über § 128 HGB analog bzw. § 278 oder § 831 BGB.

10.416 Jeder nach diesen Grundsätzen zur Gesamtschuldnerschaft gehörende Prospektverantwortliche haftet gegenüber dem Anspruchsteller im Außenverhältnis auf den **gesamten Schaden**, auch wenn die Prospektverantwortlichen im Innenverhältnis abweichende Regelungen zur Schadenstragung bzw. Schadensteilung getroffen haben.

bb) Innenverhältnis

10.417 Im Innenverhältnis richtet sich die Haftungsverteilung primär nach den **Vereinbarungen der Prospektverantwortlichen** untereinander. Regelmäßig werden die Emissionsbegleiter im Innenverhältnis vom Emittenten im Rahmen des Aktienübernahmevertrags freigestellt[455]. Eine solche rein intern zwischen den Prospektverantwortlichen wirkende Vereinbarung ist grundsätzlich als zulässig zu erachten, da sie den mit der börsengesetzlichen Haftung verfolgten Zweck des Anlegerschutzes nicht verkürzt. Denn das Risiko, dass der Emittent bei der Leistung der Ersatzansprüche finanziell ausfällt, liegt bei einer solchen Haftungsfreizeichnung nicht beim Anleger, sondern bei den emissionsbegleitenden Banken[456]. Die Emissionsbanken ihrerseits regeln die Haftungsverteilung untereinander wiederum in einer eigenen Vereinbarung.

10.418 Existiert keine derartige Vereinbarung, so wird die Verteilung nach dem **Maß des individuellen Beitrags** zur Fehlerhaftigkeit des Prospekts und dem jeweiligen **Verschulden** vorgenommen. Grundsätzlich treffen den Emittenten und – abgestuft – die konsortialführenden Banken weitaus höhere Sorgfalts- und Überwachungspflichten als die – meist erst im fortgeschrittenen Projektstadium hinzutretenden – weiteren Konsortialmitglieder oder die sonstigen Prospektverantwortlichen, für die Informationen über den Emittenten meist nur schwer zugänglich sind.

cc) Ersatzansprüche gegen Experten

10.419 Soweit keine direkte Außenhaftung von eingeschalteten Dritten besteht oder diese von Klägern nicht in Anspruch genommen werden, stellt sich stets auch die Frage eines möglichen Rückgriffs durch die Gesellschaft oder die Emissionsbanken gegen diese. Während der Emittent einen direkten Schadensersatzanspruch gegen den von ihm beauftragten Dritten aus dem zugrunde liegenden Schuldverhältnis und gemäß den dafür geltenden Auftragsbedingungen hat[457], ist die Rechtsposition der Emissionsbanken schwieriger zu beurteilen. Ähnlich wie bei Ansprüchen der Emissionsbanken aus einer *Third Party Legal Opinion* oder einem *Third Party Disclosure Letter* von Rechtsanwälten (siehe dazu bereits Rz. 10.237 ff.) bzw. aus eine Comfort Letter von Wirtschaftsprüfern (siehe dazu bereits Rz. 10.328 ff.) kommen als Anspruchsgrundlagen vor allem Haftung aus Auskunftsvertrag und, soweit man eine Haftung aus Auskunftsvertrag verneinen sollte, aus Vertrag mit Schutzwirkung für Dritte in Betracht.

In der Vergangenheit wurde in der Rechtsprechung eine Haftung für erteilte Auskünfte insbesondere dann bejaht, wenn der Dritte als unparteiische, sachverständige Vertrauensperson zu Verhandlungen zugezogen wurde und dem Vertragsgegner direkt Auskünfte erteilt hat, die erkennbar für den Vertragsgegner von erheblicher Bedeutung waren. In diesem Zusammenhang kann auf die vorstehend genannte Darstellung zur Haftung für eine *Third Party Legal Opinion*, einen *Third Party Disclosure Letter* bzw. für einen Comfort Letter verwiesen werden.

10.420–10.422 Einstweilen frei.

---

[455] Zum Problem der Freizeichnung eines Großaktionärs oder anderer Beteiligter, vgl. Rz. 10.484 ff.
[456] Kritisch zur vollständigen Haftungsverlagerung allerdings noch *Technau*, AG 1998, 445, 454 f. sowie *Hirte* in Lutter/Scheffler/Uwe H. Schneider, Handbuch der Konzernfinanzierung, 1998, S. 1130 ff. mit letztlich allerdings nicht überzeugender Begründung. Zur heute herrschenden Meinung bezüglich der (internen) Haftungsverlagerung hier *Meyer* Rz. 8.151 f.
[457] Dabei ist jedoch stets (überwiegendes) Mitverschulden des Emittenten als „Herr" über die Gesellschaftsinformationen zu prüfen.

4. Fehlerhaftigkeit der Prospektangaben

Die Haftung nach §§ 9 f. WpPG setzt **unrichtige oder unvollständige Angaben** im Prospekt voraus. 10.423

a) Maßgeblicher Adressatenhorizont

Die Beurteilung, ob ein Prospekt unrichtige oder unvollständige Angaben enthält, hängt entscheidend davon ab, welche Anforderungen an die Kenntnis und das Verständnis des Adressaten gestellt werden dürfen. Da die Beurteilung der Richtigkeit oder Vollständigkeit eines Prospekts nicht von den individuellen Verständnismöglichkeiten des einzelnen Anlegers abhängen kann, kommt nur ein einheitlicher Beurteilungsmaßstab in Betracht[458]. Die Schwierigkeit, einen solch **einheitlichen Maßstab** festzulegen, ist aufgrund der Bandbreite potentieller Anleger offenkundig, die von der professionellen Investmentbank und Fonds bis zum Kleinanleger reicht. Die Rechtsprechung hat versucht, einen mittleren Maßstab zu finden und stellt bei Emissionen, die sich an das allgemeine Publikum richten, auf einen **aufmerksamen Leser** und **durchschnittlichen Anleger** ab[459], der zwar eine Bilanz zu lesen versteht, aber nicht unbedingt mit der in eingeweihten Kreisen gebräuchlichen Schlüsselsprache vertraut ist[460]. 10.424

Das auf den ersten Blick widersprüchliche Bild eines bilanzkundigen Durchschnittsanlegers stellt bei genauerer Betrachtung einen im Grundsatz **sachgerechten Maßstab** dar. Würde der Maßstab auf die Kenntnis eines durchschnittlichen Kleinanlegers gesenkt werden, der in der Regel eine Bilanz nicht oder nur unvollkommen zu lesen versteht, so würden die Anforderungen an die Erläuterung des in den Prospekt aufzunehmenden Datenmaterials exponentiell steigen und der Prospektumfang eine nicht mehr vertretbare Dimension annehmen, die auch dazu führen kann, dass die für Anleger wesentlichen Informationen wegen dieses *„information overload"* nicht mehr klar zu Tage treten[461]. Ob dies dem mit dem Prospekt verfolgten Informationszweck zuträglich wäre, ist mehr als zweifelhaft[462]. Der in der Literatur teilweise vertretene, modifizierte Ansatz eines „verständigen Anlegers", der über standardisierte Prospektinformationen ein Basiswissen und ein gewisses Maß an Interpretationsverständnis verfügt, vermeidet die Verzerrungen, die mit einer Durchschnittsbetrachtung einhergehen können und ist im Ergebnis überzeugender[463], auch wenn die Unterschiede nicht in jedem Fall zum 10.425

---

458 Zum durchschnittlichen Anleger vgl. BGH v. 12.7.1982 – II ZR 175/81 – Beton- und Monierbau, NJW 1982, 2823, 2824 f. = ZIP 1982, 923; *Mülbert/Steup* in Habersack/Mülbert/Schlitt, Unternehmensfinanzierung am Kapitalmarkt, Rz. 41.36 f.; *Habersack* in Habersack/Mülbert/Schlitt, Hdb. der Kapitalmarktinformation, § 28 Rz. 14 ff.; *Groß*, Kapitalmarktrecht, § 9 WpPG Rz. 41 ff.; *Assmann/Kumpan* in Assmann/Schütze/Buck-Heeb, Handbuch Kapitalanlagerecht, § 5 Rz. 139 ff.
459 „Für das Verständnis von Prospektangaben ist die Sicht eines aufmerksamen Lesers und durchschnittlichen Anlegers maßgeblich. Stimmt der so verstandene Inhalt des Prospekts mit der Wirklichkeit nicht überein und waren diese unrichtigen Angaben für die Anlageentscheidung des verständigen Prospektlesers erheblich, ist die Prospekthaftung begründet.", OLG Frankfurt v. 19.7.2005 – 5 U 182/03, AG 2005, 851, 852; „Angaben müssen einem durchschnittlichen Anleger, nicht einem flüchtigen Leser verständlich sein", BGH v. 22.2.2005 – XI ZR 359/03 – Julius Bär, NJW-RR 2005, 772, 773 = WM 2005, 782, 784 = AG 2005, 477; zum Anlegerhorizont siehe auch *Wackerbarth* in Holzborn, § 21–23 WpPG Rz. 67 f.
460 BGH v. 12.7.1982 – II ZR 175/81 – Beton- und Monierbau, NJW 1982, 2431 f. = WM 1982, 862, 865 = AG 1982, 278; OLG Frankfurt v. 1.2.1994 – 5 U 213/92 – Bond, NJW-RR 1994, 946, 948 = WM 1994, 291, 295 = AG 1995, 134; OLG Frankfurt v. 6.7.2004 – 5 U 122/03 – EM.TV II, WM 2004, 1831, 1835 = ZIP 2004, 1411 = AG 2004, 510; OLG Frankfurt v. 19.7.2005 – 5 U 182/03, AG 2005, 851, 852.
461 Dies kann im Ergebnis zu einer Unrichtigkeit des Prospekts führen, siehe dazu Rz. 10.434.
462 Ein solcher Umfang würde den Prospekt zum „Informationsgrab" machen, siehe bereits *Hopt*, Die Verantwortlichkeit der Banken bei Emissionen, 1991, Rz. 185.
463 *Fleischer*, Teilgutachten F für den 64. Deutschen Juristentag 2002, S. 44 f. m.w.N.; zustimmend *Groß*, Kapitalmarktrecht, § 9 WpPG Rz. 41; *Pankoke* in Just/Voß/Ritz/Zeising §§ 44 BörsG, 13 VerkProspG Rz. 39 und *Seiler/Singhof* in Berrar/Meyer/Müller/Singhof/Wolf, § 21 WpPG Rz. 40. Zum „verständigen

Tragen kommen müssen. Eindeutig ist jedenfalls, dass anders als im Verbraucherschutz, wo auf „das Leitbild eines absolut unmündigen, fast schon pathologisch dummen und fahrlässig unaufmerksamen Durchschnittsverbrauchers"[464] abgestellt wird, an das Verständnis des Anlegers in Wertpapieren höhere Anforderungen gestellt werden können.

Genau den Weg der **Verschiebung des Maßstabs zugunsten eines „unverständigen" Anlegers** scheint der BGH aber im Rahmen des Rechtsbeschwerdeverfahrens gegen den Beschluss des OLG Frankfurt im Kapitalanleger-Musterverfahren (siehe dazu Rz. 10.483 ff.) im Fall Deutsche Telekom[465] beschritten zu haben: Entgegen der Würdigung durch die Vorinstanz nahm der BGH darin an, dass dem Anleger im Zusammenhang mit der konzerninternen und zu Buchgewinnen[466] führenden Übertragung von Anteilen an einer bedeutenden US-amerikanischen Tochtergesellschaft (Sprint Corporation) auf eine Tochtergesellschaft gegen Gewährung von Anteilen an dieser Tochtergesellschaft aufgrund der Verwendung des (in der Tat bei einer solchen Übertragung unpräzise verwendeten) Rechtsbegriffes „Verkauf" suggeriert werde, dass das zukünftige Preisrisiko nicht weiter beim Veräußerer liege, während es in Wahrheit doch bei der Deutsche Telekom als Konzern verblieb; dies sei auch an keiner anderen Stelle im Prospekt richtiggestellt worden[467]. Die Prospektdarstellung enthält jedoch im gleichen Satz die Aussage, dass der Verkauf „innerhalb der Deutsche Telekom Gruppe" getätigt wurde; zwei Sätze weiter wird diese Aussage wiederholt und ergänzt, dass der Verkauf keine Auswirkungen auf das Konzernergebnis hatte[468]. Wenige Seiten später wird schließlich darauf hingewiesen, dass ein möglicher Verkauf eben dieser Beteiligung an der ausländischen Tochtergesellschaft im Zuge einer bereits laufenden Portfolio-Neuausrichtung zu einmaligen Gewinnen führen könnte[469]. Angesichts dieser Darstellung – teilweise zusätzlich gestützt durch korrespondierende Aussagen im gleichfalls im Prospekt abgedruckten Lagebericht für das Geschäftsjahr 1999 – fällt es schwer zu akzeptieren, dass der Vorgang für einen aufmerksamen und durchschnittlichen Anleger zumindest in seinen wesentlichen Aspekten nicht nachvollziehbar gewesen sein soll, zumal die ständige Rechtsprechung des BGH vom durchschnittlichen Anleger fordert, dass er den Prospekt „sorgfältig und eingehend" und nicht bloß flüchtig liest[470]. Es ist zwar nicht Aufgabe eines Anlegers, zunächst verschiedene Prospektangaben miteinander

---

Anleger" als normativer Kategorie siehe auch *Teigelack*, Finanzanalysen und Behavioral Finance, 2009, S. 86 f.
464 Siehe Vortrag des Beklagten Karl Prantl, wiedergegeben in EuGH, Slg. 1984, 2199, 1306 – Rs. 16/83 – Bocksbeutel.
465 BGH v. 21.10.2014 – XI ZB 12/12, BGHZ 203, 1 = NJW 2015, 236 = AG 2015, 351. Der Beschluss des BGH bejahte – anders als das zugrunde liegende Verfahren vor dem OLG Frankfurt (OLG Frankfurt v. 16.5.2012 – 23 Kap. 1/06, ZIP 2006, 1730) – einen Prospektfehler und verwies zur Feststellung von Kausalität und Verschulden die Klage an das OLG zurück; siehe zum Verfahrensstand ausführlicher unter Rz. 10.526. Auch in seinem Urteil „Wohnungsbau Leipzig-West" (BGH v. 18.9.2012 – XI ZR 344/11, BGHZ 195, 1, 13) stellt der BGH für Prospekte bezüglich nicht börsengehandelter Wertpapiere auf den Kleinanleger ab und differenziert insoweit auch ausdrücklich von Börsenzulassungsprospekten, wobei der Grund für diese Differenzierung jedenfalls aus dem Gesetz nicht nachvollziehbar ist; siehe dazu auch *Groß*, Kapitalmarktrecht, § 9 WpPG Rz. 41a m.w.N. zur an dem Urteil geübten Kritik.
466 Die Transaktion ermöglichte der Deutsche Telekom die steuerfreie Offenlegung stiller Reserven. Der infolge dessen gestiegene Beteiligungsbuchwert würde jedoch im Falle eines Wertverlustes der Beteiligung im Wege einer Sonderabschreibung in entsprechender Höhe (§ 253 Abs. 2 Satz 3 HGB a.F.) herabgesetzt werden müssen, was unmittelbar Einfluss auf den Bilanzgewinn der Deutsche Telekom in zukünftigen Geschäftsjahren und – da nur der Einzelabschluss dividendenrelevant ist – auf die Ausschüttungserwartung der Aktionäre hätte.
467 BGH v. 21.10.2014 – XI ZB 12/12, BGHZ 203, 1, 50 = NJW 2015, 236, 246 = NZG 2015, 20 Rz. 118 ff. = AG 2015, 351.
468 Verkaufsprospekt v. 26.5.2000, S. 15.
469 Verkaufsprospekt v. 26.5.2000, S. 33.
470 Siehe BGH v. 9.5.2017 – II ZR 344/15, NJW-RR 2017, 930 Rz. 19 = ZIP 2017, 1267 ff.; BGH v. 5.3.2013 – II ZR 252/11, WM 2013, 734 Rz. 14 = ZIP 2013, 773 ff.; BGH v. 18.9.2012 – XI ZR 344, 11 – Wohnungsbau Leipzig-West, BGHZ 195, 1, 13 jeweils m.w.N.; BGH v. 31.3.1992 – XI ZR 70/91, NJW-RR

abzugleichen und dann eine Reihe von Rechenvorgängen durchzuführen[471], gleichwohl kann aber eine mehr als nur punktuelle Kenntnisnahme von Prospektinhalten erwartet werden.

Schon bislang hatte die Bezugnahme auf den bilanzkundigen Durchschnittsanleger in der Praxis eine **erhebliche Rechtsunsicherheit** über den im Einzelfall **anzuwendenden Maßstab** zur Folge. Diese Rechtsunsicherheit dürfte der BGH eher vergrößert als verkleinert haben. Insbesondere hat er es aber auch versäumt, eine im Jahr 2012 vom 11. Bankensenat postulierte und den Haftungsmaßstab teils erhöhende, teils senkende Unterscheidung zwischen (nach Rechtslage vor dem 1.7.2005 üblichen) Verkaufsprospekten für nicht börsennotierte Wertpapiere und Zulassungsprospekten[472] in Einklang mit dem seit Einführung des WpPG anwendbaren europäischen Prospektrechts und dem dafür geltenden Anlegerleitbild zu setzen[473].

b) Unrichtigkeit oder Unvollständigkeit wesentlicher Angaben

Ein Prospekthaftungsanspruch besteht nur, wenn für die Beurteilung der Wertpapiere wesentliche Angaben unrichtig oder unvollständig sind (§ 9 Abs. 1 Satz 1 WpPG). Der Maßstab für Unrichtigkeit und Unvollständigkeit, also das Auslassen oder die fehlerhafte Darstellung wesentlicher Umstände eines Wertpapierprospekts, ist im Wesentlichen aus den Vorschriften der Artt. 6 ff. EU-Prospektverordnung in Verbindung mit der Delegierten Verordnung (EU) 2019/979 der Kommission vom 14.3.2019 zur Ergänzung der Verordnung (EU) 2017/1129 des Europäischen Parlaments und des Rates durch technische Regulierungsstandards für wesentliche Finanzinformationen in der Zusammenfassung des Prospekts, die Veröffentlichung und Klassifizierung von Prospekten, die Werbung für Wertpapiere, Nachträge zum Prospekt und das Notifizierungsportal und zur Aufhebung der Delegierten Verordnung (EU) Nr. 382/2014 der Kommission und der Delegierten Verordnung (EU) 2016/301 der Kommission[474] (Delegierte Verordnung (EU) 2019/979) und der Delegierten Verordnung (EU) 2019/980 der Kommission vom 14.3.2019 zur Ergänzung der Verordnung (EU) 2017/1129 des Europäischen Parlaments und des Rates hinsichtlich der Aufmachung, des Inhalts, der Prüfung und der Billigung des Prospekts, der beim öffentlichen Angebot von Wertpapieren oder bei deren Zulassung zum Handel an einem geregelten Markt zu veröffentlichen ist, und zur Aufhebung der Verordnung (EG) Nr. 809/2004 der Kommission[475] (Delegierte Verordnung (EU) 2019/980) zu entnehmen.

10.426

aa) Wesentliche Angaben

In den Wertpapierprospekt sind nicht nur Tatsachen, sondern auch Wertungen aufzunehmen. So gehören beispielsweise bei Dividendenwerten Angaben über den jüngsten Geschäftsgang und die Geschäftsaussichten des Emittenten als Trendinformationen zum zwingenden Prospektinhalt (Art. 13 EU-Prospektverordnung i.V.m. Art. 2, Anhang 1 Ziff. 10.1, 10.2 und 18.7.1 Delegierte Verordnung (EU) 2019/980). Dies gilt auch für vom Emittenten zuvor veröffentlichte Prognosen (dazu ausführlicher Rz. 10.411

10.427

1992, 879, 881 = WM 1992, 901, 904; BGH v. 14.6.2007 – III ZR 125/06, NJW-RR 2007, 1332, 1335 = ZIP 2007, 1993 ff.
471 BGH v. 18.9.2012 – XI ZR 344/11 – Wohnungsbau Leipzig West, BGHZ 195, 1, 11 ff. = NZG 2012, 1262 ff. = NJW 2013, 539 (Ls.) = ZIP 2012, 2199 ff.; *Mülbert/Steup* in Habersack/Mülbert/Schlitt, Unternehmensfinanzierung am Kapitalmarkt, Rz. 41.40; *Seiler/Singhof* in Berrar/Meyer/Müller/Singhof/Wolf, § 21 WpPG Rz. 41.
472 BGH v. 18.9.2012 – XI ZR 344/11 – Wohnungsbau Leipzig West, BGHZ 195, 1, 11 ff. = NZG 2012, 1262 ff. = NJW 2013, 539 (Ls.) = ZIP 2012, 2199 ff.
473 Ausführlich dazu *Möllers/Steinberger*, NZG 2015, 329, 331 ff.
474 ABl. EU Nr. L 166/1 v. 21.6.2019, S. 1.
475 ABl. EU Nr. L 166/1 v. 21.6.2019, S. 26.

und Rz. 10.440)[476]. Alle Äußerungen, seien sie tatsächlicher oder wertender Natur, stellen Angaben im Sinne der Prospekthaftung dar[477].

Das damit begründete weite Haftungsobjekt wird durch den Begriff der **Wesentlichkeit** eingegrenzt. Wesentlich sind dabei grundsätzlich die nach Art. 6 EU-Prospektverordnung geforderten und über Art. 13 EU-Prospektverordnung im Wesentlichen in der Delegierten Verordnung (EU) 2019/980 normierten Mindestangaben. Darüber hinaus bestimmt sich die Wesentlichkeit einer Angabe nach dem **Zweck der Prospektpflicht**, den Anleger durch möglichst vollständige und richtige Information in die Lage zu versetzen, die Risiken der Anlage einzuschätzen und eine **überlegte Investitionsentscheidung** zu treffen. Eine Angabe ist daher wesentlich, wenn sie zu den wertbildenden Faktoren der Anlage gehört und von einem durchschnittlichen Anleger „eher als nicht" bei seiner Anlageentscheidung berücksichtigt wird[478]. Die Beurteilung, ob und wann dies der Fall ist, obliegt den Prospektverantwortlichen. Wenn es sich um Angaben handelt, die ein verständiger Anleger bei seiner Investitionsentscheidung berücksichtigen würde, sollte dies den Prospektverantwortlichen erkennbar sein und von ihnen antizipiert werden. Dies gilt insbesondere für den Emittenten, der sein Geschäft kennt bzw. kennen muss[479]. Dementsprechend können aber auch ausdrücklich von der Delegierten Verodnung (EU) 2019/980 geforderte Angaben im Einzelfall im Ergebnis „nicht wesentlich" im Sinne der Vorschriften über die Prospekthaftung sein[480] und kann umgekehrt gem. Art. 6 EU-Prospektverodnung im Einzelfall die Aufnahme zusätzlicher Angaben geboten sein[481]. Schon aus diesem Grund kann die zuständige Aufsichtsbehörde einem Emittenten auch nicht die freiwillige Aufnahme von Informationen (wie beispielsweise Gutachten von Experten), die über die von Art. 13 EU-Prospektverordnung erfassten „Mindestangaben" hinausgehen und daher formal nicht erforderlich sind, untersagen, sondern allenfalls gem. Art. 32 Abs. 1 lit. a) EU-Prospektverordnung die Aufnahme weiterer Angaben fordern, wenn der Anlegerschutz dies gebietet.

bb) Unrichtigkeit

(1) Einzelangaben

10.428 Tatsachen sind unrichtig, wenn sie im Zeitpunkt der Prospektveröffentlichung nicht der Wahrheit entsprechen. Für **Werturteile** und **Prognosen** wird gehaftet, wenn sie nicht durch Tatsachen gedeckt oder **kaufmännisch nicht vertretbar** sind[482]. Für Werturteile gilt das Gebot der Zurückhaltung[483]. Bei der Erstellung des Prospekts ist sorgfältig darauf zuachten, dass Annahmen, Absichten, Schätzungen oder Erwartungen sprachlich eindeutig gekennzeichnet werden.

---

476 Hier ist vor allem an sog. echte „*forecasts*" der Unternehmen zu Beginn des Geschäftsjahres und etwaige unterjährige Prognoseänderungen zu denken.
477 BGH v. 12.7.1982 – II ZR 175/81 – Beton- und Monierbau, NJW 1982, 2823, 2825 f. = WM 1982, 862, 865 = AG 1982, 278 = ZIP 1982, 923; OLG Frankfurt v. 1.2.1994 – 5 U 213/92 – Bond, NJW-RR 1994, 946, 948 = WM 1994, 291, 295 = ZIP 1994, 282, 284 = AG 1995, 134.
478 *Assmann* in Assmann/Schlitt/von Kopp-Colomb, §§ 21–23 WpPG Rz. 47 m.w.N.; *Assmann/Kumpan* in Assmann/Schütze/Buck-Heeb, Handbuch Kapitalanlagerecht, § 5 Rz. 144; BGH v. 26.9.1991 – VII ZR 376/89, BGHZ 115, 213, 220 ff. = NJW 1992, 228, 230.
479 *Schäfer*, ZGR 2006, 41, 51.
480 Siehe bereits Begründung zum Regierungsentwurf eines Gesetzes zur weiteren Fortentwicklung des Finanzplatzes Deutschland (Drittes Finanzmarktförderungsgesetz), BT-Drucks. 13/8933, 76, zu § 45 BörsG; *Assmann/Kumpan* in Assmann/Schütze/Buck-Heeb, Handbuch Kapitalanlagerecht, § 5 Rz. 145.
481 Im Ergebnis ähnlich *Groß*, Kapitalmarktrecht, § 9 WpPG Rz. 45.
482 BGH v. 12.7.1982 – II ZR 175/81 – Beton- und Monierbau, NJW 1982, 2823, 2825 f. = WM 1982, 862, 865 = AG 1982, 278 = ZIP 1982, 923; OLG Düsseldorf v. 5.4.1984 – 6 U 239/82 – Beton- und Monierbau, WM 1984, 586, 595 f.
483 BGH v. 12.7.1982 – II ZR 175/81 – Beton- und Monierbau, NJW 1982, 2823, 2825 f. = WM 1982, 862, 865 = AG 1982, 278 = ZIP 1982, 923 = ZIP 1984, 549.

(2) Gesamteindruck

Für die Beurteilung der Fehlerhaftigkeit eines Prospekts kommt es nicht nur auf die Einzelangaben, sondern vor allem auch auf den **Gesamteindruck des Prospekts** im Hinblick auf die Vermögens-, Ertrags- und Liquiditätslage des Emittenten an[484]. Ein unrichtiger Gesamteindruck entsteht insbesondere, wenn die Informationen über die finanzielle Situation des Emittenten so ungenau und zweideutig sind, dass sie falsche Vorstellungen über das Unternehmen hervorrufen[485]. Ein unrichtiger Gesamteindruck ergibt sich aber auch dann, wenn die Verhältnisse des Emittenten zu positiv, einseitig und beschönigend dargestellt werden. Diese **Gefahr** besteht insbesondere bei der **vollständigen Ausnutzung bilanzrechtlicher Spielräume**. Hierdurch kann das Gesamtbild des Unternehmens zu positiv ausfallen und damit eine börsengesetzliche Prospekthaftung auslösen, obwohl die Einzelbewertungen für sich genommen vertretbar und damit nicht unrichtig sind[486]. Auch bei besonders **risikobehafteten Anlagen** mit eindeutig **spekulativem Charakter** muss dieser Umstand unmissverständlich zum Ausdruck kommen[487].

10.429

Ein unrichtiges Gesamtbild entsteht auch, wenn auf Probleme und Risiken nicht deutlich oder nicht an deutlich erkennbarer Stelle hingewiesen wird. **Prospektgestaltungsmängel** können einen Prospektfehler allerdings – nur dann – darstellen, wenn sie die Verständlichkeit des Prospekts **erheblich erschweren**[488]. Sowohl bei der Formulierung als auch bei der Gestaltung des Prospekts ist deshalb darauf zu achten, dass ein zutreffendes Bild von dem Emittenten und seiner Geschäftslage vermittelt wird. Der interessierte und nicht über überdurchschnittliche Fachkenntnisse verfügende Leser des Prospekts ist nur dann in der Lage, das Beteiligungsrisiko richtig einzuschätzen, wenn er über den tatsächlichen Geschäftszweck und die kapitalmäßige Verflechtung der Aktiengesellschaft, an der er sich zu beteiligen beabsichtigt, vollständig und zutreffend informiert wird[489].

10.430

Einstweilen frei.

10.431–10.433

cc) Unvollständigkeit
(1) Grundsätze

Ein Prospekt ist unvollständig, wenn er nicht alle zur Beurteilung der Wertpapiere und des Emittenten erforderlichen wesentlichen Angaben enthält; er ist dann immer auch unrichtig, so dass es sich bei der Unvollständigkeit letztlich nur um eine Unterkategorie handelt. Zu veröffentlichen sind vor allem die Informationen, die über die gegenwärtige und künftige Lage des Unternehmens und damit seinen inneren Wert Auskunft geben[490]. Für die Beurteilung der Unvollständigkeit bieten für Dividendenwerte Art. 7 EU-Prospektverordnung sowie Art. 13 EU-Prospektverordnung i.V.m. Art. 2, Anhänge 1, 3, 11,

10.434

---

484 BGH v. 12.7.1982 – II ZR 175/81 – Beton- und Monierbau, NJW 1982, 2823, 2824 = WM 1982, 862 = AG 1982, 278 = ZIP 1982, 923 = ZIP 1984, 549; BGH v. 22.2.2005 – XI ZR 359/03 – Julius Bär, NJW-RR 2005, 772, 773 = WM 2005, 782, 784 = AG 2005, 477; OLG Frankfurt v. 1.2.1994 – 5 U 213/92 – Bond, NJW-RR 1994, 946, 948 = WM 1994, 291, 295 = AG 1995, 134.
485 OLG Frankfurt v. 1.2.1994 – 5 U 213/92 – Bond, NJW-RR 1994, 946, 948 = WM 1994, 291, 295 = AG 1995, 134; *Hopt*, Verantwortlichkeit der Banken bei Emissionen, 1991, Rz. 153.
486 Vgl. BGH v. 12.7.1982 – II ZR 175/81 – Beton- und Monierbau, NJW 1982, 2823, 2824 = WM 1982, 862, 863 = AG 1982, 278 = ZIP 1982, 923; *Köndgen*, AG 1983, 85, 89.
487 *Mülbert/Steup* in Habersack/Mülbert/Schlitt, Unternehmensfinanzierung am Kapitalmarkt, Rz. 41.46 m.w.N.
488 OLG Frankfurt v. 1.2.1994 – 5 U 213/92 – Bond, NJW-RR 1994, 946, 948 = WM 1994, 291, 295 = AG 1995, 134. Etwas kritischer/zurückhaltender zu Prospektgestaltungsmängeln *Wackerbarth* in Holzborn, § 21–23 WpPG Rz. 74.
489 KG v. 21.3.2005 – 8 U 185/04, WM 2005, 1748, 1749.
490 BGH v. 26.9.1991 – VII ZR 376/89, BGHZ 115, 213, 217 ff. = NJW 1992, 228, 230 = ZIP 2000, 2307; BGH v. 21.10.1991 – II ZR 204/90, BGHZ 116, 7, 12 = NJW 1992, 241, 243 = ZIP 1991, 1597.

12, 20, 23, 24, 26, 29 Delegierte Verordnung (EU) 2019/980, welche – teilweise ergänzt durch sog. „Level 3"-Anforderungen der European Securities and Markets Authority (ESMA)[491] oder Verwaltungspraxis der nationalen Aufsichtsbehörden – die **Mindestanforderungen an den Wertpapierprospekt** festlegen, nur Anhaltspunkte, da von ihnen auch zahlreiche Angaben formaler oder technischer Art gefordert werden, die nicht als wesentlich anzusehen sind. Das Fehlen einer von den vorstehend genannten Vorschriften vorgeschriebenen Angabe führt deshalb nicht zwangsläufig zu einer Prospekthaftung[492]. Um dem verständigen Leser ein **zutreffendes Gesamtbild** über den Emittenten zu vermitteln, sind andererseits in der Regel über die von den vorstehend genannten Vorschriften formal geforderten Angaben hinaus weitere Angaben erforderlich[493]. Der Zweck des Prospekts, dem Anleger eine informierte Anlageentscheidung zu ermöglichen, gebietet es, dass zusätzlich nur wesentliche Angaben aufgenommen werden, damit die entscheidenden Aussagen des Prospekts nicht durch eine Vielzahl unwesentlicher Informationen (*information overload*) überdeckt werden und dadurch das Gesamtbild des Prospekts verzeichnet und damit im Extremfall sogar unrichtig wird[494]. Welche Angaben aufzunehmen sind, richtet sich nach den Besonderheiten des Einzelfalles.

10.435 Die **Rechtsprechung** hat u.a. die Aufnahme folgender Angaben für erforderlich gehalten: bestimmte Erläuterungen zu einzelnen Posten des Jahresabschlusses[495]; Maßnahmen mit unterschiedlicher Auswirkung auf die Konzern- bzw. AG-Bilanz[496]; Gewinne, die aus Auflösung stiller Reserven resultieren[497]; Hinweis auf eine Anfechtungsklage gegen den Kapitalerhöhungsbeschluss, auf Grund dessen die Wertpapiere emittiert wurden[498]; Hinweise auf wesentliche Verflechtungen mit anderen Unternehmen[499] und Besonderheiten der Konzernstruktur (z.B. Beherrschungsverträge mit der Emittentin)[500]; angewendete Bewertungsverfahren und -ansätze[501]; beabsichtigte Kurspflegemaßnahmen[502]; eine ungesicherte Forderung in existentieller Größenordnung; sowie Verweise auf fiktive Annahmen in Pro

---

491 ESMA, *„ESMA update of the CESR recommendations"* v. 20.3.2013; ESMA, *„Guidelines on disclosure requirements under the Prospectus Regulation"* v. 4.3.2021; ESMA, *„Questions and Answers on the Prospectus Regulation"* (Version 8) v. 5.5.2021; ESMA, *„Guidelines on Risk factors under the Prospectus Regulation"* v. 1.10.2019; ferner auch ESMA, *„ESMA Guidelines on Alternative Performance Measures"* v. 5.10.2015; ESMA, *„Questions and answers ESMA Guidelines on Alternative Performance Measures (APMs)"* v. 17.4.2020.
492 Siehe dazu Rz. 10.446.
493 So schon OLG Düsseldorf v. 5.4.1984 – 6 U 239/82 – Beton- und Monierbau, WM 1984, 586, 591 f. = ZIP 1984, 549 und OLG Frankfurt v. 1.2.1994 – 5 U 213/92 – Bond, NJW-RR 1994, 946, 947 = WM 1994, 291 = AG 1995, 134 unter Geltung der alten – allerdings weniger detaillierten – Börsenzulassungsverordnung.
494 *Assmann*, Prospekthaftung (1985), S. 30 f. Allgemein zur Problematik auch *Koch*, BKR 2012, 485.
495 BGH v. 12.7.1982 – II ZR 175/81 – Beton- und Monierbau, NJW 1982, 2823, 2825 f. = WM 1982, 862, 865 = AG 1982, 278 = ZIP 1982, 923.
496 BGH v. 21.10.2014 – XI ZB 12/12; BGHZ 203, 1 Rz. 122 = NJW 2015, 236, 247 = ZIP 2012, 1236 = NZG 2015, 20 = AG 2015, 351.
497 BGH v. 21.10.2014 – XI ZB 12/12; BGHZ 203, 1 Rz. 81 = NJW 2015, 236, 242 = ZIP 2012, 1236 = NZG 2015, 20 = AG 2015, 351; BGH v. 22.11.2016 – XI ZB 9/13, BGHZ 213, 65, 86 = ZIP 2017, 318, 322 Rz. 63.
498 BGH v. 14.7.1998 – XI ZR 173/97 – Elsflether Werft, BGHZ 139, 225, 231 f. = NJW 1998, 3345, 3346 = ZIP 1998, 1528 = AG 1998, 520.
499 OLG Frankfurt v. 17.3.1999 – 21 U 260/97 – MHM Mode, ZIP 1999, 1005 = AG 2000, 132.
500 BGH v. 18.9.2012 – XI ZR 344/11 – „Wohnungsbau Leipzig-West", BGHZ 195, 1, 12 ff. = NJW 2013, 539 (Ls.) = ZIP 2012, 2199 = NZG 2012, 1262, 1266.
501 BGH v. 21.10.2014 – XI ZB 12/12; BGHZ 203, 1 Rz. 96 = NJW 2015, 236, 244 = ZIP 2012, 1236 = NZG 2015, 20 = AG 2015, 351; bestätigt BGH v. 22.11.2016 – XI ZB 9/13, BGHZ 213, 65, 88 ff. = ZIP 2017, 318, 322 Rz. 69 und Rz. 75.
502 BGH v. 5.7.1993 – II ZR 194/92, BGHZ 123, 106, 115 ff. = NJW 1993, 2865, 2867 = ZIP 1993, 1467 = AG 1994, 32. Eine Pflicht zur Darstellung der Mehrzuteilung und der Greenshoe-Option ergibt sich nunmehr aus Anhang 11 Ziff. 6.6 Delegierte Verordnung (EU) 2019/980.

forma-Finanzinformationen – auch – an anderen Stellen im Prospekt[503]. Dagegen hat der BGH den ausdrücklichen Hinweis auf den Begriff „Neuer Markt" in einem Fondsprospekt nicht für erforderlich gehalten und die Prospekthaftung der emittierenden Banken gegenüber Anlegern wegen Unvollständigkeit der Prospektangaben abgelehnt[504].

Einzelne von der Rechtsprechung in der Vergangenheit als erforderlich angesehene Informationen werden von der heutigen EU-Prospektverordnung nunmehr auch ausdrücklich verlangt, andere wird man zumindest aus der Praxiserfahrung heraus als von eher allgemein formulierten Anforderungen in den Anhängen zur EU-Prospektverordnung miterfasst ansehen. Die nachfolgend genannten Einzelaspekte dienen der Veranschaulichung in einzelnen Bereichen von besonderer Bedeutung, stellen aber keine abschließende Aufstellung[505] dar: 10.436

(2) Risikofaktoren

Zu den wesentlichen Angaben gehören die Risikofaktoren der Anlage. Art. 16 Abs. 1 EU-Prospektverordnung definiert „Risikofaktoren" als Risiken, die für den Emittenten oder die Wertpapiere spezifisch und im Hinblick auf eine **fundierte Anlageentscheidung von wesentlicher Bedeutung** sind. Dazu zählen die Umstände, die einen erheblichen negativen Einfluss auf die wirtschaftliche Lage des Emittenten und dessen Geschäftsgang haben können. Dies können je nach Einzelfall ungewöhnliche Wettbewerbsbedingungen, das bevorstehende Auslaufen von Schutzrechten oder Verträgen, oder die Abhängigkeit von bestimmten Märkten, der Preisentwicklung von Rohstoffen, Wechselkursschwankungen, Branchenzyklen, staatlichen Eingriffen oder die Abhängigkeit des Emittenten vom besonderen Fachwissen einzelner Personen der Geschäftsleitung sein[506]. Die Übersichtlichkeit des Prospekts gebietet es, nur solche Risikofaktoren zu nennen, die einen spezifischen Bezug zum Geschäftsbetrieb und zum Geschäftsumfeld des Emittenten darstellen[507]. Welche Faktoren dies sind, lässt sich **nicht allgemeinverbindlich im Voraus festlegen**, sondern obliegt in jedem Einzelfall der Einschätzung der Prospektverantwortlichen[508]. Die Aufnahme allgemein gehaltener und umfassend formulierter Risikofaktoren in Form eines Disclaimers führt dagegen nicht zu einer angemessenen Risikoaufklärung und kann sogar zu einem unrichtigen Gesamtbild führen, wenn die besonderen Risiken des konkreten Geschäfts des Emittenten in der Masse der allgemeinen Risiken untergehen oder versteckt werden. Die BaFin wacht im Rahmen des Billigungsverfahrens daher im Einklang mit der europäischen Aufsichtspraxis[509] auch darüber, ob die im Prospekt enthaltenen Risikofaktoren spezifisch für den Emittenten und wesentlich sind. Sämtliche Risikofaktoren müssen gebündelt in einem besonderen Abschnitt, der unmittelbar auf die Zusammenfassung folgt, dargestellt werden (Art. 13 EU-Prospektverordnung i.V.m. Art. 24 Abs. 1 Delegierte Verordnung (EU) 2019/980), eingeteilt in eine begrenzte Anzahl von Kategorien (Art. 16 Abs. 1 EU-Prospektverordnung)[510]. 10.437

---

503 OLG Frankfurt v. 17.3.1999 – 21 U 260/97 – MHM Mode, ZIP 1999, 1005, 1006 f. = AG 2000, 32.
504 BGH v. 22.2.2005 – XI ZR 359/03 – Julius Bär, NJW-RR 2005, 772, 773 ff. = WM 2005, 782, 784 ff. = AG 2005, 477.
505 Siehe weitere, insbesondere in der Literatur diskutierte Aspekte bei *Groß*, Kapitalmarktrecht, § 9 WpPG Rz. 50.
506 *Quick/Kayadelen*, WPg 2002, 949, 953; *Siebel/Gebauer*, WM 2001, 173, 179.
507 So bereits *Schlitt/Smith/Werlen*, AG 2002, 478, 482 und allgemein zu Going Public Grundsätzen *Meyer*, WM 2002, 1864, 1869 f.
508 Vgl. BGH v. 3.12.2007 – II ZR 21/06, ZIP 2008, 412 = WM 2008, 391 = WuB 2009, I G 8. – 1.09 mit zustimmender Anm. *Hauptmann/Burianski*: Es muss auch auf Risiken hingewiesen werden, die ausschließlich Altverträge betreffen, aber dazu führen könnten, dass die Anlagegesellschaft zukünftig in Schwierigkeiten gerät (Bsp.: Verschmelzung und Schuldübernahmeverträge).
509 Siehe ESMA, *„Guidelines on Risk factors under the Prospectus Regulation"* v. 1.10.2019.
510 Siehe zur Auslegung und Ergänzung auch ESMA, *„Guidelines on Risk factors under the Prospectus Regulation"* v. 1.10.2019.

(3) Ratings und negative Presseberichterstattung

10.438 Umstritten ist, ob Aussagen und Bewertungen Dritter in den Prospekt aufgenommen werden müssen, sofern die Angaben nicht gesetzlich vorgeschrieben sind[511]. Der Streit konzentriert sich vor allem auf Einstufungen durch Rating-Agenturen und negative Presseberichte. Eine zwingende Berücksichtigung der Presseberichterstattung ist abzulehnen, da es keinen hinreichend klaren rechtlichen Maßstab zur Auswahl der aufzunehmenden Äußerungen gibt[512]. Ratingergebnisse und Presseberichterstattungen sind jedoch für die börsengesetzliche Prospekthaftung nicht irrelevant, da die **Prospektverantwortlichen**, und hierbei insbesondere die emissionsbegleitenden Banken, verpflichtet sind, **Presseberichte (jedenfalls der sog. Börsenpflichtblätter) und Einstufungen von Rating-Agenturen zu verfolgen**, die den Berichten und Einstufungen zugrunde liegenden Tatsachen zu überprüfen und diese Tatsachen ggf. in den Prospekt aufzunehmen. Im Falle einer Aufnahme von Ratings in den Prospekt hat der Emittent insbesondere seine Pflicht aus der Ratingverordnung zu beachten[513]. Dabei dient die Ratingeinstufung renommierter Ratingagenturen zumindest zur Plausibilisierung bei der Bestimmung des erforderlichen Due-Diligence-Umfangs vor der Platzierung[514]. Darüber hinaus werden eine kontinuierlich schlechte Presseberichterstattung oder fundierte Hinweise auf Unregelmäßigkeiten auch rechtliche Konsequenzen in Form einer sog. Nachforschungspflicht der Banken – zumindest – in Bezug auf die erhobenen Vorwürfe begründen können[515].

(4) Betriebsgeheimnisse und Bankgeheimnis

10.439 Ob wesentliche Angaben, die Betriebsgeheimnisse des Emittenten darstellen, im Prospekt veröffentlicht werden müssen, war lange ebenfalls umstritten[516], allerdings wird man den Streit als durch den Gesetzgeber im Grundsatz seit längerem entschieden ansehen können: Zwar fordert Art. 6 Abs. 1 EU-Prospektverordnung (zusammen mit den übrigen Offenlegungsregeln für Prospekte, einschließlich der „Generalklausel" von Art. 6 Abs. 1 EU-Prospektverordnung), Informationen über die bewertungserheblichen Verhältnisse im Prospekt offenzulegen, allerdings ist nach Art. 18 Abs. 1 lit. b) EU-Prospektverordnung eine Befreiung durch die zuständige Aufsichtsbehörde im Hinblick auf einzelne Angaben dann gestattet, wenn die Nichtveröffentlichung das Publikum nicht über die für eine fundierte Beurteilung des Emittenten, des Anbieters und der Wertpapiere wesentlichen Tatsachen und Umstände täuscht. Es liegt also keine generelle und vollständige Durchbrechung des Grundsatzes der Vollstän-

---

511 Bejahend LG Frankfurt v. 6.10.1992 – 3/11 O 173/91, NJW-RR 1993, 502, 504 = WM 1992, 1768, 1771 f.; ablehnend OLG Frankfurt v. 1.2.1994 – 5 U 213/92 – Bond, NJW-RR 1994, 946, 948 f. = WM 1994, 291, 297 = AG 1995, 134; *Assmann* in Assmann/Schlitt/von Kopp-Colomb, §§ 21–23 WpPG Rz. 62; *Hamann* in Schäfer/Hamann, Kapitalmarktgesetze, §§ 44, 45 BörsG Rz. 165 ff.
512 *Groß*, Kapitalmarktrecht, § 9 WpPG Rz. 51 f.; *Mülbert/Steup* in Habersack/Mülbert/Schlitt, Unternehmensfinanzierung am Kapitalmarkt, Rz. 41.49; vgl. dazu auch *Loritz*, NZG 2002, 889, 898; *Edelmann*, BKR 2003, 438, 441 ff.
513 Verordnung (EG) Nr. 1060/2009 des Europäischen Parlaments und des Rates v. 16.9.2009 über Ratingagenturen; ABl. Nr. L 302 S. 1, ber. ABl. Nr. L 350 S. 59, ber. ABl. 2011 L 145 S. 57, geändert durch Verordnung (EU) Nr. 462/2013.
514 Für die Aufnahme des Ratings in den Anleiheprospekt, bei allerdings schlechtem Rating und Herabstufung unmittelbar vor der Emission OLG Celle v. 25.11.1992 – 3 U 303/91 – Bond-Entscheidung, NJW-RR 1993, 500, 501 = ZIP 1993, 181. Zur Bedeutung des externen Ratings für die Bestimmung des Umfangs der Due Diligence bei verschiedenen Kapitalmarktinstrumenten oben Rz. 10.106.
515 Siehe hierzu auch schon Rz. 10.457.
516 Grundsätzlich gegen eine Beachtlichkeit von Geheimhaltungsinteressen z.B. *Assmann*, Prospekthaftung (1985), S. 324; *Canaris*, Bankvertragsrecht, Rz. 2279; *Ehricke*, DB 1980, 2429 f.; für die Möglichkeit einer Bachtung: (bereits vor Inkrafttreten des damaligen § 37 Abs. 1 Nr. 3 Börs ZulVO a.F., dem der heutigen Art. 18 Abs. 1 lit. b) EU-Prospektverordnung insoweit entspricht) BGH v. 12.7.1982 – II ZR 175/81, – Beton- und Monierbau, NJW 1982, 2823, 2825 = WM 1982, 862 = AG 1982, 278 = ZIP 1982, 923, 924; OLG Düsseldorf v. 14.7.1981 – 6 U 259/80, WM 1981, 960, 965.

digkeit des Prospekts vor[517], sondern der Gesetzgeber hat eine **differenzierte Einzelfallentscheidung** durch die zuständige Aufsichtsbehörde mit Abwägung zwischen dem Vorrang des Informationsinteresses des Kapitalmarktes und dem jeweiligen Unternehmensinteresse vorgesehen. Wesentliche Angaben sind daher in den Prospekt aufzunehmen, wenn sie für eine fundierte Entscheidung unerlässlich sind und ihre Nichtaufnahme zu einer Täuschung der Anleger führen würde. Abhängig von den Umständen des Einzelfalls muss damit aber auch eine Darstellung, die zwar nicht alle Details offenlegt, aber zumindest den wesentlichen Informationskern enthält, als ausreichend anzusehen sein. Verfügt eine emissionsbegleitende Bank in der entsprechenden Abteilung über prospektrelevante **Insiderinformationen**, so hat sie auf die Aufnahme hinzuwirken. Dringt sie hiermit beim Emittenten nicht durch, wird sie sogar verpflichtet sein, die Begleitung der Emission abzulehnen[518]. Insiderinformation oder **Informationen, die dem Bankgeheimnis unterliegen**, und die nur in anderen Abteilungen der Emissionsbanken (etwa aus früheren Finanzierungen) vorliegen oder die Bankmitarbeitern und deren Assistenten etwa aus einer **Tätigkeit im Aufsichtsrat** des Emittenten bekannt sind und damit der **aktienrechtlichen Verschwiegenheitpflicht** unterliegen, dürfen zwar nicht ohne Einverständnis des Emittenten bankintern weitergereicht werden und können auch im Rahmen des Verschuldens nicht zugerechnet werden[519], müssen aber vom Emittenten den Banken im Rahmen der Transaktionsvorbereitung offengelegt werden bzw. muss der Emittent eine Zustimmung zur internen Weitergabe erteilen. Eine entsprechende Weigerung des Emittenten kann zusätzliche Nachforschungspflichten der Emissionsbanken auslösen[520].

(5) Prognosen

Sofern der Emittent eine (noch gültige) Gewinnprognose oder Gewinnschätzung veröffentlicht hat, müssen die Prospektverantwortlichen diese zumindest bei Aktienemissionen (Anhang 1, Ziff. 11.1 Delegierte Verordnung (EU) 2019/980) und bestimmten anderen Emissionsarten in den Prospekt aufnehmen. Ist diese nicht mehr gültig, muss eine Erklärung abgegeben werden und ist darzulegen, warum diese nicht mehr gültig ist. Prognosen sind nach den bei ihrer Erstellung gegebenen Verhältnissen und unter Berücksichtigung der sich abzeichnenden Risiken zu erstellen[521]. Unrichtig sind Prognosen, wenn sie nicht durch Tatsachen gedeckt oder kaufmännisch nicht vertretbar sind[522].

10.440

---

517 *Assmann* in Assmann/Schlitt/von Kopp-Colomb, §§ 21–23 WpPG Rz. 65.
518 *Mülbert/Steup* in Habersack/Mülbert/Schlitt, Unternehmensfinanzierung am Kapitalmarkt, Rz. 41.117.
519 Vgl. *Pankoke* in Just/Voß/Ritz/Zeising, § 45 BörsG Rz. 5 f.; *Seiler/Singhof* in Berrar/Meyer/Müller/Singhof/Wolf, § 23 WpPG Rz. 16 f.; *Groß*, Kapitalmarktrecht, § 9 WpPG Rz. 79; *Heidelbach* in Schwark/Zimmer, § 12 WpPG Rz. 10; *Habersack* in Habersack/Mülbert/Schlitt, Hdb. der Kapitalmarktinformation, § 28 Rz. 40; a.A. *Ellenberger*, Prospekthaftung im Wertpapierhandel, S. 53 f.; mit Einschränkungen auch *Mülbert/Steup* in Habersack/Mülbert/Schlitt, Unternehmensfinanzierung am Kapitalmarkt, Rz. 41.115 ff.
520 Ebenso *Groß*, Kapitalmarktrecht, § 9 WpPG Rz. 79.
521 BGH v. 12.7.1982 – II ZR 175/81, NJW 1982, 2823 = AG 1982, 278 = ZIP 1982, 923; BGH v. 18.7.2008 – V ZR 71/07, NJW 2008, 3059; BGH v. 27.10.2009 – XI ZR 337/08, NJW-RR 2010, 115 = ZIP 2009, 2377; BGH v. 6.10.2020 – XI ZB 28/19, AG 2021, 154 = ZIP 2021,1336; BGH v. 30.3.2021 – XI ZB 3/18, NJW-RR 2021, 916 = AG 2021, 638 = ZIP 2021, 1656, 1660.
522 Näher BGH v. 21.10.2014 – XI ZB 12/12, BGHZ 203,1, 49 ff. = NJW 2015, 236, 246 = NZG 2015, 20 = AG 2015, 351. Dementsprechend darf einem Prospekt auch eine optimistische Prognose zugrundegelegt werden, solange die die Erwartung rechtfertigenden Tatsachen sorgfältig ermittelt sind und die darauf gestützte Prognose der künftigen Entwicklung aus damaliger Sicht vertretbar ist, BGH v. 27.10.2009 – XI ZR 337/08, NJW-RR 2010, 115 = ZIP 2009, 2377; vgl. BGH v. 17.12.2020 – II ZB 31/14, NJW-RR 2021, 430 = ZIP 2021, 346 (m. Anm.); BGH v. 30.3.2021 – XI ZB 3/18, NJW-RR 2021, 916 = AG 2021, 638 = ZIP 2021, 1656, 1660.

Seit der Einführung des Deutschen Rechnungslegung Standards 20 (DRS 20)[523] ist die Zahl der Emittenten, die eine gültige Prognose veröffentlicht haben, deutlich gestiegen. Dies hat in den letzten Jahren, insbesondere auch bereits bei erstmaligen öffentlichen Angeboten (IPOs), sehr viel häufiger zur Aufnahme von Gewinnprognosen in einen Prospekt geführt als in den Jahren davor, in denen nur sehr wenige Emittenten im Rahmen von Kapitalerhöhungen und aufgrund bereits veröffentlichter Prognosen hiervon betroffen waren und in der Regel die Aufnahme einer zeitaufwendig zu prüfenden und zusätzliche Haftungsrisiken erzeugenden Prognose nebst Bericht eines Wirtschaftsprüfers zu vermeiden versucht haben[524].

10.441 Dabei ist in der Praxis zu beachten, dass **nicht bloß quantitative Angaben sondern auch qualitative Angaben** das prospektrechtliche Kriterium einer Prognose erfüllen können, wenn Analysten oder andere Marktteilnehmer sich aus den entsprechenden Angaben (auch in Kombination mit weiteren Angaben) eine Zahl, eine Bandbreite oder eine Mindest- oder Höchstgröße errechnen können. So erfüllt bereits die Angabe, dass der „Gewinn höher als im Vorjahr" ausfallen solle, das Kriterium einer Gewinnprognose. Auch kommt es nicht darauf an, ob die Bezeichnung „Gewinn" im entsprechenden Kontext verwendet wird. Bei Immobiliengesellschaften fällt beispielsweise die Kennzahl der *„Funds from Operations"* (FFO) regelmäßig in die Kategorie einer Gewinnprognose. Reine Umsatzerwartungen sind demgegenüber unkritisch[525].

10.442 Die Prospektverantwortlichen sollten daher **bei der Veröffentlichung von Gewinnprognosen oder Gewinnschätzungen vorsichtig und generell zurückhaltend sein**, in Anbetracht der Haftungsrisiken[526], die insbesondere mit spezifischen zukunftsgerichteten Aussagen verbunden sind. Bei Aufnahme einer Gewinnprognose bzw. Gewinnschätzung in den Prospekt, die – soweit gesetzlich nicht ohnehin gefordert – auch freiwillig erfolgen kann, sind die Annahmen, die der Prognose zugrunde liegen, detailliert darzustellen. Zwar ist seit vollständigem Inkrafttreten der EU-Prospektverordnung am 21.7.2019 nicht mehr ein Bericht, der von den eigenen Abschlussprüfern oder anderen unabhängigen Buchprüfern erstellt wurde und in dem festgestellt wird, dass die Gewinnprognose bzw. Gewinnschätzung auf der angegebenen Grundlage ordnungsgemäß erstellt wurde und dass die Rechnungsgrundlage, die für die Gewinnprognose bzw. Gewinnschätzung verwendet wurde, mit den Rechnungslegungsstrategien des Emittenten konsistent ist, in den Prospekt aufzunehmen[527]. Im Regelfall werden die Mitglieder des Bankenkonsortiums allerdings als Teil der Due Diligence und auch zum Schutz des Emittenten die Anfertigung eines solchen Berichts der Abschlussprüfer verlangen, der dann allerdings nicht mehr – auch nicht auf freiwilliger Basis – in den Wertpapierprospekt aufgenommen wird. In der Praxis hat sich nunmehr durchgesetzt, dass statt in einem separaten Bericht die entsprechenden Aussagen als Teil des Comfort Letters getätigt werden. Emittenten und Banken sollten das Erfordernis der

---

[523] Gemäß DRS 20.236 ist die Anwendung von DRS für Geschäftsjahre, die nach dem 31.12.2012 beginnen, verpflichtend, so dass die Regelungen erstmals in den Konzernlageberichten zum 31.12.2013 umzusetzen waren.
[524] Siehe auch *Apfelbacher/Metzner*, BKR 2006, 81, 89. Zu den wenigen Ausnahmen siehe etwa die Wertpapierprospekte der RHÖN-KLINIKUM Aktiengesellschaft v. 20.7.2009 sowie der Gildemeister Aktiengesellschaft v. 29.8.2013.
[525] Siehe zu den diesbezüglichen Grundsätzen der Verwaltungspraxis auch ESMA, *„Guidelines on disclosure requirements under the Prospectus Regulation"* v. 4.3.2021, Rz. 42 ff.
[526] Vgl. ausführlich zur Haftung für fehlerhafte Prognosen im Aktien- und Kapitalmarktrecht, *Siebel/Gebauer*, WM 2001, 118 ff., 173 ff.; *Fleischer*, AG 2006, 2 ff.; ferner auch *Rieckhoff*, BKR 2011, 221; *Haas/Hanowski*, NZG 2010, 254, 255 und *Wagner*, NZG 2010, 857 (hier jedoch im Rahmen eines Emissionsprospekts bzgl. Immobilienfonds). Zur Haftung wegen Nichteintritt einer im Prospekt prognostizierten Entwicklung im Rahmen der zivilrechtlichen Prospekthaftung, vgl. auch BGH v. 23.4.2012 – II ZR 75/10, NJW-RR 2012, 1312, 1314 = ZIP 2012, 1342.
[527] Siehe zur Haftung der Wirtschaftsprüfer gegenüber Anlegern für entsprechende Prüfungsbescheinigungen Rz. 10.411.

Prüfung von Gewinnprognosen oder Gewinnschätzungen in ihrer Zeit- und Kostenplanung entsprechend berücksichtigen.

Einstweilen frei. 10.443–10.445

dd) Unerheblichkeit der Prospektbilligung durch die BaFin für die Prospekthaftung

Die Überprüfung von Prospekten für Wertpapiere, die öffentlich angeboten oder zum Handel an einem organisierten Markt zugelassen werden sollen, durch die BaFin oder andere zuständige Behörden im europäischen Ausland und deren erfolgte Billigung hat keinen Einfluss auf die zivilrechtliche Beurteilung, ob die in dem Prospekt enthaltenen Angaben richtig und vollständig sind[528]. Die **Prüfung der BaFin** soll den Prospektverantwortlichen nicht das Risiko der Haftung abnehmen[529], sondern **nur im Interesse des Individual- und Funktionenschutzes** eine zusätzliche Kontrolle errichten, dass nicht Wertpapiere auf Basis unrichtiger oder unvollständiger Angaben in den Verkehr gebracht werden. Zudem richtet sich die entsprechende Prüfung lediglich auf die formale Vollständigkeit und Kohärenz der Prospektangaben, nicht aber auf deren inhaltliche Richtigkeit. Zwar gilt dies im Grundsatz auch für Fälle, in denen die zuständige Aufsichtsbehörde gem. Art. 18 der EU-Prospektverordnung die Nichtaufnahme von eigentlich aufgrund der Delegierten Verordnung (EU) 2019/980 ausdrücklich vorgeschriebenen Angaben genehmigt hat[530]; allerdings wird die Prospektverantwortlichen aufgrund der entsprechenden Genehmigung möglicherweise in dieser Situation kein Verschulden treffen[531]. 10.446

Für die Prüfung und Billigung hat die BaFin maximal zehn (20 bei Erstemittenten) Werktage nach Antragstellung und Eingang des Prospektentwurfs Zeit, sofern die Billigungsvoraussetzungen (Art. 20 EU-Prospektverordnung) erfüllt sind. In der Praxis führt dies zu einer Prüfung, Überarbeitung und (Neu-) Einreichung mehrerer Prospektversionen, so dass für Billigungsverfahren im Rahmen von IPOs gegenwärtig und aufgrund mit der BaFin im Vorfeld abgestimmter Zeitpläne typischerweise insgesamt (einschließlich kurzer Überarbeitungszeiträume vor Wiedereinreichungen) rund zehn Wochen zu veranschlagen sind, während die Gesamtprüfungsdauer bei Kapitalerhöhungen mit knapp acht Wochen etwas kürzer ausfallen kann. Eine etwaige Verletzung von Pflichten der BaFin im Rahmen des Prospektbilligungsverfahrens sowie ggf. – unwahrscheinlicher – der Geschäftsführung (der Börse), die für die Zulassung der Wertpapiere zum Börsenhandel zuständig ist, berechtigt den Anleger nicht zur Geltendmachung von Schadensersatzansprüchen[532]. Die Börsenorgane nehmen ihre **Aufgaben und Befugnisse nur im öffentlichen Interesse** wahr[533]. Amtshaftungsansprüche zumindest der Antragsteller wegen etwaiger Fehler im Rahmen des Billigungs- bzw. Zulassungsverfahrens sind dadurch je-

---

528 *Groß*, Kapitalmarktrecht, 9 WpPG Rz. 39; *Mülbert/Steup* in Habersack/Mülbert/Schlitt, Unternehmensfinanzierung am Kapitalmarkt, Rz. 41.51; OLG Frankfurt v. 1.2.1994 – 5 U 213/92 – Bond, NJW-RR 1994, 946, 949 = WM 1994, 291, 297 = AG 1995, 134.
529 Siehe dazu auch die Begründung zum Regierungsentwurf eines Gesetzes zur Umsetzung der Richtlinie 2003/71/EG des Europäischen Parlaments und des Rates v. 4.11.2003 betreffend den Prospekt, der beim öffentlichen Angebot von Wertpapieren oder bei deren Zulassung zum Handel zu veröffentlichen ist, und zur Änderung der Richtlinie 2001/34/EG (Prospektrichtlinie-Umsetzungsgesetz), BT-Drucks. 15/4999, 34; BGH v. 18.9.2012 – XI ZR 344/11 – „Wohnungsbau Leipzig-West", BGHZ 195, 1, 11 f. = NJW 2013, 539 (Ls.) = ZIP 2012, 2199 = NZG 2012, 1262 noch zu alter Rechtslage; ganz h.M. auch in der Literatur, statt vieler z.B. *Mülbert/Steup* in Habersack/Mülbert/Schlitt, Unternehmensfinanzierung am Kapitalmarkt, Rz. 41.51; *Assmann* in Assmann/Schlitt/von Kopp-Colomb, §§ 21–23 WpPG Rz. 42; *Groß*, Kapitalmarktrecht, § 9 WpPG Rz. 85.
530 Siehe hierzu schon Rz. 10.439. Nach Kenntnis der Verfasser hat zumindest die BaFin in der Vergangenheit das ihr in dieser Hinsicht eingeräumte Ermessen nur sehr restriktiv angewendet.
531 *Assmann* in Assmann/Schlitt/von Kopp-Colomb, §§ 21–23 WpPG Rz. 65; *Groß*, Kapitalmarktrecht, Art. 18 EU-Prospektverordnung Rz. 4.
532 So auch LG Frankfurt/M. v. 3.9.2004 – 2/4 O 435/02, NJW 2005, 1055, 1056 = WM 2004, 2155.
533 Vgl. § 3 Abs. 3, § 15 Abs. 8 BörsG.

doch nicht ausgeschlossen[534], was die Behörden im Rahmen ihrer Prüfungstätigeit und insbesondere bei Ermessensentscheidungen zu sorgfältigem Handeln zwingt, wobei innerhalb des gesetzlichen Rahmens gerade auch die Interessen des Antragstellers zu berücksichtigen sind.

c) Prospektaktualität

10.447 Für die Beurteilung der Richtigkeit und Vollständigkeit der Prospektangaben kommt es auf den Kenntnisstand im Zeitpunkt der Veröffentlichung des Prospekts an (ex ante-Sicht)[535]. Nach der Prospektveröffentlichung können jedoch noch Veränderungen eintreten, die für die Beurteilung der einzuführenden Wertpapiere von erheblicher Bedeutung sind. **Bis zur Einführung der Wertpapiere** haben die Prospektverantwortlichen[536] sicherzustellen, dass alle wesentlichen neuen Informationen Eingang in den Prospekt finden. Solche neuen Informationen sind in einem **Nachtrag** zum Prospekt zu veröffentlichen (Art. 23 Abs. 1 EU-Prospektverordnung)[537]. Der Nachtrag ist bei der auch schon für den Prospekt zuständigen Behörde einzureichen, die innerhalb von höchstens fünf Arbeitstagen nach Eingang billigen (und ggf. an die Aufsichtsbehörden anderer Mitgliedstaaten des Europäischen Wirtschaftsraums notifizieren) muss. Nach der Billigung muss der Nachtrag unverzüglich in derselben Art und Weise wie der ursprüngliche Prospekt veröffentlicht werden (Art. 23 Abs. 1 EU-Prospektverordnung). In der Praxis geschieht dies im Regelfall dadurch, dass er ebenso wie zuvor der Prospekt elektronisch auf der Website des Emittenten veröffentlicht wird. Gedruckte Fassungen von Prospekten sind nur auf ausdrückliche Anforderungen zur Verfügung zu stellen und werden – anders als noch in früheren Jahren – praktisch nicht mehr oder nur in wenigen Einzelfällen nachgefragt. Soweit Anlegern gedruckte Fassungen des Prospekts zur Verfügung gestellt wurden, sollten diesen, soweit möglich, vorsichtshalber auch Nachträge in gedruckter Form nachgereicht werden, auch wenn dies rechtlich ohne ausdrückliches (erneutes) Verlangen nicht erforderlich sein dürfte und nur bei Anlegern möglich ist, die den Prospektverantwortlichen mit Adresse bekannt sind. Ein **Verstoß gegen die Aktualisierungspflicht** macht den Prospekt unrichtig bzw. unvollständig und bildet grundsätzlich die Grundlage einer Prospekthaftung. Ist der Nachtrag grob fahrlässig fehlerhaft bzw. führt er in Gesamtschau mit dem bereits veröffentlichen Prospekt nicht zu einer in Bezug auf alle wesentlichen Angaben richtigen und vollständigen Darstellung, so werden ebenfalls Prospekthaftungsansprüche ausgelöst[538].

10.448 Die Pflicht, für eine zeitnahe Aktualisierung des Prospekts Sorge zu tragen, endet gem. Art. 23 Abs. 1 EU-Prospektverordnung bei Durchführung eines öffentlichen Angebots mit Ende des Angebots bzw. – falls diese später erfolgt – mit der **Einführung der Wertpapiere**[539] (sog. **Primärmarktpublizität**). Nach diesem Zeitpunkt wird die Unterrichtung des Publikums und des Kapitalmarkts über Veränderungen durch **andere Publizitätspflichten**, insbesondere durch Ad-hoc-Mitteilungen gem. Art. 17

---

534 Ebenso *Groß*, Kapitalmarktrecht, § 9 WpPG Rz. 38.
535 OLG Frankfurt v. 1.2.1994 – 5 U 213/92 – Bond, NJW-RR 1994, 946, 948 = WM 1994, 291, 295 = AG 1995, 134.
536 BGH v. 14.7.1998 – XI ZR 178/97 – Elsflether Werft, BGHZ 139, 225, 229 = NJW 1998, 3345, 3346 = ZIP 1998, 1528 = AG 1998, 520; OLG Frankfurt v. 6.7.2004 – 5 U 122/03 – EM.TV II, ZIP 2004, 1411, 1413 = AG 2004, 510 = WM 2004, 1831; a.A. *Kort*, AG 1999, 9, 15 f.: nur der Emittent. Richtigerweise haften zwar auch (noch) die anderen Prospektverantwortlichen; die Qualifikation eines etwaigen Unterlassens als „grob fahrlässig" ist bei diesen jedoch deutlich unwahrscheinlicher als bei dem Emittenten, der sein Geschäft und etwaige kurzfristig auftretende neue und erhebliche Umstände „aus erster Hand" kennt.
537 Aufgrund ihrer Unbestimmtheit wirft die Norm eine Reihe von Fragen auf, ausführlicher zur bis auf einzelne Klarstellungen in weiten Teilen ähnlich formulierten Vorgängernorm des § 16 WpPG *Oulds*, WM 2011, 1452.
538 *Mülbert/Steup* in Habersack/Mülbert/Schlitt, Unternehmensfinanzierung am Kapitalmarkt, Rz. 41.33; *Assmann* in Assmann/Schlitt/von Kopp-Colomb, §§ 21–23 WpPG Rz. 43; *Oulds*, WM 2011, 1452.
539 Die Rechtslage war vor Inkrafttreten der überarbeiteten (inzwischen aufgehobenen) Verordnung (EG) Nr. 809/2004 im Jahr 2012 unklar, in dem nunmehr geltenden Sinne jedoch bereits *Schlitt/Schäfer*, AG 2008, 525, 536, dort auch zum Verhältnis zur Ad-hoc-Publizitätsverpflichtung.

Abs. 1 MAR, den Veröffentlichungspflichten gem. § 48 WpHG, Jahresfinanzberichte (§ 114 WpHG), Halbjahresfinanzberichte (§ 115 WpHG), Zahlungsberichte (§ 116 WpHG) und weitere Veröffentlichungspflichten gem. § 49 WpHG, sichergestellt (sog. **Sekundärmarktpublizität**). Diese Mitteilungspflichten sind **haftungsrechtlich abweichend geregelt**[540]. Die Annahme einer sechsmonatigen nachwirkenden Aktualisierungspflicht war und ist zudem stets praxisfern, da die fortlaufende Aktualisierung wegen ihrer deutlich unter der Ad-hoc-Publizitätsschwelle liegenden „Aufgreifschwelle" extrem zeit- und kostenintensiv wäre und im Rahmen der dann bestehenden Sekundärmarktpublizität keinen echten Zusatznutzen brächte[541]. Umgekehrt erscheint die Anwendbarkeit von Art. 17 Abs. 1 MAR, die bei Erstemissionen bereits mit Stellung des Zulassungsantrags (bei typischen Zeitplänen damit meist etwa zwei Wochen vor Notierungsaufnahme) beginnt und Ad-hoc-Mitteilungspflichten auslöst, auch wenn die entsprechenden Aktien noch nicht börsengehandelt werden und zum Teil auch noch gar nicht existieren, verfrüht; *de lege ferenda* wäre es systematisch besser, diese erst mit Ende der Nachtragspflicht gem. Art. 23 Abs. 1 EU-Prospektverordnung einsetzen zu lassen, wenn die entsprechenden Wertpapiere das umfassendere Spezialregime der Prospektpflicht verlassen haben; alternativ käme als Startzeitpunkt für die Anwendbarkeit auch die erstmalige Zulassung der Aktien zum Börsenhandel in Betracht. Von der Aktualisierungspflicht eines fehlerfreien Prospekts ist die Berichtigung eines bereits ursprünglich fehlerhaften Prospekts zu unterscheiden, die zu einem Ausschluss der Prospekthaftung ab dem Zeitpunkt der Berichtigung führen kann (vgl. hierzu Rz. 10.487 f.).

Einstweilen frei. 10.449–10.451

5. Verschuldensmaßstab

Die Prospektverantwortlichen haften nach § 12 Abs. 1 WpG nur für Vorsatz und grobe Fahrlässigkeit. Die Regelung ist als **Beweislastumkehr** ausgestaltet, so dass der Prospektverantwortliche darlegen und beweisen muss, dass er weder vorsätzlich noch grob fahrlässig gehandelt hat. Grobe Fahrlässigkeit[542] liegt dabei insbesondere vor, wenn konkrete Anhaltspunkte für die Unrichtigkeit von Prospektangaben sprechen oder Informationen vorliegen, die zumindest Zweifel an der Richtigkeit wecken müssen, und der Prospektverantwortliche diesen nicht nachgeht[543]. 10.452

Der objective Sorgfaltsmaßstab der Prospektverantwortlichen ist zwar nach § 12 Abs. 1 WpG für alle Beteiligten gleich, stellt sich aber im Rahmen der **Beurteilung unterschiedlich** dar. Individuelle Funktion, Sach- und Fachkunde und Kenntnisstand sind zu berücksichtigen. Dementsprechend ist auch die

---

540 Siehe hierzu ausführlich *Krämer/Gillessen* in Krieger/Uwe H. Schneider, Handbuch Managerhaftung, § 32 Rz. 8 ff.; *Mülbert/Steup* in Habersack/Mülbert/Schlitt, Unternehmensfinanzierung am Kapitalmarkt, Rz. 41.258 ff.; *Wunderlich* in Habersack/Mülbert/Schlitt, Hdb. der Kapitalmarktinformation, § 9.
541 *Arnold/Aubel*, ZGR 2012, 113 ff.; OLG Frankfurt v. 6.7.2004 – 5 U 122/03 – EM.TV II, ZIP 2004, 1411, 1413 = AG 2004, 510 = WM 2004, 1831; umfassend *Stephan*, AG 2002, 3 ff. zur alten Rechtslage sowie *Mülbert/Steup* in Habersack/Mülbert/Schlitt, Unternehmensfinanzierung am Kapitalmarkt, Rz. 41.52 ff. zur neuen Rechtslage; a.A. noch *Ellenberger*, EWiR 2003, 409 ff., der eine schon nach alter Rechtslage nicht bestehende Aktualisierungspflicht während des gesamten sechsmonatigen Haftungszeitraums aus einer – zu weit verstandenen – Ingerenz befürwortete.
542 Siehe zum Haftungsmaßstab der groben Fahrlässigkeit allgemein auch BGH v. 29.9.1992 – XI ZR 265/91, NJW 1992, 3235, 3236 = ZIP 1992, 1534 = WM 1992, 1849; danach liegt eine besonders schwere Sorgfaltspflichtverletzung vor, wenn die im Verkehr erforderliche Sorgfalt in ungewöhnlich hohem Maße verletzt wurde, wenn ganz naheliegende Überlegungen nicht angestellt oder beiseitegeschoben wurden und dasjenige unbeachtet geblieben ist, was im gegebenen Fall sich jedem aufgedrängt hätte. Bei der groben Fahrlässigkeit handelt es sich um eine subjektiv schlechthin unentschuldbare Pflichtverletzung, die das gewöhnliche Maß der Fahrlässigkeit des § 276 Abs. 1 BGB erheblich übersteigt.
543 *Assmann* in Assmann/Schlitt/von Kopp-Colomb, § 21–23 WpPG Rz. 111; *Seiler/Singhof* in Berrar/Meyer/Müller/Singhof/Wolf, § 23 WpPG Rz. 7; *Heidelbach* in Schwark/Zimmer, § 12 WpPG Rz. 5.

Verantwortlichkeit eines Beteiligten umso größer, desto deutlicher die Prospektinformationen seiner Sphäre zuzuordnen sind und je näher er der entsprechenden Information ist[544].

a) Emittent

10.453 Im Vergleich zu den Emissionsbanken hat der Emittent vollkommenen Einblick in alle ihn betreffenden Informationen, insbesondere sein Rechnungswesen, die Unternehmenslage etc. und hat dementsprechend organisatorisch sicherzustellen, dass die für die Erstellung des Prospekts erforderlichen und im Unternehmen vorhandenen Informationen zur Verfügung gestellt werden. Entsprechend wird er sich regelmäßig nicht mit fehlender Kenntnis oder auch nur grob fahrlässiger Unkenntnis entlasten können. Soweit der Emittent auf die Arbeiten von Sachverständigen oder Experten vertraut, ist ihm deren Verschulden mangels Eigenschaft als Erfüllungsgehilfen nicht nach § 278 BGB zuzurechnen, allerdings muss er deren Auskünfte zumutbaren Plausibilitätskontrollen unterziehen[545], deren Tiefe sich auch nach dem Gegenstand der Spezifität der Arbeit des Dritten und den beim Emittenten vorhandenen Kenntnissen richtet. Bei technischen Gutachten und Untersuchungsgegenständen, bei denen nicht die Gesellschaft, sondern nur der Gutachter die notwendige Expertise hat, wird die Plausibilitätskontrolle daher erheblich limitierter ausfallen können[546] als beispielsweise bei Immobiliengesellschaften, bei denen ein erhebliches Fachwissen schon aufgrund der Marktkenntnis vorhanden sein wird, selbst wenn die Gesellschaft keine eigenen Immobilienbewertungen durchführt.

b) Emissionsbegleitende Banken

10.454 Die emissionsbegleitenden Banken verfügen in der Regel nicht aus eigener Kenntnis über spezifische Informationen über den Emittenten. Sie sind deshalb darauf angewiesen, dass der Emittent ihnen die zur Prospekterstellung notwendigen Unterlagen zur Verfügung stellt. Eine den Verschuldensvorwurf begründende Sorgfaltsverletzung kann daher nur insoweit angenommen werden, wie die emissionsbegleitenden Banken **zur Überprüfung** der ihnen zur Verfügung gestellten Unterlagen **in der Lage und verpflichtet** sind[547]. Dabei wird teilweise unterschiedlich beurteilt, wie weit die Überprüfungs- und Nachforschungspflichten der emissionsbegleitenden Banken gehen[548] und ob ein einheitlicher Sorgfaltsmaßstab für alle Konsortialbanken zu gelten hat. Richtigerweise ist zwischen den Konsortialführern und den restlichen Konsortialmitgliedern zu unterscheiden. Die **einfachen Konsortialmitglieder** sind in der Regel nicht an der Prüfung des Emittenten und der Prospektangaben beteiligt und erhalten den Prospektentwurf regelmäßig erst kurz vor der Prospektveröffentlichung. Es erscheint daher nicht sachgerecht, ihnen denselben Sorgfaltsmaßstab aufzuerlegen wie den konsortialführenden Banken, die den Zugang zum Emittenten und den dort vorhandenen Informationen haben. Bei **größeren Emissionen** mit z.B. acht und mehr Konsorten wäre eine Beteiligung aller Banken an der Due Diligence zudem **schlicht unpraktikabel** und würde durch die Vervielfachung zu einer sehr viel höheren Belastung der Emittentin führen. Die einfachen Konsortialmitglieder können daher lediglich zur Plausibilitätsprüfung des Prospekts und zu einer Überwachung der Konsortialführer verpflichtet sein[549]. Die Überwachung kann dadurch erfolgen, dass sich die Konsortialmitglieder in Gesprächen

---

544 *Groß*, Kapitalmarktrecht, § 9 WpPG Rz. 76; *Wackerbarth* in Holzborn, § 21–23 WpPG Rz. 91; *Habersack* in Habersack/Mülbert/Schlitt, Hdb. der Kapitalmarktinformation, § 28 Rz. 38.
545 *Assmann* in Assmann/Schlitt/von Kopp-Colomb, § 21–23 WpPG Rz. 111; *Seiler/Singhof* in Berrar/Meyer/Müller/Singhof/Wolf, § 23 WpPG Rz. 12.
546 Ebenso *Heidelbach* in Schwark/Zimmer, § 12 WpPG Rz. 9.
547 *Heidelbach* in Schwark/Zimmer, § 12 WpPG Rz. 5; *Seiler/Singhof* in Berrar/Meyer/Müller/Singhof/Wolf, § 23 WpPG Rz. 13.
548 Vgl. *Assmann* in Assmann/Schlitt/von Kopp-Colomb, § 21–23 WpPG Rz. 112 f.; *Assmann/Kumpan* in Assmann/Schütze/Buck-Heeb, Handbuch Kapitalanlagerecht, § 5 Rz. 190 f. m.w.N.; *Seiler/Singhof* in Berrar/Meyer/Müller/Singhof/Wolf, § 23 WpPG Rz. 13.
549 *Assmann* in Assmann/Schlitt/von Kopp-Colomb, § 21–23 WpPG Rz. 113; *Assmann*, Prospekthaftung, S. 391; *Seiler/Singhof* in Berrar/Meyer/Müller/Singhof/Wolf, § 23 WpPG Rz. 24; *Habersack* in Haber-

mit den Konsortialführern davon überzeugen, dass diese alle erforderlich erscheinenden Handlungen vorgenommen haben und sich von Prüfungsergebnissen berichten lassen. Tiefergehende Prüfungen oder Nachfragen sind dann im Regelfall nicht angezeigt. In der Praxis nehmen die weiteren Konsortialbanken teilweise an einzelnen Prüfungshandlungen teil, insbesondere wenn dies ohne Mehrbelastung der Hauptparteien möglich ist (z.B. als weitere Zuhörer oder Teilnehmer in einer konzentrierten Business Due Diligence Telefonkonferenz), nur selten durch eigenen Zugang zum Datenraum. Nach Prospektveröffentlichung und bis zum Abschluss der Platzierung ist die Teilnahme an allen Bringdown Due Diligence-Telefonkonferenzen zumindest sinnvoll und weithin üblich[550].

Die einfachen Konsortialmitglieder können sich für den Fall eines gegen sie erhobenen Prospekthaftungsanspruchs durch den Nachweis entlasten, den Prospekt auf seine **Plausibilität hin untersucht** und – bei größeren Transaktionen eher theoretisch – den prospekterstellenden Konsortialführer überwacht zu haben. Im Falle des Unterlassens der Plausibilitätskontrolle und der Überwachung des Konsortialführers kann sich das einfache Konsortialmitglied vom Schuldvorwurf aber noch durch die Beweisführung entlasten, der Konsortialführer habe seine besonderen, auch die Nachforschungspflicht umfassenden Prospektpflichten erfüllt. Denn in diesem Fall ist die Verletzung seiner Pflicht zur Plausibilitätskontrolle und Überwachung des Konsortialführers **nicht kausal für den Schaden**, weil der Konsortialführer diese Plausibilitätskontrolle und ggf. die Nachforschungen selbst durchgeführt hat[551].

Der an die **konsortialführenden Banken** anzulegende **Sorgfaltsmaßstab** gestaltet sich dagegen schwieriger. Einigkeit besteht darüber, dass sich die Bank nicht ohne jede Kontrolle auf die ihr übergebenen Dokumente verlassen darf, sondern die von dem Emittenten gemachten Angaben im Rahmen des Zumutbaren auf Richtigkeit und Vollständigkeit zu überprüfen hat. Ferner muss sie den Prospekt einer Plausibilitätskontrolle unterziehen und **Prognosen** sowie **Werturteile darauf überprüfen**, ob sie durch Tatsachen gestützt und kaufmännisch vertretbar erscheinen[552]. Bei Widersprüchen und fehlender Plausibilität hat sie auf Klärung und Korrektur zu dringen[553]. Eine allgemeine Pflicht zur Kontrolle der Buchführung[554] und des Jahresabschlusses[555] wird dagegen zu Recht abgelehnt. Auch dürfen sich die Banken grundsätzlich auf die Angaben von sachverständigen Dritten, insbesondere Steuerberatern, Rechtsanwälten und Wirtschaftsprüfern, verlassen[556] und diese Angaben in den Prospekt übernehmen; dies gilt zumindest, wenn sie **keine begründeten Zweifel an deren Richtigkeit** hat, was zumindest eine – limitierte – Plausibilitätskontrolle voraussetzt[557]. Konsortialführende Banken und Emittent haften für **Angaben Dritter**, wenn diese erkennbar falsch sind oder sie ein Auswahlverschulden trifft, etwa weil der Dritte erkennbar fachlich ungeeignet ist oder sich in einem Interessenkonflikt zu dem Emittenten befindet[558]. Ferner sind die konsortialführenden Banken verpflichtet, die dem Wirtschafsprüfertestat zugrunde liegenden Bewertungen auf Aktualität zu überprüfen, wenn zwischen dem Zeit-

10.455

---

sack/Mülbert/Schlitt, Hdb. der Kapitalmarktinformation, § 28 Rz. 43; *Hopt*, Verantwortlichkeit der Banken bei Emissionen, Rz. 58.
550 Ähnlich auch *Seiler/Singhof* in Berrar/Meyer/Müller/Singhof/Wolf, § 23 WpPG Rz. 24.
551 *Groß*, Kapitalmarktrecht, § 9 WpPG Rz. 84; *Heidelbach* in Schwark/Zimmer, § 12 WpPG Rz. 5.
552 BGH v. 12.7.1982 – II ZR 175/81, NJW 1982, 2823, 2826 = WM 1982, 862 = AG 1982, 278 = ZIP 1982, 923; OLG Düsseldorf v. 5.4.1984 – 6 U 239/82 – Beton- und Monierbau, WM 1984, 586, 595 = ZIP 1984, 549. Den Konsortialführern kommt hierbei ihre Sektorexpertise (Quervergleich) zugute, die in der Regel für ihre Auswahl als Konsortialführer (mit-)entscheidend war.
553 OLG Frankfurt v. 17.3.1999 – 21 U 260/97 – MHM Mode, ZIP 1999, 1005, 1007 = AG 1999, 325.
554 So schon RG v. 11.10.1912 – II 106/12, RGZ 80, 196, 198 f.; BGH v. 12.7.1982 – II ZR 175/81 – Beton- und Monierbau, NJW 1982, 2823, 2825 f. = WM 1982, 862, 865 = AG 1982, 278; weitere Nachweise bei *Assmann* in Assmann/Schlitt/von Kopp-Colomb, § 21-23 WpPG Rz. 112 (dort Fn. 2).
555 *Groß*, Kapitalmarktrecht, § 9 WpPG Rz. 81.
556 Dies geschieht in der Praxis regelmäßig und wird durch das Verlangen nach einem sog. Comfort Letter der Wirtschaftsprüfer regelmäßig mehr als erfüllt.
557 Ebenso *Seiler/Singhof* in Berrar/Meyer/Müller/Singhof/Wolf, § 23 WpPG Rz. 22.
558 Zur Diskussion bzgl. des Vertrauens auf Rechtsrat vgl. *Kiefner/Krämer*, AG 2012, 498; *Strohn*, ZHR 176 (2012), 137; *Hopt*, Verantwortlichkeit der Banken bei Emissionen, Rz. 192 und 194.

punkt der Erstellung des Prüfberichts und dem Abschlussstichtag ein beträchtlicher Zeitraum verstrichen ist[559].

10.456 Eine **allgemeine Pflicht zur Durchführung einer „Full-Scale Due Diligence"** ist auf Grund des arbeitsteiligen Zusammenwirkens der an der Prospekterstellung Beteiligten **in der Regel abzulehnen**[560]. Für den Fall eines gegen den Konsortialführer gerichteten Prospekthaftungsanspruchs kann sich dieser durch den Nachweis entlasten, den Prospekt auf seine Plausibilität hin überprüft zu haben und, soweit nach den oben aufgestellten Grundsätzen erforderlich, bei einzelnen Prospektangaben Nachforschungen angestellt zu haben[561]. Zur **Haftungsvermeidung** ist dem Konsortialführer jedoch anzuraten, neben eigenen nachgewiesenen Anstrengungen im Rahmen der sog. Business und Financial Due Diligence die Dokumentation durch Einholung von Legal Opinions und Disclosure Letter der Rechtsberater sowie Comfort Letters[562] der Wirtschaftsprüfer nachzuweisen. Hierbei kommt der Koordination aller prospektbeteiligten Parteien unter Vermeidung von Zeitfallen besonderes Gewicht zu. Die Einhaltung eines vorab zu bestimmenden und der Komplexität der Transaktion angemessenen Zeitplans ist daher unabdingbar. Ferner sollte auf der Management-Ebene die **konkrete Nachforschungspflicht**, die u.a. von der Art des zu emittierenden Instruments, der Transaktionsstruktur, der Bonität des Emittenten und der Vorkenntnis des Konsortialführers abhängt, definiert werden.

10.457 Banken unterliegen **erhöhten Nachforschungspflichten**, wenn sie konkrete Anhaltspunkte für die Unrichtigkeit oder Unvollständigkeit der ihr überlassenen Unterlagen haben und – abgeschwächt – bei **besonderen Gefährdungslagen für den Emittenten**. Unterlassen sie in einer solchen Situation die Nachprüfung, so handeln sie grob fahrlässig[563]. Solche konkreten Anhaltspunkte können sich aus Presseberichterstattungen oder negativen Ratings ergeben[564]. Auch im eigenen Haus vorhandene Kenntnisse sind heranzuziehen[565]. Zwar gilt das Bankgeheimnis auch bankintern, jedoch ist die Rechtsabteilung bzw. Compliance der Banken gehalten, den Emittenten um seine Zustimmung zur Weitergabe von in anderen Abteilungen der Banken vorhandenen Informationen zu bitten. Informationen, die ein Geschäftsleitungsmitglied der Banken durch seine Mitgliedschaft im Aufsichtsrat des Emittenten erlangt hat, dürfen den Banken dagegen nicht zugerechnet werden, da Aufsichtsratsmandate persönliche Mandate sind und das Aufsichtsratsmitglied gem. §§ 116, 93 Abs. 1 Satz 2, § 404 AktG in strafbewehrter Weise zur Verschwiegenheit verpflichtet ist[566]. Sollten in einem solchen Fall der Vorstand und Aufsichtsrat der Emittentin wesentliche Informationen bekannt sein, jedoch nicht dem Konsortialführern, so ist dies ein typischer Fall der Primärverantwortlichkeit der Emittentin (vgl. hierzu ausführlich Rz. 10.404). Ein Aufsichtsratsmitglied, das zugleich im Vorstand der prospektbegleitenden Bank sitzt, wird in diesem Fall sein Aufsichtsratsmandat aufgrund des Interessen- und Loyalitätskonflikts niederlegen.

---

559 BGH v. 12.7.1982 – II ZR 175/81 – Beton- und Monierbau, NJW 1982, 2823, 2825 = WM 1982, 862, 864 = AG 1982, 278.
560 So auch *Kort*, AG 1999 9, 14 ff.; *Heidelbach* in Schwark/Zimmer, § 12 WpPG Rz. 8.
561 *Groß*, Kapitalmarktrecht, § 9 WpPG Rz. 84.
562 Zu Legal Opinions und Disclosure Letters siehe Rz. 10.141 ff. und zu Comfort Letters siehe Rz. 10.291 ff.
563 Begründung zum Regierungsentwurf eines Gesetzes zur weiteren Fortentwicklung des Finanzplatzes Deutschland (Drittes Finanzmarktförderungsgesetz), BT-Drucks. 13/8933, 80; OLG Frankfurt v. 17.3.1999 – 21 U 260/97 – MHM Mode, ZIP 1999, 1005, 1007 = AG 2000, 132.
564 OLG Frankfurt v. 1.2.1994 – 5 U 213/92 – Bond, NJW-RR 1994, 946, 948 = WM 1994, 291, 297 = AG 1995, 134 und Rz. 10.438. Die Presseberichterstattung muss jedoch ihrerseits plausibel sowie in Bezug auf Quelle (z.B. in Börsenpflichtblatt) und Umfang eine gewisse Intensität erreichen. Dieses Kriterium dürfte durch die Berichterstattung der „Financial Times" im Fall der Wirecard AG ebenfalls erfüllt sein.
565 BGH v. 12.7.1982 – II ZR 175/81 – Beton- und Monierbau, NJW 1982, 2823, 2825 = WM 1982, 862, 864 = AG 1982, 278; OLG Düsseldorf v. 5.4.1984 – 6 U 239/82 – Beton- und Monierbau, WM 1984, 586, 595 f. = ZIP 1984, 549.
566 Siehe dazu auch bereits Rz. 10.439.

c) Weitere Prospektverantwortliche

Der Verschuldensmaßstab weiterer Prospektverantwortlicher kann nur im Einzelfall bestimmt werden und hängt ebenfalls von der Nähe zum Emittenten ab. Von einflussnehmenden Großaktionären und konzernleitenden Unternehmen als Prospektveranlasser wird man annehmen können, dass sie sich die entsprechenden Informationen vom Emittenten ohne größere Schwierigkeiten beschaffen können bzw. zur Verfügung gestellte Angaben überprüfen können, so dass der für sie gültige Haftungsmaßstab eher dem des Emittenten angenähert ist als dem der Emissionsbanken[567]. Hier kommt es allerdings auch darauf an, welche rechtlichen Möglichkeiten zur Einsichtnahme bestehen, so dass z.B. bei lediglich faktischer Beherrschung der Haftungsmaßstab angemessen reduziert sein muss[568]. Ähnliches dürfte z.B. auch für verkaufende Gründer-Aktionäre gelten, die nach Jahren im Vorstand nunmehr im Aufsichtsrat des Unternehmens sind und von denen weiterhin eine sehr gute Kenntnis des Unternehmens erwartet werden kann. Umgekehrt wird bei – gemessen am Gesamtemissionsvolumen – lediglich kleineren Positionen mitverkaufenden Aktionären, die in die Transaktionssteuerung und Prospekterstellung nicht oder zumindest nicht wesentlich eingebunden waren, die aufgrund der Veräußerung formal jedoch gleichwohl als „Anbieter" zu qualifizieren sind, eine Reduktion des Verschuldensmaßstabs zu ihren Gunsten zu prüfen sein. 10.458

Einstweilen frei. 10.459–10.461

6. Anspruchsberechtigung

a) Erwerbszeitpunkt

Anspruchsberechtigt ist jeder, der auf Grund des Prospekts zugelassene Wertpapiere nach der Veröffentlichung des Prospekts und innerhalb von sechs Monaten nach der Ersteinführung der Wertpapiere erworben hat (§ 9 Abs. 1 WpPG). Trotz der Verwendung des Begriffs „Erwerb", der auf das dingliche Erfüllungsgeschäft hinzuweisen scheint, ist für die Anspruchsberechtigung das **Datum des Wertpapierkaufs** als schuldrechtliches Kausalgeschäft maßgeblich, nicht der sachenrechtliche Vollzug[569], weil nur mit Abstellen auf den Zeitpunkt der Kaufentscheidung dem Schutzzweck der Prospekthaftung als bei Wertpapierprospekten kraft Gesetzes eintretender Vertrauenshaftung[570] angemessen Rechnung getragen werden kann[571]. Bei einer vorgelagerten Verpflichtung zum Kauf (etwa im Rahmen sog. Back- 10.462

---

567 Ähnlich *Groß*, Kapitalmarktrecht, § 9 WpPG Rz. 78; *Heidelbach* in Schwark/Zimmer, § 12 WpPG Rz. 6.
568 *Groß*, Kapitalmarktrecht, § 9 WpPG Rz. 78.
569 *Wackerbarth* in Holzborn, § 21–23 WpPG Rz. 56; *Seiler/Singhof* in Berrar/Meyer/Müller/Singhof/Wolf, § 21 WpPG Rz. 32; *Pankoke* in Just/Voß/Ritz/Zeising, § 44 BörsG, § 13 VerkProspG Rz. 5.
570 So die h.M.: BGH v. 31.5.2011 – II ZR 141/09, BGHZ 190, 7 Rz. 17 = NJW 2011, 2719, 2720 = NZG 2011, 829, 831 = AG 2011, 548; *Groß*, Kapitalmarktrecht, § 9 WpPG Rz. 9; *Heidelbach* in Schwark/Zimmer, § 9 WpPG Rz. 9; *Hamann* in Schäfer/Hamann, Kapitalmarktgesetze, §§ 44, 45 BörsG Rz. 33; *Singhoff* in MünchKomm. HGB, Buch 6 – Emissionsgeschäft, Teil 2, L. Rz. 271; *Seiler/Singhof* in Berrar/Meyer/Müller/Singhof/Wolf, Vor §§ 21 ff. WpPG Rz. 1; *Ellenberger*, Prospekthaftung im Wertpapierhandel, S. 9 f.; wohl auch *Assmann* in Assmann/Schlitt/von Kopp-Colomb, Vor §§ 21–25 WpPG Rz. 30, der diese allerdings „deliktisch" einordnet.
571 Siehe auch die ausdrückliche Begründung in der Begründung zum Regierungsentwurf eines Gesetzes zur weiteren Fortentwicklung des Finanzplatzes Deutschland (Drittes Finanzmarktförderungsgesetz), BT-Drucks. 13/8933, 77. Die Prospekthaftung wurde durch das Dritte Finanzmarktförderungsgesetz 1988 vereinheitlicht und insgesamt neu gefasst (BGBl. I 1998, 529) und ist seitdem in dieser Hinsicht in ihrer grundsätzliche Konzeption im Wesentlichen unverändert, auch wenn im Zuge der späterer Überarbeitungen bzw. Überführung der ursprünglichen §§ 44 f. Börsengesetz (BörsG) in die heutigen § 9 f. WpPG einzelne Aspekte geändert wurden. Rechtsprechung und Literatur zu den jeweiligen Vorgängernormen bleiben daher zu weiten Teilen anwendbar; *Groß*, Kapitalmarktrecht, § 9 WpPG Rz. 2b und 2d; *Leuering*, NJW 2012, 1905, 1906.

stop- oder Cornerstone Investor-Vereinbarungen) bzw. zur Ausübung von Bezugsrechten muss hingegen grundsätzlich bereits **auf diesen vorgelagerten Zeitpunkt** und die zu diesem Zeitpunkt **vorhandenen Dokumente abgestellt** werden, denn die Erwerbsentscheidung wird bereits in diesem Moment getroffen und hängt nicht mehr von bis zur verpflichtungsgemäßen Umsetzung erlangten Kenntnissen ab. Andere vertragliche Gestaltungen in Bezug auf den Zeitpunkt des Wirksamwerdens des Kaufs bzw. die ggf. nach allgemeiner zivilrechtlicher Prospekthaftung eintretende Haftung bleiben aber möglich[572], lassen sich aber auf den gleichen Haftungsumfang hin konstruieren. Unerheblich ist, ob es sich um einen Erst- oder Folgeerwerb handelt, und ob der Erwerb über die Börse oder außerbörslich erfolgt ist. Der Besitz des Wertpapiers ist keine Anspruchsvoraussetzung; ist eine Aktie also innerhalb der sechsmonatigen Frist mehrfach weiterveräußert worden, sind alle Erwerber anspruchsberechtigt, falls sich der Prospekt als fehlerhaft erweist. Die Frist beginnt mit der ersten Einführung der Wertpapiere an einer inländischen Börse. Die zusätzliche Einführung der Wertpapiere an einer anderen inländischen Börse berührt diese Frist nicht. Die Prospekthaftung ist damit auf einen Haftungszeitraum von sechs Monaten nach Einführung der Wertpapiere beschränkt.

Das in der Sache angemessene Abstellen auf den Zeitpunkt des schuldrechtlichen Geschäfts führt allerdings – in Verbindung mit einer sprachlichen Änderung, die bei Gelegenheit der Überführung des früheren § 13 VerkProspG in den damaligen § 22 WpPG a.F. (heute: § 10 WpPG) im Jahr 2011 beschlossen wurde – zu dem überraschenden Ergebnis, dass §§ 9 f. WpPG zumindest dem Wortlaut nach in vielen Fällen keine Anwendung finden.

§ 9 WpPG gilt nur für Erwerber von Wertpapieren, die auf Grund eines Prospekts zum Börsenhandel zugelassen „sind". Bei Börsengängen findet die Zuteilung an Investoren und damit der Abschluss des schuldrechtlichen Kaufvertrags regelmäßig jedoch *vorher*, nämlich zu einem Zeitpunkt statt, in dem die ggf. angebotenen neuen Aktien noch nicht einmal entstanden und dementsprechend (und ebenso wie die existierenden Aktien) noch nicht zum Börsenhandel zugelassen sind. Die Zulassung erfolgt im Regelfall erst nach der Zuteilung. Entsprechendes gilt für Bezugsrechtskapitalerhöhungen und den Abschluss des Zeichnungsvertrags der Gesellschaft mit den Investoren, die ihre Bezugsrechte ausgeübt und damit der Gesellschaft Angebote zur Zeichnung der neuen Aktien gemacht haben, auch wenn hier in der Praxis zumindest hin und wieder Gestaltungen vorkommen, in denen die Aktien bereits früher entstehen[573]; gleichwohl ist auch in solchen Fällen jedenfalls die Zulassung zum Börsenhandel zum maßgeblichen Zeitpunkt typischerweise noch nicht erteilt.

§ 13 VerkProspG a.F. hätte in solchen Fällen als Auffangtatbestand dienen können, da dieser auf Wertpapiere abstellte, die „nicht zum Handel an einer inländischen Börse zugelassen sind". Der heutige § 10 WpPG nimmt diese insofern spiegelbildliche Formulierung zu § 9 WpPG jedoch nicht auf, sondern wechselt das Bezugsobjekt[574], indem er von unrichtigen oder unvollständigen Angaben in einem „Prospekt, der nicht Grundlage für die Zulassung von Wertpapieren zum Handel an einer inländi-

---

572 Vgl. auch *Seiler/Singhof* in Berrar/Meyer/Müller/Singhof/Wolf, § 21 WpPG Rz. 33.
573 Dies betrifft im Wesentlichen Fälle des sog. „*Hard Underwritings*", in denen die Emissionsbanken die Übernahme der Aktien zu einem Mindestpreis fest zugesagt haben, oder Fälle des sog. „*Backstops*", in denen bestehende oder neue Investoren die Übernahme aller nicht von anderen Investoren gezeichneter bzw. gekaufter Aktien fest zugesagt haben, und damit das Emissionsvolumen insgesamt garantiert ist.
574 Mit dieser Formulierung sollte nur die dahin bestehende Unsicherheit beseitigt werden, inwieweit öffentliche Angebote von bereits früher börsenzugelassenen Wertpapieren von der Haftungsnorm erfasst sind. Nach dem Wortlaut von § 13 VerkProspG war dies nicht der Fall, was aber dem eindeutigen Willen des Gesetzgebers widersprach und daher auch von der Literatur entgegen dem Wortlaut ausgelegt wurde; siehe Begründung zum Regierungsentwurf eines Gesetzes zur Novellierung des Finanzanlagenvermittler- und Vermögensanlagenrechts, BT-Drucks. 17/6051, 30, 60; BGH v. 21.10.2014 – XI ZB 12/12, BGHZ 203,1 Rz. 71 = NJW 2015, 236, 241 = ZIP 2012, 1236 = NZG 2015, 20 = AG 2015, 351; *Groß*, Kapitalmarktrecht, § 10 WpPG Rz. 3.

schen Börse ist" spricht. Da ein Wertpapierprospekt für IPOs oder Bezugsrechtskapitalerhöhungen im Regelfall aber auch der Zulassung der angebotenen Aktien (und bei Börsengängen auch des darüber hinaus bestehenden Grundkapitals) dient, erfasst auch § 10 WpPG nach seinem Wortlaut viele Transaktionen nicht.

Man wird insofern von einer – angesichts ihrer Bedeutung und der Zahl der Anwendungsfälle allerdings scheunentor-großen – gesetzlichen Lücke ausgehen können, die vom Gesetzgeber sicher nicht beabsichtigt war: Da in solchen Situationen weder eine vollständige Haftungsfreiheit der Prospektverantwortlichen noch ein Rückgriff auf die allgemeine zivilrechtliche Prospekthaftung[575] mit ihrem auch einfache Fahrlässigkeit erfassenden weiteren Haftungsmaßstab gewollt sein kann oder angemessen wäre, bleibt nur der Lückenschluss durch extensive Auslegung entweder von § 9 WpPG dahingehend, dass es auf den Zeitpunkt der Zulassung zum Börsenhandel nicht ankommt, wenn die Zulassung ebenfalls auf Grundlage des Prospekts erteilt werden soll (Wertpapiere, die auf Grund eines Prospekts zum Börsenhandel zugelassen sind „oder zugelassen werden sollen"), oder einem Verständnis von § 10 WpPG als allgemeinem Auffangtatbestand. Systematisch spricht viel dafür, § 9 WpPG als Haftungsnorm für „Börsenzulassungsprospekte" aller Art zu sehen, unabhängig von der genauen zeitlichen Reihenfolge davon gleichfalls erfasster Ereignisse, und § 10 WpPG als Haftungsform für alle öffentlichen Platzierungen ohne Bezug zu einer Börsenzulassung.

b) Erwerbsgegenstand

Ein Prospekthaftungsanspruch besteht zunächst nur hinsichtlich derjenigen Wertpapiere, die auf Grund des fehlerhaften Prospekts zum Börsenhandel zugelassen wurden (§ 9 Abs. 1 Satz 1 WpPG). In der Vergangenheit machte diese Voraussetzung dem Erwerber von Aktien, die im Rahmen einer **Kapitalerhöhung** emittiert worden waren, den Nachweis seiner Anspruchsberechtigung häufig unmöglich: Bei der heute üblichen Girosammelverwahrung, bei der Aktien gleicher Ausstattung und mit gleicher Wertpapier-Kennnummer gemeinsam verwahrt werden, besteht kein Anspruch auf Aushändigung bestimmter Stücke, weshalb sich der Anleger insbesondere bei zwischenzeitlich vorgenommenen Verkäufen nicht mehr als Inhaber der auf Grund des Prospekts zugelassenen Wertpapiere legitimieren kann. Der Gesetzgeber hat diesen Umständen Rechnung getragen und ausstattungsgleiche oder auch in sonstiger Weise nicht zu unterscheidende Wertpapiere den auf Grund des Prospekts emittierten Wertpapieren gleichgestellt (§ 9 Abs. 1 Satz 3 WpPG).

10.463

Die Einführung dieser Bestimmung durch das Dritte Finanzmarktförderungsgesetz hat eine erhebliche Ausweitung des Haftungsrisikos der Prospektverantwortlichen bei Kapitalerhöhungen zur Folge, weil dadurch auch bereits bestehende und ggf. auch noch während der Prospekthaftungsdauer zusätzlich ausgegebene Wertpapiere vom Haftungstatbestand erfasst werden. Emittent und die emissionsbegleitenden Banken haben vor einer Kapitalerhöhung in ihrem eigenen Interesse abzuwägen, ob die neuen Aktien zur Erhöhung der Liquidität ausstattungsgleich ausgestaltet und mit derselben Wertpapierkennnummer und ISIN zugelassen werden sollen oder ob zur **Begrenzung des Haftungsrisikos** die Ausstattung durch besondere Gattungsmerkmale oder eine unterschiedliche Wertpapierkennnummer und ISIN verändert werden soll. Letztere Alternative wird jedoch wegen der negativen Auswirkungen auf die Handelsliquidität und Kursentwicklung – abgesehen von Kapitalmaßnahmen während des Zeitraums von Geschäftsjahresbeginn bis zum Dividendenstichtag – nur in eng begrenzten Ausnahmefällen, wie z.B. Sanierungskapitalerhöhungen, gewählt werden[576].

10.464

---

575 Allerdings wird man diesen Rückgriff schon wegen § 16 Abs. 2 WpPG als ausgeschlossen ansehen können.
576 Vgl. hierzu auch *Groß*, Kapitalmarktrecht, § 9 WpPG Rz. 69; *Seiler/Singhof* in Berrar/Meyer/Müller/Singhof/Wolf, § 21 WpPG Rz. 23.

c) Erwerbsgeschäft

10.465 Ob der Erwerb börslich oder außerbörslich erfolgt, ist unerheblich. Nach der Gesetzesbegründung[577] zum Dritten Finanzmarktförderungsgesetz berechtigt jedoch nur ein **entgeltlicher Erwerb** zur Geltendmachung von Prospekthaftungsansprüchen, da nur in einem solchen Fall der Erwerbspreis erstattet bzw. die Differenz zwischen Veräußerungs- und Erwerbspreis berechnet werden könne. Zwar kann beispielsweise auch ein Erbe oder Beschenkter durch einen geringeren Wert der vererbten oder verschenkten Aktien geschädigt sein, allerdings wird man im Erbfall weiterhin auf den Erwerbszeitpunkt durch den Erblasser abstellen müssen, wobei ein etwaiger Schadensersatzanspruch jedoch mit auf den Erben übergeht. In Bezug auf den Beschenkten fehlt es jedenfalls regelmäßig an der von § 9 Abs. 1 Satz 1 WpPG vorgesehenen Möglichkeit der Rückabwicklung „gegen Erstattung des Erwerbspreises", da es einen solchen in diesen Situationen gerade nicht gibt. Ohnehin ist nicht zu sehen, in welchen Konstellationen der entgeltlose Erwerb überhaupt auf Grund des Prospektes erfolgen könnte, so dass ein Schadensersatzanspruch jedenfalls an der Kausalität scheitern würde[578]. Allerdings verbleibt es dann ggf. bei einem Schadensersatzanspruch des Schenkers, soweit dieser die entsprechenden Wertpapiere innerhalb des Prospekthaftungszeitraums erworben hat: Soweit der Anleger nicht mehr Inhaber ist, besteht nur ein Differenzanspruch zum Veräußerungspreis der Wertpapiere (§ 9 Abs. 2 Satz 1 WpPG), der im Falle einer Schenkung mit dem an der Börse zum fraglichen Zeitpunkt erzielbaren Veräußerungspreis anzusetzen sein wird[579].

d) Inlandsbezug

10.466 Gegen **ausländische Emittenten** mit ausländischer Börsenzulassung kommt ein börsengesetzlicher Prospekthaftungsanspruch nur in Betracht, wenn die Wertpapiere im Inland oder auf Grund einer zumindest teilweise im Inland erbrachten Wertpapierdienstleistung erworben wurden (§ 9 Abs. 3 WpPG). Wann ein **im Inland abgeschlossenes Geschäft** vorliegt, ist im Einzelnen umstritten[580]. Am sachgerechtesten erscheint es, bei einem börslichen Erwerb an den **Platzierungsmarkt** anzuknüpfen[581]. Der gesetzlichen Regelung ist jedenfalls zu entnehmen, dass ausschließlich im Heimatstaat des (ausländischen) Emittenten erfolgende Erwerbsvorgänge von der deutschen Prospekthaftung nicht erfasst werden. Bei Drittstaatenemittenten, die eine Prospektzulassung in einem Staat oder mehreren Staaten des Europäischen Wirtschaftsraums nach Art. 29 EU-Prospektverordnung beantragen, behält § 9 Abs. 3 WpPG jedenfalls seine Bedeutung, wenn Deutschland nach § 4 WpHG als Herkunftsstaat gewählt wurde[582].

10.467–10.469 Einstweilen frei.

7. Haftungsbegründende Kausalität

10.470 Die gesetzliche Prospekthaftung greift nur dann ein, wenn die Wertpapiere **auf Grund** des Prospekts erworben wurden. Ein Erwerb von Wertpapieren vor Veröffentlichung des Prospekts berechtigt damit nicht zur Geltendmachung von Prospekthaftungsansprüchen. Bei einem Erwerb nach Veröffentlichung des Prospekts ist eine haftungsbegründende Kausalität wesentlich schwerer nachzuweisen. Für

---

577 Begründung zum Regierungsentwurf eines Gesetzes zur weiteren Fortentwicklung des Finanzplatzes Deutschland (Drittes Finanzmarktförderungsgesetz), BT-Drucks. 13/8933, 76.
578 *Assmann* in Assmann/Schlitt/von Kopp-Colomb, §§ 21–23 WpPG Rz. 97. Zur Haftungsbegründenden Kausalität Rz. 10.470 ff.
579 Vgl. auch Begründung zum Regierungsentwurf eines Gesetzes zur weiteren Fortentwicklung des Finanzplatzes Deutschland (Drittes Finanzmarktförderungsgesetz), BT-Drucks. 13/8933, 79 im Zusammenhang mit einer Schadensminderungspflicht bei Veräußerung unter Wert.
580 Siehe auch *Seiler/Singhof* in Berrar/Meyer/Müller/Singhof/Wolf, § 21 WpPG Rz. 35 m.w.N.; *Bischoff*, AG 2002, 489, 494 ff.
581 Ebenso *Groß*, Kapitalmarktrecht, § 9 WpPG Rz. 72; *Wackerbarth* in Holzborn, § 21–23 WpPG Rz. 32.
582 *Kuntz*, WM 2007, 432, 439 f. noch zum wortlautidentischen § 44 Abs. 3 BörsG.

die spezialgesetzliche Prospekthaftung nach den bis zum 30.3.1998 geltenden §§ 45 ff. BörsG a.F. galt die von der Rechtsprechung entwickelte beweiserleichternde Rechtsfigur der von einem Prospekt geprägten allgemeinen „Anlagestimmung": Danach konnte unabhängig von einer individuellen Kenntnis des Anlegers vom Prospekt und dessen Inhalt von einer tatsächlichen Vermutung für einen Kausalzusammenhang zwischen im Prospekt enthaltenen Fehlern und der Anlageentscheidung ausgegangen werden, weil angenommen wurde, dass der Inhalt eines Prospekts die allgemeine Einschätzung des entsprechenden Wertpapiers in Fachkreisen mitbestimmt[583]. Dementsprechend wurde ein **ursächlicher Zusammenhang** zwischen den Angaben im Prospekt und dem Erwerb der Wertpapiere **tatsächlich vermutet**, wenn der Erwerb nach Veröffentlichung des Prospekts erfolgte[584]. Es genügte daher nicht zu beweisen, dass der Anleger den Prospekt nicht kannte[585]. Vielmehr musste darüber hinaus nachgewiesen werden, dass es keine positive Anlagestimmung gab oder diese zum Zeitpunkt des Erwerbsgeschäfts bereits beendet war[586].

Es war dabei anerkannt, dass sich die positive **Anlagestimmung** im Laufe der Zeit abschwächte. Auch gegen Ende des maßgeblichen Prospekthaftungsfensters von sechs Monaten nach Veröffentlichung des Prospekts konnte eine (positive) Anlagestimmung aber u.U. noch nicht vollständig beendet sein[587]. Nach h.M.[588] endete sie jedoch, wenn im Laufe der Zeit andere Faktoren für die Einschätzung des Wertpapiers bestimmend wurden[589]. Vereinzelte negative Presseberichte allein reichten hierfür allerdings nicht aus, da die Rechtsprechung davon ausging, dass ein verständiger Anleger ihnen nicht die gleiche Bedeutung beimisst wie dem Prospekt[590]. Dagegen konnte die vor dem Erwerb erfolgte Veröffentlichung eines Jahresabschlusses, der eine deutliche negative Entwicklung aufweist[591], ein wesentliches Absinken des Börsenindex oder der Konjunkturlage[592], ein dramatischer Kurseinbruch des

---

583 Siehe bereits RG v. 11.10.1912 – II 106/12, RGZ 80, 196, 204 f.; ferner BGH v. 14.07.1998 – XI ZR 173/97, BGHZ 129, 225, 233 f. = NZG 1998, 774; BGH v. 19.07.2004 – II ZR 218/03, BGHZ 160, 134, 144 f. = NZG 2004, 816, jeweils mit weiteren Nachweisen.
584 BGH v. 12.7.1982 – II ZR 175/81 – Beton- und Monierbau, NJW 1982, 2823, 2827 = WM 1982, 862, 867 f. = AG 1982, 278 = ZIP 1982, 923; OLG Frankfurt v. 1.2.1994 – 5 U 213/92 – Bond, NJW-RR 1994, 946, 948 f. = WM 1994, 291, 298 = AG 1995, 134; OLG Frankfurt v. 27.3.1996 – 21 U 92/95 – Bond-Anleihe, WM 1996, 1216, 1218 = ZIP 1996, 1037.
585 OLG Saarbrücken v. 15.12.2005 – 8 U 330/04, OLG Report Saarbrücken 2006, 448.
586 OLG Düsseldorf v. 5.4.1984 – 6 U 239/82 – Beton- und Monierbau, WM 1984, 586, 596 f. = ZIP 1984, 549; OLG Frankfurt v. 1.2.1994 – 5 U 213/92 – Bond, NJW-RR 1994, 946, 948 = WM 1994, 291, 298 = AG 1995, 134; OLG Frankfurt v. 27.3.1996 – 21 U 92/95 – Bond-Anleihe, WM 1996, 1216, 1219 = ZIP 1996, 1037.
587 Nach Ansicht des BGH konnte die Dauer der Anlagestimmung nicht allgemeingültig festgelegt werden, bestand jedoch in der Regel ein Jahr nach Veröffentlichung des Prospekts nicht mehr, vgl. BGH v. 14.7.1998 – XI ZR 173/97 – Elsflether Werft, BGHZ 139, 225, 234 = NJW 1998, 3345, 3347 = ZIP 1998, 1528 = AG 1998, 520.
588 *Ellenberger*, Prospekthaftung im Wertpapierhandel, S. 40; *Groß*, AG 1999, 199, 205; *Habersack* in Habersack/Mülbert/Schlitt, Hdb. der Kapitalmarktinformation, § 28 Rz. 37, 51; *Mülbert/Steup* in Habersack/Mülbert/Schlitt, Unternehmensfinanzierung am Kapitalmarkt, Rz. 41.103; a.A. *Wackerbarth* in Holzborn, § 21–23 WpPG Rz. 83; *Assmann/Kumpan* in Assmann/Schütze/Buck-Heeb, Handbuch Kapitalanlagerecht, § 5 Rz. 179; *Assmann* in Assmann/Schlitt/von Kopp-Colomb, §§ 21–23 WpPG Rz. 101.
589 BGH v. 14.7.1998 – XI ZR 173/97 – Elsflether Werft, BGHZ 139, 225, 234 = NJW 1998, 3345, 3347 = ZIP 1998, 1528 = AG 1998, 520.
590 OLG Düsseldorf v. 5.4.1981 – 6 U 239/82 – Beton- und Monierbau, WM 1984, 586, 596 = ZIP 1984, 549.
591 BGH v. 14.7.1998 – XI ZR 173/97 – Elsflether Werft, BGHZ 139, 225, 234 = NJW 1998, 3345, 3347 = ZIP 1998, 1528 = AG 1998, 520; OLG Frankfurt v. 27.3.1996 – 21 U 92/95 – Bond-Anleihe, WM 1996, 1216 = ZIP 1996, 1037; OLG Düsseldorf v. 5.4.1984 – 6 U 239/82 – Beton- und Monierbau, WM 1984, 586, 592 ff. = ZIP 1984, 549.
592 BGH v. 14.7.1998 – XI ZR 173/97 – Elsflether Werft, BGHZ 139, 225, 234 = NJW 1998, 3345, 3347 = ZIP 1998, 1528 = AG 1998, 520.

Wertpapiers[593] oder die Stellung eines Antrags zur Eröffnung eines Vergleichs- oder Insolvenzverfahrens[594] die Anlagestimmung erheblich beeinflussen. Auch **negative Ad-hoc-Mitteilungen des Emittenten**, Quartalsinformationen oder negative Berichte von namhaften Analysten und Veröffentlichungen über massive Abverkäufe von Mitgliedern der Geschäftsführung oder des Aufsichtsrats waren grundsätzlich zum **Nachweis der Beeinflussung der Anlagestimmung** geeignet[595]. Ein sicherer Nachweis fehlender Kausalität zwischen dem Erwerbsgeschäft und der von dem Prospekt ausgehenden Anlagestimmung war in der Praxis dennoch schwer zu führen.

10.471 Mit der Neufassung von §§ 45 ff. BörsG n. F. zum 1.4.1998 durch das Dritte Finanzmarktförderungsgesetz[596] soll nach dem BGH der Rechtsfigur der Anlagestimmung keine Bedeutung mehr zukommen[597], da der Gesetzgeber mit der in § 46 Abs. 2 Nr. 1 BörsG n.F. getroffenen Regelung, die dem heutigen § 12 Abs. 1 Nr. 1 WpPG entspricht, eine nunmehr **gesetzliche Vermutung** zugunsten des Anlegers geschaffen hat: Anders als nach der früheren Rechtsfigur der Anlagestimmung handelt es sich hierbei nicht um eine zeitliche Begrenzung der Vermutungswirkung, sondern um eine zeitliche Beschränkung des Haftungsanspruchs selbst. Der Gesetzgeber hat damit nicht die von der Rechtsprechung entwickelte Rechtsfigur der Anlagestimmung kodifiziert, sondern lediglich einzelne Strukturmerkmale aufgegriffen und in ein neues gesetzliches Haftungskonzept überführt, das insbesondere die mit der genauen zeitlichen Dauer der Anlagestimmung und der für eine Beendigung der Anlagestimmung erforderlichen Schwere negativer Nachrichten verbundenen Unsicherheiten schlicht durch eine starre Ausschlussfrist beseitigen sollte[598]. Als **Korrektiv** zu dieser festen zeitlichen Regelung hat der Gesetzgeber mit § 46 Abs. 2 Nr. 4 BörsG n.F. – entsprechend dem heutigen § 12 Abs. 1 Nr. 4 WpPG – die Möglichkeit geschaffen, die Prospekthaftung entfallen zu lassen, wenn **vor dem Erwerbsgeschäft eine deutlich gestaltete Prospektberichtigung veröffentlicht** wurde.

Infolge dieser Grundsatzentscheidung des Gesetzgebers kommt es für die Widerlegung der Kausalitätsvermutung des § 12 Abs. 1 Nr. 1 BörsG allein auf die für die Erwerbsentscheidung individuell maßgeblichen Motive des Anlegers an; dementsprechend können entsprechende Feststellungen auch nicht in einem Verfahren nach dem Kapitalanleger-Musterverfahrensgesetz (KapMuG) geklärt werden[599], sondern nur in den zugrundeliegenden Ausgangsverfahren. In der Praxis wird es dem Anspruchsgegner jedoch nur in seltenen Fällen gelingen den Nachweis zu führen, dass ein fehlerhafter Prospekt für die individuelle Anlageentscheidung des Klägers nicht ursächlich war[600].

10.472 Eine weitere Möglichkeit, die haftungsbegründende Kausalität auszuschließen, liegt in dem Nachweis, dass der Erwerber die Fehlerhaftigkeit der Prospektangaben, auf die er seinen Anspruch stützt, beim Abschluss des Kaufvertrages **positiv kannte** (§ 12 Abs. 1 Nr. 3 WpPG). Fahrlässige, auch grob fahr-

---

593 OLG Frankfurt v. 27.3.1996 – 21 U 92/95 – Bond-Anleihe, WM 1996, 1216, 1219 = ZIP 1996, 1037 (Kursabfall um 60 %). Ein Kursverlust von 20 % soll dagegen in der Regel nicht zur Annahme einer Beeinflussung der Anlagestimmung genügen, vgl. LG Frankfurt/M. v. 6.10.1992 – 3/11 O 173/91, NJW-RR 1993, 502, 504 = WM 1992, 1768, 1773, was unter dem gewandelten Kapitalmarktumfeld heute jedoch abzulehnen sein düfte.
594 OLG Düsseldorf v. 5.4.1984 – 6 U 239/82 – Beton- und Monierbau, WM 1984, 586, 596 = ZIP 1984, 549.
595 Siehe zur Beseitigung der Anlagestimmung auch *Groß*, Kapitalmarktrecht, § 9 WpPG Rz. 70.
596 Gesetz zur weiteren Fortentwicklung des Finanzplatzes Deutschland (Drittes Finanzmarktförderungsgesetz) v. 24.3.1998, BGBl. I 525, 529 ff.
597 BGH v. 15.12.2020 – XI ZB 24/16, NZG 2021, 457.
598 Begründung zum Regierungsentwurf eines Gesetzes zur weiteren Fortentwicklung des Finanzplatzes Deutschland (Drittes Finanzmarktförderungsgesetz), BT-Drucks. 13/8933, 77.
599 Siehe dazu ausführlich Rz. 10.512 ff.
600 Ebenso *Wackerbarth* in Holzborn, § 21–23 WpPG Rz. 84.

lässige Unkenntnis, schließen die Haftung nicht aus. Der Nachweis einer solch positiven Kenntnis wird in der Praxis allerdings ebenfalls schwerlich gelingen[601].

Einstweilen frei. 10.473–10.475

8. Haftungsumfang und Haftungsausschluss

a) Haftungsumfang

aa) Prospekthaftungsspezifischer Schadensersatzanspruch

Der Haftungsumfang wurde durch das Dritte Finanzmarktförderungsgesetz vollständig neu geordnet. Nach **früherer Rechtslage** hafteten die Prospektverantwortlichen gesamtschuldnerisch auf Ersatz des negativen Interesses (Vertrauensschaden). Zu ersetzen war demnach der Schaden, den der Anleger in seinem Vertrauen auf die Richtigkeit und Vollständigkeit der Prospektangaben erlitten hatte. Der Anleger war so zu stellen, wie er gestanden hätte, wären die Prospektverantwortlichen ihren Informationspflichten nachgekommen. Er konnte damit entweder die vollständige Rückabwicklung des Erwerbsgeschäfts und damit die Erstattung des Erwerbspreises Zug um Zug gegen Rückübertragung der Wertpapiere verlangen, oder alternativ den Differenzbetrag zwischen dem tatsächlich gezahlten Erwerbspreis und dem hypothetischen Preis, der bei Offenlegung der wahren Sachlage zu zahlen gewesen wäre. Zusätzlich konnte entgangener Gewinn geltend gemacht werden. 10.476

Das **Dritte Finanzmarktförderungsgesetz** hat einen prospekthaftungsspezifischen Schadensersatzanspruch eingeführt, auf den die Bestimmungen des allgemeinen Schadensersatzrechts nur eingeschränkt anwendbar sind[602]. Solange der Erwerber Inhaber der Wertpapiere ist, muss er stets die vollständige Rückabwicklung des Erwerbsgeschäfts, d.h. die Erstattung des Erwerbspreises Zug um Zug gegen Rückgabe der Wertpapiere, geltend machen (damals § 44 Abs. 1 Satz 1 BörsG; heute § 9 Abs. 1 Satz 1 WpPG). Nach dieser Regelung steht dem Erwerber aber auch dann ein Prospekthaftungsanspruch zu, wenn er nicht mehr Inhaber der Wertpapiere ist. Ihm ist dann der Differenzbetrag zwischen dem der Höhe nach auf den ersten Ausgabepreis begrenzten Erwerbspreis und dem Veräußerungspreis zu erstatten (§ 9 Abs. 2 WpPG). In beiden Fällen umfasst der Anspruch den Ersatz der üblichen Erwerbsnebenkosten (Maklercourtage, Provisionen), **nicht** aber den Ersatz **entgangenen Gewinns**[603]. 10.477

bb) Haftungsausfüllende Kausalität

Ersatzansprüche sind auch ausgeschlossen, wenn die fehlerhaften Prospektangaben nicht zu einer Minderung des Börsenpreises der Wertpapiere beigetragen haben (§ 12 Abs. 2 Nr. 2 WpPG). Die Darlegungs- und Beweislast für die fehlende haftungsausfüllende Kausalität obliegt jedoch den Prospektverantwortlichen, weil sie nach Ansicht des Gesetzgebers am ehesten zur Beurteilung der Auswirkungen unrichtiger oder unvollständiger Prospekte in der Lage sind[604]. Hieraus können sich **in Baissephasen schwierige Abgrenzungsprobleme** mit für die Prospektverantwortlichen unvorteilhaften Auswirkungen ergeben, sofern die Gerichte insoweit keine Beweiserleichterungen zugestehen oder das Herausrechnen allgemeiner Marktentwicklungen ermöglichen. 10.478

---

601 Das OLG Frankfurt hat den Erwerb festverzinslicher Wertpapiere zu einem Kurs von 76,5 % für den Nachweis der Kenntnis des Prospekts nicht für ausreichend gehalten, vgl. OLG Frankfurt v. 1.2.1994 – 5 U 213/92 – Bond, NJW-RR 1994, 946, 949 = WM 1994, 291, 298 = AG 1995, 134. Die Entscheidung erscheint vor dem Hintergrund deutlich liquiderer und transparenter Märkte für Nicht-Dividendenpapiere heute kaum noch haltbar.
602 Begründung zum Regierungsentwurf eines Gesetzes zur weiteren Fortentwicklung des Finanzplatzes Deutschland (Drittes Finanzmarktförderungsgesetz), BT-Drucks. 13/8933, 79.
603 Zu den Einzelheiten der Schadensberechnung *Heidelbach* in Schwark/Zimmer, § 9 WpPG Rz. 31.
604 Begründung zum Regierungsentwurf eines Gesetzes zur weiteren Fortentwicklung des Finanzplatzes Deutschland (Drittes Finanzmarktförderungsgesetz), BT-Drucks. 13/8933, 80.

Im Rahmen der haftungsausfüllenden Kausalität kommt es nach Ansicht des BGH[605] nicht darauf an, ob ein Anleger das Wertpapier zum Erwerbszeitpunkt zu einem angemessenen Preis gekauft hat (etwa weil der wahre Sachverhalt dem Markt bereits vor Veröffentlichung des Prospekts bekannt gewesen sei und entweder keine Preisrelevanz gehabt habe oder zum Zeitpunkt der Emission zumindest „eingepreist" gewesen sei), sondern nur darauf, ob der zugrundeliegende Sachverhalt, über den unrichtige oder unvollständige Angaben im Prospekt enthalten sind, zu einer Minderung des Börsenpreises zumindest mitursächlich beigetragen hat (etwa weil sich das darin liegende Risiko später verwirklicht und zu einem (ggf. weiteren) Kursrückgang beigetragen hat). Dementsprechend lässt das Eintreten oder Ausbleiben eines Kursrückgangs infolge des Bekanntwerdens einer Publizitätsverletzung auch nicht auf einen „wahren Wert" der Anlage zum Zeitpunkt des Erwerbs schließen. Nur wenn der Anspruchsgegner darlegen und beweisen kann, dass jegliche Mitursächlichkeit des zugrundeliegenden Sachverhalts ausgeschlossen ist, besteht nach § 12 Abs. 2 Nr. 2 WpPG kein Anspruch aus spezialgesetzlicher Prospekthaftung; auf eine Quantifizierung einer etwaigen Mitursächlichkeit kommt es dementsprechend nicht an. Der BGH weicht damit bewusst von der für die Haftung bei fehlerhafter ad hoc-Publizität entwickelten Grundsätze zur Feststellung eines Kursdifferenzschadens[606] ab.

Die Anforderungen an eine Widerlegung der Vermutung des § 12 Abs. 2 Nr. 2 WpPG sind dabei hoch, und in der Praxis wird der Gegenbeweis dem Anspruchsgegner auch hier nur in seltenen Ausnahmefällen gelingen: So soll es nicht schon ausreichen, dass sich der Kursverfall mit einem Umstand verbindet, dem als solcher regelmäßig Kursrelevanz zukommt (wie etwa die Bekanntmachung eines Dividendenabschlags bzw. -ausfalls oder einer Gewinnwarnung, da solche Umstände gerade Ausfluss des auf dem unrichtig prospektierten Sachverhalt resultierenden Risikos sein können), dass sich der Börsenpreis auch bei pflichtgemäßer Prospektierung nicht anders als geschehen gebildet hätte (weil Bezugspunkt nicht die pflichtwidrige Prospektierung, sondern ein unrichtig prospektierter Sachverhalt ist und es daher nicht auf die Frage eines rechtmäßigen Alternativverhaltens ankommt) oder dass ein eingetretener und nicht ausschließbar auf dem unrichtig prospektierten Sachverhalt beruhender Kursverfall im weiteren Verlauf wieder ausgeglichen wurde. Aufgrund des Anknüpfungspunktes allein des unrichtig prospektierten Sachverhalts ist das Merkmal der haftungsausfüllenden Kausalität auch allgemeingültig feststellbar und – anders als die Frage der haftungsbegründenden Kausalität – einer Klärung im KapMuG zugänglich[607].

cc) Schadensminderungsobliegenheit des Erwerbers

10.479 Umstritten ist, ob den Erwerber ein Mitverschulden nach § 254 BGB trifft, wenn er die Wertpapiere bei sinkenden Kursen nicht veräußert[608]. Hiergegen spricht allerdings grundsätzlich die vom Gesetz vorgesehene Schadensabwicklungsregelung[609]. Solange der Erwerber die Wertpapiere hält, ist ihm grundsätzlich der Erwerbspreis zu ersetzen; Ausnahmen gelten für – schwer nachweisbare – **Spekulationen zu Lasten der Prospektverantwortlichen**. Anders verhält es sich dagegen, wenn der Erwerber die Wertpapiere vor der Geltendmachung des Prospekthaftungsanspruchs veräußert hat. Hat er unter Börsen- oder Marktpreis veräußert und dadurch die zu erstattende Differenz erhöht, so trifft ihn ein Mitverschulden, das schadensmindernd zu berücksichtigen ist. Der Veräußerungspreis richtet sich in einem solchen Fall nicht nach dem erzielten Veräußerungserlös, sondern nach dem an der Börse erzielbaren Verkaufspreis[610].

---

605 BGH v. 15.12.2020 – XI ZB 24/16, NZG 2021, 457.
606 BGH v. 13.12.2011 – XI ZR 51/10 – IKB, BGHZ 192, 90 = AG 2012, 209 = ZIP 2012, 318. Siehe hierzu ausführlich *Krämer/Gillessen* in Krieger/Uwe H. Schneider, Handbuch Managerhaftung, § 32 Rz. 70.
607 Siehe BGH v. 15.12.2020 – XI ZB 24/16, NZG 2021, 457.
608 *Sittmann*, NZG 1998, 490, 495.
609 *Seiler/Singhof* in Berrar/Meyer/Müller/Singhof/Wolf, § 21 WpPG Rz. 116 m.w.N.
610 Begründung zum Regierungsentwurf eines Gesetzes zur weiteren Fortentwicklung des Finanzplatzes Deutschland (Drittes Finanzmarktförderungsgesetz), BT-Drucks. 13/8933, 79.

b) Kollision mit dem aktienrechtlichen System der Kapitalerhaltung

Beide Varianten des prospekthaftungsspezifischen Schadensersatzes verstoßen an sich gegen das **Verbot der Einlagenrückgewähr** (§ 57 AktG), das die Rückzahlung der von den Aktionären gemachten Einlagen untersagt. Die Rückabwicklung des Aktienerwerbs stellt darüber hinaus einen Verstoß gegen § 71 AktG dar, der das Verbot des Rückerwerbs eigener Aktien ausspricht. Es besteht damit ein Wertungswiderspruch zwischen Aktien- und Prospekthaftungsrecht. Ein Teil der Literatur will deshalb Prospekthaftungsansprüche gegen den Emittenten nur bei einem Erwerb in einem Umsatzgeschäft anerkennen, bei einem Zeichnungserwerb jedoch dem aktienrechtlichen Kapitalerhaltungsprinzip den Vorrang einräumen. Eine solche Differenzierung überzeugt jedoch nicht. Nach dem **gesetzgeberischen Willen** gehen die Prospekthaftungsregelungen der § 9 f. WpPG den aktienrechtlichen Verboten der §§ 57, 71 ff. AktG **als abschließende Spezialregelungen** vor. Sie stellen darüber hinaus die jüngeren Regelungen dar, denen nach allgemeinen Grundsätzen gegenüber den älteren Regelungen des Aktiengesetzes der Vorrang gebührt (*lex posterior derogat legi priori*). Nach richtiger Auffassung stehen den Anlegern damit Prospekthaftungsansprüche auch im Falle des Zeichnungserwerbs gegenüber dem Emittenten zu[611]. Der Emittent muss die Aktien gegen Erstattung des Erwerbspreises übernehmen und analog § 71c AktG innerhalb eines Jahres nach ihrem Erwerb veräußern.

10.480

c) Das Verbot der Einlagenrückgewähr bei Umplatzierungen – das Telekom III-Urteil des BGH

Dass die Prospekthaftung des Emittenten ausnahmsweise doch gegen das Verbot der Einlagenrückgewähr des § 57 AktG verstoßen kann, hat der BGH in seinem viel beachteten „Telekom III-Urteil" vom 31.5.2011 entschieden. Die Deutsche Telekom AG (DTAG) verlangte von ihrer Großaktionärin, der KfW Bankengruppe, und deren Mehrheitseignerin, der Bundesrepublik Deutschland, Rückerstattung von 66 Mio. Euro für die Übernahme der Prospektverantwortung im Rahmen der teilweise fälschlich als „dritter Börsengang" bezeichneten Aktienplatzierung im Juni 2000[612]. Dieses Angebot hatte **ausschließlich die Umplatzierung** von von der KfW gehaltenen Telekom-Aktien zum Gegenstand[613].

10.481

Das OLG Köln hatte einen Zahlungsanspruch der DTAG in der Vorinstanz verneint. Dem Anspruch der Klägerin aus §§ 57, 62 AktG stünden **erhebliche eigene Interessen der Emittenten** an dem weltweit öffentlichen Angebot der Aktien entgegen (Fortgang der Privatisierung, Erhöhung der Präsenz auf dem US-Kapitalmarkt etc.). Diese Interessen wögen das mit der Übernahme der Prospekthaftung eingegangene Risiko auf, so dass keine unzulässige Einlagenrückgewähr vorliege. Mangels nachteiligen Rechtsgeschäfts wurde ein Anspruch im faktischen Konzern gem. §§ 311, 317 AktG wegen Nachteilszufügung gegen den Bund als herrschendes Unternehmen ebenfalls verneint[614].

10.482

---

611 Vgl. hierzu LG Frankfurt/M. v. 7.10.1997 – 3/11 O 44/96, WM 1998, 1181 = ZIP 1998, 641; OLG Frankfurt v. 17.3.1999 – 21 U 260/97 – MHM Mode, ZIP 1999, 1005 = AG 1999, 325; *Groß*, Kapitalmarktrecht, § 9 WpPG Rz. 14 ff.; *Krämer/Baudisch*, WM 1998, 1161, 1164 ff.; *Seiler/Singhof* in Berrar/Meyer/Müller/Singhof/Wolf, § 21 WpPG Rz. 121 f.; *Habersack* in Habersack/Mülbert/Schlitt, Hdb. der Kapitalmarktinformation, § 28 Rz. 7 ff., *Heidelbach* in Schwark/Zimmer, § 9 WpPG Rz. 32, jeweils m.w.N. Zum Verhältnis Emittentenhaftung vs. Kapitalerhaltung in der historischen Entwicklung in Deutschland und Österreich *Bayer*, WM 2013, 961 ff.
612 Der Börsengang der Gesellschaft war bereits durch Zulassung und Handelsaufnahme ihrer Aktien an der Frankfurter Wertpapierbörse, den weiteren deutschen Regionalbörsen sowie der Börse Tokio im November 1996 bei gleichzeitiger Notierungsaufnahme von *American Depositary Shares* an der New York Stock Exchange (NYSE) erfolgt. Nach einer Kapitalerhöhung im Juni 1999 handelte es sich deshalb bei der Platzierung im Jahr 2000 lediglich um eine dritte Teilstufe („Telekom III") der auf Grund der Neuordnung des Postwesens und der Telekommunikation beschlossenen Privatisierung.
613 Vgl. BGH v. 31.5.2011 – II ZR 141/09 – Telekom III, BGHZ 190, 7, 12 ff. = NJW 2011, 2719 = WM 2011, 1273 = NZG 2011, 829 = AG 2011, 548; *Krämer/Gillessen/Kiefner*, CFL 2011, 328.
614 OLG Köln v. 28.5.2009 – 8 U 108/07, AG 2009, 584 = ZIP 2009, 1276 = NZG 2009, 951; *Arnold/Aubel*, ZGR 2012, 113, 119 f.

10.483 Mit der Aufhebung des Berufungsurteils des OLG Köln hat der BGH die Übernahme der Prospekthaftung durch die Emittentin bei der öffentlichen Umplatzierung von Aktien aus dem Bestand eines Altaktionärs (sog. secondary public offering) grundsätzlich **als unzulässige Einlagenrückgewähr gem. § 57 AktG** qualifiziert[615]. Damit schloss sich der BGH einer im Schrifttum damals nur von einer Minderheit der Autoren vertretenen Auffassung an, wonach die Verpflichtung der Emittentin bei einer öffentlichen Platzierung, den Verkaufsprospekt zu erstellen und für ihn im Außenverhältnis gegenüber den Anlegern zu haften, bei **wirtschaftlicher Betrachtung**[616] eine Leistung der Aktiengesellschaft an den Aktionär darstelle[617]. Die Umplatzierung diente zwar auch dem Interesse der DTAG, die wirtschaftliche Betrachtung im Rahmen einer Umplatzierung fordere jedoch **konkrete, „bilanziell messbare" Vorteile**, um die Übernahme des Prospekthaftungsrisikos aufzuwiegen. Derartige Vorteile waren dem BGH zufolge hier nicht ersichtlich. Die KfW hätte die Leistung der DTAG kompensieren müssen. Nach Ansicht des BGH komme hier im Grundsatz lediglich eine Freistellungsvereinbarung in Betracht[618].

Die Entscheidung wirft für die Praxis eine Vielzahl an Fragen auf, die – je nach Ausgestaltung der konkreten Transaktion – erhebliche Unsicherheit begründen können. Im Folgenden kann nur ein Überblick über die drängendsten Fragen gegeben werden[619]:

10.484 Angesichts der **in der Praxis seltenen Transaktionsstruktur** im Telekom III-Fall (reine Umplatzierung[620]) drängt sich die Frage auf, ob bei anderen Transaktionsstrukturen[621] **Transaktionskosten und Prospekthaftung anteilig** auf Gesellschaft und abgebende Altaktionäre zu verteilen sind[622]. Im Grenzbereich werden sich schwierige Abgrenzungsfragen insbesondere in Bezug auf Mehrzuteilungsoptionen und Fälle ganz überwiegender Veranlassung durch einen Beteiligten ergeben[623]. Der Vorstand der betroffenen Gesellschaft wird sich mit der Rechtsfrage konfrontiert sehen, ob er auf eine **Freistellungserklärung** der abgebenden Altaktionäre drängen muss[624]. Alternativ zur Freistellungserklärung wird im Schrifttum über den Abschluss einer sog. **IPO-Versicherung** auf Kosten des Altaktionärs diskutiert und diese Möglichkeit teilweise (zu Recht) bejaht[625]. In der Praxis hat dies alles in einer Reihe von

---

615 Vgl. Arbeitskreis zum Telekom III-Urteil in CFL 2011, 377.
616 Maßgeblich ist seit dem MoMiG eine in § 57 Abs. 1 Satz 3 AktG verankerte bilanzielle Betrachtungsweise. Bestätigt wurde dies durch das „MPS"-Urteil des BGH v. 1.12.2008 – II ZR 102/07, BGHZ 179, 71, 77 = NJW 2009, 850, 851 = NZG 2009, 107 Rz. 12 = ZIP 2009, 70 = AG 2009, 81.
617 BGH v. 31.5.2011 – II ZR 141/09 – Telekom III, BGHZ 190, 7, 13 = NJW 2011, 2719, 2720 = WM 2011, 1273 Rz. 15 = NZG 2011, 829 = AG 2011, 548; *Arnold/Aubel*, ZGR 2012, 113, 120 ff.; *Fleischer*, ZIP 2007, 1969 ff.; *Schäfer*, ZIP 2010, 1877, 1879 ff.; *Bayer* in MünchKomm. AktG, § 57 AktG Rz. 82 ff.; *Fleischer/Thaten*, NZG 2011, 1081; a.A. *Schlitt*, CFL 2010, 304; *Wackerbarth*, WM 2011, 193.
618 Das Prospekthaftungsrisiko trifft zunächst die emittierende Gesellschaft. Nach dem sog. Veranlasserprinzip ist das Prospekthaftungsrisiko bei einer reinen Umplatzierung dem veräußernden Altaktionär zuzuordnen, da er das öffentliche Angebot veranlasst und die unmittelbaren wirtschaftlichen Vorteile erhält. Vgl. hierzu ausführlicher *Krämer/Gillessen/Kiefner*, CFL 2011, 328 (sog. kapitalerhaltungsrechtlicher Veranlassungszusammenhang) und *Arnold/Aubel*, ZGR 2012, 113, 123.
619 Ausführlich *Krämer/Gillessen/Kiefner*, CFL 2011, 328, 334 ff.; *Wink*, AG 2011, 569 ff.
620 Bei Börsengängen mit reiner Umplatzierungskomponente, wie etwa dem der PharmaSGP Holding SE im Jahr 2020, ist zumindest auch die Börsenzulassung der nicht-platzierten Aktien Gegenstand der Transaktion.
621 Der praktische Regelfall des Börsengangs ist eine „gemischte Transaktion", also das Zusammenspiel von Kapitalerhöhung und Umplatzierung, *Krämer/Gillessen/Kiefner*, CFL 2011, 328, 333.
622 Ausführlich dazu *Fleischer/Thaten*, NZG 2011, 1081, 1084; *Krämer/Gillessen/Kiefner*, CFL 2011, 328, 334 f.
623 Ablehnend zu einer pro ratarischen Aufteilung der Emissionskosten zumindest in bestimmten Konstellationen *Mertens*, AG 2015, 881 ff.
624 *Krämer/Gillessen/Kiefner*, CFL 2011, 328, 337 f.
625 Das gesamte Platzierungsvolumen absichern zu müssen, überspannt jedoch die Anforderungen. Vgl. in diesem Sinne *Krämer/Gillessen/Kiefner*, CFL 2011, 328, 338 m.w.N.; eher in Richtung der Absicherung des gesamten Volumens *Fleischer/Thaten*, NZG 2011, 1081, 1083.

Verfahren zu fein differenzierenden Vereinbarungen zwischen abgebenden Aktionären und Emittentin geführt, aufgrund derer die abgebenden Aktionäre anteilige Kosten der Platzierung (einschließlich einer etwaigen IPO-Versicherung) übernehmen und die Gesellschaft im entsprechenden Verhältnis freistellen, wobei etwaige Mehrzuteilungsoptionen unberücksichtigt bleiben.

Für die abgebenden Altaktionäre birgt das Urteil den meisten Sprengstoff. In den letzten Jahren hat sich jedoch die auch hier vertretene Versicherungslösung weitgehend durchgesetzt, so dass die Altaktionäre die „neuen" Haftungsrisiken verschmerzen können. Darüber hinaus ist das Urteil nicht so zu verstehen, dass nunmehr jeder abgebende Aktionär Prospektveranlasser i.S.d. § 9 Abs. 1 Satz 1 Nr. 1 WpPG ist. Für das Verhältnis **mehrerer Altaktionäre untereinander** zur Gesellschaft kann überdies nur die **Teilschuldnerschaft** gelten[626]. 10.485

Die Emittentin darf die transaktionsbegleitenden Banken weiterhin von der Prospekthaftung freistellen, weil insoweit **keine Einlagenrückgewähr gegenüber den Banken** stattfindet[627]. Die eigentlich relevante Frage ist, ob eine etwaige unzulässige Einlagenrückgewähr von der Emittentin an Aktionäre auf das Verhältnis der Emittentin zu den Banken durchschlagen kann. Sofern die Banken sicher wussten, dass Einlagen unzulässig zurückgewährt wurden, geht die überwiegende Ansicht von einem solchen Risiko aus[628]. Deshalb sollten die Banken sich auch von den abgebenden Aktionären freistellen lassen, wenn die Transaktionsstruktur dem Telekom III-Fall ähnlich ist. Bei **„gemischten" Platzierungen** (junge Aktien und Altaktien) sprechen die besseren Gründe dagegen für eine Nichtigkeit nur im Verhältnis zwischen Gesellschaft und abgebenden Altaktionären[629]. 10.486

d) Haftungsausschluss
aa) Prospektberichtigung

Die Prospekthaftung ist ausgeschlossen, wenn die Prospektverantwortlichen vor dem Abschluss des Erwerbsgeschäfts eine deutlich gestaltete Berichtigung des Prospekts veröffentlicht haben (§ 12 Abs. 2 Nr. 4 WpPG). Die Berichtigung kann im Rahmen eines Jahresabschlusses, eines Zwischenberichts (Quartalsmitteilung), einer Ad-hoc-Mitteilung i.S.d. Art. 17 Abs. 1 MAR oder einer vergleichbaren Bekanntmachung, z.B. durch ein dem Prospekt beizufügendes Einlageblatt[630], erfolgen. Sie ist sachlich wie ein Prospekt zu behandeln, d.h. sie löst, wenn sie (in Gesamtschau mit dem durch sie berichtigten Prospekt) grob fahrlässig fehlerhaft ist, Prospekthaftungsansprüche aus[631]. Damit Prospektfehler möglichst unverzüglich korrigiert werden, bedarf die Berichtigung, anders als der Prospekt oder der Nachtrag zum Prospekt, nicht der Billigung durch die BaFin. 10.487

§ 12 Abs. 2 Nr. 4 WpPG begründet **keine Berichtigungspflicht** nach Beendigung der prospektgegenständlichen Transaktion, sondern eröffnet den Prospektverantwortlichen die **Option**, einen Prospektfehler zu korrigieren und damit für die Restlaufzeit zwischen dem Zeitpunkt der Berichtigung und dem Ablauf des sechsmonatigen Haftungsfensters erfolgte Aktienerwerbe die Prospekthaftung auszuschließen. Allerdings ist eine derartige Berichtigungsveröffentlichung für den Prospektverantwortlichen nicht unproblematisch, da die Veröffentlichung von den bisherigen Erwerbern, sofern ihnen Verluste entstanden sind, als „Einladung" zur Geltendmachung von Schadensersatzansprüchen angesehen werden kann[632]; in der Praxis sollten sich daher alle Prospektverantwortlichen auf die im Einzel- 10.488

---

626 *Krämer/Gillessen/Kiefner*, CFL 2011, 328, 339 f. m.w.N.
627 Ausführlich *Schlitt*, CFL 2010, 304, 306 ff.; *Fleischer* in K. Schmidt/Lutter, § 57 AktG Rz. 24.
628 Nachweise bei *Krämer/Gillessen/Kiefner*, CFL 2011, 328, 341.
629 *Krämer/Gillessen/Kiefner*, CFL 2011, 328, 341 m.w.N.; siehe hierzu auch *Meyer* Rz. 8.151 ff. sowie *Fleischer/Thaten*, NZG 2011, 1081, 1085.
630 Begründung zum Regierungsentwurf eines Gesetzes zur weiteren Fortentwicklung des Finanzplatzes Deutschland (Drittes Finanzmarktförderungsgesetz), BT-Drucks. 13/8933, 81.
631 *Stephan*, AG 2002, 3, 12; *Heidelbach* in Schwark/Zimmer, § 12 WpPG Rz. 25.
632 *Schäfer*, ZGR 2006, 41, 54 noch zur Vorgängernorm § 45 Abs. 2 Nr. 4 BörsG.

fall angemessene Vorgehensweise verständigen. Für das Bookbuilding-Verfahren, bei dem der Kaufvertrag erst nach der Bookbuilding-Periode durch Zuteilung der emissionsbegleitenden Banken zustande kommt, bedeutet die vorstehend genannte Regelung, dass **Berichtigungen während der Bookbuilding-Periode** die Haftung ausschließen[633], allerdings gilt hier zumindest bei wesentlichen Unrichtigkeiten oder wesentlichen Ungenauigkeiten ohnehin noch die Nachtragspflicht nach Art. 23 Abs. 1 EU-Prospektverordnung. Nach Ablauf der Sechsmonatsfrist sind Entscheidungen über etwaige Prospektberichtigungen ohnehin nicht mehr erforderlich, da Prospekthaftungsansprüche nicht mehr begründet werden können.

bb) Haftungsausschluss für Zusammenfassung

10.489 Durch das Prospektrichtlinie-Umsetzungsgesetz wurden Haftungsausschlüsse bei der börsengesetzlichen Prospekthaftung in dem heutigen § 12 Abs. 2 Nr. 5 WpPG um einen weiteren Ausschlusstatbestand ergänzt und im Zusammenhang mit dem Inkrafttreten der EU-Prospektverordnung entsprechend fortgeschrieben. Hiernach sind Ansprüche nach §§ 9 f. WpPG zu Recht ausgeschlossen, wenn sie sich ausschließlich aufgrund von Angaben in der Zusammenfassung oder einer etwaigen Übersetzung ergeben. Jede Zusammenfassung ist gleichsam definitionsgemäß unrichtig bzw. unvollständig, weil sie auch Angaben weglassen muss, die „an sich" erforderlich sind. Da aber jeder Prospekt eine Zusammenfassung enthalten muss, ist es folgerichtig, dass eine Prospekthaftung „ausschließlich aufgrund von Angaben der Zusammenfassung" ausscheiden soll, es sei denn, die Zusammenfassung erscheint auch in der Zusammenschau mit den anderen Teilen des Prospektes als irreführend, unrichtig oder widersprüchlich oder enthält nicht alle Basisinformationen i.S.v. Art. 7 EU-Prospektverordnung[634]. In leicht modifizierter Form findet die Regelung auch auf sog. EU-Wachstumsprospekte i.S.v. Art. 15 Abs. 1 EU-Prospektverordnung Anwendung, für deren Inhalt generell bestimmte Erleichterungen gelten.

cc) Verbot vorheriger Haftungsausschlüsse

10.490 Vereinbarungen, durch welche die Prospekthaftung nach den §§ 9 f. WpPG im Voraus ermäßigt oder erlassen wird, sind unwirksam (§ 16 Abs. 1 WpPG), wobei umstritten ist, ob hiermit der Zeitpunkt des Entstehens des Anspruchs[635] oder der Kenntnisnahme bzw. der Möglichkeit hiervon gemeint ist[636]. Ein Vergleich, der nach dem entsprechenden Zeitpunkt abgeschlossen wird, wird von dieser Regelung nicht umfasst. Das Verbot vorheriger Haftungsausschlüsse betrifft nur das Verhältnis zwischen den Prospektverantwortlichen und dem Anspruchsberechtigten und beschränkt sich auf Ansprüche nach dem WpPG. Dementsprechend bleiben Haftungsausschlüsse betreffend eine etwaige allgemeine zivilrechtliche Prospekthaftung zulässig, was für den Abschluss von Vereinbarungen mit sog. Backstop-, Anchor- oder Cornerstone-Investoren große Bedeutung hat, da deren Kaufentscheidung allenfalls auf der Grundlage von Entwurfsfassungen des erst später noch zu billigenden Prospekts getroffen werden, die nicht den Haftungsregelungen des WpPG unterliegen. Die üblicherweise vorgenommenen **Vereinbarungen zur Verteilung des Schadens** zwischen den Prospektverantwortlichen oder der Abschluss anderer Verträge, die im Schadensfall einen wirtschaftlichen Ausgleich verschaffen (wie beispielsweise Prospekthaftungsversicherungen) werden von der Regelung des § 16 WpPG **nicht berührt**.

10.491–10.493 Einstweilen frei.

---

633 *Groß*, ZHR 1998, 318, 329, 331.
634 *Groß*, Kapitalmarktrecht, § 12 WpPG Rz. 11.
635 *Groß*, Kapitalmarktrecht, § 16 WpPG Rz. 2; *Seiler/Singhof* in Berrar/Meyer/Müller/Singhof/Wolf, § 21 WpPG Rz. 32; *Heidelbach* in Schwark/Zimmer, § 9 WpPG Rz. 25.
636 *Hamann* in Schäfer/Hamann, Kapitalmarktgesetze, § 47 BörsG Rz. 2 (zur alten Rechtslage); *Assmann* in Assmann/Schlitt/von Kopp-Colomb, § 25 WpPG Rz. 4 und *Seiler/Singhof* in Berrar/Meyer/Müller/Singhof/Wolf, § 25 WpPG Rz. 2 jeweils m.w.N zum Meinungsstand.

9. Konkurrenzen

Neben der Wertpapierprospekthaftung kann der Erwerber der Wertpapiere vertragliche oder vorsätzliche oder fahrlässige deliktische Ansprüche geltend machen (§ 12 Abs. 2 WpPG). Andere gesetzliche Ansprüche, die an den Prospektbegriff des Börsengesetzes anknüpfen, werden von den spezialgesetzlichen Regelungen der §§ 9 ff. WpPG verdrängt.

10.494

a) Allgemeine zivilrechtliche Prospekthaftung

Im Anwendungsbereich der spezialgesetzlichen Wertpapierprospekthaftung, d.h. bei gebilligten Prospekten nach WpPG (bzw. nach den entsprechenden ausländischen Vorschriften und Notifizierung durch die billigende Behörde an die BaFin), ist die von der Rechtsprechung entwickelte, nicht kodifizierte allgemeine zivilrechtliche Prospekthaftung (teilweise auch als bürgerlich-rechtliche Prospekthaftung bezeichnet) **ausgeschlossen**[637]. Dies ist gerechtfertigt, da diese einen strengeren Haftungsmaßstab als die spezialgesetzliche Prospekthaftung anlegt und zu einer Aushöhlung der noch verbliebenen[638] Privilegierungen der §§ 9 ff. WpPG führen würde. Prospektverantwortliche im Sinne der allgemeinen zivilrechtlichen Prospekthaftung haben für jede Form von Fahrlässigkeit, auch für einfache, einzustehen[639]. Darüber hinaus geht der Haftungsumfang weiter, da alle nach den §§ 249 ff. BGB liquidierbaren Schäden, auch entgangener Gewinn, umfasst werden[640].

10.495

Der Anwendungsausschluss gilt jedoch nicht für Veröffentlichungen, die keine Darstellungen i.S.d. WpPG sind, wie etwa Bezugsangebote, Zeichnungsaufforderungen, Werbemaßnahmen, veröffentlichte Research-Analysen und Ad-hoc-Mitteilungen nach Art. 17 Abs. 1 MAR. Ob solche Veröffentlichungen der allgemeinen zivilrechtlichen Prospekthaftung unterfallen, ist bislang nicht abschließend geklärt[641]. Entscheidend ist, ob sie als **Prospekt im Sinne der allgemeinen zivilrechtlichen Prospekthaftung** zu qualifizieren sind. Der Prospektbegriff wird üblicherweise in Anlehnung an den Prospektbegriff des § 264a StGB als jede marktbezogene, d.h. an eine bestimmte Zahl von Personen gerichtete schriftliche Erklärung, die für die Beurteilung der Anlage erhebliche Angaben enthält oder **den Eindruck eines**

10.496

---

637 Vgl. Begründung zum Regierungsentwurf eines Gesetzes zur weiteren Fortentwicklung des Finanzplatzes Deutschland (Drittes Finanzmarktförderungsgesetz), BT-Drucks. 13/8933, 81; OLG Frankfurt v. 17.12.1996 – 5 U 178/95 – Sachsenmilch, NJW-RR 1997, 749, 751 = ZIP 1997, 107, 109 = AG 1997, 33; OLG Frankfurt v. 6.7.2004 – 5 U 122/03 – EM.TV II, ZIP 2004, 1411, 1415 = AG 2004, 510 = WM 2004, 1831.
638 Die in § 46 BörsG a.F. enthaltene Regelung, nach der eine Verjährung der börsenrechtlichen Prospekthaftung spätestens in drei Jahren ab der Veröffentlichung des Prospekts eintrat, wurde durch das Gesetz zur Novellierung des Finanzanlagenvermittler- und Vermögensanlagenrechts v. 6.12.2011 (BGBl. I 2011, 2481) ohne Angabe von Gründen ersatzlos gestrichen, so dass nunmehr auch bei Prospekthaftungsansprüchen nach WpPG die allgemeine Regelverjährung gem. §§ 195, 199 BGB Anwendung findet.
639 Siehe *Groß*, Kapitalmarktrecht, § 16 WpPG Rz. 3 und 7b.
640 Vor dem Hintergrund der Forderungen des deutschen Gesetzgebers und der Europäischen Union nach einheitlichen und transparenten Kapitalmärkten sowie angesichts einer nicht zu rechtfertigenden Ungleichbehandlung gleicher Sachverhalte sollte die Regelung des § 9 WpPG auch maßgeblich für die Bestimmung des Inhalts und der Reichweite zivilrechtlicher Prospekthaftung werden. Ferner zu den Auswirkungen der Änderungen der Prospektverordnung von 2012 auf die alte Rechtslage: *von Kopp-Colomb/Seitz*, WM 2012, 1220. Zur zutreffend engen Konturierung des Prospektbegriffs auch ausführlich *Mülbert/Steup* in Habersack/Mülbert/Schlitt, Unternehmensfinanzierung am Kapitalmarkt, Rz. 41.160 ff.
641 Prospekteigenschaft in Bezug auf Ad-hoc-Mitteilungen verneint durch BGH v. 19.7.2004 – II ZR 402/02 – Infomatec, BGHZ 160, 149, 151 ff. = NJW 2004, 2971, 2972 f. = WM 2004, 1721, 1722 = ZIP 2002, 1989 = AG 2004, 546; OLG München v. 1.10.2002 – 30 U 855/01, NJW 2003, 144 ff. = WM 2003, 70, 76 = ZIP 2002, 1989 = AG 2003, 106; OLG Frankfurt v. 18.4.2007 – 21 U 72/06, AG 2007, 749, 753; BGH v. 19.7.2004 – II ZR 218/03 – Infomatec, BGHZ 160, 134 ff. = NJW 2004, 2664 ff. = WM 2004, 1721, 1722 = ZIP 2002, 1989 = AG 2004, 543.

solchen Inhalts erwecken soll, definiert, wobei man heute aufgrund der Entwicklung von modernen Kommunikationstechniken wie Internet und E-Mail das Tatbestandsmerkmal der Schriftlichkeit der Information auf elektronische Übermittlung wird erweitern müssen[642]. Werbemaßnahmen in Zeitungsanzeigen[643], durch sog. Flyer, Imagebroschüren, Kurzexposés und Briefe des Emittenten sollten nicht der allgemeinen zivilrechtlichen Prospekthaftung unterfallen, solange sie nicht den Eindruck vermitteln, die für die Beurteilung der Anlage erheblichen Angaben zu enthalten[644]. Anlegerschutz und berechtigte Interessen des Kapitalmarktes an der Vermarktung ihrer Produkte sind hier zum Ausgleich zu bringen. Ein klar gestalteter und ausdrücklicher Hinweis (*Disclaimer*) sollte diesen Ausgleich herstellen und die allgemeine zivilrechtliche Haftung ausschließen können[645].

10.497 Vor der Emission der Wertpapiere erfolgte Bezugsangebote werden nicht von der allgemeinen zivilrechtlichen Haftung erfasst, da sie sich nicht an neue Investoren, sondern an die Altaktionäre wenden[646]. Halbjahresfinanzberichte und sonstige in Erfüllung wertpapier- und börsenrechtlicher Publizitätserfordernisse abgegebene Erklärungen wurden in der Vergangenheit in der Literatur zum Teil als Prospekte im Sinne der allgemeinen zivilrechtlichen Prospekthaftung angesehen, obwohl sie in der Regel nicht mit der Intention, Investoren zur Anlageentscheidung zu veranlassen, veröffentlicht werden; in ihrer heutigen Konturierung durch den Gesetzgeber sind sie von der Prospekthaftung nicht erfasst[647]. Sieht man diese Veröffentlichungen als Prospekte an, darf ihre **Vollständigkeit** jedoch **nur an der die Informationspflicht auslösenden Norm** und nicht an den Vorgaben des § 9 WpPG gemessen werden[648]. Soweit ausnahmsweise eine allgemeine zivilrechtliche Prospekthaftung gegeben ist, ist zur Vermeidung unangemessen scharfer Haftung jedoch der Haftungsmaßstab von § 12 Abs. 1 WpPG anzuwenden[649].

---

642 *Assmann/Kumpan* in Assmann/Schütze/Buck-Heeb, Handbuch Kapitalanlagerecht, § 5 Rz. 38; *Groß*, Kapitalmarktrecht, § 16 WpPG Rz. 5.
643 A.A. OLG Frankfurt v. 29.2.1982 – 21 U 296/81, S. 8 (unveröffentlicht).
644 Die wirtschaftsrechtliche Abteilung des 64. Juristentages 2002 in Berlin hat jedoch empfohlen, vertriebsbezogene Werbeveröffentlichungen außerhalb des Börsenzulassungs- oder Verkaufsprospekts der allgemeinen zivilrechtlichen Prospekthaftung zu unterwerfen. So nun auch der BGH im sog. „Rupert-Scholz-Urteil", BGH v. 17.11.2011 – III ZR 103/10, BGHZ 191, 310, 323 f. = NJW 2012, 758, 761 f. = ZBB 2012, 137 = ZIP 2011, 2410 = AG 2012, 130. Ein als „Produktinformation" betiteltes Druckwerk, das gezielt mit dem „Emissionsprospekt" vertrieben wird, ist bei der gebotenen Gesamtbetrachtung, als Bestandteil des Anlageprospekts zu qualifizieren, wobei es weder darauf ankommt, dass diese Schriftstücke nicht körperlich mit dem als Emissionsprospekt titulierten Druckwerk verbunden waren, noch ist es von Belang, dass sich auf der letzten Seite der Hinweis (Disclaimer) befindet, dies stelle nicht den Emissionsprospekt dar. Vgl. hierzu *Klöhn*, WM 2012, 97. Für emissionsbegleitende mündliche Äußerungen wurde eine entsprechende Empfehlung allerdings (zu Recht) abgelehnt. Vgl. Empfehlungen Nr. 1.6 und 1.7, NZG 2002, 1006. Vgl. für die Haftung für Werbeangaben auch *Lehmann*, DB 2002, 1090 ff. Im Übrigen wie hier *Mülbert/Steup* in Habersack/Mülbert/Schlitt, Unternehmensfinanzierung am Kapitalmarkt, Rz. 41.167 m.w.N.
645 Für diese Wertung spricht auch § 21 VermAnlG. Vgl. anders jetzt jedoch „Rupert Scholz"-Urteil des BGH v. 17.11.2011 – III ZR 103/10, BGHZ 191, 310, 317 = NJW 2012, 758, 760 = ZBB 2012, 137 = ZIP 2011, 2410 = AG 2012, 130.
646 BGH v. 12.7.1982 – II ZR 175/81 – Beton- und Monierbau, NJW 1982, 2823, 2826 = WM 1982, 862, 867 f. = AG 1982, 278 = ZIP 1982, 923; *Mülbert/Steup* in Habersack/Mülbert/Schlitt, Unternehmensfinanzierung am Kapitalmarkt, Rz. 41.166.
647 Wie hier *Mülbert/Steup* in Habersack/Mülbert/Schlitt, Unternehmensfinanzierung am Kapitalmarkt, Rz. 41.165.
648 Der (zurückgezogene) Entwurf des Gesetzes zur Verbesserung der Haftung für falsche Kapitalmarktinformationen (Kapitalmarktinformationshaftungsgesetz – KapInHaG) v. 7.10.2004 sprach ebenfalls gegen die Qualifikation von Bezugsangeboten als Prospekt *de lege lata*.
649 Ebenso *Habersack* in Habersack/Mülbert/Schlitt, Hdb. der Kapitalmarktinformation, § 28 Rz. 76 m.w.N.

Mit dem VermAnlG wurde die von der Rechtsprechung entwickelte allgemeine zivilrechtliche Prospekthaftung im Bereich des sog. grauen Kapitalmarkts in die spezialgesetzliche Prospekthaftung überführt. Durch die Ausdehnung des gesetzlichen Anlegerschutzes hat der Gesetzgeber versucht, die als hinderlich empfundene „Zweigleisigkeit" der Prospekthaftung zu überwinden[650]. Dennoch fehlen bisher praktische Anwendungsfälle dafür, dass der BGH seine Rechtsprechung an die Neuregelungen anpassen kann[651]. Wie auch im sog. „Rupert Scholz"-Urteil hat der BGH parallel zur Gesetzgebung seine eigene Rechtsfortbildung vorangetrieben. Die **allgemeine zivilrechtliche Prospekthaftung umfasst** im Zuge dieses Urteils auch **Dokumente jenseits des eigentlichen Emissionsprospekts**[652]. Mittlerweile wird dieser Fall von § 22 VermAnlG und damit von der gesetzlichen Prospekthaftung geregelt[653].

10.498

b) Vertragliche und vertragsähnliche Ansprüche

Ansprüche aus einem **Vertrag** kommen nur in Betracht, wenn der Anspruchsteller die Wertpapiere unmittelbar bei einer der emissionsbegleitenden Banken oder dem Emittenten erworben hat. In einem solchen Fall haften die Banken bzw. der Emittent nach § 311a BGB jedoch nur für den Bestand des Rechts, nicht aber für die Bonität des Schuldners[654]. Ebenso selten ist eine Haftung der Prospektverantwortlichen für ein **Verschulden bei Vertragsschluss** (§ 311 Abs. 2 i.V.m. § 241 Abs. 2, § 280 BGB), die ebenfalls einen unmittelbaren Kontakt zwischen einem Prospektverantwortlichen und dem Anleger voraussetzt[655]. Die Verpflichtung des Bankenkonsortiums, in Fällen des mittelbaren Bezugsrechts (§ 186 Abs. 5 AktG) die Wertpapiere den Aktionären anzubieten, reicht hierfür nicht aus[656].

10.499

c) Deliktische Ansprüche

Mit der Überführung der Prospekthaftungsvorschriften in das WpPG hat der Gesetzgeber auf Konkurrenzebene eine Verschärfung vorgenommen. Nach alter Rechtslage (§ 47 Abs. 2 BörsG a.F.) konnten Deliktsansprüche nur bei **vorsätzlichem** oder **grob fahrlässigem** Handeln geltend gemacht werden. Als Nachfolgenorm des nunmehr weggefallenen § 47 Abs. 2 BörsG a.F. umfasst § 16 Abs. 2 WpPG vom **Wortlaut** her **auch einfach fahrlässiges Handeln**. Als Konsequenz wäre es geschädigten Anlegern möglich, wahlweise auch nach § 823 Abs. 2 BGB i.V.m. einer fahrlässigen Verletzung eines Schutzgesetzes Ansprüche geltend zu machen[657].

10.500

---

650 *Assmann* in Assmann/Schlitt/von Kopp-Colomb, Vor §§ 21–25 WpPG Rz. 1 ff.; *Assmann/Kumpan* in Assmann/Schütze/Buck-Heeb, Handbuch Kapitalanlagerecht, § 5 Rz. 1 ff.; *Hellgardt*, ZBB 2012, 72.
651 Die höchstrichterlichen Entscheidungen betreffen allesamt Fälle vor Juli 2005. Sämtliche gesetzliche Neuregelungen (z.B. Anlegerschutzverbesserungsgesetz und Vermögensanlagegesetz) waren im Rahmen der Urteilsfindung nicht zu berücksichtigen. Es hätte sich allerdings für den BGH die Möglichkeit eröffnet, hierzu passend die neuen Regelungen zumindest zu erwähnen.
652 BGH v. 17.11.2011 – III ZR 103/10, BGHZ 191, 310, 318 = NJW 2012, 758, 760 = ZBB 2012, 137 = ZIP 2011, 2410 Rz. 21–26 = AG 2012, 130. Die im Fall einschlägigen Zeitschriftenartikel waren dem BGH zufolge „inhaltlich mit dem als Produktinformation bezeichneten Druckwerk verknüpft und wurden gemeinsam mit diesem sowie dem Emissionsprospekt vertrieben, so dass sie Bestandteil des Anlageprospekts wurden".
653 Siehe auch *Hellgardt*, ZBB 2012, 72, 80 ff.
654 OLG Düsseldorf v. 25.6.1981 – 6 U 79/80 – Beton- und Monierbau, ZIP 1981, 847, 850 = WM 1981, 969.
655 OLG Frankfurt v. 17.12.1996 – 5 U 178/95 – Sachsenmilch, NJW-RR 1997, 749, 751 = ZIP 1997, 107, 109 = AG 1997, 333.
656 OLG Düsseldorf v. 5.4.1984 – 6 U 239/82 – Beton- und Monierbau, WM 1984, 586, 597 595 = ZIP 1984, 549.
657 *Lorenz/Schönemann/Wolf*, CFL 2011, 346, 349: Aufgabe des Grundgedankens der Prospekthaftung sei, dass die scharfe Haftung (Beweislastumkehr für Verschulden) mit einem betragsmäßig beschränkten Anspruch einhergehe. Vgl. hierzu auch *Leuering*, NJW 2012, 1905 ff.

Deliktische Ansprüche kommen vor allem bei betrügerischen (§ 823 Abs. 2 BGB i.V.m. § 263 StGB) oder in sittenwidriger Weise mit (u.U. bedingtem) Schädigungsvorsatz verfassten (§ 826 BGB) Prospekten[658] sowie bei Verletzung von anlegerschützenden Gesetzen, die vorsätzliche unrichtige Angaben in Prospekten sanktionieren (§ 823 Abs. 2 BGB i.V.m. § 264a StGB bzw. § 400 AktG) in Betracht.

Ferner können Anleger, die aus einer Kapitalerhöhung hervorgegangene Aktien erwerben, Ansprüche auf den Straftatbestand des sog. Kapitalerhöhungsschwindel stützen, wenn die Vorstands- und Aufsichtsratsmitglieder des Emittenten bei der Anmeldung der Kapitalerhöhung zum Handelsregister falsche Angaben gemacht oder erhebliche Umstände verschwiegen haben und der Aktienerwerb im Vertrauen auf die Richtigkeit der zum Handelsregister gemachten Angaben erfolgte (§ 823 Abs. 2 BGB i.V.m. § 399 Abs. 1 Nr. 1 AktG). Da der **Anleger** bei der Geltendmachung eines Anspruchs aus unerlaubter Handlung **die Darlegungs- und Beweislast für alle Anspruchsvoraussetzungen trägt**, obliegt es grundsätzlich ihm nachzuweisen, dass er die Registerangaben kannte[659]. Die Rechtsprechung hält jedoch den Nachweis für ausreichend, dass der Anleger den Inhalt des Kapitalerhöhungsbeschlusses und den Umstand, dass die Durchführung der Kapitalerhöhung in das Handelsregister eingetragen wurde, kannte[660].

10.501 Der **Haftungsumfang** bei deliktischen Ansprüchen **ist weiter als bei der Wertpapierprospekthaftung** und umfasst alle nach §§ 249 ff. BGB liquidierbaren Schäden einschließlich des entgangenen Gewinns. Die Beschränkungen der §§ 9 f. WpPG gelten nicht[661]. Prospektfehler, die von einzelnen Vorstandsmitgliedern zu verantworten sind, werden der Gesellschaft über § 31 BGB zugerechnet. Mittäter, Anstifter und Gehilfen können ebenfalls in Anspruch genommen werden (§ 830 BGB). Deliktische Schadensersatzansprüche unterliegen der allgemeinen Verjährungsfrist von drei Jahren, beginnend mit dem Schluss des Jahres, in dem der Anspruch entstanden ist und der Anleger von den anspruchsbegründenden Umständen und der Person des Prospektverantwortlichen Kenntnis erlangt hat (§§ 195, 199 BGB). Wie bei der prospektgesetzlichen Prospekthaftung (vgl. Rz. 10.480) steht auch den Ansprüchen aus deliktischer Haftung das Verbot der Einlagenrückgewähr i.S.v. § 57 Abs. 1 AktG und das Verbot des Erwerbs eigener Aktien i.S.v. §§ 71 ff. AktG nicht entgegen[662].

10.502–10.504 Einstweilen frei.

10. Durchsetzung von Prospekthaftungsansprüchen

a) Verjährung

10.505 Galt für Prospekthaftungsansprüche bislang eine Sonderverjährung (§ 46 BörsG a.F.), wurde diese durch das VermAnlG ohne Angabe von Gründen beseitigt, so dass nunmehr auf die allgemeinen Ver-

---

658 OLG Frankfurt v. 21.2.2006 – 5 U 78/04, AG 2006, 584, 585 ff. = BKR 2006, 462; außerdem kommt eine deliktische Haftung von Prospektverantwortlichen wegen vorsätzlicher sittenwidriger Schädigung in Betracht, wenn ein Anleger mit Hilfe unrichtiger Prospektangaben durch arglistige Täuschung zum Vertragsschluss veranlasst wurde, vgl. BGH v. 28.2.2005 – II ZR 13/03, NJW-RR 2005, 751 ff. = ZIP 2005, 709 = WM 2005, 736 = BKR 2005, 360 ff. Weitergehend BGH v. 21.2.2013 – III ZR 139/12, NJW 2013, 1877, 1878 f. = ZIP 2013, 935 = AG 2013, 522 wegen unrichtigem Jahresabschluss.
659 BGH v. 11.11.1985 – II ZR 109/84 – Beton- und Monierbau, BGHZ 96, 231, 242 = NJW 1986, 837, 840 = ZIP 1986, 14 = AG 1986, 76.
660 BGH v. 11.7.1988 – II ZR 243/87 – Kerkerbachbahn, BGHZ 105, 121, 126 ff. = NJW 1988, 2794, 2795 = ZIP 1988, 1112 = AG 1988, 331.
661 Begründung zum Regierungsentwurf eines Gesetzes zur weiteren Fortentwicklung des Finanzplatzes Deutschland (Drittes Finanzmarktförderungsgesetz), BT-Drucks. 13/8933, 81; Zur alten Rechtslage: OLG Frankfurt v. 14.2.2003 – 5 W 34/02 – Comroad I, NJW 2003, 1258 = ZIP 2003, 1090, 1091.
662 Das Integritätsinteresse des durch ein vorsätzlich sittenwidriges, der Gesellschaft zurechenbares Handeln des Vorstands geschädigten Anlegers hat Vorrang vor dem in den Vorschriften der §§ 57, 71 Abs. 2 Satz 2 AktG zum Ausdruck kommenden Gedanken der Kapitalerhaltung und Vermögensbindung, vgl. OLG Frankfurt v. 21.2.2006 – 5 U 78/04, AG 2006, 584, 586 = BKR 2006, 462.

jährungsvorschriften zurückzugreifen ist, § 199 BGB. Auch wenn die kürzere Verjährungsfrist der alten Regelung kaum praktische Relevanz entfalten konnte, stellte sie dennoch einen Ausgleich für die den Emittenten und die begleitenden Banken treffende Beweislast des Entlastungsbeweises dar. Die **Abschaffung der Sonderverjährung** führt zu vergrößerten Spekulationsmöglichkeiten der Anleger und weicht auch von der ursprünglichen Maxime ab, eine zeitnahe Überprüfung des Prospekts zu ermöglichen und damit Haftungsandrohung für den Anspruchsgegner zeitlich überschaubar zu halten[663].

b) Gerichtliche Zuständigkeit

§ 32b ZPO regelt den ausschließlichen Gerichtsstand bei falscher oder irreführender öffentlicher Kapitalmarktinformation. 10.506

Nach § 32b Abs. 1 ZPO ist u.a. für Klagen, mit denen der Ersatz eines auf Grund falscher, irreführender oder unterlassener öffentlicher Kapitalmarktinformationen verursachten Schadens oder ein Erfüllungsanspruch aus Vertrag, der auf einem Angebot nach dem Wertpapiererwerbs- und Übernahmegesetz beruht, geltend gemacht wird, das **Gericht ausschließlich am Sitz des betroffenen Emittenten**, des betroffenen Anbieters von sonstigen Vermögensanlagen oder der Zielgesellschaft **zuständig**, sofern sich dieser Sitz nicht im Ausland befindet. Der in § 32b ZPO eingeführte ausschließliche Gerichtsstand soll einer Zersplitterung der örtlichen Zuständigkeiten aufgrund verschiedener Gerichtsstände entgegenwirken. § 32b ZPO schafft eine ausschließliche sachliche Zuständigkeit des LG für die genannten Ansprüche. Zu den öffentlichen Kapitalmarktinformationen i.S.d. § 32b Abs. 1 ZPO gehören auch Angaben in den der börsengesetzlichen Prospekthaftung unterliegenden Prospekten nach dem WpPG. Nach § 71 Abs. 2 Nr. 3 GVG, der wie die anderen vorgenannten Neuregelungen durch das Kapitalanleger-Musterverfahrensgesetz (siehe sogleich) eingeführt wurde, sind für Schadensersatzansprüche auf Grund falscher, irreführender oder unterlassener öffentlicher Kapitalmarktinformationen ohne Rücksicht auf den Wert des Streitgegenstandes die **LG** zuständig[664]. Den Bundesländern ist es nach § 32b Abs. 2 ZPO erlaubt, diese Zuständigkeit durch sog. **Konzentrationsverordnungen** bei einzelnen LG zusammenzufassen[665].

c) Fehlender Nachrang in der Insolvenz

Mangels entsprechender gesetzlicher Anordnung[666] sind Schadensersatzansprüche aus Prospekthaftung im Fall einer Insolvenz der Emittentin nicht nachrangig gegenüber anderen Ansprüchen gegen die insolvente Schuldnerin. Auch gilt ein mit der Vermögensanlage übernommener Nachrang nicht für Schadensersatzansprüche, die auf schädigenden Ereignissen im Vorfeld einer Vermögensanlage beruhen[667]. 10.507

Die Frage einer **etwaigen Nachrangigkeit von Schadensersatzansprüchen aus Prospekthaftung** in der Insolvenz der Emittentin gegenüber denen von anderen (Dritt-)Gläubigern aus sonstigen Rechtsgründen wurde Anfang dieses Jahrtausends und im Nachgang zu größeren Haftungsfällen in Bezug auf Gesellschaften, deren Aktien im damaligen „Neuen Markt" der Frankfurter Wertpapierbörse no- 10.508

---

663 *Lorenz/Schönemann/Wolf*, CFL 2011, 346, 347 ff. Ungeachtet der Verlängerung der Verjährungsfrist zeigt die praktische Erfahrung, dass Kausalitätsverläufe, angeblich fehlerhafte Mitwirkungen sowie Schadensberechnungen mit zunehmender Zeit Schwierigkeiten bereiten. Es liegt daher im Eigeninteresse potentieller Anspruchssteller, Ansprüche zeitnah geltend zu machen.
664 *Assmann/Kumpan* in Assmann/Schütze/Buck-Heeb, Handbuch Kapitalanlagerecht, § 5 Rz. 237.
665 Ein Beispiel dafür ist Hessen, das die Zuständigkeit (Frankfurt/M.) durch die Verordnung über die Zuständigkeit in Kapitalmarktstreitsachen nach § 32b Abs. 1 Satz 1 v. 13.1.2006 (GVBl. D. 26) geregelt hat.
666 RG v. 2.6.1916 – III 61/16, RGZ 88, 271, 273.
667 BGH v. 29.5.2006 – II ZR 334/05 (unveröffentlicht); BGH v. 9.5.2005 – II ZR 287/02 – EM.TV, AG 2005, 609 = ZIP 2005, 1270.

tiert waren (insbesondere Comroad AG und EM.TV AG) mit Blick auf die Einführung einer umfassenden Schadensersatzhaftung für jegliche fehlerhafte Information des Kapitalmarkts diskutiert. Der die überwiegend rechtspolitisch geführte Debatte auslösende Diskussionsbeitrag[668] ging im Einklang mit der vorstehend zitierten Rechtsprechung jedoch davon aus, dass vom Gesetzgeber für Ansprüche aus Prospekthaftung (d.h. dem heutigen § 9 WpPG) ebenso wie für Haftung für fehlerhafte Ad-hoc-Mitteilungen[669] *de lega lata* keine derartige Nachrangigkeit angeordnet wurde und es sich insoweit nur um eine *de lege ferenda* zu erreichende „Korrektur" einer gesetzgeberischen Entscheidung handeln könne. In der Folge der Insolvenz der Wirecard AG im Jahr 2020 ist die Debatte hierüber neu entbrannt[670].

10.509–10.511 Einstweilen frei.

11. Kapitalanleger-Musterverfahrensgesetz

10.512 Das Gesetz zur Einführung von Kapitalanleger-Musterverfahren vom 16.8.2005[671] ermöglicht seit dem Inkrafttreten am 1.11.2005 die Durchführung von Musterprozessen über Ansprüche von Kapitalanlegern. Das Gesetz ist zum 1.11.2012 durch das Gesetz über Musterverfahren in kapitalmarktrechtlichen Streitigkeiten (Kapitalanleger-Musterverfahrensgesetz – KapMuG) ersetzt und inhaltlich umfassend reformiert. Die Geltung des KapMuG wurde zunächst bis zum 1.11.2020 befristet[672]. Mit dem Änderungsgesetz vom 16.10.2020 wurde die Befristung um etwas mehr als drei Jahre bis zum Ablauf des 31.12.2023 verlängert[673].

a) Kollektives Musterverfahren

10.513 Der Gesetzgeber hat sich für ein **bereichsspezifisches kollektives Musterverfahren** entschieden. In diesem Musterverfahren wird das Vorliegen einer oder mehrerer in mehreren Rechtsstreitigkeiten strittigen Tatsachen- oder Rechtsfrage(n), etwa der Fehlerhaftigkeit eines Wertpapierprospekts, für alle diese Rechtsstreitigkeiten einheitlich verbindlich entschieden. Im Einzelnen ist das Musterverfahren wie folgt ausgestaltet:

aa) Anwendungsbereich

10.514 Der Gesetzgeber des KapMuG ging davon aus, dass der Anwendungsbereich des Gesetzes durch die Reform im November 2012 nur moderat erweitert worden sei[674]. Musterverfahrensfähig sind seitdem auch Schadensersatzansprüche wegen Verwendung einer falschen oder irreführenden öffentlichen Kapitalmarktinformation oder wegen Unterlassung der gebotenen Aufklärung darüber, dass eine öffentliche Kapitalmarktinformation falsch oder irreführend ist (§ 1 Abs. 1 Nr. 2 KapMuG). Damit sind Ansprüche aus Anlageberatungs- oder -vermittlungsverträgen gemeint; ob es sich wirklich nur um eine

---

668 *Baums*, ZHR 167 (2003), 139 ff.
669 Siehe dazu ausführlich auch *Krämer/Gillessen*, Handbuch Managerhaftung, § 32 Rz. 53 ff.
670 Für einen Nachrang (und damit gegen eine quotale Teilhabe an der Insolvenzmasse gem. § 38 InsO nach Befriedigung der Massegläubiger und der Inhaber von Absonderungsrechten) sprechen sich aus *Thole*, ZIP 2020, 2533; *Gehrlein*, WM 2021, 763 (Teil I) und WM 2021, 805 (Teil II); dagegen *Bitter/Jochum*, ZIP 2021, 2533; *Brinkmann/Richter*, AG 2021, 489.
671 BGBl. I 2005, 2437 ff.
672 Gesetz zur Reform des Kapitalanleger-Musterverfahrensgesetzes und zur Änderung anderer Vorschriften v. 19.10.2012 (BGBl. I 2012, 2182); Überblicke bei *Schneider/Heppner*, BB 2012, 2703 ff.; *von Bernuth/Kremer*, NZG 2012, 890 ff.
673 Gesetz zur Änderung des Kapitalanleger-Musterverfahrensgesetz v. 16.10.2020 (BGBl. I 2020, 2186).
674 Regierungsentwurf eines Gesetzes zur Reform des Kapitalanleger-Musterverfahrensgesetzes, BT-Drucks. 17/8799, 25.

moderate Ausdehnung des Anwendungsbereiches handelt, ist noch abzuwarten[675]. Einer vorschnellen Aussetzung der Individualverfahren nach § 8 Abs. 1 KapMuG hat der BGH jedenfalls einen Riegel vorgeschoben[676].

bb) Einleitung des Musterverfahrens

Voraussetzung für die Einleitung eines Musterverfahrens ist zunächst, dass bereits ein Rechtsstreit im Anwendungsbereich des KapMuG rechtshängig ist (§ 2 Abs. 1 KapMuG), wobei der Musterverfahrensantrag bereits mit Erhebung der Klage verbunden werden kann und erst mit der Rechtshängigkeit Wirkungen nach sich zieht[677]. **Öffentliche Kapitalmarktinformationen** sind Informationen über Tatsachen, Umstände, Kennzahlen und sonstige Unternehmensdaten, die **für eine Vielzahl von Kapitalanlegern bestimmt** sind und einen Emittenten von Wertpapieren oder einen Anbieter von sonstigen Vermögensanlagen betreffen (§ 1 Abs. 2 KapMuG). Dies sind nach § 1 Abs. 2 Satz 2 KapMuG insbesondere Angaben in Prospekten nach der EU-Prospektverordnung (Verordnung (EU) 2017/1129), Wertpapier-Informationsblättern nach dem WpPG und Informationsblättern nach dem WpHG, Verkaufsprospekten, Vermögensanlagen-Informationsblättern und wesentlichen Anlegerinformationen nach dem Verkaufsprospektgesetz, dem Vermögensanlagengesetz sowie dem Investmentgesetz in der bis zum 21.7.2013 geltenden Fassung sowie dem Kapitalanlagegesetzbuch, Mitteilungen über Insiderinformationen i.S.d. Art. 17 MAR und des § 26 WpHG, Darstellungen, Übersichten, Vorträge und Auskünfte in der Hauptversammlung über die Verhältnisse der Gesellschaft einschließlich ihrer Beziehungen zu verbundenen Unternehmen i.S.d. § 400 Abs. 1 Nr. 1 AktG, Jahresabschlüsse, Lageberichte, Konzernabschlüsse, Konzernlageberichte sowie Halbjahresfinanzberichte des Emittenten und Angebotsunterlagen i.S.d. § 11 Abs. 1 Satz 1 WpÜG.

10.515

Innerhalb eines solchen Rechtsstreits können **sowohl Kläger als auch Beklagter** einen Antrag auf Feststellung des Vorliegens oder Nichtvorliegens einer anspruchsbegründenden oder -ausschließenden Voraussetzung oder Klärung einer entscheidungserheblichen Rechtsfrage in einem Musterverfahren stellen (sog. **Musterverfahrensantrag**, § 2 Abs. 1 Satz 1 und 2 KapMuG). Im Bereich der börsengesetzlichen Prospekthaftung kommt hierfür etwa die Fehlerhaftigkeit der Angaben im Prospekt oder die Pflichtverletzung der Prospektverantwortlichen in Betracht, im Rahmen der Haftung nach §§ 97 und 98 WpHG (bis 2.1.2018: §§ 37b und 37c) beispielsweise die Notwendigkeit oder Richtigkeit einer Ad-hoc-Mitteilung. **Nicht einheitlich feststellungsfähig** sind dagegen diejenigen Anspruchsvoraussetzungen, die von der **individuellen Situation des einzelnen Klägers** abhängen, etwa seine Aktivlegitimation, die haftungsbegründende Kausalität oder der ihm entstandene Schaden. Diese sind dann in den jeweiligen Ausgangsverfahren zu klären.

10.516

Der Musterfeststellungsantrag ist bei dem Prozessgericht zu stellen (§ 2 Abs. 2 KapMuG). Das Prozessgericht veröffentlicht einen zulässigen Antrag im **Klageregister** des Bundesanzeigers (§ 3 Abs. 2 Satz 1 KapMuG). Die Veröffentlichung dient dazu, andere Anleger zur Beteiligung am Musterverfahren zu veranlassen. Die **Einsicht in das Klageregister** steht dementsprechend jedem unentgeltlich zu (§ 4 Abs. 3 KapMuG). Mit der Bekanntmachung des Musterfeststellungsantrags im Klageregister wird das Verfahren unterbrochen (§ 5 KapMuG).

10.517

---

675 Ausführlich *Schneider/Heppner*, BB 2012, 2703, 2712.
676 BGH v. 30.4.2019 – XI ZB 13/18, BGHZ 222, 15, 24 f. = NJW 2019, 3444, 3446 = ZIP 2019, 1615: Das Prozessgericht müsse sich für eine Aussetzung bereits die Überzeugung gebildet haben, dass es auf dort statthaft geltend gemachte Feststellungsziele für den Ausgang des Rechtsstreits konkret ankäme, also dann, wenn nur noch Tatsachen oder Rechtsfragen offen seien, die unabhängig vom Ausgang des Musterverfahrens nicht beantwortet werden können; demnach kommt es nicht zu der von *Schneider/Heppner* (BB 2012, 2703, 2712) befürchteten faktischen „Blockade" von Schadensersatzansprüchen im Zusammenhang mit dem Vertrieb von Kapitalanlagen.
677 Regierungsentwurf eines Gesetzes zur Reform des Kapitalanleger-Musterverfahrensgesetzes, BT-Drucks. 17/8799, 17; *Großerichter* in Wieczorek/Schütze, ZPO, § 2 KapMuG Rz. 32.

10.518 Wenn innerhalb von sechs Monaten nach der Veröffentlichung nicht in mindestens neun weiteren Rechtsstreitigkeiten gleichgerichtete Musterfeststellungsanträge gestellt wurden, weist das Prozessgericht den Musterfeststellungsantrag zurück und setzt das Verfahren fort (§ 6 Abs. 5 KapMuG). Maßgeblich ist dabei nicht die Zahl der Verfahren, sondern die Summe der parallel gestellten Musterverfahrensanträge[678]. Haben mehrere einfache Streitgenossen als Kläger oder Beklagte in einem Rechtsstreit Musterverfahrensanträge gestellt, kommt es auf die Anzahl der von den einzelnen Streitgenossen gestellten Anträge an[679]. Werden innerhalb dieser Frist neun weitere gleichgerichtete Musterfeststellungsanträge gestellt, erlässt das Prozessgericht, bei dem der zeitlich erste Musterfeststellungsantrag gestellt wurde, einen **Vorlagebeschluss**, der den Gegenstand des Musterverfahrens festlegt. Dieser Beschluss wird dem OLG, das dem Prozessgericht übergeordnet ist, zur Entscheidung vorgelegt (§ 6 Abs. 1 KapMuG). Das eigentliche Musterverfahren, das als Zwischenverfahren nach dem Vorbild des § 93a VwGO ausgestaltet ist, wird anschließend **vor dem OLG geführt**[680]. Während des Musterverfahrens setzen die Prozessgerichte die bei ihnen rechtshängig oder rechtshängig werdenden Rechtsstreitigkeiten aus, deren Entscheidung von der im Musterverfahren zu treffenden Feststellung abhängt. Die Aussetzung erfolgt unabhängig davon, ob in diesem Rechtsstreit ein Musterfeststellungsantrag gestellt wurde oder nicht (§ 8 Abs. 1 Satz 1 und 2 KapMuG).

cc) Das Verfahren vor dem OLG

10.519 Zu Beginn des Musterverfahrens bestimmt das OLG durch unanfechtbaren Beschluss den **Musterkläger** nach billigem Ermessen (§ 9 Abs. 2 KapMuG). Alle anderen Kläger der ausgesetzten Parallelverfahren werden zu dem Musterverfahren beigeladen (§ 9 Abs. 3 KapMuG). Die Rechtsstellung der **Beigeladenen** entspricht der des Nebenintervenienten i.S.d. § 67 ZPO. Sie sind abhängige Nebenparteien, die Angriffs- und Verteidigungsmittel und Prozesshandlungen nur im Einklang mit dem Musterkläger geltend machen können (§ 14 KapMuG)[681].

10.520 Das OLG entscheidet durch Beschluss (sog. **Musterentscheid**, § 16 Abs. 1 Satz 1 KapMuG); ein Verzichtsurteil ist im Musterverfahren nicht zulässig. Ein vergleichsweiser Abschluss des Musterverfahrens war bis zur Reform im November 2012 nur mit Zustimmung aller Beteiligten möglich (§ 14 Abs. 3 KapMuG a.F.). Eine wesentliche Neuerung besteht nun in der **Erleichterung von Vergleichsschlüssen**, weil der Vergleich bereits wirksam wird, wenn weniger als 30 % der Beigeladenen ihren Austritt erklären und das Gericht den Vergleich genehmigt (§ 17 Abs. 1, § 18 Abs. 1 KapMuG)[682].

10.521 Gegen den Musterentscheid steht den Musterparteien und den Beigeladenen der Rechtsbehelf der **Rechtsbeschwerde** zu (§ 20 Abs. 1 KapMuG). Die Rechtsbeschwerde hat nach § 20 Abs. 1 Satz 2 KapMuG stets grundsätzliche Bedeutung. Nimmt der Musterkläger seine Rechtsbeschwerde zurück, bestimmt der BGH einen neuen Musterrechtsbeschwerdeführer aus dem Kreis der Beigeladenen, die dem Rechtsbeschwerdeverfahren beigetreten sind (§ 21 Abs. 4 KapMuG).

dd) Rechtliche Bindung des Musterentscheids und des Vergleichs

10.522 Der Musterentscheid bindet die Prozessgerichte im Umfang seiner getroffenen Feststellung und der zu klärenden Rechtsfrage(n) (§ 22 Abs. 1 Satz 1 KapMuG). Die Bindung ist in Anlehnung an die Interventionswirkung nach § 68 ZPO konzipiert. Sie umfasst **nicht nur den Tenor** des Musterentscheids,

---

678 *Fullenkamp* in Vorwerk/Wolf, § 6 KapMuG Rz. 13; *Schütze/Reuschle* in Assmann/Schütze/Buck-Heeb, Handbuch Kapitalanlagerecht, § 25 Rz. 62.
679 So schon BGH v. 21.4.2008 – II ZB 6/07, BGHZ 176, 170, 172 = NJW 2008, 2187 f. = ZIP 2007, 649 = AG 2008, 546, zu § 4 KapMuG a.F.; *Fullenkamp* in Vorwerk/Wolf, § 6 KapMuG Rz. 13.
680 Zu Bedenken hinsichtlich der Ausgestaltung als Zwischenverfahren vgl. *Hess/Michailidou*, ZIP 2004, 1381, 1385 ff.
681 Kritisch dazu *Schneider/Heppner*, BB 2012, 2703, 2710.
682 Ausführlich *Schneider/Heppner*, BB 2012, 2703, 2704.

sondern **auch dessen tatsächliche und rechtliche Grundlagen**. Der Musterentscheid wirkt damit für und gegen den Musterkläger und die Beigeladenen (§ 22 Abs. 1 Satz 2 KapMuG), und zwar auch für und gegen die Beteiligten, die einem etwaigen Rechtsbeschwerdeverfahren nicht beigetreten sind (§ 22 Abs. 5 KapMuG).

Ein Vergleich beendet das Musterverfahren (§ 23 Abs. 2 KapMuG). Das OLG stellt durch unanfechtbaren Beschluss fest, ob der genehmigte Vergleich wirksam geworden ist und macht diesen Beschluss bekannt. Mit dieser Bekanntmachung wirkt der Vergleich für und gegen alle Beteiligten, sofern sie nicht ausgetreten sind (§ 23 Abs. 1 Satz 3 KapMuG). 10.523

ee) Kosten

Durch das Musterverfahren sollen keine zusätzlichen Gerichts- oder Rechtsanwaltsgebühren entstehen. Die im Musterverfahren anfallenden Rechtsanwaltsgebühren und Auslagen, insbesondere die Sachverständigenvergütung, sollen im Verhältnis der geltend gemachten Forderungen **auf die einzelnen Prozessverfahren verteilt** werden (vgl. § 24 KapMuG)[683]. 10.524

b) Ausschließlicher Gerichtsstand

Das Gesetz hat ferner einen **ausschließlichen Gerichtsstand** eingeführt, der in § 32b ZPO verortet worden ist (ausführlich dazu siehe Rz. 10.506). 10.525

c) Bisherige Erfahrungen und Ausblick

Bis zu dem Erscheinen der Vorauflage dieses Handbuchs waren nur wenige Musterentscheide im Zusammenhang mit börsennotierten Gesellschaften ergangen. Seit dem Jahr 2013 lässt sich eine spürbar erhöhte Aktivität im Klageregister erkennen[684], die sich nun auch in einer höheren Anzahl an Musterentscheiden mit börsennotierten Gesellschaften niederschlägt. Trotz der teilweise sehr langen Verfahrensdauern gibt es mittlerweile auch rechtskräftige Musterentscheide, insbesondere die Verfahren in Sachen MLP AG[685] und Infomatec Integrated Information Systems AG[686] sowie in Sachen Deutsche Telekom AG das Musterverfahren zur zweiten Teilstufe („Telekom II") der auf Grund der Neuordnung des Postwesens und der Telekommunikation beschlossenen Privatisierung[687] sind hier zu nennen. Da- 10.526

---

683 Im Interesse des Anlegerschutzes erscheint diese Regelung auf den ersten Blick sachgerecht. Der Gesetzgeber war bei der Gestaltung dieser Regelung sicherlich von dem Willen motiviert, keine Erfolgshonorare für Rechtsanwälte zuzulassen, wie sie bei der US-amerikanischen Class Action üblich sind. Der Wille des Gesetzgebers, den Anlegern eine kostengünstige Möglichkeit der Geltendmachung ihrer Ansprüche zu ermöglichen, könnte durch die vorgesehene Regelung jedoch konterkariert werden. Da der erhöhte Aufwand der Prozessvertreter der am Musterverfahren Beteiligten überhaupt nicht berücksichtigt wird, besteht für diese auch kein ökonomischer Anreiz zur Durchführung des Musterverfahrens. Hierauf weisen bereits *Hess/Michailidou*, ZIP 2004, 1381, 1386 zutreffend hin.
684 *Großerichter* in Wieczorek/Schütze, ZPO, KapMuG Einf. Rz. 21.
685 Das OLG Karlsruhe v. 16.11.2012 – 17 Kap. 1/09 stellte fest, dass die MLP Finanzdienstleistungen AG gegen das gesetzliche Gebot zur Bildung von Rückstellungen für ungewisse Verbindlichkeiten verstoßen hat und dass die MLP Lebensversicherung AG gegen ihre Passivierungspflicht verstoßen hat. Daran schloss sich die Feststellung an, dass jede auf der fehlerhaften Bilanzierungspraxis beruhende Kennzahl zum Konzernergebnis und Konzernumsatz der MLP AG fehlerhaft war; bestätigt durch BGH v. 1.7.2014 – II ZB 29/12, WM 2014, 1946 = NZG 2014, 1182 = ZIP 2014, 1182.
686 OLG München v. 8.5.2012 – KAP 1/08 erging gegen die ehemaligen Vorstände und stellte falsche Ad-hoc-Mitteilungen der Infomatec IIS AG fest; laut *Reuschle*, BKR 2020, 605, 606 verurteilte das LG Augsburg v. 26.10.2016 – 2 O 4341/04 die ehemaligen Vorstände zu Schadensersatz.
687 Betreffend den Prospekt zu „Telekom II" keine Prospekthaftungsansprüche OLG Frankfurt v. 3.7.2013 – 23 Kap. 2/06, ZIP 2013, 1521; bestätigt durch BGH v. 26.11.2016 – XI ZB 9/13, BGHZ 213, 65 = ZIP 2017, 11 = WM 2017, 327.

rüber hinaus endete das Verfahren der DaimlerChrysler AG[688] vergleichsweise sowie das der Constantin Medien AG[689] in einem Gesamtvergleich. In der jüngeren Vergangenheit ergingen weitere Musterentscheide in weiteren laufenden Verfahren in Sachen CorealCredit Bank AG[690], Deutsche Bank AG und Deutsche Bank Privat- und Geschäftskunden AG[691], Hypo Real Estate Holding AG[692], Bankhaus Wölbern & Co. (AG & Co. KG)[693], Lloyd Fonds AG[694], comdirekt bank AG u.a.[695] sowie Commerzbank AG u.a.[696]. Bei den laufenden Verfahren ist das Musterverfahren zur Deutschen Telekom AG betreffend die dritte Teilstufe („Telekom III") der auf Grund der Neuordnung des Postwesens und der Telekommunikation beschlossenen Privatisierung[697] hervorzuheben, bei dem sich zum Redaktions-

---

688 OLG Stuttgart v. 15.2.2007 – 901 Kap. 1/06, NZG 2007, 352 ff. = AG 2007, 250, die DaimlerChrysler AG habe die Information über das Ausscheiden von Jürgen Schrempp als Vorstandsvorsitzender rechtzeitig bekannt gegeben; nach Rechtsbeschwerde aufgehoben und zurückverwiesen durch BGH v. 25.2.2008 – II ZB 9/07, NJW-RR 2008, 865 = ZIP 2007, 481, wegen verfahrensfehlerhafter Feststellungen des OLG; OLG Stuttgart v. 22.4.2009 – 20 Kap. 1/08, ZIP 2008, 639 stellte nach Beweisaufnahme erneut kein Verstoß gegen Ad-hoc-Mitteilungspflichten fest; BG v. 22.11.2010 – II ZB 7/09, NJW 2011, 309 = ZIP 2011, 72, Vorlagefrage an den EuGH; EuGH v. 28.6.2012 – C-19/11, NJW 2012, 2787 = ZIP 2012, 1282, bei zeitlichen gestreckten Vorgang können auch relevante Zwischenschritte zu veröffentlichende Informationen darstellen; BGH v. 23.4.2013 – II ZB 7/09 – Geltl/Daimler, NJW 2012, 2114 = AG 2013, 518, Zurückverweisung an das OLG zur Sachverhaltsaufklärung; OLG Stuttgart v. 16.11.2016 – 20 Kap. 1/08, ZIP 2016, 100, Verfahren beendet, da wegen Vergleich sämtliche Klagen zurückgezogen wurden.
689 OLG München v. 11.3.2010 – KAP 2/09, ZIP 2011, 51, Aufhebung des Vorlagebeschlusses des LG München I; dagegen Rechtsbeschwerde mit Folge der Zurückverweisung an das OLG, laut BGH v. 26.7.2011 – II ZB 11/10, BGHZ 190, 383 = ZIP 2011, 1790, war das OLG nicht berechtigt, den Vorlagebeschluss aufzuheben; OLG München v. 7.11.2014 – Kap. 2/09, wirksamer Vergleichsschluss.
690 OLG Frankfurt v. 20.8.2014 – 23 Kap. 1/08, AG 2015, 37, über Ad-hoc-Mitteilungspflichten; BGH v. 10.7.2018 – II ZB 24/14, NJW-RR 2019, 38 = ZIP 2018, 2307, Zurückverweisung an das OLG.
691 OLG Frankfurt v. 27.11.2019 – 23 Kap. 1/18, EWiR 2020, 143 (Ls.) = ZfSch 2020, 495 keine Prospektfehler Schiffsfonds „Nordcapital Bulkerflotte I"; Rechtsbeschwerde anhängig, BGH – II ZB 29/19.
692 OLG München v. 15.12.2014 – Kap. 3/10, ZIP 2015, 689 über Kapitalmarktpublizität der Hypo Real Estate Holding AG zwischen 11.7.2007 und 15.1.2008; dagegen Rechtsbeschwerde mit Teilbestätigung und Teilzurückverweisung an das OLG soweit der BGH den Musterentscheid in einzelnen Punkten aufhob, BGH v. 17.12.2020 – II ZB 31/14, AG 2021, 274 = NJW-RR 2021, 430, Tenorberichtigung BGH v. 14.5.2021, NZG 2021, 1232.
693 OLG Hamburg v. 30.7.2019 – 14 Kap. 13/16, keine Prospektfehler Immobilienfonds „Holland 52"; Rechtsbeschwerde anhängig, BGH – II ZB 20/19.
694 BGH v. 18.5.2021 – XI ZB 19/18, keine Prospektfehler „Lloyd Fonds Schiffsportfolio", NJW-RR 2021, 1129 = WM 2021, 1426; OLG Köln v. 11.4.2019 – 24 Kap. 1/18, keine Prospektfehler „Lloyd Fonds Schiffsportfolio II"; Rechtsbeschwerde anhängig, BGH – II ZB 8/19.
695 OLG Stuttgart v. 8.5.2019 – 20 Kap. 1/17, keine Prospektfehler „Lloyd Flottenfonds X"; Rechtsbeschwerde anhängig, BGH – II ZB 15/19.
696 BGH v. 30.3.2021 – XI ZB 3/18, kein Prospektfehler Immobilienfonds „IVG EuroSelect 12", NJW-RR 2021, 916 = AG 2021, 638 = ZIP 2021, 1656.
697 OLG Frankfurt v. 16.5.2012 – 23 Kap. 1/06, ZIP 2012, 1236 = BB 2012, 1422, dagegen Rechtsbeschwerde, die der BGH (BGH v. 21.10.2014 – XI ZB 12/12, BGHZ 203, 1 = NJW 2015, 236 = AG 2015, 351) – anders als das OLG Frankfurt im zugrunde liegende Verfahren – mit der Feststellung eines Prospektfehlers beschied. Die Klage wurde zur Feststellung von Kausalität und Verschulden an das OLG zurückverwiesen. Der ursprüngliche Musterkläger ist im Verlauf des Jahres 2016 verstorben, allerdings kann das Verfahren dennoch fortgesetzt werden, vgl. § 13 Abs. 1 und 4 KapMuG. Das OLG Frankfurt (v. 30.11.2016 – 23 Kap. 1/06, AG 2017, 323 = NJOZ 2017, 1391) bejahte daraufhin das Verschulden der Telekom, da diese nicht den ihr nach der gesetzlichen Regelung obliegenden Gegenbeweis geführt habe. Die Kausalität sei jeweils in den Ausgangsverfahren vom LG im Einzelfall zu prüfen. Über die folgende Rechtsbeschwerde hat der BGH am 15.12.2020 entschieden (XI ZB 24/16, NZG 2021, 457), und dabei Teile des Musterentscheids aufgehoben und die Sache insoweit zur erneuten Verhandlung und Entscheidung an das OLG zurückverwiesen, welches durch Einholung eines Sachverständigengutachtens weitere Feststellungen zur Ursächlichkeit der Börsenpreisminderung zu treffen hat. Allerdings wurde in der mündlichen Verhandlung am 23.11.2021 ein vom OLG Frankfurt ausdrücklich gebilligter und

schluss dieses Handbuchs für einen Großteil der Kläger die Möglichkeit einer Verfahrensbeendigung durch Vergleich abzeichnet. Auch im Rahmen des sich infolge des Bekanntwerdens der Vorwürfe gegen den Volkswagen-Konzern auf Manipulation von Diesel-Abgaswerten ab dem Herbst 2015 bekannt gewordenen „Diesel-Abgasskandals" erging bereits in Sachen Volkswagen AG und Porsche Automobil Holding SE[698] ein Teilmusterentscheid zum Gerichtsstand nach § 32b ZPO. Wegen der überlangen Verfahrensdauer etwa im Fall „Telekom III"[699] lässt sich die Frage stellen, ob der EuGH im KapMuG nicht sogar einen Verstoß gegen das Effektivitätsgebot sehen könnte[700]. Auch nach der umfassenden Reform aus dem November 2012 werden dem Gesetz entscheidende Schwächen attestiert[701].

Für die Beseitigung dieser Unzulänglichkeiten könnte sich die europäische Verbandsklage[702] (teilweise auch als EU-Sammelklage bezeichnet) anbieten, die Verbrauchern in der Europäischen Union ab dem 25.6.2023 offen steht[703] und die prozessökonomischer strukturiert ist, insbesondere weil keine umfassenden Beteiligungsmöglichkeiten für Anleger vorgesehen sind. Vom Anwendungsbreich sind auch Finanzdienstleistungen umfasst (Art. 2 Abs. 1 Richtlinie (EU) 2020/1828). Die europäische Verbandsklage sieht dabei Abhilfeklagen durch qualifizierte Stellen (z.B. Verbraucherverbände) vor, wodurch u.a. direkte Schadensersatzzahlungen an die Verbraucher möglich sind (Art. 7, Art. 9 Abs. 1 Richtlinie (EU) 2020/1828). Je nach mitgliedstaatlicher Umsetzung ist bei Abhilfeklagen ein Opt-in- oder Opt-out-Mechanismus möglich (Art. 9 Abs. 2 Richtlinie (EU) 2020/1828). Durch die Verlängerung der Befristung des KapMuG bis zum Ablauf des 31.12.2023 können bei der nächsten Evaluierung des KapMuG auch schon erste Erkenntnisse der EU-Sammelklage mit einbezogen werden. Die europäische Verbandsklage ist derzeit jedoch auf Fälle des Verbraucherschutzes ausgerichtet und müsste ggf. im Anwendungsbereich auf die Gegenstände das KapMuG ausgedehnt werden.

10.527

Mittels einer am 11.6.2013 veröffentlichten Empfehlung an die Mitgliedstaaten[704] versuchte die EU-Kommission, bereits vor Planung der EU-Sammelklage die Ausarbeitung innerstaatlicher kollektiver Rechtsschutzsysteme voranzutreiben. In Deutschland blieb dieser Versuch der EU-Kommission zunächst erfolglos[705]. Nach Bekanntwerden der Vorwürfe gegen den Volkswagen-Konzern auf Manipulation von Diesel-Abgaswerten im Herbst 2015 war die Bundesregierung jedoch grundsätzlich gewillt,

10.528

---

unterstützter Vergleichsvorschlag erörtert, durch den die von den Klägern geltend gemachten Ansprüche (einschließlich erstattbarer Prozess- und Anwaltskosten) zu wesentlichen Teilen befriedigt werden. Der Einigungsvorschlag soll sämtlichen Klägern, die die Vergleichsvoraussetzungen erfüllen, bis zum 30.6.2022 vorgelegt werden, die dann individuell über ihre jeweilige Annahme oder Ablehnung entscheiden können.

698 OLG Braunschweig v. 6.10.2020 – 3 Kap. 1/16, ZIP 2021, 31, Musterbeklagte seien stets betroffener Emittent i.S.d. § 32b Abs. 1 Nr. 1 ZPO, mit der Folge, dass an ihrem Sitz ein ausschließlicher Gerichtsstand begründet ist; bestätigt durch BGH v. 21.7.2020 – II ZB 19/19, ZIP 2020, 1879.

699 Zum Zeitpunkt des Erscheinens der 5. Auflage dieses Handbuchs sind seit der entsprechenden Prospektveröffentlichung rund 21 Jahre vergangen, der ursprüngliche Musterkläger ist im Jahr 2016 verstorben.

700 *Hellgardt*, AG 2012, 154, 168. Vergleiche zum Roman „Bleak House" von Charles Dickens liegen nahe, in dem über die lange Dauer des darin geführten Rechtsstreits wesentliche Romanfiguren entweder schwer erkrankt oder verstorben sind, die Gründe für die Erhebung der Klage vergessen haben und das Verfahren schließlich mit der Festellung beendet wird, dass das streitgegenständliche Erbe durch Gerichts- und Anwaltskosten vollständig aufgezehrt wurde.

701 *Schneider/Heppner*, BB 2012, 2703; *Tilp/Schiefer*, NZV 2017, 14, 15 bezeichnen das Gesetz insgesamt als „gescheitert".

702 Richtlinie (EU) 2020/1828, ABl. EU Nr. L 409 v. 4.12.2020, S. 1.

703 Siehe hierzu auch ausführlicher *Wambach/Dressel*, ZIP 2020, 1149.

704 Empfehlung der EU-Kommission v. 11.6.2013: Gemeinsame Grundsätze für kollektive Unterlassungs- und Schadensersatzverfahren in den Mitgliedstaaten bei Verletzung von durch Unionsrecht garantierten Rechten.

705 *Tilp/Schiefer*, NZV 2017, 14 m.w.N. auch zu alternativen Möglichkeiten des kollektiven Rechtsschutzes.

Verbrauchern ein angemessenes Verfahrensrecht zur Seite zu stellen. Daraufhin wurde zum 1.11.2018 die Musterfeststellungsklage eingeführt[706]. Die Umsetzung des MuFKlaG ist an das KapMuG angelehnt und ermöglicht es – ähnlich den bestehenden kollektiven Rechtsschutzmöglichkeiten im Bereich des Wettbewerbsrechts – eingetragenen Verbraucherschutzverbänden und Industrie-, Handels- und Handwerkskammern, zugunsten von mindestens zehn betroffenen Verbrauchern oder kleinen und mittelständischen Unternehmen (KMU) Rechtsfragen gerichtlich feststellen zu lassen (§ 606 Abs. 1 Satz 1, Abs. 3 ZPO). Das Gesetz ist damit anders als das KapMuG nicht bloß auf Anleger am Kapitalmarkt beschränkt. Die betroffenen Verbraucher tragen sich hierfür ohne finanziellen Aufwand in ein Klageregister ein und müssen etwaige Feststellungen des Musterfeststellungsverfahrens anschließend selbst durchsetzen. Das Verhältnis der Musterfeststellungsklage zum KapMuG ist noch nicht hinreichend geklärt. Teilweise wird davon ausgegangen, dass die Regelungen des KapMuG als *lex specialis* gegenüber der Musterfeststellungsklage vorrangig sind[707]. Nach einer anderen Ansicht sind das KapMuG und die Musterfeststellungsklage nebeneinander anwendbar, da sich der Musterfeststellungsklage nur Verbraucher anschließen können[708]. Demnach wäre eine Musterfeststellungsklage nach § 8 KapMuG auszusetzen, wenn die Musterfeststellungsklage von den im Vorlagebeschluss erfassten Feststellungszielen abhängt[709]. Da vom Gesetzgeber keine Regelung zur Abgrenzung der Anwendungsbereiche getroffen wurde[710], ist die weitere Entwicklung hier abzuwarten.

10.529 Durch die zunehmende praktische Relevanz des kollektiven Rechtsschutzes im Rechtsverkehr haben sich, insbesondere im Zusammenhang mit „Legal Tech"-Angeboten, neue kommerzielle Geschäftsmodelle entwickelt, bei denen die Rechtsdurchsetzung massenhafter (Verbraucher-) Ansprüche mit einer Prozessfinanzierung und einer erfolgsbezogenen Vergütung kombiniert werden[711]. Ein Prozessfinanzierer übernimmt hierbei das Prozesskostenrisiko und erhält dafür im Erfolgsfall eine Provision. In der Praxis werden unterschiedliche Modelle angewandt, mit denen – außerhalb des KapMuG und der Musterfeststellungsklage – kollektive Rechte geltend gemacht werden. Beim sog. Abtretungsmodell[712] werden beispielsweise Ansprüche von unterschiedlichen Anspruchsinhabern an einen Inkassodienstleister treuhänderisch abgetreten, der die Ansprüche gegen eine Erfolgsprovision auf seine Kosten durchsetzt. Bekannt ist das Abtretungsmodell insbesondere durch die „Myright"-Klagen in Sachen Lkw-Kartell[713] und „Diesel-Abgasskandal"[714]. Bei einem alternativen Modell könnten sich verschiedene Anspruchsinhaber als Streitgenossenschaft zusammentun und finanziert durch einen Prozessfinanzierer, in Kooperation mit einer Partnerkanzlei ihre Ansprüche kosteneffizient gemeinsam geltend machen. Eine solche Prozessfinanzierung ist auch innerhalb des Anwendungsbereichs des KapMuG im Rahmen des Ausgangsverfahrens denkbar. Auch die neue EU-Sammelklage sieht die Möglichkeit der Prozessfinanzierung ausdrücklich vor (Art. 10 Abs. 1 Richtlinie (EU) 2020/1828), so dass sich der Trend zur Prozessfinanzierung voraussichtlich auch in Zukunft fortsetzen wird.

10.530–10.532 Einstweilen frei.

---

706 Gesetz zur Einführung einer zivilprozessualen Musterfeststellungsklage (MuFKlaG) v. 12.7.2018 (BGBl. I 2018, 1151).
707 *Beckman/Waßmuth*, WM 2019, 89, 95; *Merkt/Zimmermann*, VuR 2018, 363, 371 f.
708 *Reuschle*, BKR 2020, 605, 609.
709 *Reuschle*, BKR 2020, 605, 609.
710 *Beckman/Waßmuth*, WM 2019, 89, 95.
711 Vgl. *Henssler*, NJW 2019, 545.
712 Im Grundsatz vom BGH gebilligt, BGH v. 27.11.2019 – VIII ZR 285/18 – „Lexfox", in BGHZ vorgesehen, NJW 2020, 208 = WM 2020, 25; allerdings unklare Rechtslage je nach Umsetzung, ablehnend daher u.a. LG München I v. 7.2.2020 – 37 O 18934/17 – „Lkw-Kartell", ZIP 2020, 1673; LG Ingolstadt v. 7.8.2020 – 41 O 1745/18.
713 LG München I v. 7.2.2020 – 37 O 18934/17 – „Lkw-Kartell", ZIP 2020, 1673.
714 LG Braunschweig v. 30.4.2020 – 11 O 3092/19, WM 2020, 1743 (Schweizer VW-Kunden); LG Ingolstadt v. 7.8.2020 – 41 O 1745/18 (Audi-Kunden).

12. Verwaltungsrechtliche Sanktionen

Mit vollständigem Inkrafttreten der EU-Prospektverordnung am 21.7.2019 ist zur Prospekthaftung und etwaigen anderen zivilrechtlichen Anspruchsgrundlagen mit Art. 38 EU-Prospektverordnung auch die Grundlage für einen Bußgeldtatbestand hinzugetreten, mit dem die zuständige Aufsichtsbehörde inhaltliche Mängel von Prospekten nach dem WpPG verwaltungsstrafrechtlich sanktionieren kann. Dies gilt sowohl für Fehler des Prospekts als auch Fehler der Zusammenfassung. Bis dahin waren nur formale Aspekte wie etwa die Durchführung eines öffentlichen Angebots ohne gebilligten Prospekt sowie fehlende oder falsche Pflichtveröffentlichungen im Zusammenhang mit Wertpapierprospekten bußgeldbewehrt. Die Befugnis erfasst nach den europäischen Vorgaben in Art. 38 Abs. 1 EU-Prospektverordnung verwaltungsrechtliche Sanktionen und „geeignete andere Verwaltungsmaßnahmen, die wirksam, verhältnismäßig und abschreckend" sein müssen.

10.533

Der deutsche Gesetzgeber hat die entsprechenden Tatbestände in § 24 Abs. 4 Nr. 2 und 3 WpPG geschaffen. Entsprechend dem in Art. 38 Abs. 2 EU-Prospektverordnung vorgegebenen Mindestrahmen kann nach § 24 Abs. 6 WpPG ein Bußgeld wegen dieser Verstöße i.H.v. bis zu 700.000 Euro für natürliche Personen und von bis zu 5 Mio. Euro oder 3 % des jährlichen Gesamtumsatzes der betreffenden juristischen Person nach dem letzten verfügbaren Abschluss betragen und hat damit sehr empfindliche Größenordnungen erreicht, zumal gem. § 24 Abs. 7 WpPG i.V.m. § 120 Abs. 23 WpHG im Rahmen dieser Vorschrift bei konsolidierungspflichtigen Gesellschaften auf den im Konzernabschluss ausgewiesenen Umsatz abzustellen ist. Darüber hinaus kann die Ordnungswidrigkeit mit einer Geldbuße bis zum Zweifachen des aus dem Verstoß gezogenen wirtschaftlichen Vorteils geahndet werden. Nach Art. 38 Abs. 3 EU-Prospektverordnung können Mitgliedstaaten jedoch auch noch höhere Bußgeldrahmen festlegen. Wie einige Jahre zuvor im Kapitalmarktrecht schon bei der MAR (und davor im Kartellrecht) steht diese Erweitung der Sanktionsmöglichkeiten für eine Tendenz des europäischen Gesetzgebers zu einer insgesamt deutlichen Haftungsverschärfung.

Es ist allerdings erstaunlich, dass der Gesetzgeber in Bezug auf Prospektmängel auch weiterhin nicht den Weg einer europäischen Vereinheitlichung der Prospekthaftung selbst gewählt hat, sondern eher auf einen Nebenkriegsschauplatz ausgewichen ist, dessen „Mehrwert" wenig einleuchtet: Ob sich daraus eine höhere Abschreckungswirkung als ohnehin schon durch die Prospekthaftung ergibt, erscheint jedenfalls fraglich. Zumindest ist es naheliegend anzunehmen, dass in der Praxis inhaltliche Prospektfehler zuerst zivilrechtlich verhandelt werden und erst dann die Aufsichtsbehörde mit einem Bußgeld hinzutritt, anstatt dass sich die Aufsichtsbehörde mit den ihr zur Verfügung stehenden Mitteln an die Spitze der Aufklärung setzt und Anlegerklägern den Weg bereitet. Da sich die Erfüllung eines Bußgeldtatbestands letztlich an Artt. 6 und 7 EU-Prospektverordnung bemisst und damit an den Grundnormen, die letztlich auch den für den Prospektinhalt in den Anhängen zur EU-Prospektverordnung geforderten Mindestangaben zugrunde liegen, erscheint zumindest dann, wenn sich der Prospektfehler im Rahmen einer Kohärenzprüfung erkennen lässt, die Verhängung eines Bußgelds sonderlich, denn eine Behörde überführt bei einer Fehlerfeststellung dann gleichzeitig mit den Prospektverantwortlichen zugleich auch immer die Qualität ihres eigenen Verwaltungshandelns im Rahmen der Prospektbilligung. Immerhin sind Bußgelder im Fall einer Insolvenz gem. § 39 Abs. 1 Nr. 3 InsO für vor dem Insolvenzfall liegende Sachverhalte nachrangig, so dass dem Anlegerschutz nicht ein Bärendienst dadurch erwiesen würde, dass ein Bußgeld die gegen die Masse gerichteten Prospekthaftungsansprüche zusätzlich schmälern würde.

§ 11
Platzierung und Börsenzulassung im Ausland

I. Einführung in die gesetzlichen Grundlagen der US-Wertpapierregulierung 11.1
 1. Gesetzgebung 11.1
 2. Die SEC 11.21
 3. Einzelstaatliche Regulierung ... 11.25
 4. Die Entscheidung für ein registriertes versus ein von der Registrierungspflicht befreites Angebot 11.26
 5. Periodische Berichtspflichten 11.32
 6. ADRs und Global Shares 11.35
  a) ADRs 11.36
   aa) Ausprägungen von ADR-Programmen 11.40
   bb) Vorteile der ADRs 11.41
  b) Global Shares 11.42
 7. Haftung nach US-amerikanischem Recht 11.44
  a) Haftung aufgrund eines Registrierungsversäumnisses 11.44
  b) Haftung bei registrierten Angeboten 11.45
  c) Haftung bei Privatplatzierungen ... 11.55
  d) Haftung durch extraterritoriale Anwendung der US-Wertpapierregulierung 11.57a
  e) Sonstige gesetzliche Haftung ... 11.58
II. Börsennotierte Angebote in den Vereinigten Staaten 11.61
 1. US-Wertpapierbörsen 11.61
 2. Das Registrierungsdokument (Registration Statement) 11.64
  a) Das Registrierungsformular (Registration Form) 11.64
  b) Der Inhalt des Registrierungsdokuments 11.67
  c) Erstellung des Registrierungsdokuments 11.72
  d) EDGAR 11.74
 3. Das SEC-Prüfungsverfahren 11.77
 4. Publizität bei registrierten Angeboten 11.79
  a) Der Zeitraum vor Einreichung (Pre-filing Period) 11.80
  b) Die Wartefrist (Waiting Period) . 11.81
  c) Der Zeitraum nach Inkrafttreten (Post-effective Period) 11.82
 5. Research-Berichte 11.83
 6. Deregistrierung 11.84
 7. U.S.-Zulassungs- und Handelsverbote für bestimmte ausländische Unternehmen 11.84a
III. Von der Registrierungspflicht befreite Angebote 11.85
 1. Regulation S 11.85
 2. Section 4(a)(2) 11.93
 3. „Section 4(a)(1½)" 11.100
 4. Rule 144A 11.101
  a) Verkäufe ausschließlich an QIBs 11.103
  b) Anforderung der Nicht-Fungibilität 11.106
  c) Keine Investmentgesellschaft ... 11.108
  d) Lieferung von Informationen .. 11.109
  e) Nicht-ausschließliche Befreiung 11.110
 5. Publizitätsbeschränkungen bei Angeboten, die von der Registrierungspflicht befreit sind 11.112
  a) Regulation S 11.113
  b) Publizitätsverfahren nach Rule 144A und Section 4(a)(2) 11.115
  c) Ausnahmeregelungen für bestimmte Formen der Publizität . 11.118
  d) Folgen nicht ordnungsgemäßer Publizität 11.121
IV. Das EU-Prospektregime 11.123
 1. Regelungsstruktur der Europäischen Prospektverordnung 11.124
 2. Wertpapierprospektpflicht 11.124
  a) Anwendungsbereich der EU-Prospektverordnung 11.124
  b) Wertpapierprospektpflicht 11.125
 3. Der Wertpapierprospekt 11.126
  a) Aufbau des Wertpapierprospekts 11.127
  b) Verwaltungsverfahren und Werbung 11.128
 4. Prospekthaftung 11.129
V. Wertpapieremissionen in Frankreich 11.130
 1. Öffentliche Angebote 11.130
  a) Gesetzlicher Rahmen 11.130
  b) Befreiung von der Pflicht zur Veröffentlichung eines Prospekts im Rahmen eines öffentlichen Angebots 11.131

aa) Ausnahmeregelungen auf der Grundlage der Kategorie der Wertpapiere 11.132
bb) Befreiung auf der Grundlage der Höhe des Angebots 11.133
cc) Befreiung im Zusammenhang mit der partizipativen Finanzierung 11.134
c) Befreiung von der Pflicht zur Erstellung eines Prospektes im Rahmen einer Zulassung zum Handel 11.135
d) Pflicht zur Erstellung eines Prospekts 11.136
aa) Zuständigkeit der AMF 11.138
bb) Inhalt des Prospekts 11.139
cc) Prospektbilligung durch die AMF 11.143
dd) Veröffentlichung des Verkaufsprospekts 11.147
ee) Werbung 11.149
ff) Personen, die für den Inhalt des Prospekts haften 11.150
e) Freiwilliger Prospekt 11.151
2. **Emittenten, die nach französischem Recht zum öffentlichen Angebot von Wertpapieren zugelassen sind** . 11.152
VI. **Wertpapieremissionen in Italien** ... 11.157
1. **Einleitung** 11.157
2. **Öffentliche Angebote von Wertpapieren** 11.158
3. **Öffentliche Angebote von Finanzprodukten außer Wertpapieren und offenen OGAW-Anteilen oder Aktien** 11.159
4. **Prospekt** 11.160
a) Grundsätzlich Prospektpflicht .. 11.160
b) Befreiung von italienischen Regelungen zu öffentlichen Angeboten 11.162
VII. **Wertpapieremissionen in Spanien** . 11.165
1. **Öffentliche Angebote** 11.165
a) Gesetzliches Regime 11.165
b) Ausnahmeregelungen für Privatplatzierungen 11.166
c) Beschränkungen im Hinblick auf Werbung/Informationsanforderungen 11.167
2. **Zulassung zum Handel an einem regulierten Markt** 11.170
a) Zulassung 11.170
b) Ausnahmen von der Pflicht zur Veröffentlichung eines Prospekts während des Registrierungsverfahrens 11.170a
3. **Prospekt** 11.171
VIII. **Wertpapieremissionen im Vereinigten Königreich** 11.174
1. **Vorschriften zu Öffentlichen Angeboten und Börsenzulassung** 11.174
a) Gesetzlicher Rahmen 11.175
b) Öffentlicher Angebotsprospekt . 11.176
c) UK Listing Review 11.177
d) FCA-Zulassungsvorschriften ... 11.178
e) Offenlegungsgrundsatz 11.179
2. **Privatplatzierungen** 11.180
a) Befreiungen für Privatplatzierungen nach dem FSMA und den Prospectus Rules 11.181
b) Financial promotion regime (Werbung für Finanzanlagen) .. 11.183

I. Einführung in die gesetzlichen Grundlagen der US-Wertpapierregulierung

1. Gesetzgebung

Die Wertpapierregulierung der US-Bundesregierung, deren Aufsicht und Durchführung der United States Securities and Exchange Commission (Wertpapier- und Börsenkommission – **SEC**) obliegt, wird durch mehrere Gesetzeswerke bestimmt. Die wichtigsten sind der U.S. Securities Act von 1933 in der geltenden Fassung (Wertpapiergesetz – **Securities Act**)[1], der die ursprüngliche Begebung von Wertpapieren regelt, und der U.S. Securities Exchange Act von 1934 in der geltenden Fassung (Börsen-

---

1 U.S. Securities Act in der geltenden Fassung (Wertpapiergesetz – **Securities Act**), 15 des United States Code (**U.S.C.**) Sections 77a–77aa.

gesetz – **Exchange Act**)², der den Handel bereits begebener und in Umlauf befindlicher Wertpapiere reguliert. Weiterhin zählt hierzu der U.S. Trust Indenture Act von 1939 in der geltenden Fassung (Gesetz über Anleiheemissionen – **Trust Indenture Act**)³, der Bestimmungen über große Anleiheemissionen aufstellt und der U.S. Investment Company Act von 1940 in der geltenden Fassung (Gesetz über Investmentgesellschaften – **Investment Company Act**)⁴, der die Aktivitäten von breit gestreuten Kapitalgesellschaften regelt, die in Wertpapiere investieren und mit ihnen handeln. Großteils als Reaktion auf weitreichende Unternehmens- und Bilanzierungsskandale und die Finanzkrise von 2007-2008 wurden drei weitere Gesetze verabschiedet, nämlich der Sarbanes-Oxley Act von 2002 (**Sarbanes-Oxley Act**)⁵, durch den die Pflichten von Emittenten und ihren leitenden Mitarbeitern erweitert wurden und eine neue Aufsichtsbehörde, das Public Company Accounting Oversight Board (**Oversight Board**), geschaffen wurde, dem die Aufsicht über die Wirtschaftsprüfer obliegt, der Hiring Incentives to Restore Employment Act von 2010 (der **HIRE Act**)⁶, der bestimmte Vorschriften enthält, um die Umgehung von Steuern zu vermindern, und der Dodd-Frank Wall Street Reform and Consumer Protection Act von 2010 (der **Dodd-Frank Act**)⁷, mit dem versucht wird, das System der US-Finanzaufsicht umzustrukturieren, um verschiedene damit verbundene Risiken zu verringern, und durch den eine Reihe neuer Behörden geschaffen wurde, deren Aufgabe es ist, die Einhaltung des Gesetzes zu überwachen.

11.2 In den letzten Jahren hat der Kongress – in einem Versuch, das Wirtschaftswachstum in Schwung zu bringen – den Jumpstart Our Business Startups Act von 2012 (der **JOBS Act**)⁸ verabschiedet, der bestimmte Vorschriften des Bundeswertpapierrechts lockert, um kleinen Unternehmen die Kapitalaufnahme zu erleichtern, sowie den Fixing America's Surface Transportation Act (der **FAST Act**)⁹, der auf dem JOBS Act aufbaut, indem er kleineren Unternehmen die Kapitalaufnahme erleichtert.

11.3 **Der U.S. Securities Act von 1933 in der geltenden Fassung:** Hauptziel des Securities Act ist der Anlegerschutz¹⁰. Dieser soll sichergestellt werden, d.h., bei öffentlichen Angeboten von Wertpapieren sollen alle wesentlichen Tatsachen vollständig offengelegt werden. Diese Offenlegung beim Erstangebot eines Wertpapiers hat in Form eines bei der SEC einzureichenden Registrierungsdokuments (*registration statement*) zu erfolgen. Im Kern stellt der Securities Act die Anforderung auf, dass ein Wertpapier nur dann im Wege des zwischenstaatlichen Handels (*interstate commerce*), des Verkehrswegs (*transportation*) oder auf dem Postweg (*the mails*) zum Verkauf angeboten werden darf, wenn das Wertpapierangebot (i) durch ein gültiges Registrierungsdokument (*registration statement*) oder (ii) im Rahmen einer zulässigen Befreiung von der Registrierungspflicht (*exemption from registration*) erfolgt¹¹. Ein gültiges Registrierungsdokument muss bestimmte Informationen über den Emittenten, die Konsortialbanken (*underwriters*) und das Wertpapier enthalten (siehe Rz. 11.64–11.66). Die SEC hat die Richtigkeit und Vollständigkeit des Registrierungsdokuments sicherzustellen (siehe Rz. 11.21–11.24 und Rz. 11.64–11.66). Sie „genehmigt" ein Wertpapier jedoch nicht und nimmt auch keine Beurteilung oder Empfehlung vor (siehe Rz. 11.21–11.24 und Rz. 11.64–11.66).

---

2 U.S. Securities Exchange Act of 1934 in der geltenden Fassung (Börsengesetz – **Exchange Act**), 15 U.S.C. Sections 78a–78qq.
3 U.S. Trust Indenture Act of 1939 in der geltenden Fassung, 15 U.S.C. Sections 77aaa–77bbbb.
4 U.S. Investment Company Act of 1940 in der geltenden Fassung, 15 U.S.C. Sections 80a-1–80a-64.
5 Sarbanes-Oxley Act of 2002, Pub. L. No. 107-204, 116 Stat. 745 (kodifiziert durch Änderungen von Teilen des Securities Act, des Exchange Act, des Employee Retirement Income Security Act of 1974 in der geltenden Fassung und des Investment Advisers Act of 1940 in der geltenden Fassung, Title 18 U.S.C., Title 28 U.S.C. und Title 29 U.S.C.).
6 Hiring Incentives to Restore Employment Act, Pub. L. No. 111-147.
7 Dodd-Frank Wall Street Reform and Consumer Protection Act, Pub. L. No. 111-203.
8 Jumpstart Our Business Startups Act, Pub. L. No. 112-106.
9 Fixing America's Surface Transportation Act, Pub. L. No. 114-94.
10 Siehe vorläufige Anmerkung zum Securities Act.
11 Siehe Securities Act Sections 1–5.

Neben der vollständigen Offenlegung wesentlicher Tatsachen verfolgt der Securities Act als weiteres wichtiges Ziel die Verhinderung von Irreführung (*fraud*) und Täuschung (*misrepresentation*) im zwischenstaatlichen Verkauf (*interstate sales*) von Wertpapieren. Der Securities Act enthält insofern Haftungsvorschriften, die irregeführten Käufern Rechtsmittel (wie nachstehend beschrieben) einräumen[12]. 11.4

Der Securities Exchange Act von 1934 in der geltenden Fassung: Der Exchange Act ist inhaltlich breiter angelegt als der Securities Act und regelt den Handel mit bereits ausgegebenen und in Umlauf befindlichen Wertpapieren. Der Exchange Act bestimmt die periodische Berichterstattung von Unternehmen, deren Wertpapiere ausgegeben und in Umlauf sind, die Einholung von Stimmrechtsvollmachten von Aktionären zu Unternehmen, die im Rahmen des Exchange Act registriert sind, die Voraussetzungen zur Abgabe von Übernahmeangeboten, die Regelung des Insiderhandels und von Wertpapierkäufen auf Kredit, die Marktüberwachung und die Registrierung von Wertpapierbörsen, Broker-Dealers und Wertpapierorganisationen. Wie der Securities Act enthält auch der Exchange Act eine Reihe von Vorschriften zur Bekämpfung von Anlegertäuschung, insbesondere Section 10(b) und Rule 10b-5 (siehe Rz. 11.44–11.60). 11.5

Der Sarbanes-Oxley Act von 2002: Der Sarbanes-Oxley Act wurde als Reaktion auf Skandale im Bereich der Rechnungslegung und Corporate Governance bei Unternehmen wie Enron und Worldcom eingeführt. Aufgrund des Gesetzes waren seitens der SEC eine große Anzahl von Verwaltungsvorschriften zu erlassen. Dieser Prozess war bis April 2003 überwiegend abgeschlossen. Die SEC stand unter starkem Druck, Nicht-US-Unternehmen von den Bestimmungen des Sarbanes-Oxley Act zu befreien, war dazu aber in vielen Fällen nur begrenzt in der Lage, da der Kongress ausdrücklich vorgegeben hatte, dass bestimmte Vorschriften des Gesetzes auch auf Nicht-US-Emittenten anwendbar sein sollten[13]. Die Schlüsselfrage bei der Feststellung, ob ein Unternehmen den Vorschriften des Sarbanes-Oxley Act unterliegt, ist dessen Status als ein nach dem Exchange Act berichtspflichtiges Unternehmen; d.h., die meisten Bestimmungen des Gesetzes sind nur auf Emittenten anwendbar, die im Rahmen des Exchange Act periodische Berichte, wie jährliche Berichte nach Form 20-F, einreichen müssen[14]. 11.6

Der Sarbanes-Oxley Act erweitert die Haftung der ihm unterliegenden Emittenten auf verschiedene Weise, u.a. durch 11.7

– das Erfordernis einer Bestätigung von jährlichen und sonstigen bei der SEC eingereichten periodischen Berichten durch den CEO und den CFO[15],

– verstärkte Prüfung der jährlichen Berichte[16],

– das generelle Verbot von Darlehen an leitende Mitarbeiter[17],

– das Erfordernis der Nichtigerklärung (durch den CEO und CFO) von Gewinnen aus Abrechnungsperioden, für die Berichte bei der SEC eingereicht wurden, die aufgrund wesentlicher Nichteinhaltung von Wertpapiergesetzen revidiert werden müssen[18].

---

12 Siehe vorläufige Anmerkung zum Securities Act.
13 Siehe z.B. Sarbanes-Oxley Act of 2002, Pub. L. No. 107-204, § 302(b). Dieser Abschnitt schreibt vor, dass eine Neugründung im Ausland die Verpflichtung zur Bestätigung der bei der SEC eingereichten periodischen Berichte nicht aufhebt.
14 Siehe Sarbanes-Oxley Act of 2002, Pub. L. No. 107-204, § 2(a)(7). Nach der Befreiungsregelung Exchange Act Rule 12g3-2(b) sind Unternehmen von den meisten Vorschriften des Sarbanes-Oxley Act befreit. Siehe auch die nachstehenden Rz. 11.35–11.43.
15 Siehe Sarbanes-Oxley Act of 2002, Pub. L. No. 107-204, §§ 302 und 906.
16 Siehe Sarbanes-Oxley Act of 2002, Pub. L. No. 107-204, § 408.
17 Siehe Sarbanes-Oxley Act of 2002, Pub. L. No. 107-204, § 402.
18 Siehe Sarbanes-Oxley Act of 2002, Pub. L. No. 107-204, § 304.

– das Erfordernis der verstärkten Offenlegung bilanzunwirksamer Finanzierungsvereinbarungen[19] und

– das Erfordernis der Bekanntmachung eines Ethikkodex für die leitenden Mitarbeiter im Finanzbereich (oder, falls die Gesellschaft keinen solchen Kodex hat, der Gründe hierfür)[20].

11.8 Der Sarbanes-Oxley Act verändert auch die Aufsicht über die Wirtschaftsprüfer der Emittenten, die dem Gesetz unterliegen. Durch das Gesetz wird eine neue Aufsichtsbehörde geschaffen, das Public Company Accounting Oversight Board (unter der Aufsicht der SEC), dem die Kontrolle der Wirtschaftsprüfer obliegt[21]. Das Gesetz verstärkt außerdem die Unabhängigkeit der Abschlussprüfer, indem sie ihre Rotation vorschreibt[22] sowie die Durchführung vieler nicht-rechnungslegungsbezogener Dienstleistungen[23] gleichzeitig mit einer Abschlussprüfung verbietet.

11.9 Mit dem Sarbanes-Oxley Act wird außerdem Regulation AC eingeführt, die die Regulierung der Tätigkeit der Research-Analysten erheblich ausweitet. Danach müssen Broker, Dealer und mit ihnen verbundene Personen, die Research-Berichte veröffentlichen, in Umlauf bringen oder zur Verfügung stellen. In diese Berichte eine Erklärung des Research-Analysten aufnehmen, die bestätigt, dass die im Research-Bericht zum Ausdruck gebrachten Ansichten die persönliche Meinung des Analysten zu den betreffenden Wertpapieren und Emittenten wiedergeben[24]. Regulation AC schreibt des Weiteren vor, dass die Analysten eine Erklärung dazu abgeben müssen, ob ihre Vergütung in Zusammenhang mit den spezifischen Empfehlungen steht[25]. Ist dies der Fall, so sind weitere Angaben in Bezug auf die Höhe und den Zweck der Vergütung erforderlich[26].

11.10 **Der Hiring Incentives to Restore Employment Act von 2010:** Der HIRE Act wurde eingeführt, um zu verhindern, dass US-Personen Inhaberschuldtitel erwerben, und dadurch die Umgehung der US-Bundeseinkommensteuer zu vermindern[27]. Nach dem HIRE Act ist es US-Emittenten nach dem 18.3.2012 untersagt, Inhaberschuldtitel an Nicht-US-Personen auszugeben, deren Laufzeit 183 Tage überschreitet, und dennoch einen Abzug zu beanspruchen[28]. Da die meisten Nicht-US-Emittenten einen Abzug von der US-Steuer wegen gezahlter Zinsen jedoch nicht beanspruchen, sollten die Auswirkungen für Nicht-US-Emittenten gering sein.

11.11 Darüber hinaus werden mit dem HIRE Act neue Berichtspflichten für US-Personen eingeführt, die an einem bestimmten ausländischen Finanzvermögenswert (*specified foreign financial asset*) beteiligt sind, sofern der Gesamtwert aller dieser Vermögenswerte den Betrag von 50.000 $ überschreitet[29]. Zu diesen „specified foreign financial assets" zählen neben den auf einem Konto bei einem Finanzinstitut gehaltenen Aktien und Wertpapieren, die von einer Nicht-US-Person ausgegeben werden, alle Beteiligungen

---

19 Siehe Sarbanes-Oxley Act of 2002, Pub. L. No. 107-204, § 401. Siehe ebenfalls Final Rule: Conditions for Use of Non-GAAP Financial Measures, SEC Release No. 33-8176 und Final Rule: Disclosure in Management's Discussion and Analysis about Off-balance Sheet Arrangements and Aggregate Contractual Obligations, SEC Release No. 33-8182.
20 Siehe Sarbanes-Oxley Act of 2002, Pub. L. No. 107-204, § 406. Siehe ebenfalls Final Rule: Disclosure Required by §§ 406 and 407 of the Sarbanes-Oxley Act von 2002, SEC Release No. 33-8177.
21 Siehe Sarbanes-Oxley Act of 2002, Pub. L. No. 107-204, Title I.
22 Siehe Sarbanes-Oxley Act of 2002, Pub. L. No. 107-204, § 203.
23 Siehe Sarbanes-Oxley Act of 2002, Pub. L. No. 107-204, § 201.
24 Siehe Sarbanes-Oxley Act of 2002, Pub. L. No. 107-204, § 501; siehe ebenfalls Final Rule: Regulation Analyst Certification, SEC Release 33-8193.
25 Regulation AC, 17 CFR Sections 242 500 et seq.
26 Regulation AC, 17 CFR Sections 242 500 et seq.
27 Siehe Hiring Incentives to Restore Employment Act, Pub. L. No. 111-147.
28 Siehe Hiring Incentives to Restore Employment Act, Pub. L. No. 111-147, 124 Stat. 97, § 1471(a).
29 Siehe Hiring Incentives to Restore Employment Act, Pub. L. No. 111-147, 124 Stat. 97, § 1471(a).

an einer ausländischen Einrichtung und alle zu Anlagenzwecken gehaltenen Finanzinstrumente und Kontrakte, bei denen weder ein Emittent noch ein Kontrahent eine US-Person ist[30].

Der Dodd-Frank Wall Street Reform und Consumer Protection Act von 2010: Der US-Kongress hat den Dodd-Frank Act infolge der Finanzkrise in dem Versuch erlassen, das System der Finanzaufsicht umzustrukturieren, um das Vertrauen der Öffentlichkeit wiederherzustellen und eine erneute Krise zu verhindern. Mit einem Großteil dieser Umstrukturierungen sollen bestimmte risikoreiche Geschäfte von Finanzinstituten eingeschränkt werden. 11.12

Eine der wichtigsten mit dem Dodd-Frank Act bei der Regulierung von Wertpapiergeschäften eingeführten Änderungen ist die sog. „Volcker-Regel"[31]. Nach dieser Regel ist es bestimmten Bankeneinrichtungen wie z.B. Depotstellen, versicherte Depotstellen kontrollierenden Unternehmen und ausländischen Banken mit Töchtern oder Niederlassungen in den USA untersagt, Eigenhandel zu betreiben und sich als Eigentümer an einem Hedge-Fonds oder Private-Equity-Fonds zu beteiligen oder solche zu finanzieren. Nicht-US-Banken dürfen Eigenhandel nur betreiben, soweit dies außerhalb der Vereinigten Staaten geschieht. 11.13

Am 25.6.2020 haben die fünf für die Umsetzung der Volcker-Regel zuständigen Regulierungsbehörden ihre Regelsetzung abgeschlossen und die Bestimmungen der Vorschriften über „gedeckte Fonds" (*Covered Funds*) grundlegend überarbeitet. Die Volcker-Regel sieht nach der endgültigen Fassung Ausnahmen von ihren ansonsten weitgehenden Verboten für Banken vor. Folgende sind von besonderer Bedeutung: 11.14

– Ausgenommen sind der Kauf und Verkauf von Wertpapieren im Zusammenhang mit Emissionsgeschäften oder Market-Making-Geschäften, sofern diese Geschäfte so ausgestaltet sind, dass sie den vernünftigerweise zu erwartenden kurzfristigen Bedarf von Kunden und Kontrahenten nicht übersteigen[32];

– ausgenommen sind bestimmte Sicherungsgeschäfte zur Risikominderung[33];

– ausgenommen sind der Kauf und Verkauf von Wertpapieren im Namen von Kunden[34];

– ausgenommen sind „Kreditfonds" und „Risikokapitalfonds" von der Definition eines „gedeckten Fonds", sodass Bankunternehmen ihr eigenes Geld ohne Einschränkung in solche Fonds investieren können;[35]

– Beseitigung von Beschränkungen für Bankunternehmen, die ihr eigenes Geld direkt in Portfoliounternehmen investieren, parallel zu Anlagen durch von ihnen gesponserte gedeckte Fonds;[36]

– erlaubt sind bestimmte Ausnahmen von den sogenannten „Super 23A"-Bestimmungen, die Transaktionen zwischen Bankunternehmen und gedeckten Fonds, die sie beraten oder sponsern, einschränken;[37]

---

30 Siehe Hiring Incentives to Restore Employment Act, Pub. L. No. 111-147, 124 Stat. 109, § 511(a).
31 Siehe Dodd-Frank Wall Street Reform and Consumer Protection Act, Pub. L. No. 111-203, § 619.
32 Siehe Dodd-Frank Wall Street Reform and Consumer Protection Act, Pub. L. No. 111-203, § 619(d)(1)(B).
33 Siehe Dodd-Frank Wall Street Reform and Consumer Protection Act, Pub. L. No. 111-203, § 619(d)(1)(C).
34 Siehe Dodd-Frank Wall Street Reform and Consumer Protection Act, Pub. L. No. 111-203, § 619(d)(1)(D).
35 Siehe SEC Release No. BHCA-9; File no. S7-02-20, § IV(C).
36 Siehe SEC Release No. BHCA-9; File no. S7-02-20, § IV(F).
37 Siehe SEC Release No. BHCA-9; File no. S7-02-20, § IV(A), §IV(D).

- ausgenommen sind „ausländische ausgeschlossene Fonds" von den Verboten der Volcker-Regel für Eigenhandel und Fondsanlagen[38]; und

- erlaubt freigestellten Verbriefungsvehikeln, bis zu 5 % ihres Vermögens in bestimmten zuvor unzulässigen Schuldtiteln zu halten[39].

Die neue Regel aus dem Jahr 2020 befreit sogenannte „Ausgeschlossene Auslandsfonds" von den Verboten des Eigenhandels sowie des Sponsorings und der Anlage in Hedge- und Private-Equity-Fonds.

11.15 Der Dodd-Frank Act hat ein Hinweisgeber-System geschaffen, das Angestellten einen Anreiz bieten soll, Handlungen ihres Arbeitgebers zu melden, die gegen das Wertpapierrecht verstoßen[40]. Danach muss die SEC die Mitarbeiter, die die Informationen freiwillig liefern (so-gennante „Whistle-Blower"), mit mindestens 10 % der erhobenen Strafen entschädigen; die SEC kann diesen Betrag jedoch auf bis zu 30 % der Strafsumme anheben[41]. Im Zusammenspiel mit dem Foreign Corrupt Practices Act, der unter anderem die Bestechung ausländischer Amtsträger[42] im Bereich des Wertpapierbetrugs zum Gegenstand hat und häufig zur Verhängung von Strafen im Bereich Hunderter Millionen Dollar führt, kann das Hinweisgeber-System wahrscheinlich zu einem wirksamen Instrument bei der Durchsetzung des Wertpapierrechts werden.

11.16 **Der Jumpstart Our Business Startups Act von 2012:** Der JOBS Act wurde am 5.4.2012 unterzeichnet und dient dazu, die aufsichtsrechtlichen Lasten kleiner Unternehmen zu verringern und diesen die Kapitalaufnahme zu erleichtern. Dabei wird argumentiert, dass die Förderung kleinerer Unternehmen zu Wirtschaftswachstum und zur Schaffung von Arbeitsplätzen führt. Um dieses Ziel zu erreichen, hat der JOBS Act weitreichende Änderungen der Möglichkeiten zur Kapitalaufnahme eingeführt und verschiedene Wertpapiervorschriften gelockert.

Eine der wichtigsten Neuerungen des JOBS Act ist der erleichterte Zugang aufstrebender Wachstumsunternehmen (*emerging growth companies*, **EGCs**) zu den Kapitalmärkten. Hierbei sind diese EGCs, d.h. junge Aktiengesellschaften mit einem Jahreserlös von insgesamt weniger als 1 Mrd. $ im letzten Geschäftsjahr[43], von einer externen Prüfung ihrer internen Kontrollmechanismen bis zu fünf Jahre lang befreit[44] – das sind drei Jahre mehr als die nach Section 404 des Sarbanes-Oxley Act vorgesehenen zwei Jahre. Hat ein Emittent zuvor bereits Aktienwerte verkauft, gilt er nicht mehr als EGC. Ein Unternehmen, das bisher lediglich Schuldtitel angeboten hat, kann sich hingegen weiterhin als EGC qualifizieren, wenn die übrigen Voraussetzungen hierfür erfüllt sind.

11.17 Wenn ein Unternehmen die Voraussetzungen als EGC erfüllt und als solches geführt werden möchte, erhält es eine Reihe von Privilegien, die anderen Unternehmen nicht zustehen:

- das Unternehmen kann sein Registrierungsdokument bei der SEC vertraulich einreichen[45],

---

38 Siehe SEC Release No. BHCA-9; File no. S7-02-20, § IV(B)(1).
39 Siehe SEC Release No. BHCA-9; File no. S7-02-20, § IV(B)(2).
40 Siehe Dodd-Frank Wall Street Reform and Consumer Protection Act, Pub. L. No. 111-203, § 748.
41 Siehe Dodd-Frank Wall Street Reform and Consumer Protection Act, Pub. L. No. 111-203, § 748.
42 Siehe Foreign Corrupt Practices Act, 15 U.S.C. §§ 78dd-1, ff (2012).
43 Siehe Jumpstart Our Business Startups Act, Pub. L. No. 112-106, § 101.
44 Siehe Jumpstart Our Business Startups Act, Pub. L. No. 112-106, § 103.
45 Siehe Jumpstart Our Business Startups Act, Pub. L. No. 112-106, § 106. Eine vertrauliche Einreichung bedeutet, dass die SEC das Registrierungsdokument lange, bevor es veröffentlicht wird, prüft und kommentiert. Vor Beginn seiner Roadshow für den Börsengang muss das Unternehmen sein Registrierungsdokument und den Prospekt öffentlich einreichen, einschließlich der ursprünglichen vertraulichen Einreichungen und aller Änderungen daran. Die Kommentierungsschreiben zu den nichtöffentlichen Einreichungen werden ebenfalls in der gleichen Weise wie bei öffentlichen Einreichungen veröffentlicht (in der Regel 60 Tage nach Billigung des Registrierungsdokuments). Die vertraulichen Einreichungen sollen EGCs die Möglichkeit geben, vertrauliche Informationen solange zu schützen, bis das Unternehmen zu stärkerer Gewissheit gelangt ist, ob es letztendlich an die Börse gehen will.

- das Unternehmen kann das Marktumfeld testen, d.h. das Anlegerinteresse an einem registrierten Angebot bewerten, bevor ein Registrierungsdokument öffentlich eingereicht wird[46], und

- geprüfte Abschlüsse brauchen lediglich für die letzten zwei statt der üblichen drei Jahre vorgelegt zu werden, was eine erhebliche Kostenersparnis bedeutet[47],

Mit dem JOBS Act wurde zudem eine weitere Ausnahme von der Verpflichtung, öffentliche Angebote bei der SEC anzuzeigen geschaffen, und zwar für das Crowd-Funding[48]. Dabei wird das Kapital über das Internet und soziale Medien beschafft, wobei typischerweise viele Menschen jeweils einen relativ geringen Betrag beisteuern. Nach der neuen, als Section 4(a)(6) bekannten Ausnahmeregelung kann ein Unternehmen einen Höchstbetrag von insgesamt bis zu 1 Mio. $ jährlich und, je nach den Einkünften des Anlegers, einen Höchstbetrag von 10.000 $ bei einem einzelnen Anleger aufnehmen[49]. Alle Geschäfte müssen dabei über einen Broker oder ein Funding-Portal erfolgen[50].

11.18

Darüber hinaus wurde die SEC nach dem JOBS Act verpflichtet, Regelungen zur Änderung verschiedener aufsichtsrechtlicher Systeme zu erlassen:

11.19

- Die als Regulation A+ bezeichnete neue Vorschrift erinnert stark an das in Regulation A festgelegte System der Kapitalaufnahme, das liberale Regelungen für Unternehmen enthält, die das Marktumfeld testen. Mit Regulation A+ wird die in Regulation A enthaltene Obergrenze von 5 Mio. $ bei Angeboten für jeden 12-Monats-Zeitraum auf 50 Mio. $ erhöht.[51] Allerdings dürfen nur Unternehmen aus den USA und Kanada diese Regelung verwenden.

- Das Verbot der „allgemeinen Verkaufsförderung" (*general solicitation*) und der „allgemeinen Werbung" (*general advertising*) bei bestimmten Arten von Privatplatzierungen[52].

Neue Regelungen[53] zu den allgemeinen Verkaufsförderungen erlauben allen Emittenten das Marktumfeld zu testen, und zwar sowohl bevor der Entwurf eines Registrierungsdokuments eingereicht wird, als auch danach, solange dies nur mit so-genannten „qualified institutional buyers"[54] (**QIBs**) und „institutional accredited investors" (**IAIs**) erfolgt. Dieses Testen wird „Testing the Waters" genannt und war bis Dezember 2019 durch die JOBS Act nur für ECGs zulässig.

Der Fixing America's Surface Transportation Act von 2015: Der FAST Act wurde am 4.12.2015 unterzeichnet. Abschnitt G des FAST Act baut auf dem JOBS Act auf und setzt weitere Änderungen des Bundeswertpapierrechts um, die kleineren Unternehmen die Kapitalaufnahme erleichtern sollen. Die vier wichtigsten Unterabschnitte von Abschnitt G sind:

11.20

- *Improving Access to Capital for Emerging Growth Companies*: Dieser Abschnitt führt drei wesentliche Änderungen der bisherigen Behandlung von EGCs ein. Er (i) verringert die Frist, innerhalb der ein EGC sein Registrierungsdokument vor einer Roadshow erstmals öffentlich einreichen muss, von 21 auf 15 Tage[55], (ii) gewährt einem EGC eine bestimmte Nachfrist, innerhalb der das Unternehmen seinen Status als EGC behalten darf, wenn es nach einer vertraulichen Einreichung oder öffentlichen Einreichung seines Registrierungsdokuments die für diesen Status erforderlichen Kri-

---

46 Siehe Jumpstart Our Business Startups Act, Pub. L. No. 112-106, § 105. Tests des Marktumfelds sind in Europa üblich, waren in den Vereinigten Staaten bisher aber weitgehend verboten.
47 Siehe Jumpstart Our Business Startups Act, Pub. L. No. 112-106, § 102.
48 Siehe Jumpstart Our Business Startups Act, Pub. L. No. 112-106, § 302.
49 Siehe Jumpstart Our Business Startups Act, Pub. L. No. 112-106, § 302.
50 Siehe Jumpstart Our Business Startups Act, Pub. L. No. 112-106, § 302.
51 Siehe Jumpstart Our Business Startups Act, Pub. L. No. 112-106, § 401.
52 Siehe Jumpstart Our Business Startups Act, Pub. L. No. 112-106, § 201.
53 Siehe 17 CFR Part 230, Release No. 33-10699, File No. S7-01-19.
54 Bezüglich der Definition eines „QIB" siehe Rz. 11.103.
55 Siehe Fixing America's Surface Transportation Act, Pub. L. No. 114-94, § 71001.

terien nicht mehr erfüllt[56], und (iii) weist die SEC an, die Forms S-1 und F-1 so zu überarbeiten, dass einem EGC gestattet wird, Abschlüsse für vergangene Zeiträume, die ansonsten gemäß Regulation S-X in das Registrierungsdokument aufzunehmen wären, nicht aufzunehmen, wenn bestimmte Kriterien erfüllt sind[57].

- *Disclosure Modernization and Simplification*. Dieser Abschnitt weist die SEC an, bestimmte Reformen von Regulation S-K umzusetzen, die die Offenlegungspflichten eines berichtspflichtigen Unternehmens vereinfachen[58].
- *Reforming Access for Investments in Startup Enterprises*. Dieser Abschnitt kodifiziert die sog. „Section 4(a)(1½)" Befreiungsregelung für den Weiterverkauf – eine informelle Befreiungsregelung auf der Grundlage der Rechtsprechung, die sich auf den Weiterverkauf von Wertpapieren ohne Registrierung bezieht, die bestimmte Voraussetzungen erfüllen, unter anderem, dass jeder Käufer ein „akkreditierter Investor" ist und dass bestimmte Informationspflichten wie Section(4)(a)(7) des Securities Act erfüllt werden[59].
- *Small Company Simple Registration*. Dieser Abschnitt verpflichtet die SEC dazu, Form S-1 so zu überarbeiten, dass einer „smaller reporting company" gestattet wird, alle Berichte, die das Unternehmen nach dem Gültigkeitstermin des Registrierungsdokumentes einreicht, mittels Verweis in sein Form S-1 aufzunehmen, anstatt das Registrierungsdokument nach jeder späteren Einreichung ändern zu müssen[60].

2. Die SEC

11.21 Die SEC (Securities Exchange Commission) wurde aufgrund des Exchange Act im Jahr 1934 als eine unabhängige Behörde der US-amerikanischen Bundesregierung gegründet[61]. Ihre Hauptzuständigkeit liegt in der Durchsetzung der US-amerikanischen Wertpapiergesetze[62]. Die SEC setzt sich aus fünf Commissioners zusammen, die durch den Präsidenten ernannt und den US-Senat bestätigt werden[63]. Nicht mehr als drei der Commissioners dürfen Mitglied derselben politischen Partei sein. Die Amtsperioden der Commissioners sind gestaffelt, so dass jeweils eine Amtsperiode im Juni eines jeden Jah-

---

56 Siehe Fixing America's Surface Transportation Act, Pub. L. No. 114-94, § 71002. Die Nachfrist läuft bis zum früheren der folgenden Zeitpunkte: (i) dem Tag, an dem der Emittent seinen Börsengang gemäß dem Registrierungsdokument durchführt, oder (ii) dem Ablauf einer Frist von einem Jahr ab dem Tag, an dem der Emittent kein EGC mehr ist.
57 Siehe Fixing America's Surface Transportation Act, Pub. L. No. 114-94, § 71003. Das EGC darf nur solche Finanzinformationen nicht aufnehmen, die sich auf einen vergangenen Zeitraum beziehen, der nach vernünftigem Ermessen des Emittenten zum Zeitpunkt des Angebots nicht in die Forms S-1 oder F-1 aufgenommen werden muss, und das Registrierungsdokument muss alle erforderlichen Abschlüsse enthalten, bevor der vorläufige Prospekt an die Anleger verteilt wird. Diese Bestimmung könnte für ein EGC eine erhebliche Ersparnis bei den Kosten des Börsengangs bedeuten, da sie dem Unternehmen gestattet, Finanzinformationen auszulassen, die letztlich zum Zeitpunkt des Angebots nicht erforderlich sind.
58 Siehe Fixing America's Surface Transportation Act, Pub. L. No. 114-94, §§ 72001-3.
59 Siehe Fixing America's Surface Transportation Act, Pub. L. No. 114-94, § 76001.
60 Siehe Fixing America's Surface Transportation Act, Pub. L. No. 114-94, § 84001. Eine „smaller reporting company (SRC)" ist als Unternehmen definiert, das kein ausgeschlossener Emittent ist und entweder (i) ein Aktienemissionen („public common equity float") von weniger als 75 Mio. $, berechnet zum Ende des letzten abgeschlossenen zweiten Quartals, hat oder (ii) für Unternehmen mit einem Aktienemissionen („public common equity float") von Null, in seinem letzten Geschäftsjahr Umsatzerlöse von weniger als 50 Mio. $ erzielt hat.
61 Siehe Exchange Act Section 4(a). Vor Gründung der SEC überwachte die Federal Trade Commission den Securities Act. Siehe ebenfalls Regulation AC, 17 CFR Sections 242 500 et seq.
62 Siehe Exchange Act Section 4(a).
63 Siehe Exchange Act Section 4(a).

res abläuft[64]. Die SEC hat ca. 4.300 Mitarbeiter. Dies ist eine verhältnismäßig geringe Größe für eine US-Bundesbehörde[65].

Die Tätigkeit der SEC umfasst fünf Bereiche: 11.22

- Dem Bereich Corporation Finance obliegt mit der Prüfung der Registrierungsdokumente für öffentliche Angebote, Quartals- und jährliche Berichte, Stimmrechtsvollmachten, Angebotsunterlagen und anderer eingereichter Unterlagen die Gesamtverantwortung für die Überwachung der Offenlegungspflichten im Rahmen der Bundeswertpapiergesetze.

- Der Bereich Enforcement untersucht und verfolgt Verstöße gegen die Wertpapiergesetze im Rahmen von Verwaltungs- und Gerichtsverfahren[66].

- Der Bereich Trading and Markets überwacht die Tätigkeit der Sekundärmärkte, einschließlich der Registrierung und des Verhaltens von Börsen und Broker-Dealern.

- Der Bereich Investment Management überwacht die Einhaltung des Investment Company Act und des Investment Advisers Act.

- Der Bereich Economic and Risk Analysis erstellt wirtschaftliche Analysen und Risikoanalysen, um die SEC bei ihren Entscheidungen und Regelungen und deren Durchsetzung und bei Prüfungen zu unterstützen.

Der Securities Act und der Exchange Act ermächtigen die SEC, im Wege von Verwaltungsverfahren 11.23 über eine Vielzahl von Angelegenheiten zu entscheiden. Nach Maßgabe des Securities Act kann die SEC mit „Stop Order"-Verfahren gegen irreführende Registrierungsdokumente Sperren verhängen sowie die Einstellung unlauterer Geschäftspraktiken durch „Cease-and-Desist"-Verfahren verfolgen. Die SEC kann außerdem im Rahmen des Exchange Act Disziplinarverfahren gegen Broker-Dealer sowie Verfahren gegen die meisten Personen, die den Bestimmungen des Exchange Act unterliegen, einleiten[67].

Grundlage der SEC-Regulierungskompetenz: Nach der US-amerikanischen Verfassung darf die US- 11.24 Bundesregierung nur den Handel zwischen mehreren US-Bundesstaaten regeln, einschließlich der Regulierung der Emission und des Börsenhandels mit Wertpapieren durch die SEC[68]. Daher sind Bundeswertpapiergesetze nur anwendbar, wenn Einrichtungen oder Stellen des zwischenstaatlichen Handels eingeschaltet sind (d.h. das Telefon, die Post, das Internet oder eine inländische Wertpapierbörse) (*instrumentalities of interstate commerce*)[69]. Eine Schlüsselfunktion hat Section 5 des Securities Act,

---

64 Siehe Exchange Act Section 4(a).
65 Bezüglich weiterer Informationen zur SEC siehe die unter http://www.sec.gov verfügbaren Angaben.
66 Bei solchen Verfahren handelt es sich überwiegend nicht um Straf-, sondern Zivilverfahren. Zur strafrechtlichen Verfolgung ist ausschließlich das US-Justizministerium mit Unterstützung der SEC-Mitarbeiter des Bereichs Enforcement befugt.
67 Im Besonderen kann die SEC Maßnahmen ergreifen, um jeden, der den Sections 12, 13, 14, oder 15(d) des Exchange Act unterliegt, dazu zu zwingen, dem Exchange Act und dessen Vorschriften zu genügen, wenn die SEC nach Benachrichtigung und Gelegenheit zur Anhörung zu dem Ergebnis kommt, dass diese Person die vorgenannten Abschnitte des Exchange Act nicht beachtet hat. Siehe generell *Edward F. Greene et al.*, U.S. Regulation of the International Securities and Derivatives Markets, 8th ed. 2006, § 15.09[2].
68 U.S. Constitution Art. I, § 8, cl. 3.
69 Der Securities Act definiert „zwischenstaatlichen Handel" als „Handel und Wirtschaftsverkehr mit Wertpapieren oder alle damit verbundenen Transporte oder Kommunikationen zwischen verschiedenen Bundesstaaten ..." Securities Act Section 2(a)(7). Der Exchange Act definiert „zwischenstaatlichen Handel" als „Handel, Wirtschaftsverkehr, Transport oder Kommunikation zwischen den verschiedenen Bundesstaaten oder zwischen einem ausländischen Staat und einem Bundesstaat ..." Siehe Exchange Act Section 3(a)(17).

die zwischenstaatlichen Handel zum Verkauf oder zur Lieferung eines Wertpapiers untersagt, soweit nicht ein gültiges Registrierungsdokument für dieses Wertpapier existiert[70]. Theoretisch würde eine Wertpapiertransaktion, die vollständig innerhalb der Grenzen eines Bundesstaates stattfindet und bei der in keiner Weise zwischenstaatlicher Handel vorgenommen wird, nicht den SEC-Vorschriften unterliegen[71]. In der Praxis werden jedoch bei nahezu jedem Kontakt in den Vereinigten Staaten Stellen eingeschaltet, die der Bundesgesetzgebung unterstehen, so dass die gesamte Transaktion in die Zuständigkeit der SEC fällt[72].

3. Einzelstaatliche Regulierung

11.25 Die einzelnen US-Bundesstaaten, der District of Columbia und die US-Territorien können Wertpapiertransaktionen regulieren, die innerhalb ihrer jeweiligen Gesetzgebungskompetenz stattfinden[73]. Vor einer Wertpapieremission muss der Emittent sicherstellen, dass die geplante Emission mit den Wertpapiergesetzen des/der beteiligten Bundesstaates/-staaten (auch **„Blue-Sky"-Gesetze**[74] genannt) sowie mit dem Securities Act übereinstimmt. Die Anforderungen sind unterschiedlich, und in einigen Bundesstaaten müssen die Emittenten bestimmte Informationen oder Dokumente bei den jeweiligen Regierungsbehörden einreichen, die einem Registrierungsdokument nach dem Securities Act ähneln. Ähnlich wie der Securities Act sehen die bundesstaatlichen Gesetze im Allgemeinen eine Reihe von Ausnahmen von den Registrierungs- oder anderen Qualifizierungspflichten vor[75]. In den meisten Bundesstaaten bestehen darüber hinaus Gesetze über den Sekundärhandel mit Wertpapieren, einschließlich Vorschriften zur Bekämpfung von Betrug und Regulierung der Tätigkeiten der Broker-Dealer. Um die Last der Einhaltung verschiedener Blue-Sky-Gesetze bei Transaktionen einzuschränken, die verschiedene Rechtsordnungen berühren, haben viele Bundesstaaten den Uniform Securities Act eingeführt[76].

4. Die Entscheidung für ein registriertes versus ein von der Registrierungspflicht befreites Angebot

11.26 Wie vorstehend bereits erwähnt, bildet Section 5, wonach Wertpapiere mit einem Registrierungsdokument oder aufgrund einer zulässigen Registrierungsbefreiung angeboten werden müssen, den Kern des Securities Act. Beide Ansätze zum Zugriff auf die US-Kapitalmärkte haben Vor- und Nachteile. Eine Registrierung kann für Emittenten angebracht sein, die für den Zugriff auf die US-Kapitalmärkte ein erhebliches Engagement eingehen möchten, sie kann jedoch für Emittenten, die nicht über die Zeit und Mittel verfügen, die für das Registrierungsverfahren erforderlich sind, ungeeignet sein.

---

70 Diese Bestimmung findet nur auf Emittenten, die Mitglieder des Emissionskonsortiums (*underwriter*) und Platzeure (*dealer*) Anwendung. Daher sind Transaktionen anderer Personen, wie normale Anleger, von den Anforderungen gemäß Section 5 befreit.
71 Eine solche Transaktion würde jedoch den Blue-Sky-Gesetzen dieses Rechtsgebiets unterliegen. Siehe Rz. 11.25.
72 Bezüglich einer Erörterung der Vermeidung von Maßnahmen nach US-Recht wie eine Vermeidung der Registrierung einer Wertpapiertransaktion, die vollständig außerhalb der Vereinigten Staaten erfolgt, siehe Rz. 11.85–11.92 und Rz. 11.112–11.122.
73 Siehe Securities Act Section 18 und Exchange Act Section 28(a), nach denen die Befugnis der Bundesstaaten zur Regulierung von Wertpapiergeschäften erhalten bleibt.
74 Staatliche Wertpapiergesetze werden als „Blue-Sky"-Gesetze bezeichnet, weil sie dazu dienen „spekulative Pläne zu verhindern, die lediglich Luftschlösser sind". Hall v. Geiger-Jones Co., 242 U.S. 539 (1917).
75 Diese Ausnahmeregelungen können darauf ausgerichtet sein, bundesrechtliche Ausnahmen zu ergänzen. Beispielsweise ist die Uniform Limited Offering Exemption auf eine Koordination mit Securities Act Regulation D (siehe Rz. 11.93–11.99) ausgerichtet.
76 2017 hatten 39 Bundesstaaten, der District of Columbia, Guam und Puerto Rico den Uniform Securities Act eingeführt. Kalifornien, Florida, Illinois, New York und Texas zählen zu den Staaten, die den Uniform Securities Act nicht eingeführt haben. Bezüglich einer Liste der Bundesstaaten, die den Uniform Securities Act eingeführt haben, siehe Legal Information Institute oder Blue Sky Law Reporter 5500.

Registrierte Angebote: Der Hauptvorteil einer Registrierung von Wertpapieren im Rahmen des Securities Act ist, dass sie den weitest möglichen Zugriff auf die US-Kapitalmärkte ermöglicht. Sobald ein Registrierungsdokument für ein Wertpapier wirksam geworden ist, steht es dem Emittenten frei, dieses Wertpapier öffentlich anzubieten und zu verkaufen. Mit ordnungsgemäßer Registrierung sind Wertpapiere umlauffähig. D.h., der Weiterverkauf der Wertpapiere unterliegt keinen Einschränkungen, z.B. in Bezug auf mögliche Käufer, Dauer des Angebots, Betrag, Kumulation oder Zusammenführung. Die Registrierung ermöglicht außerdem eine Einführung an einer US-Wertpapierbörse oder den Handel über eine solche Börse. Neben dem Zugang zu den Investoren bietet eine Börseneinführung in den USA auch einen gewissen Prestigewert und fördert das Profil des Emittenten.

11.27

Die Registrierung bringt indes auch erhebliche Nachteile mit sich. Die Erstellung eines Registrierungsdokuments ist mit erheblichem Zeitaufwand seitens der Geschäftsleitung des Emittenten verbunden sowie mit beträchtlichen Rechtsberatungs- und Verwaltungskosten. Eine Registrierung ist daher für Emittenten, die nicht über die für den Registrierungsprozess erforderlichen Mittel verfügen oder eine schnelle Finanzierung benötigen, oftmals nicht geeignet. Mit der Registrierung unterliegen die Emittenten auch den fortlaufenden Berichtspflichten des Exchange Act, einschließlich, im Falle von Nicht-US-Emittenten, der Verpflichtung zur Einreichung eines jährlichen Berichts nach Form 20-F (wie nachstehend erläutert). Die Registrierung einer Klasse von Wertpapieren im Rahmen des Securities Act unterwirft Emittenten darüber hinaus den meisten Bestimmungen des Sarbanes-Oxley Act. Schließlich können auch einige der mit einer Registrierung nach dem Securities Act einhergehenden Offenlegungspflichten für manche Emittenten nicht akzeptabel sein.

11.28

Von der Registrierungspflicht befreite Angebote: Der größte Vorteil der Inanspruchnahme einer Befreiung von der Registrierung ist, dass ein Emittent den für den Zugang zu den US-Kapitalmärkten erforderlichen Zeit- und Managementaufwand drastisch reduzieren kann. In den meisten Fällen können die Emittenten sämtliche laufenden Berichtspflichten nach dem Exchange Act umgehen, wenn sie Wertpapiere anbieten, die von der Registrierung im Rahmen des Securities Act befreit sind[77]. Auf Emittenten, die keine Wertpapiere haben, die nach Maßgabe des Securities Act registriert werden müssen, und keine jährlichen Berichte nach dem Exchange Act einreichen, sind auch die meisten Bestimmungen des Sarbanes-Oxley Act nicht anwendbar. Wie nachstehend erläutert, ist es bei einem von der Registrierungspflicht befreiten Angebot für einen Kläger schwieriger, erfolgreich wegen eines Verstoßes gegen die Wertpapiergesetze zu klagen als bei einem registrierten Angebot.

11.29

Insbesondere Rule 144A bietet einem ausländischen privatwirtschaftlichen Emittenten (*foreign private issuer*), wie in Rule 405 des Securities Act definiert[78], mehrere Vorteile gegenüber einer Registrierung im Rahmen des Securities Act[79]. So bietet Rule 144A bei der Erstellung eines Verkaufsprospekts für Zwecke eines Angebots gemäß Rule 144A erhebliche Flexibilität. Beispielsweise müssen die Jahresabschlüsse nicht unbedingt nach den in den USA allgemein anerkannten Grundsätzen der Rechnungslegung (US GAAP) erstellt sein, sondern können den Grundsätzen der Rechnungslegung im Land des

11.30

---

77 Emittenten, die in den Vereinigten Staaten Wertpapiere aufgrund einer Befreiungsregelung von der Registrierungspflicht anbieten, können trotzdem dem Exchange Act unterliegen. Siehe Erläuterung zu den Berichtspflichten aufgrund des Exchange Act. Viele dieser Emittenten könnten versuchen, von der Befreiungsregelung gemäß Exchange Act Rule 12g3-2(b) Gebrauch zu machen. Siehe Erläuterung der Befreiungsregelung nach Exchange Act Rule 12g3-2(b).
78 Ein Foreign Private Issuer ist jeder Emittent (mit Ausnahme von ausländischen Regierungen), der einer Rechtsordnung außerhalb der Vereinigten Staaten unterliegt, es sei denn mehr als 50 % der emittierten stimmberechtigten Wertpapiere sind direkt oder indirekt im Besitz von US-Einwohnern und (i) die Mehrzahl seiner Vorstandsmitglieder oder Geschäftsführer sind US-Bürger oder in den USA ansässig oder (ii) mehr als 50 % seines Vermögens befinden sich in den Vereinigten Staaten oder (iii) seine Geschäftstätigkeit erfolgt hauptsächlich in den Vereinigten Staaten.
79 Siehe Rz. 11.101–11.111 bezüglich einer Erläuterung der technischen Einzelheiten der Ausnahmeregelung gemäß Securities Act Rule 144A.

Emittenten entsprechen[80]. Angebote nach Rule 144A entsprechen meist den außerhalb der USA aufgestellten Erfordernissen und ermöglichen damit einen Zugriff auf die US-Kapitalmärkte im Rahmen von Angeboten, bei denen der Emittent eine Finanzierung nicht ausschließlich in den Vereinigten Staaten anstrebt. Emittenten und abgebende Aktionäre bevorzugen in der Regel auch deshalb ein Angebot gemäß Rule 144A, weil sich in der Praxis seit der Einführung der Rule 144A im Jahre 1990 mittlerweile standardisierte Verfahren herausgebildet haben. Einen weiteren Vorteil bietet die Teilnahmemöglichkeit an dem bedeutenden, in den USA unter den QIBs existierenden Secondary Market.

11.31 Das Angebot von Wertpapieren unter Inanspruchnahme einer Befreiungsregelung von der Registrierungspflicht kann indes auch Nachteile haben. So unterliegen Wertpapiere, die im Rahmen eines von der Registrierungspflicht befreiten Angebots emittiert werden, Beschränkungen in Bezug auf ihren Weiterverkauf. Diese Beschränkungen können sich auf die Identität der Käufer oder die Art des Kaufs beziehen und auch eine Sperrfrist vorschreiben. Ein unter eine Befreiungsregelung fallendes Angebot kann daher unter Umständen nicht den erwünschten Zugriff auf die US-Kapitalmärkte bieten, der den Kapitalbedarf der Emittenten deckt, und es hat nicht denselben Prestigewert wie die Einführung an einer US-Wertpapierbörse. Emittenten laufen außerdem Gefahr, dass die SEC zu der Auffassung gelangen könnte, mehrere unter eine Ausnahmeregelung fallende Transaktionen seien de facto „zusammenzufassen"[81]. Zudem können auch die rechtlichen Verpflichtungen in Bezug auf nicht im Rahmen des Securities Act registrierte Wertpapiere als störend empfunden werden. Beispielsweise ermöglicht Rule 144A zwar eine Befreiung der Emittenten von der Registrierungspflicht, jedoch finden viele Vorschriften der US-Wertpapiergesetze zur Bekämpfung betrügerischen Handelns weiterhin Anwendung[82].

5. Periodische Berichtspflichten

11.32 Emittenten sind verpflichtet, ihre Wertpapiere im Rahmen des Exchange Act zu registrieren und danach in periodischen Abständen Berichte einzureichen, wenn die Wertpapiere an einer US-Wertpapierbörse notiert sind[83] oder die Vermögenswerte und Aktionärsbasis des Unternehmens eine bestimmte Größe erreicht haben[84]. Ausländische privatwirtschaftliche Emittenten, die unter die Berichtspflichten des Exchange Act fallen, müssen innerhalb von sechs Monaten nach Ende des Geschäftsjah-

---

80 Siehe William E. Decker, The Attractions of the U.S. Securities Markets to Foreign Issuers and the Alternative Methods of Accessing the U.S. Markets: From the Issuer's Perspective, 17 *Fordham Int'l L.J.* 10 (1994).
81 Bezüglich einer Erläuterung des Begriffs der Zusammenführung siehe Rz. 11.95.
82 Siehe Exchange Act Rule 10b-5. Siehe ebenso Rz. 11.55–11.57.
83 Siehe Exchange Act Section 12(a). Die NASDAQ und die Vorschriften des NASD Electronic Bulletin Board verlangen für die Notierung von Wertpapieren eine Registrierung im Rahmen des Exchange Act Section 12(g), obwohl aufgrund von Section 12(g) ansonsten keine Registrierung erforderlich ist. Siehe NASD Marketplace Rules 4310, 4320 und 6530, NASD *Manual* (CCH); siehe ebenso *Greene*, U.S. Regulation of the International Securities and Derivatives Markets, 8th ed. 2006, § 2.03 n. 43.
84 Nach der allgemeinen Regel muss ein Unternehmen eine Registrierung nach dem Exchange Act vornehmen, wenn sein Vermögen den Betrag von 10 Mio. $ übersteigt und eine Aktienklasse nach dem Register von mindestens 500 Aktionären gehalten wird. Nach dem JOBS Act muss sich ein Unternehmen nunmehr nach dem Exchange Act nur dann registrieren, wenn es 500 „nicht akkreditierte" Aktionäre oder insgesamt 2000 Aktionäre hat. Siehe Exchange Act Section 12(g)(1). Ist der Emittent eine Bank, muss er sich nur dann registrieren lassen, wenn sein Vermögen 10 Mio. $ übersteigt und eine Wertpapierklasse nach dem Register von mehr als 2000 Aktionären gehalten wird. Im Falle von Foreign Private Issuers (gemäß der Definition im Exchange Act) findet die Registrierungspflicht erst bei mindestens in den USA ansässigen 300 Aktionären Anwendung. Siehe Exchange Act Rule 12g3-2(a). Allerdings hat die SEC angekündigt, dass dieser Schwellenwert unter Umständen wegfallen (siehe SEC Votes to Modernize Disclosure Requirements to Help US Investors in Foreign Countries, SEC Release No. 2008-183).

res des Emittenten bei der SEC einen jährlichen Bericht nach Form 20-F einreichen[85]. Form 20-F muss die Jahresabschlüsse für die vorangehenden Jahre enthalten, die in Übereinstimmung mit US GAAP erstellt, auf US GAAP übergeleitet oder gemäß den International Financial Reporting Standards (**IFRS**), wie vom International Accounting Standards Board (**IASB**) verabschiedet, erstellt wurden[86]. Unternehmen, die jährliche Berichte nach Form 20-F einreichen, müssen zudem über bestimmte wesentliche Ereignisse sowie über Informationen von wesentlicher Bedeutung für die Aktionäre Berichte nach Form 6-K vorlegen, die der Emittent nach Maßgabe der Gesetze seines Heimatlandes veröffentlicht oder veröffentlichen muss (z.B. Ad hoc-Mitteilungen), oder die er bei einer Wertpapierbörse einreicht oder einreichen muss, an der seine Wertpapiere gehandelt werden und die diese Berichte veröffentlicht hat, oder die er an die Inhaber seiner Wertpapiere verteilt oder verteilen muss[87].

Rule 12g3-2(b): Die Befreiungsregelung nach Rule 12g3-2(b) ermöglicht es Foreign Private Issuers, die grundsätzlich verpflichtet wären, periodische Berichte nach dem Exchange Act einzureichen, stattdessen bei der SEC Informationen auf Englisch einzureichen, die der Emittent nach dem Recht des Landes, in dem er seinen Sitz hat oder gegründet wurde, veröffentlicht hat oder veröffentlichen muss (oft auf deren Website), oder die er bei einer Wertpapierbörse eingereicht hat oder einreichen muss, an der seine Wertpapiere gehandelt werden und die diese Informationen veröffentlicht hat, oder die er an die Inhaber seiner Wertpapiere verteilt hat oder verteilen muss[88]. Diese Ausnahmeregelung gilt nicht für alle ausländischen privatrechtlichen Emittenten, wie beispielsweise Emittenten, deren Aktien an einer US-Wertpapierbörse notiert sind, sowie die meisten Unternehmen, deren Aktien über das NASDAQ-System gehandelt werden[89]. Die Emittenten können diese Ausnahmeregelung in Anspruch nehmen, indem sie einen schriftlichen Antrag bei der SEC einreichen.

11.33

Sich auf diese Ausnahmeregelung zu stützen, kann in praktischer Hinsicht attraktiv sein, weil sie den Emittenten ermöglicht, die Dokumentation ihres Heimatlandes zu verwenden, und sie von der Verpflichtung befreit, einen Geschäftsbericht nach Form 20-F zu erstellen, der nach den IFRS wie vom IASB[90] herausgegeben, erstellt wurde, oder auf US GAAP übergeleitete Jahresabschlüsse vorzulegen. Darüber hinaus sind Emittenten, die gemäß Rule 12g3-2(b) von den Vorschriften des Exchange Act befreit sind, auch von vielen Vorschriften des Sarbanes-Oxley Act befreit.

11.34

---

85 Siehe Exchange Act Rule 13a-1; Form 20-F. 1999 wurden die meisten die Emittenten betreffenden Offenlegungspflichten nach Form 20-F revidiert und an die internationalen Berichtsstandards der International Organization of Securities Commissions („IOSCO") angepasst. Siehe Rz. 11.64–11.76 bezüglich weiterer Informationen zu Form 20-F.
86 Siehe Acceptance from Foreign Private Issuers of Financial Statements Prepared in Accordance with International Financial Reporting Standards without Reconciliation to U.S. GAAP, SEC Release No. 33-8879.
87 Siehe Exchange Act Rule 13a-16; Form 6-K. Die SEC verpflichtet die ausländischen Emittenten nicht, neben den Geschäftsberichten nach Form 20-F weitere Zwischenberichte vorzulegen, es sei denn, der Emittent erstellt in der Praxis oder aus rechtlichen Gründen solche Berichte. Jedoch verlangen die US-Wertpapierbörsen üblicherweise Zwischenfinanzausweise. Siehe generell *Greene*, U.S. Regulation of the International Securities and Derivatives Markets, 8th ed. 2006, § 3.03[2][b-c]. Nach Form 6-K vorgelegte Informationen sind für Haftungszwecke gemäß Section 18 des Exchange Act nicht als „eingereicht" (*filed*) anzusehen. Siehe Exchange Act Rule 13a-16(c).
88 Siehe Exchange Act Rule 12g3-2(b)(1).
89 Emittenten, die fortlaufend den Befreiungstatbestand gemäß Exchange Act Rule 12g3-2(b) erfüllen und deren Aktien fortlaufend seit dem 5.10.1983 über das NASDAQ-System gehandelt werden, können unter diese Befreiungsregelung fallen. Siehe Exchange Act Rule 12g3-2(d)(3).
90 Siehe SEC Release Nos. 33-8879 und 2008-184 für weitere Informationen über die Regeländerung der SEC im Bezug auf die Akzeptanz von IFRS-Abschlüssen.

6. ADRs und Global Shares

11.35 Nicht-US-Emittenten, die Wertpapiere an der US-Wertpapierbörse notieren möchten, haben hierzu zwei verschiedene Möglichkeiten: American Depositary Receipts (ADRs) oder Global Shares (wie nachstehend beschrieben). ADRs und Global Shares haben jeweils bestimmte Vor- und Nachteile, die im Folgenden zusammengefasst werden.

a) ADRs

11.36 ADRs sind von einer Bank begebene handelbare Namenspapiere, die einen Anspruch auf Lieferung der zugrundliegenden Wertpapiere eines Nicht-US-Emittenten verkörpern. ADRs werden grundsätzlich von einer US-amerikanischen Geschäftsbank (Depotbank – **Depositary**) ausgegeben, bei deren Korrespondenzbank (Hinterlegungsbank – **Custodian**) in dem Sitzstaat des Emittenten die zugrunde liegenden Aktien hinterlegt worden sind. Ein ADR-Inhaber kann ADRs jederzeit gegen zugrundeliegende Aktien umtauschen und Aktien können auf die gleiche Weise gegen Ausgabe zusätzlicher ADRs hinterlegt werden. Ein ADR kann eine zugrunde liegende Aktie oder mehrere zugrundeliegende Aktien oder einen Bruchteil zugrunde liegender Aktien repräsentieren.

11.37 Der Depositary erbringt üblicherweise für den ADR-Inhaber vielfältige Leistungen, wie z.B. die Hinterlegung und Rücknahme von Aktien[91]. Diese Leistungen umfassen auch die Weiterleitung von Informationen an die ADR-Inhaber in Bezug auf wichtige Entwicklungen, die von dem Emittenten der zugrunde liegenden Aktien mitgeteilt worden sind (einschließlich Umtausch- und Bezugsrechtsangebote sowie Rekapitalisierungspläne). Sie umfassen ebenfalls die Hilfestellung bei der Einreichung der notwendigen Schriftstücke zur Reduzierung von Steuerzahlungen, die aufgrund der bestehenden Steuerabkommen zwischen den Vereinigten Staaten und ihren wichtigsten Handelspartnern fällig sind. Zu den Leistungen gehört zudem die Benachrichtigung der ADR-Inhaber über die Stimmrechtsausübung der Aktionäre. Der Depositary wird in der Regel für diejenigen Aktien Stimmrechte ausüben, für die ADR-Inhaber Anweisungen gegeben haben. Der Depositary zieht üblicherweise auch Dividenden ein, die auf bei dem Custodian hinterlegte Aktien gezahlt werden, rechnet diese Zahlungen in US-Dollar um und verteilt die Gelder an die ADR-Inhaber.

11.38 ADR-Programme können *sponsored* oder *non-sponsored* sein. Ein Nicht-US-Emittent, der ein ADR-Programm „sponsorn" möchte, schließt mit dem Depositary einen Depotvertrag ab, der beispielsweise die Ausgabe von ADRs nach Hinterlegung der zugrundeliegenden Aktien, die Rücknahme zugrunde liegender Aktien, die Behandlung von Dividenden, die Stimmrechtsausübung für zugrunde liegende Aktien und die von ADR-Inhabern an die Depositary zu zahlenden Gebühren vorsieht. Ein Depositary kann ebenfalls ein unsponsored ADR-Programm ohne Beteiligung des Emittenten konstruieren, wenn er überzeugt ist, dass das Interesse an den Aktien des Emittenten ausreichend ist, um entsprechende Gebührenerträge zu erwirtschaften oder wenn sich ein Kursmakler zur Beteiligung an den für solche Programme entstehenden Kosten bereit erklärt hat. Nach dem Exchange Act muss der Emittent bei einem Programm, das sponsored oder unsponsored ist, eine berichtende Gesellschaft sein oder von den Berichtspflichten des Exchange Acts gemäß Rule 12g3-2(b) befreit sein.

11.39 Ein ADR ist ein nach dem Securities Act zu registrierendes Wertpapier. Die SEC schreibt für die Registrierung der ADRs einen bestimmten Registrierungsantrag, Form F-6, vor. Der Registrierungsantrag muss sowohl von dem Emittenten als auch von dem Depositary unterzeichnet werden und ist weder umfangreich, noch verlangt er detaillierte Angaben über die beiden Unterzeichnenden. Für einige Ausprägungen der ADR-Programme sind die zugrunde liegenden Aktien nach dem Securities Act zu registrieren.

---

91 Ein Großteil dieser Gebühren wird von dem ADR-Inhaber getragen. Die Depositary kann in einigen Fällen versuchen, von dem Emittenten ein Zahlungsversprechen für die Verwaltungsgebühren zu erhalten, obwohl die Depositary meist auf dieses Erfordernis aufgrund der Möglichkeit zur Verwaltung eines ADR-Programmes verzichten kann.

aa) Ausprägungen von ADR-Programmen

Es gibt verschiedene Arten von ADR-Programmen, die für unterschiedliche Zielsetzungen des Emittenten geeignet sind: 11.40

- **Level I:** Durch ein Level-I-ADR-Programm versucht der Emittent das Interesse des US-amerikanischen Sekundärmarktes an seinen Aktien zu steigern, indem er auf dem Over-the-Counter-Markt den Sekundärhandel von ADRs initiiert (auch *„pink sheets"* genannt). Über ein Level-I-Programm kann von dem Emittenten kein frisches Kapital aufgenommen werden, da nur frei handelbare (*non-restricted*) Aktien des Emittenten im Programm hinterlegt werden können. Seitdem Aktien, die sich im Besitz des Emittenten oder eines mit von ihm kontrollierten Unternehmens (*affiliate of the issuer*) befinden, nach den US-amerikanischen Wertpapiergesetzen nicht mehr frei handelbar sind, dürfen nur noch Makler, Händler und andere nicht von dem Emittenten kontrollierte Unternehmen (*non-affiliates*) Aktien im Level-I-Programm hinterlegen. Der Emittent schließt zur Konstruktion eines Level-I-ADR-Programmes einen Depotvertrag mit der Depositary ab, meldet die ADRs gemäß dem Securities Act nach Form F-6 bei der SEC an und erhält eine Befreiung von der Rule 12g3-2(b).

- **Level II:** Durch ein Level-II-ADR-Programm versucht der Emittent das Interesse des US-amerikanischen Sekundärmarktes an seinen Stammaktien zu steigern, indem er die ADRs an einer US-amerikanischen Wertpapierbörse oder an der NASDAQ handelt. Genauso wie bei dem Level-I-ADR-Programm wird von dem Emittenten kein Kapital aufgenommen, sondern es werden nur handelbare Aktien herangezogen. Die Hinterlegung von Aktien im Programm durch den Emittenten oder mit ihm verbundene Unternehmen sind nicht gestattet. Der Emittent muss für die Auflage eines Level-II-Programmes einen Depotvertrag ausfertigen, die ADRs gemäß Form F-6 bei der SEC registrieren und die entsprechenden Zulassungsvoraussetzungen der Wertpapierbörse oder der NASDAQ erfüllen. Der Emittent ist ebenfalls gemäß dem Exchange Act zur Registrierung verpflichtet und unterliegt damit den laufenden Berichtspflichten des Exchange Acts.

- **Level III:** Durch ein Level-III-ADR-Programm versucht der Emittent in den Vereinigten Staaten mit Hilfe eines öffentlichen Angebotes Kapital für die ADRs aufzunehmen, das in der Regel von US-amerikanischen Konsortialmitgliedern durchgeführt wird. Der Emittent kann darüber hinaus eine gleichzeitige Zulassung an einer US-amerikanischen Wertpapierbörse oder der NASDAQ anstreben. Für die Konstruktion eines Level-III-ADR-Programmes ist der Emittent zur Ausfertigung eines Emissionsvertrages sowie eines Depotvertrages verpflichtet. Die ADRs werden wie bei den Programmen Level I und Level II nach Form F-6 bei der SEC registriert. Da der Emittent tatsächlich ein öffentliches Angebot abgibt, sind die zugrundeliegenden Aktien nach Form F-1 bei der SEC zu registrieren. Wenn der Emittent die Wertpapiere an der Wertpapierbörse oder der NASDAQ notiert, muss er diese ebenfalls gemäß dem Exchange Act registrieren lassen und unterwirft sich damit den laufenden Berichtspflichten.

- **Rule-144A-Programm:** Ein Rule-144A-Programm ermöglicht dem Emittenten die Kapitalaufnahme bei QIBs in den Vereinigten Staaten. Im Unterschied zu einem Level-III-Programm werden die zugrundeliegenden Aktien nicht mithilfe eines öffentlichen Angebotes zum Verkauf angeboten, so dass eine Registrierung gemäß dem Securities Act nicht erforderlich ist; eine Registrierung der ADRs nach Form F-6 ist gleichfalls nicht erforderlich. Zur Auflage eines Rule-144A-ADR-Programmes hinterlegt der Emittent Aktien bei einem Depositary im Austausch gegen ADRs. Der Emittent veräußert diese ADRs an „Käufer" (wobei diese hauptsächlich Konsortialmitglieder sind), und diese Käufer veräußern die ADRs weiter an die Investoren. In der Regel erhält der Emittent die in der Rule 12g3-2(b) vorgesehene Befreiung, um seine Mitteilungspflicht gemäß Rule 144A erfüllen zu können[92].

---

92 Siehe auch nachstehende Erörterungen von Rule 144A und von Rule 12g3-2(b).

- **ATM-Programm**: ADRs ermöglichen sogenannte „at the market" (oder ATM-) Programme, die in den letzen 15 Jahren immer häufiger von Emittenten mit US-Börsennotierungen benutzt werden. In einem ATM-Programm (auch „dribble-out" genannt) wird eine geringe Anzahl von eigenen Aktien oder ausgeliehenen ADRs eines Emittenten zum Marktpreis über einen längeren Zeitraum verkauft[93]. Allerdings ist es schwierig, große Beträge durch solche ATM-Programmen zu erzielen; die Abschläge und Gebühren sind in der Regel niedriger als bei einer Kapitalerhöhung oder bei einem Bezugsrechtsangebot.

bb) Vorteile der ADRs

11.41 In einigen Nicht-US-Märkten werden Aktien mit einer Kurshöhe gehandelt, die deutlich über oder unter der Kurshöhe der US-Märkte liegt. Da ein einzelnes ADR grundsätzlich eine beliebige Anzahl zugrundeliegender Aktien repräsentieren kann (oder Bruchteile von Aktien), kann das ADR so strukturiert sein, dass sie mit einer Kurshöhe gehandelt wird, die für den US-Markt angemessen ist (in der Regel 15 bis 30 US-Dollar pro ADR). Mit der Verwendung von ADRs kann Emittenten die Möglichkeit zu Auslandsinvestitionen auch dann geboten werden, wenn lokale Gesetze oder Gründungsdokumente der Gesellschaft direkten Auslandsbesitz verbieten oder einschränken. Mit ADRs können in bestimmten Ländern verhängte Börsenumsatzsteuern oder Stempelsteuern vermieden werden, da sich im Besitz des Custodian befindlichen Stammaktien beim Handel der ADRs nicht übertragen werden. Ein ADR kann auch für US-Investoren günstig sein, da es durch Vorlage bei dem Custodian in New York City (statt durch Hinzuziehung einer Nicht-US-Übertragungsstelle) übertragen und ausgetauscht werden kann. Weil der Depositary die Umrechnung der in Nicht-US-Währung gezahlten Dividenden abwickelt, können Dividenden und andere Ausschüttungen an US-Investoren in US-Dollar gezahlt werden. Ein Nachteil der ADRs für US-Investoren besteht darin, dass die Depotgebühren von den ADR-Inhabern getragen werden und die ADR-Inhaber gegenüber dem Emittenten keinen Aktionärsstatus erlangen.

b) Global Shares

11.42 Während ADRs seit Jahrzehnten verwendet werden, kam es bei der Fusion zwischen Daimler-Benz und Chrysler im Jahre 1998 erstmals zur Emission von Stammaktien durch ein außerhalb der USA und Kanada gegründetes Unternehmen, sowohl an der New Yorker Wertpapierbörse, als auch an der Börse seines Sitzstaates in Form des „Global Shares"-Programms der New Yorker Wertpapierbörse. Seit 1998 haben sich auch einige andere Emittenten (insbesondere deutsche Emittenten) dafür entschieden, Global Shares zu notieren. Das Hauptmerkmal der Global Shares liegt darin, dass sie vollständig fungibel sind und entweder am US-Markt oder am Heimatmarkt gehandelt werden können, ohne dass sie an einem Markt gegen Wertpapiere, die an einem anderen Markt gehandelt werden, umgetauscht werden müssen. Global Shares werden in einer weltweiten Registrierungsstelle erfasst (wobei diese auf eine US-amerikanische Unterabteilung der Registrierungstelle zurückgreifen kann) und grenzüberschreitend durch einen zwischen den entsprechenden Depotsystemen des lokalen und des US-Marktes bestehenden Link abgerechnet und bezahlt. Global Shares werden an der New Yorker Wertpapierbörse in US-Dollar notiert und an der Börse des Sitzstaates in lokaler Währung. Dividenden sind in der Währung des Sitzstaates des Emittenten zahlbar, es sei denn, dass US-amerikanische Aktieninhaber sich für Zahlungen in US-Dollar entscheiden. In einem solchen Fall tauscht die New Yorker Übertragungsstelle im Namen der entsprechenden US-Aktieninhaber die Zahlungen um und leistet sie an diese Aktieninhaber. Wenn der Emittent seine Aktien in Form von Inhaberaktien ausgibt, müssen diese zunächst in Namensaktien umgewandelt werden, bevor Global Shares gebildet werden können.

11.43 Global Shares bieten im Vergleich zu ADRs eine Reihe von Vorteilen. Wie vorstehend erwähnt, sind Global Shares vollständig fungibel und können leicht zwischen dem lokalen und dem US-Markt über-

---

93 Siehe näher *Tieben*, AG 2021, 430.

tragen werden; diese erhöhte Fungibilität schafft erhöhte Liquidität. Global Shares beseitigen das Erfordernis der Umverbriefung und die mit ADRs verbundenen Emissionsgebühren. Auch die Schaffung eines separaten Wertpapiers ist nicht mehr notwendig. Im Gegensatz zu den ADRs gibt es zwischen dem Emittenten und dem US-amerikanischen Inhaber der Global Shares eine direkte Beziehung. Ein Nachteil der Global Shares besteht darin, dass der Emittent im Gegensatz zu den ADRs die Kosten der US-amerikanischen Aktionärsleistungen zu tragen hat.

7. Haftung nach US-amerikanischem Recht

a) Haftung aufgrund eines Registrierungsversäumnisses

Angebotstätigkeiten, bevor die SEC ein Registrierungsdokument für gültig erklärt hat, werden als „Gun Jumping" bezeichnet. Die verbreitetste Art des Gun Jumping ist die vorzeitige Angebotspublizität, die geeignet ist, den Markt für die anzubietenden Wertpapiere zu „konditionieren"[94]. Wenn die SEC der Ansicht ist, dass ein Gun Jumping stattgefunden hat, kann sie einen so genannten „Cooling Off"-Zeitraum festlegen, der abgelaufen sein muss, bevor sie ein Registrierungsdokument für gültig erklärt[95].

b) Haftung bei registrierten Angeboten

Die SEC kann eine Klage vor einem Bundesgericht anstrengen, um Handlungen oder Praktiken zu untersagen, Gewinne abzuschöpfen oder Unternehmen Strafen aufzuerlegen, die nach ihrer Ansicht gegen den Securities Act verstoßen[96].

Käufern von Wertpapieren, die im Rahmen des Securities Act registriert sind, stehen nach Section 11 und 12 des Securities Act bestimmte Rechtsmittel einschließlich Klagen auf Schadenersatz (Section 11) oder Rückabwicklung (Section 12) zur Verfügung.

Section 11: Section 11 gewährt ein privates Klagerecht wegen wesentlicher falscher oder unvollständiger Darstellungen in Registrierungsdokumenten (und kann daher bei von der Registrierungspflicht befreiten Angeboten nicht in Anspruch genommen werden). Ein Anspruch nach Section 11 ergibt sich, wenn ein Teil des Registrierungsdokuments bei Inkrafttreten entweder eine unrichtige Darstellung einer wesentlichen Tatsache enthält oder eine wesentliche Tatsache nicht enthält, die in das Registrierungsdokument aufzunehmen ist oder ansonsten erforderlich ist, damit die im Registrierungsdokument enthaltenen Angaben nicht irreführend sind[97]. Sowohl der Ersterwerber als auch ein späterer Erwerber eines registrierten Wertpapiers, der seine Anteile auf ein bestimmtes öffentliches Angebot gemäß einem Registrierungsdokument „zurückführen"[98] (*trace*) kann, können gemäß Section 11 entweder (A) innerhalb von einem Jahr nach Feststellung des behaupteten Verstoßes (oder zu dem Zeit-

---

94 Siehe SEC Release No. 33-3844 (1957). Die Publizität im gewöhnlichen Geschäftsverlauf ist auch mit einigen Einschränkungen zulässig. Bezüglich weiterer Informationen zur Publizität vor und während des Registrierungszeitraums siehe Rz. 11.79–11.82.
95 Siehe Rz. 11.79–11.82 bezüglich weiterer Informationen zur Publizität vor und während des Registrierungszeitraums.
96 Siehe Securities Act Sections 20(b) und 20(d) (Gewährung einer Untersuchungsvollmacht für die SEC und Festsetzung einer Grenze für Geldstrafen bis zum jeweils höheren der nachfolgenden Beträge: 500.000 US-Dollar oder der Bruttobetrag des finanziellen Gewinns eines beklagten Unternehmens). Siehe generell *Greene*, U.S. Regulation of the International Securities and Derivatives Markets, 8th ed. 2006, § 15.09[3]. Siehe Rz. 11.77–11.78 bezüglich einer Erläuterung von durch die SEC verhängten Sperren (Stop Orders).
97 Eine Tatsache ist „wesentlich" (*material*), wenn eine beträchtliche Wahrscheinlichkeit besteht, dass ein besonnener Anleger diese Tatsache bei einer Anlageentscheidung als wichtig ansehen würde. Siehe TSC Industries v. Northway, Inc., 426 U.S. 438 (1976).
98 Siehe Krim v. pcOrder.com, Inc., 402 F.3d 489 (5th Cir. 2005). Um Anteile auf ein Angebot „zurückführen" zu können, muss ein Kläger zeigen, dass die betreffenden, von ihm gehaltenen Anteile im Rahmen

punkt, an dem er sinnvoller Weise hätte festgestellt werden müssen) oder (B) innerhalb von drei Jahren nach dem Zeitpunkt, zu dem das Wertpapier im guten Glauben der Öffentlichkeit angeboten wurde, Ansprüche geltend machen[99]. Im Allgemeinen muss der Kläger keinen Nachweis erbringen, dass er im Vertrauen auf den behaupteten Verstoß gehandelt hat[100]. Er muss auch nicht nachweisen, dass der Verlust aufgrund der falschen oder unvollständigen Darstellung entstanden ist und er muss ferner nicht nachweisen, dass ein wissentlicher Verstoß seitens des Beklagten vorliegt.

11.48 In einer Klage gemäß Section 11 kann ein Kläger die folgenden Personengruppen als Beklagte benennen: (i) den Emittenten, (ii) jede Person, die das Registrierungsdokument unterzeichnet hat, (iii) jedes Mitglied der Geschäftsleitung oder jeden Gesellschafter des Emittenten zum Zeitpunkt der Einreichung sowie jede Person, die sich damit einverstanden erklärt hat, dass sie im Registrierungsdokument als künftiges Mitglied der Geschäftsleitung oder künftiger Gesellschafter aufgeführt wird, (iv) jedes Konsortialmitglied in Bezug auf das registrierte Wertpapier und (v) jeden mit dessen Zustimmung benannten „Experten", der wenigstens einen Teil des Registrierungsdokuments erstellt hat[101].

11.49 Der Emittent unterliegt einer strikten (verschuldensunabhängigen) Haftung für falsche und unvollständige Darstellungen und kann sich dieser Haftung nur entziehen, indem er seinerseits nachweist, dass dem Kläger die wesentliche falsche Darstellung oder Auslassung beim Kauf des Wertpapiers bekannt war[102].

---

des öffentlichen Angebots gemäß dem Registrierungsdokument verkauft wurden, das die angeblich falsche Darstellung enthielt.
99 Siehe Section 13 des Securities Act.
100 Wenn der Emittent jedoch den Inhabern seiner Wertpapiere eine Gewinn- und Verlustrechnung vorgelegt hat, die mindestens die letzten 12 Monate nach dem Datum des Inkrafttretens des Registrierungsdokuments abdeckt, hängt das Recht auf Ersatzleistung von dem Nachweis ab, dass die betreffende Person die Wertpapiere im Vertrauen auf eine tatsächliche falsche Darstellung oder Auslassung im Registrierungsdokument erworben hat. Siehe Securities Act Section 11(a) (letzter Satz). Unter diesen Umständen muss der Kläger nachweisen, dass er tatsächlich im Vertrauen auf die angeblichen falschen oder unvollständigen Darstellungen im Registrierungsdokument gehandelt hat. Daher ist es inzwischen die übliche Praxis, dass in die Übernahmeverträge eine Verpflichtung des Emittenten aufgenommen wird, eine solche Gewinn- und Verlustrechnung allgemein zur Verfügung zu stellen. Siehe *Greene*, U.S. Regulation of the International Securities and Derivatives Markets, 8th ed. 2006, § 2.04[1][d]. Die Einreichung eines Geschäftsberichts nach Form 20-F ist eine Möglichkeit, diese Vorschrift nach Section 11(a) des Securities Act zu erfüllen. Siehe Securities Act Rule 158; siehe generell *Greene*, U.S. Regulation of the International Securities and Derivatives Markets, 8th ed. 2006, § 15.03[1].
101 Siehe Securities Act Section 11(a). Experten (einschließlich Rechnungsprüfern, Technikern, und Schätzern) sind nur für die von ihnen erstellten und bescheinigten Teile des Registrierungsdokuments haftbar, die somit mit einem „Expertengutachten" versehen sind. Siehe Securities Act Section 11(a)(4). Außerdem ist jede Person, die aufgrund ihres Aktienbesitzes, durch Vollmacht oder in anderer Weise eine Person beherrscht, die nach Section 11 oder 12 haftbar ist, ebenfalls gesamtschuldnerisch haftbar. Eine beherrschende Person („controlling person") kann sich der Haftung entziehen, wenn sie nachweisen kann, dass sie „keine Kenntnis vom Bestehen der Tatsachen oder keinen angemessenen Grund zu der Annahme hatte, dass die Tatsachen bestanden", aus denen sich eine Haftung der beherrschten Person ergibt. Siehe Securities Act Section 15.
102 Siehe Securities Act Section 11(a). Der Kläger ist generell nicht verpflichtet nachzuweisen, dass er im Vertrauen auf die wesentliche falsche Darstellung oder Auslassung gehandelt hat, dass eine kausale Verbindung mit dem Wertverfall des Wertpapiers oder ein wissentlicher Verstoß (*scienter*) seitens des Beklagten vorliegt. Siehe *Greene*, U.S. Regulation of the International Securities and Derivatives Markets, 8th ed. 2006, § 15.03[1][a]. Der Emittent kann in der Lage sein, Behauptungen einer wesentlichen falschen Darstellung oder Auslassung zurückzuweisen, insbesondere in Bezug auf Prognosen, Meinungen oder Risikoerläuterungen, wenn diese Informationen mit einem ausführlichen, bedeutsamen, warnenden Begleittext im Hinblick auf die Verlässlichkeit der Informationen versehen sind (die „Bespeaks Caution"-Doktrin). Siehe *Greene*, U.S. Regulation of the International Securities and Derivatives Markets, 8th ed. 2006, § 15.03[1][c], nn 55 & 56 und den dazugehörigen Text.

In Bezug auf die nicht mit einem Expertengutachten versehenen Teile eines Registrierungsdokuments steht den Beklagten, mit Ausnahme des Emittenten, die Einrede der „Due Diligence – ordnungsgemäße Sorgfalt" zur Verfügung, d.h. die Einrede, sie hätten nach angemessener Überprüfung Veranlassung zur Annahme (*reasonable ground to believe*) gehabt, und glaubten tatsächlich, dass die Teile des Angebotsdokuments, für die sie verantwortlich waren, wahr sind und keine wesentliche falsche oder unvollständige Darstellung enthielten[103]. Der Sorgfaltsmaßstab entspricht derjenigen Sorgfalt, die eine gewissenhafte Person bei der Verwaltung ihres eigenen Vermögens walten lässt[104]. Experten (also Anwälte, Wirtschaftsprüfer usw., die bei der Erstellung des Registrierungsdokuments mitwirken) können sich in Bezug auf die Teile des Registrierungsdokuments, für die sie verantwortlich sind, ebenfalls auf die Einrede der Due Diligence stützen, sind jedoch bei ihrer Überprüfung an den Standard eines Experten gebunden[105]. Soweit Teile des Registrierungsdokuments durch ein Expertengutachten (z.B. ein Gutachten zur Bewertung von Immobilien) unterlegt sind, müssen die anderen Beteiligten (z.B. Banken) lediglich nachweisen, dass sie keine Anhaltspunkte zu der Annahme hatten, dass wesentliche Angaben unrichtig oder unvollständig dargestellt wurden. Es ist nicht erforderlich, eigene Untersuchungshandlungen durchzuführen[106].

11.50

Die Höhe des Schadenersatzes nach Section 11 entspricht der Differenz zwischen dem Preis des Wertpapiers zum Zeitpunkt des Kaufs durch den Kläger und dem Preis zum Zeitpunkt des Verkaufs durch den Kläger (wenn der Kläger das Wertpapier vor Einleitung des Verfahrens verkauft hat), dem Marktpreis zum Zeitpunkt des Urteils in dem Verfahren (wenn der Kläger das Wertpapier zum Zeitpunkt des Urteils noch hält) oder dem Preis zum Zeitpunkt der Einleitung des Verfahrens bzw. dem Verkaufspreis, je nachdem, welches der höhere Betrag ist (wenn der Kläger das Wertpapier im Laufe des Verfahrens verkauft)[107]. Mehrere Beklagte haften dem Kläger grundsätzlich gesamtschuldnerisch[108]. Zudem setzen die Gerichte den Schadenersatz in manchen Fällen herab, wenn die Beklagten nachwei-

11.51

---

103 Siehe Securities Act Section 11(b)(3)(A). Die Konsortialmitglieder können verlangen, dass die Wirtschaftsprüfer des Emittenten „Comfort Letters" und die Rechtsberater des Emittenten „Negativerklärungen" liefern, in denen bestätigt wird, dass den Rechtsberatern keine wesentlichen falschen oder unvollständigen Darstellungen bekannt sind. Siehe *Greene*, U.S. Regulation of the International Securities and Derivatives Markets, 8th ed. 2006, § 15.03[1][c].
104 Siehe Securities Act Section 11(c).
105 Siehe Securities Act Section 11(b)(3)(B). Der Experte muss tatsächlich und vernünftigerweise nach angemessener Überprüfung der Meinung sein, dass die Informationen richtig sind. Siehe auch Escott v. BarChris Construction Corp., 283 F. Supp. 643 (S.D.N.Y. 1968).
106 Siehe Securities Act Section 11(b)(3)(C). Diese Einrede wird oftmals in Bezug auf Finanzausweise vorgebracht. Es bleibt abzuwarten, wie die Gerichte auf eine solche Einrede eines Emittenten angesichts des Sarbanes-Oxley Act und seiner Anforderung der Bescheinigung der Finanzausweise durch leitende Angestellte des Unternehmens reagieren.
107 Siehe Securities Act Section 11(e). Unter keinen Umständen wird einem Kläger mehr als der ursprüngliche Angebotspreis erstattet. Siehe Securities Act Section 11(g). Der Beklagte könnte in der Lage sein, den Schadensersatzbetrag zu reduzieren, indem er nachweist, dass der Wertverfall des Wertpapiers auf andere Faktoren als die wesentliche falsche Darstellung oder Auslassung zurückzuführen ist. Siehe Securities Act Section 11(e); siehe z.B. Collins v. Signetics Corp., 605 F. 2d 110, 114 (3d Cir. 1979).
108 Siehe Securities Act Section 11(f). Die Haftung der Konsorten ist generell auf den Wert ihrer eigenen Konsortialverpflichtung begrenzt. Siehe Securities Act Section 11(e). Darüber hinaus sind externe Mitglieder der Geschäftsleitung, außer in Fällen eines „wissentlichen" Wertpapierbetrugs, nur für einen Teil der gesamten Schadensersatzsumme auf Basis ihrer Haftungsquote haftbar. Siehe Securities Act Section 11(f)(2). Die Partien können sich um eine Haftungsbeschränkung im Wege der Haftungsfreistellung bemühen, die SEC und die Gerichte haben die Möglichkeiten einer Haftungsfreistellung jedoch strikt begrenzt. Siehe z.B. Laventhol, Krekstein, Horwath & Horwath v. Horwitch, 637 F. 2d 672, 672 (9th Cir. 1980), cert. denied, 452 U.S. 963 (1981). Die Beklagten haben das Recht, Beiträge von anderen schadenersatzpflichtigen Partien zu verlangen, es sei denn, die haftbar gemachte Partei wird der Irreführung durch Vorspiegelung falscher Tatsachen für schuldig befunden. Siehe Securities Act Section 11(f).

sen können, dass auch andere Faktoren zu dem Kursverlust der Aktie (dem niedrigeren „Wert") beigetragen haben[109].

11.52 **Section 12**: Section 12(a)(1) des Securities Act räumt Anlegern ein privates Klagerecht bei Wertpapierverkäufen ein, die einen Verstoß gegen Section 5 des Securities Act darstellen[110]. Section 12(a)(2) sieht eine Haftung für falsche und irreführende Angaben vor, und zwar sowohl mündlicher als auch schriftlicher Art, die in Zusammenhang mit einem registrierten Angebot erfolgen[111]. Wie im Rahmen von Section 11, kann auch dieses Rechtsmittel im Falle nicht registrierter Angebote nicht in Anspruch genommen werden[112]. Im Gegensatz zu Section 11 beschränkt sich die Haftung gemäß Section 12 auf den Verkäufer der Wertpapiere[113].

11.53 Die Haftung für einen Verstoß gegen Section 12(a)(1) gilt unbeschränkt für jeden Verstoß gegen Section 5. Die einzige Verteidigungseinrede besteht in dem Nachweis, dass kein Wertpapierverkauf stattfand, kein Verstoß gegen Section 5 vorliegt oder dass keine Vertragsbeziehung zwischen dem Beklagten und dem Kläger besteht. Der Schadensersatz bei einer erfolgreichen Klage gemäß Section 12(a)(1) besteht in der Rückabwicklung des Kaufs und Erstattung des Kaufpreises oder der Differenz zwischen dem durch den Kläger gezahlten Preis und dem späteren Verkaufspreis (wenn der Kläger das Wertpapier nicht mehr besitzt)[114].

11.54 Zur Begründung eines Anspruchs gemäß Section 12(a)(2) muss ein Anleger den Beweis erbringen, dass der Verkäufer anhand eines Prospekts oder durch mündliche Mitteilung ein Verkaufsangebot unterbreitet hat, in dem eine wesentliche Tatsache falsch dargestellt war (und dem Käufer diese Unrichtigkeit oder Auslassung nicht bekannt war). Der Käufer muss keine betrügerische Absicht nachweisen, aber demonstrieren, dass die falsche Darstellung oder Auslassung seine Kaufentscheidung beeinflusst (wenn auch nicht notwendigerweise herbeigeführt) hat[115]. Der Verkäufer kann einwenden, dass ihm die falsche oder unvollständige Angabe nicht bekannt war und auch bei Anwendung angemessener

---

109 Siehe Securities Act Section 11(e). Diese Herabsetzung des Schadensersatzes wird meist „Einrede der Schadensverursachung" (*loss causation defense*) genannt; dies ist nicht zu verwechseln mit dem Merkmal der Schadensverursachung (*loss causation element*), das in einem privaten Antibetrugsverfahren nach SEC Rule 10b-5 vorgebracht und nachgewiesen werden muss.
110 Wertpapierverkäufe verstoßen gegen Securities Act Section 5, wenn der Verkauf ohne Registrierung oder Befreiung von der Registrierungspflicht oder ohne einen Prospekt, der den Anforderungen von Section 10 des Securities Act entspricht, stattfindet.
111 Die Haftung gemäß Securities Act Section 11 dagegen erstreckt sich nur auf die im Registrierungsdokument enthaltenen Angaben.
112 Siehe Gustafson v. Alloyd Co., 513 U.S. 561 (1995), wo festgestellt wird, dass Securities Act Section 12 (a)(2) nicht auf den Handel im Sekundärmarkt anwendbar ist und sich auf „öffentliche" Angebote beschränkt, da sie eine Haftung für falsche Darstellungen in Verkaufsdokumenten begründet, die in Handelsgeschäften verwendet werden.
113 Die Haftung gemäß Securities Act Section 12(a)(1) erstreckt sich auch auf Personen, die eine nach Section 12(a)(1) haftbare Person „beherrschen". Securities Act Section 15. „Verkäufer" wurde dahingehend ausgelegt, dass dieser Begriff nicht nur die unmittelbaren Verkäufer, sondern auch andere Personen umfasst, die ein finanzielles Interesse am Verkauf hatten und aktiv an der Verkaufswerbung beteiligt waren, wie Mitglieder der Geschäftsleitung, leitende Angestellte und Hauptaktionäre eines Emittenten. Siehe Pinter v. Dahl, 486 U.S. 622, 647 (1988), wo der Begriff „Verkäufer" nach Maßgabe des Securities Act Section 12(a)(1) ausgelegt wird.
114 Siehe Securities Act Section 12(a)(1).
115 Dies wurde unterstellt, soweit die irreführenden Angaben in einem Prospekt in Schriftform enthalten waren, da davon ausgegangen wird, dass sich die Verteilung dieser Informationen auf den Marktpreis eines Wertpapiers auswirkt. Siehe Sanders v. John Nuveen & Co., 619 F. 2d 1222, 1227n. 8 (7th Cir. 1980), cert. denied, 450 U.S. 1005 (1981).

Sorgfalt nicht bekannt sein konnte[116]. Der Schadenersatz für Verstöße gegen Section 12(a)(2) ist durch den Private Securities Litigation Reform Act (Reformgesetz für private Wertpapierklagen) von 1995 auf den Wertverfall der Wertpapiere des Klägers begrenzt, der tatsächlich durch die falschen Angaben oder die Auslassung verursacht wurde[117].

c) Haftung bei Privatplatzierungen

Section 10(b) und die in deren Rahmen erlassene Rule 10b-5 enthalten die zentralen Haftungsnormen des Exchange Act. Im Gegensatz zu den Rechtsmitteln des Securities Act können diese Rechtsmittel von Anlegern und der SEC auch bei Angeboten in Anspruch genommen werden, bei denen die Wertpapiere nicht im Rahmen des Exchange Act registriert sind[118]. Der Nachweis eines erfolgreichen Anspruchs gemäß Rule 10b-5 ist indes schwieriger als der eines Anspruchs aufgrund der verschiedenen Rechtsmittel des Securities Act.

11.55

Ein Anspruch gemäß Rule 10b-5 umfasst sieben Tatbestandsvoraussetzungen[119]: (1) eine unrichtige oder unvollständige Darstellung (*misrepresentation or omission*), (2) die wesentlich ist[120], (3) in Verbindung mit dem Kauf oder Verkauf von Wertpapieren erfolgt, (4) die eine Pflichtverletzung darstellt[121], (5) die wissentlich (*scienter*) begangen wurde[122], (6) im Vertrauen auf welche der Anleger seine Anlagenentscheidung getroffen hat[123] und (7) die ein wesentlicher Faktor bei der Verursachung des

11.56

---

116 Siehe Davis v. Arco Financial Services, Inc., 739 F. 2d 1057, 1068 (6th Cir. 1984), wo anhand von fünf Faktoren geprüft wird, welche Sorgfalt für den Nachweis dieser Verteidigungseinrede erforderlich ist: (1) Art und Ausmaß der Beteiligung des Verkäufers am Angebot; (2) ob der Verkäufer Zugriff zu Informationen hatte, die eine Prüfung der während des Angebots gemachten Angaben ermöglicht hätten; (3) die relative Fähigkeit des Verkäufers zur Prüfung dieser Angaben; (4) sein finanzielles Interesse an der Transaktion; und (5) die etwaige Beziehung zwischen dem Verkäufer und dem Käufer.
117 Siehe Pub. L. No. 104-67, 109 Stat. 737 (1995). Die meisten Bestimmungen des Private Securities Litigation Reform Act wurden als Section 21D und 21E in den Exchange Act sowie als Section 27 und 27A in den Securities Act aufgenommen sowie in verschiedene Haftungsbestimmungen des Exchange Act und des Securities Act. Siehe Securities Act Section 12(b).
118 Eine Einrichtung des zwischenstaatlichen Handels muss in das Angebot eingeschaltet sein. Siehe Rz. 11.1–11.20.
119 Ein von einem privaten Kläger nach Rule 10b-5 geltend gemachter Durchsetzungsanspruch hat sieben Merkmale. Ein von der SEC geltend gemachter Anspruch hat hingegen lediglich die ersten fünf Merkmale, da die SEC das Vertrauen des Anlegers und die Verlustverursachung nicht nachzuweisen braucht.
120 Der allgemeine Standard der Angemessenheit, der ausdrücklich im Zusammenhang mit 10b-5 durch das US-Bundesgericht bei Basic Inc. v. Levinson, 485 U.S. 224, 231-32 (1988) eingeführt wurde, besagt, dass eine beträchtliche Wahrscheinlichkeit bestehen muss, dass die Offenlegung durch einen besonnenen Anleger als eine ausreichende Änderung der gesamten Zusammenstellung (*total mix*) von Informationen angesehen worden wäre.
121 Eine Pflichtverletzung wird oftmals in dem Versäumnis gesehen, die nach Regulation S-K erforderlichen Informationen offenzulegen.
122 Eine wissentlich begangene Handlung (*scienter*) stellt einen größeren Verstoß dar als Fahrlässigkeit und ähnelt mehr der groben Fahrlässigkeit. Siehe Ernst & Ernst v. Hochfelder, 425 U.S. 185 (1976). Die Definition z.B. des Siebten US-Appelationsgerichts (Seventh Circuit) ist eine typische Definition, und lautet: Eine solche wissentlich begangene Handlung ist „ein äußerst unbesonnenes Versäumnis, das nicht nur mit einfacher oder sogar unentschuldbarer Fahrlässigkeit verbunden ist, sondern auch eine extreme Abweichung vom gewöhnlichen Sorgfaltsstandard sowie eine Gefahr der Irreführung von Käufern oder Verkäufern darstellt, die dem Beklagten entweder bekannt oder so offensichtlich ist, dass der Handelnde sich dessen bewusst sein musste." Sundstrand Corp. v. Sun Chemical Corp., 553 F. 2d 1033, 1045 (7th Cir. 1977), cert. denied, 434 U.S. 875 (1977). Diese Tatbestandsvoraussetzung des Anspruchs ist auch bei vorsätzlichem Betrug erfüllt.
123 Der Kläger muss nachweisen können, dass die Täuschung des Beklagten ein wesentlicher Faktor bei der Verursachung des Verlusts war. Siehe z.B. Litton Industries v. Lehman Bros. Kuhn Loeb Inc., 767 F. Supp. 1220 (S.D.N.Y. 1991), aus anderen Gründen aufgehoben; 967 F. 2d 742 (2d Circuit 1992).

Verlusts des Klägers war[124]. Damit der Anspruch erfolgreich ist, muss der Anleger alle sieben Tatbestandsvoraussetzungen nachweisen.

11.57 Ist der Anspruch des Anlegers erfolgreich, muss der Beklagte Schadenersatz in Höhe des ursprünglich für die Wertpapiere gezahlten Betrags leisten, abzüglich des tatsächlichen Wertes der Wertpapiere zum Zeitpunkt der Transaktion (d.h. der durch den Beklagten zuviel gezahlte Betrag). Der „tatsächliche" Wert der Wertpapiere zum Kaufzeitpunkt ist naturgemäß schwer zu ermitteln; ein Maßstab ist der Börsenpreis der Wertpapiere zum Zeitpunkt der Feststellung des betrügerischen Verhaltens.

d) Haftung durch extraterritoriale Anwendung der US-Wertpapierregulierung

11.57a Jahrzente lang war unklar, ob börsennotierte Unternehmen, die an Märkten außerhalb der USA notiert sind, nach den US-Wertpapiergesetzen im Zusammenhang mit dem Verkauf ihrer Wertpapiere haftbar gemacht werden können. Dies änderte sich mit der Entscheidung in der Rechtssache *Morrison vs. National Australia Bank Limited*[125] des Obersten Gerichtshofs der USA.

Bei Abweisung der Ansprüche der Kläger hat der Oberste Gerichtshof zwei Szenarien dargelegt, nach denen ein außerhalb der USA notiertes Unternehmen im Zusammenhang mit dem Verkauf seiner Wertpapiere gemäß den Betrugsbekämpfungsbestimmungen (*anti-fraud provisions*) der US-amerikanischen Wertpapiergesetze haftbar gemacht werden könnte: (1) das Unternehmen hat seine ausländischen Wertpapiere über ADRs an einer inländischen Börse notiert oder (2) das Unternehmen tätigt anderweitig eine inländische Wertpapiertransaktion.

Die Entscheidung des Gerichtshofs hat für ausländische Emittenten klargestellt, dass Unternehmen sich aktiv der Haftung nach den US-amerikanischen Wertpapiergesetzen unterwerfen können, indem sie ADRs an einer US-Börse (z. B. der New York Stock Exchange und der Nasdaq Stock Market) notieren. Die Entscheidung des Gerichtshofes lieferte nur wenige Hinweise darauf, wann diese Unternehmen haftbar gemacht werden könnten, wenn sie „anderweitig inländische Wertpapiergeschäfte tätigen".

Die Folgen aus dem Morrison Fall zeigen sich inzwischen in späteren Entscheidungen in den USA. In der Entscheidung von *Stoyas vs. Toshiba*[126] vom Juli 2018 hob das Ninth Circuit US-Bundesberufungsgericht eine Entscheidung des Untergerichts von 2016 teilweise auf, die für nicht US-amerikanische Unternehmen mit nicht gesponserten ADR-Programmen günstig war. Infolgedessen ist es für solche Unternehmen möglicherweise wahrscheinlicher, dass sie Wertpapierbetrugsansprüchen von ADR-Anlegern ausgesetzt sind. Zudem wird es schwieriger zu argumentieren, dass die ADR-Transaktionen außerhalb der territorialen Reichweite des Exchange Acts sind um solche Ansprüche frühzeitig zu beseitigen. Dies gilt vor allem für Klagen vor Gerichten des Ninth Circuits, d.h. vor Gerichten im Westen der USA, wo ein Kläger behaupten kann, dass es sich um eine Wertpapiertransaktion im territorialen Geltungsbereich des Börsengesetzes handelt, solange entweder der Käufer oder der Verkäufer in den USA eine unwiderrufliche Haftung übernimmt, selbst wenn die ausländische Emittentin keine Aktivitäten in den USA durchgeführt.

---

124 Siehe Public Securities Litigation Reform Act, Pub. L. 104-67, 109 Stat. 737, 21D(b)(4). Der Kläger muss nachweisen können, dass die Täuschung des Beklagten ein wesentlicher Faktor bei der Verursachung des Verlusts war. Die SEC braucht die Schadensverursachung nicht nachzuweisen, um eine Durchsetzungsklage zu erheben; der Kläger bei einer privaten Klage muss die Schadensverursachung hingegen vorbringen und nachweisen, um erfolgreich sein zu können. Siehe z.B. Dura Pharmaceuticals v. Broudo, 544 U.S. 366 (SCt 2005).
125 Siehe Morrison v. National Australia Bank Ltd., 561 U.S. 247, 130 S. Ct. 2869 (2010).
126 Siehe Stoyas v. Toshiba Corp., 896 F.3d 933 (9th Cir. 2018).

e) Sonstige gesetzliche Haftung

Personen, die an Wertpapiertransaktionen beteiligt sind, können aufgrund einer Vielzahl von Bundesgesetzen strafrechtlicher Verfolgung ausgesetzt sein. Zu diesen Gesetzen zählen der Sarbanes-Oxley Act und der Foreign Corrupt Practices Act (Gesetz zur Verhinderung der Bestechung ausländischer Regierungen) sowie der Racketeering Influence and Corrupt Organization Act (Gesetz zur Bekämpfung von Erpressung und organisiertem Verbrechen – **RICO**)[127]. 11.58

Der Sarbanes-Oxley Act führte verschiedene neue Straftatbestände ein, von denen die meisten auf Emittenten zielen, die periodische Berichte bei der SEC einreichen[128]. Hierzu zählen das neue Delikt des „Wertpapierbetrugs" bezüglich Betrugs in Verbindung mit den Wertpapieren eines Unternehmens, das den Berichtspflichten der SEC unterliegt[129], sowie Strafvorschriften, die sich gegen Angestellte in Führungspositionen und leitende Mitarbeiter in der Rechnungslegung richten, die falsche Versicherungen im Rahmen der periodischen Berichte abgeben[130]. 11.59

Der Foreign Corrupt Practices Act sieht straf- und zivilrechtliche Sanktionen gegen Unternehmen vor, die Bestechungsgelder an ausländische Regierungsbeamte zahlen[131]. Nach dem Foreign Corrupt Practices Act sind Unternehmen verpflichtet, Bücher, Unterlagen und ihre Buchführung in Bezug auf bestimmte Transaktionen aufzubewahren sowie ein angemessenes internes Kontrollsystem der Rechnungslegung einzurichten und aufrechtzuerhalten[132]. Dieses Gesetz sieht Strafmaßnahmen[133] vor, deren Durchsetzung die SEC vor Gericht erzwingen kann. 11.60

---

127 Racketeering Influence and Corrupt Organization Act, 18 U.S.C. Sections 1961–1968 (2003). Das US-amerikanische Justizministerium könnte versuchen, strafrechtliche Verstöße gegen die Wertpapiergesetze nach Maßgabe von RICO zu verfolgen, ein Gesetz, das zur Bekämpfung des organisierten Verbrechens erlassen wurde. Racketeering Influence and Corrupt Organization Act, 18 U.S.C. Section 1961 (1). Die Verfolgung nach RICO setzt voraus, dass der Verkauf von Wertpapieren ein „Muster" von betrügerischen Handlungen aufweist. 18 U.S.C. Section 1961(5). Siehe auch *Greene*, U.S. Regulation of the International Securities and Derivatives Markets, 8th ed. 2006, § 15.09[3][c]. Bis 1995 konnte RICO von Klägern in zivilrechtlichen Verfahren in Anspruch genommen werden. Nach dem Private Securities Litigation Reform Act wurde RICO jedoch, soweit keine Verurteilung in einem strafrechtlichen Verfahren vorliegt, als zivilrechtliches Rechtsmittel ausgeschlossen. Racketeering Influence and Corrupt Organization Act, 18 U.S.C. Section 1964. Siehe generell *Greene*, U.S. Regulation of the International Securities and Derivatives Markets, 8th ed. 2006, § 15.09. [1] [b].
128 Emittenten, die von 12g3-2(b) befreit sind, sind von den meisten Vorschriften des Sarbanes-Oxley Act befreit.
129 Die maximale Haftstrafe beträgt 25 Jahre. Siehe Sarbanes-Oxley Act Section 807.
130 Siehe ebenfalls Sarbanes-Oxley Act of 2002, Pub. L. No. 107-204, § 906.
131 91 Stat. 1494 (1977), 102 Stat. 1107, 1415–25 (1988), und 112 Stat. 3302 (1998) (kodifiziert unter Exchange Act Sections 13(b), 30A und 32(c)).
132 Siehe Exchange Act Section 13(b)(2).
133 Personen, die wegen Bestechung verurteilt wurden, müssen für den Verstoß gegen die Anti-Bestechungsvorschriften (*anti-bribery provisions*) der FCPA mit einer Haftstrafe von bis zu fünf Jahren rechnen und/oder einer Geldstrafe von bis zu 250.000 US-Dollar. Exchange Act Section 32(c)(2)(A). Emittenten, die wegen Bestechlichkeit verurteilt wurden, müssen für den Verstoß gegen die anti-bribery provisions der FCPA mit einer Geldstrafe von 2.000.000 US-Dollar oder mehr rechnen. Exchange Act Section 32(2)(1)(A). Emittenten, die wegen vorsätzlicher Missachtung der record keeping provisions des FCPA verurteilt werden, müssen mit einer Geldstrafe von 25.000.000 US-Dollar oder mehr rechnen. Einzelpersonen müssen mit Geldstrafen von bis zu 5.000.000 US-Dollar und Haftstrafen von bis zu 20 Jahren rechnen. Exchange Act Section 32(a).

II. Börsennotierte Angebote in den Vereinigten Staaten

1. US-Wertpapierbörsen

11.61 **Die New York Stock Exchange:** Die New York Stock Exchange (**NYSE**)[134], mit einem täglichem Handelsvolumen von 123 Mrd. US-Dollar ist sicherlich die wichtigste Wertpapierbörse in den Vereinigten Staaten und wahrscheinlich die wichtigste Börse der ganzen Welt. Die NYSE war 2020 erneut führend bei den weltweiten IPO-Erlösen mit einem IPO-Volumen von 81,8 Mrd. US-Dollar in 2020 und 67 Mrd. US-Dollar in der ersten Hälfte 2021. Die NYSE führte den größten Börsengang der Welt zum achten Mal in Folge und 6 der 7 größten Technologie-Börsengänge des Jahres 2020 durch. Die Gesamtmarktkapitalisierung der fast 3.000 an der NYSE notierten Unternehmen beträgt ca. 30 Bio. US-Dollar (von denen ca. ein Drittel auf ausländische Unternehmen entfällt)[135]. Damit eine ausländische Gesellschaft ihre Aktien an der NYSE einführen kann und den Parketthandel nutzen kann, auf dem börsennotierte Aktien an- und verkauft werden, muss sie mindestens 5.000 Aktionäre haben, die mindestens 100 Aktien oder ADRs halten. Außerdem müssen mindestens 2,5 Mio. ihrer Aktien oder ADRs breit gestreut sein und weltweit einen Gesamtmarktwert von mindestens 100 Mio. US-Dollar haben[136]. Zudem muss eine ausländische Gesellschaft entweder die Listing Standards der NYSE für US-Unternehmen einhalten oder eine von drei alternativen Anforderungen nach den Alternate Listing Standards für Nicht-US-Unternehmen erfüllen. In diesem Fall muss ein Nicht-US-Unternehmen die Mindestanforderungen für den Marktwert und die Erträge, Erlös und Bewertung oder im Fall einer Gesellschaft, bei der es sich um eine Tochter- oder Schwestergesellschaft einer größeren Publikumsgesellschaft handelt, einer Prüfung für verbundene Unternehmen erfüllen[137]. Nach den Anforderungen der NYSE müssen die geprüften Jahresabschlüsse den Aktionären innerhalb von drei Monaten nach dem Ende des Geschäftsjahres vorgelegt werden[138].

11.62 **NASDAQ:** Das National Association of Securities Dealers Automated Quotation System (**NASDAQ**) ist die größte elektronische Wertpapierbörse in den Vereinigten Staaten. Die NASDAQ gewann in den 90er Jahren zunehmend an Bedeutung, insbesondere wegen ihrer Beliebtheit bei High-Tech-Unternehmen, und hat nach dem Ausbruch der Covid-19 Pandemie und dem Zustrom großer Technologieunternehmen wie Airbnb, das im Jahr 2020 den größten einzelnen Börsengang nach Volumen (3,5 Mrd. US-Dollar) verzeichnete, erneut an Bedeutung gewonnen. Ca. 3300 Unternehmen sind an der NASDAQ notiert. Es existiert kein Börsenparkett, vielmehr werden die Aktien und ADRs elektronisch gehandelt. Die COVID-19-Pandemie hat zu Investitionen in den High-Tech und Gesundheitswesen Sektoren beigetragen, insbesondere in Festlandchina. Zusammen mit einem drastischen Anstieg der SPAC[139]-Bör-

---

134 Die NYSE ist heute Teil einer börsennotierten Holdinggesellschaft, der Intercontinental Exchange, Inc., die im November 2013 die NYSE Euroenext erwarb. Mit dem Erwerb wurde die NYSE Group zu einer hundertprozentigen Tochtergesellschaft der NYSE Holding, die ihrerseits eine hundertprozentige Tochtergesellschaft der Intercontinental Exchange Holdings, Inc. ist. Die Intercontinental Exchange Holdings, Inc. wiederum ist eine hundertprozentige Tochtergesellschaft der Intercontinental Exchange, Inc. Siehe SEC Release No. 79671, S. 1.

135 Non-U.S. Listed Company Directory, NYSE Euronext, https://www.nyse.com/publicdocs/nyse/data/CurListofallStocks.pdf, zuletzt aufgerufen am 30.9.2021.

136 Siehe New York Stock Exchange Listed Company Manual, Section 103 unter http://www.nyse.com.

137 Siehe New York Stock Exchange Listed Company Manual, Section 103.01 unter http://www.nyse.com (zuletzt aufgerufen am 30.9.2021).

138 Diese Bestimmung ist strenger als die in der Bestimmung der SEC festgelegten sechs Monate, sie kann jedoch für ausländische Emittenten, die die Vorschriften ihres Herkunftsstaates einhalten, ausgesetzt werden.

139 SPAC steht für „Special Purpose Acquisition Company" und bezeichnet einen Börsengang, bei dem Kapital für ein Investmentvehikel beschafft wird, das in der Regel gegründet wird, um mit den Mitteln, die die SPAC bei ihrer Notierung beschafft hat, ein bestehendes Unternehmen zu suchen und zu erwerben. Eine SPAC hat keinen Geschäftsbetrieb und ihr einziges Vermögen besteht in der Regel aus dem Geld, das sie bei ihrem eigenen Börsengang aufgenommen hat. Der Markt für SPACs befindet sich im

sengänge verzeichnete die NASDAQ in der ersten Jahreshälfte 2021 ein IPO-Volumen von mehr als 100 Mrd. US-Dollar. Einschließlich der börsengehandelten Produkte gab es an der NASDAQ-Börse zum 31.12.2020 rund 3.400 Notierungen mit einer Marktkapitalisierung von insgesamt rund 22 Bio. US-Dollar[140].

Self Regulatory Organization: Früher bildeten die NYSE und die NASDAQ zwei separate, sich selbst regulierende Organisationen (SROs), die zusammen mit der SEC die für ihre jeweiligen Marktteilnehmer geltenden Vorschriften festsetzten. Die SEC stimmte im Jahr 2007 dem Zusammenschluss der sich selbst regulierenden Funktionsbereiche der NYSE und der NASDAQ zu, so dass in den letzten vierzehn Jahren eine einzige Organisation, welche sich aus Verwaltungsratsmitgliedern von NYSE, NASDAQ und verschiedenen Wertpapierbrokern und -händlern zusammensetzt, nahezu alle Wertpapierhäuser überwacht, welche Geschäfte mit den Anlegern in den Vereinigten Staaten tätigen[141]. Diese neu zusammengesetzte SRO wird als Financial Industry Regulatory Authority, Inc. (**FINRA**) bezeichnet[142]. 11.63

2. Das Registrierungsdokument (*Registration Statement*)
a) Das Registrierungsformular (*Registration Form*)

Die SEC gibt verschiedene Forms vor, nach denen Emittenten ihre Wertpapiere gemäß Section 5 des Securities Act registrieren können. Die Wahl der Forms hängt vom Status des Emittenten ab (inländisch oder ausländisch), seiner früheren Berichterstattung sowie der Art des zu registrierenden Wertpapiers. 11.64

- Form **F-1** ist die für Wertpapiere eines Foreign Private Issuers vorgeschriebene Form, soweit keine andere Form vorgeschrieben ist[143]. Foreign Private Issuers, die seit mindestens einem Jahr keine Wertpapiere nach dem Exchange Act registriert haben oder aus anderen Gründen Form F-3 nicht verwenden dürfen, müssen Form F-1 benutzen. Form F-1 ermöglicht zumindest die Zusammenfassung von Informationen (siehe unten).

- Form **F-3** erfordert weniger umfangreiche Offenlegungen als Form F-1, und erlaubt Bezugnahmen auf Berichte, die der Emittent bereits nach dem Exchange Act eingereicht hat. Auf Form F-3 können Foreign Private Issuers zurückgreifen, die sämtliche der nachfolgenden Anforderungen erfüllen:

- Der Antragssteller muss in den vorangegangenen zwölf Monaten (i) durch die Regelungen des Exchange Act erfasst worden sein (ii) und alle nach dem Exchange Act erforderlichen Unterlagen eingereicht haben, einschließlich eines jährlichen Berichts nach den Forms 20-F, 10-K oder 40-F[144].

Aufschwung, mit fast 200 SPAC-Börsengängen, die im Jahr 2020 rund 64 Mrd. US-Dollar einbringen werden. In der ersten Jahreshälfte 2021 setzte sich der Aufwärtstrend fort: Mehr als 350 SPAC-Börsengänge (Weltweit, davon mehr als 330 in den Vereinigten Staaten) brachten mehr als 100 Mrd. US-Dollar ein, so dass die Gesamtkapitalaufnahme für alle Börsengänge in den ersten sechs Monaten eines Jahres erstmals in der Geschichte über 200 Mrd. US-Dollar lag.
140 Siehe Form 10-K, eingereicht am 23.2.2021 von Nasdaq, Inc.
141 Siehe SEC Release No. 34-56145.
142 Siehe Form 8-K, eingereicht am 3.8.2007 von NYSE Euronext. Am 30.7.2007 haben die NYSE Group, Inc. (**NYSE Group**) und die NYSE Regulation, Inc. (**NYSE Regulation**), beide 100%ige Tochtergesellschaften der NYSE Euronext, einen Kaufvertrag über Vermögenswerte mit der National Association of Securities Dealers, Inc. (**NASD**) abgeschlossen und umgesetzt. Gemäß diesem Vertrag wurden die regulierenden Funktionsbereiche der Mitgliedsunternehmen der NYSE Regulation, einschließlich der damit verbundenen Durchführungstätigkeiten, der Risikobewertung und des Schlichtungsservice (die „**Übertragenen Geschäftsbereiche**" – *transferred operations*), mit denen der NASD zusammengelegt.
143 Zu den Forms F-1, F-3 und F-4 gibt es die entsprechenden Forms S-1, S-3 und S-4 für US-Emittenten. Die Forms F-2 und S-2 wurden im Zuge der Reform der Wertpapierangebote der SEC mit Wirkung v. 1.12.2005 abgeschafft.
144 Siehe Form F-3, Registrant Requirements (1)-(2).

- Der gesamte Marktwert der stimmberechtigten und stimmrechtslosen Stammaktien des Emittenten, die von nicht mit dem Emittenten verbundenen Unternehmen gehalten werden, beträgt mindestens 75 Mio. US-Dollar oder im Falle eines Angebots von Schuldverschreibungen, ein erstklassiges Rating[145].

- Weder der Emittent noch eine seiner Tochtergesellschaften haben seit dem Ablauf des letzten Geschäftsjahres, für das ein jährlicher Bericht nach Form 20-F eingereicht wurde, die Vornahme einer erforderlichen Dividendenausschüttung in Form von Vorzugsaktien oder eine Tilgungsfondszahlung angemeldet oder befinden sich im Zahlungsverzug im Hinblick auf eine Verbindlichkeit oder eine Zahlungspflicht aus einem langfristigen Mietvertrag[146].

- Form **F-3** kann durch den Emittenten für eine **Shelf Registration** (Vorratsregistrierung) verwendet werden, bei der der Emittent im Voraus ein Registrierungsdokument erstellt, die entsprechenden Wertpapiere jedoch zu einem späteren Zeitpunkt anbietet[147]. Emittenten, die Wertpapiere nach Form F-3 registrieren, können Informationen, die in Dokumenten enthalten sind, die im Rahmen des Exchange Act eingereicht wurden, im Wege der Verweisung einbeziehen. Obwohl das Verfahren der Shelf Registration auch für Aktien Anwendung finden kann, wird es meistens für Schuldverschreibungen angewendet. Zu den Vorteilen einer Shelf Registration für den Emittenten zählen eine flexible Reaktionsmöglichkeit auf veränderte Marktbedingungen und niedrigere Registrierungskosten. Für Shelf Registrations wurde ein abgewandeltes Due Diligence-Verfahren entwickelt, wobei das erstmalig bei der Registrierung durchzuführende Verfahren der Due Diligence der anderen registrierten Angebote ähnelt und bei jeder weiteren Wertpapierausgabe lediglich zu aktualisieren ist.

- Form **F-4** wird für Wertpapiere verwendet, die im Rahmen von Unternehmenszusammenschlüssen ausgegeben werden.

- Form **F-6** ist eine Kurzform, die für die Registrierung von ADRs verwendet wird.

11.65 Bevor ein Emittent Wertpapiere an einer US-Wertpapierbörse einführen kann, müssen diese nach dem Exchange Act registriert sein. Das ausführliche Formular für diese Registrierung ist Form **20-F**. Es ist auch das Formular, das von Foreign Private Issuers für die Einreichung jährlicher Geschäftsberichte nach dem Exchange Act verwendet wird. Foreign Private Issuers, die bereits Geschäftsberichte nach Form 20-F eingereicht haben, können Form 8-A, ein verkürztes Formular, verwenden. Ausländische Staaten können Wertpapiere nach dem Exchange Act unter Verwendung von Form 18 registrieren und spätere jährliche Berichte mittels Form 18-K einreichen.

11.66 **Zusammenfassung von Informationen:** Ursprünglich gab es im Rahmen des Securities Act und des Exchange Act separate Offenlegungsvorschriften. Die SEC hat das Offenlegungssystem durch die Zu-

---

145 Siehe Form F-3, Transaction Requirements (1).
146 Siehe Form F-3, Registrant Requirements (3).
147 Shelf Registrations unterliegen der Rule 415 des Securities Act. Wertpapiere, die im Wege einer Shelf Registration in Verbindung mit einem Geschäftszusammenschluss registriert werden und die nicht nach Form F-3 registriert werden, müssen in einem Umfang emittiert werden, die vernünftigerweise erwarten lässt, dass sie innerhalb von zwei Jahren ab dem Gültigkeitstermin der Registrierung verkauft werden. Im Falle eines Registrierungsdokuments, welches ein Angebot von Dividendenwerten (*equity securities*) des Antragstellers am Markt betrifft, muss das Angebot Wertpapiere betreffen, die nach Form F-3 registriert werden können. Im Rahmen einer Shelf Registration muss der Antragsteller sich verpflichten, die in Item 512(a) der Regulation S-K genannten Zusicherungen abzugeben, d.h. (neben anderen Anforderungen) nachträglich wirksame Änderungen der Registrierungsdokumente einzureichen. Wertpapiere, die im Wege der Shelf Registration registriert wurden, dürfen im Allgemeinen nicht länger als drei Jahre nach dem ersten Gültigkeitstermin der Shelf Registration angeboten oder verkauft werden, sofern der Antragsteller kein neues Registrierungsdokument einreicht; unter bestimmten Umständen gelten jedoch kürzere Fristen.

sammenfassung der Berichtspflichten und den Erlass von Regulation S-K, die einen einheitlichen Katalog von Disclosure-Vorschriften für beide Gesetze enthält, vereinfacht[148]. Die SEC erlaubt außerdem die Einbeziehung im Wege der Bezugnahme auf bereits eingereichte Unterlagen, sowohl nach den Forms nach dem Securities Act, als auch nach dem Exchange Act.

b) Der Inhalt des Registrierungsdokuments

Die verschiedenen zuvor beschriebenen Registrierungsdokumente nach dem Securities Act umfassen in unterschiedlichem Ausmaß die in Form 20-F enthaltenen Angaben. Form 20-F besteht aus drei Teilen. 11.67

Teil I erfordert eine ausführliche Beschreibung der Geschäftstätigkeit des Emittenten, einschließlich der folgenden Angaben: 11.68

- Informationen zu Geschäftsleitung, leitenden Angestellten (*senior management*) und Beratern[149],

- Informationen zur Höhe des Angebots, zum voraussichtlichen Ausgabepreis, zu Art und weiteren Einzelheiten des Angebots sowie zur Börseneinführung[150],

- ausgewählte Finanzangaben für fünf Jahre, Kapitalausstattung und Verschuldung (*capitalisation and indebtedness*), Anlass des Angebots und Verwendung des Emissionserlöses[151],

- Geschichte und Entwicklung des Unternehmens, Geschäftsüberblick, Organisationsstruktur und Angaben zum Vermögen des Emittenten[152],

- Angaben zur Geschäfts- und Finanzlage (*operating and financial reviews*) und Prognosen, einschließlich der Ergebnisse der Geschäftstätigkeit, Liquidität und Eigenkapitalausstattung (*capital resources*), Trendinformationen, außerbilanzielle Vereinbarungen und Angaben zu vertraglichen Verpflichtungen[153],

- Hauptaktionäre und Geschäfte mit nahestehenden Parteien (*related-party transactions*)[154],

- Marktrisiken, denen der Emittent ausgesetzt ist[155],

- eine Beschreibung anderer Wertpapiere des Emittenten wie Schuldverschreibungen, Optionsscheine und Bezugsrechte sowie American Depositary Receipts (ADRs)[156] und

- eine Beschreibung der Steuern, einschließlich der Quellensteuer, denen die US-Aktionäre nach dem Recht des Landes, in dem der Emittent seinen Sitz hat, unterliegen[157].

---

148 Regulation S-K regelt die Offenlegungs- und Meldepflichten für verschiedene Einreichungen von Emittenten, Einreichern und Antragstellern sowohl nach dem Securities Act als auch nach dem Exchange Act. Kurz gesagt schreibt Regulation S-K die Offenlegung des Geschäfts, der Wertpapiere, von Finanzinformationen (siehe auch Regulation S-X), der Geschäftsführung, von Einzelheiten zum Angebot und von wichtigen Dokumenten (die als Anlagen einzureichen sind) des Einreichers vor. Regulation S-K ist auf Registrierungsdokumente, Jahresberichte, Angebotsunterlagen und sonstige Dokumente, die nach dem Securities Act und nach dem Exchange Act einzureichen sind, anwendbar, soweit dies durch die jeweiligen Forms und Rechtsvorschriften im Rahmen dieser Gesetze vorgeschrieben ist.
149 Form 20-F, Item 1.
150 Form 20-F, Item 2.
151 Form 20-F, Item 3.
152 Form 20-F, Item 4.
153 Form 20-F, Item 5.
154 Form 20-F, Item 7.
155 Form 20-F, Item 11.
156 Form 20-F, Item 12.
157 Form 20-F, Item 10.

11.69 Teil II von Form 20-F fordert einen Bericht des Emittenten über Zahlungsrückstände, rückständige Dividenden und ähnliche Versäumnisse[158], wesentliche Änderungen der Rechte der Inhaber von Wertpapieren und die Verwendung des Emissionserlöses[159] sowie interne Kontrollen und Verfahren des Emittenten im Hinblick auf die Kapitalmarktkommunikation[160]. Teil II erfordert außerdem eine Benennung des Finanzexperten des Prüfungsausschusses oder eine Erklärung, warum der Emittent keinen solchen Experten hat, sowie die Offenlegung der an die Wirtschaftsprüfer gezahlten Vergütung[161].

11.70 Teil III umfasst die Jahresabschlüsse des Emittenten, einschließlich der konsolidierten geprüften Gewinn- und Verlustrechnungen für die drei letzten Geschäftsjahre sowie der konsolidierten geprüften Bilanzen für die beiden letzten Geschäftsjahre[162]. Der Emittent kann sowohl die Gewinn- und Verlustrechnungen als auch die geprüften Bilanzen, entweder in Übereinstimmung mit den US GAAP (oder mittels einer Überleitungsrechnung (*reconciliation*) zu US GAAP) erstellen und die Anforderungen der Regulation S-X[163] erfüllen, oder er kann seine Gewinn- und Verlustrechnungen und Bilanzen gemäß den vom IAS-Committee festgelegten internationalen Rechnungslegungsgrundsätzen (**IFRS**) erstellen[164].

11.71 Emittenten müssen ferner bestimmte Anlagen einreichen, einschließlich wesentlicher Verträge und anderer Instrumente, in denen die Rechte der Inhaber von Wertpapieren der zu registrierenden Klasse festgelegt sind[165].

c) Erstellung des Registrierungsdokuments

11.72 In der Praxis ähnelt das Verfahren für ein registriertes Angebot dem Verfahren bei einem Angebot in Europa. Der Emittent wählt eine Emissionsbank aus, und der Emittent, die Emissionsbank und ihre jeweiligen Berater führen eine Due-Diligence-Prüfung durch und erstellen das Registrierungsdokument nach Maßgabe eines abgestimmten Zeitplans.

11.73 Die Angaben nach der Form für das Registrierungsdokument ist lediglich der Ausgangspunkt der Offenlegungsanforderungen. Das Registrierungsdokument muss alle zusätzlichen Informationen enthalten, die erforderlich sind, damit die Darstellung insgesamt nicht irreführend ist[166]. Beispielsweise wäre es irreführend, Informationen über einen Geschäftsbereich des Emittenten aufzunehmen, ohne die Tatsache zu erwähnen, dass die Geschäftsführung beschlossen hat, die Aktivitäten in diesem Bereich in naher Zukunft einzustellen.

---

158 Form 20-F, Item 13.
159 Form 20-F, Item 14.
160 Form 20-F, Item 15.
161 Form 20-F, Item 16A.
162 Form 20-F, Items 17 und 18.
163 Regulation S-X regelt die Offenlegung von Finanzinformationen sowohl nach dem Securities Act als auch nach dem Exchange Act. Kurz gesagt muss eine Gesellschaft die geprüften Bilanzen zum Ende der beiden vorangegangenen Geschäftsjahre sowie die geprüften Gewinn- und Verlustrechnungen sowie Kapitalflussrechnungen für jedes der drei dem Stichtag der jüngsten geprüften Bilanz vorangehenden Geschäftsjahre wiedergeben. Siehe Regulation S-X Rules 3-01 und 3-02.
164 Die Europäische Union verlangt, dass alle Unternehmen, einschließlich Banken und Investmentgesellschaften, ihre konsolidierten Finanzausweise nach den internationalen Rechnungslegungsstandards (IFRS) erstellen. Die IFRS wurden als künftige weltweite Grundsätze der Rechnungslegung vorgeschlagen. Siehe www.iaseminars.com. Unterdessen hat die SEC kürzlich angekündigt, die Jahresabschlüsse von ausländischen Emittenten des Privatsektors, die entsprechend den vom IASB festgelegten IFRS erstellt wurden, ohne eine Überleitung auf US-GAAP anzuerkennen. Siehe SEC Release No. 33-8879. Es bleibt jedoch abzuwarten, ob die Anerkennung der Grundsätze des IAS-Committee sich wesentlich auf ausländische Emittenten auswirkt, denn auf den internationalen Rechnungslegungsstandards basierende Rechnungslegungsgrundsätze variieren in der Praxis von Land zu Land.
165 Form 20-F, Item 19.
166 Siehe Securities Act Rule 408.

d) EDGAR

Das seit 1984 in Betrieb befindliche elektronische Datensystem der SEC, Electronic Data Gathering Analysis and Retrieval System, allgemein bekannt unter der Bezeichnung „EDGAR", ist ein zentralisiertes elektronisches Informationssystem für Unternehmen und Dritte, die Registrierungsdokumente, Prospekte, periodische Berichte und andere Dokumente im Rahmen des Securities Act, des Exchange Act, des Public Utility Holding Company Act, des Trust Indenture Act und des Investment Company Act bei der SEC einreichen[167]. Die Einreichung kann über EDGAR direkt in elektronischer Form erfolgen.

11.74

In der Praxis spielt das EDGAR-System eine Schlüsselrolle bei der vollständigen Offenlegung wesentlicher Informationen gegenüber den Anlegern – dem Ziel der Vorschriften des US-Wertpapierrechts. Über die Website der SEC oder über andere Zugriffsmöglichkeiten auf EDGAR ermöglicht dieses System den Investoren und der übrigen Öffentlichkeit einen sofortigen und kostenlosen bzw. kostengünstigen Zugriff auf die bei der SEC eingereichten Berichte und Registrierungsdokumenten der Emittenten[168]. Die Einreichung aller Unterlagen über EDGAR ist seit 1996 Pflicht für US-Emittenten sowie seit November 2002 auch für ausländische Emittenten[169].

11.75

Emittenten, die Unterlagen bei der SEC einreichen möchten, sollten in ihrem Zeitplan und bei der Planung der Methode der Einreichung ihrer SEC-Unterlagen die technischen Anforderungen von EDGAR berücksichtigen. Die Kapazität von EDGAR zur Bearbeitung von nicht in der englischen Sprache abgefassten Dokumenten ist sehr begrenzt, und in den meisten Fällen verlangt die SEC die Einreichung einer vollständigen englischen Übersetzung. Emittenten, die bei der SEC Unterlagen einreichen, müssen außerdem für die Nutzung von EDGAR besondere Passwörter und Zugangscodes einholen[170]. Die Einreichung von Unterlagen bei EDGAR erfordert darüber hinaus die Erstellung eines Dokuments im html- oder ASKI-Format, und Finanzdaten müssen grundsätzlich unter Verwendung von eXtensible Business Reporting Language (XBRL) oder Inline XBRL eingereicht werden[171].

11.76

3. Das SEC-Prüfungsverfahren

Die SEC wendet bei der Prüfung der Registrierungsdokumente vier verschiedene Prüfungsverfahren an[172]:

11.77

- Die **normale Prüfung** (*customary review*) wird bei neuen Emittenten immer angewendet und kann auch in anderen Fällen Anwendung finden. Bei dieser Art der Prüfung führen die SEC-Mitarbeiter eine vollständige Prüfung der finanziellen und rechtlichen Angaben des Registrierungsdokuments durch.

---

167 Siehe Edgar Filer Manual, erhältlich unter http://www.sec.gov/info/edgar/filermanual.htm.
168 Siehe http://www.sec.gov/edgar.shtml.
169 Es gibt wenige Ausnahmen von dieser Anforderung, beispielsweise 12g3-2(b) und bestimmte Dokumente, wie Form CB oder vertrauliche Registrierungsdokumente, die gemäß dem JOBS Act eingereicht werden. EDGAR unterliegt der Regulation S-T.
170 Diese Zugangscodes sind der Central Index Key (CIK) Code (eine einmalige Identifikationsnummer), der CIK Confirmation Code (CCC) und das EDGAR-Passwort. In der Praxis können diese Zugangscodes in ca. 24 Stunden durch Einreichung von Form ID eingeholt werden. Unternehmen und ihre Berater, die nicht mit den logistischen Anforderungen von EDGAR vertraut sind, sollten in Erwägung ziehen, die Hilfe einer renommierten Druckerei (*financial printer*) im Finanzsektor in Anspruch zu nehmen.
171 Siehe Inline XBRL Filing of Tagged Data, 17 CFR Parts 229, 230, 232, 239, 249, 270 and 274, Release Nos. 33-10514, 34-53551, IC-33139, File No. S7-03-17.
172 Die SEC unterzieht alle Unternehmen vier Prüfungsverfahren; seit dem Inkrafttreten des JOBS Act nimmt sie allerdings auch eine vertrauliche Prüfung vertraulicher Einreichungen aufstrebender Wachstumsunternehmen vor. Siehe Rz. 11.16–11.19.

- Die **verlängerte Prüfung** (*deferred review*) wird angewendet, wenn die ursprüngliche Prüfung des Registrierungsdokuments ergeben hat, dass das Dokument schlecht vorbereitet war oder andere schwerwiegende Probleme aufwies. In diesem Fall benachrichtigt die SEC den Antragsteller entsprechend (ohne besondere Kommentare) und stellt ihm frei, das Verfahren weiter zu betreiben, das Dokument zurückzuziehen oder zu ändern.

- Die **abgekürzte Prüfung** (*cursory review*) kann bei bereits bekannten Emittenten angewendet werden, bei denen eine erste Prüfung des Registrierungsdokuments seitens der SEC darauf hindeutet, das das Dokument ordnungsgemäß ist, und bei denen die Emissionsbank und der Emittent erbeten haben, dass die SEC die Registrierung an einen bestimmten Termin für gültig erklären soll. In diesem Fall teilt die SEC dem Antragsteller mit, dass eine abgekürzte Prüfung durchgeführt wurde und das Registrierungsdokument zu dem durch den Emittenten und den Konsortialführer gewünschten Termin gebilligt wird. Dieses Verfahren erspart der SEC Verwaltungszeit und -ressourcen und ermöglicht ein Angebot nach Maßgabe des durch den Emittenten vorgesehenen Zeitplans. Die abgekürzte Prüfung ist jedoch mit dem Risiko für den Emittenten verbunden, dass das Registrierungsdokument einen Fehler enthält, der möglicherweise bei einer ausführlicheren SEC-Prüfung entdeckt worden wäre.

- Das **Schnellverfahren** (*summary review*) ist weniger intensiv als die normale Prüfung, jedoch ausführlicher als eine abgekürzte Prüfung. Bei dieser Art von Prüfung teilt die SEC dem Emittenten mit, dass die Registrierung nach Erhalt des bei der abgekürzten Prüfung vorgesehenen Schreibens, das einen gewünschten Gültigkeitstermin benennt, sowie nach Erhalt angemessener Antworten auf die begrenzten Kommentare der SEC, für gültig erklärt wird.

11.78 **Rechtsmittel der SEC bei fehlerhaften Registrierungsdokumenten**: Die SEC kann Emittenten nicht dazu zwingen, Registrierungsdokumente zu ändern, jedoch stehen ihr Rechtsmittel zur Verfügung, wenn ihre Mitarbeiter der Ansicht sind, dass Angaben fehlerhaft sind. So kann die SEC einen abschlägigen Bescheid erlassen, durch den das Gültigkeitsdatum verschoben wird. Eine solche Zurückweisung muss innerhalb von zehn Tagen nach Einreichung eines Registrierungsdokuments erfolgen. Ein üblicheres Rechtsmittel ist die Sperre (*stop order*), durch die der Gültigkeitstermin eines Registrierungsdokuments verschoben, der Verkauf von Wertpapieren gestoppt (falls der Verkauf bereits begonnen hat) und der SEC eine Prüfung des Emittenten und der angebotenen Wertpapiere ermöglicht wird. Im Gegensatz zur Zurückweisung kann die SEC eine Sperre jederzeit verhängen.

4. Publizität bei registrierten Angeboten

11.79 Bei registrierten Angeboten muss die Öffentlichkeitsarbeit des Emittenten sorgfältig überwacht und gesteuert werden, wobei drei Zeiträume zu unterscheiden sind:

a) Der Zeitraum vor Einreichung (*Pre-filing Period*)

11.80 Vor Einreichung des Registrierungsdokuments bei der SEC untersagt Securities Act Section 5(c) den zwischenstaatlichen Handel für den Verkauf oder das Angebot der betroffenen Wertpapiere[173]. Aussagen des Emittenten oder anderer Personen, die geeignet erscheinen, den Markt für die anzubietenden Wertpapiere zu „konditionieren", können als „Gun Jumping" ausgelegt werden und dazu führen, dass die SEC einen „Cooling-Off"-Zeitraum verhängt. Andererseits hat die SEC verlauten lassen, dass der sachliche Informationsfluss nicht unterbrochen werden soll und der Emittent deshalb im gewöhnlichen Geschäftsverlauf weiterhin Publizität betreiben darf, einschließlich Anzeigen für seine Produkte und Dienstleistungen, der üblichen periodischen Berichte an die Aktionäre, Reaktionen auf nicht erbetene Anfragen von Aktionären und der Presse, sowie Pressemitteilungen im Hinblick auf die tatsäch-

---

[173] Bestimmte Aktivitäten, einschließlich Verhandlungen zwischen dem Emittenten und der Konsortialbank, die mit dem Emittenten in einem Vertragsverhältnis steht oder stehen wird, werden nicht als ein Angebot zum Verkauf oder Kauf angesehen. Siehe Securities Act Section 4.

liche Geschäftsentwicklung[174]. Darüber hinaus kann ein Emittent Mitteilungen über ein geplantes Angebot veröffentlichen, sofern sie die Anforderungen gemäß dem Securites Act of 1933 Rule 135 erfüllen[175].

b) Die Wartefrist (*Waiting Period*)

Die Waiting Period bezeichnet den Zeitraum zwischen Einreichung des Registrierungsdokuments und dessen Inkrafttreten[176]. Verkauf und öffentliches Angebot der Wertpapiere sind während dieser Phase nicht zulässig, mündliche Angebote sind jedoch erlaubt. Angebote dürfen während dieses Zeitraums jedoch nicht angenommen werden. „Tombstone Ads" und „Identification Statements" gemäß Securities Act Rule 134 dürfen veröffentlicht werden. In No-Action-Schreiben hat sich die SEC der Ansicht angeschlossen, dass elektronische Roadshows während dieses Zeitraums keine Prospekte im Sinne des Securities Act darstellen. Auf diesem Wege können die Konsortialbanken bereits Indikationen von Kaufinteressenten einholen[177].

11.81

c) Der Zeitraum nach Inkrafttreten (*Post-effective Period*)

Nach Billigung und Inkrafttreten des Registrierungsdokuments dürfen die betreffenden Wertpapiere verkauft werden. Gemäß Securities Act Section 2(a)(10) ist es zulässig, schriftliches Material frei zu verteilen (*free writing*)[178]. Die Parteien dürfen, ohne gegen Section 5 zu verstoßen, schriftliches Informationsmaterial (wie Broschüren oder Informationen auf einer Website) verteilen, solange diesem Schriftmaterial ein rechtmäßiger Prospekt gemäß Section 10(a) oder ein vergleichbares Dokument beigefügt ist oder vorangeht.

11.82

5. Research-Berichte

Bei registrierten Angeboten besteht ein generelles Verbot für Research-Berichte des Konsortiums[179]. Derartige Research-Berichte können als unrechtmäßiger Prospekt oder als Gun Jumping gewertet werden. Es bestehen jedoch wichtige Ausnahmeregelungen:

11.83

– Securities Act Rule 138 erlaubt Research-Berichte, wenn sie sich auf eine andere Art von Wertpapieren beziehen als die angebotenen (z.B. Schuldverschreibungen im Gegensatz zu Aktien)[180] und

---

174 Diese Erleichterung gilt jedoch hauptsächlich für Emittenten, die bereits Wertpapiere registriert haben. Neue Antragsteller müssen besonders darauf achten, dass sie das Angebot nicht publik machen oder in anderer Weise Informationen außerhalb des gewöhnlichen Geschäftsverlaufs verbreiten.
175 Siehe Securities Act Rule 135. Rule 135 beschränkt die Informationen, die in solchen Mitteilungen oder allgemeinen Anzeigen enthalten sein dürfen, auf den Namen des Emittenten, die Bezeichnung, den Betrag und die Grundausstattung der angebotenen Wertpapiere, den voraussichtlichen Zeitpunkt des Angebots, die Art und den Zweck des Angebots, die Kategorie der Käufer, an die sich das Angebot richtet, sowie die Angaben und Aufschriften, die nach bundesstaatlichem oder Bundesrecht vorgeschrieben sind. In Mitteilungen nach Securities Act Rule 135 darf der Name der Konsortialbank nicht enthalten sein.
176 Siehe Securities Act Sections 5(a) und 5(b)(1).
177 Siehe Net Roadshow, Inc., SEC No-Action Letter, [1997 Decisions Transfer Binder] Fed. Sec. L. Rep. (CCH) p. 77,367 und 77,851-52 (Sept. 8, 1997). Der Bereich Corporation Finance der SEC stimmte zu, dass Internet-Roadshows nicht als Prospekte oder Verbreitungen gemäß Securities Act Section 2(a)(10) anzusehen sind, wenn die Roadshow in einer passwort-geschützten Umgebung nur einer begrenzten Zahl von Personen zugänglich ist. Mitarbeiter der SEC wiesen darauf hin, dass Roadshows nicht vor Einreichung eines Registrierungsdokuments durchgeführt werden sollten.
178 Siehe Securities Act Section 2(a)(10).
179 Siehe Securities Act Sections 2(a)(10) und 5(c).
180 Siehe Securities Act Rule 138.

– Securities Act Rule 139 erlaubt Research-Berichte über bereits bekannte Emittenten oder große erstmalige Antragsteller, wenn die Berichte im gewöhnlichen Geschäftsverlauf veröffentlicht werden[181].

6. Deregistrierung

11.84 Die SEC hat ihre Vorschriften dahingehend geändert, dass Foreign Private Issuers die Zulassung bestimmter Wertpapiere und bestimmte Mitteilungspflichten beenden können, wenn das durchschnittliche tägliche Handelsvolumen (der betroffenen Wertpapiere) in den Vereinigten Staaten für einen Zwölf-Monatszeitraum nicht mehr als 5 % des durchschnittlichen weltweiten Handelsvolumens von Wertpapieren der gleichen Gattung beträgt. Vor dieser Änderung waren solche Deregistrierungen schwierig, da sie von der Anzahl der US-Investoren, die Inhaber der betroffenen Wertpapiere sind, abhingen und nicht von der relativen Nachfrage nach den Wertpapieren in den Vereinigten Staaten[182].

7. U.S.-Zulassungs- und Handelsverbote für bestimmte ausländische Unternehmen

11.84a Am 18.12.2020 wurde der Holding Foreign Companies Accountable Act[183] in den USA Gesetz. Dieses Gesetz verlangt von der SEC, für jedes Unternehmen, das verpflichtet ist, regelmäßige Berichte bei der SEC einzureichen, jedes Unternehmen zu identifizieren, das eine eingetragene Wirtschaftsprüfungsgesellschaft beauftragt, die in einem ausländischen Staat ansässig ist, und das Public Company Accounting Oversight Board (PCAOB) nicht in der Lage ist, eine Inspektion oder Untersuchung durchzuführen, weil es eine Position in einem solchen ausländischen Staat eingenommen hat. Stellt die SEC fest, dass das PCAOB drei Jahre hintereinander nicht in der Lage war, eine solche Wirtschaftsprüfungsgesellschaft zu inspizieren oder zu untersuchen, muss sie diesem Unternehmen den Handel mit seinen Wertpapieren an einer US-Börse oder im Freiverkehr untersagen. Infolgedessen können die NYSE-Börsen oder NASDAQ gezwungen sein, den Handel mit bestimmten ihrer börsennotierten Unternehmen auszusetzen.

Darüber hinaus erließ der ehemalige Präsident der Vereinigten Staaten am 12.11.2020[184] eine Durchführungsverordnung, die vorbehaltlich bestimmter Ausnahmen, Transaktionen von US-Personen mit Wertpapieren bestimmter chinesischer Unternehmen verbietet die als mit der Volksbefreiungsarmee in Verbindung stehend identifiziert wurden, sowie mit Wertpapieren, die Derivate von Wertpapieren sind, oder mit Wertpapieren, die die dazu bestimmt sind, ein Anlageengagement bei solchen chinesischen Unternehmen zu bieten. Um der Executive Order und der des US-Finanzministeriums nachzukommen, haben US-Börsen den Handel mit einigen ihrer notierten Unternehmen ausgesetzt und Delisting-Verfahren eingeleitet[185]. In Zukunft könnte es weitere börsennotierte Unternehmen geben, bei denen die US Börsen verpflichtet sein werden ähnliche Maßnahmen zu ergreifen, um der Executive Order (solange diese noch in Kraft ist) nachzukommen.

---

181 Siehe Securities Act Rule 139.
182 Siehe SEC Release No. 34-55540.
183 Siehe Holding Foreign Companies Accountable Act vom 18.12.2020 unter https://www.congress.gov/bill/116th-congress/senate-bill/945/text?overview=closed (zuletzt aufgerufen am 30.9.2021) und SEC Release No. 34-91364.
184 Siehe Executive Order 13959 vom 12.11.2020 unter https://home.treasury.gov/system/files/126/13959.pdf (zuletzt aufgerufen am 30.9.2021).
185 Siehe „Regulatory Changes" vom Form 10-K der Intercontinental Exchange, Inc. eingereicht am 4.2.2021.

III. Von der Registrierungspflicht befreite Angebote

1. Regulation S

1990 erließ die SEC Regulation S, um ein Verfahren für die Durchführung von Angeboten außerhalb der Vereinigten Staaten zu etablieren[186]. Regulation S ist eine „Safe Harbour"-Bestimmung, aufgrund derer der Vertrieb von Wertpapieren durch den Emittenten, durch den Vertreiber[187] und ihre jeweiligen verbundenen Unternehmen, sowie der Weiterverkauf von Wertpapieren durch alle anderen Personen von den Bestimmungen gemäß Section 5 des Securities Act befreit wird; die übrigen Bestimmungen des Securities Act und Exchange Act finden jedoch weiter Anwendung. Regulation S bestimmt generell, dass die Begriffe „Angebot", „Angebot zum Verkauf", „verkaufen", „Verkauf" und „Angebot zum Kauf" auf Angebote und Verkäufe außerhalb der Vereinigten Staaten keine Anwendung finden[188]. 11.85

Die Anwendbarkeit der Befreiungsregelung für Emittenten, Vertreiber und ihre jeweiligen verbundenen Unternehmen nach Rule 903[189] als auch der Befreiungsregelung für den Weiterverkauf nach Rule 904 der Regulation S steht unter zwei Grundbedingungen. Erstens muss es sich bei dem Angebot oder Verkauf um eine **Offshore-Transaktion** handeln (im Wesentlichen eine Transaktion, bei der der Käufer sich zum Zeitpunkt des Kaufauftrags außerhalb der Vereinigten Staaten befindet und deren Ausführung sowie die Wertpapierlieferung außerhalb der Vereinigten Staaten stattfinden)[190]. Zweitens sind **gezielte Verkaufsbemühungen** (*directed selling efforts*) (Aktivitäten, die darauf abzielen oder bei vernünftiger Betrachtung voraussichtlich zur Folge haben werden, dass der Markt in den Vereinigten Staaten für die angebotenen Wertpapiere konditioniert wird)[191] in den Vereinigten Staaten untersagt[192]. 11.86

Die Befreiungsregelung nach Regulation S für Emittenten, Vertreiber und ihre jeweiligen verbundenen Unternehmen ist in drei Kategorien unterteilt, abhängig von der Art der angebotenen Wertpapiere, dem Status des Emittenten als ein Unternehmen, das nach dem Exchange Act berichtspflichtig ist, und dem Umfang des Interesses an den angebotenen Wertpapieren im US-Markt. Etwaige zusätzliche Bedingungen, die zu erfüllen sind, damit die Befreiungsregelegung anwendbar ist, bestimmen sich anhand der Kategorie, in die das Angebot fällt[193]. 11.87

Kategorie 1: Angebote der Kategorie 1 betreffen ausländische Emittenten, an deren Wertpapieren in den USA kein erhebliches Marktinteresse besteht (*substantial US market interest* – **SUSMI**)[194]. Angebote, die unter die Kategorie 1 fallen, müssen allein die beiden vorgenannten allgemeinen Bedingungen erfüllen. 11.88

---

186 Siehe Final Rule: Offshore Offers and Sales, SEC Release No. 33-6863 (1990). Siehe auch Final Rule: Offshore Offers and Sales (Regulation S), SEC Release No. 33-7505 (Abänderungen zu Regulation S von 1998).
187 „Vertreiber" ist definiert als eine Konsortialbank, ein Händler oder eine andere Person, die aufgrund einer vertraglichen Vereinbarung am Vertrieb der fraglichen Wertpapiere beteiligt ist. Siehe Securities Act Rule 902(d); siehe generell Securities Act Rules 903 und 904.
188 Siehe Securities Act Rule 901.
189 Diese Befreiungsregelungen sind auch auf Personen anwendbar, die im Auftrag eines Emittenten, Vertreibers oder eines ihrer verbundenen Unternehmen handeln.
190 Siehe Securities Act Rules 902(h) und 903(a)(1).
191 Siehe Securities Act Rule 903(2); vgl. *Greene*, U.S. Regulation of the International Securities and Derivatives Markets, 8th ed. 2006, § 5.02[1] n. 18 (Veröffentlichung einer Mitteilung durch einen Emittenten, in der angekündigt wird, dass ein ausländisches Angebot keine „gezielten Verkaufsbemühungen" darstellen wird, wenn die Mitteilung Rule 135 oder 135c im Rahmen des Securities Act entspricht.) Siehe ebenfalls nachstehende Erläuterung der Publizitätsbeschränkungen bei Angeboten, die von der Registrierungspflicht befreit sind.
192 Siehe Securities Act Rule 903(a)(2).
193 Siehe Securities Act Rule 903(b).
194 Siehe Securities Act Rule 903(b)(1), Rule 902(j).

11.89 Ein SUSMI ist gegeben, wenn die öffentlichen Märkte in den Vereinigten Staaten im letzten Geschäftsjahr des Emittenten (oder, falls kürzer, dem Zeitraum seit Gründung des Emittenten) der größte Einzelmarkt für die Aktie waren oder mindestens 20 % des weltweiten Handels der Klasse von Aktien in den Vereinigten Staaten und weniger als 55 % über die Handelseinrichtungen eines einzelnen ausländischen Staates stattfanden[195]. Im Falle von Schuldverschreibungen ist ein SUSMI gegeben, wenn mindestens 300 US-Personen[196] als Inhaber der Wertpapiere registriert sind oder Schuldverschreibungen im Wert von wenigstens 1 Mrd. US-Dollar und wenigstens 20 % aller Schuldverschreibungen des Emittenten durch registrierte US-Personen gehalten werden[197].

11.90 **Kategorie 2:** Wenn ein SUSMI gegeben ist, müssen Aktienemittenten, die unter die Berichtspflichten des Exchange Act fallen, sowie Emittenten von Schuldverschreibungen eine Reihe von Anforderungen erfüllen, einschließlich Angebotsbeschränkungen (wie der Aufnahme von Warnhinweisen (Legends) in die Angebotsdokumente) und der Beachtung einer Sperrfrist (Restricted Period) von 40 Tagen, während derer keine Angebote oder Verkäufe an US-Personen oder für Rechnung oder zugunsten einer US-Person (mit Ausnahme eines Vertreibers) zulässig sind.

11.91 **Kategorie 3:** Kategorie 3 betrifft alle anderen Angebote, die nicht in Kategorie 1 und 2 fallen. Die Anforderungen in dieser Kategorie sind am umfangreichsten, einschließlich Angebotsbeschränkungen (wie der Aufnahme von Legends in die Angebotsdokumente) und der Beachtung einer Sperrfrist von 40 Tagen für das Angebot von Schuldverschreibungen und von einem Jahr für das Angebot von Aktien, Stop-Transfer-Verfahren bei Aktienangeboten und Bestätigungen der Käufer, dass sie nicht auf Rechnung einer US-Person kaufen[198].

11.92 **Auswirkungen von Verkäufen in den USA:** Gezielte Verkaufsbemühungen in den Vereinigten Staaten oder ein Versäumnis des Emittenten oder Vertreibers, in Verbindung mit Kategorie 2 und 3 Angebotsbeschränkungen aufzunehmen, heben die Befreiungsregelung für Emittenten, Vertreiber und ihre jeweiligen verbundenen Unternehmen auf. Regulation S sieht keine Befreiung für Weiterverkäufe in den Vereinigten Staaten durch die Käufer von Wertpapieren vor, die gemäß Regulation S im Ausland platziert wurden. Folglich dürfen Personen, die gemäß Section 2(a)(11) des Securities Act als Konsortialbanken angesehen werden, keine nicht registrierten öffentlichen Weiterverkäufe dieser Wertpapiere in den Vereinigten Staaten unter Berufung auf die Befreiung von der Registrierungspflicht gemäß Section 4(a)(1) vornehmen[199].

2. Section 4(a)(2)

11.93 Section 4(a)(2) des Securities Act sieht für eine Emission von Wertpapieren, die nicht mit einem öffentlichen Angebot verbunden ist, eine Befreiung von der Registrierungspflicht gemäß Section 5 vor. Solche Transaktionen werden als **Privatplatzierungen** bezeichnet und sind mit einer Platzierung von Wertpapieren durch den Emittenten bei einer begrenzten Zahl von qualifizierten Käufern verbunden, die die Weiterverkaufsbeschränkungen akzeptieren. Ob eine Transaktion mit einem öffentlichen An-

---

195 Siehe Securities Act Rule 902(j)(1).
196 Siehe Securities Act Rule 903(b)(2). Für Zwecke von Regulation S, ist eine „US-Person" im Allgemeinen ein Gebietsansässiger der Vereinigten Staaten. Siehe Securities Act Rule 902(k).
197 Siehe Securities Act Rule 902(j)(2). Bei der Feststellung der Kategorie, in die ein bestimmtes Angebot fällt, dürfen sich die Vertreiber auf eine Erklärung des Emittenten stützen, dass nach dessen vernünftiger Ansicht kein SUSMI für die angebotene Art von Wertpapieren besteht. Siehe Final Rule: Offshore Offers and Sales, SEC Release No. 33-6863 (1990).
198 Siehe Securities Act Rule 903(b)(3).
199 Siehe *Greene*, U.S. Regulation of the International Securities and Derivatives Markets, 8th ed. 2006, § 5.02[1][e].

gebot verbunden ist, hängt nicht nur von der Art des Angebots und des Verkaufs durch den Emittenten ab, sondern auch von der Art der späteren Angebote und Weiterverkäufe.

Das Gesetz enthält keine klaren Definitionen dieser Voraussetzungen, aber die SEC und die Rechtsprechung haben diese im Wege der Auslegung konkretisiert. Ein entscheidender Faktor ist dabei die Fachkundigkeit der Anleger und die Frage, ob die potentiellen Käufer der Wertpapiere über ausreichende Kenntnisse verfügen, so dass sie den Schutz eines Registrierungsdokuments nicht benötigen[200]. Nach der Rechtsprechung sollen die Anleger auch Zugriff auf das gesamte veröffentlichte Informationsmaterial im Zusammenhang mit der Platzierung haben[201]. Die Zahl der Angebotsempfänger ist ebenfalls ein Faktor bei der Entscheidung, ob es sich um ein öffentliches oder privates Angebot handelt[202]. Die Emittenten müssen darüber hinaus das Einverständnis der Käufer einholen, dass sie die Wertpapiere nur unter Umständen weiterverkaufen, die die Befreiung des Emittenten von der Registrierungspflicht nicht gefährden[203]. 11.94

Zusammenführung von Angeboten: Wenn ein Emittent den Versuch unternimmt, zwei oder mehr Angebote aufgrund der Ausnahmeregelung für Privatplatzierungen durchzuführen, kann die SEC diese Angebote als ein einheitliches, zusammengeführtes Angebot behandeln. Die Auswirkungen einer solchen Zusammenführung verschiedener Angebote können gravierend sein, da es unwahrscheinlich ist, dass auch das zusammengeführte Angebot unter eine Befreiungsregelung fällt, und der Emittent damit gegen den Securities Act verstoßen würde. 11.95

Für den Fall, dass keine Safe-Harbour-Regelung (wie vorstehend beschrieben) anwendbar ist, hat die SEC eine Liste von fünf Faktoren aufgestellt, die sie bei ihrer Entscheidung berücksichtigt, ob Angebote zusammengeführt werden[204]: 11.96

- sind die Angebote Teil eines einheitlichen Finanzierungsplans,
- sind die Angebote zu demselben allgemeinen Zweck erfolgt,
- sind die Angebote mit der Ausgabe derselben Klasse von Wertpapieren verbunden,
- sind die Angebote gleichzeitig oder in kurzem zeitlichen Abstand erfolgt und
- ist dieselbe Art der Vergütung erhältlich.

Regulation D: Um einige Unsicherheiten in Bezug auf Section 4(a)(2) auszuräumen und die Kapitalaufnahme kleinerer Gesellschaften zu erleichtern, hat die SEC 1982 die Safe-Harbour-Regelung nach Regulation D eingeführt[205]. Regulation D räumt Emittenten ebenfalls eine Befreiungsmöglichkeit von den Registrierungspflichten des Securities Act ein. 11.97

---

200 Siehe SEC. vs. Ralston Purina Co., 346 U.S. 119 (1953).
201 Siehe, z.B., Basic Inc. v. Levinson, 485 U.S. 224 (1988). Siehe auch Final Rule: Notice of Adoption of Rule 146 under the Securities Act, SEC Release No. 33-5487 (1974). In der Tat haben einige Gerichte entschieden, dass der Emittent tatsächlich dieselbe Art von Informationsmaterial an die Angebotsempfänger verteilen muss, die auch in einem offiziellen Registrierungsdokument enthalten sein würde, sowie Zugang zu etwaigen zusätzlichen Informationen gewähren muss, die die Anleger verlangen.
202 Siehe SEC vs. Ralston Purina 346 U.S. 119.
203 Siehe Securities Act Section 502(d).
204 Siehe SEC Release No. 33-4434 (1961) und SEC Release No. 33-4552 (1962). Siehe auch Securities Act Rule 155 („Integration of Abandoned Offerings").
205 Siehe Release: Revision of Certain Exemptions from Registration for Transactions Involving Limited Offers and Sales, SEC Release No. 33-6389.

11.98 Regulation D erlaubt den Verkauf von Wertpapieren an bis zu 35 nicht akkreditierte Investoren und eine unbegrenzte Zahl von **akkreditierten Investoren**[206], die nach dieser Regelung (aktualisiert im August 2020) wie folgt definiert sind[207]:

- institutionelle Anleger wie Banken, Versicherungsunternehmen und Pensionspläne,
- private Business-Development-Unternehmen,
- Kapitalgesellschaften, Personengesellschaften, steuerbefreite Wohltätigkeitsorganisationen und Treuhandvermögen (Trusts), die nicht zum Zweck des Erwerbs der fraglichen Wertpapiere eingerichtet wurden und Vermögenswerte von mehr als 5 Mio. US-Dollar hatten,
- Mitglieder der Geschäftsleitung, leitende Angestellte und persönlich haftende Gesellschafter des Emittenten oder Mitglieder der Geschäftsleitung, leitende Angestellte und persönlich haftende Gesellschafter eines persönlich haftenden Gesellschafters des Emittenten,
- natürliche Personen, die alleine oder gemeinsam mit dem Ehegatten über ein Nettovermögen von mindestens 1 Mio. US-Dollar verfügen[208],
- natürliche Personen mit einem individuellen Jahreseinkommen von mindestens 200.000 US-Dollar in jedem der zwei letzten Jahre oder Ehegatten mit einem gemeinsamen Jahreseinkommen von mindestens 300.000 US-Dollar in jedem dieser Jahre, soweit vernünftigerweise zu erwarten ist, dass sie dasselbe Einkommensniveau im laufenden Jahr erreichen,
- natürliche Personen mit professionellen Zertifizierungen und Bezeichnungen oder anderen Zeugnissen,
- sachkundige Mitarbeiter privater Fonds,
- Anlageberater registriert unter § 203 der Advisers Act und andere bundesstaat-registrierte Anlageberater,
- Investmentgesellschaften für ländliche Unternehmen,
- Firmen mit beschränkter Haftung (LLCs),
- andere Unternehmen, z.B. Indianerstämme, Gewerkschaften, Regierungsstellen und -fonds sowie ausländische Einrichtungen, die mehr als 5 Mio. US-Dollar investieren,
- bestimmte Familienbüros und Familienkunden, die in der Regel mehr als 5 Mio. US-Dollar investiert haben,
- ein Treuhandvermögen (Trust) mit einem Gesamtvermögen von mehr als 5 Mio. US-Dollar, dessen Erwerb auf Anweisung einer „sophisticated person"[209] erfolgt, und
- jede Gesellschaft, bei der alle Gesellschafter akkreditierte Investoren sind.

---

206 Siehe Securities Act Rules 505 und 506. In einem Angebot nach Rule 506 muss der Emittent vernünftigerweise der Ansicht sein, dass jeder Anleger eine „sophisticated person" ist, d.h. Kenntnisse und Erfahrung in finanziellen und geschäftlichen Angelegenheiten hat, und dass er in der Lage ist, die Vorteile und Risiken der potentiellen Anlage einzuschätzen. Die Fachkenntnisse des Vertreters eines Käufers können die Fachkenntnisse des Käufers ergänzen oder ersetzen.
207 Siehe Securities Act Rule 501(a) und .
208 Seit 2020 können natürliche Personen gemeinsame Einkünfte aus Ehegattenäquivalenten einbeziehen, um sich als akkreditierte Anleger zu qualifizieren.
209 Eine „sophisticated person" ist eine Person, die über Kenntnisse und Erfahrung in finanziellen wirtschaftlichen Fragen verfügt, die sie in die Lage versetzen, die Vorteile und Risiken der potenziellen Anlage zu beurteilen. Siehe Rule 506(b)(ii).

Regulation D erfordert die Übergabe ausführlicher schriftlicher Informationen an alle Anleger, die keine akkreditierten Investoren sind[210]. Weiterverkäufe von Wertpapieren nach Regulation D unterliegen Beschränkungen, und der Emittent muss dafür Sorge tragen, dass die Käufer der Wertpapiere keine Konsortialbanken sind[211]. Regulation D räumt für alle Verkäufe, die mindestens sechs Monate vor Beginn oder sechs Monate nach Beendigung eines Angebots nach Regulation D stattfinden, eine Safe-Harbour-Regelung für die Zusammenführung ein, solange in keinem dieser Sechsmonatszeiträume Angebote oder Verkäufe derselben oder einer ähnlichen Klasse von Wertpapieren erfolgen[212].

11.99

3. „Section 4(a)(1½)"

Obwohl es sich hierbei nicht um eine offizielle Safe-Harbour-Regelung der SEC oder eine gesetzliche Befreiungsmöglichkeit handelt (sondern diese Regelung vielmehr im Lauf der Zeit von professionellen Akteuren im Wertpapierbereich entwickelt wurde), ermöglichen die Bedingungen vieler privat platzierter Wertpapiere den Investoren, diese Wertpapiere über die so genannte Befreiungsregelung nach „Section 4(a)(1½)" an Anleger weiterzuverkaufen, die diese Wertpapiere in der ursprünglichen Privatplatzierung hätten erwerben dürfen[213]. Weiterverkäufe nach Section 4(a)(1½) werden generell als von den Registrierungsanforderungen des Securities Act befreit angesehen.

11.100

4. Rule 144A

Gleichzeitig mit der Einführung der Regulation S im Jahr 1990 führte die SEC Rule 144A im Rahmen des Securities Act ein[214]. Hintergrund war u.a. die Befürchtung, dass die US-Kapitalmärkte gegenüber ausländischen Märkten an Konkurrenzfähigkeit verlieren könnten[215]. Rule 144A ist darauf ausgerichtet, US-Privatplatzierungen für Investoren attraktiver zu gestalten, indem der Weiterverkauf (*resale*) von Wertpapieren, die im Rahmen nichtöffentlicher Angebote erworben wurden, erleichtert wird. Wertpapiere nach Rule 144A dürfen nur an QIBs, wie nachstehend definiert, verkauft werden. Diese Anforderung basiert auf der Vorstellung, dass QIBs über ausreichende Kenntnisse verfügen, ihre eigene Anlageentscheidung zu treffen, ohne auf die nach dem Securities Act erforderlichen Offenlegungen angewiesen zu sein.

11.101

Rule 144A ist eine ausschließlich den Weiterverkauf betreffende Befreiungsregelung; d.h. sie kann für Verkäufe durch den Emittentin nicht in Anspruch genommen werden. In der Praxis können Emittenten Rule 144A jedoch nutzen und tun dies auch häufig, insbesondere in Verbindung mit einem An-

11.102

---

210 Siehe Securities Act Rule 502.
211 Siehe Securities Act Rule 502(d). Die angemessene Sorgfalt ist wie folgt definiert: (1) angemessene Nachfragen, um festzustellen, ob der Käufer die Wertpapiere für sich selbst oder für andere Personen erwirbt; (2) schriftliche Offenlegung gegenüber jedem Käufer vor dem Verkauf, dass die Wertpapiere nicht im Rahmen des Securities Act registriert sind und daher, außer im Wege einer Registrierung oder aufgrund einer Befreiungsregelung, nicht weiterverkauft werden können; und (3) Anbringung einer Aufschrift auf der Urkunde, dass die Wertpapiere nicht registriert sind. Securities Act Rule 502(d). Die SEC hat die Ansicht geäußert, dass diese Beschränkungen nicht erforderlich sind, wenn der Emittent sich bereiterklärt, die Wertpapiere eines Anlegers zu registrieren, wenn sie innerhalb eines Jahres nach dem Angebot weiterverkauft werden. Siehe Release: Interpretive Release on Regulation D, SEC Release No. 33-6455 (1983).
212 Siehe Securities Act Rule 502(a).
213 Der FAST Act kodifiziert eine neue Befreiungsregelung für bestimmte Weiterverkäufe von Wertpapieren gemäß Securities Act Section 4(a)(7), die in gewisser Hinsicht den Transaktionen nach Section 4(a)(1½) ähneln.
214 Final Rule: Resale of Restricted Securities; Changes to Method of Determining Holding Period of Restricted Securities under Rules 144 and 145, SEC Release No. 33-6862.
215 Siehe Final Rule: Resale of Restricted Securities; Changes to Method of Determining Holding Period of Restricted Securities under Rules 144 and 145, SEC Release No. 33-6862.

gebot außerhalb der USA. Eine Emissionsbank kann Käufer für Wertpapiere nach Rule 144A akquirieren, und der Emittent kann diese Wertpapiere zunächst an die Emissionsbank im Wege einer Privatplatzierung nach Section 4(a)(2) verkaufen. Anschließend kann die Emissionsbank diese Wertpapiere nach Rule 144A weiterverkaufen.

a) Verkäufe ausschließlich an QIBs

11.103 Wertpapiere gemäß Rule 144A dürfen nur an QIBs oder an einen Käufer, den der Verkäufer und eine im Auftrag des Verkäufers handelnde Person nach vernünftigem Ermessen für einen QIB hält, verkauft werden[216]. Zu den QIBs zählen die folgenden Personen und Institutionen, die für eigene Rechnung oder für Rechnung anderer QIBs handeln, sofern sie Wertpapiere im Wert von mindestens 100 Mio. US-Dollar nicht-verbundener Emittenten besitzen und Ermessensfreiheit zur Tätigung von Investitionen in solche Wertpapiere haben[217]:

- Versicherungsunternehmen,
- Investmentgesellschaften, kleine Business-Investment-Unternehmen und Business-Development-Unternehmen und,
- Pensionsfonds und Treuhandfonds, die Vermögenswerte für Pensionspläne halten,
- Wohltätigkeitsorganisationen,
- nach dem Investment Advisers Act (Gesetz über Anlageberater) registrierte Anlageberater;
- nach dem Exchange Act registrierte Wertpapierhändler, die für eigene Rechnung oder für Rechnung anderer QIBs handeln und insgesamt Wertpapiere im Wert von mindestens 10 Mio. US-Dollar von nicht mit ihnen verbundenen Emittenten halten und im Rahmen einer Verwaltungsvollmacht darin anlegen,
- nach dem Exchange Act registrierte Händler, die als „Vermittler" bei so genannten risikofreien Eigengeschäften (*riskless principal transactions*) für einen QIB tätig sind (wobei diese Händler nicht selbst QIBs sein müssen),
- Mitglieder einer Gruppe von Investmentgesellschaften,
- jeder Rechtsträger, bei dem alle Anteilseigner QIBs sind, die für eigene Rechnung oder für Rechnung anderer QIBs handeln;
- in- und ausländische Kreditinstitute oder vergleichbare Institute, die für eigene Rechnung oder für Rechnung anderer QIBs handeln und die (i) insgesamt Wertpapiere im Wert von mindestens 100 Mio. US-Dollar von nicht mit ihnen verbundenen Emittenten halten und im Rahmen einer Verwaltungsvollmacht darin anlegen, und (ii) deren geprüftes Reinvermögen mindestens 25 Mio. US-Dollar beträgt, wie in ihrem jüngsten Jahresabschluss ausgewiesen[218], und
- seit Dezember 2020, IAIs, die Wertpapiere-Investitionen im Wert von mindestens 100 Mio. US-Dollar getätigt haben und ansonsten nicht als QIBs qualifizieren[219].

11.104 Der Verkäufer muss den Nachweis erbringen, dass der Käufer „bei vernünftiger Betrachtung" („reasonable belief") ein QIB ist[220]. Gemäß Rule 144A bestehen dafür verschiedene Wege, einschließlich einer Prüfung der verfügbaren Finanzinformationen des Käufers (die bei der SEC eingereicht oder an-

---

216 Siehe Securities Act Rule 144A(d)(1).
217 Siehe Securities Act Rule 144A(a)(1).
218 Siehe Securities Act Rule 144A(a)(1).
219 Siehe 17 CFR Parts 230 and 240, Release Nos. 33-10824, 34-89669, File No. S7-25-19.
220 Siehe Securities Act Rule 144A(d)(1).

derweitig öffentlich verfügbar sind) oder schriftlicher Bestätigungen leitender Angestellter des Käufers[221]. In der Praxis führen die Investmentbanken „QIB-Listen".

Der Verkäufer muss außerdem angemessene Schritte (*reasonable steps*) unternehmen, um dem Käufer mitzuteilen, dass er sich auf Rule 144A stützen könnte[222]. „Angemessene Schritte" sind in der Rule definiert, aber die schriftliche Mitteilung an den Käufer ist ausreichend. Im Rahmen einer Privatplatzierung enthält die Angebotsunterlage üblicherweise einen Warnhinweis, dass die Konsortialbanken von Rule 144A Gebrauch machen könnten.

b) Anforderung der Nicht-Fungibilität

Im Rahmen von Rule 144A verkaufte Wertpapiere müssen „nicht-fungibel" sein, d.h. sie dürfen nicht derselben Klasse von Wertpapieren angehören, die an einer US-Wertpapierbörse oder in einem automatisierten Notierungssystem zwischen Händlern in den Vereinigten Staaten notiert sind[223]. Diese Anforderung liegt die Überlegung zu Grunde, dass Investoren nach Rule 144A weniger Informationen erhalten – und damit potentiell weniger Schutz – als sie beim Kauf von Wertpapieren erhalten hätten, die nach dem Securities Act registriert sind[224]. Die Anforderung der Nicht-Fungibilität verringert die Wahrscheinlichkeit, dass Wertpapiere gemäß Rule 144A in die Hände der Öffentlichkeit geraten, da die Wertpapiere einer anderen Klasse angehören als die öffentlich gehandelten.

Eine unterschiedliche Bezeichnung allein genügt nicht, um eine eigene Klasse von Wertpapieren zu schaffen, und ob eine Neuemission von Aktien für Zwecke von Rule 144A als Teil derselben Klasse wie die ausstehenden und an einer Börse eingeführten oder notierten Wertpapiere angesehen werden, hängt davon ab, ob sie im Wesentlichen einen ähnlichen Charakter haben und ob ihre Inhaber im Wesentlichen dieselben Rechte und Privilegien haben. Schuldverschreibungen werden als fungibel angesehen, wenn die Konditionen in Bezug auf Zinssatz, Fälligkeit, Nachrangigkeit, Sicherheit, Wandelbarkeit, vorzeitige Rückzahlungsmöglichkeit, Rückzahlung und alle anderen wesentlichen Bedingungen überwiegend mit denen öffentlich gehandelter Wertpapiere identisch sind[225].

c) Keine Investmentgesellschaft

Ferner verlangt Rule 144A, dass der Emittent der Wertpapiere keine offene Investmentgesellschaft (Investment Company), kein Unit Investment Trust und keine Face-Amount Certificate Company ist, die bzw. der nach dem Investment Company Act registrierungspflichtig ist.[226]

d) Lieferung von Informationen

Rule 144A fordert, dass Käufer Zugang zu bestimmten Informationen über den Emittenten haben. Diese Anforderung ist erfüllt, wenn der Emittent ein Unternehmen ist, das den Berichtspflichten gemäß Section 13 oder 15(d) des Exchange Act[227] unterliegt, oder wenn ein Emittent des Privatsektors seinen Sitz im Ausland hat und gemäß Rule 12g3-2(b) zu einer Befreiung von der Berichtspflicht berechtigt ist. Die SEC hat Rule 12g3-2(b) im Jahr 2008 dahingehend geändert, dass die Vorschriften für die physischen Einreichungen abgeschafft wurden, indem Foreign Private Issuers, die bestimmte An-

---

221 Siehe Securities Act Rule 144A(d)(1).
222 Siehe Securities Act Rule 144A(d)(2).
223 Siehe Securities Act Rule 144A(d)(3)(i).
224 Siehe Final Rule: Resale of Restricted Securities; Changes to Method of Determining Holding Period of Restricted Securities under Rules 144 and 145, SEC Release No. 33-6862 (1990).
225 Siehe SEC Release No. 33-6862.
226 Siehe Securities Act Rule 144A(d)(3)(ii).
227 In Bezug auf ausländische Emittenten des Privatsektors bedeutet dies Unternehmen, die Geschäftsberichte auf Form 20-F einreichen.

forderungen erfüllen, automatisch eine Befreiung nach Rule 12g3-2(b) gewährt wird[228]. Die Anforderungen sind u.a., dass (i) der Emittent ein Listing in einer ausländischen Rechtsordnung unterhält, welche den primären Markt für den Handel seiner Wertpapiere darstellt (d.h. 55 % oder mehr des Volumens für den Handel von den Wertpapieren des Emittentenfonds an solch einer Börse in einer ausländischen Rechtsordnung während des letzten vollständigen Geschäftsjahres der Emittenten) und, (ii) der Emittent bestimmte Offenlegungsdokumente in englischer Sprache auf seiner Website veröffentlicht, wie beispielsweise Jahresabschlüsse. Emittenten, die nicht in diese Kategorien fallen, müssen sich bereit erklären, jedem Inhaber bestimmte Informationen zu liefern, der diese für sich selbst oder für einen potenziellen Käufer verlangt[229]. Zu diesen Informationen zählen eine kurze Beschreibung der Geschäftstätigkeit des Emittenten sowie der durch ihn angebotenen Produkte und Dienstleistungen und die jüngste Bilanz, Gewinn- und Verlustrechnung sowie die Entwicklung der freien Rücklagen und des Gewinnvortrags und ähnliche Finanzangaben des Emittenten für den Teil der vorangegangenen beiden Geschäftsjahre, in denen der Emittent sein Geschäft ausgeübt hat[230]. Soweit „angemessen verfügbar" (*reasonably available*), sollten die Finanzangaben geprüft sein; darüber hinaus müssen sie zum Datum des Weiterverkaufs „hinreichend aktuell" (*reasonably current*) sein[231]. Im Falle von Foreign Private Issuers werden die Informationen als „hinreichend aktuell" angesehen, wenn sie den zeitlichen Anforderungen im Herkunftsland oder in den Haupthandelsmärkten des Emittenten entsprechen[232].

e) Nicht-ausschließliche Befreiung

11.110 Rule 144A enthält eine ausdrückliche Vorschrift, nach der die Tatsache, dass Käufer von Wertpapieren eines Emittenten mit Blick auf einen Weiterverkauf nach Rule 144A kaufen könnten, keinen Einfluss darauf hat, ob der Emittent – oder ein früherer oder späterer Inhaber – weitere Safe Harbour- oder Befreiungstatbestände in Anspruch nehmen kann, wie z.B. Section 4(a)(2) des Securities Act oder Regulation D[233]. Dieser Aspekt von Rule 144A berücksichtigt, dass die Befreiung für Privatplatzierungen wegfallen kann, wenn ein Käufer Wertpapiere im Rahmen einer Privatplatzierung „mit Blick auf ihren Vertrieb" (*with a view to distribution*) erwirbt[234]. Die Anwendung dieses Konzepts auf Transaktionen nach Rule 144A würde dem Zweck dieser Regelung zuwiderlaufen.

11.111 Wertpapiere, die gemäß Rule 144A verkauft werden, unterliegen jedoch weiterhin Beschränkungen („*restricted securities*")[235]. Der öffentliche Vertrieb solcher beschränkten („*restricted*") Wertpapiere, einschließlich von Wertpapieren nach Rule 144A, steht unter der Bedingung, dass eine Befreiung von der Registrierungspflicht möglich ist[236].

5. Publizitätsbeschränkungen bei Angeboten, die von der Registrierungspflicht befreit sind

11.112 Bei der Veröffentlichung von Angeboten, die von der Registrierungspflicht befreit sind, muss dafür Sorge getragen werden, dass die Publikation nicht die Befreiung oder die Freistellung von Section 5 des Securities Act gefährdet, auf die sich das Angebot stützt. Eine nicht ordnungsgemäße Publizität kann

---

228 Siehe SEC Release No. 34-58620 (2008).
229 Siehe Securities Act Rule 144A(d)(4)(i).
230 Siehe Securities Act Rule 144A(d)(4)(i).
231 Siehe Securities Act Rule 144A(d)(4)(i).
232 Siehe Securities Act Rule 144A(d)(4)(ii)(C).
233 Siehe Securities Act Rule 144A(e) und Securities Act Rule 144A, Preliminary Note No. 7.
234 Siehe Securities Act Rule 144A, Preliminary Note No. 7; siehe auch Final Rule: Resale of Restricted Securities; Changes to Method of Determining Holding Period of Restricted Securities under Rules 144 and 145, SEC Release No. 33-6862.
235 Securities Act Rule 144A, Preliminary Note No. 6.
236 Siehe generell Securities Act Rule 144.

im Rahmen von Section 5 des Securities Act als „Angebot" oder „Prospekt" angesehen werden und außerdem gegen US-Vorschriften zur Bekämpfung betrügerischen Handelns verstoßen. In anderen Rechtsordnungen zulässige Marketingaktivitäten können in den Vereinigten Staaten verboten sein.

a) Regulation S

Wie zuvor erwähnt, steht die Inanspruchnahme von Regulation S unter der Bedingung, dass in den Vereinigten Staaten keine gezielten Verkaufsbemühungen durch den Emittenten oder einen Veräußerer erfolgen, einschließlich durch ihre jeweiligen verbundenen Unternehmen und jeder in ihrem Auftrag handelnden Person[237]. Aktivitäten, die gezielte Verkaufsbemühungen darstellen können, umfassen:

- Postversand von Angebotsmaterial an US-Anleger,

- Durchführung von verkaufsfördernden Seminaren in den Vereinigten Staaten und

- die Schaltung von Anzeigen in Veröffentlichungen mit einer „hohen Auflage in den Vereinigten Staaten" (*„general circulation in the United States"*)[238] oder in der „Restricted Press"[239], in denen erwähnt wird, dass das Angebot der Wertpapiere erfolgt, soweit nicht die im Folgenden beschriebene Befreiungsregelung Anwendung findet.

Das Einstellen von Angebots- oder Werbematerial (wie z.B. eines Prospekts) auf einer Website im Internet kann u.U. als eine Verkaufsbemühung in den Vereinigten Staaten angesehen werden. Die SEC hat darauf hingewiesen, dass ein Internet-Angebot keine Registrierung im Rahmen des Securities Act erfordert, soweit die Anbieter „angemessene Maßnahmen" treffen, um Anleger in den Vereinigten Staaten von dem Angebot auszuschließen[240]. Diese Maßnahmen umfassen die Verwendung eines Website-Filters, der den Zugang durch Nutzer in den Vereinigten Staaten verhindert.

b) Publizitätsverfahren nach Rule 144A und Section 4(a)(2)

Wie zuvor erwähnt und weiter unten ausführlicher beschrieben, steht die Inanspruchnahme der Befreiungsregelung nach Section 4(a)(2) unter dem Vorbehalt, dass weder der Emittent noch eine andere Person in dessen Auftrag die Wertpapiere durch irgendeine Form der allgemeinen Verkaufsförderung oder allgemeinen Werbung, anbietet oder verkauft[241]. Ein Verstoß gegen diese Beschränkung würde nicht nur die Befreiung einer ursprünglichen Privatplatzierung gefährden, sondern auch das Recht der Konsortialbanken in Frage stellen, sich bei anschließenden Weiterverkäufen der Wertpapiere in den Vereinigten Staaten auf Rule 144A zu berufen.

Das Verbot der allgemeinen Verkaufsförderung (*general solicitation*) bei bestimmten Arten von Privatplatzierungen, insbesondere Transaktionen im Rahmen von Regulation D Rule 506 und Rule 144A

---

237 Siehe Securities Act Rules 902(c) und 903(a)(2).
238 Generell hat eine Veröffentlichung eine „hohe Auflage in den Vereinigten Staaten", wenn sie (i) in erster Linie zur Verbreitung in den Vereinigten Staaten bestimmt ist oder (ii) in den vergangenen 12 Monaten eine durchschnittliche Auflage von 15000 oder mehr Exemplaren pro Ausgabe in den Vereinigten Staaten hatte. 55 Fed. Reg. 18306, 18311, 2.5.1990; Securities Act Rule 902(c).
239 „Restricted Press" erfasst (a) alle in den USA ansässige Print- oder Rundfunk- und Fernsehmedien, einschließlich ihrer internationalen Ausgaben, und (b) nicht in den USA ansässige Print- oder Rundfunk- und Fernsehmedien, die vorzugsweise eine US-Ausgabe oder eine durchschnittliche Verbreitung in den USA von 15.000 oder mehr Exemplaren in den letzten 12 Monaten haben/hatten. Siehe Securities Act Rule 902(c).
240 Siehe International Series Release No. 1125, „Statement of the Commission Regarding Use of Internet Websites to Offer Securities, Solicit Securities Transactions or Advertise Investment Services Offshore", März 23, 1998.
241 Siehe Securities Act Rule 502(c).

wurde durch den JOBS Act aufgehoben[242]. Im Rahmen des JOBS Act hat die SEC neue Regelungen erlassen[243], mit denen das Verbot der allgemeinen Verkaufsförderung aufgehoben wurde, aber der Verkauf oder Weiterverkauf von Wertpapieren weiterhin nur denjenigen Personen gestattet wurde, die die Vorgaben der jeweiligen Regelung oder Ausnahme erfüllen.

Bei gleichzeitigem Regulation S Angebot wird die allgemeine Verkaufsförderung in Rule 144A Angebote bzw. Section 4(a)(2) Platzierungen weiterhin vermieden, um gezielten Verkaufsbemühungen in USA, die gegen die Bestimmungen von Regulation S verstoßen können, zu verhindern.

11.116 Allgemeine Verkaufsförderung oder allgemeine Werbung umfasst u.a.:
- alle Anzeigen, Artikel, Bekanntmachungen oder anderen Mitteilungen, die in einer Zeitung, einer Zeitschrift oder einem ähnlichen Medium veröffentlicht oder in Fernsehen oder Radio übertragen werden und
- alle Seminare und Sitzungen, deren Teilnehmer im Wege der allgemeinen Verkaufsförderung oder allgemeinen Werbung eingeladen wurden[244].

11.117 Bestimmte Marketingaktivitäten durch die Konsortialbanken in Verbindung mit einem Angebot gemäß Rule 144A in den Vereinigten Staaten werden nicht als allgemeine Verkaufsförderung oder allgemeine Werbung angesehen. Zu diesen zählen schriftliche Mitteilungen, die ausschließlich an QIBs gerichtet sind, sowie Roadshows, zu denen nur QIB-Vertreter eingeladen und zugelassen werden.

c) Ausnahmeregelungen für bestimmte Formen der Publizität

11.118 Die Definitionen für gezielte Verkaufsbemühungen und allgemeine Verkaufsförderung enthalten jeweils Ausnahmeregelungen für (i) die Veröffentlichung einer Bekanntmachung durch den Emittenten eines geplanten nicht-registrierten Angebots gemäß Securities Act Rule 135c und (ii) die Gewährung des Zugangs für Journalisten zu Pressekonferenzen, Sitzungen und schriftlichem Material außerhalb der Vereinigten Staaten gemäß Securities Act Rule 135e[245].

11.119 Securities Act Rule 135c kann nur von Unternehmen in Anspruch genommen werden, die den Berichtspflichten des Exchange Act unterliegen oder gemäß Securities Act Rule 12g3-2b des Exchange Act von diesen befreit sind[246]. Securities Act Rule 135c enthält eine Safe Harbour-Regelung für Bekanntmachungen (ob in Form einer Pressemitteilung, einer schriftlichen Mitteilung an die Aktionäre oder Mitarbeiter oder einer anderen veröffentlichen Erklärung), vorausgesetzt, dass sie:
- nicht zum Zweck der Konditionierung des Marktes in den Vereinigten Staaten für die Wertpapiere genutzt werden[247],

---

242 Siehe Jumpstart Our Business Startups Act, Pub. L. No. 112-106, § 201.
243 Siehe Jumpstart Our Business Startups Act, Pub. L. No. 112-106, § 201. Die ursprüngliche Frist für den Erlass neuer Regelungen gemäß Section 201(a) des JOBS Act war der 4.7.2012. Die SEC erließ am 10.7.2013 eine endgültige Regelung.
244 Siehe Securities Act Rule 502(c).
245 Die Anforderung, dass die Informationen allgemein zugänglich gemacht werden müssen, hat zu einiger Unsicherheit im Hinblick auf die in Europa allgemein übliche Praxis geführt, einer begrenzten Anzahl von Publikationen Einzelinterviews zu gewähren. Falls diese Publikationen eine US-Ausgabe haben oder in den USA weit verbreitet sind und solch ein Exklusivinterview veröffentlichen, könnte dies als eine gezielte Verkaufsbemühung angesehen werden. Es ist außerdem zu beachten, dass routinemäßige Unternehmensmitteilungen nicht als eine gezielte Verkaufsbemühung angesehen werden. Siehe SEC Release No. 33-6863 (1990).
246 Siehe Securities Act Rule 135c(a).
247 Siehe Securities Act Rule 135c(a)(1).

- erwähnen, dass die Wertpapiere nicht im Rahmen des Securities Act registriert werden oder wurden und nicht in den Vereinigten Staaten angeboten oder verkauft werden dürfen, soweit keine Registrierung oder anwendbare Befreiung von der Registrierungspflicht vorliegt[248],
- nur die begrenzten in Securities Act Rule 135c genannten Informationen enthalten, die sich auf das geplante nicht-registrierte Angebot beziehen (insbesondere die Namen der Konsortialbanken dürfen nicht aufgenommen werden)[249],
- der SEC nach Form 8-K oder Form 6-K oder gemäß Rule 12g3-2(b) vorgelegt werden[250].

Rule 135e sieht unter den nachfolgenden Voraussetzungen eine Safe-Harbour-Regelung für Pressekonferenzen im Ausland, Zusammenkünfte im Ausland mit Vertretern des Emittenten und/oder etwaigen abgebenden Aktionären sowie für im Ausland veröffentlichte Pressemitteilungen vor[251]: 11.120

- das Angebot erfolgt durch einen Foreign Private Issuer[252] mindestens teilweise außerhalb der Vereinigten Staaten[253],
- sowohl US-amerikanischen als auch ausländischen Journalisten wird Zugang gewährt[254] und
- das schriftliche Pressematerial muss den Hinweis enthalten, dass es kein Angebot zum Verkauf von Wertpapieren in den Vereinigten Staaten darstellt, dass die Wertpapiere, soweit keine Registrierung oder eine Befreiung von der Registrierungspflicht vorliegt, in den Vereinigten Staaten nicht angeboten oder verkauft werden dürfen, dass jedes öffentliche Angebot in den Vereinigten Staaten im Wege eines Prospekts erfolgen wird, der beim Emittenten oder den abgebenden Aktionären erhältlich ist und ausführliche Informationen über den Emittenten und seine Geschäftsleitung sowie Jahresabschlüsse und gegebenenfalls eine Erklärung hinsichtlich der Absicht des Emittenten oder der abgebenden Aktionäre enthält, die Wertpapiere in den Vereinigten Staaten zu registrieren, und darf keinen Kaufauftrag oder Abschnitt enthalten, der zurückgeschickt werden könnte, um Interesse an dem Angebot zu bekunden[255].

---

248 Siehe Securities Act Rule 135c(a)(2).
249 Siehe Securities Act Rule 135c(a)(3). Informationen müssen sich auf den Namen des Emittenten, die Bezeichnung, den Betrag, die wesentlichen Konditionen der angebotenen Wertpapiere, den Teilbetrag des Angebots, der etwa durch die abgebenden Aktionäre angeboten wird, den Zeitpunkt des Angebots, eine kurze Erklärung zur Art und zum Zweck des Angebots ohne Nennung der Konsortialbanken, sowie jede nach bundesstaatlichem oder ausländischem Recht erforderliche Erklärung oder Aufschrift beschränken. Bestimmte zusätzliche Informationen sind im Falle von Bezugsrechtsangeboten, Umtauschangeboten und Angebote an die Belegschaft zulässig.
250 Siehe Securities Act Rule 135c(d).
251 Beim Erlass dieser Mitteilung wies die SEC darauf hin, dass die Safe Harbor-Regelung Folgendes nicht abdeckt: (a) Konferenzschaltungen mit einem oder mehreren Teilnehmern in den Vereinigten Staaten, (b) spätere Pressekontakte, wenn der (US- oder Auslands-) Journalist sich zu diesem Zeitpunkt in den Vereinigten Staaten befindet, (c) bezahlte Anzeigen oder (d) Research-Berichte von Analysten. Siehe Final Rule: Offshore Press Conferences, Meetings with Company Representatives Conducted Offshore and Press-Related Materials Released Offshore, SEC Release No. 33-7470 (1997).
252 Siehe Securities Act Rule 135e(a).
253 Siehe Securities Act Rule 135e(a)(1).
254 Siehe Securities Act Rule 135e(a)(2).
255 Siehe Securities Act Rule 135e(a)(3)(b). Aus technischer Sicht finden diese Anforderungen nur Anwendung, wenn das schriftliche Material sich auf ein Angebot bezieht, bei dem gegenwärtig oder künftig Wertpapiere in den Vereinigten Staaten angeboten werden (ob registriert oder von der Registrierungspflicht befreit). Siehe Securities Act Rule 135e(a)(3). Die SEC hat angegeben, dass die Anforderungen sich nicht auf Angebote beziehen, bei denen Wertpapiere vollständig im Ausland angeboten und verkauft werden, da für solche Angebote ein weniger großes Interesse seitens der US-Anleger bestehen dürfte. Siehe Final Rule: Offshore Press Conferences, Meetings with Company Representatives Conducted Offshore and Press-Related Materials Released Offshore, SEC Release No. 33-7470.

d) Folgen nicht ordnungsgemäßer Publizität

11.121 Nicht ordnungsgemäße Publizität kann dazu führen, dass die Befreiungsmöglichkeiten für ein Angebot nach Rule 144A oder Regulation S entfallen, so dass aus diesem Angebot ein unrechtmäßiges, nichtregistriertes Angebot in den Vereinigten Staaten wird. Ein Käufer der Wertpapiere kann dann eine Klage auf eine Rückabwicklung des Kaufs der Wertpapiere (woraufhin ihm die gezahlte Vergütung, zuzüglich Zinsen, erstattet wird, abzüglich des daraus etwa erzielten Ertrags) oder, falls er die Wertpapiere nicht mehr besitzt, auf Schadensersatz erheben[256].

11.122 Die SEC verfügt außerdem über ein aktives Überwachungsprogramm und kann eine Untersuchung einleiten, wenn Publikationen in Bezug auf ein Angebot in den Vereinigten Staaten erscheinen, insbesondere wenn Erklärungen einem Teilnehmer am Angebot zuzuordnen sind. In der Praxis kann die SEC ein Angebot verzögern oder verschieben, um die Auswirkungen einer nicht ordnungsgemäßen Publizität während eines „cooling-off"-Zeitraums auslaufen zu lassen. Die SEC kann außerdem verlangen, dass die an der Verbreitung der nicht ordnungsgemäßen Publizität beteiligten Konsortialbanken aus dem Konsortium ausgeschlossen werden.

IV. Das EU-Prospektregime

Der Verfasser dankt *Maren Gebel* für ihre Unterstützung bei der Erstellung dieses Abschnitts.

1. Regelungsstruktur der Europäischen Prospektverordnung

11.123 Seit dem 21.7.2019 schafft die EU-Prospektverordnung[257] in den Mitgliedstaaten der Europäischen Union (die **EU**) ein einheitliches Publizitätsregime für öffentliche Angebote und die Marktzulassung von Wertpapieren. Dieses dient der Schaffung einer Kapitalmarktunion und stellt die Level-I-Maßnahme im Rahmen des Lamfalussy-Verfahrens zur Vereinfachung der Europäischen Gesetzgebung dar. Sie wird ergänzt durch die Delegierten Verordnungen (EU) 2019/979[258] und (EU) 2019/980[259] als Level-II-Maßnahmen sowie Leitlinien, Empfehlungen und Q&A der Europäischen Wertpapier- und

---

256 Securities Act Section 12(a) sieht diesen privaten Klagegrund gegen jede Person vor, die ein Wertpapier in Verbindung mit einem Verstoß gegen die Registrierungs- und Prospektvorschriften von Section 5 des Securities Act anbietet oder verkauft. Siehe diesbezüglich oben Rz. 11.44–11.60.
257 Verordnung (EU) 2017/1129 des Europäischen Parlaments und des Rates v. 14.6.2017 über den Prospekt, der beim öffentlichen Angebot von Wertpapieren oder bei deren Zulassung zum Handel an einem geregelten Markt zu veröffentlichen ist und zur Aufhebung der Richtlinie 2003/71/EG, ABl. 2017 L 168, S. 12 ff., in der jeweils geänderten Fassung (die **EU-Prospektverordnung**).
258 Delegierte Verordnung (EU) 2019/979 der Kommission v. 14.3.2019 zur Ergänzung der Verordnung (EU) 2017/1129 des Europäischen Parlaments und des Rates durch technische Regulierungsstandards für wesentliche Finanzinformationen in der Zusammenfassung des Prospekts, die Veröffentlichung und Klassifizierung von Prospekten, die Werbung für Wertpapiere, Nachträge zum Prospekt und das Notifizierungsportal und zur Aufhebung der Delegierten Verordnung (EU) Nr. 382/2014 der Kommission und der Delegierten Verordnung (EU) 2016/301 der Kommission, ABl. 2019 L 166, S. 1 ff., in der jeweils geänderten Fassung (**Delegierte Verordnung (EU) 2019/979**).
259 Delegierte Verordnung (EU) 2019/980 der Kommission v. 14.3.2019 zur Ergänzung der Verordnung (EU) 2017/1129 des Europäischen Parlaments und des Rates hinsichtlich der Aufmachung, des Inhalts, der Prüfung und der Billigung des Prospekts, der beim öffentlichen Angebot von Wertpapieren oder bei deren Zulassung zum Handel an einem geregelten Markt zu veröffentlichen ist, und zur Aufhebung der Verordnung (EG) Nr. 809/2004 der Kommission, ABl. 2019 L 166, S. 26 ff., in der jeweils geänderten Fassung (**Delegierte Verordnung (EU) 2019/980**).

Marktaufsichtsbehörde (**ESMA**) als Level-III-Maßnahmen. Sie wird ferner ergänzt durch die der Delegierte Verordnung (EU) 2021/528[260].

2. Wertpapierprospektpflicht

a) Anwendungsbereich der EU-Prospektverordnung

Die EU-Prospektverordnung legt die Anforderungen an die Erstellung, Billigung und Verbreitung des Wertpapierprospekts, der beim öffentlichen Angebot von Wertpapieren oder bei der Zulassung von Wertpapieren zum Handel an einem geregelten Markt, der sich in einem Mitgliedstaat befindet oder dort betrieben wird, zu veröffentlichen ist, fest. Inwiefern die EU-Prospektverordnung Anwendung findet, richtet sich einerseits nach dem angebotenen Produkt als auch der Art und Weise des Vertriebs. Von der Wertpapierprospektpflicht grundsätzlich umfasst sind dabei übertragbare Wertpapiere, die auf dem Kapitalmarkt gehandelt werden können, mit Ausnahme von Zahlungsinstrumenten, wie zum Beispiel Aktien und Schuldverschreibungen[261]. Explizit von dieser Definition ausgenommen sind Geldmarktpapiere, die auch als *Commercial Paper* bezeichnet werden, wenn ein Unternehmen der Emittent ist, und eine Laufzeit von weniger als 12 Monaten haben[262]. Geldmarktpapiere unterliegen somit gar nicht dem Anwendungsbereich der EU-Prospektverordnung.

11.124

Aus dem Anwendungsbereich der EU-Prospektverordnung ausgenommen, werden zudem bestimmte Arten von Wertpapieren, u.a. Nichtdividendenwerte, die von einem EU Mitgliedstaat oder von der Europäischen Zentralbank oder von den Zentralbanken der EU Mitgliedstaaten ausgegeben werden[263], sowie Anteile am Kapital der Zentralbanken der Mitgliedstaaten[264].

b) Wertpapierprospektpflicht

Die Wertpapierprospektpflicht betrifft einerseits das öffentliche Angebot von Wertpapieren in der EU[265] als auch die Zulassung von Wertpapieren zum Handel an einem geregelten Markt, der sich in einem Mitgliedstaat befindet oder dort betrieben wird[266]. Ausreichend ist dabei, dass eine der beiden Situationen besteht. So ist ein Wertpapierprospekt dennoch erforderlich, wenn es zwar kein öffentliches Angebot gibt, die Wertpapiere aber an einem regulierten Markt gelistet werden soll. Somit fällt ein Wertpapier, welches nicht öffentlich platziert wird und lediglich zu einem sogenannten „MTF"[267], also einem multilateralem Handelssystem zugelassen wird, nicht unter die Wertpapierprospektpflicht. Beispiele hierfür sind der EuroMTF der Luxemburger Börse oder der Freiverkehr der Frankfurt Börse.

11.125

Die EU-Prospektverordnung sieht von der Wertpapierprospektpflicht wiederum Ausnahmen[268] vor sowie ermächtigt die Mitgliedsstaaten weitere bestimmte Ausnahmen für das öffentliche Angebot von Wertpapieren[269] zu bestimmen. Die Ausnahmen wurden für Sachverhalte gewählt, in denen aufgrund

---

260 Delegierte Verordnung (EU) 2021/528 der Kommission v. 16.12.2020 zur Ergänzung der Verordnung (EU) 2017/1129 des Europäischen Parlaments und des Rates im Hinblick auf die Mindestinformationen des Dokuments, das der Öffentlichkeit bei einer Ausnahme von der Prospektpflicht im Zusammenhang mit einer Übernahme im Wege eines Tauschangebots, einer Verschmelzung oder einer Spaltung zur Verfügung zu stellen ist, ABl. 2021 L 106, S. 32; in der jeweils geänderten Fassung (**Delegierte Verordnung (EU) 2021/528**).
261 Art. 2 lit. a EU-Prospektverordnung in Verbindung mit Art. 4 Nr. 44 Richtlinie 2017/65/EU, in der jeweils geänderten Fassung (**MiFID II**).
262 Art. 2 lit. a EU-Prospektverordnung.
263 Art. 1 Abs. 2 lit. b EU-Prospektverordnung.
264 Art. 1 Abs. 2 lit. c EU-Prospektverordnung.
265 Art. 3 Abs. 1 EU-Prospektverordnung.
266 Art. 3 Abs. 3 EU-Prospektverordnung.
267 Art. 2 lit. u EU-Prospektverordnung in Verbindung mit Art. 4 Abs. 1 Nr. 12 MiFID II.
268 Art. 3 Abs. 1, Abs. 3, Art 1 Abs. 4, Abs. 5 EU-Prospektverordnung.
269 Art. 3 Abs. 2 EU-Prospektverordnung.

der Art und Weise des Angebots bzw. der Zulassung von einem geringen Schutzbedürfnis des Anlegers ausgegangen werden kann bzw. eine ausreichende Informationslage gegeben ist, so dass ein Wertpapierprospekt nicht erforderlich ist.

3. Der Wertpapierprospekt

11.126 Der Wertpapierprospekt muss nach Art 6 (1) EU-Prospektverordnung sämtliche erforderlichen Informationen enthalten die für den Anleger wesentlich sind, um sich ein fundiertes Urteil über die Vermögenswerte und Verbindlichkeiten, die Gewinne und Verluste, die Finanzlage und die Aussichten des Emittenten und eines etwaigen Garantiegebers, die mit den Wertpapieren verbundenen Rechte und die Gründe für die Emission und ihre Auswirkungen auf den Emittenten bilden zu können. Die Informationen unterscheiden sich abhängig von dem Emittenten, der Art des Wertpapiers sowie der Umstände der Emission. So ist beispielsweise die Wertpapierbeschreibung einer Aktienemission um einiges kürzer als bei einem komplexen strukturierten Wertpapier. Dagegen ist die Emittentenbeschreibung bei einer Aktienemission umso umfangreicher aufgrund der Stellung des Aktionärs.

Ziel des Wertpapierprospekts ist es, den Anleger in die Lage zu versetzen, aufgrund des Wertpapierprospekts eine fundierte Investitionsentscheidung treffen zu können.

a) Aufbau des Wertpapierprospekts

11.127 Der Wertpapierprospekt umfasst grundsätzlich eine Emittentenbeschreibung und eine Wertpapierbeschreibung und sofern erforderlich eine Zusammenfassung. Hierbei kann es sich um ein Dokument oder bis zu drei Dokumente (Registrierungsformular, Wertpapierbeschreibung und eine Zusammenfassung) handeln.

Die aufzunehmenden Informationen ergeben sich aus den jeweils anwendbaren Anhängen der Delegierten Verordnung (EU) 2019/980. Die Informationen in einem Wertpapierprospekt sind in einer leicht zu analysierenden, knappen und verständlichen Form zu schreiben. Daneben sind bestimmte inhaltliche und formelle Anforderungen einzuhalten.

Bezüglich des Emittenten sind u.a. Angaben zur Geschäftstätigkeit zu machen sowie bestimmte Finanzinformationen offen zu legen. Sofern kapitalmarktorientierte unternehmensspezifische alternative Leistungskennzahlen (sogenannten *Alternative Performance Measures*) aufgenommen werden sollen, sind bestimmte Anforderungen der ESMA zu beachten, damit der Anleger die Herleitung der unternehmensspezifischen Angabe aus den Abschlüssen des Emittenten nachvollziehen kann[270].

Von besonderer Wichtigkeit ist die Darstellung der emittenten- und wertpapierspezifischen Risiken. Diese sind nach der neuen EU-Prospektverordnung zu begrenzen auf solche Risiken, die für den Emittenten und/oder die Wertpapiere spezifisch und im Hinblick auf eine fundierte Anlageentscheidung von wesentlicher Bedeutung sind, wie auch durch den Inhalt des Registrierungsformulars und der Wertpapierbeschreibung bestätigt wird[271]. Hierbei können Kategorien eingeteilt werden, wobei jeweils der erste Risikofaktor der Wesentlichste für die Kategorie ist[272]. Jeder Risikofaktor muss angemessen beschrieben werden, wobei insbesondere zu erklären ist, wie sich das Risiko auf den Emittenten oder die angebotenen oder zum Handel zuzulassenden Wertpapiere auswirken kann. Die betreffenden Risiken müssen nüchtern und objektiv dargestellt werden. Korrespondierende Chancen dürfen nicht enthalten sein und relativierende Aussagen jeder Art sind zu unterlassen.

Dem Emittenten- und Wertpapierprospekt ist die Zusammenfassung vorangestellt. Die Zusammenfassung leitet den Wertpapierprospekt ein und soll dem Anleger kurz die Basisinformationen des jewei-

---

270 ESMA Leitlinien: Alternative Leistungskennzahlen (APM), Oktober 2015, ESMA/2015/1415de.
271 Art. 16 Abs. 1) EU-Prospektverordnung sowie ESMA Final Report: Guidelines on risk factors under the Prospectus Regulation, März 2019, ESMA 31-62-1217.
272 Art. 16 Abs. 1 UAbs. 3 EU-Prospektverordnung.

ligen Wertpapiers darstellen. Die Struktur und Mindestangaben ergeben sich aus Art 7 EU-Prospektverordnung und werden durch die Delegierten Verordnung (EU) 2019/979 stellenweise konkretisiert. Seit Geltung der EU-Prospektverordnung darf die Zusammenfassung nicht mehr als 7 Seiten umfassen[273]. Auch ist die Auswahl der Risikofaktoren in der Zusammenfassung auf 15 begrenzt[274]. Keine Zusammenfassung ist bei bestimmten reinen Zulassungsprospekten von Nichtdividendenwerten erforderlich, dies trifft beispielsweise sogenannte „Wholesale"-Emissionen von Schuldschreibungen, also bei einer Mindeststückelung von 100.000[275].

Die Sprache des Wertpapierprospekts richtet sich nach Reichweite des Angebots bzw. der Zulassung sowie der Anerkennung der Sprache im jeweiligen Mitgliedstaat, wobei in bestimmten Fällen Englisch als in internationalen Finanzkreisen gebräuchliche Sprache akzeptiert wird[276]. Allerdings muss die Zusammenfassung in der Amtssprache oder in mindestens einer der Amtssprachen oder in einer von der zuständigen Behörde des Mitgliedstaats, in welchem das Wertpapier öffentlich platziert wird oder regulierten Markt zugelassen wird, anerkannten anderen Sprache verfasst sein[277].

Die EU-Prospektverordnung sieht noch Sonderformen des Wertpapierprospekts vor, wie den Basisprospekt[278], das einheitliche Registrierungsformular[279], Sekundäremissionen[280] und den EU-Wachstumsprospekt[281].

b) Verwaltungsverfahren und Werbung

Der Wertpapierprospekt ist durch die zuständige Behörde zu billigen und ist nach der Billigung aber vor dem Beginn des öffentlichen Angebots bzw. Zulassung zum regulierten Markt zu veröffentlichen[282]. Der Billigung gehen regelmäßig mehrere Einreichungen voraus, bei denen die zuständige Behörde Gelegenheit erhält, sich zur Vollständigkeit, Verständlichkeit und Kohärenz des Wertpapierprospekts zu äußern. Unter bestimmten Voraussetzungen kann der Wertpapierprospekt durch die zuständige Behörde in andere EU/EWR Mitgliedstaaten notifiziert werden, um dort ebenfalls für das öffentliche Angebot genutzt zu werden[283].

11.128

Sofern zwischen der Veröffentlichung des Wertpapierprospekts und dem Auslaufen der Angebotsfrist oder – falls später – der Eröffnung des Handels an einem geregelten Markt ein neuer Umstand, eine wesentliche Unrichtigkeit oder wesentliche Ungenauigkeit in Bezug auf die im Prospekt enthaltenen Angaben auftreten oder festgestellt werden, die die Bewertung der Wertpapiere beeinflussen können, so ist unverzüglich ein Nachtrag gemäß Art. 23 EU-Prospektverordnung zu billigen und zu veröffent-

---

273 Art. 7 Abs. 3 EU-Prospektverordnung.
274 Art. 7 Abs. 10 EU-Prospektverordnung.
275 Art. 7 Abs. 1 lit. b EU-Prospektverordnung.
276 Art. 27 Abs. 2 EU-Prospektverordnung.
277 Art. 27 Abs. 2 UAbs. 2 EU-Prospektverordnung.
278 Art. 8 EU-Prospektverordnung ermöglicht Emittenten von Schuldverschreibungen einen Basisprospekt billigen zu lassen, dessen Gültigkeit für diverse Emissionen auf Basis der im Basisprospekt vorgesehenen Optionen genutzt werden kann.
279 Art. 9 EU-Prospektverordnung sieht für Emittenten, die bereits Wertpapiere am regulierten Markt zugelassen haben, eine Erleichterung für die Erstellung der Emittentenbeschreibung in Form des einheitlichen Registrierungsformulars vor. Dieses einheitliche Registrierungsformular kann für jedes Geschäftsjahr erstellt werden und ist von der zuständigen Behörde zu billigen. Nach zwei aufeinanderfolgenden Billigungen reicht die Hinterlegung bei der zuständigen Behörde aus.
280 Art. 14 EU-Prospektverordnung sieht Erleichterungen für die Offenlegung von Sekundäremissionen vor. Der Prospekt nimmt demnach auf die bereits veröffentlichten Informationen des Emittenten Bezug und enthält darüber nur verkürzte Angaben zum Emittenten und den Wertpapieren.
281 Art. 15 EU-Prospektverordnung sieht verringerte Anforderungen für den EU-Wachstumsprospekt für Klein- und Mittelständische Unternehmen vor.
282 Art. 20, 21 EU-Prospektverordnung.
283 Art. 25 EU-Prospektverordnung.

lichen. Betrifft der Prospekt ein öffentliches Angebot von Wertpapieren, so können Anleger unter bestimmten Voraussetzungen ihre Zusage zur Zeichnung des Wertpapiers widerrufen. Eine nicht abschließende Auflistung von Fallgruppen findet sich in Art. 18 der Delegierten Verordnung (EU) 2019/797.

Art. 22 der EU-Prospektverordnung sieht gesetzliche Regelungen und Vorgaben zu Werbung vor, die sich auf das prospektpflichtige Wertpapier beziehen. Insbesondere ist in jeder Werbung darauf hinzuweisen, dass ein Wertpapierprospekt veröffentlicht wurde bzw. zur Veröffentlichung ansteht und wo die Anleger ihn erhalten können[284]. Werbung muss klar als solche gekennzeichnet werden und erkennbar sein. Die darin enthaltenen Informationen dürfen nicht unrichtig oder irreführend sein und müssen mit den Informationen im Wertpapierprospekt übereinstimmen bzw. dürfen diesen nicht widersprechen. Marketingaktivitäten und Prospektarbeit müssen daher abgestimmt werden.

4. Prospekthaftung

11.129 Die Prospekthaftung bleibt auch mit der EU-Prospektverordnung im Regelungsbereich der Mitgliedstaaten. Allerdings sieht die EU-Prospektverordnung vor, dass die Mitgliedstaaten eine Regelung treffen müssen, nach der je nach Fall zumindest der Emittent oder dessen Verwaltungs-, Leitungs- oder Aufsichtsorgan, der Anbieter, die die Zulassung zum Handel an einem geregelten Markt beantragende Person oder der Garantiegeber für die Richtigkeit der in einem Wertpapierprospekt und Nachträgen dazu enthaltenen Angaben haftet[285]. Die jeweils verantwortlichen Personen sind im Wertpapierprospekt eindeutig zu nennen und es ist zu versichern, dass die Angaben im Wertpapierprospekt nach ihrem Wissen richtig sind und keine Angaben unterlassen wurden, die die Aussage des Wertpapierprospekts verändern können. Auch wird die Haftung in Bezug auf die Zusammenfassung begrenzt.

V. Wertpapieremissionen in Frankreich

Der Verfasser dankt *Victor Cann* und *Arnaud Mouton* für ihre Unterstützung bei der Erstellung dieses Abschnitts.

1. Öffentliche Angebote

a) Gesetzlicher Rahmen

11.130 Öffentliche Angebote von Wertpapieren sind in Frankreich hauptsächlich geregelt in[286]:

- der EU-Prospektverordnung, der Delegierten Verordnung (EU) 2019/979, der Delegierten Verordnung (EU) 2019/980, und der Delegierten Verordnung (EU) 2021/528;
- Art. L.411-1 bis L.411-4, L.412-1, Art. D.411-1 bis D.411-4 und L.621-8 bis L.621-8-3 des französischen Währungs- und Finanzgesetzbuchs (*Code monétaire et financier*);
- Art. 211-1 bis 217-2 der Allgemeinen Verordnung (*Règlement Général*) der AMF (die **Allgemeine Verordnung der AMF**) in Buch II, Abschnitt I in Bezug auf das öffentliche Angebot von Finanzinstrumenten oder deren Zulassung zum Handel an einem regulierten Markt;

---

284 Siehe zu den formellen Anforderungen an Werbung auch Art. 13 ff. Delegierte Verordnung (EU) 2019/979.
285 Art. 11 Abs. 1 EU-Prospektverordnung.
286 Das französische Konzept des „appel public à l'épargne" wurde durch die französische Verordnung (ordonnance) n 2009-80 v. 22.1.2009 abgeschafft, um die französischen Rechtsvorschriften für Wertpapieremissionen an die den internationalen Anlegern vertrauten europäischen Standards anzupassen.

- der Vorschrift (*Instruction*) Nr. 2019-21 der AMF vom 6.12.2019 in Bezug auf die Prozeduren zur Einreichung und Veröffentlichung eines Prospekts (die **Französische Durchführungsvorschrift**)[287] und

- im Leitfaden für die Erstellung von Prospekten und Informationen, die im Falle eines öffentlichen Angebots oder einer Zulassung von Wertpapieren bereitzustellen sind, vom 29.4.2021, Position-Recommendation AMF DOC-2020-06.

Die EU-Prospektverordnung und die Delegierten Verordnungen sind nach französischem Recht unmittelbar anwendbar. Die französischen Rechtsvorschriften über öffentliche Angebote wurden an die Bestimmungen der EU-Prospektverordnung angepasst[288]. Das französische Recht enthält die von der europäischen Verordnung zugelassenen Anpassungen und bestimmt die Möglichkeit der Emittenten, öffentliche Angebote zu machen.

Öffentliche Angebote und die Zulassung von Wertpapieren zu einem regulierten Markt oder einem multilateralen Handelssystem müssen grundsätzlich der Veröffentlichung eines Prospekts unterliegen, um den Anlegern aktuelle Informationen über den Emittenten und die geplanten Transaktionen zu liefern. Die europäische Verordnung und das französische Recht sehen jedoch Ausnahmen von der Pflicht zur Veröffentlichung eines Prospekts und gegebenenfalls ein alternatives Informationsdokument vor.

Die Aufsicht über den französischen Wertpapiermarkt wird von der französischen Aufsichtsbehörde für Finanzmärkte Autorité des Marchés Financiers (die **AMF**) durchgeführt, der auch die Billigung des Prospektes obliegt; siehe Rz. 11.136 ff.

Der Begriff des öffentlichen Angebots von Wertpapieren nach französischem Recht wird unter Bezugnahme auf die Definition in der EU-Prospektverordnung als „Mitteilung an Personen in jedweder Form und auf jedwede Art und Weise, die ausreichende Informationen über die Bedingungen des Angebots und die anzubietenden Wertpapiere enthält, um einen Anleger in die Lage zu versetzen, sich für den Kauf oder die Zeichnung dieser Wertpapiere zu entscheiden" verstanden. Diese Definition gilt auch für die Platzierung von Wertpapieren durch Finanzintermediäre[289].

b) Befreiung von der Pflicht zur Veröffentlichung eines Prospekts im Rahmen eines öffentlichen Angebots

Die EU-Prospektverordnung sieht Fälle vor, in denen ein öffentliches Angebot von Wertpapieren oder eine Zulassung zum Handel von der Veröffentlichung eines Prospekts befreit ist. Die Ausnahmen für das öffentliche Angebot und die Zulassung zum Handel können kumuliert werden. In der Praxis wird ein Emittent, der Wertpapiere öffentlich anbieten will, prüfen, ob die Ausnahmen in Bezug auf das öffentliche Angebot und die Zulassung zum Handel kumuliert werden können, um die Veröffentlichung eines Prospekts zu vermeiden.

11.131

---

287 Die Instruction 2005-11 wurde durch die Instruction 2016-04 ersetzt.
288 *Ordonnance* n 2019-1067 v. 21.10.2019 zur Änderung der Bestimmungen über öffentliche Angebote von Wertpapieren, *Décret* n 2019-1097 v. 28.10.2019 zur Änderung der Bestimmungen über öffentliche Angebote von Wertpapieren und *Arrêté* v. 7.11.2019 zur Genehmigung von Änderungen der allgemeinen Verordnung der AMF.
289 Siehe Art. 2. lit. d der EU-Prospektverordnung. Die frühere Definition des Begriffs „öffentliches Angebot von Wertpapieren" nach französischem Recht in Art. L. 411-1 des französischen Währungs- und Finanzgesetzes (Code monétaire et financier) war identisch mit der bestehenden Definition in der EU-Prospektverordnung. Die Umsetzung der EU-Prospektverordnung hat zu einer Änderung des Konzepts im französischen Recht geführt, wonach Angebote, die als nicht-öffentlich gelten (z.B. Privatplatzierungen), nun als öffentliche Angebote von Wertpapieren betrachtet werden, für die jedoch eine Sonderregelung gilt.

Die EU-Prospektverordnung und das französische Währungsgesetzbuch sehen eine Befreiung von der Pflicht zur Veröffentlichung eines Prospekts vor, wenn es sich um bestimmte Kategorien von öffentlich angebotenen Wertpapieren handelt.

aa) Ausnahmeregelungen auf der Grundlage der Kategorie der Wertpapiere

11.132 Die EU-Prospektverordnung sieht vor, dass die folgenden Wertpapierangebote von der Pflicht zur Veröffentlichung eines Prospekts ausgenommen sind[290]. Die Emittenten, die nach französichem Recht zum öffentlichen Angebot von Wertpapieren berechtigt sind, können diese Angebote daher durchführen.

- Ein Angebot von Wertpapieren, das sich ausschließlich an qualifizierte Anleger richtet;
- ein Angebot von Wertpapieren, das sich an weniger als 150 natürliche oder juristische Personen pro Mitgliedstaat richtet, die keine qualifizierten Anleger sind;
- ein Angebot von Wertpapieren mit einer Stückelung von mindestens 100.000 EUR;
- ein Angebot von Wertpapieren, das sich an Anleger richtet, die Wertpapiere für einen Gesamtbetrag von mindestens 100.000 Euro pro Anleger erwerben, und zwar für jedes einzelne Angebot;
- Aktien, die als Ersatz für bereits ausgegebene Aktien derselben Gattung ausgegeben werden, wenn die Ausgabe dieser neuen Aktien keine Erhöhung des ausgegebenen Kapitals zur Folge hat;
- Wertpapiere, die im Rahmen einer Übernahme durch ein Tauschangebot, eine Verschmelzung oder eine Spaltung angeboten werden, sofern auf der Website des Emittenten ein Dokument mit Informationen über die Transaktion und ihre Auswirkungen auf den Emittenten veröffentlicht wird;
- Dividenden, die an bestehende Aktionäre in Form von Aktien derselben Gattung wie die Aktien, für die diese Dividenden gezahlt werden, ausgeschüttet werden, sofern ein Dokument mit Informationen über die Anzahl und die Art der Wertpapiere sowie über die Gründe und Bedingungen des Angebots zur Verfügung gestellt wird;
- Wertpapiere, die derzeitigen oder ehemaligen Mitgliedern der Unternehmensleitung oder Arbeitnehmern von ihrem Arbeitgeber oder einem verbundenen Unternehmen angeboten oder zugeteilt werden oder zugeteilt werden sollen, sofern ein Dokument mit Informationen über die Anzahl und die Art der Wertpapiere sowie die Gründe und Bedingungen des Angebots zur Verfügung gestellt wird; und
- Nichtdividendenwerte, die von einem Kreditinstitut dauernd oder wiederholt begeben werden, wenn der Gesamtbetrag der in der Europäischen Union angebotenen Wertpapiere, über einen Zeitraum von zwölf Monaten gerechnet, weniger als 75.000.000 Euro je Kreditinstitut beträgt, sofern diese Wertpapiere nicht nachrangig, wandelbar oder austauschbar sind und nicht zur Zeichnung oder zum Erwerb anderer Arten von Wertpapieren berechtigen und nicht mit einem derivativen Instrument verbunden sind.

bb) Befreiung auf der Grundlage der Höhe des Angebots

11.133 Es besteht keine Verpflichtung zur Veröffentlichung eines Prospekts, wenn die Angebote von Wertpapieren nicht der Meldepflicht gemäß Art. 25 dieser Verordnung unterliegen und der Gesamtbetrag jedes solchen Angebots in der Union weniger als 8.000.000 Euro beträgt, wobei diese Grenze über einen Zeitraum von zwölf Monaten berechnet wird[291]. Grundsätzlich muss der Emittent ein zusammen-

---

290 Siehe Art. 1 Abs. 4 der EU-Prospektverordnung.
291 Siehe Art. 3 Abs. 2 der EU-Prospektverordnung, Art. L. 411-2-1, 1°, L. 412-1, IV und D. 411-2-1, I und IV des französischen Währungs- und Finanzgesetzes und Art. 211-2, I der Allgemeinen Verordnung der AMF.

fassendes Informationsdokument erstellen, das nicht der vorherigen Prüfung durch die AMF unterliegt, aber der AMF vor der Durchführung des Angebots übermittelt werden muss und den Anforderungen der Vorschriften entsprechen muss[292].

Darüber hinaus muss jede Person, die ein öffentliches Angebot von weniger als 8.000.000 Euro unterbreitet, die Anleger, die sich an dem Angebot beteiligen, darüber informieren, dass das Angebot nicht zu einem Prospekt führt, der von der AMF genehmigt werden muss[293].

Für öffentliche Erstangebote (Primärangebote) von Wertpapieren, die zum Handel an einem multilateralen Handelssystem wie Euronext Growth (ehemals Alternext) Paris zugelassen sind und deren Wert weniger als 8.000.000 Euro beträgt, ist ein in den Marktregeln festgelegtes und von dem Marktunternehmen vorab geprüftes Offenlegungsdokument erforderlich[294]. Für Folgeangebote (Sekundärangebote) von weniger als 8.000.000 Euro muss lediglich eine Pressemitteilung veröffentlicht werden, die den Vorschriften über Marktmissbrauch entspricht und gegebenenfalls die von der AMF empfohlenen Informationen enthält[295].

Die EU-Prospektverordnung gilt nicht für öffentliche Angebote von Wertpapiere, deren Gesamtbetrag in der Europäischen Union über einen Zeitraum von 12 Monaten gerechnet weniger als 1.000.000 Euro beträgt[296]. Nach französischem Recht unterliegt ein solches öffentliches Angebot der gleichen Regelung wie ein Angebot unter 8.000.000 Euro, es sei denn, es gilt eine andere Ausnahmeregelung.

cc) Befreiung im Zusammenhang mit der partizipativen Finanzierung

Die Pflicht zur Erstellung eines Prospekts gilt nicht für Angebote im Rahmen der Beteiligungsfinanzierung. Solche Angebote müssen sich auf nicht zum Handel an einem Markt zugelassene Aktien oder Schuldpapiere beziehen und von einem Wertpapierdienstleistungsunternehmen angeboten werden. Der Gesamtbetrag solcher Angebote muss weniger als 8.000.000 Euro betragen, berechnet über einen Zeitraum von 12 Monaten[297].

11.134

Diese Angebote müssen jedoch durch ein zusammenfassendes regulatorisches Dokument festgehalten werden, dessen Inhalt nicht an die AMF übermittelt wird[298]. Schließlich sollten die Anleger darüber informiert werden, dass das Angebot nicht zu einem Prospekt führt, der von der AMF genehmigt werden muss[299].

c) Befreiung von der Pflicht zur Erstellung eines Prospektes im Rahmen einer Zulassung zum Handel

Die EU-Prospektverordnung sieht Fälle vor, in denen eine Zulassung zum Handel von der Veröffentlichung eines Prospekts befreit ist. Die Ausnahmen für das öffentliche Angebot (siehe Rz. 11.131 ff.) und die Zulassung zum Handel können kumuliert werden. In der Praxis wird ein Emittent, der Wertpapiere öffentlich anbieten will, prüfen, ob die Ausnahmen in Bezug auf das öffentliche Angebot und die Zulassung zum Handel kumuliert werden können, um die Veröffentlichung eines Prospekts zu vermeiden.

11.135

---

292 Siehe Art. 1 Abs. 3 und Art. 3 Abs. 2 der EU-Prospektverordnung und Art. L. 412-1, IV der französischen Währungsverordnung.
293 Siehe Art. 211-3 der Allgemeinen Verordnung der AMF.
294 Siehe Art. 212-43, II der Allgemeinen Verordnung der AMF.
295 AMF Positions-Empfehlung 2020-06 v. 17.6.2020.
296 Siehe Art. 1 Abs. 3 der EU-Prospektverordnung.
297 Siehe Art. L. 411-2, 2°, L. 412-1, IV, D. 411-2 und D. 411-2-1, IV des französischen Währungs- und Finanzgesetzbuches und Art. 211-2, IV der allgemeinen Regelung der AMF.
298 Siehe Art. 217-1 der Allgemeinen Verordnung der AMF.
299 Siehe Art. 211-3 der Allgemeinen Verordnung der AMF.

Die Pflicht zur Veröffentlichung eines Prospekts gilt nicht für die Zulassung der folgenden Kategorien von Wertpapieren zum Handel an einem regulierten Markt oder über ein multilaterales Handelssystem[300]:

- Wertpapiere, die mit Wertpapieren fungibel sind, die bereits zum Handel auf demselben regulierten Markt zugelassen sind, sofern sie über einen Zeitraum von zwölf Monaten weniger als 20 % der Zahl der bereits zum Handel auf demselben regulierten Markt zugelassenen Wertpapiere ausmachen;
- Aktien, die aus der Umwandlung oder dem Umtausch anderer Wertpapiere oder aus der Ausübung von Rechten aus anderen Wertpapieren stammen, wenn diese Aktien derselben Gattung angehören wie die bereits zum Handel an demselben regulierten Markt zugelassenen Aktien, sofern sie während eines Zeitraums von zwölf Monaten weniger als 20 % der Zahl der Aktien derselben Gattung ausmachen, die bereits zum Handel an demselben regulierten Markt zugelassen sind, vorbehaltlich des Falls im vorherigen Absatz;
- Wertpapiere, die aus der Umwandlung oder dem Umtausch von anderen Wertpapieren, Eigenmitteln oder Verbindlichkeiten stammen, die von einer Abwicklungsbehörde anerkannt werden;
- Aktien, die als Ersatz für Aktien derselben Gattung ausgegeben werden, die bereits zum Handel auf demselben regulierten Markt zugelassen sind, sofern die Ausgabe dieser Aktien nicht zu einer Erhöhung des Kapitals des Emittenten führt;
- Wertpapiere, die im Rahmen einer Übernahme im Wege eines Tauschangebots, einer Verschmelzung oder einer Spaltung angeboten werden, sofern dem Publikum auf der Website des Emittenten, der Person, die die Zulassung zum Handel an einem regulierten Markt beantragt, oder des regulierten Marktes, an dem die Zulassung zum Handel beantragt wird, ein Dokument mit Informationen über die Transaktion und ihre Auswirkungen auf den Emittenten zur Verfügung gestellt wird[301];
- Aktien, die bestehenden Aktionären, Mitgliedern der Unternehmensleitung oder ehemaligen bzw. gegenwärtigen Arbeitnehmern von ihrem Arbeitgeber oder einem verbundenen Unternehmen kostenlos angeboten oder zugeteilt werden bzw. zugeteilt werden sollen, sowie Dividenden, die in Form von Aktien derselben Gattung gezahlt werden wie diejenigen, die zu solchen Dividenden berechtigen, sofern es sich um Aktien derselben Gattung handelt wie diejenigen, die bereits zum Handel an demselben regulierten Markt zugelassen sind, und sofern ein Dokument zur Verfügung gestellt wird, das Informationen über die Anzahl und die Art der Aktien sowie die Gründe und Einzelheiten des Angebots oder der Zuteilung enthält; und
- Nichtdividendenwertpapiere, die von einem Kreditinstitut dauernd oder wiederholt begeben werden, wenn der Gesamtbetrag der in der Europäischen Union angebotenen Wertpapiere über einen Zeitraum von zwölf Monaten gerechnet weniger als 75.000.000 Euro je Kreditinstitut beträgt, sofern diese Wertpapiere nicht nachrangig, wandelbar oder austauschbar sind und nicht zur Zeichnung oder zum Erwerb anderer Arten von Wertpapieren berechtigen und nicht mit einem derivativen Instrument verbunden sind.

Die geltenden Prospektbefreiungen für ein öffentliches Angebot und für die Zulassung zum Handel an einem regulierten Markt können kumuliert werden[302].

Die beiden erstgenannten Ausnahmen können jedoch nicht kombiniert werden, wenn diese Kombination dazu führen könnte, dass innerhalb eines Zeitraums von zwölf Monaten mehr als 20 % der Aktien

---

300 Siehe Art. 1 Abs. 5 und Abs. 2 lit. a und b der EU-Prospektverordnung.
301 Der AMF-Leitfaden legt fest, welche Informationen Emittenten veröffentlichen müssen, um im Falle eines öffentlichen Umtauschangebots, einer Verschmelzung oder einer Spaltung in den Genuss einer Prospektbefreiung zu kommen, und in welcher Form sie vorgelegt werden sollten.
302 Siehe Art. 1 Abs. 6 der EU-Prospektverordnung.

derselben Gattung, die bereits zum Handel auf demselben regulierten Markt zugelassen sind, sofort oder später ohne Veröffentlichung eines Prospekts zum Handel zugelassen werden.

d) Pflicht zur Erstellung eines Prospekts

Beabsichtigt ein Emittent ein öffentliches Angebot seiner Wertpapiere in Frankreich bzw. ihre Zulassung zum Handel an einem französischen regulierten Markt, so ist er, sofern die Transaktion nicht unter eine Befreiungsregelung fällt oder nicht die anwendbaren Schwellenwerte erreicht, verpflichtet, einen Prospekt zur Verfügung zu stellen, der nach Maßgabe der EU-Prospektverordnung festgelegten Formate und Module erstellt wurde und von der AMF gebilligt wurde.

11.136

Ein Emittent, der im Fall eines öffentlichen Angebots oder einer Zulassung zum Handel keinen Prospekt veröffentlicht, kann folgenden Sanktionen unterliegen:

11.137

- die AMF kann das öffentliche Angebot oder die Zulassung der neuen Aktien zum Handel aussetzen oder untersagen[303]. Die AMF kann die Kapitalerhöhung ferner bis zur Herstellung gesetzesmäßiger Zustände blockieren.
- der Emittent kann außerdem bei einem Verstoß gegen die Prospektvorschriften einer Geldbuße von bis zu 100 Mio. Euro oder des Zehnfachen des im Rahmen der Transaktion erzielten Gewinns unterliegen (ferner kann die AMF diese Geldbuße um 10 % erhöhen, um damit die Opfer des Verstoßes zu unterstützen)[304].

aa) Zuständigkeit der AMF

Die AMF ist zuständig für die Genehmigung des Prospekts für ein öffentliches Angebot eines französischen Emittenten oder die Zulassung zum Handel an einem französischen regulierten Markt. Die Regelungen für die Erstellung des Prospekts sind in der EU-Prospektverordnung und in den Delegierten Verordnungen 2019/980 und 2019/979 festgelegt. Bei der Anwendung der Bestimmungen dieser Verordnungen berücksichtigt die AMF die von der ESMA veröffentlichten Empfehlungen[305].

11.138

Handelt es sich bei der AMF nicht um die zuständige Behörde, so übermittelt die Aufsichtsbehörde, die den Prospekt gebilligt hat, der AMF auf Antrag des Emittenten, des Anbieters, des Unternehmens, das die Zulassung zum Handel auf einem regulierten Markt beantragt hat, oder des Unternehmens, das für die Erstellung des Prospekts verantwortlich ist, die Bescheinigung über die Billigung und eine elektronische Kopie des Prospekts, gegebenenfalls zusammen mit einer Übersetzung des Prospekts und der Zusammenfassung ins Französische[306].

bb) Inhalt des Prospekts

Der Prospekt muss Angaben enthalten, die es dem Anleger ermöglichen, sich ein fundiertes Urteil über die Vermögens-, Finanz- und Ertragslage und die Aussichten des Emittenten und etwaiger Garantiegeber, die mit den Wertpapieren verbundenen Rechte sowie die Gründe für die Emission und ihre Auswirkungen auf den Emittenten zu bilden[307].

11.139

Der Prospekt kann in Form eines einzigen Dokuments oder in Form von mehreren Einzeldokumenten erstellt werden[308].

11.140

---

303 Siehe Art. 213-1 und Art. 213-2 der Allgemeinen Verordnung der AMF.
304 Siehe Art. 621-14 und 621-15 des französischen Währungs- und Finanzgesetzes.
305 Die Fragen und Antworten der ESMA zur EU-Prospektverordnung v. 18.2.2020.
306 Siehe Art. 25 Abs. 1 der EU-Prospektverordnung.
307 Siehe Art. 6 Abs. 1 der EU-Prospektverordnung.
308 Siehe 6 Abs. 3 der EU-Prospektverordnung.

Bei Erstzulassung zum Handel soll der Prospekt aus dem Registrierungsdokument (mit Angaben zum Emittenten), der Wertpapierbeschreibung (mit Angaben zu den betreffenden Wertpapieren) und der Zusammenfassung bestehen.

Nach der ersten Zulassung der Wertpapiere darf der Emittent folgende Verfahren anwenden:

– Jedes Jahr nach der Veröffentlichung des Jahresabschlusses für das vorangegangene Geschäftsjahr Erstellung eines einheitlichen Registrierungsformulars, das von der AMF gebilligt wird (oder einfach eingereicht falls ein solches Dokument des Emittenten in zwei aufeinanderfolgenden Geschäftsjahren von der AMF gebilligt wurde). Dieses Dokument muss alle allgemeinen Informationen über das Unternehmen enthalten, die in jedem Prospekt gemäß der EU-Prospektverordnung enthalten sein müssen. Jeder wesentliche neue Umstand bzw. jede wesentliche Unrichtigkeit oder Ungenauigkeit in Bezug auf die im Prospekt enthaltenen Informationen, die die Bewertung von Wertpapieren beeinflussen könnten und die zwischen der Billigung des Prospekts und den Abschluss des Angebots bzw. der Aufnahme des Handels auf einem regulierten Markt – je nachdem, welcher Zeitpunkt später liegt – eintreten oder festgestellt werden, sind unverzüglich in einem Prospektnachtrag zu nennen[309].

– Erstellung einer Wertpapierbeschreibung zum Zeitpunkt der Finanztransaktion, in der die Bedingungen der Transaktion dargelegt werden und die das allgemeine Registrierungsformular aktualisiert.

– Erstellung einer Zusammenfassung.

11.141 Zur Billigung (*visa*) eines Prospekts durch die AMF müssen die Emittenten neben einem Prospektentwurf eine Vielzahl von Unterlagen einreichen, die in der Französischen Durchführungsvorschrift aufgeführt sind. In den Prospekt ist eine durch die gesetzlichen Vertreter des Emittenten unterzeichnete Haftungserklärung enthaltenen Muster aufzunehmen. Mit dieser Erklärung bestätigen die Unterzeichnenden nach bestem Wissen und Gewissen die Richtigkeit und Vollständigkeit der im Prospekt enthaltenen Informationen[310].

11.142 Zudem ist in der Haftungserklärung anzugeben, dass der Emittent von seinen Abschlussprüfern ein Abschlussschreiben (*lettre de fin de travaux*) erhalten hat, in welchem diese bestätigen, dass sie ihre Berufsstandards bei der Überprüfung des gesamten Prospektes angelegt haben. Wenn es angemessen erscheint, muss der Emittent sämtliche wesentlichen Feststellungen der Abschlussprüfer anzeigen[311]. Daher ist vom Emittenten eine Kopie des Abschlussschreibens an die AMF zu übersenden, bevor diese den Prospekt billigt. Sollte die Meldung Feststellungen enthalten, hat die AMF bei der Überprüfung des Prospektes angemessene Maßnahmen zu ergreifen[312].

Der Prospektentwurf muss bei der AMF gemäß dem in Art. 20 der EU-Prospektverordnung, Art. 42 ff. der Verordnung 2019/980 vom 14.3.2019 und Art. 1 der französischen Durchführungsanweisung vorgesehenen Formular eingereicht werden. Dem Prospekt sind die folgenden Unterlagen beizufügen[313]:

– bestimmte gesetzliche Unterlagen in Bezug auf den Emittenten (insbesondere aktuelle Satzung des Emittenten, beglaubigte Abschrift des Protokolls der Hauptversammlung, die den Beschluss zur Begebung von Wertpapieren, für welche die Zulassung an einem regulierten Markt angestrebt wird, enthält, beglaubigte Abschrift des Protokolls der Geschäftsführungsorgane, die die Zulassung oder Emission der betreffenden Wertpapiere genehmigt haben, Gesellschafterverträge);

---

309 Siehe Art. 23 Abs. 1 der EU-Prospektverordnung.
310 Siehe Art. 212-15 der Allgemeinen Verordnung der AMF und Art. 4 der Französischen Durchführungsvorschrift.
311 Siehe Art. 212-15 der Allgemeinen Verordnung der AMF.
312 Siehe Art. 212-15 II Abs. 3 der Allgemeinen Verordnung der AMF.
313 Siehe Art. 42 ff. der Verordnung EU/2019/980 und Art. 1 und 6 ff. der Französischen Durchführungsvorschrift.

– bestimmte Rechnungslegungsunterlagen des Emittenten, einschließlich (i) der geprüften historischen Finanzinformationen zu den letzten drei Geschäftsjahren (bzw. zu dem jeweils kürzeren Zeitraum, in dem der Emittent wirtschaftlich tätig war), der General- und Sonderprüfungsberichte des Abschlussprüfers über die historische Muttergesellschaft und des konsolidierten Jahresabschlusses, zusammen mit sämtlichen Sonderprüfungsberichten (ii) des veröffentlichten Zwischenabschlusses und des Prüfungsberichts des Abschussprüfers, und (iii) sofern dies angemessen scheint, der Gewinnprognosen und -schätzungen und/oder Pro-forma-Finanzinformationen zusammen mit den satzungsgemäßen Prüfungsvermerken sowie sämtlicher weiterer für die Transaktion aufbereiteter finanzbezogener Informationen; und

– allgemeine Unterlagen (insbesondere geplanter Terminplan für die Transaktion, sämtliche Due Diligence-Berichte, Pressespiegel zum Emittenten).

cc) Prospektbilligung durch die AMF

Die AMF sendet dem Emittenten elektronisch eine Eingangsbestätigung (*accusé de réception*) des Antrags auf Billigung des Entwurfs des Prospekts so schnell wie möglich, spätestens jedoch innerhalb von zwei Werktagen[314]. Für ein öffentliches Angebot oder die Zulassung zum regulierten Markt von Wertpapieren eines Emittenten, der bereits ein einheitliches Registrierungsdokument erstellt hat und dessen Registrierungsdokument in zwei aufeinanderfolgenden Jahren von der AMF schon gebilligt wurde, soll eine Aktualisierung (falls nötig) zum Registrierungsdokument, die Wertpapierbeschreibung und die Zusammenfassung genügen und er soll, mindestens fünf Geschäftstage vor dem geplanten Datum der Einreichung des Antrags auf Billigung, die AMF darüber informieren[315].

11.143

Eine vereinfachte Prospektregelung, die eine Zusammenfassung, ein spezielles Registrierungsdokument und eine spezielle Wertpapierbeschreibung umfasst, ist für Unternehmen möglich, die neue Wertpapiere unter bestimmten Bedingungen ausgegeben möchten[316] oder für kleine und mittlere Unternehmen und ähnliche Unternehmen (der so genannte „EU-Wachtumsprospekt")[317].

11.144

Die Billigungnotifizierung (*visum*) wird ausgestellt, sobald die AMF die Vollständigkeit und Verständlichkeit des Prospekts sowie die ordnungsgemäße Darstellung der darin enthaltenen Informationen geprüft hat. Die AMF kann vor einer solchen Billigung Erläuterungen oder Nachweise in Bezug auf Situation, Geschäftstätigkeit und Ergebnisse des Emittenten sowie in Bezug auf jeden Garantiegeber der bei der Transaktion betroffenen Wertpapiere verlangen. Während der von ihr durchgeführten Prüfung kann sie die Abänderung bzw. Vervollständigung der in dem Prospektentwurf enthaltenen Informationen verlangen[318].

11.145

Die AMF macht ihre Billigung innerhalb von (i) zehn Werktagen nach dem Datum der Einreichung bei der AMF[319] oder (ii) innerhalb von zwanzig Handelstagen nach dem Datum der Einreichung bei der AMF für ein erstes öffentliches Angebot oder eine erste Zulassung zum Handel an einem regulierten Markt[320] bekannt. Diese Fristen beginnen erst zu laufen, wenn die AMF alle erforderlichen Informationen und gegebenenfalls auf ihr Ersuchen zusätzliche Informationen erhalten hat.

11.146

---

314 Siehe Art. 2 der Französischen Durchführungsvorschrift und Art. 45 der EU-Prospektverordnung.
315 Siehe Art. 20, 6 der EU-Prospektverordnung und Art. 11 der Französichen Durchführungsvorschrift.
316 Siehe Art. 14 der EU-Prospektverordnung.
317 Siehe Art. 15 der EU-Prospektverordnung.
318 Siehe Art. L. 621-8-1 des französischen Währungs- und Finanzgesetzbuches (*Code monétaire et financier*).
319 Siehe Art. 20 Abs. 2 der EU-Prospektverordnung.
320 Siehe Art. 20 Abs. 3 der EU-Prospektverordnung.

Die AMF kann ein solches öffentliches Angebot verbieten oder für zehn Handelstage aussetzen, wenn sie den begründeten Verdacht hat, dass diese Geschäfte gegen die geltenden Vorschriften und Regelungen verstoßen[321].

dd) Veröffentlichung des Verkaufsprospekts

11.147 Sobald die Billigung erfolgt ist, muss der Emittent den Prospekt unverzüglich dem Publikum zur Verfügung stellen, auf jeden Fall aber innerhalb einer angemessenen Frist vor Beginn (spätestens zu Beginn) des öffentlichen Angebots oder der Zulassung der Wertpapiere zum Handel. Im Falle einer Erstzulassung von Aktien zum Handel an einem regulierten Markt muss der Prospekt dem Publikum spätestens sechs Geschäftstage vor dem Abschluss des Angebots zur Verfügung gestellt werden[322].

Der vollständige Prospekt ist dem Publikum zur Verfügung gestellt, wenn er in elektronischer Form auf einer der folgenden Websites veröffentlicht wird[323]:

1. Website des Emittenten, Anbieters oder Person, die die Zulassung zum Handel beantragt hat;
2. Website der Finanzintermediäre, die die Wertpapiere platzieren oder mit ihnen handeln, einschließlich der Zahlstellen; oder
3. Website des regulierten Marktes, für den die Zulassung zum Handel angestrebt wird.

11.148 Auch wenn der Prospekt dem Publikum auf elektronischer Weise zur Verfügung gestellt wird, ist jedem potenziellen Anleger vom Emittenten, vom Anbieter, von der Person, die die Zulassung zum Handel auf einem regulierten Markt beantragt hat, oder von den Finanzintermediären, die die Finanztitel platzieren oder verkaufen, auf Anfrage kostenlos eine Kopie des Prospekts auf einem dauerhaften Datenträger zur Verfügung zu stellen. Auf ausdrücklichen Wunsch muss der Anleger auch die Möglichkeit haben, von denselben Personen eine Papierversion zu erhalten[324]. Die AMF veröffentlicht alle gebilligten Prospekte auf ihrer Website[325].

ee) Werbung

11.149 Die AMF kann nicht verlangen, dass ein bestimmter Warnhinweis in den Prospekt aufgenommen wird. Ein Warnhinweis kann jedoch auf Ersuchen der AMF in Werbemitteilungen aufgenommen werden, die sich auf eine Zulassung zum Handel an einem regulierten Markt oder ein öffentliches Angebot beziehen, das nicht einem begrenzten Kreis von Anlegern oder qualifizierten Anlegern vorbehalten ist, oder das eine partizipative Finanzierung beinhaltet, oder das sich auf Wertpapiere mit einer Stückelung von mindestens 100.000 Euro bezieht, oder dessen Begünstigte die Wertpapiere für einen Gesamtbetrag von mindestens 100.000 Euro pro Anleger und pro gesondertem Angebot[326] erwerben.

ff) Personen, die für den Inhalt des Prospekts haften

11.150 Der Emittent, der Anbieter oder das Unternehmen, das die Zulassung beantragt, und ihre jeweiligen gesetzlichen Vertreter sind für die Richtigkeit und Vollständigkeit der im Prospekt enthaltenen Angaben verantwortlich und haben alle erforderlichen Maßnahmen zu ergreifen, um die Richtigkeit, Genauigkeit und Vollständigkeit dieser Angaben zu überprüfen.

---

321 Siehe Art. L. 621-8-2 des französischen Währungs- und Finanzgesetzbuches (*Code monétaire et financier*) und die Art. 213-1 und 231-2 der Allgemeinen Verordung der AMF.
322 Siehe Art. 21 Abs. 1 der EU-Prospektverordnung.
323 Siehe Art. 21 Abs. 2 der EU-Prospektverordnung.
324 Siehe Art. 21 Abs. 11 der EU-Prospektverordnung.
325 Siehe Art. 21 Abs. 5 der EU-Prospektverordnung.
326 Siehe Art. 212-28 der Allgemeinen Verordnung der AMF.

Enthält der Prospekt falsche oder unvollständige Angaben, kann die AMF oder können unmittelbar die Anleger im Wege einer Klage gegen den Emittenten, seine Handlungsbevollmächtigten, die Finanzintermediäre und die Abschlussprüfer, die bei der Erstellung des Prospektes mitgewirkt haben, vorgehen. Jede für den Prospekt verantwortliche Person kann von einer Due Diligence Defence Gebrauch machen, wenn die betreffende Person nachweist, dass sie den Inhalt des Prospektes begründeterweise für richtig und unmissverständlich hielt.

e) Freiwilliger Prospekt

Personen oder Unternehmen, die ein öffentliches Angebot von Wertpapieren unterbreiten oder die Zulassung von Wertpapieren zum Handel auf einem regulierten Markt beantragen, sind in folgenden Fällen[327] zur Erstellung eines Prospekts berechtigt, aber nicht verpflichtet: 11.151

- der über einen Zeitraum von zwölf Monaten berechnete Gesamtbetrag des öffentlichen Angebots von Wertpapiere in der Europäischen Union beträgt weniger als 1.000.000 EUR; oder

- das öffentliche Angebot oder die Zulassung von Wertpapiere unterliegt einer Ausnahme von der Prospektpflicht.

Dieser freiwillige Prospekt, der von der AMF gebilligt werden muss, gewährt alle Rechte und Pflichten, die mit einem zu erstellenden Prospekt verbunden sind, und unterliegt allen Bestimmungen der Verordnung 2017/1129/EU, die von der AMF überwacht werden.

2. Emittenten, die nach französischem Recht zum öffentlichen Angebot von Wertpapieren zugelassen sind

Um Wertpapiere öffentlich anbieten zu können, muss eine natürliche oder juristische Person nach französischem Recht dazu zugelassen sein. In dieser Hinsicht gibt es mehrere Kategorien von Personen oder Einrichtungen, die nach französischem Recht Wertpapiere öffentlich anbieten dürfen.   11.152

In erster Linie sind in Frankreich eingetragene Aktiengesellschaften (société anonyme) und Kommanditgesellschaften auf Aktien (société en commandite par actions) per se berechtigt, Finanztitel öffentlich anzubieten[328].

Das französische Währungs- und Finanzgesetzbuch enthält auch eine Liste von Wertpapieren, die von bestimmten Emittenten öffentlich angeboten werden dürfen[329]:   11.153

- von einem Staat begebene Finanztitel;

- von einem Staat garantierte Finanztitel;

- von der Europäischen Zentralbank oder der Zentralbank eines Staates begebene Finanztitel;

- von den Institutionen der Europäischen Union und internationalen Organisationen begebene Finanztitel;

- Finanztitel, die von öffentlichen Verwaltungs-, Industrie- und Handelseinrichtungen sowie von Einrichtungen des öffentlichen Gesundheitswesens eines Staates oder einer Gebietskörperschaft ausgegeben werden;

- von Kreditinstituten, Investmentgesellschaften und der Caisse des dépôts et consignations begebene Finanztitel;

---

327 Siehe Art. 4 der EU-Prospektverordnung.
328 Diese Unternehmen müssen auch die Art. L. 22-10-1 ff. des französischen Handelsgesetzbuchs erfüllen um an einem regulierten Markt oder einem multilateralen Handelssystem notiert zu werden.
329 Siehe Art. L. 411-3 des französischen Währungs- und Finanzgesetzes.

- umlauffähige Schuldtitel, die von wirtschaftlichen Interessenvereinigungen und offenen Handelsgesellschaften ausgegeben werden, deren Mitglieder oder Gesellschafter ausschließlich Aktiengesellschaften sind;

- von den Gebietskörperschaften eines Staates und ihren Zusammenschlüssen begebene Finanztitel;

- Finanztitel, die von Organismen für gemeinsame Anlagen ausgegeben werden, unbeschadet der für sie geltenden Bestimmungen;

- Finanztitel, die von einer ausländischen Person oder Einrichtung ausgegeben werden, die nach dem für sie geltenden Recht zur Ausübung einer solchen Tätigkeit zugelassen ist und die Garantien hinsichtlich der Rechtsform und des Kapitals bietet, die den zugelassenen französischen Einrichtungen gleichwertig sind.

11.154 In Ermangelung einer besonderen Zulassung darf ein Emittent Wertpapiere nur in folgenden Fällen öffentlich anbieten[330]:

- ein Angebot von Wertpapieren, das sich nur an qualifizierte Anleger und an weniger als 150 natürliche oder juristische Personen, die keine qualifizierten Anleger sind, richtet[331];

- ein öffentliches Angebot im Rahmen einer partizipativen Finanzierung (*financement participative*)[332]; oder

- ein Angebot von Beteiligungspapieren oder Aktien, das sich ausschließlich an die bestehenden Aktionäre der emittierenden Gesellschaft richtet[333].

Das französische Währungs- und Finanzgesetzbuch (*Code monétaire et financier*) erlaubt darüber hinaus die folgenden Angebote, sofern das Unternehmen, das die Wertpapiere öffentlich anbietet, eine gesetzliche Genehmigung erhalten hat[334]:

- das Angebot von Finanztiteln mit einem Wert von weniger als 8.000.000 Euro, berechnet über einen Zeitraum von zwölf Monaten[335];

- ein Angebot von Wertpapieren mit einer Stückelung von mindestens 100.000 Euro[336];

- ein Angebot von Wertpapieren, das sich an Anleger richtet, die Wertpapiere für einen Gesamtbetrag von mindestens 100.000 Euro pro Anleger für jedes einzelne Angebot erwerben[337].

11.155 Grundsätzlich können diese Angebote von Emittenten durchgeführt werden, die gesetzlich zur Durchführung aller Formen von öffentlichen Angeboten befugt sind. Bestimmte Emittenten – die nicht generell zur Durchführung aller Formen öffentlicher Angebote befugt sind – sind auch zur Durchführung bestimmter Angebote befugt. So sind vereinfachte Aktiengesellschaften (*sociétés par actions simplifiées*) befugt, Wertpapiere im Rahmen von Privatplatzierungen, partizipativen Finanzierungen, Angeboten an bestehende Aktionäre und Großhandelsangeboten öffentlich anzubieten[338]. Darüber hinaus sind

---

330 Siehe Art. L. 411-2 des französischen Währungs- und Finanzgesetzes.
331 Siehe Art. L. 411-2, 1° des französischen Währungs- und Finanzgesetzes. Diese Angebote wurden früher als Privatplazierung eingestuft.
332 Siehe Art. L. 411-2, 2° des französischen Währungs- und Finanzgesetzes.
333 Siehe Art. L. 411-2, 3° des französischen Währungs- und Finanzgesetzes. Ein solches spezifisches Angebot erlaubt es, Wertpapiere mehr als 149 Aktionären eines Emittenten anzubieten.
334 Siehe Art. 411-2-1 des französischen Währungs- und Finanzgesetzes.
335 Siehe Art. 211-2, I der Allgemeinen Verordnung der AMF.
336 Siehe Art. 211-2, II der Allgemeinen Verordnung der AMF.
337 Siehe Art. 211-2, III der Allgemeinen Verordnung der AMF.
338 Vereinfachte Aktiengesellschaften sind nicht befugt, ein öffentliches Angebot mit der Ausnahme eines Angebots von weniger als 8.000.000 Euro durchzuführen.

vereinfachte Aktiengesellschaften ausdrücklich befugt, ihren ehemaligen oder derzeitigen Geschäftsführern oder Mitarbeitern öffentliche Angebote zu machen[339].

Abgesehen von den oben genannten Fällen, in denen ein Angebot von Wertpapieren zulässig ist, ist es Personen oder Einrichtungen, die nicht ausdrücklich gesetzlich befugt sind, Wertpapiere öffentlich anzubieten, grundsätzlich untersagt, Wertpapiere öffentlich anzubieten. Dieses Verbot gilt auch für Personen oder Einrichtungen, die Wertpapiere öffentlich anbieten, die von einer anderen Einrichtung ausgegeben wurden, die selbst nicht zum öffentlichen Angebot von Wertpapieren zugelassen ist. Dieses Verbot wird durch die Nichtigkeit der geschlossenen Verträge sanktioniert. Die Nichtigkeitsklagen verjähren nach drei Jahren[340].

11.156

VI. Wertpapieremissionen in Italien

Der Verfasser dankt *Guiliano Marzi*, *Francesco Lombardo* und *Giovanna Rossi* für ihre Unterstützung bei der Erstellung dieses Abschnitts.

1. Einleitung

Öffentliche Angebote in Italien unterliegen der EU-Prospektverordnung, dem Decreto Legislation n. 58 – Testo Unico della Finanza vom 24.2.1998 (das **italienische Finanzgesetz**) und den Durchführungsbestimmungen, die von der Commissione nazionale per le società e la borsa (**CONSOB**) erlassen wurden:

11.157

- Betrifft ein öffentliches Angebot „Wertpapiere" im Sinne der EU-Prospektverordnung (d.h. „handelbare Instrumente im Sinne von Art. 2 Abs. 1 lit. a) der EU-Prospektverordnung, einschließlich OGAW-Aktien oder -Anteile des geschlossenen Typs")[341], so ist gemäß Art. 94 des italienischen Finanzgesetzes die EU-Prospektverordnung als wichtigstes Regelwerk zu betrachten; und

- Betrifft ein öffentliches Angebot[342] „andere Finanzprodukte als Wertpapiere und offene OGAW-Anteile oder -Aktien" (d.h. eine Restkategorie, die vom Anwendungsbereich der EU-Prospektverordnung ausgenommen ist), so ist das italienische Finanzgesetz als der anwendbare Rechtsrahmen zu betrachten.

Gemäß Art. 1 Abs. 1 lit. t des italienischen Finanzgesetzes (der letztlich die Definition in Art. 2 lit. d der EU-Prospektverordnung widerspiegelt) wird ein „öffentliches Angebot" definiert als jedes Angebot oder jeder Anreiz, jede Aufforderung zur Abgabe eines Angebots oder jede Werbebotschaft, die sich in welcher Form auch immer an das Publikum richtet und deren Ziel der Verkauf oder die Zeichnung von Wertpapiere ist, einschließlich der Zuteilung durch bevollmächtigte Personen.

2. Öffentliche Angebote von Wertpapieren

Wer beabsichtigt, in Italien ein öffentliches Angebot von Wertpapieren zu machen, muss in erster Linie die Vorschriften der Prospektverordnung einhalten. Nichtsdestotrotz sind bestimmte innerstaatliche Bestimmungen des italienischen Finanzgesetzes (und der einschlägigen Durchführungsbestim-

11.158

---

339 Siehe Art. 1 Abs. 4 lit. i der EU-Prospektverordnung mit Verweis auf Art. L. 227-2 des französischen Handelsgesetzbuchs.
340 Siehe Art. L. 411-1 des französischen Währungs- und Finanzgesetzes.
341 Siehe Art. 93-bis, Abs. 1(c) des italienischen Finanzgesetzes.
342 Finanzprodukte sind Finanzinstrumente im Sinne der MIFID-II-Richtlinie und jede andere Form der Anlage mit finanziellen Charakter, mit Ausnahme von Bank oder Posteinlagen, die nicht durch Finanzinstrumente dargestellt werden.

mungen der CONSOB) weiterhin relevant, da sie detaillierte Vorschriften zur Umsetzung der allgemeinen Bestimmungen der Prospektverordnung enthalten. Die innerstaatlichen Vorschriften enthalten unter anderem Bestimmungen zu folgenden Punkten:

a) die Untersuchungs-/Aufsichtsbefugnisse und -pflichten der zuständigen Behörde (d.h. CONSOB) gemäß Art. 31 der Prospektverordnung;

b) die Verfahren für die Billigung des (gemäß Art. 6 ff. der Prospektverordnung erstellten) Prospekts und etwaiger Nachtragsprospekte sowie die Modalitäten für die Einreichung und den Inhalt des Antrags auf Billigung, der bei der zuständigen Behörde einzureichen ist[343];

c) die Angabe der Personen, die für die Richtigkeit und Genauigkeit der im Prospekt und seinen Nachträgen enthaltenen Angaben verantwortlich sind, und

d) die besondere Befreiung (gemäß Art. 3 Abs. 2 der Prospektverordnung) von der Pflicht zur Veröffentlichung eines Prospekts, wenn der Gesamtgegenwert der im Rahmen des betreffenden öffentlichen Angebots in der Europäischen Union angebotenen Wertpapiere über einen Zeitraum von 12 Monaten zwischen 1.000.000 Euro und 8.000.000 Euro liegt.

3. Öffentliche Angebote von Finanzprodukten außer Wertpapieren und offenen OGAW-Anteilen oder Aktien

11.159 Wer beabsichtigt, in Italien ein öffentliches Angebot für andere Finanzprodukte als Wertpapiere zu machen, muss vorab einen Prospekt veröffentlichen (Art. 94-bis des italienischen Finanzgesetzes), von dem CONSOB eine Kopie zu übermitteln ist, damit sie die Möglichkeit oder die Notwendigkeit der Einholung zusätzlicher Informationen prüfen kann, bevor der betreffende Prospekt in seiner endgültigen Form veröffentlicht wird.

Ist die CONSOB aus triftigen Gründen der Auffassung, dass zusätzliche Informationen erforderlich sind, so teilt sie dies dem Emittenten oder dem Anbieter mit. Die zusätzlichen Informationen sind der CONSOB innerhalb von 20 Geschäftstagen nach Eingang der Anfrage beim Emittenten oder Anbieter vorzulegen. Der Prospekt kann erst nach Billigung durch die CONSOB veröffentlicht werden, die innerhalb von 20 Geschäftstagen ab dem Datum der Vorlage des Prospekts durch den Emittenten oder den Anbieter (bzw. ab dem Datum, an dem die CONSOB von den eingegangenen zusätzlichen Informationen überzeugt ist) erfolgen muss.

4. Prospekt

a) Grundsätzlich Prospektpflicht

11.160 Das italienische Recht schreibt vor, dass der Prospekt Angaben enthalten muss, die gemäß den Regelungen für öffentliche Angebote, der Art des Emittenten und der dem breiten Publikum anzubietenden oder zum Handel an einem regulierten Markt zuzulassenden Wertpapiere notwendig sind, um Anleger in die Lage zu versetzen, die Vermögenswerte und Verbindlichkeiten, die Finanzlage, die Gewinne und Verluste und die Geschäftsaussichten des Emittenten und etwaiger Garantiegeber sowie die mit diesen Wertpapieren verbundenen Sicherheiten und Rechte zu beurteilen. Diese Informationen

---

[343] Gemäß Art. 4 der CONSOB-Verordnung Nr. 11971 v. 14.5.1999 (in ihrer geänderten Fassung) ist der Zulassungsantrag in elektronischer Form gemäß dem in Anhang 1A der CONSOB-Verordnung Nr. 11971 v. 14.5.1999 enthaltenen Formular zu erstellen. Dieser Antrag muss i) die Namen der Person(en) enthalten, die für das Angebot wirbt (werben); ii) das Vorliegen der für das Angebot und seine Durchführung erforderlichen Bedingungen bescheinigen: (iii) die in Anhang 1A der CONSOB-Verordnung Nr. 11971 v. 14.5.1999 genannten Informationen und Unterlagen beiliegen; und (iv) von denjenigen unterzeichnet sein, die als Anbieter oder Emittent beabsichtigen, das öffentliche Angebot durchzuführen.

sind in italienischer Sprache und in leicht verständlicher und umfassender Form vorzulegen; Dokumente, die durch Verweis in den Prospekt aufgenommen werden, können in einer in der internationalen Finanzwelt gebräuchlichen Sprache (d.h. Englisch) abgefasst sein. Wird das öffentliche Angebot ausschließlich in anderen Mitgliedstaaten durchgeführt und ist Italien der Herkunftsmitgliedstaat des Emittenten, so kann der Prospekt für die Zwecke der Kontrolle durch die CONSOB nach Wahl des Emittenten oder des Anbieters in italienischer Sprache oder in einer in der internationalen Finanzwelt gebräuchlichen Sprache erstellt werden.

Der Prospekt kann nach Wahl des Emittenten in italienischer oder in einer in der internationalen Finanzwelt gebräuchlichen Sprache, d.h. in englischer Sprache, erstellt werden. In letzterem Fall muss die Zusammenfassung in die italienische Sprache übersetzt werden. 11.161

b) Befreiung von italienischen Regelungen zu öffentlichen Angeboten

Für Angebote von Finanzprodukten außer Wertpapieren gelten italienische Regelungen betreffend öffentliche Angebote, einschließlich der Pflicht zur Veröffentlichung eines Wertpapierprospektes, nicht: 11.162

1) wenn sie sich an nicht mehr als 150 Personen richten (unbeschadet der für qualifizierte Anleger geltenden Ausnahmeregelung gemäß (2) unten);

2) wenn sie sich ausschließlich an qualifizierte Anleger[344] richten;

3) bei einer für zwölf Monate zu berechnenden Gesamtgegenleistung von EU-weit höchstens 8.000.000 Euro;

4) wenn sie Finanzprodukte (mit Ausnahme der unter (6) und (7) genannten) mit einer Gesamtgegenleistung von mindestens 100.000 Euro pro Anleger für jedes einzelne Angebot betreffen;

5) für Finanzprodukten (mit Ausnahme der unter (6) und (7) genannten), deren Stückelung mindestens 100.000 Euro beträgt;

6) für offene Organismen für gemeinsame Anlagen, deren Mindestzeichnungsbetrag mindestens 100.000 Euro beträgt;

7) für Versicherungsanlageprodukte;

8) wenn sie von Vereinigungen mit Rechtsstatus oder von einem EU-Mitgliedstaat anerkannten gemeinnützigen Einrichtungen ausgestellt werden, um die zur Erreichung ihrer gemeinnützigen Ziele erforderlichen Mittel zu erhalten;

---

344 Dazu gehören italienische und ausländische Personen, die entweder Banken, Wertpapierfirmen, andere zugelassene oder regulierte Finanzinstitute, Versicherungsgesellschaften, Börsenmakler, Kollektive Kapitalanlagen und Verwaltungsgesellschaften solcher Anlagen, Pensionsfonds und Verwaltungsgesellschaften für solche Fonds, Händler von Rohstoffen und Warenderivaten, Einheimische, andere institutionelle Anleger, Bank von Italien oder die italienische Regierung sind. Zu den qualifizierten Anlegern gehören außerdem: (1) institutionelle Anleger, deren Haupttätigkeit in der Anlage in Finanzinstrumenten besteht, einschließlich Unternehmen, die sich mit der Verbriefung von Vermögenswerten oder anderen Finanzierungsgeschäften befassen; (2) Großunternehmen, d. h. Unternehmen, die auf der Grundlage der letzten Jahresabschlüsse mindestens zwei der folgenden Anforderungen erfüllen: (i) Gesamtbilanzsumme von 20 Millionen Euro, (ii) Nettoumsatzerlöse von 40 Millionen Euro, (iii) Eigenmittel von 2 Millionen Euro; und (3) qualifizierte Anleger auf Antrag (d.h. Einzelpersonen und andere Personen, wenn sie mindestens zwei der folgenden Kriterien erfüllen: (i) sie haben in den vorangegangenen vier Quartalen auf dem betreffenden Markt durchschnittlich zehn Geschäfte in erheblichem Umfang getätigt, (ii) der Umfang ihres Portfolios an Finanzinstrumenten, das Bareinlagen und Finanzinstrumente umfasst, übersteigt 500 000 Euro, (iii) sie arbeiten oder arbeiteten mindestens ein Jahr lang im Finanzsektor in einer beruflichen Position, die Kenntnisse über die geplanten Geschäfte oder Dienstleistungen erfordert. Bei juristischen Personen sollte die Person, die der oben genannten Prüfung unterzogen wird, die Person sein, die befugt ist, Geschäfte im Namen der betreffenden juristischen Person zu tätigen).

9) für Wertpapiere, die derzeitigen oder ehemaligen Mitgliedern von Geschäftsführungsorganen oder Angestellten oder Finanzpromotern von ihren Arbeitgebern oder von der Muttergesellschaft, einer Tochtergesellschaft, einem verbundenen Unternehmen oder einem der gemeinsamen Leitung unterliegenden Unternehmen angeboten oder zugeteilt werden bzw. zuzuteilen sind, sofern ein Dokument zur Verfügung steht, das Angaben über Anzahl und Art der Aktien sowie über Gründe und Einzelheiten des Angebots enthält; und

10) für Geldmarktinstrumente mit einer Laufzeit von weniger als zwölf Monaten, die von Banken ausgegebenen werden.

11.163 Wenn eine Privatplatzierung von Finanzprodukten außer Wertpapieren an qualifizierte Anleger gemacht wird, wird nach italienischer Marktpraxis eine Angebotsunterlage erstellt, die die Angebotsempfänger ergänzend über die entsprechende Befreiung in Bezug auf die Privatplatzierung informiert. Das in Italien bei einem solchen Angebot verwendete Hauptdokument ist ein Verkaufsprospekt, der üblicherweise in englischer Sprache abgefasst wird (da Privatplatzierungen gewöhnlich nicht nur an italienische Anleger gerichtet sind). Nach dem italienischen Finanzgesetz und die von der CONSOB erlassenen Durchführungsvorschriften sind keine bestimmten Regeln vorgesehen, wie eine solche Angebotsunterlage abzufassen ist. Im Allgemeinen entspricht die Angebotsunterlage den internationalen Offenlegungsanforderungen, was bedeutet, dass es eine ausführliche Beschreibung der Gesellschaft und ihrer Geschäftstätigkeit sowie eine Darstellung und Analyse der Finanz- und Ertragslage (*management's discussion and analysis of financial condition and results of operations* – MD&A) gibt.

11.164 Einstweilen frei.

VII. Wertpapieremissionen in Spanien

Der Verfasser dankt *Alfonso de Marcos* für seine Unterstützung bei der Erstellung dieses Abschnitts.

1. Öffentliche Angebote

a) Gesetzliches Regime

11.165 Öffentliche Angebote von Wertpapieren in Spanien müssen nach Maßgabe der EU-Prospektverordnung sowie der im spanischen Wertpapiergesetz (*Ley del Mercado de Valores* – **LMV**) und in dem königlichen Erlass 1310/2005 (die **Verordnung für öffentliche Angebote**) durchzuführen.

Obwohl die EU-Prospektverordnung direkt anwendbar in Spanien ist, enthalten sowohl die LMV als auch die Verordnung über öffentliche Angebote bestimmte Spezifikationen, die für öffentliche Angebote in Spanien gelten.

b) Ausnahmeregelungen für Privatplatzierungen

11.166 Die EU-Prospektverordnung sieht bestimmte Angebote von Wertpapieren vor, die ausnahmsweise nicht unter die Definition eines „öffentlichen Angebots" fallen und somit von der allgemeinen Registrierungspflicht für öffentliche Angebote ausgenommen sind[345].

Nach der LMV[346] muss jedoch bei bestimmten nicht registrierten Angeboten[347], die sich dennoch in irgendeiner Form der werblichen Kommunikation an das Publikum richten, eine zur Erbringung von

---

345 Siehe Art. 1 Abs. 4 der EU-Prospektverordnung.
346 Siehe Art. 35 der LMV.
347 Insbesondere Angebote, die (i) an weniger als 150 Anleger pro Mitgliedstaat gerichtet sind (ausgenommen „qualifizierte Anleger"), (ii) eine Mindestinvestition von 100.000 Euro oder mehr erfordern oder

Wertpapierdienstleistungen zugelassene Stelle eingeschaltet werden. Diese Einrichtung muss zumindest die den Anlegern zur Verfügung zu stellenden Informationen validieren und den Vermarktungsprozess insgesamt überwachen. Darüber hinaus kann die spanische Börsenaufsichtsbehörde (Comisión Nacional del Mercado de Valores oder **CNMV**) verlangen, dass diese nicht registrierten Angebote, je nach Komplexität des Emittenten oder des angebotenen Finanzinstruments, der Pflicht zur Veröffentlichung eines Prospekts nachkommen.

c) Beschränkungen im Hinblick auf Werbung/Informationsanforderungen

Die spanischen Wertpapierbestimmungen sehen außer dem Einschreiten eines Wertpapierdienstleistungsunternehmens in den obengenannten Fällen ausdrücklich keine bestimmten Beschränkungen in Bezug auf die Vertriebs- und Werbemethoden bei Privatplatzierungen vor. Die Definition des „öffentlichen Angebots" gemäß der EU-Prospektverordnung ist jedoch so weit gefasst, dass Werbekampagnen als öffentliches Angebot angesehen werden können. Will ein Anbieter von den Befreiungsregelungen für Privatplatzierungen profitieren, empfiehlt es sich daher, auf jede Art von Werbe- bzw. PR-Maßnahmen in den Medien zu verzichten. Außerdem muss jede Kommunikationstätigkeit im Einklang mit der jeweiligen Befreiungsregelung für Privatplatzierungen stehen.   11.167

Im Falle eines Angebots, das mehrere Befreiungsregelungen in Bezug auf die Registrierung in sich vereint, ist besondere Vorsicht geboten, um anschließende Übertragungen von Wertpapieren an Privatanleger zu vermeiden, welche als gesetzeswidrig angesehen werden könnten: z.B. Übertragungen von mehr als 100.000 Euro an mehrere Unternehmen innerhalb des Anbieterkonzerns, von denen zwar jedes dieser Wertpapiere wiederum an weniger als 150 nichtqualifizierte Anlegern platziert, die die Grenze von 150 Anlegern insgesamt aber überschreiten, so dass die Übertragungen entgegen der Ausnahmeregelung für Privatplatzierungen nach der EU-Prospektverordnung auf eine erhebliche Anzahl an Privatanlegern abzielen.   11.168

Es gibt keine Anforderung hinsichtlich der Mindestinformationen, die den „qualifizierten Anlegern" zur Verfügung zu stellen ist. Der Anbieter muss jedoch sicherzustellen, dass sämtlichen „qualifizierten Anlegern" die gleichen Informationen zur Verfügung stehen. Es ist marktübliche Praxis (und empfiehlt sich aus Haftungsgründen), dass Emittenten eine den internationalen Offenlegungsstandards entsprechende Angebotsunterlage erstellen und sie sodann beim Angebot der Wertpapiere den Anlegern (in der Regel auf Englisch) zur Verfügung stellen.   11.169

2. Zulassung zum Handel an einem regulierten Markt

a) Zulassung

Das Registrierungsverfahren[348] für die Zulassung von Wertpapieren zum Handel am regulierten Markt in Spanien beinhaltet bzw. verlangt insbesondere Folgendes: 11.170

- Erfüllung der nachfolgenden Anforderungen durch den Emittenten der angebotenen Wertpapiere:
    - Der Emittent wurde wirksam gegründet und hat den Geschäftsbetrieb aufgenommen; und
    - die notierten Aktien schaffen bei identischen Bedingungen keine Nachteile oder Unterschiede in Bezug auf die Rechte der Anteilsinhaber.
- Die angebotenen Wertpapiere müssen die folgenden Voraussetzungen erfüllen:
    - Sie entsprechen dem Rechtssystem, unter das sie fallen.

(iii) sich in der Europäischen Union auf weniger als 8.000.000 Euro belaufen, berechnet über einen Zeitraum von zwölf Monaten.

348 Siehe Art. 36 der LMV und Art. 8, 9, 11 und 38 Abs. 2 Verordnung öffentliche Angebote.

- Sie werden in einem Buchungssystem verzeichnet.
- Sie sind frei übertragbar.
- Der Gesamtbetrag der Aktien beläuft sich mindestens auf (i) einen Marktwert von 6.000.000 Euro für Aktien oder (ii) einen Nennwert von 200.000 Euro für Schuldverschreibungen. Ein Mindestbetrag für andere Wertpapierarten wird nicht verlangt. Die vorstehenden Mindestbeträge sind nicht anwendbar, wenn bereits Wertpapiere derselben Anteilsklasse wie die angebotenen Wertpapiere zur Notierung an dem betreffenden Sekundärmarkt notiert sind.
- Spätestens am Tag der Börsenzulassung muss es eine ausreichende Platzierung der Aktien in einem oder mehreren Mitgliedstaaten oder in jedem anderen Land geben, in dem die Aktien bereits an der Börse notiert sind. In Anbetracht dessen setzt die Verordnung für öffentliche Angebote voraus, dass ein 25%iger Streubesitz ausreichend ist, damit die angebotenen Wertpapiere die Bedingung einer ausreichenden Platzierung erfüllen. Die CNMV ist jedoch berechtigt, diesen Wert im Einzelfall anzupassen.
- Die CNMV wird bestätigen, dass der Emittent bzw. der Betroffene oder Unternehmer bei dem Angebot der Wertpapiere die folgenden Voraussetzungen erfüllt:
    - Vorlage und Registrierung derjenigen Dokumente bei der CNMV, die bescheinigen, dass der Emittent und die Wertpapiere dem anwendbaren Rechtssystem unterliegen;
    - Vorlage und Registrierung des nach den für den Emittenten anwendbaren gesetzlichen Bestimmungen erstellten und geprüften Jahresabschlusses bei der CNMV; und
    - Vorlage, Billigung und Registrierung eines Prospektes (falls zutreffend) bei der CNMV sowie dessen Veröffentlichung nach der Billigung und Registrierung.

Die CNMV muss überprüfen, ob die oben genannten Anforderungen für die Zulassung von Wertpapieren zum Handel erfüllt sind. Nach dieser Prüfung ist für die Zulassung zum Handel auf einem spanischen regulierten Markt auch die Zustimmung des Leitungsorgans des betreffenden Marktes gemäß dessen eigenen Regeln für die Zulassung zum Handel erforderlich.

b) Ausnahmen von der Pflicht zur Veröffentlichung eines Prospekts während des Registrierungsverfahrens

11.170a Die EU-Prospektverordnung sieht für die Zulassung bestimmter Arten von Wertpapieren zum Handel an einem regulierten Markt unter bestimmten Umständen Ausnahmen von der Pflicht zur Veröffentlichung eines Prospekts vor[349].

3. Prospekt

11.171 Grundsätzlich dürfen Wertpapiere in Spanien nur nach vorheriger Veröffentlichung eines Prospekts öffentlich angeboten oder zum Handel an einem spanischen „regulierten Markt" zugelassen werden, es sei denn es liegt eine Ausnahme von der Prospektpflicht gemäß der EU-Prospektverordnung vor.

11.172 Weiterhin besteht keine Verpflichtung zur Veröffentlichung eines Prospekts gemäß der EU-Prospektverordnung[350] im Fall eines Angebots, das nicht anmeldepflichtig gemäß Art. 25 der EU-Prospektverordnung ist, und bei dem zudem der Gesamtbetrag jeden solchen Angebots 8.000.000 Euro nicht

---

349 Siehe Art. 1 Abs. 5 der EU-Prospektverordnung.
350 Siehe Art. 3 Abs. 2 der EU-Prospektverordnung.

überschreitet (über einen Zeitraum von 12 Monaten gerechnet). Ausnahmsweise liegt diese Gesamtbetragsgrenze bei Kreditinstituten bei 5.000.000 Euro über einen Zeitraum von 12 Monaten[351].

Der Emittent, der Anbieter oder die Einheit, die eine Zulassung beantragt, und ihre jeweiligen Direktoren (i.e. Mitglieder des Vorstands bzw. Aufsichtsrats) sind für die Richtigkeit und Vollständigkeit der in dem Prospekt enthaltenen Informationen verantwortlich und verpflichtet, alle notwendigen Maßnahmen zur Überprüfung des Wahrheitsgehalts, der Richtigkeit und der Vollständigkeit dieser Informationen zu ergreifen.

Ebenso ist die konsortialführende Bank (Lead Manager bzw. Global Coordinator) des betreffenden öffentlichen Angebots für die Richtigkeit und Vollständigkeit der in dem Prospekt enthaltenen Informationen über das Angebot und die angebotenen Wertpapiere (nicht jedoch für die Informationen über den Emittenten und dessen Geschäfts) verantwortlich und verpflichtet, alle notwendigen Maßnahmen zur Überprüfung des Wahrheitsgehalts, der Richtigkeit und der Vollständigkeit dieser Angaben zu ergreifen.

VIII. Wertpapieremissionen im Vereinigten Königreich

1. Vorschriften zu Öffentlichen Angeboten und Börsenzulassung

Nach dem Austritt des Vereinigten Königreichs aus der Europäischen Union am 31.1.2020 und dem Ende der anschließenden Übergangsfrist um 23 Uhr (britische Zeit) am 31.12.2020 unterliegt die Prospektpflicht für das öffentliche Angebot von Wertpapieren im Vereinigten Königreich und die Zulassung zum Handel an einem geregelten Markt im Vereinigten Königreich dem innerstaatlichen britischen Recht. Solche Pflichten unterliegen nämlich der Onshored-Version der Verordnung EU 2017/1129 (der **UK Prospectus Regulation**), welche gemäß dem European Union (Withdrawal) Act 2018 (**EUWA**) Teil des innerstaatlichen Rechts ist, sowie dem Gesetz über Finanzdienstleistungen und -märkte (Financial Services and Markets Act 2000 – **FSMA**) und den auf der Grundlage des FSMA erfolgenden Erlass von Prospectus Rules der Zulassungsbehörde des Vereinigten Königreichs (die **Prospectus Rules**).

a) Gesetzlicher Rahmen

Die britische Prospektverordnung folgt den materiellen Bestimmungen der EU-Prospektverordnung zum Ende des Übergangszeitraums und behält im Großen und Ganzen bestehende Prospektauslöser, Ausnahmen und Offenlegungspflichten bei. Diese schreiben vor, dass der Prospekt ausführliche Informationen über den Emittenten und seine Geschäftstätigkeit sowie über die angebotenen Wertpapiere enthalten muss. So muss u.a. an hervorgehobener Stelle auf die für den Emittenten bzw. seine Branche spezifischen Risikofaktoren hingewiesen werden. Die aufzunehmenden geprüften Finanzinformationen sollten im Allgemeinen nach den IAS/IFRS (bzw. in bestimmten Fällen gleichwertigen Standards) erstellt sein. Angaben zur Geschäfts- und Finanzlage (operating and financial review – OFR) sind für gewöhnlich in die Prospekte für Dividendenwerte aufzunehmen. Außerdem besteht die Möglichkeit, weitere Informationen per Verweis in einen Prospekt – mit Ausnahme der Zusammenfassung – einzubeziehen, sofern die Informationen von der zuständigen Behörde im Herkunftsmitgliedstaat des Emittenten gebilligt oder bei ihr hinterlegt worden sind[352]. Zu den bemerkenswerten Änderungen ge-

---

351 Königlicher Gesetzeserlass 4/2015 v. 23.10.2015 zur Genehmigung der überarbeiteten Fassung des Gesetzes über den Wertpapiermarkt (*Real Decreto Legislativo 4/2015, de 23 de octubre, por el que se aprueba el texto refundido de la Ley del Mercado de Valores*).
352 Prospectus Rule 2.4.

hört jedoch das Ende des „Passporting"-Regimes: Da es nicht mehr möglich ist, einen Prospekt zwischen dem Vereinigten Königreich und der EU zu notifizieren bzw. zu übertragen, muss ein Prospekt für ein öffentliches Angebot von Wertpapieren im Vereinigten Königreich oder die Zulassung zu einem geregelten Markt im Vereinigten Königreich von der Financial Conduct Authority (**FCA**) gebilligt werden[353]. Ein britischer Prospekt erfordert auch die Einbeziehung historischer Finanzinformationen, die nach internationalen Rechnungslegungsstandards erstellt wurden, wie sie vom Vereinigten Königreich übernommen wurden[354] oder für Emittenten außerhalb des Vereinigten Königreichs Standards, die vom Vereinigten Königreich als gleichwertig festgelegt wurden (dies schließt die von der EU übernommenen IFRS ein).

b) Öffentlicher Angebotsprospekt

11.176 Ein Prospekt gilt dann als öffentlich verfügbar, wenn er entweder (i) in einer oder mehreren Zeitungen, die überall wo das Angebot gemacht wird, erhältlich sind, veröffentlicht wird; oder (ii) dem Publikum in gedruckter Form bei den zuständigen Stellen des regulierten Marktes, an dem die übertragbaren Wertpapiere zum Handel zugelassen werden sollen, oder beim Sitz des Emittenten oder bei den die übertragbaren Wertpapiere platzierenden oder veräußernden Finanzintermediäre, einschließlich der Zahlstellen, zur Verfügung gestellt wird; oder (iii) in elektronischer Form auf der Website des Emittenten und gegebenenfalls auf der Website der die übertragbaren Wertpapiere platzierenden oder veräußernden Finanzintermediäre, einschließlich der Zahlstellen veröffentlicht wird; oder (iv) in elektronischer Form auf der Website des regulierten Marktes, an dem die Zulassung zum Handel angestrebt wird, veröffentlicht wird[355]. Es ist kein öffentlicher Angebotsprospekt erforderlich, wenn die Gesamtgegenleistung für die im Vereinigten Königreich angebotenen Wertpapiere 8.000.000 Euro (oder einen entsprechenden Betrag) nicht überschreitet[356].

c) UK Listing Review

11.177 Im März 2021, wurde das UK Listing Review (Überprüfung des Zulassungsregimes) veröffentlicht[357]. Das UK Listing Review hat das Ziel, eine Börsennotierung im Vereinigten Königreich attraktiver und einfacher zu machen. Infolge des UK Listing Reviews hat die britische Regierung Reformvorschläge für den Kapitalmarkt vorgelegt und die Überprüfung der britischen Prospektregelung (UK Prospectus Regime Review) eingeleitet[358]. Die Überprüfung befasst sich mit einer Reihe von Optionen, um eine breitere Beteiligung an den Kapitalmärkten zu erleichtern, Doppelspurigkeiten zu beseitigen und die Qualität der Informationen, die die Anleger erhalten, zu verbessern. Die Vorschläge für eine Reform des Prospektregimes gingen etwa dahin, zwischen Prospektregelung für öffentliche Wertpapierangebote einerseits und für Zulassungen zum Handel andererseits zu differenzieren, die Ausnahmen von den Prospektpflichten zu erweitern, und den Gebrauch von alternativen Zulassungsdokumentation zu ermöglichen.

Bis es endgültige Änderungen durch das UK Prospectus Regime Review gibt, kann ein Antrag auf Zulassung zum Handel, sofern keine Ausnahmeregelung anwendbar ist, einen Prospekt erfordern und zwar unabhängig davon, ob ein öffentliches Angebot für die betreffenden Wertpapiere gemacht wird.

---

353 Art. 20 UK Prospectus Regulation.
354 Art. 23a Regulation 2019/980 gemäß EUWA.
355 Prospectus Rule 3.2.4.
356 Abschnitt 86 FSMA.
357 Zuletzt Abgerufen am 31.7.2021 unter der folgenden Internetadresse: https://assets.publishing.service. gov.uk/government/uploads/system/uploads/attachment_data/file/966133/UK_Listing_Review_3_ March.pdf.
358 UK Prospectus Regime Review, HM Treasury, 1.7.2021.

d) FCA-Zulassungsvorschriften

Emittenten, die eine Notierung ihrer Wertpapiere an der „premium" oder „standard" Segment der Official List der FCA anstreben, müssen zudem die Zulassungsvorschriften der FCA einhalten (die **Zulassungsvorschriften**), in denen eine Reihe von Anforderungen und laufenden Verpflichtungen für börsennotierte Emittenten festgelegt sind[359].

11.178

e) Offenlegungsgrundsatz

Die inhaltlichen Anforderungen an Prospekte sind im FSMA und in den Prospectus Rules festgelegt. Das FSMA enthält einen allgemeinen Offenlegungsgrundsatz, wonach ein Prospekt diejenigen Angaben enthalten muss, die erforderlich sind, um Anleger in die Lage zu versetzen, eine fundierte Beurteilung folgender Parameter vorzunehmen:

11.179

- Vermögenswerte und Verbindlichkeiten, Finanzlage, Gewinne und Verluste sowie Geschäftsaussichten des Emittenten der übertragbaren Wertpapiere und jedes Garantiegebers; und
- die mit den übertragbaren Wertpapieren verbundenen Rechte[360].

2. Privatplatzierungen

Wo dies möglich ist, werden bei einer Privatplatzierung gegenüber einer begrenzten Anzahl an Personen im Vereinigten Königreich (vorausgesetzt, eine Zulassung der fraglichen Wertpapiere zum Handel an einem regulierten Markt wird nicht angestrebt) das Angebot und die Verteilung von Angebotsunterlagen für gewöhnlich so strukturiert, dass Befreiungen von gesetzlichen und regulatorischen Anforderungen in Anspruch genommen werden können, die ansonsten für ein öffentliches Angebot im Vereinigten Königreich gelten würden. Wenn ein Angebot an eine begrenzte Zahl institutioneller oder professioneller Anleger[361] erfolgt, so stehen üblicherweise Befreiungen von Beschränkungen bei der Werbung für Finanzanlagen (financial promotions) gemäß Section 21 FSMA zur Verfügung.

11.180

a) Befreiungen für Privatplatzierungen nach dem FSMA und den Prospectus Rules

Die Befreiungen für Privatplatzierungen sind sowohl in Section 86 des FSMA als auch in den Prospectus Rules[362] geregelt und müssen in Bezug auf öffentliche Angebote und die Zulassung von Wertpapieren zum Handel an einem regulierten Markt getrennt betrachtet werden. Wenn die folgenden Befreiungstatbestände anwendbar sind, besteht keine Prospektveröffentlichungspflicht, soweit die betroffenen Wertpapiere nicht zum Handel an einen regulierten Markt zugelassen werden:

11.181

- das Angebot wird ausschließlich qualifizierten Anlegern gemäß Art. 2 der Verordnung (EU) 2017/1129, wie sie aufgrund der EUWA Teil des UK-Gesetz ist, gemacht oder richtet sich ausschließlich an diese (einschließlich des Falls, dass der qualifizierte Anleger mit eigenem Ermessen für einen Kunden tätig wird); oder
- das Angebot wird an weniger als 150 Personen gemacht bzw. richtet sich an weniger als 150 Personen in dem Vereinigten Königreich, wobei qualifizierte Anleger nicht eingerechnet werden; oder

---

359 Verschiedene Regelungen gelten darüber hinaus für Emittenten, die die Zulassung zum Handel an einem nicht-regulierten Londoner Markt anstreben und die ihre Wertpapiere nicht öffentlich anbieten, wie die AIM Rules for Companies für Emittenten, die die Zulassung zum Alternative Investment Market der London Stock Exchange anstreben und die Pflicht zur Erstellung von zu genehmigenden Angaben zur Börsenzulassung (listing particulars) nach Maßgabe der Zulassungsvorschriften (Listing Rules) für Emittenten, die eine Zulassung am Professional Securities Market anstreben.
360 Section 87A FSMA.
361 Wie in Art. 19 FPO definiert.
362 Prospectus Rules 1.2.1R–1.2.3R.

- der Mindestbetrag, den eine Person für von ihr aufgrund des Angebots erworbene übertragbare Wertpapiere zu zahlen hat, beträgt mindestens 100.000 Euro (bzw. ein entsprechender Betrag); oder
- jederzeit unter anderen Umständen, die unter Abschnitt 86 der FSMA fallen.

Zudem ist ein Prospekt bei folgenden Emissionen übertragbarer Wertpapiere nicht erforderlich:

- Aktien, die im Austausch für bereits emittierte Aktien derselben Gattung ausgegeben werden, wenn die Emission der neuen Aktien nicht mit einer Kapitalerhöhung verbunden ist; oder
- übertragbare Wertpapiere, die im Zusammenhang mit einer Übernahme im Wege eines Umtauschangebots oder im Zusammenhang mit einer Verschmelzung oder Aufspaltung angeboten werden, wenn ein Dokument bereitgestellt wird, das Angaben enthält, welche von der FCA mit denen im Prospekt als gleichwertig angesehen werden[363]; oder
- Aktien, die Altaktionären kostenlos angeboten werden, und Dividenden, die in Form von Aktien derselben Gattung wie die Aktien, für die die Dividenden ausgeschüttet werden, wenn ein Dokument bereitgestellt wird, das Angaben zu Anzahl und Art der Aktien enthält sowie die Gründe für und Einzelheiten über das Angebot beinhaltet;
- übertragbare Wertpapiere, die den derzeitigen oder ehemaligen Geschäftsführungsmitgliedern oder den Angestellten von ihrem Arbeitgeber angeboten werden, wenn die Gesellschaft ihren Hauptsitz in der Europäischen Union hat oder in der Europäischen Union eingetragen ist oder wenn die Gesellschaft übertragbare Wertpapiere bereits zum Handel zugelassen hat, oder von einem verbundenen Unternehmen angeboten werden, sowie in jedem Fall, wenn ein Dokument bereitgestellt wird, das Informationen zu Anzahl und Art der übertragbaren Wertpapiere enthält sowie die Gründe für und Einzelheiten über das Angebot beinhaltet.

Diese Listen sind nicht vollständig; neben dieser können andere Befreiungen maßgeblich sein. Außerdem ist es möglich, dass diese Befreiungstatbestände durch das im Juli 2021 angekündigte UK Prospectus Regime Review geändert oder erweitert werden.

11.182 Es gibt im Vereinigten Königreich keine bestimmten Vorschriften, die bei einer Privatplatzierung einzuhalten sind. Jedoch wird üblicherweise eine den internationalen Offenlegungsanforderungen entsprechende Angebotsunterlage erstellt und aufgrund marktüblicher Praxis und aus Gründen der Haftungsbeschränkung zur Verfügung gestellt. Diese Angebotsunterlage ist üblicherweise identisch mit der Unterlage, die für Verkäufe an institutionelle Anleger und/oder Privatanleger außerhalb des Vereinigten Königreichs verwendet wird, jedoch mit dem Zusatz bestimmter im Vereinigten Königreich verwendeter Hinweise und entsprechender Verkaufsbeschränkungen (selling restrictions).

b) Financial promotion regime (Werbung für Finanzanlagen)

11.183 Nahezu das gesamte Marketing-Material, das im Laufe eines Wertpapierangebots zur Verfügung gestellt wird (außer einem gebilligten Prospekt), kann unter die Definition von „financial promotion" gemäß Section 21 FSMA fallen. Financial Promotion umfasst jedes Material, das eine Aufforderung oder einen Anreiz enthält, Investitionen zu tätigen, wie Anzeigen, Pressemitteilungen, Anlegerpräsentationen und jede Emissionserläuterungen oder jedes andere Dokument beinhalten, das für Marketingzwecke verwendet wird[364].

Nach Section 25 FSMA ist es eine strafbare Handlung, wenn eine Person „finanzbezogene Werbung" im Vereinigten Königreich verbreitet oder verbreiten lässt, es sei denn, die Person besitzt hierfür die ent-

---

363 In Ausgabe Nr. 10 des Newsletters List! (Juni 2005) wird erklärt, dass ein umfassendes Prüfverfahren zur Beurteilung der Entsprechung zwischen einem Dokument und einem Prospekt angewendet wird.
364 Gemäß Leitfaden der FCA zu Section 21 FSMA sieht die FCA ein Absichtselement als im Konzept einer „Ermutigung" enthalten an.

sprechende Erlaubnis (im Allgemeinen handelt es sich in diesem Fall um regulierte Finanzinstitutionen) oder der Inhalt wurde zuvor von einer Person, die eine entsprechend Erlaubnis besitzt, genehmigt oder die Werbung fällt unter eine Befreiungsregelung[365].

Hinsichtlich Beschränkungen bezüglich der Verbreitung von Werbung für Finanzanlagen im Vereinigten Königreich können verschiedene gesetzliche Ausnahmeregelungen einschlägig sein, und, soweit eine Ausnahmeregelung Anwendung findet, ist die Emission oder Genehmigung durch eine ermächtigte Person nicht erforderlich. Die wesentlichen Ausnahmen in diesem Zusammenhang sind: 11.184

- Werbung für Finanzanlagen gegenüber „professionellen Anlegern"[366] oder „vermögenden Unternehmen"[367] oder bestimmten anderen Privatpersonen; oder

- Personen außerhalb des Vereinigten Königreichs sowie an Personen außerhalb des Vereinigten Königreichs gerichtete Mitteilungen (gleichgültig, ob aus dem Vereinigten Königreich oder von außerhalb des Vereinigten Königreichs)[368]; oder

- Werbung für Finanzanlagen durch ein Unternehmen für Zwecke eines Mitarbeiterbeteiligungsprogrammes (employee share scheme)[369]. Die Definition eines „Mitarbeiterbeteiligungsprogrammes" ist weit genug, um viele Arten von Investitionen durch Mitarbeiter in die Wertpapiere ihres Unternehmens abzudecken; oder

- Werbung für Finanzanlagen, die sich nur an Aktionäre oder Gesellschaften der Unternehmensgruppe des Emittenten richtet und sich auf die Wertpapiere dieses Emittenten bezieht[370].

Ein Vertrag, der mit einem Kunden aufgrund einer unter Verstoß gegen Section 21 erfolgten Mitteilung abgeschlossen wurde, ist gegenüber dem Kunden nicht durchsetzbar, und der Kunde kann gezahlte Gelder oder übertragene Vermögenswerte zurückfordern und Entschädigung für einen daraus entstandenen Verlust verlangen[371]. Der Vertrag kann selbst dann nicht durchgesetzt werden, wenn die unrechtmäßige Mitteilung (unlawful communication) nicht durch die Person erfolgt ist, die den Vertrag mit dem Kunden abgeschlossen hat. Es steht im Ermessen des Gerichts, die Durchsetzung des Vertrags oder der Verbindlichkeit sowie die Einbehaltung überlassener Gelder oder Vermögenswerte zu gestatten, wenn es davon überzeugt ist, dass dies unter den gegebenen Umständen recht und billig wäre[372]. Ähnliche Bestimmungen gelten für die Ausübung von Rechten, die sich aus Investitionen infolge einer unrechtmäßigen Mitteilung ergeben. 11.185

Prospekte, die von der FCA gebilligt wurden, müssen nicht zur Verwendung als Werbung für Finanzanlagen gebilligt werden. 11.186

---

365 Es ist allgemeine Praxis, eine Angebotsunterlage, die im Zusammenhang mit einer Privatplatzierung verwendet wird, nicht als Werbung für Finanzanlagen für Zwecke nach Section 21 FSMA zuzulassen und sich stattdessen auf eine Ausnahmeregelung für die genehmigte Anforderung zu stützen.
366 Gemäß der Definition in Art. 19 des Financial Services and Markets Act 2000 (Financial Promotion Order 2005) (die **FPO**).
367 Art. 49 FPO.
368 Art. 12 FPO.
369 Art. 60 FPO.
370 Art. 45 FPO.
371 Section 30(2) FSMA.
372 Section 30(4) FSMA. Bei der Entscheidung, ob dies zutrifft, muss das Gericht berücksichtigen, ob der Antragsteller der begründeten Ansicht war, keine unrechtmäßige Mitteilung vorzunehmen (soweit die Mitteilung durch den Antragsteller erfolgte). Falls die Mitteilung nicht durch den Antragsteller erfolgte, muss das Gericht berücksichtigen, ob ihm bewusst war, dass der Vertrag infolge einer unrechtmäßigen Mitteilung abgeschlossen wurde.

§ 12
Börsen- und wertpapierhandelsrechtliche Zulassungsfolgepflichten

I. Einführung 12.1	b) Mindestinhalt des Halbjahres-
1. Begründung und Abgrenzung 12.1	finanzberichtes
2. Börsenorganisationsrecht 12.6	(§ 115 Abs. 2 bis 4 WpHG) 12.27
a) Stufenaufbau und Verhältnis der	c) Veröffentlichung des Halb-
Rechtsquellen 12.6	jahresfinanzberichtes
b) Vorrang der gesetzlichen Markt-	(§ 115 Abs. 1 WpHG) 12.28
segmentverfassung 12.10	d) Sanktionen 12.30
II. Zulassungsfolgepflichten im regulier-	3. Auskunftserteilung (§ 41 BörsG) 12.31
ten Markt 12.12	4. Jährliches Dokument (§ 10 WpPG a.F.) 12.32
1. Pflichten des Emittenten nach	5. Weitere Zulassungsfolgepflichten
§ 48 Abs. 1 WpHG 12.12	(§ 42 BörsG) 12.33
a) Gleichbehandlung der Wertpapier-	a) Marktsegmentregulierung durch
inhaber (§ 48 Abs. 1 Nr. 1 WpHG) 12.12	die Wertpapierbörse 12.33
b) Vorhandensein von Zahlstellen	b) Zulassungsverfahren 12.36
(§ 48 Abs. 1 Nr. 4 WpHG) 12.13	c) Beispiele für weitere Zulassungs-
c) Unterrichtungen und Mitteilungen	folgepflichten (insbesondere des
(§ 48 Abs. 1 Nr. 2, § 49,	Prime Standard der FWB) 12.40
§ 50 WpHG) 12.14	**III. Freiverkehr (§ 48 BörsG)** 12.41
d) Zulassung später ausgegebener	1. Herkömmliche Freiverkehrssegmente . 12.41
Aktien (§ 40 Abs. 1 BörsG,	2. Freiverkehrssegment nach Art des
§ 69 BörsZulV) 12.21	„Entry Standard" 12.42
2. Halbjahresfinanzbericht (§ 115 WpHG) 12.25	
a) Grundlagen 12.25	

Schrifttum: *Ammedick/Strieder*, Zwischenberichterstattung börsennotierter Gesellschaften, 2002; *Bayer*, Empfehlen sich besondere Regelungen für börsennotierte und für geschlossene Gesellschaften? Gutachten E für den 67. Deutschen Juristentag, 2008; *Beck*, Die Reform des Börsenrechts im Vierten Finanzmarktförderungsgesetz, BKR 2002, 699 (Teil 2); *Bloß/Schneider*, Prospektfreie Teilzulassung für später ausgegebene Aktien, WM 2009, 879; *Brandstein/Höfling*, Sind Freiverkehrskurse eine taugliche Untergrenze der Barabfindung in Spruchverfahren?, NZG 2021, 18; *Buchheim*, Die Jahres- und Zwischenberichterstattung im Entwurf der EU-Transparenz-Richtlinie, KoR 2003, 241; *Buchheim/Ulbrich*, EU-Transparenz-Richtlinie: Neuregelung der periodischen und laufenden Berichterstattung kapitalmarktorientierter Unternehmen, KoR 2004, 273; *Crüwell*, Die Europäische Prospektrichtlinie – Auf dem Weg zu einem europäischen Kapitalmarktrecht, AG 2003, 243; *Dehlinger*, Vertragliche Marktsegmentregulierung an Wertpapierbörsen, 2003; *Ekkenga/Maas*, Das Recht der Wertpapieremissionen, 2006; *Elsen/Jäger*, Revision der Prospektrichtlinie, BKR 2010, 97; *Fleischer*, Investor Relations und informationelle Gleichbehandlung im Aktien-, Konzern- und Kapitalmarktrecht, ZGR 2009, 505; *Fleischer*, Prognoseberichterstattung im Kapitalmarktrecht und Haftung für fehlerhafte Prognosen, AG 2006, 2; *Fleischer*, Buchführungsverantwortung des Vorstands und Haftung der Vorstandsmitglieder für fehlerhafte Buchführung, WM 2006, 2021; *Freidank/Steinmeyer*, Fortentwicklung der Lageberichterstattung nach dem BilReg aus betriebswirtschaftlicher Sicht, BB 2005, 2512; *Ganzer/Borsch*, Quartalsberichte und die Zulassung zum „Prime-Standard" des amtlichen Markts, BKR 2003, 484; *Gebhardt*, Prime und General Standard, Die Neusegmentierung des Aktienmarkts an der Frankfurter Wertpapierbörse, WM 2003, Sonderbeilage Nr. 2; *Gericke*, Handbuch für die Börsenzulassung von Wertpapieren, 1992; *Gödel*, Unverzichtbarkeit der Prognoseberichterstattung im (Konzern-)Lagebricht, DB 2010, 431; *Götze*, Das jährliche Dokument nach § 10 WpPG – eine Bestandsaufnahme, NZG 2007, 570; *Götze/Wunderlich*, Regelpublizität, in Habersack/Mülbert/Schlitt, Handbuch der Kapitalmarktinformation, 3. Aufl. 2020, § 9; *Gros/Koch/Wallek*, E-DRS 27: Geplante Änderungen in der Konzernlageberichterstattung, Der Konzern 2012, 111; *Hutter/Kaulamo*, Das Transparenzrichtlinie-Umsetzungsgesetz, NJW 2007, 471; *Hammen*, Rechte der Emittenten bei der „Fusion" von Wertpapierbörsen, ZBB 2001, 84; *Hammen*, Zwischenberichtspflicht im Geregelten Markt der Frankfurter Wertpapierbörse?, WM 2003, 997; *Heidelbach/Preuße*, Zweieinhalb Jahre neues Prospektregime und noch viele Fragen offen, BKR 2008, 10; *Kaum/Zimmermann*, Das „jährliche Dokument" nach § 10 WpPG, BB 2005, 1466; *Klöhn*, Optimistische Prognosen in der bürgerlich-rechtlichen Prospekthaftung, WM 2010, 289; *Kümpel*, Zur öffentlichrechtlichen Organisation der deutschen Wertpapierbörsen, BKR 2003, 3; *Kunold/Schlitt*, Die neue EU-Prospektrichtlinie – Inhalt und Auswirkungen auf das deutsche Kapitalmarktrecht, BB 2004, 501; *Lawall/Maier*, Änderungen im Wertpapierprospektgesetz, DB 2012, 2443 (Teil 1), DB 2012, 2503 (Teil 2); *Liebscher/Scharff*, Das Gesetz über elektronische Handelsregister und Genossenschaftsregister sowie das Unternehmensregister, NJW 2006, 3745; *Merkt/Göthel*, Vorschriften und Ansätze der Quartalsberichterstattung: Vergleich USA – Deutschland, RIW 2003, 23; *Möller*, Das Vierte Finanzmarktförderungsgesetz, WM 2001, 2405; *Mülbert/Steup*, Emittentenhaftung für fehlerhafte Kapitalmarktinformation, WM 2005, 1633; *Nießen*, Die Harmonisierung der kapitalmarktrechtlichen Transparenzregeln durch das TUG, NZG 2007, 41; *Noack*, Neue Publizitätspflichten und Publizitätsmedien für Unternehmen – eine Bestandsaufnahme nach EHUG und TUG, WM 2007, 377; *Ott/Brauckmann*, Zuständigkeitsgerangel zwischen Gesellschaftsorganen und Insolvenzverwalter in der börsennotierten Aktiengesellschaft, BB 2004, 2117; *Paschos/Goslar*, Wertpapierinhaberorientierte Publizität, in Habersack/Mülbert/Schlitt, Handbuch der Kapitalmarktinformation, 3. Aufl. 2020, § 11; *Philipps*, Halbjahresfinanzberichterstattung nach dem WpHG, DB 2007, 2326; *Potthoff/Stuhlfauth*, Der Neue Markt: Ein Handelssegment für innovative und wachstumsorientierte Unternehmen – kapitalmarktrechtliche Überlegungen und Darstellung des Regelwerks, WM 1997, Sonderbeilage Nr. 3; *Rattunde/Berner*, Insolvenz einer börsennotierten Aktiengesellschaft – Pflicht des Insolvenzverwalters zur Publikation von Ad-hoc-Mitteilungen nach dem Wertpapierhandelsgesetz, WM 2003, 1313; *Reuschle*, Viertes Finanzmarktförderungsgesetz, 2002; *von Rosen/Gebauer* in Küting/Weber (Hrsg.), Handbuch der Rechnungslegung – Einzelabschluss, 5. Aufl. 2002; *Schlitt*, Kapitalmarktrechtliche Folgepflichten eines börsennotierten Unternehmens, in Habersack/Mülbert/Schlitt, Unternehmensfinanzierung am Kapitalmarkt, 4. Aufl. 2019, § 38; *Schlitt*, Die neuen Marktsegmente der Frankfurter Wertpapierbörse, AG 2003, 57; *Schlitt/S. Schäfer*, Drei Jahre Praxis unter dem Wertpapierprospektgesetz – eine Zwischenbilanz, AG 2008, 525; *Seibt/von Bonin/Isenberg*, Prospektfreie Zulassung von Aktien bei internationalen Aktientausch-Transaktionen mit gleichwertigen Dokumentenangaben (§ 4 Abs. 2 Nr. 3 WpHG), AG 2008, 565; *Siebel/Gebauer*, Interimsdividende, AG 1999, 385; *Siebel/Gebauer*, Prognosen im Aktien- und Kapitalmarktrecht – Lagebericht, Zwischenbericht, Verschmelzungsbericht, Prospekt usw. –, WM 2001, 173 (Teil II); *Simons/Kallweit*, Quartalsberichte – Quartalsprüfung – Prüferbestellung, BB 2016, 332; *Spindler*, Prime Standard und General Standard – Die Börse als Ersatzgesetzgeber für Quartalsberichte?, WM 2003, 2073; *Spindler*, Regeln für börsennotierte vs. Regeln für geschlossene Gesellschaften – Vollendung des Begonnenen?, AG 2008, 598; *Spindler/Christoph*, Die Entwicklung des Kapitalmarktrechts in den Jahren 2003/2004, BB 2004, 219; *Stein*, Börsennotierte Aktiengesellschaften in der Insolvenz, 2009; *Streit/Schiermeyer*, Anmerkung zu VG Frankfurt am Main v. 29.1.2004 – 9 E 4228/03 (V), EWiR 2004, 457; *Strieder*, Die Zwischenberichterstattung in Deutschland nach der Veröffentlichung des DRS 6, KoR 2001, 222; *Strieder/Ammedick*, Zwischenberichterstattung im Jahr 2005 durch zur Umstellung auf IFRS verpflichtete Unternehmen, BB 2004, 2679; *Stürwald*, Pflicht zur Quartalsberichterstattung im amtlichen und geregelten Markt durch die „Hintertür"?, BKR 2002, 1021; *Wasmann/Harzenetter*, Die Bestellung des Prüfers für die prüferische Durchsicht von unterjährigen Finanzberichten, NZG 2016, 97; *Witte/Rafiqpoor*, Die Beerdigung des Neuen Marktes – rechtliche Aspekte, BB 2002, 2615; *Veil*, Prognosen im Kapitalmarktrecht, AG 2006, 690; *Zietsch/Holzborn*, Zulassungsfolgepflichten börsennotierter Unternehmen – Eine Übersicht der Pflichten von Unternehmen nach deren Zulassung an einer deutschen Börse („Zulassungsfolgepflichten"), WM 2002, 2356 (Teil I), 2393 (Teil II).

I. Einführung

1. Begründung und Abgrenzung

Zulassungsfolgepflichten sind die Pflichten des Emittenten, die durch die Zulassung seiner Wertpapiere zum Börsenhandel begründet werden. Als **Informations-, Publizitäts- und sonstige Verhaltenspflichten** bezwecken sie den Schutz des Anlegerpublikums im Allgemeinen und der bereits beteiligten Aktionäre im Besonderen oder dienen in anderer Weise der Funktionsfähigkeit des Börsenhandels. Bei den Zulassungsfolgepflichten handelte es sich herkömmlich um spezifisch börsenrechtliche und erst

12.1

seit Umsetzung der Insiderhandelsrichtlinie und der Einführung der Entsprechenserklärung gemäß § 161 AktG um sonstige kapitalmarktrechtliche Verhaltenspflichten (wie z.B. die Pflicht zur Ad-hoc-Publizität nach Art. 17 MAR oder die Pflicht zur Erstellung und Veröffentlichung eines Jahres- bzw. Halbjahresfinanzberichts nach §§ 114, 115 WpHG i.d.F. des 2. FiMaNoG). Zunehmend finden sich ursprünglich spezifisch börsenrechtliche Zulassungsfolgepflichten auch im WpHG, wie z.B. die Pflichten des Emittenten gegenüber Wertpapierinhabern in § 48 WpHG (bis 2.1.2018: § 30a). Unter der Zulassung von Wertpapieren versteht das Börsengesetz die den Emittenten begünstigende und an ihn gerichtete Erlaubnis der Wertpapierbörse (Geschäftsführung), zum Zweck der Börsenpreisermittlung der zugelassenen Wertpapiere die sachliche und personelle Börseninfrastruktur in Anspruch zu nehmen[1]. Der Zulassung in diesem Sinne bedürfen Wertpapiere, die auf Antrag des Emittenten im regulierten Markt einer Wertpapierbörse gehandelt werden (§ 32 Abs. 1 BörsG)[2]. Keine Zulassung liegt dagegen vor, wenn Wertpapiere eines Emittenten auf Antrag eines Handelsteilnehmers oder von Amts wegen durch die Geschäftsführung in den regulierten Markt (nach § 33 Abs. 1 BörsG) oder in den Freiverkehr (§ 48 BörsG) „einbezogen" werden[3]. Der Freiverkehr stellt aufsichtsrechtlich eine Multilateral Trading Facility (MTF) i.S.v. § 2 Abs. 21 WpHG[4] dar. Daneben können Organized Trading Facility (OTF) bestehen, bei denen ein Vertragsschluss *nicht* nach nicht diskretionären Regeln erfolgt[5] (organisierte Handelssysteme als neue Handelsplatzkategorie). Auf OTFs können jedoch keine Aktien gehandelt werden[6]. Für die Einbeziehung von Finanzinstrumenten in den Handel auf einer OTF finden die Vorschriften über den Freiverkehr entsprechende Anwendung[7]. Die Einbeziehung in den regulierten Markt kann ohne Mitwirkung des Emittenten erfolgen, sofern seine Wertpapiere bereits an einer anderen in- oder ausländischen Börse notiert sind (vgl. § 33 Abs. 1 Nr. 1 BörsG). Infolge einer fehlenden Beteiligung des Emittenten werden für ihn durch die Einbeziehung seiner Wertpapiere keine neuen Pflichten begründet; seine Pflichten aufgrund der anderweitigen Börsenzulassung bleiben unberührt. Er ist gemäß § 33 Abs. 3 BörsG über die Einbeziehung seiner Wertpapiere durch die Geschäftsführung zu unterrichten. Aufgrund der Einbeziehung ist lediglich der antragstellende Handelsteilnehmer zur Gewährleistung eines ordnungsgemäßen Börsenhandels bzw. der Erfüllung von Informationspflichten über den Emittenten[8] verpflichtet.

12.2 Mit der Zulassung der Wertpapiere zum Börsenhandel kommt ein **öffentlich-rechtliches Dauerrechtsverhältnis** zwischen dem Emittenten und der Wertpapierbörse (als Anstalt des öffentlichen Rechts) zustande[9]. Von der Zulassung an muss der Emittent die ihm auferlegten Verhaltenspflichten erfüllen. Die Wertpapierbörse nimmt ihrerseits die Börsennotierung der zugelassenen Wertpapiere gemäß den

---

1 Vgl. *Gebhardt* in Schäfer/Hamann, Kapitalmarktgesetze, § 30 BörsG Rz. 3, 8; ungenau *Heidelbach* in Schwark/Zimmer, § 32 BörsG Rz. 15 f.; *Oulds* in Kümpel/Mülbert/Früh/Seyfried, Bankrecht und Kapitalmarktrecht, Rz. 10.103 ff.
2 Im Ausnahmefall sind Wertpapiere kraft Gesetzes zugelassen (staatliche Schuldverschreibungen i.S.v. § 37 BörsG oder neue Aktien aus einer Kapitalerhöhung aus Gesellschaftsmitteln gemäß § 33 Abs. 4 EG-AktG, der vom „amtlichen Handel" spricht und heute auf den regulierten Markt zu beziehen ist).
3 Eine Einbeziehung von Wertpapieren in den regulierten Markt erfolgt durch die Börsengeschäftsführung (§ 33 Abs. 1 BörsG) durch Verwaltungsakt bzw. – in den Freiverkehr – durch den Freiverkehrsträger durch privatrechtliche Entscheidung, vgl. *Gebhardt* in Schäfer/Hamann, Kapitalmarktgesetze, § 57 BörsG Rz. 19; *Heidelbach* in Schwark/Zimmer, § 33 BörsG Rz. 5 und *Schwark* in Schwark/Zimmer, § 48 BörsG Rz. 7.
4 Dazu *Assmann* in Assmann/Uwe H. Schneider/Mülbert, § 2 WpHG Rz. 257 ff.
5 Dazu *Assmann* in Assmann/Uwe H. Schneider/Mülbert, § 2 WpHG Rz. 165 f.
6 *Schwark* in Schwark/Zimmer, § 48b BörsG Rz. 1.
7 *Schwark* in Schwark/Zimmer, § 48b BörsG Rz. 6; *Oulds* in Kümpel/Mülbert/Früh/Seyfried, Bankrecht und Kapitalmarktrecht, Rz. 10.111.
8 Vgl. z.B. § 60 BörsO FWB, Stand: 28.6.2021.
9 Ausführlich zum Rechtsverhältnis (Börsenbenutzungsverhältnis) zwischen Emittent und Wertpapierbörse *Seiffert/Lembke* in Kümpel/Mülbert/Früh/Seyfried, Bankrecht und Kapitalmarktrecht, Rz. 14.451 ff.; *Gebhardt* in Schäfer/Hamann, Kapitalmarktgesetze, § 30 BörsG Rz. 8; *Hammen*, ZBB 2001, 84, 91, sieht das öffentlich-rechtliche Börsenbenutzungsverhältnis zwischen Emittent und Wertpapierbörse als verwal-

Vorgaben des Emittenten auf (Einführung i.S.d. § 38 Abs. 1 BörsG)[10] und hat sodann die Börsenpreisermittlung im elektronischen Handel oder durch Skontroführer unter der Voraussetzung ordnungsgemäßer Marktverhältnisse aufrechtzuerhalten. Dem steht eine entsprechende Rechtsposition des Emittenten gegenüber. Das Rechtsverhältnis zwischen dem Emittenten und der Wertpapierbörse zeichnet sich ferner dadurch aus, dass im Fall einer Nichterfüllung börsenrechtlicher Zulassungsfolgepflichten durch den Emittenten eine primäre Durchsetzung dieser Pflichten durch die Wertpapierbörse, die zu ihrer tatsächlichen Erfüllung führen würde, im Allgemeinen nicht stattfindet. Vielmehr erfolgt eine mittelbare Durchsetzung durch Androhung bzw. Festsetzung anderweitiger Sanktionen (z.B. Ordnungsgeld bis zu 1 Mio. Euro nach § 22 Abs. 2 Satz 2 BörsG durch den Sanktionsausschuss oder Widerruf der Börsenzulassung nach § 39 Abs. 1 bzw. Ausschluss von einem Teilbereich des regulierten Marktes nach § 42 Abs. 2 Satz 1 BörsG durch die Geschäftsführung der Börse).

Adressat von im BörsG geregelten Zulassungsfolgepflichten ist im Außenverhältnis der Emittent als Rechtsträger. Soweit das BörsG die Zulassungsfolgepflichten regelt, unterscheidet es nicht zwischen in- und ausländischen Emittenten. Demgegenüber stellt das WpHG, z.B. hinsichtlich der Zulassungsfolgepflichten in §§ 48 bis 50 WpHG (bis 2.1.2018: § 30a bis § 30e), entweder auf Emittenten, für die die BRD Herkunftsstaat ist, oder auf Inlandsemittenten ab. Die Erfüllung der Verhaltenspflichten durch den Emittenten ist im Regelfall eine Maßnahme der Geschäftsführung und obliegt damit dem Vorstand der Aktiengesellschaft. Der Vorstand kann (und wird i.d.R.) die Erfüllung der Pflichten bzw. erforderliche Vorbereitungshandlungen auf seine Mitarbeiter bzw. Fachabteilungen delegieren. Bei bestimmten Verhaltenspflichten kann eine Mitwirkung des Aufsichtsrats des Emittenten erforderlich sein, wenn etwa die Beteiligung des Aufsichtsrats an der Pflichterfüllung aufgrund seiner gesetzlichen Stellung erforderlich ist (z.B. bei der Pflicht zur Erstellung eines – befreienden – Konzernabschlusses nach internationalen Rechnungslegungsgrundsätzen) oder im Einzelfall ein (fakultativer) Zustimmungsvorbehalt hinsichtlich der Erfüllungshandlung besteht. Dagegen scheidet eine Mitwirkung der Hauptversammlung des Emittenten an der Erfüllung der Verhaltenspflichten aus rechtlichen und praktischen Gründen grundsätzlich aus. Eine Besonderheit mag hier die börsenrechtliche Verpflichtung einer Aktiengesellschaft zur Gleichbehandlung der Inhaber der zugelassenen Wertpapiere bzw. Aktionäre darstellen (§ 48 Abs. 1 Nr. 1 WpHG [bis 2.1.2018: § 30a Abs. 1 Nr. 1]), die einer ohnehin von allen Gesellschaftsorganen gemäß § 53a AktG zu beachtenden Pflicht entspricht (hierzu Rz. 12.12). In der Insolvenz des Emittenten geht die interne Zuständigkeit zur Erfüllung börsenrechtlicher bzw. sonstiger kapitalmarktrechtlicher Verhaltenspflichten nach § 24 WpHG (bis 2.1.2018: § 11) nicht vom Vorstand auf den Insolvenzverwalter über, doch hat der Insolvenzverwalter den Schuldner (also den Emittenten und damit indirekt dessen Vorstand) bei der Erfüllung seiner Pflichten insb. durch Bereitstellung der erforderlichen Mittel zu unterstützen[11]. 12.3

Die börsenrechtlichen wie auch die im WpHG kodifizierten Zulassungsfolgepflichten des Emittenten sind eine **Ausprägung kapitalmarktrechtlicher Verhaltenspflichten**. Auch in anderen Normen und Regelungen als denen des Börsenrechts ist die Zulassung des Emittenten bzw. seine Börsennotierung pflichtbegründendes Tatbestandselement (siehe hierzu insbesondere Rz. 14.7 ff. – Insiderrecht –, Rz. 15.11 ff. – Ad-hoc-Publizität –, Rz. 16.4 f. – Geschäfte von Führungspersonen – sowie Rz. 18.7 – 12.4

---

tungsrechtliches Schuldverhältnis an, auf das zivilrechtliche Vorschriften entsprechend Anwendung finden.

10 Die Zulassungsfolgepflichten werden durch die Zulassung der Wertpapiere begründet. Auf die Einführung der Wertpapiere, die zwingend nach Zulassung erfolgt (vgl. § 38 Abs. 1 Satz 1 BörsG), kommt es nicht entscheidend an. Auch die Einführung wird teilweise als Zulassungsfolgepflicht angesehen. Seine Mitwirkung an der Einführung stellt aber wegen § 38 Abs. 4 BörsG (Wegfall der Zulassung bei nicht fristgerechter Einführung) eher eine Obliegenheit des Emittenten dar.

11 Zu dem damit entschiedenen Streit siehe etwa *Rattunde/Berner*, WM 2003, 1313, 1315 ff.; *Streit/Schiermeyer*, EWiR 2004, 457, 458, sowie *Ott/Brauckmann*, BB 2004, 2117, 2120 ff. sowie VG Frankfurt a.M. v. 29.1.2004 – 9 E 4228/03 (V), ZIP 2004, 469, hinsichtlich der Pflicht zur Veröffentlichung von Stimmrechtsmitteilungen nach § 40 WpHG (bis 2.1.2018: § 26); ausführlich *Stein*, Börsennotierte Aktiengesellschaften in der Insolvenz, 2009.

Mitteilungs- und Veröffentlichungspflichten von Stimmrechtsanteilen). Sofern diese Bestimmungen ebenfalls dem spezifischen Kapitalmarktrecht zuzuordnen sind (wie die vorstehend angesprochenen Verhaltensregelungen des WpHG), besteht auch deren Zielrichtung im Schutz des Publikums und der Funktionsfähigkeit des Börsenhandels[12]. Dagegen lassen sich die unterschiedlichen Anforderungen des Aktiengesetzes an börsennotierte und nicht börsennotierte Gesellschaften nicht einheitlich auf diesen Schutzzweck zurückführen. Die Differenzierung des § 3 Abs. 2 AktG diente ursprünglich nicht in erster Linie der Begründung zusätzlicher Verhaltenspflichten börsennotierter Gesellschaften oder deren Organe, sondern – als allgemeine Definitionsnorm – der sprachlichen Entlastung verschiedener Vorschriften des Aktiengesetzes über die Deregulierung des Rechts nicht börsennotierter Gesellschaften. Zunehmend wurden und werden in das Aktiengesetz allerdings Regelungen eingefügt, die an die sog. kapitalmarktorientierte Trennlinie des § 3 Abs. 2 AktG anknüpfen und dabei ersichtlich eine kapitalmarktbezogene Verhaltenssteuerung der börsennotierten Aktiengesellschaft bzw. von deren Gesellschaftsorganen bezwecken[13]. Ein Beispiel hierfür ist die Pflicht von Vorstand und Aufsichtsrat einer börsennotierten Aktiengesellschaft nach § 161 AktG, jährlich zu erklären, inwieweit die Empfehlungen des Deutschen Corporate Governance Kodex angewandt wurden und werden, und diese Erklärung den Aktionären dauerhaft zugänglich zu machen (zur sog. Entsprechenserklärung Rz. 2.72 ff.). Die Diskussion wird de lege ferenda daher darum geführt, ob es grundsätzlich verschiedene Regeln für börsennotierte und nicht börsennotierte Aktiengesellschaften geben soll[14].

12.5 Die börsenrechtlichen und sonstigen kapitalmarktrechtlichen Verhaltenspflichten ergeben zusammen das auf der Börsenzulassung seiner Wertpapiere beruhende Pflichtenprogramm des Emittenten, seiner Verwaltungsorgane oder dritter Personen[15]. Dieses Pflichtenprogramm ist für einen (potentiellen) Emittenten vor allem aus **unternehmerischer Sicht** von Bedeutung. Der Börsengang bewirkt einen Wandel von einer Aktiengesellschaft mit regelmäßig überschaubarem Aktionärskreis und einer mitgliedschaftlich geprägten Organisation zu einer Gesellschaft, die ihre Aktionäre nicht mehr nur als Verbandsmitglieder, sondern auch als Kapitalanleger betrachtet und sich nach dem speziell für dieses Verhältnis geltenden Kapitalmarktrecht verhalten muss. Bei bestehender Börsennotierung können die Verhaltenspflichten eine Rolle spielen bei Überlegungen zur weiteren Aufrechterhaltung der Kapitalmarktpräsenz des Emittenten (Frage des Delisting; vgl. Rz. 63.1 ff.) oder zur Modifizierung des aktuellen Kapitalmarktauftritts (z.B. Fragen des Dual Listing oder Marktsegmentwechsels). Der Kapitalmarktauftritt des Emittenten wird wesentlich durch die öffentlichkeitswirksamen und für potentielle Investoren häufig entscheidungsrelevanten Anforderungen des jeweiligen (Ziel-)Marktsegments geprägt. Aus diesem Grund kann es für einen Emittenten pauschal vorzugswürdig erscheinen, die Notierung in einem Marktsegment mit strengen Verhaltenspflichten anzustreben bzw. aufrechtzuerhalten. Gleichwohl erfordert es die unternehmerisches Sorgfalt, das konkrete Marktsegment mit seinen spezifischen Verhaltenspflichten im Hinblick auf die individuellen Verhältnisse auszuwählen, damit sich keine erheblichen Differenzen ergeben zwischen den Anforderungen des Marktsegments einerseits und den Möglichkeiten des Emittenten (d.h. seinen sachlichen und personellen Kapazitäten), diese Anforderungen zu erfüllen, andererseits[16]. Auch Kostenaspekte sind hier von Bedeutung, da Kosten

---

12 Die Differenzierung zwischen spezifisch börsenrechtlichen und sonstigen Verhaltenspflichten ist für die Frage der Sanktionierbarkeit von Pflichtverstößen durch die Börse von praktischer Bedeutung.
13 Im Handelsrecht (insbesondere im Konzernrechnungslegungsrecht) gibt es ebenfalls kapitalmarktbezogene Differenzierungen zwischen börsennotierten („kapitalmarktorientierten") und nichtbörsennotierten Gesellschaften (z.B. in § 293 Abs. 5 HGB).
14 Vgl. etwa *Bayer*, Gutachten 67. DJT, pp.; *Spindler*, AG 2008, 598; *Marsch-Barner/Schäfer*, Rz. 1.38 f.
15 Ein Beispiel für Verhaltenspflichten Dritter ist die Mitteilungspflicht des Stimmrechtsinhabers bei Veränderungen seines Stimmrechtsanteils an einer börsennotierten Gesellschaft (§ 33 ff. WpHG [bis 2.1.2018: §§ 21 ff.]). Auch die Insidervorschriften der Regelungen der MAR und ergänzenden VOen seit 3.7.2016 können in diesem Zusammenhang genannt werden.
16 Sofern im Einzelfall die Hauptversammlung des Emittenten im Rahmen der Vorbereitung des Börsengangs eine Entscheidung für ein bestimmtes Marktsegment trifft, ist die Unternehmensverwaltung hieran gebunden und kann nicht aus eigenem Ermessen ein anderes Zielmarktsegment auswählen. Zur Ge-

abhängig vom Erfüllungsaufwand der einzelnen Pflichten börsennotierter Unternehmen entstehen[17]. Zu weiteren Folgekosten kann es führen, wenn die Pflichterfüllung bzw. die Vermeidung von Pflichtverletzungen durch eine besondere Compliance-Organisation des Emittenten gewährleistet werden soll.

2. Börsenorganisationsrecht

a) Stufenaufbau und Verhältnis der Rechtsquellen

Das Recht enthält an verschiedenen Stellen (EU-Verordnungen, Börsengesetz, Wertpapierhandelsgesetz, Börsenzulassungs-Verordnung, Börsenordnungen der Wertpapierbörsen) normative Bestimmungen über die Zulassungsfolgepflichten von Emittenten[18]. Je nach Marktsegment bzw. Teilbereichen von Marktsegmenten sind diese Normen von einem Emittenten in unterschiedlicher Zusammenstellung zu beachten. In der Normenhierarchie stehen – vorbehaltlich verfassungsrechtlicher oder europarechtlicher Schranken und Vorgaben (wie etwa durch die MAR und den mit dieser im Zusammenhang stehenden EU-Verordnungen) – das **Börsengesetz** und das **Wertpapierhandelsgesetz** auf der obersten Stufe. Das Börsengesetz befasst sich in §§ 40, 41 BörsG mit den Zulassungsfolgepflichten des Emittenten des regulierten Markts, wobei in § 40 Abs. 1 BörsG die Pflicht, für später ausgegebene Aktien derselben Gattung die Zulassung zum regulierten Markt zu beantragen und in § 41 Abs. 1 BörsG die allgemeine Auskunftspflicht des Emittenten geregelt sind. Auf Grundlage des § 42 BörsG können die einzelnen Wertpapierbörsen überdies für sog. Teilbereiche des regulierten Markts weitere Unterrichtungspflichten des Emittenten einführen. Das Wertpapierhandelsgesetz befasst sich mit den Zulassungsfolgepflichten des Emittenten von zugelassenen Wertpapieren, für den die Bundesrepublik Deutschland der Herkunftsstaat i.S.v. § 2 Abs. 13 WpHG (bis 2.1.2018: § 2 Abs. 6) ist, in §§ 48 bis 50 WpHG (bis 2.1.2018: §§ 30a bis 30e) sowie in §§ 106 bis 113 WpHG (bis 2.1.2018: §§ 37n bis 37u) und in §§ 114 bis 118 WpHG (bis 2.1.2018: §§ 37v bis 37z). Dabei sind in § 48 WpHG (bis 2.1.2018: § 30a) eine Reihe von Einzelpflichten geregelt, die früher in § 39 BörsG a.F. geregelt waren, u.a. die Pflicht zur Gleichbehandlung der Inhaber der zugelassenen Wertpapiere, die Pflicht zur Unterhaltung einer inländischen Zahlstelle sowie die Pflicht zur Übermittlung einer Einladung zu Hauptversammlungen oder Gläubigerversammlungen zusammen mit einem Vollmachtsformular. Durch § 49 WpHG (bis 2.1.2018: § 30b) werden Emittenten, für die die Bundesrepublik Deutschland der Herkunftsstaat ist, u.a. verpflichtet, Einladungen zu Hauptversammlungen oder Gläubigerversammlungen sowie Dividendenmitteilungen, Umtauschmitteilungen oder Mitteilungen über Zeichnungsrechte etc. auch im Bundesanzeiger zu veröffentlichen. Nach § 50 WpHG (bis 2.1.2018: § 30e) hat ein Inlandsemittent i.S.v. § 2 Abs. 14 WpHG (bis 2.1.2018: § 2 Abs. 7) diverse Veröffentlichungen zudem der BaFin und dem Unternehmensregister mitzuteilen, nach §§ 106 bis 113 WpHG (bis 2.1.2018: §§ 37n bis 37u) unterliegen die Jahresabschlüsse und zugehörige Lageberichte sowie Konzernabschlüsse und zugehörige Konzernlageberichte sowie deren jeweilige Kurzformen der Prüfung durch die BaFin und bis zu ihrer Abschaffung aufgrund des Wirecard Skandals durch die DPR (Deutsche Prüfstelle für Rechnungslegung[19]). Die §§ 114 bis 118 WpHG (bis 2.1.2018: §§ 37v bis 37z) regeln die Pflicht zur Erstel-

---

währleistung einer sachlich und zeitlich flexiblen Emissionspolitik wird es sich daher bei den Emittenten, für die mehrere Marktsegmente bzw. Börsenplätze in Betracht kommen, regelmäßig empfehlen, dass die Hauptversammlung auf die Benennung eines konkreten Marktsegments verzichtet und die Entscheidung dem pflichtgemäßen Ermessen der Verwaltungsorgane überlässt.

17 Siehe auch *Spindler*, WM 2002, 2073, 2079.
18 Daneben gibt es Regelungen über die Bildung von Aktienindizes, die für die Aufnahme eines Emittenten voraussetzen, dass dieser bestimmte Verhaltenspflichten erfüllt (siehe Ziff. 2 des sog. Leitfadens zu den Aktienindizes der Deutschen Börse, Stand: Juni 2019). Diese Bedingungen sind nicht Element der nachfolgend beschriebenen Normenhierarchie, was indes ihre Überprüfbarkeit anhand börsenrechtlicher und allgemeiner Normen nicht generell ausschließt.
19 Vgl. §§ 342b ff. HGB.

lung von Jahres- und Halbjahresfinanzberichten, was vor Geltung des TUG (teilweise) in § 40 BörsG a.F. geregelt war (Zwischenbericht für Emittenten von Aktien).

12.7 Die Börsenzulassungs-Verordnung wurde auf Grundlage verschiedener Ermächtigungen im Börsengesetz ursprünglich von der Bundesregierung mit Zustimmung des Bundesrats für den regulierten Markt erlassen. Die Börsenzulassungs-Verordnung a.F. enthielt in ihren §§ 53 ff. detaillierte Ausführungen zu den Zulassungsfolgepflichten nach § 39 Abs. 1 Nr. 3 und Nr. 4, § 40 BörsG a.F., die weitestgehend in **§§ 48 ff. WpHG** (bis 2.1.2018: §§ 30a ff.) enthalten sind.

12.8 Im Stufenaufbau börsenrechtlicher Zulassungsfolgepflichten stehen die **Börsenordnungen** der Wertpapierbörsen nicht unmittelbar unter der Börsenzulassungs-Verordnung, sondern – bildlich gesehen – versetzt daneben. Dies beruht darauf, dass sich der Regelungsbereich der Börsenordnung ausschließlich aus dem Börsengesetz ableitet und nicht auch aus der Börsenzulassungs-Verordnung. Die Börsenordnungen werden von den einzelnen Wertpapierbörsen gemäß § 12 Abs. 2 Satz 1 Nr. 1 BörsG als Satzungen erlassen und sind – der h.M. zufolge, die in den Wertpapierbörsen Anstalten des öffentlichen Rechts sieht – ebenfalls Rechtsnormen[20]. Bis zur Börsengesetznovelle durch das FRUG im Oktober 2007 widmeten sich die Börsenordnungen vornehmlich dem (damals sog.) geregelten Markt, der 1986 in das BörsG eingeführt worden war. Seit dem FRUG und der „Zusammenlegung" von amtlichem und geregeltem Markt zum regulierten Markt setzen die BörsO § 42 Abs. 1 BörsG um und definieren Teilbereiche des regulierten Marktes mit zusätzlichen Anforderungen an bzw. Zulassungsfolgepflichten für Emittenten, z.B. der Quartalsmitteilung im Prime Standard der FWB (vgl. §§ 48 ff. BörsO FWB)[21]. De lege lata besteht daher die Bedeutung der Börsenordnungen hinsichtlich der Zulassungsfolgepflichten in erster Linie darin, dass sie für Teilbereiche des regulierten Markts weitere Unterrichtungspflichten des Emittenten zum Schutz des Publikums oder für einen ordnungsgemäßen Börsenhandel vorsehen können (§ 42 BörsG). Damit soll den Wertpapierbörsen eine eigenständige Marktsegmentregulierung ermöglicht werden.

12.9 Der Freiverkehr wird gemäß § 48 Abs. 1 BörsG durch **Geschäftsbedingungen** (früher Handelsrichtlinien) reguliert. In Abgrenzung von dem Segment regulierter Markt der Wertpapierbörse ist das Regelwerk des Freiverkehrs privatrechtlicher Natur und wird – formal betrachtet – nicht von der Wertpapierbörse als Anstalt des öffentlichen Rechts herausgegeben, sondern vom jeweiligen Freiverkehrsveranstalter (in der Regel von der sog. Börsenträgergesellschaft[22]). Der Börsenaufsichtsbehörde obliegt nach § 48 Abs. 3 Satz 1 BörsG die Zulassung des Freiverkehrs als Markt. Die Einbeziehung von Emittenten in den Freiverkehrshandel ist dagegen dem Freiverkehrsveranstalter vorbehalten. In vielen früheren Freiverkehrssegmenten unterlagen die Emittenten keinen börsenrechtlichen Verhaltenspflichten. Nach § 48 Abs. 1 Satz 4 BörsG dürfen sie durch die Geschäftsbedingungen auch nicht zur Veröffentlichung von Informationen verpflichtet werden, wenn ihre Wertpapiere ohne ihre Zustimmung in den Freiverkehr einbezogen wurden. Mit dem Regelwerk Neuer Markt wurden erstmals Handelsrichtlinien vorgelegt, die – abweichend von den herkömmlichen Handelsrichtlinien (sog. Freiverkehrsrichtlinien) – ebenfalls Verhaltenspflichten für Emittenten vorsahen und mit diesen über das im (damaligen) amtlichen und geregelten Markt geltende Niveau hinausgingen. Dies hat sich für bestimmte Qualitätsseg-

---

20 Siehe nur *Ledermann* in Schäfer/Hamann, Kapitalmarktgesetze, § 13 BörsG Rz. 1; *Schwark* in Schwark/Zimmer, § 12 BörsG Rz. 20.
21 Vgl. *Gebhardt*, WM 2003, Sonderbeilage 2, S. 2 ff.; zur Verfassungsmäßigkeit von § 42 BörsG vgl. Hess. VGH v. 28.3.2007 – 6 N 3224/04, WM 2007, 1264, 1267 ff.
22 Die Börsenträgergesellschaft ist Empfänger der staatlichen Genehmigung zur Errichtung einer Wertpapierbörse und nach Genehmigungserteilung verpflichtet, die Wertpapierbörse zu errichten und zu betreiben sowie diese mit den für die Erfüllung des Anstaltszwecks benötigten finanziellen, personellen und sachlichen Mitteln auszustatten (vgl. § 5 Abs. 1 Satz 2 BörsG). Einzige in Deutschland selbst börsennotierte Börsenträgergesellschaft ist derzeit die Deutsche Börse AG (Träger der Frankfurter Wertpapierbörse).

mente des Freiverkehrs heute weitgehend durchgesetzt[23]. Nach § 48a BörsG i.d.F. ab 3.1.2018 kann der Börsenträger einen Freiverkehr als Wachstumsmarkt für kleine und mittlere Unternehmen (sog. KMU-Wachstumsmarkt) etablieren. Im börsenrechtlichen Stufenaufbau stehen die Geschäftsbedingungen unter dem Börsengesetz und – soweit in der Börsenordnung einer Wertpapierbörse Inhalte der Freiverkehrsregulierung vorgegeben sind – (auch) unter der zwischengeschalteten Börsenordnung. – Der Freiverkehr gilt ab 3.1.2018 nach § 48 Abs. 3 Satz 2 BörsG als „multilaterales Handelssystem" i.S.v. § 2 Abs. 6 BörsG i.d.F. des 2. FiMaNoG. Zusätzlich kann zukünftig an einer Börse nach § 48b BörsG ab 3.1.2018 ein organisiertes Handelssystem i.S.v. § 2 Abs. 7 BörsG betrieben werden. – In der Terminologie des EU-Aufsichtsrechts stellt der Freiverkehr ein „multilaterales Handelssystem"(multilateral trading facility oder MTF) i.S.v. § 2 Abs. 21 bzw. § 2 Abs. 8 Satz 1 Nr. 8 WpHG dar, weil „die Interessen einer Vielzahl Dritter am Kauf und Verkauf von Finanzinstrumenten innerhalb des Systems nach nichtdiskretionären Bestimmungen zusammengeführt" werden.

Neben die „klassischen" Marktsegmente des regulierten Marktes und des Freiverkehrs (letzterer ein MTF i.S.d. Terminologie des WpHG) ist in den letzten Jahren das multilaterale System getreten, auf dem die Interessen einer Vielzahl Dritter am Kauf und Verkauf von Schuldverschreibungen, strukturierten Finanzprodukten, Emissionszertifikaten oder Derivaten innerhalb des Systems auf eine Weise zusammengeführt werden, die zu einem Vertrag über den Kauf dieser Finanzinstrumente führt" (organisiertes Handelssystem oder OTF). Auf der neuen Handelsplatzkategorie der OTFs erfolgt jedoch kein Handel zu nichtdiskretionären Bedingungen und lediglich die vorstehend genannten Finanzinstrumente und somit insbesondere keine Aktien können auf ihnen gehandelt werden[24]. OTFs können von Börsen oder Wertpapierfirmen betrieben werden, weshalb sich die Regelungen des § 48b Abs. 2 bis 10 BörsG und § 75 Abs. 1 bis 9 WpHG entsprechen. Der Betrieb eines OTF an einer Börse bedarf nach § 48b Abs. 1 Satz 1 BörsG der schriftlichen Erlaubnis der Börsenaufsichtsbehörde. Soweit § 48b Abs. 2 bis 9 BörsG keine abweichende Regelung enthalten, sind die für den Freiverkehr geltenden Regelungen des BörsG entsprechend auszuwenden.

12.9a

b) Vorrang der gesetzlichen Marktsegmentverfassung

Die jeweils geltenden Zulassungsvoraussetzungen und Zulassungsfolgepflichten ermöglichen eine typisierende Abgrenzung der verschiedenen Marktsegmente der Börse. Wenngleich vor allem die Befugnis der Wertpapierbörsen zur eigenständigen Bildung von Teilbereichen des regulierten Markts (§ 42 BörsG) Grundlage einer relativen Vielfalt unterschiedlicher Verhaltenspflichtprogramme für Emittenten sein kann, müssen sich alle vorhandenen Marktsegmente und Teilbereiche von Marktsegmenten dem börsengesetzlichen Prinzip des **Numerus Clausus der Marktsegmente** unterordnen. Dieses Prinzip besagt, dass der Wertpapierhandel unter dem Dach der Börse früher nur in den zwei Segmentgattungen (Handelssegmenten) regulierter Markt und Freiverkehr stattfindet und nicht (auch) in beliebig gebildeten und organisierten sonstigen Marktveranstaltungen[25]. Auf diese Weise soll die institutionelle Transparenz des Wertpapierhandels und damit die Funktionsfähigkeit des Börsenbetriebs gewährleistet werden[26]. Ergänzend kann aus dem Zwei-Segmente-Prinzip hergeleitet werden, dass den potentiellen Emittenten mehrere, durch ihre gesetzlichen Merkmale unterscheidbaren Marktsegmente mit un-

12.10

---

23 Vgl. etwa die AGB für den Freiverkehr an der FWB, die zwischen dem sog. „Quotation Board" (§§ 10 ff.) und dem „Scale" und „Basic Board" (§§ 16 ff.) unterscheiden; alle Marktsegmente zusammen werden als „Open Market" bezeichnet (§ 2 Abs. 1) (Stand: 9.12.2019); vgl. auch Rz. 12.42 f.
24 Ausführlich zu den Unterschieden zwischen Börsen, MTFs und OTFs *Seiffert/Lembke* in Kümpel/Mülbert/Früh/Seyfried, Bankrecht und Kapitalmarktrecht, Rz. 14.215 ff.
25 Der Numerus Clausus der Marktsegmente wurde früher auch als Zwei-Segmente-Prinzip bezeichnet, vgl. *Hammen*, WM 2003, 997, 1000 f. Keine Ausnahme von diesem Prinzip stellt der Börsenhandel in einem elektronischen Handelssystem (gemäß § 25 Satz 1 Alt. 1 BörsG a.F. – durch das FRUG ersatzlos weggefallen, doch bestehen elektronische Handelssysteme weiter) dar, da dieser die bestehende Marktsegmentierung unberührt lässt.
26 Vgl. *Hammen*, WM 2003, 997, 1000.

terschiedlichen Anforderungen zur Verfügung stehen sollen, damit eine Kapitalbeschaffung über den organisierten Kapitalmarkt für eine möglichst hohe Zahl geeigneter Unternehmen in Betracht kommt[27]. Die Befugnis der Wertpapierbörsen zur Bildung von Teilbereichen des regulierten Markts nach § 42 BörsG hat an diesem Grundsatz nichts geändert, sondern im Gegenteil die gesetzlichen Segmentgattungen regulierter Markt (als Handelssegment) sowie den Numerus Clausus der Marktsegmente insgesamt unberührt gelassen bzw. bestätigt[28]. – Die Einführung eines organisierten Handelssystems (Organized Trading Facility – OTF) gemäß § 48b BörsG i.V.m. § 2 Abs. 7 BörsG ändert daran nichts, da es sich bei dem OTF ausdrücklich nicht um eine Börse, sondern um einen Handel an einer Börse handelt. Im Lichte von § 48b BörsG sowie der Tatsache, dass auch der Freiverkehr als MTF an einer Börse stattfindet, erscheint es jedoch vertretbar, dass eine OTF an einer Börse den Übergang zu einem Drei-Segmente-Prinzip begründet.

12.11 Gemessen an dieser gesetzlichen Grundstruktur der Börsensegmentverfassung erschien es nicht unbedenklich, wenn die Frankfurter Wertpapierbörse die ihr an sich zustehende Befugnis zur Regulierung des (damaligen) geregelten Markts dazu in Anspruch nahm, die gesetzliche Einteilung der Marktsegmente durch eine **satzungsmäßige Segmentverfassung** zu überlagern, hinter die – insbesondere in der Außendarstellung[29] – die gesetzliche Differenzierung der Marktsegmentgattungen zugunsten einer frei gewählten und segmentübergreifenden Zuordnung von Emittenten zu bestimmten von der Wertpapierbörse selbst geschaffenen „Standards" (General Standard und Prime Standard) zurücktreten sollte. Die Anknüpfung der Standards an den vorgegebenen Segmentgattungen (Handelssegmenten) war aber auch hier noch erkennbar (insbesondere infolge satzungsmäßiger Differenzierungen in der Börsenordnung und einer entsprechenden Zulassungspraxis), so dass allein die namentliche Bezeichnung der Segmentstandards durch die Wertpapierbörse die Bedenken nicht zu rechtfertigen vermochte. Die segmentübergreifende Bezeichnung „General Standard" ging jedoch nach § 71 BörsO FWB a.F. (zwangsläufig) mit einer Nivellierung der damaligen gesetzlichen Merkmale der Segmente amtlicher und geregelter Markt in der Weise einher[30], dass für die Grundform des geregelten Markts der Frankfurter Wertpapierbörse über § 54 Satz 1 BörsG a.F. hinaus die Regelungen für den amtlichen Markt in seiner Grundform nahezu vollständig entsprechend gelten sollten (was i.E. insbesondere zu einer obligatorischen Zwischenberichtspflicht im geregelten Markt führen sollte). Hierdurch wurde die gesetzlich vorgegebene Abstufung der Marktsegmente aufgehoben mit der Folge, dass der (damalige) geregelte Markt den Emittenten an der Frankfurter Wertpapierbörse nicht mehr (auch) in der gesetzlichen Grundform zur Verfügung stand, sondern lediglich in einer annähernd auf das Niveau des (damaligen) amtlichen Markts angehobenen Version[31]. Durch die Zusammenlegung der Marktsegmente des amtlichen und des geregelten Marktes im regulierten Markt unter Beibehaltung von § 42 BörsG für den regulierten Markt mit der Eröffnung der Möglichkeit für die Börsen, durch die Börsenordnungen für Teilbereiche des regulierten Marktes zusätzliche Voraussetzungen für die Einführung von Akti-

---

27 Dies gilt ungeachtet der Frage, ob unter dem Dach einer einzelnen Börse die verschiedenen Marktsegmente tatsächlich sämtlich bestehen müssen oder ein Ermessen besteht, die Marktsegmente einzurichten und zu veranstalten (hierzu *Hammen*, WM 2003, 997, 1000; *Gebhardt*, WM 2003, Sonderbeilage Nr. 2, 4 f.).
28 Ähnlich *Hammen*, WM 2003, 997, 1000 f. (für die Geltung von amtlichem und geregeltem Markt).
29 Vgl. *Gebhardt*, WM 2003, Sonderbeilage Nr. 2, 4.
30 So auch *Spindler/Christoph*, BB 2004, 2197, 2204.
31 Nach Art. 5 der Transparenzrichtlinie (Richtlinie 2004/109/EG des Europäischen Parlaments und Rates v. 15.12.2004, ABl. EU Nr. L 390 v. 31.12.2004, S. 98 ff.) sind Emittenten des (damaligen) geregelten Markts zur Veröffentlichung sog. Halbjahresfinanzberichte verpflichtet, was durch das TUG in § 37w WpHG a.F. bzw. § 115 WpHG i.d.F. des 2. FiMaNoG als Halbjahresfinanzbericht zwingend für alle Inlandsemittenten in deutsches Recht per Januar 2007 umgesetzt wurde, so dass die Marktgestaltung der Frankfurter Wertpapierbörse im Hinblick auf die Zwischenberichtspflicht von Emittenten des geregelten Markts (General Standard) nachträglich als unbedenklich anzusehen ist (vgl. *Buchheim/Ulbrich*, KoR 2004, 273, 276 und 282 ff.).

en und weitere Unterrichtungspflichten des Emittenten vorzusehen, ist das Vorgehen der FWB nachträglich vom Gesetzgeber sanktioniert worden[32].

II. Zulassungsfolgepflichten im regulierten Markt

1. Pflichten des Emittenten nach § 48 Abs. 1 WpHG

a) Gleichbehandlung der Wertpapierinhaber (§ 48 Abs. 1 Nr. 1 WpHG)

Nach § 48 Abs. 1 Nr. 1 WpHG (bis 2.1.2018: § 30a Abs. 1 Nr. 1) ist der Emittent, für den die Bundesrepublik Deutschland der Herkunftsstaat i.S.v. § 2 Abs. 13 WpHG (bis 2.1.2018: § 2 Abs. 6)[33], verpflichtet, die Inhaber der zugelassenen Wertpapiere **unter gleichen Voraussetzungen gleich zu behandeln**[34]. Da sich die Pflicht zur Gleichbehandlung in einem Abschnitt über „Notwendige Informationen über die Wahrnehmung von Rechten aus Wertpapieren" findet und die durch das TUG umgesetzte Transparenzrichtlinie in Artt. 17 und 18 nur Informationspflichten vorsieht, könnte in Erwägung zu ziehen sein, dass sich die Gleichbehandlungspflicht nur noch auf eine „gleiche Informationsversorgung" der Wertpapierinhaber durch den Emittenten beschränkt. Einer solchen Überlegung wird jedoch zu Recht entgegengehalten, dass eine solche Interpretation der Herkunft des Gleichbehandlungsgebotes als inhaltlichem und nicht nur informationellem Gebot nicht gerecht wird und dass dem Gesetzgebungsverfahren für das TUG nicht zu entnehmen ist, dass das materielle Gleichbehandlungsgebot aufgegeben werden sollte[35]. Da Aktionäre ohnehin nach § 53a AktG unter gleichen Voraussetzungen gleich zu behandeln sind (hierzu Rz. 38.19 ff.), wird der Norm des § 48 Abs. 1 Nr. 1 WpHG (bis 2.1.2018: § 30a Abs. 1 Nr. 1) für die Gleichbehandlung der Aktionäre durch den Emittenten überwiegend keine weitere Bedeutung beigemessen, obwohl auch Hinterlegungsscheine erfasst werden. Der Zweck der ehemals börsenrechtlichen und seit dem TUG (d.h. seit 2007) wertpapierhandelsrechtlichen Vorschrift bestehe allein darin, das Gleichbehandlungsgebot auf die Emittenten von Schuldverschreibungen zu erstrecken[36]. Diese Ansicht übersieht, dass § 48 Abs. 1 Nr. 1 WpHG (bis 2.1.2018: § 30a Abs. 1 Nr. 1) auch für die Gleichbehandlung der Aktionäre eine eigenständige Bedeutung hat. Diese ist zum einen darin zu sehen, dass die Aktionärsgleichbehandlung hierdurch auch zu einer börsen- bzw. wertpapierhandelsrechtlichen Verhaltenspflicht der (i.S.v. § 3 Abs. 2 AktG) börsennotierten Aktiengesellschaft wird. Im Fall einer sachlich ungerechtfertigten Ungleichbehandlung von Aktionären durch den Emittenten

12.12

---

32 Insoweit dürfte die Feststellung in BT-Drucks. 14/8017, S. 80, dass es immer einen Handel in Aktien in einem „amtlichen (heute: regulierten) Markt geben muss, der sich auf die gesetzlichen Mindestvoraussetzungen beschränkt", weiterhin Gültigkeit besitzen.
33 Vgl. *Paschos/Goslar* in Habersack/Mülbert/Schlitt, Hdb. Kapitalmarktinformation, § 11 Rz. 4.
34 Die Zulassungsfolgepflichten für Emittenten des (damaligen) amtlichen Markts nach § 39 BörsG a.F., §§ 63 ff. BörsZulV a.F. sowie § 40 BörsG a.F., §§ 53 ff. BörsZulV a.F. beruhen auf der Börsenzulassungsrichtlinie (Richtlinie 79/279/EWG des Rates v. 5.3.1979, ABl. EG Nr. L 66 v. 16.3.1979, S. 21 ff.) und der Zwischenberichtsrichtlinie (Richtlinie 82/121/EWG des Rates v. 15.2.1982, ABl. EG Nr. L 48 v. 20.2.1982, S. 26 ff.). Diese Richtlinien wurden später in der Koordinierungsrichtlinie (Richtlinie 2001/34/EG des Europäischen Parlaments und des Rates v. 28.5.2001, berichtigte Fassung in ABl. EG Nr. L 217 v. 11.8.2001, S. 19 ff.) zusammengefasst. Die Prospektrichtlinie (Richtlinie 2003/71/EG des Europäischen Parlaments und des Rates v. 4.11.2003, ABl. EU Nr. L 345 v. 31.12.2003, S. 64 ff.) ließ die Vorschriften der Koordinierungsrichtlinie über die Zulassungsfolgepflichten unberührt, doch wurde die Koordinierungsrichtlinie durch die Transparenzrichtlinie, ABl. EU Nr. L 390 v. 31.12.2004, S. 38, hinsichtlich der Zulassungsfolgepflichten aufgehoben.
35 So zutreffend *Paschos/Goslar* in Habersack/Mülbert/Schlitt, Hdb. Kapitalmarktinformation, § 12 Rz. 6 ff.; *Mülbert* in Assmann/Uwe H. Schneider/Mülbert, Wertpapierhandelsrecht, § 48 WpHG Rz. 9; *Zimmermann* in Fuchs, § 30a WpHG Rz. 6; **a.A.** (nur informationelles Gleichbehandlungsgebot) *Fleischer*, ZGR 2009, 505, 528; *Heidelbach* in Schwark/Zimmer, § 48 WpHG Rz. 7.
36 *Heidelbach* in Schwark/Zimmer, § 48 WpHG Rz. 6; *Hamann* in Schäfer, Kapitalmarktgesetze, 1. Aufl., § 44 BörsG Rz. 5.

bzw. seine Organe liegt demnach nicht nur aktienrechtliches, sondern auch börsenrechtliches bzw. wertpapierhandelsrechtliches Fehlverhalten des Emittenten vor, was neben aktienrechtlichen Konsequenzen ggf. börsenrechtliche – nicht jedoch wertpapierhandelsrechtliche – Sanktionen (z.B. Ordnungsgeld nach § 22 Abs. 2 Satz 2 BörsG) zur Folge haben kann[37]. Zum anderen gilt § 53a AktG – im Gegensatz zu § 48 Abs. 1 Nr. 1 WpHG (bis 2.1.2018: § 30a Abs. 1 Nr. 1) – nicht für Emittenten von Schuldtiteln sowie von Investmentanteilen und nicht für Emittenten zugelassener Wertpapiere mit statutarischem Sitz außerhalb des Geltungsbereichs des Aktiengesetzes[38], während § 48 Abs. 1 Nr. 1 WpHG (bis 2.1.2018: § 30a Abs. 1 Nr. 1) für alle Emittenten gilt, für die Deutschland der Herkunftsstaat ist. Diese Emittenten werden von § 2 Abs. 13 Nr. 1 lit. b WpHG (bis 2.1.2018: § 2 Abs. 6 Nr. 1 lit. b) definiert als (u.a.) die Emittenten von Aktien, die ihren Sitz in einem Drittstaat (d.h. außerhalb der EU oder des EWR) haben und deren Aktien an einem organisierten Markt im Inland oder der EU oder des EWR zugelassen sind, wenn sie Deutschland als Herkunftsstaat nach § 4 Abs. 1 WpHG (bis 2.1.2108: § 2b Abs. 1) gewählt haben. Hinsichtlich des Inhalts der Zulassungsfolgepflicht nach § 48 Abs. 1 Nr. 1 WpHG (bis 2.1.2018: § 30a Abs. 1 Nr. 1) kann zur Beurteilung von Fragen der börsen- bzw. wertpapierhandelsrechtlichen Gleichbehandlungspflicht von Aktienemittenten grundsätzlich auf den Anwendungsbereich des § 53a AktG verwiesen werden[39]. Diese pauschale Inbezugnahme ist plausibel, weil erhebliche Verstöße gegen die aktienrechtliche Pflicht zur Aktionärsgleichbehandlung die Kapitalmarkttauglichkeit des Emittenten in Zweifel ziehen und – bei rechtstechnischer Betrachtung – Normadressat des § 53a AktG ebenfalls die Aktiengesellschaft selbst ist[40], die sich auch in diesem Zusammenhang das Verhalten bzw. die Entscheidungen ihrer Organe zurechnen lassen muss. Streitig ist, ob § 48 Abs. 1 Nr. 1 WpHG (bis 2.1.2018: § 30a Abs. 1 Nr. 1) ein Schutzgesetz i.S.v. § 823 Abs. 2 BGB ist[41].

b) Vorhandensein von Zahlstellen (§ 48 Abs. 1 Nr. 4 WpHG)

12.13 Der Emittent ist verpflichtet, dafür zu sorgen, dass für die gesamte Dauer der Zulassung der Wertpapiere mindestens eine Zahlstelle[42] im Inland bestimmt ist, bei der alle erforderlichen Maßnahmen hinsichtlich der Wertpapiere, im Fall der Vorlegung der Wertpapiere bei dieser Stelle kostenfrei, bewirkt werden können (§ 48 Abs. 1 Nr. 4 WpHG [bis 2.1.2018: § 30a Abs. 1 Nr. 4]). Auf die Zahlstellen ist im Emissionsprospekt hinzuweisen (siehe Anhang III Ziff. 5.4.2 der EG (VO) 809/2004 der Kommission vom 29.4.2004 zur Umsetzung der Richtlinie 2003/71/EG[43]). Diese Stellen müssen während der gesamten Dauer der Zulassung vorhanden sein, woraus sich eine entsprechende Überwachungsobliegenheit des Emittenten ergibt[44]. Änderungen hinsichtlich der Zahlstellen waren nach § 39 Abs. 1

---

37 Vgl. *Göckeler* in Beck'sches Hdb. AG, § 24 Rz. 88.
38 Hierauf weist zu Recht hin *Gebhardt* in Schäfer/Hamann, Kapitalmarktgesetze, § 39 BörsG Rz. 10.
39 Bei Aktiengesellschaften mit statutarischem Sitz im Ausland ist eine solche pauschale Verweisung allerdings nicht möglich. Die Rechtskonflikte, die sich hieraus ergeben können (insbesondere, wenn nach der ausländischen Aktienrechtsordnung ein den Wirkungen des § 53a AktG entsprechendes Gleichbehandlungsgebot nicht bestehen sollte), können wohl nur anhand einer Einzelfallbetrachtung gelöst werden.
40 *Hüffer/Koch*, § 53a AktG Rz. 4.
41 So *Zimmermann* in Fuchs, § 30a WpHG Rz. 26 ff. m.w.N.; zu der Vorgängernorm des § 39 BörsG bejahend: *Groß*, ZHR 165 (2001), 141, 152; wohl auch *Gebhardt* in Schäfer/Hamann, Kapitalmarktgesetze, § 39 BörsG Rz. 15; verneinend die h.L., *Kiem* in Habersack/Mülbert/Schlitt, Hdb. Kapitalmarktinformation, 2. Aufl. 2013, § 12 Rz. 12; *Heidelbach* in Schwark/Zimmer, § 48 WpHG Rz. 19; *Zietsch/Holzborn*, WM 2002, 2356, 2363; *Hamann* in Schäfer, Kapitalmarktgesetze, 1. Aufl., § 44 BörsG Rz. 20; *Mülbert* in Assmann/Uwe H. Schneider/Mülbert, Wertpapierhandelsrecht, § 48 WpHG Rz. 39 m.w.N.
42 Die früher in dieser Norm enthaltene Pflicht zur Unterhaltung einer Hinterlegungsstelle entfiel mit dem UMAG (BGBl. I 2005, 2802), da diese nach § 123 Abs. 4 Satz 1 AktG nur bei nicht börsennotierten AGs gestattet ist, vgl. *Zimmermann* in Fuchs, § 30a WpHG Rz. 19.
43 ABl. EU Nr. L 186 v. 18.7.2005, S. 3.
44 *Zietsch/Holzborn*, WM 2002, 2356, 2359. Häufig schließen Emittenten mit Zahlstellen Rahmenvereinbarungen (ggf. als Bestandteil des Übernahmevertrags) ab, um die Existenz dieser Stellen vertraglich abzusichern.

Nr. 2 BörsG a.F., § 15 Abs. 1 Nr. 6 BörsZulVO a.F. in einem überregionalen Börsenpflichtblatt bekannt zu machen[45]. Eine entsprechende Vorschrift über die Veröffentlichung nachträglicher Änderungen der Zahlstelle findet sich in §§ 48 ff. WpHG (bis 2.1.2018: §§ 30a ff.) nicht. Die Pflicht zur Unterhaltung einer Zahlstelle ist als Dauerpflicht ausgestaltet und durch § 120 Abs. 2 Nr. 13, Abs. 24 WpHG (bis 2.1.2018: § 39 Abs. 2 Nr. 14, Abs. 6) mit einer Geldbuße bis zu 100.000 Euro bewehrt. Zahlstellen sind Finanzinstitute, über die Dividenden des Emittenten ausbezahlt und Bezugsrechte eingelöst werden, sowie weitere wertpapiertechnische Abwicklungen erfolgen können[46]. Eine wesentliche Funktion der Zahlstellen lag in der durch die seit Juli 2019 geltenden EU-Wertpapierprospektverordnung abgeschaffte Schalterpublizität[47], auch wenn diese vorher bereits durch das TUG wesentlich beschnitten wurde.

c) Unterrichtungen und Mitteilungen (§ 48 Abs. 1 Nr. 2, § 49, § 50 WpHG)

Der Emittent zugelassener Wertpapiere ist nach §§ 48 bis 50 WpHG (bis 2.1.2018: § 30a Abs. 1 Nr. 2, § 30b und § 30e) verpflichtet, das Publikum über den Emittenten und die zugelassenen Wertpapiere **angemessen zu unterrichten**. Der Inhalt der Unterrichtungspflicht wird durch § 48 Abs. 1 Nr. 2, § 49 Abs. 1 Satz 1, Abs. 2 sowie § 50 Abs. 1 WpHG (bis 2.1.2018: § 30a Abs. 1 Nr. 2, § 30b Abs. 1 Satz 1, Abs. 2 sowie § 30e Abs. 1) in materieller und formeller Hinsicht abschließend konkretisiert. Andere Unterrichtungsinhalte oder Formen lassen sich daher aus §§ 48 bis 50 WpHG (bis 2.1.2018: §§ 30a, 30b, 30e) nicht herleiten[48]. Formell erfolgt die Veröffentlichung der Sachverhalte und Angaben gemäß § 48 Abs. 1 Nr. 2 WpHG (bis 2.1.2018: § 30a Abs. 1 Nr. 2) durch öffentliche zur Verfügung Stellung z.B. auf der Website des Emittenten oder Verlinkung von dort auf den Bundesanzeiger oder das Unternehmensregister[49] und gemäß § 49 WpHG (bis 2.1.2018: § 30b) im – seit 1.4.2012 nur noch elektronisch verfügbaren[50] – Bundesanzeiger und der Sachverhalte und Angaben gemäß § 50 Abs. 1 WpHG (bis 2.1.2018: § 30e Abs. 1) nach § 50 Abs. 2 WpHG (bis 2.1.2018: § 30e Abs. 2) i.V.m. § 3a WpAV in Medien, bei denen davon ausgegangen werden kann, „dass sie die Information in der gesamten EU und EWR verbreiten", wobei die Verbreitung nach § 3a Abs. 2 Satz 1 Nr. 1 WpAV „rasch und zeitgleich in allen Mitgliedstaaten der EU und des EWR" zu erfolgen hat. Faktisch bedeutet dies das Ende des überregionalen Börsenpflichtblattes und die Veröffentlichung in elektronischen Medien, ggf. mit Hinweisbekanntmachung in einem Börsenpflichtblatt. Zu Recht ist daher auch die Ausnahmeregelung entfallen, dass bei umfangreichen Mitteilungen oder Angaben die Zulassungsstelle gestatten kann, dass eine Zusammenfassung veröffentlicht wird, wenn die vollständigen Angaben bei den Zahlstellen kostenfrei erhältlich sind und in der Veröffentlichung hierauf hingewiesen wird (§ 70 Abs. 2 BörsZulV a.F.)[51].

Die Unterrichtungspflichten nach § 48 Abs. 1 Nr. 2, § 49 Abs. 1, § 50 Abs. 1 WpHG (bis 2.1.2018: § 30a Abs. 1 Nr. 2, § 30b Abs. 1, § 30e Abs. 1) dienen der **laufenden Information der Wertpapierinhaber** über die Verhältnisse bei der Gesellschaft. Dabei zielen sie in Abgrenzung insbesondere zur Ad-hoc-Publizitätspflicht **nicht** in erster Linie darauf ab, dem Publikum (kurzfristige) **Anlageentscheidungen** in Kenntnis kurserheblicher Umstände zu ermöglichen. Vielmehr besteht ihr Hauptzweck darin, durch

---

45 *Zietsch/Holzborn*, WM 2002, 2356, 2359.
46 Bei zugelassenen Schuldverschreibungen können über die Zahlstellen Zinsen oder Tilgungen ausbezahlt, bei zugelassenen Wandelschuldverschreibungen oder Wandelgenussrechten die eingetauschten Aktien ausgegeben werden.
47 Vgl. insbesondere § 14 Abs. 2 Satz 1 Nr. 2 lit. d, Nr. 3 lit. c WpPG a.F. (Börsenzulassungsprospekt).
48 So auch zu der Vorgängernorm des § 39 Abs. 1 Nr. 3 BörsG *Hamann* in Schäfer, Kapitalmarktgesetze, 1. Aufl., § 44 BörsG Rz. 26, sowie *Heidelbach* in Schwark/Zimmer, § 48 WpHG Rz. 25.
49 *Mülbert* in Assmann/Uwe H. Schneider/Mülbert, Wertpapierhandelsrecht, § 48 WpHG Rz. 18.
50 Gesetz zur Änderung von Vorschriften über Verkündung und Bekanntmachungen sowie der Zivilprozessordnung, des Gesetzes betreffend die Einführung der Zivilprozessordnung und der Abgabenordnung v. 22.12.2011, BGBl. I 2011, 3044.
51 Vgl. *Groß*, Kapitalmarktrecht, § 70 BörsZulV Rz. 1.

Veröffentlichung der einschlägigen Sachverhalte und Unterlagen zu **gewährleisten**, dass die Wertpapierinhaber ihre in den Wertpapieren verkörperten **Rechte wahrnehmen** und sich ein hinreichendes Bild von Veränderungen dieser Rechte und den sonstigen Entwicklungen des Emittenten machen können. Mit diesem Zweck werden die Unterrichtungspflichten auch künftig im Wesentlichen Bestand haben und eine unverzichtbare Ergänzung der aktienrechtlichen Bestimmungen über die Rechtsausübung der Aktionäre einer börsennotierten Aktiengesellschaft darstellen. Dessen ungeachtet müssen auch die Unterrichtungspflichten mit den technischen Fortschritten hinsichtlich der Kommunikation eines Emittenten mit den Wertpapierinhabern Schritt halten.

12.16 Nach § 49 Abs. 1 Satz 1 WpHG (bis 2.1.2018: § 30b Abs. 1 Satz 1) muss der Emittent zugelassener Aktien die **Einberufung der Hauptversammlung** einschließlich der Tagesordnung und der Gesamtzahl der Aktien und Stimmrechte im Zeitpunkt der Einberufung und **Mitteilungen über die Ausschüttung und Auszahlung von Dividenden**, die **Ausgabe neuer Aktien** und die **Ausübung von Umtausch-, Bezugs-, Einziehungs- und Zeichnungsrechten** unverzüglich im Bundesanzeiger veröffentlichen. Damit überschneidet sich die Norm mit Veröffentlichungspflichten[52], die sich bereits aus dem Aktiengesetz ergeben, weshalb § 49 Abs. 1 Satz 2 WpHG (bis 2.1.2018: § 30b Abs. 1 Satz 2) ausdrücklich eine einmalige Veröffentlichung ausreichen lässt[53]. Der Emittent von Aktien sowie zugelassenen Schuldtiteln i.S.v. § 48 Abs. 1 Nr. 6 WpHG (bis 2.1.2018: § 30a Abs. 1 Nr. 6) hat nach den Nrn. 5 und 6 Vollmachtsformulare zur Verfügung zu stellen für eine Hauptversammlung[54] bzw. eine Gläubigerversammlung[55].

12.17 Der Emittent zugelassener Wertpapiere musste **beabsichtigte Änderungen seiner Satzung** oder seiner sonstigen Rechtsgrundlagen, die die Rechte der Wertpapierinhaber berühren, nach § 30c WpHG a.F. grundsätzlich unverzüglich nach der Entscheidung, den Änderungsentwurf dem Beschlussorgan, das über die Änderung beschließen soll, vorzulegen, spätestens jedoch zum Zeitpunkt der Einberufung des Beschlussorgans, das über die Änderung beschließen sollte, der BaFin mitteilen. Da die Zulassungsstellen der Börsen durch das FRUG faktisch abgeschafft wurden, dürfte die – wohl als Redaktionsversehen anzusehende – Bezugnahme auf die Zulassungsstelle als eine auf die Geschäftsführung der Börse anzusehen sein. Eine Veröffentlichung dieser Mitteilungen erfolgte im Regelfall nicht[56]. Durch das Transparenzrichtlinie-Änderungsrichtlinie-Umsetzungsgesetz[57] wurden §§ 30c, 30d WpHG a.F. mit Wirkung zum 21.11.2015 gestrichen, da sie auf dem weggefallenen Art. 19 der (ursprünglichen) Transparenzrichtlinie beruhten[58].

12.18 Der Emittent der zugelassenen Wertpapiere hat – soweit es sich bei ihm um einen Inlandsemittenten gemäß § 2 Abs. 14 WpHG (bis 2.1.2018: § 2 Abs. 7) handelt – nach § 114 WpHG (bis 2.1.2018: § 37v) den **Jahresfinanzbericht** für den Schluss eines jeden Geschäftsjahres spätestens vier Monate nach Ablauf desselben der Öffentlichkeit zur Verfügung zu stellen und die Zurverfügungstellung zu veröffentlichen. Die Veröffentlichung hat gemäß §§ 3a, 3b WpAV zu erfolgen. Dies gilt jedenfalls soweit nicht

---

52 Vgl. *Paschos/Goslar* in Habersack/Mülbert/Schlitt, Hdb. Kapitalmarktinformation, § 11 Rz. 24 ff.; *Noack*, WM 2007, 377, 378.
53 Ausführlich *Mülbert* in Assmann/Uwe H. Schneider/Mülbert, Wertpapierhandelsrecht, § 49 WpHG Rz. 9.
54 Vgl. zu den Einzelheiten *Zimmermann* in Fuchs, § 30a WpHG Rz. 21 ff.; *Stoll* in KölnKomm. WpHG, § 30a WpHG Rz. 44 ff.
55 Die von § 49 Abs. 2 Nr. 1 WpHG (bis 2.1.2018: § 30b Abs. 2 Satz 1 Nr. 1) genannte Veröffentlichung der Einberufung einer Versammlung von Schuldverschreibungsinhabern ist bei inländischen Emittenten auch nach §§ 9, 12 SchVG im Rahmen von dessen – engeren – Anwendungsbereichen im Bundesanzeiger erforderlich.
56 Sofern es zum Schutz des Publikums oder für einen ordnungsgemäßen Börsenhandel erforderlich ist, kann die Geschäftsführung gemäß § 41 Abs. 2 Satz 1 BörsG die Veröffentlichung der Mitteilung verlangen (*Zietsch/Holzborn*, WM 2002, 2356, 2359).
57 BGBl. I 2015, 2029.
58 Vgl. RegE, BT-Drucks. 18/5010, S. 49.

ohnehin ein geprüfter Jahresabschluss, ein Lagebericht und ein Bilanzeid abzugeben bzw. offen zu legen sind. Stellt der Emittent **Einzelabschluss** und **Konzernabschluss** auf, sind von dieser Unterrichtungspflicht grundsätzlich beide Arten von Jahresabschlüssen erfasst (§ 117 Nr. 1, § 114 WpHG [bis 2.1.2018: § 37y Nr. 1, § 37v]). Bei Emittenten mit statutarischem Sitz im Inland ist zu berücksichtigen, dass sie Jahresabschluss und Lagebericht ohnehin gemäß § 325 HGB im Geltungsbereich des WpHG offen legen und einen Bilanzeid gemäß § 264 Abs. 2 Satz 3, § 289 Abs. 1 Satz 5 HGB abgeben (müssen). Nach dem Wortlaut des § 114 Abs. 1 Satz 1 WpHG (bis 2.1.2018: § 37v Abs. 1 Satz 1) ist die Pflicht zur Erstellung eines Jahresfinanzberichts subsidiär zu den Pflichten des Emittenten nach dem HGB[59]. Insbesondere die Offenlegungsfristen nach § 325 HGB wurden jedoch durch das TUG angepasst, so dass sich insoweit keine abweichenden Fristigkeiten ergeben[60].

Der Emittent zugelassener Wertpapiere hat **jede Änderung der mit den Wertpapieren verbundenen Rechte** unverzüglich zu veröffentlichen (§ 50 Abs. 1 Satz 1 Nr. 1 WpHG [bis 2.1.2018: § 30e Abs. 1 Satz 1 Nr. 1]), und zwar im Falle zugelassener Aktien einschließlich der Rechte, die mit vom Emittenten begebenen Derivaten verbunden sind, soweit die – ihrerseits nicht notwendigerweise börsennotierten[61] – Derivate ein Umtausch- oder Erwerbsrecht auf Aktien des Emittenten verbriefen und kein Cash-Settlement vorsehen (insb. also Wandel- oder Optionsanleihen). Betroffen sind jedoch nur Derivate, die der Emittent der Aktien begeben hat, nicht also Derivate, die sich auf Aktien einer anderen Gesellschaft beziehen[62]. Im Falle anderer Wertpapiere als Aktien sind die Änderungen der Ausstattung dieser Wertpapiere oder indirekte Auswirkungen von Bedingungsänderungen zu veröffentlichen. Der Emittent zugelassener anderer Wertpapiere als Aktien musste nach § 30e Abs. 1 Satz 1 Nr. 2 WpHG a.F. unverzüglich veröffentlichen die „Aufnahme (gemeint: Begebung) von Anleihen sowie die für sie übernommenen Gewährleistungen". Diese Regelung wurde durch das Transparenzrichtlinie-Änderungsrichtlinie-Umsetzungsgesetz gestrichen, da die entsprechende Vorgabe der EU-Richtlinie entfallen war. Hat ein Emittent verschiedene Aktiengattungen oder Aktien ausgegeben, die nur zum Teil zugelassen sind (was etwa nach § 7 Abs. 1 Satz 2 BörsZulV denkbar ist), muss die Rechtsänderung die zugelassenen Aktien betreffen. Änderungen bei den nicht zugelassenen Aktien sind nur beachtlich, wenn diese sich unmittelbar auf die Rechte aus den zugelassenen Aktien auswirken. Im Interesse des Publikumsschutzes wird der Begriff des verbundenen Rechts weit ausgelegt und umfasst hiernach alle Rechte, die in irgendeinem Zusammenhang mit dem Wertpapier stehen[63]. Beispiele sind Änderungen bei den Stimmrechten oder der Dividendenberechtigung[64]. Eine Änderung der mit Aktien verbundenen Rechte setzt einerseits nicht zwingend eine Satzungsänderung voraus, was etwa im Fall des Auflebens des Stimmrechts der Vorzugsaktionäre gemäß § 140 Abs. 2 AktG von Bedeutung ist[65]. Andererseits ist es nicht ausreichend, wenn bestimmte Umstände lediglich der Ausübung eines an sich (gesetzlich oder satzungsmäßig) bestehenden Rechts entgegenstehen, ohne dass das Recht in seinem Bestand betroffen ist. Wird beispielsweise eine Kapitalerhöhung mit Bezugsrechtsausschluss durchgeführt, können Aktionäre von ihrem mitgliedschaftlichen Recht, neue Aktien zu beziehen (§ 186 Abs. 1 AktG), kei-

12.19

---

59 *Wunderlich* in Habersack/Mülbert/Schlitt, Hdb. Kapitalmarktinformation, § 9 Rz. 23 f.; *Nießen*, NZG 2007, 41, 44; *Hutter/Kaulamo*, NJW 2007, 550, 551; zur Neuregelung der handelsrechtlichen Offenlegungspflichten durch das EHUG vgl. *Liebscher/Scharff*, NJW 2006, 3745, 3749 f.
60 *Wunderlich* in Habersack/Mülbert/Schlitt, Hdb. Kapitalmarktinformation, § 9 Rz. 33.
61 *Stoll* in KölnKomm. WpHG, § 30e WpHG Rz. 16; *Heidelbach* in Schwark/Zimmer, § 50 WpHG Rz. 5; a.A. *Mülbert* in Assmann/Uwe H. Schneider/Mülbert, Wertpapierhandelsrecht, § 50 WpHG Rz. 9.
62 *Heidelbach* in Schwark/Zimmer, § 50 WpHG Rz. 4.
63 *Hamann* in Schäfer, Kapitalmarktgesetze, 1. Aufl., § 44 BörsG Rz. 31; *Gebhardt* in Schäfer/Hamann, Kapitalmarktgesetze, § 66 BörsZulV Rz. 8; *Heidelbach* in Schwark/Zimmer, § 50 WpHG Rz. 4.
64 *Zietsch/Holzborn*, WM 2002, 2356, 2359.
65 Wie das Beispiel Stimmrechte zeigt, müssen Änderungen i.S.d. § 50 Abs. 1 Satz 1 Nr. 1 WpHG (bis 2.1.2018: § 30e Abs. 1 Satz 1 Nr. 1) die Aktionäre insgesamt oder eine bestimmte Aktionärsgruppe betreffen und insbesondere aus der Sphäre des Emittenten hervorgehen. Der Wegfall von Stimmrechten einzelner meldepflichtiger Aktionäre gemäß § 44 WpHG (bis 2.1.2018: § 28) oder die Nichtberücksichtigung von Stimmrechten im Handelsbestand gemäß § 36 WpHG (bis 2.1.2018: § 23) kann die Veröffentlichungspflicht nicht auslösen.

nen Gebrauch machen. Da aber das Bezugsrecht als solches in seinem Bestand unangetastet bleibt, ist keine gesonderte Veröffentlichung nach § 50 Abs. 1 Satz 1 WpHG (bis 2.1.2018: § 30e Abs. 1 Satz 1) geboten.

12.20 **Ergänzenden Charakter** haben die Pflichten des Emittenten nach § 50 Abs. 1 Satz 1 Nr. 2 WpHG (bis 2.1.2018: § 30e Abs. 1 Satz 1 Nr. 2). Diese Norm verpflichtet den Emittenten, die in einem Drittstaat (also außerhalb der EU und des EWR) veröffentliche Informationen auch in der BRD zu veröffentlichen, „soweit sie für die Öffentlichkeit in der EU oder des EWR Bedeutung haben können". Hierdurch soll ein Informationsgefälle zu Lasten der Öffentlichkeit in der EU bzw. des EWR verhindert werden. Die Norm ist insb. von Bedeutung für Inlandsemittenten mit Zweitnotierung in den USA[66]. Die Bedeutung für die Öffentlichkeit in der EU soll immer dann vorliegen, wenn der Emittent zu ihrer Veröffentlichung in dem Drittstaat verpflichtet ist[67]. Würde diese Aussage zum Informationsgefälle zutreffen, bedeutete sie, dass der EU-Gesetzgeber essentielle Informationen bei der Statuierung der Veröffentlichungspflicht übersehen hätte. Hiervon wird man jedoch nicht ausgehen können. Auch ein „Grundsatz der informationellen Gleichbehandlung der EU-Öffentlichkeit mit der Öffentlichkeit des Drittstaates" kann hier kaum bemüht werden, da ausdrücklich auf die „Bedeutung" der Information abgestellt wird. Ein Emittent wird daher eine eigenständige Bewertung der zunächst nur in dem Drittstaat veröffentlichten Information auf seine Bedeutung für die EU-Öffentlichkeit vorzunehmen haben.

d) Zulassung später ausgegebener Aktien (§ 40 Abs. 1 BörsG, § 69 BörsZulV)

12.21 Nach § 40 Abs. 1 BörsG ist der Emittent zugelassener Aktien verpflichtet, für **später ausgegebene Aktien derselben Gattung** die Zulassung zum regulierten Markt zu beantragen. Auf Grundlage der Ermächtigung des § 40 Abs. 2 BörsG sind die Einzelheiten darüber, wann und unter welchen Voraussetzungen die Zulassungsverpflichtung eintritt, in § 69 BörsZulV geregelt. Gemäß § 69 Abs. 1 Satz 1 BörsZulV ist der Emittent zugelassener Aktien in teilweiser Abweichung vom Wortlaut des § 40 Abs. 1 BörsG verpflichtet, für später „öffentlich" ausgegebene Aktien derselben Gattung wie der bereits zugelassenen die Zulassung zum regulierten Markt zu beantragen, „wenn ihre Zulassung einen Antrag voraussetzt". Die Zulassung später ausgegebener Aktien dient der Marktliquidität und damit der ordnungsgemäßen Kursbildung im Börsenmarkt der zugelassenen Aktiengattung[68]. Sind die bisherigen Aktien an mehreren Wertpapierbörsen im regulierten Markt zugelassen, ist das Zulassungsgebot für jeden Börsenplatz zu beachten.

12.22 Auf der **Tatbestandsseite** scheidet die Zulassungsverpflichtung von vornherein aus, wenn für die später ausgegebenen Aktien eine **behördliche Zulassung**, die Gegenstand eines Antrags sein könnte, **nicht vorgesehen** ist (Fall der **Kapitalerhöhung aus Gesellschaftsmitteln**[69]). Im Übrigen setzt § 69 Abs. 1 Satz 1 BörsZulV zunächst voraus, dass die zuzulassenden Aktien öffentlich ausgegeben werden. Da an dieser Stelle nicht definiert ist, unter welchen Umständen eine Aktienausgabe „öffentlich" erfolgt, und das Aktiengesetz ebenfalls nicht weiterführend ist[70], kommt insoweit ein Rückgriff auf den Tatbestand des öffentlichen Angebots i.S.v. Art. 2 lit. d) ProspV bzw. § 2 Nr. 4 WpPG a.F. in Betracht[71].

---

66 *Hutter/Kaulamo*, NJW 2007, 471, 477.
67 *Paschos/Goslar* in Habersack/Mülbert/Schlitt, Hdb. Kapitalmarktinformation, § 11 Rz. 33.
68 *Gericke*, Handbuch für die Börsenzulassung von Wertpapieren, S. 166; *Heidelbach* in Schwark/Zimmer, § 40 BörsG Rz. 2.
69 Werden bei einer Kapitalerhöhung aus Gesellschaftsmitteln neue Aktien ausgegeben, was insbesondere bei Stückaktien entbehrlich ist (§ 207 Abs. 2 Satz 2 AktG), erstreckt sich eine für die bisherigen Aktien (derselben Gattung) bestehende Zulassung zum regulierten Markt gemäß § 33 Abs. 4 EGAktG (im Wortlaut noch: amtlicher Markt) kraft Gesetzes auf die neuen Aktien.
70 Aktienrechtlich erfordert die Aktienausgabe keine Ausstellung oder Aushändigung von Aktienurkunden an die Aktionäre oder Hinterlegung einer Globalurkunde, da die Verbriefung für die Entstehung der Mitgliedschaft lediglich deklaratorische Bedeutung hat.
71 So auch *Heidelbach* in Schwark/Zimmer, § 40 BörsG Rz. 3.

Dementsprechend ist von einer **öffentlichen Ausgabe** insbesondere auszugehen, wenn hinsichtlich der neuen Aktien ein **Börsenhandel von Bezugsrechten** eröffnet wird. Dagegen lag nach der früheren Verwaltungspraxis der BaFin kein öffentliches Angebot vor, wenn die später ausgegebenen Aktien ausschließlich den Altaktionären zum Bezug angeboten werden und eine Erwerbsmöglichkeit eines unbegrenzten Personenkreises – insbesondere mangels eines börslichen Bezugsrechtshandels – nicht besteht[72]. Dies soll heute nicht mehr gelten[73]. Weiter kann es an einer öffentlichen Ausgabe bei einer Kapitalerhöhung mit Bezugsrechtsausschluss fehlen, etwa wenn sie gegen Sacheinlagen erfolgt[74]. § 69 Abs. 1 Satz 1 BörsZulV setzt als **Tatbestandselement überdies** voraus, dass die später ausgegebenen **Aktien derselben Gattung** angehören wie die bereits zugelassenen Aktien. Für den Gattungsbegriff ist § 11 Satz 2 AktG maßgebend[75]. Hiernach können Aktien verschiedene Rechte gewähren, namentlich bei der Verteilung des Gewinns und des Gesellschaftsvermögens. Aktien mit gleichen Rechten bilden eine Gattung. Verschiedene Gattungen stellen insbesondere Stammaktien mit Stimmrecht und stimmrechtslose Vorzugsaktien dar. **Keine Gattungsverschiedenheit** entsteht durch **unterschiedliche Aktiennennbeträge** oder eine **abweichende Dividendenberechtigung** später ausgegebener Aktien (vgl. § 4 Abs. 2 Nr. 5, Nr. 7 WpPG a.F.)[76]. Auch Nennbetragsaktien einerseits und Stückaktien andererseits sind nicht i.S.d. des § 11 AktG gattungsverschieden, da eine Aktiengesellschaft lediglich eine der beiden Aktienarten haben kann (§ 8 Abs. 1 AktG).

Erfüllt der Emittent den Tatbestand des § 69 Abs. 1 Satz 1 BörsZulV, ist er auf der **Rechtsfolgenseite** 12.23 öffentlich-rechtlich verpflichtet, einen Antrag auf Zulassung der ausgegebenen neuen Aktien zu stellen[77]. Damit korrespondiert i.d.R. jedoch kein zivilrechtlicher Anspruch des Aktionärs gegen die Gesellschaft auf Betreibung des Zulassungsverfahrens[78]. Für die Durchführung des Zulassungsverfahrens sind die (allgemeinen) Vorschriften für die Börsenzulassung von Aktien maßgebend (§§ 32 ff. BörsG i.V.m. den entsprechenden Konkretisierungen der Börsenzulassungs-Verordnung bzw. des Wertpapierprospektgesetzes und der Prospektverordnung der Kommission[79]), soweit sich diese Vorschriften nicht speziell mit der erstmaligen Börsenzulassung des Emittenten oder anderen nicht einschlägigen Sach-

---

72 Siehe Bekanntmachung des vormaligen BAWe zum VerkProspG (Bundesanzeiger Nr. 177 v. 21.9.1999, S. 16180). Im Fall der Durchführung eines Bezugsangebots stellt eine etwaige Umplatzierung der nicht von Altaktionären bezogenen neuen Aktien durch Veräußerung an ausgewählte Investoren ebenfalls keine öffentliche Ausgabe i.S.v. § 69 Abs. 1 Satz 1 BörsZulV dar (wohl **a.A.** die BaFin in vorgenannter Bekanntmachung); das Auslegungsschreiben der BaFin zu § 2 Nr. 4 WpPG v. 24.6.2013 adressiert diese Frage nicht ausdrücklich.
73 *Groß*, Kapitalmarktrecht, § 40 BörsG Rz. 2 in Fn. 2; *Bloß/Schneider*, WM 2009, 879, 883; *Heidelbach* in Schwark/Zimmer, § 40 BörsG Rz. 3 a.E.; allg. zum öffentlichen Angebot vgl. EFTA-Gerichtshof v. 18.6.2021 – E-10/20, BKR 2021, 442.
74 Vgl. *Heidelbach* in Schwark/Zimmer, § 40 BörsG Rz. 3, die zudem darauf hinweist, dass der Sacheinleger in diesem Fall die Beantragung der Zulassung der an ihn ausgegebenen Aktien mit dem Emittenten vereinbaren muss, wenn er ein Interesse an der Fungibilität der neuen Aktien hat.
75 Str., ebenso *Gebhardt* in Schäfer/Hamann, Kapitalmarktgesetze, § 7 BörsZulV Rz. 3; a.A. *Heidelbach* in Schwark/Zimmer, § 40 BörsG Rz. 2.
76 Die Gattungsgleichheit führt hier dazu, dass die in den genannten Vorschriften enthaltenen Erleichterungen hinsichtlich der Prospektpflicht auch für neue Aktien gelten, die – im Vergleich zu den bereits zugelassenen Aktien – mit einer abweichenden Gewinnberechtigung (und damit zunächst mit einer eigenen Wertpapierkennnummer) ausgestattet sind.
77 In der Praxis enthält das Bezugsangebot bei ausbleibender Zulassung der neuen Aktien gelegentlich eine Wahlmöglichkeit zugunsten der Streubesitzaktionäre mit dem Inhalt, dass diese nicht zuzulassender neuer Aktien, die auf ihr Bezugsrecht entfallen, bereits zugelassene Altaktien erwerben können, die der Mehrheitsaktionär (aufgrund einer vertraglichen Vereinbarung mit dem Emittenten bzw. der Bezugsstelle) aus seinem Bestand zur Verfügung stellt (kritisch *Bloß/Schneider*, WM 2009, 879, 883, in Fn. 46).
78 Dazu und zu den Ausnahmen *Bloß/Schneider*, WM 2009, 879, 884 ff.
79 Verordnung (EU) 2017/1129 v. 14.6.2017, ABl. EU Nr. L 168 v. 30.6.2017, S. 12, die seit 21.7.2019 unmittelbare Geltung entfaltet.

verhalten befassen (z.B. §§ 2 f. BörsZulV). Der Antrag auf Zulassung der später ausgegebenen Aktien muss spätestens ein Jahr nach der Ausgabe der zuzulassenden Aktien oder, falls sie zu diesem Zeitpunkt nicht frei handelbar sind[80], zum Zeitpunkt ihrer freien Handelbarkeit gestellt werden (§ 69 Abs. 2 Satz 1 BörsZulV). Findet vor der Einführung der Aktien ein Handel der Bezugsrechte im regulierten Markt statt und muss ein Prospekt veröffentlicht werden, so ist der Antrag auf Zulassung unter Beachtung der in Art. 20 ProspV bzw. für die Prospektveröffentlichung bestimmten Fristen zu stellen (§ 69 Abs. 2 Satz 2 BörsZulV). Ein solcher Prospekt wird wegen des Tatbestands der öffentlichen Ausgabe in § 69 Abs. 1 Satz 1 BörsZulV häufig erforderlich sein, wenn nicht im Einzelfall eine Befreiung von der Prospektpflicht erteilt wird (hierzu noch Rz. 12.24). Damit ist der Prospekt i.S.d. § 69 Abs. 2 Satz 2 BörsZulV – was aus dem Wortlaut dieser Norm nicht ohne weiteres ersichtlich ist – ein Verkaufsprospekt (wenn vor Beginn der Bezugsfrist der Zulassungsantrag gestellt ist) oder ein Börsenzulassungsprospekt (wenn vor Beginn der Bezugsfrist die Zulassung bereits erfolgt ist, gemäß Art. 3 Abs. 1, Abs. 3 ProspV). Die Form der Veröffentlichung ist insoweit für beide Prospektarten weitgehend einheitlich (vgl. Art. 21 ProspV). Die Veröffentlichungsfristen bestimmen sich nach § 50 BörsZulV, Art. 21 ProspV.

12.24 Der **Zulassungsantrag** muss sich im Grundsatz auf alle ausgegebenen Aktien beziehen. Nach § 69 Abs. 1 Satz 2 BörsZulV bleibt jedoch § 7 Abs. 1 Satz 2 und 3 BörsZulV unberührt. Demzufolge kann der Antrag auf Zulassung auch bei später ausgegeben Aktien insoweit beschränkt werden, als die nicht zuzulassenden Aktien zu einer der Aufrechterhaltung eines beherrschenden Einflusses auf den Emittenten dienenden Beteiligung gehören oder für eine bestimmte Zeit nicht gehandelt werden dürfen und wenn aus der nur teilweisen Zulassung keine Nachteile für die Erwerber der zuzulassenden Aktien zu befürchten sind[81]. Das Publikum ist über die Teilzulassung im Zulassungsprospekt bzw. – falls kein Zulassungsprospekt erforderlich ist – auf andere geeignete Weise zu unterrichten (§ 7 Abs. 1 Satz 3 BörsZulV)[82]. Die Prospektpflicht ist insbesondere nach Art. 3 ProspV zu beurteilen. Von den Möglichkeiten einer Prospektbefreiung kommt hier – neben der in Art. 1 Abs. 5 lit. b) ProspV enthaltenen[83] – vor allem eine Befreiung gemäß Art. 1 Abs. 5 Unterabs. 1 lit. a) ProspV in Betracht, wenn die zuzulassenden Wertpapiere Aktien sind, deren Zahl innerhalb eines Zeitraumes von zwölf Monaten niedriger ist als zwanzig vom Hundert der entsprechenden Zahl der Aktien derselben Gattung, die an derselben Börse zum regulierten Markt zugelassen sind[84]. Ein Sonderfall liegt vor, wenn das gesamte Kapital-

---

80 Zu den Folgen von Lock-Up-Vereinbarungen für die freie Handelbarkeit vgl. *Ekkenga/Maas*, Das Recht der Wertpapieremissionen, Rz. 189; *Zietsch/Holzborn*, WM 2002, 2356, 2361.
81 *Heidelbach* in Schwark/Zimmer, § 7 BörsZulV Rz. 3, spricht sich für eine analoge Anwendung des § 7 Abs. 1 Satz 2 BörsZulV aus, wenn ein Mehrheitsaktionär im Rahmen der Durchführung einer Kapitalerhöhung den Streubesitzaktionären zugelassene Aktien aus dem eigenen Bestand im Tausch gegen neue, nicht zuzulassende Aktien anbietet, und so das Interesse des Publikums an handelbaren Stücken erfüllt wird; allg. zur Analogiefähigkeit dieser Norm *Bloß/Schneider*, WM 2009, 879, 883.
82 Der Antrag auf Zulassung von anderen Wertpapieren als Aktien muss sich in jedem Fall auf alle Wertpapiere derselben Emission beziehen (§ 7 Abs. 2 BörsZulV).
83 Nach § 45 Nr. 2b BörsZulV a.F. konnten Aktien, die aufgrund der Ausübung von Umtausch- oder Bezugsrechten aus anderen Wertpapieren als Aktien (etwa aus Wandelschuldverschreibungen) später ausgegeben werden, bereits nach Schaffung des entsprechenden bedingten Kapitals prospektfrei zugelassen werden. Die Regelung wurde inhaltlich unverändert in § 4 Abs. 2 Nr. 7 WpPG a.F. übernommen. Die in § 45 Nr. 2a BörsZulV a.F. vorgesehene Möglichkeit der prospektfreien Zulassung von Aktien, die nach einer Kapitalerhöhung aus Gesellschaftsmitteln den Inhabern an derselben Börse zum regulierten Markt zugelassenen Aktien zugeteilt werden, hat für die Emittenten des regulierten Markts keine weitere Bedeutung, da die von diesen neu ausgegebenen Aktien gemäß § 33 Abs. 4 EGAktG (der noch vom amtlichen Handel spricht) bereits kraft Gesetzes zugelassen sind. Die Regelung des § 45 Nr. 2a BörsZulV a.F. wurde inhaltlich unverändert in § 4 Abs. 2 Nr. 5 WpPG a.F. übernommen mit der Ergänzung, dass ein Dokument zur Verfügung gestellt werden muss, das Informationen über die Anzahl und den Typ der Wertpapiere enthält und in dem die Gründe und Einzelheiten zu dem Angebot dargelegt werden. Die Regelung entspricht heute Art. 1 Abs. 5 lit. g) ProspV.
84 Vgl. *Schlitt/S. Schäfer*, AG 2008, 525, 527 f.

erhöhungsvolumen die 20 %-Schwelle des Art. 1 Abs. 5 Unterabs. 1 lit. a) ProspV überschreitet, gemäß § 7 Abs. 1 Satz 2 BörsZulV aber nur ein Teil der neu ausgegebenen Aktien zum Börsenhandel im regulierten Markt zugelassen werden soll, der die 20 %-Schwelle nicht überschreitet. Einige Börsen nehmen auch in diesem Fall eine Gesamtbetrachtung des Kapitalerhöhungsvolumens vor und stellen nicht auf das konkrete Zulassungsvolumen ab. Weitere wichtige Ausnahmetatbestände von der grundsätzlichen Pflicht zur Erstellung eines (Börsenzulassungs-)Prospektes sind Art. 1 Abs. 5 Unterabs. 1 lit. b) bis lit. e) ProspV Aktientauschtransaktionen[85] und Art. 1 Abs. 5 Unterabs. 1 lit. h) ProspV für Mitarbeiteraktien[86].

2. Halbjahresfinanzbericht (§ 115 WpHG)

a) Grundlagen

Durch das TUG wurde die bis dahin in § 40 BörsG a.F., §§ 53 ff. BörsZulV a.F. enthaltene sog. Zwischenberichterstattung im amtlichen Markt ersetzt durch die sog. Halbjahresfinanzberichterstattung für Unternehmen, deren Wertpapiere „zugelassen" sind, somit also im regulierten Markt notiert sind. Adressat der Halbjahresfinanzberichterstattung sind nur Inlandsemittenten i.S.v. § 2 Abs. 14 WpHG (bis 2.1.2018: § 2 Abs. 7). Der Emittent von zum Handel im regulierten Markt zugelassenen Aktien oder Schuldtiteln i.S.d. § 2 Abs. 1 WpHG mit Ausnahme solcher Wertpapiere, die ein bedingtes Recht zum Erwerb von Aktien begründen, sowie von Zertifikaten, die Aktien vertreten[87], ist verpflichtet, innerhalb des Geschäftsjahres regelmäßig mindestens einen **Halbjahresfinanzbericht** zu veröffentlichen. Die Einzelheiten des Halbjahresfinanzberichts sind in § 115 Abs. 2 bis 5 WpHG (bis 2.1.2018: § 37w Abs. 2 bis 5) geregelt, wobei das BMF durch § 115 Abs. 6 WpHG (bis 2.1.2018: § 37w Abs. 6) ermächtigt wird, im Einvernehmen mit dem BMJV Ausführungsbestimmungen zu erlassen. Hiervon wurde durch die §§ 18 bis 20 WpAV[88] und §§ 10, 11 TranspRLDV[89] in beschränktem Umfang Gebrauch gemacht. Ausführlich zu den Einzelheiten Rz. 59.17 ff. Die Zwischenberichtspflicht ist Teil des kapitalmarktrechtlichen Informationssystems und steht im Zusammenhang mit der Publikation von Jahresfinanzberichten sowie der Ad-hoc-Publizität nach § 15 WpHG a.F. bzw. seit 3.7.2016 Art. 17 MAR[90]. Die Erfüllung der börsenrechtlichen Pflicht zur Halbjahresfinanzberichterstattung ist eine Aufgabe des Vorstands des Emittenten[91]. Die Kenntnisnahme des Aufsichtsrats von den Zwischenberichten erfolgt

12.25

---

85 Vgl. dazu *Seibt/von Bonin/Isenberg*, AG 2008, 565 ff.
86 Vgl. dazu *Schlitt/S. Schäfer*, AG 2008, 525, 527.
87 Vgl. *Mock* in KölnKomm. WpHG, § 37w WpHG Rz. 43; damit geht das TUG hinter die Anforderungen an einen Zwischenbericht nach § 40 BörsG zurück (denn dieser erstreckte sich auch auf Aktien vertretende Zertifikate) und entscheidet zugleich den Streit, ob auch Wertpapiere erfasst sind, die ein Umtausch- oder Bezugsrecht auf Aktien gewähren (Wandelschuldverschreibungen, Optionsscheine) – dafür *Hamann* in Schäfer, Kapitalmarktgesetze, 1. Aufl., § 44b BörsG Rz. 10; *Heidelbach* in Schwark, 3. Aufl. 2004, § 40 BörsG Rz. 4; dagegen *Schwark* in Schwark, 3. Aufl. 2004, § 44b BörsG Rz. 3; zur heutigen Rechtslage *Heidelbach/Doleczik* in Schwark/Zimmer, § 115 WpHG Rz. 7 und *Mock* in KölnKomm. WpHG, § 37w WpHG Rz. 43 ff.
88 Verordnung zur Konkretisierung von Anzeige-, Mitteilungs- und Veröffentlichungspflichten sowie der Pflicht zur Führung von Insiderverzeichnissen nach dem Wertpapierhandelsgesetz (Wertpapierhandelsanzeigeverordnung) v. 13.12.2004, BGBl. I 2005, 3376; i.d.F. der Vierten ÄndVO v. 19.10.2018, BGBl. I 2018, 1758.
89 Verordnung zur Umsetzung der Richtlinie 2007/14/EG der Kommission v. 8.3.2007 mit Durchführungsbestimmungen zu bestimmten Vorschriften der Richtlinie 2004/109/EG zur Harmonisierung der Transparenzanforderungen in Bezug auf Informationen über Emittenten, deren Wertpapiere zum Handel an einen geregelten Markt zugelassen sind (Transparenzrichtlinie-Durchführungsverordnung) v. 13.3.2008, BGBl. I 2008, 408.
90 Vgl. *von Rosen/Gebauer* in Küting/Weber, Hdb. der Rechnungslegung, § 44b BörsG Rz. 13. Ausführlich zum Zwischenbericht als Rechnungslegungsinstrument Rz. 59.17 ff.
91 *Simons/Kallweit*, BB 2016, 332, 334 m.w.N.; *Wasmann/Harzenetter*, NZG 2016, 97 m.w.N.; *Zietsch/Holzborn*, WM 2002, 2356, 2361; *Siebel/Gebauer*, AG 1999, 385, 398; Rz. 59.10 ff.

häufig im Rahmen der Berichterstattung des Vorstands an den Aufsichtsrat gemäß § 90 Abs. 1 und 2 AktG[92].

12.26 Aufgrund der Zusammenlegung von geregeltem Markt und amtlichen Handel durch das FRUG gilt für den gesamten regulierten Markt eine einheitliche Halbjahresfinanzberichterstattung. Diese bleibt jedoch hinter den Erwartungen der internationalen Kapitalmärkte zurück[93]. Zusätzlich zu dem Halbjahresfinanzbericht hatte ein Unternehmen, welches als Inlandsemittent Aktien begibt, nach § 37x WpHG a.F. zumindest eine sog. „**Zwischenmitteilung der Geschäftsführung**" oder alternativ einen „**Quartalsfinanzbericht**" abzugeben. Diese wurde durch das Transparenzrichtlinie-Änderungsrichtlinie-Umsetzungsgesetz[94] mit Wirkung zum 21.11.2015 ersatzlos gestrichen (vgl. dazu ausführlich Rz. 59.26 f.), da die EU-Richtlinie diese nicht mehr zwingend vorschreibt[95]. § 53 BörsO FWB (Stand: 28.6.2021) sieht für bestimmte Segmente (Prime Standard) jedoch die Veröffentlichung von Quartalsmitteilungen in deutscher und englischer Sprache vor, soweit kein Quartalsfinanzbericht analog § 115 Abs. 2 Nr. 1 und 2, Abs. 3 und Abs. 4 oder des § 117 Nr. 2 WpHG erstellt wird. An diese werden jedoch deutlich geringere Anforderungen gestellt als an die früher gesetzlich vorgeschriebenen Quartalsfinanzberichte[96].

b) Mindestinhalt des Halbjahresfinanzberichtes (§ 115 Abs. 2 bis 4 WpHG)

12.27 Der **Halbjahresfinanzbericht** muss nach § 115 Abs. 2 WpHG (bis 2.1.2018: § 37w Abs. 2) grundsätzlich enthalten

1. einen verkürzten Abschluss,
2. einen Zwischenlagebericht und
3. eine den Vorgaben des § 264 Abs. 2 Satz 3, § 289 Abs. 1 Satz 5 HGB entsprechende Erklärung (sog. Bilanzeid).

Der Inhalt des verkürzten Abschlusses wird durch § 115 Abs. 3 WpHG (bis 2.1.2018: § 37w Abs. 3) konkretisiert und der des Zwischenlageberichtes durch § 115 Abs. 4 WpHG (bis 2.1.2018: § 37w Abs. 4) (dazu ausführlich Rz. 59.33 ff.).

c) Veröffentlichung des Halbjahresfinanzberichtes (§ 115 Abs. 1 WpHG)

12.28 **Form und Frist der Veröffentlichung** des Halbjahresfinanzberichtes richtet sich nach § 115 Abs. 1 WpHG (bis 2.1.2018: § 37w Abs. 1 Satz 1, Satz 2). Jeweils ist das zu veröffentlichende Dokument nach Satz 1 „der Öffentlichkeit zur Verfügung zu stellen". Außerdem hat das Unternehmen jeweils vor dem Zeitpunkt, zu dem die Dokumente der Öffentlichkeit zugänglich gemacht werden, nach § 114 Abs. 1 Satz 2, § 115 Abs. 1 Satz 2 WpHG eine **Bekanntmachung** darüber zu veröffentlichen, ab welchem Zeitpunkt und unter welcher Internetadresse der Bericht – zusätzlich zu seiner Verfügbarkeit im Unternehmensregister – öffentlich zugänglich ist. § 114 Abs. 3, § 115 Abs. 6 WpHG (bis 2.1.2018: § 37v Abs. 3 und § 37w Abs. 6) ermächtigen jeweils das BMF im Einvernehmen mit dem BMJV zum Erlass einer Rechtsverordnung, die den Mindestinhalt, die Art, die Sprache, den Umfang und die Form der Veröffentlichung konkretisiert und regelt, wie lange der Jahresfinanzbericht und der Halbjahresfinanzbericht allgemein zugänglich bleiben muss. Auf diesen Ermächtigungen beruhen die §§ 18 bis 20 i.V.m.

---

92 Vgl. *Siebel/Gebauer*, AG 1999, 385, 398. Denkbar ist auch, dass Satzung oder Geschäftsordnung für die Halbjahresfinanzberichterstattung einen Zustimmungsvorbehalt zugunsten des Aufsichtsrats vorsehen (vgl. *Ammedick/Strieder*, Zwischenberichterstattung börsennotierter Gesellschaften, Rz. 23 und Rz. 59.12 ff.).
93 *Fasselt* in Schäfer/Hamann, Kapitalmarktgesetze, § 40 BörsG Rz. 9 ff. m.w.N.
94 BGBl. I 2015, 2029.
95 Vgl. *Simons/Kallweit*, BB 2016, 332 ff.; *Wasmann/Harzenetter*, NZG 2016, 97 ff.
96 Dazu *Simons/Kallweit*, BB 2016, 332, 333 f.

§§ 3a, 3b WpAV. Danach sind die Informationen grundsätzlich elektronischen Medien zuzuleiten, bei denen davon ausgegangen werden kann, dass sie die Information in der gesamten EU und dem EWR verbreiten. Nach § 20 WpAV sind die Informationen mindestens zehn Jahre im Unternehmensregister der Öffentlichkeit zugänglich zu halten.

Zusätzlich zu der Bekanntmachung über den Zeitpunkt und die Internetadresse, unter der der Jahresfinanzbericht und der Halbjahresfinanzbericht öffentlich zugänglich ist, hat das Unternehmen diese Bekanntmachung gleichzeitig mit ihrer Veröffentlichung der BaFin sowie dem Unternehmensregister zu übermitteln. Die **Mitteilung der Veröffentlichung gegenüber der BaFin** hat nach §§ 19, 3c WpAV die Tatsache der Veröffentlichung unter Angabe des Textes der Veröffentlichung, der Medien, an die die Information gesandt wurde, sowie des genauen Zeitpunktes der Versendung an die Medien zu erfolgen. Zudem sind dem **Unternehmensregister** zur Speicherung zu übermitteln der Jahresfinanzbericht (§ 114 Abs. 1 Satz 4 WpHG [bis 2.1.2018: § 37v Abs. 1 Satz 4]) und der Halbjahresfinanzbericht (§ 115 Abs. 1 Satz 4 WpHG [bis 2.1.2018: § 37w Abs. 1 Satz 4]).

12.29

d) Sanktionen

Die Verletzung der Verpflichtung zur Erstellung oder Veröffentlichung des Halbjahresfinanzberichtes ist bußgeldrechtlich sanktioniert. Nach § 120 Abs. 12 Nr. 5, Abs. 17 Satz 1 WpHG (bis 2.1.2018: § 39 Abs. 3 Nr. 12) wird die Unterlassung oder nicht rechtzeitige Zurverfügungstellung des Jahresfinanzberichtes einschließlich Bilanzeid sowie des Halbjahresfinanzberichtes einschl. Bilanzeid als Ordnungswidrigkeit mit einer **Geldbuße bis zu 2 Mio. Euro** sanktioniert. Gleiches gilt nach § 120 Abs. 2 Nr. 15, Abs. 24 WpHG (bis 2.1.2018: § 39 Abs. 2 Nr. 24) für die Unterlassung oder nicht rechtzeitige Übermittlung des Jahresfinanzberichtes einschl. des Bilanzeides sowie des Halbjahresfinanzberichtes, was mit bis zu **500.000 Euro** geahndet werden kann. Schließlich wird durch § 120 Abs. 2 Nr. 2 lit. k und l, Abs. 24 WpHG (bis 2.1.2018: § 39 Abs. 2 Nr. 5 lit. g bis lit. I) mit einer **Geldbuße bis zu 200.000 Euro** sanktioniert, wenn die Hinweisveröffentlichung nicht, nicht richtig, nicht vollständig, nicht in der vorgeschriebenen Weise oder nicht rechtzeitig vorgenommen oder nicht rechtzeitig nachgeholt wird. Eine **zivilrechtliche Haftung** kann sich hinsichtlich des Halbjahresfinanzberichtes aus dem Bilanzeid ergeben, soweit dieser als Abgabe einer Garantieerklärung verstanden wird, sowie aus § 823 Abs. 2 BGB i.V.m. § 115 WpHG (bis 2.1.2018: § 37w), soweit diese Normen als Schutzgesetze zu verstehen sind[97].

12.30

3. Auskunftserteilung (§ 41 BörsG)

Der Emittent der zugelassenen Wertpapiere sowie das antragstellende Institut oder Unternehmen sind verpflichtet, aus ihrem Bereich alle Auskünfte zu erteilen, die für die Geschäftsführung zur ordnungsgemäßen Erfüllung ihrer Aufgaben erforderlich sind (§ 41 Abs. 1 BörsG). Empfänger der Auskunft ist das Organ der Wertpapierbörse, für dessen Zuständigkeitsbereich die Auskunft erforderlich ist[98]. Der Geschäftsführung dienen Auskünfte insbesondere zur Überwachung der Einhaltung der Pflichten, die sich aus der Zulassung für den Emittenten und für das antragstellende Institut oder Unternehmen ergeben (vgl. § 32 Abs. 1 BörsG). Die Geschäftsführung kann Auskünfte insbesondere ihren Entscheidungen über Kursmaßnahmen (Aussetzung oder Einstellung) nach § 25 BörsG zugrunde legen[99]. Für die Auskunftserteilung nach § 41 Abs. 1 BörsG ist nicht erforderlich, dass diese von der Wertpapier-

12.31

---

97 Vgl. *Mülbert/Steup*, WM 2005, 1633, 1644 ff.; *Fleischer*, AG 2006, 2, 7 f.
98 Die börsenrechtliche Auskunftspflicht wurde ursprünglich damit begründet, dass das verwaltungsverfahrensrechtliche Auskunftsverfahren mit Erteilung des Verwaltungsakts (Zulassung des Emittenten) abgeschlossen sei (BT-Drucks. 10/4296, S. 16). Da die Organe der Wertpapierbörse jedoch auch nach Zulassung der Wertpapiere ggf. in Form von Verwaltungsakten handeln können (z.B. bei Befreiungen), dient die Auskunftspflicht des § 41 Abs. 1 BörsG vor allem der laufenden Kontrolle der Wertpapierbörse über den Emittenten.
99 Die Auskunft nach § 41 BörsG kann sich auch auf Tatsachen beziehen, die der Geschäftsführung im Rahmen der Ad-hoc-Publizität nach § 15 Abs. 4 Satz 1 Nr. 1 WpHG a.F. bzw. Art. 17 MAR mitzuteilen sind

börse ausdrücklich angefordert wird[100]. Auskünfte müssen jedoch nur insoweit erteilt werden, als sie für die Aufgabenerfüllung der zuständigen Stellen sachgerecht und erforderlich sind (z.B. nach Eintragung einer Firmenänderung des Emittenten im Handelsregister). Nach § 41 Abs. 2 BörsG kann die Geschäftsführung der Börse verlangen, dass der Emittent in angemessener Form und Frist bestimmte Auskünfte veröffentlicht, wenn dies zum Schutz des Publikums oder für einen ordnungsgemäßen Börsenhandel erforderlich ist. Kommt der Emittent dem Verlangen nicht nach, kann die Geschäftsführung nach Anhörung des Emittenten auf dessen Kosten diese Auskünfte selbst veröffentlichen.

4. Jährliches Dokument (§ 10 WpPG a.F.)

12.32   Eine neuartige Zulassungsfolgepflicht (Dokumentationspflicht), die den börsenrechtlichen Verhaltenspflichten zugeordnet werden kann, wurde den Emittenten des regulierten Markts in Umsetzung von Art. 10 der Prospektrichtlinie[101] durch § 10 WpPG a.F. auferlegt[102]. Danach mussten die Emittenten mindestens einmal jährlich dem Publikum ein Dokument zur Verfügung stellen, das alle Informationen enthält oder auf sie verweist, die sie in den vorausgegangenen zwölf Monaten in mindestens einem Staat des EWR und in Drittstaaten aufgrund ihrer Verpflichtungen nach dem Gemeinschaftsrecht und den einzelstaatlichen Vorschriften über die Beaufsichtigung von Wertpapieren, Wertpapieremittenten und Wertpapiermärkten veröffentlicht und dem Publikum zur Verfügung gestellt haben. Das jährliche Dokument wurde im Rahmen der Umsetzung der geänderten Prospektrichtlinie[103] durch das „Gesetz zur Umsetzung der Richtlinie 2010/73/EU und zur Änderung des Börsengesetzes"[104] zum 1.7.2012 ersatzlos gestrichen, da seine Erstellung angesichts der allgemeinen elektronischen Zugänglichkeit aller Dokumente nicht mehr für erforderlich gehalten wird.

5. Weitere Zulassungsfolgepflichten (§ 42 BörsG)

a) Marktsegmentregulierung durch die Wertpapierbörse

12.33   Nach § 42 BörsG kann die Börsenordnung für **Teilbereiche des regulierten Markts** ergänzend zu den vom Unternehmen einzureichenden Unterlagen zusätzliche Voraussetzungen für die Zulassung von Aktien oder Aktien vertretenden Zertifikaten und weitere Unterrichtungspflichten des Emittenten aufgrund der Zulassung von Aktien oder Aktien vertretenden Zertifikate zum Schutz des Publikums oder für einen ordnungsgemäßen Börsenhandel vorsehen[105]. Eine Teilbereichsbildung ist damit nur im Hinblick auf Aktienemittenten zulässig. Andere börsenfähige Wertpapiere können nicht in einem Teilbereich zusammengefasst werden. Zuständiges Organ der Wertpapierbörse ist der Börsenrat, der nach § 12 Abs. 2 BörsG die Börsenordnung als Satzung erlässt[106]. Es können auch mehrere Teilbereiche des

---

(vgl. *Hamann* in Schäfer, Kapitalmarktgesetze, 1. Aufl., § 44c BörsG Rz. 5; *Heidelbach* in Schwark/Zimmer, § 41 BörsG Rz. 7).

100 *Hamann* in Schäfer, Kapitalmarktgesetze, 1. Aufl., § 44c BörsG Rz. 3; *Gebhardt* in Schäfer/Hamann, Kapitalmarktgesetze, § 41 BörsG Rz. 14; *Heidelbach* in Schwark/Zimmer, § 41 BörsG Rz. 4; wohl auch *Zietsch/Holzborn*, WM 2002, 2356, 2361.

101 Richtlinie 2003/71/EG des Europäischen Parlaments und des Rates v. 4.11.2003, ABl. EU Nr. L 345 v. 31.12.2003, S. 64 ff.

102 Zum Hintergrund dieser Norm etwa *Götze*, NZG 2007, 570; *Kaum/Zimmermann*, BB 2005, 1466; *Kunold/Schlitt*, BB 2004, 501, 509; *Crüwell*, AG 2003, 243, 252.

103 Richtlinie 2010/73/EU, ABl. EU Nr. L 32 v. 11.12.2010, S. 1; dazu *Elsen/Jäger*, BKR 2010, 97, 99.

104 Vom 26.6.2012, BGBl. I 2012, 1375; dazu *Lawall/Maier*, DB 2012, 2443, 2503, 2506.

105 § 42 BörsG a.F. wurde durch das Vierte Finanzmarktförderungsgesetz (BGBl. I 2002, 2010) in das Börsengesetz eingefügt und durch die Umsetzung der MiFID nur unwesentlich verändert. Von der Ermächtigung zur Teilsegmentbildung haben eine Reihe von Börsen Gebrauch gemacht.

106 Aus der öffentlich-rechtlichen Natur des Rechtsverhältnisses zwischen dem Emittenten und der Wertpapierbörse sowie dem Normcharakter der Börsenordnung folgt im Grundsatz, dass die Wertpapierbörse berechtigt ist, die weiteren Zulassungsfolgepflichten i.S.v. § 42 BörsG einseitig, also ohne Einverständnis der betroffenen Emittenten, zu ändern (vgl. *Kümpel*, BKR 2003, 3, 10; *Beck*, BKR 2002, 699,

regulierten Markts unter dem Dach einer Wertpapierbörse geschaffen werden, sofern der regulierte Markt in der Grundform aufrechterhalten bleibt, wie er den Emittenten in der Ausgestaltung durch die Mindestanforderungen des Börsengesetzes und der Börsenzulassungs-Verordnung zur Verfügung steht[107]. Die Befugnis der Wertpapierbörse zur Marktsegmentregulierung ist nicht auf die Zulassungsfolgepflichten beschränkt, sondern es können auch – wie gemäß §§ 42, 50, 54 BörsG a.F. für den früheren geregelten Markt vorgesehen – für die Zulassung von Aktien oder Aktien vertretenden Zertifikaten weitere Zulassungsvoraussetzungen vorgesehen werden. Die zusätzlichen Verhaltenspflichten gemäß § 42 BörsG müssen Unterrichtungspflichten zum Schutz des Publikums oder für einen ordnungsgemäßen Börsenhandel sein. Damit sind nach Auffassung des Gesetzgebers ausschließlich weitere Transparenzpflichten gemeint[108]. Der Tatbestand der Ermächtigungsnorm lässt dagegen keine weiteren Zulassungsfolgepflichten zu, die zwar ebenfalls ein besonders kapitalmarktgerechtes Auftreten der Emittenten bewirken sollen, dies aber nicht durch die Verpflichtung zu transparenzförderndem, sondern zu sonstigem Verhalten[109].

Neben den tatbestandlichen Beschränkungen des § 42 BörsG sind bei der Teilbereichsregulierung die **allgemeinen Schranken hoheitlicher Satzungsgebung** zu berücksichtigen[110]. Zum einen steht der Gesetzesvorrang einer „Umgestaltung (…) der im geltenden Recht ohnehin geregelten Publizität" entgegen. Dies ist insbesondere bei den weiteren Unterrichtungspflichten von Bedeutung, die an gesetzliche Verhaltenspflichten anknüpfen und diese modifizieren. In einem solchen Fall darf die weitere Unterrichtungspflicht (etwa zur Quartalsberichterstattung) den unabdingbaren Kernbereich (Mindestanforderungen) der zugrunde liegenden Zulassungsfolgepflicht (hier der Halbjahresfinanzberichtspflicht nach § 115 WpHG [bis 2.1.2018: § 37w]) inhaltlich nicht verändern, sondern allenfalls ausgestalten. Zum anderen ist bei einer Teilbereichsregulierung, die neue Verhaltenspflichten schafft[111] oder gesetzliche Verhaltenspflichten inhaltlich ausgestaltet bzw. erweitert (ohne diesen unmittelbar zu widersprechen), zu beachten, dass diese nicht zu einer „weitreichenden Erweiterung der im geltenden Recht ohnehin geltenden Publizität" führt. Aufgrund des Prinzips des Gesetzesvorbehalts sind vielmehr „die wesentlichen Transparenzpflichten eines Unternehmens durch Gesetz festzulegen". Bei der Überprüfung weiterer Unterrichtungspflichten am Maßstab des Gesetzesvorbehalts ist allerdings zu beachten, dass es sich bei diesen nicht um belastende hoheitliche Eingriffsakte handelt, sondern um Bedingungen einer freiwilligen Teilnahme von Emittenten an einer freiwilligen Marktveranstaltung der Wertpapierbörse[112]. Teilnahmebedingungen dieser Art unterliegen – auch als Rechtsnormen – einer eingeschränkten Inhaltskontrolle, insbesondere weil die erstrebte Teilnahme nicht zu den Betätigungen in einem grundrechtsschutzintensiveren Bereich gehört.

12.34

---

707). Da aber eine solche Regeländerung in nicht abgeschlossene Rechtsverhältnisse eingreift, darf sie zumindest nicht willkürlich erfolgen.
107 BT-Drucks. 14/8017, S. 80; dazu *Beck*, BKR 2002, 699, 706; *Zietsch/Holzborn*, WM 2002, 2356, 2358.
108 BT-Drucks. 14/8017, S. 80.
109 Aufgrund von § 42 BörsG könnte z.B. nicht verlangt werden, dass die Emittenten sämtliche Empfehlungen des Deutschen Corporate Governance Kodex einhalten, da nur ein Teil der Kodex-Empfehlungen Transparenzzwecke verfolgt.
110 Der Gesetzgeber hat die allgemeinen Schranken der Teilbereichsregulierung in BT-Drucks. 14/8017, S. 81, wie folgt beschrieben: „Eine Umgestaltung oder weitreichende Erweiterung der im geltenden Recht ohnehin geregelten Publizität im Rahmen einer Satzung scheidet allerdings aus, da die wesentlichen Transparenzpflichten eines Unternehmens durch Gesetz festzulegen sind."
111 Z.B. die Pflicht zur Veröffentlichung eines Unternehmenskalenders oder der Durchführung von Analystenveranstaltungen.
112 Auch in dem Einzelfall, dass sich ein Emittent faktisch zur Teilnahme am Teilbereich des regulierten Markts „verpflichtet" fühlt (insbesondere, weil die Aufnahme in einen Aktienindex diese Teilnahme voraussetzt), veranlasst dies nicht dazu, die Teilbereichsregelungen insgesamt wie belastende Normen zu behandeln; vgl. aber auch Hess. VGH v. 28.3.2007 – 6 N 3224/04, WM 2007, 1265, der die BörsO mit den Satzungen öffentlich-rechtlicher Berufsverbände oder Anstalten vergleicht.

12.35 Für die hoheitliche Marktsegmentregulierung der Wertpapierbörse bedeutet dies, dass die weiteren Unterrichtungspflichten nach § 42 BörsG geeignet sein müssen, dem Schutz des Publikums oder einem ordnungsgemäßen Börsenhandel zu dienen, und den Emittenten ein Verhalten auferlegen, mit dem diese Zielsetzung sachgerecht verfolgt werden kann. Eine **Verhältnismäßigkeitsprüfung** erscheint dagegen nur eingeschränkt möglich[113], da die Befugnis der Wertpapierbörse zur Teilbereichsregulierung gerade die gesetzliche Ermächtigung beinhaltet, die Verhaltensanforderungen an Emittenten über das für die Erreichung der kapitalmarktrechtlichen Schutzzwecke erforderliche Maß zu verschärfen. Als „wesentliche" Transparenzpflichten bleiben dem Gesetzgeber von diesem Standpunkt aus vor allem die Unterrichtungspflichten vorbehalten, die aus bestimmten Sachgründen nicht der fakultativen Marktsegmentregulierung einzelner Wertpapierbörsen unterliegen dürfen. Ein solcher Sachgrund kann bestehen, wenn die einheitliche Geltung (bzw. einheitliche Nichtgeltung) einer bestimmten Unterrichtungspflicht an allen Wertpapierbörsen zur Erhaltung der Funktionsfähigkeit des gesamten inländischen Börsenmarkts geboten oder erforderlich ist. Im Übrigen kann es weitgehend den selbststeuernden Mechanismen der Selbstregulierung überantwortet bleiben, nicht bedürfnisgerechte – weil nicht mit vertretbarem Aufwand erfüllbare – weitere Zulassungsfolgepflichten zu verhindern (zum Prime Standard siehe Rz. 12.40).

b) Zulassungsverfahren

12.36 Weder § 42 BörsG noch die Börsenzulassungs-Verordnung enthalten Bestimmungen über das **Verfahren der Zulassung** eines Emittenten zu einem Teilbereich des regulierten Markts bzw. zur Beendigung der Zulassung zu einem Teilbereich bei fortbestehender Zulassung des Emittenten in der Grundform des regulierten Markts[114]. Für die Fälle der isolierten (nachträglichen) Zulassung oder Beendigung der Zulassung zu einem Teilbereich des regulierten Markts kann § 42 BörsG dahin ausgelegt werden, dass der Wertpapierbörse (Börsenrat) auch die Befugnis zusteht, in der Börsenordnung entsprechende Verfahrensregelungen vorzusehen. Die Zulassung setzt einen schriftlichen Antrag des Emittenten voraus. Antragsberechtigt ist der Emittent, dessen Aktien zum regulierten Markt der jeweiligen Wertpapierbörse (in seiner Grundform) bereits zugelassen sind bzw. erstmalig dort zugelassen werden sollen. Über den Antrag entscheidet die Geschäftsführung durch Verwaltungsakt[115]. Die Mitwirkung eines Instituts oder Unternehmens i.S.v. § 32 Abs. 2 BörsG ist für eine isolierte Antragstellung nicht erforderlich. Die Zulassung des Emittenten zum Teilbereich des regulierten Markts kann – sofern der Emittent bereits im regulierten Markt notiert ist – auch von der Veröffentlichung eines Zulassungsprospekts abhängig gemacht werden, da die Ermächtigung des § 42 BörsG die Wertpapierbörse zur Festlegung weiterer Zulassungsvoraussetzungen berechtigt. Die Zulassung ist entsprechend § 51 BörsZulV bekannt zu machen[116].

12.37 In der früheren Zulassungspraxis wurde neben dem Antrag des Emittenten auf Zulassung zum Teilbereich des regulierten Markts auch ein **Antrag des Emittenten auf Notierungsaufnahme** im Teilbereich des regulierten Markts bzw. eine Angabe über den begehrten Zeitpunkt der Notierungsaufnah-

---

113 Vgl. demgegenüber *Spindler*, WM 2003, 2073, 2080 ff.
114 Besondere Verfahrensregelungen sind für den Fall entbehrlich, dass ein Emittent mit dem Antrag auf Zulassung von Aktien zum regulierten Markt zugleich den Antrag auf Zulassung zu einem Teilbereich des regulierten Markts verbindet. Hier richtet sich das Zulassungsverfahren einheitlich nach den allgemeinen Verfahrensvorschriften für die Zulassung von Aktien zum regulierten Markt – Zu dem Zulassungsverfahren allgemein vgl. Rz. 9.53 ff.
115 In den einschlägigen Börsenordnungen (z.B. § 45 Abs. 6 BörsO FWB, Stand: 28.6.2021) fehlt eine Angabe darüber, innerhalb welchen Zeitraums die Geschäftsführung über den Antrag entscheidet. Nach *Gebhardt*, WM 2003, Sonderbeilage Nr. 2, 6, soll die Entscheidungsfrist entsprechend allgemeinen verfahrensrechtlichen Grundsätzen drei Monate betragen.
116 Siehe §§ 49, 45 Abs. 6 BörsO FWB.

me im Teilbereich des regulierten Markts verlangt[117]. Bei genauer Betrachtung lag aber eine eigenständige Notierungsaufnahme i.S.d. § 38 Abs. 1 BörsG nicht vor, da sich für den Emittenten durch die Zulassung zu einem Teilbereich des regulierten Markts lediglich Änderungen bei den Verhaltenspflichten ergeben, ohne dass eine Veränderung hinsichtlich der Notierung seiner Aktien im regulierten Markt (als Handelssegment) erfolgt. Ungeachtet dessen ist es sachgerecht, im Zulassungsverfahren einen Zeitpunkt festzulegen, von dem an der Emittent die weiteren Unterrichtungspflichten zu beachten hat. Der Ausdruck „Notierungsaufnahme" bzw. „Einführung" ist hier jedoch unpassend und wird von der BörsO der FWB nicht mehr gebraucht. Aus ähnlichen Gründen dürfte das weitere Erfordernis ins Leere laufen, dass sich der (isolierte) Antrag des Emittenten auf Zulassung zum Teilbereich des regulierten Markts auf alle zur Grundform des regulierten Markts zugelassenen Aktien des Emittenten oder aktienvertretende Zertifikate derselben Gattung beziehen muss[118]. Denn die Zulassung des Emittenten zu einem Teilbereich des regulierten Markts ändert nichts daran, dass seine Aktien einheitlich im Marktsegment regulierter Markt gehandelt werden. Eine Marktverknappung bzw. Kursverzerrung, die durch das börsengesetzliche Gebot der Zulassung aller Wertpapiere einer Gattung (§ 7 BörsZulV) verhindert werden soll[119], droht hier nicht. Eine Aufspaltung in der Weise, dass der Emittent für den einen Teil der Aktien die weiteren Zulassungsfolgepflichten erfüllt, für die anderen Aktien dagegen nicht, ist nicht denkbar.

Entsprechend § 32 Abs. 3 BörsG hat der Emittent einen **Anspruch auf Zulassung** zum Teilbereich des regulierten Markts, wenn keine Ablehnungsgründe bestehen[120], vgl. etwa § 48 Abs. 4 BörsO FWB. Die Ablehnung des Emittenten ist nur aus bestimmten allgemeinen Sachgründen gerechtfertigt. Ein solcher Sachgrund besteht, wenn eine dauerhafte Erfüllung der weiteren Zulassungsfolgepflichten durch den Emittenten im Zeitpunkt der Entscheidung der Geschäftsführung ernsthaft zu bezweifeln ist[121]. Dies kann der Fall sein, wenn der Emittent bereits zugelassener Aktien oder aktienvertretender Zertifikate seine Pflichten aus der Zulassung nicht oder nicht ordnungsgemäß erfüllt hat[122]. Auch eine Insolvenz des Emittenten rechtfertigt eine Ablehnung des Zulassungsantrags, da unter dieser Voraussetzung die dauerhafte Erfüllung der weiteren Zulassungsfolgepflichten ebenfalls zweifelhaft erscheint[123]. Weitere Umstände, die eine Ablehnung der Zulassung zum Teilbereich des regulierten Markts rechtfertigen können, sind denkbar, wenn sie ein vergleichbares Gewicht haben. Dagegen wäre die Ablehnung der Zulassung zum Teilbereich des regulierten Markts mit der Begründung, ein ordnungsmäßiger Handel in den Aktien des Emittenten sei nicht gewährleistet, nicht plausibel, wenn die Aktien bereits im regulierten Markt notiert sind und mit der Zulassung zu einem Teilbereich dort notiert bleiben.

12.38

Will der Emittent den Teilbereich des regulierten Markts verlassen, jedoch weiterhin der Grundform des regulierten Markts angehören, muss er einen Antrag auf **Widerruf der Zulassung** zum Teilbereich

12.39

---

117 Antrag auf Notierungsaufnahme und Angabe zum wunschgemäßen Zeitpunkt der Notierungsaufnahme (§ 56 Abs. 1 Satz 2 BörsO FWB, Stand: 17.6.2013). Vgl. auch *Gebhardt*, WM 2003, Sonderbeilage Nr. 2, 6 (insbesondere Fn. 41).
118 § 48 Abs. 1 Satz 2 BörsO FWB. Nach *Gebhardt*, WM 2003, Sonderbeilage Nr. 2, 6, sollen durch diese Regelung verschiedenartige Zulassungen von gattungsgleichen Aktien eines Emittenten verhindert werden, die entstünden, wenn ein Emittent nur einen Teil seiner im General Standard zugelassenen Aktien auch im Prime Standard zuließe.
119 Vgl. *Hamann* in Schäfer, Kapitalmarktgesetze, 1. Aufl., § 36 BörsG Rz. 15.
120 So auch *Gebhardt*, WM 2003, Sonderbeilage Nr. 2, 7.
121 § 47 Abs. 1 BörsO FWB.
122 § 48 Abs. 4 Satz 2 BörsO FWB. Ähnlich § 32 Abs. 4 BörsG, wonach ein Antrag auf Zulassung zur Grundform des regulierten Markts abgelehnt werden kann, wenn der Emittent seine Pflichten aus der Zulassung zum regulierten Markt an einer inländischen Börse oder einer Börse in der EU oder im EWR nicht erfüllt.
123 Vgl. § 48 Abs. 5 Satz 1 BörsO FWB. *Gebhardt*, WM 2003, Sonderbeilage Nr. 2, 7, berichtet aus der Praxis des Neuen Markts, dass die weit überwiegende Mehrheit der bei den betreffenden Emittenten eingesetzten Insolvenzverwalter die aus der Börsenzulassung folgenden Pflichten aus Kostengründen nicht mehr erfüllt hat.

des regulierten Markts stellen (entsprechend § 39 Abs. 2 Satz 1 BörsG[124]). Der Widerruf auf Antrag des Emittenten kann nach Einhaltung einer Übergangsfrist im Allgemeinen ohne weitere Maßnahmen oder Voraussetzungen wirksam werden, weil die Belange der Anleger durch die Aufrechterhaltung der Zulassung zur Grundform des regulierten Markts und den damit verbundenen Zulassungsfolgepflichten gewahrt bleiben[125] (so auch z.B. § 57 Abs. 3 BörsO FWB, Stand: 28.6.2021). Insbesondere sind kein Hauptversammlungsbeschluss und kein Abfindungsangebot an die Aktionäre des Emittenten erforderlich (näher hierzu Rz. 63.10 und 63.38). Gelingt dem Emittenten eine dauerhafte Erfüllung der weiteren Zulassungsfolgepflichten nicht (mehr), ist die Geschäftsführung zum Widerruf der Zulassung zum Teilbereich des regulierten Markts von Amts wegen berechtigt (entsprechend § 39 Abs. 1 BörsG). In diesem Fall besteht die Zulassung zur Grundform des regulierten Markts fort[126], wenn nicht die Gründe, die dem Emittenten die Erfüllung der weiteren Zulassungsfolgepflichten unmöglich machen, auch einer weiteren Zulassung zur Grundform des regulierten Markts entgegenstehen[127].

c) Beispiele für weitere Zulassungsfolgepflichten (insbesondere des Prime Standard der FWB)

12.40 Mit der Ausübung der Ermächtigung des § 42 BörsG können die Wertpapierbörsen das Ziel verfolgen, das Pflichtenprogramm des Emittenten auf das Niveau vergleichbarer internationaler Standards anzuheben. Nach § 50 Abs. 1, § 53 Abs. 1 BörsO FWB (Stand: 28.6.2021) sind die Emittenten zur **Veröffentlichung von Quartalsmitteilungen** verpflichtet. Die Quartalsmitteilungen sind jeweils zum Stichtag des ersten und des dritten Quartals eines Geschäftsjahres aufzustellen[128] und müssen grundsätzlich in deutscher und englischer Sprache abgefasst sein (§ 51 Abs. 1 Satz 2, § 52 Abs. 2 Satz 1, § 53 Abs. 4 BörsO FWB). Emittenten mit Sitz im Ausland können Quartalsmitteilungen ausschließlich in englischer Sprache abfassen, § 53 Abs. 4 Satz 2 BörsO FWB. Eine prüferische Durchsicht des Quartalsberichts ist nicht obligatorisch. Der Emittent hat die Quartalsmitteilungen unverzüglich nach der Fertigstellung, spätestens jedoch innerhalb von zwei Monaten nach Ende des Berichtszeitraums der Geschäftsführung in elektronischer Form zu übermitteln (vgl. z.B. § 53 Abs. 5 BörsO FWB, Stand: 28.6.2021). Die Geschäftsführung stellt die Quartalsmitteilungen dem Publikum elektronisch oder in anderer geeigneter Weise zur Verfügung[129].

---

124 Zu dem allgemeinen Verfahren der Beendigung der Zulassung vgl. Rz. 9.75 ff. sowie VGH Kassel v. 22.2.2021 – 6 B 2656/20, BKR 2021, 436.
125 Ebenso *Gebhardt*, WM 2003, Sonderbeilage Nr. 2, 8. Nach § 57 Abs. 1 Satz 3 BörsO FWB beträgt die Übergangsfrist bei einem freiwilligen Ausscheiden des Emittenten aus dem Segment Prime Standard der Frankfurter Wertpapierbörse regelmäßig drei Monate ab Veröffentlichung der Entscheidung der Börsengeschäftsführung über den Widerruf.
126 Nach § 57 Abs. 4 BörsO FWB hat die Geschäftsführung der Frankfurter Wertpapierbörse im Fall der Beendigung der Zulassung zum regulierten Markt (Prime Standard) die Aufnahme der Notierung (Einführung) der zugelassenen Wertpapiere im regulierten Markt (General Standard) von Amts wegen zu veranlassen. Eine gesonderte Einführung erscheint hier aber – wie bei der Aufnahme des Emittenten in den regulierten Markt (Prime Standard) – entbehrlich, da der Handel der Wertpapiere einheitlich im regulierten Markt erfolgt.
127 Vgl. *Beck*, BKR 2003, 699, 706; *Schlitt*, AG 2003, 57, 68. Zu allgemein daher BT-Drucks. 14/8017, S. 81, wonach ein Ausschluss aus dem regulierten Markt bei Verstoß gegen die weiteren Zulassungsfolgepflichten nicht erfolgen kann.
128 Die Veröffentlichung eines Quartalsberichts für das 2. und 4. Quartal eines Geschäftsjahres steht im Belieben des Emittenten (*Schlitt*, AG 2003, 57, 67; *Gebhardt*, WM 2003, Sonderbeilage Nr. 2, 10), erscheint jedoch wegen der Jahres- und Halbjahresfinanzberichte höchstens unter zeitlichen Gesichtspunkten angebracht.
129 Die weiteren Unterrichtungspflichten des Prime Standard der Frankfurter Wertpapierbörse bestehen für den Emittenten darin, einen Unternehmenskalender in deutscher und englischer Sprache zu erstellen und zu aktualisieren, der Angaben über die wesentlichen Termine des Emittenten, insbesondere die Hauptversammlung, die Bilanzpressekonferenz und Analystenveranstaltungen enthält, und diesen im Internet zu veröffentlichen und der Geschäftsführung in elektronischer Form zu übermitteln (§ 54

III. Freiverkehr (§ 48 BörsG)

1. Herkömmliche Freiverkehrssegmente

Das zweite Marktsegment unter dem Dach der Börse ist der Freiverkehr. Gemäß § 48 Abs. 1 BörsG wird der Freiverkehr durch **Geschäftsbedingungen** reguliert, die eine ordnungsmäßige Durchführung des Handels und der Geschäftsabwicklung gewährleisten müssen[130]. Allgemein besteht der Unterschied zwischen dem Freiverkehr einerseits und dem regulierten Markt andererseits darin, dass der Freiverkehr nicht von der Wertpapierbörse selbst, sondern von einem Dritten veranstaltet wird (üblicherweise ist dies die jeweilige Börsenträgergesellschaft). Demzufolge wird der Freiverkehr nicht öffentlich-rechtlich reguliert, sondern mit privatrechtlichen Mitteln (hierzu bereits Rz. 12.9). Die herkömmlichen Freiverkehrssegmente der Wertpapierbörsen zeichnen sich ferner dadurch aus, dass die Wertpapiere des Emittenten typischerweise nicht auf seinen Antrag hin, sondern auf Antrag eines Handelsteilnehmers in den Freiverkehrshandel einbezogen werden (was eine bereits bestehende anderweitige Börsennotierung des Emittenten oder das Vorliegen eines Prospektes oder zumindest eines Exposés voraussetzt, vgl. § 11 Abs. 1, § 12 Abs. 1, Abs. 2 AGB-Freiverkehr FWB)[131]. Infolgedessen können die Emittenten in den herkömmlichen Freiverkehrssegmenten – insoweit übereinstimmend mit der Einbeziehung von Emittenten in den regulierten Markt gemäß § 33 Abs. 1 BörsG – aufgrund der Einbeziehung nicht verpflichtet werden, sich in einer bestimmten Weise kapitalmarktgerecht zu verhalten[132], § 48 Abs. 1 Satz 4 BörsG. Die Verpflichtungen aus einer anderweitigen Börsenzulassung bleiben unberührt. Vielmehr sehen die AGB-Freiverkehr regelmäßig vor, dass die antragstellenden Handelsteilnehmer den Freiverkehrsveranstalter zur Gewährleistung eines ordnungsgemäßen Börsenhandels über bevorstehende Hauptversammlungen, Dividendenzahlungen, Kapitalveränderungen und sonstige Umstände, die für die Bewertung des Wertpapiers oder des Emittenten von wesentlicher Bedeutung sein können, unverzüglich unterrichten[133].

2. Freiverkehrssegment nach Art des „Entry Standard"

Nach § 48 Abs. 1 Satz 1 BörsG dürfen in den Freiverkehr nur Wertpapiere einbezogen werden, die weder zum Handel in den regulierten Markt zugelassen noch einbezogen sind. Eine Konstruktion wie die des Neuen Marktes (nämlich Zulassung zum geregelten Markt und Einführung in den Freiverkehr) ist damit ausgeschlossen. Die Börsenträger haben daher von der Möglichkeit Gebrauch gemacht, im Freiverkehr verschiedene Marktsegmente einzuführen. Der Freiverkehr an der FWB, von den AGB als „Open Market" bezeichnet unterscheidet zwischen „Quotation Board" als dem allgemeinen Segment für alle Arten von Wertpapieren und dem „Scale" sowie „Basic Board", die zusätzliche bzw. etwas geringere zusätzliche Einbeziehungsanforderungen und Folgepflichten vorsehen. Diese sind nach § 17 AGB-Freiverkehr der FWB für eine Einbeziehung in „Scale" unter dem Aspekt der Zulassungsfolgepflichten u.a. die Zustimmung des Emittenten zur Einbeziehung seiner Aktien, die Vorlage eines mit dem Bestätigungsvermerk eines Wirtschaftsprüfers versehenen Konzern- bzw. Einzelabschlusses samt

---

BörsO FWB), jährlich mindestens eine Analystenkonferenz außerhalb der Bilanzpressekonferenz durchzuführen (§ 55 BörsO FWB; hierzu ausführlich *Gebhardt*, WM 2003, Sonderbeilage Nr. 2, 13 f., mit Hinweisen zur Gleichbehandlung der Teilnehmer) und Ad-hoc-Mitteilungen zusätzlich in englischer Sprache zu veröffentlichen (§ 56 BörsO FWB).

130 Ausführlich zum Freiverkehr *Seiffert/Lembke* in Kümpel/Mülbert/Früh/Seyfried, Bankrecht und Kapitalmarktrecht, Rz. 14.317 ff.
131 Stand: 9.12.2019.
132 Auch in anderen Gesetzen werden an die Emittenten des Freiverkehrs oder an dritte Personen aufgrund der Einbeziehung von Wertpapieren keine Folgepflichten gerichtet. Allerdings sind die in den Freiverkehr einbezogenen Wertpapiere Insiderpapiere (vgl. Artt. 8 Abs. 2, 3 Abs. 1 Nr. 1 MAR), so dass sich das Verbot von Insidergeschäften nach Artt. 14, 8 MAR auch auf Freiverkehrswerte bezieht (hierzu Rz. 14.10).
133 Z.B. § 13 Abs. 2 AGB-Freiverkehr FWB, Stand: 9.12.2019.

Lagebericht, ein detailliertes Unternehmenskurzportrait des Emittenten zum Zwecke der Veröffentlichung auf der Internetseite des Emittenten sowie insb. ein Vertrag zwischen dem Emittenten und dem Listing-Partner der FWB für die Dauer der Einbeziehung der Aktien. Durch den Vertrag muss sich der Emittent verpflichten, jährliche Informationsgespräche mit dem Listing-Partner über Transparenzpflichten und übliche Investor-Relations-Aktivitäten im deutschen Kapitalmarkt zu führen, das Unternehmenskurzportrait bei wesentlichen, den Emittenten betreffenden Änderungen unverzüglich mindestens jedoch jährlich zu aktualisieren, einen aktuellen Unternehmenskalender zu erstellen und zu pflegen, geprüfte Konzernjahresabschlüsse samt Konzernlagebericht innerhalb von sechs Monaten nach Geschäftsjahresschluss und Zwischenberichte innerhalb von drei Monaten nach Halbjahresschluss zu veröffentlichen. **Sanktioniert** sind Verstöße gegen derartige Verpflichtungen durch § 23 Abs. 2, § 29 Abs. 2 AGB-Freiverkehr FWB mit **Vertragsstrafen** in Höhe von bis zu 100.000 Euro für jeden Fall eines Pflichtverstoßes und durch die Möglichkeit der **Beendigung der Einbeziehung** durch Kündigung mit einer Frist von 3 Monaten (vgl. §§ 27, 30 AGB-Freiverkehr FWB).

12.43 Strittig ist, ob die Freiverkehrskurse i.d.R. als ausreichend anzusehen sind, um im Falle eines Delisting als absolute Minimalgrenze für die Höhe der Abfindung zu fungieren[134]. Dies wird von einer im Vordringen befindlichen Meinung bejaht[135].

§ 13
Bedeutung des Börsenkurses im Aktienrecht

I. Einführung 13.1
1. Definition des Börsenkurses 13.1
2. Bedeutung des Börsenkurses als Rechtsbegriff 13.3
3. Historische Entwicklung 13.4
II. Grundlagen der Rechtsprechung des Bundesverfassungsgerichts zur Berücksichtigung des Börsenkurses 13.9
1. Anknüpfung an die Feldmühle-Entscheidung 13.9
2. „Volle" Entschädigung und Gebot der Berücksichtigung von Börsenkursen .. 13.10
3. Verfassungsrechtlich anerkannte Ausnahmen vom Gebot der Berücksichtigung des Börsenkurses 13.11
4. Kritische Bewertung der DAT/Altana-Entscheidung 13.13
III. Anwendungsfragen nach Fallgruppen 13.20
1. Die „klassischen" Fälle: Beherrschungs- und Gewinnabführungsvertrag; Eingliederung; Squeeze-out 13.20
    a) Beherrschungs- und Gewinnführungsvertrag/Eingliederung ... 13.20
    b) Vergleichbarkeit der Eingliederung mit den Fällen des „Herausdrängens" 13.21
    c) Grundgedanke der DAT/Altana-Entscheidung; Anwendung auf den Squeeze-out 13.22
2. „Übertragende Auflösung" 13.23
    a) Begriff der übertragenden Auflösung 13.23
    b) Verfassungsrechtliche Aspekte ... 13.25
    c) Ungeschriebene Beteiligungsschwelle? 13.27
3. Verschmelzung 13.29
    a) Diskussion im Schrifttum 13.29
    b) Rechtsprechung des Bundesverfassungsgerichts 13.31
    c) Stellungnahme 13.33
    d) Sonderfall: Anwendung der DAT/Altana-Grundsätze auf die Abfindung nach § 29 UmwG? 13.37
4. Bemessung des Ausgabekurses bei Ausgabe von neuen Aktien unter Ausschluss des Bezugsrechts? 13.38

---

134 Vgl. OLG Hamburg v. 7.9.2020 – 13 W 122/20, NZG 2021, 29 = AG 2021, 405; *Brandenstein/Höfling*, NZG 2021, 18 m.w.N.
135 Vgl. ausführlich *Eckhold* § 63, Rz. 63.38 ff.; 63.40.

a) Grundlagen 13.38	bb) Ermittlung einer Verschmelzungswertrelation 13.66
b) Meinungsstand 13.39	cc) Sonderfall des Bayerischen Obersten Landesgerichts (Beschluss vom 29.9.1998) . . . 13.69
c) Stellungnahme 13.41	
d) Sonderfall: Verschmelzungsähnliche Unternehmenszusammenführung 13.43	
5. Anwendung der „Börsenkurs"-Rechtsprechung des Bundesverfassungsgerichts auf das Delisting? 13.45	V. Bestimmung des Börsenkurses 13.70
	1. Keine verfassungsrechtlichen Vorgaben 13.70
a) Frühere Rechtsprechung des Bundesgerichtshofs 13.45	2. Stichtag und Referenzperiode 13.71
b) Beschluss des Bundesverfassungsgerichts vom 11.7.2012 . . . . 13.46	3. Bekanntmachung der Strukturmaßnahme. 13.74
c) Beschluss des Bundesgerichtshofs vom 8.10.2013 . . . . 13.48	a) Veranlassung der Gesellschaft oder des Hauptaktionärs 13.76
6. Einziehungsentgelt 13.49	b) Öffentlich zugängliche Bekanntmachung 13.77
IV. Ermittlung des Abfindungswerts oder einer Umtauschwertrelation ausschließlich anhand des Börsenkurses? . 13.50	c) Konkrete Bezeichnung 13.80
	d) Zeitlicher Zusammenhang 13.82
1. Verfassungsrechtliche Vorgaben 13.51	4. Notwendigkeit der Hochrechnung des Börsenkurses? 13.86
2. Aktienrechtliche Beurteilung 13.52	VI. Abweichen des Verkehrswerts vom Börsenkurs/Marktenge 13.87
a) Gesetzliche Grundlagen 13.52	1. Verfassungsrechtliche Vorgaben 13.87
b) Rechtsprechung des Bundesgerichtshofs 13.55	2. Entwicklung in der Rechtsprechung . . 13.88
c) Stellungnahme 13.58	3. Stellungnahme 13.90
aa) Überprüfung einer Abfindung bzw. Ausgleichsleistung 13.60	4. Rechtsfolgen bei Auseinanderfallen von Börsenkurs und Verkehrswert der Aktien 13.95

Schrifttum: *Adolff/Häller*, Börsenkurs und Unternehmensbewertung, in Fleischer/Hüttemann, Rechtshandbuch Unternehmensbewertung, 2. Aufl. 2019, § 18; *Aha*, Aktuelle Aspekte der Unternehmensbewertung im Spruchstellenverfahren, AG 1997, 26; *Bayer*, Kapitalerhöhung mit Bezugsrechtsausschluß und Vermögensschutz der Aktionäre nach § 255 Abs. 2 AktG, ZHR 163 (1999), 505; *Behnke*, Zur Berücksichtigung des Börsenkurses bei der Ermittlung des an außenstehende Aktionäre zu zahlenden Ausgleichs oder der Abfindung, NZG 1999, 934; *Brandenstein/Höfling*, Kapitalisierte Ausgleichszahlungen als weitere Untergrenze der Barabfindung beim Squeeze-out einer beherrschten AG – Kommentar zu BGH v. 15.9.2020 – II ZB 6/20, AG 2020, 942; *Bücker*, Die Berücksichtigung des Börsenkurses bei Strukturmaßnahmen – BGH revidiert DAT/Altana, NZG 2010, 967; *Bungert/Becker*, Neues zur Hochrechnung des Börsenkurses bei Strukturmaßnahmen – zugleich Besprechung der Entscheidung des OLG Frankfurt/M. vom 27.8.2020 – 21 W 59/19 (DVB Bank SE), DB 2021, 940; *Bungert/Wettich*, Vorgaben aus Karlsruhe zum Referenzzeitraum des Börsenwerts für die Abfindung bei Strukturmaßnahmen, BB 2010, 2227; *Bungert/Wettich*, Neues zur Ermittlung des Börsenwerts bei Strukturmaßnahmen, ZIP 2012, 449; *Bungert/Wettich*, Das weitere Schicksal der „Macrotron"-Grundsätze zum Delisting nach der Entscheidung des BVerfG, DB 2012, 2265; *Busse von Colbe*, Der Vernunft eine Gasse: Abfindung von Minderheitsaktionären nicht unter dem Börsenkurs ihrer Aktien, in FS Lutter, 2000, S. 1053; *Decher*, Die Ermittlung des Börsenkurses für Zwecke der Barabfindung beim Squeeze out, ZIP 2010, 1673; *Erb*, Der Börsenkurs als Untergrenze der Abfindung auch in Verschmelzungsfällen, DB 2001, 523; *Fleischer*, Das neue Recht des Squeeze out, ZGR 2002, 757; *Fleischer/Kolb*, Abfindungsarbitrage und Unternehmensbewertung – Zum Bedeutungsaufschwung marktorientierter Bewertungsmethoden in Delaware, AG 2019, 57; *Habersack*, „Macrotron" – was bleibt?, ZHR 176 (2012), 463; *Hirte*, Geldausgleich statt Inhaltskontrolle, WM 1997, 1001; *Kiefner/Gillessen*, Die Zukunft von „Macrotron" im Lichte der jüngsten Rechtsprechung des BVerfG – Zur Neuvermessung des gesellschaftsrechtlichen Aktionärsschutzes nach dem Delisting-Urteil, AG 2012, 645; *Kiefner/Seibel*, Reichweite und Grenzen des Wertverwässerungsschutzes nach § 255 Abs. 2 AktG, AG 2016, 301; *Klöhn*, Delisting – Zehn Jahre später, Die Auswirkungen von BVerfG,

NZG 2012, 826, auf den Rückzug vom Kapitalmarkt und den Segmentwechsel, NZG 2012, 1041; *Klöhn/Verse*, Ist das „Verhandlungsmodell" zur Bestimmung der Verschmelzungswertrelation verfassungswidrig?, AG 2013, 2; *Land/Hallermeyer*, Grenzen der Bedeutung des Börsenkurses bei der Unternehmensbewertung im Rahmen von Strukturmaßnahmen, AG 2015, 659; *Luttermann*, Zum Börsenkurs als gesellschaftsrechtliche Bewertungsgrundlage, ZIP 1999, 45; *Martens*, Die Unternehmensbewertung nach dem Grundsatz der Methodengleichheit oder dem Grundsatz der Meistbegünstigung, AG 2003, 593; *Neumann/Ogorek*, Alles eine Frage der Zeit: BGH ändert Rechtsprechung zur Berechnung von Abfindungen auf der Basis des Börsenkurses, DB 2010, 1869; *Packi*, Inhaltliche Kontrollmöglichkeiten bei Durchführung des umwandlungsrechtlichen Squeeze-out, ZGR 2011, 776; *Paefgen/Kazmaier*, Nachteilsausgleich im Vertragskonzern und Barabfindung von außenstehenden Aktionären beim Squeeze-out, DZWIR 2021, 59; *Puszkajler*, Verschmelzungen zum Börsenkurs? – Verwirklichung der BVerfG-Rechtsprechung, BB 2003, 1692; *Reichert*, Eigentumsschutz und Unternehmensbewertung in der Rechtsprechung des Bundesverfassungsgerichts, FS Stilz, 2014, S. 479; *Rodewald*, Die Angemessenheit des Ausgabebetrags für neue Aktien bei börsennotierten Gesellschaften, BB 2004, 613; *Schilling/Witte*, Die Bestimmung des Börsenwerts einer Aktie im Lichte der aktuellen BGH-Rechtsprechung, Der Konzern 2010, 477; *Jessica Schmidt*, Das Abstellen auf den Börsenkurs bei der Ermittlung von Abfindung und Ausgleich, NZG 2020, 1361; *Schnorbus/Rauch/Grimm*, Die marktorientierte Bewertungsmethode im Spruchverfahren, AG 2021, 39; *Schoppe*, Aktieneigentum – Verfassungsrechtliche Strukturen und gesellschaftsrechtliche Ausprägungen der Aktie als Gegenstand des Art. 14 GG, 2011; *Sinewe*, Die Relevanz des Börsenkurses im Rahmen des § 255 II AktG, NZG 2002, 314; *Steinhauer*, Der Börsenpreis als Bewertungsgrundlage für den Abfindungsanspruch von Aktionären, AG 1999, 299; *Wackerbarth*, Die Begründung der Macrotron-Rechtsfortbildung nach dem Delisting-Urteil des BVerfG, WM 2012, 2077; *Wasmann*, Endlich Neuigkeiten zum Börsenkurs, ZGR 2011, 83; *Weiler/Meyer*, Berücksichtigung des Börsenkurses bei Ermittlung der Verschmelzungswertrelation, NZG 2003, 669; *Wilm*, Abfindung zum Börsenkurs – Konsequenzen der Entscheidung des BVerfG, NZG 2000, 234; *Zöllner/Winter*, Folgen der Nichtigerklärung durchgeführter Kapitalerhöhungsbeschlüsse, ZHR 158 (1994), 59.

I. Einführung

1. Definition des Börsenkurses

13.1 Der Börsenkurs ist der Preis, zu dem Aktien im Börsenhandel gekauft und verkauft werden. Der Börsenkurs bildet sich in einem öffentlich-rechtlich geregelten Markt aus einer **Vielzahl von Vermögensentscheidungen** unabhängiger Marktteilnehmer[1]. Das BVerfG bezeichnet ihn als den Verkehrswert eines börsennotierten Unternehmens[2].

13.2 Der Börsenkurs ist eine wichtige **Kenngröße des Kapitalmarkts** und entscheidet über Gewinn und Verlust von Anlegern. Der Handelsplatz, an dem der Börsenkurs gebildet wird, ist die Börse. Sie ist eine teilrechtsfähige Anstalt des öffentlichen Rechts (§ 2 Abs. 1 BörsG), ihr Betrieb ist erlaubnispflichtig (§ 4 Abs. 1 BörsG). Der Handel an Börsen und die Bildung des Börsenkurses ist durch ein umfassendes gesetzliches Regelwerk[3] geschützt, das – nach innen – den Handel an der Börse und die Bildung des Börsenkurses reguliert. Der Börsenkurs ist aber auch gegen unlautere Einflüsse von außen geschützt, insbesondere durch das Verbot der Marktmanipulation (Artt. 15, 12 Marktmissbrauchverordnung [MMVO])[4], durch das Verbot von Insidergeschäften und der unrechtmäßigen Offenlegung von Insiderinformation (Art. 14 MMVO) sowie die Pflichten von Emittenten zur Offenlegung von Insiderinformation (Art. 17 Abs. 1 MMVO).

---

1 Vgl. dazu OLG Karlsruhe v. 5.5.2004 – 12 W 12/01 – SEN AG, ZIP 2004, 2330, 2332 = AG 2005, 45.
2 BVerfG v. 27.4.1999 – 1 BvR 1613/94 – DAT/Altana, BVerfGE 100, 289, 308 = AG 1999, 566.
3 Etwa durch das BörsG, BörsenZulassungsVO, Börsenordnungen.
4 Verordnung (EU) Nr. 596/2014 v. 16.4.2014, ABl. EU Nr. L 173 v. 12.6.2014, S. 1.

2. Bedeutung des Börsenkurses als Rechtsbegriff

Als Rechtsbegriff hat der Börsenkurs Bedeutung vor allem für die Bemessung von Abfindungen oder abfindungsähnlichen Leistungen, wie dem Ausgleich nach § 304 AktG, und der Ermittlung von Umtauschwertrelationen bei einer Verschmelzung oder einem verschmelzungsähnlichen Vorgang wie der Eingliederung. In all diesen Fällen geht es um Unternehmensbewertung und die Bewertung der von der Gesellschaft ausgegebenen Aktien. Im Mittelpunkt steht die Frage, wie der Unternehmenswert zu ermitteln ist, konkret: ob der Börsenkurs eine geeignete Methode zur Ermittlung des Unternehmens- und Aktienwerts oder sogar mit dem Unternehmens- und Aktienwert identisch ist[5].

13.3

3. Historische Entwicklung

Blickt man zurück, könnte die Bedeutung, die die Rechtsprechung dem Börsenkurs bei der Ermittlung des Unternehmens- und Aktienwerts beigemessen hat, kaum wechselhafter ausfallen. Unter Geltung des Umwandlungsgesetzes vom 12.11.1956[6] wurde überwiegend angenommen, dass sich die Abfindung von Aktionären im Grundsatz immer am Börsenkurs orientieren müsse. Wichtigster Abfindungsfall war das Ausscheiden von Minderheitsaktionären bei einer sog. Mehrheitsumwandlung. Umstritten war lange, ob andere Bewertungsfaktoren neben dem Börsenkurs überhaupt noch berücksichtigt werden durften.

13.4

Den Streit hat der Gesetzgeber 1965 positiv entschieden: Bei der Bemessung der Abfindung müsse, so die damalige Gesetzesfassung des § 305 Abs. 3 AktG[7], die Vermögens- und Ertragslage der Gesellschaft im Zeitpunkt der Beschlussfassung der Hauptversammlung Berücksichtigung finden. Anders gewendet: Die Abfindung konnte danach nicht mehr allein auf der Grundlage des Börsenkurses ermittelt werden[8]. Neben dem Börsenwert war jedenfalls die Vermögens- und Ertragslage der Gesellschaft auch zu berücksichtigen.

13.5

Mit seiner Grundsatzentscheidung vom 30.3.1967[9] ging der BGH noch einen Schritt weiter: Die Abfindung sei grundsätzlich unabhängig vom Börsenkurs, also nur anhand der Vermögens- und Ertragslage der Gesellschaft zu ermitteln. Der Börsenkurs sei keine zuverlässige Bewertungsgrundlage. Er sei Ausdruck des im Augenblick der Kursbildung vorhandenen Verhältnisses von Angebot und Nachfrage, hänge von der Liquidität des Marktes, von zufallsbedingten Umsätzen, von spekulativen Einflüssen und von nicht wertbezogenen Faktoren ab wie etwa politischen Ereignissen, Gerüchten, Informationen, psychologischen Momenten oder einer allgemeinen Tendenz. Die Instanzgerichte und das Schrifttum haben sich der Rechtsprechung des BGH praktisch ausnahmslos angeschlossen[10]. Über mehr als

13.6

---

5 Börsenkurs und Börsenhandel können mittelbar auch auf ertragswertorientierte Ermittlung des Unternehmenswerts Einfluss nehmen. Bei der ertragswertorientierten Bewertung ist für Zwecke der Abzinsung ein Kapitalisierungszinssatz zu ermitteln. Eine wesentliche Einflussgröße ist, mit welchem Faktor (Beta-Faktor) die allgemeine Marktrisikoprämie für die Abzinsung der künftigen Erträge der Gesellschaft zu korrigieren ist. Es liegt bei erster Sicht nahe, an das am Markt zu beobachtende unternehmenseigene Beta anzuknüpfen. Rechtlich zulässig ist das aber nur, wenn der Börsenhandel hinreichende Richtigkeitsgewähr bietet, also nicht die Gefahr besteht, dass der Kurs durch Arbitragespekulation beeinflusst ist oder sich aus anderen Gründen, die nicht in den Fundamentalwerten des Unternehmens begründet sind, von der allgemeinen oder branchentypischen Marktentwicklung abgekoppelt hat; vgl. nur OLG München v. 13.4.2021 – 31 Wx 2/19, AG 2021, 715 Rz. 41; OLG Düsseldorf v. 11.5.2020 – 26 W 14/17 (AktE), AG 2021, 23, 25.
6 BGBl. I 1956, 844.
7 Die heutige Gesetzesfassung des § 305 Abs. 3 AktG formuliert etwas neutraler, dass die Abfindung „die Verhältnisse" der Gesellschaft zum Stichtag zu berücksichtigen habe. Damit wird allein der Stichtag festgelegt und die Wertermittlungsmethode gerade offen gelassen.
8 Vgl. *Kropff*, AktG 1965, S. 399.
9 Grundlegend BGH v. 30.3.1967 – II ZR 141/64, NJW 1967, 1464 = AG 1967, 264.
10 Vgl. die Nachweise bei *Hirte/Hasselbach* in Großkomm. AktG, 4. Aufl. 2005, § 305 AktG Rz. 126, Fn. 283.

30 Jahre spielte der Börsenkurs für die Ermittlung von Abfindungen oder Umtauschwertrelationen keine Rolle mehr.

13.7 1999 leitete das BVerfG eine erneute Wende ein. Mit Beschluss vom 27.4.1999[11] entschied es, dass der Börsenkurs bei der Ermittlung des Abfindungswerts einer Aktie sogar von Verfassungs wegen (Art. 14 Abs. 1 GG) zu berücksichtigen sei. Er bilde die Untergrenze für die Abfindung, die nur in Ausnahmefällen unterschritten werden könne (näher dazu Rz. 13.9).

13.8 In jüngerer Zeit wird vermehrt erörtert, ob und unter welchen Voraussetzungen Abfindungen ausschließlich anhand des Börsenwerts bestimmt werden können (näher dazu Rz. 13.50).

II. Grundlagen der Rechtsprechung des Bundesverfassungsgerichts zur Berücksichtigung des Börsenkurses

1. Anknüpfung an die Feldmühle-Entscheidung

13.9 Das BVerfG[12] geht im Anschluss an die Feldmühle-Entscheidung[13] davon aus, dass Art. 14 Abs. 1 GG das **in der Aktie verkörperte Anteilseigentum** schütze[14]. Das bedeute aber nicht, dass jeder Eingriff in das Aktieneigentum von Verfassungs wegen verboten sei. Der Gesetzgeber könne vielmehr aus gewichtigen Gründen des Gemeinwohls für angebracht halten, die Interessen der Minderheitsaktionäre an der Erhaltung der Vermögenssubstanz hinter die Interessen an einer freien Entfaltung der unternehmerischen Initiative zurücktreten zu lassen[15]. Selbst erhebliche Minderungen seiner Rechtsposition oder eine zum Verlust der durch die Aktie verkörperten Rechtsposition führende Maßnahme müsse der Aktionär hinnehmen, wenn sie durch Gesetz zugelassen wird.

2. „Volle" Entschädigung und Gebot der Berücksichtigung von Börsenkursen

13.10 Voraussetzung für die verfassungsrechtliche Zulässigkeit sei aber, dass der betroffene Aktionär eine „volle" **Entschädigung** für den Verlust seiner Rechtsposition erhalte[16], also das, was seine Beteiligung

---

11 Vgl. BVerfG v. 27.4.1999 – 1 BvR 1613/94 – DAT/Altana, BVerfGE 100, 289 = AG 1999, 566.
12 Grundlegend BVerfG v. 7.8.1962 – 1 BvL 16/60 – Feldmühle, BVerfGE 14, 263, 276 f. und BVerfG v. 27.4.1999 – 1 BvR 1613/94 – DAT/Altana, BVerfGE 100, 289, 301 = AG 1999, 566; ferner BVerfG v. 7.5.1969 – 2 BvL 15/67 – Rheinstahl, BVerfGE 25, 371, 407; BVerfG v. 1.3.1979 – 1 BvR 532/77, 1 BvR 533/77, 1 BvR 419/78, 1 BvL 21/78 – Mitbestimmung, BVerfGE 50, 290, 339; BVerfG v. 25.7.2003 – 1 BvR 234/01, AG 2003, 624 = NZG 2003, 1016; BVerfG v. 30.5.2007 – 1 BvR 1267/06, 1 BvR 1280/06 – Wüstenrot/Württembergische AG, NJW 2007, 3266, 3267 = AG 2007, 697; BVerfG v. 20.12.2010 – 1 BvR 2323/07 – KUKA, NZG 2011, 235, 236 = AG 2011, 128; BVerfG v. 26.4.2011 – 1 BvR 2658/10 – T-Online, NJW 2011, 2497 Rz. 22 = AG 2011, 511; BVerfG v. 11.7.2012 – 1 BvR 3142/07, 1 BvR 1569/08 – Delisting, NZG 2012, 826, 828 = AG 2012, 557; BVerfG v. 16.5.2012 – 1 BvR 96/09, 1 BvR 117/09, 1 BvR 118/09, 1 BvR 128/09 – Deutsche Hypothekenbank, NZG 2012, 907 Rz. 17 = AG 2012, 625; BVerfG v. 24.5.2012 – 1 BvR 3221/10 – Daimler/Chrysler, NJW 2012, 3020 Rz. 21 = AG 2012, 674.
13 Vgl. BVerfG v. 7.8.1962 – 1 BvL 16/60 – Feldmühle, BVerfGE 14, 263, 276 f.
14 Umfassend zum verfassungsrechtlichen Aktionärsschutz vgl. Schoppe, Aktieneigentum, 2011, passim, insb. S. 68 ff.
15 Grundlegend BVerfG v. 7.8.1962 – 1 BvL 16/60 – Feldmühle, BVerfGE 14, 263, 283 f.; ferner BVerfG v. 27.4.1999 – 1 BvR 1613/94 – DAT/Altana, BVerfGE 100, 289, 302 = AG 1999, 566.
16 BVerfG v. 27.4.1999 – 1 BvR 1613/94 – DAT/Altana, BVerfGE 100, 289, 303 = AG 1999, 566; BVerfG v. 29.11.2006 – 1 BvR 704/03 – SNI, NJW 2007, 828 Rz. 10 = AG 2007, 119; BVerfG v. 30.5.2007 – 1 BvR 1267/06, 1 BvR 1280/06 – Wüstenrot/Württembergische AG, NJW 2007, 3266, 3267 = AG 2007, 697; BVerfG v. 20.12.2010 – 1 BvR 2323/07 – KUKA, NZG 2011, 235, 236 = AG 2011, 128; BVerfG v. 26.4.2011 – 1 BvR 2658/10 – T-Online, NJW 2011, 2497 Rz. 21 = AG 2011, 511.

an dem arbeitenden Unternehmen wert sei[17]. Wie die „volle Entschädigung" zu ermitteln ist, welche Methode zur Ermittlung des Unternehmenswerts heranzuziehen sei, lasse sich nicht abschließend aus der Verfassung ermitteln. Dies zu entscheiden, sei Aufgabe der Fachgerichte. Die Minderheitsaktionäre dürften aber, so das BVerfG in der grundlegenden DAT/Altana-Entscheidung, als Abfindung nicht weniger erhalten, als sie bei einer **freien Desinvestitionsentscheidung** zum Zeitpunkt des Unternehmensvertrags oder der Eingliederung erlangt hätten[18]. Der Börsenkurs bilde die **Untergrenze** der Abfindung[19]. Das Aktieneigentum sei, gerade bei einer börsennotierten Aktiengesellschaft, durch seine **Verkehrsfähigkeit** geprägt. Die Aktie werde an der Börse gehandelt und erfahre dort aus dem Zusammenspiel von Angebot und Nachfrage eine Wertbestimmung, an der sich die Aktionäre bei ihren Investitionsentscheidungen orientieren[20]. Der Vermögensverlust der Minderheitsaktionäre durch den Abschluss eines Unternehmensvertrages oder Eingliederung stelle sich für den Aktionär jedenfalls als Verlust des Verkehrswerts der Aktie dar. Dieser sei regelmäßig mit dem Börsenkurs der Aktie identisch.

3. Verfassungsrechtlich anerkannte Ausnahmen vom Gebot der Berücksichtigung des Börsenkurses

Das Gebot, bei der Festsetzung der angemessenen Entschädigung den Börsenkurs als Untergrenze zu berücksichtigen, bedeutet nach der Rechtsprechung des BVerfG allerdings nicht, dass er stets allein maßgeblich ist. Verfassungsrechtlich unbedenklich ist in jedem Fall, wenn die Abfindung den Börsenkurs überschreitet. Art. 14 Abs. 1 GG verlange keine Entschädigung zum Börsenkurs, sondern zum „wahren" Wert, mindestens aber zum Verkehrswert. Verfassungsrechtlich könne es auch zulässig sein, so das BVerfG, den Börsenkurs im Einzelfall zu unterschreiten, wenn nämlich der Börsenkurs ausnahmsweise nicht den Verkehrswert der Aktie widerspiegelt[21]. Als möglichen Ausnahmefall sieht das BVerfG an, wenn – wie bei einer Eingliederung – eine sog. **Marktenge** besteht, d.h. sich mindestens 95 % der Aktien in der Hand des eingliedernden Unternehmens befinden. Es sei dann ungewiss, ob der Minderheitsaktionär seine Aktien tatsächlich zum Börsenkurs hätte verkaufen können. Der Börsenkurs sei dann keine verfassungsrechtlich gebotene Untergrenze mehr. Unbeachtlich ist er deswegen freilich gleichwohl nicht. Denn einem Börsenkurs ist auch bei einer Marktenge nicht jede Eignung abzusprechen, einen Beitrag zur Feststellung des Wertes der Unternehmensbeteiligung zu leisten. Der abfindungsverpflichteten Gesellschaft müsse aber in diesen Fällen die Möglichkeit eingeräumt werden, im Spruchstellenverfahren darzulegen und ggf. zu beweisen, dass der Börsenkurs nicht dem Verkehrswert entspricht. 13.11

Ob und welche weiteren Ausnahmefälle es gibt, lässt sich aus der Rechtsprechung des BVerfG nicht entnehmen. Auch die Diskussion in Schrifttum und Rechtsprechung hat zu keinen neuen Fallgruppen geführt. Arbitragestrategien von Hedgefonds oder Handelspraktiken von Börsenmaklern und ihr Einfluss auf den Börsenpreis und die Gewähr für die „Richtigkeit" des Börsenpreises werden nicht in An- 13.12

---

17 Grundlegend BVerfG v. 7.8.1962 – 1 BvL 16/60 – Feldmühle, BVerfGE 14, 263, 283 f.; ferner BVerfG v. 27.4.1999 – 1 BvR 1613/94 – DAT/Altana, BVerfGE 100, 289, 303 = AG 1999, 566.
18 BVerfG v. 27.4.1999 – 1 BvR 1613/94 – DAT/Altana, BVerfGE 100, 289, 306 = AG 1999, 566; BVerfG v. 29.11.2006 – 1 BvR 704/03 – SNI, NJW 2007, 828 Rz. 10 = AG 2007, 119; BVerfG v. 30.5.2007 – 1 BvR 1267/06, 1 BvR 1280/06 – Wüstenrot/Württembergische AG, NJW 2007, 3266, 3267 = AG 2007, 697; BVerfG v. 20.12.2010 – 1 BvR 2323/07 – KUKA, NZG 2011, 235, 236 = AG 2011, 128; BVerfG v. 26.4.2011 – 1 BvR 2658/10 – T-Online, NJW 2011, 2497 Rz. 21 = AG 2011, 511.
19 Zur Frage, ob in dem Sonderfall des Squeeze-out bei bestehendem Beherrschungs- und Gewinnabführungsvertrag die abgezinsten Ausgleichsansprüche eine weitere Untergrenze bilden, vgl. BGH v. 15.9.2020 – II ZB 6/20, AG 2020, 949; *Brandenstein/Höfling*, AG 2020, 942; *Paefgen/Kazmaier*, DZWIR 2021, 59.
20 Vgl. auch BGH v. 15.9.2020 – II ZB 6/20 – Wella, NZG 2020, 1386 Rz. 36; BGH v. 12.1.2016 – II ZB 25/14 – Nestlé, NZG 2016, 461 Rz. 23.
21 BVerfG v. 27.4.1999 – 1 BvR 1613/94 – DAT/Altana, BVerfGE 100, 289, 309 = AG 1999, 566.

sätzen erörtert. Art. 14 Abs. 1 GG erfordere nicht, so das BVerfG, dass gerade der Börsenkurs zum Bewertungsstichtag gemäß § 305 Abs. 3 Satz 2 AktG zur Untergrenze der Barabfindung gemacht wird[22]. Da der Unternehmensvertrag den Marktteilnehmern vor diesem **Stichtag** jedenfalls während der mindestens einmonatigen Einberufungsfrist zur Hauptversammlung, auf der über den Vertrag oder die Eingliederung abgestimmt wird, bekannt ist, hätten Interessenten sonst die Möglichkeit, den Börsenkurs während dieser Zeit auf Kosten des Mehrheitsaktionärs in die Höhe zu treiben. Die Verfassung gebe nicht vor, wie der Stichtag des Börsenkurses festzusetzen sei. Entscheidend sei allein, dass die Zivilgerichte durch die Wahl des Stichtags einem Missbrauch beider Seiten begegnen. Sie können etwa auf einen Durchschnittskurs bei der Bekanntgabe des Unternehmensvertrags zurückgreifen. Das genüge auch dem gesetzlichen Erfordernis, die angemessene Barabfindung an den Verhältnissen der Gesellschaft „im Zeitpunkt der Beschlussfassung ihrer Hauptversammlung" zu bemessen. Zu den im Zeitpunkt der Beschlussfassung ihrer Hauptversammlung maßgeblichen Verhältnissen gehöre nicht nur der Tageskurs, sondern auch ein auf diesen Tag bezogener Durchschnittswert[23] (siehe näher zu der Stichtagsfrage Rz. 13.70).

4. Kritische Bewertung der DAT/Altana-Entscheidung

13.13   Die DAT/Altana-Entscheidung des BVerfG kann nur richtig eingeordnet werden, wenn man den zugrundeliegenden Sachverhalt mit in das Blickfeld nimmt[24]: Die Altana AG hatte mit der Deutsch-Atlantischen Telegraphen-Aktiengesellschaft (DAT) einen Beherrschungs- und Gewinnabführungsvertrag abgeschlossen. Im Vertrag hatten die Parteien, wie gesetzlich erforderlich (§§ 304 f. AktG), die den außenstehenden Aktionären angebotene Ausgleichs- und Abfindungsleistung festgesetzt. Die Festsetzung beruhte auf einer Unternehmensbewertung nach dem Ertragswertverfahren. Die Fachgerichte sahen keinen Anlass, den von Gutachtern ermittelten Ertragswert zu beanstanden. Den Börsenwert hatten weder die Gutachter noch die im Spruchverfahren zuständigen Gerichte für relevant gehalten. Dies entsprach damals der gefestigten Rechtsprechung des BGH und der ganz h.M. (vgl. Rz. 13.6). Tatsächlich lag der Börsenkurs aber um das **Eineinhalbfache über dem Ertragswert**, was beim Ersten Senat des BVerfG offensichtlich Zweifel nährte, ob die angebotenen Abfindungs- und Ausgleichsleistungen, ermittelt allein nach dem Ertragswertverfahren, dem Gebot der „vollen" Entschädigung entsprach.

13.14   Die verfassungsrechtliche Bewertung stützt das BVerfG auf zwei ganz unterschiedliche Aspekte:

- Der angebotene Ausgleich und die im Vertrag bestimmte Abfindung seien mit Art. 14 Abs. 1 GG schon deshalb nicht vereinbar, so der Senat[25], weil „das Oberlandesgericht eine Berücksichtigung des Börsenkurses der DAT AG **aus prinzipiellen Gründen** abgelehnt habe." Die Berücksichtigung des Börsenkurses gehöre zu einer sorgfältigen und eingehenden Befassung mit der zu überprüfenden Unternehmensbewertung (**Berücksichtigungsgebot**).

- Beim Gebot der Berücksichtigung des Börsenkurses ist der Erste Senat aber in der DAT/Altana-Entscheidung nicht stehen geblieben. Bei der Wertbestimmung der Aktie müsse vielmehr, so der Erste Senat des BVerfG, die **Verkehrsfähigkeit** der Aktien Berücksichtigung finden. Die Verkehrsfähigkeit nehme als Eigenschaft des Aktieneigentums am Grundrechtsschutz teil. Die Abfindung dürfe daher nicht hinter dem Betrag zurück bleiben, den der Aktionär bei Ausnutzung der Verkehrsfähigkeit, genauer bei einer **freien Desinvestitionsentscheidung** zum Zeitpunkt der Beschlussfassung, der Hauptversammlung erlangen könne (**Untergrenzegebot**).

---

22 BVerfG v. 27.4.1999 – 1 BvR 1613/94 – DAT/Altana, BVerfGE 100, 289, 309 f. = AG 1999, 566; BVerfG v. 29.11.2006 – 1 BvR 704/03 – SNI, NJW 2007, 828 Rz. 11 = AG 2007, 119.
23 BVerfG v. 27.4.1999 – 1 BvR 1613/94 – DAT/Altana, BVerfGE 100, 289, 310 = AG 1999, 566.
24 So auch *Reichert* in FS Stilz, 2014, S. 479, 480.
25 BVerfG v. 27.4.1999 – 1 BvR 1613/94 – DAT/Altana, BVerfGE 100, 289, 311 = AG 1999, 566.

In welchem Verhältnis das Berücksichtigungs- und das Untergrenzengebot stehen, hat das BVerfG bisher nicht aufgeklärt. Bemerkenswert ist, dass dem Senat das **Berücksichtigungsgebot** so wichtig war, dass er es zur Kernaussage des einzigen amtlichen Leitsatzes der DAT/Altana-Entscheidung machte: „Es ist mit Art. 14 Abs. 1 GG unvereinbar, bei der Bestimmung der Abfindung oder des Ausgleichs für außenstehende oder ausgeschiedene Aktionäre nach §§ 304, 305, 320b AktG den Börsenkurs der Aktien außer Betracht zu lassen." Auch hätte das BVerfG seine verfassungsrechtliche Korrektur der Bewertungspraxis 1999 auf die Vorgabe beschränken können, den Börsenkurs bei der Ermittlung gebührend zu berücksichtigen und bei erheblichen Abweichungen zwischen Ertrags- und Börsenwert den Börsenwert nur zu unterschreiten, wenn feststeht, dass der Börsenkurs über den wahren Wert der Aktien hinausgeht. Nicht zuletzt der einzige amtliche Leitsatz der Entscheidung spricht dafür, dass der Senat in der DAT/Altana-Entscheidung wohl auch zunächst in diese Richtung gedacht hat.

13.15

Das Untergrenzengebot war aus der Sicht des Jahres 1999 allerdings das deutlichere (und damals vielleicht auch notwendige) Signal an die Fachgerichte, hatte doch der BGH in seiner Grundsatzentscheidung vom 30.3.1967[26] angenommen, dass sich der Börsenkurs als Bewertungsgrundlage nicht eigne. Wohl nur mit Einführung des Gebots, einen ordentlich gebildeten Börsenkurs als Untergrenze der Abfindung anzusehen, konnte der Senat sicher sein, dass die Fachgerichte seinem Kernanliegen entsprechen würden, nämlich dem Börsenkurs bei der Ermittlung einer Abfindung oder eines Umtauschverhältnisses **einen hohen Stellenwert beizumessen**.

13.16

Allerdings kann nicht übersehen werden, dass das Untergrenzengebot auf einem „Kunstgriff" beruht: Es bedarf schon einiger Phantasie, um die Möglichkeit, einen Vermögensgegenstand an einem Markt zu verkaufen, als verfassungsrechtlich geschützten Teil des Eigentums zu qualifizieren. Verfassungsrechtlichen Schutz genießen nicht nur die Rechte, die eine Aktie vermittelt, sondern die tatsächliche Veräußerungsmöglichkeit am Kapitalmarkt. Mit der „Delisting"-Entscheidung vom 11.7.2012[27] hat das **BVerfG** den „Kunstgriff" zu Recht relativiert. Die **Teilnahme am Handel** in einem öffentlich-rechtlich organisierten börslichen Preisbildungs- und Handelssystem sei, so die Delisting-Entscheidung, **keineswegs Gegenstand des Eigentumsschutzes**. Die Börsenzulassung sei lediglich ein sog. wertbildender Faktor, der nicht am grundrechtlichen Eigentumsschutz teilnimmt. Es handele sich nicht um mehr als eine verfassungsrechtlich nicht geschützte Marktchance, die ebenso wenig wie die Aufnahme der Aktie in einen Aktienindex am verfassungsrechtlichen Schutz teilnehme, obwohl sie die Nachfrage nach der Aktie und ihren Preis erheblich beeinflussen könne. Es würde auf der Linie der Delisting-Entscheidung liegen und in der Sache mehr überzeugen, wenn sich das BVerfG vorsichtig vom Untergrenzenverbot löst und mehr richterliche Freiheit für die verfassungsrechtlich gebotene Berücksichtigung des Börsenkurses lässt. Anders gewendet: Wenn der Börsenkurs – etwa durch **Abfindungsarbitrage** – erhöht ist, überzeugt nicht, dass die Desinvestitionsentscheidung zu diesem erhöhten Börsenkurs unter dem Schutz der Verfassung steht.

13.17

Das vom Ersten Senat angenommene Untergrenzengebot passt sich auch nicht recht in die tatsächliche Situation nach Ankündigung einer abfindungspflichtigen Maßnahme (Unternehmensvertrag, Eingliederung, Squeeze-out usw.) ein. Die Aktionäre können bei Ankündigung der Maßnahme ihre Aktien zunächst **unverändert über die Börse verkaufen**, und die Praxis zeigt, dass sie davon auch in erhöhtem Umfang Gebrauch machen. Im Zeitpunkt der Hauptversammlung sind die Aktien häufig in hohem Maße in der Hand von Arbitrageanlegern. Die Aktionäre, die ihre Aktien über den Markt verkauft haben, bedürfen eines Schutzes ihrer Desinvestitionsmöglichkeit nicht. Denn sie haben ihre Aktien zu Marktbedingungen verkauft. Dasselbe gilt für Aktionäre, die mit Blick auf die Abfindungs- und Ausgleichsrechte und auf die Möglichkeit einer Erhöhung im Spruchverfahren bewusst keinen Gebrauch von der Desinvestitionsmöglichkeit machen. Auch sie sind nicht schutzbedürftig. Nichts anderes gilt für die Vielzahl der Aktionäre, die nach Ankündigung und damit in Kenntnis der bevorstehenden Maßnahme (Unternehmensvertrag, Eingliederung, Squeeze-out usw.) Aktien erwerben. Bei

13.18

---

26 Grundlegend BGH v. 30.3.1967 – II ZR 141/64, NJW 1967, 1464 = AG 1967, 264.
27 BVerfG v. 11.7.2012 – 1 BvR 3142/07, 1 BvR 1569/08 – Delisting, AG 2012, 557.

Abschluss eines Beherrschungs- und Gewinnabführungsvertrages bleibt die Möglichkeit einer Veräußerung der Aktien, auch über die Börse, sogar dauerhaft erhalten. Die Desinvestitionsmöglichkeit müsste verfassungsrechtlich nur zugunsten eines Anlegers geschützt werden, der seine Aktien tatsächlich nicht mehr zu Marktkonditionen wie vor Ankündigung der Maßnahme veräußern konnte, was eher der Ausnahmefall ist.

13.19 Die „Börsenkurs"-Rechtsprechung des BVerfG bedarf daher der Korrektur und Fortentwicklung. Richtigerweise ist dem **Berücksichtigungsgebot** ein **erhöhter Stellenwert** zuzuweisen, die Bedeutung des Untergrenzengebots zu korrigieren: Der Börsenkurs bildet sich in einem öffentlich-rechtlich geregelten Markt aus einer Vielzahl von Vermögensentscheidungen unabhängiger Marktteilnehmer und trägt damit eine **Richtigkeitsgewähr** in sich. Er ist stets ein gewichtiger Faktor bei Ermittlung des „wahren" Werts der Aktien. Das zuständige Fachgericht kann ihn als Untergrenze zugrunde legen, wenn es nicht zu der Überzeugung gelangt, dass der Börsenkurs durch **Sondereinflüsse, insbesondere Abfindungsarbitrage, beeinflusst** ist und daher den Verkehrswert der Aktien nicht mehr zutreffend widerspiegelt. Wann und unter welchen Voraussetzungen das der Fall ist, ist von den Fachgerichten im Einzelfall zu klären und beantwortet sich nicht aus der Verfassung. Maßgebend sind die Erkenntnisse der Kapitalmarktforschung.

III. Anwendungsfragen nach Fallgruppen

1. Die „klassischen" Fälle: Beherrschungs- und Gewinnabführungsvertrag; Eingliederung; Squeeze-out

a) Beherrschungs- und Gewinnabführungsvertrag/Eingliederung

13.20 Mit der DAT/Altana-Entscheidung knüpft das BVerfG für zwei Strukturmaßnahmen an die Feldmühle-Entscheidung an: (1) den Abschluss eines **Beherrschungs- und Gewinnabführungsvertrages** mit der Pflicht, den außenstehenden Aktionären Ausgleich (§ 304 AktG) und Abfindung (§ 305 AktG) anzubieten, und (2) die **Eingliederung** durch Mehrheitsbeschluss (§ 320b Abs. 1 AktG) mit der gesetzlichen Pflicht (§ 320b AktG) zur Abfindung der ausscheidenden Aktionäre. Bei der Eingliederung durch Mehrheitsbeschluss handele es sich, so das BVerfG in der DAT/Altana-Entscheidung, um die gleiche Sachverhaltskonstellation, die dem Feldmühle-Urteil zugrunde gelegen habe. Mit der Eingliederung würden die Minderheitsaktionäre aus der Gesellschaft gedrängt. Mit ähnlichen Gründen bezieht das Gericht den Abschluss eines Beherrschungs- und Gewinnabführungsvertrages in die verfassungsrechtliche Prüfung ein. Ein Beherrschungs- und Gewinnabführungsvertrag führe zwar nicht dazu, dass die Aktionäre aus der Gesellschaft heraus gedrängt würden. Die Gewinnabführungsverpflichtung und das Weisungsrecht des herrschenden Unternehmens (§ 308 AktG) würden aber zu einer weitreichenden Beeinträchtigung der Aktionärsrechte führen und einem Verlust der Mitgliedschaft wirtschaftlich gleichstehen.

b) Vergleichbarkeit der Eingliederung mit den Fällen des „Herausdrängens"

13.21 Soweit das BVerfG die Eingliederung dem „Herausdrängen" von Aktionären bei einer Mehrheitsumwandlung nach dem UmwG 1956 gleichstellt, liegt dem allerdings ein **Anschauungsfehler** zugrunde. Bei der Eingliederung erhalten die ausgeschiedenen Aktionäre eigene Aktien der Hauptgesellschaft (§ 320b Abs. 1 Satz 1 AktG). Ist die Hauptgesellschaft eine abhängige Gesellschaft, steht ihnen zusätzlich das Wahlrecht zu, anstelle der eigenen Aktien der Hauptgesellschaft eine angemessene Barabfindung zu erhalten (§ 320b Abs. 1 Satz 2 AktG). Zu einer Beendigung der unternehmerischen Beteiligung, wie sie für die Mehrheitsumwandlung nach dem UmwG 1956 kennzeichnend war, kommt es bei der Eingliederung gerade nicht, es sei denn, der Aktionär tritt selbst die Entscheidung, die Barabfindung zu wählen.

Die Eingriffsqualität unterscheidet sich damit offensichtlich erheblich von den Fällen, in denen Minderheitsaktionäre aus der Gesellschaft gedrängt werden. Sie bleiben an den Chancen eines – allerdings größeren – Unternehmensverbundes beteiligt und treffen auf eine u.U. verbesserte Lage, etwa weil die Aktien der Obergesellschaft börsennotiert sind, hohe Marktliquidität haben und die Obergesellschaft nicht konzerneingebunden ist. Die Eingliederung ist offensichtlich einer Verschmelzung (§§ 2 ff. UmwG) sehr viel ähnlicher als dem „Herausdrängen" aus der Gesellschaft. Der Unterschied zur Verschmelzung ist, dass die eingegliederte Gesellschaft mit eigener Rechtspersönlichkeit bestehen bleibt, während der übertragende Rechtsträger bei einer Verschmelzung ohne Abwicklung aufgelöst wird. Aus Sicht der Minderheitsaktionäre ist dieser Unterschied unerheblich.

c) Grundgedanke der DAT/Altana-Entscheidung; Anwendung auf den Squeeze-out

Gleichwohl sind Eingliederungen durch Mehrheitsbeschluss und Beherrschungs- und Gewinnabführungsverträge mit Aktiengesellschaften, die außenstehende Aktionäre haben, zu Recht als „klassische Fallgruppen" für die Anwendung der DAT/Altana-Rechtsprechung unbestritten. Der verfassungsrechtliche Eigentumsschutz muss den betroffenen Aktionären auch dann zur Verfügung stehen, wenn – ohne ein vollständiges Herausdrängen – weit in die Aktionärsrechte eingegriffen wird und die bis dahin bestehenden mitgliedschaftlichen Mitwirkungs- und Vermögensrechte durch eine andere Leistung – Ausgleich, Abfindung oder Anteile an einem anderen, an der Maßnahme beteiligten Unternehmen – ersetzt werden. Es muss dann von Verfassungs wegen eine **ausreichende Richtigkeitsgewähr** dafür hergestellt werden, dass die Leistung, die die betroffenen Aktionäre erhalten, in einem angemessenen und vollen Wertersatz sichernden Verhältnis zu dem Eingriff in bestehende Mitwirkungs- und Vermögensrechte steht. Bei Abschluss eines Beherrschungs- und Gewinnabführungsvertrages und bei der Eingliederung besteht diese Notwendigkeit offensichtlich, erst recht bei einem Übertragungsbeschluss nach §§ 327a ff. AktG (Squeeze-out), der am ehesten mit der Mehrheitsumwandlung nach dem UmwG 1956 vergleichbar ist.

13.22

2. „Übertragende Auflösung"

a) Begriff der übertragenden Auflösung

Als „übertragende Auflösung" bezeichnet das BVerfG in der **Moto-Meter-Entscheidung**[28] die Übertragung des im Wesentlichen gesamten Vermögens der Gesellschaft auf einen Dritten und die anschließende Liquidation der Gesellschaft. Die Hauptversammlung kann die Zustimmung zur Vermögensübertragung (§ 179a AktG) und die Auflösung (§ 262 AktG) mit der Mehrheit von drei Vierteln des bei der Beschlussfassung vertretenen Grundkapitals beschließen, soweit die Satzung keine höhere Mehrheit vorschreibt (§ 179a Abs. 1, § 262 Abs. 1 Nr. 2 AktG). Stimmt die Hauptversammlung zu, führt der Erwerber das Unternehmen allein fort. Wenn der Erwerber der Mehrheits- oder Hauptaktionär der Gesellschaft ist und daher maßgebenden Einfluss auf die Beschlussfassung über die Vermögensübertragung und die Auflösung hat, wirkt die übertragende Auflösung wie ein Ausschluss der Minderheitsaktionäre. Es ist offensichtlich, dass die „ausscheidenden" Aktionäre ein hohes Interesse an der Kontrolle des „Ob" und „Wie" ihres Ausscheidens, insbesondere der Vereinbarung eines angemessenen Kaufpreises, haben.

13.23

Die gesetzlichen Regeln des § 179a AktG entsprechen diesem Interesse der außenstehenden Aktionäre nur bedingt. Die außenstehenden Aktionäre haben zwar besondere Informationsrechte: Die Gesellschaft hat den Vertrag über die Vermögensübertragung von der Einberufung der Hauptversammlung an in den Geschäftsräumen der Gesellschaft zur Einsicht der Aktionäre auszulegen (§ 179a Abs. 2 Satz 1 AktG) oder auf der Internetseite der Gesellschaft zugänglich zu machen (§ 179a Abs. 2 Satz 3 AktG). Wenn sie ihn nicht auf der Internetseite der Gesellschaft zugänglich macht, können die Aktionäre zudem eine Abschrift verlangen (§ 179a Abs. 2 Satz 2 AktG). Der Vertrag ist den Aktionären

13.24

---

28 Vgl. BVerfG v. 23.8.2000 – 1 BvR 68/05, 1 BvR 147/97 – Moto Meter, NJW 2000, 279 = AG 2001, 42.

auch in der Hauptversammlung zugänglich zu machen und vom Vorstand zu Beginn der Verhandlung zu erläutern (§ 179a Abs. 2 Satz 4 und 5 AktG). Die Aktionäre können schließlich in der Hauptversammlung im Rahmen des allgemeinen Auskunftsrechts des § 131 AktG ergänzende Auskünfte verlangen und den Zustimmungsbeschluss im Nachgang mit einer Anfechtungs- und Nichtigkeitsklage auf seine Rechtmäßigkeit überprüfen lassen. Gesetzliche Vorschriften, mit denen der Gesellschaft aufgegeben wird, für einen angemessenen Kaufpreis Sorge zu tragen, die den Organen der Gesellschaft – wie in § 25 UmwG – besondere Sorgfaltspflichten auferlegen, die die Beschlussfassung von der Angemessenheitsprüfung durch einen gerichtlich bestellten Prüfer abhängig machen und eine nachträgliche Überprüfung des Kaufpreises in einem Spruchverfahren zulassen, gibt es aber nicht. Die Rechte der außenstehenden Aktionäre bleiben **weit hinter dem Standard bei einem Übertragungsbeschluss**, einer Eingliederung oder dem Abschluss eines Beherrschungs- und Gewinnabführungsvertrages zurück.

b) Verfassungsrechtliche Aspekte

13.25 Das BVerfG[29] bestätigt die Verfassungsmäßigkeit von § 179a AktG gleichwohl, allerdings in erster Linie mit Blick auf die Fälle, in denen nicht der Mehrheits- oder Hauptaktionär, sondern ein unabhängiger Dritter das Unternehmen erwirbt. Das Fehlen ergänzender gesetzlicher Vorschriften zum Minderheitsschutz werfe in diesem Fall keine verfassungsrechtlichen Probleme auf, weil bei der Veräußerung des Gesellschaftsvermögens an einen Dritten kein verfassungsrechtliches Schutzbedürfnis der Minderheitsaktionäre gegeben sei. Zwischen den für und gegen die „übertragende Auflösung" stimmenden Aktionären bestehe vielmehr ein **Interessengleichlauf**. Der Schutz der Minderheitsaktionäre besteht aus verfassungsrechtlicher Sicht darin, dass alle Aktionäre ein im Grundsatz übereinstimmendes Interesse an der Erzielung eines hohen Preises für das veräußerte Unternehmen hätten. Dieser Schutz versagt, wenn der Mehrheits- oder Hauptaktionär zugleich Käufer des Unternehmens ist. Die Beschlüsse der Hauptversammlung haben dann keine **ausreichende Richtigkeitsgewähr** mehr. Denn der Erwerber steht in Bezug auf den Kaufpreis in einem **Interessenkonflikt**.

13.26 In dem vom BVerfG entschiedenen Fall – der Mehrheitsaktionär hielt mehr als 99 % der ausgegebenen Aktien – hielten die Richter die „übertragende Auflösung" gleichwohl für verfassungsgemäß, wenn im Einzelfall gewährleistet ist, dass die herausgedrängten Aktionäre eine volle Entschädigung für den Verlust ihrer Rechtsposition erhalten. Dies schließe die Anwendung der Grundsätze der DAT/Altana-Entscheidung ein: Der Kaufpreis für das übernommene Vermögen dürfe nicht hinter dem Börsenwert des Unternehmens zurückbleiben. Wie die Gerichte den verfassungsrechtlich gebotenen Schutz im Einzelfall gewährleisten, geben die Verfassungsrichter nicht vor. Es sei den Fachgerichten vorbehalten zu entscheiden, ob der Rechtsschutz durch die entsprechende Anwendung der gesetzlichen Vorschriften über das Spruchverfahren oder im Rahmen einer Anfechtungsklage stattfinde. Richtigerweise wird man anzunehmen haben, dass in entsprechender Anwendung der gesetzlichen Bestimmungen zum Übertragungsbeschluss nach § 327a AktG ein Spruchverfahren über den gesetzlichen Wortlaut des § 1 SpruchG hinaus jedenfalls statthaft ist.

c) Ungeschriebene Beteiligungsschwelle?

13.27 In Schrifttum und Rechtsprechung wird bisher nicht erörtert, ob Art. 14 Abs. 1 GG bei einem Erwerb des Unternehmens durch den Mehrheitsaktionär über den Wortlaut von §§ 179a Abs. 1, 262 Abs. 1 Nr. 2 AktG hinaus voraussetzt, dass die Beteiligung des Mehrheitsaktionärs wie bei einem Übertragungsbeschluss nach § 327a AktG einen hohen Schwellenwert erreicht (etwa 90 oder 95 % des Grundkapitals). Das BVerfG hat die Frage in der Moto-Meter-Entscheidung nicht entschieden, aber deutlich gemacht, dass es dem hohen Beteiligungsbesitz des Mehrheitsaktionärs von mehr als 99 % des Grund-

---

29 BVerfG v. 23.8.2000 – 1 BvR 68/05, 1 BvR 147/97 – Moto Meter, NJW 2000, 279, 280 = AG 2001, 42.

kapitals bei der verfassungsrechtlichen Abwägung einen nicht unbeachtlichen Stellenwert beimisst[30]. In eine andere Richtung weist indes die Feldmühle-Entscheidung des BVerfG. Die Mehrheitsumwandlung nach § 15 UmwG 1956 konnte mit einer Mehrheit von drei Vierteln des vertretenen Grundkapitals beschlossen werden[31]. Verfassungsrechtliche Bedenken dagegen hat das BVerfG nicht geäußert. Eine hohe Beteiligung des Mehrheitsaktionärs stützt die verfassungsrechtliche Zulässigkeit, ist aber keine zwingende Voraussetzung der übertragenden Auflösung.

Auch aus gesellschaftsrechtlicher Sicht ist die übertragende Auflösung nicht von dem Erreichen der für den Squeeze-out erforderlichen Beteiligungsschwellen abhängig zu machen. Die übertragende Auflösung ist dem Squeeze-out in seinen Wirkungen zwar ähnlich. Der Gesetzgeber hat aber auch in Kenntnis der Rechtsprechung zur übertragenden Auflösung keine Veranlassung gesehen, entsprechende Beteiligungsschwellen bei Übertragung des Unternehmens auf einen Mehrheitsaktionär vorzugeben. 13.28

3. Verschmelzung

a) Diskussion im Schrifttum

Bei der Verschmelzung werden die Anteile des übertragenden Rechtsträgers in Anteile des übernehmenden Rechtsträgers umgetauscht. Die Fachgerichte sind von Verfassungs wegen angehalten zu prüfen, ob ausreichende Gewähr für die Angemessenheit der Umtauschkonditionen besteht. Bei der Verschmelzung unabhängiger Rechtsträger trägt die Entscheidung über die Umtauschkonditionen offensichtlich eine höhere Richtigkeitsgewähr in sich als bei der Verschmelzung, bei der ein Rechtsträger an dem anderen beteiligt ist und – mangels Stimmverbots – über die Zustimmung zur Verschmelzung in der Anteilseignerversammlung des anderen Rechtsträgers mitentscheidet. Entsprechend unterscheidet die h.M.[32] in Anlehnung an die Moto-Meter-Entscheidung des BVerfG[33] nach Fallgruppen: Werden zwei unabhängige Rechtsträger miteinander verschmolzen, lehnt die h.M. die Anwendung der DAT/Altana-Grundsätze ab. Des Schutzes der Börsenkursrechtsprechung bedürften die beteiligten Rechtsträger dann nicht, weil sie über die Verschmelzung und die im Verschmelzungsvertrag festgelegten Verschmelzungskonditionen als gleichberechtigte Partner frei vom Einfluss des jeweils anderen Rechtsträgers entscheiden. Es bestehe ein **Interessengleichlauf** der Aktionäre jedes beteiligten Rechtsträgers. Aktionärsmehrheit und -minderheit hätten das übereinstimmende Interesse, vorteilhafte und jedenfalls angemessene Umtauschkonditionen durchzusetzen[34]. Anders werden Verschmelzungen beurteilt, bei denen ein beteiligter Rechtsträger von dem anderen abhängig ist. Es sei dann nicht mehr hinreichend gewährleistet, dass die Anteilseigner des abhängigen Rechtsträgers eine unbeeinflusste Entscheidung über das Umtauschverhältnis treffen. Daher sei beim abhängigen Rechtsträger als Mindestwert der an der Börse gebildete Verkehrswert zugrunde zu legen[35]. 13.29

Eine Mindermeinung[36] lehnt die Unterscheidung der h.M. ab und überträgt die DAT/Altana-Grundsätze uneingeschränkt auf alle Verschmelzungen. Die Minderheitsaktionäre hätten Anspruch darauf, 13.30

---

30 BVerfG v. 23.8.2000 – 1 BvR 68/05, 1 BvR 147/97 – Moto Meter, NJW 2000, 279, 280 = AG 2001, 42.
31 So auch *Packi*, ZGR 2011, 776, 785.
32 Vgl. BayObLG v. 18.12.2002 – 3Z BR 116/00, NZG 2003, 483, 485 = AG 2003, 569; OLG Düsseldorf v. 18.8.2016 – 26 W 12/15 Rz. 55, BeckRS 2016, 111005; *Drygala* in Lutter, § 5 UmwG Rz. 27; *Simon/Hohenstatt/Schramm* in KölnKomm. UmwG, § 5 UmwG Rz. 37; *Mayer* in Widmann/Mayer, § 5 UmwG Rz. 100.
33 Dazu unter III.2. Rz. 13.25.
34 Vgl. mit eingehender Begründung OLG Düsseldorf v. 18.8.2016 – 26 W 12/15 Rz. 55, BeckRS 2016, 111005.
35 Vgl. *Drygala* in Lutter, § 5 UmwG Rz. 28; *Simon/Hohenstatt/Schramm* in KölnKomm. UmwG, § 5 UmwG Rz. 38; *Mayer* in Widmann/Mayer, § 5 UmwG Rz. 100.1.
36 *Puszkajler*, BB 2003, 1692; *Behnke*, NZG 1999, 934; *Weiler/Meyer*, NZG 2003, 669; *Erb*, DB 2001, 523 jeweils m.w.N.

dass bei Ermittlung der Verschmelzungswertrelation der Wert ihres Rechtsträgers nicht hinter dem an der Börse gebildeten Verkehrswert zurückbleibt.

b) Rechtsprechung des Bundesverfassungsgerichts

13.31 Das BVerfG hat zur Anwendung der DAT/Altana-Grundsätze bei Verschmelzungen nicht abschließend Stellung genommen. Die 2. Kammer des Ersten Senats hat die Frage in ihrem Beschluss vom 30.5.2007[37] für die Verschmelzung zwei gleichberechtigter, nicht konzernverbundener Aktiengesellschaften ausdrücklich **offen gelassen**. Die 3. Kammer des Ersten Senats hat mit Beschluss vom 26.4.2011[38] und vom 24.5.2012[39] angenommen, dass die ursprünglich für den Beherrschungs- und Gewinnabführungsvertrag und die Eingliederung entwickelten Grundsätze jedenfalls auch auf den – in beiden Entscheidungen vorliegenden – Fall einer Verschmelzung zur Aufnahme anwendbar seien. In beiden Fällen ging es um eine Konzernverschmelzung, die – wie oben ausgeführt (vgl. Rz. 13.21) – einer Eingliederung in vielen Punkten strukturell vergleichbar ist. Schließlich kam es in beiden Fällen nicht darauf an, ob sich der Börsenkurs als Wertuntergrenze gegenüber einem niedrigeren Ertragswert durchsetzt.

13.32 Bemerkenswert sind die Hinweise, mit der sich die 3. Kammer in ihrem Beschluss vom 24.5.2012 (Daimler/Chrysler)[40] von den Grundsätzen der Moto-Meter-Entscheidung absetzt. Der Entscheidung lag die Verschmelzung von Daimler und Chrysler im Wege eines merger of equals zugrunde. Das Umtauschverhältnis war zwischen den Vorständen der beteiligten Gesellschaften ausgehandelt worden, also zwischen unabhängigen und gleichberechtigten Partnern mit gegenläufigen Interessen. Nach dem Grundgedanken der Moto-Meter-Entscheidung (vgl. dazu Rz. 13.25 f.) hätte nahe gelegen, in der unabhängigen und von gegenseitigen Einflüssen freien Verhandlungssituation und den hohen Zustimmungsmehrheiten zugleich eine ausreichende verfassungsrechtliche Gewähr für die Richtigkeit des Umtauschverhältnisses zu sehen[41]. Das OLG Stuttgart[42] hatte in dem vorausgegangenen Spruchverfahren sogar vertreten, dass sich die gerichtliche Überprüfung des Umtauschverhältnisses im Spruchverfahren darauf beschränken könne festzustellen, dass die Verschmelzungspartner tatsächlich mit der gebotenen Sorgfalt Verhandlungen geführt hätten. Das Gericht müsse **keine eigenständige, umfassende Bewertung** vornehmen. Dem widerspricht die 3. Kammer des Ersten Senats energisch, obwohl es für die Entscheidung darauf gar nicht ankam: Es gehe nicht darum zu klären, ob die Umtauschrelation zwischen unabhängigen, gleichberechtigten Unternehmen in einem ordnungsgemäßen Verfahren vereinbart worden sei und ob den Organen beim Aushandeln des Umtauschverhältnisses Pflichtwidrigkeiten unterlaufen seien. Maßgeblich sei allein, ob durch das Verhandlungsergebnis ein voller wirtschaftlicher Wertausgleich geschaffen wird. Hierfür würden die Verhandlungen der Vertretungsorgane im Rahmen des Verschmelzungsprozesses deshalb keine hinreichende Gewähr bieten, weil sie neben der Festlegung des Umtauschverhältnisses von vielfältigen weiteren Erwägungen getragen sein könnten. Selbst wenn es bei Verschmelzungen keinen strukturellen Interessengegensatz zwischen Aktionärsmehrheit und -minderheit geben sollte, sei die Verhandlungsführung der Vorstände allein nicht geeignet, den Schutz der Aktionäre, die an den Verhandlungen nicht beteiligt sind, sicherzustellen. Das OLG habe der von Art. 14 Abs. 1 GG gebotenen verfahrensrechtlichen Absicherung der grundrechtlich geschützten Aktionärsstellung nicht hinreichend Rechnung getragen.

---

37 BVerfG v. 30.5.2007 – 1 BvR 1267/06, 1 BvR 1280/06 – Wüstenrot/Württembergische AG, NJW 2007, 3266, 3267 = AG 2007, 697; i.E. ebenso BVerfG v. 20.12.2010 – 1 BvR 2323/07 – KUKA, ZIP 2011, 170, 172 Rz. 11 = AG 2011, 128.
38 BVerfG v. 26.4.2011 – 1 BvR 2658/10 – T-Online, NJW 2011, 2497, 2498 Rz. 22 = AG 2011, 511.
39 BVerfG v. 24.5.2012 – 1 BvR 3221/10 – Daimler/Chrysler, NJW 2012, 3020 Rz. 23 = AG 2012, 674.
40 BVerfG v. 24.5.2012 – 1 BvR 3221/10 – Daimler/Chrysler, NJW 2012, 3020 Rz. 23 = AG 2012, 674.
41 Vgl. auch *Adolff/Häller* in Fleischer/Hüttemann, Rechtshandbuch Unternehmensbewertung, Rz. 18.62.
42 Vgl. OLG Stuttgart v. 14.10.2010 – 20 W 16/06, AG 2011, 49; zustimmend *Adolff/Häller* in Fleischer/Hüttemann, Rechtshandbuch Unternehmensbewertung, Rz. 18.64; vgl. auch *Klöhn/Verse*, AG 2013, 2, 4 f.; *Reichert* in FS Stilz, 2014, S. 479, 494.

c) Stellungnahme

Mit der 3. Kammer des Ersten Senats ist anzunehmen, dass der verfassungsrechtliche Eigentumsschutz der Aktionäre nicht vor dem „merger of equals" halt macht. Die Verschmelzung greift tief in die Rechtsstellung der Aktionäre ein. Ihre Aktien werden in Aktien des übernehmenden Rechtsträgers umgetauscht. Das Risikoprofil und die Rechte aus den im Umtausch erhaltenen Aktien kann sich deutlich von dem der ursprünglich gehaltenen Aktien unterscheiden. Aktionäre können daher den Schutz von Art. 14 Abs. 1 GG in Anspruch nehmen, um sicherzustellen, dass der Aktienumtausch zu angemessenen Konditionen stattfindet. Dazu gehört nach ständiger Rechtsprechung des BVerfG zum einen, dass der Minderheit wirksame Rechtsbehelfe gegen einen Missbrauch der wirtschaftlichen Macht der Aktionärsmehrheit oder des Mehrheitsaktionärs zur Verfügung stehen. Zum anderen ist Vorsorge zu treffen, dass die Aktionäre für den Verlust ihrer Rechtsposition in dem übertragenden Rechtsträger einen vollwertigen Ersatz in dem übernehmenden Rechtsträger erhalten. Der Anspruch auf Verbesserung des Umtauschverhältnisses, § 15 Abs. 1 UmwG, ist daher ein zentraler Baustein des verfassungsrechtlichen Schutzes der Aktionäre. Wirkung kann er nur entfalten, wenn sich das Fachgericht im Spruchverfahren ein **eigenes Urteil** über das Umtauschverhältnis bildet. Die Kontrolle **greift zu kurz**, wenn sich das Gericht lediglich davon überzeugt, dass das Umtauschverhältnis Ergebnis **eines ordnungsgemäßen Verhandlungsprozesses** unter unabhängigen Parteien oder ihren Repräsentanten ist. Nur diesem Aspekt des „Verhandlungsmodells" des OLG Stuttgart wollte die 3. Kammer des Ersten Senats einen Riegel vorschieben.

13.33

Jenseits dieses besonderen Aspekts ist dagegen der herrschenden Auffassung im Schrifttum (vgl. Rz. 13.29) zuzustimmen, dass die verfassungsrechtliche Kontrolle bei einer Verschmelzung von unabhängigen Rechtsträgern nicht denselben hohen Anforderungen genügen muss wie bei einer Verschmelzung, bei der der andere an der Verschmelzung beteiligte Rechtsträger maßgebenden Einfluss auf die Beschlussfassung über die Verschmelzung hat. Fehlt ein solcher maßgebender Einfluss des anderen Rechtsträgers, muss den Organen der Gesellschaft ein gewisser unternehmerischer Entscheidungsspielraum zugestanden werden. Da es nicht nur *ein* angemessenes Umtauschverhältnis gibt, sondern eine Bandbreite, innerhalb derer das Umtauschverhältnis noch angemessen ist, können sie bei ihrer Entscheidung auch den mit der Verschmelzung verfolgten unternehmerischen Zielsetzungen Raum geben. Sie haben nicht für das bestmögliche, sondern für ein angemessenes Umtauschverhältnis Sorge zu tragen. Eine starre Bindung an den Börsenkurs als Untergrenze würde dem nicht gerecht. Denn die Verschmelzung ist kein mathematisches Rechenwerk, sondern eine zuerst **unternehmerische Entscheidung**. Wenn eine Mehrheit von drei Vierteln des bei der Beschlussfassung vertretenen Grundkapitals den für alle Aktionäre gleichermaßen geltenden Verschmelzungskonditionen zustimmt, trägt der Zustimmungsbeschluss eine hohe Richtigkeitsgewähr in sich[43]. Er bietet in der Regel genügende Sicherheit, dass für die Anteile am übertragenden Rechtsträger ein voller wirtschaftlicher Ausgleich in dem übernehmenden Rechtsträger geschaffen wird. Der verfassungsrechtliche Schutz der Minderheitsaktionäre beschränkt sich auf die Kontrolle, ob die Aktionärsmehrheit ihre Stimmrechtsmacht unangemessen einsetzt, insbesondere unangemessene Konditionen akzeptiert.

13.34

In diese Richtung deutet auch der Hinweis der 3. Kammer des Ersten Senats, dass sich das Gericht im Spruchverfahren darauf beschränken könne festzustellen, ob die der Unternehmensbewertung zugrunde liegenden Prognosen über die künftige Entwicklung der Unternehmen und ihrer Erträge auf einer **zutreffenden Tatsachengrundlage** beruhten und vertretbar waren.

13.35

Das Schutzbedürfnis der außenstehenden Aktionäre nimmt dagegen zu, wenn der andere Rechtsträger auf den Verschmelzungsbeschluss mit seinen Stimmen **Einfluss nehmen** kann. Ab wann ein relevanter und den verfassungsrechtlichen Schutz auslösender Einfluss besteht, ist nicht abschließend geklärt. Wenn der andere Rechtsträger zu 90 % an dem übertragenden Rechtsträger beteiligt ist, also eine der Mehrheitseingliederung vergleichbare Situation gegeben ist, ist die Möglichkeit der Einflussnahme of-

13.36

---

43 So auch *Klöhn/Verse*, AG 2013, 2, 4 f.

fensichtlich. Die Börsenkurs-Rechtsprechung des BVerfG ist anzuwenden. Nichts Anderes kann gelten, wenn der übernehmende Rechtsträger eine Mehrheit von 75 % des Grundkapitals des abhängigen Rechtsträgers oder bei vernünftiger Vorausschau 75 % des in der Hauptversammlung vertretenen Grundkapitals hält. In allen übrigen Fällen ist eine Beurteilung im Einzelfall erforderlich, die unter Berücksichtigung aller Umstände, auch der Anhaltspunkte für eine nachteilige Ergebnisbeeinflussung, zu erfolgen hat. Dazu gehört auch, dass das Fachgericht bei der Überprüfung der Umtauschkonditionen den Börsenwert der beteiligten Rechtsträger berücksichtigt (**Berücksichtigungsgebot**).

d) Sonderfall: Anwendung der DAT/Altana-Grundsätze auf die Abfindung nach § 29 UmwG?

13.37 Im Schrifttum wird die Anwendung der DAT/Altana-Grundsätze und insbesondere der Rechtsprechung zum Börsenkurs z.T. ohne nähere Begründung auch für die Festsetzung der Abfindung nach § 29 UmwG angenommen[44]. Die Gegenansicht vertritt, dass sich die Abfindung in ihrer Höhe stets nach dem Unternehmenswert ausrichten könne, der bei Festsetzung des Umtauschverhältnisses zugrunde gelegt worden sei[45]. Die Börsenkursrechtsprechung kommt nach dieser Ansicht nur in den Fällen zur Anwendung, in denen sie auch bei Ermittlung des Umtauschverhältnisses angewendet werden muss. Der letztgenannten Ansicht ist zuzustimmen. Soweit bei der Ermittlung des Umtauschverhältnisses der Börsenkurs von Verfassungs wegen als Untergrenze anzusetzen ist, gilt dies auch für die nach § 29 UmwG anzubietende Barabfindung, wie umgekehrt der Börsenkurs nicht Untergrenze der Barabfindung ist, wenn auch bei Ermittlung des Umtauschverhältnisses die Börsenkursrechtsprechung des BVerfG nicht anzuwenden ist. Andernfalls würde ein Anreiz gesetzt, die Barabfindung zu wählen, den der Gesetzgeber nicht gewollt hat und der verfassungsrechtlich nicht geboten ist.

4. Bemessung des Ausgabekurses bei Ausgabe von neuen Aktien unter Ausschluss des Bezugsrechts?

a) Grundlagen

13.38 Die Hauptversammlung kann bei einer Kapitalerhöhung mit einer qualifizierten Mehrheit den Ausschluss der Aktionäre vom gesetzlichen Bezugsrecht beschließen (§ 186 Abs. 3 AktG). Der Beschluss der Hauptversammlung unterliegt der Anfechtung, wenn der sich aus dem Kapitalerhöhungsbeschluss ergebende Ausgabebetrag oder der Mindestbetrag, unter dem die neuen Aktien nicht ausgegeben werden sollen, **unangemessen niedrig** ist (§ 255 Abs. 2 AktG).[46] Die Vorschrift dient dem Verwässerungsschutz. Die Aktionäre werden gegen wirtschaftliche Verwässerung aus einem niedrigen Ausgabekurs bei Bezugsrechtsausschluss geschützt[47]. Nach der Rechtsprechung des BGH haben Vorstand und Aufsichtsrat die materiellen Grenzen des § 255 Abs. 2 AktG auch bei Ausnutzung eines genehmigten Kapitals zu beachten[48]. Anerkannt ist zudem, dass § 255 Abs. 2 AktG auch auf Kapitalerhöhungen gegen

---

44 Vgl. *Zeidler* in Semler/Stengel, § 30 UmwG Rz. 6 ff.; *Simon/Hohenstatt/Schramm* in KölnKomm. UmwG, § 30 UmwG Rz. 5; wohl auch *Lanfermann* in Kallmeyer, § 30 UmwG Rz. 6.
45 *Grunewald* in Lutter, § 30 UmwG Rz. 2.
46 Im Fall der Kapitalerhöhung unter Einräumung eines Bezugsrechts stellt sich allein die Frage, ob ein niedriger Bezugskurs zu einem rechtlich unzulässigen faktischen Bezugszwang führt; das ist nach Ansicht des OLG Hamburg (v. 12.2.2021 – 11 AktG 1/20, ZIP 2021, 794, 797) jedenfalls dann nicht anzunehmen, wenn der Aktionär im Rahmen des Bezugsrechtshandels eine am Börsenkurs orientierte Kompensationschance hat.
47 OLG Düsseldorf v. 31.1.2003 – I-19 W 9/00 (AktE), NZG 2003, 588, 597 = AG 2003, 329; OLG München v. 1.6.2006 – 23 U 5917/05, AG 2007, 37, 41; *K. Schmidt* in Großkomm. AktG, 4. Aufl. 1995, § 255 AktG Rz. 9; *Stilz/Schumann* in BeckOGK AktG, Stand 1.9.2021, § 255 AktG Rz. 1; *Hüffer/Koch*, § 255 AktG Rz. 2.
48 BGH v. 23.6.1997 – II ZR 132/93 – Siemens/Nold, BGHZ 136, 133, 141 = AG 1997, 465.

Sacheinlage anwendbar ist[49]. An die Stelle des „Ausgabebetrags" tritt dann der Wert der Sacheinlage, der in Relation zum Wert des Unternehmens zu setzen ist.

b) Meinungsstand

Wie der für das Angemessenheitsurteil zugrunde zu legende Unternehmenswert zu ermitteln ist, bestimmt § 255 Abs. 2 AktG nicht. Der BGH hat in der **Kali und Salz-Entscheidung** vom 13.3.1978[50] angenommen, dass der Wert der Aktien mit ihrem vollen (inneren) Wert anzusetzen sei. Dieser sei nicht anders als in den gesetzlichen Abfindungsfällen, namentlich den § 305 Abs. 3, § 320b AktG zu bestimmen. Entsprechend dem damaligen Stand der Rechtsprechung (siehe Rz. 13.6) lehnte er die Orientierung am Börsenkurs strikt ab.

13.39

Wie die Frage nach der DAT/Altana-Entscheidung des BVerfG zu beurteilen ist, ob insbesondere die Aktien der Gesellschaft entsprechend dem Untergrenzegebot zumindest zum Börsenpreis ausgegeben werden müssen, ergibt sich aus der Rechtsprechung des BGH nicht. Der dogmatische Ansatz des BGH mit seiner engen Anlehnung an § 305 Abs. 3, § 320b AktG ist im Schrifttum vereinzelt dahin verstanden worden, dass eine Ausgabe der neuen Aktien unter dem Börsenkurs generell unzulässig sei[51]. Die heute h.M. folgt dem nicht: Anders als bei der Überprüfung von Abfindung, Ausgleich und einer Verschmelzungswertrelation gehe es bei der Überprüfung des Bezugsrechtsausschlusses nicht um eine absolute Wertfeststellung, sondern um die Klärung, ob sich die zugrunde liegende Bewertung in dem Rahmen hält, der für die Unternehmensbewertung vernünftigerweise zur Verfügung steht[52]. Dabei dürfe zugrunde gelegt werden, dass es für die Bewertung eines Unternehmens nicht nur einen richtigen Wert gebe, **sich eine kaufmännisch vernünftige Bewertung** vielmehr in einer gewissen Bandbreite bewegen könne. Darüber hinaus wird zusätzlicher Spielraum für die Einbeziehung des mit dem Bezugsrechtsausschluss verfolgten Gesellschaftsinteresses gesehen, etwa an dem Erwerb eines besonderen Sacheinlagegegenstandes, an der Gewinnung eines neuen Aktionärs oder an der Motivation von Mitarbeitern bei Ausgabe von Mitarbeiteraktien[53]. Nimmt man mit der h.M. an, dass der Börsenkurs nicht die Untergrenze für den Wert der neuen Aktien darstellt, stellt sich die weitergehende Frage, ob er als Schätzgrundlage ausreichend ist oder zusätzlich der – möglicherweise höhere – Ertragswert des Unternehmens zu ermitteln ist. Die im Vordringen befindliche Meinung[54] hält es nicht für erforderlich, neben dem Börsenwert auch den Ertragswert des Unternehmens zu ermitteln.

13.40

c) Stellungnahme

Die Übertragung der Börsenkursrechtsprechung des BVerfG auf die Kapitalerhöhung unter Bezugsrechtsausschluss ist abzulehnen. Die Kapitalerhöhung unter Ausschluss des Bezugsrechts führt nicht zu einem Ausschluss von Aktionären aus der Gesellschaft und auch **nicht zu einem ausschlussähnlichen Eingriff** in Aktionärsrechte. Der Ausschluss des Bezugsrechts muss nach ständiger Rechtsprechung des BGH[55] dem Interesse des Unternehmens dienen und in einem angemessenen Verhältnis

13.41

---

49 BGH v. 13.3.1978 – II ZR 142/76 – Kali und Salz, BGHZ 71, 40, 50.
50 BGH v. 13.3.1978 – II ZR 142/76 – Kali und Salz, BGHZ 71, 40, 51.
51 Vgl. *Heidel*, Aktienrecht und Kapitalmarktrecht, § 255 Rz. 21 f.; in der Tendenz auch *Hirte*, WM 1997, 1001, 1004 (noch vor der DAT/Altana-Entscheidung des BVerfG).
52 Vgl. nur *Stilz/Schumann* in BeckOGK AktG, Stand 1.9.2021, § 255 AktG Rz. 21 f.; *Hüffer/Koch*, § 255 AktG Rz. 6 f.; *Kiefner/Seibel*, AG 2016, 301, 306.
53 Vgl. *Stilz/Schumann* in BeckOGK AktG, Stand 1.9.2021, § 255 AktG Rz. 22; *Hüffer/Koch*, § 255 AktG Rz. 7; *K. Schmidt* in Großkomm. AktG, 4. Aufl. 1995, § 255 AktG Rz. 12.
54 Vgl. nur *Bayer*, ZHR 163 (1999), 505, 535; *Rodewald*, BB 2004, 613, 616; *Sinewe*, NZG 2002, 314, 317; *Stilz/Schumann* in BeckOGK AktG, Stand 1.9.2021, § 255 AktG Rz. 28; *Englisch* in Hölters, § 255 AktG Rz. 22 f.
55 Grundlegend BGH v. 13.3.1978 – II ZR 142/76 – Kali und Salz, BGHZ 71, 40; BGH v. 19.4.1982 – II ZR 55/81 – Holzmann, BGHZ 83, 319 = AG 1982, 252.

zum Eingriff in die Rechte der Aktionäre stehen. Anders gewendet: Dem Eingriff in die Rechts- und Vermögensposition der vom Bezugsrecht ausgeschlossenen Aktionäre muss eine kaufmännisch vernünftige Vorteilserwartung gegenüberstehen. Eine Bindung des Ausgabekurses für die neuen Aktien an den Börsenkurs wird dem nicht gerecht. Erst recht ist nicht anzunehmen, dass der Vorstand bei Erwerb eines Vermögensgegenstands gegen Ausgabe von neuen Aktien in jedem Fall neben dem Börsenwert zusätzlich den Ertragswert des Unternehmens ermitteln und – wenn dieser den Börsenwert überschreitet – in jedem Fall zugrunde legen muss. Die Möglichkeiten zum Erwerb von Vermögensgegenständen gegen Ausgabe von neuen Aktien würden damit massiv erschwert und in vielen Fällen unmöglich gemacht. Der Vertragspartner der Gesellschaft wird einen höheren als den Börsenwert für die neuen Aktien in aller Regel nicht akzeptieren. Es wäre auch wenig praktikabel, wenn der Vorstand vor Erwerb eines Vermögensgegenstands (etwa eines für das Unternehmen wichtigen Patents) zunächst den Ertragswert seines gesamten Unternehmens feststellen müsste, was einen Zeitbedarf von (im günstigen Fall) mehreren Wochen auslösen würde. Richtigerweise ist die Angemessenheit des Ausgabekurses nach § 255 Abs. 2 AktG im Einzelfall unter Berücksichtigung des mit dem Bezugsrechtsausschluss verfolgten unternehmerischen Ziels zu beurteilen[56]. Angemessen ist der Ausgabekurs bei Ausschluss des Bezugsrechts, wenn ein zulässiges unternehmerisches Ziel mit einer **kaufmännisch vernünftigen Mittel-Zweck-Relation** verfolgt wird. Der Börsenkurs ist häufig ein wichtiges Datum bei der Beurteilung der Angemessenheit des Ausgabekurses: Bei Orientierung am Börsenkurs ist der Ausgabekurs in aller Regel angemessen. Eine kaufmännisch vernünftige Mittel-Zweck-Relation kann aber auch gegeben sein, wenn sich der Vorstand vom Börsenkurs entfernt. Dazu ein Beispiel: Wenn die Gesellschaft Mitarbeiteraktien unter Ausschluss des Bezugsrechts ausgeben will, ist offensichtlich ein dem Börsenwert entsprechender Ausgabebetrag, selbst wenn er durch die Ertragsaussichten des Unternehmens gedeckt wäre, unsinnig. Die Mitarbeiter sind zur Zeichnung in der Regel nur bereit, wenn ihnen die Aktien zu Vorzugskonditionen, jedenfalls nicht zu einem Preis über dem Börsenkurs angeboten werden. Das Bezugsangebot an die Mitarbeiter kann selbst dann angemessen sein, wenn die Aktien zu einem Ausgabebetrag weit unter dem Börsenkurs angeboten werden oder die Bezugsaktien als Gratisaktien ausgegeben werden[57]. Für das Angemessenheitsurteil ist in diesem Fall maßgebend, welche Anreizwirkung oder Treuebindung mit der Ausgabe der Aktien erreicht wird, wie sich die Zuwendung der Mitarbeiteraktien in das Gesamtgefüge der Mitarbeitervergütung einfügt und welches Volumen die ausgegebenen Aktien im Verhältnis zum gesamten Grundkapital haben. Ganz ähnliche Erwägungen gelten für den als zulässig anerkannten Fall[58], dass das Bezugsrecht mit dem Ziel ausgeschlossen wird, die neuen Aktien an einem ausländischen Börsenplatz einzuführen. Die Platzierung der neuen Aktien an einem neuen Börsenplatz ist in aller Regel überhaupt nur unter dem Börsenpreis möglich. Wie weit der Börsenkurs unterschritten werden kann, richtet sich nach den Usancen und Vorschriften an dem neuen Börsenplatz, dem mit der Einführung der Aktien an einer neuen Börse zu erwartenden Vorteil und dem mit der Aktienausgabe eintretenden Verwässerungseffekt.

13.42 Dass bei einem Bezugsrechtsausschluss nicht ein Eingriff in die Aktionärsrechte vorliegt, der den verfassungsrechtlichen Schutz des Art. 14 GG nach den Grundsätzen der DAT/Altana-Entscheidung auslöst, legt auch die **gesetzliche Regelung des § 186 Abs. 3 Satz 4 AktG** nahe. Die Vorschrift sieht, ohne dass darin eine Verletzung von Art. 14 GG gesehen werden könnte, die Ausgabe von Aktien zu einem Preis unterhalb des Börsenkurses vor, wenngleich dieser von Gesetzes wegen nicht wesentlich, d.h. nicht um mehr als 3 bis maximal 5 %, unterschritten werden darf.

d) Sonderfall: Verschmelzungsähnliche Unternehmenszusammenführung

13.43 Die Beurteilung der Angemessenheit des Ausgabekurses hat sich dagegen der Wertermittlung nach § 305 Abs. 3, § 320b AktG anzunähern, wenn durch den Ausschluss des Bezugsrechts eine verschmelzungsähnliche Unternehmenszusammenführung bewirkt wird, wenn also anstelle einer Verschmelzung

---

56 Vgl. auch *Kiefner/Seibel*, AG 2016, 301, 306.
57 Vgl. auch *Kiefner/Seibel*, AG 2016, 301, 306.
58 Vgl. nur BGH v. 7.3.1994 – II ZR 52/93, BGHZ 125, 239, 242 ff. = AG 1994, 276.

von zwei Unternehmen das eine Unternehmen im Wege der Sacheinlage in das andere Unternehmen eingebracht wird. Dieser Fall lag der **Kali und Salz-Entscheidung** des BGH[59] zugrunde: Die Hauptversammlung der Kali und Salz AG hatte eine Kapitalerhöhung gegen Sacheinlage beschlossen. Zur Übernahme der neuen Aktien hatte sie die Wintershall AG zugelassen. Die Wintershall AG hatte sich verpflichtet, als Sacheinlage eine Beteiligung von 50 % an einem Unternehmen einzubringen, an dem Kali und Salz bereits die übrigen 50 % hielt. Mit Durchführung der Kapitalerhöhung sollte Kali und Salz alleinige Anteilsinhaberin des dritten Unternehmens und Wintershall Mehrheitsaktionärin der Kali und Salz AG werden. Ein ganz ähnliches Ergebnis hätte durch die Verschmelzung von Kali und Salz mit dem anderen Unternehmen erreicht werden können. Der einzige Unterschied zwischen beiden Wegen bestand darin, dass von der Wintershall AG eingebrachten Unternehmens bei der Verschmelzung aufgelöst worden wäre, während es bei der Kapitalerhöhung gegen Sacheinlage als eigenständiger Rechtsträger, allerdings im alleinigen Anteilsbesitz der Kali und Salz AG, fortbestand.

In diesem Sonderfall, der **verschmelzungsähnlichen Unternehmenszusammenführung**, ist es ausnahmsweise richtig, die Angemessenheit des Ausgabekurses nach denselben Grundsätzen zu bemessen wie bei einer Verschmelzung, also nach den § 305 Abs. 3 Satz 2, § 320b Abs. 1 Satz 5, § 327b Abs. 1 Satz 1 AktG und § 30 Abs. 1 Satz 1 UmwG zugrunde liegenden Grundgedanken. Es ist die Einbringungswertrelation auf der Grundlage des „wirklichen" Werts der aufnehmenden Gesellschaft unter Einschluss der stillen Reserven und des inneren Geschäftswerts zu ermitteln. Wenn das Gericht im Einzelfall feststellt, dass das einbringende Unternehmen (hier: die Wintershall AG) aufgrund seiner Beteiligung an dem aufnehmenden Unternehmen (hier: die Kali und Salz AG) maßgebenden Einfluss auf die Beschlussfassung über die Kapitalerhöhung gegen Sacheinlage hat, schließt dies auch die Anwendung der Grundsätze der DAT/Altana-Entscheidung ein: Bei der Ermittlung der Einbringungswertrelation ist die Gesellschaft, in die die Sacheinlage eingebracht wird, zumindest mit ihrem Börsenwert anzusetzen. Fehlt es dagegen an einem maßgebenden Einfluss des einbringenden Unternehmens auf die Beschlussfassung über die Kapitalerhöhung gegen Sacheinlage, ist die Sacheinlage also von einem unbeteiligten Dritten oder einem Aktionär ohne maßgebenden Einfluss auf die Beschlussfassung zu leisten, besteht ein verfassungsrechtliches Schutzbedürfnis für die Minderheitsaktionäre nicht. Es besteht dann Interessengleichheit zwischen den für und gegen die Kapitalerhöhung stimmenden Aktionären. Der Schutz der Minderheitsaktionäre besteht aus verfassungsrechtlicher Sicht darin, dass alle Aktionäre ein im Grundsatz übereinstimmendes Interesse daran haben, möglichst wenig neue Aktien als Gegenleistung für die Sacheinlage zu erbringen.

13.44

5. Anwendung der „Börsenkurs"-Rechtsprechung des Bundesverfassungsgerichts auf das Delisting?

a) Frühere Rechtsprechung des Bundesgerichtshofs

Als reguläres Delisting wird der vollständige Rückzug einer Aktiengesellschaft von allen regulierten Börsenplätzen bezeichnet, an denen die Aktien gehandelt werden[60]. Sieht man – wie das BVerfG in der DAT/Altana-Entscheidung[61] – die **Verkehrsfähigkeit der Aktie als Eigenschaft des Aktieneigentums** an, wäre es an sich folgerichtig, den vollständigen Rückzug einer Gesellschaft von den Börsen als eine erhebliche Beeinträchtigung der Verkehrsfähigkeit der Aktien und damit als Eingriff in das Aktieneigentum anzusehen. Der **BGH** hat diesen Schluss mit der **Macrotron-Entscheidung** vom 25.11.2002[62] auch tatsächlich gezogen und aus dem Eingriff in das Eigentumsrecht der betroffenen Aktionäre weitreichende rechtliche Schlussfolgerungen abgeleitet: Es liege nicht in den Händen der Geschäftsleitung, über die vollständige Beendigung des Börsenhandels und den Schutz der Aktionäre dabei zu entschei-

13.45

---

59 BGH v. 13.3.1978 – II ZR 142/76 – Kali und Salz, BGHZ 71, 40, 51.
60 Vgl. zur Definition nur BGH v. 25.11.2002 – II ZR 133/01 – Macrotron, BGHZ 153, 47 = AG 2003, 273; ferner und näher zum Delisting Rz. 63.1 und passim.
61 Vgl. BVerfG v. 27.4.1999 – 1 BvR 1613/94, BVerfGE 100, 289, 305 = AG 1999, 566.
62 BGH v. 25.11.2002 – II ZR 133/01 – Macrotron, BGHZ 153, 47 = AG 2003, 273.

den. Die Hauptversammlung und nicht die Verwaltung habe darüber zu befinden, ob das reguläre Delisting als eine die Verkehrsfähigkeit der Aktie und damit den Verkehrswert des Anteils beeinträchtigende Maßnahme im Hinblick auf den Minderheitenschutz durchgeführt werden darf und soll. Der verfassungsrechtliche Schutz gebiete, so der BGH, dass entweder die Gesellschaft (in den Grenzen der §§ 71 ff. AktG) oder der Großaktionär den Minderheitsaktionären ein Erwerbsangebot zum vollen Wert der Aktien unterbreite. Die Minderheitsaktionäre müssten die Möglichkeit haben, die Richtigkeit der Wertbemessung in einem gerichtlichen Verfahren zu überprüfen. Dafür stehe, wenngleich dies in § 1 SpruchG nicht ausdrücklich vorgesehen ist, das Spruchverfahren nach dem SpruchG zur Verfügung.

b) Beschluss des Bundesverfassungsgerichts vom 11.7.2012

13.46 Das BVerfG hat sich in seinem Delisting-Beschluss vom 11.7.2012[63] der verfassungsrechtlichen Beurteilung des BGH überraschend nicht angeschlossen. Die **Teilnahme am Handel** in einem öffentlich-rechtlich organisierten börslichen Preisbildungs- und Handelssystem sei **keineswegs Gegenstand des Eigentumsschutzes**. Die Börsenzulassung sei lediglich ein sog. wertbildender Faktor, der nicht am grundrechtlichen Eigentumsschutz teilnimmt. Es handele sich nicht um mehr als eine verfassungsrechtlich nicht geschützte Marktchance, die ebenso wenig wie die Aufnahme der Aktie in einen Aktienindex verfassungsrechtlichen Schutz genieße, obwohl sie die Nachfrage nach der Aktie und ihren Preis erheblich beeinflussen könne. Nach Ansicht der Verfassungsrichter gehört nur die *rechtliche* Verkehrsfähigkeit zum erworbenen und durch Art. 14 Abs. 1 GG geschützten Bestand. Wenn durch den Börsenhandel die Verkehrsfähigkeit nur tatsächlich, nicht aber zugleich auch rechtlich beschränkt wird, sei darin nur der Eingriff in eine verfassungsrechtlich nicht geschützte schlichte Ertrags- und Handelschance zu sehen.

13.47 Der Delisting-Beschluss[64] des BVerfG tritt in ein **Spannungsverhältnis zur DAT/Altana-Entscheidung**: Da der Börsenkurs wie die Börsenzulassung selbst nur ein wertbildender Faktor ist, der nicht am grundrechtlichen Eigentumsschutz teilnimmt, ist nicht mehr recht nachvollziehbar, warum der Börsenkurs die verfassungsrechtlich gebotene Untergrenze für eine Abfindung ist. Ob der Aktionär in den Genuss kommt, dass die bestehende Möglichkeit der freien Desinvestition über die Börse die Untergrenze der ihm zu gewährenden Abfindung bestimmt, hängt künftig von dem Zufall ab, ob die Gesellschaft den Börsenhandel zuvor durch ein Delisting beendet hat oder nicht.

c) Beschluss des Bundesgerichtshofs vom 8.10.2013

13.48 Mit Beschluss vom 8.10.2013[65] hat der BGH die **Macrotron-Rechtsprechung aufgegeben**. Bei Widerruf der Zulassung der Aktie zum Handel im regulierten Markt haben die Aktionäre, so der BGH, keinen Anspruch auf eine Barabfindung. Es bedürfe weder eines Beschlusses der Hauptversammlung noch eines Pflichtangebotes. Damit gibt es an sich keinen Raum mehr für die Anwendung der „Börsenkurs"-Rechtsprechung des BVerfG auf ein Delisting. Allerdings findet die „Börsenkurs"-Rechtsprechung des BVerfG mittelbar, nämlich über § 39 Abs. 2 Satz 2 Nr. 1 BörsG, Eingang in das Delisting-Verfahren: Danach ist der Antrag eines Emittenten auf Widerruf der Zulassung von Wertpapieren zum Handel im regulierten Markt nur zulässig, wenn ein Pflichtangebot zum Erwerb aller Wertpapiere, die Gegenstand des Widerrufsantrags sind, nach den Vorschriften des Wertpapiererwerbs- und Übernahmegesetzes veröffentlicht wurde. Das Pflichtangebot muss den Mindestpreisvorschriften der WpÜG-AngebotsVO entsprechen, insbesondere § 5 WpÜG-AngebotsVO, der die „Börsenkurs"-Rechtsprechung des BVerfG inhaltlich vollständig abbildet.

---

63 BVerfG v. 11.7.2012 – 1 BvR 3142/07, 1 BvR 1569/08 – Delisting, AG 2012, 557.
64 BVerfG v. 11.7.2012 – 1 BvR 3142/07, 1 BvR 1569/08 – Delisting, AG 2012, 557.
65 Vgl. BGH v. 8.10.2013 – II ZB 26/12 – Frosta, AG 2013, 877; näher zum Delisting § 63.

6. Einziehungsentgelt

Nach § 237 Abs. 1 Satz 1 AktG können Aktien zwangsweise eingezogen werden. Die Zwangseinziehung setzt voraus, dass die Satzung eine abschließende Regelung zu den Voraussetzungen und Folgen einer Zwangseinziehung regelt oder der Hauptversammlung das Recht einräumt, unter den in der Satzung geregelten Voraussetzungen die Zwangseinziehung zu beschließen. Wenn die Satzung das Einziehungsentgelt nicht bestimmt, ist zu unterscheiden: Wird die Kapitalherabsetzung zum Verlustausgleich, also mit gleichmäßiger Wirkung für und gegen alle Aktionäre beschlossen, entfällt das Einziehungsentgelt[66]. Wird die Einziehung zum Zweck der Rückzahlung von Einlagen mit Wirkung für und gegen alle Aktionäre beschlossen, ergibt sich der Rückzahlungsanspruch aus dem Nennbetrag bzw. dem anteiligen Betrag des Grundkapitals, der auf die eingezogenen Aktien entfällt. Werden die Aktien nicht mit gleicher Wirkung für und gegen alle Aktionäre beschlossen, ist die Einziehung, soweit die Satzung keine Regelung trifft, nur gegen **angemessenes Einziehungsentgelt** zulässig. Für die Bemessung des Einziehungsentgelts gelten die gesetzlichen Abfindungsvorschriften des § 305 Abs. 3 Satz 2 AktG entsprechend[67]. Dies schließt die Grundsätze der DAT/Altana-Entscheidung ein. Dasselbe gilt für den Abfindungsanspruch von Aktionären bei einer nichtigen und abzuwickelnden Kapitalerhöhung[68].

13.49

IV. Ermittlung des Abfindungswerts oder einer Umtauschwertrelation ausschließlich anhand des Börsenkurses?

In jüngerer Zeit[69] hat die Frage an Bedeutung gewonnen, ob und unter welchen Voraussetzungen Abfindungen oder Umtauschwertrelationen ausschließlich anhand des Börsenwerts bestimmt werden können[70]. Hinter der Diskussion stehen unterschiedliche Ansätze: Aus Sicht der zur Abfindungszahlung verpflichteten Unternehmen oder Personen wirkt das Nebeneinander von marktorientierten und fundamentalanalytischen Bewertungsmethoden wie eine Art Meistbegünstigung der abfindungsberechtigten Aktionäre. Denn die Gerichte sehen den Börsenwert nur als Mindestwert für eine Abfindung an. Die ertragswertorientierten Methoden der Unternehmensbewertung sind zudem zeit- und kostenaufwändig. Da die Kosten des Spruchverfahrens von den zur Abfindung verpflichteten Unternehmen oder Personen zu tragen sind, wird das neben der Meistbegünstigung durch das Nebeneinander von marktorientierter und ertragswertbezogener Bewertung als zusätzlicher Nachteil angesehen. Das Nachteilstrias wird abgerundet durch die gesetzlichen Zinsregeln: In der gegenwärtigen Niedrigzinsphase sind die gesetzlichen Zinsen, die der Abfindungsschuldner auf eine Abfindungserhöhung zu zahlen hat, sehr attraktiv. Die marktorientierte Bewertung spart Verfahrenskosten, kürzt die Dauer des Spruchverfahrens deutlich ab und vermindert damit die Zinslast des Abfindungsschuldners. Befördert hat die Diskussion nicht zuletzt der Umstand, dass die Unternehmensbewertungen nach fundamental-

13.50

---

66 Vgl. nur *Veil* in K. Schmidt/Lutter, § 237 AktG Rz. 18; *Lutter* in Köln Komm. AktG, 2. Aufl. 1993, § 237 AktG Rz. 58; *Marsch-Barner/Maul* in BeckOGK AktG, Stand 1.6.2021, § 237 AktG Rz. 17; *T. Busch/ D. Busch*, Rz. 51.9.
67 Vgl. *T. Busch/D. Busch*, Rz. 51.10; *Zöllner/Winter*, ZHR 158 (1994), 56, 64; *Marsch-Barner/Maul* in BeckOGK AktG, Stand 1.6.2021, § 237 AktG Rz. 17; *Hüffer/Koch*, § 237 AktG Rz. 18; *Veil* in K. Schmidt/Lutter, § 237 AktG Rz. 16 f.
68 Vgl. *T. Busch/D. Busch*, Rz. 51.37; *Marsch-Barner/Maul* in BeckOGK AktG, Stand 1.6.2021, § 237 AktG Rz. 46; *Hüffer/Koch*, § 248 AktG Rz. 7a; wohl auch *Wiedemann* in Großkomm. AktG, 4. Aufl. 1994, § 189 AktG Rz. 42.
69 Vgl. den Überblick von *Schnorbus/Rauch/Grimm*, AG 2021, 391; wohl auch vgl. *Fleischer/Kolb*, AG 2019, 57, 64; *Jessica Schmidt*, NZG 2020, 1361,1363.
70 Vgl. etwa OLG München v. 12.7.2019 – 31 WX 213/17, AG 2020, 56 Rz. 49; OLG München v. 2.9.2019 – 31 WX 358/16, WM 2019, 2104, 2117; OLG Frankfurt a.M. v. 1.3.2016 – 21 W 22/13, BeckRS 2016, 9636 Rz. 65 ff.; OLG Frankfurt a.M. v. 26.4.2021 – 21 W 139/19, ZIP 2021, 979.

analytischen Bewertungsmethoden keine Ergebnisse geliefert haben, die in der Breite eine klare Überlegenheit gegenüber marktorientierten Bewertungsmethoden ergeben haben.

1. Verfassungsrechtliche Vorgaben

13.51 Aus verfassungsrechtlicher Sicht ist die Ermittlung einer Abfindung oder einer Umtauschwertrelation ausschließlich von Börsenwerten **im Grundsatz möglich**. Die 3. Kammer des Ersten Senats des BVerfG hat es in der T-Online-Entscheidung[71] für unbedenklich gehalten, wenn sich das Fachgericht „im Spruchverfahren mit sorgfältiger und ausführlicher, den Streit zur ‚richtigen' Bewertungsmethode reflektierender Begründung für eine Bewertung beider Rechtsträger anhand des Börsenwerts entscheidet, ohne sich dabei den Blick dafür zu verstellen, dass die Frage nach der vorzuziehenden Methode grundsätzlich von den jeweiligen Umständen des Falls abhängt." Es kann bei Beachtung dieses Maßstabes den Unternehmenswert auch allein anhand des Börsenkurses bestimmen.

2. Aktienrechtliche Beurteilung

a) Gesetzliche Grundlagen

13.52 Die aktienrechtlichen Vorgaben für die Bestimmung von Ausgleich, Abfindung und Umtauschwertrelation sind ebenfalls methodenoffen:

13.53 Für Barabfindungen gibt das Gesetz[72] ein allgemeines Angemessenheitsgebot vor. Mit nahezu übereinstimmendem Wortlaut[73] wird für alle gesetzlichen Abfindungsfälle bestimmt, dass die Ermittlung der angemessenen Barabfindung die Verhältnisse der Gesellschaft im Zeitpunkt der Beschlussfassung der Hauptversammlung berücksichtigen muss. Mit der Anknüpfung an die „Verhältnisse" der Gesellschaft hat der Gesetzgeber gegenüber der früheren Gesetzesfassung des § 305 Abs. 3 AktG, die auf die Vermögens- und Ertragslage der Gesellschaft Bezug nahm, bewusst jede Vorgabe zur Methodenwahl vermieden[74]. Die Bewertung müsse, so die Gesetzesbegründung zu § 30 Abs. 1 UmwG[75], auf Natur und Gegenstand des Unternehmens Rücksicht nehmen. Die Vorgabe einer bestimmten Methode habe sich nicht bewährt. Insbesondere kann man der heutigen Gesetzesfassung nicht mehr entnehmen, dass der Ertragswertmethode gegenüber einer marktorientierten Unternehmensbewertung anhand von Börsenpreisen der Vorrang gebührt. Es ist daher **nicht ausgeschlossen, den Abfindungswert ausschließlich anhand des Börsenkurses zu ermitteln**[76].

13.54 Die gesetzlichen Vorschriften zur Ermittlung einer Umtauschwertrelation führen zu einem ähnlichen Ergebnis: Das Gesetz kennt keinen Vorrang der Ertragswertermittlung gegenüber der marktorientierten Bewertung. § 5 Abs. 1 Nr. 3 UmwG bestimmt für die Verschmelzung, dass die beteiligten Rechtsträger im Verschmelzungsvertrag das Umtauschverhältnis der Anteile und ggf. die Höhe der baren Zuzahlung bei dem übernehmenden Rechtsträger zu bestimmen haben. Aus § 14 Abs. 2 UmwG geht hervor, dass die Anteile des übernehmenden Rechtsträgers, die die Anteilseigner des übertragenden Rechtsträgers erhalten, ein ausreichender Gegenwert für die Anteile an dem übertragenden Rechtsträger sein müssen. Was ein ausreichender Gegenwert ist, ist durch einen Vergleich der Unternehmenswerte zu ermitteln, die sog. Verschmelzungswertrelation. Das regelt § 5 UmwG zwar nicht ausdrücklich. Die auf die gesetzlichen Bestimmungen zur Verschmelzung Bezug nehmende Regelung des § 305

---

[71] BVerfG v. 26.4.2011 – 1 BvR 2658/10 – T-Online, NJW 2011, 2497 Rz. 24 = AG 2011, 511.
[72] § 305 Abs. 1, § 320b Abs. 1 Satz 1, § 327a Abs. 1 AktG und § 29 Abs. 1 UmwG.
[73] § 305 Abs. 3 Satz 2, § 320b Abs. 1 Satz 5, § 327b Abs. 1 Satz 1 AktG und § 30 Abs. 1 Satz 1 UmwG.
[74] Vgl. Begr. zum Entwurf eines Gesetzes zur Bereinigung des Umwandlungsrechts, BT-Drucks. 12/6699, S. 94.
[75] Vgl. Begr. zum Entwurf eines Gesetzes zur Bereinigung des Umwandlungsrechts, BT-Drucks. 12/6699, S. 94.
[76] Vgl. mit eingehender Begründung auch OLG Frankfurt a.M. v. 5.12.2013 – 21 W 36/12, NZG 2014, 464, 465.

Abs. 3 Satz 1 AktG setzt dies aber als selbstverständlich voraus. Ebenso wie für Barabfindungen gilt der **allgemeine Angemessenheitsgrundsatz**. Das ergibt sich aus § 12 Abs. 2 Satz 1 UmwG.

b) Rechtsprechung des Bundesgerichtshofs

Der BGH hat in zwei jüngeren Entscheidungen[77] zum Verhältnis von Bewertung anhand des Börsenkurses und ertragswertorientierter Bewertung Stellung genommen.

13.55

Die erste Entscheidung[78] betrifft die Abfindung von Aktionären der **Stinnes AG**, deren Aktien mit Beschluss der Hauptversammlung vom 17.2.2003 auf den damaligen Hauptaktionär übertragen worden waren. Der zweite Zivilsenat war auf Vorlage des OLG Düsseldorf zur Entscheidung über die Abfindung berufen und lehnte die Erhöhung der Abfindung ab. Die rechtlichen Grundlagen der Bewertung fasst der Senat wie folgt zusammen: Die Abfindung habe den „wirklichen" oder „wahren" Wert des Anteilseigentums widerzuspiegeln. Wenn die Abfindung nicht nach dem Anteilswert, der in der Regel dem Börsenwert der gehaltenen Aktien zu entnehmen sei, bestimmt werde, sei der Anteil des Minderheitsaktionärs am Unternehmenswert zugrunde zu legen. Der Unternehmenswert sei im Wege einer Schätzung zu ermitteln. Für diese Schätzung ist bei einem werbenden Unternehmen die Ertragswertmethode eine grundsätzlich geeignete Methode. Das schließt es aber nicht aus, nach den konkreten Umständen des einzelnen Falles eine andere Methode zur Schätzung des Unternehmenswertes anzuwenden, beispielsweise ihn durch eine marktorientierte Methode nach dem Börsenwert des Unternehmens zu bestimmen, den Unternehmenswert mittels dem der Ertragswertmethode ähnlichen Discounted-Cash-Flow-Verfahren zu ermitteln oder etwa in besonderen Fällen nach dem Liquidationswert. Eine Präferenz für eine der genannten Methoden lässt die Entscheidung nicht erkennen, ebenso wenig ein Rangverhältnis. Es ist auch nicht erkennbar, dass einzelne Methoden in jedem Fall anzuwenden sind. Die Entscheidung lässt vielmehr im Grundsatz eine Ermittlung des Abfindungswerts oder einer Umtauschwertrelation – in Übereinstimmung mit der Rechtsprechung des BVerfG – auch anhand nur einer der genannten Methoden zu. Die Entscheidung über die geeignete Methode muss der Tatrichter im Einzelfall treffen.

13.56

Mit Beschluss vom 12.1.2016[79], also nur wenige Monate später, vertiefte der BGH seine Sichtweise, erneut nach einem Squeeze-out, den die Hauptversammlung der **Nestlé Deutschland AG** am 5.7.2002 beschlossen hatte. Für die Ermittlung des „wahren" Unternehmenswertes könne als eine geeignete Methode neben anderen Bewertungsmethoden auch auf den Börsenwert der Anteile zurückgegriffen werden. Die Berücksichtigung des Börsenwerts beruhe auf der Annahme, dass die Marktteilnehmer auf der Grundlage der ihnen zur Verfügung gestellten Informationen und Informationsmöglichkeiten die Ertragskraft des Unternehmens, um dessen Aktien es geht, zutreffend bewerten würden und sich die Marktbewertung im Börsenkurs der Aktien niederschlage. Eine Grenze sei anzunehmen, wenn im konkreten Fall von der Möglichkeit einer effektiven Informationsbewertung durch die Anleger nicht ausgegangen werden könne. Dann erlaube der Börsenkurs keine verlässliche Aussage über den (mindestens zu gewährenden) Verkehrswert der Unternehmensbeteiligung mehr. Der Unternehmenswert müsse anhand einer Unternehmensbewertung ermittelt werden.

13.57

---

77 BGH v. 29.9.2015 – II ZB 23/14 – Stinnes, NZG 2016, 139; BGH v. 12.1.2016 – II ZB 25/14 – Nestlé, NZG 2016, 461; aber auch BGH v. 15.9.2020 – II ZB 6/20 – Wella, NZG 2020, 1386; ferner OLG München v. 26.7.2012 – 31 WX 250/11, AG 2012, 749, 750 f.; OLG Stuttgart v. 5.6.2013 – 20 W 6/10, NZG 2013, 897, 898; OLG Frankfurt a.M. v. 3.9.2010 – 5 W 57/09, AG 2010, 751; OLG Frankfurt a.M. v. 5.12.2013 – 21 W 36/12, NZG 2014, 464, 464 ff.; OLG Frankfurt a.M. v. 20.12.2013 – 21 W 40/11, BeckRS 2014, 11112 und nach der Stinnes- und der Nestlé-Entscheidung auch OLG Frankfurt a.M. v. 1.3.2016 – 21 W 22/13, BeckRS 2016, 9636 Rz. 55, 65 ff.; OLG Frankfurt a.M. v. 8.9.2016 – 21 W 36/15, ZIP 2017, 772, 774; OLG Düsseldorf v. 15.12.2016 – I-26 W 25/12, AG 2017, 709, 710; OLG Stuttgart v. 21.8.2018 – 20 W 1/13, AG 2019, 255, 256 f.
78 BGH v. 29.9.2015 – II ZB 23/14 – Stinnes, NZG 2016, 139, 142 Rz. 33.
79 BGH v. 12.1.2016 – II ZB 25/14 – Nestlé, NZG 2016, 461, 463 f. Rz. 23.

c) Stellungnahme

13.58 Die praktische Bedeutung der Frage, ob eine Barabfindung oder eine Umtauschwertrelation allein anhand einer marktorientierten Bewertung, also anhand der Börsenkurse der beteiligten Rechtsträger ermittelt werden kann, ist eher gering. Es ist eine Ausnahme, dass der Hauptaktionär bei Vorbereitung eines Squeeze-out oder die beteiligten Unternehmen bei Abschluss eines Beherrschungs- und Gewinnabführungs- oder Verschmelzungsvertrages den Unternehmenswert des beteiligten Rechtsträgers oder der beteiligten Rechtsträger ausschließlich anhand des Börsenkurses bestimmen. Schon um die Durchführung der Strukturmaßnahme abzusichern, wenden die Beteiligten in der Regel mehrere Bewertungsmethoden an und stützen ihr Ergebnis jedenfalls (i) auf eine marktorientierte und (ii) auf eine ertragswertorientierte Betrachtung. Dem Gericht liegen daher im Spruchverfahren in aller Regel das Bewertungsgutachten der beteiligten Parteien und der Bericht des gerichtlich bestellten Prüfers zum Ertragswert und zum relevanten Börsenwert vor.

13.59 Die folgenden Fallgruppen können unterschieden werden:

aa) Überprüfung einer Abfindung bzw. Ausgleichsleistung

13.60 Geht es in dem Spruchverfahren um die Überprüfung einer Abfindung im Zusammenhang mit einem Squeeze-out oder um die in einem Beherrschungs- und Gewinnabführungsvertrag vereinbarte Ausgleichsleistung und Abfindung – in diesen Fällen ist typischerweise nur ein Unternehmen zu bewerten –, sind zwei Fälle zu unterscheiden: Die Bewertungsgutachter der Parteien und der gerichtlich bestellte Prüfer kommen zum Ergebnis, dass der Ertragswert über dem Börsenwert liegt oder umgekehrt. Der Fall, dass Ertragswert und Börsenwert identisch sind, dürfte eher die Ausnahme sein.

13.61 Übersteigt der ermittelte Ertragswert den Börsenwert, kann das Gericht den höheren Ertragswert nicht mit dem Hinweis übergehen, dass der Börsenkurs bei einem liquiden Markt bei einem ordnungsgemäßen Handelsgeschehen zustande gekommen sei. Das BVerfG hat klargestellt, dass der **Börsenwert eine Untergrenze** der Abfindung bildet. Wenn der Ertragswert ausweislich des vorliegenden Bewertungsgutachtens und der Prüfung durch den gerichtlich bestellten Prüfer darüber liegt, ist dieser maßgebend[80]. Anders ist die verfassungsrechtlich gebotene Abfindung zum vollen Wert nicht gewährleistet. Die im Schrifttum[81] z.T. vertretene Ansicht, dass eine Barabfindung stets anhand des Börsenkurses zu ermitteln sei, ist abzulehnen. Sie ist mit dem Angemessenheitsgrundsatz ebenso unvereinbar wie die bis 1999 herrschende Ansicht, dass der Börsenkurs bei Ermittlung einer Abfindung grundsätzlich außer Betracht zu bleiben habe. Die Annahme, dass die Beurteilung des Verkehrswerts durch den Kapitalmarkt stets zutreffend ist, wird durch den **gegenwärtigen Stand der Kapitalmarktforschung nicht belegt**. Die Börsenpreise können von einer Vielzahl von Faktoren abhängig sein, die keinen Bezug zum Wert eines Unternehmens haben.

---

80 Vgl. BGH v. 12.3.2001 – II ZB 15/00 – DAT/Altana, BGHZ 147, 108, 115 = AG 2001, 417; BayObLG v. 28.10.2005 – 3Z BR 71/00, AG 2006, 41, 45; OLG Frankfurt v. 2.11.2006 – 20 W 233/93, AG 2007, 403 f.; OLG Frankfurt v. 28.3.2014 – 20 W 15/11, AG 2014, 822, 824; OLG Düsseldorf v. 15.1.2004 – I-19 W 5/03 AktE, AG 2004, 212, 214; OLG Frankfurt v. 9.1.2003 – 20 W 434/93, 20 W 425/93, AG 2003, 581, 582; *Koppensteiner* in KölnKomm. AktG, 3. Aufl. 2004, § 305 AktG Rz. 112; *Emmerich* in Emmerich/Habersack, Aktien- und GmbH-Konzernrecht, § 305 AktG Rz. 43; *Hüffer/Koch*, § 305 AktG Rz. 23; *van Rossum* in MünchKomm. AktG, 5. Aufl. 2020, § 305 AktG Rz. 94; *Hirte/Hasselbach* in Großkomm. AktG, 4. Aufl. 2005, § 305 AktG Rz. 154.
81 Vgl. OLG München v. 13.4.2021 – 31 Wx 2/19, juris; ferner *Reichert* in FS Stilz, 2014, S. 479, 488; *Aha*, AG 1997, 26, 27 f.; *Luttermann*, ZIP 1999, 45, 47 f.; *Busse von Colbe* in FS Lutter, 2000, S. 1053, 1058 ff.; *Steinhauer*, AG 1999, 299, 306 f.; *Veil/Preisser* in BeckOGK AktG, Stand 1.9.2021, § 305 AktG Rz. 58 f.; enger *Krieger* in MünchHdb. AG, § 71 Rz. 139 („Überschreitung des Börsenkurses nur in Ausnahmefällen zu fordern").

Nehmen der Bewertungsgutachter und gerichtlich bestellte Prüfer einen hinter dem Börsenwert zurückbleibenden Ertragswert an und liegen keine Anhaltspunkte dafür vor, dass Bewertungsgutachter und Prüfer zu unvertretbaren Ergebnissen gelangt sind, kann das Gericht dagegen den **Börsenkurs als den maßgeblichen Abfindungswert** ansetzen. Nach der Börsenkursrechtsprechung des BVerfG muss es den **Börsenkurs** auch **als den maßgeblichen Abfindungswert** ansetzen, wenn dieser nicht ausnahmsweise – etwa infolge Abfindungsarbitrage – unbeachtlich ist.

13.62

Wenn ein Gericht den Börsenwert als Abfindungswert ansetzen will, muss es sich allerdings **davon überzeugen**, dass der **Ertragswert** entweder **niedriger ist als der Börsenwert**[82] oder den „wahren Wert" des Unternehmens weniger zuverlässiger widerspiegelt als der Börsenwert[83]. Wenn die Antragsteller – wie in der Spruchpraxis üblich – weitreichende Angriffspunkte gegen die Ertragswertermittlung des Bewertungsgutachters und des gerichtlich bestellten Prüfers vortrugen, führte das in der Vergangenheit häufig dazu, dass die Gerichte im Spruchverfahren nochmals ein zeit- und kostenaufwändiges Sachverständigengutachten einholten. Aus Sicht der Gesellschaft bzw. des Hauptaktionärs war dies in der Regel die dritte Befassung eines Wirtschaftsprüfers mit der Unternehmensbewertung: nach dem Bewertungsgutachter der Gesellschaft bzw. des Hauptaktionärs und dem gerichtlich bestellten Prüfer. Gerade bei kleineren Gesellschaften führte das oft zu Verfahrenskosten, die in keinerlei Verhältnis zum Gesamtbetrag der Abfindung und zur möglichen Abfindungserhöhung mehr standen. Wegen der hohen Kostenbelastung ist häufig ein Vergleich mit den Antragstellern zu überhöhten Konditionen als attraktiver angesehen worden als die Durchführung des Spruchverfahrens.

13.63

Der Gesetzgeber hat auf diese kritische Entwicklung mit der **Neufassung von § 8 Abs. 2 SpruchG**[84] reagiert. Nach dieser Vorschrift soll das Gericht das persönliche Erscheinen des sachverständigen Prüfers im Termin zur mündlichen Verhandlung anordnen. In geeigneten Fällen kann das Gericht die mündliche oder schriftliche Beantwortung von einzelnen Fragen durch den sachverständigen Prüfer anordnen[85]. Dahinter steht die Vorstellung, dass dem Bericht des Prüfers über die Ergebnisse seiner Prüfung im Spruchverfahren bereits an sich ein hoher Beweiswert beizumessen ist[86]. Der Bericht gilt als ein **vorweggenommenes Sachverständigenurteil**, das das Gericht zu berücksichtigen hat. Mit der Anordnung des persönlichen Erscheinens des Prüfers soll die Möglichkeit eröffnet werden, im Gespräch mit dem Prüfer offene Fragestellungen zu klären. Der Gesetzgeber will ausdrücklich eine „flächendeckende" Neubegutachtung im Spruchverfahren vermeiden. Zusätzliche Begutachtungsaufträge an gerichtliche Sachverständige sollen im Regelfall gezielt auf die Klärung verbliebener Streitpunkte beschränkt werden.

13.64

Je deutlicher der Ertragswert unter dem Börsenwert liegt, desto geringer sind die Anforderungen an die Amtsermittlung. Bei deutlichen Abweichungen kann sich das Gericht darauf beschränken, sich ein eigenes Bild von der Einschätzung des gerichtlich bestellten Prüfers zu machen. Weichen Börsenwert und Ertragswert, wie von dem gerichtlich bestellten Prüfer berichtet, weniger deutlich voneinander ab, wird das Gericht anhand des Berichts des gerichtlich bestellten Prüfers oder durch ergänzende Befragung des Prüfers aufklären, in welcher Bandbreite sich der Schätzwert nach der Ertragswertmethode bewegt. Selbst wenn das obere Ende der Bandbreite im Einzelfall über dem Börsenwert liegt, kann das Gericht bei einer Gesamtwürdigung zu dem Ergebnis kommen, dass es den Börsenkurs als maßgebenden Wert zugrunde legt.

13.65

---

82 Das stand im DAT/Altana-Fall fest; vgl. die Darstellung des vom BVerfG zugrunde gelegten Sachverhalts in Rz. 13.13.
83 Vgl. OLG Frankfurt v. 5.12.2013 – 21 W 36/12, NZG 2014, 464 Rz. 41; OLG Frankfurt a.M. v. 27.8.2020 – 21 W 59/19, ZIP 2021, 408, 412; OLG München v. 13.4.2021 – 31 Wx 2/19, juris Rz. 44.
84 Durch das Spruchverfahrensneuordnungsgesetz v. 12.6.2003 (BGBl. I 2003, 838).
85 Exemplarisch OLG Frankfurt a.M. v. 27.8.2020 – 21 W 59/19, ZIP 2021, 408, 412.
86 Vgl. Gesetzentwurf der BReg – Entwurf eines Gesetzes zur Neuordnung des gesellschaftsrechtlichen Spruchverfahrens (Spruchverfahrensneuordnungsgesetz) v. 29.1.2003, BT-Drucks. 15/371, S. 12 (li. Sp.) und S. 14 (re. Sp.).

bb) Ermittlung einer Verschmelzungswertrelation

13.66 Andere Erwägungen hat das Gericht im einem Spruchverfahren anzustellen, wenn es eine Verschmelzungs- oder Umtauschwertrelation zu überprüfen hat. In der Vergangenheit lagen die Ertragswerte bei beiden Unternehmen oft über den Börsenwerten[87]. In diesen Fällen liegt es nahe, die Wertrelation anhand der Ertragswerte zu ermitteln[88]. Ein schematisches Vorgehen verbietet sich aber. Es gibt keinen Rechtssatz, der der Schätzung des Unternehmenswerts anhand der an sich geeigneten und angemessenen Ertragswertmethode generell den Vorrang vor der ebenfalls im Grundsatz geeigneten und angemessenen Börsenbewertung gibt. Die Entscheidung ist im Einzelfall danach zu treffen, welche Bewertung eine **höhere Richtigkeitsgewähr** bietet. Ein Beispielsfall ist die **T-Online-Entscheidung des OLG Frankfurt**[89]: Das Gericht hatte die Verschmelzungswertrelation bei der Verschmelzung der T-Online AG auf die Deutsche Telekom AG zu überprüfen. Die T-Online AG war eine Konzerngesellschaft der Deutschen Telekom. Die Bewertungsgutachter hatten für die Deutsche Telekom AG einen Ertragswert von 28,31 Euro und für die T-Online AG einen Ertragswert von 14,71 Euro je Aktie ermittelt. Die Börsenkurse lagen bei beiden Gesellschaften darunter. Der Abstand zwischen Ertrags- und Börsenwert war bei der Deutschen Telekom AG aber deutlich größer. Die Ertragswertrelation fiel daher im Vergleich zur Börsenwertrelation für die außenstehenden Aktionäre der T-Online AG nachteilig aus. Das Gericht hat zutreffend angenommen, dass die Entscheidung zwischen der Verschmelzungswertrelation anhand der Ertragswerte oder der Börsenwerte im Einzelfall getroffen werden müsse. Es ist in rechtlich einwandfreier Weise zu dem Ergebnis gekommen, dass im entschiedenen Einzelfall der anhand der Börsenwerte festgestellten Verschmelzungswertrelation der Vorzug zu geben sei.

13.67 Ein zweiter Beispielsfall ist der Beschluss des OLG München vom 26.7.2007[90]. Es ging um die Überprüfung der Verschmelzungswertrelation bei einer **Verschmelzung im Konzern**. Für den Wert des abhängigen Rechtsträgers hatte das Gericht in Übereinstimmung mit den Grundsätzen der DAT/Altana-Entscheidung den über dem Ertragswert liegenden Börsenwert angesetzt. Bei dem herrschenden Unternehmen setzte es den Ertragswert an, der hinter dem Börsenwert zurückblieb. Es stützte seine Entscheidung mit eingehender Begründung darauf, dass im zu entscheidenden Fall aufgrund der Umstände anzunehmen war, dass der Börsenkurs ordnungsgemäß zustande gekommen war und der im Ertragswertverfahren von den Parteien ermittelte Unternehmenswert aufgrund der besonderen Prognoserisiken über die Ertragspotenziale des herrschenden Unternehmens keine höhere Richtigkeitsgewähr biete. Mit derselben Begründung hat das OLG Frankfurt in einer jüngeren Entscheidung[91] eine Umtauschwertrelation allein anhand des Börsenkurses ermittelt.

13.68 In Schrifttum und Rechtsprechung ist nicht abschließend geklärt, ob bei Anwendung der DAT/Altana-Grundsätze auf die Verschmelzung nur für den übertragenden Rechtsträger der Börsenwert als Untergrenze oder zugleich auch für den übernehmenden Rechtsträger der Börsenkurs eine Obergrenze bildet. Das OLG Düsseldorf[92] hat die DAT/Altana-Rechtsprechung des BVerfG auch auf die Bemessung des Werts des übernehmenden Rechtsträgers angewendet: Von Verfassungs wegen müsse der Minderheitsaktionär in die Lage versetzt werden, für den Gegenwert seiner Aktien, die mit dem Börsenkurs bewertet werden, eine bestimmte Anzahl von Aktien der herrschenden Gesellschaft zu erwerben. Daher müsse der Börsenkurs des herrschenden Unternehmens als Obergrenze angesetzt werden. Dem hat das BVerfG[93] widersprochen: Das **grundrechtlich geschützte Aktieneigentum** des abfindungsberechtigten Minderheitsaktionärs vermittle keinen Anspruch darauf, Aktien der herrschenden Ge-

---

[87] Vgl. etwa OLG Düsseldorf v. 15.1.2004 – I-19 W 5/03 AktE – Krupp Stahl/Hoesch Krupp, AG 2004, 212 = NZG 2004, 622.
[88] Vgl. nur *Adolff/Häller* in Fleischer/Hüttemann, Rechtshandbuch Unternehmensbewertung, Rz. 18.98 f.
[89] Vgl OLG Frankfurt v. 3.9.2010 – 5 W 57/09 – T-Online, AG 2010, 751 = WM 2010, 1841.
[90] OLG München v. 26.7.2012 – 31 Wx 250/11, AG 2012, 749.
[91] OLG Frankfurt a.M. v. 26.4.2021 – 21 W 139/19, NZG 2021, 979.
[92] Vgl. OLG Düsseldorf v. 31.1.2003 – 19 W 9/00 AktE – SNI, NZG 2003, 588, 598 f. = AG 2003, 329.
[93] BVerfG v. 27.4.1999 – 1 BvR 1613/94 – DAT/Altana, BVerfGE 100, 289, 310 = AG 1999, 566; BVerfG v. 8.9.1999 – 1 BvR 301/89 – Hartmann & Braun, NJW-RR 2000, 842, 843 = AG 2000, 40; BVerfG

sellschaft zu (höchstens) dem Börsenkurs zu erhalten. Die Gerichte seien verfassungsrechtlich nicht gehindert, dem herrschenden Unternehmen, etwa bei einer schlechten Verfassung der Kapitalmärkte, einen höheren Wert beizumessen als den Börsenwert. Auch die **gesellschaftsrechtlichen Vorgaben** führen zu keinem anderen Ergebnis: Es gibt keinen Rechtssatz, der eine Bewertung der beteiligten Rechtsträger nach strikt gleichen Methoden vorschreibt[94]. Die Feststellung des Unternehmenswerts auf der Grundlage gleicher Methoden liegt in der Regel nahe und erhöht die Gewähr für die Ergebnisrichtigkeit. Eine **Bewertung nach unterschiedlichen Methoden** ist aber **nicht von vornherein unangemessen**. Selbst innerhalb ein und derselben Unternehmensbewertung werden häufig unterschiedliche Bewertungsmethoden angewendet, etwa für die Ermittlung des betriebsnotwendigen Vermögens einerseits und des nicht betriebsnotwendigen Vermögens andererseits. Zur Anwendung unterschiedlicher Methoden kommt man auch dann, wenn ein Rechtsträger einen Liquidationswert hat, der über den Ertragswert hinausgeht. Der höhere Liquidationswert ist dann maßgebend. Er ist dem Ertragswert und nicht etwa zur Wahrung der Methodengleichheit dem Liquidationswert des anderen Rechtsträgers gegenüber zu stellen. Zutreffend ist freilich, dass eine methodengleiche Bewertung der beteiligten Rechtsträger eine in der Tendenz und im Regelfall höhere Richtigkeitsgewähr bietet als eine Bewertung nach unterschiedlichen Methoden[95]. Das ändert aber nichts daran, dass es keine rechtliche Vorgabe gibt, stets die gleiche Methode für die Bewertung aller beteiligten Rechtsträger anzuwenden. Bei der Verschmelzung einer börsennotierten auf eine nicht börsennotierte Aktiengesellschaft wäre das auch gar nicht möglich, wenn für den übertragenden Rechtsträger der Börsenwert maßgebend ist. Hier ist notwendigerweise für den nicht börsennotierten Rechtsträger ein Ertragswert zu ermitteln, der im Einzelfall – etwa durch eine Analyse von Marktmultiples – zusätzlich plausibilisiert werden kann. Von der Frage, ob notwendig gleiche Bewertungsmethoden anzuwenden sind, ist die Frage zu unterscheiden, ob bei der Ermittlung des Werts des übernehmenden Rechtsträgers stets der höhere Wert anzusetzen ist[96], also der Ertragswert, wenn der Börsenwert niedriger ist. Der BGH[97] nimmt an, dass der höhere Ertragswert maßgebend sein könne, aber nicht müsse. Maßgebend sei er nur, wenn Umstände dargelegt und bewiesen werden, aus denen auf die Abweichung des Börsenkurses vom Verkehrswert zu schließen sei. Richtig ist, dass das Fachgericht im Rahmen seiner Amtsermittlung im Einzelfall aufzuklären hat, ob der Börsenwert, der (höhere) Ertragswert oder ein Zwischenwert maßgebend ist[98], etwa durch Befragung des gerichtlich bestellten Prüfers oder eines Sachverständigen. Ein Regel-Ausnahme-Verhältnis, wie vom BGH angenommen, gibt es nicht[99].

cc) Sonderfall des Bayerischen Obersten Landesgerichts (Beschluss vom 29.9.1998)

Über einen Sonderfall hatte etwa das **BayObLG mit Beschluss vom 29.9.1998**[100] zu entscheiden. Das Gericht ging – noch vor der DAT/Altana-Entscheidung des BVerfG – davon aus, dass der Börsenkurs

---

v. 20.12.2010 – 1 BvR 2323/07 – KUKA, NZG 2011, 235, 236 = AG 2001, 128; krit. *Reichert* in FS Stilz, 2014, S. 479, 492 f.
94 Str.; wie hier etwa *Krieger* in MünchHdb. AG, § 71 Rz. 141; *Wilm*, NZG 2000, 234, 239; a.A. (für Methodengleichheit) etwa *Paschos* in Henssler/Strohn, Gesellschaftsrecht, § 305 AktG Rz. 25; *Paulsen* in MünchKomm. AktG, 4. Aufl. 2015, § 305 AktG Rz. 95; *Emmerich* in Emmerich/Habersack, Aktien- und GmbH-Konzernrecht, § 305 AktG Rz. 48a; *Bungert* in Fleischer/Hüttemann, Rechtshandbuch Unternehmensbewertung, Rz. 22.24; *Adolff/Häller* in Fleischer/Hüttemann, Rechtshandbuch Unternehmensbewertung, Rz. 18.95.
95 So ist auch BGH v. 12.3.2001 – II ZB 15/00 – DAT/Altana, BGHZ 147, 108, 122 = AG 2001, 417 zu verstehen.
96 Vgl. BGH v. 12.3.2001 – II ZB 15/00 – DAT/Altana, BGHZ 147, 108, 122 = AG 2001, 417.
97 So *Martens*, AG 2003, 593, 599.
98 So auch *Adolff/Häller* in Fleischer/Hüttemann, Rechtshandbuch Unternehmensbewertung, Rz. 18.95; *Koppensteiner* in KölnKomm. AktG, 3. Aufl. 2004, § 305 AktG Rz. 111.
99 Zu recht kritisch daher *Koppensteiner* in KölnKomm. AktG, 3. Aufl. 2004, § 305 AktG Rz. 111; *Krieger* in MünchHdb. AG, § 71 Rz. 141.
100 Vgl. BayObLG v. 29.9.1998 – 3 Z BR 159/94, BayObLGZ 1998, 231 = AG 1999, 43.

bei der Ermittlung der Abfindung grundsätzlich nicht zu berücksichtigen sei. Ein für die Bemessung der Barabfindung tragfähiges Bewertungsgutachten lag dem Gericht allerdings auch nicht vor. Zu den Vergütungssätzen des damaligen § 7 ZuSEG standen auch keine Wirtschaftsprüfer als gerichtlicher Sachverständige zur Verfügung. Die Antragsgegnerinnen, über deren Vermögen zwischenzeitlich ein Insolvenzverfahren eröffnet worden war, hatten der Vereinbarung höherer Stundensätze entgegen der üblichen Praxis in Spruchverfahren nicht zugestimmt. Das Gericht sah sich deshalb an der Einholung eines Bewertungsgutachtens über den Ertragswert gehindert. Es folgerte, dass ungeachtet der generellen Bedenken gegen eine Berücksichtigung des Börsenkurses in dem gegebenen Sonderfall der Börsenkurs zugrunde zu legen sei. Im Ergebnis ist das sicher nicht frei von Bedenken. Denn der verfassungsrechtliche Eigentumsschutz kann an sich nicht wegen der Vorschriften über die Sachverständigenentschädigung zurückstehen. Heute würde das Gericht jedenfalls den gerichtlich bestellten Prüfer eingehend befragen[101].

V. Bestimmung des Börsenkurses

1. Keine verfassungsrechtlichen Vorgaben

13.70   Das BVerfG hat in der DAT/Altana-Entscheidung[102] **offen gelassen**, zu welchem **Stichtag** und anhand welcher **Referenzperiode** der Börsenkurs zu ermitteln ist. Der Stichtag für die Ermittlung des Börsenkurses muss aus verfassungsrechtlicher Sicht nicht notwendig mit dem Bewertungsstichtag übereinstimmen. Die Gerichte können nach der Rechtsprechung des BVerfG auch einen früheren zeitlichen Stichtag wählen. Damit trägt das BVerfG dem Umstand Rechnung, dass die Marktteilnehmer jedenfalls während der mindestens einmonatigen Einberufungsfrist zur Hauptversammlung Kenntnis von der jeweiligen Maßnahme haben und den Börsenkurs während dieser Zeit in die Höhe treiben könnten. Die Verfassung gibt – so das BVerfG – nicht vor, wie der Stichtag für die Ermittlung des Börsenwerts festzusetzen ist. Aus verfassungsrechtlicher Sicht ist allein entscheidend, dass die Fachgerichte durch die Wahl eines entsprechenden Referenzkurses einem **Missbrauch beider Seiten begegnen**. Ausdrücklich lässt das BVerfG zu, dass auf einen Durchschnittskurs im Vorfeld der Bekanntgabe der Maßnahme abgestellt wird. Zu den „im Zeitpunkt der Beschlussfassung ihrer Hauptversammlung" zu berücksichtigenden Verhältnissen gehört nach der Rechtsprechung des BVerfG nicht nur der Tageskurs, sondern auch ein auf diesen Tag bezogener Durchschnittswert.

2. Stichtag und Referenzperiode

13.71   Der BGH hat in seiner DAT/Altana-Entscheidung[103] angenommen, dass der Börsenkurs anhand des gewichteten Durchschnittskurses innerhalb einer dreimonatigen Referenzperiode vor dem Tag der **Hauptversammlung** zu ermitteln sei. Das führte in der Praxis dazu, dass der Börsenkurs zwischen der Bekanntmachung und dem Tage der Hauptversammlung häufig erheblich stieg. Der Kursanstieg beruhte in den meisten Fällen – wie heute unstreitig ist – auf Abfindungsarbitrage. Mit jeder Erhöhung des Durchschnittskurses konnten die abfindungsberechtigten Aktionäre zugleich ihre Abfindung verbessern, eine self-fulfilling prophecy.

13.72   Mit der Stollwerck-Entscheidung vom 19.7.2010[104] hat der BGH seine Rechtsprechung korrigiert und stellt nunmehr auf den nach Umsatz gewichteten Durchschnittskurs innerhalb einer dreimonatigen Referenzperiode vor **Bekanntmachung** einer Strukturmaßnahme ab. Zutreffend nimmt der BGH an,

---

101 Vgl. § 8 Abs. 2 SpruchG.
102 BVerfG v. 27.4.1999 – 1 BvR 1613/94, BVerfGE 100, 289, 309 f. = AG 1999, 566; BVerfG v. 29.11.2006 – 1 BvR 704/03 – SNI, ZIP 2007, 175 Rz. 18 = AG 2007, 119.
103 BGH v. 12.3.2001 – II ZB 15/00, BGHZ 147, 108, 118 ff. = AG 2001, 417.
104 BGH v. 19.7.2010 – II ZB 18/09 – Stollwerck, BGHZ 186, 229 Rz. 21 = AG 2010, 629.

dass mit der Bekanntgabe der Maßnahme an die Stelle der Markterwartung zur Entwicklung des Unternehmens die Markterwartung zur Abfindungshöhe tritt. Mit der Bekanntmachung der Maßnahme beginne „auch die Spekulation auf den Lästigkeitswert" der Maßnahme, der Kursanstieg beruhe ab diesem Zeitpunkt auf der Erwartung, dass „der Zahlungspflichtige sich die Strukturmaßnahme und ihre Durchführung etwas kosten" lasse. Der BGH hat mit der Stollwerck-Entscheidung **Abfindungsarbitrage** einen Riegel vorgeschoben. Als Nebeneffekt hat er einen weiteren Kritikpunkt gegen seine frühere Rechtsprechung ausgeräumt: Der Abfindungswert steht bei Einberufung der Hauptversammlung fest und kann daher mit der Einberufung der Hauptversammlung bekannt gemacht werden.

Rechtsprechung und Schrifttum hatten die Korrektur der früheren Rechtsprechung vielfach angeregt[105]. Die Stollwerck-Entscheidung ist auf allgemeine Zustimmung gestoßen[106], zu Recht: Ein durch Abfindungsarbitrage beeinflusster Börsenkurs genießt weder verfassungsrechtlichen noch einfachgesetzlichen Schutz. Als **Vorbild für die Berechnung des Börsenkurses** kann auf die in § 5 WpÜG-AngVO geregelten Kriterien zurückgegriffen werden. In Anlehnung an § 5 Abs. 3 WpÜG-AngVO ist es in der Regel sachgerecht, als gewichteten durchschnittlichen inländischen Börsenkurs den nach Umsätzen gewichteten Durchschnittskurs der Bundesanstalt für Finanzdienstleistungsaufsicht (BaFin) als börslich gemeldete Geschäfte anzusehen. Die BaFin verfügt aufgrund der Meldepflichten nach § 22 Abs. 1 WpHG über eine breite Datenbasis. Der Rückgriff auf andere Datengrundlagen, etwa auf Bloomberg, ist daneben nicht erforderlich[107]. Auch müssen die Kurse an ausländischen Börsen nicht einbezogen werden, solange das ausländische Kursgeschehen nicht erhebliche Abweichungen zeigt oder der Handel überwiegend an den ausländischen Börsen stattfindet. Sind die Aktien nur an einem organisierten Markt außerhalb Deutschlands zum Börsenhandel zugelassen, empfiehlt sich, anhand der in § 5 WpÜG-AngVO entwickelten Maßstäbe vorzugehen.

13.73

3. Bekanntmachung der Strukturmaßnahme

Mit der Bekanntmachung der Strukturmaßnahme hat derjenige, der die Abfindung oder den Ausgleich schuldet, die **Auswahl des Stichtags für die Ermittlung des Durchschnittskurses** weitgehend in der Hand. Das ist nicht zu beanstanden. Es gibt keinen Rechtsgrundsatz, der den handelnden Unternehmen oder Personen verbietet, eine aus ihrer Sicht günstige Börsensituation auszunutzen.

13.74

Da Entscheidungen über Strukturmaßnahmen häufig eine **Mitteilungspflicht** der Gesellschaft nach Art. 17 Abs. 1 MMVO auslösen, wird in der Unternehmenspraxis häufig die Ad-hoc-Mitteilung die stichtagsbegründende Bekanntmachung sein[108]. Der BGH weist in der Stollwerck-Entscheidung[109] aber darauf hin, dass es sich bei der stichtagsbegründenden Bekanntmachung nicht notwendig um eine Mitteilung i.S.v. § 15 Abs. 1 WpHG a.F. (jetzt Art. 17 Abs. 1 MMVO) handeln muss.

13.75

Die stichtagsbegründende Bekanntmachung muss vier Anforderungen genügen:

a) Veranlassung der Gesellschaft oder des Hauptaktionärs

Die Bekanntmachung muss von der Gesellschaft bzw. dem Aktionär veröffentlicht werden, der die Durchführung der Strukturmaßnahme anstrebt. Wenn die Gesellschaft die Maßnahme – wie bei einem Squeeze-out – nur auf Verlangen des Mehrheitsaktionärs einleiten kann, ist eine Bekanntmachung der

13.76

---

105 Vgl. nur OLG Stuttgart v. 18.12.2009 – 20 W 2/08, AG 2010, 513 = WM 2010, 654; OLG Düsseldorf v. 9.9.2009 – I-26 W 13/06, AG 2009, 35 = NZG 2009, 1427; OLG Frankfurt v. 30.3.2010 – 5 W 32/09, NZG 2010, 664; ferner die Schrifttumsnachweise bei *Hüffer/Koch*, § 305 AktG Rz. 25.
106 Vgl. nur OLG München v. 26.7.2012 – 31 Wx 250/11, AG 2012, 749.
107 So auch *Bungert/Wettich*, BB 2010, 2227, 2229.
108 Vgl. OLG Stuttgart v. 19.1.2011 – 20 W 3/09, AG 2011, 205, 207; OLG Frankfurt v. 29.4.2011 – 21 W 13/11, AG 2011, 832, 833; *Bungert/Wettich*, ZIP 2012, 449, 450.
109 BGH v. 19.7.2010 – II ZB 18/09 – Stollwerck, BGHZ 186, 229 Rz. 20 = AG 2010, 629.

Gesellschaft nur maßgebend, wenn sie dem Hauptaktionär zuzurechnen ist, also von ihm veranlasst oder mit seiner Zustimmung veröffentlicht wurde. Marktgerüchte oder von Dritten veröffentlichte Informationen sind nicht stichtagsbegründend[110]. Denn die Gesellschaft und der die Strukturmaßnahme anstrebende Aktionär können jederzeit auf die Marktgerüchte mit einer Bekanntmachung reagieren.

b) Öffentlich zugängliche Bekanntmachung

13.77 Die Bekanntmachung muss öffentlich zugänglich sein, so dass unter normalen Umständen mit der Kenntnisnahme durch einen unbestimmten Kreis von Anlegern zu rechnen ist[111]. Nur dann besteht eine ausreichende Grundlage für die Annahme, dass Anleger ihre Anlageentscheidung künftig an der bekannt gemachten Strukturmaßnahme und nicht mehr oder nicht mehr allein an der Lage der Gesellschaft ausrichten. **Ausreichend** ist in jedem Fall eine Bekanntmachung im **Bundesanzeiger** oder in einem Börsenpflichtblatt, in anderen Gesellschaftsblättern oder anderen elektronischen Informationsmedien (§ 25 Satz 2 AktG), etwa über die DGAP[112]. Eine Pressemitteilung des Hauptaktionärs mit einem üblichen Presseverteiler ist ebenfalls genügend, wenn die Medien die Nachricht aufnehmen. **Nicht zu empfehlen** ist, die Bekanntmachung allein auf der Homepage der Gesellschaft oder des bekanntmachenden Aktionärs zugänglich zu machen[113]. Denkbar ist auch die Ankündigung der Maßnahme zugleich mit der Veröffentlichung der Entscheidung, ein öffentliches Erwerbsangebot an die Aktionäre zu unterbreiten. Als ausreichende Ankündigung ist schließlich anzusehen, wenn die Strukturmaßnahme in der **Angebotsunterlage** bekanntgemacht wird, wobei die bloße Erläuterung, dass die Maßnahme – etwa ein Squeeze-out – gegebenenfalls aufgrund gesonderter Entscheidung erwogen wird, unzureichend ist. Die **spätestmögliche Bekanntmachung** ist die Veröffentlichung der Hauptversammlungseinladung im Bundesanzeiger und/oder anderen Gesellschaftsblättern[114].

13.78 Im Schrifttum[115] wird erörtert, ob auch **mündliche Äußerungen** von Repräsentanten des Unternehmens oder des die Maßnahmen anstrebenden Aktionärs, etwa in Interviews, Pressekonferenzen oder Analystenkonferenzen, ausreichend sind. Das ist zu verneinen. Denn bei ordentlicher Vorbereitung einer Strukturmaßnahme würde kein Unternehmen ernsthaft die Bekanntmachung durch Interview oder in einer Analystenkonferenz in Betracht ziehen. Bei Hinweisen in Interviews, Pressekonferenzen oder Analystenkonferenzen wird es sich in der Regel um Sachverhalte handeln, in denen gerade noch keine bekanntmachungsfähige Entscheidung getroffen worden ist. Vielfach wird der Fall so liegen, dass die Gesellschaft nachträglich nach einem frühen Anknüpfungspunkt sucht, um einen günstigen Börsenkurs in Anspruch nehmen zu können. In aller Regel sind daher mündliche Äußerungen nicht als Bekanntmachung gewollt und auch nicht als solche anzusehen.

13.79 Es ist in diesen Fällen allerdings zu klären, ob der **Börsenkurs** nach der mündlichen Äußerung noch den Verkehrswert widerspiegelt, ob also bereits vor der Bekanntmachung an die Stelle der Markterwartung zur Entwicklung des Unternehmens die Markterwartung zur Abfindungshöhe getreten ist. Während ab Bekanntmachung bereits die abstrakte Arbitragegefahr ausreicht, um die Kursentwicklung für die Ermittlung der Abfindung nicht mehr zu berücksichtigen, trägt für die Zeit vor der Bekanntmachung der Abfindungsschuldner die Darlegungs- und Beweislast für die Beeinflussung des Börsenkurses durch Arbitrage.

---

110 OLG Frankfurt v. 21.12.2010 – 5 W 15/10, GWR 2011, 157; *Bücker*, NZG 2010, 967, 969.
111 Vgl. *Wasmann*, ZGR 2011, 83, 91; auch *Emmerich* in Emmerich/Habersack, § 305 AktG Rz. 46a.
112 Ebenso *Bücker*, NZG 2010, 967, 969.
113 Anders *Wasmann*, ZGR 2011, 83, 91.
114 Vgl. *Wasmann*, ZGR 2011, 83, 88.
115 Vgl. *Bücker*, NZG 2010, 967, 969; auch OLG Karlsruhe v. 22.6.2015 – 12a W 5/15 Rz. 29, AG 2015, 789.

c) Konkrete Bezeichnung

Die in Aussicht genommene Strukturmaßnahme muss in der Bekanntmachung konkret bezeichnet sein. Aus der Bekanntmachung muss hervorgehen, dass die Maßnahme umgesetzt werden soll. Die Mitteilung einer **Umsetzungsabsicht** reicht allerdings aus. Unzureichend ist, wenn – etwa in einer Angebotsunterlage – eine oder mehrere Strukturmaßnahmen nur in Betracht gezogen werden[116] oder eine vage Absichtserklärung abgegeben wird[117]. Davon abzugrenzen und anders zu beurteilen ist der Fall, dass der ankündigende Aktionär die Durchführung der Maßnahme von dem Erreichen einer weiteren notwendigen Bedingung für die Durchführung der Maßnahme abhängig macht. Zulässig, aber nicht erforderlich ist, dass bei der Bekanntmachung bereits Angaben zur Höhe von Ausgleich und/oder Abfindung gemacht werden[118]. Typischerweise ist die Ermittlung von Ausgleich und/oder Abfindung der Vorbereitungsphase nach Bekanntmachung der Maßnahme vorbehalten.

13.80

Entgegen der Ansicht des OLG Frankfurt[119] ist **nicht erforderlich**, dass der bekanntzugebenden Information in Anlehnung an Art. 7 Abs. 4 MMVO (früher § 13 WpHG a.F.) aus Sicht eines verständigen Anlegers ein nicht nur geringfügiges **Kursbeeinflussungspotenzial** zukommt. Auch bei einer Strukturmaßnahme, die überhaupt kein Kursbeeinflussungspotenzial hat, kann die Gesellschaft oder der die Strukturmaßnahme anstrebende Aktionär durch Bekanntmachung den Stichtag für das Ende der Referenzperiode bestimmen und sich damit gegen Abfindungsarbitrage schützen. Der die Maßnahme ankündigende Aktionär oder die Gesellschaft müssen nicht befürchten, dass die stichtagsbegründende Wirkung der Bekanntmachung deswegen ausbleibt, weil die Bekanntmachung zu keinerlei Kursreaktion führt.

13.81

d) Zeitlicher Zusammenhang

Es muss ein genügender zeitlicher Zusammenhang zwischen der Bekanntmachung und der Beschlussfassung über die Strukturmaßnahme bestehen. Andernfalls entfernt sich die Ermittlung des Börsenpreises zu weit vom Bewertungsstichtag. Ob ein genügender zeitlicher Zusammenhang gegeben ist, ist im **Einzelfall** zu entscheiden. Mit dem Erfordernis des zeitlichen Zusammenhangs wird vermieden, dass sich die Gesellschaft oder der die Strukturmaßnahme anstrebende Aktionär Vorteile durch eine „Vorratsbekanntmachung" verschafft (zur Notwendigkeit der Hochrechnung des Börsenkurses vgl. Rz. 13.86).

13.82

Maßgebend ist, ob die Gesellschaft oder der die Strukturmaßnahme anstrebende Aktionär bei einer Gesamtschau die **Beschlussfassung unter Berücksichtigung der Unternehmenspraxis ohne vermeidbare Verzögerungen vorbereitet**. Im Hinblick auf den erheblichen Vorbereitungsaufwand bei Strukturmaßnahmen ist ein ausreichender zeitlicher Zusammenhang auch dann noch anzunehmen, wenn zwischen Bekanntmachung und Beschlussfassung sechs bis zwölf Monate verstreichen. Wenn die Dauer von zwölf Monaten überschritten wird, bedarf es dagegen besonderer Gründe, um noch einen ausreichenden zeitlichen Zusammenhang anzunehmen. Ein besonderer Grund kann anzunehmen sein, wenn die Umsetzung der mit der Bekanntmachung veröffentlichten Absichten auf nicht vorhersehbaren Gründen außerhalb der Sphäre des Bekanntmachenden beruht.

13.83

Bei der Bekanntmachung müssen **nicht bereits alle Erfordernisse zur Durchführung der Maßnahme** herbeigeführt sein[120]. In der Praxis ist es nicht ungewöhnlich, dass etwa bereits vor dem Abschluss eines Beherrschungs- und Gewinnabführungs- oder eines Verschmelzungsvertrages angekündigt wird, die Maßnahme der Hauptversammlung zur Zustimmung vorzulegen. Erst recht muss bei Bekannt-

13.84

---

116 So wohl auch *Wasmann*, ZGR 2011, 83, 90; weitergehend dagegen *Neumann/Ogorek*, DB 2010, 1869, 1871 und *Schilling/Witte*, Der Konzern 2010, 477, 479.
117 Zutreffend OLG Frankfurt v. 21.12.2010 – 5 W 15/10, GWR 2011, 157.
118 Vgl. *Wasmann*, ZGR 2011, 83, 89.
119 OLG Frankfurt v. 21.12.2010 – 5 W 15/10, GWR 2011, 157.
120 Ebenso *Bücker*, NZG 2010, 967, 969.

machung nicht feststehen, ob in der Hauptversammlung die notwendige Mehrheit zustande kommt. Eine frühzeitige Ankündigung dient der Transparenz und wirkt der Gefahr verbotenen Insiderhandels entgegen.

13.85 Das OLG Frankfurt[121] hat eine Bekanntmachung auch dann als stichtagsbegründend angesehen, wenn die Obergesellschaft vor Beschlussfassung über die Strukturmaßnahme (Verschmelzung im Konzern) ihren Anteilsbesitz zur Erreichung der für eine Konzernverschmelzung nach § 62 UmwG erforderlichen Beteiligungsschwelle zunächst durch öffentliches Erwerbsangebot an alle Aktionäre erhöht. Dem ist zuzustimmen. Erforderlich ist allein, dass die Gesellschaft bzw. der ankündigende Aktionär in einem genügenden zeitlichen Zusammenhang mit der Ankündigung und – bei einer Gesamtschau – ohne vermeidbare Verzögerungen die Beschlussfassung der Hauptversammlung erreicht. Dagegen kommt es nicht auf die Art der Vorbereitungsschritte an. Die Bekanntmachung hat daher auch dann stichtagsbegründende Wirkung, wenn der ankündigende Aktionär mit anderen Aktionären Gespräche über den **Erwerb von weiteren Aktien zur Erreichung einer erforderlichen Beteiligungsschwelle oder zur Sicherung der Hauptversammlungsmehrheit** führt, wenn er vor Einladung der Hauptversammlung allen außenstehenden Aktionären ein freiwilliges Erwerbsangebot oder ein Pflichtangebot unterbreitet[122]. Entgegen einer im Schrifttum[123] vertretenen Auffassung kommt es auch nicht darauf an, dass eine unkonditionierte Absicht zur Durchführung der Maßnahme besteht oder mitgeteilt wird. Der Gesellschaft bzw. dem die Maßnahme anstrebenden Aktionär ist es unbenommen, ihre Bekanntmachung – auch mit stichtagsbegründender Wirkung – unter den Vorbehalt zu stellen, dass etwa eine Genehmigungsbehörde die Strukturmaßnahme ohne wesentliche Änderungen des zugrunde liegenden unternehmerischen Konzepts genehmigt oder eine kartellrechtliche Freigabe erklärt wird. Ebenfalls ohne Bedeutung ist, ob bei objektiver Betrachtung die Aussicht oder auch nur Wahrscheinlichkeit besteht, dass die Voraussetzungen für die geplante Strukturmaßnahme in einem überschaubaren Zeitraum herbeigeführt werden können[124].

4. Notwendigkeit der Hochrechnung des Börsenkurses?

13.86 Nach der Rechtsprechung des BGH[125] sind die Minderheitsaktionäre gegen die Gefahr, durch eine verfrühte Bekanntmachung der Strukturmaßnahme von einer positiven Entwicklung des Börsenkurses ausgeschlossen zu werden, durch eine Hochrechnung des Börsenkurses anhand der **allgemeinen oder branchentypischen Wertentwicklung** zu schützen. Allerdings bedarf es einer Anpassung nicht in jedem Fall, sondern nur, wenn zwischen der Bekanntmachung der Maßnahme und dem Tag der Hauptversammlung **„ein längerer Zeitraum"** verstreicht und die Entwicklung der Börsenkurse eine Anpassung geboten erscheinen lässt[126]. Ein Zeitraum von drei bis vier Monaten zwischen Bekanntmachung und Hauptversammlung ist in der Regel unproblematisch[127]. Auch ein Zeitraum von sechs bis sieben Monaten löst in der Regel noch keine Anpassungsnotwendigkeit aus[128]. Wenn zwischen Bekanntma-

---

121 OLG Frankfurt v. 3.9.2010 – 5 W 57/09 – T-Online, WM 2010, 1841, 1854 = AG 2010, 751.
122 So auch *Bungert/Wettich*, ZIP 2012, 449, 451; *Schilling/Witte*, Der Konzern 2010, 477, 480.
123 *Bücker*, NZG 2010, 967, 969.
124 A.A. *Bücker*, NZG 2010, 967, 969; *Wasmann*, ZGR 2011, 83, 90.
125 BGH v. 19.7.2010 – II ZB 18/09 – Stollwerck, BGHZ 186, 229 Rz. 29 = AG 2010, 629; vgl. auch OLG Frankfurt a.M. v. 27.8.2020 – 21 W 59/19 – DVB Bank SE, ZIP 2021, 408.
126 Vgl. auch BGH v. 28.6.2011 – II ZB 2/10, AG 2011, 590 Rz. 8; zur Gebotenheit der Anpassung insbesondere OLG Frankfurt a.M. v. 27.8.2020 – 21 W 59/19 – DVB Bank SE, ZIP 2021, 408, 409; allgemein zur Anpassung *Bungert/Becker*, DB 2021, 940.
127 Vgl. OLG Saarbrücken v. 11.6.2014 – 1 W 18/13, AG 2014, 866, 867 f.
128 BGH v. 28.6.2011 – II ZB 2/10, AG 2011, 590 Rz. 8 und BGH v. 28.6.2011 – II ZB 10/10, AG 2011, 590 Rz. 7; die Zeiträume zwischen Bekanntgabe und Hauptversammlung ergeben sich aus den Vorlageentscheidungen OLG Stuttgart v. 18.12.2009 – 20 W 2/08, AG 2010, 513 (zwei Monate) und OLG Frankfurt v. 30.3.2010 – 5 W 32/09, NZG 2010, 664 (dreieinhalb Monate); LG München I v. 31.7.2015 – 5 HK O 16371/13, ZIP 2015, 2124, 2127 = AG 2016, 51 (fünf Monate).

chung und Hauptversammlung siebeneinhalb Monate vergehen, hält der BGH[129] eine Anpassung dagegen für nicht ausgeschlossen. Im entschiedenen Fall hat er die Frage zur weiteren Aufklärung an das vorlegende Gericht zurückverwiesen[130]. Soweit nicht nur ein kurzer zeitlicher Abstand von drei bis vier Monaten zwischen Bekanntmachung und Hauptversammlung liegt, ist über die Anpassung anhand der Umstände des Einzelfalls zu entscheiden. Die Bekanntmachung soll die Gesellschaft bzw. den Hauptaktionär dagegen schützen, dass der Börsenkurs nach Bekanntgabe durch Abfindungsarbitrage in die Höhe getrieben wird, weil die Anleger ihre Vermögensentscheidungen nicht mehr an der Entwicklung des Unternehmens, sondern an der Abfindungserwartung orientieren. Dagegen sollen die Minderheitsaktionäre nicht frühzeitig von der Entwicklung des Börsenkurses abgeschnitten werden. An die Stelle des – nicht mehr an der Entwicklung des Unternehmens orientierten – Börsenkurses tritt die Marktentwicklung einer Gruppe von Vergleichsunternehmen, wenn sich eine Gruppe von Vergleichsunternehmen nicht bilden lässt oder deren Kursentwicklung keinen einheitlichen Trend ausweisen, ein Branchen- und Vergleichsindex[131]. Ob die Anpassung geboten ist, hat das Gericht im Einzelfall zu entscheiden. Es geht darum, den fiktiven am Bewertungsstichtag geltenden Börsenkurs zu finden, der sich ergeben hätte, wenn die unternehmerische Maßnahme nicht schon zu dem frühen Zeitpunkt bekannt gemacht worden wäre.[132] Ziel der Anpassung ist es nicht, die Minderheitsaktionäre hypothetisch in die Lage zu versetzen, ihre Aktien bereits zu dem (frühen) Zeitpunkt der Bekanntgabe zu veräußern, um auf diese Weise durch eine frühzeitige Reinvestition an der allgemeinen oder branchentypischen Wertentwicklung teilzuhaben.

VI. Abweichen des Verkehrswerts vom Börsenkurs/Marktenge

1. Verfassungsrechtliche Vorgaben

Nach der Rechtsprechung des BVerfG[133] kann es verfassungsrechtlich beachtliche Gründe geben, den Börsenkurs zu unterschreiten, wenn nämlich der Börsenkurs den Verkehrswert der Aktie nicht widerspiegelt. Das BVerfG sieht die Darlegungs- und Beweislast dafür beim Abfindungsschuldner. Als Beispiel für eine Abkoppelung des Börsenkurses vom Verkehrswert benennt das BVerfG den Fall, dass längere Zeit praktisch überhaupt kein Handel in Aktien der Gesellschaft stattfindet, wenn also eine Marktenge besteht.

13.87

2. Entwicklung in der Rechtsprechung

Der BGH[134] hat in seiner Interpretation der verfassungsrechtlichen Grundsätze angenommen, dass der Börsenkurs *ausschließlich* dann unberücksichtigt bleiben dürfe, wenn über einen längeren Zeitraum praktisch kein Handel in Aktien der Gesellschaft stattgefunden hat und auf Grund der Marktenge der einzelne außenstehende Aktionär überhaupt nicht in der Lage war, seine Aktien zum Börsenpreis zu veräußern bzw. der Börsenpreis manipuliert war. Er folgt damit – an sich konsequent – einem der beiden Grundgedanken der DAT/Altana-Rechtsprechung des BVerfG: Als Abfindung ist geschuldet, was der abfindungsberechtigte Aktionär bei einer freien Desinvestitionsentscheidung erlangt hätte (dazu Rz. 13.10 und 13.16). Der Börsenkurs ist – so der Grundgedanke des Untergrenzenangebots (dazu Rz. 13.16) – immer als maßgebliche Untergrenze zugrunde zu legen, wenn dem Aktionär im Zeit-

13.88

---

129 BGH v. 19.7.2010 – II ZB 18/09 – Stollwerck, BGHZ 186, 229 Rz. 30 = AG 2010, 629.
130 Demgegenüber sieht *Decher*, ZIP 2010, 1673, 1676 bei einem Zeitraum von weniger als siebeneinhalb Monaten generell keine Anpassungspflicht; offener OLG Stuttgart v. 24.7.2013 – 20 W 2/12, BB 2013, 1922 (jedenfalls nicht unter sechs Monaten).
131 So auch *Emmerich* in Emmerich/Habersack, Aktien- und GmbH-Konzernrecht, § 305 AktG Rz. 47.
132 OLG Frankfurt a.M. v. 27.8.2020 – 21 W 59/19 – DVB Bank SE, ZIP 2021, 408, 410.
133 BVerfG v. 27.4.1999 – 1 BvR 1613/94 – DAT/Altana, BVerfGE 100, 289, 309 = AG 1999, 566.
134 BGH v. 12.3.2001 – II ZB 15/00 – DAT/Altana, BGHZ 147, 108, 116 = AG 2001, 417.

punkt der Beschlussfassung der Hauptversammlung die Veräußerung seiner Aktien über die Börse überhaupt noch möglich war (**desinvestitionsorientierter Ansatz**)[135]. Die Instanzgerichte sind dem BGH vielfach gefolgt und haben selbst bei einem sehr geringen Anteil außenstehender Aktionäre und einem praktisch nicht mehr stattfindenden Börsenhandel angenommen, dass der Börsenwert den Verkehrswert zutreffend widerspiegelt[136]. Selbst in der Stellung von Geldkursen sehen einige Gerichte ohne jede Bewertung, ob der Geldkurs auf ein tatsächliches Anlegerinteresse schließen lässt, eine ausreichende Grundlage zur Ermittlung des Börsenwertes[137]. Ob der Börsenpreis die Markterwartung über die Entwicklung des Unternehmens widergibt oder durch Abfindungsspekulation beeinflusst ist, spielt nach dem desinvestitionsorientierten Ansatz keine Rolle[138]. Die Frage, ob der Börsenkurs als Ausdruck der Vermögensentscheidung einer Vielzahl unabhängiger Marktteilnehmer noch ausreichende Gewähr bietet, den Verkehrswert zutreffend widerzugeben, wird überhaupt nicht mehr gestellt.

13.89 Einem anderen Ansatz folgt das OLG Frankfurt mit seiner Entscheidung vom 30.3.2010[139]. Einer Schrifttumsmeinung folgend[140], hält es den Börsenkurs in Anlehnung an § 5 Abs. 4 WpÜG-AngVO nicht mehr für eine geeignete Messgröße zur Ermittlung des Verkehrswertes, wenn während der letzten drei Monate an weniger als einem Drittel der Börsentage Börsenkurse festgestellt wurden und mehrere nacheinander festgestellte Börsenkurse um mehr als 5 % voneinander abweichen. Das Gericht beschränkt sich nicht auf die Klärung, ob eine Veräußerung über die Börse überhaupt möglich ist, sondern prüft, wie vom BVerfG verlangt, ob der Börsenkurs den Verkehrswert der Aktien widerspiegelt (**kapitalmarktorientierter Ansatz**). Als weiterer Demonstrationsfall einer kapitalmarktorientierten Betrachtung kann der Beschluss des OLG Düsseldorf vom 4.10.2006 gelten[141]. Das Gericht hatte über die Abfindung bei einem Squeeze-out zu entscheiden. Bei Beschlussfassung der Hauptversammlung beruhte der Börsenkurs, wie zwischen den Parteien des Spruchverfahrens unstreitig war, auf der Erwartung, dass die Aktionäre nicht nur eine Abfindung wegen des Squeeze-out zu erwarten hatten, sondern sie zusätzlich Inhaber von Abfindungsansprüchen aus einem früher abgeschlossenen Unternehmensvertrag waren. Das Spruchverfahren zur Überprüfung der Höhe der Abfindung, die in dem Unternehmensvertrag anzubieten war, dauerte bei Beschlussfassung über den Squeeze-out noch an. Die Erwartung der Anleger, Abfindungsansprüche aus dem früher abgeschlossenen Unternehmensvertrag zu haben, stellte sich infolge der Jenoptik-Entscheidung des BGH vom 5.5.2006[142] als unzutreffend heraus. Der Börsenkurs der Aktien brach nach Bekanntwerden der Jenoptik-Entscheidung des

---

135 Vgl. etwa OLG Düsseldorf v. 25.5.2000 – 19 W 1/93 AktE, NZG 2000, 1075, 1076 = AG 2000, 422; OLG Düsseldorf v. 31.1.2003 – 19 W 9/00 AktE, NZG 2003, 588, 590 = AG 2003, 329; OLG Hamburg v. 7.8.2002 – 11 W 14/94, NZG 2003, 89, 90 = AG 2003, 583; OLG Karlsruhe v. 5.5.2004 – 12 W 12/01 – SEN, ZIP 2004, 2330, 2332 = AG 2005, 45; OLG München v. 11.7.2006 – 31 Wx 41/05, 31 Wx 66/05, ZIP 2006, 1722 = AG 2007, 246 (0,45 % Anteil der freien Aktionäre); KG v. 16.10.2006 – 2 W 148/01, ZIP 2007, 75, 77; OLG Stuttgart v. 14.2.2008 – 20 W 9/06, AG 2008, 783 Rz. 52; OLG Düsseldorf v. 25.11.2009 – I-26 W 6/07 AktE, Der Konzern 2010, 519; OLG Stuttgart v. 17.3.2010 – 20 W 9/08, AG 2010, 510 (0,31 % Anteil an freien Aktionären); OLG Stuttgart v. 4.5.2011 – 20 W 11/08, AG 2001, 560.
136 Vgl. OLG München v. 11.7.2006 – 31 Wx 41/05, 31 Wx 66/05, ZIP 2006, 1722 = AG 2007, 246 (0,45 % Anteil der freien Aktionäre); OLG Stuttgart v. 17.3.2010 – 20 W 9/08, AG 2010, 510 (0,31 % Anteil an freien Aktionären); OLG Karlsruhe v. 22.6.2015 – 12a W 5/15 Rz. 37, AG 2015, 789 (Handel an nur 15 Tagen der Referenzperiode, mit der Begründung, dass der Kurs stabil geblieben sei.); vgl. auch *Land/Hallermeyer*, AG 2015, 659, 664 f.
137 Zu recht krit. *Land/Hallermeyer*, AG 2015, 659, 660 f.
138 Ausführlich OLG Stuttgart v. 14.2.2008 – 20 W 9/06, AG 2008, 783 Rz. 52.
139 OLG Frankfurt v. 30.3.2010 – 5 W 32/09, NZG 2010, 664; OLG Frankfurt v. 28.3.2014 – 21 W 15/11, AG 2014, 822 Rz. 220; auch OLG München v. 13.4.2021 – 31 Wx 2/19, AG 2021, 715 Rz. 37.
140 Vgl. auch *Fleischer*, ZGR 2002, 757, 781; *Hasselbach* in KölnKomm. WpÜG, § 327b AktG Rz. 18; *Schnorbus* in K. Lutter/Schmidt, § 327b AktG Rz. 3a; *Grunewald* in MünchKomm. AktG, 5. Aufl. 2020, § 327b AktG Rz. 10.
141 OLG Düsseldorf v. 4.10.2006 – I-26 W 7/06 AktE, NZG 2007, 36 = AG 2007, 325.
142 BGH v. 8.5.2006 – II ZR 27/05, BGHZ 167, 299 = AG 2006, 543.

BGH während des laufenden Spruchverfahrens dramatisch ein. Das OLG Düsseldorf sah zu Recht als erwiesen an, dass der Börsenkurs vorher nicht den Verkehrswert des Unternehmens, sondern vor allem die von der Entwicklung des Unternehmens unabhängige Anlageerwartung über das Bestehen eines Abfindungsanspruchs aus dem vorausgegangenen Spruchverfahren widerspiegelte. Es legte ihn nicht als Untergrenze der Abfindung zugrunde.

3. Stellungnahme

Die Rechtsprechung des BGH[143] und die sich daran anschließenden Entscheidungen der Instanzgerichte beruhen auf einem zu engen Verständnis der Vorgaben des BVerfG. Das BVerfG hat mit dem von ihm gewählten Beispiel der Marktenge die Fälle, in denen der Börsenkurs den Verkehrswert nicht mehr widerspiegelt, nicht abschließend aufgezeigt. Es wäre auch gar nicht möglich, aus der Verfassung abschließende Kriterien für die Beurteilung der Frage abzuleiten, ob und in welchen Fällen der Börsenkurs ausnahmsweise nicht mehr der Verkehrswert der Aktie widerspiegelt. Es ist allein Aufgabe und Verantwortung der Fachgerichte, im Rahmen der ihnen obliegenden Amtsermittlung im Einzelfall aufzuklären, ob sich der Börsenkurs mit dem Verkehrswert deckt. Das BVerfG könnte nur einschreiten, wenn sich die Fachgerichte nicht mehr in dem ihm nach dem Grundgesetz eingeräumten Spielraum bewegen[144].

13.90

Dem desinvestitionsorientierten Ansatz liegt zudem bereits im Ausgangspunkt eine falsche Annahme zugrunde: Es geht nicht darum festzustellen, ob dem Aktionär überhaupt noch eine Desinvestition über den Markt möglich ist[145], sondern um die Frage, ob der Börsenkurs deswegen als Untergrenze für die Abfindung anzusehen ist, weil er sich in einem öffentlich-rechtlich geregelten Markt aus einer **Vielzahl von Vermögensentscheidungen** unabhängiger Marktteilnehmer gebildet hat und daher Richtigkeitsgewähr bietet. In dem wohl wichtigsten Fall, in dem der Börsenkurs in der Praxis den Verkehrswert nicht mehr widerspiegelt: der Börsenkursentwicklung nach Bekanntwerden der Maßnahme, hat sich der BGH[146] längst von dem engen desinvestitionsorientierten Ansatz entfernt: Für die Zeit nach Bekanntmachung einer Strukturmaßnahme reicht schon die abstrakte Arbitragegefahr aus, so der BGH in der Stollwerck-Entscheidung[147], um die Entwicklung des Börsenkurses für unbeachtlich zu halten. Nach Bekanntgabe der Maßnahme biete der Börsenkurs keine ausreichende Gewähr mehr, dass er die Markterwartung zur *Entwicklung* des Unternehmens widerspiegelt.

13.91

Der dahinter stehende Gedanke kann verallgemeinert werden: Wenn die kapitalmarktorientierte Fundamentalanalyse dazu führt, dass der Börsenkurs nicht mehr mit genügender Sicherheit die Markterwartung zur Entwicklung des Unternehmens widerspiegelt, ist der Börsenkurs **auch für die Zeit vor Bekanntmachung der Strukturmaßnahme** nicht mehr als Mindestwert zugrunde zu legen. Der Unterschied zwischen der Zeit vor und nach Bekanntmachung der abfindungspflichtigen Maßnahme liegt in zwei Punkten: Zum einen trägt vor Bekanntmachung der Abfindungsschuldner die **Darlegungs- und Beweislast** für die Beeinflussung des Börsenkurses durch Abfindungsarbitrage. Zum anderen nimmt der BGH an, dass der Börsenkurs für die Zeit nach Bekanntmachung der Strukturmaßnahme keinerlei Bedeutung hat. Dies ist für die Zeit vor Bekanntmachung der Strukturmaßnahme nicht zwingend. Wenn der Börsenkurs um den Arbitrageeinfluss korrigiert wird, kann der Börsenkurs nach wie vor als Plausibilisierungs- und Kontrollgröße für einen an einer anderen Bewertungsmethode ermittelten Unternehmenswert herangezogen werden. Es gilt nicht der Grundsatz „alles oder nichts".

13.92

Entgegen der Ansicht des OLG Frankfurt und des aufgezeigten Schrifttums (vgl. Rz. 13.89) **erschöpft sich der kapitalmarktorientierte Ansatz nicht in einer Anwendung von § 5 Abs. 4 WpÜG-AngVO**,

13.93

---

143 BGH v. 12.3.2001 – II ZB 15/00 – DAT/Altana, BGHZ 147, 108, 116 = AG 2001, 417.
144 BVerfG v. 20.12.2010 – 1 BvR 2323/07 – KUKA, NZG 2011, 235 Rz. 14 = AG 2011, 128.
145 So aber etwa OLG Karlsruhe v. 22.6.2015 – 12a W 5/15 Rz. 37, AG 2015, 789.
146 BGH v. 19.7.2010 – II ZB 18/09 – Stollwerck, BGHZ 186, 229 = AG 2010, 629.
147 BGH v. 19.7.2010 – II ZB 18/09 – Stollwerck, BGHZ 186, 229 Rz. 21 ff. = AG 2010, 629.

der bei richtiger Sicht nur *eine* Facette aufzeigt, in der der Börsenwert den Verkehrswert der Aktien nicht mehr widerspiegelt. Denn ein verfassungsrechtlicher Schutz eines durch Abfindungsarbitrage beeinflussten Börsenkurses ist zweifellos auch und gerade dann abzulehnen, wenn die Arbitragesituation im täglichen Börsenhandel entsteht, die Voraussetzungen von § 5 Abs. 4 WpÜG-AngVO also gerade nicht gegeben sind. Arbitrageinvestoren ist es ohne größeren Aufwand und ohne finanzielles Risiko möglich, Sorge dafür zu tragen, dass an einem Drittel der Handelstage ein Börsenhandel mit einem Finanzinstrument stattfindet und damit eine Voraussetzung für die Anwendung von § 5 Abs. 4 WpÜG-AngVO entfällt. Die Überprüfung eines Börsenkurses auf Arbitrageeinflüsse muss daher weit vorher einsetzen. Arbitragestrategien werden häufig schon angewendet, wenn der Haupt- oder Mehrheitsaktionär eine Beteiligungsquote von etwa 75 bis 80 % erreicht.

13.94 Ein weiterer Anwendungsfall für die Unbeachtlichkeit des Börsenkurses ist, wenn der Börsenhandel vor allem zwischen den an der Börse zugelassenen Börsenmaklern (Designated Sponsors, Market Makers oder Spezialisten) stattfindet und nicht durch Drittorders unterlegt ist. Das ist bei illiquiden Werten keine Seltenheit. Erst recht können Schlussfolgerungen aus einem Geldkurs nur mit großer Zurückhaltung vorgenommen werden[148]: Wenn über 30 Tage ein Geldkurs für 100 Aktien gestellt wird, kann daraus nicht entnommen werden, dass es insgesamt eine Nachfrage über 3.000 Aktien gab. Es kann vielmehr auch sein, dass ein einzelner Anleger 100 Aktien erwerben wollte und daher über 30 Tage einen – offensichtlich nicht marktgerechten – Geldkurs gestellt hat. Möglich ist ferner, dass der Geldkurs von einer Partei gestellt wird, die besondere Pflichten zur Sicherung der Marktliquidität übernommen hat (Designated Sponsor, Market Maker, Spezialist); die Stellung des Geldkurses bedeutet für einen Designated Sponsor oder Market Maker keinerlei Risiko, wenn auf Anlegerseite keine Verkaufsbereitschaft besteht. Zu Recht nimmt das OLG München[149] an, dass der Börsenkurs auch dann nicht als Untergrenze maßgebend ist, wenn es nach Überzeugung des Gerichts an einer „effizienten Verarbeitung unternehmenswertbezogener Informationen bei der Preisfindung" fehlt. Ein Beispielsfall, in dem Börsenkurs und Verkehrswert auseinanderfallen können, ist schließlich auch der Zukauf von Aktien durch den Mehrheitsaktionär im Vorfeld der Strukturmaßnahme. Das BVerfG hat es in der DAT/Altana-Entscheidung als verfassungsrechtlich unbedenklich angesehen, wenn von dem herrschenden Unternehmen tatsächlich gezahlte Vorerwerbspreise bei der Bewertung des Anteilseigentums unberücksichtigt bleiben[150]. Dies muss auch gelten, wenn der **Mehrheitsaktionär Aktien über die Börse erwirbt**, etwa um die erforderliche Beteiligungsschwelle zu erreichen. Die damit verbundene Erhöhung des Börsenkurses beruht nicht mehr auf der Markterwartung über den Wert des Unternehmens, sondern auf den Zielsetzungen des Mehrheitsaktionärs. Er ist **für die Zwecke des Spruchverfahrens zu korrigieren**. Der Mehrheitsaktionär trägt für den Einfluss seiner Vorerwerbe auf den Börsenkurs die Darlegungs- und Beweislast.

4. Rechtsfolgen bei Auseinanderfallen von Börsenkurs und Verkehrswert der Aktien

13.95 Wenn der Börsenkurs keine ausreichende Gewähr mehr dafür bietet, dass er den Verkehrswert abbildet, kann der Börsenkurs der Ermittlung der Abfindung nicht mehr, jedenfalls nicht mehr allein, zugrunde gelegt werden. In Schrifttum und Rechtsprechung wird dann – fast reflexartig – auf andere Bewertungsmethoden, insbesondere die Ertragswertmethode zurückgegriffen. Das ist zutreffend, wenn der Börsenwert durch nicht auf die Entwicklung des Unternehmens bezogene Faktoren so nachhaltig beeinflusst ist, dass er für eine Wertableitung insgesamt untauglich ist, wie etwa in dem vom OLG Düsseldorf entschiedenen Fall (vgl. Rz. 13.89, Fn. 141). Wenn sich dagegen der Börsenkurs mit der erforderlichen Sicherheit um die Einflussgrößen korrigieren lässt, die nicht mehr ein Spiegel des Verkehrswerts der Aktien sind, ist es ebenfalls zulässig, einen **korrigierten Börsenwert** zugrunde zu legen.

---

148 Zu Recht krit. *Land/Hallermeyer*, AG 2015, 659, 660 f.
149 Vgl. OLG München v. 17.7.2014 – 31 Wx 407/13, AG 2014, 714, 715.
150 Vgl. BVerfG v. 27.4.1999 – 1 BvR 1613/94 – DAT/Altana, BVerfGE 100, 289, 306 = AG 1999, 566; auch LG Frankfurt a.M. v. 25.11.2014 – 3-05 O 43/13 Rz. 85, BeckRS 2015, 9089.

4. Kapitel
Verhaltenspflichten von Emittenten und Intermediären am Kapitalmarkt

§ 14
Insiderrecht

I. Entstehungsgeschichte, europarechtliche Grundlagen und Bedeutung des Insiderrechts für börsennotierte Aktiengesellschaften 14.1
II. Tatbestandsvoraussetzungen der Insiderverbote nach MAR 14.6
  1. Überblick über die Struktur 14.6
  2. Sachlicher und räumlicher Anwendungsbereich (Insiderpapiere) 14.7
  3. Insiderinformationen 14.13
      a) Begriff der „präzisen Information" 14.14
      b) Fehlende öffentliche Bekanntheit . 14.17
      c) Emittenten- oder Insiderpapierbezug 14.20
      d) Eignung zur erheblichen Kursbeeinflussung 14.22
      e) Auswertung öffentlich verfügbarer Angaben 14.27
  4. Insider und Insidergeschäft 14.28
  5. Insiderverbote 14.35
      a) Systematik 14.35
      b) Nutzungsverbot 14.38
      c) Empfehlungsverbot 14.47
      d) Verbot der Offenlegung 14.48
      e) Ausnahmen vom Nutzungs- und Empfehlungsverbot 14.49
      f) Ausnahme für Rückkaufprogramme und Stabilisierungsmaßnahmen 14.55

III. Ausgesuchte Einzelfälle in der Unternehmenspraxis 14.56
  1. Wertpapiergeschäfte von Organmitgliedern; Handelsverbote gemäß Art. 19 Abs. 11 MAR 14.56
  2. Informationsweitergabe durch Organmitglieder 14.61
  3. Auskünfte an einzelne Aktionäre, Aktionärspools sowie die Hauptversammlung 14.68
  4. Optionsprogramme 14.72
  5. Management Buy-Out (MBO) 14.76
  6. Paketaufbau/Due Diligence/Unternehmenskäufe (M&A) 14.81
  7. Übernahmeangebote/„Taking Private" 14.88
  8. Erwerb eigener Aktien/Rückkaufprogramme/Stabilisierungsmaßnahmen . 14.94
IV. Unternehmensinterne Prävention .. 14.97
  1. Pflicht zu Verdachtsanzeige und Führung von Insiderverzeichnissen 14.97
  2. Organisationspflichten 14.101
V. Sanktionen und Haftung 14.102
  1. Strafrechtliche Sanktionen von Verstößen gegen Insiderverbote 14.102
      a) Anwendbares Recht 14.102
      b) CRIM-MAD und 1. FiMaNoG .. 14.103
  2. Zivilrechtliche Haftung 14.106

Schrifttum zur Rechtslage ab 3.7.2016: *Achenbach*, Das Höchstmaß der Verbandsgeldbuße wegen Kapitalmarktstraftaten, WM 2018,1337; *Bachmann*, Das europäische Insiderhandelsverbot, 2015; *Assadi*, Marktmissbrauchsrechtliche Aspekte und ausgewählte Publizitätspflichten im Zusammenhang mit (Mitarbeiter-)Aktienoptionen, ÖBA 2021, 178; *Bank*, Die Verschwiegenheitspflicht von Organmitgliedern in Fällen multipler Organmitgliedschaften, NZG 2013, 801; *Becker*, Das Insiderhandelsverbot bei Kapitalerhöhungen börsennotierter Aktiengesellschaften, ZGR 2020, 999; *Bekritsky*, Die Insiderinformation im Lichte des neuen Emittentenleitfadens, WM 2020, 1959; *Beneke/Thelen*, Die Schutzgesetzqualität des Insiderhandelsverbots gem. Art. 14 MAR, BKR 2017, 12; *Bock*, Schranken des Doppelbestrafungsverbotes, ZWH 2018, 169; *Bosse*, Zulässigkeit des Informationsflusses zwischen Mutter- und Tochterunternehmen im faktischen Aktienkonzern, Konzern 2019, 1; *Buck-Heeb*, Insiderrecht und soziale Medien, AG 2021, 42; *Buck-Heeb*, Wissenszurechnung und Verschwiegenheitspflicht von AR-Mitgliedern, WM 2016, 1469; *Buck-Heeb*, Insiderwissen, Interessenkonflikte und Chinese Walls bei Banken, in FS Hopt, Bd. 2, 2010, S. 1647 ff.; *Buck-Heeb*, Wissenszurechnung, Informationsorganisation und Ad-hoc-Mitteilungspflicht bei Kenntnis eines Aufsichtsratsmitgliedes, AG 2015, 801; *Bühren*, Auswirkungen des Insiderhandelsverbots der EU-Marktmissbrauchsverordnung auf M&A-Transaktionen, NZG 2017, 1172; *Bueren/Weck*, Warehousing in Kapitalmarkt- und Kartellrecht, BB 2014, 67; *Bülte/Müller*, Ahndungslücken im WpHG durch das Erste Finanzmarktnovellierungsgesetz und ihre Folgen, NZG 2017, 205; *Bunz*, Fallstricke für den Vorstand einer abhängigen AG bei der Informationserteilung gegenüber der Konzernobergesellschaft, DB 2019, 170; *Commandeur*, Das Handelsverbot für Führungskräfte nach Art. 19 Abs. 11 MMVO, ZBB 2018, 114; *Di Noia/Milič/Spatola*, Issuers obligations under the new Market Abuse Regulation and the proposed ESMA guideline regime: A brief overview, ZBB 2014, 96; *Drescher*, Aktuelle Rechtsprechung des II. Zivilsenats des BGH zum Kapitalmarktrecht, WM 2020, 577; *Fuhrmann*, Kapitalmarktrechtliche Anforderungen an Marktsondierung vor Kapitalmaßnahmen und öffentlichen Übernahmen, WM 2018, 603 (Teil I) und 645 (Teil II); *Geier/Schmitt*, MiFID-Reform: der neue Anwendungsbereich der MiFID II und MiFIR, WM 2013, 915; *Groß/Royé*, Zwischenschritte als ad-hoc-veröffentlichungspflichtige Insiderinformation, AG 2019, 160; *Habersack*, Verschwiegenheitspflicht und Wissenszurechnung, DB 2016, 1551; *Hammen*, Verfassungsrechtliche Fragen des Marktmissbrauchsstrafrechts, WM 2019, 341; *Haßler*, Insiderlisten gem. Art. 18 MMVO und ihre praktische Handhabung, DB 2016, 1920; *Hellgardt*, Zivilrechtliche Gewinnabschöpfung bei Verstößen gegen das Handelsverbot des Art. 19 Abs. 11 MAR? AG 2018, 602; *Hitzer/Wasmann*, Von § 15a WpHG zu Art. 19 MMVO: aus Directors' Dealings werden Managers' Transactions, DB 2016, 1483; *Hopt/Kumpan*, Insidergeschäfte und Ad-hoc-Publizität bei M&A, ZGR 2017, 765; *Ihrig*, Wissenszurechnung im Kapitalmarktrecht, ZHR 181 (2017), 381; *Ketzer/Pauer*, Die wesentlichen Neuerungen der geplanten Verordnung und Richtlinie der Kommission zu Insiderhandel und Marktmanipulation, ÖBA 2014, 162; *Kiesewetter/Parmentier*, Verschärfung des Marktmissbrauchsrechts, BB 2013, 2371; *Klöhn*, Der Staat als Marktmanipulator und Insider – die Bereichsausnahme gem. Art. 6 MAR, ZBB 2020, 265; *Klöhn*, Die Spector-Vermutung und deren Widerlegung im neuen Insiderrecht, WM 2017, 2085; *Klöhn*, Die Regelung legitimer Handlungen im neuen Insiderrecht (Art. 9 MAR), ZBB 2017, 261; *Klöhn/Büttner*, Generalamnestie im Kapitalmarktrecht?, ZIP 2016, 1801; *Klöhn*, Finanzjournalismus und neues Marktmissbrauchsrecht, WM 2016, 2241; *Klöhn*, Eine neue Insiderfalle für Finanzanalysten?, WM 2016, 1665; *Klöhn*, Wann ist eine Information öffentlich bekannt i.S.v. Art. 7 MAR?, ZHR 180 (2016), 707; *Klöhn*, „Selbstgeschaffene innere Tatsachen", Scalping und Stakebuilding im neuen Marktmissbrauchsrecht, ZIP 2016, Beilage zu Heft 22, S. 44; *Klöhn*, Die insiderrechtliche Bereichsausnahme für Bewertungen aufgrund öffentlich bekannter Umstände, WM 2014, 537; *Klöhn*, Ad-hoc-Publizität und Insiderverbot im neuen Marktmissbrauchsrecht, AG 2016, 423; *Klöhn*, Inside Information without an Incentive to Trade? What's at Stake in „Lafonta vs. AMF", CMLJ 10 (2015), 381; *Koch*, Wissenszurechnung aus dem Aufsichtsrat, ZIP 2015, 1757; *Kocher*, Insiderinformationen bei der abhängigen Gesellschaft im Vertragskonzern, NZG 2018, 1410; *Kocher/Sambulski*, Insiderinformationen in der Hauptversammlung, DB 2018, 1905; *Köpferl/Wegner*, Marktmissbrauch durch einen Sprengstoffanschlag? WM 2017, 1924; *Kraack*, Der neue Emittentenleitfaden zum Marktmissbrauchsrecht, ZIP 2020, 1389; *Kraack*, Directors' Dealings bei Erwerbs- und Übernahmeangeboten, AG 2016, 57; *Kubesch*, Marktsondierung nach dem neuen Marktmissbrauchsrecht, 2019; *Kudlich*, Doch keine Generalamnestie im Kapitalmarktstrafrecht, ZBB 2017, 72; *Kudlich*, MADness Takes Its Toll – Ein Zeitsprung im Europäischen Strafrecht?, AG 2016, 459; *Kumpan*, Gestreckte Vorgänge und Insiderrecht, in VGR, Gesellschaftsrecht in der Diskussion 2018, 2019, S. 109; *Kumpan*, Die neuen Regelungen zu Director's Dealings in der Marktmissbrauchsverordnung, AG 2016, 446; *Kumpan/Misterek*, Der verständige Anleger in der Marktmissbrauchsverordnung, ZHR 184 (2020), 180; *Langenbucher*, In Brüssel nichts Neues? – Der „verständige Anleger" in der Marktmissbrauchsverordnung, AG 2016, 417; *Langenbucher*, Zum Begriff der Insiderinformation nach dem Entwurf für eine Marktmissbrauchsverordnung, NZG 2013, 1401; *Langenbucher*, Über die allmähliche Verfertigung des Gesetzes beim Regulieren – Der Begriff der Insiderinformation nach der Marktmissbrauchsverordnung, ÖBA 2014, 656; *Lombardo*, Some reflections on the Self-insider and the Market Abuse Regulation – the Selfinsider asa Monopoly-Square Insider, ECFR 2021, 2; *Mader*, Die Pflicht zur Informationsweitergabe im faktischen Konzern, Konzern 2015, 476; *Merkner/Sustmann/Retsch*, Insiderrecht und Ad-hoc-Publizität im neuen Emittentenleitfaden der BaFin, AG 2019, 621; *Meyer*, Beteiligung von Analysten und Erstellung von Research-Berichten im Rahmen von Börsengängen im Spannungsfeld von Regulierung und Markterwartungen, ZBB 2020, 141; *Mohamed*, Leitfaden zur Fristbestimmung bei Closed Periods nach Art. 19 XI MAR, NZG 2018, 1376; *Möllers/Herz*, Generalamnestie von Kursmanipulation im Kapitalmarktrecht?, JZ 2017, 445; *Mülbert/Sajnovits*, The Inside Information Regime of the MAR and the Rise of the ESG Era, ECFR 2021, 257; *Mülbert/Sajnovits*, Verschwiegenheitspflichten von Aufsichtsratsmitgliedern als Schranken der Wissenszurechnung, NJW 2016, 2540; *Pauka/Armenat*, Eine vergebene Chance – Die strafrechtlichen Neuregelungen durch das 2. FiMaNoG, WM 2017, 2092; *Poelzig*, Durchsetzung und Sanktionierung des neuen Marktmissbrauchsrechts, NZG 2016, 492; *Poelzig*, Insider- und Marktmanipulationsverbot im neuen Marktmissbrauchsrecht, NZG 2016, 528; *Rossi*, Blankettstrafnormen als besondere Herausforderung an die Gesetzgebung – Amnestie als Folge des zu frühen Inkrafttretens des 1. FiMaNoG, ZIP 2016, 2437; *Rothenfußer*, Ahndungslücke durch das 1. FiMaNoG – das BVerFG weist den Weg zum EuGH, AG 2018, 667; *Rothenfußer*, Ahndungslücke durch das 1. FiMaNoG – BGH scheitert beim Rettungsversuch am Europarecht, AG 2017, 149; *Rothenfußer/Jäger*, Generalamnestie im Kapitalmarktrecht durch das Erste Finanzmarktnovellierungsgesetz, NJW 2016, 2689; *Sajnovits*, Ad-hoc-Publizität und Wissenszurechnung, WM 2016, 765; *Sajnovits/Wagner*, Marktmanipulation durch Unterlassen? – Untersuchung der Rechtslage unter MAR und FiMaNoG sowie deren Konsequenz für Alt-Taten, WM 2017, 1189; *Saliger*, Straflosigkeit unterlassener Ad-hoc-Veröffentlichungen nach dem 1. FiMaNoG, WM 2017, 2335 (Teil I) und 2365 (Teil II); *Schwark/Zimmer*, Kapitalmarktrechtskommentar, 5. Aufl. 2020; *Schwintowski*, Die Zurechnung des Wissens von Mitgliedern des Aufsichtsrates zu einem oder mehreren Unternehmen, ZIP 2015, 617; *Seibt/Wollenschläger*, Revision des Marktmissbrauchsrechts durch Marktmissbrauchsverordnung und Richtlinie über strafrechtliche Sanktionen für Marktmanipulation, AG 2014, 593; *Sindelar*, Zwischenschritte als Insiderinformation, ÖBA 2015, 483; *Söhner*, Praxis-Update Marktmissbrauchsverordnung: Neue Leitlinien und alte Probleme, BB 2017, 259; *Stenzel*, Managementbeteiligungen und Marktmissbrauchsverordnung, DStR 2017, 883; *Stüber*, Directors' Dealings nach der Marktmissbrauchsverordnung, DStR 2016, 1221; *Szesny*, Doch keine Strafbarkeitslücke im Marktmissbrauchsrecht?, BB 2017, 515; *Teigelack*, Ad-hoc-Mitteilungspflicht bei Zivilprozessen, BB 2016, 1604; *Thomale*, Zum subjektiven Tatbestand der Unterlassungshaftung nach § 97 WpHG, AG 2019, 189; *Tissen*, Die Investorensuche im Lichte der EU-Marktmissbrauchsverordnung, NZG 2015, 1254; *Trüg*, Bestimmung des Verfalls beim Erwerb von Insiderpapieren, NZG 2016, 459; *Vaupel/Oppenauer*, Zur Strafbarkeit eines unterlassenen, verspäteten oder verfrühten Aufschubs von der Ad-hoc-Veröffentlichungspflicht, AG 2019, 502; *Veil*, Europäisches Insiderrecht 2.0 – Konzeption und Grundsatzfragen der Reform durch MAR und CRIM-MAD, ZBB 2014, 85; *Verse*, Doppelmandate und Wissenszurechnung im Konzern, AG 2015, 617; *Vetter/Engel/Lauterbach*, Zwischenschritte als ad-hoc-veröffentlichungspflichtige Insiderinformation, AG 2019, 160; *von der Linden*, Das neue Marktmissbrauchsrecht im Überblick, DStR 2016, 1036; *von Zehmen*, Vergütungssysteme für Vorstände auf dem Prüfstand, BB 2021, 628; *Wagner/Köster*, American Depositary Receipts und deutsches Kapitalmarktdeliktsrecht – Zwei linke Schuhe? WM 2020, 1711; *Wegner/Ladwig*, Einführung in das Marktmissbrauchsstrafrecht, JuS 2020, 1016 (Teil 1) und 1153 (Teil 2); *Weitzell*, Refreshing the Shoe – Strafbare Marktmanipulation?, NZG 2017, 411; *Werner*, Die Zurechnung von im Aufsichtsrat vorhandenem Wissen an die Gesellschaft und ihre Folgen, WM 2016, 1474; *Wilfling*, Auswirkungen der Marktmissbrauchsverordnung auf Wertpapieremissionen, ÖBA 2016, 353; *Wilken/Hagemann*, Compliance-Verstöße und Insiderrecht, BB 2016, 67; *Yun*, Die Strafbarkeitsgründe des Insiderhandelsverbotes, 2016; *Zetzsche*, Insider-Information beim verdeckten Beteiligungsaufbau („Anschleichen") mittels Total Return Swaps?, AG 2015, 381; *Zetzsche*, Normaler Geschäftsgang und Verschwiegenheit als Kriterien für die Weitergabe transaktionsbezogener Insiderinformationen an Arbeitnehmer, NZG 2015, 817.

Schrifttum zur Rechtslage ab 30.10.2004 bis 2.7.2016: Vgl. Literaturverzeichnis zu § 14 der 4. Aufl.

I. Entstehungsgeschichte, europarechtliche Grundlagen und Bedeutung des Insiderrechts für börsennotierte Aktiengesellschaften

Ein gesetzliches, strafbewehrtes **Verbot des Insiderhandels** wurde in Deutschland erstmals durch das am 1.8.1994 in Kraft getretene Wertpapierhandelsgesetz als Bestandteil des 2. Finanzmarktförderungsgesetzes eingeführt[1]. Es ersetzte die vorangehenden **freiwilligen** und nicht sanktionierten **Händler- und Beraterregeln**[2] und setzte die **EG-Insiderrichtlinie**[3] um. Dabei folgte der deutsche Gesetzgeber nicht der Terminologie der Richtlinie und verwendete statt des Begriffs der Insiderinformation (vgl.

14.1

---

1 BGBl. I 1994, 1749 ff.
2 Vgl. zu diesen *Assmann* in Assmann/Uwe H. Schneider/Mülbert, Wertpapierhandelsrecht, Vor Art. 7 ff. VO Nr. 596/2014 Rz. 3 ff. m.w.N.
3 Richtlinie des Rates der europäischen Gemeinschaften v. 13.11.1989 (89/592/EWG) zur Koordinierung von Vorschriften betreffend Insidergeschäfte, ABl. EG Nr. 334 v. 18.11.1989, S. 30 ff.

Art. 1 Nr. 1 der Richtlinie) den der Insidertatsache und definierte diese abweichend von der Richtlinie mit der Folge von einer Reihe von Einschränkungen der Insiderverbote. Das Insiderhandelsverbot erstreckte sich bereits von Anfang an auf **sämtliche Marktsegmente**, also heute den regulierten Markt ebenso wie den Freiverkehr[4] (zu MTF und OTF vgl. Rz. 14.8 f.).

14.2 Auf EU-Ebene wurde die Insiderrichtlinie im Januar 2003 ersetzt durch die **Marktmissbrauchsrichtlinie** und eine Durchführungsrichtlinie der Kommission[5]. Die Marktmissbrauchsrichtlinie wurde in deutsches Recht umgesetzt durch das **Anlegerschutzverbesserungsgesetz** (AnSVG)[6], das am 30.10.2004 in Kraft getreten ist. Durch das AnSVG wurde das WpHG auf die Terminologie und den Regelungsgehalt der Marktmissbrauchsrichtlinie umgestellt mit einer nicht unbeachtlichen Ausweitung der Verbotstatbestände und damit der Strafbarkeit. Neu eingeführt wurde zudem eine Pflicht des Unternehmens zur Führung von Insiderverzeichnissen (§ 15b WpHG a.F.) und für Wertpapierdienstleistungsunternehmen eine Pflicht zur Abgabe von Verdachtsanzeigen (§ 10 WpHG a.F.).

14.3 Im Rahmen einer weiteren Ausarbeitung der Regelungen des Insider- und Marktmissbrauchsrechts wurde nach längeren, kontroversen Diskussionen auf EU-Ebene 2014 die **MarktmissbrauchsVO (Market Abuse Regulation – MAR)**[7] und eine **Richtlinie über strafrechtliche Sanktionen für Insiderhandel und Marktmanipulation (Directive on criminal sanctions for market abuse – CRIM-MAD)**[8] verabschiedet. Die MarktmissbrauchsVO trat am 3.7.2014 in Kraft und entfaltet unmittelbare Rechtswirkung in den einzelnen Mitgliedstaaten seit dem 3.7.2016. Sie regelt nunmehr das Insiderrecht, die Ad-hoc-Publizität, das Verbot der Marktmanipulation, die Pflicht zur Offenlegung von Eigengeschäften von Führungskräften (bisher: Directors' Dealings), ein absolutes Verbot von solchen Eigengeschäften in bestimmten Zeiträumen und die Führung von Insiderlisten. Eine Reihe der bis 2014 in der Durchführungsrichtlinie enthaltenen Regelungen sind nunmehr in der MAR verankert. Trotzdem wird sie durch zahlreiche weitere Durchführungsverordnungen und Delegierte Verordnungen ergänzt. Flankiert wird die MAR durch die Richtlinie über strafrechtliche Sanktionen bei Marktmanipulation (CRIM-MAD), die in nationales Recht umzusetzen war und strafrechtliche Mindestsanktionierungen für Marktmanipulation und Insiderhandel vorschreibt. Die MAR und CRIM-MAD wurden vom deutschen Gesetzgeber mit Wirkung zum 2.7.2016 durch das 1. FiMaNoG[9] in Deutsches Recht umgesetzt. Die in §§ 12 bis 15b WpHG a.F. enthaltenen Regelungen des Insiderrechts, der Ad-hoc-Publizität, des Directors' Dealings und der Führung von Insiderverzeichnissen entfielen und finden sich nunmehr in der MAR und den ergänzenden Verordnungen. Die Regelung von Schadensersatzansprüchen wegen unterlassener oder fehlerhafter Ad-hoc-Publizität finden sich jedoch weiterhin in §§ 37b, 37c WpHG a.F. bzw. §§ 97, 98 WpHG i.d.F. des 2. FiMaNoG und die Straf- und Ordnungswidrigkeitentatbestände in §§ 38, 39 WpHG a.F. bzw. §§ 119, 120 WpHG i.d.F. des 2. FiMaNoG. Ziel der MAR sowie der CRIM-MAD ist eine europäische Vereinheitlichung und Verschärfung der Rechtslage des Insiderrechts[10] zur Schaf-

---

4 Wobei das 2. Finanzmarktförderungsgesetz noch nicht berücksichtigte, dass auch ohne Zustimmung der Emittenten Wertpapiere in den geregelten Markt einbezogen werden konnten – diese Lücke wurde erst durch das 4. FFG (BGBl. I 2002, 2010, 2028 ff.) geschlossen.
5 Richtlinie 2003/6/EG des Europäischen Parlamentes und des Rates v. 28.1.2003 über Insider-Geschäfte und Marktmanipulation (Marktmissbrauch), ABl. EU Nr. L 96 v. 12.4.2003, S. 16 ff. sowie die Richtlinie 2003/124/EG der Kommission v. 22.12.2003 zur Durchführung der Richtlinie 2003/6/EG, ABl. EU Nr. L 339 v. 24.12.2003, S. 70 ff.; vgl. dazu *Dier/Fürhoff*, AG 2002, 604 ff.; *Leppert/Stürwald*, ZBB 2002, 90 ff.
6 BGBl. I 2004, 2630 ff.
7 VO (EU) Nr. 596/2014 des Europäischen Parlaments und des Rates v. 16.4.2014 über Marktmissbrauch (Marktmissbrauchsverordnung) und zur Aufhebung der Richtlinie 2003/6/EG des Europäischen Parlaments und des Rates und der Richtlinien 2003/124/EG, 2003/125/EG und 2004/72/EG der Kommission, ABl. EU Nr. L 173 v. 12.6.2014, S. 1 ff.
8 Richtlinie 2014/57/EU des Europäischen Parlaments und des Rates v. 16.4.2014 über strafrechtliche Sanktionen bei Marktmanipulation (Marktmissbrauchsrichtlinie), ABl. EU Nr. L 173 v. 12.6.2014, S. 179 ff.
9 BGBl. I 2016, 1514 ff.
10 Vgl. *Veil*, ZBB 2014, 85, 86 m.w.N.; laut ESMA, Report on administrative and criminal sanctions ... imposed under MAR in 2019, ESMA70-156-3537 v. 16.12.2020, S. 11 wurden in 2019 insgesamt 60 Straf-

fung eines echten Kapitalbinnenmarktes (Stichworte „Single Rulebook" und „Europäische Kapitalmarktunion")[11].

Das Insiderhandelsverbot ist für börsennotierte Unternehmen in mehrerer Hinsicht von **Bedeutung**. So werden die Mitglieder der Organe (Vorstand und Aufsichtsrat) sowie Großaktionäre einer Reihe von persönlichen Verpflichtungen unterworfen, den Unternehmen obliegen (nicht nur im Falle von Wertpapierhandelsunternehmen sondern allgemein) bestimmte Organisationspflichten mit Bezug auf das Insiderrecht, die Ad-hoc-Publizität und die Geschäfte von Führungskräften, die Unternehmen unterliegen einer – teilweisen – Aufsicht durch die Bundesanstalt für Finanzdienstleistungsaufsicht (BaFin) und sie haben die Veröffentlichungspflichten der Ad-hoc-Publizität zur Verhinderung des Insiderhandels zu beachten. Konkret gewinnen die Insiderverbote Bedeutung für die Unternehmen z.B. bei den Wertpapiergeschäften von Organmitgliedern, der Informationsweitergabe durch die Organmitglieder, bei Optionsprogrammen des Unternehmens für Mitarbeiter, bei Unternehmenskäufen, dem Aufbau von Beteiligungspaketen, Übernahmeangeboten, dem Erwerb eigener Aktien sowie schließlich bei einem Management Buy-Out oder einem Taking Private (Delisting), um nur einige Beispiele zu nennen (vgl. ausführlich Rz. 14.56 ff.). 14.4

Wie bisher ist **Zweck** der Insiderverbote in erster Linie der **Institutionenschutz**, d.h. der Schutz der Funktionsfähigkeit und der Integrität der Kapitalmärkte[12]. Insofern wird das Vertrauen der Anleger geschützt, dass sie beim Handel auf organisierten Wertpapiermärkten nicht damit rechnen müssen, dass ein anderer Marktteilnehmer unrechtmäßig Informationen verwendet (Grundsatz der informationellen Chancengleichheit)[13]. **Streitig** ist jedoch, ob neben diesem primären Funktionenschutz auch ein **Individualschutz** der auf dem Kapitalmarkt tätigen Anleger Zielsetzung des Gesetzes ist. Dies ist von Bedeutung für die Frage, ob einem Anleger im Falle von Verstößen gegen die Verbote individuelle Schadensersatzansprüche zustehen können (vgl. dazu ausführlich Rz. 14.106). 14.5

II. Tatbestandsvoraussetzungen der Insiderverbote nach MAR

1. Überblick über die Struktur

Zu der Struktur des WpHG bis 29.10.2004 und die Zeit vom 30.10.2004 bis 2.7.2016 vgl. 3. Aufl., § 14 Rz. 6 ff. Das grundsätzliche Verbot, Insidergeschäfte zu tätigen, sie Dritten zu empfehlen oder Dritte zu diesen zu verleiten sowie der unrechtmäßigen Offenlegung von Insiderinformationen findet sich in Art. 14 MAR. Was eine Insiderinformation ist behandelt Art. 7 MAR, was ein Insidergeschäft ist regelt Art. 8 MAR. Eine Abgrenzung zwischen dem Verstoß gegen das Verbot des Insiderhandels gemäß 14.6

---

verfahren in der EU geführt, 42 in Deutschland und 18 in Polen mit Strafen in Deutschland in Höhe von 5,5 Mio. Euro – viele Staaten oder der EU verhängen nur Verwaltungssanktionen und keine Kriminalstrafen.

11 *von der Linden*, DStR 2016, 1036.
12 Vgl. zur Rechtslage bis zum 1. FiMaNoG: Begr. RegE 2. FFG, BT-Drucks. 12/6679, S. 45; *Assmann* in Assmann/Uwe H. Schneider, 6. Aufl. 2012, vor § 12 WpHG Rz. 45 ff.; *Hopt* in Schimansky/Bunte/Lwowski, BankrechtsHdb., 4. Aufl. 2011, § 107 Rz. 6; *Lenenbach*, Kapitalmarktrecht, Rz. 10.17; *Schäfer* in Schäfer/Hamann, Kapitalmarktgesetze, vor § 12 WpHG Rz. 12; *Schwark/Zimmer* in Schwark/Zimmer, 4. Aufl. 2010, vor § 12 WpHG Rz. 13 ff.; *Immenga*, ZBB 1995, 196, 205; *Caspari*, ZGR 1994, 530, 532 f.; *Klöhn* in KölnKomm. WpHG, Vor §§ 12–14 WpHG Rz. 45 ff. (mit umfassender Darlegung aller rechtlichen und ökonomischen Apekte) und § 14 WpHG Rz. 521; für die neue Rechtslage a.A. *Bachmann*, Das europäische Insiderhandelsverbot, S. 26 f., 34 f., 48 ff., der die „Vermeidung unfairer Sondervorteile" als maßgebliches Ziel ansieht.
13 Vgl. *Assmann* in Assmann/Uwe H. Schneider/Mülbert, Wertpapierhandelsrecht, Vor Art. 7 ff. VO Nr. 596/2014 Rz. 29; vgl. auch *Bachmann*, Das europäische Insiderhandelsverbot, S. 20 f. m.w.N., der allerdings die Verhinderung der „Erzielung eines ungerechtfertigten Sondervorteils" als Kern des Insiderverbots sieht, vgl. S. 26 f., 34 f., 48 ff.

Artt. 14, 8 MAR und legitimen Handlungen erfolgt durch Art. 9 MAR. Eine Konkretisierung der unzulässigen Weitergabe von Insiderinformationen – von der MAR als „unrechtmäßige Offenlegung" bezeichnet – nimmt Art. 10 MAR vor und Art. 11 MAR enthält Ausnahmeregelungen für Marktsondierungen im Vorfeld von Kapitalmarkttransaktionen.

2. Sachlicher und räumlicher Anwendungsbereich (Insiderpapiere)

14.7 Nach Art. 8 Abs. 1 Satz 1 MAR muss sich ein Insidergeschäft auf „**Finanzinstrumente**" beziehen. Finanzinstrument wird von Art. 3 Abs. 1 Nr. 1 MAR definiert durch einen Verweis auf Art. 4 Abs. 1 Nr. 15 der MiFID II[14], der seinerseits auf den Anhang I Abschnitt C dieser Richtlinie verweist. Wie bisher können daher übertragbare Wertpapiere, Geldmarktinstrumente, Anteile an Organismen für gemeinsame Anlagen in Wertpapieren, Derivate und finanzielle Differenzgeschäfte Insiderpapiere sein[15]. Seit Geltung der MiFID II ab 3.1.2018 sind auch Emissionszertifikate[16] grds. Insiderpapiere.

14.8 Voraussetzung für die Qualität als **Insiderpapier** ist nach Art. 2 Abs. 1 Satz 1 MAR weiter, dass die Finanzinstrumente „**zum Handel auf einem geregelten Markt**"[17] zugelassen sind oder für sie ein Antrag auf Zulassung zum Handel auf einem geregelten Markt gestellt wurde". Dies ist in Deutschland der geregelte Markt. Art. 2 Abs. 1 Satz 1 lit. b MAR erfasst zudem Finanzinstrumente, die „in einem **multilateralen Handelssystem** gehandelt werden, zum Handel in einem multilateralen Handelssystem zugelassen sind oder für die ein Antrag auf Zulassung zum Handel in einem multilateralen Handelssystem gestellt wurde"[18]. Multilaterales Handelssystem (Multilateral Trading Facility – **MTF**) wird von Art. 3 Abs. 1 Nr. 7 MAR durch Verweis auf Art. 4 Abs. 1 Nr. 22 MiFID II definiert. Dies erfasst – wie bisher § 12 Satz 1 Nr. 1 WpHG a.F. – die Einbeziehung in den **Freiverkehr**[19]. Mit Geltung der MiFID II seit dem 3.1.2018 werden zudem **organisierte Handelssysteme** (Organised Trading Facility – **OTF**) als weitere Handelsplätze reguliert. Seit diesem Zeitpunkt werden durch Art. 2 Abs. 1 Satz 1 lit. c MAR auch Finanzinstrumente erfasst, die an einem OTF gehandelt werden[20]. Über die vorstehenden Finanzinstrumente hinaus erstreckt Art. 2 Abs. 1 Satz 1 lit. d MAR die Geltung der Insiderverbote auf Finanzinstrumente, deren Kurs oder Wert von dem Kurs oder Wert eines der vorgenannten Finanzinstrumente abhängt oder sich darauf auswirkt einschließlich der Kreditausfall-Swaps oder Differenzkontrakte. Dabei bedürfen diese Finanzinstrumente keiner eigenen Börsenzulassung oder -notierung, so dass also insb. „außerbörsliche Derivate" erfasst werden (was u.a. der Verweis auf **Swaps** und **Diffe-**

---

14 Richtlinie 2014/65/EU des Europäischen Parlaments und des Rates v. 15.5.2014 über Märkte für Finanzinstrumente sowie zur Änderung der Richtlinien 2002/92/EG und 2011/61/EU, ABl. EU Nr. L 173 v. 12.6.2014, S. 349 ff.
15 Vgl. dazu *Stenzel*, DStR 2017, 883, 884 f. (auch zu neuen Aktien aus Kapitalerhöhungen, Management-Optionen, virtuellen Aktien und Optionen); *Assmann* in Assmann/Uwe H. Schneider/Mülbert, Wertpapierhandelsrecht, Art. 3 VO Nr. 596/2014 Rz. 3 ff. m.w.N.
16 Vgl. dazu *Geier/Schmitt*, WM 2013, 915, 916; *Assmann* in Assmann/Uwe H. Schneider/Mülbert, Wertpapierhandelsrecht, Art. 3 VO Nr. 596/2014 Rz. 7.
17 Der Begriff des „geregelten Marktes" wird definiert durch Art. 3 Abs. 1 Nr. 6 MAR durch Verweis auf Art. 4 Abs. 1 Nr. 21 MiFID II; zu dem entsprechenden Begriff der MiFID I vgl. EuGH v. 22.3.2012 – C-248/11, EuZW 2012, 350, 359 Rz. 38 ff. (rumänischer „RASDAQ").
18 Dies soll auch dann gelten, wenn der gestellte Antrag wieder zurückgezogen wurde – so *Ventoruzzo/Mock*, MAR, Art. 2 Rz. B.2.04; dies erscheint unter dem Grundsatz „nulla poena sine lege stricta" als zu weitgehend.
19 Im Freiverkehr wird zwischen – vom Emittenten beantragter – Zulassung und – von Marktmachern – beantragter Einbeziehung unterschieden und § 12 WpHG a.F. erfasste auch einbezogene Finanzinstrumente. Hieran wollte die MAR nichts ändern, wie mit der englischen Fassung „admitted to trading on a MTF" sowie die ausdrückliche Einschränkung der Veröffentlichungspflicht des Emittenten in Art. 17 Abs. 1 Unterabs. 3 MAR verdeutlichen – vgl. *Assmann* in Assmann/Uwe H. Schneider/Mülbert, Wertpapierhandelsrecht, Art. 2 VO Nr. 596/2014 Rz. 13.
20 Vgl. *Poelzig*, NZG 2016, 528, 530 mit Fn. 31; *Stenzel*, DStR 2017, 883, 884.

renzkontrakte verdeutlicht)[21]. Von Bedeutung ist dies für **Stock-Appreciation-Rights** und **Phantom-Stocks** (dazu Rz. 14.75)[22].

Abweichend vom bisherigen WpHG ist unerheblich, wo sich der **Handelsplatz** gemäß Art. 2 Abs. 1 lit. a bis c MAR in der EU befindet[23]. Nach Art. 2 Abs. 4 MAR gelten die Insiderverbote zudem nicht nur für Handlungen und Unterlassung in der Union, sondern auch für in Drittländern vorgenommene Handlungen und Unterlassungen. Mit dieser extraterritorialen Anwendung folgt die MAR dem Auswirkungsprinzip[24]. 14.9

Unerheblich ist, ob eine Handlung auf einem Handelsplatz oder außerhalb eines solchen (OTC) vorgenommen wird. Art. 2 Abs. 3 MAR stellte ausdrücklich klar, dass alle Geschäfte, Aufträge und Handlungen in einem der vorgenannten Finanzinstrumente erfasst sind, unabhängig davon, ob sie auf einem Handelsplatz getätigt werden. Wie bisher werden daher auch alle außerbörslichen Geschäfte (sog. **Face-to-Face-Geschäfte**) erfasst[25], nicht jedoch Geschäfte zwischen Insidern, die beide denselben (Insider-)Kenntnisstand haben[26]. Zudem werden durch die Formulierungen von „Geschäfte, Aufträge und Handlungen" in Art. 2 Abs. 3 MAR nunmehr auch eindeutig Stornierungen von bereits vor Erlangung einer Insiderkenntnis gegebenen Aufträgen nach Erlangung der Insiderkenntnis erfasst. 14.10

Die MAR findet keine Anwendung auf die durch Art. 5 MAR ausdrücklich ausgenommenen **Rückkaufprogramme** sowie auf **Stabilisierungsmaßnahmen** (vgl. hierzu Rz. 14.55 sowie 14.94 ff.) sowie nach Art. 21 MAR nur eingeschränkt auf Journalisten. 14.11

§ 25 WpHG (bis 2.1.2018: § 12 WpHG a.F.) **erweitert den Anwendungsbereich** der MAR zusätzlich nur für die Marktmanipulation und nicht das Insiderrecht, indem er Art. 15 i.V.m. Art. 12 Abs. 1 bis 4 MAR für entsprechend anwendbar erklärt für Waren i.S.v. § 2 Abs. 5 WpHG (bis 2.1.2018: § 2 Abs. 2c), Emissionsberechtigungen i.S.v. § 3 Nr. 3 TEHG[27] sowie ausländische Zahlungsmittel i.S.v. § 51 BörsG, wenn sie jeweils in Deutschland an einer Börse oder an einem vergleichbaren Markt in einem anderen Mitgliedstaat der EU oder des EWR gehandelt werden. Insb. für **Emissionszertifikate** gelten damit nicht nur die Regelungen zum Insiderhandel, sondern auch zur Marktmanipulation[28]. 14.12

3. Insiderinformationen

Art. 7 MAR definiert die **Insiderinformation** in Abs. 1 lit. a allgemein und in lit. b sowie lit. c in Bezug auf Warenderivate bzw. Emissionszertifikate. Für Personen, die „mit der Ausführung von Aufträgen in Bezug auf Finanzinstrumente beauftragt sind" enthält Abs. 1 lit. b eine weitere Ergänzung. Der Begriff der Insiderinformation gilt jedoch weiterhin **einheitlich sowohl für das Insiderrecht sowie die Ad-hoc-Publizität**, da sich die Kommission mit ihrem in Anlehnung an das englische Recht gemachten Vorschlag, die Insiderinformation um sog. „relevante Information" (RINGA-Konzept = relevant infor- 14.13

---

21 *Veil* in Meyer/Veil/Rönnau, Hdb. Marktmissbrauchsrecht, § 3 Rz. 12; *Klöhn* in Klöhn, Art. 2 MAR Rz. 58 ff.
22 *Veil* in Meyer/Veil/Rönnau, Hdb. Marktmissbrauchsrecht, § 3 Rz. 12.
23 Vgl. *Poelzig*, NZG 2016, 528, 530.
24 Vgl. *Assmann* in Assmann/Uwe H. Schneider/Mülbert, Wertpapierhandelsrecht, Art. 2 VO Nr. 596/2014 Rz. 6, 25; *Ketzer/Pauer*, ÖBA 2013, 162, 163.
25 Vgl. *Poelzig*, NZG 2016, 528, 531; *Kiesewetter/Parmentier*, BB 2013, 2371, 2372.
26 Unstr., vgl. nur *Bachmann*, Das europäische Insiderhandelsverbot, S. 27 m.w.N.
27 Diese Erweiterung wird durch § 25 WpHG i.d.F. des 2. FiMaNoG gestrichen, entfällt jedoch nicht, da mit Geltung der MiFID II bzw. der Umsetzung von deren Definition des Finanzinstrumentes in § 2 Abs. 4 Nr. 5 WpHG i.d.F. des 2. FiMaNoG die Emissionsberechtigungen in diesen Begriff einbezogen werden – vgl. Reg Begr., BT-Drucks. 18/10936, S. 229.
28 Vgl. dazu *Assmann* in Assmann/Uwe H. Schneider/Mülbert, Wertpapierhandelsrecht, Art. 2 VO Nr. 596/2014 Rz. 17 ff.; *Veil* in Meyer/Veil/Rönnau, Hdb. Marktmissbrauchsrecht, § 3 Rz. 13 m.w.N.

mation not generally available)[29] zu erweitern, nicht durchgesetzt hat[30]. Für zeitlich gestreckte Vorgänge enthält Art. 7 Abs. 2 i.V.m. Abs. 3 MAR eine Präzisierung der Definition von Abs. 1. Im Ergebnis behält damit die MAR die ursprünglich in der Marktmissbrauchsrichtlinie[31] sowie deren Konkretisierung durch die Durchführungsrichtlinie[32] enthaltene Definition bei und konkretisiert sie spezifisch für Zwischenschritte und gestreckte Entscheidungen.

a) Begriff der „präzisen Information"

14.14 Den Grundtatbestand der Insiderinformation definiert Art. 7 Abs. 1 lit. a MAR als „nicht öffentlich bekannte präzise Information, die direkt oder indirekt einen oder mehrere Emittenten oder ein oder mehrere Finanzinstrumente betrifft und die, wenn sie öffentlich bekannt würde, geeignet wäre, den Kurs des Finanzinstruments oder den Kurs damit verbundener derivativer Finanzinstrumente erheblich zu beeinflussen". Ausgangspunkt der Definition ist daher weiterhin die „präzise Information". Diese kann sowohl existierende Umstände oder bereits eingetretene Ereignisse betreffen oder auch zukunftsbezogen sein, wenn ihr Eintritt zu erwarten ist (dazu Rz. 14.15). Liegt eine derartige präzise Information vor, muss sie zudem geeignet sein, Kursrelevanz zu entfalten (dazu Rz. 14.22 ff.).

14.14a Als existierender Umstand oder eingetretenes Ereignis kommen nur „der äußeren Wahrnehmung zugängliche Geschehnisse oder Zustände der Außenwelt und des menschlichen Innenlebens"[33] in Betracht. Erfasst werden davon wie bisher auch „überprüfbare Werturteile oder Prognosen"[34]. Dabei ist weniger das **Werturteil** oder die **Meinung**, insb. Rechtsmeinung, der **Tipp**, die **Empfehlung** oder der **Ratschlag** als solcher gemeint, als vielmehr, dass eine bestimmte Person eine bestimmte Meinung bzw. ein bestimmtes Werturteil zu einem bestimmten Vorgang vertritt[35]. Meinungen, Ansichten, Tipps, Empfehlungen etc. können darüber hinaus einen Tatsachenkern enthalten wie z.B. die Aussage, dass die „Ertragslage besser ist als im Vorjahresquartal". Keine Konkretisierung durch die MAR hat die Frage erfahren, ob **Gerüchte** eine präzise oder nur eine vage Information darstellen. Die Behandlung von Gerüchten, die häufig auf Insiderinformationen zurückgehen, erfährt jedoch eine gesonderte Regelung im Rahmen der Ad-hoc-Publizität in Art. 17 Abs. 7 Unterabs. 2 MAR[36]. Nach der Rechtsprechung[37] sind Pläne, Vorhaben und Absichten zwar konkrete Informationen, doch soll dies nicht gelten, soweit derartige Überlegungen nicht über den engen persönlichen Bereich hinausgelangt sind. Meist wird es sich bei diesen um gestreckte Sachverhalte handeln, die eine ausdrückliche Regelung gefunden haben (dazu sogleich). Auch **selbst geschaffene Insiderinformationen** wie z.B. Pläne zum Aufbau von Paketen, Kursstützungsvereinbarungen zwischen Großaktionären oder sonstige Erwerbspläne können nach

---

29 Vgl. dazu *Ventoruzzo/Mock*, MAR, Art. 7 Rz. B.7.08.
30 Vgl. dazu *Koch* in Veil, Europäisches Kapitalmarktrecht, 2011, § 15 Rz. 3; *Kiesewetter/Parmentier*, BB 2013, 2371, 2372; *Di Noia/Milič/Spatola*, ZBB 2014, 96, 98 ff.; *Langenbucher*, NZG 2013, 1401, 1402 f.; *Langenbucher*, ÖBA 2014, 656, 660 f.; *Poelzig*, NZG 2016, 761, 764; *Assmann* in Assmann/Uwe H. Schneider/Mülbert, Wertpapierhandelsrecht, Art. 7 VO Nr. 596/2014 Rz. 3 f.
31 Richtlinie 2003/6/EG v. 28.1.2003 über Insider-Geschäfte und Marktmanipulation (Marktmissbrauch), ABl. EU Nr. L 96 v. 12.4.2003, S. 16 ff.
32 Durchführungsrichtlinie 2003/124/EG der Kommission v. 22.12.2003, ABl. EU Nr. L 339 v. 24.12.2003, S. 70 ff.
33 *Assmann* in Assmann/Uwe H. Schneider/Mülbert, Wertpapierhandelsrecht, Art. 7 VO Nr. 596/2014 Rz. 16 m.w.N.
34 Vgl. zur bisherigen Rechtslage BT-Drucks. 15/3174, S. 33; zur heutigen Beurteilung von Prognosen *Assmann* in Assmann/Uwe H. Schneider/Mülbert, Wertpapierhandelsrecht, Art. 7 VO Nr. 596/2014 Rz. 28 ff.
35 Vgl. *Assmann* in Assmann/Uwe H. Schneider/Mülbert, Wertpapierhandelsrecht, Art. 7 VO Nr. 596/2014 Rz. 19, 31.
36 Dazu *Langenbucher*, AG 2016, 417, 421 sowie *Seibt/Wollenschläger*, AG 2014, 593, 600 beide m.w.N. und Rz. 15.35.
37 BGH v. 23.4.2013 – II ZB 7/09 – *Geltl/Daimler*, AG 2013, 518 Rz. 19 = WM 2013, 1171 = ZIP 2013, 1165.

der Rechtsprechung des EuGH[38] Insiderinformationen sein (vgl. auch Rz. 14.54 zur Frage der „Nutzung" der selbstgeschaffenen Insiderinformation). Gleiches gilt für die Absicht ein Delisting durchzuführen (vgl. dazu Rz. 63.37 und Rz. 63.51). Auch **Prognosen** und (vorläufige) **Geschäftszahlen** können eine präzise Information darstellen. Relevant ist bei diesen typischerweise das Kursbeeinflussungspotential (vgl. Rz. 14.24).

Unmittelbar praktische Auswirkungen hat die Frage der Insiderqualität von „inneren Tatsachen" etwa hinsichtlich der Absicht eines Börsengurus, Aktien (vorzu-)kaufen, sie anschließend zu empfehlen und sodann nach einer aufgrund der Empfehlung eingetretenen Kurssteigerung wieder zu verkaufen. *Klöhn*[39] verweist hier zu Recht auf Art. 9 Abs. 5 MAR, demzufolge dieses Verhalten keine *Nutzung* einer Insidertatsache darstellt, was impliziert, dass die innere Absicht eine Insiderinformation darstellt[40], es also keines Drittbezuges der Information bedarf.

14.14b

Als besonderes Problem der Feststellung einer Insiderinformation haben sich in der Vergangenheit **gestreckte Sachverhalte** erwiesen. Bei gestreckten Sachverhalten ist hinsichtlich jedes Zwischenschritts zunächst zu prüfen, ob ein Zwischenschritt für sich betrachtet bereits eine Insiderinformation darstellt. Statt dessen können jedoch auch eine Reihe von nur sukzessive eintretenden Umständen erforderlich sein, um den Begriff der Information als vollständig erscheinen zu lassen. Hierzu hatte § 13 Abs. 1 Satz 1 WpHG a.F. den Begriff erweitert um solche Umstände, „bei denen mit hinreichender Wahrscheinlichkeit davon ausgegangen werden kann, dass sie in Zukunft eintreten werden". Dies konkretisiert nunmehr Art. 7 Abs. 2 Satz 1 MAR, wenn er als präzise Information auch ansieht „eine Reihe von Umständen, die bereits gegeben sind oder bei denen man vernünftigerweise erwarten kann, dass sie in Zukunft gegeben sein werden, oder ein Ereignis, das bereits eingetreten ist oder von dem vernünftigerweise erwartet werden kann, dass es in Zukunft eintreten wird, und diese Information darüber hinaus spezifisch genug ist, um einen Schluss auf die mögliche Auswirkung dieser Reihe von Umständen oder dieses Ereignisses auf die Kurse der Finanzinstrumente oder des damit verbundenen derivativen Instruments, der damit verbundenen Waren-Spot-Kontrakte oder der auf den Emissionszertifikaten beruhenden Auktionsobjekte zuzulassen". Art. 7 Abs. 2 Satz 2 MAR konkretisiert dies weiter, indem er ausführt: „So können im Fall eines zeitlich gestreckten Vorgangs, der einen bestimmten Umstand oder ein bestimmtes Ereignis herbeiführen soll oder hervorbringt, dieser betreffende zukünftige Umstand bzw. das betreffende zukünftige Ereignis und auch die Zwischenschritte in diesem Vorgang, die mit der Herbeiführung oder Hervorbringung dieses zukünftigen Umstandes oder Ereignisses verbunden sind, in dieser Hinsicht als präzise Informationen betrachtet werden". Hinsichtlich der **Zwischenschritte** führt Art. 7 Abs. 3 MAR aus: „Ein Zwischenschritt in einem gestreckten Vorgang wird als eine Insiderinformation betrachtet, falls er für sich genommen die Kriterien für Insiderinformationen gem. diesem Artikel erfüllt". Hiermit versucht der EU-Gesetzgeber, die Vorgaben des **EuGH** in Sachen „**Geltl/Daimler**"[41] zu kodifizieren. Anders als noch bei § 13 Abs. 1 Satz 3 WpHG a.F. kommt

14.15

---

38 EuGH v. 10.5.2007 – C-391/04 – Georgakis, EuZW 2007, 572, Rz. 32 f. = AG 2007, 542 = NZG 2007, 749; dazu *Bachmann*, Das europäische Insiderhandelsverbot, S. 25 ff. m.w.N.; *Klöhn*, ZIP 2016, Beilage zu Heft 22, 44 ff. mit überzeugender Begründung dafür, dass Erwägungsgrund 54 Satz 3 MAR mit der Aussage, dass eigene Pläne keine Insiderinformation sein können, auf einem Redaktionsversehen beruht; ebenso *Assmann* in Assmann/Uwe H. Schneider/Mülbert, Wertpapierhandelsrecht, Art. 7 VO Nr. 596/2014 Rz. 17; a.A. BGH v. 6.11.2003 – 1 StR 24/03, ZIP 2003, 2354 = AG 2004, 144 (bei eigenen Plänen fehlt ein grds. erforderlicher Drittbezug) – diese Entscheidung steht im Widerspruch zu der Entscheidung des EuGH i.S. Georgakis.
39 *Klöhn* in Klöhn, Art. 7 MAR Rz. 25 ff.
40 Ebenso *Assmann* in Assmann/Uwe H. Schneider/Mülbert, Wertpapierhandelsrecht, Art. 7 VO Nr. 596/2014 Rz. 17 f.; *Lombardo*, ECFR 2021, 1, 19 ff.; ggf. a.A. *Teigelack* in Meyer/Veil/Rönnau, Hdb. Marktmissbrauchsrecht, § 13 Rz. 60 ff. (Marktmanipulation); unklar und nur auf *Geltl* bezogen *Ventoruzzo/Mock*, MAR, Art. 7 Rz. B.7.28 ff.
41 EuGH v. 28.6.2012 – C-19/11, BKR 2012, 338 = NJW 2012, 2787 = AG 2012, 555; *Ventoruzzo/Mock*, MAR, Art. 7 Rz. B.7.16, 21 f.; *Assmann* in Assmann/Uwe H. Schneider/Mülbert, Wertpapierhandelsrecht, Art. 7 VO Nr. 596/2014 Rz. 51 ff.

es darauf an, ob der Eintritt „vernünftigerweise erwartet werden kann". Eine inhaltliche Änderung soll damit jedoch nicht verbunden sein[42]. Allerdings konkretisiert die MAR durch Art. 7 Abs. 2 Satz 2, Abs. 3 die **Anknüpfungspunkte**. In Betracht kommt der voraussichtliche Ausgang des gestreckten Vorgangs ebenso wie der Zwischenschritt innerhalb des gestreckten Vorgangs[43]. Keine Konkretisierung durch die MAR erfährt jedoch das Tatbestandsmerkmal, „wann die spezifischen Informationen einen Schluss auf die mögliche Auswirkung dieser Reihe von Umständen oder dieses Ereignisses auf die Kurse der Finanzinstrumente zulassen". Hierzu führt Erwägungsgrund 16 Sätze 2 und 3 der MAR ausdrücklich aus: „Dieses Konzept sollte jedoch nicht so verstanden werden, dass demgemäß der Umfang der Auswirkungen dieser Reihe von Umständen oder des Ereignisses auf den Kurs der betreffenden Finanzinstrumente berücksichtigt werden muss. Ein Zwischenschritt sollte als Insiderinformation angesehen werden, wenn er für sich genommen den in dieser Verordnung festgelegten Kriterien für Insiderinformationen entspricht". Als **Beispiele** führt Erwägungsgrund 17 MAR auf den „Stand von Vertragsverhandlungen", „vorläufig in Vertragsverhandlungen vereinbarte Bedingungen", „die Möglichkeit der Platzierung von Finanzinstrumenten", „die Umstände, unter denen Finanzinstrumente vermarktet werden", „vorläufige Bedingungen für die Platzierung von Finanzinstrumenten" oder „die Prüfung der Aufnahme eines Finanzinstruments in einen wichtigen Index" oder „die Streichung eines Finanzinstruments aus einem solchen Index". Die Literatur interpretiert dies dahingehend, dass etwa ein möglicher Rücktritt eines Vorstandsvorsitzenden solange noch keine Insiderinformation ist, solange der Rücktritt „nicht wahrscheinlich" ist[44].

14.15a Die BaFin qualifiziert Zwischenschritte, die ihre potentiell insiderrechtliche Relevanz insb. aus dem noch nicht eingetretenen Endereignis herleiten, nach der „Gewichtung und Wahrscheinlichkeit des Eintritts des Endereignisses", weil des für die Nutzung durch einen „verständigen Anleger" entscheidend wäre[45]. Sie nimmt damit einen Rückschluss aus der Wahrscheinlichkeit des Eintritts des Endereignisses auf die Eignung des Zwischenschritts zur Kursbeeinflussung vor und folgert daraus sodann, ob es sich bei dem Zwischenschritt um eine präzise Information handelt. Hinsichtlich der Zwischenschritte, die für sich („stand alone") bereits eine präzise Insiderinformation darstellen[46], stellt sie für die Eignung zur Kursbeeinflussung jedoch auf den Zwischenschritt und nicht auf die Wahrscheinlichkeit des Eintritts des Endereignisses ab. Dies entspricht der in der Literatur vertretenen Auffassung, dass zwischen zwei Arten von Zwischenschritten zu differenzieren ist: den Zwischenschritten, die ihre Qualität als Insiderinformation nur aus dem Endereignis herleiten und solchen, die auf einer „stand alone Basis" eine Insiderinformation darstellen[47]. Die BaFin[48] interpretiert „hinreichende Wahrscheinlichkeit" des Eintritts eines Ereignisses als „größer 50 % Eintrittswahrscheinlichkeit" (= überwiegende Wahrscheinlichkeit). Offen bleibt damit insbesondere weiterhin, ob der **Probability-Magnitude-Ansatz** zwar nicht auf der **Wahrscheinlichkeits-Stufe**, für die er vom EU-Gesetzgeber abgelehnt wurde[49], jedoch auf der **Stufe der Kursrelevanz** Bedeutung erlangen kann[50].

---

42 Vgl. *Poelzig*, NZG 2016, 528, 531 f.; *Langenbucher*, NZG 2013, 1401, 1403.
43 Vgl. *von der Linden*, DStR 2016, 1036, 1037; *Veil*, ZBB 2014, 85, 90; *Langenbucher*, ÖBA 2014, 656, 661.
44 Vgl. *Langenbucher*, ÖBA 2014, 656, 661; vgl. auch *Sindelar*, ÖBA 2015, 483, 485 ff.
45 BaFin, Emittentenleitfaden, Modul C (3/2020), I.2.1.4.3.
46 *Kraack* bezeichnet diese nicht zu Unrecht als „Schein-Zwischenschritt", *Kraack*, ZIP 2020, 1389, 1392.
47 *Vetter/Engel/Lauterbach*, AG 2019, 160, 164 ff.; *Groß/Royé*, BKR 2019, 272, 276; noch weiter differenzierend *Kumpan* in VGR, Gesellschaftsrecht in der Diskussion 2018, 2019, S. 109, 120 ff.
48 BaFin, Emittentenleitfaden, Modul C (3/2020), I.2.1.2.
49 *Krause* in Meyer/Veil/Rönnau, Hdb. Marktmissbrauchsrecht, § 6 Rz. 63; *Kumpan* in VGR, Gesellschaftsrecht in der Diskussion 2018, 2019, S. 109, 115.
50 Vgl. dazu *Veil*, ZBB 2014, 85, 90; *Klöhn*, NZG 2011, 166, 168; *Sindelar*, ÖBA 2015, 483, 485 ff. m.w.N.; *Klöhn* in Klöhn, Art. 7 MAR Rz. 198 f., 217 ff.; *Kraack*, ZIP 2020, 1389, 1393 sieht darin eine Anerkennung des Probability-Magnitude-Ansatzes durch die BaFin auf der Wahrscheinlichkeitsstufe – dies trifft jedoch nur für eine Wahrscheinlichkeit größer 50 % zu; *Kumpan* in VGR, Gesellschaftsrecht in der Diskussion 2018, 2019, S. 109, 122 ff. erkennt Zwischenschritten eine eigene kurserhebliche Bedeutung vor allem dann zu, „wenn der Verfahrensabschluss eines gestreckten Vorgangs noch nicht zu 50 % erwartet wird".

Für die Qualifizierung eines Sachverhaltes als „präzise Information" ist nicht erforderlich, dass ersichtlich ist, ob die Kurse aufgrund der Veröffentlichung der Information steigen oder fallen werden. Der EuGH[51] hatte in der Sache „**Lafonta**" zu entscheiden, ob die **Kursentwicklung** im Falle der Veröffentlichung der Information **voraussehbar** sein musste. Herr *Lafonta* hatte über vier gestaffelte Total Return Swaps den Erwerb von insgesamt 18 % des Grundkapitals der französischen Saint-Gobain S.A. für die börsennotierte Wendel S.A als deren Vorstandsvorsitzender kontrahiert, jedoch erst bei Abwicklung der jeweiligen Total Return Swaps das Überschreiten der Schwellenwerte von 5 %, 10 %, 15 % und 20 % des Kapitals von Saint-Gobain gemeldet. Noch zu Art. 1 Abs. 2 der Marktmissbrauchsrichtlinie 2003/124/EG befand der EuGH, dass für die Beurteilung als „präzise Information" darauf abzustellen ist, ob ein vernünftiger Anleger diese Information bei seiner Anlageentscheidung hinsichtlich der Aktien der Wendel S.A. berücksichtigen würde. Diese Frage ist grds. unabhängig davon, ob die Information ein Steigen oder ein Fallen der Kurse erwarten lässt. Die Relevanz dieser Frage für die Bestimmung des Vorliegens einer präzisen Information lehnte der EuGH mit Hinweis darauf ab, dass die Marktmissbrauchsrichtlinie das Vertrauen der Anleger in die Märkte stärken soll und dass das Vertrauen insbesondere darauf beruhe, dass die Anleger einander gleichgestellt sind. Für das Vorliegen einer präzisen Information bedarf es daher nicht einer Vorhersage, ob die Veröffentlichung der Information bereits die voraussichtliche Kursentwicklung erkennen lässt[52]. Dem wird von einem Teil der Literatur entgegengehalten, dass präzise Informationen nur solche sein können, die kursrelevant sind, was erfordere, dass die Information „einen eindeutigen Schluss darüber erlaube, in welche Richtung sich der Kurs des betroffenen Finanzinstruments bewegen wird"[53]. Einigkeit besteht jedoch insoweit, dass die Entscheidung des EuGH i.S. Lafonta auch für Art. 7 MAR Geltung entfaltet[54]. – Von der Frage der Qualifikation eines Sachverhalts als präzise Information zu unterscheiden ist die Frage, ob sie im Falle ihrer Veröffentlichung eine Eignung zur erheblichen Kursbeeinflussung aufweist (dazu Rz. 14.26).

14.16

b) Fehlende öffentliche Bekanntheit

Voraussetzung für eine Insiderinformation ist neben dem Vorliegen einer „präzisen Information", dass diese „nicht öffentlich bekannt" ist. Unter Geltung des WpHG a.F. hatte sich nach längerer Diskussion in Deutschland die Meinung durchgesetzt, dass eine Information öffentlich ist, sobald sie der **„Bereichsöffentlichkeit"** bekannt ist. Dies wurde damit begründet, dass im Rahmen der Ad-hoc-Publizität nach § 15 Abs. 5 WpHG a.F., §§ 3a, 5 WpAIV a.F. die Herbeiführung einer Bereichsöffentlichkeit ausreiche, wenn davon ausgegangen werden konnte, dass die Bereichsöffentlichkeit in der gesamten EU und in dem gesamten EWR herbeigeführt wurde[55]. Die MAR verwendet zwar den Begriff der „öffentlichen Bekanntheit", definiert ihn jedoch nicht, und auch die Erwägungsgründe geben keine Hinweise für seine Auslegung. Mit Blick auf den englischen Wortlaut („made public") und die Vorgaben in Art. 17 MAR zu der Herbeiführung der Ad-hoc-Publizität (vgl. dazu Rz. 15.40) sowie das von der MAR verfolgte Prinzip des gleichberechtigten Informationszugangs („equal access"), welches sich aus Erwägungsgrund 24 MAR ergibt, vertritt *Klöhn*[56] die Auffassung, dass eine Information nur

14.17

---

51 EuGH v. 11.3.2015 – C-628/13, ZIP 2015, 627 = AG 2015, 388 = RdF 2015, 159; dem EuGH folgend BaFin, Emittentenleitfaden, Modul C (3/2020), I. 2.1.2.
52 Vgl. auch *Klöhn* in Klöhn, Art. 7 MAR Rz. 212 ff., der die Lafonta-Entscheidung des EuGH unter Verweis auf die Ausführungen von GA *Wathelet* dahingehend versteht, dass der EuGH nur meint, dass „Informationen, die auf eine höhere Volatilität der Aktie hindeuten, genutzt werden können, um in Aktienoptionen oder anderen derivativen Instrumenten zu investieren, deren Kurs von der Volatilität der Aktie abhängt"; entscheidend ist der Handelsanreiz.
53 So insb. *Klöhn*, ZIP 2014, 945, 948 ff.; *Klöhn*, CMLJ 2015, 162, 170 ff.; *Bachmann*, Das europäische Insiderhandelsverbot, S. 54; a.A. *Zetzsche*, AG 2015, 381, 384 ff.; *Seibt/Kraack*, EWiR 2015, 237 f.
54 *Seibt/Kraack*, EWiR 2015, 237 f.; *Klöhn*, ZIP 2014, 945, 952; *Langenbucher*, AG 2016, 417, 421 f.
55 Vgl. nur BaFin, Emittentenleitfaden (2013), sub. III.2.1.2., S. 34; *Assmann* in Assmann/Uwe H. Schneider/Mülbert, Wertpapierhandelsrecht, Art. 7 VO Nr. 596/2014 Rz. 63 ff.
56 *Klöhn*, ZHR 180 (2016), 707, 714 ff.; *Klöhn* in Klöhn, Art. 7 MAR Rz. 124 ff.; ebenso *Krause* in Meyer/Veil/Rönnau, Hdb. Marktmissbrauchsrecht, § 6 Rz. 78 ff., 89 ff.; a.A. *Assmann* in Assmann/Uwe H.

dann öffentlich bekannt ist, wenn sie der „**breiten Kapitalmarktöffentlichkeit**" und nicht nur einer „kritischen Masse professioneller Anleger" bekannt ist. Nicht erforderlich sein soll jedoch, dass die „**allgemeine breite Öffentlichkeit**" Kenntnis der Information genommen haben muss. Vielmehr genügt die Möglichkeit einer Kenntnisnahme. Damit erscheint fraglich, ob eine Veröffentlichung einer Insiderinformation über Kanäle, die aufgrund der sehr hohen Kosten im Wesentlichen nur professionellen Anlegern zugänglich sind, wie etwa Bloomberg oder Reuters, noch als ausreichend angesehen werden kann. Die BaFin hat sich zwischenzeitlich wohl der Auffassung von Klöhn angeschlossen, akzeptiert die Veröffentlichung über grds. kostenpflichtige Medien und fordert eine Zugänglichmachung für ein „bereites Anlegerpublikum und damit einer unbestimmten Zahl von Personen".[57] Die ESMA[58] verlautbarte jedoch jüngst, das die Veröffentlichung von neuen Credit Ratings auf der Website der Ratingagentur die Qualität des Ratings als Insiderinformation entfallen lässt. Dies soll sogar dann gelten, wenn die Website nicht öffentlich, sondern nur gegen Entgelt zugänglich ist[59]. Die ESMA verweist jeweils darauf, dass die Information „has been made public" und dass dies gilt „regardless of whom has published the information or by which means". Mit dieser Auffassung steht nicht im Einklang, Webseiten von Gerichten mit Veröffentlichung von Urteilen als bloße Gerichtsöffentlichkeit abzutun oder Informationsdienste wie Bloomberg oder Reuters als „nicht hinreichend öffentlich" anzusehen. Dieses Ergebnis scheint auch zutreffend, da die informelle Chancengleichheit aller Anleger nicht bedeutet, dass alle Anleger dieselbe Information tatsächlich besitzen, sondern lediglich, dass jeder dieselbe Chance hat, die Information zu besorgen.

14.18 Weiter stellt sich nach der MAR nunmehr die Frage, ob das „**breite Anlegerpublikum**" in einem Mitgliedstaat gemeint ist, in dem die Finanzinstrumente zum Handel auf dem geregelten Markt oder in einem MTF zugelassen sind, oder ob eine zeitgleiche Information aller Anleger in der gesamten EU erforderlich ist. Die Durchführungsverordnung (EU) 2016/1055 der Kommission[60] sieht für die Ad-hoc-Publizität in Art. 2 Abs. 1 lit. a) (iii) MAR vor, dass die Insiderinformation „zeitgleich in der gesamten Union" zu publizieren ist. Mit Blick auf die Möglichkeit, die Ad-hoc-Meldung in der „Heimatsprache" des Emittenten vorzunehmen, hält *Klöhn*[61] es für eine öffentliche Bekanntheit für ausreichend, wenn die Ad-hoc-Publizität im Herkunftsstaat des Emittenten herbeigeführt wird. Abweichend hiervon liegt eine Pflicht zur Ad-hoc-Publizität jedoch vor, wenn der Emittent die Zulassung seiner Finanzinstrumente in **zwei oder mehr Mitgliedstaaten** zum Handel beantragt hat. Dann muss in sämtlichen Staaten, in denen der Handel beantragt wurde, also Herkunftsstaat und Aufnahmestaat(en), eine Ad-hoc-Publizität erfolgen. Entsprechend kann auch eine öffentliche Bekanntheit erst dann vorliegen, wenn in sämtlichen derartigen Staaten die öffentliche Bekanntheit herbeigeführt wurde. Soweit der Emittent die Zulassung zum Handel jedoch nur in einem Mitgliedstaat beantragt hat und der Handel in anderen Mitgliedstaaten ohne sein Zutun aufgenommen wurde, ist es konsequent, eine Ad-hoc-Publizität auch nur in dem Staat, in dem die Zulassung zum Handel beantragt wurde, zu fordern. Dementsprechend genügt für eine öffentliche Bekanntheit, dass die Ad-hoc-Publizität nur in diesem Staat herbeigeführt wird und dementsprechend das Tatbestandsmerkmal des „nicht öffentlich Bekanntseins" entfällt[62] (siehe aber auch Rz. 14.17 a.E.).

14.19 Die mangelnde Präzision der MAR hinsichtlich des Begriffs des „**breiten Anlegerpublikums**" ruft nach einer Konkretisierung, die durch den Emittentenleitfaden 2020 der BaFin zu diesen Fragen leider

---

Schneider/Mülbert, Wertpapierhandelsrecht, Art. 7 VO Nr. 596/2014 Rz. 66 m.w.N.; auf den tatsächlichen Empfängerkreis abstellend *Ventoruzzo/Mock*, MAR, Art. 7 Rz. B.7.55.
57 BaFin Emittentenleitfaden, Modul C (3/2020), I.2.1.1.; krit. hierzu *Kraack*, ZIP 2020, 1389, 1390.
58 ESMA, Q&A on MAR, ESMA70-145-111 v. 6.8.2021, Frage 5.9.
59 ESMA, Q&A on MAR, ESMA70-145-111 v. 6.8.2021, Frage 5.10.
60 Durchführungsverordnung (EU) 2016/1055 der Kommission v. 29.6.2016, ABl. EU Nr. L 173 v. 30.6.2016, S. 47.
61 *Klöhn*, ZHR 180 (2016), 707, 720 f.; *Krause* in Meyer/Veil/Rönnau, Hdb. Marktmissbrauchsrecht, § 6 Rz. 84.
62 *Klöhn*, ZHR 180 (2016), 707, 722 f.; *Klöhn* in Klöhn, Art. 7 MAR Rz. 148 ff. m.w.N.

nur rudimentär erfolgt ist. Die Emittenten werden sich damit behelfen müssen, dass sie aus Gründen der Vorsicht versuchen sicherzustellen, dass nicht nur eine Bereichsöffentlichkeit herbeigeführt wird durch Veröffentlichung in **elektronischen Informationsverbreitungssystemen** wie Reuters oder Bloomberg, da diese ganz überwiegend nur von professionellen Anlegern genutzt werden. In Betracht kommt etwa eine Veröffentlichung in bundesweit erscheinenden Tageszeitungen o.ä. bzw. bereits vor deren Erscheinen in Papierform auf deren Website, da ab diesem Zeitpunkt von einer öffentlichen Bekanntheit auszugehen ist. In Betracht zu ziehen ist hier insbesondere die von dem breiten Anlegerpublikum genutzte Börsen-Zeitung oder das Handelsblatt, nicht jedoch eine Lokal- oder Regionalzeitung. Eine Verbreitung in der – ggf. im Internet übertragenen – HV, auf der Website des Unternehmens oder in sozialen Medien führt ebenso wenig zu einer öffentlichen Bekanntheit wie eine Gerichtsöffentlichkeit[63].

c) Emittenten- oder Insiderpapierbezug

Wie nach § 13 Abs. 1 Satz 1 Halbs. 1 WpHG a.F. muss sich nach Art. 7 Abs. 1 lit. a MAR die nicht öffentlich bekannte präzise Information „direkt oder indirekt" **auf einen** oder mehrere **Emittenten** oder **auf Finanzinstrumente**" beziehen. Eine Änderung der Rechtslage ist insoweit durch die MAR nicht eingetreten. Eine Information soll z.B. Emittentenbezug haben, wenn sie die Vermögens- oder Finanzlage, die Ertragslage, den allgemeinen Geschäftsverlauf oder die Struktur des Emittenten betrifft unabhängig davon, ob es sich um eine unternehmensinterne oder -externe Tatsache handelt. **Beispiele** sind etwa **Umsatzsteigerungen**, besondere **Vertragsabschlüsse, Kapazitätsauslastungen**, Änderungen der **Unternehmensstruktur, Erfindungen, Ermittlungsverfahren, Gerichtsentscheidungen** oder **Übernahmeangebote**, aber auch wesentliche Veränderungen in der **Zusammensetzung von Organen**, etwa das Ausscheiden des Vorsitzenden des Vorstandes, des Finanzvorstandes oder des Vorsitzenden des Aufsichtsrates[64]. Einem Ermittlungsverfahren wegen eines **(privaten) Steuerstrafdeliktes** gegen ein (einfaches) Aufsichtsratsmitglied wird i.d.R. der Emittentenbezug fehlen, wenn es sich nicht gegen den Aufsichtsratsvorsitzenden richtet und dessen Rücktritt naheliegend erscheinen lässt[65]. Ein Insiderpapierbezug soll gegeben sein, wenn eine Information den Handel in einem bestimmten Wertpapier betrifft. Als Beispiel hierfür werden die **Orderlage an der Börse**[66], **Kurspflegemaßnahmen**, Änderungen des **Dividendensatzes, Kündigungen oder Rückkauf von Schuldverschreibungen**[67], sowie die beabsichtigte **Kursaussetzung** genannt[68].

14.20

Streitig war und ist jedoch, inwieweit **allgemeine Marktdaten**, die keinen spezifischen Bezug zu einem Unternehmen oder einem Wertpapier haben, sondern die gesamtwirtschaftliche Situation oder Rahmenbedingungen des Marktes wie z.B. Zinsentscheidungen der Bundesbank bzw. der EZB, Rohstoffpreise, branchenspezifische strategische Daten, Devisenkurse, Naturkatastrophen oder Gesetzesvor-

14.21

---

63 *Teigelack*, BB 2016, 1604, 1605; *Klöhn*, ZHR 180 (2016), 707, 728; *Klöhn* in Klöhn, Art. 7 MAR Rz. 141; BaFin, Emittentenleitfaden, Modul C (3/2020), I.2.1.1.; *Assmann* in Assmann/Uwe H. Schneider/Mülbert, Wertpapierhandelsrecht, Art. 7 VO Nr. 596/2014 Rz. 64; *Krause* in Meyer/Veil/Rönnau, Hdb. Marktmissbrauchsrecht, § 6 Rz. 89 ff.
64 Vgl. *Kumpan/Misterek* in Schwark/Zimmer, Art. 7 MAR Rz. 87; Beispiele (mit jeweils eingetretenen, erheblichen Kursauswirkungen) sind das Ausscheiden von *Schrempp* als Vorstandsvorsitzender von Daimler im Juli 2005 oder von *Cromme* als AR-Vorsitzender bei ThyssenKrupp im März 2013; zu Gesundheitsproblemen von Organmitgliedern vgl. *Fleischer*, NZG 2010, 561, 566 f.; BaFin, Emittentenleitfaden, Modul C (3/2020), I.2.1.3.
65 *Tielmann/Struck*, DStR 2013, 1191.
66 Eine Nutzung dieser Kenntnis führt zu dem sog. Frontrunning, das unstreitig gegen die Insiderverbote verstößt, vgl. nur *Claussen*, Insiderhandelsverbot, Rz. 76.
67 Vgl. dazu *Kocher*, WM 2013, 1305, 1308.
68 *Tippach*, WM 1993, 1269, 1271.

haben betreffen, als Informationen mit Emittenten- oder Insiderpapierbezug in Betracht kommen[69]. Diese Diskussion ist eingekleidet in die allgemeine Frage, ob dem Emittenten- oder Insiderpapierbezug überhaupt eine eigenständige Bedeutung zukommt. Soweit von einer Meinung[70] eine eigenständige Bedeutung bejaht wird, wird den allgemeinen Marktdaten ein derartiger Bezug häufig abgesprochen. Dies resultiert aus der Notwendigkeit der Abgrenzung der Information mit entsprechendem Bezug von denen ohne einen entsprechenden Bezug. Eine andere Meinung[71] gelangt zu der Auffassung, dass eine derartige Abgrenzung praktisch nicht möglich ist und daher dem Merkmal der Emittenten- bzw. Insiderpapierbezogenheit keine eigenständige Bedeutung zukommt[72]. Unter Geltung des WpHG rekurrierte sie zudem auf die Regierungsbegründung zum AnSVG[73], die erklärt, dass es mit der Umsetzung von Art. 1 Abs. 1 Marktmissbrauchsrichtlinie ausreicht, dass der Emittent nur mittelbar betroffen ist[74]. Dies soll bereits dann gegeben sein, wenn der Prozess der Preisbildung und -entwicklung erheblich beeinflusst wird, obwohl das zugrunde liegende Ereignis nicht im Tätigkeitsbereich des Emittenten eingetreten ist[75]. Die Gegenmeinung[76] fragt insoweit, wieso etwa die Erhebung von eine ganze Branche und nicht nur ein einzelnes Unternehmen betreffenden Zöllen kein Emittentenbezug sein soll. Es widerspräche dem Zweck des Marktmissbrauchsrechts, „die Ausnutzung eines kursrelevanten Informationsvorsprungs, der sich sogar mit einer größeren Fallzahl ausnutzen lässt, nicht strafbar sein zu lassen"[77]. Es bedarf jedoch zunächst der Begründung, dass es sich um ein strafwürdiges Ausnutzen eines Informationsvorsprungs handelt, denn nicht jeder Informationsvorsprung ist automatisch strafwürdig. Außerdem trifft bei allgemeinen Marktdaten keinen Kapitalmarktteilnehmer eine Pflicht zur Ad-hoc-Publizität. Der Emittent muss zumindest mittelbar von der präzisen Information betroffen sein. Dieser Aspekt wird durch die MAR („direkt oder indirekt") unterstrichen, so dass darauf abzustellen ist, ob die Eignung zur Kursbeeinflussung besteht.

d) Eignung zur erheblichen Kursbeeinflussung

14.22 Nach Art. 7 Abs. 1 lit. a MAR sind wie früher nach § 13 Abs. 1 Satz 1 Halbsatz 2 WpHG a.F. Insiderinformationen nur solche Informationen über nicht öffentlich bekannte Umstände, die „wenn sie öffentlich bekannt würden, geeignet wären, den Kurs der Finanzinstrumente erheblich zu beeinflussen". Art. 7 Abs. 4 MAR konkretisiert die Frage der Eignung zur erheblichen Kursbeeinflussung unter Übernahme von Art. 1 Abs. 2 der Durchführungsrichtlinie zur Marktmissbrauchsrichtlinie 2004, indem er formuliert, dass darunter solche Informationen zu verstehen sind, „die ein **verständiger Anleger wahrscheinlich als Teil der Grundlage seiner Anlageentscheidungen** nutzen würde"[78]. Dies entspricht

---

69 Vgl. auch zu dem Zusammenbruch des Verbriefungsmarktes in den USA in Verbindung mit der Höhe des Subprime-Anteils in einer Bankbilanz als veröffentlichungspflichtiger Insiderinformation BGH v. 13.12.2011 – XI ZR 51/10 – IKB, WM 2012, 303, 307 Rz. 33 = NZG 2012, 263 = AG 2012, 209.
70 *Ott/Schäfer*, ZBB 1991, 226, 235; *Siebold*, Das neue Insiderrecht, S. 111; *Tippach*, WM 1993, 1269, 1274; *Mennicke/Jakovou* in Fuchs, § 13 WpHG Rz. 87; BaFin, Emittentenleitfaden, Modul C (3/2020), I.2.1.3.
71 *Assmann*, AG 1994, 237, 242 f.; *Assmann* in Assmann/Uwe H. Schneider/Mülbert, Wertpapierhandelsrecht, Art. 19 VO Nr. 596/2014 Rz. 72; *Klöhn* in Klöhn, Art. 7 MAR Rz. 116 ff.; *Krause* in Meyer/Veil/Rönnau, Hdb. Marktmissbrauchsrecht, § 6 Rz. 94; *Becker*, Das neue WpHG, S. 65; *Hopt*, ZGR 1991, 17, 31; *Schäfer* in Schäfer/Hamann, Kapitalmarktgesetze, § 13 WpHG Rz. 39 ff.; *Schwark/Kruse* in Schwark/Zimmer, 4. Aufl. 2010, § 13 WpHG Rz. 41; *U. Weber*, BB 1995, 157, 163.
72 A.A. BaFin, Emittentenleitfaden, Modul C (3/2020), I.2.1.3.
73 BT-Drucks. 15/3174, S. 33 f.
74 *Lenenbach*, Kapitalmarktrecht, Rz. 13.117 f.
75 Ausführlich zum Emittentenbezug *Klöhn* in KölnKomm. WpHG, § 13 WpHG Rz. 121 ff.; sowie *Klöhn* in Klöhn, Art. 7 MAR Rz. 116 ff.; *Schäfer* in Schäfer/Hamann, Kapitalmarktgesetze, § 13 WpHG Rz. 43 m.w.N.
76 Insb. *Kumpan/Misterek* in Schwark/Zimmer, Art. 7 MAR Rz. 91 m.w.N.
77 *Kumpan/Misterek* in Schwark/Zimmer, Art. 7 MAR Rz. 91 m.w.N.
78 Art. 7 Abs. 1 MAR spricht allerdings von „erheblicher Kursbeeinflussung" und Abs. 4 von „spürbarer Kursbeeinflussung" – insoweit liegt ein Übersetzungsfehler vor, da in dem englischen Text (ebenso wie in den einer Reihe weiterer Amtssprachen der EU) einheitlich von „significant" gesprochen wird – vgl.

auch der bisherigen Rechtsprechung des BGH[79]. Keine Rolle spielen damit mehr die Theorien, die die Erheblichkeit anhand von zu erwartenden prozentualen Kursänderungen bestimmen wollten[80].

Trotz der umfänglichen Diskussionen darüber, was einen **verständigen Anleger** ausmacht und der europaweit höchst unterschiedlichen Auslegung des Begriffs durch die Aufsichtsbehörden[81] haben weder die MAR noch die sie konkretisierenden Verordnungen der Kommission den Begriff definiert oder zumindest erläutert. Handelt es sich bei dem **verständigen Anleger** um einen „**börsenerfahrenen Laien**"[82], um einen **durchschnittlich börsenkundigen Anleger**[83], um einen „**durchschnittlich verständigen Anleger**"[84] oder um eine Person „**that thinks and behaves in a rational way**"[85]. *Klöhn*[86] will demgegenüber im Rahmen eines normativen Begriffs des verständigen Anlegers nur fundamentalrelevanten Informationen Bedeutung beimessen, da der „verständige Anleger" nichts anderes „als die Personifizierung eines effizienten Marktes" sein soll. Zutreffend dürfte jedenfalls sein, dass durch den Begriff des verständigen Anlegers irrational handelnde Anleger ausgeschieden werden sollen[87]. Allerdings sollte man für die praktische Anwendung den Begriff des Anlegers auch **nicht überbewerten**, da nach Ausschluss der irrational handelnden Anleger die verbleibenden Kategorien möglicher Anlegergruppen regelmäßig zu einem vergleichbaren Ergebnis bei der Bewertung einer Insidertatsache kommen werden. Zudem würde eine Berücksichtigung auch irrational handelnder Anleger zu einer erheblichen Ausweitung der Ad-hoc-Publizität führen (müssen), was dem Ziel der Herbeiführung effizienter Märkte durch eine sinnlose Informationsflut widerspräche und nicht im Einklang mit dem gleichmäßigen Informationszugang für alle Anleger stünde. Andererseits dürfte der von *Klöhn* propagierte normative Begriff des verständigen Anlegers die Insidertatbestände nicht unerheblich einschränken. – Die BaFin erwähnt das irrationale Verhalten eines durchschnittlich börsenkundigen Anlegers nicht mehr ausdrücklich, sondern stellt auf eine Gesamtschau ab, die jedoch auch das Verhalten anderer Anleger berücksichtigt[88].

14.23

Ob eine **Eignung zur Kursbeeinflussung** gegeben ist, ist in **objektiv-nachträglicher ex-ante-Prognose** zu ermitteln[89]. Die Prüfung soll nach dem BGH anhand der ex ante vorliegenden Informationen erfolgen und die möglichen Auswirkungen der Information in Betracht ziehen, insb. Gesamttätigkeit

14.24

Langenbucher, ÖBA 2014, 656, 660 mit Fn. 56; *Langenbucher*, NZG 2013, 1401, 1405; *Krause* in Meyer/Veil/Rönnau, Hdb. Marktmissbrauchsrecht, § 6 Rz. 120.
79 BGH v. 23.4.2013 – II ZB 7/09 – Geltl/Daimler, AG 2013, 518 Rz. 22 = WM 2013, 1171 = ZIP 2013, 1165; BGH v. 13.12.2011 – XI ZR 51/10 – IKB, NJW 2012, 1800, 1804 Rz. 41 = AG 2012, 209.
80 *Assmann* in Assmann/Uwe H. Schneider/Mülbert, Wertpapierhandelsrecht, Art. 7 VO Nr. 596/2014 Rz. 79.
81 Vgl. dazu *Langenbucher*, NZG 2013, 1401, 1405.
82 Sowohl BGH v. 13.12.2011 – XI ZR 51/10 – IKB, NJW 2012, 1800, 1804 Rz. 41 = AG 2012, 209.
83 BaFin, Emittentenleitfaden, Modul C (3/2020), I.2.1.4.1: „ohne besonderes Fachwissen gleichwohl mit den Usancen des Wertpapierhandels und dem Unternehmensrecht in Grundzügen vertraut"; ähnlich *Assmann* in Assmann/Uwe H. Schneider/Mülbert, Wertpapierhandelsrecht, Art. 7 VO Nr. 596/2014 Rz. 84 f., der auf diesen den Anreiz-Test anwendet („lohnt sich ein Handeln"?).
84 Vgl. *Krause/Brellochs*, AG 2013, 309, 313 ff.; *Klöhn*, AG 2012, 345, 348 ff.
85 So insb. die britische Auslegung des jede verfügbare Information nutzenden Anlegers, vgl. *Langenbucher*, NZG 2013, 1401, 1405.
86 *Klöhn* in Klöhn, Art. 7 MAR Rz. 273 ff., 284 ff.; zust. *Krause* in Meyer/Veil/Rönnau, Hdb. Marktmissbrauchsrecht, § 6 Rz. 114 ff.; *Kumpan/Misterek*, ZHR 184 (2020), 180, 212 ff.
87 So insb. *Klöhn* in KölnKomm. WpHG, § 13 WpHG Rz. 261 ff.; *Klöhn* in Klöhn, Art. 7 MAR Rz. 264 ff. (Personifizierung des effizienten Marktes – Rz. 271); a.A. BGH v. 13.12.2011 – XI ZR 51/10, NJW 2012, 1800, 1804 Rz. 44 = AG 2012, 209 – IKB.
88 BaFin, Emittentenleitfaden, Modul C (3/2020), I.2.1.4.1; krit. dazu *Bekritsky*, WM 2020, 1959, 1961; *Kraack*, ZIP 2020, 1389, 1391.
89 BGH v. 23.4.2013 – II ZB 7/09 – Geltl/Daimler, AG 2013, 518 Rz. 22; BGH v. 13.12.2011 – XI ZR 51/10 – IKB, BGHZ 192, 90 Rz. 41 = AG 2012, 209; *Assmann* in Assmann/Uwe H. Schneider/Mülbert, Wertpapierhandelsrecht, Art. 7 VO Nr. 596/2014 Rz. 88 f.

des Emittenten, Verlässlichkeit der Informationsquelle und sonstige Marktvariablen, die den Kurs beeinflussen dürften. Eine nach Veröffentlichung eingetretene **Kursänderung** ist jedoch nur **Indiz** für die Kurserheblichkeit der Information, wenn andere Umstände als das öffentliche Bekanntwerden für eine erhebliche Kursänderung praktisch ausgeschlossen werden können[90]. Häufig problematisch ist das Kursbeeinflussungspotential von (vorläufigen) Geschäftszahlen und von Prognosen. Auch die BaFin widmet diesen vermehrte Aufmerksamkeit. Kursbeeinflussungspotential haben Prognosen dann, wenn sie von der Markterwartung oder – bei deren Fehlen – von dem Geschäftsergebnis des Vorjahres deutlich abweichen[91]. Hierfür hat die BaFin einen „Benchmark-Test" entwickelt[92]. Benchmark ist zunächst eine von dem Emittenten veröffentlichter „Korridor" für sein (Jahres-, Halbjahres- etc.) Ergebnis. Liegen die voraussichtlichen Zahlen außerhalb des Korridors, liegt i.d.R. ein Kursbeeinflussungspotential vor. Bei einem sehr großen Korridor können auch Ergebnisse nahe der Ober- oder Untergrenze kurserheblich sein. Fehlen Prognosen des Emittenten oder sind diese zu vage, ist für die Beurteilung der Kurserheblichkeit auf die Markterwartung, wie sie z.B. in Analystenschätzungen zum Ausdruck kommt, abzustellen. Lässt sich eine Markterwartung nicht hinreichend verlässlich feststellen, soll auf die Vorjahreszahlen abzustellen sein[93]. Streitig ist, ob ein Festhalten an einer von den Markterwartungen deutlich abweichenden Prognose eine kurserhebliche Information ist[94].

14.25 Besonders problematisch ist die **Beurteilung der Eignung zur Kursbeeinflussung bei Teilakten** von gestreckten Sachverhalten. Weitgehend unstreitig dürfte seit der Umsetzung der Entscheidung des EuGH in Sachen „Geltl/Daimler" durch die MAR sein, dass für unsichere zukünftige Ereignisse ex ante zu ermitteln ist, ob eine „**realistische Wahrscheinlichkeit des Eintritts** des Endereignisses" besteht und dass hierfür der „Probability-Magnitude-Test" keine Anwendung findet. Davon zu unterscheiden ist jedoch die Frage, ob ein „vernünftiger Anleger" die Wahrscheinlichkeit und die Bedeutung des zukünftigen Ereignisses im Falle seines Eintrittes für die Beurteilung des bereits eingetretenen Zwischenschrittes berücksichtigen würde[95]. Auswirkungen auf die Kurse bei Kenntnis von bloßen **Überlegungen** eines Vorstandsvorsitzenden können nicht z.B. schon daraus hergeleitet werden, dass sie zu einer Schwächung der Leitungsposition führen können. Z.T. wird die Auffassung vertreten, dass dies solange nicht der Fall ist, sofern die **Eintrittswahrscheinlichkeit** des Endereignisses **unter 50 %** liegt[96]. Begründet wird dies u.a. damit, dass jedenfalls ein „verständiger Anleger" derart handeln würde[97]. Die Gegenauffassung zieht dies in Zweifel unter Berufung auf den Wortlaut von Art. 7 MAR und den Erwägungsgrund 14 der MAR[98]. Die Frage, ob bereits eingetretene Zwischenschritte hinsichtlich ihrer Eignung zur Kursbeeinflussung ausschließlich isoliert auf ihre bereits eingetretenen Wirkungen zu beurteilen sind, bleibt damit für die Praxis weiterhin unbeantwortet.

14.26 Wie bereits dargestellt (Rz. 14.16), hat der EuGH in Sachen Lafonta entschieden, dass die **Erkennbarkeit der Richtung einer potentiellen Kursbeeinflussung** nicht Teil des Begriffs der „präzisen Information" ist. Folgt man mit Blick auf den Grundsatz der informationellen Gleichbehandlung aller Anleger dieser Auffassung, so stellt sich dennoch die Frage, ob in den Fällen, in denen die Veröffentli-

---

90 BGH v. 23.4.2013 – II ZB 7/09 – Geltl/Daimler, AG 2013, 518 Rz. 23; BGH v. 13.12.2011 – XI ZR 51/10 – IKB, BGHZ 192, 90 Rz. 41 = AG 2012, 209; BaFin, Emittentenleitfaden, Modul C (3/2020), I.2.1.4.2.
91 BaFin, Emittentenleitfaden, Modul C (3/2020), I.2.1.5.1.
92 BaFin, Emittentenleitfaden, Modul C (3/2020), I.2.1.5.2.
93 Vgl. zum Ganzen auch *Bekritsky*, WM 2020, 1959, 1963 f.; *Kraack*, ZIP 2020, 1389, 1393 ff.; *Merkner/Sustmann/Retsch*, AG 2019, 621, 627 ff.
94 Vgl. dazu *Merkner/Sustmann/Retsch*, AG 2019, 621, 631.
95 Zur diesbezüglichen Anwendung des Probability-Magnitude-Test *Klöhn* in Klöhn, Art. 7 MAR Rz. 204 ff.; a.A. *Assmann* in Assmann/Uwe H. Schneider/Mülbert, Wertpapierhandelsrecht, Art. 7 VO Nr. 596/2014 Rz. 45, 80 f.
96 *Bingel*, AG 2012, 685, 690; *Bachmann*, DB 2012, 2206, 2209; *Heider/Hirte*, GWR 2012, 429 f.; *Kocher/Widder*, BB 2012, 1820, 1821; *Kocher/Widder*, BB 2012, 2837, 2839 f.
97 *Krause/Brellochs*, WM 2013, 309, 314 f.
98 Vgl. *Langenbucher*, ÖBA 2014, 656, 662; *Klöhn* in Klöhn, Art. 7 MAR Rz. 210 m.w.N.

chung einer präzisen Information nicht vorhersehen lässt, ob der Kurs hierdurch positiv oder negativ beeinflusst werden wird, überhaupt noch eine „erhebliche Kursbeeinflussung" zu erwarten sein kann. Der EuGH musste sich aufgrund der präzisen Formulierung der Vorlagefrage des französischen Cour de cassation i.S. **Lafonta** nicht mit dieser Frage auseinandersetzen[99]. Gegen die Eignung zu einer erheblichen Kursbeeinflussung wird eingewendet, dass Informationen nur dann einen Handelsanreiz schaffen, „wenn sie eindeutig erkennen lassen, **in welche Richtung sich die Kurse** im Falle ihrer öffentlichen Bekanntgabe **bewegen werden**"[100]. Für die meisten Insiderinformationen werden sich derartige Feststellungen treffen lassen. Denkbar sind jedoch auch Informationen, die für einen Teil der Marktteilnehmer Kauf- und für einen weiteren Teil der Marktteilnehmer Verkaufsanreize setzen (wie dies etwa häufiger der Fall bei der Beurteilung von Übernahmesituationen ist). Die grundsätzliche Eignung zur erheblichen Kursbeeinflussung wird nicht dadurch beeinträchtigt, dass ex ante nur schwierig oder gar nicht bestimmbar ist, welche Gruppe an Marktteilnehmern überwiegen wird. Faktisch können sich die Transaktionen ex post betrachtet derart gegeneinander aufheben, dass es nicht zu einer erheblichen Kursbewegung kommt. Darauf kann es jedoch nicht ankommen. Insoweit muss genügen, dass es wahrscheinlich ist, dass die Transaktionen einer Gruppe von Marktteilnehmern zu einer Kursänderung führt. In welche Richtung diese gehen wird, ist unerheblich. Dies nicht zuletzt auch deshalb, weil Insider leicht Handelsstrategien verfolgen können, die zu Gewinnen führen, wenn nur eine erhebliche Kursauswirkung eintritt unabhängig davon, ob der Kurs steigt oder fällt[101]. Ein Anreiz zum Handeln auf Basis der Insiderinformation ist jedenfalls gegeben. Im Ergebnis wird man daher der Entscheidung des EuGH i.S. Lafonta auch mit Blick auf die Eignung zur erheblichen Kursbeeinflussung zustimmen können.

e) Auswertung öffentlich verfügbarer Angaben

Letztlich nur klarstellender Natur war § 13 Abs. 2 WpHG a.F., demzufolge eine **Bewertung**, die ausschließlich **aufgrund öffentlich bekannter Umstände** erstellt wurde, keine Insidertatsache begründete, selbst wenn sie den Kurs von Insiderpapieren erheblich beeinflussen konnte. Es war daher unstreitig, dass jeder, der eine entsprechende Bewertung erstellte oder von ihr Kenntnis erlangte, auf der Basis dieser Bewertung handeln konnte[102] oder die Ergebnisse der Bewertung weitergeben durfte. Eine dem § 13 Abs. 2 WpHG a.F. vergleichbare Regelung enthält die MAR nicht. Allerdings führt Erwägungsgrund 28 MAR aus, dass „Analysen und Bewertungen aufgrund öffentlich verfügbarer Angaben" nicht als Insiderinformation gelten sollen. Einschränkend führen Sätze 2 und 3 des Erwägungsgrundes aus, dass es sich dann um eine Insiderinformation handelt, wenn die Analyse erwartet wird und zur Preisbildung beiträgt. Bei zutreffender Auslegung gilt die Rückausnahme des Erwägungsgrundes jedoch nur für Analysen, die zum Zwecke der Veröffentlichung erstellt werden[103]. Dabei soll Erwägungsgrund 28 Satz 1 nicht nur eine Klarstellung sein, sondern eine „echte Bereichsausnahme schaffen, von der Satz 2 eine Rückausnahme statuiert"[104]. Es ist zudem zu unterscheiden zwischen der Bewertung als solcher

14.27

---

99 *Klöhn*, ZIP 2014, 945, 947 vermutet, dass sich Herr *Lafonta* „offenbar ausschließlich mit dem Argument verteidigte, der Information fehle aufgrund ihrer Mehrdeutigkeit die Präzision"; dagegen sprechen allerdings die Ausführungen des Generalanwalts *Wathelet* v. 28.12.2014 – C-628/13, Rz. 39.
100 *Klöhn*, ZIP 2014, 945, 947 ff. mit zahlreichen Beispielen für gegenläufige Kursentwicklungen in vergleichbaren wirtschaftlichen Situationen; a.A. GA *Wathelet* v. 28.12.2014 – C-628/13 – Lafonta, Rz. 49.
101 Vgl. *Langenbucher*, AG 2016, 417, 422; Beispiel bei *Klöhn* in Klöhn, Art. 7 MAR Rz. 242 (long straddle).
102 *Assmann* in Assmann/Uwe H. Schneider, 6. Aufl. 2012, § 13 WpHG Rz. 75; *Klöhn*, WM 2014, 537, 539 f.; *Lenenbach*, Kapitalmarktrecht, Rz. 13.122.
103 *Klöhn*, WM 2016, 1665, 1668 ff.; *Klöhn*, AG 2016, 423, 427 f.; *Assmann* in Assmann/Uwe H. Schneider/Mülbert, Wertpapierhandelsrecht, Art. 7 VO Nr. 596/2014 Rz. 327 ff.
104 *Assmann* in Assmann/Uwe H. Schneider/Mülbert, Wertpapierhandelsrecht, Art. 7 VO Nr. 596/2014 Rz. 33 f.; *Klöhn* in Klöhn, Art. 7 MAR Rz. 329; *Krause* in Meyer/Veil/Rönnau, Hdb. Marktmissbrauchsrecht, § 6 Rz. 40.

und dem Wissen über ihre Verwendung durch Dritte. Letzteres wird als mögliche Insiderinformation gewertet[105].

4. Insider und Insidergeschäft

14.28 Die zuletzt noch auf Ebene der strafrechtlichen Regelungen im WpHG enthaltene **Unterscheidung zwischen Primär- und Sekundärinsidern** ist mit dem 1. FiMaNoG gänzlich **entfallen**. Die MAR richtet ihre Verbote grundsätzlich an alle Arten von Insidern. Die – in Umsetzung von der Marktmissbrauchsrichtlinie über strafrechtliche Sanktionen bei Marktmanipulation ergangenen – straf- und ordnungswidrigkeitenrechtlichen Regelungen der §§ 38, 39 WpHG a.F. (bzw. §§ 119, 120 WpHG i.d.F. des 2. FiMaNoG) differenzieren daher nur noch zwischen vorsätzlicher und fahrlässiger Begehung.

14.29 Die MAR definiert – indirekt im Rahmen der Definition des Insidergeschäftes – den **Insider** als „eine **Person, die über Insiderinformation verfügt**". Ohne Verwendung des Begriffs des Primär- bzw. Sekundärinsiders unterscheidet Art. 8 Abs. 4 MAR materiell zwischen diesen, wenn in Unterabs. 1 **Primärinsider** aufgeführt werden (also **Organinsider, Beteiligungsinsider, Berufsinsider** sowie **Straftatinsider**) und in Art. 8 Abs. 4 Unterabs. 2 MAR **Sekundärinsider** beschrieben werden als „jede Person, die Insiderinformationen unter anderen Umständen als nach Unterabs. 1 besitzt". Voraussetzung für das Vorliegen eines Sekundärinsiders ist jedoch weiter, dass dieser weiß oder wissen müsste, dass es sich bei der Information um eine Insiderinformation handelt.

14.30 Nach Art. 8 Abs. 4 Unterabs. 1 lit. a MAR ist Insider, wer über Insiderinformationen verfügt, „weil er dem Verwaltungs-, Leitungs- oder Aufsichtsorgan des Emittenten oder des Teilnehmers am Markt für Emissionszertifikate angehört". Erfasst werden damit in Deutschland sämtliche **Organmitglieder von Unternehmen**. Nicht mehr ausdrücklich genannt werden die persönlich haftenden Gesellschafter, doch dürften diese regelmäßig geschäftsleitungsbefugt sein. Nicht geschäftsleitungsbefugte persönlich haftende Gesellschafter unterfallen jedoch nicht dieser Kategorie. Voraussetzung für die Stellung als Organinsider ist jedoch, dass diese über die Insiderinformation verfügt, weil sie Mitglied des Organs ist. Rein **private Informationen** werden hierdurch **ausgeschlossen**[106].

14.31 Nach Art. 8 Abs. 4 Unterabs. 1 lit. b MAR ist **Beteiligungsinsider** wer über eine Insiderinformation verfügt, weil er „am Kapital des Emittenten oder des Teilnehmers am Markt für Emissionszertifikate beteiligt ist." Die Höhe der Beteiligung ist grundsätzlich irrelevant, wird jedoch faktisch von Bedeutung, weil die Beteiligung **kausal** sein muss für die Informationserlangung[107], was kleinste Beteiligungen regelmäßig ausschließen wird. Am ehesten dürfte die Qualifikation als Beteiligungsinsider von Bedeutung werden für kleinere Beteiligungen im Rahmen von Familien- oder Aktionärspools (vgl. dazu Rz. 14.68 ff.).

14.32 Nach Art. 8 Abs. 4 Unterabs. 1 lit. c MAR ist **Berufsinsider**, wer „aufgrund der Ausübung einer Arbeit oder eines Berufs oder der Erfüllung von Aufgaben Zugang zu den betreffenden Informationen hat". Dieser Insiderkreis ist sehr weit gefasst und es besteht weitgehend Einigkeit, dass die Bereiche der Arbeit, des Berufs sowie der Erfüllung von Aufgaben nicht präzise voneinander abgrenzbar sind. Weiterhin dürfte unstreitig sein, dass es keiner vertraglichen Beziehungen zwischen dem Insider und dem Emittenten des Insiderpapiers bedarf[108]. Die Arbeit, der Beruf oder die Erfüllung von Aufgaben muss

---

105 Vgl. zu dieser Diskussion *Assmann*, WM 1996, 1337, 1345; *Assmann* in Assmann/Uwe H. Schneider/Mülbert, Wertpapierhandelsrecht, Art. 7 VO Nr. 596/2014 Rz. 19; *Cahn*, ZHR 162 (1998), 1, 20 f.; *Claussen*, Insiderhandelsverbot, S. 82 ff.; *Immenga*, ZBB 1995, 197, 203; *Klöhn*, WM 2014, 537, 540 ff.; *Siebold*, Das neue Insiderrecht, S. 120 ff.; *Schäfer* in Schäfer/Hamann, Kapitalmarktgesetze, § 13 WpHG Rz. 59 ff.
106 Unstr., vgl. nur *Klöhn* in Klöhn, Art. 8 MAR Rz. 21.
107 Unstr. vgl. nur *Veil* in Meyer/Veil/Rönnau, Hdb. Marktmissbrauchsrecht, § 7 Rz. 18.
108 Vgl. zur Rechtslage unter dem WpHG *Caspari*, ZGR 1994, 537, 538; *Hopt*, ZHR 159 (1995), 135, 145; *Zimmer/Cloppenburg* in Schwark/Zimmer, 4. Aufl. 2010, § 38 WpHG Rz. 8; zur MAR *Veil* in Meyer/

jedoch **ursächlich** für die Erlangung der Kenntnis sein. Durch den Ursachenzusammenhang werden lediglich Insiderinformationen ausgeschieden, deren Kenntniserlangung **ausschließlich privater Natur** ist[109]. Das noch im WpHG enthaltene Tatbestandsmerkmal der **Bestimmungsgemäßheit** der Kenntniserlangung findet sich in der MAR **nicht**. Eine wesentliche Erweiterung des personellen Anwendungsbereichs der Insiderverbote dürfte damit nicht einhergehen, da auch unter Geltung des WpHG die Frage der „Bestimmungsgemäßheit" selten relevant geworden ist.

Art. 8 Abs. 4 Unterabs. 1 lit. d MAR definiert schließlich noch als Insider eine Person, die über eine Insiderinformation verfügt, weil sie „an kriminellen Handlungen beteiligt ist" (**Straftatinsider**). Hier hat der Täter keinen Bezug zum Emittenten oder zum Handel von Insiderpapieren, weshalb die Systematik des Insiders verlassen wird. Dieser Personenkreis wurde ursprünglich aufgenommen, weil man vermutete, dass im Zusammenhang mit dem Anschlag in New York am 11.9.2001 von terroristischen Organisationen, die Kenntnis von dem geplanten Anschlag hatten, Insidergeschäfte getätigt worden sein könnten[110]. Ausreichend ist, dass der Insider an kriminellen Handlungen „beteiligt" ist, so dass Täter und Teilnehmer erfasst werden. Dieser Wortlaut ist weiter gefasst als der des WpHG, bei dem Primärinsider nur war, wer „aufgrund" einer Straftat über die Insiderinformation verfügte[111]. Diese Insidergruppe hat in der Praxis bisher praktisch keine Bedeutung erlangt. Spektakulär war allerdings der **Anschlag auf die Fußballmannschaft** der börsennotierten Borussia Dortmund GmbH & Co. KGaA (BVB), die ein Straftäter bei der Nutzung eines Busses töten wollte in der Erwartung, dass dann die von ihm erworbenen Put-Optionen auf die Aktien des BVB steigen würden[112]. 14.33

Ohne Verwendung des Begriffs des **Sekundärinsiders** definiert Art. 8 Abs. 4 Unterabs. 2 MAR diesen als „jede Person, die Insiderinformationen unter anderen Umständen als nach Unterabs. 1 besitzt und weiß oder wissen müsste, dass es sich dabei um Insiderinformationen handelt". Erfasst wird damit jede Person, die Kenntnis von einer Insidertatsache hat, auch wenn die Kenntniserlangung nicht unter den in Art. 8 Abs. 4 Unterabs. 1 MAR genannten Bedingungen erfolgt. Erlangt etwa ein potentieller Beteiligungsinsider Insiderkenntnisse, erfolgt dies jedoch nicht kausal aufgrund seiner Beteiligung, ist er trotzdem (Sekundär-)Insider. Erforderlich ist insoweit jedoch, dass er weiß oder wissen musste, dass es sich um eine Insiderinformation handelt. – Da sich die **Verbote** von Art. 14 MAR unterschiedslos **an alle Insider richten** und nicht zwischen Primär- und Sekundärinsidern differenzieren, ist die Bedeutung der Unterscheidung zwischen Primär- und Sekundärinsidern erheblich gesunken[113]. Letztlich besteht der Unterschied zwischen Primär- und Sekundärinsider nur noch darin, dass sich Organ-, Beteiligungs-, Berufs- und Straftatinsider nicht darauf berufen können, keine Kenntnis von der Qualität der Information als Insiderinformation gehabt zu haben[114]. 14.34

5. Insiderverbote
a) Systematik

Das deutsche Recht enthielt in § 14 Abs. 1 WpHG a.F. drei Insiderverbote, das Nutzungsverbot, das Mitteilungsverbot sowie das Empfehlungsverbot. Nach Art. 14 lit. a MAR ist es **verboten, Insidergeschäfte zu tätigen** oder dies zu versuchen, nach Art. 14 lit. b MAR ist es verboten, **Dritten zu empfehlen**, Insidergeschäfte zu tätigen, oder Dritte zu verleiten, Insidergeschäfte zu tätigen, und nach Art. 14 lit. c 14.35

Veil/Rönnau, Hdb. Marktmissbrauchsrecht, § 7 Rz. 19; *Hopt/Kumpan* in Schimansky/Bunte/Lwowski, BankrechtsHdb., § 107 Rz. 127.
109 *Eichele*, WM 1997, 501, 502 m.w.N.
110 Dies hat sich als unzutreffend herausgestellt, vgl. FAZ v. 24.7.2004, Nr. 170, S. 17.
111 Vgl. *Altenhain* in KölnKomm. WpHG, § 38 WpHG Rz. 75 m.w.N.
112 Vgl. Börsen-Zeitung v. 22.4.2017, Nr. 78, S. 1 und 3.
113 *Assmann* in Assmann/Uwe H. Schneider/Mülbert, Wertpapierhandelsrecht, Art. 8 VO Nr. 596/2014 Rz. 9; *Veil* in Meyer/Veil/Rönnau, Hdb. Marktmissbrauchsrecht, § 7 Rz. 15.
114 *Bachmann*, Das europäische Insiderhandelsverbot, S. 16, 31 f., 38.

MAR ist es verboten, **Insiderinformationen unrechtmäßig offenzulegen**. Das in Art. 14 lit. b MAR enthaltene Empfehlungsverbot war in der deutschen Fassung zunächst nicht korrekt übersetzt, da die englische Fassung lautet: „A person shall not ... (b) recommend that another person engage in insider dealing or induce another person to engage in insider dealing". Zu Recht wies *Klöhn*[115] darauf hin, dass „induce" in Art. 14 MAR – ebenso wie in Art. 10 Abs. 2 und 3 MAR – mit „anstiften" unzutreffend übersetzt ist, da nicht eine Anstiftung i.S.v. § 26 StGB gemeint ist. Zutreffend ist die Übersetzung als das Verbot, **Dritte** dazu **zu „verleiten"**, Insidergeschäfte zu tätigen, was im Oktober 2016 von der EU berichtigt wurde[116]. Allerdings formulierte auch der deutsche Gesetzgeber in der Strafnorm des § 38 Abs. 3 Nr. 2 WpHG a.F. zunächst, dass die „Anstiftung" strafbar ist, was er jedoch mit dem 2. FiMaNoG in § 120 Abs. 3 Nr. 2 WpHG mit Wirkung ab 3.1.2018 korrigierte.

14.36 Für das **Verbot des Tätigens** von Insidergeschäften werden letztere definiert durch Art. 8 Abs. 1 MAR. Das **Verbot der Empfehlung** von Insidergeschäften in Art. 14 lit. b MAR wird konkretisiert durch Art. 8 Abs. 2 und 3 MAR. Das **Verbot der unrechtmäßigen Offenlegung** von Insiderinformationen (Mitteilungsverbot) in Art. 14 lit. c MAR wird konkretisiert durch Art. 10 MAR. In diesem Zusammenhang werden die **Marktsondierungen** einer gesonderten Regelung durch Art. 11 MAR zugeführt. In diesem Kontext steht auch Art. 21 MAR, der die Anwendung der MAR auf **Journalisten** einschränkt. Für alle drei Verbote enthält Art. 9 MAR **legitime Handlungen**, für die jeweils klargestellt wird, in welchen Situationen **keine Nutzung** der Insiderinformation erfolgt.

14.37 Es verwundert, dass Art. 14 MAR ausdrücklich auch den Versuch der Nutzung verbietet, nicht jedoch den Versuch der Empfehlung/Verbreitung oder der unrechtmäßigen Weitergabe. Nach Art. 6 Abs. 2 CRIM-MAD[117] haben die Mitgliedstaaten jedoch auch den **Versuch** einer Empfehlung/Verbreitung sowie einer unrechtmäßigen Offenlegung unter Strafe zu stellen. Streng genommen sieht die CRIM-MAD damit eine Versuchsstrafbarkeit vor für etwas, was die MAR nicht verbietet, so dass sich das Verbot des Versuchs nur aus den strafrechtlichen Vorgaben bzw. deren Umsetzung im nationalen Recht ergibt. Diese Vorgabe hat der deutsche Gesetzgeber durch das 1. FiMaNoG in § 38 Abs. 4 WpHG a.F. (bzw. § 119 Abs. 4 WpHG i.d.F. des 2. FiMaNoG) umgesetzt, indem er für **alle Varianten eine Versuchsstrafbarkeit** anordnet.

b) Nutzungsverbot

14.38 Art. 14 lit. a MAR verbietet „das Tätigen von Insidergeschäften und den Versuch hierzu". Art. 8 Abs. 1 Satz 1 MAR definiert Insidergeschäfte als vorliegend, „wenn eine Person über Insiderinformationen verfügt und unter Nutzung derselben für eigene oder fremde Rechnung direkt oder indirekt Finanzinstrumente, auf die sich die Informationen beziehen, erwirbt oder veräußert". Art. 8 Abs. 1 Satz 2 MAR erweitert den Begriff der Nutzung um die „Stornierung oder Änderung eines Auftrags in Bezug auf ein Finanzinstrument, auf das sich die Information bezieht, wenn der Auftrag vor Erlangen der Insiderinformation erteilt wurde". **Nutzungshandlungen** können also sein der Erwerb, die Veräußerung oder die Stornierung/Änderung eines Erwerbs- oder Veräußerungsauftrages, also grds. entgeltliche Vorgänge[118]. § 14 Abs. 1 Nr. 1 WpHG a.F. verwendete gleichermaßen die Begriffe des Erwerbs bzw. der Veräußerung, so dass für diese Begriffe die bisherigen Erkenntnisse fortgelten können.

---

115 *Klöhn*, AG 2016, 423, 424; ebenso *Poelzig*, NZG 2016, 528, 533.
116 Vgl. ABl. EU Nr. L 287 v. 21.10.2016, S. 320.
117 Richtlinie 2014/57/EU des Europäischen Parlaments und des Rates v. 16.4.2014 über strafrechtliche Sanktionen bei Marktmanipulation (Marktmissbrauchsrichtlinie), ABl. EU Nr. L 173 v. 12.6.2014, S. 179 ff.
118 Vgl. *Assmann* in Assmann/Uwe H. Schneider/Mülbert, Wertpapierhandelsrecht, Art. 8 VO Nr. 596/2014 Rz. 15 m.w.N.

14.39
Nach h.L. genügte für einen Erwerb bzw. Veräußerung der **Abschluss eines schuldrechtlichen Vertrages** und wurde nicht erst durch den dinglichen Vollzug verwirklicht[119]. Dies wird damit **begründet**, dass anderenfalls Strukturen denkbar wären, bei denen aufgrund fehlender dinglicher Übereignung das Tatbestandsmerkmal mangels Änderung der dinglichen Zuordnung leerlaufen und damit ggf. eine **Strafbarkeitslücke** entstehen würde. Dem wird jedoch entgegengehalten, dass ohne zumindest eine Verschiebung der Verfügungsmacht eine zu starke Vorverlagerung der Vollendung der Straftat erfolgen würde[120]. Der h.L. ist insofern Recht zu geben, als ein Abstellen auf einen dinglichen Eigentumsübergang insb. bei Wertpapiergeschäften an ausländischen Börsen zu erheblichen Strafbarkeitslücken führen würde, da regelmäßig Wertpapiere nur in Wertpapierrechnung angeschafft werden und damit die Straftat im Versuchsstadium stecken bleiben würde. Unzweifelhaft war nach der bisherigen Regelung des § 14 WpHG a.F. **die bloße Erteilung einer Order** (also die Abgabe eines Angebots zum Abschluss eines Vertrages) zu einer Wertpapiertransaktion als Vorstufe zum Abschluss eines schuldrechtlichen Vertrages **nicht als ein Erwerb oder eine Veräußerung** zu verstehen[121]. Insoweit **erweitert Art. 8 Abs. 1 Satz 2 MAR das Nutzungsverbot**, wenn die **Stornierung**[122] oder Änderung der vor Erlangung der Insiderkenntnisse gegebene Order nach Erlangung der Insiderkenntnisse als untersagte Handlung erfasst wird[123].

14.40
Erwerb oder Veräußerung können nicht nur der **Abschluss eines Kauf- bzw. Verkaufsvertrages** sein, sondern auch die **Zeichnung** von Insiderpapieren im Rahmen einer Börseneinführung oder einer Kapitalerhöhung[124], Optionsausübungen oder die Ausübung von Wandlungsrechten[125], echte und unechte **Wertpapierpensionsgeschäfte** mit Übertragung der Wertpapiere[126] sowie bedingte Übertragungen von Wertpapieren, wenn die Wertpapiertransaktion tatsächlich stattfindet (str.)[127]. Heute dürfte weitgehend unstreitig sein, dass das **Unterlassen eines Erwerbs oder einer Veräußerung nicht erfasst wird**[128] ebenso wie die **Nichtausübung einer Kauf- oder Verkaufsoption**. Da ein Erwerb oder eine Veräußerung bzw. die Stornierung eines bereits gegebenen Auftrages zum Erwerb oder einer Veräußerung eine Willensbetätigung des Insiders voraussetzt, unterfallen **Erwerbe** bzw. Veräußerungen **von Gesetzes wegen nicht** dem Verbotstatbestand. Dies gilt z.B. für eine **Erbschaft**, einen **Anteilstausch** im Rahmen einer **Verschmelzung**, einer **Spaltung**, einer aktienrechtlichen **Eingliederung** oder dem **Ausschluss von Minderheitsaktionären**[129] (allerdings können diese Vorgänge grds. meldepflichtig sein als sog. Directors' Dealings, vgl. dazu Rz. 16.13). Demgegenüber beruhen die **Ausübung von Wandlungsrechten** (z.B. bei einer Wandelanleihe) oder die **Annahme eines Kauf- oder Umtauschangebotes** sowie die **Ausübung von Bezugsrechten** auf einer Willensbetätigung des Insiders (zu der Frage der Nutzung der Insiderkenntnis bei der Ausübung von Bezugsrechten vgl. Rz. 14.74).

---

119 *Assmann* in Assmann/Uwe H. Schneider/Mülbert, Wertpapierhandelsrecht, Art. 8 VO Nr. 596/2014 Rz. 17 f.; BaFin, Emittentenleitfaden, Modul C (3/2020), I.4.2.1; *Klöhn* in KölnKomm. WpHG, § 14 WpHG Rz. 89 f. (mit Einschränkungen); *Uwe H. Schneider*, ZIP 1996, 1769; *Kumpan/Schmidt* in Schwark/Zimmer, Art. 8 MAR Rz. 36; *Mennicke* in Fuchs, § 14 WpHG Rz. 23 w.w.N.
120 *Casper*, WM 1999, 363, 364 mit Fn. 10, 365 mit Fn. 16; *Hartmann*, Juristische und ökonomische Regelungsprobleme des Insiderhandels, S. 231 f.; *Soesters*, Insiderhandelsverbote, S. 151.
121 Vgl. nur *Mennicke* in Fuchs, § 14 WpHG Rz. 22.
122 Vgl. zum Begriff *Klöhn* in Klöhn, Art. 8 MAR Rz. 78 ff.
123 Wurde eine Order bereits mit Insiderkenntnis erteilt und sodann widerrufen, handelt es sich um einen Rücktritt vom Versuch.
124 *Mennicke* in Fuchs, § 14 WpHG Rz. 22; *Widder*, Die Zeichnung junger Aktien und das Insiderhandelsverbot, AG 2009, 65.
125 *Assmann* in Assmann/Uwe H. Schneider/Mülbert, Wertpapierhandelsrecht, Art. 8 VO Nr. 596/2014 Rz. 20; *Klöhn* in Klöhn, Art. 8 MAR Rz. 57.
126 Vgl. nur *Mennicke* in Fuchs, § 14 WpHG Rz. 27 m.w.N.
127 *Mennicke* in Fuchs, § 14 WpHG Rz. 24 m.w.N.
128 Vgl. *Mennicke* in Fuchs, § 14 WpHG Rz. 34 m.w.N.; *Stenzel*, DStR 2017, 883, 886 f.; *Assmann* in Assmann/Uwe H. Schneider/Mülbert, Wertpapierhandelsrecht, Art. 8 VO Nr. 596/2014 Rz. 27.
129 *Mennicke* in Fuchs, § 14 WpHG Rz. 30.

14.41 Unbeachtlich ist, zu wessen **Vorteil** gegen das Nutzungsverbot verstoßen wurde, ob also der Täter im eigenen Namen auf **eigene** oder **fremde** Rechnung oder im fremden Namen für einen Dritten handelt[130]. Erfasst wird daher auch ein Handeln eines Organs oder eines Prokuristen zu Gunsten der von ihm vertretenen Gesellschaft (unstr.) oder eines Vermögensverwalters zu Gunsten seiner Kunden. Gleichfalls unbeachtlich ist, ob der Erwerb direkt (z.B. Kaufvertrag) oder indirekt (z.B. Annahme eines Umtauschangebots) erfolgt.

14.42 Nach § 14 Abs. 1 Nr. 1 WpHG a.F. war es einem Insider verboten, ein Insidergeschäft „unter **Verwendung** einer Insiderinformation" zu tätigen[131]. Sehr streitig war, ob dieses Tatbestandsmerkmal als **Kausalitätsmerkmal** oder als **subjektives Tatbestandsmerkmal** zu verstehen war. Die BaFin[132] hielt ein Verwenden der Insiderkenntnis dann für vorliegend, wenn der Insider „in bloßer **Kenntnis der Insiderinformation** handelte und dies in sein Handeln mit einfließen ließ". Die **Master-Plan-Theorie** stellte demgegenüber darauf ab, dass eine Kauforder – insb. nach einer Due Diligence-Prüfung – letztlich auf eine Kaufabsicht vor Erwerb von Insiderkenntnissen zurückzuführen sei und deshalb im Rahmen der Due Diligence erworbene Insiderkenntnisse nicht „verwendet" würden[133]. Dieser Auffassung wurde entgegengehalten, dass bei der Prüfung der Strafbarkeit auf den Zeitpunkt der Tat, also der Ordererteilung abzustellen ist, wodurch es sich letztlich verbiete, auf einen Zeitpunkt vor Erlangung der Kenntnis von der Insidertatsache abzustellen. Herrschend war die **Kausalitätstheorie**, die das Tatbestandsmerkmal des Verwendens als eine Kausalität der Insiderinformation für den Handel mit dem Insiderpapier ansah[134].

14.43 Art. 8 Abs. 1 Satz 1 MAR verwendet wie die Vorgängerregelung in der Marktmissbrauchsrichtlinie den Begriff der „**Nutzung**" der Insiderinformation. Für die Interpretation dieses Tatbestandsmerkmals ist die Diskussion des Begriffs des „Verwendens" – wenn auch eingeschränkt – weiterhin von Bedeutung[135]. In dem belgischen Fall der **Spector Photo Group** hatte der EuGH[136] zu dem Begriff der Nutzung befunden, dass es genügt, wenn der Insider über die Information verfügt, und dass vermutet werde, dass der im Besitz der Insiderinformation befindliche Primärinsider mit Vorsatz handele. Allerdings schränkte er dies in zweierlei Hinsicht ein: Wegen der Unschuldsvermutung der Europäischen Menschenrechtskonvention müsse dem Insider die Möglichkeit offenstehen, diese Vermutung zu entkräften, und die Nutzung der Insiderinformation müsse die von der Richtlinie geschützten Interessen beeinträchtigen können, was bei der Verschaffung eines Sondervorteils des Insiders der Fall wäre, nicht jedoch etwa bei Geschäften, die für das reibungslose Funktionieren der Finanzmärkte legitim und nützlich wären wie etwa die Geschäfte eines Market Makers oder bei öffentlichen Übernahmeangeboten oder der Umsetzung einer eigenen Entscheidung, Aktien zu erwerben. Die MAR greift diese Ausführungen auf in Erwägungsgrund 24 sowie durch Art. 9 MAR, der eine umfassende Aufzählung von „**legitimen Handlungen**" enthält (sog. Spector-Ausnahmen). – Grds. kann die Vermutung der Kausalität wi-

---

130 Vgl. Assmann in Assmann/Uwe H. Schneider/Mülbert, Wertpapierhandelsrecht, Art. 8 VO Nr. 596/2014 Rz. 24 ff.; Veil in Meyer/Veil/Rönnau, Hdb. Marktmissbrauchsrecht, § 7 Rz. 33.
131 Vgl. zur geschichtlichen Entwicklung ausführlich Veil in Meyer/Veil/Rönnau, Hdb. Marktmissbrauchsrecht, § 7 Rz. 36 ff.
132 Emittentenleitfaden (2013), sub. III.2.2.1.2., S. 36 zust. Claussen/Florian, 2005, 745, 751; Koch, DB 2005, 267, 269; ähnlich Mennicke in Fuchs, § 14 WpHG Rz. 57 (Insiderkenntnis mitbestimmend).
133 Hemeling, ZHR 169 (2005), 274, 284 f.; Singhof/Weber, AG 2005, 549, 552.
134 Assmann in Assmann/Uwe H. Schneider, 6. Aufl. 2012, § 14 WpHG Rz. 25; Brandi/Süßmann, AG 2004, 642, 645; Bürgers, BKR 2004, 424, 425; Cahn, Der Konzern 2005, 5, 9; Hammen, WM 2004, 1753, 1760; Hemeling, ZHR 169 (2005), 274, 284 f.; Uwe H. Schneider, DB 2005, 2678; einschränkend Klöhn in KölnKomm. WpHG, § 14 WpHG Rz. 82 ff. (vorzugswürdige „zweitbeste" Lösung); Kiesewetter/Parmentier, BB 2013, 2371, 2373; Veil, ZBB 2014, 85, 91.
135 Ebenso Veil, ZBB 2014, 85, 91; Kiesewetter/Parmentier, BB 2013, 2371, 2373; Assmann in Assmann/Uwe H. Schneider/Mülbert, Wertpapierhandelsrecht, Art. 8 VO Nr. 596/2014 Rz. 30 m.w.N.
136 EuGH v. 23.12.2009 – C-45/08, WM 2010, 65 ff. = ZBB 2010, 35 ff. = BKR 2010, 65 ff. = AG 2010, 74 ff.

derlegt werden, worauf auch die BaFin hinweist[137]. Da dies in der Praxis jedoch kaum je gelingen wird, stellt die Beweislastverteilung faktisch eine Außerkraftsetzung des Kausalitätserfordernisses für den Beschuldigten dar (zu den daraus folgenden Konsequenzen für ein Strafverfahren vgl. Rz. 14.44).

Ein Teil der Literatur versteht den **EuGH** dahingehend, dass sowohl der **Ursachenzusammenhang** wie auch das **Verschulden** bei einem Primärinsider vermutet wird, was sich insb. aus dem Leitsatz ergebe[138]. Die Gegenmeinung steht auf dem Standpunkt, dass nur das Verschulden vermutet werde, da sich der EuGH nur mit den „subjektiven Elementen" des Tatbestandes auseinandersetze[139]. Kritisiert wurde an der Entscheidung des EuGH, dass eine Schuldvermutung mit dem strafrechtlichen Schuldprinzip in Deutschland unvereinbar sei, weshalb an dem Vorsatz und seinem Nachweis festgehalten werden müsse[140]. Dem wird entgegen gehalten, dass Art. 6 Abs. 2 EMRK nicht eine Vermutung verbietet, sondern lediglich fordert, dass sie widerleglich sein muss. Außerdem beziehe sich die Vermutung nur auf die Kausalität, da sie im Straf- und Bußgeldverfahren nicht als Beweislastumkehr zu verstehen sei[141]. Im Ergebnis wird damit das Spector-Urteil des EuGH dergestalt uminterpretiert, dass es mit den durch die deutsche Verfassung vorgegebenen strafrechtlichen Grundsätzen vereinbar ist. Insoweit wird heute darauf verwiesen, dass – nach der früheren Marktmissbrauchsrichtlinie ebenso wie nach der MAR – die EU-rechtliche Regelung für Primärinsider keine Schuldelemente enthält und lediglich für Sekundärinsider erfordert, dass diese die Eigenschaft als Insiderinformation kennen oder hätten kennen müssen und das fehlende Verschuldenselement bei Primärinsidern zutreffend sei, da aus deren besonderer Stellung im Unternehmen gefolgert werden könne, dass sie den Insidercharakter der Information kennen[142]. Zudem rechtfertige sich das Fehlen eines Verschuldenselementes daraus, dass die MAR lediglich ein Handelsverbot statuiere und es den strafrechtlichen Sanktionen der Mitgliedstaaten vorbehalten sei, die Strafbarkeit von einem Vorsatzerfordernis abhängig zu machen[143]. Noch weitergehend wird unter Verweis auf den **Wortlaut des Erwägungsgrundes 24 MAR mit der Vermutung der Nutzung der Insiderinformation** vertreten, dass diese Vermutung sowohl für Primär- wie für Sekundärinsider gelte[144].

14.44

Da Art. 8 Abs. 4 Unterabs. 2 MAR für eine Geltung des Nutzungsverbots bei Sekundärinsidern ausdrücklich fordert, dass der Sekundärinsider „weiß oder wissen müsste, dass es sich um eine Insiderinformation handelt", und dasselbe Erfordernis für die Primärinsider in Art. 8 Abs. 4 Unterabs. 1 MAR nicht aufgestellt wird, geht die MAR davon aus, dass ein Primärinsider sich typischerweise der Tatsache bewusst ist, dass es sich um eine Insiderinformation handelt. Zudem sieht Art. 8 Abs. 3 MAR für die Nutzung einer Empfehlung ausdrücklich vor, dass diese nur dann den Tatbestand eines Insidergeschäftes verwirklicht, wenn die die Empfehlung nutzende Person „weiß oder wissen sollte, dass diese auf Insiderinformationen beruht". Da eine Empfehlung nicht einhergehen muss mit einer Aufdeckung der Insiderinformation als solcher, ein Empfehlungsempfänger jedoch regelmäßig Sekundärinsider ist, verdeutlicht sie nochmals, dass das Vorliegen eines Insidergeschäftes erfordert, dass sich der **Handelnde** über die **Qualität der Information als Insiderinformation bewusst sein muss** bzw. hätte bewusst sein müssen. Nur bei derartiger Kenntnis kann eine Insiderinformation kausal werden.

14.45

---

137 BaFin, Emittentenleitfaden, Modul C (3/2020), I.4.2.5.2.
138 *Bussian*, WM 2011, 8, 11; *Flick/Lorenz*, RIW 2010, 381, 383; *Gehmann*, ZBB 2010, 48, 50; *Klöhn*, ECFR 2010, 347, 360; *Kiesewetter/Parmentier*, BB 2013, 2371, 2373.
139 *Assmann* in Assmann/Uwe H. Schneider, 6. Aufl. 2012, § 14 WpHG Rz. 26; *Nietsch*, ZHR 174 (2010), 556, 564 f.; *Schulz*, ZIP 2010, 609, 611; *Hensel*, BKR 2010, 77, 78; wohl auch *Opitz*, BKR 2010, 71 ff.
140 *Nietsch*, ZHR 174 (2010), 556, 568 ff.; *Lenenbach*, Kapitalmarktrecht, 2. Aufl. 2010, Rz. 13.141; *Opitz*, BKR 2010, 71 ff.
141 *Klöhn* in Klöhn, Art. 8 MAR Rz. 129, 135 ff.
142 *Bachmann*, Das europäische Insiderhandelsverbot, S. 31.
143 *Bachmann*, Das europäische Insiderhandelsverbot, S. 31.
144 *Poelzig*, NZG 2016, 528, 532; *Assmann* in Assmann/Uwe H. Schneider/Mülbert, Wertpapierhandelsrecht, Art. 8 VO Nr. 596/2014 Rz. 38.

14.46 Wenn bei dieser Ausgangslage Art. 8 Abs. 1 Satz 1 MAR für das Vorliegen eines Insidergeschäftes zusätzlich fordert, dass der Insider die Insiderinformation nutzt und Erwägungsgrund 24 MAR dies vermutet, kann dies nur dahingehend verstanden werden, dass zusätzlich zu der Qualifizierung der Information als Insiderinformation und der unterschiedlichen Vermutung der Kenntnis dieser Qualifizierung bei Primär- und Sekundärinsider die **Nutzung** ein weiteres Tatbestandsmerkmal in Form eines **Kausalitätserfordernisses** darstellt. Dem wird von der **Sondervorteilstheorie** unter Verweis auf die englische und französische Fassung der MAR entgegengehalten, der Wortlaut ließe sich auch „zwanglos als eine Art Oberbegriff für das Erwerben und Veräußern verstehen"[145]. Dies vermag jedoch nicht zu überzeugen, da auch die englische Fassung zusätzlich zu der Kenntnis von der Qualität als Insiderinformation erfordert, dass die Person „uses that information by acquiring ... financial instruments". Ein Insidergeschäft liegt somit nur vor, wenn die Insiderinformation „genutzt" („uses") wird. Unterstrichen wird die Notwendigkeit der Nutzung durch die in Art. 9 MAR aufgeführten „legitimen Handlungen"[146]. So sieht Art. 9 Abs. 1 MAR vor, dass keine Nutzung einer Insiderinformation durch eine juristische Person erfolgt, wenn eine diese Information nicht besitzende und durch Chinese Walls von der Insiderinformation besitzenden Abteilung abgegrenzte Abteilung Handlungen vornimmt. Die Nichtzurechnung der in der juristischen Person vorhandenen Information basiert auf der Überlegung, dass diese Information nicht kausal geworden sein kann, wenn die handelnde Person sie aufgrund der Chinese Walls nicht kannte. Ebenso verneint Art. 9 Abs. 2 MAR die Nutzung der Insiderinformation für Market Maker und Art. 9 Abs. 3 MAR verneint eine Nutzung für die Erfüllung fälliger Verpflichtungen, die vor Kenntniserlangung eingegangen wurden. Gleichermaßen wird die Nutzung durch Art. 9 Abs. 4 MAR für den Erwerb von Finanzinstrumenten durch einen Insider im Rahmen eines Übernahmevorganges (dazu ausführlich Rz. 14.88 ff.) verneint und in Art. 9 Abs. 5 MAR für einen Beteiligungsaufbau (dazu ausführlich Rz. 14.81 ff.). Soweit diese Ausnahmen von der Sondervorteilstheorie damit erklärt werden, dass sie Fallgruppen umschrieben, in denen der Insider keinen Sondervorteil erlange[147], ist dem entgegenzuhalten, dass der Sondervorteil gerade deshalb nicht eintritt, *weil* die Insiderinformation nicht kausal ist für das Geschäft, sondern dieses seine Begründung in anderen Tatsachen findet. Letztlich liegt der Vorteil der **Kausalitätstheorie** gegenüber der **Sondervorteilstheorie** darin, dass es als objektives Kriterium eine höhere Vorhersehbarkeit als das wertende Kriterium des Sondervorteils hat und damit der Praxis in dem ohnehin schon wenig präzisen Tatbestand nicht zusätzliche Unsicherheiten schafft.

14.46a Unstreitig liegt keine Nutzung vor, wenn beide Parteien denselben Kenntnisstand von einer Insiderinformation haben, z.B. bei außerbörslichen Face-to-Face-Geschäften im Rahmen eines Paketerwerbs[148].

c) Empfehlungsverbot

14.47 Das Empfehlungsverbot des Art. 14 lit. b MAR wird konkretisiert durch Art. 8 Abs. 2 und 3 MAR. Danach ist **Voraussetzung für das Empfehlungsverbot**, dass der Empfehlende (i) über Insiderinformationen verfügt, (ii) „auf der Grundlage dieser Information" Dritten Erwerbs- oder Veräußerungsempfehlungen gibt, oder empfiehlt, dass der Dritte einen von ihm bereits gegebenen Auftrag storniert oder ändert, wenn sich die Empfehlung (iii) auf ein Insiderpapier bezieht. Die Abgabe der **Empfehlung „auf der Grundlage der Insiderinformation"** entspricht der **Nutzung der Insiderinformation**

---

145 *Bachmann*, Das europäische Insiderhandelsverbot, S. 44 f.
146 Zu diesen ausführlich *Assmann* in Assmann/Uwe H. Schneider/Mülbert, Wertpapierhandelsrecht, Art. 8 VO Nr. 596/2014 Rz. 39 m.w.N.; BaFin, Emittentenleitfaden, Modul C (3/2020), I.4.2.5.2.1.
147 So *Bachmann*, Das europäische Insiderhandelsverbot, S. 50 ff.
148 Vgl. Rz. 14.10, 14.49 ff. und *Assmann* in Assmann/Uwe H. Schneider/Mülbert, Wertpapierhandelsrecht, Art. 8 VO Nr. 596/2014 Rz. 40 mit umfangreichen w.N.; dies sollte auch für die Sondervorteilstheorie gelten; BaFin, Emittentenleitfaden, Modul C (3/2020), I.4.2.5.2.2.3.

bei dem Nutzungsverbot und erfordert damit Kausalität[149]. Folgt der Dritte der Empfehlung des Insiders, nutzt er die Insiderinformation seinerseits i.S.v. Art. 14 lit. a MAR jedoch nur, wenn er Kenntnis hat oder Kenntnis haben sollte, dass die Empfehlung auf einer Insiderinformation beruht, Art. 8 Abs. 3 MAR. Das Empfehlungsverbot gilt gleichermaßen **für Primär- wie Sekundärinsider**, bei Letzteren nach Art. 8 Abs. 4 Unterabs. 2 MAR jedoch nur, wenn ihm die Qualität der Information als Insiderinformation bewusst ist oder ihm hätte bewusst sein müssen. Eine **Empfehlung** an den Dritten, eine Transaktion in dem Insiderpapier **zu unterlassen**, ist jedoch weiterhin nicht von dem Verbot erfasst, so dass also eine „Empfehlung zu einem Unterlassen" **zulässig ist**[150]. Zu der Erweiterung des Empfehlungsverbotes um das Verbot des „Anstiftens" bzw. „Verleitens" vgl. bereits Rz. 14.35. Es läge daher nahe, wie bisher das Verleitungsverbot bereits dann als verwirklicht anzusehen, wenn mit beliebigen Mitteln auf den Willen eines Dritten eingewirkt wird[151]. Zweifel daran ergeben sich jedoch daraus, dass damit strafrechtlich die engere Anstiftung nur zu einer Vorsatztat über deren Wortlaut hinaus erweitert wird (vgl. auch Rz. 14.102 f.). – Durch Art. 8 Abs. 3 MAR wird das Nutzungsverbot auch auf den Dritten, den Empfehlungsempfänger, erstreckt, wenn dieser „weiß oder wissen sollte, dass die Empfehlung auf Insiderinformationen beruht".

d) Verbot der Offenlegung

Das Verbot der Offenlegung in **Art. 14 lit. c MAR wird konkretisiert durch Art. 10 MAR** und für den Sonderfall der **Marktsondierung** durch **Art. 11 MAR**. Dabei gilt das Verbot der unrechtmäßigen Offenlegung nach Art. 10 Abs. 1 Unterabs. 2 MAR sowohl **für Primär- wie Sekundärinsider** i.S.v. Art. 8 Abs. 4 MAR. Nach Art. 10 Abs. 1 Unterabs. 1 MAR gilt jede Offenlegung einer Insiderinformation als unrechtmäßig, es sei denn, „die Offenlegung geschieht im Zuge der **normalen Ausübung** einer **Beschäftigung** oder eines **Berufs** oder der **normalen Erfüllung von Aufgaben**" oder ist gesetzlich vorgegeben (wie z.B. der Pflicht zur Ad-hoc-Publizität)[152]. Dies entspricht der Marktmissbrauchsrichtlinie 2003 und ihrer Umsetzung in § 14 Abs. 1 Nr. 1 WpHG a.F., der eine „unbefugte Mitteilung oder Zugänglichmachung" von Insiderinformationen untersagte. Die hierzu ergangene Rechtsprechung sowie die gewonnenen Erkenntnisse werden daher weiterhin anwendbar sein[153]. Der Begriff der „**Offenlegung**", wie ihn die MAR verwendet, umfasst dabei sowohl die „**Mitteilung**" wie die „**Zugänglichmachung**". Eine Zugänglichmachung liegt z.B. in der Übergabe von Akten oder der Weitergabe eines Kennwortes[154]. Durch den Wegfall des Merkmals der „Unbefugtheit" dürfte sich die Diskussion darüber, wie dieses Merkmal einzuordnen war, erledigt haben[155]. Da Art. 10 Abs. 1 Unterabs. 1 MAR die Weitergabe nur „im Zuge der normalen Ausübung einer Beschäftigung oder eines Berufs oder der normalen Erfüllung von Aufgaben" erlaubt, verschiebt sich die Fragestellung dahingehend, was unter „normaler Ausübung" oder unter „normaler Erfüllung" zu verstehen ist. Dieser Begriff wird von der MAR nicht definiert, doch enthält Art. 11 MAR für **Marktsondierungen** eine ausführliche Regelung der **„normalen Weitergabe"** in diesem Sonderfall. Da die MAR die „normale Ausübung eines Berufs" nicht weiter harmonisiert, bestimmt sich die **Zulässigkeit einer Informationsweitergabe** – entspre-

14.48

---

[149] *Assmann* in Assmann/Uwe H. Schneider/Mülbert, Wertpapierhandelsrecht, Art. 8 VO Nr. 596/2014 Rz. 83 m.w.N.; einschränkend *Klöhn* in Klöhn, Art. 8 MAR Rz. 237 ff. „Kausalitätserfordernis lässt sich nur modifiziert aufrecht erhalten".
[150] *Assmann* in Assmann/Uwe H. Schneider/Mülbert, Wertpapierhandelsrecht, Art. 8 VO Nr. 596/2014 Rz. 87 m.w.N.
[151] *Assmann* in Assmann/Uwe H. Schneider, 6. Aufl. 2012, § 14 WpHG Rz. 126; BaFin, Emittentenleitfaden (2013), sub. IV.2.2.2.2, S. 41 f.
[152] BaFin, Emittentenleitfaden, Modul C (3/2020), I.4.4.2.1.; *Assmann* in Assmann/Uwe H. Schneider/Mülbert, Wertpapierhandelsrecht, Art. 10 VO Nr. 596/2014 Rz. 24 f.
[153] *Kiesewetter/Parmentier*, BB 2013, 2371, 2373.
[154] BT-Drucks. 12/6679, S. 47; *Sethe*, ZBB 2006, 243 ff.
[155] Vertreten wurden Thesen von einer „Zulässigkeit der Weitergabe nur an zur gesetzlich oder vertraglich zur Verschwiegenheit verpflichtete Personen" bis hin zu einer normativ verstandenen „normalen aufgaben-, tätigkeits- oder berufsbedingten Weitergabe".

chend den Erkenntnissen des **EuGH** in der Rechtssache **Grøngaard und Bang**[156] – nach den einzelnen **nationalen Rechtsordnungen**[157]. In Deutschland war nach der Entscheidung des EuGH streitig, ob diese dahingehend zu verstehen ist, dass der Wortlaut von Art. 3 lit. a Insiderrichtlinie, der wie die MAR die „normale Berufsausübung" verwendet, als „zweckmäßig" zu verstehen war oder restriktiver als „erforderlich" oder gar „unerlässlich" im Sinne eines „need to know"[158]. Unter Geltung der MAR ist streitig geworden, ob die vom EuGH aufgestellten Anforderungen an die Ausnahme vom Verbot – in ihrer strengen Auslegung – fortgelten oder die MAR bewusst von der strengen Interpretation durch die Formulierung in Art. 10 Abs. 1 Satz 1 Halbsatz 2 MAR abweicht[159] und keine „Unerlässlichkeit" der Informationsweitergabe fordert, solange sie nur im Rahmen der „normalen Berufsausübung" erfolgt. Die überzeugenderen Argumente dürften für eine Fortgeltung des „need to know"-Grundsatzes sprechen. Die BaFin geht gleichfalls von einer Erforderlichkeit aus[160].

e) Ausnahmen vom Nutzungs- und Empfehlungsverbot

14.49 Für das Nutzungs- und Empfehlungsverbot der Artt. 14 und 8 MAR sieht Art. 9 MAR **fünf Gruppen von Ausnahmen** vor. Diese sind im Zusammenhang mit der Vermutung von Erwägungsgrund 24 MAR zu sehen, der statuiert, dass unterstellt werden soll, dass verbotene Handlungen von Besitzern von Insiderinformationen unter Nutzung derselben erfolgen. Diese – nur in einem Erwägungsgrund und der Rechtsprechung des EuGH (Rz. 14.43) festgehaltene – Vermutung wird durch den Text von Art. 9 MAR – zumindest teilweise – rückgängig gemacht, denn bei jeder der dort geregelten fünf Fallgruppen wird statuiert, dass aufgrund des bloßen Besitzes der Insiderinformation nicht angenommen werden soll, dass der Insider „diese Information genutzt hat". Durch diese **Rückausnahme von der Vermutung** entfällt jedoch lediglich die Vermutung und es erfolgt **keine grds. Freistellung** von dem Insiderhandelsverbot. Es bleibt daher den Strafverfolgungsbehörden (Staatsanwaltschaften; BaFin) unbenommen, einem Insider nachzuweisen, dass er die Insiderinformation genutzt hat[161]. Dies verdeutlicht auch Art. 9 Abs. 6 MAR, wenn er eine Feststellung durch die zuständige Behörde zulässt, dass sich „hinter den betreffenden Handelsaufträgen, Geschäften oder Handlungen ein rechtswidriger Grund verbirgt"[162].

14.50 Von der Vermutung der Nutzung von Insiderinformationen werden durch **Art. 9 Abs. 1 MAR** sog. **Hedging-Geschäfte** ausgenommen. Voraussetzung hierfür ist, dass (i) eine natürliche Person für eine juristische Person handelt[163], wenn (ii) hinsichtlich der natürlichen Person durch angemessene und wirksame Regelungen und Verfahren der juristischen Person sichergestellt ist, dass die handelnde natürliche Person oder eine natürliche Person, die auf diese Einfluss genommen haben könnte, nicht im

---

156 EuGH v. 22.11.2005 – C-384/02, WM 2006, 612 = ZIP 2006, 123 = NJW 2006, 133; dazu *Lenenbach*, Kapitalmarktrecht, Rz. 13.157 ff.; *Veil*, ZHR 172 (2008), 293, 252 ff.
157 A.A. wohl *Zetzsche*, NZG 2015, 817, 819.
158 Für Erforderlichkeit insb. *Assmann* in Assmann/Uwe H. Schneider, 6. Aufl. 2012, § 14 WpHG Rz. 91; *Veil*, ZHR 172 (2008), 239, 254 ff.
159 So *Zetzsche*, NZG 2015, 817, 819 f.; *Tissen*, NZG 2015, 1254, 1255 f.; **a.A.** *Poelzig*, NZG 2016, 528, 534; *Veil*, ZBB 2014, 85, 91; *Parmentier/Kiesewetter*, BB 2013, 2371, 2378.
160 BaFin, Emittentenleitfaden, Modul C (3/2020) I.4.4.2.1.
161 A.A. wohl *Poelzig*, NZG 2016, 528, 532 – anders aber S. 533; *Veil*, ZBB 2014, 85, 91; *von der Linden*, DStR 2016, 1036, 1037, die jeweils eine „tatbestandsausschließende Wirkung" in den „legitimen Handlungen" von Art. 9 MAR sehen; wie hier wohl *Klöhn*, ZIP 2016, Beilage zu Heft 22, 46 („Rückausnahme"); *Seibt/Wollenschläger*, AG 2014, 593, 597 („widerlegliche Vermutung"); *Poelzig*, NZG 2016, 528, 533.
162 Die englische Fassung spricht von „illegitimate reason". Mit „rechtswidriger Grund" dürfte gemeint sein, dass die Insiderinformation eben doch genutzt wurde trotz der Rückausnahme von der Nutzungsvermutung, denn die Rückausnahmen von Art. 9 Abs. 1 bis 5 MAR beruhen durchgängig darauf, dass die Nutzungsvermutung mit Blick auf die tatsächlichen Verhältnisse überschießend ist.
163 Art. 9 Abs. 1 MAR gilt somit nicht für Handlungen von natürlichen Personen für sich oder andere natürliche Personen, vgl. *Klöhn* in Klöhn, Art. 9 MAR Rz. 23.

Besitz der Insiderinformation im Zeitpunkt der Handlungsentscheidung ist, z.B. durch **Chinese Walls** (oder in übertriebener politischer Korrektheit: Ethical Screens) von den anderen Mitarbeitern der juristischen Person, die Inhaber der Insiderkenntnisse sind, getrennt ist[164], (iii) die **Chinese Walls wirksam** sicherstellen, dass die natürliche Person nicht im Besitz der Insiderinformation ist, und dass (iv) die juristische Person die für sie handelnde natürliche Person **nicht beeinflusst** oder sie gar auffordert oder Empfehlungen gibt zu der Transaktion in dem Insiderpapier[165].

Art. 9 Abs. 2 MAR nimmt als legitime Handlung von der grundsätzlichen Vermutung der Nutzung der Insiderinformation das **Market Making** aus. Voraussetzung für die Erfüllung der Ausnahme ist, dass es sich um einen Market Maker für die Finanzinstrumente, auf die sich die Insiderinformationen beziehen, handelt, oder um eine Person, die als Gegenpartei für die Finanzinstrumente zugelassen ist (insb. also Central Counterparty, CCP)[166]. Weitere Voraussetzung ist, dass „der Erwerb oder die Veräußerung ... rechtmäßig im Zuge der normalen Ausübung ihrer Funktion als Market Maker oder Gegenpartei für das betreffende Finanzinstrument erfolgte". Nicht genannt wird die Stornierung von Aufträgen i.S.v. Art. 8 Abs. 1 Satz 2 MAR, doch ist anzunehmen, dass auch diese Variante des Nutzens von der Geltung der Vermutung freigestellt werden soll[167]. Market Maker wird von **Art. 3 Abs. 1 Nr. 30 MAR** definiert durch Verweis auf Art. 4 Abs. 1 Nr. 7 MiFID II[168]. Danach ist Market Maker eine Person, „die an den Finanzmärkten auf kontinuierlicher Basis ihre Bereitschaft anzeigt, durch den An- und Verkauf von Finanzinstrumenten unter Einsatz des eigenen Kapitals Handel für eigene Rechnung zu von ihr gestellten Kursen zu betreiben". Gleichermaßen von der Vermutung der Nutzung der Insiderinformation ausgenommen ist nach Art. 9 Abs. 2 lit. b MAR **die Ausführung von Aufträgen für Dritte**, wenn hierfür eine Zulassung erteilt wurde und ein solcher Drittauftrag rechtmäßig im Zuge der normalen Ausübung der Beschäftigung, des Berufs oder der Aufgaben ausgeführt wird. Erfasst wird hierdurch insb. das **Kommissions- und Festpreisgeschäft der Banken**, wenn ein Dritter der Bank Aufträge erteilt[169].

14.51

Eine weitere Rückausnahme von der Vermutung der Nutzung der Insiderinformation sieht **Art. 9 Abs. 3 MAR** vor für Geschäfte zur **Erfüllung einer fällig gewordenen Verpflichtung**, wenn diese „in gutem Glauben und nicht zur Umgehung des Verbots von Insidergeschäften durchgeführt werden". Voraussetzung ist jedoch, dass die Eingehung der Verpflichtung aus der Zeit vor dem Erhalt der Insiderinformation beruht oder das Geschäft der Erfüllung einer rechtlichen Verpflichtung oder Regulierungsauflage dient, die vor Erhalt der Insiderinformation entstanden ist[170]. Klassischer Anwendungsfall ist die Eindeckung bei Leerverkäufen bei Fälligkeit oder die Erfüllung von Verbindlichkeiten aus Finanzderivaten[171].

14.52

Von der Vermutung der Nutzung der Insiderinformation nimmt **Art. 9 Abs. 4 MAR** eine Insiderinformation aus, die „im Zuge der **Übernahme eines Unternehmens** oder eines **Unternehmenszusam-**

14.53

---

164 Zu weiteren Maßnahmen wie „Restricted List" oder Handelsverboten vgl. BaFin, Emittentenleitfaden, Modul C (3/2020), I.4.2.5.2.1.1.
165 Vgl. *Viciano-Gofferje/Cascante*, NZG 2012, 968, 974; *Seibt/Wollenschläger*, AG 2014, 593, 597; *Kiesewetter/Parmentier*, BB 2013, 2371, 2374; umfassend zu der Wirkung von Chinese Walls im Insiderrecht *Buck-Heeb* in FS Hopt, Bd. 2, 2010, S. 1647 ff.
166 BaFin, Emittentenleitfaden, Modul C (3/2020), I.4.2.5.2.1.2.
167 So auch ausdrücklich Erwägungsgrund 30 MAR.
168 Richtlinie 2014/65/EU des Europäischen Parlaments und des Rates v. 15.5.2014 über Märkte für Finanzinstrumente sowie zur Änderung der Richtlinie 2002/92/EG und 2011/61/EU, ABl. EU Nr. L 173 v. 12.6.2014, S. 349; *Assmann* in Assmann/Uwe H. Schneider/Mülbert, Wertpapierhandelsrecht, Art. 9 VO Nr. 596/2014 Rz. 12 f.; *Veil* in Meyer/Veil/Rönnau, Hdb. Marktmissbrauchsrecht, § 7 Rz. 58 ff.
169 *Klöhn* in Klöhn, Art. 9 MAR Rz. 92 ff.; BaFin, Emittentenleitfaden, Modul C (3/2020), I.4.2.5.2.1.3.
170 Vgl. *Seibt/Wollenschläger*, AG 2014, 593, 597; *Poelzig*, NZG 2016, 528, 533; *Kiesewetter/Parmentier*, BB 2013, 2371, 2374; *Assmann* in Assmann/Uwe H. Schneider/Mülbert, Wertpapierhandelsrecht, Art. 9 VO Nr. 596/2014 Rz. 16 ff.; *Veil* in Meyer/Veil/Rönnau, Hdb. Marktmissbrauchsrecht, § 7 Rz. 65 ff.
171 *Klöhn* in Klöhn, Art. 9 MAR Rz. 98 m.w.N.

menschlusses auf der Grundlage eines öffentlichen Angebots erworben wurde, wenn diese Insiderinformation ausschließlich dazu genutzt wird, um den Unternehmenszusammenschluss oder die Übernahme auf der Grundlage eines öffentlichen Angebots weiter zu führen", jedoch nur unter der Voraussetzung, dass „z.Z. der Genehmigung des Unternehmenszusammenschlusses oder der Annahme des Angebots durch die Anteilseigner des betreffenden Unternehmens sämtliche Insiderinformationen öffentlich gemacht worden sind oder auf andere Weise ihren Charakter als Insiderinformation verloren haben". Nach dem insoweit eindeutigen Wortlaut von Art. 9 Abs. 4 Unterabs. 2 MAR unterfällt der bloße **Beteiligungsaufbau nicht** der Rückausnahme von der Nutzungsvermutung[172]. Von entscheidender Bedeutung ist für die Ausnahme bei öffentlichen Übernahmeangeboten, dass sowohl der Erwerbsvorgang der Insiderinformation („im Zuge der Übernahme eines Unternehmens oder eines Unternehmenszusammenschlusses auf der Grundlage eines öffentlichen Angebots") eingehalten wurde, wie auch, dass z.Z. der Genehmigung des Unternehmenszusammenschlusses oder der Annahme des Angebotes die (ehemaligen) Insiderinformationen zwischenzeitlich vollständig öffentlich bekannt sind, wie von der BaFin schon unter Geltung des WpHG gefordert[173]. Art. 9 Abs. 4 MAR gilt nicht für „alongside purchases"[174]. Zu den sich daraus ergebenden Konsequenzen für Übernahmesituationen vgl. ausführlich Rz. 14.88 ff.

14.54 Anders als der BGH sieht der EuGH und der Europäische Gesetzgeber auch in einer **selbst geschaffenen Insiderinformation**, z.B. in Form einer Erwerbsabsicht, eine Insiderinformation (vgl. dazu bereits Rz. 14.14 a.E. und Erwägungsgrund 31 MAR). In Verbindung mit der Vermutung der Nutzung der Insiderinformation würde dies häufig zur völligen Unausführbarkeit eigener Pläne führen. **Art. 9 Abs. 5 MAR** und Erwägungsgrund 31 MAR sehen deshalb vor, dass der eigene Beschluss zum Erwerb oder der Veräußerung der Finanzinstrumente „an sich noch keine Nutzung von Insiderinformationen darstellt"[175]. Dies entspricht dem Erwägungsgrund 31 Sätze 1 und 2 MAR, denen zufolge die **Umsetzung eigener Entscheidungen** nicht als Nutzung von Insiderinformationen gelten soll[176]. Dies ist letztlich nur eine Klarstellung, denn „die Information über den eigenen Entschluss kann niemals kausal für den Entschluss sein, denn sie entsteht gleichzeitig mit dem Entschluss"[177]. Art. 9 Abs. 5 MAR ist analog anwendbar auf den Entschluss, eine Order zu stornieren oder zu ändern[178]. Von Bedeutung ist dies insb. bei Paketaufbau und Übernahmetransaktionen (vgl. dazu Rz. 14.88 ff.).

14.54a Als Rückausnahme von Art. 9 Abs. 1 bis 5 MAR sieht Abs. 6 vor, dass die zuständige Behörde feststellt, „dass sich hinter den betreffenden Handelsaufträgen, Geschäften oder Handlungen ein rechtswidriger Grund verbirgt". Dies wird zu Recht als „konzeptionell und tatbestandlich misslungen" kritisiert[179]. Ziel der Regelung ist, Umgehungen des Insiderhandelsverbots unter Nutzung von Art. 9 Abs. 1 bis 5 MAR zu verhindern[180]. Die Norm ist jedoch völlig unklar: Wie stellt die BaFin fest – Verwaltungsakt? Warum soll nur die BaFin und nicht auch ein Gericht die Feststellung treffen können? Was sind die Voraussetzungen der Feststellung? Hat die BaFin ein Feststellungsermessen? Wer ist durch die Feststel-

---

172 *Assmann* in Assmann/Uwe H. Schneider/Mülbert, Wertpapierhandelsrecht, Art. 9 VO Nr. 596/2014 Rz. 19.
173 Vgl. *Klöhn* in Klöhn, Art. 9 MAR Rz. 113, 123 ff.; heute BaFin, Emittentenleitfaden, Modul C (3/2020), I.4.2.5.2.1.5.
174 *Klöhn* in Klöhn, Art. 9 MAR Rz. 128.
175 Übersetzung des englischen Textes: „shall not of itself constitute use of inside information".
176 Vgl. auch *Viciano-Gofferje/Cascante*, NZG 2012, 968, 975 m.w.N.
177 So prägnant *Klöhn* in Klöhn, Art. 9 MAR Rz. 130.
178 *Klöhn* in Klöhn, Art. 9 MAR Rz. 132 („Korrektur eines gesetzgeberischen Versehens"); *Veil* in Meyer/Veil/Rönnau, Hdb. Marktmissbrauchsrecht, § 7 Rz. 81; *Assmann* in Assmann/Uwe H. Schneider/Mülbert, Wertpapierhandelsrecht, Art. 9 VO Nr. 596/2014 Rz. 23.
179 *Veil* in Meyer/Veil/Rönnau, Hdb. Marktmissbrauchsrecht, § 7 Rz. 82; *Klöhn*, ZBB 2017, 261, 270; *Klöhn* in Klöhn, Art. 9 MAR Rz. 135; *Assmann* in Assmann/Uwe H. Schneider/Mülbert, Wertpapierhandelsrecht, Art. 9 VO Nr. 596/2014 Rz. 24; jegliche Relevanz absprechend *Ventoruzzo/Mock*, MAR, Art. 9 Rz. B.9.81.
180 *Hopt/Kumpan* in Schimansky/Bunte/Lwowski, BankrechtsHdb., § 107 Rz. 98.

lung durch die BaFin gebunden? Wann „verbirgt" sich „hinter" Handlungen ein rechtswidriger Grund, wenn die Handlungen im Einklang mit Art. 9 Abs. 1 bis 5 MAR erfolgten? – Die Fragen sind derart zahlreich, dass an der Vereinbarkeit mit Art. 20 GG in einem Strafverfahren erhebliche Zweifel bestehen.

Die BaFin[181] führt in ihrem Emittentenleitfaden weitere, auf den in dem Spector-Urteil des EuGH aufgestellten Grundsätzen basierende „Ausnahmen" auf, bei denen regelmäßig keine Kausalität der Kenntnis von einer Insiderinformation vorliegt – bei denen es sich letztlich nur um weitere (von der BaFin anerkannte) Beispiele für ein Fehlen der Kausalität handelt:

14.54b

– Das Geschäft wäre auch ohne Insiderkenntnis zu demselben Zeitpunkt, in demselben Umfang und zu denselben Konditionen durchgeführt worden (Bsp.: Verkauf zum Begleichen von Steuerschulden oder die Verwertung von Sicherheiten);

– Masterplan-Theorie: Entschlussfassung vor Erlangung der Insiderkenntnis;

– Das kausal durch Insiderwissen hervorgerufene Geschäft hat keine Auswirkungen auf den Preis, z.B. wegen staatlicher Preiskontrolle wie bei gesetzlich vorgeschriebenen Abfindungsfällen;

– Die Insiderinformation hat keine Auswirkungen auf das Geschäft, weil die Insiderinformation beiden Parteien des Geschäfts bekannt ist.

f) Ausnahme für Rückkaufprogramme und Stabilisierungsmaßnahmen

§ 14 Abs. 2 WpHG a.F. nahm von dem Verbot des Insiderhandels Rückkaufprogramme und Stabilisierungsmaßnahmen grds. aus, soweit sich diese im Rahmen der Safe-Harbor-Regelung der Durchführungsverordnung der Kommission vom 22.12.2003[182] bewegten. Ebenso wie die Insiderrichtlinie wurde auch diese Durchführungsverordnung durch Art. 37 MAR aufgehoben. Die grds. Ausnahme für Rückkaufprogramme und Stabilisierungsmaßnahmen findet sich nunmehr unmittelbar in Art. 5 MAR. **Rückkaufprogramm** wird definiert durch Art. 3 Abs. 1 Nr. 17 MAR. Danach bezeichnet ein „Rückkaufprogramm" den „Handel mit eigenen Aktien gem. den Artt. 21 bis 27 der Richtlinie 2012/30 EU"[183]. Ausschließlich für die Zwecke des Art. 5 MAR enthält Art. 3 Abs. 2 MAR Definitionen von „Wertpapier", „verbundene Instrumente", „signifikantes Zeichnungsangebot" sowie für die „Kursstabilisierung". Inhaltlich erfolgt eine Konkretisierung durch die Delegierte VO (EU) 2016/1052[184] und es ergeben sich nur geringe Änderungen gegenüber der bisherigen Rechtslage. Vgl. dazu ausführlich sub. Rz. 14.94.

14.55

III. Ausgesuchte Einzelfälle in der Unternehmenspraxis

1. Wertpapiergeschäfte von Organmitgliedern; Handelsverbote gemäß Art. 19 Abs. 11 MAR

Für Organinsider ist das Nutzungsverbot von besonderer Bedeutung für die eigenen Wertpapiergeschäfte. Da ihre Wertpapiergeschäfte nach Art. 19 MAR zudem berichtspflichtig sind (vgl. dazu

14.56

---

181 Emittentenleitfaden, Modul C (3/2020), I.4.2.5.2.2.1 bis I.4.2.5.2.2.3.
182 VO (EG) Nr. 2273/2003 der Kommission zur Durchführung der Richtlinie 2003/6/EG – Ausnahmeregelungen für Rückkaufprogramme und Kursstabilisierungsmaßnahmen, ABl. EG Nr. L 336 v. 23.12.2003, S. 33.
183 Richtlinie 2012/30/EU v. 25.10.2012 zur Koordinierung der Schutzbestimmungen, die in den Mitgliedstaaten den Gesellschaften i.S. des Artikels 54 Abs. 2 des Vertrages über die Arbeitsweise der Europäischen Union im Interesse der Gesellschafter sowie Dritter für die Gründung der Aktiengesellschaft sowie für die Erhaltung und Änderung ihres Kapitals vorgeschrieben sind, um diese Bestimmungen gleichwertig zu gestalten, ABl. EU Nr. L 315 v. 14.11.2012, S. 74.
184 ABl. EU Nr. L 173 v. 30.6.2016, S. 34.

Rz. 16.2 ff.), besteht im Falle der Nutzung von Insiderkenntnissen bei **Organmitgliedern** das hohe Risiko einer Entdeckung im Falle eines Verstoßes. Routineuntersuchungen der BaFin beziehen sich u.a. auf die Prüfung der gemeldeten Wertpapiergeschäfte der Organmitglieder im Vorfeld einer Ad-hoc-Publizität. Für Organmitglieder stellt sich das Problem der Nutzung von Insiderkenntnissen insbesondere bei **gestreckten Sachverhalten** (dazu Rz. 14.15 f.), sowie bei Gewährung bzw. Ausübung von Optionen im Rahmen eines Optionsprogramms der Gesellschaft für Führungskräfte (dazu Rz. 14.72 ff.). Dieses frühzeitige Erwerben bzw. Veräußern von Wertpapieren der eigenen Gesellschaft durch Organe bzw. Personen, die bei einem Emittenten von Aktien Führungsaufgaben wahrnehmen, bevor sich eine Entwicklung zu einer Insiderinformation konkretisiert hat, ist einer der Gründe für die Veröffentlichungspflichten gemäß Art. 19 MAR. Seitens einer nicht unbeträchtlichen Anzahl von börsennotierten Aktiengesellschafen wurde darüber hinaus ohne gesetzliche Vorgabe im Rahmen ihrer internen Organisation den Organen, Führungspersonen und sonstigen Mitarbeitern ein **Handelsverbot** für die eigenen Aktien oder Derivate der Gesellschaft außerhalb bestimmter **Zeitfenster** auferlegt[185].

14.57 Art. 19 Abs. 11 MAR greift diese Verhaltensweise auf und schreibt sie gesetzlich fest. Ausdrücklich unbeschadet der Insider- und Marktmanipulationsverbote der Artt. 14, 15 MAR sieht Art. 19 Abs. 11 MAR vor, dass Personen, die bei einem Emittenten Führungsaufgaben wahrnehmen (also Organe und leitende Mitarbeiter[186]), nicht jedoch mit ihnen verbundene natürliche oder juristische Personen i.S.v. Art. 3 Abs. 1 Nr. 26 MAR[187] weder „direkt noch indirekt Eigengeschäfte oder Geschäfte für Dritte im Zusammenhang mit den Anteilen oder Schuldtiteln des Emittenten oder mit Derivaten oder anderen mit diesen im Zusammenhang stehenden Finanzinstrumenten" tätigen dürfen. Durch das Handelsverbot erfasst werden Abschlüsse von schuldrechtlichen Verträgen, nicht jedoch deren dinglicher Vollzug. Wurde ein schuldrechtlicher Vertrag vor dem „geschlossenen Zeitraum" eingegangen, darf er auch während des geschlossenen Zeitraums erfüllt werden[188]. Dieses **Handelsverbot** gilt für einen sog. „**geschlossenen Zeitraum**", der jeweils **30 Kalendertage** vor Ankündigung eines **Zwischenberichtes** oder eines **Jahresabschlussberichtes** des Emittenten beginnt. Relevant sind insoweit jedoch nur Jahresabschlussberichte oder Zwischenberichte „zu deren Veröffentlichung der Emittent verpflichtet ist (i) gemäß den Vorschriften des Handelsplatzes, auf dem die Anteile des Emittenten zum Handel zugelassen sind, oder (ii) gemäß nationalem Recht". Allerdings dürfte es sich insoweit um eine missverständliche Formulierung der MAR im Englischen wie in ihrer deutschen Übersetzung handeln, da kaum anzunehmen sein dürfte, dass es sich um den Zeitpunkt von 30 Tagen vor der *Ankündigung* eines Zwischenberichtes oder eines Jahresabschlusses handeln dürfte, sondern um die 30 Tage vor der *angekündigten* Veröffentlichung („Verkündung") eines Zwischen- oder Jahresabschlussberichtes[189]. Würde z.B. ein Emittent am 5. Januar eines Jahres im Rahmen der Bekanntgabe seines sog. Finanzkalenders ankündigen, seinen Jahresabschluss am 15. März zu veröffentlichen, soll eine geschlossene Periode nicht in der Zeit vom 5. Dezember des Vorjahres bis zum 5. Januar des Folgejahres, sondern 30 Tage vor dem 15. März des Folgejahres vorliegen[190]. Relevant für den geschlossenen Zeitraum von 30 Tagen

---

185 Vgl. dazu bei Rz. 14.57 f. und Erwägungsgrund 24 der früheren Marktmissbrauchsrichtlinie; allg. dazu *Widder*, WM 2010, 1882, 1888 ff.; *Kumpan*, AG 2016, 446, 456 f.; *Maume/Kellner*, ZGR 2017, 273, 296 ff.; *Veil*, ZBB 2014, 85, 95.
186 Vgl. die Definition in Art. 3 Abs. 1 Nr. 25 MAR sowie ausführlich Rz. 16.6 ff.
187 Vgl. *von der Linden*, DStR 2016, 1036, 1040; *Stenzel*, DStR 2017, 883, 888; *Kraack*, AG 2016, 57, 67; a.A. *Krause*, CZG 2014, 248, 257; *Sethe/Hellgardt* in Assmann/Uwe H. Schneider/Mülbert, Wertpapierhandelsrecht, Art. 19 VO Nr. 596/2014 Rz. 135.
188 Unstr. vgl. nur *Sethe/Hellgardt* in Assmann/Uwe H. Schneider/Mülbert, Wertpapierhandelsrecht, Art. 19 VO Nr. 596/2014 Rz. 160 m.w.N. (auch zu den Ausnahmefällen, in denen auf den dinglichen Vollzug abzustellen ist).
189 Ebenso *Mohamed*, NZG 2018, 1376, 1377; *Dell'Erba* in Ventoruzzo/Mock, MAR, Art. 19 Rz. B.19.43; *Poelzig*, Kapitalmarktrecht, Rz. 559; *Söhner*, BB 2017, 259, 263; *Commandeur*, ZBB 2018, 114, 119.
190 I.E. ebenso *Stenzel*, DStR 2017, 883, 888; *Söhner*, BB 2017, 259, 263; *Stüber*, DStR 2016, 1221, 1226; *Hitzer/Wasmann*, DB 2016, 1483, 1487; ESMA, Q&A on MAR, Version 6 v. 30.5.2017, Frage 7.2; zur Berechnung der „Rückwärtsfrist" ab dem Tag der Veröffentlichung umfassend *Mohamed*, NZG 2018, 1376, 1378 f.

sind Zwischenberichte und Jahresabschlussberichte, die nach dem jeweiligen nationalen Recht oder nach dem Recht des jeweiligen Handelsplatzes, auf dem die Anteile des Emittenten zum Handel zugelassen sind, vorgeschrieben sind[191]. Freiwillige Quartalsberichte lösen nach h.L. keine „Closed Period" aus[192]. Dies gilt immer für den Jahresabschluss sowie – je nach Anwendbarkeit – für Quartals-[193] und Halbjahresberichte. Vor dem geschlossenen Zeitraum schuldrechtlich abgeschlossene Geschäfte dürfen jedoch während des Zeitraums dinglich erfüllt werden[194]. Im Ergebnis wird damit jeglicher Insiderhandel durch Führungskräfte während der geschlossenen Perioden prophylaktisch unterbunden[195]. Kein Handelsverbot löst eine bloße Ad-hoc-Publizität aus[196].

Will eine Person, die bei einem Emittenten Führungsaufgaben wahrnimmt, während eines geschlossenen Zeitraums trotzdem Geschäfte vornehmen, bedarf die Person nach Art. 19 Abs. 12 MAR sowie Art. 7 Delegierte VO (EU) 2016/522 einer ausdrücklichen **Genehmigung des Emittenten**[197]. Die gesellschaftsinterne Zuständigkeit hierfür richtet sich nach der gesellschaftsrechtlichen Kompetenzordnung. Handelt es sich bei der Person mit Führungsaufgaben um einen Mitarbeiter des Emittenten unterhalb des Vorstandes, ist für die Erteilung der Genehmigung grds. der Vorstand zuständig. Handelt es sich bei der Person um ein Mitglied des Vorstandes, ist hierfür nach § 112 AktG grds. der Aufsichtsrat zuständig. Völlig unklar ist jedoch, wer für die Erteilung einer entsprechenden Genehmigung für den Fall der Vornahme von Geschäften durch Mitglieder des Aufsichtsrates zuständig ist. Letztlich wird es sich dabei in analoger Anwendung von § 78 AktG nur um den Vorstand handeln können[198], was jedoch als nicht unproblematisch erscheint. **Voraussetzung für die Ausnahmegenehmigung** ist nach Art. 19 Abs. 12 MAR, dass (i) „im Einzelfall aufgrund **außergewöhnlicher Umstände** der unverzügliche Verkauf von Anteilen erforderlich" ist, oder (ii) es sich um Geschäfte „im Rahmen von Belegschaftsaktien oder einem Arbeitnehmersparplan, von Pflichtaktien oder von Bezugsberechtigungen auf Aktien oder Geschäfte handelt, wenn diese nutzbringende Beteiligung an dem einschlägigen Wertpapier nicht geändert wird". Letzteres dürfte im Rahmen von Wertpapiergeschäften des Vorstandes oder Aufsichtsrates regelmäßig nicht relevant werden. Bei den Organen dürfte es sich meist um „Einzelfälle aufgrund außergewöhnlicher Umstände" handeln. Art. 7 Abs. 1 lit. b der Delegierten VO (EU) 2016/522[199] sieht vor, dass nachzuweisen ist, dass das betreffende Geschäft nicht zu einem anderen Zeitpunkt als während des geschlossenen Zeitraums ausgeführt werden kann, und in Abs. 2, dass es

14.58

---

191 Welche Veröffentlichungen bei den verschiedenen Märkten in Deutschland hierzu zählen, wird gut dargelegt von BaFin, FAQ zu Eigengeschäften, Stand: 9/2017, Fragen VI. 2 bis VI. 5; vgl. auch *Commandeur*, ZBB 2018, 114, 120 m.w.N.
192 BaFin, FAQ MAR, 10. Version, Art. 19, Frage VI. 3 und VI. 4; *Semrau* in Klöhn, Art. 19 MAR Rz. 85; *Stenzel*, DStR 2017, 883, 888 sowie vorangehende Fn.
193 Vgl. zum Streit um diese: *Maume/Kellner*, ZGR 2017, 273, 295 m.w.N.; *Poelzig*, NZG 2016, 761, 770.
194 Vgl. BaFin, FAQ zu Eigengeschäften von Führungskräften nach Art. 19 MAR, 7. Version (9/2017), Frage VI.6.
195 Zur verfassungsrechtlichen Zulässigkeit eines derartigen Verbots vgl. *Maume/Kellner*, ZGR 2017, 273, 296 ff.
196 Unstr., vgl. nur *Poelzig*, NZG 2016, 761, 769 f.
197 Krit. zu diesem Konzept *Veil*, ZBB 2014, 85, 95 f. (Privatperson befreit von staatlichem Verbot); *Maume/Kellner*, ZGR 2017, 273, 295 f.
198 I.E. ebenso *Stenzel*, DStR 2017, 883, 888; *Stüber*, DStR 2016, 1221, 1227; *Sethe/Hellgardt* in Assmann/Uwe H. Schneider/Mülbert, Wertpapierhandelsrecht, Art. 19 VO Nr. 596/2014 Rz. 172; a.A. (Hauptversammlung zuständig) *Semrau* in Klöhn, Art. 19 MAR Rz. 93 – was wegen der zu beachtenden Einladungsfristen für eine HV faktisch ein absolutes Verbot für AR-Mitglieder bedeutet; *Commandeur*, (ZBB 2018, 114, 121) schlägt die Betrauung des Compliance Officers unter Berufung auf die ESMA vor, was nicht in Einklang mit der gesellschaftsrechtlichen Kompetenzordnung zu bringen ist.
199 Der Kommission v. 17.12.2015 zur Ergänzung der VO (EU) Nr. 596/2014 im Hinblick für eine Ausnahme für bestimmte öffentliche Stellen und Zentralbanken von Drittstaaten, die Indikatoren für Marktmanipulation, die Schwellenwerte für die Offenlegung, die zuständige Behörde, der ein Aufschub zu melden ist, die Erlaubnis zum Handel während eines geschlossenen Zeitraums und die Arten meldepflichtiger Eigengeschäfte von Führungskräften, ABl. EU Nr. L 88 v. 5.4.2016, S. 1 ff.

eines „begründeten schriftlichen Antrags" bedarf, der das „geplante Geschäft beschreibt und erläutert" und begründet, „weshalb der Verkauf von Anteilen die einzig sinnvolle Möglichkeit zur Beschaffung der erforderlichen Finanzmittel ist". Nach der Delegierten VO hat der Emittent den unverzüglichen Verkauf von Anteilen während des geschlossenen Zeitraums nur dann zu gestatten, „wenn die Umstände eines solchen Verkaufs als außergewöhnlich angesehen werden können". Hierfür müssen die **Umstände** nach Art. 8 Abs. 2 Delegierte VO „**äußerst dringend, unvorhergesehen und zwingend**" sein, nicht von der Person, die Führungsaufgaben wahrnimmt, „verursacht werden und sich deren Kontrolle entziehen". Einzelheiten für die Prüfung der Außergewöhnlichkeit der Umstände sieht Art. 8 Abs. 3 der Delegierten VO vor[200]. Konkretisierungen für eine Ausnahme des Handels während eines geschlossenen Zeitraumes sieht Art. 9 der Delegierten VO mit Blick auf Arbeiternehmerbeteiligungsprogramme vor, die jedoch für Organe von sekundärer Bedeutung sein werden.

14.59 Seitens der Organinsider sowie von Führungspersonen, die Berufsinsider sind, werden vielfach – nicht zuletzt auch zur Vermeidung von Insiderproblematiken – die Dienste von **Vermögensverwaltern** in Anspruch genommen. Diese werden in Vollmacht für den Insider tätig und disponieren als Bevollmächtigte dessen Depot bei Kreditinstituten[201]. Soweit der Vermögensverwalter ohne Insiderkenntnisse Geschäfte in Wertpapieren tätigt, in denen der Vermögensinhaber als Insider Insiderkenntnisse hat, unterfällt dies nicht Art. 14 MAR, da der Vermögensverwalter nicht „unter Verwendung einer Insiderinformation" die Insiderpapiere für Rechnung des Insiders erwirbt. Voraussetzung ist jedoch immer, dass der Vermögensverwalter seinerseits keine Insiderinformationen von dem Vermögensinhaber/Organ erhalten hat. Zudem hat die Führungsperson die von dem Vermögensverwalter geschlossenen Geschäfte gemäß Art. 19 Abs. 7 Satz 1 lit. b MAR i.V.m. Art. 10 Abs. 2 lit. o Delegierte VO (EU) 2016/522[202] zu melden (vgl. dazu Rz. 16.15). Da jedoch alle Handlungen des Vermögensverwalters dem Organ zugerechnet werden, **hat der Vermögensverwalter die „geschlossenen Zeiträume" von Art. 19 Abs. 11 MAR zu beachten**. Das Mitglied des Organs hat daher seinen Vermögensverwalter über die „geschlossenen Zeiträume" zu informieren und ihn zu deren Beachtung anzuhalten. Unklar ist, ob sich die Ausnahme in Art. 19 Abs. 1a MAR[203] für Organismen für gemeinsame Anlagen (insb. also OGAW und AIF) auch auf die Handelsverbote erstreckt[204].

14.60 Ein vorsätzlicher oder leichtfertiger Verstoß gegen Art. 19 Abs. 11 MAR stellt nach § 120 Abs. 15 Nr. 22 WpHG (bis 2.1.2018: § 39 Abs. 3d Nr. 22) eine Ordnungswidrigkeit dar, die nach § 120 Abs. 18 Satz 1 WpHG (bis 2.1.2018: § 39 Abs. 4a Satz 1) mit einer Geldbuße bis zu 500.000 Euro geahndet werden kann. Nach § 120 Abs. 18 Satz 3 WpHG (bis 2.1.2018: § 39 Abs. 4a Satz 3) kann die Ordnungswidrigkeit darüber hinaus mit einer Geldbuße bis zum Dreifachen des aus dem Verstoß gezogenen wirtschaftlichen Vorteils geahndet werden. Als wirtschaftlicher Vorteil wird der Betrag anzusehen sein, um den der Verkaufspreis während der geschlossenen Periode den ersten Preis nach der geschlossenen Periode übersteigt oder bei einem Kauf während der geschlossenen Periode der Kaufpreis den ersten Preis nach der geschlossenen Periode unterschreitet. – Ein Verstoß gegen ein Handelsverbot führt nicht zur Nichtigkeit des Geschäfts nach § 134 BGB, da Art. 19 Abs. 11 MAR kein absolutes Verfügungsverbot statuiert, da durch ein solches der bezweckte Marktschutz geradezu in sein Gegenteil verkehrt würde[205]. Unabhängig von der Diskussion um die Schutzgesetzeigenschaft von WpHG bzw. MAR (dazu Rz. 14.106) wird man Art. 19 Abs. 11 MAR nicht als Schutzgesetz zugunsten anderer, mit dem Organmitglied kontrahierender Marktteilnehmer verstehen können. Zwar wird auch mit dieser

---

200 Vgl. dazu *Sethe/Hellgardt* in Assmann/Uwe H. Schneider/Mülbert, Wertpapierhandelsrecht, Art. 19 VO Nr. 596/2014 Rz. 175 ff.; *Commandeur*, ZBB 2018, 114, 121.
201 Vgl. ausführlich *Schäfer* in Schwintowski, Bankrecht, § 17 Rz. 6 ff. m.w.N.
202 ABl. EU Nr. L 88 v. 5.4.2016, S. 1.
203 Eingefügt durch Art. 56 VO (EU) 2016/1011, ABl. EU Nr. L 171 v. 29.6.2016, S. 1, 55.
204 Vgl. dazu *Helm*, ZIP 2016, 2201, 2206.
205 *Sethe/Hellgardt* in Assmann/Uwe H. Schneider/Mülbert, Wertpapierhandelsrecht, Art. 19 VO Nr. 596/ 2014 Rz. 185; *Poelzig*, NZG 2016, 761, 771; **a.A.** *Maume/Kellner*, ZGR 2017, 273, 298.

Regelung die informationelle Geleichbehandlung bezweckt[206], doch handelt es sich insoweit nur um eine vermutete informationelle Besserstellung des Organmitgliedes, die keineswegs – und damit anders als bei tatsächlichen Insiderkenntnissen – gegeben sein muss. Eine Schadensersatzpflicht gemäß § 823 Abs. 2 BGB scheidet damit aus[207]. In Erwägung gezogen wird jedoch, dass der Emittent (!) berechtigt sein soll, Gewinne des gegen ein Handelsverbot Verstoßenden verschuldensunabhängig abzuschöpfen[208]. Dies mag rechtspolitisch erwägenswert sein, dürfte jedoch nicht im Einklang mit dem geltenden Recht stehen.

2. Informationsweitergabe durch Organmitglieder

Insbesondere für Organmitglieder, grundsätzlich jedoch ebenso für sämtliche Berufsinsider, stellt sich nach Erhalt einer Insiderinformation die Frage, wem sie diese Tatsache mitteilen oder zugänglich machen dürfen ohne gegen das Verbot der unrechtmäßigen Weitergabe des Art. 14 lit. c) MAR zu verstoßen. Zur Konkretisierung der abstrakten Vorgaben sind in der Literatur **Fallkonstellationen** entwickelt worden. Erfasst werden von dem Weitergabeverbot grds. alle Insider, also Primär- wie Sekundärinsider. 14.61

Eine Fallgruppe bildet die **Weitergabe** von Insiderinformationen **innerhalb desselben Unternehmens** an andere Organe, andere Abteilungen oder einzelne Mitarbeiter. Hierbei ist zu unterscheiden, ob Insiderinformationen weitergegeben werden, die im Unternehmen selbst „entstanden" sind, oder ob Insiderinformationen weitergegeben werden, die extern entstanden und bereits vor einer Veröffentlichung in den Informationsbereich des Unternehmens gelangt sind. Beispiele für intern entstandene Insiderinformationen sind die Aufstellung des Jahresabschlusses und von Quartals- oder Halbjahresabschlüssen, Entscheidungen über die Zusammensetzung von Organen, Beschlüsse über Rationalisierungsmaßnahmen (z.B. Massenentlassungen), Einstellung oder Verkauf von bedeutenden Geschäftszweigen, Abgabe von Übernahmeangeboten, weitreichende Kapitalmaßnahmen, die drohende eigene Insolvenz, wesentliche Erfindungen, der Abschluss bestimmter Erprobungsphasen (z.B. bei Medikamenten) oder die Einleitung von Rechtsstreitigkeiten. Beispiele für externe Insiderinformationen sind ein bevorstehendes Übernahmeangebot, die drohende Insolvenz eines Kreditnehmers des Unternehmens bei dem z.B. ein Vorstand des Unternehmens im Aufsichtsrat oder Beirat vertreten ist, der Wegfall von Großaufträgen von dritter Seite, drohende Rechtsstreitigkeiten oder Maßnahmen von staatlichen Behörden. Die Frage der Weitergabe von Insiderinformationen, die ausschließlich außerhalb des Unternehmens entstanden sind, kulminiert in dem Beispiel, dass der Vorstand A eines Kreditinstitutes Mitglied des Aufsichtsrats des Unternehmens U1 und Vorstand B desselben Kreditinstitutes Mitglied des Aufsichtsrats des Unternehmens U2 ist und das Unternehmen U1 im Aufsichtsrat die Abgabe eines Übernahmeangebotes für das Unternehmen U2 beschließt[209]. 14.62

Eine weitere Fallgruppe bildet die **Weitergabe** von Insiderinformationen **über die Unternehmensgrenze hinweg**. Dies kann z.B. eintreten bei der Beauftragung von Dienstleistern (z.B. Investmentbanken, Unternehmensberatern, Rechtsanwälten, Wirtschaftsprüfern oder Steuerberatern), Lieferanten oder sonstigen Leistungserbringern. Während in den vorgenannten Fällen die Insiderinformation an nicht konzernmäßig verbundene Dritte weitergegeben werden, kann sich auch innerhalb eines Konzerns die Frage der Weitergabe von Insiderinformationen ergeben, z.B. die Information des Mutterunternehmens durch das Tochterunternehmen oder vice versa[210]. 14.63

---

206 Vgl. *Veil*, ZBB 2014, 85, 95 m.w.N.
207 Ebenso *Kumpan*, AG 2016, 446, 458; *Maume/Kellner*, ZGR 2017, 273, 292 f.; *Sethe/Hellgardt* in Assmann/Uwe H. Schneider/Mülbert, Wertpapierhandelsrecht, Art. 19 VO Nr. 596/2014 Rz. 186; wohl auch *Söhner*, BB 2017, 259, 266; *Commandeur*, ZBB 2018, 114, 123.
208 *Hellgardt*, AG 2018, 602 ff.
209 Allg. zum Umgang mit Interessenkonflikten im Aufsichtsrat und Vorstand *Diekmann/Fleischmann*, AG 2013, 141 ff.; *Hopt*, ECFR 2013, 167, 173 ff.; *Dittmar*, AG 2013, 498 (zum faktischen Aktienkonzern).
210 Zum faktischen Aktienkonzern *Dittmar*, AG 2013, 498 ff.

14.64 In allen Fallgruppen und Einzelfällen richtet sich die Beantwortung der Frage nach der Erfassung durch das Weitergabeverbot danach, ob eine Weitergabe der Insiderinformation „normal" ist i.S.v. Art. 10 Abs. 1 MAR. Personen, die dem Weitergabeverbot unterliegen, dürfen die Insiderinforation nur „im Zuge der normalen Ausübung einer Beschäftigung oder eines Berufs oder normalen Erfüllung von Aufgaben" weitergeben (dazu Rz. 14.48). Insoweit ist zu unterscheiden zwischen einer unternehmensinternen und einer unternehmensexternen Weitergabe. Die Leitungsorgane des Unternehmens sind verpflichtet, die unternehmensinternen Arbeitsabläufe zu organisieren und zu optimieren. Es obliegt ihnen daher auch, die Weitergabe von Insiderinformationen anzuordnen, soweit dies aufgaben- oder anlassbezogen erforderlich ist. Aufgrund der **Selbstorganisationskompetenz** des Unternehmens ist der Unternehmensleitung für unternehmenseigene Insiderinformationen ein weites und für unternehmensexterne Insiderinformationen in einem etwas eingeschränkten Umfang liegendes Ermessen einzuräumen[211]. Auch in diesem Rahmen ist eine Weitergabe jedoch nur aufgaben- und anlassbezogen zulässig[212]. Die **Weitergabe** der Insiderinformation ist unternehmensintern immer dann **aufgaben- bzw. anlassbezogen**, wenn die jeweiligen Dritten Verantwortung für einen bestimmten Tätigkeitsbereich tragen und deshalb Kenntnis von der Insiderinformation erhalten müssen oder gar ein schuldrechtlicher Anspruch oder ein organisationsrechtliches Recht des Dritten besteht. Derartige Rechte sind bspw. gegeben für den Aufsichtsrat gegenüber dem Vorstand, wenn die Insiderinformation erforderlich ist für die Durchführung des Überwachungsauftrages des Aufsichtsrates[213]. Entsprechendes gilt für die Weitergabe von Insiderinformationen an den Betriebsrat, soweit dieser die Information zur Durchführung seiner Aufgaben benötigt[214].

14.65 Auf die Weitergabe von Insiderinformationen innerhalb eines Konzerns sind grundsätzlich die gleichen Regeln anzuwenden[215]. Dies bedeutet, dass eine **konzerninterne Weitergabe** jedenfalls dann zulässig ist, wenn die Weitergabe zur Wahrnehmung der Konzernleitung, zur Sicherstellung der **Konzernüberwachung**, zur Ermöglichung der **konzerninternen Arbeitsteilung** und zur Ausübung **konzernspezifischer Mitgliedschaftsrechte** erfolgt[216].

14.66 Die **Weitergabe** von Insiderinformationen an **Unternehmensexterne** ist jedenfalls immer dann zulässig, wenn dahingehende kapitalmarktrechtliche, gesellschaftsrechtliche oder kartellrechtliche gesetzli-

---

211 BAWe/Deutsche Börse AG, Insiderhandelsverbote und Ad-hoc-Publizität, S. 21; unklar BaFin, Emittentenleitfaden (2013), sub III.2.2.2.1, S. 41 „im üblichen Rahmen bei Ausübung der Arbeit"; *Mennicke* in Fuchs, § 14 WpHG Rz. 208 m.w.N.
212 *Uwe H. Schneider* in FS Wiedemann, 2002, S. 1255, 1262; *Steinhauer*, Insiderhandelsverbot und Ad-hoc-Publizität, S. 47; *Veil*, ZHR 172 (2008), 239, 252 ff. (jedoch mit strengeren Anforderungen für „besonders sensible" Insiderinformationen, für die eine Weitergabe nur befugt sein soll, wenn sie „unerlässlich" ist).
213 Vgl. *Uwe H. Schneider* in FS Wiedemann, 2002, S. 1255, 1263; *Schwark/Kruse* in Schwark/Zimmer, § 14 WpHG Rz. 48; *Uwe H. Schneider/Singhof* in FS Kraft, 1998, S. 585, 593; *Klöhn* in KölnKomm. WpHG, § 14 WpHG Rz. 356; *Mennicke* in Fuchs, § 14 WpHG Rz. 225.
214 *Assmann* in Assmann/Uwe H. Schneider/Mülbert, Wertpapierhandelsrecht, Art. 10 VO Nr. 596/2014 Rz. 29; *Schäfer* in Schäfer/Hamann, Kapitalmarktgesetze, § 14 WpHG Rz. 29; *Kumpan/Grütze* in Schwark/Zimmer, Art. 10 MAR Rz. 56 ff. (dort auch zur Weitergabe von Insiderinformationen an Betriebsversammlung, Wirtschaftsausschuss und Arbeitnehmer allgemein); *Klöhn* in Klöhn, Art. 10 MAR Rz. 119 ff. Zur Weitergabe von Insiderinformationen an einzelne Aktionäre oder die Hauptversammlung vgl. Rz. 14.67 ff.
215 Vgl. nur *Mennicke* in Fuchs, § 14 WpHG Rz. 252; *Kumpan/Grütze* in Schwark/Zimmer, Art. 10 MAR Rz. 62 ff.; *Dittmar*, AG 2013, 498 ff. (zum faktischen Aktienkonzern).
216 Vgl. dazu ausführlich *Uwe H. Schneider* in FS Wiedemann, 2002, S. 1255, 1265 ff.; *Singhof*, ZGR 2001, 146, 153 ff. (mit Differenzierung zwischen Weitergabe von Mutter an Tochter und (insb. börsennotierter) Tochter an Mutter sowie von Schwester an Schwester unter Berücksichtigung der verschiedenen Konzernformen); *Klöhn* in Klöhn, Art. 10 MAR Rz. 125 ff.; *Kumpan/Grütze* in Schwark/Zimmer, Art. 10 MAR Rz. 62 ff.

che Bestimmungen bestehen[217]. Aber auch ohne das Bestehen von rechtlichen Pflichten zur Weitergabe einer Insiderinformation ist eine solche Weitergabe befugt, soweit sie zur sachgemäßen Wahrnehmung der jeweiligen Arbeit, Tätigkeit oder Berufsausübung durch den Dritten erforderlich ist[218]. Dies ist i.d.R. zu verneinen für die Weitergabe von Insiderinformationen durch Arbeitnehmermitglieder im Aufsichtsrat an Gewerkschaften[219] (dazu Rz. 14.48).

Besonders komplex gestaltet sich die Beantwortung der Frage der Befugtheit der Weitergabe von Insiderinformationen durch **Aufsichtsratsmitglieder**. Obwohl ein Aufsichtsratsmandat regelmäßig ad personam vergeben wird und dementsprechend das Aufsichtsratsmitglied dem Unternehmen, dessen Organ es angehört, persönlich verantwortlich ist, ist doch nicht zu verkennen, dass die Auswahl der Personen auch mit Blick auf ihre Funktion in anderen Unternehmen erfolgt. Dies kann etwa geschehen mit Blick auf die Tätigkeit des Aufsichtsratsmitgliedes in einem anderen Unternehmen (z.B. Kreditinstitut, wichtiger Abnehmer oder Lieferant) als Vorstand. Insoweit stellt sich für das Aufsichtsratsmitglied die Frage, ob es Insiderwissen, das es in seiner Eigenschaft als Aufsichtsrat erlangt hat, weitergeben darf oder muss. Eine Weitergabe kann beabsichtigt sein an **Berater** des Aufsichtsrates oder an die **Vorstandskollegen**/das **Unternehmen**, bei dem der Aufsichtsrat seine wesentliche Tätigkeit ausübt. Unstreitig ist, dass der Aufsichtsrat sich beraten lassen kann und berechtigt ist, Insiderinformationen an seine **Berater** weiterzugeben. Dabei können die Berater sowohl unternehmensextern (z.B. Rechtsanwälte, Wirtschaftsprüfer, Aktionäre etc.) wie unternehmensintern (z.B. **Rechtsabteilung, Finanzabteilung**) sein[220]. Fraglich ist jedoch, ob der Aufsichtsrat berechtigt ist, sein Insiderwissen, das er als Aufsichtsrat des einen Unternehmens erworben hat, an seine **Vorstandskollegen** im anderen Unternehmen weiterzugeben. Der Aufsichtsrat steht insofern in einem Spannungsfeld zwischen seinen Treue- und Verschwiegenheitspflichten gegenüber dem Unternehmen, dem er als Aufsichtsratsmitglied angehört, und den Verpflichtungen gegenüber dem Unternehmen, dessen Vorstand er ist[221]. Bei nicht unerheblichen Differenzen im Einzelnen besteht im Ergebnis weitgehend Einigkeit darüber, dass das Insiderwissen des Aufsichtsratsmitgliedes dem Unternehmen, bei dem er Vorstand ist, nicht zugerechnet wird, weil dem Aufsichtsratsmitglied gegenüber dem Unternehmen, bei dem er Aufsichtsrat ist, eine Verschwiegenheitspflicht obliegt, dass ihm in seiner Rolle als Vorstandsmitglied keine Pflicht zur Informationsweitergabe obliegt und dass eine etwaige Weitergabe der Insiderinformation z.B. an Vorstandskollegen unzlässig ist[222]. Der Grund liegt letztlich darin, dass die Rechtsordnung von ein und derselben Person nicht einerseits Verschwiegenheit und andererseits Wissensweitergabe verlan-

14.67

---

217 *Assmann* in Assmann/Uwe H. Schneider/Mülbert, Wertpapierhandelsrecht, Art. 10 VO Nr. 596/2014 Rz. 30; *Kumpan/Grütze* in Schwark/Zimmer, Art. 10 MAR Rz. 67; *Klöhn* in Klöhn, Art. 10 MAR Rz. 223 f.; BaFin, Emittentenleitfaden, Modul C (3/2020), I.4.4.2.2.
218 *Assmann* in Assmann/Uwe H. Schneider/Mülbert, Wertpapierhandelsrecht, Art. 10 VO Nr. 596/2014 Rz. 45.
219 Vgl. EuGH v. 22.11.2005 – C-384/02 – Grøngaard und Bang, ZIP 2006, 123 ff. = WM 2006, 612; dazu ausführlich *Veil*, ZHR 172 (2008), 239, 252 ff.; *Schwintek*, EWiR 2006, 155; für eine Lockerung unter der MAR aber *Zetzsche*, NZG 2015, 817, 819 ff., 823.
220 *Assmann*, WM 1996, 1337, 1349; *Tippach*, Insiderhandelsverbot, S. 192 f.; *Schäfer* in Schäfer/Hamann, Kapitalmarktgesetze, § 14 WpHG Rz. 48.
221 Vgl. dazu allgemein *Lutter/Krieger/Verse*, Rechte und Pflichten des Aufsichtsrats, Rz. 894 ff.; *Hopt*, ECFR 2013, 167 ff. sowie Rz. 28.60 ff.
222 BGH v. 26.4.2016 – XI ZR 108/15, WM 2016, 1031 = AG 2016, 493 (Prokurist einer Bank im Aufsichtsrat eines Drittunternehmens); ausführlich *Ihrig*, ZHR 181 (2017), 381, 399; *Buck-Heeb*, WM 2016, 1469, 1470 ff.; *Mülbert/Sajnovits*, NJW 2016, 2540, 2541; *Bank*, NZG 2013, 801, 802; *Assmann*, WM 1996, 1337, 1349; *Assmann* in Assmann/Uwe H. Schneider/Mülbert, Wertpapierhandelsrecht, Art. 10 VO Nr. 596/2014 Rz. 47 f.; *Marsch-Barner* in Semler/v. Schenck, ArbeitsHdB. AR, J 197 f.; *Schäfer* in Schäfer/Hamann, Kapitalmarktgesetze, § 14 WpHG Rz. 48; *Tippach*, Insiderhandelsverbot, S. 192 f.; *Veil*, ZHR 172 (2008), 239, 242 ff.

gen kann[223]. Dies sollte jedoch nicht gelten, soweit die Informationsweitergabe der Konzernleitung dient[224].

3. Auskünfte an einzelne Aktionäre, Aktionärspools sowie die Hauptversammlung

14.68 Bei der Weitergabe von Insiderinformationen an einzelne **Aktionäre, Aktionärspools** oder die **Hauptversammlung** handelt es sich in erster Linie um ein **Problem der Befugnis** zur Informationsweitergabe durch den Vorstand.

14.69 Die Weitergabe von Insiderinformationen durch den Vorstand an **einzelne Aktionäre**, meist den Großaktionär, entspricht grundsätzlich nicht § 131 AktG. Dieser intendiert, ein Informationsmonopol einzelner Aktionäre zu verhindern[225]. Auch entspricht es nicht dem Gleichbehandlungsgebot von § 53a AktG, wenn der Vorstand einzelne Aktionäre mit Insiderinformationen versorgt. Es besteht daher Einigkeit, dass eine bevorzugte Information einzelner Aktionäre nur unter sehr eingeschränkten Bedingungen als gemäß Art. 10 MAR im Zuge der normalen Ausübung bzw. als befugt i.S.v. § 14 WpHG a.F. gelten kann[226]. Eine entsprechende Befugnis wird z.B. angenommen, wenn dies für eine einheitliche Konzernleitung erforderlich ist oder die berechtigten Interessen des Unternehmens eine Mitteilung an einzelne Aktionäre, typischerweise den Großaktionär, als gerechtfertigt erscheinen lassen. Dies soll etwa der Fall sein, wenn vom Vorstand und Aufsichtsrat geplante Grundlagenentscheidungen wie etwa eine Kapitalerhöhung mit dem Großaktionär vorab abgestimmt werden[227]. Diese Meinung dürfte nur vor dem Hintergrund der grundsätzlichen deutschen Haltung zu der „Beschädigung" eines Unternehmens bzw. seines Vorstandes durch Ablehnung von Vorstandsvorschlägen durch die Hauptversammlung vertretbar sein. Von einem berechtigten Interesse des Unternehmens, das zu einer Befugnis zur Informationsweitergabe führt, kann jedoch nur die Rede sein, wenn es sich um einen beherrschenden Gesellschafter handelt[228].

14.70 Hinsichtlich der Information von **Aktionärspools**, wie sie typischerweise bei **Familiengesellschaften** anzutreffen sind, bei denen ein Teil des Grundkapitals börsennotiert ist, gilt grundsätzlich das Gleiche wie für die Information einzelner Großaktionäre. Vor Geltung des WpHG wurden Aktionärspools typischerweise zur Ermöglichung der vor einer Hauptversammlung stattfindenden internen Abstimmung alle von dem Aktionärspool gewünschten Informationen, darunter häufig auch Insiderinformationen, vom Vorstand der Gesellschaft erteilt[229]. Die Tatsache, dass ein Aktionärspool, insbesondere ein Familienaktionärspool, Vorabinformationen benötigt, um sich auf eine einheitliche Ausübung der

---

223 *Buck-Heeb*, AG 2015, 801, 811; *Habersack*, DB 2016, 1551, 1553 f.; *Ihrig*, ZHR 181 (2017), 381, 399; *Sajnovits*, WM 2016, 765, 771 f.; *Koch*, ZIP 2015, 1757, 1764 f.; *Verse*, AG 2015, 413, 418 ff.; *Werner*, WM 2016, 1474, 1477.
224 Str., vgl. *Verse*, AG 2015, 413, 415 m.w.N.; *Sajnovits*, WM 2016, 765, 771 f.; *Habersack*, DB 2016, 1551, 1553 f.; *Schwintowski*, ZIP 2015, 617, 618; *Buck-Heeb*, WM 2016, 1469, 1473; *Koch*, ZIP 2015, 1757, 1756; *Bank*, NZG 2013, 801, 804 ff.; *Dittmar*, AG 2013, 498, 502 ff.
225 Vgl. hierzu *Hüffer/Koch*, § 131 AktG Rz. 36.
226 Vgl. nur *Assmann* in Assmann/Uwe H. Schneider/Mülbert, Wertpapierhandelsrecht, Art. 10 VO Nr. 596/2014 Rz. 33, 41; *Klöhn* in Klöhn, Art. 10 MAR Rz. 112, 115; *Kumpan/Grütze* in Schwark/Zimmer, Art. 10 MAR Rz. 52 f.; weitergehend wohl (aus Sicht des Aufsichtsrats der beherrschenden Gesellschaft) *Dittmar*, AG 2013, 498, 502 ff.
227 Vgl. *Uwe H. Schneider/Singhof* in FS Kraft, 1998, S. 600, 603 f. m.w.N.; zum Konzernverhältnis vgl. *Bank*, NZG 2013, 801, 804 ff. (Weitergabe an Großaktionär nur bei Rechtfertigung durch Gesellschaftsinteresse); *Habersack*, DB 2016, 1551, 1554 f.; *Kumpan/Grütze* in Schwark/Zimmer, Art. 10 MAR Rz. 53.
228 Und nicht bereits bei jedem Gesellschafter, der nach §§ 33 ff. WpHG (bis 2.1.2018: §§ 21 ff.) meldepflichtig ist, also bereits für jeden Gesellschafter, der nur 3 % der Aktien hält; ebenso *Veil*, ZHR 172 (2008), 239, 266 ff.; *Menke*, NZG 2004, 697, 699 f.; – wohl auch *Klöhn* in Klöhn, Art. 10 MAR Rz. 117; **a.A.** jedoch *Uwe H. Schneider/Singhof* in FS Kraft, 1998, S. 585, 600 ff.; *Sethe*, ZBB 2006, 243, 251.
229 Vgl. *Schäfer* in Schäfer/Hamann, Kapitalmarktgesetze, § 14 WpHG Rz. 40 f.

Stimmrechte zu einigen, rechtfertigt nicht die Weitergabe von Insiderinformationen[230]. Dies gilt nicht nur dann, wenn der Vorstand der börsennotierten Aktiengesellschaft nicht zum Kreis der Familienaktionäre zählt, sondern auch – und gerade –, wenn der Vorstand selber Familienaktionär ist. In diesem Falle befindet er sich in einer äußerst schwierigen Situation, da ihm die Poolvereinbarung die Pflicht zur Informationsweitergabe auferlegen kann. Insoweit kann sich der Vorstand/Familienaktionär darauf berufen, dass er gegen den Poolvertrag verstoßen muss, da er einer gesetzlichen Schweigepflicht unterliegt. Soweit der Aktionärspool jedoch ein „herrschendes Unternehmen" darstellt, können Informationen zwecks Konzernleitung weitergegeben werden[231].

Streitig war, ob der Vorstand auf Fragen von Aktionären in der **Hauptversammlung** gemäß § 131 AktG befugt ist, Insiderinformationen ohne gleichzeitige Herbeiführung einer Öffentlichkeit zu erteilen. Kurz nach Verabschiedung des WpHG wurde dies mit der Begründung vertreten, dass jegliche Informationsweitergabe aufgrund einer gesetzlichen Verpflichtung als befugt i.S.v. § 14 Abs. 1 Nr. 2 WpHG a.F. anzusehen ist[232]. Demgegenüber hält die heute ganz h.M. die Weitergabe von Insiderinformationen in der Hauptversammlung nur dann für befugt, wenn gleichzeitig eine **Öffentlichkeit** hergestellt wird[233]. Erfolgt keine gleichzeitige Ad-hoc-Publizität gemäß Art. 17 MAR, muss der Vorstand die Auskunft nach § 131 Abs. 3 Nr. 5 AktG verweigern[234].   14.71

4. Optionsprogramme

Eine nicht unerhebliche Bedeutung haben auch in Deutschland Optionsprogramme für Mitarbeiter und Vorstände der börsennotierten Aktiengesellschaften gewonnen (aktienbasierte variable Vergütung). Seit der Entscheidung des BGH zu der Unzulässigkeit von Optionsprogrammen zugunsten von Aufsichtsratsmitgliedern[235] ist begünstigtes Organ nur der Vorstand[236]. Insiderrechtliche Fragen dürften sich meist im Zusammenhang mit den **Aktienoptionen von Führungskräften** stellen und gelegentlich bei sonstigen Mitarbeitern, die aufgrund ihrer wirtschaftlichen Bedeutung für die Gesellschaft[237] Optionen erhalten haben[238]. Bei der Beurteilung der Relevanz des Insiderrechts für das Stock-Option-   14.72

---

230 Weitgehend unstrittig, vgl. nur *Assmann*, AG 1997, 50, 56 f.; *Assmann* in Assmann/Uwe H. Schneider/Mülbert, Wertpapierhandelsrecht, Art. 10 VO Nr. 596/2014 Rz. 41; *Hopt*, ZGR 1997, 1, 15 f.; *Schlauss*, Bankrechtstag, S. 35, 37; *Schäfer* in Schäfer/Hamann, Kapitalmarktgesetze, § 14 WpHG Rz. 40; *Kumpan/Grütze* in Schwark/Zimmer, Art. 10 MAR Rz. 52 f.; *Hammen* in BuB, Rz. 3/738; *Uwe H. Schneider/Singhof* in FS Kraft, 1998, S. 585, 603 f.; *Mennicke* in Fuchs, § 14 WpHG Rz. 290.
231 Vgl. *Menke*, NZG 2004, 697 ff.; allg. zu gesellschaftsrechtlichen Aspekten der Informationsweitergabe im Konzern *Fleischer*, ZGR 2009, 505 ff.; *Habersack*, DB 2016, 1551 ff.; *Klöhn* in Klöhn, Art. 10 MAR Rz. 116, 126 ff.
232 So insb. *Benner-Heinacher*, DB 1995, 765, 766; *Irmen* in BuB, Rz. 7/740.
233 *Assmann*, AG 1997, 50, 57; *Assmann* in Assmann/Uwe H. Schneider/Mülbert, Wertpapierhandelsrecht, Art. 10 VO Nr. 596/2014 Rz. 35; *Götz*, DB 1995, 1549, 1551; *Hopt*, ZHR 159 (1995), 135, 156 f.; *Hartmann*, Juristische und ökonomische Regelungsprobleme des Insiderhandels, S. 240 f.; *Joussen*, DB 1994, 2485 ff.; *Krauel*, Insiderhandel, S. 297; *Lenenbach*, Kapitalmarktrecht, Rz. 13.165; *Schäfer* in Schäfer/Hamann, Kapitalmarktgesetze, § 14 WpHG Rz. 83; *Soesters*, Insiderhandelsverbote des Wertpapierhandelsgesetzes, S. 194; *Waldhausen*, Ad-hoc-Publizität, S. 54; *Sethe*, ZBB 2006, 243, 251; *Kumpan/Grütze* in Schwark/Zimmer, Art. 10 VO Nr. 596/2014 Rz. 51; *Klöhn* in Klöhn, Art. 10 MAR Rz. 110 f.
234 *Joussen*, DB 1994, 2485, 2488; *Hopt*, ZHR 159 (1995), 135, 156 f.; *Götz*, DB 1995, 1549, 1551; *Assmann*, AG 1997, 50, 57; *Claussen*, Insiderhandelsverbot, Rz. 43.
235 Vgl. BGH v. 16.2.2004 – II ZR 316/02, WM 2004, 629 ff. = ZIP 2004, 613 ff. = AG 2004, 265 f.
236 Zu den Fragen des Einsatzes von Wandel- und Optionsanleihen sowie sonstigen schuldrechtlichen Gestaltungen für die Vergütung von Aufsichtsratsmitgliedern vgl. *Paefgen*, WM 2004, 1169, 1172 f.; *Peltzer*, NZG 2004, 509 ff.; zu *aktienrechtlichen* Fragen von Share-Matching-Plänen vgl. *Wagner*, BB 2010, 1739 ff.
237 Z.B. als besonders gute Verkäufer oder Leiter wichtiger Abteilungen.
238 Zu unmittelbar aktienbasierten – statt optionsbasierten – Modellen vgl. *von Zehmen*, BB 2021, 628, 634 f. m.w.N.

Programm ist zwischen den einzelnen Stadien zu differenzieren. Einigkeit besteht, dass bei der Einrichtung von Aktienoptionsprogrammen eine Insiderrelevanz regelmäßig nicht gegeben ist. Zwar sind die durch die Optionspläne Begünstigten regelmäßig Primärinsider, doch soll zumindest während der Vorbereitungsphase wie auch der Beschlussfassungsphase über die Implementierung des Plans kein Erwerbs- oder Veräußerungsvorgang vorliegen[239]. Bei der Vereinbarung über die Gewährung der Optionen wird jedoch angenommen, dass dies bereits insiderrechtlich relevant sein kann, weil bei Beschaffung einer Deckung für die von der Gesellschaft auszugebenden Optionen z.B. im Wege des Rückkaufs eigener börsennotierter Aktien der Abschluss der Vereinbarung über die Gewährung der Optionen einen Erwerbsvorgang i.S.d. Art. 14 MAR darstellen kann, wenn man eine schuldrechtliche Vereinbarung insoweit ausreichen lässt (vgl. dazu Rz. 14.39)[240]. Voraussetzung ist jedoch, dass die Optionen bereits Insiderpapiere darstellen, was mangels Börsennotierung häufig noch nicht der Fall sein wird[241]. Selbst wenn die vertragliche Vereinbarung über die **Einräumung** der Option grundsätzlich **insiderrechtlich relevant** sein könnte, wird jedoch regelmäßig ein Verstoß verneint, weil es an einer Verwendung einer Insiderinformation fehlt, da das Optionsrecht als Teil des zwischen Aufsichtsrat und Vorstand ausgehandelten Vergütungsanspruchs und nicht „in Ausnutzung" oder „unter Verwendung" von Insiderwissen gewährt wird[242]. Die Insiderrelevanz scheitert heute jedoch nicht mehr daran, dass die Optionen keine Insiderpapiere i.S.v. Art. 8 MAR darstellen, da es sich um Finanzinstrumente i.S.v. Art. 2 Abs. 1 Unterabs. 1 MAR handelt (vgl. Rz. 14.7 f.)[243]. Dies gilt auch dann, wenn es sich bei den zugeteilten Optionen um abgetrennte Warrants von Optionsschuldverschreibungen oder von Dritten „nackt" begebene Optionsscheine handelt.

14.73 Grundsätzlich kann die **Ausübung einer Option** einen **insiderrechtlich relevanten Akt** darstellen, wenn die veroptionierten Aktien bereits börsennotiert sind oder ein Antrag auf Zulassung gestellt oder angekündigt wurde[244]. Trotz Zulassung der bezogenen Aktien wird i.d.R. jedoch kein Verstoß gegen ein Insiderverbot vorliegen, da die Ausübung der Option seitens des Optionsberechtigten davon abhängen wird, ob die Option „im Geld" oder „aus dem Geld" ist, es mithin an einem „Nutzen" i.S.d. von Art. 14 lit. a MAR fehlt bzw. der Insider keinen Sondervorteil erzielt, wenn er die Option ausübt und sodann die Aktie hält (allerdings kann ein anschließender Verkauf der Aktie einen Verstoß gegen das Insiderhandelsverbot darstellen – dazu sogleich)[245]. Ist im Zeitpunkt ihrer Ausübung die Option

---

239 Vgl. *Assmann* in Assmann/Uwe H. Schneider/Mülbert, Wertpapierhandelsrecht, Art. 8 VO Nr. 596/2014 Rz. 69; *Dietborn* in Kessler/Sauter, Hdb. Stock-Options, Rz. 827 ff.
240 Vgl. dazu *Dietborn* in Kessler/Sauter, Hdb. Stock-Options, Rz. 831 f.; *Casper*, WM 1999, 363, 365.
241 Hierauf weist zu Recht hin *Assmann* in Assmann/Uwe H. Schneider/Mülbert, Wertpapierhandelsrecht, Art. 8 VO Nr. 596/2014 Rz. 70 m.w.N.
242 *Assmann* in Assmann/Uwe H. Schneider/Mülbert, Wertpapierhandelsrecht, Art. 8 VO Nr. 596/2014 Rz. 70; *Veil* in Meyer/Veil/Rönnau, Hdb. Marktmissbrauchsrecht, § 7 Rz. 43 f.; *Kumpan/Schmidt* in Schwark/Zimmer, Art. 8 MAR Rz. 95; diese Differenzierung kann von Bedeutung werden, wenn ausnahmsweise dem Organmitglied ein Wahlrecht eingeräumt wird zwischen der Gewährung von Optionen und einer Tantieme, vgl. *Fürhoff*, AG 1998, 83, 84 f.; *Klasen*, AG 2006, 24, 29 sowie *Schwark/Kruse* in Schwark/Zimmer, § 14 WpHG Rz. 19, 28; *Schäfer* in Schäfer/Hamann, Kapitalmarktgesetze, § 14 WpHG Rz. 91; *Dietborn* in Kessler/Sauter, Hdb. Stock-Options, Rz. 834 f.; *Uwe H. Schneider*, ZIP 1996, 1769, 1775; *Versteegen/Schulz*, ZIP 2009, 110, 112 f.
243 Vgl. zum bisherigen Recht BaFin, Emittentenleitfaden 2013, S. 37; *Assmann* in Assmann/Uwe H. Schneider/Mülbert, Wertpapierhandelsrecht, Art. 8 VO Nr. 596/2014 Rz. 70; str., weil in Frage gestellt wird, ob von der Gesellschaft begebene Optionen dem Begriff des Insiderpapiers unterfallen, weil diese keinen „Preis" aufweisen würden, der von dem Preis von Finanzinstrumenten abhängt – so *Versteegen/Schulz*, ZIP 2009, 110, 112; **a.A.** *Klasen*, AG 2006, 24, 26; *von Dryander/Schröder*, WM 2007, 534, 536.
244 *Baums* in FS Claussen, 1997, S. 3, 46; *Casper*, WM 1999, 363, 365 ff.; *Uwe H. Schneider*, ZIP 1996, 1769, 1775.
245 *Assmann* in Assmann/Uwe H. Schneider/Mülbert, Wertpapierhandelsrecht, Art. 8 VO Nr. 596/2014 Rz. 72 m.w.N.; *Dietborn* in Kessler/Sauter, Hdb. Stock-Options, Rz. 838; *Fürhoff*, AG 1998, 83, 85; *Schwark/Kruse* in Schwark/Zimmer, § 14 WpHG Rz. 30 f.; *Mennicke* in Fuchs, § 14 WpHG Rz. 136 f.

"**im Geld**" und erwartet der Insider ein Ansteigen des Kurses der Aktie nach Optionsausübung, soll in der Ausübung kein Verstoß gegen Art. 14 lit. a MAR liegen. Jedenfalls bei engen Zeitfenstern für die Ausübung ist die Insiderinformation für die Ausübung nicht kausal, da lediglich „wirtschaftlich vernünftiges Verhalten" vorliegt[246]. Ob diese Sichtweise nach der Entscheidung des EuGH i.S. **Spector Photo Group** (dazu Rz. 14.43 ff.) aufrechterhalten werden kann, hängt davon ab, wie man die Vermutung des EuGH interpretiert (nur Verschulden oder auch Kausalität umfassend). Bei engen Zeitfenstern dürfte in der Ausübung einer „im Geld" befindlichen Option eine Widerlegung sogar bei einer Vermutung der Kausalität durch nicht durch Insiderwissen bedingtes, wirtschaftlich rationales Verhalten zu sehen sein.[247]

Nach Bezug der Aktien durch den Optionsinhaber unterliegt deren Veräußerung regelmäßig den allgemeinen Regeln des Insiderrechts[248]. Um den Optionsberechtigten nach Ausübung der Option eine insiderrechtlich unproblematische Veräußerung zu ermöglichen, sind verschiedene Vorschläge entwickelt worden[249]. In der Praxis hat sich im Anschluss an eine Empfehlung des Gesetzgebers[250] als die sicherste Lösung die Einrichtung von sog. **Handelsfenstern** für den Handel in eigenen Aktien durch Führungskräfte des Unternehmens entwickelt. Diese werden so gelegt, dass regelmäßig sämtliche kursrelevanten Informationen von dem Unternehmen dem Markt institutionalisiert zur Verfügung gestellt werden (wie z.B. unmittelbar nach Bilanz-Pressekonferenz, Quartalsberichte etc.), so dass aufgrund der Publizität nicht mit der Nutzung/Verwendung von Insidertatsachen/Insiderinformationen zu rechnen ist[251]. 14.74

Für das **Management** bisher **insiderrechtlich irrelevant** waren die als Alternativen zu den Stock-Option-Plänen entwickelten sog. „**Phantom-Stocks**" sowie sog. „**Stock-Appreciation-Rights**", weil beide keine Insiderpapiere i.S.v. § 12 Satz 1 Nr. 3 WpHG a.F. darstellten[252]. Streitig war dies jedoch für virtuelle Aktienoptionsprogramme[253]. Die Vertretbarkeit dieser Auffassung wird unter Geltung der MAR zweifelhaft. Sowohl Phantom-Stocks, Stock-Appreciation-Rights und virtuelle Aktienoptionsprogramme sind Finanzinstrumente, die zwar selbst nicht börsenzugelassen sind, deren Kurs oder Wert jedoch i.S.v. Art. 2 Abs. 1 lit. d MAR von dem Kurs oder Wert einer (börsennotierten) Aktie abhängt und damit ein Derivat i.S.v. Art. 2 Abs. 1 Nr. 29 MiFIR i.V.m. Art. 4 Abs. 1 Nr. 44 lit. c MiFID II bzw. Art. 2 Abs. 1 Satz 1 lit. d MAR sein können[254]. Allerdings führen ihre Ausübungen bzw. Abrechnung in Cash nicht zu einem „ungerechtfertigten Vorteil, der mittels Insiderinformationen zum Nachteil Dritter erzielt wird", denn die Ausübung führt nicht zu einer „Markttransaktion" (vgl. Erwägungsgrund 23 MAR) und die juristische Person, der gegenüber eine mögliche Insiderinformation genutzt wird, hat diese gleichermaßen. Zu berücksichtigen ist jedoch, dass Art. 19 MAR mit der Pflicht zur Veröffent- 14.75

---

246 *Mennicke* in Fuchs, § 14 WpHG Rz. 136 f.; *Assmann* in Assmann/Uwe H. Schneider/Mülbert, Wertpapierhandelsrecht, Art. 8 VO Nr. 596/2014 Rz. 72 m.w.N.
247 *Assmann* in Assmann/Uwe H. Schneider/Mülbert, Wertpapierhandelsrecht, Art. 8 VO Nr. 596/2014 Rz. 73 m.w.N.
248 *Assmann* in Assmann/Uwe H. Schneider/Mülbert, Wertpapierhandelsrecht, Art. 8 VO Nr. 596/2014 Rz. 73; *Casper*, WM 1999, 363, 367 f.; *Dietborn* in Kessler/Sauter, Hdb. Stock-Options, Rz. 840; *Fürhoff*, AG 1998, 83, 85; *Uwe H. Schneider*, ZIP 1996, 1769, 1775.
249 Vgl. dazu *von Rosen*, WM 1998, 1810 ff.
250 Begr. RegE KonTraG, BT-Drucks. 13/9712, S. 14.
251 Vgl. dazu ausführlich *Casper*, WM 1999, 363, 367 f. sowie *Klasen*, AG 2006, 24, 30 ff. – sowie auch zu den sonstigen Vorschlägen.
252 BaFin, Emittentenleitfaden (2013), S. 31 f.; *Klasen*, AG 2006, 24, 27; *Klöhn* in KölnKomm. WpHG, § 12 WpHG Rz. 21; *Casper*, WM 1999, 363, 369 f.; *Dietborn* in Kessler/Sauter, Hdb. Stock-Options, Rz. 824, 847; *Feddersen*, ZHR 161 (1997), 269, 285; zu Aktienüberlassungen, Wertsteigerungsplänen, Stock Appreciation Rights und Phantom Stocks vgl. *Klasen*, AG 2006, 24 ff.
253 Vgl. *Klöhn* in KölnKomm. WpHG, § 12 WpHG Rz. 21.
254 So auch *Assmann* in Assmann/Uwe H. Schneider/Mülbert, Wertpapierhandelsrecht, Art. 19 VO Nr. 596/2014 Rz. 66 m.w.N.; *Klöhn* in Klöhn, Art. 2 MAR Rz. 101.

lichung von Geschäften von Führungspersonen über das Insiderhandelsverbot hinaus eine Information des Marktes beabsichtigt[255]. Würden Phantom-Stocks, Stock-Appreciation-Rights und virtuelle Aktienprogramme generell vom Anwendungsbereich der MAR ausgenommen, entfiele diese Marktinformation, was nicht der sich auch an Art. 10 Abs. 2 lit. b Delegierte VO (EU) 2016/522 zeigenden Intention des Gesetzgebers entspricht. Die BaFin hat hierzu in ihren FAQ[256] dahingehend Stellung genommen, dass diese Geschäfte nicht der Meldepflicht wegen Directors' Dealings unterfallen. In der Praxis wird man aus Vorsichtsgründen von einer Anwendbarkeit der MAR ausgehen, bis die Frage abschließend geklärt ist[257]. Für eine **Gesellschaft**, die eigene Aktien zur Bedienung eines Optionsprogramms erwirbt, gilt Art. 14 MAR (dazu Rz. 14.55)[258].

5. Management Buy-Out (MBO)

14.76 Ein Management Buy-Out einer börsennotierten Aktiengesellschaft ist in der Bundesrepublik bisher eher selten und erfolgt meist unter Beteiligung von Buy-Out-Fonds. Dass dies jedoch nicht unmöglich ist, zeigt der – im Ergebnis fehlgeschlagene – Versuch eines Management Buy-Out von RJR Nabisco in den USA im Jahre 1988, der zu seiner Zeit den größten bis dahin intendierten MBO darstellte[259]. Anders als bei den typischen MBOs erwirbt das Management die Gesellschaft jedoch nicht von einem kleinen Kreis von Gesellschaftern, sondern von Aktionären einer börsengehandelten Aktiengesellschaft.

14.77 Hat die Gesellschaft einen oder mehrere Großaktionäre, wird das Management typischerweise zunächst mit diesen Kontakt aufnehmen und die Möglichkeit eines Buy-Out eruieren. Ziel eines MBO ist regelmäßig jedoch nicht die Übernahme einer wesentlichen Beteiligung oder der Mehrheit an der Gesellschaft sondern die völlige Übernahme der Gesellschaft durch das Management. Dies ist i.d.R. schon deshalb notwendig, weil die Aktiva der Gesellschaft von dem auskaufenden Management genutzt werden zur Finanzierung des Erwerbs der Anteile[260]. Es wird daher bei einem **MBO einer börsennotierten Aktiengesellschaft** regelmäßig ein Übernahmeangebot an sämtliche Aktionäre mit dem Ziel eines Erwerbs von insgesamt mind. 95 % der Aktien zur Ermöglichung eines anschließenden Squeeze-out gemäß §§ 327a ff. AktG notwendig werden. Unabhängig von dem Bestehen von Groß- oder Mehrheitsaktionären setzt daher ein MBO einer börsennotierten Aktiengesellschaft ein **Übernahmeangebot** voraus[261].

14.78 Die insiderrechtlichen Pflichten des das Übernahmeangebot abgebenden Managements entsprechen daher den insiderrechtlichen **Verpflichtungen des Managements einer Bietergesellschaft** im herkömmlichen Fall eines Übernahmeangebotes. Es unterscheidet sich von einem herkömmlichen Übernahmeangebot jedoch dadurch, dass das Management der Zielgesellschaft der Bieter ist[262] und typischerweise nicht erst durch eine Due Diligence, sondern schon bei Fassung des Übernahmebeschlusses die Insiderinformation besitzt.

---

255 Vgl. ESMA, Q&A on MAR, Version 6 v. 30.5.2017, Frage 7.5.
256 8. Version, Stand: 13.9.2017, Frage II.12.
257 Vgl. auch *Stenzel*, DStR 2017, 883, 885; *Hitzer/Wasmann*, DB 2016, 1483, 1485; *Kumpan*, AG 2016, 446, 451; *Söhner*, BB 2017, 259, 264 f.
258 Zur Nutzung von Call- und Put-Optionen zur Bedienung von Aktienoptionsplänen durch die Gesellschaft aus österreichischer Sicht vgl. *Gruber/Aburumieh*, ÖBA 2006, 45 ff.
259 Vgl. dazu das faktisch auch heute noch sehr informative Buch von *Burrough/Helyar*, Barbarians at the Gate, Verlag Random House, 1990.
260 Dazu und zu deren Grenzen vgl. *Freitag*, AG 2007, 157 ff. m.w.N.
261 Dies berücksichtigt nicht hinreichend *Fürhoff*, AG 1998, 83, 86 f.; zu den weiteren Beschränkungen der Nutzung der Aktiva der Zielgesellschaft zur Finanzierung des Buy Out vgl. *Class*, Der Buy Out von Aktiengesellschaften, 2000, sowie *Freitag*, AG 2007, 157 ff.
262 Ebenso *Fürhoff*, AG 1998, 83, 86 f.

Das **erwerbende Management** ist grundsätzlich **(Primär-)Insider** i.S.v. Art. 8 Abs. 4 lit. a MAR. Hat 14.79
es Insiderkenntnisse über die Zielgesellschaft, dessen Vorstand das Management ist, unterlag es nach
früherem Recht dem Nutzungsverbot des § 14 Abs. 1 Nr. 1 WpHG a.F. Von dieser Insiderkenntnis zu
unterscheiden ist der Beschluss des Managements, die Aktiengesellschaft für eigene Rechnung zu erwerben. Diese Insidertatsache unterlag und unterliegt nach Art. 9 Abs. 5 MAR (dazu Rz. 14.54) **nicht**
dem **Nutzungsverbot**[263]. Schon die Marktmissbrauchsrichtlinie, die durch das AnSVG in deutsches
Recht umgesetzt wurde, lautet in ihrem Erwägungsgrund 29: „Der Zugang zu Insiderinformationen
über eine andere Gesellschaft und die Verwendung dieser Informationen bei einem öffentlichen Übernahmeangebot mit dem Ziel, die Kontrolle über dieses Unternehmen zu erwerben oder einen Zusammenschluss mit ihm vorzuschlagen, sollte als solche nicht als Insidergeschäft gelten" (vgl. hierzu ausführlich bei Rz. 14.88 ff.). Sehr strittig war, ob dem Wortlaut dieses Erwägungsgrundes zu entnehmen
war, dass Insiderinformationen der Zielgesellschaft von dem den Buy-Out betreibenden Management
verwertet werden durften[264]. Unter Geltung der MAR dürfte sich die Auffassung, dass das Management Insiderwissen für das Übernahmeangebot nutzen darf, kaum mehr aufrecht erhalten lassen. Für
den Fall eines Drittbieters, dem die Zielgesellschaft eine Due Diligence erlaubt hat, sieht Art. 9 Abs. 4
MAR ausdrücklich vor, dass die Vermutung der Nutzung der Insiderinformation nur dann nicht gelten soll, wenn „zum Zeitpunkt der Genehmigung des Unternehmenszusammenschlusses oder der Annahme des Angebotes durch die Anteilseigner des betreffenden Unternehmens sämtliche Insiderinformationen öffentlich gemacht worden sind". Mag das MBO-Angebot durch den Vorstand also noch in
Kenntnis von Insiderinformationen erfolgen, so muss die Informationsgleichheit spätestens bei Geschäftsabschluss vorliegen, so dass damit die Nutzung eines Informationsvorsprungs durch das Management ausscheidet.

Das das Übernahmeangebot abgebende Buy-Out Management darf somit zwar keine Insiderinformation über die Zielgesellschaft zur Abgabe des Übernahmeangebotes nutzen, jedoch durchaus eine von 14.80
der vorherrschenden (Börsen-)Bewertung abweichende Vorstellungen von der zukünftigen Entwicklung der Gesellschaft haben. Wenn es seine Entscheidung lediglich aufgrund **öffentlich bekannter Informationen** trifft, ist die Abgabe des Übernahmeangebotes insiderrechtlich ohnehin nicht zu beanstanden[265]. – Im Rahmen der Durchführung des Übernahmeangebotes obliegt dem Management die
Pflicht zur Meldung von Eigengeschäften gemäß Art. 19 MAR (dazu Rz. 16.13).

6. Paketaufbau/Due Diligence/Unternehmenskäufe (M&A)

Die Entscheidung eines Unternehmens, eine **Beteiligung** an einem anderen, börsennotierten Unter- 14.81
nehmen zu erwerben, stellt grundsätzlich eine (selbstgeschaffene) Insiderinformation dar. Für deren
Umsetzung (und damit: Nutzung) gilt nach Art. 9 Abs. 5 MAR grds. nicht die Vermutung der Nutzung (vgl. Rz. 14.46). Häufig wird im Vorgriff auf einen endgültigen diesbezüglichen Beschluss, auf
den nach § 10 Abs. 6 WpÜG der Art. 17 MAR nicht anzuwenden ist, ein Erwerb von Aktien durchgeführt, der nicht zu einer Mitteilungspflicht nach §§ 33 ff. WpHG (bis 2.1.2018: §§ 21 ff.) bei der
Zielgesellschaft führt, durch den also die Beteiligungsgrenze von 3 % der Stimmrechte der börsennotierten Gesellschaft nicht erreicht wird. Selbst ein derartiger **Paketaufbau** kann bereits eine Insiderinformation darstellen. Für den Erwerber stellt die Umsetzung seiner Entscheidung zum Paketaufbau
jedoch keinen Verstoß gegen das Nutzungsverbot des Art. 14 lit. a MAR dar. Dies statuiert ausdrücklich Erwägungsgrund 31 Satz 1 MAR.

---

263 Unstr., vgl. zum bisherigen Recht nur *Fürhoff*, AG 1998, 83, 87; Begr. RegE BT-Drucks. 12/6679, S. 46;
vgl. zur MAR *Assmann* in Assmann/Uwe H. Schneider/Mülbert, Wertpapierhandelsrecht, Art. 9 VO
Nr. 596/2014 Rz. 23.
264 So *Bachmann*, ZHR 172 (2008), 597, 628; *Nietsch*, ZHR 174 (2010), 556, 587 ff.; BaFin, Emittentenleitfaden, sub III.2.2.1.4.3, S. 38; **a.A.** *Cascante/Bingel*, AG 2009, 894, 901; *Fromm-Russenschuck/Banerjea*,
BB 2004, 2425, 2426; *Mennicke* in Fuchs, § 14 WpHG Rz. 90.
265 Es kann daher insoweit auf die Ausführungen bei Rz. 14.88 ff. verwiesen werden.

14.82 Erfolgt der Paketaufbau in Form eines **Pakethandels**[266], so kann die Kauf- bzw. Verkaufsabsicht zwar eine Insidertatsache darstellen, diese jedoch von dem Käufer bzw. Verkäufer aus den gleichen Gründen wie die korrespondierende Absicht des Verkäufers bzw. Käufers umgesetzt werden. Etwas anderes kann jedoch dann gelten, wenn der Käufer bzw. Verkäufer seinen Kauf- bzw. Verkaufsentschluss aufgrund von Insiderinformationen über die Gesellschaft trifft[267].

14.83 Geht der Paketaufbau durch den Erwerber in den **Aufbau einer Beteiligung** über, so wird ein Käufer die größere Investition typischerweise nur nach Durchführung einer **Due Diligence** (dazu Rz. 10.1 ff.) bei dem Zielunternehmen vornehmen[268]. Hierbei stellen sich für den Vorstand der Zielgesellschaft die Fragen, ob er die Due Diligence zulassen darf, ob deren Zulassung ad-hoc-publizitätspflichtig ist und ob im Rahmen der Due Diligence dem Erwerber Insiderinformationen mitgeteilt werden dürfen und wie diese im Falle einer Mitteilung zu behandeln sind. Für den die Due Diligence durchführenden Erwerber stellt sich die Frage, ob im Rahmen der Due Diligence erlangte Insiderinformationen bei der Durchführung des nachfolgenden Erwerbs verwendet werden dürfen.

14.84 Nach anfänglichen Unsicherheiten geht die ganz h.L. davon aus, dass der Vorstand der Zielgesellschaft aktienrechtlich nicht gegen seine Pflichten nach § 93 AktG verstößt, wenn er die **Due Diligence** zulässt[269]. Von der h.L. wird jedoch gefordert, dass zuvor ein sog. „**Letter of Intent**" mit einer **Vertraulichkeitsverpflichtung** für den Vorstand des Erwerbers abgeschlossen wird[270]. Voraussetzung für die Zulässigkeit der Zulassung einer Due Diligence durch den Vorstand der Zielgesellschaft ist jedoch, dass rechtlich anerkennenswerte Gründe und Interessen der Zielgesellschaft gegeben sind. Andernfalls würde der Vorstand der Zielgesellschaft gegen seine Verpflichtung aus § 53a AktG verstoßen, weil er im Interesse des verkaufswilligen Groß- bzw. Mehrheitsaktionärs und nicht im Interesse der Gesellschaft handelte[271].

14.85 Die Zulassung der **Due Diligence** durch den Vorstand der Zielgesellschaft stellt einen nicht öffentlich bekannten Umstand dar, der im Tätigkeitsbereich des Emittenten eingetreten ist und häufig geeignet sein wird, den Börsenpreis der zugelassenen Wertpapiere erheblich zu beeinflussen. Art. 9 Abs. 4 Unterabs. 1 MAR verneint eine Nutzung der Insiderinformation, wenn die Insiderinformation „im Zuge der Übernahme eines Unternehmens oder Unternehmenszusammenschlusses oder auf der Grundlage eines öffentlichen Angebotes erworben" werden und die Insiderinformationen ausschließlich genutzt wird, „um den Unternehmenszusammenschluss oder die Übernahme auf der Grundlage eines öffentlichen Angebots weiterzuführen". Weitere Voraussetzung ist jedoch, dass „zum Zeitpunkt der Genehmigung des Unternehmenszusammenschlusses oder der Annahme des Angebotes durch die Anteilseigner des

---

266 Bei einem Pakethandel sind auf Käufer- wie auf Verkäuferseite regelmäßig nur ein oder wenige Investoren involviert, während bei einem Block-Trade zwar nur ein Käufer bzw. Verkäufer jedoch eine Vielzahl von Investoren als Verkäufer bzw. Käufer tätig werden – vgl. zu der Abgrenzung *Schlitt/Schäfer*, AG 2004, 346, 347; andere grenzen danach ab, ob weniger als 5 % oder 10 % des Grundkapitals gehandelt werden (dann Blockhandel) oder mehr (dann Pakethandel) – vgl. zu dieser Abgrenzung *Hammen*, WM 2004, 1953, 1955 m.w.N.
267 *Schlitt/Schäfer*, AG 2004, 346, 354 m.w.N.
268 Zu der Pflicht des Vorstandes zur Vornahme einer Due Diligence vgl. *Kiethe*, NZG 1999, 976, 981 ff.
269 *Rittmeister*, NZG 2004, 1032, 1035 f.; *Götze*, BB 1998, 2326, 2328 f.; *Roschmann/Frey*, AG 1996, 449 ff.; *Mertens*, AG 1997, 541 ff.; *Schröder*, DB 1997, 2161 ff.; *Bihr*, BB 1998, 1198 ff. (jedoch einschränkend auf Durchführung durch unbeteiligten Wirtschaftsprüfer mit anschließender bloßer Ergebnismitteilung); *Kiethe*, NZG 1999, 976, 978 f.; **a.A.** jedoch *Lutter*, ZIP 1997, 613, 116 ff.
270 *Hammen* in BuB, Rz. 7/737; *Schröder*, DB 1997, 2161, 2163; *Kiethe*, NZG 1999, 976, 979; zurückhaltend: *Schwark/Schmidt* in Schwark/Zimmer, Art. 8 MAR Rz. 84; *Wackerbarth* in MünchKomm. AktG, 3. Aufl. 2011, § 10 WpÜG Rz. 92; *Rittmeister*, NZG 2004, 1032, 1035 f.; *Brandi/Süßmann*, AG 2004, 642, 647.
271 Enger *Bachmann*, ZHR 172 (2008), 597, 625 f.: dreistufige Voraussetzung: Ernsthaftigkeit der Kaufabsicht, Vertraulichkeitserklärung und Prüfung der „Unerlässlichkeit der Weitergabe einer Insiderinformation im Interesse des Marktes"; dagegen zutreffend *Assmann*, ZHR 172 (2008), 635, 652; *Assmann* in Assmann/Uwe H. Schneider/Mülbert, Wertpapierhandelsrecht, Art. 9 VO Nr. 596/2014 Rz. 20 ff.

betreffenden Unternehmens sämtliche Insiderinformationen öffentlich gemacht worden sind oder auf andere Weise ihren Charakter als Insiderinformation verloren haben". Allerdings gelten diese Regelungen nach Art. 9 Abs. 4 Unterabs. 2 MAR ausdrücklich **nur für eine Übernahme** und nicht für einen Beteiligungsaufbau. Diesen definiert Art. 3 Abs. 1 Nr. 31 MAR als „den Erwerb von Anteilen an einem Unternehmen, durch den keine rechtliche oder regulatorische Verpflichtung entsteht, in Bezug auf das Unternehmen ein öffentliches Übernahmeangebot abzugeben". Für einen bloßen Paketaufbau oder den Aufbau einer **Beteiligung unterhalb von 30 %** sieht die MAR somit keine Privilegierung vor, so dass es bei dem grundsätzlichen Verbot der Nutzung der Insiderinformation bleibt[272]. Aufgrund der Eignung zur erheblichen Kursbeeinflussung stellt die Zulassung der Due Diligence grundsätzlich eine ad-hoc-publizitätspflichtige Tatsache dar. Insoweit wird man den Emittenten nach dem Rechtsgedanken von Art. 9 Abs. 4 Unterabs. 2 MAR i.V.m. Art. 17 Abs. 4 Satz 1 lit. a MAR berechtigt ansehen müssen, die Offenlegung der Insiderinformation nur dann aufzuschieben, wenn eine Übernahme geplant ist.

Je gründlicher die Due Diligence von dem Erwerber durchgeführt wird, desto wahrscheinlicher ist, dass ihm Insiderinformationen über das Zielunternehmen bekannt werden. Für den **Vorstand der Zielgesellschaft** stellt sich damit die Frage, ob er hierdurch gegen das Mitteilungsverbot bzw. das **Verbot der Zugängigmachung** in Art. 14 lit. c MAR verstößt. Nach früherem wie nach neuem Recht ist entscheidend, ob die Zugängigmachung der Insiderinformationen „unbefugt" bzw. unrechtmäßig erfolgt. Die fast einhellige Auffassung hält die Weitergabe der Information für befugt, da andernfalls ein Verkauf scheitern würde[273]. Mit der gleichen Begründung nimmt die bisher h.M. auch eine **befugte Weitergabe** von Insiderinformationen an, wenn diese nicht im Rahmen der Due Diligence selbst sondern aufgrund vorheriger Information des verkaufswilligen Aktionärs von diesem weitergegeben werden[274]. Es erscheint jedoch zweifelhaft, ob diese Meinung auch unter der Geltung der MAR noch aufrechterhalten werden kann. Für den **Vorstand der Bietergesellschaft** stellt sich bei der Erlangung von Insiderinformationen zudem die Frage, ob er ohne Ad-hoc-Publizität noch Käufe tätigen kann (sog. **alongside purchases**), ohne gegen das Nutzungsverbot zu verstoßen. Dies wird von der bisher h.L. mit Differenzierungen im Einzelnen unter Rückgriff auf die sog. „**Masterplan-Ausnahme**" grds. für zulässig erachtet[275], was sich heute jedoch je nach Interpretation der Entscheidung des EuGH i.S. Spector Photo **Group** und von Erwägungsgrund 25 MAR nur schwerlich aufrechterhalten lassen wird (dazu Rz. 14.43 f.).[276] Nicht fernliegend dürfte die Intention der MAR sein, sämtliche Transaktionen unterhalb der 30 %-Schwelle wie „normale" Börsengeschäfte zu behandeln und von jeglicher Privilegierung auszunehmen (vgl. in diesem Sinne auch Erwägungsgrund 27 MAR). 14.86

Die vorstehenden Ausführungen zu der Zulassung einer Due Diligence und den sich in diesem Zusammenhang stellenden Fragen des Aktien-, Insider- und Ad-hoc-Publizitätsrechts gelten jedenfalls, wenn ein gesamter **Unternehmenskauf** oder ein **Übernahmeangebot** geplant wird. Erwägungsgrund 29 der Markmissbrauchsrichtlinie hatte folgenden Wortlaut: „Der Zugang zu Insiderinformationen über eine andere Gesellschaft und die Verwendung dieser Informationen bei einem öffentlichen Übernah- 14.87

---

272 *Assmann* in Assmann/Uwe H. Schneider/Mülbert, Wertpapierhandelsecht, Art. 9 VO Nr. 596/2014 Rz. 19.
273 *Assmann* in Assmann/Uwe H. Schneider/Mülbert, Wertpapierhandelsecht, Art. 9 VO Nr. 596/2014 Rz. 20 ff.; *Marsch-Barner* in Semler/Volhard, ArbeitsHdb. Unternehmensübernahmen, § 7 Rz. 127; *Mertens*, AG 1997, 541, 545; *Mennicke* in Fuchs, § 14 WpHG Rz. 303 f.; *Roschmann/Frey*, AG 1996, 449, 453; *Schröder*, DB 1997, 2161, 2165; *Schwark/Kruse* in Schwark/Zimmer, § 14 WpHG Rz. 57; *Stoffels*, ZHR 165 (2001), 362, 380 f.; *Süßmann*, AG 1999, 162, 169; *Brandi/Süßmann*, AG 2004, 642, 645; zweifelnd *Ziemons*, NZG 2004, 537, 539; *Diekmann/Sustmann*, NZG 2004, 929, 931; *Weimann*, DStR 1998, 1556, 1560 f.
274 *Assmann* in Assmann/Uwe H. Schneider, 6. Aufl. 2012, § 14 WpHG Rz. 164; *Fürhoff*, AG 1998, 83, 87; *Irmen* in BuB, Rz. 7/736; *Schmidt-Diemitz*, DB 1996, 1809, 1810; *Schwark/Kruse* in Schwark/Zimmer, § 14 WpHG Rz. 57.
275 Dazu ausführlich *Bank*, NZG 2012, 1337, 1340 ff. m.w.N.
276 Vgl. *Kumpan/Schmidt* in Schwark/Zimmer, Art. 8 MAR Rz. 92 m.w.N.

meangebot mit dem Ziel, die Kontrolle über dieses Unternehmen zu erwerben oder einen Zusammenschluss mit ihm vorzuschlagen, sollten als solche nicht als Insider-Geschäft gelten". Teilweise wurde aus dieser Formulierung quasi als Umkehrschluss hergeleitet, dass jedes Handeln im Besitz von Insiderinformationen ein „Verwenden" der Insiderinformation ist, wenn es nicht unter den engen Ausnahmetatbestand des 29. Erwägungsgrundes bzw. Art. 2 Abs. 3 der Marktmissbrauchsrichtlinie fiel, weshalb weitere Käufe vor Durchführung des öffentlichen Übernahmeangebotes unzulässig wären[277]. Dem wurde jedoch zu Recht entgegengehalten, dass bei vorher gefasstem Gesamtentschluss die Kausalität der Insiderkenntnis nicht besteht und jedenfalls ein Pakethandel, wenn nicht auch ein Erwerb über die Börse, zulässig sein müsse[278]. Soweit jedoch die Insiderinformation auf Grund der Due Diligence zu sog. **Alongside-Käufen** veranlasst, wird die Information „verwendet"[279]. Art. 9 Abs. 4 MAR wird als Zustimmung zu dieser Auffassung zu werten sein, wenn er die Nutzung der Insiderinformation durch das Übernahmeangebot insoweit verneint, wie der Charakter als Insiderinformation vor Annahme des Angebotes weggefallen ist. Anders als nach dem früheren Recht muss nunmehr jedoch der Wegfall der Eigenschaft als Insiderinformation gewährleistet sein.

7. Übernahmeangebote/„Taking Private"

14.88 Zahlreiche bisher nicht völlig geklärte Fragen stellen sich im Zusammenhang mit Wertpapiererwerbs- und Übernahmeangeboten. Von diesen werden nachfolgend Fragen im Zusammenhang mit freiwilligen Übernahmeangeboten bis zur Veröffentlichung des Übernahmeangebotes behandelt[280].

14.89 Spätestens mit der Entscheidung des Bieters zur Durchführung eines Übernahmeangebotes und den damit zusammenhängenden Vorbereitungshandlungen stellt der **Entschluss des Bieters** eine Insidertatsache bzw. Insiderinformation dar[281]. Z.T. wird argumentiert, dass ab diesem Zeitpunkt das **WpÜG dem Insiderrecht generell vorgeht** und dementsprechend die insiderrechtlichen Vorschriften überlagert. Begründet wurde dies damit, dass nach Erwägungsgrund 29 der Marktmissbrauchsrichtlinie (vgl. dazu bereits Rz. 14.87) der Zugang zu Insiderinformationen über die Zielgesellschaft und die Verwendung dieser Informationen bei einem öffentlichen Übernahmeangebot mit dem Ziel des Kontrollerwerbs oder des Vorschlages eines Zusammenschlusses nicht als Insidergeschäft gelten sollten[282]. Erwägungsgrund 27 und Art. 9 Abs. 4 MAR adressieren jedoch nicht mehr ausdrücklich den Zugang zu der Insiderinformation, sondern beziehen sich auf Insiderinformationen, die „im Zuge der Übernahme eines Unternehmens ... auf der Grundlage eines öffentlichen Angebots erworben" werden. Die englische Fassung formuliert: „such a person has obtained that inside information in the conduct of a public takeover or merger with a company and uses inside information solely for the purpose of proceeding with that merger or puplic takeover". Die deutsche Fassung einer „auf der Grundlage eines öffentlichen Übernahmeangebotes" erworbenen Insiderinformation könnte dahingehend interpretiert werden, dass die Insiderinformation kausal durch das öffentliche Angebot erworben sein muss. Ein derartiger Erwerb von Insiderinformation ist jedoch kaum vorstellbar. Die englische Formulierung „in the conduct of a public takeover" i.S.v. „im Zuge eines Übernahmeangebotes" ist demgegenüber weiter

---

277 *Ziemons*, NZG 2004, 537, 539 f.
278 *Bank*, NZG 2012, 1337, 1341 f.; *Fromm-Russenschuck/Banerjea*, BB 2004, 2425, 2426 f.; *Diekmann/Sustmann*, NZG 2004, 929, 931.
279 Heute unstr., vgl. nur *Assmann* in Assmann/Uwe H. Schneider, 6. Aufl. 2012, § 14 WpHG Rz. 165; BaFin, Emittentenleitfaden, sub III.2.2.1.4.2, S. 37 f.; *Mennicke* in Fuchs, § 14 WpHG Rz. 78; *Klöhn* in KölnKomm. WpHG, 2. Aufl. 2014, § 14 WpHG Rz. 200, 419; *Fromm-Russenschuck/Banerjea*, BB 2004, 2425, 2427; *Hasselbach*, NZG 2004, 1087, 1091; *Schlitt/Schäfer*, AG 2004, 346, 354; **a.A.** nur *Brandi/Süßmann*, AG 2004, 642, 646.
280 Zu den sich im Zusammenhang mit einem freiwilligen Übernahmeangebot nach Veröffentlichung stellenden Fragen sowie Pflichtangeboten vgl. Rz. 62.40 ff.; *Brandi/Süßmann*, AG 2004, 642, 651 ff.
281 Unstr., vgl. nur *Hirte* in KölnKomm. WpÜG, § 10 WpÜG Rz. 107 m.w.N.
282 So *Schwark* in Schwark, 3. Aufl. 2004, § 14 WpHG Rz. 53 a.E.; einschränkend nunmehr *Kumpan/Grütze* in Schwark/Zimmer, Art. 10 MAR Rz. 72 ff.; vgl. auch *Hopt*, ZGR 2002, 333, 357.

und die Formulierung „uses that inside information solely for the purpose of proceeding with that merger" verdeutlicht gleichermaßen, dass es sich um Insiderinformationen handelt, die auch vor Abgabe des Übernahmeangebotes erlangt wurden. Im Ergebnis sollte daher insoweit keine Änderung der Rechtslage im Vergleich zu der Marktmissbrauchsrichtlinie eingetreten sein. Dies enthebt jedoch nicht von der Notwendigkeit, jede einzelne Verhaltensweise insiderrechtlich daraufhin zu überprüfen, ob ein Verstoß gegen das Nutzungs- oder Mitteilungsverbot des Art. 14 lit. a und c MAR besteht[283]. Die BaFin[284] interpretiert materiell die Nutzung von Insiderinformation i.S.v. „im Zuge des Angebots gewonnen", betont jedoch die weitere Voraussetzung von Art. 9 Abs. 4 MAR, dass im Zeitpunkt der Genehmigung der Übernahme sämtliche Insiderinformationen öffentlich sein müssen.

Unstreitig ist, dass der zukünftige Bieter bereits vor Veröffentlichung seiner Entscheidung Aktien der Zielgesellschaft erwerben darf[285]. Fraglich ist, ob der Bieter berechtigt ist, seinen Entschluss **Dritten** mitzuteilen mit der Absicht, diese zu einem Voraberwerb von Wertpapieren der Zielgesellschaft zu bewegen (sog. **Warehousing**)[286]. Die Weitergabe der Information an den Dritten ist nach heute wohl überwiegender Lehre jedenfalls dann befugt i.S.v. Art. 10 Nr. 1 MAR, wenn entweder sog. Irrevocables abgeschlossen werden oder ein gemeinsames Gebot vereinbart wird[287]. Für „schlichtes" Warehousing soll analog Art. 9 Abs. 5 MAR keine Nutzung der Information über das Übernahmevorhaben vorliegen[288]. Dies ist seit Geltung des WpÜG den Regelungen der § 2 Abs. 5, § 31 Abs. 1 Satz 2, Abs. 3 WpÜG zu entnehmen, denn andernfalls wäre nicht erklärbar, wie es zu gemeinsam handelnden Personen i.S.d. genannten Vorschriften kommen kann. Tritt der mit der Information des Dritten durch den Bieter gewünschte Erfolg ein, beginnt dieser mit dem **Vorerwerb** von Wertpapieren der Zielgesellschaft. Hierin wird **kein Verstoß gegen das Nutzungsverbot** des Art. 14 lit. a MAR zu sehen sein, wenn die gemeinsam handelnden Personen bei Veröffentlichung der Angebotsunterlagen nach § 11 WpÜG, § 2 Nr. 1 WpÜG-AngVO auch ausdrücklich als solche genannt werden. Für in der Angebotsunterlage nicht genannte Dritte gelten die Vorschriften des Insiderrechts in vollem Umfang[289]. Dies hat insb. zu gelten, wenn der Warehouser auf eigene Rechnung handelt oder seine Vergütung an eine Änderung des Aktienkurses anknüpft[290].

14.90

Informiert der Bieter die Zielgesellschaft oder deren **Großaktionär** über seine Absicht, z.B. um festzustellen, ob eine „freundliche" Übernahme möglich ist, liegt in der Weitergabe der Insiderinformation wiederum eine **befugte Weitergabe**[291]. In diesem Moment werden die informierten Organe der Zielgesellschaft zu Primärinsidern[292] und es stellt sich für sie die Frage, ob sie ihrerseits zu einer Ad-

14.91

---

283 Überblick über alle Publizitätspflichten bei Übernahme börsennotierter Unternehmen bei *Lebherz*, WM 2010, 154 ff.; *Behn*, Ad-hoc-Publizität und Unternehmensverbindungen, 2012, S. 90 ff.; *Gunßer*, Ad-hoc-Publizität bei Unternehmenskäufen und -übernahmen, 2007, S. 53 ff.
284 Emittentenleitfaden, Modul C (3/2020), I. 4.2.5.2.1.5.
285 Vgl. bereits oben bei Rz. 14.81 ff. (Paketaufbau) sowie *Hirte* in KölnKomm. WpÜG, § 10 WpÜG Rz. 108; *Kumpan/Grütze* in Schwark/Zimmer, Art. 9 MAR Rz. 70 f.; *Assmann* in Assmann/Uwe H. Schneider/Mülbert, Wertpapierhandelsrecht, Art. 9 VO Nr. 596/2014 Rz. 19.
286 Vgl. zur Definition und zu Erscheinungsformen *Bueren/Weck*, BB 2014, 67 f.
287 *Assmann* in Assmann/Uwe H. Schneider/Mülbert, Wertpapierhandelsrecht, Art. 9 VO Nr. 596/2014 Rz. 20; *Klöhn* in Klöhn, Art. 10 MAR Rz. 161; *Schacht*, Insiderhandelsverbot bei öffentlichen Übernahmeangeboten, S. 72, 168 f.; *Schäfer* in Schäfer/Hamann, Kapitalmarktgesetze, § 14 WpHG Rz. 93; *Schwark/Kruse* in Schwark/Zimmer, § 14 WpHG Rz. 77; *Süßmann*, AG 1999, 162, 163; *Brandi/Süßmann*, AG 2004, 642, 645 f.
288 So explizit, *Klöhn* in Klöhn, Art. 8 MAR Rz. 186 f. m.w.N. auch zur Gegenmeinung.
289 So auch *Assmann* in Assmann/Uwe H. Schneider, 6. Aufl. 2012, WpHG Rz. 147 a.E.; *Mennicke* in Fuchs, § 14 WpHG Rz. 99.
290 Unstr. vgl. nur *Bueren/Weck*, BB 2014, 67, 70 m.w.N.; *Hopt*, ZGR 2002, 333, 339.
291 *Klöhn* in Klöhn, Art. 10 MAR Rz. 159 ff.; *Hirte* in KölnKomm. WpÜG, § 10 WpÜG Rz. 108; *Fleischer/Kalss*, WpÜG, S. 16 ff.; *Santelmann/Steinhardt* in Steinmeyer, § 10 WpÜG Rz. 77.
292 *Assmann*, ZGR 2002, 697, 706 f.; *Schacht*, Insiderhandelsverbot bei öffentlichen Übernahmeangeboten, S. 73; *Wittich* in von Rosen/Seifert, Übernahme börsennotierter Unternehmen, S. 377, 382.

hoc-Publizität nach Art. 17 MAR verpflichtet sind und ob sie im Falle des Bestehens einer entsprechenden Pflicht gemäß Art. 17 Abs. 4 MAR hiervon absehen können[293]. Die früher wohl h.L.[294] lehnte eine Ad-hoc-Publizitätspflicht ab. Dies ist seit Geltung des AnSVG jedoch nicht mehr vertretbar, da die Regierungsbegründung ausdrücklich klarstellt, dass es sich um eine ad-hoc-publizitätspflichtige Information handelt[295]. Dies gilt jedenfalls, sobald die Abgabe des Übernahmeangebots feststeht – was vor und während einer Due Diligence durchaus unsicher sein kann. Aber auch vor der endgültigen Entscheidung kann es sich auf Grund der Entscheidung des EuGH i.S. „Geltl/Daimler" zu gestreckten Sachverhalten (dazu Rz. 14.15 f.) um eine grds. ad-hoc-publizitätspflichtige Insiderinformation handeln. Allerdings wird ein Absehen von einer Veröffentlichung gemäß Art. 17 Abs. 4 MAR in Betracht kommen[296].

14.92 Es darf zwischenzeitlich als anerkannt angesehen werden, dass die zu Primärinsidern avancierten Organe der Zielgesellschaft berechtigt sind, die Insiderinformation für die Zielgesellschaft in dem Umfang zu nutzen bzw. Dritten mitzuteilen, wie dies nach dem WpÜG der Zielgesellschaft gestattet ist[297]. Der Vorstand der Zielgesellschaft darf sich daher des Rates und der Hilfe Dritter bei der Beurteilung des zu erwartenden Übernahmeangebotes bedienen und diese in vollem Umfange über die Insiderinformationen informieren. Gleiches gilt auch für die Suche nach einem „**White Knight**", wie von § 33 Abs. 1 Satz 2 WpÜG ausdrücklich zugelassen[298]. Sollte die Gesellschaft bereits eigene Aktien im Rahmen eines Rückkaufprogramms erwerben, bedarf es auch keiner Unterbrechung dieses Plans zum **Rückerwerb eigener Aktien**, da insoweit keine Insiderinformationen „verwendet" werden, denn die Insiderinformation ist nicht kausal für die Durchführung des bereits vorher getroffenen Beschlusses (vgl. dazu auch Rz. 14.94 f.).

14.93 Für den von der Zielgesellschaft informierten **White Knight** stellen sich dieselben Fragen wie für die gemeinsam mit dem Bieter handelnden Personen (insb. Warehouser). Zwecks Erhalt eigener Unterstützung darf er sich des Rates und der Hilfe Dritter bedienen und diesen die Insiderinformation mitteilen. Aus dem Angebotsvereitelungsverbot des § 33 WpÜG wird jedoch hergeleitet, dass der White Knight zur Vorbereitung eines eigenen konkurrierenden Angebotes durchaus Aktien der Zielgesellschaft vorkaufen kann (was dann keinen Verstoß gegen das Nutzungsverbot des Art. 14 lit. c MAR darstellen soll)[299]. Vorkäufe lediglich zur Verminderung der Erfolgschancen des geplanten Angebotes des Bieters sollen demgegenüber unzulässig sein[300].

8. Erwerb eigener Aktien/Rückkaufprogramme/Stabilisierungsmaßnahmen

14.94 **Aktienrückkaufprogramme** und **Stabilisierungsmaßnahmen** sind bewusst herbeigeführte Eingriffe in den Markt und damit geeignet, Insiderinformationen darzustellen. Dementsprechend sind sie i.d.R. ad-hoc-publizitätspflichtig gemäß Art. 17 Abs. 1 MAR[301]. Art. 5 Abs. 1 bis 3 MAR sehen für Rück-

---

293 Vgl. hierzu Rz. 15.33 ff. sowie BaFin, Emittentenleitfaden, I. 3.3.1; *Bingel*, AG 2012, 685, 698 f.; *Bank*, NZG 2012, 1337 ff.; krit. nach der Spector Photo Group-Entscheidung des EuGH *Wilsing/Goslar*, DStR 2012, 1709, 1712.
294 Vgl. nur *Geibel* in Geibel/Süßmann, 1. Aufl., § 10 WpÜG Rz. 116 m.w.N.
295 BT-Drucks. 15/3174, S. 35; *Brandi/Süßmann*, AG 2004, 642, 655; *Assmann* in Assmann/Uwe H. Schneider, 6. Aufl. 2012, § 15 WpHG Rz. 75 f.; *Geibel/Louven* in Angerer/Geibel/Süßmann, § 10 WpÜG Rz. 125 f.
296 Dazu *Brandi/Süßmann*, AG 2004, 642, 655 f.
297 *Hopt*, ZGR 2002, 333, 357; *Schacht*, Insiderhandelsverbot bei öffentlichen Übernahmeangeboten, S. 73 ff.; *Kumpan/Grütze* in Schwark/Zimmer, Art. 10 MAR Rz. 75.
298 Fraglich ist jedoch der Zeitpunkt, ab dem dies erfolgen darf (= schon vor Information gemäß § 10 Abs. 5 WpÜG?).
299 *Kumpan/Grütze* in Schwark/Zimmer, Art. 10 MAR Rz. 75; *Mennicke* in Fuchs, § 14 WpHG Rz. 101 – beide m.w.N.
300 So ausdrücklich *Wittich* in von Rosen/Seifert, Übernahme börsennotierter Unternehmen, S. 377, 382.
301 Vgl. *van Aerssen*, WM 2000, 391, 402; *Bosse*, ZIP 1999, 2047, 2048; *Waldhausen*, Ad-hoc-publizitätspflichtige Tatsache, S. 254 f.; *Schäfer* in Dreyling/Schäfer, Insiderrecht und Ad-Hoc-Publizität, Rz. 453.

kaufprogramme eigener Aktien und anderen Wertpapieren, die Aktien entsprechen, Schuldverschreibungen und sonstige verbriefte Schuldtitel sowie verbriefte Schuldtitel, die in Aktien umgewandelt oder eingetauscht werden können, des Emittenten durch diesen selbst oder durch beauftragte Wertpapierdienstleistungsunternehmen[302] Regelungen vor, bei deren Einhaltung die Insiderverbote des Art. 14 MAR und die Marktmanipulationsverbote des Art. 15 MAR nicht gelten (sog. safe harbour). Voraussetzung ist, dass sich das Rückkaufprogramm nur auf Aktien – und nicht verbundene Instrumente – bezieht[303], die Einzelheiten des Programms vor dem Beginn des Handels vollständig offengelegt werden, die zum Zwecke der Durchführung des Programms getätigten Abschlüsse der zuständigen Behörde gemeldet und öffentlich bekanntgegeben werden, bestimmte Grenzen in Bezug auf Kurs und Volumen eingehalten werden und das Rückkaufprogramm ausschließlich den enumerativ aufgeführten Zwecken von Art. 5 Abs. 2 MAR unterfällt. Einzig zulässige Zwecke des Rückkaufprogramms sind die Reduzierung des Kapitals des Emittenten, die Erfüllung von Verpflichtungen aus Schuldtiteln, die in Beteiligungskapital umgewandelt werden können oder die Erfüllung von Verpflichtungen aus einem Belegschaftsaktienprogramm oder einem vergleichbaren Programm der Zuteilung von Aktien an Mitarbeiter oder Angehörige von Vorstand oder Aufsichtsrat des Emittenten oder einem mit ihm verbundenen Unternehmen. Kein Rückerwerb eigener Aktien ist der Erwerb von Aktien von Konzernunternehmen[304], doch ist zulässiger Zweck des Rückerwerbs durch den Emittenten die Bedienung von konzernweiten Belegschaftsaktienprogrammen. Diese allgemeinen Vorgaben der MAR werden konkretisiert durch Art. 2 bis 4 der Delegierten VO (EU) 2016/1052 der Kommission vom 8.3.2016[305]. Nach Art. 2 Abs. 1 der Delegierten Verordnung muss das Rückkaufprogramm gemäß Art. 21 Abs. 1 der Richtlinie 2012/30/EU[306] genügen und zudem vor Beginn des Handels bekannt gemacht werden der Zweck des Programms, der größtmögliche Geldbetrag, der für das Programm zugewiesen ist, die Höchstzahl der zu erwerbenden Aktien sowie der Zeitraum, für den das Programm genehmigt wurde. Zudem muss der Emittent nach Art. 5 Abs. 3 MAR der zuständigen Behörde des Handelsplatzes jedes Geschäft melden, die Daten für fünf Jahre aufbewahren, und nach Art. 2 Abs. 2 der Delegierten VO über interne Mechanismen zur Erfüllung der Meldepflichten verfügen. Zudem müssen die aggregierten Daten innerhalb von jeweils sieben Tagen „angemessen bekanntgegeben" und auf der Website des Emittenten veröffentlich werden und dort für fünf Jahre öffentlich zugänglich bleiben.

Bei der Durchführung des Rückkaufprogrammes sind bestimmte **Handelsbedingungen** sowie **Handelsbeschränkungen** nach Artt. 3 und 4 Delegierte VO einzuhalten[307]. Zu den **Handelsbedingungen** zählt u.a., dass die Aktien auf dem Handelsplatz gekauft werden, auf dem sie zum Handel zugelassen sind (also nicht OTC), die Aktien nicht zu einem Kurs erworben werden, der über dem des letzten unabhängig getätigten Abschlusses oder aber über dem derzeit höchsten unabhängigen Angebot auf dem Handelsplatz, auf dem der Kauf stattfindet, liegt, und nicht mehr als 25 % des durchschnittlichen täglichen Aktienumsatzes auf dem Handelsplatz getätigt werden[308]. Als **Handelsbeschränkung** sieht

14.95

---

302 *Haupt* in Meyer/Veil/Rönnau, Hdb. Marktmissbrauchsrecht, § 17 Rz. 61; *Klöhn* in Klöhn, Art. 5 MAR Rz. 24 m.w.N.; *Mülbert* in Assmann/Uwe H. Schneider/Mülbert, Wertpapierhandelsrecht, Art. 5 VO Nr. 596/2014 Rz. 80 (zu Stabilisierungsmaßnahmen).
303 Vgl. *Mülbert* in Assmann/Uwe H. Schneider/Mülbert, Wertpapierhandelsrecht, Art. 5 VO Nr. 596/2014 Rz. 33 m.w.N.; *Haupt* in Meyer/Veil/Rönnau, Hdb. Marktmissbrauchsrecht, § 17 Rz. 28 f.
304 Vgl. *Mülbert* in Assmann/Uwe H. Schneider/Mülbert, Wertpapierhandelsrecht, Art. 5 VO Nr. 596/2014 Rz. 35; *Klöhn* in Klöhn, Art. 5 MAR Rz. 25.
305 ABl. EU Nr. L 173 v. 30.6.2016, S. 34.
306 Richtlinie zur Koordinierung der Schutzbestimmungen, die in den Mitgliedstaaten den Gesellschaften i.S.d. Art. 54 Abs. 2 des Vertrages über die Arbeitsweise der Europäischen Union im Interesse der Gesellschafter sowie Dritter für die Gründung der Aktiengesellschaft sowie für die Erhaltung und Änderung ihres Kapitals vorgeschrieben sind, um diese Bestimmungen gleichwertig zu gestalten, ABl. EU Nr. L 315 v. 14.11.2012, S. 74.
307 Vgl. Überblick bei *Haupt* in Meyer/Veil/Rönnau, Hdb. Marktmissbrauchsrecht, § 17 Rz. 83 ff.
308 Vgl. *Mülbert* in Assmann/Uwe H. Schneider/Mülbert, Wertpapierhandelsrecht, Art. 5 VO Nr. 596/2014 Rz. 54 f. m.w.N.; *Haupt* in Meyer/Veil/Rönnau, Hdb. Marktmissbrauchsrecht, § 17 Rz. 90 f.

Art. 4 Delegierte VO vor, dass der Emittent während der Dauer des Rückkaufprogramms keine eigenen Aktien verkaufen darf[309], kein Kauf während der geschlossenen Perioden gemäß Art. 19 Abs. 11 MAR erfolgt und kein Kauf erfolgt während des Zeitraums, für den der Emittent die Bekanntgabe von Insiderinformationen gemäß Art. 17 Abs. 4 oder 5 MAR aufgeschoben hat[310]. Eine Rückausnahme von diesen Verboten sieht Art. 4 Abs. 2 Delegierte VO vor für „programmierte Rückkaufprogramme" i.S.v. Art. 1 lit. a Delegierte VO sowie für Rückkaufprogramme, die von einem Kreditinstitut durchgeführt werden, das seine Entscheidungen über den Zeitpunkt des Erwerbs von Aktien des Emittenten unabhängig von diesem trifft. Weitere Rückausnahmen von dem Verbot von Art. 4 Abs. 1 Delegierte VO sehen Abs. 3 und 4 Delegierte VO vor für Rückkaufprogramme von Wertpapierhäusern oder Kreditinstituten hinsichtlich ihrer eigenen Aktien.

14.96 Ebenso wie Aktienrückkaufprogramme können **Stabilisierungsmaßnahmen** Insiderinformationen darstellen. Für diese sieht Art. 5 Abs. 4 und 5 MAR eine gleichermaßen als safe harbour ausgestaltete[311] Ausnahmeregelung von den Insiderverboten des Art. 14 MAR und den Marktmanipulationsverboten des Art. 15 MAR vor sowohl für die Erst- wie Zweitplatzierung von Aktien[312]. Stabilisierungsmaßnahmen werden häufig angewandt bei Initial Public Offerings oder Secondary Offerings sowie bei Kapitalerhöhungen. Bei diesen ist häufiger das Verhalten von kurzfristig orientierten Marktteilnehmern zu beobachten, dass sie Zeichnungsgewinne realisieren wollen durch kurz nach der Zeichnung vorgenommene Verkäufe der Aktien. Diesem Verhalten von Marktteilnehmern soll eine Kursstabilisierung entgegenwirken. Da diese unmittelbar in das Marktgeschehen eingreift, statuiert Art. 5 Abs. 4 MAR als Voraussetzung, dass die Dauer der Stabilisierungsmaßnahme begrenzt ist, die relevanten Informationen offengelegt und der BaFin gemeldet werden, in Bezug auf den Kurs angemessene Grenzen eingehalten werden und die Stabilisierungsmaßnahme im Einklang mit den Regulierungsstandards der Delegierten VO stehen. Artt. 5 bis 9 der Delegierten VO begrenzen den Stabilisierungszeitraum grundsätzlich auf 30 Kalendertage, verpflichten zu bestimmten Veröffentlichungen über die geplanten und tatsächlich vorgenommenen Stabilisierungsmaßnahmen und ordnen insbesondere an, dass die Kursstabilisierung unter keinen Umständen zu einem höheren Kurs als dem Emissionskurs erfolgen darf. Eine Sonderregelung erfährt die sog. „**Ergänzende Kursstabilisierungsmaßnahme**" durch Art. 8 Delegierte VO[313], mit der eine „Überzeichnung oder die Ausübung einer Greenshoe-Option" gemeint ist (vgl. dazu Rz. 45.49 f.)[314]. Für die Greenshoe-Option sieht Art. 8 Delegierte VO vor, dass sie nur im Rahmen einer Überzeichnung von Wertpapieren ausgeübt werden kann, 15 % des ursprünglichen Angebotes nicht überschreiten darf, sich ihre Ausübung mit dem Kursstabilisierungszeitraum deckt und die Öffentlichkeit über die Einzelheiten der Ausübung der Greenshoe-Option unterrichtet wird. Ein in diesem Zusammenhang auftretendes Sonderproblem des sog. „**Refreshing the Shoe**" kann gleichfalls insiderrechtlich relevant werden, auch wenn sich eher Fragen der Marktmanipulation stellen[315].

---

309 *Haupt* in Meyer/Veil/Rönnau, Hdb. Marktmissbrauchsrecht, § 17 Rz. 98 f.
310 Vgl. *Klöhn* in Klöhn, Art. 5 MAR Rz. 72; *Mülbert* in Assmann/Uwe H. Schneider/Mülbert, Wertpapierhandelsrecht, Art. 5 VO Nr. 596/2014 Rz. 68 m.w.N.; *Haupt* in Meyer/Veil/Rönnau, Hdb. Marktmissbrauchsrecht, § 17 Rz. 104 f.
311 *Mülbert* in Assmann/Uwe H. Schneider/Mülbert, Wertpapierhandelsrecht, Art. 5 VO Nr. 596/2014 Rz. 74.
312 Vgl. *Mülbert* in Assmann/Uwe H. Schneider/Mülbert, Wertpapierhandelsrecht, Art. 5 VO Nr. 596/ 2014 Rz. 85 f., 92.
313 Dazu *Mülbert* in Assmann/Uwe H. Schneider/Mülbert, Wertpapierhandelsrecht, Art. 5 VO Nr. 596/ 2014 Rz. 99 ff.
314 Ausführlich zur Funktionsweise der Greenshoe-Option und ihrem Einsatz im Rahmen einer Stabilisierungsmaßnahme *Feuring/Berrar* in Habersack/Mülbert/Schlitt, Unternehmensfinanzierung am Kapitalmarkt, § 39 Rz. 60 ff. m.w.N.
315 Vgl. dazu ausführlich Rz. 45.50 und Rz. 8.82 ff.; *Weitzell*, NZG 2017, 411 ff.; *Feuring/Berrar* in Habersack/Mülbert/Schlitt, Unternehmensfinanzierung am Kapitalmarkt, § 39 Rz. 59 ff.

IV. Unternehmensinterne Prävention

1. Pflicht zu Verdachtsanzeige und Führung von Insiderverzeichnissen

Nach Art. 16 Abs. 1 und 2 MAR sind Betreiber von Märkten und Wertpapierfirmen, die einen Handelsplatz betreiben, sowie Personen, die gewerbsmäßig Geschäfte vermitteln oder ausführen (also insb. Kreditinstitute) verpflichtet, bei begründetem Verdacht, dass ein Geschäft einen Insiderhandel oder eine Marktmanipulation oder einen Versuch hierzu darstellen könnte, verpflichtet, die zuständige Behörde, in Deutschland gem. Art. 22 MAR i.V.m. § 6 Abs. 5 Satz 1 WpHG also die BaFin, zu unterrichten. Die Einzelheiten dieser **Inpflichtnahme Privater** regelt die Delegierte VO (EU) 2016/957 der Kommission vom 9.3.2016[316]. Diese Meldepflicht erweitert § 10 Abs. 1 WpHG a.F. bzw. § 23 Abs. 1 WpHG i.d.F. des 2. FiMaNoG, demzufolge Wertpapierdienstleistungsunternehmen, andere Kreditinstitute, Kapitalverwaltungsgesellschaften und Betreiber von außerbörslichen Märkten, an denen Finanzinstrumente gehandelt werden, bei der Feststellung von Tatsachen, die den Verdacht begründen, dass Verstöße gegen die Art. 12, 13 oder 14 LeerverkaufsVO[317] begangen werden, dies der BaFin mitzuteilen haben[318]. Diese Pflicht zur Vornahme von **Verdachtsanzeigen** ist der von Verdachtsanzeigen nach § 11 GwG nachgebildet. Adressat der Anzeigepflicht sind jedoch nicht die Mitarbeiter, sondern das Wertpapierdienstleistungsunternehmen bzw. – bei Leerverkäufen – andere[319] Kreditinstitute. Emittenten von Insiderpapieren, soweit sie nicht zu der vorgenannten Gruppe zählen, sind jedoch nicht zur Abgabe von Verdachtsanzeigen verpflichtet, selbst wenn sie zu einem Verdacht begründeten Anlass haben.

14.97

Nach Art. 18 MAR sind jedoch sämtliche Emittenten, deren Finanzinstrumente an einem geregelten Markt, an einem MTF oder – ab 3.1.2018 – einem OTF gehandelt werden, wenn der Emittent die Zulassung der Finanzinstrumente zum Handel beantragt oder genehmigt hat[320], und die in ihrem Auftrag oder für ihre Rechnung handelnden Personen[321] verpflichtet, **Verzeichnisse über diejenigen Personen**

14.98

---

316 Zur Ergänzung der VO (EU) Nr. 596/2014 im Hinblick auf technische Regulierungsstandards für die geeigneten Regelungen, Systeme und Verfahren sowie Mitteilungsmuster zur Vorbeugung, Aufdeckung und Meldung von Missbrauchspraktiken oder verdächtigen Aufträgen oder Geschäften, ABl. EU Nr. L 160 v. 17.6.2016, S. 1.
317 VO (EU) Nr. 236/2012, ABl. Nr. L 86 v. 24.3.2012, S. 1.
318 Vgl. zur bisherigen Regelung umfassend *Schwintek*, WM 2005, 861 ff.
319 Die Formulierung „andere Kreditinstitute" von § 23 Abs. 1 WpHG hinsichtlich Leerverkäufen scheint zu implizieren, dass bei den Wertpapierdienstleistungsunternehmen Adressaten lediglich solche Institute sind, die Kreditinstitute sind. Mit einer derartigen Interpretation würden Finanzdienstleistungsinstitute, die keine Kreditinstitute jedoch Wertpapierdienstleistungsunternehmen sind, von der Anzeigepflicht nicht erfasst. Dies dürfte nicht der Absicht des Gesetzgebers entsprechen. Ausweislich der Regierungsbegründung (BT-Drucks. 15/3174, S. 32) sollte hierdurch die Durchführungsrichtlinie zur Marktmissbrauchsrichtlinie umgesetzt werden, die jedoch im Zeitpunkt der Regierungsbegründung nur im Entwurfsstadium vorlag. Durch die Einziehung der Wertpapierinstitute in den Begriff der Wertpapierdienstleistungsunternehmen in § 2 Abs. 10 WpHG durch das Gesetz zur Umsetzung der RiLi (EU) 2019/2034 über die Beaufsichtigung von Wertpapierinstituten (BGBl. I 2021, 990) ist geklärt, dass nicht nur Banken erfasst werden.
320 Damit also auch eine GmbH, die eine Anleihe begeben hat, die an einem der genannten Märkte gehandelt wird, vgl. *Haßler*, DB 2016, 1920.
321 Hierbei wird es sich regelmäßig um die das Unternehmen beratenden Rechtsanwälte, Steuerberater, Investor-Relations-Agenturen, Unternehmensberater, aber auch um wichtige Kooperationspartner oder Geschäftsbesorger für bedeutende Transaktionen handeln. Gleichfalls werden im Bereich M&A, Corporate Finance oder Kredit beratende Kreditinstitute erfasst und zu einer eigenständigen Führung von Insiderverzeichnissen verpflichtet; keine Dienstleister i.S.v. § 15b WpHG a.F. bzw. Art. 18 MAR sind Behörden, Gerichte, Mutter- oder Tochtergesellschaften (es sei denn im Rahmen eines Outsourcings o.ä.), Großaktionäre, Aufsichtsräte oder Lieferanten – vgl. BaFin, Emittentenleitfaden, Modul C (3/2020), V. 3, S. 89 f.; *Eckhold* in Schäfer/Hamann, Kapitalmarktgesetze, § 15b WpHG Rz. 18 ff.

zu führen, die für sie tätig sind und **Zugang zu Insiderinformationen haben**[322]. Die Abgrenzung des Personenkreises ist für das jeweilige Unternehmen individuell vorzunehmen und bereitete trotz der – seit Geltung der MAR weggefallenen – Ausführungsnormen in §§ 14 ff. WpAIV a.F. nicht unerhebliche Unsicherheiten[323]. Leitlinie sollte insoweit sein, dass durch das **Insiderverzeichnis** die BaFin in die Lage versetzt werden soll, im Falle von Ermittlungen wegen Insiderhandels oder fehlerhafter Ad-hoc-Publizität potentielle Insider leichter zu identifizieren. Die Verzeichnisse müssen daher unverzüglich (Art. 18 Abs. 1 lit. b MAR verwendet den Wortlaut „rasch" bzw. im englischen Text „promptly") aktualisiert werden und sind der BaFin auf Verlangen „rasch" zu übermitteln[324]. Dabei ist für jede Insiderinformation eine gesonderte Liste zu erstellen, in der diejenigen Personen aufzuführen sind, die Kenntnisse von der Insiderinformation haben.

14.99 Die in dem Verzeichnis aufgeführten Personen (Insider) sind durch den Emittenten über die **Pflichten**, die sich aus dem Zugang zu Insiderinformationen ergeben sowie über die Rechtsfolgen von Verstößen gegen diese Pflichten **aufzuklären**[325]. Diese Pflicht obliegt dem Emittenten aufgrund Gesetzes (Art. 18 Abs. 2 Unterabs. 1 MAR) und damit unabhängig davon, ob ein wirksames Arbeitsverhältnis zu den in dem Insiderverzeichnis aufgeführten Personen besteht. Anders als noch nach § 15b Abs. 1 Satz 4 WpHG a.F. sind auch gemäß § 323 Abs. 1 Satz 1 HGB handelnde Personen, im Wesentlichen also die Wirtschaftsprüfer, aufzunehmen. Nach Art. 2 Abs. 2 Unterabs. 1 DurchführungsVO (EU) 2016/347[326] kann die Insiderliste sog. „permanente Insider" enthalten, die jederzeit zu allen Insiderinformationen Zugang haben, insb. also Organe und (meist) die Leiter der Abteilungen Recht, Compliance und Innenrevision. Dieser Kreis ist jedoch enger als der der bisher sog. „Funktionsinsider"[327].

14.100 Die Einzelheiten der Führung der **Insiderverzeichnisse** (Umfang, verbindlich vorgegebene Form, enthaltene Daten, Aktualisierung und Datenpflege, Aufbewahrungsfristen) werden durch eine DurchführungsVO (EU) 2016/347[328] geregelt. Insbesondere wird geregelt, dass die Insiderlisten auch elektronisch zu führen und der BaFin bei Anforderung elektronisch zu übermitteln ist. Anhang I und II geben präzise vor, wie die Insiderlisten auszugestalten sind.

2. Organisationspflichten

14.101 Wertpapierdienstleistungsunternehmen (im Wesentlichen also Kredit-, Wertpapier- und Finanzdienstleistungsinstitute) unterliegen einer Vielzahl von aufsichtsrechtlich vorgegebenen **Organisationspflichten** zur Vermeidung internen wie externen Insiderhandels[329]. **Adressat** der Organisationspflichten nach § 80 WpHG sind jedoch **nur Wertpapierdienstleistungsunternehmen** und nicht sämtliche Emittenten. Letzteren steht es grundsätzlich frei, in welcher Form sie sicherstellen, dass Unternehmensinsider keine Insidergeschäfte in Finanzinstrumenten des Emittenten vornehmen. Hierzu zählen etwa ein grundsätz-

---

[322] Verfassungsrechtliche Bedenken unter dem Gesichtspunkt des Rechts auf informationelle Selbstbestimmung äußern *Steidle/Waldeck*, WM 2005, 868 ff.
[323] Dazu ausführlich *Uwe H. Schneider/von Buttlar*, ZIP 2004, 1621 ff.; *Sethe/Hellgardt* in Assmann/Uwe H. Schneider/Mülbert, Wertpapierhandelsrecht, Art. 18 VO Nr. 596/2014 Rz. 40 ff.; *Kumpan/Grübler* in Schwark/Zimmer, Art. 18 MAR Rz. 48 ff.; *Semrau* in Klöhn, Art. 18 MAR Rz. 49 ff.; *Göttler* in Meyer/Veil/Rönnau, Hdb. Marktmissbrauchsrecht, § 11 Rz. 34 ff.; *Eckhold* in Schäfer/Hamann, Kapitalmarktgesetze, § 15b WpHG Rz. 5 ff.; *Kirschhöfer*, Konzern 2005, 22 ff.; BaFin, Emittentenleitfaden, sub VII.2.2, S. 116 f.
[324] Vgl. dazu auch *Di Noia/Milič/Spatola*, ZBB 2014, 96, 104.
[325] Die BaFin hat auf ihrer Website ein entsprechendes Informationsschreiben veröffentlicht.
[326] Zur Festlegung technischer Durchführungsstandards im Hinblick auf das genaue Format der Insiderlisten und für die Aktualisierung von Insiderlisten gemäß der VO (EU) Nr. 596/2014 ABl. EU Nr. L 65 v. 11.3.2016, S. 49.
[327] Vgl. BaFin, FAQ zu Insiderlisten, Frage V.3.; zu Konzernsachverhalten vgl. *Haßler*, DB 2016, 1920, 1922.
[328] ABl. EU Nr. L 65 v. 11.3.2016, S. 49.
[329] Vgl. dazu etwa *Fett* in Schwark/Zimmer, § 80 WpHG Rz. 20 ff. m.u.w.N.; *Sethe*, ZBB 2006, 243, 254 ff.

liches, über die geschlossenen Zeiträume des Art. 19 Abs. 11 MAR hinausgehendes Verbot des Handels in Finanzinstrumenten des Emittenten mit Ausnahme von bestimmten Zeitfenstern, in denen typischerweise sämtliche Informationen über das Unternehmen publiziert worden sind (vgl. dazu Rz. 14.56). Das Unternehmen muss jedoch organisatorisch auch sicherstellen, dass Insiderinformationen, die den Emittenten unmittelbar betreffen, unverzüglich veröffentlicht werden. In jedem Fall ist der Vorstand jedoch durch § 91 Abs. 2 AktG verpflichtet, das Unternehmen so zu organisieren, dass Gesetzesverstöße systematisch verhindert und trotzdem eintretende Gesetzesverstöße unverzüglich behoben werden[330]. Streitig ist insoweit, ob eine allgemeine Pflicht zur Errichtung einer Compliance-Organisation besteht[331]. Wiederum für die hiervon besonders betroffenen Wertpapierdienstleistungsunternehmen werden insoweit die Schaffung von Vertraulichkeitsbereichen, die Errichtung von Chinese Walls, die Erstellung von restricted und grey lists für bestimmte Wertpapiere erörtert, ohne dass ein abschließendes Ergebnis festgestellt werden könnte[332]. Lediglich für das sog. Wall-Crossing, also die Offenlegung von Insiderinformationen im Rahmen des sog. Market Sounding, bei denen das mit einer Platzierung von Finanzinstrumenten betraute Kreditinstitut die Aufnahmewilligkeit des Marktes testet, hat durch Art. 11 MAR und die Delegierte VO (EU) 2016/960[333] eine Regelung als Ausnahme von dem Verbot der Weitergabe von Insiderinformationen gemäß Art. 14 lit. c MAR gefunden[334].

V. Sanktionen und Haftung

1. Strafrechtliche Sanktionen von Verstößen gegen Insiderverbote

a) Anwendbares Recht

Da die Strafbarkeit der Insiderverstöße sich im Laufe der Zeit auf Grund von Änderungen des Gesetzes unterschiedlich darstellt, ist im Einzelfall zunächst zu überprüfen, ob sich die Rechtslage zwischen Tat und Urteil änderte. In diesem Fall ist gemäß § 2 Abs. 3 StGB die für den Täter günstigste Rechtslage festzustellen und dem Urteil zugrunde zu legen. Dabei ist die gesamte Rechtslage und nicht nur die angedrohte Höchststrafe zu berücksichtigen[335]. Da die MAR hinsichtlich der Verbote deutliche Verschärfungen gegenüber dem früheren Recht vorsieht und die CRIM-MAD (dazu sogleich) den deutschen Gesetzgeber zu wesentlich höheren Strafandrohungen angeregt hat, dieser mit dem 1. FiMaNoG in deutsches Recht implementiert hat, wird im Regelfall (zu einer Ausnahme im Bereich der Marktmanipulation vgl. Rz. 14.104) das vor dem 2.7.2016 geltende autonom gesetzte deutsche Strafrecht die günstigere Rechtslage darstellen (vgl. zu dieser 3. Aufl., § 14 Rz. 92 ff.). Die Inkraftsetzung der deutschen Umsetzungsregelungen zur MAR durch das 1. FiMaNoG zum 2.7.2016 trotz Geltung der MAR erst ab 3.7.2016 hat nicht dazu geführt, dass für einen Tag eine Strafbarkeitslücke im deutschen Strafrecht bestand und damit eine – ungewollte – Generalamnestie für alle Taten vor dem 3.7.2016 ausgesprochen wurde[336].

14.102

---

330 *Schulz/Kuhnke*, BB 2012, 143 ff.; *Spindler* in MünchKomm. AktG, 5. Aufl. 2019, § 91 AktG Rz. 20 ff.
331 Vgl. *Veil*, ZHR 172 (2008), 239, 258 m.w.N.; abl. *Schulz/Kuhnke*, BB 2012, 143, 144.
332 Vgl. hierzu *Rothenhöfer* in Kümpel/Mülbert/Früh/Seyfried, Bankrecht und Kapitalmarktrecht, Rz. 13.414 ff.; *Cahn*, ZHR 162 (1998), 1, 44 ff.
333 Zur Ergänzung der VO (EU) Nr. 596/2014 durch technische Regulierungsstandards für angemessene Regelungen, Systeme und Verfahren für offenlegende Marktteilnehmer bei der Durchführung von Marktsondierungen, ABl. EU Nr. L 160 v. 17.6.2016, S. 2.
334 Vgl. dazu *Veil*, ZBB 2014, 85, 92; *Di Noia/Milič/Spatola*, ZBB 2014, 96, 102; *Tissen*, NZG 2015, 1254; *Wilfling*, ÖBA 2016, 353; umfassend *Kubesch*, Marktsondierung nach dem neuen Marktmissbrauchsrecht, 2019, passim.
335 Vgl. zu den damit verbundenen Fragen ausführlich *Schröder* in Schäfer/Hamann, Kapitalmarktgesetze, Vor § 38 WpHG Rz. 23 ff. m.w.N.
336 BGH v. 10.1.2017 – 5 StR 532/16, AG 2017, 153 = NZG 2017, 236 = BB 2017, 524 = ZIP 2017, 173 = EWiR 2017, 165 (mit Anm. *Wessing/Janssen*); *Kudlich*, ZBB 2017, 72; *Klöhn/Büttner*, ZIP 2016, 1801;

b) CRIM-MAD und 1. FiMaNoG

14.103 Anders noch als unter Geltung der Marktmissbrauchsrichtlinie 2003 hat es der EU-Gesetzgeber nicht bei den materiell-rechtlichen Regelungen des Insiderrechts und der Marktmanipulation durch die MAR belassen, sondern gestützt auf Art. 83 Abs. 2 AEUV[337] diese flankiert durch die „**Richtlinie 2014/57/EU des Europäischen Parlaments und des Rates vom 16.4.2014 über strafrechtliche Sanktionen bei Marktmanipulationen**"[338] (offiziell als Marktmissbrauchsrichtlinie bezeichnet, zur Unterscheidung von der durch die MAR abgelösten Marktmissbrauchsrichtlinie meist als **CRIM-MAD** abgekürzt). Zum Zwecke der Abschreckung legt die CRIM-MAD das Mindestniveau für das Höchstmaß einer Freiheitsstrafe fest (vgl. Erwägungsgrund 16) und der deutsche Gesetzgeber geht in ihrer Umsetzung durch das 1. FiMaNoG sowohl bei den Freiheitsstrafen wie bei den Geldbußen z.T. drakonisch über das bisher in Deutschland geltende Niveau hinaus.

14.104 In Umsetzung der CRIM-MAD durch das 1. FiMaNoG erklärt § 38 Abs. 3 WpHG a.F. bzw. § 119 Abs. 3 WpHG i.d.F. des 2. FiMaNoG in Anknüpfung an die drei Insiderverbotstatbestände des Art. 14 MAR einen vorsätzlichen Verstoß zu einem mit Freiheitsstrafe bis fünf Jahren geahndeten Vergehen. Strafbar ist nur noch ein vorsätzlicher und nicht mehr auch ein leichtfertiger Verstoß[339]. Täter können jedoch nicht nur Primär- sondern auch Sekundärinsider sein[340]. Der Versuch ist nach § 38 Abs. 4 WpHG a.F. bzw. § 119 Abs. 4 WpHG i.d.F. des 2. FiMaNoG strafbar[341] (vgl. zur Versuchsstrafbarkeit auch Rz. 14.37). Abweichend von der früheren Rechtslage ist nunmehr jedoch eine Marktmanipulation durch Unterlassen (= Unterlassen einer Ad-hoc-Publizität von kapitalmarktrelevanten Informationen) nicht mehr vorgesehen und grds. straffrei[342].

14.105 Ein „nur" leichtfertiger Verstoß gegen Art. 14 MAR bzw. § 119 Abs. 3 WpHG (bis 2.1.2018: § 38 Abs. 3 WpHG a.F.) – stellt nach § 120 Abs. 14 WpHG (bis 2.1.2018: § 39 Abs. 3b WpHG a.F.) eine Ordnungswidrigkeit dar. Diese wird nach § 120 Abs. 18 Satz 1 WpHG (bis 2.1.2018: § 39 Abs. 4a) mit einer Geldbuße bis zu 5 Mio. Euro geahndet werden, wenn der Täter eine natürliche Person ist. Nach § 120 Abs. 18 Satz 2 WpHG (bis 2.1.2018: § 39 Abs. 4a Satz 2 WpHG a.F.) kann die Ordnungswidrigkeit gegenüber einer juristischen Person oder Personenvereinigung darüber hinausgehen, und zwar bis zum höheren der Beträge von 15 Mio. Euro und 15 % des Gesamtumsatzes des vorausgegangenen Geschäftsjahres. „Gesamtumsatz" wird definiert durch § 120 Abs. 23 WpHG (bis 2.1.2018: § 39 Abs. 5 WpHG a.F.), differenzierend zwischen Kreditinstituten, Versicherungen und sonstigen Unternehmen mit einer Sonderregelung für Konzerne in Sätzen 2 bis 4. Über die für natürliche wie juristische Personen geltenden Höchstbeträge hinaus kann nach § 120 Abs. 22 Satz 3 WpHG (bis 2.1.2018: § 39 Abs. 5 Satz 3 WpHG a.F.) die Geldbuße bis zum Dreifachen des aus dem Verstoß gezogenen wirtschaftlichen Vorteils i.S.v. erzielten Gewinnen oder vermiedenen Verlusten betragen. Daneben kann ein Verfall der aus der unrechtmäßigen Nutzung des Insiderwissens erlangten Sondervorteile nach § 73 StGB angeordnet werden[343].

---

offen: *Sajnovits/Wagner*, WM 2017, 1189, 1191; **a.A.** (für Strafbarkeitslücke und damit Generalamnestie) *Möllers/Herz*, JZ 2017, 445; *Szesny*, BB 2017, 515; *Rossi*, ZIP 2016, 2437; *Bülte/Müller*, NZG 2017, 205; *Rothenfußer*, AG 2017, 149; *Rothenfußer*, NJW 2016, 2689.

337 Vgl. dazu *Kudlich*, AG 2016, 459, 461 f.
338 ABl. EU Nr. L 173 v. 12.6.2014, S. 179.
339 *Spoerr* in Assmann/Uwe H. Schneider/Mülbert, Wertpapierhandelsrecht, § 119 WpHG Rz. 173 m.w.N.; *Böse/Jansen* in Schwark/Zimmer, § 119 WpHG Rz. 36 m.w.N.
340 Vgl. *Kudlich*, AG 2016, 459, 462 f.
341 Zur Frage der Anstiftung vgl. *Kudlich*, AG 2016, 459, 462 sowie Rz. 14.35; *Spoerr* in Assmann/Uwe H. Schneider/Mülbert, Wertpapierhandelsrecht, § 119 WpHG Rz. 127 ff.
342 *Sajnovits/Wagner*, WM 2017, 1189, 1191 ff.; *Stoll* in KölnKomm. WpHG, 2. Aufl. 2014, § 20a WpHG Rz. 170; *Kumpan/Grütze* in Schwark/Zimmer, Art. 14 MAR Rz. 10; *Veil* in Meyer/Veil/Rönnau, Hdb. Marktmissbrauchsrecht, § 7 Rz. 35; a.A. *de Schmidt*, RdF 2016, 4, 5 f.
343 Vgl. BGH v. 27.1.2010 – 5 StR 224/09, NJW 2010, 882; *Trüg*, NZG 2016, 459 m.w.N.

Durch § 119 Abs. 5 WpHG wird das Vergehen gemäß § 119 Abs. 3 WpHG zum Verbrechen erklärt und mit Freiheitsstrafe von einem Jahr bis zu zehn Jahren bestraft, wenn die Straftat „gewerbsmäßig oder als Mitglied einer Bande" begangen wird oder „in Ausübung einer Tätigkeit für eine inländische Finanzaufsichtsbehörde, ein Wertpapierdienstleistungsunternehmen (§ 2 Abs. 10 WpHG), eine Börse oder einen Betreiber eines Handelsplatzes". Die Qualifikation als Verbrechen in den vorgenannten Fällen basiert auf einer autonomen Entscheidung des deutschen Gesetzgebers[344] und geht teilweise weit über ein angemessenes Strafmaß hinaus[345]. Konsequenz der Qualifikation als Verbrechen ist u.a., dass eine Einstellung nach §§ 153, 153a StPO – auch in minder schweren Fällen – nicht in Betracht kommt[346]. Die Regelung von minder schweren Fällen in Abs. 6 mit einer Strafandrohung von Freiheitsstrafe von 6 Monaten bis zu 5 Jahren Freiheitsstrafe genügt nicht für eine Umqualifizierung des Verbrechens in ein Vergehen.   14.105a

2. Zivilrechtliche Haftung

Verstöße gegen das Verwertungsverbot nach Art. 14 lit. a MAR und gegen die „geschlossenen Zeiträume" des Art. 19 Abs. 11 MAR können grundsätzlich[347] zivilrechtliche Konsequenzen haben. Erörtert wird zunächst, ob ein unter Verstoß gegen das Nutzungsverbot zustande gekommenes Geschäft wegen Verstoßes gegen ein **gesetzliches Verbot nach § 134 BGB nichtig** ist. Dies wird von der ganz überwiegenden Meinung zu Recht verneint[348].   14.106

Umstritten war, ob § 14 Abs. 1 Nr. 1 WpHG a.F. ein **Schutzgesetz** i.S.d. § 823 Abs. 2 BGB darstellte und streitig ist, ob dies auch für Art. 14 MAR gilt, und dementsprechend dem Kontrahenten des gegen das Nutzungsverbot verstoßenden Insiders Schadensersatzansprüche gegen den Insider zustehen. Insoweit verneinte die ganz überwiegende Meinung bereits den Schutzgesetzcharakter von § 14 WpHG a.F.[349]. Seit Geltung der MAR ist der Streit erneut entbrannt und unter Hinweis auf die Intentionen des Europäischen Gesetzgebers sowie den effet utile wird vermehrt die Qualifizierung als Schutzgesetz vertreten[350]   14.107

---

344 *Böse/Jansen* in Schwark/Zimmer, § 119 WpHG Rz. 170.
345 So zu Recht *Spoerr* in Assmann/Uwe H. Schneider/Mülbert, Wertpapierhandelsrecht, § 119 WpHG Rz. 151 m.w.N.
346 Unstr., vgl. *Spoerr* in Assmann/Uwe H. Schneider/Mülbert, Wertpapierhandelsrecht, § 119 WpHG Rz. 151.
347 *Assmann* in Assmann/Uwe H. Schneider/Mülbert, Wertpapierhandelsrecht, Art. 14 MAR Rz. 9 m.w.N.; *Irmen* in BuB, Rz. 7/762; *Krauel*, Insiderhandel, S. 308; *Schäfer* in Schäfer/Hamann, Kapitalmarktgesetze, § 14 WpHG Rz. 96 ff.; *Steinhauer*, Insiderhandelsverbot und Ad-hoc-Publizität, S. 90; *Wolf* in FS Döser, 1999, S. 255, 260 ff.
348 *Assmann* in Assmann/Uwe H. Schneider/Mülbert, Wertpapierhandelsrecht, Art. 14 MAR Rz. 9; *Klöhn* in Klöhn, Art. 14 MAR Rz. 116; *Schäfer* in Schäfer/Hamann, Kapitalmarktgesetze, § 14 WpHG Rz. 96; *Irmen* in BuB, Rz. 7/763; *Krauel*, Insiderhandel, S. 308; *Steinhauer*, Insiderhandelsverbot und Ad hoc-Publizität, S. 90.
349 So insb. *Assmann* in Assmann/Uwe H. Schneider, WpHG, 6. Aufl. 2012, § 14 WpHG Rz. 7 und 208; *Buck-Heeb*, Kapitalmarktrecht, § 6 Rz. 444 ff.; *Caspari*, ZGR 1994, 530, 532; *Hartmann*, Juristische und ökonomische Regelungsprobleme des Insiderhandels, S. 249; *Immenga*, ZBB 1995, 197, 205; *Lenenbach*, Kapitalmarktrecht, Rz. 13.198; *Kaiser*, Harmonisierung des europäischen Kapitalmarktrechts, S. 224 ff.; *Mennicke*, Sanktionen gegen Insiderhandel, S. 618 ff.; *Rothenhöfer* in Kümpel/Wittig, Bank- und Kapitalmarktrecht, 4. Aufl. 2011, Rz. 3.460; *Steinhauer*, Insiderhandelsverbot und Ad-hoc-Publizität, S. 108; a.A. *Claussen*, AG 1997, 306, 307; *Hopt* in Schimansky/Bunte/Lwowski, BankrechtsHdb., 4. Aufl. 2011, § 107 Rz. 5; *Krauel*, Insiderhandel, S. 307; *Yun*, Strafbarkeitsgründe des Insiderhandelsverbotes, 2016, S. 203 ff., 208 f.
350 So insb. *Beneke/Thelen*, BKR 2017, 12 ff.; *Poelzig*, NZG 2016, 492, 501; *Seibt/Wollenschläger*, AG 2014, 593, 607; dagegen mit beachtlichen Argumenten *Kumpan*, AG 2016, 446, 458 (zu Art. 19 Abs. 11 MAR).

bzw. nunmehr von Art. 14 MAR[351]. Soweit eine Schutzgesetzeigenschaft bejaht wird, ist als weitere Frage die Kausalität der verbotswidrigen Handlung für die Entstehung eines Schadens zu beantworten, da der Vertragspartner des Insiders auch ohne die verbotswidrige Handlung des Insiders mit einem anderen Kontrahenten zu regelmäßig demselben oder sogar für ihn schlechteren Preis ein Rechtsgeschäft abgeschlossen hätte. Deshalb wird ein Insidergeschäft häufig auch als „victimless crime" bezeichnet[352]. Dem wird jedoch entgegengehalten, diese Reserveursache sei unbeachtlich, weil sie einen einmal entstandenen Schadensersatzanspruch (normativ) nicht mehr entfallen lasse[353]. Ausnahmen können sich insoweit jedoch bei außerbörslichen face-to-face-Geschäften ergeben. – Zu einem Verstoß gegen ein Handelsverbot des Art. 19 Abs. 11 MAR vgl. Rz. 14.60.

14.108 Eine **Anfechtung** des zivilrechtlichen Geschäftes durch den Vertragspartner des Insiders nach §§ 119, 123 BGB kommt gleichfalls nicht in Betracht, da der Insider bei Börsengeschäften mit dem Vertragspartner nicht in unmittelbare Beziehungen tritt und dementsprechend bei diesem keinen Irrtum hervorruft. Die Hervorrufung eines Irrtums durch Unterlassen durch den Insider liegt gleichfalls nicht vor, da der Insider dem Mitteilungsverbot nach Art. 14 lit. c MAR unterliegt und Adressat der Pflicht zur Ad-hoc-Publizität von Ausnahmen abgesehen der Emittent ist. Soweit der Vertragspartner des Insiders eine Anfechtung wegen Irrtums über eine verkehrswesentliche Eigenschaft vornehmen sollte, wäre er dem Insider nach § 122 BGB zum Ersatz des durch die Anfechtung entstandenen Schadens verpflichtet[354]. Wiederum können sich Ausnahmen bei face-to-face-Geschäften ergeben.

14.109 Eine generelle **vorsätzliche sittenwidrige Schädigung** des Vertragspartners durch den Insider und dementsprechend ein Schadensersatzanspruch nach § 826 BGB wird nur von einer Mindermeinung[355] bejaht. Dem ist jedoch entgegenzuhalten, dass eine Schädigung des Vertragspartners mangels Kausalität regelmäßig nicht eintritt und zudem die insoweit erforderlichen Vorsatzelemente bei dem Insider typischerweise nicht vorliegen werden[356]. Denkbar ist ein Anspruch aus § 826 BGB daher allenfalls bei face-to-face-Geschäften[357].

§ 15
Ad-hoc-Publizität

I. Ad-hoc-Publizität als Teil der Unternehmenspublizität 15.1
1. Kapitalmarktrechtliche Publizität 15.1
2. Gesellschaftsrechtliche Publizität 15.5

II. Europarechtliche Grundlagen und Vorgaben 15.6

III. Tatbestandsvoraussetzungen der Ad-hoc-Publizität bei Insiderinformationen gemäß Art. 17 Abs. 1 MAR . . 15.11
1. Normadressat 15.11
   a) Emittent und Finanzinstrumente . 15.11
   b) Notierung an geregeltem Markt/ OTF/MTF 15.13

---

351 *Assmann* in Assmann/Uwe H. Schneider/Mülbert, Wertpapierhandelsrecht, Art. 14 MAR Rz. 11; *Klöhn* in Klöhn, Art. 14 MAR Rz. 117 – beide m.w.N.; *Wolf/Wink* in Meyer/Veil/Rönnau, Hdb. Marktmissbrauchsrecht, § 31 Rz. 57 ff., 76 ff.
352 Vgl. insb. *Assmann* in Assmann/Uwe H. Schneider, 6. Aufl. 2012, § 14 WpHG Rz. 210.
353 *Beneke/Thelen*, BKR 2017, 12, 17.
354 Zum Ganzen *Schäfer* in Schäfer/Hamann, Kapitalmarktgesetze, § 14 WpHG Rz. 98.
355 *Kaiser*, WM 1997, 1557, 1560 ff.; *Kaiser*, Harmonisierung des europäischen Kapitalmarktrechts, S. 227 ff.; *Yun*, Strafbarkeitsgründe des Insiderhandelsverbotes, 2016, S. 209.
356 *Buck-Heeb*, Kapitalmarktrecht, 11. Aufl. 2020, § 6 Rz. 447 f. m.w.N.
357 *Assmann* in Assmann/Uwe H. Schneider, 6. Aufl. 2012, § 14 WpHG Rz. 211 m.w.N.

2. Insiderinformation und unmittelbare Betroffenheit des Emittenten 15.16
3. Pflicht zur unverzüglichen Ad-hoc-Publizität 15.21
IV. **Tatbestandsvoraussetzungen der Offenlegung von Insiderinformationen gemäß Art. 17 Abs. 8 MAR wegen Informationsweitergabe** 15.22
  1. Normadressat 15.22
  2. Offenlegung von Insiderinformation .. 15.23
  3. Absichtliche Mitteilung oder Zugänglichmachung 15.24
V. **Aufschub der Veröffentlichung** 15.25
  1. Aufschubmöglichkeit und Kontrolle durch die BaFin 15.25
  2. Allgemeine Voraussetzungen für Aufschub 15.33
    a) Schutz der berechtigten Interessen des Emittenten 15.33
    b) Keine Irreführung der Öffentlichkeit und Gerüchte 15.35
    c) Gewährleistung der Vertraulichkeit durch Emittent 15.36
  3. Nachholung der Veröffentlichung ... 15.37
  4. Aufschub zur Wahrung der Stabilität des Finanzsystems 15.38
VI. **Form und Inhalt der Veröffentlichung** 15.40
VII. **Berichtigungsveröffentlichung** 15.46
VIII. **Missbrauch der Publizitätspflicht und Nutzung von Kennzahlen** 15.47
IX. **Folgen von Pflichtverletzungen** 15.49
  1. Öffentlich-rechtliche Sanktionen 15.49
    a) Ordnungswidrigkeiten 15.49
    b) Kursmanipulation 15.51
    c) Sonstige Folgen 15.52
  2. Schadensersatzhaftung des Emittenten 15.53
  3. Schadensersatzhaftung des Vorstands . 15.54

Schrifttum zur Rechtslage ab 3.7.2016: *Bekritsky*, Die Zuständigkeit des Aufsichtsrats für die Ad-hoc-Publizität, BKR 2020, 382; *Bertus*, Kapitalmarktrechtliche Publizitätspflichten in Krisenzeiten, BB 2021, 1355; *Böhmer/Voß*, Ad-hoc-Publizität in Deutschland – Status Quo nach der MMVO, ZCG 2020, 183; *Buck-Heeb*, Neuere Rechtsprechung zur Haftung wegen fehlerhafter oder fehlender Kapitalmarktinformation, NZG 2016, 1125; *Buck-Heeb*, Wissenszurechnung, Informationsorganisation und Ad-hoc-Mitteilungspflicht bei Kenntnis eines Aufsichtsratsmitglieds, AG 2015, 801; *Bunz*, Ad-hoc-Pflichten im Rahmen von Compliance Audits, NZG 2016, 1249; *Cahn*, Wissenszurechnung im Konzern, Der Konzern 2021, 117; *de Schmidt*, Neufassung des Verbots der Marktmanipulation durch MAR und CRIM-MAD, RdF 2016, 4; *Dollenz/Simonishvili*, Ad-hoc-Publizität nach der MAR unter besonderer Berücksichtigung von zeitlich gestreckten Sachverhalten, ÖBA 2017, 668; *Florstedt*, Fehlerhafte Ad-hoc-Publizität und Anspruchsberechtigung, AG 2017, 557; *Florstedt*, Lehren aus dem Zusammenbruch des Marktes für sog. Mittelstandsanleihen, ZBB 2017, 145; *Groß/Royé*, EU-Marktmissbrauchsverordnung: Ergebnisse einer Umfrage und Versuch einer Präzisierung, BKR 2019, 272; *Guntermann*, Die Publizitätspflicht gem. § 111c AktG und ihr Zusammenspiel mit Art. 17 MAR, ZIP 2020, 1290; *Habbe/Gieseler*, Beweiserleichterungen bei (angeblich) fehlerhaften Ad-hoc-Mitteilungen?, NZG 2016, 454; *Habersack*, Der Aufsichtsrat zwischen Geschäftsführungsverbot und Überwachungsaufgabe, NZG 2020, 881; *Hemeling*, Ad-hoc-Publizität nach dem neuen Emittentenleitfaden der BaFin – Ist das Ende der Fahnenstange erreicht?, ZHR 184 (2020), 397; *Hoffmann-Becking*, Der aktienrechtliche Entherrschungsvertrag – unbeachtlich im Kapitalmarktrecht, ZGR 2021, 309; *Kiefner/Krämer/Happ*, Ad-Hoc-Publizität und Insiderrecht nach dem neuen Modul C des Emittentenleitfadens, DB 2020, 1386; *Kleinmanns*, ESMA veröffentlicht Leitlinien zu alternativen Leistungskennzahlen – ein Schritt in die richtige Richtung?, IRZ 2016, 131; *Klöhn*, Die (Ir-)Relevanz der Wissenszurechnung im neuen Recht der Ad-hoc-Publizität und des Insiderhandelsverbots, NZG 2017, 1285; *Klöhn*, Der Aufschub der Ad-hoc-Publizität zum Schutz der Finanzstabilität (Art. 17 Abs. 5 MAR), ZHR 181 (2017), 746; *Klöhn*, Ad-hoc-Publizität und Insiderverbot im neuen Marktmissbrauchsrecht, AG 2016, 423; *Klöhn/Schmolke*, Der Aufschub der Ad-hoc-Publizität nach Art. 17 Abs. 4 MAR zum Schutz der Unternehmensreputation, ZGR 2016, 866; *Klöhn*, Kapitalmarktinformationshaftung für Corporate-Governance-Mängel?, ZIP 2015, 1145; *Koch*, Die Ad-hoc-Publizität: Veröffentlichungs- oder Wissensorganisationspflicht?, AG 2019, 273; *Korth/Kroymann/Suilmann*, Der ausschließliche Gerichtsstand bei fehlerhaften öffentlichen Kapitalmarktinformationen, NJW 2016, 1130; *Krämer/Kiefner*, Ad-hoc-Publizität nach dem Final Report der ESMA, AG 2016, 621; *Kumpan/Misterek*, Ad-hoc-Publizitätspflicht einer Muttergesellschaft bei konzerndimensionalen Sachverhalten, ZBB 2020, 10; *Kumpan/Misterek*, Neues zur Ad-hoc-Publizität – Modul C des neuen BaFin-Emittentenleitfadens und seine Rezeption, EuZW 2019, 961; *Kumpan*, Ad-hoc-Publizität nach der Marktmissbrauchsverordnung, DB 2016, 2039; *Kuthe/Zipperle*, Corona und Ad-hoc-Publizitätspflichten, AG 2020, R107; *Leyendecker-Langner/Kleinhenz*, Emittentenhaftung für Insiderwissen im Aufsichtsrat bei fehlender Selbstbefreiung nach § 15 Abs. 3 WpHG, AG 2015, 72; *Merkner/ Sustmann/Retsch*, Das neue Modul C des Emittentenleitfadens der BaFin – Auswirkungen auf die Kapitalmarktkommunikation bei M&A-Transaktionen, NZG 2020, 688; *Merkner/Sustmann/Retsch*, Update: Insiderrecht und Ad-hoc-Publizität im neuen (und nun finalen) Emittentenleitfaden der BaFin, AG 2020, 477; *Merkner/Sustmann/Retsch*, Insiderrecht und Ad-hoc-Publizität im neuen Emittentenleitfaden der BaFin, AG 2019, 621; *Mock*, Die verschobene Veröffentlichung von Finanzberichten im Marktmissbrauchsrecht, BKR 2021, 61; *Mülbert/Sajnovits*, Der Aufschub der Ad-hoc-Publizitätspflicht bei Internal Investigations, WM 2017, 2001 (Teil I) und 2041 (Teil II); *Mülbert*, Die Selbstbefreiung nach § 15 Abs. 3 WpHG durch den Aufsichtsrat, FS Stilz, 2014, S. 411; *Mülbert/Sajnovits*, Verschwiegenheitspflichten von Aufsichtsratsmitgliedern als Schranken der Wissenszurechnung, NJW 2016, 2540; *Nietsch*, Emittentenwissen, Wissenszurechnung und Ad-hoc-Publizitätspflicht, ZIP 2018, 1421; *Poelzig*, Die Neuregelung der Offenlegungsvorschriften durch die Marktmissbrauchsverordnung, NZG 2016, 761; *Rathammer/Sam*, Österreichische Gerichtsentscheidungen zur Ad-hoc-Publizität als zusätzliche Orientierungshilfe für den deutschen Kapitalmarkt, ZBB 2020,135; *Rathammer/Sam*, Ad-hoc- und Directors' Dealings-Verpflichtungen im MAR Regime, ÖBA 2016, 436; *Redenius-Hövermann/Walter*, Ad-hoc-Veröffentlichungspflichten bei verbandsinternen Untersuchungen, ZIP 2020, 1331; *Retsch*, Die Selbstbefreiung nach der Marktmissbrauchsverordnung, NZG 2016, 1201; *Reuter*, Schadensersatz und Bußgelder zu Lasten des Unternehmens bei Ad-hoc-Pflichtverstößen: Ein Verstoß gegen die Grundrechte und die Treuepflicht der Aktionäre?, NZG 2019, 321; *Rubel*, Erfüllung von WpHG-Pflichten in der Insolvenz durch Insolvenzverwalter oder Vorstand?, AG 2009, 615; *Sajnovits/Wagner*, Marktmanipulation durch Unterlassen?, WM 2017, 1189; *Salaschek/Richter*, Ad-hoc-Veröffentlichungspflichten nach Art. 17 MAR im kartellrechtlichen Kontext, BB 2020, 1411; *Saliger*, Straflosigkeit unterlassener Ad-hoc-Veröffentlichungen nach dem 1. FiMaNoG, WM 2017, 2329 (Teil I) und 2365 (Teil II); *Schnorbus/Klormann*, Erkrankung eines Vorstandsmitglieds, WM 2018, 1069 (Teil I) und 1113 (Teil II); *Scholz*, Ad-hoc-Publizität und Freiverkehr, NZG 2016, 1286; *Seibt/Kraack*, Praxisleitfaden zum BaFin-Emittentenleitfaden Modul C, BKR 2020, 313; *Seibt/Danwerth*, Ad-hoc-Publizitätspflichten beim Vorstandswechsel zwischen Börsenunternehmen, NZG 2019, 121; *Seibt/Wollenschläger*, Revision des Marktmissbrauchsrechts durch Marktmissbrauchsverordnung und Richtlinie über strafrechtliche Sanktionen für Marktmanipulation, AG 2014, 593; *Seidel*, Die Kontextabhängigkeit der wertenden Wissenszurechnung, AG 2019, 492; *Teigelack*, Ad-hoc-Mitteilungspflicht bei Zivilprozessen, BB 2016, 1604; *Thelen*, Schlechte Post in eigener Sache: Die Pflicht des Emittenten zur Ad-hoc-Mitteilung potentieller Gesetzesverstöße, ZHR 182 (2018), 62; *Tilp/Weiss*, Verjährung von Schadensersatzansprüchen wegen der Verletzung von Ad-hoc-Pflichten, WM 2016, 914; *Vaupel/Oppenauer*, Zur Strafbarkeit eines unterlassenen, verspäteten oder verfrühten Aufschubs von der Ad-hoc-Veröffentlichungspflicht, AG 2019, 502; *Veil/Gump/Templer*, Personalbezogene Ad-hoc-Meldungen nach Art. 17 MAR, ZGR 2020, 2; *Veil*, Europäisches Insiderrecht 2.0 – Konzeption und Grundsatzfragen der Reform durch MAR und CRIM-MAD, ZBB 2014, 85; *Vetter/Engel/Lauterbach*, Zwischenschritte als ad-hoc-veröffentlichungspflichtige Insiderinformation, AG 2019, 160; *von Randow*, Mittelstandsanleihen und Marktversagen, ZBB 2017, 158; *Weißhaupt*, Ad-hoc-Publizität des Zwischenschritts – naht Praktikabilität?, NZG 2019, 175; *Zetzsche*, Normaler Geschäftsgang und Verschwiegenheit als Kriterium für die Weitergabe transaktionsbezogener Insiderinformationen an Arbeitnehmer, NZG 2015, 817; *Zöllter/Petzoldt*, Das Modul C des Emittentenleitfadens der BaFin, BKR 2020, 272.

Schrifttum zur Rechtslage bis 2.7.2016: Vgl. Literaturverzeichnis zu § 15 der 4. Aufl.

Schrifttum zur Rechtslage bis 29.10.2004: Vgl. Literaturverzeichnis zu § 14 der 1. Aufl.

I. Ad-hoc-Publizität als Teil der Unternehmenspublizität

1. Kapitalmarktrechtliche Publizität

15.1 Die Publizitätspflichten eines Unternehmens können ihre Grundlage sowohl im Gesellschaftsrecht wie im Kapitalmarktrecht haben. Die gesellschaftsrechtlichen Publizitätspflichten sind primär auf die Information der Aktionäre als den Gesellschaftern und die Information der Gläubiger des Unternehmens ausgerichtet. Demgegenüber beziehen die kapitalmarktrechtlichen Publizitätspflichten auch ein interessiertes, jedoch mit dem Unternehmen noch nicht notwendigerweise in Rechtsbeziehung stehendes Anlagepublikum ein. Die kapitalmarktrechtliche Publizität erfolgt somit zugunsten eines wesentlich größeren **Adressatenkreises**[1].

Bei der kapitalmarktrechtlichen Publizität wird zwischen der des **Primärmarktes** und der des **Sekundärmarktes** unterschieden. Die Publizität für den **Primärmarkt** beruht bei einem öffentlichen Angebot von Wertpapieren oder bei der Zulassung von Wertpapieren zum Handel an einem geregelten Markt seit dem 21.7.2019 im Wesentlichen auf dem Börsenzulassungsprospekt (Art. 3 Abs. 3 ProspektVO[2]) und dem Verkaufsprospekt bei öffentlichem Angebot (Art. 3 Abs. 1 ProspektVO für außerbörsliche Platzierungen sowie ggf. den Freiverkehr) bzw. im Rahmen eines Übernahmeangebotes[3] auf der Angebotsunterlage (§ 11 Abs. 2 WpÜG i.V.m. WpÜG-AngebV). 15.2

Den Prospekten bzw. der Angebotsunterlage im Primärmarkt entsprechen im **Sekundärmarkt** die Jahres- bzw. Halbjahresfinanzberichte nach §§ 114, 115 WpHG (bis 2.1.2018: §§ 37v, 37w) und bis November 2015 die Zwischenmitteilungen nach § 37x WpHG a.F. und seitdem die (für die im Prime Standard der FWB gelisteten Unternehmen) sog. „Quartalsmitteilungen" nach § 51a BörsO FWB[4]. Eine Publizität für Wertpapiere, die in den Freiverkehr einbezogen sind, sehen § 114 WpHG (bis 2.1.2018: § 37v) bzw. § 115 WpHG (bis 2.1.2018: § 37w) durch die Verwendung des Begriffs des Inlandsemittenten, der seinerseits durch § 2 Abs. 13 und 14 WpHG (bis 2.1.2018: § 2 Abs. 6 und 7) definiert wird, i.d.R. nicht vor. Weitere Teile der kapitalmarktrechtlichen Publizität sind die kapitalmarktrechtliche **Beteiligungstransparenz** gemäß §§ 33–44 WpHG (bis 2.1.2018: §§ 21–30), durch die der Kapitalmarkt über wesentliche Interessenlagen von Kapitalmarktakteuren aufgrund von Beteiligungen an Gesellschaften von mehr als 3 % informiert wird (vgl. dazu ausführlich § 18). Der „kleine Bruder" dieser kapitalmarktrechtlichen Mitteilungspflichten ist die erst durch das 4. Finanzmarktförderungsgesetz mit Wirkung ab 1.7.2002 eingeführte Pflicht zur Veröffentlichung und zur Mitteilung von Geschäften von Führungskräften (Geschäftsführungs- oder Aufsichtsorganen) gemäß § 15a WpHG a.F. bzw. seit 3.7.2016 gemäß Art. 19 Marktmissbrauchsverordnung (MAR)[5] (vgl. dazu ausführlich § 16; sog. „**Directors' Dealings**"). Die kapitalmarktrechtliche Beteiligungstransparenz beschränkt sich nach § 33 Abs. 2, 4 WpHG (bis 2.1.2018: § 21 Abs. 2) auf Gesellschaften, deren Aktien zum Handel an einem organisierten Markt zugelassen (im Gegensatz zu einer Einbeziehung) sind[6]. Auch die Vorschriften zum Directors' Dealing gelten nur für Gesellschaften, deren Wertpapiere zum Handel an einem geregelten Markt zugelassen sind oder die eine Einbeziehung genehmigt haben (seit 3.7.2016 nach Art. 19 Abs. 4 MAR auch für Emittenten, deren Finanzinstrumente auf ihren Antrag hin an einen MTF oder OTF gehandelt werden). Während bisher im Freiverkehr gehandelte und in den regulierten Markt nur einbezogene Wertpapiere nicht erfasst wurden[7], wird durch § 48 Abs. 3 BörsG i.d.F. des 2. FiMaNoG[8] der Freiverkehr mit einem MTF gleichgestellt und damit die dort gehandelten Wertpapiere von der Regelung ab 3.1.2018 umfasst. 15.3

Zu einer tragenden Säule der Sekundärmarktpublizität hat sich die Ad-hoc-Publizität entwickelt. Durch sie werden die börsennotierten Unternehmen verpflichtet, unverzüglich kursrelevante Informationen mitzuteilen und den Kapitalmarkt über neueste Entwicklungen im Unternehmen zu informieren. 15.4

---

1 Vgl. schon *Schwark*, ZGR 1976, 271, 294.
2 VO (EU) 2017/1129 v. 14.6.2017, ABl. EU Nr. L 168 v. 30.6.2017, S. 12.
3 Vgl. *Groß*, Kapitalmarktrecht, § 16 WpPG Rz. 19; *Heinze*, Europäisches Kapitalmarktrecht, S. 92 ff.; *Fülbier*, Regulierung der Ad-hoc-Publizität, S. 107 ff.; *Möllers* in Möllers/Rotter, Ad-hoc-Publizität, § 2 Rz. 18 ff. (mit dem Hinweis in Rz. 46 ff., dass die Angebotsunterlage gemäß WpÜG eigentlich sekundärmarktrechtliche Publizität darstellt).
4 Vgl. dazu Rz. 12.25 ff. sowie *Nießen*, NZG 2007, 41, 44 f.; *Deiersdorf/Buchheim*, BB 2006, 1677.
5 VO (EU) 596/2014, ABl. EU Nr. L 173 v. 12.6.2014, S. 1.
6 Zu der Frage, ob diese Pflichten auch bei Gesellschaften gelten sollen, deren Aktien ohne Zustimmung der Gesellschaft in den Freiverkehr oder den regulierten Markt einbezogen wurden gemäß § 33 Abs. 1, § 48 Abs. 1 Satz 4 BörsG, vgl. Rz. 18.7.
7 Unstr., vgl. nur *Sethe* in Assmann/Uwe H. Schneider, 6. Aufl. 2012, § 15a WpHG Rz. 30 m.w.N.
8 BGBl. I 2017, 1693, 1798.

Zweck der Ad-hoc-Publizität ist die unverzügliche **Information des Kapitalmarktes** über sämtliche neuen, in den Intervallen zwischen den Finanzberichten und Zwischenmitteilungen eintretenden, kursrelevanten Informationen. Hierdurch wird institutionell die Effizienz der Kapitalmärkte gefördert, zumindest mittelbar als Reflex die **„Richtigkeit" der Preise** für Kapitalmarktpapiere zwischen den Kapitalmarktakteuren gesichert und die Möglichkeit von Insiderhandel unterbunden (Doppelfunktion als Publizitäts- und Präventionsinstrument)[9]. Spätestens seit dem 4. Finanzmarktförderungsgesetz wird man aufgrund der Einführung der Schadensersatzregelungen der §§ 37b, 37c WpHG a.F. bzw. §§ 97, 98 WpHG i.d.F. des 2. FiMaNoG wohl annehmen müssen, dass der **Anlegerschutz** nicht nur ein Rechtsreflex des **Institutionenschutzes** ist, sondern einen gleichwertigen Gesetzeszweck neben dem Institutionenschutz und dem Zweck der Unterbindung des Insiderhandels darstellt[10]. Eine Pflicht zur Ad-hoc-Publizität besteht bereits seit der Börsengesetznovelle 1987, die eine solche in § 44a BörsG a.F. vorsah. Diese war jedoch lediglich mit einem Bußgeld von bis zu 100.000 DM bewehrt mit der Folge, dass in den sieben Jahren der Existenz von § 44a BörsG lediglich sechs Ad-hoc-Meldungen veröffentlicht wurden[11]. Die am 1.1.1995 in Kraft getretene Ad-hoc-Publizitätspflicht gemäß § 15 WpHG a.F. bzw. seit 3.7.2016 Art. 17 MAR ist demgegenüber wesentlich härter sanktioniert, nach § 39 Abs. 2 Nr. 2 lit. c, Nr. 5 lit. a, Nr. 6, Nr. 7, Abs. 4 WpHG a.F. mit einer Geldbuße bis zu 1.000.000 Euro und seit dem 3.7.2016 gemäß § 39 WpHG a.F. bzw. § 119 Abs. 15, Abs. 18 WpHG i.d.F. des 2. FiMaNoG darüber hinausgehend bei einer juristischen Person oder Personenvereinigung mit dem höheren Betrag von 2,5 Mio. Euro und 2 % des Gesamtumsatzes. Zudem ist zivilrechtlich eine Verletzung der Ad-hoc-Publizitätspflicht seit 1.7.2002 schadensersatzbewehrt durch §§ 37b, 37c WpHG a.F. bzw. §§ 97, 98 WpHG i.d.F. des 2. FiMaNoG. Dies hat dazu geführt, dass die Anzahl der Ad-hoc-Mitteilungen zunächst drastisch anstieg[12], seit 2005 von ca. 3.700 jedoch auf ca. 1.800 im Jahre 2016 rückläufig ist (allerdings mit wieder steigender Tendenz seit dem erweiterten Anwendungsbereich durch die Geltung der MAR seit 3.7.2016)[13]. Die Ad-hoc-Publizität ist daher aus dem Kanon der Informationsinstrumente des sekundären Kapitalmarktes nicht mehr hinwegzudenken[14].

2. Gesellschaftsrechtliche Publizität

15.5 Neben der kapitalmarktrechtlichen Publizität besteht die allgemeine gesellschaftsrechtliche Publizität. Diese richtet sich vornehmlich an die Gesellschafter (Aktionäre) und die Gläubiger der Gesellschaft. Ähnlich der Unterscheidung zwischen einer Publizität für den primären und den sekundären Kapitalmarkt ist auch bei der gesellschaftsrechtlichen Publizität zwischen der **Gründungspublizität** einerseits und der **laufenden Publizität** andererseits zu unterscheiden. Die laufende Publizität stützt sich im Wesentlichen auf die Jahresabschlüsse einschließlich Lagebericht und Konzernabschluss gemäß §§ 242 ff.

---

9 Vgl. nur *Assmann* in Assmann/Uwe H. Schneider/Mülbert, Art. 17 MAR Rz. 7 ff. m.w.N.; *Kumpan/Grütze* in Schwark/Zimmer, Art. 17 MAR Rz. 14 ff.; *Versteegen* in KölnKomm. WpHG, 2007, § 15 WpHG Rz. 13 ff.

10 *Fleischer*, Gutachten F für den 64. DJT, S. F 25, 96 ff.; *Möllers* in Möllers/Rotter, Ad-hoc-Publizität, § 3 Rz. 24 ff.; zu weitgehend ist es jedoch, den Institutionenschutz als Rechtsreflex des Anlegerschutzes zu bezeichnen – so *Köndgen* in FS Druey, 2002, S. 791, 798; vgl. auch *Assmann* in Assmann/Uwe H. Schneider/Mülbert, Art. 1 MAR Rz. 6 ff.

11 Vgl. *Wittich*, AG 1997, 1, 2; *Happ*, JZ 1994, 240, 241.

12 Von 911 Meldungen im Jahre 1995 auf 5.057 Meldungen im Jahre 2000 (bedingt auch durch den Neuen Markt); im ersten Jahr nach der Einstellung des Neuen Marktes zum Juni 2003, also im Jahr 2004, betrug die Anzahl der Meldungen noch 3.260 und im Jahre 2020 2.397 (zuzüglich mind. 496 Aufschubbeschlüssen), vgl. zu letzterem BaFin, Jahresbericht 2020, S. 90.

13 Vgl. jeweils Jahresbericht der BaFin, zuletzt Jahresbericht 2020, S. 91 mit Übersichtstabelle.

14 Eine empirische Analyse von 3.700 Ad-hoc-Meldungen im Zeitraum 2016 bis 2019 hinsichtlich der Aspekte Emittent, Veröffentlichungszeitpunkt, Inhalt und Umfangen haben erstellt *Böhmer/Voß*, ZCG 2020, 183 ff.; ähnlich *Groß/Royé*, BKR 2019, 272 ff.; zu einer empirischen Untersuchung der Ad-hoc-Publizität beim Vorstandswechsel *Seibt/Danwerth*, NZG 2019, 121 ff.; tatsächlich und rechtsdogmatisch zu personalbezogenen Ad-hoc-Meldungen auch *Veil/Gumpp/Templeg*, ZGR 2020, 2 ff.; zur Ad-hoc-Publizität empirisch in der Pandemie *Böhmer/Voß*, ZCG 2021, 182 ff.

HGB, die gesellschaftsrechtliche Beteiligungstransparenz gemäß §§ 20 f. AktG, die anders als die kapitalmarktrechtliche Transparenz jedoch erst bei einer Beteiligungsquote von mehr als 25 % beginnt, die Auskunftsrechte der Aktionäre in der Hauptversammlung gemäß § 131 AktG sowie seit 1.1.2020 die Pflicht zur Veröffentlichung von bestimmten **Geschäften mit nahestehenden Personen** gemäß § 111c AktG[15]. Diese Publizität kann gleichzeitig mit der Ad-hoc-Publizität Anwendung finden[16]. Die Pflicht zu **Hinweisbekanntmachungen** gemäß § 114 Abs. 1 Satz 2, § 115 Abs. 1 Satz 2 und § 116 Abs. 2 Satz 1 WpHG über die Zeitpunkte der Veröffentlichung vom Jahresfinanzbericht, Halbjahresfinanzbericht und Zahlungsbericht beinhaltet auch eine Pflicht zur Bekanntmachung einer Verschiebung der angekündigten Veröffentlichungen. Erfolgt diese, ist hierneben i.d.R. keine Ad-hoc-Publizität erforderlich[17]. Die gesellschaftsrechtliche Publizität wird ergänzt durch die Pflicht des Vorstandes und des Aufsichtsrates der börsennotierten Gesellschaft, jährlich nach § 161 AktG zu erklären, ob und in welchem Umfange dem Deutschen Corporate Governance Kodex entsprochen wird (vgl. dazu ausführlich Rz. 2.72 ff.).

II. Europarechtliche Grundlagen und Vorgaben

Die deutschen kapitalmarktrechtlichen Regelungen über eine Ad-hoc-Publizität waren ohne die EG-rechtlichen Vorgaben kaum denkbar und die Bedeutung des EU-Rechts für die Entwicklung des deutschen Kapitalmarktrechtes kaum zu unterschätzen[18]. Den ersten Anstoß für die Ad-hoc-Publizität in Deutschland gab die **Börsenzulassungsrichtlinie** (BörsZulRiLi)[19] aus dem Jahre 1979. Diese verstand die Ad-hoc-Publizität noch als Ergänzung der Jahresabschlusspublizität[20], die durch § 44a BörsG a.F. umgesetzt wurde[21]. Die h.M. sprach § 44a BörsG a.F. die Eigenschaft als Schutzgesetz i.S.d. § 823 Abs. 2 BGB ab[22].

15.6

Die Börsenzulassungsrichtlinie wurde durch die **Kapitalmarktpublizitätsrichtlinie**[23] ersetzt, die die Erstgenannte mit einer Reihe weiterer Richtlinien zusammenfasste. Die sich in dieser zunächst in Artt. 68, 81 Kapitalmarktpublizitätsrichtlinie findende Regelung war jedoch wörtlich identisch mit der in Art. 13 i.V.m. den beiden Schemata der Börsenzulassungsrichtlinie enthaltenen Regelung der Ad-hoc-Publizitätspflicht. Ergänzend enthielt Art. 102 Kapitalmarktpublizitätsrichtlinie die Modalitäten der Veröffentlichung der Ad-hoc-Publizität. Wie bereits die Börsenzulassungsrichtlinie verpflichtete auch die Kapitalmarktpublizitätsrichtlinie lediglich Unternehmen, deren Aktien zur (damals sog.) amtlichen Notierung zugelassen waren, zur Ad-hoc-Publizität. Entsprechend galt § 44a BörsG a.F. nur für den (damals sog.) amtlichen Handel und nicht für den geregelten Markt. Für den geregelten Markt enthielt § 72 Abs. 2 Nr. 5 i.V.m. § 76 BörsG a.F. nur einen Teilverweis auf § 44a Abs. 1 BörsG a.F., was zu einer eingeschränkten Ad-hoc-Publizität führte[24].

15.7

---

15 Eingefügt durch das ARUG II, BGBl. 2019 I, S. 2637.
16 *Guntermann*, ZIP 2020, 1290, 1292.
17 Hierzu und zu den Fällen, in denen in diesem Zusammenhang eine Ad-hoc-Publizität erforderlich werden kann vgl. *Mock*, BKR 2021, 61, 65 m.w.N.
18 Vgl. nur *Assmann/Buck-Heeb* in Assmann/Schütze/Buck-Heeb, Hdb. Kapitalanlagerecht, § 1 Rz. 4 ff. m.w.N.
19 Richtlinie 1979/279/EWG, ABl. EG Nr. L 66 v. 16.3.1979, S. 21.
20 Vgl. *Weber* in Dauses, Hdb. EU-Wirtschaftsrecht, F III Rz. 54; *Pellens*, AG 1991, 62, 63.
21 Vgl. *Schwark*, NJW 1987, 2041, 2045; *Schäfer*, ZIP 1987, 953, 956.
22 *Schwark*, 2. Aufl., § 44 BörsG Rz. 14 (unter Verweis auf die Gesetzesbegründung); a.A. *Hopt* in Baumbach/Hopt, HGB, 29. Aufl., § 44a BörsG Rz. 1; *Schäfer*, ZIP 1987, 953, 956; weitere Nachweise bei *Geibel/Schäfer* in Schäfer/Hamann, Kapitalmarktgesetze, § 15 WpHG Rz. 196.
23 Richtlinie 2001/34/EG v. 28.5.2001, ABl. EG Nr. L 184 v. 6.7.2001, S. 1 ff.
24 Insbesondere galt nicht § 70 BörsZulV a.F. über die Art und Form der Veröffentlichung.

15.8 Art. 68 Abs. 1 und Art. 81 Abs. 1 Kapitalmarktpublizitätsrichtlinie wurden 2003 durch Art. 20 der **Marktmissbrauchsrichtlinie**[25] gestrichen und durch Art. 6 der Marktmissbrauchsrichtlinie ersetzt. Dies hatte zur Konsequenz, dass EU-rechtlich die Ad-hoc-Publizität wegen des weitergehenden Anwendungsbereichs der Marktmissbrauchsrichtlinie nicht mehr nur für den (damals sog.) amtlichen, sondern auch für den geregelten Markt (in der Terminologie des BörsG i.d.F. ab 1.11.2007: regulierter Markt) als „geregeltem Markt" i.S.d. Art. 1 Nr. 13 der Wertpapierdienstleistungsrichtlinie[26] gilt. Anders als Artt. 68 Abs. 1, 81 Abs. 1 der Kapitalmarktpublizitätsrichtlinie machte Art. 6 Marktmissbrauchsrichtlinie nur wesentlich gröbere Vorgaben für die Verpflichtung zur Ad-hoc-Publizität[27]. Die Kapitalmarktpublizitätsrichtlinie und deren Vorläufer betrafen eine „zusätzliche Information" des Kapitalmarktes durch den Emittenten und stellten dabei wesentlich auf die durch diese zusätzliche Information möglicherweise bewirkte Änderung der Kurse von Aktien bzw. auf die Fähigkeit des Emittenten, seinen Verpflichtungen gegenüber den Gläubigern der von ihm begebenen Schuldverschreibungen nachzukommen, ab. Die Marktmissbrauchsrichtlinie ging von einem geänderten Konzept aus. Sie definierte nicht „zusätzliche Informationen" sondern „Insider-Informationen" in Art. 1 Satz 1 Nr. 1 als „nicht öffentlich bekannte präzise Information, die direkt oder indirekt einen oder mehrere Emittenten von Finanzinstrumenten oder ein oder mehrere Finanzinstrumente betrifft und die, wenn sie öffentlich bekannt würde, geeignet wäre, den Kurs dieser Finanzinstrumente oder den Kurs sich darauf beziehender derivativer Finanzinstrumente erheblich zu beeinflussen". Die **Unterscheidung zwischen ad-hoc-publizitätspflichtigen Informationen** und **Insiderinformationen** entfiel damit und auch die Notwendigkeit, eine Unterscheidung bei der Ad-hoc-Publizität vorzunehmen zwischen Informationen, die kursrelevant sind, und Informationen, die Einfluss auf die Fähigkeit des Emittenten von Schuldverschreibungen haben, seinen Verpflichtungen nachzukommen. Dagegen sah der Entwurf der Europäischen Kommission für eine Marktmissbrauchsverordnung (MAR) vom Oktober 2011[28] die erneute Einführung der Differenzierung zwischen ad-hoc-publizitätspflichtigen und nicht ad-hoc-publizitätspflichten Insiderinformationen vor[29]. Diese Differenzierung wurde jedoch im Laufe des Gesetzgebungsverfahrens wieder aufgegeben[30]. Die Vorgaben der Marktmissbrauchsrichtlinie wurden ergänzt durch eine Reihe von **Durchführungsverordnungen und -richtlinien der Kommission**[31], die im Ergebnis zu wesentlich präziseren Vorgaben für den nationalen Gesetzgeber führen als dies in den ursprünglichen Richtlinien der Fall war.

---

25 Richtlinie 2003/6/EG v. 28.1.2003, ABl. EU Nr. L 96 v. 12.4.2003, S. 16.
26 Richtlinie 93/22/EWG v. 10.5.1993, ABl. EG Nr. L 141 v. 11.6.1993, S. 27; diese wurde durch die Richtlinie über Märkte für Finanzinstrumente 2004/39/EG (MiFID I), ABl. EU Nr. L 145 v. 30.4.2004, S. 1 ff. und diese wiederum durch die Richtlinie 2014/65/EU (MiFID II), ABl. EU Nr. L 173 v. 12.6.2014, S. 349 sowie die Verordnung (EU) Nr. 600/2014 (MiFIR), ABl. EU NR. L 173 v. 12.6.2014, S. 84 ersetzt.
27 Art. 6 Abs. 1 Unterabs. 1 lautet: „Die Mitgliedstaaten sorgen dafür, dass alle Emittenten von Finanzinstrumenten Insiderinformationen, die sie unmittelbar betreffen, sobald als möglich der Öffentlichkeit bekannt geben".
28 Vorschlag für eine Verordnung des Europäischen Parlaments und des Rates über Insider-Geschäfte und Marktmanipulation (Marktmissbrauch), KOM(2011) 651 endg.
29 Vgl. dazu *Ph. Koch*, BB 2012, 1365 ff.; *Teigelack*, BB 2012, 1361 ff.; *Veil/Lerch*, WM 2012, 1557 ff. und 1605 ff.
30 Vgl. nur *Seibt/Wollenschläger*, AG 2014, 595, 596 f. m.w.N.
31 Vgl. Verordnung (EG) Nr. 2273/2003 der Kommission, ABl. EU Nr. L 336 v. 23.12.2003, S. 33 (zu Rückkauf- und Kursstabilisierungsprogrammen), Richtlinie 2003/124/EG der Kommission, ABl. EU Nr. L 339 v. 24.12.2003, S. 70 (zu Begriffsbestimmung und Veröffentlichung von Insiderinformationen und die Begriffsbestimmung der Marktmanipulation), Richtlinie 2003/125/EG der Kommission, ABl. EU Nr. L 339 v. 24.12.2003, S. 73 (zur sachgerechten Darbietung von Anlageempfehlungen und die Offenlegung von Interessenkonflikten), Richtlinie 2004/72/EG der Kommission, ABl. EU Nr. L 162 v. 30.4.2004, S. 70 ff. (zu Directors' Dealings und Insider-Verzeichnissen).

Die Marktmissbrauchsrichtlinie wurde mit Wirkung ab dem 3.7.2016 ersetzt durch die Marktmissbrauchsverordnung[32]. Sie wird ergänzt durch eine Reihe von Durchführungsverordnungen und Delegierten Verordnungen, von denen für die Ad-hoc-Publizität insbesondere die Durchführungsverordnung „hinsichtlich der technischen Mittel für die angemessene Bekanntgabe von Insiderinformationen und den Aufschub der Bekanntgabe von Insiderinformationen" ist[33]. Das deutsche Recht wurde an die geänderte vorrangige Rechtslage auf EU-Ebene durch das 1. FiMaNoG angepasst[34], das u.a. § 15 WpHG a.F. aufhob und seitdem in § 15 WpHG a.F. bzw. § 26 WpHG i.d.F. des 2. FiMaNoG noch formale Übermittlungsvorschriften enthält. – Die EU-Regelungen verwenden nicht mehr den Begriff der Ad-hoc-Publizität, sondern den der „**Veröffentlichung von Insiderinformationen**". Da sich jedoch der Begriff der **Ad-hoc-Publizität** eingebürgert hat, soll er hier weiter verwendet werden[35].

15.9

Auf EU-rechtlicher Ebene wird erörtert, ob mit der Vorgabe des primären Marktmissbrauchsschutzes durch die Pflicht zur Veröffentlichung von Insiderinformationen eine inhaltliche **Änderung der Schutzziele** verbunden ist[36]. Diese Frage wird gestellt insbesondere mit Blick auf den individuellen Anlegerschutz im Verhältnis zu einem institutionellen Marktschutz. Mit der Einführung der Schadensersatzregelung für fehlerhafte Kapitalmarktinformation in §§ 37b, 37c WpHG a.F. durch das 4. Finanzmarktförderungsgesetz bzw. §§ 97, 98 WpHG i.d.F. des 2. FiMaNoG wird für die Bundesrepublik der **Individualschutzcharakter** der Ad-hoc-Publizität kaum noch zu bestreiten sein[37]. Zu der daran anknüpfenden Frage nach einer Schadensersatzhaftung des Emittenten gemäß § 823 Abs. 2 BGB vgl. Rz. 15.53.

15.10

III. Tatbestandsvoraussetzungen der Ad-hoc-Publizität bei Insiderinformationen gemäß Art. 17 Abs. 1 MAR

1. Normadressat

a) Emittent und Finanzinstrumente

Der Grundsatz der Ad-hoc-Publizitätspflicht für Insiderinformationen findet sich in Art. 17 Abs. 1 Unterabs. 1 MAR. Danach ist ein *Emittent* verpflichtet, der Öffentlichkeit **Insiderinformationen, die ihn unmittelbar betreffen**, sobald wie möglich bekannt zu machen. Nach Art. 3 Abs. 1 Nr. 21 MAR bezeichnet Emittent „eine **juristische Person des privaten oder öffentlichen Rechts**, die Finanzinstrumente emittiert oder deren Emission vorschlägt, wobei der Emittent im Fall von Hinterlegungsscheinen, die Finanzinstrumente repräsentieren, der Emittent des repräsentierten Finanzinstruments ist". Abweichend von § 15 Abs. 1 WpHG a.F. entfällt damit die Differenzierung zwischen „Inlandsemittent", Emittent, für den „Deutschland der Herkunftsstaat ist" und Emittenten aus Drittstaaten. Erfasst werden sämtliche Emittenten aus Deutschland, der EU sowie Drittstaaten[38]. Allerdings werden nur erfasst Emittenten in der Rechtsform der „juristischen Personen des privaten oder öffentlichen Rechts". Dies schließt die bisher auch erfassten Emittenten in der Form von **Personenhandelsgesell-**

15.11

---

32 Verordnung (EU) Nr. 596/2014 v. 16.4.2014 über Marktmissbrauch und zur Aufhebung der Richtlinie 2003/6/EG, ABl. EU Nr. L 173 v. 12.6.2014, S. 1.
33 DurchführungsVO (EU) 2016/1055, ABl. EU Nr. L 173 v. 30.6.2016, S. 47 und dazu ESMA, Opinion v. 17.6.2016, ESMA/2016/982.
34 BGBl. I 2016, 1514.
35 So auch *Klöhn*, AG 2016, 423, 429.
36 Vgl. dazu *Klöhn* in KölnKomm. WpHG, § 15 WpHG Rz. 4 ff.; *Möllers/Leisch* in KölnKomm. WpHG, §§ 37b, c Rz. 282 ff., 323; *Leppert/Stürwald*, ZBB 2002, 90, 94 f.; *Schulte* in Möllers/Rotter, Ad-hoc-Publizität, § 4 Rz. 79 ff.; *Dier/Fürhoff*, AG 2002, 604, 608.
37 Vgl. Begr. RegE 4. FFG, BT-Drucks. 14/8017, S. 87; vgl. auch Erwägungsgrund 49 der MAR; *Möllers/Leisch* in KölnKomm. WpHG, §§ 37b, c Rz. 282 ff.; ausdrücklich für Art. 17 MAR *Seibt/Wollenschläger*, AG 2014, 593, 607 f.
38 So auch *Poelzig*, NZG 2016, 761, 763.

schaften, die ein Finanzinstrument (z.B. eine Anleihe) begeben hatten, aus[39]. Fraglich erscheint allerdings, ob die deutsche Übersetzung zutreffend ist, da die englische Fassung der MAR von „legal entity" spricht, was durchaus auch Personenhandelsgesellschaften (z.B. eine GmbH & Co. KG) umfassen könnte, wenn man „legal entity" als „rechtsfähige Person" versteht[40]. I.S.d. deutschen Verständnisses übersetzt die französische Fassung „legal entity" jedoch auch mit „entité juridique"[41]. Diese Frage ist von besonderer Bedeutung für Personenhandelsgesellschaften, die Anleihen begeben haben, die in einem spezifischen Marktsegment einer Börse für Anleihen von mittelständischen Unternehmen gehandelt werden (sog. Mittelstandsanleihen). Da gerade bei den insolvenzanfälligeren Mittelstandsanleihen eine Ad-hoc-Publizität von besonderer Bedeutung ist, sollten die Börsenbetreiber für dieses Marktsegment zumindest eine auf der jeweiligen Börsenordnung beruhende Pflicht zur Ad-hoc-Publizität vorsehen[42].

15.12 Erfasst werden **Emittenten von „Finanzinstrumenten"**. Finanzinstrumente werden von Art. 3 Abs. 1 Nr. 1 MAR definiert durch Verweis auf Art. 4 Abs. 1 Nr. 15 der Richtlinie 2014/65/EU (MiFID II). Art. 4 Abs. 1 Nr. 15 MiFID II verweist auf ihren Anhang I Abschnitt C und erfasst damit übertragbare Wertpapiere, Geldmarktinstrumente, Anteile an OGAWs, Optionen, Futures, Swaps, FRAs und alle anderen Derivatekontrakte in Bezug auf Wertpapiere, Währungen, Zinssätze oder -erträge, finanzielle Indizes oder Messgrößen, die effektiv geliefert oder bar abgerechnet werden können. Damit wird der **gesamte Bereich der Aktien, Anleihen** (mit oder ohne eingebetteten Derivaten), **Genussscheinen** sowie das gesamte Spektrum an **Mezzaninen Finanzinstrumenten** umfasst sowie sämtliche Derivate auf vorgenannte Finanzinstrumente. Fraglich erscheint, ob **Bezugsrechte** noch zu den Finanzinstrumenten zählen. Z.T. werden diese als „Option, ... in Bezug auf Wertpapiere" angesehen[43], was jedoch als sehr weitgehend erscheint.

b) Notierung an geregeltem Markt/OTF/MTF

15.13 Welche „Emittenten" betroffen sind, wird durch Art. 17 Abs. 1 Unterabs. 3 MAR definiert. Danach gilt Art. 17 für Emittenten, „die für ihre Finanzinstrumente eine **Zulassung zum Handel an einem geregelten Markt in einem Mitgliedstaat beantragt oder genehmigt** haben, bzw. im Falle von Instrumenten, die nur auf einem **multilateralen** oder **organisierten Handelssystem** gehandelt werden, für Emittenten, die für ihre Finanzinstrumente eine Zulassung zum Handel auf einem multilateralen oder organisierten Handelssystem in einem Mitgliedstaat erhalten haben oder die für ihre Finanzinstrumente eine Zulassung zum Handel auf einem multilateralen Handelssystem in einem Mitgliedsstaat beantragt haben". Obwohl Art. 17 Abs. 1 Unterabs. 3 MAR bereits berichtigt wurde[44], **entspricht** die **deutsche Fassung** weiterhin **nicht der englischen Fassung** der MAR. Die englische Fassung bezieht sich bei ausschließlich auf einem OTF oder MTF gehandelten Finanzinstrument nicht auf solche, für die eine Zulassung „erhalten" wurde, sondern auf solche Finanzinstrumente, deren Handel der Emittent „genehmigt" hat. Dass – in der englischen wie der deutschen Fassung – der EU-Gesetzgeber einmal von „Finanzinstrumenten" und einmal von „Instrumenten" spricht, dürfte eine sprachliche Nachlässigkeit darstellen und sollte wohl keine Differenzierung bedeuten.

---

39 Vgl. *Kumpan*, DB 2016, 2039.
40 Zu der entsprechenden Diskussion hinsichtlich der Umsetzung von Art. 4 Abs. 1 AIFM-Richtlinie durch § 17 Abs. 2, § 18 Abs. 1 KAGB vgl. *Bentele* in Baur/Tappen, InvG, 3. Aufl. 2015, § 18 KAGB Rz. 3 ff. m.w.N. und im KWG *Schäfer* in Boos/Fischer/Schulte-Mattler, 6. Aufl. 2022, § 1 KWG Rz. 86 f.
41 Für ein weites Verständnis mit überzeugenden Argumenten *Kumpan* in Schwark/Zimmer, Art. 8 MAR Rz. 17.
42 Dies übersieht *Florstedt*, ZBB 2017, 145, 157, wenn er die Erstreckung der Pflicht zur Ad-hoc-Publizität auf den Freiverkehr – zu Recht – begrüßt und deshalb zukünftig „freiwillige Börsenregelungen" für überflüssig erachtet, vgl. auch *von Randow*, ZBB 2017, 158.
43 So insbesondere *Kumpan*, DB 2016, 2039, 2040.
44 ABl. EU Nr. L 287 v. 21.10.2016, S. 320, durch die „beantragt oder erhalten haben" ersetzt wurde durch „beantragt oder genehmigt haben".

Mit der Erstreckung der Pflicht zur Ad-hoc-Publizität auch auf Emittenten von **Finanzinstrumenten, die „nur" an einem OTF bzw. MTF** gehandelt werden, geht eine erhebliche Erweiterung der Ad-hoc-Publizität einher. Bisher erstreckte sich die Pflicht zur Ad-hoc-Publizität nicht auf den **Freiverkehr** an deutschen Börsen, da der Freiverkehr kein regulierter Markt war und ist[45]. Der Freiverkehr an den deutschen Börsen war zwar rechtstechnisch ein MTF, stellte jedoch aufgrund von § 48 BörsG a.F. wegen der Überwachung durch die Börsenaufsicht kein MTF dar[46]. Um die Pflicht zur Ad-hoc-Publizität auch auf den Freiverkehr zu erstrecken, wurde mit Wirkung ab 3.1.2018 § 48 Abs. 3 Satz 2 BörsG eingeführt, demzufolge der **Freiverkehr als multilaterales Handelssystem „gilt"**.

15.14

Für das BörsG definiert ab 3.1.2018 **§ 2 Abs. 6 BörsG** das „multilaterale Handelssystem" (MTF) und **§ 2 Abs. 7 BörsG** das „organisierte Handelssystem" (OTF). Die entsprechenden Definitionen für das WpHG finden sich – etwas versteckt – in § 2 Abs. 8 Nr. 8 WpHG i.d.F. des 2. FiMaNoG für das MTF und in § 2 Abs. 8 Nr. 9 WpHG i.d.F. des 2. FiMaNoG für das OTF. Ergänzt werden diese **Definitionen** durch die des **MTF-Emittenten** in § 2 Abs. 15 und des **OTF-Emittenten** in § 2 Abs. 16 WpHG i.d.F. des 2. FiMaNoG[47]. Durch die Gleichstellung des Freiverkehrs mit einem MTF und die Erstreckung der Pflicht zur Ad-hoc-Publizität auf Finanzinstrumente, die an einem MTF oder einem OTF gehandelt werden, wird die Ad-hoc-Publizitätspflicht erheblich ausgeweitet[48]. Aufgrund der klaren Formulierung von Art. 17 Abs. 1 Unterabs. 3 MAR sowie § 2 Abs. 15 und 16 WpHG i.d.F. des 2. FiMaNoG, die gleichermaßen darauf abstellen, dass der Emittent den Handel „beantragt oder genehmigt haben muss", bedarf es auch keiner teleologischen Reduktion des Anwendungsbereichs[49].

15.15

2. Insiderinformation und unmittelbare Betroffenheit des Emittenten

Nach Art. 17 Abs. 1 Unterabs. 1 MAR muss der Emittent „Insiderinformationen, die unmittelbar diesen Emittenten betreffen, so bald wie möglich bekannt machen". Der **Begriff der Insiderinformation** bei der Ad-hoc-Publizität ist deckungsgleich mit dem der Insiderhandelsverbote (dazu Rz. 14.13 ff. m.w.N.). Soweit die Insiderinformation in einem Geschäft mit nahestehenden Personen besteht, findet die Ad-hoc-Publizität neben der Publizität gemäß § 111c AktG Anwendung[50]. **Gerüchte** stellen grundsätzlich keine Insiderinformation dar, werden diesen jedoch durch Art. 17 Abs. 7 Unterabs. 2 MAR unmittelbar gleichgestellt, wenn sie ausreichend präzise sind und auf eine Insiderinformation Bezug nehmen, deren Veröffentlichung zulässigerweise aufgeschoben wurde (dazu Rz. 15.35). Auch Zwischenschritte können grundsätzlich Insiderinformationen sein (dazu Rz. 14.15 ff.)[51].

15.16

Die Insiderinformation muss unmittelbar den Emittenten betreffen. Die seit dem AnSVG[52] geltende Rechtslage hat sich insoweit nicht geändert[53]. Bei den Emittenten unmittelbar betreffenden Umständen kann es sich um **unternehmensinterne** wie **unternehmensexterne** handeln. Zu Ersteren zählen etwa Beschlüsse von Organen, Abschlüsse von Rechtsgeschäften, die Abgabe von Willenserklärungen, Rechnungslegung aber auch überraschende Veränderungen in Schlüsselpositionen, insbesondere von Organen[54], Beschluss des Aufsichtsrates zur Erhebung einer Schadensersatzklage gegen einen Altvor-

15.17

---

45 Vgl. nur *Pfüller* in Fuchs, § 15 WpHG Rz. 67 m.w.N.
46 Unstr., vgl. nur *Groß*, Kapitalmarktrecht, § 48 BörsG Rz. 1b m.w.N.; *Seiffert/Lembke* in Kümpel/Mülbert/Früh/Seyfried, Bankrecht und Kapitalmarktrecht, Rz. 14.69 ff.
47 Die materiellen Regelungen zu MTF und OTF finden sich sodann in §§ 72–75 WpHG i.d.F. des 2. FiMaNoG.
48 *Kumpan*, DB 2016, 2039, 2040; *Scholz*, NZG 2016, 1286, 1287.
49 So zutreffend *Scholz*, NZG 2016, 1286, 1287; a.A. *Kumpan*, DB 2016, 2039, 2040.
50 Dazu *Guntermann*, ZIP 2020, 1290, 1292 f.
51 Vgl. dazu insb. auch *Vetter/Engel/Lauterbach*, AG 2019, 160 ff. m.w.N. sowie *Weißhaupt*, NZG 2019, 175 ff.
52 Gesetz zur Verbesserung des Anlegerschutzes (AnSVG), BGBl. I 2004, 2630.
53 *Veil*, ZBB 2014, 85, 93.
54 BaFin, Emittentenleitfaden, Modul C, sub I.2.1.5.7; *Fleischer*, NZG 2010, 561, 566 f.; zur diesbezüglichen österreichischen Rechtslage vgl. *Rüffler*, ÖBA 2009, 724 ff.

stand⁵⁵, Massenentlassungen⁵⁶, M&A-Transaktionen⁵⁷ etc.⁵⁸. Zu Letzteren zählen Ereignisse, die von **außen** auf das Unternehmen zukommen und unabhängig davon sind, ob sie im Unternehmen ihre Ursache haben oder der Emittent auf ihren Eintritt Einfluss hat, wie z.B. Prozesse, Naturereignisse, Steuernachforderungen, Importbeschränkungen, Entscheidungen von Behörden (z.B. der EU-Kommission über die [Un-]Zulässigkeit des „Payment for Order Flow" bei den Neo-Brokern, die deren Geschäftsmodell gefährdet) oder sonstige Handlungen Dritter. **Allgemeine Marktdaten** wie Inflation, Zinsen oder Währungskursrelationen betreffen den Emittenten nur mittelbar und sind daher i.d.R. nicht publizitätspflichtig⁵⁹. Haben diese sog. Marktdaten jedoch ausnahmsweise **spezifisch einen Emittenten betreffende Auswirkungen** und sind sie daher kursrelevant (z.B. wegen unmittelbarer Auswirkung auf die Kosten der Refinanzierung), so betreffen sie den Emittenten unmittelbar⁶⁰ und können Insiderinformationen darstellen⁶¹, ohne jedoch ad-hoc publizitätspflichtig zu sein. Problematisch ist, ob Herauf- oder Herabstufung eines Emittenten oder eines von ihm emittierten Finanzinstrumentes durch eine Ratingagentur den Emittenten unmittelbar betrifft⁶², ob ihn wesentliche Veränderungen in der Aktionärsstruktur betreffen⁶³, die Aktien des Emittenten in einem Aktienindex aufgenommen oder herausgenommen werden⁶⁴, und wie öffentliche Übernahme- oder Erwerbsangebote zu behandeln sind⁶⁵ oder ob den Emittenten Vorgänge bei verbundenen Unternehmen unmittelbar betreffen⁶⁶. Häufig wird von der Kurserheblichkeit eines unternehmensexternen Ereignisses auf die unmittelbare Betroffenheit geschlossen. Richtigerweise wird man jedoch fordern müssen, dass sich Informationen „unmittelbar auf die Betriebsmittel des Emittenten auswirken" oder es sich um „Willensbetätigungen Dritter handelt, die gegenüber dem Emittenten erfolgen"⁶⁷.

---

55 OLG Frankfurt v. 20.8.2014 – 23 Kap 1/08, AG 2015, 37 ff.
56 Dazu *Forst*, DB 2009, 607 f.
57 Dazu ausführlich mit Blick auf das Modul C der BaFin *Merkner/Sustmann/Retsch*, AG 2019, 621; *Merkner/Sustmann/Retsch*, NZG 2020, 688 und AG 2020, 477.
58 Vgl. allg. *Happ/Semler*, ZGR 1998, 116, 124 f. sowie *Eckhold*, Rz. 63.37, 63.51 zur Entscheidung über ein Delisting.
59 Vgl. *Assmann* in Assmann/Uwe H. Schneider/Mülbert, Art. 17 MAR Rz. 41; *Geibel/Schäfer* in Schäfer/Hamann, Kapitalmarktgesetze, § 15 WpHG Rz. 84; *Kumpan/Grütze* in Schwark/Zimmer, Art. 17 MAR Rz. 60 ff.; *Versteegen* in KölnKomm. WpHG, 2007, § 15 WpHG Rz. 85.
60 In den meisten Fällen werden sie dann jedoch bereits öffentlich sein.
61 Vgl. BaFin, Emittentenleitfaden, Modul C, sub I.2.1.3.
62 Bejahend: Begr. RegE BT-Drucks. 15/3174, S. 35; *Assmann* in Assmann/Uwe H. Schneider/Mülbert, Art. 17 MAR Rz. 45; ähnlich *Meyer* in Kümpel/Mülbert/Früh/Seyfried, Bankrecht und Kapitalmarktrecht, Rz. 12.343 ff.; *Klöhn* in Klöhn, Art. 17 MAR Rz. 80; verneinend: BaFin, Emittentenleitfaden, Modul C, sub I.3.2.2.3; *Kumpan/Grütze* in Schwark/Zimmer, Art. 17 MAR Rz. 117.
63 Verneinend die bisher h.L., vgl. *Waldhausen*, Die ad-hoc-publizitätspflichtige Tatsache, S. 193 ff.; nunmehr differenzierend *Assmann* in Assmann/Uwe H. Schneider/Mülbert, Art. 17 MAR Rz. 47; *Bürgers*, BKR 2004, 426; *Gehrt*, Die neue Ad-hoc-Publizität nach § 15 WpHG, S. 140; *Kuthe*, ZIP 2004, 883, 885; *Kumpan/Grütze* in Schwark/Zimmer, Art. 17 MAR Rz. 54 ff. (wenn unmittelbar fundamentalwertrelevant); *Diekmann/Sustmann*, NZG 2004, 929, 934; *Gunßer*, Ad-hoc-Publizität bei Unternehmenskäufen, S. 84 ff.; *Harbarth*, ZIP 2005, 1898, 1903; *Klöhn* in KölnKomm. WpHG, § 15 WpHG Rz. 84; *M. Weber*, NJW 2004, 3673, 3676; *Pfüller* in Fuchs, § 15 WpHG Rz. 173 ff.; zur vergleichbaren Rechtslage in der Schweiz *Rehm/Sigismondi*, GesKR 2012, 244, 248 ff.
64 Verneinend *Kumpan/Grütze* in Schwark/Zimmer, Art. 17 MAR Rz. 63; BaFin, Emittentenleitfaden, Modul C, sub I.2.1.3 (nicht ad-hoc pflichtige Insiderinformation).
65 Vgl. dazu ausführlich *Geibel/Schäfer* in Schäfer/Hamann, Kapitalmarktgesetze, § 15 WpHG Rz. 91 ff. und *Assmann* in Assmann/Uwe H. Schneider/Mülbert, Art. 17 MAR Rz. 48; BaFin, Emittentenleitfaden, Modul C, sub I.3.2.2.2.
66 Vgl. dazu *Klöhn* in KölnKomm. WpHG, § 15 WpHG Rz. 88 ff. m.w.N.; *Nietsch*, BB 2005, 785, 786; *Spindler/Speier*, BB 2005, 2031, 2032.
67 So *Kumpan/Grütze* in Schwark/Zimmer, Art. 17 MAR Rz. 57 („Fundamentalwertrelevanz"); *Klöhn* in KölnKomm. WpHG, § 15 WpHG Rz. 63 „unmittelbare Fundamentalwertrelevanz".

Im Bereich des Eintritts von Insiderinformationen im **Konzernzusammenhang** ist zunächst danach zu differenzieren, ob im Falle einer **Börsennotierung** des **Emittenten als Muttergesellschaft** der Eintritt einer Insiderinformation bei einer **nicht börsennotierten Tochtergesellschaft** als den Emittenten unmittelbar betreffend gelten kann. Dies wird von der überwiegenden Meinung dahingehend beantwortet, dass der Eintritt der Insiderinformation dem Mutterunternehmen immer dann zuzurechnen sein soll, wenn das Mutterunternehmen einen Konzernabschluss i.S.v. § 290 Abs. 1 HGB aufzustellen hat und Mutter- und Tochterunternehmen verbundene Unternehmen i.S.d. § 271 Abs. 2 HGB sind[68]. Einschränkend wird jedoch zum Teil gefordert, dass nur Insiderinformationen zu berücksichtigen sind, die bei Tochtergesellschaften eintreten, die in den Konsolidierungskreis i.S.v. §§ 290 ff. HGB einbezogen sind[69]. Ist jedoch das **Tochterunternehmen börsennotiert, nicht aber das Mutterunternehmen**, und tritt bei dem Mutterunternehmen die Insiderinformation ein, so ist dieser Eintritt dem börsennotierten Tochterunternehmen nicht zuzurechnen, da anderenfalls die Grenze von einer zulässigen Auslegung zu einer unzulässigen Analogie im Strafrecht überschritten würde[70]. Dies gilt jedoch dann nicht, wenn aufgrund der konzernmäßigen Verflechtung auch die Tochter unmittelbar fundamentalwertmäßig betroffen ist, z.B. weil ihre Forderungen an einen Cash-Pool des Konzerns ausfallgefährdet werden. Einen Sonderfall stellt der Eintritt einer ad-hoc-publizitätspflichtigen Insiderinformation bei einem Tochterunternehmen dar, wenn **sowohl das Tochter- wie das Mutterunternehmen börsennotiert** sind. Hier wäre es für den Kapitalmarkt verwirrend, wollte man – wie es die Theorie der Doppelverpflichtung propagiert – auch für das Mutterunternehmen den – grundsätzlich gegebenen – Eintritt einer Insiderinformation in seinem Tätigkeitsbereich annehmen. Aus Gründen der Klarheit der Information des Kapitalmarktes bedarf es insoweit einer teleologischen Einschränkung der Ad-hoc-Publizitätspflicht auf eine bloße Ad-hoc-Publizitätspflicht bei der Tochtergesellschaft[71]. Eine Ausnahme wird dann zu machen sein, wenn die grundsätzlich bei der Tochtergesellschaft eingetretene Insiderinformation Fundamentalwertrelevanz bei der Muttergesellschaft hat, etwa weil der Bilanzansatz der Tochter bei der Mutter wesentlich verändert wird[72].

15.18

§ 15 Abs. 1 Satz 1 Halbs. 2 WpHG a.F. enthielt für die ad-hoc-publizitätspflichtigen Tatsachen eine Sonderregelung für **börsenzugelassene Schuldverschreibungen**. Für diese wurde ausdrücklich statuiert, dass eine Tatsache (nur) dann veröffentlichungspflichtig war, wenn sie „die Fähigkeit des Emittenten, seinen Verpflichtungen nachzukommen, beeinträchtigen" konnte. Diese Regelung war schon im WpHG a.F. entfallen. Wenn ein Emittent somit (nur) eine Schuldverschreibung an der Börse zugelassen hat, ist seine Ad-hoc-Publizitätspflicht darauf beschränkt, dass die Insiderinformation geeignet ist,

15.19

---

68 Ausführlich *Kumpan/Misterek*, ZBB 2020, 10, 18 ff.; *Kumpan/Grütze* in Schwark/Zimmer, Art. 17 MAR Rz. 63; *Wölk*, AG 1997, 73, 77; *Fürhoff/Wölk*, WM 1997, 449, 451; *Cahn*, ZHR 162 (1998), 1, 31; *Pellens*, AG 1991, 62, 65 (zu § 44a BörsG a.F.); *Geibel/Schäfer* in Schäfer/Hamann, Kapitalmarktgesetze, § 15 WpHG Rz. 98 f.; *Gehrt*, Ad-hoc-Publizität, S. 141 f.; *von Klitzing*, Ad-hoc-Publizität, S. 108 f.; weitergehend (schlichtes Beteiligungsverhältnis ausreichend) *Schlittgen*, Ad-hoc-Publizität, S. 92 ff.
69 *Peltzer*, ZIP 1994, 746, 750; *Wölk*, AG 1997, 73, 77; *Waldhausen*, Ad-hoc-publizitätspflichtige Tatsache, S. 198 f.
70 *Geibel/Schäfer* in Schäfer/Hamann, Kapitalmarktgesetze, § 15 WpHG Rz. 100; *Zimmer/Kruse* in Schwark/Zimmer, 4. Aufl. 2010, § 15 WpHG Rz. 48; *Kuthe*, ZIP 2004, 883, 885; *Fürhoff/Wölk*, WM 1997, 449, 451; *Gehrt*, Ad-hoc-Publizität, S. 142; *von Klitzing*, Ad-hoc-Publizität, S. 108 f.; *Waldhausen*, Ad-hoc-publizitätspflichtige Tatsache, S. 200 f.; a.A. *Assmann* in Assmann/Uwe H. Schneider/Mülbert, Art. 17 MAR Rz. 49; *Cahn*, ZHR 162 (1998), 1, 31; *Fülbier*, Regulierung der Ad-hoc-Publizität, S. 254 f.; *Singhof*, ZGR 2001, 146, 170; unklar *Tollkühn*, ZIP 2004, 2215, 2217; *Möllers*, BB 2003, 390, 392; vgl. auch *Veil/Brüggemeier* in Meyer/Veil/Rönnau, Hdb. Marktmissbrauchsrecht, § 10 Rz. 66.
71 So *Gehrt*, Ad-hoc-Publizitätspflicht, S. 142 f., 214; *Cahn*, ZHR 162 (1998), 1, 31; wohl für Pflicht zur Doppelmeldung: *von Klitzing*, Ad-hoc-Publizitätspflicht, S. 108; *Waldhausen*, Ad-hoc-publizitätspflichtige Tatsache, S. 200; *Fülbier*, Regulierung der Ad-hoc-Publizität, S. 253; a.A. LG Stuttgart ZBB 2020, 59 ff. (Rz. 136 ff.) m.w.N.
72 Ähnlich *Veil/Brüggemeier* in Meyer/Veil/Rönnau, Hdb. Marktmissbrauchsrecht, § 10 Rz. 69 m.w.N.; *Klöhn* in Klöhn, Art. 17 MAR Rz. 100 f.; vgl. auch *Kumpan/Grütze* in Schwark/Zimmer, Art. 17 MAR Rz. 68 f.; *Assmann* in Assmann/Uwe H. Schneider/Mülbert, Art. 17 MAR Rz. 49.

im Falle ihres Bekanntwerdens den „Börsen- oder Marktpreis erheblich zu beeinflussen". Dies dürfte i.d.R. dann der Fall sein, wenn eine Beeinträchtigung der Fähigkeit des Emittenten, seinen Verpflichtungen aus der Anleihe nachzukommen, zu befürchten ist. I.d.R. ist daher eine Insiderinformation bei ausschließlicher Zulassung von Schuldverschreibungen nur bei wesentlich schwerwiegenderen Ereignissen anzunehmen als im Falle von Eigenkapitalinstrumenten des Emittenten[73].

15.20 Von der Frage der unmittelbaren Betroffenheit zu unterscheiden ist die Frage, ob der Vorstand sich auf eine **Unkenntnis der Entstehung einer Insiderinformation** im Unternehmen selbst berufen kann. Insoweit handelt es sich nicht um eine **Frage der Wissenszu[sammen]rechnung** des Eintritts der Insiderinformation zu dem Unternehmen[74], denn die Pflicht zur Ad-hoc-Publizität enthält kein kognitives Element. Es ist Aufgabe des Vorstandes, sein Unternehmen so zu organisieren, dass ihm die objektive Entstehung einer Information als dem die Ad-hoc-Publizitätspflicht auslösenden Faktor zur Kenntnis kommt[75]. Insoweit handelt es sich um einen Kernbereich der Leitungsfunktion des Vorstandes, den er nicht auf nachgeordnete Führungsebenen übertragen kann[76]. Ist er der Organisationspflicht grundsätzlich nachgekommen, erlangt der Vorstand die Information jedoch trotzdem nicht, besteht mangels Kenntnis des zuständigen Organs keine Pflicht zur Ad-hoc-Publizität, da das ungeschriebene Wissenserfordernis nicht erfüllt ist[77]. Beruht die Unkenntnis jedoch – zumindest auch – auf einer mangelhaften Organisation, ist das im Unternehmen vorhandene Wissen dem Vorstand zuzurechnen.

3. Pflicht zur unverzüglichen Ad-hoc-Publizität

15.21 Der unmittelbar betroffene Emittent muss die Ad-hoc-Publizität **unverzüglich** vornehmen[78]. Schon § 15 Abs. 1 WpHG a.F. hatte eine „**unverzügliche**" Publizität gefordert. Dies wird in Anlehnung an § 121 BGB als „ohne schuldhaftes Zögern" interpretiert[79]. Die englische Fassung der MAR formuliert für die Pflicht zur Ad-hoc-Publizität, dass sie „as soon as possible" erfolgen muss und die französische „**dès que possible**". Die Pflicht als solche enthält damit kein Verschuldenselement (mehr)[80] und ist ausschließlich objektiv zu bestimmen, was jedoch nur das Verschuldenselement ausschließt und nicht bedeutet, dass der Emittent nicht eine angemessene Frist für eine Analyse der Situation hat[81]. Die Regelung eines Schadensersatzanspruchs durch § 97 WpHG (bis 2.1.2018: § 37b) für eine unterlassene oder verspätete Ad-hoc-Publizität sieht jedoch vor, dass dieser nur im Falle einer Unterlassung einer „unverzüglichen Veröffentlichung" bestehen soll. Ebenso erfordert eine Ordnungswidrigkeit nach § 120

---

73 Vgl. BaFin, Emittentenleitfaden, Modul C, sub I.2.1.5.14; *Geibel/Schäfer* in Schäfer/Hamann, Kapitalmarktgesetze, § 15 WpHG Rz. 107; *Kocher*, WM 2013, 1305, 1306 ff. (auch zu Ratingänderungen).
74 So zutreffend *Braun* in Möllers/Rotter, Ad-hoc-Publizität, § 8 Rz. 48; vgl. auch OLG Frankfurt v. 20.8.2014 – 23 Kap 1/08, AG 2015, 37; *Buck-Heeb*, NZG 2016, 1125, 1129; *Assmann* in Assmann/Uwe H. Schneider/Mülbert, Art. 17 MAR Rz. 52 ff. m.w.N.; einschränkend *Koch*, AG 2019, 273.
75 *Assmann* in Assmann/Uwe H. Schneider/Mülbert, Art. 17 MAR Rz. 53; BaFin, Emittentenleitfaden, Modul C, sub I.3.2.1.6 und I.3.3.1.1; *Klöhn* in Klöhn, MAR, Art. 17 Rz. 113 ff. („Wissensorganisationspflicht"); vgl. auch *Cahn*, Der Konzern 2021, 177 zu BGH v. 8.3.2021 – VI ZR 505/19 zur Wissenszurechnung bei § 826 BGB.
76 *Möllers/Leisch*, WM 2001, 1648, 1652.
77 Vgl. *Koch*, AG 2019, 273, 276 f.; a.A. *Klöhn*, NZG 2017, 1285, 1287, 1290 f.; *Nietsch*, ZIP 2018, 1421 ff.; wie hier *Ihrig*, ZHR 181 (2017), 390 ff.
78 In der MAR v. 12.6.2014 hieß es noch „baldmöglichst" (als Übersetzung von „as soon as possible"). Dies wurde im Dezember 2016 berichtigt (ABl. EU Nr. L 348, S. 83, v. 21.12.2016) – vgl. dazu *Kumpan/Grütze* in Schwark/Zimmer, Art. 17 MAR Rz. 72 m.w.N.
79 Vgl. *Pfüller* in Fuchs, § 15 WpHG Rz. 326 ff.; *Möllers* in FS Horn, 2006, S. 473 ff.; *Klöhn* in Klöhn, Art. 17 MAR Rz. 105.
80 Für Identität von „sobald wie möglich" und „unverzüglich" jedoch *Buck-Heeb*, NZG 2016, 1125, 1132.
81 *Klöhn*, AG 2016, 423, 430; a.A. *Kumpan*, DB 2016, 2039, 2042 f. – jetzt wie die h.M. *Kumpan/Grütze* in Schwark/Zimmer, Art. 17 MAR Rz. 72 f.

Abs. 15 Nr. 6, Nr. 9, Nr. 10 und Nr. 11 WpHG (bis 2.1.2018: § 39 Abs. 3d) „vorsätzliches oder leichtfertiges" Handeln. Vorgaben für die Regelung von Schadensersatzansprüchen durch die nationalen Rechtsordnungen macht die MAR nicht und auch die Richtlinie 2014/57/EU über strafrechtliche Sanktionen bei Marktmanipulation[82] enthält für die Ad-hoc-Publizität keine Maßgaben. Im Lichte der Rechtsprechung des EuGH[83] zu der – nur sehr eingeschränkten – Pflicht der Mitgliedstaaten zur Statuierung von Schadensersatznormen und der Vorgabe der MAR an die Mitgliedstaaten zur Festlegung von verwaltungs- und/oder strafrechtlichen Sanktionen sollten die deutschen Regelungen als mit der MAR im Einklang stehend anzusehen sein (vgl. auch Rz. 17.11 ff.).

IV. Tatbestandsvoraussetzungen der Offenlegung von Insiderinformationen gemäß Art. 17 Abs. 8 MAR wegen Informationsweitergabe

1. Normadressat

Schon durch das AnSVG 2004 war in Umsetzung von Art. 6 Abs. 3 Marktmissbrauchsrichtlinie[84] die Pflicht zur Ad-hoc-Publizität nicht nur für den Fall des Vorliegens einer Insiderinformation statuiert worden, sondern diese auch erweitert um den **Fall der Weitergabe von Insiderinformation an Dritte**. Erfasst wird nicht nur eine Weitergabe durch den **Emittenten**, sondern auch durch für in seinem Auftrag oder **für seine Rechnung handelnde Personen**, die dann ihrerseits Adressat der Pflicht zur Ad-hoc-Publizität werden. Zielsetzung der Vorgabe von Art. 6 Abs. 3 Unterabs. 1 der Marktmissbrauchsrichtlinie war, auch die Angehörigen derjenigen Berufsgruppen zu erfassen, die in der Sphäre des Emittenten tätig sind und typischerweise Kenntnis von Insiderinformationen erlangen[85]. Dieselbe Intention liegt Art. 17 Abs. 8 MAR zugrunde. Dies wird dahingehend verstanden, dass jegliches **vertragliche Schuldverhältnis** zwischen **Emittent** und der „**Person**" ausreichend sein soll[86]. Erfasst sind unstreitig insbesondere Rechtsanwälte, Wirtschaftsprüfer, Steuerberater, Public-Relations-Unternehmen, Kreditinstitute, Übersetzungsbüros, Rating-Agenturen etc.

15.22

2. Offenlegung von Insiderinformation

Der Emittent oder die in seinem Auftrag handelnde Person muss die Insiderinformation „im Zuge der normalen Ausübung ihrer Tätigkeit oder ihres Berufs oder der normalen Erfüllung ihrer Aufgaben gemäß Art. 10 Abs. 1 MAR" **gegenüber einem Dritten** offenlegen. Die frühere h.L. und noch heute teilweise vertretene Auffassung leitete aus dem Wortlaut von § 15 Abs. 1 Satz 4 WpHG a.F. („befugt") her, dass von Art. 17 Abs. 8 nur eine berechtigte Weitergabe erfasst wird[87]. Dem wird von der heute wohl h.L. entgegengehalten, dass auch eine unberechtigte Weitergabe den Tatbestand verwirklicht, denn wenn schon eine berechtigte Weitergabe zu einer Pflicht zur Ad-hoc-Publizität führt, muss dies

15.23

---

82 ABl. EU Nr. L 173 v. 12.6.2014, S. 179.
83 Vgl. EuGH v. 30.5.2013 – C-604/11 – Genil 48 und CHGV, ZIP 2013, 1417; vgl. auch BGH v. 17.9.2013 – XI ZR 332/12, ZIP 2013, 2001 = BKR 2014, 32 Rz. 32 ff. = AG 2013, 1294.
84 Richtlinie 2003/6/EG über Insidergeschäfte und Marktmanipulation, ABl. EU Nr. L 96 v. 12.4.2003, S. 16.
85 BaFin, Emittentenleitfaden 2013, sub IV.2.1.6, S. 52 und VII.2.2, S. 116.
86 *Klöhn* in Klöhn, Art. 17 MAR Rz. 467 und *Semrau* in Klöhn, Art. 18 MAR Rz. 14; *Simon*, Der Konzern 2005, 13, 18; *Frowein/Berger* in Habersack/Mülbert/Schlitt, Hdb. Kapitalmarktinformation, § 10 Rz. 43; *Assmann* in Assmann/Uwe H. Schneider/Mülbert, Art. 17 MAR Rz. 287; enger (Vertragsbeziehung mit auftragstypischen Elementen) *Leuering*, NZG 2005, 12, 13; *Kumpan/Grütze* in Schwark/Zimmer, Art. 17 Rz. 329 MAR.
87 *Assmann* in Assmann/Uwe H. Schneider/Mülbert, Art. 17 MAR Rz. 285.

a fortiori gelten, wenn eine unberechtigte Weitergabe erfolgte[88]. Der Begriff der Offenlegung umfasst dabei sowohl eine „**Mitteilung**" wie eine „**Zugänglichmachung**" (vgl. Rz. 14.48). Durch Art. 17 Abs. 8 Satz 2 MAR wird jedoch **ausgenommen** eine Offenlegung gegenüber einem **Dritten, der zur Verschwiegenheit verpflichtet ist**. Dabei ist unerheblich, ob die Pflicht zur Verschwiegenheit aus „Rechts- oder Verwaltungsvorschriften[89], einer Satzung oder einem Vertrag"[90] herrührt. Während bei § 15 Abs. 1 Satz 4 WpHG a.F. fraglich war, ob nur den Emittenten unmittelbar betreffende Insiderinformationen im Falle ihrer Offenlegung gegenüber Dritten erfasst waren, wird diese – mit geringer praktischer Relevanz verbundene – Einschränkung für Art. 17 Abs. 8 MAR nicht gelten, da von diesem Absatz nicht nur die Emittenten, sondern auch die „Teilnehmer am Markt für Emissionszertifikate" erfasst werden, so dass also jegliche Insiderinformation gemeint sein muss[91].

3. Absichtliche Mitteilung oder Zugänglichmachung

15.24 Der **Zeitpunkt** für die Pflicht zur Veröffentlichung ist grundsätzlich derselbe, zu dem die Insiderinformation dem nicht zur Verschwiegenheit verpflichteten Dritten mitgeteilt wird. Durch Art. 17 Abs. 8 Satz 1 MAR wird dieser Zeitpunkt hinausgeschoben für den Fall, dass die Mitteilung „nicht absichtlich" erfolge. Gemeint sein soll damit eine Weitergabe, die zumindest nicht grob fahrlässig ist[92]. Dies dürfte nur dann vorliegen, wenn der Emittent bzw. die in seinem Auftrag oder seine Rechnung handelnde Person sich **über den Umstand der Informationsweitergabe** (was wohl am ehesten bei der Variante der „Zugänglichmachung" vorliegen wird) oder über das Vorliegen einer Verschwiegenheitspflicht des Dritten[93] oder überhaupt das Vorliegen einer Insiderinformation **irrt**. Die Insiderinformation ist in diesem Fall „unverzüglich", also ohne schuldhaftes Zögern, nachzuholen. Dies setzt jedoch Erkenntnis der unwissentlichen Weitergabe voraus[94].

---

[88] *Klöhn* in Klöhn, Art. 17 MAR Rz. 480; *Kumpan/Grütze* in Schwark/Zimmer, Art. 17 MAR Rz. 333 f.; *Zetzsche* NZG 2015, 817, 822.

[89] Zu der Frage, ob das gesetzliche Verbot in Art. 14 lit. c MAR als eine „Pflicht zur Verschwiegenheit aus Rechtsvorschriften" zu verstehen ist bzw. zu der entsprechenden Frage unter Geltung des WpHG vgl. verneinend *Leuering*, NZG 2005, 12, 15; *Klöhn* in KölnKomm. WpHG, § 15 WpHG Rz. 384; *Klöhn* in Klöhn, Art. 17 MAR Rz. 485; a.A. *Assmann* in Assmann/Uwe H. Schneider/Mülbert, Art. 17 MAR Rz. 294; *Kumpan/Grütze* in Schwark/Zimmer, Art. 17 MAR Rz. 339; *Veil/Brüggemeier* in Meyer/Veil/Rönnau, Hdb. Marktmissbrauchsrecht, § 10 Rz. 193.

[90] Vgl. zur Diskussion unter Geltung des WpHG, ob es einen ausdrücklichen vertraglichen Vertraulichkeit bedarf, so insbesondere *Kuthe*, ZIP 2004, 883, 885; *Grothaus*, ZBB 2005, 62, 65; *Holzborn/Israel*, WM 2004, 1948, 1952; *Geibel/Schäfer* in Schäfer/Hamann, Kapitalmarktgesetze, § 15 WpHG Rz. 115; ähnlich *Pfüller* in Fuchs, § 15 WpHG Rz. 385 („empfehlenswert"), oder jegliche vertragliche Nebenpflicht, so die h.L. *Assmann* in Assmann/Uwe H. Schneider, 6. Aufl. 2010, § 15 WpHG Rz. 117 f.; *Simon*, Der Konzern 2005, 12, 18; *Leuering*, NZG 2005, 12, 16; *Klöhn* in KölnKomm. WpHG, § 15 WpHG Rz. 383 f.; *Zimmer/Kruse* in Schwark/Zimmer, 4. Aufl. 2010, § 15 WpHG Rz. 88 f.; *Veil*, ZHR 172 (2008), 238, 258; *Widder/Gallert*, NZG 2006, 451, 452.

[91] Vgl. zum WpHG *Klöhn*, WM 2010, 1869, 1879; *Langenbucher*, Aktien- und Kapitalmarktrecht, § 17 Rz. 48; *Lenenbach*, Kapitalmarktrecht, Rz. 13.267; *Brandi/Süßmann*, AG 2004, 642, 649; *Leuering*, NZG 2005, 12, 14; *Geibel/Schäfer* in Schäfer/Hamann, Kapitalmarktgesetze, § 15 WpHG Rz. 111; *Simon*, Der Konzern 2005, 13, 18; *Versteegen* in KölnKomm. WpHG, 2007, § 15 WpHG Rz. 218; a.A. *Assmann* in Assmann/Uwe H. Schneider, 6. Aufl. 2012, § 15 WpHG Rz. 114; *Zimmer/Kruse* in Schwark/Zimmer, 4. Aufl. 2010, § 15 WpHG Rz. 85.

[92] So *Klöhn*, AG 2016, 423, 430 unter Berufung auf die Entstehungsgeschichte („knowingly or recklessly not knowingly").

[93] *Assmann* in Assmann/Uwe H. Schneider/Mülbert, Art. 17 MAR Rz. 289 m.w.N.

[94] *Kumpan/Grütze* in Schwark/Zimmer, Art. 17 MAR Rz. 337 m.w.N.

V. Aufschub der Veröffentlichung

1. Aufschubmöglichkeit und Kontrolle durch die BaFin

Liegen die Voraussetzungen von Art. 17 Abs. 1 MAR vor, ist die Insiderinformation grundsätzlich „unverzüglich" (vgl. dazu Rz. 15.21) zu veröffentlichen. Von der Pflicht zur Veröffentlichung einer Ad-hoc-Mitteilung nach Art. 17 Abs. 1 MAR (und nicht von den parallelen Pflichten zur Veröffentlichung nach Art. 17 Abs. 8 Satz 1 MAR[95]!) machen Art. 17 Abs. 4 MAR allgemein und Art. 17 Abs. 5 MAR in einem Spezialfall eine Ausnahme. Während vor dem AnSVG die BaFin den Emittenten auf Antrag von der Veröffentlichungspflicht befreien konnte, wenn die Veröffentlichung der Tatsache geeignet war, den berechtigten Interessen des Emittenten zu schaden, sah § 15 Abs. 3 Satz 1 WpHG i.d.F.d. AnSVG vor, dass der **Emittent** ohne Mitwirkung der BaFin **von der Veröffentlichungspflicht befreit** war, wenn und solange es der Schutz der berechtigten Interessen des Emittenten erforderte, keine Irreführung der Öffentlichkeit zu befürchten war und der Emittent die Vertraulichkeit der Information gewährleisten konnte. Die seit Juli 2016 geltende Regelung von Art. 17 Abs. 4 MAR brachte insoweit einige Änderungen mit sich. Von der Möglichkeit der Befreiung durch die BaFin wurde in der Praxis nur selten Gebrauch gemacht[96]. So wurden etwa im Jahr 2002 26 Anträge auf Befreiung von der Ad-hoc-Publizität gestellt, die von der BaFin in 18 Fällen gewährt wurde[97]. Die Befreiung wurde regelmäßig nur für kürzeste Zeiträume, typischerweise wenige Tage, gewährt.

15.25

Da der Emittent für die Befreiung von der Veröffentlichungspflicht nicht mehr vorab die BaFin einzuschalten hat, ist es naheliegender Weise schwierig, den genauen zahlenmäßigen **Umfang der Ausnahmeregelung** festzustellen. Die Erfahrungen in der Praxis zeigen jedoch, dass die Nutzung eine wesentlich größere Anzahl von Sachverhalten betreffen dürfte als unter der früheren Gesetzesregelung. Immerhin muss der von der Ad-hoc-Publizitätsbefreiung Gebrauch machende Emittent nach Art. 17 Abs. 4 Unterabs. 3 MAR unmittelbar nach der Offenlegung der Information über den Aufschub der Offenlegung die **BaFin informieren** und schriftlich erläutern, inwieweit die Voraussetzungen für den Aufschub erfüllt waren. Diese Pflicht besteht jedoch nur, wenn es zu einer späteren Offenlegung der Insiderinformation kommt[98] (vgl. auch Rz. 15.37). Allerdings ist **keine Veröffentlichung** vorzunehmen und die BaFin ist von der Befreiung nicht zu unterrichten, wenn die Insiderinformation während des Befreiungszeitraumes ihren **Charakter als Insiderinformation wieder verloren hat**[99]. Dies ist etwa der Fall, wenn eine von einem Kreditinstitut gekündigte Kreditlinie während des Befreiungszeitraums erneut eingeräumt oder ein Letter of Intent gegenstandslos wird, weil eine Übernahme nicht weiter verfolgt wird. Auch wenn es im Einzelfall mangels nachgeholter Veröffentlichung nicht zu einer – nachträglichen – Kontrolle der vorausgegangenen Selbstbefreiung durch die BaFin kommt, sollte das

15.26

---

95 Unstr. zu § 15 Abs. 3 WpHG a.F., vgl. nur *Klöhn* in KölnKomm WpHG, § 15 WpHG Rz. 321 m.w.N.; *Klöhn* in Klöhn, Art. 17 MAR Rz. 454 f.
96 Vgl. nur *Zimmer/Kruse* in Schwark/Zimmer, 4. Aufl. 2010, § 15 WpHG Rz. 52.
97 Vgl. Jahresbericht der BaFin für 2002, S. 162.
98 Immerhin führt die spätere Veröffentlichung der Insiderinformation dazu, dass die BaFin feststellt, dass im Jahre 2011 in 212 im Jahre 2016 (u.a. wegen der Erweiterung der Ad-hoc-Publizitätspflicht ab 3.7.2016) in 403 Fällen von der Befreiungsmöglichkeit Gebrauch gemacht wurde – (vgl. BaFin Jahresbericht 2011, sub IV.2.5, S. 210 sowie Jahresbericht 2016, sub V. 2.4, S. 182 f. (mit Übersicht für den Zeitraum 2012 bis 2016) und 2020 in 496 Fällen (BaFin, Jahresbericht 2020, S. 90); die tatsächliche Anzahl der Selbstbefreiungen dürfte jedoch deutlich höher liegen, da die Fälle, in denen es nicht zu einer späteren Ad-hoc-Publizität kommt (z.B. weil die Insiderinformation nachträglich wegfällt), der BaFin nicht bekannt werden.
99 BaFin, Emittentenleitfaden, Modul C, sub I.3.3.1; *Zimmer/Kruse* in Schwark/Zimmer, 4. Aufl. 2010, § 15 WpHG Rz. 75; *Diekmann/Sustmann*, NZG 2004, 929, 935; *Simon*, Der Konzern 2005, 13, 22; *Assmann* in Assmann/Uwe H. Schneider, 6. Aufl. 2012, § 15 WpHG Rz. 173 f. (m.umfangr.w.N.); *Gunßer*, Ad-hoc-Publizität bei Unternehmenskäufen und -übernahmen, 2008, S. 106 ff.; **a.A.** *Bürgers*, BKR 2004, 424, 426; *Tollkühn*, ZIP 2004, 2215, 2220; vgl. auch Rz. 15.40.

Unternehmen die Gründe für die Selbstbefreiung auch ohne ausdrückliche Rechtspflicht zur Dokumentation und Aufbewahrung derselben[100] sorgfältig aufzeichnen und aufbewahren, da diese etwa im Rahmen von Insiderermittlungsverfahren der Staatsanwaltschaft oder Schadensersatzklagen nach §§ 97, 98 WpHG (bis 2.1.2018: §§ 37b, 37c) auch später Bedeutung erlangen können. Eine **gesetzliche Aufbewahrungsfrist** wie etwa Art. 18 Abs. 5 MAR sie für die Insiderverzeichnisse mit fünf Jahren vorsieht, **besteht für Selbstbefreiungen nicht**. Die Frist des § 257 Abs. 4 HGB von zehn Jahren für Jahresabschlüsse und Handelsbriefe findet gleichfalls keine Anwendung.

15.27 Sehr streitig war, ob die – zumindest vorübergehende – **Befreiung** von der Veröffentlichungspflicht eine **Legalausnahme** darstellt **oder** es einer (ausdrücklichen oder konkludenten) **Befreiungsentscheidung** des Emittenten bedurfte. Auch die hierzu ergangene obergerichtliche Rechtsprechung war gespalten und der BGH verwies in seinem zweiten „Geltl/Daimler"-Beschluss darauf hin, dass selbst bei einer unterlassenen Entscheidung eine Berufung auf die Möglichkeit, dass man eine Entscheidung getroffen hätte, als rechtmäßiges Alternativverhalten zulässig bleibt[101]. Für die Vertreter der Auffassung, die eine Befreiungsentscheidung des Emittenten für erforderlich hielten, stellte sich zusätzlich die Frage, ob eine derartige **Entscheidung vom Vorstand** oder auch **unterhalb der Vorstandsebene** getroffen werden konnte[102]. Die **wohl h.L.** ging davon aus, dass es für eine Selbstbefreiung einer **bewussten Entscheidung** des Emittenten bedurfte[103]. Die stark **im Vordringen befindliche Auffassung** verwies demgegenüber auf den Wortlaut von § 15 Abs. 3 Satz 2 WpHG a.F. („ist befreit") und wies darauf hin, dass eine Auslegung von § 15 Abs. 3 Satz 1 WpHG a.F. als eine aktive Entscheidung erfordernd nicht zwingend war, da der Text auch so verstanden werden konnte, dass nur im Falle einer ausdrücklichen Entscheidung die Mitteilung erforderlich war, und dass die gegenteilige Auslegung gegen das Analogieverbot von Art. 103 Abs. 2 GG verstieß[104].

15.28 Zu Recht wurde darauf verwiesen, dass die **Bedeutung des Streits nicht überschätzt** werden sollte, da der Emittent im Rahmen von auf § 97 WpHG (bis 2.1.2018: § 37b) gestützten Schadensersatzklagen jederzeit ein **rechtmäßiges Alternativverhalten** einwenden kann[105]. Auf Grund der drohenden – wenn auch abzulehnenden – strafrechtlichen Sanktionen nach Auffassung der BaFin war jedem Emittenten jedoch anzuraten, positiv eine Entscheidung über den Aufschub einer Ad-hoc-Publizität herbeizuführen und zu dokumentieren.

---

100 Dazu *Simon*, Der Konzern 2005, 13, 21; a.A. *Brandi/Süßmann*, AG 2004, 642, 650.
101 BGH v. 23.4.2013 – II ZB 7/09 – Geltl/Daimler, AG 2013, 518 Rz. 33 f. = WM 2013, 1171 = ZIP 2013, 1165.
102 Einen Sonderaspekt der Organzuständigkeit für eine Entscheidung des Emittenten stellt für diese Auffassung die Entstehung von Insiderinformationen im Aufsichtsrat dar – dazu Rz. 15.30 f.
103 *Pattberg/Bredol*, NZG 2013, 87 ff.; *Pfüller* in Fuchs, § 15 WpHG Rz. 345; *Mennicke*, NZG 2009, 1059, 1061; *Uwe H. Schneider/Gilfrich*, BB 2007, 53, 54 f.; *Widder*, BB 2009, 967, 971; *Harbarth*, ZIP 2005, 1898, 1906; *Langen*, BB 2009, 1266; *Krämer/Teigelack*, AG 2012, 20, 23; *Widder/Kocher*, NZI 2010, 925, 928; *Frowein* in Habersack/Mülbert/Schlitt, Hdb. Kapitalmarktinformation, 2. Aufl. 2013, § 10 Rz. 74 ff.; *Eufinger/Teigelack* in Hopt/Veil/Kämmerer, Kapitalmarktgesetzgebung im Europäischen Binnenmarkt, 2008, S. 75 f.; *Marsch-Barner* in Semler/v. Schenck, Arbeitshdb. AR-Mitglieder, § 12 Rz. 243; *Ph. Koch* in Veil, Europäisches Kapitalmarktrecht, § 15 Rz. 102; wohl auch OLG Frankfurt v. 12.2.2009 – 2 Ss OWi 514/08, ZIP 2009, 563, 564 = AG 2009, 414 (trotz Bezeichnung als Legalausnahme, da positiv eine Entscheidung des Emittenten erfordernd, wenn auch ohne Begründung).
104 *Zimmer/Kruse* in Schwark/Zimmer, 4. Aufl. 2010, § 15 WpHG Rz. 54; *Hopt* in Schimansky/Bunte/Lwowski, BankrechtsHdb., 4. Aufl. 2011, § 107 Rz. 96; *Assmann* in Assmann/Uwe H. Schneider, 6. Aufl. 2012, § 15 WpHG Rz. 165a; *Bachmann*, DB 2012, 2206, 2210; *Nietsch*, BB 2005, 785, 786; *Bachmann*, ZHR 172 (2008), 597, 610; *Kuthe*, ZIP 2004, 883, 885; *Veith*, NZG 2005, 254; überzeugend *Ihrig/Kranz*, BB 2013, 451, 452 ff.; *Ihrig* in VGR, Gesellschaftsrecht in der Diskussion 2012, 2013, S. 113, 128 ff.; OLG Stuttgart v. 22.4.2009 – 20 Kap 1/08, ZIP 2009, 962, 973 = AG 2009, 454.
105 *Ph. Koch* in Veil, Europäisches Kapitalmarktrecht, § 15 Rz. 100 unter Verweis auf die Entscheidung des OLG Stuttgart in Sachen Geltl/Daimler.

Art. 17 Abs. 4 Unterabs. 1 Satz 1 MAR formuliert nunmehr, dass der **Emittent „auf eigene Verant-** 15.29
wortung die Offenlegung von Insiderinformationen für die Öffentlichkeit **aufschieben"** kann (im Englischen: „may, on its own responsibility, delay disclosure to the public"). Mit diesem Wortlaut ist ein Eintritt der aufschiebenden Wirkung ex lege bei Vorliegen der Voraussetzungen nicht mehr vereinbar, weil er offensichtlich eine bewusste Entscheidung des Emittenten erfordert und im Falle eines **Aufschubs** nach Art. 17 Abs. 5 MAR **zur Wahrung der Stabilität des Finanzsystems** sogar eine **Vorabinformation der BaFin über die beabsichtigte Entscheidung** erforderlich ist[106]. Zudem sieht Art. 4 Abs. 1 lit. a DurchführungsVO 2016/1055 vor, dass auf einem dauerhaften Datenträger „Datum und Uhrzeit der Entscheidung über den Aufschub der Offenlegung von Insiderinformationen" festzuhalten ist, was gleichfalls eine bewusste Entscheidung erfordert. *Klöhn* sieht jedoch in einem fehlenden Beschluss nicht einen automatischen Ausschluss der Befreiungsmöglichkeit, sondern lediglich den Fortfall des Beurteilungsspielraums[107]. Noch weitergehend versteht *Assmann*[108] Art. 17 Abs. 4 MAR als Legalausnahme, die keinen Beschluss erfordert, empfiehlt einen solchen jedoch aus Gründen der Rechtssicherheit[109].

Eine **Entscheidung über einen Aufschub** einer Ad-hoc-Publizität **muss nicht das Leitungsorgan** 15.30
(Vorstand, Geschäftsführung) treffen, da es sich bei der Wahrnehmung kapitalmarktrechtlicher Pflichten nicht notwendig um zentrale Führungs- bzw. Leitungsentscheidungen handelt[110] und die ESMA dies für die MAR ausdrücklich klargestellt hat[111]. Die BaFin hielt dagegen an ihrer Auffassung fest, dass die Entscheidung vom Vorstand getroffen werden oder zumindest ein Vorstandsmitglied an der Entscheidung beteiligt sein „muss"[112]. Delegiert der Vorstand die Entscheidung auf einen Ausschuss unterhalb der Vorstandsebene, hat er jedoch ein effektives Berichtswesen sicherzustellen[113], was z.B. durch die Anwesenheit des für derartige kapitalmarktrechtliche Fragen zuständigen Vorstandsmitgliedes im Ausschuss geschehen kann, aber etwa auch durch regelmäßige Berichte eines Ausschussmitgliedes an den Vorstand. – Soweit es sich bei der Insiderinformation, deren Veröffentlichung aufgeschoben wird, um ein Geschäft mit einer nahestehenden Person handelt, gilt Art. 17 Abs. 4 MAR auch im Rahmen der Veröffentlichungspflicht des § 111c AktG gemäß § 111c Abs. 3 Satz 3 AktG[114].

---

106 BaFin, Emittentenleitfaden, Modul C, sub I.3.3.1.1; ESMA, Final Report – DTS on MAR, ESMA/2015/1455, Rz. 239; *Kumpan/Schmidt* in Schwark/Zimmer, Art. 17 MAR Rz. 180; *Kumpan*, DB 2016, 2039, 2043; *Poelzig*, NZG 2016, 761, 765 f.; *Retsch*, NZG 2016, 1201, 1205; *Seibt/Wollenschläger*, AG 2014, 593, 600; *Vaupel/Oppenauer*, AG 2019, 502, 510; a.A. *Klöhn*, AG 2016, 423, 431 „MAR gibt keine Antwort auf die Frage"; *Klöhn* in Klöhn, Art. 17 MAR Rz. 181 ff.; zum österreichischen Recht *Dollenz/Simonishvili*, ÖBA 2017, 668, 675 f.
107 *Klöhn* in Klöhn, Art. 17 MAR Rz. 184 f.
108 *Assmann* in Assmann/Uwe H. Schneider/Mülbert, Art. 17 MAR Rz. 89 ff.; ähnlich *Veil/Brüggemeier* in Meyer/Veil/Rönnau, Hdb. Marktmissbrauchsrecht, § 10 Rz. 134.
109 BaFin, Emittentenleitfaden, Modul C, sub I.3.3.1.1; für Beteiligung mindestens eines Vorstandsmitglieds auch *Kumpan/Schmidt* in Schwark/Zimmer, Art. 17 MAR Rz. 182; *Veil/Brüggemeier* in Meyer/Veil/Rönnau, Hdb. Marktmissbrauchsrecht, § 10 Rz. 135.
110 Ganz h.L., vgl. nur *Ihrig* in VGR, Gesellschaftsrecht in der Diskussion 2012, 2013, S. 113, 130 f. m.umfangr.w.N.; *Ihrig/Kranz*, BB 2013, 451, 454 ff.; DAV Stellungnahme zum Emittentenleitfaden, NZG 2009, 175, 179; *Klöhn* in Klöhn, Art. 17 MAR Rz. 159; *Mülbert/Sajnovits*, WM 2017, 2041, 2043; *Marsch-Barner* in Semler/v. Schenck, Arbeitshdb. für AR-Mitglieder, § 12 Rz. 243; *Groß* in FS Uwe H. Schneider, 2011, S. 385, 390 ff.; *Uwe H. Schneider/Gilfrich*, BB 2007, 53, 55; *Mennicke*, NZG 2009, 1059, 1062 f.; *Sven H. Schneider*, BB 2005, 897, 900; *Widder*, BB 2009, 967, 972; a.A. *Krämer/Heinrich*, ZIP 2009, 1737, 1741.
111 ESMA, Final Report – Draft Technical Standards on MAR, ESMA/2015/1455, Rz. 239; *Poelzig*, NZG 2016, 761, 766.
112 BaFin, FAQ zur Veröffentlichung von Insiderveröffentlichungen, Stand: 20.6.2017, Frage III.1.; dagegen zutreffend *Retsch*, NZG 2016, 1201, 1206 f.
113 *Klöhn* in Klöhn, Art. 17 MAR Rz. 159.
114 *Guntermann*, ZIP 2020, 1290, 1293 m.w.N. (auch zur nachgelagerten Information der BaFin).

15.31 Entsteht eine **Insiderinformation im Aufsichtsrat**, z.B. bei den den Vorstand oder den Aufsichtsrat selbst betreffenden Personalentscheidungen oder bei Entscheidungen über die Geltendmachung von Schadensersatzforderungen gegen ein Vorstandsmitglied oder Vorkommnisse im Vorstand mit Zuständigkeit des Aufsichtsrates wie etwa einer Erkrankung eines wichtigen Vorstandsmitgliedes[115], wird sich häufig eine Einschaltung des Gesamtvorstandes (und erst Recht die eines unter dem Vorstand angesiedelten Ad-hoc-Ausschusses) verbieten. In diesem Fall besteht nach zutreffender h.L. eine **Annexkompetenz des Aufsichtsrates** zur Herbeiführung einer Entscheidung über den Aufschub einer Ad-hoc-Publizität[116]. Dieser hat dann in eigener Kompetenz für die Einhaltung der Voraussetzungen für den Aufschub Sorge zu tragen, insbesondere die Führung einer Insiderliste und die Vorkehrungen zur unverzüglichen Veröffentlichung. Letztere obliegt bei ihrer Vornahme jedoch wieder dem Vorstand[117].

15.32 Wie auch die Frage der vorsorglichen Ad-hoc-Publizität ist **streitig**, ob ein Emittent eine **vorsorgliche Entscheidung über einen Aufschub einer Ad-hoc-Publizität** treffen kann. Das Bedürfnis der Praxis entstand mit der starken Erweiterung der Ad-hoc-Publizität durch das AnSVG und wurde durch die Entscheidung des EuGH in Sachen „Geltl/Daimler" zu gestreckten Sachverhalten nochmals gesteigert. Eine Meinung wendet **gegen vorsorgliche Beschlüsse** ein, eine „Anwendung des Aufschubtatbestandes auf Zweifelsfälle würde die in § 15 WpHG [a.F.] verankerte Systematik missachten"[118]. Dem wird von der **h.M.** zu Recht entgegengehalten, dass die befürchtete Überflutung der BaFin mit nachträglichen Mitteilungen über Selbstbefreiungen gerade nicht eintritt, weil derartige Miteilungen nur im Fall einer späteren Ad-hoc-Publizität erforderlich sind und diesen Fällen offensichtlich Insiderinformationen zugrunde lagen. Außerdem erfasse eine „zu frühe vorsorgliche Selbstbefreiung" insbesondere bei gestreckten Sachverhalten die zeitlich später eintretenden Zwischenschritte auf Grund der permanenten Beobachtung der Entwicklung durch den Emittenten, was eine **zu frühe vorsorgliche Selbstbefreiung** als **unschädlich** erscheinen lasse[119]. Art. 17 Abs. 4 Unterabs. 2 MAR sieht dies für zeitlich gestreckte Vorgänge, die aus mehreren Schritten bestehen nunmehr explizit vor. **Vorratsentscheidungen** sind jedoch nicht zulässig, da i.d.R. die für eine bewusste Abwägung erforderlichen Umstände noch nicht vorliegen und eine Abwägung nicht erfolgen kann[120].

2. Allgemeine Voraussetzungen für Aufschub

a) Schutz der berechtigten Interessen des Emittenten

15.33 Die eigenverantwortliche Entscheidung des Emittenten über das Vorliegen der **Befreiungsvoraussetzungen** wird durch Art. 17 Abs. 1 Unterabs. 1 MAR an die Erfüllung von drei Tatbestandsvoraussetzungen geknüpft. Das **erste Tatbestandsmerkmal** ist, dass eine unverzügliche Offenlegung geeignet ist, die **berechtigten Interessen des Emittenten**" zu beeinträchtigen. Dies setzte eine Güterabwägung

---

115 Dazu *Schnorbus/Klormann*, WM 2018, 1069, 1077 f.
116 *Habersack*, NZG 2020, 881, 886 f.; *Mülbert* in FS Stilz, 2014, S. 411 ff.; *Resch*, NZG 2016, 1201 1206 m.w.N.; *Ihrig* in VGR, Gesellschaftsrecht in der Diskussion 2012, 2013, S. 113, 131; *Ihrig/Kranz*, BB 2013, 451, 456; *Groß* in FS Uwe H. Schneider, 2011, S. 385, 392; *Klöhn* in Klöhn, Art. 17 MAR Rz. 193; einschränkend *Bekritsky*, BKR 2020, 382 ff.; zum österreichischen Recht *Dollenz/Simonishvili*, ÖBA 2017, 668, 675.
117 So die BaFin, Emittentenleitfaden, Modul C, sub I.3.3.1.1 unter Verweis auf § 111 Abs. 4 Satz 1 AktG; kritisch *Kiefner/Krämer/Happ*, DB 2020, 1386, 1392.
118 So insbesondere *Gunßer*, Ad-hoc-Publizität bei Unternehmenskäufen und -übernahmen, S. 87 f.; *Gunßer*, NZG 2008, 855, 856; wohl auch *Fleischer*, NZG 2007, 402, 404.
119 *Mülbert/Sajnovits*, WM 2017, 2041, 2042; Assmann in Assmann/Uwe H. Schneider/Mülbert, Art. 17 MAR Rz. 93; *Ihrig* in VGR, Gesellschaftsrecht in der Diskussion 2012, 2013, S. 132 f.; *Ihrig/Kranz*, BB 2013, 451, 457 f.; *Harbarth*, ZIP 2005, 1898, 1907; *Widder*, BB 2007, 572, 573; *Widder*, DB 2008, 1480, 1481 ff.; *Pattberg/Bredol*, NZG 2013, 87, 88 f.; *Kumpan/Schmidt* in Schwark/Zimmer, Art. 17 MAR Rz. 189 ff.
120 *Assmann* in Assmann/Uwe H. Schneider/Mülbert, Art. 17 MAR Rz. 93; *Kumpan/Schmidt* in Schwark/Zimmer, Art. 17 MAR Rz. 192.

zwischen den Geheimhaltungsinteressen des Emittenten und dem Informationsinteresse des Kapitalmarktes voraus[121]. § 6 WpAV, der trotz der Geltung der MAR durch das 1. FiMaNoG Fortbestand haben soll „in Ausfüllung von durch die MAR gelassener Lücken"[122], sieht vor, dass die Interessen des Emittenten die des Kapitalmarktes überwiegen müssen. Dies ist nach Art. 17 Abs. 4 Unterabs. 1 MAR nicht mehr erforderlich[123], vielmehr genügen nunmehr „berechtigte Interessen" des Emittenten. Soweit § 6 Satz 1 WpAV ein Überwiegen fordert, ist dies europarechtskonform dahingehend zu verstehen, dass „berechtigte" Interessen grundsätzlich vorrangig sind. Diese werden – nicht abschließend – durch Erwägungsgrund 50 MAR aufgezählt und entsprechen § 6 Satz 2 WpAV[124]. Berechtigte Interessen des Emittenten sollen zum einem vorliegen, wenn das Ergebnis oder der Gang laufender Verhandlungen über Geschäftsinhalte von der Veröffentlichung wahrscheinlich beeinträchtigt würden und eine Veröffentlichung die Interessen der Anleger erheblich gefährden würde. Zum anderen soll dies der Fall sein, wenn zusammen mit den durch das Geschäftsführungsorgan des Emittenten abgeschlossenen Verträgen oder Entscheidungen ebenfalls bekannt gemacht werden müsste, dass für deren Wirksamkeit noch die Zustimmung eines anderen Organs erforderlich ist, und dies die sachgerechte Bewertung der Information durch das Publikum gefährden würde. Als Beispielsfälle für die erste Fallgruppe werden die vor dem Abschluss stehende Sanierung (z.B. Eintritt eines neuen Großanlegers zur schnellen Zufuhr von benötigtem Eigenkapital) oder laufende Verhandlungen bei einer Unternehmensübernahme genannt[125]. Für die zweite Fallgruppe werden als Beispielsfälle genannt die noch ausstehende Zustimmung des Aufsichtsrates, wenn diese nicht als hinreichend sicher anzusehen ist, oder die Unvollständigkeit von Geschäftsergebnissen, was i.d.R. eine sachgerechte Bewertung der Information durch den Kapitalmarkt in Frage stellen soll[126]. Diese Fallgruppen zählt auch Erwägungsgrund 50 MAR auf, der durch die ESMA um eine indikative Liste erweitert wurde[127]. Die BaFin hat erklärt, diesen Richtlinien nachzukommen[128]. Eine regelmäßig wiederkehrende Fallkonstellation ist insoweit die der Internal Investigations wegen Complianceverstößen, bei denen sehr häufig vor Abschluss der Untersuchungen ein berechtigtes Interesse des Emittenten an einem Aufschub bestehen wird[129]. Gleichfalls kann die Stellung eines Kronzeugenantrags ein berechtigtes Interesse des Emittenten begründen[130].

---

121 *Hopt*, ZHR 159 (1995), 135, 157; *Spindler/Speier*, BB 2005, 2031, 2033; *Assmann* in Assmann/Uwe H. Schneider/Mülbert, Art. 17 MAR Rz. 101 m.w.N.
122 Vgl. Beschlussempfehlung des Finanzausschusses zum 1. FiMaNoG, BT-Drucks. 18/8099, S. 107; zur Unanwendbarkeit der WpAIV überzeugend *Klöhn*, AG 2016, 423, 431; *Poelzig*, NZG 2016, 761, 764.
123 *Poelzig*, NZG 2016, 761, 764; *Kumpan*, DB 2016, 2039, 2043.
124 Dieser soll nach dem z.Z. konsultierten Referentenentwurf einer 3. VO zur Änderung der WpAV an die MAR angepasst werden.
125 *Assmann* in Assmann/Uwe H. Schneider/Mülbert, Art. 17 MAR Rz. 109; *Eufinger/Teigelack* in Hopt/Veil/Kämmerer, Kapitalmarktgesetzgebung im Europäischen Binnenmarkt, 2008, S. 63, 76 ff.; *Geibel/Schäfer* in Schäfer/Hamann, Kapitalmarktgesetze, § 15 WpHG Rz. 132 ff.; *Gunßer*, Ad-hoc-Publizität bei Unternehmenskäufen, S. 95 ff.; *Brandi/Süßmann*, AG 2004, 642, 650; *Harbarth*, ZIP 2005, 1898, 1904; *Möllers*, WM 2005, 1393, 1395; *Tollkühn*, ZIP 2004, 2215; enger wohl *Bachmann*, DB 2012, 2206, 2210; *Kersting*, ZBB 2011, 442; zu dem Beispiel der Ad-hoc-Publizität in der Unternehmenskrise und nach Insolvenzeröffnung vgl. *Kocher/Widder*, NZI 2010, 925, 928 f., 930 ff.; *Schuster/Friedrich*, ZInsO 2011, 321 ff.
126 BaFin, Emittentenleitfaden, Modul C, sub I.3.3.1.2; *Assmann* in Assmann/Uwe H. Schneider/Mülbert, Art. 17 MAR Rz. 110 ff.; *Schröder*, Die Selbstbefreiung von der Ad-hoc-Publizitätspflicht nach § 15 Abs. 3 WpHG, 2011, S. 120 ff.; *Gunßer*, Ad-hoc-Publizität bei Unternehmenskäufen, S. 89 ff.; *Simon*, Der Konzern 2005, 13, 20; *Harbarth*, ZIP 2005, 1898, 1905; *Veith*, NZG 2005, 254, 256; a.A. *Staake*, BB 2007, 1573, 1573.
127 ESMA/2016/1478DE – MAR-Leitlinien „Aufschub der Offenlegung von Insiderinformationen" v. 20.10.2016; dazu auch *Dollenz/Simonishvili*, ÖBA 2017, 668, 674 f.
128 BaFin, Emittentenleitfaden, Modul C, sub I.3.3.1.2.
129 Dazu ausführlich *Mülbert/Sajnovits*, WM 2017, 2041, 2042 ff.; zu verbandsinternen Untersuchungen *Redenius-Hövermann/Walter*, ZIP 2020, 1331 ff.
130 Vgl. *Salaschek/Richter*, BB 2020, 1411 ff.; *Thelen*, ZHR 182 (2018), 62, 75 ff.

15.34 **Streitig** war, ob im Falle des Vorliegens der Voraussetzungen von § 6 Satz 2 WpAV das „berechtigte Interesse" i.S.v. Art. 17 Abs. 4 Unterabs. 1 Satz 1 lit. a MAR bzw. § 15 Abs. 3 Satz 1 WpHG a.F. als gegeben anzusehen ist[131] oder ob es trotzdem noch einer **Interessenabwägung** bedarf[132]. Für die erstgenannte, **weite Auffassung** sprach, dass andernfalls § 6 WpAV praktisch nutzlos ist, wenn auch in den dort gegebenen Beispielsfällen die Interessenabwägung zwischen den Interessen des Emittenten und denen des Kapitalmarktes trotzdem noch vorzunehmen ist. Für die **engere Auffassung** sprach der Wortlaut von § 6 Satz 2 WpAV („dies *kann* insbesondere dann der Fall sein"). Für die **Praxis** dürfte die Auseinandersetzung eher theoretischen Charakter besitzen, da im Rahmen der Prüfung der Tatbestandsvoraussetzungen von § 6 Satz 2 WpAV sowohl in Nr. 1 („… und eine Veröffentlichung die Interessen der Anleger erheblich gefährden würde …") wie in Nr. 2 („… und dies die sachgerechte Bewertung der Information durch das Publikum gefährden würde") die Publikumsinteressen zu berücksichtigen sind und so zumindest auch theoretisch trennscharf) das Kapitalmarktinteresse hinreichend Geltung erlangt. Sonderfragen hinsichtlich der Zulässigkeit eines Aufschubs ergeben sich, soweit **zwei gegenläufige Insiderinformationen** entstehen, die zeitgleich veröffentlicht werden sollen[133].

b) Keine Irreführung der Öffentlichkeit und Gerüchte

15.35 **Zweite Voraussetzung** für die eigenverantwortliche Entscheidung des Emittenten zum Aufschub einer Ad-hoc-Publizität ist, dass durch eine Unterlassung der Ad-hoc-Publizität „**keine Irreführung der Öffentlichkeit**" eintritt. Hiermit ist nicht gemeint, dass die Öffentlichkeit positiv von dem Nichtvorliegen der Umstände ausgehen muss, die der grundsätzlich zu veröffentlichenden Insiderinformation zugrunde liegen, denn dann wäre der Tatbestand von Art. 17 Abs. 4 Unterabs. 1 Satz 1 lit. b MAR nicht erfüllbar[134]. Vielmehr darf der **Emittent** während des Befreiungszeitraumes **keine Signale setzen**, die im Widerspruch zu der noch nicht veröffentlichten Insiderinformation stehen und durch die eine Irreführung des Kapitalmarktes einträte. Die ESMA hat auch zu diesem Tatbestandsmerkmal eine indikative Liste aufgestellt, wann die Gefahr einer Irreführung der Öffentlichkeit eintritt[135]. Die ganz **überwiegende Meinung** sieht in diesem Tatbestandsmerkmal also eine Abgrenzungsfunktion zu anderweitigen Marktinformationen oder vorangegangenem Verhalten des Emittenten[136], wenn also der Emittent zuvor gegenteilige Informationen in den Markt gegeben hat, z.B. – zutreffende – **Gerüchte** dementierte. Die BaFin hielt jedoch eine generelle „**no comment policy**" nicht für eine Irreführung. Dies wird nunmehr durch Art. 17 Abs. 7 Unterabs. 2 MAR dahingehend geregelt, dass dann, wenn die Vertraulichkeit der aufgeschobenen Publizität nicht mehr gewährleistet ist, die Publizität „so schnell wie möglich" herbeizuführen ist. Dies soll nach Unterabs. 2 auch bei Gerüchten gelten, die auf eine Insiderinformation Bezug nehmen, wenn diese ausreichend präzise und zu vermuten ist, dass die Vertraulichkeit nicht mehr gewährleistet ist. Entgegen der bisherigen Praxis wird damit unbeachtlich, ob

---

131 *Simon*, Der Konzern 2005, 13, 19 f.; *Parmentier*, NZG 2007, 407, 415; *Grothaus*, ZBB 2005, 62, 65.
132 *Veith*, NZG 2005, 254, 256 ff.; *Dreyling*, Der Konzern 2005, 1, 3; *Assmann* in Assmann/Uwe H. Schneider/Mülbert, Art. 17 MAR Rz. 121; noch enger *Kersting*, ZBB 2011, 442, 447 ff. (kein Überwiegen der Interessen des Emittenten über die des Kapitalmarktes, sondern Aufschub nur bei Gleichlauf der Interessen!).
133 Dazu *Krämer/Teigelack*, AG 2012, 20, 23 ff.; *Nguyen/Verchow*, ÖBA 2009, 647 ff.
134 *Simon*, Der Konzern 2005, 13, 20 zu der entsprechenden Regelung von § 15 Abs. 1 Satz 1 WpHG a.F. (unstr.).
135 ESMA/2016/1478 – MAR-Leitlinien „Aufschub der Offenlegung von Insiderinformationen" v. 20.10.2016; dazu auch *Dollenz/Simonishvili*, ÖBA 2017, 668, 674 f.
136 Vgl. BaFin, Emittentenleitfaden, Modul C, sub I.3.3.1.3 ESMA/2016/1478DE Rz. 9 ff.; *Assmann* in Assmann/Uwe H. Schneider/Mülbert, Art. 17 MAR Rz. 122 ff.; *Schröder*, Die Selbstbefreiung von der Ad-hoc-Publizitätspflicht nach § 15 Abs. 3 WpHG, 2011, S. 131 ff.; *Harbarth*, ZIP 2005, 1898, 1905; *Möllers*, WM 2005, 1393, 1396; *Simon*, Der Konzern 2005, 12, 20; *Veith*, NZG 2005, 254, 257; a.A. (für Differenzierung zwischen positiven und negativen Informationen) *Brandi/Süßmann*, AG 2004, 642, 649; *Ziemons*, NZG 2004, 537, 543.

die Gerüchte aus der Sphäre des Emittenten stammen[137]. Die ESMA[138] hat an Hand von Fallbeispielen konkretisiert, wann von einer Irreführung auszugehen ist. Dies soll etwa der Fall sein bei einer erheblichen Abweichung der zu veröffentlichenden Information von früheren Informationen des Emittenten, dem Nichterreichen früher bekannt gegebener Finanzziele oder die zu veröffentlichende Informationen im Widerspruch zu Markterwartungen steht, die auf früheren Äußerungen des Emittenten beruhen[139].

c) Gewährleistung der Vertraulichkeit durch Emittent

Dritte Voraussetzung für den Aufschub der Ad-hoc-Publizität durch den Emittenten ist nach Art. 17 Abs. 4 Unterabs. 1 lit. c MAR, dass dieser „die **Geheimhaltung der Insiderinformation sicherstellen kann**". Die Konkretisierung dieser Voraussetzung erfolgte bisher durch § 7 WpAIV a.F., der vorsah, dass der Emittent während der Dauer des Aufschubs den Zugang zur Insiderinformation zu kontrollieren hat durch Schaffung wirksamer Vorkehrungen dafür, dass nur Personen Kenntnis von der Insiderinformation erlangen, für die dies für die Wahrnehmung ihrer Aufgaben beim Emittenten unerlässlich ist („need-to-know-Prinzip")[140] und dass eine unverzügliche Veröffentlichung der Insiderinformation erfolgt, wenn die Vertraulichkeit durch den Emittenten nicht mehr länger gewährleistet werden kann. Ersteres erfordert eine Sicherung der Insiderinformation (vom Schreibschutz über Zugangsbeschränkungen bis zum Insiderverzeichnis), Letzteres erfordert die Vorbereitung einer Ad-hoc-Mitteilung[141]. Diese Regelung wird ersetzt durch Art. 17 Abs. 7 Unterabs. 1 MAR, der den Emittenten verpflichtet, die Öffentlichkeit über die Insiderinformation so schnell wie möglich zu informieren, wenn die Vertraulichkeit der Insiderinformation nicht mehr gewährleistet ist. – Der Streit, ob ein Wegfall der Aufschubvoraussetzungen vorliegt, wenn **aufkommende Gerüchte** aus einer anderen Sphäre als der des Emittenten, meist also aus der des Verhandlungspartners oder von Behörden, eine Vertraulichkeitslücke vermuten lassen, also zwar noch der Emittent „seine" Vertraulichkeit gewährleistet, nicht mehr jedoch „die" Vertraulichkeit insgesamt gewährleistet ist, ist von der MAR dahingehend entschieden worden, dass dann die Ad-hoc-Publizität zu erfolgen hat[142]. Zu der Vermutung der nicht mehr zu gewährleistenden Vertraulichkeit bei präzisen Gerüchten mit der Folge, dass eine „no comment policy" nicht mehr zulässig ist und Ad-hoc-Publizität zu erfolgen hat, vgl. auch Rz. 15.35 a.E.

15.36

3. Nachholung der Veröffentlichung

Liegen die Voraussetzungen für einen Aufschub der Veröffentlichung nicht (mehr) vor, weil die Vertraulichkeit nicht mehr gewährleistet ist, ist die Ad-hoc-Publizität nach Art. 17 Abs. 7 Unterabs. 1 MAR so schnell wie möglich nachzuholen. Zu veröffentlichen ist jedoch nur, was noch eine Insiderinformation darstellt und nicht allgemeine Informationen, die zwischenzeitlich ihren Charakter als Insiderinformation verloren haben[143] (vgl. auch Rz. 15.26). Die Veröffentlichung hat in derselben Art

15.37

---

137 *Klöhn*, AG 2016, 423, 431 m.w.N.; *Poelzig*, NZG 2016, 761, 764 f.
138 ESMA/2016/1130, Annex V, Nr. 5.2.
139 Vgl. dazu *Retsch*, NZG 2016, 1201, 1203 f. m.w.N.
140 Vgl. *Lenenbach*, Kapitalmarktrecht, Rz. 13.304; *Veith*, NZG 2005, 254, 257 f.; in welchem Umfang insoweit die Entscheidung des EuGH in Sachen „Grøngaard und Bang" (EuGH v. 22.11.2005 – C-384/02, Slg. 2005, I-9939 Rz. 34) zu berücksichtigen ist, ist streitig: vgl. (bejahend) *Assmann* in Assmann/Uwe H. Schneider/Mülbert, Art. 17 MAR Rz. 126; und (eher ablehnend) *Zimmer/Kruse* in Schwark/Zimmer, 4. Aufl. 2010, § 15 WpHG Rz. 70 a.E.
141 Vgl. ausführlich *Retsch*, NZG 2016, 1201, 1204 f.; *Assmann* in Assmann/Uwe H. Schneider/Mülbert, Art. 17 MAR Rz. 127 ff.; *Pfüller* in Fuchs, § 15 WpHG Rz. 489 ff.
142 *Poelzig*, NZG 2016, 761, 765; BaFin, Emittentenleitfaden, Modul C, sub I.3.3.1.4: „Gerücht ist ausreichend präzise, wenn es einen wahren Tatsachenkern enthält und einen konkreten Bezug zu einer Insiderinformation hat".
143 BaFin, Emittentenleitfaden, Modul C, sub I.3.3.1.4; *Assmann* in Assmann/Uwe H. Schneider/Mülbert, Art. 17 MAR Rz. 150 f.; *Harbarth*, ZIP 2005, 1898, 1906 f.; *Sven H. Schneider*, BB 2005, 897, 901; *Simon*,

und Weise zu erfolgen wie die Ad-hoc-Publizität nach Art. 17 Abs. 1 Unterabs. 2 MAR (dazu sogleich).

4. Aufschub zur Wahrung der Stabilität des Finanzsystems

15.38 Einen **besonderen Grund** für einen Aufschub der **Ad-hoc-Publizität für Kredit- und Finanzinstitute** sieht Art. 17 Abs. 5 MAR vor. Nach Art. 17 Abs. 6 Unterabs. 4 MAR steht dieser besondere Grund **neben der allgemeinen Regelung** des Aufschubes der Offenlegung von Insiderinformationen nach Art. 17 Abs. 4 MAR, verdrängt diesen Grund also nicht. Voraussetzung für einen Aufschub durch ein Kredit- oder Finanzinstitut nach Art. 17 Abs. 5 MAR ist, dass „die Offenlegung der Insiderinformation das **Risiko** birgt, dass die **finanzielle Stabilität des Emittenten und des Finanzsystems untergraben** wird, der Aufschub der Veröffentlichung **im öffentlichen Interesse** liegt, die **Geheimhaltung** der betreffenden Informationen gewährleistet werden kann, und dass die **BaFin dem Aufschub** auf der Grundlage **zugestimmt** hat, dass die vorstehend aufgeführten Bedingungen erfüllt sind". Dies soll insbesondere dann gelten, wenn die grundsätzlich erforderliche Ad-hoc-Publizität wegen eines „**zeitweiligen Liquiditätsproblems**" oder eines Bedarfs an zeitweiliger Liquiditätshilfe" seitens einer Zentralbank erforderlich ist. Erwägungsgrund 52 MAR bezeichnet diese Art von Insiderinformation als „**systemrelevante Insiderinformationen**". Nach Art. 17 Abs. 5 lit. b MAR – ebenso Erwägungsgrund 52 MAR – muss der Aufschub der Veröffentlichung im öffentlichen Interesse liegen und es kommt – anders als bei Art. 17 Abs. 4 lit. b MAR – nicht darauf an, dass der Aufschub der Offenlegung nicht geeignet ist, die Öffentlichkeit irre zu führen. Damit sagt der Gesetzgeber letztlich, dass eine Irreführung der Öffentlichkeit im öffentlichen Interesse liegen kann[144]. Dies erscheint als nicht unbedenklich.

15.39 Voraussetzung für die **erlaubte Irreführung der Öffentlichkeit** ist jedoch, dass die BaFin dem Aufschub der Ad-hoc-Publizität zugestimmt hat. Das Verfahren hierfür wird durch Art. 17 Abs. 6 MAR geregelt. Danach hat der Emittent die BaFin vor der Entscheidung über den Aufschub der Ad-hoc-Publizität von seiner Absicht in Kenntnis zu setzen und Nachweise dafür vorzulegen, dass die Voraussetzungen von Art. 17 Abs. 5 lit. a bis c MAR vorliegen. Verweigert die BaFin ihre Zustimmung zu dem Aufschub der Ad-hoc-Publizität, hat der Emittent die Insiderinformation „unverzüglich"[145] offen zu legen (Art. 17 Abs. 6 Unterabs. 3 MAR). Gleichzeitig sieht Art. 17 Abs. 6 Unterabs. 4 MAR jedoch vor, dass der Emittent beschließen kann, die Insiderinformation gemäß Abs. 4 aufzuschieben. Will er von dieser Möglichkeit Gebrauch machen, müssen die Voraussetzungen von Abs. 4 jedoch vorliegen. Vor ihrer Entscheidung, ob eine Offenlegung der Insiderinformation systemgefährdend ist, muss die BaFin zunächst die „nationale Zentralbank", also die Bundesbank, anhören[146]. Zur Vermeidung einer Staatshaftung nach § 839 BGB[147] sieht Art. 17 Abs. 5 MAR ausdrücklich vor, dass die Veröffentlichung trotz Zustimmung der BaFin „auf eigene Verantwortung des Instituts" erfolgt.

VI. Form und Inhalt der Veröffentlichung

15.40 Bei der Bekanntgabe der Insiderinformation an die Öffentlichkeit durch den Emittenten hat dieser nach Art. 17 Abs. 1 Unterabs. 2 MAR sicherzustellen, dass die Veröffentlichung in einer Art und Weise

---

Der Konzern 2005, 13, 22; *Veith*, NZG 2005, 254, 258; **a.A.** *Bürgers*, BKR 2004, 424, 426; *Tollkühn*, ZIP 2004, 2215, 2219 f.; wohl auch *Kuthe*, ZIP 2004, 883, 886.

144 I.E. ebenso *Klöhn*, AG 2016, 423, 432; *Poelzig*, NZG 2016, 761, 765; umfassend *Klöhn*, ZHR 181 (2017), 746, 754 ff.

145 Im englischen Text heißt es, dass der Emittent die Information „immediately" zu veröffentlichen hat. Die Veröffentlichung hat nach dem englischen Text somit nicht nur „as soon as possible", sondern tendenziell noch schneller zu erfolgen, so dass die deutsche Übersetzung jedenfalls fehlerhaft ist.

146 *Kumpan*, DB 2016, 2039, 2045.

147 Vgl. *Kumpan*, DB 2016, 2039, 2045.

geschieht, die es der Öffentlichkeit ermöglicht, „schnell auf sie zuzugreifen und sie vollständig, korrekt und rechtzeitig zu bewerten". Diese Pflicht wird hinsichtlich der **einzusetzenden Mittel** konkretisiert durch Art. 2 DurchführungsVO (EU) 2016/1055 der Kommission[148]. Danach hat die Veröffentlichung „nichtdiskriminierend an eine **möglichst breite Öffentlichkeit, unentgeltlich** und **zeitgleich in der gesamten EU**" zu erfolgen durch Übermittlung der Insiderinformation an Medien, „bei denen die Öffentlichkeit vernünftigerweise davon ausgeht, dass sie die Information tatsächlich verbreiten" (zur Diskussion, welche „breite Öffentlichkeit" gemeint ist, vgl. Rz. 14.17 ff.). Die **Übermittlung** hat elektronisch unter Wahrung der Vertraulichkeit zu erfolgen und muss unmissverständlich die Qualität als Insiderinformation, die Identität des Emittenten und der bei diesem verantwortlichen, mitteilenden Person, den Gegenstand der Insiderinformation und Datum und Uhrzeit der Übermittlung an die Medien erkennen lassen. In das deutsche Recht wurde dies durch das 1. FiMaNoG – unvollständig – in § 15 Abs. 1 WpHG i.d.F. des 1. FiMaNoG und durch das 2. FiMaNoG als § 26 WpHG i.d.F. des 2. FiMaNoG implementiert. Von der in § 15 Abs. 4 WpHG a.F. enthaltenen Verordnungsermächtigung hatte das Bundesministerium der Finanzen zunächst durch Art. 1 der 2. ÄnderungsVO zur WpAIV[149] – unvollständig – Gebrauch gemacht und die Unvollständigkeit durch die 3. ÄnderungsVO zur WpAV mit Wirkung zum 3.1.2018 korrigiert[150]. § 15 Abs. 1 WpHG i.d.F. des 1. FiMaNoG bzw. § 26 Abs. 1 WpHG i.d.F. des 2. FiMaNoG richtet sich an „Inlandsemittenten, MTF-Emittenten und OTF-Emittenten" i.S.v. § 2 Abs. 14 bis 16 WpHG i.d.F. des 2. FiMaNoG.

Danach ist das **Veröffentlichungsverfahren** weiterhin zweistufig ausgestaltet. Der Emittent hat nach § 15 Abs. 1 WpHG i.d.F. 1. FiMaNoG bzw. § 26 WpHG i.d.F. des 2. FiMaNoG zunächst die BaFin und die Geschäftsführungen der Handelsplätze, an denen seine Finanzinstrumente zum Handel zugelassen oder in den Handel einbezogen sind, zu unterrichten. In einem zweiten Schritt ist nach Art. 2 DurchführungsVO (EU) 2016/1055 i.V.m. § 15 Abs. 4 WpHG i.d.F. des 1. FiMaNoG bzw. § 26 WpHG i.d.F. des 2. FiMaNoG i.V.m. § 3a WpAV die Information über ein **elektronisches Informationsverbreitungssystem** sowie auf der **Website des Emittenten**[151] zu veröffentlichen. Die Veröffentlichung auf der Website des Emittenten muss nach Art. 17 Abs. 1 Unterabs. 2 Satz 3 MAR für mindestens **fünf Jahre** angezeigt werden[152]. Die nach § 15 Abs. 5 Satz 2 WpHG a.F. i.V.m. §§ 3a, 3c WpAV a.F. bestehende Verpflichtung, gleichzeitig mit der Veröffentlichung der Geschäftsführung der betroffenen organisierten Märkte sowie der BaFin die Veröffentlichung mitzuteilen bliebt bisher bestehen. Bestimmte Parameter der Veröffentlichung sind der BaFin nach § 3a Abs. 3 WpAV für sechs Jahre mitzuteilen. Schließlich hat der Emittent nach dem durch das Transparenzrichtlinie-Umsetzungsgesetz (TUG) eingefügten § 15 Abs. 1 Halbs. 2 WpHG a.F. bzw. § 26 Abs. 1 Halbs. 2 WpHG i.d.F. des 2. FiMaNoG dem Unternehmensregister i.S.d. § 8b HGB unverzüglich, jedoch nicht vor Veröffentlichung die Information zur Speicherung zu übermitteln.

15.41

Der Zweck der **Mitteilung an die Geschäftsführungen** der jeweiligen organisierten Märkte besteht darin, dieser die Gelegenheit zu geben, darüber zu entscheiden, ob aufgrund der zu veröffentlichenden Information die Ermittlung des Preises ausgesetzt oder eingestellt werden soll (vgl. § 15 Abs. 4 Satz 3 WpHG a.F.). Eine anderweitige Verwendung der Information durch die Geschäftsführungen der organisierten Märkte ist unzulässig. Zweck der **Vorabunterrichtung der BaFin** ist, dieser zu ermöglichen, ihrer Pflicht zur Überwachung der Ad-hoc-Publizität nachzukommen[153].

15.42

---

148 Zur Festlegung technischer Durchführungsstandards hinsichtlich der technischen Mittel für die angemessene Bekanntgabe von Insiderinformationen und für den Aufschub der Bekanntgabe von Insiderinformationen gemäß VO (EU) 596/2014, ABl. EU Nr. L 173 v. 30.6.2016, S. 47.
149 BGBl. I 2016, 1569.
150 BGBl. I 2017, S. 3727.
151 Nach Art. 17 Abs. 9 MAR kommt für Emittenten, deren Finanzinstrumente an einen KMU-Wachstumsmarkt gehandelt werden, auch eine Veröffentlichung auf der Website des Marktes in Betracht, wenn dieser das anbietet.
152 Zu den Anforderungen an die Website vgl. Art. 1 DurchführungsVO (EU) 2016/1055; zu den Pflichten nach einem Delisting *Bloss/Friedeborn*, BörsZ v. 1.10.2021, Nr. 189, S. 11.
153 BT-Drucks. 12/6679, S. 49.

15.43 Der **Mindestinhalt der Offenlegung** nach Art. 17 Abs. 1, 7 oder 8 MAR wird durch Art. 2 Durchführungs VO (EU) 2016/1055 i.V.m. § 4 WpAV vorgegeben (vgl. im Einzelnen Rz. 15.44). Handelt es sich nicht um eine Veröffentlichung nach Art. 17 MAR, sondern um eine nicht durch EU-Recht geregelte jedoch von § 4 Abs. 3 WpAV vorgesehene Berichtigung einer bereits erfolgten Veröffentlichung (**Berichtigungsveröffentlichung**), sind nach § 8 Abs. 2 WpAV gegenüber der BaFin zusätzlich die Gründe für die Veröffentlichung der ursprünglichen unwahren Information anzugeben, wobei diese Zusatzangaben so aussagekräftig sein müssen, dass sie eine Bewertung des Sachverhaltes ermöglichen[154]. Inhalt, Art und Form der Vorabmitteilung gegenüber der BaFin und den Geschäftsführungen der Märkte werden durch §§ 8, 9 WpAV festgelegt auf Schriftform mittels Telefax sowie – auf Verlangen der BaFin bzw. der Geschäftsführung der Märkte – durch nachgereichte, eigenhändig unterschriebene Mitteilung auf dem Postwege.

15.44 Der Mindestinhalt einer Ad-hoc-Meldung wird von § 4 WpAV detailliert ausgeführt, angefangen von der Überschrift als „Ad-hoc-Meldung nach Art. 17 MAR" über Name und Anschrift des Emittenten einschließlich ISIN sowie der eigentlich zu veröffentlichenden Information, dem Datum des Eintritts der der Information zugrunde liegenden Umstände, einer Erklärung über die unmittelbare Betroffenheit des Emittenten bis hin zu einer Erklärung, warum eine Veröffentlichung der Information den Kurs der Finanzinstrumente erheblich zu beeinflussen geeignet ist. Vergleichbare Mindestangaben enthält § 4 Abs. 2 WpAV für die **Ad-hoc-Aktualisierung** und § 4 Abs. 3 WpAV für die **Ad-hoc-Berichtigung**. Zum Inhalt der Ad-hoc-Publizität sieht Art. 17 Abs. 1 Unterabs. 2 Satz 2 MAR lediglich (negativ) vor, dass die Veröffentlichung **nicht mit der Vermarktung der Tätigkeiten des Emittenten verbunden** werden darf. Mit der etwas missverständlichen Formulierung ist nicht gemeint, dass sie überhaupt nicht, sondern lediglich, dass sie nicht in Form einer Ad-hoc-Publizität veröffentlicht werden dürfen. Ergänzt wird das inhaltliche Verbot von Veröffentlichungen durch die Pflicht in § 4 Abs. 1 Satz 2 WpAV, dass die Veröffentlichung kurz zu fassen ist.

15.45 Nach Art. 17 Abs. 8 MAR kann ausnahmsweise nicht nur der Emittent, sondern auch eine **Person**, die im **Auftrage** oder auf **Rechnung des Emittenten** handelt, veröffentlichungspflichtig werden, wenn Insiderinformationen an nicht der Vertraulichkeit unterliegende Personen weitergegeben werden (vgl. Rz. 15.22 f.). Für diesen Fall sieht § 4 Abs. 1 Satz 3 WpAV vor, dass eine solche veröffentlichungspflichtige Person über die Veröffentlichung **den Emittenten** unverzüglich **zu informieren** und in der Veröffentlichung ihren Namen und ihre Anschrift sowie die Urheberschaft kenntlich zu machen hat.

VII. Berichtigungsveröffentlichung

15.46 § 15 Abs. 2 Satz 2 WpHG a.F. enthielt eine ausdrückliche Pflicht, dass unwahre Tatsachen, die in einer Ad-hoc-Meldung oder als selbständige Ad-hoc-Meldung veröffentlicht wurden, unverzüglich berichtigt werden müssen, unabhängig davon, ob die Voraussetzungen des § 15 Abs. 1 Satz 1 WpHG a.F. vorlagen[155]. Eine entsprechende Regelung enthält die MAR nicht ausdrücklich. Sie gilt jedoch für Deutschland aufgrund von § 4 Abs. 3 WpAV. Die **Berichtigungspflicht** stellt eine selbständige Veröffentlichungspflicht dar und ist vergleichbar mit der Aktualisierungspflicht bei den Börsenzulassungsprospekten[156]. Erfasst werden nur Informationen, die **bereits im Zeitpunkt der Erstveröffentlichung unzutreffend** sind unabhängig von ihrer Kursrelevanz. Informationen, die sich nach ihrer Veröffentlichung bewertungserheblich verändern, sind nach Art. 17 Abs. 1 MAR zu veröffentlichen und werden

---

154 Vgl. BaFin, Emittentenleitfaden, Modul C, sub I.3.7.
155 Vgl. nur *Zimmer/Kruse* in Schwark/Zimmer, 4. Aufl. 2010, § 15 WpHG Rz. 121.
156 Vgl. dazu *Schwark* in Schwark/Zimmer, 4. Aufl. 2010, §§ 44, 45 BörsG Rz. 28 f.; *Hamann* in Schäfer, Kapitalmarktgesetze, 1. Aufl., §§ 45, 46 BörsG a.F. Rz. 89 – m.w.N.

als **Aktualisierung einer Veröffentlichung von Insiderinformationen** bezeichnet[157]. Das Veröffentlichungsverfahren für die Berichtigungspublizität wird ausgeführt in § 4 Abs. 3 WpAV und für die Aktualisierungspublizität in § 4 Abs. 2 WpAV.

VIII. Missbrauch der Publizitätspflicht und Nutzung von Kennzahlen

§ 15 Abs. 2 Satz 1 WpHG a.F. statuierte ausdrücklich, dass **Angaben**, die **nicht die Voraussetzungen des Absatzes 1 erfüllen**, auch i.V.m. veröffentlichungspflichtigen Tatsachen nicht veröffentlicht werden dürfen. Art. 17 Abs. 1 Unterabs. 2 Satz 2 MAR sieht entsprechend vor, dass die Veröffentlichung nicht „mit der Vermarktung der Tätigkeit des Emittenten verbunden" werden darf. Auch wenn die Regelung der MAR unpräziser ist, verfolgt sie das gleiche Regelungsziel. Verstöße stellen nach § 120 Abs. 15 Nr. 8 WpHG (bis 2.1.2018: § 39 Abs. 3d Nr. 8) Ordnungswidrigkeiten dar, die nach § 120 Abs. 18 Satz 1 WpHG (bis 2.1.2018: § 39 Abs. 4a Satz 1) mit einer Geldbuße bis 1 Mio. Euro geahndet werden und nach Satz 2 gegenüber einer juristischen Person sogar bis zu dem höheren Betrag von 2,5 Mio. Euro und 2 % des Gesamtumsatzes der juristischen Person in dem der Behördenentscheidung vorangegangenen Geschäftsjahr. Zudem können **Ad-hoc-Mitteilungen** auch **Wettbewerbshandlungen** darstellen, deren Unterlassung von Wettbewerbern gefordert werden kann[158].

15.47

Die Regelung des § 15 Abs. 2 WpHG a.F. stand in engem Zusammenhang mit der gleichfalls durch das 4. Finanzmarktförderungsgesetz eingeführten Regelung in § 15 Abs. 1 Satz 6 WpHG a.F., derzufolge bei der Veröffentlichung nur im Geschäftsverkehr „**übliche**" **Kennzahlen** verwendet werden durften. Welche hierunter fielen, hatte die BaFin mit Rundschreiben vom 26.11.2002 konkretisiert[159]. Durch die Verwendung von üblichen Kennzahlen sollte der Vergleich mit anderen Kapitalmarktteilnehmern sowie mit früheren Kennzahlen ermöglicht werden[160]. Seitens der **BaFin** wurden – nicht als abschließend zu verstehende[161] – zunächst **11** und durch den Emittentenleitfaden[162] sodann **13 Kennzahlen** ausgewählt, nämlich Umsatz, Ergebnis pro Aktie, Jahresüberschuss, Cash-flow, Ergebnis vor Zinsen und Steuern (EBIT), Ergebnis vor Steuern (EBT), Dividende pro Aktie, Ergebnis vor Steuern und Zinsen und Abschreibungen (EBITDA), Ergebnismarge, Eigenkapitalquote sowie Ergebnis der gewöhnlichen Geschäftstätigkeit, betriebliches Ergebnis und operatives Ergebnis vor Sondereinflüssen. Streitig war, ob die entsprechenden Kennzahlen des Vergleichszeitraumes und die prozentuale Veränderung mitzuteilen waren[163]. – Eine vergleichbare Regelung enthalten weder die MAR noch die DurchführungsVO (EU) 2016/1055. Die Beschränkung auf die Kennzahlen, die die BaFin vorgegeben hatte, ist damit entfallen. Seit 3.7.2016 ist daher auch die Nutzung weiterer Kennzahlen grundsätzlich zulässig. Allerdings darf deren Nutzung nicht gegen Art. 17 Abs. 1 Unterabs. 2 Satz 2 MAR verstoßen. Die ESMA hat in ihren ab 3.7.2016 geltenden Leitlinien zu Alternativen Leistungskennzahlen (Alternative Performance Measures – APM)[164], die grundsätzlich zu der Transparenz- und der Prospektrichtlinie

15.48

---

157 Vgl. BaFin, Emittentenleitfaden, Modul C, sub I.3.6; *Assmann* in Assmann/Uwe H. Schneider/Mülbert, Art. 17 MAR Rz. 202 ff.
158 OLG Hamburg v. 19.7.2006 – 5 U 10/06, WM 2006, 2353; dazu *Diefenhardt*, WuB I G 6. § 15 WpHG 1.07.
159 Diese sind auch enthalten im Emittentenleitfaden 2013, sub IV.2.2.10, S. 61 f.
160 Vgl. nur *Zimmer/Kruse* in Schwark/Zimmer, 4. Aufl. 2010, § 15 WpHG Rz. 110 ff.; *Assmann* in Assmann/Uwe H. Schneider, 6. Aufl. 2012, § 15 WpHG Rz. 193 ff.; BaFin, Emittentenleitfaden 2013, sub IV.2.2.10, S. 61 f.
161 Vgl. *Grimme/von Buttlar*, WM 2003, 901, 902.
162 BaFin, Emittentenleitfaden 2013, sub IV.2.2.10, S. 61 f.
163 Bejahend (wohl) BaFin, Emittentenleitfaden 2013, sub IV.2.2.10, S. 61 f.; verneinend *Klöhn* in Köln-Komm. WpHG, § 15 WpHG Rz. 440.
164 ESMA/2015/1415de v. 5.10.2015; dazu Q&A der ESMA 32-51-370 v. 12.7.2017.

ergangen sind, ausgeführt, dass sie auch auf die Publizität unter der MAR Anwendung finden sollen (vgl. I.3. der Leitlinien)[165].

IX. Folgen von Pflichtverletzungen

1. Öffentlich-rechtliche Sanktionen

a) Ordnungswidrigkeiten

15.49 Mit einer **Geldbuße** kann nach § 120 Abs. 15 Nr. 6 bis 11 WpHG (bis 2.1.2018: § 39 Abs. 3d Nr. 6 bis 11) i.V.m. Art. 17 MAR belegt werden, wer **vorsätzlich oder leichtfertig** entgegen Art. 17 Abs. 1 Unterabs. 1 oder Art. 17 Abs. 2 Unterabs. 1 Satz 1 MAR eine Insiderinformation nicht, nicht richtig, nicht vollständig, nicht in der vorgeschriebenen Weise oder nicht rechtzeitig bekannt gibt (Abs. 15 Nr. 6)[166], entgegen Art. 17 Abs. 1 Unterabs. 2 Satz 1 MAR die zutreffende Art der Veröffentlichung nicht sicherstellt (Abs. 15 Nr. 7), eine Vermarktung seiner Tätigkeit mit der Ad-hoc-Publizität verknüpft (Abs. 15 Nr. 8), entgegen Art. 17 Abs. 1 Unterabs. 2 Satz 3 eine Insiderinformation nicht, nicht richtig, nicht vollständig, nicht in der vorgeschriebenen Weise oder nicht rechtzeitig veröffentlicht[167] oder nicht mindestens fünf Jahre auf seiner Website anzeigt (Abs. 15 Nr. 9), entgegen Art. 17 Abs. 4 Unterabs. 3 Satz 1 MAR die BaFin nicht, nicht richtig, nicht in der vorgeschriebenen Weise oder nicht rechtzeitig über den Aufschub einer Offenlegung informiert oder erläutert (Abs. 15 Nr. 10) oder entgegen Art. 17 Abs. 8 Satz 1 MAR eine Insiderinformation nicht hinreichend veröffentlicht (Abs. 15 Nr. 11). Nach § 120 Abs. 18 Satz 1 WpHG (bis 2.1.2018: § 39 Abs. 4a Satz 1) kann die Geldbuße bis zu 1 Mio. Euro betragen. Nach Abs. 18 Satz 2 Nr. 2 kann diese bei juristischen Personen bis auf bis auf den höheren Betrag von **2,5 Mio. Euro** oder **2 % des Gesamtumsatzes** (wie in Abs. 23 definiert) des der Behördenentscheidung vorangegangenen Geschäftsjahres erhöht werden. Zudem kann die Geldbuße nach Abs. 18 Satz 3 bis zum Dreifachen des aus dem Verstoß gezogenen wirtschaftlichen Vorteils betragen, wobei der wirtschaftliche Vorteil erzielte Gewinne und vermiedene Verluste umfasst und geschätzt werden kann.

15.50 **Normadressat** dieser Bußgeldtatbestände ist grundsätzlich der **Emittent**, d.h. die Gesellschaft, deren Finanzinstrumente an den Märkten gehandelt werden, im Falle von Art. 17 Abs. 8 MAR auch die vom Emittenten beauftragte oder auf Rechnung des Emittenten handelnde Person. Nach **§ 9 OWiG** kommt jedoch auch ein Bußgeld gegen die **Vorstandsmitglieder** sowie der **nachgeordneten Managementebene**, wenn dieser Aufgaben zur eigenverantwortlichen Erledigung übertragen wurden, **persönlich** in Betracht[168]. Eine Verantwortlichkeit der Vorstandsmitglieder kommt immer dann in Betracht, wenn diese vorsätzlich die Aufsichtsmaßnahmen unterlassen, die erforderlich sind, um bußgeldbewehrte Pflichtverstöße durch das Unternehmen zu verhindern. Die Verantwortlichkeit der Unternehmen für ihre handelnden Personen richtet sich nach § 30 OWiG. Eine entsprechende Verantwortung treffen Unternehmen und Vorstand, wenn sie die Vertraulichkeit während eines Aufschubs der Veröffentlichung i.S.v. Art. 17 Abs. 7 MAR nicht organisatorisch gewährleisten[169].

---

165 Vgl. dazu *Kleinmanns*, IZR 2016, 131.
166 Zu den Konkurrenzen bei dem Zusammentreffen mit einer Publizitätspflicht gem. § 111c AktG vgl. *Guntermann*, ZIP 2020, 1290, 1295.
167 Hingegen stellt ein verspäteter Aufschub gem. Art. 17 Abs. 4 MAR keine Ordnungswidrigkeit dar – vgl. *Vaupel/Oppenauer*, AG 2019, 502, 513.
168 Vgl. *Schröder* in Schäfer/Hamann, Kapitalmarktgesetze, Vor § 39 WpHG Rz. 17 ff. und *Geibel/Schäfer* in Schäfer/Hamann, Kapitalmarktgesetze, § 15 WpHG Rz. 206 ff.; *Kumpan/Grütze* in Schwark/Zimmer, Art. 17 MAR Rz. 347 f.; i.E. ebenso (unter Heranziehung von § 130 OWiG) *Assmann* in Assmann/Uwe H. Schneider/Mülbert, Art. 17 MAR Rz. 304.
169 Zu der Pflicht zur Einrichtung einer – zumindest temporären – Compliance-Organisation vgl. *Brandi/Süßmann*, AG 2004, 642, 650; *Tollkühn*, ZIP 2004, 2215, 2219 sowie Rz. 14.101 m.w.N.

b) Kursmanipulation

Eine **fehlerhafte Ad-hoc-Publizität** kann grundsätzlich auch den Tatbestand der Marktmanipulation gemäß Art. 15 MAR erfüllen. In Betracht kommt insbesondere ein Verstoß gegen das **Verbot der Marktmanipulation** in der Form der falschen Angaben gemäß Art. 12 Abs. 1 lit. c MAR. In den Fällen einer bewussten Veröffentlichung falscher Tatsachen als vermeintlich ad-hoc-publizitätspflichtig kommt jedoch auch eine Verwirklichung des Tatbestandes der Marktmanipulation in der Variante von Art. 12 Abs. 1 lit. b MAR in Betracht[170]. Nach § 20a WpHG a.F. (vor dem 3.7.2016) war unstreitig, dass die **Unterlassung einer Ad-hoc-Publizität** eine Kursmanipulation darstellen konnte[171]. Seit 3.7.2016 besteht jedoch keine kapitalmarktstrafrechtliche Regelung der Marktmanipulation durch Unterlassen mehr. Da die deutschen Blankettnormen der §§ 119, 120 WpHG insoweit nur auf die MAR verweisen und die Nichtverbreitung einer Information von dieser nicht als Marktmanipulation angesehen wird, besteht auch **keine Unterlassungsstrafbarkeit** als Kursmanipulation **mehr**[172].

15.51

c) Sonstige Folgen

Außer den unter Rz. 15.49 f. und Rz. 15.51 dargestellten primär straf- bzw. ordnungswidrigkeitenrechtlichen Konsequenzen kommen auch **börsenrechtliche Folgen** für den Emittenten in Betracht. So kann ein wiederholter Verstoß gegen die Ad-hoc-Publizitätspflicht einen Grund für einen Widerruf der Zulassung von Wertpapieren eines Emittenten zum Handel im regulierten Markt nach § 39 Abs. 1 BörsG darstellen. Allerdings ist ein Widerruf wegen (wiederholten) Verstoßes gegen die Ad-hoc-Publizität in der Bundesrepublik bisher nicht bekannt geworden.

15.52

2. Schadensersatzhaftung des Emittenten

Nach §§ 97, 98 WpHG (bis 2.1.2018: §§ 37b, 37c) ist der Emittent bei Verstößen gegen die Pflichten zur Ad-hoc-Publizität bei Vorliegen der Voraussetzungen zum Schadensersatz verpflichtet[173]. Nach § 97 Abs. 4 bzw. § 98 Abs. 4 WpHG bleiben Schadensersatzansprüche, die auf anderen Rechtsgrundlagen beruhen, unberührt. § 15 Abs. 6 WpHG a.F. stellte ebenso wie bereits die Vorgängerregelung des § 44a BörsG a.F. klar, dass die **Ad-hoc-Publizitätspflicht keine drittschützende Wirkung** i.S.v. § 823 Abs. 2 BGB hat[174]. Diese Regelung findet sich nunmehr in § 15 Abs. 3 WpHG a.F. bzw. § 26 Abs. 3 WpHG i.d.F. des 2. FiMaNoG.

15.53

3. Schadensersatzhaftung des Vorstands

Eine **(Außen-)Haftung** (vgl. dazu ausführlich Rz. 17.35 f.) **des Vorstands gegenüber Anlegern** wegen Verletzung der Vorschriften zur Ad-hoc-Publizität nach dem WpHG ist lediglich in den Fällen des

15.54

---

170 Vgl. *Kumpan/Grütze* in Schwark/Zimmer, Art. 17 MAR Rz. 345 f.; *Assmann* in Assmann/Uwe H. Schneider/Mülbert, Art. 17 MAR Rz. 303; *Geibel/Schäfer* in Schäfer/Hamann, Kapitalmarktgesetze, § 15 WpHG Rz. 205.
171 Vgl. 3. Aufl. § 15 Rz. 21 m.w.N.
172 Str., so *Sajnovits/Wagner*, WM 2017, 1189, 1192; *Stoll* in KölnKomm. WpHG, § 20a WpHG Rz. 170; *Saliger*, WM 2017, 2329 ff. und 2365 ff.; a.A. *de Schmidt*, RdF 2016, 4, 5 f.
173 Vgl. dazu ausführlich § 17 sowie *Mülbert/Steup* in Habersack/Mülbert/Schlitt, Unternehmensfinanzierung am Kapitalmarkt, Rz. 41.180 ff.
174 Vgl. Finanzausschuss, BT-Drucks. 12/7918, S. 102; Begr. RegE 4. FFG, BR-Drucks. 936/01, S. 245; *Geibel/Schäfer* in Schäfer/Hamann, Kapitalmarktgesetze, § 15 WpHG Rz. 196 m.umfangr.w.N.; *Waldhausen*, Ad-hoc-publizitätspflichtige Tatsache, S. 50; *Assmann* in Assmann/Uwe H. Schneider/Mülbert, Art. 17 MAR Rz. 308 ff.; zweifelnd *Kumpan/Grütze* in Schwark/Zimmer, Art. 17 MAR Rz. 349, 19 ff.; *Thümmel*, DB 2001, 2331; a.A. *Gehrt*, Ad-hoc-Publizität, S. 207 ff.; teilweise auch *von Klitzing*, Ad-hoc-Publizität, S. 217 ff., 224 ff.; zum Verhältnis von Kapitalerhaltung zu Haftung für fehlerhafte Ad-hoc-Publizität vgl. *Renzenbrink/Holzner*, BKR 2002, 434 ff.

§ 826 BGB wegen vorsätzlicher, sittenwidriger Schädigung denkbar[175]. Eine Haftung des Vorstandes nach §§ 97, 98 WpHG (bis 2.1.2018: §§ 37b, 37c) kommt nicht in Betracht, da insoweit nur der Emittent Haftungsadressat ist[176]. Ob eine deliktische Außenhaftung von Organmitgliedern (Vorstand) wegen vorsätzlicher sittenwidriger Schädigung nach § 826 BGB in Betracht kommt, ist streitig, nach richtiger Auffassung jedoch zu bejahen[177].

§ 16
Geschäfte von Führungspersonen

I. Entwicklung der Pflicht zur Mitteilung und Veröffentlichung von Geschäften durch Führungspersonen ... 16.1	1. Erfasste Transaktionen 16.13
	a) Eigengeschäfte 16.13
II. Anwendungsbereich von Art. 19 MAR 16.3	b) Ausnahmen von den Meldepflichten 16.16
1. Emittenten, Märkte und erfasste Finanzinstrumente (sachlicher Anwendungsbereich) 16.3	2. Mitteilung und Veröffentlichung 16.19
	IV. Handelsverbot 16.22
	V. Sanktionen 16.23
2. Normadressaten (persönlicher Anwendungsbereich) 16.6	1. Bußgeld 16.23
III. Melde- und Veröffentlichungspflichten 16.13	2. Nichtigkeit oder Schadensersatz? 16.24

Schrifttum zur Rechtslage ab 3.7.2016: *Büchs/Ditter/Henselmann/Hering/Götz,* Directors' Dealings am deutschen Kapitalmarkt, ZCG 2016, 101; *Commandeur,* Das Handelsverbot für Führungskräfte nach Art. 19 Abs. 11 MMVO – ausgewählte Anwendungsprobleme und rechtspolitische Bewertung, ZBB 2018, 114; *Florstedt,* Finanz-investoren als nahestehende Personen, ZIP 2021, 53; *Götze/Carl,* Konzernrechtliche Aspekte der Transparenzpflichten nach der EU-Marktmissbrauchsverordnung, Der Konzern 2016, 529; *Hellgardt,* Zivilrechtliche Gewinnabschöpfung bei Verstößen gegen das Handelsverbot des Art. 19 Abs. 11 MAR?, AG 2018, 602; *Helm,* Pflichten des Wertpapierdienstleistungsunternehmens in der Finanzportfolioverwaltung bei Directors' Dealings nach der Marktmissbrauchsverordnung, ZIP 2016, 2201; *Hitzer/Wasmann,* Von

---

175 Vgl. dazu BGH v. 19.7.2004 – II ZR 402/02 – Infomatec I, WM 2004, 1721 = ZIP 2004, 1593 = AG 2004, 546; BGH v. 19.7.2004 – II ZR 218/03 – Infomatec III, WM 2004, 1731 = ZIP 2004, 1599 = AG 2004, 543; BGH v. 19.7.2004 – II ZR 217/03 – Infomatec II, WM 2004, 1726 = ZIP 2004, 1604 = BKR 2004, 403 sowie *Spindler,* WM 2004, 2089 ff.; BGH v. 9.5.2005 – II ZR 287//02 – EM. TV, ZIP 2005, 1270 = AG 2005, 609; BGH v. 28.11.2005 – II ZR 80/04 – ComROAD I, ZIP 2007, 681 = AG 2007, 322; BGH v. 15.2.2006 – II ZR 246/04 – ComROAD II, ZIP 2007, 679 = AG 2007, 324; BGH v. 26.6.2006 – II ZR 153/05 – ComROAD III, ZIP 2007, 326 = AG 2007, 169; BGH v. 4.6.2007 – II ZR 147/05 – ComROAD IV, ZIP 2007, 1560 = AG 2007, 620; BGH v. 4.6.2007 – II ZR 173/05 – ComROAD V, ZIP 2007, 1564 = AG 2007, 623; BGH v. 7.1.2008 – II ZR 229/05 – ComROAD VI, ZIP 2008, 407 = AG 2008, 252; BGH v. 7.1.2008 – II ZR 68/06 – ComROAD VII, ZIP 2008, 410 = AG 2008, 254; BGH v. 3.3.2008 – II ZR 310/06 – ComROAD VIII, ZIP 2008, 829 = AG 2008, 377.
176 Vgl. nur *Sethe* in Assmann/Uwe H. Schneider, 6. Aufl. 2012, §§ 37b, 37c WpHG Rz. 25 ff.; *Zimmer/Grotheer* in Schwark/Zimmer, 4. Aufl. 2010, §§ 37b, 37c WpHG Rz. 21 sowie unter Rz. 17.5 ff.
177 Vgl. nur *Hellgardt* in Assmann/Uwe H. Schneider/Mülbert, §§ 97, 98 WpHG Rz. 171 f.; *Leuschner,* ZIP 2008, 1050; *Möllers,* NZG 2008, 413.

§ 15a WpHG zu Art. 19 MMVO: Aus Directors' Dealings werden Managers' Transactions, DB 2016, 1483; *Knuts*, The Optimal Scope of Disclosure by Association Regime under MAR, ECFR 2016, 495; *Kraack*, Directors' Dealings bei Erwerbs- und Übernahmeangeboten, AG 2016, 57; *Kumpan*, Die neuen Regelungen zu Directors' Dealings in der Marktmissbrauchsverordnung, AG 2016, 446; *Kumpan*, Neue Regelungen zu Directors' Dealings in Investmentfonds und anderen Finanzportfolios, AG 2016, R219; *von der Linden*, Das neue Marktmissbrauchsrecht im Überblick, DStR 2016, 1036; *Maume/Kellner*, Directors' Dealings unter der EU-Marktmissbrauchsverordnung, ZGR 2017, 273; *Mohamed*, Leitfaden zur Fristbestimmung bei Closed Periods nach Art. 19 XI MAR, NZG 2018, 1376; *Mutter*, Musterklausel zur Anpassung von Vorstandsverträgen an Art. 19 MAR, AG 2016, R239; *di Noia/Milič/Spatola*, Issuers obligations under the new Market Abuse Regulation and the proposed ESMA guideline regime: a brief overview, ZBB 2014, 96; *Poelzig*, Die Neuregelung der Offenlegungsvorschriften durch die Marktmissbrauchsverordnung, NZG 2016, 761; *Ritz*, ESMA Level 2 – Vorschläge zu Eigengeschäften von Führungskräften (directors' dealings) und Insiderlisten, RdF 2015, 268; *Rubner/Pospiech*, Verschärfte Regeln für Directors' Dealings, NJW Spezial 2015, 719; *Stenzel*, Grundlagen von Managementbeteiligungen an AG und GmbH, DStR 2018, 82 (Teil I) und 139 (Teil II); *Stübner*, Bekanntmachungen von durchgeführten Transaktionen im Rahmen von Mitarbeiteraktienprogrammen nach Safe Harbor-VO, ZIP 2016, 1374; *Stübner*, Directors' Dealings nach der Marktmissbrauchsverordnung, DStR 2016, 1221; *Veil*, Europäisches Insiderrecht 2.0 – Konzeption und Grundsatzfragen der Reform durch MAR und CRIM-MAD, ZBB 2014, 85; *Zöllter-Petzold/Höhling*, Die Annahme von Aktienoptionen als Diretors' Dealings, NZG 2018, 687.

Schrifttum zur Rechtslage bis 2.7.2016: Vgl. Literaturverzeichnis zu § 16 der 4. Auflage.

I. Entwicklung der Pflicht zur Mitteilung und Veröffentlichung von Geschäften durch Führungspersonen

Eine Pflicht zur **Mitteilung** und Veröffentlichung von **Geschäften** *in*[1] bestimmten Finanzinstrumenten eines Emittenten wurde für **Führungspersonen des Emittenten** erstmals durch das Vierte Finanzmarktförderungsgesetz als § 15a WpHG a.F. in Deutschland eingeführt. Die Einführung von § 15a WpHG a.F. mit Wirkung ab dem 1.7.2002 erfolgte im Vorgriff auf die Marktmissbrauchsrichtlinie, die erst am 29.1.2003 verabschiedet wurde[2]. Art. 6 Abs. 4 der Marktmissbrauchsrichtlinie verpflichtete die Mitgliedstaaten dafür zu sorgen, dass „Personen, die bei einem Emittenten von Finanzinstrumenten Führungsaufgaben wahrnehmen, sowie gegebenenfalls in enger Beziehung zu ihnen stehende Personen", die zuständigen Behörden unterrichten „über alle Eigengeschäfte mit Aktien des genannten Emittenten oder mit sich darauf beziehenden Derivaten oder anderen Finanzinstrumenten". Diese pauschale Regelung wurde konkretisiert durch eine im Wege des Komitologieverfahrens ergangene **Richtlinie der Kommission**[3]. Da die Richtlinien nicht dem kurz vorher ergangenen § 15a WpHG a.F. entsprachen, war das deutsche Gesetz bereits nach knapp zwei Jahren zu ändern. Diese Änderung erfolgte durch das Gesetz zur Verbesserung des Anlegerschutzes (AnSVG)[4]. Weitere Änderungen wurden eingefügt durch das Gesetz zur Neuordnung des Pfandbriefrechts vom 22.5.2005[5], das Transparenz-

16.1

---

1 Für Geschäfte *mit* Emittenten gelten die Offenlegungsvorschriften der §§ 111a–c AktG – vgl. dazu *Florstedt*, ZIP 2021, 53.
2 Richtlinie 2003/6/EG des Europäischen Parlaments und des Rates über Insider-Geschäfte und Marktmanipulation, ABl. EU Nr. L 96 v. 12.4.2003, S. 16 ff.
3 Richtlinie 2004/72/EG der Kommission v. 29.4.2004 zur Durchführung der Richtlinie 2003/6/EG des Europäischen Parlaments und des Rates (Zulässige Marktpraktiken, Definition von Insiderinformationen in Bezug auf Warenderivate, Erstellung von Insider-Verzeichnissen, Meldung von Eigengeschäften und Meldung verdächtiger Transaktionen), ABl. EU Nr. L 162 v. 30.4.2004, S. 70 ff. – dazu *Pluskat*, BKR 2004, 467.
4 BGBl. I 2004, 2630 ff.
5 BGBl. I 2005, 1373.

richtlinie-Umsetzungsgesetz (TUG) vom 5.1.2007[6] sowie das Finanzmarktrichtlinie-Umsetzungsgesetz (FRUG) vom 16.7.2007[7]. Mit der MAR[8] gelten seit 3.7.2016 EU-weit einheitliche Regelungen, die von Art. 19 MAR nicht mehr als „Directors' Dealings", sondern als „Eigengeschäfte von Führungskräften" bezeichnet werden. Ergänzt werden die Regelungen durch Level 2 und Level 3 Akte der ESMA[9] und Q&A von BaFin[10] und ESMA[11]. § 15a WpHG a.F. wurde daher durch das 1. FiMaNoG[12] zum 3.7.2016 aufgehoben.

16.2 Art. 19 MAR unterwirft **Führungspersonen** einer **eigenen**, nur mittelbar mit dem Unternehmen im Zusammenhang stehenden, **kapitalmarktorientierten Mitteilungspflicht** und erstmals auch Handelsverboten (siehe dazu schon Rz. 14.56 ff. und Rz. 16.22). Mit der Regelung verfolgt der Gesetzgeber im Wesentlichen folgende **Zwecke**[13]:

1. **Markttransparenz** in Form von Beteiligungstransparenz, die sich früher nur im Rahmen von Primärmarktpublizität fand und die auf Sekundärmarkttransaktionen bestimmter Marktteilnehmer (Führungspersonen) erstreckt wird;

2. **Indikatorwirkung** dergestalt, dass die übrigen Kapitalmarktteilnehmer (vermeintliche) Rückschlüsse auf die weitere Kursentwicklung aufgrund der Eigendispositionen von Führungspersonen des Emittenten ziehen können;

3. **Anlegergleichbehandlung** (informationelle Chancengleichheit) durch Abmilderung des Wissensvorsprungs der Verwaltungsmitglieder;

4. Förderung der **Marktintegrität** durch Abschreckung von Insiderhandel durch Führungspersonen[14] sowie konkret die Erleichterung der Überwachung durch die Aufsichtsbehörden[15].

Die Umsetzung der Regelungen zu Geschäften von Führungspersonen hat 2016 zu 2.879 Meldungen und 2020 zu 3.793 Meldungen bei der BaFin geführt[16].

---

6 Gesetz zur Umsetzung der Richtlinie 2004/109/EG des Europäischen Parlaments und des Rates v. 15.12.2004 zur Harmonisierung der Transparenzanforderungen in Bezug auf Informationen über Emittenten, deren Wertpapiere zum Handel auf einem geregelten Markt zugelassen sind, und zur Änderung der Richtlinie 2001/34/EG (Transparenzrichtlinie-Umsetzungsgesetz), BGBl. I 2007, 10.
7 Gesetz zur Umsetzung der Richtlinie über Märkte für Finanzinstrumente und der Durchführungsrichtlinie der Kommission (Finanzmarktrichtlinie-Umsetzungsgesetz), BGBl. I 2007, 1330.
8 VO (EU) Nr. 596/2014 über Marktmissbrauch, ABl. EU Nr. L 173 v. 12.6.2014, S. 1; Berichtigung ABl. EU Nr. L 287 v. 21.10.2016, S. 320; Art. 19 wurde mit Wirkung ab 1.1.2018 geändert durch Art. 56 der VO (EU) 2016/1011 über Indizes, die als Referenzwerte dienen, ABl. EU Nr. L 171 v. 29.6.2016, S. 1.
9 DurchführungsVO (EU) 2016/523 der Kommission zur Festlegung technischer Durchführungsstandards im Hinblick auf Eigengeschäfte von Führungskräften, ABl. EU Nr. L 88 v. 5.4.2016, S. 19; Delegierte VO (EU) 2016/522 der Kommission u.a. zu Arten meldepflichtiger Eigengeschäfte von Führungskräften, ABl. EU Nr. L 88 v. 5.4.2016, S. 1; die Delegierte VO und die DurchführungsVO basieren auf dem Final Report-Technical Advice, ESMA/2015/224.
10 BaFin, FAQ zu Eigengeschäften nach Art. 19 MAR, Stand: 13.9.2017.
11 ESMA, Q&A on the MAR, ESMA 70-145-11, Stand: 1.9.2017.
12 BGBl. I 2016, 1514.
13 Dazu insb. *Knuts*, ECFR 2016, 495, 500 ff.; *Kumpan*, AG 2016, 446, 448 m.w.N.; *Maume/Kellner*, ZGR 2017, 273, 275 ff.; *Pfüller* in Habersack/Mülbert/Schlitt, Hdb. Kapitalmarktinformation, § 22 Rz. 5 ff.
14 *Engelhart*, AG 2009, 856, 857; *Osterloh*, Directors' Dealings, S. 65 ff., 73 ff.; *Sethe/Hellgardt* in Assmann/Uwe H. Schneider/Mülbert, Wertpapierhandelsrecht, Art. 19 VO Nr. 596/2014 Rz. 9 ff.
15 Vgl. Erwägungsgrund (7) der Richtlinie 2004/72/EG; ebenso *von Buttlar*, BB 2003, 2133, 2134.
16 BaFin, Jahresbericht 2016, S. 183 und Jahresbericht 2020, S. 91 – mit Übersicht über Zahlen der vergangenen Jahre.

II. Anwendungsbereich von Art. 19 MAR

1. Emittenten, Märkte und erfasste Finanzinstrumente (sachlicher Anwendungsbereich)

§ 15a WpHG a.F. galt nur für **Emittenten von börsenzugelassenen Aktien** (also AG, KGaA, SE) und nicht für Emittenten in einer anderen Rechtsform (z.B. GmbH), die börsennotierte Finanzinstrumente (z.B. Anleihen, Genussscheine etc.) emittiert hatten[17]. Aktiengesellschaften, deren Aktien nicht börsennotiert waren, die jedoch andere börsennotierte Finanzinstrumente emittiert hatten, wurden gleichfalls nicht erfasst[18]. Nach Art. 19 Abs. 4 MAR gelten die Meldepflichten nunmehr für Führungspersonen von **Emittenten**, die durch Art. 3 Abs. 1 Nr. 21 MAR bezeichnet werden als „eine juristische Person des privaten oder öffentlichen Rechts, die Finanzinstrumente emittiert oder deren Emission vorschlägt, wobei der Emittent im Falle von Hinterlegungsscheinen, die Finanzinstrumente repräsentieren, der Emittent des repräsentierten Finanzinstruments ist". Statt „juristische Person" verwendet die englische Fassung den Terminus „legal entity", was Zweifel an der deutschen Übersetzung weckt, da bei einem Verständnis als „Rechtsperson" auch deutsche OHGs oder KGs in Betracht kommen[19]. Jedenfalls werden nunmehr auch GmbHs von der Pflicht zur Meldung von Geschäften von Führungspersonen erfasst.

16.3

Die Emittenten müssen für ihre **Finanzinstrumente**[20] die Zulassung zum Handel an einem **geregelten Markt** beantragt oder erhalten haben. Werden die Finanzinstrumente ausschließlich auf einem **MTF** oder **OTF** gehandelt, so muss dieser Handel aufgrund einer Zulassung erfolgen, die vom Emittenten initiiert oder beantragt worden sein muss. Dies ist ab 3.1.2018 auch der – bisher nicht erfasste – Freiverkehr an deutschen Börsen[21]. Abweichend von der Regelung des Art. 17 Abs. 1 Unterabs. 3 MAR für die Ad-hoc-Publizität enthält die Definition in Art. 19 Abs. 4 MAR keine Beschränkung auf geregelte Märkte oder MTFs oder OTFs „in einem Mitgliedstaat". Dies wird man jedoch auch in Art. 19 Abs. 4 MAR „hinzulesen" müssen[22], da nicht ersichtlich ist, dass der EU-Gesetzgeber die Regelungen von Eigengeschäften von Führungskräften über die der Ad-hoc-Publizität territorial über die EU bzw. den EWR hinaus erstrecken wollte (also z.B.: nicht auf die Schweizer Märkte).

16.4

Von der Frage der Rechtsform des Emittenten und der Art des Marktes, auf dem seine Finanzinstrumente gehandelt werden zu unterscheiden ist die Frage, **welche** von dem Emittenten begebenen **Finanzinstrumente** in den sachlichen Anwendungsbereich von Art. 19 MAR fallen. Von Art. 19 Abs. 1 MAR erfasst werden Eigengeschäfte in „Anteilen oder Schuldtiteln des Emittenten oder damit verbundenen Derivaten oder anderen damit verbundenen Finanzinstrumenten". Erfasst werden also nicht nur wie bisher Aktien des Emittenten, sondern **auch Schuldverschreibungen** oder vergleichbare „debt instruments" wie Genussscheine, Wandelanleihen, Umtauschanleihen, CoCo-Bonds, Geldmarktinstrumente, sowie auf alle vorgenannten Finanzinstrumente bezogenen Derivate und mit den genannten

16.5

---

17 So zutreffend *Sethe/Hellgardt* in Assmann/Uwe H. Schneider/Mülbert, Wertpapierhandelsrecht, Art. 19 VO Nr. 596/2014 Rz. 19; *Heinrich* in KölnKomm. WpHG, § 15a WpHG Rz. 28; *Pfüller* in Habersack/Mülbert/Schlitt, Hdb. Kapitalmarktinformation, § 22 Rz. 18; a.A. *Erkens*, Der Konzern 2005, 29, 31.
18 Str.; wie hier BaFin, Emittentenleitfaden, (2013) sub V.1.1.1, S. 83.
19 Zu der entsprechenden Frage bei der Pflicht zur Ad-hoc-Publizität vgl. oben Rz. 15.11 m.w.N.; allgemein zu der Übersetzung von „legal entity" *Schäfer* in Boos/Fischer/Schulte-Mattler, KWG und CRR, 6. Aufl. 2021, § 1 KWG Rz. 86.
20 Diese werden von Art. 3 Abs. 1 Nr. 1 MAR definiert durch Verweis auf Art. 4 Abs. 1 Nr. 15 MiFID II und damit zugleich auf Anhang I Abschn. C MiFID II.
21 Vgl. zu der Begründung die Regelung der Ad-hoc-Publizität Rz. 15.14 f. m.w.N.
22 *Klöhn* in Klöhn, Art. 19 MAR Rz. 15; *Sethe/Hellgardt* in Assmann/Uwe H. Schneider/Mülbert, Wertpapierhandelsrecht, Art. 19 VO Nr. 596/2014 Rz. 20; *Kumpan/Schmidt* in Schwark/Zimmer, Art. 19 MAR Rz. 148; *Pfüller* in Meyer/Veil/Rönnau, Hdb. Marktmissbrauchsrecht, § 22 Rz. 21.

Finanzinstrumenten „verbundenen Finanzinstrumente" wie z.B. von Drittemittenten[23] begebene Wandel- oder Optionsanleihen oder Optionsscheine auf Finanzinstrumente des Emittenten. Nach Auffassung der BaFin[24] unterfallen Phantom Stocks, Stock Appreciation Rights etc. nicht der Meldepflicht und nach Auffassung der ESMA[25] werden zum Bezug von Aktien berechtigende Vergütungspakete nicht erfasst (jedoch deren spätere Ausübung).

2. Normadressaten (persönlicher Anwendungsbereich)

16.6 Nach Art. 19 Abs. 1 MAR sind Adressat der Meldepflicht und des Handelsverbots **Personen, „die Führungsaufgaben** wahrnehmen sowie **in enger Beziehung zu ihnen stehende Personen**". Eine Person, die Führungsaufgaben wahrnimmt, wird durch Art. 3 Abs. 1 Nr. 25 MAR und die zu einer solchen in enger Beziehung stehende Person durch Art. 3 Abs. 1 Nr. 26 MAR definiert. Führungsaufgaben nimmt wahr ein **Mitglied des Verwaltungs-, Leitungs- oder Aufsichtsorgans des Emittenten** sowie eine „höhere Führungskraft", die zwar keinem Organ angehört, jedoch regelmäßig Zugang zu Insiderinformationen mit direktem oder indirektem Bezug zum Emittenten hat und befugt ist, unternehmerische Entscheidungen über zukünftige Entwicklungen und Geschäftsperspektiven des Emittenten zu treffen. Diese Formulierung übernimmt die Formulierung von Art. 1 Abs. 1 der Ausführungsrichtlinie zur Marktmissbrauchsrichtlinie[26]. Nach der Entstehungsgeschichte der Ausführungsrichtlinie und insbesondere den vorangehenden Anhörungen der Commission of European Securities Regulators (CESR) sollen nur „**Top Executives**" erfasst werden, nicht jedoch sämtliche leitenden Angestellten eines Unternehmens[27]. Leitende Angestellte dürften kaum unternehmerische Entscheidungen über die zukünftige Entwicklung eines Emittenten treffen, auch wenn ihnen ein gewisser Einfluss hierauf nicht abzusprechen ist. Es wird die gesamte erste Führungsebene, häufig „**erweiterter Vorstand**" oder „**Bereichsvorstand**" genannt, in den Bereich der Meldepflicht einbezogen sein. Ein Zustimmungsvorbehalt des Vorstands soll nach Auffassung der BaFin genügen, um eine Qualifizierung als „Person mit Führungsaufgabe" auszuschließen[28]. Soweit derartigen Personen jedoch faktisch und institutionalisiert Organqualität zukommt, gehören sie dem meldepflichtigen Personenkreis ebenso an wie Personen fehlerhaft bestellter Organe[29], aber etwa auch ein Insolvenzverwalter[30]. Nach Art. 19 Abs. 5 Unterabs. 1 Satz 2 MAR hat der Emittent eine **Liste der Personen** aufzustellen, die bei ihm **Führungsaufgaben** wahrnehmen, **sowie** der zu diesen **in enger Beziehung stehenden Personen**. Die Liste ist ständig zu aktualisieren[31].

16.7 Art. 19 MAR enthält wie § 15a WpHG a.F. **keine Konzernklausel**, so dass **nur die Führungskräfte des Emittenten**, nicht jedoch die eines Mutter- oder Tochterunternehmens des Emittenten zu den Norm-

---

23 So auch (zu § 15a WpHG a.F.): *Uwe H. Schneider*, BB 2002, 1817, 1818; Bericht Finanzausschuss, BT-Drucks. 14/8601, S. 18.
24 FAQ zu Eigengeschäften von Führungskräften, Stand 13.9.2017, Frage II.12.
25 Q&A on MAR, Stand: 6.8.2021, Frage 7.5.
26 Richtlinie 2004/72/EG der Kommission v. 29.4.2004, ABl. EU Nr. L 162 v. 30.4.2004, S. 70.
27 *Stüber*, DStR 2016, 1221, 1222; *Heinrich* in KölnKomm. WpHG, § 15a WpHG Rz. 41; *Erkens*, Der Konzern 2005, 29, 32; *Sethe/Hellgardt* in Assmann/Uwe H. Schneider/Mülbert, Wertpapierhandelsrecht, Art. 19 VO Nr. 596/2014 Rz. 31; *Klöhn* in Klöhn, Art. 19 MAR Rz. 29; a.A. *Kuthe*, ZIP 2004, 883, 886.
28 *Sethe/Hellgardt* in Assmann/Uwe H. Schneider/Mülbert, Wertpapierhandelsrecht, Art. 19 VO Nr. 596/2014 Rz. 31; *Kumpan/Grütze* in Schwark/Zimmer, Art. 19 MAR Rz. 68; vgl. auch *Kumpan*, AG 2016, 446, 449.
29 *Sethe/Hellgardt* in Assmann/Uwe H. Schneider/Mülbert, Wertpapierhandelsrecht, Art. 19 VO Nr. 596/2014 Rz. 33; *Kumpan/Grütze* in Schwark/Zimmer, Art. 19 MAR Rz. 65.
30 *Sethe* in Assmann/Uwe H. Schneider, 6. Aufl. 2012, § 15a WpHG Rz. 42; *Pfüller* in Fuchs, § 15a WpHG Rz. 81; *Kumpan/Grütze* in Schwark/Zimmer, Art. 19 MAR Rz. 70 f.; *Klöhn* in Klöhn, Art. 19 MAR Rz. 29; *Kumpan*, AG 2016, 446, 449.
31 *Stüber*, DStR 2016, 1221, 1225; *Kiesewetter/Parmentier*, BB 2013, 2371, 2377; *Kumpan/Schmidt* in Schwark/Zimmer, Art. 19 MAR Rz. 153 ff.

adressaten gehören[32]. Die Gegenansicht führt zu einer strafrechtlich unzulässigen Überschreitung des Wortlautes. Entsprechendes gilt für Aktionäre einschließlich eines Großaktionärs[33] oder für sonstige unternehmensexterne Berater[34], solange diese keine Organfunktion (z.B. als Mitglied des Aufsichtsrates) ausüben. Die Mitteilungspflicht besteht nur für die Dauer der Innehabung einer Führungsposition bei dem Emittenten[35]. Entscheidend ist hierbei die Ausübung des Amtes unabhängig von der Wirksamkeit der Bestellung[36]. Die rechtspolitisch geforderte nachwirkende Mitteilungspflicht für einen Zeitraum nach einem Ausscheiden bei dem Emittenten[37] ist nicht in die MAR übernommen worden.

Nach Art. 9 Abs. 5 Unterabs. 1 MAR hat der **Emittent die Person mit Führungsaufgaben** von ihren Verpflichtungen nach Art. 19 MAR **schriftlich** i.S.v. „in Schriftform"[38] **in Kenntnis zu setzen**. Anders als bei der entsprechenden Informationspflicht der Person mit Führungsaufgaben gegenüber den Personen, die in enger Beziehung mit ihr stehen (dazu Rz. 16.9 a.E.), statuiert Art. 19 Abs. 5 Unterabs. 1 MAR keine ausdrückliche Aufbewahrungspflicht für diese Information, so dass insoweit lediglich die allgemeinen handels- und gesellschaftsrechtlichen Aufbewahrungspflichten gelten. Es ist jedoch ratsam, dass der Emittent sich den Erhalt der Information durch die Person mit Führungsaufgaben quittieren lässt und diese Quittung verwahrt. 16.8

Außer den Personen mit Führungsaufgaben obliegt eine Pflicht zur Veröffentlichung von Eigengeschäften nach Art. 19 Abs. 1 MAR auch natürlichen Personen, „die mit einer solchen Person **in einer engen Beziehung** stehen"[39]. Als solche werden durch Art. 3 Abs. 1 Nr. 26 MAR[40] definiert „**Ehepartner, eingetragene Lebenspartner, unterhaltsberechtigte Kinder und andere Verwandte, die zum Zeitpunkt des Abschlusses des meldepflichtigen Geschäftes seit mindestens einem Jahr im selben Haushalt leben**". Dies entspricht der Regelung des § 15a Abs. 3 Satz 1 WpHG a.F. Mangels Verwandtschaft werden nichteheliche Lebenspartner jedoch nicht erfasst[41]. Ehegatten bzw. eingetragene Lebens- 16.9

---

32 BaFin, Emittentenleitfaden, Modul C (3/2020), II. 1.2.1 und FAQ zu Eigengeschäften von Führungskräften, Stand: 13.9.2017, Fragen II.2. und 5.; *Götze/Carl*, Der Konzern 2016, 529, 539 f.; *Hitzer/Wasmann*, DB 2016, 1483; vgl. zu § 15a WpHG a.F. *von Buttlar*, BB 2003, 2133, 2136; krit. *Uwe H. Schneider*, AG 2002, 473, 477 (der jedoch klarstellt, dass die Regelung von § 15a WpHG a.F. nicht analogiefähig ist) – a.A. *Sethe/Hellgardt* in Assmann/Uwe H. Schneider/Mülbert, Wertpapierhandelsrecht, Art. 19 VO Nr. 596/2014 Rz. 32; *Kumpan/Grütze* in Schwark/Zimmer, Art. 19 MAR Rz. 69, beide jeweils für Führungsperson der herrschenden Gesellschaft bezüglich Finanzinstrumenten der Tochtergesellschaft; wie hier *Semrau* in Klöhn, Art. 19 MAR Rz. 28.
33 Zu Geschäften eines Großaktionärs *mit* der Gesellschaft gelten die Offenlegungsvorschriften der §§ 111a–c AktG – dazu und zu „Finanzinvestoren als nahestehenden Personen" vgl. *Florstedt*, ZIP 2021, 53.
34 *Pfüller* in Fuchs, § 15a WpHG Rz. 80; *Semrau* in Klöhn, Art. 19 MAR Rz. 28.
35 *Heinrich* in KölnKomm. WpHG, § 15a WpHG Rz. 38.
36 Unstr., vgl. nur *Sethe/Hellgardt* in Assmann/Uwe H. Schneider/Mülbert, Wertpapierhandelsrecht, Art. 19 VO Nr. 596/2014 Rz. 33; *Kumpan/Grütze* in Schwark/Zimmer, Art. 19 MAR Rz. 65.
37 Vgl. dazu *Fleischer*, ZIP 2002, 1217, 1226; *von Buttlar*, BB 2003, 2133, 2136; *Schuster*, ZHR 167 (2003), 193, 206.
38 Str. ist, ob insoweit „Textform", also auch ein Email, genügen soll – so die h.L. vgl. *Hitzer/Wasmann*, DB 2016, 1483, 1486 m.w.N.; *Stüber*, DStR 2016, 2221, 2224; *Kumpan/Schmidt* in Schwark/Zimmer, Art. 19 MAR Rz. 150; *Semrau* in Klöhn, Art. 19 MAR Rz. 70; *Stegmaier* in Meyer/Veil/Rönnau, Hdb. Marktmissbrauchsrecht, § 19 Rz. 101; a.A. (schriftlich i.S.v. § 126 BGB) *Maume/Kellner*, ZGR 2017, 273, 288.
39 Zu den rechtspolitischen Gründen hierfür vgl. *Knuts*, ECFR 2016, 495, 506 f. m.w.N.
40 Art. 19 Abs. 1 MAR spricht von „in enger Beziehung stehend", Art. 3 Abs. 1 Nr. 26 MAR von „eng verbunden"; in der Englischen Fassung heißt es in beiden Normen „person closely associated", weshalb es sich bei den unterschiedlichen Fassungen um einen Übersetzungsfehler handelt – ebenso *Maume/Kellner*, ZGR 2017, 273, 286 f.
41 Unstr., vgl. *Sethe/Hellgardt* in Assmann/Uwe H. Schneider/Mülbert, Wertpapierhandelsrecht, Art. 19 VO Nr. 596/2014 Rz. 44 m.w.N.

partner müssen jedoch nicht in einem gemeinsamen Haushalt leben[42], so dass auch getrennt lebende Ehegatten meldepflichtig sind. Den nahestehenden Personen obliegt eine eigenständige Mitteilungspflicht, die nicht die Personen mit Führungsaufgaben trifft[43]. Schon bisher musste man die Person mit Führungsaufgaben nach § 1353 BGB bzw. § 2 LPartG für verpflichtet ansehen, den Ehe- bzw. Lebenspartner auf diese Pflicht hinzuweisen[44]. Dies regelt nunmehr Art. 19 Abs. 5 Unterabs. 2 MAR ausdrücklich dahingehend, dass die Person mit Führungsaufgaben die in enger Beziehung mit ihr stehende Person schriftlich von deren Verpflichtungen in Kenntnis zu setzen und eine Kopie dieses Dokuments aufzubewahren hat.

16.10 Der Kreis der nahestehenden Personen mit eigener Meldepflicht wird durch Art. 3 Abs. 1 Nr. 26 lit. d MAR erweitert um eine Reihe von **juristischen Personen, Personengesellschaften** und **Trusts**[45]. Voraussetzung ist, dass die Person mit Führungsaufgaben oder eine in enger Beziehung zu ihr stehende Person in den Gesellschaften oder dem Trust **Führungsaufgaben wahrnimmt** oder die Gesellschaft oder den Trust direkt oder indirekt **kontrolliert** oder die Gesellschaft oder der Trust **zugunsten einer solchen Person gegründet wurde** oder die **wirtschaftlichen Interessen** der Gesellschaft oder des Trust denen einer solchen Person **weitgehend entsprechen**. Geklärt wird durch die Definition zudem die bisher streitige Frage, ob die juristische Person, die Gesellschaft oder den Trust eine eigene Meldepflicht trifft. Dies ist von dem klaren Wortlaut eindeutig so vorgesehen. Hierbei handelt es sich z.B. um eine Vermögensverwaltungs-GmbH eines Vorstandes des Emittenten, bei der der Vorstand selbst oder z.B. seine Ehefrau Geschäftsführer ist (und sie dementsprechend bei der GmbH Führungsaufgaben wahrnehmen). Soweit also eine Person mit Führungsaufgaben die Verwaltung eigenen Vermögens über eine – häufig auch aus steuerlichen Erwägungen gegründete – Vermögensverwaltungsgesellschaft vornimmt, sind deren Transaktionen in Finanzinstrumenten des Emittenten meldepflichtig. Der Kreis der Personen, die als der Person mit Führungsaufgaben nahestehend erfasst werden, entspricht den bisherigen Vorgaben von Art. 1 Nr. 2 der (Durchführungs-)Richtlinie der Kommission[46] zur Marktmissbrauchsrichtlinie.

16.11 Mit „**juristischer Person**" meint Art. 3 Abs. 1 Nr. 26 MAR ebenso wie früher § 15a Abs. 3 Sätze 2 und 3 WpHG a.F. grundsätzlich eine andere juristische Person als den Emittenten, denn andernfalls würde der Emittent durch die Tätigkeit des Vorstandes bei ihm meldepflichtig für Geschäfte in eigenen Wertpapieren. Dies ist weder von der MAR noch früher von der (Durchführungs-)Richtlinie zur Marktmissbrauchsrichtlinie beabsichtigt, so dass insoweit eine teleologische Reduktion vorzunehmen ist[47]. Die BaFin war schon zu § 15a WpHG a.F. und ist auch derzeit der Auffassung, dass auch Geschäfte **gemeinnütziger Gesellschaften und Einrichtungen** nicht meldepflichtig sind, da „die Führungspersonen" aufgrund der Gemeinnützigkeit der Gesellschaft oder Einrichtung keinen nennenswerten wirt-

---

42 BaFin, Emittentenleitfaden, Modul C (3/2020), II. 1.2.2.
43 *Sethe/Hellgardt* in Assmann/Uwe H. Schneider/Mülbert, Wertpapierhandelsrecht, Art. 19 VO Nr. 596/2014 Rz. 42; *Kumpan/Grütze* in Schwark/Zimmer, Art. 19 MAR Rz. 74; *Uwe H. Schneider*, AG 2002, 473, 476; *Fleischer*, ZIP 2002, 1217, 1226.
44 *Sethe/Hellgardt* in Assmann/Uwe H. Schneider/Mülbert, Wertpapierhandelsrecht, Art. 19 VO Nr. 596/2014 Rz. 152; *Pfüller* in Fuchs, § 15a WpHG Rz. 111.
45 Im Englischen: „Legal Person, Trust or Partnership" – die deutsche Übersetzung als „juristische Person, Treuhand oder Personengesellschaft" ist unglücklich.
46 Richtlinie 2004/72/EG vom 29.4.2004, ABl. EU Nr. L 162 v. 30.4.2004, S. 70.
47 BaFin, FAQ zu Eigengeschäften von Führungskräften, Stand: 13.9.2017, Frage II.7.; *Kumpan*, AG 2016, 446, 450 (unter Verweis darauf, dass ein Aktienrückkauf durch den Emittenten bereits aufgrund von Art. 5 Abs. 1 lit. b MAR der Öffentlichkeit mitzuteilen ist); *Maume/Kellner*, ZGR 2017, 273, 287; wohl auch *Stüber*, DStR 2016, 1221, 1226; *Sethe/Hellgardt* in Assmann/Uwe H. Schneider/Mülbert, Wertpapierhandelsrecht, Art. 19 VO Nr. 596/2014 Rz. 51; *Heinrich* in KölnKomm. WpHG, § 15a WpHG Rz. 47; BaFin, Emittentenleitfaden, Modul C (3/2020), II. 1.2.5; *Howe-Knobloch*, Directors' Dealings, S. 76 f.; *Pfüller* in Habersack/Mülbert/Schlitt, Hdb. Kapitalmarktinformation, § 22 Rz. 45.

schaftlichen Vorteil aus der Gesellschaft oder Einrichtung erzielen können[48]. Dies erscheint aus verschiedenen Gründen **unzutreffend**. Zweck von § 15a WpHG a.F. war und Zweck von Art. 19 MAR ist (siehe Rz. 16.2) nicht die Verhinderung der Erzielung wirtschaftlicher Vorteile durch den Vorstand, sondern u.a. die Indikatorwirkung und die informationelle Chancengleichheit. Beide Zwecke werden durch die gemeinnützige Einrichtung (insbesondere Stiftung), für die der Vorstand im Rahmen eines Doppelmandates handelt, gleichermaßen verletzt, als handelte der Vorstand im Eigeninteresse[49]. Zudem ist es unzutreffend, dass der Vorstand keinen „nennenswerten wirtschaftlichen Vorteil" durch die Geschäfte der gemeinnützigen Einrichtung erzielen kann, da auch eine gemeinnützige Stiftung ohne Gefährdung des Gemeinnützigkeitsstatus bis zu einem Drittel der Erträge an den Vorstand oder seine Familie ausschütten kann. Bei den Geschäften der sonstigen Gesellschaften soll nach Auffassung der **BaFin** ein „wirtschaftliches Profitieren" der Führungsperson oder der ihr nahestehenden Personen vorliegen, wenn dieser Personenkreis zu mindestens 50 % beteiligt ist, 50 % der Stimmrechte hält oder ihm mindestens 50 % der Gewinne zugerechnet werden[50]. Dementsprechend sollen bloße **Doppelmandate** einer Führungsperson nicht zu einer Meldepflicht der zweiten Gesellschaft führen[51].

Unklar ist, wann eine „**Kontrolle**" i.S.d. Art. 3 Abs. 1 Nr. 26 lit. c MAR vorliegt. Die BaFin geht davon aus, dass mindestens 50 % der Gesellschaftsanteile oder der Stimmrechte der Führungsperson oder einer dieser nahestehenden Person zustehen oder ein Beherrschungsvertrag geschlossen wurde[52] und wendet damit § 1 Abs. 35 KWG i.V.m. Art. 4 Abs. 1 Nr. 37 CRR i.V.m. § 290 HGB analog an[53]. Eine „Gründung zugunsten der Führungsperson oder einer ihr nahestehenden Person" soll dann gegeben sein, wenn die wirtschaftlichen Vorteile aus der juristischen Person, Gesellschaft oder Trust diesen zu mehr als 50 % zukommen. Gleiches soll für eine „weitgehende" Entsprechung der wirtschaftlichen Interessen gelten[54]. Sonderfragen stellen sich bei der disquotalen Ausgestaltung von Gesellschaftsverhältnissen, sog. reziproke Familienpools, wenn diese an börsennotierten Gesellschaften beteiligt sind[55].

16.12

III. Melde- und Veröffentlichungspflichten

1. Erfasste Transaktionen

a) Eigengeschäfte

Meldepflichtig nach Art. 19 Abs. 1 Unterabs. 1 lit. a MAR sind „**Eigengeschäfte**" der meldepflichtigen Personen. Hierzu zählt unstreitig ein Kauf oder Verkauf der Finanzinstrumente. Art. 19 Abs. 7 Unterabs. 1 lit. a MAR erweitert den Umfang der meldepflichtigen Geschäfte um das **Verpfänden** oder Ver-

16.13

---

48 BaFin, FAQ zu Eigengeschäften von Führungskräften, Stand: 13.9.2017, Frage II.8.; BaFin, Emittentenleitfaden, Modul C (3/2020), II. 1.2.6; wohl zust. *Heinrich* in KölnKomm. WpHG, § 15a WpHG Rz. 50; zu dem Erfordernis eines wirtschaftlichen Vorteils vgl. *Knuts*, ECFR 2016, 495, 412 ff.
49 Ebenso *Sethe/Hellgardt* in Assmann/Uwe H. Schneider/Mülbert, Wertpapierhandelsrecht, Art. 19 VO Nr. 596/2014 Rz. 52; der BaFin zust. die h.L. *Semrau* in Klöhn, Art. 19 MAR Rz. 39 f.; *Kumpan/Grütze* in Schwark/Zimmer, Art. 19 MAR Rz. 86; *Stegmaier* in Meyer/Veil/Rönnau, Hdb. Marktmissbrauchsrecht, § 19 Rz. 34.
50 BaFin, Emittentenleitfaden, Modul C (3/2020), II. 1.2.7; *Kumpan*, AG 2016, 446, 451.
51 Vgl. BaFin, FAQ zu Eigengeschäften von Führungskräften, Stand: 13.9.2017, Frage II.10.
52 BaFin, Emittentenleitfaden, Modul C (3/2020), II. 1.2.7; ebenso *Erkens*, Der Konzern 2005, 29, 34; *Sethe/Hellgardt* in Assmann/Uwe H. Schneider/Mülbert, Wertpapierhandelsrecht, Art. 19 VO Nr. 596/2014 Rz. 54; *Semrau* in Klöhn, Art. 19 MAR Rz. 42; *Heinrich* in KölnKomm. WpHG, § 15a WpHG Rz. 48 f.
53 Ebenso *Kumpan/Grütze* in Schwark/Zimmer, Art. 19 MAR Rz. 87 mit Fn. 335; *Pfüller* in Fuchs, § 15a WpHG Rz. 101; a.A. *Sethe/Hellgardt* in Assmann/Uwe H. Schneider/Mülbert, Wertpapierhandelsrecht, Art. 19 VO Nr. 596/2014 Rz. 54, die § 290 HGB anwenden wollen.
54 BaFin, Emittentenleitfaden, Modul C (3/2020), II. 1.2.7.
55 Vgl. dazu *Mutter*, DStR 2007, 2013 ff.; *Kocher*, BB 2012, 721, 722.

leihen der Finanzinstrumente. Da unter dem Begriff der **„Wertpapierleihe"** nach deutschem Recht die Gewährung eines **Sachdarlehens i.S.v. § 607 BGB** zu verstehen ist, dürfte der Gesetzgeber nicht nur einer Verpfändung i.S.v. § 1204 BGB, sondern entsprechend dem Sprachgebrauch der Wertpapiermärkte ein Sachdarlehen gemeint haben[56]. Art. 10 der Delegierten VO (EU) 2016/522 zur Ergänzung der VO (EU) Nr. 596/2014 im Hinblick auf ... die Arten meldepflichtiger Eigengeschäfte[57] bringt insoweit keine Klarheit, da er auch nur von „Leihgeschäften" spricht. Art. 19 Abs. 7 Unterabs. 2 MAR nimmt von einer Verpfändung ausdrücklich aus eine „Verpfändung oder andere Sicherung, die dazu dient, eine spezifische Kreditfazilität zu sichern"[58]. Eine **nicht abschließende Aufzählung** der meldepflichtigen Geschäfte enthält Art. 10 Abs. 2 Delegierte VO (EU) 2016/522[59]. Dessen lit. k erfasst auch „**getätigte oder erhaltene Zuwendungen** und **Spenden** sowie **entgegengenommene**[60] **Erbschaften**". Dies ist nicht überzeugend. Die europäische Kommission interpretierte Art. 6 Abs. 4 Marktmissbrauchsrichtlinie, der von „Eigengeschäften" sprach, dahingehend, dass nach der Ratio erfasst wurden Geschäfte, die für den Markt, die anderen Anleger und die Aufsichtsbehörden einen Informationswert besitzen. Dies ist nur dann anzunehmen, wenn die Initiative zu dem Geschäft von der Führungskraft ausgeht und diese damit ein entgeltliches zielgerichtetes Rechtsgeschäft verfolgt, bei dem der Anschein des Insiderwissens immanent ist. Unentgeltliche Rechtsgeschäfte (**Schenkung**) und sonstige Rechtsgeschäfte, denen nicht automatisch ein Rechtsschein von Insidergeschäften von Führungsgeschäften innewohnt (z.B. **Erbschaften**), sollten daher **keine „Eigengeschäfte"** i.S.v. Art. 19 Abs. 1 MAR darstellen[61] und die Delegierte VO (EU) 2016/522 insoweit geändert werden. Die Gegenansicht stellt darauf ab, dass der Zweck von Art. 19 MAR, Umgehungen zu verhindern, eine Erfassung auch von Schenkungen erfordere[62]. Meldepflichtig sind nach Art. 10 Abs. 2 lit. a VO (EU) 2016/522 auch **Zeichnungen von Finanzinstrumenten**, deren Austausch sowie **Leerverkäufe**. Grundsätzlich unterfallen dem Eigengeschäft auch die Annahme von Finanzinstrumenten (insbesondere Aktien) des Emittenten, wenn eine Führungsperson – regelmäßig über ein Erwerbsvehikel – ein Übernahmeangebot für den Emittenten abgibt und die Aktien angedient werden[63].

16.14 Zu den **nicht meldepflichtigen**, weil nicht Eigengeschäfte der Führungsperson darstellenden Geschäften sollten **früher** auch diejenigen zählen, die durch § 15a Abs. 1 Satz 3 WpHG a.F. als „**Erwerbe auf**

---

56 Allerdings darf nicht verkannt werden, dass diese Auslegung einen erweiterten Anwendungsbereich des Ordnungswidrigkeitenrechts mit sich bringt; vgl. auch *Kumpan*, AG 2016, 446, 452.
57 ABl. EU Nr. L 88 v. 5.4.2016, S. 1.
58 Hierbei fällt auf, dass ausgenommen wird eine „andere Sicherung", also z.B. eine Sicherungsübereignung, ohne dass diese vorher in den Begriff des Eigengeschäftes einbezogen wurde.
59 Dazu *Ritz*, RdF 2015, 268, 269 ff.; *Stüber*, DStR 2016, 1221, 1223.
60 Der englische Text formuliert „inheritance received". Damit dürfte nur eine angenommene Erbschaft gemeint sein, d.h. wenn entweder ausdrücklich eine Annahme erklärt wurde oder die Ausschlagungsfrist des § 1944 BGB von sechs Wochen abgelaufen ist.
61 Ebenso *von Buttlar*, BB 2003, 2133, 2137; *Uwe H. Schneider*, BB 2002, 1817, 1818 f.; *Erkens*, Der Konzern 2005, 29, 35; *Pluskat*, BKR 2004, 467, 471; *Pluskat*, DB 2005, 1097, 1099; *Fleischer*, ZIP 2002, 1217, 1226; wohl auch *Ritz*, RdF 2015, 268, 271 mit Hinweis auf gleichfalls ablehnende Haltung der SMSG in Fn. 35; a.A. BaFin, Emittentenleitfaden, Modul C (3/2020), II. 2.2 und II. 3.9.13; *Sethe/Hellgardt* in Assmann/Uwe H. Schneider/Mülbert, Wertpapierhandelsrecht, Art. 19 VO Nr. 596/2014 Rz. 71, 104 (die Argumentation, es dürfe nicht auf die Annahmeerklärung für die Erbschaft bzw. den Ablauf der Ausschlagungsfrist abgestellt werden, weil „der Erbe vorsätzlich die Meldung ohne jede Sanktion verzögern könne" (Rz. 104) widerspricht der Begründung dafür, dass der Erbanfall überhaupt zu melden sein soll, nämlich weil ein späterer meldepflichtiger Verkauf dem Markt verwirre, wenn kein Erwerb gemeldet worden ist (Rz. 71), denn ein Verkauf stellt immer eine „Annahme der Erbschaft" dar und diese ist vor dem Verkauf zu melden – wohl wie hier *Kumpan/Grützner* in Schwark/Zimmer, Art. 19 MAR Rz. 123; differenzierend *Pfüller* in Fuchs, § 15a WpHG Rz. 126 f. (nur Aktivschenkungen der Führungsperson).
62 *Sethe/Hellgardt* in Assmann/Uwe H. Schneider/Mülbert, Wertpapierhandelsrecht, Art. 19 VO Nr. 596/2014 Rz. 71, 104; *Heinrich* in KölnKomm. WpHG, § 15a WpHG Rz. 56.
63 Vgl. dazu insb. *Kraack*, AG 2016, 57, 66 ff. (auch zu der Frage der Berücksichtigung von Bedingungen im Übernahmeangebot).

arbeitsvertraglicher **Grundlage** oder als Vergütungsbestandteil" ausdrücklich von der Veröffentlichungspflicht ausgenommen waren. Auch bei diesen typischerweise im Rahmen eines **Stock Option Programms** oder als **Belegschaftsaktien** ausgegebene Aktien fehlt es an einer Initiative der Führungskraft, so dass diese Transaktionen keinen Indikatorwert für den Markt darstellen[64]. Die BaFin und die h.L. nahmen daher eine **teleologische Reduktion** von § 15a WpHG a.F. vor und sahen in derartigen Geschäften keine „eigenen Geschäfte". Etwas anderes galt jedoch für die Ausübung von der Führungskraft gewährten Optionen oder die Veräußerung der Wertpapiere, die aufgrund der Option bezogen wurden[65]. Nach Art. 10 Abs. 2 lit. b VO (EU) 2016/522 stellt nunmehr jedoch bereits die **Annahme** einer Option durch die Führungsperson (nicht jedoch schon deren noch vom Eintritt von Bedingungen abhängigen Vereinbarung in einem Vergütungspaket) ein **meldepflichtiges Eigengeschäft** dar, auch wenn die Führungsperson keinen Handlungsspielraum bei der Zuteilung hat[66]. Unerheblich ist, ob die Optionen schuldrechtlich gewährt werden und auf Lieferung von Aktien gerichtet sind oder ob nur ein Zahlungsausgleich vorgesehen ist (sog. virtuelle Optionen)[67], Art. 10 Abs. 2 lit. d und e VO (EU) 2016/522. **Aktiendividenden** sind nicht meldepflichtig, solange kein Wahlrecht zwischen Barauszahlung und Erhalt der Aktien besteht, ebenso wenig wie die **Gewährung von Bezugsrechten**. Anders als früher fällt nunmehr nach Art. 10 Abs. 2 lit. j VO (EU) 2016/522 der nicht verhandelbare **Tausch von Aktien im Rahmen einer Fusion** unter die meldepflichtigen Geschäfte, obwohl sie nicht auf einer eigenen Entscheidung des Meldepflichtigen beruhen[68], ebenso wie – wie bisher – die (erfolgreiche) **Zeichnung von Finanzinstrumenten** ein eigenes Geschäft begründet[69].

Geschäfte, die ein **Vermögensverwalter** für eine Person mit Führungsaufgaben durchführt, begründen ebenfalls Eigengeschäfte nach Art. 19 Abs. 7 Unterabs. 1 lit. b MAR[70]. Die **BaFin**[71] sah und sieht auch diese als **mitteilungspflichtig** an, wenn der Vermögensverwalter im Rahmen einer – in Deutschland üblichen – Vollmachtsverwaltung tätig wird. Diese nunmehr durch Art. 19 MAR festgeschriebene Rechtslage lässt sich nur damit erklären, dass Umgehungsmöglichkeiten für die Mitteilungspflicht ausgeschlossen werden sollen, denn die Entscheidung des Vermögensverwalters hat **keinerlei Signal- oder Indizwirkung** für den Kapitalmarkt. Vielmehr ist es geradezu irreführend, die Entscheidungen des Vermögensverwalters als Entscheidungen des potentiellen Insiders zu veröffentlichen. Lediglich dann, wenn der Vermögensinhaber gegenüber dem Vermögensverwalter von seinem Weisungsrecht

16.15

---

64 BaFin, Emittentenleitfaden, (2013) sub V.2.2, S. 89; *Engelhart*, AG 2009, 856, 860; *Heinrich* in Köln-Komm. WpHG, § 15a WpHG Rz. 62; *Koch*, DB 2005, 267, 273; *Pfüller* in Fuchs, § 15a WpHG Rz. 130; *Sethe* in Assmann/Uwe H. Schneider, 6. Aufl. 2012, § 15a WpHG Rz. 83; *von Buttlar*, BB 2003, 2133, 2137; *Widder*, WM 2010, 1882, 1885; **a.A.** *Zimmer/Osterloh* in Schwark/Zimmer, 4. Aufl. 2010, § 15a WpHG Rz. 46; *Bürgers*, BKR 2004, 424, 428; *Diekmann/Sustmann*, NZG 2004, 929, 936; *Kuthe*, ZIP 2004, 883, 887; *Pluskat*, BKR 2004, 467, 471.
65 Vgl. dazu *Sethe* in Assmann/Uwe H. Schneider, 6. Aufl. 2012, § 15a WpHG Rz. 83; *Zimmer/Osterloh* in Schwark/Zimmer, 4. Aufl. 2010, § 15a WpHG Rz. 46; *von Buttlar*, BB 2003, 2133, 2137; BaFin, Emittentenleitfaden, (2013) sub V.2.2, S. 89; a.A. (für Meldepflicht bereits der Optionsgewährung) *Erkens*, Der Konzern 2005, 29, 35; *Bürgers*, BKR 2004, 424, 428; *Osterloh*, Directors' Dealings, S. 173 ff., 180.
66 BaFin, FAQ zu Eigengeschäften von Führungskräften, Stand: 11.1.2017, Frage II.11.; ESMA, Q&A on MAR (ESMA 70-45-11), Frage 7.5.; *Hitzer/Wasmann*, DB 2016, 1483, 1485; ausführlich *Zöllter-Petzoldt/Höhling*, NZG 2018, 687, 688 ff., die mit Blick auf die durch den Wortlaut hervorgerufenen Mehrfachmeldungen für nur eine Meldung der Entstehung der Aktien aus der Option plädieren.
67 Vgl. *Sethe/Hellgardt* in Assmann/Uwe H. Schneider/Mülbert, Wertpapierhandelsrecht, Art. 19 VO Nr. 596/2014 Rz. 74 ff.; zu bedingten Aktienzuteilungen vgl. ESMA, Q&A on MAR, Stand: 1.9.2017, Frage 7.5.
68 Zur früheren gegenteiligen Regelung vgl. nur BaFin, Emittentenleitfaden, (2013) sub V.3.7.2, V.3.7.4 und V.3.7.8, S. 101, 103; *Sethe* in Assmann/Uwe H. Schneider, 6. Aufl. 2012, § 15a WpHG Rz. 85 m.w.N.
69 BaFin, Emittentenleitfaden, Modul C (3/2020), II. 3.9.6.
70 Vgl. *Kumpan*, AG 2016, 446, 452 f.
71 Rundschreiben 17/2002 v. 5.9.2002 (inzwischen aufgehoben); heute Emittentenleitfaden, Modul C (3/2020), II. 3.9.2010.

Gebrauch macht[72], hätte die Transaktion einen Informationswert für den Kapitalmarkt (und ist dann auch als „Eigengeschäft" meldepflichtig). Da jedoch derartige Weisungen oder Änderungen der Anlagerichtlinien durch den Vermögensinhaber für den Kapitalmarkt und die Aufsichtsbehörden praktisch nur schwer nachprüfbar wären, sollen aufgrund der **Missbrauchsgefahr** auch Transaktionen von Vermögensverwaltern meldepflichtig sein[73]. Aufgrund der grundsätzlichen Meldepflicht von Transaktionen des Vermögensverwalters sollte der Vermögensverwaltungsvertrag eine diesbezügliche Regelung enthalten[74]. – Im Sinne einer Rückausnahme gilt gemäß dem nachträglich in Art. 19 Abs. 7 MAR eingefügten Unterabs. 2[75] eine Meldepflicht für Transaktionen eines Vermögensverwalters jedoch nicht, wenn es sich nicht um eine Vermögensverwaltung, sondern um einen „Organismus für gemeinsame Anlagen", insbesondere also offene Investmentfonds, handelt (vgl. auch Rz. 16.18). Auch **konzerninterne Geschäfte** sollen grundsätzlich **nicht meldepflichtig** sein, auch wenn ein sachliches Bedürfnis nach einer Mitteilung besteht[76]. – Ergänzt wird die Erweiterung der Meldepflicht auf Geschäfte eines Vermögensverwalters um **Geschäfte im Rahmen von Lebensversicherungen** durch Art. 19 Abs. 7 lit. c iii MAR, um Umgehungsgeschäfte mit „Versicherungsmänteln" zu vermeiden[77].

b) Ausnahmen von den Meldepflichten

16.16 Nach Art. 19 Abs. 8 MAR gilt die Meldepflicht für Eigengeschäfte nur, wenn diese innerhalb eines Kalenderjahres die **Grenze von 20.000 Euro** erreichen oder überschreiten. Da sich die Grenze durch **Addition aller Geschäfte ohne Netting** errechnet, ist diese Bagatellklausel derart gering gehalten, dass sie kaum geeignet ist, den Kapitalmarkt von Veröffentlichungen ohne Aussagewert für die Marktteilnehmer freizuhalten. Allerdings sind den Eigengeschäften der Führungsperson nicht die Geschäfte der nahestehenden Person hinzuzurechnen, da anderenfalls dies in Art. 19 Abs. 7 MAR hätte aufgeführt werden müssen[78]. – Die Meldegrenze beträgt nach Art. 19 Abs. 9 MAR grds. 5.000 Euro und kann auf Ebene der Nationalstaaten auf bis zu 20.000 Euro angehoben werden. Hiervon haben außer Deutschland nur Dänemark, Frankreich, Italien und Spanien Gebraucht gemacht[79]. In Deutschland erfolgte die Anhebung der Bagatellgrenze von 5.000 Euro auf 20.000 Euro mit Wirkung zum 1.1.2020 durch eine Allgemeinverfügung der BaFin[80].

16.17 Offen ist, worauf bei der **Berechnung** der „Gesamtsumme der Geschäfte" nach der Formulierung der MAR abzustellen ist im Falle des Erwerbs bzw. der Veräußerung von **Derivaten**. Insbesondere bei dem Erwerb von Optionen kann auf den Optionspreis abgestellt werden, oder den leicht das Dreißigbis Fünfzigfache ausmachenden Ausübungspreis. Nach Sinn und Zweck der Meldepflicht sollte es nicht auf die Höhe des von der Person mit Führungsverantwortung eingesetzten Kapitals sondern des mit diesem Einsatz ausmachenden Aktiengegenwertes ankommen, da dieser das wahre wirtschaftliche Interesse angibt und der Signalwirkung am ehesten gerecht wird. Dementsprechend sollte jedenfalls bei dem Erwerb bzw. der Veräußerung von Optionen mit Cash-settlement auf den Optionsausübungs-

---

72 Vgl. dazu *Schäfer* in Schäfer/Sethe/Lang, Hdb. Vermögensverwaltung, 3. Aufl. 2021, § 9 Rz. 11 ff.
73 So insb. *Sethe/Hellgardt* in Assmann/Uwe H. Schneider/Mülbert, Wertpapierhandelsrecht, Art. 19 VO Nr. 596/2014 Rz. 84 f.; *Semrau* in Klöhn, Art. 19 MAR Rz. 50; *Stegmaier* in Meyer/Veil/Rönnau, Hdb. Marktmissbrauchsrecht, § 19 Rz. 60.
74 Vgl. *Helm*, ZIP 2016, 2201, 2205 f.
75 Einfügung durch Art. 56 Abs. 1 lit. a VO (EU) 2016/1011, ABl. EU Nr. L 171 v. 29.6.2016, S. 1.
76 *Erkens*, Der Konzern 2005, 29, 32; *Holzborn/Israel*, WM 2004, 1948, 1953; *Pluskat*, BKR 2004, 467, 470; *Mutter*, DStR 2007, 2013, 2014; einschränkend *Bode*, AG 2008, 648, 650.
77 Vgl. *Kumpan*, AG 2016, 446, 453; *Stüber*, DStR 2016, 1221, 1223.
78 BaFin, FAQ zu Eigengeschäften von Führungskräften, Stand: 13.9.2017, Frage III.1.; ebenso *Kumpan*, AG 2016, 446, 455 ESMA, Q&A on MAR (70-145-11), Stand: 30.5.2017, Frage 7.3.; offen: *Stüber*, DStR 2016, 1221, 1222 m. Fn. 19; a.A *Maume/Kellner*, ZGR 2017, 273, 289.
79 ESMA70-145-1020 v. 4.1.2021.
80 Allgemeinverfügung v. 24.10.2019, WA 25-QB 4100-2019/0035.

preis und nicht auf den Optionspreis abzustellen sein[81]. Die ESMA[82] hat jedoch in ihren Q&A ausgeführt, dass bei Optionen, die der Emittent der Führungsperson unentgeltlich gewährt, für die Berechnung des Grenzwertes von 5.000 Euro gemäß der DurchführungsVO (EU) 2016/523[83] anzusetzende Preis entsprechend dem wirtschaftlichen Wert der Option nach einem anerkannten Optionspreismodell zu bestimmen ist, jedoch als Angabe im Preisfeld „Null" einzutragen ist. Wird die Bagatellgrenze nicht schon durch die erste Transaktion überschritten, sind mit der die Grenze überschreitenden Transaktionen nicht die vorangehenden Transaktionen zu melden[84], Art. 19 Abs. 1 Unterabs. 2 MAR. Geschäfte der Führungsperson sind **nicht mit denen von nahestehenden Personen zusammen zu rechnen**[85].

Eine **weitere Ausnahme** enthält Art. 19 Abs. 1a MAR[86] für Anteile an „**Organismen für gemeinsame Anlagen**"[87], die gegenüber den Anteilen oder Schuldtiteln des Emittenten 20 %[88] der von dem Organismus gehaltenen Anlagen nicht übersteigt und bei denen die Führungsperson keine Einflussmöglichkeit auf Anlageentscheidungen hat[89]. Entsprechendes gilt für Finanzinstrumente, die eine Risikoposition gegenüber einem Portfolio von Vermögenswerten darstellen. Damit sind insbesondere offene Investmentfonds und vergleichbare Zertifikate gemeint.

16.18

2. Mitteilung und Veröffentlichung

Nach Art. 19 Abs. 1 Unterabs. 1 MAR hat die meldepflichtige Person die Transaktion dem **Emittenten** und der **Bundesanstalt** innerhalb von **drei Werktagen** nach dem Datum des Zustandekommens des schuldrechtlichen Verpflichtungsgeschäfts[90] mitzuteilen. Für die Berechnung der Frist von drei Werktagen finden die §§ 186 ff. BGB Anwendung. Das Format der Meldung wird durch Art. 2 DurchführungsVO (EU) 2016/523[91] i.V.m. ihrem Anhang vorgegeben. Gleichzeitig sieht diese Norm vor, dass die Meldung mit „elektronischen Hilfsmitteln" erfolgt, die die BaFin im Einzelnen auf ihrer Website bekannt gibt.

16.19

Zu unterrichten sind sowohl der Emittent wie auch die BaFin. Unterrichtet der Meldepflichtige den Emittenten nicht, erfährt der Emittent jedoch anderweitig von der Transaktion, hat er weder eigene Nachforschungen anzustellen noch eine Veröffentlichung vorzunehmen[92]. Der **Emittent** wird durch Art. 19 Abs. 3 MAR **verpflichtet**, das Geschäft unverzüglich[93] und **spätestens innerhalb von zwei**

16.20

---

81 **A.A.** BaFin, Emittentenleitfaden, Modul C (3/2020), II. 3.9.1.1 (Optionsprämie); wie hier *Kumpan*, AG 2016, 446, 455; *Maume/Kellner*, ZGR 2017, 273, 288 f.; *Semrau* in Klöhn, Art. 19 MAR Rz. 55; *Stegmaier* in Meyer/Veil/Rönnau, Hdb. Marktmissbrauchsrecht, § 19 Rz. 97; *Sethe/Hellgardt* in Assmann/Uwe H. Schneider/Mülbert, Wertpapierhandelsrecht, Art. 19 VO Nr. 596/2014 Rz. 112 (Preis des Derivats, da andernfalls Analogie zu Lasten des Täters).
82 ESMA, Q&A on MAR, (70-145-11), Stand: 20.1.2017, Frage 7.6.; anders noch Final Report, ESMA/2015/224, Rz. 111 – dazu *Ritz*, RdF 2015, 268, 270.
83 ABl. EU Nr. L 88 v. 5.4.2016, S. 19.
84 BaFin, FAQ zu Eigengeschäften von Führungskräften, Stand: 13.9.2017, Frage III.2.
85 BaFin, FAQ zu Eigengeschäften von Führungskräften, Stand: 13.9.2017, Frage III.1.; ESMA, Q&A on MAR, (70-145-11), Stand: 20.12.2016, Frage 7.5.
86 Eingefügt durch Art. 56 Abs. 1 lit. a VO (EU) 2016/1011, ABl. EU Nr. L 171 v. 29.6.2016, S. 1.
87 Der Terminus „collective investment undertaking" wird von der deutschen Fassung fälschlich mit „Organismus für gemeinsame Anlagen in Wertpapieren" übersetzt; erfasst werden richtigerweise jedoch sowohl OGAW als auch AIF, so auch *Helm*, ZIP 2016, 2201, 2206; *Kumpan*, AG 2016, R219.
88 Zur Ermittlung der 20 %-Grenze bei zeitverzögerter Offenlegung vgl. *Helm*, ZIP 2016, 2201, 2206 f.
89 Vgl. dazu *Ritz*, RdF 2015, 268, 271 m.w.N.
90 BaFin, FAQ zu Eigengeschäften von Führungskräften, Stand: 13.9.2017, Frage IV.1.
91 ABl. EU Nr. L 88 v. 5.4.2016, S. 19.
92 Unstr., vgl. nur *Bednarz*, AG 2005, 835 ff.; *Hagen-Eck/Wirsch*, DB 2007, 504, 508 f.; *Heinrich* in Köln-Komm. WpHG, § 15a WpHG Rz. 75.
93 In der Englischen Version heißt es allerdings nicht „without undue delay", sondern „promptly", was mit „sofort" richtig übersetzt wäre.

Werktagen[94] ursprünglich nach dem Abschluss des schuldrechtlichen Geschäftes gemäß Art. 17 Abs. 10 lit. a MAR **zu veröffentlichen**. Bei später Information des Emittenten konnte dies für ihn unmöglich werden[95]. Hinsichtlich der Führungsperson konnte der Emittent dieses Problem durch dienstvertragliche Regelungen zu lösen versuchen[96], bei einer der Führungsperson nahestehenden Person bestand diese Möglichkeit jedoch nicht! Seit der VO (EU) 2019/2115[97] beginnt die Frist daher erst mit Erhalt der Information durch den Emittenten.

16.21 Ein Inlandsemittent gemäß § 2 Abs. 14 WpHG (bis 2.1.2018: § 2 Abs. 7 WpHG a.F.), ein MTF-Emittent gemäß § 2 Abs. 15 WpHG (bis 2.1.2018: § 2 Abs. 7a WpHG a.F.) oder ein OTF-Emittent gemäß § 2 Abs. 16 WpHG i.d.F. des 2. FiMaNoG hat nach § 26 Abs. 2 WpHG (bis 2.1.2018: § 15 Abs. 2 WpHG a.F.) die Information zu Eigengeschäften von Führungspersonen unverzüglich, jedoch nicht vor ihrer Veröffentlichung, dem Unternehmensregister gemäß § 8b HGB zur Speicherung zu übermitteln und die Veröffentlichung der BaFin mitzuteilen.

IV. Handelsverbot

16.22 Neu eingeführt wurde durch Art. 19 Abs. 11 MAR das Verbot von Eigengeschäften für Führungspersonen während eines geschlossenen Zeitraums von 30 Kalendertagen vor der Veröffentlichung eines Zwischenberichtes oder eines Jahresabschlusses. Das **Handelsverbot** wird im Zusammenhang mit den Insiderhandelsverboten unter Rz. 14.57 ff. erörtert.

V. Sanktionen

1. Bußgeld

16.23 Nach § 120 Abs. 15 Nr. 17 bis 22 WpHG (bis 2.1.2018: § 39 Abs. 3d Nr. 17 bis 22) handelt eine meldepflichtige Person **ordnungswidrig**, die entgegen Art. 19 Abs. 1 Unterabs. 1 i.V.m. Abs. 7 MAR vorsätzlich oder leichtfertig eine Mitteilung nicht, nicht richtig, nicht vollständig, nicht in der vorgeschriebenen Weise oder nicht rechtzeitig macht. Ein Emittent handelt ordnungswidrig, wenn er entgegen Art. 19 Abs. 3 i.V.m. Abs. 4 MAR vorsätzlich oder leichtfertig eine Veröffentlichung nicht, nicht richtig, nicht vollständig, nicht in der vorgeschriebenen Weise oder nicht rechtzeitig vornimmt. Gleichfalls stellt es eine Ordnungswidrigkeit dar, wenn der Emittent die Führungsperson oder diese eine mit ihr in enger Beziehung stehende Person nicht gemäß Art. 19 Abs. 5 MAR informiert oder die Information nicht aufbewahrt, der Emittent keine Liste der Führungspersonen erstellt oder die Führungsperson gegen Handelsverbote gemäß Art. 19 Abs. 11 MAR verstößt. Die Ordnungswidrigkeit kann nach § 120 Abs. 18 Satz 1 WpHG mit einer **Geldbuße bis 500.000 Euro** geahndet werden. Die von § 120 Abs. 18 Satz 3 WpHG vorgesehene zusätzliche Ahndungsmöglichkeit „bis zum Dreifachen des aus dem Verstoß gezogenen wirtschaftlichen Vorteils" kommt im vorliegenden Kontext nicht in Betracht, da die hier geahndeten Verstöße keine wirtschaftlichen Vorteile begründen können.

---

94 Art. 19 Abs. 3 MAR spricht von „Geschäftstagen" (engl.: business days), Art. 19 Abs. 2 Unterabs. 2 Satz 2 MAR dagegen von „Arbeitstagen" (engl.: „working days"), ohne dass ein Unterschied erkennbar ist, vgl. Stüber, DStR 2016, 1221, 1224 w.w.N.; bis Ende 2019 betrug die Frist 3 Tage.
95 Stüber, RdF 2015, 1221, 1224 m.w.N.
96 Vgl. diesbezüglichen Formulierungsvorschlag von Mutter, AG 2016, R239 f.; vgl. rechtspolitisch di Noia/Milič/Spatola, ZBB 2014, 96, 106.
97 ABl. EU Nr. L 320 v. 11.12.2019, S. 1.

2. Nichtigkeit oder Schadensersatz?

Eine Nichtigkeit des Erwerbs- oder Veräußerungsvertrages nach § 134 BGB wegen unterlassener Mitteilung kommt nicht in Betracht, da die Meldepflicht überhaupt erst an den Abschluss des Vertrages anknüpft. Ein Verstoß gegen eine Pflicht zur Mitteilung bzw. Veröffentlichung kann eine Pflicht zum **Schadensersatz** für die mitteilungspflichtige Person bzw. den Emittenten nur dann nach sich ziehen, wenn es sich bei Art. 19 MAR bzw. § 120 Abs. 15 Nr. 17 bis 22 WpHG um ein **Schutzgesetz** i.S.d. § 823 Abs. 2 BGB handelt. Dies wird in Anlehnung an die Entscheidung des Gesetzgebers zu der Pflicht zur allgemeinen Ad-hoc-Publizität nach Art. 17 MAR ohne drittschützende Wirkung in § 26 Abs. 3 WpHG (bis 2.1.2018: § 15 Abs. 3 WpHG a.F.) von der **ganz überwiegenden Meinung abgelehnt**[98]. Eine **Ausnahme** könnte jedoch für die Verletzung der Pflicht zur Information der Führungsperson oder der zu dieser in enger Beziehung stehenden Person über die ihr obliegenden Pflichten zu machen sein sowie bei einem Verstoß gegen ein Handelsverbot gemäß Art. 19 Abs. 11 MAR (zu letzterem ausführlich Rz. 14.60 m.w.N.). Grundsätzlich nicht ausgeschlossen, jedoch wohl nur selten vorliegend, ist eine Schadensersatzpflicht wegen **vorsätzlicher sittenwidriger Schädigung** nach § 826 BGB[99].

16.24

§ 17
Haftung für unterlassene und fehlerhafte Ad-hoc-Publizität

I. Formen fehlerhafter Kapitalmarktinformation 17.1	5. Anspruchsberechtigter 17.14
1. Primärmarkt 17.1	a) Bei unterlassener Ad-hoc-Publizität 17.14
2. Sekundärmarkt 17.2	b) Bei unwahrer Ad-hoc-Publizität ... 17.17
II. Haftung des Emittenten für fehlerhafte Ad-hoc-Publizität 17.6	c) Transaktionserfordernis 17.19
1. Anspruchsverpflichteter 17.6	6. Haftungsausschluss 17.20
2. Informationspflichtverletzung 17.7	7. Schaden 17.21
a) Unterlassung einer gebotenen Ad-hoc-Publizität 17.7	8. Kausalität und Beweislast 17.26
b) Veröffentlichung von unwahren Informationen 17.8	9. Verjährung und Rang der Ansprüche in der Insolvenz 17.33
3. Rechtswidrigkeit 17.10	III. Haftung der Verwaltungsmitglieder .. 17.35
4. Subjektive Pflichtwidrigkeit 17.11	1. Gegenüber dem Emittenten 17.35
	2. Gegenüber Anlegern 17.36

---

98 Vgl. zur MAR: *Maume/Kellner*, ZGR 2017, 273, 292 f.; *Kumpan*, AG 2016, 446, 458; zu § 15a WpHG a.F.: *Sethe/Hellgardt* in Assmann/Uwe H. Schneider/Mülbert, Wertpapierhandelsrecht, Art. 19 VO Nr. 596/2014 Rz. 204; *Fischer zu Cramburg/Royé* in Heidel, AktG, § 15a WpHG Rz. 9; *Pfüller* in Habersack/Mülbert/Schlitt, Hdb. Kapitalmarktinformation, § 22 Rz. 144 ff. erwähnt zivilrechtliche Ansprüche unter der Überschrift „Rechtsfolgen bei Pflichtverstößen" überhaupt nicht; *Mülbert/Steup* in Habersack/Mülbert/Schlitt, Unternehmensfinanzierung am Kapitalmarkt, Rz. 41.292; zweifelnd *Fleischer*, NJW 2002, 2977, 2978.
99 Vgl. zu der parallelen Situation bei einem vorsätzlichen Missbrauch der Ad-hoc-Publizitätspflicht BGH v. 19.7.2004 – II ZR 217/03 – Infomatec, WM 2004, 1726 = ZIP 2004, 1604 = BKR 2004, 403 sowie Rz. 15.54.

Schrifttum: *Abendroth*, Der Bilanzeid – sinnvolle Neuerung oder systematischer Fremdkörper?, WM 2008, 1147; *Bachmann*, Anmerkung zum Urteil des BGH vom 13.12.2011 über die Haftung wegen fehlerhafter Kapitalmarktinformation (XI ZR 51/10) (IKB), JZ 2012, 578; *Baums*, Haftung wegen Falschinformation des Sekundärmarktes, ZHR 167 (2003), 139; *Becker*, Kapitalmarktrechtliche Schadensersatzansprüche als Insolvenzforderungen nach § 38 InsO, NZI 2021, 302; *Bitter/Jochum*, Kein Nachrang kapitalmarktrechtlicher Schadensersatzansprüche in der Insolvenz des Emittenten, ZIP 2021, 653; *Braun/Rotter*, Können Ad-hoc-Mitteilungen Schadensersatzansprüche im Sinne der allgemeinen zivilrechtlichen Prospekthaftung auslösen?, BKR 2003, 918; *Buck-Heeb*, Neuere Rechtsprechung zur Haftung wegen fehlerhafter oder fehlender Kapitalmarktinformation, NZG 2016, 1125; *Buck-Heeb*, Anmerkung zum Urteil des BGH vom 13.12.2011 (XI ZR 51/10) (IKB), WuB I G 6. § 37b WpHG 1.12; *Bürgers*, Das Anlegerschutzverbesserungsgesetz, BKR 2004, 424; *Casper*, Persönliche Außenhaftung der Organe bei fehlerhafter Information des Kapitalmarktes? BKR 2005, 83; *Diekmann/Sustmann*, AnSVG, NZG 2004, 929; *Druckenbrodt*, Die Streichung der Sonderverjährungsvorschriften im WpHG – wirklich ein Schutz von Kleinanlegern?, NJW 2015, 3749; *Duve/Basak*, Welche Zukunft hat die Organaußenhaftung für Kapitalmarktinformationen?, BB 2005, 2645; *Edelmann*, Haftung von Vorstandsmitgliedern für fehlerhafte Ad-hoc-Mitteilungen, BB 2004, 2031; *Ehricke* in Hopt/Voigt, Prospekt- und Kapitalmarktinformationshaftung, 2005, S. 187, 293 ff.; *Escher-Weingart/Lägeler/Eppinger*, Schadensersatzanspruch, Schadensart und Schadensberechnung gem. der §§ 37b, 37c WpHG, WM 2004, 1845; *Fleischer/Schneider/Thaten*, Kapitalmarktrechtlicher Anlegerschutz versus aktienrechtliche Kapitalerhaltung – wie entscheidet der EuGH?, NZG 2012, 801; *Fleischer*, Konturen der kapitalmarktrechtlichen Informationsdeliktshaftung – Zugleich Besprechung von BGH, Urt. v. 9.5.2005 – II ZR 287/02 (EM. TV), ZIP 2005, 1805; *Fleischer*, Erweiterte Außenhaftung der Organmitglieder im Europäischen Gesellschafts- und Kapitalmarktrecht, ZGR 2004, 437; *Fleischer*, Finanzinvestoren im ordnungspolitischen Gesamtgefüge von Aktien-, Bankaufsichts- und Kapitalmarktrecht, ZGR 2008, 185; *Fleischer*, Zur zivilrechtlichen Teilnehmerhaftung für fehlerhafte Kapitalmarktinformation nach deutschem und US-amerikanischem Recht, AG 2008, 265; *Fleischer*, Der Inhalt des Schadensersatzanspruchs wegen unwahrer oder unterlassener unverzüglicher Ad-hoc-Mitteilung, BB 2002, 1869; *Florstedt*, Fehlerhafte Ad-hoc-Publizität und Anspruchsberechtigung, AG 2017, 557; *Fuchs/Dühn*, Deliktische Schadensersatzhaftung für falsche Ad-hoc-Mitteilungen, BKR 2002, 1063; *Gebauer*, Anmerkungen zu BGH, Urt. v. 04.06.2013 – VI ZR 288/12, LMK 2013, 350123; *Geibel*, Der Kapitalanlegerschaden, 2002; *Groß*, Haftung für fehlerhafte oder fehlende Regel- oder Ad hoc-Publizität, WM 2002, 477; *Habbe/Gieseler*, Beweiserleichterungen bei (angeblich) fehlerhaften Ad-hoc-Mitteilungen?, NZG 2016, 454; *Habersack*, Staatliche und halbstaatliche Eingriffe in die Unternehmensführung, in Verhandlungen des 69. Deutschen Juristentages, Band I: Gutachten E, 69. DJT 2012, Gutachten E; *Habersack/Verse*, Europäisches Gesellschaftsrecht, 4. Aufl. 2011; *Hannich*, Quo vadis, Kapitalmarktinformationshaftung? Folgt aufgrund der IKB-Urteile nun doch die Implementierung des KapInHaG?, WM 2013, 449; *Hellgardt*, Kapitalmarktdeliktsrecht, 2008; *Hellgardt*, Europarechtliche Vorgaben für die Kapitalmarktinformationshaftung, AG 2012, 154; *Hellgardt*, Praxis- und Grundsatzprobleme der BGH-Rechtsprechung zur Kapitalmarktinformationshaftung, DB 2012, 673; *Hopt*, Die Haftung für Kapitalmarktinformationen, WM 2013, 101; *Hopt/Voigt* in Hopt/Voigt, Prospekt- und Kapitalmarktinformationshaftung, 2005, S. 9, 128 ff.; *Holzborn/Foelsch*, Schadensersatzpflichten von Aktiengesellschaften und deren Management bei Anlegerverlusten – Ein Überblick, NJW 2003, 932; *Krause*, Ad-hoc-Publizität und haftungsrechtlicher Anlegerschutz, ZGR 2002, 799; *Karollus*, Neues zur Prospekthaftung, ÖBA 2011, 450; *Klöhn*, Kollateralschaden und Haftung wegen fehlerhafter Ad-hoc-Publizität, ZIP 2015, 53; *Klöhn/Rothermund*, Haftung wegen fehlerhafter Ad-hoc-Publizität – Die Tücken der Rückwärtsinduktion bei der Schadensberechnung in sechs Fallgruppen; ZBB 2015, 73; *Klöhn*, Die Haftung wegen fehlerhafter Ad-hoc-Publizität gem. §§ 37b, 37c WpHG nach dem IKB-Urteil des BGH, AG 2012, 345; *Klöhn*, Grund und Grenzen der Haftung wegen unterlassener Prospektveröffentlichung gem. § 24 WpPG, § 21 VermAnlG, DB 2012, 1854; *Klöhn*, Anmerkung zu BGH, Urt. v. 3.3.2008 – II ZR 310/06, EWiR 2008, 325; *Kuthe*, Änderungen des Kapitalmarktrechts durch das AnSVG, ZIP 2004, 883; *Kollmann*, Kursdifferenzschäden durch intelligente Wertpapierhandelssysteme, BKR 2020, 515; *Langenbucher*, Kapitalerhaltung und Kapitalmarkthaftung, ZIP 2005, 239; *Leisch*, Vorstandshaftung für falsche Ad hoc-Mitteilungen, ZIP 2004, 1573; *Leuering/Rubner*, Keine allgemeine Haftung für falsche Kapitalmarktinformationen, NJW-Spezial 2012, 79; *Leuschner*, Zum Kausalitätserfordernis des § 826 BGB bei unrichtigen Ad-hoc-Mitteilungen, ZIP 2008, 1050; *Maier-Reimer/Seulen*, Haftung für fehlerhafte Sekundärmarktpublizität, in Habersack/Mülbert/Schlitt, Handbuch der Kapitalmarktinformation, 2. Aufl. 2013, § 30; *Maier-Reimer/Webering*, Ad hoc-Publizität und Schadensersatzhaftung – Die neuen Haftungsvorschriften des WpHG, WM 2002, 1857; *Markworth*, Kapitalmarktinformationshaftung wegen Bilanzmanipulationen, BKR 2020, 438; *Möllers*, Das Verhältnis der Haftung wegen sittenwidriger Schädigung zum gesellschaftsrechtlichen Kapitalerhaltungsgrundsatz, BB 2005, 1637; *Möllers*, Konkrete Kausalität, Preiskausalität und uferlose Haftungsausdehnung – ComROAD I-VIII, NZG 2008, 413; *Möllers,* Das europäische Kapitalmarktrecht im Umbruch, ZBB 2003, 390; *Möllers/Leisch,* Schaden und Kausalität im Rahmen der neugeschaffenen §§ 37b und 37c WpHG, BKR 2002, 1071; *Möllers/Leisch,* Offene Fragen zum Anwendungsbereich der §§ 37b und 37c WpHG, NZG 2003, 112; *Möllers/Rotter,* Ad-hoc-Publizität, 2003; *Morlin,* Kausalitätsanforderungen bei Geltendmachung des Kursdifferenzschadens, AG 2012, R125; *Mülbert/Leuschner,* Anmerkung zum Urteil des BGH vom 2.6.2008 zur Haftung organschaftlicher Vertreter für fehlerhafte Informationsangaben (II ZR 210/06), JZ 2009, 158; *Mülbert,* Empfiehlt es sich, im Interesse des Anlegerschutzes und zur Förderung des Finanzplatzes Deutschland das Kapitalmarkt- und Börsenrecht neu zu regeln?, JZ 2002, 826; *Mülbert/Steup,* Haftung für fehlerhafte Kapitalmarktinformation, in Habersack/Mülbert/Schlitt, Unternehmensfinanzierung am Kapitalmarkt, 3. Aufl. 2013, § 41; *Mülbert/Steup,* Emittentenhaftung für fehlerhafte Kapitalmarktinformation am Beispiel der fehlerhaften Regelpublizität, WM 2005, 1633; *Nastold,* in Martinek/Semler/Flohr, Hdb. des Vertriebsrechts 4. Aufl. 2016, Haftung für falsche und unterlassene Kapitalmarktinformationen gem. §§ 37b 37c WpHG, Rn. 300; *Nietsch,* Zur Haftung für fehlerhafte Sekundärmarktinformation im Lichte der Hypo Real Estate-Entscheidung des BGH, ZBB 2021, 229; *Nietsch,* Schadensersatzhaftung wegen Verstoßes gegen Ad-hoc-Publizitätspflichten nach dem Anlegerschutzverbesserungsgesetz, BB 2005, 785; *Pfüller/Detweiler,* Die Haftung der Banken bei öffentlichen Übernahmen nach dem WpÜG, BKR 2004, 383; *Piepenbrock,* Die Übergangsregelung bei Aufhebung der Sonderverjährung im WpHG 2015, NJW 2016, 1350; *Renzenbrink/Holzner,* Das Verhältnis von Kapitalerhaltung und Ad-hoc-Haftung, BKR 2002, 434; *Riekers,* Haftung des Vorstands für fehlerhafte Ad-hoc-Meldungen de lege lata und de lege ferenda, BB 2002, 1213; *Rößner/Bolkart,* Schadensersatz bei Verstoß gegen Ad-hoc-Publizitätspflichten nach dem 4. FiFöG, ZIP 2002, 1471; *Rützel,* Der aktuelle Stand der Rechtsprechung zur Haftung bei Ad hoc-Mitteilungen, AG 2003, 69; *C. Schäfer,* Kapitalmarktinformationshaftung und die Lehre vom fehlerhaften Verband, ZIP 2012, 2421; *C. Schäfer/M. Weber/Wolf,* Berechnung und Pauschalierung des Kursdifferenzschadens bei fehlerhafter Kapitalmarktinformation, ZIP 2008, 197; *F. Schäfer/U. Schäfer,* Anforderungen und Haftungsfragen bei PIBs, VIBs und KIIDs, ZBB 2013, 23; *Schmolke,* Die Haftung für fehlerhafte Sekundärmarktinformation nach dem „IKB"-Urteil des BGH, ZBB 2012, 165; *Sven H. Schneider,* Kommentar zu BGH-Beschl. vom 28.11.2005 II ZR 80/04 und II ZR 246/04, WuB I G 6. § 15 WpHG 2.07; *Spindler,* Haftung für fehlerhafte und unterlassene Kapitalmarktinformationen – ein (weiterer) Meilenstein, NZG 2012, 575; *Spindler,* Persönliche Haftung der Organmitglieder für Falschinformationen des Kapitalmarktes, WM 2004, 2089; *Tilp/Weiss,* Verjährung von Schadensersatzansprüchen wegen der Verletzung von Ad-hoch-Pflichten, WM 2016, 914; *Tollkühn,* Die Ad-hoc-Publizität nach dem AnSVG, ZIP 2004, 2215; *Veil,* Die Haftung des Emittenten für fehlerhafte Informationen des Kapitalmarktes nach dem geplanten KapInHaG, BKR 2005, 91; *Veil,* Die Ad-hoc-Publizitätshaftung im System kapitalmarktrechtlicher Informationshaftung, ZHR 167 (2003), 365; *von Bernuth/Wagner/Kremer,* Die Haftung für fehlerhafte Kapitalmarktinformation: Zur IKB-Entscheidung des BGH, WM 2012, 831; *von Katte/Berisha,* Die Verjährungsänderung im Rahmen des § 37b WpHG und deren Implikation auf Geschädigte im VW-Abgasskandal, BKR 2016, 409; *Wagner,* Der Aktientausch und der Begriff des Erwerbs i.S.d. §§ 37b, c WpHG, NZG 2014, 531; *Wagner,* Schadensberechnung im Kapitalmarktrecht, ZGR 2008, 495; *Chr. Weber,* Kapitalmarktinformationshaftung und gesellschaftsrechtliche Kapitalbindung – ein einheitliches Problem mit rechtsformübergreifender Lösung?, ZHR 176 (2012), 184; *Widder,* Kommentar zum Urteil des BGH vom 25.2.2008 (II ZB 9/07), BB 2008, 855; *Wiechers,* Aktuelle Rechtsprechung des XI. Zivilsenats des BGH, WM 2013, 341; *Wünsche,* Kommentar zum Urteil des BGH vom 7.1.2008 (II ZR 229/05) (ComROAD VI), BB 2008, 691; *Zech/Hanowski,* Haftung für fehlerhaften Prospekt aus § 13 VerkProsG a.F., NJW 2013, 510.

I. Formen fehlerhafter Kapitalmarktinformation

1. Primärmarkt

Eine fehlerhafte Kapitalmarktinformation kann erstmals auftreten im Zusammenhang mit dem Betreten des Kapitalmarktes durch das Unternehmen durch eine **Börsenzulassung** bzw. den **öffentlichen Vertrieb** von Wertpapieren, die es emittiert hat. Soweit der Kapitalmarkt i.V.m. einem Börsenzulassungsprospekt in Anspruch genommen wird, wurde die Haftung für **Fehler des Börsenzulassungsprospektes** bis 31.5.2012 durch die §§ 44 ff. BörsG a.F. und wird heute durch §§ 9 ff. WpPG geregelt (vgl. dazu ausführlich § 10). Wird der Kapitalmarkt ohne Börsennotierung in Anspruch genommen,

17.1

gelten auf Grund von § 10 WpPG gleichfalls die Regelungen der §§ 9 ff. WpPG. Daneben stehen die spezialgesetzlichen Prospekthaftungsregelungen für die Verkaufsprospekte und wesentliche Anlegerinformationen von Kapitalverwaltungsgesellschaften mit der Haftungsregelung des § 306 KAGB sowie Sonderregelungen für PIBs, VIBs und KIIDs[1].

2. Sekundärmarkt

17.2 Nach dem **IPO** (Initial Public Offering) mit Börsennotierung obliegen dem Emittenten eine Vielzahl von **Zulassungsfolgepflichten**, insbesondere die der Veröffentlichung von Jahresfinanzberichten nach § 114 WpHG (bis 2.1.2018: § 37v) und Halbjahresfinanzberichten nach § 115 WpHG (bis 2.1.2018: § 37w). Spezialgesetzliche Haftungsgrundlagen bestehen insoweit nicht und es wird generell auf die **allgemeine zivilrechtliche Prospekthaftung** oder auf deliktsrechtliche Schadensersatzpflichten – insb. i.V.m. dem Bilanzeid gemäß § 264 Abs. 2 Satz 3, § 289 Abs. 1 Satz 5, § 297 Abs. 2 Satz 4, § 315 Abs. 1 Satz 6 HGB – rekurriert[2]. Für den Sonderfall der Verwendung einer fehlerhaften Angebotsunterlage im Zusammenhang mit einem öffentlichen Angebot zum Erwerb von Wertpapieren, insbesondere einem Übernahmeangebot, enthält § 12 WpÜG eine spezialgesetzliche Haftungsnorm[3].

17.3 Einen Spezialbereich der fehlerhaften Kapitalmarktinformation stellt die **Haftung für fehlerhafte Ad-hoc-Publizität** dar. Die Ad-hoc-Publizität gemäß Art. 17 MAR (vgl. dazu § 15) wird haftungsmäßig sanktioniert durch §§ **97, 98 WpHG** (bis 2.1.2018: §§ 37b, 37c) im Falle der Unterlassung einer gebotenen Ad-hoc-Publizität oder der Vornahme einer fehlerhaften Ad-hoc-Publizität. **Haftungsadressat** dieser spezialgesetzlichen Normen ist de lege lata gegenüber dem Kapitalmarkt bzw. dessen Teilnehmern ausschließlich der zur Ad-hoc-Publizität verpflichtete **Emittent**, nicht jedoch eine sonstige ggf. nach Art. 17 Abs. 8 Satz 1 MAR veröffentlichungspflichtige Person (dazu Rz. 15.22). Eine Haftung von **Organmitgliedern** des Emittenten besteht primär gegenüber den Emittenten (z.B. gemäß § 93 AktG, § 43 GmbHG) und lediglich im Falle einer vorsätzlichen sittenwidrigen Schädigung nach § **826 BGB** gegenüber dem Kapitalmarkt bzw. dessen Teilnehmern sowie ggf. wegen falschem Bilanzeid gemäß § 823 Abs. 2 BGB i.V.m. § 331 Nr. 3a HGB.

17.4 **Fehlerhafte Informationen** des Kapitalmarktes können sich jedoch noch in einer Vielzahl **weiterer Konstellationen** ereignen. Genannt seien hier etwa falsche oder unterlasse Informationen im Rahmen von §§ 48 ff. WpHG (bis 2.1.2018: §§ 30a ff.), von Pressemitteilungen[4] oder Interviews des Vorstandes, Analystenveranstaltungen, Redebeiträgen von Vorständen oder Aufsichtsräten in der Hauptversammlung (soweit diese ausnahmsweise öffentlich übertragen werden) und eine Vielzahl weiterer Verlautbarungen des Unternehmens, die vom Kapitalmarkt aufgenommen werden. Diese sind bisher nicht spezialgesetzlich geregelt und in jedem Einzelfall ist eine Haftung anhand der allgemeinen zivilrechtlichen Haftungsregelungen, insbesondere also der culpa in contrahendo, der vertraglichen Haftung sowie der deliktsrechtlichen Haftung zu prüfen[5]. Im Herbst 2004 wurde diskutiert, ein einheitliches Haftungsregime einzuführen im Rahmen eines **Kapitalmarktinformationshaftungsgesetzes** (KapInHaG). Der hierzu im Sommer 2004 veröffentlichte Diskussionsentwurf[6] hat zahlreiche Kritik erfahren und ist

---

1 Vgl. dazu *F. Schäfer/U. Schäfer*, ZBB 2013, 23 ff. sowie Art. 11 VO (EU) Nr. 1286/2014 (PRIIP), ABl. EU Nr. L 352 v. 9.12.2014, S. 1.
2 Vgl. dazu *Seulen* in Habersack/Mülbert/Schlitt, Hdb. Kapitalmarktinformation, § 29 Rz. 197 ff.; *Mock* in KölnKomm. WpHG, § 37v WpHG Rz. 36, 143 ff.; *Groß*, WM 2002, 477; *Möllers* in Möllers/Rotter, Ad-hoc-Publizität, § 13 Rz. 6 ff.; *Krause*, ZGR 2002, 799, 828 f. – alle m.w.N.
3 Vgl. dazu *Pfüller/Detweiler*, BKR 2004, 383 ff. m.w.N.; *Assmann* in Assmann/Pötzsch/Uwe H. Schneider, § 12 WpÜG Rz. 6 ff.; *Steinhardt* in Steinmeyer, § 12 WpÜG Rz. 4 ff.
4 Vgl. OLG Stuttgart v. 26.3.2015 – 2 U 102/14, ZIP 2015, 781 ff. = AG 2015, 404.
5 Vgl. dazu ausführlich *Paschos* in Habersack/Mülbert/Schlitt, Hdb. Kapitalmarktinformation, § 29 Rz. 345 ff.; *Möllers* in Möllers/Rotter, Ad-hoc-Publizität, § 13 Rz. 14 ff.
6 Abgedruckt u.a. in NZG 2004, 1042 ff.

im November 2004 zurückgezogen worden[7]. Im Rahmen dieses Gesetzes sollte die bestehende spezialgesetzliche Haftungsregelung für fehlerhafte Ad-hoc-Publizität nach §§ 37b, 37c WpHG a.F. bzw. §§ 97, 98 WpHG i.d.F. des 2. FiMaNoG erweitert werden auf eine allgemeine Haftung für fehlerhafte Ad-hoc-Publizität; zudem sollte diese nicht nur auf den Emittenten sondern auch auf deren Organe erstreckt werden[8]. 2012 ist diese Diskussion in der Literatur wieder aufgelebt[9], ohne dass sie der Gesetzgeber aufgegriffen hätte.

Nach der Rechtsprechung des BGH[10] – wie auch des österreichischen OGH[11] – und der h.L.[12] entfalten die Regelungen über das **Verbot der Einlagenrückgewähr** gemäß § 57 AktG **keine Sperrwirkung** gegenüber Schadensersatzansprüchen aus §§ 97, 98 WpHG (bis 2.1.2018: §§ 37b, 37c). Problematisiert wurde von der Literatur – nicht zuletzt auf Grund einer Vorlage des Handelsgerichts Wien[13] an den EuGH – jedoch, ob diese Rechtsprechung bzw. Auffassung im Einklang steht mit der gesellschaftsrechtlichen Kapitalrichtlinie[14], was von der h.M. bejaht wird[15] und vom EuGH bestätigt wurde[16].

17.5

II. Haftung des Emittenten für fehlerhafte Ad-hoc-Publizität

1. Anspruchsverpflichteter

Eine **Haftung** für unterlassene oder fehlerhafte Ad-hoc-Publizität nach §§ 97, 98 WpHG (bis 2.1.2018: §§ 37b, 37c) kommt nur in Betracht für **Emittenten** von Finanzinstrumenten, die für diese die Zulassung zum Handel an einem inländischen Handelsplatz genehmigt oder an einem inländischen regulierten Markt oder multilateralen Handelssystem (MTF) beantragt haben. Eine Haftung von Mitverantwortlichen ist – anders als in § 12 WpÜG, § 29 WpPG, § 20 VermAnlG – nicht vorgesehen und kann auch nicht in Form der Gehilfenhaftung gemäß § 830 BGB begründet werden[17]. **Finanzinstru-**

17.6

---

7 Vgl. dazu *Duve/Basak*, BB 2005, 2645; *Fleischer*, ZGR 2004, 437, 462 ff.; *Fuchs/Dühn*, BKR 2002, 1063; *Fuchs* in Fuchs, Vor §§ 37b, 37c WpHG Rz. 69 ff.; *Hopt/Voigt*, Prospekt- und Kapitalmarktinformationshaftung, 2005, S. 121 ff.; *Zimmer/Grotheer* in Schwark/Zimmer, 4. Aufl. 2010, §§ 37b, 37c WpHG Rz. 4a, 4b; *Möllers/Leisch* in KölnKomm. WpHG, §§ 37b, 37c WpHG Rz. 77 ff.; *Sethe* in Assmann/Uwe H. Schneider, 6. Aufl. 2012, §§ 37b, 37c WpHG Rz. 26; *Casper*, BKR 2005, 83 ff.; *Veil*, BKR 2005, 91 ff.; *Mülbert/Steup*, WM 2005, 1633 ff.
8 Vgl. dazu *Baums*, ZHR 167 (2003), 139, 145 f., 171 ff.; *Riekers*, BB 2002, 1213 ff.; *Spindler*, WM 2004, 2089 ff.; *Veil*, ZHR 167 (2003), 365, 393; vgl. auch *Langenbucher*, ZIP 2005, 239.
9 Vgl. *Habersack*, 69. DJT, Gutachten E, S. 94 ff.; *Hannich*, WM 2013, 449, 451 ff.; *Hellgardt*, AG 2012, 154, 166; *Hopt*, WM 2013, 101, 108 ff.; *Leuering/Rubner*, NJW Spezial 2012, 79 f.
10 BGH v. 9.5.2005 – II ZR 287/02 – EM. TV, AG 2005, 609 = ZIP 2005, 1270 = NZG 2005, 672; dazu *Fleischer*, ZIP 2005, 1805 ff.; *Möllers*, BB 2005, 1637 ff.; *Weber*, ZHR 176 (2012), 184, 189 ff.
11 OGH v. 30.3.2011 – 7 Ob 77/10i, ÖBA 2011, 501 ff. und OGH v. 15.3.2012 – 6 Ob 28/12d, ÖBA 2012, 548 ff. mit der ausdrücklichen Bemerkung, dass eine Vorlage an den EuGH nicht erforderlich ist.
12 Vgl. *Hellgardt* in Assmann/Uwe H. Schneider/Mülbert, §§ 97, 98 WpHG Rz. 52; *Zimmer/Steinhaeuser* in Schwark/Zimmer, §§ 97, 98 WpHG Rz. 17 ff.; *Fuchs* in Fuchs, Vor §§ 37b, 37c WpHG Rz. 17; *Möllers/Leisch* in KölnKomm. WpHG, §§ 37b, c WpHG Rz. 38 ff.; *Möllers*, BB 2005, 1637 ff. – alle m.w.N.
13 HG Wien, GesRZ 2012, 196 ff. m. Anm. *Eckert*. = ÖBA 2013, 64.
14 Richtlinie 77/91/EWG v. 13.12.1976, ABl. EG Nr. L 26 v. 31.1.1977, S. 1 ff.; geändert durch Richtlinie 2006/68/EG v. 6.9.2006, ABl. EU Nr. L 264 v. 25.9.2006, S. 32 ff. sowie Richtlinie 2009/109/EG, ABl. EU Nr. L 259 v. 2.10.2009, S. 14 – zu allen *Habersack/Verse*, Europäisches Gesellschaftsrecht, § 6 Rz. 1 ff.
15 *Möllers/Leisch* in KölnKomm. WpHG, §§ 37b, c WpHG Rz. 42 ff. m.w.N.; *Habersack/Verse*, Europäisches Gesellschaftsrecht, § 6 Rz. 42; *Fleischer*, ZIP 2005, 1805, 1811; zurückhaltender *Fleischer/Schneider/Thaten*, NZG 2012, 801, 803 ff.; a.A. *C. Schäfer*, ZIP 2012, 2421, 2424 ff. (zu Prospekthaftungsansprüchen).
16 EuGH v. 19.12.2013 – C-174/12, ZIP 2014, 121 = EuZW 2014, 233 = AG 2014, 444; dazu *Seulen*, EWiR 2014, 105.
17 H.L., *Schmolke*, ZBB 2012, 165, 168; *von Bernuth/Wagner/Kremer*, WM 2012, 831, 832; *Möllers/Leisch* in KölnKomm. WpHG, §§ 37b, c WpHG Rz. 89 ff.; *Maier-Reimer/Webering*, WM 2002, 1857, 1864; *Zim*-

mente werden durch § 2 Abs. 1, Abs. 4 WpHG (bis 2.1.2018: § 2 Abs. 1 und 2b) definiert als alle Gattungen von übertragbaren Wertpapieren mit Ausnahme von Zahlungsinstrumenten, die ihrer Art nach auf Finanzmärkten handelbar sind, insb. Aktien, Hinterlegungsscheine, die Aktien oder Schuldtitel vertreten, Schuldverschreibungen, Genussscheine, Optionsscheine und andere Wertpapiere, die mit Aktien oder Schuldverschreibungen vergleichbar sind, sowie Geldmarktinstrumente, Derivate und Rechte auf Zeichnung von Wertpapieren. Seit 1.7.2012 sind hinzugekommen Vermögensanlagen i.S.v. § 1 Abs. 2 VermAnlG, was jedoch auf Grund der regelmäßig fehlenden Börsennotierung keiner Berücksichtigung bedarf. Der **Sitz des Emittenten** ist grundsätzlich **irrelevant**, solange er für die Finanzinstrumente die Zulassung zum Handel an einem **inländischen Handelsplatz** genehmigt oder an einem **inländischen regulierten Markt** oder **MTF beantragt** hat. Handelsplatz wird definiert durch § 2 Abs. 22 WpHG[18] als „organisierter Markt, multilaterales Handelssystem (MTF) oder organisiertes Handelssystem (OTF)". Durch die Erstreckung der Haftung auf alle drei Marktformen, soweit der Handel vom Emittenten zumindest genehmigt wurde, und die Einbeziehung der Beantragung eines Handels auf einem regulierten Markt oder einem MTF erfolgt ein **Gleichlauf der Haftung mit der Pflicht zur Ad-hoc-Publizität** gemäß Art. 17 MAR[19]. Da der **Freiverkehr** an den deutschen Börsen durch § 48 Abs. 3 BörsG als MTF gilt, unterliegen ab 2.1.2018 auch Emittenten von Freiverkehrswerten der Haftung für unterlassene oder fehlerhafte Ad-hoc-Publizität[20]. Nicht erfasst werden Emittenten von Finanzinstrumenten, die **keine Zulassung zum Handel** an einem inländischen Handelsplatz genehmigt oder den Handel an einem inländischen regulierten Markt oder einem MTF beantragt haben, **sondern deren Finanzinstrumente einbezogen** sind. Dies kommt insbesondere in Betracht für in den regulierten Markt einbezogene Wertpapiere sowie Wertpapiere, die in den Freiverkehr einbezogen sind[21]. – Auf Grund der Beschränkung der Haftung auf Emittenten haften insb. nicht deren Organe[22] und sonstige nach Art. 17 Abs. 8 MAR zur Ad-hoc-Publizität verpflichtete Personen[23].

2. Informationspflichtverletzung

a) Unterlassung einer gebotenen Ad-hoc-Publizität

17.7 **Haftungsvoraussetzung** für eine unterlassene unverzügliche Veröffentlichung von Insiderinformationen ist, dass den Emittenten eine **Pflicht zur Veröffentlichung** einer Insiderinformation nach Art. 17 MAR trifft[24]. Beispielsfälle für einen **Verstoß gegen eine gebotene Veröffentlichung**[25] sind in der Re-

---

mer/Steinhaeuser in Schwark/Zimmer, §§ 97, 98 WpHG Rz. 24 ff.; *Hellgardt*, Kapitalmarktdeliktsrecht, 2008, S. 415 ff.; *Fuchs* in Fuchs, Vor §§ 37b, 37c WpHG Rz. 73 ff.; BGH v. 13.12.2011 – XI ZR 51/10 – IKB, WM 2012, 303, Rz. 16 f. = AG 2012, 209; *Nastold* in Martinek/Semler/Flohr, Hdb. Vertriebsrecht, 4. Aufl. 2016, Rz. 300 ff.
18 Das WpHG i.d.F. vor dem 2. FiMaNoG kannte den Begriff nicht.
19 Vgl. RegBegr., BT-Drucks. 18/10936, S. 251.
20 Zur Rechtslage bis 2.1.2018 vgl. 3. Aufl., § 17 Rz. 5; sowie vgl. *Maier-Reimer/Seulen* in Habersack/Mülbert/Schlitt, Hdb. Kapitalmarktinformation, 2. Aufl. 2013, § 30 Rz. 64 ff.
21 Unstr., vgl. nur *Möllers/Leisch* in Möllers/Rotter, Ad hoc-Publizität, § 14 Rz. 3 ff.; *Zimmer/Steinhaeuser* in Schwark/Zimmer, §§ 97, 98 WpHG Rz. 24 f.; *Hellgardt* in Assmann/Uwe H. Schneider/Mülbert, §§ 97, 98 WpHG Rz. 66; für analoge Anwendung von § 37c WpHG a.F. im Falle einer freiwilligen Ad-hoc-Publizität eines im Freiverkehr notierten Emittenten *Möllers/Leisch* in KölnKomm. WpHG, §§ 37b, 37c WpHG Rz. 92 f. – dagegen *Sethe* in Assmann/Uwe H. Schneider, 6. Aufl. 2012, §§ 37b, 37c WpHG Rz. 39.
22 Vgl. nur *Hellgardt* in Assmann/Uwe H. Schneider/Mülbert, §§ 97, 98 WpHG Rz. 61; *Fuchs* in Fuchs, Vor §§ 37b, 37c WpHG Rz. 72 ff.; *Mülbert/Steup* in Habersack/Mülbert/Schlitt, Unternehmensfinanzierung am Kapitalmarkt, Rz. 41.256 f.
23 Vgl. nur *Zimmer/Steinhaeuser* in Schwark/Zimmer, §§ 97, 98 WpHG Rz. 28.
24 *Maier-Reimer/Webering*, WM 2002, 1857, 1858; *Möllers/Leisch* in Möllers/Rotter, Ad-hoc-Publizität, § 14 Rz. 10; *Hellgardt* in Assmann/Uwe H. Schneider/Mülbert, §§ 97, 98 WpHG Rz. 83 ff.
25 Eine solche kann auch aus einer eigenen, unzutreffenden Pressemitteilung resultieren, wenn diese zu einer Insiderinformation führt (Ingerenz) – vgl. BGH v. 17.12.2020 – II ZB 31/14 – Hypo Real Estate,

gel die vollständige **Unterlassung** der Veröffentlichung nach Art. 17 MAR[26]. Ebenso wird jedoch auch eine verspätete („nicht unverzügliche") Veröffentlichung erfasst[27]. Eine verspätete Veröffentlichung ist eine zumindest zeitweise Unterlassung einer gebotenen Veröffentlichung. Meist wird es sich in diesen Fällen um ein Hinauszögern der Veröffentlichung im Rahmen eines unzulässigen Aufschubs nach Art. 17 Abs. 4 MAR handeln (vgl. dazu Rz. 15.33).

b) Veröffentlichung von unwahren Informationen

Das Gegenstück zu der unterlassenen oder verspäteten Ad-hoc-Publizität ist eine **falsche Ad-hoc-Publizität**. Nach § 98 Abs. 1 WpHG (bis 2.1.2018: § 37c Abs. 1) wird mit Schadensersatz bewehrt, wenn **unwahre Insiderinformationen**, die den Emittenten unmittelbar betreffen, ad hoc veröffentlicht werden. Die Veröffentlichung einer Pressemitteilung führt weder zu einer unmittelbaren noch analogen Anwendung der §§ 97, 98 WpHG (bis 2.1.2018: §§ 37b, 37c)[28]. Erfasst werden soll hierdurch die Irreführung des Publikums durch ein aktives Tun, indem – **positive oder negative – unwahre Tatsachen** verbreitet werden[29]. Trotz der Neuformulierung des Gesetzes enthält jedoch immer noch eine gewisse **contradictio in adjecto**. Art. 7 Abs. 1 MAR definiert Insiderinformation als eine „nicht öffentlich bekannte präzise Information, die direkt oder indirekt einen oder mehrere Emittenten oder ein oder mehrere Finanzinstrumente betrifft". Nach Art. 7 Abs. 2 MAR sind Informationen als präzise anzusehen, wenn „damit eine Reihe von Umständen gemeint ist, die bereits gegeben sind oder bei denen man vernünftigerweise erwarten kann, dass sie in Zukunft gegeben sein werden, oder ein Ereignis, das bereits eingetreten ist oder von dem vernünftigerweise erwartet werden kann, dass es in Zukunft eintreten wird". Wenn eine Information unzutreffend ist, kann es sich nicht um „nicht öffentlich bekannte Umstände" handeln, da diese gerade erfunden werden. Insoweit ist das Gesetz jedoch nicht irreführend, sondern lediglich als sprachlich missglückt zu bezeichnen. Gemeint ist eine Information, die – wenn sie wahr wäre – eine Insiderinformation darstellte[30]. Eine vermeintliche Insiderinformation ist unwahr, wenn sie in Wirklichkeit nicht gegeben ist. Unwahr ist die mit der Ad-hoc-Publizität verbreitete Information jedoch auch, wenn sie unvollständig ist. Bei **unvollständigen Veröffentlichungen** mittels Ad-hoc-Publizität wird ein grundsätzlich veröffentlichungspflichtiger Teil der Informationen nicht veröffentlicht.

17.8

Dies führt zu der Frage, ob eine **unwahre Ad-hoc-Veröffentlichung** oder die **Unterlassung** einer gebotenen Veröffentlichung vorliegt[31]. Wird ein Lebenssachverhalt, der positive und negative Elemente enthält, veröffentlicht unter Weglassung der negativen Elemente (z.B. von Risiken eines Vertragsabschlusses), so wird der **Schwerpunkt** entscheiden müssen, ob es sich um eine Veröffentlichung einer unwahren Tatsache oder um ein Unterlassen einer gebotenen Veröffentlichung handelt. Häufig wird das aktive Tun, die Veröffentlichung, den Schwerpunkt darstellen. Ist jedoch der unveröffentlichte Teil

17.9

RdF 2021, 148 f. = ZIP 2021, 346; dazu ausführlich *Nietsch*, ZBB 2021, 229 ff.; gleichfalls können Bilanzierungsfehler Insiderinformationen begründen und Bilanzmanipulationen zu einer Haftung wegen unterlassener Ad-hoc-Veröffentlichung führen – vgl. dazu *Markworth*, BKR 2020, 438, 443 ff.

26 *Möllers/Leisch* in Möllers/Rotter, Ad-hoc-Publizität, § 14 Rz. 11 ff.
27 Begr. RegE zum 4. FFG, BT-Drucks. 14/8017, S. 93; *Mülbert/Steup* in Habersack/Mülbert/Schlitt, Unternehmensfinanzierung am Kapitalmarkt, Rz. 41.187; *Hellgardt* in Assmann/Uwe H. Schneider/Mülbert, §§ 97, 98 WpHG Rz. 346.
28 OLG Braunschweig v. 12.1.2016 – 7 U 59/14, ZIP 2016, 414 ff. = AG 2016, 414; dazu *Daghles*, GWR 2016, 168 ff.
29 Begr. RegE zum 4. FFG, BT-Drucks. 14/8017, S. 94.
30 *Zimmer/Steinhaeuser* in Schwark/Zimmer, §§ 97, 98 WpHG Rz. 48 f.
31 Diese Frage ist zu unterscheiden von der Frage, die sich aus dem der IKB-Entscheidung zu Grunde liegenden Sachverhalt ergab, bei dem gar keine Ad-hoc-Publizität, sondern nur eine falsche Pressemitteilung veröffentlicht wurde; der BGH sah darin eine falsche Pressemitteilung und eine (gänzlich) unterlassene Ad-hoc-Publizität – BGH v. 13.12.2011 – XI ZR 51/10 – IKB, WM 2012, 303 = AG 2012, 209.

des Lebenssachverhaltes von dem veröffentlichten klar getrennt, kann es sich um eine zutreffende Ad-hoc-Publizität bei gleichzeitiger Unterlassung einer weiteren gebotenen Ad-hoc-Publizität handeln[32].

3. Rechtswidrigkeit

17.10 Die Rechtswidrigkeit wird im Falle des § 98 WpHG (bis 2.1.2018: § 37c) durch das positive Tun indiziert, bei dem Unterlassen nach § 97 WpHG (bis 2.1.2018: § 37b) durch den Verstoß gegen die Verhaltensnormen des Art. 17 MAR[33].

4. Subjektive Pflichtwidrigkeit

17.11 Schadensersatzansprüche setzen grundsätzlich ein Verschulden des Verpflichteten voraus. Dieses wird durch die Formulierung von § 97 Abs. 2, § 98 Abs. 2 WpHG (bis 2.1.2018: § 37b Abs. 2, § 37c Abs. 2) vermutet, wenn es heißt, dass wegen unterlassener Ad-hoc-Publizität nach § 97 Abs. 2 WpHG (bis 2.1.2018: § 37b Abs. 2) nicht in Anspruch genommen werden kann, „wer nachweist, dass die Unterlassung nicht auf **Vorsatz** oder **grober Fahrlässigkeit** beruht" bzw. dass wegen Veröffentlichung von unwahren Insiderinformationen nach § 98 Abs. 2 WpHG (bis 2.1.2018: § 37c Abs. 2) nicht in Anspruch genommen werden kann „wer nachweist, dass er die Unrichtigkeit der Insiderinformation nicht gekannt hat und die Unkenntnis nicht auf grober Fahrlässigkeit beruht". Vorsatz ist das Wissen und Wollen des rechtswidrigen Erfolges, grobe Fahrlässigkeit die Außerachtlassung der im Verkehr erforderlichen Sorgfalt in besonders schwerem Maße[34]. Im Falle des Unterlassens einer gebotenen Ad-hoc-Publizität trifft den Emittenten somit keine Haftung, wenn die Unterlassung der Veröffentlichung nur auf leichter Fahrlässigkeit beruhte und er dies beweist. *Zimmer/Steinhaeuser*[35] unterscheiden vier **Fallgruppen** der **nicht schuldhaften Unterlassung** einer Veröffentlichung:

- Der Emittent beweist, dass er die Umstände, die die Veröffentlichungspflicht begründen, nicht kannte bzw. nicht grob fahrlässig verkannt hat;
- der Emittent unterliegt einem (seltenen) unvermeidbaren Rechtsirrtum hinsichtlich seiner (abstrakten) Veröffentlichungspflicht (z.B. dass eine Information geeignet ist, im Falle ihres Bekanntwerdens den Börsen- oder Marktpreis der Insiderpapiere erheblich zu beeinflussen[36]);
- der Emittent hat die Veröffentlichung veranlasst, aber diese wurde aus von ihm nicht zu verantwortenden Umständen nicht ordnungsgemäß i.S.v. Art. 17 MAR durchgeführt;
- der Emittent weist nach, dass er die Mitteilung nicht vorsätzlich oder grob fahrlässig verzögert hat.

17.12 Das Verschulden muss sich somit auf die Unterlassung und damit auf sämtliche die Rechtspflicht zur Veröffentlichung begründenden Umstände beziehen. Dies bezieht die „Unverzüglichkeit" der Veröffentlichung ein (zu der Diskrepanz zwischen der Pflicht gemäß Art. 17 Abs. 1 Unterabs. 1 MAR zur Veröffentlichung „so bald wie möglich" und dem Tatbestandsmerkmal der „Unverzüglichkeit" der

---

32 Vgl. umfassend *Zimmer/Steinhaeuser* in Schwark/Zimmer, §§ 97, 98 WpHG Rz. 40 ff.; *Baums*, ZHR 167 (2003), 138, 159 ff.; *Maier-Reimer/Seulen* in Habersack/Mülbert/Schlitt, Hdb. Kapitalmarktinformation, § 30 Rz. 77; *Mülbert/Steup* in Habersack/Mülbert/Schlitt, Unternehmensfinanzierung am Kapitalmarkt, Rz. 41.183 ff.
33 *Zimmer/Steinhaeuser* in Schwark/Zimmer, §§ 97, 98 WpHG Rz. 63; *Maier-Reimer/Webering*, WM 2002, 1857, 1858 f. (m. Fn. 23); *Möllers/Leisch* in Möllers/Rotter, Ad-hoc-Publizität, § 15 Rz. 41.
34 Vgl. *Zimmer/Steinhaeuser* in Schwark/Zimmer, §§ 97, 98 WpHG Rz. 66 f.
35 *Zimmer/Steinhaeuser* in Schwark/Zimmer, §§ 97, 98 WpHG Rz. 68; vgl. auch *Mülbert/Steup* in Habersack/Mülbert/Schlitt, Unternehmensfinanzierung am Kapitalmarkt, Rz. 41.209 ff.
36 *Möllers/Leisch* in KölnKomm. WpHG, §§ 37b, 37c WpHG Rz. 172 ff., 189; *Maier-Reimer/Seulen* in Habersack/Mülbert/Schlitt, Hdb. Kapitalmarktinformation, § 30 Rz. 84 f.; **a.A.** *Zimmer/Steinhaeuser* in Schwark/Zimmer, §§ 97, 98 WpHG Rz. 69 f.; wohl auch *Hellgardt* in Assmann/Uwe H. Schneider/Mülbert, §§ 97, 98 WpHG Rz. 114.

Schadensersatznorm vgl. Rz. 15.21). Diese wird von der h.M. verstanden als die Veröffentlichung „ohne schuldhaftes Zögern" i.S.v. § 121 BGB[37]. Damit gehört ein grundsätzlich nur einfache Fahrlässigkeit erforderndes, subjektives Element zum Tatbestand, was die Frage des Verhältnisses zu der Verschuldensvermutung in § 97 Abs. 2 WpHG (bis 2.1.2018: § 37b Abs. 2) aufwirft. Die h.L. will insoweit die dem Emittenten materiell-rechtlich günstigere (Beschränkung auf grobe Fahrlässigkeit) und prozessual ungünstigere (Beweislastumkehr) Vorschrift anwenden, während eine Mindermeinung unter Hinweis auf die Vorgabe der Marktmissbrauchsrichtlinie, dass eine Veröffentlichung „so bald als möglich" zu erfolgen hat, „unverzüglich" nicht i.S.v. § 121 BGB sondern i.S.v. „objektiven Kriterien" versteht[38].

Ein Schadensersatzanspruch wegen Veröffentlichung von unwahren Insiderinformationen entfällt nach § 98 Abs. 2 WpHG (bis 2.1.2018: § 37c Abs. 2) demgegenüber nur, wenn der Emittent **nachweist**, dass er die Unrichtigkeit der (vermeintlichen) Insiderinformationen nicht gekannt hat und diese Unkenntnis nicht auf grober Fahrlässigkeit beruht. In dem Unternehmen des Emittenten vorhandenes Wissen wird dem Vorstand zugerechnet[39].

17.13

5. Anspruchsberechtigter

a) Bei unterlassener Ad-hoc-Publizität

Im Falle einer unterlassenen Ad-hoc-Publizität gewährt § 97 Abs. 1 WpHG (bis 2.1.2018: § 37b Abs. 1) **zwei Gruppen von Kapitalmarktteilnehmern** einen Schadensersatzanspruch für den **Erwerb** von Finanzinstrumenten. Wenig problematisiert wurde bisher, was unter „Erwerb" zu verstehen ist. Die ganz h.L. versteht unter „Erwerb" den schuldrechtlichen Abschluss eines Kaufvertrages oder sonstigen entgeltlichen Verpflichtungsgeschäftes[40]. Demgegenüber will eine M.M. auf die dingliche Erfüllung abstellen[41]. Ein Aktientausch im Rahmen einer Unternehmensübernahme soll nach der Rechtsprechung des OLG München nicht als Erwerb verstanden werden können, da dies nicht einem Kauf oder Verkauf von Anteilen über den Markt entspreche[42]. Nach der jüngsten Rechtsprechung des BGH[43] fällt unter den Begriff des Erwerbs auch eine Zeichnung von im Wege einer Kapitalerhöhung geschaffenen Aktien. Die eine Gruppe der anspruchsberechtigten Erwerber besteht aus denjenigen, die die Finanzinstrumente **nach der Unterlassung** (der erforderlichen Ad-hoc-Publizität) **erwerben** und bei Bekanntwerden der Insiderinformation noch Inhaber der Finanzinstrumente sind. Die zweite Gruppe besteht aus denjenigen Erwerbern, die die Finanzinstrumente **vor dem Entstehen der Insiderinformation erwerben** und nach der Unterlassung veräußern. Anspruchsberechtigt sind somit nur Anleger, die während der Desinformation des Marktes, also dem Zeitraum zwischen dem Zeitpunkt, zu dem eine Ad-hoc-Publizität hätte vorgenommen werden müssen, und dem Zeitpunkt der tatsächlichen Veröffentlichung, eine Transaktion in Finanzinstrumenten vorgenommen haben[44]. Allerdings stellt Nr. 1 auf den Zeitpunkt der Unterlassung der erforderlichen Veröffentlichung ab, die notwendigerweise nach dem Zeitpunkt der Entstehung der Insiderinformation liegen muss, und Nr. 2 auf den Zeitpunkt der Entstehung der Insiderinformation selbst, was insb. im Falle eines berechtigten Aufschubs

17.14

---

37 *Zimmer/Steinhaeuser* in Schwark/Zimmer, §§ 97, 98 WpHG Rz. 70; *Hellgardt* in Assmann/Uwe H. Schneider/Mülbert, §§ 97, 98 WpHG Rz. 107 ff.; *Maier-Reimer/Seulen* in Habersack/Mülbert/Schlitt, Hdb. Kapitalmarktinformation, § 30 Rz. 81 ff.
38 *Möllers/Leisch* in KölnKomm. WpHG, §§ 37b, 37c WpHG Rz. 192 ff.; ähnlich *Buck-Heeb*, NZG 2016, 1125, 1132.
39 *Hellgardt* in Assmann/Uwe H. Schneider/Mülbert, §§ 97, 98 WpHG Rz. 89, 109; zu den Organisationspflichten vgl. auch *Nietsch*, BB 2005, 785, 787; *Buck-Heeb*, AG 2015, 801 ff.
40 *Wagner*, NZG 2014, 531, 535; *Leisch* in KölnKomm. WpHG, §§ 37b, c WpHG Rz. 220 m.w.N.
41 *Florstedt*, AG 2017, 557 ff.
42 OLG München v. 15.12.2014 – KAP 3/10, NZG 2015, 399 ff.; *Wagner*, NZG 2014, 531 ff.
43 BGH v. 17.12.2020 – II ZB 31/14 – Hypo Real Estate, ZIP 2021, 346 = ZBB 2021, 266 = WM 2021, 285 Rz. 326 ff. – dazu kritisch *Nietsch*, ZBB 2021, 229, 240 ff.
44 *Ehricke* in Hopt/Voigt, Prospekt- und Kapitalmarktinformationshaftung, S. 187, 291; *Maier-Reimer/Seulen* in Habersack/Mülbert/Schlitt, Hdb. Kapitalmarktinformation, § 30 Rz. 90 ff.

der Veröffentlichung der Insiderinformation nach Art. 17 Abs. 4 MAR einen nicht unerheblichen zeitlichen Unterschied bedeuten kann. Die Phase der Desinformation des Marktes wird somit für die beiden Varianten unterschiedlich bestimmt, ohne dass dafür ein Grund genannt wird. Anleger, die in dem Zeitraum der Desinformation des Marktes beide Transaktionen (d.h. Kauf und Verkauf bzw. vice versa) vornehmen, sind nicht schadensersatzberechtigt, ebenso wenig wie Personen, die auf Grund der Unterlassung des Emittenten gänzlich von einer Transaktion abgehalten wurden[45]. Die Transaktion ist in diesem Zusammenhang als Abschluss des schuldrechtlichen Geschäfts und nicht als dessen dingliche Erfüllung zu verstehen, da durch den schuldrechtlichen Vertrag die Bindung eintritt und der Preis festgeschrieben wird.

17.15 Schäden entstehen diesen beiden Gruppen jeweils mit Blick auf unterschiedliche Insiderinformationen[46]. Unterlässt es der Emittent, positive Insiderinformationen zu veröffentlichen, erwirbt bei einem Verkauf vor der Veröffentlichung der Dritte „zu billig" und erleidet dementsprechend keinen Schaden, wenn aufgrund des Bekanntwerdens der Insiderinformation nach seinem Erwerb der Kurs steigt. Allerdings verkauft der Veräußerer auch „zu billig" und erleidet einen Schaden. Dementsprechend unterfällt die Unterlassung der Veröffentlichung einer kurssteigernden Insiderinformation nicht der ersten, sondern der zweiten Fallgruppe. Erwirbt nämlich der Dritte ein Finanzinstrument vor dem Entstehen der positiven Insiderinformation und veräußert er es nach der Unterlassung der Veröffentlichung, so erwirbt er zum „richtigen" Preis und verkauft „zu billig", da der Kurs im Falle einer Veröffentlichung der Insiderinformation positiv beeinflusst worden wäre. Ein Dritter, der nach der Entstehung der positiven Insiderinformation aufgrund der Unterlassung der Veröffentlichung erwirbt und bereits vor Veröffentlichung wieder veräußert, fällt somit nicht in den Kreis der grundsätzlich Schadensersatzberechtigten. Dies ist konsequent, denn er hätte im Falle einer zeitgerechten Veröffentlichung der Ad-hoc-Publizität zu einem höheren Preis erworben und kann sich daher nicht darauf berufen, dass er vor der tatsächlichen Veröffentlichung der Ad-hoc-Publizität bereits wieder veräußerte, denn andernfalls würde ein Schadensersatzanspruch für ihn einen „Windfall Profit" ohne innere Rechtfertigung darstellen.

17.16 Genau umgekehrt verhält es sich bei der (in der Praxis wahrscheinlich wesentlich häufigeren) Unterlassung einer den Börsenkurs beeinträchtigenden, negativen Ad-hoc-Publizität. In diesem Falle ist schadensersatzberechtigt, wer die Finanzinstrumente nach der Unterlassung der negativen Ad-hoc-Publizität und damit „zu teuer" erwirbt und eine nachgeholte Ad-hoc-Publizität dazu führt, dass der Börsenkurs des Finanzinstrumentes sich vermindert. Um einen Schaden zu erleiden, muss er jedoch im Zeitpunkt der nachgeholten Ad-hoc-Publizität noch Inhaber des Finanzinstrumentes sein. Hat er bereits vorher wieder veräußert, hat er auch wieder „zu teuer" verkaufen können und dementsprechend keinen durch die Ad-hoc-Publizität bedingten Schaden erlitten[47].

b) Bei unwahrer Ad-hoc-Publizität

17.17 **Aktivlegitimiert** sind im Falle einer Veröffentlichung von unwahren Insiderinformationen nach § 98 Abs. 1 WpHG (bis 2.1.2018: § 37c Abs. 1) **zwei Gruppen von Kapitalmarktteilnehmern**. Die eine Gruppe **erwirbt** (zum Begriff des Erwerbs vgl. Rz. 17.14) die Finanzinstrumente **nach der Veröffentlichung der unrichtigen**[48] **Insiderinformation** und hält die Finanzinstrumente noch bei einem Be-

---

45 *Maier-Reimer/Seulen* in Habersack/Mülbert/Schlitt, Hdb. Kapitalmarktinformation, § 30 Rz. 95; *Hellgardt* in Assmann/Uwe H. Schneider/Mülbert, §§ 97, 98 WpHG Rz. 69, 73, 75 ff.; *Zimmer/Steinhaeuser* in Schwark/Zimmer, §§ 97, 98 WpHG Rz. 79 f., 85 f., 89; *Hannich*, WM 2013, 449.
46 Vgl. dazu *Fleischer*, BB 2002, 1869 f.
47 Vgl. zum Ganzen *Möllers/Leisch* in Möllers/Rotter, Ad-hoc-Publizität, § 14 Rz. 43 ff.; *Zimmer/Steinhaeuser* in Schwark/Zimmer, §§ 97, 98 WpHG Rz. 78 ff.
48 Der Gesetzgeber verwendet in Halbs. 1 den Begriff der „unwahren Insiderinformation" und im Halbs. 2 in Nr. 1 wie in Nr. 2 den Begriff der „Unrichtigkeit der Insiderinformation"; er verwendet die Begriffe damit offensichtlich synonym.

kanntwerden der Unrichtigkeit der Ad-hoc-Publizität der Insiderinformation. Die zweite Gruppe **erwirbt** die Finanzinstrumente **vor der Veröffentlichung der unwahren Insiderinformation** und veräußert sie vor einem Bekanntwerden der Unrichtigkeit. Die Phase der Desinformation des Marktes wird – anders als bei der unterlassenen Veröffentlichung nach § 97 WpHG (bis 2.1.2018: § 37c) – durch die Nr. 1 und Nr. 2 somit einheitlich bestimmt. In beiden Fallgruppen[49] ist Voraussetzung, dass der Dritte auf die Richtigkeit der Insiderinformation vertraute.

Bei der **ersten Fallgruppe** handelt es sich um **unwahre Insiderinformationen**, die den Kurs **positiv** beeinflussen. Nach der positiven Beeinflussung des Kurses erwirbt der Anleger die Finanzinstrumente „**zu teuer**" und erleidet einen Schaden dadurch, dass die Unrichtigkeit der Insiderinformation bekannt wird und der Kurs wieder fällt. In der **zweiten Fallgruppe** erwirbt ein Anleger zu marktgerechten Preisen vor der Veröffentlichung einer unwahren, den Kurs negativ beeinflussenden Insiderinformation. Durch die unwahre, den Kurs **negativ beeinflussende Insiderinformation** erleidet er einen Schaden und realisiert diesen durch „**zu billige**" Veräußerung der Finanzinstrumente, bevor die Unrichtigkeit der Insiderinformation bekannt wird und der Kurs wieder ansteigt[50].

17.18

c) Transaktionserfordernis

Weder im Falle einer unterlassenen Ad-hoc-Publizität noch bei unwahrer Ad-hoc-Publizität werden Kapitalmarktteilnehmer geschützt, die aufgrund einer unterlassenen oder unwahren Ad-hoc-Publizität ihrerseits **Transaktionen** unterlassen haben, ohne bereits Eigentümer der betroffenen Finanzinstrumente zu sein[51]. Im Gegensatz zu der Fassung vor der Geltung des AnSVG werden jedoch aktivlegitimiert nicht nur die Erwerber bzw. Veräußerer von **Wertpapieren**, sondern auch von **Finanzinstrumenten**. Hierdurch wurde eine vielfach bemängelte Schutzlücke der Erwerber bzw. Veräußerer von Derivaten geschlossen. Allerdings werden nur Derivate des Emittenten und nicht von Dritten auf Finanzinstrumente des ad-hoc-pflichtigen Emittenten begebene Derivate erfasst[52].

17.19

6. Haftungsausschluss

Sowohl im Falle einer unterlassenen Ad-hoc-Publizität wie im Falle einer unwahren Ad-hoc-Publizität können **Ansprüche** von Geschädigten **ausgeschlossen** sein. Nach § 97 Abs. 3 WpHG (bis 2.1.2018: § 37b Abs. 3) besteht ein Anspruch wegen einer unterlassenen Ad-hoc-Publizität dann nicht, wenn der Dritte die Insiderinformation im Falle der ersten Fallgruppe des Absatzes 1 **bei dem Erwerb** oder im Falle der zweiten Fallgruppe des Absatzes 1 **bei der Veräußerung kannte**[53]. Entsprechend gilt im Falle einer unwahren Ad-hoc-Publizität, dass ein Anspruch dann nicht besteht, wenn der Dritte die Unrichtigkeit der Insiderinformation im Falle der ersten Fallgruppe des Absatzes 1 **bei dem Erwerb** oder im Falle der zweiten Fallgruppe des Absatzes 1 **bei der Veräußerung kannte**, § 98 Abs. 3 WpHG (bis 2.1.2018: § 37c Abs. 3). Diese Regelungen sind vergleichbar mit § 45 Abs. 2 Nr. 3 BörsG a.F. bzw. nunmehr § 12 Abs. 2 Nr. 3 WpPG, § 20 Abs. 4 Nr. 3 VermAnlG bzw. § 306 Abs. 3 Satz 2 KAGB, wobei die letztgenannte Norm auf den Zeitpunkt des Erwerbs der Wertpapiere bzw. Anteilscheine abstellt. Durch die § 97 Abs. 3, § 98 Abs. 3 WpHG (bis 2.1.2018: § 37b Abs. 3, § 37c Abs. 3) wird § 254 BGB ausgeschlossen, da es sich bei den §§ 97, 98 WpHG (bis 2.1.2018: §§ 37b, 37c) nach Meinung des Gesetzgebers um eine Sonderregelung des Mitverschuldens handeln soll[54] und ein Mitverschulden lediglich

17.20

---

49 Vgl. dazu *Fleischer*, BB 2002, 1869 f.
50 Vgl. zum Ganzen *Möllers*, WM 2001, 2405, 2408; *Zimmer/Steinhaeuser* in Schwark/Zimmer, §§ 97, 98 WpHG Rz. 82, 85 f.; *Möllers/Leisch* in Möllers/Rotter, Ad-hoc-Publizität, § 14 Rz. 43 ff., 53 ff.
51 *Baums*, ZHR 167 (2003), 139, 177 ff.; *Zimmer/Steinhaeuser* in Schwark/Zimmer, §§ 97, 98 WpHG Rz. 88; *Maier-Reimer/Seulen* in Habersack/Mülbert/Schlitt, Hdb. Kapitalmarktinformation, § 30 Rz. 86.
52 Kritisch *Zimmer/Steinhaeuser* in Schwark/Zimmer, §§ 97, 98 WpHG Rz. 89.
53 Vgl. als Bsp. OLG Schleswig v. 16.12.2004 – 5 U 50/04, AG 2005, 212 f.
54 Vgl. RegBegr. (zum 4. FiFöG), BT-Drucks. 14/8017, S. 94.

im Rahmen der durch die beiden Absätze genannten Voraussetzungen – dann auch ganz rechtsvernichtend – möglich ist[55].

7. Schaden

17.21 Im Rahmen eines **Schadensersatzanspruches** des Anlegers gegen die Gesellschaft (und ggf. auch den Vorstand) aus **§ 826 BGB** wegen fehlerhafter Ad-hoc-Publizität ist anerkannt, dass der Anleger von dem zum Schadensersatz **Verpflichteten** nach § 249 BGB so zu stellen ist, als hätte er den schadensbehafteten Kauf bzw. Verkauf nicht vorgenommen. Hierzu zählt auch der so genannte **Vertragsabschlussschaden**, d.h. der täuschungsbedingte Vertragsabschluss stellt als solcher einen ersatzfähigen Schaden dar, mit der Folge, dass die eingegangenen Vertragspositionen (Erwerb eines Wertpapiers) rückabzuwickeln sind unabhängig davon, ob bereits ein Kursrückgang eingetreten ist[56]. Im Falle eines Kaufs wegen positiver fehlerhafter Ad-hoc-Publizität bedeutet dies, dass der Käufer von dem Emittenten die Übernahme der erworbenen Aktien Zug um Zug gegen Rückzahlung des Kaufpreises verlangen kann[57]. Entsprechendes gilt bei einem Schadensersatzanspruch aus § 826 BGB, wenn der Anleger – nachweisbar – von einem beabsichtigten Verkauf wegen der fehlerhaften Ad-hoc-Publizität Abstand genommen hat (ggf. unter Anrechnung eines späteren Verkaufserlöses)[58]. Dem Anleger steht es jedoch frei, statt der Naturalrestitution nur den **Differenzschaden** geltend zu machen, also den Unterschied zwischen dem tatsächlichen Transaktionspreis und dem Preis, der sich ohne die falsche Publizität an der Börse gebildet hätte[59]. Nach der Rechtsprechung des II. Zivilsenats kann im Rahmen einer Schadensschätzung nach § 287 ZPO auf die Kursreaktion unmittelbar bei Bekanntwerden der Unrichtigkeit der Ad-hoc-Publizität rekurriert werden[60].

17.22 Demgegenüber ist bei §§ 97, 98 WpHG (bis 2.1.2018: §§ 37b, 37c) **höchst streitig, worauf der Schadensersatz**[61] **gerichtet** ist. Von einer starken Meinung in der Literatur wird die Auffassung vertreten, dass der Schaden im Falle der §§ 97, 98 WpHG (bis 2.1.2018: §§ 37b, 37c) wie im Falle des Schadens nach § 826 BGB zu berechnen ist[62]. Dieser Schaden wird als negatives Interesse bezeichnet, wobei un-

---

55 *Zimmer/Steinhaeuser* in Schwark/Zimmer, §§ 97, 98 WpHG Rz. 90 ff.; *Maier-Reimer/Seulen* in Habersack/Mülbert/Schlitt, Hdb. Kapitalmarktinformation, § 30 Rz. 149 ff.; *Hellgardt* in Assmann/Uwe H. Schneider/Mülbert, §§ 97, 98 WpHG Rz. 118 f.; a.A. *Möllers/Leisch* in KölnKomm. WpHG, §§ 37b, 37c WpHG Rz. 259; *Fuchs* in Fuchs, §§ 37b, 37c WpHG Rz. 48; *Mülbert/Steup* in Habersack/Mülbert/Schlitt, Unternehmensfinanzierung am Kapitalmarkt, § 41 Rz. 234, die in § 37b Abs. 3 bzw. § 37c Abs. 3 WpHG a.F. keine Regelung des Mitverschuldens, sondern einen Fall fehlender haftungsbegründender Kausalität sehen.
56 BGH v. 19.7.2004 – II ZR 217/03 – Infomatec II, BKR 2004, 403, 408 f. = ZIP 2004, 1604 = NJW 2004, 2668; BGH v. 9.5.2005 – II ZR 287/02 – EM. TV, WM 2005, 1358 = ZIP 2005, 1270 = AG 2005, 609; BGH v. 7.1.2008 – II ZR 229/05 – ComROAD VI, NZG 2008, 382, 383 = AG 2008, 252; BGH v. 3.3.2008 – II ZR 310/06 – ComROAD VIII, NZG 2008, 386, 387 = AG 2008, 377; *Möllers/Leisch*, WM 2001, 1648, 1655; *Fuchs* in Fuchs, Vor §§ 37b, 37c WpHG Rz. 48.
57 BGH v. 19.7.2004 – II ZR 402/02, WM 2004, 1721 = ZIP 2004, 1593, 1597; zustimmend *Edelmann*, BB 2004, 2031, 2033.
58 BGH v. 9.5.2005 – II ZR 287/02 – EM. TV, NJW 2005, 2450, 2453 = AG 2005, 609; *Fuchs* in Fuchs, Vor §§ 37b, 37c WpHG Rz. 48 a.E.
59 BGH v. 19.7.2004 – II ZR 402/02 – Infomatec I, NJW 2004, 2971, 2972 = AG 2004, 546; BGH v. 19.7.2004 – II ZR 217/03 – Infomatec II, NJW 2004, 2668, 2669 = ZIP 2004, 1604.
60 Dazu ausführlich *Wagner*, ZGR 2008, 495, 520 ff.
61 Zu der Terminologie der verschiedenen Schadensbegriffe vgl. *Maier-Reimer/Seulen* in Habersack/Mülbert/Schlitt, Hdb. Kapitalmarktinformation, § 30 Rz. 100 ff.
62 Vgl. insbesondere *Möllers*, ZBB 2003, 390, 400 f.; *Möllers/Leisch*, WM 2001, 1648, 1655; *Möllers/Leisch* in Möllers/Rotter, Ad-hoc-Publizität, § 14 Rz. 77 ff.; *Leisch*, ZIP 2004, 1573, 1578 f.; *Rössner/Bolkart*, ZIP 2002, 1471, 1475; *Rieckers*, BB 2002, 1213, 1217; *Holzborn/Foelsch*, NJW 2003, 932, 939 f.; *Escher-Weingart/Lägeler/Eppinger*, WM 2004, 1845, 1848 f.; *Ehricke* in Hopt/Voigt, Prospekt- und Kapitalmarktinformationshaftung, S. 293 f.; differenzierend *Veil*, ZHR 163 (2003), 365, 387 ff.

klar bleibt, ob etwa bei Kaufpreiszahlung durch den Emittenten gegen Übernahme der Wertpapiere der Emittent auch den entgangenen Gewinn aus einer etwaigen anderweitigen Anlage zu zahlen hat[63]. Innerhalb dieser Theorie des **negativen Interesses** wird durchgängig eine konkrete Transaktionskausalität für die Geltendmachung des negativen Interesses gefordert, doch ist streitig, ob bei Fehlen einer Transaktionskausalität wenigstens der Differenzschaden (dazu Rz. 17.23) geltend gemacht werden kann.

Der Geltendmachung des **negativen Interesses** im Rahmen der kapitalmarktrechtlichen Informationshaftung wird entgegengehalten, dass der Schädiger nicht Vertragspartner des Anlegers ist und dementsprechend eine Naturalrestitution nicht in Betracht kommen soll, da andernfalls der Schädiger eine Anlage zu übernehmen hat, die er niemals selbst inne hatte[64]. Weiter wird darauf verwiesen, dass der Schädiger im Falle der Übernahme der Aktien den Anleger zudem von dem allgemeinen Kapitalmarktrisiko entlaste, ohne dass hierfür eine innere Rechtfertigung bestehe[65]. Nach dieser Auffassung soll lediglich der **Differenzschaden**[66] ersatzfähig sein. Dieser beläuft sich auf den Unterschiedsbetrag zwischen dem Erwerbspreis und dem Preis, der im Falle einer pflichtgemäßen Ad-hoc-Publizität bestanden hätte[67]. Dabei soll auf den Zeitpunkt abzustellen sein, in dem die Investition bzw. Desinvestition vorgenommen wurde bzw. im Falle einer Unterlassung auf den Zeitpunkt, zu dem die Pflicht bestand. Innerhalb dieser Differenzschadentheorie ist streitig, ob eine Transaktionskausalität der Ad-hoc-Publizität bestehen muss, ob es also ausreicht, dass nur der Markt durch die unzutreffende Publizität zu einer fehlerhaften Preisbildung gelangte, oder auch der individuelle Anleger von der fehlerhaften Publizität kausal beeinflusst sein muss. Die Gesetzesbegründung[68] gibt als Schutzzweck der §§ 37b, 37c WpHG a.F. bzw. §§ 97, 98 WpHG i.d.F. des 2. FiMaNoG an, dass der Anleger davor geschützt werden soll, „zu teuer" zu erwerben bzw. „zu billig" zu veräußern. Dies bedeutet, dass das Vertrauen der Anleger in die Marktgerechtigkeit des organisierten Kapitalmarktes geschützt werden soll und nicht in eine konkrete, von ihm wahrgenommene Ad-hoc-Mitteilung des Emittenten. Die Zubilligung des negativen Interesses würde jedoch dem Anleger auch das allgemeine **Marktschwankungsrisiko** abnehmen. Dies wäre nur gerechtfertigt, wenn man im Bereich der Haftung für fehlerhafte Kapitalmarktinformationen – als Abschreckung – den Emittenten über den allgemeinen Schutzzweck einer Norm hinausgehend zu weiteren Ersatzleistungen verpflichten wollte. Dem Schadensersatzrecht würde damit eine **Strafkomponente** beigelegt, die in den USA zwar nicht unüblich ist, in dem deutschen Schadens-

17.23

---

63 *Möllers/Leisch* in Möllers/Rotter, Ad hoc-Publizität, § 14 Rz. 80 sprachen zunächst nur von der „Rückabwicklung des Vertrages" als dem „bedeutendsten Schadensposten". Dies schien zu implizieren, dass sie auch entgangenen Gewinn ersetzen wollen; so jetzt ausdrücklich *Möllers/Leisch* in KölnKomm. WpHG, §§ 37b, 37c WpHG Rz. 309 ff.; damit wird von der gesetzgeberischen Grundentscheidung bei § 44 BörsG a.F. bzw. § 20 Abs. 1 VermAnlG, § 21 Abs. 1 WpPG für die Prospekthaftung abgewichen.
64 *Fuchs/Dühn*, BKR 2002, 1063, 1068; *Geibel*, Kapitalanlegerschaden, S. 110 ff.
65 *Fuchs* in Fuchs, §§ 37b, 37c WpHG Rz. 33 ff., 41 f.; *Zimmer/Steinhaeuser* in Schwark/Zimmer, §§ 97, 98 WpHG Rz. 106 f.; *Fleischer*, BB 2002, 1869, 1872 f.; *Hopt/Voigt*, Prospekt- und Kapitalmarktinformationshaftung, S. 128 ff.; *Hellgardt*, Kapitalmarktdeliktsrecht, S. 504 ff.; *Maier-Reimer/Webering*, WM 2002, 1857, 1860 ff.; *Mülbert/Steup* in Habersack/Mülbert/Schlitt, Unternehmensfinanzierung am Kapitalmarkt, Rz. 41.216; *Rützel*, AG 2003, 69, 79; wohl auch *Hutter/Leppert*, NZG 2002, 649, 654 f.; *Hellgardt* in Assmann/Uwe H. Schneider/Mülbert, §§ 97, 98 WpHG Rz. 142; *Baums*, ZHR 167 (2003), 139, 185 ff.; *Veil*, ZHR 167 (2003), 365, 391; a.A. *Möllers/Leisch* in KölnKomm. WpHG, §§ 37b, c WpHG Rz. 342.
66 *Möllers/Leisch* in KölnKomm. WpHG, §§ 37b, c WpHG Rz. 267 f., 374 ff. bezeichnen dies auch als „Alternativinteresse", das zwischen dem negativen und positiven Interesse liegen soll.
67 *Zimmer/Grotheer* in Schwark/Zimmer, §§ 37b, 37c WpHG Rz. 89, 91; *Maier-Reimer/Webering*, WM 2002, 1857, 1860 ff.; *Mülbert*, JZ 2002, 826, 834; *Rützel*, AG 2003, 69, 79; *Hopt/Voigt* in Hopt/Voigt, Prospekt- und Kapitalmarktinformationshaftung, S. 128 ff.; *Mülbert/Steup*, WM 2005, 1633, 1636 f.; *Langenbucher*, ZIP 2005, 239, 240 f.; *Sethe* in Assmann/Uwe H. Schneider, §§ 37b, 37c WpHG Rz. 93 ff.; differenzierend *Fleischer*, BB 2002, 1869, 1872 f.; *Fuchs/Dühn*, BKR 2002, 1063, 1068 f.
68 BT-Drucks. 14/8017, S. 93.

ersatzrecht bisher jedoch keinen Eingang gefunden hat. Wenn der Gesetzgeber dies beabsichtigen sollte, bedürfte es einer klaren diesbezüglichen Aussage[69].

17.24 Schwierigkeiten bereitet allerdings die Berechnung des **Kursdifferenzschadens**. Es ist der tatsächliche Verkaufspreis bzw. der tatsächliche Kaufpreis mit dem hypothetischen Preis zu vergleichen, der ohne das schädigende Ereignis bestanden hätte. Insoweit wird vorgeschlagen, als Richtgröße die Kursveränderung zu nehmen, die das Wertpapier unmittelbar nach dem Bekanntwerden der wahren Sachlage genommen hat[70], ggf. relativiert um die zwischenzeitlich eingetretenen allgemeinen Marktveränderungen (Proportionalisierung)[71]. Nach einer neueren, an die Erkenntnisse der US-amerikanischen Kapitalmarktforschung anknüpfenden Meinung soll aus der Differenz der Teil (typischerweise zwei Drittel der Kursdifferenz) herauszurechnen sein, der auf dem Reputationsverlust des die Pflicht zur Ad-hoc-Publizität verletzenden Emittenten beruht[72].

17.25 In seiner **IKB-Entscheidung** hat der BGH den Streit um die Voraussetzungen und die **Berechnung des Schadensersatzes** bei §§ 37b, 37c WpHG a.F. bzw. §§ 97, 98 WpHG i.d.F. des 2. FiMaNoG zum Teil entschieden[73]. Entgegen der h.M. im Schrifttum hat der BGH befunden, dass der Erwerber **grundsätzlich auch das negative Interesse** in Form der „Rückabwicklung" des Kaufs geltend machen könne und ihm dementsprechend ein **Wahlrecht zwischen** der Geltendmachung des **Kursdifferenzschadens** und der **„Rückabwicklung des Kaufvertrages"** zustehe[74]. Der BGH begründet dies damit, dass § 249 BGB als Basisnorm für das gesamte Schadensersatzrecht grundsätzlich eine „Totalreparation" statuiere. Deren Einschränkung durch den Schutzzweck der Norm etwa dergestalt, dass nicht die freie Willensentscheidung des Anlegers, sondern das generelle Vertrauen in die Marktgerechtigkeit der Preise geschützt wird, weist der BGH mit der Begründung zurück, eine solche Einschränkung sei nicht mit der hinreichenden Deutlichkeit auszumachen. Zudem verweist er auf die Formulierung von § 37c WpHG a.F. bzw. § 98 WpHG i.d.F. des 2. FiMaNoG, derzufolge „der Dritte auf die Richtigkeit der Insiderinformation vertraut" haben muss. Dies bedeute eine Kausalität der Ad-hoc-Mitteilung für den Anlageschluss, was als Kausalitätserfordernis überflüssig wäre, wenn lediglich die Kursdifferenz zu ersetzen wäre[75]. Auf Grund der von ihm abgelehnten Beweiserleichterung für den Nachweis der Kausalität für das negative Interesse (dazu Rz. 17.29 ff.) konstatiert der BGH, dass „der dem Anleger obliegende Beweis der Ursächlichkeit unrichtiger Publizität für die von ihm getroffene Anlageentscheidung nahezu unmöglich ist"[76]. Der BGH weist deshalb ausdrücklich darauf hin, dass jedenfalls der Kursdifferenzschaden ersatzfähig ist[77]. – Zusätzliche Fragen der Schadensberechnung stellen sich bei **Leerverkäufen**[78].

---

69 Vgl. zum Ganzen *Hellgardt* in Assmann/Uwe H. Schneider/Mülbert, §§ 97, 98 WpHG Rz. 143; *Zimmer/Steinhaeuser* in Schwark/Zimmer, §§ 97, 98 WpHG Rz. 107 ff.; *Mülbert/Steup* in Habersack/Mülbert/Schlitt, Unternehmensfinanzierung am Kapitalmarkt, Rz. 41.227 ff.
70 *Hellgardt* in Assmann/Uwe H. Schneider, §§ 37b, 37c WpHG Rz. 93 ff.; *Fleischer*, BB 2002, 1869, 1872 f.; *Steinhauer*, Insiderhandelsverbot und Ad hoc-Publizität, S. 274 ff.
71 Vgl. dazu instruktiv und mit Berechnungsbeispiel *Maier-Reimer/Seulen* in Habersack/Mülbert/Schlitt, Hdb. Kapitalmarktinformation, § 30 Rz. 135 ff., 142 ff. sowie *C. Schäfer/M. Weber/Wolf*, ZIP 2008, 197 ff.; *Wagner*, ZGR 2008, 495, 524 ff.; *Klöhn*, AG 2012, 345, 357 f.
72 *Klöhn*, ZIP 2015, 53 ff.; ausführlich mit Fallgruppen *Klöhn/Rothermund*, ZBB 2015, 73 ff.
73 BGH v. 13.12.2011 – XI ZR 51/10, BGHZ 192, 90 = ZIP 2012, 318 = AG 2012, 209 = NZG 2012, 263; dazu *Bachmann*, JZ 2012, 578 ff.; *Buck-Heeb*, WuB I G 6. § 37b WpHG 1.12; *Hellgardt*, DB 2012, 673 ff.; *Hopt*, WM 2013, 101, 105 ff.; *Klöhn*, AG 2012, 345 ff.; *Leuering/Rubner*, NJW-Spezial 2012, 79 f.; *Morlin*, AG 2012, R125 f.; *Schmolke*, ZBB 2012, 165 ff.; *Spindler*, NZG 2012, 575 ff.; *von Bernuth/Wagner/Kremer*, WM 2012, 831 ff.; *Wiechers*, WM 2013, 341, 345 ff.
74 BGH v. 13.12.2011 – XI ZR 51/10, BGHZ 192, 90 Rz. 47 ff. = AG 2012, 209; dazu *Wiechers*, WM 2013, 341, 347.
75 Spezifisch gegen diese Argumentation *Fuchs/Dühn*, BKR 2002, 1063, 1069.
76 BGH v. 13.12.2011 – XI ZR 51/10, BGHZ 192, 90 Rz. 63.
77 BGH v. 13.12.2011 – XI ZR 51/10, BGHZ 192, 90 Rz. 67; str. ist, ob dies dahingehend zu interpretieren ist, dass der BGH die „fraud on the markets theory" übernommen hat – vgl. *Klöhn*, AG 2012, 345, 356; *Hopt*, WM 2013, 101, 107 f.; *Schmolke*, ZBB 2012, 165, 176 ff.
78 Dazu OLG Stuttgart v. 26.3.2015 – 2 U 102/14, ZIP 2015, 781, 789 = AG 2015, 404.

8. Kausalität und Beweislast

17.26 Ebenso streitig wie die Berechnung des Schadens ist die Frage des erforderlichen **Ursachenzusammenhangs** zwischen Pflichtverletzung und Schadenseintritt. Soweit der **Schutzzweck** der §§ 97, 98 WpHG (bis 2.1.2018: §§ 37b, 37c) darin gesehen wird, das Vertrauen des Anlegers in eine konkrete Ad-hoc-Mitteilung bzw. das Fehlen von ad-hoc-meldepflichtigen Tatsachen zu schützen, muss eine konkrete Kausalität für den Erwerb bzw. die Veräußerung des Wertpapieres vorliegen[79]. Diese soll jedoch regelmäßig vorliegen, da die fehlerhafte Kapitalmarktpublizität bei dem Anleger einen Irrtum hervorgerufen und er sich dementsprechend zu einem Kauf bzw. Verkauf entschlossen habe[80]. Insoweit wird häufig darauf rekurriert, dass die fehlerhafte Kapitalmarktinformation eine **Anlagestimmung** ähnlich der bei unrichtigen Prospekten schaffe[81].

17.27 Sieht man den **Schutzzweck** der §§ 97, 98 WpHG (bis 2.1.2018: §§ 37b, 37c) jedoch „nur" in dem Schutz des Vertrauens des Anlegers in die Effizienz der Kapitalmärkte und dementsprechend die Marktgerechtigkeit der Kurse und gewährt daher nur einen Differenzschaden, wird keine „konkrete" Kausalität gefordert, sondern lediglich eine Kausalität dahingehend, dass der Pflichtverstoß für die Investition bzw. die Entscheidung des **Anlegers zum gegebenen Preis** ursächlich war[82]. Eine pflichtgemäße Veröffentlichung des Emittenten hätte regelmäßig einen abweichenden Marktkurs zur Folge, so dass insoweit der Ursachenzusammenhang zwischen Pflichtverletzung und Schadenseintritt unproblematisch gegeben ist.

17.28 Der II. Zivilsenat des BGH hatte bereits für den Fall eines Schadensersatzanspruchs aus § 826 BGB unmissverständlich zu verstehen gegeben, dass der **Anleger für die behauptete Kausalität** zwischen der falschen Ad-hoc-Mitteilung und dem individuellen Willensentschluss **in vollem Umfange beweispflichtig ist**[83]. Er hatte zudem darauf verwiesen, dass auch die Figur der „**Anlagestimmung**", wie sie für die Prospekthaftung entwickelt worden ist, **bei der Ad-hoc-Publizität** praktisch **nicht anwendbar** sein wird, da sie „wenig verlässliche, verallgemeinerungsfähige Erfahrungssätze aufstelle". Insbesondere verwies er darauf, dass die Wirkung einer positiven Ad-hoc-Meldung jedenfalls endet, wenn im Laufe der Zeit andere Faktoren für die Einschätzung des Wertpapiers bestimmend werden, etwa auf-

---

79 So wohl *Leisch*, ZIP 2004, 1573, 1579; *Baums*, ZHR 167 (2003), 139, 181 ff.
80 So insbesondere *Baums*, ZHR 167 (2003), 139, 182 f.; *Möllers/Leisch* in Möllers/Rotter, Ad-hoc-Publizität, § 14 Rz. 111 ff.; *Möllers*, ZBB 2003, 390, 402 f.
81 *Möllers/Leisch* in Möllers/Rotter, Ad hoc-Publizität, § 14 Rz. 111 ff. m.w.N.
82 So insbesondere *Zimmer/Steinhaeuser* in Schwark/Zimmer, §§ 97, 98 WpHG Rz. 104 f.; *Maier-Reimer/Seulen* in Habersack/Mülbert/Schlitt, Hdb. Kapitalmarktinformation, § 30 Rz. 124 ff. m.w.N.; *Maier-Reimer/Webering*, WM 2002, 1857, 1860 f.; *Möllers/Leisch*, BKR 2002, 1071, 1079; *Mülbert/Steup* in Habersack/Mülbert/Schlitt, Unternehmensfinanzierung am Kapitalmarkt, Rz. 41.228 f.; *Rößner/Bolkart*, ZIP 2002, 1471, 1475.
83 BGH v. 19.7.2004 – II ZR 402/02 – Infomatec I, WM 2004, 1721 = ZIP 2004, 1593 = AG 2004, 546; BGH v. 19.7.2004 – II ZR 217/03 – Infomatec II, BKR 2004, 403, 408 f. = WM 2004, 1726 = ZIP 2004, 1604; BGH v. 19.7.2004 – II ZR 218/03 – Infomatec III, ZIP 2004, 1599 = BKR 2004, 403 = AG 2004, 543; BGH v. 9.5.2005 – II ZR 287/02 – EM. TV, WM 2005, 1358 = ZIP 2005, 1270 = AG 2005, 609; BGH v. 28.11.2005 – II ZR 80/04 – ComROAD I, WM 2007, 683 = ZIP 2007, 681 = AG 2007, 322; BGH v. 15.2.2006 – II ZR 246/04 – ComROAD II, ZIP 2007, 679; BGH v. 26.6.2006 – II ZR 153/05 – ComROAD III, WM 2007, 486 = ZIP 2007, 326 = AG 2007, 169; BGH v. 4.6.2007 – II ZR 147/05 – ComROAD IV, WM 2007, 1557 = ZIP 2007, 1560 = AG 2007, 620; BGH v. 4.6.2007 – II ZR 173/05 – ComROAD V, WM 2007, 1560 = ZIP 2007, 1564 = AG 2007, 623; BGH v. 7.1.2008 – II ZR 229/05 – ComROAD VI, WM 2008, 395 = ZIP 2008, 407 = AG 2008, 252; BGH v. 7.1.2008 – II ZR 68/06 – ComROAD VII, WM 2008, 398 = ZIP 2008, 410 = AG 2008, 254; BGH v. 3.3.2008 – II ZR 310/06 – ComROAD VIII, WM 2008, 790 = ZIP 2008, 829 = AG 2008, 377; dazu *Klöhn*, EWiR 2008, 325 f.; *Mülbert/Steup* in Habersack/Mülbert/Schlitt, Unternehmensfinanzierung am Kapitalmarkt, § 41 Rz. 242; *Leuschner*, ZIP 2008, 1050; *Möllers*, NZG 2008, 413 ff.; ebenso OLG Frankfurt v. 26.9.2017 – 11 U 12/16, ZIP 2018, 1632, 1634 f.; ebenso für formlose Mitteilungen an den Kapitalmarkt OLG Stuttgart v. 26.3.2015 – 2 U 102/14, ZIP 2015, 781, 786 ff. = AG 2015, 404.

grund einer wesentlichen Änderung des Börsenindexes, der Konjunktureinschätzung oder durch neue Unternehmensdaten wie Halbjahresbericht oder Jahresabschluss oder neue Ad hoc-Meldungen[84]. Der VI. Zivilsenat hat sich dieser Rechtsprechung für falsche, § 826 BGB unterfallende Werbeaussagen für den Vertrieb nicht börsennotierter Aktien weitgehend angeschlossen[85].

17.29 Der **XI. Zivilsenat des BGH** hat in dem **IKB-Urteil**[86] befunden, dass der **Anspruchsteller** für die Geltendmachung des negativen Interesses (Vertragsabschlussschaden) die Darlegungs- und **Beweislast** dafür **trägt**, dass die streitgegenständlichen Finanzinstrumente *wegen* der unterlassenen Ad-hoc-Publizität erworben wurden. Er lehnt ausdrücklich sowohl eine analoge Anwendung von § 45 Abs. 2 Nr. 1 BörsG a.F. (bzw. § 23 Abs. 2 Nr. 1 WpPG a.F., § 20 Abs. 4 Nr. 1 VermAnlG, § 306 Abs. 3 Satz 1 KAGB) mit der Beweislastumkehr für die haftungsbegründende Kausalität wegen Fehlens einer Regelungslücke ab als auch die Anwendung der von der Rechtsprechung entwickelten Grundätze des Anscheinsbeweises bei Vorliegen einer Anlagestimmung, da es bei einer unterbliebenen Ad-hoc-Mitteilung schon an den für eine Anlagestimmung erforderlichen positiven Signalen fehle. Schließlich seien auch die Grundsätze zur Vermutung aufklärungsrichtigen Verhaltens nicht anwendbar, da diese das Recht des in eine konkrete Anlage investierenden Anlegers auf unbeeinflusste Entscheidung schützten, bei einer – unterlassenen – Ad-hoc-Mitteilung jedoch eine Konkretisierung auf eine bestimmte Anlageentscheidung fehle[87].

17.30 Der **BGH erkennt**, dass die Ablehnung sämtlicher Beweiserleichterungen für den Nachweis der Kausalität bei der Geltendmachung des negativen Interesses „den **Beweis der Ursächlichkeit** unrichtiger Publizität für die von ihm [scil.: Anleger] getroffene Anlageentscheidung **nahezu unmöglich** macht"[88]. Dafür erklärt er, dass im Falle eines Fehlschlagens des Beweises „**jedenfalls der Kursdifferenzschaden ersatzfähig** ist"[89], weil der Anleger nicht nachweisen muss, dass er „bei rechtzeitiger Veröffentlichung der Insiderinformationen vom Kauf der Aktien Abstand genommen hätte", sondern nur, dass bei rechtzeitig erfolgter Ad-hoc-Mitteilung „der Kurs zum Zeitpunkt seines Kaufs niedriger gewesen wäre". Die **Höhe des Schadens** könne nach § 287 ZPO geschätzt werden, ohne dass der BGH jedoch Anhaltspunkte für das Schätzverfahren gibt (zu den hierzu vertretenen Thesen vgl. Rz. 17.23).

17.31 Vertritt man mit der BaFin die Auffassung, dass es für die Anwendung von Art. 17 Abs. 4 MAR (bzw. dessen deutscher Vorgängernorm: § 15 Abs. 3 WpHG a.F.) eines **ausdrücklichen Beschlusses** des Emittenten bedarf (dazu Rz. 15.27 ff.) und unterblieb ein derartiger Beschluss, so soll dies nach Auffassung der BaFin zur Konsequenz haben, dass **keine Selbstbefreiung** vorliegt und dementsprechend eine Ad-hoc-Publizität erforderlich ist. Unterbleibt jedoch die Ad-hoc-Mitteilung, könne eine Haftung nach § 37b WpHG a.F. bzw. § 97 WpHG i.d.F. des 2. FiMaNoG in Betracht kommen. In seinem **zweiten „Geltl/Daimler"-Beschluss**[90] weist der BGH jedoch darauf hin, dass dem Emittenten ein Verweis auf ein **rechtmäßiges Alternativverhalten** offen steht. Lagen die Voraussetzungen für eine Selbstbefreiung nach Art. 17 Abs. 4 MAR (bzw. früher § 15 Abs. 3 WpHG a.F.) vor, so sind die Schutzzwecke der Pflicht zur unverzüglichen Veröffentlichung, soweit sie den Anlegerinteressen dienen, nicht unmittel-

---

84 Zustimmend *Edelmann*, BB 2004, 2031, 2033; zweifelnd *Spindler*, WM 2004, 2089, 2092 f.
85 BGH v. 4.6.2013 – VI ZR 288/12, NZG 2013, 992 = AG 2013, 637; dazu *Buck-Heeb*, NZG 2016, 1125, 1126; *Gebauer*, LMK 2013, 350, 123.
86 BGH v. 13.12.2011 – XI ZR 51/10, BGHZ 192, 90 = ZIP 2012, 318 = AG 2012, 209 = NZG 2012, 263; dazu *Bachmann*, JZ 2012, 578 ff.; *Buck-Heeb*, WuB I G 6. § 37b WpHG 1.12; *Hellgardt*, DB 2012, 673 ff.; *Hopt*, WM 2013, 101, 105 ff.; *Klöhn*, AG 2012, 345 ff.; *Leuering/Rubner*, NJW-Spezial 2012, 79 f.; *Morlin*, AG 2012, R125 f.; *Schmolke*, ZBB 2012, 165 ff.; *Spindler*, NZG 2012, 575 ff.; *von Bernuth/Wagner/Kremer*, WM 2012, 831 ff.; *Wiechers*, WM 2013, 341, 345 ff.
87 Zu den Instituten der sekundären Darlegungs- und Beweislast sowie des Anscheinsbeweises bei der Haftung für fehlerhafte Ad-hoc-Publizität vgl. *Habbe/Gieseler*, NZG 2016, 454 ff.
88 BGH v. 13.12.2011 – XI ZR 51/10, WM 2012, 303 Rz. 63 = AG 2012, 209.
89 BGH v. 13.12.2011 – XI ZR 51/10 – IKB, WM 2012, 303 Rz. 67 = AG 2012, 209.
90 BGH v. 23.4.2013 – II ZB/09 – Geltl/Daimler, AG 2013, 518 Rz. 33 ff. = WM 2013, 1171 = ZIP 2013, 1165.

bar berührt, denn die bewusste Entscheidung soll (nur) die Sicherung der Vertraulichkeit gewährleisten helfen. Ist diese – z.B. auf Grund der allgemeinen Sicherungsmaßnahmen zur Gewährleistung der Vertraulichkeit bei Insiderinformationen – gegeben und hätte der Emittent tatsächlich von der Möglichkeit der Selbstbefreiung Gebrauch gemacht (also nicht nur Gebrauch machen können), so entfällt die Kausalität der Unterlassung der Ad-hoc-Mitteilung für einen Schaden.

Für die **haftungsausfüllende Kausalität** gelten die allgemeinen Regeln[91]. 17.32

9. Verjährung und Rang der Ansprüche in der Insolvenz

Bis 9.7.2015 verjährten Ansprüche nach § 37b Abs. 4, § 37c Abs. 4 WpHG a.F. **in einem Jahr** von dem Zeitpunkt an, zu dem der Dritte von der Unterlassung oder der Unrichtigkeit der Tatsache **Kenntnis** erlangt, spätestens jedoch **in drei Jahren** seit der **Unterlassung** bzw. **Veröffentlichung**. Durch das Kleinanlegerschutzgesetz[92] wurden die kurzen Verjährungsfristen ersatzlos gestrichen. Die im Regierungsentwurf[93] zunächst nicht vorgesehene Streichung erfolgte auf Vorschlag des Finanzausschusses[94] mit der lapidaren Begründung, dass die „Verjährungsfrist des Schadensersatzanspruchs an die regelmäßige Verjährungsfrist in den §§ 195 und 199 BGB angepasst werden solle". Damit gilt nach §§ 195, 199 BGB eine kenntnisabhängige dreijährige und eine absolute kenntnisunabhängige Verjährungsfrist von zehn Jahren[95], wobei die kenntnisabhängige Verjährung erst mit dem Schluss des Jahres der Kenntniserlangung beginnt, während es bei der kenntnisunabhängigen Verjährung bei der taggenauen Berechnung verbleibt. Hier soll die Verjährung mit der Vornahme der haftungsbegründenden Transaktion und nicht erst mit dem Bekanntwerden der Pflichtverletzung beginnen[96]. Entsprechend dem „allgemeinen Übergangsrecht für Änderungen von Verjährungsregelungen"[97] sollen der allgemeinen Verjährung alle Ansprüche nach § 37b Abs. 1, § 37c Abs. 1 WpHG a.F. bzw. § 97 Abs. 1, § 98 Abs. 1 WpHG i.d.F. des 2. FiMaNoG unterliegen, die bei Inkrafttreten der Änderung bestanden und noch nicht verjährt waren[98]. 17.33

Der Beginn der kenntnisunabhängigen Verjährung ist jedoch nicht auf den Zeitpunkt der Entstehung der Insiderinformation vorzuverlagern[99], da anderenfalls ein – berechtigter – Aufschub der Offenlegung der Ad-hoc-Publizität nach Art. 17 Abs. 4 MAR eine Verkürzung der Verjährung herbeiführte, § 199 Abs. 3 Satz 1 Nr. 1 BGB auf die Entstehung des Anspruchs abstellt und auch § 37b Abs. 4, § 37c Abs. 4 WpHG a.F. für den Beginn der Verjährung auf eine konkrete Pflichtverletzung abstellten. Schwierigkeiten bereitet insoweit die Bestimmung des Zeitpunktes im Falle einer Unterlassung. Hier wird auf den Zeitpunkt abzustellen sein, zu dem die Veröffentlichung spätestens hätte erfolgen müssen und nicht auf den Zeitpunkt, zu dem die Unterlassung durch Nachholung der Veröffentlichung beendet wurde. 17.34

Jüngst ist streitig geworden, welchen Rang kapitalmarktrechtliche Schadensersatzansprüche de lege lata in der Insolvenz des Emittenten innehaben. Zum Teil werden diese Ansprüche „mitgliedschaftlichen Rechten" gleichgestellt und dementsprechend als „doppelt nachrangig" i.S.v. § 199 Satz 2 InsO angesehen[100]. Dem wird zu Recht entgegengehalten, dass auch die Prospekthaftung keine Verletzung 17.34a

---

91 *Hellgardt* in Assmann/Uwe H. Schneider/Mülbert, §§ 97, 98 WpHG Rz. 145 f.
92 BGBl. I 2015, 1114.
93 BT-Drucks. 18/3994.
94 BT-Drucks. 18/4708, S. 47, 73 f.
95 Dazu ausführlich *von Katte/Berisha*, BKR 2016, 406, 410 ff.; *Druckenbrodt*, NJW 2015, 3749 ff.
96 *Hellgardt* in Assmann/Uwe H. Schneider/Mülbert, §§ 97, 98 WpHG Rz. 169.
97 So der Finanzausschuss in seiner Begründung (BT-Drucks. 18/4708, S. 74) in Verkennung der Tatsache, dass ein solches Recht seit dem Auslaufen der Regelung von Art. 169 EGBGB nicht mehr besteht, vgl. *von Katte/Berisha*, BKR 2016, 409, 411.
98 A.A. *Druckenbrodt*, NJW 2015, 3749 ff.; *Tilp*, WM 2016, 914 ff.; differenzierend *Piepenbrock*, NJW 2016, 1350 ff.; wie der Finanzausschuss *von Katte/Berisha*, BKR 2016, 409 ff.
99 OLG Frankfurt v. 20.8.2014 – 23 Kap 1/08, AG 2015, 37; dazu *Buck-Heeb*, NZG 2016, 1125, 1131 f.
100 So *Thole*, ZIP 2020, 2533 ff.

des Kapitalerhaltungsgrundsatzes begründet und dass generell ein mit einer Vermögensanlage verbundener Nachrang nach ständiger Rechtsprechung nicht auf Schadensersatzansprüche „durchschlägt"[101].

III. Haftung der Verwaltungsmitglieder

1. Gegenüber dem Emittenten

17.35 Die Verwaltungsmitglieder haften gegenüber dem Emittenten nach den allgemeinen Regeln. Insoweit ist insbesondere auf § 93 Abs. 2 AktG hinsichtlich der Pflichtverletzung durch Vorstandsmitglieder zu verweisen[102].

2. Gegenüber Anlegern

17.36 Eine **unmittelbare Haftung** der Verwaltungsmitglieder ergibt sich nach der Rechtsprechung zu fehlerhafter Ad-hoc-Publizität nicht aus Teilnehmerhaftung nach §§ 97, 98 WpHG (bis 2.1.2018: §§ 37b, 37c), § 830 Abs. 2 BGB (da die gesetzgeberische Entscheidung gegen eine Organaußenhaftung nicht unterlaufen werden darf), nicht aus Prospekthaftung (da die Ad-hoc-Publizität keinen Prospekt darstellt), nicht aus § 823 Abs. 2 BGB i.V.m. Art. 17 MAR (bzw. früher § 15 WpHG a.F.) (da weder Art. 17 MAR noch § 15 WpHG a.F. ein Schutzgesetz ist[103]), nicht aus § 823 Abs. 2 BGB i.V.m. § 88 BörsG a.F. (da ebenfalls kein Schutzgesetz), nicht aus § 823 Abs. 2 BGB i.V.m. § 400 Abs. 1 Nr. 1 AktG (da es sich bei der Ad-hoc-Mitteilung nicht um eine Darstellung oder Übersicht über den Vermögensstand handelt), nicht aus § 823 Abs. 2 BGB i.V.m. § 264a StGB (da die Ad-hoc-Publizität nicht in einem Prospekt erfolgt), nicht aus § 823 Abs. 2 BGB i.V.m. § 263 Abs. 1 StGB (da keine Stoffgleichheit vorliegt), und nur **in eingeschränkten Fällen aus § 826 BGB**[104] sowie ggf. wegen falschem Bilanzeid gemäß § 823 Abs. 2 BGB i.V.m. § 331 HGB[105].

§ 18
Mitteilungs- und Veröffentlichungspflichten von Stimmrechtsanteilen

I. Entstehungsgeschichte und Regelungsziel 18.1
   1. Entstehungsgeschichte und europarechtliche Vorgaben 18.1
   2. Gesetzeszweck und Auslegungsmethoden 18.3
   3. Verhältnis zu anderen Vorschriften .. 18.5

II. Meldepflicht 18.7
   1. Stimmrechte an börsennotierten Gesellschaften 18.7
   2. Schwellenwerte des § 33 WpHG 18.9
      a) Quoten 18.9
      b) Berechnung 18.10
      c) Tatbestandsverwirklichung 18.12

---

101 *Bitter/Jochum*, ZIP 2021, 653 ff. m.w.N.; *Becker*, NZI 2021, 302 ff.
102 Vgl. dazu *Zimmer/Steinhaeuser* in Schwark/Zimmer, §§ 97, 98 WpHG, Rz. 144 ff.
103 Vgl. *Buck-Heeb*, NZG 2016, 1125, 1132 und Rz. 15.53 m.w.N.
104 BGH v. 19.7.2004 – II ZR 402/02 – Infomatec I, WM 2004, 1721 = ZIP 2004, 1593 = AG 2004, 546; BGH v. 19.7.2004 – II ZR 217/03 – Infomatec II, WM 2004, 1726 = ZIP 2004, 1604 = BKR 2004, 403; BGH v. 19.7.2004 – II ZR 218/03 – Infomatec III, WM 2004, 1731 = ZIP 2004, 1599 = AG 2004, 543; *Maier-Reimer/Seulen* in Habersack/Mülbert/Schlitt, Hdb. Kapitalmarktinformation, § 30 Rz. 192 ff.; *Fleischer*, AG 2008, 265 ff. (zur zivilrechtlichen Teilnehmerhaftung; *Mülbert/Steup* in Habersack/Mülbert/Schlitt, Unternehmensfinanzierung am Kapitalmarkt, Rz. 41.252 ff., 256 f.
105 *Abendroth*, WM 2008, 1147, 1150 m.w.N.

3. Hinzurechnungstatbestände des § 34 WpHG	18.16
a) Tochterunternehmen	18.19
b) Für Rechnung des Meldepflichtigen gehalten (§ 34 Abs. 1 Satz 1 Nr. 2 WpHG)	18.22
c) Als Sicherheit übertragen (§ 34 Abs. 1 Satz 1 Nr. 3 WpHG)	18.25
d) Nießbrauch (§ 34 Abs. 1 Satz 1 Nr. 4 WpHG)	18.26
e) Erwerbsrechte (§ 34 Abs. 1 Satz 1 Nr. 5 WpHG)	18.27
f) Anvertraute Stimmrechte/Stimmrechte auf Grund von Bevollmächtigung (§ 34 Abs. 1 Satz 1 Nr. 6 WpHG)	18.30
g) Zeitweilige Übertragung der Stimmrechte und Sicherungsübereignung (§ 34 Abs. 1 Satz 1 Nr. 7 und 8 WpHG)	18.36
h) Abgestimmtes Verhalten (§ 34 Abs. 2 WpHG)	18.38
4. Nichtberücksichtigung von Stimmrechten (§ 36 WpHG)	18.44
5. Meldepflichtiger (§ 33 Abs. 1 Satz 1, § 37 WpHG)	18.45
6. Inhalt, Form und Zeitpunkt der Mitteilung (§§ 12 ff. WpAV)	18.47
7. Adressat der Mitteilungen	18.50
8. Sanktionen	18.51
a) Strafrechtliche Sanktionen	18.51
b) Zivilrechtliche Sanktionen	18.52
aa) Rechtsverlust (§ 44 WpHG)	18.52
bb) Schadensersatz (§ 823 Abs. 2 BGB i.V.m. §§ 33 ff. WpHG)	18.63
cc) Naming und Shaming	18.64
9. Mitteilungspflichten für sonstige Finanzinstrumente (§§ 38, 39 WpHG)	18.65
10. Mitteilungspflichten für Inhaber wesentlicher Beteiligungen (§ 43 WpHG)	18.68
III. Veröffentlichungspflichten von Inlandsemittenten (§§ 40, 41 WpHG)	18.72
1. Inhalt, Form und Frist von Informationen nach §§ 33, 38, 39 WpHG	18.72
2. Veröffentlichung der Gesamtzahl der Stimmrechte gemäß § 41 WpHG	18.76
3. Sanktionen	18.79
IV. Nachweispflichten und Überwachung	18.80
1. Nachweispflicht (§ 42 WpHG)	18.80
2. Überwachung durch BaFin (§ 4 WpHG)	18.82
V. Prozessuale Aspekte	18.83

Schrifttum zur Rechtslage ab 21.11.2015: *Baums*, Ein neuer Schleichweg? Zur Auslegung des § 38 WpHG, in FS Seibert, 2019, S. 31; *Brandt*, Stimmrechtsmitteilungen nach §§ 21, 25, 25a, 27a WpHG im Aktienemissionsgeschäft, WM 2014, 543; *Brellochs*, Konkretisierung des Acting in Concert durch den BGH, AG 2019, 29; *Brellochs*, Die Neuregelung der kapitalmarktrechtlichen Beteiligungspublizität – Anmerkungen aus Sicht der M&A- und Kapitalmarktpraxis, AG 2016, 157; *Buck-Heeb*, Acting in Concert und Verhaltensabstimmung im Einzelfall, BKR 2019, 8; *Bungert/Becker*, Zur Unbeachtlichkeit von Entherrschungsverträgen bei Stimmrechtsmitteilungen nach dem WpHG, DB 2020, 2456; *Burgard/Heimann*, Beteiligungspublizität nach dem Transparenzrichtlinie, in FS Dauses, 2014, S. 47; *Burgard/Heimann*, Beteiligungspublizität nach dem Regierungsentwurf eines Gesetzes zur Umsetzung der Transparenzrichtlinie-Änderungsrichtlinie, WM 2015, 1445; *Dieckmann*, Der neue Emittentenleitfaden Modul B, BKR 2019, 114; *Dietrich*, Stimmrechtsmitteilungspflichten bei Gesellschaftervereinbarungen mit Erwerbsrechten bzw. -pflichten in Bezug auf mit Stimmrechten verbundenen Aktien eines börsennotierten Emittenten, WM 2016, 1577; *Dietrich*, Änderungen bei der wertpapierhandelsrechtlichen Beteiligungstransparenz im Zusammenhang mit Investmentvermögen, ZIP 2016, 1612; *Dollenz*, Neuerungen der Beteiligungspublizität nach der BörseG-Novelle 2015, ÖBA 2016, 428; *Eggers/de Raet*, Das Recht börsennotierter Gesellschaften zur Identifizierung ihrer Aktionäre gem. der EU-Aktionärsrechterichtlinie, AG 2017, 464; *Gegler*, Zur Reformbedürftigkeit des § 44 – ex lege-Rechtsverlust oder Anordnungsbefugnis der BaFin?, ZBB 2018, 126; *Götze*, Der Entwurf eines Emittentenleitfadens 2013 – Änderungen der Verwaltungspraxis zur kapitalmarktrechtlichen Beteiligungstransparenz, BKR 2013, 265; *Habersack*, Schranken des Verlusts von Rechten aus zugerechneten Aktien nach § 20 Abs. 7 AktG, § 44 Abs. 1 WpHG, § 59 WpÜG, AG 2018, 133; *Hippeli*, Stiftungen und Trusts als Zurechnungsmittler von Stimmrechten, AG 2014, 147; *Hitzer/Hauser*, Stimmrechtszurechnung: acting in concert und Kettenzurechnung im Lichte der vollharmonisierenden Wirkung der Transparenzrichtlinie, NZG 2016, 1365; *Hoffmann-Becking*, Der aktienrechtliche Entherrschungsvertrag – unbeachtlich im Kapitalmarktrecht, ZGR 2021, 309; *Horcher/Konvács*, Die Reichweite der Stimmrechtszurechnung wegen Acting in Concert nach dem BGH-Urteil v. 25.09.2018 (II ZR 190/17), DStR 2019, 388; *Jüngst/Bünten*, Wertpapierhandelsrechtliche Mitteilungspflichten in M&A-Transaktionen, ZIP 2019, 847; *Kocher*, Zurechnung beim Acting in Concert nur auf kontrollierende Poolmitglieder? – Ein Problem im Kapitalmarktrecht und beim Transparenzregister, BB 2018, 1667; *Kraack*, Beteiligungspublizität bei Erwerbs- und Übernahmeangeboten, AG 2017, 677; *Krause*, Eigene Aktien bei Stimmrechtsmitteilung und Pflichtangebot, AG 2015, 553; *Leyendecker-Langner/Huthmacher*, Die Aufstockungsabsicht nach § 27a Abs. 1 Satz 3 Nr. 2 WpHG im Kontext von öffentlichen Übernahmen, AG 2015, 560; *Merkner/Sustmann*, Die Verwaltungspraxis der BaFin in Sachen Beteiligungstransparenz auf Grundlage der Neufassung des Emittentenleitfadens, NZG 2013, 1361; *Meyer*, Erleichterungen im Recht der Stimmrechtsmitteilungen bei Aktienemissionen, BB 2016, 771; *Mock*, Mitteilungspflichten nach § 38 Abs. 1 Satz 1 Nr. 2 WpHG für strategische Investoren bei Vorerwerben durch Finanzinvestoren, AG 2018, 695; *Nartowska/Walla*, Das Sanktionsregime für Verstöße gegen die Beteiligungstransparenz nach der Transparenzrichtlinie 2013, AG 2014, 891; *Nietsch*, Kapitalmarkttransparenz und Marktmanipulation, WM 2020, 717; *Noack*, Gesetzliche „Klarstellung": Legitimationsaktionär bei Namensaktien nicht meldepflichtig, website Nov. 2014; *Parmentier*, Die Revision der EU-Transparenzrichtlinie für börsennotierte Unternehmen, AG 2014, 15; *Paudtke/Glauer*, Nachforschungspflichten der Emittentin hinsichtlich der Richtigkeit der Meldungen nach §§ 21 ff. WpHG, NZG 2016, 125; *Piroth*, Die Klarstellung zur Mitteilungspflicht des Legitimationsaktionärs im Rahmen des geplanten Kleinanlegerschutzgesetzes, AG 2015, 10; *Richter*, Unterliegt der im Aktienregister eingetragene Legitimationsaktionär den Mitteilungspflichten aus den §§ 21 ff. WpHG?, WM 2013, 2296 (Teil I) und WM 2013, 2337 (Teil II); *Schilha*, Umsetzung der EU-Transparenzrichtlinie 2013: Neuregelungen zur Beteiligungspublizität und periodischen Finanzberichterstattung, DB 2015, 1821; *Schilha*, Zur Zusammenrechnung der Stimmrechte bei einem Aktienbindungsvertrag zwischen Familienaktionären, EWiR 2016, 301; *Schockenhoff/Nußbaum*, Die neuen Transparenzvorschriften für Stimmrechtsberater, ZGR 2019, 163; *Söhner*, Die Umsetzung der Transparenzrichtlinie III, ZIP 2015, 2451; *Stephan*, Die WpHG-Änderungen vom November 2015, Der Konzern 2016, 53; *Tautges*, Stimmrechtsmitteilungen (§§ 21 ff. WpHG) im Aktienemissionsgeschäft nach dem Gesetz zur Umsetzung der Transparenzrichtlinie-Änderungsrichtlinie, WM 2017, 512; *Tröger*, Die Regelungen zu institutionellen Investoren, Vermögensverwaltern und Stimmrechtsberatern im Referentenentwurf eines Gesetzes zur Umsetzung der zweiten Aktionärsrechterichtlinie (ARUG II), ZGR 2019, 126; *Weidemann*, „Hidden Ownership" und §§ 21 ff. WpHG – status quo?, NZG 2016, 605.

Schrifttum zur Rechtslage bis 20.11.2015: Vgl. Literaturverzeichnis zu § 18 der 4. Aufl.

I. Entstehungsgeschichte und Regelungsziel

1. Entstehungsgeschichte und europarechtliche Vorgaben

18.1 In Deutschland herrschte lange Zeit die Auffassung vor, dass Anlagen in börsennotierten Aktiengesellschaften anonym möglich sein müssten. Dementsprechend bestand erheblicher Widerstand gegen Bestrebungen des Gesetzgebers, eine **Offenlegung von Beteiligungen** vorzusehen[1]. Da die wesentlichen Kapitalmarktrechte der westlichen Staaten eine derartige Offenlegung vorsehen, beschloss die EG 1988 die sog. Transparenzrichtlinie[2] (Transparenzrichtlinie 1988), die später in der sog. Kodifizierungsrichtlinie[3] aufging. Zur weiteren Harmonisierung folgte 2004 eine neue Transparenzrichtlinie[4] (Transparenzrichtlinie 2004) und 2013 die Transparenzrichtlinie-Änderungsrichtlinie[5].

---

1 Vgl. z.B. *Schäfer*, BB 1966, 230; zu den ideologischen Aspekten vgl. *Opitz* in Schäfer/Hamann, Kapitalmarktgesetze, vor § 21 WpHG Rz. 2 ff.
2 Richtlinie 88/627/EWG des Rates v. 12.12.1988, ABl. EG Nr. L 348 v. 17.12.1988, S. 62 ff.
3 Richtlinie über die Zulassung von Wertpapieren zur amtlichen Börsennotierung und über die hinsichtlich dieser Wertpapiere zu veröffentlichenden Informationen, 2001/34/EG v. 28.5.2001, ABl. EG Nr. L 184 v. 6.7.2001, S. 1.
4 Richtlinie 2004/109/EG des Europäischen Parlamentes und des Rates v. 15.12.2004 zur Harmonisierung der Transparenzanforderungen in Bezug auf Informationen über Emittenten, deren Wertpapiere zum Handel auf einem geregelten Markt zugelassen sind, und zur Änderung der Richtlinie 2001/34/EG, ABl. EU Nr. L 390 v. 31.12.2004, S. 38.
5 Richtlinie 2013/50/EU des Europäischen Parlaments und des Rates v. 22.10.2013 zur Änderung der Richtlinie 2004/109/EG, der Richtlinie 2003/71/EG sowie der Richtlinie 2007/14/EG, ABl. EU Nr. L 294 v. 6.11.2013, S. 13.

Die Umsetzung der **Transparenzrichtlinie 1988** in deutsches Recht erfolgte – verspätet – durch das 18.2
Zweite Finanzmarktförderungsgesetz mit Wirkung ab 1.1.1995[6]. Seitdem müssen wesentliche Beteiligungen an börsennotierten Aktiengesellschaften der Gesellschaft gemeldet werden und sind von dieser zu veröffentlichen. Als wesentliche Beteiligung galt – über die Transparenzrichtlinie 1988 hinausgehend – zunächst eine solche in Höhe von 5 % der Stimmrechte[7]. Erfasst wurden in Deutschland zunächst nur die im (damaligen) amtlichen Markt gehandelten Aktien[8] und ab dem 1.1. bzw. 1.4.2002 auch die im damaligen geregelten Markt notierten. Die **Transparenzrichtlinie 2004** wurde durch das **Transparenzrichtlinie-Umsetzungsgesetz (TUG)**[9] fristgerecht zum 20.1.2007 in deutsches Recht umgesetzt. Dabei machte der deutsche Gesetzgeber von dem durch Art. 9 Abs. 1 Transparenzrichtlinie 2004 fakultativ eingeräumten Recht Gebrauch, unterhalb der bereits von der Transparenzrichtlinie 1988 vorgesehenen Meldeschwelle von 5 % noch eine weitere Meldeschwelle von 3 % einzuführen, um ein „Anschleichen" zu erschweren[10]. Die Transparenzrichtlinie 2004 wurde im Hinblick auf die Offenlegung bedeutender Beteiligungen konkretisiert durch die Richtlinie 2007/14/EG zur Harmonisierung der Transparenzanforderungen (sog. Transparenzanforderungsrichtlinie)[11], die ihrerseits durch die Transparenzrichtlinie-Durchführungsverordnung (TranspRLDV)[12] in deutsches Recht umgesetzt wurde. Die TranspRLDV konkretisierte insbesondere § 22 Abs. 3a Satz 1, § 23 Abs. 4, § 37w Abs. 1 Satz 1 WpHG a.F., § 30 Abs. 3 WpÜG und § 32 Abs. 2 InvG bzw. seit 22.7.2013 § 94 KAGB. Weitere Änderungen brachte das Risikobegrenzungsgesetz vom 18.8.2008[13] in vier Punkten. Diese Änderungen betrafen das abgestimmte Verhalten nach § 22 Abs. 2 WpHG a.F. sowie die Mitteilungspflichten bei Finanzinstrumenten, es wurden Mitteilungspflichten bei wesentlichen Beteiligungen als § 27a WpHG a.F. neu eingeführt und die Sanktionen bei Verletzungen von Mitteilungspflichten gemäß § 28 WpHG a.F. spürbar verschärft. Die Fälle Schaeffler/Continental (2008) und Porsche/VW (2007/2008) zeigten, dass der mit der TUG – auch – intendierte Zweck, ein „Anschleichen" zu verhindern, nicht erreicht wurde, da dieses weiterhin durch Derivate mit Barausgleich bewirkt werden konnte[14]. Durch das **Anlegerschutz- und FunktionsverbesserungsG (AnSFuG)** vom 5.4.2011[15] führte der Gesetzgeber auf nationaler Basis umfangreiche weitere Ergänzungen mit Wirkung zum 1.2.2012 ein, u.a. § 25a WpHG a.F. mit einer deutlichen Erweiterung der Meldepflichten durch Erstreckung auf Situationen, die nur potentiell zu einem Stimmrechtserwerb führen können, ohne dass es auf eine Absicht, einen solchen Einfluss zu gewinnen, ankam[16]. Auf der Ebene der EU wurde die Transparenzrichtlinie nicht nur mit dem Ziel der Mindestharmonisierung, sondern auch der – zumindest teilweisen – Vollharmonisierung[17] durch die Transparenzrichtlinie-Änderungsrichtlinie angepasst[18]. Sie wurde durch das Transparenz-

---

6 BGBl. I 1994, 1749 ff.
7 Vorgabe der Transparenzrichtlinie: 10 %; schon damals auf nationalem Recht beruhend in England: 3 %, in Italien: 2 %.
8 Vorgabe der Transparenzrichtlinie: nur amtlicher Markt.
9 BGBl. I 2007, 10.
10 Begr. RegE, BT-Drucks. 16/2498, S. 79. Zudem wurde das Herkunftsstaatsprinzip und der Inlandsemittent auch für die Mitteilungspflichten eingeführt.
11 ABl. EU Nr. L 69 v. 9.3.2007, S. 27.
12 BGBl. I 2008, 408.
13 BGBl. I 2008, 1666. Siehe auch BR-Drucks. 449/08 sowie BT-Drucks. 16/9778 v. 25.6.2008.
14 Dazu *Krause*, AG 2011, 469, 470 f.; *Heusel*, WM 2012, 291, 292 f.; *Christ*, Barausgleichsderivate, S. 26 ff.; *Opitz* in Schäfer/Hamann, Kapitalmarktgesetze, § 25a WpHG Rz. 1; zu weiteren Fällen im Ausland: *Baums/Sauter*, ZHR 173 (2009), 454, 455 in Fn. 2 und *Christ*, Barausgleichsderivate, S, 34 ff.
15 Vgl. RegE, BT-Drucks. 17/3628, S. 1 f.; Bericht des Finanzausschusses, BT-Drucks. 17/4739, S. 12; BGBl. I 2011, 538.
16 *Heusel*, WM 2012, 291, 293; krit. zur Erreichung des Ziels *Uwe H. Schneider* in Assman/Uwe H. Schneider, 6. Aufl. 2012, § 25a WpHG Rz. 13; krit. zur Einhaltung des verfassungsrechtlichen Bestimmtheitsgebots *Opitz* in Schäfer/Hamann, Kapitalmarktgesetze, § 25a WpHG Rz. 1d und § 25 Rz. 1d und 1e.
17 Vgl. Art. 3 Abs. 1a Unterabs. 4 der ÄnderungsRiLi.
18 Vgl. *Brinckmann*, BB 2012, 1370 ff.; *Pohle-Neumann/Groß-Bölting*, AG 2012, R237 ff.; *Seibt*, ZIP 2012, 797 ff.; *Seibt/Wollenschläger*, AG 2012, 305 ff.; *Veil*, WM 2012, 53 ff.; *Veil*, BB 2012, 1374 ff.; *Seibt*, ZHR 177 (2013), 427 ff.; *Veil*, ECFR 2013, 18 ff.

richtlinie-Änderungsrichtlinie-Umsetzungsgesetz[19] mit Wirkung zum 21.11.2015 in deutsches Recht umgesetzt, was insbesondere bei den §§ 22a, 23, 24 bis 25a, 26a WpHG a.F. zu Änderungen führte. Das WpHG wurde durch das 2. FiMaNoG neu nummeriert, so dass sich die Regelungen des Sechsten Abschnitts über die „Mitteilung, Veröffentlichung und Übermittlung von Veränderungen des Stimmrechtsanteils an das Unternehmensregister" ab 3.1.2018 in den §§ 33 bis 47 WpHG finden. Die diese konkretisierende WpAV[20] wurde mit Wirkung gleichfalls zum 3.1.2018 geändert und enthält Regelungen zu der „Veröffentlichung und Mitteilung bei Veränderung des Stimmrechtsanteils" in §§ 12 bis 17 WpAV.

2. Gesetzeszweck und Auslegungsmethoden

18.3 Ziel der gesetzlichen Regelung ist die **Verbesserung der Information** zum Schutz der Anleger auf dem Wertpapiersektor, die Steigerung der Effizienz der Wertpapiermärkte, die Vorbeugung gegen den Missbrauch von Insiderinformationen sowie eine bessere Gewährung des **Überblicks über die Aktionärsstruktur** und die **Beherrschungsverhältnisse** für die betroffene Aktiengesellschaft[21]. Streitig ist, ob den Regelungen auch individualschützender Charakter zukommt und sie damit eine Basis für individuelle Schadensersatzansprüche nach § 823 Abs. 2 BGB darstellen können (vgl. dazu Rz. 18.63).

18.4 Die Regelungen der §§ 33 ff. WpHG (bis 2.1.2018: §§ 21 ff.) gehören dem **öffentlichen Recht** an, soweit sie Pflichten der Kapitalmarktteilnehmer gegenüber der BaFin betreffen. Dementsprechend greift das **Analogieverbot** von Art. 103 Abs. 2 GG, § 3 OWiG als Grenze der Auslegung. Soweit die Regelungen zivilrechtliche Pflichten (z.B. des Meldepflichtigen gegenüber der Gesellschaft) enthalten, handelt es sich um **zwingendes Privatrecht**. Da jedoch auch Verstöße gegen dieses bußgeldbewehrt sind, greift als Auslegungsgrenze wiederum das Analogieverbot, ohne dass eine **gespaltene Auslegung** möglich ist[22].

3. Verhältnis zu anderen Vorschriften

18.5 Neben denen des WpHG bestehen in einer Vielzahl von Gesetzen **Offenlegungs- und Anzeigepflichten**. Hervorzuheben sind insbesondere das Aktienrecht (§§ 20 ff., 328 AktG), das Handelsrecht (§§ 106, 107, 162, 176 HGB), das Kapitalgesellschaftsrecht (§ 40 GmbHG sowie diverse Normen im GenG), das Bilanzrecht, das Börsenrecht, das Wertpapierprospektrecht, das Kartellrecht, das Bankrecht, das Versicherungsrecht sowie das Übernahmerecht[23] sowie jüngst der Aktionärsrechterichtlinie[24]. Eine wesentliche Abgrenzung zu den Mitteilungs- und Veröffentlichungspflichten des Aktiengesetzes erfolgt dergestalt, dass die Regelungen des WpHG nur für **Stimmrechte an Emittenten**, für die Deutschland

---

19 BGBl. I 2015, 2029.
20 BGBl. I 2017, 3727, zuletzt geändert durch Gesetz v. 19.10.2018, BGBl. I 2018, 1758.
21 BT-Drucks. 12/6679, S. 52; *Fleischer/Schmolke*, ZIP 2008, 1501, 1502; *Uwe H. Schneider* in Assmann/Uwe H. Schneider/Mülbert, Vor § 33 WpHG Rz. 21 ff., 28 ff.; *Opitz* in Schäfer/Hamann, Kapitalmarktgesetze, vor § 21 WpHG Rz. 9 ff. und § 21 WpHG Rz. 1 f.; *v. Hein* in Schwark/Zimmer, Vor § 33 WpHG Rz. 3.
22 **H.L.**, vgl. BGH v. 18.9.2006 – II ZR 137/05, ZIP 2006, 2077 = AG 2006, 883 (zu § 30 WpÜG); BGH v. 19.7.2011 – II ZR 246/09, BGHZ 190, 291, 298 = NZG 2011, 1147, 1149 = AG 2011, 786; *Fleischer/Schmolke*, ZIP 2008, 1501, 1506; *Fleischer*, DB 2009, 1335; *v. Hein* in Schwark/Zimmer, Vor § 33 WpHG Rz. 56; *Zimmermann* in Fuchs, Vor § 21 bis 30 WpHG Rz. 25; **a.A.** *Cahn*, AG 1997, 502, 503; *Cahn*, ZHR 162 (1998), 1, 9 ff., der für gespaltene Auslegung der zivilrechtlichen und der ordnungswidrigkeitenrechtlichen Seite plädiert; differenzierend *Uwe H. Schneider* in Assmann/Uwe H. Schneider/Mülbert, Vor § 33 WpHG Rz. 47 ff., 50 ff.; *Hammen*, Der Konzern 2009, 18, 20 ff. zu § 30 Abs. 2 WpÜG.
23 Vgl. umfassend *Uwe H. Schneider* in Assmann/Uwe H. Schneider, 6. Aufl. 2012, Vor § 21 WpHG Rz. 60 bis 86 und in 7. Aufl. 2019 eingeschränkt Vor WpHG § 33 Rz. 62 ff.
24 Zu dem Verhältnis der EU-Aktionärsrechterichtlinie zu den §§ 33 ff. WpHG vgl. *Eggers/de Raet*, AG 2017, 464 ff.

der **Herkunftsstaat** ist (§ 2 Abs. 13 WpHG) und dessen Aktien an einem **organisierten Markt**[25] zugelassen sind, gelten. Demgegenüber finden die Mitteilungs- und Veröffentlichungspflichten der §§ 20 ff. AktG nach § 20 Abs. 8 AktG nur auf Gesellschaften Anwendung, deren Aktien nicht börsennotiert i.S.v. § 33 Abs. 4 WpHG (bis 2.1.2018: § 21 Abs. 2) sind. Trotz klarer Abgrenzung der Anwendungsbereiche sind die Wertungswidersprüche und Transparenzlücken jedoch noch nicht völlig beseitigt worden[26].

Demgegenüber gelten die Regelungen der §§ 33 ff. WpHG (bis 2.1.2018: §§ 21 ff.) kumulativ zu denen des WpÜG, insbesondere des § 23 WpÜG mit der Pflicht zur Mitteilung von Stimmrechtsanteilen nach Abgabe eines Übernahmeangebotes (sog. **Wasserstandsmeldungen**)[27]. Zur Vermeidung von Doppelmeldungen vgl. Rz. 18.65. Eine „Harmonisierung" der Zurechnungstatbestände des WpHG sowie des WpÜG hat dergestalt stattgefunden, dass § 30 WpÜG die Regelungen des § 22 WpHG a.F. bzw. § 34 WpHG i.d.F. des 2. FiMaNoG übernommen hat[28]. Die sich aus dem **Börsenzulassungsprospekt** bzw. einem **Wertpapierverkaufsprospekt** ergebenden Informationen über die Beteiligungsverhältnisse an der Gesellschaft sind lediglich auf den Zeitpunkt der Börsenzulassung bzw. des Wertpapierangebotes bezogen und anders als die Informationspflichten nach dem WpHG nicht dynamisch ausgestaltet[29].

18.6

II. Meldepflicht

1. Stimmrechte an börsennotierten Gesellschaften

Nach § 33 Abs. 1 Satz 1 WpHG (bis 2.1.2018: § 21 Abs. 1 Satz 1) besteht eine Pflicht zur Meldung von bestimmten Höhen von Stimmrechten an Emittenten, für die die Bundesrepublik Deutschland der Herkunftsstaat ist. Der **Begriff des Emittenten**, für den die **Bundesrepublik Deutschland der Herkunftsstaat** ist, wird durch § 2 Abs. 13 WpHG (bis 2.1.2018: § 2 Abs. 6) definiert, jedoch durch § 33 Abs. 4 WpHG (bis 2.1.2018: § 21 Abs. 2) wieder eingeschränkt auf solche Emittenten, deren „Aktien zum Handel an einem organisierten Markt zugelassen" sind. Damit werden die Regelungen der §§ 33 ff. WpHG (bis 2.1.2018: §§ 21 ff.) entsprechend ihrem Zweck auf Emittenten beschränkt, deren Aktien börsenzugelassen sind. Organisierter Markt wird definiert durch § 2 Abs. 11 WpHG (bis 2.1.2018: § 2 Abs. 5) und umfasst in Deutschland den regulierten Markt und die EUREX, nicht jedoch den Freiverkehr[30]. Zudem muss es sich um einen Emittenten handeln, für den die Bundesrepublik Deutschland der Herkunftsstaat ist. Dies wird definiert durch § 2 Abs. 13 WpHG (bis 2.1.2018: § 2 Abs. 6)[31]. Da der Emittent Aktien emittiert haben muss, kommt nur § 2 Abs. 13 Nr. 1 2. Alt. und Nr. 3 WpHG (bis 2.1.2018: § 2 Abs. 6 Nrn. 2 u. 3) in Betracht. Danach ist **Deutschland der Herkunftsstaat** für

18.7

---

25 Die für das Insiderrecht, die Ad-hoc-Publizität und die Meldepflichten von Geschäften von Führungskräften mit der MAR und dem 2. FiMaNoG eingeführte Erstreckung auf MTF und OTF wurde für die Beteiligungstransparenz nicht vorgenommen.
26 Vgl. *Opitz* in Schäfer/Hamann, Kapitalmarktgesetze, vor § 21 WpHG Rz. 11 f.
27 Vgl. *Möllers* in KölnKomm. WpÜG, § 23 WpÜG Rz. 8 ff.; *Witt*, NZG 2000, 809; *Burgard*, WM 2000, 611; *Uwe H. Schneider* in Assmann/Uwe H. Schneider/Mülbert, Vor § 33 WpHG Rz. 68; *v. Hein* in Schwark/Zimmer, Vor § 33 WpHG Rz. 52.
28 Krit. hierzu *Opitz* in Schäfer/Hamann, Kapitalmarktgesetze, vor § 21 WpHG Rz. 11; *Drinkuth*, ZIP 2008, 676 ff.
29 Vgl. *v. Hein* in Schwark/Zimmer, Vor § 33 WpHG Rz. 54.
30 Vgl. *Nießen*, NZG 2007, 41, 42; *Sudmeyer*, BB 2002, 685; *Assmann* in Assmann/Uwe H. Schneider/Mülbert, § 2 WpHG Rz. 210 ff., 215.
31 Gutes Prüfschema für „Inlandsemittent" und „Herkunftsstaat" bei BaFin, Emittentenleitfaden – Entwurf 4/2013, sub IV.2.1.1. und IV.2.1.2., S. 16 f.

– Emittenten mit Sitz im Inland und Zulassung seiner Aktien an einem organisierten Markt im Inland oder in einem (oder mehreren) anderen Mitgliedstaat(en) der EU oder des EWR (Nr. 1 lit. a) sowie für

– Emittenten mit Sitz in einem Drittstaat und Zulassung seiner Aktien an einem organisierten Markt im Inland und Wahl der Bundesrepublik als Herkunftsstaat gemäß § 4 Abs. 1 WpHG (Nr. 1 lit. b) sowie für

– Emittenten mit Sitz in einem Drittstaat und Zulassung seiner Aktien an einem organisierten Markt im Inland und Möglichkeit der Wahl der Bundesrepublik als Herkunftsstaat gemäß Nr. 1 lit. b, solange sie nicht wirksam einen Herkunftsmitgliedstaat gemäß § 4 i.V.m. § 5 WpHG (oder nach anderen, entsprechenden Vorschriften anderer Mitgliedsstaaten der EU oder des EWR) gewählt haben (Nr. 3)[32].

Ein **Drittstaatenemittent** hat nach Art. 28, Art. 2 lit. m) ProspektVO bei der Emission den „Herkunftsstaat" innerhalb der EU oder des EWR zu wählen und bleibt an diese Wahl gebunden[33]. Nicht erfasst sind Gesellschaften, deren Aktien – meist ohne ihre Zustimmung und mit bloßer Unterrichtung gemäß § 33 Abs. 3 BörsG – in den regulierten Markt aufgrund eines Beschlusses der Geschäftsführung der Börse nach § 33 Abs. 1 BörsG lediglich **einbezogen** wurden.

18.8 Meldepflichtig sind das **Erreichen** sowie das **Über- bzw. Unterschreiten von bestimmten Schwellenwerten** von Stimmrechten an einem Emittenten. Erfasst werden hiervon jedoch nur Stimmrechte an fremden Gesellschaften, so dass der Erwerb eigener – und daher stimmrechtsmäßig nicht ausübbarer – Aktien nicht unter § 33 WpHG (bis 2.1.2018: § 21) fällt[34]. Durch das den Erwerb eigener Aktien erleichternde KonTraG wurde jedoch bereits 1998 eine gesonderte Veröffentlichungspflicht für eigene Aktien eines Inlandsemittenten in § 26 Abs. 1 Satz 2 WpHG a.F. bzw. § 40 Abs. 1 Satz 2 WpHG i.d.F. des 2. FiMaNoG eingeführt (dazu Rz. 18.74)[35].

2. Schwellenwerte des § 33 WpHG

a) Quoten

18.9 Nach § 33 Abs. 1 WpHG (bis 2.1.2018: § 21 Abs. 1) betragen die eine Mitteilungspflicht auslösenden **Quoten 3 %, 5 %, 10 %, 15 %, 20 %, 25 %, 30 %, 50 % und 75 %** der Stimmrechte. Damit ist der deutsche Gesetzgeber über die ursprüngliche Grenze der Transparenzrichtlinie 1988 von 10 % bzw. die Grenze der Transparenzrichtlinie 2004 von 5 % hinausgegangen (Großbritannien: 3 %, Italien: 2 % – Frankreich hat es bei 5 % belassen[36]). Die Nutzung der von der Transparenzrichtlinie 2004 eröffneten Möglichkeit unterhalb der Schwelle von 5 % noch eine weitere Schwelle einzuführen, war im Gesetzgebungsverfahren lebhaft umstritten[37] und hat im europäischen Ausland nur wenige Parallelen. Die Schwelle von 30 % stellt nach § 29 Abs. 2 WpÜG das Erreichen der „Kontrolle" über die Zielgesellschaft dar. Da dies i.d.R. die Verpflichtung zur Abgabe eines Übernahmeangebotes nach §§ 35 ff. WpÜG auslöst, hat das TUG in Umsetzung der Transparenzrichtlinie das Überschreiten der 30 %-Grenze gleich-

---

32 Vgl. *Assmann* in Assmann/Uwe H. Schneider/Mülbert, § 2 WpHG Rz. 217 ff., 227 ff.
33 *Hutter/Kaulamo*, NJW 2007, 471, 472; *Ringe*, AG 2007, 809, 811 f.
34 Vgl. BT-Drucks. 13/9712, S. 30; *Opitz* in Schäfer/Hamann, Kapitalmarktgesetzte, § 21 WpHG Rz. 3; *Hirte* in KölnKomm. WpHG, § 21 WpHG Rz. 64, 70; so jetzt auch *Uwe H. Schneider* in Assmann/Uwe H. Schneider/Mülbert, § 33 WpHG Rz. 51 ff.
35 Vgl. *Uwe H. Schneider* in Assmann/Uwe H. Schneider, 6. Aufl. 2012, § 26 WpHG Rz. 17 ff. – die Regelung war zunächst in § 25 Abs. 1 Satz 3 WpHG a.F. enthalten und wurde durch das TUG in § 26 WpHG a.F. umgelegt.
36 Wobei Art. L 233-7 Abs. 3 Code de Commerce der Satzung der S.A. die Möglichkeit einräumt, die Schwelle auf 0,5 % zu reduzieren – vgl. auch *Uwe H. Schneider* in Assmann/Uwe H. Schneider/Mülbert, § 33 WpHG Rz. 61 mit Fn 5.
37 Vgl. BR-Drucks. 579/06, S. 60; *Hutter/Kaulamo*, NJW 2007, 471, 474 m.w.N.

falls in § 21 WpHG a.F. bzw. § 33 WpHG i.d.F. des 2. FiMaNoG eingefügt[38]. Von der grundsätzlichen Vollharmonisierung durch die Transparenzrichtlinie-Änderungsrichtlinie macht dessen Art. 3 Abs. 1a Unterabs. 4(i) eine ausdrückliche Ausnahme für eine unter 5 % liegende Mitteilungsschwelle[39], so dass der deutsche Gesetzgeber die Meldeschwelle von 3 % beibehalten konnte.

b) Berechnung

Für die Berechnung der Schwellenwerte sind ausschlaggebend die **Stimmrechte**. Dementsprechend sind die Stimmrechte des Meldepflichtigen ins **Verhältnis** zu setzen **zu der Gesamtsumme aller Stimmrechte** der börsennotierten Gesellschaft. Dabei sind **Mehrstimmrechtsaktien** sowohl beim Zähler wie beim Nenner mit zu berücksichtigen, während **stimmrechtslose Vorzugsaktien** unberücksichtigt bleiben außer in dem Fall, dass ihnen wegen Nichtzahlung des Vorzugs nach § 140 Abs. 2 AktG ein Stimmrecht zusteht. Dies hat zur Konsequenz, dass die Entstehung eines Stimmrechts für grundsätzlich **stimmrechtslose Vorzugsaktien** eine Meldepflicht des Halters auslösen kann[40]. Gleichzeitig können Aktionäre mit schon bisher stimmberechtigten Aktien durch die entstehenden Stimmrechte der Vorzugsaktien unter eine Schwelle geraten und insoweit meldepflichtig werden. Auslöser einer Meldepflicht können auch **Kapitalmaßnahmen** des Emittenten sein, insbesondere also Kapitalerhöhungen, an denen der Aktionär nicht teilnimmt (und deshalb eine Meldeschwelle unterschreitet) oder Kapitalherabsetzungen durch Einziehung von Aktien (mit der Folge des Überschreitens einer Meldeschwelle durch den nicht betroffenen Aktionär). Um den betroffenen Aktionären eine Feststellung des Erreichens, Über- oder Unterschreitens einer Meldeschwelle zu erleichtern, verpflichtet der durch das TUG in Umsetzung von Art. 16 der Transparenzrichtlinie 2004 eingeführte **§ 26a WpHG a.F.** bzw. § 41 WpHG i.d.F. des 2. FiMaNoG Inlandsemittenten, die **Gesamtzahl der Stimmrechte** und das Datum der Wirksamkeit der Zu- oder Abnahme spätestens innerhalb von zwei Handelstagen zu veröffentlichen, der BaFin mitzuteilen und dem Unternehmensregister zu übermitteln (vgl. Rz. 18.76 ff.). Hierauf darf sich der Meldepflichtige nach § 12 Abs. 3 WpAV verlassen[41].

18.10

Bei der **Berechnung** sämtlicher ausstehender Stimmrechte ist grundsätzlich auf das **abstrakte Bestehen** und nicht auf die **Ausübbarkeit** der Stimmrechte abzustellen. Dementsprechend müssen Aktien, deren Stimmrechte nicht ausgeübt werden können, in die Berechnung der Schwellenwerte einbezogen werden. Diese Frage stellt sich z.B. dann, wenn Stimmrechte wegen Verstoßes gegen die Mitteilungspflichten nicht ausgeübt werden können nach § 44 WpHG (bis 2.1.2018: § 28) oder wenn die AG eigene Aktien besitzt, aus der ihr nach § 71b AktG keine Rechte zustehen[42]. Ein **Sonderproblem** stellt sich bei der **Zurechnung eigener Aktien** des Emittenten, wenn der börsennotierte Emittent Tochterunternehmen des meldepflichtigen Aktionärs i.S.v. § 34 Abs. 1 Satz 1 Nr. 1, Abs. 3 WpHG (bis 2.1.2018: § 22 Abs. 1 Satz 1 Nr. 1, Abs. 3) ist. Hier ist **sehr strittig**, ob und ggf. wie die **eigenen Aktien des Emittenten** zu berücksichtigen sind. Nach einer Auffassung sind die **Gründe** für die Verhinderung

18.11

---

38 Vgl. *Weber-Rey/Benzler* in Habersack/Mülbert/Schlitt, Hdb. Kapitalmarktinformation, 2. Aufl. 2013, § 20 Rz. 47 f.
39 Vgl. *Burgard/Heimann* in FS Dauses, S. 47, 51 ff.; *Parmentier*, AG 2014, 15, 17 f.; *Söhner*, ZIP 2015, 2451; *Stephan*, Der Konzern 2016, 53.
40 So die **h.L.**, *Hirte* in KölnKomm. WpHG, 2. Aufl. 2014, § 21 WpHG Rz. 85; *Bayer* in MünchKomm. AktG, 4. Aufl. 2016, § 22 AktG Anh., § 21 WpHG Rz. 25; *Uwe H. Schneider* in Assmann/Uwe H. Schneider/Mülbert, § 33 WpHG Rz. 43; *Burgard*, BB 1995, 2069, 2070; *Opitz* in Schäfer/Hamann, Kapitalmarktgesetze, § 21 WpHG Rz. 16; **a.A.** *Happ*, JZ 1994, 240, 244.
41 *Bayer* in MünchKomm. AktG, 4. Aufl. 2016, § 22 AktG Anh., § 26a WpHG Rz. 1 sowie ausführlich Rz. 18.76 ff.
42 H.L., *Uwe H. Schneider* in Assmann/Uwe H. Schneider/Mülbert, § 33 WpHG Rz. 32; *v. Hein* in Schwark/Zimmer, § 33 WpHG Rz. 21; *Bayer* in MünchKomm. AktG, 4. Aufl. 2016, § 22 AktG Anh., § 21 WpHG Rz. 22; *Burgard*, BB 1995, 2069, 2070; *Cahn*, AG 1997, 502, 504 ff.; *Falkenhagen*, WM 1995, 1005, 1008; *Opitz* in Schäfer/Hamann, Kapitalmarktgesetze, § 21 WpHG Rz. 18 f.; *Sudmeyer*, BB 2002, 685, 687; *Widder/Kocher*, AG 2007, 13, 14; *Witt*, WM 1998, 1153, 1159; *Gätsch/Bracht*, AG 2011, 813 816 ff.

der Stimmrechtsausübung **unbeachtlich** mit der Folge, dass die von dem Emittenten gehaltenen eigenen Aktien im Rahmen der Zurechnung dieser Aktien zum Mutterunternehmen sowohl bei der Berechnung der Gesamtzahl der Stimmrechte des Emittenten (der sog. „Nenner") als auch bei der Berechnung des Stimmrechtsanteils des Aktionärs (der sog. „Zähler") zu berücksichtigen sind[43]. Nach der heute **wohl h.L.** und der Verwaltungspraxis der BaFin sollen die von dem Emittenten gehaltenen eigenen Aktien zwar bei der Berechnung der Gesamtzahl der Stimmrechte des Emittenten (der sog. „Nenner") zu berücksichtigen sein, nicht jedoch im Rahmen der Zurechnung der Stimmrechte bei der Muttergesellschaft (also nicht im sog. „Zähler"), da die §§ 21, 22 WpHG a.F. bzw. §§ 33, 34 WpHG i.d.F. des 2. FiMaNoG auf Stimmrechte und nicht auf Aktien abstellen und eine Zurechnung von nicht ausübbaren Stimmrechten eine Irreführung des Anlegerpublikums bewirke[44]. Eine **dritte Auffassung** will die eigenen Aktien des Emittenten weder bei der Berechnung der Gesamtzahl der Stimmrechte (dem „Nenner") noch bei der Zahl der zuzurechnenden Stimmrechte (dem „Zähler") berücksichtigen, da eine wirklichkeitsgetreue Offenlegung der Stimmrechtsmacht maßgeblich beteiligter Aktionäre erfordere, dass nur ausübbare Stimmrechte ohne Hinzurechnung nicht ausübbarer Stimmrechte veröffentlicht werden[45]. Diese Auffassung verweist zudem darauf, dass bei der Definition des Begriffs der Tochtergesellschaft in § 22a WpHG a.F. bzw. § 35 WpHG i.d.F. des 2. FiMaNoG mit dem Verweis auf § 290 HGB auch auf § 290 Abs. 4 Satz 2 HGB verwiesen wird, der bei der Berechnung der „Mehrheit der Stimmrechte" eigene Aktien abzieht, um ein zutreffendes Bild der wahren Stimmrechtsverhältnisse zu gewährleisten, während eine Berücksichtigung eigener Aktien im Ergebnis zu einer Verschleierung der bestehenden Stimmrechtsverhältnisse führe, weshalb bei §§ 21, 26a WpHG a.F. bzw. §§ 33, 41 WpHG i.d.F. des 2. FiMaNoG eigene Aktien generell nicht zu berücksichtigen sein sollen. Zur Meldepflicht über den Erwerb eigener Aktien nach § 40 WpHG (bis 2.1.2018: § 26 Abs. 1 Satz 2) siehe Rz. 18.74

c) Tatbestandsverwirklichung

18.12 Auslöser für eine Mitteilungspflicht nach § 33 Abs. 1 WpHG (bis 2.1.2018: § 21 Abs. 1) ist das **Erreichen, Überschreiten oder Unterschreiten der Schwellen durch Erwerb, Veräußerung oder auf sonstige Weise**. Der Erwerb kann rechtsgeschäftlich oder kraft Gesetzes, als Einzel- oder Gesamtrechtsnachfolge erfolgen, so dass auch eine Erbschaft einen Erwerbstatbestand darstellt. Das Gesetz stellte zunächst bei rechtsgeschäftlichen Erwerbern auf den Erwerb oder den Verlust der Stimmrechte ab und nicht bereits auf den Abschluss von Verträgen, die zum Erwerb oder Verlust der Stimmrechte führen[46]. Dementsprechend war auf das dingliche Erfüllungsgeschäft, durch die das Stimmrecht vermittelnden Aktien übertragen werden, abzustellen[47]. Durch das Transparenzrichtlinie-Änderungsrichtlinie-UmsetzungsG wurde § 21 Abs. 1b WpHG a.F. bzw. § 33 Abs. 3 WpHG i.d.F. des 2. FiMaNoG eingefügt, demzufolge „das Bestehen eines auf die Übertragung von Aktien gerichteten unbedingten und ohne zeitliche Verzögerung zu erfüllenden Anspruchs oder einer entsprechenden Verpflichtung" als „**gehören**" i.S.d. die Meldpflicht auslösenden Haltens der Aktien begründet. Damit stellt das WpHG nun-

---

[43] *Hirte* in KölnKomm. WpHG, § 21 WpHG Rz. 76; *Opitz* in Schäfer/Hamann, Kapitalmarktgesetze, § 21 WpHG Rz. 18; *von Bülow* in KölnKomm. WpHG, § 22 WpHG Rz. 51.

[44] *Busch*, AG 2009, 424 ff.; *Schnabel/Korff*, ZBB 2007, 179, 180; *Veil* in K. Schmidt/Lutter, Anh. § 22 AktG: § 21 WpHG Rz. 13; *Widder/Kocher*, AG 2007, 13 ff.; *Bayer* in MünchKomm. AktG, 4. Aufl. 2016, § 22 AktG Anh., § 21 WpHG Rz. 22; *Krause*, AG 2015, 553, 555 ff.

[45] *V. Hein* in Schwark/Zimmer, § 33 WpHG Rz. 22 ff.; *Gätsch/Bracht*, AG 2011, 813, 815 ff.; *Singhof* in Habersack/Mülbert/Schlitt, Hdb. Kapitalmarktinformation, § 20 Rz. 33.

[46] *Hirte* in KölnKomm. WpHG, § 21 WpHG Rz. 105 ff.; *Burgard*, BB 1995, 2069; *Opitz* in Schäfer/Hamann, Kapitalmarktgesetze, § 21 WpHG Rz. 20; *Steuer/Baur*, WM 1996, 1477; *Sudmeyer*, BB 2002, 685, 689; *Buckel/Vogel* in Habersack/Mülbert/Schlitt, Hdb. Kapitalmarktinformation, § 19 Rz. 47; *Bayer* in MünchKomm. AktG, 4. Aufl. 2016, § 22 AktG Anh., § 21 WpHG Rz. 27; *Schwark* in Schwark/Zimmer, 5. Aufl. 2010, § 21 WpHG Rz. 17; *Uwe H. Schneider* in Assmann/Uwe H. Schneider, 6. Aufl. 2012, § 21 WpHG Rz. 73 ff.

[47] *Nottmeier/Schäfer*, AG 1997, 87, 88 sowie die in der vorangehenden Fn. Genannten.

mehr auf den **rechtskräftigen Abschluss des schuldrechtlichen Geschäfts ab**, was den **Meldezeitpunkt** deutlich **vorverlagert**[48]. Dies soll jedoch nur gelten, wenn das Geschäft mit den üblichen Lieferfristen (T+2) zu erfüllen ist. In allen anderen Fällen der zeitlich verzögert zu erfüllenden Geschäfte (z.B. solche, die unter dem Vorbehalt einer kartellrechtlichen oder bankaufsichtsrechtlichen Genehmigung stehen[49] oder solche, die vinkulierte Namensaktien betreffen, bei denen der Erwerb nach § 68 Abs. 2 AktG erst mit Zustimmung der Gesellschaft eintritt, oder bei denen zwischen Signing und Closing ein deutlicher Zeitraum liegt[50]) soll das schuldrechtliche Geschäft gemäß § 38 WpHG (bis 2.1.2018: § 25) zu melden sein[51]. Auch die Einräumung eines Optionsrechts begründet keinen auf die Übertragung von Aktien gerichteten ohne zeitliche Verzögerung zu erfüllenden Anspruch, da es zunächst noch der Optionsausübung bedarf[52]. Bei bloßen **Namensaktien** ist zwar die Eintragung im Aktienbuch eine Ausübungsvoraussetzung für das Stimmrecht, nicht jedoch für das Entstehen des Stimmrechts, so dass bereits der schuldrechtliche Erwerb der Aktien auch ohne Eintragung im Aktienbuch zu einer Meldepflicht führt. In Rechtsprechung und Literatur **sehr streitig** war, ob einen in das Aktionärsregister eingetragenen **Legitimationsaktionär** gemäß § 67 Abs. 2 Satz 1, § 129 Abs. 3 Satz 2 AktG – i.d.R. also die Depotbank – gleichfalls eine Mitteilungspflicht gemäß § 21 Abs. 1 WpHG a.F. bzw. § 33 Abs. 1 WpHG i.d.F. des 2. FiMaNoG trifft, wenn er im Innenverhältnis weisungsgebunden ist. Das OLG Köln[53] hatte diese Frage bejaht, während das OLG Stuttgart in dem vergleichbaren Fall der Zuordnung der Aktien eines Spezial-Sondervermögens judizierte, dass nur der Spezialfondsinhaber nach § 21 Abs.1 WpHG a.F. bzw. § 33 Abs. 1 WpHG i.d.F. des 2. FiMaNoG mitteilungspflichtig ist[54]. Die **Befürworter der Mitteilungspflicht** in der Literatur verwiesen darauf, dass nur der Legitimationsaktionär zur Stimmrechtsausübung berechtigt ist, während die **verneinende Auffassung** darauf verwies, dass § 21 Abs. 1 WpHG a.F. bzw. § 33 Abs. 1 WpHG i.d.F. des 2. FiMaNoG grundsätzlich nur dem Eigentümer eine strafbewehrte Mitteilungspflicht auferlegt und dieser wegen des Analogieverbots nicht erweiternd ausgelegt werden kann[55]. Der Gesetzgeber klärte den Streit, indem er – klarstellend[56] – durch das Kleinanlegerschutzgesetz[57] in § 21 Abs. 1 Satz 1 WpHG a.F. bzw. § 33 Abs. 1 Satz 1 WpHG i.d.F. des 2. FiMaNoG nach dem Wort „Stimmrechte" einfügte „aus ihm gehörenden Aktien", womit Legitimationsaktionäre von einer Meldepflicht nicht betroffen sind, da ihnen die Aktien nicht gehören[58].

Erwerb und Veräußerung ohne zeitliche Verzögerung erfassen typischerweise schuldrechtliche Verträge wie Käufe, Verkäufe, Wertpapierpensionsgeschäfte und Wertpapierleihe[59], dagegen mit zeitlicher Verzögerung Verschmelzungen, Spaltungen, Aufspaltungen, Abspaltungen, Ausgliederungen und Ver- 18.13

---

48 *Burgard/Heimann*, WM 2016, 1445, 1446 f.; *Brellochs*, AG 2016, 157, 160 ff.; *v. Hein* in Schwark/Zimmer, KMRK, 5. Aufl. 2020, WpHG § 33 Rz. 25; BaFin, FAQ zu Transparenzpflichten, Stand 28.11.2016, Fragen 18 bis 22.
49 BaFin, FAQ zu Transparenzpflichten, Stand 28.11.2016, Frage 22 und 22a (zu Kartellvorbehalt).
50 *Stephan*, Der Konzern 2016, 53, 55; *Opitz* in Schäfer/Hamann, Kapitalmarktgesetze, § 21 WpHG Rz. 20 a.E.
51 Vgl. *Burgard/Heimann*, WM 2016, 1445, 1447.
52 Vgl. *Weidemann*, NZG 2016, 605, 608.
53 OLG Köln v. 6.6.2012 – 18 U 240/11, AG 2012, 599 = ZIP 2012, 1458; dazu *Cahn*, AG 2013, 459 ff. sowie *Widder/Kocher*, ZIP 2012, 2092 ff.
54 OLG Stuttgart v. 10.11.2004 – 20 U 16/03, ZIP 2004, 2232 Rz. 54 = AG 2005, 125; ebenso BaFin, Emittentenleitfaden, Modul B, sub I.2.2.2, S. 9; *v. Hein* in Schwark/Zimmer, § 33 WpHG Rz. 15 f.
55 Vgl. *Nartowska*, NZG 2013, 124; *Widder/Kocher*, ZIP 2012, 2092; *Cahn*, AG 2013, 459; *Richter*, WM 2013, 2296 ff. und 2337 ff.
56 RegBegr., BT-Drucks. 18/3994, S. 53 („ohne Änderung der Rechtslage").
57 BGBl. I 2015, 1114.
58 *Piroth*, AG 2015, 10, 13 f.; *Söhner*, Der Konzern 2016, 53, 55.
59 Zur Zulässigkeit der Nutzung der Wertpapierleihe zur Erreichung der Squeeze-out-Grenze von 95 % der Aktien und den Meldepflichten des Entleihers vgl. BGH v. 16.3.2009 – II ZR 302/06, AG 2009, 441 = WM 2009, 896 Rz. 34 f.; OLG München v. 26.11.2009 – 23 U 2306/06, Rz. 70 (zitiert nach juris); vgl. auch Rz. 18.24, 18.29.

mögensübertragungen nach dem UmwG[60], aber auch Erbgang[61]. Nicht hierunter fallen Umfirmierungen oder Umwandlungen des Aktionärs (vgl. Rz. 18.45).

18.14 Ein Über- oder Unterschreiten von Schwellenwerten kann auch **in sonstiger Weise** erfolgen. Hierzu zählen insbesondere die Fälle, in denen ohne Tätigkeit des Aktionärs ein Schwellenwert erreicht, über- oder unterschritten wird. Dies kann insbesondere eintreten bei Entstehung von Stimmrechten für Vorzugsaktien oder dem Wegfall dieser Stimmrechte[62], bei der **Abschaffung eines Mehrfachstimmrechts**, dem Erwerb eigener Aktien durch den Emittenten (dazu Rz. 18.12) und bei **Kapitalmaßnahmen** der Gesellschaft, die nicht sämtliche Aktionäre gleich behandelt (z.B. bei Ausschluss des Bezugsrechts, der Entstehung von Aktienspitzen bei Zusammenlegung von Aktien oder bei disproportionaler Einziehung von Aktien)[63] oder an der nicht alle proportional teilnehmen[64].

18.15 Eine Mitteilungspflicht besteht jedoch nicht nur bei dem Erreichen bzw. Über- oder Unterschreiten der Schwellenwerte durch einen Erwerb, eine Veräußerung oder in sonstiger Weise, sondern nach § 33 Abs. 2 WpHG (bis 2.1.2018: § 21 Abs. 1a) auch dann, wenn die Aktien eines Emittenten, für den die Bundesrepublik Deutschland Herkunftsstaat ist, **erstmals zum Handel** an einem organisierten Markt in der EU oder dem EWR **zugelassen** werden. § 33 Abs. 2 WpHG (bis 2.1.2018: § 21 Abs. 1a) entspricht damit § 127 Abs. 2 und Abs. 5 bis 11 WpHG (bis 2.1.2018: § 41 Abs. 2 und Abs. 4a bis 4g[65]), die gleichfalls eine Bestandsaufnahme über die Beteiligungsverhältnisse zu einem bestimmten Zeitpunkt bezwecken[66]. Dies gilt grundsätzlich auch dann, wenn der Gesellschaft bereits bekannt ist, welche Aktionäre sie im Zeitpunkt eines Börsenganges hat. Aufgrund der Sanktionen im Falle der Unterlassung einer Mitteilung, insbesondere des Rechtsverlustes nach § 44 WpHG (bis 2.1.2018: § 28), sollte die Gesellschaft ihre ihr bekannten Aktionäre auf diese Pflicht hinweisen.

3. Hinzurechnungtatbestände des § 34 WpHG

18.16 Bei der Berechnung der Stimmrechte nach § 33 Abs. 1 und 2 WpHG (bis 2.1.2018: § 21 Abs. 1 und 1a) mit der entsprechenden Meldepflicht sieht § 34 WpHG (bis 2.1.2018: § 22) eine **Hinzurechnung weiterer Stimmrechte** zu dem Meldepflichtigen in einer Vielzahl von Fällen vor. Durch die Hinzurechnung von Stimmrechten in einer Reihe von weiteren Situationen versucht der Gesetzgeber, Umgehungen von § 33 WpHG (bis 2.1.2018: § 21) auszuschließen. **§ 34 WpHG** (bis 2.1.2018: § 22) stellt damit einen **Auffangtatbestand** dar. Der Auffangtatbestand ist jedoch nicht umfassend, da nur „Stimmrechte aus Aktien" hinzugerechnet werden, und erst seit dem Risikobegrenzungsgesetz (August 2008) erfolgt eine Hinzurechnung von **sonstigen Finanzinstrumenten gemäß § 25 WpHG a.F.** bzw. § 38 WpHG i.d.F. des 2. FiMaNoG[67] und seit dem AnSFuG (Februar 2012) besteht eine Meldepflicht für bestimmte **Erwerbsrechte gemäß § 25a WpHG a.F.** bzw. § 39 WpHG i.d.F. des 2. FiMaNoG (dazu Rz. 18.65 ff.).

---

60 Vgl. *Hirte* in KölnKomm. WpHG, § 21 WpHG Rz. 109 f.; *Steuer/Baur*, WM 1996, 1477, 1483; *Opitz* in Schäfer/Hamann, Kapitalmarktgesetze, § 21 WpHG Rz. 22, 36a; *Widder*, NZG 2004, 275; zu den Umwandlungsfällen im Einzelnen *Heppe*, WM 2002, 60 ff.
61 *Hirte* in KölnKomm. WpHG, § 21 WpHG Rz. 110; ausführlich *Ponath/Raddatz*, ZEV 2013, 361 ff.
62 Vgl. dazu *Wilsing*, BB 1995, 2277 ff. sowie bei Rz. 18.10.
63 Vgl. *Opitz* in Schäfer/Hamann, Kapitalmarktgesetze, § 21 WpHG Rz. 23 m.w.N.; *Hirte* in KölnKomm. WpHG, § 21 WpHG Rz. 124 ff.; *Sethe*, ZIP 2010, 1825, 1828.
64 Vgl. die Beispiele bei *Sven H. Schneider*, NZG 2009, 121, 122.
65 Dazu OLG Düsseldorf v. 15.1.2010 – I-17 U 6/09, ZIP 2010, 990 = AG 2010, 330 – dieses ablehnend *Verse*, BKR 2010, 328 ff.; *Koch/Widder*, ZIP, 2010, 1326, 1328; *Veil*, ZHR 175 (2011), 82, 92 f.; *Merkner*, AG 2012, 199, 201; OLG Düsseldorf v. 29.12.2009 – I-6 U 69/08, AG 2010, 711 Rz. 68 ff., 75, 78.
66 *Bayer* in MünchKomm. AktG, 4. Aufl. 2016, § 22 AktG Anh., § 21 WpHG Rz. 30.
67 Dazu Rz. 18.61; krit. zur Rechtslage bis zum Risikobegrenzungsgesetz *von Bülow* in KölnKomm. WpHG, § 22 WpHG Rz. 19.

Der Wortlaut von § 34 WpHG (bis 2.1.2018: § 22) entspricht dem von § 30 **WpÜG**. Es ist jedoch durchaus nicht selbstverständlich, dass beide Normen einheitlich auszulegen sind. Die gesetzlichen Regelungen **verfolgen unterschiedliche Zwecke** (Unterrichtung des Kapitalmarktes vs. Information außenstehender Aktionäre zwecks Unterstützung bei Entscheidung über Desinvestment), führt zu unterschiedlichen Konsequenzen (Mitteilungspflicht vs. Pflicht zum Übernahmeangebot) und hat bei ihrer europarechtskonformen Auslegung unterschiedliche Richtlinien zu beachten[68]. Besonders deutlich wird dies nunmehr auch dadurch, dass der übernahmerechtliche Kontrolltatbestand unverändert an den dinglichen Erwerbstatbestand und nicht wie nunmehr die Meldepflichten des WpHG bereits an den Abschluss eines schuldrechtlichen Vertrages (dazu Rz. 18.12) anknüpft[69].

18.17

Für die Zurechnungstatbestände des § 34 Abs. 1 Satz 1 Nr. 2 bis 8 WpHG (bis 2.1.2018: § 22 Abs. 1 Satz 1 Nr. 2 bis 8) sieht § 34 Abs. 1 Satz 2 WpHG (bis 2.1.2018: § 22 Abs. 1 Satz 2) eine Zurechnung von Stimmrechten auch an **Tochterunternehmen des Meldepflichtigen** vor. Hierbei handelt es sich um eine sog. **Kettenzurechnung** bei allen Einzeltatbeständen, die eine Einbeziehung aller im Konzern bestehenden Stimmrechte in Verbindung mit der Definition des Tochterunternehmens in § 35 WpHG (bis 2.1.2018: § 22a) (dazu sogleich) bewirkt. Trotz des – insoweit missverständlichen – Wortlautes sieht die h.L. zu Recht eine Zurechnung nicht nur von Stimmrechten eines unmittelbaren Tochterunternehmens, sondern auch eines mittelbaren Tochterunternehmens (Enkelunternehmen) vor[70]. Streitig geworden ist, ob die Kettenzurechnung hinsichtlich sämtlicher Zurechnungstatbestände gelten kann, oder ob sie wegen gegen die Maximalharmonisierung der Regelungen durch die geänderte Transparenzrichtlinie auf die Nrn. 3 bis 5, 7 und 8 zu beschränken ist[71].

18.18

a) Tochterunternehmen

Zugerechnet werden nach § 34 Abs. 1 Satz 1 Nr. 1 WpHG (bis 2.1.2018: § 22 Abs. 1 Satz 1 Nr. 1) Stimmrechte aus Aktien, die einem Tochterunternehmen gehören. Für die Höhe der Zurechnung der Stimmrechte eines Tochterunternehmens stellt § 34 Abs. 1 Satz 3 WpHG (bis 2.1.2018: § 22 Abs. 1 Satz 3) klar, dass sie in voller Höhe zugerechnet werden und nicht quotal[72].

18.19

Tochterunternehmen wurde von § 22 Abs. 3 WpHG a.F. und wird seit dem Transparenzrichtlinie-Änderungsrichtlinie-UmsG durch § 35 WpHG (bis 2.1.2018: § 22a) definiert als **Tochterunternehmen i.S.v. § 290 HGB** oder als ein **Unternehmen, „auf das ein beherrschender Einfluss ausgeübt werden kann"**. In beiden Fällen kommt es nicht auf die Rechtsform oder den Sitz weder des Mutter- noch des Tochterunternehmens an[73]. Damit werden sämtliche „klassischen" Tochterunternehmen erfasst. Unerheblich ist auch die Rechtsform des Mutterunternehmens, was über die „Ausübung eines beherrschenden Einflusses" auch natürliche Personen als Mutterunternehmen erfasst[74]. Die BaFin vertritt die

18.20

---

68 Vgl. *von Bülow* in KölnKomm. WpHG, § 22 WpHG Rz. 34; *Opitz* in Schäfer/Hamann, Kapitalmarktgesetze, § 22 WpHG Rz. 1; **a.A.** *Geibel/Süßmann*, BKR 2002, 52, 62; BaFin in ihrer Verwaltungspraxis; *Zimmermann* in Fuchs, § 22 WpHG Rz. 1.
69 Vgl. *Brellochs*, AG 2016, 157, 162 m.w.N.
70 *Opitz* in Schäfer/Hamann, Kapitalmarktgesetze, § 22 WpHG Rz. 20, 23; *Uwe H. Schneider* in Assmann/Uwe H. Schneider/Mülbert, § 34 WpHG Rz. 21 ff. (bejahend für „Kettentreuhand", ablehnend für die in § 34 Abs. 1 Satz 1 Nr. 3 bis 6 WpHG genannten mangels Dritten Einflusses des Meldepflichtigen auf die Dritten; *von Bülow* in KölnKomm. WpHG, § 22 Rz. 74, 314; *Buckel/Vogel* in Habersack/Mülbert/Schlitt, Hdb. Kapitalmarktinformation, § 19 Rz. 71; *v. Hein* in Schwark/Zimmer, § 34 WpHG Rz. 25; ebenso *Bayer* in MünchKomm. AktG, 4. Aufl. 2016, § 22 AktG Anh., § 22 WpHG Rz. 8.
71 Vgl. *Hitzer/Hauser*, NZG 2016, 1365, 1369 f.; *Burgard/Heimann*, WM 2015, 1445, 1448 ff.
72 Vgl. Begr. RegE. BT-Drucks. 14/7034, S. 53; *Witt*, AG 2001, 233, 237; *Hildner*, Beteiligungstransparenz, S. 100 ff.
73 Dies gilt nach § 290 HGB ohnehin – vgl. hierzu *Opitz* in Schäfer/Hamann, Kapitalmarktgesetze, § 22 WpHG Rz. 7 ff.
74 *Opitz* in Schäfer/Hamann, Kapitalmarktgesetze, § 22 WpHG Rz. 2; *Sven H. Schneider* in Assmann/Uwe H. Schneider/Mülbert, § 35 WpHG Rz. 4 ff. – beide m.w. Ausführungen zu den Einzelheiten der

Auffassung, dass auch dem (einzigen) **Komplementär einer KG** wie auch einer GmbH & Co. KG die Stimmrechte der KG zuzurechnen sind, da er eine Muttergesellschaft sein soll[75]. Gleichermaßen soll eine Zurechnung erfolgen zu denjenigen Kommanditisten, die – einzeln oder gemeinsam – eine Stimmrechtsmehrheit an der KG halten. Ein Entherrschungsvertrag lässt die Eigenschaft als Tochterunternehmen nicht entfallen[76].

18.21 Ausnahmen von der allgemeinen Definition der Tochtergesellschaft enthalten § 35 WpHG Abs. 2 bis 4 WpHG (bis 2.1.2018: § 22a Abs. 2 bis 4) hinsichtlich der von Vermögensverwaltern und Kapitalverwaltungsgesellschaften verwalteten Beteiligungen. Durch das Transparenzrichtlinie-Änderungsrichtlinie-UmsG wurden die für **KVGen** verstreut im KAGB geregelten Tatbestände der (Nicht-)Zurechnung von Stimmrechten von Investmentvermögen in das WpHG überführt und durch das 1. FiMaNoG schon nach einem knappen Jahr geändert. § 35 Abs. 3 WpHG (bis 2.1.2018: § 22a Abs. 3) sieht nunmehr vor, dass KVGen i.S.v. § 17 Abs. 1 KAGB und EU-Verwaltungsgesellschaften i.S.v. § 1 Abs. 17 KAGB hinsichtlich der Beteiligungen, die zu den von ihnen verwalteten Investmentvermögen gehören, nicht als Tochtergesellschaft gelten, wenn die KVG Stimmrechte unabhängig von der Muttergesellschaft (scil. der KVG) ausübt, die Verwaltung der Investmentvermögen nach der OGAW-RiLi erfolgt, das Mutterunternehmen der BaFin den Namen der KVG mitgeteilt und gegenüber der BaFin erklärt hat, dass die Stimmrechte von der KVG unabhängig von ihr ausgeübt werden[77]. Diese Regelung wird durch § 35 Abs. 4 WpHG (bis 2.1.2018: § 22a Abs. 4) auf Unternehmen in Drittstaaten erstreckt. Eine Rückausnahme sieht Abs. 5 vor, wenn das Mutterunternehmen oder ein anderes Tochterunternehmen des Mutterunternehmens Anteile an der von der KVG verwalteten Beteiligung hält und das Tochterunternehmen die Stimmrechte aus diesen Beteiligungen nicht nach freiem Ermessen, sondern nach Weisung des Mutterunternehmens ausübt[78]. Es muss sich bei den Fonds (wieder) um Publikumsfonds handeln, so dass Spezialfonds grundsätzlich der Regelung des § 34 Abs. 1 WpHG (bis 2.1.2018: § 22 Abs. 1) unterliegen[79]. Ebenso gelten **Wertpapierdienstleistungsunternehmen** hinsichtlich der Beteiligungen, die von ihnen im Rahmen einer **Finanzportfolioverwaltung** verwaltet werden, unter den in § 35 Abs. 2 WpHG (bis 2.1.2018: § 22a Abs. 2) genannten Voraussetzungen nicht als Tochtergesellschaft. Die Ausnahme- und Rückausnahmetatbestände entsprechen den für KVGen und EU-Verwaltungsgesellschaften dargestellten. Die Frage der Unabhängigkeit der Ausübung von Stimmrechten durch den Vermögensverwalter wird konkretisiert durch § 2 Abs. 1, § 3 Abs. 3 TranspRLDV[80].

b) Für Rechnung des Meldepflichtigen gehalten (§ 34 Abs. 1 Satz 1 Nr. 2 WpHG)

18.22 Dem Meldepflichtigen ebenfalls zugerechnet werden Stimmrechte, die einem **Dritten gehören** und von ihm **für Rechnung des Meldepflichtigen gehalten** werden. Der Tatbestand des Haltens für Rechnung eines Dritten ist sehr vielschichtig. Idealtypisch ist der des **Kommissionsgeschäftes** (Erwerb im eigenen Namen auf fremde Rechnung). Das Gesetz verwendet ihn etwa auch in § 71a Abs. 2 AktG. Das Auseinanderfallen von rechtlicher Zuordnung und wirtschaftlicher Beteiligung wird auch als „emp-

---

Tochtergesellschaftsdefinition bzw. der Ausübung eines beherrschenden Einflusses; OLG Düsseldorf v. 29.12.2009 – I-6 U 69/08, AG 2010, 711 ff. Rz. 90 ff.; vgl. auch BaFin, Emittentenleitfaden, Modul B, sub I.2.5.1 (S. 18 bis 22).

75 BaFin, Emittentenleitfaden, Modul B, sub I.2.5.1.2.1; zustimmend *Götze*, BKR 2013, 265, 267; **a.A.** DAV Handelsrechtsausschuss, NZG 2013, 658, 659; *Hippeli*, AG 2014, 147 zählt auch (rechtsfähige) Stiftungen und Trusts zu den Tochtergesellschaften; insoweit vorsichtiger BaFin, Emittentenleitfaden, Modul B, sub I.2.5.1.3 und I.2.5.1.4.
76 BGH WM 2020, 2068 ff.; dazu *Bungert/Becker*, DB 2020, 2456 f.
77 Vgl. dazu ausführlich *Dietrich*, ZIP 2016, 1612 ff. – auch zu § 1 Abs. 3 WpHG a.F. und den Regelungen v. 21.11.2015 bis 3.7.2016.
78 Vgl. insg. auch BaFin, FAQ zu Transparenzpflichten, Stand 21.9.2020.
79 Vgl. zu den zahlreichen Spezialfragen ausführlich *Opitz* in Schäfer/Hamann, Kapitalmarktgesetze, § 22 WpHG Rz. 40 sowie bei Rz. 18.32 und BaFin, Emittentenleitfaden, Modul B, sub I.2.5.12.2, S. 32.
80 BGBl. I 2008, 408, zuletzt geändert durch Art. 24 Abs. 10 Gesetz v. 23.6.2017, BGBl. I S. 1693.

ty voting" bezeichnet[81]. Wie bei § 71a Abs. 2 AktG knüpft an die Formulierung von § 34 Abs. 1 Satz 1 Nr. 2 WpHG (bis 2.1.2018: § 22 Abs. 1 Satz 1 Nr. 2) die Diskussion an, ob der Tatbestand nur verwirklicht ist, wenn der **Dritte den Weisungen des Meldepflichtigen** unterliegt. Entscheidend ist die **Zuordnung der Chancen und Risiken** aus den Aktien und der sich daraus ergebende Stimmrechtseinfluss unabhängig von seiner rechtlichen Durchsetzbarkeit[82]. Von Bedeutung ist dies etwa dann, wenn ein Meldepflichtiger dem Dritten eine Kurs- oder Dividendengarantie gewährt[83]. Eine **Kursgarantie** kann entweder als unmittelbare Garantie gegeben werden, sich jedoch auch in der Form einer Verkaufsoption darstellen, bei der der Meldepflichtige Stillhalter in Geld ist. Die Grenze einer Zurechnung wegen „Haltens für Rechnung" ist grundsätzlich, dass der Dritte aufgrund des Rechtsverhältnisses mit dem Meldepflichtigen verpflichtet ist, die Stimmrechte im Interesse desselben auszuüben, auch wenn er nicht seinen Weisungen unterliegt. Hieran fehlt es grundsätzlich bei einer bloßen Stillhalterposition des Meldepflichtigen ebenso wie bei einer bloßen Kursgarantie[84]. Übernimmt jedoch der Treuhänder gegenüber dem Treugeber eine Kursgarantie, liegt kein empty voting vor[85].

Ein bedeutender Anwendungsfall von § 34 Abs. 1 Satz 1 Nr. 2 WpHG (bis 2.1.2018: § 22 Abs. 1 Satz 1 Nr. 2) ist die **Treuhand**[86]. Bei einer **fremdnützigen Treuhand** werden die Stimmreche des Treuhänders dem Treugeber zugerechnet[87], so dass sowohl der Treuhänder (aus eigenem Recht)[88] und der Treugeber (aus Zurechnung) meldepflichtig sind[89] (sog. Grundsatz der **doppelten Meldepflicht**). Stimmt sich der Treugeber mit Dritten ab, können zwar ihm deren Stimmrechte gemäß § 34 Abs. 2 Satz 1 WpHG (bis 2.1.2018: § 22 Abs. 2 Satz 1) wegen „acting in concert" zugerechnet werden, nicht jedoch dem Treuhänder, der seinerseits nicht Partei des „acting in concert" ist[90]. Bei gesetzlich begründeten Rechtsverhältnissen, die denen einer Treuhand sehr ähnlich sind, insbesondere bei der **Testamentsvollstreckung** und der **Insolvenzverwaltung**, ist die Person, die stimmrechtsausübungsbefugt ist, nicht Rechtsinhaber. Dies sind vielmehr die Erben bzw. der Insolvenzschuldner. Ähnliches gilt für **Vermögensverwalter**, die im Rahmen einer **Vollmachtsverwaltung**[91] die Stimmrechte einer Vielzahl von Eigentümern (Kunden) gebündelt ausüben. In all diesen Fällen fehlt es an einem „Halten" der

18.23

---

81 *Weidemann*, NZG 2016, 605; *Seibt*, ZGR 2010, 795, 797.
82 VG Frankfurt v. 18.5.2006 – 1 E 3049/05, BKR 2007, 40 = ZBB 2007, 69; OLG Köln v. 31.10.2012 – 13 U 166/11, AG 2013, 391 = ZIP 2013, 1325 (allerdings mit der sehr weitgehenden Einschränkung, dass der Verbleib der Dividendenrechte die „Chancen" nicht hinreichend übergehen lässt!).
83 Vgl. dazu *Burgard*, BB 1995, 2071, 2072; *Austmann*, WiB 1994, 143, 146; *Uwe H. Schneider* in Assmann/Uwe H. Schneider/Mülbert, § 34 WpHG Rz. 51.
84 Wie hier *Opitz* in Schäfer/Hamann, Kapitalmarktgesetze, § 22 WpHG Rz. 30; **a.A.** *Uwe H. Schneider* in Assmann/Uwe H. Schneider/Mülbert, § 34 WpHG Rz. 51 (der jedoch auch fordert, dass der Meldepflichtige ein „wesentliches Risiko" tragen und deshalb wesentlichen Einfluss auf die Ausübung der Stimmrechte haben müsse).
85 *Nietsch*, WM 2012, 2217, 2219 f. m.w.N.
86 BT-Drucks. 12/6679, S. 53; diese ist nicht zu verwechseln mit (i.d.R. rechtsfähigen) Trusts ausländischer Rechtsordnungen, vgl. *Hippeli*, AG 2014, 147 ff.
87 St. Rspr., BGH v. 16.3.2009 – II ZR 302/06, BGHZ 180, 154 = ZIP 2009, 908 Rz. 34 = AG 2009, 441; BGH v. 19.7.2011 – II ZR 246/09, ZIP 2011, 1862 Rz. 27 = AG 2011, 786; *Buckel/Vogel* in Habersack/Mülbert/Schlitt, Hdb. Kapitalmarktinformation, § 19 Rz. 78; BaFin, Emittentenleitfaden, Modul B, sub I.2.5.2.1.
88 Das Halten aus eigenem Recht durch den Treuhänder kann diesen auch zur Abgabe eines Übernahmeangebots gemäß § 35 WpÜG verpflichten, falls er mehr als 30 % hält – vgl. dazu *Stadler*, NZI 2009, 878, 880 f.
89 *Nietsch*, WM 2012, 2217, 2218.
90 BGH v. 19.7.2011 – II ZR 246/09, ZIP 2011, 1862 Rz. 27 ff. = AG 2011, 786; ebenso *Veil/Dolff*, AG 2010, 385, 387 ff.; *Fleischer/Bedkowski*, DStR 2010, 933, 937; *Widder/Kocher*, ZIP 2010, 457; *von Bülow/Petersen*, NZG 2009, 1373; *Nietsch*, WM 2012, 2217, 2222; *Brellochs*, ZIP 2011, 2225, 2227 ff.; **a.A.** OLG München v. 9.9.2009 – 7 U 1997/09, ZIP 2009, 2095 = AG 2009, 793; *Mayrhofer/Pirner*, DB 2009, 2312; *Ostermaier*, EWiR 2010, 197, 198.
91 Vgl. dazu sowie zu den anderen Formen der Vermögensverwaltung *Schäfer/Sethe/Lang* in Schäfer/Sethe/Lang, Hdb. Vermögensverwaltung, 3. Aufl. 2022, § 1 Rz. 52 ff. m.w.N.

Stimmrechte durch den Dritten, weil Eigentümer jeweils der Meldepflichtige selbst ist. Eine Zurechnung nach § 34 Abs. 1 Satz 1 Nr. 2 WpHG (bis 2.1.2018: § 22 Abs. 1 Satz 1 Nr. 2) kann daher nicht erfolgen[92]. Eine Hinzurechnung nach § 34 Abs. 1 Satz 1 WpHG (bis 2.1.2018: § 22 Abs. 1 Satz 1) kann lediglich im Falle der Nr. 6 („anvertraut") erfolgen. Demgegenüber ist bei einer Treuhand-Vermögensverwaltung, bei der der Vermögensverwalter als Treuhänder Eigentum an den Aktien erwirbt, sowohl der Treunehmer (Vermögensverwalter) wie der Treugeber meldepflichtig[93].

18.24 Eine Reihe von **Spezialfragen der Zurechnung** von Stimmrechten stellt sich bei **Vermögensverwaltungsgesellschaften** und -holdings sowie im Zusammenhang mit Wertpapierpensions- und Wertpapierleihgeschäften[94]. Bei Wertpapierleihgeschäften rechnete die BaFin dem Darlehensgeber die aus den als **Wertpapierdarlehen** an einen Dritten übereigneten Aktien resultierenden Stimmrechte nach § 38 WpHG zu, wenn es sich um eine „einfache" Wertpapierleihe handelt[95], nicht jedoch bei einer Kettenwertpapierleihe. In einem einen Squeeze-out betreffenden Fall befand der BGH[96], dass eine Zurechnung an den Darlehensgeber nur zu erfolgen hat, wenn der Darlehensgeber Einfluss auf die Stimmrechtsausübung nehmen kann. Die BaFin[97] hat sich dieser Auffassung angeschlossen und prüft nunmehr im Einzelfall die Einflussmöglichkeiten (zu **Total return equity Swap-Geschäften**, die etwa von der Schaeffler AG zum Anschleichen an die Continental AG vor der Abgabe eines Übernahmeangebotes im August 2008 verwendet wurden, vgl. Rz. 18.65 f.)[98].

c) Als Sicherheit übertragen (§ 34 Abs. 1 Satz 1 Nr. 3 WpHG)

18.25 Grundsätzlich gelten von dem Meldepflichtigen Dritten als Sicherheit übertragene Aktien als solche des **Meldepflichtigen**, es sei denn, der Dritte ist zur Ausübung der Stimmrechte aus diesen Aktien befugt und bekundet die Absicht, die Stimmrechte unabhängig von den Weisungen des Meldepflichtigen auszuüben[99]. Erfasst werden hiervon nicht nur die **Sicherungsübereignung** sondern insbesondere auch die Bestellung eines rechtsgeschäftlichen **Pfandrechts**[100]. Als Konsequenz der regelmäßigen Zurechnung der Stimmrechte zum Sicherungsgeber wurde hergeleitet, dass der Sicherungsnehmer keinen Erwerb nach § 33 Abs. 1 WpHG (bis 2.1.2018: § 21 Abs. 1) vornimmt (Konzept der alternativen Stimmrechtszurechnung). Dieses hat die BaFin zwischenzeitlich aufgegeben und rechnet die Sicherheiten beim Sicherungsnehmer nach § 33 Abs. 1 WpHG und beim Sicherungsgeber nach § 34 Abs. 1 Satz 1 Nr. 3 WpHG bei Vorliegen von dessen Voraussetzungen zu[101]. Eine **Sicherheitenverwertung** durch den Sicherungsnehmer (z.B. durch Pfandverkauf an der Börse) führt zum endgültigen Eigentumsverlust des Sicherungsgebers und kann bei diesem dazu führen, dass er bestimmte Quotenschwellen unterschreitet und entsprechend meldepflichtig wird.

---

92 *Opitz* in Schäfer/Hamann, Kapitalmarktgesetze, § 22 WpHG Rz. 34; *von Bülow* in KölnKomm. WpÜG, § 30 WpÜG Rz. 61.
93 Unstr., *Uwe H. Schneider* in Assmann/Uwe H. Schneider/Mülbert, § 34 WpHG Rz. 56 f.
94 Vgl. ausführlich *Opitz* in Schäfer/Hamann, Kapitalmarktgesetze, § 22 WpHG Rz. 37–49; *Uwe H. Schneider* in Assmann/Uwe H. Schneider/Mülbert, § 34 WpHG Rz. 64 ff., 72 ff.; *Merkner/Sustmann*, NZG 2010, 1170 ff.; *von Bülow* in KölnKomm. WpHG, § 22 Rz. 70 ff.
95 BaFin, Emittentenleitfaden, Modul B, sub I.2.5.2.2.
96 BGH v. 16.3.2009 – II ZR 302/06, AG 2009, 441, 445; zustimmend *Leuering/Rubner*, NJW-Spezial 2009, 335, 336; *Rieder*, ZGR 2009, 981, 988 ff.; *Ruoff/Marhewka*, BB 2009, 1321 f.
97 BaFin, Emittentenleitfaden, Modul B, sub I.2.5.2.2.
98 Vgl. dazu bereits *Opitz* in Schäfer/Hamann, Kapitalmarktgesetze, § 22 WpHG Rz. 30; *von Bülow* in KölnKomm. WpHG, § 22 WpHG Rz. 87; *Fleischer/Schmolke*, ZIP 2008, 1501, 1502.
99 Zu einer – im konkreten Fall – abgelehnten Anwendung von Nr. 3 auf Treuhandfälle vgl. VG Frankfurt v. 18.5.2006 – 1 E 3049/05, BKR 2007, 40 Rz. 41 = ZBB 2007, 69.
100 Begr. RegE, BT-Drucks. 12/6679, S. 53; *Opitz* in Schäfer/Hamann, Kapitalmarktgesetze, § 22 WpHG Rz. 50 m.w.N. (und in Rz. 51 zu gesetzlichem Pfandrecht).
101 BaFin, Emittentenleitfaden, Modul B, sub I.2.5.3; *Buckel/Vogel* in Habersack/Mülbert/Schlitt, Handb. Kapitalmarktinformation, § 19 Rz. 80 f. m.w.N.

d) Nießbrauch (§ 34 Abs. 1 Satz 1 Nr. 4 WpHG)

In Abgrenzung zu der Verpfändung sieht § 34 Abs. 1 Satz 1 Nr. 4 WpHG (bis 2.1.2018: § 22 Abs. 1 Satz 1 Nr. 4) vor, dass Stimmrechte aus Aktien, an denen zugunsten des Meldepflichtigen ein **Nießbrauch** bestellt worden ist, zu einer Zurechnung der Stimmrechte führt. Obwohl nach h.L.[102] dem Nießbrauchsberechtigten das Stimmrecht nicht zusteht, sieht Nr. 4 trotzdem eine Zurechnung des Stimmrechtes vor. Die hierfür angeführte Begründung, dass die zivilrechtlich unklare Vorfrage, wem die Stimmrechte zustehen, für das WpHG geregelt werden soll[103], vermag nicht vollständig zu überzeugen. § 34 WpHG (bis 2.1.2018: § 22) stellt gerade auf die faktische Einwirkungsmöglichkeit (jenseits einer rechtlichen) ab. Dies muss bei einem Nießbrauch jedoch durchaus nicht der Fall sein. De lege lata ist die Frage jedoch entschieden. Allerdings soll **auch der Nießbrauchsverpflichtete** (Stammrechtsinhaber) nach § 33 WpHG (bis 2.1.2018: § 21) **meldepflichtig** sein, da insoweit keine Absorption der Mitteilungspflicht erfolge[104].

18.26

e) Erwerbsrechte (§ 34 Abs. 1 Satz 1 Nr. 5 WpHG)

Eine wichtige Hinzurechnungsregelung enthält § 34 Abs. 1 Satz 1 Nr. 5 WpHG (bis 2.1.2018: § 22 Abs. 1 Satz 1 Nr. 5), durch die Stimmrechte aus Aktien zugerechnet werden, „die der Meldepflichtige durch eine Willenserklärung erwerben kann". Gemeint ist hiermit die **unmittelbare Herbeiführung des dinglichen Erwerbs durch eine Willenserklärung**[105]. Im Regelfall bedeutet daher der Erwerb einer Kaufoption noch nicht einen Aktienerwerb durch eine Willenserklärung[106]. Im Falle der Ausübung der Option durch den Optionsinhaber bedarf es noch zusätzlich des Abschlusses eines Übereignungsvertrages und der Übertragung des Besitzes bzw. Begründung eines Besitzmittlungsverhältnisses, so dass i.d.R. durch die Optionsausübung nicht das Eigentum an den Aktien übergeht[107]. Der ganz h.L. ist zuzustimmen, denn die **bloße Möglichkeit, von einem Stillhalter Aktien zu erwerben**, vermittelt noch keine Einwirkungsmöglichkeit auf Stimmrechte[108], denn der Stillhalter muss die Aktien gar nicht in seinem Depot halten. Dies hat der Gesetzgeber bei Erlass des TUG ausdrücklich bekräftigt[109]. Auch die mit dem Transparenzrichtlinie-Änderungsrichtlinie-UmsG verbundene Umstellung des Zeitpunktes auf den Abschluss des schuldrechtlichen Vertrages führt zu keiner Änderung, da vor der Optionsausübung kein schuldrechtlicher Erwerbsvertrag zwischen den Parteien des Optionsvertrages besteht.

18.27

Entsprechendes gilt für **verbriefte Optionsrechte**, also Wandel- und Optionsanleihen (einschließlich Pflichtwandelanleihen), Optionsscheine und Bezugsrechte. Diese beziehen sich i.d.R. auf noch nicht

18.28

---

102 *Hüffer/Koch*, § 16 AktG Rz. 7; *Bayer* in MünchKomm. AktG, 4. Aufl. 2016, § 16 AktG Rz. 28 – beide m.w.N.
103 So insb. *Uwe H. Schneider* in Assmann/Uwe H. Schneider/Mülbert, § 34 WpHG Rz. 90 f.
104 *Opitz* in Schäfer/Hamann, Kapitalmarktgesetze, § 22 WpHG Rz. 56; *Bayer* in MünchKomm. AktG, 4. Aufl. 2016, § 22 AktG Anh., § 22 WpHG Rz. 29.
105 Begr. RegE zu § 30 Abs. 1 Satz 1 Nr. 5 WpÜG, BT-Drucks. 14/7034, S. 54.
106 OLG Köln v. 31.10.2012 – 13 U 166/11, ZIP 2013, 1325, 1327 f. = AG 2013, 391; LG Köln v. 29.7.2011 – 82 O 28/11, ZIP 2012, 229, 231, sub Ziff. 1.1.4 – zu Pflichtumtauschanleihe.
107 Vgl. ausführlich *Opitz* in Schäfer/Hamann, Kapitalmarktgesetze, § 22 WpHG Rz. 59 m.u.w.N.; *von Bülow* in KölnKomm. WpHG, § 22 WpHG Rz. 147 ff.; *Cahn*, AG 1997, 502, 507; *Steuer/Baur*, WM 1996, 1477, 1478, 1480; *Witt*, Übernahme, S. 152 Fn. 80; *Witt*, AG 1998, 171, 176; *Pötzsch/Möller*, WM 2000, Sonderbeil. Nr. 2, S. 18 Fn. 124; *v. Hein* in Schwark/Zimmer, § 34 WpHG Rz. 15 f.; so jetzt auch *Uwe H. Schneider* in Assmann/Uwe H. Schneider/Mülbert, § 34 WpHG Rz. 93 ff.; OLG Köln v. 31.10.2012 – 13 U 166/11, AG 2013, 391 (zu der Parallelnorm des § 31 Nr. 5 WpÜG); a.A. *Burgard*, BB 1995, 2069, 2076; *Bayer* in MünchKomm. AktG, 4. Aufl. 2016, § 22 AktG Anh., § 22 WpHG Rz. 30 ff. (der allerdings konzediert, dass der Gesetzgeber des TUG anders entschieden hat).
108 Vgl. *Opitz* in Schäfer/Hamann, Kapitalmarktgesetze, § 22 WpHG Rz. 64 m.w.N.
109 Begr. RegE, BT-Drucks. 16/2498, S. 37; *Fleischer/Schmolke*, ZIP 2008, 1501, 1503; *Schnabel/Korff*, ZBB 2007, 179, 183.

emittierte Aktien und können daher noch gar keine zurechenbaren Stimmrechte repräsentieren. Aber selbst wenn dem im Einzelfall so wäre, gewähren die vorgenannten Instrumente keine Rechte, die eine Rechtsposition begründen, bei der durch ein einseitiges Handeln ein dinglicher Erwerb der Aktien und damit der Stimmrechte herbeigeführt werden kann[110]. Gleiches gilt für sog. **„Cash Settled Equity Swaps"**, wie sie von Schaeffler zum „Anschleichen" an die Continental AG verwendet wurden[111], weshalb zu deren Regelung § 25a WpHG a.F. bzw. § 39 WpHG i.d.F. des 2. FiMaNoG mit Wirkung zum 1.2.2012 eingeführt wurden (dazu Rz. 18.65 ff.).

18.29 Inwieweit eine **Wertpapierleihe** bzw. ein **Repo-Geschäft**[112] unter § 34 Abs. 1 Satz 1 Nr. 5 WpHG (bis 2.1.2018: § 22 Abs. 1 Satz 1 Nr. 5) fällt, hängt entscheidend davon ab, ob der Rückübertragungsanspruch durch eine einseitige Willenserklärung des Verleihers bzw. Pensionsgebers oder „Repurchasers" zu einem Eigentumswechsel ohne Mitwirkung der Gegenpartei führen kann[113], was nicht der typischen Vertragsgestaltung entspricht.

f) Anvertraute Stimmrechte/Stimmrechte auf Grund von Bevollmächtigung (§ 34 Abs. 1 Satz 1 Nr. 6 WpHG)

18.30 Dem Meldepflichtigen werden gleichfalls Stimmrechte aus Aktien zugerechnet, die ihm anvertraut sind oder aus denen er Stimmrechte als Bevollmächtigter ausüben kann, sofern er die **Stimmrechte** aus diesen Aktien **nach eigenem Ermessen ausüben** kann, wenn keine besonderen Weisungen des Aktionärs vorliegen (§ 34 Abs. 1 Nr. 6 WpHG [bis 2.1.2018: § 22 Abs. 1 Nr. 6]). Entscheidend für die erste Variante dieser Vorschrift ist, dass der Zurechnungsverpflichtete die Vermögensinteressen des Aktionärs auf Grund eines Schuldverhältnisses in *nicht abhängiger Stellung* wahrzunehmen hat, im Rahmen von sich daraus ergebenden Grenzen die Stimmrechte jedoch nach eigenem Ermessen ausüben kann. Demgegenüber erfordert die zweite, durch das TUG eingeführte Variante lediglich das Bestehen einer Stimmrechtsvollmacht. Hierunter fällt nicht die **Legitimationszession** i.S.v. § 129 Abs. 3 AktG, da bei dieser keine Stimmrechtsausübung in fremden Namen, sondern im eigenen Namen auf Grund einer Ermächtigung i.S.v. § 185 BGB erfolgt[114] (dazu ausführlich Rz. 18.12). Wie bisher fällt das Vollmachtsstimmrecht der Banken wegen § 135 AktG ebenfalls unter keine der beiden Varianten[115]. Zu Stimmrechtsberatern vgl. Rz. 18.34.

18.31 Anvertraut sind die Aktien, wenn sie aufgrund eines **besonderen Vertrauensverhältnisses** dem Meldepflichtigen zur Verfügung gestellt werden. **Streitig** ist, ob als derartige Tatbestände auch eine **kraft Gesetz bestehende Vertretungsmacht** in Betracht kommt wie z.B. das **elterliche Sorgerecht**, die Vormundschaft, die **Testamentsvollstreckung**, die **Insolvenzverwaltung** oder die Stellung als Vorstand

---

110 *von Bülow* in KölnKomm. WpHG, § 22 WpHG Rz. 154.
111 Ganz **h.L.**, vgl. nur *Fleischer/Schmolke*, ZIP 2008, 1501, 1504 ff. m.w.N.; *v. Hein* in Schwark/Zimmer, § 34 WpHG Rz. 16 f.
112 Vgl. dazu *Schäfer* in Schwintowski/Schäfer, Bankrecht, 2. Aufl. 2004, § 22 Rz. 13 ff., 50 ff.
113 **H.L.**, *Steuer/Baur*, WM 1996, 1477, 1483 f.; *Witt*, Übernahmen, S. 152 Fn. 80, S. 183; *Opitz* in Schäfer/Hamann, Kapitalmarktgesetze, § 22 WpHG Rz. 66.
114 Begr. RegE TUG, BT-Drucks. 16/2498, S. 34 f.; *Schnabel/Korff*, ZBB 2007, 179, 181.
115 Begr. RegE 2. FMFG, BT-Drucks. 12/6679, S. 54; Begr. RegE TUG, BT-Drucks. 16/2498, S. 35; BaFin, Emittentenleitfaden, Modul B, sub I.2.5.6.4; *Buckel/Vogel* in Habersack/Mülbert/Schlitt, Hdb. Kapitalmarktinformation, § 19 Rz. 89; *Schnabel/Korff*, ZBB 2007, 179, 181; *Bayer* in MünchKomm. AktG, 4. Aufl. 2016, § 22 AktG Anh., § 22 WpHG Rz. 37 ff.; *Opitz* in Schäfer/Hamann, Kapitalmarktgesetze, § 22 WpHG Rz. 69 ff.; *Uwe H. Schneider* in Assmann/Uwe H. Schneider/Mülbert, § 34 WpHG Rz. 112 ff.; *v. Hein* in Schwark/Zimmer, § 34 WpHG Rz. 21; *Happ*, Aktienrecht, 7.03, Rz. 4 a.E.; BaFin, Emittentenleitfaden – Entwurf 4/2013, sub VIII.2.5.6.1., S. 42; **a.A.** *Witt*, Übernahmen, S. 154; *Hopt*, ZHR 166 (2002), 383, 411; *Witt*, AG 1998, 171, 176; *Burgard*, BB 1995, 2069, 2076 – sehr strittig.

oder Geschäftsführer. Vereinzelte Urteile[116], die BaFin[117] und ein Teil der Literatur[118] bejahen eine Einbeziehung mit Blick auf die Ermessensausübung der gesetzlichen Vertreter bei der Stimmrechtsausübung und die Parallele zu § 266 StGB, während die Gegenmeinung[119] dies mit der Begründung ablehnt, dass das Gesetz von der Möglichkeit der „besonderen Weisungen" des Aktionärs ausgeht, was bei gesetzlicher Vertretungsmacht nicht möglich ist (vgl. auch Rz. 18.45 mit Fn. 162).

Da seit 1.1.2002 nur noch ein „Anvertrauen" und nicht mehr eine gleichzeitige „Verwahrung" vorliegen muss, hat sich die Rechtslage hinsichtlich der Vermögensverwalter geändert[120]. Im Rahmen der Vollmachtsverwaltung[121] „verwahrt" der **Vermögensverwalter** oder Portfolio-Manager regelmäßig nicht die Aktien der Vermögensinhaber, da diese von einer Bank für den Eigentümer in dessen Depot verwahrt werden. Die zwischen dem Vermögensinhaber und dem Vermögensverwalter vereinbarten **Anlagerichtlinien** sehen in der Regel nur Vorgaben für den Vermögensverwalter hinsichtlich der Erwerbs- bzw. Veräußerungstatbestände vor, nicht jedoch **Weisungen** oder Richtlinien hinsichtlich der Ausübung der aus den erworbenen Aktien resultierenden Stimmrechte. Insofern gilt die allgemeine, typischerweise vereinbarte Klausel, dass der Vermögensverwalter berechtigt ist, den depotführenden Banken hinsichtlich der Ausübung der Rechte aus den Wertpapieren Weisungen zu erteilen, also auch **Weisungen hinsichtlich der Ausübung der Stimmrechte** durch die Banken im Rahmen des Depotstimmrechtes. Dementsprechend müssen die Vermögensverwaltung anbietende Kreditinstitute und Vermögensverwalter mit Finanzdienstleisterstatus beobachten, ob sie bei Erwerb von denselben Wertpapieren für eine Vielzahl von Depots die von § 33 WpHG (bis 2.1.2018: § 21 WpHG) vorgegebenen Schwellenwerte überschreiten, weil ihnen die daraus resultierenden Stimmrechte zugerechnet werden. **Neuere Vermögensverwaltungsverträge** sehen daher z.T. eine ausdrückliche **Beschränkung der Verwaltungsvollmacht** dahingehend vor, dass sie nicht zur Ausübung von Stimmrechten oder zu einer diesbezüglichen Abgabe von Weisungen bevollmächtigt. Hierdurch wird eine **Weisungsgebundenheit** bewirkt, die auch für die erste Alternative des Anvertrautseins Geltung entfalten sollte[122]. – Soweit ein Vermögensverwalter Tochtergesellschaft ist, werden die dem Vermögensverwalter nach Nr. 6 zugerechneten Stimmrechte unter den Voraussetzungen von § 35 Abs. 2 WpHG (bis 2.1.2018: § 22a Abs. 2) nicht dem Mutterunternehmen zugerechnet (dazu Rz. 18.21).

18.32

Unter § 34 Abs. 1 Satz 1 Nr. 6 WpHG (bis 2.1.2018: § 22 Abs. 1 Satz 1 Nr. 6) fallen auch die meisten nicht bereits § 33 WpHG unterfallenden „Fonds"[123]. Insoweit finden sich häufig Strukturen, nach denen der eigentliche „Fonds" die Rechtsform eines **Trust** oder einer (Aktien)Gesellschaft hat, die von einer **Management-Gesellschaft** verwaltet wird. Dies wirft die Frage auf, ob sämtliche von der Management-Gesellschaft verwalteten Fonds dieser zuzurechnen sind. Je nach Ausgestaltung des Verhältnisses zwischen dem „Fonds" und der Management-Gesellschaft können die Aktien des Fonds der Management-Gesellschaft **anvertraut** sein. Soweit es sich bei dem „Fonds" ausnahmsweise um ein Tochterunternehmen i.S.v. § 35 Abs. 4 WpHG (bis 2.1.2018: § 22a Abs. 4) handelt, kommt auch eine

18.33

---

116 VGH Kassel v. 25.1.2010 – 6 A 2932/09, NZG 2010, 1307 = NJW-Spezial 2010, 624; ebenso BaFin, Emittentenleitfaden – Entwurf 4/2013, sub VIII.2.5.6., S. 42.
117 BaFin, Emittentenleitfaden, Modul B, sub I.2.5.6.1.
118 *Uwe H. Schneider* in Assmann/Uwe H. Schneider/Mülbert, § 34 WpHG Rz. 99; *v. Hein* in Schwark/Zimmer, § 34 WpHG Rz. 19; *Opitz* in Schäfer/Hamann, Kapitalmarktgesetze, § 22 WpHG Rz. 69; *Buckel/Vogel* in Habersack/Mülbert/Schlitt, Hdb. Kapitalmarktinformation, § 19 Rz. 85.
119 *von Bülow* in KölnKomm. WpPG, § 30 WpPG Rz. 189; *von Bülow* in KölnKomm. WpHG, § 22 WpHG Rz. 174; *Leuering*, NZG 2010, 1285, 1287; *Zimmermann* in Fuchs, § 22 WpHG Rz. 72 ff.; *Diekmann* in Baums/Thoma, § 30 WpÜG Rz. 61; *Süßmann* in Angerer/Geibel/Süßmann, § 30 WpÜG Rz. 26; *Ponath/Raddatz*, ZEV 2013, 361, 365.
120 Vgl. *Opitz* in Schäfer/Hamann, Kapitalmarktgesetze, § 22 WpHG Rz. 68.
121 Vgl. dazu *Schäfer/Sethe/Lang* in Schäfer/Sethe/Lang, Hdb. Vermögensverwaltung, 3. Aufl. 2022, § 1 Rz. 52 m.w.N.
122 So wohl auch BaFin, Emittentleitfaden, Modul B, sub I.2.5.6.3 und I.2.5.12; *Uwe H. Schneider* in Assmann/Uwe H. Schneider/Mülbert, § 34 WpHG Rz. 107.
123 Vgl. Übersicht bei *von Bülow*, KölnKomm WpHG, § 22 WpHG Rz. 168 ff.

Zurechnung nach § 35 WpHG (bis 2.1.2018: § 22a) in Betracht. Dies setzt jedoch voraus, dass die Management-Gesellschaft auf ihn einen beherrschenden Einfluss ausüben kann. Die Möglichkeit der **Ausübung eines beherrschenden Einflusses** wird bei Personenidentität der Organe regelmäßig gegeben sein. Eine Zurechnung kommt weiter in Betracht nach § 34 Abs. 1 Satz 1 Nr. 6 WpHG (bis 2.1.2018: § 22 Abs. 1 Satz 1 Nr. 6), wenn in dem zwischen dem Fonds und der Management-Gesellschaft abgeschlossenen Verwaltungsvertrag ein „**Anvertrauen**" zu sehen ist. Häufig wird sich ein „Anvertrauen" auch aus der Organidentität von Fonds und Management-Gesellschaft herleiten lassen[124]. Die Inhaber der Anteilscheine (= Anleger) sind bei OGAWs nach § 1 Abs. 3 WpHG selber nicht mitteilungspflichtig. Bei Fonds in der Form von Spezial-Investmentvermögen kommen Zurechnungen nach § 34 Abs. 1 Satz 1 Nr. 2 WpHG bzw. § 33 Abs. 1 WpHG in Betracht[125].

18.34 In den letzten Jahren ist vermehrt zu beobachten, dass **Stimmrechtsberater** insbesondere institutionellen Investoren Empfehlungen hinsichtlich des Stimmverhaltens erteilen[126]. Die Abgabe von Empfehlungen fällt sicher nicht unter § 34 Abs. 1 Satz 1 Nr. 6 WpHG (bis: 2.1.2018: § 22 Abs. 1 Satz 1 Nr. 6), da damit kein „Anvertrauen" und keine „Bevollmächtigung" verbunden ist[127]. Streitig ist insoweit, ob ein „acting in concert" vorliegt (dazu Rz. 18.38 ff.). Liegt hinsichtlich der **Stimmrechtsvertreter** eine Bevollmächtigung vor, ist wie bei der Stimmrechtsvertretung durch Kreditinstitute das Vorliegen einer Weisungsfreiheit zu prüfen[128].

18.35 Für den Fall, dass eine **Vollmacht** mit der Konsequenz einer Meldepflicht nur für eine **einzelne Hauptversammlung** erteilt wird, sieht § 34 Abs. 3 WpHG (bis 2.1.2018: § 22 Abs. 3) eine Erleichterung für den meldepflichtigen Bevollmächtigten dahingehend vor, dass das Erlöschen (und damit das Unterschreiten einer Meldeschwelle) nicht gesondert gemeldet werden muss, wenn mit der Meldung über die Zurechnung zugleich dieser Tatbestand und die Höhe des Stimmrechtsanteils nach dem Erlöschen der Vollmacht oder des Ausübungsermessens mitgeteilt wird.

g) Zeitweilige Übertragung der Stimmrechte und Sicherungsübereignung (§ 34 Abs. 1 Satz 1 Nr. 7 und 8 WpHG)

18.36 Durch das Transparenzrichtlinie-Änderungsrichtlinie-UmsG wurden als neue Zurechnungstatbestände eingefügt die Nrn. 7 und 8. Nach Nr. 7 werden zugerechnet Aktien, „aus denen der Meldepflichtige die Stimmrechte ausüben kann aufgrund einer Vereinbarung, die eine **zeitweilige Übertragung der Stimmrechte** ohne die damit verbundenen Aktien gegen Gegenleistung vorsieht". Diese Einfügung ist erforderlich geworden durch Art. 10 lit. b Transparenzrichtlinie-Änderungsrichtlinie[129]. Eine **Abspaltung von Stimmrechten** ist nach deutschem Sachrecht nicht möglich, so dass diese Regelung leer läuft[130]. Trotz mangelnden Anwendungsbereichs im deutschen Recht hat sich der Gesetzgeber nunmehr zu einer Umsetzung entschlossen, da nach ausländischem Recht teilweise eine Stimmrechtsabspaltung möglich ist und sichergestellt werden sollte, dass auch in diesen Fällen eine Zurechnung des Stimmrechts erfolgt[131].

---

124 *Uwe H. Schneider* in Assmann/Uwe H. Schneider/Mülbert, § 34 WpHG Rz. 109; BaFin, Emittentenleitfaden, Modul B, sub I.2.5.12.2.
125 Dazu BaFin, Emittentenleitfaden, Modul B, sub I.2.5.12.3 (auch zu Investmentvermögen, die nach anderen Rechtsordnungen aufgelegt werden).
126 Dazu *Vaupel*, AG 2011, 63 ff.
127 *V. Hein* in Schwark/Zimmer, § 34 WpHG Rz. 22 m.w.N.
128 Vgl. dazu *Uwe H. Schneider* in Assmann/Uwe H. Schneider/Mülbert, § 34 WpHG Rz. 119.
129 Allerdings war diese Formulierung bereits in Art. 10 lit. b der Transparenzrichtlinie 2004 und vorher in der Transparenzrichtlinie 1988 enthalten, bisher jedoch nicht umgesetzt worden.
130 *Stephan*, Der Konzern 2016, 53, 56; *Söhner*, ZIP 2015, 2451, 2454; *Schilha*, DB 2015, 1821, 1823; *Burgard/Heimann*, WM 2015, 1445, 1448.
131 RegBegr., BT-Drucks. 18/5010, S. 45.

Als weiterer neuer Zurechnungstatbestand wurde durch das Transparenzrichtlinie-Änderungsrichtlinie-UmsG § 22 Abs. 1 Satz 1 Nr. 8 WpHG a.F. bzw. § 34 Abs. 1 Satz 1 Nr. 8 WpHG i.d.F. des 2. FiMaNoG eingeführt, demzufolge eine Zurechnung auch hinsichtlich solcher Stimmrechte aus Aktien des Emittenten erfolgt, die bei dem Meldepflichtigen **als Sicherheit verwahrt** – also nicht notwendigerweise übereignet – werden, sofern der Meldepflichtige die Stimmrechte hält und die Absicht bekundet, diese Stimmrechte auszuüben. Damit wird eine Abgrenzung zu § 34 Abs. 1 Satz 1 Nr. 3 WpHG (bis 2.1.2018: § 22 Abs. 1 Satz 1 Nr. 3) erforderlich, demzufolge die von einem Meldepflichtigen auf einen Dritten als Sicherheit übertragenen Aktien weiterhin von dem Sicherungsgeber zu melden sind, es sei denn, der Dritte ist zur Ausübung der Stimmrechte aus diesen Aktien befugt und bekundet die Absicht, die Stimmrechte unabhängig von den Weisungen des Meldepflichtigen auszuüben. Während Nr. 3 von „Übertragung als Sicherheit" spricht, spricht Nr. 8 von „Verwahrung als Sicherheit". Die englische Fassung der Nr. 8 der Transparenzrichtlinie spricht von „shares which are lodged as collateral with that person or entity, provided the person or entity controls the voting rights and declares its intention of exercising them". Hierdurch wird insbesondere das von der BaFin bisher praktizierte **Konzept der alternativen Stimmrechtszurechnung aufgegeben**, demzufolge nach Nr. 3 die Stimmrechte dem Sicherungsgeber zugerechnet werden konnten, obwohl er nicht mehr Eigentümer der Aktien war (und sie dementsprechend nur in Vollmacht für den Sicherungsnehmer ausüben konnte). Bei allen Unklarheiten im Einzelnen ist jedoch festzuhalten, dass in der Gesamtschau von Nr. 3 und Nr. 8 in jeder Form der Sicherheitenbestellung (Verpfändung, Sicherungsübereignung etc.) entweder den Sicherungsgeber oder den Sicherungsnehmer eine Meldepflicht betrifft und keine nicht zu meldenden Stimmen entstehen[132]. Für die Sicherungsübereignung ist Nr. 3 lex specialis zu Nr. 8[133].

18.37

h) Abgestimmtes Verhalten (§ 34 Abs. 2 WpHG)

Eine wesentliche Erweiterung der Zurechnung von Stimmrechten enthält § 34 Abs. 2 WpHG (bis 2.1.2018: § 22 Abs. 2), der § 30 Abs. 2 WpÜG entspricht. Dieser sieht vor, dass auch Stimmrechte eines Dritten dem Meldepflichtigen zugerechnet werden, „mit dem der Meldepflichtige oder sein Tochterunternehmen sein Verhalten in Bezug auf den Emittenten aufgrund einer Vereinbarung oder in sonstiger Weise abstimmt". Zugerechnet werden die Stimmrechte, die dem Dritten gehören, sowie solche, die ihrerseits dem Dritten nach § 34 Abs. 1 WpHG (bis 2.1.2018: § 22 Abs. 1) zuzurechnen sind.

18.38

Mit dem Verweis auf den anglo-amerikanischen Begriff des „acting in concert" in der Regierungsbegründung des auch das WpHG ändernden WpÜG war noch nicht viel gewonnen für die Auslegung eines „abstimmten Verhaltens in sonstiger Weise". Zu Recht wird darauf verwiesen, dass das Kartellrecht in § 1 GWB seit 1973 das Verbot abgestimmter Verhaltensweisen enthält[134]. Zu den Vereinbarungen zählen jedenfalls sämtliche Verträge des Privatrechts wie des öffentlichen Rechts[135]. Soweit diese Verträge nichtig sind wegen Verstoßes gegen geltende Gesetze, bedarf es keines Rückgriffs auf sog. **„Gentlemen's Agreements"**, da das Verhalten jedenfalls ein „abgestimmtes Verhalten in sonstiger Weise" darstellt[136]. Streitig geworden ist, ob diese Regelung noch EU-rechtskonform ist, da **die geänderte Transparenzrichtlinie** eine **Maximalharmonisierung** vorsieht und Art. 10 lit. a Transparenzrichtlinie von einer „Vereinbarung, die beide verpflichtet" („agreement, which obliges them")

18.39

---

132 Vgl. *Brellochs*, AG 2016, 157, 163; *Burgard/Heimann*, WM 2015, 1445, 1448; *Schilha*, DB 2015, 1821, 1823; *Söhner*, ZIP 2015, 2451, 2454; *Stephan*, Der Konzern 2016, 53, 55 (mit guter Übersichtstabelle zu der Behandlung der unterschiedlichen Meldepflichten bei Sicherungsgeber und -nehmer).
133 *V. Hein* in Schwark/Zimmer, § 34 WpHG Rz. 24.
134 Vgl. dazu *Zimmer* in Immenga/Mestmäcker, 6. Aufl. 2020, § 1 GWB Rz. 91 ff.; *Liebscher*, ZIP 2002, 1005, 1007; *Burgard*, BB 1995, 2069, 2075.
135 Vgl. nur *Opitz* in Schäfer/Hamann, Kapitalmarktgesetze, § 22 WpHG Rz. 83 m.w.N.
136 Zu den verschiedenen Konstellationen der Stimmbindungsvereinbarungen vgl. ausführlich *Opitz* in Schäfer/Hamann, Kapitalmarktgesetze, § 22 WpHG Rz. 83 ff.

spricht[137]. Nach wohl h.L. soll daher ein „abgestimmtes Verhalten in sonstiger Weise" nicht mehr tatbestandsmäßig sein.

18.39a Ausgenommen von einer Zurechnung werden nach § 34 Abs. 2 Satz 1 letzter Satzteil WpHG (bis 2.1.2018: § 22 Abs. 2 Satz 1 letzter Satzteil) **Vereinbarungen „in Einzelfällen"**[138]. Von einer derartigen Vereinbarung im Einzelfall ist – wie auch Satz 2 bestätigt – auszugehen, wenn nur einzelne, vergleichsweise unerhebliche Abstimmungspunkte erfasst werden und diese auf eine einzige Hauptversammlung beschränkt bleiben, oder Interessen nur gelegentlich und ad hoc koordiniert werden, wobei unerheblich ist, ob die diesbezüglichen Vereinbarungen schriftlich oder mündlich erfolgen. In der Praxis erweist sich die Abgrenzung der „Einzelfälle" von der allgemeinen Abstimmung, insbesondere der „in sonstiger Weise", als äußerst schwierig und hat zu dem Streit geführt, ob der „Einzelfall" formal zu bestimmen ist oder bei Einzelmaßnahmen mit einem besonderen qualitativen Gewicht – wie z.B. der Änderung der Geschäftspolitik – aufgrund einer materiellrechtlichen Betrachtung kein Einzelfall mehr gegeben sein soll. Der BGH hat sich in seiner Entscheidung[139] der formalen Auffassung angeschlossen unter Verweis auf den Wortlaut, Sinn und Zweck, der eine Kontinuität des abgestimmten Verhaltens erfordere, sowie die Systematik, denn bei einer materiellen Auslegung würde die Einzelfallausnahme keinen Anwendungsbereich mehr haben. Die BaFin, die ursprünglich die materielle Auslegung vertrat[140], hat sich der Rechtsprechung des BGH angeschlossen[141] und stellt nicht mehr auf die bezweckte Wirkung des abgestimmten Verhaltens auf die unternehmerische Ausrichtung des Emittenten ab.

18.39b Unabgestimmtes **Parallelverhalten** führt nicht zu einer Stimmrechtszurechnung[142], also z.B. ein gleichgerichtetes Stimmverhalten auf einer Hauptversammlung, ebenso wenig wie ein **Parallelerwerb** von Aktien, selbst wenn dies auf Grund des Abschlusses von Barausgleichsderivaten (zu diesen Rz. 18.65 ff.) erfolgt[143]. Voraussetzung ist eine koordinierte Ausübung gesellschaftsrechtlich vermittelten Einflusses, wie die ratio der Zurechnung von *Stimmrechten* nahelegt[144].

18.40 Durch die Änderung durch das **Risikobegrenzungsgesetz** war beabsichtigt, die in der Praxis aufgetretenen Schwierigkeiten der Anwendung von § 22 Abs. 2 WpHG a.F. bzw. § 34 Abs. 2 WpHG i.d.F. des 2. FiMaNoG mit der Zurechnung von Stimmrechten bei abgestimmtem Verhalten zu beseitigen und

---

137 Konformität verneinend: *Hitzer/Hauser*, NZG 2016, 1365, 1366 ff.; *Burgard/Heimann* in FS Dauses, 2014, S. 47, 54 ff.; *Burgard/Heimann*, WM 2015, 1445, 1449; *Veil*, WM 2012, 53, 57 f.; bejahend: *Parmentier*, AG 2014, 15, 18 f.; *v. Hein* in Schwark/Zimmer, § 34 WpHG Rz. 29.
138 Wobei erweiternd diese Ausnahme auch auf ein abgestimmtes Verhalten „in sonstiger Weise" erstreckt wird – vgl. *Liebscher*, ZIP 2002, 1005, 1007 f.; *Nottmeier/Schäfer*, AG 1997, 87, 95; *v. Hein* in Schwark/Zimmer, § 34 WpHG Rz. 30.
139 BGH v. 25.9.2018 – II ZR 190/17, WM 2018, 2171 = BKR 2019, 46 = AG 2019, 37 mit vollständigem Nachweis aller Literaturäußerungen; dazu zustimmend *Brellochs*, AG 2019, 29; *Buck-Heeb*, BKR 2019, 8; *Horcher/Kovács*, DStR 2019, 388; *Poelzig*, ZBB 2019, 1 ff.
140 Vgl. BaFin, Emittentenleitfaden, Modul B, sub I.2.5.10.2.
141 BaFin, FAQ zu Transparenzpflichten, Stand 21.9.2020, Frage 8a.
142 OLG Stuttgart v. 10.11.2004 – 20 U 16/03, AG 2005, 125, 129; OLG München v. 17.2.2005 – 23 W 2406/04, AG 2005, 407; zu § 30 Abs. 2 WpÜG: BGH v. 18.9.2006 – II ZR 137/05 – WMF, BGHZ 169, 98 = AG 2006, 883; OLG Frankfurt v. 25.6.2004 – WpÜG 5/03a, WM 2004, 1638, 1642 und OLG München v. 27.4.2005 – 7 U 2792/04, ZIP 2005, 856, 857 = AG 2005, 482; LG Hamburg v. 16.10.2006 – 412 O 102/04, AG 2007, 177; ausführlich *von Bülow* in KölnKomm. WpHG, § 22 WpHG Rz. 188 ff.; *Opitz* in Schäfer/Hamann, Kapitalmarktgesetze, § 22 WpHG Rz. 82 f.; *v. Hein* in Schwark/Zimmer, § 34 WpHG Rz. 37.
143 *Pluskat*, DB 2009, 383, 385; *Gätsch/Schäfer*, NZG 2008, 846, 848 f.; *Cascante/Topf*, AG 2009, 53, 68 – alle m.w.N.; **a.A.** *Oechsler*, ZIP 2011, 449, 452 f. zu der Parallelnorm des § 30 Abs. 2 WpÜG; kritisch auch *v. Hein* in Schwark/Zimmer, § 34 WpHG Rz. 39.
144 *von Bülow* in KölnKomm. WpHG, § 22 WpHG Rz. 188; BGH v. 18.9.2006 – II ZR 137/05 – WMF, BGHZ 169, 98 = AG 2006, 883 (zu § 30 Abs. 2 WpÜG); *Saenger/Kessler*, ZIP 2006, 837, 839; *Uwe H. Schneider* in Assmann/Uwe H. Schneider/Mülbert, § 34 WpHG Rz. 160 ff. m.w.N.

die restriktive **Rechtsprechung des BGH**[145] **zu konterkarieren**[146]. Nicht umgesetzt wird damit die ursprüngliche Absicht, den Tatbestand von § 22 Abs. 2 WpHG a.F. bzw. § 34 Abs. 2 WpHG i.d.F. des 2. FiMaNoG in dreierlei Hinsicht zu erweitern, da im Ergebnis grundsätzlich weiterhin **nur eine Verhaltsabstimmung** in Bezug auf den Emittenten und nicht auch eine Verhaltsabstimmung in Bezug auf den Erwerb oder die Nichtveräußerung von Aktien des Emittenten zu einer Zurechnung führt[147]. Ebenso wenig wurde das ursprüngliche Vorhaben umgesetzt, die Ausnahme für Einzelfälle/-absprachen zu streichen und durch die langfristige Wirkung der Vereinbarung zu ersetzen. Erweitert wird jedoch die Zurechnung um die Fälle, die sich nicht in einer Absprache über die Stimmrechtsausübung in der Hauptversammlung erschöpfen.

Die wesentliche Änderung der Zurechnungsvorschrift im Falle eines acting in concert durch das Risikobegrenzungsgesetz besteht daher darin, dass eine **Verständigung** über ein Zusammenwirken in sonstiger Weise „**mit dem Ziel einer dauerhaften und erheblichen Änderung der unternehmerischen Ausrichtung des Emittenten**" erfolgt, als ein „acting in concert" gilt. Die intendierte Änderung der unternehmerischen Ausrichtung des Emittenten muss nach der nunmehrigen Fassung des Gesetzes „dauerhaft *und* erheblich"[148] sein. Der Gesetzgeber hat damit die Kritik berücksichtigt, dass bei einer dauerhaften *oder* erheblichen Beeinflussung auch eine dauerhafte nicht erhebliche Beeinflussung ein acting in concert darstellen würde[149]. Ein **acting in concert** liegt jedoch nicht vor, wenn das abgestimmte Verhalten auf die Beibehaltung der unternehmerischen Ausrichtung abzielt oder nur unbedeutendere oder vorübergehende Änderungen bewirken soll[150]. 18.41

Der Gesetzgeber hat mit dem Risikobegrenzungsgesetz jedoch eine bewusste **Abkehr** von der Rechtsprechung des **BGH** vorgenommen, dass ein acting in concert immer eine Absprache im Hinblick auf die Stimmrechtsausübung in der Hauptversammlung erfordert[151]. Im Ergebnis unterstützt der Gesetzgeber daher nicht die formale, auf den rein gesellschaftsrechtlich vermittelten Einfluss abstellende Betrachtung, sondern die **materiell-rechtliche Betrachtungsweise**. 18.42

Die ESMA hat in einem „Public Statement"[152] mit Blick auf die Übernahmerichtlinie eine „White List of Activities" aufgestellt, wann eine Kooperation zwischen Aktionären nicht als ein „acting in concert" zu qualifizieren sein soll. Dies soll der Fall sein, wenn sich die Kooperation beschränkt auf 18.42a

- Führung von Diskussionen über mögliche mit dem Vorstand zu erörternde Punkte;
- Abgabe von Zusicherungen gegenüber dem Vorstand über die Geschäftspolitik des Unternehmens;
- Ausübung von Aktionärsrechten (mit Ausnahme der Wahl von Aufsichtsratsmitgliedern) zu dem Zweck,
  - Punkte für Beschlüsse der Hauptversammlung auf die Agenda zu setzen,

---

145 Vgl. dazu BGH v. 18.9.2006 – II ZR 137/05 – WMF, BGHZ 169, 98 ff. = AG 2006, 883, demzufolge nur Absprachen über die Stimmrechtsausübung in der Hauptversammlung, nicht jedoch innerhalb des Aufsichtsrates zu einem „acting in concert" führen; dazu ausführlich *von Bülow* in KölnKomm. WpHG, § 22 WpHG Rz. 157 ff.; *Lenenbach*, Kapitalmarktrecht, Rz. 13.417 ff.; *v. Hein* in Schwark/Zimmer, § 34 WpHG Rz. 40.
146 Begr. RegE, BR-Drucks. 763/07, S. 6.
147 Insoweit zutreffend *Renz/Rippel*, BKR 2008, 309, 311; *Lenenbach*, Kapitalmarktrecht, Rz. 13.419; *Zimmermann* in Fuchs, § 22 WpHG Rz. 97 f.; *Borges*, ZIP 2007, 357, 364 ff.
148 Im Gegensatz zu der Fassung des Gesetzentwurfs, die eine „dauerhafte *oder* erhebliche" Beeinflussung ausreichen lassen wollte; vgl. auch BaFin, Emittentenleitfaden, Modul B, sub I.2.5.10.1.
149 Vgl. *Handelsrechtsausschuss des DAV*, NZG 2008, 60, 61.
150 *Lenenbach*, Kapitalmarktrecht, Rz. 13.418; BaFin, Emittentenleitfaden, Modul B, sub I.2.5.10.1 (unstr.).
151 *Diekmann/Merkner*, NZG 2007, 921, 922; *Timmann/Birkholz*, BB 2007, 2749, 2750; *Wilsing/Goslar*, DB 2007, 2467, 2468 f.
152 Vom 8.1.2019, ESMA-31-65-682.

- Beschlüsse für die HV zu entwerfen oder
- außerordentliche Hauptversammlungen einzuberufen;
- soweit nach nationalem Recht zulässig (und mit Ausnahme der Wahl von Aufsichtsratsmitgliedern) das Abstimmungsverhalten zu koordinieren;
- Zustimmung zu erteilen oder abzulehnen, (i) die Vergütung des Managements, (ii) den Erwerb oder Verkauf von Aktiva, (iii) Kapitalherabsetzungen oder Aktienrückkäufe, (iv) Kapitalerhöhungen, (v) Dividendenbeschlüsse, (vi) die Ernennung oder Absetzung oder Vergütung der Abschlussprüfer, (vii) die Ernennung eines Sonderbeauftragten, (viii) den Jahresabschluss sowie (ix) die Umweltpolitik, Social Responsibility oder die Beachtung von „codes of conduct";
- Related Party Transactions zurückzuweisen.

Soweit über diese Liste hinausgehende Aktivitäten koordiniert werden, soll jeweils im Einzelfall zu prüfen sein, ob ein „acting in concert" vorliegt. Sonderregelungen sollen für eine Kooperation bei der Wahl von Aufsichtsräten gelten.

18.42b Die „White List" der ESMA bezieht sich auf die Übernahmerichtlinie und ihre Umsetzung in nationales Recht. Deren Sinn und Zweck ist nicht identisch mit dem der Transparenzrichtlinie, so dass keine Übertragung 1:1 auf die §§ 33 ff. WpHG möglich ist. Zudem weichen auch einige Punkte von der in Deutschland vorherrschenden Rechtsauffassung ab[153]. Verbindlich ist die Meinungsäußerung der ESMA insoweit ohnehin nicht, da ihr weder von der Übernahme- noch der Transparenzrichtlinie insoweit ein Mandat übertragen wird.

18.43 Soweit ein **Vermögensverwalter** für eine Vielzahl von Kunden Aktien derselben Gesellschaft erworben hat und die Stimmrechte für sämtliche Kunden einheitlich ausübt, liegt zwar eine Hinzurechnung der Stimmen zu dem Vermögensverwalter nach § 34 Abs. 1 Satz 1 Nr. 6 WpHG (bis 2.1.2018: § 22 Abs. 1 Satz 1 Nr. 6) vor, doch kein Fall des § 34 Abs. 2 WpHG (bis 2.1.2018: § 22 Abs. 2). Die Aktionäre (= Kunden des Vermögensverwalters) wissen nichts voneinander, so dass diese keine Koordinierung untereinander vornehmen und dementsprechend nicht ihr Verhalten abstimmen i.S.v. § 34 Abs. 2 WpHG (bis 2.1.2018: § 22 Abs. 2 WpHG)[154], auch nicht durch den von allen Vermögensinhabern bevollmächtigten Vermögensverwalter. Gleiches gilt für die Befolgung von **Stimmrechtsempfehlungen** von Stimmrechtsberatern[155]. Dagegen unterfallen auf Dauer angelegte Stimmrechts-**Poolgesellschaften** – auch wenn kein Gesamthandsvermögen an den Aktien gebildet wird – regelmäßig dem **acting in concert**[156]. Keine Zurechnung zu dem Treu*händer*[157] erfolgt, wenn der Treu*geber* ein **acting in concert** mit Dritten vereinbart.

4. Nichtberücksichtigung von Stimmrechten (§ 36 WpHG)

18.44 Trotz grundsätzlich gegebener Meldepflicht nach §§ 33, 34 WpHG (bis 2.1.2018: §§ 21, 22) konnte bis zum Inkrafttreten des TUG die BaFin auf schriftlichen Antrag des Meldepflichtigen zulassen, dass be-

---

153 Vgl. etwa OLG Köln v. 16.12.2020 – I-13 U 166/11, ZIP 2021, 848 = NZG 2021, 201 zu Interessenschutzklauseln (Effektenspiegel/Deutsche Bank).
154 Unstr., vgl. nur *Opitz* in Schäfer/Hamann, Kapitalmarktgesetze, § 22 WpHG Rz. 98.
155 *Kocher/Heydel*, AG 2011, 543; *Uwe H. Schneider*, ZGR 2012, 518, 531; *Klöhn/Schwarz*, ZIP 2012, 149, 152 ff.
156 *Podewils*, BB 2009, 733, 737; *Kocher*, BB 2012, 721, 722 f. – siehe aber auch Rz. 18.39 mit Blick auf eine EU-Rechtswidrigkeit des „abgestimmten Verhaltens in sonstiger Weise"; einschränkend *Kocher/Mattig*, BB 2018, 1667 (aufgrund unionsrechtskonformer Auslegung Zurechnung nur zum „herrschenden" Poolmitglied – ohne „herrschendes" Poolmitglied keine Zurechnung); a.A. BaFin, Emittentenleitfaden, Modul B, sub. I.2.5.10.3; *v. Hein* in Schwark/Zimmer, § 34 WpHG Rz. 42; *Nietsch*, WM 2012, 2217, 2222 f.; *Zimmermann* in Fuchs, § 22 WpHG Rz. 105.
157 BGH v. 19.7.2011 – II ZR 246/09, ZIP 2011, 1862 = AG 2011, 786 sowie ausführlich Rz. 18.23.

stimmte Stimmrechte des Meldepflichtigen unberücksichtigt bleiben (§ 23 Abs. 1 WpHG a.F. bzw. § 36 Abs. 1 WpHG i.d.F. des 2. FiMaNoG). § 23 WpHG a.F. beruhte auf der Regelung der Transparenzrichtlinie 1988, die ausdrücklich **Ausnahmen für „berufsmäßige Wertpapierhändler"** vorsah. Diese Ausnahmeregelungen gelten seit dem TUG unabhängig von der Erteilung einer Genehmigung für bis zu 5 % der Stimmrechte unmittelbar für Marktteilnehmer, deren Meldungen letztlich eher zu einer Verwirrung des Marktes als zur Herbeiführung einer Transparenz führen würden[158]. Als solche nennt das Gesetz berufsmäßig Wertpapierhandel durchführende Wertpapierdienstleistungsunternehmen (§ 36 Abs. 1 WpHG [bis 2.1.2018: § 23 Abs. 1]), Wertpapierabwicklungssysteme (§ 36 Abs. 3 WpHG [bis 2.1.2018: § 23 Abs. 2]), Zentralbanken und vergleichbare Einrichtungen (§ 36 Abs. 4 WpHG [bis 2.1.2018: § 23 Abs. 3]) und Market Maker (§ 36 Abs. 5 WpHG [bis 2.1.2018: § 23 Abs. 4])[159] unter jeweils spezifischen Voraussetzungen. Den spezifischen Voraussetzungen ist gemein, dass sie erfordern, dass kein Einfluss auf den Emittenten ausgeübt wird. Dies wird bestätigt durch § 36 Abs. 6 WpHG (bis 2.1.2018: § 23 Abs. 5), demzufolge Stimmrechte, die nach den Absätzen 1 bis 5 bei der Berechnung des Stimmrechtsanteils unberücksichtigt bleiben, auch nicht ausgeübt werden können[160]. Ein Verbot der Stimmrechtsausübung ist jedoch nicht meldepflichtig, so dass die dem Ausübungsverbot unterliegenden Stimmrechte trotzdem bei der Feststellung aller Stimmrechte mitgezählt werden. Gleichermaßen werden einem Stimmverbot nach § 36 Abs. 6 (bis 2.1.2018: § 23 Abs. 5) unterliegende Stimmrechte nach § 34 Abs. 1 WpHG (bis 2.1.2018: § 22 Abs. 1) zugerechnet[161].

5. Meldepflichtiger (§ 33 Abs. 1 Satz 1, § 37 WpHG)

Meldepflichtig ist nach § 33 Abs. 1 WpHG (bis 2.1.2018: § 21 Abs. 1) jeder, der durch Erwerb, Veräußerung oder auf sonstige Weise die **Schwellenwerte von 3 %, 5 %, 10 %, 15 %, 20 %, 25 %, 30 %, 50 % oder 75 %** der Stimmrechte an einer börsennotierten Gesellschaft erreicht, überschreitet oder unterschreitet. Erfasst werden alle natürlichen und juristischen Personen sowie Personengesellschaften und andere Personenzusammenschlüsse jedweder Provenienz. **Streitig** ist, ob ein **Testamentsvollstrecker** für den Erben meldepflichtig ist[162]. Für den Fall der Insolvenz sieht **§ 24 WpHG** (bis 2.1.2018: § 11) vor, dass die originäre Pflicht bei dem in der Insolvenz befindlichen Unternehmen verbleibt und der **Insolvenzverwalter** den Schuldner zu unterstützen, insbesondere die erforderlichen Mittel zur Verfügung zu stellen hat[163]. Sitz, Wohnsitz, Aufenthaltsort oder Nationalität des Meldepflichtigen sind unerheblich. § 33 WpHG (bis 2.1.2018: § 21) entfaltet insofern Weltgeltung (extraterritoriale Wirkung)[164]. Zu der streitigen Frage der Meldepflicht eines **Legitimationsaktionärs** vgl. Rz. 18.12, 18.30. Eine **Umfirmierung** oder ein **Rechtsformwechsel** begründet auf Grund der Kontinuität der Rechtsperson keine

18.45

---

158 Vgl. Begr. RegE, BT-Drucks. 12/6679, S. 54.
159 Einen Market Maker trifft nach § 4 Abs. 1 TranspRLDV die Pflicht, die BaFin davon zu unterrichten, wenn er das Market Making für ein bestimmtes Finanzinstrument einstellt.
160 Zu dem Streit darüber, ob § 36 Abs. 6 WpHG (bis 2.1.2018: § 23 Abs. 5) nur Anwendung findet auf einen die jeweilige Meldeschwelle überschreitenden, nicht berücksichtigten Bestand (sog. „kleine Lösung") oder auch auf sonstige sich im Bestand befindende, nicht von § 36 WpHG (bis 2.1.2018: § 23) erfasste Stimmrechte (sog. „große Lösung"), vgl. *v. Hein* in Schwark/Zimmer, § 36 WpHG Rz. 37 f.; *Opitz* in Schäfer/Hamann, Kapitalmarktgesetze, § 23 Rz. 29.
161 *Opitz* in Schäfer/Hamann, Kapitalmarktgesetze, § 23 WpHG Rz. 30.
162 Für Meldepflicht des TV: *Uwe H. Schneider* in Assmann/Uwe H. Schneider/Mülbert, § 33 WpHG Rz. 15; *von Bülow* in KölnKomm. WpHG, § 21 WpHG Rz. 136; *Mutter*, AG 2006, 637, 643 f.; für Meldepflicht des Erben: *Zimmermann* in Fuchs, § 21 WpHG Rz. 15; *Opitz* in Schäfer/Hamann, Kapitalmarktgesetze, § 21 WpHG Rz. 11a; *Ponath/Raddatz*, ZEV 2013, 361, 364 vgl. auch Rz. 18.13.
163 So schon für die Rechtslage vor Geltung von § 11 WpHG a.F.: BVerwG v. 13.4.2005 – 6 C 4.04, AG 2005, 579 ff.
164 Vgl. dazu ausführlich *Opitz* in Schäfer/Hamann, Kapitalmarktgesetze, § 21 WpHG Rz. 10 ff. und zu den Grenzen hinsichtlich der Emittenten mit Sitz in einem anderen Staat Rz. 10c; *Uwe H. Schneider* in Assmann/Uwe H. Schneider/Mülbert, § 33 WpHG Rz. 18 f.; *v. Hein* in Schwark/Zimmer, § 33 WpHG Rz. 13; *Ringe*, AG 2007, 809, 813 f.

erneute Meldepflicht[165] ebenso wenig wie eine Namensänderung auf Grund von Heirat. Bei Aktien vertretenden Hinterlegungsscheinen ist nach § 33 Abs. 1 Satz 2 WpHG (bis 2.1.2018: § 21 Abs. 1 Satz 2) der **Inhaber** und nicht der Aussteller des Hinterlegungsscheins meldepflichtig[166].

18.46 Für Konzerne enthält § 37 WpHG (bis 2.1.2018: § 24) die Möglichkeit, dass das **Mutterunternehmen** die Mitteilungen **für alle mitteilungspflichtigen Konzernunternehmen** erfüllt. Diese Kann-Vorschrift erleichtert es Konzernen, im Rahmen einer zentralen Regelung von Einzelmitteilungen durch jedes Tochterunternehmen abzusehen. In dem Sinne privilegiert werden jedoch nicht mehr nur Konzerne, die einen **Konzernabschluss nach §§ 290, 340i HGB** aufstellen, d.h. unter einheitlicher Leitung einer Kapitalgesellschaft (Mutterunternehmen) mit Sitz in Inland stehen, sondern alle Mutter-Tochter-Verhältnisse seit Geltung des Transparenzrichtlinie-Änderungsrichtlinie-UmsG[167]. Als Rechtsfolge sieht § 37 WpHG (bis 2.1.2018: § 24) vor, dass verschiedene Mitteilungen durch das Mutterunternehmen zusammengefasst werden und die Mitteilung durch das Mutterunternehmen für die erfassten Tochterunternehmen befreiend wirkt. Erfolgt – aus welchen Gründen auch immer – durch das Mutterunternehmen keine Meldung, obwohl das Tochterunternehmen davon ausgehen durfte, dass (z.B. entsprechend geübter Praxis) die Meldung durch das Mutterunternehmen vorgenommen werden würde, so tritt grundsätzlich keine Befreiung des Tochterunternehmens von seinen Verpflichtungen ein. Es mag dann jedoch an einem Verschulden i.S. der Ordnungswidrigkeitentatbestände fehlen. Das Tochterunternehmen kann die Sanktionen des § 44 WpHG (bis 2.1.2018: § 28) selbst dann treffen, wenn es seiner Mitteilungspflicht gegenüber seinem Mutterunternehmen ordnungsgemäß nachgekommen ist[168], was zu Konzernhaftungs-Tatbeständen führen kann[169].

6. Inhalt, Form und Zeitpunkt der Mitteilung (§§ 12 ff. WpAV)

18.47 Der nach § 33 WpHG (bis 2.1.2018: § 21) Mitteilungspflichtige hat sämtliche hiernach erforderlichen Mitteilungen abzugeben. Hierzu zählen die **Tatsache** des Erreichens, Überschreitens oder Unterschreitens eines der genannten Schwellenwerte, welcher bzw. welche **Schwellenwerte** betroffen sind sowie der **Zeitpunkt** (Tag). Seit Geltung des Transparenzrichtlinie-Änderungsrichtlinie-UmsG sieht § 12 Abs. 1 WpAV ein für alle Meldungen zu verwendendes Formular vor und abweichende Meldeformen sind nicht mehr zulässig[170]. In der Praxis ergeben sich immer wieder Nachfragen der BaFin, wenn ein Meldepflichtiger lediglich das Unterschreiten der 3 %-Schwelle meldet, da die BaFin auch bei einem Unterschreiten der 3 %-Schwelle an dem Wortlaut von § 17 Abs. 1 Nr. 5 WpAIV a.F. bzw. nunmehr gemäß § 12 WpAV mit Anlage 1 Ziff. 6 festhält und die Veröffentlichung der Höhe des Stimmrechtsanteils erfordert. Dies ist zwar durch Sinn und Zweck der Norm nicht geboten, da vor einem Erreichen der 3 %-Schwelle ebenfalls nicht die Höhe des Stimmrechtsanteils genannt werden muss. Der insoweit unglücklich formulierte Wortlaut wird von der BaFin jedoch nicht teleologisch sondern eng ausgelegt. Weiter sind zu melden die **Anschrift** des Meldepflichtigen und des Emittenten[171]. Sämtliche Angaben

---

165 OLG Düsseldorf v. 29.12.2009 – I-6 U 69/08, AG 2010, 711, 712 Rz. 67, 73; OLG Düsseldorf v. 19.12.2008 – I-17 W 63/08, AG 2009, 535 Rz. 32 f. = ZIP 2009, 170 = AG 2009, 40 = NZG 2009, 260; OLG Hamm v. 4.3.2009 – 8 U 59/01, AG 2009, 876 ff.; **a.A.** LG Köln v. 5.10.2007 – 82 O 114/06, AG 2008, 336 Rz. 72 ff.; die ganz **h.L.** folgt der Rspr. des OLG Düsseldorf, vgl. etwa *Merkner*, AG 2012, 199, 201; *Bedkowski/Widder*, BB 2008, 2372 f.; BaFin, Emittenleitfaden, Modul B, sub I.2.2.2 und I.2.2.6 (freiwillige Meldung, z.B. zur Umfirmierung).
166 *V. Hein* in Schwark/Zimmer, § 34 WpHG Rz. 14.
167 RegBegr., BT-Drucks. 18/5010, S.46; BaFin, FAQ zu Transparenzpflichten, Stand 28.11.2016, Frage 34.
168 Vgl. dazu Rz. 18.58 ff. sowie *Zimmermann* in Fuchs, § 24 WpHG Rz. 7; *Uwe H. Schneider* in Assmann/Uwe H. Schneider/Mülbert, § 37 WpHG Rz. 13; *v. Hein* in Schwark/Zimmer, § 37 WpHG Rz. 3.
169 Vgl. *Opitz* in Schäfer/Hamann, Kapitalmarktgesetze, § 24 WpHG Rz. 6 a.E.
170 BaFin, FAQ zu Transparenzpflichten, Stand 28.11.2016, Frage 8 und Emittentenleitfaden, Modul B, sub I.2.2.3.
171 Wird die Anschrift unvollständig gemeldet, soll dies zwar eine Ordnungswidrigkeit begründen, nicht jedoch zu dem Rechtsverlust gemäß § 28 WpHG a.F. bzw. § 44 WpHG i.d.F. des 2. FiMaNoG führen – OLG Düsseldorf v. 29.12.2009 – I-6 U 69/08, AG 2010, 711 f. Rz. 81.

haben auf dem Formular gemäß Anlage 1 zu § 12 WpAV zu erfolgen und müssen einer allgemeinen Plausibilitätsprüfung durch die Gesellschaft zugänglich sein[172].

Ferner hat die **Mitteilung** inhaltlich auch die dem Meldepflichtigen nach § 34 WpHG (bis 2.1.2018: § 22) **zugerechneten Stimmen** aufzuführen. Nach **Anlage 1 zu § 12 WpAV** sind außer dem Namen des Dritten, der Höhe seiner Beteiligung und den Namen der kontrollierten Unternehmen die zuzurechnenden Stimmen in den Mitteilungen, jedoch nicht mehr für jede der Nummern in § 34 Abs. 1 und für Abs. 2 WpHG (bis: 2.1.2018: § 22 Abs. 1 und für Abs. 2) getrennt, anzugeben. Eine entsprechende Mitteilung des Meldepflichtigen entlastet jedoch nicht denjenigen, der die zurechenbaren Anteile hält. Dieser hat somit seinen Verpflichtungen zur Mitteilung nach §§ 33, 34 WpHG (bis 2.1.2018: §§ 21, 22) unabhängig nachzukommen. Als Form sah § 18 WpAIV a.F. die **Schriftform** oder **Telefax** vor. Die Schriftform nach § 126 Abs. 1 BGB kann nach § 126 Abs. 3 BGB durch die elektronische Form i.S.d. § 126a BGB ersetzt werden. Nunmehr sieht § 2 StimmRMV[173] grundsätzlich nur noch eine elektronische Übermittlung an die BaFin vor. Ist diese aufgrund technischer Störungen der Melde- und Veröffentlichungsplattform (MPV) der BaFin nicht möglich, ist nach § 4 Abs. 2 StimmRMV auch eine Übermittlung schriftlich im Original oder per Telefax zulässig. Die Mitteilung kann in deutscher oder englischer **Sprache** erfolgen (§ 14 WpAV).

18.48

Die Mitteilung ist nach § 33 Abs. 1 Satz 1, Abs. 2 WpHG (bis 2.1.2018: § 21 Abs. 1 Satz 1, Abs. 1a WpHG) „**unverzüglich**, spätestens innerhalb von vier **Handelstagen nach Erreichen, Überschreiten oder Unterschreiten** der genannten Schwellen" abzugeben. Unverzüglich bedeutet nach § 121 Abs. 1 Satz 1 BGB „ohne schuldhaftes Zögern". Schuldlos ist ein Zögern nur, wenn eine Ungewissheit über die Mitteilungspflicht besteht und diese geklärt werden muss, ohne dass der Mitteilungspflichtige diese Umstände verschuldet hätte (das früher angeführte Beispiel der Notwendigkeit der Feststellung der ausstehenden Stimmrechte wegen teilweiser Ausnutzung von bedingtem Kapital verfängt wegen § 41 WpHG [bis 2.1.2018: § 26a] nicht mehr). Die Frist nach § 33 Abs. 1 Satz 3 WpHG (bis 2.1.2018: § 21 Abs. 1 Satz 3) beginnt mit dem Zeitpunkt, zu dem der Meldepflichtige Kenntnis von der Kreuzung der Schwellenwerte hat bzw. von den Umständen haben musste, dass sein Stimmrechtsanteil die Schwellenwerte kreuzt. Damit stellt sich die Frage der Wissenszurechnung von Vertretern i.S.v. § 166 BGB. Für **Konzernsachverhalte** ist heute anerkannt, dass Unternehmen im Beteiligungsbereich **besonderen Sorgfalts- und Organisationspflichten** unterliegen und sie organisatorisch sicherstellen müssen, dass alle mit den Beteiligungen zusammenhängenden Pflichten erfüllt werden. Dies ist insbesondere hinsichtlich der in § 34 WpHG (bis 2.1.2018: § 22) enthaltenen Zurechnungsvorschriften durchaus nicht immer leicht zu bewerkstelligen. § 33 Abs. 1 Satz 4 WpHG (bis 2.1.2018: § 21 Abs. 1 Satz 4) **vermutet unwiderleglich**, dass der **Meldepflichtige zwei Handelstage nach der Schwellenberührung Kenntnis hiervon hat**. Einer Veränderung der Gesamtzahl der Stimmrechte lässt die Frist nach § 33 Abs. 1 Satz 5 WpHG (bis 2.1.2018: § 21 Abs. 1 Satz 5) jedoch erst beginnen ab Kenntnis des Meldepflichtigen von der Schwellenberührung durch Veränderung der Gesamtzahl, spätestens jedoch mit der Veröffentlichung des Emittenten nach § 41 Abs. 1 WpHG (bis 2.1.2018: § 26a Abs. 1).

18.49

7. Adressat der Mitteilungen

Die Mitteilung ist von Meldepflichtigen sowohl **an die Gesellschaft** zu richten wie auch **an die BaFin**. Beide Adressaten sind zeitgleich zu informieren. Viele börsennotierte Gesellschaften veröffentlichen in den Gesellschaftsblättern oder ihren Websites Einzelheiten der internen Abteilungen/Stellen sowie der entsprechenden E-Mail-Adressen oder Telefax-Nummern, an die die Mitteilungen nach § 33 WpHG (bis 2.1.2018: § 21) zu richten sind. Zu den Veröffentlichungspflichten der Gesellschaft siehe Rz. 18.72 ff.

18.50

---

172 Vgl. dazu *Paudtke/Glauer*, NZG 2016, 125, 130 ff.
173 BGBl. I 2018, S. 1723, zuletzt geändert durch Gesetz v. 2.6.2020, BGBl. I, S. 1217.

8. Sanktionen

a) Strafrechtliche Sanktionen

18.51 Nach § 120 Abs. 2 Nr. 2 lit. d und e WpHG (bis 2.1.2018: § 39 Abs. 2 Nr. 2 lit. f und g) handelt **ordnungswidrig**, der vorsätzlich oder leichtfertig eine Mitteilung nach § 33 Abs. 1 Satz 1 oder 2 oder Abs. 2 WpHG bzw. § 38 Abs. 1 Satz 1 WpHG oder § 39 Abs. 1 WpHG (bis 2.1.2018: § 21 Abs. 1 Satz 1 oder 2 oder Abs. 1a bzw. § 25 Abs. 1 Satz 1 oder § 25a Abs. 1 Satz 1) nicht, nicht richtig, nicht vollständig, nicht in der vorgeschriebenen Weise oder nicht rechtzeitig macht. Die Ordnungswidrigkeit wird nach § 120 Abs. 17 WpHG (bis 2.1.2018: § 39 Abs. 4) bei einer natürlichen Person mit einer **Geldbuße bis zu 2 Mio. Euro** und bei einer juristischen Person mit bis zu **10 Mio. Euro** oder **5 % des Gesamtumsatzes**[174] (bzw. wird bis 2.1.2018 nach § 39 Abs. 4 WpHG mit einer Geldbuße bis zu 1 Mio. Euro) bedroht.

b) Zivilrechtliche Sanktionen

aa) Rechtsverlust (§ 44 WpHG)

18.52 Nach § 44 Abs. 1 Satz 1 WpHG[175] (bis 2.1.2018: § 28 Abs. 1 Satz 1) bestehen Rechte aus Aktien, die einem Meldepflichtigen gehören oder aus denen ihm Stimmrechte gemäß § 34 WpHG (bis 2.1.2018: § 22) zugerechnet werden (die also im Eigentum eines Dritten stehen!)[176], nicht für die Zeit, für welche der Meldepflichtige seine Pflichten nach § 33 Abs. 1 oder Abs. 2 WpHG (bis 2.1.2018: § 21 Abs. 1 oder Abs. 2) nicht erfüllt. Diese Rechtsfolge tritt ex lege ein und bedarf nicht – wie früher – eines Verwaltungsaktes der BaFin[177]. Durch das Risikobegrenzungsgesetz wurde § 28 Abs. 1 Satz 3 WpHG a.F. bzw. § 44 Abs. 1 Satz 3 WpHG i.d.F. des 2. FiMaNoG angefügt, demzufolge sich der Stimmverlust bei vorsätzlicher oder grob fahrlässiger Verletzung der Mitteilungspflicht um sechs Monate nach der Nachholung der Meldung verlängert (vgl. Rz. 18.57 ff.). Von dem Rechtsverlust werden nach § 44 Abs. 1 Satz 2 WpHG (bis 2.1.2018: § 28 Abs. 1 Satz 2) Ansprüche ausgenommen, die nach § 58 Abs. 4 AktG und § 271 AktG bestehen, wenn die Mitteilung nicht vorsätzlich unterlassen wurde und nachgeholt worden ist. Bei dieser **zivilrechtlichen Sanktion des Rechtsverlustes** handelt es sich um die im Verhältnis zu den Ordnungswidrigkeitentatbeständen schärfere und wahrscheinlich auch effektivere Sanktionierung der Mitteilungspflichten[178]. Für Fälle der Verletzung von Mitteilungspflichten gemäß § 38 Abs. 1 WpHG (bis 2.1.2018: § 25 Abs. 1) oder § 39 Abs. 1 WpHG (bis 2.1.2018: § 25a Abs. 1), die bisher nicht sanktioniert waren[179], sieht § 28 Abs. 2 WpHG a.F. bzw. § 44 Abs. 2 WpHG i.d.F. des 2. FiMaNoG seit dem Transparenzrichtlinie-Änderungsrichtlinie-UmsG vor, dass sich bei unterlassenen Meldungen bei Finanzinstrumenten der Rechtsverlust des Meldepflichtigen auf die (nur) in sei-

---

174 Vgl. *Nartowska/Walla*, AG 2014, 891, 897 f.
175 Zum (eingeschränkten) internationalen Anwendungsbereich bei ausländischen Emittenten aus Drittstaaten, die den §§ 21 ff. WpHG a.F. bzw. 33 ff. WpHG i.d.F. des 2. FiMaNoG unterfallen, vgl. instruktiv *Zickler/von Falkenhausen*, BB 2009, 1994 ff.; *v. Hein* in Schwark/Zimmer, § 44 WpHG Rz. 4 (bezieht sich nur auf Aktien solcher Gesellschaften, deren Personalstatut deutsches Recht ist); *Einsele*, JZ 2014, 703, 707; zu den Vorgaben der Transparenzrichtlinie-Änderungsrichtlinie vgl. *Nartowska/Walla*, AG 2014, 891, 900 ff.
176 Zu Recht kritisch für die Fallkonstellationen, in denen den Dritten kein Pflichtverstoß vorzuwerfen ist *Habersack*, AG 2018, 133, 134 ff.; *Söhner*, ZIP 2015, 2451, 2457; *v. Hein* in Schwark/Zimmer, § 44 WpHG Rz. 13 m.w.N.
177 Dies trotz „Berufsklägern" rechtspolitisch verteidigend *Gegler*, ZBB 2018, 126 ff.
178 Zur rechtspolitischen Kritik an den „drakonischen Sanktionen mit wirtschaftlich ruinösen Folgen" vgl. *Opitz* in Schäfer/Hamann, Kapitalmarktgesetze, § 28 WpHG Rz. 1; zu den rechtspolitischen Überlegungen im Rahmen der Erörterung der Transparenzrichtlinie-Änderungsrichtlinie vgl. *Seibt*, ZIP 2012, 797 ff.; *Merkner*, AG 2012, 199, 205 ff.
179 *Brouwer*, AG 2012, 78, 79; *Giedinghagen/Leuering*, NJW-Spezial 2011, 271, 272; *Krause*, AG 2011, 469, 482 f.; *Merkner/Sustmann*, NZG 2010, 681, 687; *Opitz* in Schäfer/Hamann, Kapitalmarktgesetze, § 25 WpHG Rz. 66 ff.; *Teichmann/Epe*, WM 2012, 1213, 1215.

nem Eigentum stehenden Aktien des Emittenten, auf die sich die Finanzinstrumente beziehen, erstreckt, soweit der Meldepflichtige solche hält[180].

Voraussetzung für einen Rechtsverlust nach § 44 WpHG (bis 2.1.2018: § 28) ist, dass ein Meldepflichtiger seinen **Verpflichtungen** nach § 33 WpHG (bis 2.1.2018: § 21) **nicht nachgekommen** ist. Somit ist auch die Unterlassung der Mitteilung eines Unterschreitens eines Schwellenwertes auslösendes Moment[181]. Nach dem Wortlaut bestehen die Rechte aus den Aktien nicht, wenn die „Mitteilungspflichten nicht erfüllt werden". Demgegenüber sieht der Ordnungswidrigkeitentatbestand des § 120 Abs. 2 Nr. 2 lit. d WpHG (bis 2.1.2018: § 39 Abs. 2 Nr. 2 lit. f) vor, dass er erfüllt wird durch jede Mitteilung, die nicht, nicht richtig, nicht vollständig, nicht in der vorgeschriebenen Weise oder nicht rechtzeitig gemacht wird. Fraglich ist, ob die Nichterfüllung einer Mitteilungspflicht i.S.v. § 44 WpHG (bis 2.1.2018: § 28) abweichend von § 120 Abs. 2 WpHG (bis 2.1.2018: § 39 Abs. 2) zu verstehen ist. § 28 WpHG a.F. bzw. § 44 WpHG i.d.F. des 2. FiMaNoG wird von der **h.L.** dahingehend interpretiert, dass die **Ausformulierungen des § 39 WpHG a.F. bzw. § 120 WpHG i.d.F. des 2. FiMaNoG jeweils einzelne Nichterfüllungsformen i.S.v. § 28 WpHG a.F. bzw. § 44 WpHG i.d.F. des 2. FiMaNoG darstellen**[182]. Demgegenüber wird vertreten, dass nur das **vollständige Unterlassen** der Mitteilung eine Nichterfüllung i.S.v. § 28 WpHG a.F. bzw. § 44 WpHG i.d.F. des 2. FiMaNoG ist[183]. Eine **vermittelnde Auffassung** folgt im Ansatz der Interpretation der h.L., dass grundsätzlich jegliche der in § 39 WpHG a.F. bzw. § 120 WpHG i.d.F. des 2. FiMaNoG aufgeführten Konstellationen eine Nichterfüllung i.S.d. § 28 WpHG a.F. bzw. § 44 WpHG i.d.F. des 2. FiMaNoG darstellt, will jedoch im Rahmen einer restriktiven Interpretation **nur erhebliche Mängel** für eine Nichterfüllung genügen lassen[184]. Insoweit ist jedoch sehr streitig, was wesentliche Mängel sind, wie z.B. eine richtige Meldung einer Schwellenüberschreitung unter falscher Angabe der Höhe der Beteiligung, Nennung eines falschen Datums einer Schwellenberührung oder Auslassung eines Unternehmens in einer Zurechnungskette[185].

18.53

Da die Sanktionsnorm des § 28 WpHG a.F. bzw. § 44 WpHG i.d.F. des 2. FiMaNoG **Strafcharakter** hat im Sinne der Rechtsprechung des BVerfG, wonach die Strafe dadurch gekennzeichnet ist, dass sie auf „Repression und Vergeltung für ein rechtlich verbotenes Verhalten abzielt"[186], fordert die ganz h.L. zu Recht ein **Verschulden** in Form von Vorsatz oder (grober) Fahrlässigkeit als weitere Voraussetzung

18.54

---

180 Dabei soll es sich um eine Umsetzung von Art. 28b Abs. 2 der TransparenzRiLi handeln (RegBeg., BT-Drucks. 18/5010, S. 48). Dies erscheint zweifelhaft, weil ein Verstoß gegen Meldepflichten bei Finanzinstrumenten (ohne Dividenden- und Stimmrechte) auf Dividenden- und Stimmrechte aus – ordnungsgemäß gemeldeten – Aktien erstreckt wird; letztlich werden zivilrechtliche Sanktionen zu final strafrechtlichen Zwecken eingesetzt (vgl. dazu Rz. 18.54); vgl. *Brellochs*, AG 2016, 157, 167, *Schilha*, DB 2015, 1821, 1826.
181 Vgl. *Witt*, Übernahmen, S. 162 Fn. 138 m.w.N.
182 So insb. *Uwe H. Schneider* in Assmann/Uwe H. Schneider/Mülbert, § 44 WpHG Rz. 17; *Hildner*, Beteiligungstransparenz, S. 56; BGH v. 22.4.1991 – II ZR 231/90, BGHZ 114, 203 = AG 1991, 270 (allerdings zu § 20 AktG); *Bayer* in MünchKomm. AktG, 4. Aufl. 2016, § 22 AktG Anh., § 28 WpHG Rz. 7; *Götze* in Habersack/Mülbert/Schlitt, Hdb. Kapitalmarktinformation, § 28 Rz. 30 f.; *Merkner*, AG 2012, 199, 203.
183 Insb. *Hüffer*, 7. Aufl. 2006, Anh. § 22 AktG, § 28 WpHG Rz. 3.
184 So insb. *Opitz* in Schäfer/Hamann, Kapitalmarktgesetze, § 28 WpHG Rz. 5 a.E.; *Witt*, Übernahmen, S. 162 Fn. 135; *Götze* in Habersack/Mülbert/Schlitt, Hdb. Kapitalmarktinformation, § 28 Rz. 31; *Merkner*, AG 2012, 199, 203; *Heinrich/Kiesewetter*, Der Konzern 2009, 137, 138 f.; *Scholz*, AG 2009, 313, 314 ff.; i.E. wohl auch *Uwe H. Schneider* in Assmann/Uwe H. Schneider/Mülbert, § 44 WpHG Rz. 18; *v. Hein* in Schwark/Zimmer, § 44 WpHG Rz. 5; *Kremer/Oesterhaus* in KölnKomm. WpHG, § 28 WpHG Rz. 28 ff.; *Bayer* in MünchKomm. AktG, 4. Aufl. 2016, § 22 AktG Anh., § 28 WpHG Rz. 7.
185 Vgl. OLG Frankfurt v. 5.11.2007 – 5 W 22/07, ZIP 2008, 138, 143 = AG 2008, 167; KG Berlin v. 9.6.2008 – 2 W 101/07, AG 2009, 30, 38; LG Hamburg v. 23.1.2002 – 411 O 91/01, AG 2002, 525, 526 f.; OLG Düsseldorf v. 29.12.2009 – 6 U 69/08, AG 2010, 711, 712.
186 BVerfG v. 25.10.1966 – 2 BvR 506/63, BVerfGE 20, 323, 331; BVerfG v. 15.6.1989 – 2 BvL 4/87, BVerfGE 80, 244, 255; BVerfG v. 23.4.1991 – 1 BvR 1443/87, BVerfGE 84, 83, 87.

für einen Verstoß gegen § 28 WpHG a.F. bzw. § 44 WpHG i.d.F. des 2. FiMaNoG[187]. Für die h.M. spricht auch § 28 Abs. 1 Satz 2 WpHG a.F. bzw. § 44 Abs. 1 Satz 2 WpHG i.d.F. des 2. FiMaNoG, der ausdrücklich für ein nicht vorsätzliches Unterlassen eine Milderung der Rechtsfolgen vorsieht und damit deutlich einen Verschuldensmaßstab zu erkennen gibt. Maßgeblich ist nach h.L der **zivilrechtliche Vorsatzbegriff**, demzufolge ein vermeidbarer Verbotsirrtum den Vorsatz ausschließt[188]. Überzogen ist es, wenn die Rechtsprechung[189] die Einholung einer (i.E. unzutreffenden) Auskunft bei der BaFin nicht ausreichen lässt, um einen unvermeidbaren Rechtsirrtum anzunehmen[190].

18.55 Als Rechtsfolge führt § 44 WpHG (bis 2.1.2018: § 28) einen „**Rechtsverlust**" auf, d.h. dass die Rechte für die betreffenden Aktien **während der Zeit der Normverletzung (und Stimmrechte ggf. sechs Monate darüber hinaus)** nicht bestehen (und nicht – wie früher teilweise behauptet – bloß nicht geltend gemacht werden können). Im Falle des § 44 Abs. 1 Satz 2 WpHG (bis 2.1.2018: § 28 Abs. 1 Satz 2) sind sie jedoch nicht endgültig verloren. Erfasst werden von der Sanktion „**Rechte aus Aktien**". Z.T. streitig ist, welche Rechte „aus der Aktie" gemeint sind.

18.56 Unstreitig werden als Rechte erfasst die **Vermögensrechte** des Aktionärs, insbesondere also das **Dividendenrecht** gemäß § 58 Abs. 4 AktG, das Recht zum **Bezug junger Aktien** aus einer Kapitalerhöhung gegen Einlagen gemäß § 186 Abs. 1 AktG, das **Bezugsrecht** für sonstige Finanzinstrumente gemäß § 221 AktG[191], während für Bezugsrechte aus Kapitalerhöhungen aus Gesellschaftsmitteln die Frage streitig ist, ob es sich um ein Vermögensrecht oder um einen Teil der durch die Umwandlung von Rücklagen neu strukturierten Mitgliedschaft handelt[192], sowie Bezugsrechte aus Kapitalerhöhungen aus Gesellschaftsmitteln. Streitig ist bzw. war, ob zu den Vermögensrechten auch der Anspruch auf **Liquidationserlös** sowie **Ausgleichs-, Umtausch- und Abfindungsansprüche** bei der Umwandlung, Verschmelzung oder nach anderen Vorschriften des Konzernrechtes erfasst werden[193]. Die **h.L.**

---

187 *Bayer* in MünchKomm. AktG, 4. Aufl. 2016, Anh. § 22 AktG, § 28 WpHG Rz. 11 ff.; *Opitz* in Schäfer/Hamann, Kapitalmarktgesetze, § 28 WpHG Rz. 6 ff.; *Fleischer*, DB 2009, 1335 f.; *Scholz*, AG 2009, 313, 319 f.; *Uwe H. Schneider* in Assmann/Uwe H. Schneider/Mülbert, § 44 WpHG Rz. 22 ff.; *Burgard*, Offenlegung von Beteiligungen, S. 55 f.; *Merkner*, AG 2012, 199, 204 f.; *v. Hein* in Schwark/Zimmer, § 44 WpHG Rz. 7; *Kremer/Oesterhaus* in KölnKomm. WpHG, § 28 WpHG Rz. 34 ff.; **a.A.** *Hägele*, NZG 2000, 726, 727; *Starke*, Beteiligungstransparenz, S. 248.; *Sven H. Schneider/Uwe H. Schneider*, ZIP 2006, 493, 496.
188 *Opitz* in Schäfer/Hamann, Kapitalmarktgesetze, § 23 WpHG Rz. 56; *Bayer* in MünchKomm. AktG, 4. Aufl. 2016, Anh. § 22 AktG, § 28 WpHG Rz. 11a m.w.N.; *Fleischer*, DB 2009, 1335, 1340 f.; *Heinrich/Kiesewetter*, Der Konzern 2009, 137, 140; *Scholz*, AG 2009, 313, 320 f.; *von Bülow/Petersen*, NZG 2009, 481, 483; *Merkner*, AG 2012, 199, 204 f. – auch mit Nachw. zu der m.M., die einen „kapitalmarktrechtlichen Vorsatzbegriff" favorisiert.
189 OLG München v. 9.9.2009 – 7 U 1997/09, NZG 2009, 1386, 1388; LG Köln v. 5.10.2007 – 82 O 114/06, AG 2008, 336, 338 f.; offengelassen von LG Frankfurt v. 27.10.2017 – 2-02 O 143/16, AG 2018, 376, 378 f.
190 So zutreffend *v. Hein* in Schwark/Zimmer, § 44 WpHG Rz. 8; *Bedkowski/Widder*, BB 2008, 245; *Segna*, AG 2008, 311, 315; *Heinrich/Kiesewetter*, Der Konzern 2009, 137, 140; **a.A.** *Uwe H. Schneider* in Assmann/Uwe H. Schneider/Mülbert, § 44 WpHG Rz. 24.
191 Vgl. nur *Opitz* in Schäfer/Hamann, Kapitalmarktgesetze, § 28 WpHG Rz. 13 ff.; *Uwe H. Schneider* in Assmann/Uwe H. Schneider/Mülbert, § 44 WpHG Rz. 43 f., 47, 68, 71 f.; *v. Hein* in Schwark/Zimmer, § 44 WpHG Rz. 18 ff.
192 So die **h.L.** für Bezugsrechte bei einer Kapitalerhöhung aus Gesellschaftsmitteln Begr. RegE zum 3. FFG, BT-Drucks. 13/8933, S. 95 und *Götze* in Habersack/Mülbert/Schlitt, Hdb. Kapitalmarktinformation, § 27 Rz. 52; *Vocke*, BB 2009, 1600, 1603; *Opitz* in Schäfer/Hamann, Kapitalmarktgesetze, § 28 WpHG Rz. 18; *Kremer/Oesterhaus* in KölnKomm. WpHG, § 28 WpHG Rz. 71; **a.A.** *Uwe H. Schneider* in Assmann/Uwe H. Schneider/Mülbert, § 44 WpHG Rz. 76; *Bayer* in MünchKomm. AktG, 4. Aufl. 2016, Anh. § 22 AktG, § 28 WpHG Rz. 37.
193 So die **h.L.**, vgl. *Uwe H. Schneider* in Assmann/Uwe H. Schneider/Mülbert, § 44 WpHG Rz. 72 f.; *Bayer* in MünchKomm. AktG, 4. Aufl. 2016, Anh. § 22 AktG, § 28 WPHG Rz. 39; *Götze* in Habersack/Mülbert/Schlitt, Hdb. Kapitalmarktinformation, § 27 Rz. 51; *v. Hein* in Schwark/Zimmer, § 44 WpHG Rz. 16; **a.A.** *Opitz* in Schäfer/Hamann, Kapitalmarktgesetze, § 28 WpHG Rz. 19 m.w.N.

verweist darauf, dass **§ 44 Abs. 1 Satz 2 WpHG** (bis 2.1.2018: § 28 Abs. 1 Satz 2) im Ausnahmefall vorsieht, dass der Liquidationserlös nicht entfällt, was den **Umkehrschluss** zulasse, dass er regelmäßig in den Fällen des Satzes 1 entfalle. Dem wird von der **M.M.** entgegengehalten, dass hiermit die verfassungsrechtliche **Grenze des Übermaßverbotes** und der Eigentumsgarantie von Art. 14 GG überschritten würde, da dies im Falle einer Liquidation den Totalverlust der Aktie zur Folge hätte. Die gleiche Frage wie hinsichtlich des Liquidationserlöses stellt sich bei einer Rückzahlung des Grundkapitals aufgrund einer Kapitalherabsetzung gemäß § 222 Abs. 3 AktG sowie bei Entgelten für die Einziehung von Aktien. Zudem weist *Schneider*[194] nicht zu Unrecht darauf hin, dass es inkonsequent ist, dass der Anspruch auf Liquidationserlöse – gesetzlich vorgegeben – untergehen soll, nicht jedoch der Anspruch auf Teilhabe an Kapitalerhöhungen aus Gesellschaftsmitteln. Dieses Argument wirkt jedoch gerade in die entgegengesetzte Richtung: wenn die Teilnahme an Kapitalerhöhung aus Gesellschaftsmitteln vom Gesetz gerade nicht untersagt wird, verdeutlicht dies umso mehr, dass ein Verlust des Anspruchs auf einen Liquidationserlös gegen das Übermaßverbot verstößt.

Neben den Vermögensrechten erfasst der Rechtsverlust des § 44 WpHG (bis 2.1.2018: § 28) auch die **Verwaltungsrechte**. Hierzu zählen insbesondere die **Stimmrechte**, das **Recht zur Teilnahme an der Hauptversammlung** gemäß § 118 Abs. 1 AktG, das **Auskunftsrecht** gemäß § 131 AktG, das **Anfechtungsrecht** gemäß § 245 AktG (jedoch nicht das Recht auf Erhebung der Nichtigkeitsklage, da dies auch von Nichtaktionären bei Vorliegen eines Rechtsschutzinteresses geltend gemacht werden kann) sowie diverse **Einzel- und Minderheitenrechte**, aber auch etwa das Recht des Mehrheitsaktionärs, nach §§ 327a ff. AktG, ein Squeeze-Out-Verfahren zu initiieren[195].

Von dem Rechtsverlust wurden früher erfasst nur die **Aktien, die im Eigentum des Meldepflichtigen** standen sowie solche Aktien, die ihm nach § 22 Abs. 1 Satz 1 Nr. 1 oder Nr. 2 WpHG a.F. bzw. § 34 Abs. 1 Satz 1 Nr. 1 oder Nr. 2 WpHG i.d.F. des 2. FiMaNoG, nicht jedoch nach anderen Normen zugerechnet wurden. Dieser begrenzte Rahmen wurde vom Transparenzrichtlinie-Änderungsrichtlinie-UmsG erheblich erweitert, indem nunmehr sämtliche nach § 22 WpHG a.F. bzw. § 34 WpHG i.d.F. des 2. FiMaNoG zugerechnete Aktien erfasst werden, auch wenn den Dritten selbst kein Meldeverstoß trifft. Dies wird eingeschränkt von § 44 Abs. 2 WpHG (bis 2.1.2018: § 28 Abs. 2) hinsichtlich einer Verletzung von Meldepflichten im Zusammenhang mit Finanzinstrumenten auf Aktien, die im Eigentum des Meldepflichtigen stehen[196]. Der Rechtsverlust erstreckt sich auf sämtliche Aktien des Mitteilungspflichtigen und nicht etwa nur auf die Aktien, die einen nicht gemeldeten Schwellenwert übersteigen[197]. Da Aktien auf sämtlichen Konzernstufen erfasst werden, infiziert eine fehlerhafte Meldung auf einer Stufe **sämtliche sonstigen vom Konzern gehaltenen Aktien** mit der Konsequenz des Rechtsverlustes nach § 44 WpHG (bis 2.1.2018: § 28), soweit jeweils im Einzelfall eine Zurechnung zu erfolgen hat[198]. Seit dem Transparenzrichtlinie-Änderungsrichtlinie-UmsG werden jedoch nicht nur die vom Meldepflichtigen und seinen Tochtergesellschaften gehaltenen Aktien erfasst, sondern auch solche, die im Eigentum konzernfremder Dritter stehen und dem Meldepflichtigen nach § 22 WpHG a.F. bzw. § 34 WpHG i.d.F. des 2. FiMaNoG zugerechnet werden[199].

---

194 *Uwe H. Schneider* in Assmann/Uwe H. Schneider/Mülbert, § 44 WpHG Rz. 72 ff.
195 Vgl. *Opitz* in Schäfer/Hamann, Kapitalmarktgesetze, § 28 WpHG Rz. 24 ff.; *Uwe H. Schneider* in Assmann/Uwe H. Schneider/Mülbert, § 44 WpHG Rz. 65; *Vocke*, BB 2009, 1600, 1603.
196 Vgl. *Brellochs*, AG 2016, 157, 166; *Burgard/Heimann*, WM 2015, 1445, 1451; *Schilha*, DB 2015, 1821, 1825 f.; *Stephan*, Der Konzern 2016, 53, 57 f.
197 *Merkner*, AG 2012, 199, 202 m.w.N.; *Opitz* in Schäfer/Hamann, Kapitalmarktgesetze, § 28 WpHG Rz. 37; *Heinrich/Kiesewetter*, Der Konzern 2009, 137, 140 f.; *Süßmann/Meder*, WM 2009, 976, 977 f.
198 Unstrittig, vgl. OLG Hamm v. 4.3.2009 – 8 U 59/01; AG 2009, 876; *Uwe H. Schneider* in Assmann/Uwe H. Schneider/Mülbert, § 44 WpHG Rz. 25 ff., 77 ff.; *Götze* in Habersack/Mülbert/Schlitt, Hdb. Kapitalmarktinformation, § 27 Rz. 45; *Kremer/Oesterhaus* in KölnKomm. WpHG, § 28 WpHG Rz. 45 f.
199 Vgl. *Brellochs*, AG 2016, 157, 166; *Schilha*, DB 2015, 1821, 1825 f.; krit. hierzu zu Recht *Burgard/Heimann*, WM 2015, 1445, 1451 f. und *Stephan*, Der Konzern 2016, 53, 57 f.

18.59 Der Rechtsverlust tritt ein mit dem **Zeitpunkt der schuldhaften Verletzung** der Mitteilungspflicht. Die Verletzung (nicht jedoch notwendigerweise die damit verbundene Rechtsfolge) **endet automatisch mit der Erfüllung** der Mitteilungspflichten. Endet eine Mitteilungspflicht während ihrer Verletzungen (z.B. durch Teilveräußerung einer zunächst nicht gemeldeten Beteiligung mit einem Absinken unter die meldepflichtige Grenze), so erwirbt sie ein Käufer zwar mit allen Rechten, jedoch nur ex nunc und nicht rückwirkend[200]. Für den Restbestand des veräußernden, die Meldepflicht verletzenden Aktionärs bleibt es jedoch bei dem Rechtsverlust; dies soll sogar dann gelten, wenn keine Meldepflicht mehr besteht[201].

18.60 **§ 28 Abs. 1 WpHG a.F. bzw. § 44 WpHG i.d.F. des 2. FiMaNoG** wurde durch das Risikobegrenzungsgesetz vom 12.8.2008 um folgende **Sätze 3 und 4** ergänzt: „Sofern die Höhe des Stimmrechtsanteils betroffen ist, verlängert sich die Frist nach Satz 1 bei vorsätzlicher oder grob fahrlässiger Verletzung der Mitteilungspflichten um sechs Monate. Satz 3 gilt nicht, wenn die Abweichung bei der Höhe der in der vorangegangenen unrichtigen Mitteilung angegebenen Stimmrechte weniger als 10 % des tatsächlichen Stimmrechtsanteils beträgt[202] und keine Mitteilung über das Erreichen, Überschreiten oder Unterschreiten einer der in § 33 genannten Schwellen unterlassen wird". **Ziel** der Änderung von § 28 WpHG a.F. bzw. § 44 WpHG i.d.F. des 2. FiMaNoG war und ist eine **Verschärfung der gesellschaftsrechtlichen Folgen einer Verletzung von Mitteilungspflichten** und dadurch eine verbesserte Durchsetzung der kapitalmarktrechtlichen Meldepflichten[203]. Hintergrund ist, dass ein Paketaufbau zwischen zwei Hauptversammlungen unter Verstoß gegen die Meldepflichtigen gesellschaftsrechtlich sanktionslos ist, wenn eine Meldepflicht zum Stichtag erfüllt wird. Da dies ein „unbemerktes Anschleichen" ermöglicht, soll der Zeitraum für ein solches Anschleichen möglichst eingeschränkt werden. Dies versucht der Gesetzgeber dadurch zu erreichen, dass er den Rechtsverlust nicht nur bis zum Zeitpunkt der Ausführung der Mitteilungspflicht, sondern darüber hinaus erstreckt auf einen Zeitraum von sechs Monaten nach dem Zeitpunkt der Erfüllung der Mitteilungspflichten. Allerdings gilt dies **nur** bei einer **fehlerhaften Angabe der Beteiligungshöhe** und **nicht** auch bei Nichtbeachtung der Meldefrist oder der Vorschriften über den Inhalt sowie eine unzutreffende Gewichtung nach § 33 und § 34 WpHG, solange nur die Gesamtsumme aller Aktien und damit der tatsächliche Einfluss zutreffend angegeben wird[204]. Satz 4 enthält zudem eine Bagatellklausel, derzufolge eine unzutreffende Angabe des Stimmrechtsanteils dann unschädlich ist, wenn die Abweichung weniger als 10 % des gehaltenen Stimmrechtsanteils beträgt und dadurch keine Meldeschwelle berührt wird. Dabei sollte sich der Rechtsverlust nach früher h.M. nur auf die Mitverwaltungsrechte, insbesondere also das Stimmrecht und das Mitverwaltungsrecht, nicht jedoch die Vermögensrechte des Aktionärs, insbesondere also den Dividendenanspruch, erstrecken[205]. Seit dem 3. FMFG werden jedoch auch die Vermögensrechte erfasst[206]. Ein Verlust des Dividendenanspruchs und des Anspruchs auf anteiligen Liquidationserlös tritt nach § 44 Abs. 1 Satz 2 WpHG jedoch nicht ein, wenn die Mitteilung nicht vorsätzlich unterlassen

---

200 Vgl. OLG Hamm v. 4.3.2009 – 8 U 59/01, AG 2009, 876, 880; *Uwe H. Schneider* in Assmann/Uwe H. Schneider/Mülbert, § 44 WpHG Rz. 77 ff.; zur Rechtsnachfolge, insb. der Gesamtrechtsnachfolge, vgl. *Widder*, NZG 2004, 275, 276.
201 *Opitz* in Schäfer/Hamann, Kapitalmarktgesetze, § 28 WpHG Rz. 39 – mit Ausführungen zu weiteren intrikaten Fragen bei Meldepflichtverletzungen bei mehreren Schwellen; *Bayer* in MünchKomm AktG, 4. Aufl. 2016, Anh. § 22 AktG, § 28 WpHG Rz. 61; streitig ist, ob eine vollständige Veräußerung durch den Verletzer der Meldepflicht und ein anschließender Rückerwerb unterhalb der 3 % Schwelle zu einem „Wiederaufleben" des Rechtsverlustes führt – vgl. dazu *Bayer*, vorstehend.
202 Zur Berechnung vgl. *Schulenburg*, NZG 2009, 1246, 1248 ff.; *von Bülow/Petersen*, NZG 2009, 481, 489 f.
203 Begr. RegE, BR-Drucks. 763/07, S. 14.
204 *V. Hein* in Schwark/Zimmer, § 44 WpHG Rz. 9; *Heinrich/Kiesewetter*, Der Konzern 2009, 137, 143.
205 BR-Drucks. 763/07, S. 14 f.; *Chachulski*, BKR 2010, 281 f.; *von Bülow/Stephanblome*, ZIP 2008, 1797, 1805; **a.A.** *Schulenburg*, NZG 2010, 1246, 1247; *Bayer* in MünchKomm AktG, 4. Aufl. 2016, Anh. § 22 AktG, § 28 WpHG Rz. 60.
206 *V. Hein* in Schwark/Zimmer, § 44 WpHG Rz. 14 m.w.N.

wurde und nachgeholt worden ist. In diesem Fall kann der Anspruch auch rückwirkend geltend gemacht werden[207]. Der Vorsatzbegriff ist nach deutlich h.M. der des Zivilrechts und nur nach einer m.M. ein genuin kapitalmarktrechtlicher[208].

Die Erstreckung der Wirkungen der verspäteten Mitteilung auf eine Frist von **sechs Monaten nach Nachholung der Mitteilungen** kommt im Wortlaut des Gesetzes nicht zum Ausdruck[209]. Aufgrund der Formulierung, dass sich die Frist bei „vorsätzlicher oder grob fahrlässiger Verletzung der Mitteilungspflicht" um sechs Monate verlängert, wird man schließen müssen, dass der **Verlust des Stimmrechtes** bis zum Zeitpunkt der Nachholung der Meldepflicht auch dann stattfindet, wenn Meldepflichtigen **keine grobe Fahrlässigkeit (oder Vorsatz)** trifft. Damit hätte der Gesetzgeber den Streit entschieden, welche Form des Verschuldens für einen Rechtsverlust nach § 44 WpHG (bis 2.1.2018: § 28) erforderlich ist (und zwar im Sinne einer Mindermeinung, die jegliches Verschulden ausreichen lassen will – dazu bei Rz. 18.44). Da die Gesetzesbegründung hierfür jedoch keinerlei Anhaltspunkte gibt, wirft der Gesetzgeber hier eher Probleme auf statt sie zu lösen. Die Verlängerung des Rechtsverlustes tritt auch ein, wenn nach einer unterlassenen Mitteilung des Über- oder Unterschreitens einer Meldeschwelle eine weitere Meldeschwelle über- oder unterschritten und dies ordnungsgemäß gemeldet wird[210]. Abweichend von der vorangehenden Rechtslage erstreckt § 28 Abs. 2 WpHG a.F. bzw. § 44 Abs. 2 WpHG i.d.F. des 2. FiMaNoG seit dem Transparenzrichtlinie-Änderungsrichtlinie-UmsG den Rechtsverlust bei Verstößen gegen die Meldepflichten bei Finanzinstrumenten nach §§ 25, 25a WpHG a.F. bzw. § 38 Abs. 1, § 39 Abs. 1 WpHG i.d.F. des 2. FiMaNoG (dazu Rz. 18.65 ff.) auf Aktien, die der Meldepflichtige von demselben Emittenten hält[211]. Hierdurch wird der Druck auf den Meldepflichtigen zur ordnungsgemäßen Meldung auch von Finanzinstrumenten erhöht[212].

18.61

Die **zivilrechtlichen Konsequenzen** des Rechtsverlustes sind gravierend. Werden Stimmrechte trotz Rechtsverlustes ausgeübt, sind die Beschlüsse der **Hauptversammlung** nach § 243 Abs. 1 AktG **anfechtbar** und die Anfechtung ist begründet, wenn die fehlerhaft berücksichtigten Stimmen Einfluss auf das Beschlussergebnis hatten[213]. Dies hat zur Folge, dass bei angefochtenen Wahlen, z.B. zum Aufsichtsrat, die mit den nicht oder fehlerhaft gemeldeten Stimmrechten eines Mehrheitsaktionärs gewählte Person nicht gewählt wurde sondern eine ggf. vorgeschlagene andere Person, was mit einer positiven Feststellungsklage von Seiten der anfechtenden Aktionäre geltend gemacht werden kann. In diesem Fall kann eine nach erfolgter Meldung stattfindende Hauptversammlung die Wahl **nicht bestätigen**, da richtigerweise die andere Person als gewählt zu gelten hat und daher kein Raum für einen Bestätigungsbeschluss nach § 244 Abs. 1 AktG besteht[214]. Zudem würde die Sanktion des § 44 WpHG (bis 2.1.2018: § 28) faktisch leer laufen und ein Verstoß gegen die Meldepflichten zu einem „kalkulierbaren Risiko". Grundsätzlich ist der die Stimmrechte aus den Aktien trotz Rechtsverlustes ausübende Aktionär der Gesellschaft zum **Ersatz der** aus der unrechtmäßigen Stimmrechtsausübung entstehenden **Schäden** verpflichtet, wenn z.B. wegen einer stattgegebenen Anfechtungsklage eine Hauptversammlung wiederholt werden muss, wobei die Rechtsgrundlage streitig ist (§ 823 Abs. 2 BGB oder

18.62

---

207 LG Düsseldorf v. 22.8.2011 – 41 O 104/08, BeckRS 2015, 13242; *v. Hein* in Schwark/Zimmer, § 44 WpHG Rz. 20 m.w.N.
208 *V. Hein* in Schwark/Zimmer, § 44 WpHG Rz. 20 m.w.N.
209 *Wilsing/Goslar*, DB 2007, 2467, 2471; *Schulenburg*, NZG 2009, 1246, 1247; *Korff*, AG 2008, 692, 697.
210 Str., vgl. *Chachulski*, BKR 2012, 280, 282 m.w.N.
211 Vgl. *Schilha*, DB 2015, 1821, 1825 f.; *Burgard/Heimann*, WM 2015, 1445, 1451 f.; *Brellochs*, AG 2016, 157, 166 f.
212 Zu den damit verbundenen Unklarheiten vgl. *Burgard/Heimann*, WM 2015, 1445, 1451 f.
213 Unstr., vgl. *Hüffer/Koch*, § 243 AktG Rz. 19.; *Schockenhoff/Schuster*, ZGR 2005, 568, 594 ff.; *Merkner*, AG 2012, 199, 205.
214 So auch LG Mannheim v. 7.4.2005 – 23 O 102/04, AG 2005, 780; LG Köln v. 5.10.2007 – 82 O 114/06, AG 2008, 336 (insoweit jedoch nicht abgedruckt); LG Mannheim v. 7.4.2005 – 23 O 102/04, AG 2005, 780 f.; *Bozenhardt* in FS Mailänder, 2006, S. 301 ff.; **a.A.** *Kirschner*, DB 2008, 623, 625; *Segna*, AG 2008, 311, 317 f.; *Merkner*, AG 2012, 199, 205; LG Köln v. 22.4.2009 – 91 O 59/07, ZIP 2009, 1818 = AG 2009, 593.

Treuepflichtverletzung)[215]. Der **Wegfall des Dividendenrechtes** soll dazu führen, dass grundsätzlich den übrigen Aktionären – nach h.M. automatisch – ein erhöhter Dividendenanspruch zusteht[216], während die Rechtsprechung und eine abweichende Auffassung meint, dass die grundsätzlich auszuschüttende Dividende bei der Gesellschaft verbleibt[217]. Zahlt die Gesellschaft jedoch in Unkenntnis des Wegfalls des Dividendenrechtes eines bedeutenden Aktionärs die Dividende auch an diesen aus, so hat dieser sie an die Gesellschaft zurückzuzahlen gemäß § 62 Abs. 1 AktG[218].

bb) Schadensersatz (§ 823 Abs. 2 BGB i.V.m. §§ 33 ff. WpHG)

18.63 Sehr streitig ist, ob ein Verstoß gegen § 33 WpHG (bis 2.1.2018: § 21) gleichzeitig einen Schadensersatzanspruch von nicht oder falsch informierten Kapitalmarktteilnehmern nach § 823 Abs. 2 BGB wegen **Verletzung eines Schutzgesetzes** begründen kann. Von einer Meinung wird dies damit begründet, dass § 20 AktG nach der dort ganz h.M. ein Schutzgesetz darstelle und bei § 21 WpHG a.F. bzw. § 33 WpHG i.d.F. des 2. FiMaNoG kein dem § 15 Abs. 6 WpHG a.F. bzw. § 26 Abs. 3 WpHG i.d.F. des 2. FiMaNoG entsprechender Absatz aufgenommen worden sei[219]. Dem wird zutreffend entgegengehalten, dass nur die Funktionsfähigkeit der Wertpapiermärkte in den Schutzbereich der §§ 21 ff. WpHG a.F. bzw. §§ 33 ff. WpHG i.d.F. des 2. FiMaNoG einbezogen worden sind bei der Umsetzung der Transparenzrichtlinie[220] und § 28 WpHG a.F. bzw. § 44 WpHG i.d.F. des 2. FiMaNoG seinerseits Sanktionsnorm ist.

cc) Naming und Shaming

18.64 Durch das Transparenzrichtlinie-Änderungsrichtlinie-UmsG als Sanktion neu eingeführt wurde die „Bekanntmachung von Maßnahmen und Sanktionen wegen Verstößen gegen Transparenzpflichten", das sog. „Naming und Shaming". § 124 WpHG (bis 2.1.2018: § 40c) sieht dies für Entscheidungen der BaFin vor, die sie auf ihrer Website veröffentlicht und erst nach fünf Jahren wieder löscht[221].

---

215 Für Treuepflichtverletzung *Burgard*, AG 1992, 41, 47 ff.; *Uwe H. Schneider* in Assmann/Uwe H. Schneider/Mülbert, § 44 WpHG Rz. 104 f. (jedoch neben Ansprüchen aus § 823 Abs. 2 BGB!); *Witt*, Übernahmen von Aktiengesellschaften und Transparenz der Beteiligungsverhältnisse, 1998, S. 163; *Kremer/Oesterhaus* in KölnKomm. WpHG, § 28 WpHG Rz. 102 ff.; *Starke*, Beteiligungstransparenz im Gesellschafts- und Kapitalmarktrecht, S. 257 f.; **a.A.** *Zimmermann* in Fuchs, § 28 WpHG Rz. 53; vgl. auch BGH v. 20.4.2009 – II ZR 148/07, ZIP 2009, 1317 = AG 2009, 534 (zu § 20 AktG); unklar *Ponath/Raddatz*, ZEV, 361, 363 („Leistungsanspruch des Emittenten auf Vornahme der Meldung oder Schutzgesetzverletzung"); eine Treuepflichtverletzung wird schwierig zu begründen sein bei bloßer Zurechnung von Stimmen gemäß § 34 WpHG i.d.F. des 2. FiMaNoG.
216 *Opitz* in Schäfer/Hamann, Kapitalmarktgesetze, § 28 WpHG Rz. 42; *Dehlinger/Zimmermann* in Fuchs, § 28 WpHG Rz. 43; *Kremer/Oesterhaus* in KölnKomm. WpHG, § 28 WpHG Rz. 64; *Uwe H. Schneider* in Assmann/Uwe H. Schneider/Mülbert, § 44 WpHG Rz. 69; **a.A.** *Merkner*, AG 2012, 199, 205; *Vocke*, BB 2009, 1600, 1603; LG München I v. 27.11.2008 – 5 HKO 3928/08, AG 2009, 171, 172 (zu § 59 WpÜG).
217 BGH v. 29.4.2014 – II ZR 262/13, AG 2014, 624 = ZIP 2014, 1677 Rz. 11; *Hüffer*, FS Boujong, 1996, S. 292; *Zimmermann* in Fuchs, WpHG, § 28 Rz. 46.
218 Vgl. ausführlich *Uwe H. Schneider* in Assmann/Uwe H. Schneider/Mülbert, § 44 WpHG Rz. 70; *Opitz* in Schäfer/Hamann, Kapitalmarktgesetze, § 28 WpHG Rz. 13 f. – beide m.w.N.; *Schockenhoff/Schuster*, ZGR 2005, 568, 597 f.
219 So insb. *Uwe H. Schneider* in Assmann/Uwe H. Schneider/Mülbert, § 44 WpHG Rz. 101 ff.; *Bayer* in MünchKomm. AktG, 4. Aufl. 2016, Anh. § 22 AktG, § 21 WpHG Rz. 2; *Merkt*, Unternehmenspublizität, S. 285; *Starke*, Beteiligungstransparenz, S. 261; *Holzborn/Fölsch*, NJW 2003, 932, 937.
220 So insb. *Opitz* in Schäfer/Hamann, Kapitalmarktgesetze, § 21 WpHG Rz. 42 f. und § 28 WpHG Rz. 60; *Hüffer/Koch*, Anh. § 22 AktG, § 21 WpHG Rz. 1; *Sudmeyer*, BB 2002, 685, 691; *v. Hein* in Schwark/Zimmer, § 44 WpHG Rz. 21; *Dehlinger/Zimmermann* in Fuchs, § 28 WpHG Rz. 54.
221 Vgl. umfassend *Schilha*, DB 2015, 1821, 1826 f.; *Stephan*, Der Konzern 2016, 53, 63 f.; *Nartowska/Walla*, AG 2014, 891, 898 f.

9. Mitteilungspflichten für sonstige Finanzinstrumente (§§ 38, 39 WpHG)

Durch das TUG wurde 2007 erstmals eine Mitteilungspflicht für sonstige Finanzinstrumente in § 25 WpHG a.F. bzw. § 38 WpHG i.d.F. des 2. FiMaNoG eingeführt, die durch das Risikobegrenzungsgesetz wesentlich erweitert wurde. Damit wurde verstärkt der Aspekt des (möglichen) **Beteiligungs*aufbaus*** und seine Transparenz durch zukünftige Stimmrechte und **(wirtschaftliches) „Eigentum"** in den Vordergrund gerückt und nicht mehr nur die Transparenz bestehender Einflussmöglichkeiten in Form bestehender Stimmrechte[222]. Nochmals erweitert wurden die erfassten Finanzinstrumente durch das Transparenzrichtlinie-Änderungsrichtlinie-UmsG[223]. Durch § 38 WpHG (bis 2.1.2018: § 25) werden erfasst Finanzinstrumente, die dem Inhaber entweder bei Fälligkeit ein unbedingtes Recht auf Erwerb mit Stimmrechten verbundener und bereits ausgegebener Aktien eines Emittenten, für den Deutschland der Herkunftsstaat ist, oder ein Ermessen in Bezug auf sein Recht auf Erwerb dieser Aktien verleihen, sowie Finanzinstrumente, die sich auf Aktien eines Emittenten, für den Deutschland der Herkunftsstaat ist, beziehen und eine **vergleichbare wirtschaftliche Wirkung** haben wie die vorstehend genannten Instrumente, unabhängig davon, ob sie einen Anspruch auf physische Lieferung einräumen oder nicht. Nach § 38 Abs. 2 WpHG (bis 2.1.2018: § 25 Abs. 2) werden davon insbesondere, also i.S. einer **nicht abschließenden Aufzählung** erfasst übertragbare Wertpapiere, Optionen[224], Terminkontrakte, Swaps, Zinsausgleichsvereinbarungen[225] und Differenzgeschäfte. Die ESMA hat hierzu eine indikative Liste erstellt, die regelmäßig ergänzt werden soll[226]. Ergiebiger ist die präzise Übersicht der BaFin[227], die behandelt Termingeschäfte, Wertpapierdarlehen und Repogeschäfte, aufschiebend bedingte Kaufverträge, Instrumente mit Barausgleich, Instrumente mit Recht oder Pflicht zum Erwerb, Aktienkörbe (Baskets) und Indizes, Wandelanleihen, unechte Pensionsgeschäfte, Put-Option mit Barausgleich, Ketten-Finanzinstrumente, Holding- Gesellschaften, Irrevocables, Annahme von Übernahmeangeboten nach dem WpÜG[228], Vorerwerbe durch Finanzinvestoren zugunsten von strategischen Investoren[229], Vorkaufsrechte im Rahmen von Gesellschaftervereinbarungen, Tag-along- und Drag-along-Klauseln, Rahmenverträge, Pfandrecht an Aktien, Abfindungs- und Tauschangebote in Beherrschungs- und Gewinnabführungsvereinbarungen, LoIs und MoUs, IPOs, Greenshoe-Optionen und Instrumente i.Z.m. Prime Brokerage.

18.65

Damit werden i.d.R. jedoch nicht erfasst Stillhalterpositionen bei Put-Optionen oder sog. Tag-Along- und Drag-Along-Klauseln[230]. Auch bei **Aktienbindungsverträgen zwischen Familienaktionären** ist nicht ausgeschlossen dass diese ein „Finanzinstrument" darstellen, doch ist dies sehr stark von ihrer jeweiligen Ausgestaltung abhängig[231]. Die BaFin toleriert (inzwischen) Familienpools, rät jedoch zur

18.66

---

222 *Uwe H. Schneider* in Assmann/Uwe H. Schneider/Mülbert, § 38 WpHG Rz. 7, will sogar nochmals zwischen dem Regelungsgegenstand von § 25 WpHG a.F. bzw. § 38 WpHG i.d.F. des 2. FiMaNoG „Zugriffsrechte" oder „hypothetische Stimmrechtsanteile" als 2. Säule neben den §§ 21 ff. WpHG i.d.F. §§ 33 ff. WpHG i.d.F. des 2. FiMaNoG und § 25a WpHG a.F. bzw. § 39 WpHG i.d.F. des 2. FiMaNoG „Zugriffsmöglichkeiten" als 3. Säule unterscheiden.
223 Vgl. *Brellochs*, AG 2016, 157, 165 f.; *Burgard/Heimann* in FS Dauses, 2014, S. 47, 58 ff.; *Burgard/Heimann*, WM 2015, 1445, 1450 f.; *Schilha*, DB 2015, 1821, 1822 f.; *Söhner*, ZIP 2015, 2451, 2455 f.; *Stephan*, Der Konzern 2016, 53, 58.
224 Vgl. zu diesen *Weidemann*, NZG 2016, 605, 608 ff.
225 Bei Zinsausgleichsvereinbarungen wird ein hinreichender Bezug zu der Aktie wohl nur in den seltensten Fällen vorliegen.
226 ESMA/2015/1598, Stand Oktober 2015 (bis 12/2021 erfolgte – soweit ersichtlich – keine Ergänzung).
227 Emittentenleitfaden, Modul B, sub I.2.8.1.1 bis I.2.8.1.3.
228 Kritisch *Baums* in FS Seibert, 2019, S. 31 ff.
229 BaFin, FAQ zu Transparenzpflichten, Stand 21.9.2020, Frage 14; ablehnend *Mock*, AG 2018, 695, 697 ff.
230 *Uwe H. Schneider* in Assmann/Uwe H. Schneider/Mülbert, § 38 WpHG Rz. 54; BaFin, Emittentenleitfaden, Modul B, sub I.2.8.1.3; **a.A.** *Schilha*, DB 2015, 1821, 1822; *Söhner*, ZIP 2015, 2451, 2456; *Brellochs*, AG 2016, 157, 165 f.
231 Vgl. VG Frankfurt v. 4.11.2015 – 7 K 4703/15.F, ZIP 2016, 165 ff. = AG 2016, 336 (in concreto wurde das Vorliegen eines Finanzinstruments verneint, weil nicht jede Erwerbsmöglichkeit ausreicht, sondern

frühzeitigen Abstimmung mit ihr[232]. Im Fall Geely/Daimler sah die BaFin als meldepflichtiges „Instrument" die Aussage im Rahmen von Verhandlungen zwischen Geely und den Banken an, dass „der Kaufvertrag unterschriftsreif wäre, wenn man sich über die noch offenen Punkte einige und bis dahin keine adversen Kursentwicklungen einträten"[233]. Nach § 38 Abs. 3 WpHG (bis 2.1.2018: § 25 Abs. 3) ist die Anzahl der maßgeblichen Stimmrechte anhand der vollen nominalen Anzahl der dem Instrument zu Grunde liegenden Aktien zu berechnen. Soweit es sich um ein **Instrument mit Barausgleich** handelt, berechnet sich die Anzahl der Stimmrechte „auf einer Delta-angepassten Basis", wobei die Nominalanzahl der zugrunde liegenden Aktien mit dem Delta des Instruments zu multiplizieren ist. Der Delta-Faktor wird durch Erwägungsgrund 10 der (geänderten) Transparenzrichtlinie dahingehend erläutert, dass er angibt, „wie stark sich der theoretische Wert eines Finanzinstruments im Falle einer Kursschwankung des zugrunde liegenden Instruments ändern würde", und vermittelt ein genaues Bild vom Risiko des Inhabers in Bezug auf das zugrunde liegende Instrument. Hinsichtlich der Berechnung im Einzelnen verweist § 38 Abs. 3 Satz 3 WpHG (bis 2.1.2018: § 25 Abs. 3 Satz 3) auf Art. 13 Abs. 1a der (geänderten) Transparenzrichtlinie[234]. Dies hat zur Folge, dass Kursschwankungen fortlaufende Mitteilungspflichten auslösen können[235]. Soweit sich **verschiedene Instrumente** auf **Aktien desselben Emittenten** beziehen, sind die Stimmrechte aus diesen Aktien **zusammenzurechnen**, § 38 Abs. 4 WpHG (bis 2.1.2018: § 25 Abs. 4). – Der einheitliche Tatbestand des § 38 WpHG (bis 2.1.2018: § 25) entspricht damit einer Zusammenfassung von § 25 Abs. 1 WpHG a.F. und § 25a Abs. 1 WpHG a.F., also jeweils der vor der Transparenzrichtlinie-Änderungsrichtlinie-UmsG geltenden Fassung. Die in § 38 Abs. 2 WpHG enthaltene, nicht abschließende Aufzählung entspricht § 25 Abs. 2 WpHG a.F.

18.67 Die Regelung der **Zusammenrechnung der Finanzinstrumente** erfolgt nunmehr durch § 39 WpHG (bis 2.1.2018: § 25a Abs. 1), der § 25 Abs. 1 Satz 3 und § 25a Abs. 1 Satz 7 WpHG i.d.F. des Transparenzrichtlinie-Änderungsrichtlinie-UmsG zusammenfasst. Eine Mitteilungspflicht für das Halten von Instrumenten gemäß § 38 WpHG (bis 2.1.2018: § 25) gilt nach § 38 Abs. 1 Satz 1 WpHG (bis 2.1.2018: § 25 Abs. 1 Satz 1) hinsichtlich derselben Schwellenwerte wie von § 33 Abs. 1 WpHG (bis 2.1.2018: § 21) aufgeführt mit Ausnahme der Schwelle von 3 %. Wie bisher sind Stimmrechte, die gleichzeitig unter mehrere Meldetatbestände fallen, nur einmal bei der Meldung zu berücksichtigen[236]. Den Meldepflichtigen treffen damit **drei Gruppen von Meldetatbeständen**, nämlich die Meldung nach §§ 33, 34 WpHG (bis 2.1.2018: §§ 21, 22), nach § 38 WpHG (bis 2.1.2018: § 25) und nach § 39 WpHG (bis 2.1.2018: § 25a) eine aggregierte Fassung der beiden vorstehend aufgeführten Meldungen. Dies reflektiert das nach § 12 Abs. 1 WpAV zu verwendende Formular in Ziff. 6 der Anlage 1. Dabei sieht § 39 Abs. 1 WpHG (bis 2.1.2018: § 25a Abs. 1) vor, dass die Meldepflicht nach § 33 Abs. 1 und 2 WpHG (bis 2.1.2018: § 21 Abs. 1 und 2) gilt, soweit die Summe aus den Stimmrechten nach § 33 WpHG (bis 2.1.2018: § 21) und den Instrumenten i.S.d. § 38 WpHG (bis 2.1.2018: § 25) (mit den daraus gemäß § 38 Abs. 3 WpHG i.V.m. der Delegierten VO (EU) 2015/761[237] i.V.m. § 13 WpAV zu berücksichtigenden Stimmrechten an demselben Emittenten) die Schwellenwerte von § 33 Abs. 1 Satz 1 WpHG (bis 2.1.2018: § 21 Abs. 1 Satz 1) überschreitet mit Ausnahme der Schwelle von 3 %. Die Ausnahme der 3 %-Schwelle hat zur Folge, dass ein Meldepflichtiger, der 2 % der Stimmrechte gemäß § 33 WpHG (bis 2.1.2018: § 21) hält und dem Stimmrechte aus Instrumenten gemäß § 38 WpHG (bis

---

diese so ausgestaltet sein muss, dass die Gegenseite ein eigenständiges wirtschaftliches Interesse an der Lieferung der Aktien hat); vgl. dazu *Schilha*, EWiR 2016, 301 f.; *Dietrich*, WM 2016, 1577, 1579 ff.
232 Emittentenleitfaden, Modul B, sub I.2.8.1.3 unter „Vorkaufsrecht im Rahmen von Gesellschaftervereinbarungen".
233 Kritisch *Baums* in FS Seibert, 2019, S. 31 ff.
234 Diese wird konkretisiert durch Art. 5 der Delegierten VO (EU) 2015/761, ABl. EU Nr. L 120 v. 17.12.2014, S. 2.
235 *Burgard/Heimann* in FS Dauses, 2014, S. 47, 63 f.; *Burgard/Heimann*, WM 2015, 1445, 1450 f.
236 RegBeg., BT-Drucks. 18/5010, S. 47; *Söhner*, ZIP 2015, 2451, 2456.
237 Vom 17.12.2014 zur Ergänzung der Richtlinie 2004/109/EG im Hinblick auf bestimmte technische Regulierungsstandards für bedeutende Beteiligungen, ABl. EU Nr. L 120 v. 13.5.2015, S. 2.

2.1.2018: § 25) in Höhe von 4 % qua Finanzinstrument zugerechnet werden, das Überschreiten der Schwelle von 5 % zu melden hat, obwohl ihn nach § 33 WpHG (bis 2.1.2018: § 21) und § 38 WpHG (bis 2.1.2018: § 25) keine Meldepflicht trifft.

10. Mitteilungspflichten für Inhaber wesentlicher Beteiligungen (§ 43 WpHG)

Durch den durch das Risikobegrenzungsgesetz neu eingefügten § 27a WpHG a.F. bzw. § 43 WpHG i.d.F. des 2. FiMaNoG wird in Anlehnung an Regelungen in den USA und Frankreich[238] ein Mitteilungspflichtiger, der die Schwelle von 10 % der Stimmrechte aus Aktien oder eine höhere Schwelle erreicht oder überschreitet, verpflichtet, dem Emittenten die mit dem Erwerb der Stimmrechte verfolgten Ziele[239] und die Herkunft der für den Erwerb verwendeten Mittel (sog. **Strategie- und Mittelherkunftsbericht**) innerhalb von 20 Handelstagen nach dem Erreichen oder Überschreiten der Schwelle mitzuteilen[240]. Eine Änderung mitgeteilter Ziele ist gleichfalls innerhalb von 20 Handelstagen mitzuteilen, § 43 Abs. 1 Satz 2 WpHG. Streitig ist, ob der Stimmrechtsanteil nur die gemäß §§ 33, 34 WpHG (bis 2.1.2018: §§ 21, 22) zu meldenden Stimmrechte erfasst[241] oder auch von Meldepflichtigen gehaltene Finanzinstrumente gemäß § 38 WpHG (bis 2.1.2018: § 25)[242]. Ebenso wird er durch § 43 Abs. 1 Satz 2 WpHG (bis 2.1.2018: § 27a) verpflichtet, eine Änderung der einmal kommunizierten Ziele innerhalb von 20 Handelstagen mitzuteilen.

18.68

Der Meldepflichtige hat hinsichtlich der **verfolgten Ziele** anzugeben, ob

18.69

- die Investition der Umsetzung **strategischer Ziele** oder der Erzielung von **Handelsgewinnen** dient, ohne dass insoweit eine Angabe des Zeitraums erforderlich ist[243],

- er innerhalb der nächsten zwölf Monate **weitere Stimmrechte** durch **Erwerb** oder auf sonstige Weise zu erlangen **beabsichtigt**, ohne dass es der Angabe einer Größenordnung oder einer Aussage zu einer Intention eines Kontrollerwerbs bedürfte[244],

- er eine **Einflussnahme auf die Besetzung von Verwaltungs-, Leitungs- und Aufsichtsorganen** des Emittenten anstrebt, und ob

- er eine **wesentliche Änderung der Kapitalstruktur** der Gesellschaft, insbesondere im Hinblick auf das Verhältnis von Eigen- und Fremdfinanzierung und die Dividendenpolitik anstrebt, wobei sich die „Wesentlichkeit" danach bestimmen soll, ob „ein verständiger Anleger die geplante Änderung bei seiner Anlageentscheidung berücksichtigen würde"[245].

Hinsichtlich der **Herkunft der** verwendeten Mittel hat der Meldepflichtige nach § 43 Abs. 1 Satz 4 WpHG (bis 2.1.2018: § 27a Abs. 1 Satz 3) anzugeben, ob es sich um **Eigen- oder Fremdmittel** handelt, die der Meldepflichtige zur Finanzierung des Erwerbs der Stimmrechte aufgenommen hat[246]. Von den Mitteilungspflichten grundsätzlich ausgenommen sind durch § 43 Abs. 1 Satz 5 und 6 WpHG (bis 2.1.2018: § 27a Abs. 1 Satz 4 und 5) Erwerbe aufgrund eines Angebots i.S.d. § 2 Abs. 1 WpÜG sowie Kapitalverwaltungsgesellschaften, ausländische Verwaltungsgesellschaften und Investmentaktiengesell-

---

238 Dazu *Fleischer*, AG 2008, 873, 874.
239 Dazu ausführlich *Greven/Fahrenholz*, BB 2009, 1487, 1490 f.
240 Vgl. dazu *Leyendecker-Langner/Huthmacher*, AG 2015, 560 ff.
241 So *Querfurth*, WM 2008, 1957 in Fn. 6; *Uwe H. Schneider* in FS Nobbe, 2009, S. 741, 748; *Uwe H. Schneider* in Assmann/Uwe H. Schneider/Mülbert, § 43 WpHG Rz. 4; *Greven/Fahrenholz*, BB 2009, 1487, 1489; *v. Hein* in Schwark/Zimmer, § 43 WpHG Rz. 4.
242 *König*, BB 2008 1910, 1912 f.; *Fleischer* AG 2008, 873, 876.
243 Dabei kann ein Handelsgewinn auch durch Umorganisation der Gesellschaft erzielt werden, was zu einer Abgrenzungsnotwendigkeit zu einer strategischen Zielsetzung führt.
244 *Fleischer*, AG 2008, 873, 879.
245 *Fleischer*, AG 2008, 873, 879.
246 Vgl. *Lenenbach*, Kapitalmarktrecht, Rz. 13.432 ff.

schaften, sofern diese eine Anlagegrenze von 10 % zu beachten haben oder eine zulässige Ausnahme der Überschreitung vorliegt[247].

18.70 Nach § 43 Abs. 2 WpHG (bis 2.1.2018: § 27a Abs. 2) hat der **Emittent** die erhaltenen **Informationen** oder aber die Tatsache, dass der Mitteilungspflicht nicht genügt wurde, nach § 40 Abs. 1 Satz 1 WpHG (bis 2.1.2018: § 26 Abs. 1 Satz 1) zu **veröffentlichen** und dem Unternehmensregister zur Speicherung zu übermitteln. Nach § 43 Abs. 3 WpHG (bis 2.1.2018: § 27a Abs. 3) kann die Satzung eines Emittenten mit Sitz im Inland vorsehen, dass die Mitteilungspflicht gemäß § 43 Abs. 1 WpHG (bis 2.1.2018: § 27a Abs. 1) für diesen Emittenten keine Anwendung findet. Hierdurch wird einer Gesellschaft die Möglichkeit eines „**opting out**" eröffnet[248].

18.71 Während des Gesetzgebungsverfahrens wurde an der Regelung erhebliche und **substantielle Kritik** geübt[249]. Dem Gesetzentwurf wurde vorgeworfen, nicht effizienzfördernd, sondern -beeinträchtigend zu wirken, zu viele Umgehungsmöglichkeiten zu bieten, keine Sanktionen für Verstöße zu enthalten (da § 28 WpHG a.F. bzw. § 44 WpHG i.d.F. des 2. FiMaNoG keine Anwendung finde, es sich bei § 28 WpHG a.F. bzw. § 44 WpHG i.d.F. des 2. FiMaNoG nicht um ein Schutzgesetz i.S.d. § 823 Abs. 2 BGB handele[250] und ein Verstoß nicht als Ordnungswidrigkeit in § 39 WpHG a.F. bzw. § 120 WpHG i.d.F. des 2. FiMaNoG aufgeführt werde), kein wirklicher Regeltransfer aus den Rechten der USA bzw. Frankreichs erfolge, weil die dortigen weitreichenden Ausnahmeregelungen nicht ebenfalls übernommen würden, wegen der zusätzlichen letztlich aber nichtssagenden Meldungen erhebliche Kosten für den Meldepflichtigen und unnötige Informationen für den Kapitalmarkt begründet würden und die Regelung zu einer Abschreckung von Investoren vom deutschen Kapitalmarkt führen würde, weshalb sie nicht einmal als „Placebo-Gesetzgebung" oder „Symbolgesetzgebung" abgetan werden könne. Angesichts dieser – weitgehend berechtigten – Kritik ist zu begrüßen, dass durch die „**opting out-Regelung**" des § 43 Abs. 3 Satz 1 WpHG (bis 2.1.2018: § 27a Abs. 3 Satz 1) der Emittent die negativen Wirkungen für sich beschränken kann, obwohl festzustellen ist, dass **nur ca. 60 Gesellschaften** hiervon Gebrauch gemacht haben[251].

III. Veröffentlichungspflichten von Inlandsemittenten (§§ 40, 41 WpHG)

1. Inhalt, Form und Frist von Informationen nach §§ 33, 38, 39 WpHG

18.72 Durch das TUG wurden die bis Januar 2007 in § 25 WpHG a.F. enthaltenen **Veröffentlichungspflichten** in § 26 WpHG a.F. bzw. § 40 WpHG i.d.F. des 2. FiMaNoG verschoben, neu gefasst und auf Inlandsemittenten beschränkt. Für die Inlandsemittenten gemäß § 33 Abs. 4 WpHG (bis 2.1.2018: § 21 Abs. 2) regelt § 40 WpHG (bis 2.1.2018: § 26) die Verpflichtungen, die ihnen nach Eingang der Anzeige des Meldepflichtigen obliegen. **Emittenten mit Sitz im Ausland**, die keine Inlandsemittenten i.S.v. § 2 Abs. 14 WpHG (bis 2.1.2018: § 2 Abs. 7) sind, deren Aktien jedoch (**auch**) im Inland zugelassen sind, unterliegen nach der Transparenzrichtlinie **ausschließlich den im Ausland geltenden** – harmonisierten – **Meldepflichten**[252]. Inlandsemittenten mit Sitz in einem Drittstatt können nach § 46 WpHG (bis 2.1.2018: § 29a) von der BaFin von ihren Pflichten nach § 40 bzw. § 41 WpHG (bis 2.1.2018: § 26

---

247 Dazu *Fleischer*, AG 2008, 879, 876 f.
248 Krit. hierzu *Fleischer*, AG 2008, 873, 880; diese Möglichkeit wird wenig genutzt, vgl. die Übersicht von *Bayer/Hoffmann*, AG 2013, R199 ff.
249 Vgl. *Möllers/Holzner*, NZG 2008, 166 ff.; Handelsrechtsausschuss des DAV, NZG 2008, 60, 61 f.; *Diekmann/Merkner*, NZG 2007, 921, 924 f.; *Timmann/Birkholz*, BB 2007, 2749, 2751 f.; *Wilsing/Goslar*, DB 2007, 2467, 2469 f.
250 *von Bülow/Stephanblome*, ZIP 2008, 1797, 1804; *Diekmann/Merkner*, NZG 2007, 921, 925 Fn. 38; *Querfurth*, WM 2008, 1957, 1961; *Fleischer*, AG 2008, 873 882; *Greven/Fahrenholz*, BB 2009, 1487, 1493.
251 Vgl. Fn. 247.
252 *Nießen*, NZG 2007, 41, 43; *Hutter/Kaulamo*, NJW 2007, 471, 476.

bzw. § 26a) nicht jedoch von ihren Pflichten aufgrund von § 39 WpHG (bis 2.1.2018: § 25a) **befreit** werden, wenn sie gleichwertigen Regeln eines Drittstaates unterliegen.

Inlandsemittenten haben die Mitteilung **unverzüglich**, spätestens jedoch innerhalb von **drei Handelstagen** (§ 43 Abs. 2, § 40 Abs. 1 Satz 1 WpHG) nach Zugang nach § 16 WpAV grundsätzlich in deutscher oder englischer Sprache zu **veröffentlichen**. Abweichungen in der Sprache sehen §§ 16, 3b WpAV für den Fall vor, dass der Emittent Mindeststückelungen von EUR 100.000 bzw. EUR 50.000 begeben hat. Die Mitteilungen sind nach §§ 16, 3a WpAV in Medien „bei denen davon ausgegangen werden kann, dass sie die Information in der gesamten EU und EWR verbreiten" zu veröffentlichen. Die **Kosten** der Veröffentlichung trägt die Gesellschaft. 18.73

Der **Inhalt der Veröffentlichung** entspricht dem der Meldung des Meldepflichtigen nach § 33 WpHG (bis 2.1.2018: § 21), § 19 WpAIV. Erhält die Gesellschaft von dem Meldepflichtigen nur unvollständige Mitteilungen, muss sie versuchen, dass der Meldepflichtige diese innerhalb der Fristen ergänzt. Ggf. ist die unvollständige Mitteilung fristgemäß zu veröffentlichen unter Hinweis darauf, dass es sich um eine unvollständige Mitteilung handelt[253]. Im Falle des Erwerbs eigener Aktien durch die Gesellschaft besteht zwar keine Mitteilungspflicht nach § 33 WpHG (bis 2.1.2018: § 21) (vgl. dazu Rz. 18.7). Nach § 40 Abs. 1 Satz 2 und 3 WpHG (bis 2.1.2018: § 26 Abs. 1 Satz 2 und 3) ist die Gesellschaft jedoch zur Veröffentlichung einer entsprechenden Erklärung **spätestens innerhalb von vier Handelstagen** verpflichtet. Dabei sind von Inlandsemittenten, für die Deutschland der Herkunftsstaat ist, die Schwellenwerte von 3 %, 5 % und 10 % relevant, und für Inlandsemittenten, für die Deutschland nicht der Herkunftsstaat ist, nur die Schwellenwerte von 5 % und 10 %. 18.74

Gleichzeitig mit Durchführung der Veröffentlichung hat die Gesellschaft **der BaFin die Veröffentlichung** nach § 40 Abs. 2 WpHG (bis 2.1.2018: § 26 Abs. 2) **mitzuteilen**. Nach § 3a Abs. 3 WpAV muss der Veröffentlichungspflichtige zudem **sechs Jahre** lang in der Lage sein, der BaFin auf deren Anforderung die die Information an die Medien **versendende Person**, die Sicherheitsmaßnahmen i.V.m. der Übersendung, Tag und Uhrzeit der Übersendung, das verwandte Mittel der Übersendung und alle Daten zu einer Verzögerung der Veröffentlichung mitzuteilen. 18.75

2. Veröffentlichung der Gesamtzahl der Stimmrechte gemäß § 41 WpHG

Nach dem durch das TUG eingeführten § 26a WpHG a.F. bzw. § 41 WpHG i.d.F. des 2. FiMaNoG hat ein Inlandsemittent die **Gesamtzahl** der an ihm bestehenden Stimmrechte unverzüglich, spätestens innerhalb von **zwei Handelstagen**, seit es zu einer Zu- oder Abnahme von Stimmrechten gekommen ist, in der gleichen Weise wie die Information nach §§ 33, 38 oder 39 WpHG (bis 2.1.2018: §§ 21, 25 oder 25a) zu veröffentlichen und der BaFin gleichzeitig die Veröffentlichung mitzuteilen. Zudem ist die Information unverzüglich, nicht jedoch vor ihrer Veröffentlichung dem **Unternehmensregister** nach § 8b HGB zur Speicherung zu übermitteln. Für Zwecke der Berechnung seines Stimmrechtsanteils kann ein Aktionär die jeweils letzte Veröffentlichung für die Feststellung des „Nenners" zugrunde legen[254]. Insbesondere die Einziehung von Aktien, der Erwerb eigener Aktien, das Aufleben von Stimmrechten bei stimmrechtslosen Vorzugsaktien oder Kapitalerhöhung können zu einer Änderung der Anzahl der Stimmrechte führen. Für einen Aktionär, dessen Beteiligung nahe an einem Schwellenwert liegt, ist es notwendig, zur Erkennung einer passiven Schwellenberührung die Veröffentlichung der Gesellschaft regelmäßig zu überwachen[255]. § 33 Abs. 1 Satz 5 WpHG sieht jedoch seit dem 18.76

---

253 V. *Hein* in Schwark/Zimmer, § 40 WpHG Rz. 9.
254 Insoweit handelt es sich um eine Vorgabe von Art. 15 Transparenzrichtlinie (Richtlinie 2004/109/EG, ABl. EU Nr. L 390 v. 31.12.2004, S. 38), die die BaFin zur Aufgabe ihrer Auffassung zwang, dass es Sache des Aktionärs sei, sich ständig über die Gesamtzahl der Stimmrechte zu informieren; vgl. auch v. *Hein* in Schwark/Zimmer, § 41 WpHG Rz. 1 m.w.N.
255 *Stephan*, Der Konzern 2016, 53, 54.

Transparenzrichtlinie-Änderungsrichtlinie-UmsG[256] für die passive Schwellenberührung eine Mitteilungspflicht nur im Falle positiver Kenntnis vor, doch beginnt die Frist jedenfalls mit der Veröffentlichung gemäß § 41 Abs. 1 WpHG zu laufen.

18.77 Die Änderung ist seit dem Transparenzrichtlinie-Änderungsrichtlinie-UmsG grundsätzlich nicht mehr zum **Ende des Kalendermonats** zu veröffentlichen, sondern unverzüglich nach Eintritt der Änderung spätestens jedoch **innerhalb von zwei Handelstagen**. Nur bei der Ausgabe von Bezugsaktien ist die Gesamtzahl der Stimmrechte nur im Zusammenhang mit einer ohnehin erforderlichen Veröffentlichung zu veröffentlichen, spätestens jedoch am Ende des Kalendermonats, in dem es zu der Veränderung gekommen ist, § 41 Abs. 2 WpHG (bis 2.1.2018: § 26a Abs. 2), ohne dass es einer Angabe des Datums der Wirksamkeit der Änderung bedarf.

18.78 Zu einer weiteren **Veröffentlichung der Gesamtzahl der Aktien** und Stimmrechte verpflichtet § 49 Abs. 1 Satz 1 Nr. 1 WpHG (bis 2.1.2018: § 30b Abs. 1 Satz 1 Nr. 1) den Emittenten bei **Einberufung der Hauptversammlung**[257]. Maßgeblich ist insoweit der Zeitpunkt der Einberufung. Dies kann dazu führen, dass der Emittent für einen Zeitraum von bis zu einem Monat eine voneinander abweichende Anzahl von Stimmrechten veröffentlicht.

3. Sanktionen

18.79 Ein vorsätzlich oder leichtfertig begangener Verstoß gegen Veröffentlichungspflichten durch Inlandsemittenten stellt nach § 120 Abs. 2 WpHG (bis 2.1.2018: § 39 Abs. 2) eine Ordnungswidrigkeit dar, die mit Geldbußen geahndet werden kann. Diese sind nach Art des Verstoßes gestaffelt. Mit einer Geldbuße bis zu 2 Mio. Euro kann nach § 120 Abs. 2 Nr. 2 lit. d und e, Nr. 4 lit. a und b, Abs. 17 WpHG (bis 2.1.2018: § 39 Abs. 2 Nr. 2 lit. f und g, Nr. 5 lit. c und d, Abs. 4) geahndet werden ein Verstoß gegen die Mitteilungspflicht über das Halten von Instrumenten nach § 33 Abs. 1 WpHG (bis 2.1.2018: § 21 Abs. 1) bzw. § 38 Abs. 1 Satz 1 WpHG (bis 2.1.2018: § 25 Abs. 1 Satz 1) sowie die Veröffentlichungspflichten nach § 40 Abs. 1 Satz 1 Nr. 2 WpHG (bis 2.1.2018: § 26 Abs. 1 Satz 1 Nr. 2). Mit einer Geldbuße bis zu 500.000 Euro kann nach § 120 Abs. 2 Nr. 2 lit. f bis h, Abs. 24 WpHG (bis 2.1.2018: § 39 Abs. 2 Nr. 2 lit. h bis j, Abs. 6) geahndet werden ein Verstoß gegen Mitteilungspflichten gegenüber der BaFin nach § 40 Abs. 2, § 41 Abs. 1 Satz 2 WpHG (bis 2.1.2018: § 26 Abs. 2, § 26a Abs. 1 Satz 2) und Veröffentlichungspflichten im Inland für im Ausland vorgenommene Veröffentlichungen (§ 40 Abs. 1 Satz 1 WpHG [bis 2.1.2018: § 26 Abs. 1 Satz 1]), eine Übermittlung an das Unternehmensregister (§ 41 Abs. 1 Satz 3 WpHG [bis 2.1.2018: § 26a Abs. 1 Satz 3]) und eine Übermittlung an das Unternehmensregister durch befreite Emittenten über im Ausland vorgenommene Veröffentlichungen (§ 46 Abs. 2 Satz 2 WpHG [bis 2.1.2018: § 49 Abs. 2 Satz 2]).

IV. Nachweispflichten und Überwachung

1. Nachweispflicht (§ 42 WpHG)

18.80 Nach § 42 WpHG (bis 2.1.2018: § 27) muss derjenige, der eine Mitteilung nach § 33 Abs. 1, 2 oder § 38 Abs. 1 oder § 39 Abs. 1 WpHG (bis 2.1.2018: § 21 Abs. 1, 2 oder § 25 Abs. 1 oder § 25a Abs. 1) abgegeben hat, auf Verlangen der BaFin oder des Emittenten das Bestehen der mitgeteilten **Beteiligung nachweisen**. Das Gesetz eröffnet dadurch insbesondere der Gesellschaft eine begrenzte **Überprüfungsmöglichkeit** von Mitteilungen und entspricht § 22 AktG. Nachweispflichtig ist nicht der Meldepflichtige, sondern der Mitteilende, im Falle einer Vertretung der Vertretene. Im Falle einer Mittei-

---

256 Vgl. Reg.Begr., BT-Drucks. 18/5010, S. 44.
257 Vgl. dazu *Stephan*, Der Konzern 2016, 53, 59 f.

lung durch die Muttergesellschaft gemäß § 37 WpHG soll jedoch nur diese nachweispflichtig sein[258]. Dabei darf die **BaFin** einen entsprechenden **Nachweis nur nach pflichtgemäßem Ermessen** verlangen[259]. Anders als die BaFin, die nicht pauschal für jede ihr mitgeteilte Beteiligung einen Nachweis verlangen kann, weil dies keine Ermessensausübung darstellte, kann der **Emittent bei jeder Mitteilung** einen Nachweis nach § 42 WpHG (bis 2.1.2018: § 27) verlangen[260].

Der Nachweis kann nicht nur unmittelbar nach der Mitteilung verlangt werden, sondern auch zu jedem **späteren Zeitpunkt**, z.B. wenn zunächst nicht vorhandene Zweifel entstehen. Deshalb soll auch ein **wiederholtes Nachweisverlangen** zulässig sein[261].

18.81

2. Überwachung durch BaFin (§ 4 WpHG)

Die Überwachung der Einhaltung der Meldepflichten war bis September 2004 in einer gesonderten Norm, § 29 WpHG a.F., geregelt. Diese wurde durch das AnsVG durch eine allgemeine, sämtliche Aufgaben der **BaFin** WpHG-weit erfassende Norm des § 4 Abs. 3 WpHG a.F. bzw. § 6 Abs. 3 WpHG i.d.F. des 2. FiMaNoG ersetzt. Inhaltlich unverändert ermächtigt § 6 Abs. 3 WpHG (bis 2.1.2018: § 4 Abs. 3) die BaFin, „von jedermann **Auskünfte, die Vorlage von Unterlagen** [...] und die **Überlassung von Kopien** zu verlangen sowie Personen zu laden und zu vernehmen", soweit dies für die Überwachung der Einhaltung eines Verbotes oder Gebotes des WpHG sowie diverser EU-Verordnungen erforderlich ist.

18.82

V. Prozessuale Aspekte

Ein Streit darüber, ob Meldungen ordnungsgemäß abgegeben wurden, kann in einer Reihe durchaus unterschiedlicher Konstellationen entbrennen. Die **BaFin** kann Partei eines Prozesses sein, wenn sie mit Aktionären über deren Meldepflichten streitet[262] oder Sanktionen gegenüber einem ggf. meldepflichtigen Aktionär oder veröffentlichungspflichtigen Emittenten verhängen will. Insoweit findet die allgemeine, für Ordnungswidrigkeiten- bzw. **Strafverfahren geltende Beweislastverteilung** einschließlich der Unschuldsvermutung Anwendung. Die BaFin kann jedoch auch Prozesspartei sein, wenn sie im Rahmen des Informationsfreiheitsgesetzes (IFG) um Auskünfte über Meldungen nach §§ 33 ff. WpHG (bis 2.1.2018: §§ 21 ff.) angegangen wird und diese nicht erteilt[263]. Die meisten veröffentlichten Entscheidungen der Rechtsprechung ergingen im Rahmen von Streitigkeiten zwischen Aktionären und dem Emittenten, häufig im Rahmen von **Anfechtungsklagen** gegen Hauptversammlungsbeschlüsse, in denen die Anfechtungskläger hinsichtlich des Großaktionärs und seiner Stimmausübung eine fehlerhafte Beteiligungsmeldung mit den Rechtsfolgen des § 44 WpHG (bis 2.1.2018: § 28) behaupten[264] oder im Rahmen von Streitigkeiten bei Übernahmeangeboten[265]. Für derartige Konstellationen entspricht es gefestigter Rechtsprechung, dass nach den **allgemeinen zivilprozessualen Grundsätzen** den Kläger die Darlegungs- und Beweislast dafür trifft, dass ein (Groß-)Aktionär oder der Emittent gegen die Vorgaben der §§ 33 ff. WpHG (bis 2.1.2018: §§ 21 ff.) bzw. §§ 30, 31 WpÜG verstieß, und dass insoweit keinerlei Beweiserleichterung oder gar eine Beweislastumkehr in Betracht

18.83

---

258 Vgl. nur *v. Hein* in Schwark/Zimmer, § 44 WpHG Rz. 2 m.w.N.
259 Vgl. *Hirte* in FS Lutter, 2000, S. 1346, 1351.
260 Vgl. *Opitz* in Schäfer/Hamann, Kapitalmarktgesetze, § 27 WpHG Rz. 3 m.w.N.; zu den Nachforschungs*pflichten* des Emittenten vgl. *Paudtke/Glauer*, NZG 2016, 125 ff.
261 Vgl. *Opitz* in Schäfer/Hamann, Kapitalmarktgesetze, § 27 WpHG Rz. 7.
262 VG Frankfurt v. 18.5.2006 – 1 E 3049/05, BKR 2007, 40.
263 Vgl. z.B. BVerwG v. 31.5.2011 – II ZR 141/09, ZIP 2011, 1313 = AG 2011, 548.
264 Vgl. auch *Baums/Drinhausen/Keinath*, ZIP 2011, 2329, 2340, 2351; *Merkner*, AG 2012, 199 ff.
265 OLG Köln v. 31.10.2012 – 13 U 166/11, AG 2013, 391 = ZIP 2013, 1325; LG Köln v. 29.7.2011 – 82 O 28/11, ZIP 2012, 229.

kommt²⁶⁶. So kann etwa aus einem bloßen **Parallelverhalten** nicht auf ein abgestimmtes Verhalten i.S.v. § 34 Abs. 2 WpHG (bis: 2.1.2018: § 22 Abs. 2) geschlossen werden²⁶⁷. Auf eine sekundäre Darlegungslast des Emittenten kann sich ein Aktionär grundsätzlich nur berufen, wenn er zunächst selbst **substantiiert** hinreichende Anhaltspunkte für die von ihm behaupteten Fehler bei der Einhaltung der Mitteilungspflichten vorträgt. Eine gesetzliche Beweislastregelung enthält § 33 Abs. 1 Satz 4 WpHG (bis 2.1.2018: § 21 Abs. 1 Satz 4) mit der unwiderleglichen Vermutung einer Kenntniserlangung von der Erreichung von Schwellen innerhalb von zwei Handelstagen. Eine Kenntnis von der Veröffentlichung der Gesamtzahl der Stimmrechte gemäß § 41 WpHG (bis 2.1.2018: § 26a) wird dagegen nicht vermutet und ist ggf. zu beweisen.

§ 19
Übermittlung von Informationen von und an börsennotierte Gesellschaften

1. Einführung 19.1	4. Übermittlung von Informationen von dem Aktionär zum Emittenten 19.10
2. Mitteilung von Unternehmensereignissen durch den Emittenten 19.2	5. Auskunft über Aktionariat 19.11
3. Übermittlung der Information von dem Letztintermediär und von der Gesellschaft zum Aktionär 19.8	6. Sanktionen 19.12

Schrifttum: *Brock*, Die Regelungen zu „know-your-shareholder" im Regierungsentwurf des ARUG II, NZG 2019, 738; *Kuntz*, Kommunikation mit Aktionären nach ARUG II, AG 2020, 18; *Paschos/Goslar*, Der Referentenentwurf des Gesetzes zur Umsetzung der zweiten Aktionärsrechterichtlinie (ARUG II) aus Sicht der Praxis, AG 2018, 857; *Seulen*, RefE für das ARUG II – Umsetzung der zweiten Aktionärsrechterichtlinie, DB 2018, 2915; *Stiegler*, Aktionärsidentifizierung nach ARUG II, WM 2019, 620; *Stöber*, Neuerungen im Aktienrecht durch das ARUG II, DStR 2020, 391; *Wentz*, Offene Fragen der Informationsübermittlung nach §§ 67a ff. AktG; *Zetzsche*, Know Your Shareholder, der intermediärsgestützte Aktionärsbegriff und das Hauptversammlungsverfahren, ZGR 2019, 1; *Zetzsche*, Aktionärsidentifikation, Aktionärslegitimation und das Hauptversammlungsverfahren nach ARUG II, AG 2020, 1; *Zipperle/Lingen*, Das Gesetz zur Umsetzung der zweiten Aktionärsrechterichtlinie, BB 2020, 131.

---

266 OLG Stuttgart v. 15.10.2008 – 20 U 19/07, ZIP 2008, 2315 = AG 2009, 124; OLG Düsseldorf v. 10.9.2008 – I-6 W 30/08, ZIP 2009, 170 = AG 2009, 40; LG Berlin v. 11.3.2009 – 100 O 17/07, BeckRS 2010, 17690 = BB 2009, 1265 Rz. 250; OLG Düsseldorf v. 29.12.2009 – I-6 U 69/08, AG 2010, 711 Rz. 86 ff.; OLG Köln v. 31.10.2012 – 13 U 166/11, AG 2013, 391 = ZIP 2013, 1325, 1326, sub II.B.1.; *von Bülow/Petersen*, NZG 2009, 481, 485; *Bayer* in MünchKomm. AktG, 4. Aufl. 2016, Anh § 22 AktG, § 28 WpHG Rz. 14.

267 *V. Hein* in Schwark/Zimmer, § 34 WpHG Rz. 31; *Kocher*, BB 2012, 721, 722 f.; unklar RegBegr., BT-Drucks. 14/7034, S. 34; **a.A.** *Oechsler*, ZIP 2011, 449, 452 f.; unklar *Hammen*, Der Konzern 2009, 18, 21 f.

1. Einführung

Eines der vier Kernelemente der Zweiten Aktionärsrechterichtlinie[1], die bis Juni 2019 in deutsches Recht umzusetzen war, war in ihrem Kapitel 1a die Identifizierung der Aktionäre, die Übermittlung von Informationen an die Aktionäre und die Erleichterung der Ausübung von Aktionärsrechten (sog. know-your-shareholder i.w.S.). Die Punkte wurden durch das ARUG II[2] im Wesentlichen in den §§ 67a ff. AktG mit Wirkung ab 1.1.2020[3] umgesetzt. Nach § 67a AktG treffen ausschließlich inländische, börsennotierte Gesellschaften i.S.v. § 3 Abs. 2 AktG die Pflicht[4], Informationen über Unternehmensereignisse i.S.v. § 67a Abs. 6 AktG (dazu Rz. 19.4) mit Bedeutung für die Ausübung von Aktionärsrechten dem Intermediär gemäß § 67a Abs. 4 und Abs. 5 AktG (dazu Rz. 19.6) zu übermitteln. Diese wiederum haben sie an den nächsten Intermediär in der Kette weiterzuleiten. Ausgenommen hiervon ist die Einberufung der Hauptversammlung, für die es bei dem Verfahren nach § 125 AktG verbleibt (vgl. § 67a Abs. 1 Satz 2 AktG). Die Regelungen sind nach § 26j Abs. 4 EGAktG ab dem 3.9.2020 sowie danach stattfindende Hauptversammlungen anwendbar, da erst ab diesem Zeitpunkt auch die EU-DurchführungsVO[5] zur Zweiten Aktionärsrechterichtlinie anwendbar ist[6].

19.1

2. Mitteilung von Unternehmensereignissen durch den Emittenten

Die von der Zweiten Aktionärsrechterichtlinie vorgegebenen Regelungen verfolgen insoweit den Zweck, durch erleichterten Informationsaustausch die Ausübung von Aktionärsrechten zu fördern und dadurch zumindest mittelbar die Corporate Governance zu stärken[7]. Dabei erfolgt eine Regelung sowohl des Informationsflusses vom Emittenten zum Aktionär (durch §§ 67a, 67b und – weiterhin – § 125 AktG) und des „umgekehrten" Informationsflusses vom Aktionär zum Emittenten (durch § 67c AktG). Den Anspruch des Emittenten gegenüber dem Aktionär, diesen zu kennen enthält § 67d AktG und die §§ 67e und 67f AktG regeln akzidentelle Fragen des Datenschutzes und der Kostentragung.

19.2

Die Verwahrung der Aktien erfolgt heute i.d.R. über Verwahrketten[8], weshalb alle Stufen der Verwahrkette einer Regelung bedürfen. Im Rahmen der Verbesserung des Informationsaustauschs steht auch die Erhöhung der Transparenz des Aktionariats für die Gesellschaft, obwohl dies bei börsennotierten Gesellschaften ohnehin schon ab der Schwelle von 3 % wegen der Pflicht zur Beteiligungsmitteilung nach §§ 33 ff. WpHG gegeben ist. Der deutsche Gesetzgeber hat nicht von dem durch Art. 3a Abs. 1 Satz 2 Zweite Aktionärsrechterichtlinie eingeräumten Recht Gebrauch gemacht, den Informations-

19.3

---

1 Richtlinie (EU) 2017/828 zur Änderung der Richtlinie 2007/36/EG im Hinblick auf die Förderung der langfristigen Mitwirkung der Aktionäre, ABl. EU Nr. L 132 v. 20.5.2017, S. 1.
2 BGBl. I 2019, S. 2637.
3 Die Umsetzung der Zweiten Aktionärsrechterichtlinie erfolgte also verspätet, vgl. auch *Stöber*, DStR 2020, 391.
4 Vgl. *Bayer/Illhardt* in MünchKomm. AktG – Nachtrag ARUG II, 5. Aufl. 2021, § 67a AktG Rz. 16 f. m.w.N.; für ausländische AGs gelten nur § 67a Abs. 3 Satz 2, § 67b Abs. 2, § 67c Abs. 2 Satz 5 und § 67d Abs. 5 AktG, vgl. dazu *Zetzsche*, ZGR 2019, 1, 19.
5 DurchführungsVO (EU) 2018/1212 v. 3.9.2018 zur Festlegung von Mindestanforderungen zu Umsetzung der Bestimmung der Richtlinie 2007/36/EG in Bezug auf die Identifizierung der Aktionäre, die Informationsübermittlung und die Erleichterung der Ausübung der Aktionärsrechte, ABl. EU Nr. L 223 v. 4.9.2018, S. 1.
6 RegBegr., BT-Drucks. 19/9739, S. 118; *von Nussbaum* in K. Schmidt/Lutter, 4. Aufl. 2020, § 67a AktG Rz. 16 f.
7 Vgl. *Hüffer/Koch*, § 67a AktG Rz. 1.
8 Vgl. *Bayer/Illhardt* in MünchKomm. AktG – Nachtrag ARUG II, 5. Aufl. 2021, § 67a AktG Rz. 1 (mit instruktivem Schaubild).

anspruch der Gesellschaft gem. § 67d AktG an eine Mindestschwelle zu knüpfen. Österreich hat insoweit eine Mindestschwelle von 0,5 % eingeführt in öBörseG[9].

19.4 **„Unternehmensereignis"** wird von Art. 1 Nr. 3 Zweite Aktionärsrechterichtlinie-DurchführungsVO[10] definiert als „eine vom Emittenten oder einem Dritten initiierte Maßnahme, die die Ausübung der mit den Aktien verbundenen Rechte beinhaltet und die zugrundeliegende Aktie beeinflussen kann, z.B. die Gewinnausschüttung oder eine Hauptversammlung". Tabelle 8 der DurchführungsVO nennt unter A II. als Beispiele „Gewinnausschüttung, Umstrukturierung des Aktienkapitals". Erfasst werden mit Ausnahme der Hauptversammlung sämtliche Ereignisse von Bedeutung für die Gesellschaft. Solche werden i.d.R. auch die meisten ad-hoc-mitteilungspflichtigen Ereignisse und Maßnahmen sein. Nach der Regierungsbegründung unterfallen dem Begriff zudem „Umtausch-, Bezugs-, Einziehungs-, Zeichnungs- und Wahlrechte bei Dividenden"[11]. Auch die Änderung der Wertpapierkennnummer soll ein solches Ereignis darstellen[12]. Offen ist, ob sich der Begriff auch auf Konzernsachverhalte erstreckt[13]. Die Einladung zur HV, die grundsätzlich auch ein derartiges Ereignis darstellt, wird nach § 67a Abs. 1 Satz 2 AktG jedoch von § 125 AktG geregelt.

19.5 Börsennotierte Gesellschaften haben im Falle von Inhaberaktien den Aktionär und im Falle von Namensaktien den im Aktienregister Eingetragenen zu informieren. Dies kann sowohl ein Intermediär wie ein „finaler" Aktionär sein[14]. Dabei können sich die Gesellschaft und die jeweiligen zur Weiterleitung verpflichteten Intermediäre beauftragter Dritter bedient[15]. Insoweit können auch bestehende Prozesse beibehalten werden, wie Erwägungsgrund 11 der Zweiten Aktionärsrechterichtlinie-DurchführungsVO ausdrücklich statuiert. Nicht erforderlich ist, dass die beauftragten Dritten in die Verwahrkette einbezogen sind, so dass auch eine Übermittlung über Medien oder Mediendienstleister wie etwa den WM-Datenservice in Betracht kommt, wenn diese die Berechtigten erreichen[16]. Dabei ist die Information an Intermediäre elektronisch zu übermitteln, wie Art. 2 Abs. 2 und Abs. 3 Zweite Aktionärsrechterichtlinie-DurchführungsVO vorgibt und von § 67a Abs. 2 Satz 2 AktG deklaratorisch wiederholt wird. Die Einzelheiten der Informationsübermittlung werden insbesondere in Art. 2 Absätze 2 und 3, Art. 8 und Art. 9 Abs. 1 Zweite Aktionärsrechterichtlinie-DurchführungsVO geregelt.

19.6 **„Intermediär"** wird von Art. 1 Nr. 4 Zweite Aktionärsrechterichtlinie-DurchführungsVO definiert durch Verweis auf Art. 2 lit. d) Richtlinie 2007/36/EG (Aktionärsrechterichtlinie). Dieser lautet: „‚Intermediär' bezeichnet eine Person, wie etwa eine Wertpapierfirma im Sinne von Artikel 4 Absatz 1 Nummer 1 der Richtlinie 2014/65/EU [MiFID II], ein Kreditinstitut im Sinne von Artikel 4 Absatz 1 Nummer 1 der Verordnung (EU) Nr. 575/2013 [CRR] […] und ein Zentralverwahrer im Sinne von Artikel 2 Absatz 1 Nummer 1 der Verordnung (EU) Nr. 909/2014 [CSDR] […], die Dienstleistungen der Verwahrung von Wertpapieren, der Verwaltung von Wertpapieren oder der Führung von Depotkonten im Namen von Aktionären oder anderen Personen erbringt". Diese Definition wiederholt § 67a Abs. 4 AktG und ergänzt: „wenn diese Dienstleistungen im Zusammenhang mit Aktien von Gesellschaften stehen, die ihren Sitz in einem Mitgliedstaat der EU oder des EWR haben". Durch die Anknüpfung der Intermediärseigenschaft an den Sitz der Gesellschaft, also das jeweilige Gesellschafts-

---

9 Vgl. *Kalls* in MünchKomm. AktG – Nachtrag ARUG II, 5. Aufl. 2021, § 67a AktG Rz. 110.
10 DurchführungsVO (EU) 2018/1212 v. 3.9.2018 zur Festlegung von Mindestanforderungen zu Umsetzung der Bestimmung der Richtlinie 2007/36/EG in Bezug auf die Identifizierung der Aktionäre, die Informationsübermittlung und die Erleichterung der Ausübung der Aktionärsrechte, ABl. EU Nr. L 223 v. 4.9.2018, S. 1.
11 BT-Drucks. 19/9739, S. 63; *Seulen*, DB 2018, 2915, 2919; *Stöber*, DStR 2020, 391, 392.
12 *Bayer/Illhardt* in MünchKomm. AktG – Nachtrag ARUG II, 5. Aufl. 2021, § 67a AktG Rz. 37.
13 *Mock* in Hirte/Heidel, § 67a AktG Rz. 43.
14 RegBegr., BT-Drucks. 19/9739, S. 60.
15 *Bork*, NZG 2019, 738, 741.
16 Vgl. *Bayer/Illhardt* in MünchKomm. AktG – Nachtrag ARUG II, 5. Aufl. 2021, § 67a AktG Rz. 47 m.w.N.

statut des Emittenten und nicht an den Sitz des Intermediärs gelten die Intermediärspflichten weltweit, insbesondere also auch für Intermediäre in den USA oder der Volksrepublik China[17] (extraterritoriale Geltung, die durch Art. 2e 2. Aktionärsrechterichtlinie angeordnet wird). **„Intermediär in der Kette"** ist nach § 67a Abs. 5 Satz 1 AktG ein Intermediär, der die Aktien einer Gesellschaft für einen anderen Intermediär verwahrt[18]. **„Letztintermediär"** ist nach § 67a Abs. 5 Satz 2 AktG, wer als Intermediär für einen Aktionär Aktien einer Gesellschaft verwahrt. Ein Treuhänder soll daher nicht Letztintermediär sein, weil er nicht der letzte Intermediär in der Kette sein soll[19]. Keine Intermediäre sind Notare und Stimmrechtsberater und Stimmrechtsvertreter sowie die Führung des Aktienregisters[20].

Die Verpflichtung der Intermediäre zur Weitergabe der erhaltenen Informationen an den nächsten Intermediär bzw. im Falle des Letztintermediärs an den Aktionär erfolgt durch § 67a Abs. 3 AktG. Die knappen Fristen für die Weitergabe an den nächstfolgenden Intermediär (bis zum Ende des Geschäftstages, wenn vor 16 Uhr eingegangen, andernfalls bis 10 Uhr des folgenden Geschäftstages) werden durch Art. 9 Abs. 2 DurchführungsVO vorgegeben. Die Pflicht zur Weitergabe an den nächsten Intermediär entfällt jedoch, wenn dem ersten bzw. vorangehenden Intermediär bekannt ist, dass der nächste die Informationen bereits unmittelbar von der Gesellschaft, z.B. über einen Mediendienstleister erhalten hat.

19.7

3. Übermittlung der Information von dem Letztintermediär und von der Gesellschaft zum Aktionär

Die „letzte Meile" der Weitergabe der Information, also die Weitergabe vom Letztintermediär gemäß § 67a Abs. 5 Satz 2 AktG (dazu Rz. 19.4) an den Aktionär, typischerweise also von der Depotbank an ihren Kunden, wird durch § 67b AktG geregelt. Im Kern verweist dieser auf Art. 2 Abs. 1 und 4, Art. 9 Abs. 2 UAbs. 1 sowie Abs. 3 und Abs. 4 UAbs. 3 sowie Art. 10 der DurchführungsVO. Danach hat der Letztintermediär in der mit dem Aktionär (also typischerweise im „regulären" Bankverhältnis) vereinbarten Standard die Informationen an den Aktionär weiterzugeben, nach Erhalt vor 16.00 Uhr bis zum Ende des Geschäftstages bzw. bei späterem Erhalt bis 10.00 Uhr am folgendem Geschäftstag. Dies ist nur möglich, soweit der Letztintermediär und der Aktionär elektronische Kommunikation vereinbart haben, was vielfach nicht der Fall ist und bei der Vorgabe einer rein elektronischen Kommunikation zu einem Entfallen der Information führen würde[21]. Im Falle von postalischer Kommunikation können die Fristen nicht eingehalten werden und stellen nach dem Grundsatz „impossibilium nulla est obligatio" keine Pflicht des Letztintermediärs dar[22].

19.8

Informationen der Gesellschaft an Namensaktionäre sind – anders als bei Inhaberaktien – grundsätzlich nicht über die Kette der Intermediäre zu leiten, sondern unmittelbar an die nach § 67 AktG im Aktienregister Eingetragenen. Soweit – insbesondere bei ausländischen Aktionären – jedoch ein sog. Nominee (i.d.R. ein Kreditinstitut) als fremdbesitzender Namensaktionär eingetragen ist, können die Namensaktionäre nach § 67 Abs. 4 AktG identifiziert und von der Gesellschaft unmittelbar kontaktiert

19.9

---

17 Vgl. *von Nussbaum* in K. Schmidt/Lutter, 4. Aufl. 2020, § 67a AktG Rz. 145 m.w.N.
18 Vgl. *von Nussbaum* in K. Schmidt/Lutter, 4. Aufl. 2020, § 67a AktG Rz. 148 f.
19 So *von Nussbaum* in K. Schmidt/Lutter, 4. Aufl. 2020, § 67a AktG Rz. 152 (zweifelhaft).
20 *Stöber*, DStR 2020, 391; *Bayer/Illhardt* in MünchKomm. AktG – Nachtrag ARUG II, 5. Aufl. 2021, § 67a AktG Rz. 30 ff.
21 *Von Nussbaum* in K. Schmidt/Lutter, 4. Aufl. 2020, § 67b AktG Rz. 5 m.w.N.
22 So die RegBegr., BT-Drucks. 19/9739, S. 64 und die h.L., *Stöber*, DStR 2020, 391, 392; *Bayer/Illhardt* in MünchKomm. AktG – Nachtrag ARUG II, 5. Aufl. 2021, § 67a AktG Rz. 57 und § 67b AktG Rz. 13; *Hüffer/Koch*, § 67a AktG Rz. 3 – alle m.w.N.; **a.A.** *Mock* in Hirte/Heidel, § 67b AktG Rz. 9.

werden. Die Gesellschaft kann jedoch auch den Nominee ansprechen und dieser als erster Verwahrer die Informationen weitergeben nach § 67c Abs. 1 AktG[23].

4. Übermittlung von Informationen von dem Aktionär zum Emittenten

19.10 Auch der „umgekehrte" Informationsfluss vom Aktionär an den Emittenten wird nunmehr geregelt in § 67c AktG, auch wenn dieser regelmäßig einen wesentlich geringeren Umfang aufweisen wird, als der Informationsfluss von der Aktiengesellschaft zu ihren Aktionären. So betrifft § 67c Abs. 1 Satz 1 AktG „nur" die Information über die Ausübung von Rechten, die dem Aktionär aufgrund dieser Position gegenüber dem Emittenten zustehen. Dabei ist der Passus „über die Ausübung seiner Rechte als Aktionär" teleologisch dahingehend zu verstehen, dass es sich um die Ausübung gesellschaftsrechtlicher Beteiligungsrechte einschließlich der Hauptversammlung handeln muss und nicht etwa die Geltendmachung von z.B. Schadensersatzansprüchen[24]. Dies soll insbesondere gelten für die Ausübung von Bezugsrechten, das Verlangen auf Ergänzung der Tagesordnung, die Stellung von Gegenanträgen, Wahlvorschlägen zum Aufsichtsrat und das Stimmrecht in der Hauptversammlung[25]. Die Informationsweitergabe hat durch den Letztintermediär „entlang der Intermediärskette oder unmittelbar gegenüber dem Emittente zu erfolgen"[26]. Soweit es sich um Namensaktien handelt, gilt die Weiterleitungspflicht auch für die Weiterleitung von Weisungen des Aktionärs an den im Aktionärsregister eingetragenen Intermediär.

5. Auskunft über Aktionariat

19.11 Hinsichtlich der Identifikation der Aktionäre[27] sieht Art. 3a Zweite Aktionärsrechterichtlinie einen Anspruch der – ausschließlich börsennotierten – Gesellschaft gegenüber jedem Intermediär (nicht jedoch dem Aktionär[28]) vor, beginnend bei dem Letztintermediär, der die Aktien unmittelbar für den Aktionär verwahrt (§ 67a Abs. 5 Satz 2 AktG), bis zu dem ersten in der Kette, der gegenüber dem Emittenten auftritt. Die Identifikationsmöglichkeit der Gesellschaft gegenüber den Aktionären von Inhaberaktien auch unterhalb der Grenze von 3 % wurde hierdurch erstmals eingeführt[29]. Die Form für die Geltendmachung wird durch Art. 2 Abs. 2 UAbs. 1 DurchführungsVO geregelt[30]. Der Anspruch des Emittenten ergibt sich im deutschen Recht aus dem gemäß § 26j Abs. 4 EGAktG erstmals ab dem 3.9.2020 anzuwendenden § 67d Abs. 1 AktG, demzufolge die börsennotierte Aktiengesellschaft von jedem Intermediär, der Aktien der Gesellschaft verwahrt, Informationen über die Identität der Aktionäre und über den nächsten Intermediär verlangen kann[31]. Hinsichtlich des Inhalts und des Formats des Auskunftsverlangens und der Auskunft verweist § 67d Abs. 1 Satz 2 AktG auf Art. 2 Abs. 1, Art. 3

---

23 Vgl. *Bayer/Illhardt* in MünchKomm. AktG – Nachtrag ARUG II, 5. Aufl. 2021, § 67a AktG Rz. 2, 38; Hüffer/Koch, § 67a AktG Rz. 3.
24 Nach *von Nussbaum* in K. Schmidt/Lutter, 4. Aufl. 2020, § 67c AktG Rz. 5 bedarf es eines Bezuges zu Unternehmensereignissen („Zwei-Wege-Kommunikation"); ähnlich *Kuntz*, AG 2020, 18 Rz. 48.
25 Vgl. RegBegr., BT-Drucks. 19/9739; teilweise **a.A.** *von Nussbaum* in K. Schmidt/Lutter, 4. Aufl. 2020, § 67c AktG Rz. 6 ff. (zu Gegenvorschlägen, Wahlvorschlägen und Einberufungsverlangen).
26 Dies erscheint aus Gründen der Effizienz sehr sinnvoll, war jedoch im Referentenentwurf noch abweichend geregelt, vgl. *Paschos/Goslar*, AG 2018, 857, 859; *Brock*, NZG 2019, 738, 742.
27 Dazu *von Nussbaum* in K. Schmidt/Lutter, 4. Aufl. 2020, § 67d AktG Rz. 13 ff. m.w.N.
28 *Von Nussbaum* in K. Schmidt/Lutter, 4. Aufl. 2020, § 67d AktG Rz. 5 („ausforschende Anfrage"); *Kuntz*, AG 2020, 18 Rz. 63; *Stiegler*, WM 2019, 620, 622.
29 *Von Nussbaum* in K. Schmidt/Lutter, 4. Aufl. 2020, § 67d AktG Rz. 2 m.w.N.
30 Vgl. *von Nussbaum* in K. Schmidt/Lutter, 4. Aufl. 2020, § 67d AktG Rz. 8.
31 Vgl. *Stiegler*, WM 2019, 620, 622 m.w.N.

und die Tabellen 1 und 2 sowie Art. 9 Abs. 6 DurchführungsVO. Hinsichtlich der Mindesthöhe der Beteiligung bestehen – anders als noch im Referentenentwurf – keine Vorgaben[32], doch dürften die nach § 67f Abs. 1 AktG von der Gesellschaft zu tragenden Kosten eine „natürliche" Grenze darstellen[33]. Die Höhe der Kosten können gemäß § 67f Abs. 3 AktG von dem BMF bzw. BMJV festgesetzt werden. Nach § 26j Abs. 5 EGAktG gilt bis dahin, längstens jedoch bis zum 3.9.2025, die VO über den Ersatz von Aufwendungen der Kreditinstitute[34].

6. Sanktionen

Zivilrechtlich begründen Verstöße gegen § 67a AktG durch die AG in Form der Unterlassung der Information grundsätzlich einen Anspruch der betroffenen Aktionäre auf Schadensersatz wegen Verletzung ihrer Mitgliedschaftsrechte gemäß § 280 Abs. 1, § 31 BGB. Allerdings dürfte es einem Aktionär schwerfallen, Kausalität und Schaden nachzuweisen[35]. Hinsichtlich des Letztintermediärs kommt zudem ein Anspruch aus Verletzung des Depotvertrages gemäß § 280 Abs. 1 BGB in Betracht. – Nach h.L. stellt § 67a AktG kein Schutzgesetz i.S.v. § 823 Abs. 2 BGB dar. 19.12

Bei Fehlern in der Intermediärskette soll § 823 Abs. 2 BGB i.V.m. § 67a Abs. 3 AktG in Betracht kommen[36]. Der Letztintermediär haftet in der Regel wegen Verletzung des Depotvertrages nach § 280 Abs. 1 BGB, nicht jedoch die Gesellschaft für Fehler des Letztintermediärs[37]. Eine Anfechtung von Beschlüssen der Hauptversammlung wegen Verstößen gegen § 67a oder § 67b AktG wird durch § 243 Abs. 3 Nr. 2 AktG ausdrücklich ausgeschlossen[38]. – Zudem kann ein Verstoß gegen § 67a Abs. 3 AktG eine mit einer Geldbuße bis zu 25.000 Euro bewehrte Ordnungswidrigkeit gemäß § 405 Abs. 2a AktG begründen. 19.13

---

32 *Stiegler*, WM 2019, 620, 623; zur Situation in Österreich mit einem Schwellenwert von 0,5 % vgl. Fn 9.
33 Vgl. *Paschos/Goslar*, AG 2018, 857, 859.
34 BGBl. I 2003, S. 885 i.d.F. v. Art. 15 des Gesetzes v. 30.7.2009, BGBl. I, S. 2479.
35 *Hüffer/Koch*, § 67a AktG Rz. 11 und § 67b AktG Rz. 6; *Kuntz*, AG 2020, 18 ff.
36 *Hüffer/Koch*, § 67a AktG Rz. 11; *Kuntz*, AG 2020, 18 ff. – diese Auffassung ist inkonsistent mit der Ablehnung der Haftung gemäß § 823 Abs. 2 BGB durch den Emittenten.
37 *Von Nussbaum* in K. Schmidt/Lutter, 4. Aufl. 2020, § 67b AktG Rz. 13 m.w.N.
38 Vgl. *Bayer/Illhardt* in MünchKomm. AktG – Nachtrag ARUG II, 5. Aufl. 2021, § 67a AktG Rz. 70.

---

5. Kapitel
Vorstand

§ 20
Der Vorstand im Organisationsgefüge der Aktiengesellschaft

I. **Der Vorstand als Organ im Verhältnis zu Aufsichtsrat und Hauptversammlung**	20.1
1. Vorstand im Verhältnis zu Aufsichtsrat und Hauptversammlung	20.1
2. Der Vorstand als notwendiges Organ .	20.5
3. Geschäftsführung als Kernaufgabe; Systematisierung der Geschäftsführungsaufgaben	20.7
a) Eigenverantwortliche Unternehmensleitung	20.8
b) Unternehmensplanung	20.16
c) Unternehmensorganisation	20.19
4. Compliance	20.23
a) Begriff	20.23
b) Errichtung und Ausgestaltung einer Compliance-Organisation ..	20.24
c) Aufarbeitung von Compliance-Verstößen	20.25
d) Zusammenarbeit von Vorstand und Aufsichtsrat bei Compliance-Untersuchungen	20.26
e) Compliance im Konzern	20.29
5. Allgemeine Sorgfaltspflicht	20.30
a) „Ordentlicher" Geschäftsleiter ...	20.30
b) Unternehmerisches Ermessen (Business Judgment Rule)	20.32
6. Public Relations/Investor Relations ...	20.33
a) Aufgabenstellung	20.34
b) Organisation	20.37
c) Instrumente	20.38
7. Rechnungslegung	20.42
8. Verlustanzeige und Insolvenz	20.45
a) Verlustanzeigepflicht (§ 92 AktG) .	20.46
b) Pflicht zur Stellung des Insolvenzantrags (§ 15a Abs. 1 Satz 1 InsO)	20.50
c) Zahlungsverbot	20.56
9. Besonderheiten im Konzern	20.57
a) Vorstand der Obergesellschaft ...	20.58
b) Vorstand der Untergesellschaft ...	20.61
II. **Vertretung der Gesellschaft durch den Vorstand**	20.64
1. Organschaftliche Vertretung	20.64
a) Die organschaftliche Vertretung des Vorstands	20.64
b) Außergerichtliche Vertretung ...	20.67
c) Gerichtliche Vertretung	20.68
d) Vertretung durch den Aufsichtsrat	20.71
2. Gesamtvertretung durch den Vorstand	20.73
3. Vom Gesetz abweichende Regelungen der Vertretungsmacht	20.76
a) Abweichende Bestimmung	20.76
b) Inhalt der abweichenden Regelung	20.78
c) Einzelermächtigung (§ 78 Abs. 4 AktG)	20.81
4. Wirkung und Umfang der Vertretungsmacht	20.82
a) Wirkung der Vertretungsmacht ..	20.82
b) Umfang der Vertretungsmacht ..	20.83
5. Publizität der Vertretungsmacht	20.87
6. Zurechnung von Wissen und Willensmängeln	20.88
III. **Binnenorganisation des Vorstands** ..	20.90
1. Geschäftsführung	20.90
a) Allgemeines	20.90
b) Prinzip der Gesamtgeschäftsführung	20.91
c) Abweichende Regelungen	20.92
2. Willensbildung im Vorstand	20.93
a) Vorstandsbeschlüsse	20.93
b) Vorstandssitzungen	20.96
3. Geschäftsverteilung, Ressortbildung ..	20.98
4. Geschäftsordnung	20.103
5. Vorsitzender des Vorstands	20.107
IV. **Zusammenarbeit mit Aufsichtsrat, Hauptversammlung und Aktionären**	20.113
1. Aufsichtsrat	20.113
a) Grundsatz	20.113
b) Informationsversorgung des Aufsichtsrats	20.115
c) Einbindung des Aufsichtsrats in unternehmerische Entscheidungen	20.125
2. Hauptversammlung und Aktionäre ..	20.128

Schrifttum: *Albach*, Strategische Unternehmensplanung und Aufsichtsrat, ZGR 1997, 32; *Altmeppen*, Keine Haftung des Geschäftsleiters der insolvenzreifen Gesellschaft bei Abführung von Sozialversicherungsbeiträgen, NJW 2007, 2121; *Arlt*, Die Anfechtbarkeit mangelhafter Vorstandsbeschlüsse, DZWIR 2007, 177; *Armbrüster/Kosich*, Wissenszurechnung im Unternehmen, ZIP 2020, 1494; *M. Arnold*, Mitwirkungsbefugnisse der Aktionäre nach Gelatine und Macrotron, ZIP 2005, 1573; *M. Arnold*, Verantwortung und Zusammenwirken des Vorstands und Aufsichtsrats bei Compliance-Untersuchungen, ZGR 2016, 76; *M. Arnold/Geiger*, Haftung für Compliance-Verstöße in Konzern, BB 2018, 2306; *M. Arnold/Rudzio*, Die Pflicht des Vorstands der Aktiengesellschaft zur Einrichtung und Ausgestaltung einer Compliance-Organisation, KSzW 2016, 231; *M. Arnold/Rudzio*, Informationszugriff des Aufsichtsrats auf Mitarbeiter der Aktiengesellschaft bei Compliance-Untersuchungen, in FS Wegen, 2015, S. 93; *M. Arnold*, Beteiligung von Investmentgesellschaften und Hedgefonds an börsennotierten Gesellschaften, ZHR 185 (2021), 281; *Aschenbeck*, Personenidentität bei Vorständen in Konzerngesellschaften (Doppelmandat im Vorstand), NZG 2000, 1015; *Bachmann*, Haftung des AG-Vorstands wegen Einrichtung eines mangelhaften Compliance-Systems zur Verhinderung von Schmiergeldzahlungen („Siemens"), ZIP 2014, 579; *Bachmann*, Doppelspitze in Vorstand und Aufsichtsrat, in FS Baums 2017, S. 107; *Baums/Drinhausen/Keinath*, Anfechtungsklagen und Freigabeverfahren. Eine empirische Studie, ZIP 2011, 2329; *Baur/Holle*, Compliance-Defense bei der Bußgeldbemessung und ihre Einpassung in das gesellschaftsrechtliche Pflichtenprogramm, NZG 2018, 14; *Bayer*, Legalitätspflicht der Unternehmensleitung, nützliche Gesetzesverstöße und Regress bei verhängten Sanktionen – dargestellt am Beispiel von Kartellverstößen, in FS K. Schmidt, 2009, S. 85; *Bayer/Hoffmann/Sawada*, Beschlussmängelklagen, Freigabeverfahren und Berufskläger, ZIP 2012, 897; *Bayer/Hoffmann*, „Berufskläger" in der aktuellen rechtspolitischen Diskussion, ZIP 2013, 1193; *Bayer/Schmidt*, Die Insolvenzantragspflicht der Geschäftsführung nach §§ 92 Abs. 2 AktG, 64 Abs. 1 GmbHG, AG 2005, 644; *Beck*, Die Haftung des Geschäftsführers nach § 64 Abs. 2 GmbHG, § 823 Abs. 2 BGB i.V.m. § 64 Abs. 1 GmbHG, ZInsO 2007, 1233; *Berg*, Korruption in Unternehmen und Risikomanagement nach § 91 Abs. 2 AktG, AG 2007, 271, 275; *Berger/Frege*, Business Judgment Rule bei Unternehmensfortführung in der Insolvenz – Haftungsprivileg für den Verwalter?, ZIP 2008, 204; *Berger/Frege/Nicht*, Unternehmerische Ermessensentscheidungen im Insolvenzverfahren – Entscheidungsfindung, Kontrolle und persönliche Haftung, NZI 2010, 321; *Bernhardt/Witt*, Unternehmensleitung im Spannungsfeld zwischen Ressortverteilung und Gesamtverantwortung, ZfB 1999, 825; *Bezzenberger*, Der Vorstandsvorsitzende der Aktiengesellschaft, ZGR 1996, 661; *Bicker*, Compliance – organisatorische Umsetzung im Konzern, AG 2012, 542; *Böttcher/Blasche*, Die Grenzen der Leitungsmacht des Vorstands, NZG 2006, 569; *Brebeck/Herrmann*, Zur Forderung des KonTraG-Entwurfs nach einem Frühwarnsystem und zu den Konsequenzen für die Jahres- und Konzernabschlussprüfung, WPg 1997, 381; *Bunting*, Konzernweite Compliance – Pflicht oder Kür?, ZIP 2012, 1542; *Bürkle*, Corporate Compliance als Standard guter Unternehmensführung des Deutschen Corporate Governance Kodex, BB 2007, 1797; *Bürkle*, Der Stichentscheid im zweiköpfigen AG-Vorstand, AG 2012, 232; *Deilmann/Otte*, Verteidigung ausgeschiedener Organmitglieder gegen Schadensersatzklagen – Zugang zu Unterlagen der Gesellschaft, BB 2011, 1291; *Deller/Stubenrath/Weber*, Die Internetpräsenz als Instrument der Investor Relations, DB 1997, 1577; *Diekmann/Leuering*, Der Referentenentwurf eines Gesetzes zur Unternehmensintegrität und Modernisierung des Anfechtungsrechts (UMAG), NZG 2004, 249; *Drexl*, Wissenszurechnung im Konzern, ZHR 161 (1997), 491; *Drygala/Drygala*, Wer braucht ein Frühwarnsystem?, ZIP 2000, 297; *Ekkenga*, Insichgeschäfte geschäftsführender Organe im Aktien- und GmbH-Recht unter besonderer Berücksichtigung der Einmann-Gesellschaft, AG 1985, 40; *Ekkenga*, Kapitalmarktrechtliche Aspekte der „Investor Relations", NZG 2001, 1; *Fleischer*, Vorstandsverantwortlichkeit und Fehlverhalten von Unternehmensangehörigen – Von der Einzelüberwachung zur Errichtung einer Compliance-Organisation, AG 2003, 291; *Fleischer*, Zum Grundsatz der Gesamtverantwortung im Aktienrecht, NZG 2003, 449; *Fleischer*, Zur Leitungsaufgabe des Vorstands im Aktienrecht, ZIP 2003, 1; *Fleischer*, Die „Business Judgement Rule": vom Richterrecht zur Kodifizierung, ZIP 2004, 685; *Fleischer*, Zur Verantwortlichkeit einzelner Vorstandsmitglieder bei Kollegialentscheidungen im Aktienrecht, BB 2004, 2645; *Fleischer*, Aktienrechtliche Legalitätspflicht und „nützliche" Pflichtverletzungen von Vorstandsmitgliedern, ZIP 2005, 141; *Fleischer*, Das Mannesmann-Urteil des Bundesgerichtshofs: Eine aktienrechtliche Nachlese, DB 2006, 542; *Fleischer*, Investor Relations und informationelle Gleichbehandlung im Aktien-, Konzern- und Kapitalmarktrecht, ZGR 2009, 505; *Fleischer*, Aktuelle Entwicklungen der Managerhaftung, NJW 2009, 2337; *Fleischer*, Aktienrechtliche Compliance-Pflichten im Praxistest: Das Siemens/Neubürger-Urteil des LG München I, NZG 2014, 321; *Fleischer*, Corporate Social Responsibility, AG 2017, 509; *Fleischer*, Vorstandsverantwortlichkeit in Spartenorganisation und virtueller Holding, BB 2017, 2499; *Gehrlein*, Sorgfaltsmaßstab der Organ- und Insolvenzverwalterhaftung – Anwendbarkeit des Business Judgement Rule, NZG 2020, 801; *Gehrlein*, Der Überschuldungsbegriff – Irrungen und Wirrungen, GmbHR 2021, 183; *Gernoth*, Die Überwachungspflichten des Aufsichtsrats im Hinblick auf das Risiko-Management und die daraus resultierenden Haftungsfolgen für den Aufsichtsrat, DStR 2001, 299; *Goette,* Leitung, Aufsicht, Haftung – zur Rolle der Rechtsprechung bei der Sicherung einer modernen Unternehmensführung, in FS 50 Jahre BGH, 2000, S. 123, 127; *Goslar,* Verdeckte Beherrschungsverträge – Zugleich Besprechung von LG München I, Urteil vom 31.1.2008 – 5 HK O 19782/06 –, DB 2008, 800; *Götz,* Die Überwachung der Aktiengesellschaft im Lichte jüngerer Unternehmenskrisen, AG 1995, 337; *Götz,* Leitungssorgfalt und Leitungskontrolle der Aktiengesellschaft hinsichtlich abhängiger Unternehmen, ZGR 1998, 524; *Götz,* Rechte und Pflichten des Aufsichtsrats nach dem Transparenz- und Publizitätsgesetz, NZG 2002, 599; *Grundei/v. Werder,* Die Angemessenheit der Informationsgrundlage als Anwendungsvoraussetzung der Business Judgment Rule, AG 2005, 825; *Günther/Otterbein,* Die Gestaltung der Investor Relations am Beispiel führender deutscher Aktiengesellschaften, ZfB 1996, 389; *Guski,* Was wissen Verbände? Zur „Wissenszurechnung" im Gesellschaftsrecht, ZHR 2020, 363; *Haertlein,* Vorstandshaftung wegen (Nicht-)Ausführung eines Gewinnverwendungsbeschlusses mit Dividendenausschüttung, ZHR 168 (2004), 437; *Harbarth,* Anforderungen an die Compliance-Organisation in börsennotierten Unternehmen, ZHR 179 (2015), 136; *Harbarth/Brechtel,* Rechtliche Anforderungen an eine pflichtgemäße Compliance-Organisation im Wandel der Zeit, ZIP 2016, 241; *Hauschka,* Compliance am Beispiel der Korruptionsbekämpfung, ZIP 2004, 877; *Hauschka,* Compliance, Compliance-Manager, Compliance-Programme: Eine geeignete Reaktion auf gestiegene Haftungsrisiken für Unternehmen und Management?, NJW 2004, 257; *Hauschka,* Corporate Compliance – Unternehmensorganisatorische Ansätze zur Erfüllung der Pflichten von Vorständen und Geschäftsführern, AG 2004, 461; *Hauschka,* Der Compliance-Beauftragte im Kartellrecht, BB 2004, 1178; *Hauschka,* Die Voraussetzungen für ein effektives Compliance System i.S. von § 317 Abs. 4 HGB, DB 2006, 1143; *Hauschka/Greve,* Compliance in der Korruptionsprävention – was müssen, was sollen, was können die Unternehmen tun?, BB 2007, 165; *Häusele,* Investor Relations: Grundlagen und Bedeutung in der Versicherungswirtschaft, ZVersWiss 1997, 131; *Heermann,* Unternehmerisches Ermessen, Organhaftung und Beweislast, ZIP 1998, 761; *Hein,* Vom Vorstandsvorsitzenden zum CEO?, ZHR 166 (2002), 464; *Henning,* Information als Grundlage für Leitung und Überwachung, ZGR 2020, 485; *Hennrichs,* Die Grundkonzeption der CSR-Berichterstattung und ausgewählte Problemfelder, ZGR 2018, 206; *Henze,* Entscheidungen und Kompetenzen der Organe in der AG: Vorgaben der höchstrichterlichen Rechtsprechung, BB 2001, 53; *Henze,* Leitungsverantwortung des Vorstands – Überwachungspflicht des Aufsichtsrats, BB 2000, 209; *Hirte/Schall,* Zum faktischen Beherrschungsvertrag, Der Konzern 2006, 243; *Hoffmann-Becking,* Vorstands-Doppelmandate im Konzern, ZHR 150 (1986), 570; *Hoffmann-Becking,* Vorstandsvorsitzender oder CEO?, NZG 2003, 745; *Hoffmann-Becking,* Zur rechtlichen Organisation der Zusammenarbeit im Vorstand der AG, ZGR 1998, 497; *Holle,* Legalitätskontrolle im Kapitalgesellschafts- und Konzernrecht, 2014; *Holle,* Kommunikation des Aufsichtsrats mit Marktteilnehmern, ZIP 2019, 1895; *Hommelhoff,* CSR-Vorstands- und -Aufsichtsratspflichten, NZG 2017, 1361; *Hommelhoff/Schwab,* Zum Stellenwert betriebswirtschaftlicher Grundsätze ordnungsgemäßer Unternehmensleitung und -überwachung im Vorgang der Rechtserkenntnis, ZfbF-Sonderheft 36/1996, 149; *Hopt,* Aktionärskreis und Vorstandsneutralität, ZGR 1993, 534; *J. Hüffer,* Corporate Governance: Früherkennung nach § 91 Abs. 2 AktG – neue Pflichten des Vorstands zum Risikomanagement, in FS Imhoff, 1998, S. 93; *U. Hüffer,* Die Leitungsverantwortung des Vorstands in der Managementholding, in FS Happ, 2006, S. 93; *Ihrig,* Reformbedarf beim Haftungstatbestand des § 93 AktG, WM 2004, 2098; *Ihrig,* Wissenszurechnung im Kapitalmarktrecht – untersucht anhand der Pflicht zur Ad-hoc Publizität gemäß Art. 17 MAR, ZHR 181 (2017), 381; *Jäger,* Thema Börse (8): Investor Relations und Publizität, NZG 2000, 186; *Kajüter,* Nichtfinanzielle Berichterstattung nach dem CSR-Richtlinie-Umsetzungsgesetz, DB 2017, 617; *Keinath,* Nochmals: „Berufskläger" in der aktuellen rechtspolitischen Diskussion, ZIP 2013, 1205; *Kliebisch/Linsenbarth,* Die Haftungsrisiken der Geschäftsleitung aufgrund des befristeten Überschuldungsbegriffs des § 19 Abs. 2 InsO, DZWIR 2012, 232; *Klöhn,* Interessenkonflikte zwischen Aktionären und Gläubigern der Aktiengesellschaft im Spiegel der Vorstandspflichten, ZGR 2008, 110; *Klöhn/Schmolke,* Ökonomische Erkenntnisse und ihre Bedeutung im Gesellschafts- und Kapitalmarktrecht, NZG 2015, 689; *Koch,* Das Gesetz zur Unternehmensintegrität und Modernisierung des Anfechtungsrechts (UMAG), ZGR 2006, 769; *Koch,* Compliance-Pflichten im Unternehmensverbund?, WM 2009, 1013; *Koch,* Der Vorstand im Kompetenzgefüge der Aktiengesellschaft, 50 Jahre Aktiengesetz, 2016, S. 65; *Koch,* Die Ad-hoc-Publizität: Veröffentlichungs- oder Wissensorganisationspflicht?, AG 2019, 273; *Koch,* Informationsweitergabe und Informationsasymmetrien im Gesellschaftsrecht, ZGR 2020, 183; *Koch,* Zur Binnenstruktur des Konzerns, ZIP 2020, 2485; *Kort,* Vorstandshandeln im Spannungsverhältnis zwischen Unternehmensinteresse und Aktionärsinteresse, AG 2012, 605; *Krieger,* Zum Aufsichtsratspräsidium, ZGR 1985, 338; *Krieger/Günther,* Die arbeitsrechtliche Stellung des Compliance Officers, NZA 2010, 367; *Kromschröder/Lück,* Grundsätze risikoorientierter Unternehmensüberwachung, DB 1998, 1573; *Kropff,* Die Unternehmensplanung im Aufsichtsrat, NZG 1998, 613; *Kropff,* Zur Konzernleitungspflicht, ZGR 1984, 112; *Krystek/Müller,* Investor Relations, DB 1993, 1785; *Kühnberger,* Verlustanzeigebilanz – zu Recht kaum beachteter Schutz für Eigentümer?, DB 2000, 2077; *Kuhner*, Unternehmensinteresse vs. Shareholder Value als Leitmaxime kapitalmarktorientierter Aktiengesellschaften, ZGR 2004, 244; *Kuthe*, Die Fortsetzung der Aktienrechtsreform durch den Entwurf eines Gesetzes zur Unternehmensintegrität und Modernisierung des Anfechtungsrechts, BB 2004, 449; *Kuthe/Geiser*, Die neue Corporate Governance Erklärung, NZG 2008, 172; *Landsittel*, Investorenkommunikation, 2019; *Langenbucher*, Vorstandshandeln und Kontrolle – Zu einigen Neuerungen durch das UMAG, DStR 2005, 2083; *Lentfer/Weber*, Das Corporate Governance Statement als neues Publizitätsinstrument, DB 2006, 2357; *Lieder*, Zustimmungsvorbehalte des Aufsichtsrats nach neuer Rechtslage, DB 2004, 2251; *Liese/Theusinger*, Anforderungen an den Bericht des Aufsichtsrats vor dem Hintergrund steigender Anfechtungsrisiken für Entlastungsbeschlüsse, BB 2007, 2528; *Lochner/Beneke*, Die Haftung des besonderen Vertreters, ZIP 2020, 351; *Lohse*, Schmiergelder als Schaden? Zur Vorteilsausgleichung im Gesellschaftsrecht, in FS Hüffer, 2010, S. 581; *Lück*, Der Umgang mit unternehmerischen Risiken durch ein Risikomanagementsystem und durch ein Überwachungssystem, DB 1998, 1925; *Lück*, Elemente eines Risiko-Managementsystems, DB 1998, 8; *Mader*, Der Informationsfluss im Unternehmensverbund, 2016; *Manger*, Das Informationsrecht des Aufsichtsrats gegenüber dem Vorstand – Umfang und Grenzen, NZG 2010, 1255; *Martens*, Der Grundsatz gemeinsamer Vorstandsverantwortung, in FS Fleck, 1988, S. 191; *Martens*, Die Anzeigepflicht des Verlustes des Garantiekapitals nach dem AktG und dem GmbHG, ZGR 1972, 254; *Martens*, Die Organisation des Konzernvorstands, in FS Heinsius, 1991, S. 523; *Mayer/Richter*, Konzerndimensionale Auskunfts- und Überwachungspflichten der Obergesellschaft bei Rechtsverstößen der Tochtergesellschaft, AG 2018, 220; *Mock*, Berichterstattung über Corporate Social Responsibility nach dem CSR-Richtlinie-Umsetzungsgesetz, ZIP 2017, 1195; *Möller*, Änderungen des Aktienrechts durch das MoMiG, Der Konzern 2008, 1; *Morgen/Arends*, Die Aussetzung der Insolvenzantragspflicht und das Eigenverwaltungsverfahren nach SanInsFoG und COVInsAG – Was gilt wann?, ZIP 2021, 447; *Mülbert*, Shareholder Value aus rechtlicher Sicht, ZGR 1997, 129; *Müller*, Der Verlust der Hälfte des Grund- oder Stammkapitals, ZGR 1985, 191; *Mutter/Gayk*, Wie die Verbesserung der Aufsichtsratsarbeit – wider jeder Vernunft – die Haftung verschärft, ZIP 2003, 1773; *Niehaus*, Der Chief Executive Officer (CEO) in der deutschen GmbH?, BB 2020, 711; *Ossadnik/Dorenkamp/Wilmsmann*, Diversifikation und Risikomanagement: Auswirkungen auf die relative Rendite-Risiko-Position, DB 2004, 1165; *Ott/Brauckmann*, Zuständigkeitsgerangel zwischen Gesellschaftsorganen und Insolvenzverwalter in der börsennotierten Aktiengesellschaft, ZIP 2004, 2117; *Potthoff*, Dreigliedrige Überwachung der Geschäftsführung, DB 1976, 1777; *Preußner*, Deutscher Corporate Governance Kodex und Risikomanagement, NZG 2004, 303; *Preußner*, Risikomanagement im Schnittpunkt von Bankaufsichtsrecht und Gesellschaftsrecht, NZG 2004, 57; *Preußner/Becker*, Ausgestaltung von Risikomanagementsystemen durch die Geschäftsleitung – Zur Konkretisierung einer haftungsrelevanten Organisationspflicht, NZG 2002, 846; *Preußner/Zimmermann*, Risikomanagement als Gesamtaufgabe des Vorstandes, AG 2002, 657; *Priester*, Unterschreitung des satzungsmäßigen Unternehmensgegenstandes im Aktienrecht, ZGR 2017, 474; *Punte/Stefanik*, Die Nutzung eines virtuellen Datenraums als Medium zum Austausch von Informationen zwischen Vorstand und Aufsichtsrat, ZIP 2019, 2096; *Raiser*, Kenntnis und Kennenmüssen von Unternehmen, in FS Bezzenberger, 2000, S. 561; *Reichert/Ott*, Non Compliance in der AG – Vorstandspflichten im Zusammenhang mit der Vermeidung, Aufklärung und Sanktionierung von Rechtsverstößen, ZIP 2009, 2173; *Reichert/Ott*, Die Zuständigkeit von Vorstand und Aufsichtsrat zur Aufklärung von Non Compliance in der AG, NZG 2014, 241; *Riegger*, Der Stichentscheid im zweigliedrigen Vorstand einer Aktiengesellschaft, BB 1972, 592; *Robles y Zepf*, Praxisrelevante Probleme der Mehrvertretung bei der GmbH und der Aktiengesellschaft gem. § 181 2. Alt. BGB, BB 2012, 1876; *Rodewald/Unger*, Kommunikation und Krisenmanagement im Gefüge der Corporate Compliance-Organisation, BB 2007, 1629; *Roquette*, Rechtsfragen zur unechten Gesamtvertretung im Rahmen der gesetzlichen Vertretung von Kapitalgesellschaften, in FS Oppenhoff, 1985, S. 335; *Roßkopf/Gayk*, Praxisrelevante Probleme in Zusammenhang mit dem besonderen Vetreter nach § 147 Abs. 2 AktG, DStR 2020, 2078; *Roth*, Das unternehmerische Ermessen des Vorstands, BB 2004, 1066; *Schaefer/Missling*, Haftung von Vorstand und Aufsichtsrat, NZG 1998, 441; *Scheffler*, Betriebswirtschaftliche Überlegungen zur Entwicklung von Grundsätzen ordnungsmäßiger Überwachung der Geschäftsführung durch den Aufsichtsrat, AG 1995, 207; *Scheffler*, Der Aufsichtsrat – nützlich oder überflüssig?, ZGR 1993, 63; *Schiessl*, Gesellschafts- und mitbestimmungsrechtliche Probleme der Spartenorganisation (Divisionalisierung), ZGR 1992, 64; *Schiessl*, Leitungs- und Kontrollstrukturen im internationalen Wettbewerb, ZHR 167 (2003), 235; *Sven H. Schneider*, „Unternehmerische Entscheidung" als Anwendungsvoraussetzung für die Business Judgment Rule, DB 2005, 707; *Uwe H. Schneider*, Compliance als Aufgabe der Unternehmensleitung, ZIP 2003, 645; *Uwe H. Schneider*, Teilnahme von Vorstandsmitgliedern an Aufsichtsratssitzungen, ZIP 2002, 873; *Schockenhoff*, Der Konzerninformationsanspruch, NZG 2020, 1001; *Schockenhoff/Roßkopf/M. Arnold*, Konzern-Compliance im Lichte neuer Sanktionsgesetze, AG 2021, 66; *Schön*, Der Zweck der Aktiengesellschaft – geprägt durch europäisches Gesellschaftsrecht?, ZHR 180 (2016), 279; *Schürnbrand*, Wissenszurechnung im Konzern – unter besonderer Berücksichtigung von Doppelmandaten, ZHR 181 (2017), 357; *Schütz*, Neuerungen im Anfechtungsrecht durch den Referentenentwurf des Gesetzes zur Unternehmensintegrität und Modernisierung des Anfechtungsrechts, DB 2004, 419; *Schwark*, Virtuelle Holding und Bereichsvorstände – eine aktien- und konzernrechtliche Betrachtung, in FS Ulmer, 2003, S. 605; *Schwarz*, Die satzungsmäßige Aufsichtsratsermächtigung zur Bestimmung der Anzahl der Vorstandsmitglieder – zur richtlinienkonformen Auslegung des § 76 Abs. 2 Satz 2 AktG, DStR 2002, 1306; *Schwarz*, Rechtsfragen der Vorstandsermächtigung nach § 78 Abs. 4 AktG, ZGR 2001, 744; *Schwarz*, Vertretungsregelungen durch den Aufsichtsrat (§ 78 Abs. 3 S. 2 AktG) und durch Vorstandsmitglieder (§ 78 Abs. 4 S. 1 AktG), ZHR 166 (2002), 625; *Seibert*, Berufsopponenten – Anfechtungsklage – Freigabeverfahren – Haftungsklage: Das UMAG, eine Rechtsfolgenanalyse, NZG 2007, 841; *Seibert*, Die Entstehung des § 91 Abs. 2 AktG im KonTraG – „Risikomanagement" oder „Frühwarnsystem"?, in FS Bezzenberger, 2000, S. 427; *Seibert/Schütz*, Der Referentenentwurf eines Gesetzes zur Unternehmensintegrität und Modernisierung des Anfechtungsrechts – UMAG, ZIP 2004, 252; *Seibt*, Corporate Reputation Management: Rechtsrahmen für Geschäftsleiterhandeln, DB 2015, 171; *Semler*, Die Rechte und Pflichten des Vorstands einer Holdinggesellschaft im Lichte der Corporate Governance-Diskussion, ZGR 2004, 631; *Semler*, Die Unternehmensplanung in der Aktiengesellschaft, ZGR 1983, 1; *Sethe*, Erweiterung der bank- und kapitalmarktrechtlichen Organisationspflichten um Reporting-Systeme, ZBB 2007, 421; *Seulen/Krebs*, Zur Unwirksamkeit einer die Leitungsmacht des Vorstands beschränkenden Vereinbarung, DB 2019, 1199; *Sieg*, Tendenzen und Entwicklungen der Managerhaftung in Deutschland, DB 2002, 1759; *Simons/Hanloser*, Vorstandsvorsitzender und Vorstandssprecher, AG 2010, 641; *Spindler*, Wissenszurechnung in der GmbH, der AG und im Konzern, ZHR 181 (2017), 311; *Spindler/Seidel*, Wissenszurechnung und Digitalisierung, in FS Marsch-Barner, 2018, S. 549; *Steffek*, Zustellungen und Zugang von Willenserklärungen nach dem Regierungsentwurf zum MoMiG – Inhalt und Bedeutung der Änderungen für GmbHs, AGs und ausländische Kapitalgesellschaften, BB 2007, 2077; *Steinmann/Klaus*, Zur Rolle des Aufsichtsrates als Kontrollorgan, AG 1987, 29; *Streyl/Schaper*, Kompetenzverteilung und Haftung bei Strukturmaßnahmen in der AG und im Konzern, ZIP 2017, 410; *Than*, Auf dem Weg zur virtuellen Hauptversammlung – Eine Bestandsaufnahme, in FS Peltzer, 2001, S. 577; *Theisen*, Risikomanagement als Herausforderung für die Corporate Governance, BB 2003, 1426; *Theusinger/Liese*, Besteht eine Rechtspflicht zur Dokumentation von Risikoüberwachungssystemen i.S. des § 91 II 1 AktG?, NZG 2008, 289; *Thole*, Managerhaftung für Gesetzesverstöße, ZHR 173 (2009), 504; *Turiaux/Knigge*, Vorstandshaftung ohne Grenzen? – Rechtssichere Vorstands- und Unternehmensorganisation als Instrument der Risikominimierung, DB 2004, 2199; *Ulmer*, Haftungsfreistellung bis zur Grenze grober Fahrlässigkeit bei unternehmerischen Fehlentscheidungen von Vorstand und Aufsichtsrat?, DB 2004, 859; *Unmuth*, Die Entwicklung der Corporate Compliance in Recht und Praxis, AG 2017, 249; *Unmuth*, Die organisatorische Umsetzung der Corporate Compliance, CB 2017, 177; *Verhoeven*, Zum verdeckten Beherrschungsvertrag bei der freundlichen Übernahme, EWiR 2008, 161; *Verse*, Compliance im Konzern, ZHR 175 (2011), 401; *E. Vetter*, Die Teilnahme des Vorstands an den Sitzungen des Aufsichtsrats und die Corporate Governance, VersR 2002, 951; *Vetter*, Geschäftsleiterpflicht zwischen Legalität und Legitimität, ZGR 2018, 338; *Walden*, Corporate Social Responsibility: Rechte, Pflichten und Haftung von Vorstand und Aufsichtsrat, NZG 2020, 50; *Weber/Brügel*, Die Haftung des Managements in der Unternehmenskrise – Insolvenz, Kapitalerhaltung und existenzvernichtender Eingriff, DB 2004, 1923; *Weidemann/Wieben*, Zur Zertifizierbarkeit von Risikomanagement-Systemen, DB 2001, 1789; *Weißhaupt*, Modernisierung des Informationsmängelrechts in der Aktiengesellschaft nach dem UMAG-Regierungsentwurf, WM 2004, 705; *Werder*, Shareholder Value-Ansatz als (einzige) Richtschnur des Vorstandshandelns?, ZGR 1998, 69; *Wirth*, Der „besondere Vertreter" nach § 147 Abs. 2 AktG – Ein neuer Akteur auf der Bühne?, in FS Hüffer, 2010, S. 1129; *Wirth*, Neuere Entwicklungen bei der Organhaftung – Sorgfaltspflichten und Haftung der Organmitglieder bei der AG, in RWS-Forum 20, Gesellschaftsrecht, 2001, S. 99; *Wirth/Pospiech*, Der besondere Vertreter gem. § 147 Abs. 2 S. 1 AktG als Organ der Aktiengesellschaft?, DB 2008, 2471; *Wolf*, Anmerkungen zur Risikoberichterstattung vor dem Hintergrund der aktuellen Entwicklungen im Value Reporting, DStR 2003, 1089; *Wolf*, Erstellung eines Risikomanagementhandbuchs – Ziele und Funktionen, Inhalt und Aufbau, DStR 2002, 466; *Wolf*, Potenziale derzeitiger Risikomanagementsysteme, DStR 2002, 1729; *Zwirner/Boecker*, Entwurf eines Gesetzes zur Stärkung der Finanzmarktintegrität (FISG-E), Ausgewählte Konsequenzen für Abschlussprüfung und Corporate Governance, IRZ 2021, 149.

Der Verfasser dankt herzlich Frau Wiss. Mit. *Franziska Kästle*, Stuttgart, für die Mitwirkung bei der Aktualisierung des Manuskripts für die 5. Auflage.

I. Der Vorstand als Organ im Verhältnis zu Aufsichtsrat und Hauptversammlung

1. Vorstand im Verhältnis zu Aufsichtsrat und Hauptversammlung

20.1 **Der Vorstand führt die Geschäfte der AG und leitet sie unter eigener Verantwortung** (§ 76 Abs. 1, § 77 AktG); grundsätzlich vertritt er die Gesellschaft gerichtlich und außergerichtlich (§ 78 AktG). Besteht der Vorstand aus mehreren Personen, so sind sämtliche Vorstandsmitglieder nur gemeinschaftlich zur Vertretung befugt (Prinzip der Gesamtgeschäftsführung, § 77 Abs. 1 AktG), sofern die Satzung nichts anderes bestimmt (§ 77 Abs. 1 Satz 2 AktG).

20.2 Der Vorstand unterliegt der **Kontrolle des Aufsichtsrats**. Der Aufsichtsrat bestellt den Vorstand und beruft ihn ab (§ 84 AktG). Er hat die Geschäftsführung des Vorstands zu überwachen (§ 111 Abs. 1 AktG) und nimmt die Vertretung der Gesellschaft gegenüber den Vorstandsmitgliedern wahr (§ 112 AktG). Der Aufsichtsrat setzt auch die **Bezüge des Vorstands** fest (§ 87 AktG). In der börsennotierten AG muss er dazu der Hauptversammlung ein Vergütungssystem vorlegen (§§ 87a, 120a AktG)[1].

20.3 Demgegenüber beschließt die **Hauptversammlung** in wesentlichen Gesellschaftsangelegenheiten (§ 119 Abs. 1 AktG) oder in Fällen, in denen ihr ausnahmsweise eine eigene (ungeschriebene) Kompetenz zusteht[2]. Über Fragen der Geschäftsführung kann sie grundsätzlich nur entscheiden, wenn der Vorstand es verlangt (§ 119 Abs. 2 AktG).

20.4 Das Organisationsgefüge der AG ist durch das sog. **dualistische Prinzip** gekennzeichnet. Die Verwaltung der AG besteht aus zwei Organen, Vorstand und Aufsichtsrat. Diese beiden Handlungsorgane sind personell (§ 105 AktG) und durch ihre unterschiedlichen Kompetenzen (Leitungsfunktion des Vorstands einerseits und Überwachungsfunktion des Aufsichtsrats andererseits) strikt voneinander getrennt (sog. **Trennungsprinzip**). Um „Reibungsverluste" zwischen Aufsichtsrat und Vorstand zu minimieren, wird es durch ein ausgefeiltes System von Berichtspflichten zwischen diesen Organen flankiert. In der Praxis sind in den vergangenen Jahren eine erhebliche Stärkung der Rolle des Aufsichtsrats und damit eine Erhöhung der Anforderungen an die Aufsichtsratsmitglieder zu beobachten[3]. Letztlich führt die stärkere Einbindung des Aufsichtsrats zu einer Annäherung der beiden Organe[4]. Die Trennung von Verwaltung und Kontrolle hat sich vor allem bei börsennotierten Gesellschaften mit einer Vielzahl von Aktionären bewährt[5]. Im Gegensatz zum dualistischen Prinzip verfügt das **angelsächsische Boardsystem** mit einem Board of Directors lediglich über ein Leitungs- und Kontrollorgan (monistisches System). Vor allem in großen Unternehmen findet sich dabei jedoch zunehmend eine Aufteilung zwischen Executive und Non-executive Directors, womit faktisch auch hier eine Trennung von laufender Geschäftsführung und Kontrolle stattfindet[6].

---

[1] Näher zu Vorstandsbezügen siehe Rz. 21.26 ff.
[2] Zu ungeschriebenen Hauptversammlungskompetenzen siehe Rz. 33.41 ff.
[3] So auch *Wentrup* in MünchHdb. AG, § 19 Rz. 3; *Koch* in Fleischer/Koch/Kropff/Lutter, 50 Jahre AktG, 2016, S. 65, 77 ff.; *M. Arnold*, ZHR 185 (2021), 281, 313 f.
[4] Vgl. *Wentrup* in MünchHdb. AG, § 19 Rz. 3.
[5] Vgl. *Wentrup* in MünchHdb. AG, § 19 Rz. 2 ff.; *Scheffler*, ZGR 1993, 63, 64 f.; *Potthoff*, DB 1976, 1777, 1778; OLG Frankfurt v. 7.7.1981 – 20 W 267/81, ZIP 1981, 988 = MDR 1981, 1023; OLG Stuttgart v. 27.2.1979 – 12 U 171/77, DB 1979, 885; *Schiessl*, ZHR 167 (2003), 235, 237 ff.
[6] *Kort* in Großkomm. AktG, 5. Aufl. Jahr 2015, Vor § 76 AktG Rz. 2; *Lutter/Bayer/J. Schmidt*, Europäisches Unternehmens- und Kapitalmarktrecht, 2018, 13.24; *Börsig/Löbbe* in FS Hoffmann-Becking, 2013, S. 125, 131 ff.

2. Der Vorstand als notwendiges Organ

Die Aktiengesellschaft muss einen Vorstand haben. Sein Fehlen stellt ein Eintragungshindernis bei der Gründung nach § 38 Abs. 1 AktG dar. Wurde die Gesellschaft trotz dieses Hindernisses eingetragen, entsteht sie gleichwohl[7]. Fallen (sämtliche) Vorstandsmitglieder nach der Eintragung der Gesellschaft im Handelsregister weg, sind neue Mitglieder zu bestellen; auf den Bestand der Gesellschaft hat das jedoch keine Auswirkungen[8]. § 78 Abs. 1 Satz 2 AktG sieht vor, dass der Aufsichtsrat die Gesellschaft vertritt, wenn sie keinen Vorstand hat (Führungslosigkeit) und ihr gegenüber Willenserklärungen abzugeben oder Schriftstücke zuzustellen sind[9]. Gleichzeitig ist der Aufsichtsrat verpflichtet, unverzüglich neue Vorstandsmitglieder zu bestellen (siehe dazu Rz. 20.6).

20.5

Der Vorstand kann aus einer oder mehreren Personen bestehen (§ 76 Abs. 2 Satz 1 AktG). Bei Gesellschaften mit einem Grundkapital von mehr als drei Millionen Euro muss er aus mindestens zwei Personen bestehen, es sei denn, die Satzung lässt einen Einpersonenvorstand (auch Alleinvorstand genannt) zu (§ 76 Abs. 2 Satz 2 AktG). In mitbestimmten Gesellschaften führt das Erfordernis eines Arbeitsdirektors (§ 33 MitbestG) stets zu einem mindestens zweiköpfigen Vorstand[10]. Der durch das Zweite Führungspositionen-Gesetz[11] eingeführte § 76 Abs. 3a AktG sieht vor, dass in börsennotierten mitbestimmten Gesellschaften mit mehr als drei Vorstandsmitgliedern mindestens eine Frau und mindestens ein Mann Mitglied des Vorstands sind. Im Übrigen sind nach § 76 Abs. 4 AktG Zielgrößen für den Frauenanteil in Führungsebenen festzulegen (siehe dazu Rz. 21.3 ff.). Die Satzung muss die **Zahl der Mitglieder des Vorstands** oder die Regeln, nach denen die Zahl festgelegt wird, bestimmen (§ 23 Abs. 3 Nr. 6 AktG). Die Vorgabe einer Höchst- und Mindestzahl genügt[12]. Wirksam ist auch eine Satzungsbestimmung, nach der die Zahl der Vorstandsmitglieder vom Aufsichtsrat bestimmt wird[13]. Um u.U. notwendige Satzungsänderungen bei Veränderungen der Vorstandsbesetzung zu vermeiden, empfehlen sich Satzungsregelungen, die auf eine fixe Zahl der Vorstandsmitglieder verzichten. Bei Unterbesetzung des Vorstands ist der Vorstand handlungsunfähig und kann insbesondere keine Leitungsentscheidungen treffen (siehe dazu Rz. 20.9)[14]. Der Aufsichtsrat ist dann verpflichtet, die satzungsmäßige Besetzung durch Bestellung neuer Mitglieder herzustellen[15]. In dringenden Fällen kann jeder, der ein schutzwürdiges Interesse an der sofortigen Bestellung hat, nach § 85 Abs. 1 AktG die gerichtliche Bestellung beantragen[16].

20.6

---

7 Vgl. *Wentrup* in MünchHdb. AG, § 19 Rz. 46.
8 Vgl. nur *Seibt* in K. Schmidt/Lutter, § 76 AktG Rz. 3; aber auch *Mertens/Cahn* in KölnKomm. AktG, 3. Aufl. 2010, § 76 AktG Rz. 79, 110; *Wentrup* in MünchHdb. AG, § 19 Rz. 48.
9 Siehe hierzu OLG Frankfurt am Main v. 28.1.2008 – 20 W 399/07, AG 2008, 419.
10 *Hüffer/Koch*, § 76 AktG Rz. 57; *Fleischer* in BeckOGK AktG, Stand 1.6.2021, § 76 AktG Rz. 127.
11 Gesetz zur Ergänzung und Änderung der Regelungen für die gleichberechtigte Teilhabe von Frauen an Führungspositionen in der Privatwirtschaft und im öffentlichen Dienst v. 7.8.2021 (BGBl. I 2021, 3311).
12 Begr. RegE BT-Drucks. 8/1678, S. 12; LG Köln v. 10.6.1998 – 91 O 15/98, AG 1999, 137 f.; *Pentz* in MünchKomm. AktG, 5. Aufl. 2019, § 23 AktG Rz. 144; *Hüffer/Koch*, § 23 AktG Rz. 31 m.w.N.
13 BGH v. 17.12.2001 – II ZR 288/99, AG 2002, 289 m. Anm. *Schwarz*, DStR 2002, 1306 ff. (dort insbesondere zur Europarechtskonformität); Begr. RegE BT-Drucks. 8/1678, S. 12; *Hüffer/Koch*, § 23 AktG Rz. 31 m.w.N. zur h.M.; zweifelnd *Röhricht/Schall* in Großkomm. AktG, 5. Aufl. 2015, § 23 AktG Rz. 166.
14 So für den Fall, dass in einem sich nach dem Gesetz aus zwei Personen zusammensetzenden Vorstand nur ein Mitglied bestellt ist, ohne dass die Satzung dies ausdrücklich zulässt: BGH v. 12.11.2001 – II ZR 225/99, BGHZ 149, 158, 160 ff. = AG 2002, 241. *Semler*, ZGR 2004, 631, 639 dehnt dies zu Recht auch auf den Fall aus, dass zwar die gesetzliche Mindestzahl, nicht aber die durch die Satzung vorgeschriebene Mindestzahl erreicht wird.
15 BGH v. 12.11.2001 – II ZR 225/99, BGHZ 149, 158, 161 f. = AG 2002, 241.
16 Siehe hierzu Rz. 21.15; *Steffek*, BB 2007, 2077; *Möller*, Der Konzern 2008, 1, 6 ff.

3. Geschäftsführung als Kernaufgabe; Systematisierung der Geschäftsführungsaufgaben

20.7 Aus dem Organisationsgefüge der AG ergibt sich, dass **Kernaufgabe des Vorstands die Geschäftsführung** ist, die er unter eigener Verantwortung und überwacht durch den Aufsichtsrat wahrnimmt.

a) Eigenverantwortliche Unternehmensleitung

20.8 Die wichtigste Aufgabe des Vorstands beschreibt das Aktiengesetz im ersten Paragraphen des Abschnitts über den Vorstand: Der Vorstand hat die AG unter eigener Verantwortung zu leiten (§ 76 Abs. 1 AktG). § 77 Abs. 1 AktG geht davon aus, dass dem Vorstand die Geschäftsführung zusteht. **Leitung und Geschäftsführung** sind keine identischen Funktionsbeschreibungen. Während die Geschäftsführung jede tatsächliche oder rechtsgeschäftliche Tätigkeit für die Gesellschaft umfasst[17], wird mit der Leitung der Gesellschaft nur der Teilbereich der Geschäftsführung bezeichnet, der die Führungsfunktion des Vorstands betrifft[18]. Der Vorstand ist zur Leitung der Gesellschaft nicht nur berechtigt, sondern aufgrund seines Organschaftsverhältnisses auch verpflichtet[19].

20.9 Die Unterscheidung zwischen Leitungs- und Geschäftsführungsfunktion hat insbesondere Bedeutung für die Frage, ob Leitungsentscheidungen im Rahmen der Geschäftsführungsverteilung auf einzelne Vorstandsmitglieder delegiert werden dürfen. Während Maßnahmen der Geschäftsführung allgemein als delegationsfähig gelten[20], weist das Gesetz die Leitung der Gesellschaft dem **Vorstand als Kollegialorgan** zu. Eine Delegation von Leitungsentscheidungen auf einzelne Mitglieder des Vorstands, nachgelagerte Führungsfunktionen innerhalb der Gesellschaft oder sogar Dritte ist damit ausgeschlossen[21]. Die Delegation von Vorbereitungs- und Ausführungsmaßnahmen ist hingegen möglich, solange die Letztentscheidungskompetenz beim Vorstand verbleibt (siehe Rz. 20.19 f.).[22]

20.10 Bindungen der Gesellschaft gegenüber Dritten, welche die Leitungsentscheidungen des Vorstands einschränken, können deshalb unzulässig sein. Als Prüfungsmaßstab wurde dabei traditionell der aus dem Autonomiegebot (siehe Rz. 20.13) abgeleitete **Grundsatz der Unveräußerlichkeit der Leitungsmacht** und damit das **Verbot der Vorwegbindung des Leitungsermessens** als maßgeblich angesehen[23]. Nach zutreffender und heute vorwiegender Ansicht im Schrifttum ist dieser Grundsatz der Unveräußerlichkeit auf einen Kernbereich der Leitungsmacht zu begrenzen und ansonsten der Maßstab des § 93 Abs. 1 AktG heranzuziehen[24]. Auch der BGH hat ausdrücklich offen gelassen, ob § 76 Abs. 1

---

17 Vgl. *Fleischer* in BeckOGK AktG, Stand 1.6.2021, § 77 AktG Rz. 3; *Spindler* in MünchKomm. AktG, 5. Aufl. 2019, § 77 AktG Rz. 6; *Mertens/Cahn* in KölnKomm. AktG, 3. Aufl. 2010, § 77 AktG Rz. 2; *Wentrup* in MünchHdb. AG, § 19 Rz. 16; *Hüffer/Koch*, § 77 AktG Rz. 3; siehe näher Rz. 20.90 ff.
18 Vgl. *Seibt* in K. Schmidt/Lutter, § 76 AktG Rz. 9; *Hüffer/Koch*, § 76 AktG Rz. 8; *Wentrup* in MünchHdb. AG, § 19 Rz. 16; *Mertens/Cahn* in KölnKomm. AktG, 3. Aufl. 2010, § 76 AktG Rz. 4; a.A. *Semler*, Leitung und Überwachung, S. 8; zweifelnd *Henze*, BB 2000, 209 f.; zur Auslegung des Begriffs „Leitung" siehe auch *Böttcher/Blasche*, NZG 2006, 569.
19 § 76 Abs. 1 AktG: Der Vorstand „hat" unter eigener Verantwortung die Gesellschaft zu leiten. Siehe dazu *Fleischer* in BeckOGK AktG, Stand 1.6.2021, § 76 AktG Rz. 10.
20 *Ihrig/Schäfer*, Rechte und Pflichten des Vorstands, § 1 Rz. 6; *Hüffer/Koch*, § 76 AktG Rz. 8.
21 BGH v. 12.11.2001 – II ZR 225/99, BGHZ 149, 158, 160 f. = AG 2002, 241; sowie *Fleischer*, ZIP 2003, 1, 2, 7 ff.; *Fleischer*, NZG 2003, 449, 450 ff.; *Henze*, BB 2000, 209 f.; *Wentrup* in MünchHdb. AG, § 19 Rz. 16; *Mertens/Cahn* in KölnKomm. AktG, 3. Aufl. 2010, § 76 AktG Rz. 4; *Semler*, Leitung und Überwachung, S. 17 ff.; *Semler*, ZGR 2004, 631, 639; krit. *Hüffer/Koch*, § 76 AktG Rz. 8; siehe auch Rz. 20.6.
22 *Fleischer*, ZIP 2003, 1, 6, 7 ff.; *Wentrup* in MünchHdb. AG, § 19 Rz. 16; *Hüffer/Koch*, § 76 AktG Rz. 8.
23 Hierzu *Seibt* in K. Schmidt/Lutter, § 76 AktG Rz. 15 m.w.N.
24 *Seibt* in K. Schmidt/Lutter, § 76 AktG Rz. 15; *Hüffer/Koch*, § 76 AktG Rz. 41a; *Wentrup* in MünchHdb. AG, § 19 Rz. 37.

AktG ein solcher Grundsatz der Unveräußerlichkeit zu entnehmen ist[25]. Der Kernbereich ist erreicht, insofern keine nennenswerte Leitungsmacht mehr beim Vorstand verbleibt und die Vereinbarung einem Unternehmensvertrag gleich kommt[26]. Maßgeblich für die Zulässigkeit von Bindungen des Vorstands (d.h. auch *Business Combination Agreements*, Kooperationsvereinbarungen oder Investorenvereinbarungen) ist folglich die Beachtung des Kernbereichs der Leitungsmacht und die Beachtung der aktienrechtlichen Kompetenzordnung[27]. Im Übrigen ist eine Einzelfallabwägung anhand der Kriterien des § 93 Abs. 1 AktG vorzunehmen[28].

Leitung bedeutet zum einen, dass der Vorstand die **Richtlinien der Unternehmenspolitik** festlegt. Sie umfassen traditionell die Unternehmensplanung, die Unternehmenskoordination, die Unternehmenskontrolle und die Besetzung der Führungsstellen[29]. Zum anderen erstreckt sich die Leitung darauf, die zur Umsetzung der Unternehmenspolitik erforderlichen Maßnahmen durchzuführen. Das umfasst das Tagesgeschäft und deckt den gesamten Unternehmensgegenstand ab, reicht also von Produktion und Vertrieb bis hin zur Unternehmensfinanzierung[30].

20.11

Einzelne Leitungsaufgaben ergeben sich unmittelbar aus dem **Aktiengesetz**[31]. Vorschriften, die sich ausdrücklich an den Vorstand wenden (z.B. § 92 AktG, § 170 Abs. 1, 2 AktG), bezeichnen regelmäßig Leitungsaufgaben[32]. So ist nach dem BGH auch die Pflicht, gemäß § 124 Abs. 3 Satz 1 AktG Beschlussvorschläge zu jedem Tagesordnungspunkt einer Hauptversammlung zu machen, eine Leitungsaufgabe des Gesamtvorstands[33].

20.12

Die Leitung erfolgt unter **eigener Verantwortung** des Vorstands (sog. Autonomiegebot). Das bedeutet zunächst, dass der Vorstand grundsätzlich nicht an Weisungen gebunden ist. Weder die Hauptversammlung noch der Aufsichtsrat noch einzelne Aktionäre können ihm Weisungen erteilen. Lediglich im Vertragskonzern sind Weisungen des herrschenden Unternehmens an den Vorstand des abhängigen Unternehmens möglich (siehe dazu Rz. 20.61). Der Aufsichtsrat ist auf seine Überwachungstätigkeit beschränkt (§ 111 AktG). Soweit bestimmte Arten von Geschäften der Zustimmung des Aufsichtsrats bedürfen (§ 111 Abs. 4 AktG), ist die Erteilung oder Versagung der Zustimmung lediglich im Innenverhältnis von Bedeutung[34]. Ein Weisungsrecht, mit dem er bestimmte Maßnahmen positiv durchsetzen könnte, steht dem Aufsichtsrat gegenüber dem Vorstand nicht zu. Auch die Hauptversammlung kann dem Vorstand in Geschäftsführungsfragen keine Weisungen erteilen, es sei denn, dass der Vorstand die Entscheidung der Hauptversammlung selbst eingeholt hat (§ 119 Abs. 2 AktG). Das Initiativrecht verbleibt aber auch insoweit allein beim Vorstand. Allerdings gilt, dass der Vorstand auf Verlangen der Hauptversammlung verpflichtet ist, Maßnahmen, die in die Zuständigkeit der Hauptversammlung fallen, vorzubereiten und die so beschlossenen Maßnahmen auszuführen (§ 83 Abs. 1 und 2 AktG). In jedem Fall kann der Mehrheitsaktionär dem Vorstand keine Weisungen erteilen, es sei denn, es bestünde mit ihm als herrschendem Unternehmen ein Beherrschungsvertrag (§ 291 Abs. 1 Alt. 1 AktG) oder es handelte sich um eine Hauptgesellschaft, in die die AG eingegliedert (§ 319 AktG) wurde.

20.13

---

25 BGH v. 25.7.2017 – II ZR 235/15, NZG 2017, 1219 Rz. 39 = AG 2017, 814; nachfolgend OLG Brandenburg v. 29.8.2018 – 7 U 73/14; hierzu *Seulen/Krebs*, DB 2019, 1199.
26 *Hüffer/Koch*, § 76 AktG Rz. 41a; *Seibt* in K. Schmidt/Lutter, § 76 AktG Rz. 15.
27 Dazu *M. Arnold*, ZHR 185 (2021), 281, 304 ff.
28 Zur Zulässigkeit verschiedener vertraglicher Gestaltungen *Seibt* in K. Schmidt/Lutter, § 76 AktG Rz. 36.
29 *Ihrig/Schäfer*, Rechte und Pflichten des Vorstands, § 1 Rz. 3; *Hüffer/Koch*, § 76 AktG Rz. 9; *Semler*, ZGR 2004, 631, 648 ff.; *Henze*, BB 2000, 209, 210.
30 *Hüffer/Koch*, § 76 AktG Rz. 9; *Semler*, Leitung und Überwachung, S. 12; *Wentrup* in MünchHdb. AG, § 19 Rz. 19; *Mertens/Cahn* in KölnKomm. AktG, 3. Aufl. 2010, § 76 AktG Rz. 4.
31 Siehe *Bürgers* in Bürgers/Körber/Lieder, § 76 AktG Rz. 9.
32 Siehe Aufzählung bei *Richter* in Semler/Peltzer/Kubis, Arbeitshdb. für Vorstandsmitglieder, § 4 Rz. 15; *Fleischer* in BeckOGK AktG, Stand 1.6.2021, § 76 AktG Rz. 19.
33 BGH v. 12.11.2001 – II ZR 225/99, BGHZ 149, 158 = AG 2002, 241.
34 Vgl. § 82 Abs. 2 AktG; zur Wirkungsweise von Zustimmungsvorbehalten siehe *Lutter/Krieger/Verse*, Rechte und Pflichten des Aufsichtsrats, § 3 Rz. 123; *Lieder*, DB 2004, 2251 ff.

20.14 Die Gesellschaft unter eigener Verantwortung zu leiten bedeutet auch, dass der Vorstand nach eigenem pflichtgemäßen Ermessen handeln muss. Streitig ist die Frage, an welchen **Zielen** der Vorstand seine Ermessensentscheidung orientieren darf[35]. Nach Grundsatz 1 des Deutschen Corporate Governance Kodex (DCGK)[36] ist der Vorstand an das Unternehmensinteresse gebunden. Diese weite Formulierung erlaubt es dem Vorstand, sich am (längerfristigen) „shareholder value" zu orientieren[37], aber auch die Interessen anderer „stakeholder" (Arbeitnehmer, Gesellschaftsgläubiger, Öffentlichkeit) zu berücksichtigen[38]. Es besteht kein Auftragsverhältnis oder eine Loyalitätspflicht des Vorstands gegenüber dem Aufsichtsrat, der Hauptversammlung oder einzelnen Aktionären[39]. Der Vorstand muss bei den Leitungsentscheidungen eine eigene Abwägung zwischen den maßgeblichen Interessen vornehmen[40].

20.15 Zunehmende Bedeutung erlangt dabei die Verantwortung des Unternehmens für Auswirkungen auf die Gesellschaft (**Corporate Social Responsibility**)[41]. Hierbei handelt es sich nicht um eine konkrete Rechtspflicht, sondern um eine Reihe an Anregungen und Berichtspflichten, deren Belange der Vorstand im Rahmen des Unternehmensinteresses berücksichtigen kann[42]. Konkrete gesetzliche Vorgaben für CSR bestehen damit kaum. Lediglich die im Wege der Umsetzung der CSR-Richtlinie[43] eingefügten §§ 289b–e HGB sehen für kapitalmarktorientierte Gesellschaften i.S.v. § 264d HGB, die gleichzeitig große Kapitalgesellschaften sind (§ 267 Abs. 3 HGB) und mehr als 500 Arbeitnehmer beschäftigen, eine Ergänzung des (Konzern-)Lageberichts um eine nichtfinanzielle Erklärung vor[44]. Darin müssen zumindest das Geschäftsmodell beschrieben sowie Angaben zu nichtfinanziellen Aspekten wie Umweltbelange, Arbeitnehmerbelange, Sozialbelange, Achtung der Menschenrechte sowie zur Bekämpfung von Korruption und Bestechung gemacht werden[45].

b) Unternehmensplanung

20.16 Aus der Leitungspflicht des Vorstands folgt die Pflicht zur **Unternehmensorganisation**. Hierzu gehört, wie seit Langem anerkannt[46], auch die Unternehmensplanung[47].

20.17 Dass der **Unternehmensplanung** besondere Bedeutung zukommt, ergibt sich aus § 90 Abs. 1 Satz 1 Nr. 1 AktG. Hiernach hat der Vorstand dem Aufsichtsrat über die beabsichtigte Geschäftspolitik und andere grundsätzliche Fragen der Unternehmensplanung zu berichten. Das Gesetz erwähnt die Finanz-, Investitions- und Personalplanung, wobei die Aufzählung nicht abschließend ist. Ergänzt wird diese Pflicht um die sog. „Follow-up"-Berichterstattung, nach der der Vorstand auf Abweichungen der

---

35 Siehe dazu u.a. *Hüffer/Koch*, § 76 AktG Rz. 28 ff.; *Mertens/Cahn* in KölnKomm. AktG, 3. Aufl. 2010, § 76 Rz. 15 ff.; *Kort* in Großkomm. AktG, 5. Aufl. 2015, § 76 AktG Rz. 52 ff.; *Seibt*, DB 2015, 171, 174; *Kort*, AG 2012, 605, 605 f.; *Goette* in FS 50 Jahre BGH, 2000, S. 123, 127; *Klöhn*, ZGR 2008, 110, 148 ff.; *Werder*, ZGR 1998, 69, 77 ff.; *Mülbert*, ZGR 1997, 129; *Hopt*, ZGR 1993, 534, 536.
36 Die jeweils aktuelle Fassung des DCGK (derzeit v. 16.12.2019) ist abrufbar unter www.dcgk.de.
37 Vgl. *Fleischer* in BeckOGK AktG, Stand 1.6.2021, § 76 AktG Rz. 36 ff.
38 *Kuhner*, ZGR 2004, 244; siehe auch *Henze*, BB 2000, 209.
39 *Wentrup* in MünchHdb. AG, § 19 Rz. 31; *Spindler* in MünchKomm. AktG, 5. Aufl. 2019, § 76 AktG Rz. 22 ff.
40 *Wentrup* in MünchHdb. AG, § 19 Rz. 31; *M. Arnold*, ZHR 185 (2021), 281, 306 ff.
41 Ausf. *Spindler* in MünchKomm. AktG, 5. Aufl. 2019, § 76 AktG Rz. 81 ff.; *Walden*, NZG 2020, 50; *Fleischer*, AG 2017, 509; *Schön*, ZHR 180 (2016), 279; *Vetter*, ZGR 2018, 338.
42 *Spindler* in MünchKomm. AktG, 5. Aufl. 2019, § 76 AktG Rz. 81.
43 Richtlinie 2014/95/EU des Europäischen Parlaments und des Rates v. 22.10.2014 zur Änderung der Richtlinie 2013/34/EU im Hinblick auf die Angabe nichtfinanzieller und die Diversität betreffender Informationen durch bestimmte große Unternehmen und Gruppen, ABl. EU Nr. L 330 v. 15.11.2014, S. 1.
44 Dazu *Hennrichs*, ZGR 2018, 206; *Mock*, ZIP 2017, 1195; *Kajüter*, DB 2017, 617.
45 Zu den hieraus resultierenden Vorstands- und Aufsichtsratspflichten *Hommelhoff*, NZG 2017, 1361.
46 Vgl. nur *Semler*, ZGR 1983, 1; ferner *Albach*, ZGR 1997, 32; *Götz*, AG 1995, 337.
47 *Hoffmann-Becking* in MünchHdb. AG, § 25 Rz. 7; *Semler*, Leitung und Überwachung, S. 13 ff.; *Henze*, BB 2000, 209, 210.

tatsächlichen Entwicklung von früher berichteten Zielen unter Angaben von Gründen einzugehen hat (§ 90 Abs. 1 Satz 1 Nr. 1, 2. Halbsatz AktG).

Eine Rechtspflicht des Vorstands zur Unternehmensplanung ergibt sich aus der Leitungspflicht des Vorstands[48]. Wie weit diese Pflicht reicht, ist nicht abschließend geklärt und hängt im Hinblick auf den Detaillierungsgrad von den Umständen des jeweiligen Unternehmens ab, insbesondere von Größe und Branche[49]. Jedenfalls umfasst sie die **Finanzplanung** und hier zumindest die **jährliche Budgetplanung sowie eine auf mehrere Jahre bezogene (Grob-)Planung**[50]. Zu den Grundpflichten zählt auch eine Personalplanung[51]. Aus den Gegebenheiten des Einzelfalls können weitergehende Pflichten zur Planung in anderen Bereichen folgen, insbesondere zur Produktions-, Absatz-, Beschaffungs-, Entwicklungs-, Kosten- und Ergebnisplanung[52]. Hinsichtlich der inhaltlichen Anforderungen gilt ferner, dass alle anerkannten Grundsätze[53] der betriebswirtschaftlichen Forschung und Lehre zu berücksichtigen sind. Wenngleich keine Rechtspflicht hierzu besteht[54], können Regeln, die in der Betriebswirtschaft als gesichert gelten, mittelbar in den Sorgfaltsmaßstab nach § 93 Abs. 1 Satz 1 AktG einfließen[55].

20.18

c) Unternehmensorganisation

Leitungsaufgabe des Vorstands ist weiterhin die **effektive und effiziente Aufbau- und Ablauforganisation** in der Gesellschaft. Eine effiziente Organisation innerhalb der Gesellschaft bedeutet zum einen, die Aufgaben innerhalb eines mehrköpfigen Vorstands optimal zu verteilen (horizontale Delegation); zum anderen muss der Vorstand auch sicherstellen, dass die Arbeit in den nachgeordneten Führungsebenen optimal aufgeteilt und abgegrenzt ist (vertikale Delegation). Insbesondere müssen klare Zuständigkeiten zugewiesen sein[56].

20.19

Dem Vorstand kommt die **Pflicht zur Unternehmenskontrolle** zu. Erforderlich ist zunächst, die tatsächliche Entwicklung des Unternehmens mit der entsprechenden Planung abzugleichen. Selbstverständlich muss der Vorstand erkannte Planabweichungen aufgreifen und entsprechende Maßnahmen einleiten. Jedem Vorstandsmitglied obliegen auch die Kontrolle der übrigen Vorstandsmitglieder sowie die Sorge um die Pflichterfüllung des Gesamtvorstands[57]. Die Pflicht zur gegenseitigen Kontrolle der Vorstandsmitglieder erfasst beispielsweise auch die Zahlung von Vergütungen oder Auslagenersatz. Hier muss – abhängig von der konkreten Risikoposition – ein sachgerechtes Prüfungssystem installiert werden[58]. Die Pflicht zur Unternehmenskontrolle umfasst ferner den Aufbau funktionierender Berichtswege[59]. Die Wirksamkeit des internen Kontrollsystems und des internen Risikomanagementsys-

20.20

---

48 *Hüffer/Koch*, § 90 AktG Rz. 4 f. m.w.N.; dazu auch *Kropff*, NZG 1998, 613 ff.
49 *Hoffmann-Becking* in MünchHdb. AG, § 25 Rz. 7.
50 BT-Drucks. 13/9712, S. 15; *Spindler* in MünchKomm. AktG, 5. Aufl. 2019, § 90 AktG Rz. 17 f.; *Hoffmann-Becking* in MünchHdb. AG, § 25 Rz. 7; einschränkend etwa *Fleischer* in BeckOGK AktG, Stand 1.6.2021, § 90 AktG Rz. 19; *Hüffer/Koch*, § 90 AktG Rz. 4a (Vorstand soll nach pflichtgemäßem Ermessen über Mehrjahresplanung entscheiden können).
51 Enger *Spindler* in MünchKomm. AktG, 5. Aufl. 2019, § 90 AktG Rz. 18.
52 Begr. RegE, BT-Drucks. 13/9712, S. 15; *Sailer-Coceani* in K. Schmidt/Lutter, § 90 AktG Rz. 8.
53 Siehe *Scheffler*, AG 1995, 207 ff.
54 Vgl. *Spindler* in MünchKomm. AktG, 5. Aufl. 2019, § 90 AktG Rz. 18; *Hüffer/Koch*, § 90 AktG Rz. 4a; *Fleischer* in BeckOGK AktG, Stand 1.6.2021, § 93 AktG Rz. 20, 64.
55 Zumindest im Einzelfall können betriebswirtschaftliche Erkenntnisse den Sorgfaltsmaßstab prägen, vgl. *Fleischer* in BeckOGK AktG, Stand 1.6.2021, § 93 AktG Rz. 64; nach *Hoffmann-Becking* in MünchHdb. AG, § 25 Rz. 5 f. können betriebswirtschaftliche Grundsätze zur ordnungsgemäßen Unternehmensführung zur Konkretisierung im Einzelfall herangezogen werden.
56 Siehe nur *Kubis* in Semler/Peltzer/Kubis, Arbeitshdb. für Vorstandsmitglieder, § 1 Rz. 199 ff.
57 *Fleischer* in BeckOGK AktG, Stand 1.6.2021, § 93 AktG Rz. 125; ausf. *Fleischer*, BB 2004, 2645 ff.
58 Siehe nur *Kubis* in Semler/Peltzer/Kubis, Arbeitshdb. für Vorstandsmitglieder, § 1 Rz. 204; *Hoffmann-Becking* in MünchHdb. AG, § 25 Rz. 9 f.; umfassend *Turiaux/Knigge*, DB 2004, 2199 ff.
59 *Rothenburg* in Goette/Arnold, Handbuch Aufsichtsrat, § 4 Rz. 251 ff.

tems hat der Aufsichtsrat zu überwachen. Diese Überwachungsaufgabe kann der Aufsichtsrat nach § 107 Abs. 3 Satz 2 AktG an den Prüfungsausschuss übertragen, sofern er einen solchen Ausschuss bestellt hat[60].

20.21 Diese allgemeine Pflicht des Vorstands zur Unternehmenskontrolle wird soweit es um bestandsgefährdende Entwicklungen geht von § 91 Abs. 2 AktG aufgegriffen. Der Vorstand hat danach geeignete Maßnahmen zu treffen, insbesondere ein **Überwachungssystem** einzurichten, damit den Fortbestand der Gesellschaft gefährdende Entwicklungen früh erkannt werden. Für Kredit- und Finanzdienstleistungsinstitute ist die Verpflichtung zur Risikofrüherkennung und -überwachung noch ausführlicher in § 25a Abs. 1 KWG geregelt[61]. § 91 Abs. 2 AktG fordert zum einen das Ergreifen geeigneter Maßnahmen zur Früherkennung und zum anderen die Einrichtung eines Systems, die so eingeleiteten Maßnahmen auch zu überwachen[62]. Verstärkt wird die gesetzliche Forderung durch die Tatsache, dass bei der börsennotierten AG die Vornahme entsprechender Maßnahmen und die Erfüllung der Aufgaben des eingerichteten Überwachungssystems Gegenstand der Jahresabschlussprüfung sind (§ 317 Abs. 4 HGB)[63]. Allgemein geht es um die **Früherkennung bestandsgefährdender Entwicklungen**. Risiken unterhalb der Bestandsgefährdung sind nach dem Gesetzeswortlaut nicht gemeint. Bestandsgefährdung liegt vor, wenn sich nachteilige Veränderungen auf die Vermögens-, Finanz- oder Ertragslage der Gesellschaft wesentlich auswirken können[64]. Es muss sich um Risiken handeln, die ein Insolvenzrisiko erheblich steigern oder hervorrufen; eine lediglich dauerhafte Gefährdung der Unternehmensrentabilität genügt nicht[65]. Für die Bestandsgefährdung ist die Gesamtsituation des konkreten Unternehmens maßgeblich; allerdings können auch einzelne Geschäftsvorfälle, etwa der Derivatenhandel im Bankensektor, eine bestandsgefährdende Wirkung auf das Unternehmen haben[66]. Ungeachtet abweichender Stimmen aus der Betriebswirtschaftslehre[67] ist § 91 Abs. 2 AktG mit der herrschenden Ansicht im juristischen Schrifttum dahingehend zu verstehen, dass der Vorstand **Früherkennungssysteme** zu etablieren hat, die bestandsgefährdende Entwicklungen frühzeitig identifizieren[68]. Ein **allgemeines „Risk Management"** ist jedoch nicht gemeint. Der Vorstand muss **Maßnahmen** treffen, die zur Früherkennung solcher Entwicklungen geeignet sind[69]. Maßnahmen sind geeignet, wenn nach der Erfahrung erwartet werden darf, dass der Vorstand die notwendigen Informationen rechtzeitig erhält[70]. Das vom Gesetz geforderte Überwachungssystem soll gewährleisten, dass die eingeleiteten geeigneten Maßnahmen

---

60 Vgl. *Hüffer/Koch*, § 107 AktG Rz. 24.
61 Siehe näher OLG Frankfurt v. 12.12.2007 – 17 U 111/07, AG 2008, 453, 454 f.; LG Berlin v. 3.7.2002 – 2 O 358/01, AG 2002, 682, 683 f.; *Sethe*, ZBB 2007, 421; *Preußner*, NZG 2004, 57 ff.
62 Siehe auch LG Berlin v. 3.7.2002 – 2 O 358/01, AG 2002, 682, 683; *Hüffer/Koch*, § 91 AktG Rz. 6 ff.; allgemein *Jäger*, Aktiengesellschaft, § 21 Rz. 74 ff.
63 Vgl. zur Befassung des Wirtschaftsprüfers Arbeitskreis „Externe und Interne Überwachung der Unternehmung" der Schmalenbach-Gesellschaft für Betriebswirtschaft e.V., DB 2000, Beilage Nr. 11, S. 1, 5 ff.
64 Begr. RegE zum KonTraG, BT-Drucks. 13/9712, S. 15; vgl. auch *Liebscher* in Beck'sches Hdb. AG, § 6 Rz. 115a.
65 *Hüffer/Koch*, § 91 AktG Rz. 6; *Fleischer* in BeckOGK AktG, Stand 1.6.2021, § 91 AktG Rz. 32; a.A. *J. Hüffer* in FS Imhoff, 1998, S. 93, 100; *Zimmer/Sonneborn* in Lange/Wall, Risikomanagement nach dem KonTraG, 2001, § 1 Rz. 182.
66 Vgl. *S. von Westphalen*, Derivatgeschäfte, Risikomanagement und Aufsichtsratshaftung, 2000, S. 62 ff.; *Spindler* in MünchKomm. AktG, 5. Aufl. 2019, § 91 AktG Rz. 26.
67 Vgl. *Brebeck/Herrmann*, WPg 1997, 381; *Kromschröder/Lück*, DB 1998, 1573.
68 Vgl. statt einiger nur *Hüffer/Koch*, § 91 AktG Rz. 9; *Seibert* in FS Bezzenberger, 2000, S. 427, 437; a.A. *Berg*, AG 2007, 271, 275; *Lück*, DB 1998, 8 ff.; *Lück*, DB 1998, 1925 ff.; wohl auch *Ossadnik/Dorenkamp/Wilmsmann*, DB 2004, 1165, 1168; unter Verweis auf europarechtliche Vorgaben spricht sich auch *Spindler* in MünchKomm. AktG, 5. Aufl. 2019, § 91 AktG Rz. 22 ff. für ein umfassendes Risikomanagementsystem aus. Zur Zertifizierbarkeit von Risikomanagement-Systemen siehe *Weidemann/Wieben*, DB 2001, 1789 ff.
69 Begr. RegE zum KonTraG, BT-Drucks. 13/9712, S. 15.
70 *Hüffer/Koch*, § 91 AktG Rz. 7.

auch eingehalten werden[71]. Erforderlich sind eine genaue Zuständigkeitsverteilung, ein ausreichendes Berichtswesen und entsprechende Dokumentation[72]. Der Dokumentation des Früherkennungssystems kommt für die Bestandssicherungsverantwortung des Vorstands eine zentrale Rolle zu[73]. Dazu gehören in der Regel eine interne Revision und ein umfassendes Controlling. Unterbleibt die Dokumentation eines Risikofrüherkennungssystems, kann dies zur Anfechtbarkeit des Beschlusses über die Entlastung des Vorstands führen[74]. § 91 AktG geht von einer **Gesamtverantwortung des Vorstands** aus[75]. Bei ressortmäßiger Aufteilung haben die nicht zuständigen Vorstandsmitglieder Überwachungspflichten[76]. Es gelten die allgemeinen Regeln bei horizontaler Delegation (siehe dazu Rz. 20.19). Der Abschlussprüfer hat nach § 317 Abs. 4 HGB zu beurteilen, ob der Vorstand die ihm obliegenden Maßnahmen in geeigneter Form getroffen hat und das Überwachungssystem seine Aufgaben erfüllen kann[77].

Der **DCGK** fordert in Grundsatz 4 die Einrichtung eines „geeigneten und wirksamen internen Kontroll- und Risikomanagementsystems". Damit geht der DCGK über das nach der h.M. erforderliche Früherkennungssystem des § 91 Abs. 2 AktG hinaus[78]. Im Ergebnis entspricht die Einrichtung solcher Systeme zumindest in börsennotierten Unternehmen der gängigen Praxis. Zum Inhalt eines Risiko- und Kontrollsystems äußert sich der DCGK nicht. Zu den weiteren Einzelheiten siehe Rz. 2.1 ff. 20.22

4. Compliance

a) Begriff

Zentrale Aufgabe des Vorstands ist es auch, sicherzustellen und zu überwachen, dass sich das Unternehmen, seine Organmitglieder und Mitarbeiter rechtmäßig verhalten, d.h. dass sie alle gesetzlichen Ge- und Verbote, insbesondere öffentlich-rechtlicher Art, beachten (sog. **Compliance**)[79]. Die präventive Compliance versucht dabei, solche Verstöße zu verhindern, während die repressive Compliance sich mit dem Umgang bereits begangener Verstöße beschäftigt[80]. Dabei ist ein Dreischritt anerkannt: Aufklären, Abstellen, Ahnden[81]. Compliance bezweckt damit nicht nur die Einhaltung der bestehenden Gesetze und Regelungen. Für die Gesellschaft geht es auch darum, eine Haftung zu verhindern[82] bzw. Sanktionsmilderungen zu erreichen[83] und die Unternehmensreputation zu schützen[84]. 20.23

---

71 Vgl. *Spindler* in MünchKomm. AktG, 5. Aufl. 2019, § 91 AktG Rz. 29; *Hüffer/Koch*, § 91 AktG Rz. 10.
72 LG München I v. 5.4.2007 – 5 HK O 15964/06, AG 2007, 417; siehe auch *Spindler* in MünchKomm. AktG, 5. Aufl. 2019, § 91 AktG Rz. 29; *Hauschka*, DB 2006, 1143; *Theisen*, BB 2003, 1426, 1427 ff.; *Gernoth*, DStR 2001, 299 ff.; *Lück*, DB 1998, 8 ff.; *Lück*, DB 1998, 1925 ff.; *Preußner/Becker*, NZG 2002, 846 ff.; *Wolf*, DStR 2002, 466 ff.; *Wolf*, DStR 2002, 1729 ff.; *Wolf*, DStR 2003, 1089 ff.
73 So ausdrücklich LG München I v. 5.4.2007 – 5 HK O 15964/06, AG 2007, 417, 418.
74 LG München I v. 5.4.2007 – 5 HK O 15964/06, AG 2007, 417; hierzu *Liese/Theusinger*, BB 2007, 2528.
75 Begr. RegE zum KonTraG, BT-Drucks. 13/9712, S. 15; LG Berlin v. 3.7.2002 – 2 O 358/01, AG 2002, 682, 684.
76 *Preußner/Zimmermann*, AG 2002, 657, 661 f.
77 Dazu etwa *Hauschka*, DB 2006, 1143 ff.
78 Siehe *Bachmann* in Kremer/Bachmann/Lutter/von Werder, DCGK, G4 Rz. 2.
79 Siehe dazu *Rothenburg* in Goette/Arnold, Handbuch Aufsichtsrat, § 4 Rz. 213 ff.; *Uwe H. Schneider*, ZIP 2003, 645 ff.; *Fleischer*, AG 2003, 291 ff.; *Hauschka*, NJW 2004, 257 ff.; *Hauschka*, AG 2004, 461 ff.; *Hauschka*, ZIP 2004, 877 ff.; *Hauschka*, DB 2006, 1143 ff.; *Spindler*, Unternehmensorganisationspflichten, 2001; *Holle*, Legalitätskontrolle, 2014. Die Compliance-Aufgabe wird auch in Grundsatz 5 des DCGK hervorgehoben.
80 *Rothenburg* in Goette/Arnold, Handbuch Aufsichtsrat, § 4 Rz. 215.
81 LG München I v. 10.12.2013 – 5 HK O 1387/10, NZG 2014, 345, 347 = AG 2014, 332; *Fleischer* in BeckOGK AktG, Stand 1.6.2021, § 91 AktG Rz. 57.
82 Dazu LG München I v. 10.12.2013 – 5 HK O 1387/10, NZG 2014, 345 = AG 2014, 332.
83 Zur Berücksichtigung von Compliance-Bemühungen bei der Bemessung einer Geldbuße BGH v. 9.5.2017 – 1 StR 265/16, NZG 2018, 36; *Baur/Holle*, NZG 2018, 14; *Fleischer* in BeckOGK AktG, Stand 1.6.2021, § 91 AktG Rz. 47.
84 *Rothenburg* in Goette/Arnold, Handbuch Aufsichtsrat, § 4 Rz. 218.

b) Errichtung und Ausgestaltung einer Compliance-Organisation

20.24 Nach der h.M. im Schrifttum, der sich das LG München I in seiner „Siemens/Neubürger"-Entscheidung[85] letztlich angeschlossen hat, muss der Vorstand eine unternehmensweite **Compliance-Organisation** errichten, sofern die Gesellschaft ein entsprechendes Gefahrenpotential hat[86]. Die spezifischen Anforderungen an die Compliance-Organisation sind von den Umständen des Einzelfalls, insbesondere von einer Risikoanalyse der Gesellschaft abhängig. Bei der Ausgestaltung steht dem Vorstand ein Ermessensspielraum zu[87]. Ein Compliance-Management-System enthält dabei typischerweise folgende Kernelemente: eine Risikoanalyse möglicher Compliance-Risiken, eine bedarfsgerechte Organisation mit eindeutiger Zuweisung von Zuständigkeiten, ein Berichts- und Informationssystem für Compliance-Vorfälle, die Schaffung eine Compliance-Kultur im Unternehmen durch Verhaltensrichtlinien und Schulungen sowie regelmäßige Nachjustierungen und letztlich die Sanktionierung von Verstößen[88]. Die Compliance-Verantwortung ist als **Leitungsaufgabe** des Vorstands zwingend dem Gesamtvorstand zugewiesen, sie kann als solche nicht delegiert werden[89]. Der Vorstand kann aber alle oder einzelne Compliance-Aufgaben einem Vorstandsmitglied (horizontale Delegation) oder Mitarbeitern (vertikale Delegation), z.B. einem Compliance-Officer, zuweisen[90].

c) Aufarbeitung von Compliance-Verstößen

20.25 Sofern Anhaltspunkte für ein gesetzwidriges Verhalten im Unternehmen bestehen, ist der Vorstand **zur Aufklärung verpflichtet**. Insoweit hat der Vorstand kein Ermessen. Dies gilt regelmäßig auch, soweit solche Gesetzesverletzungen für die Unternehmen unter Umständen als „nützlich" angesehen werden könnten (z.B. Schmiergeldzahlungen)[91]. Die Intensität, den Umfang und die Art und Weise der Aufklärung ist hingegen eine unternehmerische Entscheidung und steht damit im Ermessen des Vorstands[92]. Die Aufklärung dient der Risikoanalyse, der Schadensbegrenzung, der Prävention und insbesondere dazu, die Auswirkungen der Compliance-Verstöße auf die Gesellschaft (z.B. Steuern, Bilanzen, Personalfragen, mögliche Ansprüche, Risiko einer Geldbuße nach §§ 130, 30 OWiG [vgl. dazu Rz. 23.96]) einzuschätzen. Ob das Ermessen des Vorstands unter Umständen umfassen kann, von weiteren Aufklärungsmaßnahmen abzusehen, ist nicht abschließend geklärt. Insbesondere mit Blick auf

---

85 LG München I v. 10.12.2013 – 5 HK O 1387/10, NZG 2014, 345 = AG 2014, 332; dazu *Fleischer*, NZG 2014, 321 ff.; *Bachmann*, ZIP 2014, 579 ff.
86 Vgl. *Rodewald/Unger*, BB 2007, 1629; *Fleischer* in BeckOGK AktG, Stand 1.6.2021, § 91 AktG Rz. 54; *Spindler* in MünchKomm. AktG, 5. Aufl. 2019, § 91 AktG Rz. 52 f., jeweils m.w.N.; ausführlich *M. Arnold/Rudzio*, KSzW 2016, 231 ff.; zur Entwicklung der Compliance-Pflichten vgl. *Unmuth*, AG 2017, 249 ff.; *Harbarth/Brechtel*, ZIP 2016, 241.
87 Vgl. *Fleischer* in BeckOGK AktG, Stand 1.6.2021, § 91 AktG Rz. 56; *Kort* in Großkomm. AktG, 5. Aufl. 2015, § 91 AktG Rz. 139; *Mertens/Cahn* in KölnKomm. AktG, 3. Aufl. 2010, § 91 AktG Rz. 36; *Harbarth*, ZHR 179 (2015), 136, 153 f.
88 Vgl. *Hoffmann-Becking* in MünchHdb. AG, § 25 Rz. 25 ff.; *Rothenburg* in Goette/Arnold, Handbuch Aufsichtsrat, § 4 Rz. 229 ff.; *Unmuth*, CB 2017, 177, 178 ff.
89 Vgl. *Fleischer* in BeckOGK AktG, Stand 1.6.2021, § 91 AktG Rz. 67; *Harbarth*, ZHR 179 (2015), 136, 162 f.
90 Vgl. *Fleischer* in BeckOGK AktG, Stand 1.6.2021, § 91 AktG Rz. 68 ff.; *Spindler* in MünchKomm. AktG, 5. Aufl. 2019, § 91 AktG Rz. 71; *Harbarth*, ZHR 179 (2015), 136, 162 f. Zur arbeitsrechtlichen Stellung des Compliance Officers vgl. *Krieger/Günther*, NZA 2010, 367 ff.
91 Näher *Lohse* in FS Hüffer, 2010, S. 581, 589 ff.; *Fleischer*, ZIP 2005, 141 ff.; *Fleischer*, NJW 2009, 2337 f.; *Holle*, Legalitätskontrolle, 2014, S. 37 ff.; *Thole*, ZHR 173 (2009), 504, 512 ff.; vgl. ferner *Bayer* in FS K. Schmidt, 2009, S. 85, 90 f. Zu zulässigen Spenden siehe *Bürgers* in Bürgers/Körber/Lieder, § 76 AktG Rz. 16.
92 Vgl. *Rothenburg* in Goette/Arnold, Handbuch Aufsichtsrat, § 4 Rz. 286; *Fleischer* in BeckOGK AktG, Stand 1.6.2021, § 91 AktG Rz. 57; *Reichert/Ott*, ZIP 2009, 2173, 2178; ausführlich *M. Arnold*, ZGR 2014, 76, 83 ff.

den teilweise erheblichen Zeit- und Kostenaufwand von Aufklärungsmaßnahmen spricht vieles dafür, dass der Vorstand von weiterer Aufklärung absehen darf, wenn die Nachteile weiterer Aufklärung die Vorteile für die Gesellschaft überwiegen[93]. Der Vorstand muss den Sachverhalt allerdings zumindest bereits insoweit aufgeklärt haben, dass die Risiken für die Gesellschaft und die Bedeutung nicht weiter erfolgender Aufklärung absehbar sind.

Grundsätzlich ist der Vorstand nicht verpflichtet, Compliance-Verstöße bei **externen Stellen**, wie z.B. der Staatsanwaltschaft, anzuzeigen (Ausnahmen sind etwa § 138 StGB und § 153 AO). Die Entscheidung, Compliance-Verstöße anzuzeigen oder davon abzusehen, liegt grundsätzlich im Ermessen des Vorstands. Für eine freiwillige Anzeige spricht z.B. eine mögliche Strafmilderung, dagegen z.B. zu erwartende Ermittlungen, Auswirkungen auf die Geschäftstätigkeit und mögliche Geldbußen nach §§ 130, 30 OWiG (vgl. dazu Rz. 23.96).

Nach überwiegender Auffassung ist der Vorstand verpflichtet, festgestellte **Rechtsverstöße** zu **unterbinden** und zu **sanktionieren**. Ein Entschließungsermessen hinsichtlich der Unterbindung steht dem Vorstand nicht zu[94]. Im Hinblick auf die Sanktionierung sowie deren Art und Umfang (z.B. arbeitsrechtliche Sanktionen, Einleitung von Straf- oder Ordnungswidrigkeitsverfahren) hat der Vorstand dagegen Ermessen[95]. Im Rahmen der Ermessensentscheidung muss der Vorstand vor allem die Schwere des Verstoßes, den Schaden sowie den Verschuldensvorwurf berücksichtigen[96]. Daneben ist der Vorstand grundsätzlich verpflichtet, mögliche Ansprüche der Gesellschaft gegen (ehemalige) Mitarbeiter, Geschäftsleiter von Tochtergesellschaften, Aufsichtsratsmitglieder und Dritte zu prüfen und zu entscheiden, ob solche Ansprüche durchgesetzt werden sollen. Die „ARAG/Garmenbeck"-Grundsätze gelten für den Vorstand entsprechend (siehe dazu ausführlich Rz. 23.57). Wurden Compliance-Verstöße festgestellt, ist der Vorstand außerdem verpflichtet, die Compliance-Organisation auf mögliche Nachbesserungen zu prüfen, um gleichgelagerte oder ähnliche Verstöße zukünftig zu verhindern[97].

d) Zusammenarbeit von Vorstand und Aufsichtsrat bei Compliance-Untersuchungen

Nach möglichen Compliance-Verstößen muss der Aufsichtsrat überwachen, ob der Vorstand den Sachverhalt ordnungsgemäß ermittelt und die Compliance-Verstöße pflichtgemäß aufarbeitet[98]. Dabei kann sich der Aufsichtsrat regelmäßig darauf beschränken, die Sachverhaltsermittlung des Vorstands zu überwachen und sich von ihm berichten zu lassen[99]. Hat der Aufsichtsrat aber den Verdacht, dass der Vorstand nicht ordnungsgemäß aufklärt oder Vorstandsmitglieder an Compliance-Verstößen beteiligt waren, kann er nach sorgfältiger Abwägung eine **eigene Untersuchung** durchführen, indem er sein Einsichts- und Prüfungsrecht ausübt, externe Berater hinzuzieht oder sich – nur in besonderen Ausnahmefällen – „am Vorstand vorbei" in der Gesellschaft informiert, z.B. durch Interviews mit Mitarbeitern[100]. Liegen konkrete Anhaltspunkte für Defizite vor oder geht es um Geschäfte, die wegen der mit ihnen verbundenen Risiken oder strategischen Funktion für die Gesellschaft einen besonderen

20.26

---

93 *M. Arnold*, ZGR 2014, 76, 84; zust. *Fleischer* in BeckOGK AktG, Stand 1.6.2021, § 91 AktG Rz. 57 für Ausnahmefälle im Unternehmensinteresse; für den Aufsichtsrat vgl. *Goette* in GS Winter, 2011, S. 153, 159, 162 ff. und Rz. 23.59.
94 *Rothenburg* in Goette/Arnold, Handbuch Aufsichtsrat, § 4 Rz. 311.
95 *M. Arnold*, ZGR 2014, 76, 83; *Hüffer/Koch*, § 76 AktG Rz. 16e; *Rothenburg* in Goette/Arnold, Handbuch Aufsichtsrat, § 4 Rz. 313, 315.
96 Vgl. *Fleischer* in BeckOGK AktG, Stand 1.6.2021, § 91 AktG Rz. 58; *Reichert/Ott*, ZIP 2009, 2173, 2178 f.; *Uwe H. Schneider*, ZIP 2003, 645, 649 f.; *Hauschka/Greve*, BB 2007, 165, 171 f.
97 *Fleischer* in BeckOGK AktG, Stand 1.6.2021, § 91 AktG Rz. 60; *Pelz* in Hauschka, Corporate Compliance, § 6 Rz. 27; *Reichert/Ott*, ZIP 2009, 2173, 2174, 2177.
98 Siehe auch Empfehlung D.3 Satz 1 DCGK; *Rothenburg* in Goette/Arnold, Handbuch Aufsichtsrat, § 4 Rz. 323, 327 ff.
99 *M. Arnold*, ZGR 2014, 76, 100; *Rothenburg* in Goette/Arnold, Handbuch Aufsichtsrat, § 4 Rz. 331 f.
100 *M. Arnold*, ZGR 2014, 76, 102 f.; ausführlich *M. Arnold/Rudzio* in FS Wegen, 2015, S. 93 ff.

Stellenwert haben, kann sich daraus sogar eine Verpflichtung des Aufsichtsrats zur eigenen Untersuchung ergeben[101].

20.27 Entscheidet sich der Aufsichtsrat zu einer eigenen Untersuchung, untersuchen Vorstand und Aufsichtsrat grundsätzlich getrennt und **unabhängig voneinander**[102]. Eine Kompetenzverlagerung vom Vorstand auf den Aufsichtsrat in einer den Vorstand verdrängenden Weise findet selbst dann nicht statt, wenn einzelne oder sogar alle Vorstandsmitglieder verdächtig sind, an Compliance-Verstößen beteiligt zu sein oder mögliche Verstöße nicht ordnungsgemäß aufzuklären. Die Aufklärungsverantwortung des Vorstands als Organ geht – unabhängig von seiner konkreten Besetzung – zwingend mit seiner Leitungsverantwortung einher. Ggf. muss der Aufsichtsrat personelle Veränderungen im Vorstand vornehmen, wenn er zum Schluss gelangt, dass der Vorstand seiner Aufklärungspflicht nicht pflichtgemäß nachkommt[103].

20.28 Zwar liegen Art und Weise der Aufklärung und damit die Frage, ob und in welcher Form Vorstand und Aufsichtsrat zusammenarbeiten, grundsätzlich im pflichtgemäßen Ermessen der Organe. Im Interesse der Gesellschaft kann aber ein **gemeinsamer Untersuchungsansatz** geboten sein. Arbeiten Vorstand und Aufsichtsrat im Rahmen einer Compliance-Untersuchung zusammen, muss sichergestellt sein, dass beide Organe ihre Pflichten erfüllen können und die Integrität der jeweiligen Untersuchungen gewahrt ist. Um sicherzustellen, dass Vorstand und Aufsichtsrat diese Vorgaben umsetzen, bieten sich organisatorische Vereinbarungen an[104].

e) Compliance im Konzern

20.29 Die Compliance-Verantwortung des **Vorstands im Konzern** besteht in gewissem Umfang auch konzernweit[105]. Nach überwiegender Auffassung im Schrifttum besteht für die Geschäftsleiter der Konzernobergesellschaft eine Legalitätskontrollpflicht jedoch nur im Hinblick auf die Obergesellschaft[106]. Zudem haben sie dafür zu sorgen, dass der Obergesellschaft von Seiten der anderen Konzerngesellschaften kein Schaden droht – etwa durch Bußgelder, Klagen oder Reputationsschäden (Schadens- und Nachteilsabwendungspflicht)[107]. Im Übrigen obliegt die Compliance-Verantwortung dem jeweiligen Geschäftsleiter der Konzerngesellschaft[108]. Aufgrund der steigenden Anforderungen insbesondere in der bußgeldrechtlichen Rechtsprechung und Gesetzgebung kann es die Schadensabwendungspflicht der Geschäftsleitung der Konzernobergesellschaft jedoch je nach den konkreten Verhältnissen gebieten, eine konzernweite Compliance-Organisation zu institutionalisieren[109]. Zu weiteren Besonderheiten im Konzern siehe Rz. 20.57 ff.

---

101 OLG Stuttgart v. 29.2.2012 – 20 U 3/11, AG 2012, 298, 300 f.; *Rothenburg* in Goette/Arnold, Handbuch Aufsichtsrat, § 4 Rz. 333; *Reichert/Ott*, NZG 2014, 241, 246; *Hopt/Roth* in Großkomm. AktG, 5. Aufl. 2018, § 111 Rz. 136.
102 *M. Arnold*, ZGR 2014, 76, 103 f.
103 *M. Arnold*, ZGR 2014, 76, 100.
104 *M. Arnold*, ZGR 2014, 76, 103 f.
105 Dazu ausführlicher *M. Arnold/Geiger*, BB 2018, 2306 ff.; *Schockenhoff/Roßkopf/M. Arnold*, AG 2021, 66, 67 ff.; *Bicker*, AG 2012, 542 ff.; *Bunting*, ZIP 2012, 1542 ff.; *Koch*, WM 2009, 1013 ff.; ausf. *Holle*, Legalitätskontrolle, 2014, S. 93 ff.
106 *Schockenhoff/Roßkopf/M. Arnold*, AG 2021, 66, 67 ff. m.w.N.
107 *Seibt* in K. Schmidt/Lutter, § 76 AktG Rz. 49; zur konzerndimensionalen Risikoerfassung und -auswertung LG Stuttgart v. 19.12.2017 – 31 O 33/16 KfH, AG 2018, 240 Rz. 247 ff.; dazu *Mayer/Richter*, AG 2018, 220.
108 Vgl. *Spindler* in MünchKomm. AktG, 5. Aufl. 2019, § 91 AktG Rz. 80 ff., 84; *Schockenhoff/Roßkopf/M. Arnold*, AG 2021, 66, 71 ff.; *M. Arnold/Geiger*, BB 2018, 2306 ff.; *Verse*, ZHR 175 (2011), 401, 407 ff.
109 *Schockenhoff/Roßkopf/M. Arnold*, AG 2021, 66, 72; für einen korrespondierenden Konzerninformationsanspruch *Schockenhoff*, NZG 2020, 1001, 1008 ff.

5. Allgemeine Sorgfaltspflicht
a) „Ordentlicher" Geschäftsleiter

Die Mitglieder des Vorstands haben bei ihrer Geschäftsführung die **Sorgfalt eines ordentlichen und gewissenhaften Geschäftsleiters** anzuwenden (§ 93 Abs. 1 Satz 1 AktG). Dieser allgemeine Verhaltensmaßstab knüpft an die Leitungsaufgabe des Vorstands an (siehe Rz. 20.8 ff.). Die Rechtsprechung hält dabei für maßgeblich, wie ein pflichtbewusster, selbständig tätiger Leiter eines Unternehmens der konkreten Art, der als Treuhänder fremden Vermögensinteressen verpflichtet ist, handeln muss[110]. Dieser **normative Verhaltensmaßstab** gilt unabhängig von den Usancen des konkreten Unternehmens und den individuellen Fähigkeiten und Kenntnissen des jeweiligen Unternehmensleiters[111]. Jedes Vorstandsmitglied muss also die für seine Tätigkeit erforderlichen Kenntnisse und Fähigkeiten besitzen. Diese Kenntnisse und Fähigkeiten können im Hinblick auf Art, Größe und Bedeutung des Unternehmens sehr unterschiedlich sein. An den Vorstand einer Großbank wird man andere Anforderungen stellen müssen als an den Vorstand eines mittelständischen Produktionsunternehmens. Ausführlich zum Sorgfaltsmaßstab Rz. 23.12 ff.

20.30

Der Vorstand hat bei der Leitung der Gesellschaft die gesetzliche Kompetenzordnung innerhalb der AG, nämlich die Kompetenzen von Aufsichtsrat und Hauptversammlung, zu beachten. Er muss sich im Rahmen der Satzung und der für ihn verbindlichen Beschlüsse des Aufsichtsrats bewegen. Der Vorstand ist verpflichtet, die von der Hauptversammlung im Rahmen ihrer Zuständigkeit beschlossenen Maßnahmen auszuführen (§ 83 Abs. 2 AktG)[112]. Der Vorstand muss die Zwecke der Gesellschaft fördern und Schaden von ihr abwenden. Da notwendiger Bestandteil der Satzung die Festlegung des Unternehmensgegenstands ist, darf der Vorstand seine unternehmerische Tätigkeit nicht auf Bereiche ausdehnen, die nicht durch den Unternehmensgegenstand gedeckt sind[113]. Die Gegenstandsüberschreitung wiegt schwerer als die Gegenstandsunterschreitung (der Vorstand bleibt hier hinter den Vorgaben des Unternehmensgegenstands zurück); bei der Unterschreitung wird es sehr auf die Auslegung des Unternehmensgegenstands im Einzelfall ankommen. Relevant ist, ob sich dem Unternehmensgegenstand eine Verpflichtung des Vorstands entnehmen lässt, die Vorgaben umzusetzen. Grundlegende Strukturänderungen der Gesellschaft darf der Vorstand nach dem „Holzmüller"-Urteil des BGH[114], fortgeführt in den „Gelatine"-Entscheidungen[115], nur mit Zustimmung der Hauptversammlung vornehmen. Siehe zur Holzmüller/Gelatine-Rechtsprechung näher Rz. 33.41 ff.

20.31

b) Unternehmerisches Ermessen (Business Judgment Rule)

Nach § 93 Abs. 1 Satz 2 AktG liegt keine Pflichtverletzung vor, wenn das Vorstandsmitglied bei einer unternehmerischen Entscheidung vernünftigerweise annehmen durfte, auf der Grundlage angemessener Information zum Wohle der Gesellschaft zu handeln. Hierin wurde 2005 durch das UMAG[116] die

20.32

---

110 OLG Düsseldorf v. 28.11.1996 – 6 U 11/95, AG 1997, 231, 235; OLG Hamm v. 10.5.1995 – 8 U 59/94, AG 1995, 512, 514; ähnlich BGH v. 20.2.1995 – II ZR 143/93, BGHZ 129, 30, 34 zu § 16 TreuHG; *Spindler* in MünchKomm. AktG, 5. Aufl. 2019, § 93 AktG Rz. 25; *Mertens/Cahn* in KölnKomm. AktG, 3. Aufl. 2010, § 93 AktG Rz. 10; *Sailer-Coceani* in K. Schmidt/Lutter, § 93 AktG Rz. 6.
111 AllgM, *Spindler* in MünchKomm. AktG, 5. Aufl. 2019, § 93 AktG Rz. 25; *Hüffer/Koch*, § 93 AktG Rz. 7.
112 Siehe hierzu ausführlich *Streyl/Schaper*, ZIP 2017, 410; *Haertlein*, ZHR 168 (2004), 437, 442 ff.
113 Vgl. *Pentz* in MünchKomm. AktG, 5. Aufl. 2019, § 23 AktG Rz. 86; *Limmer* in BeckOGK AktG, Stand 1.6.2021, § 23 AktG Rz. 30; ausf. *Priester*, ZGR 2017, 474.
114 BGH v. 25.2.1982 – II ZR 174/80 – Holzmüller, BGHZ 83, 122 = AG 1982, 158.
115 BGH v. 26.4.2004 – II ZR 154/02 und II ZR 155/02, AG 2004, 384 ff.; siehe auch BGH v. 20.11.2006 – II ZR 226/05, AG 2007, 203; OLG Hamm v. 19.11.2007 – 8 U 216/07, ZIP 2008, 832 = AG 2008, 421; *M. Arnold*, ZIP 2005, 1573 ff.; *M. Arnold*, AG 2005, R471 f.; *M. Arnold*, AG 2008, R246.
116 Siehe hierzu *Koch*, ZGR 2006, 769, 782 ff.; *Seibert/Schütz*, ZIP 2004, 252, 254; *Weißhaupt*, WM 2004, 705, 712; ferner (teilweise noch zum Referentenentwurf) *Schütz*, DB 2004, 419 ff.; *Diekmann/Leuering*, NZG 2004, 249 ff.; *Kuthe*, BB 2004, 449 ff.

Business Judgment Rule kodifiziert[117]. Sie war bereits zuvor von der Rechtsprechung anerkannt worden[118]. Im Bereich unternehmerischen Handelns kann es also ex post betrachtet Fehlentscheidungen des Vorstands geben, die zwar zu einem Schaden der Gesellschaft führen, für die aber die Mitglieder des Vorstands rechtlich nicht einstehen müssen. Damit soll es dem Vorstand ermöglicht werden, bewusst geschäftliche Risiken einzugehen, die die Gefahr von Fehlbeurteilungen und Fehleinschätzungen mit sich bringen. Das weite unternehmerische Ermessen, das der Geschäftsführung eingeräumt wird, ist jedoch nicht grenzenlos. Eine Pflichtverletzung ist nur dann ausgeschlossen, wenn fünf Voraussetzungen erfüllt sind: Es muss eine unternehmerische Entscheidung vorliegen. Das Handeln des Vorstandsmitglieds muss frei von Sonderinteressen und sachfremden Einflüssen gewesen sein. Es muss dem Wohl der Gesellschaft gedient haben. Der Vorstand muss sich zuvor angemessen informiert haben. Bei seinem Handeln muss der Vorstand gutgläubig gewesen sein. Zu den Einzelheiten der Business Judgment Rule siehe Rz. 23.20 ff. Nach neuerer Rechtsprechung ist die Business Judgment Rule nicht auf den Insolvenzverwalter anzuwenden, wenn er anstelle des Vorstands ein Unternehmen fortführt[119].

6. Public Relations/Investor Relations

20.33 Der Vorstand in der börsennotierten AG muss sicherstellen, dass der Kapitalmarkt ordnungsgemäß informiert wird. Allerdings genügt ein Vorstand, der es allein bei der Erfüllung der gesetzlichen kapitalmarktrechtlichen Mitteilungs- und Veröffentlichungspflichten (vgl. zu diesen Pflichten ausführlich unter §§ 15–18) belässt, in der börsennotierten AG nicht zwingend bereits seinen allgemeinen Amtspflichten aus §§ 93, 76 f. AktG. Vielmehr hat er für eine weitergehende **"Pflege" des Kapitalmarktes und der Öffentlichkeit** zu sorgen. Hierbei greifen die unter den Schlagworten "Public Relations"[120] und "Investor Relations"[121] behandelten Pflichten ineinander. Unter dem Begriff der Investor Relations wird heute die Pflege von Beziehungen zu aktuellen und potentiellen Kapitalgebern verstanden[122], während Public Relations als Oberbegriff für die gesamte Presse- und Öffentlichkeitsarbeit gilt und als Zielgruppe die gesamte Öffentlichkeit erfasst[123]. Investor Relations und Public Relations können sich in der Zeit der Markt- oder Unternehmenskrise zum Aufgabenschwerpunkt entwickeln[124]. Gemäß Anregung A.3 des DCGK sollte auch der Aufsichtsrat in angemessenen Rahmen bereit sein, mit Investoren über aufsichtsratspezifische Themen Gespräche zu führen.

a) Aufgabenstellung

20.34 In der Sache geht es darum, den Bekanntheitsgrad des Unternehmens zu steigern, Vertrauen in die Aktien der Gesellschaft zu schaffen und letztlich – auch und gerade – darum, den **Börsenkurs** zum Wohl von Gesellschaft und Aktionären zu **steigern**[125]. Dabei geht es allerdings richtigerweise nicht um kurzfristige Kursveränderungen, sondern um das Sicherstellen einer angemessenen und fairen Bewertung,

---

117 Vgl. zur Business Judgment Rule grundlegend *Mutter*, Unternehmerische Entscheidungen und Haftung des Aufsichtsrats der Aktiengesellschaft, 1994, S. 206 ff.; *Ulmer*, DB 2004, 859 ff.; *Fleischer*, ZIP 2004, 685 ff.; *Fleischer*, DB 2006, 542 f.; *Grundei/v. Werder*, AG 2005, 825 ff.; *Ihrig*, WM 2004, 2098 ff.; *Kinzl*, AG 2004, R3 f.; *Langenbucher*, DStR 2005, 2083 ff.; *Roth*, BB 2004, 1066 ff.; *Wirth*, Neuere Entwicklungen bei der Organhaftung – Sorgfaltspflichten und Haftung der Organmitglieder bei der AG, in RWS-Forum 20, Gesellschaftsrecht, 2001, S. 99, 119 ff.; *Schaefer/Missling*, NZG 1998, 441, 444; *Sven H. Schneider*, DB 2005, 707 ff.; siehe zur „Amerikanisierung" des Haftungsrechts *Sieg*, DB 2002, 1759, 1760 ff.; ferner *Heermann*, ZIP 1998, 761 ff.
118 BGH v. 21.4.1997 – II ZR 175/95 – ARAG/Garmenbeck, BGHZ 135, 244 = AG 1997, 377.
119 BGH v. 12.3.2020 – IX ZR 125/17, NJW 2020, 1800 = BeckRS 2020, 8614; dazu *Gehrlein*, NZG 2020, 801; zuvor *Berger/Frege*, ZIP 2008, 204; *Berger/Frege/Nicht*, NZI 2010, 321, 323 ff.
120 Ausführlich *Jäger*, Aktiengesellschaft, § 60.
121 Eingehend *Fleischer*, ZGR 2009, 505, 506.
122 *Fleischer*, ZGR 2009, 505, 506; *Jäger*, NZG 2000, 186, 186.
123 *Jahn* in Hauschka/Moosmayer/Lösler, Corporate Compliance, § 40 Rz. 1.
124 So *Wolf* in Finanzplatz, Heft 4/2008, S. 18 ff.
125 Ausführlich zu den Zielen der IR-Arbeit *Günther/Otterbein*, ZfB 1996, 389, 397 ff.

die Vermeidung erratischer Kursschwankungen sowie die Senkung der Volatilität und der unternehmerischen Kapitalkosten[126].

Neben die Aktionäre treten als eigene Zielgruppe die Investoren in Anleihen der Gesellschaft[127] (zu Investorengesprächen Rz. 20.40). 20.35

Die **Unternehmensreputation** hat heute einen erheblichen Einfluss auf den Unternehmenswert[128], weshalb die Akzeptanz der Gesellschaft als *good corporate citizen* sowie Fragen der sozialen Verantwortung (*Corporate Social Responsibility*), des Umweltschutzes und der nachhaltigen Unternehmensführung (sog. ESG-Kriterien) eine immer größere Rolle spielen[129]. Die Öffentlichkeitsarbeit zeigt ihre positiven Effekte deshalb nicht nur bei der Bewältigung von Unternehmenskrisen[130], sondern kann unmittelbar den Unternehmenswert beeinflussen[131]. 20.36

b) Organisation

Die Einrichtung einer *Investor Relations*-Abteilung ist heute in börsennotierten Aktiengesellschaften üblich[132]. Die *Investor Relations*-Abteilung ist dabei überwiegend unmittelbar dem Vorstand zugeordnet und meist im Ressort des Finanzvorstands angesiedelt[133]. 20.37

c) Instrumente

Den Public- und Investor Relations Abteilungen öffnet sich ein weites Feld an Kommunikationsinstrumenten. Dabei lassen sich im Wesentlichen persönliche und unpersönliche Kommunikationsmittel unterscheiden. **Gängige Instrumente** „unpersönlicher" Ansprache sind[134]: 20.38

(1) Geschäftsbericht,

(2) Zwischen- und Quartalsberichte,

(3) Ad-hoc-Mitteilungen,

(4) Pressemitteilungen,

(5) Finanzanzeigen in der Tages- oder Wirtschaftspresse,

(6) Fernsehen,

(7) Aktionärsbriefe,

(8) Corporate-Governance-Berichterstattung[135],

(9) Onlinedienste, Auftritte in sozialen Medien[136].

---

126 Siehe *Landsittel*, Investorenkommunikation, 2019, S. 48 f. m.w.N.; *Jäger*, Aktiengesellschaft, § 61 Rz. 3.
127 Näher dazu *Degenhart/Heckenmüller/Bozicevic*, AG 2007, R171 f.
128 Näher zur Unternehmensreputation *Klöhn/Schmolke*, NZG 2015, 689, 691.
129 Siehe auch Abs. 2 der Präambel des DCGK; zur *Corporate Social Responsibility* siehe Rz. 20.15.
130 So noch *Krystek/Müller*, DB 1993, 1785, 1788.
131 *Klöhn/Schmolke*, NZG 2015, 689, 691.
132 So schon *Than* in FS Peltzer, 2001, S. 577, 596.
133 *Cromme/Claassen* in Hommelhoff/Hopt/v. Werder (Hrsg.), Hdb. Corporate Governance, 2. Aufl., 2009, S. 603, 609; so bereits *Günther/Otterbein*, ZfB 1996, 389, 396.
134 Näher *Landsittel*, Investorenkommunikation, 2019, S. 51 f.; siehe jeweils bereits *Günther/Otterbein*, ZfB 1996, 389, 404 ff.; *Häusele*, ZVersWiss 1997, 131, 150 ff.; *Jäger*, NZG 2000, 186, 188; weitere Beispiele bei *Jäger*, Aktiengesellschaft, § 61 Rz. 20 ff.
135 Vgl. *Lentfer/Weber*, DB 2006, 2357; siehe auch Grundsatz 22 DCGK.
136 Hierzu gehört die Bereitstellung von Text-, Bild- und Videomaterial auf unterschiedlichen Plattformen wie der unternehmenseigenen Website, RSS-Feeds, Twitter, YouTube und sozialen Netzwerken.

20.39 Diese Instrumente werden flankiert durch **Anlässe und persönliche Kontakte**, bei denen das Unternehmen und/oder seine Verantwortlichen unmittelbar „verkauft" werden[137]:

(1) Hauptversammlung,

(2) Pressekonferenzen,

(3) Unternehmenspräsentationen,

(4) Anlegermessen und -foren,

(5) Roundtable und Einzelgespräche,

(6) Roadshows[138],

(7) Betriebsbesichtigungen,

(8) Werksmuseen.

20.40 Nicht nur Gespräche mit **Multiplikatoren** wie Finanzanalysten und Wirtschaftsjournalisten sind von Bedeutung für die Investor- und Public Relations Arbeit. **Investorengespräche** in Form von Einzelgesprächen gewinnen auch aufgrund des Phänomens des *Shareholder Acitvism* (dazu Rz. 20.131) in der Praxis zunehmend an Bedeutung. Solche Gespräche werden von institutionellen Investoren insbesondere anglo-amerikanischer Prägung erwartet und initiiert[139]. Die Führung solcher Gespräche ist auch rechtlich anspruchsvoll[140]. Der Erwartungshorizont der Gesprächspartner richtet sich hier regelmäßig auf die Weitergabe vertraulicher Hintergrundinformation, was Aktien- und das Kapitalmarktrecht aber nur in engen Grenzen erlauben (dazu Rz. 14.52 ff.). Es sind insbesondere die gesetzlichen Zulässigkeitsgrenzen der Informationsweitergabe (dazu Rz. 14.68 ff.) und der Gleichbehandlung der Aktionäre zu beachten. Ziel von Investorengesprächen kann der Abschluss von Investorenvereinbarungen oder *Business Combination Agreements* sein[141].

20.41 Eine wichtige Informationsquelle für gezielte Investor-Relations-Arbeit sind auch die **Mitteilungen wesentlicher Aktionäre** nach § 43 WpHG. Danach müssen Aktionäre, die mehr als 10 % der Stimmrechte halten, u.a. angeben, welche strategischen Ziele sie verfolgen. Auch § 67 AktG erleichtert bei Namensaktien die gezielte Investorenbetreuung, indem den Gesellschaften erlaubt wird, Investoren nach entsprechender Ergänzung der Satzung besser zu identifizieren.

7. Rechnungslegung

20.42 Die AG ist nach § 238 Abs. 1 HGB zur **Buchführung** verpflichtet. Welche Handelsbücher im Einzelnen wie zu führen sind, ergibt sich aus dem Gesetz (insbesondere §§ 238 ff. HGB und §§ 150 ff. AktG sowie steuerrechtlich §§ 140 ff. AO) und den Grundsätzen ordnungsgemäßer Buchführung[142]. In diesem Kontext ist hervorzuheben, dass § 91 AktG (gesellschaftsintern) die Verantwortung dem **Vorstand** – in Gesamtverantwortung[143] – zuweist. Dies darf allerdings nicht dahin missverstanden werden, dass das Aktiengesetz zwingend davon ausgeht, dass der Vorstand selbst die Handelsbücher führt. Abgesehen etwa von Start-Up-Gesellschaften mit geringem Geschäftsumfang wird er in der Praxis lediglich

---

137 Siehe *Landsittel*, Investorenkommunikation, 2019, S. 52 ff.; *Günther/Otterbein*, ZfB 1996, 389, 407 ff.; *Häusele*, ZVersWiss 1997, 131, 150 ff.; *Jäger*, NZG 2000, 186, 187.
138 Dazu ausf. *Schlitt* in Habersack/Mülbert/Schlitt, Hdb. der Kapitalmarktinformation, § 13 Rz. 16–18.
139 Dazu ausf. *M. Arnold*, ZHR 185 (2021), 281.
140 Vgl. *Ekkenga*, NZG 2001, 1 ff.
141 Dazu ausf. *Seibt* in K. Schmidt/Lutter, § 76 AktG Rz. 35 f.
142 Näher *Merkt* in Baumbach/Hopt, § 238 HGB Rz. 12 ff.
143 Allg.M.; statt aller *Hüffer/Koch*, § 91 AktG Rz. 3.

seiner Organisations- und Überwachungspflicht nachkommen, diese Aufgabe aber im Übrigen delegieren. Das ist aktienrechtlich zulässig[144].

Einzelheiten betreffend die Rechnungslegung, namentlich den **Jahres- und den Konzernabschluss**, werden im Weiteren gesondert behandelt (siehe §§ 57, 58). In diesem Zusammenhang daher nur der Hinweis, dass dem Vorstand nicht nur die Führung der Bücher, sondern auch die **Aufstellung** der Jahresabschlüsse obliegt (vgl. § 170 Abs. 1 AktG). 20.43

Besondere Rechnungslegungspflichten treffen schließlich im faktischen Konzern den Vorstand der abhängigen Gesellschaft. Er hat geschäftsjährlich Bericht über die Beziehungen zu verbundenen Unternehmen („**Abhängigkeitsbericht**") zu erstatten (§ 312 AktG). Darin sind alle Rechtsgeschäfte, die die Gesellschaft im vergangenen Geschäftsjahr mit dem herrschenden oder einem mit ihm verbundenen Unternehmen oder auf Verlangen oder im Interesse dieser Unternehmen vorgenommen hat, und alle anderen Maßnahmen, die sie auf Veranlassung oder im Interesse dieser Unternehmen im vergangenen Geschäftsjahr getroffen oder unterlassen hat, aufzuführen (§ 312 Abs. 1 AktG). Bei den Rechtsgeschäften sind Leistung und Gegenleistung, bei den Maßnahmen die Gründe der Maßnahmen und deren Vorteile und Nachteile für die Gesellschaft anzugeben. Bei einem Ausgleich von Nachteilen ist im Einzelnen anzugeben, wie der Ausgleich während des Geschäftsjahres tatsächlich erfolgt ist, oder auf welche Vorteile der Gesellschaft ein Rechtsanspruch gewährt worden ist. Am Schluss des Berichts hat der Vorstand zu erklären, ob die Gesellschaft nach den Umständen, die in dem Zeitpunkt bekannt waren, in dem das Rechtsgeschäft vorgenommen oder die Maßnahme getroffen oder unterlassen wurde, bei jedem Rechtsgeschäft eine angemessene Gegenleistung erhielt und dadurch, dass die Maßnahme getroffen oder unterlassen wurde, nicht benachteiligt wurde (§ 312 Abs. 3 AktG). Wurde die Gesellschaft benachteiligt, so hat er außerdem zu erklären, ob die Nachteile ausgeglichen worden sind. Die Erklärung ist auch in den Lagebericht aufzunehmen. 20.44

8. Verlustanzeige und Insolvenz

Den Vorstand treffen bestimmte gesetzliche Pflichten, wenn die Gesellschaft in eine **wirtschaftliche Schieflage** gerät. § 92 AktG regelt die Vorstandspflichten bei Verlust des hälftigen Grundkapitals sowie bei Überschuldung oder Zahlungsunfähigkeit der Gesellschaft. 20.45

a) Verlustanzeigepflicht (§ 92 AktG)

Ergibt sich bei Aufstellung der Jahres- oder einer Zwischenbilanz oder ist bei pflichtgemäßem Ermessen anzunehmen, dass ein Verlust in Höhe des hälftigen Grundkapitals besteht, hat der Vorstand **unverzüglich die Hauptversammlung einzuberufen und ihr dies anzuzeigen** (§ 92 AktG). Zusätzlich muss er in der Regel eine Ad-hoc-Mitteilung veröffentlichen[145]. Zweck der Regelung ist, dass in einer solchen Krisensituation die Aktionäre unverzüglich informiert werden, um geeignete Maßnahmen zu ergreifen[146]. Als Maßnahmen kommen insbesondere Kapitalveränderungen oder die Auflösung der Gesellschaft in Betracht, für die jeweils ein Hauptversammlungsbeschluss erforderlich ist. Aus § 92 i.V.m. § 121 Abs. 1 AktG folgt, dass der Vorstand in einer solchen Situation die Einberufung einer Hauptversammlung nicht mit dem Argument unterlassen darf, dass das Wohl der Gesellschaft dies nicht erfordere. Ob laufende, aussichtsreiche Sanierungsverhandlungen ein kurzfristiges Hinauszögern 20.46

---

144 Vgl. *Spindler* in MünchKomm. AktG, 5. Aufl. 2019, § 91 AktG Rz. 8; *Fleischer* in BeckOGK AktG, Stand 1.6.2021, § 91 AktG Rz. 16 f.
145 *Sailer-Coceani* in K. Schmidt/Lutter, § 92 AktG Rz. 7.
146 BGH v. 9.7.1979 – II ZR 211/76, WM 1979, 853, 857 = AG 1979, 263; *Mertens/Cahn* in KölnKomm. AktG, 3. Aufl. 2010, § 92 AktG Rz. 6; *Hüffer/Koch*, § 92 AktG Rz. 1; *Hoffmann-Becking* in MünchHdb. AG, § 25 Rz. 99; a.A. *Martens*, ZGR 1972, 254, 271.

der Hauptversammlung rechtfertigen, ist nicht abschließend geklärt und im Zweifel restriktiv zu behandeln[147].

20.47 Ein **Verlust in Höhe des hälftigen Grundkapitals** besteht nach h.M., wenn der Bilanzverlust nach Verrechnung mit dem gesamten offen ausgewiesenen Eigenkapital, also mit

- freien und gesetzlichen Rücklagen,
- Bilanzgewinn einschließlich Gewinnvortrag,
- dem Eigenkapital in den Sonderposten mit Rücklagenanteil,

die Hälfte des Grundkapitals übersteigt[148]. Abweichend hiervon stellt eine Mindermeinung hinsichtlich des Begriffs „Verlust" in § 92 AktG auch auf den Jahresfehlbetrag i.S.d. § 266 Abs. 3 lit. A Nr. V HGB ab[149]. Da die Pflicht zur Information der Hauptversammlung jedoch nicht von der Struktur des Eigenkapitals abhängen kann, ist hier der h.M. zu folgen[150]. Für die Ansatz- und Bewertungsregeln sind grundsätzlich die für die Jahresbilanz geltenden Regelungen (§§ 246 ff., 252 ff. HGB) anwendbar[151]. Anders als bei der Feststellung eines Überschuldungsstatus nach § 15a Abs. 1 Satz 1 InsO sind bei der Feststellung, ob ein Verlust in der Höhe des hälftigen Grundkapitals besteht, keine Verkehrswerte anzusetzen[152]. Bei positiver Fortbestehungsprognose verbleibt es bei den Buchwerten. Ist sie negativ, muss in der Bilanz zur Feststellung des hälftigen Kapitalverlusts von Liquidationswerten ausgegangen werden[153]. Stille Reserven unterliegen den für den Jahresabschluss geltenden Regeln. Für die Feststellung des Verlusts des hälftigen Grundkapitals dürfen sie demnach nur aufgelöst werden, soweit sie auch im Jahresabschluss aufgelöst werden dürften[154].

20.48 Der Vorstand muss **unverzüglich**, also ohne schuldhaftes Zögern (§ 121 Abs. 1 Satz 1 BGB), die **Hauptversammlung einberufen** und **Verlustanzeige erstatten**, wenn sich dieser Verlust bei Aufstellung der Jahresbilanz oder einer Zwischenbilanz ergibt. Zusätzlich hat er die Kapitalentwicklung laufend zu beobachten. Ergeben sich Anzeichen eines hälftigen Kapitalverlusts, muss der Vorstand eine Zwischenbilanz zur endgültigen Klärung aufstellen[155]. Die Verlustanzeige muss eindeutig zur Tagesordnung angekündigt werden (§ 124 Abs. 1 AktG); der vage Hinweis auf einen Bericht nach § 92 AktG reicht hierfür nicht aus. Der Vorstand ist verpflichtet, ein konkretes Konzept zur Sanierung vorzubereiten und den Aktionären vorzustellen[156]. Bestenfalls geschieht dies bereits in der unmittelbar stattfindenden Hauptversammlung; zwingend ist dies jedoch nicht.

---

147 Vgl. zum Meinungsstand *Hüffer/Koch*, § 92 AktG Rz. 6 und *Fleischer* in BeckOGK AktG, Stand 1.6.2021, § 92 AktG Rz. 12 ff.
148 Vgl. dazu BGH v. 14.10.1958 – VI ZR 189/57, BB 1958, 1181 f.; BGH v. 9.10.1958 – II ZR 348/56, WM 1958, 1416 f. = AG 1958, 293; OLG Köln v. 5.5.1977 – 14 U 46/76, AG 1978, 17, 22; *Mertens/Cahn* in KölnKomm. AktG, 3. Aufl. 2010, § 92 AktG Rz. 8 f.; *Hoffmann-Becking* in MünchHdb. AG, § 25 Rz. 101; *Müller*, ZGR 1985, 191, 206 f.
149 *Habersack/Foerster* in Großkomm. AktG, 5. Aufl. 2014, § 92 AktG Rz. 15 ff.
150 *Hüffer/Koch*, § 92 AktG Rz. 2.
151 *Fleischer* in BeckOGK AktG, Stand 1.6.2021, § 92 AktG Rz. 8; *Habersack/Foerster* in Großkomm. AktG, 5. Aufl. 2014, § 92 AktG Rz. 23. Zu weiteren Besonderheiten der Verlustanzeigebilanz siehe *Kühnberger*, DB 2000, 2077; *Mertens/Cahn* in KölnKomm. AktG, 3. Aufl. 2010, § 92 AktG Rz. 9 ff.
152 Vgl. nur *Hoffmann-Becking* in MünchHdb. AG, § 25 Rz. 101.
153 Vgl. nur *Hoffmann-Becking* in MünchHdb. AG, § 25 Rz. 101.
154 *Habersack/Foerster* in Großkomm. AktG, 5. Aufl. 2014, § 92 AktG Rz. 23; *Mertens/Cahn* in KölnKomm. AktG, 3. Aufl. 2010, § 92 AktG Rz. 9; *Hoffmann-Becking* in MünchHdb. AG, § 25 Rz. 101; *Hüffer/Koch*, § 92 AktG Rz. 4; *Müller*, ZGR 1985, 191, 205 f.; *Spindler* in MünchKomm. AktG, 5. Aufl. 2019, § 92 AktG Rz. 14.
155 BGH v. 20.2.1995 – II ZR 9/94, ZIP 1995, 560, 561; *Hoffmann-Becking* in MünchHdb. AG, § 25 Rz. 100.
156 *Liebscher* in Beck'sches Hdb. AG, 3. Aufl. 2018, § 6 Rz. 121.

Ist **bereits Insolvenzantrag gestellt**, entfällt nach h.M. das Erfordernis, nach § 92 Abs. 1 AktG die Hauptversammlung einzuberufen[157]. 20.49

b) Pflicht zur Stellung des Insolvenzantrags (§ 15a Abs. 1 Satz 1 InsO)

Wird die Gesellschaft **zahlungsunfähig** oder ergibt sich eine **Überschuldung** der Gesellschaft, hat der Vorstand ohne schuldhaftes Zögern, spätestens aber drei Wochen nach Eintritt der Zahlungsunfähigkeit und sechs Wochen nach Eintritt der Überschuldung die Eröffnung des Insolvenzverfahrens zu beantragen (§ 15a Abs. 1 Satz 1 InsO). 20.50

Die **Zahlungsunfähigkeit** bemisst sich nach § 17 Abs. 2 InsO. Zahlungsunfähigkeit ist danach gegeben, wenn die Gesellschaft nicht in der Lage ist, ihre fälligen Zahlungspflichten zu erfüllen (§ 17 Abs. 2 Satz 1 InsO). Nach § 17 Abs. 2 Satz 2 InsO ist Zahlungsunfähigkeit in der Regel anzunehmen, wenn die Gesellschaft ihre Zahlungen eingestellt hat. Zahlungseinstellung ist dasjenige äußere Verhalten des Schuldners, in dem sich typischerweise eine Zahlungsunfähigkeit ausdrückt. Es muss sich für die beteiligten Verkehrskreise der berechtigte Eindruck aufdrängen, dass der Schuldner nicht in der Lage ist, seine fälligen Zahlungspflichten zu erfüllen[158]. Ist die Gesellschaft in der Lage, sich innerhalb von drei Wochen die zur Begleichung der fälligen Forderungen benötigten finanziellen Mittel zu beschaffen, begründet die vorübergehende Zahlungsstockung keine Zahlungseinstellung und damit auch keine Zahlungsunfähigkeit[159]. Begründet nicht bereits die Zahlungseinstellung die Zahlungsunfähigkeit, muss die Zahlungsunfähigkeit auf andere Weise festgestellt werden. Hier kommt es darauf an, ob die AG außerstande ist, ihre fälligen, auf Geld gerichteten Verbindlichkeiten wegen eines objektiven, kurzfristig nicht behebbaren Mangels an Zahlungsmitteln zu erfüllen[160]. Nach der Rechtsprechung wird die Zahlungsunfähigkeit ab 10 % nicht bedienbarer Geldschulden widerlegbar vermutet, insofern nicht mit an Sicherheit grenzender Wahrscheinlichkeit zu erwarten ist, dass die Liquiditätslücke demnächst geschlossen wird und den Gläubigern ein Zuwarten nach den besonderen Umständen des Einzelfalls zuzumuten ist[161]. 20.51

Überschuldung liegt nach dem geltenden zweistufigen Überschuldungsbegriff vor, wenn das Vermögen der Gesellschaft die bestehenden Verbindlichkeiten nicht mehr deckt, es sei denn, die Fortführung des Unternehmens in den nächsten zwölf Monaten ist überwiegend wahrscheinlich (§ 19 Abs. 2 Satz 1 InsO)[162]. Eine positive Fortführungsprognose schließt den Eintritt der rechtlichen Überschuldung aus. Dies entspricht der Rechtslage vor Inkrafttreten der InsO am 1.1.1995[163]. In der Folge galt ein rein rechnerischer Überschuldungsbegriff. Der Gesetzgeber ist, nachdem sich die Finanzkrise verschärfte, im Jahr 2008 zum zweistufigen Überschuldungsbegriff zurückgekehrt[164]. Zunächst sollte ab dem 1.1.2014 20.52

---

157 Vgl. zum Meinungsstand *Hüffer/Koch*, § 92 AktG Rz. 5 f. und *Sailer-Coceani* in K. Schmidt/Lutter, § 92 AktG Rz. 10.
158 BGH v. 12.10.2006 – IX ZR 228/03, ZIP 2006, 2222 = MDR 2007, 488; RG v. 28.9.1920 – VII 93/20, RGZ 100, 62, 65; BGH v. 11.10.1961 – VIII ZR 113/60, NJW 1962, 102 = MDR 1962, 49; *Bußhardt* in Braun, 8. Aufl. 2020, § 17 InsO Rz. 45.
159 BGH v. 24.5.2005 – IX ZR 123/04, BGHZ 163, 134 = GmbHR 2005, 1117; vgl. *Hoffmann-Becking* in MünchHdb. AG, § 25 Rz. 109; *Liebscher* in Beck'sches Hdb. AG, 8. Aufl. 2020, § 6 Rz. 121a.
160 Vgl. die Nachweise bei *Hüffer/Koch*, § 92 AktG Rz. 11.
161 BGH v. 9.10.2012 – II ZR 298/11, BGHZ 195, 42 = NZG 2012, 1379; BGH v. 24.5.2005 – IX ZR 123/04, BGHZ 163, 134 = NJW 2005, 3062.
162 Zur Entwicklung des Überschuldungsbegriffs und krit. zur Begrenzung des Prognosezeitraums auf zwölf Monate *Gehrlein*, GmbHR 2021, 183; zu Besonderheiten nach dem COVID-19-Insolvenzaussetzungsgesetz Rz. 20.55.
163 Vgl. zur alten Rechtslage BGH v. 13.7.1992 – II ZR 269/91, BGHZ 119, 201, 213 f. = GmbHR 1992, 659.
164 Vgl. ausführlich zum Überschuldungsbegriff *Kliebisch/Linsenbarth*, DZWIR 2012, 232, 233 ff.; vgl. ferner *Mertens/Cahn* in KölnKomm. AktG, 3. Aufl. 2010, Anh. § 92 AktG Rz. 12; *Hüffer/Koch*, § 92 AktG Rz. 13.

wieder der rein rechnerische Überschuldungsbegriff maßgeblich sein[165]. Im Dezember 2012 ordnete der Gesetzgeber jedoch die unbeschränkte Geltung des zweistufigen Überschuldungsbegriffs an[166]. Die Abkehr vom rein rechnerischen Überschuldungsbegriff soll bewirken, dass Unternehmen, die infolge hoher Wertverluste, die sie insbesondere bei Aktien und Immobilien erlitten haben, keinen Insolvenzantrag stellen müssen, wenn ihre Fortführung überwiegend wahrscheinlich ist[167]. Die Aufstellung der Fortführungsprognose obliegt den nach § 15a InsO Antragsberechtigten[168]. Zur Feststellung der Überschuldung ist die **Aufstellung einer Überschuldungsbilanz** erforderlich. Dabei handelt es sich um eine Sonderbilanz, die nicht aus der Jahresbilanz ermittelt werden kann[169]. Im Rahmen der Überschuldungsprüfung sind beim maßgeblichen zweistufigen Überschuldungsbegriff stets Liquidationswerte anzusetzen[170]. Dagegen konnten in der Vergangenheit bei Maßgeblichkeit des rechnerischen Überschuldungsbegriffs im Fall einer positiven Fortführungsprognose ausnahmsweise Fortführungswerte angesetzt werden[171].

20.53 Ist Zahlungsunfähigkeit eingetreten oder ergibt sich eine Überschuldung der Gesellschaft, muss der Vorstand ohne schuldhaftes Zögern, spätestens aber drei Wochen nach Eintritt der Zahlungsunfähigkeit und sechs Wochen nach Eintritt der Überschuldung, die **Eröffnung des Insolvenzverfahrens beantragen** (§ 15a Abs. 1 Satz 1 InsO). Die dreiwöchige Frist beginnt nach vordringender Ansicht nicht erst, wenn positive Kenntnis vom Eintritt der Zahlungsunfähigkeit oder der Überschuldung besteht oder wenn der Vorstand sich böswillig einer sich nach den Fakten aufdrängenden Kenntnisnahme verschließt[172], sondern bereits mit objektiver Erkennbarkeit[173]. Der Antrag auf Eröffnung eines Insolvenzverfahrens über das Vermögen der AG ist vom Gesamtvorstand zu stellen; den Antrag kann aber auch jedes einzelne Mitglied des Vorstands stellen, wenn der Eröffnungsgrund glaubhaft gemacht wird (§ 15 Abs. 1 InsO).

20.54 Verletzen Vorstandsmitglieder ihre Pflichten nach § 15a Abs. 1 Satz 1 InsO, können sie sich **schadensersatzpflichtig** machen. Ebenfalls droht die Strafbarkeit der Vorstandsmitglieder (§ 15a Abs. 4 und 5 InsO).

20.55 Zur Abmilderung der Auswirkungen der COVID-19-Pandemie wurde die Pflicht zur Stellung eines Insolvenzantrags gem. § 15a InsO am 27.3.2020 bis zum 30.9.2020 ausgesetzt (§ 1 COVInsAG[174]), insofern die Insolvenzreife auf Folgen der COVID-19-Pandemie beruhte und wenn Aussichten darauf

---

165 Art. 5 i.V.m. Art. 7 Abs. 2 Finanzmarktstabilisierungsgesetz (FMStG) v. 17.10.2008 (BGBl. I 2008, 1982), modifiziert durch das Gesetz zur Erleichterung der Sanierung von Unternehmen (ESUG) v. 24.9.2009 (BGBl. I 2009, 3151).
166 Durch Art. 18 des Gesetzes zur Einführung einer Rechtsbehelfsbelehrung im Zivilprozess und zur Änderung anderer Vorschriften v. 5.12.2012 (BGBl. I 2012, 2418).
167 BT-Drucks. 16/10600, S. 13.
168 *Hüffer/Koch*, § 92 AktG Rz. 21.
169 BGH v. 2.4.2001 – II ZR 261/99, WM 2001, 959, 960 = GmbHR 2001, 473; a.A. *Mertens/Cahn* in KölnKomm. AktG, 3. Aufl. 2010, Anh. § 92 AktG Rz. 15; zu den Einzelheiten der Überschuldungsbilanz siehe *Spindler* in MünchKomm. AktG, 5. Aufl. 2019, § 92 AktG Rz. 64 ff.; *Hüffer/Koch*, § 92 AktG Rz. 17 ff.
170 *Mertens/Cahn* in KölnKomm. AktG, 3. Aufl. 2010, Anh. § 92 AktG Rz. 13; *Hüffer/Koch*, § 92 AktG Rz. 20.
171 BT-Drucks. 12/7302, S. 157; BGH v. 9.10.2006 – II ZR 303/05, BB 2007, 125 = GmbHR 2006, 1334.
172 So noch BGH v. 9.7.1979 – II ZR 118/77, BGHZ 75, 96, 110 f. = AG 1979, 258.
173 BGH v. 29.11.1999 – II ZR 273/98, BGHZ 143, 184 = GmbHR 2000, 182 (zum GmbH-Recht); *Hüffer/Koch*, § 92 AktG Rz. 23; *Sailer-Coceani* in K. Schmidt/Lutter, Anh. § 92 AktG: § 15a InsO Rz. 10; *Fleischer* in BeckOGK AktG, Stand 1.6.2021, § 92 AktG Rz. 83; *Bayer/Schmidt*, AG 2005, 644.
174 Gesetz zur vorübergehenden Aussetzung der Insolvenzantragspflicht und zur Begrenzung der Organhaftung durch die COVID-19-Pandemie bedingten Insolvenz (COVInsAG) v. 27.3.2020 (BGBl. I 2020, 569).

bestanden, eine bestehende Zahlungsunfähigkeit zu beseitigen[175]. Danach wurde vom 1.10. bis zum 31.12.2020 die Pflicht zur Stellung eines Insolvenzantrags wegen Überschuldung ausgesetzt (§ 2 COVInsAG). Die Antragspflicht wurde weiterhin bis zum 30.4.2021 ausgesetzt, insofern zwischen November 2020 und Februar 2021 ein Antrag auf Gewährung von Hilfeleistungen aus dem staatlichen Hilfsprogramm zur Abmilderung der Folgen der Pandemie gestellt wurde (§ 3 COVInsAG). Die Regelungen werden flankiert von weiteren Erleichterungen, um das Unternehmen fortführen zu können und die Insolvenzlage zu beseitigen (§§ 2–6 COVInsAG).

c) Zahlungsverbot

Das in § 92 Abs. 2 AktG a.F. geregelte Zahlungsverbot nach Eintritt der Insolvenzreife wurde zum 1.1.2021 durch das SanInsFoG in § 15b Abs. 1 Satz 1 InsO überführt. Hiernach darf der Vorstand keine Zahlungen mehr leisten, nachdem die Zahlungsunfähigkeit der Gesellschaft eingetreten ist oder sich ihre Überschuldung ergeben hat. Die Vorschrift soll die Schmälerung der Insolvenzmasse verhindern. Dem **Zahlungsverbot nach § 15b Abs. 1 InsO** (wie auch § 92 Abs. 2 AktG a.F.) liegt ein umfassendes Verständnis des Zahlungsbegriffs zugrunde[176]. Ausdrücklich vom Zahlungsverbot ausgenommen sind Zahlungen, die auch nach Eintreten des Insolvenzgrunds mit der Sorgfalt eines ordentlichen und gewissenhaften Geschäftsleiters vereinbar sind (§ 15b Abs. 1 Satz 2 InsO, § 92 Abs. 2 Satz 2 AktG a.F.). Dies gilt auch für die Abführung von Arbeitnehmerbeiträgen zur Sozialversicherung[177]. § 15b Abs. 5 Satz 1 InsO (§ 92 Abs. 2 Satz 3 AktG a.F.) sieht zudem ein Verbot von Zahlungen an Aktionäre vor, soweit diese zur Zahlungsunfähigkeit der AG führen. Die Vorschrift betrifft etwa Rückzahlungen von Aktionärsdarlehen, die zur Zahlungsunfähigkeit der Gesellschaft führen[178].

20.56

9. Besonderheiten im Konzern

Durch die Entstehung eines Konzernverhältnisses verändern sich die Leitungspflichten der beteiligten Vorstände; die Reichweite ist noch nicht abschließend geklärt und teilweise sehr umstritten. Die gesetzliche Regelung ist unvollständig[179]. Die Rechtslage ist zudem vom Grad der Konzernierung abhängig. Zu unterscheiden sind dabei insbesondere faktische Konzerne, die auf bloßem Mehrheitsbesitz (vgl. § 17 Abs. 2, § 18 Abs. 1 Satz 3 AktG) beruhen, und Vertragskonzerne, bei denen ein Beherrschungsvertrag (§ 291 AktG) zwischen dem herrschenden Unternehmen und dem abhängigen Unternehmen besteht.

20.57

a) Vorstand der Obergesellschaft

Im Konzern stellt sich die Frage, ob den Vorstand des herrschenden Unternehmens die Pflicht trifft, auch das abhängige Unternehmen zu leiten. Hierbei müssen Pflichten gegenüber der eigenen Gesellschaft und Pflichten gegenüber dem abhängigen Unternehmen unterschieden werden. Gegenüber dem abhängigen Unternehmen besteht generell keine Pflicht des Vorstands des herrschenden Unternehmens, eine Leitungsaufgabe zu übernehmen[180]. Im faktischen Konzern stehen einer solchen Pflicht

20.58

---

175 Ausf. dazu *Hüffer/Koch*, § 92 AktG Rz. 21a ff.; *Morgen/Arends*, ZIP 2021, 447.
176 BT-Drucks. 19/24181, S. 194; zuvor BGH v. 29.11.1999 – II ZR 273/98, BGHZ 143, 184, 186 ff. = GmbHR 2000, 182; BGH v. 11.9.2000 – II ZR 370/99, NJW 2001, 304 f. = GmbHR 2000, 1149; *Hüffer/Koch*, § 92 AktG Rz. 33 sowie *Weber/Brügel*, DB 2004, 1923, 1924.
177 BT Drucks. 19/24181, S. 195; BGH v. 14.5.2007 – II ZR 48/06, ZIP 2007, 1265 = NJW 2007, 2118 = AG 2007, 548; bestätigt von BGH v. 2.6.2008 – II ZR 27/07, ZIP 2008, 1275 = GmbHR 2008, 815; anders noch BGH v. 8.1.2001 – II ZR 88/99, BGHZ 146, 264, 274 f. = AG 2001, 303; BGH v. 18.4.2005 – II ZR 61/03, BB 2005, 1905 = GmbHR 2005, 874; vgl. hierzu *Altmeppen*, NJW 2007, 2121; *Goette*, DStR 2007, 1176; *Beck*, ZInsO 2007, 1233, 1236 ff.
178 Siehe dazu *Möller*, Der Konzern 2008, 1, 8 ff.
179 *Fleischer* in BeckOGK AktG, Stand 1.6.2021, § 76 AktG Rz. 92.
180 *Fleischer* in BeckOGK AktG, Stand 1.6.2021, § 76 AktG Rz. 99.

bereits die begrenzten rechtlichen Einwirkungsmöglichkeiten entgegen. Im Vertragskonzern besteht zwar ein Weisungsrecht (§ 308 AktG) gegenüber dem Vorstand der abhängigen Gesellschaft; aus ihm folgt jedoch keine Weisungspflicht. Eine Konzernleitungspflicht könnte sich deshalb nur aus dem Gesetz oder aus Pflichten gegenüber dem eigenen – herrschenden – Unternehmen ergeben[181]. Überwiegend wird aber angenommen, dass der Vorstand seine Leitungspflicht nicht auch auf abhängige Unternehmen ausdehnen muss; folgerichtig wird eine **Konzernleitungspflicht** des Vorstands des herrschenden Unternehmens diesem gegenüber[182] im genannten Sinn abgelehnt[183]. Dem ist zuzustimmen, da das Konzernrecht im Rahmen der §§ 311 ff. AktG die Unabhängigkeit und Eigenverantwortlichkeit des Vorstands des abhängigen Unternehmens respektiert[184]. Der Vorstand des herrschenden Unternehmens entscheidet nach eigenem Ermessen, ob und wie er Tochterunternehmen in seine Leitung aufnimmt[185]. Zur Compliance-Verantwortung des Vorstands im Konzern siehe Rz. 20.29.

20.59 Davon unabhängig ist jedoch der Vorstand des herrschenden Unternehmens diesem gegenüber verpflichtet, im Rahmen seiner Sorge für die Gegenstände des Gesellschaftsvermögens eine **sorgfältige Beteiligungsverwaltung** durchzuführen und die Beteiligungsrechte in verantwortlicher Weise auszuüben. Er muss die sich aus den Beteiligungen ergebenden Einflussrechte entsprechend den an die Geschäftsführung und die Leitung anzulegenden Pflichten eines ordentlichen und gewissenhaften Geschäftsleiters wahrnehmen, um die Interessen der herrschenden Gesellschaft zu wahren und die Rentabilität zu sichern[186]. Dies kann insbesondere im Vertragskonzern erfordern, Aufsichtsratsmitglieder zu entsenden, einen strategischen Rahmen für die Konzernunternehmen vorzugeben oder die Konzernunternehmen aufeinander abzustimmen[187]. Dazu können auch Konzernrichtlinien zählen, ein konzernweites Risikomanagementsystem oder der Abschluss eines Konzernkoordinationsvertrags (Relationship Agreement)[188]. Bei dieser Beteiligungsverwaltung wird man auch unterscheiden können, ob es sich um eine bloße Finanzbeteiligung oder um eine strategische Beteiligung handelt. Allerdings lässt sich auch aus diesen Gesichtspunkten weder für den Vertragskonzern noch für den faktischen Konzern eine Leitungspflicht des Vorstands des herrschenden Unternehmens entnehmen. Insbesondere ist der Vorstand nicht generell verpflichtet, von seinem Weisungsrecht im Vertragskonzern Gebrauch zu machen[189]. Es bleibt insoweit bei einer unternehmerischen Ermessensentscheidung[190].

20.60 Der Vorstand der Obergesellschaft hat allerdings regelmäßig einen **ausreichenden Informationsfluss** innerhalb des Konzerns sicherzustellen, weil er eine Vielzahl von Konzerninformationen zur Erfüllung

---

181 *Fleischer* in BeckOGK AktG, Stand 1.6.2021, § 76 AktG Rz. 99.
182 Erst recht gegenüber dem abhängigen Unternehmen; ganz h.M., siehe nur *Habersack* in Emmerich/Habersack, Aktien- und GmbH-Konzernrecht, § 311 AktG Rz. 10 f. sowie dort die Nachw. in Fn. 25 ff.
183 Vgl. *Fleischer* in BeckOGK AktG, Stand 1.6.2021, § 76 AktG Rz. 95 ff.; *Hüffer/Koch*, § 76 AktG Rz. 47; *Mertens/Cahn* in KölnKomm. AktG, 3. Aufl. 2010, § 76 AktG Rz. 65; *Habersack* in Emmerich/Habersack, Aktien- und GmbH-Konzernrecht, § 311 AktG Rz. 11; *Holle*, Legalitätskontrolle, 2014, S. 94 ff.; a.A. *Hommelhoff*, Die Konzernleitungspflicht, 1982, S. 43 ff., 165 ff., 184 ff.; *Wentrup* in MünchHdb. AG, § 19 Rz. 38; zum Ganzen *Koch*, ZIP 2020, 2485, 2487; *Götz*, ZGR 1998, 524, 526 ff.; *Kropff*, ZGR 1984, 112 ff.; *Martens* in FS Heinsius, 1991, S. 523, 530 ff.; *Spindler* in MünchKomm. AktG, 5. Aufl. 2019, § 76 AktG Rz. 46 ff.
184 *Seibt* in K. Schmidt/Lutter, § 76 AktG Rz. 48.
185 Siehe auch *Semler*, ZGR 2004, 631, 656 f.
186 *Seibt* in K. Schmidt/Lutter, § 76 AktG Rz. 48.
187 Zu dieser Leitungsaufgabe und weiteren Möglichkeiten der Konzernoberleitung siehe *Fleischer* in BeckOGK AktG, Stand 1.6.2021, § 76 AktG Rz. 101 ff.
188 *Seibt* in K. Schmidt/Lutter, § 76 AktG Rz. 48.
189 Vgl. nur *Hüffer/Koch*, § 76 AktG Rz. 50; *Seibt* in K. Schmidt/Lutter, § 76 AktG Rz. 48; a.A. wohl *Götz*, ZGR 1998, 524, 526. Im Einzelfall kann jedoch eine solche Verpflichtung bestehen, siehe nur *Habersack* in Emmerich/Habersack, Aktien- und GmbH-Konzernrecht, § 323 AktG Rz. 4.
190 *Seibt* in K. Schmidt/Lutter, § 76 AktG Rz. 48 f.

der gesetzlichen Pflichten des herrschenden Unternehmens benötigt[191]. Hierzu sieht das Gesetz vereinzelt besondere Auskunftsansprüche vor (siehe z.B. § 294 Abs. 3 HGB). Auch kapitalmarktrechtliche Pflichten (z.B. Art. 17 MMVO[192], §§ 33 ff. WpHG) verlangen die Sicherstellung eines ausreichenden Informationsflusses. Derartige Informationen sind besonders privilegiert. Nach § 131 Abs. 4 Satz 3 AktG müssen Informationen, die aufgrund des Konzernverhältnisses erteilt wurden, nicht auch an andere Aktionäre in der Hauptversammlung mitgeteilt werden[193]. Diese Privilegierung gilt nach h.M. auch im faktischen Konzern[194]. Zu beachten ist auch, dass sich die Auskunftspflicht des Vorstands eines Mutterunternehmens in der Hauptversammlung, der der Konzernabschluss und der Konzernlagebericht vorgelegt wurden, auch auf die Lage des Konzerns und der in dem Konzernbeschluss einbezogenen Unternehmen erstreckt[195].

b) Vorstand der Untergesellschaft

Für den Vorstand der **eingegliederten** Gesellschaft und der durch einen **Beherrschungsvertrag** mit einem herrschenden Unternehmen verbundenen Gesellschaft **gilt § 76 Abs. 1 AktG nur eingeschränkt**. In beiden Fällen ist der Vorstand der Hauptgesellschaft bzw. der herrschenden AG gegenüber dem Vorstand der Untergesellschaft weisungsbefugt (§ 323 Abs. 1, § 308 AktG). Mit Ausnahme von gesetzes- oder satzungswidrigen Weisungen muss der Vorstand entsprechenden Weisungen folgen[196]. Soweit keine Weisungen erteilt werden, bleibt es bei der allgemeinen Regelung des § 76 Abs. 1 AktG. Der Vorstand des eingegliederten oder mittels Beherrschungsvertrags beherrschten Unternehmens ist insoweit berechtigt und verpflichtet, die Gesellschaft in eigener Verantwortung zu leiten[197]. 20.61

Im **faktischen Konzern** verbleibt es bei der eigenverantwortlichen Leitung des abhängigen Unternehmens durch dessen Vorstand (§ 76 Abs. 1 AktG). Ein Weisungsrecht des herrschenden Unternehmens besteht nicht; es kann allenfalls zur Veranlassung von Maßnahmen kommen[198], wobei selbstverständlich in einer Weisung auch eine Veranlassung zu sehen ist. Treffender ist daher folgende Aussage: Der Vorstand ist gegenüber dem herrschenden Unternehmen **nicht verpflichtet**, dessen Veranlassungen zu folgen, unabhängig davon, ob sie für sein Unternehmen vorteil- oder nachteilhaft sind[199]. Vorteilhafte Veranlassungen muss er in seine eigenverantwortliche Leitung einbeziehen, d.h. er hat nach eigenem Ermessen, geleitet vom Interesse des abhängigen Unternehmens, zu prüfen, ob er die Maßnahme ausführt[200]. Dies kann sich im Einzelfall gegenüber dem abhängigen Unternehmen zu einer Pflicht verdichten, solchen Veranlassungen des herrschenden Unternehmens nachzukommen[201]. Der **Vorstand des abhängigen Unternehmens** ist **zur Befolgung auch nachteiliger Veranlassungen berechtigt**, wenn sie im Konzerninteresse liegen, der Nachteil einem Einzelausgleich i.S.d. § 311 AktG zugänglich ist und der Ausgleich zu erwarten, also das herrschende Unternehmen dazu imstande und bereit ist[202]. Im faktischen Konzern treffen den Vorstand des abhängigen Unternehmens zudem **Orga-** 20.62

---

191 *Fleischer* in BeckOGK AktG, Stand 1.6.2021, § 76 AktG Rz. 111; ausführlich *Holle*, Legalitätskontrolle, 2014, S. 123 ff.; *Mader*, Informationsfluss, 2016; für einen für umfassenderen Konzerninformationsanspruch *Schockenhoff*, NZG 2020, 1001, 1008 ff.
192 Vormals § 15 WpHG a.F.
193 Siehe *Kubis* in MünchKomm. AktG, 4. Aufl. 2018, § 131 AktG Rz. 162.
194 LG München I v. 26.4.2007 – 5 HK O 12848/06, Der Konzern 2007, 448; *Spindler* in K. Schmidt/Lutter, § 131 AktG Rz. 100 m.w.N.
195 Siehe dazu etwa *M. Arnold/Wasmann*, AG 2003, R226 f.
196 *Seibt* in K. Schmidt/Lutter, § 76 AktG Rz. 51.
197 Siehe nur *Habersack* in Emmerich/Habersack, Aktien- und GmbH-Konzernrecht, § 323 AktG Rz. 7.
198 *Krieger* in MünchHdb. AG, § 70 Rz. 31.
199 *Seibt* in K. Schmidt/Lutter, § 76 AktG Rz. 51.
200 Vgl. *Fleischer* in BeckOGK AktG, Stand 1.6.2021, § 76 AktG Rz. 112; *Hoffmann-Becking*, ZHR 150 (1986), 570, 579.
201 *Habersack* in Emmerich/Habersack, Aktien- und GmbH-Konzernrecht, § 311 AktG Rz. 78.
202 Vgl. *Krieger* in MünchHdb. AG, § 70 Rz. 31; *Habersack* in Emmerich/Habersack, Aktien- und GmbH-Konzernrecht, § 311 AktG Rz. 78.

nisationspflichten[203]. Er muss sicherstellen, dass er von allen vom herrschenden Unternehmen veranlassten Maßnahmen erfährt, insbesondere, soweit sie unmittelbar gegenüber nachgeordneten Führungsebenen oder Mitarbeitern vorgenommen wurden. Ihre Ausführung muss er überwachen. Der Vorstand hat ferner die Pflicht, alle Vorgänge zu dokumentieren, die Gegenstand des Abhängigkeitsberichts sein werden. Diese Aufgaben kann er im Rahmen der allgemeinen Grundsätze definieren. Gegenüber dem herrschenden Unternehmen bestehen auch **Auskunftspflichten** (z.B. § 294 HGB, § 44 KWG). Zu möglichen Interessenkonflikten des Vorstands des abhängigen Unternehmens, insbesondere bei Doppelmandaten[204], siehe Rz. 23.112 ff.

20.63 Schwierigkeiten bereitet die Einordnung sog. faktischer oder **verdeckter Beherrschungsverträge**[205]. Ein solcher Vertrag liegt dann vor, wenn dem herrschenden Unternehmen vertragliche Weisungsrechte gegenüber dem Vorstand der beherrschten AG eingeräumt werden, ohne die Zustimmung der beteiligten Hauptversammlungen einzuholen. Bedenklich ist die Auffassung, auch Verträge zwischen herrschenden und abhängigen Unternehmen als Beherrschungsverträge zu qualifizieren, obwohl diese weder ein Weisungsrecht begründen noch nach dem Verständnis der Vertragsparteien als Beherrschungsverträge gedacht waren[206]. Weil verdeckte Beherrschungsverträge nach h.M. ohne Zustimmung der Hauptversammlung nichtig sind[207], entsteht durch diese Rechtsprechung bei Verträgen innerhalb des Konzerns eine erhebliche Rechtsunsicherheit[208].

II. Vertretung der Gesellschaft durch den Vorstand

1. Organschaftliche Vertretung

a) Die organschaftliche Vertretung des Vorstands

20.64 Die AG wird im Rechtsverkehr durch den Vorstand gerichtlich und außergerichtlich vertreten (§ 78 Abs. 1 AktG). Bestimmt die Satzung nichts anderes, sind sämtliche Vorstandsmitglieder nur gemeinschaftlich zur Vertretung der Gesellschaft befugt (**Grundsatz der Gesamtvertretung**, § 78 Abs. 2 AktG). Ist eine Willenserklärung gegenüber der Gesellschaft abzugeben, so genügt jedoch die Abgabe gegenüber einem Vorstandsmitglied (sog. Passivvertretung, § 78 Abs. 2 Satz 2 AktG). Die Vertretung durch den Vorstand ist eine **organschaftliche Vertretung**. Das Handeln des Vorstands wird der Gesellschaft als eigenes zugerechnet[209]. Daneben kann die Gesellschaft auch durch Bevollmächtigte vertreten werden.

20.65 **Für bestimmte Bereiche ist die Vertretung der Gesellschaft durch den Vorstand ausgenommen.** Das gilt etwa für die Vertretung der Gesellschaft gegenüber den Vorstandsmitgliedern selbst; hier wird sie

---

203 Näher *Krieger* in MünchHdb. AG, § 70 Rz. 31; *Habersack* in Emmerich/Habersack, Aktien- und GmbH-Konzernrecht, § 311 AktG Rz. 80.
204 Dazu speziell *Hoffmann-Becking*, ZHR 150 (1986), 570 ff.; *Aschenbeck*, NZG 2000, 1015 ff.
205 Ausführlich *Langenbucher* in K. Schmidt/Lutter, § 291 AktG Rz. 27 ff.; *Koppensteiner* in KölnKomm. AktG, 3. Aufl. 2004, § 291 AktG Rz. 24 ff.
206 Siehe LG München I v. 31.1.2008 – 5 HK O 19782/06 – HVB, ZIP 2008, 555 (nicht rechtskräftig). Nachgehend OLG München v. 7.10.2008 – 7 W 1034/08, AG 2009, 119. Dagegen zu Recht *Goslar*, DB 2008, 800; zweifelnd auch OLG München v. 24.6.2008 – 31 Wx 083/07, ZIP 2008, 1330 = AG 2008, 672; offenlassend LG München I v. 20.12.2018 – 5HK O 15236/17, NZG 2019, 384, 36 f.; siehe außerdem *Verhoeven*, EWiR 2008, 161; *Wagner*, BB 2008, 522.
207 LG München I v. 19.10.2007 – 5 HK O 13298/07, ZIP 2008, 242 m.w.N. = AG 2008, 301; *Krieger* in MünchHdb. AG, § 71 Rz. 12; eine Mindermeinung will hier trotz Nichtigkeit des Beherrschungsvertrags die §§ 304, 305 AktG analog anwenden, vgl. *Emmerich* in Emmerich/Habersack, Aktien- und GmbH-Konzernrecht, § 291 AktG Rz. 24f; *Hirte/Schall*, Der Konzern 2006, 243.
208 *Goslar*, DB 2008, 800, 804 f.; *Wagner*, BB 2008, 522 f.
209 Vgl. nur *Hüffer/Koch*, § 78 AktG Rz. 3.

vom Aufsichtsrat vertreten (§ 112 AktG). In einigen Fällen handeln auch Vorstand und Aufsichtsrat gemeinsam, etwa bei der Anmeldung mancher Beschlüsse der Hauptversammlung zur Eintragung in das Handelsregister (vgl. § 184 Abs. 1 Satz 1 AktG). Gleiches gilt für den Fall der Anfechtungs- und Nichtigkeitsklage gegen Hauptversammlungsbeschlüsse. Im Gerichtsverfahren wird die Gesellschaft hierbei durch Vorstand und Aufsichtsrat vertreten (§ 246 Abs. 2, § 249 AktG), es besteht also eine Doppelvertretung der Gesellschaft. Im Freigabeverfahren ist § 246 Abs. 2 AktG nicht analog anwendbar – die Gesellschaft wird bei Antragstellung allein durch den Vorstand vertreten[210].

In der Praxis gewann das Institut des **besonderen Vertreters** an Bedeutung. Nach § 147 Abs. 2 Satz 1 AktG kann die Hauptversammlung zur Geltendmachung von Ersatzansprüchen besondere Vertreter bestellen. Bei der Geltendmachung von Ersatzansprüchen im Rahmen des Hauptversammlungsbeschlusses vertritt der besondere Vertreter die Gesellschaft anstelle des Vorstands oder ggf. des Aufsichtsrats aufgrund des die Vertretungsverhältnisse ändernden Hauptversammlungsbeschlusses. Seine Vertretungsmacht beschränkt sich aber auf die – ggf. auch gerichtliche – Geltendmachung der Ersatzansprüche[211]. Der besondere Vertreter hat Organqualität im Rahmen seiner Aufgabenstellung, so dass etwa die Grundsätze der fehlerhaften Bestellung Anwendung finden[212]. Ist bereits ein Prozess anhängig, wenn ein besonderer Vertreter neu bestellt wird, übernimmt er ihn und ist insoweit allein zuständiges Organ[213]. Zum besonderen Vertreter siehe näher Rz. 23.61 sowie Rz. 42.20 ff. 20.66

b) Außergerichtliche Vertretung

Die Vertretungsmacht des Vorstands ist **grundsätzlich unbeschränkt**; sie kann auch nicht beschränkt werden (§ 82 Abs. 1 AktG). Die Vertretungsmacht wird weder durch den Unternehmensgegenstand noch durch den Gesellschaftszweck beschränkt[214]. Neben der Vertretung im rechtsgeschäftlichen Verkehr zählen zur außergerichtlichen Vertretung der Gesellschaft auch körperschaftliche Akte, wie die Einladung zur Hauptversammlung. Diskutiert wird, ob bei Missbrauch der Vertretungsmacht das Prinzip der Unbeschränkbarkeit der Vertretungsmacht durchbrochen wird[215]. 20.67

c) Gerichtliche Vertretung

Dem Vorstand kommt die **Vertretung der Gesellschaft vor Gericht** zu. Die AG ist als juristische Person parteifähig; ob sie auch prozessfähig ist, ist umstritten, aber ohne praktische Bedeutung[216]. Eine Klageschrift muss die jeweils vertretungsberechtigten Vorstandsmitglieder aufführen (§ 253 Abs. 4, § 130 Nr. 1 ZPO). Als Formulierung kommt in Betracht: „XY AG, vertreten durch die Mitglieder des Vorstands A und B". Werden die Mitglieder des Vorstands nicht ordnungsgemäß bezeichnet, wäre die Klage zwar gleichwohl zuzustellen; bei Zustellungsverzögerungen könnte jedoch nicht von einer Rückwirkung der Zustellung auf die Klageeinreichung nach § 167 ZPO („wenn die Zustellung demnächst erfolgt") ausgegangen werden[217]. Die Gesellschaft kann im Prozess auch durch ein Mitglied des Vor- 20.68

---

210 Vgl. OLG Bremen v. 1.12.2008 – 2 W 71/08, AG 2009, 412, 413; *Schwab* in K. Schmidt/Lutter, § 246a AktG Rz. 36; *Vatter* in BeckOGK AktG, Stand 1.6.2021, § 246a AktG Rz. 12.
211 *Wirth* in FS Hüffer, 2010, S. 1129, 1138.
212 BGH v. 18.6.2013 – II ZA 4/12, AG 2013, 634 Rz. 3; BGH v. 27.9.2011 – II ZR 225/08, NJW-RR 2012, 106 = AG 2011, 875; OLG Karlsruhe v. 14.3.2018 – 11 U 35/17, NZG 2018, 508; LG Heidelberg v. 24.7.2019 – 12 O 8/19 KfH, AG 2019, 804; krit. *Roßkopf/Gayk*, DStR 2020, 2078, 2081; *Lochner/Beneke*, ZIP 2020, 351, 353 f.; vgl. auch *Hüffer/Koch*, § 147 AktG Rz. 12; zurückhaltender OLG München v. 28.11.2007 – 7 U 4498/07, ZIP 2008, 73 = AG 2008, 172; a.A. *Wirth* in FS Hüffer, 2010, S. 1129, 1144 ff.; *Wirth/Pospiech*, DB 2008, 2471, 2474.
213 *M. Arnold* in MünchKomm. AktG, 5. Aufl. 2021 im Erscheinen, § 147 AktG Rz. 96 m.w.N.
214 Vgl. nur *Hoffmann-Becking* in MünchHdb. AG, § 23 Rz. 2.
215 Siehe *Fleischer* in BeckOGK AktG, Stand 1.6.2021, § 82 AktG Rz. 12 ff.
216 Vgl. nur *Spindler* in MünchKomm. AktG, 5. Aufl. 2019, § 78 AktG Rz. 13 m.w.N.
217 BGH v. 10.3.1960 – II ZR 56/59, BGHZ 32, 114, 119; siehe umfassend *Spindler* in MünchKomm. AktG, 5. Aufl. 2019, § 78 AktG Rz. 14.

stands und einen Prokuristen vertreten werden, sofern unechte Gesamtvertretung besteht. Ist Prozessgegner ein Vorstandsmitglied, wird die Gesellschaft entweder durch den Aufsichtsrat (§ 112 AktG) oder einen nach § 147 Abs. 2 AktG bestellten besonderen Vertreter vertreten (siehe dazu und zur Vertretung durch den besonderen Vertreter im Prozess Rz. 20.66). Zu weiteren Einzelheiten siehe Rz. 27.52.

20.69 Die **Zustellung** einer gegen die AG gerichteten Klage ist gegenüber dem Vorstand zu bewirken (§ 170 Abs. 1 ZPO). Bei einem mehrgliedrigen Vorstand genügt die Zustellung an ein Mitglied des Vorstands (§ 170 Abs. 3 ZPO). Gleiches gilt für die Vertretung der AG durch den Aufsichtsrat. Vertreten wird die AG im Zweifel jeweils vom Gesamtorgan[218]. Die Bezeichnung der Beklagten als „AG, vertreten durch die/den Aufsichtsratsvorsitzende/n" kann jedoch so ausgelegt werden, dass die Klage an den Vorsitzenden, stellvertretend für das Gremium Aufsichtsrat, zugestellt werden soll; dies gilt nicht, wenn klare Anhaltspunkte dafür bestehen, dass sie sich gegen die AG, – fälschlicherweise – alleinvertreten durch den Aufsichtsratsvorsitzenden, richten soll[219]. Eine Zustellung der Klage an den Aufsichtsratsvorsitzenden ist dabei jedoch nicht unter der Anschrift der Gesellschaft möglich, da Aufsichtsratsmitglieder hier regelmäßig kein Geschäftslokal unterhalten[220]. Zur Zustellung im Anfechtungsprozess siehe Rz. 39.115 ff.

20.70 Die **Vernehmung eines Vorstandsmitglieds** erfolgt, soweit es die AG vertritt, als Partei und nicht als Zeuge (§ 455 Abs. 1 Satz 1 ZPO). Das Gericht kann nach Lage des Falls bestimmen, ob alle oder nur einzelne Vorstandsmitglieder vernommen werden (§ 455 Abs. 1 Satz 2, § 449 ZPO). **Eidesstattliche Versicherungen** für die Gesellschaft müssen von allen im Zeitpunkt der Abgabe amtierenden Vorstandsmitgliedern abgegeben werden. Dieser Pflicht können sie sich nicht dadurch entziehen, dass sie gezielt ihr Amt niederlegen[221].

d) Vertretung durch den Aufsichtsrat

20.71 Eine Vertretungsmacht des Aufsichtsrats ist zunächst an verschiedenen Stellen vorgesehen, wenn die Gesellschaft keinen Vorstand hat, also führungslos ist (z.B. § 78 Abs. 1 Satz 2 AktG, § 15 Abs. 1 Satz 2 InsO). Eine weitere gesetzliche Sonderregelung besteht, wenn es um die **Vertretung** der Gesellschaft **gegenüber den Vorstandsmitgliedern** selbst geht. Der Aufsichtsrat vertritt die AG hier als Gesamtorgan (§ 112 AktG). Damit ist auch ausgeschlossen, dass ein Vorstandsmitglied im Namen der AG ein Geschäft mit sich selbst abschließt (Selbstkontrahierung). § 181 BGB gilt daneben weiter und ist einschlägig, wenn das Vorstandsmitglied einen Dritten vertritt[222] (siehe Rz. 20.85). Die Sonderregelung des § 112 AktG gilt nach der Rechtsprechung nicht nur gegenüber amtierenden, sondern auch gegenüber ausgeschiedenen Vorstandsmitgliedern[223]. Über den Wortlaut des § 112 AktG hinaus wird eine Vertretungsbefugnis des Aufsichtsrats auch dann angenommen, wenn es um Ansprüche aus einem Pensionsvertrag mit einem verstorbenen Vorstandsmitglied geht, die ein Hinterbliebener geltend macht[224].

---

218 Siehe auch OLG Hamburg v. 4.5.2001 – 11 U 274/00, AG 2002, 521, 522.
219 Siehe auch OLG Hamburg v. 4.5.2001 – 11 U 274/00, AG 2002, 521, 522.
220 Siehe auch OLG Hamburg v. 4.5.2001 – 11 U 274/00, AG 2002, 521, 523.
221 Siehe nur OLG Hamm v. 9.11.1984 – 14 W 136/84, OLGZ 1985, 227, 228 f.; OLG Stuttgart v. 10.11.1983 – 8 W 340/83, ZIP 1984, 113, 114 = MDR 1984, 238; *Habersack* in Großkomm. AktG, 5. Aufl. 2015, § 78 AktG Rz. 29.
222 *Drygala* in K. Schmidt/Lutter, § 112 AktG Rz. 9; *Habersack* in MünchKomm. AktG, 5. Aufl. 2019, § 112 AktG Rz. 8.
223 BGH v. 22.4.1991 – II ZR 151/90, AG 1991, 269; BGH v. 26.6.1995 – II ZR 122/94, BGHZ 130, 108 = AG 1995, 464; BGH v. 28.4.1997 – II ZR 282/95, AG 1997, 417; BGH v. 21.6.1999 – II ZR 27/98, NJW 1999, 3263 = GmbHR 1999, 1140.
224 *Mertens/Cahn* in KölnKomm. AktG, 3. Aufl. 2013, § 112 AktG Rz. 17; *Hoffmann-Becking* in MünchHdb. AG, § 23 Rz. 8; *Hüffer/Koch*, § 112 AktG Rz. 3; BGH v. 16.10.2006 – II ZR 7/05, NZG 2007, 31; LG München I v. 18.7.1995 – 28 O 24527/94, AG 1996, 38; a.A. OLG München v. 29.1.1996 – 26 U 4973/95, AG 1996, 328 f.

Bei **Aktivvertretung** ist ein Beschluss des Aufsichtsrats erforderlich (§ 108 Abs. 1 AktG). Im Rahmen der **Passivvertretung** genügt die Abgabe der Willenserklärung gegenüber einem Aufsichtsratsmitglied (§ 112 Satz 2 i.V.m. § 78 Abs. 2 Satz 2 AktG)[225].

20.72

2. Gesamtvertretung durch den Vorstand

Die Gesamtvertretung durch den Vorstand bedeutet zunächst, dass bei einem mehrgliedrigen Vorstand sämtliche Vorstandsmitglieder nur gemeinschaftlich zur Vertretung der AG befugt sind (§ 78 Abs. 2 Satz 1 AktG). Die gemeinschaftliche **Aktivvertretung** setzt voraus, dass Erklärungen namens der Gesellschaft entweder gemeinsam durch alle Vorstandsmitglieder oder getrennt in inhaltlicher Übereinstimmung abgegeben werden. In letzterem Fall müssen die Erklärungen aber als Teil einer Gesamterklärung gelten[226]. Denkbar ist auch, dass ein Vorstandsmitglied gegenüber dem Geschäftspartner allein handelt und die übrigen Vorstandsmitglieder intern zustimmen, wobei die Zustimmung nicht der für das Rechtsgeschäft vorgeschriebenen Form bedarf[227]. Es besteht ferner die Möglichkeit, das Rechtsgeschäft zu genehmigen (§§ 177 ff. BGB). Fällt bei Gesamtvertretung **ein Vorstandsmitglied dauerhaft** weg – etwa durch den Widerruf seiner Bestellung oder Tod –, kommt den übrigen Vorstandsmitgliedern die Gesamtvertretungsmacht zu, soweit die nach Gesetz und Satzung erforderliche Zahl der Vorstandsmitglieder nach wie vor besteht[228]. Bleibt beispielsweise bei einer AG mit einem Grundkapital von drei Millionen Euro oder weniger (§ 76 Abs. 2 Satz 2 AktG) nur ein Vorstandsmitglied übrig, vertritt es die Gesellschaft allein, soweit nicht die Satzung vorsieht, dass die Gesellschaft durch mindestens zwei Vorstandsmitglieder vertreten wird. Bei bloß **vorübergehender Verhinderung eines Vorstandsmitglieds** – etwa durch Krankheit – besteht der Grundsatz der Gesamtvertretung fort, d.h. ohne Mitwirkung dieses Vorstandsmitglieds kann die Gesellschaft nicht vertreten werden[229]. In der Praxis wird man sich in solchen Fällen mit einer Genehmigung durch das verhinderte Vorstandsmitglied oder der Einräumung einer Einzelermächtigung (§ 78 Abs. 4 AktG) behelfen.

20.73

Besteht der Vorstand nicht aus mehreren Mitgliedern, hat das Einzelmitglied notwendigerweise Einzelvertretungsmacht (§ 78 Abs. 2 AktG)[230]. Eine **gesetzliche Abweichung vom Grundsatz der Gesamtvertretung** gilt in der Insolvenz. Einen Insolvenzantrag kann jedes Vorstandsmitglied allein stellen (§ 15 Abs. 1 InsO), sofern der Eröffnungsgrund glaubhaft gemacht wird (§ 15 Abs. 2 Satz 1 InsO)[231]. Durch die Eröffnung des Insolvenzverfahrens geht dann das Verwaltungs- und Verfügungsrecht über das Vermögen der Gesellschaft auf den Insolvenzverwalter über (§ 80 Abs. 1 InsO).

20.74

Für die **Passivvertretung der Gesellschaft** besteht Einzelvertretungsbefugnis. Ist eine Willenserklärung gegenüber der Gesellschaft abzugeben, genügt die Abgabe gegenüber einem Vorstandsmitglied (§ 78 Abs. 2 Satz 2 AktG). Dies gilt nicht nur für Willenserklärungen, sondern für alle Rechtshandlungen mit rechtsgeschäftlichem Charakter[232].

20.75

---

225 *Hoffmann-Becking* in MünchHdb. AG, § 23 Rz. 10; *Habersack* in MünchKomm. AktG, 5. Aufl. 2019, § 112 AktG Rz. 25.
226 BGH v. 10.3.1959 – VIII ZR 44/58, NJW 1959, 1183 = MDR 1959, 571.
227 Siehe näher *Spindler* in MünchKomm. AktG, 5. Aufl. 2019, § 78 AktG Rz. 59.
228 Vgl. *Habersack* in Großkomm. AktG, 5. Aufl. 2015, § 78 AktG Rz. 47; ferner BGH v. 12.11.2001 – II ZR 225/99, BGHZ 149, 158, 161 = AG 2002, 241; BGH v. 17.12.2001 – II ZR 288/99, AG 2002, 289; siehe auch Rz. 20.6 und Rz. 20.9.
229 BGH v. 12.12.1960 – II ZR 255/59, BGHZ 34, 27, 29 = AG 1961, 51.
230 Vgl. nur *Hüffer/Koch*, § 78 AktG Rz. 11.
231 Zu Fragen der Zuständigkeit von Gesellschaftsorganen und Insolvenzverwalter während der Insolvenz siehe auch *Ott/Brauckmann*, ZIP 2004, 2117 ff.
232 Vgl. *Fleischer* in BeckOGK AktG, Stand 1.6.2021, § 78 AktG Rz. 27; *Mertens/Cahn* in KölnKomm. AktG, 3. Aufl. 2010, § 78 AktG Rz. 30; *Hoffmann-Becking* in MünchHdb. AG, § 23 Rz. 20.

3. Vom Gesetz abweichende Regelungen der Vertretungsmacht

a) Abweichende Bestimmung

20.76 Die Aktivvertretung der Gesellschaft kann abweichend vom Gesetz geregelt werden (§ 78 Abs. 2 Satz 1, § 78 Abs. 3 AktG). Die **gesetzlichen Regelungen** sind also **dispositiv**. Die Abweichungen dürfen jedoch nicht so weit gehen, dass einzelne Vorstandsmitglieder ganz von der Vertretung ausgeschlossen werden[233]. Aus dem Handelsregister ergibt sich stets der Umfang der Vertretungsbefugnis jedes einzelnen Vorstandsmitglieds (§ 81 Abs. 1 AktG).

20.77 In der Regel bestimmt die **Satzung**, dass und wie von der gesetzlich geltenden Gesamtvertretung abgewichen wird (§ 78 Abs. 2 Satz 1, Abs. 3 Satz 1 AktG). Die Satzung kann die Regelung der Vertretungsverhältnisse **auch dem Aufsichtsrat überlassen**, der durch Beschluss entscheidet (§ 78 Abs. 3 Satz 2 AktG). Der Aufsichtsrat kann die Beschlussfassung hierüber auch an einen Ausschuss delegieren (§ 107 AktG). Die Hauptversammlung kann außerhalb der Satzung keine abweichende Regelung über die Vertretungsverhältnisse beschließen. Gleiches gilt für den Aufsichtsrat, ohne dass er durch die Satzung dazu ermächtigt wird.

b) Inhalt der abweichenden Regelung

20.78 Abweichende Regelungen können in Form der gemeinschaftlichen Gesamtvertretung durch zwei oder mehrere Vorstandsmitglieder, der Einzelvertretung oder der unechten Gesamtvertretung vorgesehen werden. Häufig sieht die Satzung die **gemeinschaftliche Gesamtvertretung durch zwei oder mehrere Vorstandsmitglieder** (teilweise auch als modifizierte Gesamtvertretung bezeichnet[234]) vor. Wie oben bereits beschrieben (Rz. 20.73), kann diese Form der Gesamtvertretung jedoch bei insgesamt lediglich zwei Vorstandsmitgliedern zu Problemen führen, wenn eines von beiden vorübergehend wegfällt – etwa durch längere Krankheit. Denn das verbleibende Mitglied wird wegen der entgegenstehenden Satzungsregelung nicht einzelvertretungsberechtigt (siehe Rz. 20.73). Es ist daher insbesondere bei kleinen Vorstandsgremien zu empfehlen, für solche Fälle die Einzelvertretungsberechtigung des verbleibenden Vorstandsmitglieds vorzusehen[235].

20.79 Die **Einzelvertretungsberechtigung eines Vorstandsmitglieds** (§ 78 Abs. 3 Satz 1 Alt. 1 AktG) kommt in der Praxis – insbesondere bei börsennotierten Aktiengesellschaften – seltener vor. Wird sie nur einem Mitglied gewährt – das muss nicht zwingend der Vorstandsvorsitzende sein –, verbleibt es für die übrigen Mitglieder beim Grundsatz der Gesamtvertretung, soweit die Satzung nichts anderes vorsieht.

20.80 Die **unechte Gesamtvertretung** (teilweise auch als gemischte Gesamtvertretung bezeichnet) wird vom Gesetz ausdrücklich zugelassen (§ 78 Abs. 3 Satz 1 Alt. 2 AktG). Danach können einzelne Vorstandsmitglieder in Gemeinschaft mit einem Prokuristen zur Vertretung befugt sein. Auch dabei handelt es sich bei den Vorstandsmitgliedern um organschaftliche Vertretung. Für Prokuristen bedeutet die unechte Gesamtvertretung (lediglich) die Erweiterung ihrer rechtsgeschäftlichen Vertretungsmacht[236]. Da Vorstandsmitglieder immer auch befugt sein müssen, die Gesellschaft ohne Mitwirkung eines Prokuristen zu vertreten, verbietet sich die unechte Gesamtvertretung bei einem nur aus einem einzigen Mitglied bestehenden Vorstand oder als einzige Vertretungsform bei einem mehrköpfigen Vorstand[237]. „Halbseitige" Varianten, etwa die unechte Gesamtvertretung bei gleichzeitiger Einzelvertretungsbefug-

---

233 Vgl. nur *Hüffer/Koch*, § 78 AktG Rz. 14.
234 Etwa *Hoffmann-Becking* in MünchHdb. AG, § 23 Rz. 22.
235 So auch *Hoffmann-Becking* in MünchHdb. AG, § 23 Rz. 22.
236 BGH v. 14.2.1974 – II ZB 6/73, BGHZ 62, 166, 170 = AG 1974, 354.
237 BGH v. 14.2.1974 – II ZB 6/73, BGHZ 62, 166, 170 = AG 1974, 354; *Hüffer/Koch*, § 78 AktG Rz. 16; *Roquette* in FS Oppenhoff, 1985, S. 335, 338.

nis des betreffenden Vorstandsmitglieds, sind zulässig und können auch sinnvoll sein[238]. Denkbar ist auch die unechte Gesamtvertretung durch ein Vorstandsmitglied und einen Handlungsbevollmächtigten oder in anderer Weise Vertretungsberechtigten.

c) Einzelermächtigung (§ 78 Abs. 4 AktG)

Das Gesetz lässt außerdem die Einzelermächtigung einzelner Vorstandsmitglieder zur Ausübung bestimmter Geschäfte oder Arten von Geschäften zu (§ 78 Abs. 4 AktG). Voraussetzung ist, dass Gesamtvertretung besteht. Dann können einzelne Vorstandsmitglieder vom Gesamtvorstand ermächtigt werden, die Gesellschaft bei bestimmten Geschäften oder Arten von Geschäften allein zu vertreten[239]. 20.81

4. Wirkung und Umfang der Vertretungsmacht

a) Wirkung der Vertretungsmacht

Die Wirkungen der Vertretung bestimmen sich trotz der organschaftlichen Vertretung nach den **allgemeinen bürgerlich-rechtlichen Bestimmungen** (§§ 164 ff. BGB). Um die Gesellschaft wirksam zu vertreten, muss der Vorstand also im Namen der Gesellschaft auftreten und sich im Rahmen seiner Vertretungsmacht halten. Aus den Umständen muss sich ergeben, dass der Vorstand für die Gesellschaft handelt (§ 164 Abs. 1 Satz 2 BGB)[240]. 20.82

b) Umfang der Vertretungsmacht

Die Vertretungsbefugnis des Vorstands ist im **Außenverhältnis nicht beschränkbar** (§ 82 Abs. 1 AktG). Sie ist allerdings nicht grenzenlos; ihr Umfang wird durch das Gesetz bestimmt[241]. Das deutsche Aktienrecht kennt keine dem angelsächsischen Recht vergleichbare „Ultra-vires-Doktrin". Der Vorstand ist zwar im Innenverhältnis verpflichtet, die Beschränkungen einzuhalten, die sich aus der Satzung, den Kompetenzen von Aufsichtsrat und Hauptversammlung und der Geschäftsordnung ergeben. Im Interesse des Rechtsverkehrs wirken diese Beschränkungen jedoch regelmäßig nur intern; sie lassen die Vertretungsbefugnis des Vorstands nach außen unberührt. Damit beeinträchtigt auch die fehlende Zustimmung des Aufsichtsrats zu einem durch den Vorstand vorgenommenen Rechtsgeschäft (§ 111 Abs. 4 AktG) die Vertretungsbefugnis des Vorstands nicht[242]. Gleiches gilt für sog. „Holzmüller"-Sachverhalte, wenn der Vorstand ein solches Rechtsgeschäft vornimmt, ohne die nach der Rechtsprechung erforderliche Zustimmung der Hauptversammlung einzuholen (siehe dazu ausführlich Rz. 33.41 ff.). Allerdings stellen andere gesetzliche Zustimmungsvorbehalte ein Wirksamkeitserfordernis dar[243]. Der Vorstand kann ohne Zustimmung der Hauptversammlung keinen Unternehmensvertrag (vgl. § 293 Abs. 2 AktG) oder Verschmelzungsvertrag (vgl. § 13 UmwG) wirksam abschließen. Gleiches gilt, wenn das Gesetz die Vertretungsbefugnis in Einzelfällen auf ein anderes Organ überträgt (vgl. z.B. § 112 AktG). 20.83

Eine Ausnahme vom Grundsatz der unbeschränkten Vertretungsmacht gilt dann, wenn die von der Rechtsprechung entwickelten Regeln über **Kollusion**, also dem bewussten und gewollten Zusammen- 20.84

---

238 Hierzu ausführlich BGH v. 14.2.1974 – II ZB 6/73, BGHZ 62, 166 = AG 1974, 354.
239 Zu näheren Einzelheiten *Schwarz*, ZGR 2001, 744 ff.; *Schwarz*, ZHR 166 (2002), 625, 633 ff.
240 Siehe auch OLG München v. 18.10.2007 – 23 U 5786/06, AG 2008, 423. Die Zeichnungsvorgabe nach § 79 AktG, die nur bloßen Ordnungscharakter hatte, wurde durch das MoMiG aufgehoben.
241 Vgl. *Fleischer* in BeckOGK AktG, Stand 1.6.2021, § 82 AktG Rz. 8.
242 Siehe etwa BGH v. 23.6.1997 – II ZR 353/95, WM 1997, 1570, 1571 = AG 1997, 467; sowie *Fleischer* in BeckOGK AktG, Stand 1.6.2021, § 78 AktG Rz. 16; *Mertens/Cahn* in KölnKomm. AktG, 3. Aufl. 2013, § 111 AktG Rz. 112.
243 Vgl. *Fleischer* in BeckOGK AktG, Stand 1.6.2021, § 82 AktG Rz. 10.

wirken zwischen Vorstand und Geschäftspartner zum Schaden der Gesellschaft, oder über den **Missbrauch der Vertretungsmacht** eingreifen. Überschreitet der Vorstand die Grenzen seiner Geschäftsführungsbefugnis und handelt dabei bewusst zum Nachteil der AG, entfällt die Vertretungsmacht, soweit dies dem Geschäftspartner bekannt oder jedenfalls objektiv evident war[244]. Ob diese Regeln auch dann eingreifen, wenn dem Geschäftspartner der Missbrauch der Vertretungsmacht durch den Vorstand der AG nur fahrlässig unbekannt blieb, ist noch nicht abschließend geklärt, aber mit der h.M. zu verneinen[245].

20.85 Eine weitere Beschränkung der Vertretungsbefugnis ergibt sich aus § 181 BGB. Danach ist eine **Mehrvertretung** ausgeschlossen: der Vorstand kann nicht im Namen der AG und zugleich im Namen eines Dritten mit der AG ein Geschäft abschließen. Eine Befreiung von diesem Verbot kann zwar die Satzung oder der Aufsichtsrat aussprechen, der Aufsichtsrat analog § 78 Abs. 3 AktG jedoch nur, wenn die Satzung eine Ermächtigung hierzu enthält[246]. Die Variante des § 181 BGB des **Selbstkontrahierens** ist bereits durch § 112 AktG ausgeschlossen. In der Praxis führt dieses Verbot der Mehrvertretung immer wieder zu Problemen, z.B. im Rahmen konzerninterner Rechtsgeschäfte[247].

20.86 Auch bei mitbestimmten Gesellschaften bewendet das Gesetz es beim Grundsatz der Gesamtvertretung. Eine für die Praxis sehr wichtige **Einschränkung der Vertretungsbefugnis ergibt sich jedoch aus § 32 MitbestG**. Bei mitbestimmten Gesellschaften können Rechte aus Beteiligungen (mindestens 25 %) an Gesellschaften, die gleichfalls der Mitbestimmung unterliegen, nur aufgrund von Beschlüssen des Aufsichtsrats ausgeübt werden, sofern es um bestimmte Beschlussgegenstände geht: Bestellung, Widerruf oder Entlastung von Vorstands- und Aufsichtsratsmitgliedern, bestimmte Strukturmaßnahmen wie Unternehmensverträge, Auflösung oder Umwandlung. Durch § 32 MitbestG wird die Vertretungsmacht des Vorstands eingeschränkt; ohne die Zustimmung des Aufsichtsrats sind seine Vertretungshandlungen unwirksam. Aufgrund der weitreichenden Folgen, die eine Verletzung von § 32 MitbestG haben kann, sollte diese Vorschrift bei jeder Umstrukturierung im Auge behalten werden (siehe im Einzelnen Rz. 27.80 ff.).

5. Publizität der Vertretungsmacht

20.87 Die Namen der Vorstandsmitglieder, ihre Vertretungsregelung sowie jede Änderung sind zum **Handelsregister** anzumelden (§ 81 AktG). Außerdem müssen nach § 80 AktG auf allen Geschäftsbriefen die Namen sämtlicher Vorstandsmitglieder und die Registernummer angegeben werden. Damit kann jeder Geschäftspartner der Gesellschaft die Namen der vertretungsberechtigten Vorstandsmitglieder und ihre Vertretungsberechtigung feststellen. Die Anmeldung und Eintragung im Handelsregister haben nur deklaratorische Bedeutung[248].

6. Zurechnung von Wissen und Willensmängeln

20.88 Für die Zurechnung von Wissen und Willensmängeln hat die Rechtsprechung, basierend auf § 166 BGB, Regeln entwickelt, die für alle Organisationsformen sowie für Organwalter und Angestellte gleicher-

---

244 BGH v. 25.10.1994 – XI ZR 239/93, BGHZ 127, 239 = MDR 1995, 389; BGH v. 19.4.1994 – XI ZR 18/93, NJW 1994, 2082 = MDR 1994, 1195.
245 Vgl. zum Ganzen ausführlich *Hoffmann-Becking* in MünchHdb. AG, § 23 Rz. 27; *Hüffer/Koch*, § 82 AktG Rz. 7.
246 H.M.: *Hüffer/Koch*, § 78 AktG Rz. 7; *Hoffmann-Becking* in MünchHdb. AG, § 23 Rz. 7; *Spindler* in MünchKomm. AktG, 5. Aufl. 2019, § 78 AktG Rz. 128 (anders noch Erstaufl.); a.A. *Habersack* in Großkomm. AktG, 5. Aufl. 2015, § 78 AktG Rz. 25; *Ekkenga*, AG 1985, 40, 42.
247 Vgl. dazu *Robles y Zepf*, BB 2012, 1876 ff.
248 Vgl. dazu und zu weiteren Rechtsfolgen *Hüffer/Koch*, § 81 AktG Rz. 9.

maßen gelten[249]. Die Wissenszurechnung beruht dabei auf dem Gedanken des **Verkehrsschutzes** und der daran geknüpften Pflicht zu ordnungsgemäßer Organisation der gesellschaftsinternen Kommunikation. Im Einzelfall ist zu prüfen, ob eine bestimmte Information zu dokumentieren, verfügbar zu halten und später darauf zurückzugreifen war[250]. Grundsätzlich dürfte das Wissen eines einzelnen Vorstandsmitglieds genügen, um es der AG zuzurechnen, auch wenn es am betroffenen Rechtsgeschäft nicht teilnimmt[251]. Die Wissenszurechnung bei privat erlangter Kenntnis eines Vorstandsmitglieds ist differenziert zu betrachten. Während die Rechtsprechung eine Zurechnung von privatem Wissen zunächst pauschal verneinte[252], hat sie die Zurechnung zuletzt bejaht, soweit für den Unternehmenserfolg „von ganz wesentlicher Bedeutung" ist[253]. Davon ausgehend differenziert die vorwiegende Ansicht in der Literatur grundsätzlich nicht mehr zwischen privat und dienstlich erlangtem Wissen[254], jedenfalls bei Mitwirkung des Vorstandsmitglieds am betroffenen Geschäft und hinreichender Unternehmensrelevanz[255]. Grenzen bilden das allgemeine Persönlichkeitsrecht oder die Verschwiegenheitspflicht[256]. Scheidet das Vorstandsmitglied, das über die Kenntnis verfügt, aus, dauert die Wissenszurechnung in die AG auch nach dem Ausscheiden fort, soweit es sich um aktenmäßig festzuhaltendes Wissen handelt[257]. Praktische Relevanz haben diese Fragen etwa für die Anfechtung von Willenserklärungen der AG oder gutgläubigen Erwerb durch die AG. Wissen von Mitarbeitern der Führungsebenen unterhalb des Vorstands wird zugerechnet, insofern diese Kenntnisse bei Beachtung allgemeiner Informationsweiterleitungs- und Informationsabfragepflichten hätten verfügbar sein können[258]. Eine Zurechnung scheidet aus, wenn aufgrund der Verschwiegenheitspflicht des Wissensträgers keine rechtliche Zugriffsmöglichkeit besteht[259]. Eine Wissenszurechnung scheidet ferner bei der Begründung einer bewussten Täuschung im Rahmen des Vorwurfs der Sittenwidrigkeit aus. Aufgrund des im Rahmen des § 826 BGB erforderlichen moralischen Unwerturteils können nach dem BGH die innerhalb einer Gesellschaft oder eines Konzerns vorhandenen kognitiven Elemente hier nicht „mosaikartig" zusammengesetzt werden[260].

---

249 Grundlegend BGH v. 2.2.1996 – V ZR 239/94, BGHZ 132, 30; siehe *Fleischer* in BeckOGK AktG, Stand 1.6.2021, § 78 AktG Rz. 53 ff.; *Raiser* in FS Bezzenberger, 2000, S. 561. *Spindler* in MünchKomm. AktG, 5. Aufl. 2019, § 78 AktG Rz. 94 ff. lehnt den Ansatz der Rechtsprechung grundsätzlich ab.
250 Zur sog. Wissensorganisationspflicht *Spindler/Seidel* in FS Marsch-Barner, 2018, S. 549, 550 ff.; siehe auch *Armbrüster/Kosich*, ZIP 1994, 1496 ff.
251 Vgl. BGH v. 17.5.1995 – VIII ZR 70/94, WM 1995, 1145, 1146 f. = GmbHR 1995, 522; BGH v. 8.12.1989 – V ZR 246/87, BGHZ 109, 327, 331 = MDR 1990, 323; *Seibt* in K. Schmidt/Lutter, § 78 AktG Rz. 10; *Spindler*, ZHR 2017, 311, 323 ff.
252 BGH v. 15.3.1990 – II ZR 1/89, NJW 1990, 2544, 2545; für umfassende Zurechnung noch BGH v. 30.4.1955 – II ZR 202/53, WM 1955, 830, 832; Vgl. BGH v. 13.10.2000 – V ZR 349/99, NJW 2001, 359 = MDR 2011, 382.
253 BGH v. 9.7.2013 – II ZR 193/11, BeckRS 2013, 14004; siehe auch *Hüffer/Koch*, § 78 AktG Rz. 26.
254 Zum Meinungsstand vgl. *Fleischer* in BeckOGK AktG, Stand 1.6.2021, § 78 AktG Rz. 56; so auch *Ihrig*, ZHR 181 (2017), 381, 397 f.; *Spindler*, ZHR 181 (2017), 311, 325 f.
255 *Fleischer* in BeckOGK AktG, Stand 1.6.2021, § 78 AktG Rz. 56; *Hüffer/Koch*, § 78 AktG Rz. 26; *Schürnbrand*, ZHR 181 (2017), 357, 376 f.
256 *Hüffer/Koch*, § 78 AktG Rz. 26.
257 BGH v. 17.5.1995 – VIII ZR 70/94, WM 1995, 1145, 1147 = GmbHR 1995, 522; BGH v. 8.12.1989 – V ZR 246/87, BGHZ 109, 327, 331 f. = MDR 1990, 323; *Habersack* in Großkomm. AktG, 5. Aufl. 2015, § 78 AktG Rz. 43; *Hoffmann-Becking* in MünchHdb. AG, § 23 Rz. 32; a.A. noch *Spindler* in MünchKomm. AktG, 4. Aufl. 2014, § 78 AktG Rz. 96 (ob das Wissen typischerweise aktenmäßig festzuhalten ist, spiele auf Organebene keine Rolle).
258 BGH v. 2.2.1996 – V ZR 239/94, BGHZ 132, 30, 36 f.; *Seibt* in K. Schmidt/Lutter, § 78 AktG Rz. 10; zur Entwicklung der Anforderungen bei zunehmender Digitalisierung *Spindler/Seidel* in FS Marsch-Barner, 2018, S. 549, 550 ff.
259 *Hüffer/Koch*, § 78 AktG Rz. 28.
260 BGH v. 28.6.2016 – VI ZR 536/15, NJW 2017, 250; für den Konzern BGH v. 8.3.2021 – VI ZR 505/19, NJW 2021, 1669.

Von den im Vertragsrecht geltenden Wertungen ist die Wissenszurechnung im Kontext von Ad-Hoc-Publizität zu unterscheiden. Hier ist auf Grundlage einer eigenständigen Auslegung der Vorschriften der MAR[261] eine Zurechnung regelmäßig auf Wissen des Vorstands zu beschränken[262].

20.89 Grundsätzlich findet aufgrund des Trennungsprinzips und mangels Konzernleitungspflicht (siehe Rz. 20.58) **im Konzern** keine allgemeine Wissenszurechnung statt[263]. Für eine Wissenszurechnung ist über eine faktische Zugriffsmöglichkeit hinaus erforderlich, dass bei wertender Beurteilung im konkreten Fall vom Informationsabruf ausgegangen werden durfte[264]. Eine Zurechnung von Ober- zur Tochtergesellschaft findet deshalb mangels Organisationsverantwortung und Zugriffsmöglichkeiten grundsätzlich nicht statt[265]. Ausnahmsweise kann jedoch eine solche Wissenszurechnung „nach unten" angenommen werden, wenn eine Weisung oder veranlasste Maßnahme bei der abhängigen Gesellschaft umgesetzt wird[266]. Bei Doppelmandaten findet grundsätzlich keine pauschale Wissenszurechnung zu den beiden Gesellschaften, denen der Doppelmandatsträger angehört, statt[267]. Die für die Einordnung von privatem Wissen aufgestellten Maßstäbe gelten gleichermaßen[268]. Begrenzt wird eine Wissenszurechnung von Doppelmandatsträgern insbesondere durch die Verschwiegenheitspflichten der Organmitglieder[269].

III. Binnenorganisation des Vorstands

1. Geschäftsführung

a) Allgemeines

20.90 Dem Vorstand steht aufgrund seiner Leitungspflicht auch das **Recht zur Geschäftsführung** zu. Bei der Geschäftsführung handelt es sich um jede für die Gesellschaft wahrgenommene Tätigkeit, sei sie rechtsgeschäftlicher (z.B. Einkauf von Dienstleistungen) oder tatsächlicher Art (z.B. Produktionsumstellung), mit Wirkung lediglich nach innen oder – wie im Fall der Vertretung – mit Außenwirkung[270]. Die Geschäftsführungsbefugnis (§ 77 Abs. 1 Satz 1 AktG) beschreibt das rechtliche Dürfen im

---

261 Insb. im Rahmen von Art. 17 MAR (Verordnung (EU) Nr. 596/2014 des Europäischen Parlaments und des Rates v. 16.4.2014 über Marktmissbrauch (Marktmissbrauchsverordnung) und zur Aufhebung der Richtlinie 2003/6/EG des Europäischen Parlaments und des Rates und der Richtlinien 2003/124/EG, 2003/125/EG und 2004/72/EG der Kommission ABl. EU Nr. L 173 v. 12.3.2014, S. 1.
262 *Koch*, AG 2019, 273, 278; *Grigoleit* in Grigoleit, § 78 AktG Rz. 49; *Hüffer/Koch*, § 78 AktG Rz. 33; siehe dazu auch *Schäfer* Rz. 15.20, der auf die objektive Entstehung von Insiderinformationen abstellt, ohne dass ein kognitives Element erforderlich ist.
263 *Seibt* in K. Schmidt/Lutter, § 78 AktG Rz. 11; ausf. zur Wissenszurechnung im Konzern *Schürnbrand*, ZHR 181 (2017), 357; *Drexl*, ZHR 161 (1997), 491; *Schüler*, Die Wissenszurechnung im Konzern, 2000.
264 *Habersack* in Großkomm. AktG, 5. Aufl. 2015, § 78 AktG Rz. 44; *Seibt* in K. Schmidt/Lutter, § 78 AktG Rz. 11; *Hüffer/Koch*, § 78 AktG Rz. 26; *Armbrüster/Kosich*, ZIP 1494, 1503; *Schürnbrand*, ZHR 181 (2017), 357, 364; krit. *Guski*, ZHR 2020, 363, 385 ff.
265 OLG Frankfurt a.M. v. 4.9.2019 – 13 U 136/18, NZG 2020, 348 Rz. 22.
266 *Habersack* in Großkomm. AktG, 5. Aufl. 2015, § 78 AktG Rz. 44; *Spindler*, ZHR 2017, 311, 335 ff.; zu aktivem Datenaustausch und Outsourcing *Armbrüster/Kosich*, ZIP 1494, 1503 f.
267 BGH v. 13.10.2000 – V ZR 349/99, NJW 2001, 359 = MDR 2011, 382; *Schürnbrand*, ZHR 181 (2017), 357, 377.
268 *Spindler* in MünchKomm. AktG, 5. Aufl. 2019, § 78 AktG Rz. 103; *Schürnbrand*, ZHR 181 (2017), 357, 375 f.
269 *Schürnbrand*, ZHR 181 (2017), 357, 375 f.; *Spindler*, ZHR 2017, 311, 341 f.
270 *Seibt* in K. Schmidt/Lutter, § 77 AktG Rz. 4; *Spindler* in MünchKomm. AktG, 5. Aufl. 2019, § 77 AktG Rz. 6; *Hoffmann-Becking* in MünchHdb. AG, § 22 Rz. 1.

Innenverhältnis. Dem steht für Vertreterhandeln die Vertretungsbefugnis gegenüber, die das rechtliche Können im Außenverhältnis bezeichnet.

b) Prinzip der Gesamtgeschäftsführung

Besteht der Vorstand aus mehreren Personen (Kollegialorgan), sind sämtliche Vorstandsmitglieder nur gemeinsam zur Geschäftsführung befugt (§ 77 Abs. 1 AktG). Dieses **Prinzip der Gesamtgeschäftsführung** ist jedoch dispositiv. Die Satzung oder die Geschäftsordnung des Vorstands kann Abweichendes bestimmen. Nach dem Prinzip der Gesamtgeschäftsführung müssen alle Vorstandsmitglieder gemeinsam handeln oder dem Handeln eines von ihnen zustimmen. Für eine wirksame Zustimmung muss die Maßnahme zumindest ihrer Art nach bestimmt sein; eine pauschale Zustimmung zu jeglichem Handeln für einen unbeschränkten Kreis von Geschäften würde gegen das Prinzip der Gesamtvertretung verstoßen und seine Wirkung verfehlen[271]. 20.91

c) Abweichende Regelungen

Das Prinzip der Gesamtgeschäftsführung hat sich bei großen Gesellschaften als nicht durchgehend praktikabel erwiesen. **Abweichende Regelungen** bieten sich daher an und sind möglich (§ 77 Abs. 1 Satz 2 AktG). Allerdings müssen die abweichenden Regelungen in der Satzung oder der Geschäftsordnung des Vorstands enthalten sein. Die Regelungen müssen ausdrücklich die Geschäftsführung betreffen; Regelungen der Vertretung erlauben keinen Rückschluss auf die Geschäftsführungsbefugnis[272]. Die Abweichungen vom Prinzip der Gesamtgeschäftsführung können die Willensbildung im Vorstand, aber auch die Geschäftsverteilung bzw. die Ressortbildung innerhalb des Vorstands betreffen (zur Geschäftsverteilung und Ressortbildung siehe Rz. 20.98 ff.). 20.92

2. Willensbildung im Vorstand

a) Vorstandsbeschlüsse

Der Vorstand trifft, soweit er aus mehreren Mitgliedern besteht, seine Entscheidungen durch Beschluss. Da **keine Form vorgeschrieben** ist, können Beschlüsse auch mündlich gefasst werden. Bei Zustimmung aller Mitglieder ist auch schriftliche oder fernmündliche Abstimmung möglich; sofern Manipulationsmöglichkeiten ausgeschlossen werden können, ist auch die Stimmabgabe per Video-Konferenz oder (als Umlaufbeschluss) per E-Mail denkbar[273]. Sinnvoll ist hierzu eine Regelung in der Satzung oder Geschäftsordnung. Die Stimmabgabe kann auch in konkludentem Verhalten liegen. Eine Protokollierung ist entbehrlich, auch soweit der Beschluss in einer förmlichen Sitzung gefasst wird. Sie bietet sich aber nicht zuletzt aus Dokumentationsgründen regelmäßig an. Häufig finden sich entsprechende Regelungen in der Geschäftsordnung des Vorstands. 20.93

Es gilt das **Prinzip der Einstimmigkeit**. Erforderlich sind die Teilnahme und die Zustimmung aller Vorstandsmitglieder. Ausnahmen können „bei Gefahr im Verzug" im Fall der Unerreichbarkeit einzelner Mitglieder gelten[274]. Diese Mitglieder müssen jedoch unverzüglich unterrichtet werden und können der Ausführung der Maßnahme widersprechen[275]. 20.94

---

271 *Seibt* in K. Schmidt/Lutter, § 77 AktG Rz. 5; *Spindler* in MünchKomm. AktG, 5. Aufl. 2019, § 77 AktG Rz. 11; *Hüffer/Koch*, § 77 AktG Rz. 7; *Hoffmann-Becking* in MünchHdb. AG, § 22 Rz. 3.
272 Vgl. nur *Hüffer/Koch*, § 77 AktG Rz. 9.
273 Vgl. zum Ganzen *Spindler* in MünchKomm. AktG, 5. Aufl. 2019, § 77 AktG Rz. 24; *Fleischer* in Beck-OGK AktG, Stand 1.6.2021, § 77 AktG Rz. 22.
274 Siehe *Hoffmann-Becking* in MünchHdb. AG, § 22 Rz. 11.
275 Vgl. *Hüffer/Koch*, § 77 AktG Rz. 6.

20.95 Die Satzung oder die Geschäftsordnung können vom Prinzip der Einstimmigkeit absehen und die **mehrheitliche Beschlussfassung** festlegen. Das kann für bestimmte Gegenstände oder Arten von Gegenständen gelten, es können aber auch bestimmte einfache oder qualifizierte Mehrheitserfordernisse generell oder nur für bestimmte Gegenstände oder Arten von Gegenständen vorgesehen werden[276]. Kommt keine Stimmenmehrheit zustande, ist der Beschluss nicht gefasst. Stimmengleichstand bedeutet demnach Ablehnung. Für solche Pattsituationen bietet der Stichentscheid eines Mitglieds, nicht notwendigerweise des Vorsitzenden, eine gangbare Lösung[277]. Im zweigliedrigen Vorstand scheidet die Möglichkeit des Stichentscheids durch ein Mitglied jedoch aus[278]. Nach § 77 Abs. 1 Satz 2, 2. Halbsatz AktG scheidet ein Alleinentscheidungsrecht eines Vorstandsmitglieds aus. Ob die Satzung oder Geschäftsordnung hingegen das Vetorecht eines Vorstandsmitglieds im Sinn einer endgültigen Blockademöglichkeit oder lediglich ein Vetorecht mit aufschiebender Wirkung bis zu einer zweiten Vorstandsentscheidung vorsehen kann, ist nicht abschließend gesichert[279]. Die endgültige Wirkung eines Vetorechts ist jedoch zumindest in mitbestimmten Gesellschaften ausgeschlossen, da dem Arbeitsdirektor eine gleichberechtigte Stellung als Vorstandsmitglied mit einem Kernbereich von Zuständigkeiten in Personal- und Sozialfragen zukommt (§ 33 MitbestG); das gilt auch, wenn ihm für seinen Bereich ein eigenes Widerspruchsrecht zukommt[280]. Wird unter Geltung des Mehrheitsprinzips ein Vorstandsbeschluss gefasst, sind auch die überstimmten Mitglieder an den Beschluss gebunden[281].

b) Vorstandssitzungen

20.96 Sollen **Beschlüsse in Sitzungen** gefasst werden, sind alle Mitglieder des Vorstands unter Bezeichnung des Gegenstands zu laden. Dies gilt auch bei Geltung des Mehrheitsprinzips[282]. Ein Verstoß führt zur Nichtigkeit der gefassten Beschlüsse[283]. Erscheinen alle Mitglieder und verhandeln in Kenntnis eines Einberufungsmangels – ohne Widerspruch – über die Tagesordnung, liegt darin ein Verzicht auf die Geltendmachung des Mangels[284]. Für den Vorstandsbeschluss sind die für den Vorstand eines Vereins geltenden Vorschriften entsprechend anwendbar (§§ 28, 32, 34 BGB)[285]. Eine besondere Feststellung des Beschlussergebnisses ist keine Wirksamkeitsvoraussetzung für den Beschluss[286]. Ebenso wenig muss die Beschlussfassung schriftlich niedergelegt oder protokolliert werden (siehe oben), auch wenn dies in der Praxis üblich und nicht zuletzt aus Dokumentationsgründen sehr zu empfehlen ist.

20.97 Bei **Beschlussmängeln** ist zu unterscheiden zwischen Mängeln der einzelnen Stimmabgabe und (formalen oder inhaltlichen) Mängeln des Beschlusses selbst. Bei Stimmabgabemängeln (z.B. Irrtum, Anfechtung usw.) ist anerkannt, dass sich der Mangel nur auswirkt, wenn das Beschlussergebnis bei mangelfreier Stimmabgabe so nicht zustande gekommen wäre[287]. Mängel des Beschlusses selbst führen

---

276 Zum Ganzen *Spindler* in MünchKomm. AktG, 5. Aufl. 2019, § 77 AktG Rz. 12 ff.
277 BGH v. 14.11.1983 – II ZR 33/83, BGHZ 89, 48, 59 = AG 1984, 48; *Hüffer/Koch*, § 77 AktG Rz. 11.
278 OLG Hamburg v. 20.5.1985 – 2 W 49/84, AG 1985, 251 f.; OLG Karlsruhe v. 20.5.2000 – 8 U 233/99, AG 2001, 93, 94; *Fleischer* in BeckOGK AktG, Stand 1.6.2021, § 77 AktG Rz. 13; *Mertens/Cahn* in KölnKomm. AktG, 3. Aufl. 2010, § 77 AktG Rz. 12; *Riegger*, BB 1972, 592; a.A. *Bürkle*, AG 2012, 232 ff.
279 Zum Streitstand *Fleischer* in BeckOGK AktG, Stand 1.6.2021, § 77 AktG Rz. 16; *Spindler* in MünchKomm. AktG, 5. Aufl. 2019, § 77 AktG Rz. 17 f.; *Hüffer/Koch*, § 77 AktG Rz. 12.
280 BGH v. 14.11.1983 – II ZR 33/83, BGHZ 89, 48, 58 = AG 1984, 48; *Hüffer/Koch*, § 77 AktG Rz. 13.
281 Vgl. *Liebscher* in Beck'sches Hdb. AG, § 6 Rz. 10.
282 Siehe *Hoffmann-Becking* in MünchHdb. AG, § 22 Rz. 11.
283 OLG Schleswig v. 5.2.1960 – 5 U 114/59, NJW 1960, 1862; *Spindler* in MünchKomm. AktG, 5. Aufl. 2019, § 77 AktG Rz. 25.
284 LG Gießen v. 23.6.1998 – 7 T 278/98, Rpfl. 1998, 523, 525; *Spindler* in MünchKomm. AktG, 5. Aufl. 2019, § 77 AktG Rz. 25.
285 *Seibt* in K. Schmidt/Lutter, § 77 AktG Rz. 8.
286 Vgl. *Fleischer* in BeckOGK AktG, Stand 1.6.2021, § 77 AktG Rz. 22; *Kort* in Großkomm. AktG, 5. Aufl. 2015, § 77 AktG Rz. 9; *Hoffmann-Becking* in MünchHdb. AG, § 22 Rz. 11; a.A. *Spindler* in MünchKomm. AktG, 5. Aufl. 2019, § 77 AktG Rz. 26; *Seibt* in K. Schmidt/Lutter, § 77 AktG Rz. 8.
287 Zu den Einzelheiten *Kort* in Großkomm. AktG, 5. Aufl. 2015, § 77 AktG Rz. 17 ff.

hingegen grundsätzlich zur Nichtigkeit[288]. Ob eine Einschränkung der Nichtigkeitsfolge bei nicht schwerwiegenden Verfahrensfehlern vorzunehmen ist (so die h.M. zu Aufsichtsratsbeschlüssen)[289], ist nicht geklärt. Hierfür spricht allerdings, dass zwischen Beschlüssen des Aufsichtsrats und Beschlüssen des Vorstands keine wesentlichen Unterschiede bestehen. Aktionäre können gegen die Gesellschaft Klage auf Feststellung der Nichtigkeit des Beschlusses und sogar eine vorbeugende Nichtigkeitsklage erheben, sofern sie selbst durch den Beschluss in ihren Mitgliedschaftsrechten verletzt werden[290]. Darüber hinaus können Mitglieder des Aufsichtsrats oder Aktionäre die Nichtigkeit von Vorstandsbeschlüssen lediglich inzident geltend machen[291]. Werden (nur) einzelne Vorstandsmitglieder in ihren Teilnahmerechten verletzt, kann nur der Betroffene diese Verletzung geltend machen. Die übrigen Vorstandsmitglieder können dies nicht[292]. Zu den Rechten und Pflichten von (überstimmten) Vorstandsmitgliedern bei rechtswidrigen Beschlüssen siehe Rz. 23.40.

3. Geschäftsverteilung, Ressortbildung

20.98 Bei großen Aktiengesellschaften bietet es sich an, die vielfältigen Geschäftsführungsmaßnahmen des Vorstands nicht durch alle Mitglieder gemeinschaftlich wahrzunehmen, sondern adäquat zu verteilen. Die Satzung und die Geschäftsordnung eröffnen hier einen weiten Gestaltungsspielraum. Für die Aufteilung kommen **bestimmte Zentralfunktionen** (z.B. Forschung und Entwicklung, Einkauf und Produktion, Personal, Recht und Finanzen) oder ein **regionaler Schlüssel** (Aufteilung nach Regionen oder bestimmten Ländern) in Betracht. Die Aufteilung kann auch nach **Sparten** erfolgen, wobei das Unternehmen nach Produkt- oder Dienstleistungsgruppen in bestimmte Unternehmensbereiche gegliedert wird[293]. In jeder Sparte sind sämtliche Zentralfunktionen für den jeweiligen Unternehmensbereich zusammengefasst. Häufig werden diese Gestaltungsmöglichkeiten kombiniert[294]. Eine in der Praxis häufige Mischform ist die Matrixorganisation. Charakteristisch hierfür ist die Kombination von Spartenorganisation und funktionaler Organisationsstrukturen, sodass ein Vorstandsmitglied für ein funktionales Ressort sowie einen Spartenbereich verantwortlich ist[295]. Zum sog. CEO-Modell siehe Rz. 20.111.

20.99 Bei Gesellschaften mit sehr unterschiedlichen Geschäftsbereichen wird in der Praxis nicht selten auch eine funktionale Trennung zwischen strategischer und operativer Leitung dadurch vorgenommen, dass die einzelnen Geschäftsbereiche in Tochtergesellschaften eingebracht werden, die durch eine **Management Holding** geführt werden[296]. Dabei liegt das operative Geschäft in rechtlich selbständigen Tochtergesellschaften, deren Vorstandsvorsitzende gleichzeitig im Vorstand der Management Holding sitzen und dort an der strategischen Gesamtplanung des Konzerns beteiligt sind.

20.100 Scheidet eine Holdingstruktur aus rechtlichen oder wirtschaftlichen Gründen aus, findet sich in der Praxis seit Ende der 1990er Jahre auch die sog. **virtuelle Holding**. Dabei handelt es sich um eine rechtlich einheitliche Gesellschaft, bei der die einzelnen Geschäftsbereiche durch ein Vorstandsmitglied und

---

288 *Fleischer* in BeckOGK AktG, Stand 1.6.2021, § 77 AktG Rz. 28.
289 *Drygala* in K. Schmidt/Lutter, § 108 AktG Rz. 37 ff.; *Spindler* in BeckOGK AktG, Stand 1.6.2021, § 108 AktG Rz. 75 f.
290 BGH v. 10.10.2005 – II ZR 90/03 – Mangusta/Commerzbank II, BGHZ 164, 249 = AG 2006, 38; *Mertens/Cahn* in KölnKomm. AktG, 3. Aufl. 2010, § 77 AktG Rz. 48. Zur Anfechtbarkeit mangelhafter Vorstandsbeschlüsse siehe auch *Arlt*, DZWIR 2007, 177.
291 *Mertens/Cahn* in KölnKomm. AktG, 3. Aufl. 2010, § 77 AktG Rz. 48.
292 *Fleischer* in BeckOGK AktG, Stand 1.6.2021, § 77 AktG Rz. 28.
293 *Hoffmann-Becking* in MünchHdb. AG, § 22 Rz. 19.
294 Vgl. zu den Einzelheiten *Spindler* in MünchKomm. AktG, 5. Aufl. 2019, § 77 AktG Rz. 65 ff.
295 *Spindler* in MünchKomm. AktG, 5. Aufl. 2019, § 77 AktG Rz. 67; *Fleischer* in BeckOGK AktG, Stand 1.6.2021, § 77 AktG Rz. 44; *Richter* in Semler/Peltzer/Kubis, Arbeitshandbuch für Vorstandsmitglieder, § 5 Rz. 27 ff.
296 Siehe hierzu *Richter* in Semler/Peltzer/Kubis, Arbeitshandbuch für Vorstandsmitglieder, § 5 Rz. 32; *Hüffer* in FS Happ, 2006, S. 93 ff.

weitere leitende Angestellte geführt werden, die häufig den Titel „Bereichsvorstand" führen (ohne dies im Rechtssinne zu sein)[297]. Die Funktion des Gesamtvorstands beschränkt sich – wie im Fall der Management Holding – auf die strategische Leitung des Gesamtunternehmens, während das operative Geschäft von den Bereichsvorständen geführt wird. Die rechtliche Zulässigkeit dieser Leitungsorganisation war Gegenstand intensiver Diskussion[298]. Nach heute vorwiegender Auffassung ist eine virtuelle Holding aktienrechtlich zulässig, insofern die Leitungsaufgaben beim Gesamtvorstand verbleiben und der zur gegenseitigen Überwachung erforderliche organinterne Informationsfluss gewährleistet ist[299].

20.101 Die Bildung von **Vorstandsausschüssen** ist zulässig und kommt in der Praxis vor (z.B. als Koordinations-, Lenkungs- oder Synergieausschüsse)[300]. Allerdings dürfen Ausschüsse keine Leitungsaufgaben im Kernbereich der Vorstandstätigkeit wahrnehmen[301]. Der Gesamtverantwortung des Vorstandsgremiums kommt hier besondere Bedeutung zu (siehe Rz. 23.41 ff.).

20.102 Für alle Gestaltungsformen gilt jedoch, dass die Verantwortung für die eigentliche Unternehmensleitung, die die grundsätzlichen Fragen der Unternehmenspolitik, der Unternehmensplanung und der Unternehmenskontrolle betrifft, beim **Gesamtvorstand** verbleibt. Daraus folgt auch eine Überwachungs- und Kontrollpflicht aller Vorstandsmitglieder für Aufgaben, die in die Zuständigkeit anderer Vorstandsmitglieder fallen. Hieraus resultiert das Recht, bestimmten Maßnahmen von Vorstandskollegen zu widersprechen[302], u.U. sogar eine entsprechende Pflicht. Die Ressortverantwortlichen sind gegenüber dem Gesamtvorstand berichtspflichtig; einzelne Vorstandsmitglieder haben einen Anspruch auf entsprechende Berichterstattung[303]. Eine wirksame Geschäftsverteilung beeinflusst folglich die Pflichten der einzelnen Vorstandsmitglieder und damit auch deren Haftung (dazu Rz. 23.41 ff.).

4. Geschäftsordnung

20.103 Für den **Erlass** der Geschäftsordnung des Vorstands ist primär der Aufsichtsrat zuständig (§ 77 Abs. 2 AktG). Nur wenn die Erlasskompetenz nach der Satzung nicht zwingend beim Aufsichtsrat liegt oder der Aufsichtsrat keine Geschäftsordnung erlässt, kann der Vorstand sich selbst eine Geschäftsordnung geben (§ 77 Abs. 2 Satz 1 AktG). Der Vorstand muss als Kollegialorgan tätig werden und einstimmig über die Geschäftsordnung entscheiden (§ 77 Abs. 2 Satz 3 AktG). Geschäftsordnungsbeschlüsse des Vorstands bedürfen der Schriftform. Wird die Geschäftsordnung durch den Aufsichtsrat erlassen, ist der Beschluss in die Sitzungsniederschrift aufzunehmen (§ 107 Abs. 2 AktG)[304].

20.104 Der **Inhalt der Geschäftsordnung** ist gesetzlich nicht vorgegeben. Häufig regelt die Geschäftsordnung die vorstandsinterne Zusammenarbeit und das Zusammenwirken von Vorstand und Aufsichtsrat; üblich ist auch, die der Zustimmung des Aufsichtsrats bedürftigen Geschäfte des Vorstands zu regeln (§ 111 Abs. 4 Satz 2 AktG), soweit der Aufsichtsrat die Geschäftsordnung erlässt[305]. Die Satzung kann Einzelfragen der Geschäftsordnung bindend regeln (§ 77 Abs. 2 Satz 2 AktG), wobei der Satzungsgeber

---

297 Siehe dazu *Schwark* in FS Ulmer, 2003, S. 605 ff.
298 Vgl. zusammenfassend *Fleischer*, BB 2017, 2499, 2503; *Spindler* in MünchKomm. AktG, 5. Aufl. 2019, § 77 AktG Rz. 68; sowie *Semler*, ZGR 2004, 631 ff.
299 *Fleischer*, BB 2017, 2499, 2504; *Kort* in Großkomm. AktG, 5. Aufl. 2015, § 77 AktG Rz. 24b; *Mertens/Cahn* in KölnKomm. AktG, 3. Aufl. 2010, § 77 AktG Rz. 15.
300 Siehe *Hoffmann-Becking*, ZGR 1998, 497, 515 f.
301 Siehe nur *Kort* in Großkomm. AktG, 5. Aufl. 2015, § 77 AktG Rz. 43.
302 *Mertens/Cahn* in KölnKomm. AktG, 3. Aufl. 2010, § 77 AktG Rz. 28; *Martens* in FS Fleck, 1988, S. 191, 196; zur Verantwortlichkeit einzelner Vorstandsmitglieder bei Kollegialentscheidungen *Fleischer*, BB 2017, 2499 ff. sowie *Fleischer*, BB 2004, 2645 ff.
303 Vgl. nur *Hoffmann-Becking* in MünchHdb. AG, § 22 Rz. 27.
304 Siehe nur *Hüffer/Koch*, § 77 AktG Rz. 21.
305 Vgl. das Muster bei *Happ/Ludwig* in Happ/Groß/Möhrle/Vetter, Aktienrecht Bd. 1, Muster 8.01, S. 817 ff.

Vorstand bzw. Aufsichtsrat nicht durch zu detaillierte Vorgaben jegliche organisatorische Freiheit nehmen darf[306].

Die Geschäftsordnung gilt bis zu ihrer Änderung oder Aufhebung, also über die Amtsperiode der Vorstandsmitglieder hinweg. Wird ein neues Vorstandsmitglied bestellt, ist seine Zustimmung zur fortdauernden **Geltung** der Geschäftsordnung nicht zu verlangen; das Einstimmigkeitsprinzip betrifft nur die Willensbildung bei Erlass der Geschäftsordnung[307]. Etwas anderes gilt nur, wenn der Vorstand durch die Änderung der Geschäftsordnung dem neuen Mitglied eine bestimmte Aufgabe, etwa eine Ressortverantwortung, zuweist[308].

20.105

Auch bei **mitbestimmten Gesellschaften** besteht keine Pflicht zum Erlass einer Geschäftsordnung des Vorstands[309]. Wird eine Geschäftsordnung erlassen, muss sie jedoch die zwingende Zuständigkeit des Arbeitsdirektors für den Kernbereich Personal- und Sozialfragen beachten[310].

20.106

5. Vorsitzender des Vorstands

Nach § 84 Abs. 2 AktG kann der Aufsichtsrat ein Mitglied des Vorstands zu dessen Vorsitzenden bestellen. Von dieser Möglichkeit wird insbesondere in der jüngeren Vergangenheit häufig Gebrauch gemacht[311]. Zulässig, wenn auch in der Praxis nicht zu empfehlen, ist eine Doppelbesetzung des Amtes[312].

20.107

Welche Rechte und Pflichten mit diesem Amt verbunden sind, behandelt das Aktiengesetz im Übrigen kaum. Lediglich § 80 Abs. 1 AktG bestimmt noch, dass der Vorstandsvorsitzende auf Geschäftsbriefen als solcher zu bezeichnen ist. Dies war vor der Aktienrechtsreform 1965 noch anders; nach § 70 Abs. 2 Satz 2 AktG 1937 hatte der Vorstandsvorsitzende noch ein Alleinentscheidungsrecht[313]. Geblieben ist heute nur die Möglichkeit, in der Satzung oder Geschäftsordnung für den Vorstandsvorsitzenden einen **Stichentscheid** bei Stimmengleichheit unter den Vorstandsmitgliedern vorzusehen. Während bei der SE, zu der die AG als Rechtsform derzeit in Wettbewerb steht, dem Vorstandsvorsitzenden auch bei mitbestimmten Leitungsorganen ein Vetorecht eingeräumt werden kann[314], ist dies bei der AG meist nicht zulässig[315]. Lediglich bei jenen Aktiengesellschaften, die nicht mitbestimmt sind, kommt ebenfalls ein **Vetorecht** in Betracht[316]. Die Satzung und/oder Geschäftsordnung kann regeln, dass das Vetorecht endgültig ist oder nur eine begrenzte Suspensivwirkung bis zu einer weiteren Beratung und Beschlussfassung durch den Gesamtvorstand binnen einer bestimmten Frist hat[317].

20.108

---

306 Vgl. zur heute vorwiegenden Auffassung *Fleischer* in BeckOGK AktG, Stand 1.6.2021, § 77 AktG Rz. 81; *Spindler* in MünchKomm. AktG, 5. Aufl. 2019, § 77 AktG Rz. 51; *Kort* in Großkomm. AktG, 5. Aufl. 2015, § 77 AktG Rz. 72; *Seibt* in K. Schmidt/Lutter, § 77 AktG Rz. 27; *Hüffer/Koch*, § 77 AktG Rz. 20.
307 So überzeugend *Spindler* in MünchKomm. AktG, 5. Aufl. 2019, § 77 AktG Rz. 45; *Mertens/Cahn* in KölnKomm. AktG, 3. Aufl. 2010, § 77 AktG Rz. 65; *Hüffer/Koch*, § 77 AktG Rz. 22; *Hoffmann-Becking*, ZGR 1998, 497, 500; *Hoffmann-Becking* in MünchHdb. AG, § 22 Rz. 33.
308 Vgl. *Hoffmann-Becking*, ZGR 1998, 497, 500 f.
309 Umstr.; siehe *Hüffer/Koch*, § 77 AktG Rz. 23; *Fleischer* in BeckOGK AktG, Stand 1.6.2021, § 77 AktG Rz. 85.
310 *Mertens/Cahn* in KölnKomm. AktG, 3. Aufl. 2010, § 77 AktG Rz. 66; *Hüffer/Koch*, § 77 AktG Rz. 23; *Hoffmann-Becking*, ZGR 1998, 497, 505 f.; *Schiessl*, ZGR 1992, 64, 72 ff.
311 *Kubis* in Semler/Peltzer/Kubis, Arbeitshdb. für Vorstandsmitglieder, § 2 Rz. 61.
312 *Fleischer* in BeckOGK AktG, Stand 1.6.2021, § 84 AktG Rz. 95 m.w.N.; *Hoffmann-Becking* in MünchHdb. AG, § 24 Rz. 2; krit. *Bachmann* in FS Baums 2017, 107, 111f; a.A. *Spindler* in MünchKomm. AktG, 5. Aufl. 2019, § 84 AktG Rz. 115.
313 Ausführlich *Hein*, ZHR 166 (2002), 464, 474 ff.
314 *Reichert/Brandes* in MünchKomm. AktG, 4. Aufl. 2017, SE-VO Art. 50 Rz. 31; *Mutter/Götze*, AG 2007, R291, R292.
315 Siehe Rz. 20.95: Hier ist ein Vetorecht nicht mit der Gleichberechtigung des Arbeitsdirektors gemäß § 33 MitbestG zu vereinbaren, vgl. *Hüffer/Koch*, § 77 AktG Rz. 13.
316 Siehe OLG Karlsruhe v. 20.5.2000 – 8 U 233/99, AG 2001, 93, 94.
317 Siehe *Seibt* in K. Schmidt/Lutter, § 77 AktG Rz. 14.

20.109 In der **Unternehmenspraxis** üben Vorstandsvorsitzende ihr Amt in ganz unterschiedlicher Weise aus[318]. Ein äußerer Indikator für die im jeweiligen Unternehmen gelebte Binnenkultur ist die Spreizung der Vergütung zwischen den Vorstandsmitgliedern und dem Vorsitzenden.

20.110 Nach Grundsatz 1 Satz 3 Alt. 2 des DCGK koordiniert der Vorstandsvorsitzende die Arbeit der Vorstandsmitglieder. Fehlt eine nähere Regelung in der Geschäftsordnung für den Vorstand, werden dem Vorsitzenden gemeinhin insbesondere folgende **Aufgaben** zugewiesen[319]:

(1) Vorbereitung, Leitung und Protokollierung der Vorstandssitzungen,

(2) Repräsentation der Gesellschaft gegenüber der Öffentlichkeit,

(3) Federführung im Verkehr mit dem Aufsichtsrat,

(4) Koordination und Überwachung der Arbeit der einzelnen Vorstandsmitglieder.

20.111 Diskussionen über die Rolle des Vorstandsvorsitzenden waren in der Literatur durch das „Branding" einzelner Vorsitzender als „**CEO**" entstanden[320]. Soweit damit eine Hierarchisierung im Sinne einer Über-/Unterordnung der Vorstandsmitglieder verbunden sein soll, ist diese mit deutschem Recht unvereinbar[321]. Die bloße Bezeichnung ist unbedenklich[322]. Dass diese Diskussion um die Zulässigkeit eines „CEO"-ähnlichen Vorsitzenden ohnehin (nur) auf einem falschen Verständnis des US-amerikanischen Rechts beruhte, das eine Weisungsbefugnis des CEO gerade nicht kennt, ist eine besondere Randnote[323]. Vorstellbar ist aber eine faktische Annäherung der Leitungsformen durch entsprechende Geschäftsverteilung, Stichentscheid und, soweit zulässig, Vetorecht[324].

20.112 Bestellt der Aufsichtsrat keinen Vorstandsvorsitzenden, kann ein **Vorstandssprecher** ernannt werden. Die Ernennung ist eine Geschäftsordnungsmaßnahme, für die der Aufsichtsrat – subsidiär der Vorstand – zuständig ist (§ 77 Abs. 2 Satz 1 AktG)[325]. Die Einzelbefugnisse des Vorstandssprechers legt die Geschäftsordnung fest. Dabei ist zu beachten, dass dem Vorstandssprecher die Koordinations- und Überwachungsaufgaben eines Vorstandsvorsitzenden nicht übertragen werden können[326].

IV. Zusammenarbeit mit Aufsichtsrat, Hauptversammlung und Aktionären

1. Aufsichtsrat

a) Grundsatz

20.113 Das Zusammenwirken von Vorstand und Aufsichtsrat sowie ihre Aufgabenteilung innerhalb des zweistufigen Verwaltungssystems werden an anderer Stelle behandelt (siehe Rz. 24.1 ff.).

---

318 Vgl. *Kubis* in Semler/Peltzer/Kubis, Arbeitshdb. für Vorstandsmitglieder, § 2 Rz. 65 ff.; *Bernhardt/Witt*, ZfB 1999, 825 ff.
319 Siehe *Bezzenberger*, ZGR 1996, 661, 662 ff.; *Hoffmann-Becking*, NZG 2003, 745, 747; *Hein*, ZHR 166 (2002), 464, 484 ff.
320 Vgl. *Kubis* in Semler/Peltzer/Kubis, Arbeitshdb. für Vorstandsmitglieder, § 2 Rz. 65; *Hoffmann-Becking*, NZG 2003, 745; *Hein*, ZHR 166 (2002), 464; *Fleischer*, ZIP 2003, 1, 8.
321 *Seibt* in K. Schmidt/Lutter, § 77 AktG Rz. 21; *Witt* in Hommelhoff/Hopt/v. Werder, Handbuch Corporate Governance, S. 303, 305 f.; *Fleischer*, ZIP 2003, 1, 8; *Fleischer*, NZG 2003, 449, 458.
322 *Hüffer/Koch*, § 84 AktG Rz. 29.
323 Vgl. *Niehaus*, BB 2020, 711, 712; *Hoffmann-Becking*, NZG 2003, 745, 746.
324 Näher *Seibt* in K. Schmidt/Lutter, § 77 AktG Rz. 21.
325 Vgl. *Hoffmann-Becking* in MünchHdb. AG, § 24 Rz. 5; *Hüffer/Koch*, § 84 AktG Rz. 22.
326 Vgl. *Simons/Hanloser*, AG 2010, 641, 644 f.; *Hüffer/Koch*, § 84 AktG Rz. 30.

Maßgebend ist der **Grundsatz vertrauensvoller Zusammenarbeit** zum Wohl der Gesellschaft. Dies unterstreicht für die börsennotierte AG Grundsatz 13 des DCGK. Aktienrechtlich ergibt sich dies für die Mitglieder des Vorstands aus ihrer allgemeinen Sorgfaltspflicht (§ 93 Abs. 1 AktG).

20.114

b) Informationsversorgung des Aufsichtsrats

Ein Ausfluss dieses Gebotes ist die Mitverantwortung des Vorstands für die Informationsversorgung des Aufsichtsrats[327]. Die Basis bildet die regelmäßige Berichterstattung nach § 90 AktG, der zugleich Gegenstand, Form und Zeitpunkt festlegt[328]. Die Berichtspflicht wird regelmäßig in der Geschäftsordnung näher konkretisiert[329]. Insbesondere ist der Aufsichtsrat über die Planung, die Geschäftsentwicklung und das Risikomanagement zu unterrichten, und zwar wahr, klar und vollständig[330]. Nach § 90 Abs. 1 AktG ist hierbei auch auf Abweichungen von früheren Berichten einzugehen; auch die Gründe dafür sind darzulegen (sog. „**Follow-up-Berichterstattung**").

20.115

Fragen der **Compliance** (vgl. dazu ausführlich Rz. 20.23 ff.) haben sich von einer Facette der Geschäftsorganisation und des Risikomanagements zu einem eigenständigen Berichtsgegenstand entwickelt[331].

20.116

Die Berichtspflicht erstreckt sich nicht nur auf die Gesellschaft selbst, sondern ggf. auch auf den Gesamtkonzern. § 90 Abs. 1 Satz 2 AktG, wonach bei Mutterunternehmen auch auf **Tochterunternehmen und Gemeinschaftsunternehmen** nach § 310 HGB einzugehen ist, stellt dies klar. Allerdings ist insoweit hinsichtlich der Reichweite der Berichtspflicht entsprechend der rechtlichen Einflussnahmemöglichkeiten des Vorstands vielfältig zu differenzieren[332], etwa zwischen a) Vertragskonzern und faktischem Konzern, b) Tochtergesellschaften in der Rechtsform der AG, der GmbH usw., sowie c) Tochterunternehmen mit und ohne Drittgesellschafter.

20.117

Hinsichtlich der **Form** der Berichterstattung können Satzung und/oder Geschäftsordnung unterschiedliche Vorgaben machen; nach § 90 Abs. 4 und 5 AktG genügt sogar Textform, d.h. die Berichte können nach dem Gesetz sogar per **E-Mail** erstattet werden. Nicht alle Gesellschaften schöpfen diese Möglichkeiten aus; die tradierte Aufsichtsratsvorlage „in Papier" vermag sich in der Praxis vielfach zu behaupten. Die **Wahrung der Vertraulichkeit** dürfte diese Entwicklung tragen, auch wegen der zivilrechtlichen Haftung nach § 93 Abs. 1 Satz 2, § 116 AktG und der Strafbarkeit nach § 404 Abs. 1 Nr. 1 AktG. Bei der Verwendung moderner IT-Medien ist auf die Einhaltung von Sicherheitsstandards zu achten, worunter etwa die Verwendung von Verschlüsselungstechnologien fällt[333]. Die Nutzung eines virtuellen Datenraums kann dem ebenfalls Rechnung tragen. Sie genügt auch dem Textformerfordernis[334]. Der Umfang der übermittelten Informationen nimmt dabei in der Praxis stetig zu, was Aufsichtsratsmitglieder an die Grenzen ihrer Informationsverarbeitungskapazitäten bringt und zu einer deutlichen Erhöhung der Anforderungen an die Aufsichtsratsmitglieder geführt hat[335].

20.118

Unabhängig von der gewählten Form sind dem Aufsichtsrat aber Berichte „**möglichst rechtzeitig**" zu erstatten (§ 90 Abs. 4 AktG). Nach der Gesetzesbegründung ist „Rechtzeitigkeit" ein objektives Tatbestandsmerkmal und „möglichst" beschreibt die Sorgfaltspflicht des Vorstands[336]. Konkret sollen Be-

20.119

---

327 Vgl. Grundsatz 15 und 16 des DCGK.
328 Zu Einzelheiten vgl. *Hoffmann-Becking* in MünchHdb. AG, § 25 Rz. 64 ff.; *Spindler* in MünchKomm. AktG, 5. Aufl. 2019, § 90 AktG Rz. 16 ff.
329 *Fleischer* in BeckOGK AktG, Stand 1.6.2021, § 90 AktG Rz. 13.
330 Eingehend dazu *Hoffmann-Becking* in MünchHdb. AG, § 25 Rz. 79 f.
331 Grundsatz 15 Satz 3 DCGK; näher zu den Organisationspflichten und den Auswirkungen auf die Zusammenarbeit von Vorstand und Aufsichtsrat *Bürkle*, BB 2007, 1797, 1798 bzw. 1800.
332 Näher *Sailer-Coceani* in K. Schmidt/Lutter, § 90 AktG Rz. 31 f. m.w.N.
333 *Hüffer/Koch*, § 90 AktG Rz. 13; *Spindler* in MünchKomm. AktG, 5. Aufl. 2019, § 90 AktG Rz. 13.
334 *Hüffer/Koch*, § 90 AktG Rz. 13; näher *Punte/Stefanik*, ZIP 2019, 2096 ff.
335 *Henning*, ZGR 2020, 485, 487 f., 490.
336 BT-Drucks. 14/8769.

richte jedenfalls **vor der Sitzung** zu übermitteln sein, und zwar so rechtzeitig, dass die Aufsichtsratsmitglieder noch die Möglichkeit haben, sie zu lesen. In diesem Zusammenhang ist an die Aussage der ersten Regierungskommission Corporate Governance zu erinnern – auf deren Anregung die Änderung des § 90 AktG beruht –, dass **besonders vertrauliche** oder **aktuelle Vorgänge** gleichwohl erst in der Sitzung mitgeteilt werden dürfen[337].

20.120   Sowohl der Gesamtaufsichtsrat als auch **einzelne Aufsichtsratsmitglieder** können nach § 90 Abs. 3 AktG **Berichte** des Vorstands (an den Aufsichtsrat) verlangen. Diese Möglichkeit wird aufgrund der steigenden Anforderungen an die Aufsichtsratsmitglieder zunehmend genutzt[338]. Das individuelle Auskunftsrecht birgt zwar theoretisch die **Gefahr des Missbrauchs** und der **Schikane** in sich. Der Vorstand wird sich hier aber ggf. durch Verweigerung verteidigen dürfen[339]. Will er hierbei dem Vorwurf der Pflichtverletzung jede Grundlage nehmen, kann er ein solches Vorgehen vom Gesamtaufsichtsrat beschließen lassen.

20.121   Grundsätzlich beschreibt § 90 AktG lediglich einen **Mindeststandard**[340], den – durch Beschluss oder Geschäftsordnung für den Vorstand[341] – zu konkretisieren und individuell auf „sein" Unternehmen zuzuschneiden eine wichtige Aufgabe des Aufsichtsrats ist. Der Erlass einer **Informationsordnung** zwischen Vorstand und Aufsichtsrat ist dabei hilfreich[342]. In der Praxis bietet es sich insbesondere an, darin festzulegen, an welche Stellen Berichte zuzuleiten sind (z.B. unmittelbar an Ausschüsse oder den Aufsichtsratsvorsitzenden) sowie inhaltliche Konkretisierungen der gesetzlichen Berichtpflichten vorzunehmen. Darüber hinaus können Regelungen getroffen werden, wonach der Aufsichtsrat zur Informationsbeschaffung unmittelbar auf Angestellte zugehen kann[343]. Nach zutreffender herrschender Ansicht ist es dem Aufsichtsrat über die in § 111 Abs. 2 Satz 1 AktG geregelten Fälle hinaus grundsätzlich nicht erlaubt, sich am Vorstand vorbei durch Zugriff auf Mitarbeiter der Gesellschaft zu informieren[344]. Ausnahmen sind anzuerkennen, insofern der Aufsichtsrat Anhaltspunkte dafür hat, dass Informationen vorenthalten werden, der Vorstand sich pflichtwidrig verhalten hat oder das Vertrauensverhältnis zwischen den Organen nachhaltig gestört ist[345]. Der durch das FISG[346] neu eingeführte § 107 Abs. 4 AktG sieht außerdem vor, dass der Aufsichtsrat einer Gesellschaft, die Unternehmen von öffentlichem Interesse i.S.v. § 316a Satz 2 HGB ist, einen Prüfungsausschuss i.S.d. § 107 Abs. 3 Satz 2 AktG einzurichten hat[347]. Der Prüfungsausschuss hat sich insbesondere mit der Wirksamkeit des internen Kontrollsystems, des Risikomanagementsystems und des internen Revisionssystems sowie der Abschlussprüfung zu befassen[348].

20.122   Ergänzt wird die regelmäßige Berichterstattung an den (Gesamt-)Aufsichtsrat nach § 90 AktG durch die Pflicht zur **außerordentlichen Berichterstattung** an den Aufsichtsratsvorsitzenden nach § 90 Abs. 1 Satz 3 AktG[349]. Sie hat aus wichtigen Anlässen unverzüglich zu erfolgen. Ein wichtiger Anlass kann

---

337 Vgl. *Baums*, Bericht Regierungskommission, S. 71 Rz. 27 am Ende; siehe zu sitzungsvorbereitenden Unterlagen *Henning*, ZGR 2020, 485, 488, 490.
338 Dazu *Henning*, ZGR 2020, 485, 489.
339 *Götz*, NZG 2002, 599, 601; *Manger*, NZG 2010, 1255, 1257.
340 Vgl. zum Zusammenwirken von Gesetz und Geschäftsordnung auch *Hüffer/Koch*, § 90 AktG Rz. 1a.
341 Beispiel bei *Happ/Ludwig* in Happ/Groß/Möhrle/Vetter, Aktienrecht Bd. 1, Muster 8.01, S. 817 ff.
342 Hierzu *M. Arnold* in Goette/Arnold, Handbuch Aufsichtsrat, § 4 Rz. 195 ff.
343 Vgl. *M. Arnold* in Goette/Arnold, Handbuch Aufsichtsrat, § 4 Rz. 75, 202.
344 Dazu *Koch*, ZGR 2020, 183, 201 m.w.N.; *M. Arnold* in Goette/Arnold, Handbuch Aufsichtsrat, § 4 Rz. 71 ff.
345 Eingehend *M. Arnold*, ZGR 2014, 76, 90 ff. m.w.N.; *M. Arnold/Rudzio* in FS Wegen, 2015, S. 93.
346 Gesetz zur Stärkung der Finanzmarktintegrität (Finanzmarktintegritätsstärkungsgesetz – FISG) v. 3.6.2021 (BGBl. I 2021, 1534).
347 Näher dazu *Zwirner/Boecker*, IRZ 2021, 149, 151 f.
348 Näher zu den Aufgaben des Prüfungsausschusses *Hüffer/Koch*, § 107 AktG Rz. 24a ff.; *Habersack* in MünchKomm. AktG, 5. Aufl. 2019, § 107 Rz. 114 ff.
349 Zu Einzelheiten vgl. *Hüffer/Koch*, § 90 AktG Rz. 8.

auch ein geschäftlicher Vorgang bei einem verbundenen Unternehmen sein, der dem Vorstand bekannt wird.

Unabhängig von etwaigen besonderen Vorkommnissen besteht auch eine Pflicht des Vorstands aus § 93 Abs. 1 Satz 1 AktG[350], meist aufgrund Geschäftsverteilung durch seinen Vorsitzenden, mit dem **Aufsichtsratsvorsitzenden regelmäßig Kontakt** zu halten und mit ihm über wesentliche Fragen, wie Strategie, Geschäftsentwicklung und Risikomanagement zu sprechen (dazu im Einzelnen Rz. 28.14)[351]. 20.123

Schließlich dient eine regelmäßige Teilnahme des Vorstands an den Sitzungen des Aufsichtsrats der Förderung der Zusammenarbeit zwischen den Organen[352]. 20.124

c) Einbindung des Aufsichtsrats in unternehmerische Entscheidungen

Der Vorstand ist gehalten, den Aufsichtsrat in seine unternehmerischen Überlegungen und Entscheidungen beratend einzubinden[353]. Der Aufsichtsrat wird dadurch zum mitunternehmerischen Organ[354]. Dies ergibt sich zwar nicht unmittelbar aus den §§ 76 ff. AktG. Literatur[355] und Rechtsprechung[356] haben jedoch die Aufgabenzuweisung durch § 111 Abs. 1 AktG („Überwachung") längst zu einer **Beratungsaufgabe des Aufsichtsrats** fortentwickelt (siehe dazu im Einzelnen Rz. 27.15 f.). 20.125

Bei Geschäften von besonders grundlegender Bedeutung geht die Einbindung des Aufsichtsrats durch den Vorstand über eine bloße Beratung hinaus[357]. Hier greifen regelmäßig „echte" **Zustimmungsvorbehalte** nach § 111 Abs. 4 Satz 2 AktG[358]. Sie werden an anderer Stelle behandelt (siehe Rz. 27.24 ff.). Die Unternehmenspraxis konkretisiert insoweit das Zusammenwirken von Vorstand und Aufsichtsrat üblicherweise durch detaillierte Kataloge in den Geschäftsordnungen für den Vorstand[359]. Sie werden durch gesetzliche Zustimmungsvorbehalte für bestimmte Einzelfälle ergänzt[360]. Der Aufsichtsrat kann für Einzelgeschäfte auch ad hoc einen Zustimmungsvorbehalt begründen[361]. 20.126

Die Zusammenarbeit zwischen Vorstand und Aufsichtsrat bewegt sich nach dem Aktiengesetz nicht in starren Grenzen. Vielmehr ist auch hier nach der **Lage der Gesellschaft** zu differenzieren[362]. Die Überwachungsdichte bestimmt sich anhand der Branche und der damit verbundenen Risikolage für das konkrete Unternehmen sowie den individuellen Umständen. Wenn die Gesellschaft in die Krise gerät oder zu geraten droht, entsteht eine Verpflichtung des Aufsichtsrats alle ihm (gegenüber dem Vor- 20.127

---

350 So i.E., wenngleich gestützt auf § 111 Abs. 1 AktG, wohl auch *Henze*, BB 2001, 53, 59: „Inhalt der Überwachungspflicht: (...) die ständige Gespräche mit dem Vorstand (...) umfasst."
351 Siehe Empfehlung D.6 des DCGK.
352 Grundlegend *Uwe H. Schneider*, ZIP 2002, 873; *E. Vetter*, VersR 2002, 951, 952.
353 Siehe dazu auch Grundsatz 6 Abs. 1, Grundsatz 13 und Empfehlung D.6 des DCGK.
354 Begriffsprägend *Drygala* in K. Schmidt/Lutter, § 111 AktG Rz. 5.
355 Exemplarisch *Drygala* in K. Schmidt/Lutter, § 111 AktG Rz. 18 f.; *Lutter/Krieger/Verse*, Rechte und Pflichten des Aufsichtsrats, § 3 Rz. 103 ff.; *Krieger*, ZGR 1985, 338, 340; *Steinmann/Klaus*, AG 1987, 29, 30 f.; vgl. auch *Mutter*, Unternehmerische Entscheidungen und Haftung des Aufsichtsrats der Aktiengesellschaft, 1994, S. 41 ff. (zur Rechtspflicht zur Beratung) und S. 27 (zur betriebswirtschaftlichen Funktion des Aufsichtsrats als „Sounding Board") jeweils mit umf. Nachweisen.
356 BGH v. 25.3.1991 – II ZR 188/89 – Deutscher Herold, BGHZ 114, 127, 129 f. = AG 1991, 312.
357 Vgl. auch Grundsatz 6 des DCGK.
358 Umfassende Darstellung bei *Lutter/Krieger/Verse*, Rechte und Pflichten des Aufsichtsrats, § 3 Rz. 112 ff.
359 Beispiel bei *Happ/Ludwig* in Happ/Groß/Möhrle/Vetter, Aktienrecht Bd. 1, Muster 8.01, S. 817 ff.; zu Gestaltungsgrenzen bereits *Mutter*, Unternehmerische Entscheidungen und Haftung des Aufsichtsrats der Aktiengesellschaft, 1994, S. 59 ff.
360 Vgl. etwa § 59 Abs. 3, § 204 Abs. 1 Satz 2 oder § 114 Abs. 1 AktG.
361 *Hüffer/Koch*, § 111 AktG Rz. 62; *Habersack* in MünchKomm. AktG, 5. Aufl. 2019, § 111 AktG Rz. 130.
362 Einh.M., grundlegend *Semler*, Leitung und Überwachung, S. 232 ff.

stand) zustehenden Rechte auszuschöpfen[363]. Dabei handelt es sich um einen fließenden Prozess, der mit einer Intensivierung der Gespräche zwischen Aufsichtsrat und Vorstand beginnt und über eine Ausweitung der Zustimmungspflichten in eine Prüfung der Frage mündet, ob der Vorstand verstärkt wird oder Vorstandsmitglieder abzuberufen sind[364]. Die Überwachungspflicht erhöht sich auch bei Vorstandsentscheidungen außerhalb der gewöhnlichen Geschäftstätigkeit, die besonders bedeutsam sind[365]. Auch die Rechtsprechung differenziert zwischenzeitlich bei Haftung[366] und Berichtspflicht[367] entsprechend.

2. Hauptversammlung und Aktionäre

20.128 Das Zusammenwirken von Vorstand und Hauptversammlung ist durch deren (unterschiedliche) Aufgaben geprägt. Sie werden im Einzelnen später beschrieben (siehe Rz. 33.14 f.). Kurz gefasst ist der Vorstand zunächst **zur Vorbereitung und Einberufung der Hauptversammlung** berufen (dazu im Einzelnen Rz. 34.1 ff.) Damit bestimmt er – vorbehaltlich praktisch selten vorkommender Anträge aus dem Aktionärskreis nach § 122 AktG – regelmäßig Zeitpunkt und Gegenstand der Beratungen der Aktionäre in der Hauptversammlung. Die Verpflichtung zur Unterbreitung konkreter Beschlussvorschläge trifft den Gesamtvorstand[368].

20.129 Der Hauptversammlung gegenüber ist der Vorstand im Einzelfall, etwa bei grundlegenden Strukturentscheidungen[369], oder regelmäßig[370] **vorlage- und berichtspflichtig**. Dort ist der Vorstand den Aktionären gegenüber auch zur Auskunft verpflichtet[371].

20.130 Letztlich sind auch die Beschlüsse der Hauptversammlung durch die Verwaltung faktisch (vor)bestimmt. Denn ein von deren Beschlussvorschlägen abweichendes Stimmverhalten einer Mehrheit der Aktionäre ist in der Hauptversammlungspraxis selten anzutreffen. Dies ändert freilich nichts an der Pflicht des Vorstands, jeden Beschluss der Hauptversammlung auf seine **Rechtmäßigkeit** zu prüfen und widrigenfalls einen Beschluss anzufechten (vgl. § 245 Nr. 4 AktG).

20.131 Die Hauptversammlungspraxis und das Verhalten der Verwaltung wurde lange dadurch (negativ) geprägt, dass die Hauptversammlung zu einer Plattform für Auseinandersetzungen zwischen der Verwaltung und einzelnen, regelmäßig in Hauptversammlungen anzutreffenden Aktionären und Aktionärsvertretern verkommen war, die sich häufig in anschließenden Rechtsstreiten fortsetzten. Daran knüpften berechtigte **Reformüberlegungen** an[372]. Durch Reformen des UMAG 2005 und insbesondere die Stärkung des Freigabeverfahrens nach § 246a AktG im Zuge der ARUG[373] (dazu ausführlich Rz. 39.171 ff.) konnte die Flut an missbräuchlichen Beschlussmängelklagen vorerst zurückgedrängt

---

363 BGH v. 2.4.2007 – II ZR 325/05, NJW-RR 2007, 1483, 1486; OLG Düsseldorf v. 6.11.2014 – I-6 U 16/14, AG 2015, 434, 437; OLG Stuttgart v. 19.6.2012 – 20 W 1/12, ZIP 2012, 1965, 1967 f.
364 *Habersack* in MünchKomm. AktG, 5. Aufl. 2019, § 111 AktG Rz. 56 f.; *Henze*, BB 2000, 209, 214, re. Sp.
365 OLG Stuttgart v. 29.2.2012 – 20 U 3/11, AG 2012, 298, 300.
366 LG München v. 31.5.2007 – 5 HK O 11977/06, AG 2007, 827 ff.
367 OLG Stuttgart v. 15.3.2006 – 20 U 25/05, AG 2006, 379, insb. S. 381 f.
368 BGH v. 12.11.2001 – II ZR 225/99, BB 2002, 165 = AG 2002, 241.
369 Grundlegend BGH v. 26.4.2004 – II ZR 155/02 – Gelatine, NJW 2004, 1860 ff. = AG 2004, 384; fortgeführt durch BGH v. 20.11.2006 – II ZR 226/05, AG 2007, 203; zu Informationspflichten in diesem Rahmen bereits BGH v. 15.1.2001 – II ZR 124/99, BB 2001, 483 = AG 2001, 261.
370 Beispielsweise nach § 175 AktG.
371 Zu Einzelheiten siehe Rz. 36.13 ff.; monographische Darstellung der Spruchpraxis der Gerichte durch *Mutter*, Auskunftsansprüche des Aktionärs in der Hauptversammlung, 2002.
372 Exemplarisch *Mutter*, AG 2008, R3; *Seibert*, NZG 2007, 841. Vgl. auch *Bayer/Hoffmann*, ZIP 2013, 1193 ff.; *Keinath*, ZIP 2013, 1205.
373 Insbesondere durch Einführung von § 246a Abs. 2 Nr. 2 AktG, wonach im Anwendungsbereich des Freigabeverfahrens ein Mindestquorum von 1.000 Euro erforderlich ist, um die Eintragung eines Beschlusses zu verhindern.

werden[374]. Das sind erste – allerdings noch nicht ausreichende – Lösungsansätze[375]. Davon zu unterscheiden ist das in den letzten Jahren stetig zunehmende Phänomen des **Shareholder Activism**. Hierunter wird eine Investmentstrategie verstanden, bei der professionell agierende Aktionäre eine Minderheitsbeteiligung erwerben und dann versuchen ihre Interessen durch Einflussnahme auf die Leitung der Gesellschaft durchzusetzen. Der Umgang mit solchen aktiven Aktionären stellt Verwaltungsmitglieder zunehmend vor Herausforderungen[376].

20.132 Den Aktionären gegenüber werden die Pflichten des Vorstands durch das strikte Gleichbehandlungsgebot geprägt. Aufgrund seiner besonderen Bedeutung ist es im Gesetz ausdrücklich verankert[377]. Ausnahmen sind zulässig, wenn das Gesetz es ausdrücklich bestimmt (etwa im Konzernrecht[378]) oder schutzwürdige Interessen der AG dies verlangen[379]. Bedeutung hat das Gleichbehandlungsgebot auch für **die Informationserteilung an Aktionäre**[380]. Eine Privilegierung von Großaktionären kennt das Gesetz grundsätzlich nicht[381], auch wenn eine informationelle Ungleichbehandlung von Aktionären bei Vorliegen eines sachlichen Grunds gerechtfertigt sein kann[382]. Auch wenn insbesondere aktive Aktionäre wie Hedgefonds oder Investmentgesellschaften häufig den direkten Kontakt zur Verwaltung suchen und fordern, ist eine pauschale, ggf. regelmäßige Informationsversorgung de lege lata kritisch zu bewerten[383].

20.133 In börsennotierten Aktiengesellschaften ist der Vorstand, auch im Interesse funktionsfähiger Kapitalmärkte, nicht nur zur **gleichmäßigen**, sondern auch zur **zeitnahen Information** der Aktionäre verpflichtet. Die Art. 17[384], 19[385] MMVO sowie §§ 33 ff.[386], 40 f.[387], 48 ff.[388] WpHG bilden hier nur den gesetzlichen Rahmen, den die Empfehlungen aus Ziff. F des DCGK weiter ausfüllen.

20.134 Schließlich darf der Vorstand Aktionären außer ihrem Anteil am Bilanzgewinn, sprich der Dividende, grundsätzlich aus dem Gesellschaftsvermögen **keinerlei Vermögenswerte** zukommen lassen (§ 57 Abs. 1 Satz 1 AktG). Abweichend davon erlaubt das Aktiengesetz einen erweiterten Leistungsverkehr zwischen Gesellschaft und Aktionär (§ 57 Abs. 1 Satz 3 und 4 AktG).

---

374 Vgl. *Baums/Drinhausen/Keinath*, ZIP 2011, 2329 und *Bayer/Hoffmann/Sawada*, ZIP 2012, 897.
375 Die bereits im Zuge der Aktienrechtsnovelle 2012 geplante und zu befürwortende relative Befristung nachgeschobener Nichtigkeitsklagen (vgl. den RegE, BT-Drucks. 17/8989, S. 19 ff.) wurde auf Empfehlung des Rechtsausschusses im Hinblick auf eine umfassendere Reform weder 2012 übernommen noch in die Aktienrechtsnovelle 2016 aufgenommen.
376 Dazu ausf. *M. Arnold*, ZHR 185 (2021), 281.
377 Siehe §§ 53a, 71 Abs. 1 Nr. 8 AktG oder § 3 Abs. 1 WpÜG.
378 Dazu *Götze* in MünchKomm. AktG, 5. Aufl. 2019, § 53a AktG Rz. 26 f.
379 BGH v. 6.10.1960 – II ZR 150/58, BGHZ 33, 175, 186; BGH v. 19.12.1977 – II ZR 136/76, BGHZ 70, 117, 121 = AG 1978, 135; BGH v. 9.11.1992 – II ZR 230/91, BGHZ 120, 141, 150 f.
380 Vgl. Grundsatz 20 DCGK; siehe auch *Koch*, ZGR 2020, 183, 206; für den Aufsichtsrat *Holle*, ZIP 2019, 1895, 1899.
381 Zu den Ausnahmefällen Vertragskonzern und faktischer Konzern siehe *Spindler* in K. Schmidt/Lutter, § 131 AktG Rz. 99 f.; *Kubis* in MünchKomm. AktG, 4. Aufl. 2018, § 131 AktG Rz. 162 ff.
382 BGH v. 9.11.1992 – II ZR 230/91, BGHZ 120, 141 = NJW 1993, 400; BGH v. 10.7.2018 – II ZR 120/16, NZG 2018, 1019, 1022; ausf. *M. Arnold*, ZHR 185 (2021), 281, 312; *Götze* in MünchKomm. AktG, 5. Aufl. 2019, § 53a AktG Rz. 14 ff.
383 Dazu *M. Arnold*, ZHR 185 (2021), 281, 312 ff., auch zu Überlegungen de lege ferenda.
384 Vormals § 15 WpHG a.F.
385 Vormals § 15a WpHG a.F.
386 Dazu Rz. 18.1 ff.
387 Dazu Rz. 18.1 ff.
388 § 48 WpHG verpflichtet Emittenten nicht nur zur Gleichbehandlung ihrer Investoren (siehe § 48 Abs. 1 Nr. 1 WpHG), sondern insbesondere auch zur öffentlichen Bereitstellung der Informationen, die Aktionäre zur Ausübung ihrer Rechte benötigen (siehe § 48 Abs. 1 Nr. 2 und 5 WpHG). Darüber hinaus sind wesentliche Vorkommnisse, wie etwa die Einberufung der Hauptversammlung (§ 49 Abs. 1 Nr. 1 WpHG oder Dividendenzahlungen (§ 49 Abs. 1 Nr. 2 WpHG) im Bundesanzeiger zu veröffentlichen.

§ 21
Bestellung und Anstellung

I. Grundsätzliches zu Bestellung und Anstellung 21.1
1. Trennung zwischen Anstellung und Bestellung 21.1
2. Persönliche Anforderungen an das Vorstandsmitglied 21.2
3. Dauer der Bestellung und Anstellung 21.9

II. Zuständigkeiten 21.12
1. Personalhoheit des Aufsichtsrats 21.12
2. Gerichtliche Bestellung von Vorstandsmitgliedern 21.15
3. Besonderheiten bei mitbestimmten Gesellschaften 21.16
   a) Wahlverfahren und Mehrheiten bei der Bestellung 21.16
   b) Besetzung des Personalausschusses 21.18
   c) Arbeitsdirektor 21.19

III. Mängel 21.20
1. Fehlerhafte Bestellung 21.21
2. Fehlerhafte Anstellung 21.22

IV. Handelsregistereintragung 21.25

V. Vergütung 21.26
1. Zuständigkeit und Verantwortung des Aufsichtsrats 21.26
2. Vorstandsvergütungssystem 21.29
   a) Zuständigkeit des Aufsichtsrats 21.29
   b) Klarheit und Verständlichkeit des Vergütungssystems, § 87a Abs. 1 Satz 1 AktG 21.31
   c) Einzelangaben zum Vergütungssystem 21.32
      aa) Festlegung einer Maximalvergütung, § 87a Abs. 1 Satz 2 Nr. 1 AktG 21.32
      bb) Förderung und langfristige Entwicklung der Gesellschaft, § 87a Abs. 1 Satz 2 Nr. 2 AktG 21.35
      cc) Feste und variable Vergütungsbestandteile, § 87a Abs. 1 Satz 2 Nr. 3 AktG 21.36
      dd) Leistungskriterien für die Gewährung variabler Vergütungsbestandteile, § 87a Abs. 1 Satz 2 Nr. 4 AktG 21.38
      ee) Aufschubzeiten für die Auszahlung von Vergütungsbestandteilen, § 87a Abs. 1 Satz 2 Nr. 5 AktG 21.41
      ff) Rückforderung variabler Vergütungsbestandteile („Clawback"), § 87a Abs. 1 Satz 2 Nr. 6 AktG 21.42
      gg) Aktienbasierte Vergütung, § 87a Abs. 1 Satz 2 Nr. 7 AktG 21.43
      hh) Vergütungsbezogene Rechtsgeschäfte, § 87a Abs. 1 Satz 2 Nr. 8 AktG 21.45
      ii) Berücksichtigung der Vergütungs- und Beschäftigungsbedingungen der Arbeitnehmer, § 87a Abs. 1 Satz 2 Nr. 9 AktG 21.47
      jj) Festsetzung und Überprüfung des Vergütungssystems, § 87a Abs. 1 Satz 2 Nr. 10 AktG 21.50
      kk) Vorlage eines gemäß § 120a Abs. 3 AktG überprüften Vergütungssystems, § 87a Abs. 1 Satz 2 Nr. 11 AktG 21.51
      ll) Weitere Angaben im Vergütungssystem 21.53
   d) Bindung des Aufsichtsrats, § 87a Abs. 2 Satz 1 AktG 21.54
   e) Abweichungen vom Vergütungssystem, § 87a Abs. 2 Satz 2 AktG 21.57
3. Angemessenheit der Vergütung 21.60
   a) Allgemeine Anforderungen 21.61
   b) Besondere Anforderungen: Nachhaltige und langfristige Entwicklung 21.71
4. Nebenleistungen 21.91
5. Rechtsfolgen unangemessener Vergütung 21.93
6. Herabsetzung der Vergütung, § 87 Abs. 2 AktG 21.95
7. Publizität der Vergütung 21.101
   a) Einführung 21.102
   b) Pflichtangaben nach dem HGB 21.105
   c) Vergütungsbericht (§ 162 AktG) 21.106
      aa) Normzweck und Regelungsgegenstand 21.107

bb) Berichtsturnus	21.109
cc) Zuständigkeit	21.110
dd) Inhaltliche Anforderungen	21.113
(1) Mindestinhalte (§ 162 Abs. 1 Satz 2 AktG)	21.113
(2) Erweiterte Berichtspflichten für Vorstandsmitglieder (§ 162 Abs. 2 AktG)	21.114
ee) Prüfung des Vergütungsberichts (§ 162 Abs. 3 AktG)	21.115
ff) Veröffentlichungspflicht (§ 162 Abs. 4 AktG)	21.116
gg) Datenschutzklausel (§ 162 Abs. 5 AktG)	21.118
hh) Vertraulichkeit der Gesellschaft (§ 162 Abs. 6 AktG)	21.119
d) DRS und IFRS	21.122
VI. Sonstige Bedingungen	21.125
1. Krankheit, Tod oder Unfall	21.125
2. D&O-Versicherung	21.126
3. Wettbewerbsverbot	21.128
4. Nebentätigkeit	21.135
5. Urlaub	21.137
6. Elternzeit und Mutterschutz	21.138
7. Change-of-Control-Klauseln	21.149
8. Kredite der Gesellschaft	21.155
VII. AGG und Vorstandsmitglieder	21.162
VIII. Versorgungsvertrag	21.167
IX. Wiederbestellung und Vertragsverlängerung	21.175
X. Besonderheiten im Konzern	21.178
1. Zulässigkeit von Doppelmandaten im Konzern	21.178
2. Drittanstellung im Aktienrecht	21.179

Schrifttum: *Annuß/Theusinger*, Das VorstAG – Praktische Hinweise zum Umgang mit dem neuen Recht, BB 2009, 2434; *Apfelbacher/Hemeling/Hoffmann-Becking/Kremer/Krieger/Löbbe/Maier-Reimer*, Zur Initiative #stayonboard für einen Anspruch auf Ruhenlassen des Vorstandsmandats bei längerer Verhinderung, NZG 2020, 1281; *C. Arnold*, Anwendung des AGG auf einen GmbH-Geschäftsführer, ArbRAktuell 2019, 281; *C. Arnold/Gralla*, Gestaltung von Vorstandsverträgen nach dem DCGK 2020, NZG 2020, 529; *C. Arnold/Herzberg/Zeh*, Vorstandsvergütung und Nachhaltigkeit, AG 2021, 141; *C. Arnold/Herzberg/Zeh*, Das Vergütungssystem börsennotierter Gesellschaften nach § 87a AktG, AG 2020, 313; *C. Arnold/Romero*, Fremdgeschäftsführer als Arbeitnehmer im Sinne des AGG, NZG 2019, 930; *C. Arnold/Schansker*, Vergütungsgestaltung in Vorstandsverträgen – Rechtliche Anforderungen und praktische Umsetzung, KSzW 2012, 39; *M. Arnold/Born*, Vorstand und Aufsichtsrat – Drittanstellung von Vorstandsmitgliedern in vertraglich beherrschten Aktiengesellschaften, AG 2005, R428; *Bachmann*, ZHR 184 (2020), 127; *Bachmann/Pauschinger*, Die Neuregelung der Vorstands- Aufsichtsratsvergütung durch das ARUG II, ZIP 2019, 1; *Backhaus*, Die Auswirkungen der Neuregelungen zur Vorstandsvergütung im ARUG II auf die börsennotierte Kommanditgesellschaft auf Aktien (KGaA), AG 2020, 462; *Bauer/C. Arnold*, AGG und Organmitglieder – Klares und Unklares vom BGH, NZG 2012, 921; *Bauer/C. Arnold*, Altersdiskriminierung von Organmitgliedern, ZIP 2012, 597; *Bauer/C. Arnold*, Festsetzung und Herabsetzung der Vergütung nach dem VorstAG, AG 2009, 717; *Bauer/C. Arnold*, AGG-Probleme bei vertretungsberechtigten Organmitgliedern, ZIP 2008, 993; *Bauer/C. Arnold*, Der „richtige Zeitpunkt" für die Erstbestellung von Vorstandsmitgliedern, DB 2007, 1571; *Bauer/C. Arnold*, Organbesetzung und Allgemeines Gleichbehandlungsgesetz, AG 2007, 807; *Bauer/C. Arnold*, Mannesmann und die Folgen für Vorstandsverträge, DB 2006, 546; *Bauer/C. Arnold*, Vorstandsverträge im Kreuzfeuer der Kritik, DB 2006, 260; *Bauer/Diller*, Zulässige und unzulässige Bedingungen in Wettbewerbsverboten, DB 1997, 94; *Bauer/Baeck/von Medem*, Altersversorgung und Übergangsgeld in Vorstandsanstellungsverträgen, NZG 2010, 721; *Bauer/von Medem*, Wettbewerbsverbote mit vertretungsberechtigten Organmitgliedern, ArbR 2011, 473; *Baums*, Die Unabhängigkeit des Vergütungsberaters, AG 2010, 53; *Bayer*, Die Vergütung von Vorstands- und Aufsichtsratsmitgliedern börsennotierter Gesellschaften nach dem RefE für das ARUG II, DB 2018, 3034; *Bayer/Lieder*, Die Lehre vom fehlerhaften Bestellungsverhältnis – Ein Beitrag zur Institutionenbildung im Gesellschaftsrecht aus Anlass des HBV/UniCredit-Beschlusses des II. Zivilsenats des BGH vom 27.9.2011, NZG 2012, 1; *Beiner/Braun*, Der Vorstandsvertrag, 2. Aufl. 2014; *Beuthin*, Zur Zulässigkeit beschließender Aufsichtsratsausschüsse – Am Beispiel des Personalausschusses, NZG 2010, 333; *Böcking/Bundle*, Die Umsetzung der zweiten Aktionärsrechterichtlinie (ARUG II) – Implikationen der neuen Vergütungsregelungen für die Corporate Governance in Deutschland, DK 2020, 15; *Dauner-Lieb*, Change Of Control-Klauseln nach Mannesmann, DB 2008, 567; *Dauner-Lieb/von Preen/Simon*, Das VorstAG – Ein Schritt auf dem Weg zum Board-System? – Thesen zu einem aktienrechtskonformen Verständnis des VorstAG, DB 2010, 377; *Deilmann*, Fehlen einer Directors & Officers (D&O) Versicherung als Rücktrittsgrund für die Organmitglieder einer Aktiengesellschaft, NZG 2005, 54; *Deilmann/Dornbusch*, Drittanstellung im

Konzern, NZG 2016, 201; *Diekmann*, „Say on Pay" – Wesentliche Änderungen bei der Vergütung von Vorständen und Aufsichtsräten aufgrund der geänderten Aktionärsrechterichtlinie, WM 2018, 796; *Diller*, Nachträgliche Herabsetzung von Vorstandsvergütungen und -ruhegeldern nach dem VorstAG, NZG 2009, 1006; *Diller/C. Arnold*, Anspruch auf Übergangsgeld bei „Unmöglichkeit" der Vorstands-Wiederbestellung zu gleich günstigen Konditionen?, AG 2010, 721; *Diller/C. Arnold/Kern*, Abdingbarkeit des Betriebsrentengesetzes für Organmitglieder, GmbHR 2010, 281; *Diller/Wolf*, Betriebsrentenanpassung gem. § 16 BetrAVG in Zeiten von Corona (§ 16 BetrAVG), DB 2021, 60; *Doetsch*, Veränderte Anforderungen an Gestaltung und Publizität von Vorstands-Pensionszusagen, AG 2010, 465; *Dörrwächter*, Zwischen Anspruch und Wirklichkeit: Die Vergütung des Vorstands nach dem Entwurf des geänderten DCGK, DB 2018, 2977; *Dörrwächter/Leuering*, Die Maximalvergütung für Vorstandsmitglieder nach ARUG II, NJW-Spezial 2020, 15; *Dörrwächter/Wolff*, Sorgfaltspflichten des Aufsichtsrats bei der Vereinbarung von Clawback-Klauseln, AG 2020, 233; *Eichner/Delahaye*, Sorgfaltspflichten und Gestaltungsmöglichkeiten des Aufsichtsrats bei Vorstandsverträgen nach dem VorstAG, ZIP 2010, 2082; *Eßer/Baluch*, Bedeutung des Allgemeinen Gleichbehandlungsgesetzes für Organmitglieder, NZG 2007, 321; *Fischer/Harth/Meyding*, Vorstandsverträge im Konzern: Rechtliche Gestaltungsmöglichkeiten bei der Organleihe, BB 2000, 1097; *Fleischer*, Aufsichtsratsverantwortlichkeit für die Vorstandsvergütung und Unabhängigkeit der Vergütungsberater, BB 2010, 67; *Fleischer*, Das Gesetz zur Angemessenheit der Vorstandsvergütung (VorstAG), NZG 2009, 801; *Fleischer*, Das Mannesmann-Urteil des Bundesgerichtshofs: Eine aktienrechtliche Nachlese, DB 2006, 542; *Fleischer*, Bestellungshindernisse und Tätigkeitsverbote von Geschäftsleitern im Aktien-, Bank- und Kapitalmarktrecht, WM 2004, 157; *Florstedt*, Die neuen Aktionärsvoten zur Organvergütung, ZGR 2019, 630; *Florstedt*, Die wesentlichen Änderungen des ARUG II nach den Empfehlungen des Rechtsausschusses, ZIP 2020, 1; *Fonk*, Zur Vertragsgestaltung bei Vorstandsdoppelmandaten, NZG 2010, 368; *Fonk*, Die Zulässigkeit von Vorstandsvergütungen dem Grunde nach – Zu den Konsequenzen des BGH-Urteils für die Praxis, NZG 2006, 813; *Franz*, Der gesetzliche Selbstbehalt in der D&O-Versicherung nach dem VorstAG – Wie weit geht das Einschussloch in der Schutzweste der Manager?, DB 2009, 2764; *Fröhlich/Kalb*, Die Drittvergütung von Vorständen, NZG 2014, 167; *Gaul/Janz*, Wahlkampfgetöse im Aktienrecht: Gesetzliche Begrenzung der Vorstandsvergütung und Änderungen der Aufsichtsratstätigkeit, NZA 2009, 809; *Grimm/Freh*, Die neuen Regeln der Vorstandsvergütung nach dem ARUG II, ArbRB 2020, 192; *Gärtner/Himmelmann*, Beschlüsse der Hauptversammlung zur Vorstandsvergütung nach ARUG II, AG 2021, 259; *Habersack*, VorstAG und mitbestimmte GmbH – eine unglückliche Beziehung!, ZHR 174 (2010), 2; *Harzenetter*, Der Selbstbehalt in der D&O-Versicherung nach dem VorstAG und der Neufassung des Deutschen Corporate Governance Kodex (DCGK), DStR 2010, 653; *Heldt*, „Say on Pay" und „Related Party Transactions" im Referentenentwurf des ARUG II aus gesellschaftsrechtspolitischer Sicht, AG 2018, 905; *Hoffmann-Becking/Krieger*, Leitfaden zur Anwendung des Gesetzes zur Angemessenheit der Vorstandsvergütung (VorstAG), NZG 2009, Beilage zu Heft 26, 1; *Hoffmann-Becking*, Vorstandsvergütung nach Mannesmann, NZG 2006, 127; *Hoffmann-Becking*, Rechtliche Anmerkungen zur Vorstands- und Aufsichtsratsvergütung, ZHR 169 (2005), 155; *Hohaus/Weber*, Die Angemessenheit der Vorstandsvergütung gem. § 87 AktG nach dem VorstAG, DB 2009, 1515; *Hohenstatt*, Das Gesetz zur Angemessenheit der Vorstandsvergütung, ZIP 2009, 1349; *Hohenstatt*, Neue Vorgaben zur Vorstandsvergütung im Deutschen Corporate Governance Kodex?, ZIP 2016, 2255; *Hohenstatt/Kuhnke*, Vergütungsstruktur und variable Vergütungsmodelle für Vorstandsmitglieder nach dem VorstAG, ZIP 2009, 1981; *Hohenstatt/Seibt*, DCGK-Reform 2019: Neue Leitplanken für die Gestaltung unternehmenswohlfördernder Vorstandsvergütung?, ZIP 2019, 11; *Hopt/Leyens*, Der Deutsche Corporate Governance Kodex 2020 – Grundsatz und Praxisprobleme, ZGR 2019, 929; *Horstmeier*, Geschäftsführer und Vorstände als Beschäftigte, GmbHR 2007, 125; *Junker/Schmidt-Pfitzner*, Quoten und Zielgrößen für Frauen (und Männer) in Führungspositionen, NZG 2015, 929; *Karst/Rihn*, Gestaltung bezahlter Freistellungsmodelle unter der Arbeitsleistung, BB 2016, 2549; *Kliemt*, Altersgrenzen für Vorstandsmitglieder – noch rechtskonform?, RdA 2015, 232; *Kling*, Die Angemessenheit der Vorstandsvergütung gemäß § 87 AktG n F, DZWIR 2010, 221; *Kocher/Bednarz*, Mehrjährigkeit der variablen Vorstandsvergütung im Lichte der Nachhaltigkeit nach dem VorstAG, Der Konzern 2011, 77; *Kort*, „Change-of-Control"-Klauseln nach dem „Mannesmann"-Urteil des BGH – zulässig oder unzulässig?, AG 2006, 106; *Kort*, Mannesmann: Das „Aus" für nachträglich vorgesehene Vorstandsvergütungen ohne Anreizwirkung?, NZG 2006, 131; *Korts*, Die Vereinbarung von Kontrollwechselklauseln in Vorstandsverträgen, BB 2009, 1876; *Krause*, Auswirkungen des Allgemeinen Gleichbehandlungsgesetzes auf die Organbesetzung, AG 2007, 392; *Lange*, Die Haftung des (versicherungsnehmenden) Unternehmens anstelle des D&O-Versicherers, VersR 2010, 162; *Leuchten*, Zur vorzeitigen Wiederherstellung von Vorständen, NZG 2005, 909; *Leuering/Rubner*, Vorstandsvergütung: Neue Mitspracherechte der Hauptversammlung, NJW-Spezial 2013, 335; *Leuering/Stein*, Auf dem Weg zum Deutschen Nachhaltigkeitskodex, NJW-Spezial 2011, 719; *Leydecker/Bahlinger*, Frauenquoten im Gesellschaftsrecht – Eine Kritik am Entwurf eines zweiten Gesetzes zur Teilhabe von Frauen an Führungspositionen (FüPoG II), NZG 2020, 1212; *Lingemann*, Angemessenheit der Vorstandsvergütung – Das VorstAG ist in Kraft, BB 2009, 1918; *Lingemann/Weingarth*, Zur Anwendung des AGG auf Organmitglieder, DB 2012, 1499; *Louven/Ingwersen*, Wie nachhaltig muss die Vorstandsvergütung sein?, BB 2013, 1219; *Lutter*, Anwendbarkeit der Altersbestimmungen des AGG auf Organpersonen, BB 2007, 725; *Lutter*, Aktienrechtliche Aspekte der angemessenen Vorstandsvergütung, ZIP 2006, 733; *Löbbe/Fischbach*, Die Neuregelungen des ARUG II zur Vergütung von Vorstand und Aufsichtsrat börsennotierter Aktiengesellschaften, AG 2019, 373; *Martens*, Die Vorstandsvergütung auf dem Prüfstand, ZHR 169 (2005), 124; *Meier*, Der fehlerhafte Anstellungsvertrag von Organmitgliedern und die Rückabwicklung der Vergütung, NZA 2011, 267; *Menkel*, Anwendung des AGG bei Vorstandsmitgliedern und Aufsichtsräten – Folgen aus BGH vom 26.3.2019 – II ZR 244/17, BB 2020, 1716; *Mense/Klie*, Deutscher Corporate Governance Kodex 2017 – Auswirkungen der aktuellen Änderungen für die Praxis, BB 2917, 771; *Merath*, Auswirkung des geplanten FüPoG II auf Aktiengesellschaften, GWR 2021, 69; *Mutter*, Aktuelle Rechtsprechung zur (Nicht-)Erhöhung von Versorgungsanwartschaften, AG 2006, R62; *Mutter*, Das Update zum „Update Frauenquote" – das FüPoG II, AG 2021, R56; *Mutter/Frick*, Vier Grundregeln für die Lösung von Vorstandsmitgliedern, AG 2005, R333; *Mutter/Frick*, „Mannesmann"-Klauseln im Vorstandsdienstvertrag?, AG 2006, R224; *Müller-Bonani/Jenner/Denninger*, Praxisfragen der Vorstandsvergütung nach ARUG II und neuem DCGK, AG 2021, 339; *Nägele*, Der Dienstwagen, 2. Aufl. 2010; *Nikoleyczik/Schult*, Mehr Transparenz im Aufsichtsrat – Neufassung 2012 des Deutschen Corporate Governance Kodex, GWR 2012, 289; *Oetker*, Nachträgliche Eingriffe in die Vergütungen von Geschäftsführungsorganen im Lichte des VorstAG, ZHR 175 (2011), 527; *Olbrich/Kassing*, Der Selbstbehalt in der D&O Versicherung: Gesetzliche Neuregelung lässt viele Fragen offen, BB 2009, 1659; *Orth/Oser/Philippsen/Sultana*, RegE ARUG II: Zum neuen Vergütungsbericht und sonstige Änderungen im HGB – Darstellungen und Würdigung der wesentlichen Änderungen gegenüber dem RefE, DB 2019, 1011; *Paschos/Goslar*, Der Regierungsentwurf des Gesetzes zur Umsetzung der zweiten Aktionärsrechterichtlinie (ARUG II), AG 2019, 365; *Passarge*, Vorstands-Doppelmandate – ein nach wie vor aktuelles Thema!, NZG 2007, 441; *Peltzer*, Das Mannesmann-Revisionsurteil aus der Sicht des Aktien- und allgemeinen Zivilrechts, ZIP 2006, 205; *Poelzig*, Rückforderung der variablen Vorstandsvergütung (Clawback) in börsennotierten Gesellschaften, NZG 2020, 41; *Redenius-Hövermann/Siemens*, Zum aktuellen Stand betreffend Clawback-Klauseln, ZIP 2020, 145; *Reuter*, Die aktienrechtliche Zulässigkeit von Konzernanstellungsverträgen, AG 2011, 274; *Reichert/Ullrich*, Haftung von Aufsichtsrat und Vorstand nach dem VorstAG, FS Uwe H. Schneider, 2011, S. 1017; *Rieckhoff*, Vergütung des Vorstands mit langfristiger Anreizwirkung – Retrospektive vs. prospektive Bestimmung der mehrjährigen Bemessungsgrundlage, AG 2010, 617; *Riekers*, Der Regierungsentwurf des ARUG II, BOARD 2019, 97; *Roth*, Deutscher Corporate Governance Kodex 2020, AG 2020, 279; *Röttgen/Kluge*, Nachhaltigkeit bei Vorstandsvergütungen, NJW 2013, 900; *Schima*, Zulässigkeitsgrenzen von „Golden Handshakes" – zugleich Anmerkungen zu OGH 11. Juni 2008, 7 Ob 58/08t, FS Binder, 2010, S. 817; *Schockenhoff/Nußbaum*, Die neuen Transparenzvorschriften für Stimmrechtsberater, ZGR 2019, 163; *Scholz*, Elternzeit und Mutterschutz für Vorstandsmitglieder? – Die Gesetzesinitiative #stayonboard im Spiegel des geltenden Rechts, AG 2021, 9; *Schult/Nikoleyczik*, Die vorzeitige Wiederbestellung von Vorstandsmitgliedern – Rechtssicherheit durch das BGH-Urteil II ZR 55/11, GWR 2012, 411; *Schulz*, Der zwingende D&O-Selbstbehalt von Vorständen nach dem VorstAG, ZfV 2009, 558; *Seibert*, Das VorstAG – Regelungen zur Angemessenheit der Vorstandsvergütung und zum Aufsichtsrat, WM 2009, 1489; *Spencer-Stuart*, Der SpencerStuart Board Index, Deutschland 2002/2003, 2003; *Spindler*, Vorstandsgehälter auf dem Prüfstand – das Gesetz zur Angemessenheit der Vorstandsvergütung (VorstAG), NJOZ 2009, 3282; *Spindler*, Vorstandsvergütungen und Abfindungen auf dem aktien- und strafrechtlichen Prüfstand – Das Mannesmann-Urteil des BGH, ZIP 2006, 349; *Spindler*, Die Neuregelung der Vorstands- und Aufsichtsratvergütung im ARUG II, AG 2020, 61; *Spindler*, Die Einführung der Geschlechterquote auf Vorstandsebene – das FüPoG II, WM 2021, 817; *Stenzel*, Neue Regeln für die variable Vorstandsvergütung, BB 2020, 970; *Stöber*, Neuerungen im Aktienrecht durch das ARUG II, DStR 2020, 391; *Stüber*, Die Frauenquote ist da – Das Gesetz zur gleichberechtigten Teilhabe und die Folgen für die Praxis, DStR 2015, 947; *Tänzer*, Die angemessene Geschäftsführervergütung, GmbHR 2003, 754; *Thüsing/Traut*, Angemessener Selbstbehalt bei D&O-Versicherungen – Ein Blick auf die Neuerungen nach dem VorstAG, NZA 2010, 140; *Thüsing*, Das Gesetz zur Angemessenheit der Vorstandsvergütung, AG 2009, 517; *Thüsing*, Das Gesetz über die Offenlegung von Vorstandsvergütungen, ZIP 2005, 1389; *Thüsing*, Nachorganschaftliche Wettbewerbsverbote bei Vorständen und Geschäftsführern, NZG 2004, 9; *Thüsing*, Auf der Suche nach dem iustum pretium der Vorstandstätigkeit – Überlegungen zur Angemessenheit i.S.d. § 87 Abs. 1 Satz 1 AktG, ZGR 2003, 367; *Traugott/Grün*, Finanzielle Anreize für Vorstände börsennotierter Aktiengesellschaften bei Private-Equity-Transaktionen, AG 2007, 761; *Tüngler*, DSW-Vorstandsvergütungsstudie 2019, BOARD 2019, 166; *Uffmann*, Drittanstellung von Interim Managern – Ende der Streitfragen in Sicht?, DB 2019, 2281; *Velte*, „Nachhaltige und langfristige" Vorstandsvergütung nach dem ARUG II – Erste Anmerkungen zur zwingenden Einbeziehung von Sozial- und Umweltaspekten nach § 87 I 2 AktG, NZG 2020, 12; *Veltins*, Der dritte Pensionsfall – Übergangsgelder und Wettbewerbsverbote für Vorstandsmitglieder einer AG, BB 2013, 1077; *Vetter*, Drittanstellung von Vorstandsmitgliedern, aktienrechtliche Kompetenzverteilung und Exkulpation des Vorstands bei rechtlicher Beratung, NZG 2015, 889; *Vetter/Lauterbach*, Flexibilität wahrende Ausgestaltung der Vorstandsvergütung und Bindungswirkung des Vergütungssystems nach § 87a Abs. 2 AktG (§ 87a Abs. 2 AktG), AG 2021, 89; *Wagner*, Nachhaltige Unternehmensentwicklung als Ziel der Vorstandsvergütung, AG 2010, 774; *Wagner*, Das neue Mitspracherecht der Hauptversammlung bei der Vorstandsvergütung, BB 2013, 1731; *Wagner/Wittgens*, Corporate Governance als dauernde Reformanstrengung: Der Entwurf des Gesetzes zur Angemessenheit der Vorstandsvergütung, BB 2009, 906; *Walk*, Zur Rechtswirksamkeit und Angemessenheit von Übergangsgeldzusagen in Vorstandsdienstverträgen, FS Picker, 2010, S. 1154; *Wandt*, Die Auswirkungen des Vorstandsvergütungs-Offenlegungsgesetzes auf das Auskunftsrecht gemäß § 131 Abs. 1 Satz 1 AktG, DStR 2006, 1460; *Weber-Rey/Buckel*, Die Pflichten des Aufsichtsrats bei der Mandatierung des Vergütungsberaters, NZG 2010, 761; *Weisner/Kölling*, Herausforderung für den Aufsichtsrat: Herabsetzung von Vorstandsbezügen in Zeiten der Krise, NZG 1993, 465; *Wendler*, Gesetz zur Angemessenheit der Vorstandsvergütung (Vorst-AG) – Mindestselbstbehalt für Vorstände in der unternehmensfinanzierten D&O-Versicherung, ZfV 2009, 593; *v. Werder*, Zum Reformentwurf des Deutschen Corporate Governance Kodex, DB 2019, 41; *v. Werder/Bartz*, Inhalt und Struktur der aktuellen Änderungen des Deutschen Corporate Governance Kodex, DB 2012, 1733; *v. Werder/Bartz*, Die aktuellen Änderungen des Deutschen Corporate Governance Kodex, DB 2013, 1401; *v. Werder/Bartz*, Die aktuellen Änderungen des Deutschen Corporate Governance Kodex, DB 2017, 769; *Wilsing/Meyer*, Aktuelle Entwicklungen bei der Organberatung – Zur wachsenden Bedeutung des AGG und der AGB-Kontrolle im Zusammenhang mit der Tätigkeit von Leitungsorganen kapitalistischer Körperschaften, DB 2011, 341; *v. Zehmen*, Die Selbstbindung des Aufsichtsrats an das Vorstandsvergütungssystem und ihre weitreichenden Praxisfolgen, BB 2021, 1098.

I. Grundsätzliches zu Bestellung und Anstellung

1. Trennung zwischen Anstellung und Bestellung

21.1 Im Verhältnis zwischen Vorstandsmitglied und AG sind zwei rechtliche Ebenen zu unterscheiden (sog. Trennungstheorie)[1]. Während die Bestellung die **körperschaftliche (Organ-)Stellung** als Vertretungs- und Geschäftsführungsorgan der Gesellschaft begründet (§§ 76, 78 AktG)[2], regelt der Anstellungsvertrag die **dienstvertraglichen Beziehungen** zwischen der AG und ihrem Vorstandsmitglied. Anstellung und Bestellung sind voneinander unabhängig und können rechtlich ein verschiedenes Schicksal haben, etwa im Fall des Widerrufs der Bestellung bei fortlaufendem Anstellungsvertrag (vgl. Rz. 22.19).

2. Persönliche Anforderungen an das Vorstandsmitglied

21.2 Die gesetzlichen Mindesteignungsvoraussetzungen für die Bestellung sind in § 76 Abs. 3 AktG aufgeführt. Das Vorstandsmitglied muss danach u.a. über die notwendige Zuverlässigkeit verfügen. Sie kann z.B. bei Verurteilungen wegen Insolvenzstraftaten oder behördlichen Berufsverboten fehlen. Liegen **gesetzliche Eignungsvoraussetzungen** nicht vor oder besteht ein **Bestellungshindernis**, ist die gleichwohl erfolgte Bestellung nichtig[3]. Die Satzung kann besondere Eignungsvoraussetzungen aufstellen (z.B. bestimmte Qualifikationen), sofern dadurch die Bestellungskompetenz des Aufsichtsrats nicht unverhältnismäßig eingeengt wird[4]. Registergerichte verlangen jedenfalls bei Nicht-EU-Ausländern

---

1 Exemplarisch BGH v. 17.3.1993 – II ZR 89/92, WM 1993, 1330, 1335, 1336 = AG 1993, 464; *Hüffer/Koch*, § 84 AktG Rz. 2; *Ihrig/Schäfer*, Rechte und Pflichten des Vorstands, § 6 Rz. 82.
2 *Ihrig/Schäfer*, Rechte und Pflichten des Vorstands, § 6 Rz. 80.
3 Zu Einzelheiten siehe *Fleischer*, WM 2004, 157; *Spindler* in MünchKomm. AktG, 5. Aufl. 2019, § 84 AktG Rz. 26 ff.; OLG Hamm v. 20.12.2010 – 15 W 659/10, ZIP 2011, 527 = GmbHR 2011, 307.
4 *Hüffer/Koch*, § 76 AktG Rz. 60; *Ihrig/Schäfer*, Rechte und Pflichten des Vorstands, § 7 Rz. 104.

teilweise eine Aufenthaltserlaubnis[5]. Nach einer im Vordringen befindlichen Ansicht ist eine jederzeitige Einreisemöglichkeit aber nicht mehr notwendig[6]. Eine Arbeitserlaubnis ist nicht erforderlich[7].

Bereits im Jahr 2015 legte der Gesetzgeber mit dem Führungspositionengesetz (**FüPoG I**) erstmals geschlechterbezogene Besetzungsregelungen für privatwirtschaftliche Unternehmen fest. Einzug fand hierbei neben der fixen Geschlechterquote für den Aufsichtsrat bei börsennotierten Gesellschaften auch eine Pflicht zur Festlegung von flexiblen **Zielgrößen für den Frauenanteil** in Aufsichtsrat, Vorstand und den ersten beiden Führungsebenen („**Zwei-Säulen-Modell**"). 21.3

Im Rahmen einer nationalen Gleichstellungsstrategie haben das Familien- und das Justizministerium am 6.1.2021 den Entwurf eines zweiten Führungspositionengesetzes (**FüPoG II**) vorgelegt[8], welches am 12.8.2021 in Kraft getreten ist. Hintergrund dürfte vor allem die bislang in den Unternehmen gewählte und praktizierte Zielgröße „Null" sein[9]. Kernelemente des FüPoG II sind neben der Ausweitung des Geltungsbereichs der fixen Frauenquote in Aufsichtsräten die erstmalige **Einführung von Mindestbesetzungsregelungen** in Vorständen bestimmter börsennotierter Gesellschaften. Darüber hinaus finden sich nunmehr neue Begründungspflichten zur Zielgröße „Null" sowie deren Sanktionierung. Schließlich finden sich im Gesetzesentwurf außerdem Regelungen zur Steigerung des Frauenanteils im öffentlichen Sektor. Konkret bedeutet dies, dass Vorstände **börsennotierter** und **paritätisch mitbestimmter** Gesellschaften künftig nach § 76 Abs. 3a AktG mit **mindestens einer Frau** zu besetzen sind, sofern der Vorstand aus mehr als drei Mitgliedern besteht (sog. **Beteiligungsgebot**). Die Bestellung eines Vorstandsmitgliedes unter Verstoß gegen das Beteiligungsgebot ist nach § 76 Abs. 3a Satz 2 AktG **nichtig**. Werden mehrere Vorstandsmitglieder **en-bloc** bestellt, ist die Bestellung insgesamt nichtig. Das Beteiligungsgebot findet auch Anwendung im Falle einer gerichtlichen Bestellung. Einzug findet mit dieser Rechtsfolge das bereits vom Aufsichtsrat bekannte Konzept des „leeren Stuhls" nach § 96 Abs. 2 AktG. Gleichwohl zeigen sich die Auswirkungen auf die Gesellschaft hierbei wesentlich drastischer: Das „Fehlen" eines Mitglieds des Aufsichtsrats ist in der Außenwahrnehmung deutlich weniger offenkundig als dies bei einem Vorstandsmitglied der Fall sein dürfte[10]. Gemäß § 26l Abs. 1 EG-AktG findet das Beteiligungsgebot auf Neu- und Wiederbestellungen Anwendung, die nach Ablauf der Übergangsfrist, also ab dem Beginn des zwölften auf das Inkrafttreten des FüPoG II folgenden Kalendermonats, erfolgen. Für bestehende Bestellungen gilt nach § 26l Abs. 1 EGAktG, dass diese noch bis zum Ende der Bestellperiode weiterlaufen. 21.4

Gesellschaften, die bereits nach bisheriger Gesetzeslage verpflichtet waren, bestimmte Zielgrößen für den Frauenanteil in Aufsichtsrat, Vorstand und obersten Führungsebenen festzulegen (flexible Quoten), werden nun einer besonderen **Begründungspflicht** unterworfen, wenn diese die Zielgröße „Null" festsetzen. Um den faktischen Druck auf die Gesellschaften zu erhöhen, findet der bereits aus dem Deutschen Corporate Governance Codex bekannte „comply or explain"-Ansatz hier entsprechende 21.5

---

5 Vorliegende Rechtsprechung betrifft meist GmbH-Geschäftsführer; vgl. OLG Celle v. 2.5.2007 – 9 W 26/07, NZG 2007, 634 = GmbHR 2007, 657; OLG Köln v. 30.9.1998 – 2 Wx 22/98, DB 1999, 38 = GmbHR 1999, 182; OLG Hamm v. 9.9.1999 – 15 W 191/99, ZIP 1999, 1919; gegen das Erfordernis einer Aufenthaltserlaubnis OLG Düsseldorf v. 20.7.1977 – 3 W 147/77, GmbHR 1978, 110; OLG Frankfurt v. 14.3.1977 – 20 W 113/77, NJW 1977, 1595 und LG Rostock v. 22.12.2003 – 5 T 9/03, NZG 2004, 532; gegen das Erfordernis auch *Schaub* in Schüppen/Schaub, Münchener Anwaltshandbuch Aktienrecht, 2. Aufl. 2010, § 5 Rz. 115.
6 OLG Düsseldorf v. 16.4.2009 – 3 Wx 85/09, NZG 2009, 678 = GmbHR 2009, 776; OLG Zweibrücken v. 9.9.2010 – 3 W 70/10, GmbHR 2010, 1260; OLG München v. 17.12.2009 – 31 Wx 142/09, ZIP 2010, 126 = GmbHR 2010, 210; *Hüffer/Koch*, § 76 AktG Rz. 59.
7 § 9 Nr. 1 Arbeitsgenehmigungsverordnung (ArGV) i.V.m. § 5 Abs. 2 Nr. 1 Betriebsverfassungsgesetz (BetrVG) und § 3 Nr. 2 Beschäftigungsverordnung (BeschV).
8 Hierzu im Überblick: *Spindler*, WM 2021, 817 f.
9 Hierzu im Einzelnen sowie i.E. relativierend: *Leydecker/Bahlinger*, NZG 2020, 1212, 1214 f.
10 *Mutter*, AG 2021, R56.

Anwendung. Bei dieser mindestens fünfjährlich zu erneuernden Festlegung der Zielgrößen sind die Gesellschaften grundsätzlich frei. Zu beachten ist jedoch das Verschlechterungsverbot, solange der Frauenanteil unter 30 % liegt. Unterliegt eine AG hingegen nicht der Mitbestimmung oder ist diese nicht börsennotiert, gilt zukünftig nach § 111 Abs. 5 AktG weiterhin eine flexible Frauenquote für die Besetzung des Vorstands. Im Übrigen gelten jedoch auch hier die Neuerungen aus § 111 Abs. 5 AktG, wonach die Gesamtzahl der weiblichen Vorstände festzulegen ist, sowie die Begründungspflicht, falls die Zielgröße für den Frauenanteil mit „Null" angegeben wird.

21.6 Im Hinblick auf die Besetzung der **ersten beiden Führungsebenen** verbleibt es ebenfalls bei der Regelung des § 76 Abs. 4 AktG. Ungeachtet der Frage, ob die Gesellschaft mitbestimmt oder börsennotiert ist, gilt hier die flexible Frauenquote. Zu beachten sind gleichwohl auch hier die erläuterten Neuerungen aus § 111 Abs. 5 AktG[11].

21.7 Auch der Deutsche Corporate Governance Kodex (DCGK)[12] empfiehlt in **B.1**, bei der Zusammensetzung des Vorstands auf Vielfalt zu achten. Zudem empfiehlt **B.5** DCGK für Vorstandsmitglieder eine Altersgrenze.

21.8 Ungeklärt ist bislang, ob eine nach Inkrafttreten des FüPoG II während der Übergangsfrist des § 26l Abs. 1 EGAktG vorgenommene **vorzeitige Wiederbestellung** männlicher Vorstandsmitglieder in rein männlichen Vorstandsgremien ein Indiz für eine rechtsmissbräuchliche Anwendung darstellen würde. Die im Ausgangspunkt zulässige vorzeitige Wiederbestellung darf gerade nicht **rechtsmissbräuchlich** sein[13]. Allerdings ist angesichts der bewussten Entscheidung des Gesetzgebers für eine Übergangsfrist nicht ersichtlich, warum die Gesellschaften während dieser Zeit nicht völlig frei über die Besetzung des Vorstands entscheiden sollen. Zu berücksichtigen ist aber, dass die vorzeitige Wiederbestellung ohne das Vorliegen besonderer Umstände eine Abweichung von der Empfehlung B.4 DCGK darstellt und eine Offenlegung in der Entsprechenserklärung zur Folge hat.

3. Dauer der Bestellung und Anstellung

21.9 Nach § 84 Abs. 1 AktG dürfen die Bestellung und Anstellung für **längstens fünf Jahre** erfolgen. Wird der Anstellungsvertrag für einen längeren Zeitraum geschlossen, endet er nach fünf Jahren[14]. Der DCGK enthält in **B.3** zwischenzeitlich die Empfehlung, dass die Erstbestellung von Vorständen für längstens **drei Jahre** erfolgen soll. Eine gesetzliche **Mindestdauer** kennt das Gesetz hingegen nicht; die Literatur folgert aus der in § 76 AktG verankerten Unabhängigkeit des Vorstands jedoch eine notwendige Mindestamtszeit von einem Jahr[15]. Eine Bestellung des Vorstands für einen Zeitraum unter einem Jahr wird demgegenüber in der Regel nicht als pflichtgemäße Ermessensentscheidung anzusehen sein[16]. Hier sind aber selbstverständlich Ausnahmen denkbar, z.B. bei der interimsweisen Besetzung von Vorstandsressorts oder der kurzzeitigen Verlängerung eines amtierenden Vorstandsmitglieds, um eine Übergabe der Geschäfte an einen Nachfolger zu ermöglichen.

---

11 Hierzu auch *Merath*, GWR 2021, 69.
12 Fassung v. 16.12.2019, abrufbar unter www.dcgk.de.
13 Hierzu etwa: BGH v. 17.7.2012 – II ZR 55/11, NZG 2012, 1027 = AG 2012, 677.
14 *Wiesner* in MünchHdb. GesR, 5. Aufl. 2020, § 21 Rz. 25 f.; BAG v. 26.8.2009 – 5 AZR 522/08, DB 2009, 2480 = AG 2009, 827; a.A. *Kort* in Hopt/Wiedemann, Großkomm. AktG, 4. Aufl. 2008, § 84 AktG Rz. 332 f., wonach dann die Bestellungsdauer maßgeblich sei.
15 Vgl. *Bürgers* in Bürgers/Körber/Lieder, § 84 AktG Rz. 8; *Spindler* in MünchKomm. AktG, 5. Aufl. 2019, § 84 AktG Rz. 45 m.w.N.
16 Vgl. OLG Karlsruhe v. 10.7.1972 – 8 U 74/73; *Mertens/Cahn* in KölnKomm. AktG, 3. Aufl. 2006, § 84 AktG Rz. 24; *Spindler* in MünchKomm. AktG, 5. Aufl. 2019, § 84 AktG Rz. 45 m.w.N.

Verfehlt ist die in der Literatur vertretene analoge Anwendung des § 84 Abs. 1 Satz 3 AktG auf die **Erstbestellung** von Vorstandsmitgliedern[17], die dazu führt, dass die Gesellschaft grundlos daran gehindert wird, sich im Zuge langfristiger Personalplanung[18] frühzeitig geeignete Kandidaten zu sichern[19]. 21.10

Zu **Altersgrenzen** für Vorstandsmitglieder und zur Anwendung des AGG siehe Rz. 21.158 ff. 21.11

II. Zuständigkeiten

1. Personalhoheit des Aufsichtsrats

Die Zuständigkeit für die **Bestellung** liegt nach dem Gesetz zwingend beim **Gesamtaufsichtsrat** (§ 84 Abs. 1 Satz 1, § 107 Abs. 3 Satz 7 AktG). Die Vorbereitung der Bestellung, nicht aber die Beschlussfassung selbst, kann einem Ausschuss des Aufsichtsrats übertragen werden[20]. Meist übernimmt diese Aufgabe ein gesonderter Personalausschuss oder das Präsidium des Aufsichtsrats[21]. 21.12

Für den **Abschluss des Anstellungsvertrags** ist ebenso grundsätzlich das Plenum des Aufsichtsrats zuständig (§ 84 Abs. 1 Satz 1 und 5 AktG). Mit Ausnahme der Vergütungsentscheidungen nach § 87 Abs. 1 und Abs. 2 Satz 1 und 2 AktG (vgl. hierzu Rz. 21.26) kann ein Ausschuss des Aufsichtsrats den Beschluss über den Anstellungsvertrag nicht nur vorbereiten, sondern auch fassen[22]. Zu beachten ist allerdings, dass ein durch einen Ausschuss abgeschlossener Anstellungsvertrag unwirksam sein kann, sofern die in der Kompetenz des Gesamtaufsichtsrats stehende Bestellungskompetenz durch einen voreiligen Abschluss des Anstellungsvertrags präjudiziert wird[23]. In der Praxis wird der Anstellungsvertrag in solchen Fällen aufschiebend bedingt durch die Bestellung oder erst nach Bestellung abgeschlossen[24]. Teilweise folgert die Literatur aus dem Delegationsverbot hinsichtlich der Vergütungsfestsetzung, dass nunmehr der gesamte Anstellungsvertrag im Aufsichtsratsplenum zu beraten und zu beschließen sei[25]. Diese Ansicht schießt jedoch über den Willen des Gesetzgebers beim Gesetz zur Angemessenheit der Vorstandsvergütung (VorstAG)[26] hinaus, der § 84 Abs. 1 Satz 5 AktG in § 107 Abs. 3 Satz 7 AktG unerwähnt gelassen hat[27]. Eine andere Frage ist, ob es stets sinnvoll und praktisch ist, Diskussion und Entscheidung über die übrigen Inhalte des Anstellungsvertrags von der Festsetzung der Vorstandsbezüge zu trennen[28]. In der Praxis hat das inzwischen dazu geführt, dass das Plenum meist zugleich über Bestellung und Anstellungsvertrag entscheidet. 21.13

---

17 *Seibt* in K. Schmidt/Lutter, § 84 AktG Rz. 13 m.w.N.
18 Empfehlung B.2 DCGK.
19 Ausführlich *Bauer/C. Arnold*, DB 2007, 1571 ff.
20 *Mertens*, ZGR 1983, 189, 195; *Spindler* in MünchKomm. AktG, 5. Aufl. 2019, § 84 AktG Rz. 19; vgl. Ziff. 5.1.2 Abs. 1 Satz 5 des DCGK 2017.
21 Vgl. *Bleicher*, Der Aufsichtsrat im Wandel, eine repräsentative Studie über Aufsichtsräte in bundesdeutschen Aktiengesellschaften, 1987, S. 25.
22 *Seibert*, WM 2009, 1489, 1491; *Hüffer/Koch*, § 84 AktG Rz. 15; *Habersack*, ZHR 174 (2010), 2, 10.
23 Siehe etwa BGH v. 24.11.1980 – II ZR 182/79, NJW 1981, 757.
24 Vgl. auch BGH v. 14.11.1983 – II ZR 33/83, NJW 1984, 733.
25 *Dauner-Lieb* in Henssler/Strohn, § 84 AktG Rz. 18; *Beuthien*, NZG 2010, 333, 334; *Mertens/Cahn* in KölnKomm. AktG, 3. Aufl. 2010, § 84 AktG Rz. 48.
26 Gesetz zur Angemessenheit der Vorstandsvergütung v. 31.7.2009, BGBl. I 2009, 2509 in Kraft getreten am 5.8.2009.
27 So auch die Klarstellung des Referenten des BMJV *Seibert*, WM 2009, 1489, 1491; ebenso *Hüffer/Koch*, § 107 AktG Rz. 28; Ziff. 4.2.2 Abs. 1 DCGK 2017 implizierte ebenso die Möglichkeit, den Beschluss über den Anstellungsvertrag mit Ausnahme der Vergütungsregelungen auf einen Ausschuss zu übertragen.
28 In diesem Sinne auch *Seibt* in K. Schmidt/Lutter, § 84 AktG Rz. 25.

21.14 In der Praxis werden Vorstandsbesetzungen häufig im **Zusammenwirken von Vorstand, Aufsichtsrat und Personalausschuss** vorgenommen[29]. Auch der Deutsche Corporate Governance Kodex nimmt in B.2 eine **gemeinsame Verpflichtung** von Vorstand und Aufsichtsrat an, für eine langfristige Nachfolgeplanung zu sorgen. Entgegen dem gesetzlichen „Ideal" kann, jedenfalls wenn maßgebende Aktionäre fehlen, das Schwergewicht der Auswahl und Verhandlung häufig beim Vorstand oder dessen Vorsitzenden liegen; der Aufsichtsrat setzt dann faktisch nur dessen Entscheidungen um[30]. Überlegungen im Schrifttum[31], aufgrund des hohen Verbreitungsgrades einer solchen, vom Aktiengesetz nicht gedeckten Praxis[32], eine gewohnheitsrechtliche Verlagerung der Personalhoheit vom Aufsichtsrat auf den Vorstand anzunehmen, ist allerdings entgegenzutreten. § 84 AktG steht nicht zur Disposition der Beteiligten; dies gilt nicht nur in mitbestimmten Aktiengesellschaften.

2. Gerichtliche Bestellung von Vorstandsmitgliedern

21.15 Anders als beim Aufsichtsrat (§ 104 AktG) spielt die gerichtliche Bestellung bei Vorstandsmitgliedern in der Praxis börsennotierter Aktiengesellschaften nur eine geringe Rolle[33]. In dringlichen Fällen können allerdings auch hier Vorstandsmitglieder nach § 85 AktG auf **Antrag** von (anderen) Vorstandsmitgliedern, Aufsichtsratsmitgliedern, Aktionären, Gläubigern oder sonstigen Dritten mit schutzwürdigem Interesse gerichtlich bestellt werden[34]. Die Antragsteller haben dazu das Vorliegen der gesetzlichen Voraussetzungen glaubhaft zu machen[35]. Zuständig ist das Amtsgericht des Gesellschaftssitzes (§ 14 AktG, §§ 1–85, 375 Nr. 3, § 377 FamFG). Das gerichtlich bestellte Vorstandsmitglied hat während der Dauer der Bestellung volle Vertretungsmacht; seine Geschäftsführungsbefugnis kann aber mit Einschränkungen versehen werden[36]. Mit der Bestellung eines Vorstandsmitglieds durch den Aufsichtsrat endet das Amt eines gerichtlich Bestellten automatisch, da dessen Bestellung nur für die Zeit bis zur Behebung des Mangels erfolgt[37]. Es endet schon früher, wenn das Gericht die Bestellung im Beschluss befristet hat. Durch die gerichtliche Bestellung kommt **kein Anstellungsvertrag** zwischen dem Vorstandsmitglied und der Gesellschaft zustande. Das Vorstandsmitglied hat einen gesetzlichen Anspruch auf Ersatz angemessener barer Auslagen und auf Vergütung für seine Tätigkeit. Kann es sich hierüber mit der Gesellschaft nicht einigen, kommt es zu einer gerichtlichen Festsetzung[38].

3. Besonderheiten bei mitbestimmten Gesellschaften

a) Wahlverfahren und Mehrheiten bei der Bestellung

21.16 In Aktiengesellschaften, die dem Mitbestimmungsgesetz unterliegen (§§ 1, 3, 5 MitbestG), gelten bei der Bestellung von Vorstandsmitgliedern (und deren Widerruf) Besonderheiten. Nach § 31 Abs. 2 MitbestG bestellt der Aufsichtsrat[39] die Mitglieder des Vorstands mit einer besonderen Mehrheit, die mindestens

---

29 Zu Mängeln und konkreten Verbesserungsmöglichkeiten der Planung der Vorstandsnachfolge in der Praxis siehe *SpencerStuart*, Die Aufsichtsratsleistung auf dem Prüfstand, 2002, S. 17 f.
30 Siehe *SpencerStuart*, Die Aufsichtsratsleistung auf dem Prüfstand, 2002, S. 17. Ähnliche Befunde wiesen auch ältere Untersuchungen aus; vgl. *Mutter*, Unternehmerische Entscheidungen und Haftung des Aufsichtsrats der Aktiengesellschaft, 1994, S. 113 f.
31 Vgl. *Peltzer* in FS Semler, 1993, S. 261, 263 ff.
32 Eingehend dazu *Mutter*, Unternehmerische Entscheidungen und Haftung des Aufsichtsrats der Aktiengesellschaft, 1994, S. 70 ff.
33 OLG Frankfurt v. 28.1.2008 – 20 W 399/07, AG 2008, 419.
34 Vgl. *Spindler* in MünchKomm. AktG, 5. Aufl. 2019, § 85 AktG Rz. 9.
35 Siehe KG v. 20.2.2007 – 1 W 323/06, AG 2007, 400.
36 Siehe BayObLG v. 10.3.1988 – 3 Z 125/87, AG 1988, 301.
37 Siehe *Mertens/Cahn* in KölnKomm. AktG, 3. Aufl. 2010, § 85 AktG Rz. 18.
38 *Seibt* in K. Schmidt/Lutter, § 85 AktG Rz. 11.
39 Eine Delegation auf einen Ausschuss untersagt § 25 Abs. 1 Nr. 1 MitbestG i.V.m. § 107 Abs. 3 Satz 7 AktG.

zwei **Drittel der Stimmen seiner Mitglieder** umfasst. Wird diese Mehrheit nicht erreicht, obliegt es dem nach § 27 MitbestG zu bildenden **Vermittlungsausschuss**, binnen eines Monats einen Vorschlag für die Bestellung zu unterbreiten. Dabei kann er dem Aufsichtsrat denselben oder einen anderen Kandidaten vorschlagen. An diesen Vorschlag des Vermittlungsausschusses ist der Aufsichtsrat bei der Beschlussfassung nicht gebunden. Er kann den Vorgeschlagenen, den Kandidaten des ersten Wahlgangs, aber auch einen Dritten wählen[40]. Erforderlich ist jedenfalls in diesem Wahlgang nach § 31 Abs. 3 MitbestG die **absolute Mehrheit** der Stimmen[41]. Wird auch diese Mehrheit nicht erreicht, kommt es nach § 31 Abs. 4 MitbestG zu einem dritten Wahlgang, in dem der Aufsichtsratsvorsitzende eine **zweite Stimme** hat. Der Aufsichtsrat ist allerdings nicht verpflichtet, einen dritten Wahlgang durchzuführen[42]. Er kann stattdessen – nach dem Scheitern des zweiten Wahlgangs – auch abbrechen und zu einem späteren Zeitpunkt ein neues Bestellungsverfahren beginnen[43]. Geht er in den dritten Wahlgang, ist der Aufsichtsrat hier wiederum nicht auf den bzw. die bisherigen Kandidaten beschränkt[44]. Für eine solche Beschränkung spricht zwar der Missbrauchsgedanke, dagegen aber das Gebot der Handlungsfähigkeit der Gesellschaft sowie die Wahrung des Grundsatzes, dass der Aufsichtsrat grundsätzlich nicht an Wahlvorschläge gebunden ist[45]. Zudem sieht § 31 Abs. 4 MitbestG keine Begrenzung auf bislang erfolglos gebliebene Vorschläge vor[46]. Nach umstrittener Auffassung kann der Aufsichtsratsvorsitzende seine Zweitstimme nicht nur einsetzen, um die erforderliche absolute Mehrheit herzustellen, sondern auch um einen Kandidaten zu verhindern[47].

Bei schwierigen Personalentscheidungen, bei denen der Aufsichtsrat in seiner Breite keine klaren Mehrheiten erwartet, kann die Zahl der Kandidaten durch **„unverbindliche Probeabstimmungen"** abgeschichtet werden[48], bevor der formale Lauf der Wahlgänge nach dem Mitbestimmungsgesetz beginnt.

21.17

b) Besetzung des Personalausschusses

In mitbestimmten Gesellschaften dürfen die Arbeitnehmervertreter im Aufsichtsrat nicht durch die Bildung von (beschließenden)[49] Personalausschüssen ohne ihre Beteiligung beeinträchtigt werden; nach der Rechtsprechung sind solche Ausschüsse auch mit **Arbeitnehmervertretern** zu besetzen[50]. Die in der Praxis verbreitete paritätische Besetzung soll jedoch nicht zwingend sein[51]. Die tragenden Erwägungen der grundlegenden Entscheidung des BGH zur Notwendigkeit der Berücksichtigung von

21.18

---

40 Siehe *Hopt/Wiedemann* in Großkomm. AktG, 4. Aufl. 2005, § 31 MitbestG Rz. 9.
41 Vgl. *Lutter/Krieger/Verse*, Aufsichtsrat, § 7 Rz. 352.
42 *Fonk* in Semler/v. Schenck/Wilsing, ArbeitsHdb. Aufsichtsratsmitglieder, § 4 Rz. 132 f.
43 Siehe *Lutter/Krieger/Verse*, Aufsichtsrat, § 7 Rz. 353; *Oetker* in Erfurter Kommentar zum Arbeitsrecht, 21. Aufl. 2021, § 31 MitbestG Rz. 6, wonach eine solche Pflicht auch nicht in einer Satzung begründet werden kann.
44 Exemplarisch *Hopt/Wiedemann* in Großkomm. AktG, 4. Aufl. 2005, § 31 MitbestG Rz. 12; *Peus*, Der Aufsichtsratsvorsitzende, 1983, S. 298 ff.; für die Zulässigkeit neuer Vorschläge *Schubert* in Wißmann/Koberski/Kleinsorge, Mitbestimmungsrecht, 5. Aufl. 2017, § 31 MitbestG Rz. 45.
45 Vgl. *Thüsing* in Fleischer, Handbuch des Vorstandsrechts, § 4 Rz. 25.
46 *Schubert* in Wißmann/Koberski/Kleinsorge, Mitbestimmungsrecht, 5. Aufl. 2017, § 31 MitbestG Rz. 45.
47 So *Oetker* in Erfurter Kommentar zum Arbeitsrecht, 21. Aufl. 2021, § 31 MitbestG Rz. 6; *Seibt* in Henssler/Willemsen/Kalb, Arbeitsrecht, 9. Aufl. 2020, § 31 MitbestG Rz. 6; a.A. *Schubert* in Wißmann/Koberski/Kleinsorge, Mitbestimmungsrecht, 5. Aufl. 2017, § 31 MitbestG Rz. 46 m.w.N.
48 Zu deren Zulässigkeit vgl. *Thüsing* in Fleischer, Handbuch des Vorstandsrechts, § 4 Rz. 21; *Schubert* in Wißmann/Koberski/Kleinsorge, Mitbestimmungsrecht, 5. Aufl. 2017, § 25 MitbestG Rz. 36.
49 Mit Blick auf den Anstellungsvertrag im Rahmen ihrer gesetzlichen Zuständigkeiten (vgl. Rz. 21.6 f.).
50 BGH v. 17.5.1993 – II ZR 89/92, WM 1993, 1330 = AG 1993, 464; zust. *Kindl*, DB 1993, 2065 ff.; 131; *Raiser*, DZWiR 1993, 510 ff., vorangehend ebenso *Rellermeyer*, Aufsichtsratsausschüsse, 1986, S. 116 ff.; a.A. im Instanzenzug OLG Hamburg v. 6.3.1992 – 11 U 134/91, AG 1992, 197.
51 *Hüffer/Koch*, § 84 AktG Rz. 31; *Reichert/Brandes* in MünchKomm. AktG, VO (EG) 2157/2001 Art. 44 Rz. 70.

Arbeitnehmervertretern bei der Ausschussbildung streiten für deren Erstreckung auf den drittelparitätisch besetzten Aufsichtsrat nach dem DrittelbG[52].

c) Arbeitsdirektor

21.19 Nach § 33 MitbestG ist ein Arbeitsdirektor als gleichberechtigtes Vorstandsmitglied zu bestellen. Dafür gelten grundsätzlich[53] die allgemeinen Bestimmungen über die Bestellung und Anstellung von Vorstandsmitgliedern[54]. Der Gesetzgeber hat die Aufgaben des Arbeitsdirektors bewusst nicht geregelt[55]. Die Literatur umschreibt diese gemeinhin als die „substanziellen Bereiche der **Personal- und Sozialangelegenheiten der Arbeitnehmer**"[56]. Hiervon sollen aber die entsprechenden Angelegenheiten der leitenden Angestellten ausgenommen werden können[57]. Gleiches gilt für einzelne Personal- und Sozialangelegenheiten, solange der Ressortschwerpunkt beim Arbeitsdirektor verbleibt[58].

III. Mängel

21.20 Ungeachtet ihrer Bedeutung für alle Beteiligten erfolgt die Bestellung und Anstellung von Vorstandsmitgliedern immer wieder rechtsfehlerhaft.

1. Fehlerhafte Bestellung

21.21 Die Bestellung eines Vorstandsmitgliedes kann z.B. an einem Wirksamkeitsmangel leiden, weil die Bestellung nicht durch den Gesamtaufsichtsrat erfolgte oder der **Aufsichtsratsbeschluss fehlerhaft ist**. Hat das Vorstandsmitglied seine Tätigkeit tatsächlich aufgenommen, wird trotz des Bestellungsmangels von einer vorläufig wirksamen Organstellung ausgegangen[59]. Die Organstellung endet in diesem Fall durch Mandatsniederlegung oder mit der Kundgabe eines Bestellungswiderrufs. Wiederum muss der Gesamtaufsichtsrat über den Widerruf der fehlerhaften Bestellung beschließen. Eines wichtigen Grundes i.S.d. § 84 Abs. 3 AktG bedarf es aber nicht[60]. Das Vorstandsmitglied unterliegt bis zur Beendigung der fehlerhaften Organstellung denselben Pflichten wie bei einer ordnungsgemäßen Bestellung[61]. Der rechtmäßig zusammengesetzte Aufsichtsrat kann die Bestellung indes auch bestätigen und so den Makel beseitigen[62].

---

52 *Spindler* in BeckOGK AktG, Stand 1.6.2021, § 107 AktG Rz. 108 f.
53 Abweichend lediglich § 13 Abs. 1 Montan-MitbestG.
54 Vgl. *Hopt/Wiedemann* in Großkomm. AktG, 4. Aufl. 2005, § 33 MitbestG Rz. 4 ff.
55 BT-Drucks. 7/4845, S. 9 f.
56 *Hopt/Wiedemann* in Großkomm. AktG, 4. Aufl. 2005, § 33 MitbestG Rz. 21; *Säcker*, DB 1979, 1925 ff.
57 Eingehend *Hanau*, ZGR 1983, 346, 347 ff.; *Schubert* in Wißmann/Koberski/Kleinsorge, Mitbestimmungsrecht, 5. Aufl. 2017, § 33 MitbestG Rz. 34.
58 *Seibt* in Henssler/Willemsen/Kalb, Arbeitsrecht, 9. Aufl. 2020, § 33 MitbestG Rz. 3; *Beiner/Braun*, Der Vorstandsvertrag, 2. Aufl. 2014, Rz. 68.
59 BGH v. 6.4.1964 – II ZR 75/62, BGHZ 41, 282 = NJW 1964, 1367; *Hüffer/Koch*, § 84 AktG Rz. 12 f.; *Lutter/Krieger/Verse*, Aufsichtsrat, § 7 Rz. 360; die Regeln über das fehlerhafte Organverhältnis finden aber keine Anwendung, falls das Vorstandsmitglied persönliche Anforderungen des Gesetzes nicht erfüllt, *Mertens/Cahn* in KölnKomm. AktG, 3. Aufl. 2010, § 84 AktG Rz. 31; *Thüsing* in Fleischer, Handbuch des Vorstandsrechts, § 4 Rz. 47.
60 *Spindler* in MünchKomm. AktG, 5. Aufl. 2019, § 84 AktG Rz. 249.
61 *Fleischer* in BeckOGK AktG, Stand 1.6.2021, § 84 AktG Rz. 24; *Mertens/Cahn* in KölnKomm. AktG, 3. Aufl. 2010, § 84 AktG Rz. 31; *Thüsing* in Fleischer, Handbuch des Vorstandsrechts, § 4 Rz. 46.
62 BGH v. 19.2.2013 – II ZR 56/12, BGHZ 196, 195 = ZIP 2013, 720 = AG 2013, 387; *Henze/Born/Drescher*, Aktienrecht, Rz. 417.

2. Fehlerhafte Anstellung

Gegenüber Vorstandsmitgliedern wird die AG nach § 112 AktG stets und ausschließlich durch den Aufsichtsrat vertreten[63]. Ein vom Vorstand eigenverantwortlich abgeschlossener Anstellungsvertrag oder eine Vertragsänderung (etwa eine Gehaltserhöhung durch den Vorstandsvorsitzenden) soll nach früher h.M. nichtig sein[64]. Nach vorzugswürdiger, inzwischen höchstrichterlich bestätigter Ansicht ist der Anstellungsvertrag bei Verstößen gegen § 112 AktG **schwebend unwirksam**.[65] Der Aufsichtsrat kann ihn genehmigen[66]. Das Gleiche gilt, wenn der Aufsichtsratsvorsitzende ohne wirksame Ermächtigung den Anstellungsvertrag unterzeichnet[67].

21.22

Neben Vertretungsmängeln unterlaufen in der Praxis oftmals Fehler bei der **Beschlussfassung** über den Anstellungsvertrag; sei es weil der Aufsichtsrat nicht beschlussfähig war (§ 108 AktG) oder den Beschluss über den Anstellungsvertrag nur konkludent gefasst hat. So muss ein entsprechender Beschluss durch den Aufsichtsrat **ausdrücklich** gefasst werden[68]. Der Beschluss über die Bestellung vermag einen fehlenden Beschluss über den Anstellungsvertrag nicht zu ersetzen[69]. Daher hilft auch die Kenntnis der Aufsichtsratsmitglieder davon, dass ein Vorstandsmitglied tätig geworden ist, oder die Kenntnis einzelner Aufsichtsratsmitglieder vom Anstellungsvertrag nicht[70]. Vielmehr führt ein fehlerhafter Aufsichtsratsbeschluss ebenso zur **schwebenden Unwirksamkeit des Anstellungsverhältnisses**. Der Aufsichtsrat kann es durch ausdrücklichen Beschluss genehmigen und es auf diesem Weg in ein wirksames, ordentliches Anstellungsverhältnis wandeln[71]. Soweit die Praxis hier (wohl im Bemühen, die Konditionen des Vorstandsanstellungsvertrags auch gegenüber den Aufsichtsratsmitgliedern vertraulich zu behandeln) gelegentlich Unschärfen in Kauf nimmt, kann dies weitreichende rechtliche Folgen haben. Denn ein eventueller Beschlussmangel wird auch durch eine spätere Unterzeichnung des Anstellungsvertrags durch den Aufsichtsratsvorsitzenden nicht geheilt.

21.23

Hat das Vorstandsmitglied seine Aufgabe angetreten, ist der fehlerhafte Anstellungsvertrag für die Zeit der tatsächlichen Beschäftigung so zu behandeln, als wäre er wirksam[72]. Das Vorstandsmitglied kann demnach das **vereinbarte Entgelt** verlangen, sofern nicht gerade die Vergütungsabrede unwirksam ist[73]. Dies umfasst auch erdiente Versorgungsbezüge[74]. Beide Seiten können sich jederzeit für die Zukunft von dem fehlerhaften Anstellungsverhältnis lösen[75]. Die Gesellschaft ist generell auch nicht

21.24

---

63 BGH v. 28.4.1997 – II ZR 282/95, AG 1997, 417; BGH v. 26.1.1998 – II ZR 279/96, AG 1998, 341.
64 *Mertens/Cahn* in KölnKomm. AktG, 3. Aufl. 2010, § 112 AktG Rz. 5 m.w.N.; OLG Stuttgart v. 20.3.1992 – 2 U 115/90, AG 1993, 85.
65 Die Anwendbarkeit der §§ 177 ff. BGB analog zuletzt ausdrücklich offengelassen: BGH v. 15.1.2019 – II ZR 392/17, BB 2019, 910, 913 Rz. 35.
66 BGH v. 14.5.2013 – II ZB 1/11, ZIP 2013, 1274 = AG 2013, 562; zuvor bereits OLG München v. 18.10.2007 – 23 U 5786/06, AG 2008, 423; OLG Celle v. 25.2.2002 – 4 U 176/01, BB 2002, 1438 = AG 2003, 433; *Henssler* in Henssler/Strohn, § 112 AktG Rz. 8; *Oetker* in Erfurter Kommentar zum Arbeitsrecht, 21. Aufl. 2021, § 112 AktG Rz. 5; für Prozessführung auch schon BGH v. 21.6.1999 – II ZR 27/98, WM 1999, 2026 = GmbHR 1999, 1140.
67 *Beiner/Braun*, Der Vorstandsvertrag, 2. Aufl. 2014, Rz. 269; *Köhler*, NZG 2008, 161, 163.
68 Grundlegend BGH v. 11.7.1953 – II ZR 126/52, BGHZ 10, 187, 194; vgl. auch OLG Dresden v. 31.8.1999 – 13 U 1215/99, AG 2000, 43, 44 sowie zur weiteren Spruchpraxis die umfänglichen Nachweise bei *Hüffer/Koch*, § 108 AktG Rz. 4.
69 OLG Schleswig v. 16.11.2000 – 5 U 66/99, NZG 2001, 275 = AG 2001, 651.
70 Ausdrücklich BGH v. 6.4.1964 – II ZR 75/62, BGHZ 41, 282, 286.
71 OLG Karlsruhe v. 13.10.1995 – 10 U 51/95, AG 1996, 224; *Köhler*, NZG 2008, 161, 163.
72 BGH v. 6.4.1964 – II ZR 75/62, BGHZ 41, 282; OLG Schleswig v. 16.11.2000 – 5 U 66/99, NZG 2001, 275 = AG 2001, 621; *Hüffer/Koch*, § 84 AktG Rz. 27.
73 *Bayer/Lieder*, NZG 2012, 1, 5; vgl. *Meier*, NZA 2011, 267 zur Frage der angemessenen Vergütung im fehlerhaften Anstellungsverhältnis.
74 *Hüffer/Koch*, § 84 AktG Rz. 27; *Mertens/Cahn* in KölnKomm. AktG, 3. Aufl. 2010, § 84 AktG Rz. 57; LG Zweibrücken v. 18.5.2007 – 6 HKO 86/02, BB 2007, 2350.
75 BGH v. 21.1.1991 – II ZR 144/90, AG 1991, 316.

durch den Grundsatz von Treu und Glauben daran gehindert, sich auf die Unwirksamkeit des Anstellungsvertrags zu berufen[76]. Insbesondere bedarf es nach Ansicht des BGH auch nicht – wie bei einer außerordentlichen Kündigung – des Vorliegens eines wichtigen Grunds[77].

IV. Handelsregistereintragung

21.25 Die Bestellung zum Mitglied des Vorstands und deren Beendigung sind zum Handelsregister anzumelden (§ 81 AktG), wobei die Eintragung nicht konstitutiv ist[78]. Eine etwaige Eigenschaft als stellvertretendes Vorstandsmitglied wird bei der Eintragung nicht erwähnt[79]. **Zuständig** für die Eintragung ist der **Vorstand**. Ausreichend ist Handeln in vertretungsberechtigter Zahl[80]; auch eine unechte Gesamtvertretung mit einem Prokuristen ist möglich[81]. Die Anmeldung hat die **Form** des § 12 HGB (öffentliche Beglaubigung) zu wahren. **Urkunden zum Nachweis** der Veränderung (Niederschrift über den Beschluss des Aufsichtsrats) sind in Urschrift oder beglaubigter Abschrift beizufügen[82]. Die Rechtsprechung behandelt die gleichzeitige Anmeldung von Beendigung der Bestellung eines Vorstandsmitglieds und Anmeldung einer Neubestellung **kostenrechtlich** mittlerweile als verschiedene Gegenstände[83]. Die insoweit durch entsprechende Gestaltung nach überkommener Ansicht bestehenden Einsparmöglichkeiten sind daher nicht mehr gegeben.

V. Vergütung

1. Zuständigkeit und Verantwortung des Aufsichtsrats

21.26 Vor dem Inkrafttreten des Gesetzes zur Angemessenheit der Vorstandsvergütung (VorstAG)[84] war es übliche Praxis, die Entscheidung über die Festsetzung der Vorstandsvergütung auf einen Ausschuss des Aufsichtsrats zu delegieren. Eine solche Delegation ist nach der Erweiterung von § 107 Abs. 3 Satz 7 AktG ausgeschlossen, d.h. es muss zwingend das **Aufsichtsratsplenum** entscheiden[85]. Dies gilt auch, wenn die Vergütungsvereinbarung nicht mit dem Vorstandsmitglied, sondern mit einem das Vorstandsmitglied „ausleihenden" Dritten geschlossen wird[86]. Nicht notwendig ist aber, dass sämtliche Details der Vorstandsvergütung im Plenum verhandelt und diskutiert werden. Die Vorbereitung der (finalen) Entscheidung des Plenums kann weiterhin einem Ausschuss überlassen bleiben[87]. Der Deutsche Corporate Governance Kodex sah in seiner vorherigen Fassung ausdrücklich vor, dass ein evtl.

---

76 Ausdrücklich OLG Schleswig v. 16.11.2000 – 5 U 66/99, NZG 2001, 275, 276 = AG 2001, 651 m.w.N.
77 BGH v. 6.4.1964 – II ZR 75/62, NJW 1964, 1367.
78 Vgl. *Spindler* in MünchKomm. AktG, 5. Aufl. 2019, § 81 AktG Rz. 23.
79 Vgl. hierzu und zur Stellung stellvertretender Mitglieder allgemein *Ihrig/Schäfer*, Rechte und Pflichten des Vorstands, § 8 Rz. 112.
80 BayObLG v. 17.9.2003 – 3 Z BR 183/03, GmbHR 2003, 1356 zur GmbH.
81 Siehe *Hüffer/Koch*, § 84 AktG Rz. 5.
82 § 81 Abs. 2 AktG; zu Einzelheiten vgl. *Spindler* in MünchKomm. AktG, 5. Aufl. 2019, § 81 AktG Rz. 16 ff.
83 BGH v. 21.11.2002 – V ZB 29/02, ZIP 2003, 476.
84 Gesetz zur Angemessenheit der Vorstandsvergütung v. 31.7.2009, BGBl. I 2009, 2509 Inkrafttreten am 5.8.2009.
85 *Seibt* in K. Schmidt/Lutter, § 87 AktG Rz. 35; *Spindler* in MünchKomm. AktG, Nachtrag zum ARUG II, § 87 AktG Rz. 223 ff.; *Lingemann*, BB 2009, 1918, 1922; *Spindler*, NJOZ 2009, 3282, 3288.
86 BGH v. 28.4.2015 – II ZR 63/14, DStR 2015, 1635 m. Anm. *Steber* = AG 2015, 535.
87 BT-Drucks. 16/12278, S. 7; *Seibt* in K. Schmidt/Lutter, § 87 AktG Rz. 35; *Seibert*, WM 2009, 1489, 1491; *Lingemann*, BB 2009, 1918, 1922; *Thüsing*, AG 2009, 517, 524.

bestehender Aufsichtsratsausschuss für die Behandlung der Vorstandsverträge dem Plenum Vorschläge zur jeweiligen Gesamtvergütung der einzelnen Vorstandsmitglieder unterbreitet (Ziff. 4.2.2 Abs. 1 Satz 2 DCGK 2017)[88]. Mittlerweile zeichnet sich der DCGK 2020 durch eine neue Systematik und einen hohen Detaillierungsgrad aus[89]. Dies zeigt sich nicht zuletzt darin, dass der geänderte Kodex im Bereich der Vorstandsvergütung in Abschnitt G neben 15 Empfehlungen einen Grundsatz sowie eine Anregung enthält[90].

Setzt der Aufsichtsrat eine nach den Maßstäben von § 87 Abs. 1 AktG unangemessen hohe Vergütung fest, können seine Mitglieder als Gesamtschuldner auf **Schadensersatz** haften (§ 116 Satz 3 AktG). Die Höhe des Schadensersatzes bemisst sich nach der Differenz zu einer angemessenen Vergütung[91]. In der Praxis kann die Durchsetzung einer Schadensersatzforderung der Gesellschaft allerdings Schwierigkeiten bereiten. So wird es im Einzelfall schwerfallen nachzuweisen, welche Vergütungshöhe angemessen gewesen wäre[92]. Zudem handelt es sich bei der Bemessung der Vergütung von Vorstandsmitgliedern um eine unternehmerische Entscheidung[93]. Diese Einordnung hat nach den Grundsätzen der „ARAG-Garmenbeck"-Entscheidung des BGH[94] zur Folge, dass dem Aufsichtsrat bei der Festsetzung der Vergütung ein Beurteilungsspielraum zusteht, der nur eingeschränkt justiziabel ist[95]. Wegen der Komplexität der Vergütungsentscheidung bedient sich die Praxis zur eigenen Enthaftung[96] nicht mehr allein veröffentlichter Marktanalysen, sondern zunehmend auch der Unterstützung von **Vergütungsberatern**[97] und Juristen[98]. Der Aufsichtsrat kann sich Rat bei Vergütungsberatern holen, sofern diese unabhängig sind (vgl. G.5 DCGK)[99]. Eine Verpflichtung zur Einbindung eines Vergütungsexperten trifft den Aufsichtsrat aber weiterhin nicht[100]. Dennoch wird allein aufgrund der Komplexität der neuen Vergütungsregelungen im DCGK 2020 die Hinzuziehung von externem Rat in der Regel unverzichtbar sein[101]. 21.27

Die überwiegende Literatur verneint die Möglichkeit, in der Satzung oder per Hauptverhandlungsbeschluss Vergütungs-Caps oder Angemessenheitsrichtlinien festzusetzen[102]. Während bereits nach § 120 Abs. 4 AktG a.F. die **Hauptversammlung** über die **Billigung des Systems zur Vorstandsvergütung** beschließen konnte („**say on pay**"), ist nach Umsetzung der „ARUG II" in § 120a Abs. 1 Satz 1 21.28

---

88 Vgl. auch *v. Werder/Bartz*, DB 2013, 1401, 1402.
89 *C. Arnold/Gralla*, NZG 2020, 529.
90 *Roth*, AG 2020, 279, 293.
91 *C. Arnold/Schansker*, KSzW 2012, 39.
92 *Eichner/Delahaye*, ZIP 2010, 2082, 2085.
93 Vgl. *Hoffmann-Becking*, ZHR 169 (2005), 155, 157; *Mutter*, Unternehmerische Entscheidungen und Haftung des Aufsichtsrats der Aktiengesellschaft, 1994, S. 156 m.w.N.
94 BGH v. 21.4.1997 – II ZR 175/95, AG 1997, 377.
95 *Seibt* in K. Schmidt/Lutter, § 87 AktG Rz. 16. Auch in der strafrechtlichen Aufarbeitung des sog. Falles „Mannesmann/Vodafone" wurde der unternehmerische Ermessensspielraum grundsätzlich respektiert, vgl. BGH v. 21.12.2005 – 3 StR 470/04, ZIP 2006, 72 = AG 2006, 110.
96 Der Begriff entstammt dem Titel einer grundlegenden Monografie von *Bastuk*, Enthaftung des Managements, 1986.
97 Zur entlastenden Wirkung von Beratern schon früh RGZ 35, 83, 85.
98 Die Enthaftung durch Einholung von „Rechtsrat durch Juristen" ist anerkannt, RGZ 159, 211, 232; vgl. in jüngerer Zeit zu den Voraussetzungen einer solchen Enthaftung BGH v. 28.4.2015 – II ZR 63/14, DStR 2015, 1635 = AG 2015, 535.
99 Vgl. näher zum Merkmal der Unabhängigkeit *Baums*, AG 2010, 53 ff.; *Fleischer*, BB 2010, 67, 71 ff.; *Weber-Rey/Buckel*, NZG 2010, 761 ff.
100 *Hüffer/Koch*, § 87 AktG Rz. 4; *Fleischer*, BB 2010, 67, 70; *C. Arnold/Schansker*, KSzW 2012, 39, 46; *Bachmann*, ZHR 184 (2020), 127, 131.
101 *Bachmann*, ZHR 184 (2020), 127, 131.
102 *Mertens/Cahn* in KölnKomm. AktG, 3. Aufl. 2010, § 87 AktG Rz. 4; *Spindler* in MünchKomm. AktG, 5. Aufl. 2019, § 87 AktG Rz. 43 fordert de lege ferenda Gestaltungsmöglichkeiten für die Satzung; de lege lata bejahend *Bürgers* in Bürgers/Körber/Lieder, § 87 AktG Rz. 2.

AktG die zwingende Vorlage des Vorstandsvergütungssystems an die Hauptversammlung vorgesehen[103]. Das bisher rein fakultative Votum der Hauptversammlung über das Vorstandsvergütungssystem ist mit Einführung des § 120a AktG zu einem obligatorischen Votum „erstarkt"[104]. Unter der Geltung des § 120 Abs. 4 AktG a.F. war ein solches Votum der Hauptversammlung freiwillig und unverbindlich. Bestrebungen dahingehend, das Votum der Hauptversammlung als rechtlich bindend zu qualifizieren, ist der Gesetzgeber nicht gefolgt. Vielmehr ist das Votum zwar nicht mehr freiwillig, gleichwohl verbleibt es aber auch nach der Neufassung des § 120a Abs. 1 Satz 2 AktG weiterhin dabei, dass der Beschluss weder Rechte noch Pflichten begründet. Begründet wurde dies ausweislich des Regierungsentwurfs mit dem Kompetenzgefüge des Aufsichtsrats. Ein lediglich beratendes Votum füge sich nach Ansicht des Gesetzgebers besser in ein bestehendes Corporate-Governance-System ein, da die Vergütungsfrage des Vorstands zu den Kernkompetenzen des Aufsichtsrats zähle und andernfalls eine rechtliche und faktische Schwächung der Machtbalance im dualistischen System eintreten könnte[105].

2. Vorstandsvergütungssystem

a) Zuständigkeit des Aufsichtsrats

21.29 § 87a AktG setzt die Vorgaben von Art. 9a der 2. Aktionärsrechterichtlinie (ARUG II) um. Die Pflicht des Aufsichtsrats erstreckt sich nach § 87a AktG bei börsennotierten Aktiengesellschaften nunmehr zwingend auf die Festlegung eines abstrakt-generellen **Systems zur Vergütung der Vorstandsmitglieder**[106]. Zuständig für den Beschluss über das Vorstandsvergütungssystem ist nach dem Wortlaut des § 87a Abs. 1 Satz 1 AktG der **Aufsichtsrat**. Offengeblieben ist im Gesetzgebungsverfahren jedoch die Frage, ob der Aufsichtsrat die Zuständigkeit einem Ausschuss übertragen kann. Ein Delegationsverbot ist dem Gesetz nicht zu entnehmen, da § 87a AktG im Gegensatz zu § 87 AktG in der Aufzählung des § 107 Abs. 3 Satz 7 AktG nicht erwähnt ist. Damit steht einer Delegation über das Vergütungssystem nach zutreffender herrschender Meinung weder das deutsche Recht noch das umzusetzende Unionsrecht entgegen[107].

21.30 In der Praxis wird der Beschluss über das Vorstandsvergütungssystem dennoch in aller Regel durch das Aufsichtsrats**plenum** gefasst[108]. Der für Personalfragen zuständige Ausschuss („Präsidium", „Personalausschuss" o.Ä.) bereitet die Entscheidung des Plenums vor, meist mit erheblichem zeitlichen und inhaltlichen Aufwand. Diese Arbeitsteilung beruht auf der Überlegung, dass die Entscheidung über das Vergütungssystem eine wesentliche Vorfestlegung der Vergütungsfestsetzung darstellt und auch die Höhe der Vorstandsvergütung wesentlich beeinflusst. Gerade bei börsennotierten und paritätisch mitbestimmten Aktiengesellschaften müssen solche Entscheidungen sorgfältig vorbereitet und mit Vertretern der beiden Bänke sowie den betroffenen Vorstandsmitgliedern abgestimmt werden. Das übernimmt der Ausschuss. Die endgültige Entscheidung über das Vergütungssystem muss aber aus Sicht der Praxis nicht zuletzt wegen des engen Sachzusammenhangs mit der nicht delegierbaren Entscheidung des § 87 AktG vom Willen des Aufsichtsratsplenums getragen sein.

---

103 Gesetz zur Umsetzung der zweiten Aktionärsrechterichtlinie (ARUG II), BGBl. I 2019, 2637; Inkrafttreten am 19.12.2019. Umsetzung der Richtlinie (EU) 2017/828 des Europäischen Parlaments und des Rates v. 17.5.2017 zur Änderung der Richtlinie 2007/36/EG.
104 BT-Drucks. 19/9739 („ARUG II"), S. 92.
105 BT-Drucks. 19/9739, S. 92; *Spindler*, AG 2020, 61, 71.
106 Vgl. BT-Drucks. 19/9739, S. 72; Zur Anwendbarkeit auf die KGaA: *Backhaus*, AG 2020, 462.
107 *C. Arnold* in Goette/Arnold, Handbuch Aufsichtsrat, § 4 Rz. 1345; *Florstedt*, ZGR 2019, 630, 644; *Bachmann*, ZHR 2020, 127, 131; *Hüffer/Koch*, § 87 AktG Rz. 4.
108 *C. Arnold* in Goette/Arnold, Handbuch Aufsichtsrat, § 4 Rz. 1346.

b) Klarheit und Verständlichkeit des Vergütungssystems, § 87a Abs. 1 Satz 1 AktG

Nach § 87a Abs. 1 Satz 1 AktG soll das durch den Aufsichtsrat beschlossene Vergütungssystem **klar und verständlich** sein.[109] Im Hinblick auf die „Verständlichkeit" sieht der Regierungsentwurf vor, dass es von einem durchschnittlich informierten, situationsadäquat aufmerksamen und verständigen Aktionär nachzuvollziehen sein soll.[110] Abzustellen ist auf einen Personenkreis, der mit der Materie befasst ist. Gerade auf „langatmige Ausführungen mit technischen Begriffen" soll verzichtet und stattdessen die Möglichkeit eröffnet werden, zur Übersichtlichkeit Grafiken und Beispiele zu verwenden.[111] Der DCGK sieht in der Begründung zu Grundsatz 23 vor, dass nicht nur die Klarheit und Verständlichkeit für die Aktionäre im Vordergrund steht, sondern auch für die übrigen Stakeholdern und die Öffentlichkeit[112].

21.31

c) Einzelangaben zum Vergütungssystem

aa) Festlegung einer Maximalvergütung, § 87a Abs. 1 Satz 2 Nr. 1 AktG

§ 87a Abs. 1 Satz 2 Nr. 1 AktG **verpflichtet** den Aufsichtsrat, eine Maximalvergütung für die Vorstandsmitglieder festzulegen. Die Regelung versteht sich als Teil eines Kompromisses, der erst am Ende der parlamentarischen Beratung aufgrund der Empfehlung des Rechtsausschusses im Rahmen eines Änderungsantrags ergänzt wurde[113]. Hintergrund der Regelung ist es, die bereits in der früheren Fassung des DCGK enthaltene Empfehlung, „die Vergütung soll insgesamt und hinsichtlich ihrer variablen Vergütungsteile betragsmäßige Höchstgrenzen aufweisen"[114], die sich nun ähnlich in Empfehlung G.1 des DCGK 2020 wiederfindet, nunmehr auf „Gesetzesebene zu heben"[115].

21.32

Nach der Gesetzesbegründung ist die Festlegung einer Maximalvergütung **zwingend**[116]. Unterlässt der Aufsichtsrat die Festlegung der Maximalvergütung, handelt er pflichtwidrig, § 116 Satz 1, § 93 Abs. 1 AktG. Das folgt auch daraus, dass die Hauptversammlung ohne Festlegung einer Maximalvergütung durch den Aufsichtsrat nicht über deren Herabsetzung nach § 87 Abs. 4 AktG beschließen könnte. Eine Schadensersatzpflicht der Aufsichtsratsmitglieder aus § 116 Satz 1, § 93 Abs. 1 AktG wird in der Praxis zwar meist keine große Rolle spielen. Ein ersatzfähiger Schaden könnte jedoch im Einzelfall in der Differenz der hypothetischen Maximalvergütung und der tatsächlich gewährten Vergütung liegen[117].

21.33

Bei der inhaltlichen Ausgestaltung der Maximalvergütung hat der Aufsichtsrat ein weites Ermessen. Es steht ihm frei, die Maximalvergütung für jedes Vorstandsmitglied **separat** festzulegen oder alternativ eine Maximalvergütung für den **gesamten** Vorstand festzulegen[118]. Das Ermessen des Aufsichtsrats wird auch nicht durch Empfehlung G.1 DCGK eingeschränkt[119]. Nach der Beschlussempfehlung des

21.34

---

109 Im Gegensatz zum anfänglichen Regierungsentwurf ist nicht auf die „allgemeine Verständlichkeit" abzustellen.
110 BT-Drucks. 19/9739, S. 72; *C. Arnold* in Goette/Arnold, Handbuch Aufsichtsrat, § 4 Rz. 1347.
111 BT-Drucks. 19/9739, S. 73; *Florstedt*, ZGR 2019, 630, 640 f.
112 *C. Arnold* in Goette/Arnold, Handbuch Aufsichtsrat, § 4 Rz. 1347.
113 Beschlussempfehlung, BT-Drucks. 19/15153.
114 Ziff. 4.2.3 UAbs. 2 Satz 6 DCGK 2017.
115 Beschlussempfehlung, BT-Drucks. 19/15153, S. 56.
116 Beschlussempfehlung, BT-Drucks. 19/15153, S. 63; *Spindler*, AG 2020, 61; *C. Arnold* in Goette/Arnold, Handbuch Aufsichtsrat, § 4 Rz. 1349.
117 Hierzu ausführlich: *C. Arnold/Herzberg/Zeh*, AG 2020, 313, 315; a.A. *Lochner/Beneke* in Hirte/Heidel, Das neue Aktienrecht, § 87a AktG Rz. 7.
118 Beschlussempfehlung, BT-Drucks. 19/15153, S. 53; *C. Arnold* in Goette/Arnold, Handbuch Aufsichtsrat, § 4 Rz. 1350.
119 *C. Arnold/Herzberg/Zeh*, AG 2020, 313, 315; *C. Arnold* in Goette/Arnold, Handbuch Aufsichtsrat, § 4 Rz. 1350; a.A. *Lochner/Beneke* in Hirte/Heidel, Das neue Aktienrecht, § 87a AktG Rz. 8 mit Verweis auf den Wortlaut des ersten Spiegelstrichs von G.1 DCGK.

Rechtsausschusses hat der Aufsichtsrat **konkrete Zahlen** zu benennen[120]. Dies schließt jedoch nicht aus, dass sich der Aufsichtsrat zur Berechnung an einem Vielfachen der durchschnittlichen Belegschaftsvergütung orientieren kann[121].

bb) Förderung und langfristige Entwicklung der Gesellschaft, § 87a Abs. 1 Satz 2 Nr. 2 AktG

21.35 Nach § 87a Abs. 1 Satz 2 Nr. 2 AktG hat der Aufsichtsrat den Beitrag der Vergütung zur **Förderung der Geschäftsstrategie und zur langfristigen Entwicklung der Gesellschaft** anzugeben. Hintergrund der Regelung ist Art. 9a Abs. 6 UAbs. 1 Satz 2 2. ARRL, wonach der Aufsichtsrat im Vergütungssystem darzulegen hat, inwiefern die Vergütungspolitik der Gesellschaft die Geschäftsstrategie, die langfristigen Interessen und die langfristige Tragfähigkeit der Gesellschaft fördert. Aus § 87a Abs. 1 Satz 2 Nr. 2 AktG ergibt sich aber keine materielle Pflicht des Aufsichtsrats, das Vergütungssystem insgesamt auf eine nachhaltige Entwicklung der Gesellschaft auszurichten[122], da die Vorschrift lediglich formale Vorgaben zur Beschreibung des Vergütungssystems macht. Die Pflicht zur Ausrichtung des Vergütungssystems auf eine nachhaltige Entwicklung der Gesellschaft folgt vielmehr aus § 87 Abs. 1 Satz 2, 3 AktG[123].

cc) Feste und variable Vergütungsbestandteile, § 87a Abs. 1 Satz 2 Nr. 3 AktG

21.36 § 87a Abs. 1 Satz 2 Nr. 3 AktG verlangt die Angabe aller festen und variablen Vergütungsbestandteile, soweit diese tatsächlich vorgesehen sind. Nach Art. 9a Abs. 6 UAbs. 1 Satz 2 2. ARRL sind hiervon „die verschiedenen festen und variablen Vergütungsbestandteile, einschließlich sämtlicher Boni und anderer Vorteile in jeglicher Form, die Mitgliedern der Unternehmensleitung gewährt werden können" erfasst. Das Merkmal des Vergütungsbestandteils ist danach **weit** zu verstehen. Aufwendungen für die betriebliche Altersversorgung sind ebenso erfasst wie Nebenleistungen, etwa die Überlassung eines Dienstwagens[124].

21.37 Die Vergütungsbestandteile sind mit ihrem **relativen** Anteil an der Vergütung anzugeben. Das bereitet in der Praxis durchaus Schwierigkeiten. In der Praxis hat sich eine Orientierung an Empfehlung G.1 DCGK bewährt. Danach soll der Aufsichtsrat die relativen Anteile der Festvergütung und der variablen Vergütungsbestandteile an der **Ziel-Gesamtvergütung** angeben und daran ausrichten. Entscheidend für die Beschreibung der relativen Anteile sind danach nicht die (prognostischen) Auszahlungsbeträge, sondern die Zielbeträge der einzelnen Vergütungsbestandteile bzw. deren Bandbreite. Letztlich kann die Angabe der relativen Vergütungsbestandteile nicht mehr als einen möglichst transparenten ex-ante-Ausblick über das Vergütungssystem bieten, der allerdings lediglich eine vorläufige Prognose darstellen wird. Das erfüllt den **gesetzgeberischen Zweck**, einen Beitrag zu leisten, um einen unverhältnismäßig hohen Anteil variabler Vergütungsbestandteile an der Gesamtvergütung zu vermeiden[125]. Dennoch muss gerade bei Neuabschlüssen von Vorstandsverträgen oder einer Erweiterung des Vorstands die Möglichkeit bestehen, von der Vergütungsstruktur auch signifikant abweichen zu können[126].

---

120 Beschlussempfehlung, BT-Drucks. 19/15153, S. 56; *C. Arnold* in Goette/Arnold, Handbuch Aufsichtsrat, § 4 Rz. 1351.
121 Beschlussempfehlung, BT-Drucks. 19/15153, S. 56.
122 So aber *Bachmann/Pauschinger*, ZIP 2019, 1, 3.
123 *C. Arnold/Herzberg/Zeh*, AG 2020, 313, 316.
124 Art. 9a Abs. 6 UAbs. 1 Satz 2 2. ARRL; *C. Arnold/Herzberg/Zeh*, AG 2020, 313, 316; *Florstedt*, ZGR 2019, 630, 646.
125 *C. Arnold/Herzberg/Zeh*, AG 2020, 313, 316.
126 *Seibt* in K. Schmidt/Lutter, § 87a AktG Rz. 11.

dd) Leistungskriterien für die Gewährung variabler Vergütungsbestandteile, § 87a Abs. 1 Satz 2 Nr. 4 AktG

Soweit ein Vergütungssystem variable Vergütungsbestandteile vorsieht, ist anzugeben, welche **finanziellen und nicht finanziellen Leistungskriterien** die variable Vergütung bestimmen[127]. Speziell im Hinblick auf variable Vergütungsbestandteile wird die Regelung des § 87a Abs. 1 Satz 2 Nr. 2 AktG dahingehend konkretisiert, dass neben der Erläuterung des Beitrags zur Förderung der Geschäftsstrategie und zu langfristigen Entwicklungen (Nr. 4a) auch die Methoden zur Feststellung der Leistungskriterien anzugeben sind (Nr. 4b).

21.38

Die **nichtfinanziellen** Leistungskriterien können sich etwa an der persönlichen Leistung eines Vorstandsmitglieds orientieren. Hier kommt aber auch die Ergänzung des Wortlauts von § 87 Abs. 1 AktG durch das ARUG II zum Tragen. Danach ist die Vorstandsvergütung bei börsennotierten Aktiengesellschaften auf die „nachhaltige und langfristige Entwicklung der Gesellschaft" auszurichten. Um die vom Rechtsausschuss formulierte Anforderung umzusetzen, „auch soziale und ökologische Gesichtspunkte in den Blick zu nehmen"[128], kann der Aufsichtsrat beispielsweise Sozial- oder Umweltkriterien bzw. sog. ESG-Ziele in Betracht ziehen, die bereits seit Jahren in der Diskussion um das ARUG II an Bedeutung gewonnen haben[129].

21.39

Finanzielle Leistungskriterien sind die wirtschaftlichen Leistungs- und Erfolgsziele des Vergütungssystems, üblicherweise Bilanzkennziffern oder von der Gesellschaft verwendete Kriterien der Ergebnis- und Wertmessung. In aller Regel verwendet der Aufsichtsrat Kriterien, die auch der Vorstand zur Gesellschafts- oder Konzernsteuerung und idealerweise auch zur Incentivierung der nachgeordneten Führungsebenen verwendet. Im Rahmen der Darstellung von wirtschaftlichen Leistungs- und Erfolgszielen im Vergütungssystem besteht die Gefahr, dass Wettbewerber hieraus **Rückschlüsse auf die strategische Ausrichtung und Planung** der Gesellschaft ziehen können[130]. Das Interesse der betroffenen Gesellschaft genießt in diesem Fall Vorrang[131]. Im Gleichlauf mit der retrospektiven Betrachtung des § 162 Abs. 6 Satz 1 AktG genügt es, dass das Leistungskriterium für außenstehende Dritte erkennbar und nachvollziehbar ist[132].

21.40

ee) Aufschubzeiten für die Auszahlung von Vergütungsbestandteilen, § 87a Abs. 1 Satz 2 Nr. 5 AktG

Nach § 87a Abs. 1 Satz 2 Nr. 5 AktG sind für die Auszahlung variabler Vergütungsbestandteile Aufschubzeiten anzugeben, soweit Aufschubzeiten im Vergütungssystem festgelegt sind. Vom Anwendungsbereich der Norm sind jedoch nur sog. **Deferrals** erfasst, also solche Regelungen, die die Fälligkeit eines bereits entstandenen Anspruchs herausschieben[133]. Ähnlichkeiten finden sich in der Empfehlung G.10 DCGK, wonach Vorstandsmitglieder erst nach vier Jahren über die variable Vergütung verfügen sollen. Entgegen einiger Literaturstimmen, die sich auf die Regelung im DCGK beziehen, werden vom Anwendungsbereich der Norm gerade nicht die Zeiträume zwischen Gewährung eines variablen Vergütungsbestandteils und dem Entstehen des Auszahlungsanspruchs erfasst[134].

21.41

---

127 *Lochner/Beneke* in Hirte/Heidel, Das neue Aktienrecht, § 87a AktG Rz. 12.
128 Beschlussempfehlung, BT-Drucks. 19/15153, S. 64.
129 *Velte*, NZG 2016, 294, 295 ff.; *C. Arnold/Herzberg/Zeh*, AG 2020, 313, 316; *C. Arnold/Herzberg/Zeh*, AG 2021, 141.
130 BT-Drucks. 19/9739, S. 73; *Stenzel*, BB 2020, 970, 972.
131 Vgl. hierzu: Erwägungsgrund 45 2. ARRL.
132 Hierzu im Einzelnen: *Lochner/Beneke* in Hirte/Heidel, Das neue Aktienrecht, § 162 AktG Rz. 47 ff.; *C. Arnold* in Goette/Arnold, Handbuch Aufsichtsrat, § 4 Rz. 1357.
133 Im Rahmen der Gesetzesbegründung wurde klargestellt, dass der Begriff der Aufschubzeiten enger ist als der Begriff der Fristen in § 87a Abs. 1 Satz 2 Nr. 7a) AktG; BT-Drucks. 19/9739, S. 73.
134 *C. Arnold/Herzberg/Zeh*, AG 2020, 313, 317; *C. Arnold* in Goette/Arnold, Handbuch Aufsichtsrat, § 4 Rz. 1359.

ff) Rückforderung variabler Vergütungsbestandteile („Clawback"), § 87a Abs. 1 Satz 2 Nr. 6 AktG

21.42 § 87a Abs. 1 Satz 2 Nr. 6 AktG verlangt die Aufnahme von Rückforderungsmöglichkeiten variabler Vergütungsbestandteile, sofern das Vergütungssystem solche vorsieht. Intention der Regelung ist die Etablierung von sog. **„Clawback-Klauseln"**, die der Gesellschaft die Rückforderung von bereits ausbezahlten variablen Vergütungsbestandteilen ermöglichen sollen[135]. Durch die Aufführung dieser Clawback-Klauseln in den Katalogangaben des § 87a Abs. 1 Satz 2 AktG wird die rechtliche Zulässigkeit solcher Klauseln nunmehr vom Gesetzgeber implizit anerkannt[136]. Eine materielle Pflicht zur Einführung derartiger Klauseln besteht aber nach wie vor nicht[137]. Eine Verpflichtung zur Einführung von Clawback-Klauseln besteht weiterhin nur für bedeutende Finanzinstitute nach § 20 Abs. 6 InstitutsVergV[138]. Zu beachten ist jedoch, dass G.11 DCGK jedenfalls die Empfehlung vorsieht, dass der Aufsichtsrat die Möglichkeit schaffe, in begründeten Fällen eine variable Vergütung einbehalten oder zurückfordern zu können. Dies führt zwar im Ergebnis nicht zu einer Verpflichtung des Aufsichtsrats, Clawback-Klauseln einzuführen, ihren Verzicht darauf hat er jedoch in der **Entsprechenserklärung** nach § 161 AktG zu „rechtfertigen"[139].

gg) Aktienbasierte Vergütung, § 87a Abs. 1 Satz 2 Nr. 7 AktG

21.43 Soweit eine aktienbasierte Vergütung vereinbart ist, fordert § 87a Abs. 1 Satz 2 Nr. 7 lit. a AktG die Angabe von **Wartefristen** (Zeitraum bis zur Ausübbarkeit), **Ausübungsfristen** (Zeitraum ab potentieller Ausübbarkeit bis zur tatsächlichen Ausübungsmöglichkeit) und **Halte- bzw. Sperrfristen** (Zeitraum zwischen Erwerb und Veräußerung, in dem die Aktie nicht veräußert werden darf)[140]. Obgleich die Norm allgemein von „Fristen" spricht und damit über die europarechtlichen Vorgaben hinausgeht, werden in der Regierungsbegründung sog. „Vesting Periods" (Unverfallbarkeitsfristen) jedoch nicht genannt[141]. Daher können sich die Fristen im Sinne von Nr. 7 mit den Aufschubzeiten nach Nr. 5 überschneiden[142].

21.44 Der Begriff der aktienbasierten Vergütungen lässt sich unter Zugrundelegung der IFRS 2 Standards zur anteilsbasierten Vergütung bestimmen. Hierunter fallen etwa **Stock Options** oder **Phantom Stock** Programme. Nach Empfehlung G.10 DCGK wird eine überwiegend aktienbasierte Gewährung für die variable Vergütung der Vorstandsmitglieder empfohlen, über die das Vorstandsmitglied erst nach vier Jahren verfügen können soll. Nr. 7 lit. b verlangt zudem die Angabe der Bedingungen für das Halten von Aktien nach dem Erwerb. Hiervon können auch sog. Share Ownership Guidelines erfasst werden[143]. Ferner erfordert Nr. 7 lit. c) die Angabe, inwiefern die aktienbasierte Vergütung zu den Vergütungszielen nach § 87a Abs. 1 Satz 2 Nr. 2 AktG beiträgt. Aus den Vorgaben der Nr. 7 lässt sich keine materielle Pflicht zur Festlegung von Wartefristen herleiten. Eine solche Pflicht kann sich allenfalls aus der nach § 87 AktG erforderlichen langfristigen Ausrichtung der Vergütung ergeben[144].

---

135 *Paschos/Goslar*, AG 2019, 365, 368.
136 BT-Drucks. 19/9739, S. 73; *Seibt* in K. Schmidt/Lutter, § 87a AktG Rz. 15; *C. Arnold* in Goette/Arnold, Handbuch Aufsichtsrat, § 4 Rz. 1360.
137 *C. Arnold/Herzberg/Zeh*, AG 2020, 313, 317; *Poelzig*, NZG 2020, 41, 44.
138 *Löbbe/Fischbach*, AG 2019, 373, 377.
139 *Redenius-Hövermann/Siemens*, ZIP 2020, 145, 148; *C. Arnold* in Goette/Arnold, Handbuch Aufsichtsrat, § 4 Rz. 1360.
140 BT-Drucks. 19/9739, S. 73.
141 *C. Arnold/Herzberg/Zeh*, AG 2020, 313, 317.
142 *Lochner/Beneke* in Hirte/Heidel, Das neue Aktienrecht, § 87a AktG Rz. 18.
143 *C. Arnold/Herzberg/Zeh*, AG 2020, 313, 319; *Diekmann*, WM 2018, 796, 797.
144 *Grigoleit/Kochendörfer* in Grigoleit, § 87a AktG Rz. 63; *Hüffer/Koch*, § 87 AktG Rz. 20.

hh) Vergütungsbezogene Rechtsgeschäfte, § 87a Abs. 1 Satz 2 Nr. 8 AktG

In Umsetzung von Art. 9a Abs. 6 UAbs. 5 2. ARRL verwendet § 87a Abs. 1 Satz 2 Nr. 8 AktG den Begriff der **vergütungsbezogenen Rechtsgeschäfte**. Nach dem weiten Begriffsverständnis des Rechtsgeschäfts fallen hierunter die Begründung, Änderung oder Aufhebung der Vergütung oder von Vergütungsbestandteilen, namentlich Anstellungsverträge, Optionsvereinbarungen sowie Ruhegehaltsvereinbarungen[145]. Der Aufsichtsrat hat damit insbesondere die Laufzeiten und Voraussetzungen der Beendigung, Kündigungsfristen (Nr. 8a), Zusagen von Entlassungsentschädigung (Nr. 8b) sowie die wesentlichen Merkmale der Ruhegehaltsregelungen im Vergütungssystem zu benennen. Ungeachtet dessen ist weiterhin ein Rechtsbindungswillen erforderlich, so dass bloße faktische Zuwendungen in Gestalt von rechtsgrundlosen Gefälligkeiten oder Zuwendungen auf Basis eines **"Gentlemen's Agreement"** nicht erfasst sind[146].

21.45

Im Vergütungssystem müssen nur solche Beendigungsmöglichkeiten beschrieben werden, die sich nicht bereits aus dem Gesetz ergeben, sondern auf **vertragliche Vereinbarungen** zurückgehen[147]. Die bloße Wiedergabe von gesetzlichen Beendigungsmöglichkeiten bietet im Vergütungssystem keinen Mehrwert und dürfte insbesondere dem Zweck, für Klarheit und Verständlichkeit zu sorgen, entgegenstehen.

21.46

ii) Berücksichtigung der Vergütungs- und Beschäftigungsbedingungen der Arbeitnehmer, § 87a Abs. 1 Satz 2 Nr. 9 AktG

§ 87a Abs. 1 Satz 2 Nr. 9 AktG soll die wiederholt vorgebrachte politische Forderung umsetzen, Vorstandsgehälter ins Verhältnis zu den Vergütungs- und Beschäftigungsbedingungen der Arbeitnehmer zu setzen (gelegentlich als *manager to worker pay ratio* bezeichnet)[148]. Nach überwiegender Ansicht handelt es sich hierbei nicht um einen Vergütungsbestandteil, sondern um eine **zwingend anzugebende** strukturelle Festlegung[149]. Dieses Verständnis ergibt sich auch aus Art. 9a Abs. 6 UAbs. 2 2. ARRL und deren Mäßigungsziel, wonach anzugeben ist, "wie" die Vergütungs- und Beschäftigungsbedingungen in das Vergütungssystem eingeflossen sind[150]. Auch die fehlende Berücksichtigung der Vergütungs- und Beschäftigungsbedingungen entbindet den Aufsichtsrat nicht von der Angabe eines Hinweises auf das gewählte Vorgehen[151].

21.47

Der Begriff des Arbeitnehmers ist weit gefasst und erfasst damit ebenfalls die von der Anwendung des BetrVG ausgeschlossenen leitenden Angestellten i.S.d. § 5 Abs. 3 BetrVG[152]. §87a Abs. 1 Satz 2 Nr. 9 AktG enthält keine zwingende inhaltliche Vorgabe, dass ein Vergütungsvergleich mit Arbeitnehmern (**"vertikaler Vergütungsvergleich"**) obligatorisch vorzunehmen ist[153]. Der Aufsichtsrat hat die Möglichkeit, sich gegen einen solchen Vergleich oder der Nichtberücksichtigung der gewonnenen Erkenntnisse zu entscheiden. Dies hat jedoch unter Transparenzgesichtspunkten eine **Negativmeldung** zur Folge[154]. Anknüpfungspunkt für den Vergleich können neben einzelnen Arbeitnehmern der Gesellschaft auch die Arbeitnehmer des Konzerns sein[155]. So sieht Empfehlung G.4 DCGK zur Beurteilung

21.48

---

145 BT-Drucks. 19/9739, S. 73 f.
146 *Seibt* in K. Schmidt/Lutter, § 87a AktG Rz. 17.
147 BT-Drucks. 19/9739, S. 74.
148 *Hüffer/Koch*, § 87a AktG Rz. 10; *Grigoleit/Kochendörfer* in Grigoleit, § 87a AktG Rz. 70 f.
149 BT-Drucks. 19/9739, S. 74.
150 *Seibt* in K. Schmidt/Lutter, § 87a AktG Rz. 18.
151 *Spindler*, AG 2020, 61, 67; *Florstedt*, ZGR 2019, 630, 647.
152 BT-Drucks. 19/9739, S. 73 f.
153 BT-Drucks. 19/9739, S. 74; *C. Arnold* in Goette/Arnold, Handbuch Aufsichtsrat, § 4 Rz. 1363.
154 *Seibt* in K. Schmidt/Lutter, § 87a AktG Rz. 18 f.; *C. Arnold* in Goette/Arnold, Handbuch Aufsichtsrat, § 4 Rz. 1363.
155 *Grigoleit/Kochendörfer* in Grigoleit, § 87a AktG Rz. 71.

der Vorstandsvergütung ebenfalls einen vertikalen Vergleich mit der Vergütung des oberen Führungskreises und der Belegschaft insgesamt vor.

21.49 Ein **horizontaler Vergütungsvergleich** der Vorstandsvergütung mit Geschäftsleitern von anderen vergleichbaren Unternehmen ist zwar gesetzlich nicht vorgesehen, dennoch empfiehlt G.3 Satz 1 DCGK auch einen solchen Horizontalvergleich.

jj) Festsetzung und Überprüfung des Vergütungssystems, § 87a Abs. 1 Satz 2 Nr. 10 AktG

21.50 § 87a Abs. 1 Satz 2 Nr. 10 AktG verlangt vom Aufsichtsrat die Darstellung des Verfahrens zur Fest- und Umsetzung und zur Überprüfbarkeit des Vergütungssystems. Das erfasst auch die vorhandenen Ausschüsse und die Maßnahmen zur Vermeidung und Behandlung von drohenden Interessenkonflikten[156]. Die Angabe stellt nicht bloß einen Vergütungsbestandteil, sondern eine strukturelle Festlegung dar, sodass die Angabe im System **zwingend** ist[157]. In diesem Kontext stehen die Empfehlungen G.3, G.4 und G.5 DCGK. Erforderlich ist danach die Angabe, welche Vergleichsgruppe seitens des Aufsichtsrats bei der Beurteilung der Üblichkeit der Vergütung herangezogen wurde, wie das Vergütungsverhältnis im Rahmen des vertikalen Vergleichs zum oberen Führungskreis und der Belegschaft berücksichtigt wurde und falls Vergütungsberater herangezogen wurden, die Darstellung, inwieweit deren Unabhängigkeit sichergestellt wird.

kk) Vorlage eines gemäß § 120a Abs. 3 AktG überprüften Vergütungssystems, § 87a Abs. 1 Satz 2 Nr. 11 AktG

21.51 Wurde das vom Aufsichtsrat vorgelegte Vergütungssystem von der Hauptversammlung nicht gebilligt, ist gemäß § 120a Abs. 3 AktG spätestens zur folgenden ordentlichen Hauptversammlung ein **überprüftes Vergütungssystem** vorzulegen. In diesem Fall hat das Vergütungssystem alle wesentlichen Änderungen anzugeben (Nr. 11 lit. a) AktG) und außerdem eine Übersicht aufzustellen, inwieweit die Abstimmungen und Äußerungen der Aktionäre berücksichtigt wurden (Nr. 11 lit. b) AktG).

21.52 § 87a Abs. 1 Satz 2 Nr. 11 AktG stellt keinen Vergütungsbestandteil dar, so dass die Angaben zwingend sind. Ungeklärt ist demgegenüber, wann **„wesentliche Änderungen"** vorliegen. Eine gesetzliche Konkretisierung des Begriffs findet sich nicht. Eine wesentliche Änderung soll vorliegen, wenn diese im Hinblick auf die Änderungen eine veränderte Meinungsbildung der Hauptversammlung nicht unerheblich wahrscheinlich sein lässt[158]. Auch wenn das Telos der Norm keine überhöhten Anforderungen an den Wesentlichkeitsvorbehalt stellt, wird eine wesentliche Änderung nur bei **gravierenden** Änderungen, etwa bei einer Anhebung oder Herabsetzung der Maximalvergütung oder der Vergütungsbestandteile sowie einer Veränderung der Grundprinzipien der variablen Vergütung, anzunehmen sein. Nicht erfasst werden redaktionelle Änderungen[159].

ll) Weitere Angaben im Vergütungssystem

21.53 Der Aufsichtsrat kann über die Katalogangaben in § 87a Abs. 1 Satz 2 AktG hinaus freiwillig weitere Angaben machen. Praktisch dürfte die Schwierigkeit für den Aufsichtsrat darin liegen, die zwingenden Angaben hinreichend zu benennen, diese durch weitere Informationen so zu ergänzen, dass das Vergütungssystem nicht überfrachtet und unverständlich wird und keine unnötige Selbstbindung eintritt[160].

---

156 *Lochner/Beneke* in Hirte/Heidel, Das neue Aktienrecht, § 87a AktG Rz. 22.
157 BT-Drucks. 19/9739, S. 56.
158 *Grigoleit/Kochendörfer* in Grigoleit, § 87a AktG Rz. 79 f.
159 Hierzu und zum Begriff der „wesentlichen Änderungen" genauer: *Grigoleit/Kochendörfer* in Grigoleit, § 87a AktG Rz. 79 f.
160 *v. Zehmen*, BB 2021, 1098; *Vetter/Lauterbach*, AG 2021, 89 f.

d) Bindung des Aufsichtsrats, § 87a Abs. 2 Satz 1 AktG

Das mit dem ARUG II eingeführte Regelungsregime sieht drei Pflichten des Aufsichtsrats vor: Der Aufsichtsrat hat zunächst ein Vergütungssystem auszuarbeiten und zu beschließen, § 87a Abs. 1 Satz 1 AktG. Das Vergütungssystem ist dann zur Billigung der Hauptversammlung vorzulegen, § 120a Abs. 1 Satz 1 AktG. Zuletzt hat der Aufsichtsrat die konkrete Vergütung der Vorstandsmitglieder „in Übereinstimmung" mit einem der Hauptversammlung nach § 120a Abs. 1 AktG **zur Billigung vorgelegten Vergütungssystem festzusetzen,** § 87a Abs. 2 Satz 1 AktG[161]. Gesetzgeberische Intention dieses Vorgehens ist die Verknüpfung der Vergütungskompetenz des Aufsichtsrats mit einem beratenden Votum der Hauptversammlung nach § 120a Abs. 1 AktG. Hierin zeigt sich die Bindung des Aufsichtsrats in zweierlei Hinsicht: Einerseits durch die Festsetzung der konkreten Vergütung. Bei der Vereinbarung von entsprechenden Dienstverträgen mit den Vorständen hat sich der Aufsichtsrat im Rahmen des Vergütungssystems zu halten[162]. Darüber hinaus ergibt sich eine Bindung durch die (ablehnende oder zustimmende) Beschlussfassung der Hauptversammlung über das Vergütungssystem. Vorbehaltlich der Abweichungsmöglichkeit in § 87a Abs. 2 Satz 2 AktG bindet sich der Aufsichtsrat also selbst[163].

21.54

Obwohl das Vergütungssystem in § 87a Abs. 1 Satz 2 AktG rein formale Vorgaben vorsieht, entfaltet es darüber hinaus **normative Bindungskraft**[164]. Die Bindungswirkung folgt nicht aus dem Beschluss der Hauptversammlung, da es nicht darauf ankommt, ob das System gebilligt wurde oder nicht[165]. Ausreichend ist, dass das System „zur Billigung vorgelegt" wurde. Entgegen dem weiten Wortlaut der Norm ist die Abstimmung der Hauptversammlung allerdings sehr wohl erforderlich[166]. Entgegen einiger Stimmen in der Literatur kann der Aufsichtsrat auf jedes Vergütungssystem zurückgreifen, das der Hauptversammlung bereits in der Vergangenheit vorgelegt wurde[167]. Die Entscheidung darüber, welches Vergütungssystem der Aufsichtsrat der konkreten Vergütung zugrunde legt, liegt in seinem **pflichtgemäßen (Auswahl-)Ermessen**[168]. Insbesondere Fälle, in denen das Vergütungssystem von der Hauptversammlung abgelehnt wurde, rechtfertigen den Rückgriff auf ein vorheriges System. Das Ermessen des Aufsichtsrats kann jedoch auf Fälle beschränkt sein, in denen ein abgelehntes Vergütungssystem ein bisher defizitäres Vergütungssystem ablösen sollte[169]. Umstritten ist die Frage, inwiefern der Aufsichtsrat die Vollzugsakte zur Festsetzung der Vergütung schon vor der Hauptversammlung durchführen kann[170]. Nach unserer Auffassung ist der Aufsichtsrat nicht daran gehindert, bereits vor der Hauptversammlung das Vergütungssystem zu beschließen sowie die Anstellungsverträge mit den Vorstandsmitgliedern abzuschließen. Der Aufsichtsrat benötigt dann keinen weiteren Beschluss nach § 87a Abs. 2 Satz 1 AktG **„pro forma"**[171]. Zu beachten ist die Zwei-Monats-Frist des § 26j Abs. 1 Satz 2 EGAktG für die erstmalige Festsetzung durch den Aufsichtsrat.

21.55

§ 120a Abs. 3 AktG sieht im Falle der **Ablehnung des Vergütungssystems** durch die Hauptversammlung vor, spätestens in der darauffolgenden Hauptversammlung ein überprüfbares Vergütungssystem zum Beschluss vorzulegen. Teilweise wird hierbei dem Aufsichtsrat untersagt, vor der erneuten Haupt-

21.56

---

161 *Seibt* in K. Schmidt/Lutter, § 87a AktG Rz. 23.
162 BT-Drucks. 19/9739, S. 74.
163 BT-Drucks. 19/9739, S. 72 f.; *Löbbe/Fischbach*, AG 2019, 373, 379; *Spindler*, AG 2020, 61, 62; *C. Arnold* in Goette/Arnold, Handbuch Aufsichtsrat, § 4 Rz. 1367.
164 BT-Drucks. 19/9739, S. 72 f.; *Florstedt*, ZIP 2020, 1, 2.
165 BT-Drucks. 19/9739, S. 74.
166 *Seibt* in K. Schmidt/Lutter, § 87a AktG Rz. 23.
167 BT-Drucks. 19/9739, S. 74; *Heldt*, AG 2018, 905, 909; a.A. hierzu: *Bachmann/Pauschinger*, ZIP 2019, 1, 6; *Grigoleit/Kochendörfer* in Grigoleit, § 87a AktG Rz. 84 f.
168 BT-Drucks. 19/9739, S. 75; *Gärtner/Himmelmann*, AG 2021, 259, 264.
169 *Löbbe/Fischbach*, AG 2019, 373, 379; *C. Arnold* in Goette/Arnold, Handbuch Aufsichtsrat, § 4 Rz. 1367.
170 In der Praxis wird es sich hierbei um den Abschluss der Dienstverträge mit den Vorstandsmitgliedern im Anschluss an den Beschluss des Vergütungssystems handeln.
171 *C. Arnold/Herzberg/Zeh*, AG 2020, 313, 320; *Böcking/Bundle*, DK 2020, 15, 17.

versammlung ein wesentlich verändertes Vergütungssystem anzuwenden[172]. Diese Auffassung ist abzulehnen[173]. § 87a AktG sieht keine Kompetenzverschiebung für die Festsetzung der Vergütung vor. Der Aufsichtsrat kann auch ohne erneute Vorlage der Hauptversammlung ein neues Vorstandsvergütungssystem für die Zukunft anwenden. § 120a Abs. 3 AktG statuiert lediglich eine erneute Pflicht des Aufsichtsrats, das Vergütungssystem zur Billigung in der nächsten Hauptversammlung vorzulegen.

e) Abweichungen vom Vergütungssystem, § 87a Abs. 2 Satz 2 AktG

21.57 Mit § 87a Abs. 2 Satz 2 AktG hat der Gesetzgeber von seinem in der Richtlinie eingeräumten Recht Gebrauch gemacht, Ausnahmen von der Selbstbindungswirkung des Vergütungssystems zuzulassen[174]. Die Norm gestattet dem Aufsichtsrat, unter zwei Voraussetzungen von den Festsetzungen des Vergütungssystems abzuweichen. Zunächst muss die Abweichung im **Interesse des langfristigen Wohlergehens der Gesellschaft notwendig** sein. Nach der Gesetzesbegründung ist das der Fall, wenn die Rentabilität und Tragfähigkeit der Gesellschaft, etwa durch eine Finanz- oder Unternehmenskrise, langfristig bedroht wird[175]. Solche Situationen können das Anwerben eines besonders geeigneten Krisenmanagers über Vergütungsanreize erforderlich machen[176].

21.58 Ferner erfordert § 87a Abs. 2 Satz 2 AktG die **Verankerung der Abweichungsmöglichkeit** im Vergütungssystem[177]. Benannt werden müssen also die Vergütungsbestandteile, von denen abgewichen werden soll. Hier zeigt sich, dass die eingeführten Regelungen zur Möglichkeit der Abweichung in der Praxis schwierig umzusetzen sind. Im Idealfall sind potentielle Abweichungsmöglichkeiten bereits im Vergütungssystem anzulegen, um die formalen Hürden des § 87a Abs. 2 Satz 2 AktG zu erfüllen. Richtigerweise wird man sich die Frage stellen müssen, ob in einem solchen Fall überhaupt noch Abweichungen vorliegen. Dies ist zweifelhaft, wenn das Verfahren sowie die Bestandteile, von denen abgewichen werden soll, bereits derart vorbezeichnet im Vergütungssystem zu benennen sind[178].

21.59 Richtigerweise wird man Abweichungen **ausschließlich am Unternehmensinteresse zu bewerten** und sich von den restriktiven Anforderungen der Gesetzesbegründung zu lösen haben[179]. Eine Abweichungsmöglichkeit darf damit nicht ausschließlich in dramatischen Krisensituationen möglich sein. Vielmehr muss die Gesellschaft die Möglichkeit haben, sich in wirtschaftlich schwierigen Phasen an neue Gegebenheiten anzupassen. Ein solcher Umstand könnte auch in der gegenwärtigen „Corona"-Pandemie zu erblicken sein[180]. Liegen die Voraussetzungen des § 87a Abs. 2 Satz 2 AktG nicht vor, hat dies nicht automatisch die Unwirksamkeit der Vergütungsregelung zur Folge[181].

3. Angemessenheit der Vergütung

21.60 § 87 AktG regelt die Grundsätze für die Bezüge der Vorstandsmitglieder. Diese Norm hat bereits durch das VorstAG umfassende Änderungen erfahren. Ziel des Gesetzgebers war es, mit dem VorstAG die Anreize in der Vergütungsstruktur in Richtung einer nachhaltigen und auf Langfristigkeit ausgerichteten Unternehmensführung zu stärken[182]. Mit der Einführung des Gesetzes zur Umsetzung der zweiten

---

172 *Löbbe/Fischbach*, AG 2019, 373, 379; *Grigoleit/Kochendörfer* in Grigoleit, § 87a AktG Rz. 88.
173 *C. Arnold* in Goette/Arnold, Handbuch Aufsichtsrat, § 4 Rz. 1368.
174 *Lochner/Beneke* in Hirte/Heidel, Das neue Aktienrecht, § 87a AktG Rz. 28.
175 BT-Drucks. 19/9739, S. 75.
176 BT-Drucks. 19/9739, S. 75.
177 *Lochner/Beneke* in Hirte/Heidel, Das neue Aktienrecht, § 87a AktG Rz. 28; *C. Arnold* in Goette/Arnold, Handbuch Aufsichtsrat, § 4 Rz. 1369.
178 *Löbbe/Fischbach*, AG 2019, 373, 380.
179 *C. Arnold* in Goette/Arnold, Handbuch Aufsichtsrat, § 4 Rz. 1370.
180 *C. Arnold/Herzberg/Zeh*, AG 2020, 313, 321.
181 *Bachmann/Pauschinger*, ZIP 2019, 1, 6.
182 Siehe Beschlussempfehlung des Rechtsausschusses zum VorstAG, BT-Drucks. 16/13433, S. 1.

Aktionärsrechterichtlinie **ARUG II** im Jahr 2019 wurde die Vorstandsvergütung erneut fortentwickelt. Neben Neuregelungen in Bezug auf das Vergütungssystem bei börsennotierten Gesellschaften in § 87a AktG, das Vergütungsvotum nach § 120a AktG sowie den Vergütungsbericht nach § 162 AktG finden sich in § 87 AktG zwei Neuregelungen: Die Vergütungsstruktur ist bei börsennotierten Gesellschaften nach § 87 Abs. 1 Satz 2 AktG auf eine „nachhaltige und langfristige" Entwicklung auszurichten; § 87 Abs. 4 AktG räumt der Hauptversammlung das Recht ein, die Herabsetzung der im Vergütungssystem nach § 87a Abs. 1 Satz 2 Nr. 1 AktG festgelegten Maximalvergütung für die Vergütung der Vorstandsmitglieder zu beschließen. Die Angemessenheitserfordernisse des § 87 Abs. 1 AktG gelten für die **Gesamtbezüge des Vorstandsmitglieds**. Diesbezüglich nennt die Vorschrift Gehalt, Gewinnbeteiligungen, Aufwandsentschädigungen, Versicherungsentgelte, Provisionen und anreizorientierte Vergütungszusagen wie z.B. Aktienbezugsrechte und Nebenleistungen jeder Art. Für Ruhegehalt, Hinterbliebenenbezüge und Leistungen verwandter Art gelten die Vorgaben entsprechend (§ 87 Abs. 1 Satz 4 AktG). Während § 87 Abs. 1 Satz 1 AktG die allgemeinen Anforderungen für die Gestaltung der Vorstandsvergütung festlegt, enthalten § 87 Abs. 1 Satz 2 und 3 AktG spezielle Vorgaben für börsennotierte Gesellschaften.

a) Allgemeine Anforderungen

Nach § 87 Abs. 1 Satz 1 AktG hat der Aufsichtsrat – unabhängig von Größe oder Börsennotierung der AG – dafür zu sorgen, dass die Vorstandsbezüge in einem **angemessenen Verhältnis** zu Aufgaben und Leistungen des Vorstandsmitglieds sowie zur Lage der Gesellschaft stehen und die übliche Vergütung nicht ohne besondere Gründe übersteigen. 21.61

Der Aufsichtsrat hat beim gesetzlichen Kriterium „**Aufgaben des Vorstands**" die dem Vorstand durch Anstellungsvertrag oder Satzung bzw. Geschäftsordnung zugewiesenen Tätigkeiten zu berücksichtigen[183]. Auch nach Inkrafttreten des VorstAG und des ARUG II ist es daher weiterhin zulässig, wenn der Vorstandsvorsitzende eine höhere Vergütung bezieht als einfache Vorstandsmitglieder[184]. Das **Leistungskriterium** spielt insbesondere bei der Vertragserneuerung[185], aber auch bei variablen Vergütungsbestandteilen eine Rolle. Teilweise wird unter Hinweis auf den Wortlaut von § 87 Abs. 1 Satz 1 AktG vertreten, dass für die Angemessenheitsbetrachtung nur Leistungen des jeweiligen Vorstandsmitgliedes heranzuziehen sind, nicht aber Leistungen des gesamten Leitungsgremiums[186]. Allerdings soll die Vergütung auch mit Blick auf die Lage der Gesellschaft angemessen sein. Der Aufsichtsrat darf auch Leistungsparameter berücksichtigen, die das Gesamtgremium betreffen[187]. Das Leistungskriterium schließt eine reine Fixvergütung nicht aus[188]. 21.62

Mit sog. **Anerkennungsprämien** (appreciation awards) sollen Leistungen nachträglich honoriert werden. In diesem Zusammenhang hat das sog. „Mannesmann"-Urteil[189] eine mögliche Strafbarkeit der Aufsichtsratsmitglieder wegen Untreue gemäß § 266 StGB in den Fokus gerückt[190]. Eine Strafbarkeit kommt nach den Ausführungen des BGH in Betracht, wenn eine solche Prämienzahlung keine Rechtsgrundlage im Anstellungsvertrag hat und der Gesellschaft keine Gegenleistung zufließt. Erhält die Gesellschaft eine Gegenleistung, sind Anerkennungsprämien nach Inkrafttreten des VorstAG und des ARUG II prinzipiell weiterhin zulässig, wenn sie im Vergütungssystem nach § 87a AktG zugelassen sind. Entscheidend ist, ob die Zahlung sich in den Grenzen von § 87 Abs. 1 AktG hält. Dies kann z.B. 21.63

---

183 *Dauner-Lieb* in Henssler/Strohn, § 87 AktG Rz. 15; *C. Arnold/Schansker*, KSzW 2012, 39, 40.
184 *Fleischer* in BeckOGK AktG, Stand 1.6.2021, § 87 AktG Rz. 16.
185 Fraktionsbegründung, BT-Drucks. 16/12278, S. 5; *Hüffer/Koch*, § 87 AktG Rz. 3.
186 *Annuß/Theusinger*, BB 2009, 2434.
187 *C. Arnold/Schansker*, KSzW 2012, 39, 41.
188 *Hoffmann-Becking/Krieger*, NZG 2009, Beilage zu Heft 26, 1, 2; *Wagner*, AG 2010, 774, 779.
189 BGH v. 21.12.2005 – 3 StR 470/04, ZIP 2006, 72 = AG 2006, 110.
190 Vgl. *Spindler*, ZIP 2006, 349; *Hoffmann-Becking*, NZG 2006, 127; *Kort*, NZG 2006, 131; *Fonk*, NZG 2006, 813; *Peltzer*, ZIP 2006, 205; *Fleischer*, DB 2006, 542.

der Fall sein, wenn die Zahlung nachträglich eine Leistung honorieren soll, für die die zunächst vereinbarte Vergütung nicht mehr angemessen erscheint[191]. Infolge der „Mannesmann"-Entscheidung wird teilweise empfohlen, entsprechende „Vorrats"-Klauseln zugunsten eventueller künftiger, nachträglicher Zuwendungen in den Anstellungsvertrag aufzunehmen[192]. Eine solche Vertragsgestaltung birgt für die Gesellschaft allerdings das Risiko, dass entsprechende Klauseln von Gerichten als Leistungsbestimmungsrechte i.S.v. § 315 BGB (miss)verstanden werden könnten[193]. Von der Aufnahme sog. **„Mannesmann"-Klauseln** ist daher abzuraten[194]. Die Begründung eines klagbaren Anspruchs auf eine „angemessene" Sonderzahlung wäre ein hoher Preis für den wohl nur marginalen Gewinn an Rechtssicherheit zugunsten der Aufsichtsratsmitglieder.

21.64 In die nach § 87 Abs. 1 Satz 1 AktG ferner zu berücksichtigende **Lage der Gesellschaft** fließen wirtschaftliche, finanzielle sowie strategische Aspekte ein[195]. Nach Ziff. 4.2.2 Abs. 2 Satz 2 DCGK 2017 war dabei nicht nur die gegenwärtige Lage zu betrachten, sondern auch die prognostizierte Entwicklung, namentlich die „Zukunftsaussichten des Unternehmens". Demgegenüber wird in Empfehlung G.2 der aktuellen Fassung des DCGK vereinfacht von der „Lage der Gesellschaft" gesprochen. Ist die Gesellschaft in der Krise, wird dies grundsätzlich, aber nicht zwingend, zu einer geringeren Vergütung führen müssen. Will und muss eine Gesellschaft einen ausgewiesenen Sanierer als Vorstand gewinnen, können nach den Marktgesetzen sogar besonders hohe Vergütungen erforderlich – und damit auch angemessen i.S.d. Aktiengesetzes – sein[196].

21.65 Der Aufsichtsrat hat dafür zu sorgen, dass die Gesamtbezüge des einzelnen Vorstandsmitglieds die **übliche Vergütung** nicht ohne besondere Gründe übersteigen. Mit dieser Formulierung in § 87 Abs. 1 Satz 1 AktG wollte der Gesetzgeber klarstellen, dass eine Vergütung nicht stets angemessen ist, wenn sie der Höhe nach in der Branche üblich ist und damit einen „Aufschaukelungseffekt" verhindern[197]. In einem ersten Schritt ist die Branchen-, Größen- und Landesüblichkeit zu berücksichtigen (horizontale Vergleichbarkeit)[198]. Ergänzend hierzu empfiehlt **G.3 DCGK**, zur Beurteilung der Üblichkeit innerhalb des Unternehmens eine geeignete Vergleichsgruppe anderer Unternehmen heranzuziehen, deren Zusammensetzung der Aufsichtsrat offenlegt. Dieser Peer Group-Vergleich soll jedoch „mit Bedacht" genutzt werden. Verhindert werden solle gerade der oben genannte „Aufschaukelungseffekt" und der sich hieraus ergebende „Wettlauf nach oben"[199].

21.66 Der Aufsichtsrat hat dabei zunächst **Vergleichsunternehmen** zu ermitteln. Kriterien hierfür sind u.a. Größe, Branchenausrichtung, Reputation, wirtschaftliche, finanzielle und strategische Lage, Komplexität der Unternehmensstruktur und geographische Marktdurchdringung[200]. Um das übliche Vergütungsniveau zu bestimmen, kann der Aufsichtsrat beispielsweise auf veröffentlichte Vergütungsstudien von Personalberatungsunternehmen zurückgreifen (z.B. von Kienbaum)[201]. Unterstützung kann sich das Gremium zudem von externen Vergütungsberatern holen.

21.67 Der Begriff „Landesüblichkeit" aus der Gesetzesbegründung bezieht sich auf den nationalen Geltungsbereich des VorstAG. Weite Teile der Literatur ignorieren diese Beschlussempfehlung des Rechtsaus-

---

191 *Seibt* in K. Schmidt/Lutter, § 87 AktG Rz. 14; *Bauer/C. Arnold*, AG 2009, 717, 721.
192 Exemplarisch *Peltzer*, ZIP 2006, 205, 207; *Hüffer/Koch*, § 87 AktG Rz. 7.
193 *Bauer/C. Arnold*, DB 2006, 546, 547.
194 So auch bereits *Mutter/Frick*, AG 2006, R224.
195 *C. Arnold/Schansker*, KSzW 2012, 41; *Dauner-Lieb* in Henssler/Strohn, § 87 AktG Rz. 15.
196 *Hüffer/Koch*, § 87 AktG Rz. 3; *Weber* in Hölters, § 87 AktG Rz. 26; vgl. auch bereits *Hoffmann-Becking*, NZG 1999, 797, 798; *Fonk* in FS Semler, 1993, S. 139, 150.
197 BT-Drucks. 16/13 433, S. 10; krit. hinsichtlich der Geeignetheit der Formulierung *Dauner-Lieb* in Henssler/Strohn, § 87 AktG Rz. 18.
198 BT-Drucks. 16/13433, S. 10.
199 *Hohenstatt/Seibt*, ZIP 2019, 11, 17.
200 Vgl. zu weiteren Kriterien *Seibt* in K. Schmidt/Lutter, § 87 AktG Rz. 10.
201 *Dauner-Lieb* in Henssler/Strohn, § 87 AktG Rz. 18; *Seibt* in K. Schmidt/Lutter, § 87 AktG Rz. 10.

schusses und wollen bei international tätigen Unternehmen auch ausländische Vergütungsniveaus ohne Weiteres für die Frage der Üblichkeit berücksichtigen[202]. Nach dem Gesetzeswortlaut sollte der Aufsichtsrat allerdings „besondere Gründe" auf seiner Seite haben (und dokumentieren), falls er sich an **Vergütungen aus dem Ausland** orientieren möchte, die das nationale Vergütungsniveau übersteigen. Solche Gründe können z.B. bestehen, wenn die Gesellschaft mit ausländischen Unternehmen um den Kandidaten buhlt[203].

Die Üblichkeit soll ferner auch an dem **Lohn- und Gehaltsgefüge innerhalb des Unternehmens** gemessen werden (vertikale Vergleichbarkeit)[204]. Empfehlung **G.4 DCGK** sieht ergänzend für den Vertikalvergleich eine Empfehlung dahingehend vor, dass der Aufsichtsrat das Verhältnis zur Vergütung des oberen Führungskreises und der Belegschaft insgesamt berücksichtigt. Die Abgrenzung des oberen Führungskreises sowie der relevanten Belegschaft bleibt nach dem Kodex dabei dem Aufsichtsrat vorbehalten. Eine feste Angemessenheitsgrenze (z.B. 20-fache Vergütung der durchschnittlichen Vergütung im Unternehmen) kann aus diesen Vorgaben richtigerweise nicht abgeleitet werden[205]. Denkbar ist eine Berücksichtigung des Abstands zur sog. „ersten Führungsebene"[206]. Zudem wird dem Aufsichtsrat geraten, in seine Überlegungen mit einfließen zu lassen, ob und wieweit die Akzeptanz des Vorstandsmitgliedes durch eine nach dem Gehaltsgefüge im Unternehmen unübliche Höhe der Vergütung gefährdet werden könnte[207]. Im Zweifelsfall soll nach der h.M. jedenfalls der horizontale Vergleich Vorrang vor dem vertikalen Vergleich haben[208].

21.68

Neben den im Gesetz genannten Kriterien können weitere Gesichtspunkte in die Vergütungsentscheidung einfließen, wie berufliche Qualifikation, besondere Fähigkeiten z.B. im Bereich sog. „Softskills" (Führungsstärke, Teamfähigkeit etc.), Berufserfahrung, Marktwert und konkrete Verhandlungslage[209]. Umstritten ist, welche Rolle die **familiären Verhältnisse** des Vorstandsmitgliedes spielen können[210].

21.69

Letztlich ist die Festsetzung der Vergütung eine **Einzelfallentscheidung**. Die dabei bestehenden Schwierigkeiten, die im Einzelfall angemessene Vergütung zu ermitteln, tragen aber keinesfalls die im Schrift-

21.70

---

202 *Dauner-Lieb* in Henssler/Strohn, § 87 AktG Rz. 19; *Hohenstatt*, ZIP 2009, 1349, 1350; *Seibt* in K. Schmidt/Lutter, § 87 AktG Rz. 10 will jedenfalls im Ausland bestehende Besonderheiten (z.B. Amtsdauer, Perspektive, Haftungsrisiken) berücksichtigen.
203 *Bauer/C. Arnold*, AG 2009, 717, 720; *Hoffmann-Becking/Krieger*, NZG Beilage zu 26/2009, 1.
204 Nach den Ausführungen des Rechtsausschusses soll die Vergütungsstaffelung im Unternehmen beim Vorstand nicht Maß und Bezug zu den Vergütungsgepflogenheiten und dem Vergütungssystem im Unternehmen verlieren, vgl. BT-Drucks. 16/13433, S. 15; siehe zur umfangreichen Kritik an diesem Kriterium *Hohaus/Weber*, DB 2009, 1515, 1516; *Fleischer*, NZG 2009, 801, 802; *Wagner/Wittgens*, BB 2009, 906, 907; *Bauer/C. Arnold*, AG 2009, 717, 720; *Thüsing*, AG 2009, 517, 518 ff.
205 *Dauner-Lieb* in Henssler/Strohn, § 87 AktG Rz. 20; *Seibt* in K. Schmidt/Lutter, § 87 AktG Rz. 10. Der Gesetzesantrag der SPD-Bundestagsfraktion v. 14.5.2013 (BT-Drucks. 17/13472), wonach der Aufsichtsrat zukünftig eine strikt einzuhaltende Höchstgrenze für das Verhältnis zwischen Gesamtvergütung der einzelnen Vorstandsmitglieder und dem durchschnittlichen Arbeitnehmereinkommen des jeweiligen Unternehmens hätte bestimmen müssen, konnte sich nicht durchsetzen.
206 *Kling*, DZWIR 2010, 221, 226.
207 *Dauner-Lieb* in Henssler/Strohn, § 87 AktG Rz. 20.
208 *Hoffmann-Becking/Krieger*, Beilage zu NZG Heft 26/2009, 1, 2; *Fleischer*, NZG 2009, 801, 802; *Gaul/Janz*, NZA 2009, 809, 810; *Seibt* in K. Schmidt/Lutter, § 87 AktG Rz. 10; *Bauer/C. Arnold*, AG 2009, 717, 720; *Hüffer/Koch*, § 87 AktG Rz. 3.
209 *Seibt* in K. Schmidt/Lutter, § 87 AktG Rz. 9; *Hüffer/Koch*, § 87 AktG Rz. 4; *Mertens/Cahn* in KölnKomm. AktG, 3. Aufl. 2010, § 87 AktG Rz. 9.
210 Bejahend z.B. *Hüffer/Koch*, § 87 AktG Rz. 4; *Spindler* in MünchKomm. AktG, 4. Aufl. 2014, § 87 AktG Rz. 44; *Thüsing* in Fleischer, Handbuch des Vorstandsrechts, § 6 Rz. 8; abl. *Seibt* in K. Schmidt/Lutter, § 87 AktG Rz. 9; *C. Arnold/Schansker*, KSzW 2012, 39, 42 mit dem Hinweis, dass es hierbei insbesondere um die Übernahme bestimmter Kosten (z.B. Schulgeld für private internationale Schule) gehen wird, die durch familiäre Situationen veranlasst sind.

tum entwickelten Überlegungen zu Regelhöchstgrenzen in Relation zur Unternehmensgröße[211]. Solche Höchstgrenzen sind einer freien Marktwirtschaft im Allgemeinen und dem Aktienrecht im Besonderen fremd und tragen auch durch ihre nivellierende Wirkung nicht zur angemessenen Vergütung des Einzelfalls bei[212].

b) Besondere Anforderungen: Nachhaltige und langfristige Entwicklung

21.71 Nach § 87 Abs. 1 Satz 2 AktG a.F. sollte die Vergütungsstruktur bei börsennotierten Gesellschaften auf eine **nachhaltige Unternehmensentwicklung** ausgerichtet sein. Trotz des eindeutigen Gesetzeswortlautes bestand zumindest dahingehend Einigkeit, dass der Nachhaltigkeitsgedanke auch bei nicht börsennotierten Gesellschaften in die Vergütungsentscheidung einfließen soll[213]. Der Begriff der Nachhaltigkeit war dem Aktienrecht bislang fremd und wurde in § 87 AktG a.F. auch nicht definiert. Der Rechtsausschuss hat in seiner Beschlussempfehlung zum VorstAG jedenfalls verlangt, bei variablen Vergütungsbestandteilen auf eine **langfristige Wirkung der Verhaltensanreize** zu achten[214]. Die Vergütung sollte also nicht allein zu einem kurzfristigen Erfolgsstreben motivieren, das im Widerspruch zum Unternehmensinteresse liegt. Es sollte verhindert werden, dass der Vorstand unverantwortliche Risiken eingeht (sog. „Strohfeuer"), um seine Vergütung in die Höhe zu schrauben[215]. Der Begriff der „Nachhaltigkeit" war sodann im Laufe der Zeit von der Praxis und der Literatur ganz überwiegend im Sinne der „Langfristigkeit" verstanden worden[216].

21.72 Mit Einführung des ARUG II sieht § 87 Abs. 1 Satz 2 AktG nunmehr vor, dass die Vergütungsstruktur bei börsennotierten Gesellschaften auf eine „**nachhaltige** und **langfristige**" Entwicklung der Gesellschaft auszurichten ist. Der ursprüngliche Regierungsentwurf des ARUG II hatte lediglich durch Auswechslung des Begriffs „langfristig" durch „nachhaltig" den Wortlaut an die Entwicklung und den Stand in Praxis und Literatur anpassen wollen, sodass keine Änderung der bestehenden Rechtsauffassung in der Praxis bezweckt war[217]. Dennoch finden sich in der aktuellen Fassung des § 87 Abs. 1 Satz 2 AktG nun beide Begriffe. Der Rechtsausschuss stellte klar, dass hierdurch explizit zum Ausdruck kommen soll, dass neben der „Langfristigkeit" auch **soziale** und **ökologische** Gesichtspunkte bei der Vorstandsvergütung in den Blick zu nehmen sind[218]. Intention des Ausschusses durch die Doppelung der Begriffe war es, sich gegen das Verständnis der „langfristigen Entwicklung" in der Praxis und Literatur zu stellen und das Erfordernis der kumulativen Erfüllung der Anforderungen in der Neufassung des § 87 Abs. 1 Satz 2 AktG klarzustellen. Aufsichtsräte börsennotierter Gesellschaften haben damit in der Zukunft neben der „langfristigen Entwicklung" auch die „Nachhaltigkeit" der Vergütungsanreize sicherzustellen.

21.73 Das ursprüngliche Begriffsverständnis der „Nachhaltigkeit" entspricht damit nicht mehr dem gegenwärtigen nach dem ARUG II. Vielmehr wird die Vermeidung unverantwortlicher Risiken durch die Wiedereinführung des Begriffs der „Nachhaltigkeit" nun dem Begriff der „Langfristigkeit" zuzuordnen sein. Demgegenüber erfasst der Begriff der „Nachhaltigkeit" **sonstige Aspekte**, wie etwa die vom Ausschuss aufgeführten „sozialen und ökologischen Gesichtspunkte". Zurückzuführen ist dieses Verständ-

---

211 Vgl. *Lücke* in Lücke/Schaub, Beck'sches Mandatshandbuch Vorstand der AG, 2. Aufl. 2010, § 2 Rz. 127 ff.; zust. *Fonk*, NZG 2005, 248; fortführend *Thüsing* in Fleischer, Handbuch des Vorstandsrechts, § 6 Rz. 9.
212 Ebenso eine fremdbestimmte absolute Obergrenze ablehnend, *Hüffer/Koch*, § 87 AktG Rz. 18.
213 So die Gesetzesbegründung. Danach habe der Gesetzgeber auf eine ausdrückliche Erstreckung auf nicht börsennotierte Gesellschaften nur verzichtet, um Fragen zum Verhältnis zur GmbH und der Personenhandelsgesellschaft zu vermeiden. Bei diesen Gesellschaftsformen solle es dem Eigentümern überlassen bleiben, die richtigen Instrumente zu finden, vgl. BT-Drucks. 16/13433, S. 16.
214 BT-Drucks. 16/13433, S. 10.
215 *Fleischer*, NZG 2009, 801, 802; *Bauer/C. Arnold*, AG 2009, 717, 712; *Wagner*, AG 2010, 774, 776; *Hohenstatt/Kuhnke*, ZIP 2009, 1981, 1982.
216 *Hüffer/Koch*, § 87 AktG Rz. 25 f.
217 *Fleischer* in BeckOGK AktG, Stand 1.6.2021, § 87 AktG Rz. 33.
218 BT-Drucks. 19/15153, S. 62.

nis der „Nachhaltigkeit" auf die in der Praxis vertretenen Interessen von Investoren und Stimmrechtsberatern und die sich hieraus ergebende Interessenpluralität.[219] Die sog. **„ESG-Ziele"** sollen insbesondere von börsennotierten Gesellschaften bei der Festlegung der Vergütung zu berücksichtigen sein. Unter „ESG-Ziele" (Environment, Social, Governance) fallen damit auch Aspekte der internen und externen Unternehmensführung.

Ungeklärt ist demgegenüber, inwiefern die „Doppelung" der Begrifflichkeiten eine Inhaltsänderung oder Akzentverschiebung insoweit zur Folge hat, dass der Aufsichtsrat die Gesichtspunkte der „Nachhaltigkeit" im Vergütungssystem abbilden muss. Einen Anhaltspunkt liefert die Begründung des Rechtsausschusses, wonach der Aufsichtsrat die sozialen und ökologischen Gesichtspunkte **„in den Blick zu nehmen hat"**[220]. Hieraus lässt sich nicht per se ableiten, dass eine Pflicht des Aufsichtsrat zur Berücksichtigung solcher Ziele statuiert werden soll und die ESG-Ziele unmittelbar als Leistungs- und Erfolgskriterien bei (variablen) Vergütungskomponenten zu implementieren sind[221]. Obwohl dies zweifelsohne eine Möglichkeit zur Umsetzung der gesetzgeberischen Intention darstellt, können Aufsichtsräte die ESG-Ziele ebenfalls über sonstige finanzielle und nicht-finanzielle Leistungs- und Erfolgskriterien abbilden. Dass die ESG-Ziele damit auch unter der aktuellen Fassung des § 87 Abs. 1 Satz 2 AktG keine unmittelbare Geltung für die Höhe der festen und variablen Vergütungsbestandteile beanspruchen, zeigt sich ebenfalls bei einer Gesamtschau der unionsrechtlich geprägten Regelungen der § 87a Abs. 1 Satz 2 Nr. 2, Abs. 2 Satz 2, § 162 Abs. 1 Satz 2 Nr. 1 AktG. Auch diese Normen enthalten die Begriffe der „langfristigen Entwicklung" bzw. des „langfristigen Wohlergehens" und fassen diese – wie sich auch aus der englischen und französischen Sprachfassung der 2. ARRL ergibt – lediglich klarstellend zusammen, ohne hieraus eine Pflicht zur Berücksichtigung der ESG-Ziele zu statuieren[222].

21.74

Dies bedeutet nicht, dass das Vergütungssystem für Vorstandsmitglieder zukünftig gar keine kurzfristigen Erfolge mehr honorieren kann. Klassische Jahresboni bleiben z.B. grundsätzlich zulässig[223]. Es muss allerdings dafür Sorge getragen werden, dass aus einer Mischung aus kurzfristigeren und langfristigeren Anreizen im Ergebnis ein **langfristiger Verhaltensanreiz** resultiert[224]. In der Folge sollte damit die dem Vorstand gewährte Festvergütung einschließlich des Langzeitbonus **mehr als die Hälfte** der Gesamtvergütung betragen[225]. Unter Berücksichtigung der Empfehlung G.6 DCGK ist also maßgeblich, dass die Vergütung insgesamt geeignet ist, langfristige Verhaltensanreize zu setzen.

21.75

Die früher zwingend vorgeschriebene Ausrichtung einer Gewinnbeteiligung der Vorstandsmitglieder am „Jahresgewinn" (§ 86 AktG a.F.) ist bereits mit Wirkung zum 26.7.2002 aufgehoben worden[226]. Nach Wegfall dieser Restriktion sind bei der Ausgestaltung variabler Vergütungsbestandteile vor allem **Ergebniskennzahlen** (EBIT, EBITDA, Konzerngewinn oder der Gewinn nach Kapitalkosten) als Berechnungsparameter anzutreffen. Mittlerweile ist ein Trend zugunsten von Kennzahlen auszumachen, die eine wertorientierte Unternehmensführung messen (**Renditekennzahlen**). Beispiele hierfür sind Gesamtkapital-Rendite, Eigenkapital-Rendite oder der Return on Capital Employed (ROCE). Auch aktienbezogene Kennzahlen (Dividende, Kursentwicklung) oder sonstige Kennzahlen wie die Reduzierung der Nettoverschuldung sind – wenn auch seltener – anzufinden[227].

21.76

---

219 *Spindler* in MünchKomm. AktG, Nachtrag zum ARUG II, § 87 AktG Rz. 78 f.
220 BT-Drucks. 19/15153, S. 62.
221 *Seibt* in K. Schmidt/Lutter, § 87 AktG Rz. 24; *Grimm/Freh*, ArbRB 2020, 192, 193; a.A. *Velte*, NZG 2020, 12, 14 f.
222 *Seibt* in K. Schmidt/Lutter, § 87 AktG Rz. 23.
223 *Dauner-Lieb* in Henssler/Strohn, § 87 AktG Rz. 29; *Hohenstatt*, ZIP 2009, 1349, 1351.
224 So ausdrücklich der Rechtsausschuss in seiner Beschlussempfehlung, vgl. BT-Drucks. 16/3433, S. 10.
225 *Fleischer* in BeckOGK AktG, Stand 1.6.2021, § 87 AktG Rz. 42.
226 Gesetz zur weiteren Reform des Aktien- und Bilanzrechts, zu Transparenz und Publizität (TransPuG) v. 19.7.2002, BGBl. I 2002, 2681.
227 Vgl. auch *Dauner-Lieb/von Preen/Simon*, DB 2010, 377, 378.

21.77 Bei Aktiengesellschaften mit Beteiligung von Private-Equity-Gesellschaften findet sich auch die Spielart einer Anknüpfung an die Umsetzung bestimmter Geschäftspläne[228], wobei sich hier nach den Branchenusancen die erfolgsorientierte Vergütung mitunter auch Phantom-Stock-Programmgestaltungen deutlich annähert („Carried Interest")[229]. Anzutreffen sind auch **unternehmensspezifisch abgeleitete individuelle Ziele** für das einzelne Vorstandsmitglied (etwa Aufbau einer bestimmten Produktsparte, Entwicklung einer bestimmten Technologie zur Serienreife, Sanierung eines Geschäftsbereichs usw.)[230].

21.78 Diese bislang üblichen Berechnungsparameter können auch nach den Änderungen in § 87 AktG durch das VorstAG sowie der Einführung des ARUG II eingesetzt werden, sofern sie dem Vorstandsmitglied im konkreten Fall Anreize bieten, besonderes Augenmerk auf das langfristige Unternehmensinteresse zu richten[231]. Bei der Vereinbarung solcher erfolgsorientierten Vergütungen ist allerdings darauf zu achten, dass diese so präzise formuliert werden, dass sie im Streitfall auch justiziabel ist. Gelingt dies nicht, kann die Vereinbarung einer **Ermessenstantieme** vorzugswürdig sein[232]. Diese bleibt grundsätzlich weiterhin zulässig. Sie hat aus der Sicht der AG den Vorzug, dass sie dem Aufsichtsrat eine flexible und differenzierte Leistungsvergütung ermöglicht[233]. Ermessenstantiemen sind in zwei Spielarten anzutreffen: Möglich ist sowohl deren vorherige in Aussicht Stellung als auch die ex-post-Gratifikation besonderer Leistungen[234]. Im letzteren Fall ist aber die Rechtsprechung zu sog. Anerkennungsprämien[235] zu berücksichtigen.

21.79 Ein auf den ersten Blick verblüffendes Phänomen der Praxis ist schließlich die Vereinbarung von **Garantietantiemen**[236]. Zwar kommt eine solche Zusage in der Tat dem Festgehalt gleich. Ihre Rechtfertigung findet sich jedoch meist darin, dass dieses Element der Bezüge nicht „ruhegehaltsfähig" ist.

21.80 Nach § 87 Abs. 1 Satz 3 AktG sollen variable Vergütungsbestandteile eine **mehrjährige Bemessungsgrundlage** haben. Welcher Zeitraum „mehrjährig" i.S.v. § 87 Abs. 1 Satz 3 Halbsatz 1 AktG ist, sagt das Gesetz nicht. Während teilweise unter Berufung auf den Wortlaut zwei Jahre für ausreichend gehalten werden[237], verlangen andere mit Blick auf die vierjährige Ausübungsfrist bei Aktienoptionen (§ 193 Abs. 2 Nr. 4 AktG) eine drei- bis vierjährige Bemessungsgrundlage[238]. Schließlich wird ein Zeitraum von fünf Jahren angeregt, weil § 84 Abs. 1 AktG eine solche Höchstdauer der Bestellperiode vorsieht[239]. Richtig ist, dass die Ausübungsfrist bei Aktienoptionen durch das VorstAG bereits von zwei auf vier Jahre verlängert wurde. Dass der Gesetzgeber in § 193 Abs. 2 Nr. 4 AktG einen konkreten Zeitraum nennt, bei § 87 Abs. 1 Satz 3 AktG jedoch im selben Gesetzgebungsakt auf eine solche Festlegung verzichtet, spricht eher gegen die Annahme, ein mehrjähriger Bemessungszeitraum müsse

---

228 Vgl. *Traugott/Grün*, AG 2007, 761, 762 und 765 ff.
229 Vgl. BAG v. 3.5.2006 – 10 AZR 310/05, DB 2006, 1499.
230 Zu Unrecht zweifelnd *Spindler* in MünchKomm. AktG, 5. Aufl. 2020, § 87 AktG Rz. 63 f.
231 Ebenso *C. Arnold/Schansker*, KSzW 2012, 39, 43.
232 Beispiel bei *Happ* in Happ/Groß/Möhrle/Vetter, Aktienrecht, Muster 8.08, S. 843. Umfassend zu allen Einzelfragen *Nägele*, Der Dienstwagen.
233 Ebenso *Hoffmann-Becking*, NZG 1999, 797, 799.
234 Zutreffend *Liebers/Hoefs*, ZIP 2004, 97, 98 li. Sp.
235 BGH v. 21.12.2005 – 3 StR 470/04, ZIP 2006, 72 = AG 2006, 110.
236 Vgl. etwa OLG Celle v. 29.8.2007 – 3 U 37/07, AG 2008, 165.
237 *Hoffmann-Becking/Krieger*, NZG 2009, Beilage zu Heft 26, 1, 3; *Bauer/C. Arnold*, AG 2009, 717, 722 ff.; *Hohenstatt/Kuhnke*, ZIP 2009, 1981, 1985.
238 *Gaul/Janz*, NZA 2009, 809, 810; *Hoffmann-Becking/Krieger*, NZG 2009, Beilage zu Heft 26, 1, 3, *Seibert*, WM 2009, 1489, 1490; in diese Richtung ebenfalls *Fleischer*, NZG 2009, 801, 803; *Eichner/Delahaye*, ZIP 2010, 2082, 2083.
239 *Thüsing*, AG 2009, 517, 521.

mindestens vier Jahre betragen[240]. Auch hier wird es stattdessen auf die konkrete Lage und strategische Ausrichtung des Unternehmens im Zeitpunkt der Vergütungsfestsetzung ankommen.

Dem Erfordernis einer mehrjährigen Bemessungsgrundlage ist nicht bereits dann Genüge getan, wenn die Fälligkeit hinausgeschoben ist. Vielmehr muss die Vergütungsstruktur so gewählt sein, dass die variablen Vergütungsbestandteile auch an **negativen Entwicklungen im Bemessungszeitraum** teilnehmen[241]. Die praktischen Umsetzungsmöglichkeiten sind vielfältig. Denkbar sind z.B. Bonus-Malus-Systeme und Jahresdurchschnittsmodelle, bei denen die variable Vergütung z.B. von einem rollierenden EBITDA- Mehrjahresdurchschnitt abhängt[242]. § 87 Abs. 1 Satz 2 AktG trifft keine Aussage dazu, ob die Bemessungsgrundlage zukunftsbezogen sein muss oder (auch) vergangenheitsbezogene Parameter umfassen kann. Bislang war daher nach allgemeiner Ansicht auch eine retrospektive Gestaltung zulässig, bei der sich ein Long-Term-Incentive an Geschäftsergebnissen oder erreichten Zielen in der Vergangenheit orientiert, sofern das Vorstandsmitglied für die Vergangenheitszeiträume die Verantwortung getragen hat[243]. Die Fassung des DCGK 2017 sah in Ziff. 4.2.3 Abs. 2 Satz 3 die Empfehlung vor, die mehrjährige Bemessungsgrundlage **im Wesentlichen zukunftsbezogen auszugestalten**[244].

21.81

Der DCGK enthält insbesondere in den Empfehlungen **G.6 bis G.11 DCGK** hinsichtlich der variablen Vergütungsbestandteile keine Aussage über die Möglichkeit der Berücksichtigung vergangenheitsbezogener Parameter. Dies erscheint gerade vor dem Hintergrund verwunderlich, dass die variable Vergütung nunmehr einen großen Teil im Kodex einnimmt – ohne, dass eine solche Vergütung jedoch explizit empfohlen wird. Der Kodex sieht in Empfehlung **G.6 DCGK** zu den variablen Vergütungsbestandteilen vor, dass im Falle der Gewährung einer variablen Vergütung langfristig variable Anteile kurzfristig variable übersteigen sollen[245]. Der Aufsichtsrat soll nach **G.7 DCGK** hierfür operative und strategische Zielsetzungen formulieren und festlegen, in welchem Umfang individuelle Ziele der einzelnen Vorstände oder des Gesamtvorstands maßgeblich sind. In diesem Zusammenhang schließt **G.8 DCGK** eine nachträgliche Änderung der Ziele oder Vergleichsparameter aus. Aus Transparenzgründen sieht **G.9 DCGK** eine Empfehlung des Aufsichtsrats vor, dass dieser nach Ablauf des Geschäftsjahres in Abhängigkeit von der Zielerreichung die Höhe der individuell für das abgelaufene Jahr zu gewährenden Vergütungsbestandteile so festzulegen hat, dass die Zielerreichung nach dem Grunde und der Höhe nachvollziehbar sind. Basiert die variable Vergütung zu deutlich mehr als 50 % auf kurzfristig variablen Anteilen, wird den Kodexempfehlungen wohl nicht mehr entsprochen[246]. Vorstand und Aufsichtsrat müssen sich dann im Rahmen der jährlichen Entsprechenserklärung nach § 161 AktG zur Abweichung von der Empfehlung erklären.

21.82

Empfehlung **G.10 Satz 1 DCGK** sieht vor, dass die dem Vorstandsmitglied gewährten variablen Vergütungsbeträge unter Berücksichtigung der Steuerlast überwiegend in Aktien der Gesellschaft angelegt oder entsprechend aktienbasiert gewährt werden. Die Empfehlung wurde in der Praxis höchst kritisch beäugt und in der Folge des Konsultationsverfahrens dahingehend modifiziert, dass auch „entsprechend aktienbasiert" gewährte variable Vergütungsbestandteile ausreichen[247]. Der Regelung liegt der Gedanke der **Share Ownership Guidelines** zugrunde. Intention dieser Share Ownership Guidelines ist die Ergänzung des Vergütungssystems dergestalt, dass sie Vorstandsmitglieder verpflichten, aus ei-

21.83

---

240 Ebenso *Dauner-Lieb* in Henssler/Strohn, § 87 AktG Rz. 28; *Hoffmann-Becking/Krieger*, NZG 2009, Beilage zu Heft 26, 1, 3.
241 BT-Drucks. 16/13433, S. 10; *Rieckhoff*, AG 2010, 617, 618.
242 BT-Drucks. 16/13433, S. 10; *Seibt* in K. Schmidt/Lutter, § 87 AktG Rz. 32.
243 *Rieckhoff*, AG 2010, 617, 619 ff.; *Kocher/Bednarz*, Der Konzern 2011, 77, 83; *Hohenstatt*, ZIP 2016, 2255, 2256.
244 Krit. *Hohenstatt*, ZIP 2016, 2255, 2256.
245 In der Praxis wird ein Verhältnis von 60:40 als angemessen betrachtet: *Hohenstatt/Seibt*, ZIP 2019, 11, 13.
246 *v. Werder/Bartz*, DB 2017, 769, 773 f.
247 *Hohenstatt/Seibt*, ZIP 2019, 11, 15 f.; *v. Werder*, DB 2019, 41, 47.

genem Vermögen oder erhaltener Vergütung eine gewisse Anzahl von Aktien an der Gesellschaft zu erwerben und diese regelmäßig während der Amtszeit oder ggf. auch darüber hinaus zu halten[248]. Share Ownership Guidelines stellen damit kein Vergütungselement im engeren Sinne dar, sondern sind vielmehr als Instrument zu verstehen, das über die Anreizsystematik der variablen Vergütungsbestandteile hinausgeht und die Interessen der Vorstandsmitglieder und der Shareholder in einen Ausgleich bringt.

21.84 Eine Änderung findet sich auch in Empfehlung **G.10 Satz 2 DCGK**. Hiernach soll das Vorstandsmitglied über die langfristig variablen Vergütungsbeträge erst nach vier Jahren „verfügen" können. Die Empfehlung bezieht sich also – im Gegensatz zu G.10 Satz 1 DCGK – nicht auf die gesamte variable Vergütung, sondern nur auf den langfristigen variablen Vergütungsbestandteil. Unter „verfügen" dürfte in Anlehnung an das Begriffsverständnis des DCGK wohl gemeint sein, dass der **Bemessungszeitraum** der langfristig variablen Vergütungselemente **vier Jahre** betragen soll[249]. Abhängig von der Interpretation des § 87 Abs. 1 Satz 2, 3 AktG verlangt das Gesetz nach überwiegender Ansicht lediglich einen Bemessungszeitraum von zwei[250], drei oder fünf Jahren[251]. In der Rechtspraxis der Aktiengesellschaften werden bislang häufig langfristig variable Vergütungsbestandteile mit drei- oder vierjähriger Laufzeit bevorzugt. Offensichtlich stellt die neue Empfehlung G.10 Satz 2 DCGK auf § 193 Abs. 2 Nr. 4 AktG ab, der im Falle von Aktienoptionsprogrammen („Stock Options") einen Bemessungszeitraum in Höhe von mindestens vier Jahren vorsieht[252]. Unklar bleibt, weshalb die Kommission eine Anpassung an vier Jahre vorgenommen hat – zwingende Gründe, dass etwa eine dreijährige Laufzeit Fehlanreize geliefert haben könnte, sind nicht ersichtlich. Den Aufsichtsratsmitgliedern kann es daher in der Praxis weiterhin unbenommen bleiben, von der Empfehlung abzuweichen und an der bestehenden Vorgehensweise festzuhalten. Hierfür könnten insbesondere in der Gesellschaft vorhandene strategische Aspekte sprechen, die die Abweichung in der Entsprechenserklärung nach § 161 AktG rechtfertigen können.

21.85 § 87 Abs. 1 Satz 3 AktG schließt nicht aus, dass einzelne Elemente der Gesamtvergütung kurzfristige Leistungsanreize setzen. **Mischsysteme** aus kurz- und langfristigen Anreizen sind daher weiterhin möglich, solange in der Gesamtbetrachtung langfristige Verhaltensanreize überwiegen[253]. Jahresboni sind demnach grundsätzlich ebenso weiterhin zulässig wie sonstige Tantiemen, die an kurzfristige Maßnahmen/Ereignisse anknüpfen (z.B. Turnaround-Prämie, Transaktionsboni, Antritts-, Wiederbestellungs- oder Beendigungsprämien[254]).

21.86 Mit Blick auf das **Verhältnis der Vergütungselemente** zueinander wird z.B. eine Gestaltung i.S.v. 50 % Festvergütung, 20 % kurzfristig variable Vergütung und 30 % langfristig variable Vergütung für zulässig gehalten[255]. Teilweise wird angenommen, es sei ausreichend, wenn die Summe aus Festvergütung und langfristiger Vergütungskomponente mehr als die Hälfte der Gesamtvergütung beträgt[256]. Letztlich kommt es auch hier auf die Umstände des Einzelfalls an, die den Rahmen für die pflichtgemäße Ermessensausübung des Aufsichtsrats vorgeben. Ob die einzelnen Vergütungselemente in einem angemessenen Verhältnis zueinanderstehen, ist im Wege einer **ex-ante-Betrachtung** zu beurtei-

---

248 C. Arnold/Gralla, NZG 2020, 529, 534.
249 C. Arnold/Gralla, NZG 2020, 529, 535.
250 Bauer/C. Arnold, AG 2009, 717, 722.
251 Thüsing, AG 2009, 517, 521.
252 C. Arnold/Gralla, NZG 2020, 529, 534.
253 Bauer/C. Arnold, AG 2009, 717, 722; C. Arnold/Schansker, KSzW 2012, 39, 44; Hoffmann-Becking/Krieger, NZG 2009 Beilage zu Heft 26, 1, 2.
254 Hohenstatt/Kuhnke, ZIP 2009, 1981, 1987; Fleischer, NZG 2009, 801, 803; Thüsing, AG 2009, 1515, 1520; Gaul/Janz, NZA 2009, 809, 810 ff.; Dauner-Lieb in Henssler/Strohn, § 87 AktG Rz. 29 und 31.
255 Bauer/C. Arnold, AG 2009, 717, 722; vgl. ebenfalls Lingemann, BB 2009, 1918.
256 Vgl. Fleischer in BeckOGK AktG, Stand 1.6.2021, § 87 AktG Rz. 41 f., wonach eine kurzfristige variable Vergütungskomponente in Höhe von 49 % der Gesamtvergütung noch zulässig wäre.

len. Die Vergütung bleibt deshalb auch dann angemessen, wenn aufgrund unerwarteter Entwicklungen die Vergütung aus den kurzfristigen Elementen überwiegt[257].

Für **außerordentliche Entwicklungen** soll der Aufsichtsrat nach § 87 Abs. 1 Satz 3 Halbsatz 2 AktG eine **Begrenzungsmöglichkeit** vereinbaren. An außergewöhnlichen positiven Entwicklungen außerhalb des üblichen Geschäftsgangs soll das Vorstandsmitglied nur begrenzt partizipieren. Der Gesetzgeber hat dabei insbesondere an die Hebung stiller Reserven und den Zufluss liquider Mittel aus der Veräußerung von Unternehmensteilen gedacht[258]. Wie der Aufsichtsrat diese Begrenzungsmöglichkeit in das Vertragswerk aufnimmt, steht in seinem Ermessen. Die Vereinbarung von festen Obergrenzen („Caps") schreibt § 87 Abs. 1 Satz 3 Halbsatz 2 AktG zwar nicht vor. Nicht zuletzt aus Praktikabilitätsgründen sind solche Obergrenzen aber zu empfehlen[259]. Im Falle von Leistungen bei **vorzeitiger Vertragsbeendigung** an das Vorstandsmitglied sieht die Empfehlung G.13 DCGK hingegen eine Obergrenze im Wert von zwei Jahresvergütungen sowie der Restlaufzeit des Vertrags vor („Abfindungs-Cap"). 21.87

Eine weitere im Zusammenhang mit § 87 Abs. 1 Satz 3 AktG bestehende Neuerung sieht Empfehlung **G.11 Satz 1 DCGK** vor, wonach der Aufsichtsrat die Möglichkeit haben soll, außergewöhnlichen Entwicklungen durch eine Begrenzungsmöglichkeit in angemessenem Rahmen Rechnung zu tragen[260]. Der Begriff „Rechnung tragen" umfasst ausweislich der Kommission im Gegensatz zum AktG nicht nur die Möglichkeit der Begrenzung nach oben, sondern räumt dem Aufsichtsrat zugleich die Möglichkeit ein, die variable Vergütung zu **erhöhen**[261]. Intention der Empfehlung im DCGK ist es, durch ein „diskretionäres Element" auf seltene Sondersituationen zu reagieren[262]. Das Begriffsverständnis der „Angemessenheit" ist in G.11 DCGK also insofern weiter zu fassen, als dass hiervon nicht nur eine **Höchstgrenze**, sondern auch eine **Mindestgrenze** zu verstehen ist. Der Aufsichtsrat kann also nach seinem Ermessen die variable Vergütung in der Weise anpassen, dass die außergewöhnlichen Umstände weitestgehend ausgeblendet werden. Obgleich weder das Gesetz noch der Kodex eine entsprechende Offenlegungspflicht statuieren, bedarf es in der Berichterstattung einer „besonderen Begründung", falls von der Möglichkeit der Anpassung Gebrauch gemacht wird[263]. Der Begriff der **„außerordentlichen Entwicklungen"** ist dabei deckungsgleich mit dem in § 87 Abs. 1 Satz 3 AktG zu verstehen[264]. Neben internen werden auch externe Faktoren, wie etwa Pandemien oder hoheitliche Vorgaben erfasst[265]. 21.88

Neuerdings findet sich in **G.11 Satz 2 DCGK** die Empfehlung zur Schaffung einer Möglichkeit, in begründeten Fällen die variable Vergütung **einzubehalten** oder **zurückzufordern**. Angeknüpft wird in der Empfehlung an die im Rahmen des ARUG II eingeführte Pflicht zur Darstellung derartiger Klauseln im Vorstandsvergütungssystem nach § 87a Abs. 1 Satz 2 Nr. 6 AktG. Inhaltlich statuiert die Regelung sowohl die Empfehlung hinsichtlich einer **Malus-Klausel** („einbehalten") als auch einer **Clawback-Klausel** („zurückfordern"). Unter Einbehalt fällt die Konstellation, dass ein Teil der Vergütung von vornherein nicht zur Auszahlung gelangt. Demgegenüber liegt kein Einbehalt vor, wenn ein Vergütungsteil aufgrund Nichterreichens einer gewissen Schwelle erst gar nicht zur Entstehung gelangt ist. Wird ein erreichter Bonus dagegen wegen Erreichens „negativer" Ziele nicht ausgezahlt, liegt hierin ein Einbehalt[266]. 21.89

---

257 Ebenso *Dauner-Lieb* in Henssler/Strohn, § 87 AktG Rz. 32.
258 BT-Drucks. 16/13433, S. 10.
259 *Bauer/C. Arnold*, AG 2009, 717, 723; *Hoffmann-Becking/Krieger*, NZG 2009, Beilage zu Heft 26, 1, 4; *Fleischer* in BeckOGK AktG, Stand 1.6.2021, § 87 AktG Rz. 59.
260 *C. Arnold/Gralla*, NZG 2020, 529, 534; *Müller-Bonani/Jenner/Denninger*, AG 2021, 339, 345.
261 Begründung DCGK, G. 11, S. 16.
262 Begründung DCGK, G. 11, S. 16.
263 Begründung DCGK, G. 11, S. 16; krit. hierzu: *Kießling* in JIG, DCGK, G. 11 Rz. 8.
264 *Kießling* in JIG, DCGK, G. 11 Rz. 1.
265 *C. Arnold/Gralla*, NZG 2020, 529, 535.
266 Zum Ganzen ausführlich: *Bachmann* in Kremer/Bachmann/Lutter/von Werder, Deutscher Corporate Governance Kodex, G.11 Rz. 7.

21.90 Die zweite in G.11 Satz 2 DCGK genannte Möglichkeit besteht darin, Rückforderungsrechte mit dem Vorstandsmitglied zu vereinbaren (sog. **„Clawback-Klauseln"**). In der Praxis von Aktiengesellschaften sind Clawback-Klauseln bereits weit verbreitet[267]. Offen lässt die Begründung zum DCGK allerdings, inwiefern eine Pflicht zur Etablierung solcher Klauseln besteht, um die Empfehlung zu erfüllen[268]. Nach zutreffender Ansicht sind Aktiengesellschaften nicht zur Vereinbarung von Clawback-Klauseln verpflichtet. Die Regierungskommission spricht nur davon, dass es „erforderlich" sein kann, dass der Aufsichtsrat eine solche Vereinbarung mit den Vorstandsmitgliedern trifft. Unklar ist ebenfalls, wann ein **„begründeter Fall"** vorliegt. Aus dem Zusammenhang mit G.11 Satz 1 der Empfehlung könnte sich ergeben, dass es sich um **„außergewöhnliche Entwicklungen"** handeln muss – hierunter ist nach Auffassung der Kommission ein **„seltener Sonderfall"** zu verstehen[269]. Damit sind also nicht nur Clawback-Klauseln gemeint, die ein Fehlverhalten des Vorstandsmitglieds sanktionieren sollen (sog. Compliance-Clawbacks)[270]. Das Ermessen des Aufsichtsrats wird es vielmehr auch zulassen, anderweitige Rückforderungsklauseln zu vereinbaren[271]. Ausreichend dürfte bereits die Aufnahme einer Klausel sein – die kumulative Vereinbarung beider Klauseln ergibt sich aus dem Wortlaut nicht[272].

4. Nebenleistungen

21.91 Nebenleistungen wie das Recht zur privaten Nutzung von Pkw oder Flugzeugen, Abordnung von Personal und Wohnrechte unterfallen ebenfalls dem Angemessenheitsgebot aus § 87 Abs. 1 Satz 1 AktG[273]. Die wohl am häufigsten anzutreffende Nebenleistung ist der **Dienstwagen zur uneingeschränkten Privatnutzung**[274]. Das Vorstandsmitglied trägt regelmäßig lediglich die Steuern des Sachbezugs. Die Verbreitung dieses Vergütungselements erklärt sich durch die steuerliche Privilegierung. Typischerweise enthalten die Anstellungsverträge von Vorstandsmitgliedern Aussagen zur Art des Fahrzeuges („Oberklasse"), Preisrahmen, Ausstattungen oder Wechselturnus. Insbesondere bei größeren Aktiengesellschaften werden diesbezügliche Vereinbarungen auch durch Abreden über die Stellung von Fahrern durch die Gesellschaft ergänzt.

21.92 Nicht vergleichbar verbreitet ist die Überlassung von **Immobilien** („Dienstvilla") durch die Gesellschaft[275]. Sie kommt aber ebenso vor wie die Ausstattung privater Immobilien von Vorstandsmitgliedern mit Sicherungseinrichtungen[276]. Nach einer Auffassung in der Literatur soll die Gesellschaft bei entsprechender Gefährdungslage hierzu auch ohne gesonderte Vereinbarung im Anstellungsvertrag verpflichtet sein[277].

5. Rechtsfolgen unangemessener Vergütung

21.93 Nach h.M. ist § 87 Abs. 1 AktG **kein Verbotsgesetz** i.S.d. § 134 BGB[278]. Das Vorstandsmitglied behält seinen Anspruch auf die nach den Maßstäben des § 87 Abs. 1 AktG unangemessene Vergütung, sofern

---

267 *Dörrwächter/Wolff*, AG 2020, 233, 234 f.
268 *Poelzig*, NZG 2020, 41, 44.
269 Begründung DCGK, G. 11, S. 17.
270 *Schockenhoff/Nußbaum*, ZGR 2019, 163.
271 *C. Arnold/Gralla*, NZG 2020, 529, 536.
272 *Kießling* in JIG, DCGK, G. 11 Rz. 10.
273 § 87 Abs. 1 Satz 1 AktG spricht insoweit von „Nebenleistungen jeder Art".
274 Zu Einzelfragen siehe *Nägele*, Der Dienstwagen; Formulierungsbeispiele für den Anstellungsvertrag bei *Happ* in Happ/Groß/Möhrle/Vetter, Aktienrecht, Muster 8.08, S. 843 und *Lingemann* in Bauer/Lingemann/Diller/Haußmann, Anwalts-Formularbuch Arbeitsrecht, 7. Aufl. 2021, M 5.1, S. 222 f.
275 Beispiele bei *Happ* in Happ/Groß/Möhrle/Vetter, Aktienrecht, Muster 8.08, S. 843.
276 Vgl. BFH v. 5.4.2006 – IX R 109/00, NJW 2006, 2511; OLG Naumburg v. 30.11.1998 – 11 U 22/98, NZG 1999, 353 (LG Magdeburg).
277 Siehe *Fleischer*, WM 2003, 1045, 1056.
278 *Spindler* in MünchKomm. AktG, 5. Aufl. 2019, § 87 AktG Rz. 142; *Hüffer/Koch*, § 87 AktG Rz. 45.

keine besonderen Umstände eine Sittenwidrigkeit i.S.v. § 138 Abs. 1 BGB begründen[279]. Ausnahmsweise kann die Vergütungsabsprache bei offensichtlicher Unangemessenheit nach den Prinzipien des Missbrauchs der Vertretungsmacht nichtig sein. In diesem Fall kann das Vorstandsmitglied nach den Grundsätzen des fehlerhaften Anstellungsverhältnisses nur eine angemessene Vergütung fordern[280]. Überschreitet der Aufsichtsrat sein Ermessen und setzt eine unangemessen hohe Vergütung fest, kann er nach § 116 Satz 1, 3, § 93 Abs. 2 AktG der Gesellschaft Schadensersatz schulden.

Umstritten ist, inwieweit sich das **Vorstandsmitglied** im Falle der Gewährung einer zu hohen Vergütung **schadensersatzpflichtig** macht. Aus den ihm obliegenden Treuepflichten folgt für das Vorstandsmitglied, dass dieses die eigenen Interessen im Konfliktfall im Ausgangspunkt gegenüber der Gesellschaft zurückstellen muss[281]. Da die Pflichten gegenüber der Gesellschaft jedoch erst dann bestehen, wenn das Vorstandsmitglied tatsächlich eine Organstellung innehat, kommt eine Verletzung **nicht vor Bestellung** in Betracht[282]. Demgegenüber gehen **nach der Bestellung** Teile der Literatur davon aus, dass die Treuepflichten uneingeschränkt zur Anwendung kommen[283]. Hiergegen werden allerdings häufig die Interessen des Vorstandsmitglieds angeführt, das berechtigt sei, seine eigenen Interessen im Rahmen der Verhandlung und Ausgestaltung seiner Vergütung hinreichend wahrzunehmen und daher Vorrang gegenüber den gesellschaftsrechtlichen Treuepflichten genießen[284]. Auch wenn Treuepflichtverletzungen damit im Rahmen von Vertragsverhandlungen nicht grundsätzlich ausgeschlossen sind, wird eine Schadensersatzpflicht des Vorstandsmitglieds bei der Gewährung überhöhter Vergütungen nur **ausnahmsweise** in besonderen Fallkonstellationen anzunehmen sein[285].

21.94

6. Herabsetzung der Vergütung, § 87 Abs. 2 AktG

Eine Besonderheit des deutschen Aktienrechts ist die Aufgabe des allgemeinen Grundsatzes „pacta sunt servanda" durch § 87 Abs. 2 AktG. Danach können vertraglich vereinbarte Bezüge eines Vorstandsmitglieds durch **einseitige Erklärung** des Aufsichtsrats herabgesetzt werden[286].

21.95

Das VorstAG hat die Voraussetzungen für eine solche Herabsetzung abgesenkt. Es ist keine „wesentliche" Verschlechterung in den Verhältnissen der Gesellschaft mehr notwendig. Der Wortlaut spricht nur noch von „verschlechtern". Zudem muss die Weitergewährung der Bezüge keine „schwere" Unbilligkeit mehr für die Gesellschaft bedeuten. Auch nach der Gesetzesänderung verlangt die Literatur aber zu Recht, dass **weiterhin strenge Maßstäbe** an das Vorliegen der Voraussetzungen für eine Herabsetzung anzulegen sind[287]. Dies ist vor allem vor dem Hintergrund der verfassungsrechtlichen Bedenken gerechtfertigt, die dieser Regelung begegnen[288]. In keinem Fall rechtfertigen enttäuschende Leistungen des Vorstandsmitgliedes eine Herabsetzung nach § 87 Abs. 2 AktG, da es sich hierbei nicht um Veränderungen der Gesellschaftsverhältnisse handelt[289].

21.96

---

279 *Seibt* in K. Schmidt/Lutter, § 87 AktG Rz. 36; *Hüffer/Koch*, § 87 AktG Rz. 45.
280 *Spindler*, AG 2011, 725, 729 f.; *C. Arnold/Schansker*, KSzW 2012, 39, 45.
281 *Lutter*, ZIP 2006, 733, 735.
282 *Spindler*, AG 2011, 725, 729 f.
283 So etwa: *Fleischer*, ZIP 2015, 1901, 1903.
284 *Hüffer/Koch*, § 87 AktG Rz. 46.
285 *Hüffer/Koch*, § 87 AktG Rz. 45 f.
286 Dogmatisch handelt es sich hierbei wohl um ein einseitiges Gestaltungsrecht, vgl. *Weisner/Kölling*, NZG 2003, 465, 467.
287 *Seibt* in K. Schmidt/Lutter, § 87 AktG Rz. 47 ff.; *Mertens/Cahn* in KölnKomm. AktG, 3. Aufl. 2010, § 87 AktG Rz. 94; *Gaul/Janz*, NZA 2009, 809, 812; *Diller*, NZG 2009, 1006, 1007; a.A. *Lingemann*, BB 2009, 1918, 1920; *Fleischer*, NZG 2009, 801, 803 f.
288 Vgl. hierzu die Stellungnahme des DAV Handelsrechtsausschusses zum VorstAG, NZG 2009, 612, Rz. 12 ff.; ebenso *Dauner-Lieb* in Henssler/Strohn, § 87 AktG Rz. 35.
289 OLG Frankfurt v. 25.5.2011 – 7 U 268/08, WM 2011, 2226 = AG 2011, 790.

21.97 Schließlich hat sich der **Beurteilungsspielraum** des Aufsichtsrats verkleinert. Das Gremium ist nicht mehr nur „berechtigt" zur Herabsetzung, sondern „soll" bei Vorliegen der Voraussetzungen die Bezüge herabsetzen. Von einer Herabsetzung soll der Aufsichtsrat nur bei Vorliegen besonderer Umstände absehen können[290]. Dies kann der Fall sein, wenn eine solche Herabsetzung aller Voraussicht nach eine negative Öffentlichkeitswirkung haben würde oder mit der Ausübung des Sonderkündigungsrechts durch das Vorstandsmitglied (vgl. § 87 Abs. 2 Satz 4 AktG) zu rechnen ist und sein vorzeitiges Ausscheiden die Gesellschaft erheblich schädigen würde[291].

21.98 Bei Unternehmen des **Finanzsektors**, die Stabilisierungsmaßnahmen nach dem FMStFG beantragen, kann gem. § 10 Abs. 2 Satz 1 Nr. 3 FMStFG i.V.m. § 5 Abs. 2 Nr. 4 Satz 1 Nr. 2 FMStFV eine Pflicht zur Herabsetzung der Bezüge angeordnet werden. Zwar ist § 5 Abs. 2 Nr. 4 Satz 1 Nr. 2 FMStFV keine eigene Ermächtigungsgrundlage für die Herabsetzung der Vorstandsvergütung. Er enthält aber **detaillierte Vorgaben über die Vergütungsstruktur**, auf die der Finanzmarktstabilisierungsfonds unter Ausschöpfung der Herabsetzungsmöglichkeiten nach § 87 Abs. 2 AktG hinwirken soll[292]. Danach gilt in betroffenen Unternehmen z.B. eine Vergütung von über 500.000 Euro pro Jahr grundsätzlich als unangemessen.

21.99 In formeller Hinsicht sind der **Beschluss des Aufsichtsrats**[293] und die Abgabe einer entsprechenden Gestaltungserklärung gegenüber dem betroffenen Vorstandsmitglied erforderlich. Die Vergütung ist dabei auf „die angemessene Höhe" zu reduzieren. Hierfür sind die Maßstäbe des § 87 Abs. 1 Satz 1 AktG in der aktuellen Situation entscheidend[294]. Eine Herabsetzung wird umso weniger in Betracht kommen, je mehr sich die Verschlechterung der Lage der Gesellschaft bereits in der Höhe der variablen Vergütung des Vorstandsmitglieds niederschlägt[295]. Mehrere Vorstandsmitglieder sind grundsätzlich gleichmäßig zu belasten, um eine sachwidrige Differenzierung zu vermeiden[296]. Oftmals wird zunächst nur eine befristete Kürzung verhältnismäßig sein[297]. Jedenfalls kann das Vorstandsmitglied wieder seine ungekürzten Bezüge verlangen, wenn sich die Gesellschaft wirtschaftlich erholt hat[298].

21.100 Das Vorstandsmitglied kann sich gegen **unberechtigte Herabsetzungen** seiner Vergütung durch Klage auf richterliche Bestimmung der angemessenen Herabsetzung oder Klage auf Zahlung seiner bisherigen Vergütung verteidigen[299]. Aber auch eine berechtigte Herabsetzung seiner Bezüge braucht der Betroffene nicht hinzunehmen. § 87 Abs. 2 Satz 4 AktG eröffnet ihm die Möglichkeit, sein Anstellungsverhältnis außerordentlich zu kündigen. Dabei hat er eine Frist von sechs Wochen zum Ende des nächsten Kalendervierteljahres zu beachten. Nach Ablauf des Kalendervierteljahres ist dieses **Sonderkündigungsrecht** grundsätzlich ausgeschlossen. Es sei denn, das Vorstandsmitglied hat Klage auf Weitergewährung der bisherigen Bezüge erhoben. Dann soll nach h.M. die Frist des § 87 Abs. 2 Satz 4 AktG erst ab rechtskräftiger Entscheidung hierüber zu laufen beginnen[300]. Daneben wird in der Lite-

---

290 BT-Drucks. 16/13433, S. 10.
291 *Bauer/C. Arnold*, AG 2009, 717, 727; *C. Arnold/Schansker*, KSzW 2012, 39, 45; *Diller*, NZG 2009, 1006, 1007; *Oetker*, ZHR 175 (2011), 527, 545 f.
292 Vgl. *Mertens/Cahn* in KölnKomm. AktG, 3. Aufl. 2010, § 87 AktG Rz. 97 m.w.N.
293 Seit Erweiterung des Plenarvorbehaltes in § 107 Abs. 3 Satz 7 AktG, muss der Aufsichtsrat bei Beschlussfassung als Plenum tätig werden, vgl. *Spindler* in MünchKomm. AktG, 5. Aufl. 2019, § 87 AktG Rz. 131 ff.
294 *Diller*, NZG 2009, 1006, 1007; *Hohaus/Weber*, BB 2009, 1515, 1519; *Weber* in Hölters, § 87 AktG Rz. 51.
295 *Bauer/C. Arnold*, AG 2009, 717, 726; *Dauner-Lieb* in Henssler/Strohn, § 87 AktG Rz. 36.
296 *Hüffer/Koch*, § 87 AktG Rz. 27; *Fleischer* in BeckOGK AktG, Stand 1.6.2021, § 87 AktG Rz. 80 ff.
297 *Bauer/C. Arnold*, AG 2009, 717, 727; *Spindler* in MünchKomm. AktG, 5 Aufl. 2019 AktG, § 87 AktG Rz. 209.
298 *Bauer/C. Arnold*, AG 2009, 717, 728; *Diller*, NZG 2009, 1006, 1008.
299 Näher *Weisner/Kölling*, NZG 2003, 465, 467 f.; *Diller*, NZG 2009, 1006, 1009.
300 *Hüffer/Koch*, § 87 AktG Rz. 63 ff.

ratur für den Fall unberechtigter Herabsetzung die außerordentliche Kündigung nach § 626 BGB diskutiert, um dem Betroffenen die Möglichkeit zu eröffnen, aufgrund § 628 Abs. 2 BGB Schadensersatz – d.h. praktisch die Auszahlung des Dienstvertrags – zu verlangen[301].

7. Publizität der Vergütung

a) Einführung

Die Publizität der Vorstandsvergütung wurde mit dem Vorstandsvergütungsoffenlegungsgesetz (Vorst-OG) und dem VorstAG zunächst auf eine neue Grundlage gestellt[302]. Börsennotierte Gesellschaften waren seitdem grundsätzlich zur **individualisierten Offenlegung** der Vorstandsvergütungen verpflichtet[303]. Die börsennotierte Gesellschaft hatte bislang im Anhang zum Jahresabschluss (§ 285 Nr. 9 lit. a Satz 5–8 HGB) und Konzernabschluss (§ 314 Abs. 1 Nr. 6 Satz 5–8 HGB) zusätzlich zum Ausweis der Gesamtbezüge die Bezüge jedes einzelnen Vorstandsmitglieds unter Namensnennung jeweils aufgeteilt nach erfolgsabhängigen und erfolgsunabhängigen Komponenten sowie solchen mit langfristiger Anreizwirkung gesondert anzugeben.

21.101

Aus Gründen der Transparenz und im Sinne guter Corporate Governance sind Aktiengesellschaften weiterhin verpflichtet, die den Vorstands- und Aufsichtsratsmitgliedern gewährten Vergütungen im (Konzern-)Jahresabschluss sowie im (Konzern-)Lagebericht zu publizieren[304]. Im Zuge der Einführung des **ARUG II** finden sich jedoch neben Änderungen im Aktiengesetz auch solche des DCGK sowie der DRS (Deutsche Rechnungslegungs Standards), die erhebliche Folgen für die Angabe- und Berichtspflichten der Aktiengesellschaften hinsichtlich der Vergütung ihrer Vorstands- und Aufsichtsratsmitglieder haben. Während ein Großteil der bislang maßgeblichen handelsrechtlichen Normen durch die **Einführung** des **§ 162 AktG** obsolet geworden ist, bringen diese Änderungen auch für die Rechtspraxis herausfordernde Änderungen mit sich.

21.102

Im Gegensatz zu den Vorgängerregelungen der Ziff. 4.2.4 und 4.2.5 DCGK 2017 finden sich in der aktuellen Fassung des DCGK 2020 keine präzisen Regelungen mehr zur Publizität von Vergütungen der Mitglieder des Vorstands und des Aufsichtsrats. Abgeschafft wurden ebenfalls die in der Praxis verbreiteten Mustertabellen. Lediglich in **Grundsatz G.25 DCGK** findet sich die deklaratorische Wiedergabe des Gesetzeswortlauts, dass Aufsichtsrat und Vorstand nach den gesetzlichen Bestimmungen einen Vergütungsbericht zu erstellen haben. Begründet wird der Verzicht auf die Mustertabellen und weitergehenden Empfehlungen damit, dass der neu eingeführte **§ 162 AktG**, der das Kernstück der neuen Vergütungspublizität darstellt, eine hinreichende Bestimmung statuiere, die weitere Empfehlungen im DCGK entbehrlich mache[305].

21.103

Der neu eingeführte § 162 AktG stellt gewissermaßen das „Korrelat" zu § 87a AktG (vgl. Rz. 21.29 ff.) sowie zu § 120a AktG dar – die Norm versteht sich damit als eine Art nachgelagerter Vollzugsbericht[306].

21.104

---

301 Vgl. *Weisner/Kölling*, NZG 2003, 465, 468, die zutreffend hervorheben, dass ein solches Vorgehen erhebliche (Prozess-)Risiken bergen kann; vgl. auch *Diller*, NZG 2009, 1006, 1009.
302 Gesetz über die Offenlegung von Vorstandsvergütungen v. 3.8.2005, BGBl. I 2005, 2267.
303 Grundlegend *Thüsing*, ZIP 2005, 1389 ff. Die Offenlegungspflicht ist rechtspolitisch stark umstritten. So ist zweifelhaft, ob durch eine individualisierte Offenlegung tatsächlich Anlegerschutz verbessert und das Vergütungsniveau gedämpft wird. Zum Teil wird eine unangemessene Nivellierung der Gehälter auf hohem Niveau befürchtet, vgl. *Thüsing* in Fleischer, Handbuch des Vorstandsrechts, § 6 Rz. 106; *Marsch-Barner* in FS Röhricht, 2005, S. 401, 407 f.
304 *Spindler* in MünchKomm. AktG, 5. Aufl. 2019, § 87 AktG Rz. 231 f.
305 Begründung DCGK, G. 25.
306 *Spindler* in MünchKomm. AktG, Nachtrag zum ARUG II, § 162 AktG Rz. 1.

b) Pflichtangaben nach dem HGB

21.105 Im Zuge der Einführung des ARUG II haben sich Änderungen hinsichtlich der Vergütungspublizität nach den handelsrechtlichen Regelungen des HGB ergeben. Die Änderungen im HGB (§§ 285, 286, 289a, 289f, 291, 314, 315a, 324, 329, 341s HGB) sind in ihrer seit dem 1.1.2020 geltenden Fassung ausweislich der **Übergangsvorschrift** in **Art. 83 Abs. 1 EGHGB** erstmals auf Jahres- und Konzernabschlüsse sowie Lage- und Konzernlageberichte für das **nach dem 31.12.2020 beginnende Geschäftsjahr** anzuwenden. Für die davorliegenden Geschäftsjahre verbleibt es hingegen bei der Anwendung der handelsrechtlichen Normen in ihrer alten Fassung.

c) Vergütungsbericht (§ 162 AktG)

21.106 Gemäß **§ 26j Abs. 2 Satz 1 EGAktG** findet § 162 AktG erstmals für das nach dem 31.12.2020 beginnende Geschäftsjahr Anwendung. Gemäß § 26j Abs. 2 Satz 2 EGAktG ist § 162 Abs. 1 Satz 2 Nr. 2 AktG beginnend mit dem nach dem 31.12.2020 anfangenden Geschäftsjahr dergestalt anzuwenden, dass nicht die Durchschnittsvergütung der letzten fünf Geschäftsjahre in die vergleichende Betrachtung einzubeziehen ist, sondern ausschließlich die Durchschnittsvergütung seit dem Geschäftsjahr nach dem 31.12.2020. Dies ist vor dem Hintergrund sachgerecht, als dass börsennotierte Gesellschaften andernfalls gezwungen wären, Daten aus der Vergangenheit beizubringen, die sie ggf. in der Vergangenheit überhaupt nicht erhoben haben[307].

aa) Normzweck und Regelungsgegenstand

21.107 § 162 AktG verpflichtet den **Vorstand und Aufsichtsrat** börsennotierter Gesellschaften, jährlich einen Vergütungsbericht der amtierenden und ausgeschiedenen Verwaltungsmitglieder aufzustellen und zu veröffentlichen. Erfasst sind neben der AG auch die KGaA und SE mit Satzungssitz in Deutschland. Da die KGaA keinen Vorstand hat, enthält ihr zu erstellender Bericht lediglich Angaben zur Aufsichtsratsvergütung. Hauptzweck des Vergütungsberichts ist die nach § 120a Abs. 4 Satz 1 AktG zur Billigung des Berichts einbezogenen Aktionäre in die Lage zu versetzen, ex post die Umsetzung des Vergütungssystems beurteilen zu können[308]. Der Vergütungsbericht stellt damit eine notwendige Voraussetzung zur Ausübung der Aktionärsrechte und der Mitwirkung der Aktionäre bezüglich der Vergütung dar[309].

21.108 Während bislang in § 286 Abs. 5 HGB, § 314 Abs. 3 Satz 1 HGB aF die Möglichkeit vorgesehen war, dass durch Hauptversammlungsbeschluss auf eine individualisierte Offenlegung der Vorstandsvergütung verzichtet werden konnte („**Opt-Out**"), ist diese Möglichkeit durch Einführung des § 162 AktG nicht mehr vorhanden[310]. Unklar ist in diesem Zusammenhang, was für alte Opt-Out Beschlüsse gilt. Sachgerecht dürfte sein, dass es einen Bestandsschutz für alte Opt-out-Beschlüsse gibt.

bb) Berichtsturnus

21.109 Im Ausgangspunkt ist die „jährliche" Berichterstattung zu irgendeinem Zeitpunkt innerhalb des folgenden Geschäftsjahres zu erstellen[311]. Einschränkungen findet die Erstellungsfrist jedoch dadurch, dass der Vergütungsbericht nach § 119 Abs. 1 Nr. 3, § 120a Abs. 4 AktG zur Billigung oder ggf. nach § 120a Abs. 5 AktG zur Erörterung vorzulegen ist. Die für die Hauptversammlung maßgebliche Frist

---

307 BT-Drucks. 19/9739, S. 136.
308 Richtlinie (EU) 2017/828, Erwägungsgrund 31 Satz 1 und 2.
309 Richtlinie (EU) 2017/828, Erwägungsgrund 33 Satz 2.
310 *Florstedt*, ZGR 2019, 630, 659 f.; *Riekers*, BOARD 2019, 97, 98.
311 *Orth/Oser/Philippsen/Sultana*, DB 2019, 1011, 1012.

des § 175 Abs. 1 Satz 2 AktG beträgt **acht Monate**, sodass auch der Vergütungsbericht praktisch in den ersten acht Monaten des Geschäftsjahres zu erstellen und zu prüfen ist[312].

cc) Zuständigkeit

Nach § 162 Abs. 1 Satz 1 AktG ist der Bericht **einheitlich** von „Vorstand und Aufsichtsrat" zu erstellen. Der in der Norm gewählten Formulierung liegt die bewusste gesetzgeberische Entscheidung zugrunde – in Anlehnung an die einheitliche Entsprechenserklärung in § 161 AktG zum DCGK – eine Doppelzuständigkeit der Organe für den einheitlich ausgearbeiteten Vergütungsberichts zu etablieren[313]. Die Organe haben den Vergütungsbericht als „gemeinsame Aufgabe" zu erstellen, sodass eine gesonderte Berichterstattung unzulässig ist. Bezweckt werden soll nach Ansicht des Gesetzgebers eine gegenseitige Kontrolle[314]. Hierin eingeschlossen ist die Pflicht eines jeden einzelnen Organmitglieds zu überprüfen, ob die zu seiner Vergütung gemachten Angaben im Vergütungsbericht zutreffend und wahrheitsgemäß sind[315].

21.110

Die Beschlussfassung als solche ist dem jeweiligen **Gesamtgremium** vorbehalten und kann weder auf einzelne Mitglieder noch auf Ausschüsse übertragen werden.[316] Es ergibt sich gerade **keine gemeinsame Beschlusszuständigkeit**[317]. Nicht ausgeschlossen wird hierdurch jedoch die Möglichkeit einer gemeinsamen freiwilligen Sitzung[318]. In diesem Zusammenhang erscheint es auch denkbar, dass der Bericht in der Weise beschlossen werden kann, dass der Aufsichtsrat (oder Vorstand) den vom anderen Organ aufgestellten Bericht billigt[319].

21.111

Der Bericht ist von jeder Gesellschaft eigenständig zu erstellen, auch wenn sie eine abhängige Gesellschaft ist; die Konzernspitze ist im Verhältnis zur abhängigen Gesellschaft von der Verpflichtung nicht erfasst[320].

21.112

dd) Inhaltliche Anforderungen

(1) Mindestinhalte (§ 162 Abs. 1 Satz 2 AktG)

§ 162 Abs. 1 Satz 2 AktG statuiert die **Mindestinhalte** des Vergütungsberichts, die bezüglich aller gegenwärtigen und vergangenen Verwaltungsmitglieder unter Namensnennung anzugeben sind. Soweit bestimmte Vergütungselemente nicht gewährt bzw. zugesagt oder bestimmte Bestandteile nicht vorgesehen sind, ist eine „Negativmeldung" hierzu – mit Ausnahme von Clawback-Klauseln – nicht erforderlich[321]. Die Angaben sind also – in Parallele zu § 87a AktG – nur insoweit zu machen, als die Vergütungsbestandteile oder Regelungen inhaltlich tatsächlich vorliegen. Werden zu den einzelnen Katalogangaben des § 162 Abs. 1 Satz 2 AktG mithin keine Angaben im Vergütungsbericht gemacht, liegt ein Fall des **„beredten Schweigens"** vor[322].

21.113

---

312 *Orth/Oser/Philippsen/Sultana*, DB 2019, 1011, 1012.
313 BT-Drucks. 19/9739, S. 109.
314 BT-Drucks. 19/9739, S. 109.
315 *Lochner/Beneke* in Hirte/Heidel, Das neue Aktienrecht, § 162 AktG Rz. 4.
316 *Spindler* in MünchKomm. AktG, Nachtrag zum ARUG II, § 162 AktG Rz. 13.
317 BT-Drucks. 19/9739, S. 109; *Seibt* in K. Schmidt/Lutter, § 162 AktG Rz. 4.
318 *Bayer/Scholz* in BeckOGK AktG, Stand 1.6.2021, § 162 AktG Rz. 18.
319 *Bayer/Scholz* in BeckOGK AktG, Stand 1.6.2021, § 162 AktG Rz. 20.
320 BT-Drucks. 19/9739, S. 110; *Spindler* in MünchKomm. AktG, Nachtrag zum ARUG II, § 162 AktG Rz. 11.
321 *Seibt* in K. Schmidt/Lutter, § 162 AktG Rz. 9, 11.
322 *Löbbe/Fischbach*, AG 2019, 373, 383.

(2) Erweiterte Berichtspflichten für Vorstandsmitglieder (§ 162 Abs. 2 AktG)

21.114 § 162 Abs. 2 AktG statuiert eine **erweiterte Berichtspflicht** für Vorstandsmitglieder, die inhaltlich weitestgehend § 285 Nr. 9 lit. a) Satz 5–7 HGB a.F. bzw. § 314 Abs. 1 Nr. 6 lit. a) Satz 5–7 HGB a.F. entsprechen. Die sich aus § 162 Abs. 2 AktG zusätzlich ergebenden Angaben sind jedoch vor dem Hintergrund der Knappheit und Verständlichkeit[323] nur darzustellen, wenn diese nicht bereits nach § 162 Abs. 1 AktG gemacht wurden.

ee) Prüfung des Vergütungsberichts (§ 162 Abs. 3 AktG)

21.115 Nach § 162 Abs. 3 AktG ist der Vergütungsbericht von einem Abschlussprüfer zu prüfen. Die Prüfung beschränkt sich auf eine rein **formelle Prüfung** bezüglich der Vollständigkeit der Pflichtangaben nach § 162 Abs. 1 und 2 AktG. Eine Prüfung der inhaltlich-materiellen Richtigkeit oder der konkreten Angaben, also eine materielle Prüfung, findet nicht statt[324]. Unbenommen bleibt die Möglichkeit der Gesellschaft, eine freiwillige materielle Prüfung des Vergütungsberichts zu beauftragen[325]. Der Vergütungsbericht ist von der handelsrechtlichen Rechnungslegung unabhängig und infolgedessen nicht mehr Gegenstand der handelsrechtlichen Abschlussprüfung[326]. Der Abschlussprüfer hat über die Prüfung einen **Vermerk** zu erstellen, wodurch eine Verwechslung mit dem handelsrechtlichen Prüfungsbericht des Abschlussprüfers verhindert werden soll[327]. Im Vermerk des Abschlussprüfers hat dieser festzustellen, ob die Formalien eingehalten wurden, und falls ein Verstoß vorliegt, worin dieser konkret besteht.

ff) Veröffentlichungspflicht (§ 162 Abs. 4 AktG)

21.116 Der Vergütungsbericht ist nach § 162 Abs. 4 AktG unverzüglich zusammen mit dem Vermerk des Abschlussprüfers für einen Zeitraum von mindestens zehn Jahren kostenfrei auf der **Internetseite** der Gesellschaft **öffentlich zugänglich** zu machen, sobald die Hauptversammlung den Beschluss nach § 120a Abs. 4 AktG gefasst oder der Bericht zur Erörterung nach § 120a Abs. 5 AktG vorgelegt wurde. Die Veröffentlichung ist dann **„unverzüglich"**, wenn sie innerhalb von sieben Tagen erfolgt[328]. Zu beachten ist ferner, dass ebenso wie der Vergütungsbericht selbst klar und verständlich zu sein hat, dieser auch auf der Internetseite **ohne Probleme auffindbar** sein muss[329].

21.117 Die Gesetzesbegründung sieht vor, dass eine weitergehende Veröffentlichung regelmäßig nicht mehr erforderlich ist, da der Vergütungsbericht inklusive Prüfvermerk bereits im Vorfeld der Hauptversammlung als Teil der **Einberufungsunterlagen** auf der Internetseite bekannt zu machen ist. In der Praxis dürfte der Regelung des § 162 Abs. 4 AktG nur dann eigenständige Bedeutung zukommen, wenn beispielsweise eine redaktionelle Änderung zwischen Einberufung der Hauptversammlung und deren Beschlussfassung bzw. Erörterung vorliegt[330].

gg) Datenschutzklausel (§ 162 Abs. 5 AktG)

21.118 § 162 Abs. 5 AktG stellt die Berichtspflichten unter einen Datenschutzvorbehalt und intendiert damit die Herstellung eines **Ausgleichs** zwischen den Interessen der umfassenden Transparenz einerseits und

---

323 BT-Drucks. 19/9739, S. 112 f.
324 *Seibt* in K. Schmidt/Lutter, § 162 AktG Rz. 18.
325 BT-Drucks. 19/15153, S. 53.
326 *Seibt* in K. Schmidt/Lutter, § 162 AktG Rz. 24.
327 BT-Drucks. 19/9739, S. 113.
328 Unter Zugrundelegung von § 130 Abs. 6 AktG; BT-Drucks. 19/9739, S. 113; *Spindler* in MünchKomm. AktG, Nachtrag zum ARUG II, § 162 AktG Rz. 84.
329 *Lochner/Beneke* in Hirte/Heidel, Das neue Aktienrecht, § 162 AktG Rz. 36.
330 BT-Drucks. 19/9739, S. 113.

dem diametralen Interesse der Vorstandsmitglieder am Schutz deren personenbezogener Daten andererseits[331]. Der Bericht darf daher – mit Ausnahme der in der Praxis äußerst seltenen Familien- oder Kinderzuschläge – weder Angaben zur Familiensituation amtierender noch personenbezogene Daten zu ehemaligen Vorstandsmitgliedern enthalten, die bereits seit zehn Jahren ausgeschieden sind. In der Folge sind personenbezogene Daten von ehemaligen Vorstandsmitgliedern spätestens 20 Jahre nach deren Ausscheiden aus der aktiven Tätigkeit nicht mehr öffentlich zugänglich[332]. Andernfalls könnte eine Pflicht zur lebenslangen Berichterstattung statuiert werden, wenn Bezüge bis zum Lebensende bezahlt werden, da insoweit ständig ein neuer Tatbestand geschaffen werde, der zu einer Berichtspflicht führe. Dies widerspricht jedoch den in der Richtlinie zum Ausdruck kommenden Wertungen[333]. Zudem sind personenbezogene Daten von ehemaligen Vorstandsmitgliedern nach dem Ablauf des Veröffentlichungszeitraums von zehn Jahren aus den Vergütungsberichten zu entfernen, sofern diese – überobligatorisch – auch über die erforderliche Dauer hinweg auf der Internetseite zugänglich sind[334].

hh) Vertraulichkeit der Gesellschaft (§ 162 Abs. 6 AktG)

Nach § 162 Abs. 6 AktG kann die Gesellschaft auf die Offenlegung solcher Angaben im Vergütungsbericht **verzichten**, soweit diese „nach vernünftiger kaufmännischer Beurteilung geeignet sind, der Gesellschaft einen nicht unerheblichen Nachteil zuzufügen." Umstritten ist, ob die Regelung als richtlinienkonform anzusehen ist, da sich in der Richtlinie selbst eine solche Ausnahme nicht findet[335]. Der nationale Gesetzgeber beruft sich in diesem Zusammenhang auf Erwägungsgrund 45 Satz 2 ARRL, wonach durch die Transparenzanforderungen gegenüber der Öffentlichkeit keine Informationen offenzulegen sind, die den Geschäftspositionen schweren Schaden zufügen könnten[336]. Da jedoch vergleichbare Richtlinien in derartigen Fällen stets ausdrücklich Schutzklauseln vorsehen, wird im Umkehrschluss angenommen, dass Geheimhaltungsklauseln nur dann zulässig seien, wenn diese ausdrücklich in der Richtlinie vorgesehen sind[337].

21.119

Die nationale Vorschrift ist nunmehr § 131 Abs. 3 Satz 1 Nr. 1 sowie § 289e Abs. 1 Nr. 1 HGB nachgebildet. Unter **„Nachteil"** ist jede gewichtige Beeinträchtigung des Gesellschaftsinteresses zu verstehen[338]. Inwiefern eine Veröffentlichung geeignet ist, einen nicht unerheblichen Nachteil zuzufügen, bemisst sich also konsequenterweise nach aktien- und handelsrechtlichen Maßstäben[339]. Beachtet werden muss allerdings, dass von der Einschränkung der Publizität nur **punktuell** Gebrauch gemacht werden darf und Zahlungen **nicht gänzlich verborgen** bleiben dürfen, da jede Einschränkung zugleich der Transparenz zuwiderläuft[340].

21.120

Sofern der zur Verweigerung der Angabe berechtigende Grund später wegfällt, sind die Angaben in den darauffolgenden Vergütungsbericht aufzunehmen – eine nachträgliche Ergänzung des bereits veröffentlichten Berichts ist jedoch nicht erforderlich[341]. Fraglich bleibt der tatsächliche praktische Anwendungsbereich der Norm. Denkbar erscheint die Anwendung allenfalls in Konstellationen, in denen die Geheimhaltung vergütungsbezogener Sanktionen gegenüber Organmitgliedern (etwa ein „Claw-

21.121

---

331 BT-Drucks. 19/9739, S. 113.
332 *Orth/Oser/Philippsen/Sultana*, DB 2019, 1011, 1013.
333 *Paschos/Goslar*, AG 2019, 365, 370.
334 BT-Drucks. 19/9739, S. 114.
335 *Bachmann/Pauschinger*, ZIP 2019, 1, 8.
336 BT-Drucks. 19/9739, S. 114.
337 *Bachmann/Pauschinger*, ZIP 2019, 1, 8.
338 *Spindler* in MünchKomm. AktG, Nachtrag zum ARUG II, § 162 AktG Rz. 91.
339 BT-Drucks. 19/9739, S. 114.
340 *Lochner/Beneke* in Hirte/Heidel, Das neue Aktienrecht, § 162 AktG Rz. 47.
341 BT-Drucks. 19/9739, S. 114.

back") vorliegt; wenn die Sanktionen also aufgrund von Sachverhalten ausgesprochen werden, deren öffentliches Bekanntwerden für das **Ansehen der Gesellschaft unzuträglich** wären[342].

d) DRS und IFRS

21.122 Eine Konkretisierung erfahren die gesetzlichen Vorschriften zur Offenlegung der Vergütung durch den **Deutschen Rechnungslegungs Standard** 17 (Berichterstattung über die Vergütung der Organmitglieder). Die Empfehlungen des Standards sind nicht verbindlich. Bei ihrer Beachtung greift aber die Vermutung aus § 342 Abs. 2 HGB, dass die Rechnungslegung den Grundsätzen ordnungsgemäßer Buchführung entspricht. Durch die Einführung der neuen Transparenzvorschriften zur Offenlegung der Vorstandsvergütung im Aktiengesetz und der Aufhebung der Vorschriften im HGB wurden die Konkretisierungen in DRS 17 nunmehr gegenstandlos[343]. Daraufhin verabschiedete das DRSC im Oktober 2019 den **Deutschen Rechnungslegungs Änderungsstandard Nr. 9 (DRÄS-9)**.

21.123 Neben den Vorschriften des AktG und des HGB haben die Aufsichtsräte von kapitalmarktorientierten Mutterunternehmen für die Aufstellung des Konzernabschlusses die **International Financial Reporting Standards** (IFRS/IAS) einzuhalten. Gemäß IAS 24.17 muss die Gesellschaft für die Mitglieder ihres Managements in Schlüsselpositionen sowohl insgesamt als auch separat die jeweilige Vergütung der folgenden Bereiche angeben: kurzfristige fällige Leistung, Leistung nach Beendigung des Arbeitsverhältnisses, andere langfristige fällige Leistungen sowie Leistungen aus Anlass der Beendigung des Arbeitsverhältnisses und Kapitalbeteiligungsleistungen. Ausreichend ist hierbei die Offenlegung der **Summe** der jeweiligen Zahlungen[344].

21.124 Diese vielfältigen Informationen werden in der Hauptversammlung ergänzt durch die **Fragerechte der Aktionäre aus § 131 AktG**[345]. Hiervon wird in der Praxis nicht nur rege Gebrauch gemacht. Die Konkretisierung dieses Rechts beschäftigt auch die Gerichte[346]. Grundsätzlich gilt hierbei, dass Auskünfte nicht erteilt werden müssen, soweit die betreffenden Angaben bereits in den nach oder entsprechend § 175 Abs. 2 AktG auszulegenden Unterlagen enthalten sind[347]. Die Rechtsprechung hat bei der Frage nach den Bezügen, die Tochtergesellschaften an Vorstandsmitglieder zahlen, Beirats- und Aufsichtsratsämter eingeschlossen, einen Auskunftsanspruch angenommen[348].

VI. Sonstige Bedingungen

1. Krankheit, Tod oder Unfall

21.125 Das Entgeltfortzahlungsgesetz gilt für Vorstandsmitglieder nicht. Überwiegend erhalten diese daher anstellungsvertraglich einige Monate **Fortzahlung** der Bezüge bei Krankheit, Tod oder Unfall zugesi-

---

342 *Löbbe/Fischbach*, AG 2019, 373, 384.
343 *C. Arnold* in Goette/Arnold, Handbuch Aufsichtsrat, § 4 Rz. 1587.
344 *Leippe* in Heuser/Theile, IFRS-Handbuch, Rz. 54.41 f.
345 Näher dazu *Mutter*, Auskunftsansprüche des Aktionärs in der HV, 2002, S. 82 f.; *Kubis* in MünchKomm. AktG, 4. Aufl. 2018, § 131 AktG Rz. 188 ff.
346 OLG München v. 27.2.2002 – 7 U 1906/01, NZG 2002, 677 = AG 2003, 164; OLG Frankfurt a.M. v. 30.1.2006 – 20 W 52/05, NZG 2007, 74 = AG 2006, 336; LG Dortmund v. 1.10.1998 – 20 AktE 8/98, AG 1999, 133; BayObLG v. 25.6.1975 – BReg. 2 Z 15/75, AG 1975, 325; BGH v. 23.11.1961 – II ZR 4/60, AG 1962, 51.
347 Siehe *Bürgers* in Bürgers/Körber/Lieder, § 87 AktG Rz. 18; *Zöllner*, AG 2000, 145, 152.
348 Siehe OLG Düsseldorf v. 5.11.1987 – 19 W 6/87, AG 1988, 53; a.A. noch LG Dortmund v. 19.2.1987 – 18 AktE 2/86, AG 1987, 189.

chert³⁴⁹. Dieses Netz wird meist verstärkt durch die Zusage von **Lebens- und Unfallversicherungen**. In der diesbezüglichen Absicherung der Vorstandsmitglieder bestehen allerdings größenspezifische Unterschiede³⁵⁰. Eine vertragliche Vereinbarung muss in jedem Fall **angemessen** i.S.d. § 87 AktG sein³⁵¹.

2. D&O-Versicherung

Die Zusage der Gewährung von **Versicherungsschutz für Haftpflichtfälle** (D&O-Versicherung) (vgl. Rz. 23.107 ff.) findet sich inzwischen regelmäßig³⁵² in Anstellungsverträgen von Vorstandsmitgliedern. Angesichts der Tendenz der Anbieter solcher Versicherungen, den Deckungsumfang einzuschränken³⁵³ und/oder die Prämien (teilweise um ein mehrfaches) anzuheben³⁵⁴, können solche Zusagen für die Aktiengesellschaften problematisch werden. Denn sie bergen die **Gefahr**, nicht oder nur zu unverhältnismäßigen Kosten erfüllt werden zu können, wobei im Falle der Nichterfüllung Sekundäransprüche des Vorstandsmitglieds sowie dessen Amtsniederlegung oder Kündigung drohen³⁵⁵.

21.126

Entscheidet sich die Gesellschaft, eine D&O-Versicherung abzuschließen, verlangt § 93 Abs. 2 Satz 3 AktG einen **Selbstbehalt** in Höhe von mindestens 10 % des Schadens bis zur absoluten Obergrenze von mindestens der 1,5-fachen jährlichen Festvergütung des Vorstandsmitglieds³⁵⁶. Während Ziff. 3.8 DCGK 2017 ebenfalls noch einen entsprechenden Selbstbehalt für Verwaltungsmitglieder vorsah, ist diese Empfehlung mit der Neufassung des Kodex 2020 entfallen³⁵⁷. Nach ganz h.M. steht es dem Vorstandsmitglied aber frei, den Selbstbehalt auf eigene Kosten zu versichern³⁵⁸. Die Prämien hierfür darf die Gesellschaft weder unmittelbar noch mittelbar über eine Einpreisung in die Vergütung tragen³⁵⁹.

21.127

3. Wettbewerbsverbot

Nach § 88 AktG unterliegen Vorstandsmitglieder **einem gesetzlichen Wettbewerbsverbot**³⁶⁰. Regelungsgegenstand und -zweck sind nach der Rechtsprechung des BGH „der Schutz der Gesellschaft vor Wettbewerbshandlungen und vor anderweitigem Einsatz der Arbeitskraft der Vorstandsmitglieder"³⁶¹. Daneben dient das gesetzliche Wettbewerbsverbot auch der Konkurrenzverhütung³⁶², d.h. der Vorstand soll und darf Geschäftschancen der Gesellschaft nicht an sich ziehen³⁶³.

21.128

---

349 Beispiel bei *Happ* in Happ/Groß/Möhrle/Vetter, Aktienrecht, Muster 8.08, S. 843 und *Lingemann* in Bauer/Lingemann/Diller/Haußmann, Anwalts-Formularbuch Arbeitsrecht, 7. Aufl. 2021, M 5.1, S. 223 ff.
350 Vgl. *Tänzer*, GmbHR 2003, 754, 756.
351 *C. Arnold* in Goette/Arnold, Handbuch Aufsichtsrat, § 4 Rz. 1288.
352 Vgl. *Schmitz/Glöckner*, AG 2003, R206, R208.
353 Siehe *Schilling*, VW 2003, 1183.
354 Es sollen Prämienanhebungen von 300 bis 500 % zu beobachten sein; vgl. *Schmitz/Glöckner*, AG 2003, R206, R208; *Kiethe*, BB 2003, 537.
355 *Deilmann*, NZG 2005, 54, 55 f.
356 Vgl. hierzu *Lange*, VersR 2010, 162; *Lingemann*, BB 2009, 1918, 1922; *Schulz*, ZfV 2009, 558; *Wendler*, ZfV 2009, 593; *Thüsing/Traut*, NZA 2010, 140; *Franz*, DB 2009, 2764; *Olbrich/Kassing*, BB 2009, 1659.
357 *Lutter/Krieger/Verse*, Rechte und Pflichten des Aufsichtsrats, Rz. 1037.
358 *Fleischer* in BeckOGK AktG, Stand 1.6.2021, § 93 AktG Rz. 303; *Thüsing/Traut*, NZA 2010, 140, 142 f.; *Franz*, DB 2009, 2764, 2772; *Hoffmann-Becking/Krieger*, NZG Beilage 26/2009, 1, 7.
359 *Fleischer* in BeckOGK AktG, Stand 1.6.2021, § 93 AktG Rz. 303; *Hohenstatt*, ZIP 2009, 1349, 1354; *Harzenetter*, DStR 2010, 653, 658; *Thüsing/Traut*, NZA 2010, 140, 143; *Franz*, DB 2009, 2764, 2772; Umgehungsfälle werden in der Praxis aber nur schwer nachweisbar sein.
360 Zu Einzelheiten vgl. *Spindler* in MünchKomm. AktG, 5. Aufl. 2019, § 88 AktG Rz. 9 ff.
361 BGH v. 2.4.2001 – II ZR 217/99, DB 2001, 1189 = AG 2001, 468; BGH v. 17.2.1997 – II ZR 278/95, DB 1997, 1271 = AG 1997, 328.
362 BGH v. 2.4.2001 – II ZR 217/99, DB 2001, 1189 = AG 2001, 468.
363 Näher *Verse* in Krieger/Uwe H. Schneider, Handbuch Managerhaftung, § 26.

21.129 Das gesetzliche Wettbewerbsverbot gilt nach dem Gesetz für „Vorstandsmitglieder". Daher ist **streitig, ob die Dauer der Anstellung oder die Dauer der Bestellung maßgebend** ist[364]. Unproblematisch ist dies, wenn die Bestellung widerrufen und die Anstellung durch Kündigung beendet wird[365]. Relevant wird diese Frage, wenn zwar die Bestellung beendet, nicht aber das Anstellungsverhältnis gekündigt wird (etwa wegen Verstreichens der Frist aus § 626 Abs. 2 BGB). Nach h.M. endet das organschaftliche Wettbewerbsverbot grundsätzlich mit der Amtsbeendigung[366]. Teilweise wird zwar ein Fortbestehen des Wettbewerbsverbots angenommen, wenn die Gesellschaft vertragskonform die Vergütung fortbezahlt[367]. Dem wird mit dem Argument widersprochen, dass die Gesellschaft in einem solchen Fall die Arbeitskraft nicht mehr in Anspruch nimmt[368].

21.130 Inhaltlich bezieht sich das Wettbewerbsverbot auf den konkreten **Tätigkeitsgegenstand der Gesellschaft**[369]. Dabei kommt es nicht allein auf den satzungsmäßigen Unternehmensgegenstand, sondern auch auf das tatsächliche Geschäftsfeld an[370]. Nicht höchstrichterlich geklärt ist, ob sich das Wettbewerbsverbot auf den gesamten Konzern bezieht. Nach dem Wortlaut („Gesellschaft") erstreckt sich das Verbot nur auf den Geschäftszweig der Gesellschaft selbst. Die h.L. dehnt den Geltungsbereich von § 88 Abs. 1 AktG unter Hinweis auf die Pflicht zur Konzernleitung, die im Umkehrschluss die Unterlassung von Wettbewerb verlange, auf alle Konzernunternehmen aus[371].

21.131 Erlaubt bleibt dem Vorstandsmitglied hingegen nach § 88 AktG eine **private Vermögensanlage**. Nach der Rechtsprechung soll dies selbst dann gelten, wenn das Vorstandsmitglied in Bereichen investiert, in denen auch die Gesellschaft tätig ist[372].

21.132 Wird gegen das gesetzliche Wettbewerbsverbot verstoßen, kann die Gesellschaft wahlweise nach § 88 Abs. 2 Satz 2 AktG in **getätigte Geschäfte eintreten**[373] oder nach § 93 Abs. 2, § 88 Abs. 2 Satz 1 AktG **Schadensersatz** verlangen. Daneben kommt ggf. auch eine Beendigung von Bestellung und Anstellung aus wichtigem Grund in Betracht[374].

21.133 Wettbewerbshandlungen sind jedoch zulässig, wenn der **Aufsichtsrat** durch Beschluss **vorab seine Einwilligung** erteilt hat. Diese zeitliche Abfolge ist strikt zu beachten. Denn einer nachträglichen Zustimmung des Aufsichtsrats steht nach der Literatur § 93 Abs. 4 Satz 2 AktG entgegen[375]. Nach § 88 Abs. 1 Satz 3 AktG können Einwilligungen nur für konkrete Einzelfälle erteilt werden. „Blankoermächtigungen" sind daher keine „flexible" Handhabung, sondern schlicht unwirksam[376].

---

364 Exemplarisch *Hüffer/Koch*, § 88 AktG Rz. 2 gegen *Spindler* in MünchKomm. AktG, 5. Aufl. 2019, § 88 AktG Rz. 11.
365 Vgl. aus der Rechtsprechung OLG Frankfurt v. 5.11.1999 – 10 U 257/98, AG 2000, 518, 520. Nach dessen Ansicht endet das Wettbewerbsverbot in diesem Fall übrigens auch dann, wenn zwischen den Beteiligten die Wirksamkeit der Beendigung streitig ist.
366 *Bauer/Diller*, Wettbewerbsverbote, 8. Aufl. 2019, § 24 Rz. 1028; *Spindler* in MünchKomm. AktG, 5. Aufl. 2019, § 88 AktG Rz. 11; OLG Oldenburg v. 17.2.2000 – 1 U 155/99, NZG 2000, 1038.
367 *Spindler* in MünchKomm. AktG, 5. Aufl. 2019, § 88 AktG Rz. 11; OLG Frankfurt v. 5.11.1999 – 10 U 257/98, AG 2000, 518, 519.
368 *Hüffer/Koch*, § 88 AktG Rz. 2.
369 Der Gegenstand des Unternehmens bestimmt sich nicht allein nach der Satzung, sondern auch nach dem tatsächlichen Geschäftsfeld; so schon RG v. 19.12.1924 – III 144/24, RGZ 109, 355 f.
370 Vgl. hierzu schon RG v. 19.12.1924 – III 144/24, RGZ 109, 355 f.
371 *Spindler* in MünchKomm. AktG, 5. Aufl. 2019, § 88 AktG Rz. 24; a.A. OLG Frankfurt v. 5.11.1999 – 10 U 257/98, AG 2000, 518, 519.
372 BGH v. 17.2.1997 – II ZR 278/95, AG 1997, 328.
373 Beispiel: BGH v. 2.4.2001 – II ZR 217/99, DB 2001, 1189 = AG 2001, 468 (erfolglos).
374 *Spindler* in MünchKomm. AktG, 5. Aufl. 2019, § 88 AktG Rz. 39.
375 Siehe *Spindler* in MünchKomm. AktG, 5. Aufl. 2019, § 88 AktG Rz. 27.
376 Vgl. *Armbrüster*, ZIP 1997, 1269, 1270.

Häufig wird in Anstellungsverträgen das gesetzliche Wettbewerbsverbot durch ein **vertragliches Wettbewerbsverbot** ergänzt[377]. Letzteres reicht oftmals in sachlicher (etwa Verbot von Beteiligung an Konkurrenzunternehmen) oder zeitlicher Hinsicht (nachvertragliches Wettbewerbsverbot) über das Gesetz hinaus[378]. Auch werden mitunter Wettbewerbsverbote vertragsstrafenbewehrt[379].

21.134

4. Nebentätigkeit

In sachlicher Nähe zum Wettbewerbsverbot steht die Nebentätigkeit von Vorstandsmitgliedern. Sie kann, muss aber nicht Wettbewerbscharakter haben. Die Übernahme von **konzerninternen Nebentätigkeiten** wird regelmäßig als Teil der Vorstandstätigkeit angesehen und ist daher zumeist in den Anstellungsverträgen ausdrücklich vereinbart. Der **Deutsche Corporate Governance Kodex** empfiehlt zur Vermeidung von Interessenkonflikten in **E.3**, insbesondere **konzernfremde** Aufsichtsratsmandate von Vorstandsmitgliedern nur mit Zustimmung des Aufsichtsrats zuzulassen. Dies entspricht bereits gängiger **Vertragspraxis**[380]. In sorgfältig verhandelten Verträgen finden sich neben diesbezüglichen Abwehrklauseln auch positiv formulierte **Nebentätigkeitspflichten** auf Verlangen des Aufsichtsrats. Hierbei kann es sich sowohl um konzerninterne Ämter als auch um Funktionen in Verbänden und Selbstverwaltungseinrichtungen der Wirtschaft handeln. Ein wesentlicher Gegenstand solcher Regelungen ist auch die Frage einer **Anrechnung** eventueller Vergütungen aus Nebentätigkeiten auf Vergütungen aus dem Hauptamt. Der DCGK differenziert in diesem Zusammenhang zwischen **konzerninternen** und **konzernfremden** Aufsichtsratsmandaten. Während **G.15** DCGK bei konzerninternen Mandaten eine Anrechnung der Aufsichtsratsvergütung empfiehlt, soll nach **G.16** DCGK bei konzernfremden Mandaten im Einzelfall eine Entscheidung des Aufsichtsrats über die Anrechnung herbeigeführt werden[381].

21.135

Ein **pauschaler Ausschluss** von rein privaten Nebentätigkeiten würde eine erhebliche Beschränkung des Vorstandsmitglieds in seinem allgemeinen Persönlichkeitsrecht bedeuten und würde einer AGB-rechtlichen Kontrolle ggf. nicht standhalten[382]. Da Vorstandsmitglieder die Gesellschaft jedoch mehr nach außen präsentieren als normale Arbeitnehmer, ist auch ein schutzwürdiges Interesse der Gesellschaft an dem Verbot von Nebentätigkeiten im privaten Bereich anzuerkennen[383].

21.136

5. Urlaub

Das Bundesurlaubsgesetz gilt nicht für Vorstandsmitglieder. Diese haben daher **keinen spezialgesetzlichen Anspruch** auf bezahlten Erholungsurlaub. Vorstandsanstellungsverträge enthalten jedoch regelmäßig entsprechende Regelungen[384]. Hierbei werden die Vorstandsmitglieder meist verpflichtet, die Inanspruchnahme untereinander oder mit dem Aufsichtsratsvorsitzenden abzustimmen oder grundsätzlich telefonisch erreichbar zu bleiben. Der Urlaub von Vorständen geht in der Praxis häufig deutlich über das Maß des Urlaubs von Arbeitnehmern hinaus[385]. Ein Jahresurlaub zwischen 25 und 30 Ar-

21.137

---

[377] Bauer/von Medem, ArbR 2011, 473; Formulierungsbeispiele bei Happ in Happ/Groß/Möhrle/Vetter, Aktienrecht, Muster 8.08, S. 843 und Lingemann in Bauer/Lingemann/Diller/Haußmann, Anwalts-Formularbuch Arbeitsrecht, 7. Aufl. 2021, M 5.1, S. 223 f.
[378] Zu Gestaltungsgrenzen Bauer/Diller, DB 1997, 94; Thüsing, NZG 2004, 9; vgl. ausführlich zu nachvertraglichen Wettbewerbsverboten bei Organmitgliedern: Bauer/Diller, Wettbewerbsverbote, 8. Aufl. 2019, § 24 Rz. 1024 ff.
[379] Siehe Fischer/Harth/Meyding, BB 2000, 1097, 1099.
[380] Vgl. Happ in Happ/Groß/Möhrle/Vetter, Aktienrecht, Muster 8.08, dort § 2.
[381] C. Arnold in Goette/Arnold, Handbuch Aufsichtsrat, § 4 Rz. 1646 f.
[382] C. Arnold in Goette/Arnold, Handbuch Aufsichtsrat, § 4 Rz. 1640.
[383] BGH v. 26.3.1984 – II ZR 229/83, NJW 1984, 2366, 2367; Spindler in MünchKomm. AktG, 5. Aufl. 2019, § 93 AktG Rz. 127.
[384] Siehe Happ in Happ/Groß/Möhrle/Vetter, Aktienrecht, Muster 8.08, dort § 7.
[385] Nehls in Schüppen/Schaub, Münchener Anwaltshandbuch Aktienrecht, § 22 Rz. 221.

beitstagen ist durchaus üblich[386]. Fehlt eine vertragliche Vereinbarung, scheint es sachgerecht, dass auf Basis der **dienstvertraglichen Fürsorgepflicht** der Gesellschaft das Maß an Urlaub geschuldet ist, das in vergleichbaren Gesellschaften üblich ist. Insbesondere in kleineren, international geprägten Aktiengesellschaften kann sich dabei auch eine geringere Zahl von Tagen als „üblich" erweisen.

6. Elternzeit und Mutterschutz

21.138   Jüngst ist vermehrt die Frage in den Vordergrund getreten, inwiefern Vorstandsmitglieder ihr **Mandat** aus Gründen des Mutterschutzes oder der Elternzeit **ruhen** lassen können[387]. Eine durch den Gender-Ausschuss des DAV unterstützte Gesetzesinitiative plädierte bereits für die Einführung einer Neuregelung über das Ruhenlassen des Vorstandsamts[388].

21.139   Bereits nach geltendem Recht besteht jedenfalls die Möglichkeit des **einvernehmlichen** Ruhens durch **Beendigung des Vorstandsmandats** unter der **aufschiebend befristeten Wiederbestellung**[389]. Abgesehen von nachwirkenden Treuepflichten ist das Vorstandsmitglied in diesem Fall tatsächlich von sämtlichen Organpflichten und Haftungsrisiken befreit[390]. Das Vorstandsmitglied ist bei diesem Vorgehen haftungsrechtlich durch die einstweilige Beendigung des Vorstandsmandats und durch die bereits erfolgte Wiederbestellung sowie den fortdauernden Anstellungsvertrag umfassend geschützt. Auch die von den Mitgliedern der Initiative befürchteten **Imageschäden** und **Rechtsunsicherheiten** sind bei einem solchen Vorgehen unbegründet[391].

21.140   Schwieriger gestaltet sich die Rechtslage hingegen, falls es sich tatsächlich um ein **„Ruhen"** der Vorstandstätigkeit **ohne Mandatsbeendigung** handeln soll. Wird ein Vorstandsmitglied etwa durch Delegation eines Ressorts an ein anderes Vorstandsmitglied von seiner Aufgabe als solcher entbunden, bleiben die an die Organstellung geknüpften residualen Leitungs- und Überwachungspflichten weiterhin bestehen[392]. Eine Exkulpation für sich in Elternzeit oder Mutterschutz befindende Vorstandsmitglieder für die Verletzung solcher Residualpflichten dürfte regelmäßig ausscheiden. Bei Vorstandsmitgliedern, die „sich lediglich vorrangig privaten Aufgaben oder anderen Interessen widmen", bleibt die Organverantwortung bestehen[393]. Nach der bisherigen Rechtslage ist ein „Ruhenlassen" des Mandats unter gleichzeitiger Haftungsfreistellung mit dem Aktiengesetz inkompatibel.

21.141   In der Beschlussempfehlung zum Gesetzesentwurf des **FüPoG II** nimmt sich der Gesetzgeber dem Regelungsbedürfnis an und implementiert den neu gefassten **§ 84 Abs. 3 AktG**[394]. Dieser regelt das Recht eines Vorstandsmitglieds auf Widerruf seiner Bestellung und die Möglichkeit des Aufsichtsrats zum Widerruf in bestimmten Lebenssachverhalten. Die Norm enthält ein abgestuftes System, das je nach Bedeutung des geregelten Lebenssachverhalts folgende Regelungen bereithält:

21.142   § 84 Abs. 3 Satz 1 AktG gewährt Vorstandsmitgliedern in den Fällen des Mutterschutzes, der Elternzeit, der Pflege eines Familienangehörigen oder Krankheit das **Recht auf zeitweisen Widerruf**, also auf Aussetzung der Bestellung. Im Falle des Mutterschutzes sieht § 84 Abs. 3 Satz 2 Nr. 1 AktG vor, dass sich das Recht auf Widerruf der Bestellung an den aus § 3 Abs. 1 und 2 MuSchG folgenden Fristen orientieren muss. Der Aufsichtsrat hat die Bestellung zu widerrufen. Einer **weiteren Abwägung**

---

386 *Fonk* in Semler/v. Schenck/Wilsing, ArbeitsHdb. Aufsichtsratsmitglieder, § 11 Rz. 199.
387 Stein des Anstoßes für die Initiative #stayonboard war die Niederlegung des Vorstandsmandats durch *Delia Lachance* bei der Westwing Group AG.
388 Genderausschuss des DAV, Stellungnahme zum Eckpunktepapier der Initiative #stayonboard, DAV-Stellungnahme Nr. 70/2020, S. 12.
389 *Scholz*, AG 2021, 9, 10 f.
390 *Fleischer* in BeckOGK AktG, Stand 1.6.2021, § 93 AktG Rz. 191 f.
391 *Apfelbacher/Hemeling/Hoffmann-Becking/Kremer/Krieger/Löbbe/Maier-Reimer*, NZG 2020, 1281, 1282.
392 *Scholz*, AG 2021, 9, 10 f.; *Seibt* in K. Schmidt/Lutter, § 84 AktG Rz. 66.
393 *Scholz*, AG 2021, 9, 10 f.
394 Hierzu im Folgenden: Beschlussempfehlung, BT-Drucks. 19/30514.

des Aufsichtsrats bedarf es **nicht**. Ebenso kann dem Vorstandsmitglied **kein wichtiger Grund entgegengehalten** werden kann. Soweit sich die Schutzfrist des MuSchG verlängern oder verkürzen sollte, ist der Beschluss des Aufsichtsrats entsprechend anzupassen.

Nach § 84 Abs. 3 Satz 2 Nr. 2 AktG besteht in Fällen der **Elternzeit**, der **Pflege eines Familienangehörigen** oder der **Krankheit** ein **Anspruch** des Vorstandsmitglieds auf Widerruf der Bestellung, jedoch lediglich für einen Zeitraum von **bis zu drei Monaten**. Maßgeblich für die Dauer ist das Verlangen des Vorstandsmitglieds. Soweit kein wichtiger Grund vorliegt, aufgrund dessen der Aufsichtsrat von dem Widerruf absehen kann, hat der Aufsichtsrat die Bestellung zu widerrufen. Ein **wichtiger Grund** kann sich insbesondere aus dem Zeitpunkt des Verlangens des Vorstandsmitglieds ergeben, soweit es zur **Unzeit** erfolgt, weil etwa infolge des Anstehens wichtiger Entscheidungen in dem betroffenen Ressort ein Schaden der Gesellschaft zu befürchten ist. Ob das Vorliegen eines wichtigen Grundes dazu führt, dass der Aufsichtsrat vom Widerruf der Bestellung abzusehen hat, liegt in seinem **Ermessen**. Damit verbleibt dem Aufsichtsrat in diesen Fällen eine **Entscheidungskompetenz**, so dass auch den Interessen der Shareholder und der Gesellschaft hinreichend Rechnung getragen werden kann. Falls der Aufsichtsrat das Gesuch ablehnt, sollte er die Entscheidung schriftlich begründen. Verlangt das Vorstandsmitglied einen Widerruf der Bestellung über einen **längeren Zeitraum** als drei Monate, liegt es nach § 84 Abs. 3 Satz 3 AktG allein im Ermessen des Aufsichtsrats, den Widerruf vorzunehmen. Die Obergrenze für die „Auszeit" beträgt zwölf Monate. Im Falle der Ablehnung ist das Vorliegen eines wichtigen Grundes nicht erforderlich. Vielmehr obliegt dem Aufsichtsrat die **vollständige Entscheidungskompetenz**.

21.143

Dem vom Gesetzgeber wahrgenommenen Regelungsanliegen wird dadurch nachgekommen, dass dem Vorstandsmitglied in den genannten Lebenssituationen das Recht auf oder jedenfalls dem Aufsichtsrat die Möglichkeit zum **vorübergehenden Widerruf** der Bestellung eingeräumt wird, um die sich aus der Bestellung ergebenden Haftungsrisiken zu vermeiden. Unbenommen bleibt es dem Vorstandsmitglied weiterhin, sein Amt auch endgültig niederzulegen.

21.144

Die **Darlegungs- und Beweislast**, dass eine der genannten Lebenssituationen vorliegt, verbleibt beim Vorstandsmitglied. In rechtlicher Hinsicht stellt sich die Neuregelung als **Widerruf der Bestellung** verbunden mit einem **Anspruch auf Neubestellung** nach dem jeweiligen Zeitraum dar. Dieser Anspruch kann dadurch erfüllt werden, dass das Vorstandsmitglied nach Ablauf des Zeitraums erneut oder bereits zeitgleich mit dem Widerruf aufschiebend befristet wiederbestellt wird.

21.145

Die Neuregelung hat zur Folge, dass das Vorstandsmitglied während der „Auszeit" von seinen **Pflichten und Haftungsrisiken vollumfänglich befreit** ist. Daneben hat es die Sicherheit, nach Ablauf des Zeitraums wiederbestellt zu werden. Denkbar erscheint es, den **Anstellungsvertrag** weiterhin **aufrechtzuerhalten**, so dass das Vorstandsmitglied auch in diesem Zeitraum seine **Vergütung** erhält. Weiterhin besteht die Möglichkeit, durch vertragliche Regelungen dem Vorstandsmitglied bestimmte Rechte zu gewähren, wie etwa die Einsichtnahme in geschäftliche E-Mails oder den Zugang zu Informationen. Zu beachten sind hierbei jedoch die Folgen und Haftungsrisiken, die sich aus entsprechenden Vereinbarungen im Einzelfall ergeben können.

21.146

Das **Ende der vorgesehenen Amtszeit** wird durch die „Auszeit" des Vorstandsmitglieds nach Satz 4 **nicht beeinflusst**. Durch die § 84 Abs. 3 Satz 6 und 7 AktG wird sichergestellt, dass die **Vorgaben zur Mindestzahl** der Vorstandsmitglieder **kein Hindernis** für die Ausübung des Rechts der Vorstandsmitglieder darstellen. Ebenfalls sieht § 84 Abs. 3 Satz 8 AktG vor, dass das **Mindestbeteiligungsgebot** nicht eingreift, wenn im Falle des Ausscheidens des Vorstandsmitglieds die Vorgaben zur Besetzung mit mindestens einem Mann oder mindestens einer Frau bei Vorstand mit mehr als drei Mitgliedern nicht mehr erfüllt ist, das Mindestbeteiligungsgebot aber ohne den Widerruf eingehalten werden würde. § 84 Abs. 3 Satz 9 AktG erklärt die Anwendbarkeit des § 88 AktG während der „Auszeit".

21.147

21.148 Die Neuregelung hat rege Kritik erfahren: Zum einen seien **Vorstände keine** Arbeitnehmer. Ein solches Recht räume den Vorstandsmitgliedern Arbeitnehmerschutzrechte ein, die der besonderen gesellschaftsrechtlichen Stellung der Vorstände zuwiderliefe[395]. Vielmehr schuldeten Vorstandsmitglieder der Gesellschaft ihre volle Arbeitskraft und hätten in gewissem Maße ihre persönlichen Interessen unterzuordnen[396]. Dagegen spreche ebenso die Verteilung der Entscheidungs- und Verantwortungsbereiche. Der Aufsichtsrat habe stets die Letztentscheidung über die Unterbrechung einer Vorstandstätigkeit. Mit dieser Kompetenz sei ein gesetzlicher Anspruch nicht zu vereinbaren. Etwas Anderes könne auch dann nicht gelten, wenn die Initiative dem Aufsichtsrat ein Widerspruchsrecht „aus wichtigem Grund zum Wohle der Gesellschaft" zugestehen würde. Ein solches würde das Ermessen des Aufsichtsrats von vornherein auf Fälle eines „wichtigen Grunds" reduzieren[397].

7. Change-of-Control-Klauseln

21.149 Am Markt umworbene Vorstandsmitglieder vermögen in den Vertragsverhandlungen mit dem Aufsichtsrat attraktive Auflösungsklauseln durchzusetzen, die sie unter bestimmten Voraussetzungen berechtigen, den Anstellungsvertrag außerordentlich zu kündigen und die **Abgeltung der kapitalisierten Gesamtbezüge** zu verlangen. Gelegentlich sind auch darüber hinausgehende Zusatzabfindungen zu beobachten. In der Sache knüpfen solche Klauseln häufig an Veränderungen im Aktionärskreis („**Change of Control**") an[398]. Der Umfang des Leistungsversprechens muss dem **Angemessenheitserfordernis nach § 87 Abs. 1 AktG** genügen[399]. Ziff. 4.2.3 Abs. 5 DCGK 2017 sah vor, dass die Leistungen aus Anlass der vorzeitigen Beendigung der Vorstandstätigkeit in Folge eines Kontrollwechsels 150 % des sog. Abfindungs-Caps nicht übersteigen, d.h. bei einer Restlaufzeit des Anstellungsvertrags von zwei oder mehr Jahren maximal drei Jahresvergütungen ausmachen sollten[400]. Laut der Begründung des DCGK in seiner aktuellen Fassung konnte die Regierungskommission dahingehend eine weit verbreitete Fehlvorstellung feststellen[401]. Die in der damaligen Fassung des DCGK enthaltene Empfehlung einer Zahlungsobergrenze für den Fall eines Kontrollwechsels wurde demnach häufig fehlerhaft mit einer Empfehlung zur Einführung von Change-of-Control-Klauseln verwechselt[402]. Diesen Umstand nahm die Kommission zum Anlass, in der Neufassung des DCGK die Anregung **G.14** einzuführen, wonach Zusagen für Leistungen aus Anlass der vorzeitigen Beendigung des Anstellungsvertrags durch das Vorstandsmitglied infolge eines Kontrollwechsels nicht vereinbart werden sollten. Die als **Anregung** ausgestaltete Neufassung sieht von ihrem Wortlaut also lediglich den Fall erfasst, dass die vorzeitige Beendigung der Vorstandstätigkeit „**durch das Vorstandsmitglied**" veranlasst wurde[403]. Ungeklärt bleibt hingegen der Fall der vorzeitigen Beendigung der Vorstandstätigkeit aufgrund eines **Kontrollwechsels**[404].

21.150 Die Auffassung der Kommission deckt sich mit der teilweise kritischen Hinterfragung von Change-of-Control-Klauseln durch Aufsichtsräte. Im Vordergrund steht hierbei die Frage, inwiefern sich solche Klauseln durch das Unternehmenswohl rechtfertigen lassen. Auch wenn diese Einwände bisher nicht zu einer völligen Streichung der Klauseln geführt haben, lassen sich dennoch verschärfte Anforderun-

---

395 So auch die Stellungnahme des DAV-Handelsrechtsausschusses.
396 *Apfelbacher/Hemeling/Hoffmann-Becking/Kremer/Krieger/Löbbe/Maier-Reimer*, NZG 2020, 1281, 1283.
397 Zum Ganzen ausführlich: *Apfelbacher/Hemeling/Hoffmann-Becking/Kremer/Krieger/Löbbe/Maier-Reimer*, NZG 2020, 1281 ff.
398 Eingehend dazu *Dreher*, AG 2002, 214 ff.
399 *Hüffer/Koch*, § 87 AktG Rz. 23; *Weber* in Hölters, § 87 AktG Rz. 44; *Fonk* in Semler/v. Schenck/Wilsing, ArbeitsHdb. Aufsichtsratsmitglieder, § 11 Rz. 211.
400 *Weber* in Hölters, § 87 AktG Rz. 44.
401 *Kießling* in JIG, DCGK, G. 14 Rz. 2.
402 Begründung DCGK, G. 14, S. 16.
403 *Bachmann*, ZHR 2020, 127, 136 f.; zur Angabe solcher Klauseln im Vergütungssystem: *C. Arnold/Herzberg/Zeh*, AG 2020, 313, 319.
404 *C. Arnold/Gralla*, NZG 2020, 529, 537.

gen beobachten[405]. Danach soll etwa nicht nur an den Kontrollwechsel-Fall als solchen angeknüpft werden, sondern weitere Bedingungen zum Eingreifen der Change-of-Control-Klausel erforderlich sein. Hier kommt in Betracht, neben dem Kontrollwechsel auch eine **Beeinträchtigung des Vorstandsmitglieds** (sog. **Double Trigger**) zu fordern. In welchen Fällen eine Beeinträchtigung vorliegen soll, unterliegt dabei den Vereinbarungen zwischen dem Vorstand und der Gesellschaft im Anstellungsvertrag. Dies kann in der Praxis zu weitreichenden Problemen führen. Schließlich werden die Parteien in ihren Anstellungsverträgen die Bedingungen für eine Beeinträchtigung abhängig von ihren individuellen Bedürfnissen ausgestalten[406].

Change-of-Control-Klauseln sind auch nach dem sog. **Mannesmann-Urteil des BGH** (siehe hierzu Rz. 21.63 weiterhin generell zulässig[407]. Dies folgt aus dem Zweck derartiger Klauseln, eine unbefangene Beurteilung des Übernahmeversuchs durch das Vorstandsmitglied zu gewährleisten. Hierin besteht ein deutlicher Nutzen für die Gesellschaft, wenn die Vorstandsmitglieder das Übernahmeangebot ausschließlich im Interesse des Unternehmens und seiner Aktionäre beurteilen und ihre Entscheidungen nicht von der Sorge um persönliche wirtschaftliche Nachteile beeinflusst werden[408]. Aus Sicht des Vorstandsmitglieds besteht ein nachhaltiger Unterschied in den Gestaltungsmöglichkeiten für einen Vorstand einer börsennotierten AG im Streubesitz einerseits und dem Vorstand einer faktisch oder vertraglich konzerngebundenen Gesellschaft andererseits[409]. Zurückhaltung bei der nachträglichen Vereinbarung solcher Klauseln kann aber geboten sein, wenn sich die konkrete Übernahmesituation bereits abzeichnet[410]. 21.151

Gründe der Rechtssicherheit und Handhabbarkeit sprechen dafür, bei der **Vertragsgestaltung** auf das Über- oder Unterschreiten bestimmter Schwellen nach §§ 33 f. WpHG oder auf einen Kontrollerwerb nach § 29 Abs. 2 WpÜG abzustellen[411]. Alternativ zu dieser pauschalen Anknüpfung kann auf die faktischen Hauptversammlungsmehrheiten Bezug genommen werden[412]. 21.152

Im Einzelfall bieten Aufsichtsräte in Vertragsverhandlungen auch aktiv entsprechende Klauseln an. So eingesetzt, handelt es sich bei Auflösungsklauseln um ein klassisches **Verteidigungsmittel gegen feindliche Übernahmen**, dessen Zulässigkeit in der Literatur umstritten ist[413]. Wie jede „pre-bid defence" wirft ein solches Vorgehen jenseits der konkreten Fragen nach der Angemessenheit i.S.d. § 87 AktG und der Vereinbarkeit mit der Entschließungsfreiheit des Aufsichtsrats nach § 84 AktG auch die grundsätz- 21.153

---

405 *C. Arnold* in Goette/Arnold, Handbuch Aufsichtsrat, Rz. 1463; so scheint es auch nicht ausgeschlossen, dass die bisherige Anregung zu einer Empfehlung angehoben werden könnte: *Dörrwächter*, DB 2018, 2977, 2981.
406 Hierzu im Einzelnen: *C. Arnold* in Goette/Arnold, Handbuch Aufsichtsrat, Rz. 1739.
407 *Mertens/Cahn* in KölnKomm. AktG, 3. Aufl. 2010, § 87 AktG Rz. 86; *Fleischer* in BeckOGK AktG, Stand 1.6.2021, § 87 AktG Rz. 60; *Weber* in Hölters, § 87 AktG Rz. 44; *Dauner-Lieb*, DB 2008, 567, 568; *Korts*, BB 2009, 1876, 1877; generell krit. gegenüber Change-of-Control-Klauseln *Martens*, ZHR 169 (2005), 124 ff.
408 *Dauner-Lieb*, DB 2008, 567, 568; *Hoffmann-Becking*, ZHR 169 (2005), 170; *Lutter*, ZIP 2006, 733, 737.
409 Vgl. *Traugott/Grün*, AG 2007, 761, 766.
410 *Weber* in Hölters, § 87 AktG Rz. 45; *Hüffer/Koch*, § 87 AktG Rz. 23; *Korts*, BB 2009, 1876, 1878; hingegen die Vereinbarung einer Change-of-Control-Klausel für grundsätzlich unzulässig erachtend, falls sich Übernahmeversuch bereits konkret abzeichnet, *Spindler* in MünchKomm. AktG, 5. Aufl. 2019, § 87 AktG Rz. 162; *Kort*, AG 2006, 106, 108 (partielle Unzulässigkeit); wohingegen *Dauner-Lieb*, DB 2008, 567, 568, die nachträgliche Vereinbarung aus bestimmtem Anlass für grundsätzlich sinnvoll und angebracht hält.
411 *Bauer/Krets*, DB 2003, 811, 816; *Bauer/C. Arnold*, DB 2006, 260, 263.
412 Vgl. hierzu sowie zu weiteren denkbaren Definitionen des Kontrollwechsels *Fonk* in Semler/v. Schenck/Wilsing, ArbeitsHdb. Aufsichtsratsmitglieder, § 11 Rz. 208; *Dreher*, AG 2002, 214, 217 f.; *Reufels* in Hümmerich/Reufels, Gestaltung von Arbeitsverträgen, 4. Aufl. 2019, § 3 Rz. 291.
413 *Bauer/Krets*, DB 2003, 811, 816 gegen *Michalski*, AG 1997, 152, 160; *Schima* in FS Binder, 2010, S. 817, 839.

liche Frage auf, ob es Sache von Vorstand und Aufsichtsrat ist, mit Mitteln der Gesellschaft über die Zusammensetzung des Aktionärskreises zu befinden[414]. Insoweit ist mit Blick auf §§ 33 ff. WpÜG eine differenzierte Betrachtung geboten, die auch zu berücksichtigen hat, ob die Gesellschaft von der „opt out"-Möglichkeit nach § 33a WpÜG Gebrauch gemacht hat.

21.154 Nicht regelbar ist eine Abfindungszahlung bei **außerordentlicher Kündigung** durch die Gesellschaft. Sie ist nichtig[415].

8. Kredite der Gesellschaft

21.155 Nach § 89 AktG bedürfen Kredite an **Vorstandsmitglieder**, deren **Ehegatten**, Lebenspartner[416] und **minderjährige Kinder** eines Beschlusses des Aufsichtsrats[417]. Unter Kredit im Sinne dieser Bestimmung fallen **jegliche Formen der Kreditgewährung**, also auch Bürgschaften und Garantien[418].

21.156 Um **wirtschaftliche Umgehungen** zu unterbinden, erstreckt § 89 Abs. 2 Satz 2 AktG das Beschlusserfordernis auch auf Kredite abhängiger bzw. herrschender Unternehmen. Gleiches gilt für Kredite an einen auf Rechnung des Vorstandsmitgliedes, seines Ehegatten, Lebenspartners oder minderjährigen Kindes Handelnden (§ 89 Abs. 3 AktG). Aus gleichem Grunde werden bei personeller Verflechtung auch Kredite an dritte Gesellschaften erfasst (§ 89 Abs. 4 AktG).

21.157 Der **Beschluss des Aufsichtsrats** darf nur für einen bestimmten Kredit und längstens drei Monate im Voraus gefasst werden (§ 89 Abs. 1 Satz 2 AktG). Der Beschluss hat auch die Verzinsung und die Rückzahlung zu regeln.

21.158 Wird ein Kredit unter Verstoß gegen diese Erfordernisse gewährt, ist er stets sofort zurückzugewähren, es sei denn, der Aufsichtsrat stimmt nachträglich zu (§ 89 Abs. 5 AktG). Für einen der Gesellschaft durch die Kreditgewährung entstandenen **Schaden** (z.B. eine Zinsdifferenz zwischen dem Organkredit und den Kreditlinien der Gesellschaft) haftet das Vorstandsmitglied ggf. nach Maßgabe von § 93 Abs. 3 Nr. 8 AktG[419].

21.159 Kreditbeziehungen zwischen der Gesellschaft und ihren Vorstandsmitgliedern sind nach § 285 Nr. 9c HGB im **Jahresabschluss** der Gesellschaft offenlegungspflichtig.

21.160 Zu den im Zuge des **ARUG II** neu eingeführten Regelungen zu Geschäften mit nahestehenden Personen (sog. **„Related Party Transactions")** siehe Rz. 32.1 ff.

21.161 Für Kreditinstitute ergeben sich besondere Beschränkungen aus § 15 KWG.

VII. AGG und Vorstandsmitglieder

21.162 Die arbeitsrechtlichen Vorschriften des Allgemeinen Gleichbehandlungsgesetzes (AGG) gelten für Vorstandsmitglieder mit Blick auf Zugang zur Erwerbstätigkeit sowie den beruflichen Aufstieg entsprechend (§ 6 Abs. 3 AGG). Da Organmitglieder Einkünfte ausschließlich aus dem Dienstverhältnis

---

414 Vgl. *Hopt*, ZGR 2002, 333, 360 ff.
415 BGH v. 17.3.2008 – II ZR 239/06, ZIP 2008, 1114 = AG 2008, 894; vgl. hierzu auch Ziff. 4.2.3 Abs. 4 Satz 2 DCGK.
416 Vgl. § 1 PartGG.
417 Etwas Anderes gilt nur für Kreditinstitute, bei denen nach § 89 Abs. 6 AktG die Bestimmungen des KWG über Organkredite gelten.
418 *Spindler* in MünchKomm. AktG, 5. Aufl. 2019, § 89 AktG Rz. 14; *Hüffer/Koch*, § 89 AktG Rz. 2.
419 Näher *Spindler* in MünchKomm. AktG, 5. Aufl. 2019, § 89 AktG Rz. 57.

erzielen, spricht der Wortlaut der Regelung dafür, die Vorschriften des AGG nur auf das Dienstverhältnis, nicht aber den gesellschaftsrechtlichen Akt der Bestellung anzuwenden[420]. Der BGH hat im Jahr 2012 noch offengelassen, ob das AGG auf **Anstellung und Bestellung** anwendbar ist[421]. Zuletzt hat der BGH den § 6 Abs. 3 AGG über dessen Wortlaut hinaus auch auf den **Fremdgeschäftsführer einer GmbH** insoweit angewendet, wie bei einer Kündigung ihres Geschäftsführerdienstvertrags der sachliche Anwendungsbereich des AGG über § 2 Abs. 1 Nr. AGG eröffnet ist[422]. Dafür spricht ebenso die europarechtskonforme Auslegung[423]. Unklar bleibt weiterhin, ob auch Vorstandsmitglieder einer AG im unionsrechtlichen Sinne als Arbeitnehmer anzusehen sind. Dagegen spricht neben der mangelnden Weisungsgebundenheit auch der Umstand, dass Vorstandsmitglieder nicht einschränkungslos abberufen werden können. Damit sind Vorstandsmitglieder weiterhin nicht als Arbeitnehmer im unionsrechtlichen Sinne anzusehen[424].

Die **Beendigung des Dienstverhältnisses** sowie der **Widerruf der Bestellung** unterliegen nicht dem AGG. Dessen Diskriminierungsverbote sollen nicht die Abwägungsentscheidung über die Ausübung dieser Rechte beschränken. Anwendbar sind aber selbstverständlich die äußersten Grenzen der Sittenwidrigkeit und des Grundsatzes von Treu und Glauben[425]. Die Entscheidung über die Verlängerung der Tätigkeit des Vorstandsmitglieds fällt nach dem BGH in den Geltungsbereich des AGG, wenn sich das Vorstandsmitglied nach Ablauf der Befristung erneut um das Amt bewirbt[426].   21.163

Infolge der Erstreckung des Diskriminierungsschutzes nach dem AGG auf Vorstandsmitglieder ist bei der Auswahl aus den Kandidaten darauf zu achten, dass lediglich **gesetzeskonforme Erwägungen** angestellt werden. „AGG-sicher" sind beispielsweise sachliche Erwägungen wie Ausbildung oder geleistete Arbeit[427]. Problematisch können hingegen Erwägungen zu Religion oder Geschlecht sein, die nur ausnahmsweise relevant sein dürften[428]. Ebenso ist Vorsicht geboten bei öffentlichen Äußerungen zur Auswahlentscheidung und insbesondere zur Nichtverlängerung der Amtszeit eines ausscheidenden Vorstandsmitglieds. Nach Auffassung des BGH können **öffentliche Äußerungen** des Aufsichtsratsvorsitzenden, denen die übrigen Aufsichtsratsmitglieder nicht widersprechen, als Indiz für eine Benachteiligung i.S.d. § 22 AGG zu werten sein[429]. Die Gesellschaft müsste in einem Diskriminierungsverfahren vor Gericht sodann darlegen und beweisen, dass keine verbotene Benachteiligung vorliegt[430]. Die bislang übliche Praxis, die Nichtverlängerung der Amtszeit gegenüber Presse und Öffentlichkeit zur „Schonung" des ausscheidenden Vorstandsmitglieds nicht mit tatsächlichen Leistungsmängeln, sondern z.B. mit dem Alter der betreffenden Person zu begründen, ist vor diesem Hintergrund kritisch[431].   21.164

Der DCGK sieht in Empfehlung **B.5 DCGK** eine Altersgrenze für Vorstandsmitglieder vor und deren Angabe in der Erklärung zur Unternehmensführung nach § 289f HGB. Intention einer Altersgrenze   21.165

---

420 *Bauer/Krieger/Günther*, 5. Aufl. 2018, § 6 AGG Rz. 27; *Bauer/C. Arnold*, ZIP 2008, 993, 997.
421 BGH v. 23.4.2012 – II ZR 163/10, BB 2012, 1928 = GmbHR 2012, 845; vgl. hierzu *Lingemann/Weingarth*, DB 2012, 2325; ebenso bereits *Eßer/Baluch*, NZG 2007, 321, 328; *Krause*, AG 2007, 392, 394.
422 BGH v. 26.3.2019 – II ZR 244/17, NJW 2019, 2086; vgl. hierzu: *Menkel*, BB 2020, 1716, 1719 ff.
423 BGH v. 26.3.2019 – II ZR 244/17, NJW 2019, 2086; vgl. hierzu: *C. Arnold*, ArbRAktuell 2019, 281; *C. Arnold/Romero*, NZG 2019, 930.
424 *C. Arnold/Romero*, NZG 2019, 930, 932.
425 *Eßer/Baluch*, NZG 2007, 321, 329; *Bauer/C. Arnold*, ZIP 2012, 597, 602; vgl. zu den diesbezüglichen europarechtlichen Bedenken *Bauer/Krieger/Günther*, 5. Aufl. 2018, § 6 AGG Rz. 33 ff.
426 BGH v. 23.4.2012 – II ZR 163/10, BB 2012, 1928 = GmbHR 2012, 845; zuvor bereits so *Bauer/C. Arnold*, ZIP 2012, 597, 603.
427 *Horstmeier*, GmbHR 2007, 125, 128 f.
428 *Bauer/Krieger/Günther*, 5. Aufl. 2018, § 6 AGG Rz. 36.
429 BGH v. 23.4.2012 – II ZR 163/10, BB 2012, 1928 = GmbHR 2012, 845.
430 Vgl. hierzu ausführlich *Bauer/Krieger/Günther*, 5. Aufl. 2018, § 22 AGG Rz. 12.
431 *Bauer/C. Arnold*, NZG 2012, 921, 924, sprechen insoweit von einem möglichen „Bärendienst" des Aufsichtsrats für die Gesellschaft.

ist es, den erheblichen Belastungen einer Vorstandstätigkeit angemessen Rechnung zu tragen. Die Erreichung dieses Ziels wird regelmäßig durch die Festsetzung einer Altersgrenze unterhalb der Pensionsgrenze bezweckt. Verbreitet sind in der Praxis Altersgrenzen zwischen 58 und 65 Jahren, die in der Literatur mit guten Gründen (z.B. Sicherstellung der Leistungsfähigkeit des Organs, personelle Kontinuität in der Unternehmensführung[432]) für gerechtfertigt gehalten werden[433]. Ausreichend ist die Festlegung einer Regelaltersgrenze, deren einmalige Durchbrechung noch keine Einschränkung der Entsprechenserklärung gemäß § 161 AktG zur Folge hat[434].

21.166 Die Festlegung einer Altersgrenze für Vorstände stellt keinen Verstoß gegen das **Allgemeine Gleichbehandlungsgesetz** (AGG) dar[435]. Im Urteil vom 26.3.2019 verdeutlicht der BGH jedoch hinsichtlich des Gleichbehandlungsgrundsatzes, dass allein die Sicherstellung der Leistungsfähigkeit kein legitimes Ziel für die Vereinbarung einer Altersgrenze ist[436]. Vielmehr sind hier die besonderen Stärken der Älteren in den Vordergrund zu stellen, etwa die besondere fachliche Erfahrung aufgrund langjähriger Erfahrung in anspruchsvollen Aufgaben[437]. Die Wiederbestellung eines Vorstands kann ferner nicht deshalb von der Gesellschaft abgelehnt werden, weil das Vorstandsmitglied vor Ablauf der Fünf-Jahres-Periode das gesetzliche Renteneintrittsalter erreichen würde[438].

VIII. Versorgungsvertrag

21.167 Eine Versorgungszusage ist regelmäßig Bestandteil der Gesamtvergütung eines Vorstandsmitglieds. Die Gesellschaft sagt dem Vorstandsmitglied i.d.R. Versorgungsleistungen für Alter und Invalidität sowie meistens auch für Hinterbliebene zu. Als Durchführungsform für die Altersversorgung wird überwiegend die **Direktzusage** gewählt (vgl. § 1 Abs. 1 BetrAVG). Daneben spielt vor allem die Direktversicherung eine Rolle[439]. Die alte Fassung des DCGK 2017 sah in Ziff. 4.2.3 Abs. 3 DCGK die Empfehlung vor, dass der Aufsichtsrat bei Versorgungszusagen das jeweils angestrebte Versorgungsniveau – auch nach der Dauer der Vorstandszugehörigkeit – festlegt und den daraus abgeleiteten jährlichen sowie langfristigen Aufwand für das Unternehmen berücksichtigt. Eine solche Regelung findet sich im DCGK 2020 nicht mehr.

21.168 Die Höhe der Versorgungsleistungen muss dem **Angemessenheitsgebot** aus § 87 Abs. 1 Satz 4 AktG genügen[440]. Dies zwingt vor allem dazu, das Modell eines garantierten Leistungsniveaus („**Defined Benefits**") zu überdenken und stattdessen auf eine beitragsorientierte Versorgung umzustellen („**Defined Contributions**") oder sogar auf sämtliche Ruhegehaltszusagen zu verzichten. Das Vorstandsmitglied wäre dann selbst für die Altersversorgung verantwortlich[441]. Dieses Vorgehen entspricht nicht

---

432 *Bauer/C. Arnold*, ZIP 2012, 597, 600.
433 *Lutter/Krieger/Verse*, Rechte und Pflichten des Aufsichtsrats, Rz. 346; *Lutter*, BB 2007, 725, 728; *Kremer* in Kremer/Bachmann/Lutter/von Werder, Deutscher Corporate Governance Kodex, B.5, Rz. 1 ff. m.w.N.; *Bauer/C. Arnold*, ZIP 2012, 597, 600; *Wilsing/Meyer*, DB 2011, 341.
434 *Kremer* in Kremer/Bachmann/Lutter/von Werder, Deutscher Corporate Governance Kodex, B.5 Rz. 2.
435 *Lutter/Krieger/Verse*, Rechte und Pflichten des Aufsichtsrats, Rz. 346.
436 BGH v. 26.3.2019 – II ZR 244/17, NZG 2019, 705.
437 BAG v. 12.4.2016 – 9 AZR 659/14, NZA-RR 2016, 438.
438 BGH v. 23.4.2012 – II ZR 163/10, BGHZ 193, 110 = GmbHR 2012, 845 Rz. 56.
439 *Bauer/Baeck/von Medem*, NZG 2010, 721; *Lücke* in Lücke/Schaub, Beck'sches Mandatshandbuch Vorstand der AG, 2. Aufl. 2010, § 2 Rz. 157 ff.; vgl. *Fonk* in Semler/v. Schenck/Wilsing, ArbeitsHdb. Aufsichtsratsmitglieder, § 11 Rz. 269 ff. zu konkreten Ausgestaltungsmöglichkeiten der Versorgungszusage.
440 *Hüffer/Koch*, § 87 AktG Rz. 8; *Doetsch*, AG 2010, 465 ff.
441 *Bachmann* in Kremer/Bachmann/Lutter/von Werder, Deutscher Corporate Governance Kodex, G.14 Rz. 16; Zu den einzelnen Gestaltungsmöglichkeiten: *Seyfarth*, Vorstandsrecht, 2016, § 6.

zuletzt wegen den immer höher werdenden Summen solcher Zusagen in den vergangenen Jahren auch den Erwartungen institutioneller Investoren[442].

Im **Vergütungssystem** sind ebenso die Hauptmerkmale der Ruhegehalts- und Vorruhegehaltsregelungen anzugeben. Auch der Vergütungsbericht nach § 162 AktG hat auf die Zusagen einzugehen. 21.169

Zwar haben Vorstandsmitglieder keinen Arbeitnehmerstatus. Ihnen erteilte Versorgungszusagen unterliegen dennoch den **Regelungen der §§ 1–16 BetrAVG** (§ 17 Abs. 1 Satz 2 BetrAVG), sofern das jeweilige Vorstandsmitglied an der Gesellschaft nicht maßgeblich beteiligt ist und auch nicht auf andere Weise über Leitungsmacht verfügt[443]. Soweit die Vorschriften des BetrAVG zugunsten der Arbeitnehmer einseitig zwingend sind (§ 17 Abs. 3 Satz 3 BetrAVG), kann von ihnen auch nicht zu Lasten von Vorstandsmitgliedern abgewichen werden[444]. Nach der Rechtsprechung kann in Vereinbarungen mit Organmitgliedern aber im selben Maße von den Schutzbestimmungen des BetrAVG abgewichen werden, wie dies die Tarifvertragsparteien für Arbeitnehmer dürfen[445]. Soweit die Vorschriften des BetrAVG bei Arbeitnehmern tarifdispositiv sind, sind sie bei Vorstandsmitgliedern demnach „vertragsdispositiv"[446]. 21.170

Denkbar sind z.B. Abweichungen bei der Ermittlung der **Höhe der ratierlichen Anwartschaft** (§ 2 BetrAVG) und der Anpassungspflicht bei laufenden Versorgungsleistungen (§ 16 BetrAVG)[447]. Abweichungen zugunsten des Vorstandsmitglieds finden sich in der Praxis insbesondere bei der **Unverfallbarkeit**, indem die Vertragsparteien die gesetzlichen Unverfallbarkeitsfristen reduzieren oder eine sofortige Unverfallbarkeit annehmen. Besondere Sorgfalt ist bei der Vertragsgestaltung geboten, wenn es abweichend von § 16 BetrAVG um die Regelungen zur Bemessung und Anpassung des laufenden Ruhegehaltes geht; entsprechende Klauseln beschäftigen den BGH – aus naheliegenden Gründen – immer wieder[448]. 21.171

In Fällen, in denen bereits bei Abschluss eines Versorgungsvertrags zu erwarten ist, dass ein längerer Zeitraum zwischen dem Ausscheiden aus dem Unternehmen und dem Eintritt des Versorgungsfalles liegen wird, kann, soweit im Unternehmensinteresse geboten, eine **Anpassung der unverfallbaren Versorgungsanwartschaften** des ausgeschiedenen Vorstandsmitglieds an die tatsächlichen Veränderungen der Verhältnisse vereinbart werden, um eine verdiente Versorgung vor dem Kaufkraftverfall zu bewahren[449]. § 16 BetrAVG gewährt einen solchen Anspruch nur für laufende Versorgungsbezüge. Eine Analogie lässt die Rechtsprechung nicht zu. Der BGH[450] hat vielmehr entschieden, dass sich ein vergleichbarer Anspruch für die Anpassung der Versorgungsanwartschaft in der Zeit zwischen dem Ausscheiden aus dem Unternehmen und dem Beginn der Versorgungsleistungen aus dieser Bestimmung nicht ableiten lässt. 21.172

---

442 Vgl. Ziff. 1.5 Leitlinien; *Tüngler*, BOARD 2019, 166, 167; *Prinz/Schwalbach*, AR 2013, 111.
443 BGH v. 14.7.1980 – II ZR 224/79, WM 1980, 111; BGH v. 2.6.1997 – II ZR 181/96, ZIP 1997, 1351, 1352 = GmbHR 1997, 843; BGH v. 1.2.1999 – II ZR 276/97, NZA 1999, 380 = ZIP 1999, 398; *Kruip* in Karst/Cisch, 16. Aufl. 2021, § 17 BetrAVG Rz. 5 ff.
444 *Bauer/Baeck/von Medem*, NZG 2010, 721.
445 BGH v. 23.5.2017 – II ZR 6/16, NZG 2017, 948; BAG v. 21.4.2009 – 3 AZR 285/07, ZTR 2009, 657, im Widerspruch zu einer weit verbreiteten Literaturansicht, vgl. z.B. *Thüsing*, AG 2003, 484 ff.; der BGH war bislang stillschweigend von einer Unabdingbarkeit bei Vorstandsmitgliedern ausgegangen, BGH v. 29.5.2000 – II ZR 380/98, NZA 2001, 266.
446 So *Diller/C. Arnold/Kern*, GmbHR 2010, 281 ff.
447 Vgl. ausführlich hierzu *Diller/C. Arnold/Kern*, GmbHR 2010, 281 ff.; *Bauer/Baeck/von Medem*, NZG 2010, 721, 274.
448 Exemplarisch BGH v. 19.2.1994 – II ZR 244/93, AG 1995, 188; BGH v. 28.10.1996 – II ZR 46/96, AG 1997, 127.
449 Zur Anpassung in Zeiten der Corona-bedingten Pandemie: *Diller/Wolf*, DB 2021, 60.
450 BGH v. 14.11.2005 – II ZR 222/04, BB 2005, 2654 m. Anm. *Gehrlein*.

21.173 Teilweise verspricht die Gesellschaft Vorstandsmitgliedern sog. **Übergangsgelder**. Hierunter sind Leistungen für den Fall zu fassen, dass der Vorstandsvertrag vor Erreichen der Altersgrenze und ohne Invalidität nicht verlängert oder beendet wird (sog. dritter Pensionsfall)[451]. Mit Ausnahme von Vereinbarungen, die auch für den Fall einer wirksamen Kündigung aus wichtigem Grund seitens der Gesellschaft Übergangszahlungen vorsehen[452], sind Übergangsgelder grundsätzlich zulässig[453]. Als Leistung verwandter Art unterliegt das Übergangsgeld dem Angemessenheitsgebot des § 87 Abs. 1 Satz 4 AktG[454]. Teilweise wird diesbezüglich die Beschränkung des Übergangsgeldes auf eine Jahresvergütung für notwendig gehalten[455]. Richtigerweise ist die Höhe der Aktivbezüge zu beachten. Liegen diese bereits am oberen Ende des Angemessenen, dürfte ein größerer Abschlag beim Übergangsgeld notwendig sein, da es dem Vorstandsmitglied in diesem Fall zuzumuten ist, während seiner Amtszeit Vorsorge für beschäftigungslose Zeiten zu treffen[456]. Eine zeitliche Begrenzung der Zahlungspflicht sowie die Anrechnung anderweitigen Erwerbs sind weitere Mittel, um das Übergangsgeld in einem angemessenen Rahmen zu halten[457]. Ist das Übergangsgeld angemessen i.S.v. § 87 Abs. 1 AktG, beeinträchtigt es auch nicht unzulässig die in § 84 Abs. 1 AktG verankerte Entschließungsfreiheit des Aufsichtsrats über eine Verlängerung der befristeten Bestellung und Anstellung[458].

21.174 Versorgungszusagen werden häufig nicht im Anstellungsvertrag, sondern in einem gesonderten Versorgungsvertrag vereinbart[459]. Für dessen Abschluss gelten aber die Regeln für Anstellungsverträge entsprechend, d.h. es bedarf insbesondere eines **Beschlusses des Aufsichtsrats** (vgl. Rz. 21.26).

IX. Wiederbestellung und Vertragsverlängerung

21.175 Nach § 84 Abs. 1 Satz 2 AktG ist eine wiederholte Bestellung oder Verlängerung der Amtszeit jeweils höchstens für fünf Jahre **zulässig**. Dies gilt sinngemäß für die Anstellungsverträge von Vorstandsmitgliedern. In diesen kann jedoch vereinbart werden, dass sie sich im Fall der Verlängerung der Amtszeit um denselben Zeitraum verlängern[460].

21.176 Eine **automatische Verlängerung** ohne Aufsichtsratsbeschluss kann grundsätzlich weder für die Bestellung noch für die Anstellung vereinbart werden[461]. Etwas Anderes gilt gem. § 84 Abs. 1 Satz 4 AktG nur für den Fall, dass die Bestellung bzw. Anstellung die gesetzliche Höchstdauer von fünf Jahren nicht ausschöpft und auch die Verlängerung hierüber nicht hinausgreift. Bleibt der Bestellungs- oder Anstellungszeitraum insgesamt unterhalb der Fünfjahresgrenze des § 84 Abs. 1 Satz 1 AktG, sind

---

451 Vgl. *Fonk* in Semler/v. Schenck/Wilsing, ArbeitsHdb. Aufsichtsratsmitglieder, § 11 Rz. 273; *Beiner/Braun*, Der Vorstandsvertrag, 2. Aufl. 2014, Rz. 505; *Veltins*, BB 2013, 1077.
452 Vgl. hierzu BGH v. 17.3.2008 – II ZR 239/06, NZG 2008, 471 = AG 2008, 894.
453 *Bauer/Baeck/von Medem*, NZG 2010, 721; dagegen hält *Martens*, ZHR 169 (2005), 124, 140 die Zahlung eines Übergangsgeldes generell für unzulässig.
454 *Diller/C. Arnold*, AG 2010, 721, 722; *Walk* in FS Picker, 2010, S. 1154, 1161; *Hüffer/Koch*, § 87 AktG Rz. 8 ff.
455 *Ziemons* in Ziemons/Binnewies, Handbuch der AG, Rz. I 8.375.
456 Ähnlich *Bauer/Baeck/von Medem*, NZG 2010, 721, 725.
457 *Lutter/Krieger/Verse*, Aufsichtsrat, § 7 Rz. 418; *Bauer/Baeck/von Medem*, NZG 2010, 721; *Fonk* in Semler/v. Schenck/Wilsing, ArbeitsHdb. Aufsichtsratsmitglieder, § 11 Rz. 274.
458 *Fonk* in Semler/v. Schenck/Wilsing, ArbeitsHdb. Aufsichtsratsmitglieder, § 11 Rz. 275; *Dreher*, AG 2002, 214, 217; vgl. zu dieser zusätzlichen Schranke bei der Vereinbarung von Übergangsgeldern auch *Seibt* in K. Schmidt/Lutter, § 84 AktG Rz. 20.
459 Muster bei *Happ* in Happ/Groß/Möhrle/Vetter, Aktienrecht, Muster 8.09, S. 909.
460 Siehe § 84 Abs. 1 Satz 5 AktG.
461 So schon früh BGH v. 11.7.1953 – II ZR 126/52, NJW 1953, 1465.

automatische Verlängerungen möglich[462]. Überschreitet die automatische Verlängerung die Fünfjahresgrenze, so ist diese Vereinbarung gemäß § 134 BGB nichtig[463].

Ein Beschluss über die Verlängerung der Amtszeit bzw. des Anstellungsvertrags kann nach § 84 Abs. 1 Satz 3 AktG **frühestens ein Jahr vor Ablauf der Amtszeit** gefasst werden. Diese nach ihrem Wortlaut eindeutige Vorgabe des Gesetzes war in jüngerer Zeit aus gegebenen Anlässen zum Gegenstand wissenschaftlicher Diskussion geworden[464]. Konkret geht es um die Praxis, das bestehende Vorstandsdienstverhältnis vorzeitig aufzuheben, um danach frei von den Bindungen des § 84 Abs. 1 Satz 3 AktG eine **vorzeitige Neubestellung** vorzunehmen. Hiergegen wurden rechtspolitisch wie dogmatisch Einwände erhoben[465]. Auf den ersten Blick mag dies wie eine Gesetzesumgehung wirken. Erhebt man jedoch die Intention des Gesetzes, dass der Aufsichtsrat spätestens alle fünf Jahre über die Person des Vorstands und deren Leistungen nachdenken und dann über die Zusammensetzung neu – für wiederum längstens fünf Jahre – entscheiden soll, zum Maßstab, zeigt sich, dass diese Praxis mit dem Aktiengesetz vereinbar ist[466]. Auch der Deutsche Corporate Governance Kodex geht in Empfehlung **B.4 DCGK** weiterhin von der Zulässigkeit eines solchen Vorgehens aus, falls besondere Umstände vorliegen[467]. Dementsprechend hatte der BGH schon im Jahr 2012 entschieden, dass die Wiederbestellung eines Vorstandsmitglieds nach einverständlicher Amtsniederlegung früher als ein Jahr vor Ablauf der ursprünglichen Bestelldauer grundsätzlich zulässig ist[468]. Dabei sollen für diese Vorgehensweise nach der Entscheidung des BGH keine besonderen Gründe vorliegen müssen. Die Grenze sei lediglich beim Rechtsmissbrauch zu ziehen[469]. Bei börsennotierten Gesellschaften empfiehlt es sich vor dem Hintergrund der Empfehlung B.4 DCGK die besonderen Gründe (z.B. drohende Abwanderung oder Beendigung einer das Unternehmen lähmenden internen oder externen Nachfolgediskussion) aber zu **dokumentieren**, falls keine Abweichung in der Entsprechenserklärung erklärt werden soll[470]. Da der Kodex selbst keine Konkretisierung vorsieht, steht dem Aufsichtsrat hierfür nach den Grundsätzen der Business Judgement Rule ein Beurteilungsspielraum zu[471]. Solche besonderen Umstände dürften also insbesondere dann vorliegen, wenn das Vorstandsmitglied während der laufenden Amtsperiode zum Vorstandsvorsitzenden gewählt wird oder, wenn die vorzeitige Wiederbestellung zur Abwehr von Abwerbeversuchen Dritter dient[472].

21.177

---

462 *Fleischer* in BeckOGK AktG, Stand 1.6.2021, § 84 AktG Rz. 18 f.; *Dauner-Lieb* in Henssler/Strohn, § 84 AktG Rz. 10; dies noch offenlassend BGH v. 11.7.1953 – II ZR 126/52, NJW 1953, 1465.
463 *Fleischer* in BeckOGK AktG, Stand 1.6.2021, § 84 AktG Rz. 18; *Dauner-Lieb* in Henssler/Strohn, § 84 AktG Rz. 10.
464 Auslösend *Götz*, AG 2002, 305.
465 Pointiert *Götz*, AG 2002, 305; so auch noch *Hüffer*, 10. Aufl. 2012, § 84 AktG Rz. 7; *Spindler* in MünchKomm. AktG, 5. Aufl. 2019, § 84 AktG Rz. 52 f.
466 Ebenso *Bauer/C. Arnold*, DB 2006, 260; *Seibt* in K. Schmidt/Lutter, § 84 AktG Rz. 18.
467 *Kremer* in Kremer/Bachmann/Lutter/von Werder, Deutscher Corporate Governance Kodex, B.4 Rz. 2; Zur Frage, wann besondere Umstände i.S.d. Bestimmung vorliegen, siehe *Leuchten*, NZG 2005, 909, 910 f.; *Beiner/Braun*, Der Vorstandsvertrag, 2. Aufl. 2014, Rz. 121.
468 BGH v. 17.7.2012 – II ZR 55/11, DB 2012, 2036 = AG 2012, 677; dem zust. nun auch *Hüffer/Koch*, § 84 AktG Rz. 8.
469 BGH v. 17.7.2012 – II ZR 55/11, DB 2012, 2036 = AG 2012, 677.
470 *Leuering/Stein*, NJW Spezial 2011, 719, 720; vgl. hierzu auch *Schult/Nikoleyczik*, GWR 2012, 411.
471 *Busch/Link* in JIG, DCGK, B.4 Rz. 9.
472 *Kremer* in Kremer/Bachmann/Lutter/von Werder, Deutscher Corporate Governance Kodex, B.4 Rz. 4.

X. Besonderheiten im Konzern

1. Zulässigkeit von Doppelmandaten im Konzern

21.178 Die Zulässigkeit von Vorstandsdoppelmandaten im Konzern wird zwar in der Literatur thematisiert[473] und auch rechtspolitisch diskutiert[474]. Für die Gestaltungspraxis genügt aber, dass die Rechtsprechung eine Mehrfachbestellung im Konzern „generell" anerkannt hat und lediglich die **Zustimmung der Aufsichtsräte** beider Gesellschaften zu der Doppeltätigkeit verlangt (§ 88 Abs. 1 Satz 1 AktG)[475]. Der Streit ist daher aus heutiger Sicht historisch[476]. Soweit bei der Ausübung der Doppelmandate Interessenkonflikte entstehen können[477], sei es Sache der betreffenden Vorstandsmitglieder, sich so zu verhalten, dass eine Pflichtverletzung gegenüber der jeweiligen Gesellschaft vermieden wird[478]. Dabei müssen die betreffenden Vorstandsmitglieder beachten, dass ein Vorstandsmitglied im jeweiligen Amt ausschließlich in der betreffenden Funktion tätig wird[479]. Im Einzelfall auftretende Interessenkollisionen muss das betroffene Vorstandsmitglied den übrigen Vorstandsmitgliedern offenlegen[480]. Die Business Judgment Rule gilt für dieses Vorstandsmitglied dann nicht[481]. Bei Vorliegen eines Interessenkonflikts wird zwar vertreten, dass das betroffene Mitglied einem Stimmverbot unterliege[482]. Das ist aber allenfalls in Ausnahmefällen anzunehmen, etwa bei Entlastungsbeschlüssen in Bezug auf den Doppelmandatsträger. Den übrigen Vorstandsmitgliedern steht es nämlich frei, das befangene Vorstandsmitglied von der Teilnahme an der Beschlussfassung auszuschließen[483]. Auch bleibt es dem betroffenen Vorstandsmitglied unbenommen, sich seiner Stimme zu enthalten[484]. Im Übrigen ist ein Stimmverbot aber auch dann auszuschließen, wenn es zur Handlungsunfähigkeit des Vorstands führen würde. Soweit in der Literatur unter der **alten Fassung des DCGK** angenommen wurde, dass Vorstandsdoppel-

---

473 Etwa *Passarge*, NZG 2007, 441; *Aschenbeck*, NZG 2000, 1015; *Hoffmann-Becking*, ZHR 150 (1986), 570, 574; *Streyl*, Zur konzernrechtlichen Problematik von Vorstandsdoppelmandaten, 1992, S. 171 f.; *Semler* in FS Stiefel, 1987, S. 719, 732; *Timm*, ZIP 1993, 114, 117; *Dreher* in FS Lorenz, 1999, S. 175, 183 ff.
474 Für ein gesetzliches Verbot stritt etwa *Hommelhoff*, Gutachten G zum 59. DJT 1992, S. 62 f. Die Diskussion auf dem DJT zeigte im Übrigen deutliche Unterschiede in der Sichtweise von Unternehmensjuristen und Richterschaft, vgl. *Basten*, DWiR 1992, 434, 436.
475 BGH v. 9.3.2009 – II ZR 170/07, NZG 2009, 744, 745 = AG 2009, 500; OLG Köln v. 24.11.1992 – 22 U 72/92, AG 1993, 86, 89; LG Köln v. 3.2.1992 – 91 O 203/91, AG 1992, 23; vgl. hierzu auch *Fonk*, NZG 2010, 368; *Reuter*, AG 2011, 274.
476 Die Zulässigkeit ist denn auch in der Literatur anerkannt, vgl. *Emmerich* in Emmerich/Habersack, Aktien- und GmbH-Konzernrecht, § 308 AktG Rz. 29; *Hüffer/Koch*, § 76 AktG Rz. 54; vgl. *v. Schenck* in Lutter/Bayer, Holding-Handbuch, Rz. 5.66.
477 Etwa aufgrund Wettbewerb zwischen beiden Unternehmen, vgl. OLG Schleswig v. 26.4.2004 – 2 W 46/04, ZIP 2004, 1143.
478 BGH v. 9.3.2009 – II ZR 170/07, NZG 2009, 744, 745 = AG 2009, 500; OLG Köln v. 24.11.1992 – 22 U 72/92, AG 1993, 86, 89; *Marsch-Barner*, WuB 1993, 434, 436. Beispiel einer Pflichtverletzung bei *Hommelhoff*, Gutachten 59. DJT 1992, S. 21 f.; BGH v. 29.1.1962 – II ZR 1/61, BGHZ 36, 296, 310; BGH v. 26.3.1984 – II ZR 171/85, BGHZ 90, 381, 396.
479 BGH v. 21.12.1979 – II ZR 244/78, NJW 1980, 1629, 1630; *Hoffmann-Becking*, ZHR 150 (1986), 570, 577; *Hüffer/Koch*, § 76 AktG Rz. 52.
480 *Fleischer* in BeckOGK AktG, Stand 1.6.2021, § 93 AktG Rz. 94, 154; *Spindler* in MünchKomm. AktG, 5. Aufl. 2019, § 93 AktG Rz. 71; *Hopt/Roth* in Hirte/Mülbert/Roth, Großkomm. AktG, 5. Aufl. 2018, § 93 AktG Rz. 94.
481 *Hopt/Roth* in Hirte/Mülbert/Roth, Großkomm. AktG, 5. Aufl. 2019, § 93 AktG Rz. 59, 72; *Spindler* in MünchKomm. AktG, 5. Aufl. 2019, § 93 AktG Rz. 47, 25; *Hüffer/Koch*, § 93 AktG Rz. 6, 12.
482 Vgl. *Spindler* in MünchKomm. AktG, 5. Aufl. 2019, § 76 AktG Rz. 55; *Fleischer* in BeckOGK AktG, Stand 1.6.2021, § 76 AktG Rz. 119; *Kort* in Hirte/Mülbert/Roth, Großkomm. AktG, 5. Aufl. 2018, § 76 AktG Rz. 228.
483 *Hüffer/Koch*, § 93 AktG Rz. 26.
484 *Kort* in Hirte/Mülbert/Roth, Großkomm. AktG, 5. Aufl. 2018, § 76 AktG Rz. 229; siehe auch *Fleischer* in BeckOGK AktG, Stand 1.6.2021, § 76 AktG Rz. 119.

mandate im Konzern eine grundsätzliche Einschränkung der Entsprechenserklärung gemäß § 161 AktG im Hinblick auf Ziff. 4.1.1, 4.2.2, 4.3.1, 4.3.2 und 4.3.3 gebieten[485], ist dem nicht zu folgen. Zutreffend dürfte auch unter der Geltung der Neufassung des DCGK lediglich sein, dass im Einzelfall durch das Doppelmandat aufgetretene Interessenkollisionen nach **E.2 DCGK** gegenüber dem Aufsichtsrat offenzulegen sind. Eine Besonderheit für eine Nebentätigkeit im konzernfremden Aufsichtsrat sieht Empfehlung **E.3 DCGK** vor, wonach solche nur mit Zustimmung des Aufsichtsrats übernommen werden sollen.

2. Drittanstellung im Aktienrecht

21.179
Die Zulässigkeit von Drittanstellungsverträgen, d.h. der Anstellung von Vorstandsmitgliedern durch Dritte, etwa die Konzernmutter oder einen Großaktionär[486], ist noch immer streitig[487]. Dabei wird aber meist übersehen, dass der Gesetzgeber noch vor der Einführung des ARUG II mit dem Vorstandsvergütungsoffenlegungsgesetz die Zulässigkeit der Drittvergütung anerkannt hat (§ 285 Satz 1 Nr. 9 lit. A Satz 7, § 314 Abs. 1 Nr. 6 lit. a Satz 7 HGB a.F.)[488]. Dass dies im Bilanzrecht und nicht im Aktiengesetz selbst geschah, ist aufgrund der Einheit der Rechtsordnung unerheblich. Auch hat der BGH inzwischen ein Urteil zu einer Drittanstellungskonstellation gesprochen, ohne dabei die Zulässigkeit der Drittanstellung in Zweifel zu ziehen, und sie somit implizit gebilligt[489]. Den Kritikern ist zuzugestehen, dass solche Gestaltungen möglichen **Interessenkonflikten** Vorschub leisten. Dies gilt jedoch für den Fall des Doppelmandates, dessen Zulässigkeit anerkannt ist, in noch weit stärkerem Maße. Auch die befürchtete Beeinträchtigung der Entschließungsfreiheit des Aufsichtsrats ist u.E. nicht zu besorgen. Eher das Gegenteil dürfte zutreffen; will sich nämlich im Fall der Drittanstellung der Aufsichtsrat von einem Vorstandsmitglied lösen, muss er nur die Hürde des § 84 Abs. 3 AktG, nicht aber die (höhere) des § 626 BGB nehmen. Im Übrigen hat es der Aufsichtsrat selbst in der Hand, mit „seinem" Vorstand einen Dienstvertrag abzuschließen, der ihm neben Wettbewerb und Nebentätigkeit auch eine Drittanstellung untersagt. Sieht der Aufsichtsrat hiervon ab, billigt er letztlich die Drittanstellung. Schließlich gereicht es der Gesellschaft wirtschaftlich zum Vorteil, wenn nicht sie selbst, sondern ein Dritter die Vergütungslast trägt. Trägt die Gesellschaft die Vergütungslast hingegen selbst, ist zu beachten, dass ihr Aufsichtsrat über die Vergütung wie im Falle einer Selbstanstellung entscheiden muss[490].

21.180
Daher bestehen u.E. grundsätzlich auch (erst recht) keine Bedenken gegen die namentlich bei **Private-Equity**-Gesellschaften beliebten zusätzlichen Vergütungen, die zugesagt werden, um die Vorstände zur Erreichung bestimmter Ziele anzureizen, die im strategischen Interesse dieser Investoren liegen (z.B. „Exit"-Boni). Im sachlich-zeitlichen Zusammenhang mit Übernahmeangeboten ist hierbei allerdings § 33d WpÜG zu beachten[491].

---

485 *Passarge*, NZG 2007, 441, 444.
486 Vgl. zu den unterschiedlichen Konstellationen: *Uffmann*, DB 2019, 2281, 2282.
487 Für Zulässigkeit z.B. *Deilmann/Dornbusch*, NZG 2016, 201; *Reuter*, AG 2011, 274, 276; *M. Arnold/Born*, AG 2005, R428, R430; gegen Zulässigkeit z.B. *Fonk*, NZG 2010, 368, 370; generell zum Meinungsstand *Seibt* in K. Schmidt/Lutter, § 84 AktG Rz. 29; *Spindler* in MünchKomm. AktG, 5. Aufl. 2019, § 84 AktG Rz. 79 f.
488 So noch zur Rechtslage vor dem ARUG II: *Mutter/Frick*, AG 2006, R32; nachfolgend auch *Traugott/Grün*, AG 2007, 761, 768.
489 BGH v. 28.4.2015 – II ZR 63/14, NZG 2015, 792 = AG 2015, 535.
490 BGH v. 28.4.2015 – II ZR 63/14, NZG 2015, 792 = AG 2015, 535; so auch *Vetter*, NZG 2015, 889; gegen das Erfordernis der Zustimmung des Aufsichtsrats *Kalb/Fröhlich*, NZG 2014, 167, 169.
491 Hierzu im Allgemeinen: *Krause/Pötzsch/Stephan* in Assmann/Pötzsch/Uwe H. Schneider, § 33d WpÜG Rz. 19 f.; großzügiger *Traugott/Grün*, AG 2007, 761, 762 (für den Einstieg) und 768 (für den Ausstieg).

§ 22
Beendigung von Bestellung und Anstellung

I. Beendigung von Bestellung und Anstellung durch Zeitablauf 22.1
II. Einvernehmliche Trennung durch Aufhebungsvertrag und Niederlegung 22.2
   1. Aufhebungsvertrag 22.2
      a) Zulässigkeit und Zuständigkeit ... 22.2
      b) Gestaltungsgrenzen, insbesondere bei Abfindungen 22.3
      c) Form 22.14
   2. Amtsniederlegung 22.16
III. Streitige Trennung durch Widerruf der Bestellung und Kündigung des Anstellungsvertrags 22.19
   1. Widerruf der Bestellung 22.19
   2. Kündigung des Anstellungsvertrags ... 22.20
   3. Begriff des „wichtigen" Grunds 22.23
   4. Gleichlaufklauseln 22.27
   5. Einzelfragen zu Verfahren, Fristen und Rechtsschutz 22.28
      a) Zuständigkeit und Formfragen ... 22.28
      b) Kündigungserklärungsfrist aus § 626 Abs. 2 BGB 22.34
      c) Anhörung und Abmahnung 22.37
      d) Rechtsschutz 22.38
      e) Beweislast 22.42
      f) Anmeldung zum Handelsregister 22.45
   6. Suspendierung 22.46
IV. Besonderheiten der Versorgungszusage 22.51
   1. Anwendbarkeit des Betriebsrentengesetzes 22.51
   2. Gestaltungsbeschränkung bei Aufhebungsverträgen 22.52
   3. Kürzung bei vorzeitiger Beendigung .. 22.53
   4. Herabsetzung von Versorgungsansprüchen 22.54
   5. Widerruf der Versorgungszusage 22.56

Schrifttum: *C. Arnold/Gralla*, Gestaltung von Vorstandsverträgen nach dem DCGK 2020, NZG 2020, 529; *Baeck/Hopfner*, Schlüssige Aufhebungsverträge mit Organmitgliedern auch nach Inkrafttreten des § 623 BGB, DB 2000, 1914; *Bauer*, Rechtliche und taktische Probleme bei der Beendigung von Vorstandsverhältnissen, DB 1992, 1413; *Bauer/C. Arnold*, Abfindungs-Caps in Vorstandsverträgen – gute Corporate Governance, BB 2007, 1793; *Bauer/C. Arnold*, Altersdiskriminierung von Organmitgliedern, ZIP 2012, 597; *Bauer/C. Arnold*, Festsetzung und Herabsetzung der Vorstandsvergütung nach dem VorstAG, AG 2009, 717; *Bauer/C. Arnold/Zeh*, Widerruf von Arbeits- und Aufhebungsverträgen – Wirklich alles neu?, NZA 2016, 449; *Bauer/Baeck/von Medem*, Altersversorgung und Übergangsgeld in Vorstandsanstellungsverträgen, NZG 2010, 721; *Bauer/Diller/Krets*, BGH contra BAG: Schadensersatz nach § 628 Abs. 2 BGB wegen Abberufung und/oder Nichtbestellung eines GmbH-Geschäftsführers?, DB 2003, 2687; *Bauer/Krets*, Gesellschaftsrechtliche Sonderregeln bei der Beendigung von Vorstands- und Geschäftsführerverträgen, DB 2003, 811; *Böhm*, Pensionsansprüche bei der Trennung von Managern, NZA 2009, 767; *Buchner/Schlobach*, Die Auswirkungen von Umwandlungen von Gesellschaften auf die Rechtsstellung ihrer Organpersonen, GmbHR 2004, 1; *Brugger*, Außerordentliche Kündigung von Vorstandsmitgliedern einer AG, NJW-Spezial 2011, 498; *Diller/C. Arnold/Kern*, Abdingbarkeit des Betriebsrentengesetzes für Organmitglieder, GmbHR 2010, 281; *Diller*, Nachträgliche Herabsetzung von Vorstandsvergütungen und Ruhegeldern nach dem VorstAG, NZG 2009, 1006; *Dorrwächter/Trafkowski*, Anmerkungen zum Abfindungs-Cap in Nummer 4.2.3 des Deutschen Corporate Governance Kodexes, NZG 2007, 846; *Fleischer*, Gesundheitsprobleme eines Vorstandsmitglieds im Lichte des Aktien- und Kapitalmarktrechts, NZG 2010, 561; *Griebeling/Griebeling*, Betriebliche Altersversorgung, 2. Aufl. 2003; *Grobys/Littger*, Amtsniederlegung durch das Vorstandsmitglied einer AG, ZIP 2002, 2292; *Grumann/Gillmann*, Abberufung und Kündigung von Vorstandsmitgliedern einer Aktiengesellschaft, DB 2003, 779; *Hoffmann-Becking*, Abfindungsleistungen an ausscheidende Vorstandsmitglieder, ZIP 2007, 2101; *Hoffmann-Becking/Krieger*, Leitfaden zur Anwendung des Gesetzes zur Angemessenheit der Vorstandsvergütung (VorstAG), NZG-Beilage zu 26/2009, 1; *Hohenstatt*, Neue Vorgaben zur Vorstandsvergütung im Deutschen Corporate Governance Kodex?, ZIP 2016, 2255; *Jaeger*, Die Auswirkungen des VorstAG auf die Praxis von Aufhebungsvereinbarungen, NZA 2010, 128; *Janzen*, Vorzeitige Beendigung von Vorstandsamt und -vertrag,

NZG 2003, 468; *Kliemt*, Altersgrenzen für Vorstandsmitglieder – noch rechtskonform?, RdA 2015, 232; *Liebers/Hoefs*, Anerkennungs- und Abfindungszahlungen an ausscheidende Vorstandsmitglieder, ZIP 2004, 97; *Lingemann/Weingarth*, Zur Anwendung des AGG auf Vorstandsmitglieder, DB 2012, 1499; *Nikoleyczik/Graßl*, Überarbeitung des Deutschen Corporate Governance Kodex (DCGK) – Die Änderungsvorschläge der Regierungskommission aus der Plenarsitzung vom 13.10.2016, NZG 2017, 161; *Thüsing*, Geltung und Abdingbarkeit des BetrAVG für Vorstandsmitglieder einer AG, AG 2003, 484; *Tschöpe/Wortmann*, Abberufung und außerordentliche Kündigung von geschäftsführenden Organvertretern – Grundlagen und Verfahrensfragen, NZG 2009, 85; *Tschöpe/Wortmann*, Der wichtige Grund bei Abberufungen und außerordentlichen Kündigungen von geschäftsführenden Organvertretern, NZG 2009, 161.

I. Beendigung von Bestellung und Anstellung durch Zeitablauf

Der „Normalfall" der Beendigung der Anstellung wie der Bestellung zum Mitglied des Vorstands ist der **Zeitablauf**. Hinzu kommen der Tod des Vorstandsmitglieds und bei der Bestellung – weniger relevant – der nachträgliche Eintritt eines gesetzlichen Unfähigkeitsgrunds nach § 76 Abs. 3 AktG. Das Vorstandsamt endet ferner, wenn der Rechtsträger im Zug seiner Verschmelzung auf einen anderen Rechtsträger erlischt[1]. Ob Altersgrenzen für Vorstandsmitglieder unter der Geltung des Allgemeinen Gleichbehandlungsgesetzes (AGG) weiterhin unverändert zulässig sind, ist ungeklärt. Der BGH hat im Jahr 2012 entschieden, dass die Entscheidung über die Wiederbestellung und Verlängerung des Anstellungsvertrags in den **Geltungsbereich des AGG** fällt, wenn sich das Vorstandsmitglied nach Ablauf der Befristung erneut um das Amt bewirbt[2] (vgl. hierzu Rz. 21.78).

22.1

II. Einvernehmliche Trennung durch Aufhebungsvertrag und Niederlegung

1. Aufhebungsvertrag

a) Zulässigkeit und Zuständigkeit

Die einvernehmliche Aufhebung der Bestellung und der Anstellung ist jederzeit zulässig[3]. Insbesondere bedarf es dazu keines wichtigen Grundes[4]. Zuständig ist grundsätzlich der **Aufsichtsrat**. Er kann die Beschlussfassung über den Aufhebungsvertrag auf einen Ausschuss delegieren, sofern er hierdurch nicht in die Widerrufszuständigkeit des Gesamtaufsichtsrats eindringt[5]. Er darf also dessen grundsätzlicher Entscheidung über eine Trennung nicht vorgreifen. Denkbar ist z.B. die Aufnahme einer auf-

22.2

---

1 BGH v. 18.6.2013 – II ZA 4/12, ZIP 2013, 1467; BGH v. 10.1.2000 – II ZR 251/98, ZIP 2000, 508; BAG v. 13.2.2003 – 8 AZR 654/01, ZIP 2003, 1010 = GmbHR 2003, 765; *Henze/Born/Drescher*, Aktienrecht, Rz. 432.
2 BGH v. 23.4.2012 – II ZR 163/10, BB 2012, 1928 = GmbHR 2012, 845; vgl. dazu *Lingemann/Weingarth*, DB 2012, 1499; so auch *Bauer/C. Arnold*, ZIP 2012, 597, 603; *Kliemt*, RdA 2015, 232, 238; siehe auch BGH v. 26.3.2019 – II ZR 244/17, NJW 2019, 2086; *C. Arnold*, ArbRAktuell 2019, 281; vgl. ausführlich zu AGG und Vorstandsmitgliedern Rz. 21.78 f.
3 Siehe *Lutter/Krieger/Verse*, Aufsichtsrat, § 7 Rz. 377.
4 Vgl. BGH v. 24.11.1980 – II ZR 182/79, DB 1981, 308.
5 *Fleischer* in BeckOGK AktG, Stand 1.6.2021, § 84 AktG Rz. 183 f.; *Hüffer/Koch*, § 84 AktG Rz. 49; a.A. *Hoffmann-Becking/Krieger*, NZG Beilage zu Heft 26/2009, 1, 9; *Weber* in Hölters, § 84 AktG Rz. 93, die jedenfalls bei Vereinbarung einer Abfindung von einer Vergütungsfestsetzung ausgehen, die unter das Delegationsverbot des § 107 Abs. 3 Satz 7 AktG fallen soll.

schiebenden Bedingung in den Aufhebungsvertrag, nach der der Vertrag erst wirksam wird, wenn der Gesamtaufsichtsrat die Bestellung einvernehmlich aufhebt oder widerruft[6].

b) Gestaltungsgrenzen, insbesondere bei Abfindungen

22.3 Vorstand und Aufsichtsrat sind grundsätzlich berechtigt, das Anstellungsverhältnis eines Vorstandsmitglieds durch einen Aufhebungsvertrag zu lösen. Richtschnur und Grenze bildet das **Unternehmensinteresse**[7]. Sachliche Gründe können sowohl aus der Sphäre der Gesellschaft rühren (etwa Veränderungen im Aktionärskreis oder Neuausrichtung der Gesellschaft) als auch aus der Sphäre des Vorstandsmitglieds (Krankheit[8], Amtsmüdigkeit). Dazwischen befinden sich Trennungsgründe wie Meinungsverschiedenheiten zwischen Vorstand und Aufsichtsrat über grundsätzliche Themen. Neben der Frage des „*Ob*" einer Aufhebungsvereinbarung stellt sich die Frage nach dem „*Wie*"[9]. Dabei geht es um eine Abkürzung der Laufzeit des Anstellungsvertrags[10].

22.4 Schwieriger gestaltet sich hingegen die Antwort auf die Frage nach den Gestaltungsgrenzen hinsichtlich der übrigen Ausscheidensbedingungen, insbesondere der Bemessung einer **Abfindung**[11]. Die Praxis hat hierbei jeweils die **Umstände des Einzelfalls** zu berücksichtigen. Maßgebend können neben den individuellen vertraglichen Vereinbarungen verschiedenste Gesichtspunkte sein: Will das Vorstandsmitglied ausscheiden oder will die Gesellschaft, dass das Vorstandsmitglied ausscheidet? Im letzteren Fall ist weiter danach zu differenzieren, ob die Gestaltungsalternative einer außerordentlichen Kündigung besteht oder ob ein wichtiger Grund für eine Kündigung fehlt. Zu bedenken sind ferner die Risiken einer streitigen Trennung. Dies sind nicht nur die Prozesskosten, sondern auch die Bindung von Gesellschaftsressourcen durch einen Rechtsstreit sowie die Öffentlichkeitswirkung. Ermessensleitend sind auch Umstände wie die Dauer der Tätigkeit für die Gesellschaft, hierbei erworbene Verdienste[12] und die Restlaufzeit des Vertrags. Schließlich fließen auch Branchen- und Marktusancen mit ein.

22.5 Mit diesem Kaleidoskop vor Augen ist die Grenzziehung im Schnittfeld der Pflichten aus §§ 116, 93 AktG und dem Angemessenheitspostulat des § 87 AktG vorzunehmen[13]. Die Organe haben hierbei faktisch wie aktienrechtlich einen **Ermessensspielraum**[14], der nach der Rechtsprechung des BGH nur beschränkt justiziabel ist (vgl. Rz. 21.21). Im Falle von Leistungen bei **vorzeitiger Vertragsbeendigung** an das Vorstandsmitglied sieht die Empfehlung **G.13 DCGK** eine Obergrenze von zwei Jahresvergütungen, maximal aber der Restlaufzeit des Vertrags vor („**Abfindungs-Cap**").[15] Bei Abfindungen

---

6 *Seibt* in K. Schmidt/Lutter, § 84 AktG Rz. 61; *Oltmanns* in Heidel, Aktienrecht und Kapitalmarktrecht, § 84 AktG Rz. 33; nach *Lutter/Krieger/Verse*, Aufsichtsrat, § 7 Rz. 377 kann die Übertragung auf den Ausschuss nur unter einer solchen Bedingung erfolgen.
7 BGH v. 21.12.2005 – 3 StR 470/04, ZIP 2006, 72 = AG 2006, 110.
8 Vgl. zu Folgen und Gestaltungsmöglichkeiten bei Gesundheitsproblemen eines Vorstandsmitglieds *Fleischer*, NZG 2010, 561 ff.
9 Exemplarisch die Diskussion um BGH v. 21.12.2005 – 3 StR 470/04 – Mannesmann/Vodafone, ZIP 2006, 72 = AG 2006, 110.
10 Zur fehlenden Widerruflichkeit des Aufhebungsvertrags nach §§ 312 ff. BGB siehe *Bauer/C. Arnold/Zeh*, NZA 2016, 449; BAG v. 7.2.2019 – 6 AZR 75/18, NZA 2019, 688.
11 Facettenreich dazu *Hoffmann-Becking*, ZIP 2007, 2101.
12 Eingehend dazu *Liebers/Hoefs*, ZIP 2004, 97 mit zahlreichen Fallbeispielen.
13 *Seibt* in K. Schmidt/Lutter, § 87 AktG Rz. 14; a.A. *Hoffmann-Becking*, ZHR 169 (2005), 155, 169; *Mertens/Cahn* in KölnKomm. AktG, 3. Aufl. 2010, § 87 AktG Rz. 83, die sich bei Abfindungen gegen eine Anwendung von § 87 AktG wenden. Die dahinterstehende gedankliche Aufteilung der Leistungen der Gesellschaft in periodenbezogene Leistungen und Leistungen anlässlich der Vertragsbeendigung wird aber wohl dem Gebot angemessener „Gesamt"-Bezüge nicht hinreichend gerecht.
14 Ebenso *Hoffmann-Becking*, ZIP 2007, 2101, 2104.
15 Ausführlich zu Gestaltungsschranken und Formulierungsvorschlägen, *Bauer/C. Arnold*, BB 2007, 1793 ff.; *Hohenstatt/Willemsen*, NJW 2008, 3462; zur aktuellen Empfehlung G.13 DCGK *C. Arnold* in Goette/Arnold, Handbuch Aufsichtsrat, § 4 Rz. 1447 ff.; *C. Arnold/Gralla*, NZG 2020, 529, 537.

aufgrund einer sog. **Change-of-Control-Klausel** gilt unter der neugefassten Anregung **G.14 DCGK**, dass solche Zusagen für Leistungen aus Anlass der vorzeitigen Beendigung des Anstellungsvertrags infolge eines Kontrollwechsels nicht mehr vereinbart werden sollten (vgl. Rz. 21.67).[16]

Ein in den Verhandlungen über eine vorzeitige Beendigung zur Einigung dienlicher Bereich sind die variablen Bezüge, bei denen zwischen vollständigem Verfall und einer unterstellten Zielerreichung eine erhebliche Bandbreite vorstellbarer Regelungen gegeben ist. Auch nach Inkrafttreten des VorstAG war eine **pauschalierte Abgeltung variabler Vergütungsbestandteile**, die auf einer mehrjährigen Bemessungsgrundlage beruhen, grundsätzlich möglich. Zwar hängen die Vergütungsansprüche des Vorstandsmitglieds in diesem Fall von zukünftigen Entwicklungen ab, die bei einer pauschalen Abgeltung prognostiziert werden müssen. In einer Trennungssituation besteht aber nicht mehr das Risiko, dass das (scheidende) Vorstandsmitglied sich lediglich kurzfristigen Erfolgen widmet und die langfristige Unternehmensentwicklung aus dem Auge verliert. Sinn und Zweck des § 87 Abs. 1 Satz 2 und 3 AktG stehen solchen Abfindungslösungen daher nicht entgegen[17]. Bereits Ziff. 4.2.3 Abs. 2 Satz 9 DCGK 2017 regte an, mehrjährige, variable Vergütungsbestandteile nicht vorzeitig auszubezahlen. Damit sollte verhindert werden, dass das Erfordernis der mehrjährigen Bemessungsgrundlage durch eine vorzeitige Auszahlung variabler Vergütungsbestandteile faktisch ausgehöhlt wird. Die pauschalierte Abgeltung variabler Vergütungsbestandteile für vorzeitig ausscheidende Vorstandsmitglieder wurde damit bereits nach der Fassung des DCGK 2017 nicht (mehr) als „gute Corporate Governance" angesehen[18]. Dies erscheint insbesondere in Fällen, in denen der endgültige Auszahlungsbetrag von zukünftigen Entwicklungen abhängt, wenig sachgerecht. Die Gesellschaft hat kein Interesse daran, dass das ausgeschiedene Vorstandsmitglied weiterhin an positiven Entwicklungen (z.B. steigende Aktienkurse, Renditesteigerungen) teil hat. Auf der anderen Seite wird das ausgeschiedene Vorstandsmitglied wohl kaum hinnehmen, dass die Höhe seiner variablen Vergütung von der Performance des neuen Vorstands abhängen soll[19].

22.6

Die nunmehr in **G.12 DCGK** ausgesprochene **Empfehlung** stellt eine konsequente Weiterentwicklung der bisherigen Anregung dar. Die Empfehlung intendiert, sowohl kurz- als auch langfristig variable Vergütungsbestandteile, soweit deren Bemessungszeitraum im Zeitpunkt der Beendigung des Anstellungsvertrags bereits abgelaufen ist, weiterhin so abzuwickeln, als ob der Anstellungsvertrag nicht beendet worden wäre. Daraus folgt, dass weder der Anstellungsvertrag noch ein etwaiger Aufhebungsvertrag eine Änderung der Leistungs- und Erfolgskriterien sowie der Fälligkeiten für den Fall der Beendigung des Anstellungsvertrags vorsehen soll[20]. Soweit der Bemessungszeitraum im Zeitpunkt der Beendigung des Anstellungsvertrags noch nicht abgelaufen ist, werden die variablen Vergütungsbestandteile vom Wortlaut der Empfehlung nicht erfasst. Solche Vergütungsbestandteile können in der Folge ohne Abweichung von der Empfehlung unmittelbar ausgezahlt werden und lösen damit keine Erklärungspflicht nach § 161 AktG aus.

22.7

Nicht unproblematisch ist die **Reichweite** der Empfehlung G.12 DCGK. Relevanz hat diese Problematik vor allem in Fällen, in denen die Vorstandsbestellung (vorzeitig) endet und der Anstellungsvertrag weiterhin fortbesteht[21]. Bei strenger Betrachtung des Wortlauts bezieht er sich gerade nicht auf die Beendigung der Vorstandsbestellung, sondern vielmehr ausschließlich auf den Anstellungsvertrag[22]. Die Reichweite der Empfehlung hängt also davon ab, welche konkrete Gestaltung die Parteien bei der

22.8

---

16 *Seibt* in K. Schmidt/Lutter, § 87 AktG Rz. 33, sieht in den Empfehlungen des Deutschen Corporate Governance Kodex einen „Anhalt für den Regelfall".
17 Ebenso *C. Arnold/Schansker*, KSzW 2012, 39, 47; *Jaeger*, NZA 2010, 128, 129; *Wurth* in FS Maier-Reimer, 2010, S. 919, 928.
18 Krit. *Nikoleyczik/Graßl*, NZG 2017, 161, 164.
19 *Hohenstatt*, ZIP 2016, 2255, 2257 f.
20 *C. Arnold* in Goette/Arnold, Handbuch Aufsichtsrat, § 4 Rz. 1443.
21 *Kießling* in JIG, DCGK, G.12 Rz. 3.
22 *Kießling* in JIG, DCGK, G.12 Rz. 1.

vorzeitigen Beendigung der Vorstandstätigkeit wählen. So können z.B. die auf den Zeitraum nach einer zeitnahen Beendigung des Anstellungsvertrags entfallenden variablen Vergütungsbestandteile mangels Abweichung von der Empfehlung ohne Erklärungspflicht ausbezahlt werden[23]. Zu beachten wäre in diesem Fall nur das sich aus G.13 DCGK ergebende „Abfindungs-Cap". Sollte der Anstellungsvertrag hingegen fortbestehen, erfasst die Empfehlung alle Zahlungen bis zum im Anstellungsvertrag oder Aufhebungsvertrag vereinbarten Beendigungstermin[24].

22.9 Je nach Verhandlungsergebnis kann bei einer Abfindung durch eine Einmalzahlung auch eine Abzinsung geboten sein[25]. Denkbar sind auch Regelungen im Aufhebungsvertrag, die die Anrechnung von Einkünften aus einer neuen Tätigkeit vorsehen. In der Praxis beziehen sich solche Anrechnungsvereinbarungen häufiger auf die laufende Vergütung während der Freistellung und seltener auf die Abfindungszahlung.

22.10 Jedenfalls bei Abfindungen, die erst im Aufhebungsvertrag begründet werden, scheidet u.E. eine spätere **Herabsetzung nach § 87 Abs. 2 Satz 1 AktG** (vgl. zu Herabsetzung der Vorstandsbezüge ausführlich Rz. 21.45 ff.) aus. Hierfür spricht einerseits der Vergleichscharakter[26] und andererseits der Umstand, dass es sich bei der vereinbarten Abfindung um keine „Bezüge" als Gegenleistung für die Tätigkeit handelt[27].

22.11 Soweit **Aktienoptionen** Bestandteil der Vorstandsvergütung sind, können sich im Einzelfall aufgrund der individuellen Aktienoptionsbedingungen und/oder des zugrundeliegenden Hauptversammlungsbeschlusses Gestaltungsgrenzen oder besonderer Regelungsbedarf ergeben[28].

22.12 Auch eine eventuelle **Abfindung von Ruhegeldzusagen** wirft Sonderfragen auf, die aber an anderer Stelle behandelt werden (siehe Rz. 22.51 ff.).

22.13 Eine **Gestaltungsgrenze anderer Art** bildet schließlich § 93 Abs. 4 Satz 3 AktG. Nach dieser Bestimmung kann eine AG erst drei Jahre nach Entstehen eines Schadensersatzanspruches und nur dann auf Ersatzansprüche verzichten, wenn die Hauptversammlung zustimmt und nicht eine Minderheit widerspricht, deren Anteile zusammen den zehnten Teil des Grundkapitals erreichen. Entgegenstehende Vereinbarungen sind nichtig. Dies verbietet die bei GmbH-Geschäftsführern nicht unübliche **umfassende Erledigungsklausel** betreffend wechselseitiger Ansprüche in Ausscheidensvereinbarungen mit Vorstandsmitgliedern[29]. Wurde gleichwohl eine umfassende Erledigungsklausel vereinbart, wirft deren Unwirksamkeit die Folgefrage auf, ob sie auf den gesamten Vertrag durchschlägt. Das ist im Zweifel zu bejahen (§ 139 BGB).

c) Form

22.14 Besondere gesetzliche Formvorschriften für Aufhebungsverträge mit Vorstandsmitgliedern bestehen nicht. Insbesondere gilt das **Schriftformerfordernis des § 623 BGB** nicht für die Beendigung von Anstellungsverträgen mit Organmitgliedern[30]. Es handelt sich dabei um eine Formvorschrift lediglich für Arbeitsverträge[31]. Soweit daher der Anstellungsvertrag nicht etwas anderes bestimmt, können Auf-

---

23 C. Arnold/Gralla, NZG 2020, 529, 537.
24 C. Arnold in Goette/Arnold, Handbuch Aufsichtsrat, § 4 Rz. 1444.
25 Hoffmann-Becking, ZIP 2007, 2101, 2104.
26 Hüffer/Koch, § 87 AktG Rz. 29.
27 Diller, NZG 2009, 1006, 1009; Jaeger, NZA 2010, 128, 134.
28 Näher Bauer/Krets, DB 2003, 811, 815; Bauer/C. Arnold, DB 2006, 260, 264.
29 Zu Einzelheiten sowie zu möglichen und unzulässigen „alternativen" Gestaltungsmöglichkeiten Bauer/Krets, DB 2003, 811.
30 OLG Hamm v. 8.5.2017 – 8 U 86/16, NZG 2017, 864.
31 Vgl. Weidenkaff in Palandt, § 623 BGB Rz. 1.

hebungsverträge **formlos** geschlossen werden. In der Praxis sind schriftliche Aufhebungsverträge aber aus Beweis- und Dokumentationszwecken anzuraten und üblich. Ein „klassisches" **Beispiel** eines formlosen Aufhebungsvertrags ist die Umdeutung einer außerordentlichen Kündigung entsprechend § 140 BGB in ein Angebot der Gesellschaft zum Abschluss eines Aufhebungsvertrags, das durch das Vorstandsmitglied schlüssig angenommen wird[32].

Von der vorstehenden Fallkonstellation muss die **konkludente Aufhebung** eines Arbeitsvertrags unterschieden werden, wenn eine Führungskraft vom Arbeitnehmer zum Vorstandsmitglied aufsteigt. Obwohl es sich bei der Notwendigkeit der Beendigung des Arbeitsverhältnisses um einen bekannten Regelungsgegenstand handeln sollte, sind immer wieder Fälle anzutreffen, in denen eine ausdrückliche Regelung im Vorstandsanstellungsvertrag versäumt wurde. Die höchstrichterliche Rechtsprechung hat hier in der Vergangenheit im Wege der Vertragsauslegung eine schlüssige Aufhebung des Arbeitsvertrags angenommen[33], um den Gesellschaften zu helfen. Auch dem steht das **Schriftformerfordernis aus § 623 BGB** meist nicht entgegen, sofern das Vorstandsanstellungsverhältnis – wie regelmäßig der Fall – schriftlich geschlossen wurde[34].

22.15

2. Amtsniederlegung

Die Amtsniederlegung kommt in **zwei Varianten** vor: als einseitiger Akt des Vorstandsmitglieds, etwa aufgrund von Vertragsverletzungen durch die Gesellschaft, oder „vereinbart" zur Beendigung der Organstellung im Zusammenhang mit einem Ausscheiden durch Aufhebungsvertrag. Ihre Zulässigkeit ist auch ohne gesetzliche Regelung anerkannt[35]. Geschieht die Amtsniederlegung einseitig, ist das Vorstandsmitglied nicht gezwungen, gleichzeitig seinen Anstellungsvertrag zu kündigen. In diesem Fall bedarf die Amtsniederlegung aber eines wichtigen Grunds und eine unberechtigte Niederlegung kann das Vorstandsmitglied zum Schadensersatz verpflichten[36]. Als wichtiger Grund für eine einseitige Amtsniederlegung durch das Vorstandsmitglied werden etwa die Eröffnung eines Insolvenzverfahrens und eine unberechtigte Entlastungsverweigerung angesehen[37].

22.16

Die Amtsniederlegung bedarf nach der Rechtsprechung **keiner besonderen Form**. Sie kann auch mündlich erklärt werden[38]. Allerdings bedarf es des urkundlichen Nachweises der Amtsniederlegung bei deren Anmeldung zum Handelsregister[39]. Dies gilt nicht nur für die Niederlegungserklärung als solche, sondern auch für deren Zugang bei der Gesellschaft[40]. Daher empfiehlt sich in den Fällen der Amtsniederlegung im Zusammenhang mit einem Aufhebungsvertrag diese außerhalb des Vertrags zu erklären[41] und den Empfang der Niederlegungserklärung durch den Aufsichtsratsvorsitzenden auf der Urkunde bestätigen zu lassen.

22.17

---

32 BAG v. 13.4.1972 – 2 AZR 243/71, AP Nr. 64 zu § 626 BGB, AP 1973, 295.
33 BAG v. 7.10.1993 – 2 AZR 260/93, DB 1994, 428; BAG v. 10.12.1996 – 5 AZB 20/96, DB 1997, 833; BAG v. 19.7.2007 – 6 AZR 774/06, NJW 2007, 3228 = GmbHR 2007, 3228; BAG v. 3.2.2009 – 5 AZB 100/08, NJW 2009, 2078; BAG v. 15.3.2011 – 10 AZB 32/10, DB 2011, 1400.
34 Ebenso *Baeck/Hopfner*, DB 2000, 1914, 1915.
35 Siehe *Grobys/Littger*, BB 2002, 2292 m.w.N.
36 Vgl. *Grobys/Littger*, BB 2002, 2292, 2293; *Hüffer/Koch*, § 84 AktG Rz. 45.
37 Vgl. *Hauptmann/Müller-Dott*, BB 2003, 2521, 2523; *Hüffer/Koch*, § 84 AktG Rz. 45.
38 Siehe BGH v. 8.2.1993 – II ZR 58/92, AG 1993, 280.
39 Vgl. OLG Hamm v. 26.9.2002 – 15 W 321/02, DB 2003, 331; Thür. OLG v. 29.7.2010 – 6 W 91/10, DB 2011, 698 = GmbHR 2011, 31; OLG Hamm v. 10.8.2010 – 15 W 309/10, NZG 2010, 1114 = GmbHR 2010, 1092; vgl. zum Nachweis des Zugangs einer Amtsniederlegungserklärung gegenüber einem Empfänger mit Sitz im Ausland BGH v. 21.6.2011 – II ZB 15/10, ZIP 2011, 1562 = GmbHR 2011, 925.
40 OLG Frankfurt v. 19.7.2006 – 20 W 229/06, DB 2006, 2003.
41 Damit der Aufhebungsvertrag nicht nach § 81 Abs. 2 AktG beim Handelsregister vorgelegt werden muss.

22.18 Eine Amtsniederlegung wird aus Gründen der Rechtssicherheit grundsätzlich analog § 84 Abs. 3 Satz 4 AktG **sofort wirksam**. Dies gilt auch dann, wenn sie nicht auf einen wichtigen Grund gestützt wird oder wenn deren Berechtigung unter den Beteiligten streitig ist[42].

III. Streitige Trennung durch Widerruf der Bestellung und Kündigung des Anstellungsvertrags

1. Widerruf der Bestellung

22.19 Nach § 84 Abs. 3 Satz 1 AktG kann der Aufsichtsrat – jederzeit – die Bestellung zum Vorstandsmitglied widerrufen, wenn ein **wichtiger Grund** (dazu näher Rz. 22.23 ff.) vorliegt. Hierbei ist dem Aufsichtsrat ein Ermessen eingeräumt[43]. Eine besondere Rolle spielt dieses namentlich in den Fällen des Vertrauensentzugs durch die Hauptversammlung[44]. Hier hat der Aufsichtsrat zudem eigenständig zu prüfen, ob der Vertrauensentzug auf unsachlichen Gründen beruht (§ 84 Abs. 3 AktG)[45].

2. Kündigung des Anstellungsvertrags

22.20 Rechtsgrundlage einer außerordentlichen Kündigung ist für die Aktiengesellschaft wie das Vorstandsmitglied regelmäßig § 626 BGB. Lediglich für Sonderfälle kommen besondere Bestimmungen zum Tragen, etwa das Sonderkündigungsrecht nach § 87 Abs. 2 Satz 4 AktG im Falle einer Herabsetzung der Bezüge[46] (dazu Rz. 21.49 f.) oder nach § 113 Satz 1 InsO im Falle der Insolvenz der Gesellschaft[47].

22.21 Daneben kommt zwar alternativ zur Kündigung grundsätzlich auch eine **Anfechtung** des Dienstvertrags nach §§ 123, 124 BGB in Betracht. Aufgrund der dazu erforderlichen Besonderheiten im Sachverhalt und der hohen rechtlichen Hürden für eine erfolgreiche Anfechtung[48], hat diese aber keine nennenswerte praktische Relevanz.

22.22 Ist der Widerruf der Bestellung, nicht aber eine Kündigung des Anstellungsvertrags möglich, stellt der Widerruf der Bestellung durch die Gesellschaft kein vertragswidriges Verhalten i.S.d. § 628 Abs. 2 BGB dar[49]. Das Vorstandsmitglied ist daher nicht berechtigt zu kündigen und Schadensersatz zu verlangen. Als **Folge des Widerrufs** verliert das Vorstandsmitglied seinen anstellungsvertraglichen Beschäftigungsanspruch, behält aber seinen Vergütungsanspruch[50].

---

42 *Hüffer/Koch*, § 84 AktG Rz. 45; so auch BGH v. 8.2.1993 – II ZR 58/92, AG 1993, 280 für den GmbH-Geschäftsführer.
43 Vgl. OLG Stuttgart v. 13.3.2002 – 20 U 59/01, AG 2003, 211, dort auch zum Ermessen, unter mehreren betroffenen Vorstandsmitgliedern (nur) einen abzuberufen.
44 Ausdrücklich öOGH v. 28.4.1998 – 1 Ob 294/97k, AG 1999, 140; siehe auch *Mutter*, Unternehmerische Entscheidungen und Haftung des Aufsichtsrats der Aktiengesellschaft, 1994, S. 81.
45 So etwa im Fall der „Gerling"-Entscheidung des BGH, BGH v. 28.4.1954 – II ZR 211/53, BGHZ 13, 188, 192 f.
46 Überblick bei *Weisner/Kölling*, NZG 2003, 465 ff.
47 Näher *Hauptmann/Müller-Dott*, BB 2003, 2521, 2523.
48 Vgl. OLG Brandenburg v. 12.12.2006 – 6 U 26/06, AG 2007, 590 zur Unbegründetheit der Anfechtung bei nicht offenbarter depressiver Erkrankung, die das Vorstandsmitglied an der Arbeitsaufnahme hindert.
49 Zur GmbH BGH v. 28.10.2002 – II ZR 146/02, WM 2002, 2508 = GmbHR 2003, 100; zur abweichenden Beurteilung durch die Arbeitsgerichtsbarkeit *Bauer/Diller/Krets*, DB 2003, 2687.
50 BGH v. 28.10.2002 – II ZR 146/02, WM 2002, 2508 = GmbHR 2003, 100; BGH v. 11.10.2010 – II ZR 266/08, DB 2011, 49 = GmbHR 2011, 82 zum GmbH-Geschäftsführer; *Brugger*, NJW-Spezial 2011, 498.

3. Begriff des „wichtigen" Grunds

Ein wichtiger Grund für den **Widerruf der Organstellung** gemäß § 84 Abs. 3 Satz 1 AktG liegt vor, wenn der Gesellschaft eine Fortsetzung des Organverhältnisses mit dem Vorstandsmitglied bis zum Ende seiner Amtszeit unzumutbar ist[51]. Für eine **Kündigung des Anstellungsvertrags** gemäß § 626 Abs. 1 BGB müssen Tatsachen vorliegen, aufgrund derer der Gesellschaft unter Berücksichtigung aller Umstände des Einzelfalls und unter Abwägung der beiderseitigen Interessen eine Fortsetzung des Anstellungsvertrags bis zu seiner ordentlichen Beendigung nicht zugemutet werden kann. Maßgeblich ist hierbei das Prognoseprinzip[52]. Zwar rechtfertigt ein wichtiger Grund zur Kündigung des Anstellungsvertrags stets auch einen Widerruf der Bestellung[53]. Umgekehrt genügt aber ein wichtiger Grund zum Widerruf der Bestellung nicht „automatisch" auch für eine außerordentliche Kündigung des Anstellungsvertrags[54]. Vielmehr bedarf es dort einer umfassenderen Abwägung des wichtigen Grunds, der Zumutbarkeit der Weiterbeschäftigung für die Gesellschaft, der persönlichen Folgen für den Betroffenen, der Dauer der Tätigkeit für die Gesellschaft, den erworbenen Verdiensten um die Gesellschaft und der Restlaufzeit des Vertrags[55]. In diesem Rahmen können auch die sog. „nützlichen" Pflichtverletzungen[56] durch Vorstandsmitglieder differenziert gewertet werden, d.h. im Einzelfall gerade unbeschadet des aktienrechtlichen Legalitätsprinzips keine Kündigung tragen.

22.23

Schließlich kann es im Einzelfall auch im Interesse der Gesellschaft liegen, trotz Vorliegens der Voraussetzungen von einem **Ausspruch der außerordentlichen Kündigung** des Anstellungsvertrags **abzusehen**. Hierfür können z.B. soziale Gründe oder die beabsichtigte Aufrechterhaltung eines vertraglichen Wettbewerbsverbots ausschlaggebend sein[57].

22.24

Ob ein wichtiger Grund vorliegt, ist gerichtlich voll überprüfbar, sodass dem Aufsichtsrat insoweit kein Beurteilungsspielraum zusteht[58]. Wichtige Gründe zum Widerruf der Bestellung sind nach § 84 Abs. 3 Satz 2 AktG namentlich grobe Pflichtverletzung, Unfähigkeit zur ordnungsmäßen Geschäftsführung oder ein Vertrauensentzug durch die Hauptversammlung. In der Praxis hat sich hierzu und zu § 626 Abs. 1 BGB eine **breite Kasuistik** gebildet[59]. So haben die Gerichte etwa einen wichtigen Grund **bejaht** bei ständigen Verletzungen des Kollegialitätsprinzips und wiederholten Übergriffen in den Kompetenzbereich eines anderen Vorstandsmitglieds[60]; Vorlage gefälschter Sitzungsunterlagen[61]; Verstößen gegen Zustimmungsvorbehalte gemäß § 111 Abs. 4 AktG[62]; Verrat von Geschäftsgeheimnissen (Konstruktionszeichnungen)[63]. Auch unterlassenes Einschreiten gegen sexuelle Belästigungen von Angestellten soll eine fristlose Kündigung tragen[64]. Gleiches gilt für andere strafbare Handlungen, auch wenn diese im privaten Bereich erfolgen[65]. Ein „Klassiker" aus der Spruchpraxis sind Unregel-

22.25

---

51 BGH v. 23.10.2006 – II ZR 298/05, NZG 2007, 189 = AG 2007, 125.
52 BAG v. 21.11.1996 – 2 AZR 357/95, NZA 1997, 487.
53 *Fleischer* in BeckOGK AktG, Stand 1.6.2021, § 84 AktG Rz. 162 f.
54 Vgl. BGH v. 23.10.1995 – II ZR 130/94, WM 1995, 2064.
55 Vgl. *Henze/Born/Drescher*, Aktienrecht, Rz. 418 ff.; *Grumann/Gillmann*, DB 2003, 770, 774.
56 Eingehend hierzu *Fleischer*, ZIP 2005, 141 ff.
57 *Weber* in Hölters, § 84 AktG Rz. 91; *Seibt* in K. Schmidt/Lutter, § 84 AktG Rz. 60.
58 Vgl. *Ihrig/Schäfer*, Rechte und Pflichten des Vorstands, § 9 Rz. 132.
59 Eingehend *Jäger*, Aktiengesellschaft, 2004, § 21 Rz. 242 ff.; *Spindler* in MünchKomm. AktG, 5. Aufl. 2019, § 84 AktG Rz. 133–139 und Rz. 185–191.
60 BGH v. 13.7.1998 – II ZR 131/97, NZG 1998, 726 = AG 1998, 519; nicht ausreichend ist hingegen eine einmalige Überschreitung der Vertretungsbefugnisse, OLG Düsseldorf v. 24.11.2006 – I-16 U 218/05, WM 2007, 889.
61 OLG Düsseldorf v. 2.7.2007 – I-9 U 3/07, AG 2008, 166.
62 BGH v. 13.7.1998 – II ZR 131/97, NZG 1998, 726 = AG 1998, 519.
63 BGH v. 13.7.1998 – II ZR 131/97, NZG 1998, 726 = AG 1998, 519.
64 OLG Hamm v. 1.3.2007 – 27 U 137/06, GmbHR 2007, 823.
65 KG v. 3.5.2007 – 23 U 102/06, AG 2007, 745, 746 f.; großzügiger *Fleischer* in BeckOGK AktG, Stand 1.6.2021, § 84 AktG Rz. 113, der für einen wichtigen Grund einen erheblichen Imageschaden der Gesell-

mäßigkeiten in Benzin-, Reisekosten- und Spesenabrechnungen, die einen wichtigen Grund darstellen können. In der Praxis sind auch verschärfte Varianten des zusätzlichen, im Dienstvertrag nicht vorgesehenen „Dienstwagens" für die Ehefrau sowie des aus privaten Gründen unterhaltenen Büros in New York anzutreffen[66]. Allerdings ist insoweit jeweils im Einzelfall zu prüfen, ob und in welchem Umfang das Vorstandsmitglied nach seinem Dienstvertrag bzw. der geltenden Spesenordnung Ausgaben tätigen durfte[67]. Auch ein wirtschaftlicher Niedergang des Unternehmens kann ein wichtiger Grund sein[68]. Entsprechendes gilt für den wirtschaftlichen Niedergang des Vorstandsmitglieds; anerkannt wurde insoweit die Eröffnung des Verbraucherinsolvenzverfahrens[69]. Schließlich sind auch die Fälle der sog. „Druckabberufung" als wichtige Gründe anerkannt[70]; dies umfasst Abberufungsverlangen einer Aufsichtsbehörde, etwa der BaFin bei Versicherungsaktiengesellschaften[71], ebenso wie die entsprechende Forderung der Hausbank[72]. In den Fokus bei Abberufungs- und Kündigungsentscheidungen rücken vermehrt **Compliance-Verstöße**. Hierunter lassen sich z.B. die Einrichtung eines nur unzureichenden Risiko-Management-Systems nach § 91 Abs. 2 AktG[73], die Entgegennahme von Schmiergeldern[74] und verbotene Insidergeschäfte fassen.

22.26 **Kein wichtiger Grund** sind prinzipiell Meinungsverschiedenheiten zwischen einer Aktionärsmehrheit und dem Vorstand in Geschäftsführungsfragen[75]. Letztlich setzt sich hier die Aufgabenzuweisung der §§ 76, 119 Abs. 2 AktG fort. Allerdings vermag die Aktionärsmehrheit im Wege des Vertrauensentzugs durch die Hauptversammlung einen wichtigen Grund zu schaffen, der einen Widerruf der Bestellung zu tragen vermag[76]. Der Vertrauensentzug kann nicht auf offenbar unsachliche Gründe gestützt werden. Er setzt aber keine vorhergehende Vorstandspflichtverletzung voraus[77]. Der formelle Vertrauensentzug durch Beschluss der Hauptversammlung darf im Übrigen nicht mit der „einfachen" Nichtentlastung verwechselt oder gleichgesetzt werden[78]. Kein wichtiger Grund ist nach Auffassung des OLG Frankfurt a.M. eine vom Aufsichtsrat satzungskonform beschlossene Verkleinerung des Vorstands[79]. Ebenfalls kein wichtiger Grund ist – jedenfalls bei börsennotierten Aktiengesellschaften – die zutreffende Information der Öffentlichkeit über die Lage der Gesellschaft[80]. Nach Ansicht des OLG München liegt auch kein wichtiger Grund vor, wenn ein Vorstandsmitglied anhaltende Kritik an seinen Kollegen übt, sofern dadurch die Zusammenarbeit für die Zukunft nicht unzumutbar wird[81]. Ferner

---

schaft bei Bekanntwerden der Straftat fordert, falls diese nicht bereits Rückschlüsse auf mangelnde Eignung des Vorstandsmitgliedes zulässt oder einen Bezug zur beruflichen Tätigkeit aufweist.
66 OLG München v. 7.2.2007 – 7 U 4952/06, AG 2007, 361.
67 Siehe BGH v. 28.10.2002 – II ZR 353/00, DB 2002, 2640 = GmbHR 2003, 33.
68 Vgl. BGH v. 28.10.2002 – II ZR 353/00, DB 2002, 2640 = GmbHR 2003, 33.
69 OLG Stuttgart v. 26.10.2005 – 14 U 50/05, GmbHR 2006, 1258.
70 Überblick und Einzelbehandlung aller Fallgruppen bei *Fleischer* in BeckOGK AktG, Stand 1.6.2021, § 84 AktG Rz. 112 ff., 164 ff.
71 VG Frankfurt v. 8.7.2004 – 1 E 7363/03, VersR 2005, 57.
72 Jedenfalls, wenn die Nichtverlängerung einer lebenswichtigen Kreditlinie damit verknüpft wird, vgl. BGH v. 23.10.2006 – II ZR 298/05, ZIP 2007, 119 = AG 2007, 125.
73 LG Berlin v. 3.7.2002 – 2 O 358/01, AG 2002, 682.
74 OLG München v. 7.2.2007 – 7 U 4952/06, AG 2007, 361.
75 BGH v. 7.6.1962 – II ZR 131/61, WM 1962, 811; *Fleischer* in BeckOGK AktG, Stand 1.6.2021, § 84 AktG Rz. 115 hält einen wichtigen Grund für gegeben, wenn bei Strategie- oder Personalfragen nach intensiver Diskussion unüberbrückbare Differenzen bleiben.
76 BGH v. 15.11.2016 – II ZR 217/15, NZG 2017, 261; öOGH v. 28.4.1998 – 1 Ob 294/97k, AG 1999, 140, 141.
77 BGH v. 15.11.2016 – II ZR 217/15, NZG 2017, 261.
78 Siehe KG v. 3.5.2007 – 23 U 102/06, AG 2007, 745; *Weber* in Hölters, § 84 AktG Rz. 76; großzügiger *Mertens/Cahn* in KölnKomm. AktG, 3. Aufl. 2010, § 84 AktG Rz. 127.
79 OLG Frankfurt a.M. v. 17.2.2015 – 5 U 111/14, NZG 2015, 514 = AG 2015, 363.
80 LG München v. 17.5.2001 – 5 HKO 1227/01, AG 2002, 104.
81 OLG München v. 28.4.2016 – 23 U 2314/15, AG 2016, 592.

ist nach Auffassung des OLG Hamm die Berufung eines Vorstands auf die in seinem Anstellungsvertrag enthaltene Befugnis zur Alleinvertretung kein wichtiger Grund für den Widerruf der Bestellung[82]. Grundsätzlich ist diese Entscheidung bei einer rein rechtlichen Betrachtung zutreffend. Allerdings sollte bei einer Anwendung auf andere Fälle stets sorgsam geprüft werden, ob die vertragsschließenden Parteien tatsächlich ein solches Verständnis hatten. Häufig verkennen Beteiligte nämlich die Begrifflichkeiten und wollen „nur" eine Einzelvertretungsbefugnis vereinbaren. Die unterlassene Einholung der Genehmigung für die Übernahme eines Aufsichtsratsmandats ist jedenfalls dann kein wichtiger Grund, wenn das Vorstandsmitglied einen Anspruch auf Genehmigung hatte[83]. Auch kein wichtiger Grund ist prinzipiell die Abrechnung von Geschäftsessen unter Teilnahme der Ehefrau. Nach Auffassung des BGH kann dies zur Kontakt- und Imagepflege sowie aus „atmosphärischen" Gründen im Einzelfall angemessen sein[84]. Ferner kann als wichtiger Grund nicht herangezogen werden, was der Gesellschaft bereits bei der Bestellung bekannt war[85]. Ein Verstoß gegen schriftlich konkretisierte Grundsätze der Datensicherheit soll die fristlose Kündigung jedenfalls dann nicht rechtfertigen können, wenn es sich um eine im Vorstand übliche Praxis handelt[86].

4. Gleichlaufklauseln

Wie bereits dargelegt, lässt der Widerruf der Bestellung den Bestand des Anstellungsverhältnisses grundsätzlich unberührt (vgl. Rz. 22.17). Aus diesem Grund wird oftmals eine sog. Gleichlaufklausel in den Anstellungsvertrag aufgenommen, nach der bei einem Widerruf der Bestellung aus wichtigem Grund „automatisch" auch der Anstellungsvertrag endet. Die Zulässigkeit derartiger Klauseln im Aktienrecht ist durch die Rechtsprechung **grundsätzlich anerkannt**[87]. Aufgrund zweier Entscheidungen des BGH zu Anstellungsverhältnissen von GmbH-Geschäftsführern[88] ist die Zulässigkeit von Gleichlaufklauseln vorübergehend in Zweifel gezogen worden[89]. Mit Blick auf die unterschiedliche Ausgestaltung der Rechtsstellung der Organmitglieder nach § 38 GmbHG und § 84 AktG dürfte eine solche Folgerung aber jedenfalls für die Aktiengesellschaft fehlgehen. In jüngerer Zeit wird die grundsätzliche Wirksamkeit von Gleichlaufklauseln denn auch nicht mehr angezweifelt[90]. Der Widerruf der Bestellung führt allerdings erst nach Ablauf der ordentlichen Kündigungsfrist aus § 622 BGB zur Beendigung des Anstellungsvertrags[91]. Diese Rechtsfolge sollte sich in Formularverträgen eindeutig aus der Klausel ergeben, um keinen Verstoß gegen die Transparenzgebote aus § 305c Abs. 1, § 307 Abs. 1 Satz 2 BGB zu riskieren[92].

22.27

---

82 OLG Hamm v. 7.1.1991 – 8 U 155/90, AG 1991, 399.
83 KG v. 3.5.2007 – 23 U 102/06, AG 2007, 745.
84 BGH v. 28.10.2002 – II ZR 353/00, DB 2002, 2640 = GmbHR 2003, 33.
85 BGH v. 12.7.1993 – II ZR 65/92, AG 1993, 514.
86 OLG Celle v. 25.5.2011 – 3 U 65/11, AG 2011, 916.
87 BGH v. 29.5.1989 – II ZR 220/88, NJW 1989, 2683; vgl. auch *Bauer/Diller*, GmbHR 1989, 809, 810.
88 BGH v. 1.12.1997 – II ZR 232/96, DB 1998, 874; BGH v. 21.6.1999 – II ZR 27/98, GmbHR 1999, 1140.
89 *Meier* in FS zum 25-jährigen Bestehen der Arbeitsgemeinschaft Arbeitsrecht im DAV, 2006, S. 505 ff.; *Eckhardt*, AG 1989, 431; *Flatten*, GmbHR 2000, 922, 925.
90 Vgl. nur *Weber* in Hölters, § 84 AktG Rz. 107; *Fleischer* in BeckOGK AktG, Stand 1.6.2021, § 84 AktG Rz. 162; *Seibt* in K. Schmidt/Lutter, § 84 AktG Rz. 70; *Fonk*, NZG 2010, 368, 374; *Tschöpe/Wortmann*, NZG 2009, 85, 87; *Bauer/Krieger/C. Arnold*, Arbeitsrechtliche Aufhebungsverträge, 9. Aufl. 2014, D Rz. 71 ff.; *C. Arnold* in Goette/Arnold, Handbuch Aufsichtsrat, § 4 Rz. 1680 ff.
91 BGH v. 25.5.1989 – II ZR 220/88, NJW 1989, 2683; OLG Saarbrücken v. 8.5.2013 – 1 U 154/12-43, DStR 2013, 1393; *Hüffer/Koch*, § 84 AktG Rz. 52; das BAG v. 11.6.2020 – 2 AZR 374/19, NJW 2020, 2824 (zum Fremdgeschäftsführer einer GmbH) stellt auf § 621 BGB ab.
92 *Grobys/Glanz*, NJW-Spezial 2007, 129; *Tschöpe/Wortmann*, NZG 2009, 85, 87 f.; Formulierungsvorschlag bei *Lingemann* in Bauer/Lingemann/Diller/Haußmann, Anwalts-Formularbuch Arbeitsrecht, 7. Aufl. 2021, M.5.1, S. 232 f.

5. Einzelfragen zu Verfahren, Fristen und Rechtsschutz
a) Zuständigkeit und Formfragen

22.28 **Zuständig** für den Widerruf der Bestellung ist stets der gesamte Aufsichtsrat (§ 84 Abs. 3 Satz 1, § 107 Abs. 3 Satz 7 AktG). Neben einem **Beschluss** des Aufsichtsrats[93] im Innenverhältnis[94] bedarf es zum Widerruf der Bestellung noch einer entsprechenden **Erklärung im Außenverhältnis**[95]. Die Abberufung wird noch nicht mit dem Beschluss des Aufsichtsrats, sondern erst mit Zugang der Erklärung wirksam[96]. Diese Unterscheidung wird insbesondere relevant, wenn das betreffende Vorstandsmitglied in sonstiger Weise vorab Kenntnis vom Beschluss des Aufsichtsrats erhält.

22.29 Der Aufsichtsrat darf aufgrund dieser gesetzlichen Kompetenzzuweisung dem Vorsitzenden in seinem Beschluss auch **kein weiteres Ermessen** einräumen, etwa dergestalt, dass er kündigen möge, wenn der Vorstand die gegen ihn erhobenen Vorwürfe nicht entkräften könne[97].

22.30 Erklärt wird der Widerruf der Bestellung regelmäßig durch den **Aufsichtsratsvorsitzenden**. Meist ergibt sich dessen Befugnis hierzu ausdrücklich aus der Satzung. Möglich ist jedoch auch, dass der Aufsichtsrat beschließt, einen Dritten, etwa ein anderes Vorstandsmitglied, als **Bevollmächtigten oder Erklärungsboten** einzusetzen[98]. In diesen Fällen ist – wegen § 174 BGB – die Beifügung einer unterzeichneten Mehrfertigung der Niederschrift über den entsprechenden Aufsichtsratsbeschluss zu bedenken[99]. Nach einer Entscheidung des OLG Düsseldorf gilt Entsprechendes auch für Kündigungen durch den Aufsichtsratsvorsitzenden selbst[100].

22.31 Hinsichtlich einer **außerordentlichen Kündigung** gilt im Ausgangspunkt nichts anderes. Auch hier bedarf es eines Beschlusses des Aufsichtsrats und einer Kündigungserklärung. Allerdings kann hier – soweit (nur) das Anstellungsverhältnis betroffen ist – die Beschlussfassung auch einem Ausschuss des Aufsichtsrats übertragen werden[101]. Diesbezüglich gelten die gleichen Grundsätze wie bei der Beschlussfassung über einen Aufhebungsvertrag (vgl. hierzu Rz. 22.2).

22.32 **Gesetzliche Formerfordernisse** bestehen weder für die Erklärung des Widerrufs der Bestellung noch für die Kündigung (§ 623 BGB gilt für Vorstandsmitglieder nicht, vgl. Rz. 22.14). Meist ergibt sich die Notwendigkeit der Schriftform jedoch aus dem Anstellungsvertrag. In den übrigen Fällen empfiehlt sich die Beachtung dieser Form zu Beweiszwecken.

22.33 Besondere Sorgfalt in formeller Hinsicht ist hingegen bei der **Einberufung der Aufsichtsratssitzung** geboten, die über Kündigung und Widerruf der Bestellung beschließen soll. Nach der Rechtsprechung des BGH sind solche Beschlüsse insbesondere dann **nichtig**, wenn sie (nur) unter dem allgemeinen Tagesordnungspunkt „Vorstandsangelegenheiten" angekündigt wurden[102]. Um Risiken insoweit zu vermeiden, empfiehlt sich daher, entweder einen Verzicht aller Aufsichtsratsmitglieder auf die Wahrung von Formvorschriften im Protokoll der Aufsichtsratssitzung festzuhalten oder – ungeachtet der Sensibilität solcher Beschlussgegenstände – eine formelle Ankündigung, etwa „Beratung und Beschlussfassung über den Widerruf der Bestellung von Herrn Mustermann zum Mitglied des Vorstands

---

93 Vgl. OLG Köln v. 28.2.2008 – 18 U 3/08, AG 2008, 458.
94 Beispiel bei *Happ* in Happ/Groß/Möhrle/Vetter, Aktienrecht, Muster 8.11, S. 886.
95 Vgl. OLG Stuttgart v. 13.3.2002 – 20 U 59/01, AG 2003, 211.
96 Siehe OLG Stuttgart v. 13.3.2002 – 20 U 59/01, AG 2003, 211.
97 OLG Karlsruhe v. 28.4.2004 – 7 U 62/03, ZIP 2004, 2377.
98 Ausdrücklich etwa OLG Stuttgart v. 13.3.2002 – 20 U 59/01, AG 2003, 211.
99 BAG v. 5.12.2019 – 2 AZR 147/19, NJW 2020, 1456; *Brugger*, NJW-Spezial 2011, 498; *Weber* in Hölters, § 84 AktG Rz. 67.
100 OLG Düsseldorf v. 17.11.2003 – I-15 U 225/02, NZG 2004, 141; näher zu den möglichen Folgerungen für die Praxis *Schockenhoff/Topf*, DB 2005, 539 ff.
101 *Tschöpe/Wortmann*, NZG 2009, 85, 88; LG Berlin v. 3.7.2002 – 2 O 358/01, AG 2002, 682.
102 BGH v. 29.5.2000 – II ZR 47/99, DB 2000, 1959.

aus wichtigem Grund". Entsprechendes gilt für die Beendigung von Anstellungsverhältnissen durch Kündigung.

b) Kündigungserklärungsfrist aus § 626 Abs. 2 BGB

Nach § 626 Abs. 2 BGB kann eine Kündigung nur innerhalb von **zwei Wochen** erfolgen. Diese Frist beginnt mit dem Zeitpunkt, in dem das zur Kündigung berechtigte Organ von den für die Kündigung maßgebenden Tatsachen Kenntnis erlangt[103]. Kündigungsberechtigter im Sinne dieser Bestimmung ist bei der Aktiengesellschaft grundsätzlich der Aufsichtsrat als Kollegialorgan. Die für die Kündigung **maßgebenden Tatsachen** liegen nach der Rechtsprechung erst dann vor, wenn alles in Erfahrung gebracht ist, was als notwendige Grundlage für die Entscheidung über den Fortbestand oder die Auflösung des Dienstverhältnisses anzusehen ist; einzelne Gesichtspunkte[104] genügen ebenso wie grobfahrlässige Unkenntnis[105] nicht. Wird aus mehreren Gründen gekündigt, so genügt es, wenn die Frist des § 626 Abs. 2 BGB für einen der Kündigungsgründe gewahrt ist[106]. Dies erlaubt dem Unternehmen grundsätzlich auch das Nachschieben weiterer Kündigungsgründe, ggf. auch erst im Prozess[107]. Das ist – entgegen der Auffassung des OLG München[108] – auch noch nach dem Ende der regulären Laufzeit des Anstellungsvertrags möglich.

22.34

Nach der Rechtsprechung des BGH ist für den Fristbeginn ausschließlich die **Kenntnis der Mitglieder des Aufsichtsrats** in ihrer Eigenschaft als Mitwirkende an der kollektiven Willensbildung maßgeblich[109]. Daher löst auch nicht eine außerhalb einer Aufsichtsratssitzung, sondern nur die nach dem Zusammentritt erlangte Kenntnis der für die Kündigung maßgeblichen Tatsachen den Lauf der Ausschlussfrist aus[110]. Die Frist läuft demnach ab dem Tag der Aufsichtsratssitzung[111].

22.35

Der BGH hat diesen Grundsatz dahingehend eingeschränkt, dass dann, wenn die **Einberufung** der Aufsichtsratssitzung von einberufungsberechtigten Mitgliedern nach Kenntniserlangung von dem Kündigungssachverhalt unangemessen **verzögert** werde, sich die Gesellschaft so behandeln lassen müsse, als wäre die Aufsichtsratssitzung mit der billigerweise zumutbaren Beschleunigung einberufen worden[112]. In diesem Zusammenhang ist daran zu erinnern, dass sich ein Aufsichtsratsmitglied, das Kenntnisse von Pflichtverletzungen durch Vorstandsmitglieder für sich behält, gegenüber der Gesellschaft schadensersatzpflichtig macht[113]. Es ist in diesem Fall verpflichtet, den Aufsichtsratsvorsitzenden unverzüglich um die Einberufung einer Aufsichtsratssitzung zu ersuchen, um die anderen Aufsichtsratsmitglieder von seinem Wissen in Kenntnis zu setzen[114]. Wie viel Zeit zwischen Kenntniserlangung und Einberufung der Aufsichtsratssitzung verstreichen darf, ist nicht abschließend geklärt. Das OLG Mün-

22.36

---

103 BGH v. 9.4.2013 – II ZR 273/11, ZIP 2013, 971; *C. Arnold* in Goette/Arnold, Handbuch Aufsichtsrat, § 4 Rz. 1710.
104 Vgl. BGH v. 26.2.1996 – II ZR 114/95, ZIP 1996, 636.
105 BGH v. 9.4.2013 – II ZR 273/11, ZIP 2013, 971.
106 Allgemeine Ansicht, vgl. *Weidenkaff* in Palandt, § 626 BGB Rz. 30.
107 OLG Hamm v. 1.3.2007 – 27 U 137/06, GmbHR 2007, 823.
108 OLG München v. 4.12.2019 – 7 U 2464/18, AG 2020, 260; dazu *C. Arnold* in Goette/Arnold, Handbuch Aufsichtsrat, § 4 Rz. 1730.
109 Vgl. BGH v. 15.6.1998 – II ZR 318/96, ZIP 1998, 1269; BGH v. 10.9.2001 – II ZR 14/00, ZIP 2001, 1957; *C. Arnold* in Goette/Arnold, Handbuch Aufsichtsrat, § 4 Rz. 1711.
110 BGH v. 10.9.2001 – II ZR 14/00, ZIP 2001, 1957 = GmbHR 2001, 1158.
111 *Fleischer* in BeckOGK AktG, Stand 1.6.2021, § 84 AktG Rz. 170; *Hüffer/Koch*, § 84 AktG Rz. 54.
112 BGH v. 19.5.1980 – II ZR 169/79, NJW 1981, 166; vgl. auch OLG Karlsruhe v. 28.4.2004 – 7 U 62/03, ZIP 2004, 2377 = AG 2005, 210; *C. Arnold* in Goette/Arnold, Handbuch Aufsichtsrat, § 4 Rz. 1712 f.
113 Siehe LG Dortmund v. 1.8.2001 – 20 O 143/93, DB 2001, 2591 = AG 2002, 97; OLG Hamm v. 20.3.2006 – 8 U 208/01.
114 Vgl. LG Dortmund v. 1.8.2001 – 20 O 143/93, DB 2001, 2591, 2592 = AG 2002, 97; OLG Hamm v. 20.3.2006 – 8 U 208/01.

chen hat jedenfalls einen Zeitraum von zweieinhalb Monaten für zu lang befunden[115]. Verbreitet wird in der Literatur in Anlehnung an § 626 Abs. 2 BGB ein Zeitraum von zwei Wochen bis zur Sitzungseinberufung als Höchstgrenze angesehen[116]. Erfordert die Kündigung die Zustimmung der Gesellschafter-Gesellschafterin, beginnt die Frist erst zu laufen, wenn deren Zustimmung eingegangen ist. Die Kündigungsmöglichkeit kann allerdings verwirkt sein, wenn der Kündigungsberechtigte nach Kenntniserlangung nicht unverzüglich die Zustimmung anfordert[117].

c) Anhörung und Abmahnung

22.37 Einer vorherigen Anhörung des Vorstandsmitglieds bedürfen grundsätzlich weder Widerruf der Bestellung noch außerordentliche Kündigung des Anstellungsvertrags[118]. Etwas anderes gilt lediglich bei der sog. Verdachtskündigung oder Verdachtsabberufung[119]. Eine vorherige Abmahnung ist nicht notwendig[120]. Soweit einzelne Stimmen etwas anderes aus § 314 Abs. 2 BGB folgern[121], ist dem der BGH unter Hinweis auf § 323 Abs. 2 Nr. 3 BGB nicht gefolgt[122].

d) Rechtsschutz

22.38 Das Vorstandsmitglied kann Klage auf Feststellung der Unwirksamkeit der Abberufung erheben[123]. Nach § 84 Abs. 3 Satz 4 AktG bleibt der Widerruf allerdings **wirksam**, bis seine Unwirksamkeit rechtskräftig festgestellt ist. Mit Rechtskraft einer obsiegenden Entscheidung erlangt das Vorstandsmitglied sein Amt wieder[124].

22.39 Aufgrund der gewöhnlichen **Verfahrensdauer** solcher Rechtsstreitigkeiten ist diese Form des Rechtsschutzes in der Praxis jedoch weitgehend bedeutungslos. Regelmäßig endet hier die Amtszeit des Betroffenen vor einer Entscheidung; diesem bleibt dann allenfalls noch die Alternative der Umstellung auf einen Feststellungsantrag, dass die Abberufung unrechtmäßig gewesen sei[125].

22.40 Meist verteidigen sich Vorstandsmitglieder daher in solchen Fallgestaltungen ausschließlich gegen die Kündigung. Neben der Frage, ob ein wichtiger Grund (siehe Rz. 22.23 ff.) vorlag, bildet hier häufig die Einhaltung der Frist des § 626 Abs. 2 BGB den Schwerpunkt der Auseinandersetzung (dazu soeben Rz. 22.34 ff.). Ein gängiges Verteidigungsmittel gegen einen Einwand der Verfristung ist das **Nachschieben weiterer Gründe**, die der Gesellschaft erst während des Rechtsstreits bekannt werden[126],

---

115 OLG München v. 14.7.2005 – 6 U 5444/04, AG 2005, 776.
116 Vgl. *Brugger*, NJW-Spezial 2011, 498, 499; *Tschöpe/Wortmann*, NZG 2009, 85, 90; *Schumacher-Mohr*, ZIP 2002, 2245, 2247 m.w.N.
117 BGH v. 9.4.2013 – II ZR 273/11, ZIP 2013, 971.
118 LG Berlin v. 3.7.2002 – 2 O 358/01, AG 2002, 682.
119 *Tschöpe/Wortmann*, NZG 2009, 161; *Weber* in Hölters, § 84 AktG Rz. 78.
120 BGH v. 2.7.2007 – II ZR 71/06, WM 2007, 1613 = GmbHR 2007, 936; BGH v. 10.9.2001 – II ZR 14/00, ZIP 2001, 1957 = GmbHR 2001, 1158.
121 Exemplarisch *Grumann/Gillmann*, DB 2003, 770; *Schumacher-Mohr*, DB 2002, 1606.
122 BGH v. 2.7.2007 – II ZR 71/06, WM 2007, 1613 = AG 2007, 699.
123 Dogmatisch handelt es sich dabei trotz Feststellungsantrags wegen der Wirkung von § 84 Abs. 3 Satz 4 AktG um eine Gestaltungsklage; vgl. *Tschöpe/Wortmann*, NZG 2009, 161; OLG Stuttgart v. 23.10.2001 – 31 KfH O 62/01, AG 2003, 53.
124 Vgl. öOGH v. 28.4.1998 – 1 Ob 294/97k, AG 1999, 140.
125 Exemplarisch öOGH v. 28.4.1998 – 1 Ob 294/97k, AG 1999, 140.
126 Vgl. zum Nachschieben von Gründen für die Abberufung öOGH v. 18.5.1995 – 6 Ob 517/95, AG 1996, 39 und zum Nachschieben von Kündigungsgründen BAG v. 4.6.1997 – 2 AZR 362/96, NJW 1998, 101 und BGH v. 13.7.1998 – II ZR 131/97, AG 1998, 519 sowie BGH v. 1.12.2003 – II ZR 161/02, WM 2004, 127. Zu Einzelheiten der Zulässigkeit des Nachschiebens von Gründen siehe *Weber* in Hölters, § 84 AktG Rz. 82, 114.

aber im maßgeblichen Zeitpunkt schon vorlagen[127]. Für eine Zahlungsklage aus dem Anstellungsvertrag bietet sich i.d.R. der Urkundsprozess (§§ 592 ff. ZPO) an[128].

Bei der Klageerhebung wie der Verteidigung dagegen ist zu beachten, dass die Gesellschaft gegenüber dem Vorstandsmitglied durch den Aufsichtsrat vertreten wird (§ 112 AktG)[129]. Daraus folgt, dass **Zustellungen der Klage** unter der Anschrift der Gesellschaft nicht möglich sind[130]. Aktiengesellschaften sind auch nicht verpflichtet, Zustellungen für ihren Aufsichtsrat entgegenzunehmen und an diesen weiterzuleiten[131]. 22.41

e) Beweislast

Die Gesellschaft hat im Rechtsstreit hinsichtlich der Einhaltung der Kündigungserklärungsfrist aus § 626 Abs. 2 BGB, eingeschlossen die **zügige Sachverhaltsaufklärung** und die anschließende Behandlung im Aufsichtsrat, nicht nur eine substantiierte Darlegungslast, sondern auch die Beweislast[132]. 22.42

Sie trägt ferner die Beweislast für das Vorliegen eines wichtigen Grunds[133]. Daher empfiehlt es sich für Aktiengesellschaften meist schon aus Gründen der **Prozesstaktik**, auf die Klage eines Vorstandsmitglieds von Seiten der Gesellschaft mit einer Widerklage auf Schadensersatz zu kontern, wenn die Abberufung bzw. die Kündigung auf einer pflichtwidrigen Schädigung der Gesellschaft beruhte[134]. Insoweit kehrt sich dann aufgrund § 93 Abs. 2 Satz 2 AktG die Beweislast um[135]. 22.43

Im Fall der **Abberufung** aufgrund eines Vertrauensentzugs der Hauptversammlung hat hingegen das Vorstandsmitglied zu beweisen, dass der Vertrauensentzug aus unsachlichen Gründen geschah[136]. Ein non liquet geht zu seinen Lasten. Allerdings hat der BGH offen gelassen, ob die Gesellschaft im Rahmen der sekundären Beweislast etwaige Gründe für den Vertrauensentzug offenbaren muss[137]. 22.44

f) Anmeldung zum Handelsregister

Bei der Anmeldung des Widerrufs der Bestellung zum Handelsregister genügt die **Vorlage der Niederschrift** über den Beschluss des Aufsichtsrats in Urschrift oder öffentlich beglaubigter Abschrift (§ 81 Abs. 2 AktG)[138]. Nicht erforderlich ist hingegen gegenüber dem Registergericht ein urkundlicher Nachweis der Erklärung des Widerrufs[139]. 22.45

---

127 OLG Köln v. 6.2.2015 – 18 U 146/13, BeckRS 2016, 7489; *Ihrig/Schäfer*, Rechte und Pflichten des Vorstands, § 9 Rz. 136.
128 *Hüffer/Koch*, § 84 AktG Rz. 42; *Reiserer/Peters*, DB 2008, 167.
129 BGH v. 11.5.1981 – II ZR 126/80, DB 1981, 1661; BGH v. 16.2.2009 – II ZR 282/07, NJW-RR 2009, 690 = AG 2009, 327.
130 OLG Hamburg v. 4.5.2001 – 11 U 274/00, AG 2002, 521.
131 LG Berlin v. 19.6.2003 – 95 O 98/03, Der Konzern 2003, 639.
132 OLG München v. 25.3.2009 – 7 U 4835/08, NZG 2009, 665 = GmbHR 2009, 937; Thür. OLG v. 1.12.1998 – 5 U 1501/97, NZG 1999, 1069.
133 Siehe zur Beweislast der Gesellschaft BGH v. 28.10.2002 – II ZR 353/00, DB 2002, 2640 = GmbHR 2003, 33 sowie zu deren Darlegungslast auch BGH v. 13.7.1998 – II ZR 131/97, NZG 1998, 726 = AG 1998, 519. Vgl. auch *Spindler* in MünchKomm. AktG, 5. Aufl. 2019, § 84 AktG Rz. 200 m.w.N.
134 Zur Verpflichtung, Schadensersatzansprüche einzuklagen, siehe BGH v. 21.4.1997 – II ZR 175/95, AG 1997, 377.
135 Vgl. BGH v. 4.11.2002 – II ZR 224/00, ZIP 2002, 2314 = AG 2003, 381. Grundlegend und zu Einzelheiten der Beweislast *Goette*, ZGR 1995, 648.
136 BGH v. 15.11.2016 – II ZR 217/15, NZG 2017, 261; BGH v. 3.7.1975 – II ZR 35/73, AG 1975, 242; *Gärtner* in Goette/Arnold, Handbuch Aufsichtsrat, § 4 Rz. 711.
137 BGH v. 15.11.2016 – II ZR 217/15, AG 2017, 239.
138 OLG Hamm v. 26.9.2002 – 15 W 321/02, DB 2003, 331 = GmbHR 2003, 111.
139 *Fleischer* in BeckOGK AktG, Stand 1.6.2021, § 84 AktG Rz. 14; OLG Hamm v. 26.9.2002 – 15 W 321/02, DB 2003, 331 = GmbHR 2003, 111.

6. Suspendierung

22.46 Die Suspendierung, d.h. die vorübergehende Entbindung von der Amtsführung, ist im Aktiengesetz **nicht** ausdrücklich geregelt. In der Gestaltungspraxis sollte daher auf eine entsprechende **Vereinbarung im Anstellungsvertrag** geachtet werden. Fehlt sie, entsteht Rechtsunsicherheit. Zwar wird überwiegend angenommen, dass eine Suspendierung grundsätzlich möglich sei[140]. Hinsichtlich der **Voraussetzungen** einer Suspendierung werden aber auch unter denen, die sie anerkennen, verschiedene Standpunkte vertreten. Nach einer Ansicht ist eine Suspendierung jedenfalls dann möglich, wenn alle Voraussetzungen für einen Widerruf der Bestellung vorliegen[141]. Danach wären das Vorliegen eines wichtigen Grunds, ein Aufsichtsratsbeschluss und die Erklärung der Suspendierung gegenüber dem betroffenen Vorstandsmitglied notwendig[142].

22.47 Nach der Gegenansicht ist die Suspendierung auch dann zulässig, wenn das Vorliegen eines wichtigen Grunds noch nicht feststeht, aber der konkrete **Verdacht** eines Verhaltens besteht, das einen wichtigen Grund darstellen würde[143]. Die Suspendierung dient hier – im Interesse der Gesellschaft – der Aufklärung der Vorwürfe und der anschließenden Entscheidung des Aufsichtsrats über die Abberufung und Kündigung des Anstellungsverhältnisses. Sie ist nur in angemessenem zeitlichen Umfang möglich. Die Literatur sieht die zeitliche Obergrenze für eine Suspendierung bei einem Monat[144].

22.48 Nicht möglich ist eine Suspendierung allerdings, wenn sie lediglich dem Aufsichtsrat zusätzliche Zeit für eine Entscheidung über eine Abberufung verschaffen soll[145]. Hiervon soll allerdings der Fall zu unterscheiden sein, in dem der Aufsichtsrat sich durch die Suspendierung den Raum schaffen will, noch **weitere Umstände aufzuklären**, die für das Verhalten der Gesellschaft gegenüber dem Vorstandsmitglied von Bedeutung sind, insbesondere für die Festlegung der Bedingungen eines einvernehmlichen Ausscheidens des Vorstandsmitglieds[146].

22.49 Ist eine Suspendierung wirksam, hat sie zur **Folge**, dass dem suspendierten Vorstandsmitglied im Innenverhältnis gegenüber der Gesellschaft die **Amtsführung verboten** ist[147]. Ob die Suspendierung auch die Vertretungsmacht im Außenverhältnis entfallen lässt, ist offen. Die wohl überwiegende Ansicht verneint dies aber[148]. Einigkeit besteht hingegen wiederum, dass das suspendierte Vorstandsmitglied Anspruch auf **Weiterzahlung** seiner Bezüge hat[149]. Ob bei einer Suspendierung ein auch zur pri-

---

140 OLG München v. 17.9.1985 – 7 W 1933/85, AG 1986, 234; siehe *Lutter/Krieger/Verse*, Aufsichtsrat, § 7 Rz. 378; *Gärtner* in Goette/Arnold, Handbuch Aufsichtsrat, § 4 Rz. 810 ff., zur einvernehmlichen Suspendierung Rz. 822 ff.; krit. *Hüffer/Koch*, § 84 AktG Rz. 43; *Weber* in Hölters, § 84 AktG Rz. 89 f.; ausdrücklich offen gelassen KG v. 8.7.1983 – 14 U 259/83, AG 1984, 24 mit dem Hinweis, dass der Gesetzgeber diese Maßnahme bei der Aktienrechtsreform 1965 bewusst nicht in das Gesetz aufgenommen habe.
141 OLG München v. 17.9.1985 – 7 W 1933/85, AG 1986, 234, 235; *Spindler* in MünchKomm. AktG, 5. Aufl. 2019, § 84 AktG Rz. 158; siehe *Lutter/Krieger/Verse*, Aufsichtsrat, § 7 Rz. 379f; offen gelassen KG v. 8.7.1983 – 14 U 259/83, AG 1984, 24.
142 Vgl. *Spindler* in MünchKomm. AktG, 5. Aufl. 2019, § 84 AktG Rz. 157.
143 Vgl. *Gärtner* in Goette/Arnold, Handbuch Aufsichtsrat, § 4 Rz. 813; *Mertens/Cahn* in KölnKomm. AktG, 3. Aufl. 2010, § 84 AktG Rz. 189 m.w.N.; offenlassend OLG München v. 17.9.1985 – 7 W 1933/85, AG 1986, 234, 235.
144 Vgl. *Mertens/Cahn* in KölnKomm. AktG, 3. Aufl. 2010, § 84 AktG Rz. 189 a.E.; *Spindler* in MünchKomm. AktG, 5. Aufl. 2019, § 84 AktG Rz. 159; ausführlich zur zeitlichen Begrenzung *Gärtner* in Goette/Arnold, Handbuch Aufsichtsrat, § 4 Rz. 830 ff.
145 So jedenfalls *Mertens/Cahn* in KölnKomm. AktG, 3. Aufl. 2010, § 84 AktG Rz. 191.
146 Siehe *Mertens/Cahn* in KölnKomm. AktG, 3. Aufl. 2010, § 84 AktG Rz. 190.
147 Siehe *Lutter/Krieger/Verse*, Aufsichtsrat, § 7 Rz. 379.
148 Siehe *Gärtner* in Goette/Arnold, Handbuch Aufsichtsrat, § 4 Rz. 838; *Mertens/Cahn* in KölnKomm. AktG, 3. Aufl. 2010, § 84 AktG Rz. 192; *Lutter/Krieger/Verse*, Aufsichtsrat, § 7 Rz. 379.
149 Vgl. *Mertens/Cahn* in KölnKomm. AktG, 3. Aufl. 2010, § 84 AktG Rz. 192.

vaten Nutzung überlassener Dienstwagen zurückverlangt werden kann, hängt von den individuellen vertraglichen Vereinbarungen ab[150].

Zuständig für die Suspendierung ist jedenfalls stets der Gesamtaufsichtsrat; einer Übertragung auf einen Ausschuss steht § 107 Abs. 3 Satz 7 AktG entgegen[151]. In mitbestimmten Gesellschaften ist ggf. das abgestufte Verfahren des § 31 MitbestG (dazu Rz. 21.16 ff.) einzuhalten[152], allerdings mit der Besonderheit, dass es der Anrufung des Vermittlungsausschusses nicht bedarf[153].

22.50

IV. Besonderheiten der Versorgungszusage

1. Anwendbarkeit des Betriebsrentengesetzes

Nach § 17 Abs. 1 Satz 2 BetrAVG gilt das Betriebsrentengesetz grundsätzlich auch für Vorstandsmitglieder von Aktiengesellschaften. Die Rechtsprechung nimmt hiervon allerdings Vorstandsmitglieder aus, die aufgrund ihrer (Mehrheits-)Kapitalbeteiligung eines arbeitnehmerähnlichen Schutzes nicht bedürfen (vgl. hierzu auch Rz. 21.170)[154].

22.51

2. Gestaltungsbeschränkung bei Aufhebungsverträgen

Das Betriebsrentengesetz beschränkt in § 3 BetrAVG grundsätzlich die Vertragsfreiheit der Parteien bei der Abgeltung von Ruhegehaltsansprüchen (sog. Abfindungsverbot). Nach der Rechtsprechung des BGH und BAG kann mit Organmitgliedern aber im selben Maße eine Abweichung von den Schutzbestimmungen des BetrAVG vereinbart werden, wie dies bei Arbeitnehmern die Tarifvertragsparteien dürfen (vgl. hierzu auch Rz. 21.170 f.)[155]. Zu den tarifdispositiven Normen des Betriebsrentengesetzes zählt auch § 3 BetrAVG. In Aufhebungsverträgen kann daher bis zur **Grenze der Sittenwidrigkeit** eine Abfindung der zugesagten Versorgung vereinbart werden[156].

22.52

3. Kürzung bei vorzeitiger Beendigung

Nach § 17 Abs. 1 Satz 2 i.V.m. § 2 BetrAVG führt ein vorzeitiges Ausscheiden auch bei unverfallbaren Versorgungsanwartschaften grundsätzlich zu einer **Absenkung des späteren Ruhegehaltes** des Vorstandsmitgliedes[157]. Diese Folge wird von den Betroffenen bei der Vertragsgestaltung mitunter verkannt. Aufgrund des in § 17 Abs. 3 Satz 3 BetrAVG verankerten Günstigkeitsprinzips kann die Kürzung für den Fall vorzeitigen Ausscheidens jedoch bereits im Versorgungsvertrag abbedungen werden[158]. Allerdings muss dies nach der Rechtsprechung ausdrücklich geschehen[159].

22.53

---

150 Näher *Günther/Günther*, ArbRAktuell 2011, 107 ff.; *Lingemann/Gotham*, DB 2007, 1754, 1755.
151 Siehe OLG München v. 17.9.1985 – 7 W 1933/85, AG 1986, 234.
152 Siehe *Lutter/Krieger/Verse*, Aufsichtsrat, § 7 Rz. 382.
153 Siehe *Gärtner* in Goette/Arnold, Handbuch Aufsichtsrat, § 4 Rz. 825.
154 Vgl. BGH v. 28.4.1980 – II ZR 254/78, BGHZ 77, 94; BGH v. 1.2.1999 – II ZR 276/97, NZA 1999, 380.
155 BGH v. 23.5.2017 – II ZR 6/16, NZG 2017, 948; BAG v. 21.4.2009 – 3 AZR 285/07, ZTR 2009, 657; *C. Arnold* in Goette/Arnold, Handbuch Aufsichtsrat, § 4 Rz. 1781.
156 *Diller/C. Arnold/Kern*, GmbHR 2010, 281, 285 f.; *Bauer/Baeck/von Medem*, NZG 2010, 721, 724; vgl. auch *Böhm*, NZA 2009, 767 ff.
157 Zu Einzelheiten siehe *Griebling/Griebling*, Betriebliche Altersversorgung, 2. Aufl. 2003, S. 114 ff.
158 *Blomeyer/Otto/Rolfs*, Gesetz zur Verbesserung der betrieblichen Altersversorgung, 7. Aufl. 2018, § 2 BetrAVG Rz. 30 f.
159 BAG v. 4.10.1994 – 3 AZR 215/94, BB 1995, 881, 882.

4. Herabsetzung von Versorgungsansprüchen

22.54 Vor Inkrafttreten des VorstAG war h.M., dass die Gesellschaft auch bei einer „wirtschaftlichen Notlage" nicht berechtigt ist, bereits erdiente Ruhegeldanwartschaften und Ruhegeldansprüche einseitig zu kürzen[160]. Dieser besondere Schutz erdienter Versorgungsansprüche ist durch § 87 Abs. 2 Satz 2 AktG mittlerweile gelockert. Mit dem VorstAG hat der Gesetzgeber nicht nur die Voraussetzungen für die Herabsetzung der laufenden Vergütung nach § 87 Abs. 2 Satz 1 AktG abgesenkt (siehe hierzu Rz. 21.95 ff.), sondern diese Herabsetzungsmöglichkeit auch auf **erdiente und laufende Altersversorgung** erweitert[161]. Danach können Ruhegehalt, Hinterbliebenenbezüge und Leistungen verwandter Art in den ersten drei Jahren nach Ausscheiden aus der Gesellschaft herabgesetzt werden, wenn sich die Lage der Gesellschaft verschlechtert und die ungekürzte Weitergewährung unbillig für die Gesellschaft wäre. Die Herabsetzung ist auch während des laufenden Vorstandsverhältnisses möglich[162]. Die Drei-Jahres-Frist aus § 87 Abs. 2 Satz 2 AktG ist als **Ausschlussfrist** für die Entscheidung des Aufsichtsrats zu verstehen. Die Herabsetzung selbst kann eine deutlich längere Wirkung, prinzipiell sogar über den gesamten Bezugszeitraum entfalten[163]. Allerdings ist der Aufsichtsrat verpflichtet, die Versorgungsbezüge wieder anzuheben, wenn die Lage sich wieder verbessert hat (siehe hierzu bereits Rz. 21.99). Die gesetzliche Regelung macht nicht deutlich, ob unter „Ausscheiden" die Beendigung des Vorstandsamts oder des Anstellungsvertrags zu verstehen ist. Da die Altersversorgung aus dem schuldrechtlichen Anstellungsverhältnis folgt, scheint es angebracht, auf das Ende dieses Rechtsverhältnisses abzustellen[164]. Das Vorstandsmitglied ist also dem Risiko ausgesetzt, bis zum Ablauf von drei Jahren nach dem Ende seines Anstellungsverhältnisses eine Herabsetzung der bereits erdienten Versorgungsansprüche hinnehmen zu müssen[165].

22.55 Die Herabsetzung der laufenden Bezüge nach § 87 Abs. 2 Satz 1 AktG hat grundsätzlich nur Zukunftswirkung. Dagegen betrifft die Herabsetzung der Versorgungsbezüge auch bereits erdiente Anwartschaften. Dieser Unterschied muss u.E. dazu führen, dass an die Absenkung der Versorgungsbezüge im Einzelfall **strengere Anforderungen** zu stellen sind[166]. Schließlich sollte der Aufsichtsrat bei seiner Entscheidung über die Herabsetzung der Versorgungsbezüge berücksichtigen, dass ausgeschiedene Vorstandsmitglieder nicht mehr zum Sonderkündigungsrecht aus § 87 Abs. 2 Satz 4 AktG greifen können, um anderswo (wieder) mehr zu verdienen[167].

5. Widerruf der Versorgungszusage

22.56 Die Inanspruchnahme von Leistungen der Altersversorgung kann bei außergewöhnlich schweren Pflichtverletzungen des Vorstandsmitgliedes **rechtsmissbräuchlich** sein[168]. Werden Bestellung und Anstellung wegen schwerer Pflichtverletzungen widerrufen, wirft dies regelmäßig auch die Frage nach der Möglichkeit des „Widerrufs" gewährter Versorgungszusagen auf. Die Rechtsprechung ist hier bei

---

160 BAG v. 31.7.2007 – 3 AZR 373/06, ZIP 2007, 2326; *Schumann*, EWiR 2004, 267, 268.
161 Diese Regelung wird insbesondere wegen Widersprüchen zu den Wertungen des BetrAVG und verfassungsrechtlichen Bedenken stark kritisiert, vgl. *Jaeger*, NZA 2010, 128, 132; *Hoffmann-Becking/Krieger*, NZG Beilage 26/2009, 16, jeweils m.w.N.
162 *Bauer/C. Arnold*, AG 2009, 717, 728; *Bauer/Baeck/von Medem*, NZG 2010, 721, 727.
163 *Jaeger*, NZA 2010, 128, 132; *Diller*, NZG 2009, 1006, 1008; *Seibert*, WM 2009, 1489, 1491; *Lingemann*, BB 2009, 1918, 1921.
164 *Bauer/Baeck/von Medem*, NZG 2010, 721, 727; *Diller*, NZG 2009, 1006, 1008; *Bauer/C. Arnold*, AG 2009, 717, 729; a.A. *Hoffmann-Becking/Krieger*, NZG Beilage zu 26/2009, 1, 6.
165 *Jaeger*, NZA 2010, 128, 132; siehe zu den Rechtsschutzmöglichkeiten des Vorstandsmitgliedes Rz. 21.100.
166 Ebenso *Bauer/Baeck/von Medem*, NZG 2010, 721, 727; vgl. auch *C. Arnold* in Goette/Arnold, Handbuch Aufsichtsrat, § 4 Rz. 1820.
167 *Diller*, NZG 2009, 1006, 1008; *Hohenstatt*, ZIP 2009, 1353.
168 BGH v. 22.6.1981 – II ZR 146/80, NJW 1981, 2407; BGH v. 18.6.2007 – II ZR 89/06, NJW-RR 2007, 1563; BAG v. 8.2.1983 – 3 AZR 463/80, NJW 1984, 141.

unverfallbaren Versorgungszusagen jedoch streng[169]. Nur **schwerste Verfehlungen** können nach Auffassung des BGH die Versagung von Ruhegeldansprüchen rechtfertigen[170]. Er begründet dies damit, dass ein betriebliches Ruhegeld Entgeltcharakter habe und eine besondere Vergütung dafür sei, dass das Vorstandsmitglied seine Arbeitskraft für lange Zeit in den Dienst des Unternehmens gestellt habe. Das bei der Ruhegehaltszusage vorausgesetzte Gleichgewicht von Leistung und Gegenleistung könne zwar durch Treuepflichtverletzungen ebenso gestört werden wie durch ein verfrühtes Ausscheiden aus dem Dienst. Auf der anderen Seite sei die Versorgung aber für ihren Empfänger von lebenswichtiger Bedeutung. Diese existenzielle Bedeutung für den Begünstigten schließe es – so der BGH – aus, ihre Erfüllung von einem „steten Wohlverhalten" abhängig zu machen. Deshalb könnten nur schwerste Verfehlungen ausnahmsweise die Versagung von Ruhegeldansprüchen rechtfertigen. Dies könne namentlich der Fall sein, wenn der Pensionsberechtigte das Unternehmen, aus dessen Erträgen seine Pension gezahlt werden soll, fortgesetzt geschädigt und dadurch dessen wirtschaftliche Grundlage gefährdet habe[171]. Der BGH hat den Widerruf der Versorgungszusage ferner in einem Fall bejaht, in dem ein Schaden von rund 3 Mio. Euro entstanden und eine Kapitalerhöhung um 2,5 Mio. Euro nötig war[172]. Zugelassen wurde er auch in einem Fall, in dem ein Vorstandsmitglied einer Bank diese bewusst und gewollt geschädigt und dabei einen Verlust von mehr als 1 Mrd. DM verursacht hatte[173]. Von der Auslegung des individuellen Vertrags soll hingegen der Widerruf der Versorgungszusage bei einer Verletzung der Insolvenzantragspflicht abhängen[174]. Pflichtverletzungen, die nach Art, Ausmaß und Folgen ein solches außerordentliches Gewicht nicht haben, reichen dagegen nach ständiger Rechtsprechung für einen Pensionsentzug selbst dann nicht aus, wenn auf sie eine fristlose Kündigung des Dienstverhältnisses gestützt werden kann[175].

Diese **Widerrufsmöglichkeit** bei schweren Pflichtverletzungen wird durch die neue Herabsetzungsmöglichkeit nach § 87 Abs. 2 Satz 2 AktG u.E. **nicht verdrängt**. Zwar sind die Voraussetzungen für eine Herabsetzung nach § 87 Abs. 2 Satz 2 i.V.m. Satz 1 AktG geringer als die des Widerrufs. Andererseits ist die Möglichkeit zum Widerruf nicht zeitlich befristet. Schließlich wollte der Gesetzgeber mit der Neuregelung des § 87 Abs. 2 Satz 2 AktG die Herabsetzungsmöglichkeiten erweitern[176].   22.57

§ 23
Die Haftung des Vorstands

I. Binnenhaftung und Außenhaftung .. 23.1	1. Objektiver und subjektiver Tatbestand, Beginn und Ende der Haftung 23.3
II. Haftung der Vorstandsmitglieder gegenüber der Gesellschaft (Binnenhaftung) 23.3	2. Pflichten der Vorstandsmitglieder im Einzelnen 23.9

---

169 Bestätigt durch BGH v. 11.3.2002 – II ZR 5/00, NZG 2002, 635.
170 BGH v. 25.11.1996 – II ZR 118/95, AG 1997, 265; *C. Arnold* in Goette/Arnold, Handbuch Aufsichtsrat, § 4 Rz. 1818 f.
171 So fast wörtlich BGH v. 25.11.1996 – II ZR 118/95, AG 1997, 265.
172 BGH v. 19.12.1983 – II ZR 71/83, ZIP 1984, 307.
173 BGH v. 20.9.1993 – II ZA 4/93; berichtet bei *Goette*, DStR 1994, 146.
174 BGH v. 15.10.2007 – II ZR 236/06, WM 2008, 252 = GmbHR 2008, 256.
175 Siehe BGH v. 22.6.1981 – II ZR 146/80, WM 1981, 940; BGH v. 19.12.1983 – II ZR 71/83, ZIP 1984, 307; BGH v. 25.11.1996 – II ZR 118/95, AG 1997, 265.
176 Ebenso *Bauer/Baeck/von Medem*, NZG 2010, 721, 728; wohl auch *Mertens/Cahn* in KölnKomm. AktG, 3. Aufl. 2010, § 84 AktG Rz. 83 f.

a) Sorgfaltspflicht	23.12
b) Treuepflicht	23.29
c) Verschwiegenheitspflicht	23.31
d) Pflichten aus dem Anstellungsvertrag	23.39
e) Pflichten des überstimmten Vorstandsmitglieds	23.40
f) Haftung bei Gesamtgeschäftsführung und Geschäftsverteilung	23.41
3. Verschulden	23.44
4. Schaden der Gesellschaft und Kausalität	23.47
5. Darlegungs- und Beweislast	23.50
6. Haftungsausschluss durch Hauptversammlungsbeschluss (§ 93 Abs. 4 Satz 1 AktG)	23.52
7. Gesamtschuldnerische Haftung	23.55
8. Pflicht zur Durchsetzung des Schadensersatzanspruchs	23.57
a) Geltendmachung durch den Aufsichtsrat	23.57
b) Geltendmachung durch die Hauptversammlung	23.61
c) Geltendmachung durch Aktionäre	23.64
9. Verzicht und Vergleich	23.67
10. Schadensersatzanspruch der Gesellschaftsgläubiger	23.72
11. Verjährung	23.76
12. Sondertatbestände (§ 93 Abs. 3 AktG)	23.77
III. Haftung der Vorstandsmitglieder gegenüber den Aktionären	23.79
1. Keine Haftung nach § 93 AktG	23.80
2. Haftung nach § 117 AktG	23.81
3. Deliktsrechtliche Schadensersatzansprüche	23.84
a) Haftung nach § 823 Abs. 1 BGB	23.85
b) Haftung nach § 823 Abs. 2 BGB i.V.m. Schutzgesetzen	23.86
IV. Haftung der Vorstandsmitglieder gegenüber Dritten	23.88
1. Keine Haftung nach § 93 AktG	23.88
2. Deliktsrechtliche Haftung	23.89
3. Weitere Anspruchsgrundlagen	23.94
a) Haftung bei Vertragsverhandlungen	23.94
b) Haftung nach § 130 OWiG	23.96
c) Vorenthaltung und Veruntreuung von Arbeitsentgelt nach § 266a StGB	23.97
d) Haftung für die Erfüllung steuerlicher Pflichten	23.98
e) Ersatzansprüche nach § 25 UmwG	23.100
V. Kapitalmarktrechtliche Haftung	23.101
1. Haftung für Verstöße gegen Art. 17, 15 MMVO	23.101
2. Prospekthaftung	23.109
3. Haftung wegen Nichtabgabe von Entsprechenserklärungen oder fehlerhaften Entsprechenserklärungen	23.110
VI. Haftung im Konzern	23.111
1. Haftung der Vorstandsmitglieder der herrschenden Gesellschaft	23.112
2. Haftung der Vorstandsmitglieder der abhängigen Gesellschaft	23.117
VII. D&O-Versicherung	23.122
1. Gegenstand der D&O-Versicherung	23.122
2. Aktienrechtliche Fragen	23.126

Schrifttum: *Abram*, Ansprüche von Anlegern wegen Verstoßes gegen Publizitätspflichten oder den Deutschen Corporate Governance Kodex?, NZG 2003, 307; *Altmeppen*, Haftung für Delikte „aus dem Unternehmen", ZIP 2016, 97; *Altmeppen*, Abschied vom „Durchgriff" im Kapitalgesellschaftsrecht, NJW 2007, 2657; *M. Arnold*, Organhaftung für Unternehmensgeldbußen, in VGR, Gesellschaftsrecht in der Diskussion 2018, 2019, S. 29; *M. Arnold/Born*, Vorstand und Aufsichtsrat – Drittanstellung von Vorstandsmitgliedern in vertraglich beherrschten Aktiengesellschaften, AG 2005, R428; *Aschenbeck*, Personenidentität bei Vorständen in Konzerngesellschaften (Doppelmandat im Vorstand), NZG 2000, 1015; *Bachmann*, Der „Deutsche Corporate Governance Kodex": Rechtswirkungen und Haftungsrisiken, WM 2002, 2137; *Bachmann*, Das „vernünftige" Vorstandsmitglied – Zum richtigen Verständnis der deutschen Business Judgment Rule (§ 93 Abs. 1 Satz 2 AktG), in FS Stilz, 2014, S. 2; *Bachmann*, LAG Düsseldorf: Keine Haftung des GmbH-Geschäftsführers für Kartellbuße des Unternehmens – „Schienenkartell", BB 2015, 907; *Bauer*, Sorgfaltspflichten und Haftungsrisiken beim Unternehmenskauf, in VGR, Gesellschaftsrecht in der Diskussion, 2014, 2015, S. 195; *Bauer/Krets*, Gesellschaftsrechtliche Sonderregeln bei der Beendigung von Vorstands- und Geschäftsführerverträgen, DB 2003, 811; *Baums*, Ersatz von Reflexschäden in der Kapitalgesellschaft, ZGR 1987, 554; *Baums*,

Haftung wegen Falschinformation des Sekundärmarktes, ZHR 167 (2003), 139; *Baur/Holle*, Anwendung des § 93 Abs. 2 Satz 2 AktG im Direktprozess gegen den D&O-Versicherer, AG 2017, 141; *Baur/Holle*, Untreue und unternehmerische Entscheidung, ZIP 2017, 555; *Baur/Holle*, Bußgeldregress im Kapitalgesellschaftsrecht nach der (Nicht-)Entscheidung des BAG, ZIP 2018, 459; *Bayer*, Aktionärsklagen de lege lata und de lege ferenda, NJW 2000, 2609; *Bayer*, Legalitätspflicht der Unternehmensleitung, nützliche Gesetzesverstöße und Regress bei verhängten Sanktionen – dargestellt am Beispiel von Kartellverstößen, in FS K. Schmidt, 2009, S. 85; *Bayer/Hoffmann*, Der „besondere Vertreter" i.S.v. § 147 Abs. 2 AktG, AG 2018, 337; *Bayer/Scholz*, Wirksamkeit von Verpflichtungs- und Erfüllungsgeschäft bei verbotener Einlagenrückgewähr, AG 2013, 426; *Bayer/Scholz*, Zulässigkeit und Grenzen des Kartellbußgeldregresses, GmbHR 2015, 449; *Bayer/Scholz*, Organhaftung wegen Nichtdurchsetzung von Ansprüchen der Gesellschaft, NZG 2019, 201; *Berg/Stöcker*, Anwendungs- und Haftungsfragen zum Deutschen Corporate Governance Kodex, WM 2002, 1569; *von Bernuth/Kremer*, Das neue KapMuG: Wesentliche Änderungen aus Sicht der Praxis, NZG 2012, 890; *T. Bezzenberger*, Die derivative Haftungsklage der Aktionäre, ZGR 2018, 584; *Bicker*, Legalitätspflicht des Vorstands – ohne Wenn und Aber?, AG 2014, 8; *Born*, Anfechtbarkeit der Entlastung der Mitglieder des Vorstands und des Aufsichtsrats bei fehlender Abgabe der Entsprechenserklärung nach § 161 AktG, BB 2008, 692; *Born*, Erleichterung der Darlegungs- und Beweislast für ausgeschiedene Organmitglieder im Innenhaftungsprozess de lege lata?, in FS Bergmann, 2018, S. 79; *Born*, Auswirkungen des COVID-Insolvenzaussetzungsgesetzes auf die Organhaftung im Zusammenhang mit der materiellen Insolvenz, NZG 2020, 521; *Böttcher*, Bankvorstandshaftung im Rahmen der Sub-Prime Krise, NZG 2009, 1047; *Böttcher*, Verpflichtung des Vorstands einer AG zur Durchführung einer Due Diligence, NZG 2005, 49; *Buchta*, Die Haftung des Vorstands einer Aktiengesellschaft – aktuelle Entwicklungen in Gesetzgebung und Rechtsprechung, DStR 2003, 694 (Teil I), 740 (Teil II); *Canaris*, Hauptversammlungsbeschlüsse und Haftung der Verwaltungsmitglieder im Vertragskonzern, ZGR 1978, 207; *Dauner-Lieb*, Die Existenzvernichtungshaftung als deliktische Innenhaftung gemäß § 826 BGB, ZGR 2008, 34; *Derleder/Fauser*, Der Regress bei gesamtschuldnerischer Haftung juristischer Personen und ihrer Organe und seine Auswirkungen auf die Organtätigkeit – Praxisfolgen des Kirch-Urteils, BB 2006, 949; *Diekmann/Leuering*, Der Referentenentwurf eines Gesetzes zur Unternehmensintegrität und Modernisierung des Anfechtungsrechts (UMAG), NZG 2004, 249; *Dieckmann*, 30 Jahre „Baustoff-Entscheidung" und ihre Relevanz für die Organaußenhaftung von heute, ZGR 2020, 1039; *Dietz-Vellmer*, Organhaftungsansprüche in der Aktiengesellschaft: Anforderungen an Verzicht oder Vergleich durch die Gesellschaft, NZG 2011, 248; *Drygala/Drygala*, Wer braucht ein Frühwarnsystem?, ZIP 2000, 297; *Edelmann*, Haftung von Vorstandsmitgliedern für fehlerhafte Ad-hoc-Mitteilungen – Besprechung der Infomatec-Urteile des BGH, BB 2004, 2031; *Eichner/Höller*, Anforderungen an das Tätigwerden des Aufsichtsrats bei Verdacht einer Sorgfaltspflichtverletzung des Vorstands, AG 2011, 885; *Emmerich*, Anmerkungen zur der Vulkan-Doktrin, AG 2004, 423; *Ettinger/Grützediek*, Haftungsrisiken im Zusammenhang mit der Abgabe der Corporate Governance Entsprechenserklärung gem. § 161 AktG, AG 2003, 353; *Findeisen/Backhaus*, Umfang und Anforderungen an die haftungsbegründende Kausalität bei der Haftung nach § 826 BGB für fehlerhafte Ad-hoc-Mitteilungen, WM 2007, 100; *Fleischer*, Ressortverteilung zwischen GmbH-Geschäftsführern: Das Weltruf-Urteil des BGH, DB 2019, 472; *Fleischer*, Vorstandshaftung wegen pflichtwidrig unterlassener Einholung eines Zustimmungsbeschlusses des Aufsichtsrats, DB 2018, 2619; *Fleischer*, Kompetenzüberschreitungen von Geschäftsleitern im Personen- und Kapitalgesellschaftsrecht, DStR 2009, 1204; *Fleischer*, Aktuelle Entwicklungen der Managerhaftung, NJW 2009, 2337; *Fleischer*, Buchführungsverantwortung des Vorstands und Haftung der Vorstandsmitglieder für fehlerhafte Buchführung, WM 2006, 2021; *Fleischer*, Das Mannesmann-Urteil des Bundesgerichtshofs: Eine aktienrechtliche Nachlese, DB 2006, 542; *Fleischer*, Die „Business Judgment Rule": Vom Richterrecht zur Kodifizierung, ZIP 2004, 685; *Fleischer*, Konkurrenzangebote und Due Diligence, ZIP 2002, 651; *Fleischer*, Konturen der kapitalmarktrechtlichen Informationsdeliktshaftung, ZIP 2005, 1805; *Fleischer*, Unternehmensspenden und Leitungsermessen des Vorstands im Aktienrecht, AG 2001, 171; *Fleischer*, Vorstandsverantwortlichkeit und Fehlverhalten von Unternehmensangehörigen – Von der Einzelüberwachung zur Errichtung einer Compliance-Organisation, AG 2003, 291; *Fleischer*, Wettbewerbs- und Betätigungsverbote für Vorstandsmitglieder im Aktienrecht, AG 2005, 336; *Fleischer*, Zum Grundsatz der Gesamtverantwortung im Aktienrecht, NZG 2003, 449; *Fleischer*, Zur aktienrechtlichen Verantwortlichkeit faktischer Organe, AG 2004, 517; *Fleischer*, Zur deliktsrechtlichen Haftung der Vorstandsmitglieder für falsche Ad-hoc-Mitteilungen, DB 2004, 2031; *Fleischer*, Zur organschaftlichen Treuepflicht der Geschäftsleiter im Aktien- und GmbH-Recht, WM 2003, 1045; *Fleischer*, Zur Verantwortlichkeit einzelner Vorstandsmitglieder bei Kollegialentscheidungen im Aktienrecht, BB 2004, 2645; *Fleischer/Pendl*, Verschwiegenheitspflicht und Pflicht zum Geheimnismanagement von Geschäftsleitern, ZIP 2020, 1321; *Foerster*, Beweislastverteilung und Einsichtsrecht bei Inanspruchnahme ausgeschiedener Organmitglieder, ZHR 176 (2012), 221; *Gärtner*, BB-Rechtsprechungsreport zur Organhaftung 2010/

2011, BB 2012, 1745; *Goette,* „Zur ARAG/Garmenbeck-Doktin", in Liber amicorum M. Winter, 2011, S. 153; *Goette,* Zur Verteilung der Darlegungs- und Beweislast der objektiven Pflichtwidrigkeit bei der Organhaftung, ZGR 1995, 648; *M. Goette,* Aufsichtsrats- und Hauptversammlungsbeschluss, ZGR 2019, 324; *Götz,* Gesamtverantwortung des Vorstands bei vorschriftswidriger Unterbesetzung, ZIP 2002, 1745; *Götz,* Die Überwachung der Aktiengesellschaft im Lichte jüngerer Unternehmenskrisen, AG 1995, 337; *Götz,* Leitungssorgfalt und Leitungskontrolle der Aktiengesellschaft hinsichtlich abhängiger Unternehmen, ZGR 1998, 524; *Göz/Holzborn,* Die Aktienrechtsreform durch das Gesetz für Unternehmensintegrität und Modernisierung des Anfechtungsrechts – UMAG, WM 2006, 157; *Grundei/v. Werder,* Die Angemessenheit der Informationsgrundlage als Anwendungsvoraussetzung der Business Judgement Rule, AG 2005, 825; *Grützner/Leisch,* §§ 130, 30 OWiG – Probleme für Unternehmen, Geschäftsleitung und Compliance-Organisation, DB 2012, 787; *Habersack,* Verzichts- und Vergleichsvereinbarungen gemäß § 93 Abs. 4 S. 3 AktG – de lege lata und de lege ferenda, in FS Baums, 2017, S. 531; *Habersack,* 19 Jahre „ARAG/Garmenbeck" – und viele offene Fragen, NZG 2016, 321; *Habersack,* Die Legalitätspflicht des Vorstands der AG, in FS Uwe H. Schneider, 2011, S. 429; *Habersack,* Managerhaftung, in Karlsruher Forum 2009: Managerhaftung, 2010, S. 5; *Habersack/ Schürnbrand,* Die Rechtsnatur der Haftung aus §§ 93 Abs. 3 AktG, 43 Abs. 4 GmbHG, WM 2005, 957; *Habersack,* Organverantwortlichkeit und rechtmäßiges Alternativverhalten, in FS Vetter, 2019, S. 183; *Habersack,* Die Mitgliedschaft – subjektives und „sonstiges" Recht, 1996; *Handelsrechtsausschuss des DAV,* Zum Gesetz über die Haftung für fehlende Kapitalmarktinformationen, NZG 2004, 1099; *Harbarth/Jaspers,* Verlängerung der Verjährung von Organhaftungsansprüchen durch das Restrukturierungsgesetz, NZG 2011, 368; *Harzenetter,* Abtretung des Freistellungsanspruchs aus einer D&O-Versicherung nach den BGH-Urteilen vom 13.4.2016, NZG 2016, 728; *Hauptmann/Müller-Dott,* Pflichten und Haftungsrisiken der Leitungsorgane einer Aktiengesellschaft und ihrer Tochtergesellschaften in der Insolvenz, BB 2003, 2521; *Heermann,* Wie weit reicht die Pflicht des Aufsichtsrats zur Geltendmachung von Schadensersatzansprüchen gegen Mitglieder des Vorstands?, AG 1998, 201; *Hellgardt,* Europarechtliche Vorgaben für die Kapitalmarktinformationshaftung, AG 2012, 154; *Hellgardt,* Die deliktische Außenhaftung von Gesellschaftsorganen für unternehmensbezogene Pflichten – Überlegungen vor dem Hintergrund des Kirch/Breuer-Urteils des BGH, WM 2006, 1514; *Hoffmann,* Existenzvernichtende Haftung von Vorständen und Aufsichtsräten?, NJW 2012, 1393; *Hoffmann-Becking,* Vorstandsvergütung nach Mannesmann, NZG 2006, 127; *Hoffmann-Becking,* Zur rechtlichen Organisation der Zusammenarbeit im Vorstand der AG, ZGR 1998, 497; *Holle,* Legalitätskontrolle im Kapitalgesellschafts- und Konzernrecht, 2014; *Holle,* Die Binnenhaftung des Vorstands bei unklarer Rechtslage, AG 2016, 270; *Holle/Mörsdorf,* Rechtmäßiges Alternativverhalten beim Verstoß gegen Kompetenz- und Verfahrensvorschriften, NJW 2018, 3555; *Holzborn/Israel,* Das Anlegerschutzverbesserungsgesetz, WM 2004, 1948; *Horn,* Die Haftung des Vorstands der AG nach § 93 AktG und die Pflichten des Aufsichtsrats, ZIP 1997, 1129; *Hüffer,* Zur Wahl von Beratern des Großaktionärs in den Aufsichtsrat der Gesellschaft, ZIP 2010, 1979; *Hüffer,* Probleme des Cash Managements im faktischen Aktienkonzern, AG 2004, 416; *Ihrig,* Vergütungszahlungen auf einen Beratervertrag mit einem Aufsichtsratsmitglied vor Zustimmung des Aufsichtsrats, ZGR 2013, 417; *Kamps,* Haftung des Vorstands für Steuerschulden der AG – Geschäftsverteilungspläne, anteilige Befriedigung und Verschulden, AG 2011, 586; *Kau/Kukat,* Haftung von Vorstands- und Aufsichtsratsmitgliedern bei Pflichtverletzungen nach dem Aktiengesetz, BB 2000, 1045; *Kiefner,* Fehlerhafte Entsprechenserklärung und Anfechtbarkeit von Hauptversammlungsbeschlüssen, NZG 2011, 201; *Kiefner/ Krämer,* Geschäftsleiterhaftung nach ISION und das Vertrauendürfen auf Rechtsrat, AG 2012, 498; *Kiethe,* Die Renaissance des § 826 BGB im Gesellschaftsrecht, NZG 2005, 333; *Kiethe,* Die zivil- und strafrechtliche Haftung von Vorstandsmitgliedern eines Kreditinstituts für riskante Kreditgeschäfte, WM 2003, 861; *Kiethe,* Falsche Erklärung nach § 161 AktG – Haftungsverschärfung für Vorstand und Aufsichtsrat?, NZG 2003, 559; *Kiethe,* Persönliche Organhaftung für Falschinformation des Kapitalmarkts – Anlegerschutz durch Systembruch?, DStR 2003, 1982; *Kind,* Darf der Vorstand einer AG Spenden an politische Parteien vergeben?, NZG 2000, 567; *Kindler,* Vorstands- und Geschäftsführerhaftung mit Augenmaß – Über einige neuere Grundsatzentscheidungen des II. Zivilsenats des BGH zu §§ 93 AktG und 43 GmbHG, in FS Goette, 2011, S. 231; *Kindler,* Unternehmerisches Ermessen und Pflichtbindung, ZHR 162 (1998), 101; *Kinzl,* Gesetzgeber auf Abwegen? Kritische Überlegungen zur Übernahme der Business Judgment Rule, AG 2004, R3; *Kittner,* Unternehmensverfassung und Information – Die Schweigepflicht von Aufsichtsratsmitgliedern, ZHR 136 (1972), 208; *Klöhn,* Die Ausweitung der bürgerlich-rechtlichen Prospekthaftung durch das „Rupert Scholz"-Urteil des BGH, WM 2012, 97; *Knauth/Käsler,* § 20a WpHG und die Verordnung zur Konkretisierung des Marktmanipulationsverbotes (MaKonV), WM 2006, 1041; *Koch,* Die Legal Judgment Rule, in FS Bergmann, 2018, S. 413; *Koch,* Begriff und Rechtsfolgen von Interessenkonflikten und Unabhängigkeit im Aktienrecht, ZGR 2014, 697; *Koch,* Beschränkung der Regressfolgen im Kapitalgesellschaftsrecht, AG 2012, 429; *Koch,* Beschränkungen des gesellschaftsrechtlichen Innenregresses bei Bußgeldzahlungen, in Liber amicorum M. Winter, 2011, S. 317; *Koch*, Die Anwendung der Business Judgment Rule bei Interessenkonflikten innerhalb des Vorstands, in FS Säcker, 2011, S. 403; *Koch*, Die Konzernobergesellschaft als Unternehmensinhaber i.S.d. § 130 OWiG?, AG 2009, 564; *Koch*, Keine Ermessensspielräume bei der Entscheidung über die Inanspruchnahme von Vorstandsmitgliedern, AG 2009, 93; *Koch*, Das Gesetz zur Unternehmensintegrität und Modernisierung des Anfechtungsrechts (UMAG), ZGR 2006, 769; *Kock/Dinkel*, Die zivilrechtliche Haftung von Vorständen für unternehmerische Entscheidungen – Die geplante Kodifizierung der Business Judgment Rule im Gesetz zur Unternehmensintegrität und Modernisierung des Anfechtungsrechts, NZG 2004, 441; *Körber*, Geschäftsleitung der Zielgesellschaft und due diligence bei Paketerwerb und Unternehmenskauf, NZG 2002, 263; *Körner*, Comply or disclose: Erklärung nach § 161 AktG und Außenhaftung des Vorstands, NZG 2004, 1148; *Körner*, Infomatec und die Haftung von Vorstandsmitgliedern für falsche ad hoc-Mitteilungen, NJW 2004, 3386; *Kort*, Die Außenhaftung des Vorstands bei der Abgabe von Erklärungen nach § 161 AktG, in FS Raiser, 2005, S. 203; *Kort*, Die Haftung von Vorstandsmitgliedern für falsche Ad-hoc-Mitteilungen, AG 2005, 21; *Krieger*, Rechtmäßiges Alternativverhalten bei Verletzung eines Zustimmungsvorbehalts des Aufsichtsrats, in FS Seibert, 2019, S. 511; *Krieger*, Wie viele Rechtsberater braucht ein Geschäftsleiter?, ZGR 2012, 496; *Krieger*, Beweislastumkehr und Informationsanspruch des Vorstandsmitglieds bei Schadensersatzforderungen nach § 93 Abs. 2 AktG, in FS Uwe H. Schneider, 2011, S. 717; *Kropff*, Zur Konzernleitungspflicht, ZGR 1984, 112; *Kuntz*, Zur Frage der Verantwortlichkeit der Geschäftsleiter der abhängigen Gesellschaft gegenüber dem herrschenden Unternehmen, Der Konzern 2007, 802; *Langenbucher*, Vorstandshandeln und Kontrolle – Zu einigen Neuerungen durch das UMAG, DStR 2005, 2083; *Laub*, Grenzen der Spendenkompetenz des Vorstands, AG 2002, 308; *Leisch*, Vorstandshaftung für falsche Ad-hoc-Mitteilungen – ein höchstrichterlicher Beitrag zur Stärkung des Finanzplatzes Deutschland, ZIP 2004, 1573; *Leuschner*, Zum Kausalitätserfordernis des § 826 BGB bei unrichtigen Ad-hoc-Mitteilungen, ZIP 2008, 1050; *Lochner/Beneke*, Die Haftung des besonderen Vertreters, ZIP 2020, 351; *Löbbe/Lüneborg*, Das Easy-Software-Urteil des BGH: Verjährung der Aufsichtsratshaftung wegen Verstoßes gegen die ARAG/Garmenbeck-Pflichten, Der Konzern 2019, 53; *Lück*, Der Umgang mit unternehmerischen Risiken durch ein Risikomanagementsystem und durch ein Überwachungssystem, DB 1998, 1925; *Lück*, Elemente eines Risiko-Managementsystems, DB 1998, 8; *Lüneborg/Resch*, Die Ersatzfähigkeit von Kosten interner Ermittlungen und sonstiger Rechtsberatung im Rahmen der Organhaftung, NZG 2018, 209; *Lutter*, Interessenkonflikte und Business Judgment Rule, in FS Canaris, 2007, Bd. II, S. 245; *Lutter*, Die Business Judgment Rule und ihre praktische Anwendung, ZIP 2007, 841; *Lutter*, Die Erklärung zum Corporate Governance Kodex gemäß § 161 AktG, ZHR 166 (2002), 523; *Mansdörfer/Timmerbeil*, Zurechnung und Haftungsdurchgriff im Konzern, WM 2004, 362; *Martens*, Der Grundsatz gemeinsamer Vorstandsverantwortung, in FS Fleck, 1988, S. 191; *Martens*, Die Organisation des Konzernvorstands, in FS Heinsius, 1991, S. 523; *Medicus*, Deliktische Außenhaftung der Vorstandsmitglieder und Geschäftsführer, ZGR 1998, 570; *Menke*, Befugnis des Vorstands einer börsennotierten Aktiengesellschaft zur bevorzugten Information eines Aktionärspools, NZG 2004, 697; *Mock*, Das Klagezulassungsverfahren nach § 148 AktG, AG 2019, 385; *Möllers*, Konkrete Kausalität, Preiskausalität und uferlose Haftungsausdehnung – ComROAD I–VIII, NZG 2008, 413; *Möllers/Leisch*, Haftung von Vorständen gegenüber Anlegern wegen fehlerhafter Ad-hoc-Meldungen nach § 826 BGB, WM 2001, 1648; *Morgen/Arends*, Die Aussetzung der Insolvenzantragspflicht und das Eigenverwaltungsverfahren nach SanInsFoG und COVInsAG – Was gilt wann?, ZIP 2021, 447; *Müller*, Die Durchsetzung konzernrechtlicher Ersatzansprüche nach dem UMAG, Der Konzern 2006, 725; *Müller*, Gesellschafts- und Gesellschafterschaden, in FS Kellermann, 1991, S. 317; *Mutter*, Unternehmerische Entscheidungen und Haftung des Aufsichtsrats der Aktiengesellschaft, 1994; *Mutter/Gayk*, Wie die Verbesserung der Aufsichtsratsarbeit – wider jeder Vernunft – die Haftung verschärft, ZIP 2003, 1773; *Nietsch*, Grundsatzfragen der Organhaftung bei Kartellverstößen, ZHR 184 (2020), 60; *Nodoushani*, Die neue BGH-Rechtsprechung zum Verbot der Einlagenrückgewähr, NZG 2013, 687; *Ott*, Anwendungsbereich der Business Judgment Rule aus Sicht der Praxis – Unternehmerische Entscheidungen und Organisationsermessen des Vorstands, ZGR 2017, 149; *Paefgen*, Die Inanspruchnahme pflichtvergessener Vorstandsmitglieder als unternehmerische Ermessensentscheidung des Aufsichtsrats, AG 2008, 761; *Park*, Börsenstrafrechtliche Risiken für Vorstandsmitglieder von börsennotierten Aktiengesellschaften, BB 2001, 2069; *Passarge*, Vorstands-Doppelmandate – ein nach wie vor aktuelles Thema!, NZG 2007, 441; *Poelzig*, Durchsetzung und Sanktionierung des neuen Marktmissbrauchsrechts, NZG 2016, 492; *Preußner*, Deutscher Corporate Governance Kodex und Risikomanagement, NZG 2004, 303; *Preußner/Becker*, Ausgestaltung von Risikomanagementsystemen durch die Geschäftsleitung – Zur Konkretisierung einer haftungsrelevanten Organisationspflicht, NZG 2002, 846; *Preußner/Zimmermann*, Risikomanagement als Gesamtaufgabe des Vorstandes, AG 2002, 657; *Redeke*, Zur gerichtlichen Kontrolle der Angemessenheit der Informationsgrundlage im Rahmen der Business Judgment Rule nach § 93 Abs. 1 Satz 2 AktG, ZIP 2011, 59; *Redenius-Hövermann/Henkel*, Eine empirische Bestandsaufnahme zur Aktionärsklage nach § 148 AktG, AG 2020, 349; *Reichert*, Die Haftung von Aufsichtsratsmitgliedern und die Anwendung der Business Judgement Rule bei Interessenkonflikten, in FS Vetter, 2019, S. 597; *Reuter*, „Krisenrecht" im Vorfeld der Insolvenz – das Beispiel der börsennotierten AG, BB 2003, 1797; *Rieder*, Anfechtbarkeit von Aufsichtsratswahlen bei unrichtiger Entsprechenserklärung?, NZG 2010, 737; *Rieger*, Gesetzeswortlaut und Rechtswirklichkeit im Aktiengesetz, in FS Peltzer, 2001, S. 339; *Roßkopf/Gayk*, Praxisrelevante Probleme im Zusammenhang mit dem besonderen Vertreter nach § 147 Abs. 2 AktG, DStR 2020, 2078; *Roth*, Das unternehmerische Ermessen des Vorstands, BB 2004, 1066; *Rützel*, Der aktuelle Stand der Rechtsprechung zur Haftung bei Ad-hoc-Mitteilungen, AG 2003, 69; *C. Schäfer*, Die Binnenhaftung von Vorstand und Aufsichtsrat nach der Renovierung durch das UMAG, ZIP 2005, 1253; *B. Schneider/Heppner*, KapMuG Reloaded – das neue Kapitalanleger-Musterverfahrensgesetz, BB 2012, 2703; *Sven H. Schneider*, „Unternehmerische Entscheidung" als Anwendungsvoraussetzung für die Business Judgment Rule, DB 2005, 707; *Sven H. Schneider/Uwe H. Schneider*, Vorstandshaftung im Konzern, AG 2005, 57; *Schnorbus*, Grundlagen der persönlichen Haftung von Organmitgliedern nach § 25 Abs. 1 UmwG, ZHR 167 (2003), 666; *Schockenhoff*, Haftung und Enthaftung von Geschäftsleitern bei Compliance-Verstößen in Konzernen mit Matrix-Strukturen, ZHR 180 (2016), 197; *Schüppen*, To comply or not to comply – that's the question! „Existenzfragen" des Transparenz- und Publizitätsgesetzes im magischen Dreieck kapitalmarktorientierter Unternehmensführung, ZIP 2002, 1269; *Seebach*, Kontrollpflicht und Flexibilität – Zu den Möglichkeiten des Aufsichtsrats bei der Ausgestaltung und Handhabung von Zustimmungsvorbehalten, AG 2012, 70; *Seibert*, Die Entstehung des § 91 Abs. 2 AktG im KonTraG – „Risikomanagement" oder „Frühwarnsystem"?, in FS Bezzenberger, 2000, S. 427; *Seibt*, Bewältigung von Normkonflikten durch Vorstandsmitglieder, ZIP 2016 (Beil. zu Heft 22), 73; *Seibt*, Europäische Finanzmarktregulierung zu Insiderrecht und Ad hoc-Publizität, ZHR 177 (2013), 388; *Seibt/Wollenschläger*, Revision des Marktmissbrauchsrechts durch Marktmissbrauchsverordnung und Richtlinie über strafrechtliche Sanktionen für Marktmanipulation, AG 2014, 593; *Seidel*, Der Deutsche Corporate Governance Kodex – eine private oder doch eine staatliche Regelung?, ZIP 2004, 285; *Selter*, Haftungsrisiken von Vorstandsmitgliedern bei fehlendem und von Aufsichtsratsmitgliedern bei vorhandenem Fachwissen, AG 2012, 11; *Semler*, Die Rechte und Pflichten des Vorstands einer Holdinggesellschaft im Lichte der Corporate Governance-Diskussion, ZGR 2004, 631; *Semler/Gittermann*, Persönliche Haftung der Organmitglieder für Fehlinformationen des Kapitalmarktes – Zeigt das KapInHaG den richtigen Weg?, NZG 2004, 1081; *Seyfarth*, Vorstandsrecht, 2016; *Spindler*, Gesellschaftsrecht und Digitalisierung, ZGR 2018, 17; *Spindler*, Beratungsverträge mit Aufsichtsratsmitgliedern, NZG 2012, 1161; *Spindler*, Haftung und Aktionärsklage nach dem neuen UMAG, NZG 2005, 865; *Spindler/Christoph*, Die Entwicklung des Kapitalmarktrechts in den Jahren 2003/2004, BB 2004, 2197; *Strohn*, Beratung der Geschäftsleitung durch Spezialisten als Ausweg aus der Haftung?, ZHR 176 (2012), 137; *Sünner*, Ungereimtheiten des Entwurfs eines Kapitalmarktinformationshaftungsgesetzes, DB 2004, 2460; *Teigelack/Dolf*, Kapitalmarktrechtliche Sanktionen nach dem Regierungsentwurf eines Ersten Finanzmarktnovellierungsgesetzes – 1. FiMaNoG, BB 2016, 393; *Theusinger/Liese*, Rechtliche Risiken der Corporate Governance-Erklärung, DB 2008, 1419; *Thole*, Managerhaftung für Gesetzesverstöße, ZHR 173 (2009), 504; *Thümmel*, Zur Frage der Rechtsfolge bei Verstoß gegen den Deutschen Corporate Governance Kodex, BB 2008, 11; *Thümmel*, Aufsichtsratshaftung vor neuen Herausforderungen – Überwachungsfehler, unternehmerische Fehlentscheidungen, Organisationsmängel und andere Risikofelder, AG 2004, 83; *Thümmel*, Aufgaben und Haftungsrisiken des Managements in der Krise des Unternehmens, BB 2002, 1105; *Turiaux/Knigge*, Vorstandshaftung ohne Grenzen? – Rechtssichere Vorstands- und Unternehmensorganisation als Instrument der Risikominimierung, DB 2004, 2199; *Ulmer*, Der Deutsche Corporate Governance Kodex – ein neues Regulierungsinstrument für börsennotierte Aktiengesellschaften, ZHR 166 (2002), 150; *Unmuth*, Verzicht und Vergleich im aktienrechtlichen Organhaftungsrecht aus der Perspektive des Aufsichtsrats, 2018; *Unzicker*, Haftung für fehlerhafte Kapitalmarktinformationen – Aktuelle Bestandsaufnahme drei Jahre nach „Infomatec", WM 2007, 1596; *Verse*, Organhaftung bei unklarer Rechtslage – Raum für eine Legal Judgment Rule?, ZGR 2017, 174; *E. Vetter*, Der Deutsche Corporate Governance Kodex nur ein zahnloser Tiger?, NZG 2008, 121; *J. Vetter*, Deutscher Corporate Governance Kodex, DNotZ 2003, 748; *J. Vetter*, Rechtsfolgen existenzvernichtender Eingriffe, ZIP 2003, 601; *Verse*, Wider die Organhaftung für Verbandsgeldbußen, in FS Krieger, 2020, S. 1026; *Wambach/Dressel*, Die europäische Verbandsklage als Ende des Kapitalanlegermusterverfahrens?, ZIP 2021, 1449; *Weber/Brügel*, Die Haftung des Managements in der Unternehmenskrise – Insolvenz, Kapitalerhaltung und existenzvernichtender Eingriff, DB 2004, 1923; *Weber-Rey/Buckel*, Best Practice Empfehlungen des Deutschen Corporate Governance Kodex und die Business Judgement Rule, AG 2011, 845; *Wegmann*, Der Deutsche Corporate Governance Kodex, in FS Schmidt-Preuß, 2018, S. 477; *Weyland*, Rechtsirrtum und Delegation durch den Vorstand, NZG 2019, 1041; *Weitnauer*, Haftung für die Außendarstellung des Unternehmers, DB 2003, 1719; *Wicke*, Kompetenzgefüge der AG und Vorstandshaftung in FS Vetter, 2019, S. 907; *Wirth*, Der „besondere Vertreter" nach § 147 Abs. 2 AktG – Ein neuer Akteur auf der Bühne?, in FS Hüffer, 2010, S. 1129; *Wirth/M. Arnold/ Morshäuser/Greene*, Corporate Law in Germany, 2. Aufl. 2010; *Wollburg*, Unternehmensinteresse bei Vergütungsentscheidungen, ZIP 2004, 646.

Der Verfasser dankt herzlich Frau Wiss. Mit. *Franziska Kästle*, Stuttgart, und Frau Wiss. Mit. *Hanna Rogg*, Stuttgart, für die Mitwirkung bei der Aktualisierung des Manuskripts für die 5. Auflage.

I. Binnenhaftung und Außenhaftung

Bei der zivilrechtlichen Haftung von Mitgliedern des Vorstands ist zwischen der Haftung gegenüber der Gesellschaft (sog. **Binnenhaftung**) und der Haftung gegenüber Dritten (sog. **Außenhaftung**) zu unterscheiden. Zur Außenhaftung zählt auch die Haftung gegenüber Aktionären der Gesellschaft[1].

23.1

Die zentrale Haftungsnorm im Binnenverhältnis ist § 93 AktG. Daneben gibt es im Konzernrecht spezielle Haftungstatbestände zugunsten der Gesellschaft (§§ 310, 318 AktG). Auch § 117 Abs. 2 AktG ist im Rahmen der Binnenhaftung zu nennen. Zu einer **Außenhaftung von Vorstandsmitgliedern** kann hingegen eine Vielzahl von Anspruchsgrundlagen führen[2]. Einen allgemeinen Haftungstatbestand gegenüber Gläubigern der AG oder Aktionären, vergleichbar mit § 93 AktG im Binnenverhältnis, kennt das AktG nicht[3]. Die Haftung im Außenverhältnis ist selten[4].

23.2

II. Haftung der Vorstandsmitglieder gegenüber der Gesellschaft (Binnenhaftung)

1. Objektiver und subjektiver Tatbestand, Beginn und Ende der Haftung

Grundlage für die Haftung von Vorstandsmitgliedern gegenüber der Gesellschaft ist § 93 Abs. 2 Satz 1 AktG. Danach sind Vorstandsmitglieder, die ihre Pflichten verletzen, der Gesellschaft zum Ersatz des daraus entstehenden Schadens als Gesamtschuldner verpflichtet. Nach § 93 Abs. 1 Satz 1 AktG haben die Vorstandsmitglieder bei der Geschäftsführung die **Sorgfalt eines ordentlichen und gewissenhaften Geschäftsleiters** anzuwenden. Diese Vorschrift ist damit zugleich **objektive Pflichtenquelle** und **Verschuldensmaßstab**[5]: In § 93 Abs. 1 Satz 1 AktG werden auf der einen Seite Pflichten im Sinne eines objektiven, pflichtenbegründenden Tatbestands geregelt, sozusagen als Auffangtatbestand für nicht von Gesetz, Satzung oder Geschäftsordnung konkretisierte Pflichten der Vorstandsmitglieder. Auf der anderen Seite wird aber auch das zur Haftung erforderliche Verschulden objektiv-typisiert, indem jede Abweichung von der konkret erforderlichen Sorgfalt zugleich einen Schuldvorwurf begründet[6]. Durch § 93 Abs. 1 Satz 2 AktG ist die **Business Judgment Rule** als zentraler Bestandteil der Vorstandshaftung in das Gesetz integriert worden. Eine Pflichtverletzung liegt dann schon objektiv[7] nicht vor, wenn das

23.3

---

1 Vgl. *Hoffmann-Becking* in MünchHdb. AG, § 26 Rz. 1.
2 Ausführlich zur zivil-, straf- und öffentlich-rechtlichen Binnen- und Außenhaftung *Seyfarth*, Vorstandsrecht, §§ 23, 26; *Jäger*, Aktiengesellschaft, § 21 Rz. 95 ff.
3 Jedoch regelt § 93 Abs. 5 AktG die Geltendmachung von Gesellschaftsansprüchen durch Gläubiger.
4 Vgl. *M. Arnold/Rothenburg* in Semler/Peltzer/Kubis, ArbeitsHdb. für Vorstandsmitglieder, § 11 Rz. 2 m.w.N.
5 *Sailer-Coceani* in K. Schmidt/Lutter, 4. Aufl. 2020, § 93 AktG Rz. 6; *Mertens/Cahn* in KölnKomm. AktG, 3. Aufl. 2010, § 93 AktG Rz. 11; *Spindler* in MünchKomm. AktG, 5. Aufl. 2019, § 93 AktG Rz. 21; *Kock/ Dinkel*, NZG 2004, 441 f.
6 *Mertens/Cahn* in KölnKomm. AktG, 3. Aufl. 2010, § 93 AktG Rz. 136; *Hoffmann-Becking* in MünchHdb. AG, § 26 Rz. 12.
7 *Hüffer/Koch*, § 93 AktG Rz. 12.

Vorstandsmitglied bei einer unternehmerischen Entscheidung vernünftigerweise annehmen durfte, auf der Grundlage angemessener Information zum Wohle der Gesellschaft zu handeln. Damit besteht für unternehmerische Entscheidungen ein haftungsrechtlicher Freiraum (siehe näher zur Business Judgment Rule Rz. 23.20 ff.).

§ 93 AktG ist insoweit **zwingend**, als eine Milderung der Anforderungen an die Sorgfalt der Vorstandsmitglieder vertraglich nicht vereinbart werden kann[8]. Ob dies auch für eine Verschärfung gilt, wie die herrschende Lehre annimmt[9], erscheint jedoch zweifelhaft. Warum sollten Vorstand und Aufsichtsrat nicht zum Wohle von Gesellschaft, Aktionären und Gläubigern höhere Anforderungen vereinbaren können? Dass dies Vorstandsmitglieder zu einem risikoscheuen Verhalten veranlassen könnte[10], rechtfertigt keine Beschränkung der Vertragsautonomie und mag im Einzelfall sogar gewollt sein.

23.4 § 93 Abs. 2 AktG begründet eine **gesetzliche**, unmittelbar an die Organstellung des Vorstands anknüpfende Haftung. Die Vorschrift ist Anspruchsgrundlage für Ersatzansprüche der Gesellschaft gegen ihre Organe.

23.5 Die organschaftliche Haftung aus § 93 Abs. 2 AktG hat **zwei Hauptfunktionen:** Sie soll zum einen der Gesellschaft einen Ausgleich für Nachteile bieten, die sie durch pflichtwidriges Handeln von Vorstandsmitgliedern erlitten hat. Sie soll zum anderen präventiv auf die Vorstandsmitglieder einwirken, ihre Pflichten gegenüber der Gesellschaft zu erfüllen; insoweit soll zugleich auch das Vermögen der Aktionäre geschützt werden[11].

23.6 Da die Haftung nach § 93 Abs. 2 Satz 1 AktG nur an die Organstellung anknüpft, ist sie **unabhängig von einem Anstellungsvertrag** mit der geschädigten Gesellschaft[12]. Sie greift daher zugunsten der geschädigten Gesellschaft auch im Fall einer Drittanstellung ein[13], deren Zulässigkeit bei der AG allerdings umstritten ist (siehe näher in Rz. 21.179).

23.7 Die Haftung **beginnt** mit der Bestellung zum Vorstandsmitglied gemäß § 84 Abs. 1 Satz 1 AktG. Im Fall eines **faktischen Organs** beginnt sie im Zeitpunkt der Aufnahme der Tätigkeit als Vorstandsmitglied mit Billigung des Aufsichtsrats[14]. Analog hierzu **endet** sie entweder mit einer wirksamen Amtsniederlegung durch das Vorstandsmitglied oder bei Einigkeit des Vorstandsmitglieds und des Aufsichtsrats über die Beendigung der Geschäftsführung, jeweils aber erst dann, wenn das Vorstandsmitglied seine Funktionen tatsächlich nicht mehr ausübt[15].

23.8 Nach tatsächlicher Einstellung der Tätigkeit als Vorstandsmitglied kann es zu einer Haftung bei Verletzung nachwirkender Pflichten, wie etwa der Verschwiegenheitspflicht, kommen[16]. Ferner kann eine eigenständige Pflichtverletzung in einer Amtsniederlegung zur Unzeit liegen und sogar zur Unwirk-

---

8 Vgl. die Nachw. bei *Sailer-Coceani* in K. Schmidt/Lutter, 4. Aufl. 2020, § 93 AktG Rz. 3.
9 Siehe zum Streitstand nur *Spindler* in MünchKomm. AktG, 5. Aufl. 2019, § 93 AktG Rz. 35.
10 So das Argument von *Fleischer* in BeckOGK AktG, Stand 1.6.2021, § 93 AktG Rz. 6.
11 *Hopt/Roth* in Großkomm. AktG, 5. Aufl. 2014, § 93 AktG Rz. 28; *Hüffer/Koch*, § 93 AktG Rz. 1.
12 *Hopt/Roth* in Großkomm. AktG, 5. Aufl. 2014, § 93 AktG Rz. 28.
13 *Hopt/Roth* in Großkomm. AktG, 5. Aufl. 2014, § 93 AktG Rz. 28; *M. Arnold/Born*, AG 2005, R428.
14 BGH v. 6.4.1964 – II ZR 75/62, NJW 1964, 1367 = AG 1964, 190; OLG München v. 16.7.1997 – 7 U 4603/96, AG 1997, 575, 576; näher *Hopt/Roth* in Großkomm. AktG, 5. Aufl. 2014, § 93 AktG Rz. 349 ff.; *Fleischer* in BeckOGK AktG, Stand 1.6.2021, § 93 AktG Rz. 213, 217 ff.; *Spindler* in MünchKomm. AktG, 5. Aufl. 2019, § 93 AktG Rz. 12 f., 17; zur aktienrechtlichen Verantwortlichkeit faktischer Organe umfassend (auch aus rechtsvergleichender Sicht) *Fleischer*, AG 2004, 517 ff.
15 *Fleischer* in BeckOGK AktG, Stand 1.6.2021, § 93 AktG Rz. 214; *Spindler* in MünchKomm. AktG, 5. Aufl. 2019, § 93 AktG Rz. 14; *Hopt/Roth* in Großkomm. AktG, 5. Aufl. 2014, § 93 AktG Rz. 352 ff. und Rz. 361 für Mängel beim Ausscheiden; *Mertens/Cahn* in KölnKomm. AktG, 3. Aufl. 2010, § 93 AktG Rz. 41.
16 *Hopt/Roth* in Großkomm. AktG, 5. Aufl. 2014, § 93 AktG Rz. 308.

samkeit der Amtsniederlegung führen[17]. § 93 Abs. 2 AktG gilt gemäß § 48 Satz 2 AktG auch im **Gründungsstadium der Gesellschaft** bis zu ihrer Eintragung im Handelsregister[18].

2. Pflichten der Vorstandsmitglieder im Einzelnen

Anknüpfungspunkt für die Haftung nach § 93 Abs. 2 Satz 1 AktG sind die Pflichten der Vorstandsmitglieder. § 93 Abs. 1 Satz 1 AktG verlangt von den Vorstandsmitgliedern, bei ihrer Geschäftsführung die **Sorgfalt eines ordentlichen und gewissenhaften Geschäftsleiters** anzuwenden. Nach § 93 Abs. 1 Satz 3 AktG haben die Vorstandsmitglieder darüber hinaus über vertrauliche Angaben und Geheimnisse der Gesellschaft, namentlich Betriebs- oder Geschäftsgeheimnisse, die ihnen durch ihre Tätigkeit im Vorstand bekannt geworden sind, **Stillschweigen zu bewahren**.

23.9

Durch § 93 Abs. 1 Satz 1 AktG wird eine **umfassende, generalklauselartige Verpflichtung** begründet, den Vorteil der Gesellschaft zu wahren und Schaden von ihr abzuwenden. Vergleichsmaßstab ist ein pflichtbewusster, selbständiger Leiter eines Unternehmens der konkreten Art, der nicht mit eigenen Mitteln wirtschaftet, sondern ähnlich wie ein Treuhänder fremden Vermögensinteressen verpflichtet ist[19]. Zu unterscheiden sind **Sorgfalts-, Treue- und Verschwiegenheitspflichten**.

23.10

Ist ein Vorstandsmitglied Organ in verschiedenen Gesellschaften (**Doppelmandat**) (zur Zulässigkeit Rz. 21.178), ist zwischen den verschiedenen Pflichtenkreisen zu unterscheiden[20]. Die korrekte Erfüllung der Pflichten gegenüber der einen Gesellschaft schließt eine Pflichtverletzung gegenüber der anderen nicht aus[21]. Im Übrigen können sich auch aus anderen Vorschriften des AktG und anderer Gesetze oder aus dem Anstellungsvertrag[22] spezielle Anforderungen an das Vorstandsmitglied ergeben, deren Verletzung ebenso zur organschaftlichen Haftung führen kann. Da nur die Verletzung von Pflichten aus der Organstellung zur Haftung nach § 93 Abs. 2 Satz 1 AktG führt, wird eine Abgrenzung zu anderen das Vorstandsmitglied treffenden Pflichten notwendig, z.B. als Privatperson[23].

23.11

a) Sorgfaltspflicht

Zunächst ist jedes Vorstandsmitglied nach § 93 Abs. 1 Satz 1 AktG zur Sorgfalt eines ordentlichen und gewissenhaften Geschäftsleiters verpflichtet. **Sorgfaltswidrig** kann ein Handeln, aber auch ein Unterlassen sein[24]. Die Vorstandsmitglieder haben insbesondere

23.12

– für die Rechtmäßigkeit der Organisation und Entscheidungsprozesse innerhalb der Gesellschaft einzustehen (Überwachungspflicht),

---

17 OLG Dresden v. 20.10.2004 – 3 W 966/04, NotBZ 2005, 112; zur GmbH OLG Koblenz v. 26.5.1994 – 6 U 455/91, GmbHR 1995, 730 f.
18 *Spindler* in MünchKomm. AktG, 5. Aufl. 2019, § 93 AktG Rz. 12 f.
19 Vgl. BGH v. 20.2.1995 – II ZR 143/93, BGHZ 129, 30, 34 = AG 1995, 274; OLG Düsseldorf v. 28.11.1996 – 6 U 11/95, AG 1997, 231, 235; *Hüffer/Koch*, § 93 AktG Rz. 6; *Böttcher*, NZG 2009, 1047, 1049 f.
20 Siehe hierzu *Passarge*, NZG 2007, 441.
21 BGH v. 21.12.1979 – II ZR 244/78, NJW 1980, 1629, 1630 = AG 1980, 111 zum Aufsichtsrat; ferner LG Dortmund v. 1.8.2001 – 20 O 143/93, DB 2001, 2591, 2592 = AG 2002, 97.
22 *Sailer-Coceani* in K. Schmidt/Lutter, 4. Aufl. 2020, § 93 AktG Rz. 31; *Mertens/Cahn* in KölnKomm. AktG, 3. Aufl. 2010, § 93 AktG Rz. 124.
23 Zur Abgrenzung im Einzelnen *Hopt/Roth* in Großkomm. AktG, 5. Aufl. 2014, § 93 AktG Rz. 57; *Mertens/Cahn* in KölnKomm. AktG, 3. Aufl. 2010, § 93 AktG Rz. 65.
24 Vgl. OLG München v. 14.3.2006 – 7 U 5267/05, AG 2006, 723 zur unterlassenen Absicherung von Währungskursrisiken bei Zinssatz- und Währungsswapgeschäften; OLG Koblenz v. 10.6.1991 – 6 U 1650/89, ZIP 1991, 870, 871 zur Unterlassung des Widerrufs der Bankvollmacht eines Angestellten bei der GmbH.

- sich bei der Amtsführung gesetzestreu zu verhalten (Legalitätspflicht) und ein rechtmäßiges Verhalten der Gesellschaft in ihren Außenbeziehungen sicherzustellen (Legalitätskontrollpflicht)[25],
- die sie persönlich im Verhältnis zu Dritten treffenden Pflichten zu beachten und
- die Regeln sorgfältiger Unternehmensleitung einzuhalten[26].

23.13 Der anzuwendende Sorgfaltsmaßstab ist objektiv-typisiert und relativ[27]: Er ist **objektiv-typisiert**, da nicht das Übliche, sondern das Erforderliche die Anforderungen an das Vorstandsmitglied bestimmt[28]. Er ist insoweit **relativ**, als er sich nach der konkreten Situation richtet, in der das Vorstandsmitglied gehandelt hat. Individuelle Fähigkeiten werden nur dann berücksichtigt, wenn sich dadurch ein strengerer Sorgfaltsmaßstab ergibt[29]. Vorstandsmitglieder müssen die zur Ausübung ihres Amts notwendigen Fähigkeiten und Kenntnisse besitzen bzw. sich ggf. aneignen[30]. Fehlt es daran, dürfen sie das Amt nicht annehmen oder müssen es niederlegen. Anderenfalls kann ein Übernahmeverschulden vorliegen[31]. Auch handelt unter Umständen schuldhaft, wer sich bei fehlenden eigenen Kenntnissen oder Fähigkeiten nicht fachkundiger Hilfe bedient[32] (zum Verschulden Rz. 23.44 ff.). Die Relativität des Sorgfaltsmaßstabs rührt daher, dass seine absolute Bestimmung nicht möglich ist. Die Anforderungen an das Verhalten der Vorstandsmitglieder hängen von einer Vielzahl von Faktoren ab und variieren von Fall zu Fall[33].

23.14 Ob auch der **Deutsche Corporate Governance Kodex**[34] eine Konkretisierung des Sorgfaltsmaßstabs bewirkt, wurde in der Literatur kontrovers diskutiert. Da die Empfehlungen aber gerade nicht verbindlich sind[35], ist mit der heute herrschenden Ansicht eine haftungsbestimmende Wirkung zu verneinen[36]. Die Rechtsprechung hatte zunächst angenommen, dass der Kodex auf Vorschriften des AktG „zurückwirken" könne[37]. Das LG München I entschied hingegen, dass auf die Nichtbeachtung einzelner Empfehlungen des Deutschen Corporate Governance Kodex keine Anfechtungsklage gestützt wer-

---

25 Zur Legalitätspflicht vgl. *Thole*, ZHR 173 (2009), 504 ff.; *Habersack* in FS Uwe H. Schneider, 2011, S. 429 ff.; *Holle*, Legalitätskontrolle, 2014, S. 37 ff.
26 Zu einzelnen Sorgfaltspflichten ausführlich *Hopt/Roth* in Großkomm. AktG, 5. Aufl. 2014, § 93 AktG Rz. 132 ff.; *Fleischer* in BeckOGK AktG, Stand 1.6.2021, § 93 AktG Rz. 19 ff.; *Mertens/Cahn* in KölnKomm. AktG, 3. Aufl. 2010, § 93 AktG Rz. 64 ff.
27 *Hopt/Roth* in Großkomm. AktG, 5. Aufl. 2014, § 93 AktG Rz. 59.
28 OLG Düsseldorf v. 28.11.1996 – 6 U 11/95, AG 1997, 231, 235.
29 Vgl. *Mutter/Gayk*, ZIP 2003, 1773, 1775 f. zur Haftungsverschärfung bei individueller Sachkunde.
30 *Fleischer* in BeckOGK AktG, Stand 1.6.2021, § 93 AktG Rz. 240; *Mertens/Cahn* in KölnKomm. AktG, 3. Aufl. 2010, § 93 AktG Rz. 137.
31 *Spindler* in MünchKomm. AktG, 5. Aufl. 2019, § 93 AktG Rz. 199.
32 *Hoffmann-Becking* in MünchHdb. AG, § 26 Rz. 13.
33 Zur Haftung von Vorstandsmitgliedern eines Kreditinstituts im Rahmen der Finanzkrise *Böttcher*, NZG 2009, 1047 ff.; zur Haftung für riskante Kreditgeschäfte vgl. auch *Kiethe*, WM 2003, 861 ff.; zu Parteispenden *Kind*, NZG 2000, 567 ff.
34 Die jeweils aktuelle Fassung des DCGK (derzeit v. 16.12.2019) ist abrufbar unter www.dcgk.de.
35 BT-Drucks. 14/8769, S. 21; *Fleischer* in BeckOGK AktG, Stand 1.6.2021, § 93 AktG Rz. 60. Zur Bedeutung der Business Judgment Rule im Urteil des BGH in Sachen „Mannesmann" (BGH v. 21.12.2005 – 3 StR 470/04, BGHSt 50, 331 = AG 2006, 110) vgl. *Hoffmann-Becking*, NZG 2006, 127, 128.
36 *Spindler* in MünchKomm. AktG, 5. Aufl. 2019, § 93 AktG Rz. 38 ff.; *Fleischer* in BeckOGK AktG, Stand 1.6.2021, § 93 AktG Rz. 60; *Hüffer/Koch*, § 161 AktG Rz. 26 f.; *Wegmann* in FS Schmidt-Preuß, 2018, S. 477, 490 ff.; vermittelnd *Weber-Rey/Buckel*, AG 2011, 845, 848 ff. wonach Empfehlungen in Voraussetzungen von § 93 Abs. 1 Satz 2 AktG einfließen sollen; krit. *Bachmann*, WM 2002, 2137, 2138 f. und *Buchta*, DStR 2003, 740, 741 f.; tendenziell eine Konkretisierung befürwortend *Berg/Stöcker*, WM 2002, 1569, 1575 ff.; *Ettinger/Grützediek*, AG 2003, 353, 354 f.; *Seidel*, ZIP 2004, 285, 290 f.; *Thümmel*, AG 2004, 83, 85; speziell zum Deutschen Corporate Governance Kodex und Risikomanagement *Preußner*, NZG 2004, 303 ff.
37 OLG Schleswig v. 19.9.2002 – 5 U 164/01, NZG 2003, 176, 179 = AG 2003, 102.

den könne, da der Kodex weder Gesetz noch Satzung sei[38]. Dem ist zuzustimmen. Der Kodex kann als privates Regelwerk[39] nicht unmittelbar normkonkretisierende Eigenschaften haben[40]. Davon abzugrenzen ist die Nichtabgabe einer Entsprechenserklärung nach § 161 AktG oder die Abgabe einer fehlerhaften Entsprechenserklärung, was einen Pflichtverstoß darstellt[41]. Sofern dieser Pflichtverstoß schwerwiegend ist, macht er gleichwohl gefasste Entlastungsbeschlüsse anfechtbar[42]. Eine andere, im Ergebnis wohl zu verneinende Frage ist, ob aus einer nicht oder nicht ordnungsgemäß abgegebenen Entsprechenserklärung Ersatzansprüche der Gesellschaft oder Dritter erwachsen (siehe dazu Rz. 23.110).

Im Rahmen seiner Tätigkeit ist der Vorstand verpflichtet, sich gesetzestreu zu verhalten sowie Satzung und unternehmensinterne Richtlinien einzuhalten (**Legalitätspflicht**). Zudem hat er dafür Sorge zu tragen, dass sich Gesellschaft und Mitarbeiter rechtmäßig verhalten (**Legalitätskontrollpflicht** oder sog. **Compliance**, siehe Rz. 20.23). 23.15

Zu den vielfältigen im Rahmen der Legalitätspflicht des Vorstands einzuhaltenden gesetzlichen Pflichten nach deutschem Recht zählen insbesondere:

– die Pflichten im Zusammenhang mit der Hauptversammlung (§ 121 Abs. 2, § 83, § 131, § 175 Abs. 2, § 176 AktG, dazu im Einzelnen §§ 34–37)
– die Berichtspflichten gegenüber dem Aufsichtsrat (§ 90 AktG, siehe Rz. 20.115)
– die Kapitalerhaltungspflicht (§ 57 AktG, siehe Rz. 52.3)
– Buchführungs- und Rechnungslegungspflichten (§ 91 Abs. 1 AktG, §§ 242, 264 ff. HGB, dazu Rz. 20.42)
– die Verlustanzeigepflicht (§ 92 AktG, Rz. 20.46 ff.) sowie die Pflicht zur Stellung des Insolvenzantrags (§ 15a Abs. 1 Satz 1 InsO Rz. 20.50 ff.)
– die Pflicht zur Abgabe der Entsprechenserklärung zum DCGK (§ 161 AktG)
– diverse Publizitätspflichten (siehe § 15)
– die Pflicht, die steuerlichen Pflichten der Gesellschaft zu erfüllen (§ 34 AO, § 137 ff. AO)
– die Pflicht, Sozialversicherungsbeiträge abzuführen
– diverse Pflichten aus dem Umweltrecht (z.B. §§ 53, 58a BImSchG).

Der Vorstand muss die Rechtslage kennen und hat sich bei mangelnder Kenntnis fachkundiger und unabhängiger Hilfe zu bedienen[43]. Inwieweit sich das objektiv rechtswidrig handelnde Vorstandsmitglied auf einen **Rechtsrat** verlassen und damit auf einen das Verschulden ausschließenden Rechtsirr- 23.16

---

38 LG München I v. 22.11.2007 – 5 HK O 10614/07, AG 2008, 90; siehe hierzu *Thümmel*, BB 2008, 11; *E. Vetter*, NZG 2008, 121; ferner auch *Rieder*, NZG 2010, 737, 738.
39 Ausführlich *Ulmer*, ZHR 166 (2002), 150, 158 ff.
40 *Buchta*, DStR 2003, 694, 695.
41 BGH v. 10.7.2012 – II ZR 48/11 – Fresenius, NZG 2012, 1064, 1066 = AG 2012, 712; hierzu *Spindler*, NZG 2012, 1161 ff.; BGH v. 16.2.2009 – II ZR 185/07 – Kirch/Deutsche Bank, NJW 2009, 2207, 2209 f. = AG 2009, 285; OLG München v. 23.1.2008 – 7 U 3668/07, ZIP 2008, 742 = AG 2008, 386; hierzu *Born*, BB 2008, 692; siehe ferner aus der älteren Literatur *Bachmann*, WM 2002, 2137, 2143; *Berg/Stöcker*, WM 2002, 1569, 1577; *Ettinger/Grützediek*, AG 2003, 353, 354; *Schüppen*, ZIP 2002, 1269, 1272 f.; *Lutter*, ZHR 166 (2002), 523, 527 ff.; ausführlich *Theusinger/Liese*, DB 2008, 1419.
42 BGH v. 16.2.2009 – II ZR 185/07 – Kirch/Deutsche Bank, NJW 2009, 2207, 2209 f. = AG 2009, 285; BGH v. 21.9.2009 – II ZR 174/08 – Umschreibungsstopp, NZG 2009, 1270, 1272 = AG 2009, 824; *Kiefner*, NZG 2011, 201, 202 f.; *Hüffer*, ZIP 2010, 1979, 1980.
43 *Verse*, ZGR 2017, 174, 176 ff.; zu den Anforderungen an den Rechtsrat BGH v. 20.9.2011 – II ZR 234/09 – ISION, NZG 2011, 1271 Rz. 18 ff = AG 2011, 876.

tum berufen kann, bestimmt sich nach den sog. ISION-Kriterien (dazu Rz. 23.44). Ist die Rechtslage auch nach Einholen entsprechenden Rats unklar, kommt dem Vorstand ein gewisser Beurteilungs- oder Ermessensspielraum zu. Ob dieser bereits auf Ebene der Pflichtverletzung[44] oder erst im Rahmen eines Rechtsirrtums auf Verschuldensebene[45] zu berücksichtigen ist, ist Gegenstand einer kontroversen Diskussion in der Literatur. Uneinigkeit besteht auch über die an das Organhandeln anzulegenden Maßstäbe. Zu berücksichtigen sind jedenfalls (nach Rechtsermittlung nach Maßstab der ISION-Entscheidung) die Wahrscheinlichkeit der Rechtmäßigkeit ex-ante sowie eine Abwägung von drohenden Nachteilen für die AG und Schwere der drohenden Rechtsgutsverletzung[46]. Da die Business Judgment Rule lediglich auf rechtmäßiges Verhalten anwendbar ist, kann sich der Vorstand in diesem Fall nicht hierauf berufen[47]. Von der Legalitätspflicht sind grundsätzlich auch ausländische Normen erfasst, insofern sie nach dem maßgeblichen Kollisionsrecht anwendbar sind[48]. Ausnahmen bestehen insofern, als die Norm in der örtlichen Praxis nicht gelebt wird oder gegen wesentliche Grundsätze der deutschen Rechtsordnung verstößt[49].

23.17 Nach § 91 Abs. 2 AktG hat der Vorstand geeignete Maßnahmen zu treffen, insbesondere ein Überwachungssystem einzurichten, damit den Fortbestand der Gesellschaft gefährdende Entwicklungen früh erkannt werden können[50]. Diese Vorschrift hat in Literatur und Praxis ein Eigenleben entwickelt, das in dieser Intensität vom Gesetzgeber nicht erwartet und gewollt war[51]. Das **Risikoüberwachungssystem** hilft dem Vorstand bei der Erfüllung seiner Sorgfaltspflichten. Fehlt es oder hat es Mängel, ist dies eine Pflichtverletzung, für die der gesamte Vorstand haftet[52]. Siehe näher dazu Rz. 20.19.

23.18 Ein besonderes Spannungsverhältnis besteht schließlich zwischen der **Sorgfaltspflicht** und dem **unternehmerischen Ermessen**. Nach § 76 Abs. 1 AktG leitet der Vorstand die Gesellschaft in eigener Verantwortung; dabei hat er jedoch die Sorgfalt eines ordentlichen und gewissenhaften Geschäftsleiters anzuwenden (§ 93 Abs. 1 AktG). Nach § 82 Abs. 2 AktG ist er an die Beschränkungen gebunden, die die Satzung, der Aufsichtsrat, die Hauptversammlung und die Geschäftsordnungen des Vorstands und des Aufsichtsrats für die Geschäftsführungsbefugnis getroffen haben[53]. Die eigene Verantwortung der Unternehmensleitung, also das unternehmerische Ermessen[54], steht mit den Sorgfaltsanforderungen

---

44 *Bicker*, AG 2014, 8, 10; *Ott*, ZGR 2017, 149, 158 f.; *Hopt/Roth* in Großkomm. AktG, 5. Aufl. 2014, § 93 AktG Rz. 140; *Spindler* in MünchKomm. AktG, 5. Aufl. 2019, § 93 AktG Rz. 89 jeweils m.w.N.
45 So u.a. *Hüffer/Koch*, § 93 AktG Rz. 19, 43 ff.; *Buck-Heeb*, BB 2013, 2247; *Verse*, ZGR 2017, 174, 192.
46 Siehe *Verse*, ZGR 2017, 174, 188 f.; *Lochner/Beneke*, ZIP 2020, 351, 358; *Koch* in FS Bergmann, 2018, S. 413, 431 ff.
47 *Fleischer* in BeckOGK AktG, Stand 1.6.2021, § 93 AktG Rz. 88; zu den Erwägungen in der Literatur zu einer sog. „Legal Judgment Rule" *Verse*, ZGR 2017, 174.
48 LG München I v. 10.12.2013 – 5 HK O 1387/10, NZG 2014, 345 = AG 2014, 332; *Spindler* in MünchKomm. AktG, 5. Aufl. 2019, § 93 AktG Rz. 109 ff.; zur Bewältigung von Normkonflikten *Seibt*, ZIP 2016 (Beil. zu Heft 22), 73.
49 Vgl. *M. Arnold/Rothenburg* in Semler/Peltzer/Kubis, ArbeitsHdb. für Vorstandsmitglieder, § 7 Rz. 17 f.
50 Ausführlich *Drygala/Drygala*, ZIP 2000, 297 ff.; *Lück*, DB 1998, 8 ff.; *Lück*, DB 1998, 1925 ff.; *Preußner/Becker*, NZG 2002, 846 ff.
51 Zur Überspannung der Bestimmung *Seibert* in FS Bezzenberger, 2000, S. 427 ff.
52 LG Berlin v. 3.7.2002 – 2 O 358/01, AG 2002, 682, 683 f.; *Lange/Wall*, Risikomanagement nach dem KonTraG, 2001, § 6 Rz. 63 f.; *von Westphalen*, Derivatgeschäfte, Risikomanagement und Aufsichtsrathaftung, 2000, S. 69 ff.; *Buchta*, DStR 2003, 694, 698.
53 Zur Haftung bei Verstößen gegen Ermächtigungsbeschlüsse der Hauptversammlung KG v. 22.8.2001 – 23 U 6712/99, ZIP 2001, 2178, 2180 = AG 2002, 243.
54 Zum unternehmerischen Ermessen grundlegend *Mutter*, Haftung des Aufsichtsrats für unternehmerische Fehlentscheidungen, 1994, passim. Vgl. auch *Sven H. Schneider*, DB 2005, 707; *Lutter*, ZIP 2007, 841; *Roth*, BB 2004, 1066 ff.; *Fleischer*, ZIP 2004, 685 ff.; *Spindler* in MünchKomm. AktG, 5. Aufl. 2019, § 93 AktG Rz. 43 ff.

in einem Dialog und Spannungsverhältnis gleichermaßen[55]: Bei Fehlschlägen im unternehmerischen Bereich muss es Haftungsfreiräume geben, aber nicht jeder Fehlschlag darf haftungsfrei sein.

Klassisches Beispiel für dieses **Spannungsfeld** ist die Einschätzung künftiger Umstände, etwa des Verlaufs der Konjunktur oder der Entwicklung der Wechselkurse. Bei solchen Entscheidungen ist in der Regel nicht nur *eine* Entscheidung richtig und angemessen, vielmehr handelt es sich – wie so oft – um unternehmerische Entscheidungen unter Unsicherheit und Risiko. So heißt es im grundlegenden ARAG/Garmenbeck-Urteil des BGH[56], dass ohne einen weiten Handlungsspielraum eine unternehmerische Tätigkeit schlechterdings nicht denkbar ist.

23.19

§ 93 Abs. 1 Satz 2 AktG löst dieses Spannungsfeld auf. Danach liegt eine Pflichtverletzung nicht vor, wenn das Vorstandsmitglied bei einer unternehmerischen Entscheidung vernünftigerweise annehmen durfte, auf der Grundlage angemessener Information zum Wohle der Gesellschaft zu handeln. Diese sog. **Business Judgment Rule**, die durch das UMAG[57] in das Gesetz eingefügt wurde, geht auf den anglo-amerikanischen Rechtskreis zurück[58]. Auf dessen Grundlage hatte der BGH im ARAG/Garmenbeck-Urteil[59] einen Haftungsfreiraum für Vorstandsmitglieder anerkannt. Diese richterliche Rechtsfortbildung fand Zustimmung in der Literatur und wurde durch die weitere Rechtsprechung konkretisiert. Der Gesetzgeber hat an diese Rechtsprechung angeknüpft[60] und die Gesetzeslage mit ihr in Einklang gebracht[61].

23.20

Die Business Judgment Rule hat **fünf Tatbestandsvoraussetzungen**, die jedoch im Gesetz nicht mit gleicher Deutlichkeit zum Ausdruck kommen[62]: Es muss (1) eine unternehmerische Entscheidung vorliegen. Das Vorstandsmitglied muss bei dieser Entscheidung (2) sachlich unbefangen, insbesondere frei von Eigeninteressen sein. Die Entscheidung muss (3) dem Gesellschaftswohl dienen und (4) auf angemessener Information beruhen. Schließlich muss das Vorstandsmitglied – in den Grenzen des aus ex-ante-Sicht objektiv Nachvollziehbaren – hinsichtlich der sachlichen Unbefangenheit und der Angemessenheit der Informationen (5) in gutem Glauben gehandelt haben.

23.21

Die wichtigste Voraussetzung der Business Judgment Rule betrifft das Vorliegen einer **unternehmerischen Entscheidung**[63]. Die positive Umschreibung dieses Merkmals fällt schwer. Überwiegend erblickt man das Charakteristikum unternehmerischer Entscheidungen in ihrer Zukunftsbezogenheit und in ihrem prognostischen Einschlag, der ein Handeln unter Unsicherheit zur Folge hat[64]. Eine unternehmerische Entscheidung liegt dann nicht vor, wenn Ermessensspielräume ausscheiden, weil gesetzliche, statuarische oder vertragliche Pflichten nur eine richtige Entscheidung zulassen[65]. Bei Tätigkeiten, die unter die Legalitätspflicht fallen, besteht kein Ermessensspielraum[66]: Von der Haftungsprivilegierung

23.22

---

55 Vgl. zu den Sorgfaltspflichten bei freigebigen Zuwendungen zu gemeinnützigen Zwecken das Strafurteil BGH v. 6.12.2001 – 1 StR 215/01, DB 2002, 626 ff. mit Anm. *Gehrlein*, NZG 2002, 463 ff. = AG 2002, 347; sowie *Fleischer*, AG 2001, 171 ff.
56 BGH v. 21.4.1997 – II ZR 175/95, ZIP 1997, 883 ff. = AG 1997, 377; dazu *Horn*, ZIP 1997, 1129 ff.
57 Zum UMAG allgemein siehe *Koch*, ZGR 2006, 769; *Göz/Holzborn*, WM 2006, 157; *Schäfer*, ZIP 2005, 1253.
58 *Fleischer* in BeckOGK AktG, Stand 1.6.2021, § 93 AktG Rz. 78.
59 BGH v. 21.4.1997 – II ZR 175/95, ZIP 1997, 883 ff. = AG 1997, 377; dazu *Horn*, ZIP 1997, 1129 ff.
60 BR-Drucks. 3/05, S. 19.
61 *Hüffer/Koch*, § 93 AktG Rz. 8.
62 BT-Drucks. 15/5092, S. 11; *Fleischer* in BeckOGK AktG, Stand 1.6.2021, § 93 AktG Rz. 84 ff.; *Bürgers* in Bürgers/Körber/Lieder § 93 AktG Rz. 11 ff.
63 Hierzu *Ott*, ZGR 2017, 149; *Sven H. Schneider*, DB 2005, 707.
64 BR-Drucks. 3/05, S. 19, *Fleischer* in BeckOGK AktG, Stand 1.6.2021, § 93 AktG Rz. 86; *Hüffer/Koch*, § 93 AktG Rz. 18.
65 *Sailer-Coceani* in K. Schmidt/Lutter, § 93 AktG Rz. 15; *Fleischer* in BeckOGK AktG, Stand 1.6.2021, § 93 AktG Rz. 85.
66 Vgl. *Gärtner*, BB 2012, 1745.

des § 93 Abs. 1 Satz 2 AktG ausgenommen sind daher z.B. die Pflichten zur Beachtung von Wettbewerbsverboten (§ 88 AktG), zur Verschwiegenheit, zur Einrichtung eines Risikomanagementsystems nach § 91 Abs. 2 AktG sowie zur Kapitalerhaltung (vgl. § 93 Abs. 3 AktG). Pflichtwidrig handelt der Vorstand auch dann, wenn er Geschäfte betreibt, die vom Unternehmenszweck der Gesellschaft nicht gedeckt sind[67]. Nach Auffassung des BGH handelt der Vorstand außerdem gesetzeswidrig (§ 114 AktG), wenn er einem Mitglied des Aufsichtsrats Zahlungen für Dienstverpflichtungen außerhalb der Tätigkeit als Aufsichtsrat (z.B. Anwaltshonorare) leistet, wenn der Gesamtaufsichtsrat nicht zuvor zugestimmt hat. Eine nachträgliche Genehmigung ändere nichts an der Rechtswidrigkeit der Zahlungen[68].

23.23 Ferner verlangt § 93 Abs. 1 Satz 2 AktG ein **Handeln zum Wohle der Gesellschaft**. Der Begriff „handeln" ist nach der Gesetzesbegründung weit zu verstehen. Er umfasst die Entscheidung selbst sowie auch die Umsetzung der unternehmerischen Entscheidung, unabhängig davon, ob dies durch Rechtsgeschäft oder tatsächliche Handlung geschieht[69]. Die Handlung dient zum Wohle der Gesellschaft, wenn die Entscheidung zum Ziel hat, den Bestand des Unternehmenswerts zu erhalten, die Rentabilität zu fördern oder den nachhaltigen Unternehmenswert zu steigern[70]. Nach anderer Formel liegt ein Handeln zum Wohle der Gesellschaft jedenfalls dann vor, wenn es der langfristigen Ertragsstärkung und Wettbewerbsfähigkeit des Unternehmens und seiner Produkte oder Dienstleistungen dient[71]. Nach entsprechender Einzelfallbetrachtung können auch existenzgefährdende Maßnahmen im Unternehmensinteresse liegen und somit unter die Business Judgment Rule fallen[72].

23.24 Das Erfordernis der **sachlichen Unbefangenheit** ergibt sich nicht explizit aus dem Gesetzestext, folgt aber aus dem Merkmal „zum Wohle der Gesellschaft handeln". In der Regel darf nur der annehmen, zum Wohle der Gesellschaft zu handeln, der sich bei seiner Entscheidung frei von sachfremden Einflüssen weiß[73]. Dies liegt bei einem Handeln zum eigenen Nutzen oder zum Nutzen von dem Geschäftsleiter nahestehenden Personen oder Gesellschaften jedenfalls nicht vor. Legitim ist ein Handeln zum eigenen Vorteil nur dann, wenn sich der Vorteil nur mittelbar aus dem Wohle der Gesellschaft ableitet[74]. Aus der organschaftlichen Treupflicht ergibt sich die Pflicht des befangenen Organmitglieds, den Interessenkonflikt offenzulegen[75].

23.25 Im **Schrifttum** wird hingegen **uneinheitlich** beantwortet, ob die Business Judgment Rule für den als Kollektivorgan tätigen Vorstand anwendbar bleibt, wenn einzelne Vorstandsmitglieder nicht frei von Eigeninteressen handeln[76]. Während frühere Ansichten noch davon ausgingen, dass zumindest ein verdeckter Interessenkonflikt eines Organmitglieds die Kollegialentscheidung „infiziere", lehnt die heute herrschenden und zutreffende Ansicht eine solche Zurechnung mit dem Wortlaut des § 93 Abs. 1 Satz 2 AktG ab[77]. Der Gesetzeswortlaut stellt auf das individuelle Organmitglied ab, sodass das Vor-

---

67 BGH v. 15.1.2013 – II ZR 90/11, NZG 2013, 293, 294 = AG 2013, 259.
68 BGH v. 10.7.2012 – II ZR 48/11 – Fresenius, NZG 2012, 1064 ff. = AG 2012, 712 im Anschluss an OLG Frankfurt v. 15.2.2011 – 5 U 30/10, NZG 2011, 350 ff. = AG 2011, 256. Zur „Fresenius"-Entscheidung *Spindler*, NZG 2012, 1161 ff.; *Ihrig*, ZGR 2013, 417 ff.
69 BR-Drucks. 3/05, S. 19.
70 *Sailer-Coceani* in K. Schmidt/Lutter, § 93 AktG Rz. 18.
71 BR-Drucks. 3/05, S. 19.
72 *Adolff* in FS Baums, 2017, S. 31, 36; *Hüffer/Koch*, § 93 AktG Rz. 27; a.A. *Mertens/Cahn* in KölnKomm. AktG, 3. Aufl. 2010, § 93 AktG Rz. 24; *Lutter*, ZIP 2007, 841, 845.
73 *Fleischer* in BeckOGK AktG, Stand 1.6.2021, § 93 AktG Rz. 93; *Koch*, ZGR 2014, 697, 703; *Lutter*, ZIP 2007, 841; krit. *Krieger/Sailer-Coceani* in K. Schmidt/Lutter, § 93 AktG Rz. 19.
74 Vgl. BR-Drucks. 3/05, S. 20.
75 So auch die Empfehlung E.2 des DCGK; *Spindler* in MünchKomm. AktG, 5. Aufl. 2019, § 93 AktG Rz. 71; *Koch*, ZGR 2014, 697, 709.
76 Vgl. zum Streitstand umfassend *Reichert* in FS Vetter, 2019, S. 597, 609 ff.; *Koch* in FS Säcker, 2011, S. 403, 404 f.
77 *Fleischer* in BeckOGK AktG, Stand 1.6.2021, § 93 AktG Rz. 94; *Hüffer/Koch*, § 93 AktG Rz. 26; *Spindler* in MünchKomm. AktG, 5. Aufl. 2019, § 93 AktG Rz. 71; *Koch* in FS Säcker, 2011, S. 403, 404 f.; a.A.

liegen der Voraussetzungen der Business Judgment Rule für jedes Organmitglied getrennt zu beantworten ist und nicht von der Befangenheit des einen Organmitglieds auf den gesamten Vorstand geschlossen werden kann[78]. Jedenfalls wenn sich das betroffene Vorstandsmitglied weder an Beratung noch Abstimmung beteiligt, können sich die übrigen Vorstandsmitglieder weiterhin auf die Business Judgment Rule berufen, unabhängig davon, ob der Interessenkonflikt offengelegt wurde[79]. Ihre Entscheidung ist dann nicht von Sonderinteressen betroffen.

Liegt ein **offengelegter Interessenkonflikt** vor und wirkt das betroffene Organmitglied trotzdem an Beratung und Entscheidung mit, können sich nach zutreffender und überwiegender Ansicht in der Literatur die anderen Vorstandsmitglieder bei sorgfältiger Prüfung und Hinterfragung der Beiträge des befangenen Vorstandsmitglieds auf die Business Judgment Rule berufen[80]. Auch bei einem **verdeckten Interessenkonflikt** und einer Beteiligung des betroffenen Organmitglieds an der Entscheidungsfindung verbleibt den gutgläubigen Vorstandsmitgliedern die Privilegierung des § 93 Abs. 1 Satz 2 AktG, insofern sie vernünftigerweise annehmen durften, ohne sachfremden Einfluss zu handeln[81]. Um eventuellen Unsicherheiten vorzubeugen, ist in der Praxis ein (Selbst-)Ausschluss des befangenen Organmitglieds von Beratung und Abstimmung zu erwägen.

23.26

Sofern eine unternehmerische Entscheidung zu treffen ist, muss der Vorstand auf der **Grundlage angemessener Information** handeln[82]. Der Haftungstatbestand ist nicht verwirklicht, wenn das Vorstandsmitglied seine Entscheidung in sachgemäßer Beurteilung der Lage getroffen hat, auch wenn sich diese Beurteilung später als unrichtig herausstellt[83]. Die Haftung nach § 93 Abs. 2 AktG stellt gerade **keine Erfolgshaftung**, sondern „nur" eine Haftung für sorgfaltswidriges Verhalten dar. Die Sorgfaltswidrigkeit bestimmt sich nicht aus nachträglicher Sicht (ex post), sondern ex ante. Entgegen einer früher verbreiteten Meinung ist es nicht erforderlich, dass das Vorstandsmitglied *alle* zur Verfügung stehenden Informationen und Erkenntnisquellen ausgenutzt und diese ggf. – wie z.B. internes Controlling – auch selbst geschaffen hat[84]. Unternehmerisches Handeln steht oft unter Zeitdruck[85]. Ausreichend ist daher eine in der konkreten Entscheidungssituation unter Berücksichtigung des Faktors Zeit und unter Abwägung der Kosten und Nutzen weiterer Informationsgewinnung angemessene Tatsachenbasis[86]. Bei einer Unternehmenstransaktion wird daher etwa die Durchführung einer Due Dili-

23.27

Blasche, AG 2010, 692, 695 ff.; *Bauer* in VGR, Gesellschaftsrecht in der Diskussion 2014, 2015, S. 195, 212 f.; *Habersack* in Karlsruher Forum 2009, Managerhaftung, 2010, S. 5, 22 f.; *Lutter* in FS Canaris, 2007, Bd. II, S. 245, 248 ff.

78 M.w.N. *Hüffer/Koch*, § 93 AktG Rz. 26.
79 *Spindler* in MünchKomm. AktG, 5. Aufl. 2019, § 93 AktG Rz. 71; weiter *Hüffer/Koch*, § 93 AktG Rz. 26; *Koch* in FS Säcker, 2011, S. 403, 415 ff.; *Mertens/Cahn* in KölnKomm. AktG, 3. Aufl. 2010, § 93 AktG Rz. 29.
80 *Fleischer* in BeckOGK AktG, Stand 1.6.2021, § 93 AktG Rz. 94; *Hölters* in Hölters, § 93 AktG Rz. 38; *Mertens/Cahn* in KölnKomm. AktG, 3. Aufl. 2010, § 93 AktG Rz. 29; *Ihrig/Schäfer*, Rechte und Pflichten des Vorstands, § 38 Rz. 1526; *Reichert* in FS Vetter, 2019, S. 597, 613 ff.; *Sailer-Coceani* in K. Schmidt/Lutter, § 93 AktG Rz. 19; *Unmuth*, Verzicht und Vergleich, 2018, S. 242; *Blasche*, AG 2010, 692, 697 ff.; a.A. *Hüffer/Koch*, § 93 AktG Rz. 26 insofern die übrigen Vorstandsmitglieder das betroffene Mitglied nicht ausschließen; *Koch*, ZGR 2014, 697, 708 ff.; *Lutter* in FS Canaris, 2007, Bd. II, S. 245, 249 ff.
81 *Fleischer* in BeckOGK AktG, Stand 1.6.2021, § 93 AktG Rz. 95; *Hüffer/Koch*, § 93 AktG Rz. 26; *Bunz*, NZG 2011, 1294, 1295; *Koch* in FS Säcker, 2011, S. 403, 405 ff.; *Löbbe/Fischbach* AG 2014, 717, 726 f.
82 Dazu ausführlich *Redeke*, ZIP 2011, 59, 60 ff.
83 Vgl. etwa BGH v. 22.2.2011 – II ZR 146/09, NZG 2011, 549, 550 = AG 2011, 378; BGH v. 3.3.2008 – II ZR 124/07 – UMTS, NJW 2008, 1583 ff. = AG 2008, 375.
84 BGH v. 12.10.2016 – 5 StR 134/15, NZG 2017, 116; *Langenbucher*, DStR 2005, 2083, 2086; *Kindler* in FS Goette, 2011, S. 231, 232 f.; a.A. *Kinzl*, DB 2004, 1653 f.
85 *Fleischer* in BeckOGK AktG, Stand 1.6.2021, § 93 AktG Rz. 77.
86 BGH v. 12.10.2016 – 5 StR 134/15, NZG 2017, 116; *Sailer-Coceani* in K. Schmidt/Lutter, § 93 AktG Rz. 17; zum Einfluss der Digitalisierung auf die angemessene Informationsgrundlage *Spindler*, ZGR 2018, 17, 42; aus betriebswirtschaftlicher Sicht *Grundei/v. Werder*, AG 2005, 825.

gence gefordert[87]. Auch wenn eine Due Diligence in diesem Fall üblich und in der Regel notwendig ist, kann in Ausnahmefällen wie erheblichem Zeitdruck auch eine dünnere Tatsachengrundlage als angemessen angesehen werden[88]. Es ist folglich auch hier eine Einzelfallbetrachtung erforderlich[89].

23.28 Bei all dem muss das Vorstandsmitglied **in gutem Glauben** handeln. Fehlt es hieran, verdient das Vorstandsmitglied keinen Schutz. In derartigen Fällen wird es meist schon an einer der vorgenannten Tatbestandsvoraussetzungen fehlen, so dass dem Merkmal des Handelns in gutem Glauben lediglich die Funktion einer „Notbremse" zukommt[90].

b) Treuepflicht

23.29 Der Vorstand ist Verwalter fremden Vermögens[91]. Die im Gesetz nur bruchstückhaft in § 88 Abs. 1 AktG (**Wettbewerbsverbot**) und § 93 Abs. 1 Satz 3 AktG (**Verschwiegenheitspflicht**) angesprochene **Treuepflicht**[92] verlangt vom Vorstandsmitglied, gesellschaftsfremde Interessen hinter diejenigen der Gesellschaft zurückzustellen, seine Organstellung nicht zum eigenen Vorteil oder zum Vorteil anderer zu missbrauchen[93] und sich loyal gegenüber der Gesellschaft zu verhalten. Das bedeutet auch, dass das Mitglied seine Arbeitskraft, Fähigkeiten und Kenntnisse vorbehaltlos in den Dienst der Gesellschaft stellt, sofern nicht etwa ein zulässiges Vorstands-Doppelmandat es erlaubt, die Arbeitskraft auf mehrere Gesellschaften zu verteilen[94].

23.30 Ein Vorstandsmitglied darf Geschäfte oder Geschäftschancen der Gesellschaft nicht an sich ziehen (vgl. § 88 Abs. 1 AktG)[95]. Nach der sog. **Geschäftschancenlehre** dürfen sich Vorstandsmitglieder bei der Wahrnehmung ihrer Aufgaben für die Gesellschaft grundsätzlich nicht von eigenen wirtschaftlichen Vorteilen zulasten der Gesellschaft leiten lassen[96].

c) Verschwiegenheitspflicht

23.31 Die **Verschwiegenheitspflicht** beruht auf der Treuepflicht[97] und folgt unmittelbar aus § 93 Abs. 1 Satz 3 AktG. Sie umfasst vertrauliche Angaben und Geheimnisse der Gesellschaft und ist durch § 404 Abs. 1 Nr. 1 AktG auch strafrechtlich geschützt. Gleichzeitig kann bei einem Geheimnis, das eine Insiderinformation ist, eine Strafbarkeit nach § 119 Abs. 3 Nr. 3 WpHG i.V.m. Art. 14 c) MMVO[98] in Betracht kommen. Die Verschwiegenheitspflicht kann auch durch Unterlassen verletzt werden, insbeson-

---

87 Dazu *Bachmann* in FS Stilz, 2014, S. 25, 42; *Böttcher*, NZG 2005, 49, 54.
88 *M. Arnold/Rothenburg* in Semler/Peltzer/Kubis, ArbeitsHdb. für Vorstandsmitglieder, § 7 Rz. 33.
89 Vgl. *Hopt/Roth* in Großkomm. AktG, 5. Aufl. 2014, § 93 AktG Rz. 212; *Fleischer*, NJW 2009, 2337, 2338.
90 So zu Recht *Fleischer* in BeckOGK AktG, Stand 1.6.2021, § 93 AktG Rz. 100.
91 BGH v. 21.12.2005 – 3 StR 470/04 – Mannesmann, BGHSt 50, 331, 335 ff. = AG 2006, 110; hierzu *Fleischer*, DB 2006, 542.
92 Ausführlich *Fleischer*, WM 2003, 1045 ff.; sowie zu den einzelnen Treuepflichten *Hopt/Roth* in Großkomm. AktG, 5. Aufl. 2014, § 93 AktG Rz. 237 ff.
93 *Buchta*, DStR 2003, 695, 697. Zur strafrechtlichen Verantwortlichkeit von Vorstandsmitgliedern bei unentgeltlichen Gesellschaftszuwendungen zur Förderung von Kunst, Wissenschaft und Sport, soweit letztlich (auch) private Zwecke verfolgt werden, BGH v. 6.12.2001 – 1 StR 215/01 – SWEG, AG 2002, 347; dazu *Laub*, AG 2002, 308 ff.; *Henze*, WuB II A. § 93 AktG 1.02, S. 785; ferner *Wollburg*, ZIP 2004, 646 ff.
94 *Wentrup* in MünchHdb. AG, § 20 Rz. 10.
95 BGH v. 23.9.1985 – II ZR 246/84, WM 1985, 1443, 1444 (zur GmbH).
96 Zur Geschäftschancenlehre ausführlich *Fleischer* in BeckOGK AktG, Stand 1.6.2021, § 93 AktG Rz. 168 ff.; siehe auch *Liebscher* in Beck'sches Hdb. AG, § 6 Rz. 127; *Wirth/M. Arnold/Morshäuser/Carl/Greene*, Corporate Law in Germany, 3. Aufl. 2017, S. 110; *Fleischer*, AG 2005, 336.
97 Vgl. nur *Hüffer/Koch*, § 93 AktG Rz. 29; *Kittner*, ZHR 136 (1972), 208, 220.
98 Vormals § 14 Abs. 1 Nr. 2 WpHG a.F.

dere, wenn das Vorstandsmitglied nicht für die Geheimhaltung geheimer oder vertraulicher Informationen durch gebotene Organisationsmaßnahmen sorgt[99]. Die Verschwiegenheitspflicht kann nicht durch Satzung oder Geschäftsordnung gemildert oder verschärft werden[100]. Die Reichweite bestimmt sich nach dem objektiv zu beurteilenden Unternehmensinteresse[101].

Die Verschwiegenheitspflicht kann in bestimmten Bereichen und unter bestimmten Voraussetzungen hinter das **Unternehmensinteresse** zurücktreten, etwa bei der Zulassung von Due-Diligence-Prüfungen im Rahmen von Veränderungen im (Groß-)Aktionärskreis[102]. Das gilt insbesondere, wenn Geheimnisse oder vertrauliche Angaben an Personen weitergegeben werden, die ihrerseits einer Berufsverschwiegenheit unterliegen oder wenn die Gesellschaft sie zur Wahrnehmung eigener Rechte offenbaren muss[103]. Grundsätzlich keine Verschwiegenheitspflicht besteht im Vorstand oder gegenüber dem Aufsichtsrat, jedoch greift die Verschwiegenheitspflicht gegenüber dem Betriebsrat und dem Wirtschaftsausschuss, soweit hier nicht das BetrVG eine Information verlangt[104]. 23.32

Geheimnisse sind Umstände mit Bezug auf die Gesellschaft, die nicht allgemein bekannt sind und nach deren Willen auch nicht allgemein bekannt werden oder weiter verbreitet werden sollen[105]. Zu den Geheimnissen gehören z.B. Informationen über die Finanzsituation der Gesellschaft, ihre Geschäftspartner sowie Verlauf und Ergebnisse von Vorstands- und Aufsichtsratssitzungen. Insbesondere sind auch solche Informationen geheimhaltungspflichtig, deren Weitergabe zu immateriellen Schäden der Gesellschaft, etwa einem Ansehensverlust, führen könnte[106]. Dem Vorstand kommt bei der Einstufung einer Tatsache als Geheimnis ein gewisser Spielraum zu[107]. 23.33

Vertrauliche Angaben sind Informationen, deren Bekanntwerden für die Gesellschaft materiell oder immateriell nachteilig sein kann, auch wenn sie allgemein bekannt und damit keine Geheimnisse mehr sind[108]. Trotz der Formulierung „Angabe" werden nicht nur kommunizierte Informationen von der Verschwiegenheitspflicht in der Alternative der vertraulichen Angaben erfasst, sondern sämtliche „Angelegenheiten" der Gesellschaft, die vertraulich sind[109]. Nach überwiegender Ansicht in der Literatur hat die Umsetzung der EU-Geschäftsgeheimnis-Richtlinie[110] und die neue Legaldefinition in § 2 23.34

---

99 Ausführlich zu Geheimhaltungsmaßnahmen *Fleischer/Pendl*, ZIP 2020, 1321, 1326 ff.; *Hopt/Roth* in Großkomm. AktG, 5. Aufl. 2014, § 93 AktG Rz. 282.
100 BGH v. 5.6.1975 – II ZR 156/73, BGHZ 64, 325, 326 f. = NJW 1975, 1412; BGH v. 26.4.2016 – XI ZR 108/15, NZG 2016, 910.
101 *Fleischer* in BeckOGK AktG, Stand 1.6.2021, § 93 AktG Rz. 197; *Fleischer/Pendl*, ZIP 2020, 1321, 1323 ff.
102 *Fleischer* in BeckOGK AktG, Stand 1.6.2021, § 93 AktG Rz. 205 f.; *Körber*, NZG 2002, 263 ff.; *Fleischer*, ZIP 2002, 651 f.; siehe auch *Menke*, NZG 2004, 697 ff. zur bevorzugten Information eines Aktionärspools.
103 *Fleischer* in BeckOGK AktG, Stand 1.6.2021, § 93 AktG Rz. 204; *Mertens/Cahn* in KölnKomm. AktG, 3. Aufl. 2010, § 93 AktG Rz. 120; Beispiele bei *Spindler* in MünchKomm. AktG, 5. Aufl. 2019, § 93 AktG Rz. 141 ff.; 150 ff.
104 Siehe *Sailer-Coceani* in K. Schmidt/Lutter, § 93 AktG Rz. 26; *Fleischer* in BeckOGK AktG, Stand 1.6.2021, § 93 AktG Rz. 202; *Spindler* in MünchKomm. AktG, 5. Aufl. 2019, § 93 AktG Rz. 141, 146.
105 BGH v. 5.6.1975 – II ZR 156/73, NJW 1975, 1412, 1413; *Sailer-Coceani* in K. Schmidt/Lutter, § 93 AktG Rz. 23.
106 *Fleischer* in BeckOGK AktG, Stand 1.6.2021, § 93 AktG Rz. 200; *Hopt/Roth* in Großkomm. AktG, 5. Aufl. 2014, § 93 AktG Rz. 283.
107 *Spindler* in MünchKomm. AktG, 5. Aufl. 2019, § 93 AktG Rz. 136; *Bürgers* in Bürgers/Körber/Lieder, § 93 AktG Rz. 48.
108 *Sailer-Coceani* in K. Schmidt/Lutter, § 93 AktG Rz. 24; *Spindler* in MünchKomm. AktG, 5. Aufl. 2019, § 93 AktG Rz. 137.
109 *Sailer-Coceani* in K. Schmidt/Lutter, § 93 AktG Rz. 24; *Hopt/Roth* in Großkomm. AktG, 5. Aufl. 2014, § 93 AktG Rz. 286.
110 Richtlinie (EU) 2016/943 des Europäischen Parlaments und des Rates v. 8.6.2016 über den Schutz vertraulichen Know-hows und vertraulicher Geschäftsinformationen (Geschäftsgeheimnisse) vor

Nr. 1 GeschGehG keine Auswirkung auf die Definitionen des Geschäftsgeheimnisses und der vertraulichen Angabe im Rahmen der Verschwiegenheitspflicht des § 93 Abs. 1 Satz 3 AktG[111].

23.35 Die Verschwiegenheitspflicht gilt nach § 93 Abs. 1 Satz 3 AktG für Tatsachen, welche den Vorstandsmitgliedern durch ihre **Tätigkeit im Vorstand** bekannt geworden sind. Dabei genügt es, dass die Vorstandsmitgliedschaft ursächlich für die Kenntnis war, sodass auch Informationen umfasst sind, die das Vorstandsmitglied über andere Vorstandsmitglieder oder Mitarbeiter erlangt hat[112]. Darüber hinaus kann sich aus der allgemeinen Treupflicht auch eine Schweigepflicht für Informationen ergeben, die das Vorstandsmitglied ohne Zusammenhang mit der Organtätigkeit erlangt hat[113]. Findet der Vorstand beispielsweise verlorene Geschäftsunterlagen am Bahnhof während einer Urlaubsreise, darf er sie natürlich nicht preisgeben, sondern muss sie an sich nehmen.

23.36 Zu den Pflichten eines Vorstandsmitglieds einer börsennotierten Gesellschaft gehört auch, die **Öffentlichkeit** zutreffend über die Lage der Gesellschaft zu **informieren** (näher zu Investor Relations Rz. 20.33 ff.), so dass insbesondere die wahrheitsgemäße Mitteilung von Verlusten einer Beteiligung keinen Verstoß gegen § 93 Abs. 1 Satz 3 AktG darstellt[114]. Informationspflichten kraft Gesetzes, etwa die Pflicht zu Ad-hoc-Mitteilungen nach Art. 17 MMVO bzw. § 26 WpHG[115], oder Auskunftsrechte von Behörden haben ferner Vorrang vor der Verschwiegenheitspflicht[116].

23.37 Eine spezielle gesetzliche Normierung der Verschwiegenheitspflicht stellen die **Insidertatbestände der Art. 7 ff. MMVO**[117] dar, die jede unbefugte Weitergabe von Insiderinformationen verbieten. Überdies haben Vorstandsmitglieder im Rahmen ihrer Kontrollpflichten sicherzustellen, dass Angestellte nicht gegen Insiderverbote verstoßen.

23.38 Ist ein **Vorstandsmitglied einer Gesellschaft zugleich Mitglied des Aufsichtsrats einer anderen Gesellschaft**, ist zwischen den jeweiligen Pflichtenkreisen zu unterscheiden. Erhält das Vorstandsmitglied bei Wahrnehmung seiner Funktion in einer Gesellschaft Informationen, die für beide Gesellschaften von Interesse sind, ist es durch die in § 93 Abs. 1 Satz 3 AktG normierte Schweigepflicht an ihrer Weitergabe an die andere Gesellschaft gehindert.

d) Pflichten aus dem Anstellungsvertrag

23.39 Auch wenn zwischen der Organstellung und dem Anstellungsvertrag zu unterscheiden ist und beide verschiedene Wege gehen können, kann neben die Haftung aus § 93 AktG nicht eine eigenständige **Haftung aus dem Anstellungsvertrag** treten[118]. Regelt der Anstellungsvertrag über die aus der Organstellung resultierenden Pflichten hinaus weitere Pflichten, haften die Vorstandsmitglieder zwar auch für ihre Verletzung, aber nur gemäß § 93 AktG[119].

---

rechtswidrigem Erwerb sowie rechtswidriger Nutzung und Offenlegung, ABl. EU Nr. L 157 v. 15.6.2016, S. 1.
111 *Fleischer/Pendl*, ZIP 2020, 1321, 1326; *Ries/Haimerl*, NZG 2018, 621.
112 *Spindler* in MünchKomm. AktG, 5. Aufl. 2019, § 93 AktG Rz. 139; *Krieger/Sailer-Coceani* in K. Schmidt/Lutter, § 93 AktG Rz. 25.
113 *Spindler* in MünchKomm. AktG, 5. Aufl. 2019, § 93 AktG Rz. 139; *Krieger/Sailer-Coceani* in K. Schmidt/Lutter, § 93 AktG Rz. 25; *Hopt/Roth* in Großkomm. AktG, 5. Aufl. 2014, § 93 AktG Rz. 289.
114 LG München I v. 17.5.2001 – 5 HK O 1227/01, AG 2002, 104, 105.
115 Vormals § 15 WpHG a.F.
116 *Spindler* in MünchKomm. AktG, 5. Aufl. 2019, § 93 AktG Rz. 159; *Habersack/Schürnbrand*, WM 2005, 957.
117 Vormals §§ 12 ff. WpHG a.F.
118 BGH v. 12.6.1989 – II ZR 334/87, WM 1989, 1335, 1337 = AG 1989, 354; siehe auch Rz. 23.6.
119 *Hopt/Roth* in Großkomm. AktG, 5. Aufl. 2014, § 93 AktG Rz. 321.

e) Pflichten des überstimmten Vorstandsmitglieds

Fassen Vorstandsmitglieder mit Mehrheit einen pflichtwidrigen Beschluss, haftet das **überstimmte Vorstandsmitglied** *hierfür* nicht[120]. § 93 AktG normiert nur eine Haftung für eigenes Verschulden und nicht für das Beschlussverhalten anderer. Ist ein Beschluss pflichtwidrig oder verstößt gar gegen Satzung oder Gesetz, wird das überstimmte Vorstandsmitglied von seiner Mitverantwortung für das Handeln des Gesamtvorstands frei[121]. Das Vorstandsmitglied trifft auch keine Pflicht, durch Nichterscheinen oder auf andere Weise die Beschlussunfähigkeit des Vorstands-Gremiums herbeizuführen[122]. Es muss aber auf rechtmäßiges Verhalten des Vorstands hinwirken und ggf. gegen die Ausführung gesetz- und satzungswidriger Beschlüsse einschreiten, etwa durch Gegenvorstellung im Vorstand oder durch Vorlage an den Aufsichtsrat[123]. Ob ein überstimmtes Vorstandsmitglied gegen einen rechtswidrigen Beschluss Klage erheben muss, ist noch nicht geklärt[124].

23.40

f) Haftung bei Gesamtgeschäftsführung und Geschäftsverteilung

Grundsätzlich besteht haftungsrechtlich eine Gesamtverantwortung des Vorstands[125]. Das schließt jedoch eine Verteilung der Geschäfte auf die einzelnen Vorstandsmitglieder im Sinne einer horizontalen Arbeitsteilung mit haftungsbeschränkender Wirkung nicht aus.

23.41

Besteht **Gesamtgeschäftsführung**, verletzt ein Vorstandsmitglied seine Pflichten bereits dann, wenn es ohne Zustimmung der anderen Vorstandsmitglieder handelt[126]. Bei **Geschäftsverteilung** gilt: Eine Zurechnung des Fehlverhaltens des einen Vorstandsmitglieds nach § 278 BGB oder eine Haftung nach § 831 BGB scheiden aus, da ein Vorstandsmitglied nicht Erfüllungsgehilfe des anderen ist bzw. zwischen beiden kein Abhängigkeitsverhältnis besteht[127]. Im Übrigen gilt: Durch eine Geschäftsverteilung wird die Gesamtverantwortung der Vorstandsmitglieder auf eine **allgemeine Überwachungspflicht** bezüglich der fremden Ressorts reduziert[128]. Eingreifen muss das Vorstandsmitglied nur, wenn Anhaltspunkte für Missstände bestehen. Die Geschäftsverteilung muss allerdings wirksam sein. So können keine Aufgaben auf einzelne Vorstandsmitglieder verteilt werden, die nach dem Gesetz zwingend dem Gesamtvorstand zugewiesen sind, wie etwa Vorbereitung und Ausführung von Hauptversammlungsbeschlüssen (§ 83 AktG), Berichterstattung an den Aufsichtsrat (§ 90 AktG), Buchführung (§ 91 Abs. 1 AktG), Insolvenzantragspflicht und Pflicht zur Verlustanzeige (§ 92 AktG, § 15a InsO)[129], Vorlage an und Einberufung der Hauptversammlung (§ 119 Abs. 2, § 121 Abs. 2 AktG), Aufstellung von Jahresabschluss und Lagebericht sowie Vorlage an den Aufsichtsrat (§§ 170 ff. AktG), Entscheidung über die Anfechtung von Beschlüssen der Hauptversammlung (§ 245 Nr. 4 AktG) sowie darüber hi-

23.42

---

120 Vgl. *Fleischer*, BB 2004, 2645, 2648.
121 *Hopt/Roth* in Großkomm. AktG, 5. Aufl. 2014, § 93 AktG Rz. 370 ff.
122 Vgl. *Fleischer*, BB 2004, 2645, 2648.
123 OLG Hamm v. 10.5.1995 – 8 U 59/94, AG 1995, 512, 514; ausführlich *Fleischer*, BB 2004, 2645, 2648 ff.
124 Näher *Fleischer* in BeckOGK AktG, Stand 1.6.2021, § 77 AktG Rz. 40, der eine Pflicht nur bei ganz erheblichen drohenden Vermögensschäden bejaht; siehe ferner BGH v. 21.4.1997 – II ZR 175/95 – ARAG/Garmenbeck, BGHZ 135, 244, 248 = AG 1997, 377 in Bezug auf den Aufsichtsrat, wonach ein Organmitglied zumindest zur Erhebung einer solchen Feststellungsklage berechtigt ist.
125 OLG Köln v. 31.8.2000 – 18 U 42/00, AG 2001, 363, 364; *Martens* in FS Fleck, 1988, S. 191, 193 ff.; *Fleischer*, NZG 2003, 449 ff.; *Hoffmann-Becking*, ZGR 1998, 497, 506 ff.
126 OLG München v. 3.3.1993 – 7 U 3817/92, AG 1993, 285, 286; OLG München v. 16.7.1997 – 7 U 4603/96, AG 1997, 575, 576.
127 *Fleischer*, NZG 2003, 449, 453; *Hopt/Roth* in Großkomm. AktG, 5. Aufl. 2014, § 93 AktG Rz. 55 ff.
128 Zur GmbH: BGH v. 6.11.2018 – II ZR 11/17, BGHZ 220, 162 Rz. 30 ff. = NZG 2019, 225; dazu *Fleischer*, DB 2019, 472, 475.
129 Zu den Pflichten des Vorstands in der Insolvenz der Gesellschaft siehe Rz. 20.50 ff.; *Morgen/Arends*, ZIP 2021, 447; *Hauptmann/Müller-Dott*, BB 2003, 2521 ff.; zum „Krisenrecht" *Reuter*, BB 2003, 1797 ff.; ferner *Thümmel*, BB 2002, 1105 ff.

naus Unternehmensplanung, -kontrolle und -koordination[130], insbesondere Einrichtung eines Risikomanagementsystems nach § 91 Abs. 2 AktG[131]. Zudem muss die Geschäftsverteilung auf Satzung, Beschluss der Hauptversammlung oder Geschäftsordnung beruhen; eine formlose oder faktische Geschäftsverteilung ist nicht wirksam[132].

23.43 Im Rahmen wirksamer Geschäftsverteilung trägt **jedes Vorstandsmitglied für das ihm zugewiesene Ressort die volle Verantwortung**[133]. Es hat dafür Sorge zu tragen, dass keine Pflichtverstöße begangen werden und die ihm unterstellten Mitarbeiter sorgfältig ausgewählt und überwacht werden[134]. Wegen der Gesamtverantwortung des Vorstands hat jedes Vorstandsmitglied aber zugleich auch **Aufsichts- und Überwachungspflichten** für die Ressorts der anderen Vorstandsmitglieder[135]. Im Ausgangspunkt darf ein Vorstandsmitglied jedoch davon ausgehen, dass die Aufgaben durch die anderen Vorstandsmitglieder in deren Ressorts ordnungsgemäß wahrgenommen werden[136]. Eine Haftung kann insoweit nur durch eine Verletzung der allgemeinen Überwachungspflicht eintreten[137]. Dabei wird im Regelfall der allgemeinen Überwachungspflicht genügt, wenn sich jedes Vorstandsmitglied in den Sitzungen des Vorstands über die Tätigkeit der anderen Mitglieder informiert. Bestehen Anhaltspunkte für Missstände oder Fehlentwicklungen in anderen Ressorts, wird aus der Pflicht zur Überwachung allerdings eine Pflicht zum Eingreifen[138], entweder durch Einschaltung des Gesamtvorstands oder des Aufsichtsrats[139].

3. Verschulden

23.44 Haftung aus § 93 Abs. 2 AktG ist Verschuldenshaftung. Hierbei handelt es sich um einen **objektiv-typisierten Verschuldensmaßstab**, der auf individuelles Können im Ausgangspunkt keine Rücksicht nimmt[140]. Verfügt ein Vorstandsmitglied allerdings über besondere Fertigkeiten, aufgrund derer es ausgewählt wurde, schuldet es auch ihre Erbringung[141]. Insoweit wirkt individuelles Können haftungsverschärfend. Das Vorstandsmitglied haftet für jede, auch leichte Fahrlässigkeit. Das Verschulden muss sich nur auf die Pflichtverletzung als solche beziehen und braucht die Möglichkeit eines Schadensein-

---

130 *Götz*, ZIP 2002, 1745, 1747 f.
131 Zu letzterem LG Berlin v. 3.7.2002 – 2 O 358/01, AG 2002, 682, 683 f.; dazu *Preußner/Zimmermann*, AG 2002, 657 ff.
132 Nach BGH v. 6.11.2018 – II ZR 11/17, BGHZ 220, 162 Rz. 30 ff. = NZG 2019, 225 (zur GmbH) ist nicht zwingend Schriftform erforderlich; *Fleischer* in BeckOGK AktG, Stand 1.6.2021, § 77 AktG Rz. 55 ff.; *Mertens/Cahn* in KölnKomm. AktG, 3. Aufl. 2010, § 93 AktG Rz. 93.
133 OLG Hamm v. 24.4.1991 – 8 U 188/90, GmbHR 1992, 375, 376 (zur GmbH); *Hopt/Roth* in Großkomm. AktG, 5. Aufl. 2014, § 93 AktG Rz. 374 ff.; *Fleischer*, NZG 2003, 449, 452; *Spindler* in MünchKomm. AktG, 5. Aufl. 2019, § 93 AktG Rz. 169; ausführlich *Turiaux/Knigge*, DB 2004, 2199, 2203 f.
134 OLG Köln v. 31.8.2000 – 18 U 42/00, AG 2001, 363, 364; *Götz*, AG 1995, 337, 338.
135 Im Einzelnen *Fleischer*, NZG 2003, 449, 453 ff.; ferner *Hoffmann-Becking*, ZGR 1998, 497, 512 f.; *Spindler* in MünchKomm. AktG, 5. Aufl. 2019, § 93 AktG Rz. 170.
136 OLG Köln v. 31.8.2000 – 18 U 42/00, AG 2001, 363, 364; BGH v. 26.6.1995 – II ZR 109/94, NJW 1995, 2850, 2851 zur Buchführung bei der GmbH.
137 BGH v. 1.3.1993 – II ZR 61/92, NJW 1994, 2149, 2150 = GmbHR 1994, 460 zur Haftung bei Verletzung der Insolvenzantragspflicht.
138 BGH v. 15.10.1996 – VI ZR 319/95, NJW 1997, 130, 132 = AG 1997, 37 zur Geschäftsverteilung bei der GmbH; OLG Köln v. 31.8.2000 – 18 U 42/00, AG 2001, 363, 364.
139 BGH v. 20.10.1954 – II ZR 280/53, NJW 1954, 1841, 1842 zu Bedenken im Hinblick auf die Wahl eines Vorstandsmitglieds; vgl. zur Pflicht eines Aufsichtsratsmitglieds zur Unterrichtung des Gesamtaufsichtsrats bei Kenntnis von rechtwidrigem Verhalten des Vorstands LG Dortmund v. 1.8.2001 – 20 O 143/93, DB 2001, 2591, 2592 = AG 2002, 97.
140 *Hüffer/Koch*, § 93 AktG Rz. 43; *Hoffmann-Becking* in MünchHdb. AG, § 26 Rz. 12.
141 Beispiele sind der spezialisierte Wirtschaftsprüfer als Finanzvorstand, der Rechtsanwalt als Vorstand im Ressort Recht, der Chirurg in der Produktentwicklung eines OP-Geräteherstellers, der spezialisierte Bankier bei Absicherungsgeschäften von Wechselkursrisiken.

tritts nicht zu umfassen¹⁴². Auf einen das Verschulden ausschließenden Rechtsirrtum kann sich das Vorstandsmitglied nur ausnahmsweise berufen¹⁴³: Bei fehlender eigener Sachkunde hat der Vorstand nach dem BGH Rechtsrat bei unabhängigen, fachlich qualifizierten Berufsträgern einzuholen, denen er zuvor die Verhältnisse der Gesellschaft umfassend dargelegt und die erforderlichen Unterlagen offengelegt hat¹⁴⁴. Dabei ist nicht erforderlich, dass sich der Prüfauftrag auf die konkrete Rechtsfrage bezieht. Es reicht aus, wenn die Prüfung aus der Sicht eines nicht fachkundigen Organs die zweifelhafte Frage umfasst¹⁴⁵. Die erteilte Auskunft muss der Vorstand einer Plausibilitätskontrolle unterziehen¹⁴⁶. Diese Kontrolle erfordert keine rechtliche Prüfung der erhaltenen Rechtsauskunft. Es genügt die Prüfung, ob dem Berater nach dem Inhalt der Auskunft alle erforderlichen Informationen zur Verfügung standen, er die Informationen verarbeitet und alle sich in der Sache für einen Rechtsunkundigen aufdrängenden Fragen widerspruchsfrei beantwortet hat oder sich aufgrund der Auskunft weitere Fragen aufdrängen¹⁴⁷. Das Vorstandsmitglied kann sich sowohl bei der Offenlegung des Sachverhalts und der erforderlichen Unterlagen als auch bei der Plausibilitätsprüfung eines externen Gutachtens von der eigenen Rechtsabteilung unterstützen lassen, insofern die letztliche Beurteilung beim Vorstandsmitglied verbleibt¹⁴⁸. Auch die Auskunft der eigenen Rechtsabteilung kann den Anforderungen an unabhängigen Rechtsrat genügen¹⁴⁹.

Im Rahmen des § 93 Abs. 2 AktG **haften Vorstandsmitglieder nur für eigenes Verschulden**. Fremdverschulden wird ihnen nach § 278 BGB grundsätzlich nicht zugerechnet¹⁵⁰. Im Anwendungsbereich des § 278 Satz 1 BGB bedient sich die Gesellschaft und nicht das Vorstandsmitglied der Angestellten zur Erfüllung ihrer Verpflichtungen. Das Vorstandsmitglied übt nur das Direktionsrecht der Gesellschaft als Arbeitgeberin aus. Auch Überwachungspflichten i.S.v. § 831 BGB bestehen nicht; eine Anwendung dieser Vorschrift scheitert daran, dass die Gesellschaft und nicht das Vorstandsmitglied Geschäftsherr ist¹⁵¹ und das Vorstandsmitglied auch nicht unter Übernahmegesichtspunkten nach § 831 Abs. 2 BGB haftet¹⁵². 23.45

Bei der **vertikalen Aufgabendelegation vom Vorstandsmitglied auf Angestellte** ist zu unterscheiden: Ist die Delegation unzulässig, weil das Vorstandsmitglied die Aufgabe selbst wahrzunehmen hat, haftet es wegen einer eigenen Pflichtverletzung. Ist die Aufgabendelegation zulässig, hat das Vorstandsmitglied geeignete Mitarbeiter auszuwählen, hinreichend zu instruieren und zu überwachen¹⁵³. Nur wenn 23.46

---

142 *Fleischer* in BeckOGK AktG, Stand 1.6.2021, § 93 AktG Rz. 244; *Mertens/Cahn* in KölnKomm. AktG, 3. Aufl. 2010, § 93 AktG Rz. 137; *Spindler* in MünchKomm. AktG, 5. Aufl. 2019, § 93 AktG Rz. 201.
143 Zur Verantwortlichkeit des Vorstands bei unklarer Rechtslage ausführlich *Holle*, AG 2016, 270 ff.; *Koch* in FS Bergmann, 2018, S. 413, 423 f.; *Verse*, ZGR 2017, 174 ff.
144 Vgl. BGH v. 20.9.2011 – II ZR 234/09 – Ision, NZG 2011, 1271, 1273 = AG 2011, 876; dazu *Selter*, AG 2012, 11 ff.; *Kiefner/Krämer*, AG 2012, 498 ff.; *Strohn*, ZHR 176 (2012), 137 ff.; *Krieger*, ZGR 2012, 496 ff.
145 BGH v. 28.4.2015 – II ZR 63/14, NZG 2015, 792 = AG 2015, 535.
146 Vgl. BGH v. 20.9.2011 – II ZR 234/09 – Ision, NZG 2011, 1271, 1273 = AG 2011, 876.
147 BGH v. 28.4.2015 – II ZR 63/14, NZG 2015, 792, 795 = AG 2015, 535; *Nietsch*, ZHR 184 (2020), 60, 84 ff.
148 *Weyland*, NZG 2019, 1041, 1044 ff.; *Hoffmann-Becking* in MünchHdb. AG, § 25 Rz. 36; nach OLG Stuttgart v. 25.11.2009 – 20 U 5/09, NZG 2010, 141, 144 allerdings nicht bei der Auswahlentscheidung für einen fachlich geeigneten Berater; krit. dazu *Weyland*, NZG 2019, 1041, 1044 ff. m.w.N.
149 *Fleischer* in BeckOGK AktG, Stand 1.6.2021, § 93 AktG Rz. 45; *Hüffer/Koch*, § 93 AktG Rz. 45 je m.w.N.
150 Vgl. BGH v. 20.9.2011 – II ZR 234/09 – Ision, NZG 2011, 1271, 1273 = AG 2011, 876: keine Zurechnung des Verschuldens des hinzugezogenen Anwalts; vgl. ferner *Fleischer*, AG 2003, 291, 292; *Spindler* in MünchKomm. AktG, 5. Aufl. 2019, § 93 AktG Rz. 202.
151 *Mertens/Cahn* in KölnKomm. AktG, 3. Aufl. 2010, § 93 AktG Rz. 48; *Hüffer/Koch*, § 93 AktG Rz. 46.
152 *Fleischer*, AG 2003, 291, 292; *Spindler* in MünchKomm. AktG, 5. Aufl. 2019, § 93 AktG Rz. 202.
153 Ausführlich *Fleischer*, AG 2003, 291, 292 ff. sowie *Turiaux/Knigge*, DB 2004, 2199, 2204 ff.

es diese ihm persönlich obliegenden Pflichten verletzt, kann es zu einer Haftung nach § 93 Abs. 2 AktG kommen[154].

4. Schaden der Gesellschaft und Kausalität

23.47 Schaden ist nach den allgemeinen zivilrechtlichen Grundsätzen **jede Minderung des Gesellschaftsvermögens**, die nicht durch einen mit dem haftungsauslösenden Ereignis in Zusammenhang stehenden Vermögenszuwachs ausgeglichen wurde. Die allgemeinen Vorschriften der §§ 249 ff. BGB finden Anwendung[155]. Die Höhe des Schadens ist durch Vergleich der tatsächlichen Lage der Gesellschaft mit derjenigen zu ermitteln, die sich bei pflichtgemäßem Verhalten der Vorstandsmitglieder ergeben hätte. Ersatzfähig sind grundsätzlich in angemessenem Rahmen auch Aufklärungs- und Verfolgungskosten[156].

23.48 Der Schaden muss **durch die Pflichtwidrigkeit adäquat kausal verursacht** worden sein. An dieser Stelle wird auch die Frage **rechtmäßigen Alternativverhaltens** relevant. Dabei geht es um den Einwand des in Anspruch genommenen Vorstandsmitglieds, dass der Schaden auch bei pflichtgemäßem Verhalten eingetreten wäre und deswegen nicht zu ersetzen sei. Allerdings ist hierfür der sichere Nachweis notwendig, dass der Schaden auf jeden Fall eingetreten wäre; die bloße Möglichkeit seines anderweitigen Eintritts reicht nicht aus[157]. Nach dem BGH steht dem Vorstand der Einwand des rechtmäßigen Alternativverhaltens auch bei Kompetenz-, Organisations- und Verfahrensverstößen offen[158]. Das ist insbesondere relevant, wenn der Vorstand ein Zustimmungserfordernis des Aufsichtsrats missachtet hat. Liegt darüber hinaus keine Pflichtverletzung vor, kann sich das Vorstandsmitglied folglich darauf berufen, dass der gleiche Schaden auch ohne Kompetenzverstoß eingetreten wäre, da der Aufsichtsrat, wäre er korrekt einbezogen worden, der Maßnahme zugestimmt hätte[159]. Der Nachweis obliegt jedoch dem Vorstandsmitglied und dürfte in der Praxis mit erheblichen Schwierigkeiten verbunden sein[160].

23.49 Seit geraumer Zeit wird – insbesondere im Zusammenhang mit Bußgeldern in Folge von Kartellverstößen – auf unterschiedlicher dogmatischer Grundlage kontrovers diskutiert, ob die **Regressforderung** der Gesellschaft aus § 93 Abs. 2 AktG gegen ihre Vorstandsmitglieder in bestimmten Fällen – insbesondere bei einem existenzvernichtenden Regressrisiko – ausgeschlossen oder zumindest beschränkt ist[161].

---

154 *Fleischer* in BeckOGK AktG, Stand 1.6.2021, § 93 AktG Rz. 243, 130 ff.
155 *Sailer-Coceani* in K. Schmidt/Lutter, § 93 AktG Rz. 36; *Fleischer* in BeckOGK AktG, Stand 1.6.2021, § 93 AktG Rz. 247; *Hoffmann-Becking* in MünchHdb. AG, § 26 Rz. 15.
156 LG München I v. 10.12.2013 – 5 HK O 1387/10, ZIP 2014, 570, 576 f.; im Detail *Lüneborg/Resch*, NZG 2018, 209, 212 ff.
157 BGH v. 4.11.2002 – II ZR 224/00, BGHZ 152, 280, 283 ff. = NJW 2003, 358; BGH v. 10.7.2018 – II ZR 24/17, BGHZ 219, 193 Rz. 38 ff. = NZG 2018, 1189; *Hopt/Roth* in Großkomm. AktG, 5. Aufl. 2014, § 93 AktG Rz. 415; *Fleischer* in BeckOGK AktG, Stand 1.6.2021, § 93 AktG Rz. 262.
158 BGH v. 10.7.2018 – II ZR 24/17, BGHZ 219, 193 Rz. 38 ff. = NZG 2018, 1189; zust. *Fleischer*, DB 2018, 2619, 2623 ff.; *Holle/Mörsdorf*, NJW 2018, 3555 ff.; *M. Goette*, ZGR 2019, 324, 330 ff.; weiter noch für die hypothetische Zustimmung der Hauptversammlung *Habersack* in FS Vetter, 2019, S. 183, 186 ff.; *Wicke* in FS Vetter, 2019, S. 907, 914.
159 So schon u.A. *Fleischer*, DStR 2009, 1204, 1208 f.; *Goette*, DStR 2008, 1599, 1600; *Seebach*, AG 2012, 70, 73; *Hüffer/Koch*, § 93 AktG Rz. 50; a.A. *Krieger* in FS Seibert, 2019, S. 511, 516 ff.; *Spindler* in MünchKomm. AktG, 5. Aufl. 2019, § 93 AktG Rz. 196; *Hopt/Roth* in Großkomm. AktG, 5. Aufl. 2014, § 93 AktG Rz. 416; *Mertens/Cahn* in KölnKomm. AktG, 3. Aufl. 2010, § 93 Rz. 55.
160 Ausführlich *M. Goette*, ZGR 2019, 324, 334.
161 Die Regressfähigkeit verneinend LAG Düsseldorf v. 20.1.2015 – 16 Sa 459/14, ZIP 2015, 829; dazu *Bachmann*, BB 2015, 907 ff.; *Bayer/Scholz*, GmbHR 2015, 449 ff.; ausführlich zur Thematik *M. Arnold* in VGR, Gesellschaftsrecht in der Diskussion 2018, 2019, S. 29; *Verse* in FS Krieger, 2020, S. 1026 ff.; *Nietsch*, ZHR (2020), 60; *Baur/Holle*, ZIP 2018, 459; *Koch*, AG 2012, 429 ff.; *Koch* in Liber amicorum

Die Frage ist höchstrichterlich noch nicht geklärt[162]. Aus gesellschaftsrechtlicher Sicht sprechen die wohl besseren Gründe dafür, einen Bußgeldregress jedenfalls nicht grundsätzlich auszuschließen[163].

5. Darlegungs- und Beweislast

Der Gesellschaft kommen im Schadensersatzprozess gegen Vorstandsmitglieder **Beweiserleichterungen** zugute, die ihre prozessuale Stellung erheblich verbessern[164]. Die Beweislastregel des § 93 Abs. 2 Satz 2 AktG gelangt zur Anwendung, wenn der Eintritt eines Schadens, nicht aber der Pflichtverstoß feststeht[165]. Das Vorstandsmitglied muss sich entlasten, d.h. nachweisen, dass es sich sorgfaltsgemäß verhalten hat. Die Entlastung muss sowohl die Pflichtmäßigkeit des Vorstandshandelns als auch das fehlende Verschulden umfassen[166]. Da diese **Doppelentlastung** sowohl vom Vorwurf der Pflichtwidrigkeit als auch des Verschuldens oftmals erhebliche Probleme bereitet, empfiehlt es sich, hierauf durch eine lückenlose, nachvollziehbare Dokumentation der getroffenen unternehmerischen Entscheidungen vorbereitet zu sein[167]. In geeigneten Fällen ist (zu Lasten des Vorstandsmitglieds) auch an den **Anscheinsbeweis** zu denken, etwa bezüglich seiner Handlung oder ihrer Kausalität für einen Schaden, wenn der äußere Ablauf des Geschehens nach der Lebenserfahrung auf einem bestimmten Handeln oder Unterlassen beruht[168]. Dass auch **ausgeschiedene Vorstandsmitglieder** mit der Umkehr der Darlegungs- und Beweislast belastet bleiben[169], ist bedenklich. Anders als aktive Vorstandsmitglieder haben sie keinen oder keinen ungehinderten Zugang mehr zu Unterlagen und sonstigen Informationsquellen der Gesellschaft[170]. Die **Darlegungs- und Beweislast** im Hinblick auf die Business Judgment Rule (§ 93 Abs. 1 Satz 2 AktG) folgt den üblichen Regeln. Weil das Vorstandsmitglied sich insoweit auf den Ausschluss einer Pflichtverletzung („safe harbor") beruft, trägt es die Darlegungs- und Beweislast[171].

23.50

Die Gesellschaft muss im Regelfall die Handlung des Vorstandsmitglieds, Eintritt und Höhe des Schadens sowie die adäquate Kausalität zwischen Handlung und Schaden beweisen. Handlung bezeichnet dabei dasjenige positive Tun oder Unterlassen, das die Gesellschaft dem Vorstandsmitglied als möglicherweise pflichtwidrig vorwerfen will[172]. Im Anschluss daran ist es Sache des beklagten Vorstandsmitglieds darzulegen und zu beweisen, dass die Handlung nicht pflichtwidrig oder nicht schuldhaft

23.51

M. Winter, 2011, S. 327 ff.; *Hüffer/Koch*, § 93 AktG Rz. 51b, 48 jeweils m.w.N; den Regress für eine EU-Kartellbuße verneinend LG Saarbrücken v. 15.9.2020 – 7 HK O 6/16, NZKart 2021, 64.

162 Das BAG verwies in BAG v. 29.6.2017 – 8 AZR 189/15, NJW 2018, 184 an das zuständige Kartellgericht; dazu *Baur/Holle*, ZIP 2018, 459.
163 Ausführlich *M. Arnold* in VGR, Gesellschaftsrecht in der Diskussion 2018, 2019, S. 29, 38 ff.
164 Ausführlich zum Nebeneinander von Regeln über die Darlegungs- und Beweislast, Vermutungsregeln und Beweisführungsregeln *Hopt/Roth* in Großkomm. AktG, 5. Aufl. 2014, § 93 AktG Rz. 429.
165 *Mertens/Cahn* in KölnKomm. AktG, 3. Aufl. 2010, § 93 AktG Rz. 138; *Fleischer* in BeckOGK AktG, Stand 1.6.2021, § 93 AktG Rz. 268; *Sailer-Coceani* in K. Schmidt/Lutter, § 93 AktG Rz. 41.
166 Vgl. nur *Hüffer/Koch*, § 93 AktG Rz. 53.
167 Vgl. auch *Liebscher* in Beck'sches Hdb. AG, § 6 Rz. 141.
168 *Spindler* in MünchKomm. AktG, 5. Aufl. 2019, § 93 AktG Rz. 209; *Hopt/Roth* in Großkomm. AktG, 5. Aufl. 2014, § 93 AktG Rz. 428, 440; *Mertens/Cahn* in KölnKomm. AktG, 3. Aufl. 2010, § 93 AktG Rz. 142.
169 So unter Berufung auf die sekundäre Darlegungslast der Gesellschaft und Einsichtsrechte des ausgeschiedenen Vorstands gegenüber der Gesellschaft BGH v. 4.11.2002 – II ZR 224/00, NJW 2003, 358, 359 = AG 2003, 381 (GmbH-Geschäftsführer); OLG Hamm v. 10.5.1995 – 8 U 59/94, ZIP 1995, 1263, 1265 = AG 1995, 512; anders aber für Rechtsnachfolger des Vorstandsmitglieds *Fleischer/Danninger*, AG 2020, 193, 196 f.; diese Frage offen lassend OLG Köln v. 1.10.2019 – 18 U 34/18, AG 2020, 103.
170 Vgl. zu diesem Problem *Born* in FS Bergmann, 2018, S. 79 ff.; *Deilmann/Otte*, BB 2011, 1291 ff.; *Foerster*, ZHR 176 (2012), 221 ff.; *Hoffmann*, NJW 2012, 1393, 1398; *Krieger* in FS Uwe H. Schneider, 2011, S. 717 ff.; *Rieger* in FS Peltzer, 2001, S. 339, 351 f.; *Hoffmann-Becking* in MünchHdb. AG, § 26 Rz. 25.
171 *Fleischer* in BeckOGK AktG, Stand 1.6.2021, § 93 AktG Rz. 101.
172 Vgl. grundlegend *Goette*, ZGR 1995, 648, 671 ff.

gewesen ist oder dass der Schaden auch bei pflichtgemäßem Verhalten eingetreten wäre[173]. Hat die Gesellschaft Schwierigkeiten bei der Bezifferung des Schadens, kann aber die Pflichtwidrigkeit nachweisen, kommt ihr die allgemeine **Beweislastregel des § 287 ZPO** zugute, die bei feststehender Pflichtwidrigkeit den Nachweis des eingetretenen Schadens erleichtert[174]. Danach genügt es, wenn die Gesellschaft Tatsachen vorträgt und unter Beweis stellt, die für eine Schadensschätzung hinreichende Anhaltspunkte bieten[175]. Unter die Beweiserleichterung des § 287 ZPO fällt auch die Frage der Kausalität zwischen dem pflichtwidrigen Handeln des Vorstandsmitglieds und dem Schaden der Gesellschaft[176]. § 93 Abs. 2 Satz 2 AktG und § 287 ZPO kommen allerdings nicht nebeneinander zu Anwendung, da sonst ein „Vermutungszirkelschluss" droht[177].

6. Haftungsausschluss durch Hauptversammlungsbeschluss (§ 93 Abs. 4 Satz 1 AktG)

23.52 Eine Haftung der Vorstandsmitglieder gegenüber der Gesellschaft ist nach § 93 Abs. 4 Satz 1 AktG ausgeschlossen, wenn die Maßnahme des Vorstands auf einem gesetzmäßigen **Beschluss der Hauptversammlung** beruht. Ein Beschluss der Hauptversammlung ist im Grundsatz dann gesetzmäßig, wenn er weder nichtig noch anfechtbar ist[178]. Im Fall einer – rückwirkenden – Heilung der Nichtigkeit greift der Haftungsausschluss des § 93 Abs. 4 Satz 1 AktG wieder ein[179]. Wird ein anfechtbarer Beschluss innerhalb der Anfechtungsfrist nicht angefochten, erwächst er in Bestandskraft und wird dadurch gesetzmäßig i.S.d. § 93 Abs. 4 Satz 1 AktG[180]. Die Zustimmung einzelner Aktionäre genügt nicht[181].

23.53 Der **Ausschluss der Haftung** greift allerdings **nur**, wenn die **Hauptversammlung innerhalb ihrer organschaftlichen Zuständigkeit** gehandelt hat und der **Vorstand** deshalb **an den Beschluss gebunden** war, § 83 Abs. 2 AktG[182]. Er gilt also insbesondere nicht bei einem Beschluss der Hauptversammlung über Fragen der Geschäftsführung ohne Verlangen des Vorstands, § 119 Abs. 2 AktG[183]. Auch die bloße Ermächtigung des Vorstands reicht nicht aus, da sie keine Bindungswirkung i.S.v. § 83 Abs. 2 AktG entfaltet[184]. Der Beschluss der Hauptversammlung hat auch dann keine entlastende Wirkung, wenn er vom Vorstandsmitglied pflichtwidrig, etwa durch unzureichende Information, herbeigeführt wurde[185]. Da nach § 93 Abs. 4 Satz 1 AktG das Handeln des Vorstands auf dem Beschluss der Hauptversammlung beruhen muss, kommt eine nachträgliche Billigung des Vorstandshandelns durch die Hauptver-

---

173 *Mertens/Cahn* in KölnKomm. AktG, 3. Aufl. 2010, § 93 AktG Rz. 140, 144; *Goette*, ZGR 1995, 648, 674; *Wirth/M. Arnold/Morshäuser/Greene*, Corporate Law in Germany, 3. Aufl. 2017, S. 112; zur GmbH BGH v. 4.11.2002 – II ZR 224/00, AG 2003, 381.
174 Vgl. zur GmbH grundlegend BGH v. 4.11.2002 – II ZR 224/00, AG 2003, 381, 382.
175 BGH v. 1.2.2000 – X ZR 222/98, NJW-RR 2000, 1340, 1341.
176 BGH v. 4.11.2002 – II ZR 224/00, AG 2003, 381, 382.
177 *Hopt/Roth* in Großkomm. AktG, 5. Aufl. 2014, § 93 AktG Rz. 429.
178 *Spindler* in MünchKomm., 5. Aufl. 2019, § 93 AktG Rz. 267; *Fleischer* in BeckOGK AktG, Stand 1.6.2021, § 93 AktG Rz. 320; *Hoffmann-Becking* in MünchHdb. AG, § 26 Rz. 34.
179 So die h.M.; vgl. *Hopt/Roth* in Großkomm. AktG, 5. Aufl. 2014, § 93 AktG Rz. 482 ff.; *Fleischer* in BeckOGK AktG, Stand 1.6.2021, § 93 AktG Rz. 322.
180 Siehe *Fleischer* in BeckOGK AktG, Stand 1.6.2021, § 93 AktG Rz. 323 mit Nachw. zum Streitstand.
181 BGH v. 10.7.2018 – II ZR 24/17, BGHZ 219, 193 Rz. 38 ff. = NZG 2018, 1189; dazu *M. Goette*, ZGR 2019, 324, 328 ff.
182 *Spindler* in MünchKomm. AktG, 5. Aufl. 2019, § 93 AktG Rz. 270; *Hopt/Roth* in Großkomm. AktG, 5. Aufl. 2014, § 93 AktG Rz. 471.
183 *Spindler* in MünchKomm. AktG, 5. Aufl. 2019, § 93 AktG Rz. 270; *Hopt/Roth* in Großkomm. AktG, 5. Aufl. 2014, § 93 AktG Rz. 472.
184 *Fleischer* in BeckOGK AktG, Stand 1.6.2021, § 93 AktG Rz. 319; *Hopt/Roth* in Großkomm. AktG, 5. Aufl. 2014, § 93 AktG Rz. 473.
185 *Mertens/Cahn* in KölnKomm. AktG, 3. Aufl. 2010, § 93 AktG Rz. 154; *Spindler* in MünchKomm. AktG, 5. Aufl. 2019, § 93 AktG Rz. 274.

sammlung nicht in Betracht[186]. Allerdings greift der Haftungsausschluss nach h.M. auch, wenn der Vorstand beispielsweise einen Vertrag ausgehandelt und abgeschlossen hat, dessen Wirksamkeit von der Zustimmung der Hauptversammlung abhängt (aufschiebende Bedingung oder Genehmigungsvorbehalt, dagegen nicht Rücktrittsvorbehalt)[187]. Alle (rechtmäßigen) Beschlüsse nach § 119 Abs. 2 AktG führen zur Haftungsbefreiung nach § 93 Abs. 4 Satz 1 AktG, sofern die Geschäftsführungsmaßnahme nicht bereits *durchgeführt* ist (was bei Zustimmungsbeschlüssen, die erst zur Wirksamkeit der Geschäftsführungsmaßnahme führen, nicht der Fall ist). Es kann dabei kein Unterschied bestehen, ob der Vorstand zum Abschluss eines Vertrags ermächtigt oder die Wirksamkeit des Vertrags auf die Zustimmung der Hauptversammlung bedingt wird.

Für das Vorliegen eines die Haftung ausschließenden Hauptversammlungsbeschlusses ist wegen des Einwendungscharakters[188] das Vorstandsmitglied **beweispflichtig**. Gleichfalls muss es sich im Fall eines entsprechenden Vortrags der Gesellschaft vom Vorwurf der pflichtwidrigen Herbeiführung eines solchen Beschlusses gemäß § 93 Abs. 2 Satz 2 AktG entlasten[189].

7. Gesamtschuldnerische Haftung

Sind mehrere Vorstandsmitglieder für den Schaden verantwortlich, ordnet § 93 Abs. 2 Satz 1 AktG die **gesamtschuldnerische Haftung** nach §§ 421 ff. BGB an[190]. Jedes Vorstandsmitglied haftet gegenüber der Gesellschaft unabhängig von seinem konkreten Verschuldensbeitrag und unabhängig von den Beiträgen der anderen Vorstandsmitglieder auf Ersatz des ganzen Schadens[191]. Das gilt auch, wenn bei Geschäftsverteilung oder Ressortbildung innerhalb des Vorstands ein oder mehrere Vorstandsmitglieder die Pflichtverletzung begangen und andere ihre Überwachungs- oder Aufsichtspflicht verletzt haben[192]. Ebenso kann zwischen Mitgliedern des Vorstands und des Aufsichtsrats gesamtschuldnerische Haftung bestehen, wenn auch Mitglieder des Aufsichtsrats ihre Pflichten verletzt haben und auch sie gemäß §§ 116, 93 AktG zum Schadensersatz verpflichtet sind.

Unterschiedliche Verursachungsbeiträge der einzelnen Vorstandsmitglieder finden jedoch im **Regressprozess der Vorstandsmitglieder** untereinander Berücksichtigung[193]. Bereits vor Erbringung seiner eigenen Leistung kann der mithaftende Gesamtschuldner von den Mitschuldnern verlangen, ihren Anteilen entsprechend an der Befriedigung des Gläubigers mitzuwirken und ihn von einer Inanspruch-

---

186 *Sailer-Coceani* in K. Schmidt/Lutter, § 93 AktG Rz. 59; *Mertens/Cahn* in KölnKomm. AktG, 3. Aufl. 2010, § 93 AktG Rz. 153; *Spindler* in MünchKomm. AktG, 5. Aufl. 2019, § 93 AktG Rz. 272; *Hopt/Roth* in Großkomm. AktG, 5. Aufl. 2014, § 93 AktG Rz. 477.
187 *Hüffer/Koch*, § 93 AktG Rz. 73, § 119 AktG Rz. 15; *Spindler* in K. Schmidt/Lutter, § 119 AktG Rz. 25; krit. *Hopt/Roth* in Großkomm. AktG, 5. Aufl. 2014, § 93 AktG Rz. 477; für eine analoge Anwendung des § 93 Abs. 4 Satz 1 AktG *Canaris*, ZGR 1978, 207, 214 ff.; in der Richtung ähnlich OLG München v. 28.11.2007 – 7 U 4498/07, ZIP 2008, 73, 74 sowie LG München I v. 4.10.2007 – 5 HK O 12615/07, ZIP 2007, 2420.
188 *Hopt/Roth* in Großkomm. AktG, 5. Aufl. 2014, § 93 AktG Rz. 495; *Unmuth*, Verzicht und Vergleich, 2018, S. 295.
189 *Mertens/Cahn* in KölnKomm. AktG, 3. Aufl. 2010, § 93 AktG Rz. 157; *Hopt/Roth* in Großkomm. AktG, 5. Aufl. 2014, § 93 AktG Rz. 495.
190 *Hopt/Roth* in Großkomm. AktG, 5. Aufl. 2014, § 93 AktG Rz. 461 ff.
191 *Sailer-Coceani* in K. Schmidt/Lutter, § 93 AktG Rz. 30; *Mertens/Cahn* in KölnKomm. AktG, 3. Aufl. 2010, § 93 AktG Rz. 50; *Spindler* in MünchKomm. AktG, 5. Aufl. 2019, § 93 AktG Rz. 163.
192 Im Innenverhältnis kann nach den Wertungen des § 840 Abs. 2 BGB der unmittelbar Verantwortliche in diesem Verhältnis jedoch den Schaden alleine zu tragen haben *Fleischer* in BeckOGK AktG, Stand 1.6.2021, § 93 AktG Rz. 315.
193 *Spindler* in MünchKomm. AktG, 5. Aufl. 2019, § 93 AktG Rz. 163. Näheres auch bei *Mertens/Cahn* in KölnKomm. AktG, 3. Aufl. 2010, § 93 AktG Rz. 50; *Sailer-Coceani* in K. Schmidt/Lutter, § 93 AktG Rz. 30.

nahme durch den Gläubiger freizustellen[194]. Ob die Beweislastumkehr des § 93 Abs. 2 Satz 2 AktG im Regressprozess Anwendung findet, wird in der Literatur uneinheitlich beantwortet[195].

8. Pflicht zur Durchsetzung des Schadensersatzanspruchs
a) Geltendmachung durch den Aufsichtsrat

23.57 Der Aufsichtsrat ist nach dem ARAG/Garmenbeck-Urteil des BGH grundsätzlich verpflichtet, Schadensersatzansprüche gegen Vorstandsmitglieder geltend zu machen, will er sich nicht selbst einer Haftung gemäß §§ 116, 93 AktG aussetzen[196]. Seine Pflichten sind bei der Geltendmachung möglicher Schadensersatzansprüche gegen Mitglieder des Vorstands wie folgt **abgestuft**[197]:

23.58 Der Aufsichtsrat hat generell das **Bestehen von Schadensersatzansprüchen** der Gesellschaft gegenüber ihren Vorstandsmitgliedern eigenverantwortlich auf Schlüssigkeit zu prüfen. Fällt diese Prüfung positiv aus, schließt sich eine Prüfung der Erfolgsaussichten einer Klage an. Diese Prüfung erstreckt sich insbesondere auf Beweisfragen und die Beitreibbarkeit der Klagesumme. Hat die Durchsetzung eines Anspruchs hinreichende Aussicht auf Erfolg, muss der Aufsichtsrat den Anspruch grundsätzlich verfolgen. Er kann von der Verfolgung ausnahmsweise absehen, wenn überwiegende Gründe des Unternehmenswohls gegen die Rechtsverfolgung sprechen. In Einzelfällen können sogar außerhalb des Unternehmenswohls liegende Umstände berücksichtigt werden, unter Umständen auch die persönlichen Verhältnisse von Vorstandsmitgliedern und die Konsequenzen für das Vorstandsmitglied und seine Familie.

23.59 Die Prüfung, ob durchsetzbare Ansprüche der Gesellschaft gegen Vorstandsmitglieder bestehen, erfordert **Aufklärungsmaßnahmen**. Der Aufsichtsrat kann aber unter Umständen von weiterer Aufklärung absehen, wenn dies im Gesellschaftsinteresse liegt[198]. Dies kann dann der Fall sein, wenn mit weiterer Aufklärung Nachteile für die Gesellschaft (insbesondere im Hinblick auf den Zeit- und Kostenaufwand) verbunden sind, die die Vorteile weiterer Aufklärung überwiegen. Das kommt grundsätzlich nur in Betracht, wenn der Sachverhalt bereits insoweit aufgeklärt ist, dass die Bedeutung nicht weiter erfolgender Aufklärung (z.B. in Bezug auf personelle Konsequenzen, Erkennen von Risiken für die Gesellschaft) und unterlassener Durchsetzung möglicher Ansprüche (Schadenshöhe) absehbar ist. Außerdem muss bereits absehbar sein, dass überwiegende Gründe des Unternehmenswohls gegen eine Geltendmachung der Ansprüche sprechen würden, sollten sich diese Ansprüche durch weitere Aufklärung bestätigen[199].

23.60 Kommt der Aufsichtsrat zu dem Ergebnis, dass ein Schadensersatzanspruch besteht, muss er im nächsten Schritt prüfen, ob es im Interesse der Gesellschaft liegt, den Anspruch zu verfolgen. Dafür ist insbesondere relevant, ob eine positive Prognose für den Prozessausgang besteht[200]. Nach überwiegender Auffassung im Schrifttum steht dem Aufsichtsrat bei dieser Abwägungsentscheidung, pflichtwidrig

---

194 BGH v. 15.10.2007 – II ZR 136/06, ZIP 2007, 2313 = MDR 2008, 92.
195 Verneinend *Hopt/Roth* in Großkomm. AktG, 5. Aufl. 2014, § 93 AktG Rz. 467; bejahend *Mertens/Cahn* in KölnKomm. AktG, 3. Aufl. 2010, § 93 AktG Rz. 50 jeweils m.w.N.
196 BGH v. 21.4.1997 – II ZR 175/95, ZIP 1997, 883, 885 ff. = AG 1997, 377; siehe auch BGH v. 8.7.2014 – II ZR 174/13, BGHZ 202, 26 = NZG 2014, 1058 Rz. 19; BGH v. 18.9.2018 – II ZR 152/17, BGHZ 219, 356 Rz. 15 = NZG 2018, 1301.
197 Vgl. *Goette* in Goette/Arnold, Handbuch Aufsichtsrat, § 4 Rz. 2339, 2425 ff.; *Goette* in Liber amicorum M. Winter, 2011, S. 153, 155 ff.; *Kau/Kukat*, BB 2000, 1045, 1046; *Kindler*, ZHR 162 (1998), 101, 107 ff.; *Heermann*, AG 1998, 201 ff.; *Horn*, ZIP 1997, 1129, 1136 ff.
198 Vgl. dazu auch *Eichner/Höller*, AG 2011, 885, 886; *Goette* in Liber amicorum M. Winter, 2011, S. 153, 159, 162 ff.
199 Vgl. auch *Goette* in Liber amicorum M. Winter, 2011, S. 153, 163 f.
200 *Goette* in Goette/Arnold, Handbuch Aufsichtsrat, § 4 Rz. 2428.

handelnde Vorstandsmitglieder auf Schadensersatz in Anspruch zu nehmen oder nicht, zumindest ein Beurteilungsspielraum zu, der gerichtlich nur eingeschränkt überprüfbar ist[201].

b) Geltendmachung durch die Hauptversammlung

Die Ersatzansprüche müssen darüber hinaus von den jeweils zur Verfolgung berufenen Organen geltend gemacht werden, wenn es die Hauptversammlung nach § 147 Abs. 1 Satz 1 AktG **mit einfacher Mehrheit beschließt**[202]. Die Hauptversammlung kann hierzu auch einen besonderen Vertreter bestellen (§ 147 Abs. 2 Satz 1 AktG), der anstelle der Verwaltungsorgane die Ersatzansprüche gerichtlich oder außergerichtlich geltend macht (vgl. zum besonderen Vertreter auch Rz. 42.20 ff.). Nach § 147 Abs. 2 Satz 2 AktG hat daneben das Gericht auf Antrag von Aktionären, deren Anteile zusammen den zehnten Teil des Grundkapitals oder den anteiligen Betrag von einer Million Euro erreichen, als Vertreter der Gesellschaft zur Geltendmachung des Ersatzanspruchs andere als die nach den §§ 78, 112 oder nach § 147 Abs. 2 Satz 1 AktG zur Vertretung der Gesellschaft berufenen Personen zu bestellen, wenn ihm dies für eine gehörige Geltendmachung zweckmäßig erscheint. Das Institut des besonderen Vertreters führte über viele Jahre ein Schattendasein[203]. Es erfuhr jedoch in letzter Zeit eine gewisse Renaissance[204].

23.61

Anders als bei der Abstimmung über eine Sonderprüfung (dort § 142 Abs. 2 AktG) besteht beim Beschluss über die Geltendmachung von Ersatzansprüchen und die Bestellung eines besonderen Vertreters ein weitreichendes **Stimmverbot** etwa des Großaktionärs nach § 136 Abs. 1 AktG, wenn die Gesellschaft gegen ihn einen Anspruch geltend machen soll[205]. Das birgt die Gefahr, bestimmte Aktionäre durch passend konstruierte Sachverhalte rechtsmissbräuchlich von der Beschlussfassung auszuschließen. In diesem Fall gilt das Stimmverbot nicht[206]. Außerhalb des Rechtsmissbrauchs kommt ein Stimmverbot nur in Betracht, wenn der Aktionär an der Pflichtverletzung des Organmitglieds, über dessen Inanspruchnahme abgestimmt wird, mitgewirkt hat oder einheitlich abgestimmt wird[207].

23.62

Reicht die Tatsachenbasis für einen Beschluss nach § 147 Abs. 1 AktG nicht aus, folgt aus der gesetzlichen Konzeption der §§ 142 ff. AktG, dass zunächst ein Sonderprüfer tätig werden muss[208]. Erst wenn der Sachverhalt feststeht, kann die Hauptversammlung einen besonderen Vertreter bestellen. Dies zeigt

23.63

---

201 *Goette* in Goette/Arnold, Handbuch Aufsichtsrat, § 4 Rz. 2431; *Habersack* in MünchKomm. AktG, 5. Aufl. 2019, § 111 AktG Rz. 44 ff. jeweils m.w.N.; für die Anwendung der Business Judgment Rule *Paefgen*, AG 2008, 761 ff.; für eine volle gerichtliche Überprüfbarkeit dagegen *Koch*, AG 2009, 93 ff.
202 Näher OLG Frankfurt a.M. v. 9.10.2003 – 20 W 487/02, DB 2004, 177 f. = AG 2004, 104.
203 Nur äußerst wenige Gerichtsentscheidungen mussten sich mit diesem Rechtsinstitut beschäftigen BGH v. 18.12.1980 – II ZR 140/79, NJW 1981, 1097 = MDR 1981, 562; RG v. 15.10.1926 – II 584/25, RGZ 114, 396; RG v. 4.11.1913 – II 297/13, RGZ 83, 248; RG v. 24.10.1910 – I 80/10, RGZ 74, 301.
204 Siehe BGH v. 30.6.2020 – II ZR 8/19, BGHZ 226, 182 = NZG 2020, 1025; OLG Karlsruhe v. 14.3.2018 – 11 U 35/17, NZG 2018, 508; OLG Köln v. 9.3.2017 – 18 U 19/16, NZG 2017, 1344; OLG München v. 28.11.2007 – 7 U 4498/07, ZIP 2008, 73 = AG 2008, 172; OLG München v. 27.8.2008 – 7 U 5678/07, ZIP 2008, 1916 = AG 2008, 864; LG München I v. 28.7.2008 – 5 HK O 12504/08, ZIP 2008, 1588 = AG 2008, 794; OLG München v. 7.11.2008 – 7 W 1034/08, ZIP 2008, 2173 = AG 2009, 119; empirische Auswertung bei *Bayer/Hoffmann*, AG 2018, 337.
205 OLG München v. 28.11.2007 – 7 U 4498/07, ZIP 2008, 73, 74 = AG 2008, 172; *Wirth* in FS Hüffer, 2010, S.1129, 1147. Vgl. zum Sonderprüfer näher Rz. 42.2 ff.
206 Dazu *Roßkopf/Gayk*, DStR 2020, 2078; *M. Arnold* in MünchKomm. AktG, 5. Aufl. 2021 im Erscheinen, § 147 AktG Rz. 51.
207 *M. Arnold* in MünchKomm. AktG, 5. Aufl. 2021 im Erscheinen, § 136 AktG Rz. 16, 34 ff.
208 OLG Düsseldorf v. 20.12.2018 – 6 U 215/16, NZG 2019, 345 Rz. 75 ff.; OLG Köln v. 9.3.2017 – 18 U 19/16, NZG 2017, 1344; OLG Stuttgart v. 25.11.2008 – 8 W 370/08, AG 2009, 169; LG Stuttgart v. 6.8.2008 – 34 T 11/08, AG 2008, 757, 758; *Roßkopf/Gayk*, DStR 2020, 2078, 2080; *Wirth* in FS Hüffer, 2010, S. 1129, 1148; anders jedoch OLG München v. 28.11.2007 – 7 U 4498/07, ZIP 2008, 73, 76 = AG 2008, 172.

insbesondere die Sechs-Monats-Frist des § 147 Abs. 1 Satz 2 AktG, die nur bei aufgeklärtem Sachverhalt eingehalten werden kann[209]. Andernfalls würden Sinn und Zweck des Stimmverbots nach § 142 Abs. 2 AktG ausgehebelt und der besondere Vertreter zum gesetzlich nicht vorgesehenen Sonderermittler gemacht. Der BGH hat bisher offengelassen, welche konkreten Anforderungen an die Tatsachengrundlage zu stellen sind[210]. In der Literatur wird die Frage kontrovers diskutiert. Überzeugend ist es, die zur Beweislastverteilung im Organhaftungsprozess entwickelten Grundsätze heranzuziehen[211]. Auskunfts- und Ermittlungsrechte, soweit sie überhaupt bestehen, muss der besondere Vertreter gegen die Gesellschaft, vertreten durch den Vorstand, geltend machen[212]. In der **Hauptversammlung** hat der besondere Vertreter weder Teilnahme-, noch Rede-, noch Berichts-, noch Auskunftsrecht gegenüber Aktionären[213].

c) Geltendmachung durch Aktionäre

23.64 Nach § 148 AktG haben **Aktionäre** die Möglichkeit, die in § 147 Abs. 1 Satz 1 AktG bezeichneten **Ersatzansprüche** in Prozessstandschaft[214] **im eigenen Namen** für die Gesellschaft **geltend zu machen**[215]. Dabei können sie lediglich Leistung an die Gesellschaft und nicht an sich selbst verlangen (§ 148 Abs. 4 Satz 2). Der Geltendmachung ist gemäß § 148 Abs. 1 AktG ein Klagezulassungsverfahren vorgeschaltet. Aktionäre, deren Anteile im Zeitpunkt der Antragstellung zusammen den einhundertsten Teil des Grundkapitals oder einen anteiligen Betrag von 100.000 Euro erreichen, können bei Gericht die Zulassung beantragen, im eigenen Namen die in § 147 Abs. 1 Satz 1 AktG bezeichneten Ersatzansprüche der Gesellschaft geltend zu machen. Dieses **Klagezulassungsverfahren** ist ein Verfahren nach der ZPO und soll auch die Minderheit in die Lage versetzen, einen ex ante aussichtsreichen Prozess in die Wege zu leiten, ohne Gefahr zu laufen, im späteren Prozess mit den Kosten belastet zu werden. Zugleich sollen aussichtslose oder zu missbräuchlichen Zwecken betriebene „räuberische" Klagen von vornherein ausgeschaltet werden[216]. In der Praxis hat sich das Instrument der Aktionärsklage als weitgehend wirkungslos erwiesen[217]. Das Gericht hat die Klage gemäß § 148 Abs. 1 Satz 2 AktG zuzulassen, wenn

– die Aktionäre nachweisen, dass sie die Aktien vor dem Zeitpunkt erworben haben, in dem sie oder im Fall der Gesamtrechtsnachfolge ihre Rechtsvorgänger von den beanstandeten Pflichtverstößen aufgrund einer Veröffentlichung Kenntnis erlangen mussten,

– sie glaubhaft machen, dass sie die Gesellschaft unter Setzung einer angemessenen Frist vergeblich aufgefordert haben, selbst Klage zu erheben,

– Tatsachen vorliegen, die den Verdacht rechtfertigen, dass der Gesellschaft durch Unredlichkeit oder grobe Verletzung des Gesetzes oder der Satzung ein Schaden entstanden ist[218], und

---

209 Zu diesem Verständnis von § 147 Abs. 1 Satz 2 AktG siehe allerdings auch OLG München v. 22.11.2007 – 7 U 4498/07, ZIP 2008, 73, 77 = AG 2008, 172.
210 Siehe BGH v. 30.6.2020 – II ZR 8/19, BGHZ 226, 182 = NZG 2020, 1025 Rz. 27 ff.; dazu auch *Roßkopf/Gayk*, DStR 2020, 2078, 2080 f.
211 Zum Ganzen ausführlich *M. Arnold* in MünchKomm. AktG, 5. Aufl. 2021 im Erscheinen, § 147 AktG Rz. 42 ff.
212 OLG München v. 22.11.2007 – 7 U 4498/07, ZIP 2008, 73, 78 ff. = AG 2008, 172; dazu *M. Arnold* in MünchKomm. AktG, 5. Aufl. 2021 im Erscheinen, § 147 AktG Rz. 85 ff.
213 LG München I v. 28.7.2008 – 5 HK O 12504/08, ZIP 2008, 1588 = AG 2008, 794.
214 *Hüffer/Koch*, § 148 AktG Rz. 15.
215 § 148 AktG wurde 2005 durch das UMAG eingeführt; siehe hierzu *Langenbucher*, DStR 2005, 2083, 2089 f.; *Müller*, Der Konzern 2006, 725.
216 Siehe Begr. RegE, BR-Drucks. 3/05 v. 7.1.2005, S. 40 f.
217 Vgl. die Bestandsaufnahme bei *Redenius-Hövermann/Henkel*, AG 2020, 349; krit. zu Reformforderungen *T. Bezzenberger*, ZGR 2018, 584.
218 Dazu OLG Köln v. 19.10.2018 – 18 W 53/17, NZG 2019, 582; dazu *Mock*, AG 2019, 385.

– der Geltendmachung des Ersatzanspruchs keine überwiegenden Gründe des Gesellschaftswohls entgegenstehen.

Weitere Verfahrensfragen sind in § 148 Abs. 2 AktG geregelt. Nicht geregelt ist, wer **Antragsgegner** in dem Verfahren ist, obwohl es, wie sich aus § 148 Abs. 2 Satz 6 AktG ergibt, einen solchen geben muss. Die AG selbst kann nicht Klagegegner sein. Sie ist vielmehr nach § 148 Abs. 2 Satz 9 AktG beizuladen. Daher kommen als Antragsgegner nur Gesellschaftsorgane oder angebliche Haftungsschuldner in Betracht[219]. In Durchbrechung von § 261 Abs. 3 Nr. 1 ZPO räumt § 148 Abs. 3 Satz 2 AktG der Gesellschaft die Möglichkeit ein, das Verfahren in jedem Stadium zu übernehmen. Durch die **Klageübernahme** tritt die Gesellschaft im Wege des gesetzlich vorgesehenen Parteiwechsels in den Stand des Verfahrens ein, einschließlich bereits erfolgter Beweisaufnahme[220]. Die Gesellschaft kann aber auch selbst Klage erheben, mit der Folge, dass Aktionärsklagen unzulässig werden (§ 148 Abs. 3 Satz 1 AktG), was zu Friktionen und neuerlicher Beweisaufnahme führen kann[221]. Nach erfolgreichem Klagezulassungsverfahren ist die Klage gemäß § 148 Abs. 4 Satz 1 AktG **innerhalb von drei Monaten** nach Eintritt der Rechtskraft beim zuständigen Gericht (§ 148 Abs. 2 AktG) zu erheben. Das daraufhin ergehende Urteil entfaltet gemäß § 148 Abs. 5 Satz 1 AktG Wirkung sowohl für die Gesellschaft als auch für die übrigen, nicht beteiligten Aktionäre. Darin zeigt sich die Wirkung der Prozessstandschaft.

23.65

Im Vertragskonzern und im faktischen Konzern können Aktionäre außerdem **Ersatzansprüche des abhängigen Unternehmens** geltend machen. Nach § 309 Abs. 2 Satz 1 AktG sind die gesetzlichen Vertreter des herrschenden Unternehmens der abhängigen Gesellschaft gegenüber zum Schadensersatz verpflichtet, wenn sie ihre Pflichten bei der Erteilung von Weisungen an das abhängige Unternehmen verletzen. Dieser Ersatzanspruch kann nach § 309 Abs. 4 Satz 1 AktG auch von jedem Aktionär geltend gemacht werden. Der Aktionär kann auch hier nur Leistung an die Gesellschaft fordern. Gleiches gilt für Ersatzansprüche des abhängigen Unternehmens gegen ihre eigenen Verwaltungsmitglieder (§ 310 Abs. 1, Abs. 4 AktG). Veranlasst im faktischen Konzern ein herrschendes Unternehmen eine abhängige Gesellschaft, ein für sie nachteiliges Rechtsgeschäft vorzunehmen oder zu ihrem Nachteil eine Maßnahme zu treffen oder zu unterlassen, ohne dass es den Nachteil bis zum Ende des Geschäftsjahrs tatsächlich ausgleicht oder der abhängigen Gesellschaft einen Rechtsanspruch auf einen zum Ausgleich bestimmten Vorteil gewährt, so ist es der Gesellschaft gegenüber zum Ersatz des hieraus entstehenden Schadens verpflichtet (§ 317 Abs. 1 Satz 1 AktG). Als Gesamtschuldner haften daneben die Mitglieder des Vorstands der abhängigen Gesellschaft, wenn sie es unter Verletzung ihrer Pflichten unterlassen haben, das nachteilige Rechtsgeschäft oder die nachteilige Maßnahme in dem **Abhängigkeitsbericht** aufzuführen oder anzugeben, dass die Gesellschaft durch das Rechtsgeschäft oder die Maßnahme benachteiligt wurde und der Nachteil nicht ausgeglichen wurde (§ 318 Abs. 1 Satz 1 AktG). Auch diese Ansprüche können von den Aktionären des abhängigen Unternehmens geltend gemacht werden (siehe § 317 Abs. 4, § 318 Abs. 4 i.V.m. § 309 Abs. 4 AktG).

23.66

9. Verzicht und Vergleich

Nach § 93 Abs. 4 Satz 3 AktG kann die Gesellschaft erst drei Jahre nach der Entstehung der Ansprüche auf Ersatzansprüche gegen Vorstandsmitglieder **verzichten** oder sich über sie – auch im Prozess[222] – **vergleichen**[223]. Zusätzliche Bedingung ist, dass die Hauptversammlung mit einfacher Stimmenmehrheit zustimmt[224] und nicht eine Minderheit, deren Anteile zusammen den zehnten Teil des Grund-

23.67

---

219 Vgl. *Hüffer/Koch*, § 148 AktG Rz. 11 und *Spindler*, NZG 2005, 865, 868 Fn. 36.
220 Vgl. *Mock* in BeckOGK AktG, Stand 1.6.2021, § 148 AktG Rz. 140.
221 *Spindler*, NZG 2005, 865, 868.
222 *Sailer-Coceani* in K. Schmidt/Lutter, § 93 AktG Rz. 64 m.w.N.
223 *Hüffer/Koch*, § 93 AktG Rz. 76.
224 Zu Stimmverboten *Fleischer* in BeckOGK AktG, Stand 1.6.2021, § 93 AktG Rz. 332; *Spindler* in Münch-Komm. AktG, 5. Aufl. 2019, § 93 AktG Rz. 283; *Hopt/Roth* in Großkomm. AktG, 5. Aufl. 2014, § 93 AktG Rz. 507 ff.

kapitals erreichen, Widerspruch zur Niederschrift des Notars erhebt. Durch die Zustimmungspflicht der Hauptversammlung soll ein doloses Zusammenwirken von Vorstand und Aufsichtsrat verhindert werden. Die beschränkte Wirkung von Verzicht und Vergleich erfasst alle Schadensersatzansprüche der Gesellschaft unabhängig von ihrer Rechtsgrundlage[225]. Ohne Einhaltung des § 93 Abs. 4 Satz 3 AktG sind auch Gestaltungen zur **Umgehung** der Norm unwirksam, etwa durch Abtretung des Ersatzanspruchs[226]. „Verzicht" und „Vergleich" sind weit zu verstehen und erfassen alle auf Ausschluss oder Schmälerung des Anspruchs gerichteten Rechtshandlungen der Gesellschaft, so z.B. eine Stundung, einen Prozessvergleich und einen Verzicht oder ein Anerkenntnis der Gesellschaft im Prozess über eine negative Feststellungsklage des Vorstandsmitglieds[227]. Ebenfalls erfasst ist die Übernahme von persönlichen Geldbußen eines Organmitglieds durch die Gesellschaft, sofern im Innenverhältnis eine Pflichtverletzung vorliegt[228]. Nicht unter § 93 Abs. 4 Satz 3 AktG fällt es, wenn der Aufsichtsrat sich im Sinne der „ARAG/Garmenbeck"-Rechtsprechung dazu entschließt, einen Schadensersatzanspruch gegen ein Vorstandsmitglied nicht geltend zu machen – auch wenn der Schadensersatzanspruch dadurch verjährt[229]. Den Gläubigern gegenüber kann die Ersatzpflicht der Vorstandsmitglieder nicht durch einen Verzicht oder Vergleich der Gesellschaft aufgehoben werden.

23.68 Rechtshandlungen unter Verstoß gegen § 93 Abs. 4 Satz 3 AktG sind **endgültig unwirksam**. Eine Heilung durch Zeitablauf ist nicht möglich. Das gilt auch bei Zustimmung der Hauptversammlung, wenn sie vor Ablauf der Dreijahresfrist erteilt wird. Möglich ist nur eine Neuvornahme des Rechtsgeschäfts, auch durch Bestätigung (§ 141 BGB)[230].

23.69 Die **Frist von drei Jahren beginnt mit der Entstehung des Anspruchs**. Ihre konkrete Berechnung richtet sich nach § 187 Abs. 1, § 188 Abs. 2 BGB. Der Fristbeginn hängt ferner von der Möglichkeit klagweiser Durchsetzung des Schadensersatzanspruchs ab[231]. § 199 BGB findet keine Anwendung, da es sich nicht um eine Verjährungsfrist handelt, sodass es auf Kenntnis oder Kennenmüssen der anspruchsbegründenden Umstände von Vorstand oder Aufsichtsrat nicht ankommt[232]. Nach § 93 Abs. 4 Satz 4 AktG gilt die zeitliche Beschränkung der Verzichts- und Vergleichsmöglichkeit nicht, wenn der **Ersatzpflichtige zahlungsunfähig** ist[233].

23.70 **Zuständig** für die Verhandlung und Vereinbarung eines Verzichts oder Vergleichs ist nach § 112 AktG der Aufsichtsrat. Letztlich entscheidet jedoch die Hauptversammlung über das Zustandekommen des Vergleichs. Der Aufsichtsrat ist deshalb bei der Vereinbarung eines Verzichts oder Vergleichs nach überzeugender Auffassung nicht an die in der „ARAG/Garmenbeck"-Rechtsprechung aufgestellten Grundsätze gebunden[234]. Vielmehr findet der allgemeine Sorgfaltsmaßstab bzw. die Business Judgment Rule Anwendung[235].

---

225 *Fleischer* in BeckOGK AktG, Stand 1.6.2021, § 93 AktG Rz. 339; *Mertens/Cahn* in KölnKomm. AktG, 3. Aufl. 2010, § 93 AktG Rz. 167.
226 *Sailer-Coceani* in K. Schmidt/Lutter, § 93 AktG Rz. 64.
227 Nach OLG München v. 30.3.2017 – 23 U 3159/16, AG 2017, 631 auch eine Schiedsgutachtenvereinbarung; krit. dazu *Stretz*, GWR 2017, 357; allg. *Sailer-Coceani* in K. Schmidt/Lutter, 4. Aufl. 2020, § 93 AktG Rz. 64; *Mertens/Cahn* in KölnKomm. AktG, 3. Aufl. 2010, § 93 AktG Rz. 171; *Hopt/Roth* in Großkomm. AktG, 5. Aufl. 2014, § 93 AktG Rz. 527 ff.; ausführlich *Unmuth*, Verzicht und Vergleich, 2018, S. 78 ff. m.w.N.
228 BGH v. 8.7.2014 – II ZR 174/13, NZG 2014, 1058, 1059 Rz. 11, 13, 17 f. = AG 2014, 751; *Hopt/Roth* in Großkomm. AktG, 5. Aufl. 2014, § 93 AktG Rz. 528; *Hüffer/Koch*, § 84 AktG Rz. 23; *Fleischer* in BeckOGK AktG, Stand 1.6.2021, § 93 AktG Rz. 341.
229 Vgl. *Habersack*, NZG 2016, 321, 325 f.
230 *Fleischer* in BeckOGK AktG, Stand 1.6.2021, § 93 AktG Rz. 342.
231 *Hüffer/Koch*, § 93 AktG Rz. 76; *Dietz-Vellmer*, NZG 2011, 248, 249.
232 *Spindler* in MünchKomm. AktG, 5. Aufl. 2019, § 93 AktG Rz. 282.
233 Näher *Spindler* in MünchKomm. AktG, 5. Aufl. 2019, § 93 AktG Rz. 282.
234 Ausführlich *Unmuth*, Verzicht und Vergleich, 2018, S. 203 ff.
235 *Habersack*, FS Baums, 2017, S. 531, 539 ff.; *Hüffer/Koch*, § 93 AktG Rz. 76; *Unmuth*, Verzicht und Vergleich, 2018, S. 217 jeweils m.w.N.

Diskutiert werden **Gestaltungsmöglichkeiten**, trotz des umfassenden Verzichts- und Vergleichsverbots in § 93 Abs. 4 Satz 3 AktG mit der Gesellschaft eine Art „Generalbereinigung" zu vereinbaren; am Aussichtsreichsten erscheint hier die Garantie eines Dritten, etwa des Großaktionärs, dass die Gesellschaft Ersatzansprüche nicht geltend macht[236]. 23.71

10. Schadensersatzanspruch der Gesellschaftsgläubiger

Nach § 93 Abs. 5 AktG kann der Ersatzanspruch der Gesellschaft aus § 93 Abs. 2 Satz 1 AktG von den Gläubigern der Gesellschaft geltend gemacht werden, soweit diese von der Gesellschaft keine Befriedigung erlangen können. Gleiches gilt für Verstöße der Vorstandsmitglieder gegen die in § 93 Abs. 3 AktG aufgeführten Verpflichtungen[237]. Handelt es sich jedoch um die Verletzung der allgemeinen Pflicht aus § 93 Abs. 1 Satz 1 AktG, etwa im Bereich der Geschäftsführung, können die Gläubiger den Ersatzanspruch der Gesellschaft nur dann geltend machen, wenn die Vorstandsmitglieder die Sorgfalt eines ordentlichen und gewissenhaften Geschäftsleiters gröblich verletzt haben (§ 93 Abs. 5 Satz 2 Halbsatz 1 AktG). Hierunter ist grobe Fahrlässigkeit zu verstehen[238]. Ob sich das Verfolgungsrecht der Gläubiger der Gesellschaft dogmatisch als gesetzliche Prozessstandschaft darstellt oder einen eigenen Anspruch der Gläubiger begründet, kann dahinstehen[239]. Da der Gläubiger auf Leistung an sich selbst und nicht an die Gesellschaft klagen muss[240], das Vorstandsmitglied aber dennoch schuldbefreiend an die Gesellschaft leisten kann[241], wird § 93 Abs. 5 AktG letztlich als **„Anspruchsvervielfältigung eigener Art"**[242] zu verstehen sein. Im Prozess kommt dem Gläubiger die Beweiserleichterung des § 93 Abs. 2 Satz 2 AktG zugute[243]. 23.72

Eine **Gesamtgläubigerschaft** zwischen Gesellschaft und Gläubiger besteht nicht[244]. Gemäß § 93 Abs. 5 Satz 3 AktG wirken Verzicht, Vergleich oder (gesetzmäßiger) Beschluss der Hauptversammlung nicht gegen den Gläubiger[245]. Das Vorstandsmitglied braucht insgesamt nur einmal zu leisten. Das von der Gesellschaft bereits verklagte Vorstandsmitglied kann der Klage des Gläubigers weder die Einrede der Rechtshängigkeit entgegensetzen[246] noch kommt es zu einer Rechtskrafterstreckung[247]. Letzteres folgt schon aus dem Charakter des Verfolgungsrechts als eigener Anspruch und der Parteiverschiedenheit in den Prozessen. Allerdings erlischt der Anspruch des Gläubigers, wenn das Vorstandsmitglied an die Gesellschaft leistet, selbst wenn der Gläubiger zuvor Leistung vom Vorstandsmitglied an sich selbst verlangt hatte[248]. 23.73

---

236 Umfassend *Bauer/Krets*, DB 2003, 811, 812 ff.; vgl. auch *Mertens/Cahn* in KölnKomm. AktG, 3. Aufl. 2010, § 93 AktG Rz. 171; zu Gestaltungsmöglichkeiten im Konzern *Schockenhoff*, ZHR 180 (2016), 197, 222 ff.
237 Dazu BGH v. 13.3.2018 – II ZR 158/16, BGHZ 218, 80 = NZG 2018, 625.
238 *Hopt/Roth* in Großkomm. AktG, 5. Aufl. 2014, § 93 AktG Rz. 561 f.; *Hoffmann-Becking* in MünchHdb. AG, § 26 Rz. 48.
239 Zum Meinungsstand *Hopt/Roth* in Großkomm. AktG, 5. Aufl. 2014, § 93 AktG Rz. 549 ff.; ferner *Sailer-Coceani* in K. Schmidt/Lutter, § 93 AktG Rz. 68; *Hüffer/Koch*, § 93 AktG Rz. 80 f.
240 *Mertens/Cahn* in KölnKomm. AktG, 3. Aufl. 2010, § 93 AktG Rz. 181; *Hoffmann-Becking* in MünchHdb. AG, § 26 Rz. 49; *Spindler* in MünchKomm. AktG, 5. Aufl. 2019, § 93 AktG Rz. 301.
241 *Hüffer/Koch*, § 93 AktG Rz. 81.
242 *Fleischer* in BeckOGK AktG, Stand 1.6.2021, § 93 AktG Rz. 348; *Hüffer/Koch*, § 93 AktG Rz. 81, ferner *Mertens/Cahn* in KölnKomm. AktG, 3. Aufl. 2010, § 93 AktG Rz. 182.
243 Vgl. § 93 Abs. 5 Satz 2 a.E. AktG; *Spindler* in MünchKomm. AktG, 5. Aufl. 2019, § 93 AktG Rz. 313.
244 *Hopt/Roth* in Großkomm. AktG, 5. Aufl. 2014, § 93 AktG Rz. 568 ff.
245 *Spindler* in MünchKomm. AktG, 5. Aufl. 2019, § 93 AktG Rz. 315, zur Rechtslage im Insolvenzverfahren aber Rz. 317 f.
246 *Hopt/Roth* in Großkomm. AktG, 5. Aufl. 2014, § 93 AktG Rz. 572.
247 *Hüffer/Koch*, § 93 AktG Rz. 83; *Spindler* in MünchKomm. AktG, 5. Aufl. 2019, § 93 AktG Rz. 311.
248 *Sailer-Coceani* in K. Schmidt/Lutter, § 93 AktG Rz. 72; *Mertens/Cahn* in KölnKomm. AktG, 3. Aufl. 2010, § 93 AktG Rz. 184.

23.74 Neben diesem Weg über das Verfolgungsrecht verbleibt den Gesellschaftsgläubigern auch noch der übliche Weg der **Klage gegen die Gesellschaft mit nachfolgender Vollstreckung in den Anspruch der Gesellschaft gegen das Vorstandsmitglied**. Letzterer scheitert nicht an einer schuldbefreienden Leistung des Vorstandsmitglieds an die Gesellschaft und ist deshalb häufig vorzugswürdig[249]. Einem Vorstandsmitglied stehen aber gegenüber dem Anspruch des Gläubigers alle Einreden und Einwendungen zu, die es gegen die Gesellschaft hat, es sei denn, sie wären durch § 93 Abs. 5 Satz 3 AktG ausgeschlossen[250].

23.75 Nach § 93 Abs. 5 Satz 4 AktG übt während der **Dauer eines Insolvenzverfahrens** über das Vermögen der Gesellschaft der Insolvenzverwalter das Recht der Gläubiger gegen die Vorstandsmitglieder aus[251]. Eine Inanspruchnahme der Vorstandsmitglieder durch die Gläubiger nach der Eröffnung des Insolvenzverfahrens ist nicht mehr möglich. Auch für den Insolvenzverwalter gilt die Privilegierung des § 93 Abs. 5 Satz 3 AktG[252].

11. Verjährung

23.76 Nach § 93 Abs. 6 AktG verjähren **Ansprüche aus § 93 AktG** bei **börsennotierten Gesellschaften in zehn Jahren**, bei **nicht börsennotierten** Gesellschaften **in fünf Jahren**[253] (zum Kriterium der Börsennotierung vgl. § 7) Für den Fristbeginn ist nach inzwischen h.M. § 200 BGB und nicht § 199 Abs. 1 BGB einschlägig[254]. Denn bei der Verjährungsfrist des § 93 Abs. 6 AktG handelt es sich nicht um „die regelmäßige Verjährungsfrist" von drei Jahren nach §§ 195, 199 Abs. 1 BGB[255]. Der Lauf der Verjährung beginnt wegen der Anknüpfung an die Entstehung des Anspruchs taggenau. Keinesfalls ist also erst der Schluss des Jahres, in dem der Anspruch entstanden ist, der maßgebende Beginn der Verjährung. Der Anspruch „entsteht", wenn seine klagweise Geltendmachung durch den Berechtigten möglich ist[256]. Besteht die Pflichtverletzung in einem Unterlassen, beginnt die Verjährung grundsätzlich erst dann, wenn die unterlassene Handlung nicht mehr nachgeholt werden kann[257]. Besteht die Pflichtverletzung darin, dass ein Anspruch nicht geltend gemacht wird, entsteht der Schaden erst mit dem Verstreichenlassen der letzten Möglichkeit zur verjährungshemmenden Geltendmachung iSv § 200 Satz 1 BGB[258]. Die Verjährung des Ersatzanspruchs für diese Pflichtverletzung beginnt demnach erst mit der Verjährung des nicht geltend gemachten Anspruchs. Nach herrschender Ansicht in der

---

249 *Hüffer/Koch*, § 93 AktG Rz. 83.
250 *Mertens/Cahn* in KölnKomm. AktG, 3. Aufl. 2010, § 93 AktG Rz. 185; *Spindler* in MünchKomm. AktG, 5. Aufl. 2019, § 93 AktG Rz. 319.
251 Näher *Hopt/Roth* in Großkomm. AktG, 5. Aufl. 2014, § 93 AktG Rz. 574 ff.; *Sailer-Coceani* in K. Schmidt/Lutter, § 93 AktG Rz. 73.
252 *Hüffer/Koch*, § 93 AktG Rz. 84.
253 Die Verlängerung der Verjährungsfrist für börsennotierte Gesellschaften von fünf auf zehn Jahre beruht auf Art. 6 Nr. 1 des Restrukturierungsgesetzes v. 9.12.2010, BGBl. I 2010, 1900.
254 BGH v. 18.9.2018 – II ZR 152/17, BGHZ 219, 356 Rz. 16 = NZG 2018, 1301; OLG München v. 7.6.2018 – 23 U 3018/17, AG 2018, 758; *Harbarth/Jaspers*, NZG 2011, 368; *Sailer-Coceani* in K. Schmidt/Lutter, § 93 AktG Rz. 77; *Fleischer* in BeckOGK AktG, Stand 1.6.2021, § 93 AktG Rz. 358; inzwischen auch *Hüffer/Koch*, § 93 AktG Rz. 87 und *Spindler* in MünchKomm. AktG, 5. Aufl. 2019, § 93 AktG Rz. 325.
255 § 195 BGB kommt nur zur Anwendung, soweit keine anderweitige Sonderbestimmung eingreift; siehe *Grothe* in MünchKomm. BGB, 8. Aufl. 2018, § 195 BGB Rz. 4.
256 BGH v. 23.3.1987 – II ZR 190/86, NJW 1987, 1887, 1888 = AG 1987, 245; ferner OLG München v. 16.7.1997 – 7 U 4603/96, AG 1997, 575, 577.
257 Vgl. *Fleischer* in BeckOGK AktG, Stand 1.6.2021, § 93 AktG Rz. 360 f.
258 BGH v. 18.9.2018 – II ZR 152/17, BGHZ 219, 356 Rz. 21 „Verjährungskarussell" = NZG 2018, 1301 für die Verjährung von Ansprüchen gegen den Aufsichtsrat wegen Nichtgeltendmachung von Ansprüchen der Gesellschaft gegen den ehemaligen Vorstand; dazu *Bayer/Scholz*, NZG 2019, 201, 207 ff.; krit. *Löbbe/Lüneborg*, Der Konzern 2019, 53, 58.

Literatur ist eine Verkürzung der Verjährungsfrist nach § 93 Abs. 6 AktG unzulässig[259], während nach vordringender Ansicht eine rechtsgeschäftliche Verlängerung im Einvernehmen mit dem betroffenen Vorstandsmitglied nach Anspruchsentstehung als zulässig zu werten ist[260]. Alternativ kommt ein Verjährungsverzicht in Betracht[261].

12. Sondertatbestände (§ 93 Abs. 3 AktG)

Bestimmte die Vorstandsmitglieder treffende Verbote werden in § 93 Abs. 3 AktG aufgezählt. Es handelt sich in erster Linie um Fälle, in denen die **Kapitalgrundlage der Gesellschaft** geschmälert wird[262]. Der Unterschied zur Haftung allein nach § 93 Abs. 2 AktG besteht in einer zusätzlichen Beweiserleichterung für die Gesellschaft. Es wird ein Schaden in Höhe des ausgezahlten Betrags vermutet. Insoweit muss sich das Vorstandsmitglied zusätzlich entlasten, indem es beweist, dass ein Schaden der Gesellschaft überhaupt nicht entstehen wird; der Nachweis, dass ein Schaden bislang noch nicht eingetreten ist, reicht nicht[263]. Macht die Gesellschaft einen über den ausgezahlten Betrag hinausgehenden Schaden geltend, ist dieser Schaden zwar ebenfalls von § 93 Abs. 3 AktG umfasst, allerdings greift insoweit nur die normale Beweislastverteilung[264]. Besonderheiten bestehen auch bei der Geltendmachung des Ersatzanspruchs der Gesellschaft durch ihre Gläubiger nach § 93 Abs. 5 AktG. Die Vorstandsmitglieder haften den Gläubigern in den Fällen des Abs. 3 schon bei leichter Fahrlässigkeit, während eine Haftung für die übrigen Pflichtverletzungen nach § 93 Abs. 2 Satz 1 AktG nur bei grober Fahrlässigkeit in Betracht kommt (§ 93 Abs. 5 Satz 2 AktG).

23.77

§ 93 Abs. 3 AktG umfasst:

23.78

- Verstöße gegen das Verbot der Einlagenrückgewähr nach § 57 AktG, das als umfassendes Verbot der Leistung von Vermögensgegenständen an Aktionäre außerhalb ordnungsgemäßer Gewinnausschüttung zu verstehen ist[265],
- die Zahlung von Zinsen oder Gewinnanteilen an Aktionäre (entgegen § 57 Abs. 2 und Abs. 3, § 58 Abs. 4, § 233 AktG),
- verbotene Geschäfte in eigenen Aktien in Form von Zeichnung, Erwerb, Inpfandnahme oder Einziehung, also Verstöße gegen §§ 56, 71 bis 71e, 237 bis 239 AktG[266],
- die Ausgabe von Inhaberaktien vor voller Leistung des Ausgabebetrags entgegen § 10 Abs. 2 AktG,
- die Verteilung von Gesellschaftsvermögen unter Verstoß gegen § 57 Abs. 3, § 225 Abs. 2, §§ 230, 233, 237 Abs. 2, §§ 271, 272 AktG,
- die Gewährung unzulässiger Vergütungen an Mitglieder des Aufsichtsrats (§§ 113, 114 AktG),

---

259 *Hüffer/Koch*, § 93 AktG Rz. 88 m.w.N.
260 Zum aktuellen Stand der Diskussion *Fleischer* in BeckOGK AktG, Stand 1.6.2021, § 93 AktG Rz. 365.
261 Dazu *DAV Handelsrechtsausschuss*, NZG 2010, 897.
262 *Fleischer* in BeckOGK AktG, Stand 1.6.2021, § 93 AktG Rz. 312.
263 *Fleischer* in BeckOGK AktG, Stand 1.6.2021, § 93 AktG Rz. 310; *Spindler* in MünchKomm. AktG, 5. Aufl. 2019, § 93 AktG Rz. 252.
264 *Mertens/Cahn* in KölnKomm. AktG, 3. Aufl. 2010, § 93 AktG Rz. 134; *Fleischer* in BeckOGK AktG, Stand 1.6.2021, § 93 AktG Rz. 311.
265 Siehe nur *Spindler* in MünchKomm. AktG, 5. Aufl. 2019, § 93 AktG Rz. 254. Der Verstoß gegen § 57 AktG führt weder zur Nichtigkeit des Verpflichtungs- noch des Erfüllungsgeschäfts, vgl. BGH v. 12.3.2013 – II ZR 179/12, AG 2013, 431 ff. Vgl. hierzu *Bayer/Scholz*, AG 2013, 426 ff.; *Nodoushani*, NZG 2013, 687 ff.
266 Ausführlich *M. Arnold* in Habersack/Mülbert/Schlitt, Unternehmensfinanzierung am Kapitalmarkt, § 8.

– die Gewährung unzulässiger Kredite an Mitglieder des Vorstands oder des Aufsichtsrats (§§ 89, 115 AktG)[267],

– die Ausgabe von Bezugsaktien bei bedingter Kapitalerhöhung unter Verstoß gegen § 199 AktG[268].

III. Haftung der Vorstandsmitglieder gegenüber den Aktionären

23.79 Eine Haftung droht Vorstandsmitgliedern nicht nur von Seiten der Gesellschaft, sondern auch von Seiten der Aktionäre. Allerdings ist die Haftung insoweit beschränkt, als Aktionäre nur ihren unmittelbaren Schaden geltend machen können. Sie können grundsätzlich nicht, wie § 117 Abs. 1 Satz 2 AktG klarstellt, einen Schaden in Form der Wertminderung ihrer Aktien durch die Schädigung der Gesellschaft (sog. mittelbarer oder Reflexschaden) geltend machen[269]. Eine Ausnahme besteht bei einer Haftung der Vorstandsmitglieder gegenüber den Aktionären aus § 823 Abs. 2 BGB i.V.m. einem Schutzgesetz. Im Rahmen dieser Anspruchsgrundlage geht der Anspruch der Aktionäre auch auf Ersatz des Reflexschadens, allerdings nur auf Leistung an die Gesellschaft[270]. Anderenfalls wären die Vorstandsmitglieder einer **Doppelhaftung**, zum einen seitens der geschädigten Gesellschaft, zum anderen seitens der mittelbar geschädigten Aktionäre, ausgesetzt. Ferner wird durch Leistung in das Gesellschaftsvermögen der mittelbare Schaden der Aktionäre ausgeglichen[271]. Eine Leistung an sich selbst kann der Aktionär erst verlangen, wenn die Gesellschaft nicht mehr werbend tätig ist und der geltend gemachte Betrag nicht mehr zur Befriedigung der Gesellschaftsgläubiger benötigt wird[272].

1. Keine Haftung nach § 93 AktG

23.80 Die **Pflichten aus § 93 AktG** bestehen **nur gegenüber der Gesellschaft**. Aktionäre können auf diese Norm keinen eigenen Anspruch stützen, insbesondere ist § 93 Abs. 2 AktG kein Schutzgesetz[273].

2. Haftung nach § 117 AktG

23.81 § 117 AktG stellt eine aktienrechtliche Anspruchsgrundlage für Schadensersatzansprüche der Gesellschaft (Abs. 1 Satz 1) und von Aktionären (Abs. 1 Satz 2) dar. **Der Anspruch richtet sich zunächst gegen Dritte**, die vorsätzlich unter Benutzung ihres Einflusses auf die Gesellschaft ein Mitglied des Vorstands oder des Aufsichtsrats, einen Prokuristen oder einen Handlungsbevollmächtigten dazu bestimmt haben, zum Schaden der Gesellschaft oder ihrer Aktionäre zu handeln. Aufgrund von § 117 Abs. 2 AktG bestehen aber auch Ansprüche gegen pflichtwidrig handelnde Vorstandsmitglieder.

23.82 **Voraussetzung für einen Anspruch gegen Vorstandsmitglieder** ist nach § 117 Abs. 1 Satz 1 und Abs. 2 Satz 1 AktG nicht nur, dass ein Dritter vorsätzlich unter Benutzung seines Einflusses auf die Gesellschaft Führungspersonen dazu bestimmt hat, zum Schaden der Gesellschaft oder ihrer Aktionäre zu

---

267 Als Beispiel hierzu OLG Koblenz v. 23.11.2000 – 6 U 1434/95, ZIP 2001, 1093.
268 § 93 Abs. 3 Nr. 6 AktG a.F. regelte die Haftung für Zahlungen nach Insolvenzreife. Die Regelung findet sich ab dem 1.1.2021 in modifizierter Form in § 15b Abs. 4 InsO.
269 BGH v. 20.3.1995 – II ZR 205/94, NJW 1995, 1739, 1746 f. = AG 1995, 368; BGH v. 10.11.1986 – II ZR 140/85, ZIP 1987, 29, 30 ff. = AG 1987, 126.
270 *Mertens/Cahn* in KölnKomm. AktG, 3. Aufl. 2010, § 93 AktG Rz. 213; *Hopt/Roth* in Großkomm. AktG, 5. Aufl. 2014, § 93 AktG Rz. 640 ff.
271 *Bayer*, NJW 2000, 2609, 2610.
272 BGH v. 20.3.1995 – II ZR 205/94, NJW 1995, 1739, 1746 f. = AG 1995, 368.
273 BGH v. 10.7.2012 – VI ZR 341/10, BGHZ 194, 26 Rz. 23 = NJW 2012, 3439; OLG Koblenz v. 5.11.2004 – 5 U 875/04, AG 2005, 211; KG v. 20.7.2001 – 9 U 1912/00, AG 2003, 324, 325; *Mertens/Cahn* in KölnKomm. AktG, 3. Aufl. 2010, § 93 AktG Rz. 217; *Sailer-Coceani* in K. Schmidt/Lutter, § 93 AktG Rz. 78 m.w.N.

handeln, sondern auch, dass das Vorstandsmitglied unter Verletzung seiner Pflichten gehandelt hat. Gemäß § 117 Abs. 2 Satz 2 AktG gilt die Beweislastumkehr nach § 93 Abs. 2 Satz 2 AktG. Ferner entspricht § 117 Abs. 2 Satz 3 AktG der Entlastungsregel des § 93 Abs. 4 Satz 1 AktG, wonach die Ersatzpflicht der Mitglieder des Vorstands nicht eintritt, wenn die Handlung auf einem gesetzmäßigen Beschluss der Hauptversammlung beruht. Ebenso wenig wie im Rahmen § 93 Abs. 4 Satz 2 AktG wird gemäß § 117 Abs. 2 Satz 4 AktG bei Billigung der Handlung durch den Aufsichtsrat die Ersatzpflicht ausgeschlossen.

Die **praktische Bedeutung der Haftung der Vorstandsmitglieder** nach § 117 Abs. 2 AktG, für die kumulativ die Voraussetzungen des § 117 Abs. 1 AktG und die des § 93 AktG vorliegen müssen, liegt darin, dass die Vorstandsmitglieder nicht nur der Gesellschaft, sondern auch den Aktionären zum Ersatz verpflichtet sind. Ersatzfähig sind Schäden der Aktionäre, „soweit sie, abgesehen von einem Schaden, der ihnen durch Schädigung der Gesellschaft zugefügt worden ist, geschädigt worden sind". Gemeint ist damit eine Schädigung der Gesellschaft, die dem Aktionär durch Wertminderung seiner Aktie als eigener Schaden vermittelt wird, so dass mittelbare Schäden bzw. Reflexschäden ausgeschlossen sind. Der Schadensausgleich erfolgt in diesem Fall allein über den Anspruch der Gesellschaft auf Schadensersatz[274]. Die bloße Beeinträchtigung von nicht gesellschafts- oder mitgliedschaftsbezogenen Vermögensinteressen des Aktionärs begründet keinen Ersatzanspruch[275].   23.83

3. Deliktsrechtliche Schadensersatzansprüche

Denkbar sind ferner Schadensersatzansprüche der Aktionäre nach allgemeinem Deliktsrecht[276].   23.84

a) Haftung nach § 823 Abs. 1 BGB

Voraussetzung für einen Anspruch aus § 823 Abs. 1 BGB ist die Verletzung eines absoluten Rechts. Als ein solches absolutes Recht wird grundsätzlich auch das **Mitgliedschaftsrecht** und damit die Stellung als Gesellschafter einer AG anerkannt[277]. Erforderlich ist dabei ein spezifisch mitgliedschaftsbezogener Eingriff, d.h. die Verletzung von Rechten, die allein aus der Mitgliedschaft fließen (z.B. Stimm- oder Gewinnbezugsrechte). Inwieweit dies auch für Verletzungen des Mitgliedschaftsrecht durch Gesellschaftsorgane gilt, ist noch nicht abschließend geklärt[278].   23.85

b) Haftung nach § 823 Abs. 2 BGB i.V.m. Schutzgesetzen

Nach § 823 Abs. 2 Satz 1 BGB ist derjenige zum Ersatz eines Schadens verpflichtet, der gegen ein den Schutz eines anderen bezweckendes Gesetz verstößt. Ein solcher Ersatzanspruch setzt voraus, dass das verletzte Gesetz den Schutz der Aktionäre bezweckt. Zu den **Schutzgesetzen** zählt § 331 Nr. 1 HGB, nach dem mit Freiheitsstrafe bis zu 3 Jahren oder mit Geldstrafe bestraft wird, wer als Vorstandsmitglied die Verhältnisse der Gesellschaft in der Eröffnungsbilanz, im Jahresabschluss, im Lagebericht einschließlich der nichtfinanziellen Erklärung, im gesonderten nichtfinanziellen Bericht oder im Zwischenabschluss vorsätzlich (§ 15 StGB) unrichtig wiedergibt oder verschleiert. Ferner zählen hierzu   23.86

---

274 BGH v. 4.3.1985 – II ZR 271/83, NJW 1985, 1777, 1778 = AG 1985, 217; BGH v. 22.6.1992 – II ZR 178/90, NJW 1992, 3167, 3171 f. = AG 1993, 28; ausführlich *Müller* in FS Kellermann, 1991, S. 317, 331 ff.
275 BGH v. 22.6.1992 – II ZR 178/90, NJW 1992, 3167, 3171 f. = AG 1993, 28.
276 Hierzu allgemein *Hellgardt*, WM 2006, 1514.
277 BGH v. 12.3.1990 – II ZR 179/89, NJW 1990, 2877, 2878 = MDR 1990, 901; *Spindler* in MünchKomm. AktG, 5. Aufl. 2019, § 93 AktG Rz. 337 ff.; *Hopt/Roth* in Großkomm. AktG, 5. Aufl. 2014, § 93 AktG Rz. 625 ff.; grundlegend *Habersack*, Die Mitgliedschaft – subjektives und „sonstiges" Recht, 1996, S. 143 ff.; abl. *Sailer-Coceani* in K. Schmidt/Lutter, § 93 AktG Rz. 79.
278 Vgl. den Überblick bei *Spindler* in MünchKomm. AktG, 5. Aufl. 2019, § 93 AktG Rz. 337 ff.

§ 399 AktG[279] und § 400 AktG[280], nicht aber die Verletzung der allgemeinen Buchführungspflicht[281] sowie nach überwiegender Auffassung § 266 StGB[282].

23.87 Ob die Pflicht aus § 92 AktG zur unverzüglichen Einberufung einer Hauptversammlung bei **Verlust in Höhe der Hälfte des Grundkapitals** ein Schutzgesetz darstellt, ist umstritten[283]. Die Pflicht § 15a Abs. 1 Satz 1 InsO zur **Beantragung der Eröffnung des Insolvenzverfahrens** durch den Vorstand stellt nach gefestigter Rechtsprechung des BGH ein Schutzgesetz i.S.d. § 823 Abs. 2 BGB dar[284]. Denkbar sind auch Ansprüche der Aktionäre gegen Vorstandsmitglieder aus § 826 BGB, wobei es in der Praxis sehr schwierig ist, dem Schädiger die subjektiven Voraussetzungen einer vorsätzlichen sittenwidrigen Schädigung nachzuweisen[285].

IV. Haftung der Vorstandsmitglieder gegenüber Dritten

1. Keine Haftung nach § 93 AktG

23.88 Ebenso wenig wie Aktionäre haben Dritte einen Ersatzanspruch nach § 93 AktG gegen die Vorstandsmitglieder, von § 93 Abs. 5 AktG abgesehen.

2. Deliktsrechtliche Haftung

23.89 Gegenüber Dritten kann eine Haftung nach Deliktsrecht in Betracht kommen. Für Schadensersatzansprüche nach § 823 Abs. 1 BGB ist zu unterscheiden:

23.90 Ein Schadensersatzanspruch gegen ein Vorstandsmitglied nach § 823 Abs. 1 BGB kommt in Betracht, wenn das Vorstandsmitglied *unmittelbar* den Anspruchsteller – den Dritten – an Leben, Körper, Gesundheit, Freiheit, Eigentum oder einem sonstigen absoluten Recht verletzt hat. Praktische Relevanz haben Ansprüche Dritter aus § 823 Abs. 1 BGB gegen Vorstandsmitglieder wegen **Eingriffen in den eingerichteten und ausgeübten Gewerbebetrieb** erfahren, der ebenfalls zu den absolut geschützten Rechten zählt[286].

---

279 BGH v. 11.7.1988 – II ZR 243/87, NJW 1988, 2794 = AG 1988, 331.
280 BGH v. 17.9.2001 – II ZR 178/99, NZG 2002, 38, 40 = AG 2002, 43; siehe auch BGH v. 16.12.2004 – 1 StR 420/03, AG 2005, 162, 163; OLG Frankfurt a.M. v. 26.9.2017 – 11 U 12/16, AG 2019, 217; *Mülbert/Steup* in Habersack/Mülbert/Schlitt, Unternehmensfinanzierung am Kapitalmarkt, § 41 Rz. 288.
281 BGH v. 11.12.2018 – II ZR 455/17, NZG 2019, 437 für § 283b Abs. 1 Nr. 3 lit. a StGB; h.M. siehe *Hüffer/Koch*, § 91 AktG Rz. 3 m.w.N.; a.A. *Fleischer*, WM 2006, 2021, 2026 ff.; krit. auch *Fleischer* in BeckOGK AktG, Stand 1.6.2021, § 91 AktG Rz. 25 ff.
282 LG Wiesbaden v. 13.8.2015 – 9 O 286/14, NZG 2016, 832; *Hüffer/Koch*, § 93 AktG Rz. 61; *Spindler* in MünchKomm. AktG, 5. Aufl. 2019, § 93 AktG Rz. 346 f.; a.A. *Hölters* in Hölters, § 93 AktG Rz. 355; zur Untreuestrafbarkeit bei unternehmerischen Entscheidungen vgl. BGH v. 12.10.2016 – 5 StR 134/15 – HSH Nordbank, NZG 2017, 116 = AG 2017, 72; dazu *Baur/Holle*, ZIP 2017, 555 ff.
283 Siehe zum Meinungsstand *Fleischer* in BeckOGK AktG, Stand 1.6.2021, § 92 AktG Rz. 18; zum Schutzgesetzcharakter von § 92 Abs. 2 AktG a.F. KG v. 20.7.2001 – 9 U 1912/00, AG 2003, 324, 325; sowie *Weber/Brügel*, DB 2004, 1923, 1925.
284 BGH v. 13.3.2018 – II ZR 158/16, BGHZ 218, 80 = NZG 2018, 625 Rz. 19 ff.; BGH v. 14.5.2012 – II ZR 130/10, NZG 2012, 864; BGH v. 6.6.1994 – II ZR 292/91, BGHZ 126, 181; zur Haftung während der Geltungsdauer des COVInsAG *Born*, NZG 2020, 521, 525 ff.
285 Vgl. etwa BGH v. 11.9.2012 – VI ZR 92/11, AG 2012, 914 (zur Haftung von Organmitgliedern für die Ausgabe wertloser Aktien); vgl. ferner BGH v. 9.5.2005 – II ZR 287/02 – EM.TV, NZG 2005, 672 = AG 2005, 609; LG Frankfurt a.M. v. 28.4.2003 – 3-7 O 47/02, AG 2003, 461 f.; für Anspruch gegen die AG; grundsätzlich *Möllers/Leisch*, WM 2001, 1648, 1651 ff.; *Kiethe*, NZG 2005, 333.
286 BGH v. 24.1.2006 – XI ZR 384/03 – Kirch/Deutsche Bank, BGHZ 166, 84 = MDR 2006, 940; OLG München v. 10.12.2003 – 21 U 2392/03, ZIP 2004, 19, 24.

23.91 Der Schadensersatzanspruch kann ausnahmsweise auch bei einer nur mittelbaren Verletzung des Dritten in geschützten Rechtsgütern in Betracht kommen[287]. Unter welche konkreten Voraussetzungen in diesen Fällen eine Außenhaftung von Organmitgliedern in Betracht kommt, ist in Rechtsprechung und Literatur noch nicht abschließend geklärt[288]. Eine solche mittelbare Verletzung kann vorliegen, wenn das Vorstandsmitglied eine **Verkehrspflicht**, etwa eine Produktsicherungspflicht, verletzt hat, die zur Verletzung eines absoluten Rechtsguts führt. Das Vorstandsmitglied haftet aber nur dann, wenn *ihm persönlich* die verletzte (Verkehrs-)Pflicht im Interesse des geschädigten Dritten oblag. Es darf sich also nicht um eine Pflicht des Vorstandsmitglieds handeln, die nur im Verhältnis zur Gesellschaft bestand[289]. Nach der sog. Baustoff-Entscheidung des VI. Zivilsenat des BGH können Organmitgliedern aufgrund ihrer Aufgaben solche Pflichten zum Schutze Dritter obliegen[290]. Zwar bestehen Pflichten aus der Organstellung nur der Gesellschaft gegenüber, die ihrerseits dem Dritten haftet. Gehen allerdings mit den Pflichten des Organs gegenüber der Gesellschaft auch Pflichten des Organs gegenüber einem Dritten einher, etwa aufgrund einer **Garantenstellung zum Schutze fremder Rechtsgüter**, kann dem Organ eine persönliche Verantwortung gegenüber Dritten obliegen. In einer Grundsatzentscheidung aus dem Jahr 2012 stellte der VI. Zivilsenat jedoch fest, dass die aus § 93 Abs. 1 Satz 1 AktG folgende Legalitätspflicht nur gegenüber der Gesellschaft und nicht im Verhältnis zu außenstehenden Dritten besteht. Deshalb ergibt sich allein aus der Stellung als Vorstandsmitglied einer AG keine Garantenpflicht gegenüber Dritten, eine Schädigung ihres Vermögens zu verhindern[291]. Eine solche Garantenpflicht muss sich vielmehr aus den allgemeinen Grundsätzen des Deliktsrechts ergeben[292]. Die Organmitglieder können in Ausnahmefällen auch dann deliktsrechtlich verantwortlich sein, wenn sie nicht eigenhändig gehandelt haben, sondern die Ursache für die Schädigung in Versäumnissen bei der das Organ treffenden Organisation und Kontrolle der Gesellschaft zu suchen ist[293]. Zu Recht kritisch gesehen wird eine noch weitergehende Entscheidung des XI. Zivilsenat des BGH, wonach zwangsläufig auch dem oder den für sie handelnden Organmitgliedern verboten sei, was der juristischen Person aufgrund der vertraglichen Treuepflicht untersagt sei[294].

23.92 Die genannten Grundsätze gelten insbesondere für Rechtsgutverletzungen im Bereich der zivilrechtlichen **Produkthaftung**[295] und ebenso für die strafrechtliche **Produktverantwortlichkeit**[296].

---

287 Hierzu aus rechtssystematischer Sicht *Medicus*, ZGR 1998, 570, 571 ff.; siehe auch *Altmeppen*, ZIP 2016, 97, 100 ff.
288 *Mertens/Cahn* in KölnKomm. AktG, 3. Aufl. 2010, § 93 AktG Rz. 224.
289 Näher *Spindler* in MünchKomm. AktG, 5. Aufl. 2019, § 93 AktG Rz. 357.
290 BGH v. 5.12.1989 – VI ZR 335/88, NJW 1990, 976, 978 = MDR 1990, 425; ausführlich *Spindler*, Unternehmensorganisationspflichten, 2001, S. 15 ff.; zusammenfassend zur Diskussion *Dieckmann*, ZGR 2020, 1039.
291 BGH v. 10.7.2012 – VI ZR 341/10, BGHZ 194, 26 = NJW 2012, 3439; bestätigend BGH v. 7.5.2019 – VI ZR 512/17, NJW 2019, 2164 = GmbHR 2019, 887.
292 BGH v. 18.6.2014 – I ZR 242/12, BGHZ 201, 344 = GRUR 2014, 883.
293 BGH v. 5.12.1989 – VI ZR 335/88, NJW 1990, 976, 978 = MDR 1990, 425; krit. insoweit der II. Zivilsenat, BGH v. 13.4.1994 – II ZR 16/93, NJW 1994, 1801, 1803 = GmbHR 1994, 390, da dies für den Regelfall eine Haftung von Organen juristischer Personen bedeute, die der gesellschaftsrechtlichen Haftungskonzentration auf die juristische Person fremd sei; nach dem X. Zivilsenat besteht Raum für eine Außenhaftung des Geschäftsleiters für Patentverletzungen, wenn dieser es unterlässt, die Geschäftstätigkeit des Unternehmens so einzurichten, dass hierdurch keine Schutzrechte Dritter verletzt werden BGH v. 15.12.2015 – X ZR 30/14, BGHZ 208, 182 = GRUR 2016, 257.
294 BGH v. 24.1.2006 – XI ZR 384/03 – Kirch/Deutsche Bank, BGHZ 166, 84 = MDR 2006, 940; siehe hierzu *Mertens/Cahn* in KölnKomm. AktG, 3. Aufl. 2010, § 93 AktG Rz. 224; *Derleder/Fauser*, BB 2006, 949.
295 Ausführlich *Hopt/Roth* in Großkomm. AktG, 5. Aufl. 2014, § 93 AktG Rz. 656 ff.
296 Siehe dazu das „Lederspray-Urteil" als Leitentscheidung, BGH v. 6.7.1990 – 2 StR 549/89, NStZ 1990, 587 ff. = MDR 1990, 1025.

23.93 Eine Außenhaftung von Vorstandsmitgliedern kann sich außerdem aus § 823 Abs. 2 BGB i.V.m. einem Schutzgesetz ergeben. Zum Schutzgesetzcharakter einzelner Vorschriften siehe Rz. 23.86[297]. Eine Haftung nach § 826 BGB kommt nur in Ausnahmefällen in Betracht, insbesondere in der Unternehmenskrise[298] oder im Rahmen der kapitalmarktrechtlichen Haftung (siehe dazu Rz. 23.101 ff.).

3. Weitere Anspruchsgrundlagen

a) Haftung bei Vertragsverhandlungen

23.94 Ein Vorstandsmitglied kann nach § 311 Abs. 3 Satz 2 BGB ferner haften, wenn es bei **Vertragsverhandlungen eines Dritten mit der Gesellschaft in besonderem Maße Vertrauen für sich in Anspruch nimmt** und dadurch die Vertragsverhandlungen oder den Vertragsschluss erheblich beeinflusst[299]. Grundsätzlich trifft die Pflicht zum Schadensersatz aus Verschulden bei Vertragsverhandlungen zwar nur den Vertragspartner. Vorstandsmitglieder nehmen aber im Rahmen von Vertragsverhandlungen dann besonderes persönliches Vertrauen in Anspruch, wenn sie eine über das normale Verhandlungsvertrauen hinausgehende persönliche Gewähr für die Seriosität und die Erfüllung des Vertrags übernommen haben[300].

23.95 Über § 311 Abs. 3 Satz 2 BGB hinaus hat die Rechtsprechung eine eigene Haftung auch **bei eigenem wirtschaftlichen Interesse des an den Vertragsverhandlungen beteiligten Dritten** entwickelt. Voraussetzung ist jedoch, dass der Vertreter bei wirtschaftlicher Betrachtung gleichsam in eigener Sache tätig wird und damit als der eigentliche wirtschaftliche Interessenträger angesehen werden muss[301].

b) Haftung nach § 130 OWiG

23.96 Nach § 130 OWiG können **Vorstandsmitglieder** mit einer **Geldbuße** in Höhe von bis zu 1 Mio. Euro belegt werden, wenn Mitarbeiter der Gesellschaft eine betriebsbezogene Straftat oder Ordnungswidrigkeit begangen haben, die die Vorstandsmitglieder durch ordnungsgemäße Aufsichtsmaßnahmen verhindern oder wesentlich erschweren hätten können[302]. Über § 30 OWiG kann in solchen Fällen eine Geldbuße in Höhe von bis zu 10 Mio. Euro auch **gegen die AG selbst** verhängt werden. Die praktische Bedeutung dieser Vorschriften ist in den letzten Jahren – insbesondere im Zusammenhang mit Kartell- und sonstigen Compliance-Verstößen – erheblich gestiegen[303].

c) Vorenthaltung und Veruntreuung von Arbeitsentgelt nach § 266a StGB

23.97 Nach § 266a StGB machen sich die Vorstandsmitglieder **bei Nichtabführung von Beiträgen an die Sozialversicherungsträger** nicht nur strafbar, sondern i.V.m. § 823 Abs. 2 BGB auch schadensersatz-

---

297 Siehe eine Aufstellung auch bei *Fleischer* in BeckOGK AktG, Stand 1.6.2021, § 93 AktG Rz. 390.
298 BGH v. 18.10.1993 – II ZR 255/92, NJW 1994, 197; BGH v. 1.7.1991 – II ZR 180/90, WM 1991, 1548; Ausführlich *Spindler* in MünchKomm. AktG, 5. Aufl. 2019, § 93 AktG Rz. 369 f.
299 *Fleischer* in BeckOGK AktG, Stand 1.6.2021, § 93 AktG Rz. 378 ff.; *Spindler* in MünchKomm. AktG, 5. Aufl. 2019, § 93 AktG Rz. 355 f.; *Hopt/Roth* in Großkomm. AktG, 5. Aufl. 2014, § 93 AktG Rz. 652 ff.; *Hoffmann-Becking* in MünchHdb. AG, § 26 Rz. 55.
300 Vgl. BGH v. 2.6.2008 – II ZR 210/06, BGHZ 177, 25 = NZG 2008, 661 = AG 2008, 662; OLG Koblenz v. 27.2.2003 – 5 U 917/02, ZIP 2003, 571, 573 = GmbHR 2003, 419 mit umfangreichen Nachweisen.
301 BGH v. 13.6.2002 – VII ZR 30/01, NJW-RR 2002, 1309, 1310.
302 Vgl. dazu *Grützner/Leisch*, DB 2012, 787 ff.
303 *Holle*, Legalitätskontrolle, 2014, S. 390 ff.; *Koch*, AG 2009, 564 ff.; zur Bußgeldbemessung unter Berücksichtigung von Compliance-Management-Systemen BGH v. 9.5.2017 – 1 StR 265/16, NJW 2017, 3798.

pflichtig[304]. Die persönliche Haftung greift allerdings nur für die Arbeitnehmeranteile, nicht für die Arbeitgeberanteile zur Sozialversicherung[305].

d) Haftung für die Erfüllung steuerlicher Pflichten

Nach § 34 Abs. 1 Satz 1 AO haben die Vorstandsmitglieder als gesetzliche Vertreter der AG deren steuerliche Pflichten zu erfüllen und **haften** nach § 69 Satz 1 AO **persönlich** für Steuerausfälle[306]. Diese persönliche Haftung umfasst nach § 69 Satz 2 AO auch die infolge der Pflichtverletzung zu zahlenden Säumniszuschläge. Sie **beschränkt** sich aber aufgrund ihres Charakters als Schadensersatz auf die Steuern, die aufgrund der vorsätzlichen oder grob fahrlässigen Pflichtverletzung der Vorstandsmitglieder ausgefallen sind[307].

23.98

Die steuerlichen Pflichten, wie z.B. die Pflicht zur Abgabe richtiger Steuererklärungen, zur (rechtzeitigen) Entrichtung von Steuern oder zur anteiligen Tilgung bei nicht ausreichenden Gesellschaftsmitteln[308], müssen **während der Amtszeit der Vorstandsmitglieder** verletzt worden sein[309]. Ferner muss der Steuerausfall des Fiskus als Schaden ursächlich durch die Pflichtverletzung hervorgerufen worden sein[310]. Die Pflichtwidrigkeit einer Handlung indiziert im Übrigen das Verschulden der Vorstandsmitglieder[311], das sich nur auf die Pflichtverletzung und nicht auf den entstehenden Schaden zu beziehen braucht. Da fehlendes individuelles Können nicht entlastet, muss sich ein Vorstandsmitglied eines fachkundigen Beraters bedienen, ansonsten kann ein Übernahmeverschulden zu bejahen sein (siehe bereits Rz. 23.13)[312].

23.99

e) Ersatzansprüche nach § 25 UmwG

Nach § 25 Abs. 1 Satz 1 UmwG sind **Vorstandsmitglieder des übertragenden Rechtsträgers** als Gesamtschuldner zum Ersatz des Schadens verpflichtet, den dieser Rechtsträger, seine Anteilsinhaber oder seine Gläubiger durch eine Verschmelzung erleiden[313]. Es handelt sich hierbei um eine Haftung der Vorstandsmitglieder auch gegenüber Aktionären und außenstehenden Dritten. Die gleiche Haftung besteht auch für Spaltungen (§§ 123 ff., 125 Satz 1 UmwG) und Vermögensübertragungen nach §§ 174 ff., 184 UmwG. § 205 UmwG statuiert eine ähnliche Haftung für den Formwechsel.

23.100

V. Kapitalmarktrechtliche Haftung

1. Haftung für Verstöße gegen Art. 17, 15 MMVO

Bei der kapitalmarktrechtlichen Haftung ist zu unterscheiden zwischen Anspruchsgrundlagen aus dem Deliktsrecht und den jeweils einschlägigen Spezialgesetzen. Gegenüber der AG kann sich nach allgemeinen Regeln eine Haftung der Vorstandsmitglieder aus § 93 Abs. 2 AktG aufgrund einer Pflichtver-

23.101

---

304 BGH v. 15.10.1996 – VI ZR 319/95, NJW 1997, 130, 131 f. = AG 1997, 37; im Einzelnen *Spindler* in MünchKomm. AktG, 5. Aufl. 2019, § 93 AktG Rz. 365 f.
305 *Hoffmann-Becking* in MünchHdb. AG, § 26 Rz. 57; a.A. *Mertens/Cahn* in KölnKomm. AktG, 3. Aufl. 2010, § 93 AktG Rz. 232.
306 Vgl. dazu *Kamps*, AG 2011, 586 ff.
307 *Kratzsch* in Koenig, 4. Aufl. 2021, § 69 AO Rz. 3.
308 BFH v. 1.8.2000 – VII R 110/99, BStBl. II 2001, 271 = GmbHR 2000, 1215.
309 *Kratzsch* in Koenig, 4. Aufl. 2021, § 69 AO Rz. 33.
310 *Rüsken* in Klein, 15. Aufl. 2020, § 69 AO Rz. 130.
311 BFH v. 25.7.2003 – VII B 240/02, BFH/NV 2003, 1540.
312 *Kratzsch* in Koenig, 4. Aufl. 2021, § 69 AO Rz. 70.
313 Im Einzelnen zur Haftung nach § 25 UmwG *Schnorbus*, ZHR 167 (2003), 666 ff.; sowie *Leonard* in Semler/Stengel/Leonard, § 25 UmwG Rz. 3 ff.; *Grunewald* in Lutter, § 25 UmwG Rz. 3 ff.

letzung ergeben. Zur Haftung der Gesellschaft für fehlerhafte Kapitalmarktinformation siehe auch § 17.

23.102 Eine Außenhaftung bei **fehlerhaften Ad-hoc-Mitteilungen**, die sich auf § 823 Abs. 2 BGB i.V.m. Art. 17 MMVO stützt, ist mangels Schutzgesetzcharakters von Art. 17 MMVO zu verneinen[314] Das galt ebenso für die Vorgängervorschrift § 15 WpHG a.F.[315] Ein Ausschluss der Haftung nach § 823 Abs. 2 BGB ergibt sich für die Emittentenhaftung aus § 26 Abs. 3 WpHG, der[316] Schadensersatzansprüche von Dritten gegen die Gesellschaft nur unter den Voraussetzungen der §§ 97, 98 WpHG zulässt[317]. Das muss auch für Ansprüche gegen Organmitglieder persönlich gelten[318]. Im Übrigen trifft die Pflicht aus Art. 17 MMVO allein den Emittenten, nicht aber die Verwaltungsmitglieder[319]. Eine Haftung wegen Betrugs nach § 823 Abs. 2 BGB i.V.m. § 263 StGB scheidet zumeist aus, da es an der sog. Stoffgleichheit zwischen dem Nachteil des Anlegers und dem Vorteil des Vorstandsmitglieds aus der unrichtigen Ad-hoc-Mitteilung fehlen wird[320]. Strafrechtlich kann die Bekanntgabe unrichtiger Halbjahreszahlen in einer Ad-hoc-Mitteilung aber zu einer Verurteilung nach § 400 Abs. 1 Nr. 1 AktG führen[321]. Da diese Strafvorschrift zugleich als Schutzgesetz i.S.d. § 823 Abs. 2 BGB anerkannt ist, kann hieraus in Einzelfällen[322] eine persönliche zivilrechtliche Haftung von Vorstandsmitgliedern auch für fehlerhafte Ad-hoc-Mitteilungen folgen, wenn die Ad-hoc-Mitteilung unrichtige Darstellungen über die Verhältnisse der Gesellschaft enthält[323].

23.103 Art. 15 MMVO[324] dürfte ebenfalls **kein Schutzgesetz sein**[325]. Ähnliche Prinzipien galten bei **Verstößen gegen § 20a WpHG a.F.** und dessen Vorgängervorschriften. Weder § 20a WpHG i.d.F. nach dem AnSVG, § 20a WpHG i.d.F. vor dem AnSVG, noch § 88a BörsG a.F. stellten ein Schutzgesetz dar[326].

---

314 So auch *Hellgardt*, AG 2012, 154, 166; *Seibt*, ZHR 177 (2013), 388, 424 f.; *Seibt/Wollenschläger*, AG 2014, 593, 607; *Teigelack/Dolff*, BB 2016, 387, 393; diff. *Hellgardt* in Assmann/Uwe H. Schneider/Mülbert, Wertpapierhandelsrecht, § 97 WpHG Rz. 24, 171 f.
315 BGH v. 19.7.2004 – II ZR 218/03 – Infomatec, AG 2004, 543, 544.
316 Bis 2.1.2018: § 15 Abs. 3 WpHG; vormals § 15 Abs. 6 WpHG a.F.
317 So auch *Assmann* in Assmann/Uwe H. Schneider/Mülbert, Wertpapierhandelsrecht, Art. 17 VO (EU) Nr. 596/2014 Rz. 307 ff.; *Leisch*, ZIP 2004, 1573, 1577 f.; *Fleischer*, DB 2004, 2031, 2032; *Mülbert/Steup* in Habersack/Mülbert/Schlitt, Unternehmensfinanzierung am Kapitalmarkt, § 41 Rz. 248.
318 LG Kassel v. 14.8.2002 – 4 O 46/02, DB 2002, 2151.
319 *Mülbert/Steup* in Habersack/Mülbert/Schlitt, Unternehmensfinanzierung am Kapitalmarkt, § 41 Rz. 256; *Zimmer/Steinhaeuser* in Schwark/Zimmer, §§ 97, 98 WpHG Rz. 152; diff. *Hellgardt* in Assmann/Uwe H. Schneider/Mülbert, Wertpapierhandelsrecht, § 97 WpHG Rz. 24, 172 f., wonach eine Erstreckung der unternehmensbezogenen Pflicht und damit eine Außenhaftung von Organmitgliedern bei der Verschaffung von persönlichen Vorteilen durch die Pflichtverletzung in Betracht komme.
320 LG Kassel v. 14.8.2002 – 4 O 46/02, DB 2002, 2151; so auch BGH v. 19.7.2004 – II ZR 218/03 – Infomatec, AG 2004, 543, 544 f.; *Mülbert/Steup* in Habersack/Mülbert/Schlitt, Unternehmensfinanzierung am Kapitalmarkt, § 41 Rz. 250 f.
321 BGH v. 16.12.2004 – 1 StR 420/03, BGHSt 49, 381 = AG 2005, 162; siehe aber auch die Entscheidung des BGH v. 19.7.2004 – II ZR 402/02, AG 2004, 546, in der der BGH einen Verstoß gegen § 400 Abs. 1 Nr. 1 AktG verneint, wenn eine Ad-hoc-Mitteilung nur einen einzelnen Geschäftsabschluss bekanntgibt.
322 BGH v. 9.5.2005 – II ZR 287/02 – EM. TV, ZIP 2005, 1270, 1272 = AG 2005, 609; siehe dazu *Fleischer*, ZIP 2005, 1805.
323 *Kiethe*, DStR 2003, 1982, 1984.
324 Vormals § 20a WpHG a.F.
325 *Fleischer* in Assmann/Schütze/Bueck-Heeb, Handbuch des Kapitalanlagerechts, § 6 Rz. 15; *Teigelack/Dolff*, BB 2016, 387, 393; a.A. *Poelzig*, NZG 2016, 492, 501; *Hellgardt* in Assmann/Uwe H. Schneider/Mülbert, Wertpapierhandelsrecht, § 97 WpHG Rz. 58 m.w.N.
326 BGH v. 13.12.2011 – XI ZR 51/10 – IKB, BGHZ 192, 90 = NJW 2012, 1800; BGH v. 19.7.2004 – II ZR 218/03 – Infomatec, AG 2004, 543, 544; LG Berlin v. 8.3.2005 – 3 Wi Js 82/04, ZInsO 2005, 661; *Leisch*, ZIP 2004, 1573, 1578; *Fleischer*, DB 2004, 2031, 2032 f.; vgl. zum Stand der Diskussion *Mülbert* in Assmann/Uwe H. Schneider/Mülbert, Art. 15 VO (EU) Nr. 596/2014 Rz. 45 ff.; die Schutzgesetzeigenschaft

Der BGH gewinnt seit der „**Infomatec**"-Rechtsprechung den weitergehenden Anlegerschutz bei Verstößen gegen Vorschriften des Kapitalmarktrechts aus § 826 BGB, also aus der **Haftung wegen vorsätzlicher sittenwidriger Schädigung**[327]. Der Anspruch besteht sowohl gegen die Gesellschaft als auch gegen die verantwortlichen Vorstandsmitglieder[328]. Der Anleger hat nach der „**ComROAD**"-Rechtsprechung des BGH den Vorsatz der Gesellschaftsorgane und die Kausalität der Ad-hoc-Mitteilung für die Anlageentscheidung zu beweisen. Danach muss im Rahmen der Informationsdelikthaftung gemäß § 826 BGB der Nachweis des konkreten Kausalzusammenhangs zwischen einer fehlerhaften Ad-hoc-Mitteilung und der individuellen Anlageentscheidung sogar dann geführt werden, wenn die Kapitalmarktinformation vielfältig und extrem unseriös gewesen ist[329]. Der Anscheinsbeweis steht dafür nicht zur Verfügung. Eine große zeitliche Nähe des Aktienerwerbs zur Ad-hoc-Mitteilung erleichtert zwar den Kausalitätsbeweis; die sich aus einer Ad-hoc-Mitteilung möglicherweise entwickelte Anlagestimmung nimmt aber mit der Zeit ab. Eine schematische, an einen bestimmten festen Zeitraum angelehnte Betrachtungsweise verbietet sich. Als zu lang wurden neun Monate seit dem Aktienerwerb angesehen[330].

23.104

Nicht abschließend geklärt ist, welche Voraussetzungen erfüllt sein müssen, um **Sittenwidrigkeit** anzunehmen. Noch vor „Infomatec" wurden einzelne fehlerhafte Angaben in einer öffentlichen Erklärung als solche noch nicht als sittenwidrig angesehen, vielmehr könne sich die Sittenwidrigkeit nur aus einer Gesamtwürdigung der Fehlerhaftigkeit mit anderen Umständen ergeben, insbesondere dann, wenn es sich um eine grobe und ungerechtfertigte Übertreibung handele[331]. Die „Infomatec"-Entscheidungen haben klargestellt, dass Sittenwidrigkeit zumindest bei direkt vorsätzlicher unlauterer Beeinflussung des Sekundärmarktpublikums durch eine grob unrichtige Ad-hoc-Mitteilung vorliegt[332]. Der BGH hatte aber auch eine bewusst unrichtige Auskunft aus eigennützigem Interesse über die Absicht der Beteiligung an einer Kapitalerhöhung als sittenwidrig angesehen[333]. Wenn sich die Täuschung durch fehlerhafte Mitteilungen nicht auf einige, das Unternehmen betreffende Einzeltatsachen beschränkt, sondern durch **dauerhafte Falschmitteilungen** ein Bild von einem Unternehmen gezeichnet wird, das es so nicht gibt, dürfte die Grenze zur Sittenwidrigkeit nach § 826 BGB allerdings in der Regel überschritten sein[334]. Für den Vorsatz genügt dolus eventualis[335]. Dies bedeutet, dass das Vorstandsmitglied den bedingten Vorsatz gehabt haben muss, Anlegern durch die fehlerhafte Ad-hoc-Mitteilung Schaden als Folge des Erwerbs von Aktien zuzufügen. Es reicht aus, dass der Täter die Richtung, in der sich sein Verhalten zum Schaden auswirken könnte, und die Art des möglicherweise ein-

23.105

---

von § 88 BörsG a.F. und § 15 WpHG a.F. in einem obiter dictum bezweifelnd BVerfG v. 24.9.2002 – 2 BvR 742/02, NZG 2003, 77, 78 ff.
327 BGH v. 19.7.2004 – II ZR 218/03, AG 2004, 534 und II ZR 402/02, AG 2004, 546 sowie II ZR 217/03 – Infomatec, NJW 2004, 2668; dazu auch *Körner*, NJW 2004, 3386 ff.; *Spindler/Christoph*, BB 2004, 2197, 2200; *Kort*, AG 2005, 21; siehe bereits LG Augsburg v. 24.9.2001 – 3 O 4995/00, DB 2001, 2334, 2335.
328 BGH v. 9.5.2005 – II ZR 287/02 – EM. TV, ZIP 2005, 1270, 1272 = AG 2005, 609.
329 BGH v. 4.6.2007 – II ZR 173/05 – ComROAD V, AG 2007, 623; bestätigt u.a. durch BGH v. 3.3.2008 – II ZR 310/06 – ComROAD VIII, WM 2008, 790 = AG 2008, 377; zur Kausalität siehe insb. *Findeisen/Backhaus*, WM 2007, 100; *Möllers*, NZG 2008, 413; *Leuschner*, ZIP 2008, 1050; weitaus geringere Anforderungen an den Beweis der Transaktionskausalität in OLG Frankfurt a.M. v. 26.9.2017 – 11 U 12/16, AG 2019, 217 Rz. 30 ff.; dazu *Klöhn*, ZIP 2018, 1638.
330 BGH v. 19.7.2004 – II ZR 218/03, AG 2004, 543, 546.
331 LG Kassel v. 14.8.2002 – 4 O 46/02, DB 2002, 2151.
332 BGH v. 19.7.2004 – II ZR 402/02, BGHZ 160, 149, 157 = AG 2004, 546; bestätigt u.a. durch BGH v. 7.1.2008 – II ZR 229/05 – ComROAD VI, AG 2008, 252 und BGH v. 7.1.2008 – II ZR 68/06 – ComROAD VII, AG 2008, 254.
333 BGH v. 22.6.1992 – II ZR 178/90, NJW 1992, 3167, 3174 = AG 1993, 28.
334 LG Frankfurt a.M. v. 28.4.2003 – 3-7 O 47/02, AG 2003, 461, 462.
335 *Mülbert/Steup* in Habersack/Mülbert/Schlitt, Unternehmensfinanzierung am Kapitalmarkt, § 41 Rz. 242.

tretenden Schadens vorausgesehen und zumindest billigend in Kauf genommen hat[336]. Eine Haftung kommt auch für unterlassene und verspätete Veröffentlichungen in Betracht[337].

23.106 Greift die deliktsrechtliche Haftung wegen Verstößen gegen das Kapitalmarktrecht ein, gehört zu den **ersatzfähigen Schäden** zum einen der Vermögensschaden durch den Kursverfall oder, wenn die unrichtige Information ursächlich für die Anlageentscheidung war, der Schaden durch Zahlung des Kaufpreises. Zum anderen kann der Käufer auch einen Nichtvermögensschaden erleiden, wenn und soweit aufgrund der fehlerhaften Mitteilungen die tatsächliche Geldanlage mit der gewollten nicht mehr identisch ist. Rechtsfolge ist die Rückgängigmachung der dem Willen des Geschädigten widersprechenden Vermögensdisposition (§ 249 BGB)[338]. Für die auf § 826 BGB gestützte Haftung gewährt der BGH dem Aktionär ein Wahlrecht zwischen Erstattung des Differenzschadens und Erstattung des Kaufpreises gegen Rückübertragung der Aktien[339], auch wenn damit letztlich der Schädiger das Kursrisiko trägt. Auch die Diskussion über den ersatzfähigen Schaden bei §§ 97, 98 WpHG[340] ist noch nicht abgeschlossen[341].

23.107 Insbesondere mit Blick auf die eingeschränkte Haftung für Ad-hoc-Mitteilungen nach Art. 17 MMVO[342] wurde rechtspolitisch eine **Haftungslücke** beklagt und eine spezialgesetzliche Haftung der verantwortlichen Organmitglieder diskutiert. Aufgrund der Haftung der Gesellschaft, obwohl die Fehlhandlung oder das Unterlassen ursächlich auf die Vorstandsmitglieder zurückgehe, werde die Gesamtheit der Aktionäre belastet. Dies sei unter dem Gesichtspunkt der Kapitalerhaltung und des Gläubigerschutzes fraglich und bei den zumeist insolventen Gesellschaften ohnehin nicht weiterführend[343]. Die Empfehlung der Regierungskommission Corporate Governance[344] und des 64. Deutschen Juristentags[345] zur Einführung einer persönlichen Haftung der Organmitglieder wurde nicht befolgt. Auch eine auf das **Vierte Finanzmarktförderungsgesetz** folgende Ankündigung einer solchen Einführung wurde nicht in die Tat umgesetzt[346].

23.108 Bei Schadensersatzansprüchen wegen falscher, irreführender oder unterlassener öffentlicher Kapitalmarktinformation kann seit 2005 ein **Musterverfahren nach dem KapMuG**[347] durchgeführt werden;

---

336 BGH v. 19.7.2004 – II ZR 402/02, AG 2004, 546, 547.
337 Siehe hierzu *Mülbert/Steup* in Habersack/Mülbert/Schlitt, Unternehmensfinanzierung am Kapitalmarkt, § 41 Rz. 243 und BGH v. 25.2.2008 – II ZB 9/07, ZIP 2008, 639 = AG 2008, 380.
338 So *Möllers/Leisch*, WM 2001, 1648, 1655; ihnen folgend LG Frankfurt a.M. v. 28.4.2003 – 3-7 O 47/02, AG 2003, 461, 462; offenlassend OLG München v. 1.10.2002 – 30 U 855/01, ZIP 2002, 1989, 1991 = AG 2003, 106.
339 BGH v. 9.5.2005 – II ZR 287/02 – EM. TV, ZIP 2005, 1270 = AG 2005, 609; dazu *Fleischer*, ZIP 2005, 1805, 1808 f.; *Mülbert/Steup* in Habersack/Mülbert/Schlitt, Unternehmensfinanzierung am Kapitalmarkt, § 41 Rz. 245.
340 Bis 2.1.2018: §§ 37b, 37c WpHG a.F.
341 Dazu BGH v. 13.12.2011 – XI ZR 51/10 – IKB, BGHZ 192, 90 = NJW 2012, 1800; siehe nur *Hellgardt* in Assmann/Uwe H. Schneider/Mülbert, Wertpapierhandelsrecht, § 97 WpHG Rz. 120 f.; *Klöhn*, ZIP 2018, 1638, 1638; *Leisch*, ZIP 2004, 1573, 1578 f.
342 Vormals § 15 WpHG a.F.
343 Im Einzelnen *Kiethe*, DStR 2003, 1982, 1984 m.w.N. Vgl. zu den fehlenden einschlägigen Anspruchsgrundlagen gegen Organmitglieder auch *Mülbert/Steup* in Habersack/Mülbert/Schlitt, Unternehmensfinanzierung am Kapitalmarkt, § 41 Rz. 256.
344 BT-Drucks. 14/7515, S. 88.
345 Verhandlungen des 64. Deutschen Juristentages, Berlin 2002, P 234.
346 „Maßnahmekatalog zur Stärkung der Unternehmensintegrität und des Anlegerschutzes", Pressemitteilung des Bundesministeriums der Justiz Nr. 10/03 v. 25.2.2003; ausführlich zu den gescheiterten Versuchen einer Haftungserweiterung *Hellgardt* in Assmann/Uwe H. Schneider/Mülbert, Wertpapierhandelsrecht, § 97 WpHG Rz. 55 f.
347 Gesetz über Musterverfahren in kapitalmarktrechtlichen Streitigkeiten (KapMuG) v. 16.8.2005, BGBl. I 2005, 2437.

ein solches Musterverfahren hat das Ziel, eine in vielen Prozessen gleichgelagerte Musterfrage rechtlicher oder tatsächlicher Art einheitlich und mit Breitenwirkung durch das Oberlandesgericht zu klären. Das KapMuG wurde mit Wirkung zum 1.11.2012 grundlegend reformiert[348]. Insbesondere besteht nun die Möglichkeit, die Verjährung potenzieller Ansprüche durch eine bloße Anspruchsanmeldung zu hemmen (§ 204 Abs. 1 Nr. 6a BGB, § 10 Abs. 2 KapMuG)[349]. Die Geltungsdauer des KapMuG wurde 2020 bis zum 31.12.2023 verlängert (§ 28 KapMuG). Bis dahin soll über die Tauglichkeit des Verfahrens, insbesondere unter Berücksichtigung der am 1.11.2018 in Kraft getretenen Musterfeststellungsklage (§§ 606 ff. ZPO), entschieden werden[350].

2. Prospekthaftung

Ausnahmsweise kann es zu einer persönlichen Haftung der Organmitglieder im Wege der sog. Prospekthaftung kommen, insofern sie auf den Prospekt maßgeblichen Einfluss genommen haben und damit als Prospektverantwortliche eingeordnet werden können[351]. Neben der Haftung für einen unrichtigen Börsenprospekt nach §§ 9, 10 WpPG[352] kam in diesem Fall bislang grundsätzlich auch die von der Rechtsprechung entwickelte **allgemeine zivilrechtliche Prospekthaftung** in Betracht[353]. Der BGH gab jedoch jüngst seine gefestigte Rechtsprechung auf und bereitete der Alternativität der Anspruchsgrundlagen in der Prospekthaftung ein Ende[354]. Die spezialgesetzliche Prospekthaftung[355] schließe in ihrem Anwendungsbereich eine Haftung der Gründungsgesellschafter als Prospektveranlasser nach der allgemeinen zivilrechtlichen Prospekthaftung gem. § 280 Abs. 1 i.V.m. § 311 Abs. 2 BGB aus. Eine **allgemeine persönliche Organaußenhaftung** für fehlerhafte Prospekte besteht nicht[356]. Die Prospektpflicht trifft im Übrigen allein den Emittenten. In Ausnahmefällen kann eine deliktische Haftung nach § 826 BGB sowie § 823 Abs. 2 i.V.m entsprechenden Strafnormen in Betracht kommen[357]. Allgemein zur Prospekthaftung siehe auch Rz. 10.391 ff.

23.109

---

348 Durch das Gesetz zur Reform des Kapitalanleger-Musterverfahrensgesetzes und zur Änderung anderer Vorschriften v. 19.10.2012, BGBl. I 2012, 2182. Vgl. dazu *von Bernuth/Kremer*, NZG 2012, 890 ff.; *B. Schneider/Heppner*, BB 2012, 2703 ff.
349 Vgl. *von Bernuth/Kremer*, NZG 2012, 890 ff.
350 BT-Drucks. 19/20599, S. 1; zum Verhältnis des Kapitalanlegermusterverfahrens zur europäischen Verbandsklage *Wambach/Dressel*, ZIP 2021, 1449.
351 *Heidelbach* in Schwark/Zimmer, § 9 WpPG Rz. 23; *Mülbert/Steup* in Habersack/Mülbert/Schlitt, Unternehmensfinanzierung am Kapitalmarkt, § 41 Rz. 91; siehe auch BGH v. 1.12.1994 – III ZR 93/93, NJW 1995, 1025; zu einer Haftung aus § 823 BGB BGH v. 7.1.2008 – II ZR 229/05 – ComROAD VI, AG 2008, 252 und BGH v. 7.1.2008 – II ZR 68/06 – ComROAD VII, AG 2008, 254. Vgl. ferner BGH v. 8.1.2013 – VI ZR 386/11, AG 2013, 350 zu einer möglichen Haftung aus § 823 Abs. 2 BGB, § 264a Abs. 1 Nr. 1 StGB wegen eines fehlerhaften Prospekts.
352 Vormals §§ 21, 22 WpPG a.F. bzw. § 13 VerkProspG a.F., §§ 44 ff. BörsG a.F.
353 Zur Entwicklung der sog. Zweigleisigkeit der Prospekthaftung *Assmann/Kumpan* in Assmann/Schütze/Bueck-Heeb, Handbuch Kapitalanlagerecht, § 5 Rz. 3 ff.; dazu bisher OLG Hamburg v. 18.2.2000 – 11 U 213/98, AG 2001, 141, 142; KG v. 20.7.2001 – 9 U 1912/00, AG 2003, 324, 326; zuletzt bestätigt durch BGH v. 17.11.2011 – III ZR 103/10, NJW 2012, 758 ff. = AG 2012, 130; dazu *Klöhn*, WM 2012, 97 ff.; vgl. ferner BGH v. 7.1.2008 – II ZR 229/05 – ComROAD VI, AG 2008, 252 und BGH v. 7.1.2008 – II ZR 68/06 – ComROAD VII, AG 2008, 254. Zur Prospekthaftung ausführlich auch *Mülbert/Steup* in Habersack/Mülbert/Schlitt, Unternehmensfinanzierung am Kapitalmarkt, § 41 Rz. 13 ff.
354 BGH v. 19.1.2021 – XI ZB 35/18, NJW 2021, 1318 mit Anm. *Ott*.
355 Das Urteil erging zu den § 13 VerkProspG, §§ 44 ff. BörsG a.F.
356 *Heidelbach* in Schwark/Zimmer, § 9 WpPG Rz. 23.
357 *Mülbert/Steup* in Habersack/Mülbert/Schlitt, Unternehmensfinanzierung am Kapitalmarkt, § 41 Rz. 179.

3. Haftung wegen Nichtabgabe von Entsprechenserklärungen oder fehlerhaften Entsprechenserklärungen

23.110 Ob bei Nichtabgabe von Entsprechenserklärungen nach § 161 AktG oder der Abgabe von fehlerhaften Entsprechenserklärungen **Ersatzansprüche von Dritten**, zumeist Kapitalanlegern, **oder der Gesellschaft** gegenüber Vorstandsmitgliedern entstehen können, ist Gegenstand einer heftigen Debatte in der Literatur[358]. Im Ergebnis sind solche Ersatzansprüche schwer zu begründen und, zumindest für die Binnenhaftung, wegen oft fehlenden Schadens oder Kausalität kaum praxisrelevant[359].

VI. Haftung im Konzern

23.111 Konzerngesellschaften sind rechtlich selbständig (**Trennungsprinzip**). Ein Haftungsdurchgriff auf die Obergesellschaft oder ihre Organmitglieder, etwa wegen schädigenden Verhaltens auf Ebene der abhängigen Gesellschaft, ist dem deutschen Recht grundsätzlich fremd. Daher geht es bei der Inanspruchnahme der Obergesellschaft wegen Konzernwirkungen, sofern keine gesetzliche oder vertragliche Haftungsgrundlage besteht, um eine Durchbrechung des Trennungsprinzips zum Zweck der Vermeidung von Missbräuchen und auch um Gläubigerschutz[360].

1. Haftung der Vorstandsmitglieder der herrschenden Gesellschaft

23.112 Wie bereits dargestellt (Rz. 20.57 ff.), ist mit der überwiegenden Meinung[361] eine **Konzernleitungspflicht** des Vorstands des herrschenden Unternehmens diesem gegenüber[362] im Sinne einer auf die abhängige Gesellschaft ausgedehnten und intensiven Leitungspflicht abzulehnen. Das Konzernrecht respektiert im Rahmen der §§ 311 ff. AktG die Unabhängigkeit und Eigenverantwortlichkeit des Vorstands des abhängigen Unternehmens. Der Vorstand des herrschenden Unternehmens entscheidet vielmehr nach eigenem Ermessen, ob und wie er Tochterunternehmen in seine Leitung aufnimmt. Insoweit ist er auch verpflichtet, im Rahmen seiner Sorge für die Gegenstände des Gesellschaftsvermögens des herrschenden Unternehmens eine **sorgfältige Beteiligungsverwaltung** durchzuführen und die Beteiligungsrechte in den abhängigen Unternehmen in verantwortlicher Weise zum Nutzen des gesamten Konzerns auszuüben[363].

---

358 Vgl. *Goette* in MünchKomm. AktG, 4. Aufl. 2018, § 161 AktG Rz. 97 ff.; *Hüffer/Koch*, § 161 AktG Rz. 25a ff., 30; *Abram*, NZG 2003, 307, 308 ff.; *E. Vetter*, DNotZ 2003, 748, 762 f.; *Kiethe*, NZG 2003, 559, 562 ff.; *Berg/Stöcker*, WM 2002, 1569, 1575 ff.; *Körner*, NZG 2004, 1148; *Kort* in FS Raiser, 2005, S. 203; *Theusinger/Liese*, DB 2008, 1419, 1420 f.

359 Siehe *Mutter* in Abeltshauser/Buck, Corporate Governance, 2004, S. 29 f. sowie den Überblick bei *Goette* in MünchKomm. AktG, 4. Aufl. 2018, § 161 AktG Rz. 98, 102; *Hüffer/Koch*, § 161 AktG Rz. 25a ff.; *Bayer/Scholz* in BeckOGK AktG, Stand 1.6.2021, § 161 AktG Rz. 143 ff.; *Spindler* in K. Schmidt/Lutter, § 161 AktG Rz. 65 ff.

360 *Mansdörfer/Timmerbeil*, WM 2004, 362, 363.

361 Vgl. *Hüffer/Koch*, § 76 AktG Rz. 47; *Fleischer* in BeckOGK AktG, Stand 1.6.2021, § 76 AktG Rz. 93; *Mertens/Cahn* in KölnKomm. AktG, 3. Aufl. 2010, § 76 AktG Rz. 65; *Habersack* in Emmerich/Habersack, Aktien- und GmbH-Konzernrecht, § 311 AktG Rz. 11, 87; *Holle*, Legalitätskontrolle, 2014, S. 93 ff.; *Spindler* in MünchKomm. AktG, 5. Aufl. 2019, § 76 AktG Rz. 46 ff.; a.A. *Hommelhoff*, Die Konzernleitungspflicht, 1982, S. 43 ff., 165 ff., 184 ff.; zum Ganzen *Götz*, ZGR 1998, 524, 525 ff.; *Kropff*, ZGR 1984, 112 ff.; *Martens* in FS Heinsius, 1991, S. 523, 530 ff.

362 Erst recht gegenüber dem abhängigen Unternehmen; ganz h.M., siehe nur *Habersack* in Emmerich/Habersack, Aktien- und GmbH-Konzernrecht, § 311 AktG Rz. 10 f. sowie dort die Nachw. in Fn. 27 f.

363 Ähnlich *Seibt* in K. Schmidt/Lutter, § 76 AktG Rz. 48; für den Holding-Vorstand siehe auch *Semler*, ZGR 2004, 631, 656 f.

Übt das Vorstandsmitglied dieses **Konzernleitungsermessen**[364] sorgfaltswidrig aus, kann es dabei seine Pflichten **gegenüber der herrschenden Gesellschaft** verletzen[365]. Die Literatur nimmt teilweise auch eine Pflicht zur Konzernplanung, Konzernkoordinierung und Konzernkontrolle an[366]. Folgt man dem, droht bei Verletzung dieser Pflichten ebenfalls eine Haftung.

23.113

Ferner hat die Entscheidung des BGH in Sachen **„Bremer Vulkan"** die Haftungssituation auch für Vorstandsmitglieder weiter verschärft[367]. In dem Urteil wurden nicht nur die Muttergesellschaft, sondern über § 823 Abs. 2 BGB i.V.m. § 266 StGB auch ihre Vorstandsmitglieder persönlich dafür schadensersatzpflichtig gehalten, dass staatliche Subventionen von der Tochter-GmbH in den konzernweiten Cash Pool[368] eingebracht wurden und nicht rechtzeitig vor der Illiquidität des Konzerns von der Tochter-GmbH abgezogen werden konnten. Im Ergebnis läuft das auf den Haftungsdurchgriff auf konzernleitende Vorstandsmitglieder hinaus[369]. Diese Rechtsprechung dürfte auch nach der „Trihotel"-Entscheidung des BGH Bestand haben, die lediglich die Figur des existenzvernichtenden Eingriffs aufgab, aber keine Aussage zur Vorstandshaftung traf[370].

23.114

Gegenüber der abhängigen Gesellschaft kann das Vorstandsmitglied – im Vertragskonzern wie auch im faktischen Konzern – nach den konzernrechtlichen Bestimmungen der § 309 Abs. 2 Satz 1, § 323 i.V.m. § 309 Abs. 2 Satz 1 oder § 317 Abs. 3 AktG haftbar werden, wenn es bei der Erteilung von Weisungen seine Pflichten verletzt. Besteht allerdings neben einem Beherrschungsvertrag ein Gewinnabführungsvertrag, fehlt es bei einer rechtswidrigen Weisung an einem Schaden[371]. Eine Haftung nach § 309 Abs. 2 AktG kommt auch nicht in Betracht, wenn der Schaden durch Untätigkeit bzw. mangelnde Konzernleitung entsteht; erforderlich bleibt stets ein aktives Tun in Form einer Weisung[372]. In beiden Situationen ist nur eine Haftung des Vorstands des herrschenden Unternehmens gegenüber seiner eigenen Gesellschaft möglich.

23.115

Besondere Fragen stellen sich schließlich, wenn ein **Vorstandsmitglied** der herrschenden Gesellschaft von dieser als Organmitglied in die abhängige Gesellschaft **abgeordnet** worden ist[373] und als solches gegenüber der abhängigen Gesellschaft eine Pflichtverletzung begangen hat. Hier sind zwei gegenläufige Tendenzen zu bedenken: Grundsätzlich hat in einer solchen Konstellation das Vorstandsmitglied auch gegenüber der herrschenden Gesellschaft die Pflicht, seine Pflichten gegenüber der abhängigen Gesellschaft nicht zu verletzen und damit die herrschende Gesellschaft nicht mittelbar zu schädigen[374]. Auf der anderen Seite sind die Pflichtenkreise des Vorstandsmitglieds in beiden Gesellschaften getrennt, da die Erfüllung der Pflichten gegenüber der einen Gesellschaft nicht notwendigerweise zu-

23.116

---

364 Dazu *Mertens/Cahn* in KölnKomm. AktG, 3. Aufl. 2010, § 76 AktG Rz. 65.
365 Siehe nur *Hopt/Roth* in Großkomm. AktG, 5. Aufl. 2014, § 93 AktG Rz. 204 und *Sven H. Schneider/Uwe H. Schneider*, AG 2005, 57.
366 *Hommelhoff*, Die Konzernleitungspflicht, 1982, S. 182; *Götz*, ZGR 1998, 524, 531.
367 BGH v. 17.9.2001 – II ZR 178/99, NZG 2002, 38, 40 = AG 2002, 43; vgl. den Überblick über die Vulkan-Doktrin bei *Emmerich*, AG 2004, 423 ff.
368 Zum Cash Pooling BGH v. 16.1.2006 – II ZR 76/04 – Cash Pool I, NJW 2006, 1736; BGH v. 20.7.2009 – II ZR 273/07 – Cash Pool II, NJW 2009, 3091; BGH v. 1.12.2008 – II ZR 102/07 – MPS, NJW 2009, 850; *Strohn*, DB 2014, 1535 ff.; *Klein*, ZIP 2017, 258 ff.; *Neumann*, GmbHR 2016, 1016 ff.; *Hüffer*, AG 2004, 416 ff.; *Altmeppen*, NZG 2010, 361 ff.; *Altmeppen*, NZG 2010, 401 ff.; *Altmeppen*, NZG 2010, 441 ff.
369 Vgl. *J. Vetter*, ZIP 2003, 601, 611. Zur strafrechtlichen Verantwortung in Sachen Bremer Vulkan BGH v. 13.5.2004 – 5 StR 73/03, AG 2004, 450 ff.
370 BGH v. 16.7.2007 – II ZR 3/04, NJW 2007, 2689; siehe hierzu *Altmeppen*, NJW 2007, 2657 und *Dauner-Lieb*, ZGR 2008, 34.
371 *Krieger* in MünchHdb. AG, § 71 Rz. 164.
372 *Krieger* in MünchHdb. AG, § 71 Rz. 165.
373 Vgl. *Martens* in FS Heinsius, 1991, S. 523, 532 ff.
374 BGH v. 10.11.1986 – II ZR 140/85, ZIP 1987, 29, 30 ff. = AG 1987, 126; OLG Düsseldorf v. 28.11.1996 – 6 U 11/95, AG 1997, 231, 235; *Baums*, ZGR 1987, 554, 556; *Passarge*, NZG 2007, 441 f.

gleich auch die Erfüllung der Pflichten gegenüber der anderen bedeutet[375]. Diesen „Konflikt" wird man möglicherweise dadurch auflösen können, dass ein Vorstandsmitglied gegenüber der herrschenden Gesellschaft jedenfalls dann pflichtwidrig handelt, wenn es seine Pflichten gegenüber der abhängigen Gesellschaft verletzt und dadurch die herrschende Gesellschaft zugleich mittelbar geschädigt wird[376]. Ferner stellt eine Verletzung von Pflichten gegenüber der einen Gesellschaft zugleich eine Verletzung von Pflichten gegenüber der anderen dar, wenn sich die Pflichten, die dem Vorstandsmitglied gegenüber der einen Gesellschaft oblagen, mit den Pflichten gegenüber der anderen Gesellschaft decken[377].

2. Haftung der Vorstandsmitglieder der abhängigen Gesellschaft

23.117 Pflichtverletzungen auf Seiten der abhängigen Gesellschaft können sowohl bei der Begründung des Konzernverhältnisses als auch während seines Bestehens begangen werden, wobei weiter zwischen vertraglicher und faktischer Konzernierung zu unterscheiden ist.

23.118 **Vor Abschluss eines Beherrschungsvertrags** hat ein Vorstandsmitglied sowohl die Bonität der herrschenden Gesellschaft zu prüfen als auch potentielle Missbräuche des Beherrschungsvertrags durch sorgfältige Ausgestaltung des Vertrags zu verhindern[378]. Ein Haftungsausschluss nach § 93 Abs. 4 Satz 1 AktG greift insoweit grundsätzlich nicht[379].

23.119 **Besteht eine vertragliche Beherrschung oder Eingliederung**, wird § 93 AktG durch die speziellen konzernrechtlichen Haftungstatbestände der §§ 310, 323 Abs. 1 AktG verdrängt. Der Ausschluss des § 93 AktG greift aber nicht, wenn keine Weisung nach § 308 Abs. 1 Satz 1 AktG erteilt wurde[380]. In sein Ermessen muss der Vorstand nach überwiegender Meinung das Konzerninteresse aber auch im weisungsfreien Raum einbeziehen[381]. Die beherrschte AG ist Partei eines Beherrschungsvertrags und damit in einer anderen Situation als die unbeherrschte AG. Eine zum Schadensersatz nach § 93 Abs. 2 AktG führende Pflichtverletzung liegt stets darin, dass ein Ausgleichsanspruch nach § 302 AktG nicht oder nicht unverzüglich geltend gemacht wird[382].

23.120 **Bei bestehender faktischer Abhängigkeit** unterliegen die Vorstandsmitglieder *im Grundsatz* den gleichen Pflichten (§ 93 Abs. 1, §§ 76 ff. AktG) wie in einer unabhängigen Gesellschaft[383]. An der eigenständigen Leitung der abhängigen Gesellschaft durch ihren Vorstand ändert sich grundsätzlich nichts. Er entscheidet eigenverantwortlich und weisungsfrei[384]. Allerdings darf der Vorstand in den Grenzen

---

375 BGH v. 21.12.1979 – II ZR 244/78, NJW 1980, 1629, 1630 = AG 1980, 111 zum Aufsichtsrat; OLG Düsseldorf v. 28.11.1996 – 6 U 11/95, AG 1997, 231, 235; ferner LG Dortmund v. 1.8.2001 – 20 O 143/93, DB 2001, 2591, 2592 = AG 2002, 97.
376 Zum Ausgleich bei mittelbarer Schädigung der Obergesellschaft durch Pflichtverletzung gegenüber der Untergesellschaft BGH v. 30.4.2001 – II ZR 322/99, AG 2001, 469 f.
377 OLG Düsseldorf v. 28.11.1996 – 6 U 11/95, AG 1997, 231, 235.
378 *Hopt/Roth* in Großkomm. AktG, 5. Aufl. 2014, § 93 AktG Rz. 206.
379 Vgl. *Emmerich* in Emmerich/Habersack, Aktien- und GmbH-Konzernrecht, § 293 AktG Rz. 14 m.w.N.
380 *Emmerich* in Emmerich/Habersack, Aktien- und GmbH-Konzernrecht, § 310 AktG Rz. 12; *Hopt/Roth* in Großkomm. AktG, 5. Aufl. 2014, § 93 AktG Rz. 207; *Hüffer/Koch*, § 310 AktG Rz. 1.
381 Vgl. dazu *Hüffer/Koch*, § 76 AktG Rz. 20; *Fleischer* in BeckOGK AktG, Stand 1.6.2021, § 76 AktG Rz. 113; *Koppensteiner* in KölnKomm. AktG, 3. Aufl. 2004, § 308 AktG Rz. 71; restriktiver (keine konzernfeindliche Haltung) *Emmerich* in Emmerich/Habersack, Aktien- und GmbH-Konzernrecht, § 308 AktG Rz. 54; *Altmeppen* in MünchKomm. AktG, 5. Aufl. 2020, § 308 AktG Rz. 159.
382 *Aschenbeck*, NZG 2000, 1015, 1016; näher zum Verlustausgleichsanspruch nach § 302 Abs. 1 AktG und seiner Geltendmachung durch den Vorstand *Häller*, AG 2020, 611 ff.
383 OLG Hamm v. 10.5.1995 – 8 U 59/94, AG 1995, 512, 514.
384 Vgl. *Spindler* in MünchKomm. AktG, 5. Aufl. 2019, § 76 AktG Rz. 44; *Fleischer* in BeckOGK AktG, Stand 1.6.2021, § 76 AktG Rz. 112; *Hüffer/Koch*, § 76 AktG Rzn. 52; *M. Arnold/Rothenburg* in Semler/Peltzer/Kubis, Arbeitshandbuch für Vorstandsmitglieder, § 7 Rz. 81 f.

des Unternehmensinteresses auch das Konzerninteresse mitberücksichtigen. Im Übrigen ist die abhängige Gesellschaft im faktischen Konzern über die §§ 311 ff. AktG geschützt. Der Vorstand der abhängigen Gesellschaft hat hier zu prüfen, ob ein durch eine vom herrschenden Unternehmen veranlasste Maßnahme entstehender Nachteil ausgleichsfähig und das herrschende Unternehmen zum Ausgleich imstande und bereit ist[385]. Besteht ein Ausgleichsanspruch, hat der Vorstand ihn geltend zu machen, um eine Haftung nach § 93 AktG zu vermeiden. Im Wege der Gesetzeskonkurrenz wird § 93 AktG allerdings im Anwendungsbereich des § 318 AktG verdrängt, wenn es das Vorstandsmitglied pflichtwidrig unterlässt, über ein nachteiliges Rechtsgeschäft oder eine nachteilige Maßnahme im Abhängigkeitsbericht zu berichten; der Ersatzanspruch aus § 318 AktG ist dann gegenüber dem aus § 93 AktG vorrangig[386]. Die Haftung würde sich jedoch auch aus § 93 AktG ergeben[387].

Im Übrigen sind auch im **faktischen Konzern** Pflichtverstöße des Vorstands der abhängigen Gesellschaft ohne nachteilige Veranlassung durch die herrschende Gesellschaft denkbar. Hier gelten die allgemeinen Haftungsregeln, etwa durch eine Darlehensgewährung, die gegen das Verbot der Einlagenrückgewähr verstößt[388]. Für eine Haftung des Vorstands der abhängigen Gesellschaft gegenüber der herrschenden Gesellschaft gibt es keine Rechtsgrundlage[389].

23.121

VII. D&O-Versicherung

Schrifttum: *M. Arnold/Unmuth*, Zwingender Selbstbehalt – auch beim Vergleich mit dem D&O-Versicherer, in FS Thümmel, 2020, S. 17; *Baur/Holle*, Anwendung des § 93 Abs. 2 Satz 2 AktG im Direktprozess gegen den D&O-Versicherer, AG 2017, 141; *Böttcher*, Direktanspruch gegen den D&O-Versicherer – Neue Spielregeln im Managerhaftungsprozess?, NZG 2008, 645; *Brinkmann*, Die prozessualen Konsequenzen der Abtretung des Freistellungsanspruchs aus einer D&O-Versicherung, ZIP 2017, 301; *Dreher*, Der Abschluss von D&O-Versicherungen und die aktienrechtliche Zuständigkeitsordnung, ZHR 165 (2001), 293; *Dreher*, Die selbstbeteiligungslose D&O-Versicherung in der AG, AG 2008, 429; *Dreher/Thomas*, Die D&O-Versicherung nach der VVG-Novelle 2008, ZGR 2009, 31; *Franz*, Aktuelle Compliance-Fragen zur D&O-Versicherung (Teil 2), DB 2011, 2019; *Freund*, Organhaftung von Vorständen und Geschäftsführern, GmbHR 2009, 1185; *Groterhorst/Looman*, Rechtsfolgen der Abtretung des Freistellungsanspruchs gegen den Versicherer im Rahmen der D&O-Versicherung, NZG 2015, 215; *Grote/Schneider*, Das neue Versicherungsvertragsrecht, BB 2007, 2689; *Harnos/Rudzio*, Die Innenhaftung des Vorstands der Aktiengesellschaft, JuS 2010, 104; *Happ/Möhrle*, D&O-Versicherung und Aktienrecht – Viele Fragen offen, in FS Seibert, 2019, S. 273; *Happ/Möhrle*, Zur Erledigung des Versicherungsfalls in der D&O-Versicherung, in FS Vetter, 2019, S. 193; *Hemeling*, Neuere Entwicklungen in der D&O-Versicherung, in FS Hoffmann-Becking, 2013, S. 491; *Kiethe*, Persönliche Haftung von Organen der AG und der GmbH – Risikovermeidung durch D&O-Versicherung?, BB 2003, 537; *R. Koch*, Abtretung des Freistellungsanspruchs in D&O-Innenhaftungsfällen, VersR 2016, 765; *Kort*, Voraussetzungen und Zulässigkeit einer D&O-Versicherung von Organmitgliedern, DStR 2006, 799; *Kumpan*, D&O-Versicherung und aktienrechtliche Zuständigkeit im Spannungsfeld von Interessenkonflikten, in FS Hopt, 2020, S. 631; *Lange*, Die D&O-Versicherungsverschaffungsklausel im Manageranstellungsvertrag, ZIP 2004, 2221; *Lattwein/Krüger*, D&O-Versicherung – Das Ende der Goldgräberstimmung?, NVersZ 2000, 365; *Löbbe*, Abtretungslösung – Königsweg zur Durchsetzung von Organhaftungsansprüchen?, in FS Marsch-Barner, 2018, S. 317; *Notthoff*, Rechtliche Fragestellungen im Zusammenhang mit dem Abschluss einer Director's & Officer's-Versicherung, NJW 2003, 1350; *Peltzer*, Konstruktions- und Handhabungsschwierigkeiten bei der D&O Versicherung, NZG 2009, 970; *Rudzio*, Vorvertragliche Anzeigepflicht bei der D&O-Versicherung der Aktiengesellschaft, 2010; *v. Schenck*, Handlungsbedarf bei der D&O-Versicherung,

---

385 *Aschenbeck*, NZG 2000, 1015, 1018; siehe auch *Hüffer/Koch*, § 76 AktG Rz. 52.
386 *Hopt/Roth* in Großkomm. AktG, 5. Aufl. 2014, § 93 AktG Rz. 208 f.; *Habersack* in Emmerich/Habersack, Aktien- und GmbH-Konzernrecht, § 318 AktG Rz. 11 ff.
387 *H.F. Müller* in BeckOGK AktG, Stand 1.6.2021, § 318 AktG Rz. 3, 14.
388 OLG Hamm v. 10.5.1995 – 8 U 59/94, AG 1995, 512, 515. Siehe hierzu auch OLG Jena v. 25.4.2007 – 6 U 947/05, AG 2007, 785.
389 *Kuntz*, Der Konzern 2007, 802.

NZG 2015, 494; *Schüppen/Sanna*, D&O-Versicherungen: Gute und schlechte Nachrichten!, ZIP 2002, 550; *Seibt/Saame*, Geschäftsleiterpflichten bei der Entscheidung über D&O-Versicherungsschutz, AG 2006, 901; *Sieg* in Münchener Anwaltshandbuch Versicherungsrecht, 4. Aufl. 2017; *Unmuth*, Hauptversammlungszustimmung bei Abtretung des Deckungsanspruchs und sich anschließendem Vergleich mit dem D&O-Versicherer, AG 2020, 890; *E. Vetter*, Aktienrechtliche Probleme der D&O Versicherung, AG 2000, 453.

1. Gegenstand der D&O-Versicherung

23.122 Die Haftung des Vorstands der AG kann existenzgefährdend sein. Deshalb ist Versicherungsschutz für Vorstandsmitglieder ein zentrales Anliegen. Die D&O-Versicherung ist mittlerweile – jedenfalls bei der AG – als Standardprodukt anerkannt[390]. Bei der D&O-Versicherung handelt es sich um eine **Haftpflichtversicherung für Vermögensschäden**, die auf einer Pflichtverletzung der Versicherten in Ausübung ihrer leitenden Tätigkeit beruhen[391]. Die D&O-Versicherung wird von der Gesellschaft als Versicherungsnehmerin und Prämienschuldnerin für ihre Führungskräfte und häufig auch für Führungskräfte ihrer Tochterunternehmen abgeschlossen. Sie ist nach allgemeiner Auffassung Versicherung für fremde Rechnung (§§ 43 ff. VVG) und Spezialfall des Vertrags zu Gunsten Dritter (§§ 328 ff. BGB). Der Anspruch aus der Versicherung steht daher – vorbehaltlich vertraglicher Abweichungen – den versicherten Führungskräften, nicht der Gesellschaft als Versicherungsnehmerin zu[392]. Allerdings ist es nach der Rechtsprechung des BGH zulässig, dass eine versicherte Führungskraft ihren Freistellungsanspruch gegen den D&O-Versicherer an die Gesellschaft abtritt und diese den Anspruch im Wege einer Direktklage gegen den D&O-Versicherer geltend macht[393]. Der Freistellungsanspruch wandelt sich mit der Abtretung in einen Zahlungsanspruch um[394]. Der BGH hat außerdem klargestellt, dass D&O-Versicherer die Abtretung des Freistellungsanspruchs durch das versicherte Organmitglied an die Gesellschaft in ihren Allgemeinen Versicherungsbedingungen weder ausschließen noch von ihrer Zustimmung abhängig machen können[395]. Der BGH klärte damit die bis dahin in der Literatur umstrittene Frage, ob die Gesellschaft als Versicherungsnehmerin „Dritte" i.S.v. § 108 Abs. 2 VVG sein kann, obwohl sie selbst Vertragspartei der D&O-Versicherung ist[396].

23.123 Ob die **Abtretungsvereinbarung** zwischen der Gesellschaft und dem (ehemaligen) Vorstandsmitglied der **Zustimmung der Hauptversammlung** nach § 93 Abs. 4 Satz 3 AktG bedarf, richtet sich nach ihrer konkreten Ausgestaltung. Die Zustimmung ist nicht erforderlich, sofern die Abtretung nur erfüllungshalber und nicht an Erfüllung statt erfolgt[397]. Denn bei einer Abtretung an Erfüllung statt erlischt der Organhaftungsanspruch nach § 364 Abs. 1 BGB. Damit ist ein Rückgriff der Gesellschaft auf das versicherte Organ auch dann ausgeschlossen, wenn ein Vorgehen gegen den Versicherer aus deckungsrechtlichen Gründen scheitert. Bei einer Abtretung erfüllungshalber erlischt der Anspruch der Gesell-

---

390 Vgl. *Dreher*, AG 2008, 429; *Hemeling* in FS Hoffmann-Becking, 2013, S. 491; *Lattwein/Krüger*, NVersZ 2000, 465; *Harnos/Rudzio*, JuS 2010, 104, 107. Vgl. ferner *Sieg* in Münchener AnwaltsHdb. VersR, 4. Aufl. 2017, § 17 Rz. 16: Das Prämienvolumen sei Schätzungen zufolge von 1998 bis 2017 von 20 Mio. DM auf rund 1 Mrd. Euro angestiegen.
391 Vgl. *Hoffmann-Becking* in MünchHdb. AG, § 26 Rz. 59.
392 Vgl. dazu OLG München v. 15.3.2005 – 25 U 3940/04, AG 2005, 817 ff.; ferner *Rudzio*, D&O-Versicherung, 2010, S. 40 ff. m. umfangr. Nachw.
393 BGH v. 13.4.2016 – IV ZR 304/13, NZG 2016, 745 = AG 2016, 497; BGH v. 13.4.2016 – IV ZR 51/14, AG 2016, 395; dazu *Harzenetter*, NZG 2016, 728 ff.
394 BGH v. 13.4.2016 – IV ZR 304/13, BGHZ 209, 373 = NZG 2016, 745 Rz. 22; *Hüffer/Koch*, § 93 AktG Rz. 58d.
395 BGH v. 13.4.2016 – IV ZR 304/13, BGHZ 209, 373 = NZG 2016, 745 Rz. 19 f.; zu den praktischen Folgen einer Abtretung *Happ/Möhrle* in FS Vetter, 2019, S. 193, 207 ff. Das Klauselverbot gilt jedoch nach § 210 Abs. 1 VVG nicht für Großrisiken i.S.v. § 10 Abs. 1 Satz 2 Nr. 3 EGVVG.
396 Siehe dazu *Löbbe* in FS Marsch-Barner, 2018, S. 317, 321 ff.
397 *Hüffer/Koch*, § 93 AktG Rz. 58d; *Fleischer* in BeckOGK AktG, Stand 1.6.2021, § 93 AktG Rz. 280; ausführlich und z.T. krit. *Unmuth*, AG 2020, 890 ff.; *Brinkmann*, ZIP 2017, 301, 303; *Harzenetter*, NZG 2016, 729, 730 f.; *Löbbe* in FS Marsch-Barner, 2018, S. 317, 324 ff.

schaft gegen das Organ hingegen erst und insoweit, als die Gesellschaft vom Versicherer Zahlung erlangt[398]. Der Selbstbehalt des versicherten Organmitglieds nach § 93 Abs. 2 Satz 3 AktG bleibt hiervon freilich unberührt[399].

Für die **Geltendmachung des abgetretenen Anspruchs** gegenüber dem D&O-Versicherer ist nach h.M. der Vorstand zuständig[400]. Dies ist mit Blick auf § 112 AktG und mögliche Interessenkonflikte des Vorstands nicht unproblematisch[401]. Daher empfiehlt sich jedenfalls in der Praxis eine Doppelvertretung durch Aufsichtsrat und Vorstand[402]. Kommt es nach der Abtretung des Freistellungsanspruchs zur Direktklage der Gesellschaft gegen den D&O-Versicherer, prüft das Gericht inzident, ob ein Organhaftungsanspruch besteht[403]. Nach den allgemeinen Grundsätzen trägt dann die Gesellschaft als Klägerin die Beweislast. Ob der Gesellschaft die Beweiserleichterung nach § 93 Abs. 2 Satz 2 AktG auch in dieser Konstellation zugutekommt, ist sehr umstritten. Der wohl überwiegende Teil der Literatur verneint dies[404]. Ein Teil der Literatur spricht sich indes – mit durchaus starken Argumenten[405] – für eine direkte bzw. entsprechende Anwendung von § 93 Abs. 2 Satz 2 AktG für aus[406]. Neben dem Wortlaut[407] scheinen zunächst auch teleologische Gesichtspunkte gegen eine Anwendbarkeit von § 93 Abs. 2 Satz 2 AktG zu sprechen. Die geschädigte Gesellschaft kommt im Verhältnis zum Organmitglied in den Genuss der Beweiserleichterung, da das Organmitglied der pflichtwidrigen Handlung näher steht als die Gesellschaft. Der Versicherer soll dagegen keine dem Organmitglied vergleichbare Sachnähe aufweisen und daher über kein besseres Wissen als die Gesellschaft verfügen[408]. Allerdings stehen dem Versicherer nach dem Gesetz (§ 31 Abs. 2 VVG) und in der Regel auch nach den Versicherungsbedingungen umfassende Auskunfts- und Informationsrechte gegen das versicherte Organmitglied zu[409]. Der Versicherer macht sich damit die Sachnähe des Versicherten zu eigen, sodass eine Anwendung von § 93 Abs. 2 Satz 2 AktG zugunsten der Gesellschaft interessengerecht erscheint[410]. Darü-

23.124

---

398 *Brinkmann*, ZIP 2017, 301, 303; *Harzenetter*, NZG 2016, 729, 730 f.; *Löbbe* in FS Marsch-Barner, 2018, S. 317, 324 ff.
399 *Brinkmann*, ZIP 2017, 301, 303.
400 *Fleischer* in BeckOGK AktG, Stand 1.6.2021, § 93 AktG Rz. 280; *Brinkmann*, ZIP 2017, 301, 304; *Lange*, D&O-Versicherung und Managerhaftung, 2014, § 21 Rz. 36; a.A. *Grotherhorst/Looman*, NZG 2015, 215, 218.
401 Näher dazu *Löbbe* in FS Marsch-Barner, 2018, S. 317, 333 f.
402 So auch *Hüffer/Koch*, § 93 AktG Rz. 58d; *Brinkmann*, ZIP 2017, 301, 304; *Löbbe* in FS Marsch-Barner, 2018, S. 317, 333 f.; aus Rechtsgründen für Doppelvertretung: *Harzenetter*, NZG 2016, 728, 731 f.; *Happ/Möhrle* in FS Vetter, 2019, S. 193, 210.
403 *Fleischer* in BeckOGK AktG, Stand 1.6.2021, § 93 AktG Rz. 280; *Scheel* in *Goette/Arnold*, Handbuch Aufsichtsrat, § 4 Rz. 2038; *Unmuth*, AG 2020, 890 Rz. 48.
404 *Fleischer* in BeckOGK AktG, Stand 1.6.2021, § 93 AktG Rz. 280; *Hopt/Roth* in Großkomm. AktG, 5. Aufl. 2014, § 93 AktG Rz. 452; *Mertens/Cahn* in KölnKomm. AktG, 3. Aufl. 2010, § 93 AktG Rz. 245; *Hölters* in Hölters, § 93 AktG Rz. 416; *Brinkmann*, ZIP 2017, 301, 306 ff.; *Armbrüster*, NJW 2016, 897, 898; *Grooterhorst/Looman*, NZG 2015, 215, 217; *v. Schenck*, NZG 2015, 494, 495 Fn. 22; *Dreher/Thomas*, ZGR 2009, 31, 43 ff.; *Freund*, GmbHR 2009, 1185, 1190; *Böttcher*, NZG 2008, 645, 648 f.; *Grote/Schneider*, BB 2007, 2689, 2699; *Hemeling* in FS Hoffmann-Becking, 2013, S. 491, 496 Fn. 24.
405 So auch *Hüffer/Koch*, § 93 AktG Rz. 58e.
406 *Harzenetter*, NZG 2016, 728, 732; *R. Koch*, VersR 2016, 765, 767 f.; *Peltzer*, NZG 2009, 970, 974; *Happ/Möhrle* in FS Vetter, 2019, S. 193, 211; *Lange*, D&O-Versicherung, 2014, § 21 Rz. 35; für direkte Anwendung *Baur/Holle*, AG 2017, 141, 143 ff.; *Löbbe* in FS Marsch-Barner, 2018, S. 317, 331 ff.
407 *Hüffer/Koch*, § 93 AktG Rz. 58e; *Böttcher*, NZG 2008, 645, 648; a.A. *Baur/Holle*, AG 2017, 141, 143 ff.
408 So *Grootenhorst/Lohmann*, NZG 2015, 215, 217; *v. Schenck*, NZG 2015, 494, 495 Fn. 22; *Böttcher*, NZG 2008, 645, 649; *Brinkmann*, ZIP 2017, 301, 307.
409 *Hüffer/Koch*, § 93 AktG Rz. 58e; *Harzenetter* NZG 2016, 728, 732; *Baur/Holle*, AG 2017, 141, 145 f.; *Löbbe* in FS Marsch-Barner, 2018, S. 317, 333; *Lange*, D&O-Versicherung und Managerhaftung, 2014, § 21 Rz. 35.
410 *Lange*, D&O-Versicherung, 2014, § 21 Rz. 35.

ber hinaus würde andernfalls die vom Gesetzgeber bewusst geschaffene Möglichkeit der direkten Inanspruchnahme konterkariert[411].

23.125 Der **Deckungsschutz** der D&O-Versicherung wird in den in der Praxis verwendeten Versicherungsbedingungen durch eine Jahreshöchstsumme und zahlreiche weitere Ausschlüsse **begrenzt**. Insbesondere tritt die Versicherung nicht für Schäden ein, die vorsätzlich verursacht wurden (§ 103 VVG). Dagegen sind Schäden, die infolge einer bedingt vorsätzlichen Pflichtverletzung (nicht Schadensverursachung) entstehen, regelmäßig vom Versicherungsschutz umfasst. In den Versicherungsbedingungen ist üblicherweise nur der Eintritt für Schäden ausgeschlossen, die durch eine wissentliche Pflichtverletzung eingetreten sind[412]. Regelmäßig gilt außerdem das sog. Claims-made-Prinzip, wonach der Versicherungsfall erst eintritt, wenn der Geschädigte den Schaden erstmals geltend macht[413]. Demnach muss nur die Geltendmachung des Schadens zeitlich in die Versicherungsperiode fallen und nicht dagegen die Pflichtverletzung[414]. Nach der Rechtsprechung des BGH muss das versicherte Organmitglied für die Geltendmachung nicht tatsächlich in Anspruch genommen werden. Vielmehr liegt eine den Versicherungsfall auslösende Inanspruchnahme auch dann vor, wenn die geschädigte Gesellschaft das Organmitglied allein mit Blick auf die Möglichkeit des Zugriffs auf dessen Deckungsanspruch gegen dessen Versicherer in Anspruch nimmt und nicht beabsichtigt, auf das Vermögen des versicherten Organmitglieds zuzugreifen[415].

2. Aktienrechtliche Fragen

23.126 Die D&O-Versicherung wird nach zutreffender – streitiger – Ansicht im **überwiegenden Eigeninteresse der Gesellschaft** abgeschlossen[416]. Da Innenhaftungsansprüche der Gesellschaft gegen ihre Führungskräfte der wesentliche Anwendungsbereich der D&O-Versicherung sind, dient die Versicherung vor allem dem Schutz des Gesellschaftsvermögens gegenüber dem Insolvenzrisiko der versicherten Personen[417]. Daneben ist ausreichender Versicherungsschutz mittlerweile eine entscheidende Voraussetzung dafür, geeignete Führungskräfte zu gewinnen[418]. Aus dem überwiegenden Eigeninteresse der Gesellschaft ergibt sich, dass die **Prämien** der D&O-Policen **nicht Vergütungsbestandteil** sind[419]. Dieser Einschätzung ist die Finanzverwaltung gefolgt: Bei praxisüblicher Ausgestaltung unterliegen die Prämien der D&O-Versicherung als Betriebsausgaben der Gesellschaft nicht der Lohn- und Einkommensbesteuerung[420]. Der Abschluss der Versicherung ist daher richtigerweise als Geschäftsführungs-

---

411 Hüffer/Koch, § 93 AktG Rz. 58e; Baur/Holle, AG 2017, 141, 146 f.
412 Vgl. dazu Sieg in Münchener AnwaltsHdb. VersR, 4. Aufl. 2017, § 17 Rz. 153 ff.
413 Hüffer/Koch, § 93 AktG Rz. 58b.
414 Hüffer/Koch, § 93 AktG Rz. 58b; Fleischer in BeckOGK AktG, Stand 1.6.2021, § 93 AktG Rz. 279; näher dazu Scheel in Goette/Arnold, Handbuch Aufsichtsrat, § 4 Rz. 1966 ff.
415 BGH v. 13.4.2016 – IV ZR 304/13, BGHZ 209, 373 Rz. 24 ff. = NZG 2016, 745 Rz. 23 ff.; BGH v. 13.4.2016 – IV ZR 51/14, BeckRS 2016, 788 = AG 2016, 395; anders noch OLG Düsseldorf v. 31.1.2014 – I-4 U 176/11, BeckRS 2014, 02977 = RuS 2014, 122; OLG Düsseldorf v. 12.7.2013 – I-4 U 149/11, BeckRS 2013, 16019 = BB 2013, 2895.
416 Vgl. Kort in Großkomm. AktG, 5. Aufl. 2015, § 87 AktG Rz. 154; Fleischer in BeckOGK AktG, Stand 1.6.2021, § 93 AktG Rz. 278, 282 f.; Dreher, AG 2008, 429. Zum Streitstand Rudzio, D&O-Versicherung, 2010, S. 46 ff.; Scheel in Goette/Arnold, Handbuch Aufsichtsrat, § 4 Rz. 1945 ff.
417 Vgl. Schüppen/Sanna, ZIP 2002, 550, 551; Dreher/Thomas, ZGR 2009, 31, 52.
418 Vgl. Fleischer in BeckOGK AktG, Stand 1.6.2021, § 93 AktG Rz. 278; Dreher, ZHR 165 (2001), 293, 310; Dreher/Thomas, ZGR 2009, 31, 53; Notthoff, NJW 2003, 1350, 1354; Seibt/Saame, AG 2006, 901, 906.
419 Vgl. Dreher/Thomas, ZGR 2009, 31, 52 f.; Kiethe, BB 2003, 537, 539.
420 Vgl. BMF v. 24.1.2002 – IV C 5-S 2332-8/02, auszugsweise abgedruckt in AG 2002, 287; ferner Erlass des FM Niedersachsen v. 25.1.2002 – S 2332-161-35, S 2245-21-312, DStR 2002, 678.

entscheidung einzuordnen, bei der für eine Beteiligung des Aufsichtsrats und der Hauptversammlung kein Raum bleibt[421].

Trotz des überwiegenden Eigeninteresses der Gesellschaft an der D&O-Versicherung lässt sich eine **Abschlusspflicht** aus Gesichtspunkten der Risikominimierung grundsätzlich **nicht begründen**[422]. Eine Abschlusspflicht ergibt sich auch nicht aus der Fürsorgepflicht der Gesellschaft gegenüber ihren Führungskräften[423].   23.127

Nach dem im Zuge des VorstAG[424] eingefügten § 93 Abs. 2 Satz 3 AktG ist nunmehr ein **Selbstbehalt** zu Lasten der Vorstandsmitglieder in Höhe von mindestens 10 % des Schadens bei jedem Versicherungsfall zwingend vorgeschrieben. Die Selbstbehaltspflicht ist durch eine Obergrenze für alle Schadensfälle eines Jahres beschränkt, die mindestens das Eineinhalbfache der festen jährlichen Vergütung des Vorstandsmitglieds betragen muss (vgl. Rz. 21.127). Nach zutreffender Ansicht ist der nach § 93 Abs. 2 Satz 3 AktG zwingende Selbstbehalt nur für den Fall der streitigen Anspruchsverfolgung vorgesehen, nicht jedoch bei einem Vergleichsabschluss. Dann greift § 93 Abs. 2 Satz 3 AktG nicht[425]. Hierfür sprechen insbesondere die systematische Verortung in § 93 Abs. 2 AktG und die Dispositionsfreiheit der Hauptversammlung nach § 93 Abs. 4 AktG[426]. Nicht vom Selbstbehalt erfasst sind richtigerweise auch die Kosten der Schadensabwehr, also etwa Anwaltskosten[427]. Zulässig sind auch sog. Selbstbehaltsversicherungen, sofern das Vorstandsmitglied die Prämien selbst bezahlt[428]. Mit Hilfe einer solchen Versicherung können Vorstandsmitglieder ihr Haftungsrisiko noch weiter minimieren.   23.128

---

421 So auch *Kort* in Großkomm. AktG, 5. Aufl. 2015, § 84 AktG Rz. 446 f.; *Kort*, DStR 2006, 799, 801 f.; *Mertens/Cahn* in KölnKomm. AktG, 3. Aufl. 2010, § 93 AktG Rz. 246; *Fleischer* in BeckOGK AktG, Stand 1.6.2021, § 93 AktG Rz. 283; *Hoffmann-Becking* in MünchHdb. AG, § 26 Rz. 62; *E. Vetter*, AG 2000, 453, 457 f.; *Hüffer/Koch*, § 84 AktG Rz. 22, § 113 AktG Rz. 5; *Happ/Möhrle* in FS Seibert, 2019, S. 273, 281 ff.; a.A. *Liebscher* in Beck'sches Hdb. AG, § 6 Rz. 38; *Kumpan* in FS Hopt, 2020, S. 631, 638 ff.; *Armbrüster* in FS K. Schmidt, Bd. I, 2019, S. 23, 26 ff. Zum Streitstand *Rudzio*, D&O-Versicherung, 2010, S. 56 ff. m.w.N.
422 So auch BGH v. 16.3.2009 – II ZR 280/07, WM 2009, 851, 853 = AG 2009, 404; *Fleischer* in BeckOGK AktG, Stand 1.6.2021, § 93 AktG Rz. 285; *Mertens/Cahn* in KölnKomm. AktG, 3. Aufl. 2010, § 84 AktG Rz. 96, § 93 AktG Rz. 242; *Kort*, DStR 2006, 799, 801.
423 Vgl. *Mertens/Cahn* in KölnKomm. AktG, 3. Aufl. 2010, § 84 AktG Rz. 96, § 93 AktG Rz. 242; *Spindler* in MünchKomm. AktG, 5. Aufl. 2019, § 84 AktG Rz. 104, § 93 AktG Rz. 225; *Happ/Möhrle* in FS Seibert, 2019, S. 273, 277 f.
424 Gesetz zur Angemessenheit der Vorstandsvergütung v. 31.7.2009, BGBl. I 2009, 2509.
425 *Hüffer/Koch*, § 93 AktG Rz. 78; *M. Arnold/Unmuth* in FS Thümmel, 2020, S. 17, 18, 20; *Happ/Möhrle* in FS Vetter, 2019, S. 193, 204 f.; *Habersack* in FS Baums, 2017, S. 531, 538 f.; a.A. *Mertens/Cahn* in KölnKomm. AktG, 3. Aufl. 2010, § 93 Rz. 251; *Spindler* in MünchKomm. AktG, § 93 AktG Rz. 245; *Hopt/Roth* in Großkomm. AktG, 5. Aufl. 2014, § 93 AktG Rz. 457; *Franz*, DB 2011, 2019, 2022 f.
426 *M. Arnold/Unmuth* in FS Thümmel, 2020, S. 17, 20 f.
427 *Fleischer* in BeckOGK AktG, Stand 1.6.2021, § 93 AktG Rz. 294; *Spindler* in MünchKomm. AktG, 5. Aufl. 2019, § 93 AktG Rz. 246.
428 *Hüffer/Koch*, § 93 AktG Rz. 59; *Fleischer* in BeckOGK AktG, Stand 1.6.2021, § 93 AktG Rz. 303.

6. Kapitel
Aufsichtsrat

§ 24
Der Aufsichtsrat innerhalb der Verfassung der AG

I. Der Aufsichtsrat in der Aktiengesellschaft 24.1	2. Der Beirat 24.13
1. Die Aufgaben von Vorstand und Aufsichtsrat – Überblick 24.1	III. Verhältnis des Aufsichtsrates zu anderen Organen der AG 24.15
2. Das zweistufige Verwaltungssystem des AktG im Vergleich zum Board-System . 24.2	1. Der Aufsichtsrat im Verhältnis zur Hauptversammlung 24.15
3. Mitbestimmung im Unternehmen 24.6	2. Der Aufsichtsrat im Verhältnis zum Vorstand 24.20
4. Die jüngere Rechtsentwicklung zur Verbesserung der Aufsichtsratstätigkeit ... 24.8	3. Der Aufsichtsrat im Verhältnis zum Abschlussprüfer 24.25
II. Der Aufsichtsrat als Pflichtorgan 24.12	IV. Kollegialorgan 24.27
1. Der Aufsichtsrat als gesetzlich notwendiges Organ 24.12	

Schrifttum: *Bachmann*, Reform der Corporate Governance in Deutschland, AG 2012, 565; *Baums*, Der Aufsichtsrat – Aufgaben und Reformfragen, ZIP 1995, 11; *Baums*, Aktienrecht für globalisierte Kapitalmärkte – Generalbericht –, in Hommelhoff/Lutter/Schmidt/Schön/Ulmer (Hrsg.), Corporate Governance, ZHR-Beiheft 71, 2002, S. 13; *Bernhardt*, Vorstand und Aufsichtsrat (unter Einschluss des Verhältnisses zum Abschlussprüfer), in Hommelhoff/Lutter/Schmidt/Schön/Ulmer (Hrsg.), Corporate Governance, ZHR-Beiheft 71, 2002, S. 119; *Börsig/Löbbe*, Die gewandelte Rolle des Aufsichtsrats – 7 Thesen zur Corporate Governance Entwicklung in Deutschland, in FS Hoffmann-Becking, 2013, S. 125; *Hoffmann-Becking*, Rechtliche Möglichkeiten und Grenzen einer Verbesserung der Arbeit des Aufsichtsrats, in FS Havermann, 1995, S. 229; *Hoffmann-Becking*, Der Aufsichtsrat im Konzern, ZIP 2020, 2481; *Hopt*, Unternehmensführung, Unternehmenskontrolle, Modernisierung des Aktienrechts in Hommelhoff/Lutter/Schmidt/Schön/Ulmer (Hrsg.), Corporate Governance, ZHR-Beiheft 71, 2002, S. 27; *Kropff*, Zur Vinkulierung, zum Mitbestimmungsrecht und zur Unternehmensaufsicht im deutschen Recht, in Semler/Hoffmann/Doralt/Druey (Hrsg.), Reformbedarf im Aktienrecht, 1994, S. 3; *Lieder*, Der Aufsichtsrat im Wandel der Zeit, 2006; *Lutter*, Defizite für eine effiziente Aufsichtsratstätigkeit und gesetzliche Möglichkeiten der Verbesserung, ZHR 159 (1995), 287; *Uwe H. Schneider/Sven H. Schneider*, Der Aufsichtsrat zwischen Kontinuität und Veränderung, AG 2015, 621; *Schwark*, Corporate Governance: Vorstand und Aufsichtsrat, in Hommelhoff/Lutter/Schmidt/Schön/Ulmer (Hrsg.), Corporate Governance, ZHR-Beiheft 71, 2002, S. 75; *Ulmer*, Paritätische Arbeitnehmermitbestimmung im Aufsichtsrat von Großunternehmen – noch zeitgemäß?, ZHR 166 (2002), 271; *E. Vetter*, Der Aufsichtsrat – Spagat zwischen gesetzlichen Vorgaben und wachsenden Herausforderungen, in Fleischer/Koch/Kropff/Lutter (Hrsg.), 50 Jahre Aktiengesetz, 2015, S. 103.

I. Der Aufsichtsrat in der Aktiengesellschaft

1. Die Aufgaben von Vorstand und Aufsichtsrat – Überblick

Nach der gesetzlichen Verfassung der AG sind dem Aufsichtsrat als wichtigste Aufgaben die Bestellung und Abberufung des Vorstandes, die Kontrolle der Geschäftsführung des Vorstandes sowie dessen lau- 24.1

fende Beratung zugewiesen, während dem Vorstand nach § 76 Abs. 1 AktG die alleinige eigenverantwortliche Leitung des Unternehmens obliegt. § 111 Abs. 4 Satz 1 AktG bestimmt ausdrücklich, dass dem Aufsichtsrat Maßnahmen der Geschäftsführung nicht übertragen werden können, ihm also keine unternehmerische Initiative eingeräumt ist. Aufsichtsrat und Vorstand bilden gemeinsam die **Verwaltung der Gesellschaft** (vgl. § 120 Abs. 2 AktG). Die gleichzeitige Mitgliedschaft im Aufsichtsrat und im Vorstand ist nach § 105 Abs. 1 AktG grundsätzlich[1] nicht zulässig.

2. Das zweistufige Verwaltungssystem des AktG im Vergleich zum Board-System

24.2 Die **institutionelle Trennung der Leitungs- und Kontrollfunktionen** der AG und die strikte Aufteilung auf zwei Organe sind charakteristisch für das **dualistische System** des AktG (sog. Two-Tier-System). Es steht im Gegensatz zum monistischen System (sog. One-Tier-System), in dem eine institutionelle Kontrolle der Geschäftsleitung durch ein separates Gremium fehlt und sowohl die Leitungs- wie auch die Kontrollaufgaben von den Mitgliedern eines einzigen Gremiums (Board of Directors oder Verwaltungsrat) wahrgenommen werden und das vor allem im angelsächsischen Rechtsraum aber auch in vielen Staaten mit romanischer Rechtstradition vorherrscht.

24.3 Schon im Rahmen der Aktienrechtsreform 1965 aber auch danach ist wiederholt die Frage erörtert worden, ob nicht die institutionelle Trennung in Vorstand und Aufsichtsrat zugunsten des **Board-Systems** aufgegeben werden sollte[2]. Der Gesetzgeber hat sich stets gegen den Vorschlag der Übernahme des Board-Systems und für die Beibehaltung der bestehenden Unternehmensverfassung der AG ausgesprochen[3]. Auch die Regierungskommission Corporate Governance unter Leitung von *Baums* hat keine Notwendigkeit zur grundlegenden Änderung der bestehenden Aufgabenteilung in der AG in zwei getrennte Organe gesehen[4].

24.4 Der Systemstreit hängt eng mit der Frage nach der **optimalen Unternehmensführung** und ihrer **effizienten Kontrolle** zusammen (vgl. im Einzelnen Rz. 2.9 ff.). Im internationalen Wettbewerb der Systeme hat sich bislang nicht die Überlegenheit eines der beiden Modelle herausgestellt. Die Frage darf nicht überbewertet werden, da rechtstatsächlich seit langem **Konvergenzen zwischen beiden Systemen** festzustellen sind[5].

24.5 Einstweilen frei.

3. Mitbestimmung im Unternehmen

24.6 Einschneidende Veränderungen im System des Aufsichtsrates hat die **paritätische Mitbestimmung** der Arbeitnehmer bewirkt, die 1976 durch das MitbestG eingeführt worden ist und eine paritätische Besetzung des Aufsichtsrates durch Mitglieder der Anteilseigner und der Arbeitnehmer vorsieht.

24.7 Durch das MitbestG ist das Prinzip der **Homogenität des Aufsichtsrates**, d.h. der gleichen Rechtsstellung aller Aufsichtsratsmitglieder und ihrer **einheitlichen Bindung an das Unternehmensinteresse**

---

1 Zur Ausnahme nach § 105 Abs. 2 AktG siehe Rz. 26.11.
2 Vgl. z.B. die Angaben bei *Kropff*, Aktiengesetz, S. 95; Bundesministerium der Justiz (Hrsg.), Bericht über die Verhandlungen der Unternehmensrechtskommission, 1980, Rz. 222 ff.; *Lieder*, Aufsichtsrat, S. 417 ff., 636 ff.
3 Siehe z.B. *Geßler*, BB 1961, 1135; *Eckardt*, NJW 1958, 1945; Bundesministerium der Justiz (Hrsg.), Bericht über die Verhandlungen der Unternehmensrechtskommission, 1980, Rz. 223; *E. Vetter* in 50 Jahre AktG, S. 103, 108.
4 *Baums* (Hrsg.), Bericht Regierungskommission, Rz. 18.
5 Siehe *Baums*, ZIP 1995, 11, 15; *Hopt*, ZGR 2000, 779, 783; *Kropff* in Reformbedarf im Aktienrecht, S. 3, 17; *Lieder*, Aufsichtsrat, S. 641; *Mertens/Cahn* in KölnKomm. AktG, 3. Aufl. 2013, Vorb. § 95 AktG Rz. 22; *Röller*, AG 1994, 333, 334; *E. Vetter* in 50 Jahre AktG, S. 103, 109; *Wiedemann*, GesR I, S. 342; differenzierend *Davies*, ZGR 2001, 268, 283.

nicht aufgegeben worden (siehe dazu Rz. 30.7). Allerdings hat die durch das MitbestG bedingte Größe des Aufsichtsrates wie auch die faktisch nahezu unvermeidbare Fraktionsbildung der Anteilseignervertreter einerseits und der Arbeitnehmervertreter andererseits die effiziente Gremienarbeit in Unternehmen in vielen Fällen erschwert und die notwendige freimütige Diskussion und Auseinandersetzung mit dem Vorstand in den Sitzungen des Aufsichtsrates gelegentlich erheblich beeinträchtigt[6]. Angesichts dieser problematischen Entwicklung sind bisher erfolglos wiederholt Überlegungen angestellt worden, die Zahl der Mitglieder des Aufsichtsrates der paritätisch mitbestimmten AG zu reduzieren[7]. Die im Ausland vorherrschende breite Ablehnung der deutschen Mitbestimmung im Unternehmen, wie sie zuletzt in der Diskussion um das Statut der Europäischen Aktiengesellschaft deutlich geworden ist[8], sollte dazu beitragen, Modifikationen des Konzepts der Mitbestimmung zu erwägen, auch wenn es politisch sakrosankt zu sein scheint[9]. Änderungsbedarf[10] kann sowohl aus dem Einfluss des Kapitalmarktrechts auf die Corporate Governance, der Rechtsprechung des EuGH zur Niederlassungsfreiheit[11] wie auch aus der Attraktivität der SE abgeleitet werden[12].

4. Die jüngere Rechtsentwicklung zur Verbesserung der Aufsichtsratstätigkeit

Die Einrichtung des Aufsichtsrates als Organ zur Überwachung der Unternehmensleitung ist in der Öffentlichkeit wiederholt in die Kritik geraten[13]. Die Notwendigkeit einer grundlegenden Reform des Aufsichtsrates ist gleichwohl abgelehnt und stattdessen verstärkt auf die Ausschöpfung der bestehenden gesetzlichen Kompetenzen des Aufsichtsrates hingewiesen worden. Der Gesetzgeber hat wiederholt in die rechtliche Organisation und Aufgabenstellung des Aufsichtsrates eingegriffen mit dem Ziel der **Stärkung der Rechte des Aufsichtsrates** und der **Steigerung der Effizienz** seiner Tätigkeit. Zu nennen sind unter anderem die Stärkung der Rechtsstellung des einzelnen Aufsichtsratsmitglieds (§ 90 Abs. 3 Satz 2 und § 110 Abs. 1 Satz 1, Abs. 2 AktG) und die engere Anbindung des Abschlussprüfers an den Aufsichtsrat (§ 111 Abs. 2 Satz 3, § 170 Abs. 3, § 171 Abs. 1 und § 321 Abs. 5 Satz 2 HGB). Auch die Einführung eines Plenumsvorbehalts nach § 107 Abs. 3 Satz 3, § 87 Abs. 1 AktG hinsichtlich der Festsetzung der Bezüge der Vorstandsmitglieder trägt zur Stärkung der Rechte des Aufsichtsrates bei. In der börsennotierten AG ist seit dem Jahre 2021 infolge des FISG[14] und dem geänderten § 107 Abs. 4, 3 Satz 2 AktG der **Prüfungsausschuss zwingend** vorgeschrieben. **Gegenläufige Tendenzen** ergeben sich hingegen aus dem in § 120a Abs. 1 AktG geregelten **Say-on-Pay**. Der Aufsichtsrat beschließt nach § 87a AktG über das Vorstandsvergütungssystem, das der Hauptversammlung nach § 120a Abs. 1 AktG zur Billigung vorzulegen ist. Als wesentliche Veränderung in der realen Welt des Aufsichtsrats ist vor allem in der börsennotierten AG die zunehmende **Professionalisierung des Auf-**

---

6 Vgl. z.B. *Hoffmann-Becking* in FS Havermann, 1995, S. 229, 241; *Lutter*, ZHR 159 (1995), 287, 297; *Ulmer*, ZHR 166 (2002), 271, 272.
7 Vgl. Bundesministerium der Justiz (Hrsg.), Bericht über die Verhandlungen der Unternehmensrechtskommission, 1980, Rz. 492 ff.; *Baums* (Hrsg.), Bericht Regierungskommission, Rz. 49; siehe z.B. auch *Ulmer*, ZHR 166 (2002), 150, 180; Arbeitskreis „Unternehmerische Mitbestimmung", ZIP 2009, 885.
8 Vgl. *Heinze*, ZGR 2002, 66; *Schiessl*, ZHR 167 (2003), 235, 240; *Teichmann*, ZGR 2002, 383, 392; *Zöllner*, AG 2003, 2, 10; siehe aber auch *Thoma/Leuering*, NJW 2002, 1449, 1454.
9 *Hoffmann-Becking*, ZIP 2020, 2481.
10 *Bernhardt* in Corporate Governance, S. 119, 121; *Ulmer*, ZHR 166 (2002), 271; vgl. Auch *Hopt* in Corporate Governance, S. 27, 43; *Schwark*, AG 2004, 173 ff.
11 EuGH v. 9.3.1999 – C-212/97 – Centros, AG 1999, 226; EuGH v. 5.11.2002 – C-208/00 – Überseering, AG 2003, 37; EuGH v. 30.9.2003 – C 167/01 – Inspire Art, AG 2003, 680.
12 *Hoffmann-Becking*, ZIP 2020, 2481.
13 Siehe z.B. *Baums*, ZIP 1995, 11; *Lutter*, ZHR 159 (1995), 287; sowie die Hinweise bei *Deckert*, ZIP 1996, 985; *Götz*, AG 1995, 337, 344; *Möllers*, ZIP 1995, 1725; zuletzt *Börsig/Löbbe* in FS Hoffmann-Becking, 2013, S. 125, 135.
14 Gesetz zur Stärkung der Finanzmarktintegrität (Finanzmarktintegritätsstärkungsgesetz – FISG) v. 3.6.2021, BGBl. I 2021, 1534; siehe auch BT-Drucks. 19/26966, S. 115.

sichtsrats und seiner Arbeit feststellen[15]. Sie wird verstärkt von den institutionellen Investoren und den Stimmrechtsberatern thematisiert und zeigt sich z.B. in der verstärkten Ausschussbildung und der Funktion des Aufsichtsratsvorsitzenden, die bei vielen bei DAX-Unternehmen faktisch **kein Nebenamt** mehr ist[16]. Den gelegentlichen Rufen nach dem Berufsaufsichtsrat ist der Gesetzgeber zu Recht nicht gefolgt[17].

24.9 Auswirkungen auf die Organisation und Arbeitsweise des Aufsichtsrates ergeben sich auch aus dem **Deutschen Corporate Governance Kodex** (siehe dazu generell Rz. 2.42 ff.), der sich nach der Präambel Abs. 7 primär an **börsennotierte Gesellschaften** richtet. Der Kodex, der von der Regierungskommission Deutscher Corporate Governance Kodex regelmäßig aktualisiert wird und 2019 vollständig neu gefasst worden ist[18], ist kein staatliches Recht und ihm kommt als „soft law"[19] auch keine unmittelbare rechtlich verpflichtende Wirkung zu (siehe dazu Rz. 2.45). Er will das duale Corporate-Governance-System transparent und nachvollziehbar machen sowie mit Hilfe von Grundsätzen, **Empfehlungen** und **Anregungen**[20], denen die Kodex-Kommission nach ihrem Verständnis **best practice** beimisst, die Arbeit von Vorstand und Aufsichtsrat optimieren und insbesondere zu einer **effizienten Überwachung und Beratung des Vorstandes durch den Aufsichtsrat** beitragen. In der Vergangenheit sind der Kodex und einzelne Empfehlungen bisweilen kritisch beurteilt worden[21]. Auf Grund der Publizität der **Entsprechenserklärung**, die Vorstand und Aufsichtsrat nach § 161 AktG zu den Kodex-Empfehlungen abzugeben haben, kommt diesen Empfehlungen eine nicht unerhebliche Steuerungsfunktion zu[22].

24.10 Erhebliche Einflüsse auf die Stellung und Funktion des Aufsichtsrates folgen auch aus der Kommissionsempfehlung vom 15.2.2005 zu den Aufgaben von nicht geschäftsführenden Direktoren/Aufsichtsratsmitgliedern börsennotierter Gesellschaften[23], der Richtlinie 2006/43/EG des Europäischen Parlaments und des Rates vom 17.5.2006[24] sowie dem Grünbuch der Kommission Europäischer Corporate Governance-Rahmen vom April 2011[25].

24.11 Die **Finanzexpertise** im Aufsichtsrat von Gesellschaften i.S.v. § 316a HGB und damit auch von der börsennotierten AG ist jüngst nochmals verstärkt worden. Nach dem durch das FISG geänderten § 100 Abs. 5 AktG muss dem Aufsichtsrat nunmehr zwingend ein Mitglied angehören, das über **Sachverstand** auf dem Gebiet **Rechnungslegung** verfügt und ein zweites, das über **Sachverstand** auf dem

---

15 *Börsig/Löbbe* in FS Hoffmann-Becking, 2013, S. 125, 143; *Peltzer*, NZG 2009, 1041; *Uwe H. Schneider/Sven H. Schneider*, AG 2015, 621, 624; *Thüsing*, ZIP 2020, 2500 ff.; *E. Vetter* in 50 Jahre AktG, S. 103, 142; siehe auch bereits *Lutter*, DB 1995, 775, 777.
16 *Drinhausen/Marsch-Barner*, AG 2014, 337, 350; *Uwe H. Schneider/Sven H. Schneider*, AG 2015, 621, 626; *E. Vetter* in 50 Jahre AktG, S. 103, 144.
17 *E. Vetter* in 50 Jahre AktG, S. 103, 144 m.w.N.
18 Fassung v. 16.12.2019, veröffentlicht im BAnz. v. 20.3.2020; siehe dazu *Hopt/Leyens*, ZGR 2019, 929 ff.; *M. Roth*, AG 2020, 278 ff.
19 *Hüffer/Koch*, § 161 AktG Rz. 3; *Kort* in Großkomm. AktG, 5. Aufl. 2003, vor § 76 AktG Rz. 40; krit. *Ulmer*, ZHR 166 (2002), 150, 161; *Bachmann*, WM 2002, 2137, 2142.
20 Zum Unterschied zwischen Empfehlungen und Anregungen siehe Rz. 2.43.
21 Vgl. z.B. *Hoffmann-Becking*, ZHR 170 (2006), 2, 3; *Hoffmann-Becking*, ZIP 2011, 1173, 1175; *E. Vetter*, BB 2005, 1689, 1692; *E. Vetter*, DB 2007, 1963, 1967.
22 *Hüffer/Koch*, § 76 AktG Rz. 39, § 161 AktG Rz. 1.
23 Empfehlung der Kommission v. 15.2.2005 zu den Aufgaben von nicht geschäftsführenden Direktoren/Aufsichtsratsmitgliedern/börsennotierter Gesellschaften sowie zu den Ausschüssen des Verwaltungs-/Aufsichtsrats, ABl. EU Nr. L 52 v. 25.2.2005, S. 51.
24 Richtlinie 2006/43/EG des Europäischen Parlaments und des Rates v. 17.5.2006 über Abschlussprüfungen von Jahresabschlüssen und konsolidierten Abschlüssen, zur Änderung der Richtlinie 78/660/EWG und 83/349/EWG des Rates und zur Aufhebung der Richtlinie 84/253/EWG des Rates, ABl. EU Nr. L 157 v. 9.6.2006, S. 87.
25 Siehe dazu z.B. *Bachmann*, WM 2011, 1301; vgl. auch *Fleischer*, ZGR 2011, 155, 157.

Gebiet **Abschlussprüfung** verfügt (siehe dazu Rz. 26.16a). Im Übrigen gilt unverändert, dass die Aufsichtsratsmitglieder der börsennotierten AG nach § 100 Abs. 5 AktG in ihrer **Gesamtheit mit dem Sektor vertraut** sein müssen, in dem die AG tätig ist[26].

II. Der Aufsichtsrat als Pflichtorgan

1. Der Aufsichtsrat als gesetzlich notwendiges Organ

Die Einrichtung eines Aufsichtsrates ist eine **gesetzlich angeordnete Aufgabe**. Jede AG muss einen Aufsichtsrat haben, dem das AktG zwingend zahlreiche Aufgaben zugewiesen hat. Besteht bei der Gesellschaft kein Aufsichtsrat, ist sie handlungsunfähig, soweit es um Aufgaben geht, die zwingend dem Aufsichtsrat zugewiesen sind. Dem Vorstand obliegt es deshalb für einen nach den maßgeblichen gesetzlichen Bestimmungen zusammengesetzten und ordnungsgemäß besetzten Aufsichtsrat zu sorgen. Für den Vorstand besteht insbesondere eine **Verpflichtung**, die **ordnungsgemäße Besetzung des Aufsichtsrates zu überwachen**[27]. Gegebenenfalls ist er verpflichtet, die gerichtliche Bestellung von Aufsichtsratsmitgliedern gemäß § 104 Abs. 1 Satz 2 AktG zu beantragen, damit die Handlungsfähigkeit des Aufsichtsrates gewährleistet ist (siehe dazu Rz. 26.38 ff.). Hierzu kann er notfalls auch vom Registergericht durch Zwangsgeldandrohung nach § 407 Abs. 1 AktG gezwungen werden. Die **Bezeichnung Aufsichtsrat** ist zwingend; die Verwendung anderer Bezeichnungen, z.B. Verwaltungsrat oder Beirat, ist unzulässig.

24.12

2. Der Beirat

Der Aufsichtsrat unterscheidet sich deutlich von einem **freiwillig eingesetzten Beirat**, der in manchen Gesellschaften – auch ohne Satzungsregelung[28] – besteht und dessen Mitglieder meist vom Vorstand, seltener vom Aufsichtsrat, ernannt werden. Der Beirat ist kein Organ der Gesellschaft. Seine typische Aufgabe ist neben der Pflege der Geschäftsbeziehungen die allgemeine Beratung des Vorstandes[29].

24.13

Einstweilen frei.

24.14

III. Verhältnis des Aufsichtsrates zu anderen Organen der AG

1. Der Aufsichtsrat im Verhältnis zur Hauptversammlung

Die Hauptversammlung **wählt die Mitglieder der Aktionäre** im Aufsichtsrat. Hierzu muss der Aufsichtsrat der Hauptversammlung nach § 124 Abs. 3 Satz 1 AktG Wahlvorschläge unterbreiten. Zwar können auch die Aktionäre eigene Vorschläge einbringen, doch hat diese Möglichkeit in der Unternehmenspraxis keine wesentliche Bedeutung.

24.15

Der Aufsichtsrat hat der Hauptversammlung gemäß § 171 Abs. 2 AktG über die Wahrnehmung seiner Aufgaben im abgelaufenen Geschäftsjahr **schriftlich Rechenschaft abzulegen**. Für börsennotierte Gesellschaften ergibt sich dabei nach § 171 Abs. 2 Satz 2 AktG ausdrücklich die Pflicht zur Angabe der

24.16

---

26 Kritisch z.B. *Nodoushani*, AG 2016, 381, 383; *Velte*, WPg 2015, 482, 489.
27 *Habersack* in MünchKomm. AktG, 5. Aufl. 2019, § 104 AktG Rz. 14; *Mertens/Cahn* in KölnKomm. AktG, 3. Aufl. 2013, § 104 AktG Rz. 8; *E. Vetter* in Liber amicorum M. Winter, 2011, S. 706, 707.
28 *Hoffmann-Becking* in MünchHdb. AG, § 29 Rz. 23; *Mertens/Cahn* in KölnKomm. AktG, 3. Aufl. 2010, Vorb. § 76 AktG Rz. 18.
29 *Voormann*, Der Beirat im Gesellschaftsrecht, 2. Aufl. 1990, S. 9.

Sitzungshäufigkeit und der eingerichteten Aufsichtsratsausschüsse. Weitergehende Informationen sehen die Empfehlungen des Deutschen Corporate Governance Kodex vor. Den Aufsichtsrat trifft **keine gesetzliche Auskunftspflicht** in der Hauptversammlung. Gleichwohl werden in der Hauptversammlung vom Aufsichtsratsvorsitzenden meistens die den Aufsichtsrat betreffenden Fragen beantwortet[30]. Die unverändert stark diskutierte und in der Anregung A.3 Deutscher Corporate Governance Kodex adressierte Frage der Kompetenz des Aufsichtsratsvorsitzenden zum **Dialog mit institutionellen Investoren** ist noch weitgehend ungeklärt[31] (siehe dazu Rz. 28.10a).

24.17 Die Hauptversammlung beschließt nach § 120 AktG über die **Entlastung** sämtlicher Aufsichtsratsmitglieder. Im Hinblick auf die dem Aufsichtsrat eingeräumte Kompetenz zur Bestellung und Abberufung des Vorstandes kann man deshalb die Hauptversammlung als oberstes Organ der Gesellschaft bezeichnen[32]. Daraus darf jedoch nicht der Schluss gezogen werden, dass der Hauptversammlung gegenüber dem Aufsichtsrat Weisungsrechte zustünden. Neben der Versagung der Entlastung, der keine wesentliche aktienrechtliche Bedeutung zukommt (§ 120 Abs. 2 Satz 2 AktG), kann die Hauptversammlung allerdings ein von ihr gewähltes Aufsichtsratsmitglied der Anteilseigner nach § 103 Abs. 1 AktG durch einen Beschluss mit einer Mehrheit von mindestens drei Vierteln der abgegebenen Stimmen abberufen (siehe dazu Rz. 26.55 ff.).

24.18 Der Hauptversammlung stehen **keine direkten Einflussmöglichkeiten auf den Aufsichtsrat** hinsichtlich der Besetzung des Vorstandes und damit letztlich auf die Geschäftspolitik zu. Im Rahmen des sog. *Shareholder Activism* sieht sich der Aufsichtsrat jedoch vielfach informellen Einflussnahmen ausgesetzt[33]. **Indirekte Einflussmöglichkeiten** auf die Besetzung des Vorstandes kann die Hauptversammlung wahrnehmen, indem sie einem Vorstandsmitglied das Vertrauen entzieht. Beruht der Vertrauensentzug nicht auf offensichtlich unsachlichen Gründen, kann – nach umstrittener Ansicht muss – der Aufsichtsrat das Vorstandsmitglied nach § 84 Abs. 3 Satz 2 AktG abberufen[34]. Gleiches soll auch dann gelten, wenn dem Vorstandsmitglied von der Hauptversammlung die Entlastung nach § 120 AktG verweigert worden ist[35]. Nach § 120a Abs. 1 AktG hat die Hauptversammlung einer börsennotierten AG über die **Billigung des Vorstandsvergütungssystems** zu beschließen. Der Beschluss begründet aber weder Rechte noch Pflichten (siehe dazu Rz. 27.51).

24.19 Das AktG enthält nur eine unvollständige Regelung der inneren Ordnung und Arbeitsweise des Aufsichtsrates und überlässt in dem noch verbleibenden Spielraum die weitere Ausgestaltung der Satzungsautonomie und der **Geschäftsordnung des Aufsichtsrates**. Ergänzende Regelungen hinsichtlich der inneren Ordnung des Aufsichtsrates und seiner Arbeitsweise finden sich üblicherweise in der Geschäftsordnung, die sich der Aufsichtsrat selbst gibt, soweit nicht die Hauptversammlung in der Satzung bereits eine Regelung getroffen hat (siehe dazu Rz. 28.2). Die Satzung kann allerdings die Organisationsautonomie des Aufsichtsrates insoweit nicht einschränken, als diese gesetzlich geschützt ist.

---

30 Siehe dazu *Hüffer/Koch*, § 131 AktG Rz. 6; *Merkner/Schmidt-Bendun*, AG 2011, 734, 736; *E. Vetter* in FS Westermann, 2008, S. 1589, 1590; *J. Vetter* in FS E. Vetter, 2019, S. 833 ff.
31 Zur Diskussion siehe z.B. *Bachmann* in VGR (Hrsg.), Gesellschaftsrecht in der Diskussion 2016, 2017, S. 135, 141 ff.; *Hirt/Hopt/Mattheus*, AG 2016, 725 ff.; *J. Koch*, AG 2017, 129 ff.; *E. Vetter*, AG 2016, 873, 874.
32 *Hoffmann-Becking* in MünchHdb. AG, § 29 Rz. 17; vgl. dazu generell *von Rechenberg*, Die Hauptversammlung als oberstes Organ der AG, 1986.
33 Siehe dazu z.B. *Heuser*, Shareholder Activism, 2012, *Schockenhoff/Culmann*, ZIP 2015, 297 ff.
34 Vgl. z.B. *Lutter/Krieger/Verse*, Aufsichtsrat, Rz. 368; *Mertens/Cahn* in KölnKomm. AktG, 3. Aufl. 2010, § 84 AktG Rz. 107; *Wiesner* in MünchHdb. AG, § 20 Rz. 61 jeweils m.w.N.
35 *Säcker* in FS Müller, 1981, S. 745, 751; *Ihrig/Schäfer*, Rechte und Pflichten des Vorstands, § 9 Rz. 135; a.A. *Hüffer/Koch*, § 84 AktG Rz. 38; *Mülbert* in Großkomm. AktG, 5. Aufl. 2017, § 120 AktG Rz. 57; *Seyfarth*, Vorstandsrecht, § 19 Rz. 37.

2. Der Aufsichtsrat im Verhältnis zum Vorstand

Die Aufgabe des Aufsichtsrates ist im Wesentlichen auf die Bestellung und Abberufung des Vorstandes, die Überwachung der Geschäftsführung des Vorstandes sowie die Prüfung und Feststellung des Jahresabschlusses beschränkt. Für den Aufsichtsrat besteht **keine Möglichkeit zur direkten Einwirkung** auf die Geschäftsführung des Vorstandes[36]; die Übernahme von Geschäftsführungsaufgaben ist ihm untersagt (§ 111 Abs. 4 Satz 1 AktG). 24.20

Wesentlicher Bestandteil der **Personalkompetenz des Aufsichtsrates** ist die Kompetenz zum Abschluss des Anstellungsvertrages mit den Vorstandsmitgliedern und zur Festlegung ihrer Vergütung. Bei der Bemessung der Vergütung sind die gesetzlichen Vorgaben (§ 87 AktG) sowie das vom Aufsichtsrat erstellte und von der Hauptversammlung gebilligte Vorstandsvergütungssystem hinsichtlich der fixen und variablen Vergütungskomponenten (siehe dazu Rz. 21.29 ff.) zu beachten. Während in der Vergangenheit die Ausgestaltung und der Abschluss des Anstellungsvertrages mit den Vorstandsmitgliedern meist einem beschließenden Ausschuss übertragen waren, lässt § 107 Abs. 3 Satz 3 AktG die Delegation der Entscheidung über die Vorstandsvergütung an einen beschließenden Ausschuss nicht mehr zu; der Ausschuss darf insoweit nur noch die Entscheidung des Plenums vorbereiten (siehe dazu Rz. 27.51). 24.21

Für die Machtbalance zwischen Vorstand und Aufsichtsrat ist andererseits § 111 Abs. 4 Satz 2 AktG von Bedeutung, der bestimmt, dass die Satzung oder der Aufsichtsrat bestimmte Arten von Geschäften des Vorstandes festzulegen haben, die **nur mit Zustimmung des Aufsichtsrates** vorgenommen werden dürfen. Mit der Möglichkeit der Ausübung seines Vetorechts gegenüber dem Vorstand oder der Zustimmung zu einem konkreten Geschäft wirkt der Aufsichtsrat über die bloße Kontrollfunktion hinaus in eigener Verantwortung partiell an der Geschäftsführung mit, ohne dass ihm dadurch Initiativrechte oder Weisungsrechte gegenüber dem Vorstand eingeräumt werden[37]. Nach § 111 Abs. 4 Satz 2 AktG ist ein **vollständiger Verzicht auf die Aufstellung eines Katalogs zustimmungspflichtiger Geschäfte unzulässig.** Die Bedeutung dieser Gesetzesänderung durch das TransPuG für die Unternehmensmitbestimmung darf nicht unterschätzt werden[38]. 24.22

Nach allgemeiner Ansicht[39] liegt neben der *ex-post* Ergebniskontrolle der Geschäftsführung des Vorstandes durch den Aufsichtsrat ein besonderes Gewicht der Überwachungsaufgabe in der **in die Zukunft gerichteten Beratung** des Vorstandes durch den Aufsichtsrat im Sinne einer *ex-ante* Kontrolle der künftigen Geschäftspolitik und der beabsichtigten Strategie. Treffend ist die Umschreibung des Aufsichtsrates als einem „Forum kooperativer Kritik"[40]. Die Mitwirkung des Aufsichtsrates bei wichtigen Unternehmensentscheidungen und die damit verbundene notwendige **enge und laufende Zusammenarbeit zwischen Aufsichtsrat und Vorstand** sind wesentliche Grundlagen einer effizienten Rolle des Aufsichtsrates. Eine Aufwertung der Überwachungsfunktion des Aufsichtsrats ergibt sich aus dem durch das FISG eingeführten Auskunftsrecht des einzelnen Mitglieds des Prüfungsausschusses gegenüber den dem Vorstand nachgeordneten Zentralbereichsleitern gemäß § 107 Abs. 4 Satz 3 i.V.m. Abs. 3 Satz 2 AktG (siehe dazu Rz. 29.36a). 24.23

---

36 BGH v. 5.5.2008 – II ZR 108/07, AG 2008, 541, 542; OLG Frankfurt v. 17.8.2011 – 13 U 100/10, AG 2011, 918, 919.
37 *Leyens*, Information des Aufsichtsrats, 2008, S. 132; *E. Vetter* in 50 Jahre AktG, S. 103, 120.
38 *Hopt* in Corporate Governance, S. 27, 60.
39 BGH v. 25.3.1991 – II ZR 188/89 – Deutscher Herold, BGHZ 114, 127, 130; *Hüffer/Koch*, § 111 AktG Rz. 13; *Lutter*, ZHR 159 (1995), 287, 297; *Semler*, Leitung und Überwachung, Rz. 249; a.A. *Mertens*, AG 1980, 67, 68, der die Beratungskompetenz des Aufsichtsrates als eigenständige Aufgabe sieht; ähnlich *Theisen*, AG 1995, 193, 199; vgl. auch *Scheffler*, ZGR 1993, 63, 69.
40 *Lutter/Krieger/Verse*, Aufsichtsrat, Rz. 125; *Mertens/Cahn* in KölnKomm. AktG, 3. Aufl. 2013, Vorb. § 95 AktG Rz. 1; *E. Vetter* in 50 Jahre AktG, S. 103, 119.

24.24 Der Vorstand gibt sich zur Organisation seiner inneren Ordnung, Geschäftsführungskompetenz und Zusammenarbeit durch einstimmigen Beschluss seiner Mitglieder eine **Geschäftsordnung**. Dem Aufsichtsrat steht nach § 77 Abs. 2 Satz 1 AktG allerdings das Recht zu, jederzeit die Regelung der Geschäftsordnung an sich zu ziehen und selbst die Geschäftsordnung des Vorstandes zu erlassen (siehe dazu Rz. 20.103).

3. Der Aufsichtsrat im Verhältnis zum Abschlussprüfer

24.25 Der auf Vorschlag des Aufsichtsrats von der Hauptversammlung[41] zur Prüfung des Jahresabschlusses (und ggf. des Konzernabschlusses) bestellte Abschlussprüfer nimmt in der Organisation der AG nach herrschender Ansicht **keine Organfunktion** wahr[42]. Gleichwohl soll er hier wegen seiner Funktion für die Kontrolle der Geschäftsführung erwähnt werden.

24.26 Der Aufsichtsrat ist zur ordnungsgemäßen Wahrnehmung seiner Überwachungsaufgabe, insbesondere hinsichtlich der Prüfung des Jahresabschlusses und des Konzernabschlusses sowie des internen Kontroll- und Risikomanagementsystems (§ 171 Abs. 1 Satz 2 AktG) in hohem Maße auf die **Unterstützung durch den Abschlussprüfer** angewiesen. Ihm kommt eine wichtige Funktion als unabhängiger Informationslieferant und Berater des Aufsichtsrats zu[43].

IV. Kollegialorgan

24.27 Der Aufsichtsrat nimmt die ihm durch Gesetz oder Satzung zugewiesenen **Aufgaben** gegenüber den anderen Organen der Gesellschaft als Kollegialorgan durch die **Gesamtheit seiner Mitglieder** wahr. Er übt seine Rechte und Pflichten als Gremium insbesondere durch Beschlüsse aber auch durch sonstige Maßnahmen aus. Dem einzelnen Mitglied stehen die dem Aufsichtsrat als Organ eingeräumten Befugnisse grundsätzlich[44] nicht zu. Dies gilt grundsätzlich auch für den Aufsichtsratsvorsitzenden, soweit er nicht sog. Annexkompetenzen wahrnimmt[45]. Der Aufsichtsrat kann zur Arbeitserleichterung und Effizienzsteigerung aus seiner Mitte vorbereitende oder entscheidende **Ausschüsse** einsetzen (siehe dazu Rz. 29.3). Für die börsennotierte AG ist der **Prüfungsausschuss** jedoch nach dem durch das FISG geänderten § 107 Abs. 4 Satz 1 AktG eine obligatorische Einrichtung (siehe dazu Rz. 29.34).

---

41 Ausnahme: Bei Versicherungsunternehmen wird der Abschlussprüfer direkt vom Aufsichtsrat gemäß § 341k Abs. 2 Satz 1 HGB bestellt.
42 BGH v. 10.12.2009 – VII ZR 42/08, AG 2010, 122 Rz. 29; BayObLG v. 17.9.1987 – 3 Z 76/87, ZIP 1987, 1547, 1549; *Hopt/Merkt* in Baumbach/Hopt, § 318 HGB Rz. 2; *Schulze-Osterloh*, BB 1980, 1403, 1405; *Simitis* in FS Reinhardt, 1972, S. 329, 333; überholt BGH v. 15.12.1954 – II ZR 322/53, BGHZ 16, 17, 25; BGH v. 24.3.1980 – II ZR 88/79, BGHZ 76, 338, 342.
43 Vgl. z.B. *Baums* (Hrsg.), Bericht Regierungskommission, Rz. 279; *Clemm* in FS Havermann, 1995, S. 83, 96; *Feddersen*, AG 2000, 385, 387; *Forster* in FS Kropff, 1997, S. 71, 74; *Schulze-Osterloh*, ZIP 1998, 2129, 2133; *Velte*, AG 2009, 102; *E. Vetter* in Großkomm. AktG, 5. Aufl. 2018, vor §§ 170, 171 AktG Rz. 67.
44 Soweit § 90 Abs. 3 Satz 2 AktG einem Aufsichtsratsmitglied das Recht einräumt, vom Vorstand die Vorlage eines Berichts zu verlangen, ist der Bericht nicht an das einzelne Aufsichtsratsmitglied, sondern an den Gesamtaufsichtsrat zu erstatten.
45 *Drinhausen/Marsch-Barner*, AG 2014, 337, 349; *E. Vetter* in VGR (Hrsg.), Gesellschaftsrecht in der Diskussion 2014, 2015, S. 115, 126 ff.

§ 25
Zusammensetzung und Größe des Aufsichtsrates

I. Gesetzliche Modelle	25.1
1. AktG	25.2
2. DrittelbG	25.5
a) Größe und Zusammensetzung	25.5
b) Zurechnungen im Konzern	25.8
c) Wahlverfahren	25.11
3. MitbestG	25.12
a) Größe und Zusammensetzung	25.12
b) Wahlverfahren	25.17
4. MontanMitbestG	25.18
II. Geschlechterquote	25.20
1. Allgemeines	25.20
2. Börsennotierte und paritätisch mitbestimmte AG	25.21
3. Börsennotierte oder mitbestimmte AG	25.24
III. Statusverfahren	25.28
1. Verfahrenszweck und Anwendungsbereich	25.28
2. Verfahrensablauf	25.30
a) Antragsberechtigung	25.30
b) Außergerichtliches Verfahren	25.31
c) Gerichtliches Verfahren	25.34
d) Rechtsfolgen	25.36

Schrifttum: *Bayer/Scholz*, Der Verzicht auf die Dreiteilbarkeit der Mitgliederzahl des Aufsichtsrats nach der Neufassung des § 95 Satz 3 AktG, ZIP 2016, 193; *Brungs*, Das Statusverfahren der §§ 97 ff. AktG, 2016; *Göz*, Statusverfahren bei Änderungen in der Zusammensetzung des Aufsichtsrats, ZIP 1998, 1523; *Grobe*, Die Geschlechterquote für Aufsichtsrat und Vorstand, AG 2016, 289; *Herb*, Gesetz für die gleichberechtigte Teilhabe an Führungspositionen, DB 2015, 964; *von Hoyningen-Huene*, Der Konzern im Konzern, ZGR 1978, 515; *Martens*, Das aktienrechtliche Statusverfahren und der Grundsatz der Amtskontinuität, DB 1978, 1065; *Oetker*, Der Anwendungsbereich des Statusverfahrens nach den §§ 97 ff. AktG, ZHR 149 (1985), 575; *Oetker*, Das Recht der Unternehmensmitbestimmung im Spiegel der neueren Rechtsprechung, ZGR 2000, 19; *Oetker*, Die zwingende Geschlechterquote für den Aufsichtsrat – vom historischen Schritt zur Kultivierung einer juristischen terra incognita, ZHR 179 (2015), 707; *Raiser*, Geklärte und ungeklärte Fragen der Konzernmitbestimmung, in FS Kropff, 1997, S. 243; *Schulz/Ruf*, Zweifelsfragen der neuen Regelungen über die Geschlechterquote im Aufsichtsrat und die Zielgrößen für die Frauenbeteiligung, BB 2015, 1157; *Seibt*, Drittelbeteiligungsgesetz und Fortsetzung der Reform des Unternehmensmitbestimmungsrechts, NZA 2004, 767; *Seibt*, Geschlechterquote im Aufsichtsrat und Zielgrößen für die Frauenbeteiligung in Organen und Führungsebenen in der Privatwirtschaft, ZIP 2015, 1193; *Spindler*, Mitbestimmung im Konzern – Die Konzern-im-Konzern-Doktrin, AG 2020, 681; *Wolff*, Wahl der Arbeitnehmervertreter in den Aufsichtsrat, DB 2002, 790.

I. Gesetzliche Modelle

Die Größe und Zusammensetzung des Aufsichtsrates sind im AktG und in verschiedenen Mitbestimmungs-Gesetzen geregelt. Welches Gesetz und gegebenenfalls welche Form der Mitbestimmung im Aufsichtsrat gilt, entscheidet sich danach, ob die Gesellschaft arbeitnehmerfrei ist oder nicht. In Abhängigkeit von der Zahl der in der AG oder KGaA oder einer von ihr nach § 17 AktG abhängigen Gesellschaft regelmäßig beschäftigten Arbeitnehmer bestimmen sich Größe und Zusammensetzung des Aufsichtsrates nach dem AktG oder dem jeweils anwendbaren Mitbestimmungsstatut. Insgesamt sind fünf verschiedene Modelle zu unterscheiden. Die Satzung hat die zwingenden Vorgaben zur Zusammensetzung des Aufsichtsrats zu beachten; sie kann z.B. nicht neben den stimmberechtigten Aufsichtsratsmitgliedern weitere Mitglieder mit beratender Funktion vorsehen[1]. Dem **Aufsichtsrat der**

25.1

---

[1] BGH v. 30.1.2012 – II ZB 20/11, AG 2012, 248 (zur GmbH); dazu *E. Vetter*, EWiR 2012, 219.

kapitalmarktorientierten AG i.S.v. § 264d HGB muss gemäß § 100 Abs. 5 AktG mindestens ein Mitglied über **Sachverstand auf dem Gebiet der Rechnungslegung oder Abschlussprüfung** verfügen.

1. AktG

25.2 Der Aufsichtsrat der **arbeitnehmerfreien AG** oder eines **Tendenzunternehmens** i.S.v. § 1 Abs. 2 Nr. 2 DrittelbG und § 1 Abs. 4 MitbestG, das in der Rechtsform der AG geführt wird, besteht nach § 95 Satz 1 AktG mindestens aus 3 Mitgliedern. Die Satzung kann in Abhängigkeit von der Höhe des Grundkapitals in dem nach § 95 Satz 2 AktG zulässigen Rahmen auch eine höhere Mitgliederzahl festlegen. Nach § 95 Satz 2 AktG muss die **Zahl der Aufsichtsratsmitglieder** nur dann durch drei teilbar sein, wenn dies mitbestimmungsrechtliche Vorgaben – konkret § 4 Abs. 1 DrittelbG – erfordern[2]. Bis zu einem Grundkapital von 1.500.000 Euro beträgt die Höchstzahl des Aufsichtsrates 9 Mitglieder, bis zu einem Grundkapital von 10.000.000 Euro 15 Mitglieder und bei einem über 10.000.000 Euro hinausgehenden Grundkapital 21 Mitglieder. Die Einrichtung eines **nur aus drei Mitgliedern bestehenden Aufsichtsrates** ist aus praktischen Gründen oftmals nicht ratsam, da der Aufsichtsrat nicht beschlussfähig ist, wenn auch nur ein Aufsichtsratsmitglied an der Sitzungsteilnahme verhindert ist[3].

25.3 Hat die AG oder KGaA im Inland einen Beschäftigungsstand von **weniger als 500 Arbeitnehmern** und ist sie erst nach dem 9.8.1994 in das Handelsregister eingetragen worden, so wird der Aufsichtsrat gemäß der Privilegierung (§ 1 Abs. 1 Satz 1 Nr. 1 DrittelbG) allein nach den Bestimmungen des AktG gebildet.

25.4 Nach h.M. kommt auch bei einer Altgesellschaft mit **nicht mehr als 4 regelmäßig beschäftigten wahlberechtigten Arbeitnehmern** eine Beteiligung von Aufsichtsratsmitgliedern der Arbeitnehmer nicht in Betracht[4], so dass der Aufsichtsrat ausschließlich aus Vertretern der Aktionäre gebildet wird, sofern der Gesellschaft nicht die Arbeitnehmer von inländischen Konzerngesellschaften gemäß § 2 Abs. 2 DrittelbG zugerechnet werden (siehe dazu Rz. 25.8).

25.4a **Arbeitnehmer ausländischer Zweigniederlassungen und Konzerngesellschaften** bleiben bei der Ermittlung der maßgeblichen Mitarbeiterzahl unberücksichtigt. Ebenso wenig kommt ihnen das aktive und passive Wahlrecht zum Aufsichtsrat zu. Nachdem das KG die Frage der Vereinbarkeit der deutschen Mitbestimmung mit Blick auf Art. 18 und 45 AEUV dem EuGH zur Entscheidung vorgelegt hatte[5], hat der EuGH im Juli 2017 die Vereinbarkeit der Mitbestimmung mit dem Unionsrecht bejaht[6] (siehe dazu auch Rz. 1.31a).

2. DrittelbG

a) Größe und Zusammensetzung

25.5 Das DrittelbG erfasst Gesellschaften in der Rechtsform der AG und KGaA, soweit diese nicht vollkommen mitbestimmungsfrei sind oder die Vorschriften des MitbestG, MontanMitbestG oder des MontanMitbestErgG zur Anwendung gelangen. Es findet Anwendung auf Unternehmen bis zu einer Obergrenze von 2.000 im Inland regelmäßig beschäftigten Arbeitnehmern. Zur Frage, ob im Ausland be-

---

2 *Bayer/Scholz*, ZIP 2016, 193; *Ihrig/Wandt*, BB 2016, 6, 12; *Hüffer/Koch*, § 95 AktG Rz. 3.
3 LG Karlsruhe v. 5.5.1993 – O 177/92 KfH III, AG 1994, 87.
4 BGH v. 7.2.2012 – II ZB 14/11 – DEWB, AG 2012, 288, 289; OLG Jena v. 14.6.2011 – 6 W 47/11, AG 2011, 638; OLG Düsseldorf v. 27.12.1996 – 19 W 4/96 AktE – Babcock-BSH, AG 1997, 129, 130; *Hoffmann-Becking* in MünchHdb. AG, § 28 Rz. 5; *Richardi* in FS Zeuner, 1994, S. 147, 148; *Mertens/Cahn* in KölnKomm. AktG, 3. Aufl. 2013, Anhang § 117 E DrittelbG Rz. 15; *Kleinsorge* in Wißmann/Kleinsorge/Schubert, § 1 DrittelbG Rz. 9.
5 KG v. 16.10.2015 – 14 W 89/15 – TUI, AG 2015, 872, 873; siehe dazu *Teichmann*, ZIP 2016, 899 ff.
6 EuGH v. 18.7.2017 – C-566/15 Tz. 34 – Konrad Erzberger/TUI AG, AG 2017, 577; im Ergebnis ebenso bereits die Schlussanträge des Generalanwalts v. 4.5.2017, AG 2017, 387.

schäftigte Arbeitnehmer zu berücksichtigen sind, siehe Rz. 25.4a. Bei Montan-Unternehmen gilt eine Obergrenze von 1.000 Arbeitnehmern. Der **Arbeitnehmerbegriff** richtet sich nach § 5 Abs. 1 BetrVG, schließt aber nach § 3 Abs. 1 DrittelbG ausdrücklich die leitenden Angestellten aus.

Beschäftigt die AG oder KGaA **im Inland weniger als 500 Arbeitnehmer**, bestimmt sich die Zusammensetzung des Aufsichtsrates nach § 1 Abs. 1 Nr. 1 Satz 2 DrittelbG i.V.m. § 95 AktG, es sei denn, die Gesellschaft ist erst nach dem 9.8.1994 in das Handelsregister eingetragen worden oder es handelt sich um eine Familiengesellschaft i.S.v. § 1 Abs. 1 Nr. 1 Satz 3 DrittelbG. Bei nach diesem Stichtag eingetragenen Gesellschaften bleibt der Aufsichtsrat bis zu einer Zahl von 500 beschäftigten Arbeitnehmern ebenso mitbestimmungsfrei wie generell bei Tendenzunternehmen (§ 1 Abs. 2 DrittelbG).   25.6

Bei Geltung des DrittelbG muss die Zahl der Mitglieder des Aufsichtsrates **durch drei teilbar** sein (§ 4 Abs. 1 DrittelbG). Sie bestimmt sich im Übrigen in den Grenzen des § 95 AktG nach der Satzung. **Ein Drittel** der Mitglieder des Aufsichtsrates muss gemäß § 4 Abs. 1 DrittelbG aus **Vertretern der Arbeitnehmer** bestehen. Besteht der Aufsichtsrat nur aus drei Mitgliedern, muss das Aufsichtsratsmitglied der Arbeitnehmer in einem Betrieb des Unternehmens beschäftigt sein. Sind für den Aufsichtsrat zwei oder mehr Aufsichtsratsmitglieder der Arbeitnehmer zu wählen, so müssen sich darunter nach § 4 Abs. 2 DrittelbG zwei in den Betrieben des Unternehmens beschäftigte Arbeitnehmer befinden, ohne dass eine **Unterscheidung zwischen Arbeitern und Angestellten** stattfindet. Sind mehr als zwei Aufsichtsratsmitglieder der Arbeitnehmer zu wählen, können diese weiteren Mitglieder auch unternehmensexterne Personen sein und z.B. von Gewerkschaften gestellt werden (vgl. § 4 Abs. 2 DrittelbG)[7].   25.7

b) Zurechnungen im Konzern

Ist die AG oder KGaA herrschendes Unternehmen, ist bei der Prüfung der Voraussetzungen die Zurechnungsvorschrift des § 2 Abs. 2 DrittelbG zu beachten. Danach gelten die Arbeitnehmer der inländischen Betriebe von **Konzerngesellschaften** mit Sitz im Inland als Arbeitnehmer des herrschenden Unternehmens, sofern es mit diesen Gesellschaften einen **Beherrschungsvertrag** im Sinne von § 291 AktG abgeschlossen hat[8] oder die Tochtergesellschaft in die Hauptgesellschaft gemäß §§ 319 ff. AktG **eingegliedert** ist. Die Arbeitnehmer sonstiger abhängiger Unternehmen i.S.v. § 18 AktG bleiben hingegen bei der Ermittlung der maßgeblichen Arbeitnehmerzahl außer Betracht[9]. Wird die nach § 1 Abs. 1 Nr. 1 Satz 1 DrittelbG erforderliche Beschäftigtenzahl durch Zurechnung nach § 2 Abs. 2 DrittelbG erreicht, steht den Arbeitnehmern aus den inländischen Betrieben sämtlicher abhängiger Unternehmen bei der Wahl der Aufsichtsratsmitglieder der Arbeitnehmer im Aufsichtsrat des herrschenden Unternehmens sowohl das aktive wie auch das passive Wahlrecht zu. Die eingeschränkte Berücksichtigung von Konzernverhältnissen gemäß § 2 Abs. 2 DrittelbG kann dazu führen, dass eine arbeitnehmerlose Holdinggesellschaft an der Spitze eines Konzerns i.S.v. § 18 AktG mit insgesamt nicht mehr als 2.000 Arbeitnehmern im Aufsichtsrat keine Arbeitnehmervertreter hat.   25.8

Gehört die AG oder KGaA einem mehrstufigen Konzern an und ist sie selbst sowohl abhängiges Unternehmen als auch als Zwischengesellschaft zugleich die Spitze eines Teilkonzerns, so ist umstritten, ob eine Zurechnung der Arbeitnehmer der nachgeordneten Enkelgesellschaften des Teilkonzerns nicht nur zur obersten Konzernspitze, sondern auch zu einer in der Rechtsform der AG oder KGaA organi-   25.9

---

7 *Seibt*, NZA 2004, 767, 771; *Spindler* in Spindler/Stilz, § 96 AktG Rz. 21; *Veil* in Raiser/Veil/Jacobs, § 4 DrittelbG Rz. 12.
8 OLG Zweibrücken v. 18.10.2005 – 3 W 136/05, AG 2005, 928, 929; LG Berlin v. 19.12.2006 – 102 O 59/06 AktG, AG 2007, 455, 457. Das Weisungsrecht nach § 37 Abs. 1 GmbHG verbunden mit einem isolierten Gewinnabführungsvertrag mit einer 100%igen GmbH-Tochtergesellschaft genügt nicht; *Seibt*, NZA 2004, 767, 770; vgl. zum BetrVG 1952 OLG Düsseldorf v. 27.12.1996 – 19 W 4/96 AktE – Babcock-BSH, AG 1997, 129, 130.
9 OLG Zweibrücken v. 18.10.2005 – 3 W 136/05, AG 2005, 928, 929; LG Berlin v. 19.12.2006 – 102 O 59/06 AktG, AG 2007, 455, 456; *Deilmann*, NZG 2005, 659, 660; *Seibt*, NZA 2004, 767, 770.

sierten Tochtergesellschaft vorzunehmen ist. Die Frage, die allgemein mit dem Schlagwort des **Konzerns im Konzern**[10] umschrieben wird, ist im Aktienrecht wie auch im Mitbestimmungsrecht umstritten. Die Anerkennung der Rechtsfigur des Konzerns im Konzern wird teilweise mit dem Argument der Unteilbarkeit der Leitungsmacht zwischen Gesellschaften auf unterschiedlichen Konzernebenen verneint. Sie ist jedoch für das Mitbestimmungsrecht, d.h., soweit es um die Ermittlung der maßgeblichen gesetzlichen Bestimmungen über die Zusammensetzung des Aufsichtsrates und das Wahlrecht der Arbeitnehmer geht, richtigerweise dann zu bejahen, wenn in einem dezentral geführten Konzern die Tochtergesellschaft als Spitze eines Teilkonzerns nicht nur die Weisungen der Konzernspitze weiterleitet, sondern selbst über einen **autonomen Entscheidungsspielraum** verfügt, Konzernleitungsaufgaben (z.B. Finanzierung der Konzerngesellschaften, strategische und operative Planung, Konzern-Controlling, Zuständigkeit zur Auswahl von Führungskräften sowie arbeits- und sozialrechtliche Grundsatzfragen) wahrnimmt und den Gesellschaften des Teilkonzerns auch tatsächlich unternehmerische Direktiven erteilen kann[11]. In den bisher veröffentlichten Gerichtsentscheidungen konnten diese Voraussetzungen jedoch in keinem Fall bejaht werden. Ist die AG oder KGaA Teil eines Konzerns, der von einem Unternehmen geleitet wird, das in einer mitbestimmungsfreien Rechtsform betrieben wird oder seinen Sitz im Ausland hat, und fehlt der AG oder KGaA der notwendige Entscheidungsspielraum zur Anerkennung eines Konzerns im Konzern, bleiben die Arbeitnehmer der Gesellschaften des Teilkonzerns bei der Ermittlung der maßgeblichen Arbeitnehmerzahl der AG oder KGaA vollkommen außer Betracht, da das DrittelbG eine mitbestimmungsrechtliche Auffanglösung, wie sie § 5 Abs. 3 MitbestG darstellt (siehe dazu Rz. 25.15), nicht kennt.

25.10 Wird eine AG als **Gemeinschaftsunternehmen** von zwei oder mehreren beteiligten Obergesellschaften gemeinsam beherrscht, kann für die Gesellschaft eine **mehrfache Konzernzugehörigkeit** in Frage kommen (Mehrmütterkonzern)[12], so dass die Arbeitnehmer des Gemeinschaftsunternehmens bei der Ermittlung des maßgeblichen Mitbestimmungsstatus bei jeder Obergesellschaft zu berücksichtigen sind und sie bei jeder Obergesellschaft, soweit diese mitbestimmungspflichtig ist, aktiv und passiv wahlberechtigt sind[13]. Die Frage der Anerkennung einer mehrfachen Konzernzugehörigkeit wird jedoch weder im Bereich der Mitbestimmung einheitlich beurteilt noch lässt sich eine einheitliche Unternehmenspraxis feststellen[14]. Sie hängt davon ab, ob die einheitliche Leitung der verschiedenen beteiligten Unternehmen auf Grund einer auf Dauer angelegten Basis beruht, wobei strenge Anforderungen zu stellen sind[15]. Die mehrfache Konzernzugehörigkeit ist z.B. im Fall eines zwischen dem Gemeinschafts-

---

10 Vgl. dazu z.B. *Bayer* in MünchKomm. AktG, 5. Aufl. 2019, § 18 AktG Rz. 40; *von Hoyningen-Huene*, ZGR 1978, 515; *Raiser* in FS Kropff, 1997, S. 243, 251; *Windbichler* in Großkomm. AktG, 5. Aufl. 2017, § 18 AktG Rz. 83.
11 BAG v. 21.10.1980 – 6 ABR 41/78, AG 1981, 227; OLG Frankfurt v. 10.11.1986 – 20 W 27/86 – VDM AG/Metallgesellschaft AG, AG 1987, 55; OLG Zweibrücken v. 9.11.1983 – 3 W 25/83 – Hochtief AG/Streif AG, AG 1984, 80, 81; *Mertens/Cahn* in KölnKomm. AktG, 3. Aufl. 2013, Anhang § 5 MitbestG Rz. 32; *K. Schmidt* in FS Lutter, 2000, S. 1167, 1190; offenlassend aber OLG Düsseldorf v. 27.12.1996 – 19 W 4/96 AktE – Babcock-BSH, AG 1997, 129, 130; LG Hamburg v. 26.6.1995 – 321 T 61/94 – AMB/Volksfürsorge, AG 1996, 89; a.A. *von Hoyningen-Huene*, ZGR 1978, 515, 536; *Lutter*, Mitbestimmung im Konzern, 1975, S. 12; *Windbichler* in Großkomm. AktG, 5. Aufl. 2017, § 18 AktG Rz. 83.
12 BGH v. 4.3.1974 – II ZR 89/72 – Seitz, BGHZ 62, 193, 199; OLG Hamm v. 2.11.2000 – 27 U 1/00 – Hucke, AG 2001, 146, 147; *Geßler*, ZGR 1974, 476; kritisch *Windbichler*, Arbeitsrecht im Konzern, 1989, S. 522 ff.
13 BAG v. 16.8.1995 – 7 ABR 57/94 – uniVersa Lebensversicherung, BAGE 80, 322; OLG Düsseldorf v. 30.10.2006 – I-26 W 14/06 AktE, AG 2007, 170, 173; *Oetker* in Großkomm. AktG, 5. Aufl. 2018, § 5 MitbestG Rz. 38; *Habersack* in Habersack/Henssler, MitbestR, § 5 MitbestG Rz. 54; a.A. *Hoffmann/Lehmann/Weinmann*, § 5 MitbestG Rz. 40; *Windbichler*, Arbeitsrecht im Konzern, 1989, S. 524.
14 Vgl. z.B. die Nachweise bei *Hoffmann-Becking* in MünchHdb. AG, § 28 Rz. 22; *Löwisch* in FS Schlechtriem, 2003, S. 833.
15 BAG v. 18.6.1970 – 1 ABR 3/70 – Braunschweigische Kohlenbergwerke, BAGE 22, 390, 393; vgl. auch BAG v. 30.10.1986 – 6 ABR 19/85 – Gildemeister, BAGE 53, 287, 299; *Habersack* in Habersack/Henssler, MitbestR, § 5 MitbestG Rz. 50.

unternehmen und jedem Mutterunternehmen bestehenden gemeinsamen Beherrschungsvertrages zu bejahen[16]. Gleiches ist ebenfalls anzunehmen, wenn zwischen den Müttern ein Konsortial- oder Poolvertrag besteht, der ihre Interessen und das Einflusspotential gegenüber dem Gemeinschaftsunternehmen bündelt und die gemeinsame Leitung begründet[17]. Die bloße Personenidentität der Geschäftsführungsorgane der mehrheitlich beteiligten Unternehmen reicht nicht aus[18].

c) Wahlverfahren

Sämtliche **Aufsichtsratsmitglieder der Arbeitnehmer** werden von den in den **inländischen Betrieben** des Unternehmens beschäftigten wahlberechtigten Arbeitnehmern nach § 5 Abs. 1 DrittelbG in allgemeiner, geheimer, gleicher und unmittelbarer Wahl gewählt. Leitende Angestellte sind bei der Wahl nicht wahlberechtigt[19]. **Wahlvorschläge** für die Aufsichtsratsmitglieder der Arbeitnehmer können gemäß § 6 DrittelbG sowohl die Betriebsräte als auch die wahlberechtigten Arbeitnehmer unterbreiten. Im Unterschied zu § 16 MitbestG sind eigene Wahlvorschläge der im Unternehmen vertretenen Gewerkschaften nicht vorgesehen[20].

25.11

3. MitbestG

a) Größe und Zusammensetzung

Beschäftigt die AG oder KGaA in der Regel[21] **im Inland mehr als 2.000 Arbeitnehmer**, ist nach dem MitbestG ein **paritätischer Aufsichtsrat** zu bilden (§ 1 Abs. 1 MitbestG). Tendenzunternehmen sind nach § 1 Abs. 4 MitbestG ausgenommen. Zur Frage, ob die im Ausland beschäftigten Arbeitnehmer bei der Ermittlung der maßgeblichen Arbeitnehmerzahl mitzuzählen und wahlberechtigt sind, siehe Rz. 25.4a.

25.12

Bei Unternehmen mit in der Regel **nicht mehr als 10.000 Arbeitnehmern** besteht der Aufsichtsrat nach § 7 Abs. 1 Nr. 1 MitbestG aus 12 Mitgliedern, und zwar nach § 7 Abs. 2 Nr. 1 MitbestG aus je 6 Mitgliedern der Anteilseigner und der Arbeitnehmer. Bei Unternehmen mit in der Regel **mehr als 10.000, aber nicht mehr als 20.000 Arbeitnehmern** besteht der Aufsichtsrat nach § 7 Abs. 1 Nr. 2 MitbestG aus 16 Mitgliedern, und zwar aus je 8 Mitgliedern der Anteilseigner und der Arbeitnehmer. Unternehmen, die in der Regel **über 20.000 Arbeitnehmer** beschäftigen, haben nach § 7 Abs. 1 Nr. 3 MitbestG einen Aufsichtsrat mit 20 Mitgliedern zu bilden, und zwar aus je 10 Mitgliedern der Anteilseigner und der Arbeitnehmer. Unter den Aufsichtsratsmitgliedern der Arbeitnehmer müssen sich ein leitender Angestellter und ein oder mehrere Vertreter der Gewerkschaften befinden.

25.13

Das MitbestG sieht keine feste gruppenabhängige Sitzverteilung zwischen den Arbeitern und Angestellten für die zu besetzenden Aufsichtsratssitze vor, verlangt aber nach § 15 Abs. 1 Satz 2 MitbestG **eine Mindestrepräsentanz durch einen leitenden Angestellten**. Eine nachträgliche Änderung des Arbeitnehmerstatus eines Aufsichtsratsmitglieds im Sinne der Gruppenzuordnung nach § 3 Abs. 1 Mit-

25.14

---

16 *Bayer* in MünchKomm. AktG, 5. Aufl. 2019, § 18 AktG Rz. 45; *Krieger* in MünchHdb. AG, § 69 Rz. 77; *Löwisch* in FS Schlechtriem, 2003, S. 833, 848.
17 OLG Hamm v. 2.11.2000 – 27 U 1/00 – Hucke, AG 2001, 146, 147; *Hüffer/Koch*, § 17 AktG Rz. 14; *Krieger* in MünchHdb. AG, § 69 Rz. 77; *Maul*, NZG 2000, 470.
18 BAG v. 16.8.1995 – 7 ABR 57/94 – uniVersa Lebensversicherung, BAGE 80, 322, 324.
19 *Oetker* in Großkomm. AktG, 5. Aufl. 2018, § 3 DrittelbG Rz. 5; *Seibt*, NZA 2004, 767, 769.
20 *Henssler* in Habersack/Henssler, MitbestR, § 6 DrittelbG Rz. 2; *Seibt*, NZA 2004, 767, 773.
21 Zum Begriff der regelmäßig Beschäftigten vgl. OLG Düsseldorf v. 9.12.1994 – 19 W 2/94 – Milchwerke Köln/Wuppertal, AG 1995, 328, 329; LG Nürnberg/Fürth v. 10.10.1983 – 4 O 3900/8 AktE, AG 1984, 54, 55; *Oetker*, ZGR 2000, 19, 28; *Raiser* in Raiser/Veil/Jacobs, § 1 MitbestG Rz. 20; *Ulmer* in FS Heinsius, 1991, S. 855, 864.

bestG (z.B. Aufstieg zum Leitenden Angestellten) hat nach § 24 Abs. 2 MitbestG keine Auswirkung auf sein Aufsichtsratsmandat und die Sitzverteilung im Aufsichtsrat[22].

25.15 Ist die AG oder KGaA die **Konzernspitze eines Unterordnungskonzerns** i.S.v. § 18 AktG, gelten die regelmäßig beschäftigten Arbeitnehmer der inländischen Betriebe der **Konzerngesellschaften** gemäß § 5 Abs. 1 MitbestG zugleich als Arbeitnehmer des herrschenden Unternehmens. Dies gilt auch, wenn es im Inland ansässige Auslandsgesellschaften sind[23]. Die Zahl der eigenen Arbeitnehmer der Konzernspitze ist unerheblich. Infolge der Zurechnung nach § 5 Abs. 1 MitbestG fällt eine AG oder KGaA auch dann unter die Geltung des MitbestG, wenn sie selbst keine eigenen Arbeitnehmer hat, aber in den inländischen Betrieben des Konzerns insgesamt regelmäßig mehr als 2.000 Arbeitnehmer beschäftigt sind[24]. Beschränkt sich eine arbeitnehmerlose AG nur auf die Funktion einer vermögensverwaltenden Holding, kann sie bei Widerlegung der Konzernvermutung des § 18 Abs. 1 Satz 3 AktG trotz Mehrheitsbeteiligung an paritätisch mitbestimmten Gesellschaften einen Aufsichtsrat bilden, der frei von Arbeitnehmervertretern ist[25]. Sofern die AG oder KGaA einem **mehrstufigen Konzern** angehört und selbst nicht nur abhängiges Unternehmen ist, sondern als Zwischengesellschaft zugleich auch die Spitze eines Teilkonzerns bildet, hängt die Zurechnung der Arbeitnehmer der nachgeordneten Enkelgesellschaften des Teilkonzerns zur in der Rechtsform der AG oder KGaA organisierten Tochtergesellschaft neben der Zurechnung zur obersten Konzernspitze davon ab, ob eine dezentrale Konzernorganisation besteht und die tatsächlichen Voraussetzungen eines **Konzerns im Konzern**[26] gegeben sind (siehe dazu Rz. 25.9). Scheidet die Anwendung des MitbestG auf die Konzernspitze aus, weil diese in einer mitbestimmungsfreien Rechtsform organisiert ist oder sich ihr Sitz im Ausland befindet, weist § 5 Abs. 3 MitbestG dem Unternehmen, das als Spitze eines Teilkonzerns **der mitbestimmungsfreien Konzernspitze am nächsten** steht und in einer mitbestimmungsgeeigneten Rechtsform (z.B. AG oder KGaA) organisiert ist, im Wege der Fiktion die Funktion des herrschenden Unternehmens zu. Die Arbeitnehmer der inländischen Betriebe der Konzerngesellschaften gelten als Arbeitnehmer dieses Unternehmens und ihnen steht hinsichtlich der Wahl der Aufsichtsratsmitglieder der Arbeitnehmer der Spitze eines Teilkonzerns sowohl das aktive wie auch das passive Wahlrecht zu[27].

25.16 Die Satzung kann auch eine **fakultative Vergrößerung des Aufsichtsrates** über die gesetzlich bestimmte Größe hinaus vorsehen und für Gesellschaften mit in der Regel nicht mehr als 10.000 Arbeitnehmern auch einen Aufsichtsrat mit 16 oder 20 Mitgliedern und für Gesellschaften mit in der Regel mehr als 10.000 aber nicht mehr als 20.000 Arbeitnehmern einen Aufsichtsrat mit 20 Mitgliedern vorsehen, wobei stets das Paritätsgebot gemäß der für die entsprechend höhere Mitgliederzahl maßgeblichen Regelung in § 7 Abs. 2 MitbestG gilt.

b) Wahlverfahren

25.17 Die Wahl der **Aufsichtsratsmitglieder der Anteilseigner** erfolgt gemäß § 8 MitbestG in Verbindung mit § 101 AktG durch die Hauptversammlung, ohne Bindung an Wahlvorschläge (§ 101 Abs. 1 Satz 2

---

22 *Oetker* in Großkomm. AktG, 5. Aufl. 2018, § 24 MitbestG Rz. 2; *Wißmann* in Wißmann/Kleinsorge/Schubert, § 24 MitbestG Rz. 17.
23 *Götz*, Der Konzern 2004, 449, 454; *Habersack* in Habersack/Henssler, MitbestR, § 5 MitbestG Rz. 55a.
24 BayObLG v. 24.3.1998 – 3 Z BR 236/96 – Walter Holding AG I, AG 1998, 523; OLG Stuttgart v. 30.3.1995 – 8 W 355/93 – CVH AG, AG 1995, 380; LG Hamburg v. 26.6.1995 – 321 T 61/94 – AMB/Volksfürsorge, AG 1996, 89; *Oetker*, ZGR 2000, 19, 30; *Raiser* in Raiser/Veil/Jacobs, § 5 MitbestG Rz. 6.
25 BayObLG v. 6.3.2002 – 3 Z BR 343/00 – Walter Holding AG II, AG 2002, 511.
26 Vgl. dazu z.B. *Geßler*, BB 1977, 1313; *von Hoyningen-Huene*, ZGR 1978, 515; *Raiser* in FS Kropff, 1997, S. 243, 251; *Habersack* in Habersack/Henssler, MitbestR, § 5 MitbestG Rz. 39; *Spindler*, AG 2020, 681 Rz. 40 ff.
27 OLG Düsseldorf v. 30.10.2006 – I-26 W 14/06 AktE, AG 2007, 170, 172; *Hoffmann/Lehmann/Weinmann*, § 5 MitbestG Rz. 67; *Raiser* in Raiser/Veil/Jacobs, § 5 MitbestG Rz. 35; *Habersack* in Habersack/Henssler, MitbestR, § 5 MitbestG Rz. 72; vgl. auch LG Köln v. 3.4.1984 – 3 AktE 1/82 – IVG, AG 1985, 252, 255.

AktG). Für die Wahl der **Aufsichtsratsmitglieder der Arbeitnehmer** gelten die §§ 9–24 und 34 MitbestG sowie drei Wahlordnungen[28], die die näheren Einzelheiten des Wahlverfahrens regeln[29]. Die Aufsichtsratsmitglieder der Arbeitnehmer werden von den wahlberechtigten Arbeitnehmern in direkter oder indirekter Wahl gewählt. Bei nicht mehr als 8.000 regelmäßig beschäftigen Arbeitnehmern ist die unmittelbare Wahl durch die Belegschaft, bei mehr als 8.000 regelmäßig beschäftigten Arbeitnehmern dagegen die Wahl über Delegierte vorgesehen[30]. Die wahlberechtigten Arbeitnehmer können gemäß § 9 Abs. 3 MitbestG auf Antrag eines Quorums von 5 % aller wahlberechtigten Arbeitnehmer darüber abstimmen[31], dass die Wahl der Aufsichtsratsmitglieder entgegen der **gesetzlichen Regelwahlart** nach dem jeweils anderen Wahlverfahren erfolgt. **Wahlvorschläge** für die Aufsichtsratsmitglieder, die von den Arbeitnehmern zu stellen sind, können von den wahlberechtigten Arbeitnehmern unterbreitet werden, wobei ein Vorschlag gemäß § 15 Abs. 2 Nr. 1 MitbestG von mindestens einem Fünftel der Arbeitnehmer oder mindestens von 100 Arbeitnehmern unterzeichnet werden muss. Das Recht zur Vorlage von Vorschlägen zur Wahl der Vertreter der Gewerkschaften im Aufsichtsrat ist nach § 16 Abs. 2 MitbestG ausschließlich den im Unternehmen oder in Konzernunternehmen vertretenen Gewerkschaften vorbehalten. Für den Vertreter der leitenden Angestellten im Aufsichtsrat ist nach § 15 Abs. 2 Nr. 2 MitbestG nur ein Vorschlag zulässig, der von den wahlberechtigten leitenden Angestellten des Unternehmens in einer Vorabstimmung beschlossen wird[32].

4. MontanMitbestG

§ 1 Abs. 2 MitbestG nimmt vom Anwendungsbereich des MitbestG ausdrücklich die Unternehmen aus, die dem Montan-Mitbestimmungsgesetz von 1951 unterliegen[33]. Die praktische Bedeutung dieser Mitbestimmungsform geht zunehmend zurück und erfasst nur noch relativ wenige Unternehmen, die in der Regel **mehr als 1.000 Arbeitnehmer** beschäftigen (§ 1 Abs. 2 MontanMitbestG).

25.18

Das MitbestErgG erfasst diejenigen Aktiengesellschaften, die zwar nicht selbst dem MontanMitbestG unterliegen, die aber ein oder mehrere Unternehmen beherrschen, deren Aufsichtsrat sich nach dem MontanMitbestG zusammensetzt und die den Unternehmenszweck des Konzerns insgesamt prägen (§ 3 Abs. 1 MitbestErgG). Die tatsächliche Bedeutung des MitbestErgG ist gering[34].

25.19

II. Geschlechterquote

1. Allgemeines

Durch das Gesetz für die gleichberechtigte Teilhabe von Frauen und Männern an Führungspositionen in der Privatwirtschaft und im öffentlichen Dienst hat der Gesetzgeber Regelungen geschaffen[35], die die **verstärkte Teilhabe von Frauen sowohl in Führungspositionen der Unternehmensführung als auch im Aufsichtsrat** gewährleisten sollen. Hinsichtlich der Präsenz von Frauen im Aufsichtsrat ist zu differenzieren, nämlich nach der Börsennotierung i.S.v. § 3 Abs. 2 AktG, sodass Gesellschaften aus-

25.20

---

28 BGBl. I 2002, 1682.
29 Vgl. dazu *Fuchs/Köstler/Pütz*, Handbuch zur Aufsichtsratswahl, 6. Aufl. 2016; *Henssler* in Habersack/Henssler, MitbestR, vor § 9 MitbestG Rz. 1 ff.; *Wienke/Podewin/Prinz/Schöne*, Die Wahlordnungen zum MitbestG, 2002.
30 Vgl. zum Wahlverfahren z.B. *Wolff*, DB 2002, 790.
31 Vgl. im Einzelnen *Henssler* in Habersack/Henssler, MitbestR, § 9 MitbestG Rz. 14; *Oetker*, ZGR 2000, 19, 25; *Raiser* in Raiser/Veil/Jacobs, § 9 MitbestG Rz. 7.
32 Vgl. *Raiser/Jacobs* in Raiser/Veil/Jacobs, § 15 MitbestG Rz. 25; *Wolff*, DB 2002, 790, 791.
33 Vgl. dazu *Oetker* in Großkomm. AktG, 5. Aufl. 2018, § 1 MitbestG Rz. 31.
34 Vgl. die Nachweise bei *Oetker* in Großkomm. AktG, 5. Aufl. 2018, MitbestErgG Einl. Rz. 15; zu den Fortgeltungsgesetzen im Übrigen vgl. z.B. *Hoffmann-Becking* in MünchHdb. AG, § 28 Rz. 26 ff.
35 Gesetz v. 24.4.2015, BGBl. I 2015, 642.

scheiden, deren Aktien im **Freiverkehr** gehandelt werden[36]. Ferner kommt es auf die **tatsächlich praktizierte Form der Mitbestimmung** im Aufsichtsrat an.

2. Börsennotierte und paritätisch mitbestimmte AG

25.21 Erfüllt die Gesellschaft kumulativ die Kriterien Börsennotierung **und** paritätische Mitbestimmung[37], müssen dem Aufsichtsrat nach § 96 Abs. 2 AktG **mindestens jeweils 30 % seiner Mitglieder Frauen und Männer** angehören. Für die Umsetzung dieser zwingenden Vorgabe verfolgen § 96 Abs. 2 Satz 2 und 3 AktG für die Aufsichtsratsmitglieder der Anteilseigner wie auch der Arbeitnehmer das **Prinzip der Gesamterfüllung**, das heißt, eine Seite braucht die Mindestquote nicht zu erfüllen, wenn die andere Seite das Defizit durch Übererfüllung ausgleicht[38]. Jede Gruppe kann nach § 96 Abs. 2 Satz 2 AktG dem Prinzip der Gesamterfüllung **widersprechen**. Dann gilt das **Prinzip der Getrennterfüllung** und jede Seite hat die Mindestquote selbst zu erfüllen. Dazu bedarf es eines Mehrheitsbeschlusses der jeweiligen Bank als „Teilorgan"[39], der gemäß § 96 Abs. 2 Satz 3 AktG vor der Wahl gegenüber dem Aufsichtsratsvorsitzenden zu erklären ist; er ist unwiderruflich und gilt nur für die jeweils bevorstehende Wahl[40]. Weder die Satzung noch die Geschäftsordnung des Aufsichtsrats können insofern Änderungen vornehmen; allerdings gelten für die Beschlussfassung die allgemeinen Verfahrensregelungen entsprechend[41], wobei jedem Aufsichtsratsmitglied das Recht zur Einberufung seiner Seite einzuräumen ist[42]. Im Übrigen können sich die Bänke jeweils eigene Geschäftsordnungen geben, in denen Form und Frist der Beschlussfassung sowie der Erklärung des Widerspruchs geregelt sind[43]. Spätester Zeitpunkt für die Erklärung des Widerspruchs muss die **Einleitung des Wahlverfahrens** der anderen Seite sein, damit diese sich bei ihrer Kandidatenauswahl darauf einstellen kann[44].

25.22 Sofern bei Gesamterfüllung nachträglich durch Ausscheiden von Aufsichtsratsmitgliedern der Anteil von Frauen bei der die Geschlechterquote übererfüllenden Seite unter 30 % sinkt und ein Widerspruch gegen die Gesamterfüllung vorliegt, hat dies auf die Aufsichtsratsmitglieder der anderen Seite keine Auswirkung. Weder wird ihre Wahl nachträglich unwirksam, noch ist die übererfüllende Seite verpflichtet, erneut über ihren gesetzlichen Anteil hinaus zu erfüllen[45].

25.23 § 96 Abs. 2 Satz 6 AktG sanktioniert den **Verstoß gegen die Quote** gemäß § 96 Abs. 2 Satz 1 AktG mit der **Nichtigkeit der Wahl**; der zu besetzende Platz bleibt unbesetzt (Prinzip des leeren Stuhls)[46]. Im Falle der **Blockwahl** ist die Wahl aller Aufsichtsratsmitglieder des überrepräsentierten Geschlechts

---

36 *Drygala* in K. Schmidt/Lutter, § 96 AktG Rz. 30, § 111 AktG Rz. 67a; *Seibt*, ZIP 2015, 1193, 1194.
37 MitbestG, Montan-MitbestG oder MitbestErgG.
38 *Grigoleit/Tomasic* in Grigoleit, § 96 AktG Rz. 24; *Habersack* in MünchKomm. AktG, 5. Aufl. 2019, § 96 AktG Rz. 37.
39 *Grobe*, AG 2015, 289, 292; *Seibt*, ZIP 2015, 1193, 1197; siehe dazu *E. Vetter* in Happ/Groß/Möhrle/Vetter, Aktienrecht, Muster 9.05.
40 *Drygala* in K. Schmidt/Lutter, § 96 AktG Rz. 44; *Oetker*, ZHR 179 (2015), 707, 724; *Spindler* in Spindler/Stilz, § 96 AktG Rz. 33.
41 *Herb*, DB 2015, 964, 965; *Hüffer/Koch*, § 96 AktG Rz. 15; *E. Vetter* in Happ/Groß/Möhrle/Vetter, Aktienrecht, Muster 9.05 Rz. 2.1; a.A. *Drygala* in K. Schmidt/Lutter, § 96 AktG Rz. 47.
42 Ebenso *Habersack* in MünchKomm. AktG, 5. Aufl. 2019, § 96 AktG Rz. 39; *Oetker*, ZHR 179 (2015), 707, 721.
43 BT-Drucks. 18/4227, S. 27.
44 *Drygala* in K. Schmidt/Lutter, § 96 AktG Rz. 44; *Grobe*, AG 2015, 289, 292; *Oetker*, ZHR 179 (2015), 707, 723; *Wißmann* in Wißmann/Kleinsorge/Schubert, § 6 MitbestG Rz. 70; a.A. *Schulz/Ruf*, BB 2015, 1155, 1158; *Seibt*, ZIP 2015, 1193, 1198, die übersehen, dass noch Reaktionsmöglichkeiten verbleiben müssen.
45 *Drygala* in K. Schmidt/Lutter, § 96 AktG Rz. 46; *Grigoleit/Tomasic* in Grigoleit, § 96 AktG Rz. 29; *Grobe*, AG 2015, 289, 293; *Hüffer/Koch*, § 96 AktG Rz. 21.
46 *Drygala* in K. Schmidt/Lutter, § 96 AktG Rz. 51; *Spindler* in Spindler/Stilz, § 96 AktG Rz. 38.

nichtig[47], bei **Einzelwahl** ist – auch wenn das Kandidatentableau mit der Tagesordnung bereits vorgeschlagen wird – nur die Wahl nichtig, die in der chronologischen Reihenfolge zum Verstoß gegen die Quote führt[48]. Bei **Simultanwahl** ist die Reihenfolge der Beschlussverkündung durch den Versammlungsleiter maßgeblich[49]. Angesichts der bestehenden Rechtsunsicherheit empfiehlt sich in jedem Fall die Wahl im Wege der Einzelwahl[50]. Für die Wahl der Aufsichtsratsmitglieder der Arbeitnehmer ergeben sich die Rechtsfolgen allein aus § 18a MitbestG[51].

3. Börsennotierte oder mitbestimmte AG

Ist die Gesellschaft entweder börsennotiert **oder** mitbestimmt[52], kommt nicht § 96 Abs. 2 AktG zur Anwendung, sondern § 111 Abs. 5 AktG. Danach hat der Aufsichtsrat sowohl für den Vorstand als auch für den Aufsichtsrat **Zielgrößen für den Frauenanteil** festzulegen und dazu **Umsetzungsfristen** anzugeben. Das Gesetz nennt keine Mindestgröße. Auch wenn es langfristig auf eine paritätische Besetzung von Frauen und Männern im Aufsichtsrat ausgerichtet ist[53], bleibt es dem Aufsichtsrat überlassen, die Quote festzulegen, die auch Null betragen kann[54].   25.24

Bei der Realisierung der Frauenquote hat der Aufsichtsrat das **Verschlechterungsverbot** gemäß § 111 Abs. 5 Satz 2 und 3 AktG zu beachten, d.h. bei einem Realisierungsgrad von unter 30 % darf die festzulegende Zielgröße nicht unter dem tatsächlich bereits erreichten Frauenanteil liegen.   25.25

Auch wenn § 107 Abs. 3 Satz 3 AktG insoweit kein Delegationsverbot enthält, folgt die Festlegung der Zielgrößen – mindestens im Fall der mitbestimmten Gesellschaft – durch **Beschluss des Aufsichtsrats im Plenum**[55].   25.26

Über die nach § 111 Abs. 5 Satz 1 AktG festgelegte Zielgröße ist in der **Erklärung zur Unternehmensführung** gemäß § 289f Abs. 2 Nr. 4 HGB zu berichten. Sofern die festgelegte Zielgröße in der Berichtsperiode nicht erreicht wird, ist dies mitzuteilen und zu begründen[56]. Das Gesetz verzichtet im Unterschied zu § 96 Abs. 2 AktG auf weitergehende Sanktionen und setzt auf den **Druck der Öffentlichkeit**[57]. Ein fehlerhafter Bericht kann jedoch die Anfechtbarkeit des Entlastungsbeschlusses der Haupt-   25.27

---

47 Begr. RegE, BR-Drucks. 636/14, 146; *Grobe*, AG 2015, 289, 296; *Herb*, DB 2015, 964, 966; *Bürgers/Fischer* in Bürgers/Körber/Lieder, § 96 AktG Rz. 7e; *Oetker*, ZHR 179 (2015), 707, 727; *Seibt*, ZIP 2015, 1193, 1199; *Wißmann* in Wißmann/Kleinsorge/Schubert, § 6 MitbestG Rz. 71; a.A. *Drygala* in K. Schmidt/Lutter, § 96 AktG Rz. 53; *Spindler* in Spindler/Stilz, § 96 AktG Rz. 38.
48 Begr. RegE, BR-Drucks. 636/14, S. 146; *Drygala* in K. Schmidt/Lutter, § 96 AktG Rz. 53; *Grobe*, AG 2015, 289, 296; *Hüffer/Koch*, § 96 AktG Rz. 24; *Seibt*, ZIP 2015, 1193, 1200; *Spindler* in Spindler/Stilz, § 96 AktG Rz. 38.
49 *Hüffer/Koch*, § 96 AktG Rz. 24; *Wasmann/Rothenburg*, DB 2015, 291, 293; a.A. *Oetker*, ZHR 179 (2015), 707, 727, der auf das Stimmenergebnis abstellen will.
50 *Grobe*, AG 2015, 289, 297; *Herb*, DB 2015, 964, 967.
51 *Annuß* in MünchKomm. AktG, 5. Aufl. 2019, § 18a MitbestG Rz. 1; *Oetker* in Großkomm. AktG, 5. Aufl. 2018, § 18a MitbestG Rz. 4.
52 Einschließlich Gesellschaften, die dem DrittelbG unterfallen; *Grobe*, AG 2015, 289, 298; *Spindler* in Spindler/Stilz, § 111 AktG Rz. 77a.
53 Begr. RegE, BR-Drucks. 636/14, S. 148.
54 *Drygala* in K. Schmidt/Lutter, § 111 AktG Rz. 72; *Hüffer/Koch*, § 111 AktG Rz. 57; *Schubert* in Wißmann/Kleinsorge/Schubert, § 25 MitbestG Rz. 150; *Schulz/Ruf*, BB 2015, 1155, 1161; *Wasmann/Rothenburg*, DB 2015, 291, 295.
55 *Habersack* in MünchKomm. AktG, 5. Aufl. 2019, § 111 AktG Rz. 154; *Herb*, DB 2015, 964, 968; *Hüffer/Koch*, § 111 AktG Rz. 58; a.A. *Fromholzer/Simons*, AG 2015, 457, 459; *Schubert* in Wißmann/Kleinsorge/Schubert, § 25 MitbestG Rz. 148; *Seibt*, ZIP 2015, 1193, 1205; *Spindler* in Spindler/Stilz, § 11 AktG Rz. 77a.
56 *Mock* in Hachmeister/Kahle/Mock/Schüppen, Bilanzrecht, § 289f Rz. 44.
57 *Drygala* in K. Schmidt/Lutter, § 111 AktG Rz. 76; *Fromholzer/Simons*, AG 2015, 457, 465; *Grobe*, AG 2016, 289, 299; *Weller/Benz*, AG 2015, 467, 472.

versammlung begründen[58]. Schadensersatzansprüche der AG kommen lediglich hinsichtlich des Bußgelds im Fall der unterlassenen Erklärung in Betracht[59].

III. Statusverfahren

1. Verfahrenszweck und Anwendungsbereich

25.28 Bei **Veränderung der tatsächlichen Verhältnisse oder der Organisationsstruktur** eines Unternehmens oder aus sonstigen Gründen können Zweifel an der richtigen Zusammensetzung des Aufsichtsrates einer Gesellschaft entstehen und die Frage nach der notwendigen Anpassung an die veränderten Verhältnisse aufkommen. § 96 Abs. 2 AktG bestimmt ausdrücklich, dass der Aufsichtsrat einer Gesellschaft ungeachtet von Veränderungen selbst bei Einigkeit sämtlicher Beteiligter über die veränderten rechtlichen Grundlagen in jedem Fall nach den bisher angewandten Vorschriften und dem dort geregelten Mitbestimmungssystem zusammenzusetzen ist, solange nicht ein **förmliches Verfahren** mit Wirkung *inter omnes* gemäß den §§ 96–99 AktG zur Feststellung der maßgeblichen Vorschriften oder der Änderung der Zusammensetzung des Aufsichtsrates stattgefunden hat. Bis zum Abschluss dieses Verfahrens bleibt der Aufsichtsrat im Amt. Das Gesetz folgt damit dem so genannten **Status quo-Prinzip**[60] oder **Kontinuitätsprinzip**[61], um in jedem Fall die Arbeitsfähigkeit des bestehenden Aufsichtsrates und die Wirksamkeit seiner Beschlüsse zu gewährleisten[62]. Das Statusverfahren hat zum Ziel, Zweifelsfragen bezüglich der maßgeblichen gesetzlichen Vorschriften für die Zusammensetzung des Aufsichtsrates auszuräumen. Die **Überleitung** von einem zum anderen Modell erfolgt in **zwei Stufen**, nämlich der verbindlichen Feststellung der maßgebenden Vorschriften und der anschließenden Satzungsänderung und Neubestellung des Aufsichtsrates.

25.29 Hauptanwendungsfall des Statusverfahrens der §§ 97–99 AktG ist der **Wechsel des anzuwendenden Mitbestimmungsstatuts** der Gesellschaft mit der sich daraus ergebenden nicht mehr den Vorschriften entsprechenden Zusammensetzung des Aufsichtsrates. Nach dem Wortlaut von § 97 Abs. 1 AktG wie auch aus Gründen der Praktikabilität kommt das Statusverfahren nach herrschender Ansicht auch dann zur Anwendung, wenn sich wegen einer Über- oder Unterschreitung der gesetzlichen Schwellenzahl der wahlberechtigten Arbeitnehmer die **Größe und Zusammensetzung des Aufsichtsrates innerhalb eines Mitbestimmungsmodells** (z.B. § 7 Abs. 1 und 2 MitbestG) verändern und nicht mehr den maßgeblichen Vorschriften entsprechen[63]. Keine Anwendung finden die §§ 97–99 AktG, wenn die Größe des Aufsichtsrates z.B. gemäß § 7 Abs. 1 Satz 2 MitbestG durch **Satzungsänderung vergrößert oder verkleinert** wird[64]. Bei einer **Vergrößerung des Aufsichtsrates** kommt eine Nachwahl der

---

58 *Drygala* in K. Schmidt/Lutter, § 111 AktG Rz. 76; *Grigoleit/Tomasic* in Grigoleit, § 111 AktG Rz. 107.
59 *Hüffer/Koch*, § 111 AktG Rz. 58.
60 *Hoffmann-Becking* in MünchHdb. AG, § 28 Rz. 54; *Hüffer/Koch*, § 96 AktG Rz. 28; *Rittner*, DB 1969, 2165, 2167.
61 OLG Frankfurt v. 2.11.2010 – 20 W 362/10 – Asklepios, ZIP 2011, 21, 23; *Brungs*, Das Statusverfahren der §§ 97 ff. AktG, S. 6; *Habersack* in MünchKomm. AktG, 5. Aufl. 2019, § 96 AktG Rz. 61; *Raiser* in Raiser/Veil/Jacobs, § 6 MitbestG Rz. 4; *Raiser/Veil*, Kapitalgesellschaften, § 15 Rz. 27.
62 OLG Düsseldorf v. 10.10.1995 – 19 W 5/95 AktE – Babcock-BSH, AG 1996, 87; *Hüffer/Koch*, § 96 AktG Rz. 28; *Oetker*, ZHR 149 (1985), 575, 577; *Habersack* in MünchKomm. AktG, 5. Aufl. 2019, § 96 AktG Rz. 61.
63 OLG Düsseldorf v. 20.6.1978 – 19 W 3/1978 – Herberts, DB 1978, 1358; *Hoffmann-Becking* in MünchHdb. AG, § 28 Rz. 61; *Oetker*, ZHR 149 (1985), 575, 577; *Habersack* in Habersack/Henssler, MitbestR, § 6 MitbestG Rz. 14; a.A. *Göz*, ZIP 1998, 1523, 1525; *Rosendahl*, AG 1985, 325, 326.
64 OLG Hamburg v. 26.8.1988 – 11 W 53/88 – Horten, AG 1989, 64, 65; *Habersack* in Habersack/Henssler, MitbestR, § 6 MitbestG Rz. 15; *Hüffer/Koch*, § 97 AktG Rz. 3; *Martens*, DB 1978, 1065, 1069; *Raiser/Jacobs* in Raiser/Veil/Jacobs, § 7 MitbestG Rz. 5; *Göz*, ZIP 1998, 1523, 1526; a.A. BAG v. 3.10.1989 – 1 ABR 12/88, AG 1990, 361; *Wißmann* in Wißmann/Kleinsorge/Schubert, § 7 MitbestG Rz. 11; *Oetker*, ZHR 149 (1985), 575, 585.

zusätzlichen Aufsichtsratsmitglieder nach den maßgeblichen Vorschriften oder die gerichtliche Bestellung nach § 104 AktG in Betracht, sobald die Satzungsänderung im Handelsregister eingetragen ist. Bei einer **Verkleinerung** des bisher gegenüber den gesetzlichen Anforderungen durch eine Satzungsregelung größeren Aufsichtsrates muss jedoch regelmäßig der Ablauf der laufenden Amtsperiode abgewartet werden, da auch nach Eintragung der Satzungsänderung im Handelsregister in der Praxis mit Amtsniederlegungen von Mitgliedern des Aufsichtsrates, insbesondere der Arbeitnehmer unter Beachtung des Gruppenproporzes, nicht gerechnet werden kann und in ihre Rechtsstellung als Mitglieder des Aufsichtsrates während einer laufenden Amtsperiode nicht eingegriffen werden darf[65].

2. Verfahrensablauf

a) Antragsberechtigung

Das außergerichtliche Statusverfahren kann vom **Vorstand** gemäß § 97 Abs. 1 AktG durch Bekanntmachung in den Gesellschaftsblättern eingeleitet werden. Dem Vorstand allein steht das Initiativrecht zu. Auch wenn die Verfahrenseinleitung eine Maßnahme der Geschäftsführung ist, kann sie nicht von der Zustimmung des Aufsichtsrates abhängig gemacht werden, denn der Vorstand ist verpflichtet, für die Gesetzmäßigkeit der Organisation zu sorgen[66]. Daneben besteht die Möglichkeit, das Statusverfahren gemäß § 98 Abs. 1 AktG durch Antrag bei dem am Sitz der Gesellschaft zuständigen Gericht einzuleiten. Neben dem Vorstand ist auch der in § 98 Abs. 2 AktG genannte **Kreis von Personen und Gremien antragsberechtigt**, insbesondere jedes Aufsichtsratsmitglied, jeder Aktionär, je nach Struktur der Gesellschaft der Gesamtbetriebsrat oder Betriebsrat, der Gesamt- oder Unternehmenssprecherausschuss der leitenden Angestellten, ein Zehntel der Belegschaft sowie die vorschlagsberechtigten Gewerkschaften.

25.30

b) Außergerichtliches Verfahren

Es zählt zu den Aufgaben des Vorstandes darauf zu achten, dass die Zusammensetzung des Aufsichtsrates nach den maßgeblichen Vorschriften erfolgt[67]. Gelangt er nach Prüfung der Sach- und Rechtslage zur Überzeugung, dass infolge einer Änderung der Verhältnisse die Voraussetzungen für die bestehende Zusammensetzung des Aufsichtsrates nicht mehr vorliegen, ist er nach § 97 Abs. 1 Satz 1 AktG verpflichtet, **unverzüglich das Statusverfahren einzuleiten**. Die Meinungsbildung, dass der Aufsichtsrat nicht nach den für ihn maßgeblichen gesetzlichen Vorschriften zusammengesetzt ist, erfolgt durch Beschluss des Vorstandes, der nach den Regeln für die Gesamtgeschäftsführung nach § 77 Abs. 1 AktG herbeizuführen ist[68]. Es empfiehlt sich, eine rechtzeitige Information und Abstimmung des Vorstandes mit den übrigen Beteiligten, insbesondere dem Aufsichtsrat vorzunehmen, um eventuelle Zweifelsfragen frühzeitig zu klären oder bei unüberwindbaren Meinungsverschiedenheiten gegebenenfalls statt der Bekanntmachung nach § 97 Abs. 1 AktG direkt die gerichtliche Klärung nach § 98 Abs. 1 AktG zu beantragen[69].

25.31

Der Vorstand leitet das Statusverfahren nach § 97 Abs. 1 AktG durch **Bekanntmachung in den Gesellschaftsblättern** ein[70]. Gleichzeitig hat er die Einleitung des Verfahrens durch **Aushang in sämtlichen**

25.32

---

65 Vgl. OLG Hamburg v. 26.8.1988 – 11 W 53/88 – Horten, AG 1989, 64, 65; OLG Dresden v. 18.2.1997 – 14 W 1396/96, ZIP 1997, 589, 591; *Raiser/Jacobs* in Raiser/Veil/Jacobs, § 7 MitbestG Rz. 5; *Göz*, ZIP 1998, 1523, 1527.
66 *Mertens/Cahn* in KölnKomm. AktG, 3. Aufl. 2013, § 111 AktG Rz. 88; *Raiser* in Raiser/Veil/Jacobs, § 6 MitbestG Rz. 9; *Habersack* in Habersack/Henssler, MitbestR, § 6 MitbestG Rz. 17.
67 *Habersack* in MünchKomm. AktG, 5. Aufl. 2019, § 97 AktG Rz. 28; *Mertens/Cahn* in KölnKomm. AktG, 3. Aufl. 2013, §§ 97–99 AktG Rz. 3.
68 *Habersack* in MünchKomm. AktG, 5. Aufl. 2019, § 97 AktG Rz. 17; *Hüffer/Koch*, § 97 AktG Rz. 2; *Spindler* in Spindler/Stilz, § 97 AktG Rz. 4.
69 *Habersack* in Habersack/Henssler, MitbestR, § 6 MitbestG Rz. 17.
70 Siehe dazu *E. Vetter* in Happ/Groß/Möhrle/Vetter, Aktienrecht, Muster 9.17.

Betrieben der Gesellschaft und ihrer Konzernunternehmen bekanntzumachen. Die Bekanntmachung ist eine Erklärung des Vorstandes; eine Delegation ist nicht möglich. Die Bekanntmachung, z.B. durch Mitarbeiter der Personalabteilung, löst die Wirkungen des § 97 Abs. 2 AktG nicht aus. Der **Inhalt der Bekanntmachung** ergibt sich aus § 97 Abs. 1 Satz 2 und 3 AktG. Danach ist neben der Feststellung, dass der Aufsichtsrat nicht nach den für ihn maßgebenden Vorschriften zusammengesetzt ist, anzugeben, nach welchen Vorschriften nach Ansicht des Vorstandes die Zusammensetzung des Aufsichtsrates erfolgen müsse und schließlich der Hinweis, dass diese Vorschriften zur Anwendung kommen, sofern nicht das nach § 98 Abs. 1 AktG zuständige Gericht innerhalb eines Monats nach der Veröffentlichung im Bundesanzeiger angerufen wird. Der Vorstand hat die nach seiner Ansicht anzuwendenden Vorschriften exakt zu benennen.

25.33 Eine **Bekanntmachung ohne den gesetzlichen Mindestinhalt ist wirkungslos** und löst nicht die Rechtsfolgen des § 97 Abs. 2 AktG aus[71]. Gleiches gilt, wenn die Bekanntmachung im Bundesanzeiger unterblieben ist[72]. In diesen Fällen ist die Aufsichtsratsbestellung nach § 250 Abs. 1 Nr. 1 AktG nichtig[73]. Die Bekanntmachung kann zusätzliche Angaben enthalten. Empfehlenswert und in der Praxis üblich ist die Angabe einer knappen Begründung, welche tatsächlichen oder rechtlichen Änderungen dazu geführt haben, dass die bisher maßgebenden gesetzlichen Vorschriften über die Zusammensetzung des Aufsichtsrates nicht mehr anwendbar sind[74]. Die Bekanntmachung nach § 97 Abs. 1 AktG setzt den **Eintritt von Tatsachen** voraus, so dass für die Bekanntmachung die der Änderung der maßgebenden gesetzlichen Bestimmungen zugrunde liegende rechtliche oder tatsächliche Änderung bereits eingetreten sein muss, da die Angaben des Vorstandes nachprüfbar sein müssen. Die Veräußerung eines Betriebes oder einer Beteiligungsgesellschaft muss deshalb abgeschlossen sein (Closing); Vorgänge nach dem UmwG müssen durch Eintragung im Handelsregister rechtswirksam geworden sein[75]. Allerdings ist der Vorstand im Interesse einer möglichst zügigen Herbeiführung der gesetzlich vorgesehenen Arbeitnehmerrepräsentanz im Aufsichtsrat berechtigt, das langwierige Wahlverfahren zur Wahl der Aufsichtsratsmitglieder der Arbeitnehmer bereits mit der Bekanntmachung einzuleiten, sofern die Änderung sicher zu erwarten ist[76]. Wird innerhalb der **Monatsfrist** nach der Veröffentlichung im Bundesanzeiger das nach § 98 Abs. 1 AktG zuständige Gericht nicht angerufen, wird der Inhalt der **Bekanntmachung unangreifbar**, selbst wenn die rechtlichen oder tatsächlichen Voraussetzungen der darin genannten Vorschriften nicht zutreffen sollten[77]. Der Aufsichtsrat muss dann gleichwohl nach den vom Vorstand genannten Vorschriften zusammengesetzt werden (§ 97 Abs. 2 Satz 1 AktG).

c) Gerichtliches Verfahren

25.34 Gegen die Bekanntmachung des Vorstandes können die in § 98 Abs. 2 AktG genannten Antragsberechtigten **innerhalb eines Monats nach der Veröffentlichung im Bundesanzeiger** das nach § 98 Abs. 1 AktG zuständige Landgericht anrufen, das dann über die richtige Zusammensetzung des Aufsichtsrates

---

71 *Habersack* in MünchKomm. AktG, 5. Aufl. 2019, § 97 AktG Rz. 26; *Mertens/Cahn* in KölnKomm. AktG, 3. Aufl. 2013, §§ 97–99 AktG Rz. 13.
72 *Habersack* in MünchKomm. AktG, 5. Aufl. 2019, § 97 AktG Rz. 26; *Habersack* in Habersack/Henssler, MitbestR, § 6 MitbestG Rz. 23.
73 *Brungs*, Das Statusverfahren der §§ 97 ff. AktG, S. 62; *Hopt/Roth* in Großkomm. AktG, 5. Aufl. 2019, § 97 AktG Rz. 64; a.A. *Habersack* in MünchKomm. AktG, 5. Aufl. 2019, § 97 AktG Rz. 26; *Mertens/Cahn* in KölnKomm. AktG, 3. Aufl. 2013, §§ 97–99 AktG Rz. 13.
74 Weitergehend z.B. *Oetker*, ZHR 149 (1985), 575, 592, der gesetzliche Verpflichtung annimmt.
75 *Grunewald* in Lutter, § 20 UmwG Rz. 31; *Hoffmann-Becking* in MünchHdb. AG, § 28 Rz. 66; a.A. *Hopt/Roth* in Großkomm. AktG, 5. Aufl. 2019, § 97 AktG Rz. 39; vgl. auch *Kiem/Uhrig*, NZG 2001, 680, 684.
76 *Hoffmann-Becking* in MünchHdb. AG, § 28 Rz. 66; *Mertens/Cahn* in KölnKomm. AktG, 3. Aufl. 2013, §§ 97–99 AktG Rz. 27; *Tomasic* in Grigoleit, § 97 AktG Rz. 4.
77 *Wißmann* in Wißmann/Kleinsorge/Schubert, § 6 MitbestG Rz. 25; *Habersack* in Habersack/Henssler, MitbestR, § 6 MitbestG Rz. 26.

zu entscheiden hat. Bis zum rechtskräftigen Abschluss des Verfahrens bleibt der Aufsichtsrat in der bisherigen Zusammensetzung im Amt. Die Bekanntmachung des Vorstandes zeigt insoweit keine Wirkung[78]. Unabhängig von einer vorherigen Bekanntmachung des Vorstandes kann der in § 98 Abs. 2 Satz 1 AktG genannte Personenkreis beim zuständigen Gericht gemäß § 98 Abs. 1 Satz 1 AktG **formlos Antrag auf Feststellung** der für die Zusammensetzung des Aufsichtsrates maßgebenden Vorschriften stellen, wenn Zweifel über die Grundlagen der Zusammensetzung des Aufsichtsrates bestehen. Weitere Voraussetzungen verlangt das Gesetz nicht, insbesondere muss der Antragsteller, soweit er dem Personenkreis nach § 98 Abs. 2 Nr. 1–5 AktG angehört, **kein besonderes Feststellungsinteresse** darlegen[79]. Bei den in § 98 Abs. 2 Nr. 6–8 AktG genannten Arbeitnehmergremien und Organisationen oder der Mindestzahl von Arbeitnehmern ist jedoch erforderlich, dass sie Belange von Wahl- oder Vorschlagsberechtigten wahrnehmen oder in ihrem Vorschlagsrecht beeinträchtigt sind.

Örtlich und sachlich zuständig ist gemäß § 98 Abs. 1 Satz 1 AktG das Landgericht, in dessen Bezirk die AG ihren Sitz hat. Nach § 98 Abs. 2 und 3 AktG besteht die Möglichkeit der **Verfahrenskonzentration** bei einem Landgericht für mehrere Landgerichtsbezirke[80]. Das zuständige Gericht entscheidet über den Antrag im **Verfahren nach dem FamFG** unter Berücksichtigung der in § 99 AktG enthaltenen besonderen Verfahrensregelungen[81]. Der Antrag ist vom Gericht nach § 99 Abs. 2 Satz 1 AktG in den Gesellschaftsblättern bekanntzumachen. Für das Verfahren gilt der **Grundsatz der Amtsermittlung** nach § 26 FamFG. Anhörungsberechtigt sind neben dem Vorstand und jedem Aufsichtsratsmitglied antragsberechtigte Betriebsräte sowie die Spitzenorganisationen der Gewerkschaften. Antragsrücknahme ist bis zur Rechtskraft der gerichtlichen Entscheidung zulässig. Das Gericht entscheidet über den Antrag durch einen mit Gründen zu versehenden **Beschluss**, der vom Gericht – ohne die Gründe – ebenfalls in den Gesellschaftsblättern bekanntzumachen ist (§ 99 Abs. 4 AktG). Gegen die Entscheidung des Landgerichts steht jedem Beteiligten als Rechtsmittel mit einer Frist von einem Monat die **Beschwerde** nach § 99 Abs. 3 Satz 2 AktG, § 63 Abs. 1 FamFG offen. Die Frist beginnt mit der Bekanntmachung im Bundesanzeiger. Für den Vorstand und den Antragsteller ist das Datum der Zustellung der Entscheidung maßgebend. Die Entscheidung wird erst mit Rechtskraft wirksam und wirkt für und gegen alle (§ 99 Abs. 5 Satz 1 und 2 AktG). Der Vorstand hat die Entscheidung nach § 99 Abs. 5 Satz 3 AktG unverzüglich zum Handelsregister einzureichen.

d) Rechtsfolgen

Mit **Unanfechtbarkeit der Bekanntmachung des Vorstandes** (§ 97 Abs. 2 AktG) oder mit **Rechtskraft der gerichtlichen Entscheidung** (§ 98 Abs. 4 Satz 2 i.V.m. § 97 Abs. 2 AktG) treten die bisherigen Satzungsbestimmungen über die Zusammensetzung des Aufsichtsrates, die Zahl seiner Mitglieder sowie die Wahl, Abberufung und Entsendung von Aufsichtsratsmitgliedern mit Beendigung der ersten Hauptversammlung, die nach dem Ablauf der Anrufungsfrist einberufen wird (nicht „stattfindet"), spätestens 6 Monate nach Ablauf dieser Frist insoweit außer Kraft, als sie den nunmehr maßgebenden gesetzlichen Vorschriften widersprechen. Zum selben Zeitpunkt erlischt auch das Amt sämtlicher bisheriger Mitglieder des Aufsichtsrates, ohne dass es dazu weiterer Erklärungen bedarf, und zwar auch dann, wenn noch kein neuer Aufsichtsrat gewählt worden ist[82].

---

78 OLG Düsseldorf v. 10.10.1995 – 19 W 5/95 AktE, AG 1996, 87; *Hüffer/Koch*, § 97 AktG Rz. 6; *Wißmann* in Wißmann/Kleinsorge/Schubert, § 6 MitbestG Rz. 24.
79 *Habersack* in MünchKomm. AktG, 5. Aufl. 2019, § 98 AktG Rz. 12; *Hopt/Roth* in Großkomm. AktG, 5. Aufl. 2019, § 98 AktG Rz. 27.
80 Vgl. die Angaben bei *Spindler* in Spindler/Stilz, § 98 AktG Rz. 5; *Habersack* in Habersack/Henssler, MitbestR, § 6 MitbestG Rz. 33.
81 Vgl. dazu *Habersack* in MünchKomm. AktG, 5. Aufl. 2019, § 99 AktG Rz. 7 ff.; *von Falkenhausen*, AG 1967, 309 ff.
82 OLG Frankfurt v. 23.4.1985 – 5 U 149/84 – Sperry GmbH, AG 1985, 220; *Habersack* in MünchKomm. AktG, 5. Aufl. 2019, § 97 AktG Rz. 32; *Hüffer/Koch*, § 97 AktG Rz. 5.

25.37 Nach der gesetzlichen Konzeption des Statusverfahrens findet **innerhalb der Sechsmonatsfrist eine Hauptversammlung** statt, die die neuen Satzungsbestimmungen abweichend von § 179 Abs. 2 AktG statt der Dreiviertelmehrheit nur mit einfacher Mehrheit beschließen (§ 97 Abs. 2 Satz 4 AktG) und die neuen Aufsichtsratsmitglieder der Anteilseigner wählen kann. Die bisherigen Mitglieder des Aufsichtsrates scheiden mit Ablauf der Hauptversammlung nach § 97 Abs. 2 Satz 3 AktG aus dem Aufsichtsrat aus. Das Amt der neuen Aufsichtsratsmitglieder beginnt mit Eintragung der Satzungsänderung im Handelsregister. Zulässig ist es, dass die Hauptversammlung die Satzungsänderung wie auch die Neuwahl der Aufsichtsratsmitglieder nach der Bekanntmachung gemäß § 97 Abs. 1 AktG aber **noch vor Ablauf der Monatsfrist** von § 97 Abs. 2 Satz 1 AktG beschließt, verbunden mit der Anweisung an den Vorstand, die Satzungsänderung erst nach widerspruchslosem Ablauf der Monatsfrist zum Handelsregister anzumelden. Die **bisher geltenden Satzungsbestimmungen** treten dann mit Eintragung der neuen Satzungsbestimmungen analog § 97 Abs. 2 Satz 3 AktG **außer Kraft**[83]. Gleichzeitig endet auch das Amt der bisherigen und beginnt das Amt der neuen Mitglieder des Aufsichtsrates. Findet bis zum Ablauf der Sechsmonatsfrist von § 97 Abs. 2 Satz 2 AktG keine Hauptversammlung statt, bleibt dem Vorstand nur der Weg der gerichtlichen Bestellung der neuen Aufsichtsratsmitglieder der Anteilseigner und der Arbeitnehmer nach § 104 AktG auf Basis der allgemeinen gesetzlich anzuwendenden Vorschriften[84].

§ 26
Begründung, Dauer und Beendigung der Mitgliedschaft im Aufsichtsrat

I. Begründung der Mitgliedschaft im Aufsichtsrat 26.1	bb) Finanzexpertise 26.16a
1. Voraussetzungen der Mitgliedschaft im Aufsichtsrat 26.1	d) Empfehlungen des Deutschen Corporate Governance Kodex ... 26.16c
a) Allgemeine Voraussetzungen 26.1	e) Unvereinbarkeit des Aufsichtsratsmandates 26.17
b) Aktienrechtliche Voraussetzungen 26.4	2. Bestellung des Aufsichtsratsmitglieds 26.19
aa) Höchstzahl von Aufsichtsratsmandaten 26.4	a) Wahl durch die Hauptversammlung 26.19
bb) Verbot der Aufsichtsratsbesetzung entgegen dem Organisationsgefälle 26.9	aa) Tagesordnung der Hauptversammlung 26.19
cc) Verbot der Überkreuzverflechtung 26.10	bb) Beschlussfassung der Hauptversammlung 26.22
dd) Inkompatibilität 26.11	b) Wahl durch die Belegschaft 26.26
ee) Wahl ehemaliger Vorstandsmitglieder 26.13a	c) Entsendung 26.27
	aa) Form 26.27
ff) Satzungsmäßige Wählbarkeitsvoraussetzungen 26.14	bb) Rechtsstellung 26.28
	d) Ersatzmitglieder 26.29
gg) Wählbarkeitsvoraussetzungen gemäß Deutschem Corporate Governance Kodex .. 26.15a	aa) Bedeutung 26.29
	bb) Verfahren 26.31
	cc) Rechtsstellung 26.36
c) Besondere Voraussetzungen für bestimmte Aufsichtsratsmitglieder 26.16	e) Gerichtliche Bestellung 26.38
	aa) Bedeutung 26.38
aa) Arbeitnehmervertreter 26.16	bb) Voraussetzungen 26.40

---

83 *Hoffmann-Becking* in MünchHdb. AG, § 28 Rz. 73; *Hüffer/Koch*, § 97 AktG Rz. 5.
84 Vgl. *Habersack* in MünchKomm. AktG, 5. Aufl. 2019, § 97 AktG Rz. 32; *Rittner*, DB 1969, 2165, 2168; *Spindler* in Spindler/Stilz, § 97 AktG Rz. 30.

cc) Antragsberechtigung 26.41
dd) Verfahren 26.42
ee) Rechtsstellung 26.44
II. **Amtszeit des Aufsichtsratsmitglieds** . 26.45
1. **Dauer der Amtszeit** 26.45
2. **Beginn der Amtszeit** 26.51
III. **Beendigung der Mitgliedschaft im Aufsichtsrat** 26.52
1. **Amtsniederlegung** 26.52
2. **Abberufung** 26.55
   a) Abberufung durch die Hauptversammlung 26.55
      aa) Voraussetzungen 26.55
      bb) Verfahren 26.57
   b) Abberufung durch den entsendungsberechtigten Aktionär 26.59
   c) Abberufung von Aufsichtsratsmitgliedern der Arbeitnehmer 26.60
   d) Abberufung durch das Gericht ... 26.61
      aa) Voraussetzungen 26.61

bb) Verfahren 26.63
3. **Wegfall persönlicher Voraussetzungen** 26.65
   a) Gesetzliche Voraussetzungen 26.65
   b) Satzungsmäßige Voraussetzungen 26.66
4. **Statusverfahren** 26.68
5. **Verkleinerung des Aufsichtsrates** ... 26.70
IV. **Rechtsfolgen der unwirksamen Aufsichtsratswahl** 26.72
1. **Vorbemerkung** 26.72
2. **Unwirksame Bestellung eines einzelnen Aufsichtsratsmitglieds** 26.74
   a) Auswirkungen auf die persönliche Rechtsstellung des Aufsichtsratsmitglieds 26.74
   b) Auswirkungen auf die Arbeit des Aufsichtsrates 26.76
3. **Unwirksame Wahl des gesamten Aufsichtsrates oder Ablauf der Amtszeit** 26.77

Schrifttum: *Bollweg*, Die Wahl des Aufsichtsrats in der Hauptversammlung der Aktiengesellschaft, 1997; *Bommert*, Probleme bei der Gestaltung der Rechtsstellung von Ersatzmitgliedern der Aktionärsvertreter im Aufsichtsrat, AG 1986, 315; *Deckert*, Inkompatibilitäten und Interessenkonflikte, DZWir 1996, 406; *Deckert*, Der Aufsichtsrat nach der Reform, NZG 1998, 710; *Dreher*, Die Organisation des Aufsichtsrats, in Feddersen/Hommelhoff/Uwe H. Schneider (Hrsg.), Corporate Governance, 1995, S. 33; *Dreher*, Die Qualifikation der Aufsichtsratsmitglieder, in FS Boujong, 1996, S. 71; *Dreher*, Die Gesamtqualifikation des Aufsichtsrats, in FS Hoffmann-Becking, 2013, S. 313; *Fett/Theusinger*, Die gerichtliche Bestellung von Aufsichtsratsmitgliedern – Einsatzmöglichkeiten und Fallstricke, AG 2010, 425; *Fuchs/Köstler/Pütz*, Handbuch zur Aufsichtsratswahl, 6. Aufl. 2016; *Habersack*, Der Aufsichtsrat im Visier der Kommission, ZHR 168 (2004), 373; *Habersack*, „Kirch/Deutsche Bank" und die Folgen – Überlegungen zu § 100 Abs. 5 AktG und Ziff. 5.4, 5.5 DCGK, in FS Goette, 2011, S. 121; *Hoffmann-Becking*, Rechtliche Möglichkeiten und Grenzen einer Verbesserung der Arbeit des Aufsichtsrats, in FS Havermann, 1995, S. 229; *Hoffmann-Becking*, Gerichtliche Bestellung von Aufsichtsratsmitgliedern bei angefochtener Wahl, in FS Krieger, 2020, S. 379; *Hommelhoff*, Die Autarkie des Aufsichtsrats, ZGR 1983, 551; *Hommelhoff*, Unabhängige Aufsichtsratsmitglieder in der faktisch konzernierten Börsengesellschaft, in FS Windbichler, 2020, S. 759; *Ihrig/Meder*, Zweifelsfragen bei der Zielbenennung zur Zusammensetzung des Aufsichtsrats nach dem Kodex, ZIP 2012, 1210; *Jaspers*, Höchstgrenzen für Aufsichtsratsmandate nach Aktienrecht und DCGK, AG 2011, 154; *Krebs*, Interessenkonflikte bei Aufsichtsratsmandaten in der AG, 2002; *Krieger*, Der Wechsel vom Vorstand in den Aufsichtsrat, in FS Hüffer, 2010, S. 521; *Leyens*, Information des Aufsichtsrats, 2006; *Lieder*, Die Rechtsstellung von Aufsichtsratsmitgliedern bei fehlerhafter Wahl, ZHR 178 (2014), 282; *von der Linden*, Deutscher Corporate Governance Kodex 2019 – Alles neu macht der Mai, DStR 2019, 1528; *Lutter*, Die Unwirksamkeit von Mehrfachmandaten in den Aufsichtsräten von Konkurrenzunternehmen, in FS Beusch, 1993, S. 509; *Marsch-Barner*, Zur Anfechtung der Wahl von Aufsichtsratsmitgliedern, in FS K. Schmidt, 2009, S. 1109; *Meyer*, Der unabhängige Finanzexperte im Aufsichtsrat, 2012; *Mülbert*, Die Stellung der Aufsichtsratsmitglieder, in Feddersen/Hommelhoff/Uwe H. Schneider (Hrsg.), Corporate Governance, 1995, S. 99; *Reichert/Schlitt*, Konkurrenzverbot für Aufsichtsratsmitglieder, AG 1995, 241; *Rellermeyer*, Ersatzmitglieder des Aufsichtsrats, ZGR 1987, 563; *Schilha*, Neues Anforderungsprofil, mehr Aufgaben und erweiterte Haftung für den Aufsichtsrat nach Inkrafttreten der Abschlussprüfungsreform, ZIP 2016, 1316; *Uwe H. Schneider/Nietsch*, Die Abberufung von Aufsichtsratsmitgliedern bei der AG, in FS Westermann, 2008, S. 1447; *Schürnbrand*, Organschaft im Recht der privaten Verbände, 2007; *Schwark*, Corporate Governance: Vorstand und Aufsichtsrat, in Hommelhoff/Lutter/K. Schmidt/Schön/Ulmer (Hrsg.), Corporate Governance, 2002, S. 75; *Seidel*, Die gerichtliche Ergänzung des Aufsichtsrats, 2010; *Simons/Kalbfleisch*, Sektorenvertrautheit im Aufsichtsrat (§ 100 Abs. 5 Halbs. 2 AktG),

AG 2020, 526; *Singhof,* Die Amtsniederlegung durch das Aufsichtsratsmitglied einer AG, AG 1998, 318; *Staake,* Der unabhängige Finanzexperte im Aufsichtsrat, ZIP 2010, 1013; *Theisen,* Kostenstelle Aufsichtsrat, in FS Säcker, 2011, S. 487; *Ulmer,* Aufsichtsratsmandat und Interessenkollision, NJW 1980, 1603; *E. Vetter,* Der Prüfungsausschuss in der AG nach dem BilMoG, ZGR 2010, 751; *E. Vetter,* Neue Vorgaben für die Wahl des Aufsichtsrats durch die Hauptversammlung nach § 100 Abs. 2 Satz 1 Nr. 4 und Abs. 5 AktG, in FS Maier-Reimer, 2010, S. 795; *E. Vetter,* Kosten der Aufsichtsratstätigkeit und Budgetrecht des Aufsichtsrats, in VGR (Hrsg.), Gesellschaftsrecht in der Diskussion 2014, 2015, S. 115; *E. Vetter,* Der Aufsichtsrat – Spagat zwischen gesetzlichen Vorgaben und wachsenden Herausforderungen, in Fleischer/Koch/Kropff/Lutter (Hrsg.), 50 Jahre AktG, 2016, S. 103; *E. Vetter,* Praktische Fragen der gerichtlichen Bestellung von Aufsichtsratsmitgliedern nach § 104 AktG, DB 2018, 3104; *Wandt,* Der Antrag auf gerichtliche Bestellung eines Aufsichtsratsmitglieds bei AG und SE, AG 2016, 877; *Wardenbach,* Interessenkonflikte und mangelnde Sachkunde als Bestellungshindernisse zum Aufsichtsrat der AG, 1996.

I. Begründung der Mitgliedschaft im Aufsichtsrat

1. Voraussetzungen der Mitgliedschaft im Aufsichtsrat

a) Allgemeine Voraussetzungen

26.1 Mitglied des Aufsichtsrates einer Gesellschaft kann jede **natürliche** unbeschränkt geschäftsfähige **Person** sein (§ 100 Abs. 1 Satz 1 AktG). Wer der Betreuung gemäß §§ 1896 ff. BGB untersteht, kann nicht Mitglied eines Aufsichtsrates sein. Einer juristischen Person ist die Mitgliedschaft im Aufsichtsrat nicht möglich.

26.2 Das AktG kennt **keine bestimmte förmliche Sachqualifikation** für das einzelne Aufsichtsratsmitglied. Lediglich für Kreditinstitute und Versicherungsunternehmen bestehen qualifikationsbezogene Anforderungen[1]. Allerdings ist die Erfüllung bestimmter **Mindestkenntnisse und Mindestfähigkeiten** für die sachgerechte Wahrnehmung der Rechte und Pflichten eines Aufsichtsratsmitglieds **unverzichtbar**, um den dem Aufsichtsrat zugewiesenen Aufgaben gerecht werden und die dabei normalerweise anfallenden Geschäftsvorgänge auch ohne fremde Hilfe verstehen und sachgerecht beurteilen zu können[2]. Dies gilt für die Aufsichtsratsmitglieder der Anteilseigner wie auch der Arbeitnehmer gleichermaßen[3]. Notwendig ist Sachkunde zum Verständnis von Jahresabschluss und Konzernabschluss sowie der Lageberichte und der Prüfungsberichte des Abschlussprüfers (*financial literacy*); die besondere Expertise anderer Aufsichtsratsmitglieder hat insoweit keine entlastende Wirkung[4]. Ohne dass dadurch die Wirksamkeit der Wahl in den Aufsichtsrat tangiert wird[5], steht jedes Aufsichtsratsmitglied dafür ein, dass es diese Grundvoraussetzungen mitbringt oder sich bis zum Amtsantritt verschaffen wird, um zur effizienten Erfüllung seiner Überwachungstätigkeit und zur Bewältigung der regelmäßigen und nicht delegierbaren Grundaufgaben beitragen zu können[6]. Dies schließt die notwendigen *soft skills* für die Gremienarbeit ein[7]. Bei Fehlen dieser Grundvoraussetzungen kann das Aufsichtsratsmitglied im Schadensfall unter dem Gesichtspunkt des Übernahmeverschuldens haftbar sein.

---

1 § 25d KWG, § 5 Abs. 5 Nr. 9 und § 7a Abs. 4 VAG.
2 BGH v. 15.11.1982 – II ZR 27/82 – Hertie, BGHZ 85, 292, 295; BGH v. 20.9.2011 – II ZR 234/09 – Ision, AG 2011, 876 Rz. 28; *Hommelhoff,* ZGR 1983, 551 ff.; *Schwark* in FS Werner, 1984, S. 841, 848; *Habersack* in Habersack/Henssler, MitbestR, § 25 MitbestG Rz. 118; vgl. auch *v. Werder/Wieczorek,* DB 2007, 297.
3 *Grigoleit/Tomasic* in Grigoleit, § 101 AktG Rz. 1; *Hopt/Roth* in Großkomm. AktG, 5. Aufl. 2019, § 100 AktG Rz. 17.
4 Vgl. auch *Baums* (Hrsg.), Bericht Regierungskommission, Rz. 310.
5 *Hoffmann-Becking* in MünchHdb. AG, § 30 Rz. 4; *Hopt/Roth* in Großkomm. AktG, 5. Aufl. 2019, § 100 AktG Rz. 28; a.A. *Bollweg,* Wahl des Aufsichtsrats, S. 116; *Wardenbach,* Interessenkonflikte, S. 290.
6 *Dreher* in FS Boujong, 1996, S. 71, 75; *Mertens/Cahn* in KölnKomm. AktG, 3. Aufl. 2013, § 116 AktG Rz. 7; *E. Vetter* in 50 Jahre AktG, 2015, S. 103, 139 ff.
7 Siehe z.B. *Wilsing/Winkler* in Semler/v. Schenck/Wilsing, ArbeitsHdb. AR, § 2 Rz. 34.

26.3 Grundsatz 11 Deutscher Corporate Governance Kodex erwartet, dass dem Aufsichtsrat insgesamt Mitglieder angehören, die über **die zur ordnungsgemäßen Wahrnehmung der Aufgaben erforderlichen Kenntnisse, Fähigkeiten und fachlichen Erfahrungen** verfügen. Dies bezieht sich nicht auf das generelle Anforderungsprofil und die Mindestqualifikation des einzelnen Aufsichtsratsmitglieds, sondern im Sinne einer „Autarkie des Aufsichtsrates"[8] auf die insgesamt im Aufsichtsrat verfügbaren Kenntnisse und Erfahrungen als notwendige Voraussetzung einer ordnungsmäßigen, reibungslosen und effizienten Überwachung[9]. Entscheidend ist der an dem jeweiligen Unternehmen ausgerichtete „Mix an Begabungen" im Aufsichtsrat als einem Kollektivorgan[10], für das der Aufsichtsrat nach der Empfehlung C.1 Deutscher Corporate Governance Kodex ein **Kompetenzprofil für das Gesamtgremium** erstellen soll[11]. Die Mitglieder des Aufsichtsrates tragen eine große Verantwortung für seine optimale Zusammensetzung und die Qualität und Effizienz seiner Arbeit[12]. Nach C.1 Satz 2 Deutscher Corporate Governance Kodex soll der Aufsichtsrat dabei auf **Diversität** achten, das heißt Internationalität, Alter und Geschlecht berücksichtigen[13].

26.3a Soweit die AG kapitalmarktorientiert i.S.v. § 264d HGB ist, müssen die Aufsichtsratsmitglieder nach § 100 Abs. 5 AktG **in ihrer Gesamtheit mit dem Geschäftsfeld der Gesellschaft vertraut sein (Sektorvertrautheit)**[14], wobei der unbestimmte Rechtsbegriff nicht zu eng verstanden werden darf[15]. Bei diversifizierten Unternehmen reicht die Vertrautheit mit dem Geschäftsfeld eines wesentlichen Geschäftsbereichs aus (siehe zur umgekehrten Frage der Tätigkeit in konkurrierenden Unternehmen Rz. 26.17). Es ist weder erforderlich, dass jedes Mitglied dieser Anforderung genügt, noch reicht es aus, wenn nur ein Mitglied über die Sektorvertrautheit verfügt[16]; in jedem Fall müssen aber – unabhängig von den Aufsichtsratsmitgliedern der Arbeitnehmer – mehrere Mitglieder über diese Qualifikation verfügen. Die **Sektorvertrautheit** muss bereits bei Amtsantritt vorhanden sein[17]; sie kann sowohl durch Weiterbildung als auch durch entsprechende Tätigkeiten z.B. im Beteiligungsmanagement oder in beratenden Berufen erworben worden sein[18]; die mehrjährige Mitgliedschaft im Aufsichtsrat reicht ebenfalls aus. Auch wenn der Gesetzgeber mit dieser Regelung gestützt auf gemeinschaftsrechtliche Vorgaben[19] eine Stärkung der fachlichen Kompetenz im Aufsichtsrat erreichen will, bleibt angesichts der Vagheit des Begriffs der Sektorvertrautheit und der fehlenden Mindestzahl qualifizierter Aufsichtsratsmitglieder, abzuwarten, ob die Anforderung nur einen allgemeinen Programmsatz bildet oder ob dadurch eine wirkliche Qualitätssteigerung der Arbeit des Aufsichtsrats erreicht werden

---

8 *Hommelhoff*, ZGR 1983, 551 ff., 561.
9 Vgl. dazu *Dreher* in FS Hoffmann-Becking, 2013, S. 313, 321.
10 *Peltzer*, Deutsche Corporate Governance, Rz. 272; vgl. auch *Dreher* in FS Hoffmann-Becking, 2013, S. 313, 315.
11 Die Beurteilung dieser Empfehlung im Schrifttum ist ambivalent siehe z.B. *Graßl/Nikoleyczik*, NZG 2017, 161, 166.
12 Vgl. dazu auch *Deckert*, NZG 1998, 710, 711; *Möllers*, ZIP 1995, 1725, 1732; *Wilsing/Winkler* in Semler/v. Schenck/Wilsing, ArbeitsHdb. AR, § 2 Rz. 33.
13 S. dazu *Fleischmann* in JIG, DCGK, C.1 Rz. 8; *E. Vetter/Peters* in Henssler/Strohn, C.1 DCGK Rz. 3.
14 Vgl. zu diesem Begriff *Schilha*, ZIP 2016, 1316, 1321; *Simons/Kalbfleisch*, AG 2020, 526 ff.; kritisch *Merkt*, ZHR 179 (2015), 601, 618; *Verse*, WPg 2016, 125, 129.
15 *Drygala* in K. Schmidt/Lutter, § 100 AktG Rz. 46; *Habersack* in MünchKomm. AktG, 5. Aufl. 2019, § 100 AktG Rz. 72; *Wilsing/Winkler* in Semler/v. Schenck/Wilsing, ArbeitsHdb. AR, § 2 Rz. 38.
16 *Grigoleit/Tomasic* in Grigoleit, § 100 AktG Rz. 17; *Hüffer/Koch*, § 100 AktG Rz. 30; *Nodoushani*, AG 2016, 381, 386.
17 *Habersack* in MünchKomm. AktG, 5. Aufl. 2019, § 100 AktG Rz. 72; a.A. *Drygala* in K. Schmidt/Lutter, § 100 AktG Rz. 49; *Schilha*, ZIP 2016, 1316, 1321.
18 Begr. RegE Abschlussprüfungsreformgesetz, AReG, BT-Drucks. 18/7219, S. 56.
19 Art. 39 Abs. 1 Richtlinie 2014/EU/56 des Europäischen Parlaments und des Rates zur Änderung der Richtlinie 2006/43/EG über Abschlussprüfungen und konsolidierten Abschlüssen, ABl. EU Nr. L 158 v. 27.5.2014, S. 196.

wird[20]. Eine stärkere Disziplinierung dürfte eher von der drohenden Haftung bei fehlender Qualifikation zu erwarten sein[21]. Im praktisch seltenen Fall, dass kein Aufsichtsratsmitglied über die erforderliche Sektorvertrautheit verfügt, ist nach zutreffender aber umstrittener Auffassung die zeitlich letzte Wahl eines Aufsichtsratsmitglieds **anfechtbar**[22]. Die praktische Relevanz der Frage ist allerdings angesichts der Vagheit des Begriffs zweifelhaft. Spezifische gesetzliche Anforderungen an die Qualifikation der Aufsichtsratsmitglieder bestehen im Übrigen im Bereich der Kredit- und Versicherungswirtschaft (§ 25d Abs. 2 KWG, § 7a Abs. 4 VAG)[23].

b) Aktienrechtliche Voraussetzungen

aa) Höchstzahl von Aufsichtsratsmandaten

26.4 Wer bereits dem Aufsichtsrat von **zehn Gesellschaften** angehört, die **kraft Gesetzes einen Aufsichtsrat zu bilden** haben, kann nicht zum Aufsichtsratsmitglied gewählt werden. Die tatsächliche Anzahl der Mandate der „Multiaufsichtsräte" ist jedoch rückläufig. Die gesetzliche Obergrenze entspricht wegen der insgesamt erheblich gestiegenen Verantwortung und zeitlichen Belastung an das Aufsichtsratsmandat seit langem nicht mehr der Realität[24].

26.5 Bei der Ermittlung der Zahl der Aufsichtsratsmandate werden nur **Handelsgesellschaften** mit einem **obligatorischen Aufsichtsrat** erfasst. Beiräte oder Verwaltungsräte sowie Aufsichtsräte einer ausländischen Gesellschaft bleiben nach herrschender, jedoch nicht zweifelsfreier Ansicht bei der Berechnung der Höchstzahl nach § 100 Abs. 2 Satz 1 Nr. 1 AktG – ungeachtet ihrer eventuellen funktionalen Vergleichbarkeit im Einzelfall – ebenfalls stets außer Betracht[25].

26.6 Angesichts der stetig gewachsenen Aufgaben des Aufsichtsrats und der zeitlichen Belastung seiner Mitglieder will C.5 Deutscher Corporate Governance Kodex dem *Overboarding* entgegenwirken und empfiehlt über die gesetzlichen Anforderungen von § 100 Abs. 2 Satz 1 Nr. 1 AktG deutlich hinausgehend, dass Vorstandsmitglieder von börsennotierten Gesellschaften **nicht mehr als zwei Aufsichtsratsmandate** in konzernexternen börsennotierten Gesellschaften oder vergleichbare Funktionen und **keinen Aufsichtsratsvorsitz** bei einer konzernexternen börsennotierten Gesellschaft wahrnehmen sollen. Letzteres schließt ausländische Gesellschaften ein[26]. Beide Kodex-Empfehlungen unterstreichen die Notwendigkeit, dass für die verantwortliche Wahrnehmung des einzelnen Aufsichtsratsmandates (z.B. Sitzungsvorbereitung, Teilnahme an den Sitzungen, Beteiligung an schriftlichen Beschlüssen) genügend Zeit zur Verfügung stehen muss. Die Hauptversammlung soll deshalb auch in die Lage versetzt werden, dies pauschal zu überprüfen, indem im Aufsichtsratsbericht nach § 171 Abs. 2 Satz 1 AktG angegeben werden soll, an wie vielen Sitzungen des Aufsichtsrats und der Ausschüsse die einzelnen Aufsichtsratsmitglieder im Geschäftsjahr teilgenommen haben (D.8 Deutscher Corporate Governance Kodex).

---

20 Kritisch auch *Drygala* in K. Schmidt/Lutter, § 100 AktG Rz. 19; *Schüppen*, NZG 2016, 247, 254; vgl. auch *Hüffer/Koch*, § 100 AktG Rz. 26; *Simons/Kalbfleisch*, AG 2020, 526 ff.
21 Vgl. dazu generell *E. Vetter* in Liber amicorum M. Winter, 2011, S. 701, 713.
22 *Habersack* in MünchKomm. AktG, 5. Aufl. 2019, § 100 AktG Rz. 79; *Hopt/Roth* in Großkomm. AktG, 5. Aufl. 2019, § 100 AktG Rz. 241; *Spindler* in BeckOGK AktG, Stand 1.2.2021, § 100 AktG Rz. 93; *Schilha*, ZIP 2016, 1316, 1223; vgl. zum weggefallenen früheren Kriterium des unabhängigen Finanzexperten bereits *Staake*, ZIP 2010, 1013, 1020; *E. Vetter* in FS Maier-Reimer, 2010, S. 795, 811; a.A. *Drygala* in K. Schmidt/Lutter, § 100 AktG Rz. 62; *Grigoleit/Tomasic* in Grigoleit, § 100 AktG Rz. 32; *Hüffer/Koch*, § 100 AktG Rz. 32; *Simons/Kalbfleisch*, AG 2020, 526 Rz. 48.
23 *Selter*, Die Beratung des Aufsichtsrats, Rz. 165 f.
24 *Hopt/Leyens*, ZGR 2019, 929, 955.
25 *Hüffer/Koch*, § 100 AktG Rz. 6; *Mertens/Cahn* in KölnKomm. AktG, 3. Aufl. 2013, § 100 AktG Rz. 29; *Raiser/Veil*, Kapitalgesellschaften, § 15 Rz. 33.
26 *Ringleb/Kremer/Lutter/v. Werder*, NZG 2010, 1161, 1166; *Jaspers*, AG 2011, 154, 159.

Mitglieder des **gesetzlichen Vertretungsorgans eines herrschenden Unternehmens** können das sog. **Konzernprivileg** in Anspruch nehmen. Zur Erleichterung einer einheitlichen Leitung im Konzern werden bis zu fünf Aufsichtsratsmandate auf die Höchstzahl nach § 100 Abs. 2 Satz 1 Nr. 1 AktG nicht angerechnet, die ein Mitglied des gesetzlichen Vertretungsorgans eines herrschenden Unternehmens in Aufsichtsräten von Tochtergesellschaften innehat. Ein leitender Mitarbeiter eines herrschenden Unternehmens kann das Konzernprivileg nicht in Anspruch nehmen[27]. Den gesetzlichen Vertretern einer Gesellschaft, die die Spitze eines Teilkonzerns bildet, steht das Konzernprivileg in analoger Anwendung von § 100 Abs. 2 Satz 2 AktG ebenfalls zu. Auf die Erfüllung der besonderen Voraussetzungen des mitbestimmungsrechtlichen Konzerns im Konzern kommt es dabei nicht an[28].

26.7

Im Hinblick auf die zeitlich ungleich höhere Beanspruchung und besondere Verantwortung, die mit dem Amt des Aufsichtsratsvorsitzenden zwangsläufig verbunden sind, **zählen Mandate als Aufsichtsratsvorsitzender doppelt** (§ 100 Abs. 2 Satz 3 AktG). Nimmt ein gesetzlicher Vertreter einer herrschenden Gesellschaft den Aufsichtsratsvorsitz in nachgeordneten Gesellschaften wahr, bleiben bis zu fünf Vorsitzmandate nach § 100 Abs. 2 Satz 2 AktG anrechnungsfrei; eine Doppelzählung der Vorsitzmandate innerhalb der Konzernmandate findet nicht statt[29]. Der maßgebliche **Zeitpunkt** zur Berechnung der Zahl der Aufsichtsratsmandate i.S.v. § 100 Abs. 2 Satz 1 Nr. 1 AktG ist der geplante Amtsantritt[30]. Die Missachtung der gesetzlichen Anforderungen führt zur **Nichtigkeit der Wahl** (§ 250 Abs. 1 Nr. 4 AktG)[31].

26.8

bb) Verbot der Aufsichtsratsbesetzung entgegen dem Organisationsgefälle

§ 100 Abs. 2 Satz 1 Nr. 2 AktG will dem Risiko einer **Beeinträchtigung der Effizienz der Aufsichtsratsarbeit** begegnen, die durch die Wahrnehmung der Überwachungsaufgabe durch Personen entgegen dem natürlichen hierarchischen Organisationsgefälle im Konzern entstehen können. Die Besetzung des Aufsichtsrates einer herrschenden Gesellschaft mit gesetzlichen Vertretern eines von der Gesellschaft abhängigen Unternehmens ist deshalb ausgeschlossen. Ausgehend vom Regelungszweck der Vorschrift erstreckt sich das Verbot von § 100 Abs. 2 Satz 1 Nr. 2 AktG nicht nur auf inländische, sondern auch auf ausländische abhängige Unternehmen[32].

26.9

cc) Verbot der Überkreuzverflechtung

Den besonderen Risiken einer Beeinträchtigung der Effizienz der Überwachungsfunktion des Aufsichtsrates durch **wechselseitige Abhängigkeiten** will das Verbot des § 100 Abs. 2 Satz 1 Nr. 3 AktG vorbeugen. Deshalb können die gesetzlichen Vertreter einer anderen Kapitalgesellschaft, deren Aufsichtsrat bereits ein Vorstandsmitglied der Gesellschaft angehört (§ 100 Abs. 2 Satz 1 Nr. 3 AktG) nicht Mitglied des Aufsichtsrates der Gesellschaft sein. Die Missachtung des Verbots führt zur Nichtigkeit der Wahl (§ 250 Abs. 1 Nr. 4 AktG).

26.10

---

27 *Habersack* in MünchKomm. AktG, 5. Aufl. 2019, § 100 AktG Rz. 26; *Hüffer/Koch*, § 100 AktG Rz. 7; *Simons* in Hölters, § 100 AktG Rz. 32.
28 *Hoffmann-Becking* in MünchHdb. AG, § 30 Rz. 16; *Mertens/Cahn* in KölnKomm. AktG, 3. Aufl. 2013, § 100 AktG Rz. 30; *Spindler* in BeckOGK AktG, Stand 1.2.2021, § 100 AktG Rz. 25; a.A. *Habersack* in MünchKomm. AktG, 5. Aufl. 2019, § 100 AktG Rz. 27; *Hüffer/Koch*, § 100 AktG Rz. 7.
29 *Habersack* in MünchKomm. AktG, 5. Aufl. 2019, § 100 AktG Rz. 29; *Hoffmann-Becking* in MünchHdb. AG, § 30 Rz. 17; *Hüffer/Koch*, § 100 AktG Rz. 8.
30 *Bollweg*, Wahl des Aufsichtsrats, S. 107; *Hoffmann-Becking* in MünchHdb. AG, § 30 Rz. 14; *Hopt/Roth* in Großkomm. AktG, 5. Aufl. 2019, § 100 AktG Rz. 244.
31 *Grigoleit/Tomasic* in Grigoleit, § 100 AktG Rz. 25; *Hüffer/Koch*, § 100 AktG Rz. 30; *Hopt/Roth* in Großkomm. AktG, 5. Aufl. 2019, § 100 AktG Rz. 248.
32 *von Caemmerer* in FS Geßler, 1971, S. 81, 89; *Habersack* in MünchKomm. AktG, 5. Aufl. 2019, § 100 AktG Rz. 32; *Hüffer/Koch*, § 100 AktG Rz. 9; *Stein*, AG 1983, 49, 50.

dd) Inkompatibilität

26.11 Eine **gleichzeitige Mitgliedschaft** in Aufsichtsrat und Vorstand ist nach § 105 Abs. 1 AktG unzulässig. Ausnahmsweise darf der Aufsichtsrat nach § 105 Abs. 2 Satz 1 AktG eines seiner Mitglieder zum Stellvertreter von Vorstandsmitgliedern bestellen, wenn das vertretene Vorstandsmitglied fehlt oder sein Amt nicht ausüben kann. Die Bestellungsdauer muss zeitlich begrenzt sein und darf insgesamt ein Jahr nicht übersteigen. Die **Inkompatibilität von Geschäftsführung und Überwachung** erstreckt sich nach dem ausdrücklichen Gesetzeswortlaut auch auf Stellvertreter von Vorstandsmitgliedern, Prokuristen und zum gesamten Geschäftsbetrieb ermächtigte Handlungsbevollmächtigte. **Prokurist** ist jeder, dem gemäß § 48 Abs. 1 HGB Prokura erteilt worden ist. Andere Angestellte können jedoch zu Aufsichtsratsmitgliedern gewählt werden.

26.12 Soweit die Gesellschaft dem MitbestG untersteht, ist hinsichtlich der Mitgliedschaft von **Prokuristen als Vertreter der Arbeitnehmer im Aufsichtsrat** die mitbestimmungsrechtliche Sonderregelung in § 6 Abs. 2 Satz 1 MitbestG zu beachten. Danach scheidet ein Prokurist als Aufsichtsratsmitglied der Arbeitnehmer aus, wenn er dem Vorstand unmittelbar unterstellt ist und sich seine Prokura über den gesamten Geschäftsbereich des Vorstands erstreckt und nicht im Innenverhältnis auf ein Ressort beschränkt ist[33]. Wählbar ist damit z.B. ein Prokurist, dem nur Prokura für eine Zweigniederlassung erteilt wurde oder dessen Prokura im Innenverhältnis ungeachtet ihrer Unteilbarkeit im Außenverhältnis (§ 50 Abs. 1 HGB) auf einen bestimmten Geschäftsbereich beschränkt ist[34]. Bei Geltung des DrittelbG, MontanMitbestG oder MitbestErgG bleibt es mangels mitbestimmungsrechtlicher Sonderregelungen bei dem Verbot gemäß § 105 Abs. 1 AktG[35]. Nach § 105 Abs. 1 AktG ist ein zum gesamten Geschäftsbetrieb ermächtigter **Handlungsbevollmächtigter** ebenfalls von der Wahl ausgeschlossen. Die Regelung stellt ab auf die nach den Vorstellungen des Gesetzes (§ 54 Abs. 1 HGB) organisatorisch unterhalb der Ebene des Prokuristen tätigen Personen. Sie erfasst jedoch erst recht den **Generalbevollmächtigten**, der in der Unternehmenshierarchie über der Ebene der Prokuristen unmittelbar unterhalb des Vorstandes angesiedelt ist[36].

26.13 Wird ein Vorstandsmitglied **trotz bestehender Inkompatibilität** zum Mitglied des Aufsichtsrates gewählt (Gleiches gilt umgekehrt für ein Aufsichtsratsmitglied bezüglich der Bestellung zum Mitglied des Vorstandes), so ist die Wahl gemäß § 134 BGB unwirksam, wenn die gleichzeitige Wahrnehmung beider Funktionen entgegen dem Verbot des § 105 Abs. 1 AktG beabsichtigt ist[37]. Im Regelfall wird die Aufgabe des früheren Amtes gewollt sein. In diesem Fall ist die **Wahl schwebend unwirksam, bis der Zustand der Inkompatibilität beseitigt** ist, sei es durch Ablauf der regulären Amtszeit oder durch vorzeitige Amtsniederlegung[38]. Dabei kommt es auf den Zeitpunkt des vorgesehenen Antritts des neuen Amtes an. Wird die Inkompatibilität nicht rechtzeitig beseitigt, ist die zunächst schwebend unwirksame Wahl endgültig unwirksam (§ 250 Abs. 1 Nr. 4 AktG)[39].

ee) Wahl ehemaliger Vorstandsmitglieder

26.13a Bei börsennotierten Gesellschaften begründet § 100 Abs. 2 Satz 1 Nr. 4 AktG für ehemalige Vorstandsmitglieder eine **Sperrzeit für den Wechsel in den Aufsichtsrat von zwei Jahren** nach dem Ausschei-

---

33 *Habersack* in Habersack/Henssler, MitbestR, § 6 MitbestG Rz. 52; *Wißmann* in Wißmann/Kleinsorge/Schubert, § 6 MitbestG Rz. 58; *Raiser* in Raiser/Veil/Jacobs, § 6 MitbestG Rz. 55.
34 *Habersack* in Habersack/Henssler, MitbestR, § 6 MitbestG Rz. 52; *Oetker* in Großkomm. AktG, 5. Aufl. 2018, § 6 MitbestG Rz. 15.
35 *Habersack* in MünchKomm. AktG, 5. Aufl. 2019, § 105 AktG Rz. 17; *Hüffer/Koch*, § 105 AktG Rz. 3.
36 *Drygala* in K. Schmidt/Lutter, § 105 AktG Rz. 8; *Hoffmann-Becking* in MünchHdb. AG, § 30 Rz. 12; *Spindler* in BeckOGK AktG, Stand 1.2.2021, § 105 AktG Rz. 13.
37 *Habersack* in MünchKomm. AktG, 5. Aufl. 2019, § 105 AktG Rz. 19; *Hüffer/Koch*, § 105 AktG Rz. 6.
38 *Hoffmann-Becking* in MünchHdb. AG, § 30 Rz. 10; *K. Schmidt* in Großkomm. AktG, 4. Aufl. 1996, § 250 AktG Rz. 26.
39 *Hüffer/Koch*, § 105 AktG Rz. 6; *Mertens/Cahn* in KölnKomm. AktG, 3. Aufl. 2013, § 100 AktG Rz. 48.

den aus dem Amt (*Cooling-off*-Periode). Maßgeblich ist dabei nicht der Zeitpunkt der Wahl, sondern des Amtsantritts[40]. Gegebenenfalls kommt eine aufschiebende Befristung in Betracht[41]. Dieses Wählbarkeitshindernis entfällt, wenn Aktionäre, die einzeln oder zusammen mehr als 25 % der Stimmrechte halten, den Wahlvorschlag unterbreiten. Absprachen von Aktionären allein zur Erfüllung des Quorums stellen kein *acting in concert* i.S.v. § 30 Abs. 2 WpÜG oder § 34 Abs. 2 WpHG dar[42]. Der Vorschlag kann bereits im Vorfeld der Hauptversammlung an den Aufsichtsrat gerichtet werden, so dass dieser ihn sich zu Eigen machen kann[43]. Sofern das notwendige Quorum erreicht wird, ist auch die Unterbreitung als Gegenvorschlag gemäß §§ 127, 126 AktG oder auch eine Unterbreitung erst in der Hauptversammlung zulässig[44]. Der Verstoß gegen § 100 Abs. 2 Satz 1 Nr. 4 AktG führt nach § 250 Abs. 1 Nr. 4 AktG zur **Nichtigkeit der Wahl** des ehemaligen Vorstandsmitglieds[45].

ff) Satzungsmäßige Wählbarkeitsvoraussetzungen

§ 100 Abs. 4 AktG wie auch § 6 Abs. 2 Satz 2 MitbestG sowie die §§ 2, 3 Abs. 2 und 5 MontanMitbestG erlauben, durch Regelungen in der Satzung persönliche Anforderungen für die Aufsichtsratsmitglieder aufzustellen, soweit diese von der Hauptversammlung ohne Bindung an Wahlvorschläge gewählt oder auf Grund einer Satzungsbestimmung in den Aufsichtsrat entsandt werden. Der **Grundsatz der freien Auswahl der Hauptversammlung** muss jedoch erhalten bleiben und darf nicht mittels einer inhaltlichen Konkretisierung zu einem faktischen Entsendungsrecht ohne satzungsmäßige Legitimation umfunktioniert werden[46]. Für die Aufsichtsratsmitglieder der Arbeitnehmer gilt eine derartige Satzungsbestimmung nicht[47].

26.14

Die satzungsmäßigen Wählbarkeitsvoraussetzungen eines Aufsichtsratsmitglieds können sich z.B. auf seine Aktionärseigenschaft, die deutsche Staatsangehörigkeit, das Alter[48] aber auch auf bestimmte, am Unternehmensgegenstand ausgerichtete besonders wichtige Sachkenntnisse beziehen, sich an der Vermeidung von Interessenkonflikten der Aufsichtsratsmitglieder orientieren[49] oder die Wiederwahl beschränken[50]. Der Aufsichtsrat, bzw. der Nominierungsausschuss (siehe dazu Rz. 29.37), muss diese Vorgaben bereits beim Beschluss über den Wahlvorschlag an die Hauptversammlung nach § 124 Abs. 3 AktG berücksichtigen. Ein **Hauptversammlungsbeschluss**, der in der Satzung enthaltene persönliche Anforderungen für die Übernahme eines Aufsichtsratsmandats missachtet, ist gemäß § 251 Abs. 1 AktG

26.15

---

40 *Drygala* in K. Schmidt/Lutter, § 100 AktG Rz. 19; *E. Vetter* in FS Maier-Reimer, 2010, S. 795, 805.
41 *Ihrig* in FS Hoffmann-Becking, 2013, S. 617, 625; *Hüffer/Koch*, § 100 AktG Rz. 13; vgl. auch *E. Vetter* in FS Maier-Reimer, 2010, S. 795, 805.
42 BGH v. 18.9.2006 – II ZR 137/05 – WMF, BGHZ 169, 98 Rz. 20; *Grigoleit/Tomasic* in Grigoleit, § 100 AktG Rz. 8; *Schulenburg/Brosius*, WM 2011, 58, 62.
43 *Bürgers/Fischer* in Bürgers/Körber/Lieder, § 100 AktG Rz. 6a; *Hüffer/Koch*, § 100 AktG Rz. 16; *E. Vetter* in FS Maier-Reimer, 2010, S. 795, 813.
44 *Drygala* in K. Schmidt/Lutter, § 100 AktG Rz. 19; *Krieger* in FS Hüffer, 2010, S. 521, 528; *E. Vetter* in FS Maier-Reimer, 2010, S. 795, 814.
45 *Krieger* in FS Hüffer, 2010, S. 521, 527; *J. Koch* in MünchKomm. AktG, 5. Aufl. 2021, § 250 Rz. 19; *E. Vetter* in FS Maier-Reimer, 2010, S. 795, 814.
46 *Hoffmann-Becking* in MünchHdb. AG, § 30 Rz. 45; *Hüffer/Koch*, § 100 AktG Rz. 20; *Bollweg*, Wahl des Aufsichtsrats, S. 113.
47 *Habersack* in MünchKomm. AktG, 5. Aufl. 2019, § 100 AktG Rz. 56; *Kiefner* in KölnKomm. AktG, 3. Aufl. 2013, § 251 AktG Rz. 52; *Spindler* in BeckOGK AktG, Stand 1.2.2021, § 100 AktG Rz. 51.
48 *Bollweg*, Wahl des Aufsichtsrats, S. 114; *Hopt/Roth* in Großkomm. AktG, 5. Aufl. 2019, § 100 AktG Rz. 215; kritisch gegenüber einer solchen Altersgrenze z.B. *Dreher* in Corporate Governance, S. 33, 41; *Schwark* in Corporate Governance, 2002, S. 75, 104; *Peltzer*, Deutsche Corporate Governance, S. 177 will stattdessen die Altersgrenze in die Geschäftsordnung des Aufsichtsrates aufnehmen.
49 Siehe *Dreher* in FS Boujong, 1996, S. 71, 74; *Dreher*, JZ 1990, 896, 904; *Hoffmann-Becking* in FS Havermann, 1995, S. 229, 233.
50 *Hoffmann-Becking* in MünchHdb. AG, § 30 Rz. 45; *Hopt/Roth* in Großkomm. AktG, 5. Aufl. 2019, § 100 AktG Rz. 215.

anfechtbar[51]. Fallen bei einem Aufsichtsratsmitglied die nach der Satzung erforderlichen persönlichen Voraussetzungen nachträglich weg, kommt nur eine Abberufung aus wichtigem Grund nach § 103 Abs. 3 AktG in Betracht[52].

gg) Wählbarkeitsvoraussetzungen gemäß Deutschem Corporate Governance Kodex

26.15a Mehrere Empfehlungen des Deutschen Corporate Governance Kodex befassen sich mit der Zusammensetzung des Aufsichtsrates und der Wählbarkeit von Aufsichtsratsmitgliedern, z.B. Festlegung einer Altersgrenze der Aufsichtsratsmitglieder (C.2 Deutscher Corporate Governance Kodex) sowie die Zahl der unabhängigen Aufsichtsratsmitglieder (C.6 und 7 Deutscher Corporate Governance Kodex). Dem Aufsichtsrat sollen nicht mehr als zwei ehemalige Vorstandsmitglieder angehören (C.11 Deutscher Corporate Governance Kodex). Ein Aufsichtsratsmitglied soll maximal zwei Aufsichtsratsmandate in börsennotierten konzernexternen Gesellschaften halten, sofern es dem Vorstand einer börsennotierten Gesellschaft angehört (C.5 Deutscher Corporate Governance Kodex) sowie keine Organfunktionen oder Beratungsaufgaben bei wesentlichen Wettbewerbern haben (C.12 Deutscher Corporate Governance Kodex; siehe auch Rz. 26.18)[53]. Hat der Aufsichtsrat eine uneingeschränkte Entsprechenserklärung zu § 161 AktG bekanntgemacht, hat er die Kodex-Empfehlungen solange zu beachten, bis die Entsprechenserklärung revidiert und neu bekanntgemacht wird. Schlägt er der Hauptversammlung die Wahl von Kandidaten in Widerspruch zu den gemäß der Entsprechenserklärung anerkannten Kodex-Empfehlungen vor, soll nach Ansicht des BGH[54] gleichwohl die Anfechtbarkeit des Wahlbeschlusses der Hauptversammlung ausscheiden. Unberührt bleibt die Möglichkeit der **Anfechtbarkeit der Entlastungsbeschlüsse**[55].

c) Besondere Voraussetzungen für bestimmte Aufsichtsratsmitglieder

aa) Arbeitnehmervertreter

26.16 Die besonderen Wählbarkeitsvoraussetzungen für die Aufsichtsratsmitglieder der Arbeitnehmer, die neben den allgemeinen Wählbarkeitsvoraussetzungen zu berücksichtigen sind, sind in den mitbestimmungsrechtlichen Vorschriften niedergelegt (§ 4 Abs. 3 DrittelbG, § 7 Abs. 4 MitbestG, § 7 Abs. 4 Satz 4 MitbestG i.V.m. § 8 BetrVG, § 7 Abs. 5 MitbestG, § 4 Abs. 2, § 6 Abs. 1 MontanMitbestG, § 5 und § 6 MontanMitbestErgG). Bei Gesellschaften, die börsennotiert und paritätisch mitbestimmt sind, ist zudem § 7 Abs. 3 MitbestG zu beachten, der eine Geschlechterquote von jeweils mindestens 30 % Männern und Frauen verlangt (siehe auch Rz. 25.21).

bb) Finanzexpertise

26.16a Bei kapitalmarktorientierten Gesellschaften i.S.v. § 264d HGB müssen dem Aufsichtsrat nach dem durch das FISG[56] geänderten § 100 Abs. 5 AktG mindestens **zwei Finanzexperten**, nämlich ein Auf-

---

51 *J. Koch* in MünchKomm. AktG, 5. Aufl. 2021, § 251 AktG Rz. 4; *Hopt/Roth* in Großkomm. AktG, 5. Aufl. 2019, § 100 AktG Rz. 253; *Kiefner* in KölnKomm. AktG, 3. Aufl. 2013, § 251 AktG Rz. 52.
52 *Habersack* in MünchKomm. AktG, 5. Aufl. 2019, § 100 AktG Rz. 67; *Hopt/Roth* in Großkomm. AktG, 5. Aufl. 2019, § 100 AktG Rz. 265; *Hüffer/Koch*, § 100 AktG Rz. 30; *Reichert/Schlitt*, AG 1995, 241, 252.
53 Vgl. dazu generell *Bollweg*, Wahl des Aufsichtsrats, S. 114; vgl. auch *Lieder*, NZG 2005, 569; *Wirth*, ZGR 2005, 327, 343.
54 BGH v. 9.10.2018 – II ZR 78/17 – Mologen, BGHZ 220, 36 Rz. 38 = AG 2019, 176; zustimmend z.B. *Herfs/Rodewald*, DB 712, 716; *Simons*, DB 2019, 650, 652; *Tröger*, WuB 2019, 230, 234; auch *Hüffer/Koch*, § 161 AktG Rz. 34; kritisch z.B. *Bayer*, JZ 2019, 677, 678; *Grigoleit/Zellner* in Grigoleit, § 161 AktG Rz. 38; *Habersack*, NJW 2019, 675; *von der Linden*, DStR 2019, 802, 805; *E. Vetter*, NZG 2019, 379, 380.
55 BGH v. 9.10.2018 – II ZR 78/17 – Mologen, BGHZ 220, 36 Rz. 25 = AG 2019, 176; BGH v. 16.2.2009 – II ZR 185/07 – Kirch/Deutsche Bank, BGHZ 180, 9 Rz. 19 = AG 2009, 285; *E. Vetter*, NZG 2019, 379, 382.
56 Gesetz zur Stärkung der Finanzmarktintegrität (Finanzmarktintegritätsstärkungsgesetz – FISG) v. 3.6.2021, BGBl. I 2021, 1534.

sichtsratsmitglied mit **Sachverstand auf dem Gebiet Rechnungslegung** und ein zweites mit **Sachverstand auf dem Gebiet Abschlussprüfung** angehören. Sie sollen in der Lage sein, die allfälligen Fragen mit dem Finanzvorstand und dem Abschlussprüfer auf Augenhöhe kritisch zu erörtern[57]. Sachverstand i.S.v. § 100 Abs. 5 AktG liegt typischerweise bei Wirtschaftsprüfern und Steuerberatern vor, aber auch bei Finanzvorständen und leitenden Mitarbeitern im Bereich Controlling oder Rechnungswesen; das Kriterium kann auch durch Aufsichtsratsmitglieder der Arbeitnehmer erfüllt werden[58]. Für den Erwerb des Sachverstands ist eine schwerpunktmäßige Tätigkeit zum Erwerb der Kenntnisse nicht erforderlich[59]. Verfügt kein Kandidat – und auch kein verbleibendes Aufsichtsratsmitglied – über den notwendigen Sachverstand, ist die Wahl gemäß § 251 AktG wegen Verstoßes gegen § 100 Abs. 5 AktG nach allerdings umstrittener Ansicht **anfechtbar**[60]. Die Vorschrift erfasst nicht nur jede börsennotierte AG, sondern jede Gesellschaft, die einen organisierten Markt i.S.v. § 2 Abs. 11 WpHG für von ihr ausgegebene Wertpapiere – z.B. Anleihen, Genussscheine – in Anspruch nimmt.

Das Erfordernis der **Unabhängigkeit** des Finanzexperten ist ungeachtet der allerdings nicht verbindlichen – aber auch nicht unbeachtlichen – Empfehlungen der EU-Kommission[61], die im Anhang II eine große Zahl von Regelbeispielen nennt, im Jahr 2016 **entfallen**. Damit kann zweifelsfrei auch ein Repräsentant des Kontrollaktionärs die Funktion des Finanzexperten übernehmen; nach C.10 Deutscher Corporate Governance Kodex soll er jedoch nicht den Vorsitz im Prüfungsausschuss haben[62].

26.16b

d) Empfehlungen des Deutschen Corporate Governance Kodex

Nach C.1 Deutscher Corporate Governance Kodex soll der Aufsichtsrat für seine Zusammensetzung konkrete Ziele benennen und ein **Kompetenzprofil** für das Gesamtgremium erstellen. Dabei soll auch auf die Diversität geachtet werden. Gemeint ist damit Alter, Geschlecht, Bildungs- und Berufshintergrund sowie Internationalität[63]. Im Übrigen gilt, dass ungeachtet der Kodex-Empfehlungen weiterhin vorrangiges Kriterium bei der Aufsichtsratsbesetzung die **persönliche und fachliche Qualifikation der jeweiligen Person** bleibt. Die Zuweisung der Entscheidungskompetenz an den Gesamtaufsichtsrat ist bedenklich, da die Aufsichtsratsmitglieder der Arbeitnehmer vom Kompetenzprofil nicht betroffen sind und seine Beschreibung in der Erklärung zur Unternehmensführung (§ 289f HGB) auch vorrangig der Information des Kapitalmarkts dient. Mit Blick auf § 124 Abs. 3 Satz 5 AktG sowie im Lichte

26.16c

---

57 OLG München v. 28.4.2010 – 23 U 5517/09, AG 2010, 639; *Habersack*, AG 2008, 98, 103; *E. Vetter*, ZGR 2010, 751, 787.
58 *Habersack* in MünchKomm. AktG, 5. Aufl. 2019, § 100 AktG Rz. 71; *Windbichler* in FS Hopt, 2020, S. 1479, 1480.
59 OLG München v. 28.4.2010 – 23 U 5517/09, AG 2010, 639, 640; siehe auch *E. Vetter* in FS Maier-Reimer, 2010, S. 795, 798; siehe generell *Meyer*, Der unabhängige Finanzexperte, S. 276 ff.
60 Siehe zur vergleichbaren früheren Rechtslage LG München I v. 26.2.2010 – 5HK O 14083/09, AG 2010, 922, 923; *Bröcker/Mosel*, GWR 2009, 132, 134; *Diekmann/Bidmon*, NZG 2009, 1087, 1091; *Ehlers/Nohlen* in GS Gruson, 2008, S. 107, 118; *Kiefner* in KölnKomm. AktG, 3. Aufl. 2013, § 251 AktG Rz. 35; *Kropff* in FS K. Schmidt, 2009, S. 1023, 1032; *Meyer*, Der unabhängige Finanzexperte, S. 408; *Staake*, ZIP 2010, 1013, 1020; *E. Vetter* in FS Maier-Reimer, 2010, S. 795, 811; *Widmann*, BB 2009, 2602, 2603; a.A. *Drygala* in K. Schmidt/Lutter, § 100 AktG Rz. 62; *Hüffer/Koch*, § 100 AktG Rz. 32; *Sünner* in FS Uwe H. Schneider, 2011, S. 1301, 1307.
61 Empfehlung der Kommission v. 15.2.2005 zu den Aufgaben von nicht geschäftsführenden Direktoren/Aufsichtsratsmitgliedern/börsennotierter Gesellschaften sowie zu den Ausschüssen des Verwaltungs-/Aufsichtsrats, ABl. EU Nr. L 52 v. 25.2.2005, S. 51, siehe dazu *Staake*, ZIP 2010, 1013, 1015; *E. Vetter*, ZGR 2010, 751, 781.
62 *Von der Linden*, DStR 2019, 1528, 1529; *Wilsing/Winkler*, BB 2019, 1603, 1606.
63 *Kremer* in Kremer/Bachmann/Lutter/v. Werder, Deutscher Corporate Governance Kodex, C.1 Rz. 5; *E. Vetter/Peters* in Henssler/Strohn, C.1 DCGK Rz. 3.

von Art. 14 GG hätte die alleinige Zuständigkeit der Aufsichtsratsmitglieder der Anteilseigner zur Festlegung des Profils nahegelegen[64].

e) Unvereinbarkeit des Aufsichtsratsmandates

26.17 Die **Unabhängigkeit der Mitglieder des Aufsichtsrates** ist ein zentrales Gebot effizienter Überwachung[65]; sie bildet aber weder für die Gesamtheit der Aufsichtsratsmitglieder noch für einzelne eine gesetzliche Amtsvoraussetzung. Deshalb ist z.B. die gleichzeitige **Mitgliedschaft in den Aufsichtsräten von konkurrierenden Unternehmen nicht verboten**[66]. Auch die **Abhängigkeit von einem kontrollierenden Aktionär** ist kein Bestellungshindernis[67]. Die Mitteilung an die Aktionäre nach § 125 AktG im Vorfeld der Hauptversammlung muss bei der Wahl von Aufsichtsratsmitgliedern durch die Hauptversammlung Angaben zu deren Mandaten in gesetzlich zu bildenden Aufsichtsräten anderer Gesellschaften enthalten. Entscheidet sich die Mehrheit der Aktionäre in der Hauptversammlung für den vorgeschlagenen Kandidaten in voller Kenntnis z.B. seiner gleichzeitigen Tätigkeit bei einem anderen Unternehmen, ist diese Wahl nach der Konzeption des AktG uneingeschränkt wirksam[68]. Weitergehende Angaben sehen die Empfehlungen des Deutschen Corporate Governance Kodex vor (Rz. 26.17a). Für die abhängige börsennotierte AG kann sich indirekt aus den Anforderungen der § 111b Abs. 2, § 107 Abs. 3 Satz 5 und 6 AktG bei Geschäften mit nahestehenden Unternehmen das Erfordernis unabhängiger Aufsichtsratsmitglieder ergeben[69]. Die EU-Kommission hat 2005 Empfehlungen zur Unabhängigkeit von Aufsichtsratsmitgliedern veröffentlicht[70]. Nach C.6 Deutscher Corporate Governance Kodex soll dem Aufsichtsrat eine nach seiner Einschätzung **angemessene Zahl unabhängiger Aufsichtsratsmitglieder** angehören. Die Unabhängigkeit des einzelnen Aufsichtsratsmitglieds ist **mehrdimensional zu bestimmen**[71] und bezieht sich auf das Verhältnis zur Gesellschaft, zum Vorstand wie auch zu einem kontrollierenden Aktionär. Nach C.7 Deutscher Corporate Governance Kodex soll die Mehrheit der Aufsichtsratsmitglieder von der Gesellschaft und vom Vorstand unabhängig sein, nach C.9 Abs. 1 Deutscher Corporate Governance Kodex sollen einem Aufsichtsrat von mehr als sechs Mitgliedern mindestens zwei Mitglieder gegenüber dem kontrollierenden Aktionär unabhängig sein.

26.17a Nach der Empfehlung C.6 Deutscher Corporate Governance Kodex soll dem Aufsichtsrat auf Seiten der Anteilseigner eine **nach deren Einschätzung angemessene Zahl unabhängiger Mitglieder** angehören, wobei die jeweilige Eigentümerstruktur zu berücksichtigen ist[72]. Die Kodex-Kommission folgt damit europäischen Vorgaben[73]. Über die Einschätzung beschließen im Einklang mit der Vorschlagskompetenz nach § 124 Abs. 3 Satz 5 AktG allein die Aufsichtsratsmitglieder der Anteilseigner[74]. Für die Praxis besonders bedeutsam ist, dass die Unabhängigkeit nach der **Negativdefinition** von C.7 Deutscher Corporate Governance Kodex **mehrdimensional** zu bestimmen ist. Sie ist in folgenden Si-

---

64 Siehe auch *E. Vetter/Peters* in Henssler/Strohn, C.1 DCGK Rz. 2; früher bereits *Ihrig/Meder*, ZIP 2012, 1210, 1212; *E. Vetter*, BB 2005, 1689, 1691; anders wohl *Hüffer/Koch*, § 100 AktG Rz. 50.
65 Siehe nur *Hopt*, ZHR 175 (2011), 444, 474; *Hopt/Roth* in Großkomm. AktG, 5. Aufl. 2019, § 100 AktG Rz. 149.
66 OLG Flensburg v. 26.4.2004 – 2 W 46/04 – Mobilcom, AG 2004, 453, 454; *Hoffmann-Becking* in FS Havermann, 1995, S. 229, 233; *Wiedemann*, Organverantwortung, S. 30; *Uwe H. Schneider*, BB 1995, 365, 366; *Dreher*, JZ 1990, 896, 900; a.A. *Lutter* in FS Beusch, 1993, S. 509, 517; *Säcker* in FS Rebmann, 1989, S. 781, 788; *Reichert/Schlitt*, AG 1995, 241, 244.
67 *Hommelhoff* in FS Windbichler, 2020, S. 759, 760 ff.
68 *Hüffer/Koch*, § 103 AktG Rz. 13b; *Semler/Stengel*, NZG 2003, 1, 5; a.A. *Lutter* in FS Beusch, 1993, S. 509, 518; *Bollweg*, Wahl des Aufsichtsrats, S. 116; *Wardenbach*, Interessenkonflikte, S. 299.
69 *Hommelhoff* in FS Windbichler, 2020, S. 759, 760 ff.
70 Vgl. dazu *Habersack*, ZHR 168 (2004), 373, 374; *Maul/Lanfermann*, BB 2004, 1861, 1862.
71 Siehe z.B. *Hopt/Leyens*, ZGR 2019, 929, 959 ff.
72 *E. Vetter/Peters* in Henssler/Strohn, C.1 DCGK Rz. 5; kritisch z.B. *Hopt/Leyens*, ZGR 2019, 929, 958.
73 *Kremer* in Kremer/Bachmann/Lutter/v. Werder, Deutscher Corporate Governance Kodex, C.6 Rz. 5.
74 *Kremer* in Kremer/Bachmann/Lutter/v. Werder, Deutscher Corporate Governance Kodex, C.6 Rz. 5; *von der Linden*, DStR 2019, 1528, 1530; *E. Vetter/Peters* in Henssler/Strohn, C.1 DCGK Rz. 2.

tuationen grundsätzlich nicht gegeben, sofern der Aufsichtsrat keine abweichende Einschätzung vornimmt, die gemäß C.8 Deutscher Corporate Governance Kodex in der Erklärung zur Unternehmensführung offengelegt werden soll: Persönliche oder geschäftliche Beziehungen zur Gesellschaft, zum Vorstand oder einem kontrollierenden Aktionär, soweit diese einen wesentlichen, nicht nur vorübergehenden Interessenkonflikt begründen können. Als nicht unabhängig gilt das **frühere Vorstandsmitglied** der Gesellschaft oder eines verbundenen Unternehmens für einen Zeitraum von zwei Jahren nach dem Ausscheiden aus dem Vorstand, ein naher Familienangehöriger eines Vorstandsmitglieds oder ein Aufsichtsratsmitglied nach einer Amtszeit von 12 Jahren. Der Wahrung der Unabhängigkeit dienen auch die Empfehlungen zur Offenlegung der Dauer der Aufsichtsratszugehörigkeit nach C.3 Deutscher Corporate Governance Kodex und zur Angabe von persönlichen und geschäftlichen Beziehungen bei der Aufsichtsratswahl nach C.13 Deutscher Corporate Governance Kodex.

C.12 Deutscher Corporate Governance Kodex enthält die Empfehlung, dass **kein Aufsichtsratsmitglied Organfunktionen oder Beratungsaufgaben bei wesentlichen Wettbewerbern** übernehmen soll. Der Begriff des wesentlichen Wettbewerbers wird im Kodex nicht näher präzisiert. Angesichts der regelmäßig üblichen breiten Diversifikation von Unternehmen und der Tatsache, dass Aufsichtsratsmitglieder den Aufsichtsräten mehrerer Unternehmen angehören dürfen (vgl. § 100 Abs. 2 Nr. 1 AktG), ist der Begriff im Zweifel eng auszulegen[75]. Man wird darunter Unternehmen zu verstehen haben, die **identische Tätigkeitsfelder zu ihrem Kerngeschäft zählen**, unabhängig davon, ob sie in diesen Gebieten bereits tätig sind oder sie erst erschließen wollen[76]. Hat der Aufsichtsrat die Beachtung dieser Kodex-Empfehlung einstimmig in seine Geschäftsordnung übernommen und damit Individualpflichten der einzelnen Aufsichtsratsmitglieder begründet oder besteht bereits eine entsprechende Satzungsbestimmung, ist ein Aufsichtsratsmitglied verpflichtet, sein Mandat niederzulegen, wenn es in einem Konkurrenzunternehmen in den Vorstand oder Aufsichtsrat eintreten oder für dieses Beratungsaufgaben übernehmen will.

26.18

2. Bestellung des Aufsichtsratsmitglieds

a) Wahl durch die Hauptversammlung

aa) Tagesordnung der Hauptversammlung

Die Wahl der Vertreter der Anteilseigner obliegt nach § 101 Abs. 1, § 119 Abs. 1 Nr. 1 AktG der Hauptversammlung. Stehen Aufsichtsratswahlen an, muss in die Tagesordnung der Hauptversammlung der Tagesordnungspunkt „Aufsichtsratswahlen" aufgenommen werden. Nach § 124 Abs. 2 Satz 2 AktG muss angegeben werden, nach welchen gesetzlichen Vorschriften sich der Aufsichtsrat zusammensetzt sowie bei börsennotierten und qualifiziert mitbestimmten Gesellschaften darüber hinaus auch, ob der Gesamterfüllung nach § 96 Abs. 2 Satz 2 AktG widersprochen wurde und wie viele Aufsichtsratssitze jeweils mindestens von Frauen und Männern zu besetzen sind[77].

26.19

Nach § 124 Abs. 3 Satz 1 AktG ist in der Tagesordnung der Hauptversammlung ein **Wahlvorschlag des Aufsichtsrates** zu unterbreiten. Nach D.5 Deutscher Corporate Governance Kodex soll für die Erarbeitung der Wahlvorschläge ein allein von den Aufsichtsratsmitgliedern der Anteilseigner gewählter und durch sie besetzter Nominierungsausschuss gebildet werden[78] (siehe Rz. 29.15). Dem Vorstand steht kein Vorschlagsrecht zu. Ein dennoch erfolgter Wahlvorschlag des Vorstandes kann sogar zur

26.20

---

75 OLG München v. 6.8.2008 – 7 U 5628/07 – MAN, AG 2008, 294, 296; *Schiessl*, AG 2002, 593, 598; *E. Vetter*, NZG 2008, 121, 125; a.A. *Langenbucher*, ZGR 2007, 571, 575.
76 Vgl. auch *Reichert/Schlitt*, AG 1995, 241, 247; *Semler/Stengel*, NZG 2003, 1, 6; ähnlich *Lutter/Krieger/Verse*, Aufsichtsrat, Rz. 20 ff.
77 *Herrler* in Grigoleit, § 124 AktG Rz. 6; *Hüffer/Koch*, § 124 AktG Rz. 6a; *Rieckers* in BeckOGK AktG, Stand 1.2.2021, § 124 AktG Rz. 18.
78 Vgl. dazu *Ihrig/Meder*, ZIP 2012, 1210, 1211; *Meder*, ZIP 2007, 1538; *E. Vetter*, DB 2007, 1963, 1967.

Anfechtbarkeit des Hauptversammlungsbeschlusses führen[79]. Der Beschluss des Aufsichtsrates über den Wahlvorschlag bedarf lediglich der **Mehrheit der Stimmen der Aufsichtsratsmitglieder der Anteilseigner** (§ 124 Abs. 3 Satz 5 Halbs. 1 AktG). Den Aufsichtsratsmitgliedern der Arbeitnehmer steht kein Recht auf Beteiligung an den Beratungen im Plenum oder Nominierungsausschuss oder der Abstimmung zu[80]. Die verbreitete Beschlussfassung im Aufsichtsratsplenum bei Anwesenheit der Arbeitnehmerseite berührt jedoch die Wirksamkeit des Beschlusses nicht[81]. Den Wahlvorschlag hat der Aufsichtsrat nach pflichtgemäßem Ermessen zu erarbeiten[82]. Dies schließt nicht aus, dass er sich den Vorschlag eines maßgeblich beteiligten Aktionärs nach § 100 Abs. 2 Satz 1 Nr. 4 AktG zur Wahl eines ehemaligen Vorstandsmitglieds vor Ablauf der *Cooling-off*-Periode zu eigen macht[83].

26.21 Der Wahlvorschlag hat nach § 124 Abs. 3 Satz 4 AktG **den Namen, ausgeübten Beruf und den Wohnort** der zur Wahl vorgeschlagenen Personen anzugeben. Darüber hinaus sind bei börsennotierten Gesellschaften in der Mitteilung an die Aktionäre nach § 125 Abs. 1 AktG auch **Angaben zu Mitgliedschaften in anderen gesetzlich zu bildenden Aufsichtsräten** erforderlich. Zusätzlich sollen auch Angaben zu anderen vergleichbaren in- und ausländischen Kontrollgremien beigefügt werden[84]. Verstöße gegen die Anforderungen nach § 124 Abs. 3 Satz 4 und § 125 Abs. 1 Satz 5 Halbs. 1 AktG führen zur Anfechtbarkeit des Hauptversammlungsbeschlusses, sofern nicht die Relevanz für den Hauptversammlungsbeschluss verneint werden muss[85]. Ein Verstoß gegen die Sollvorschrift des § 125 Abs. 1 Satz 5 Halbs. 2 AktG bleibt sanktionslos[86]. Die Identifizierung der beiden Finanzexperten in der Tagesordnung ist aus Gründen der Transparenz zu empfehlen aber erstaunlicherweise gesetzlich nicht erforderlich[87]. C.13 Deutscher Corporate Governance Kodex empfiehlt im Wahlvorschlag die persönlichen und geschäftlichen Beziehungen jedes Kandidaten zum Unternehmen, den Organen oder einem wesentlich (> 10 %) beteiligten Aktionär offenzulegen.

bb) Beschlussfassung der Hauptversammlung

26.22 Versäumt der Aufsichtsrat entgegen § 124 Abs. 3 AktG die Unterbreitung eines Wahlvorschlages an die Hauptversammlung oder fehlt es an anderen Voraussetzungen der ordnungsgemäßen Bekanntmachung, darf die Hauptversammlung keinen Beschluss fassen (§ 124 Abs. 4 Satz 1 AktG). Ein dennoch getroffener Hauptversammlungsbeschluss über die Wahl der Aufsichtsratsmitglieder ist wegen nicht ordnungsmäßiger Bekanntmachung des Tagesordnungspunktes anfechtbar[88], es sei denn, dass

---

79 BGH v. 25.11.2002 – II ZR 49/01 – Hypo-Vereinsbank, AG 2003, 319, 320; OLG Hamm v. 7.1.1985 – 8 U 47/84, AG 1986, 260, 261; *Bollweg*, Wahl des Aufsichtsrats, S. 129; *Hoffmann-Becking* in MünchHdb. AG, § 30 Rz. 48; *Hüffer/Koch*, § 124 AktG Rz. 18.
80 *Butzke* in Großkomm. AktG, 5. Aufl. 2017, § 124 AktG Rz. 93; *Hopt/Roth* in Großkomm. AktG, 5. Aufl. 2019, § 101 AktG Rz. 79; *Hüffer/Koch*, § 124 AktG Rz. 26; *Wilsing/Winkler* in Semler/v. Schenck/Wilsing, ArbeitsHdb. AR, § 2 Rz. 53; weitergehend *Habersack* in MünchKomm. AktG, 5. Aufl. 2019, § 101 Rz. 16; *Hoffmann-Becking* in MünchHdb. AG, § 30 Rz. 49; Vorauflage Rz. 25.20.
81 *Butzke* in Großkomm. AktG, 5. Aufl. 2017, § 124 AktG Rz. 93.
82 Vgl. auch *Leyens*, Information, S. 303; *Lutter*, DB 2009, 775, 778; *E. Vetter* in FS Uwe H. Schneider, 2011, S. 1345, 1350.
83 *Krieger* in FS Hüffer, 2010, S. 521, 527; *E. Vetter* in FS Maier-Reimer, 2010, S. 795, 813.
84 Vgl. dazu eingehend *Mülbert/Bux*, WM 2000, 1665; siehe auch *Jaspers*, AG 2011, 154, 159.
85 OLG Frankfurt v. 21.3.2006 – 10 U 17/05, AG 2007, 374; *Butzke* in Großkomm. AktG, 5. Aufl. 2017, § 124 AktG Rz. 100; *Hüffer/Koch*, § 124 AktG Rz. 27; *Ziemons* in K. Schmidt/Lutter, § 124 AktG Rz. 106.
86 *Herrler* in Grigoleit, § 125 AktG Rz. 26; *Hüffer/Koch*, § 125 AktG Rz. 22; *Kubis* in MünchKomm. AktG, 4. Aufl. 2018, § 125 AktG Rz. 41.
87 *Bröcker/Mosel*, GWR 2009, 132, 134; *Hoffmann-Becking* in MünchHdb. AG, § 30 Rz. 28; *Lüer* in FS Maier-Reimer, 2011, S. 385, 397; *E. Vetter*, ZGR 2010, 751, 791.
88 *Butzke* in Großkomm. AktG, 5. Aufl. 2017, § 124 AktG Rz. 100; *Kubis* in MünchKomm. AktG, 4. Aufl. 2018, § 124 AktG Rz. 50.

der Fehler für den Hauptversammlungsbeschluss nicht relevant war. Angesichts des organisatorischen und finanziellen Aufwandes der Einberufung einer neuen Hauptversammlung wird der Versammlungsleiter bei weniger schwerwiegenden Einberufungsmängeln jedoch stets abzuwägen haben, ob die Beschlussfassung bei **Inkaufnahme des Anfechtungsrisikos vertretbar** ist, wenn etwa realistischerweise wegen des Formfehlers mit einer Anfechtung nicht zu rechnen ist[89].

Die Wahl der Mitglieder des Aufsichtsrates bedarf eines Beschlusses der Hauptversammlung mit **einfacher (absoluter) Mehrheit der abgegebenen Stimmen**, sofern die Satzung nicht gemäß § 133 Abs. 2 AktG eine höhere oder niedrigere Mehrheit (z.B. relative Mehrheit) vorsieht[90]. Die gesetzliche Regelung eröffnet einem Aktionär, der über die Mehrheit der Stimmen in der Hauptversammlung verfügt, die Möglichkeit, alle zur Wahl stehenden Aufsichtsratspositionen mit Personen seines Vertrauens zu besetzen und sich auch selbst zu wählen, ohne dabei auf Interessen von Minderheitsaktionären Rücksicht nehmen zu müssen[91]. Ist die AG börsennotiert und Teil eines integrierten Konzerns mit arbeitsteiliger Zusammenarbeit ergibt sich jedoch die Notwendigkeit unabhängiger Aufsichtsratsmitglieder mit Blick auf die Anforderungen bei Geschäften mit nahestehenden Personen gemäß § 111b AktG[92] (Rz. 32.30 ff.).

26.23

Das AktG schreibt für die Aufsichtsratswahl kein bestimmtes Abstimmungsverfahren vor. Zur Verfahrenskonzentration war in der Praxis lange Zeit die sog. **Global- oder Listenwahl**[93] weit verbreitet, die grundsätzlich zulässig ist[94]. Inzwischen findet der Empfehlung C.15 Deutscher Corporate Governance Kodex folgend meist eine Einzelwahl statt (siehe Rz. 36.70).

26.24

Jeder Aktionär kann der Hauptversammlung einen **Gegenvorschlag** zur Wahl des Aufsichtsrates unterbreiten. Unabhängig von den Erfolgsaussichten eines solchen Vorschlags hat dieser nach § 137 AktG **bei der Beschlussfassung Priorität** gegenüber dem Vorschlag des Aufsichtsrates, wenn er gemäß § 127 i.V.m. §§ 125, 126 AktG erfolgt ist, in der Hauptversammlung beantragt und von einer Minderheit von 10 % des vertretenen Grundkapitals unterstützt wird. Wird der Gegenvorschlag erst in der Hauptversammlung gestellt, genießt er keine Priorität[95]. Die Reihenfolge der Abstimmung über die Wahlvorschläge liegt im Übrigen im Ermessen des Versammlungsleiters, es sei denn, dass die Hauptversammlung die Abstimmungsreihenfolge beschließt[96]. Dabei ist stets der Gleichbehandlungsgrundsatz von § 53a AktG zu beachten[97] (siehe Rz. 38.26).

26.25

---

[89] Ebenso *Butzke* in Großkomm. AktG, 5. Aufl. 2017, § 124 AktG Rz. 101; *Hüffer/Koch*, § 124 AktG Rz. 28; *Ziemons* in K. Schmidt/Lutter, § 124 AktG Rz. 105.

[90] BGH v. 13.3.1980 – II ZR 54/78, BGHZ 76, 191, 193; BGH v. 14.11.1988 – II ZR 82/88, AG 1989, 87, 88; *Austmann* in MünchHdb. AG, § 40 Rz. 88 ff.; *Schröer* in MünchKomm. AktG, 4. Aufl. 2018, § 133 AktG Rz. 35.

[91] *Austmann* in MünchHdb. AG, § 40 Rz. 89; *Mertens/Cahn* in KölnKomm. AktG, 3. Aufl. 2013, § 101 AktG Rz. 25; *Timm*, NJW 1987, 977, 986; vgl. auch BGH v. 7.6.1962 – II ZR 131/61, AG 1962, 216, 217; LG Mannheim v. 17.1.1990 – 21 O 9/89, AG 1991, 29; a.A. OLG Hamm v. 3.11.1986 – 8 U 59/86 – Banning, AG 1987, 38.

[92] *Hommelhoff* in FS Windbichler, 2020, S. 759, 763.

[93] Vgl. zum Begriff *Austmann* in FS Sandrock, 1995, S. 277, 278; *Austmann* in MünchHdb. AG, § 40 Rz. 92; *Bollweg*, Wahl des Aufsichtsrats, S. 187; *Butzke*, HV, I Rz. 53.

[94] BGH v. 16.2.2009 – II ZR 185/07 – Kirch/Deutsche Bank, BGHZ 180, 9 Rz. 30; *Hüffer/Koch*, § 133 AktG Rz. 33; *Rieckers* in BeckOGK AktG, Stand 1.2.2021, § 133 AktG Rz. 65.

[95] *Hüffer/Koch*, § 137 AktG Rz. 2; *Schröer* in MünchKomm. AktG, 4. Aufl. 2018, § 137 AktG Rz. 8; *Steiner*, Hauptversammlung, S. 134.

[96] LG Hamburg v. 11.1.1968 – 28 O 211/67, DB 1968, 302; *Habersack* in MünchKomm. AktG, 5. Aufl. 2019, § 101 AktG Rz. 25; *Hoffmann-Becking* in MünchHdb. AG, § 30 Rz. 57; *Hüffer/Koch*, § 137 AktG Rz. 4; a.A. *Stützle/Walgenbach*, ZHR 155 (1991), 516, 533.

[97] Siehe dazu *Austmann/Rühle*, AG 2011, 805, 806; *Bollweg*, Wahl des Aufsichtsrats, S. 219.

b) Wahl durch die Belegschaft

26.26 Die **Wahl der Aufsichtsratsmitglieder der Arbeitnehmer** bestimmt sich nach den jeweils auf die Gesellschaft anzuwendenden mitbestimmungsrechtlichen Vorschriften (vgl. §§ 5 ff. DrittelbG[98], §§ 10 ff. und §§ 18 ff. MitbestG[99] nebst drei Wahlordnungen[100] oder § 6 MontanMitbestG[101]). Bei der **börsennotierten und paritätisch mitbestimmten AG** ist bei der Wahl zur **Sicherstellung der Geschlechterquote** § 18a MitbestG zu beachten. Im Fall der Missachtung der Vorgaben ist die Wahl des Kandidaten/der Kandidatin des mehrheitlich vertretenen Geschlechts mit der niedrigsten Stimmenzahl unwirksam[102]. Zum Prinzip des leeren Stuhls siehe auch Rz. 25.23. Die Vakanz im Aufsichtsrat kann, wie § 18a Abs. 2 Satz 2 MitbestG klarstellt, im Wege der gerichtlichen Bestellung nach § 104 AktG oder durch Nachwahl beseitigt werden[103].

c) Entsendung

aa) Form

26.27 Die **Satzung** kann gemäß § 101 Abs. 2 AktG ein Recht zur Entsendung von Mitgliedern in den Aufsichtsrat vorsehen. In Betracht kommt entweder ein Entsendungsrecht für bestimmte in der Satzung namentlich genannte Aktionäre (§ 101 Abs. 2 Satz 1 Alt. 1 AktG) oder für die Inhaber bestimmter Aktien (§ 101 Abs. 2 Satz 1 Alt. 2 AktG), wobei das Inhaberentsendungsrecht nur in der Verbindung mit der Ausgabe von vinkulierten Namensaktien zulässig ist. Das Entsendungsrecht ist ein **Sonderrecht** i.S.v. § 35 BGB und kann dem Berechtigten nur durch Satzungsänderung und nicht gegen seinen Willen entzogen werden. Das an bestimmte Namensaktien geknüpfte Entsendungsrecht kann zusammen mit diesen übertragen werden. Das Recht zur Entsendung von Mitgliedern in den Aufsichtsrat ist **durch Höchstzahl begrenzt** auf ein Drittel der Mitglieder, aus denen der Aufsichtsrat nach Gesetz oder Satzung zu bestehen hat (§ 101 Abs. 2 Satz 4 AktG).

bb) Rechtsstellung

26.28 Das Entsendungsrecht wird ausgeübt durch Mitteilung des berechtigten Aktionärs gegenüber dem Vorstand. Das entsandte Mitglied hat die **gleichen Rechte und Pflichten** wie die übrigen Mitglieder des Aufsichtsrates und ist nur dem Unternehmensinteresse und insbesondere keinen Weisungen des Entsendungsberechtigten unterworfen[104]. Der Entsendungsberechtigte kann das entsandte Mitglied jedoch nach § 103 Abs. 2 Satz 1 AktG ohne wichtigen Grund **jederzeit abberufen**[105].

d) Ersatzmitglieder

aa) Bedeutung

26.29 § 111 Abs. 6 AktG verlangt, dass Aufsichtsratsmitglieder ihr Amt persönlich wahrnehmen und schließt in § 101 Abs. 3 Satz 1 AktG im Gegensatz zu anderen Rechtsordnungen **Stellvertreter von Aufsichts-**

---

98 Vgl. dazu *Fuchs/Köstler/Pütz*, Handbuch zur Aufsichtsratswahl, 6. Aufl. 2016; *Seibt*, NZA 2004, 767 ff.
99 Vgl. dazu *Oetker* in Großkomm. AktG, 5. Aufl. 2018, § 9 MitbestG Rz. 8; *Raiser* in Raiser/Veil/Jacobs, vor § 9 MitbestG Rz. 23 ff.
100 *Fuchs/Köstler/Pütz*, Handbuch zur Aufsichtsratswahl, 6. Aufl. 2016; *Wienke/Podewin/Prinz/Schöne*, Die Wahlordnungen zum MitbestG, 2002; *Wolff*, DB 2002, 790.
101 Vgl. dazu *Engels*, BB 1981, 1349, 1357; *Henssler* in Habersack/Henssler, MitbestR, vor § 9 MitbestG Rz. 1.
102 *Schulz/Ruf*, BB 2015, 1155, 1158; *Wißmann* in Wißmann/Kleinsorge/Schubert, § 18a MitbestG Rz. 20.
103 *Wißmann* in Wißmann/Kleinsorge/Schubert, § 18a MitbestG Rz. 20.
104 *Grigoleit/Tomasic* in Grigoleit, § 101 AktG Rz. 20; *Hoffmann-Becking* in MünchHdb. AG, § 30 Rz. 63; *Mertens/Cahn* in KölnKomm. AktG, 3. Aufl. 2013, § 101 AktG Rz. 55.
105 *Drygala* in K. Schmidt/Lutter, § 103 AktG Rz. 8; *Hopt/Roth* in Großkomm. AktG, 5. Aufl. 2019, § 103 AktG Rz. 38; *Hüffer/Koch*, § 103 AktG Rz. 7.

ratsmitgliedern aus. Zulässig ist nach § 101 Abs. 3 Satz 2 AktG die Wahl eines Ersatzmitglieds, das automatisch in den Aufsichtsrat nachrückt, wenn der Aufsichtsratssitz, z.B. durch Tod oder Mandatsniederlegung des Mitglieds, vakant geworden ist, sofern im Zeitpunkt des Nachrückens die persönlichen Mandatsvoraussetzungen erfüllt sind und sich das Ersatzmitglied nicht ausdrücklich die Annahme des Mandates für den Ersatzfall vorbehalten hat[106]. In der börsennotierten und paritätisch mitbestimmten AG müssen Aufsichtsratsmitglied und Ersatzmitglied nicht dasselbe Geschlecht haben[107]. Bei **Aufsichtsratsmitgliedern der Arbeitnehmer** kommt das Nachrücken des vorgesehenen Ersatzmitglieds gemäß § 17 Abs. 3 MitbestG jedoch nur zum Tragen, wenn dabei die Geschlechterquote gemäß § 7 Abs. 3 MitbestG beachtet wird. Die Bestellung mehrerer Ersatzmitglieder für dasselbe Aufsichtsratsmitglied ist zulässig[108]; es empfiehlt sich deshalb als Ersatzmitglieder vorsorglich eine Frau und einen Mann zu wählen und dabei die Reihenfolge ihres Nachrückens festzulegen.

Die Wahl von Ersatzmitgliedern kommt sowohl für die Aufsichtsratsmitglieder der Anteilseigner wie auch der Arbeitnehmer[109] in Betracht und wird in der Unternehmenspraxis insbesondere seit Einführung der paritätischen Mitbestimmung von beiden Seiten des Aufsichtsrates vielfach genutzt. Lediglich für das weitere „neutrale" Mitglied nach dem MontanMitbestG oder MitbestErgG kann kein Ersatzmitglied bestellt werden. Die Wahl von Ersatzmitgliedern sichert der Anteilseignerseite bei paritätischer Besetzung des Aufsichtsrates die Möglichkeit des leichten Stimmenübergewichts durch das Zweitstimmrecht des Aufsichtsratsvorsitzenden ohne Inanspruchnahme einer gerichtlichen Bestellung; für die Arbeitnehmervertreter ermöglicht sie **bei einer Vakanz ein sofortiges Nachrücken** unter Vermeidung des komplizierten und langwierigen Wahlverfahrens.

26.30

bb) Verfahren

Das Ersatzmitglied kann nach § 101 Abs. 3 Satz 3 AktG nur **gleichzeitig mit dem Aufsichtsratsmitglied** und **auf demselben Weg** gewählt werden, d.h. durch dieselbe Hauptversammlung hinsichtlich der Aufsichtsratsmitglieder der Anteilseigner oder, soweit es um Ersatzmitglieder der Arbeitnehmer geht, durch die Belegschaft in derselben Wahl nach den jeweils anzuwendenden mitbestimmungsrechtlichen Vorschriften[110].

26.31

Ungeachtet des Wortlautes von § 101 Abs. 3 Satz 2 AktG besteht allgemeine Einigkeit, dass ein **Ersatzmitglied nicht nur für ein bestimmtes Aufsichtsratsmitglied, sondern auch für mehrere Aufsichtsratsmitglieder** gewählt werden kann[111]. Es rückt dann nach, wenn eines dieser Aufsichtsratsmitglieder wegfällt. Zulässig ist es auch, eine Liste mit **mehreren Ersatzmitgliedern für ein Aufsichtsratsmitglied** zu bestellen, sofern bereits bei der Bestellung festgelegt wird, welches Ersatzmitglied in den Aufsichtsrat nachrückt[112].

26.32

Ist das Ersatzmitglied nach Wegfall eines Aufsichtsratsmitglieds in den Aufsichtsrat nachgerückt, bleibt es grundsätzlich für die gesamte **restliche Amtszeit** des weggefallenen Aufsichtsratsmitglieds im Amt.

26.33

---

106 Im Ergebnis ähnlich *Hüffer/Koch*, § 101 AktG Rz. 15; *Lutter/Krieger/Verse*, Aufsichtsrat, Rz. 1054; *Rellermeyer*, ZGR 1987, 563, 576.
107 *Wißmann* in Wißmann/Kleinsorge/Schubert, § 17 MitbestG Rz. 13.
108 BGH v. 15.12.1986 – II ZR 18/86 – Heidelberger Zement, BGHZ 99, 211, 214; *Drygala* in K. Schmidt/Lutter, § 101 AktG Rz. 31; *Hopt/Roth* in Großkomm. AktG, 5. Aufl. 2019, § 101 AktG Rz. 209; *Hüffer/Koch*, § 101 AktG Rz. 18.
109 Ausdrückliche Ausnahme nach § 101 Abs. 3 Satz 2 AktG: das weitere „neutrale" Mitglied gemäß § 8 Abs. 1 MontanMitbestG oder § 5 Abs. 3 MitbestErgG.
110 *Hüffer/Koch*, § 101 AktG Rz. 14, 19; *Lutter/Krieger/Verse*, Aufsichtsrat, Rz. 1052; *Spindler* in BeckOGK AktG, Stand 1.2.2021, § 101 AktG Rz. 89.
111 BGH v. 15.12.1986 – II ZR 18/86 – Heidelberger Zement, BGHZ 99, 211, 220; *Bommert*, AG 1986, 315, 320; *Heinsius*, ZGR 1982, 232, 237; *Rellermeyer*, ZGR 1987, 563, 566.
112 *Bommert*, AG 1986, 315, 320; *Raiser* in Raiser/Veil/Jacobs, § 6 MitbestG Rz. 31; *Rellermeyer*, ZGR 1987, 563, 566.

In jedem Fall erlischt das Amt spätestens mit Ablauf der Amtszeit des weggefallenen Aufsichtsratsmitglieds (§ 102 Abs. 2 AktG). In der Praxis wird jedoch meist durch **Satzungsregelung** bestimmt, dass das Amt des Nachgerückten vorzeitig endet, nämlich sobald die Hauptversammlung einen Nachfolger für das vorzeitig weggefallene Aufsichtsratsmitglied gewählt hat[113].

26.34 Im Falle der satzungsmäßigen Beendigung des Amts des in den Aufsichtsrat nachgerückten Ersatzmitglieds durch **Nachwahl eines Aufsichtsratsmitglieds** ist für den Hauptversammlungsbeschluss **dieselbe Mehrheit erforderlich wie für die Abberufung eines Aufsichtsratsmitglieds**[114]. Soweit in der Satzung nicht von der Möglichkeit nach § 103 Abs. 1 Satz 3 AktG Gebrauch gemacht worden ist, eine geringere Mehrheit vorzusehen, ist also für die Neuwahl gemäß § 103 Abs. 1 Satz 2 AktG generell eine Dreiviertelmehrheit der abgegebenen Stimmen erforderlich.

26.35 Die Satzung kann für den Fall der Wahl eines Nachfolgers des weggefallenen Aufsichtsratsmitglieds auch bestimmen, dass der **ursprüngliche Status** des nachgerückten „ehemaligen" Ersatzmitglieds hinsichtlich der übrigen Aufsichtsratsmitglieder, für die es ursprünglich ebenfalls bestellt war, **nach seinem Ausscheiden aus dem Aufsichtsrat wieder auflebt**, so dass innerhalb einer Amtsperiode des Aufsichtsrates auch ein mehrmaliges Nachrücken möglich ist[115].

cc) Rechtsstellung

26.36 Die Wahl zum Ersatzmitglied hat **aufschiebenden Charakter**; die Bestellung zum Aufsichtsratsmitglied erfolgt unter der aufschiebenden Bedingung des Wegfalls eines Aufsichtsratsmitglieds[116]. Ersatzmitglieder sind deshalb **bis zu ihrem Nachrücken keine Aufsichtsratsmitglieder**; sie sind gegenüber der Gesellschaft wie außenstehende Dritte zu behandeln[117]. Die Ersatzmitglieder haben insbesondere keine Auskunftsrechte gegenüber dem Vorstand. Vorstand und Aufsichtsrat sind ihnen gegenüber vielmehr zur Verschwiegenheit verpflichtet, es sei denn, sie geben ihnen vertrauliche Informationen im Hinblick auf ihr bevorstehendes Nachrücken auf einen in absehbarer Zeit freiwerdenden Aufsichtsratssitz. Dann ist das Ersatzmitglied analog §§ 116, 93 AktG zur Verschwiegenheit verpflichtet[118].

26.37 Nach Eintritt in den Aufsichtsrat hat das Ersatzmitglied die gleichen Rechte und Pflichten wie die anderen Aufsichtsratsmitglieder[119].

---

113 BGH v. 15.12.1986 – II ZR 18/86 – Heidelberger Zement, BGHZ 99, 211, 218; *Hoffmann/Preu*, Aufsichtsrat, Rz. 707; *Mertens/Cahn* in KölnKomm. AktG, 3. Aufl. 2013, § 101 AktG Rz. 104.
114 BGH v. 15.12.1986 – II ZR 18/86 – Heidelberger Zement, BGHZ 99, 211, 216; BGH v. 29.6.1987 – II ZR 242/86 – Strabag, AG 1987, 348, 349; BGH v. 25.1.1988 – II ZR 148/87 – Allianz Leben, AG 1988, 139; *Hüffer/Koch*, § 101 AktG Rz. 16; *Lutter/Krieger/Verse*, Aufsichtsrat, Rz. 1056; *Mertens/Cahn* in KölnKomm. AktG, 3. Aufl. 2013, § 101 AktG Rz. 105.
115 BGH v. 15.12.1986 – II ZR 18/86 – Heidelberger Zement, BGHZ 99, 211, 214; *Drygala* in K. Schmidt/Lutter, § 101 AktG Rz. 31; *Hoffmann/Preu*, Aufsichtsrat, Rz. 707.
116 OLG Karlsruhe v. 10.12.1985 – 8 U 107/85 – Heidelberger Zement, AG 1986, 168, 169; *Bommert*, AG 1986, 315, 317; *Mertens/Cahn* in KölnKomm. AktG, 3. Aufl. 2013, § 101 AktG Rz. 98; *Rellermeyer*, ZGR 1987, 563, 571.
117 *Lutter/Krieger/Verse*, Aufsichtsrat, Rz. 1059; *Rellermeyer*, ZGR 1987, 563, 567; *Spindler* in BeckOGK AktG, Stand 1.2.2021, § 101 AktG Rz. 93.
118 *Habersack* in MünchKomm. AktG, 5. Aufl. 2019, § 101 AktG Rz. 87; *Mertens/Cahn* in KölnKomm. AktG, 3. Aufl. 2013, § 101 AktG Rz. 92; *Spindler* in BeckOGK AktG, Stand 1.2.2021, § 101 AktG Rz. 93.
119 BGH v. 15.12.1986 – II ZR 18/86 – Heidelberger Zement, BGHZ 99, 211, 216; BGH v. 29.6.1987 – II ZR 242/86 – Strabag, AG 1987, 348, 349; BGH v. 25.1.1988 – II ZR 148/87 – Allianz Leben, AG 1988, 139; BGH v. 14.11.1988 – II ZR 82/88, AG 1989, 87, 88; *Drygala* in K. Schmidt/Lutter, § 101 AktG Rz. 16; *Hüffer/Koch*, § 101 AktG Rz. 14.

e) Gerichtliche Bestellung

aa) Bedeutung

Im Fall der **unvollständigen Besetzung des Aufsichtsrates** eröffnet § 104 AktG die Möglichkeit, unter bestimmten Voraussetzungen den Aufsichtsrat zur **Sicherstellung seiner Funktionsfähigkeit** durch gerichtlichen Beschluss zu ergänzen. Die gerichtliche Bestellung kommt sowohl für die Aufsichtsratsmitglieder der Anteilseigner wie die der Arbeitnehmer in Betracht, wenn sofortige Abhilfe erforderlich ist, um die Handlungsfähigkeit des beschlussunfähigen Aufsichtsrates herbeizuführen (§ 104 Abs. 1 AktG), zur Sicherung der vollständigen Besetzung des paritätisch mitbestimmten Aufsichtsrates (§ 104 Abs. 3 AktG) oder wenn der Aufsichtsrat für einen Zeitraum von mehr als 3 Monaten unvollständig besetzt ist (§ 104 Abs. 2 AktG). Als **vorsorgliche Maßnahme** kommt, nach zutreffender – allerdings stark umstrittener[120] – Ansicht die **aufschiebend bedingte gerichtliche Bestellung der gewählten Person** in Betracht, wenn der Hauptversammlungsbeschluss über die Wahl angefochten worden ist und mit der Klage keine in der Person liegende Gründe gegen seine Mitgliedschaft vorgebracht werden[121]. Entgegen verbreiteter Ansicht handelt es sich dabei nicht um eine rückwirkende Bestellung[122].

26.38

Die gerichtliche Bestellung eines Aufsichtsratsmitglieds kommt in Betracht, wenn die Funktionsfähigkeit des Aufsichtsrates betroffen ist und ein **Ersatzmitglied nicht zur Verfügung** steht und für die Wahl eines Aufsichtsratsmitglieds der Anteilseigner nicht bis zur nächsten Hauptversammlung zugewartet werden soll oder auch wenn das aufwendige und langwierige Verfahren zur Wahl eines Aufsichtsratsmitglieds der Arbeitnehmer vermieden werden soll. Das Verfahren scheidet jedoch aus, wenn ein Aufsichtsratsmitglied die Beschlussfassung im Aufsichtsrat boykottiert. Hier kommt nur die Abberufung nach § 103 Abs. 3 AktG und nachfolgende Bestellung eines neuen Aufsichtsratsmitglieds nach § 104 AktG in Betracht[123].

26.39

bb) Voraussetzungen

Im Falle der **Beschlussunfähigkeit** muss der Vorstand die **gerichtliche Ergänzung unverzüglich beantragen**, es sei denn, bis zur nächsten Aufsichtsratssitzung ist mit einer Ergänzung zu rechnen (§ 104 Abs. 1 Satz 2 AktG). Ist der Aufsichtsrat unvollständig besetzt aber gleichwohl noch beschlussfähig, ist es, von Dringlichkeitsfällen abgesehen, erforderlich, dass die **Vakanz im Aufsichtsrat mehr als drei Monate** bestanden hat (§ 104 Abs. 2 AktG)[124]. Die **Dringlichkeit** ist dann anzunehmen, wenn im Aufsichtsrat Entscheidungen von besonderer Bedeutung für Bestand und Zukunft des Unternehmens anstehen, die Besetzung des Aufsichtsrats nicht mehr dem Verhältnis der an der Gesellschaft beteiligten

26.40

---

120 S. dazu jüngst *Hoffmann-Becking* in FS Krieger, 2020, S. 379 ff.
121 Dafür LG München I v. 22.12.2005 – 5 HK O 9885/05 – HypoVereinsbank, AG 2006, 762, 766; BayVerfGH v. 24.8.2005 – Vf 80/VI-04, NZG 2006, 25, 27; *Fett/Theusinger*, AG 2010, 425, 429; *Kocher*, NZG 2007, 372, 374; *Seidel*, Die gerichtliche Ergänzung des Aufsichtsrats, S. 54; *Simons* in Hölters, § 104 AktG Rz. 17a; *E. Vetter/van Laak*, ZIP 2008, 1806, 1810; *E. Vetter*, ZIP 2012, 701, 706; *Westermann* in MünchKomm. BGB, 7. Aufl. 2015, § 158 BGB Rz. 33a; siehe auch *E. Vetter* in Happ/Groß/Möhrle/Vetter, Aktienrecht, Muster 9.06 Rz. 3.4; im Ergebnis auch *Hoffmann-Becking* in FS Krieger, 2020, S. 379 ff.; a.A. OLG München v. 22.12.2020 – 31 Wx 436/20, ZIP 2021, 79, 81; OLG Köln v. 23.2.2011 – 2 Wx 41/11 – IVG, AG 2011, 465; AG Bonn v. 21.12.2010 – HRB 4118 – IVG, AG 2011, 99, 100; *Florstedt*, NZG 2014, 681, 686; *Kiefner* in KölnKomm. AktG, 3. Aufl. 2013, § 252 AktG Rz. 22; *Hüffer/Koch*, § 252 AktG Rz. 8; *Marsch-Barner* in FS K. Schmidt, 2009, S. 1109, 1121.
122 *E. Vetter*, ZIP 2012, 701, 706; *E. Vetter/van Laak*, ZIP 2008, 1806, 1810; a.A. *Hopt/Roth* in Großkomm. AktG, 5. Aufl. 2019, § 104 AktG Rz. 34.
123 S. *Drygala* in K. Schmidt/Lutter, § 103 AktG Rz. 13; *Hopt/Roth* in Großkomm. AktG, 5. Aufl. 2019, § 103 AktG Rz. 59; a.A. *Reichard*, AG 2012, 359, 360.
124 Vgl. auch LG Wuppertal v. 24.6.1969, AG 1970, 174, 175; *Mertens/Cahn* in KölnKomm. AktG, 3. Aufl. 2013, § 104 AktG Rz. 17.

Kernaktionäre entspricht und dies Einfluss auf das Beschlussergebnis haben kann[125]. Dies kann die Wahl eines neuen Aufsichtsratsvorsitzenden oder Stellvertreters[126], der Beschluss über die Bestellung oder Abberufung eines Vorstandsmitglieds wie auch eine wichtige Strukturentscheidung sein[127]. Bei **paritätisch mitbestimmten Gesellschaften** ist nach § 104 Abs. 3 Nr. 2 AktG **stets ein dringender Fall** gegeben, wenn der Aufsichtsrat – abgesehen vom weiteren „neutralen" Mitglied nach dem Montan-MitbestG oder dem MitbestErgG – unvollständig besetzt ist.

cc) Antragsberechtigung

26.41 Die gerichtliche Bestellung kann nach § 104 Abs. 1 Satz 1 AktG sowohl vom **Vorstand**, jedem **Aufsichtsratsmitglied** als auch von jedem **Aktionär** beantragt werden. Die Antragsbefugnis schließt das Recht ein, Personalvorschläge für die Bestellung zu unterbreiten. Für den Antrag des Vorstandes ist Unterzeichnung in vertretungsberechtigter Zahl ausreichend. Bei mitbestimmten Gesellschaften steht die Antragsbefugnis für Aufsichtsratsmitglieder der Arbeitnehmer darüber hinaus auch den in § 104 Abs. 1 Satz 3 AktG genannten **Arbeitnehmervertretungen** und einer **Mindestzahl von Arbeitnehmern** zu.

dd) Verfahren

26.42 Zuständig ist das **Amtsgericht am Sitz der Gesellschaft**. Die Entscheidung ergeht im Verfahren nach dem FamFG durch **Beschluss**. Das Gericht entscheidet nach pflichtgemäßem am Unternehmensinteresse auszurichtenden Ermessen ohne Bindung an den Vorschlag des Antragstellers[128], folgt ihm in der Praxis jedoch regelmäßig. Bei offenkundigen erheblichen Interessengegensätzen oder Streitigkeiten im Aktionärskreis kann die Bestellung eines „neutralen" Mitglieds angezeigt sein[129]. Das Gericht hat nach § 104 Abs. 4 Satz 3 AktG in jedem Fall darauf zu achten, dass die gesetzlichen (z.B. § 100 Abs. 2, 5 und § 105 Abs. 1 AktG) sowie eventuell von der Satzung bestimmten **persönlichen Wählbarkeitsvoraussetzungen** erfüllt sind. Dies gilt insbesondere für die Qualifikation der Finanzexperten nach § 100 Abs. 5 AktG oder der Beachtung der *Cooling-off*-Periode bei ehemaligen Vorstandsmitgliedern nach § 100 Abs. 2 Satz 1 Nr. 4 AktG[130]. Ob das Gericht die Einhaltung der **Empfehlungen des Deutschen Corporate Governance Kodex** zu beachten hat, wenn eine uneingeschränkte Entsprechens-

---

125 OLG Hamm v. 14.12.2010 – 15 W 538/10 – Balda, AG 2011, 384, 386; *Drygala* in K. Schmidt/Lutter, § 104 AktG Rz. 19; *Habersack* in MünchKomm. AktG, 5. Aufl. 2019, § 104 AktG Rz. 27; *E. Vetter*, DB 2018, 3104.
126 *Grigoleit/Tomasic* in Grigoleit, § 104 AktG Rz. 8; *Hopt/Roth* in Großkomm. AktG, 5. Aufl. 2019, § 104 AktG Rz. 81; *E. Vetter*, DB 2018, 3104; *Wandt*, AG 2016, 877, 880; a.A. *Niewiarra/Servatius* in FS Semler, 1993, S. 217, 225.
127 OLG Hamm 14.12.2010 – 15 W 538/10 – Balda, AG 2011, 384, 386; AG Detmold v. 11.11.1981 – 17 HRB 0013, AG 1983, 24, 25; AG Wuppertal v. 23.11.1970 – HRB 2057, DB 1971, 764, 765; *Hüffer/Koch*, § 104 AktG Rz. 10; *E. Vetter*, DB 2018, 3104, 3105; a.A. *Volhard* in Semler/Volhard, ArbeitsHdb. HV, § 17 Rz. 34.
128 BayObLG v. 20.8.1997 – 3 Z BR 193/97, AG 1998, 36; OLG Hamm v. 28.5.2013 – I-27 W 35/13 – Balda, AG 2013, 927; OLG Schleswig v. 26.4.2004 – 2 W 46/04 – Mobilcom, AG 2004, 453; LG Hannover v. 12.3.2009 – 21 T 2/09 – Continental, AG 2009, 341, 342; *Hüffer/Koch*, § 104 AktG Rz. 5; *Seidel*, Die gerichtliche Ergänzung des Aufsichtsrats, S. 142; *Volhard* in Semler/Volhard, ArbeitsHdb. HV, § 17 Rz. 35.
129 OLG München v. 2.7.2009 – 31 Wx 24/09, AG 2009, 745, 747; siehe auch OLG München v. 9.11.2009 – 31 Wx 136/09, AG 2010, 87.
130 *von Falkenhausen/Kocher*, ZIP 2009, 1601, 1602; *Fett/Theusinger*, AG 2010, 425, 432; *Kropff* in FS K. Schmidt, 2009, S. 1023, 1035; *E. Vetter* in FS Maier-Reimer, 2010, S. 795, 816; a.A. *Simons* in Hölters, § 104 AktG Rz. 28.

erklärung nach § 161 AktG vorliegt, ist umstritten[131]. Jedenfalls ist es nicht ermessensfehlerhaft, wenn das Gericht darauf abstellt[132].

Im paritätisch mitbestimmten Aufsichtsrat hat das Gericht nach § 104 Abs. 4 Satz 1 und 4 AktG bei Aufsichtsratsmitgliedern der Arbeitnehmer darauf zu achten, dass die bestellte Person dem in § 7 Abs. 2 MitbestG vorgeschriebenen **Gruppenproporz** entspricht[133]. Der Beschluss ist dem Antragsteller, der Gesellschaft sowie dem bestellten Aufsichtsratsmitglied bekanntzugeben[134]. Der gerichtlich Bestellte ist nicht verpflichtet, die Bestellung zum Aufsichtsratsmitglied anzunehmen[135]. 26.43

Im Fall der börsennotierten und paritätisch mitbestimmten AG hat das Gericht die **Vorgaben zur Geschlechterquote** gemäß § 96 Abs. 2 Satz 5, § 104 Abs. 5 AktG, § 18a MitbestG unter Berücksichtigung der gewählten Gesamt- oder Getrennterfüllung zu beachten[136], die im Antrag anzugeben ist. 26.43a

ee) Rechtsstellung

Die **Amtszeit** des gerichtlich bestellten Aufsichtsratsmitglieds kann auch bei unbefristetem Antrag im Beschluss bestimmt werden[137]. Bei Aufsichtsratsmitgliedern der Anteilseigner ist eine Bestellung bis zur nächsten ordentlichen Hauptversammlung vielfach üblich, aber nicht zwingend geboten. Nach C.15 Satz 2 Deutscher Corporate Governance Kodex soll die Bestellung nur bis zur nächsten Hauptversammlung beantragt werden. Fehlt eine derartige zeitliche Begrenzung, ist das Aufsichtsratsmitglied nach § 104 Abs. 6 AktG bis zur Behebung des „Mangels" bestellt, d.h. bis zur Wahl eines Aufsichtsratsmitglieds durch die Hauptversammlung[138]. Eine Ablösung des gerichtlich bestellten Aufsichtsratsmitglieds durch gerichtliche Bestellung eines anderen Aufsichtsratsmitglieds scheidet aus[139]. Das **gerichtlich bestellte Aufsichtsratsmitglied hat die gleichen Rechte und Pflichten** wie die anderen Aufsichtsratsmitglieder[140]. 26.44

---

131 Dafür LG Hannover v. 12.3.2009 – 21 T 2/09 – Continental, AG 2009, 341, 342; *Hopt/Roth* in Großkomm. AktG, 5. Aufl. 2019, § 104 AktG Rz. 114; *Lutter* in KölnKomm. AktG, 3. Aufl. 2012, § 161 AktG Rz. 139; *Lutter/Kirschbaum*, ZIP 2005, 103, 105; *Seidel*, Die gerichtliche Ergänzung des Aufsichtsrats, S. 139; *E. Vetter/van Laak*, ZIP 2008, 1806, 1812; a.A. OLG Hamm v. 28.5.2013 – I-27 W 35/13, AG 2013, 927, 928; *Fett/Theusinger*, AG 2010, 425, 432; *Grigoleit/Tomasic* in Grigoleit, § 104 AktG Rz. 19; *Habersack* in MünchKomm. AktG, 5. Aufl. 2019, § 104 AktG Rz. 33; *Simons* in Hölters, § 104 AktG Rz. 28; *Wandt*, AG 2016, 877, 884.
132 Ebenso OLG Hamm v. 28.5.2013 – 27 W 35/13 – Balda, AG 2013, 927, 928; *Grigoleit/Tomasic* in Grigoleit, § 104 AktG Rz. 19; *Hüffer/Koch*, § 104 AktG Rz. 5; a.A. *Drygala* in K. Schmidt/Lutter, § 104 AktG Rz. 9; *Wandt*, AG 2016, 877, 885; siehe auch *Seidel*, Die gerichtliche Ergänzung des Aufsichtsrats, S. 140.
133 BayObLG v. 20.8.1997 – 3 Z BR 193/97, AG 1998, 36, 37; *Raiser* in Raiser/Veil/Jacobs, § 6 MitbestG Rz. 47; *Mertens/Cahn* in KölnKomm. AktG, 3. Aufl. 2013, § 104 AktG Rz. 20.
134 *Hüffer/Koch*, § 104 AktG Rz. 6; *Habersack* in MünchKomm. AktG, 5. Aufl. 2019, § 104 AktG Rz. 41.
135 *Habersack* in MünchKomm. AktG, 5. Aufl. 2019, § 104 AktG Rz. 41; *Selter*, Die Beratung des Aufsichtsrats, Rz. 110; *Seidel*, Die gerichtliche Ergänzung des Aufsichtsrats, S. 177.
136 *Drygala* in K. Schmidt/Lutter, § 104 AktG Rz. 24; *Grigoleit/Tomasic* in Grigoleit, § 104 AktG Rz. 20; *Grobe*, AG 2015, 289, 290; *E. Vetter*, DB 2018, 3104, 3108; *Wandt*, AG 2016, 877, 884; *Wilsing/Winkler* in Semler/v. Schenck/Wilsing, ArbeitsHdb. AR, § 2 Rz. 72.
137 OLG München v. 9.11.2009 – 31 Wx 136/09, AG 2010, 87; *Wandt*, AG 2016, 877, 887.
138 OLG München v. 12.7.2006 – 31 Wx 047/06, AG 2006, 590, 591; vgl. *Hoffmann-Becking* in MünchHdb. AG, § 30 Rz. 77; *Mertens/Cahn* in KölnKomm. AktG, 3. Aufl. 2013, § 104 AktG Rz. 31.
139 *Grigoleit/Tomasic* in Grigoleit, § 104 AktG Rz. 25; *Spindler* in BeckOGK AktG, Stand 1.2.2021, § 104 AktG Rz. 57; *E. Vetter*, DB 2005, 875, 877; a.A. AG Charlottenburg v. 5.11.2004 – HRB 93752, DB 2004, 2630; *Habersack* in MünchKomm. AktG, 5. Aufl. 2019, § 104 AktG Rz. 48.
140 *Fett/Theusinger*, AG 2010, 425, 427; *Wißmann* in Wißmann/Kleinsorge/Schubert, § 6 MitbestG Rz. 92; *Mertens/Cahn* in KölnKomm. AktG, 3. Aufl. 2013, § 104 AktG Rz. 40; *Raiser* in Raiser/Veil/Jacobs, § 6 MitbestG Rz. 50; *Seidel*, Die gerichtliche Ergänzung des Aufsichtsrats, S. 176.

II. Amtszeit des Aufsichtsratsmitglieds

1. Dauer der Amtszeit

26.45 Aufsichtsratsmitglieder werden normalerweise für den in der Satzung bestimmten Zeitraum bestellt, der in der Praxis meist dem gesetzlichen maximalen Zeitraum gemäß § 102 Abs. 1 Satz 1 AktG entspricht. Dies ist eine Bestellung bis zur Hauptversammlung, die über die Entlastung für das vierte nachfolgende Geschäftsjahr beschließt, wobei das bei Amtsantritt laufende Geschäftsjahr nicht mitgezählt wird. Dies führt in der Praxis regelmäßig zu einer maximalen Amtszeit von **rund fünf Jahren**. Institutionelle Investoren und Stimmrechtsberater drängen jedoch zunehmend auf kürzere Amtszeiten, was mit Blick auf die Unabhängigkeit der Aufsichtsratsmitglieder nicht unproblematisch ist. Enthalten weder die Satzung noch der Hauptversammlungsbeschluss eine Regelung zur Amtszeit, gilt die Bestellung für die gesetzliche Höchstdauer nach § 102 Abs. 1 Satz 1 AktG[141]. Wird die Beschlussfassung der Hauptversammlung über die Entlastung der Mitglieder des Aufsichtsrates entgegen der Regelung von § 120 Abs. 1 AktG nicht innerhalb von acht Monaten nach Beginn des nächsten Geschäftsjahres durchgeführt, sondern verschoben oder vergessen, endet die Amtszeit des Aufsichtsratsmitglieds mit Ablauf der Frist, in der die Hauptversammlung über die Entlastung für das vierte Geschäftsjahr seit Amtsantritt hätte beschließen müssen (§ 175 Abs. 1 Satz 2 AktG)[142].

26.46 Für den **ersten Aufsichtsrat** einer **neugegründeten AG** gilt § 102 AktG nicht. Die Amtszeit der Aufsichtsratsmitglieder endet nach § 30 Abs. 3 Satz 1 AktG kraft Gesetzes spätestens mit Beendigung der Hauptversammlung, die über die Entlastung für das erste Voll- oder Rumpfgeschäftsjahr beschließt. Kommt es innerhalb der Frist von § 120 Abs. 1 AktG nicht zu einem Entlastungsbeschluss, endet das Amt der Aufsichtsratsmitglieder gleichwohl zwangsweise nach Ablauf von acht Monaten nach Beendigung des ersten Voll- oder Rumpfgeschäftsjahres der Gesellschaft[143].

26.47 Die Satzung kann auch eine **kürzere Amtszeit** vorsehen, als in § 102 Abs. 1 Satz 1 AktG bestimmt ist. Diese Regelung ist auch für die Aufsichtsratsmitglieder der Arbeitnehmer verbindlich[144]. Zulässig ist es auch, im **Wahlbeschluss der Hauptversammlung** im Rahmen der gesetzlichen Höchstgrenze eine kürzere Amtszeit festzulegen, sofern die Satzung keine abschließende Regelung enthält[145]; dies kann z.B. im Fall einer festgelegten Altersgrenze zum Tragen kommen. Die Entscheidung der Hauptversammlung gilt jedoch nicht für die Aufsichtsratsmitglieder der Arbeitnehmer[146].

26.48 Da das AktG **keine feste Amtsperiode des Aufsichtsrates** mit identischen Amtszeiten der einzelnen Aufsichtsratsmitglieder zugrunde legt, muss auch die Amtszeit nicht für alle Aufsichtsratsmitglieder gleich sein. Differenzierungen müssen allerdings mit dem Grundsatz der **gleichen Rechtsstellung aller**

---

141 *Hoffmann-Becking* in MünchHdb. AG, § 30 Rz. 81; *Mertens/Cahn* in KölnKomm. AktG, 3. Aufl. 2013, § 102 AktG Rz. 13.
142 BGH v. 24.6.2002 – II ZR 296/01, AG 2002, 676, 677; OLG München v. 9.11.2009 – 31 Wx 136/09, AG 2010, 87; *Bürgers/Fischer* in Bürgers/Körber/Lieder, § 102 AktG Rz. 3; *Drygala* in K. Schmidt/Lutter, § 102 AktG Rz. 6; *Hüffer/Koch*, § 102 AktG Rz. 3.
143 *Gerber* in BeckOGK AktG, Stand 1.2.2021, § 30 AktG Rz. 14; *Pentz* in MünchKomm. AktG, 5. Aufl. 2019, § 30 AktG Rz. 24; *Röhricht/Schall* in Großkomm. AktG, 5. Aufl. 2016, § 30 AktG Rz. 11; vgl. auch BGH v. 24.6.2002 – II ZR 296/01, AG 2002, 676, 677.
144 *Habersack* in MünchKomm. AktG, 5. Aufl. 2019, § 102 AktG Rz. 8; *Hüffer/Koch*, § 102 AktG Rz. 4; *Mertens/Cahn* in KölnKomm. AktG, 3. Aufl. 2013, § 102 AktG Rz. 8.
145 OLG Frankfurt v. 19.11.1985 – 5 U 30/85, AG 1987, 159, 160; *Hoffmann-Becking* in MünchHdb. AG, § 30 Rz. 81; *Mertens/Cahn* in KölnKomm. AktG, 3. Aufl. 2013, § 102 AktG Rz. 11; *Raiser* in Raiser/Veil/Jacobs, § 6 MitbestG Rz. 34.
146 *Hoffmann/Lehmann/Weinmann*, § 6 MitbestG Rz. 203; *Hüffer/Koch*, § 102 AktG Rz. 5; *Wißmann* in Wißmann/Kleinsorge/Schubert, § 15 MitbestG Rz. 150.

Aufsichtsratsmitglieder vereinbar sein[147]. Diskriminierungen sind unzulässig; insbesondere darf für die Aufsichtsratsmitglieder der Arbeitnehmer keine kürzere Amtszeit bestimmt werden als für die Aufsichtsratsmitglieder der Anteilseigner[148]. Verbreitet ist z.B. das Ausscheiden bei Erreichen der satzungsmäßigen Altersgrenze[149]. Zulässig ist es, z.B. ein turnusmäßiges Ausscheiden verbunden mit der Neuwahl eines bestimmten Teils der Aufsichtsratsmitglieder in jedem Jahr oder alle zwei Jahre vorzusehen (*staggered board*). Über dieses Verfahren ist gewährleistet, dass der Aufsichtsrat zu jedem Zeitpunkt mit in der Gremienarbeit erfahrenen Mitgliedern besetzt ist[150], aber andererseits auch in kürzeren Abständen die Möglichkeit der personellen Erneuerung besteht[151]. Für die Wahl der Aufsichtsratsmitglieder der Arbeitnehmer ist diese Regelung nicht bindend[152].

Die **Wiederwahl von Aufsichtsratsmitgliedern** ist zulässig. Nach C.7 Deutscher Corporate Governance Kodex ist bei einer Zugehörigkeit zum Aufsichtsrat von mehr als 12 Jahren die Unabhängigkeit des Aufsichtsratsmitglieds in Frage gestellt[153]. Bei der vorzeitigen Wiederwahl vor Ablauf der Amtszeit muss die verbleibende restliche Amtszeit bei der Ermittlung der Höchstdauer gemäß § 102 Abs. 1 Satz 1 AktG berücksichtigt werden[154], da eine § 84 Abs. 1 Satz 3 AktG vergleichbare Bestimmung für den Aufsichtsrat fehlt und auch der dieser Bestimmung zugrunde liegende Rechtsgedanke nicht auf den Aufsichtsrat übertragbar ist[155]. 26.49

Die Amtszeit der **Aufsichtsratsmitglieder der Arbeitnehmer** richtet sich gemäß § 5 Abs. 1 DrittelbG, § 15 Abs. 1 MitbestG nach der in der Satzung oder, falls die Satzung keine Regelung enthält, nach der im AktG bestimmten Amtszeit. 26.50

2. Beginn der Amtszeit

Die Amtszeit beginnt mit der **Annahme der Bestellung**, sei sie durch Wahl, Entsendung oder gerichtliche Bestellung. In der Praxis kommt nicht selten eine **aufschiebend bedingte Bestellung** vor, z.B. dass ein anderes Mitglied zuvor aus dem Aufsichtsrat ausscheidet[156] oder etwa die Wahl eines (noch) aktiven Vorstandsmitglieds zum Aufsichtsratsmitglied ausdrücklich mit Wirkung zum Zeitpunkt seines Ausscheidens aus dem Vorstand, sofern die Voraussetzungen von § 100 Abs. 2 Satz 1 Nr. 4 AktG erfüllt sind. Beim ehemaligen Vorstandsmitglied kann die Wahl auch mit Wirkung zum Ablauf der 26.51

---

147 BGH v. 15.12.1986 – II ZR 18/86 – Heidelberger Zement, BGHZ 99, 211, 215; *Hüffer/Koch*, § 102 AktG Rz. 4; *Lutter/Krieger/Verse*, Aufsichtsrat, Rz. 32.
148 *Drygala* in K. Schmidt/Lutter, § 102 AktG Rz. 7; *Hüffer/Koch*, § 102 AktG Rz. 4; *Lutter/Krieger/Verse*, Aufsichtsrat, Rz. 32.
149 *Grigoleit/Tomasic* in Grigoleit, § 100 Rz. 24; *Habersack* in MünchKomm. AktG, 5. Aufl. 2019, § 100 AktG Rz. 58; *Simons* in Hölters, § 102 AktG Rz. 9.
150 *Hoffmann-Becking* in MünchHdb. AG, § 30 Rz. 84; *Hoffmann/Preu*, Aufsichtsrat, Rz. 718; vgl. auch *Habersack* in MünchKomm. AktG, 5. Aufl. 2019, § 102 AktG Rz. 9.
151 *Peltzer*, Deutsche Corporate Governance, Rz. 286; *Simons* in Hölters, § 102 AktG Rz. 9; *Spindler* in BeckOGK AktG, Stand 1.2.2021, § 102 AktG Rz. 16.
152 *Henssler* in Habersack/Henssler, MitbestR, § 15 MitbestG Rz. 124; *Raiser* in Raiser/Veil/Jacobs, § 6 MitbestG Rz. 31; *Wißmann* in Wißmann/Kleinsorge/Schubert, § 15 MitbestG Rz. 148; a.A. *Hopt/Roth* in Großkomm. AktG, 5. Aufl. 2019, § 102 AktG Rz. 70; *Mertens/Cahn* in KölnKomm. AktG, 3. Aufl. 2013, § 102 AktG Rz. 9.
153 Siehe auch die Empfehlung der EU-Kommission Dokument 2005/162/EG v. 15.2.2005, Anhang II.1. lit. h, ABl. EU Nr. L 52 v. 25.2.2005, S. 51; *Hopt/Roth* in Großkomm. AktG, 5. Aufl. 2019, § 102 AktG Rz. 37; *Hopt/Leyens*, ZGR 2019, 929, 961.
154 *Hüffer/Koch*, § 102 AktG Rz. 6; *Mertens/Cahn* in KölnKomm. AktG, 3. Aufl. 2013, § 102 AktG Rz. 20; a.A. *Semler* in MünchKomm. AktG, 2. Aufl. 2004, § 102 AktG Rz. 34.
155 *Habersack* in MünchKomm. AktG, 5. Aufl. 2019, § 102 AktG Rz. 20; *Hoffmann-Becking* in MünchHdb. AG, § 30 Rz. 83; *Hopt/Roth* in Großkomm. AktG, 5. Aufl. 2019, § 102 AktG Rz. 57.
156 *Habersack* in MünchKomm. AktG, 5. Aufl. 2019, § 102 AktG Rz. 16; *Mertens/Cahn* in KölnKomm. AktG, 3. Aufl. 2013, § 95 AktG Rz. 20.

Cooling-off-Periode erfolgen, sofern dieser kurz bevorsteht[157]. Hängt die Wahl von einer Satzungsänderung ab, kann die Wahl mit Wirkung ab der Eintragung der Satzungsänderung im Handelsregister beschlossen werden[158]. Die Bestellung bedarf der Annahme durch das bestellte Aufsichtsratsmitglied[159], die in der Praxis üblich im Voraus unter der Bedingung, dass die Wahl erfolgt, erklärt wird oder auch konkludent geschehen kann, z.B. durch faktische Übernahme des Amtes und Teilnahme an der Aufsichtsratssitzung.

III. Beendigung der Mitgliedschaft im Aufsichtsrat

1. Amtsniederlegung

26.52 Die Amtsniederlegung ist ungeachtet ihrer praktischen Bedeutung und Häufigkeit gesetzlich nicht geregelt aber nach allgemeiner Meinung für alle Aufsichtsratsmitglieder unabhängig von der Art ihrer Bestellung möglich. Das Aufsichtsratsmitglied kann sein Aufsichtsratsmandat ohne Angaben von Gründen **jederzeit niederlegen**, ohne dass hierzu ein wichtiger Grund vorliegen muss[160]. Aus dem besonderen körperschaftlichen Status des Aufsichtsratsamtes (siehe dazu Rz. 30.1) ergeben sich keine Schranken, die die sofortige Niederlegung verhindern. Allerdings ist das Aufsichtsratsmitglied auf Grund der gegenüber der Gesellschaft bestehenden Treuepflicht verpflichtet, die Niederlegung nicht zur Unzeit, z.B. kurzfristig in einer Krise des Unternehmens, zu erklären. Bei Missachtung der Treuepflicht ist die Niederlegung – vorbehaltlich einer satzungsmäßigen Niederlegungsfrist[161] – gleichwohl wirksam, kann aber Schadensersatzansprüche der Gesellschaft auslösen[162]. Nach E.1 Satz 3 Deutscher Corporate Governance Kodex sollen **wesentliche und nicht nur vorübergehende Interessenkonflikte** in der Person eines Aufsichtsratsmitglieds zur Beendigung des Mandats führen. Dazu bedarf es breitflächiger Auswirkungen auf weite Teile der Organtätigkeit[163]. Soll dieser Empfehlung, die auch als ausdrückliche Verpflichtung in die Satzung oder Geschäftsordnung des Aufsichtsrates übernommen werden kann, entsprochen werden, ist das Aufsichtsratsmitglied verpflichtet, bei Auftreten von andauernden breitflächigen Interessenkonflikten sein Aufsichtsratsmandat niederzulegen (siehe dazu auch Rz. 30.27)[164].

26.53 Ein **Ersatzmitglied** kann sein Amt nach den gleichen Grundsätzen ebenfalls niederlegen. Falls es für mehrere Aufsichtsratsmitglieder zum Ersatzmitglied gewählt worden ist, kann es seine Ersatzmitgliedschaft für ein bestimmtes Aufsichtsratsmitglied niederlegen und für ein anderes gleichwohl aufrechterhalten[165].

---

157 *Ihrig* in FS Hoffmann-Becking, 2013, S. 617, 626; *Hüffer/Koch*, § 100 AktG Rz. 16.
158 *Hopt/Roth* in Großkomm. AktG, 5. Aufl. 2019, § 101 AktG Rz. 107; *Mertens/Cahn* in KölnKomm. AktG, 3. Aufl. 2013, § 101 AktG Rz. 41.
159 *Hüffer/Koch*, § 101 AktG Rz. 8; *Mertens/Cahn* in KölnKomm. AktG, 3. Aufl. 2013, § 101 AktG Rz. 36; *Butzke*, HV, I Rz. 60.
160 *Drygala* in K. Schmidt/Lutter, § 103 AktG Rz. 27; *Hoffmann-Becking* in MünchHdb. AG, § 30 Rz. 92; *Lutter/Krieger/Verse*, Aufsichtsrat, Rz. 35; *Singhof*, AG 1998, 318, 321.
161 *Bunting*, ZIP 2020, 2169, 2171; *Hopt/Roth* in Großkomm. AktG, 5. Aufl. 2019, § 103 AktG Rz. 108; *Mertens/Cahn* in KölnKomm. AktG, 3. Aufl. 2013, § 103 AktG Rz. 58.
162 *Grigoleit/Tomasic* in Grigoleit, § 103 AktG Rz. 22; *Hoffmann-Becking* in MünchHdb. AG, § 30 Rz. 92; *Lutter/Krieger/Verse*, Aufsichtsrat, Rz. 35; *Singhof*, AG 1998, 318, 323.
163 BGH v. 16.2.2009 – II ZR 185/07 – Kirch/Deutsche Bank, BGHZ 180, 9, 23 = AG 2009, 285; *E. Vetter*, NZG 2009, 561, 566.
164 Vgl. auch *Lutter/Krieger/Verse*, Aufsichtsrat, Rz. 900; *Semler/Stengel*, NZG 2003, 1, 6.
165 LG Mannheim v. 18.11.1985 – 24 O 114/85, WM 1986, 104, 105; *Bommert*, AG 1986, 315, 320; *Hoffmann-Becking* in MünchHdb. AG, § 30 Rz. 71; *Rellermeyer*, ZGR 1987, 563, 576.

Die Niederlegung ist eine **zugangsbedürftige Willenserklärung,** die gegenüber der Gesellschaft abzugeben ist, sie wird wirksam mit Zugang beim richtigen Adressaten[166]. Haben weder die Satzung noch die Geschäftsordnung des Aufsichtsrates den Adressaten der Niederlegungserklärung bestimmt, ist sie **an den Vorstand** zu richten[167]. Geht die Niederlegungserklärung dem Vorsitzenden des Aufsichtsrates als unzuständigem Adressat zu, ist dieser zur Weiterleitung an den Vorstand verpflichtet[168]. Der Zugang beim falschen Empfänger ist unschädlich, sofern dieser die Erklärung erwartungsgemäß an den Richtigen weiterleitet[169]. Bloße Untätigkeit des Mitglieds auch über einen längeren Zeitraum führt nicht zur Beendigung des Aufsichtsratsamtes[170]. Sofern die Satzung keine Niederlegungsfrist – in der Praxis meist ein Monat – bestimmt, wird die Niederlegung mit **Zugang bei der Gesellschaft wirksam** oder zu dem in der Niederlegungserklärung angegebenen späteren Zeitpunkt[171].

26.54

2. Abberufung

a) Abberufung durch die Hauptversammlung

aa) Voraussetzungen

Die von der Hauptversammlung ohne Bindung an Wahlvorschläge gewählten Aufsichtsratsmitglieder können gemäß § 103 Abs. 1 AktG **jederzeit** vorzeitig abberufen werden, soweit kein Rechtsmissbrauch vorliegt[172]. Hierzu ist ein **Hauptversammlungsbeschluss** mit einer Mehrheit von drei Vierteln erforderlich, ohne dass ein wichtiger Grund gegeben sein muss. Die Satzung kann nach § 103 Abs. 1 Satz 3 AktG eine höhere oder eine niedrigere Mehrheit vorsehen, muss aber sicherstellen, dass die Regelung für alle von der Hauptversammlung gewählten Aufsichtsratsmitglieder einheitlich ist[173].

26.55

Für den Beschluss der Hauptversammlung bedarf es eines **Beschlussvorschlages des Aufsichtsrates,** der in entsprechender Anwendung von § 124 Abs. 3 Satz 5 Halbs. 1 AktG lediglich mit den Stimmen der Aufsichtsratsmitglieder der Anteilseigner herbeizuführen ist. Ein Beschlussvorschlag des Vorstandes kommt in entsprechender Anwendung von § 124 Abs. 3 Satz 1 AktG nicht in Betracht[174].

26.56

bb) Verfahren

Der **Beschluss der Hauptversammlung** nach § 103 Abs. 1 AktG beendet nicht per se das Aufsichtsratsamt, sondern muss als **empfangsbedürftige Willenserklärung** dem betroffenen Aufsichtsratsmitglied,

26.57

---

166 Drygala in K. Schmidt/Lutter, § 103 AktG Rz. 27; *Hüffer/Koch,* § 103 AktG Rz. 17; *Spindler* in BeckOGK AktG, Stand 1.2.2021, § 103 AktG Rz. 67.
167 BGH v. 21.6.2010 – II ZR 166/09 – HUGO BOSS, BB 2010, 2397; *Habersack* in MünchKomm. AktG, 5. Aufl. 2019, § 103 AktG Rz. 61; *Hoffmann-Becking* in MünchHdb. AG, § 30 Rz. 93; *Singhof,* AG 1998, 318, 326; *Spindler* in BeckOGK AktG, Stand 1.2.2021, § 103 AktG Rz. 67; a.A. *Lutter/Krieger/Verse,* Aufsichtsrat, Rz. 37; *Mertens/Cahn* in KölnKomm. AktG, 3. Aufl. 2013, § 103 AktG Rz. 59 auch Vorsitzender des Aufsichtsrates als Adressat; siehe auch LG Flensburg v. 7.4.2004 – 6 O 17/03 – Mobilcom, DB 2004, 1253, 1254.
168 *Hüffer/Koch,* § 103 AktG Rz. 17; *Singhof,* AG 1998, 318, 326.
169 BGH v. 21.6.2010 – II ZR 166/09 – HUGO BOSS, BB 2010, 2397; OLG Stuttgart v. 1.7.2009 – 20 U 8/08 – HUGO BOSS, DB 2009, 1521, 1523; *Hüffer/Koch,* § 100 AktG Rz. 17; *Kocher,* BB 2010, 2398.
170 BGH v. 13.6.1983 – II ZR 67/82, AG 1983, 312, 313.
171 *Lutter/Krieger/Verse,* Aufsichtsrat, Rz. 38; *Singhof,* AG 1998, 318, 327; siehe auch LG Flensburg v. 7.4.2004 – 6 O 17/03 – Mobilcom, DB 2004, 1253, 1254.
172 KG v. 3.12.2002 – 1 W 363/02 – EON/Ruhrgas, AG 2003, 500; *Uwe H. Schneider/Nietsch* in FS Westermann, 2008, S. 1447, 1452.
173 BGH v. 15.12.1986 – II ZR 18/86 – Heidelberger Zement, BGHZ 99, 211, 215; *Hoffmann-Becking* in MünchHdb. AG, § 30 Rz. 95; *Hüffer/Koch,* § 103 AktG Rz. 4; *Uwe H. Schneider/Nietsch* in FS Westermann, 2008, S. 1447, 1453.
174 Ebenso *Hopt/Roth* in Großkomm. AktG, 5. Aufl. 2019, § 103 AktG Rz. 18; a.A. *Steiner,* Hauptversammlung, S. 139.

sofern es nicht bei der Feststellung des Beschlussergebnisses in der Hauptversammlung anwesend ist, mitgeteilt werden[175]. Für die **Mitteilung** ist der **Vorstand** oder eine andere von der Hauptversammlung beauftragte Person zuständig[176].

26.58 Die **Verweigerung der Entlastung** eines einzelnen Aufsichtsratsmitglieds durch die Hauptversammlung gemäß § 120 Abs. 1 Satz 2 AktG stellt keine Abberufung gemäß § 103 Abs. 1 AktG dar[177]; erst recht genügt nicht der Beschluss der Hauptversammlung zur bloßen Vertagung der Entlastungsentscheidung[178]. Die Abberufung muss Gegenstand eines gesonderten Hauptversammlungsbeschlusses sein. Der Entzug des Vertrauens der Hauptversammlung genügt nicht[179].

b) Abberufung durch den entsendungsberechtigten Aktionär

26.59 Der nach § 101 Abs. 2 AktG entsendungsberechtigte Aktionär ist nach § 103 Abs. 2 Satz 1 AktG **nach freiem Ermessen jederzeit** zur Abberufung des entsandten Aufsichtsratsmitglieds berechtigt. Sind die in der Satzung niedergelegten Entsendungsvoraussetzungen weggefallen, kann in diesem Fall ausnahmsweise auch die Hauptversammlung das entsandte Aufsichtsratsmitglied nach § 103 Abs. 2 Satz 2 AktG mit einfacher Mehrheit abberufen.

c) Abberufung von Aufsichtsratsmitgliedern der Arbeitnehmer

26.60 Für die Aufsichtsratsmitglieder, die nicht von der Hauptversammlung frei gewählt sind, bestehen **mitbestimmungsrechtliche Sonderbestimmungen**, die eine Abberufung durch den Wahlkörper der Arbeitnehmer durch Entscheidung mit drei Viertel Mehrheit zulassen (§ 103 Abs. 4 AktG, § 12 DrittelbG und § 23 MitbestG)[180].

d) Abberufung durch das Gericht

aa) Voraussetzungen

26.61 Bei **allen Aufsichtsratsmitgliedern** – unabhängig davon, welcher Gruppe sie zuzurechnen sind und auf welchem Weg sie zum Organmitglied bestellt worden sind – besteht die Möglichkeit der Abberufung durch das Gericht (Amtsgericht am Sitz der Gesellschaft). Die Abberufung kommt nach § 103 Abs. 3 Satz 1 AktG nur in Betracht, wenn in der Person des Aufsichtsratsmitglieds ein **wichtiger Grund** gegeben ist und die Abberufung vom Aufsichtsrat beantragt wird. Zur Erfüllung des unbestimmten Tatbestandsmerkmal genügt ein Verhalten, bei dem die **Funktionsfähigkeit des Aufsichtsrats** nicht unerheblich beeinträchtigt und für die übrigen Aufsichtsratsmitglieder eine **Fortsetzung der Zusammenarbeit mit dem Aufsichtsratsmitglied** nicht zumutbar ist[181]. Dazu zählen eine schwerwiegende

---

175 BGH v. 21.4.2020 – II ZR 412/17, AG 2020, 545 Rz. 56; *Habersack* in MünchKomm. AktG, 5. Aufl. 2019, § 103 AktG Rz. 19; *Spindler* in BeckOGK AktG, Stand 1.2.2021, § 103 AktG Rz. 16.
176 BGH v. 21.4.2020 – II ZR 412/17, AG 2020, 545 Rz. 61; *Habersack* in MünchKomm. AktG, 5. Aufl. 2019, § 103 AktG Rz. 19; *Hoffmann-Becking* in MünchHdb. AG, § 30 Rz. 96; *Hopt/Roth* in Großkomm. AktG, 5. Aufl. 2019, § 103 AktG Rz. 25; anders Vorauflage Rz. 25.57.
177 *Bungert* in MünchHdb. AG, § 35 Rz. 36; *Butzke*, HV, I Rz. 42; *Hüffer/Koch*, § 103 AktG Rz. 3; *Mülbert* in Großkomm. AktG, 5. Aufl. 2017, § 120 AktG Rz. 59.
178 *Butzke*, HV, I Rz. 45.
179 *Drygala* in K. Schmidt/Lutter, § 103 AktG Rz. 3; *Hüffer/Koch*, § 103 AktG Rz. 3; *Mülbert* in Großkomm. AktG, 5. Aufl. 2017, § 120 AktG Rz. 59.
180 Vgl. dazu *Hoffmann/Preu*, Aufsichtsrat, Rz. 710 ff.; *Mertens/Cahn* in KölnKomm. AktG, 3. Aufl. 2013, § 103 AktG Rz. 50.
181 OLG München v. 28.8.2018 – 31 Wx 61/17, AG 2019, 97 Rz. 3; OLG Frankfurt v. 1.10.2007 – 20 W 141/07, AG 2008, 456; OLG Stuttgart v. 7.11.2006 – 8 W 388/06, AG 2007, 218; OLG Zweibrücken v. 28.5.1990 – 3 W 93/90 – REWE-Südwest Handels AG, AG 1991, 70.

Pflichtverletzung, Behinderung der Arbeit des Aufsichtsrates[182] oder des Vorstandes[183] sowie die Gefährdung der Gesellschaft und ihrer Interessen[184], wie z.B. die heimliche Weitergabe von nachteiligen Informationen über das Unternehmen an die Kartellbehörden[185]. Auch der Verstoß eines Aufsichtsratsmitglieds gegen Insiderhandelsverbote reicht aus[186]. Gleiches gilt für schwere Verstöße gegen die Verschwiegenheitspflicht[187]; eine fahrlässige Verletzung der Verschwiegenheitspflicht soll jedoch z.B. nur im Wiederholungsfall zur Abberufung berechtigen[188]. Zur Beurteilung des wichtigen Grunds ist § 84 Abs. 3 Satz 2 AktG entsprechend heranzuziehen[189].

Ein wichtiger Grund ist auch dann anzunehmen, wenn ein Aufsichtsratsmitglied bei seiner Wahl die **Tätigkeit im Aufsichtsrat eines Konkurrenzunternehmens** verschwiegen hat und dadurch die Offenlegung entgegen § 125 Abs. 1 Satz 5 AktG unterblieben ist[190]. War die Konkurrenztätigkeit bei der Wahl offengelegt worden, liegt ein wichtiger Grund zur Abberufung nach § 103 Abs. 3 AktG allerdings erst vor, wenn infolge der Konkurrenztätigkeit des Aufsichtsratsmitglieds eine konkrete Gefährdung der Interessen der Gesellschaft zu befürchten ist[191]; erst recht gilt dies, wenn der Interessenkonflikt nachhaltig ist[192] (siehe dazu auch Rz. 30.27). 26.62

bb) Verfahren

Das Amtsgericht am Sitz der Gesellschaft entscheidet auf **Antrag des Aufsichtsrates** im Verfahren nach dem FamFG. Der Aufsichtsrat ist ungeachtet seiner fehlenden Rechtsfähigkeit als Organ Partei des Verfahrens und kann sich durch den Aufsichtsratsvorsitzenden oder einen Dritten vertreten lassen[193]. Über seinen Abberufungsantrag entscheidet der Aufsichtsrat **durch Beschluss** mit der einfachen Mehrheit der abgegebenen Stimmen (§ 103 Abs. 3 Satz 2 AktG)[194]. Eine Delegation der Entscheidung auf einen Aufsichtsratsausschuss kommt nicht in Betracht, auch wenn § 103 AktG in § 107 Abs. 3 Satz 3 AktG nicht erwähnt ist[195]. Bei dem Aufsichtsratsbeschluss ist das Aufsichtsratsmitglied, 26.63

---

182 *Habersack* in MünchKomm. AktG, 5. Aufl. 2019, § 103 AktG Rz. 41; *Reichard*, AG 2012, 359.
183 OLG Hamburg v. 23.1.1990 – 11 W 92/89 – HEW/Jansen, AG 1990, 218, 219; *Hoffmann/Kirchhoff* in FS Beusch, 1993, S. 377, 385; *Uwe H. Schneider/Nietsch* in FS Westermann, 2008, S. 1447, 1466.
184 OLG Hamburg v. 23.1.1990 – 11 W 92/89 – HEW/Jansen, AG 1990, 218, 219; *Uwe H. Schneider/Nietsch* in FS Westermann, 2008, S. 1447, 1466.
185 LG Frankfurt v. 14.10.1986 – 3/11 T 29/85 – Nur Neckermann Touristic, AG 1987, 160, 161; siehe auch OLG Zweibrücken v. 28.5.1990 – 3 W 93/90 – REWE-Südwest Handels AG, AG 1991, 70; *Lutter/Krieger/Verse*, Aufsichtsrat, Rz. 933; *Mertens/Cahn* in KölnKomm. AktG, 3. Aufl. 2013, § 103 AktG Rz. 33.
186 *Fleck* in FS Heinsius, 1991, S. 89, 103; *Drygala* in K. Schmidt/Lutter, § 103 AktG Rz. 16.
187 OLG Frankfurt v. 1.10.2007 – 20 W 141/07, AG 2008, 456, 457; OLG Stuttgart v. 7.11.2006 – 8 W 388/06 – Carl Zeiss SMT AG, AG 2007, 218, 219; *Hopt/Roth* in Großkomm. AktG, 5. Aufl. 2019, § 103 AktG Rz. 78; *Lutter/Krieger/Verse*, Aufsichtsrat, Rz. 288.
188 AG München v. 2.5.1985 – HRB 2212 – Vereinigte Krankenversicherung, AG 1986, 170.
189 OLG München v. 28.8.2018 – 31 Wx 61/17, AG 2019, 97 Rz. 3; *Hüffer/Koch*, § 103 AktG Rz. 10; *Spindler* in BeckOGK AktG, Stand 1.2.2021, § 103 AktG Rz. 34.
190 *Hopt/Roth* in Großkomm. AktG, 5. Aufl. 2019, § 102 AktG Rz. 69; *Kübler* in FS Claussen, 1997, S. 239, 248.
191 *Dreher*, JZ 1990, 896, 899; *Mertens/Cahn* in KölnKomm. AktG, 3. Aufl. 2013, § 103 AktG Rz. 35; *Ulmer*, NJW 1980, 1603, 1604; ebenso wohl *Semler/Stengel*, NZG 2003, 1, 6; a.A. z.B. *Lutter* in FS Beusch, 1993, S. 509, 522; *Mülbert*, Corporate Governance, S. 99, 121, die generell wichtigen Grund annehmen wollen.
192 *Semler/Stengel*, NZG 2003, 1, 6; vgl. auch *Wardenbach*, Interessenkonflikte, S. 352.
193 *Hopt/Roth* in Großkomm. AktG, 5. Aufl. 2019, § 103 AktG Rz. 86.
194 *Hoffmann-Becking* in MünchHdb. AG, § 30 Rz. 99; *Hüffer/Koch*, § 103 AktG Rz. 12; *Lutter/Krieger/Verse*, Aufsichtsrat, Rz. 931.
195 *Habersack* in MünchKomm. AktG, 5. Aufl. 2019, § 103 AktG Rz. 34; *Lutter/Krieger/Verse*, Aufsichtsrat, Rz. 931; *Mertens/Cahn* in KölnKomm. AktG, 3. Aufl. 2013, § 103 AktG Rz. 29.

dessen Abberufung beantragt werden soll, gemäß dem allgemeinen Grundsatz des Verbots des Richtens in eigener Sache nicht stimmberechtigt[196]. Das Gericht hat die Zulässigkeitsvoraussetzungen, zu denen auch die Ordnungsmäßigkeit des Beschlusses gehört, von Amts wegen zu prüfen[197]. Besteht der Aufsichtsrat nur aus drei Mitgliedern, ist das betroffene Aufsichtsratsmitglied verpflichtet, durch Teilnahme unter Stimmenthaltung die Beschlussfassung über den Antrag an das Gericht nach § 103 Abs. 3 AktG zu ermöglichen[198]. Verweigert es seine Teilnahme, ist dies unschädlich, wenn der Beschluss im Übrigen ordnungsgemäß getroffen wird[199].

26.64 Die Entscheidung des Amtsgerichts ergeht im Verfahren nach dem FamFG durch **Beschluss** (§ 38 Abs. 1 FamFG). Die Abberufung wird nach § 40 FamFG bereits mit Zustellung des Beschlusses beim betroffenen Aufsichtsratsmitglied als Antragsgegner wirksam und nicht erst mit Eintritt der formellen Rechtskraft der gerichtlichen Entscheidung[200]. Der gegen die Entscheidung nach § 103 Abs. 3 Satz 4 AktG möglichen Beschwerde kommt gemäß § 40 Abs. 1, § 64 Abs. 3 FamFG keine aufschiebende Wirkung zu.

3. Wegfall persönlicher Voraussetzungen

a) Gesetzliche Voraussetzungen

26.65 Erfüllt das Aufsichtsratsmitglied in seiner Person nicht mehr die gesetzlichen Anforderungen für die Mitgliedschaft im Aufsichtsrat, erlischt das Aufsichtsratsmandat, ohne dass es einer weiteren Erklärung bedarf. Typischer Fall auf Seiten der **Aufsichtsratsmitglieder der Arbeitnehmer** ist der Verlust der Arbeitnehmereigenschaft bei den (zwingend) unternehmensangehörigen Aufsichtsratsmitgliedern, sei es, dass das Arbeitsverhältnis durch Kündigung oder Eintritt in den Ruhestand beendet wird oder dass im Falle der Aufsichtsratsmitbestimmung in der Konzernobergesellschaft nach § 2 DrittelbG oder § 5 MitbestG das Konzernunternehmen, bei dem das Aufsichtsratsmitglied beschäftigt ist, aus dem Konzernverbund ausscheidet[201]. Für den paritätisch mitbestimmten Aufsichtsrat ist dies in § 24 Abs. 1 MitbestG ausdrücklich geregelt. Der Wechsel der Gruppenzugehörigkeit führt hingegen nicht zur Beendigung des Mandats des Aufsichtsratsmitglieds der Arbeitnehmer (§ 24 Abs. 2 MitbestG). Hat das **Aufsichtsratsmitglied der Anteilseigner** wegen seiner Zugehörigkeit zur Geschäftsleitung des herrschenden Unternehmens die Privilegierung des § 100 Abs. 2 Satz 2 AktG in Anspruch genommen, so erlöschen mit seinem Ausscheiden aus der Geschäftsleitung diejenigen über zehn Aufsichtsratsmandate hinausgehenden Mandate, die es zeitlich zuletzt übernommen hat[202]. Ebenso erlischt das Aufsichtsratsmandat automatisch, wenn für das Aufsichtsratsmitglied ein Ausschlusstatbestand nach § 100 Abs. 2 Satz 1 Nr. 2 AktG dadurch entsteht, dass die Gesellschaft, deren Geschäftsleitung er angehört, zum abhängigen Unternehmen wird[203].

---

196 *Deckert*, DZWir 1996, 406, 409; *Hoffmann-Becking* in MünchHdb. AG, § 30 Rz. 99; *Krebs*, Interessenkonflikte, S. 158; *Lutter/Krieger/Verse*, Aufsichtsrat, Rz. 931; *Raiser* in Raiser/Veil/Jacobs, § 6 MitbestG Rz. 38; *Ulmer*, NJW 1980, 1603, 1605; a.A. *Hoffmann/Lehmann/Weinmann*, § 6 MitbestG Rz. 45; *Hoffmann/Kirchhoff* in FS Beusch, 1993, S. 377, 380.
197 BayObLG v. 28.3.2003 – 3Z BR 199/02, AG 2003, 427, 428; *Habersack* in MünchKomm. AktG, 5. Aufl. 2019, § 103 AktG Rz. 43; *Hoffmann/Kirchhoff* in FS Beusch, 1993, S. 377, 380.
198 BGH v. 2.4.2007 – IIV ZR 325/05, AG 2007, 484, 485; vgl. auch *Priester*, AG 2007, 190, 192; a.A. BayObLG v. 28.3.2003 – 3Z BR 199/02, AG 2003, 427, 428.
199 *Drygala* in K. Schmidt/Lutter, § 103 AktG Rz. 13; *Uwe H. Schneider/Nietsch* in FS Westermann, 2008, S. 1447, 1460; dies übersieht *Reichard*, AG 2012, 359.
200 *Drygala* in K. Schmidt/Lutter, § 103 AktG Rz. 22; *Hüffer/Koch*, § 103 AktG Rz. 13; *Mertens/Cahn* in KölnKomm. AktG, 3. Aufl. 2013, § 103 AktG Rz. 42.
201 *Raiser/Jacobs* in Raiser/Veil/Jacobs, § 24 MitbestG Rz. 2; *Wißmann* in Wißmann/Kleinsorge/Schubert, § 24 MitbestG Rz. 5.
202 *Mertens/Cahn* in KölnKomm. AktG, 3. Aufl. 2013, § 100 AktG Rz. 52; *Raiser* in Raiser/Veil/Jacobs, § 6 MitbestG Rz. 28.
203 *Habersack* in MünchKomm. AktG, 5. Aufl. 2019, § 100 AktG Rz. 65; *Spindler* in BeckOGK AktG, Stand 1.2.2021, § 100 AktG Rz. 68, 69.

b) Satzungsmäßige Voraussetzungen

Der Wegfall der nach der Satzung gemäß § 100 Abs. 4 AktG erforderlichen Wählbarkeitsvoraussetzungen für die Mitgliedschaft im Aufsichtsrat führt nicht automatisch zum Amtsverlust des Aufsichtsratsmitglieds, sondern kann lediglich **Anlass für eine Abberufung durch die Hauptversammlung** nach § 103 Abs. 1 AktG sein[204]. Ob im Wegfall der satzungsmäßigen Voraussetzungen ein wichtiger Grund zur gerichtlichen Abberufung gemäß § 103 Abs. 3 AktG liegen kann, wird im Schrifttum zurückhaltend beurteilt und nur im besonderen Ausnahmefall angenommen[205].

26.66

Hat die Gesellschaft die Empfehlung von E.1 Satz 3 Deutscher Corporate Governance Kodex anerkannt, wonach wesentliche und nicht nur vorübergehende **Interessenkonflikte** in der Person eines Aufsichtsratsmitglieds zur Beendigung des Mandats führen sollen und ist dieser Empfehlung durch Aufnahme einer entsprechenden Bestimmung in der Satzung Rechnung getragen worden, so gilt diese Regelung nach allgemeiner Ansicht nur für die Aufsichtsratsmitglieder der Anteilseigner. Gleiches gilt hinsichtlich der Empfehlung gemäß C.12 Deutscher Corporate Governance Kodex, die vorsieht, dass kein Aufsichtsratsmitglied Organfunktionen oder Beratungsaufgaben bei wesentlichen Wettbewerbern übernehmen soll. Ist diesen Kodex-Empfehlungen jedoch durch Begründung entsprechender Verpflichtungen der Aufsichtsratsmitglieder in der Geschäftsordnung des Aufsichtsrates durch einstimmigen Beschluss (vgl. dazu Rz. 28.5) Folge geleistet worden, liegt in der Übernahme von Organfunktionen oder Beratungsaufgaben bei wesentlichen Wettbewerbern oder dem Auftreten von wesentlichen Interessenkonflikten in der Person eines Aufsichtsratsmitglieds ein wichtiger Grund i.S.v. § 103 Abs. 3 AktG, der zur gerichtlichen Abberufung berechtigt[206].

26.67

4. Statusverfahren

Hat bei der Gesellschaft ein Statusverfahren nach den §§ 97–99 AktG stattgefunden (vgl. Rz. 25.21 ff.), das durch eine unanfechtbare Bekanntmachung des Vorstandes (§ 97 Abs. 2 AktG) oder durch Rechtskraft der gerichtlichen Entscheidung (§ 98 Abs. 4 Satz 2 i.V.m. § 97 Abs. 2 AktG) abgeschlossen ist, ist die Gesellschaft zur Einberufung einer Hauptversammlung und zur Änderung ihrer Satzung entsprechend den nunmehr anzuwendenden Vorschriften und zur Neuwahl des Aufsichtsrates innerhalb eines Zeitraums von 6 Monaten nach dem rechtskräftigen Abschluss des Statusverfahrens verpflichtet. Mit **Beendigung dieser Hauptversammlung erlischt das Amt der bisherigen Aufsichtsratsmitglieder** gemäß § 97 Abs. 2 Satz 3 AktG.

26.68

Findet innerhalb dieser Frist keine Hauptversammlung statt, in der die notwendigen Beschlüsse gefasst werden, treten die **bisherigen Satzungsbestimmungen** über die Zusammensetzung des Aufsichtsrates, die Zahl seiner Mitglieder sowie die Wahl, Abberufung und Entsendung von Aufsichtsratsmitgliedern mit Fristablauf insoweit **außer Kraft**, als sie den nunmehr maßgebenden gesetzlichen Vorschriften widersprechen. Zum selben Zeitpunkt **endet** auch das **Amt aller Mitglieder des Aufsichtsrates** gemäß § 97 Abs. 2 Satz 3 AktG ohne weitere Erklärungen[207].

26.69

---

204 *Grigoleit/Tomasic* in Grigoleit, § 100 AktG Rz. 34; *Hopt/Roth* in Großkomm. AktG, 5. Aufl. 2019, § 100 AktG Rz. 265.
205 *Habersack* in MünchKomm. AktG, 5. Aufl. 2019, § 100 AktG Rz. 67; *Hoffmann-Becking* in MünchHdb. AG, § 30 Rz. 91; *Mertens/Cahn* in KölnKomm. AktG, 3. Aufl. 2013, § 100 AktG Rz. 54.
206 Vgl. bereits früher *Kübler* in FS Claussen, 1997, S. 239; 242; *Lutter* in FS Beusch, 1993, S. 509, 522; *Krebs*, Interessenkonflikte, S. 301; *Wardenbach*, Interessenkonflikte, S. 320; siehe auch BGH v. 21.2.1963 – II ZR 76/62, BGHZ 39, 116, 123.
207 *Habersack* in MünchKomm. AktG, 5. Aufl. 2019, § 97 AktG Rz. 32; *Hüffer/Koch*, § 97 AktG Rz. 5; *Mertens/Cahn* in KölnKomm. AktG, 3. Aufl. 2013, §§ 97–99 AktG Rz. 24.

5. Verkleinerung des Aufsichtsrates

26.70 Wird die Größe des Aufsichtsrates einer **mitbestimmungsfreien Gesellschaft** durch Satzungsänderung reduziert, scheidet das Statusverfahren aus, da § 97 Abs. 1 Satz 1 AktG voraussetzt, dass die Zusammensetzung des Aufsichtsrats nicht den gesetzlichen Bestimmungen entspricht. Abweichungen der tatsächlichen Größe des Aufsichtsrats gegenüber der Regelung in der Satzung werden hingegen vom Statusverfahren nicht erfasst[208]. Eine Änderung der Satzungsbestimmung über die Größe des Aufsichtsrates durch Beschluss der Hauptversammlung, die mit Eintragung im Handelsregister wirksam wird (§ 181 Abs. 3 AktG), hat in der laufenden Amtsperiode des Aufsichtsrates keine Auswirkungen auf die Amtszeit seiner Mitglieder. Ergibt sich in der mitbestimmungsfreien Gesellschaft die Verkleinerung des Aufsichtsrats aus einer **Kapitalherabsetzung** und der Reduktion der gesetzlich zu beachtenden Höchstgrenzen in § 95 Satz 4 AktG, so entspricht der amtierende Aufsichtsrat zwar nicht den gesetzlichen Bestimmungen. Dies hat aber auf das Mandat der Aufsichtsratsmitglieder keine Auswirkung, da das Gesetz für diesen Fall keine vorzeitige Beendigung der Amtszeit des Aufsichtsrates anordnet[209].

26.71 Das Statusverfahren der §§ 97–99 AktG kommt nach h.M. beim **mitbestimmten Aufsichtsrat** nicht zur Anwendung, wenn die Zahl der Aufsichtsratsmitglieder, die bisher auf Grund einer fakultativen Satzungsregelung über den gesetzlichen Größenanforderungen lag, durch Satzungsänderung, aber ohne tatsächliches Absinken der Arbeitnehmerzahl reduziert werden soll[210]. Bis zur effektiven Anpassung der Mitgliederzahl an die neue Aufsichtsratsgröße muss regelmäßig der **Ablauf der laufenden Amtsperiode** der Vertreter der Arbeitnehmer abgewartet werden. Scheidet aber die zur Erfüllung der neuen Satzungsbestimmung erforderliche Zahl von Aufsichtsratsmitgliedern der Anteilseigner und Arbeitnehmer aus sonstigen Gründen ohnehin aus dem Aufsichtsrat aus, tritt die Neuregelung vorzeitig in Kraft[211], so dass für eine Nachwahl von Aufsichtsratsmitgliedern zur Erfüllung der ursprünglichen Mitgliederzahl des Aufsichtsrates keine Notwendigkeit mehr besteht[212].

IV. Rechtsfolgen der unwirksamen Aufsichtsratswahl

1. Vorbemerkung

26.72 Die Unwirksamkeit von Aufsichtsratsbestellungen kann sich aus unterschiedlichen Gründen und in verschiedenen Konstellationen ergeben, wobei grundsätzlich zwischen der **unwirksamen Bestellung eines einzelnen Aufsichtsratsmitglieds** und der **unwirksamen Einsetzung des gesamten Aufsichtsrates** zu unterscheiden ist.

26.73 Die Unwirksamkeit eines Aufsichtsratsmandats kann in vielfacher Weise geltend gemacht werden und insbesondere auch als Vorfrage vor Gericht in anderem rechtlichen Zusammenhang relevant

---

208 OLG Hamburg v. 26.8.1988 – 11 W 53/88, AG 1989, 64, 65; *Hüffer/Koch*, § 97 AktG Rz. 3; *Mertens/Cahn* in KölnKomm. AktG, 3. Aufl. 2013, § 95 AktG Rz. 27; a.A. BAG v. 3.10.1989 – 1 ABR 12/88 – Alexanderwerk AG, AG 1990, 361, 362; für analoge Anwendung *Oetker*, ZHR 149 (1985), 575, 586.
209 *Hopt/Roth* in Großkomm. AktG, 5. Aufl. 2019, § 95 AktG Rz. 106; *Mertens/Cahn* in KölnKomm. AktG, 3. Aufl. 2013, § 95 AktG Rz. 25; a.A. wohl *Oetker*, ZHR 149 (1985), 575, 586.
210 OLG Hamburg v. 26.8.1988 – 11 W 53/88, AG 1989, 66, 67; LAG Düsseldorf v. 18.12.1987 – 10 Ta BV 132/87 – Alexanderwerk AG, AG 1989, 66, 67; *Göz*, ZIP 1998, 1523, 1526; *Hüffer/Koch*, § 97 AktG Rz. 3; *Martens*, DB 1978, 1065, 1069; a.A. BAG v. 3.10.1989 – 1 ABR 12/88 – Alexanderwerk AG, AG 1990, 361, 362; *Oetker*, ZHR 149 (1985), 575, 585; *Wißmann* in Wißmann/Kleinsorge/Schubert, § 7 MitbestG Rz. 9.
211 *Habersack* in Habersack/Henssler, MitbestR, § 6 MitbestG Rz. 15; *Raiser* in Raiser/Veil/Jacobs, § 7 MitbestG Rz. 5.
212 LAG Düsseldorf v. 18.12.1987 – 10 Ta BV 132/87 – Alexanderwerk AG, AG 1989, 66, 67; *Göz*, ZIP 1998, 1523, 1527.

sein[213]. Die Feststellung der Nichtigkeit oder die Nichtigerklärung der Wahl hat *inter-omnes*-Wirkung nach § 252 AktG (vgl. dazu im Einzelnen Rz. 39.158). Nach Ansicht einiger Instanzgerichte und der überwiegenden Ansicht des Schrifttums soll bis zur rechtskräftigen Feststellung der Nichtigkeit der Aufsichtsratswahl das Aufsichtsratsmitglied gleichwohl als wirksames Mitglied anerkannt werden und die unter seiner Mitwirkung gefassten Aufsichtsratsbeschlüsse nach der sog. **Lehre von der fehlerhaften Organstellung** als wirksam anzuerkennen sein[214]. Dieser Lehre hat der BGH angesichts der Gesetzeslage (z.B. § 104, § 244, § 250 Abs. 1, § 241 Nr. 5 AktG) und der Verantwortung der Verwaltung ungeachtet des Bedürfnisses der Unternehmenspraxis nach Rechtssicherheit eine klare Absage erteilt[215] und sich für eine differenzierende Vorgehensweise entschieden[216].

2. Unwirksame Bestellung eines einzelnen Aufsichtsratsmitglieds

a) Auswirkungen auf die persönliche Rechtsstellung des Aufsichtsratsmitglieds

26.74 Durch einen unwirksamen Bestellungsakt (Wahl, gerichtliche Bestellung oder Entsendung) wird die bestellte Person nicht Mitglied des Aufsichtsrates, hat bei der Tätigkeit im Aufsichtsrat jedoch die Pflichten eines Aufsichtsratsmitglieds wahrzunehmen. Es **haftet** bei Verstoß gegen die Sorgfaltspflichten gemäß §§ 116, 93 AktG[217]. Die Unwirksamkeit seiner Bestellung berührt auch nicht die strafrechtliche Verantwortlichkeit[218].

26.75 Hinsichtlich der **Vergütung** eines unwirksam bestellten Aufsichtsratsmitglieds will die herrschende Meinung pauschal dieselben Ansprüche zubilligen, wie bei einem wirksam bestellten Aufsichtsratsmitglied[219]. Dem kann nur mit Einschränkungen zugestimmt werden. Beruht die Unwirksamkeit der Bestellung zum Aufsichtsratsmitglied auf einem gesetzlichen Verbot, das im Interesse der Unabhängigkeit der Aufsichtsratskontrolle der Vermeidung von Interessenkonflikten dient (z.B. § 100 Abs. 2 Nr. 2 und 3, Abs. 5, § 105 Abs. 1 AktG), so kommt eine Vergütung des Scheinaufsichtsratsmitglieds nicht in Betracht, sondern ihm steht lediglich eine Aufwandsentschädigung zu. Anders ist dies z.B. bei Verstoß gegen die gesetzliche Höchstzahl von 10 Aufsichtsratsmandaten (§ 100 Abs. 2 Nr. 1 AktG) oder bei Wegfall der Arbeitnehmereigenschaft eines Aufsichtsratsmitglieds der Arbeitnehmer.

b) Auswirkungen auf die Arbeit des Aufsichtsrates

26.76 Im Fall der **unwirksamen Bestellung nur eines Teils der Aufsichtsratsmitglieder** ist in der Gesellschaft ein Aufsichtsrat vorhanden, so dass eine generelle Nichtigkeit der Aufsichtsratsbeschlüsse nicht

---

213 *J. Koch* in MünchKomm. AktG, 5. Aufl. 2021, § 250 AktG Rz. 21; *K. Schmidt* in Großkomm. AktG, 4. Aufl. 1995, § 250 AktG Rz. 4; vgl. z.B. LG Flensburg v. 7.4.2004 – 6 O 17/03 – Mobilcom, DB 2004, 1253.
214 OLG Frankfurt v. 10.10.2010 – 23 U 121/08 – Deutsche Bank/Kirch, AG 2011, 36, 40; OLG Frankfurt v. 7.9.2010 – 5 U 187/09 – Deutsche Bank/Kirch, AG 2011, 631, 635; OLG Köln v. 23.2.2011 – Wx 41/11 – IVG, AG 2011, 465, 467; *Drygala* in K. Schmidt/Lutter, § 101 AktG Rz. 36 ff.; *Habersack* in MünchKomm. AktG, 5. Aufl. 2019, § 101 AktG Rz. 69 ff.; *Happ* in FS Hüffer, 2010, S. 293, 305; *Schürnbrand*, Organschaft im Recht der privaten Verbände, S. 286 ff.; *Staake*, ZIP 2010, 1013, 1020.
215 BGH v. 19.2.2013 – II ZR 56/12 – IKB, AG 2013, 387 Rz. 20; *Doetsch*, Fehlerhafter Gesellschafter und fehlerhaftes Organ, 2015; S. 101 ff.; *Tielmann/Struck*, BB 2013, 1548, 1549; siehe auch *Priester*, GWR 2013, 175, 176; kritisch z.B. *Kiefner/Seibel*, Der Konzern 2013, 310; *Lieder*, ZHR 178 (2014), 282, 297 ff.; *Rieckers*, AG 2013, 383; *Schürnbrand*, NZG 2013, 481.
216 Siehe dazu näher *E. Vetter*, ZIP 2012, 701, 708; Fundamentalkritik bei *Lieder*, ZHR 178 (2014), 282, 297.
217 RG v. 9.10.1936 – II 43/36, RGZ 152, 273, 278; *Hüffer/Koch*, § 101 AktG Rz. 20; *Mertens/Cahn* in KölnKomm. AktG, 3. Aufl. 2013, § 101 AktG Rz. 108; *Stein*, Das faktische Organ, 1984, S. 126.
218 *K. Schmidt* in Großkomm. AktG, 4. Aufl. 1995, § 250 AktG Rz. 29; *Stein*, Das faktische Organ, 1984, S. 130.
219 *J. Koch* in MünchKomm. AktG, 5. Aufl. 2021, § 250 AktG Rz. 22; *K. Schmidt* in Großkomm. AktG, 4. Aufl. 1995, § 250 AktG Rz. 30; *Spindler* in BeckOGK AktG, Stand 1.2.2021, § 101 AktG Rz. 115.

in Betracht kommt. Die Wirksamkeit des einzelnen Aufsichtsratsbeschlusses, an dem ein Scheinmitglied mitgewirkt hat, hängt davon ab, ob die Beschlussfassung ohne die Stimme des Scheinmitglieds zu einem anderen Beschluss geführt hätte[220]. Der Gesellschaft obliegt der Beweis, dass der Beschluss auch ohne die Stimme des Scheinmitglieds zustande gekommen wäre. Eine mögliche Beeinflussung des Stimmverhaltens der übrigen Aufsichtsratsmitglieder durch das Scheinmitglied ist wegen der eigenverantwortlichen Meinungsbildung und Stimmabgabe jedes einzelnen Aufsichtsratsmitglieds (§ 111 Abs. 6 AktG) unbeachtlich[221].

3. Unwirksame Wahl des gesamten Aufsichtsrates oder Ablauf der Amtszeit

26.77 Die Unwirksamkeit der Wahl des gesamten Aufsichtsrates wird in der Praxis nur selten vorkommen. Praktische Relevanz kann aber das **Erlöschen der organschaftlichen Stellung** seiner Mitglieder durch **Ablauf der Amtszeit** nach § 102 Abs. 1 AktG erlangen, wenn die Beschlussfassung der Hauptversammlung über die Entlastung der Mitglieder des Aufsichtsrates entgegen der Regelung von § 120 Abs. 1 AktG nicht innerhalb von acht Monaten nach Beginn des nächsten Geschäftsjahres durchgeführt wird. In diesem Fall endet die Amtszeit der Aufsichtsratsmitglieder mit Ablauf der Acht-Monats-Frist (§ 175 Abs. 1 Satz 2 AktG)[222]. Dem Eintritt der Funktionsunfähigkeit des Aufsichtsrats kann durch Antrag bei Gericht nach § 104 AktG entgegengetreten werden[223].

26.78 Ist die **Wahl aller Aufsichtsratsmitglieder unwirksam**, so sind nach h.M. auch die Beschlüsse des Aufsichtsrates unwirksam[224]. Ein Aufsichtsrat, dessen Wahl unwirksam war oder dessen reguläre Amtszeit nach § 102 AktG abgelaufen oder im Rahmen eines Statusverfahrens nach § 97 Abs. 2 Satz 3 AktG vorzeitig beendet worden ist, kann keine wirksamen Beschlüsse fassen.

§ 27
Kompetenzen des Aufsichtsrates

I. Die allgemeine Überwachungsaufgabe des Aufsichtsrates	27.1
1. Vorbemerkung	27.1
2. Inhalt der Überwachungsaufgabe . . .	27.3
a) Gegenstand und Umfang der Überwachung	27.3
aa) Überwachungsgegenstand . .	27.3
bb) Zu überwachender Personenkreis	27.6
b) Kriterien der Überwachung	27.9
aa) Ordnungsmäßigkeit und Rechtmäßigkeit	27.10
bb) Wirtschaftlichkeit und Zweckmäßigkeit	27.11

---

220 BGH v. 17.4.1967 – II ZR 157/64, BGHZ 47, 341, 346; *Baums*, ZGR 1983, 300, 320; *Hopt/Roth* in Großkomm. AktG, 5. Aufl. 2019, § 108 AktG Rz. 164; *Mertens/Cahn* in KölnKomm. AktG, 3. Aufl. 2013, § 108 AktG Rz. 93.
221 BGH v. 17.4.1967 – II ZR 157/64, BGHZ 47, 341, 350; *Baums*, ZGR 1983, 300, 323; *Mertens/Cahn* in KölnKomm. AktG, 3. Aufl. 2013, § 108 AktG Rz. 93; *Axhausen*, Anfechtbarkeit aktienrechtlicher Aufsichtsratsbeschlüsse, 1986, S. 209; *Lemke*, Der fehlerhafte Aufsichtsratsbeschluss, 1994, S. 140.
222 BGH v. 24.6.2002 – II ZR 296/01, AG 2002, 676, 677; *Hopt/Roth* in Großkomm. AktG, 5. Aufl. 2019, § 102 AktG Rz. 14; *Habersack* in Habersack/Henssler, MitbestR, § 6 MitbestG Rz. 67; vgl. auch *Raiser* in Raiser/Veil/Jacobs, § 6 MitbestG Rz. 33; *Hoffmann-Becking* in MünchHdb. AG, § 30 Rz. 80.
223 *Fortun/Knies*, DB 2007, 1451, 1455; *Habersack* in MünchKomm. AktG, 5. Aufl. 2019, § 102 AktG Rz. 18; *Hopt/Roth* in Großkomm. AktG, 5. Aufl. 2019, § 102 AktG Rz. 14.
224 BGH v. 16.12.1953 – II ZR 167/52, BGHZ 11, 231, 246 (zur GmbH); *Hüffer/Koch*, § 101 AktG Rz. 20; *K. Schmidt* in Großkomm. AktG, 4. Aufl. 1995, § 250 AktG Rz. 31.

c) Abstufung der Überwachungsintensität	27.14
3. Beratung als präventive Kontrolle	27.15
4. Mittel der Überwachung	27.17
a) Meinungsäußerung des Aufsichtsrates	27.18
b) Einsichtnahme und Prüfung	27.19
c) Zustimmungsvorbehalte nach § 111 Abs. 4 Satz 2 AktG	27.24
aa) Allgemeines	27.24
bb) Anordnung von Zustimmungsvorbehalten	27.27
cc) Gegenstand von Zustimmungsvorbehalten	27.28
dd) Aufsichtsratspflichten bei der Festlegung von Zustimmungsvorbehalten	27.33
ee) Bedeutung der Zustimmung	27.35
ff) Verfahren zur Erteilung der Zustimmung	27.36
gg) Verfahren bei Zustimmungsverweigerung	27.40
d) Gesetzliche Zustimmungsvorbehalte	27.41
e) Geschäfte mit nahestehenden Personen	27.41a
f) Verfolgung von Ersatzansprüchen gegen Vorstandsmitglieder	27.42
g) Bericht über Beziehungen zu verbundenen Unternehmen (Abhängigkeitsbericht)	27.44
II. Personalkompetenz	27.47
1. Vorbemerkung	27.47
2. Bestellung und Anstellung der Vorstandsmitglieder	27.50
a) Bestellung und Abberufung	27.50
b) Regelung des Anstellungsverhältnisses	27.51
3. Vertretung der Aktiengesellschaft	27.52
III. Bericht des Aufsichtsrats an die Hauptversammlung	27.53
1. Allgemeines	27.53
2. Inhalt des Berichts	27.54
a) Prüfung des Jahresabschlusses und Konzernabschlusses	27.54
b) Prüfung der Geschäftsführung	27.55
3. Rechtliche Bedeutung der Berichtspflicht des Aufsichtsrates	27.60
IV. Mitwirkung bei Geschäftsführungsmaßnahmen	27.62
1. Mitwirkung beim Jahresabschluss	27.62
a) Bestellung und Beauftragung des Abschlussprüfers	27.63
b) Prüfung und Feststellung des Jahresabschlusses	27.67
2. Entsprechenserklärung gemäß § 161 AktG	27.72
a) Allgemeines	27.72
b) Zuständigkeiten	27.74
3. Mitwirkung bei Kapitalmaßnahmen	27.78
4. Ausübung von Beteiligungsrechten (§ 32 MitbestG, § 15 MitbestErgG)	27.79
a) Allgemeine Bedeutung	27.79
b) Anwendungsbereich	27.80
aa) Geltungsbereich von § 32 MitbestG	27.80
bb) Betroffene Beteiligungsrechte	27.81
c) Verfahren	27.82
5. Verhaltenspflichten bei Übernahmeangeboten	27.85
a) Stellungnahme gemäß § 27 WpÜG	27.85
b) Abwehrmaßnahmen gemäß § 33 WpÜG	27.86
6. Kompetenzen im Hinblick auf die Hauptversammlung	27.87
a) Einberufung der Hauptversammlung	27.87
b) Beschlussvorschläge für die Hauptversammlung	27.88
7. Änderung der Satzungsfassung	27.89
8. Aufsichtsratsbudget	27.90

Schrifttum: *Altmeppen*, Grenzen der Zustimmungsvorbehalte des Aufsichtsrats und die Folgen ihrer Verletzung durch den Vorstand, in FS K. Schmidt, 2009, S. 23; *Arnold*, Verantwortung und Zusammenarbeit des Vorstands und Aufsichtsrats bei Compliance-Untersuchungen, ZGR 2014, 76; *Boujong*, Rechtliche Mindestanforderungen an eine ordnungsgemäße Vorstandskontrolle und -beratung, AG 1995, 203; *Brouwer*, Zustimmungsvorbehalte des Aufsichtsrats im Aktien- und GmbH-Recht, 2008; *Bürgers*, Compliance in Aktiengesellschaften, ZHR 179 (2015), 173; *Bulgrin*, Ein eigenes Budget für den Aufsichtsrat – Taugliches Instrument zur Verfeinerung des Corporate Governance-Gefüges in der Aktiengesellschaft?, AG 2019, 101; *Cahn*, Professionalisierung des Aufsichtsrats, in Veil (Hrsg.), Unternehmensrecht in der Reformdiskussion, 2013, S. 139; *Deckert*, Organschaftliche und vertragliche Beratungspflichten des Aufsichtsratsmitglieds, AG

1997, 109; *Dreher*, Das Ermessen des Aufsichtsrats, ZHR 158 (1994), 614; *Feddersen*, Neue gesetzliche Anforderungen an den Aufsichtsrat, AG 2000, 385; *Fleischer*, Gestaltungsgrenzen für Zustimmungsvorbehalte des Aufsichtsrats nach § 111 Abs. 4 S. 2 AktG, BB 2013, 835; *Fonk*, Zustimmungsvorbehalte des AG-Aufsichtsrats, ZGR 2006, 841; *Götz*, Zustimmungsvorbehalte des Aufsichtsrats der AG, ZGR 1990, 633; *Götz*, Die Überwachung der Aktiengesellschaft im Lichte jüngerer Unternehmenskrisen, AG 1995, 337; *Habarth*, Zustimmungsvorbehalt im faktischen Aktienkonzern, in FS Hoffmann-Becking, 2013, S. 457, 465; *Habersack*, Die Teilhabe des Aufsichtsrats an der Leitungsaufgabe des Vorstands gemäß § 111 Abs. 4 Satz 2 AktG, dargestellt am Beispiel der Unternehmensplanung, in FS Hüffer, 2010, S. 259; *Habersack*, Grund und Grenzen der Compliance Verantwortung des Aufsichtsrats der AG, AG 2014, 1; *Hennrichs*, Corporate Governance und Abschlussprüfung – Zuständigkeiten, Interaktionen und Sorgfaltsanforderungen, in FS Hommelhoff, 2012, S. 383; *Hennrichs/Pöschke*, Die Pflicht des Aufsichtsrats zur Prüfung des „CSR-Berichts", NZG 2017, 121; *Henze*, Prüfungs- und Kontrollaufgaben des Aufsichtsrates in der Aktiengesellschaft, NJW 1998, 3309; *Hoffmann-Becking*, Rechtliche Möglichkeiten und Grenzen einer Verbesserung der Arbeit des Aufsichtsrats, in FS Havermann, 1995, S. 229; *Hoffmann-Becking*, Das Recht des Aufsichtsrats zur Prüfung durch Sachverständige nach § 111 Abs. 2 Satz 2 AktG, ZGR 2011, 136; *Hopt*, Der Aufsichtsrat, ZGR 2019, 507; *Hüffer*, Die leitungsbezogene Verantwortung des Aufsichtsrats, NZG 2007, 47; *Krieger*, Personalentscheidungen des Aufsichtsrats, 1981; *Ihrig/Wagner*, Corporate Governance Erklärung und unterjährige Korrektur, BB 2002, 2509; *Krieger*, Interne Voraussetzungen für die Abgabe der Entsprechenserklärung nach § 161 AktG, in FS Ulmer, 2003, S. 365; *Leyens*, Information des Aufsichtsrats, 2006; *Lippert*, Überwachungspflicht, Informationsrecht und gesamtschuldnerische Haftung des Aufsichtsrates nach dem AktG 1965, 1976; *Lutter*, Defizite für eine effiziente Aufsichtsratstätigkeit und gesetzliche Möglichkeiten der Verbesserung, ZHR 159 (1995), 287; *Lutter*, Die Erklärung zum Corporate Governance Kodex gemäß § 161 AktG, ZHR 166 (2002), 523; *Lutter*, Aufsichtsrat und Sicherung der Legalität im Unternehmen, in FS Hüffer, 2010, S. 617; *Marsch-Barner*, Zur Information des Aufsichtsrats durch Mitarbeiter des Unternehmens, in FS Schwark, 2009, S. 219; *Martens*, Der Grundsatz gemeinsamer Vorstandsverantwortung, in FS Fleck, 1988, S. 191; *Möllers*, Professionalisierung des Aufsichtsrates, ZIP 1995, 1725; *Mülbert*, Die Stellung der Aufsichtsratsmitglieder, in Feddersen/Hommelhoff/Uwe H. Schneider (Hrsg.), Corporate Governance, 1995, S. 99; *Mutter*, Unternehmerische Entscheidungen und Haftung des Aufsichtsrats der AG, 1994; *Paefgen*, Struktur und Aufsichtsratsverfassung in der mitbestimmten AG, 1982; *Pahlke*, Risikomanagement nach KonTraG – Überwachungspflichten und Haftungsrisiken für den Aufsichtsrat, NJW 2002, 1680; *Peltzer*, Haftungsgeneigte Personalentscheidungen des Aufsichtsrates, in FS Semler, 1993, S. 261; *Priester*, Interessenkonflikte i Aufsichtsratsberichts – Offenlegung versus Vertraulichkeit, ZIP 2011, 2081; *Raiser*, Pflicht und Ermessen von Aufsichtsratsmitgliedern, NJW 1996, 552; *Reichert/Ott*, Die Zuständigkeit von Vorstand und Aufsichtsrat zur Aufklärung von Non Compliance in der AG, NZG 2014, 241; *Rellermeyer*, Aufsichtsratsausschüsse, 1986; *C. Schäfer*, Zustimmungspflichtige Geschäfte nach BGH II ZR 24/17, in FS E. Vetter, 2019, S. 645; *von Schenck*, Fehlvorstellungen von einem Budgetrecht des Aufsichtsrats, in FS Marsch-Barner, 2018, S. 483; *Schilha*, Neues Anforderungsprofil, mehr Aufgaben und erweiterte Haftung für den Aufsichtsrat nach Inkrafttreten der Abschlussprüfungsreform, ZIP 2016, 1316; *Schönberger*, Der Zustimmungsvorbehalt des Aufsichtsrats bei Geschäftsführungsmaßnahmen des Vorstands (§ 111 Abs. 4 Satz 2–4 AktG), 2006; *Schwark*, Corporate Governance: Vorstand und Aufsichtsrat, in Hommelhoff/Lutter/Schmidt/Schön/Ulmer (Hrsg.), Corporate Governance, 2002, S. 75; *Seebach*, Kontrollpflicht und Flexibilität – Zu den Möglichkeiten des Aufsichtsrats bei der Ausgestaltung und Handhabung von Zustimmungsvorbehalten, AG 2012, 70; *Selter*, Die Beratung des Aufsichtsrats und seiner Mitglieder, 2014; *Semler*, Aufgaben und Funktionen des aktienrechtlichen Aufsichtsrats in der Unternehmenskrise, AG 1983, 141; *Steinbeck*, Überwachungspflicht und Einwirkungsmöglichkeiten des Aufsichtsrats in der Aktiengesellschaft, 1992; *Thümmel*, Persönliche Haftung von Managern und Aufsichtsräten, 4. Aufl. 2008; *E. Vetter*, Die Berichterstattung des Aufsichtsrats an die Hauptversammlung als Bestandteil seiner Überwachungsaufgabe, ZIP 2006, 257; *E. Vetter*, Der Prüfungsausschuss in der AG nach dem BilMoG, ZGR 2010, 751; *E. Vetter*, Zur Compliance-Verantwortung des Aufsichtsrats in eigenen Angelegenheiten, in Liber amicorum M. Winter, 2011, S. 701; *E. Vetter*, Spagat zwischen gesetzlichen Vorgaben und wachsenden Herausforderungen, in Fleischer/Koch/Kropff/Lutter (Hrsg.), 50 Jahre AktG, 2016, S. 103; *E. Vetter*, CSR-Berichterstattung nach § 289b ff. und 315b ff. HGB und die Verantwortung des Aufsichtsrats, in FS Marsch-Barner, 2018, S. 559; *E. Vetter*, Aufsichtsratsbudget, in FS Hopt, 2020, S. 1363; *E. Vetter*, Stärkung der Rolle des Aufsichtsrats durch den BGH, ZGR 2020, 35; *E. Vetter*, Das neue Auskunftsrecht des Prüfungsausschusses nach § 107 Abs. 4 AktG, AG 2021, 584; *Wardenbach*, Interessenkollision und mangelnde Sachkunde als Bestellungshindernisse zum Aufsichtsrat der AG, 1996; *Wicke*, Kompetenzgefüge der AG und Vorstandshaftung, in FS E. Vetter, 2019, S. 907; *Winter*, Die Verantwortlichkeit des Aufsichtsrats für „Corporate Compliance", in FS Hüffer, 2010, S. 1103.

I. Die allgemeine Überwachungsaufgabe des Aufsichtsrates

1. Vorbemerkung

Die Aufgabe des Aufsichtsrates ist im AktG nur knapp und unvollständig beschrieben. Lapidar bestimmt § 111 Abs. 1 AktG die Aufgabe des Aufsichtsrates mit der **Überwachung der Geschäftsführung** und betont damit die funktionale Aufgabe und zentrale Verantwortung des Aufsichtsrates innerhalb der Zuständigkeitsordnung der AG. Die organschaftliche Überwachung erstreckt sich nicht nur auf die Prüfung bereits abgeschlossener Vorgänge, sondern bezieht die laufenden Geschäfte und Maßnahmen des Vorstandes ebenso ein wie die beabsichtigte Geschäftspolitik und grundsätzliche Fragen der Unternehmensplanung (§ 90 Abs. 1 Nr. 1 AktG). Die zukunftsgerichtete Überwachung erlangt dabei zunehmende Bedeutung[1]. Demgemäß lässt sich die organschaftliche Überwachung durch den Aufsichtsrat in Abhängigkeit von den unterschiedlichen Aufgaben des Vorstandes als Geschäftsleiter sowohl als **vorausschauende, begleitende (vorbeugende)** sowie als **nachträgliche Kontrolltätigkeit** umschreiben. Im Hinblick auf die unterschiedlichen Überwachungsfelder umfasst die Überwachungsaufgabe des Aufsichtsrates die Überwachung des Vorstandes im engeren Sinne, dessen Beratung sowie die Mitwirkung bei wichtigen Entscheidungen des Vorstandes[2]. **Ziel und Zweck der Überwachung** durch den Aufsichtsrat ist es, beanstandungsbedürftige Geschäftsführungsmaßnahmen des Vorstandes zu verhindern und dem Unterlassen notwendiger unternehmerischer Entscheidungen des Vorstandes und sonstigen Versäumnissen des Vorstandes entgegenzuwirken[3]. Im Zuge der Umsetzung der geänderten Aktionärsrechterichtlinie[4] sind durch das ARUG II in den §§ 111a ff. AktG für den Aufsichtsrat neue Aufgaben bezüglich der sog. *Related-Party-Transactions* begründet worden (siehe dazu § 32). Neben der Regelung von § 111 Abs. 1 AktG finden sich im AktG und in anderen Gesetzen verschiedene verstreute Vorschriften, die dem Aufsichtsrat im Rahmen seiner Überwachungsaufgabe weitere Rechte und Pflichten zuweisen[5]. Maßnahmen der Geschäftsführung können dem Aufsichtsrat oder einem seiner Mitglieder jedoch nach § 111 Abs. 4 Satz 1 AktG nicht übertragen werden; die unternehmerische Initiative ist dem Aufsichtsrat damit ausdrücklich entzogen. Allerdings sind ihm vereinzelt **Kompetenzen mit Gestaltungsfunktion** eingeräumt worden, die für die langfristige Entwicklung der Gesellschaft von besonderer Bedeutung sind. Ein bestimmtes Vorstandshandeln kann der Aufsichtsrat gleichwohl nicht erzwingen.

27.1

Die Aufgaben und Befugnisse sind in erster Linie **dem Aufsichtsrat als Organ und nicht den Mitgliedern zugewiesen**[6]. Soweit das AktG dem einzelnen Aufsichtsratsmitglied Individualrechte einräumt (siehe z.B. Rz. 30.80), dienen sie der Erfüllung der organschaftlichen Überwachungsaufgabe des Aufsichtsrates durch die Gesamtheit seiner Mitglieder (z.B. § 90 Abs. 3 Satz 2, Abs. 5 Satz 1, § 110 Abs. 1 Satz 1, Abs. 2, § 170 Abs. 3 AktG) und leiten sich von dessen Funktion innerhalb der Organisationsstruktur der AG ab. Entsprechendes gilt auch für einen vom Aufsichtsrat eingesetzten Ausschuss.

27.2

---

1 *Hopt*, ZGR 2019, 507, 523; *Lieder*, ZGR 2018, 523, 524.
2 Gleiche Systematik z.B. bei *Deckert*, AG 1997, 109, 111; *Deckert*, NZG 1998, 710, 711.
3 BGH v. 21.12.1979 – II ZR 244/78 – Elektrische Licht und Kraftanlagen AG/Schaffgotsch, AG 1980, 111, 112; BGH v. 21.4.1997 – II ZR 175/95 – ARAG/Garmenbeck, BGHZ 135, 244, 255; *Drygala* in K. Schmidt/Lutter, § 111 AktG Rz. 4; *Henze*, NJW 1998, 3309, 3312; *Goette* in FS 50 Jahre BGH, 2000, S. 123, 132; vgl. auch *Semler*, Leitung und Überwachung, Rz. 134.
4 Richtlinie (EU) 2017/828 des Europäischen Parlaments und des Rates v. 17.5.2017 zur Änderung der Richtlinie 2007/36/EG im Hinblick auf die Förderung der langfristigen Mitwirkung der Aktionäre, ABl. EU Nr. L 132 v. 20.5.2017, S. 1.
5 Vgl. z.B. § 33 Abs. 1, § 59 Abs. 3, § 77 Abs. 2 Satz 1, § 84 Abs. 1, 2, und 3, § 87 Abs. 1 und 2, § 88 Abs. 1, § 89, § 90 Abs. 1, 3 und 5, § 112, § 114, § 115, § 124 Abs. 3 Satz 1, § 161, § 171, § 172, § 179 Abs. 1 Satz 2, § 188 Abs. 1, § 204 Abs. 1 Satz 2, § 223, § 245 Nr. 5, § 249 Abs. 1, § 314 AktG, weiterhin § 32 MitbestG und § 15 MitbestErgG, § 341k Abs. 2 HGB.
6 BGH v. 28.11.1988 – II ZR 57/88 – Opel, BGHZ 106, 54, 63; BGH v. 25.3.1991 – II ZR 188/89 – Deutscher Herold, BGHZ 114, 127, 130; *Habersack* in MünchKomm. AktG, 5. Aufl. 2019, § 111 AktG Rz. 18; *Hüffer/Koch*, § 111 AktG Rz. 32; *Mertens/Cahn* in KölnKomm. AktG, 3. Aufl. 2013, § 111 AktG Rz. 13.

2. Inhalt der Überwachungsaufgabe
a) Gegenstand und Umfang der Überwachung
aa) Überwachungsgegenstand

27.3 Gegenstand der Überwachungsaufgabe des Aufsichtsrates nach § 111 Abs. 1 AktG ist die **Geschäftsführung des Vorstandes**. Sie bezieht sich nicht auf die Geschäftsführung i.S.v. § 77 AktG, sondern auf die Leitung der Gesellschaft i.S.v. § 76 Abs. 1 AktG; richtigerweise die Leitung des von der Gesellschaft betriebenen Unternehmens[7]. Die Überwachung ist sowohl Organkontrolle als auch Funktionskontrolle[8]. Die Überwachungsaufgabe des Aufsichtsrates erstreckt sich nicht auf die Prüfung sämtlicher Geschäftsführungsaktivitäten des Vorstandes in allen Einzelheiten[9]. Vielmehr muss sich das Interesse des Aufsichtsrates grundsätzlich auf die **Prüfung der zentralen Führungs- und Leitungsentscheidungen des Vorstandes und grundsätzliche Fragen der künftigen Geschäftspolitik**[10] konzentrieren und darf keine Kontrolle der Details und des laufenden Tagesgeschäfts verfolgen[11]. **Einzelmaßnahmen des Vorstandes** sind deshalb von der Überwachung des Aufsichtsrats ausgenommen, soweit sie keine wesentliche Bedeutung (§ 90 Abs. 1 Nr. 4 AktG) haben[12].

27.4 Die Überwachungsaufgabe des Aufsichtsrates erstreckt sich auch auf die vom Vorstand nach § 91 Abs. 2 AktG wahrzunehmende **systematische Risikofrüherkennung**[13] sowie das **interne Kontrollsystem** und **Risikomanagementsystem**, das nach dem durch das FISG[14] neu eingefügten § 91 Abs. 3 AktG einzurichten ist. Der Aufsichtsrat hat dabei zu überwachen, ob der Vorstand Maßnahmen zur frühzeitigen Erkennung von bestandsgefährdenden Risiken ergriffen hat und insbesondere ein geeignetes und dem Unternehmen bzw. der Unternehmensgruppe angemessenes und wirksames **internes Kontrollsystem, Risikomanagement- und Überwachungssystem** unterhält (siehe dazu Rz. 20.19 ff.). Darüber hinaus hat er die in § 107 Abs. 3 Satz 2 AktG angesprochenen Überwachungsfunktionen hinsichtlich des Rechnungslegungsprozesses, der Wirksamkeit des internen Kontrollsystems (IKS), des Risikomanagementsystems und des internen Revisionssystems, der Abschlussprüfung, insbesondere der Unabhängigkeit des Abschlussprüfers und der von ihm erbrachten zusätzlichen Leistungen sowie die Überwachung der *Corporate Compliance*[15], wahrzunehmen. Typischerweise werden diese Aufgaben dem

---

7 Vgl. *Spindler* in MünchKomm. AktG, 5. Aufl. 2019, § 76 AktG Rz. 16; *Henze*, BB 2000, 209; siehe auch OLG Düsseldorf v. 9.12.2009 – I-6 W 45/09 – IKB, AG 2010, 126.
8 So wohl auch *Hüffer/Koch*, § 111 AktG Rz. 3; *Lutter/Krieger/Verse*, Aufsichtsrat, Rz. 63; differenzierend hingegen *Uwe H. Schneider* in FS Kropff, 1997, S. 271, 276 einerseits und *Semler*, Leitung und Überwachung, Rz. 100 andererseits.
9 OLG Stuttgart v. 19.6.2012 – 20 W 1/12, AG 2012, 762, 763; *Bürgers/Fischer* in Bürgers/Körber/Lieder, § 111 AktG Rz. 3; *Habersack* in MünchKomm. AktG, 5. Aufl. 2019, § 111 AktG Rz. 19; *Hüffer/Koch*, § 111 AktG Rz. 2.
10 BGH v. 20.11.2006 – II ZR 279/05, BGHZ 170, 60 Rz. 14; BGH v. 25.3.1991 – II ZR 188/89 – Deutscher Herold, BGHZ 114, 127, 129; *Hopt/Roth* in Großkomm. AktG, 5. Aufl. 2019, § 111 AktG Rz. 115.
11 *Drygala* in K. Schmidt/Lutter, § 111 AktG Rz. 13; *Habersack* in MünchKomm. AktG, 5. Aufl. 2019, § 111 AktG Rz. 19; *Hoffmann-Becking* in MünchHdb. AG, § 29 Rz. 29.
12 *Drygala* in K. Schmidt/Lutter, § 111 AktG Rz. 12; *Hüffer/Koch*, § 111 AktG Rz. 3; *Henze*, BB 2000, 209, 214; *Selter*, Beratung des Aufsichtsrats, Rz. 596; siehe z.B. auch LG Stuttgart v. 29.10.1999 – 4 KfH O 80/98 – Altenburger und Stralsunder Spielkarten Fabriken, AG 2000, 237, 238.
13 *Böcking/Gros* in FS Hommelhoff, 2012, S. 99, 101 ff.; *Claussen/Korth* in FS Lutter, 2000, S. 327, 329; *Hopt/Roth* in Großkomm. AktG, 5. Aufl. 2019, § 111 AktG Rz. 172; *Lutter/Krieger/Verse*, Aufsichtsrat, Rz. 211; *Pahlke*, NJW 2002, 1680, 1684; siehe auch BGH v. 1.12.2008 – II ZR 102/07 – MPS, BGHZ 179, 71 Rz. 21.
14 Gesetz zur Stärkung der Finanzmarktintegrität (Finanzmarktintegritätsstärkungsgesetz – FISG) v. 3.6.2021, BGBl. I 2021, 1534.
15 *Blassl*, WM 2027, 992, 994; *Bürgers*, ZHR 179 (2015), 173, 187; *Drygala* in K. Schmidt/Lutter, § 111 AktG Rz. 9; *Habersack*, AG 2014, 1, 3; *Lutter* in FS Hüffer, 2010, S. 617, 618; *E. Vetter* in FS Graf von Westphalen, 2010, S. 719, 732; *Winter* in FS Hüffer, 2010, S. 1103, 1119; kritisch *Sünner*, CCZ 2008, 56, 57.

Prüfungsausschuss (*Audit Committee*) übertragen, dessen Einsetzung in der börsennotierten AG infolge der Gesetzesänderung durch das FISG gemäß § 107 Abs. 4 Satz 1 AktG nunmehr obligatorisch ist. Die Verantwortung des Plenums kann durch Einrichtung des Prüfungsausschusses nicht vollends beseitigt werden[16] (siehe Rz. 29.25).

Zur weiteren Konkretisierung der Überwachungspflicht des Aufsichtsrates kann dabei auf das Spektrum der in § 90 Abs. 1 AktG normierten **Berichts- und Informationspflichten des Vorstandes** gegenüber dem Aufsichtsrat (siehe Rz. 20.115 ff.) zurückgegriffen werden[17]. Dieser Pflichtenkreis versteht sich als Mindestrahmen, der in Anhängigkeit vom Geschäftszweig, der Organisationsstruktur sowie weiteren individuellen Gegebenheiten weiter ergänzt werden kann, ggf. auch mithilfe einer Berichtsordnung[18]. 27.5

bb) Zu überwachender Personenkreis

Die Überwachung hat nicht nur die Wahrnehmung der Geschäftsführung des Vorstandes als Ganzes zum Gegenstand, sondern richtet sich grundsätzlich auch auf die **Tätigkeit des einzelnen Vorstandsmitglieds**[19]. Sofern der Aufsichtsrat jedoch keine Anzeichen dafür hat, dass der Gesamtvorstand seiner Pflicht zur organinternen Überwachung des einzelnen Ressortvorstandes (vgl. dazu Rz. 23.42) nicht ausreichend nachkommt, wirkt sich die auf das einzelne Mitglied bezogene Überwachung des Aufsichtsrates nicht in besonderen Kontrollmaßnahmen aus[20]. Bei Anhaltspunkten für eine mangelhafte Wahrnehmung der Geschäftsführungsaufgabe hat der Aufsichtsrat sowohl bezüglich des einzelnen Mitglieds, gegen das Bedenken bestehen, als auch hinsichtlich der Geschäftsführungstätigkeit des Gesamtvorstandes wegen dessen Pflicht zur wechselseitigen Kontrolle der einzelnen Ressorts tätig zu werden[21]. 27.6

Entgegen einer Ansicht im Schrifttum zählen die **Mitarbeiter des Unternehmens** nicht zum Überwachungsobjekt; selbst wenn sie herausgehobene Positionen (z.B. Generalbevollmächtigter, Bereichsleiter, Direktor) oder leitende Funktionen (z.B. Leiter einer Unternehmenssparte bei divisionaler Organisation) wahrnehmen oder an der Vorbereitung und Durchführung von wichtigen unternehmerischen Entscheidungen mitwirken[22]. Der Aufsichtsrat hat zwar grundsätzlich die maßgeblichen geschäftlichen Vorgänge auch zu überwachen, sofern sie im Unternehmen auf nachgeordneten Ebenen stattfinden[23]. Darüber hinaus bezieht sich die Überwachungsaufgabe des Aufsichtsrats jedoch allein auf den Vorstand hinsichtlich Organisation, Delegation, Führung und Kontrolle (Direktionsrecht) die- 27.7

---

16 *Bürgers*, ZHR 179 (2015), 173, 192; *Goette*, ZHR 175 (2011), 388, 394; *Hüffer/Koch*, § 111 AktG Rz. 32; *Grigoleit/Tomasic* in Grigoleit, § 107 Rz. 87; *E. Vetter* in FS Grunewald, 2021, S. 1175, 1184 ff.
17 *Henze*, NJW 1998, 3309; *Hüffer/Koch*, § 111 AktG Rz. 3; *Mertens/Cahn* in KölnKomm. AktG, 3. Aufl. 2013, § 111 AktG Rz. 16.
18 *Von Schenck* in Semler/v. Schenck/Wilsing, ArbeitsHdb. AR, § 6 Rz. 162.
19 *Mertens/Cahn* in KölnKomm. AktG, 3. Aufl. 2013, § 111 AktG Rz. 24; *von Schenck* in Semler/v. Schenck/Wilsing, ArbeitsHdb. AR, § 6 Rz. 42; *Semler*, Leitung und Überwachung, Rz. 114; *Spindler* in BeckOGK AktG, Stand 1.2.2021, § 111 AktG Rz. 10.
20 Im Ergebnis ebenso wohl *Habersack* in MünchKomm. AktG, 5. Aufl. 2019, § 111 AktG Rz. 24; *Lutter/Krieger/Verse*, Aufsichtsrat, Rz. 69.
21 *Martens* in FS Fleck, 1988, S. 191, 201; *Semler*, Leitung und Überwachung, Rz. 114.
22 OLG Köln v. 5.5.1977 – 1 U 46/76 – Herstatt, AG 1978, 17, 21; *Hoffmann-Becking* in MünchHdb. AG, § 29 Rz. 31; *Kort* in FS E. Vetter, 2019, S. 341, 345; *Habersack* in MünchKomm. AktG, 5. Aufl. 2019, § 111 AktG Rz. 25; *Lutter/Krieger/Verse*, Aufsichtsrat, Rz. 71; *Lutter*, ZHR 159 (1995), 287, 290; *Marsch-Barner* in FS Schwark, 2009, S. 219, 225; weitergehend *Drygala* in K. Schmidt/Lutter, § 111 AktG Rz. 13; *Hopt/Roth* in Großkomm. AktG, 5. Aufl. 2019, § 111 AktG Rz. 238; *Hüffer/Koch*, § 111 AktG Rz. 4; *Leyens*, Information des Aufsichtsrats, S. 158 ff.; *M. Roth*, AG 2004, 1, 9; *Spindler* in BeckOGK AktG, Stand 1.2.2021, § 111 AktG Rz. 10; vermittelnd *Mertens/Cahn* in KölnKomm. AktG, 3. Aufl. 2013, § 111 AktG Rz. 26; *Henze*, NJW 1998, 3309.
23 Siehe auch *Grigoleit/Tomasic* in Grigoleit, § 111 Rz. 36; *Hüffer/Koch*, § 111 AktG Rz. 4.

ser Mitarbeiter, für deren Führungsentscheidungen der Vorstand im Rahmen seiner Geschäftsführungsaufgabe (§ 76 AktG) die Verantwortung trägt[24]. Ob der Aufsichtsrat den Mitarbeitern gegenüber Ansprüche auf Auskunft und Berichterstattung hat, ist im Schrifttum umstritten[25]. Soweit in der Praxis z.B. der Leiter der internen Revision oder der Compliance-Officer turnusmäßig in der Aufsichtsratssitzung berichten, erfolgt dies typischerweise im Einvernehmen mit dem Vorstand[26]. Etwas anderes gilt nur dann, wenn der Aufsichtsrat auf Grund konkreter Anhaltspunkte davon ausgehen muss, dass er vom Vorstand nicht ordnungsgemäß und umfassend unterrichtet wird und er deshalb weitere Erkundigungen für notwendig hält[27]. Der durch das FISG geänderte § 107 Abs. 4 Satz 3 AktG räumt **jedem Mitglied des obligatorischen Prüfungsausschusses** der börsennotierten AG ein **direktes Auskunftsrecht** gegenüber den ausdrücklich genannten Leitern der Zentralbereiche der Gesellschaft (IKS, RMS, interne Revision) ein, das über den Ausschussvorsitzenden geltend zu machen ist (Rz. 29.36a)[28]. Hieraus folgt für die einzelnen Ausschussmitglieder eine erhöhte Verantwortung[29]. Der Ausschussvorsitzende hat nach § 107 Abs. 4 Satz 6 AktG den Vorstand über die erlangten Auskünfte zu unterrichten. Gemäß § 107 Abs. 4 Satz 4 AktG sind auch die übrigen Ausschussmitglieder unverzüglich zu unterrichten. Gleiches ist hinsichtlich des Aufsichtsratsvorsitzenden anzunehmen[30]. Angesichts der im Schrifttum intensiv geführten Diskussion über ein direktes Auskunftsrecht des Aufsichtsrats gegenüber nachgeordneten Stellen im Unternehmen und der Untätigkeit des Gesetzgebers[31] lässt sich eine Ausdehnung der Rechte gemäß § 107 Abs. 4 Satz 3 AktG auf den Aufsichtsratsvorsitzenden oder andere Aufsichtsratsmitglieder kaum begründen; insoweit bleibt es bei der Geltung von § 111 Abs. 2 Satz 2 AktG.

27.8 Mangels Anerkennung des Konzerns als rechtliche Einheit hat der Aufsichtsrat in der Obergesellschaft nicht die Funktion eines „Konzernaufsichtsrats"; seine Aufgabe bezieht sich auf die **Überwachung der Geschäftsführung des Vorstandes der Konzernobergesellschaft**, sofern dieser konzernleitende Aufgaben hinsichtlich der abhängigen Konzernunternehmen wahrnimmt, indem er etwa bei diesen Gesellschafterrechte wahrnimmt oder auf deren Geschäfte in sonstiger Weise (z.B. durch Weisungen nach § 308 AktG auf Grund eines Beherrschungsvertrages) Einfluss nimmt[32]. Dies ist Geschäftsführung des Vorstandes für die Konzernobergesellschaft. Die Intensität der Überwachung des Aufsichtsrats richtet sich insoweit nach der Bedeutung der einzelnen Konzerngesellschaft für den Konzern[33]. Die **Geschäftsleitung der abhängigen Konzerngesellschaften** wird nicht vom Überwachungsauftrag

---

24 *Drygala* in K. Schmidt/Lutter, § 111 AktG Rz. 13; *Hüffer/Koch*, § 111 AktG Rz. 4; *Spindler* in BeckOGK AktG, Stand 1.2.2021, § 111 AktG Rz. 10.
25 Bejahend z.B. *Grigoleit/Tomasic* in Grigoleit, § 111 Rz. 52; *Habersack* in MünchKomm. AktG, 5. Aufl. 2019, § 111 AktG Rz. 25; *M. Roth*, AG 2004, 1, 9; *Leyens*, Information des Aufsichtsrats, 2006, S. 175; *Hoffmann-Becking* in MünchHdb. AG, § 29 Rz. 31; *Lutter*, AG 2006, 517, 521; *Mertens/Cahn* in KölnKomm. AktG, 3. Aufl. 2013, § 111 AktG Rz. 26; *Lippert*, Überwachungspflicht, S. 83; *Steinbeck*, Überwachungspflicht, S. 42; a.A. *Leyens*, Information des Aufsichtsrats, 2006, S. 175.
26 Siehe dazu *Arnold*, ZGR 2014, 76, 92; *Blassl*, WM 2017, 992, 996; *Hoffmann-Becking*, ZGR 2011, 136, 154; *Hüffer/Koch*, § 111 AktG Rz. 36.
27 *Hoffmann-Becking* in MünchHdb. AG, § 29 Rz. 31; *Semler*, Leitung und Überwachung, Rz. 172; *Steinbeck*, Überwachungspflicht, S. 135; zum Mitarbeiter als Auskunftsgeber nach § 111 Abs. 2 Satz 1 oder § 109 Abs. 1 Satz 2 AktG vgl. *Dreher* in FS Ulmer, 2003, S. 87, 96.
28 *Bost*, NZG 2021, 865, 866; *E. Vetter*, AG 2021, 584 Rz. 5; siehe auch *Arbeitskreis Bilanzrecht Hochschullehrer Rechtswissenschaft (AKBR)*, BB 2020, 2731, 2743; *Hennrichs*, DB 2021, 268, 277.
29 *E. Vetter*, AG 2021, 584 Rz. 10.
30 *E. Vetter*, AG 2021, 584 Rz. 16.
31 Siehe z.B. die rechtspolitischen Forderungen *Arbeitskreis Recht des Aufsichtsrats*, NZG 2021, 477, 478.
32 *Habersack* in MünchKomm. AktG, 5. Aufl. 2019, § 111 AktG Rz. 65; *Hopt/Roth* in Großkomm. AktG, 5. Aufl. 2019, § 111 AktG Rz. 348; *Hüffer/Koch*, § 111 AktG Rz. 33; *Lutter* in FS Fischer, 1979, S. 419, 425; *Uwe H. Schneider* in FS Hadding, 2004, S. 621.
33 *Grigoleit/Tomasic* in Grigoleit, § 111 AktG Rz. 37; *Hoffmann-Becking*, ZHR 159 (1995), 325, 332; *Spindler* in BeckOGK AktG, Stand 1.2.2021, § 111 AktG Rz. 111.

des Aufsichtsrates der Konzernobergesellschaft nach § 111 Abs. 1 AktG erfasst, denn er ist nicht Aufsichtsrat des Konzerns, sondern (nur) der Konzernobergesellschaft[34].

b) Kriterien der Überwachung

Der Aufsichtsrat hat nach der überwiegenden Meinung nicht nur die „ureigene und zentrale Aufgabe"[35], die **Ordnungsmäßigkeit** und die **Rechtmäßigkeit** der Geschäftsführung des Vorstandes zu überwachen, sondern auch deren **Wirtschaftlichkeit und Zweckmäßigkeit**[36]. Bisweilen wird die Überwachung des Aufsichtsrates deshalb auf die Überwachung der Rechtmäßigkeit, Wirtschaftlichkeit und Zweckmäßigkeit beschränkt[37]. Zwischen den einzelnen Kriterien besteht ein enger Zusammenhang, so dass inhaltliche Überschneidungen teilweise nicht zu vermeiden sind[38]. Nicht zuletzt durch die Regelung in § 171 Abs. 1 Satz 4 AktG wird deutlich, dass der Überwachungsauftrag – zumindest in der börsennotierten Gesellschaft – auch Aspekte der *Corporate Social Responsibility* umfasst[39].

27.9

aa) Ordnungsmäßigkeit und Rechtmäßigkeit

Im Rahmen der **Kontrolle der Ordnungsmäßigkeit** der Geschäftsführung hat sich der Aufsichtsrat davon zu vergewissern, dass der Vorstand die Sorgfalt eines ordentlichen und gewissenhaften Geschäftsleiters gemäß § 93 Abs. 1 Satz 1 AktG beachtet und hat sich insbesondere ein eigenes Urteil zu bilden, ob die innere Organisation und Ressortabgrenzung sowie die Zusammenarbeit des Vorstandes funktioniert und ob eine nach anerkannten betriebswirtschaftlichen Erkenntnissen sachgerechte und funktionsadäquate Organisation des Unternehmens einschließlich der Unternehmensplanung und der Einrichtung eines internen Kontrollsystems gemäß § 91 Abs. 2 AktG besteht[40]. Der Aufsichtsrat hat weiterhin die rechtzeitige, systematische und vollständige Berichterstattung sowie eine den Aufgaben des Vorstandes angemessene und sorgfältige Vorbereitung der Führungsentscheidungen zu überwachen[41]. Bei seiner **Kontrolle der Rechtmäßigkeit** hat der Aufsichtsrat zu prüfen, ob der Vorstand die durch Gesetz, Satzung, Geschäftsordnung, Einzelbeschlüsse des Aufsichtsrates (z.B. § 111 Abs. 4 Satz 2 AktG) oder durch den Anstellungsvertrag begründeten Pflichten eingehalten hat[42]. Grundsatz 15 Deutscher Corporate Governance Kodex stellt klar, dass sich die Überwachungsaufgabe auch auf die **Compliance** erstreckt, also auf die Prüfung durch den Aufsichtsrat, ob der Vorstand bei seinen organisatorischen Maßnahmen zur Gewährleistung der Rechtstreue des Unternehmens und beim Aufbau und dem Betreiben von Sicherungseinrichtungen von seinem unternehmerischen Ermessen pflicht-

27.10

---

34 *Bürgers/Fischer* in Bürgers/Körber/Lieder, § 111 Rz. 9; *Hoffmann-Becking*, ZHR 159 (1995), 325, 326; *Lutter/Krieger/Verse*, Aufsichtsrat, Rz. 144; *Paefgen*, Unternehmerische Entscheidungen, S. 508; a.A. *Hommelhoff*, AG 1995, 225, 226; *Uwe H. Schneider*, BB 1981, 249, 252; vgl. auch *Kropff* in FS Claussen, 1997, S. 659, 668; *Lutter* in FS Stimpel, 1985, S. 825, 831.
35 *Baums* (Hrsg.), Bericht Regierungskommission, Rz. 285.
36 *Dreher*, ZHR 158 (1994), 614, 620; *Henze*, BB 2001, 54, 59; *Lutter/Krieger/Verse*, Aufsichtsrat, Rz. 73; *Scheffler*, AG 1995, 207, 208; *Semler* in FS Peltzer, 2001, S. 489, 497; vgl. aus betriebswirtschaftlicher Sicht *Theisen*, AG 1995, 193, 200.
37 BGH v. 25.3.1991 – II ZR 188/89 – Deutscher Herold, BGHZ 114, 127, 129; *Boujong*, AG 1995, 203, 204; *Götz*, AG 1995, 337, 350; *Steinbeck*, Überwachungspflicht, S. 91.
38 Vgl. auch *Henze*, NJW 1998, 3309, 3310; *Mutter*, Unternehmerische Entscheidungen, S. 124.
39 *Hopt/Roth* in Großkomm. AktG, 5. Aufl. 2019, § 111 AktG Rz. 297; *Hommelhoff*, NZG 2015, 1329, 1330; zurückhaltender *Hüffer/Koch*, § 111 AktG Rz. 29; a.A. *Fleischer*, AG 2017, 509, 522; *Habersack* in Münch-Komm. AktG, 5. Aufl. 2019, § 111 AktG Rz. 53.
40 *Hüffer/Koch*, § 111 AktG Rz. 5 und 29; *Pahlke*, NJW 2002, 1680, 1685; *Spindler* in BeckOGK AktG, Stand 1.2.2021, § 111 AktG Rz. 22; siehe auch BGH v. 1.12.2008 – II ZR 102/07 – MPS, BGHZ 179, 71, 82.
41 *Henze*, BB 2000, 209, 214; *Semler*, Leitung und Überwachung, Rz. 184; *Theisen*, Überwachung der Unternehmensführung, 1987, S. 240.
42 *Henze*, BB 2001, 54, 59; *Lippert*, Überwachungspflicht, S. 51; *Lutter/Krieger/Verse*, Aufsichtsrat, Rz. 74; *Steinbeck*, Überwachungspflicht, S. 65.

gemäß Gebrauch gemacht hat[43]. Die Überwachung des Aufsichtsrats gilt auch der Compliance-Verantwortung des Vorstands im herrschenden Unternehmen hinsichtlich der Konzernunternehmen[44]. **Rechtsverstöße des Vorstands** darf der Aufsichtsrat keinesfalls tolerieren[45]. Welche Verantwortung den Aufsichtsrat im Einzelnen trifft, wenn ihm Verstöße oder zumindest konkrete Anhaltspunkte für Pflichtverletzungen des Vorstands bekannt werden, wird nicht einheitlich beurteilt. Eine Pflicht zum Einschreiten bei einem gesetzeswidrigen Verhalten des Vorstandes besteht in jedem Fall bei schwerwiegenden Verstößen, bei Verstößen gegen strafbewerte Vorschriften, wenn der Gesellschaft aus dem Verhalten des Vorstandes ein Schaden oder ein Reputationsverlust droht sowie bei Verstößen, die auf systembedingte Compliance-Defizite hindeuten[46].

27.10a Über Fragen der Ordnungsmäßigkeit hinaus hat der Aufsichtsrat der börsennotierten AG die Geschäftsführung auch bei ihrem Umgang mit Fragen der *Corporate Social Responsibility*, das heißt der ökologischen Nachhaltigkeit, Arbeitnehmer- und Sozialbelange und Menschenrechte zu überwachen[47]. Die gesetzlichen Vorgaben gemäß §§ 289b ff. und §§ 314b ff. HGB machen deutlich, dass es sich dabei nicht (mehr) um *soft law* handelt. § 171 Abs. 1 Satz 4 AktG schreibt die retrospektive Kontrolle des Vorstands durch den Aufsichtsrat fest, ohne insoweit Grenzen zu setzen. Die Verantwortung des Aufsichtsrats ist dabei nicht beschränkt[48], wie z.B. § 87a Abs. 1 Satz 2 Nr. 4 AktG zeigt und schlägt sich unter anderem in der Begleitung, Beratung und Kontrolle der Planung, insbesondere der strategischen Planung nieder, in der CSR-Aspekte zu berücksichtigen sind[49]. Als eindrückliche regulatorische Grundlage und Orientierung über die Relevanz von CSR-Aspekten bei der Unternehmensführung kann die EU-Taxonomie-VO dienen[50].

bb) Wirtschaftlichkeit und Zweckmäßigkeit

27.11 Der Aufsichtsrat hat sich im Rahmen der Überwachung davon zu überzeugen, dass die vom Vorstand bereits getroffenen wie auch die geplanten Einzelentscheidungen mit der verabschiedeten Unternehmenspolitik und Gesamtstrategie übereinstimmen. Er hat darauf zu achten, dass die Entscheidungen und Maßnahmen der Geschäftsführung am Gebot der **Wirtschaftlichkeit** ausgerichtet sind und im Interesse des langfristigen Erhalts des Unternehmens die Sicherung der Liquidität und Finanzierung des Unternehmens sowie die Erhaltung und Stärkung seiner Ertragskraft beachten[51]. Der Vorstand hat im Rahmen seines Entscheidungsprozesses unter Verwertung aller verfügbaren relevanten Daten

---

43 Vgl. *Arnold*, ZGR 2014, 76, 85; *Bürkle*, BB 2007, 1797, 1799; *Habersack*, AG 2014, 1, 3; *Reichert/Ott*, NZG 2014, 241, 249; *Spindler* in BeckOGK AktG, Stand 1.2.2021, § 111 AktG Rz. 22; *E. Vetter* in FS Graf von Westphalen, 2010, S. 719, 732; *Winter* in FS Hüffer, 2010, S. 1103, 1119; vgl. auch *Hopt/Roth* in Großkomm. AktG, 5. Aufl. 2019, § 111 AktG Rz. 197.
44 *Habersack*, AG 2014, 1, 4; *Lutter* in FS Hüffer, 2010, S. 617, 618; *Schockenhoff*, ZHR 179 (2015), 197, 206; *Spindler* in BeckOGK AktG, Stand 1.2.2021, § 111 AktG Rz. 23.
45 BGH v. 20.9.2011 – II ZR 234/09 – Ision, AG 2011, 876 Rz. 27; OLG Karlsruhe v. 4.9.2008 – 4 U 26/06, WM 2009, 1147, 1149; *Drygala* in K. Schmidt/Lutter, § 111 AktG Rz. 20; *Habersack* in FS Stilz, 2014, S. 191, 201; *Spindler* in BeckOGK AktG, Stand 1.2.2021, § 111 AktG Rz. 22; siehe auch BGH v. 10.7.2012 – II ZR 48/11 – Fresenius, BGHZ 194, 14 Rz. 9 = AG 2012, 712.
46 Vgl. dazu mit Differenzierungen im Einzelnen z.B. *Kort*, NZG 2008, 81, 84; *Kremer/Klahold*, ZGR 2010, 113, 124; *Lutter/Krieger/Verse*, Aufsichtsrat, Rz. 75 f.; *Raiser/Veil*, Kapitalgesellschaften, § 15 Rz. 109; *Mutter*, Unternehmerische Entscheidungen, S. 124; *Winter* in FS Hüffer, 2010, S. 1103, 1120; siehe auch BGH v. 11.12.2006 – II 243/05, AG 2007, 167 Rz. 10.
47 *Hopt/Roth* in Großkomm. AktG, 5. Aufl. 2019, § 111 AktG Rz. 297; siehe z.B. auch *Habarth*, ZGR 2018, 379, 396; *J. Vetter*, ZGR 2018, 338, 374; wohl auch *Bachmann*, ZGR 2018, 231, 240.
48 Siehe z.B. *Bueren*, ZGR 2019, 813, 845; *Kießling* in JIG, DCGK, Empf. G.7 Rz. 4.
49 *E. Vetter* in Großkomm. AktG, 5. Aufl. 2018, § 171 AktG Rz. 75; siehe auch *Altenbach* in Semler/v. Schenck/Wilsing, ArbeitsHdb. AR, § 7 Rz. 15 und 21.
50 Siehe z.B. *Eberius*, WM 2019, 2143 ff.; *Lange*, BKR 2020, 261 ff.
51 LG Stuttgart v. 29.10.1999 – 4 KfH O 80/98 – Altenburger und Stralsunder Spielkarten Fabriken, AG 2000, 237, 238; *Götz*, AG 1995, 337, 350; *Mertens*, ZGR 1977, 270, 278; *Pahlke*, NJW 2002, 1680, 1685.

regelmäßig auch alternative Lösungen zur Erfüllung der verfolgten Ziele zu suchen und diese in seine Überlegungen einzubeziehen. Der vom Vorstand durchgeführte Entscheidungsprozess wie auch seine im konkreten Einzelfall getroffene Entscheidung muss für den Aufsichtsrat nachvollziehbar und folgerichtig sein[52]. Der Entscheidungsprozess des Vorstandes muss auch nach Umsetzung der beschlossenen Maßnahme eine nachträgliche Überprüfung durch den Aufsichtsrat anhand der zugrunde gelegten Annahmen zulassen, inwieweit die ursprünglichen Prognosen tatsächlich eingetreten sind und der angestrebte Erfolg auch erzielt worden ist, sog. **Soll-Ist-Vergleich**[53]. Dies entspricht auch dem Prinzip der so genannten Follow-up-Berichterstattung (§ 90 Abs. 1 Satz 1 Nr. 1 AktG)[54].

Bei der Kontrolle der **Zweckmäßigkeit** hat der Aufsichtsrat vor allem zu prüfen, ob die vom Vorstand getroffenen oder die anstehenden wesentlichen Entscheidungen auch zielführend und vernünftig sind, um die im Rahmen der verabschiedeten Unternehmensplanung und Gesamtstrategie angestrebten Ziele zu erreichen. Die Kontrolle der Zweckmäßigkeit der Geschäftsführung des Vorstandes ist freilich eng mit der Frage der Kontrolle der Wirtschaftlichkeit verbunden, so dass diesem Kriterium neben der Wirtschaftlichkeit regelmäßig keine eigenständige Bedeutung mehr zukommt[55]. 27.12

Dem Vorstand steht im Rahmen seiner Geschäftsführung bei Zweckmäßigkeitsentscheidungen ein breiter **unternehmerischer Ermessensspielraum** zu (vgl. dazu Rz. 23.18 ff.), den der Aufsichtsrat als Überwachungsorgan zu respektieren hat[56]. Der Aufsichtsrat hat in diesen Fällen die Sorgfalt des Vorstandes bei der Entscheidungsfindung zu prüfen. Solange die Entscheidung des Vorstandes auf informierter Grundlage im Rahmen seines unternehmerischen Ermessens gemäß der *Business Judgement Rule* i.S.v. § 93 Abs. 1 Satz 2 AktG erfolgt, darf der Aufsichtsrat nicht seine eigene, u.U. abweichende Beurteilung gegenüber dem Vorstand durchsetzen[57], sondern muss den Vorstand gewähren lassen. Nur im Falle eines unter Zustimmungsvorbehalt stehenden Geschäfts nach § 111 Abs. 4 Satz 2 AktG kann der Aufsichtsrat seine eigene Ermessensentscheidung gegenüber dem Vorstand durchsetzen (vgl. dazu Rz. 27.39). Allerdings ist der Aufsichtsrat, auch wenn es sich nicht um einen zustimmungspflichtigen Vorgang i.S.v. § 111 Abs. 4 Satz 2 AktG handelt, berechtigt und in der Regel sogar verpflichtet, dem Vorstand in der Aufsichtsratssitzung seine auf Grund eigener Informationen und Erfahrungen gebildete abweichende Auffassung offenzulegen und mit ihm über die Zweckmäßigkeit der Maßnahme zu diskutieren[58], so dass dem Vorstand die Möglichkeit eröffnet wird, seine Entscheidung unter Berücksichtigung der Überlegungen des Aufsichtsrates zu überdenken und ggf. zu revidieren. Ist der Aufsichtsrat der Ansicht, dass sich der Vorstand mit seiner Geschäftsführung außerhalb der Bandbreite der im Rahmen des Unternehmensinteresses vertretbaren Handlungsalternativen bewegt, ist er zum Eingreifen verpflichtet[59]. 27.13

---

52 Siehe auch *Habersack* in MünchKomm. AktG, 5. Aufl. 2019, § 111 AktG Rz. 54; *Hopt*, ZGR 2019, 507, 523 ff.
53 *Götz*, AG 1995, 337, 350; *Henze*, BB 2000, 209, 215; *Henze*, BB 2001, 54, 59; *Semler*, Leitung und Überwachung, Rz. 191.
54 Vgl. z.B. *Baums* (Hrsg.), Bericht Regierungskommission, Rz. 24; *Lutter/Krieger/Verse*, Aufsichtsrat, Rz. 192; *Seibert*, NZG 2002, 608, 609.
55 Skeptisch gegenüber einem eigenständigen Überwachungskriterium der Zweckmäßigkeit auch *Lutter/Krieger/Verse*, Aufsichtsrat, Rz. 90; *Steinbeck*, Überwachungspflicht, S. 89; a.A. *Semler*, Leitung und Überwachung, Rz. 191.
56 *Goette* in FS 50 Jahre BGH, 2000, S. 123, 126; *Habersack* in MünchKomm. AktG, 5. Aufl. 2019, § 111 AktG Rz. 29; *Lutter/Krieger/Verse*, Aufsichtsrat, Rz. 988; *E. Vetter* in 50 Jahre AktG, S. 103, 117; vgl. auch BGH v. 4.7.1977 – II ZR 150/75 – Berolina, BGHZ 69, 207, 213 (zur Publikums-KG); OLG Köln v. 28.7.2011 – 18 U 213/10, AG 2011, 838.
57 *Habersack* in MünchKomm. AktG, 5. Aufl. 2019, § 111 AktG Rz. 29 und 54; *Lutter/Krieger/Verse*, Aufsichtsrat, Rz. 90; *E. Vetter* in 50 Jahre AktG, S. 103, 117.
58 *Hoffmann-Becking* in MünchHdb. AG, § 29 Rz. 33; *Mertens/Cahn* in KölnKomm. AktG, 3. Aufl. 2013, § 111 AktG Rz. 35; *Semler*, Leitung und Überwachung, Rz. 202.
59 *Semler*, Leitung und Überwachung, Rz. 206; vgl. auch BGH v. 15.11.1993 – II ZR 235/92 – Vereinigte Krankenversicherung, BGHZ 124, 111, 127.

c) Abstufung der Überwachungsintensität

27.14 Generell besteht im Schrifttum Einigkeit, dass der Aufsichtsrat die **Intensität der Überwachung** gegenüber dem Vorstand der **jeweiligen Geschäftsentwicklung und Risikolage der Gesellschaft anzupassen** hat[60]. Soweit die Geschäftsentwicklung in normalen Bahnen verläuft, sie gegenüber der Unternehmensplanung wie auch der allgemeinen Wirtschaftsentwicklung keine signifikanten negativen Abweichungen aufweist und die Lage des Unternehmens zufriedenstellend ist, ist der Aufsichtsrat bei seiner Überwachungstätigkeit zur Zurückhaltung gegenüber dem Vorstand im Sinne einer bloßen begleitenden Überwachung verpflichtet. Bei Geschäften, die wegen ihres Umfangs oder der Langfristigkeit bedeutsam sind sowie generell bei zustimmungspflichtigen Geschäften wie auch bei der Prüfung des Jahresabschlusses ist jedoch auch im „Normalbetrieb" keine Reduktion der Überwachungstätigkeit erlaubt[61]. In der Krise des Unternehmens ist in jedem Fall eine **sachlich und zeitlich höhere Kontrolldichte** geboten[62]. Dies führt z.B. regelmäßig zu zusätzlichen und häufigeren Berichten des Vorstandes gemäß § 90 Abs. 3 AktG, verstärkter Ausschusstätigkeit des Aufsichtsrates, einer höheren Sitzungsfrequenz des Gesamtaufsichtsrates sowie dem verstärktem Gebrauch der Rechte nach § 111 Abs. 2 und 4 Satz 2 AktG[63] und kann im Extremfall auch eine Neuorganisation oder aus wichtigem Grund die Neubesetzung des Vorstandes erforderlich machen[64].

3. Beratung als präventive Kontrolle

27.15 Die Überwachung der Geschäftsführung des Vorstandes durch den Aufsichtsrat ist nicht auf die Kontrolle der in der Vergangenheit liegenden, abgeschlossenen Vorgänge beschränkt, sondern erstreckt sich, wie die in § 90 Abs. 1 Satz 1 Nr. 1–4 AktG normierten Berichtspflichten des Vorstandes deutlich machen, auch auf **laufende Vorgänge und Maßnahmen** hinsichtlich der künftigen Entwicklung sowie insbesondere auf die Beratung mit dem Vorstand über die **künftige Geschäftspolitik und Fragen der Strategie**[65]. Die Beratung ist Teil der Überwachungsfunktion des Aufsichtsrates[66]. Dieses Verständnis hat der BGH betont, indem er die **ständige Diskussion des Aufsichtsrates mit dem Vorstand** und die laufende Beratung als wesentliche Komponenten der gesetzlichen Überwachungsaufgabe des Aufsichtsrates ausdrücklich hervorgehoben und als „das vorrangige Mittel der in die Zukunft gerichteten Kontrolle des Vorstands" bezeichnet hat[67]. Angesichts der Geschwindigkeit des wirtschaftlichen Wan-

---

60 OLG Stuttgart v. 19.6.2012 – 20 W 1/12, AG 2012, 762, 763; OLG Stuttgart v. 29.2.2012 – 20 U 3/11 – Porsche/VW Piëch, AG 2012, 298, 300; OLG Hamburg v. 12.1.2001 – 11 U 162/00 – Spar Handels-AG, AG 2001, 359, 362; *Henze*, BB 2000, 209, 214; *Hüffer/Koch*, § 111 AktG Rz. 30; *Spindler* in BeckOGK AktG, Stand 1.2.2021, § 111 AktG Rz. 29; a.A. *Claussen*, AG 1984, 20 ff.; siehe auch *Wardenbach*, KSzW 2010, 114, 115; *Drygala* in K. Schmidt/Lutter, § 111 AktG Rz. 23.
61 *Drygala* in K. Schmidt/Lutter, § 111 AktG Rz. 23; *Hasselbach*, NZG 2011, 41, 42; *Selter*, Beratung des Aufsichtsrats, Rz. 605; *Wardenbach*, KSzW 2010, 114, 115; zu Derivatgeschäften OLG Stuttgart v. 29.2.2012 – 20 U 3/11 – Porsche/VW Piëch, AG 2012, 298, 300.
62 OLG Stuttgart v. 19.6.2012 – 20 W 1/12, AG 2012, 762, 763; OLG Hamburg v. 6.3.2015 – 11 U 222/13, AG 2015, 399, 401; OLG Hamburg v. 12.1.2001 – 11 U 162/00 – Spar Handels-AG, AG 2001, 359, 362; *Drygala* in K. Schmidt/Lutter, § 111 AktG Rz. 25; *Hopt/Roth* in Großkomm. AktG, 5. Aufl. 2019, § 111 AktG Rz. 304; *Hüffer/Koch*, § 111 AktG Rz. 30.
63 BGH v. 16.3.2009 – II ZR 280/07, AG 2009, 404 Rz. 15; OLG Hamburg v. 6.3.2015 – 11 U 222/13, AG 2015, 399, 401.
64 *Drygala* in K. Schmidt/Lutter, § 111 AktG Rz. 26; *Hoffmann/Preu*, Aufsichtsrat, Rz. 106; *Lutter/Kremer*, ZGR 1992, 87, 90.
65 *Boujong*, AG 1995, 203, 205; *Deckert*, AG 1997, 109, 111; *Lutter/Krieger/Verse*, Aufsichtsrat, Rz. 103; *Mertens* in FS Steindorff, 1990, S. 173, 176; *E. Vetter* in 50 Jahre AktG, S. 103, 115; kritisch *Möllers*, ZIP 1995, 1725, 1727; *Scheffler*, ZGR 1993, 63, 69.
66 *Hopt*, ZGR 2019, 507, 523; *Hüffer/Koch*, § 111 AktG Rz. 28; *Lutter/Kremer*, ZGR 1992, 87, 88; *Habersack* in Habersack/Henssler, MitbestR, § 25 MitbestG Rz. 49; a.A. *Dreher*, ZHR 155 (1991), 349, 360.
67 BGH v. 25.3.1991 – II ZR 188/89 – Deutscher Herold, BGHZ 114, 127, 130; BGH v. 4.7.1994 – II ZR 197/93, BGHZ 126, 340, 345; BGH v. 21.4.1997 – II ZR 175/95 – ARAG/Garmenbeck, BGHZ 135, 244, 255.

dels und dem Einfluss disruptiver Faktoren kommt der strategischen Beratung im Sinne einer laufenden Begleitung des Vorstands durch den Aufsichtsrat immer größere Bedeutung zu.

Der **vorausschauenden und präventiven Kontrolle**, die der Aufsichtsrat damit als „Organ kooperativer Kontrolle"[68] und als „institutioneller Ratgeber und Gesprächspartner des Vorstandes"[69] wahrnimmt, kommt eine zentrale Rolle bei der Beratung über die beabsichtigte Geschäftspolitik und strategische Planung des Vorstandes zu, denn sie bilden die wesentliche Grundlage für die langfristige Unternehmensentwicklung, auch wenn zwischen Vorstand und Aufsichtsrat regelmäßig ein Informationsgefälle besteht und im Aufsichtsrat auch meist keine vergleichbaren Spezialkenntnisse vorhanden sind. Setzt sich der Aufsichtsrat aber aus Mitgliedern mit Kenntnissen, Fähigkeiten und fachlichen Erfahrungen in den unterschiedlichsten Gebieten zusammen, wie dies auch Grundsatz 11 Deutscher Corporate Governance Kodex formuliert, so kann der Aufsichtsrat seiner Rolle als kompetenter Ratgeber des Vorstandes durchaus gerecht werden. Die offene Diskussion und Beratung des Aufsichtsrates mit dem Vorstand über die strategische Ausrichtung des Unternehmens und die entscheidenden Weichenstellungen der künftigen Geschäftspolitik und die ihnen zugrunde liegenden Prämissen bilden ein wichtiges Kontrollelement des Aufsichtsrates, denn sie bringen den Vorstand in einen Begründungs- und Argumentationsdruck, was auch zur kritischen Überprüfung der eigenen Position zwingt. Bei der Beratung über die strategische Ausrichtung des Unternehmens hat der Aufsichtsrat jedoch die aktienrechtliche Kompetenzordnung zu wahren und darf nicht die Strategiearbeit des Vorstands übernehmen[70].

4. Mittel der Überwachung

Dem Aufsichtsrat stehen verschiedene Überwachungsmittel zur Verfügung, die sich in ihrem Charakter und der Intensität ihrer Einwirkung auf den Vorstand stark unterscheiden. Soweit der Aufsichtsrat keine Unregelmäßigkeiten oder Pflichtverletzungen des Vorstands feststellt, kein Verdacht eines pflichtwidrigen Verhaltens besteht und auch keine besonderen Ereignisse vorliegen, steht die Wahl des Überwachungsmittels in seiner freien Entscheidung[71]. Die Überwachungspflicht des Aufsichtsrats verlangt von ihm **kein generelles Misstrauen** gegenüber dem Vorstand und den von ihm vorgelegten Berichten und sonstigen Informationen[72].

a) Meinungsäußerung des Aufsichtsrates

Im Regelfall findet die Überwachung des Vorstandes durch den Aufsichtsrat durch Kenntnisnahme der schriftlichen und mündlichen Berichte des Vorstandes (§ 90 Abs. 1 AktG) und der darauf aufbauenden Diskussion statt. Im **Dialog mit dem Vorstand** werden von einzelnen Aufsichtsratsmitgliedern zu dessen Berichterstattung Zustimmung, Bedenken, Hinweise oder Fragen formuliert, die dem Vorstand ein repräsentatives Bild darüber vermitteln, ob die von ihm verfolgte Geschäftspolitik vom Aufsichtsrat mitgetragen wird und inwieweit eine Überprüfung und ggf. Korrektur angezeigt ist. Es steht dem Aufsichtsrat grundsätzlich frei, ob er es bei dem bloßen kritischen Dialog und den Diskussions-

---

68 So die prägnante Formulierung von *Mertens/Cahn* in KölnKomm. AktG, 3. Aufl. 2013, Vorb. § 95 AktG Rz. 1; ähnlich *Bürgers/Fischer* in Bürgers/Körber/Lieder, § 111 Rz. 4 kontinuierliche Diskussionspartnerschaft.
69 So *Lutter/Krieger/Verse*, Aufsichtsrat, Rz. 103; ähnlich *K. Schmidt*, GesR, S. 820.
70 *E. Vetter* in 50 Jahre AktG, S. 103, 116.
71 Vgl. BGH v. 15.11.1993 – II ZR 235/92 – Vereinigte Krankenversicherung, BGHZ 124, 111, 127; siehe aber z.B. OLG Stuttgart v. 29.2.2012 – 20 U 3/11 – Porsche/VW Piëch, AG 2012, 298, 300; incidenter bestätigt durch BGH v. 6.11.2012 – II ZR 111/12 – Porsche/VW Piëch, AG 2013, 90; OLG Düsseldorf v. 9.12.2009 – I-6 W 45/09 – IKB, AG 2010, 126, 129.
72 *Grigoleit/Tomasic* in Grigoleit, § 111 AktG, Rz. 41; OLG Stuttgart v. 29.2.2012 – 20 U 3/11 – Porsche/VW Piëch, AG 2012, 298, 301; OLG Stuttgart v. 19.6.2012 – 20 W 1/12, AG 2012, 762, 764; OLG Düsseldorf v. 31.5.2012 – I-16 U 176/10, AG 2013, 171 Rz. 38.

beiträgen der einzelnen Aufsichtsratsmitglieder belassen will oder ob er eine förmliche Meinungsbildung im Aufsichtsrat als sog. **Meinungsbeschluss**[73] herbeiführt, der dem Vorstand den Willen des Überwachungsorgans in Form der Zustimmung oder Ablehnung unmissverständlich zum Ausdruck bringt. Solange es sich nicht um die Versagung der Zustimmung des Aufsichtsrates zu einem Geschäft gemäß § 111 Abs. 4 Satz 2 AktG handelt (siehe dazu Rz. 27.40), ist der Vorstand nicht verpflichtet, den Beschluss des Aufsichtsrates zu befolgen[74], hat sich aber mit der Stellungnahme des Aufsichtsrates auseinanderzusetzen[75].

b) Einsichtnahme und Prüfung

27.19 Der Aufsichtsrat kann nach § 111 Abs. 2 AktG auch **eigene Prüfungsmaßnahmen** durchführen und dazu **einzelne Aufsichtsratsmitglieder** beauftragen; möglich ist auch die Übertragung der Aufgabe auf einen **Aufsichtsratsausschuss**[76]. Die Rechte auf Einsichtnahme und Prüfung stehen dem Aufsichtsrat als Organ zu; das einzelne Aufsichtsratsmitglied kann diese Rechte aus § 111 Abs. 2 Satz 1 AktG ohne Beauftragung durch den Aufsichtsrat nicht ausüben[77]. Grundlage der Prüfung ist stets ein entsprechender **Beschluss des Aufsichtsrates**[78].

27.20 **Gegenstand des Einsichts- und Prüfungsrechts** sind z.B. Unterlagen aus dem Rechnungswesen der Gesellschaft, von der Gesellschaft abgeschlossene Verträge, Verfahrensakten über Rechtsstreitigkeiten oder bei konkreten Prüfungsanlässen auch Vorstandsprotokolle[79]. Auch die Besichtigung von Betrieben und Fabrikationseinrichtungen kommt in Betracht[80]. Das Prüfungsrecht schließt naturgemäß die Befragung von Mitarbeitern ein, die mit dem konkreten Prüfungsgegenstand befasst sind oder waren[81]. Es gewährt dem Aufsichtsrat aber **keine Rechte bei abhängigen Gesellschaften**[82]. Hier ist der Aufsichtsrat darauf angewiesen, dass der Vorstand im Rahmen der Informationsmöglichkeiten die vom Aufsichtsrat angeforderten Informationen von der Tochtergesellschaft beschafft[83].

---

73 OLG Karlsruhe v. 4.9.2008 OLG Karlsruhe v. 4.9.2008 – 4 U 26/06, WM 2009, 1147, 1149; 4 U 26/06, WM 2009, 1147, 1149; *Hoffmann-Becking* in MünchHdb. AG, § 29 Rz. 50; *Potthoff/Trescher/Theisen*, AR-Mitglied, Rz. 1271; *Semler*, Leitung und Überwachung, Rz. 203; siehe auch *Hüffer*, NZG 2007, 47, 52.
74 *Habersack* in MünchKomm. AktG, 5. Aufl. 2019, § 111 AktG Rz. 147; *Hopt/Roth* in Großkomm. AktG, 5. Aufl. 2019, § 111 AktG Rz. 764; *Mertens/Cahn* in KölnKomm. AktG, 3. Aufl. 2013, § 111 AktG Rz. 38.
75 *Mertens/Cahn* in KölnKomm. AktG, 3. Aufl. 2013, § 111 AktG Rz. 39; vgl. auch *Hopt/Roth* in Großkomm. AktG, 5. Aufl. 2019, § 111 AktG Rz. 279.
76 *Grigoleit/Tomasic* in Grigoleit, § 111 AktG, Rz. 51; *Hoffmann-Becking*, ZGR 2011, 136, 143; *Marsch-Barner* in FS Schwark, 2009, S. 219, 224.
77 OLG Stuttgart v. 30.5.2007 – 20 U 14/06 – Züblin, AG 2007, 873, 877; BayObLG v. 25.4.1968 – 2 Z 56/67, AG 1968, 329, 330; *Lippert*, Überwachungspflicht, S. 102; *Lutter/Krieger/Verse*, Aufsichtsrat, Rz. 241.
78 *Grigoleit/Tomasic* in Grigoleit, § 111 AktG, Rz. 53; *Habersack* in MünchKomm. AktG, 5. Aufl. 2019, § 111 AktG Rz. 73; *Hüffer/Koch*, § 111 AktG Rz. 37.
79 *Habersack* in MünchKomm. AktG, 5. Aufl. 2019, § 111 AktG Rz. 74; *Hoffmann-Becking*, ZGR 2011, 136, 149; *Lutter*, Information, S. 110; *Mertens/Cahn* in KölnKomm. AktG, 3. Aufl. 2013, § 111 AktG Rz. 53; *Selter*, Beratung des Aufsichtsrats, Rz. 724.
80 *Bürgers/Fischer* in Bürgers/Körber/Lieder, § 111 AktG Rz. 12; *Hoffmann-Becking* in MünchHdb. AG, § 29 Rz. 52; *Lutter*, Information, S. 102; *Steinbeck*, Überwachungspflicht, S. 128.
81 *Spindler* in BeckOGK AktG, Stand 1.2.2021, § 111 AktG Rz. 42; *Habersack* in Habersack/Henssler, MitbestR, § 25 MitbestG Rz. 57.
82 *Hoffmann-Becking*, ZHR 159 (1995), 325, 338; *Hüffer/Koch*, § 111 AktG Rz. 33; *Mertens/Cahn* in KölnKomm. AktG, 3. Aufl. 2013, § 111 AktG Rz. 54; *Winter* in FS Hüffer, 2010, S. 1103, 1119; weitergehend *Martens*, ZHR 159 (1995), 567, 586; *Semler*, Leitung und Überwachung, Rz. 422 ff.
83 *Hoffmann-Becking* in MünchHdb. AG, § 29 Rz. 55; *Mertens/Cahn* in KölnKomm. AktG, 3. Aufl. 2013, § 111 AktG Rz. 54.

Wird der **Prüfungsauftrag an ein einzelnes Aufsichtsratsmitglied** erteilt, so sind die übrigen Aufsichtsratsmitglieder von der Teilnahme an der Untersuchung ausgeschlossen[84]. Dadurch kann besonderen Geheimhaltungsbedürfnissen Rechnung getragen werden. Die Tätigkeit nach § 111 Abs. 2 Satz 2 AktG erfolgt im Rahmen der organschaftlichen Überwachungsaufgabe. Den anderen Aufsichtsratsmitgliedern verbleibt jedoch eine größere Überwachungsverantwortung als bei der Delegation an einen Ausschuss, da die interne wechselseitige Kontrolle der Ausschussmitglieder fehlt[85].

27.21

Das Einsichts- und Prüfungsrecht des Aufsichtsrates stellt eine **Ergänzung des Berichtssystems nach § 90 AktG** dar und ist deshalb nicht auf besondere Einzelfälle, wie z.B. Fälle des § 142 AktG, beschränkt, sondern es kann sich auch routinemäßig (z.B. Stichprobe) auf bestimmte Angelegenheiten erstrecken[86]. Ein allgemeines, dauerndes Einsichts- und Prüfungsrecht steht dem Aufsichtsrat jedoch nicht zu; ebenso wenig kommt ein generelles Teilnahmerecht an den Vorstandssitzungen in Betracht[87]. Im Übrigen muss der Aufsichtsrat stets den verfolgten Überwachungszweck sorgfältig mit den möglichen negativen Auswirkungen einer solchen Maßnahme gegenüber dem amtierenden Vorstand, dem Unternehmen wie auch in der Öffentlichkeit abwägen. Dies zwingt den Aufsichtsrat im Unternehmensinteresse regelmäßig zur Zurückhaltung und zur vorrangigen Wahrnehmung des Rechts auf Zusatzberichte nach § 90 Abs. 3 Satz 1 AktG, so dass das Einsichts- und Prüfungsrecht nach § 111 Abs. 2 AktG in der Praxis nur als **ultima ratio**, z.B. bei schwerwiegenden Vorgängen, in Betracht kommt[88]. Bei dringendem Verdacht auf Unregelmäßigkeiten ist der Aufsichtsrat verpflichtet, geeignete Prüfungsmaßnahmen zu beschließen[89].

27.22

Der Aufsichtsrat ist nach § 111 Abs. 2 Satz 2 AktG berechtigt, zur Verschwiegenheit verpflichtete **besondere Sachverständige**[90] zur Gewinnung vorstandsunabhängiger Informationen zu beauftragen[91]. Dabei muss es sich um konkret „bestimmte Aufgaben" handeln[92]. Sowohl bei der Auftragserteilung als auch bei eventuellen Rechtsstreitigkeiten mit dem Sachverständigen wird die AG alleine vom Aufsichtsrat vertreten[93].

27.23

c) Zustimmungsvorbehalte nach § 111 Abs. 4 Satz 2 AktG

aa) Allgemeines

§ 111 Abs. 4 Satz 2 AktG sieht vor, dass bestimmte Arten von Geschäften des Vorstandes nur mit Zustimmung des Aufsichtsrates vorgenommen werden dürfen. Satzung oder Aufsichtsrat haben zwin-

27.24

---

84 *Lutter*, Information, S. 103; *Spindler* in BeckOGK AktG, Stand 1.2.2021, § 111 AktG Rz. 53.
85 *Cahn* in Unternehmensrecht in der Reformdiskussion, S. 139, 146; *Hopt/Roth* in Großkomm. AktG, 5. Aufl. 2019, § 107 AktG Rz. 439.
86 *Habersack* in MünchKomm. AktG, 5. Aufl. 2019, § 111 AktG Rz. 78; *Hoffmann-Becking*, ZGR 2011, 136, 147; *Schulze-Osterloh*, ZIP 1998, 2129, 2132.
87 *Habersack* in MünchKomm. AktG, 5. Aufl. 2019, § 111 AktG Rz. 28; *Lutter*, Information, S. 109; *Selter*, Beratung des Aufsichtsrats, Rz. 724.
88 *Hoffmann-Becking* in FS Havermann, 1995, S. 229, 239; *Lutter/Krieger/Verse*, Aufsichtsrat, Rz. 244; *Mertens/Cahn* in KölnKomm. AktG, 3. Aufl. 2013, § 111 AktG Rz. 52.
89 *von Schenck* in Semler/v. Schenck/Wilsing, ArbeitsHdb. AR, § 6 Rz. 208; *Winter* in FS Hüffer, 2010, S. 1103, 1120.
90 Vgl. zum Sachverständigenbegriff z.B. *Lutter*, Information, S. 111; *Steinbeck*, Überwachungspflicht, S. 132.
91 BGH v. 20.3.2018 – II ZR 359/16 – DTB Deutsche Biogas AG, BGHZ 218, 122 Rz. 16; *Grigoleit/Tomasic* in Grigoleit, § 111 Rz. 51; *Spindler* in BeckOGK AktG, Stand 1.2.2021, § 111 AktG Rz. 56; *E. Vetter*, ZGR 2020, 35, 44.
92 BGH v. 15.11.1982 – II ZR 27/82 – Hertie, BGHZ 85, 293, 296; *Hoffmann-Becking*, ZGR 2011, 136, 148; *Hüffer/Koch*, § 111 AktG Rz. 38; *Semler*, Leitung und Überwachung, Rz. 165; *Steinbeck*, Überwachungspflicht, S. 130.
93 BGH v. 20.3.2018 – II ZR 359/16, BGHZ 218, 122 Rz. 16; *Hüffer/Koch*, § 111 AktG Rz. 39; *Spindler* BeckOGK AktG, Stand 1.2.2021, § 111 AktG Rz. 58; *E. Vetter*, ZGR 2020, 35, 44.

gend **Zustimmungsvorbehalte für bestimmte Arten von Geschäften** vorzusehen. Sofern die Satzung nicht bereits einen Katalog zustimmungspflichtiger Geschäfte enthält, ist der Aufsichtsrat deshalb verpflichtet, entweder durch einen Ad hoc-Beschluss oder in anderer Weise, z.B. gemäß § 77 Abs. 2 Satz 1 AktG im Rahmen der Geschäftsordnung des Vorstandes, Zustimmungsvorbehalte für bestimmte Arten von Geschäften anzuordnen[94].

27.25 Nachdem ein **völliges Absehen** von der Festlegung von zustimmungspflichtigen Geschäften **nicht mehr zulässig** ist, ist die frühere Streitfrage[95], ob die Satzung das Recht des Aufsichtsrates zur eigenständigen Begründung von Zustimmungsvorbehalten aufheben oder einschränken kann, hinfällig geworden.

27.26 Durch einen Zustimmungsvorbehalt wird gewährleistet, dass der Aufsichtsrat bei grundlegenden Entscheidungen rechtzeitig informiert wird und die **Möglichkeit der präventiven Kontrolle** erhält[96]. Der Zustimmungsvorbehalt eröffnet dem Aufsichtsrat darüber hinaus partielle Teilhabe an der Geschäftsführung und bedingt insoweit auch unternehmerische Verantwortung[97]. Der Zustimmungsvorbehalt reicht über den Charakter eines reinen Überwachungsinstruments hinaus[98], verschafft dem Aufsichtsrat aber **keine Initiativrechte** oder Weisungsrechte gegenüber dem Vorstand, sondern nur ein **Vetorecht**.

bb) Anordnung von Zustimmungsvorbehalten

27.27 Auf welchem Weg die Anordnung erfolgt, ist vor allem eine Frage der Zweckmäßigkeit und Praktikabilität. Die Festlegung eines Katalogs zustimmungspflichtiger Geschäfte in der Satzung durch Beschluss der Hauptversammlung beeinträchtigt zwangsläufig die Flexibilität und ist in der Praxis bei großen Publikumsgesellschaften selten. Flexibler ist ein Katalog durch Beschluss des Aufsichtsrates[99]. Der Aufsichtsrat kann die Kompetenz zur Errichtung von Zustimmungsvorbehalten jedoch **nicht auf einen Aufsichtsratsausschuss übertragen** (§ 107 Abs. 3 Satz 3 AktG). Der Vorbehalt erlangt erst Verbindlichkeit gegenüber dem Vorstand, nachdem er diesem bekanntgemacht worden ist[100].

cc) Gegenstand von Zustimmungsvorbehalten

27.28 Nach § 111 Abs. 4 Satz 2 AktG bezieht sich das Recht zur Anordnung von Zustimmungsvorbehalten auf **bestimmte Arten von Geschäften**. Dazu zählen Rechtsgeschäfte aber auch unternehmensinterne

---

94 OLG Düsseldorf v. 15.1.2015 – I-6 U 48/14, AG 2016, 410, 411; *Grigoleit/Tomasic* in Grigoleit, § 111 AktG Rz. 42; *Habersack* in FS Hüffer, 2010, S. 259, 262; *Schönberger*, Zustimmungsvorbehalt, S. 189; *Selter*, Beratung des Aufsichtsrats, Rz. 799.
95 Vgl. z.B. *Götz*, ZGR 1990, 633, 634; *Mertens/Cahn* in KölnKomm. AktG, 3. Aufl. 2013, § 111 AktG Rz. 81; *Wiedemann*, GesR, S. 340; *E. Vetter*, Beiträge zur inneren Ordnung des Aufsichtsrates, S. 65 ff.
96 BGH v. 21.4.1997 – II ZR 175/95 – ARAG/Garmenbeck, BGHZ 135, 244, 255; BGH v. 11.12.2006 – II ZR 243/05, AG 2007, 167 Rz. 9 (zur GmbH); OLG Hamburg v. 29.9.1995 – 11 U 20/95, AG 1996, 84; *Boujong*, AG 1995, 203, 205; *Götz*, NZG 2002, 599, 602; *Pentz* in Fleischer, Handbuch des Vorstandsrechts, § 16 Rz. 113; *Semler*, Leitung und Überwachung, Rz. 230.
97 BGH v. 11.12.2006 – II ZR 243/05, AG 2007, 167 Rz. 9; BGH v. 21.4.1997 – II ZR 175/95 – ARAG/Garmenbeck, BGHZ 135, 244, 254; *Brouwer*, Zustimmungsvorbehalte, S. 47 ff.; *Drygala* in K. Schmidt/Lutter, § 111 AktG Rz. 5; *Habersack* in FS Hüffer, 2010, S. 259, 260; *Hoffmann-Becking* in FS Havermann, 1995, S. 229, 242; *Leyens*, Information des Aufsichtsrats, S. 131; *Schönberger*, Zustimmungsvorbehalt, S. 64; *E. Vetter* in 50 Jahre AktG, S. 103, 124; ablehnend *Mertens/Cahn* in KölnKomm. AktG, 3. Aufl. 2013, vor § 95 AktG Rz. 10.
98 So bereits OLG Stuttgart v. 23.1.1979 – 12 U 171/77 – Uhingen AG, AG 1979, 200, 203; *E. Vetter*, Beiträge zur inneren Ordnung des Aufsichtsrates, S. 77; a.A. *Mutter*, Unternehmerische Entscheidungen, S. 57.
99 Vgl. auch *Bürgers/Fischer* in Bürgers/Körber/Lieder, § 111 AktG Rz. 21; *Hoffmann-Becking* in MünchHdb. AG, § 29 Rz. 59; *Peltzer*, NZG 2002, 10, 15; *Seebach*, AG 2012, 70, 74.
100 OLG Düsseldorf v. 15.1.2015 – I-6 U 48/14, AG 2016, 410, 411; *Brouwer*, Zustimmungsvorbehalte, S. 165 und 168; *Drygala* in K. Schmidt/Lutter, § 111 AktG Rz. 52; *Hüffer/Koch*, § 111 AktG Rz. 61.

Maßnahmen des Vorstandes, sofern sie nach generellen objektiven Kriterien bereits konkret bestimmbar sind[101]. In jedem Fall ist das Verbot in § 111 Abs. 4 Satz 1 AktG zu beachten. Ein Zustimmungsvorbehalt, der im Wege der Generalklausel pauschal auf die Erfassung von z.B. „allen wesentlichen oder außergewöhnlichen Geschäften" abzielt, ist deshalb als Eingriff in die eigenverantwortliche Leitungskompetenz des Vorstandes (§ 76 AktG) ebenso wenig zulässig wie ein flächendeckender Katalog von Zustimmungsvorbehalten, der dem Vorstand jeden Freiraum und die Initiative nimmt, die für ein unternehmerisches Handeln notwendig sind[102]. Das Tagesgeschäft ist jedoch für Zustimmungsvorbehalte tabu[103].

Konkrete inhaltliche Vorgaben zum Gegenstand der Geschäfte des Vorstandes oder einen Mindestkatalog nennt das Gesetz nicht. Aus der Regierungsbegründung zum TransPuG ergibt sich jedoch, dass es sich um grundlegende Vorgänge handeln muss, die die **Ertragsaussichten und die Risikoexposition des Unternehmens grundlegend verändern**[104]. In der Sache ähnlich – wenn auch im Wortlaut knapper stellt Grundsatz 6 Abs. 2 Deutscher Corporate Governance Kodex auf die Geschäfte von grundlegender Bedeutung ab, wobei auch die Veränderungen der Vermögens-, Finanz- oder Ertragslage gemeint sind[105]. Soweit in der Regierungsbegründung zum TransPuG speziell von der „existentiellen Bedeutung" gesprochen wird[106], darf dies nicht i.S.v. § 91 Abs. 2 AktG verstanden und am Kriterium der Bestandsgefährdung festgemacht werden, will man die Pflicht zur Festlegung von zustimmungspflichtigen Geschäften nicht entgegen der gesetzgeberischen Zielsetzung nur auf seltene Extremfälle beschränkt wissen. Die Pflicht zur Anordnung von Zustimmungsvorbehalten muss deshalb auf Geschäfte bezogen werden, die für das künftige Schicksal der Gesellschaft von außergewöhnlicher oder herausragender Bedeutung sind[107]. Die Konkretisierung obliegt den zuständigen Organen der Gesellschaft unter Berücksichtigung der individuellen Organisationsstruktur der Gesellschaft und des spezifischen Wirtschaftszweigs, in dem sie tätig ist. Über den Wortlaut von § 111 Abs. 4 Satz 2 AktG hinaus kann der Aufsichtsrat nach der herrschenden Meinung in besonderen Ausnahmefällen auch *ad hoc* einen **Zustimmungsvorbehalt für ein konkretes Geschäft** beschließen, das für die Rentabilität oder Liquidität der Gesellschaft von erheblicher Bedeutung ist[108].

27.29

Zustimmungsvorbehalte müssen **inhaltlich bestimmt** sein und den Vorstand klar erkennen lassen, bei welchen konkreten Geschäften er den Aufsichtsrat einzuschalten hat[109]. Ein unbestimmter oder generalklauselartiger Zustimmungsvorbehalt ist nichtig[110]. Ein umsichtiger Vorstand ist gut beraten, sich

27.29a

---

101 *Götz*, ZGR 1990, 633, 641; *Grigoleit/Tomasic* in Grigoleit, § 111 AktG Rz. 79; *Hüffer/Koch*, § 111 AktG Rz. 59; *Mertens/Cahn* in KölnKomm. AktG, 3. Aufl. 2013, § 111 AktG Rz. 79.
102 *Götz*, ZGR 1990, 633, 642; *Habersack* in FS Hüffer, 2010, S. 259, 264; *Hoffmann-Becking* in MünchHdb. AG, § 29 Rz. 63.
103 *Fonk*, AG 2006, 841, 846; *Lieder*, DB 2004, 2251, 2254; *Seebach*, AG 2012, 70, 71; einschränkend *Brouwer*, Zustimmungsvorbehalte, S. 105.
104 Vgl. BT-Drucks. 14/8769, S. 17; ebenso *Baums* (Hrsg.), Bericht Regierungskommission, Rz. 34; *Fleischer*, BB 2013, 835, 840; *Habersack* in FS Hüffer, 2010, S. 259, 264.
105 *Meyer* in JIG, DCGK, Grds. 6 Rz. 25; *Lutter/Bachmann* in Kremer/Bachmann/Lutter/v. Werder, Deutscher Corporate Governance Kodex, Grds. 6 Rz. 31.
106 BT-Drucks. 14/8769, S. 17.
107 *Brouwer*, Zustimmungsvorbehalte, S. 101; *Götz*, NZG 2002, 599, 603; *Lieder*, DB 2004, 2251, 2252; *Schwark* in Corporate Governance, 2002, S. 75, 92 ff.
108 *Boujong*, AG 1995, 203, 206; *Götz*, ZGR 1990, 633, 643; *Hoffmann-Becking* in MünchHdb. AG, § 29 Rz. 62; weitergehend *Mutter*, Unternehmerische Entscheidungen, S. 64; a.A. *Steinbeck*, Überwachungspflicht, S. 152; kritisch auch *Raiser/Veil*, Kapitalgesellschaften, § 15 Rz. 7.
109 OLG Düsseldorf v. 15.1.2015 – I-6 U 48/14, AG 2016, 410, 411; *Altmeppen* in FS K. Schmidt, 2009, S. 23, 29; *Brouwer*, Zustimmungsvorbehalte, S. 123; *Fleischer*, BB 2013, 835, 842; *Götz*, ZGR 1990, 633, 640; *Hopt/Roth* in Großkomm. AktG, 5. Aufl. 2019, § 111 AktG Rz. 682; *Schönberger*, Zustimmungsvorbehalt, S. 187.
110 OLG Düsseldorf v. 15.1.2015 – I-6 U 48/14, AG 2016, 410, 411; *Altmeppen* in FS K. Schmidt, 2009, S. 23, 30; *Brouwer*, Zustimmungsvorbehalte, S. 124; *Fleischer*, BB 2013, 835, 843; *Hüffer/Koch*, § 111 AktG

bei Auslegungszweifeln an den Aufsichtsratsvorsitzenden zu wenden. Eine Rechtspflicht besteht indessen nicht; im Zweifel gehen unklare Zustimmungsvorbehalte zu Lasten des Aufsichtsrats, denn ihm steht jederzeit die Möglichkeit der Präzisierung offen[111].

27.30 Umstritten ist, inwieweit Maßnahmen der **Unternehmensplanung** einem Zustimmungsvorbehalt unterworfen werden können. Aus der allgemeinen Berichtspflicht des Vorstandes nach § 90 Abs. 1 Nr. 1 AktG lässt sich dazu nichts ableiten. Zweifelsfrei können spezifische Planungsmaßnahmen und insbesondere die Jahresplanung des jeweils folgenden Jahres (Budget), die sich aus einer Vielzahl von konkreten Einzelmaßnahmen zusammensetzt, einem Zustimmungsvorbehalt des Aufsichtsrates unterworfen werden[112]. Soweit es um die langfristig angelegte Mehrjahresplanung oder die strategische Planung geht, fehlt es an der für § 111 Abs. 4 Satz 2 AktG notwendigen Konkretisierung der Geschäftsführungsmaßnahme, so dass ein Teil des Schrifttums einen Zustimmungsvorbehalt des Aufsichtsrates ablehnt, da sonst in unzulässiger Weise in den Kernbereich der Autonomie des Vorstandes zur Definition der Geschäftspolitik und Langfristplanung weit im Vorfeld konkreter Maßnahmen eingegriffen würde[113]. § 87 Abs. 1 wie auch 87a Abs. 1 Satz 2 Nr. 2 AktG bedingen jedoch insoweit auch eine Änderung der Perspektive und Kompetenz des Aufsichtsrats. Nach § 87 Abs. 1 Satz 2 und 3 AktG ist die Vergütungsstruktur des Vorstands in der börsennotierten AG auf eine **nachhaltige Unternehmensentwicklung** auszurichten; variable Vergütungsbestandteile sollen eine **mehrjährige Betrachtung** haben (siehe dazu Rz. 21.80 ff.). Diese Verpflichtung lässt sich nur dann verantwortlich wahrnehmen, wenn dem Aufsichtsrat auch bei der Verabschiedung der Unternehmensplanung ein Mitwirkungsrecht zusteht[114].

27.31 In einer **Konzernobergesellschaft** können sich die Zustimmungsvorbehalte auch auf Geschäfte erstrecken, die von einer nachgeordneten Gesellschaft durchgeführt werden. Der Vorstand hat in diesem Fall durch geeignete Maßnahmen sicherzustellen, dass Geschäfte, von der nachgeordneten Konzerngesellschaft nicht ohne seine Kenntnis durchgeführt werden, so dass er in die Lage versetzt wird, rechtzeitig vorher die Zustimmung seines Aufsichtsrates zu beantragen[115].

27.32 Nach einer überwiegenden Meinung im Schrifttum sollen Zustimmungsvorbehalte einer Obergesellschaft im Zweifel konzernweit auszulegen sein[116]. Da Geschäfte einer Tochtergesellschaft, die die inhaltlichen Kriterien eines Zustimmungsvorbehalts erfüllen, auf die Ertrags- und Liquiditätslage oder die Risikoexposition im Konzern regelmäßig eine vergleichbare Wirkung haben, wie wenn sie von der Konzernobergesellschaft unmittelbar durchgeführt werden würden, ist der auf objektiver Grundlage vorzunehmenden **konzernweiten Auslegung von durch die Satzung angeordneten Zustimmungsvorbehalten** vor dem Hintergrund der konzernweiten Überwachungspflicht des Aufsichtsrates (vgl. Rz. 27.8) grundsätzlich zuzustimmen, sofern nicht die Satzung selbst bereits bei einzelnen Zustim-

---

Rz. 67; *Pentz* in Fleischer, Handbuch des Vorstandsrechts, § 16 Rz. 116; *Selter*, Beratung des Aufsichtsrats, Rz. 803.
111 *Brouwer*, Zustimmungsvorbehalte, S. 124; *Schnorbus/Ganzer*, BB 2020, 386, 389; *Spindler* in BeckOGK AktG, Stand 1.2.2021, § 111 AktG Rz. 83.
112 *Bürgers/Fischer* in Bürgers/Körber/Lieder, § 111 AktG Rz. 24; *Fonk*, ZGR 2006, 841, 849; *Hüffer/Koch*, § 111 AktG Rz. 64; *Mertens/Cahn* in KölnKomm. AktG, 3. Aufl. 2013, § 111 AktG Rz. 86; vgl. auch *Kallmeyer*, ZGR 1993, 104, 108; enger *Grigoleit/Tomasic* in Grigoleit, § 111 AktG Rz. 79.
113 *Hüffer/Koch*, § 111 AktG Rz. 64; *Mertens/Cahn* in KölnKomm. AktG, 3. Aufl. 2013, § 111 AktG Rz. 86; *Spindler* in BeckOGK AktG, Stand 1.2.2021, § 111 AktG Rz. 84.
114 Im Ergebnis ebenso *Habersack* in FS Hüffer, 2010, S. 259, 269; *Bürgers/Fischer* in Bürgers/Körber/Lieder, § 111 AktG Rz. 24; *Kropff*, NZG 1998, 613, 616; *Lutter*, AG 1991, 249, 254; *Semler*, ZGR 1983, 1, 23; siehe auch *E. Vetter* in FS Hoffmann-Becking, 2013, S. 1297, 1313.
115 *Götz*, NZG 2002, 599, 603; *Hoffmann-Becking*, ZHR 159 (1995), 325, 341; *Semler*, Leitung und Überwachung, Rz. 433.
116 *Götz*, ZGR 1990, 633, 654; *Habarth* in FS Hoffmann-Becking, 2013, S. 457, 461; *Hoffmann-Becking* in MünchHdb. AG, § 29 Rz. 64; *Hopt/Roth* in Großkomm. AktG, 5. Aufl. 2019, § 111 AktG Rz. 736; *Lutter* in FS Fischer, 1979, S. 419, 433; *Schilling*, AG 1981, 341, 344.

mungsvorbehalten danach differenziert, ob sie konzernweite Bedeutung haben sollen oder nicht, so dass für eine konzernweite Auslegung bei anderen Zustimmungsvorbehalten kein Raum mehr bleibt[117]. Bei **durch den Aufsichtsrat eingeführten Zustimmungsvorbehalten** kommt eine über den Wortlaut hinausgehende konzernweite Anwendung nur in Betracht, wenn der Aufsichtsrat dieses Verständnis dem Vorstand gegenüber unmissverständlich zum Ausdruck gebracht hat[118].

dd) Aufsichtsratspflichten bei der Festlegung von Zustimmungsvorbehalten

Enthält die Satzung keinen Katalog zustimmungspflichtiger Geschäfte, greift die **Auffangzuständigkeit** des Aufsichtsrats nach § 111 Abs. 4 Satz 2 AktG. Er ist verpflichtet, bestimmte Arten von Geschäften von seiner Zustimmung abhängig zu machen[119] und handelt pflichtwidrig, wenn er in dieser Situation von der Anordnung von Zustimmungsvorbehalten völlig absieht[120].

27.33

Unabhängig vom Inhalt eines bereits in der Satzung oder durch frühere Entscheidungen des Aufsichtsrates festgelegten Katalogs zustimmungspflichtiger Geschäfte ist der Aufsichtsrat im Rahmen seiner gesetzlichen Überwachungsaufgabe verpflichtet, nach **pflichtgemäßem Ermessen**[121] zu prüfen, ob der bestehende Katalog ausreichend und angemessen ist oder ob weitere Arten von Geschäften einem Zustimmungsvorbehalt unterworfen werden sollen[122]. Zu berücksichtigen sind dabei die individuellen Bedürfnisse und die Risikolage der Gesellschaft, ihre Größe und Organisationsstruktur aber auch die Art und Intensität der Informationsversorgung des Aufsichtsrates durch den Vorstand, für die sich eine nähere Regelung durch den Aufsichtsrat empfiehlt und in der eine frühzeitige Information des Aufsichtsrates geregelt werden kann, so dass der Bedarf von generellen Zustimmungsvorbehalten relativ gering sein kann. Ausnahmsweise kann für den Aufsichtsrat eine Ermessensreduzierung „auf Null" eintreten, die im konkreten Fall die **Pflicht zur Anordnung eines Zustimmungsvorbehalts** und zur Zustimmungsverweigerung auslöst, wenn eine **gesetzeswidrige Maßnahme** des Vorstandes droht, die auf andere Weise nicht mehr verhindert werden kann[123]. Lehnt der Aufsichtsrat in dieser Situation den Antrag eines Aufsichtsratsmitglieds auf Anordnung eines Zustimmungsvorbehalts durch Beschluss ab, ist dieser Beschluss gesetzwidrig und damit nichtig[124]. Darüber hinaus kann diese Entscheidung die Haftung der Aufsichtsratsmitglieder wegen sorgfaltswidrigen Verhaltens nach §§ 116, 93 AktG auslösen[125]. Von einer Anordnungspflicht des Aufsichtsrates ist ebenfalls auszugehen, wenn der

27.34

---

117 Ebenso wohl *Hoffmann-Becking*, ZHR 159 (1995), 325, 340; *Semler*, Leitung und Überwachung, Rz. 432; *Brouwer*, Zustimmungsvorbehalte, S. 298.
118 *Altmeppen* in MünchKomm. AktG, 5. Aufl. 2020, § 311 AktG Rz. 420; *Brouwer*, Zustimmungsvorbehalte, S. 297 ff.; *Mertens/Cahn* in KölnKomm. AktG, 3. Aufl. 2013, § 111 AktG Rz. 97; a.A. *Götz*, ZGR 1990, 633, 655; *Hopt/Roth* in Großkomm. AktG, 5. Aufl. 2019, § 111 AktG Rz. 739; *Hüffer/Koch*, § 111 AktG Rz. 75; *Lenz*, AG 1997, 448, 452; siehe auch *Habarth* in FS Hoffmann-Becking, 2013, S. 457, 465.
119 OLG Düsseldorf v. 15.1.2015 – I-6 U 48/14, AG 2016, 410, 411; *Grigoleit/Tomasic* in Grigoleit, § 111 AktG Rz. 78; *Habersack* in FS Hüffer, 2010, S. 259, 262; *Selter*, Beratung des Aufsichtsrats, Rz. 799.
120 *Berrar*, DB 2001, 2181, 2184; *Drygala* in K. Schmidt/Lutter, § 111 AktG Rz. 50.
121 BGH v. 15.11.1993 – II ZR 235/92 – Vereinigte Krankenversicherung, BGHZ 124, 111, 127; *Boujong*, AG 1995, 203, 206; *Lutter/Krieger/Verse*, Aufsichtsrat, Rz. 115; *Mertens/Cahn* in KölnKomm. AktG, 3. Aufl. 2013, § 111 AktG Rz. 98; *Semler*, Leitung und Überwachung, Rz. 217.
122 *Fonk*, ZGR 2006, 841, 857; *Götz*, NZG 2002, 599, 602; *Habersack* in MünchKomm. AktG, 5. Aufl. 2019, § 111 AktG Rz. 121; *Lieder*, DB 2004, 2251, 2252; *Schönberger*, Zustimmungsvorbehalt, S. 321.
123 BGH v. 15.11.1993 – II ZR 235/92 – Vereinigte Krankenversicherung, BGHZ 124, 111, 127; OLG Karlsruhe v. 4.9.2008 – 4 U 26/06, WM 2009, 1147, 1149; LG Bielefeld v. 16.11.1999 – 15 O 91/98 – Balsam, AG 2000, 136, 138; *Brouwer*, Zustimmungsvorbehalte, S. 111; *Götz*, ZGR 1990, 633, 639; *Hopt/Roth* in Großkomm. AktG, 5. Aufl. 2019, § 111 AktG Rz. 648; *Hüffer*, NZG 2007, 47, 53; *Kropff*, ZGR 1994, 628, 643; *Spindler* in BeckOGK AktG, Stand 1.2.2021, § 111 AktG Rz. 90.
124 BGH v. 15.11.1993 – II ZR 235/92 – Vereinigte Krankenversicherung, BGHZ 124, 111, 127.
125 BGH v. 11.12.2006 – II ZR 243/05, AG 2007, 167 (zur GmbH); *Boujong*, AG 1995, 203, 207; *Mertens/Cahn* in KölnKomm. AktG, 3. Aufl. 2013, § 111 AktG Rz. 98; *Habersack* in Habersack/Henssler, MitbestR, § 25 MitbestG Rz. 61a.

Vorstand eine **satzungswidrige Maßnahme** vorbereitet, die nur durch einen Zustimmungsvorbehalt des Aufsichtsrates verhindert werden kann[126].

ee) Bedeutung der Zustimmung

27.35 Der Zustimmungsvorbehalt ist **Bestandteil der internen Kontrolle der Geschäftsführung**. Er beschränkt die Geschäftsführungsbefugnis des Vorstandes, hat aber keine direkte Außenwirkung. Führt der Vorstand ein Geschäft ohne die erforderliche Zustimmung des Aufsichtsrates durch, ist das Geschäft im Außenverhältnis uneingeschränkt wirksam, kann aber die persönliche Haftung auslösen[127]. Hat der Aufsichtsrat die Zustimmung zu einem bestimmten Geschäft erteilt, ist der **Vorstand nicht zur Durchführung verpflichtet**[128]. Im Übrigen befreit die Zustimmung des Aufsichtsrates den Vorstand nicht von seiner rechtlichen Verantwortung für das Geschäft (§ 93 Abs. 4 Satz 2 AktG)[129].

ff) Verfahren zur Erteilung der Zustimmung

27.36 Grundsätzlich kann der Aufsichtsrat bei den von ihm selbst angeordneten Zustimmungsvorbehalten auch eine **allgemeine Einwilligung im Voraus**, z.B. bis zu einer bestimmten Wertgrenze, erteilen[130]. Bei in der Satzung angeordneten Zustimmungsvorbehalten ist er jedoch in jedem Einzelfall zur Prüfung des einzelnen Geschäfts verpflichtet, sofern die Satzung nicht die Möglichkeit der generellen Einwilligung zulässt[131].

27.37 Der Zustimmungsvorbehalt als Instrument der präventiven Kontrolle kann nur dann seine Wirkung entfalten, wenn der Aufsichtsrat rechtzeitig vor Ausführung des geplanten Geschäfts eingeschaltet wird. Dem praktischen Bedürfnis an der Möglichkeit einer nachträglichen Zustimmung in **Eilfällen** zur Vermeidung von drohenden Nachteilen darf im Sinne einer *ultima ratio* allenfalls dann Rechnung getragen werden, wenn vom Vorstand zuvor vergeblich alle zumutbaren Anstrengungen unternommen worden sind, kurzfristig eine Entscheidung des Aufsichtsrates (z.B. auf telefonischem oder fernschriftlichem Weg) herbeizuführen und der Vorstand im Übrigen nach pflichtgemäßem Ermessen davon ausgehen kann, dass der Aufsichtsrat dem vorgesehenen Geschäft mehrheitlich zustimmen wird[132]. Dabei hat der Vorstand vor einer endgültigen Entscheidung in jedem Fall eine **Abstimmung mit dem Aufsichtsratsvorsitzenden** oder bei dessen Verhinderung mit dem stellvertretenden Vorsitzenden zu suchen[133]. Da die Hauptversammlung wie auch der Aufsichtsrat vollkommen auf einen Zustimmungsvorbehalt für einen bestimmten Vorgang verzichten können, können sie auch jeweils mil-

---

126 LG Bielefeld v. 16.11.1999 – 15 O 91/98 – Balsam, AG 2000, 136, 138; *Schön*, JZ 1994, 685, 686; *Boujong*, AG 1995, 203, 206; *Lutter/Krieger/Verse*, Aufsichtsrat, Rz. 115.
127 *Bürgers/Fischer* in Bürgers/Körber/Lieder, § 111 AktG Rz. 26; *Mertens/Cahn* in KölnKomm. AktG, 3. Aufl. 2013, § 111 AktG Rz. 112.
128 *Habersack* in MünchKomm. AktG, 5. Aufl. 2019, § 111 AktG Rz. 145; *Hoffmann-Becking* in MünchHdb. AG, § 29 Rz. 58; *Mertens/Cahn* in KölnKomm. AktG, 3. Aufl. 2013, § 111 AktG Rz. 114.
129 *Brouwer*, Zustimmungsvorbehalte, S. 254; *Habersack* in MünchKomm. AktG, 5. Aufl. 2019, § 111 AktG Rz. 145; *Mertens/Cahn* in KölnKomm. AktG, 3. Aufl. 2013, § 111 AktG Rz. 113.
130 *Habersack* in MünchKomm AktG, 5. Aufl. 2019, § 111 AktG Rz. 143; *Hoffmann-Becking* in MünchHdb. AG, § 29 Rz. 66.
131 *Brouwer*, Zustimmungsvorbehalte, S. 204; *Habersack* in MünchKomm. AktG, 5. Aufl. 2019, § 111 AktG Rz. 143; *Rodewig/Rothley* in Semler/v. Schenck/Wilsing, ArbeitsHdb. AR, § 9 Rz. 59; *Steinbeck*, Überwachungspflicht, S. 158.
132 *Grigoleit/Tomasic* in Grigoleit, § 111 AktG Rz. 100; *Hoffmann-Becking* in MünchHdb. AG, § 29 Rz. 65; *Mertens/Cahn* in KölnKomm. AktG, 3. Aufl. 2013, § 111 AktG Rz. 106; *Wicke* in FS E. Vetter, 2019, S. 907, 916; strenger dagegen *Götz*, ZGR 1990, 633, 644.
133 *Brouwer*, Zustimmungsvorbehalte, S. 176; *Rodewig/Rothley* in Semler/v. Schenck/Wilsing, ArbeitsHdb. AR, § 8 Rz. 58; *Seebach*, AG 2012, 70, 75; *Semler*, Leitung und Überwachung, Rz. 215; *Wicke* in FS E. Vetter, 2019, S. 907, 916.

dere Formen der Kontrolle einschließlich der nachgelagerten Kontrolle etablieren[134]. Zulässig ist eine **Ausnahmeregelung** z.B. in der Geschäftsordnung des Aufsichtsrates, die bei einem von ihm angeordneten Zustimmungsvorbehalt im Eilfall, in dem eine Beschlussfassung des Aufsichtsrats trotz modernerer Kommunikationsmittel nicht möglich ist, den Vorstand vom Vorwurf der Pflichtwidrigkeit befreit, wenn zumindest die Zustimmung des Aufsichtsratsvorsitzenden eingeholt worden ist[135]. Diese Möglichkeit besteht jedoch nicht, wenn der Zustimmungsvorbehalt durch die Satzung angeordnet wird; in diesem Fall bedarf es einer Regelung in der Satzung.

Während bei der **Einrichtung von Zustimmungsvorbehalten** für den Aufsichtsrat nach § 107 Abs. 3 Satz 4 AktG ein **Delegationsverbot** besteht, kann er die Prüfung und Entscheidung über die Zustimmung oder Ablehnung eines zustimmungspflichtigen Geschäfts einem **Ausschuss** übertragen[136]. 27.38

Bei der Entscheidung über die vom Vorstand beantragte Zustimmung **hat der Aufsichtsrat ein eigenes (unternehmerisches) Ermessen**[137]. Hält er das beabsichtigte Geschäft nach sorgfältiger Prüfung und pflichtgemäßem Ermessen für unvertretbar, ist er verpflichtet, seine Zustimmung zu verweigern[138]; hält er es nach seinen eigenen unternehmerischen Vorstellungen für unzweckmäßig, kann er die Zustimmung verweigern, muss es aber nicht[139]. Das **einzelne Aufsichtsratsmitglied** ist verpflichtet, eine **eigenverantwortliche Abschätzung der mit dem Geschäft verbundenen Chancen und Risiken** vorzunehmen und darf nicht blind der Mehrheitsmeinung folgen[140]. Dabei darf es sich bei seiner Entscheidung auf die Berichterstattung des Vorstands verlassen; eine Plausibilitätskontrolle ist notwendig und ausreichend[141]. 27.39

gg) Verfahren bei Zustimmungsverweigerung

Hat der Aufsichtsrat die Zustimmung verweigert, darf der Vorstand das Geschäft nicht ausführen. Führt er es trotz der Zustimmungsverweigerung des Aufsichtsrates gleichwohl durch, ist das Geschäft im Außenverhältnis wirksam, kann aber zur persönlichen Ersatzpflicht der Vorstandsmitglieder nach § 93 Abs. 1, § 82 Abs. 2 AktG führen[142]. Hat der Aufsichtsrat die vom Vorstand beantragte Zustimmung verweigert, kann der Vorstand wegen des vom Aufsichtsrat ausgesprochenen Vetos nach § 111 Abs. 4 27.40

---

134 Ebenso *Hüffer/Koch*, § 111 AktG Rz. 70; *C. Schäfer* in FS E. Vetter, 2019, S. 645, 649; *Wicke* in FS E. Vetter, 2019, S. 907, 915.
135 Vgl. *Peus*, Der Aufsichtsratsvorsitzende, S. 393; *Hopt/Roth* in Großkomm. AktG, 5. Aufl. 2019, § 111 AktG Rz. 730; *Wicke* in FS E. Vetter, 2019, S. 907, 915; kritisch aber *Rodewig/Rothley* in Semler/v. Schenck/Wilsing, ArbeitsHdb. AR, § 8 Rz. 57.
136 OLG Hamburg v. 29.9.1995 – 11 U 20/95, AG 1996, 84, 87; *Hüffer/Koch*, § 111 AktG Rz. 69; *Lutter/Krieger/Verse*, Aufsichtsrat, Rz. 128; *Mertens/Cahn* in KölnKomm. AktG, 3. Aufl. 2013, § 111 AktG Rz. 110.
137 BGH v. 10.7.2018 – II ZR 24/17 – Schloss Eller, BGHZ 219, 193 Rz. 50; BGH v. 21.4.1997 – II ZR 175/95 – ARAG/Garmenbeck, BGHZ 135, 244, 255; *Brouwer*, Zustimmungsvorbehalte, S. 196; *Goette* in FS 50 Jahre BGH, 2000, S. 123, 129; *Mertens/Cahn* in KölnKomm. AktG, 3. Aufl. 2013, § 111 AktG Rz. 111; *Semler*, Leitung und Überwachung, Rz. 212; vgl. auch LG Darmstadt v. 6.5.1986 – 14 O 328/85 – Opel, AG 1987, 218, 221.
138 *Hopt/Roth* in Großkomm. AktG, 5. Aufl. 2019, § 111 AktG Rz. 718; *Habersack* in MünchKomm. AktG, 5. Aufl. 2019, § 111 AktG Rz. 144; *Steinbeck*, Überwachungspflicht, S. 153.
139 *Lutter/Krieger/Verse*, Aufsichtsrat, Rz. 126; *Rodewig/Rothley* in Semler/v. Schenck, ArbeitsHdb. AR, § 9 Rz. 118; *Mertens/Cahn* in KölnKomm. AktG, 3. Aufl. 2013, § 111 AktG Rz. 111.
140 *Brouwer*, Zustimmungsvorbehalte, S. 257; *Hoffmann*, AG 2012, 478, 482; *E. Vetter* in 50 Jahre AktG, S. 103, 123; siehe auch OLG Stuttgart v. 29.2.2012 – 20 U 3/11 – Porsche/VW Piëch, AG 2012, 298, 301.
141 *Fonk*, ZGR 2006, 841, 865; *Mertens/Cahn* in KölnKomm. AktG, 3. Aufl. 2013, § 111 AktG Rz. 111; *Uwe H. Schneider/Sven H. Schneider*, AG 2015, 621, 624.
142 *Bürgers/Fischer* in Bürgers/Körber/Lieder, § 111 AktG Rz. 26; *Habersack* in MünchKomm. AktG, 5. Aufl. 2019, § 111 AktG Rz. 147; *Seebach*, AG 2012, 70, 76.

Satz 3 AktG die **Hauptversammlung** um Erteilung der Zustimmung ersuchen. Für die Zustimmung ist ein Beschluss der Hauptversammlung mit einer Mehrheit von drei Vierteln der abgegebenen Stimmen erforderlich. Die Satzung kann dieses qualifizierte Mehrheitserfordernis weder erschweren noch erleichtern (§ 111 Abs. 4 Satz 5 AktG). Die Möglichkeit der Anrufung der Hauptversammlung nach § 111 Abs. 4 Satz 3 AktG spielt in der Unternehmenspraxis keine Rolle und bildet insbesondere für Publikumsgesellschaften keine praktikable Alternative, das Veto des Aufsichtsrates zu überwinden.

d) Gesetzliche Zustimmungsvorbehalte

27.41 Neben dem durch die Satzung oder durch Beschluss des Aufsichtsrates festgelegten Kreis von zustimmungspflichtigen Geschäften gemäß § 111 Abs. 4 Satz 2 AktG unterwirft das AktG darüber hinaus bestimmte Geschäfte des Vorstandes zwingend einem Zustimmungsvorbehalt des Aufsichtsrates und begründet somit für diese Geschäfte ein Mitwirkungsrecht und eine erhöhte Mitverantwortung des Aufsichtsrates. **Verträge der Gesellschaft mit Aufsichtsratsmitgliedern**, insbesondere Verträge über Beratungsleistungen außerhalb der Aufsichtsratstätigkeit, bedürfen nach § 114 Abs. 1 AktG der Zustimmung des Aufsichtsrates (vgl. Rz. 31.12). Die Gesellschaft darf **Kredite an Aufsichtsratsmitglieder** gemäß § 115 Abs. 1 Satz 1 AktG nur mit Einwilligung des Aufsichtsrates gewähren. Auch für die Gewährung eines **Kredits an Vorstandsmitglieder sowie an bestimmte Führungskräfte** des Unternehmens und abhängiger Gesellschaften bedarf es nach § 89 AktG eines vorherigen Beschlusses des Aufsichtsrates (vgl. Rz. 21.72 ff.).

e) Geschäfte mit nahestehenden Personen

27.41a Bei einer **börsennotierten AG** unterliegen Geschäfte mit nahestehenden Personen ab einer gewissen Größenordnung auf Grund der Gesetzesänderung durch das ARUG II unter den in § 111b Abs. 1 AktG genannten Voraussetzungen dem **Zustimmungsvorbehalt des Aufsichtsrats** und sind nach § 111c Abs. 1 AktG unverzüglich nach ihrem Abschluss offenzulegen (Rz. 32.36). Die Zustimmung ist eine **unternehmerische Entscheidung**[143], über die der Aufsichtsrat im Plenum beschließt, wobei nach § 111b Abs. 2 AktG die nahestehende Person im Aufsichtsrat ebenso einem **Stimmrechtsausschluss** unterliegt wie das Aufsichtsratsmitglied, bei dem Interessenkonflikte wegen seiner Beziehung zur nahestehenden Person zu besorgen sind (Rz. 32.30). Der Aufsichtsrat kann die Entscheidung gemäß § 107 Abs. 3 Satz 4 AktG auch an einen **Aufsichtsratsausschuss** delegieren, für dessen Zusammensetzung wegen möglicher Interessenkonflikte besondere Besetzungsregeln gelten (Rz. 29.37b). Verweigert der Aufsichtsrat die Zustimmung, kann der Vorstand nach § 111b Abs. 4 Satz 1 AktG die **Hauptversammlung** um Erteilung der Zustimmung ersuchen, was in der Praxis wohl nur in seltenen Ausnahmefällen in Betracht kommen wird.

f) Verfolgung von Ersatzansprüchen gegen Vorstandsmitglieder

27.42 Ein wichtiger **Bestandteil der repressiven Überwachung** des Aufsichtsrates ist die Verfolgung von Schadensersatzansprüchen gegenüber pflichtwidrig handelnden Mitgliedern des Vorstandes[144]. Ist die präventive Überwachung fehlgeschlagen, ist der Aufsichtsrat unabhängig von den der Hauptversammlung zustehenden Möglichkeiten der Rechtsverfolgung nach § 147 AktG verpflichtet, Ersatzansprüche der Gesellschaft nach § 93 Abs. 2 AktG gegen die verantwortlichen Mitglieder des Vorstandes geltend zu machen, wenn ihnen ein Fehlverhalten und eine Verletzung ihrer Pflichten nach § 93 Abs. 1 AktG vorgeworfen werden kann. Der Aufsichtsrat ist nach der Rechtsprechung[145] zur eigenverantwortlichen

---

143 *Bungert/Wansleben*, BB 2019, 1026, 1029; *Grigoleit* in Grigoleit, § 111b AktG Rz. 29; *H.-F. Müller*, in FS E. Vetter, 2019, S. 479, 485; *J. Vetter* in K. Schmidt/Lutter, § 111b AktG Rz. 90.
144 *Henze*, NJW 1998, 3309; *Raiser*, NJW 1996, 552, 554; siehe näher *Eichner/Höller*, AG 2011, 885 ff.
145 BGH v. 21.4.1997 – II ZR 175/95 – ARAG/Garmenbeck, BGHZ 135, 244; vgl. dazu z.B. *Götz*, NJW 1997, 3275, 3277; *Boujong*, DZWiR 1997, 326; *Horn*, ZIP 1997, 1129; kritisch demgegenüber *Dreher*, JZ 1997, 1074.

Prüfung und im Interesse des Unternehmens an der Wiederherstellung des geschädigten Vermögens grundsätzlich auch **zur Verfolgung von Ersatzansprüchen gegen die Mitglieder des Vorstandes verpflichtet**. Dabei steht ihm bei der in vollem Umfang gerichtlich nachprüfbaren Prüfung des Bestehens eines Schadensersatzanspruches sowie der Beurteilung der Erfolgsaussichten eines Rechtsstreits kein Handlungs- und Entscheidungsermessen zu[146]. Lediglich hinsichtlich der tatsächlichen Anspruchsverfolgung ist dem Aufsichtsrat ein enger, begrenzter und nur beschränkt gerichtlich überprüfbarer Ermessensspielraum eingeräumt, der im Einzelfall dazu führen kann, dass nach Abwägung aller relevanten Umstände von einer Durchsetzung eines bestehenden Schadensersatzanspruches Abstand genommen werden darf (vgl. dazu auch Rz. 23.57 ff.)[147].

Unterlässt der Aufsichtsrat die Geltendmachung von voraussichtlich durchsetzbaren Schadensersatzansprüchen gegenüber dem pflichtwidrig handelnden Vorstandsmitglied, ohne dass dies durch „gewichtige Interessen und Belange der Gesellschaft"[148] gerechtfertigt ist, oder versäumen die Aufsichtsratsmitglieder gänzlich eine sorgfältige und sachgerechte Analyse der Sach- und Rechtslage, kommt für sie eine persönliche Haftung nach den §§ 116, 93 AktG in Betracht[149]. Ihre Haftung unterliegt der Verjährung beginnend mit dem Tag, an dem die Verjährung der Schadensersatzansprüche gegen den Vorstand eintritt[150].

27.43

g) Bericht über Beziehungen zu verbundenen Unternehmen (Abhängigkeitsbericht)

Im Fall der **faktischen Konzernierung**, d.h., handelt es sich bei der Gesellschaft um eine konzernabhängige Gesellschaft und ist sie in dieser Rolle weder Partei eines Beherrschungsvertrages noch besteht ein Gewinnabführungsvertrag mit dem herrschenden Unternehmen, hat der Vorstand nach § 312 AktG für das abgelaufene Geschäftsjahr einen schriftlichen Bericht über die Beziehungen der Gesellschaft zu verbundenen Unternehmen, den so genannten **Abhängigkeitsbericht**, zu erstellen. Der Bericht dient dem Aufsichtsrat zur Überwachung der Geschäftsführung des Vorstandes und soll gewährleisten, dass das zugunsten der abhängigen Gesellschaft bestehende Benachteiligungsverbot (§ 311 AktG) beachtet wird. Der Aufsichtsrat ist neben dem Vorstand für die ordnungsgemäße Erfüllung der Berichtspflicht des Vorstandes verantwortlich (§ 318 Abs. 2 AktG) und muss deshalb eigenverantwortlich prüfen, ob die rechtlichen Voraussetzungen einer Pflicht zur Erstellung des Berichts gemäß § 312 AktG bestehen und ggf. den Vorstand zur Erstellung und Vorlage des Berichts auffordern[151]. Kommt der Vorstand dieser Aufforderung nicht nach, hat der Aufsichtsrat in seinem schriftlichen Bericht an die Hauptversammlung nach § 171 Abs. 2 AktG auf das Fehlen des Abhängigkeitsberichts hinzuweisen[152].

27.44

Der Aufsichtsrat hat den Abhängigkeitsbericht gemäß § 314 AktG zu prüfen, wobei er sich in der prüfungspflichtigen AG auf den **Prüfungsbericht des Abschlussprüfers** stützen kann, der den Bericht

27.45

---

146 BGH v. 21.4.1997 – II ZR 175/95 – ARAG/Garmenbeck, BGHZ 135, 244; *Götz*, NJW 1997, 3275; *Henze*, NJW 1998, 3309, 3311; *Kindler*, ZHR 162 (1998), 101, 112; *J. Koch*, AG 2009, 93, 97; *Raiser*, NJW 1996, 552, 554; *Spindler* in BeckOGK AktG, Stand 1.2.2021, § 116 AktG Rz. 62; a.A. *Paefgen*, AG 2008, 761, 763.
147 BGH v. 21.4.1997 – II ZR 175/95 – ARAG/Garmenbeck, BGHZ 135, 244, 254; *Goette* in Liber amicorum M. Winter, 2011, S. 153, 163; *Horn*, ZIP 1997, 1129, 1138; *Wilsing* in FS Maier-Reimer, 2010, S. 889, 893; kritisch z.B. *Kindler*, ZHR 162 (1998), 101, 113.
148 BGH v. 21.4.1997 – II ZR 175/95 – ARAG/Garmenbeck, BGHZ 135, 244, 255; *Goette* in Liber amicorum M. Winter, 2011, S. 153 ff.; *Eichner/Höller*, AG 2011, 885, 893.
149 *Dreher*, JZ 1997, 1074, 1075; *Götz*, NJW 1997, 3275, 3277; *Heermann*, AG 1998, 201, 202; *Thümmel*, DB 1997, 1117, 1119.
150 BGH v. 18.9.2018 – II ZR 152/17 – Easy Software AG, BGHZ 219, 356 Rz. 18, 22; *Jenne/Miller*, AG 2019, 112 ff.; kritisch *Schockenhoff*, AG 2019, 745, 749.
151 Ebenso *Hüffer/Koch*, § 318 AktG Rz. 6; siehe auch *H.-F. Müller* in BeckOGK AktG, Stand 1.2.2021, § 314 AktG Rz. 8.
152 *Habersack* in Emmerich/Habersack, Aktien- und GmbH-Konzernrecht, § 314 AktG Rz. 15; *Hüffer/Koch*, § 312 AktG Rz. 10.

nach § 313 AktG gleichzeitig mit dem Jahresabschluss und dem Lagebericht ebenfalls zu prüfen und den Aufsichtsrat über das Prüfungsergebnis nach § 313 Abs. 2 Satz 1 AktG schriftlich zu informieren hat. Anders als der Abschlussprüfer ist der Aufsichtsrat, der sich bei seiner Überwachungsaufgabe allein am Interesse der abhängigen Gesellschaft zu orientieren hat[153], zur uneingeschränkten **Prüfung des Berichts auf Richtigkeit und Vollständigkeit** der relevanten Vorgänge verpflichtet[154]. Dabei trifft die Repräsentanten des herrschenden Unternehmens im Aufsichtsrat, die ihr spezielles Sonderwissen über einzelne Vorgänge berücksichtigen müssen, eine besondere Verantwortung, auf die vollständige Erfassung aller relevanten Vorgänge zu achten[155].

27.46 Der Abhängigkeitsbericht wird **nicht veröffentlicht**, sondern ist nur für den Aufsichtsrat und den Abschlussprüfer bestimmt[156]. Der Bericht und der Prüfungsbericht des Abschlussprüfers sind gemäß § 314 Abs. 1 Satz 2 AktG **jedem Aufsichtsratsmitglied auszuhändigen**, sofern die Berichte nicht auf Grund eines Beschlusses des Aufsichtsrates nur den Mitgliedern eines Ausschusses, z.B. dem Prüfungsausschuss, vorbehalten bleiben sollen. Der Abschlussprüfer hat an den Verhandlungen des Aufsichtsrates oder eines vorbereitenden Ausschusses über den Abhängigkeitsbericht teilzunehmen und über die wesentlichen Ergebnisse seiner Prüfung mündlich zu berichten (§ 314 Abs. 4 AktG). Am Ende seiner Beratungen entscheidet der Aufsichtsrat durch **Beschluss**, ob er den Abhängigkeitsbericht billigt oder ob Einwendungen zu erheben sind (§ 314 Abs. 3 AktG)[157]. Diese Entscheidung ist nach § 107 Abs. 3 Satz 2 AktG **zwingend dem Aufsichtsratsplenum vorbehalten** und kann nicht auf einen Ausschuss übertragen werden. Besteht bei der Gesellschaft ein Prüfungsausschuss, so wird ihm im Regelfall auch die Vorbereitung der Entscheidung des Gesamtaufsichtsrates hinsichtlich der Prüfung des Abhängigkeitsberichts übertragen. Das Ergebnis seiner Prüfung hat der Aufsichtsrat in seinen Bericht an die Hauptversammlung (§ 171 Abs. 2 AktG) aufzunehmen und mit einer Schlusserklärung abzuschließen, deren Wortlaut sich aus § 314 Abs. 3 AktG ergibt.

II. Personalkompetenz

1. Vorbemerkung

27.47 Von der Qualität des Managements hängt in entscheidendem Umfang das Schicksal des Unternehmens und seiner weiteren Entwicklung ab. Deshalb kommt den **Personalentscheidungen des Aufsichtsrates zentrale Bedeutung** zu[158]. Die Auswahl geeigneter neuer sowie die laufende Beurteilung der bereits aktiven Mitglieder des Vorstandes sind „die höchste und verantwortungsvollste Aufgabe des Aufsichtsrats; an ihr muss sich in gegebenen Abständen seine Menschenkenntnis und organisa-

---

153 *Koppensteiner* in KölnKomm. AktG, 3. Aufl. 2004, § 314 AktG Rz. 6; *H.-F. Müller* in BeckOGK AktG, Stand 1.2.2021, § 314 AktG Rz. 10; *Semler*, Leitung und Überwachung, Rz. 464.
154 *Altmeppen* in MünchKomm. AktG, 5. Aufl. 2020, § 314 AktG Rz. 18; *Krieger* in MünchHdb. AG, § 70 Rz. 120; großzügiger *J. Vetter* in K. Schmidt/Lutter, § 314 AktG Rz. 11 f.; kritisch *Koppensteiner* in KölnKomm. AktG, 3. Aufl. 2004, § 314 AktG Rz. 6.
155 *Altmeppen* in MünchKomm. AktG, 5. Aufl. 2020, § 314 AktG Rz. 24; *Grigoleit* in Grigoleit, § 314 AktG Rz. 5; *Habersack* in Emmerich/Habersack, Aktien- und GmbH-Konzernrecht, § 314 AktG Rz. 13; *Semler*, Leitung und Überwachung, Rz. 463; *E. Vetter*, ZHR 171 (2007), 342, 365; *J. Vetter* in K. Schmidt/Lutter, § 314 AktG Rz. 13.
156 OLG Frankfurt v. 6.1.2003 – 20 W 449/93 – Rabobank Deutschland, AG 2003, 335; OLG Düsseldorf v. 11.4.1988 – 19 W 32/86, AG 1988, 275, 277; KG v. 11.2.1972 – 1 W 1672/71 – ATG, AG 1973, 25; weitergehende Forderungen z.B. bei *Uwe H. Schneider* in FS Lutter, 2000, S. 1193, 1197; *E. Vetter*, ZHR 171 (2007), 342, 365.
157 *Fett* in Bürgers/Körber/Lieder, § 314 AktG Rz. 4; *Grigoleit* in Grigoleit, § 314 AktG Rz. 8; *J. Vetter* in K. Schmidt/Lutter, § 314 AktG Rz. 22.
158 BGH v. 17.5.1993 – II ZR 89/92 – Hamburg Mannheimer Versicherung, BGHZ 122, 342, 359; *von Schenck* in Semler/v. Schenck/Wilsing, ArbeitsHdb. AR, § 1 Rz. 40; *Götz*, AG 1995, 337, 348.

torische Kraft erweisen" (Walther Rathenau)[159]. Die **Bestellung und Abberufung** der Mitglieder des Vorstandes und insbesondere die des Vorstandsvorsitzenden bilden die entscheidenden **Elemente der Personalverantwortung des Aufsichtsrats**, die neben der allgemeinen Überwachungsaufgabe steht[160] und der großes Gestaltungspotential im Hinblick auf die **langfristige Ausrichtung des Unternehmens** zukommt. Es obliegt dem Aufsichtsrat, die fachlichen und persönlichen Voraussetzungen festzulegen, die ein Kandidat für eine konkrete, vakante Vorstandsposition zu erfüllen hat. Der Aufsichtsrat trifft seine Personalentscheidungen nach der Vorstellung des AktG unter Berücksichtigung der unternehmerischen Anforderungen und der langfristigen strategischen Ausrichtung des Unternehmens, die vom Vorstand in Zusammenarbeit mit dem Aufsichtsrat erarbeitet worden ist, **in eigener Verantwortung** und ist dabei **keinen Weisungen Dritter unterworfen**[161]. Der Aufsichtsrat hat nach § 111 Abs. 5 AktG, sofern die Gesellschaft entweder börsennotiert **oder** mitbestimmt[162] ist, für den Vorstand durch Mehrheitsbeschluss des Plenums **Zielgrößen für den Frauenanteil** festzulegen und dazu **Umsetzungsfristen** anzugeben, die für die künftige Bestellung von Vorstandsmitgliedern relevant sind (siehe dazu Rz. 21.2).

In der Praxis erfolgen die Beschlüsse des Aufsichtsrates regelmäßig nach Vorbereitung durch den Personalausschuss oder das Aufsichtsratspräsidium[163], wobei in den meisten Fällen der externen Rekrutierung eine externe Beratung stattfindet[164]. Gleichwohl findet unter normalen Umständen meist eine **enge Abstimmung mit dem amtierenden Vorstand**, insbesondere mit dessen Vorsitzenden statt, der dabei eng mit dem Vorsitzenden des Aufsichtsrates zusammenarbeitet[165]. Gelegentlich wird dabei von einem faktischen Kooptationsverfahren gesprochen[166]. Die sachgerechte Personalauswahl bildet eine wesentliche Voraussetzung für eine gute und kooperative Zusammenarbeit innerhalb des Vorstandes und dieser ist auf Grund seiner Sachnähe regelmäßig auch am besten in der Lage, das genaue Anforderungsprofil zu definieren[167]. Dieses Vorgehen ist im Hinblick auf die Unabhängigkeit des Aufsichtsrates nicht völlig frei von Bedenken[168], aber letztlich unvermeidbar und in vielen Fällen sogar notwendig, wenn das neue Vorstandsmitglied in den Vorstand als Kollegialorgan – ohne vermeidbare Reibungsverluste – integriert werden und mit den anderen Vorstandsmitgliedern erfolgreich zusammenarbeiten soll[169]. Entscheidend ist, dass der Aufsichtsrat ungeachtet der Einbindung des Vorstandes **Herr des Verfahrens** bleibt und seine Personalentscheidung nach sorgfältiger Beratung des Vorschlages in eigener Verantwortung trifft[170]. Dies entspricht der Empfehlung B.2 Deutscher Corporate Governance Kodex, die vorsieht, dass die langfristige Nachfolgeplanung für den Vorstand durch Aufsichtsrat und Vorstand gemeinsam erfolgt und damit deutlich macht, dass die **Zusammenarbeit zwischen Aufsichtsrat und Vorstand bei der Personalpolitik** hinsichtlich der Besetzung des Vorstandes

27.48

---

159 *Rathenau*, Vom Aktienwesen, 1918, S. 19; siehe auch *Lutter*, DB 2009, 775, 776: „Herzstück".
160 Vgl. z.B. *Hoffmann-Becking* in MünchHdb. AG, § 29 Rz. 46; *Hoffmann/Preu*, Aufsichtsrat, Rz. 106; *Mutter*, Unternehmerische Entscheidungen, S. 68 und 78.
161 *Spindler* in MünchKomm. AktG, 5. Aufl. 2019, § 84 AktG Rz. 15; *Hüffer/Koch*, § 84 AktG Rz. 5; *Krieger*, Personalentscheidungen des Aufsichtsrats, S. 42.
162 Einschließlich Gesellschaften, die dem DrittelbG unterfallen; *Grobe*, AG 2015, 289, 298; *Spindler* in BeckOGK AktG, Stand 1.2.2021, § 111 AktG Rz. 104.
163 *Götz*, AG 1995, 337, 348; *Krieger*, Personalentscheidungen des Aufsichtsrats, S. 58 ff.; *Potthoff/Trescher/Theisen*, AR-Mitglied, Rz. 1611.
164 *Grau* in Semler/v. Schenck/Wilsing, ArbeitsHdb. AR, § 11 Rz. 26.
165 Vgl. z.B. *Martens* in FS Fleck, 1988, S. 191, 202; *Peltzer*, NZG 2002, 10, 12; *Servatius*, AG 1995, 223, 224.
166 *Martens* in FS Fleck, 1988, S. 191, 203; *Wilhelm*, NJW 1983, 912, 915.
167 *Lutter/Krieger/Verse*, Aufsichtsrat, Rz. 336; *Martens* in FS Fleck, 1988, S. 191, 202; *Peltzer* in FS Semler, 1993, S. 261, 264.
168 Vgl. z.B. *Götz*, AG 1995, 337, 348; *Peltzer*, NZG 2002, 10, 13.
169 *Martens* in FS Fleck, 1988, S. 191, 204; *Peltzer*, NZG 2002, 10, 12; vgl. auch *Semler*, Leitung und Überwachung, Rz. 224.
170 *Grau* in Semler/v. Schenck/Wilsing, ArbeitsHdb. AR, § 11 Rz. 20; *Hüffer/Koch*, § 84 AktG Rz. 5; *Lutter/Krieger/Verse*, Aufsichtsrat, Rz. 336.

nicht unvereinbar, sondern durchaus erwünscht ist. Unabhängig davon ist in jedem Fall festzuhalten, dass bei sorgfaltswidriger Personalauswahl und Bestellung eines ungeeigneten Kandidaten die Haftung der Mitglieder des Aufsichtsrates nach den §§ 93, 116 AktG in Betracht kommen kann[171].

27.49 Der **Deutsche Corporate Governance Kodex** enthält z.B. hinsichtlich der Bestellung und der Vergütung der Vorstandsmitglieder über die gesetzlichen Anforderungen hinaus verschiedene Empfehlungen, deren Transformation in gesellschaftsinterne Verpflichtungen typischerweise dem Aufsichtsrat obliegt: B.3 Erstbestellung maximal drei Jahre; B.4 Wiederbestellung nur unter gleichzeitiger Aufhebung der laufenden Bestellung nur im Ausnahmefall; B.5 Festlegung einer Altersgrenze. Die Empfehlungen G.1 bis G.16 stellen größtenteils Ergänzungen oder Konkretisierungen zu den gesetzlich vorgesehenen Festlegungen im Vorstandsvergütungssystem gemäß § 87a AktG dar.

2. Bestellung und Anstellung der Vorstandsmitglieder

a) Bestellung und Abberufung

27.50 Die **Zuständigkeit zur Bestellung und zum Widerruf der Bestellung** der Mitglieder des Vorstandes liegt nach § 84 Abs. 1 Satz 1 und 3 sowie Abs. 3 Satz 1 AktG und § 31 Abs. 1 MitbestG ausschließlich beim Aufsichtsrat, der diese Aufgabe zwingend durch das **Aufsichtsratsplenum** wahrzunehmen hat. Eine Delegation zur endgültigen Erledigung auf einen Ausschuss ist nach § 107 Abs. 3 Satz 3 AktG weder durch Beschluss des Aufsichtsrates noch durch eine Regelung in der Satzung zulässig und führt zur Unwirksamkeit des Bestellungsbeschlusses des Aufsichtsratsausschusses[172].

b) Regelung des Anstellungsverhältnisses

27.51 Von der Bestellung des Vorstandsmitglieds als körperschaftlichem Organisationsakt ist das vertragliche Anstellungsverhältnis zu unterscheiden (vgl. dazu Rz. 21.1 ff.). Nach § 107 Abs. 3 Satz 3 AktG besteht für die **vergütungsbezogenen Regelungen des Anstellungsvertrages** ein zwingender **Plenumsvorbehalt**, sodass die Delegation der Entscheidung über den Anstellungsvertrag auf einen Ausschuss unzulässig und unwirksam ist. Die Delegation der Vorbereitung der Beschlussfassung des Aufsichtsrats an das Aufsichtsratspräsidium oder den Personalausschuss ist zulässig und aus organisatorischen Gründen wie auch aus Gründen der Vertraulichkeit ratsam. Vgl. zum Anstellungsverhältnis der Mitglieder des Vorstandes im Einzelnen Rz. 21.12 ff., 21.125 ff.

Der Aufsichtsrat hat im Rahmen seiner Überwachungspflicht bei einer Verschlechterung der Lage der Gesellschaft regelmäßig zu prüfen, ob nicht eine **Herabsetzung der Vergütung** der Mitglieder des Vorstands nach § 87 Abs. 2 AktG geboten ist[173] (siehe dazu Rz. 21.95 ff.).

Sofern in den Vorstandsanstellungsverträgen gemäß der Empfehlung G.11 Deutscher Corporate Governance Kodex *claw-back*-Klauseln vereinbart sind, hat der Aufsichtsrat bei außergewöhnlichen Umständen auch zu entscheiden, ob variable Vergütungsanteile einbehalten oder vom Vorstandsmitglied zurückgefordert werden sollen (siehe dazu Rz. 21.42).

27.51a Die Vergütung der Vorstandsmitglieder einer börsennotierten Gesellschaft richtet sich nach dem **Vorstandsvergütungssystem**, das der Aufsichtsrat gemäß § 87a AktG festzulegen und der **Hauptversammlung** nach § 120a Abs. 1 AktG spätestens alle vier Jahre zur Billigung vorzulegen hat, sofern nicht bereits früher wesentliche Veränderungen erfolgt sind.

---

171 Vgl. *Krieger*, Personalentscheidungen des Aufsichtsrats, S. 42; *Peltzer* in FS Semler, 1993, S. 261, 267; *Potthoff/Trescher/Theisen*, AR-Mitglied, Rz. 1611.
172 *Hüffer/Koch*, § 84 AktG Rz. 12; *Rellermeyer*, Aufsichtsratsausschüsse, S. 41.
173 *Fleischer*, NZG 2009, 801, 804; *Hüffer/Koch*, § 87 AktG Rz. 62; *Reichert/Ullrich* in FS Uwe H. Schneider, 2011, S. 1017, 1031.

Im Sinne einer **nachgelagerten Kontrolle** der Vorstandsvergütung anhand des Vergütungssystems[174] hat der **Aufsichtsrat gemeinsam mit dem Vorstand** gemäß § 162 AktG nach vorheriger wechselseitiger Abstimmung[175] jährlich über die tatsächliche Vergütung der gegenwärtigen und früheren Mitglieder von Vorstand und Aufsichtsrat gegenüber der Hauptversammlung durch Vorlage des vom Abschlussprüfer formal zu prüfenden **Vergütungsberichts** zu berichten, über dessen Billigung die **Hauptversammlung** gemäß § 120a Abs. 3 AktG beschließt.

3. Vertretung der Aktiengesellschaft

Dem Aufsichtsrat obliegt nach § 112 AktG die gerichtliche wie außergerichtliche Vertretung der Gesellschaft **gegenüber den Mitgliedern des Vorstandes**. Die Regelung will die unbefangene Vertretung der Gesellschaft sicherstellen und das Risiko des Einflusses von sachfremden Überlegungen bei der Wahrnehmung der Vertretung der Gesellschaft vermeiden, wobei unter typisierender Betrachtung allein auf das abstrakte Befangenheitsrisiko abzustellen ist[176]. Aus diesem Grund gilt die Vertretungsregel von § 112 AktG nicht nur gegenüber amtierenden, sondern auch **gegenüber ehemaligen Mitgliedern**, z.B. soweit es um die Rechtmäßigkeit oder Wirksamkeit ihres Ausscheidens als Organmitglied[177], um Fragen ihres Anstellungsvertrages, ihrer Pensionsansprüche[178] um die Geltendmachung von Schadensersatzansprüchen nach § 93 Abs. 2 AktG[179] geht, aber auch um den Abschluss eines Beratungsvertrages mit einem ehemaligen Vorstandsmitglied[180], es sei denn, dass durch den zeitlichen Abstand zu seinem Ausscheiden aus dem Vorstand deutlich wird, dass ein Zusammenhang mit seiner früheren organschaftlichen Stellung nicht besteht und insoweit kein Anlass zur Besorgnis der Befangenheit gegeben ist[181]. Ebenso wird die AG entsprechend § 112 AktG allein durch den Aufsichtsrat gegenüber den **Hinterbliebenen eines Vorstandsmitglieds**[182] oder gegenüber einer **Gesellschaft, die mit dem Vorstandsmitglied wirtschaftlich identisch** ist, vertreten[183]. Nach zutreffender – wenn auch umstrittener Ansicht – gilt dies darüber hinaus auch, wenn das gegenwärtige oder künftige[184] Vor-

27.52

---

174 *Dieckmann*, BB 2018, 3010, 3012; *Hüffer/Koch*, § 162 AktG Rz. 1; *E. Vetter* in Großkomm. AktG, 4. Aufl. 2021, § 162 AktG Rz. 6.
175 Siehe dazu *E. Vetter* in FS Krieger, 2020, S. 1045, 1054.
176 BGH v. 15.1.2019 – II ZR 392/17, AG 2019, 298 Rz. 23; BGH v. 16.2.2009 – II ZR 282/07, AG 2009, 327; BGH v. 22.4.1991 – II ZR 151/90, AG 1991, 269, 270; *Hüffer/Koch*, § 112 AktG Rz. 2; *Rellermeyer*, ZGR 1993, 77, 80; *Schmits*, AG 1992, 149, 152; *E. Vetter*, ZGR 2020, 35, 45.
177 BGH v. 11.5.1981 – II ZR 126/80 – BFK, AG 1982, 18; BGH v. 9.10.1986 – II ZR 284/85, AG 1987, 19; BGH v. 8.2.1988 – II ZR 159/87, BGHZ 103, 213; BGH v. 26.6.1995 – II ZR 122/94, BGHZ 130, 108; *Schmits*, AG 1992, 149; *Semler* in FS Rowedder, 1994, S. 441, 445; *Werner*, ZGR 1989, 369.
178 BGH v. 13.2.1989 – II ZR 209/88, AG 1989, 247; BGH v. 5.3.1990 – II ZR 86/89, AG 1990, 359; BGH v. 22.4.1991 – II ZR 151/90, AG 1991, 269; BGH v. 28.4.1997 – II ZR 282/95, AG 1997, 417.
179 BGH v. 21.4.1997 – II ZR 175/95 – ARAG/Garmenbeck, BGHZ 135, 244, 255.
180 BGH v. 22.4.1991 – II ZR 151/90, AG 1991, 269; BGH v. 7.7.1993 – VIII ZR 2/92, AG 1994, 35; *Hüffer/Koch*, § 112 AktG Rz. 5.
181 *Habersack* in MünchKomm. AktG, 5. Aufl. 2019, § 112 AktG Rz. 15; *Semler* in FS Rowedder, 1994, S. 441, 448; a.A. *Hüffer/Koch*, § 112 AktG Rz. 5; vgl. auch *Rellermeyer*, ZGR 1993, 77, 81.
182 BGH v. 16.10.2006 – II ZR 7/05, AG 2007, 86 Rz. 6; LG München I v. 18.7.1995 – 28 O 24527/94, AG 1996, 38; *Lutter/Krieger/Verse*, Aufsichtsrat, Rz. 455; *Mertens/Cahn* in KölnKomm. AktG, 3. Aufl. 2013, § 112 AktG Rz. 17; *Spindler* in BeckOGK AktG, Stand 1.2.2021, § 112 AktG Rz. 23; *E. Vetter* in FS Roth, 2011, S. 855, 858; überholt OLG München v. 25.10.1995 – 7 U 3786/95, AG 1996, 184.
183 BGH v. 15.1.2019 – II ZR 392/17 – Telenet, AG 2019, 298 Rz. 17; OLG Brandenburg v. 14.1.2015 – 7 U 68/13, AG 2015, 428, 429; OLG Saarbrücken v. 11.10.2012 – 8 U 22/11, AG 2012, 922, 923; *Bayer/Scholz*, ZIP 2015, 1853, 1856; *Kort*, AG 2015, 531, 533; *Schubmann/Tolksdorf*, AG 2019, 295, 297; *Spindler* in BeckOGK AktG, Stand 1.2.2021, § 112 AktG Rz. 10; *E. Vetter* in FS Roth, 2011, S. 855, 859.
184 BGH v. 15.1.2019 – II ZR 392/17 – Telenet, AG 2019, 298 Rz. 32; *Habersack* in MünchKomm. AktG, 5. Aufl. 2019, § 112 AktG Rz. 11; *E. Vetter* in FS Windbichler, 2020, S. 1129, 1131 ff.

standsmitglied **an der Gesellschaft auch nur maßgeblich beteiligt** ist[185]; eine Beteiligung von 24,99 % reicht hingegen nach höchstrichterlicher Rechtsprechung nicht aus[186]. Nur bei Geschäften des täglichen Lebens, die keinen Bezug zur (früheren) Vorstandstätigkeit haben, vertritt stets der Vorstand die AG[187].

III. Bericht des Aufsichtsrates an die Hauptversammlung

1. Allgemeines

27.53   Über die im abgelaufenen Geschäftsjahr wahrgenommene Überwachung der Geschäftsleitung sowie insbesondere über das Ergebnis der Prüfung des Jahresabschlusses, des Lageberichts und des Vorschlags für die Verwendung des Bilanzgewinns sowie ggf. des Konzernabschlusses hat der Aufsichtsrat der Hauptversammlung nach § 171 Abs. 2 AktG zu berichten. Der Bericht ist schriftlich zu erstatten und vom Aufsichtsratsvorsitzenden oder im Verhinderungsfall von dessen Stellvertreter zu unterzeichnen[188]. Die Vorbereitung des Berichts kann einem Ausschuss übertragen werden. Über das Ergebnis der Prüfung und den Inhalt des Berichts muss jedoch nach § 107 Abs. 3 Satz 3 AktG das **Aufsichtsratsplenum** einen **Beschluss** fassen[189]. Der Bericht ist nicht nur **Bericht über das Ergebnis der eigenen Prüfung des Jahresabschlusses**, sondern auch **Rechenschaftsbericht des Aufsichtsrates** über seine gesamte eigene Tätigkeit während des abgelaufenen Geschäftsjahres und bildet damit eine wesentliche Grundlage für die Entscheidung der Hauptversammlung über die Entlastung der Mitglieder des Aufsichtsrates nach § 120 AktG[190].

2. Inhalt des Berichts

a) Prüfung des Jahresabschlusses und Konzernabschlusses

27.54   Der Inhalt des Berichts insbesondere hinsichtlich der Prüfung des Jahresabschlusses, des Lageberichts und des Vorschlags für die Verwendung des Bilanzgewinns sowie ggf. des Konzernabschlusses ergibt sich im Wesentlichen aus § 171 Abs. 2 AktG. Der Aufsichtsrat hat zum Ergebnis der Prüfung des Jahresabschlusses sowie bei Mutterunternehmen auch des Konzernabschlusses durch den Abschlussprüfer Stellung zu nehmen und zu erklären, ob nach dem abschließenden Ergebnis seiner eigenen Prüfung

---

185   KG Berlin v. 28.6.2011 – 19 U 11/11, AG 2011, 758; *Rupietta*, NZG 2007, 801, 804; *Spindler* in BeckOGK AktG, Stand 1.2.2021, § 112 AktG Rz. 10; *E. Vetter* in FS Roth, 2011, S. 855, 861; *E. Vetter*, Der Konzern 2012, 437, 441; a.A. OLG München v. 10.5.2012 – 14 U 2175/11, AG 2012, 518, 519; *Hopt/Roth* in Großkomm. AktG, 5. Aufl. 2019, § 112 AktG Rz. 67; *Jennel/Miller*, ZIP 2019, 1052, 1058; *Theusinger/Wolf*, NZG 2012, 901, 902; offengelassen BGH v. 15.1.2019 – II ZR 392/17 – Telenet, AG 2019, 298 Rz. 27; siehe auch *Drygala* in K. Schmidt/Lutter, § 112 AktG Rz. 17; BGH v. 12.3.2013 – II ZR 179/12, BGHZ 196, 312 Rz. 9.
186   BGH v. 12.3.2013 – II ZR 179/12, BGHZ 196, 312 Rz. 9; a.A. *E. Vetter* in FS Roth, 2011, S. 855, 861.
187   *Semler* in FS Rowedder, 1994, S. 441, 447; *Werner*, ZGR 1989, 369, 382; vgl. auch *Mertens/Cahn* in KölnKomm. AktG, 3. Aufl. 2013, § 112 AktG Rz. 15.
188   BGH v. 21.6.2010 – II ZR 24/09, AG 2010, 632, 634; *A/D/S*, 6. Aufl. 1997, § 171 AktG Rz. 62; *Ekkenga* in KölnKomm. AktG, 3. Aufl. 2013, § 171 AktG Rz. 71; *Hennrichs/Pöschke* in MünchKomm. AktG, 3. Aufl. 2013, § 171 AktG Rz. 213.
189   BGH v. 21.6.2010 – II ZR 24/09, AG 2010, 632, 633; *A/D/S*, 6. Aufl. 1997, § 171 AktG Rz. 63; *Euler/Klein* in BeckOGK AktG, Stand 1.2.2021, § 171 AktG Rz. 77; *Grigoleit/Zellner* in Grigoleit, § 171 AktG Rz. 15; *Lutter*, AG 2008, 1, 10; *E. Vetter* in Großkomm. AktG, 5. Aufl. 2018, § 171 AktG Rz. 260.
190   OLG Stuttgart v. 15.3.2006 – 20 U 25/0504 – RTV Family Entertainment, AG 2006, 379, 380; LG München I v. 10.3.2005 – 5 HK O 18110/04 – Para, AG 2005, 408; *Hüffer/Koch*, § 171 AktG Rz. 17; *Hennrichs/Pöschke* in MünchKomm. AktG, 3. Aufl. 2013, § 171 AktG Rz. 183; *Trescher*, DB 1998, 1016, 1017; *E. Vetter*, ZIP 2006, 257, 258; vgl. auch *E. Vetter*, ZIP 2006, 952.

Einwendungen zu erheben sind und ob er den aufgestellten Jahresabschluss und Konzernabschluss billigt (vgl. zum Jahresabschluss im Einzelnen Rz. 57.1 ff. und zum Konzernabschluss Rz. 58.1 ff.).
Hat der der Vorstand einen **gesonderten nichtfinanziellen (Konzern-)Bericht** nach § 289b Abs. 3 oder § 315b Abs. 3 HGB erstellt, ist auch dieser zu prüfen. Im Bericht ist anzugeben, ob der Aufsichtsrat dazu gemäß § 111 Abs. 2 Satz 4 AktG externe Expertise hinzugezogen hat[191].

b) Prüfung der Geschäftsführung

§ 171 Abs. 2 Satz 2 AktG verlangt ausdrücklich auch die Mitteilung über Art und Umfang der Prüfung der Geschäftsleitung durch den Aufsichtsrat. In Anlehnung an die Berichterstattungspflichten des Vorstandes gegenüber dem Aufsichtsrat nach § 90 Abs. 4 AktG ist auch der Aufsichtsrat zur Beachtung der Grundsätze einer gewissenhaften und getreuen Rechenschaft verpflichtet[192]. Die Vorschrift verlangt eine **aussagekräftige individuelle und qualitative Darlegung der während des Berichtsjahres erfolgten Überwachungstätigkeit des Aufsichtsrates**. Dabei ist insbesondere auf die unterschiedlichen vom Aufsichtsrat genutzten Überwachungsinstrumente einzugehen wie z.B. die Berichterstattung nach § 90 Abs. 1 AktG, Unterrichtung des Aufsichtsratsvorsitzenden nach § 90 Abs. 1 Satz 3 AktG, Sonderberichte nach § 90 Abs. 3 AktG, Einsichtnahme in Bücher oder die Beauftragung von Sachverständigen nach § 111 Abs. 2 AktG sowie die Prüfung zustimmungspflichtiger Geschäfte nach § 111 Abs. 4 Satz 2 AktG[193].

27.55

Die Veränderungen im Vorstand unterliegen der **Informationspflicht des Aufsichtsrates**, da Bestellung und Abberufung von Mitgliedern des Vorstandes in die ausschließliche Zuständigkeit des Aufsichtsrates fallen und zu den wichtigsten Elementen seiner Überwachungsaufgabe zählen[194]. Aber auch bei den Veränderungen im Aufsichtsrat besteht eine Informationspflicht, da die Hauptversammlung als nicht ständiges Organ unterrichtet werden muss, welche Personen die Überwachungsaufgabe im abgelaufenen Berichtszeitraum wahrgenommen haben. Dies gilt insbesondere auch deshalb, weil im Kreis der Aufsichtsratsmitglieder Änderungen erfolgen können, die überhaupt nicht auf einer Beschlussfassung der Hauptversammlung beruhen (z.B. gerichtliche Bestellung, Wahl von Aufsichtsratsmitgliedern der Arbeitnehmer) oder die auf einem bereits längere Zeit zurückliegenden Hauptversammlungsbeschluss beruhen (Amtsantritt eines Ersatzmitglieds)[195].

27.56

Die Erläuterung der Überwachungstätigkeit hat sich **an der wirtschaftlichen Lage der Gesellschaft zu orientieren** und muss entsprechend der Pflicht des Aufsichtsrates zur Intensivierung seiner Überwachungstätigkeit **in Krisenzeiten der Gesellschaft** der besonderen Problemlage auch durch eine **intensivere Berichterstattung** an die Hauptversammlung Rechnung tragen[196]. Liegt die Geschäftsentwicklung im Plan bei finanziell gesicherter Lage, ist eine knappere Berichterstattung ausreichend[197].

27.57

---

191 *Böcking/Althoff*, Der Konzern 2017, 246, 251; *E. Vetter* in Großkomm. AktG, 5. Aufl. 2018, § 171 AktG Rz. 245; *E. Vetter* in FS Seibert, 2019, S. 1007, 1018.
192 OLG Nürnberg v. 20.9.2006 – 12 U 3800/04 – DIC Asset, AG 2007, 295, 298; LG München I v. 5.4.2007 – 5 HK O 15964/06, AG 2007, 417, 418; *Potthoff/Trescher/Theisen*, AR-Mitglied, Rz. 2095.
193 LG München I v. 10.3.2005 – 5 HK O 18110/04 – Para, AG 2005, 408; *Trescher*, DB 1989, 1981, 1982; *Maser/Bäumker*, AG 2005, 906, 909; *E. Vetter*, ZIP 2006, 257, 262; restriktiv *Drygala*, AG 2007, 381; vgl. auch *Kiethe*, NZG 2006, 888, 891.
194 *Ekkenga* in KölnKomm. AktG, 3. Aufl. 2012, § 171 AktG Rz. 76; *Lutter*, AG 2008, 1, 8; *E. Vetter*, ZIP 2006, 257, 260; zurückhaltend hingegen *Hoffmann-Becking* in MünchHdb. AG, § 45 Rz. 22.
195 *Ekkenga* in KölnKomm. AktG, 3. Aufl. 2012, § 171 AktG Rz. 77; *E. Vetter*, ZIP 2006, 257, 260; *Liese/Theusinger*, BB 2007, 2528, 2532.
196 OLG Hamburg v. 12.1.2001 – 11 U 162/00 – Spar Handels-AG, AG 2001, 359, 362; OLG Stuttgart v. 15.3.2006 – 20 U 25/0504 – RTV Family Entertainment, AG 2006, 379, 380; *Sünner*, AG 2006, 450, 451; *E. Vetter*, ZIP 2006, 257, 262.
197 LG Krefeld v. 20.12.2006 – 11 O 70/06 – Jagenberg, AG 2007, 798; *E. Vetter*, ZIP 2006, 257, 262; wohl auch *Hennrichs/Pöschke* in MünchKomm. AktG, 3. Aufl. 2013, § 171 AktG Rz. 197.

Besondere Schwerpunkte der Überwachung des Aufsichtsrates, insbesondere wenn sie Anlass oder Gegenstand einer außerordentlichen Aufsichtsratssitzung gewesen sind (z.B. Erwerb oder Veräußerungen von wesentlichen Beteiligungen, große Investitionen), verlangen besondere Erwähnung.

27.58 Bei börsennotierten Gesellschaften verlangt § 171 Abs. 2 Satz 2 AktG darüber hinaus ausdrücklich die Angabe der **vom Aufsichtsrat gebildeten Ausschüsse** einschließlich der Darstellung ihrer speziellen Aufgaben und Funktionen, soweit sie sich nicht unmittelbar aus der Bezeichnung des Ausschusses erschließen lassen, sowie die gesonderte Mitteilung der **Anzahl der Sitzungen** des Aufsichtsrates und seiner Ausschüsse. Die namentliche Angabe der Ausschussmitglieder und des Ausschussvorsitzenden im Bericht ist jedoch entbehrlich[198]. Allerdings empfiehlt D.2 Deutscher Corporate Governance Kodex für die börsennotierte AG die Ausschussmitglieder sowie Ausschussvorsitzenden in der Erklärung zur Unternehmensführung namentlich anzugeben. Darüber hinaus empfiehlt D.8 Deutscher Corporate Governance Kodex im Bericht des Aufsichtsrates die **Anzahl der Sitzungen des Aufsichtsrates oder der Ausschüsse** anzugeben, an denen die einzelnen Mitglieder persönlich teilgenommen haben. Die Regelung hat im Wesentlichen präventiven Charakter[199]. E.1 Satz 2 Deutscher Corporate Governance Kodex empfiehlt die **Angabe von aufgetretenen Interessenkonflikten und deren Behandlung** im Bericht des Aufsichtsrates. Die Vorschrift ist nicht unproblematisch[200]. Sie verlangt die partielle Aufgabe der Vertraulichkeit der Sitzungen des Aufsichtsrates, die durch § 116 Satz 2 AktG besonders betont wird und die auch gegenüber dem allgemeinen Auskunftsrecht der Aktionäre nach § 131 Abs. 1 Satz 1 AktG geschützt ist[201]. Im Übrigen soll durch die Kodex-Regelung die Bereitschaft der Aufsichtsratsmitglieder zur Offenlegung von Konflikten gefördert und nicht dadurch eingeschränkt werden, dass jeder dem Aufsichtsrat mitgeteilte Interessenkonflikt zwangsläufig auch in die Öffentlichkeit getragen wird. Da mit der Preisgabe von Interna des Aufsichtsrates unter Umständen auch Nachteile für die Gesellschaft verbunden sein können, denen keine adäquaten Vorteile der Aktionäre gegenüberstehen, wird der Aufsichtsrat den Umfang und die Ausführlichkeit der Berichterstattung unter Berücksichtigung des Unternehmensinteresses im Einzelfall abzuwägen haben[202]. Die Angabe des Namens des betroffenen Aufsichtsratsmitglieds und eine konkrete Schilderung des Konfliktes ist im Regelfall nicht erforderlich[203] und muss auch auf Fragen von Aktionären in der Hauptversammlung nicht erfolgen, wenn der Aufsichtsrat der Auffassung ist, dass der Interessenkonflikt des einzelnen Mitglieds die Beratungen und Beschlüsse des Organs im abgelaufenen Geschäftsjahr nicht beeinträchtigt hat, weil z.B. das Aufsichtsratsmitglied an der Beratung und Beschlussfassung nicht teilgenommen hat. Allerdings wird man erwarten müssen, dass in dem Bericht des Aufsichtsrates deutlich gemacht wird, wie der Konflikt beseitigt worden ist, z.B. indem das betreffende Aufsichtsratsmitglied an der Sitzung oder an der Abstimmung nicht teilgenommen hat oder dadurch, dass es, wie dies z.B. auch E.1 Satz 2 Deutscher Corporate Governance Kodex bei wesentlichen und nicht nur vorübergehenden Interessenkon-

---

198 *Schulz* in Bürgers/Körber/Lieder, § 171 AktG Rz. 9a; *E. Vetter*, ZIP 2006, 257, 260; a.A. *A/D/S*, 6. Aufl. 2001, § 171 AktG Rz. 47.
199 Vgl. *Ekkenga* in KölnKomm. AktG, 3. Aufl. 2012, § 171 AktG Rz. 77; *von Werder* in Kremer/Bachmann/Lutter/v. Werder, Deutscher Corporate Governance Kodex, D.8 Rz. 2; *E. Vetter/Peters* in Hensseler/Strohn, D.8 DCGK Rz. 2.
200 Siehe auch *Peltzer*, Deutsche Corporate Governance, Rz. 318; *Priester*, ZIP 2011, 2081, 2082.
201 Vgl. z.B. BGH v. 5.6.1975 – II ZR 23/74 – Bayer, BGHZ 64, 325, 330; OLG Stuttgart v. 15.2.1995 – 3 U 118/94 – Daimler-Benz, AG 1995, 234, 235; *Mertens/Cahn* in KölnKomm. AktG, 3. Aufl. 2013, § 116 AktG Rz. 53; *Decher* in Großkomm. AktG, 5. Aufl. 2020, § 131 AktG Rz. 189.
202 Vgl. auch die Entscheidung des BGH v. 29.11.1982 – II ZR 88/91, BGHZ 86, 1, 19, die den Vorstand im Rahmen des Auskunftsrechts der Aktionäre nach § 131 AktG im Unternehmensinteresse zur Abwägung ermächtigt; siehe auch *Ekkenga* in KölnKomm. AktG, 3. Aufl. 2012, § 171 AktG Rz. 69.
203 BGH v. 10.7.2012 – II ZR 48/11 – Fresenius, AG 2012, 712 Rz. 32; vgl. *Kremer* in Kremer/Bachmann/Lutter/v. Werder, Deutscher Corporate Governance Kodex, E.1 Rz. 15; *Lutter*, AG 2008, 1, 9; *Priester*, ZIP 2011, 2081, 2084; *E. Vetter*, ZIP 2006, 257, 261; a.A. OLG Frankfurt v. 5.7.2011 – 5 U 104/10 – Leo Kirch/Deutsche Bank, AG 2011, 713, 715.

flikten vorsieht, aus dem Aufsichtsrat ausgeschieden ist[204]. Dauert der Interessenkonflikt noch an, wird man jedoch vom Aufsichtsrat in seinem Bericht an die Hauptversammlung konkretere Angaben verlangen müssen.

Nach § 176 Abs. 1 Satz 2 AktG soll der **Aufsichtsratsvorsitzende** den schriftlichen Bericht des Aufsichtsrates **zu Beginn der Hauptversammlung mündlich erläutern**. Inhalt und Umfang seiner Erläuterungen bestimmt der Aufsichtsrat selbst, da es sich dabei um seine persönliche Amtspflicht und Verantwortung handelt[205]. Seine Ausführungen sollten sich nicht auf die bloße Wiedergabe des schriftlichen Berichts beschränken, sondern zusätzliche Informationen über die Gegenstände des Aufsichtsratsberichts enthalten[206]. Zur Lage der Gesellschaft und der geschäftlichen Entwicklung werden vom Aufsichtsratsvorsitzenden jedoch keine zusätzlichen persönlichen Ausführungen erwartet[207]. Sofern sich aus der Unternehmensentwicklung besondere Aufgaben für den Aufsichtsrat als Überwachungsorgan ergeben haben, muss hierauf bereits im Aufsichtsratsbericht eingegangen werden und kann nicht der persönlichen Auffassung des Aufsichtsratsvorsitzenden überlassen werden. Bei der Erläuterungspflicht nach § 176 Abs. 1 Satz 2 AktG handelt es sich um eine Sollvorschrift, deren in der Praxis nicht seltene Missachtung[208] jedoch keine Anfechtbarkeit der Beschlüsse der Hauptversammlung begründet[209].

27.59

3. Rechtliche Bedeutung der Berichtspflicht des Aufsichtsrates

Dem Bericht des Aufsichtsrates an die Hauptversammlung kommt besondere Bedeutung zu. Dies gilt speziell im Fall der **faktischen Konzernierung**, d.h. bei einer konzernabhängigen Gesellschaft. Über das Ergebnis der Prüfung des nicht veröffentlichten schriftlichen Berichts des Vorstandes über die Beziehungen der Gesellschaft zu verbundenen Unternehmen, den so genannten **Abhängigkeitsbericht** (vgl. Rz. 27.44), durch den Aufsichtsrat hat dieser in seinen Bericht an die Hauptversammlung zu berichten. Der Aufsichtsratsbericht ist eine **wesentliche Informationsgrundlage für die Beschlussfassung der Hauptversammlung**, und zwar sowohl, was die Entlastungsbeschlüsse (§ 120 AktG) als auch was den Beschluss über die Gewinnverwendung (§ 174 AktG) anbetrifft. § 175 Abs. 2 AktG bestimmt deshalb, dass der Bericht des Aufsichtsrates neben anderen Unterlagen (Jahresabschluss und Lagebericht) von der Einberufung der Hauptversammlung an in den Geschäftsräumen der Gesellschaft zur Einsicht der Aktionäre auszulegen und darüber hinaus auch jedem Aktionär auf Verlangen unverzüglich eine Abschrift zu erteilen ist. Alternativ können die Unterlagen auch über die Homepage der Gesellschaft zugänglich gemacht werden (vgl. dazu auch Rz. 57.37 ff.).

27.60

Wird die Pflicht zur Vorlage des Berichts des Aufsichtsrates nach § 176 Abs. 1 Satz 1 und § 175 Abs. 2 AktG missachtet, führt dies zur **Anfechtbarkeit der** Entlastungsbeschlüsse[210] sowie **des Beschlusses**

27.61

---

204 *Ekkenga* in KölnKomm. AktG, 3. Aufl. 2012, § 171 AktG Rz. 77; *Lutter*, AG 2008, 1, 9; *Priester*, ZIP 2011, 2081, 2084; siehe auch OLG München v. 24.9.2008 – 7 U 4230/07, AG 2009, 121, 123.
205 *A/D/S*, 6. Aufl. 1997, § 176 AktG Rz. 23; *Butzke*, HV, H Rz. 40; *E. Vetter* in Großkomm. AktG, 5. Aufl. 2018, § 176 AktG Rz. 56.
206 *Ekkenga* in KölnKomm. AktG, 3. Aufl. 2012, § 176 AktG Rz. 13; *Hüffer/Koch*, § 176 AktG Rz. 4; *Peus*, Der Aufsichtsratsvorsitzende, 1983, S. 161; *E. Vetter*, ZIP 2006, 257, 262.
207 Ebenso *Butzke*, HV, H Rz. 40; a.A. *Claussen/Korth* in KölnKomm. AktG, 2. Aufl. 1991, § 176 AktG Rz. 10.
208 Vgl. auch *Baums* (Hrsg.), Bericht Regierungskommission, Rz. 61.
209 *Drygala* in K. Schmidt/Lutter, § 176 AktG Rz. 14; *Hennrichs/Pöschke* in MünchKomm. AktG, 3. Aufl. 2013, § 176 AktG Rz. 23 f.; *Noack/Zetsche* in KölnKomm. AktG, 3. Aufl. 2017, § 243 AktG Rz. 677; *E. Vetter* in Großkomm. AktG, 5. Aufl. 2018, § 176 AktG Rz. 69.
210 BGH v. 4.3.1974 – II ZR 89/72 – Seitz, BGHZ 62, 193, 194; LG Hagen v. 8.12.1964 – 8 HO 132/64, AG 1965, 82; *Hüffer/Koch*, § 120 AktG Rz. 14; *Hennrichs/Pöschke* in MünchKomm. AktG, 3. Aufl. 2013, § 175 AktG Rz. 42; *K. Schmidt* in Großkomm. AktG, 4. Aufl. 1996, § 243 AktG Rz. 35.

über die Gewinnverwendung[211]. Kommt der Aufsichtsrat seiner gesetzlichen Berichtspflicht nach § 314 Abs. 2 Satz 1 AktG nicht nach, den Bericht über die Beziehungen zu verbundenen Unternehmen zu prüfen und über das Ergebnis der Prüfung an die Hauptversammlung zu berichten, ist der Entlastungsbeschluss der Hauptversammlung ebenfalls anfechtbar[212]. Darüber hinaus kommt eine **Haftung der Aufsichtsratsmitglieder** nach §§ 93, 116 und 318 Abs. 2 AktG in Betracht, wenn der Aufsichtsrat seine gesetzlichen Berichtspflichten missachtet[213]. Gibt der Bericht des Aufsichtsrates die Verhältnisse der Gesellschaft einschließlich ihrer Beziehungen zu verbundenen Unternehmen unrichtig wieder oder verschleiert er sie, so machen sich die Aufsichtsratsmitglieder **strafbar** (§ 400 Abs. 1 Nr. 1 AktG)[214].

IV. Mitwirkung bei Geschäftsführungsmaßnahmen

1. Mitwirkung beim Jahresabschluss

27.62 Wesentlicher Bestandteil der Überwachung der Geschäftsführung ist die in § 171 Abs. 1 Satz 1 AktG verankerte Pflicht des Aufsichtsrates, den vom Vorstand aufgestellten und vom Abschlussprüfer geprüften Jahresabschluss und den Lagebericht sowie den Vorschlag für die Verwendung des Bilanzgewinns und bei Mutterunternehmen auch den Konzernabschluss und den Konzernlagebericht zu prüfen und hierüber der Hauptversammlung schriftlich zu berichten. Der Aufsichtsrat ist dabei auf die enge Zusammenarbeit mit dem Abschlussprüfer angewiesen[215].

a) Bestellung und Beauftragung des Abschlussprüfers

27.63 Die Bestellung des Abschlussprüfers zur Prüfung des Jahresabschlusses und des Lageberichts erfolgt durch Beschluss der Hauptversammlung gemäß § 119 Abs. 1 Nr. 4 AktG auf Vorschlag des Aufsichtsrates (§ 124 Abs. 3 Satz 1 AktG), der die Entscheidung über den Wahlvorschlag auf einen Ausschuss übertragen kann[216] (für die Prüfung des Jahresabschlusses siehe Rz. 60.1 ff.). Für Versicherungsunternehmen gelten infolge der Gesetzesänderung durch das FISG im Jahre 2021 keine Besonderheiten mehr[217]. Eine **kapitalmarktorientierte AG** (§ 264d HGB) hat dabei nach den Vorgaben der Abschlussprüfer-VO[218] ein Auswahlverfahren durchzuführen, wenn der Abschlussprüfer bereits seit zehn Jahren den Jahresabschluss der AG prüft[219]. Besteht ein Prüfungsausschuss, hat dieser nach dem in Art. 16

---

211 BGH v. 4.3.1974 – II ZR 89/72 – Seitz, BGHZ 62, 193, 194; LG Hagen v. 8.12.1964 – 8 HO 132/64, AG 1965, 82; *Ekkenga* in KölnKomm. AktG, 3. Aufl. 2012, § 175 AktG Rz. 15; *Hüffer/Koch*, § 175 AktG Rz. 6.
212 BGH v. 25.11.2002 – II ZR 133/01 – Ingram Macrotron, BGHZ 153, 47, 52; BGH v. 4.3.1974 – II ZR 89/72 – Seitz, BGHZ 62, 193, 194; OLG Karlsruhe v. 9.6.1999 – 1 U 288/98 – MLP, AG 2000, 78, 79; LG Köln v. 3.2.1992 – 91 O 203/91 – Nordstern/Winterthur, AG 1992, 238, 240; LG Berlin v. 2.12.1996 – 99 O 173/96 – Brau und Brunnen AG, AG 1997, 183, 184; *Noack/Zetsche* in KölnKomm. AktG, 3. Aufl. 2017, § 243 AktG Rz. 675.
213 *Habersack* in Emmerich/Habersack, Aktien- und GmbH-Konzernrecht, § 318 AktG Rz. 14; *Hennrichs/Pöschke* in MünchKomm. AktG, 3. Aufl. 2013, § 171 AktG Rz. 226; *Schulz* in Bürgers/Körber/Lieder, § 171 AktG Rz. 15.
214 Vgl. *Hefendehl* in BeckOGK AktG, Stand 1.2.2021, § 400 AktG Rz. 68 und 83; *Trescher*, DB 1998, 1016, 1017.
215 *Hennrichs* in FS Hommelhoff, 2012, S. 383, 387; *E. Vetter* in Großkomm. AktG, 5. Aufl. 2018, Vor §§ 170, 171 AktG Rz. 64 ff.
216 *Butzke* in Großkomm. AktG, 5. Aufl. 2017, § 124 AktG Rz. 72; *Herrler* in Grigoleit, § 124 AktG Rz. 15; *Hüffer/Koch*, § 124 AktG Rz. 20; a.A. *Hommelhoff*, BB 1998, 2567, 2570.
217 Zur früheren Rechtslage nach § 341 Abs. 2 Satz 1 HGB a.F. siehe 4. Auflage Rz. 26.66.
218 Verordnung (EU) Nr. 537/2014 des Europäischen Parlaments und des Rates v. 16.4.2014, ABl. EU Nr. L 158 v. 27.5.2014, S. 77.
219 Siehe dazu *Schilha*, ZIP 2016, 1316, 1326; *Schüppen*, NZG 2015, 247, 251.

Abs. 3–5 Abschlussprüfer-VO geregelten Auswahlverfahren Empfehlungen für zwei Abschlussprüfer mit Angabe der Präferenz zu erarbeiten, auf die der Aufsichtsrat seinen Beschlussvorschlag an die Hauptversammlung nach § 124 Abs. 3 Satz 2 AktG stützt, ohne an die Empfehlungen und die Präferenz gebunden zu sein[220]. Der Prüfungsausschuss hat sicherzustellen, dass das Auswahlverfahren ungeachtet der in der Regel unvermeidbaren Einbeziehung des Vorstands nicht von diesem gesteuert wird, sondern unter der Verantwortung und **alleinigen Entscheidungshoheit des Aufsichtsrats** stattfindet. Dem Vorstand steht auch kein Vorschlagsrecht gegenüber der Hauptversammlung zu. Ein gleichwohl erfolgter Bestellungsvorschlag des Vorstandes führt gemäß § 243 Abs. 1 AktG zur Anfechtbarkeit des Hauptversammlungsbeschlusses[221]. Ist die Gesellschaft ein Mutterunternehmen, gilt Entsprechendes für den Konzernabschluss und den Konzernlagebericht (§ 170 Abs. 1 Satz 2 AktG) (siehe dazu Rz. 29.35).

Von der Bestellung ist der **Prüfungsauftrag als schuldrechtliches Vertragsverhältnis** (Geschäftsbesorgung § 675 BGB)[222] zwischen der Gesellschaft und dem Abschlussprüfer zu unterscheiden. Entgegen der früheren Rechtslage ist der Aufsichtsrat nach § 111 Abs. 2 Satz 3 AktG allein zuständig und zur Vertretung der Gesellschaft berechtigt, dem Abschlussprüfer den **Prüfungsauftrag für den Jahres- und den Konzernabschluss** nach § 290 HGB zu erteilen und die Vergütung zu vereinbaren (vgl. dazu im Einzelnen Rz. 60.41 ff.). Ergänzend bestimmt § 318 Abs. 1 Satz 4 HGB, dass der Aufsichtsrat den Prüfungsauftrag unverzüglich im Anschluss an den Bestellungsbeschluss der Hauptversammlung (§ 119 Abs. 1 Nr. 4 AktG) zu erteilen hat. Die Zuständigkeit zur Erteilung des Prüfungsauftrages eröffnet dem Aufsichtsrat die Möglichkeit, nach eigenem Ermessen über den gesetzlichen Mindestumfang der Prüfung nach § 317 HGB hinaus zusätzliche Prüfungsschwerpunkte festzulegen oder den Prüfungsauftrag zu erweitern[223]. Im Regelfall ist der Aufsichtsrat für die **Vergütungsregelung** auf die Unterstützung durch den Vorstand, insbesondere den Finanzvorstand angewiesen, der auch mit den sonstigen Unterstützungsleistungen des Abschlussprüfers für die Gesellschaft vertraut ist[224], die für die Bemessung seiner Vergütung wie auch für die Einschätzung seiner Unabhängigkeit relevant sein können. Auch bei der **Festlegung von Prüfungsschwerpunkten** kann der Aufsichtsrat gezwungen sein, auf Informationen des Vorstandes zurückzugreifen. Hierbei muss der Aufsichtsrat in jedem Fall sicherstellen, dass er Herr des Verfahrens bleibt und seine Entscheidungskompetenz nicht durch eine übermäßige Einflussnahme des Vorstandes beeinträchtigt wird[225]. Der Deutsche Corporate Governance Kodex enthält mehrere Empfehlungen an den Aufsichtsrat, die bei der Erteilung des Prüfungsauftrages beachtet werden sollen[226]. Dabei geht es unter anderem um Empfehlungen zur **Unabhängigkeit des Abschlussprüfers** und ihrer Kontrolle durch den Aufsichtsrat (D.3) und um Regelungen hinsichtlich der **Aufgabe des Abschlussprüfers als Informationslieferant** des Aufsichtsrates (D.9 und D.10).

27.64

Die Erteilung des Prüfungsauftrages kann **auf einen Aufsichtsratsausschuss delegiert** werden, da § 111 Abs. 2 AktG in der Aufzählung der delegationsresistenten Aufgaben von § 107 Abs. 3 Satz 3 AktG nicht enthalten ist[227]. D.9 Deutscher Corporate Governance Kodex enthält insoweit keine Empfehlung.

27.65

---

220 *Butzke* in Großkomm. AktG, 5. Aufl. 2017, § 124 AktG Rz. 90; *Schilha*, ZIP 2016, 1316, 1326.
221 BGH v. 25.11.2002 – II ZR 49/01 – Hypo-Vereinsbank, BGHZ 153, 32, 44; *Ziemons* in K. Schmidt/Lutter, § 124 AktG Rz. 32.
222 Vgl. z.B. *Zimmer* in Großkomm. HGB, 4. Aufl. 2002, § 318 HGB Rz. 28.
223 *Hennrichs* in FS Hommelhoff, 2012, S. 383, 392; *Hüffer*, NZG 2007, 47, 53; *E. Vetter*, ZGR 2010, 751, 775.
224 Vgl. z.B. *Dörner*, WPg-Sonderheft 2001, 18; *Köstler*, WPg-Sonderheft 2001, 20; *Peltzer*, Deutsche Corporate Governance, Rz. 229.
225 *E. Vetter* in 50 Jahre AktG, S. 103, 128; weitergehend *Feddersen*, AG 2000, 385, 387.
226 Vgl. z.B. *Gelhausen/Hönsch*, AG 2002, 529, 530; *Peltzer*, Deutsche Corporate Governance, Rz. 356 ff.
227 *Drygala* in K. Schmidt/Lutter, § 111 AktG Rz. 40; *Hoffmann-Becking* in MünchHdb. AG, § 45 Rz. 5; *Hüffer/Koch*, § 111 AktG Rz. 39; *E. Vetter*, ZGR 2010, 751, 774; a.A. früher *Hommelhoff*, BB 1998, 2567, 2570; *Ziemons*, DB 2000, 77, 79.

27.66 Soweit die Gesellschaft Schadensersatzansprüche gegen den Abschlussprüfer geltend machen will, wird sie dabei ausschließlich durch den Aufsichtsrat vertreten[228].

b) Prüfung und Feststellung des Jahresabschlusses

27.67 Der Vorstand ist verpflichtet, den Jahresabschluss, den Lagebericht sowie den Gewinnverwendungsvorschlag nach § 170 Abs. 1 Satz 1 AktG unverzüglich nach der Aufstellung dem Aufsichtsrat zur **Prüfung** vorzulegen. Entsprechendes gilt für den Konzernabschluss und den Konzernlagebericht (§ 170 Abs. 1 Satz 2 AktG). Sobald der **Prüfungsbericht** des Abschlussprüfers dem Aufsichtsrat vorliegt, der gemäß § 170 Abs. 3 Satz 1 AktG **jedem Aufsichtsratsmitglied auszuhändigen** ist, sofern der Prüfungsbericht nicht durch ausdrücklichen zu begründenden Beschluss[229] des Aufsichtsratsplenums[230] nur den Mitgliedern eines Ausschusses (z.B. Bilanz- oder Prüfungsausschuss, Audit Committee, Präsidium) vorbehalten ist, hat dieser den Jahresabschluss sowie einen erstellten Konzernabschluss nebst den dazugehörenden Lageberichten und den Vorschlag für die Verwendung des Bilanzgewinns nach § 171 Abs. 1 Satz 1 AktG selbständig zu prüfen[231]. Die Prüfung erstreckt sich sowohl auf die **Rechtmäßigkeit** des Abschlusses wie auch auf die **Zweckmäßigkeit** der vom Vorstand getroffenen bilanzpolitischen Entscheidungen wie z.B. die Ausübung von Bilanzierungs- und Bewertungswahlrechten, da sie der Sache nach ergebnisverwendenden Charakter haben können[232]. Der gesetzliche **Prüfungsumfang des Aufsichtsrates** geht damit über den Prüfungsauftrag des Abschlussprüfers hinaus (vgl. im Einzelnen Rz. 57.33 ff.).

27.67a Nach dem durch das **CSR-Richtlinie-Umsetzungsgesetz**[233] eingefügten § 171 Abs. 1 Satz 4 AktG hat der Aufsichtsrat einer **großen, kapitalmarktorientierten AG mit mehr als 500 Arbeitnehmern** auch die ihm vom Vorstand vorzulegende **nichtfinanzielle Erklärung** i.S.v. § 289c HGB und ggf. die **nichtfinanzielle Konzernerklärung** i.S.v. § 315b HGB zu prüfen. Die Erklärungen können jeweils Teil der Lageberichte sein oder einen separaten Bericht bilden, der auf der Homepage der Gesellschaft zugänglich zu machen ist. Die **Prüfungspflicht des Aufsichtsrats** ergibt sich aus § 171 Abs. 1 Satz 1 AktG, wenn die Erklärung im Lagebericht enthalten ist; im Fall des gesonderten Berichts folgt sie aus § 171 Abs. 1 Satz 4 AktG[234]. Sie geht über die gemeinschaftsrechtlichen Vorgaben gemäß Art. 33 der Richtlinie[235] hinaus[236]. Zum Umfang der Prüfungspflicht des Aufsichtsrats äußert sich das Gesetz nicht, sodass offen bleibt, inwieweit der Aufsichtsrat die Erklärung hinsichtlich ihrer Rechtmäßigkeit und

---

228 *Hopt/Roth* in Großkomm. AktG, 5. Aufl. 2019, § 112 AktG Rz. 52; *E. Vetter*, AG 2019, 595, 598; a.A. ADS, 6. Aufl. 2000, § 318 Rz. 162; *Hüffer/Koch*, § 111 AktG Rz. 47; siehe generell zur Vertretungskompetenz des Aufsichtsrats BGH v. 15.1.2019 – II ZR 392/17 – Telenet, AG 2019, 298 Rz. 17.
229 Kritisch z.B. *E. Vetter* in Großkomm. AktG, 5. Aufl. 2018, § 170 AktG Rz. 176.
230 *Ekkenga* in KölnKomm. AktG, 3. Aufl. 2012, § 170 AktG Rz. 49; *Hennrichs/Pöschke* in MünchKomm. AktG, 3. Aufl. 2013, § 170 AktG Rz. 104; *E. Vetter* in Großkomm. AktG, 5. Aufl. 2018, § 170 AktG Rz. 179.
231 OLG Düsseldorf v. 6.11.2014 – I-6 U 16/14, AG 2015, 434, 436; *Ekkenga* in KölnKomm. AktG, 3. Aufl. 2012, § 171 AktG Rz. 7; *Selter*, Beratung des Aufsichtsrats, Rz. 619.
232 A/D/S, 6. Aufl. 2001, § 171 AktG Rz. 21; *Ekkenga* in KölnKomm. AktG, 3. Aufl. 2012, § 171 AktG Rz. 18 ff.; *Forster* in FS Kropff, 1997, S. 71, 84; *Schulze-Osterloh*, ZIP 1998, 2129, 2134; *E. Vetter* in Großkomm. AktG, 5. Aufl. 2018, § 171 AktG Rz. 53.
233 Gesetz zur Stärkung der nichtfinanziellen Berichterstattung der Unternehmen in ihren Lage- und Konzernlageberichten (CSR-Richtlinie-Umsetzungsgesetz) v. 11.4.2017, BGBl. I 2017, 802.
234 *Hennrichs/Pöschke*, NZG 2017, 121, 123; *Kajüter*, DB 2017, 617, 624; *E. Vetter* in Großkomm. AktG, 5. Aufl. 2018, § 171 AktG Rz. 92.
235 Richtlinie 2014/95/EU des Europäischen Parlaments und des Rates v. 22.10.2014 zur Änderung der Richtlinie 2013/34/EU im Hinblick auf die Angabe nichtfinanzieller und die Diversität betreffender Informationen durch bestimmte große Unternehmen und Gruppen, ABl. EU Nr. L 330 v. 15.11.2014, S. 1.
236 *E. Vetter* in FS Marsch-Barner, 2018, S. 559, 567; a.A. wohl *Lanfermann*, BB 2017, 747, 749.

Zweckmäßigkeit zu prüfen hat[237]. Für die Beantwortung der Frage ist zu berücksichtigen, dass die nichtfinanziellen Erklärungen nach § 317 Abs. 2 Satz 4 HGB nicht der gesetzlichen Prüfungspflicht des Abschlussprüfers unterfallen[238] und sich der Prüfungsumfang des Aufsichtsrats an der nebenamtlichen Rolle der Aufsichtsratsmitglieder und dem Umstand orientieren muss, dass der Aufsichtsrat nicht über einen eigenen Mitarbeiterstab verfügt. **Minimum der Prüfungsverantwortung** des Aufsichtsrats ist, sicherzustellen, dass den Berichtspflichten nach §§ 289b und 315b HGB entsprochen wird[239] und im Übrigen eine Plausibilitätskontrolle stattfindet[240]. Im Übrigen kommt der Aufsichtsrat seiner Verantwortung durch Erörterung der vom Vorstand zu entwickelnden Strategie hinsichtlich der nichtfinanziellen Aspekte der Geschäftstätigkeit sowie die (kritische) Durchsicht der Berichte auf Übereinstimmung mit der verabschiedeten Strategie, Plausibilität und Verständlichkeit nach. Zudem wird sich der Prüfungsausschuss oder der Aufsichtsrat vom Vorstand spätestens in der Bilanzsitzung zumindest das Berichtskonzept und den Berichtserstellungsprozess bezüglich der nichtfinanziellen Erklärung erläutern lassen müssen[241]. Dies zwingt den Vorstand dazu, die Umsetzung seiner Strategie hinsichtlich der nichtfinanziellen Aspekte der Geschäftstätigkeit im Aufsichtsrat zur Diskussion zu stellen[242]. Weitergehende Prüfungspflichten des Aufsichtsrats bestehen nur bei Mängeln der Berichtserstellung sowie bei Verdacht der Unvollständigkeit oder Unrichtigkeit der Erklärung; ggf. sind Maßnahmen des Aufsichtsrats nach § 111 Abs. 2 Satz 2 oder 4 AktG angezeigt[243]. Die standardmäßige Erteilung eines Prüfungsauftrags an den Abschlussprüfer oder einen anderen Experten lässt sich mit dem ausdrücklichen Ausschluss der gesetzlichen Prüfungspflicht des Abschlussprüfers nicht vereinbaren[244]. Dies folgt auch aus der Klarstellung in § 111 Abs. 2 Satz 4 AktG. Dem Aufsichtsrat steht aber die Möglichkeit offen, den Auftrag für eine *limited* oder *reasonable assurance* zu erteilen[245].

An der so genannten **Bilanzsitzung des Aufsichtsrates**, in der der Jahresabschluss dem Aufsichtsrat durch den Vorstand erläutert wird und anschließend darüber beraten werden soll, hat der Abschlussprüfer nach § 171 Abs. 1 Satz 2 AktG teilzunehmen und **über die wesentlichen Ergebnisse seiner Prüfung mündlich zu berichten**[246]. Dies schließt Aussagen zu wesentlichen Schwächen des internen Kontroll- und Risikomanagementsystems bezogen auf den Rechnungslegungsprozess ein (vgl. dazu im Einzelnen Rz. 60.177 ff.). Besteht kraft Gesetzes nach § 107 Abs. 3 AktG oder der Empfehlung D.3 Deutscher Corporate Governance Kodex folgend ein Aufsichtsratsausschuss (z.B. Prüfungs-, Bilanzausschuss oder Audit Committee), der die Beratungen des Gesamtaufsichtsrates über den Jahresabschluss vorbereitet, so hat der Abschlussprüfer nach § 171 Abs. 1 Satz 2 AktG entweder an der Sitzung dieses Ausschusses oder des Aufsichtsratsplenums teilzunehmen. Die Entscheidung trifft der Aufsichtsrat[247]. Sinnvoll und empfehlenswert ist eine **Teilnahme des Abschlussprüfers an beiden Sitzungen**[248]. Dabei geht es nicht um die bloße Duplizierung der Erläuterungen, sondern um eine besondere

27.68

---

237 Siehe auch *Scheffler*, AG 2021, R70, 72.
238 RegE, BT-Drucks. 18/9982 v. 17.10.2016, S. 66.
239 *Nietsch*, NZG 2016, 1330, 1335; weitergehend *Ekkenga* in FS E. Vetter, 2019, 115, 130.
240 *Grigoleit/Zellner* in Grigoleit, § 171 AktG Rz. 7; *Hecker/Bröcker*, AG 2017, 761, 766; *Hennrichs/Pöschke*, NZG 2017, 121, 124; *E. Vetter* in Großkomm. AktG, 5. Aufl. 2018, § 171 AktG Rz. 75, 77.
241 *E. Vetter* in Großkomm. AktG, 5. Aufl. 2018, § 171 AktG Rz. 80; *E. Vetter* in FS Marsch-Barner, 2018, S. 559, 571; ähnlich *Hennrichs/Pöschke*, NZG 2017, 121, 127.
242 Siehe *Hommelhoff* in FS Kübler, 2015, S. 291, 293; *Kajüter*, DB 2017, 617, 618.
243 *E. Vetter* in FS Marsch-Barner, 2018, S. 559, 572; ebenso *Hennrichs/Pöschke*, NZG 2017, 121, 127.
244 *Grigoleit/Tomasic* in Grigoleit, § 111 Rz. 60; *Hennrichs*, NZG 2017, 841, 845; *Hüffer/Koch*, § 111 AktG Rz. 41; *E. Vetter* in FS Marsch-Barner, 2018, S. 559, 568; siehe auch *Nietsch*, NZG 2016, 1330, 1335.
245 *Hennrichs*, NZG 2017, 841, 844; *Scheffler*, AG 2021, R70, R72; *E. Vetter* in FS Marsch-Barner, 2018, S. 559, 573.
246 *Ekkenga* in KölnKomm. AktG, 3. Aufl. 2012, § 171 AktG Rz. 56; *E. Vetter* in Großkomm. AktG, 5. Aufl. 2018, § 171 AktG Rz. 135 ff.
247 *A/D/S*, 6. Aufl. 2001, § 171 AktG Rz. 24; *Ekkenga* in KölnKomm. AktG, 3. Aufl. 2012, § 171 AktG Rz. 52; *E. Vetter* in Großkomm. AktG, 5. Aufl. 2018, § 171 AktG Rz. 148.
248 *A/D/S*, 6. Aufl. 2001, § 171 AktG Rz. 23; *Hüffer/Koch*, § 171 AktG Rz. 14; *Kropff* in FS Müller, 2001, S. 481, 499; *Lutter*, AG 2008, 1, 3.

Anpassung der Schwerpunkte und Akzente der mündlichen Erläuterungen an den unterschiedlichen Teilnehmerkreis. Die ordnungsgemäße und verantwortungsvolle Vorbereitung der dem Gesamtaufsichtsrat obliegenden Entscheidung durch den Ausschuss wie auch die Beratungen des Gesamtaufsichtsrates in der Bilanzsitzung über die Billigung des Jahresabschlusses leben in wesentlichem Umfang von den zusätzlichen mündlichen Informationen des Abschlussprüfers und der Möglichkeit des Gesprächs mit ihm[249]. Deshalb ist der Vorsitzende des Aufsichtsrates, bzw. der Ausschussvorsitzende auch gut beraten, die Teilnahme des Abschlussprüfers in beiden Sitzungen vorzusehen, es sei denn, das jeweilige Gremium lehnt die Teilnahme des Abschlussprüfers durch Mehrheitsentscheidung ab[250]. Wird wegen des vollständigen Ausschlusses der mündlichen Berichterstattung des Abschlussprüfer der Feststellungsbeschluss des Aufsichtsrats angegriffen, kann dies zur Nichtigkeit des Jahresabschlusses nach § 256 Abs. 2 AktG führen[251]. Die Pflicht des Abschlussprüfers hinsichtlich des Konzernabschlusses zur mündlichen Erläuterung der wesentlichen Ergebnisse seiner Prüfung gilt nach § 171 Abs. 1 Satz 2 AktG nunmehr auch für die Sitzung des Aufsichtsrates oder des Ausschusses, in der über den **Konzernabschluss** beraten werden soll.

27.69 § 172 Satz 1 AktG räumt dem Aufsichtsrat einen weitreichenden Einfluss auf den vom Vorstand aufgestellten Jahresabschluss ein, auch wenn der Aufsichtsrat dem Vorstand keine Weisungen zur inhaltlichen Gestaltung des Abschlusses erteilen kann. Beschließt der Aufsichtsrat in eigener Verantwortung[252] und nach sorgfältiger Prüfung die **Billigung des vorgelegten Jahresabschlusses**, so bedeutet dies zugleich dessen **Feststellung**, es sei denn, er stimmt mit dem Vorstand überein, gemäß § 173 Abs. 1 Satz 1 2. Halbsatz AktG die Feststellung des Jahresabschlusses ausnahmsweise der Hauptversammlung zu überlassen (vgl. dazu im Einzelnen Rz. 57.41).

Gegenstand der Überwachungspflicht des Aufsichtsrats nach § 111 Abs. 1 AktG ist auch die **unterjährige Finanzberichterstattung** (Halbjahresberichte- und Quartalsmitteilungen), auch wenn insoweit eine Billigung oder Feststellung nicht ausdrücklich normiert ist[253]. Die Aufgabe wird nach D.3 Deutscher Corporate Governance Kodex regelmäßig an den Prüfungsausschuss delegiert, da eine Befassung des Aufsichtsratsplenums schon aus Zeitgründen kaum in Betracht kommt[254].

27.70 Die **Billigung des Jahresabschlusses** kann **nicht auf einen Aufsichtsratsausschuss übertragen** werden (§ 107 Abs. 3 Satz 3 i.V.m. § 171 AktG)[255]. Dem Prüfungsausschuss (*Audit Committee*) wird typischerweise die Vorbereitung der Prüfung des Jahresabschlusses und der abschließenden Beratung und Entscheidung des Plenums übertragen.

27.71 Auch der **Konzernabschluss** muss nach § 171 Abs. 2 Satz 5 AktG vom Aufsichtsrat **förmlich gebilligt** werden; wird die Billigung vom Aufsichtsrat abgelehnt, hat die Hauptversammlung darüber zu entscheiden (§ 173 Abs. 1 Satz 2 AktG). Die Regelung von § 171 Abs. 2 Satz 5 AktG, die zwar anders als

---

249 Vgl. auch *Forster*, AG 1999, 193, 197; *Hommelhoff*, BB 1998, 2625, 2627; *Schulze-Osterloh*, ZIP 1998, 2129, 2133.
250 *Hommelhoff*, BB 1998, 2625, 2627; *Kropff* in FS Müller, 2001, S. 481, 499; *E. Vetter* in Großkomm. AktG, 5. Aufl. 2018, § 171 AktG Rz. 148.
251 *Bezzenberger* in Großkomm. AktG, 5. Aufl. 2021, § 256 AktG Rz. 194; *Neuling*, AG 2002, 611, 612; differenzierend *E. Vetter* in Großkomm. AktG, 5. Aufl. 2018, § 171 AktG Rz. 162 ff.; a.A. z.B. *Ekkenga* in KölnKomm. AktG, 3. Aufl. 2012, § 171 AktG Rz. 54; *Hüffer/Koch*, § 171 AktG Rz. 14.
252 *A/D/S*, 6. Aufl. 2001, § 171 AktG Rz. 20; *Lutter/Krieger/Verse*, Aufsichtsrat, Rz. 507; *E. Vetter* in Großkomm. AktG, 5. Aufl. 2018, § 171 AktG Rz. 18, 27.
253 *Böcking/Kiehne*, Der Konzern 2010, 296, 301; *Ekkenga* in KölnKomm. AktG, 3. Aufl. 2012, § 171 AktG Rz. 22; *Hüffer/Koch*, § 111 AktG Rz. 3; *Selter*, Beratung des Aufsichtsrats, Rz. 646; *E. Vetter*, ZGR 2010, 751, 765.
254 *E. Vetter*, ZGR 2010, 751, 765; *E. Vetter/Peters* in Henssler/Strohn, D.3 DCGK Rz. 3.
255 *Hüffer/Koch*, § 172 AktG Rz. 4; *Rürup* in FS Budde, 1995, S. 543, 546; *Schulz* in Bürgers/Körber/Lieder, § 172 AktG Rz. 3.

z.B. § 42a Abs. 3 GmbHG keine Feststellung des Konzernabschlusses vorsieht[256], trägt nicht nur der **gewachsenen Bedeutung von Konzernabschluss und Konzernlagebericht** Rechnung, sondern betont auch die Pflicht des Aufsichtsrates zur eingehenden Prüfung des Konzernabschlusses (vgl. dazu im Einzelnen Rz. 58.14 ff.).

2. Entsprechenserklärung gemäß § 161 AktG

a) Allgemeines

Nach § 161 AktG hat der Aufsichtsrat neben dem Vorstand die so genannte Entsprechenserklärung abzugeben und zu erklären, ob den im Bundesanzeiger bekannt gemachten Empfehlungen der „Regierungskommission Deutscher Corporate Governance Kodex" entsprochen wurde und wird oder welche Empfehlungen nicht angewendet wurden oder werden sowie die Abweichungen zu begründen. Die Pflicht zur Abgabe der Entsprechenserklärung richtet sich nicht an die börsennotierte Gesellschaft als Adressat, sondern ist eine **Pflicht ihrer Organe Vorstand und Aufsichtsrat**[257]. Die Erklärung erstreckt sich zum einen auf die Einhaltung der Kodex-Empfehlungen für die abgelaufene Rechenschaftsperiode als auch auf deren Einhaltung in der Zukunft. Für die Vergangenheit ist die Erklärung nach § 161 AktG **reine Wissenserklärung**[258], für die Zukunft ist sie jederzeit abänderbare **unverbindliche Absichtserklärung**[259] (vgl. dazu im Einzelnen Rz. 2.76).

27.72

Die Entsprechenserklärung ist **keine gemeinsame Erklärung von Vorstand und Aufsichtsrat**, sondern beide Organe haben jeweils eigenständig die jährliche Entsprechenserklärung abzugeben; ein rechtlicher Einigungszwang besteht nicht[260]; in praxi ist angesichts des Drucks möglicher negativer Reaktionen des Kapitalmarktes wohl aber von einem faktischen Zwang auszugehen. Die Erklärungen können bei Übereinstimmung zu einer gemeinsamen Erklärung zusammengefasst werden[261]. Dies wird auch der Regelfall sein, denn Vorstand und Aufsichtsrat werden im Interesse des Unternehmens bemüht sein, negative Reaktionen der Kapitalmärkte zu vermeiden, die die zwangsläufige Folge von divergierenden Entsprechenserklärungen wären.

27.73

b) Zuständigkeiten

Soweit es um die **Entsprechenserklärung für die Vergangenheit** geht, handelt es sich um eine reine Wissenserklärung über einen abgeschlossenen Sachverhalt, die der Aufsichtsrat nicht nur hinsichtlich der seine eigene Amtsführung betreffenden Verhaltensempfehlungen abzugeben hat, sondern auch hinsichtlich der die verschiedenen anderen Adressaten betreffenden Kodex-Empfehlungen[262]. Bei der **Entsprechenserklärung für die Zukunft** ist die **aktienrechtliche Zuständigkeitsordnung** zu beachten

27.74

---

256 Kritisch dazu z.B. *Busse von Colbe*, BB 2002, 1583, 1586; *Hennrichs/Pöschke* in MünchKomm. AktG, 3. Aufl. 2013, § 172 AktG Rz. 103 ff.
257 *Krieger* in FS Ulmer, 2003, S. 365, 369; *Seibert*, BB 2002, 581, 583; *Spindler* in K. Schmidt/Lutter, § 161 AktG Rz. 18; *E. Vetter*, NZG 2009, 561, 562; a.A. *Schürnbrand* in FS Uwe H. Schneider, 2011, S. 1197, 1202.
258 *Hüffer/Koch*, § 161 AktG Rz. 14; *Ihrig/Wagner*, BB 2002, 2509, 2511; *Krieger* in FS Ulmer, 2003, S. 365, 371; *Lutter* in KölnKomm. AktG, 3. Aufl. 2012, § 161 AktG Rz. 28.
259 BT-Drucks. 14/8769, S. 22; *Hüffer/Koch*, § 161 AktG Rz. 20; *Lutter* in KölnKomm. AktG, 3. Aufl. 2012, § 161 AktG Rz. 29; *Goette* in MünchKomm. AktG, 3. Aufl. 2013, § 161 AktG Rz. 43; *E. Vetter*, DNotZ 2003, 748, 755.
260 *Ihrig/Wagner*, BB 2002, 789, 790; *Krieger* in FS Ulmer, 2003, S. 365, 369; *Spindler* in K. Schmidt/Lutter, § 161 AktG Rz. 23; *E. Vetter*, NZG 2009, 561, 563; a.A. *Schüppen*, ZIP 2002, 1269, 1271; *Schürnbrand* in FS Uwe H. Schneider, 2011, S. 1197, 1207.
261 *Lutter/Krieger/Verse*, Aufsichtsrat, Rz. 511; *Peltzer*, NZG 2002, 593, 595; *Bayer/Scholz* in BeckOGK AktG, Stand 1.2.2021, § 161 AktG Rz. 57; *E. Vetter*, DNotZ 2003, 748, 755.
262 *Ihrig/Wagner*, BB 2002, 2509, 2511; *Krieger* in FS Ulmer, 2003, S. 365, 371; *E. Vetter*, DNotZ 2003, 748, 756.

(vgl. dazu im Einzelnen Rz. 2.79)[263]. Es ist danach zu unterscheiden, ob es sich um Kodex-Empfehlungen handelt, die den Aufsichtsrat und seine Mitglieder angehen und über deren Einhaltung oder Ablehnung der Aufsichtsrat im Rahmen seiner gesetzlichen Kompetenzen entscheiden kann, oder um solche, die andere Adressaten betreffen und deren Anerkennung nicht in den Händen des Aufsichtsrates liegt. Wegen der an den Aufsichtsrat und seine Mitglieder gerichteten Empfehlungen bedarf es einer Entscheidung im Aufsichtsrat, ob den Kodex-Empfehlungen entsprochen werden soll oder nicht. Der Aufsichtsrat kann insoweit nur für die an ihn selbst, bzw. den Aufsichtsratsvorsitzenden oder an seine Mitglieder, gerichteten Verhaltensempfehlungen eine bis zum jederzeitigen Widerruf verbindliche Erklärung im Sinne einer Absichtserklärung abgeben. Soweit es die künftige Amtsführung anderer Organe oder von Organmitgliedern anbetrifft, hat der Aufsichtsrat deren Entscheidung abzuwarten, da ihm keine Entscheidungskompetenz über deren künftiges Verhalten zusteht[264]. Insoweit hat die Entsprechenserklärung des Aufsichtsrates auch für die Zukunft nur den Charakter einer Wissenserklärung[265]. Im Regelfall wird sich der Aufsichtsrat vor Abgabe der Erklärung mit dem Vorstand abstimmen.

27.75 Eine Übertragung der Entscheidung über die Entsprechenserklärung des Aufsichtsrates auf einen **Aufsichtsratsausschuss** scheidet aus, auch wenn § 161 AktG nicht im Katalog der delegationsresistenten Aufgaben in § 107 Abs. 3 Satz 3 AktG erwähnt ist[266]. Die Entsprechenserklärung für die Zukunft enthält eine Bindungswirkung bis zum jederzeitigen Widerruf und greift, soweit die Verhaltensempfehlungen des Kodex die Amtsführung des Aufsichtsrates betreffen, in die Verantwortung sowie die innere Ordnung und Arbeitsweise des Aufsichtsrates als Organ ein (vgl. z.B. D.1: Erlass einer Geschäftsordnung des Aufsichtsrates; D.2: Einsetzung von Aufsichtsratsausschüssen; D.3: Einrichtung eines Prüfungsausschusses; D.8 und E.1: Aufsichtsratsbericht an die Hauptversammlung) wie auch in die Rechte seiner einzelnen Mitglieder (C.4 und C.5: Begrenzung der konzernfremden Aufsichtsratsmandate bei börsennotierten Gesellschaften; E.1: Offenlegung von Interessenkonflikten). Eine derart weitreichende **Entscheidung kann nicht an einen Aufsichtsratsausschuss delegiert werden**, sondern muss vom Aufsichtsratsplenum wahrgenommen werden, dem auch die alleinige Zuständigkeit für eine eventuelle Transformation der Verhaltensempfehlungen in innergesellschaftlich bindende Regelungen[267] zusteht[268].

27.76 Die Erklärung für die Vergangenheit setzt eine sorgfältige Sachverhaltsermittlung und Prüfung voraus, ob Aufsichtsrat und Vorstand sowie die einzelnen Organmitglieder die Empfehlungen in der abgelaufenen Rechnungsperiode beachtet haben. Auch mit der Absichtserklärung zum künftigen Umgang mit den Verhaltensempfehlungen kann umfangreicher Abstimmungsbedarf mit dem Vorstand sowie einzelnen Mitgliedern von Vorstand und Aufsichtsrat verbunden sein, bevor der Aufsichtsrat einen Beschluss zur Entsprechenserklärung und der Begründung von Abweichungen zu Kodex-Empfehlungen fassen kann[269]. Im Übrigen trifft den Aufsichtsrat die **laufende Pflicht** sich – ohne aktive Nachforschung – zu vergewissern, ob die Erklärung weiterhin zutrifft[270]. Im Hinblick auf die Aktualisierungs-

---

263 *Hüffer/Koch*, § 161 AktG Rz. 10; *Ihrig/Wagner*, BB 2002, 2509, 2511; *Ulmer*, ZHR 166 (2002), 150, 173.
264 Vgl. *Lutter* in Kremer/Bachmann/Lutter/v. Werder, Deutscher Corporate Governance Kodex, Teil 4 Rz. 17.
265 *Ederle*, NZG 2010, 655, 658; *Ihrig/Wagner*, BB 2002, 2509, 2511; *Leyens* in Großkomm. AktG, 5. Aufl. 2018, § 161 AktG Rz. 167.
266 *Hüffer/Koch*, § 161 AktG Rz. 13; *Lutter* in KölnKomm. AktG, 3. Aufl. 2012, § 161 AktG Rz. 41; *Krieger* in FS Ulmer, 2003, S. 365, 376; *E. Vetter* in Liber amicorum M. Winter, 2011, S. 701, 719; *Seibt*, AG 2002, 249, 253; teilweise a.A. *Ihrig/Wagner*, BB 2002, 2509, 2513.
267 Vgl. dazu z.B. *Lutter*, ZHR 166 (2002), 523, 536 ff.; *E. Vetter*, DNotZ 2003, 748, 759.
268 *Lutter/Krieger/Verse*, Aufsichtsrat, Rz. 514; *Seibt*, AG 2002, 249, 253; *Goette* in MünchKomm. AktG, 3. Aufl. 2013, § 161 AktG Rz. 67.
269 *Lutter* in KölnKomm. AktG, 3. Aufl. 2012, § 161 AktG Rz. 54; *Spindler* in K. Schmidt/Lutter, § 161 AktG Rz. 55; *E. Vetter*, NZG 2009, 561, 563.
270 BGH v. 16.2.2009 – II ZR 185/09 – Leo Kirch/Deutsche Bank, BGHZ 180, 9, 24; *Lutter* in KölnKomm. AktG, 3. Aufl. 2012, § 161 AktG Rz. 54; *Bayer/Scholz* in BeckOGK AktG, Stand 1.2.2021, § 161 AktG Rz. 115; *E. Vetter*, NZG 2009, 561, 563.

pflicht ist jedes Aufsichtsratsmitglied gehalten, unterjährige Abweichungen dem Aufsichtsratsvorsitzenden mitzuteilen[271]. Es ist deshalb ratsam, die **Vorbereitung der Entscheidung des Aufsichtsratsplenums** einem Ausschuss zu übertragen[272].

Über den Inhalt seiner Entsprechenserklärung entscheidet der Aufsichtsrat durch Beschluss. Soweit sich die Erklärung auf Empfehlungen bezieht, die materiell Regelungen der inneren Ordnung und Arbeitsweise des Aufsichtsrates darstellen, reicht für die Absichtserklärung zur künftigen Befolgung der Empfehlungen ein **Beschluss mit einfacher Mehrheit**[273] ebenso aus wie der Beschluss, die entsprechenden Empfehlungen in echte gesellschaftsinterne Pflichten, z.B. in Bestimmungen der Geschäftsordnung des Aufsichtsrates zu transferieren. Gleiches gilt für die Empfehlungen hinsichtlich des Verhaltens des Aufsichtsratsvorsitzenden, da er in seiner Amtsführung vom Willen des Aufsichtsrates abhängt. Verschiedene Kodex-Empfehlungen wie z.B. C.4, C.5 und E.1 haben jedoch **persönliche Verhaltenspflichten** der einzelnen Aufsichtsratsmitglieder zum Gegenstand, die auf Grund der körperschaftlichen Rechtsstellung der Aufsichtsratsmitglieder keiner vertraglichen Regelung zugänglich sind. Für die künftige Befolgung dieser Empfehlungen bedarf es für die Entsprechenserklärung einer **einstimmigen Entscheidung des Aufsichtsrates**, unabhängig davon, ob der Aufsichtsrat die Empfehlung in die Aufsichtsratsgeschäftsordnung integriert oder nicht, da den Aufsichtsratsmitgliedern gegen ihren Willen keine zusätzlichen Pflichten auferlegt werden können[274]. Im Falle von personellen Veränderungen im Aufsichtsrat führt dies dazu, dass unverzüglich nach Übernahme des Mandates das Einverständnis des neuen Aufsichtsratsmitglieds eingeholt werden muss, und zwar entweder durch individuellen Beitritt des neuen Mitglieds zu dem bestehenden Aufsichtsratsbeschluss, bzw. zur bestehenden Aufsichtsrats-Geschäftsordnung, oder ggf. auch im Rahmen eines neuen Beschlusses des Aufsichtsratsplenums[275].

27.77

3. Mitwirkung bei Kapitalmaßnahmen

Enthält die Satzung eine Ermächtigung des Vorstandes nach § 202 AktG, das Grundkapital durch Ausgabe neuer Aktien gegen Einlagen zu erhöhen (genehmigtes Kapital), bedarf der Vorstand zur Ausnutzung der Ermächtigung und zur Festsetzung der Ausgabebedingungen gemäß § 204 Abs. 1 Satz 2 AktG der **Zustimmung des Aufsichtsrates** (vgl. dazu im Einzelnen Rz. 45.32). Enthält die Ermächtigung des Vorstandes auch die Möglichkeit zum Ausschluss des Bezugsrechts ist auch insoweit die Zustimmung des Aufsichtsrates erforderlich (§ 204 Abs. 1 Satz 2 AktG). Die Aufgabe kann auf einen **Aufsichtsratsausschuss** (z.B. Aufsichtsratspräsidium) übertragen werden[276], was in der Praxis aus Gründen der Praktikabilität und der üblicherweise bei Kapitalmaßnahmen kurzfristig zu treffenden Entscheidungen auch regelmäßig erfolgt.

27.78

4. Ausübung von Beteiligungsrechten (§ 32 MitbestG, § 15 MitbestErgG)

a) Allgemeine Bedeutung

Untersteht die Gesellschaft dem MitbestG oder dem MitbestErgG und ist sie an einer anderen Gesellschaft beteiligt, für die das gleiche Mitbestimmungsstatut gilt, so bedarf der Vorstand bei der Wahr-

27.79

---

271 Lutter in KölnKomm. AktG, 3. Aufl. 2012, § 161 AktG Rz. 135; E. Vetter in Liber amicorum M. Winter, 2011, S. 701, 719.
272 Lutter in Kremer/Bachmann/Lutter/v. Werder, Deutscher Corporate Governance Kodex, Teil 4 Rz. 35; Seibt, AG 2002, 249, 254; u.U. mag auch die Einsetzung eines Corporate-Governance-Beauftragten sinnvoll sein; vgl. dazu Peltzer, Deutsche Corporate Governance, Rz. 381; Peltzer, DB 2002, 2580.
273 Ebenso Krieger in FS Ulmer, 2003, S. 365, 375; Semler/Wagner, NZG 2003, 553, 555; E. Vetter, DNotZ 2003, 748, 759.
274 Krieger in FS Ulmer, 2003, S. 365, 374; Lutter in KölnKomm. AktG, 3. Aufl. 2012, § 161 AktG Rz. 61; Seibt, AG 2002, 249, 259; E. Vetter, DNotZ 2003, 748, 759.
275 Hüffer/Koch, § 161 AktG Rz. 13; Lutter, ZHR 166 (2002), 523, 537; E. Vetter, DNotZ 2003, 748, 760.
276 Hirte in Großkomm. AktG, 4. Aufl. 2001, § 204 AktG Rz. 15; Hüffer/Koch, § 204 AktG Rz. 6 f.; Rellermeyer, Aufsichtsratsausschüsse, S. 25 ff.

nehmung von bestimmten Beteiligungsrechten in diesen Gesellschaften eines vorherigen Beschlusses der Anteilseignervertreter seines eigenen Aufsichtsrates. Die Vorschrift des § 32 MitbestG bewirkt die Zuweisung der Entscheidungskompetenz in der Wahrnehmung von bestimmten Beteiligungsrechten an den Aufsichtsrat, der dadurch ähnlich wie bei § 111 Abs. 4 Satz 2 AktG Geschäftsführungsfunktionen wahrnimmt und für den Vorstand bindende Entscheidungen trifft. Ziel der Vorschriften ist die **Vermeidung der Kumulation von Arbeitnehmermitbestimmungsrechten in Konzernen und Unternehmensgruppen** auf den verschiedenen Beteiligungsstufen[277].

b) Anwendungsbereich

aa) Geltungsbereich von § 32 MitbestG

27.80 Unterstehen sowohl die Obergesellschaft als auch die Beteiligungsgesellschaft dem MitbestG, so ist die Vorschrift von § 32 MitbestG zu beachten. Die Geltung von anderen Mitbestimmungsstatuten führt nicht zur Anwendbarkeit von § 32 MitbestG. Ein **Abhängigkeits- oder Konzernverhältnis ist nicht erforderlich**[278]. Eine Beteiligung von 25 % am Kapital oder an den Stimmen ist ausreichend (§ 32 Abs. 2 MitbestG), wobei die Zurechnungsbestimmungen des § 16 Abs. 2 bis 4 AktG nicht anwendbar sind[279]. Indirekte Beteiligungen werden nicht berücksichtigt[280]. Handelt es sich um mehrstufige Beteiligungsverhältnisse, ist, auch wenn für alle Gesellschaften das MitbestG gilt, für die Anwendung von § 32 MitbestG jeweils nur auf das direkte Beteiligungsverhältnis abzustellen, so dass es für die Hauptversammlung einer Enkelgesellschaft nicht eines Aufsichtsratsbeschlusses der Konzernspitze bedarf[281].

bb) Betroffene Beteiligungsrechte

27.81 Die von § 32 MitbestG erfassten Beteiligungsrechte orientieren sich an den gesetzlichen Zuständigkeiten der Hauptversammlung und sind in der Vorschrift abschließend aufgezählt[282]. Betroffen sind **bestimmte Personalentscheidungen**, nämlich die Bestellung (§ 101 AktG), Abberufung (§ 103 AktG) und Entlastung von Aufsichtsratsmitgliedern (§ 119 Abs. 1 Nr. 3, § 120 AktG) sowie die Entlastung von Vorstandsmitgliedern (§ 119 Abs. 1 Nr. 3, § 120 AktG). Weiterhin sind **bestimmte Sachentscheidungen** erfasst, die die rechtlichen Grundlagen der Gesellschaft betreffen, nämlich die Auflösung (§ 262 AktG), die Umwandlung (§ 1 UmwG), der Abschluss von Unternehmensverträgen nach §§ 291 und 292 AktG sowie die Fortsetzung der Gesellschaft nach Auflösung (§ 274 AktG). Andere Entscheidungen aus dem Zuständigkeitsbereich der Hauptversammlung der Untergesellschaft wie z.B. die Satzungsänderungen, Maßnahmen der Kapitalbeschaffung, der Gewinnverwendung oder Strukturmaßnahmen im Sinne der so genannten Holzmüller/Gelatine-Rechtsprechung des BGH[283] werden nicht erfasst.

---

277 *Annuß* in MünchKomm. AktG, 5. Aufl. 2019, § 32 MitbestG Rz. 1; *Oetker* in Großkomm. AktG, 5. Aufl. 2018, § 32 MitbestG Rz. 1.
278 *Schubert* in Wißmann/Kleinsorge/Schubert, § 32 MitbestG Rz. 11; *Habersack* in Habersack/Henssler, MitbestR, § 32 MitbestG Rz. 6.
279 *Mertens/Cahn* in KölnKomm. AktG, 3. Aufl. 2013, Anh. § 117 B § 32 MitbestG Rz. 5; *Oetker* in Großkomm. AktG, 5. Aufl. 2018, § 32 MitbestG Rz. 8; *Raiser* in Raiser/Veil/Jacobs, § 32 MitbestG Rz. 7.
280 *Hoffmann/Preu*, Aufsichtsrat, Rz. 346; *Raiser* in Raiser/Veil/Jacobs, § 32 MitbestG Rz. 5; *Schubert* in Wißmann/Kleinsorge/Schubert, § 32 MitbestG Rz. 8.
281 *Hoffmann-Becking* in MünchHdb. AG, § 29 Rz. 82; *Hoffmann/Lehmann/Weinmann*, § 32 MitbestG Rz. 21.
282 *Oetker* in Großkomm. AktG, 5. Aufl. 2018, § 32 MitbestG Rz. 13; *Raiser* in Raiser/Veil/Jacobs, § 32 MitbestG Rz. 16.
283 BGH v. 25.2.1982 – II ZR 174/80 – Holzmüller, BGHZ 83, 122; BGH v. 26.4.2004 – II ZR 155/02 – Gelatine, BGHZ 159, 30; vgl. dazu *Goette*, DStR 2004, 927.

c) Verfahren

Über die Ausübung der von § 32 MitbestG erfassten Beteiligungsrechte beschließt der Aufsichtsrat der Obergesellschaft **ausschließlich mit den Stimmen der Aufsichtsratsmitglieder der Anteilseigner**. Demgemäß bestimmt sich die Beschlussfähigkeit ausschließlich nach der Zahl der teilnehmenden Aufsichtsratsmitglieder der Anteilseigner[284]. Die Aufsichtsratsmitglieder der Arbeitnehmer können nach herrschender Meinung an der Beratung teilnehmen, aber keine Anträge stellen[285]. Der Aufsichtsrat kann die spezielle Entscheidungskompetenz nach § 32 MitbestG durch Beschluss des Aufsichtsrates, bei dem entsprechend § 32 Abs. 1 Satz 2 MitbestG nur die Aufsichtsratsmitglieder der Anteilseigner stimmberechtigt sind[286], auf einen besonderen **Ausschuss** übertragen[287], der nicht mit Aufsichtsratsmitgliedern der Arbeitnehmer besetzt werden darf[288].

27.82

Der Vorstand ist verpflichtet, die Entscheidung des Aufsichtsrates nach § 32 MitbestG vor der Ausübung der Beteiligungsrechte bei der Beteiligungsgesellschaft einzuholen. Das Fehlen des vorherigen Beschlusses des Aufsichtsrates wirkt sich nicht nur auf die Geschäftsführungsbefugnis aus, sondern **erfasst auch die Vertretungsmacht des Vorstandes**. Fehlt der erforderliche Beschluss des Aufsichtsrates, ist die Ausübung der Beteiligungsrechte in der Hauptversammlung der nachgeordneten Gesellschaft mangels Vertretungsmacht des Vorstandes (schwebend) unwirksam und kann nur gemäß § 180 Satz 2, § 177 BGB geheilt werden[289]. Der nach § 32 MitbestG erfolgte **Beschluss ist für den Vorstand bindend** und wird damit zur Weisung an den Vorstand. Befolgt er den Beschluss nicht, stellt dies eine Verletzung der Sorgfaltspflicht i.S.v. § 93 Abs. 1 AktG dar, sofern der Vorstand keinen Grund zur Annahme hatte, dass der Aufsichtsrat auch ein wegen veränderter Umstände abweichendes Stimmverhalten des Vorstandes billigen würde[290]. Mit § 32 MitbestG unvereinbar ist eine pauschale **Ermächtigung des Vorstandes** zur Ausübung der Beteiligungsrechte. Zulässig und zweckmäßig ist die Erteilung einer zeitlich und sachlich beschränkten Ermächtigung des Vorstandes, die der Aufsichtsrat jederzeit wieder rückgängig machen kann[291]. So kann dem Vorstand z.B. die Ermächtigung erteilt werden, in der Hauptversammlung für die Entlastung zu stimmen, sofern das Testat des Abschlussprüfers ohne Einschränkungen erteilt wird und seine Berichte auch im Übrigen keine Hinweise enthalten, die eine Entlastung der Verwaltung ohne weitere Erörterung im Aufsichtsrat nicht zulassen[292].

27.83

Einstweilen frei.

27.84

---

284 *Hoffmann-Becking* in MünchHdb. AG, § 29 Rz. 86; *Mertens/Cahn* in KölnKomm. AktG, 3. Aufl. 2013, Anh. § 117 B § 32 MitbestG Rz. 19; *Habersack* in Habersack/Henssler, MitbestR, § 32 MitbestG Rz. 26; a.A. *Hoffmann/Lehmann/Weinmann*, § 32 MitbestG Rz. 56.
285 *Hoffmann-Becking* in MünchHdb. AG, § 29 Rz. 86; *Mertens/Cahn* in KölnKomm. AktG, 3. Aufl. 2013, Anh. § 117 B § 32 MitbestG Rz. 17; *Raiser* in Raiser/Veil/Jacobs, § 32 MitbestG Rz. 18; *Schubert* in Wißmann/Kleinsorge/Schubert, § 32 MitbestG Rz. 20; a.A. *Hoffmann/Preu*, Aufsichtsrat, Rz. 347; für eigenes (formelles und materielles) Antragsrecht.
286 *Hoffmann/Lehmann/Weinmann*, § 32 MitbestG Rz. 57; *Paefgen*, Struktur und Aufsichtsratsverfassung, S. 383.
287 *Hoffmann/Lehmann/Weinmann*, § 32 MitbestG Rz. 57; *Mertens/Cahn* in KölnKomm. AktG, 3. Aufl. 2013, Anh. § 117 B § 32 MitbestG Rz. 20; *Habersack* in Habersack/Henssler, MitbestR, § 32 MitbestG Rz. 28; a.A. *Philipp*, DB 1976, 1622, 1628.
288 *Hoffmann-Becking* in MünchHdb. AG, § 29 Rz. 88; *Mertens/Cahn* in KölnKomm. AktG, 3. Aufl. 2013, Anh. § 117 B § 32 MitbestG Rz. 22; *Schubert* in Wißmann/Kleinsorge/Schubert, § 32 MitbestG Rz. 26; a.A. *Raiser* in Raiser/Veil/Jacobs, § 32 MitbestG Rz. 21; *Habersack* in Habersack/Henssler, MitbestR, § 32 MitbestG Rz. 28.
289 *Hoffmann/Preu*, Aufsichtsrat, Rz. 343; *Oetker* in Großkomm. AktG, 5. Aufl. 2018, § 32 MitbestG Rz. 23; *Raiser* in Raiser/Veil/Jacobs, § 32 MitbestG Rz. 24.23.
290 *Philipp*, DB 1976, 1622, 1625; *Raiser* in Raiser/Veil/Jacobs, § 32 MitbestG Rz. 23; *Schubert* in Wißmann/Kleinsorge/Schubert, § 32 MitbestG Rz. 33; *Habersack* in Habersack/Henssler, MitbestR, § 32 MitbestG Rz. 18; a.A. *Hoffmann/Lehmann/Weinmann*, § 32 MitbestG Rz. 52.
291 *Hoffmann-Becking* in MünchHdb. AG, § 29 Rz. 87; *Lutter/Krieger/Verse*, Aufsichtsrat, Rz. 519.
292 Ebenso *Rodewig/Rothley* in Semler/v. Schenck/Wilsing, ArbeitsHdb. AR, § 9 Rz. 251.

5. Verhaltenspflichten bei Übernahmeangeboten
a) Stellungnahme gemäß § 27 WpÜG

27.85 Ist die AG Zielgesellschaft eines Übernahmeangebotes, haben Vorstand und Aufsichtsrat nach § 27 WpÜG zu dem Angebot eine **begründete Stellungnahme** abzugeben. Über den Inhalt seiner Stellungnahme, die im Regelfall mit der des Vorstandes übereinstimmen wird, hat der **Aufsichtsrat in eigener Verantwortung** einen **Beschluss** herbeizuführen[293]. Der Aufsichtsrat kann diese Aufgabe auf einen Ausschuss delegieren (vgl. dazu im Einzelnen Rz. 62.154)[294].

b) Abwehrmaßnahmen gemäß § 33 WpÜG

27.86 Im Falle eines Übernahmeangebotes nach § 29 Abs. 1 WpÜG trifft den Vorstand der Zielgesellschaft als Ausfluss seiner gesetzlichen **Neutralitätspflicht** die Pflicht, keine Handlungen vorzunehmen, durch die der Erfolg des Angebotes verhindert werden könnte (§ 33 Abs. 1 Satz 1 WpÜG). Davon ausgenommen sind nach § 33 Abs. 1 Satz 2 WpÜG unter anderem Handlungen, die im wohlverstandenen Interesse des Unternehmens liegen und denen zuvor der Aufsichtsrat zugestimmt hat, so dass damit insoweit faktisch die Neutralitätspflicht aufgehoben ist[295]. Gleiches gilt gemäß § 33 Abs. 2 Satz 4 WpÜG für die Ausübung einer von der Hauptversammlung nach § 33 Abs. 2 Satz 1 WpÜG erteilten Ermächtigung zur Vornahme von **Abwehrmaßnahmen**. Über die Zustimmung entscheidet der Aufsichtsrat nach denselben Maßstäben, wie sie für den Vorstand gelten, durch **Beschluss** (vgl. dazu im Einzelnen Rz. 62.333)[296].

6. Kompetenzen im Hinblick auf die Hauptversammlung
a) Einberufung der Hauptversammlung

27.87 Im Regelfall obliegt die Einberufung der Hauptversammlung dem Vorstand (§ 121 Abs. 2 AktG). § 111 Abs. 3 AktG verpflichtet daneben den Aufsichtsrat, die Hauptversammlung einzuberufen, wenn es das **Wohl der Gesellschaft** verlangt. Die Einberufung kommt nur in Betracht, wenn es um einen **Gegenstand aus dem Kompetenzbereich der Hauptversammlung** geht und nicht der Vorstand seinerseits bereits wegen dieses Beschlussgegenstandes eine gebotene Einberufung der Hauptversammlung vornimmt oder wenn es um **Maßnahmen gegen Mitglieder des Vorstandes** geht. Zu nennen ist hier insbesondere der Fall des Vertrauensentzuges gegenüber einem Vorstandsmitglied durch die Hauptversammlung zum Zwecke der vorzeitigen Abberufung des Vorstandsmitglieds durch den Aufsichtsrat (§ 84 Abs. 3 Satz 2 AktG) oder die Abberufung eines Aufsichtsratsmitglieds (§ 103 Abs. 1 AktG). Die Befugnis ist zwingend vom **Aufsichtsratsplenum** wahrzunehmen, das über die Einberufung mit einfacher Mehrheit beschließt[297].

b) Beschlussvorschläge für die Hauptversammlung

27.88 Nach § 124 Abs. 3 Satz 1 AktG hat der Aufsichtsrat neben dem Vorstand zu den Tagesordnungspunkten, über die die Hauptversammlung beschließen soll, Beschlussvorschläge vorzulegen. Die Vorschläge werden in der Regel mit denen des Vorstandes übereinstimmen; zwingend ist dies jedoch nicht[298]. So-

---

293 Vgl. *Hirte* in KölnKomm. WpÜG, § 27 WpÜG Rz. 20; *Krause/Pötzsch* in Assmann/Pötzsch/Uwe H. Schneider, § 27 WpÜG Rz. 36 und 48; *E. Vetter* in FS Hopt, 2010, S. 2657, 2664.
294 *Ekkenga* in Ehricke/Ekkenga/Oechsler, § 33 WpÜG Rz. 62; *Hirte* in KölnKomm. WpÜG, § 27 WpÜG Rz. 21; *Seibt*, DB 2002, 529, 531.
295 Vgl. *Ekkenga* in Ehricke/Ekkenga/Oechsler, § 33 WpÜG Rz. 4; *Uwe H. Schneider*, AG 2002, 125, 129; *Winter/Harbarth*, ZIP 2002, 1, 8.
296 *Hirte* in KölnKomm. WpÜG, § 33 WpÜG Rz. 87 und 136; *Winter/Harbarth*, ZIP 2002, 1, 11.
297 *Hopt/Roth* in Großkomm. AktG, 5. Aufl. 2019, § 111 AktG Rz. 546; *Hüffer/Koch*, § 111 AktG Rz. 50.
298 *Butzke* in Großkomm. AktG, 5. Aufl. 2017, § 124 AktG Rz. 69; *Lutter/Krieger/Verse*, Aufsichtsrat, Rz. 524.

weit es um die **Bestellung von Prüfern** (Abschlussprüfer oder Sonderprüfer) geht, ist der Aufsichtsrat alleine zur Unterbreitung von Beschlussvorschlägen berechtigt und verpflichtet. Bei kapitalmarktorientierten Gesellschaften i.S.v. § 264d HGB ist der Beschlussvorschlag nach § 124 Abs. 3 Satz 2 AktG auf die Empfehlung eines bestehenden Prüfungsausschusses zu stützen. Auch für Vorschläge zur **Wahl von Aufsichtsratsmitgliedern** ist allein der Aufsichtsrat zuständig. Über den Beschlussvorschlag an die Hauptversammlung beschließt der Aufsichtsrat mit einfacher Mehrheit. Die Aufgabe, Beschlussvorschläge zu machen, kann auch einem Aufsichtsratsausschuss übertragen werden[299] (siehe zum Prüfungsausschuss Rz. 29.34 ff., zum Nominierungsausschuss Rz. 29.37).

7. Änderung der Satzungsfassung

§ 179 AktG begründet die **ausschließliche Zuständigkeit der Hauptversammlung** zur Festlegung des Inhalts der Satzung. Änderungen der Satzung bedürfen nach § 179 Abs. 1 Satz 2 AktG eines Hauptversammlungsbeschlusses. Für bloße Änderungen der Fassung der Satzung, also ihrer **sprachlichen Form**, kann die Hauptversammlung den Aufsichtsrat ermächtigen, die Änderung vorzunehmen, ohne dass ein weiterer Hauptversammlungsbeschluss erforderlich ist. Hauptanwendungsfälle der Ermächtigung von § 179 Abs. 1 Satz 2 AktG sind die Anpassung des Grundkapitalbetrages nach Durchführung einer bedingten oder genehmigten Kapitalerhöhung oder die Textanpassung an eine geänderte Gesetzesterminologie. In der Praxis weit verbreitet ist die **generelle Ermächtigung des Aufsichtsrates** auf Grund einer Regelung in der Satzung. Der Aufsichtsrat kann die ihm erteilte Befugnis auch an einen Ausschuss delegieren[300]. Der Aufsichtsrat beschließt die Fassungsänderung **mit einfacher Mehrheit**. Einer notariellen Beurkundung bedarf es nicht; die vom Aufsichtsratsvorsitzenden oder seinem Stellvertreter unterzeichnete Niederschrift des Beschlusses (§ 107 Abs. 2 Satz 1 AktG) ist ausreichend[301]. Die Änderung der Satzungsfassung muss wie jede Satzungsänderung im Handelsregister eingetragen werden. Ihre Anmeldung zur Eintragung in das Handelsregister obliegt dem Vorstand gemäß § 181 Abs. 1 AktG[302].

27.89

8. Aufsichtsratsbudget

Das AktG sieht für den Aufsichtsrat **kein eigenes Budget** vor. § 113 AktG begründet für die Hauptversammlung keine Zuständigkeit zur Festlegung eines Aufsichtsratsbudgets, denn es geht nicht um Vergütungsfragen, sondern um Ausgaben für die vom Aufsichtsrat wahrgenommenen Aufgaben[303]. Hierüber entscheidet nicht die Hauptversammlung. Der Aufsichtsrat ist auch nicht auf ein eigenes Budget zur Planung und Steuerung seiner Tätigkeit angewiesen, denn er kann, wie der BGH[304] unlängst festgestellt hat, namens der AG **Aufträge an Dritte** erteilen, soweit sie der Wahrnehmung seiner gesetzlichen und satzungsmäßigen Aufgaben dienen[305]. Für Aufträge in eigenen Personalfragen oder

27.90

---

299 *Bungert* in MünchHdb. AG, § 36 Rz. 82; *Herrler* in Grigoleit, § 124 AktG Rz. 15; *Hüffer/Koch*, § 124 AktG Rz. 20; zum Nominierungsausschuss nach D.5 Deutscher Corporate Governance Kodex vgl. *Meder*, ZIP 2007, 1538 ff.; *E. Vetter*, DB 2007, 1963, 1967.
300 *Hüffer/Koch*, § 179 AktG Rz. 11; *Austmann* in MünchHdb. AG, § 40 Rz. 76; *Zetzsche* in KölnKomm. AktG, 3. Aufl. 2018 § 179 AktG Rz. 368.
301 *Körber* in Bürgers/Körber/Lieder, § 179 AktG Rz. 31; *Wiedemann* in Großkomm. AktG, 4. Aufl. 1995, § 179 AktG Rz. 110.
302 *Hüffer/Koch*, § 181 AktG Rz. 4; *Wiedemann* in Großkomm. AktG, 4. Aufl. 1995, § 181 AktG Rz. 9; *Zetzsche* in KölnKomm. AktG, 3. Aufl. § 181 AktG Rz. 25.
303 *Habersack*, AG 2014, 1, 7; *Hüffer/Koch*, § 111 AktG Rz. 39; *Mertens/Cahn* in KölnKomm. AktG, 3. Aufl. 2013, § 112 AktG Rz. 26; *Selter*, Beratung des Aufsichtsrats, Rz. 321; *E. Vetter* in VGR, Gesellschaftsrecht in der Diskussion 2014, 2015, S. 115, 137; siehe auch *Knoll/Zachert*, AG 2011, 309, 311; a.A. *Bulgrin*, AG 2019, 101, 107; *Theisen* in FS Säcker, 2011, 487, 511.
304 BGH v. 15.1.2019 – II ZR 392/17 – Telenet, AG 2019, 298 Rz. 17.
305 *Drygala* in K. Schmidt/Lutter, § 107 AktG Rz. 23; *Leyendecker-Langner/Huthmacher*, NZG 2012, 1415, 1418; *Lutter/Krieger/Verse*, Aufsichtsrat, Rz. 658; *Mertens/Cahn* in KölnKomm. AktG, 3. Aufl. 2013,

in Bezug auf seine innere Ordnung kann nichts anderes gelten[306]. Die bisweilen kritisierte Abhängigkeit des Aufsichtsrats von der Kontrolle und dem Wohlwollen des Vorstands kann deshalb ein gesondertes Budget nicht rechtfertigen[307]. Gleiches gilt auch für ein eigenes Konto des Aufsichtsrats[308].

§ 28
Innere Ordnung des Aufsichtsrates

I. Vorbemerkung 28.1
II. Geschäftsordnung des Aufsichtsrates . 28.3
  1. Regelungsgegenstand und Bedeutung 28.3
  2. Erlasszuständigkeit 28.5
  3. Gültigkeitsdauer 28.6
III. Vorsitz und Stellvertreter 28.7
  1. Rechtsstellung des Aufsichtsratsvorsitzenden 28.7
     a) Allgemeine Kompetenzen des Aufsichtsratsvorsitzenden 28.7
     b) Besondere Kompetenzen des Aufsichtsratsvorsitzenden 28.12
        aa) Besondere aktienrechtliche Kompetenzen 28.12
        bb) Besondere Kompetenzen nach dem MitbestG 28.13
     c) Faktische Bedeutung des Aufsichtsratsvorsitzenden 28.14
  2. Stellvertreter des Aufsichtsratsvorsitzenden 28.15
  3. Wahlverfahren 28.17
     a) Wahl nach AktG 28.17
     b) Wahl nach MitbestG 28.19
  4. Gerichtliche Bestellung 28.21
  5. Amtszeit 28.22
  6. Informationspflichten der Gesellschaft 28.23
  7. Ehrenvorsitzender 28.24

IV. Arbeitsweise des Aufsichtsrates 28.26
  1. Sitzungen des Aufsichtsrates 28.26
     a) Bedeutung 28.26
     b) Sitzungshäufigkeit 28.27
     c) Einberufung des Aufsichtsrates ... 28.30
        aa) Zuständigkeit 28.30
        bb) Formalien 28.34
     d) Sitzungsleitung 28.38
     e) Teilnahme an der Aufsichtsratssitzung 28.40
        aa) Mitglieder des Aufsichtsrates . 28.40
        bb) Vorstand 28.44
        cc) Dritte 28.45
        dd) Beauftragte an Stelle von verhinderten Aufsichtsratsmitgliedern 28.46
  2. Beschlüsse des Aufsichtsrates 28.47
     a) Allgemeines 28.47
     b) Beschlussfähigkeit 28.48
        aa) Gesetzliche Voraussetzungen . 28.48
        bb) Satzungsgestaltung 28.49
     c) Vertagung der Beschlussfassung .. 28.51
     d) Formen der Beschlussfassung ... 28.53
        aa) Beschlussfassung in Präsenzsitzungen 28.53
        bb) Beschlussfassung nach § 108 Abs. 4 AktG 28.54
        cc) Kombinierte Beschlussfassung 28.56

---

§ 112 AktG Rz. 26; *E. Vetter*, ZGR 2020, 35, 49 ff.; *E. Vetter* in VGR, Gesellschaftsrecht in der Diskussion 2014, 2015, S. 115, 138; Überlegungen de lege ferenda *von Schenck* in FS Marsch-Barner, 2018, S. 483, 489.

306 *E. Vetter*, ZGR 2020, 35, 53.
307 *Habersack*, AG 2014, 1, 7; *Lutter/Krieger/Verse*, Aufsichtsrat, Rz. 658; *M. Roth* in FS E. Vetter, 2019, S. 629, 637; *von Schenck* in FS Marsch-Barner, 2018, S. 483, 486; *E. Vetter* in FS Hopt, 2020, S. 1363, 1367 ff.; a.A. *Bulgrin*, AG 2019, 101, 107; *Strohn*, in FS K. Schmidt, 2019, Bd. II, S. 463, 467; *Theisen*, AG 2018, 589, 592.
308 *Habersack* in MünchKomm. AktG, 5. Aufl. 2019, § 111 AktG Rz. 102; *von Schenck* in FS Marsch-Barner, 2018, S. 483, 486; *E. Vetter* in VGR, Gesellschaftsrecht in der Diskussion 2014, 2015, S. 115, 137; a.A. *Bulgrin*, AG 2019, 101, 109; *Hennrichs* in FS Hommelhoff, 2012, S. 383, 392; *Knoll/Zachert*, AG 2011, 309, 316; *Lutter/Krieger/Verse*, Aufsichtsrat, Rz. 658.

e) Beschlussverfahren 28.57	6. Fehlerhafte Beschlüsse des Aufsichtsrates 28.77
aa) Allgemeine Verfahrensvoraussetzungen 28.57	a) Vorbemerkung 28.77
bb) Besondere Verfahrensvoraussetzungen nach dem MitbestG 28.59	b) Beschlussmängel 28.78
3. Interessenkollision und Stimmrecht .. 28.60	aa) Inhaltliche Mängel des Aufsichtsratsbeschlusses 28.78
a) Konfliktkonstellationen 28.60	bb) Verfahrensmängel des Aufsichtsratsbeschlusses 28.79
b) Konfliktauflösung 28.61	c) Rechtsbehelfe 28.81
4. Stimmbotschaft 28.69	7. Selbstbeurteilung des Aufsichtsrates . 28.82
5. Sitzungsniederschrift 28.72	a) Allgemeines 28.82
a) Bedeutung und Inhalt 28.72	b) Durchführung 28.84
b) Zuständigkeiten 28.75	

Schrifttum: *Axhausen*, Anfechtbarkeit aktienrechtlicher Aufsichtsratsbeschlüsse, 1986; *Baums*, Der fehlerhafte Aufsichtsratsbeschluss, ZGR 1983, 300; *Breidenich*, Die Organisation der Aufsichtsratsarbeit durch den Aufsichtsratsvorsitzenden, 2020; *Brinkschmidt*, Protokolle des Aufsichtsrates und seiner Ausschüsse, 1992; *Burgard/Heimann*, Information des Aufsichtsrats, AG 2014, 360; *Dreher*, Interessenkonflikte bei Aufsichtsratsmitgliedern von Aktiengesellschaften, JZ 1990, 896; *Drinhausen/Marsch-Barner*, Die Rolle des Aufsichtsratsvorsitzenden in der börsennotierten AG, 2014, 337; *Feddersen*, Neue gesetzliche Anforderungen an den Aufsichtsrat, AG 2000, 385; *Fleischer*, Fehlerhafte Aufsichtsratsbeschlüsse: Rechtsdogmatik – Rechtsvergleichung – Rechtspolitik (Teil 2), BB 2013, 217; *Götz*, Rechtsfolgen fehlerhafter Aufsichtsratsbeschlüsse: analoge Anwendung der §§ 241 ff. AktG?, in FS Lüke, 1997, S. 167; *Heller*, Die Einberufung von Aufsichtsratssitzungen – ein Risikofaktor?, AG 2008, 160; *Hoffmann-Becking*, Rechtliche Möglichkeiten und Grenzen einer Verbesserung der Arbeit des Aufsichtsrats, in FS Havermann, 1995, S. 229; *Holle*, Kommunikation des Aufsichtsrats mit Marktteilnehmern, ZIP 2019, 1895; *Hommelhoff*, Die Autarkie des Aufsichtsrates, ZGR 1983, 551; *Kindl*, Die Teilnahme an der Aufsichtsratssitzung, 1993; *Kindl*, Beschlussfassung des Aufsichtsrates und neue Medien – Zur Änderung des § 108 Abs. 4 AktG, ZHR 166 (2002), 335; *J. Koch*, Investorengespräche des Aufsichtsrats, AG 2017, 129; *Krebs*, Interessenkonflikte bei Aufsichtsratsmandaten in der Aktiengesellschaft, 2002; *Krieger*, Personalentscheidungen des Aufsichtsrates, 1981; *Krieger*, Interne Voraussetzungen für die Abgabe der Entsprechenserklärung nach § 161 AktG, in FS Ulmer, 2003, S. 365; *Lemke*, Der fehlerhafte Aufsichtsratsbeschluss, 1994; *Leyendecker-Langner*, Kapitalmarktkommunikation durch den Aufsichtsratsvorsitzenden, NZG 2015, 44; *Lutter*, Der Stimmbote, in FS Duden, 1977, S. 269; *Lutter*, Die Erklärung zum Corporate Governance Kodex gemäß § 161 AktG, ZHR 166 (2002), 523; *Matthießen*, Stimmrecht und Interessenkollision im Aufsichtsrat, 1989; *Meilicke*, Fehlerhafte Aufsichtsratsbeschlüsse, in FS Schmidt, 1959, S. 71; *Mertens*, Zuständigkeiten des mitbestimmten Aufsichtsrates, ZGR 1977, 270; *Mertens*, Verfahrensfragen bei Personalentscheidungen des mitbestimmten Aufsichtsrats, ZGR 1983, 189; *Paefgen*, Struktur und Aufsichtsratsverfassung der mitbestimmten AG, 1982; *Peus*, Der Aufsichtsratsvorsitzende, 1983; *Reichert*, Entscheidungsbefugnisse des Aufsichtsratsvorsitzenden, in FS Hopt, 2020, S. 973; *Säcker*, Anpassung von Satzungen und Geschäftsordnungen an das MitbestG 1976, 1977; *K. Schmidt*, Anfechtungsbefugnisse von Aufsichtsratsmitgliedern, in FS Semler, 1993, S. 329; *Uwe H. Schneider*, Geheime Abstimmungen im Aufsichtsrat, in FS Fischer, 1979, S. 727; *Uwe H. Schneider*, Die Teilnahme von Vorstandsmitgliedern an Aufsichtsratssitzungen, ZIP 2002, 873; *Seibt*, Deutscher Corporate Governance Kodex und Entsprechens-Erklärung (§ 161 AktG-E), AG 2002, 249; *Selter*, Die Beratung des Aufsichtsrats und seiner Mitglieder, 2014; *Steinbeck*, Überwachungspflicht und Einwirkungsmöglichkeiten des Aufsichtsrats in der Aktiengesellschaft, 1992; *Ulmer*, Die Anpassung der Satzungen mitbestimmter Aktiengesellschaften an das MitbestG 1976, 1980; *Ulmer*, Aufsichtsratsmandat und Interessenkollision, NJW 1980, 1603; *Ulmer*, Geheime Abstimmungen im Aufsichtsrat von Aktiengesellschaften?, AG 1982, 300; *Ulmer*, Stimmrechtsschranken für Aufsichtsratsmitglieder bei eigener Kandidatur zum Vorstand, NJW 1982, 2288; *E. Vetter*, Beiträge zur inneren Ordnung des Aufsichtsrates der mitbestimmten Aktiengesellschaft, 1982; *E. Vetter*, Die Teilnahme des Vorstandes an den Sitzungen des Aufsichtsrates und die Corporate Governance, VersR 2002, 951; *E. Vetter*, Kosten der Aufsichtsratstätigkeit und Budgetrecht des Aufsichtsrats, in VGR (Hrsg.), Gesellschaftsrecht in der Diskussion 2014, 2015, S. 115; *E. Vetter*, Der Aufsichtsrat – Spagat zwischen gesetzlichen Vorgaben und wachsenden Herausforderungen, in Fleischer/Koch/Kropff/Lutter (Hrsg.), 50 Jahre AktG, 2016, S. 103; *E. Vetter*, Shareholders Communication – Wer spricht mit den institutionellen Investoren?, AG 2016, 873; *Wagner*, Aufsichtsratssitzung in Form der Videokonferenz, NZG 2002, 57; *Wiedemann*, Organverantwortung und Gesellschafterklagen in der Aktiengesellschaft, 1989.

I. Vorbemerkung

28.1 Das AktG enthält keine umfassende Regelung der inneren Ordnung und Arbeitsweise des Aufsichtsrates, sondern regelt in den §§ 107–110 AktG nur einige wenige Einzelfragen. Für mitbestimmte Gesellschaften sieht das MitbestG weitere Bestimmungen vor. Beide Gesetze enthalten aber nur ein Mindestmaß an Vorschriften, die so wichtig sind, dass sie von allen erfassten Gesellschaften eingehalten werden müssen und lassen den Gesellschaften im Übrigen bewusst **Gestaltungsspielraum zur Regelung der inneren Ordnung des Aufsichtsrates und der Organisation des eigenen Verfahrensablaufs**. Jede Gesellschaft kann auf ihre besonderen Verhältnisse abgestimmte Regeln für die innere Ordnung, Arbeitsweise und die Zusammenarbeit im Aufsichtsrat festlegen, soweit das AktG und das MitbestG nicht Bestimmungen mit zwingendem oder abschließendem Charakter enthalten, die keine Änderungen und Ergänzungen zulassen (§ 23 Abs. 5 AktG). Im Interesse der **Funktionsfähigkeit des Aufsichtsrates** und der Effizienz seiner Tätigkeit bei der Erfüllung seiner Aufgaben sind zusätzliche, meist die gesetzlichen Bestimmungen ergänzende Regelungen z.B. über die Durchführung der Sitzungen, die Beschlussfassung und die Protokollierung notwendig und auch weitgehend üblich, wenngleich die Handhabung in den einzelnen Gesellschaften oft sehr unterschiedlich ist. In der Praxis finden sich oftmals Regelungen der inneren Ordnung des Aufsichtsrates und des Verfahrens sowohl in der Satzung als auch daneben in der Geschäftsordnung des Aufsichtsrates. Bisweilen bestehen aber neben den Regelungen in der Satzung zur inneren Ordnung des Aufsichtsrates auch nur verschiedene Einzelbeschlüsse des Aufsichtsrates zu einzelnen Verfahrensfragen.

28.2 Die § 107 Abs. 1, § 108 Abs. 2 Satz 1 und § 109 Abs. 3 AktG begründen die **ausschließliche Gestaltungsbefugnis der Satzung** zur Regelung der in diesen Vorschriften bestimmten Fragen der inneren Ordnung und Arbeitsweise des Aufsichtsrates. Die Geschäftsordnung des Aufsichtsrates ist im AktG nicht speziell geregelt. Ihre Zulässigkeit wird aber vom Gesetz stillschweigend vorausgesetzt, wie sich aus den § 82 Abs. 2 und § 108 Abs. 4 AktG ergibt. Eine besondere **ausschließliche Regelungsermächtigung des Aufsichtsrates**, die durch die Satzung nicht eingeschränkt werden kann, ergibt sich aus § 107 Abs. 3 Satz 1 AktG hinsichtlich der Bildung und Besetzung von Aufsichtsratsausschüssen[1]. Soweit das AktG weder der Satzung noch dem Aufsichtsrat die ausschließliche Kompetenz zur Regelung bestimmter Fragen der inneren Ordnung und der Arbeitsweise eingeräumt hat, besteht eine **konkurrierende Regelungsbefugnis zwischen Satzungsgeber und Aufsichtsrat**, so dass sowohl die Satzung als auch die Geschäftsordnung des Aufsichtsrates Fragen der inneren Ordnung des Aufsichtsrates und Verfahrensfragen regeln können. Als dem „Grundgesetz der Verbandsorganisation"[2] kommt jedoch der **Satzung Vorrang gegenüber einer förmlichen Geschäftsordnung des Aufsichtsrates** oder entsprechenden Einzelbeschlüssen des Aufsichtsrates[3] zu, so dass der Aufsichtsrat nur noch solche Gegenstände seiner inneren Ordnung und des Verfahrens eigenständig regeln kann, die in der Satzung nicht oder nur unvollständig geregelt sind[4]. Durch das MitbestG hat sich an dieser Ausgangslage nichts geändert. Insbesondere kann eine Beschränkung der Regelungsbefugnis der Satzung zugunsten eines Grundsatzes der Organisationsautonomie des paritätisch mitbestimmten Aufsichtsrates, wie es

---

1 BGH v. 25.2.1982 – II ZR 123/81 – Siemens, BGHZ 83, 106, 112.
2 *Wiedemann* in FS Barz, 1974, S. 561, 571; *Heim*, AG 1972, 229, 230; *Hölters*, BB 1975, 797, 801.
3 BGH v. 5.6.1975 – II ZR 156/73 – Bayer, BGHZ 64, 325, 328.
4 *Hüffer/Koch*, § 107 AktG Rz. 34; *Mertens/Cahn* in KölnKomm. AktG, 3. Aufl. 2013, § 107 AktG Rz. 182; eingehend *Paefgen*, Struktur, S. 139 ff.; *E. Vetter*, Beiträge zur inneren Ordnung des Aufsichtsrates, S. 47 ff.

vereinzelt nach Inkrafttreten des MitbestG vertreten worden ist[5], nicht anerkannt werden[6]. § 25 Abs. 2 MitbestG schließt die nach dem AktG bestehende **vorrangige Regelungskompetenz der Hauptversammlung** als Satzungsgeber zur Regelung von Fragen der inneren Ordnung des Aufsichtsrates und seines Verfahrens nicht aus, soweit dem Aufsichtsrat dadurch nicht die eigenverantwortliche Organisation seiner Arbeit verwehrt wird und sich aus einzelnen Bestimmungen des MitbestG keine Besonderheiten ergeben.

II. Geschäftsordnung des Aufsichtsrates

1. Regelungsgegenstand und Bedeutung

Durch den Erlass einer förmlichen Geschäftsordnung ist dem Aufsichtsrat die Möglichkeit eröffnet, seine innere Organisation und Arbeitsweise eigenverantwortlich festzulegen[7]. Die Geschäftsordnung ist damit ein wesentliches **Instrument der Selbstorganisation** des Aufsichtsrates[8]. Sie braucht sich nicht auf Verfahrensregelungen, wie z.B. Bestimmungen über die Einladung zu Sitzungen, die Art der Beschlussfassung und die Einsetzung von Aufsichtsratsausschüssen zu beschränken, sondern sie kann in dem von Gesetz und Satzung eingeräumten Spielraum auch **Rechte oder Verhaltenspflichten der Aufsichtsratsmitglieder** begründen oder konkretisieren[9].   28.3

Ob die Notwendigkeit zum Erlass einer förmlichen Geschäftsordnung des Aufsichtsrates besteht, hängt auch davon ab, inwieweit die Satzung bereits Regelungen zur inneren Ordnung des Aufsichtsrates enthält. Bei größeren Aufsichtsräten von 12 oder mehr Mitgliedern wird man allerdings im Regelfall eine **Verpflichtung zum Erlass einer förmlichen Geschäftsordnung** allein schon im Hinblick auf die in § 107 Abs. 3 Satz 1 AktG niedergelegte ausschließliche Zuständigkeit des Aufsichtsrats zur Einsetzung von Aufsichtsratsausschüssen und der Festlegung ihrer Aufgaben sowie generell zur Sicherstellung eines möglichst reibungslosen Verfahrensablaufs annehmen müssen, soweit der Aufsichtsrat hierzu keine Einzelbeschlüsse getroffen hat[10]. D.1 Deutscher Corporate Governance Kodex empfiehlt als wesentliche Voraussetzung einer guten Corporate Governance unabhängig von der Aufsichtsratsgröße den Erlass einer Geschäftsordnung, die auf der Internetseite der Gesellschaft zugänglich sein soll.   28.4

2. Erlasszuständigkeit

Die Zuständigkeit zum Erlass einer förmlichen Geschäftsordnung liegt allein beim **Aufsichtsrat**[11], der zu deren Verabschiedung keiner besonderen Ermächtigung in der Satzung bedarf[12]. Für den Beschluss   28.5

---

5 *Hommelhoff*, BFuP 1977, 507, 515 ff.; *Föhr*, Das MitbestGespr 1977, 131, 132.
6 BGH v. 25.2.1982 – II ZR 123/81 – Siemens, BGHZ 83, 106, 119; BGH v. 25.2.1982 – II ZR 102/81 – Dynamit Nobel, BGHZ 83, 144, 148; *Hüffer/Koch*, § 107 AktG Rz. 2; *Paefgen*, Struktur, S. 144 ff.; *Raiser* in Raiser/Veil/Jacobs, § 25 MitbestG Rz. 17.
7 Eine eingehend kommentierte Mustergeschäftsordnung findet sich z.B. bei *E. Vetter* in Happ/Groß/Möhrle/Vetter, Aktienrecht, Muster. 9.01; siehe auch *Henning* in Semler/v. Schenck/Wilsing, ArbeitsHdb. AR, Anhang § 3.
8 *Habersack* in MünchKomm. AktG, 5. Aufl. 2019, § 107 AktG Rz. 176; *Hüffer/Koch*, § 107 AktG Rz. 34.
9 *Hopt/Roth* in Großkomm. AktG, 5. Aufl. 2019, § 107 AktG Rz. 287, 288.
10 Für Verpflichtung z.B. auch *Feddersen*, AG 2000, 385, 390, 394; *Lutter/Krieger/Verse*, Aufsichtsrat, Rz. 654; *Semler* in FS Peltzer, 2001, S. 489, 505; anders wohl *Hoffmann-Becking* in MünchHdb. AG, § 31 Rz. 3.
11 *Hüffer/Koch*, § 107 AktG Rz. 34; missverständlich *Mertens/Cahn* in KölnKomm. AktG, 3. Aufl. 2013, § 107 AktG Rz. 182.
12 *Heim*, AG 1972, 229; *Hopt/Roth* in Großkomm. AktG, 5. Aufl. 2019, § 107 AktG Rz. 276; *Mertens/Cahn* in KölnKomm. AktG, 3. Aufl. 2013, § 107 AktG Rz. 182.

ist die **einfache Mehrheit** der abgegebenen Stimmen erforderlich[13]. In der paritätisch mitbestimmten AG kann der Aufsichtsratsvorsitzende dabei auch sein Zweitstimmrecht nach § 29 MitbestG einsetzen[14]. Werden zur **Erfüllung der Empfehlungen oder Anregungen des Deutschen Corporate Governance Kodex** in der Geschäftsordnung des Aufsichtsrates besondere über die gesetzliche Regelung hinausgehende individuelle Pflichten der einzelnen Aufsichtsratsmitglieder begründet oder konkretisiert (z.B. C.4, C.5 und E.1 Deutscher Corporate Governance Kodex), genügt ein Beschluss des Aufsichtsrates mit einfacher Mehrheit nicht, sondern es ist ein **einstimmiger Beschluss** notwendig (vgl. dazu im Einzelnen Rz. 2.67)[15]. Bei personellen Veränderungen im Aufsichtsrat ist insoweit jeweils der Beitritt des neuen Aufsichtsratsmitglieds oder eine erneute einstimmige Beschlussfassung des Aufsichtsrates erforderlich[16].

3. Gültigkeitsdauer

28.6 Die vom Aufsichtsrat beschlossene Geschäftsordnung gilt **auf unbestimmte Zeit** und bleibt solange in Kraft, bis die Hauptversammlung im Bereich der konkurrierenden Regelungskompetenz in der Satzung eine Regelung vornimmt oder der Aufsichtsrat die Geschäftsordnung **durch einen neuen Mehrheitsbeschluss ändert oder aufhebt**[17]. Sie erlischt nicht mit dem Ablauf der Amtsperiode des Aufsichtsrates[18] und gilt automatisch für jedes neu in den Aufsichtsrat eintretende Mitglied wie auch für den insgesamt neugewählten Aufsichtsrat, ohne dass eine Bestätigungserklärung der neuen Mitglieder erforderlich ist[19]. Dies gilt auch für den Fall der Änderung der Größe oder der Zusammensetzung des Aufsichtsrates auf Grund eines Statusverfahrens, soweit nicht gesetzliche Bestimmungen entgegenstehen[20].

III. Vorsitz und Stellvertreter

1. Rechtsstellung des Aufsichtsratsvorsitzenden

a) Allgemeine Kompetenzen des Aufsichtsratsvorsitzenden

28.7 Das AktG enthält keine zusammenhängende und umfassende Regelung der Aufgaben und Kompetenzen des Vorsitzenden des Aufsichtsrates, sondern weist ihm nur punktuell in verschiedenen Einzelbestimmungen bestimmte Funktionen, Rechte und Pflichten zu. Gewohnheitsrechtlich hat er diejeni-

---

13 *Hoffmann-Becking* in MünchHdb. AG, § 31 Rz. 4; *Hüffer/Koch*, § 107 AktG Rz. 34; *Lutter/Krieger/Verse*, Aufsichtsrat, Rz. 653; a.A. wohl *Axhausen*, Anfechtbarkeit aktienrechtlicher Aufsichtsratsbeschlüsse, S. 179 ff.
14 *Schubert* in Wißmann/Kleinsorge/Schubert, § 25 MitbestG Rz. 21; *Raiser* in Raiser/Veil/Jacobs, § 25 MitbestG Rz. 14; *Habersack* in Habersack/Henssler, MitbestR, § 25 MitbestG Rz. 14.
15 *Krieger* in FS Ulmer, 2003, S. 365, 374; *Lutter*, ZHR 166 (2002), 523, 537; *E. Vetter*, DNotZ 2003, 748, 759; a.A. *Kremer* in Kremer/Bachmann/Lutter/v. Werder, Deutscher Corporate Governance Kodex, C.3 Rz. 2 zur Altersgrenze der Aufsichtsratsmitglieder.
16 *Lutter*, ZHR 166 (2002), 523, 537; *E. Vetter*, DNotZ 2003, 748, 759.
17 *Hopt/Roth* in Großkomm. AktG, 5. Aufl. 2019, § 107 AktG Rz. 279; *Hüffer/Koch*, § 107 AktG Rz. 35; *Mertens/Cahn* in KölnKomm. AktG, 3. Aufl. 2013, § 107 AktG Rz. 184.
18 OLG Hamburg v. 23.7.1982 – 11 U 179/80 – Beiersdorf, AG 1983, 21, 22; *Hoffmann-Becking* in MünchHdb. AG, § 31 Rz. 6; *Lutter/Krieger/Verse*, Aufsichtsrat, Rz. 653; *Mertens/Cahn* in KölnKomm. AktG, 3. Aufl. 2013, § 107 AktG Rz. 184; differenzierend *Säcker*, DB 1977, 2031, 2035.
19 *Hoffmann/Lehmann/Weinmann*, § 25 MitbestG Rz. 168; *Habersack* in Habersack/Henssler, MitbestR, § 25 MitbestG Rz. 14; *Schubert* in Wißmann/Kleinsorge/Schubert, § 25 MitbestG Rz. 24; a.A. *Säcker*, DB 1977, 2031, 2036.
20 OLG Hamburg v. 23.7.1982 – 11 U 179/80 – Beiersdorf, AG 1983, 21, 22; *Habersack* in MünchKomm. AktG, 5. Aufl. 2019, § 107 AktG Rz. 179; *Habersack* in Habersack/Henssler, MitbestR, § 25 MitbestG Rz. 14.

gen Befugnisse, die einem Vorsitzenden eines Gremiums üblicherweise zustehen, um dessen Handlungs- und Entscheidungsfähigkeit zu gewährleisten[21]. Nach allgemeiner Meinung ist er **kein eigenständiges Organ der Gesellschaft**[22], auch wenn ihm das Gesetz zum Teil besondere Aufgaben zugewiesen hat[23]. Nach § 90 Abs. 1 Satz 3 AktG sind ihm z.B. die vom Vorstand aus wichtigem Anlass zu erstellenden Berichte zuzuleiten. Wichtigste Aufgabe des Aufsichtsratsvorsitzenden ist die **Organisation und Koordination der Arbeit des Aufsichtsrates, die Leitung der Aufsichtsratssitzungen und die Ausführung der Aufsichtsratsbeschlüsse**, soweit dies nicht dem Vorstand oder dem Gesamtaufsichtsrat obliegt[24].

28.8 Der Aufsichtsratsvorsitzende entscheidet im Allgemeinen (§ 110 Abs. 1 AktG) über die **Einberufung der Sitzungen** und ist für **deren Vorbereitung** verantwortlich[25]. Hierzu zählt nicht nur die Festlegung der Tagesordnung sowie deren rechtzeitiger Versand einschließlich der notwendigen Beratungsunterlagen, sondern auch die möglichst frühzeitige Mitteilung von Beschlussvorschlägen, um allen Aufsichtsratsmitgliedern die Möglichkeit zu eröffnen, für den Fall ihrer persönlichen Verhinderung an der Beschlussfassung des Aufsichtsrates durch schriftliche Stimmabgabe (§ 108 Abs. 3 AktG) (siehe dazu Rz. 28.69 ff.) teilzunehmen[26]. Der Aufsichtsratsvorsitzende entscheidet vorbehaltlich einer Regelung in der Satzung oder der Geschäftsordnung des Aufsichtsrates auch darüber, ob ggf. eine Beschlussfassung des Aufsichtsrates ohne die Abhaltung einer Sitzung auf schriftlichem oder fernmündlichem Weg oder in anderer vergleichbarer Form in Betracht kommt[27]. Schließlich obliegt dem Aufsichtsratsvorsitzenden die **Koordination der Tätigkeit der Aufsichtsratsausschüsse** sowie die **Organisation und Koordination der für die Aufsichtsratssitzung vorgesehenen Berichte** des Vorstandes (§ 90 AktG), einzelner Aufsichtsratsausschüsse (§ 107 Abs. 3 Satz 5 AktG), des Abschlussprüfers (§ 171 Abs. 1 Satz 2 AktG) oder von hinzugezogenen Auskunftspersonen und Sachverständigen (§ 109 Abs. 1 Satz 2 AktG). In den Händen des Aufsichtsratsvorsitzenden einer börsennotierten AG liegt auch die **Organisation der Selbstevaluierung des Aufsichtsrates**, sofern dieser durch Mehrheitsbeschluss die regelmäßige Durchführung einer Kontrolle seiner Arbeit und der seiner Ausschüsse gemäß der Empfehlung nach D.13 Deutscher Corporate Governance Kodex beschlossen hat (siehe dazu Rz. 28.82 ff.).

28.9 Als **Sitzungsleiter** entscheidet der Aufsichtsratsvorsitzende, soweit nicht die Satzung oder die Geschäftsordnung des Aufsichtsrates bereits Vorgaben enthalten oder der Aufsichtsrat im Einzelfall eine Verfahrensfrage durch Beschluss entschieden, über den Ablauf der Sitzung[28]. Der Aufsichtsratsvorsitzende bestimmt z.B. die Reihenfolge der Tagesordnungspunkte, wobei er von der von ihm festgelegten Reihenfolge abweichen darf. Er legt die Reihenfolge der Redner fest und entscheidet darüber, ob die Mitglieder des Vorstandes oder Dritte an der Sitzung teilnehmen dürfen. Weitere wichtige Aufgabe des Sitzungsleiters ist die Herbeiführung **rechtsfehlerfreier Aufsichtsratsbeschlüsse**[29]. Dies schließt ein, darauf zu

---

21 *Habersack* in MünchKomm. AktG, 5. Aufl. 2019, § 107 AktG Rz. 44; *Hambloch-Gesinn/Gesinn* in Hölters, § 107 AktG Rz. 29; *Hoffmann-Becking* in MünchHdb. AG, § 31 Rz. 22.
22 *Luther/Rosga* in FS Meilicke, 1985, S. 80, 81; *Lutter/Krieger/Verse*, Aufsichtsrat, Rz. 677; *Grigoleit/Tomasic* in Grigoleit, § 107 AktG Rz. 4; a.A. LG München I v. 23.8.2007 – 12 O 8466/07, NZG 2008, 348, 349; *Schürnbrand*, Organschaft im Recht der privaten Verbände, 2007, S. 61.
23 Zweifel deshalb bei *Peus*, Der Aufsichtsratsvorsitzende, S. 214; *Peus*, ZGR 1987, 545, 552.
24 OLG Karlsruhe v. 20.6.1980 – 15 U 171/79 – Bilfinger und Berger, AG 1981, 102, 106; *Hambloch-Gesinn/Gesinn* in Hölters, § 107 AktG Rz. 30; *Selter*, Die Beratung des Aufsichtsrats, Rz. 330; *Spindler* in BeckOGK AktG, Stand 1.2.2021, § 107 AktG Rz. 46.
25 *Drygala* in K. Schmidt/Lutter, § 107 AktG Rz. 19; *Mertens/Cahn* in KölnKomm. AktG, 3. Aufl. 2013, § 107 AktG Rz. 44; *Reichert* in FS Hopt, 2020, S. 973, 977 ff.
26 *Von Schenck* in Semler/v. Schenck/Wilsing, ArbeitsHdb. AR, § 1 Rz. 91.
27 *Habersack* in MünchKomm. AktG, 5. Aufl. 2019, § 107 AktG Rz. 52; *Peus*, Der Aufsichtsratsvorsitzende, S. 135.
28 *Drygala* in K. Schmidt/Lutter, § 107 AktG Rz. 19; *Lutter/Krieger/Verse*, Aufsichtsrat, Rz. 706; *Peus*, Der Aufsichtsratsvorsitzende, S. 81; *Spindler* in BeckOGK AktG, Stand 1.2.2021, § 107 AktG Rz. 46.
29 *Mertens/Cahn* in KölnKomm. AktG, 3. Aufl. 2013, § 107 AktG Rz. 42; *Peus*, Der Aufsichtsratsvorsitzende, S. 114; *Spindler* in BeckOGK AktG, Stand 1.2.2021, § 107 AktG Rz. 56.

achten, dass keine ungültigen Stimmen abgegeben werden. Nach Ende der Aufsichtsratssitzung hat der Aufsichtsratsvorsitzende für die Erstellung des Sitzungsprotokolls zu sorgen (§ 107 Abs. 2 Satz 1 AktG)[30] und die Ausführung der Beschlüsse des Aufsichtsrates zu überwachen[31]. Dem Aufsichtsratsvorsitzenden kann **kein Vetorecht** gegen Beschlüsse des Aufsichtsrates eingeräumt werden[32]. Außerhalb der paritätischen Mitbestimmung ist hingegen eine Regelung in der Satzung[33] oder in der Geschäftsordnung des Aufsichtsrates[34] zulässig, nach der der Aufsichtsratsvorsitzende bei Stimmengleichheit das **Recht zum Stichentscheid** hat.

28.10 Als **Annexkompetenz** steht dem Aufsichtsratsvorsitzenden das Recht zu, die Gesellschaft beim **Abschluss von Hilfsgeschäften** zu vertreten, die für die ordnungsgemäße Wahrnehmung seiner Aufgaben als Vorsitzendem des Gremiums sowie zur Vorbereitung und Durchführung der Aufsichtsratssitzungen erforderlich sind. Hierzu zählen z.B. die Anmietung entsprechender Sitzungsräume oder die Hinzuziehung von Dolmetschern[35]. Die Beauftragung von Dritten für weitergehende Aufgaben wie z.B. eines Personalberaters zur Suche eines Vorstandsmitglieds oder von Sachverständigen zur Erstellung eines Vorstandsvergütungssystems überschreitet die Kompetenz des Vorsitzenden; er bedarf eines Beschlusses des Aufsichtsrats oder eines Ausschusses[36]. Soweit die Gesellschaft bei Geschäften durch den Aufsichtsratsvorsitzenden vertreten wird, ist dieser nach § 112 Satz 2 i.V.m. § 78 Abs. 2 Satz 2 AktG wie auch jedes andere Aufsichtsratsmitglied zur **Passivvertretung der Gesellschaft** ermächtigt, d.h., er ist zum Empfang von Willenserklärungen an die Gesellschaft berechtigt[37]. Gegenüber dem Vorstand obliegt die **Vertretung der Gesellschaft** nach § 112 AktG dem Aufsichtsrat, sofern nicht der Aufsichtsrat die Zuständigkeit unter Berücksichtigung der Grenzen von § 107 Abs. 3 Satz 3 AktG einem Ausschuss übertragen hat[38]. Dem Aufsichtsratsvorsitzenden kann insoweit weder durch die Satzung noch durch die Geschäftsordnung des Aufsichtsrates die organschaftliche Vertretungsmacht eingeräumt werden[39]. Regelmäßig beinhaltet aber ein Beschluss des Aufsichtsrates, der einer rechtsgeschäftlichen Umsetzung bedarf, konkludent auch die Ermächtigung des Aufsichtsratsvorsitzenden die dazu erforderlichen Erklärungen für den Aufsichtsrat abzugeben, sofern nicht der Aufsichtsrat ausdrücklich ein anderes Aufsichtsratsmitglied mit der Aufgabe betraut[40]. Ob der Aufsichtsratsvorsitzen-

---

30 *Habersack* in MünchKomm. AktG, 5. Aufl. 2019, § 107 AktG Rz. 55; *Hopt/Roth* in Großkomm. 5. Aufl. 2019, § 107 AktG Rz. 136.
31 OLG Karlsruhe v. 20.6.1980 – 15 U 171/79 – Bilfinger und Berger, AG 1981, 102, 106; *v. Schenck* in Semler/v. Schenck/Wilsing, ArbeitsHdb. AR, § 1 Rz. 127.
32 *Habersack* in MünchKomm. AktG, 5. Aufl. 2019, § 107 AktG Rz. 67; *Hüffer/Koch*, § 108 AktG Rz. 8.
33 *Hoffmann-Becking* in MünchHdb. AG, § 31 Rz. 21; *Hüffer/Koch*, § 108 AktG Rz. 8.
34 *Hopt/Roth* in Großkomm. AktG, 5. Aufl. 2019, § 107 AktG Rz. 182; hingegen nur für Regelung in der Satzung *Hoffmann-Becking* in MünchHdb. AG, § 31 Rz. 68; *Hüffer/Koch*, § 108 AktG Rz. 8.
35 *Mertens/Cahn* in KölnKomm. AktG, 3. Aufl. 2013, § 107 AktG Rz. 53; *Peus*, Der Aufsichtsratsvorsitzende, S. 166; *v. Schenck*, AG 2010, 649, 651; *Semler* in FS Claussen, 1997, S. 381, 398; *E. Vetter* in VGR, Gesellschaftsrecht in der Diskussion 2014, 2015, S. 115, 125; a.A. wohl *Berger*, Die Kosten der Aufsichtsratstätigkeit in der AG, 1999, S. 113 nur Aufwendungsersatz.
36 *Lutter/Krieger/Verse*, Aufsichtsrat, Rz. 681; *Spindler* in BeckOGK AktG, Stand 1.2.2021, § 107 AktG Rz. 49; *Grigoleit/Tomasic* in Grigoleit, § 107 AktG Rz. 13; *E. Vetter* in VGR, Gesellschaftsrecht in der Diskussion 2014, 2015, S. 115, 127.
37 *Drygala* in K. Schmidt/Lutter, § 112 AktG Rz. 25; *Mertens/Cahn* in KölnKomm. AktG, 3. Aufl. 2013, § 112 AktG Rz. 33; *Spindler* in BeckOGK AktG, Stand 1.2.2021, § 112 AktG Rz. 44.
38 OLG Stuttgart v. 20.3.1992 – 2 U 115/90, AG 1993, 85, 86.
39 BGH v. 14.5.2013 – II ZB 1/11, AG 2013, 562 Rz. 22; OLG München v. 5.3.2015 – 23 U 2384/14, AG 2015, 402, 403; OLG Frankfurt v. 25.5.2011 – 7 U 268/08, AG 2011, 790 Rz. 33; OLG Stuttgart v. 20.3.1992 – 2 U 115/90, AG 1993, 85, 86; *E. Vetter*, AG 2016, 873, 875; BGH v. 6.4.1964 – II ZR 75/62, BGHZ 41, 282, 285; OLG Düsseldorf v. 17.11.2003 – I-15 U 225/02, AG 2004, 321, 322; *Mertens/Cahn* in KölnKomm. AktG, 3. Aufl. 2013, § 107 AktG Rz. 52; *Semler* in FS Rowedder, 1994, S. 441, 449.
40 *Drygala* in K. Schmidt/Lutter, § 107 AktG Rz. 22; *Hopt/Roth* in Großkomm. AktG, 5. Aufl. 2019, § 107 AktG Rz. 145; *Habersack* in MünchKomm. AktG, 5. Aufl. 2019, § 107 AktG Rz. 60; *Peus*, Der Aufsichtsratsvorsitzende, S. 175; a.A. *Heim*, AG 1967, 4, 5.

de zur Kundgabe des Beschlusses des Aufsichtsrates über die Abberufung eines Vorstandsmitgliedes oder die Kündigung des Anstellungsverhältnisses eines Vollmachtsnachweises nach § 174 Satz 1 BGB bedarf, ist umstritten[41]. Vielfach findet sich in der Satzung oder der Geschäftsordnung des Aufsichtsrates die Bestimmung, dass Willenserklärungen des Aufsichtsrates in dessen Namen vom Aufsichtsratsvorsitzenden abgegeben werden. Hierdurch wird dem Aufsichtsratsvorsitzenden nur die **Funktion eines Erklärungsvertreters des Aufsichtsrates** übertragen, da ihm in der Sache keine Kompetenz zur Entscheidung und Willensbildung für den Aufsichtsrat eingeräumt werden kann[42]. Der Aufsichtsratsvorsitzende bedarf deshalb zur Abgabe einer Erklärung im Namen des Aufsichtsrates gegenüber dem Vorstand oder Dritten stets eines vorangehenden Beschlusses des Aufsichtsrates oder eines Aufsichtsratsausschusses, falls die Angelegenheit auf einen Ausschuss übertragen worden ist[43]. Rechtsgeschäftliche Erklärungen, die der Aufsichtsratsvorsitzende im Zuständigkeitsbereich des Aufsichtsrates abgibt und denen kein entsprechender Aufsichtsratsbeschluss zugrunde liegt, sind nach den Grundsätzen des Vertreters ohne Vertretungsmacht gemäß § 177 BGB schwebend unwirksam und können nachträglich vom Aufsichtsrat genehmigt werden[44].

Stark umstritten ist, ob und in wieweit dem Aufsichtsratsvorsitzenden das Recht zum **Dialog mit institutionellen Investoren** zusteht. A.3 Deutscher Corporate Governance Kodex enthält eine entsprechende Anregung, soweit es um „aufsichtsratsspezifische Themen" geht[45]. Die wohl (noch) herrschende Meinung hält derartige Gespräche nur in engen Grenzen und nur unter Berücksichtigung der Rechte des Aufsichtsrats als Gremium für zulässig, soweit es um die dem Aufsichtsrat ausschließlich zugewiesenen Aufgaben geht[46]. Eine jüngere, vordringende Ansicht – nicht zuletzt gestützt auf die von den Erwartungen und Einflüssen ausländischer Investoren geprägte Praxis in vielen Unternehmen[47] – will dem Aufsichtsratsvorsitzenden insoweit einen eigenen Gestaltungsbereich einräumen[48]. Dabei finden jedoch weder die aktienrechtliche Kompetenzordnung noch die Rechte der übrigen Aufsichtsratsmitglieder und des Aufsichtsrats als Gremium die gebotene Beachtung. Zu Themen, die sowohl der Zuständigkeit des Vorstands als auch des Aufsichtsrats unterliegen (z.B. zustimmungspflichtige Geschäfte, Kapitalmaßnahmen, Fusionsvorhaben, Unternehmensstrategie), ist allein der Vorstand der Gesprächspartner der institutionellen Investoren und aktivistischen Aktionäre. Dem Vorstand muss als Geschäftsleitungsorgan hinsichtlich der Außenkommunikation gegenüber dem Aufsichtsrat als Überwachungsorgan Priorität zukommen, sollen Konflikte zwischen den beiden Organen vermieden werden. Der Aufsichtsratsvorsitzende hat jedenfalls die Verschwiegenheitspflicht gemäß § 116 AktG, die kapitalmarktrechtlichen Schranken der Informationsweitergabe sowie die Gleichbehandlungspflichten

28.10a

---

41 Dafür OLG Düsseldorf v. 17.11.2003 – I-15 U 225/02, AG 2004, 321, 323; *Pusch*, RdA 2005, 170, 174; a.A. *Bednarz*, NZG 2005, 539, 542.
42 OLG Stuttgart v. 20.3.1992 – 2 U 115/90, AG 1993, 85, 86; *Hüffer/Koch*, § 112 AktG Rz. 8; *Peus*, Der Aufsichtsratsvorsitzende, S. 172; *Habersack* in MünchKomm. AktG, 5. Aufl. 2019, § 107 AktG Rz. 60; *Werner*, ZGR 1989, 369, 384.
43 *Bürgers/Fischer* in Bürgers/Körber/Lieder, § 107 AktG Rz. 8; *Luther/Rosga* in FS Meilicke, 1985, S. 80, 87.
44 OLG Karlsruhe v. 13.10.1995 – 10 U 51/95 – HSB, AG 1996, 224, 225; *Hüffer/Koch*, § 112 AktG Rz. 12; *Werner*, ZGR 1989, 369, 393; a.A. *Stein*, AG 1999, 28, 38; differenzierend *Drygala* in K. Schmidt/Lutter, § 112 AktG Rz. 27.
45 Siehe dazu *Holle*, ZIP 2019, 1895, 1897; *J. Koch*, AG 2017, 129 ff.; *E. Vetter*, AG 2016, 873, 874; VGR, AG 2017, 1, 4.
46 *Grunewald*, ZIP 2016, 2009, 2010; *Holle*, ZIP 2019, 1895, 1897; *Hüffer/Koch*, § 111 AktG Rz. 34; *J. Koch*, AG 2017, 129, 135; *Lutter/Krieger/Verse*, Aufsichtsrat, Rz. 284; *Selter*, Beratung des Aufsichtsrats, Rz. 332; *Spindler* in FS Seibert, 2019, S. 855, 865; *E. Vetter*, AG 2016, 873, 874; *E. Vetter*, AG 2014, 387, 392.
47 *Hopt*, ZGR 2019, 507, 525; *Spindler* in BeckOGK AktG, Stand 1.2.2021, § 107 AktG Rz. 45.
48 *Bachmann* in VGR, Gesellschaftsrecht in der Diskussion 2016, 2017, S. 135, 155; *Drinhausen/Marsch-Barner*, AG 2014, 337, 350; *Fleischer/Bauer/Wansleben*, DB 2015, 360, 365; *Hirt/Hopt/Mattheus*, AG 2016, 725, 734; *Krämer*, Der Aufsichtsrat 2017, 18; *Leyendecker-Langner*, NZG 2015, 44, 45 ff.; *M. Roth* in FS Bergmann, 2018, S. 567, 580.

gemäß §§ 53a, 131 Abs. 4 AktG und § 48 Abs. 1 Nr. 1 WpHG (bis 2.1.2018: § 30a Abs. 1 Nr. 1) zu beachten[49].

28.11 In der Praxis wird dem Aufsichtsratsvorsitzenden neben seinen üblichen Aufgaben regelmäßig kraft Satzungsbestimmung die **Leitung der Hauptversammlung** übertragen[50]. Die Satzung kann bestimmen, dass der Aufsichtsratsvorsitzende oder der Stellvertreter nur dann zur Leitung der Hauptversammlung berufen sind, wenn sie dem Kreis der Aufsichtsratsmitglieder der Anteilseigner angehören[51].

b) Besondere Kompetenzen des Aufsichtsratsvorsitzenden
aa) Besondere aktienrechtliche Kompetenzen

28.12 Der Aufsichtsratsvorsitzende ist die zentrale Person für die Informationsvermittlung zwischen dem Aufsichtsrat und den anderen Organen der Gesellschaft. Er ist Empfänger vom Vorstand aus wichtigem Anlass zu erstellenden Berichte gemäß § 90 Abs. 1 Satz 3 AktG sowie der sonstigen Berichte des Vorstandes zur Weiterleitung an den Gesamtaufsichtsrat (§ 90 Abs. 5 Satz 3 AktG)[52]. Entsprechendes gilt auch für den Prüfungsbericht des Abschlussprüfers (§ 170 Abs. 3 AktG, § 318 Abs. 7 Satz 4 HGB)[53]. Er hat nach § 176 Abs. 1 Satz 2 AktG der Hauptversammlung den Bericht des Aufsichtsrates über die Prüfung des Jahresabschlusses, des Lageberichts sowie des Gewinnverwendungsvorschlages mündlich zu erläutern[54]. In verschiedenen Einzelbestimmungen weist das AktG dem Vorsitzenden des Aufsichtsrates besondere Kompetenzen zu. Besondere Mitwirkungsbefugnisse stehen ihm bei der **Anmeldung von Kapitalmaßnahmen zum Handelsregister** zu (§ 184 Abs. 1, § 188 Abs. 1, § 195 Abs. 1, § 203 Abs. 1 Satz 1 i.V.m. § 188 Abs. 1, § 207 Abs. 2, § 223, § 229 Abs. 3 und § 237 Abs. 2 AktG).

bb) Besondere Kompetenzen nach dem MitbestG

28.13 In der paritätisch mitbestimmten Gesellschaft räumen § 29 Abs. 2 Satz 1 und § 31 Abs. 4 Satz 1 MitbestG dem Aufsichtsratsvorsitzenden, falls ein Beschluss des Aufsichtsrates zu einem Patt geführt hat, das so genannte **Zweitstimmrecht** ein (siehe dazu Rz. 28.59). Nach § 27 Abs. 3 MitbestG ist er auch kraft Amtes Mitglied des so genannten **ständigen Ausschusses** oder auch Vermittlungsausschusses (siehe dazu im Einzelnen Rz. 29.33).

c) Faktische Bedeutung des Aufsichtsratsvorsitzenden

28.14 Die bloße Darstellung der gesetzlichen und gewohnheitsrechtlichen Befugnisse des Aufsichtsratsvorsitzenden wird seiner **besonderen Bedeutung** nicht gerecht, wobei diese nicht zuletzt auch wesentlich von der fachlichen und persönlichen Autorität und Führungsstärke des Aufsichtsratsvorsitzenden im Einzelfall bestimmt wird. In der Unternehmenspraxis nimmt der Aufsichtsratsvorsitzende regelmäßig eine **zentrale Funktion zwischen Aufsichtsrat und Vorstand** ein[55]. In großen börsennotierten Gesell-

---

49 *Drinhausen/Marsch-Barner*, AG 2014, 337, 350; *Holle*, ZIP 2019, 1895, 1898; *J. Koch*, AG 2017, 129, 136, 139; *Leyendecker-Langner*, NZG 2015, 44, 47.
50 *Hoffmann-Becking* in MünchHdb. AG, § 37 Rz. 36; vgl. auch *Ulmer*, Die Anpassung der Satzungen, S. 42.
51 OLG Hamburg v. 23.7.1982 – 11 U 179/80 – Beiersdorf, AG 1983, 21, 22; *Raiser* in Raiser/Veil/Jacobs, § 27 MitbestG Rz. 30; *E. Vetter*, Beiträge zur inneren Ordnung des Aufsichtsrates, S. 104; *H.P. Westermann* in FS Fischer, 1979, S. 835, 844; a.A. *Föhr*, Das MitbestGespr 1977, 131, 133.
52 *Grigoleit/Tomasic* in Grigoleit, § 90 AktG Rz. 22; *Leyens*, Information des Aufsichtsrats, 2006, S. 247; *Selter*, Beratung des Aufsichtsrats, Rz. 333.
53 *Grigoleit/Zellner* in Grigoleit, § 170 AktG Rz. 5; *Hüffer/Koch*, § 170 AktG Rz. 5; *E. Vetter* in Großkomm. AktG, 5. Aufl. 2018, § 170 AktG Rz. 55.
54 *Hennrichs/Pöschke* in MünchKomm. AktG, 4. Aufl. 2018, § 170 AktG Rz. 32; *E. Vetter* in Großkomm. AktG, 5. Aufl. 2018, § 176 AktG Rz. 50.
55 Vgl. *Krieger*, ZGR 1985, 338, 342; *Peus*, Der Aufsichtsratsvorsitzende, S. 161; *Potthoff/Trescher/Theisen*, AR-Mitglied, Rz. 1025; siehe auch *Sihler*, WPg-Sonderheft 2001, S. 111, 112.

schaften geht er seiner Aufgabe **oftmals hauptberuflich** nach. Der Aufsichtsratsvorsitzende ist regelmäßiger **Gesprächspartner des Vorstandes** und dadurch meist über alle wesentlichen Entwicklungen und wichtigen Anlässe (§ 90 Abs. 1 Satz 3 AktG) im Unternehmen frühzeitig informiert, was ihm besondere Informationspflichten gegenüber dem Aufsichtsrat auferlegt[56]. Sein Wort als Berater des Vorstandes hat im Allgemeinen besonderes Gewicht. Der Gesetzgeber macht die **erhöhte Verantwortung** und Arbeitsbelastung des Aufsichtsratsvorsitzenden dadurch deutlich, dass Vorsitz-Mandate im Rahmen von § 100 Abs. 2 Satz 3 AktG doppelt gezählt werden. Auch D.6 Deutscher Corporate Governance Kodex unterstreicht seine besondere Bedeutung mit der Empfehlung, dass er **regelmäßigen Kontakt mit dem Vorsitzenden bzw. Sprecher des Vorstandes** halten soll, um mit ihm über die Strategie, Geschäftsentwicklung, Risikolage wie auch das Risikomanagement und die Compliance zu beraten[57]. In der Praxis sind gelegentlich problematische Grenzüberschreitungen des Aufsichtsratsvorsitzenden in operative Themen zu beobachten[58]. Dies tangiert nicht nur den Zuständigkeitsbereich des Vorstands, sondern kann den Vorsitzenden auch bei der unbefangenen Wahrnehmung der Überwachungsaufgabe beeinträchtigen.

2. Stellvertreter des Aufsichtsratsvorsitzenden

Nach § 107 Abs. 1 Satz 1 AktG hat der Aufsichtsrat **mindestens einen Stellvertreter** zu wählen, der die Aufgaben und Befugnisse des Aufsichtsratsvorsitzenden übernimmt, wenn dieser verhindert ist (§ 107 Abs. 1 Satz 3 AktG). Auch im paritätisch mitbestimmten Aufsichtsrat kann die Satzung **weitere Stellvertreter** vorsehen, sofern dabei der Grundsatz der gleichen Rechtsstellung aller Aufsichtsratsmitglieder beachtet wird[59]. Der **Vertretungsfall** ist dann gegeben, wenn der Aufsichtsratsvorsitzende eine ihm obliegende Aufgabe innerhalb des dafür zur Verfügung stehenden Zeitraumes nicht rechtzeitig erledigen kann[60]. Der Verhinderungsfall liegt auch dann vor, wenn das Amt des Aufsichtsratsvorsitzenden unbesetzt ist[61]. Eine Verhinderung ist allerdings nicht schon dann gegeben, wenn der Aufsichtsratsvorsitzende die Aufgabe nicht selbst wahrnehmen, sondern seinem Stellvertreter überlassen will[62]. Wird der Stellvertreter im Verhinderungsfall tätig, hat er – mit Ausnahme der Vergütungsansprüche – **dieselben Rechte und Pflichten wie der Aufsichtsratsvorsitzende**, und zwar im Zweifel unabhängig davon, ob es sich um gesetzliche oder in der Satzung begründete Befugnisse handelt.

28.15

Im **paritätisch mitbestimmten Aufsichtsrat** ist der nach § 27 Abs. 1 und 2 MitbestG zu wählende Stellvertreter stets Mitglied kraft Amtes des nach § 27 Abs. 3 MitbestG zu bildenden so genannten Vermittlungsausschusses (siehe dazu Rz. 29.33). Das Zweitstimmrecht des Aufsichtsratsvorsitzenden steht ihm jedoch nach § 29 Abs. 2 Satz 3, § 31 Abs. 4 Satz 3 MitbestG nicht zu. Sieht die Satzung für den paritätisch mitbestimmten Aufsichtsrat **einen oder mehrere weitere Stellvertreter** vor, ist für die nach § 27 MitbestG durchzuführende Wahl erforderlich, dass die Satzungsbestimmung keine Beschränkung des passiven Wahlrechts auf die Gruppe der Aufsichtsratsmitglieder der Anteilseigner enthält, sondern im Grundsatz jedes Aufsichtsratsmitglied gewählt werden kann[63]. Andernfalls ist die Satzungsregelung

28.16

---

56 *Hüffer*, NZG 2007, 47, 50; *Uwe H. Schneider/Sven H. Schneider*, AG 2015, 621, 626.
57 Siehe dazu *v. Schenck*, AG 2010, 649, 653; *Hecker/Peters*, BB 2012, 2639, 2643.
58 Siehe z.B. *E. Vetter* in 50 Jahre AktG, S. 103, 124; siehe dazu auch *Leyendecker-Langner*, NZG 2012, 721 ff.
59 BGH v. 25.2.1982 – II ZR 123/81 – Siemens, BGHZ 83, 106, 112; OLG Hamburg v. 23.7.1982 – 11 U 179/80 – Beiersdorf, AG 1983, 21, 22; *Paefgen*, Struktur, S. 289 ff.; *Raiser* in Raiser/Veil/Jacobs, § 25 MitbestG Rz. 17; *H.P. Westermann* in FS Fischer, 1979, S. 835, 837.
60 *Lutter/Krieger/Verse*, Aufsichtsrat, Rz. 684; *Mertens/Cahn* in KölnKomm. AktG, 3. Aufl. 2013, § 107 AktG Rz. 72.
61 LG Mainz v. 19.12.1989 – 10 HO 65/89, AG 1991, 33, 34.
62 *Hoffmann-Becking* in MünchHdb. AG, § 31 Rz. 24; *Lutter/Krieger/Verse*, Aufsichtsrat, Rz. 684; *Habersack* in MünchKomm. AktG, 5. Aufl. 2019, § 107 AktG Rz. 71.
63 BGH v. 25.2.1982 – II ZR 123/81 – Siemens, BGHZ 83, 106, 112; OLG Hamburg v. 23.7.1982 – 11 U 179/80 – Beiersdorf, AG 1983, 21, 22; *Hüffer/Koch*, § 107 AktG Rz. 10; *Mertens/Cahn* in KölnKomm.

wegen Verstoßes gegen den Grundsatz der gleichen Rechtsstellung aller Aufsichtsratsmitglieder unwirksam.

3. Wahlverfahren
a) Wahl nach AktG

28.17 Für Gesellschaften außerhalb des Geltungsbereichs des MitbestG bestimmt sich die Wahl von Aufsichtsratsvorsitzendem und Stellvertreter allein nach den aktienrechtlichen Vorschriften. Der **Vorsitzende des Aufsichtsrates** wird nach § 107 Abs. 1 Satz 1 AktG aus dem Kreis seiner Mitglieder gewählt. Sieht die Satzung keine andere Mehrheit vor, genügt für die Wahl die **einfache Mehrheit** der abgegebenen Stimmen. Die Satzung kann auch die relative Mehrheit genügen lassen oder eine höhere Mehrheit vorsehen, solange hierdurch nicht für ein einzelnes Aufsichtsratsmitglied faktisch ein Vetorecht begründet wird[64]. Bei der Wahl sind **alle Mitglieder des Aufsichtsrates stimmberechtigt** einschließlich des Kandidaten selbst[65]. Die **Wahl eines oder mehrerer Stellvertreter** erfolgt nach denselben Regelungen, wie sie im Rahmen von § 107 Abs. 1 AktG für die Wahl des Aufsichtsratsvorsitzenden gelten. Bei der Wahl mehrerer Stellvertreter sollte der Aufsichtsrat in jedem Fall auch die Reihenfolge festlegen, in der sie den Aufsichtsratsvorsitzenden vertreten, sofern nicht die Satzung bereits eine Regelung getroffen hat[66].

28.18 Wie die Wahl vonstattengeht und wer sie leitet, wenn der Aufsichtsrat erstmals nach der Wahl seiner Mitglieder zusammentritt oder wenn sowohl das Amt des Aufsichtsratsvorsitzenden als auch das des Stellvertreters vakant geworden ist, ist gesetzlich nicht geregelt. Meist sieht die Satzung vor, dass der Aufsichtsrat nach der Neuwahl der Aufsichtsratsmitglieder der Anteilseigner durch die Hauptversammlung zusammentritt, ohne dass es dazu einer gesonderten Einladung bedarf. Üblich ist die Durchführung der **konstituierenden Sitzung des Aufsichtsrates** unmittelbar im Anschluss an die Hauptversammlung, in der zur Wahl des Aufsichtsratsvorsitzenden der Anteilseigner gewählt worden sind, wenn zu diesem Zeitpunkt die Wahl der Aufsichtsratsmitglieder der Arbeitnehmer bereits erfolgt ist. Treten die Aufsichtsratsmitglieder nicht aus eigener Initiative zusammen, kann nach dem Gedanken des § 110 Abs. 2 AktG sowohl der Vorstand als auch jedes Aufsichtsratsmitglied zur **konstituierenden Sitzung** einberufen[67]. Vielfach üblich ist die Einberufung durch den Vorstand, der gesetzlich verpflichtet ist, für ein funktionsfähiges Überwachungsorgan zu sorgen. Über die **Sitzungsleitung** bis zur Wahl des Aufsichtsratsvorsitzenden müssen sich die versammelten Aufsichtsmitglieder ad hoc verständigen. In aller Regel wird die Sitzungsleitung nach parlamentarischem Vorbild vom ältesten Mitglied übernommen, sofern die Geschäftsordnung des Aufsichtsrates keine Regelung enthält und die anwesenden Aufsichtsratsmitglieder keinen Sitzungsleiter wählen[68].

b) Wahl nach MitbestG

28.19 Ist der Aufsichtsrat paritätisch mitbestimmt, so gilt für die Wahl des Vorsitzenden des Aufsichtsrates und des Stellvertreters **zwingend das Verfahren gemäß § 27 MitbestG**, der die aktienrechtlichen Re-

---

AktG, 3. Aufl. 2013, Anhang § 117 B, § 25 MitbestG Rz. 7; *Wank*, AG 1980, 148, 150; *H.P. Westermann* in FS Fischer, 1979, S. 835, 837.

64 *Drygala* in K. Schmidt/Lutter, § 107 AktG Rz. 10; *Hüffer/Koch*, § 107 AktG Rz. 4; *Spindler* in BeckOGK AktG, Stand 1.2.2021, § 107 AktG Rz. 24; a.A. *Mertens/Cahn* in KölnKomm. AktG, 3. Aufl. 2013, § 107 AktG Rz. 14.

65 *Drygala* in K. Schmidt/Lutter, § 107 AktG Rz. 9; *Hüffer/Koch*, § 107 AktG Rz. 4.

66 *Bürgers/Fischer* in Bürgers/Körber/Lieder, § 107 AktG Rz. 10; *E. Vetter* in Happ/Groß/Möhrle/Vetter, Aktienrecht, Muster 9.01 Rz. 10.1.

67 Vgl. *Hoffmann-Becking* in MünchHdb. AG, § 31 Rz. 13; *Hopt/Roth* in Großkomm. AktG, 5. Aufl. 2019, § 110 AktG Rz. 17; *Mertens/Cahn* in KölnKomm. AktG, 3. Aufl. 2013, § 110 AktG Rz. 10.

68 *Hoffmann-Becking* in MünchHdb. AG, § 31 Rz. 13; *Hoffmann/Preu*, Aufsichtsrat, Rz. 116; *E. Vetter* in Happ/Groß/Möhrle/Vetter, Aktienrecht, Muster 9.01 Rz. 5.1.

gelungen in § 107 AktG modifiziert und ein **potentiell zweistufiges Wahlverfahren** vorsieht. Danach wählt der Aufsichtsrat aus seiner Mitte den Aufsichtsratsvorsitzenden und einen Stellvertreter, und zwar in einem **ersten Wahlgang** mit einer Mehrheit von **zwei Dritteln der Mitglieder**, aus denen der Aufsichtsrat nach Gesetz oder Satzung insgesamt besteht (Sollstärke). Dem Aufsichtsrat steht es frei zu entscheiden, ob die Wahl für beide Positionen durch Blockwahl erfolgt oder ob jeweils getrennte Abstimmungen durchgeführt werden[69]. Wird bei einer Blockwahl die erforderliche Mehrheit auch nur für eine der beiden Positionen nicht erreicht, sind die Kandidaten für beide zu besetzende Positionen nicht gewählt. Bei erfolglosem erstem Wahlgang ist nach § 27 Abs. 2 MitbestG ein **zweiter Wahlgang** durchzuführen, in dem **zwei getrennte Abstimmungen** stattfinden, wobei die Aufsichtsratsmitglieder der Anteilseigner den Aufsichtsratsvorsitzenden und die Aufsichtsratsmitglieder der Arbeitnehmer den Stellvertreter jeweils mit der **einfachen Mehrheit** der abgegebenen Stimmen wählen. Der zweite Wahlgang muss alsbald nach dem ersten Wahlgang gemäß § 27 Abs. 1 MitbestG stattfinden. Für die Beschlussfähigkeit jeder Gruppe als eigenständigem Wahlkörper ist entsprechend dem Gedanken des § 28 MitbestG die Teilnahme der Hälfte ihrer nach Gesetz oder Satzung bestimmten Zahl von Mitgliedern erforderlich[70]. Durch das Verfahren des § 27 MitbestG ist gewährleistet, dass der **Aufsichtsratsvorsitzende** bei weitgehender Geschlossenheit der Aufsichtsratsmitglieder der Anteilseigner **von der Anteilseignerseite gestellt** wird, was sogar gegen den geschlossenen Willen der Bank der Arbeitnehmer im Aufsichtsrat erfolgen kann. Gängige Unternehmenspraxis ist es, dass der Aufsichtsratsvorsitzende von den Aufsichtsratsmitgliedern der Anteilseigner und der Stellvertreter von den Aufsichtsratsmitgliedern der Arbeitnehmer gestellt wird, ohne dass es zu einem zweiten Wahlgang kommt. Dieses Ergebnis ist jedoch nicht zwingend und kann auch nicht durch die Satzung vorgeschrieben werden[71]. Einschränkungen der Wahlfreiheit der Aufsichtsratsmitglieder durch die Satzung oder die Geschäftsordnung des Aufsichtsrates durch das Aufstellen von Qualifikationsmerkmalen für den Aufsichtsratsvorsitzenden oder den Stellvertreter sind unwirksam[72].

Auch im paritätisch mitbestimmten Aufsichtsrat ist die **Wahl weiterer Stellvertreter** zulässig[73]. Für die Wahl ist mangels einer besonderen Regelung in der Satzung oder Aufsichtsratsgeschäftsordnung nicht das Verfahren nach § 27 MitbestG zu beachten, sondern es genügt ein Beschluss des Aufsichtsrates mit einfacher Mehrheit (§ 29 MitbestG)[74]. Die Satzung kann jedoch nicht die Wahlfreiheit beschränken und verbindlich festlegen, dass der weitere Stellvertreter der Gruppe der Aufsichtsratsmitglieder der Anteilseigner angehören muss[75]. Der **weitere Stellvertreter** hat die Befugnisse des Aufsichtsratsvorsitzenden gemäß § 107 Abs. 1 Satz 3 AktG nur, wenn sowohl der Aufsichtsratsvorsitzende als auch der nach § 27 MitbestG gewählte Stellvertreter verhindert sind. Das Zweitstimmrecht nach

---

69 *Oetker* in Großkomm. AktG, 5. Aufl. 2018, § 27 MitbestG Rz. 5; *Raiser* in Raiser/Veil/Jacobs, § 27 MitbestG Rz. 12; *E. Vetter*, Beiträge zur inneren Ordnung des Aufsichtsrates, S. 83.
70 *Raiser* in Raiser/Veil/Jacobs, § 27 MitbestG Rz. 13; *Habersack* in Habersack/Henssler, MitbestR, § 27 MitbestG Rz. 8; a.A. *Hoffmann/Lehmann/Weinmann*, § 27 MitbestG Rz. 15: drei Mitglieder ausreichend.
71 BGH v. 25.2.1982 – II ZR 145/80 – Bilfinger und Berger, BGHZ 83, 151, 154; OLG Karlsruhe v. 20.6.1980 – 15 U 171/79 – Bilfinger und Berger, AG 1981, 102, 105; *Oetker* in Großkomm. AktG, 5. Aufl. 2018, § 27 MitbestG Rz. 3.
72 *Oetker* in Großkomm. AktG, 5. Aufl. 2018, § 27 MitbestG Rz. 3; *Raiser* in Raiser/Veil/Jacobs, § 27 MitbestG Rz. 9.
73 BGH v. 25.2.1982 – II ZR 123/81 – Siemens, BGHZ 83, 106, 112; OLG Hamburg v. 23.7.1982 – 11 U 179/80 – Beiersdorf, AG 1983, 21, 22; *Hüffer/Koch*, § 107 AktG Rz. 10; *Raiser* in Raiser/Veil/Jacobs, § 25 MitbestG Rz. 7; *Wank*, AG 1980, 148, 150; *H.P. Westermann* in FS Fischer, 1979, S. 835, 837.
74 *Oetker* in Großkomm. AktG, 5. Aufl. 2018, § 27 MitbestG Rz. 21; *Spindler* in BeckOGK AktG, Stand 1.2.2021, § 107 AktG Rz. 60; a.A. *Raiser* in Raiser/Veil/Jacobs, § 27 MitbestG Rz. 15; *Wank*, AG 1980, 148, 152, die die Beachtung des Verfahrens nach § 27 MitbestG verlangen.
75 BGH v. 25.2.1982 – II ZR 123/81 – Siemens, BGHZ 83, 106, 112; OLG Hamburg v. 23.7.1982 – 11 U 179/80 – Beiersdorf, AG 1983, 21, 22.

§ 29 Abs. 2 MitbestG kann dem weiteren Stellvertreter jedoch nicht eingeräumt werden[76]. Zulässig und in der Praxis vielfach üblich ist es, dass dem weiteren Stellvertreter, der regelmäßig aus den Reihen der Aufsichtsratsmitglieder der Anteilseigner kommt, im Fall der Verhinderung des Aufsichtsratsvorsitzenden die **Leitung der Hauptversammlung** übertragen wird[77].

4. Gerichtliche Bestellung

28.21 Findet innerhalb angemessener Zeit nach der Neuwahl des Aufsichtsrates keine konstituierende Aufsichtsratssitzung statt, in der der Aufsichtsratsvorsitzende und der Stellvertreter nach § 107 Abs. 1 AktG gewählt werden, oder scheitert die Konstituierung an der notwendigen Stimmenmehrheit, kann die Hauptversammlung nicht die Wahl anstelle des Aufsichtsrats vornehmen[78]. Auf Antrag hat das Registergericht den Aufsichtsratsvorsitzenden und seinen Stellvertreter zu bestellen (§ 104 Abs. 2 AktG analog)[79]. Antragsberechtigt sind sowohl der Vorstand, jedes Aufsichtsratsmitglied als auch jeder Aktionär.

5. Amtszeit

28.22 Enthält die Satzung, die Geschäftsordnung des Aufsichtsrates oder der Wahlbeschluss selbst keine entgegenstehende Regelung, **beginnt** die Amtszeit des Aufsichtsratsvorsitzenden oder Stellvertreters mit der Annahme der Wahl. Sie **endet** mit dem Ende der Amtszeit, für die das betreffende Aufsichtsratsmitglied gewählt ist[80]. Nach herrschender Meinung kann auch vorgesehen werden, dass sich die Amtszeit des Vorsitzenden oder Stellvertreters im Falle der Wiederwahl automatisch auch über die laufende Amtsperiode hinweg fortsetzt. Hierzu bedarf es jedoch einer ausdrücklichen Regelung des Aufsichtsrates[81]. In jedem Fall endet das Amt mit dem Ausscheiden des Mitglieds aus dem Aufsichtsrat[82]. Außerhalb des Geltungsbereichs des MitbestG kann die Amtszeit für den Aufsichtsratsvorsitzenden und den Stellvertreter unterschiedlich bemessen werden[83]. Beim paritätisch besetzten Aufsichtsrat kommen jedoch für beide Ämter nur **identische Amtszeiten** in Betracht, wobei die Wahl nicht zwingend für die gesamte Amtszeit des Aufsichtsrates erfolgen muss[84]. Der Aufsichtsratsvorsitzende kann sein Amt durch Erklärung gegenüber dem Aufsichtsrat **jederzeit niederlegen**, soweit die Niederlegung nicht zur Unzeit erfolgt. Gleiches gilt auch für den stellvertretenden Aufsichtsratsvorsitzenden. Die Niederlegung erfasst nicht automatisch auch die Mitgliedschaft im Aufsichtsrat[85]. Der Aufsichtsrat kann den Aufsichtsratsvorsitzenden oder den Stellvertreter jederzeit **abberufen**, sofern nicht nach der Satzung oder der Geschäftsordnung des Aufsichtsrates ein wichtiger Grund für die Abberufung gegeben sein

---

76 *Mertens/Cahn* in KölnKomm. AktG, 3. Aufl. 2013, § 107 AktG Rz. 66; *Raiser* in Raiser/Veil/Jacobs, § 27 MitbestG Rz. 33; *Habersack* in Habersack/Henssler, MitbestR, § 27 MitbestG Rz. 20; a.A. *Paefgen*, Struktur, S. 299; *H.P. Westermann* in FS Fischer, 1979, S. 835, 842.
77 *Hoffmann-Becking* in MünchHdb. AG, § 31 Rz. 31; *Wank*, AG 1980, 148, 150.
78 *Habersack* in MünchKomm. AktG, 5. Aufl. 2019, § 107 AktG Rz. 25; *E. Vetter* in Liber amicorum M. Winter, 2011, S. 701, 706.
79 *Habersack* in MünchKomm. AktG, 5. Aufl. 2019, § 107 AktG Rz. 26; *Hoffmann-Becking* in MünchHdb. AG, § 31 Rz. 8; *Hüffer/Koch*, § 107 AktG Rz. 6; *Habersack* in Habersack/Henssler, MitbestR, § 27 MitbestG Rz. 4; *E. Vetter* in Liber amicorum M. Winter, 2011, S. 701, 706.
80 *Drygala* in K. Schmidt/Lutter, § 107 AktG Rz. 16; *Mertens/Cahn* in KölnKomm. AktG, 3. Aufl. 2013, § 107 AktG Rz. 31; *Spindler* in BeckOGK AktG, Stand 1.2.2021, § 107 AktG Rz. 34.
81 *Hoffmann-Becking* in MünchHdb. AG, § 31 Rz. 15; *Hüffer/Koch*, § 107 AktG Rz. 7; *Lutter/Krieger/Verse*, Aufsichtsrat, Rz. 665.
82 *Hüffer/Koch*, § 107 AktG Rz. 7; *Mertens/Cahn* in KölnKomm. AktG, 3. Aufl. 2013, § 107 AktG Rz. 29.
83 *Drygala* in K. Schmidt/Lutter, § 107 AktG Rz. 16; *Mertens/Cahn* in KölnKomm. AktG, 3. Aufl. 2013, § 107 AktG Rz. 30.
84 *Lutter/Krieger/Verse*, Aufsichtsrat, Rz. 674; *Oetker* in Großkomm. AktG, 5. Aufl. 2018, § 27 MitbestG Rz. 16; *Raiser* in Raiser/Veil/Jacobs, § 27 MitbestG Rz. 16.
85 *Bürgers/Fischer* in Bürgers/Körber/Lieder, § 107 AktG Rz. 7; *Spindler* in BeckOGK AktG, Stand 1.2.2021, § 107 AktG Rz. 43.

muss[86]. Für den Widerrufsbeschluss bedarf es derselben Stimmenmehrheit wie für die ursprüngliche Wahl; d.h., im paritätisch mitbestimmten Aufsichtsrat ist spiegelbildlich das Verfahren nach § 27 Abs. 1 oder nach Abs. 2 MitbestG durchzuführen[87], je nachdem, ob der Betreffende mit Zweidrittelmehrheit des gesamten Aufsichtsrates oder nur mit der einfachen Mehrheit der maßgeblichen Aufsichtsratsbank gewählt worden war. Im paritätisch mitbestimmten Aufsichtsrat hat die **vorzeitige Vakanz** im Amt des Aufsichtsratsvorsitzenden oder des Stellvertreters auf den Bestand des jeweils anderen Amtes entgegen der vereinzelt vertretenen so genannten Tandem-Theorie[88] keine Auswirkung[89]. Allerdings ist **unverzüglich eine Nachwahl** für die restliche Amtsperiode des Aufsichtsrates durchzuführen, um die entstandene Vakanz zu beenden. Für die Nachwahl gelten die Regelungen von § 27 Abs. 1 und 2 MitbestG, d.h., es ist zunächst der Versuch einer Wahl mit Zwei-Drittel-Mehrheit zu unternehmen[90].

6. Informationspflichten der Gesellschaft

Nach § 107 Abs. 1 Satz 2 AktG ist der Vorstand verpflichtet, **zum Handelsregister anzumelden**, wer zum Aufsichtsratsvorsitzenden und zum Stellvertreter gewählt worden ist. Die Anmeldung dient nur der Unterrichtung des Handelsregisters[91]. Für die Anmeldung genügt deshalb die Schriftform durch Unterzeichnung der Anmeldung durch den Vorstand in vertretungsberechtigter Zahl[92]. Es bedarf weder der Einreichung des Aufsichtsratsbeschlusses noch der Unterschrift des Aufsichtsratsvorsitzenden. Im Interesse der Publizität der wesentlichen Verhältnisse der Gesellschaft verlangt § 80 Abs. 1 Satz 1 AktG, dass auf allen **Geschäftsbriefen** der Gesellschaft neben den Mitgliedern des Vorstandes auch der Vorsitzende des Aufsichtsrates mit seinem Familiennamen und mindestens einem ausgeschriebenen Vornamen anzugeben ist.

28.23

7. Ehrenvorsitzender

Gelegentlich wird von Gesellschaften ein „Ehrenvorsitzender der Gesellschaft" oder ein „Ehrenvorsitzender des Aufsichtsrates" ernannt[93]. Hierbei handelt es sich um einen **Titel**, der als Ehrung an herausragende Personen verliehen wird, die sich besondere Verdienste um die Gesellschaft erworben haben (z.B. langjährige Aufsichtsratsvorsitzende). Das AktG enthält zur Verleihung einer solchen Ehrung keine Regelung.

28.24

Die Ernennung, die in der Praxis entweder von der Hauptversammlung oder vom Aufsichtsrat ausgesprochen wird, ist zulässig, soweit sie lediglich eine Ehrung der betreffenden Person darstellt. Der Ehrenvorsitzende hat **keine korporationsrechtlichen Befugnisse**, insbesondere kann ihm **kein generelles Teilnahmerecht** eingeräumt werden[94].

28.25

---

86 *Habersack* in MünchKomm. AktG, 5. Aufl. 2019, § 107 AktG Rz. 31; *Hoffmann/Preu*, Aufsichtsrat, Rz. 139; *Lutter/Krieger/Verse*, Aufsichtsrat, Rz. 666.
87 *Schubert* in Wißmann/Kleinsorge/Schubert, § 27 MitbestG Rz. 25; *Raiser* in Raiser/Veil/Jacobs, § 27 MitbestG Rz. 17; *Habersack* in Habersack/Henssler, MitbestR, § 27 MitbestG Rz. 13; a.A. – einfache Mehrheit genügt – *Hoffmann/Preu*, Aufsichtsrat, Rz. 139; *Hoffmann/Lehmann/Weinmann*, § 27 MitbestG Rz. 23; siehe auch *Paefgen*, Struktur, S. 276 ff.
88 Vgl. dazu *Fitting/Wlotzke/Wißmann*, MitbestG, 2. Aufl. 1978, § 27 MitbestG Rz. 16.
89 *Schubert* in Wißmann/Kleinsorge/Schubert, § 27 MitbestG Rz. 25; *Oetker* in Großkomm. AktG, 5. Aufl. 2018, § 27 MitbestG Rz. 17; *Raiser* in Raiser/Veil/Jacobs, § 27 MitbestG Rz. 19; *E. Vetter*, Beiträge zur inneren Ordnung des Aufsichtsrates, S. 110 ff.
90 *Raiser* in Raiser/Veil/Jacobs, § 27 MitbestG Rz. 21; *Habersack* in Habersack/Henssler, MitbestR, § 27 MitbestG Rz. 11; *Gach* in MünchKomm. AktG, 5. Aufl. 2019, § 27 MitbestG Rz. 13.
91 Unscharf *Grigoleit/Tomasic* in Grigoleit, § 107 AktG Rz. 11: „deklaratorischer Natur".
92 *Hüffer/Koch*, § 107 AktG Rz. 11; *Mertens/Cahn* in KölnKomm. AktG, 3. Aufl. 2013, § 107 AktG Rz. 26.
93 Vgl. z.B. *Jüngst*, BB 1984, 1583; *Lutter*, ZIP 1994, 645; *Siebel* in FS Peltzer, 2001, S. 519.
94 *Hoffmann-Becking* in MünchHdb. AG, § 31 Rz. 26; *Kindl*, Teilnahme an der Aufsichtsratssitzung, S. 46; a.A. *Siebel* in FS Peltzer, 2001, S. 519, 533.

IV. Arbeitsweise des Aufsichtsrates

1. Sitzungen des Aufsichtsrates

a) Bedeutung

28.26 Der Gesetzgeber geht davon aus, dass die direkte Aussprache, Beratung und Meinungsbildung unter den Aufsichtsratsmitgliedern und die Willensbildung des Aufsichtsrates ungeachtet der technischen Möglichkeiten, die die moderne Kommunikationsindustrie bietet, **im Regelfall in Sitzungen** unter körperlicher Anwesenheit der Aufsichtsratsmitglieder an einem gemeinsamen Ort erfolgen, weil auf diesem Weg die beste Möglichkeit zum direkten persönlichen Kontakt und zum Meinungsaustausch zwischen den Mitgliedern besteht[95]. Bei der börsennotierten AG bestimmt § 171 Abs. 2 Satz 2 AktG, dass im schriftlichen Bericht des Aufsichtsrats an die Hauptversammlung die **Zahl der stattgefundenen Sitzungen des Aufsichtsrates und seiner Ausschüsse** im abgelaufenen Geschäftsjahr anzugeben ist. Dies schließt Beratungen und Abstimmungen per Telefon- oder Videokonferenzen ein[96].

b) Sitzungshäufigkeit

28.27 In der **börsennotierten AG** gilt nach § 110 Abs. 3 Satz 1 AktG zwingend eine **Mindestzahl** von **zwei Aufsichtsratssitzungen pro Kalenderhalbjahr** (nicht eine pro Quartal). Für die Einhaltung der gesetzlichen Mindestzahl nach § 110 Abs. 3 Satz 1 AktG bedarf es nicht zwingend stets einer körperlichen Zusammenkunft der Aufsichtsratsmitglieder, wie der durch das TransPuG geänderte Wortlaut „abhalten" statt „zusammentreten" deutlich macht. Im begründeten Ausnahmefall ist auch eine als **Video- oder Telefon-Konferenz** einberufene Sitzung zulässig und bei der Ermittlung der Zahl der Pflichtsitzungen nach § 110 Abs. 3 AktG zu berücksichtigen[97]. Nach der Anregung in D.8 Satz 2 Deutscher Corporate Governance Kodex sollte dies aber nicht die Regel sein. Die Missachtung der gesetzlichen Mindestfrequenz bleibt ohne unmittelbare Sanktion und ist auch im Aufsichtsratsbericht nach § 171 Abs. 2 AktG über die bloße Angabe der Zahl der Sitzungen hinaus nicht besonders anzugeben. Die Beschlussfassung des Aufsichtsrats außerhalb einer Sitzung im schriftlichen Verfahren gemäß § 108 Abs. 4 AktG zählt nicht als Pflichtsitzung i.S.v. § 110 Abs. 3 AktG[98].

28.28 Für **nichtbörsennotierte Gesellschaften** gilt im Grundsatz dieselbe Sitzungsfrequenz. Allerdings kann der Aufsichtsrat mit einfacher Mehrheit beschließen, dass nur **eine Sitzung pro Kalenderhalbjahr** abgehalten wird (§ 110 Abs. 3 Satz 2 AktG), sofern nicht die Satzung eine entgegenstehende Regelung enthält und nicht aktuelle Entwicklungen die Durchführung zusätzlicher Aufsichtsratssitzungen erfordern. Der Beschluss über ein „opt out" bedarf keiner alljährlichen Bestätigung.

28.29 Unabhängig von der starren gesetzlichen Vorgabe des § 110 Abs. 3 AktG ist der Vorsitzende des Aufsichtsrates verpflichtet, eine **außerordentliche Sitzung** einzuberufen, sofern sich aus besonderem Grund eine konkrete Notwendigkeit ergibt[99]. Dies kann bei einem wichtigen Anlass in Betracht kommen, über den der Vorsitzende des Aufsichtsrates durch den Vorstand gemäß § 90 Abs. 1 Satz 3 AktG

---

95 Vgl. die Regierungsbegründung zum TransPuG, BR-Drucks. 109/02, S. 38; siehe auch *Baums* (Hrsg.), Bericht Regierungskommission, Rz. 57.
96 *Ekkenga* in KölnKomm. AktG, 3. Aufl. 2012, § 171 AktG Rz. 79; *E. Vetter* in Großkomm. AktG, 5. Aufl. 2018, § 171 AktG Rz. 241.
97 *Hüffer/Koch*, § 110 AktG Rz. 11; *Noack* in FS Druey, 2002, S. 869, 873; *Spindler* in BeckOGK AktG, Stand 1.2.2021, § 110 AktG Rz. 50; a.A. *Drygala* in K. Schmidt/Lutter, § 110 AktG Rz. 20; kritisch auch *Ihrig/Wagner*, BB 2002, 789, 794.
98 *Götz*, NZG 2002, 599, 601; *Habersack* in MünchKomm. AktG, 5. Aufl. 2019, § 110 AktG Rz. 44; *Mertens/Cahn* in KölnKomm. AktG, 3. Aufl. 2013, § 110 AktG Rz. 31.
99 *Breidenich*, Organisation der Aufsichtsratsarbeit, 2020, S. 89; *Hoffmann-Becking* in MünchHdb. AG, § 31 Rz. 36; *Hüffer/Koch*, § 110 AktG Rz. 10; *Lutter/Krieger/Verse*, Aufsichtsrat, Rz. 689; *Spindler* in BeckOGK AktG, Stand 1.2.2021, § 110 AktG Rz. 30.

unterrichtet worden ist. Dabei geht es vor allem um Ereignisse, die für die Beurteilung der Lage und Entwicklung der Gesellschaft sowie für die Leitung des Unternehmens von wesentlicher Bedeutung sind[100]. Aber auch bei Personalentscheidungen kann Eile geboten sein.

c) Einberufung des Aufsichtsrates
aa) Zuständigkeit

Die Einberufung des Aufsichtsrates ist grundsätzlich **Sache des Aufsichtsratsvorsitzenden**, der hierüber in eigener Verantwortung unter Berücksichtigung der Unternehmensinteressen entscheidet. Dabei wird er in Abhängigkeit von Art und Bedeutung des Beratungs- oder Beschlussgegenstandes stets auch abzuwägen haben, ob im Einzelfall anstelle einer physischen Zusammenkunft der Aufsichtsratsmitglieder ausnahmsweise nicht ebenso eine Beschlussfassung außerhalb der Sitzung nach § 108 Abs. 3 oder Abs. 4 AktG in Betracht kommt[101]. Der Aufsichtsratsvorsitzende muss die Einberufung des Aufsichtsrates **nicht höchstpersönlich** vornehmen, sondern er kann sie auch an den Vorstand delegieren, der dann im Namen des Aufsichtsratsvorsitzenden einlädt[102].

28.30

Der Aufsichtsratsvorsitzende hat dafür zu sorgen, dass die nach § 110 Abs. 3 AktG für börsennotierte Gesellschaften **vorgeschriebene Sitzungsfrequenz** eingehalten wird und kann sich nicht damit entschuldigen, dass er die Sitzung z.B. wegen der Tätigkeit und Zusammenkunft von Aufsichtsratsausschüssen oder mangels konkretem Beratungs- oder Beschlussbedarf im Aufsichtsratsplenum nicht für erforderlich hält[103]. Der Aufsichtsratsvorsitzende ist ungeachtet des bestehenden Sitzungsterminplans zur **Einberufung einer Sitzung innerhalb von zwei Wochen** verpflichtet, wenn ein Aufsichtsratsmitglied oder der Vorstand die unverzügliche Einberufung des Aufsichtsrates verlangen. Das Verlangen kann formlos sein und muss keinen konkreten Beschlussantrag enthalten. Es genügt, wenn der Beratungsgegenstand und die Gründe für die Einberufung mitgeteilt werden (§ 110 Abs. 1 Satz 1 AktG)[104]. Der Aufsichtsratsvorsitzende muss einem ordnungsgemäßen **Einberufungsverlangen eines Aufsichtsratsmitglieds oder des Vorstandes** unverzüglich nachkommen, auch wenn er selbst die Notwendigkeit der Einberufung nicht für gegeben hält, es sei denn, dass das Verlangen rechtsmissbräuchlich ist[105]. Für ein ordnungsgemäßes Einberufungsverlangen des Vorstandes ist ein Beschluss des Gesamtvorstandes erforderlich[106].

28.31

Kommt der Aufsichtsratsvorsitzende einem ordnungsgemäßen Einberufungsverlangen nicht nach, hat nicht nur der **Vorstand**, sondern auch das **einzelne Aufsichtsratsmitglied** das Recht zur **Selbsteinberufung** (§ 110 Abs. 2 AktG). Für eine ordnungsgemäße Selbsteinberufung haben das Aufsichtsratsmitglied oder der Vorstand den Aufsichtsrat unverzüglich unter Mitteilung des vergeblichen Einberufungsverlangens und der Angabe des Beratungsgegenstandes sowie unter Beachtung der sonstigen in der Satzung oder Geschäftsordnung festgelegten Regeln einzuberufen[107]. Bei Einberufung einer Aufsichtsratssitzung ohne Beachtung der in § 110 Abs. 1 und 2 AktG genannten Voraussetzungen können

28.32

---

100 LG München I v. 31.5.2007 – 5 HK O 11877/06, AG 2007, 827, 828; *Breidenich*, Organisation der Aufsichtsratsarbeit, 2020, S. 90; *Hopt/Roth* in Großkomm. AktG, 5. Aufl. 2019, § 110 AktG Rz. 71.
101 *Habersack* in MünchKomm. AktG, 5. Aufl. 2019, § 107 AktG Rz. 52; *Kindl*, ZHR 166 (2002), 335, 340.
102 *Hoffmann-Becking* in MünchHdb. AG, § 31 Rz. 38; *Spindler* in BeckOGK AktG, Stand 1.2.2021, § 110 AktG Rz. 16.
103 *Habersack* in MünchKomm. AktG, 5. Aufl. 2019, § 110 AktG Rz. 8; *Mertens/Cahn* in KölnKomm. AktG, 3. Aufl. 2013, § 110 AktG Rz. 2.
104 *Drygala* in K. Schmidt/Lutter, § 110 AktG Rz. 4; *Hoffmann-Becking* in MünchHdb. AG, § 31 Rz. 44; *Mertens/Cahn* in KölnKomm. AktG, 3. Aufl. 2013, § 110 AktG Rz. 9.
105 *Lutter/Krieger/Verse*, Aufsichtsrat, Rz. 695; *Mertens/Cahn* in KölnKomm. AktG, 3. Aufl. 2013, § 110 AktG Rz. 11.
106 *Habersack* in MünchKomm. AktG, 5. Aufl. 2019, § 110 AktG Rz. 23; *Hüffer/Koch*, § 110 AktG Rz. 6.
107 *Hüffer/Koch*, § 110 AktG Rz. 9; *Lutter/Krieger/Verse*, Aufsichtsrat, Rz. 697.

wirksame Beschlüsse nur gefasst werden, wenn alle Aufsichtsratsmitglieder anwesend und mit der Durchführung der Sitzung einverstanden sind[108].

28.33 Bis zum Beginn der Aufsichtsratssitzung kann der Aufsichtsratsvorsitzende im Rahmen seiner Befugnisse als Vorsitzender des Gremiums nach pflichtgemäßem Ermessen auch ohne ausdrückliche Regelung in der Satzung oder Aufsichtsratsgeschäftsordnung eine **von ihm einberufene Sitzung aufheben oder verlegen**. Dies gilt auch für den Fall, dass die Sitzung auf ein Einberufungsverlangen eines Aufsichtsratsmitglieds oder des Vorstandes nach § 110 Abs. 1 Satz 1 AktG zurückgeht[109]. Allerdings handelt der Aufsichtsratsvorsitzende dabei pflichtwidrig, wenn er nicht zugleich unverzüglich eine neue Sitzung mit einer Einberufungsfrist von zwei Wochen nach § 110 Abs. 1 Satz 2 AktG einberuft[110]. Ist die Aufsichtsratssitzung nach § 110 Abs. 2 AktG einberufen worden, ist der Aufsichtsratsvorsitzende nicht zur Aufhebung oder zur Verlegung der Sitzung berechtigt[111]. Zur **Vertagung** der begonnenen Aufsichtsratssitzung ist der Aufsichtsratsvorsitzende ebenfalls nicht befugt.

bb) Formalien

28.34 Die Satzung oder die Geschäftsordnung des Aufsichtsrates können für die Einberufung einer Aufsichtsratssitzung Formalien aufstellen und z.B. die Einhaltung bestimmter Formen und Fristen festlegen. Die **schriftliche Einladung** ist gesetzlich nicht vorgesehen, aber üblich. Zunehmend sehen Satzung oder Geschäftsordnung die Textform anstelle der Schriftform vor, um Einladungen per E-Mail oder Telefax zu ermöglichen. In der Praxis hat sich eine **Einladungsfrist von zwei Wochen**, wie sie auch in § 110 Abs. 1 Satz 2 AktG bestimmt ist, bewährt. Für die Wahrung der Einberufungsfrist ist nicht der Zugang der Einladung i.S.v. § 130 Abs. 1 Satz 1 BGB erforderlich. Maßgeblich ist vielmehr der Zeitpunkt, zu dem nach Aufgabe bei der Post der Zugang beim Adressaten normalerweise zu erwarten ist[112]. Fehlt eine ausdrückliche Regelung, muss die Einberufungsfrist angemessen sein und sollte nicht unter einer Woche liegen[113]. In jedem Fall dürfte eine Einladungsfrist von zwei Wochen angemessen sein (vgl. § 110 Abs. 1 Satz 2 AktG)[114]. Eine ausdrückliche Einladung ist auch dann erforderlich, wenn in einer vorangegangenen Aufsichtsratssitzung Termin und Ort der Sitzung bereits bestimmt worden sind. Zulässig ist es, wenn die Satzung oder die Geschäftsordnung des Aufsichtsrates im Ausnahmefall eine **Abkürzung der Einladungsfrist** durch den Aufsichtsratsvorsitzenden sowie die Einladung per Telefon, Telefax oder E-Mail zulassen, wenn dies wegen der **Dringlichkeit** der Angelegenheit erforderlich ist[115].

---

108 *Habersack* in MünchKomm. AktG, 5. Aufl. 2019, § 110 AktG Rz. 21; *Hopt/Roth* in Großkomm. AktG, 5. Aufl. 2019, § 110 AktG Rz. 30.
109 *Bürgers/Fischer* in Bürgers/Körber/Lieder, § 110 AktG Rz. 7; *Lutter/Krieger/Verse*, Aufsichtsrat, Rz. 698; *Mertens/Cahn* in KölnKomm. AktG, 3. Aufl. 2013, § 110 AktG Rz. 12; a.A. *Hoffmann-Becking* in MünchHdb. AG, § 31 Rz. 47; *Peus*, Der Aufsichtsratsvorsitzende, S. 50.
110 Anders *Lutter/Krieger/Verse*, Aufsichtsrat, Rz. 698, nach denen die neue Sitzung in jedem Fall binnen zwei Wochen nach dem Einberufungsverlangen stattfinden muss.
111 *Habersack* in MünchKomm. AktG, 5. Aufl. 2019, § 110 AktG Rz. 38; *Spindler* in BeckOGK AktG, Stand 1.2.2021, § 110 AktG Rz. 44.
112 *Hüffer/Koch*, § 110 AktG Rz. 3 unter Hinweis auf BGH v. 30.3.1987 – II ZR 180/86, BGHZ 100, 264, 267 und die anerkannten Grundsätze zur Einberufung der Gesellschafterversammlung in der GmbH.
113 *Drygala* in K. Schmidt/Lutter, § 110 AktG Rz. 9; *Habersack* in MünchKomm. AktG, 5. Aufl. 2019, § 110 AktG Rz. 16.
114 *Baums*, ZGR 1983, 300, 313; *Hoffmann/Preu*, Aufsichtsrat, Rz. 408; einschränkend *Lemke*, Der fehlerhafte Aufsichtsratsbeschluss, S. 128.
115 *Drygala* in K. Schmidt/Lutter, § 110 AktG Rz. 8; *E. Vetter* in Happ/Groß/Möhrle/Vetter, Aktienrecht, Muster 9.01 Rz. 14.2; *Hoffmann/Preu*, Aufsichtsrat, Rz. 408; *Kindl*, Teilnahme an der Aufsichtsratssitzung, S. 65.

Jedes Mitglied des Aufsichtsrates muss zur Sitzung eingeladen werden[116]. In der Einladung sind die Gesellschaft, sowie **Ort, Tag und Zeitpunkt** der Sitzung bekanntzugeben. Ob die vom Aufsichtsratsvorsitzenden in der Praxis meist in Abstimmung mit dem Vorstand festgelegte **Tagesordnung** zusammen mit der Einladung mitzuteilen ist und welche Rechtsfolgen sich für die Gültigkeit von Aufsichtsratsbeschlüssen ergeben, wenn die Tagesordnung erst später mitgeteilt wird, ist umstritten[117]. In jedem Fall muss die Tagesordnung die einzelnen **Tagesordnungsgegenstände** präzise benennen und so rechtzeitig vor der Sitzung an die Aufsichtsratsmitglieder versandt werden, dass diese sich auf die einzelnen Gegenstände angemessen vorbereiten und über die Notwendigkeit oder Zweckmäßigkeit ihrer Teilnahme an der Sitzung entscheiden können[118]. Über nicht ordnungsgemäß angekündigte Tagesordnungspunkte darf im Aufsichtsrat zwar beraten, aber ohne das Einverständnis aller Aufsichtsratsmitglieder nicht Beschluss gefasst werden[119].

28.35

Die Überlassung der **Sitzungsunterlagen** muss nicht zwingend bereits mit der Einladung und Tagesordnung erfolgen, sofern nicht in der Satzung oder Geschäftsordnung des Aufsichtsrates etwas anderes bestimmt ist. Jedoch müssen die Unterlagen den Aufsichtsratsmitgliedern so rechtzeitig zugesandt werden, dass ihnen vor der Aufsichtsratssitzung eine angemessene Vorbereitungszeit bleibt und ggf. auch noch die Möglichkeit besteht, beim Aufsichtsratsvorsitzenden oder dem Vorstand weitere Informationen einzuholen[120]. Die Mitteilung konkreter **Beschlussvorschläge** in der Tagesordnung, wie dies § 124 Abs. 3 Satz 1 AktG für die Hauptversammlung vorschreibt, ist für das ordnungsgemäße Zustandekommen eines Aufsichtsratsbeschlusses nicht erforderlich[121]. Andererseits ist der Aufsichtsratsvorsitzende verpflichtet, zur ordnungsgemäßen Sitzungsvorbereitung und zur Ermöglichung von schriftlichen Stimmabgaben (siehe dazu Rz. 28.69) verhinderter Aufsichtsratsmitglieder gemäß § 108 Abs. 3 AktG für die möglichst frühzeitige, nicht notwendigerweise zusammen mit der Tagesordnung zu versendende Mitteilung von Beschlussvorschlägen zu sorgen[122], da im Regelfall eine schriftliche Stimmabgabe nur auf der Grundlage eines konkreten Beschlussvorschlages vorgenommen werden kann. Er wird deshalb sorgfältig abzuwägen haben, ob er etwa bei einer hoch **vertraulichen Angelegenheit** auf die vorherige Angabe von Beschlussvorschlägen verzichten will und damit die Erteilung von schriftlichen Stimmabgaben gemäß § 108 Abs. 3 AktG zwangsläufig ausscheidet. Der Aufsichtsratsvorsitzende hat **Ergänzungsanträge** eines Aufsichtsratsmitglieds oder des Vorstandes zu bereits angekündigten Tagesordnungspunkten zu berücksichtigen und den übrigen Aufsichtsratsmitgliedern unverzüglich mitzuteilen, sofern noch eine angemessene Vorbereitung möglich ist[123].

28.36

Die Organisation und Vorbereitung von getrennten **Gruppen-Vorbesprechungen** des Vorstandes mit den Aufsichtsratsmitgliedern der Arbeitnehmer oder der Anteilseigner, die im Hinblick auf die Dis-

28.37

---

116 Siehe dazu *Heller*, AG 2008, 160, 161.
117 Vgl. einerseits *Hoffmann-Becking* in MünchHdb. AG, § 31 Rz. 41; *Kindl*, Teilnahme an der Aufsichtsratssitzung, S. 52; *Lutter/Krieger/Verse*, Aufsichtsrat, Rz. 693; *Säcker/Theisen*, AG 1980, 29, 33; andererseits *Hüffer/Koch*, § 110 AktG Rz. 4; siehe auch *Hoffmann/Preu*, Aufsichtsrat, Rz. 408.
118 *Baums*, ZGR 1983, 300, 316; *Breidenich*, Organisation der Aufsichtsratsarbeit, 2020, S. 110; *Heller*, AG 2008, 160, 161; *Mertens/Cahn* in KölnKomm. AktG, 3. Aufl. 2013, § 110 AktG Rz. 4; *Spindler* in Beck-OGK AktG, Stand 1.2.2021, § 110 AktG Rz. 20; zu weitgehend z.B. OLG Frankfurt v. 1.10.2013 – 5 U 214/12 – Deutsche Börse AG, AG 2014, 373, 375; berechtigte Kritik bei *Burgard/Heimann*, AG 2014, 360, 366.
119 *Hoffmann/Lehmann/Weinmann*, § 25 MitbestG Rz. 160; *Paefgen*, Struktur, S. 224; *Säcker*, NJW 1979, 1521, 1522; *Habersack* in Habersack/Henssler, MitbestR, § 25 MitbestG Rz. 17a.
120 *Habersack* in MünchKomm. AktG, 5. Aufl. 2019, § 110 AktG Rz. 18; *Hoffmann/Preu*, Aufsichtsrat, Rz. 140; *Hopt/Roth* in Großkomm. AktG, 5. Aufl. 2019, § 110 AktG Rz. 28.
121 *Baums*, ZGR 1983, 300, 316; *Drygala* in K. Schmidt/Lutter, § 110 AktG Rz. 11; *Heller*, AG 2008, 160; *Hüffer/Koch*, § 110 AktG Rz. 4; *Kindl*, Teilnahme an der Aufsichtsratssitzung, S. 55; *Lutter/Krieger/Verse*, Aufsichtsrat, Rz. 694.
122 *Hoffmann-Becking* in MünchHdb. AG, § 31 Rz. 42; *Lutter/Krieger/Verse*, Aufsichtsrat, Rz. 694; *Mertens/Cahn* in KölnKomm. AktG, 3. Aufl. 2013, § 110 AktG Rz. 4.
123 *Drygala* in K. Schmidt/Lutter, § 110 AktG Rz. 10; *Lutter/Krieger/Verse*, Aufsichtsrat, Rz. 693.

kussionskultur und das Homogenitätsprinzip nicht unproblematisch sind[124], obliegt nicht dem Aufsichtsratsvorsitzenden, sondern ist Sache der beteiligten Aufsichtsratsmitglieder[125]. Sie sind gleichwohl Teil der Mandatsausübung der Aufsichtsratsmitglieder[126]. In jedem Fall hat der Vorstand sicherzustellen, dass Informationen, die in Vorbesprechungen einer Gruppe von Aufsichtsratsmitgliedern gegeben werden, auch den übrigen Aufsichtsratsmitgliedern in der Aufsichtsratssitzung zur Verfügung stehen[127].

d) Sitzungsleitung

28.38 Die Leitung der Aufsichtsratssitzung obliegt dem Aufsichtsratsvorsitzenden, der dabei auf eine **sachgerechte Erledigung der einzelnen Gegenstände der Tagesordnung** zu achten hat. Er entscheidet über die Sitzungsteilnahme von nicht dem Aufsichtsrat angehörenden Personen. Er bestimmt die Reihenfolge der Behandlung der Tagesordnung, wobei er von der ursprünglich festgelegten Tagesordnung nach eigenem Ermessen abweichen kann, wenn es ihm zweckmäßig erscheint[128]. Er legt die Reihenfolge der Redner fest und kann, sofern es im Interesse der sachgerechten Erledigung der Tagesordnung notwendig erscheint, Beschränkungen der Redezeit oder kurzzeitige Sitzungsunterbrechungen anordnen[129]. Die Vertagung eines Tagesordnungspunktes oder der ganzen Sitzung überschreitet jedoch die Kompetenzen des Aufsichtsratsvorsitzenden und bedarf eines Beschlusses des Aufsichtsrates, sofern er nicht durch die Satzung oder die Geschäftsordnung des Aufsichtsrates zur Vertagung ermächtigt ist. Stehen Beschlüsse des Aufsichtsrates auf der Tagesordnung, obliegt es dem Aufsichtsratsvorsitzenden, für die **Ordnungsmäßigkeit des Verfahrens** zu sorgen und auf die Stellung von formell und materiell fehlerfreien Anträgen hinzuwirken. In seiner Eigenschaft als Versammlungsleiter entscheidet er auch darüber, ob ein Aufsichtsratsmitglied einem **Stimmverbot** unterliegt[130], was der Aufsichtsrat durch Beschluss überwinden kann[131]. Er bestimmt auch die Art der Abstimmung und stellt das Beschlussergebnis fest[132]. Ob der Aufsichtsratsvorsitzende auch eine **geheime Abstimmung** des Aufsichtsrates anordnen kann, ist im Schrifttum umstritten. Die inzwischen herrschende Meinung lässt dies zu[133]. Nach richtiger Ansicht ist die geheime Abstimmung jedoch nicht mit der persönlichen Verantwortung des einzelnen Aufsichtsratsmitglieds für die eigene Stimmabgabe zu vereinbaren und deshalb grund-

---

124 *Bernhardt*, BB 2004, 457, 458; *Habersack* in Habersack/Henssler, MitbestR, § 25 MitbestG Rz. 18.
125 *Hoffmann/Preu*, Aufsichtsrat, Rz. 142; *Habersack* in Habersack/Henssler, MitbestR, § 25 MitbestG Rz. 18.
126 *E. Vetter* in FS Hüffer, 2010, S. 1017, 1028; *Wittgens/Vollertsen*, AG 2015, 261, 267; so wohl auch *v. Werder/Bartz*, DB 2012, 1733.
127 *Hoffmann/Lehmann/Weinmann*, § 28 MitbestG Rz. 8; *Lutter/Krieger/Verse*, Aufsichtsrat, Rz. 699; kritisch *Hoffmann-Becking* in FS Havermann, 1995, S. 229, 242; *Drygala* in K. Schmidt/Lutter, § 108 AktG Rz. 5; *E. Vetter* in FS Hüffer, 2010, S. 1017, 1023.
128 *Lutter/Krieger/Verse*, Aufsichtsrat, Rz. 706; *Mertens/Cahn* in KölnKomm. AktG, 3. Aufl. 2013, § 108 AktG Rz. 23; *Peus*, Der Aufsichtsratsvorsitzende, S. 99 ff.
129 *Hoffmann-Becking* in MünchHdb. AG, § 31 Rz. 56; *Lutter/Krieger/Verse*, Aufsichtsrat, Rz. 706; *Potthoff/Trescher/Theisen*, AR-Mitglied, Rz. 1038.
130 *Drygala* in K. Schmidt/Lutter, § 108 AktG Rz. 16; *Lutter/Krieger/Verse*, Aufsichtsrat, Rz. 706; *Mertens/Cahn* in KölnKomm. AktG, 3. Aufl. 2013, § 108 AktG Rz. 71.
131 *Hopt/Roth* in Großkomm. AktG, 5. Aufl. 2019, § 108 AktG Rz. 84; *Seibt* in FS Hopt, 2010, S. 1363, 1386; a.A. *Drinhausen/Marsch-Barner*, AG 2014, 337, 338; *Habersack* in MünchKomm. AktG, 5. Aufl. 2019, § 108 AktG Rz. 33; *Mertens/Cahn* in KölnKomm. AktG, 3. Aufl. 2013, § 108 AktG Rz. 71.
132 *Hambloch-Gesinn/Gesinn* in Hölters, § 107 AktG Rz. 36; *Hoffmann-Becking* in MünchHdb. AG, § 31 Rz. 58 und 59; *Spindler* in BeckOGK AktG, Stand 1.2.2021, § 110 AktG Rz. 34.
133 *Hoffmann-Becking* in MünchHdb. AG, § 31 Rz. 59; *Hopt/Roth* in Großkomm. AktG, 5. Aufl. 2019, § 108 AktG Rz. 50; *Hüffer/Koch*, § 108 AktG Rz. 5; *Kollhosser* in FS Hadding, 2004, S. 501, 508; *Lutter/Krieger/Verse*, Aufsichtsrat, Rz. 723; *Peus*, Der Aufsichtsratsvorsitzende, S. 125; *Uwe H. Schneider* in FS Fischer, 1979, S. 727, 735; *Habersack* in Habersack/Henssler, MitbestR, § 25 MitbestG Rz. 26.

sätzlich unzulässig[134]. Bei **Einverständnis aller anwesenden Aufsichtsratsmitglieder** ist aber gegen eine geheime Abstimmung nichts einzuwenden.

Die **Entscheidungen des Aufsichtsratsvorsitzenden** im Rahmen der Sitzungsleitung stehen grundsätzlich **unter dem Vorbehalt**, dass nicht das Aufsichtsratsplenum auf Antrag eines Aufsichtsratsmitglieds eine andere Entscheidung trifft[135]. Spricht jedoch der Aufsichtsratsvorsitzende für ein Aufsichtsratsmitglied ein **Stimmverbot** aus, handelt es sich um die Beurteilung einer Rechtsfrage, so dass sowohl die Entscheidung des Aufsichtsratsvorsitzenden als auch der Beschluss des Aufsichtsrates im Rahmen der gerichtlichen Überprüfung korrigiert werden können[136].

28.39

e) Teilnahme an der Aufsichtsratssitzung
aa) Mitglieder des Aufsichtsrates

Jedes Mitglied des Aufsichtsrates hat ein **grundsätzlich unentziehbares Recht auf Teilnahme** an der Sitzung des Aufsichtsrates[137]. Es ist darüber hinaus kraft seines Amtes auch verpflichtet, im Rahmen des Möglichen und Zumutbaren an den Sitzungen teilzunehmen[138]. Liegen konkrete Anhaltspunkte dafür vor, dass bei Teilnahme eines Aufsichtsratsmitglieds eine ernsthafte **Gefährdung der Interessen der Gesellschaft** zu befürchten ist (z.B. Verrat von Betriebsgeheimnissen), kann nicht der Aufsichtsratsvorsitzende allein, wohl aber der Aufsichtsrat durch Beschluss das Aufsichtsratsmitglied, falls mildere Mittel zur Wahrung der Interessen der Gesellschaft nicht zur Verfügung stehen, von der Anwesenheit in der Sitzung zu den jeweils betroffenen Tagesordnungspunkten **ausschließen**[139]. Mit dem Ausschluss des Aufsichtsratsmitglieds von der Sitzung bei einzelnen Tagesordnungspunkten ist nicht zwangsläufig der Verlust der sonstigen Rechte als Organmitglied verbunden. Insbesondere **verliert das Mitglied nicht automatisch sein Stimmrecht** und kann deshalb bei einer Beschlussfassung seine Stimme durch Stimmboten nach § 108 Abs. 3 Satz 1 AktG abgeben.

28.40

D.8 Deutscher Corporate Governance Kodex geht offensichtlich von einer **Pflicht zur regelmäßigen Sitzungsteilnahme der Aufsichtsratsmitglieder** aus und empfiehlt, im schriftlichen Bericht des Aufsichtsrates an die Hauptversammlung gemäß § 171 Abs. 2 AktG anzugeben, an wie vielen Sitzungen des Aufsichtsrates und der Ausschüsse die einzelnen Aufsichtsratsmitglieder im Geschäftsjahr teilgenommen haben. Nach § 108 Abs. 3 Satz 1 AktG gelten Aufsichtsratsmitglieder, die von der schriftlichen Stimmabgabe Gebrauch gemacht haben, als Teilnehmer an der Beschlussfassung. Zur Frage nach der persönlichen Teilnahme an der Aufsichtsratssitzung lässt sich der Vorschrift keine Antwort entnehmen. Nach dem Sinn und Zweck der Kodex-Regelung, die die Bedeutung der persönlichen Teilnahme und der direkten Diskussion im Aufsichtsrat unterstreicht, ist die Teilnahme an der Aufsichts-

28.41

---

134 *Mertens*, ZGR 1983, 189, 206 ff.; *Mertens/Cahn* in KölnKomm. AktG, 3. Aufl. 2013, § 108 AktG Rz. 52; *Spindler* in BeckOGK AktG, Stand 1.2.2021, § 108 AktG Rz. 22; früher bereits *E. Vetter*, ZHR 145 (1981), 83, 84.

135 *Breidenich*, Organisation der Aufsichtsratsarbeit, 2020, S. 143 ff.; *Drinhausen/Marsch-Barner*, AG 2014, 337, 338; *Reichert* in FS Hopt, 2020, S. 973, 986.

136 *Hoffmann-Becking* in MünchHdb. AG, § 31 Rz. 58; *Spindler* in BeckOGK AktG, Stand 1.2.2021, § 108 AktG Rz. 39; *Mertens/Cahn* in KölnKomm. AktG, 3. Aufl. 2013, § 108 AktG Rz. 71; *Reichert* in FS Hopt, 2020, S. 973, 987; *Tomasic* in Grigoleit, § 108 Rz. 31.

137 *Hüffer/Koch*, § 109 AktG Rz. 2; *Lutter/Krieger/Verse*, Aufsichtsrat, Rz. 825; *Mertens/Cahn* in KölnKomm. AktG, 3. Aufl. 2013, § 109 AktG Rz. 11; *Raiser* in Raiser/Veil/Jacobs, § 25 MitbestG Rz. 31; a.A. differenzierend *Kindl*, Teilnahme an der Aufsichtsratssitzung, S. 159 ff.

138 *Habersack* in MünchKomm. AktG, 5. Aufl. 2019, § 109 AktG Rz. 7; *Kindl*, Teilnahme an der Aufsichtsratssitzung, S. 7; *Potthoff/Trescher/Theisen*, AR-Mitglied, Rz. 950; *Raiser* in Raiser/Veil/Jacobs, § 25 MitbestG Rz. 31; *Säcker*, NJW 1979, 1521, 1522.

139 *Hüffer/Koch*, § 109 AktG Rz. 2; *Mertens/Cahn* in KölnKomm. AktG, 3. Aufl. 2013, § 109 AktG Rz. 14; unter Hinweis auf § 103 Abs. 3 AktG enger *Kindl*, Teilnahme an der Aufsichtsratssitzung, S. 161 ff.

ratssitzung im Sinne einer physischen Anwesenheit der Aufsichtsratsmitglieder zu verstehen[140], so dass die schriftliche Stimmabgabe hinsichtlich des **Berichts des Aufsichtsrates** nach § 171 Abs. 2 AktG nicht als Teilnahme zu werten ist. Anders zu behandeln sind hingegen die Aufsichtsratsmitglieder, die telefonisch oder mittels Videoübertragung an der Sitzung teilnehmen, da D.8 Satz 2 Deutscher Corporate Governance Kodex diese Form der Beteiligung der Teilnahme an einer Präsenzsitzung gleichsetzt[141].

28.42 Wird durch ein Aufsichtsratsmitglied der **Sitzungsablauf gestört**, so kann der Aufsichtsratsvorsitzende als Sitzungsleiter das Mitglied nach vorheriger Abmahnung als *ultima ratio* von der Sitzung ausschließen[142]. Gegen diese Maßnahme kann der Aufsichtsrat angerufen werden. Auch im Fall des Saalverweises ist das Aufsichtsratsmitglied zur Ausübung seines Stimmrechts nach § 108 Abs. 3 Satz 1 AktG berechtigt. Werden **persönliche Angelegenheiten** eines Aufsichtsratsmitglieds behandelt, wie z.B. die Geltendmachung von Ersatzansprüchen der Gesellschaft (§§ 116, 93 AktG), die Zustimmung zur Einräumung eines Kredits (§ 115 AktG), die Zustimmung zu einem Beratungsvertrag (§ 114 AktG) oder zur Bestellung eines Aufsichtsratsmitglieds zum Vorstandsmitglied (§ 105 AktG), so entspricht es allgemeiner Usance, dass das betroffene Aufsichtsratsmitglied nach Darlegung seiner Ansicht im Aufsichtsrat von sich aus auf die Teilnahme an den weiteren Beratungen verzichtet[143]. Es besteht jedoch keine rechtliche Verpflichtung, den Beratungen des Aufsichtsrates fernzubleiben[144].

28.43 E.1 Satz 1 Deutscher Corporate Governance Kodex empfiehlt, dass Aufsichtsratsmitglieder **Interessenkonflikte** unverzüglich gegenüber dem **Aufsichtsratsvorsitzenden offenlegen.** Insbesondere solche, die auf Grund einer Beratung oder Organfunktion bei Kunden, Lieferanten, Kreditgebern oder sonstigen Geschäftspartnern entstehen können. E.1 Satz 2 Deutscher Corporate Governance Kodex enthält darüber hinaus die Empfehlung, im schriftlichen **Bericht des Aufsichtsrates an die Hauptversammlung** gemäß § 171 Abs. 2 AktG über aufgetretene Interessenkonflikte und deren Behandlung zu informieren[145]. Bei Anerkennung dieser Empfehlung begründet die unterlassene Offenlegung die Anfechtbarkeit des Entlastungsbeschlusses der Hauptversammlung[146]. Die Empfehlung steht in einem Spannungsverhältnis zur **Vertraulichkeit des Aufsichtsrates**, die durch die ausdrückliche Erwähnung der Verschwiegenheitspflicht in § 116 Satz 2 AktG besonders betont wird[147]. Bei kodexkonformem Verhalten ist damit z.B. im Falle eines Interessenkonfliktes, der sich aus der Behandlung von persönlichen Angelegenheiten eines Aufsichtsratsmitglieds ergibt, im Bericht des Aufsichtsrates auch darzulegen, ob das Aufsichtsratsmitglied an den Beratungen des Aufsichtsrates und einer eventuellen Abstimmung teilgenommen hat oder nicht. Hat das betreffende Aufsichtsratsmitglied an den Beratungen und der Abstimmung des Aufsichtsrates nicht teilgenommen, ist die Unterrichtung der Hauptversammlung über den aufgetretenen Interessenkonflikt in allgemeiner und anonymisierter Form ausreichend[148] (siehe Rz. 27.58).

---

140 Siehe auch *Baums* (Hrsg.), Bericht Regierungskommission, Rz. 57.
141 Ebenso *Kremer* in Kremer/Bachmann/Lutter/v. Werder, Deutscher Corporate Governance Kodex, D.8 Rz. 8; *E. Vetter/Peters* in Henssler/Strohn, D.8 DCGK Rz. 3.
142 *Behr*, AG 1984, 281, 284; *Kindl*, Teilnahme an der Aufsichtsratssitzung, S. 87; *Lutter/Krieger/Verse*, Aufsichtsrat, Rz. 700; *Säcker*, NJW 1979, 1521, 1522.
143 *Krebs*, Interessenkonflikte, S. 163; *Mertens/Cahn* in KölnKomm. AktG, 3. Aufl. 2013, § 109 AktG Rz. 14; *Säcker* in FS Rebmann, 1989, S. 781, 787.
144 *Dreher*, JZ 1990, 896, 901; *Krebs*, Interessenkonflikte, S. 163; weitergehend *Lutter/Krieger/Verse*, Aufsichtsrat, Rz. 905; *Ulmer*, NJW 1980, 1603, 1605.
145 Kritisch gegenüber der Berichtspflicht z.B. *Peltzer*, Deutsche Corporate Governance, Rz. 318; *Priester*, ZIP 2011, 2081, 2083.
146 BGH v. 21.9.2009 – II ZR 174/08 – Leo Kirch/Deutsche Bank, BGHZ 182, 272 Rz. 16, BGH v. 16.2.2009 – II ZR 185/07 – Umschreibungsstop, BGHZ 180, 9 Rz. 19; *Goette* in FS Hüffer, 2010, S. 225, 231.
147 *Drygala*, AG 2007, 381, 389; *Priester*, ZIP 2012, 2081, 2083.
148 Ebenso *Lutter*, AG 2008, 1, 8; *Peltzer*, Deutsche Corporate Governance, S. 180.

bb) Vorstand

Der Vorstand hat **kein gesetzliches Recht auf Teilnahme an der Aufsichtsratssitzung**[149]. Etwas anderes folgt auch nicht aus § 109 Abs. 1 Satz 1 AktG. Die Regelung hat im Hinblick auf die Vertraulichkeit der Sitzungen des Aufsichtsrates nur klarstellenden Charakter[150]. Dem Aufsichtsrat steht es **frei**, den Vorstand insgesamt oder einzelne Vorstandsmitglieder zu seinen Sitzungen oder auch nur zu einzelnen Tagesordnungspunkten **zuzulassen** oder ihnen die Teilnahme ohne Angabe von Gründen zu verweigern. D.7 Deutscher Corporate Governance Kodex geht freilich von der regelmäßigen Teilnahme aus, was auch der gängigen Praxis entspricht und empfiehlt den Ausschluss des Vorstands im Bedarfsfall. Dies ist typischerweise bei Personalfragen der Fall. Die Entscheidung über die Teilnahme trifft in der Regel der Vorsitzende des Aufsichtsrates als Sitzungsleiter[151]; sie kann aber auch durch Beschluss des Aufsichtsrates getroffen werden. Auf Verlangen des Aufsichtsrates sind die Mitglieder des Vorstandes zur Teilnahme an den Aufsichtsratssitzungen verpflichtet[152]. Zulässig sind auch Satzungsbestimmungen, die den **Vorstand verpflichten**, an den Sitzungen auf Einladung des Aufsichtsrates teilzunehmen[153].

28.44

cc) Dritte

§ 109 Abs. 1 Satz 1 AktG unterstreicht die Vertraulichkeit der Verhandlungen des Aufsichtsrats, indem er deutlich macht, dass außer den Mitgliedern des Aufsichtsrats und des Vorstandes dritte Personen an der Aufsichtsratssitzung nicht teilnehmen sollen. Eine Teilnahme von **Sachverständigen und Auskunftspersonen** kommt nach § 109 Abs. 1 Satz 2 AktG nur im Ausnahmefall zu einzelnen Tagesordnungspunkten in Betracht. Die Entscheidung über die Teilnahme steht dem Aufsichtsratsvorsitzenden als Sitzungsleiter zu, sofern nicht der Aufsichtsrat hierüber auf Antrag eines Mitglieds einen Beschluss fasst[154]. Gleiches gilt im Ausnahmefall für Mitarbeiter als Sachverständige bei besonderem Klärungsbedarf, den der Vorstand selbst nicht befriedigen kann[155]. Weder für die nach § 101 Abs. 3 Satz 2 AktG bestellten **Ersatzmitglieder**[156] noch für **künftige Aufsichtsratsmitglieder** besteht ein Teilnahmerecht, selbst wenn hierfür im Einzelfall gute Gründe bestehen mögen[157]. Der **Abschlussprüfer** hat kein Teilnahmerecht, wohl aber trifft ihn gemäß § 171 Abs. 1 Satz 2 AktG die **Pflicht zur Teilnahme** an der so genannten **Bilanzsitzung des Aufsichtsrates** oder der Sitzung eines Ausschusses, in der der Jahresabschluss, Lagebericht und der Gewinnverwendungsvorschlag beraten werden, sofern nicht der Aufsichtsrat auf die Teilnahme des Abschlussprüfers verzichtet, was jedoch pflichtwidrig ist[158]. Die

28.45

---

149 *Habersack* in MünchKomm. AktG, 5. Aufl. 2019, § 109 AktG Rz. 11; *Hüffer/Koch*, § 109 AktG Rz. 3; *Kindl*, Die Teilnahme an der Aufsichtsratssitzung, S. 8; *Raiser* in Raiser/Veil/Jacobs, § 25 MitbestG Rz. 31; *E. Vetter*, VersR 2002, 951.
150 *Kindl*, Teilnahme an der Aufsichtsratssitzung, S. 8; *E. Vetter*, VersR 2002, 951.
151 Vgl. *Habersack* in MünchKomm. AktG, 5. Aufl. 2019, § 109 AktG Rz. 13; *Lutter/Krieger/Verse*, Aufsichtsrat, Rz. 702; *Uwe H. Schneider*, ZIP 2002, 873, 876.
152 *Hoffmann-Becking* in MünchHdb. AG, § 31 Rz. 52; *Hüffer/Koch*, § 109 AktG Rz. 3; *Lutter/Krieger/Verse*, Aufsichtsrat, Rz. 702.
153 *Mertens/Cahn* in KölnKomm. AktG, 3. Aufl. 2013, § 109 AktG Rz. 20; *Uwe H. Schneider*, ZIP 2002, 873, 874; *E. Vetter*, VersR 2002, 951.
154 *Drygala* in K. Schmidt/Lutter, § 109 AktG Rz. 15; *Hüffer/Koch*, § 109 AktG Rz. 5; *Lutter/Krieger/Verse*, Aufsichtsrat, Rz. 703.
155 *Drygala* in K. Schmidt/Lutter, § 109 AktG Rz. 11; *Bürgers/Fischer* in Bürgers/Körber/Lieder, § 109 AktG Rz. 4; *Marsch-Barner* in FS Schwark, 2009, S. 219, 222.
156 *Hüffer/Koch*, § 109 AktG Rz. 4; *Kindl*, Teilnahme an der Aufsichtsratssitzung, S. 46; *Lutter*, ZIP 1984, 645, 652; *Mertens/Cahn* in KölnKomm. AktG, 3. Aufl. 2013, § 109 AktG Rz. 23.
157 *Kindl*, Teilnahme an der Aufsichtsratssitzung, S. 46; *Mertens/Cahn* in KölnKomm. AktG, 3. Aufl. 2013, § 109 AktG Rz. 25; a.A. *Janberg/Oesterlink*, AG 1960, 240, 242.
158 *Deilmann* in FS Sandrock, 2000, S. 165, 176; *Hüffer/Koch*, § 171 AktG Rz. 14; *Schulze-Osterloh*, ZIP 1998, 2129, 2133; a.A. *Gelhausen*, AG 1997 Sonderheft, 73, 78.

Hinzuziehung von Hilfskräften des Aufsichtsratsvorsitzenden zur ordnungsgemäßen Durchführung der Aufsichtsratssitzung liegt im Rahmen seiner Entscheidungsbefugnis als Sitzungsleiter, sofern nicht der Aufsichtsrat selbst eine Entscheidung trifft[159]. Hierzu zählen z.B. der **Protokollführer**[160] oder **Dolmetscher**[161] bei Teilnahme von Aufsichtsratsmitgliedern, die den Verhandlungen in deutscher Sprache nicht ausreichend folgen können.

dd) Beauftragte an Stelle von verhinderten Aufsichtsratsmitgliedern

28.46 Nach § 109 Abs. 3 AktG kann die Satzung vorsehen, dass an den Sitzungen des Aufsichtsrates und seiner Ausschüsse Personen, die dem Aufsichtsrat nicht angehören, an Stelle von verhinderten Aufsichtsratsmitgliedern teilnehmen können. Erforderlich ist eine **Ermächtigung des verhinderten Aufsichtsratsmitglieds in Textform**[162]. Gemäß § 126b BGB ist dazu eine Ermächtigung durch Telefax oder E-Mail ausreichend[163]. Dem beauftragten Dritten steht kein eigenes Rede- oder Antragsrecht zu[164]. Er tritt in der Sitzung vielmehr als Bote des verhinderten Aufsichtsratsmitglieds (§ 108 Abs. 3 Satz 3 AktG)[165] auf und darf nur die von diesem schriftlich vorformulierten Erklärungen und Anträge vortragen, bzw. dessen schriftliche Stimmabgabe nach § 108 Abs. 3 AktG überreichen[166].

2. Beschlüsse des Aufsichtsrates
a) Allgemeines

28.47 Die **Willensbildung** des Aufsichtsrates als Gremium erfolgt nach § 108 Abs. 1 AktG durch **Beschluss**, der stets auf Grund der Beratungen und Verhandlungen seiner Mitglieder durch Abstimmung über einen ihnen vorliegenden Beschlussvorschlag herbeizuführen ist. Der Beschluss muss **ausdrücklich** gefasst werden[167]. Der Beschluss ist infolge der Beteiligung einer Mehrzahl von Aufsichtsratsmitgliedern ein mehrseitiges Rechtsgeschäft eigener Art[168], dessen Inhalt aber nach den allgemeinen Regeln auslegungsfähig ist[169].

---

159 *Hoffmann-Becking* in MünchHdb. AG, § 31 Rz. 50; *Hüffer/Koch*, § 109 AktG Rz. 5; *Lutter/Krieger/Verse*, Aufsichtsrat, Rz. 703; einschränkend *Breidenich*, Organisation der Aufsichtsratsarbeit, 2020, S. 136 ff.
160 Vgl. *Brinkschmidt*, Protokolle des Aufsichtsrats, S. 46 ff.; *Habersack* in MünchKomm. AktG, 5. Aufl. 2019, § 109 AktG Rz. 21; *Potthoff/Trescher/Theisen*, AR-Mitglied, Rz. 1967.
161 *Dreher* in FS Lutter, 2000, S. 357, 368; *Spindler* in BeckOGK AktG, Stand 1.2.2021, § 109 AktG Rz. 31.
162 *Habersack* in MünchKomm. AktG, 5. Aufl. 2019, § 109 AktG Rz. 37; *Lutter* in FS Duden, 1977, S. 269, 274; *Mertens/Cahn* in KölnKomm. AktG, 3. Aufl. 2013, § 109 AktG Rz. 38; *Kindl*, Teilnahme an der Aufsichtsratssitzung, S. 26.
163 *Hüffer/Koch*, § 109 AktG Rz. 7; *Lutter/Krieger/Verse*, Aufsichtsrat, Rz. 701.
164 *Hopt/Roth* in Großkomm. AktG, 5. Aufl. 2019, § 109 AktG Rz. 104; *Mertens/Cahn* in KölnKomm. AktG, 3. Aufl. 2013, § 109 AktG Rz. 37; *Kindl*, Teilnahme an der Aufsichtsratssitzung, S. 27.
165 *Bürgers/Fischer* in Bürgers/Körber/Lieder, § 109 AktG Rz. 7; *Habersack* in MünchKomm. AktG, 5. Aufl. 2019, § 109 AktG Rz. 38; *Hüffer/Koch*, § 109 AktG Rz. 7.
166 *Kindl*, Teilnahme an der Aufsichtsratssitzung, S. 27; *Lutter/Krieger/Verse*, Aufsichtsrat, Rz. 701.
167 BGH v. 19.12.1988 – II ZR 74/88, AG 1989, 129, 130; BGH v. 27.5.1991 – II ZR 87/90, AG 1991, 398; BGH v. 21.6.2010 – II ZR 24/09, AG 2010, 632, 633; *Axhausen*, Anfechtbarkeit aktienrechtlicher Aufsichtsratsbeschlüsse, S. 41; *Baums*, ZGR 1983, 300, 336; *Drygala* in K. Schmidt/Lutter, § 108 AktG Rz. 4.
168 *Lemke*, Der fehlerhafte Aufsichtsratsbeschluss, S. 61; *Mertens/Cahn* in KölnKomm. AktG, 3. Aufl. 2013, § 108 AktG Rz. 7; vgl. auch *Wiedemann*, GesR I, S. 179.
169 BGH v. 19.12.1988 – II ZR 74/88, AG 1989, 129, 130; OLG Schleswig v. 16.11.2000 – 5 U 66/99 – BEKA Bau, AG 2001, 651, 653; *Baums*, ZGR 1983, 300, 337; *Drygala* in K. Schmidt/Lutter, § 108 AktG Rz. 4; *Mertens/Cahn* in KölnKomm. AktG, 3. Aufl. 2013, § 108 AktG Rz. 15.

b) Beschlussfähigkeit

aa) Gesetzliche Voraussetzungen

Eine Beschlussfassung ist nur möglich, wenn der Aufsichtsrat handlungsfähig, d.h. beschlussfähig ist. Dies setzt die Beteiligung einer bestimmten Mindestzahl von Aufsichtsratsmitgliedern voraus. **Vorbehaltlich satzungsautonomer Regelungen** der Beschlussfähigkeit verlangt § 108 Abs. 2 Satz 2 AktG, dass mindestens die Hälfte der Mitglieder, aus denen der Aufsichtsrat nach Gesetz oder Satzung besteht (Sollstärke), an der Beschlussfassung teilnimmt. Als **Teilnahme an der Beschlussfassung** im Sinne von § 108 Abs. 2 AktG zählen nicht nur die abgegebenen Ja- und Neinstimmen, sondern auch die Stimmenthaltungen[170]. Bei der Ermittlung der Beschlussfähigkeit des Aufsichtsrates sind schriftliche Stimmabgaben durch Stimmboten nach § 108 Abs. 3 AktG[171] und fernmündliche Stimmabgaben ebenso zu berücksichtigen wie diejenigen, die im Rahmen einer Video-Konferenz oder durch Zuschaltung eines einzelnen Aufsichtsratsmitglieds per Video-Technik abgegeben werden[172]. Auf die Wirksamkeit der einzelnen Stimmabgabe kommt es bei der Ermittlung der Beschlussfähigkeit nicht an[173].

28.48

bb) Satzungsgestaltung

Das AktG lässt für den nicht paritätisch mitbestimmten Aufsichtsrat sowohl die Verschärfung als auch die Herabsetzung der in § 108 Abs. 2 AktG niedergelegten **Beschlussfähigkeitsvoraussetzungen** zu. Die Satzung kann die Teilnahme einer bestimmten Anzahl oder der Mehrheit der Aufsichtsratsmitglieder verlangen, wobei die Regelung deutlich machen muss, ob sie sich auf die tatsächlich vorhandene oder die nach Gesetz oder Satzung erforderliche Mitgliederzahl bezieht[174]. Eine Regelung, die die Teilnahme aller nach Gesetz oder Satzung erforderlichen Mitglieder verlangt, ist allerdings nicht mit § 108 Abs. 2 Satz 4 AktG vereinbar und unzulässig, da sie die Funktionsfähigkeit des Aufsichtsrats gefährdet, indem sie *de facto* dem einzelnen Aufsichtsratsmitglied ein Vetorecht gegen Beschlüsse des Aufsichtsrates einräumt[175]. Genügt für die Beschlussfähigkeit des Aufsichtsrates nach der Satzung die Teilnahme von weniger als der Hälfte der Mitglieder, müssen in jedem Fall **mindestens drei Mitglieder** an der Beschlussfassung teilnehmen (§ 108 Abs. 2 Satz 3 AktG)[176]. Bei der Bestimmung der Beschlussfähigkeit des Aufsichtsrates durch die Satzung muss der Grundsatz der gleichen Rechtsstellung aller Aufsichtsratsmitglieder gewahrt werden, d.h., dass Satzungsregelungen, die für die Beschlussfähigkeit z.B. die Teilnahme des Aufsichtsratsvorsitzenden oder bestimmter anderer Aufsichtsratsmitglieder verlangen, unzulässig sind, da anderenfalls diesen Aufsichtsratsmitgliedern *de facto* ein Vetorecht gegen Beschlüsse des Aufsichtsrates eingeräumt werden würde[177]. Ist der **Aufsichtsrat unvollständig besetzt**, berührt das, solange die Mindestzahl von drei Mitgliedern erreicht wird, die Beschlussfähigkeit grund-

28.49

---

170 BGH v. 2.4.2007 – II ZR 325/05, AG 2007, 484, 485; OLG Karlsruhe v. 20.6.1980 – 15 U 171/79 – Bilfinger und Berger, AG 1981, 102, 103; *Drygala* in K. Schmidt/Lutter, § 108 AktG Rz. 12; *Habersack* in MünchKomm. AktG, 5. Aufl. 2019, § 108 AktG Rz. 36; *Spindler* in BeckOGK AktG, Stand 1.2.2021, § 108 AktG Rz. 41.
171 *Hüffer/Koch*, § 108 AktG Rz. 16; *Lutter* in FS Duden, 1977, S. 269, 285; *Raiser* in Raiser/Veil/Jacobs, § 28 MitbestG Rz. 1; *Habersack* in Habersack/Henssler, MitbestR, § 28 MitbestG Rz. 2.
172 *Hoffmann-Becking* in Liber amicorum Happ, 2006, S. 81, 87; *Wagner*, NZG 2002, 57, 59.
173 *Mertens/Cahn* in KölnKomm. AktG, 3. Aufl. 2013, § 108 AktG Rz. 74; *Spindler* in BeckOGK AktG, Stand 1.2.2021, § 108 AktG Rz. 41.
174 *Habersack* in MünchKomm. AktG, 5. Aufl. 2019, § 108 AktG Rz. 43; *Hopt/Roth* in Großkomm. AktG, 5. Aufl. 2019, § 108 AktG Rz. 92.
175 *Drygala* in K. Schmidt/Lutter, § 108 AktG Rz. 8; *Mertens/Cahn* in KölnKomm. AktG, 3. Aufl. 2013, § 108 AktG Rz. 80; *Spindler* in BeckOGK AktG, Stand 1.2.2021, § 108 AktG Rz. 49; a.A. *Hüffer/Koch*, § 108 AktG Rz. 15.
176 LG Düsseldorf v. 13.8.1998 – 31 O 104/97 – Nordhäuser Tabakfabriken AG/AHAG, AG 1999, 134, 135; LG Karlsruhe v. 5.5.1993 – O 177/92 KfH III, AG 1994, 87.
177 BGH v. 25.2.1982 – II ZR 145/80 – Bilfinger und Berger, BGHZ 83, 151, 156; *Hoffmann-Becking* in MünchHdb. AG, § 31 Rz. 64; *Lutter/Krieger/Verse*, Aufsichtsrat, Rz. 721; *Habersack* in MünchKomm. AktG, 5. Aufl. 2019, § 108 AktG Rz. 38.

sätzlich nicht, auch wenn hierdurch das für seine Zusammensetzung maßgebende gesetzliche zahlenmäßige Verhältnis zwischen den Aufsichtsratsmitgliedern der Anteilseigner und der Arbeitnehmer nicht mehr gewahrt ist (§ 108 Abs. 2 Satz 4 AktG, § 28 Satz 2 MitbestG, § 10 Satz 2 MontanMitbestG, § 11 Satz 2 MitbestErgG)[178]. Hiervon kann auch durch die Satzung nicht abgewichen werden[179].

28.50 Für den **paritätisch mitbestimmten Aufsichtsrat** gilt für die Beschlussfähigkeit § 28 MitbestG, der zwingend die Teilnahme von mindestens der Hälfte der Mitglieder verlangt, aus denen der Aufsichtsrat zu bestehen hat (Sollstärke). Damit scheidet eine Satzungsregelung aus, die geringere Voraussetzungen für die Beschlussfähigkeit des Aufsichtsrates vorsieht. Ob § 28 MitbestG generell zwingender Natur ist und damit auch Verschärfungen der Beschlussfähigkeit verbietet, ist umstritten[180] und bislang höchstrichterlich noch nicht entschieden[181]. In jedem Fall sind Satzungsregelungen unwirksam, die gegen den **Grundsatz der gleichen Rechtsstellung aller Aufsichtsratsmitglieder** verstoßen. Dies ist z.B. bei einer Satzungsbestimmung der Fall, die für die Beschlussfähigkeit des Aufsichtsrates verlangt, dass mindestens die Hälfte der Aufsichtsratsmitglieder der Anteilseigner anwesend ist und sich unter ihnen der Aufsichtsratsvorsitzende befindet[182].

c) Vertagung der Beschlussfassung

28.51 Der Vorsitzende des Aufsichtsrates ist berechtigt, eine von ihm selbst einberufene Aufsichtsratssitzung vor deren Beginn aufzuheben oder zu verlegen[183]. Nach Beginn der Sitzung kommt nur noch eine Vertagung der Sitzung oder eines einzelnen Tagesordnungspunktes in Betracht. Der Vorsitzende des Aufsichtsrates hat jedoch **kein Recht zur Vertagung**, sondern bedarf hierzu einer **ausdrücklichen Ermächtigung** durch die Satzung oder die Geschäftsordnung des Aufsichtsrates[184]. Der Aufsichtsrat kann allerdings in jedem Fall die Vertagungsentscheidung des Aufsichtsratsvorsitzenden durch Mehrheitsbeschluss wieder aufheben[185].

28.52 Bei Gesellschaften, für die das MitbestG gilt, müssen **Vertagungsklauseln** die zwingende Regelung von § 28 MitbestG beachten. Deshalb sind Regelungen in der Satzung oder Geschäftsordnung des Aufsichtsrates, die die zwingende Vertagung der Beschlussfassung anordnen, wenn die Aufsichtsratsmitglieder der Anteilseigner und der Arbeitnehmer nicht in gleicher Anzahl an der Sitzung teilnehmen oder der Aufsichtsratsvorsitzende bei der Beschlussfassung fehlt, mit dem Grundsatz der gleichen Rechtsstel-

---

178 *Hüffer/Koch*, § 108 AktG Rz. 17; *Mertens/Cahn* in KölnKomm. AktG, 3. Aufl. 2013, § 108 AktG Rz. 82.
179 *Hoffmann-Becking* in MünchHdb. AG, § 31 Rz. 64; *Lutter/Krieger/Verse*, Aufsichtsrat, Rz. 721.
180 Für zweiseitig zwingenden Charakter z.B. OLG Karlsruhe v. 20.6.1980 – 15 U 171/79 – Bilfinger und Berger, AG 1981, 102, 105; LG Hamburg v. 17.3.1980 – 64 T 22/79 – Hamburg-Mannheimer Versicherung, AG 1981, 106; *Hoffmann/Lehmann/Weinmann*, MitbestG Rz. 11; *Martens*, ZGR 1983, 237, 255; *Habersack* in Habersack/Henssler, MitbestR, § 28 MitbestG Rz. 4; *E. Vetter*, Beiträge zur inneren Ordnung des Aufsichtsrates, S. 127 ff.; a.A. OLG Hamburg v. 4.4.1984 – 2 W 25/80 – Hamburg-Mannheimer Versicherung, AG 1984, 246; LG Frankfurt v. 3.10.1978 – 3/11 T 32/78 – Dresdner Bank, AG 1978, 319; *Heinsius*, AG 1977, 281, 282; *Hoffmann-Becking* in MünchHdb. AG, § 31 Rz. 63; *Paefgen*, Struktur, S. 154 ff.
181 Offengelassen in BGH v. 25.2.1982 – II ZR 145/80 – Bilfinger und Berger, BGHZ 83, 151, 153.
182 BGH v. 25.2.1982 – II ZR 145/80 – Bilfinger und Berger, BGHZ 83, 151, 154; LG Hamburg v. 17.3.1980 – 64 T 22/79 – Hamburg-Mannheimer Versicherung, AG 1981, 106; *Lutter/Krieger/Verse*, Aufsichtsrat, Rz. 721; *Oetker* in Großkomm. AktG, 5. Aufl. 2018, § 28 MitbestG Rz. 9; *Raiser* in Raiser/Veil/Jacobs, § 28 MitbestG Rz. 3.
183 *Hoffmann-Becking* in MünchHdb. AG, § 31 Rz. 47; *Spindler* in BeckOGK AktG, Stand 1.2.2021, § 110 AktG Rz. 32.
184 *Lutter/Krieger/Verse*, Aufsichtsrat, Rz. 725; *Mertens/Cahn* in KölnKomm. AktG, 3. Aufl. 2013, § 108 AktG Rz. 83; *Oetker* in Großkomm. AktG, 5. Aufl. 2018, § 28 MitbestG Rz. 10; *Raiser* in Raiser/Veil/Jacobs, § 28 MitbestG Rz. 4.
185 *Hoffmann-Becking* in MünchHdb. AG, § 31 Rz. 86; *Paefgen*, Struktur, S. 205.

lung aller Aufsichtsratsmitglieder unvereinbar und unzulässig[186]. Wirksam sind jedoch Klauseln, die eine Vertagung der Beschlussfassung bei Fehlen des Aufsichtsratsvorsitzenden[187] oder bei einer ungleichen Präsenz der Aufsichtsratsmitglieder der Anteilseigner oder der Arbeitnehmer[188] auf Antrag zulassen. Dabei ist jedoch nur eine **einmalige Vertagung** zulässig[189].

d) Formen der Beschlussfassung
aa) Beschlussfassung in Präsenzsitzungen

Die Beschlüsse des Aufsichtsrates werden grundsätzlich in Sitzungen gefasst. Die Beschlussfassung erfolgt durch Abstimmung über einen zu dem jeweiligen Tagesordnungspunkt unterbreiteten **Beschlussantrag**. Jedes Aufsichtsratsmitglied hat das unentziehbare Recht, einen Beschlussantrag zu stellen und darüber eine Abstimmung zu verlangen[190]. Über Sachanträge zu in der Tagesordnung **nicht angekündigten Beratungsgegenständen** kann der Aufsichtsrat nur dann Beschluss fassen, wenn in der Sitzung kein anwesendes Aufsichtsratsmitglied diesem Verfahren vor der Abstimmung widerspricht und auch die fehlenden Aufsichtsratsmitglieder innerhalb einer bestimmten angemessenen Frist keinen Widerspruch einlegen und darüber hinaus Gelegenheit erhalten, binnen dieser Frist **nachträglich ihre Stimme abzugeben**[191].

28.53

bb) Beschlussfassung nach § 108 Abs. 4 AktG

Der Aufsichtsrat kann nach § 108 Abs. 4 AktG seine **Beschlüsse ohne die Durchführung einer Sitzung** im schriftlichen Verfahren, auf fernmündlichem Weg oder auch mittels anderer vergleichbarer Kommunikationsformen, z.B. Telefon- oder Video-Konferenzen, herbeiführen. Alle Formen der Beschlussfassung außerhalb der Präsenzsitzung sind jedoch nur zulässig, wenn kein Mitglied des Aufsichtsrates dem Verfahren **vor der Abstimmung widerspricht**. Die **Satzung** oder die **Aufsichtsratsgeschäftsordnung** können nach § 108 Abs. 4 AktG das **Widerspruchsrecht** des einzelnen Aufsichtsratsmitglieds jedoch **ausschließen oder modifizieren** und generell bestimmen alternative Beschlussformen ohne physische Aufsichtsratssitzung, wozu auch Telefon- und Video-Konferenzen zählen, zulassen. Auch wenn für Beschlüsse von **Aufsichtsratsausschüssen** die Rechtslage identisch ist, ist stillschweigende Erstreckung der Regelung auf Ausschüsse nicht selbstverständlich und sollte vorsorglich ausdrücklich geregelt werden[192]. Der Ausschluss des Widerspruchsrechts des einzelnen Aufsichtsrats-

28.54

---

186 *Mertens/Cahn* in KölnKomm. AktG, 3. Aufl. 2013, Anhang § 117 B, § 28 MitbestG Rz. 3; *Oetker*, BB 1984, 1766; *Spindler* in BeckOGK AktG, Stand 1.2.2021, § 108 AktG Rz. 50; a.A. OLG Hamburg v. 4.4.1984 – 2 W 25/80, AG 1984, 246, 248; *Feldmann*, DB 1986, 29, 31.
187 LG Hamburg v. 29.6.1979 – 64 T 3/79 – Hapag Lloyd, AG 1979, 345; *Mertens/Cahn* in KölnKomm. AktG, 3. Aufl. 2013, Anhang § 117 B, § 28 MitbestG Rz. 3; *E. Vetter*, Beiträge zur inneren Ordnung des Aufsichtsrates, S. 147; a.A. *Schubert* in Wißmann/Kleinsorge/Schubert, § 28 MitbestG Rz. 14; *Raiser* in Raiser/Veil/Jacobs, § 28 MitbestG Rz. 4.
188 LG Hamburg v. 29.6.1979 – 64 T 3/79 – Hapag Lloyd, AG 1979, 345; *Mertens/Cahn* in KölnKomm. AktG, 3. Aufl. 2013, Anhang § 117 B, § 28 MitbestG Rz. 3; *Raiser* in Raiser/Veil/Jacobs, § 28 MitbestG Rz. 4; *Habersack* in Habersack/Henssler, MitbestR, § 28 MitbestG Rz. 7; *Werner*, AG 1979, 330, 333; unklar *Schubert* in Wißmann/Kleinsorge/Schubert, § 28 MitbestG Rz. 15; Bedenken bei *Spindler* in BeckOGK AktG, Stand 1.2.2021, § 108 AktG Rz. 50.
189 *Oetker* in Großkomm. AktG, 5. Aufl. 2018, § 28 MitbestG Rz. 10; *Raiser* in Raiser/Veil/Jacobs, § 28 MitbestG Rz. 4; *Werner*, AG 1979, 330, 333.
190 *Lutter/Krieger/Verse*, Aufsichtsrat, Rz. 722; *Säcker*, NJW 1979, 1521, 1522; *Spindler* in BeckOGK AktG, Stand 1.2.2021, § 108 AktG Rz. 19.
191 *Baums*, ZGR 1983, 300, 316; *Habersack* in MünchKomm. AktG, 5. Aufl. 2019, § 110 AktG Rz. 21; *Hoffmann-Becking* in MünchHdb. AG, § 31 Rz. 43; *Kindl*, Teilnahme an der Aufsichtsratssitzung, S. 63; a.A. *Hüffer/Koch*, § 110 AktG Rz. 4.
192 *Habersack* in MünchKomm. AktG, 5. Aufl. 2019, § 108 AktG Rz. 66; *Hopt/Roth* in Großkomm. AktG, 5. Aufl. 2019, § 108 AktG Rz. 147; *Hüffer/Koch*, § 108 AktG Rz. 23; a.A. *Mertens/Cahn* in KölnKomm. AktG, 3. Aufl. 2013, § 108 AktG Rz. 47.

mitglieds ist im Interesse einer größeren Flexibilität des Aufsichtsrates besonders bei einer internationalen Besetzung anzuraten[193]. Die Satzung oder die Geschäftsordnung des Aufsichtsrates können die Zulässigkeitsvoraussetzungen für alternative Formen der Beschlussfassung auch modifizieren und z.B. den Widerspruch von zwei Aufsichtsratsmitgliedern verlangen[194]. Für die **Bilanzsitzung** des Aufsichtsrates ist ungeachtet der technologischen Entwicklung der elektronischen Kommunikationsmittel wegen der in § 171 Abs. 1 Satz 2 AktG ausdrücklich angeordneten Teilnahme- und Berichtpflicht des Abschlussprüfers grundsätzlich eine echte Präsenzsitzung zu verlangen[195]. Dies schließt die Hinzuschaltung einzelner Aufsichtsratsmitglieder durch moderne Kommunikationsmittel nicht aus[196].

28.55 Bei **Beschlüssen im schriftlichen Verfahren** leitet der Aufsichtsratsvorsitzende allen Aufsichtsratsmitgliedern den präzise formulierten Beschlussantrag einschließlich der im Regelfall notwendigen zusätzlichen Erläuterungen mit Angabe der Antwortfrist für die Stimmabgabe oder den Widerspruch gegen die Form der Beschlussfassung zu, falls das Recht zum Widerspruch nicht durch Satzung oder Geschäftsordnung ausgeschlossen ist. Die **Reaktionsfrist muss angemessen sein**, kann aber durchaus kürzer als die allgemeine Frist zur Einberufung einer Aufsichtsratssitzung sein[197]. Stimmabgabe per Telefax ist zulässig, auch wenn dies im Gesetz nicht erwähnt ist[198]. Gleiches gilt für die Abstimmung per E-Mail, wenn die Identität des Absenders z.B. durch eine elektronische Signatur gesichert ist[199]. Bei der Ermittlung der Beschlussfähigkeit sind Ja- und Nein-Stimmen sowie Enthaltungen nach den allgemeinen Regeln als Teilnahme an der Beschlussfassung zu berücksichtigen. Das Schweigen einzelner Aufsichtsratsmitglieder bleibt bei der Ermittlung der Beschlussfähigkeit außer Betracht und kann insbesondere nicht als Widerspruch gewertet werden[200]. Bis zur Feststellung des Beschlussergebnisses durch den Aufsichtsratsvorsitzenden sind alle Stimmen zu berücksichtigen, auch wenn sie erst nach Fristablauf eingehen[201].

cc) Kombinierte Beschlussfassung

28.56 Keine grundsätzlichen Bedenken bestehen gegen eine Kombination der Beschlussfassung des Aufsichtsrates unter Teilnahme einiger Aufsichtsratsmitglieder in der Sitzung und der Beteiligung der übrigen abwesenden Mitglieder durch **nachträgliche schriftliche Stimmabgabe** innerhalb einer zuvor vom Aufsichtsratsvorsitzenden festgelegten angemessenen Frist[202]. Ein solches Vorgehen kann aus Gründen der Verfahrensökonomie im Einzelfall durchaus angemessen sein, wenn andernfalls eine Beschlussfassung in der Aufsichtsratssitzung mangels Beschlussfähigkeit scheitern würde[203]. Erforderlich

---

193 Vgl. *Kindl*, ZHR 166 (2002), 335, 338; *Lutter/Krieger/Verse*, Aufsichtsrat, Rz. 730.
194 *Drygala* in K. Schmidt/Lutter, § 108 AktG Rz. 27; *Spindler* in BeckOGK AktG, Stand 1.2.2021, § 108 AktG Rz. 68; *Tomasic* in Grigoleit § 108 AktG Rz. 7.
195 *Drygala* in K. Schmidt/Lutter, § 110 AktG Rz. 20; zurückhaltender *Hopt/Roth* in Großkomm. AktG, 5. Aufl. 2019, § 110 AktG Rz. 81; *Neuling*, AG 2002, 610, 613; *Reichard/Kaubisch*, AG 2013, 150, 155; a.A. *Breidenich*, Organisation der Aufsichtsratsarbeit, 2020, S. 109; *Richardt* in Semler/v. Schenck/Wilsing, ArbeitsHdb. AR, § 10 Rz. 128; *Spindler* in BeckOGK AktG, Stand 1.2.2021, § 108 AktG Rz. 66; vgl. auch *Habersack* in MünchKomm. AktG, 5. Aufl. 2019, § 110 AktG Rz. 45.
196 *Drygala* in K. Schmidt/Lutter, § 110 AktG Rz. 20; a.A. *Neuling*, AG 2002, 610, 613.
197 *Hoffmann-Becking* in Liber amicorum Happ, 2006, S. 81, 82; *Lutter/Krieger/Verse*, Aufsichtsrat, Rz. 729.
198 *Hoffmann-Becking* in Liber amicorum Happ, 2006, S. 81, 88; *Hüffer/Koch*, § 108 AktG Rz. 20; *Lutter/Krieger/Verse*, Aufsichtsrat, Rz. 729.
199 *Bürgers/Fischer* in Bürgers/Körber/Lieder, § 108 AktG Rz. 13; *Spindler* in BeckOGK AktG, Stand 1.2.2021, § 108 AktG Rz. 63; *Drygala* in K. Schmidt/Lutter, § 108 AktG Rz. 24.
200 *Bürgers/Fischer* in Bürgers/Körber/Lieder, § 108 AktG Rz. 4; *Mertens/Cahn* in KölnKomm. AktG, 3. Aufl. 2013, § 108 AktG Rz. 41.
201 *Mertens/Cahn* in KölnKomm. AktG, 3. Aufl. 2013, § 108 AktG Rz. 42; a.A. *Lutter/Krieger/Verse*, Aufsichtsrat, Rz. 729.
202 *Drygala* in K. Schmidt/Lutter, § 108 AktG Rz. 30; *Hoffmann-Becking* in MünchHdb. AG, § 31 Rz. 93; *Lutter/Krieger/Verse*, Aufsichtsrat, Rz. 730; Skepsis bei *Hüffer/Koch*, § 108 AktG Rz. 23.
203 Vgl. *Drygala* in K. Schmidt/Lutter, § 108 AktG Rz. 29; *Kindl*, ZHR 166 (2002), 335, 343.

ist auch bei dieser Mischform, die im Gesetz nicht besonders erwähnt ist, die Zustimmung sämtlicher Aufsichtsratsmitglieder oder die ausdrückliche Zulassung der kombinierten oder gemischten Beschlussfassung nach § 108 Abs. 4 AktG durch die Satzung oder Geschäftsordnung des Aufsichtsrates, wodurch auch das sonst bestehende Widerspruchsrecht des einzelnen Aufsichtsratsmitglieds gegen diese Form der Beschlussfassung ausgeschlossen werden kann[204].

e) Beschlussverfahren

aa) Allgemeine Verfahrensvoraussetzungen

Ist ein Antrag zur Abstimmung gestellt worden, so erfolgt die Entscheidung des Aufsichtsrates, sofern Gesetz oder Satzung nichts Gegenteiliges vorsehen, mit der **einfachen Mehrheit der abgegebenen Stimmen**. Dazu genügt es, wenn die Zahl der abgegebenen gültigen Ja-Stimmen die Zahl der Nein-Stimmen übersteigt. Bei Stimmengleichheit ist der Antrag abgelehnt. Anders als bei der Ermittlung der Beschlussfähigkeit des Aufsichtsrates werden Stimmenthaltungen nicht mitgezählt, auch nicht als Nein-Stimmen[205], es sei denn, dass die Satzung etwas anderes bestimmt[206].

28.57

Die Satzung kann für Gesellschaften, die **nicht paritätisch mitbestimmt** sind, für Beschlüsse des Aufsichtsrates in Angelegenheiten, die ihm kraft Gesetzes zugewiesen sind, **keine größere Mehrheit** als die einfache Mehrheit der abgegebenen Stimmen vorsehen, da die Beschlussfassung des Aufsichtsrates nicht erschwert werden darf, wenn er in **Erfüllung seiner gesetzlichen Aufgaben** eine Entscheidung treffen muss[207]. Soweit es aber Aufgaben sind, die ihm durch die Satzung übertragen werden (z.B. Beschlüsse nach § 111 Abs. 4 Satz 2[208], § 179 Abs. 1 Satz 2, § 202 Abs. 3 Satz 2, § 204 Abs. 1 Satz 2, § 205 Abs. 2 Satz 2 AktG oder über die Einsetzung von Aufsichtsratsausschüssen) kann die Satzung – nicht aber die Geschäftsordnung des Aufsichtsrates[209] – auch eine größere Stimmenmehrheit festlegen, als das Gesetz verlangt (z.B. ⅔- oder ¾-Mehrheit der abgegebenen Stimmen)[210]. Soweit die **paritätische Mitbestimmung** gilt, ist das Prinzip der einfachen Stimmenmehrheit abgesehen von gesetzlichen Sonderregelungen zwingend und kann durch die Satzung nicht verschärft werden[211]. Grundsätzlich haben bei der Auszählung **alle Stimmen gleiches Gewicht**. Die Satzung – nicht aber die Geschäftsordnung des Aufsichtsrates[212] – kann allerdings für den Aufsichtsratsvorsitzenden (oder im Verhinderungsfall für seinen Stellvertreter) bei Stimmengleichstand das Recht zum **Stichentscheid** vorsehen[213]. Die Einräumung eines Vetorechts des Aufsichtsratsvorsitzenden gegen einen Beschluss des Aufsichtsrates ist

28.58

---

204 *Kindl*, ZHR 166 (2002), 335, 342; *Lutter/Krieger/Verse*, Aufsichtsrat, Rz. 730; vgl. auch *Habersack* in MünchKomm. AktG, 5. Aufl. 2019, § 108 AktG Rz. 71.
205 BGH v. 25.1.1982 – II ZR 164/81, BGHZ 83, 35, 36; *Hüffer/Koch*, § 108 AktG Rz. 6; *Mertens/Cahn* in KölnKomm. AktG, 3. Aufl. 2013, § 108 AktG Rz. 59.
206 *Lutter/Krieger/Verse*, Aufsichtsrat, Rz. 735; *Mertens/Cahn* in KölnKomm. AktG, 3. Aufl. 2013, § 108 AktG Rz. 60; *Raiser* in Raiser/Veil/Jacobs, § 29 MitbestG Rz. 6; a.A. *Habersack* in Habersack/Henssler, MitbestR, § 29 MitbestG Rz. 6.
207 *Hoffmann-Becking* in MünchHdb. AG, § 31 Rz. 69; *Hüffer/Koch*, § 108 AktG Rz. 8; *Lutter/Krieger/Verse*, Aufsichtsrat, Rz. 735.
208 *Hopt/Roth* in Großkomm. AktG, 5. Aufl. 2019, § 108 AktG Rz. 45; a.A. *Mertens/Cahn* in KölnKomm. AktG, 3. Aufl. 2013, § 108 AktG Rz. 62.
209 *Drygala* in K. Schmidt/Lutter, § 108 AktG Rz. 32; *Hoffmann-Becking* in MünchHdb. AG, § 31 Rz. 69; *Bürgers/Fischer* in Bürgers/Körber/Lieder, § 108 AktG Rz. 10; *Hüffer/Koch*, § 108 AktG Rz. 7.
210 *Drygala* in K. Schmidt/Lutter, § 108 AktG Rz. 32; *Lutter/Krieger/Verse*, Aufsichtsrat, Rz. 735; *Mertens/Cahn* in KölnKomm. AktG, 3. Aufl. 2013, § 108 AktG Rz. 62.
211 *Schubert* in Wißmann/Kleinsorge/Schubert, § 29 MitbestG Rz. 11; *Oetker* in Großkomm. AktG, 5. Aufl. 2018, § 29 MitbestG Rz. 6; *Raiser* in Raiser/Veil/Jacobs, § 29 MitbestG Rz. 7; *Habersack* in Habersack/Henssler, MitbestR, § 29 MitbestG Rz. 8.
212 *Hüffer/Koch*, § 108 AktG Rz. 8; *Lutter/Krieger/Verse*, Aufsichtsrat, Rz. 735; *Mertens/Cahn* in KölnKomm. AktG, 3. Aufl. 2013, § 108 AktG Rz. 61.
213 *Habersack* in MünchKomm. AktG, 5. Aufl. 2019, § 108 AktG Rz. 25; *Hoffmann-Becking* in MünchHdb. AG, § 31 Rz. 68; *Hüffer/Koch*, § 108 AktG Rz. 8.

jedoch unzulässig[214]. Nach Durchführung der Abstimmung stellt der Aufsichtsratsvorsitzende das Ergebnis der Beschlussfassung fest und verkündet den Aufsichtsratsbeschluss[215]. Die **Beschlussfeststellung** ist jedoch im Unterschied zur Hauptversammlung (§ 130 Abs. 2 AktG) weder Wirksamkeitsvoraussetzung für den Beschluss des Aufsichtsrates, noch kommt ihr konstitutive Wirkung für den Beschlussinhalt zu[216].

bb) Besondere Verfahrensvoraussetzungen nach dem MitbestG

28.59 Auch im paritätisch mitbestimmten Aufsichtsrat gilt der Grundsatz der **Beschlussfassung mit einfacher Mehrheit** der abgegebenen Stimmen, sofern nicht für bestimmte Beschlüsse kraft Gesetzes eine größere Mehrheit verlangt wird. Für die Beschlussfassung im paritätisch mitbestimmten Aufsichtsrat sieht § 29 MitbestG ein **potentiell mehrstufiges Verfahren** vor. Hat eine Abstimmung im Aufsichtsrat zu einem Stimmengleichstand von Ja- und Neinstimmen geführt, kann bei Sachentscheidungen wie auch bei Verfahrensfragen[217] eine **zweite Abstimmung** über den **identischen Beschlussgegenstand** durchgeführt werden, in der dem Aufsichtsratsvorsitzenden gemäß § 29 Abs. 2 MitbestG eine **Zweitstimme** zusteht. Auf die Ursache des Stimmengleichstandes oder die Zusammensetzung der Ja- und Neinstimmen kommt es nicht an. Die **Durchführung einer zweiten Abstimmung** ist nicht zwingend und kann auch nicht durch die Satzung oder die Geschäftsordnung des Aufsichtsrates vorgeschrieben werden[218]. Allerdings können die Satzung oder die Geschäftsordnung des Aufsichtsrates einer Minderheit (z.B. ein oder zwei Aufsichtsratsmitgliedern) das Recht einräumen, eine zweite Abstimmung zu verlangen[219]. Fehlt eine solche Regelung, entscheidet der Aufsichtsratsvorsitzende im Rahmen der ihm obliegenden Sitzungsleitung[220]. Kommt es nicht zu einer zweiten Abstimmung, ist der Beschlussantrag abgelehnt[221]. Über den **Zeitpunkt der zweiten Abstimmung** entscheidet der Aufsichtsratsvorsitzende als Sitzungsleiter, sofern nicht der Aufsichtsrat einen Beschluss fasst[222]. Die zweite Abstimmung kann – ggf. nach kurzer Unterbrechung – sowohl in derselben Sitzung als auch erst in einer neu anzuberaumenden Aufsichtsratssitzung durchgeführt werden[223]. Maßgebliche Gesichtspunkte für die Terminierung der zweiten Abstimmung sind dabei u.a. die Dringlichkeit der Entscheidung des Aufsichtsrates sowie die Aussichten, die entstandene Kontroverse auf anderem Weg als durch Einsatz der Zweitstim-

---

214 BGH v. 25.2.1982 – II ZR 145/80 – Bilfinger und Berger, BGHZ 83, 151, 156; *Lutter/Krieger/Verse*, Aufsichtsrat, Rz. 735; *Habersack* in MünchKomm. AktG, 5. Aufl. 2019, § 108 AktG Rz. 25.
215 *Hoffmann-Becking* in MünchHdb. AG, § 31 Rz. 58; *Mertens/Cahn* in KölnKomm. AktG, 3. Aufl. 2013, § 108 AktG Rz. 53; *Potthoff/Trescher/Theisen*, AR-Mitglied, Rz. 1039.
216 *Brinkschmidt*, Protokolle des Aufsichtsrats, S. 115; *Peus*, Der Aufsichtsratsvorsitzende, S. 129; a.A. OLG Hamburg v. 6.3.1992 – 11 U 134/91 – Hamburg Mannheimer Versicherung, AG 1992, 197, 198; *Axhausen*, Anfechtbarkeit aktienrechtlicher Aufsichtsratsbeschlüsse, S. 189 ff.; *Baums*, ZGR 1983, 300, 321.
217 *Hoffmann-Becking* in MünchHdb. AG, § 31 Rz. 80; *Peus*, Der Aufsichtsratsvorsitzende, S. 238 ff.; *Raiser* in Raiser/Veil/Jacobs, § 29 MitbestG Rz. 10; *E. Vetter*, Beiträge zur inneren Ordnung des Aufsichtsrates, S. 179 ff. m.w.N.
218 *Oetker* in Großkomm. AktG, 5. Aufl. 2018, § 29 MitbestG Rz. 11; *Paefgen*, Struktur, S. 245; *Raiser* in Raiser/Veil/Jacobs, § 29 MitbestG Rz. 11; a.A. *Hoffmann/Lehmann/Weinmann*, § 29 MitbestG Rz. 33.
219 *Hoffmann-Becking* in MünchHdb. AG, § 31 Rz. 83; *Säcker*, NJW 1979, 1521, 1522; *Habersack* in Habersack/Henssler, MitbestR, § 29 MitbestG Rz. 19; differenzierend *Schubert* in Wißmann/Kleinsorge/Schubert, § 29 MitbestG Rz. 22.
220 *Schubert* in Wißmann/Kleinsorge/Schubert, § 29 MitbestG Rz. 21; *Lutter/Krieger/Verse*, Aufsichtsrat, Rz. 737.
221 *Oetker* in Großkomm. AktG 5. Aufl. 2018, § 29 MitbestG Rz. 11; *Mertens/Cahn* in KölnKomm. AktG, 3. Aufl. 2013, Anhang § 117 B, § 29 MitbestG Rz. 11; *Raiser* in Raiser/Veil/Jacobs, § 29 MitbestG Rz. 11.
222 *Hoffmann-Becking* in MünchHdb. AG, § 31 Rz. 83; *Oetker* in Großkomm. AktG, 5. Aufl. 2018, § 29 MitbestG Rz. 12; *E. Vetter*, Beiträge zur inneren Ordnung des Aufsichtsrates, S. 173.
223 *Raiser* in Raiser/Veil/Jacobs, § 29 MitbestG Rz. 12; *Habersack* in Habersack/Henssler, MitbestR, § 29 MitbestG Rz. 14; *E. Vetter*, Beiträge zur inneren Ordnung des Aufsichtsrates, S. 192.

me des Aufsichtsratsvorsitzenden auflösen zu können. Die **Entscheidung über den Einsatz der Zweitstimme** steht allein dem Aufsichtsratsvorsitzenden zu, die dieser nach pflichtgemäßem Ermessen und unter Berücksichtigung des Unternehmensinteresses vorzunehmen hat[224]. Eine Pflicht zur Abgabe der Zweitstimme besteht ebenso wenig[225], wie die Stimme des Aufsichtsratsvorsitzenden automatisch doppelt gezählt werden darf[226]. Selbst ein unterschiedliches Votum zwischen Erst- und Zweitstimme soll nach herrschender Meinung zulässig sein[227]. Die Satzung oder die Geschäftsordnung des Aufsichtsrates können **keine Pflicht des Aufsichtsratsvorsitzenden zur Abgabe der Zweitstimme** begründen[228]. Verzichtet der Aufsichtsratsvorsitzende auf den Gebrauch der Zweitstimme, ist der Beschlussantrag bei einem erneuten Stimmenpatt nach der zweiten Abstimmung endgültig abgelehnt.

3. Interessenkollision und Stimmrecht

a) Konfliktkonstellationen

Nach der Konzeption des Gesetzes stellt das **Amt des Aufsichtsratsmitglieds ein Nebenamt** dar, wie sich daraus ergibt, dass das Aufsichtsratsmitglied mehreren gesetzlich zu bildenden Aufsichtsräten angehören darf (§ 100 Abs. 2 Nr. 1 AktG) und regelmäßig nur mit vier ordentlichen Pflichtsitzungen pro Jahr rechnen muss (§ 110 Abs. 3 AktG). Diese Situation bringt es mit sich, dass ein Aufsichtsratsmitglied in einen Interessenkonflikt zwischen seiner Aufgabe als Mitglied des Aufsichtsrates einerseits und seinem Hauptamt oder seinen sonstigen Interessen andererseits geraten kann. So kommen einerseits Interessenkonflikte bei der unmittelbaren Ausübung des Aufsichtsratsamtes in Betracht, aber auch Konflikte mit der Tätigkeit außerhalb des Aufsichtsrates. Die Aufsichtsratsmitglieder haben bei der Ausübung ihres Aufsichtsratsmandates das Unternehmensinteresse zu wahren (siehe dazu Rz. 30.7); dies gilt insbesondere bei der Abstimmung im Aufsichtsrat. Diese materiellrechtliche Verpflichtung reicht jedoch nicht aus, um in allen Situationen mögliche Interessenkonflikte zu beseitigen, vielmehr bedarf es einer zusätzlichen verfahrensmäßigen Absicherung[229].

28.60

b) Konfliktauflösung

Das AktG enthält **keine allgemeinen Regeln für die Lösung von Interessenkonflikten** eines Aufsichtsratsmitglieds, sondern sieht nur einige wenige Sondertatbestände für spezielle Konfliktlagen vor. Für die Beschlussfassung im Aufsichtsrat besteht **kein generelles Stimmverbot** für den Fall von Interessenkonflikten[230]. Allerdings kann im Fall eines Geschäfts mit einer nahestehenden Person ein Stimmver-

28.61

---

224 *Hoffmann-Becking* in MünchHdb. AG, § 31 Rz. 84; *Mertens/Cahn* in KölnKomm. AktG, 3. Aufl. 2013, Anhang § 117 B, § 29 MitbestG Rz. 12; *v. Schenck* in Semler/v. Schenck/Wilsing, ArbeitsHdb. AR, § 1 Rz. 121.
225 *Schubert* in Wißmann/Kleinsorge/Schubert, § 29 MitbestG Rz. 29; *Hoffmann/Lehmann/Weinmann*, § 29 MitbestG Rz. 33; *H.P. Westermann* in FS Fischer, 1979, S. 835, 847; a.A. *Luther*, ZGR 1977, 306, 310.
226 *Lutter/Krieger/Verse*, Aufsichtsrat, Rz. 737; *Habersack* in Habersack/Henssler, MitbestR, § 29 MitbestG Rz. 20; *Oetker* in Großkomm. AktG, 5. Aufl. 2018, § 29 MitbestG Rz. 19; *E. Vetter*, Beiträge zur inneren Ordnung des Aufsichtsrates, S. 203; a.A. *Luther*, ZGR 1977, 306, 310; *Paefgen*, Struktur, S. 262; *Schaub*, ZGR 1977, 293, 304.
227 *Schubert* in Wißmann/Kleinsorge/Schubert, § 29 MitbestG Rz. 30; *Oetker* in Großkomm. AktG, 5. Aufl. 2018, § 29 MitbestG Rz. 19; *Raiser* in Raiser/Veil/Jacobs, § 29 MitbestG Rz. 14; *Habersack* in Habersack/Henssler, MitbestR, § 29 MitbestG Rz. 16; *H.P. Westermann* in FS Fischer, 1979, S. 835, 847; a.A. *E. Vetter*, Beiträge zur inneren Ordnung des Aufsichtsrates, S. 202; im Ergebnis auch *Paefgen*, Struktur, S. 261S, siehe auch *Säcker*, DB 1977, 1791, 1797.
228 *Lutter/Krieger/Verse*, Aufsichtsrat, Rz. 738; *Oetker* in Großkomm. AktG, 5. Aufl. 2018, § 29 MitbestG Rz. 19; *Habersack* in Habersack/Henssler, MitbestR, § 29 MitbestG Rz. 20; a.A. *Schaub*, ZGR 1977, 293, 304.
229 Anders *Behr*, AG 1984, 281, 286.
230 *Dreher*, JZ 1990, 896, 901; *Hoffmann-Becking* in MünchHdb. AG, § 31 Rz. 70; *Lutter/Krieger/Verse*, Aufsichtsrat, Rz. 731; *Ulmer*, NJW 1980, 1603, 1605.

bot nach § 111 Abs. 2 AktG bestehen (Rz. 32.30). Zudem unterliegt ein Aufsichtsratsmitglied in entsprechender Anwendung der vereinsrechtlichen Vorschrift des § 34 BGB dann einem **Stimmverbot**, wenn über die **Vornahme eines Rechtsgeschäfts** mit dem Aufsichtsratsmitglied beschlossen oder über die **Einleitung oder Erledigung eines Rechtsstreits** zwischen ihm und der Gesellschaft abgestimmt werden soll[231]. So ist das Aufsichtsratsmitglied z.B. nicht stimmberechtigt, wenn über die Zustimmung zu einem Beratungsvertrag zwischen ihm und der Gesellschaft nach § 114 AktG[232] oder über die Zustimmung zu einem ihm von der Gesellschaft zu gewährenden Kredit nach § 115 AktG Beschluss gefasst werden soll[233]. Ebenso ist ein Stimmverbot beim Beschluss über ein Rechtsgeschäft der Gesellschaft mit einem Geschäftspartner anzunehmen, wenn das Aufsichtsratsmitglied nicht in eigener Person, sondern als gesetzlicher oder rechtsgeschäftlicher Vertreter (oder Berater) des Geschäftspartners (oder Prozessgegners) betroffen ist[234]. Besteht jedoch zwischen der Gesellschaft und dem Geschäftspartner ein Abhängigkeitsverhältnis i.S.v. § 17 AktG, ist das Stimmverbot wegen des Schutzes der abhängigen Gesellschaft durch die §§ 308 und 311 ff. AktG nicht erforderlich[235].

28.62 Generell unterliegt ein Aufsichtsratsmitglied einem **Stimmverbot** im Fall des **Richtens in eigener Sache**[236]. Dies ist z.B. der Fall, wenn im Aufsichtsrat über den Vorschlag Beschluss gefasst werden soll, dem Aufsichtsratsmitglied durch die Hauptversammlung die Entlastung zu verweigern, es nach § 103 Abs. 1 AktG durch Beschluss der Hauptversammlung oder nach § 103 Abs. 3 AktG durch Gerichtsbeschluss abzuberufen[237] oder der Hauptversammlung die Bestellung eines Sonderprüfers wegen eines eventuellen Fehlverhaltens des Aufsichtsratsmitglieds vorzuschlagen. Gleiches gilt bei der Stellungnahme des Aufsichtsrates nach § 142 Abs. 5 Satz 1 AktG zum gerichtlichen Antrag auf Bestellung eines Sonderprüfers wegen behaupteten Fehlverhaltens[238]. Ein Stimmverbot entsprechend § 34 BGB besteht nach allgemeiner Meinung jedoch dann nicht, wenn der Aufsichtsratsbeschluss als **korporationsrechtlicher Sozialakt** zu qualifizieren ist[239], d.h., wenn es z.B. um die Wahl zum Vorsitzenden des Aufsichtsrates oder um andere Funktionen im Aufsichtsrat geht[240]. Auch beim Beschluss über die eigene

---

231 *Lutter/Krieger/Verse*, Aufsichtsrat, Rz. 731; *Meilicke* in FS Schmidt, 1959, S. 71, 85; *Mertens/Cahn* in KölnKomm. AktG, 3. Aufl. 2013, § 108 AktG Rz. 65; *Steinbeck*, Überwachungspflicht, S. 61; a.A. *Behr*, AG 1984, 281, 285; *Wilhelm*, NJW 1983, 912, 913.
232 BGH v. 2.4.2007 – II ZR 325/05, AG 2007, 484, 485; *Dreher*, JZ 1990, 896, 897 Fn. 20; *Kort*, ZIP 2008, 717, 723; *Lutter/Krieger/Verse*, Aufsichtsrat, Rz. 904; *Raiser* in Raiser/Veil/Jacobs, § 25 MitbestG Rz. 37; *E. Vetter*, AG 2006, 173, 179; a.A. *Behr*, AG 1984, 281, 285; *Matthießen*, Stimmrecht und Interessenkollision, S. 334; *Weiß* in Semler/v. Schenck/Wilsing, ArbeitsHdb. AR, § 14 Rz. 112.
233 *Dreher*, JZ 1990, 896, 897 Fn. 20; *Mertens/Cahn* in KölnKomm. AktG, 3. Aufl. 2013, § 115 AktG Rz. 8; *Raiser* in Raiser/Veil/Jacobs, § 25 MitbestG Rz. 37; a.A. *Behr*, AG 1984, 281, 285; *Weiß* in Semler/v. Schenck/Wilsing, ArbeitsHdb. AR, § 14 Rz. 115.
234 *Dreher*, JZ 1990, 896, 902; *Lutter/Krieger/Verse*, Aufsichtsrat, Rz. 731; *Krebs*, Interessenkonflikte, S. 141; *Ulmer*, NJW 1980, 1603, 1605.
235 *Habersack* in MünchKomm. AktG, 5. Aufl. 2019, § 100 AktG Rz. 34; *Hopt/Roth* in Großkomm. AktG, 4. Aufl. 2005, § 108 AktG Rz. 64; *Tomasic* in Grigoleit § 108 AktG Rz. 23.
236 *Drygala* in K. Schmidt/Lutter, § 108 AktG Rz. 16; *Krebs*, Interessenkonflikte, S. 137; *Matthießen*, Stimmrecht und Interessenkollision, S. 268; *Spindler* in BeckOGK AktG, Stand 1.2.2021, § 108 AktG Rz. 32; *Weiß* in Semler/v. Schenck/Wilsing, ArbeitsHdb. AR, § 14 Rz. 124.
237 *Deckert*, DZWir 1996, 406, 409; *Drygala* in K. Schmidt/Lutter, § 108 AktG Rz. 16; *Krebs*, Interessenkonflikte, S. 158; *Matthießen*, Stimmrecht und Interessenkollision, S. 268; *Habersack* in MünchKomm. AktG, 5. Aufl. 2019, § 103 AktG Rz. 35; *Ulmer*, NJW 1980, 1603, 1605; a.A. *Hoffmann/Lehmann/Weinmann*, § 6 MitbestG Rz. 45.
238 *Spindler* in BeckOGK AktG, Stand 1.2.2021, § 108 AktG Rz. 30; a.A. *Lutter/Krieger/Verse*, Aufsichtsrat, Rz. 732; offengelassen bei *Mertens/Cahn* in KölnKomm. AktG, 3. Aufl. 2013, § 108 AktG Rz. 65.
239 *Hoffmann-Becking* in MünchHdb. AG, § 31 Rz. 70; *Lutter/Krieger/Verse*, Aufsichtsrat, Rz. 905; *Mertens/Cahn* in KölnKomm. AktG, 3. Aufl. 2013, § 108 AktG Rz. 67; *Raiser* in Raiser/Veil/Jacobs, § 29 MitbestG Rz. 5.
240 *Hüffer/Koch*, § 108 AktG Rz. 9; *Krebs*, Interessenkonflikte, S. 153; *Raiser* in Raiser/Veil/Jacobs, § 25 MitbestG Rz. 37.

Bestellung zum Mitglied des Vorstandes ist das Aufsichtsratsmitglied nach herrschender Meinung mangels eines ausdrücklichen gesetzlichen Verbots stimmberechtigt[241].

Eine besondere Konfliktlage besteht für die Aufsichtsratsmitglieder der Arbeitnehmer im **Fall eines Arbeitskampfes**, indem sie einerseits den Erwartungen der Belegschaft gerecht werden wollen, andererseits aber zugleich als Organmitglieder die Interessen des Unternehmens bei der Überwachung und Beratung des Vorstandes im Auge behalten müssen. § 7 Abs. 2 MitbestG sieht die Mitgliedschaft von Gewerkschaftsvertretern im Aufsichtsrat zwingend vor und lässt damit ein Nebeneinander von Tarifvertragsrecht und Unternehmensmitbestimmung zu. Daraus folgt, dass die Arbeitnehmervertreter z.B. zur Teilnahme an einem rechtmäßigen Streik berechtigt sind; die Übernahme einer herausragenden Rolle bei der Organisation eines gegen die Interessen des Unternehmens gerichteten Streiks oder gar die Beteiligung an der Streikleitung ist ihnen dabei jedoch verwehrt[242].

28.63

Das aktiv am Arbeitskampf beteiligte Aufsichtsratsmitglied der Arbeitnehmer, insbesondere der Funktionär der Gewerkschaften im Aufsichtsrat, darf **von der Teilnahme** an den Beratungen des Aufsichtsrates, in denen es z.B. um Informationen über den Arbeitskampf und um Gegenmaßnahmen des Unternehmens geht, wie auch **von der Abstimmung ausgeschlossen** werden. Der Gesellschaft kann nicht zugemutet werden, Personen in der Aufsichtsratssitzung zu dulden, wenn dort über gegen die Unternehmensinteressen gerichtete Streikaktionen berichtet wird und mögliche Abwehrmaßnahmen erörtert werden, da dadurch eigene, vitale Interessen des Unternehmens gefährdet werden, indem die geplanten Gegenmaßnahmen oder andere damit zusammenhängende Überlegungen des Vorstandes und des Aufsichtsrates der Streikleitung bekannt werden[243].

Wird die **Gesellschaft das Ziel eines Übernahmeversuches**, ergibt sich für ihre Aufsichtsratsmitglieder eine gesteigerte Pflichtenlage. Allgemein verweist § 3 Abs. 3 WpÜG hinsichtlich der Verhaltenspflichten der Organmitglieder zur Klarstellung[244] auf ihre Pflicht zur Beachtung des Unternehmensinteresses. Daneben bestehen besondere übernahmerechtliche Pflichten der Organe der börsennotierten Zielgesellschaft. Den Aufsichtsrat einer Zielgesellschaft trifft mit dem Vorstand nach § 27 WpÜG als Gesamtverantwortung[245] die Pflicht zur Abgabe einer **Stellungnahme zum Angebot des Bieters**. Handelt es sich um eine freundliche Übernahme, d.h., wenn die Übernahme im Einverständnis mit der Verwaltung erfolgen soll, hat sich der Aufsichtsrat der Zielgesellschaft in eigener Verantwortung mit dem Vorhaben zu befassen und dabei vor allem die Haltung des Vorstandes gegenüber dem Vorhaben auf ihre Rechtmäßigkeit und Zweckmäßigkeit und die Vereinbarkeit der Aufgabe der Selbstständigkeit der Zielgesellschaft mit dem Unternehmensinteresse zu prüfen[246]. Im Rahmen dieser Prüfung und der Beschlussfassung[247] über die Stellungnahme im Aufsichtsrat, die auch an einen Aufsichtsrats-

28.64

---

241 *Hoffmann-Becking* in MünchHdb. AG, § 31 Rz. 70; *Mertens/Cahn* in KölnKomm. AktG, 3. Aufl. 2013, § 108 AktG Rz. 67; *Wilhelm*, NJW 1983, 912, 915; a.A. *Hüffer/Koch*, § 108 AktG Rz. 9; *Habersack* in Habersack/Henssler, MitbestR, § 31 MitbestG Rz. 18a.
242 *Hoffmann/Lehmann/Weinmann*, § 25 MitbestG Rz. 134; *Kort*, ZIP 2008, 717, 721; *Lutter/Krieger/Verse*, Aufsichtsrat, Rz. 908; a.A. *Schubert* in Wißmann/Kleinsorge/Schubert, § 25 MitbestG Rz. 383; *Raiser* in Raiser/Veil/Jacobs, § 25 MitbestG Rz. 146.
243 *Hoffmann/Lehmann/Weinmann*, § 29 MitbestG Rz. 24; *Kort*, ZIP 2008, 717, 721; *Oetker* in Großkomm. AktG, 5. Aufl. 2018, § 26 MitbestG Rz. 24; *Schubert* in Wißmann/Kleinsorge/Schubert, § 25 MitbestG Rz. 379; a.A. *Raiser* in Raiser/Veil/Jacobs, § 25 MitbestG Rz. 153.
244 *Schwennicke* in Geibel/Süßmann, § 3 WpÜG Rz. 22; *Versteegen* in KölnKomm. WpÜG, § 3 WpÜG Rz. 35; *Winter/Harbarth*, ZIP 2002, 1, 15; vgl. auch *Altmeppen*, ZIP 2001, 1073, 1077; a.A. *Lange*, WM 2002, 1837, 1740.
245 *Hirte* in KölnKomm. WpÜG, § 27 WpÜG Rz. 21; *Hopt*, ZHR 166 (2002), 383, 419; *Schwennicke* in Geibel/Süßmann, § 27 WpÜG Rz. 5; *E. Vetter* in FS Hopt, 2010, S. 2657, 2661.
246 *Lutter/Krieger/Verse*, Aufsichtsrat, Rz. 919; einschränkend wohl *Weiß* in Semler/v. Schenck/Wilsing, ArbeitsHdb. AR, § 14 Rz. 155.
247 Unscharf insoweit *Hopt*, ZGR 2002, 333, 371; richtig hingegen *Hirte* in KölnKomm. WpÜG, § 27 WpÜG Rz. 20.

ausschuss delegiert werden kann[248], kann ein Interessenkonflikt für diejenigen Aufsichtsratsmitglieder entstehen, die in anderer Funktion auch für den Bieter tätig sind, sei es als Organmitglieder oder als externe Berater (vgl. im Einzelnen Rz. 62.154).

28.65 Im Fall einer **feindlichen Übernahme**, wenn also die Übernahme gegen den Willen der Verwaltung stattfinden soll, führen die unterschiedlichen Interessen zwischen Bieter und Zielgesellschaft zwangsläufig zu einem tiefen Interessenkonflikt für diejenigen Aufsichtsratsmitglieder, die zugleich für den Bieter tätig sind. Hier kommt eine Teilnahme eines Funktionsträgers des Bieters an den Beratungen und der Beschlussfassung des Aufsichtsrates der Zielgesellschaft nicht in Betracht, da die Pflicht der Organmitglieder zur Wahrung des Unternehmensinteresses gemäß § 3 Abs. 3 WpÜG keinen ausreichend sicheren Schutz der Zielgesellschaft gegen den Abfluss von im Abwehrkampf wichtigen Informationen an den Bieter bietet[249]. Das **Teilnahme- und Stimmverbot** dient dem Schutz der Interessen der Zielgesellschaft, denn es muss verhindert werden, dass der Funktionsträger an den Beratungen und Beschlüssen des Aufsichtsrates über das Übernahmeangebot sowie eventuelle nach § 33 WpÜG zulässige Maßnahmen des Vorstandes teilnimmt und dadurch von den geplanten Gegenmaßnahmen oder anderen damit zusammenhängenden Überlegungen des Vorstandes und des Aufsichtsrates Kenntnis erhält. Der Aufsichtsratsvorsitzende ist deshalb verpflichtet, dieses Aufsichtsratsmitglied von der Aufsichtsratssitzung auszuschließen[250]. Bei einer **freundlichen Übernahme** ist die Teilnahme des Funktionsträgers des Bieters nicht in jedem Fall unzulässig. Ein Ausschluss kann aber notwendig werden, wenn die Übernahme nicht von einer breiten Mehrheit im Aufsichtsrat unterstützt wird, sondern umstritten ist und Zweifel bestehen, ob die Übernahme im Interesse der Zielgesellschaft liegt und deshalb noch offen ist, wie sich die Verwaltung der Zielgesellschaft gegenüber dem Übernahmeangebot verhalten soll[251]. Bei den Beratungen und Beschlüssen des Aufsichtsrats über das Übernahmeangebot, insbesondere über den Inhalt der Stellungnahme gemäß § 27 WpÜG und die Frage der Beachtung des Neutralitätsgebots nach § 33 WpÜG bei den Maßnahmen des Vorstandes scheidet die Teilnahme von Aufsichtsratsmitgliedern der Zielgesellschaft, die Funktionsträger des Bieters sind, aus[252].

28.66 Unterliegt das Aufsichtsratsmitglied (nur) einem Stimmverbot, hat es grundsätzlich gleichwohl das **Recht auf Teilnahme** an der Beratung[253]. Im Allgemeinen wird das betroffene Aufsichtsratsmitglied den weiteren Beratungen im Aufsichtsrat nach Darlegung seiner Position fernbleiben. Nimmt es dennoch weiter an der Aufsichtsratssitzung und der Abstimmung teil, ist es allerdings verpflichtet, sich bei der Abstimmung **der Stimme zu enthalten**, wenn andernfalls die Beschlussfähigkeit des Aufsichtsrates nicht erreicht wird[254]. Soll die Beratung und Beschlussfassung des Beratungsgegenstandes im Aufsichtsrat unter Beteiligung eines „befangenen" Aufsichtsratsmitglieds vermieden werden oder – soweit möglich – ohne dessen Beeinflussung erfolgen, kommt innerhalb der in § 107 Abs. 3 Satz 3 AktG genannten Grenzen auch eine **Übertragung auf einen Aufsichtsratsausschuss** zur weiteren Behandlung und Entscheidung in Betracht, dem das Aufsichtsratsmitglied nicht angehört[255]. Für die Sitzungen des

---

248 *Hirte* in KölnKomm. WpÜG, § 27 WpÜG Rz. 21; *Seibt*, DB 2002, 529, 531.
249 *Habersack* in MünchKomm. AktG, 5. Aufl. 2019, § 109 AktG Rz. 10; *Hopt*, ZGR 2002, 333, 371; *Weiß* in Semler/v. Schenck/Wilsing, ArbeitsHdb. AR, § 14 Rz. 157; *E. Vetter* in FS Hopt, 2010, S. 2657, 2672.
250 Weitergehend *Hopt*, ZGR 2002, 333, 372; *Lutter/Krieger/Verse*, Aufsichtsrat, Rz. 921, die eine Abberufung des Aufsichtsratsmitgliedes für erforderlich halten.
251 Ebenso *Lutter/Krieger/Verse*, Aufsichtsrat, Rz. 919; vgl. auch *Hopt*, ZGR 2002, 333, 371.
252 *E. Vetter* in FS Hopt, 2010, S. 2657, 2673.
253 *Behr*, AG 1984, 281, 283; *Habersack* in MünchKomm. AktG, 5. Aufl. 2019, § 109 AktG Rz. 10; *Lutter/ Krieger/Verse*, Aufsichtsrat, Rz. 905; *Potthoff/Trescher/Theisen*, AR-Mitglied, Rz. 2013.
254 BGH v. 2.4.2007 – II ZR 325/05, AG 2007, 484, 485; OLG München v. 28.4.2016 – 23 U 2314/15, AG 2016, 592, 593; *Hopt/Roth* in Großkomm. AktG, 5. Aufl. 2019, § 108 AktG Rz. 78; *Krebs*, Interessenkonflikte, S. 174; *Mertens/Cahn* in KölnKomm. AktG, 3. Aufl. 2013, § 108 AktG Rz. 65; *Spindler* in BeckOGK AktG, Stand 1.2.2021, § 108 AktG Rz. 38; *E. Vetter*, AG 2006, 173, 179; a.A. *Behr*, AG 1984, 281, 285; vgl. auch *Ulmer*, NJW 1980, 1603, 1605.
255 *Dreher*, JZ 1990, 896, 903; *Weiß* in Semler/v. Schenck/Wilsing, ArbeitsHdb. AR, § 14 Rz. 181; *Habersack* in MünchKomm. AktG, 5. Aufl. 2019, § 100 AktG Rz. 105.

Ausschusses kann der Aufsichtsratsvorsitzende zur Auflösung der entstandenen Interessenkollision dem betroffenen Aufsichtsratsmitglied gemäß § 109 Abs. 2 AktG die Teilnahme verwehren[256].

Häufen sich die Interessenkonflikte eines Aufsichtsratsmitgliedes oder besteht eine **grundsätzliche oder dauerhafte Interessenkollision**, der auch durch Stimmenthaltungen im Einzelfall nicht angemessen begegnet werden kann, ist das Aufsichtsratsmitglied nicht mehr in der Lage, seiner Aufgabe zur Wahrung des Unternehmensinteresses pflichtgemäß nachzukommen, so dass die Frage der Verpflichtung zur Niederlegung des Aufsichtsratsmandates zu prüfen ist. E.1 Satz 1 Deutscher Corporate Governance Kodex empfiehlt ausdrücklich, die **Offenlegung von Interessenkonflikten eines Aufsichtsratsmitglieds**, insbesondere solche, die auf Grund einer Beratung oder Organfunktion bei Kunden, Lieferanten, Kreditgebern oder sonstigen Geschäftspartnern entstehen können. Die Regelung erfasst sowohl den Interessenkonflikt im Einzelfall als auch den andauernden Konflikt. Mit der Offenlegung von Interessenkonflikten, die gegenüber dem Aufsichtsratsvorsitzenden zu erfolgen hat, wird dieser in den Stand gesetzt, zu prüfen, ob das Aufsichtsratsmitglied einem Stimmverbot unterliegt oder ob dem Aufsichtsratsmitglied aus dem Gesichtspunkt der Besorgnis der Befangenheit empfohlen werden soll, sich bei der Abstimmung der Stimme zu enthalten. In jedem Fall ist nach der Empfehlung von E.1 Satz 2 Deutscher Corporate Governance Kodex erforderlich, im schriftlichen Bericht des Aufsichtsrates an die Hauptversammlung gemäß § 171 Abs. 2 AktG über einen zu einem Beratungsgegenstand aufgetretenen Interessenkonflikt und dessen Behandlung zu informieren. Detailangaben sind mit Blick auf die Vertraulichkeit der Beratungen des Aufsichtsrats nicht erforderlich[257]. Bei kodexkonformem Verhalten ist damit im Falle eines offengelegten Interessenkonfliktes der Hauptversammlung auch darüber zu berichten, ob das betreffende Aufsichtsratsmitglied an den Beratungen und der Abstimmung teilgenommen hat oder wie der Interessenkonflikt auf andere Weise aufgelöst worden ist. Versäumnisse können zur Anfechtung der Entlastungsbeschlüsse führen[258] (siehe Rz. 27.58).

28.67

Einstweilen frei.

28.68

4. Stimmbotschaft

§ 108 Abs. 3 Satz 1 AktG eröffnet Aufsichtsratsmitgliedern, die an der Sitzungsteilnahme verhindert sind oder an der Sitzung nur zeitweise teilnehmen können, die Möglichkeit, sich an der Willensbildung des Aufsichtsrates dadurch zu beteiligen, dass sie an der Abstimmung durch **schriftliche Stimmabgabe** teilnehmen. Hierzu bedarf es im Unterschied zum Fall der Vertretung des Aufsichtsratsmitglieds durch Dritte nach § 109 Abs. 3 AktG keiner Satzungsregelung; ebenso wenig ist dazu das Einverständnis des Aufsichtsrates erforderlich. Das verhinderte Aufsichtsratsmitglied kann seine schriftliche Stimme **in der Sitzung** durch ein anderes Aufsichtsratsmitglied oder im Fall einer Satzungsregelung gemäß § 109 Abs. 3 AktG auch durch einen Dritten **überreichen lassen**[259]. Die schriftliche Stimme muss dem Aufsichtsratsvorsitzenden in der Sitzung spätestens **bei der Abstimmung** überreicht werden. Das Recht zur schriftlichen Stimmabgabe besteht im paritätisch mitbestimmten Aufsichtsrat auch hinsichtlich der **Zweitstimme des Aufsichtsratsvorsitzenden** (§ 29 Abs. 2 Satz 2, § 31 Abs. 4 Satz 2 MitbestG). Die Rechte des Sitzungsleiters können jedoch nicht mittels Stimmbotschaft

28.69

---

256 *Kindl*, Teilnahme an der Aufsichtsratssitzung, S. 155; ähnlich *Habersack* in MünchKomm. AktG, 5. Aufl. 2019, § 109 AktG Rz. 26.
257 BGH v. 10.7.2012 – II ZR 48/11 – Fresenius, AG 2012, 712 Rz. 32; *Hoffmann-Becking* in MünchHdb. AG, § 45 Rz. 17; *E. Vetter* in Großkomm. AktG, 5. Aufl. 2018, § 171 AktG Rz. 253.
258 BGH v. 21.9.2009 – II ZR 174/08 – Leo Kirch/Deutsche Bank, BGHZ 182, 272 Rz. 16; BGH v. 16.2.2009 – II ZR 185/07 – Umschreibungsstop, BGHZ 180, 9 Rz. 19; früher bereits *E. Vetter*, ZIP 2006, 257, 264; siehe auch BGH v. 10.7.2012 – II ZR 48/11 – Fresenius, AG 2012, 712 Rz. 32.
259 *Drygala* in K. Schmidt/Lutter, § 108 AktG Rz. 26; *Lutter* in FS Duden, 1977, S. 269, 271; *Riegger*, BB 1980, 130, 132.

übertragen werden, sondern gehen bei Verhinderung des Aufsichtsratsvorsitzenden auf den nach § 27 MitbestG gewählten Stellvertreter über[260].

28.70 Die Stimmbotschaft ist eine **schriftliche Erklärung des verhinderten Aufsichtsratsmitglieds**, die den Beschlussgegenstand und das Votum wiedergeben und vom verhinderten Aufsichtsratsmitglied eigenhändig unterzeichnet sein muss[261]. Eine inhaltlich unbestimmte Stimmbotschaft ist unwirksam[262]. Eine telefonische Übermittlung der Stimmabgabe durch das verhinderte Aufsichtsratsmitglied an den Boten, der sie dann weisungsgemäß zu Papier bringt, genügt der Schriftform nach § 108 Abs. 3 AktG nicht[263]. Die Satzung oder die Geschäftsordnung des Aufsichtsrates können insoweit auch keine Befreiung vorsehen[264]. Die schriftliche Stimme bleibt eine Erklärung des verhinderten Aufsichtsratsmitglieds. Der Überbringer handelt nicht als dessen Vertreter, sondern ist bloßer Stimmbote, dem **kein eigener Entscheidungsspielraum** zusteht und der deshalb die Stimmbotschaft auch nicht verändern darf[265]. Ob aus dem Schriftformgebot von § 108 Abs. 3 AktG die eigene Namensunterschrift des Aufsichtsratsmitglieds zu folgern ist, ist in der Literatur umstritten. Zu berücksichtigen ist, dass das Schriftformerfordernis keine Schutz- und Warnfunktion gegenüber dem verhinderten Aufsichtsratsmitglied hat, sondern ausschließlich Beweiszwecken dient. Entscheidend ist, dass anhand des in der Sitzung vorgelegten Schriftstückes die **Authentizität der Willenserklärung des abwesenden Aufsichtsratsmitglieds** festgestellt werden kann[266]. Dies ist nicht nur bei Vorlage einer schriftlichen Erklärung im Original, sondern grundsätzlich auch bei einem Telefax oder einer Telekopie möglich[267]. Ein Telegramm oder Telex erfüllt diese Anforderungen nicht, wird von der herrschenden Meinung jedoch ebenfalls als ausreichend angesehen[268]. Im Zuge der Entwicklung der modernen Kommunikationsmittel, dem das AktG auch sonst verstärkt Rechnung trägt (vgl. nur § 108 Abs. 4 AktG), wird man auch die Vorlage eines E-Mail des verhinderten Aufsichtsratsmitglieds an den Stimmboten als ausreichend betrachten müssen, wenn die Identität des Absenders durch eine digitale Signatur oder Ähnliches sichergestellt ist[269].

28.71 Die Erteilung einer Stimmbotschaft nach § 108 Abs. 3 AktG setzt notwendigerweise die **rechtzeitige Mitteilung eines konkreten Beschlussantrags** vor der Aufsichtsratssitzung voraus. Wird der Beschluss-

---

260 *Habersack* in MünchKomm. AktG, 5. Aufl. 2019, § 108 AktG Rz. 51; *Hopt/Roth* in Großkomm. AktG, 5. Aufl. 2019, § 108 AktG Rz. 117; *Mertens/Cahn* in KölnKomm. AktG, 3. Aufl. 2013, § 108 AktG Rz. 28.
261 Siehe z.B. die Muster bei *E. Vetter* in Happ/Groß/Möhrle/Vetter, Aktienrecht, Muster 9.13; *Hoffmann/Preu*, Aufsichtsrat, Rz. 421.
262 BGH v. 17.5.1993 – II ZR 89/92 – Hamburg Mannheimer Versicherung, BGHZ 122, 342, 353.
263 *Hüffer/Koch*, § 108 AktG Rz. 19; *Kindl*, Teilnahme an der Aufsichtsratssitzung, S. 34; *Raiser* in Raiser/Veil/Jacobs, § 25 MitbestG Rz. 27; a.A. *Hopt/Roth* in Großkomm. AktG, 5. Aufl. 2019, § 108 AktG Rz. 131; *Lutter* in FS Duden, 1977, S. 269, 282; *Mertens/Cahn* in KölnKomm. AktG, 3. Aufl. 2013, § 108 AktG Rz. 34; *Riegger*, BB 1980, 130, 131.
264 *Habersack* in Habersack/Henssler, MitbestR, § 25 MitbestG Rz. 31a; a.A. *Luther*, ZGR 1977, 306, 308.
265 *Drygala* in K. Schmidt/Lutter, § 108 AktG Rz. 26; *Mertens/Cahn* in KölnKomm. AktG, 3. Aufl. 2013, § 108 AktG Rz. 31; *Spindler* in BeckOGK AktG, Stand 1.2.2021, § 108 AktG Rz. 61.
266 *Lutter* in FS Duden, 1977, S. 269, 281; *Kindl*, Teilnahme an der Aufsichtsratssitzung, S. 32; *Riegger*, BB 1980, 130, 131; *Hüffer/Koch*, § 108 AktG Rz. 15; a.A. *Ulmer* in Habersack/Henssler, MitbestR, § 25 MitbestG Rz. 31a, die in jedem Fall die Vorlage der unterzeichneten Stimmbotschaft im Original verlangen.
267 *Hoffmann-Becking* in MünchHdb. AG, § 31 Rz. 91; *Lutter/Krieger/Verse*, Aufsichtsrat, Rz. 726; *Paefgen*, Struktur, S. 212; *Spindler* in BeckOGK AktG, Stand 1.2.2021, § 108 AktG Rz. 62.
268 Vgl. *Lutter* in FS Duden, 1977, S. 269, 281; *Mertens/Cahn* in KölnKomm. AktG, 3. Aufl. 2013, § 108 AktG Rz. 25; *Kindl*, Teilnahme an der Aufsichtsratssitzung, S. 33; *Paefgen*, Struktur, S. 211; *Hüffer/Koch*, § 108 AktG Rz. 20; a.A. *Habersack* in MünchKomm. AktG, 5. Aufl. 2019, § 108 AktG Rz. 53; *Habersack* in Habersack/Henssler, MitbestR, § 25 MitbestG Rz. 31a.
269 *Hopt/Roth* in Großkomm. AktG, 5. Aufl. 2019, § 108 AktG Rz. 130; *Hoffmann/Preu*, Aufsichtsrat, Rz. 420; *Spindler* in BeckOGK AktG, Stand 1.2.2021, § 108 AktG Rz. 62; a.A. *Habersack* in MünchKomm. AktG, 5. Aufl. 2019, § 108 AktG Rz. 53; *Lutter/Krieger/Verse*, Aufsichtsrat, Rz. 726.

antrag in der Aufsichtsratssitzung geändert, geht die Stimmbotschaft ins Leere[270]. Der Stimmbote ist mangels eigenen Entscheidungsspielraums nicht berechtigt, die schriftliche Stimmabgabe anzupassen. Bloße Formulierungsänderungen, die den Beschlussinhalt in der Sache nicht berühren, sind unschädlich, wenn aus der Stimmbotschaft zu erkennen ist, dass sie die Änderung abdeckt[271]. Durch **Blanko-Erklärungen**, die vom Stimmboten erst in der Aufsichtsratssitzung der konkreten Situation nach Anweisung des abwesenden Aufsichtsratsmitglieds angepasst werden, darf die Authentizität seiner Willenserklärung jedoch nicht umgangen werden[272]. Gegebenenfalls ist die Stimmbotschaft mit mehreren in Betracht kommenden gestaffelten Alternativen zu versehen[273].

5. Sitzungsniederschrift

a) Bedeutung und Inhalt

Die Sitzungsniederschrift bildet kein notwendiges Element der Beschlussfassung des Aufsichtsrates und hat auch **keine konstitutive Wirkung** hinsichtlich der wiedergegebenen Beschlüsse. Die Wirksamkeit von Aufsichtsratsbeschlüssen wird durch eine mangelhafte oder gar völlig unterbliebene Protokollierung nach der ausdrücklichen Anordnung in § 107 Abs. 2 Satz 3 AktG nicht berührt. Die Niederschrift hat lediglich **Beweisfunktion** für die inhaltlich richtige und vollständige Wiedergabe der getroffenen Beschlüsse[274]. Sie kann aber auch Bedeutung für die Verantwortung der einzelnen Aufsichtsratsmitglieder hinsichtlich ihres jeweiligen Abstimmungsverhaltens haben.

28.72

Über die Sitzungen des Aufsichtsrates ist nach § 107 Abs. 2 Satz 1 AktG eine Niederschrift anzufertigen, die der Aufsichtsratsvorsitzende zu unterzeichnen hat; soweit kein Aufsichtsratsmitglied widerspricht, ist auch die Erstellung in einer fremden Sprache zulässig[275]. Der notwendige Inhalt ergibt sich aus § 107 Abs. 2 AktG. Danach sind neben Ort und Tag der Sitzung die Teilnehmer anzugeben, sei es, dass sie persönlich in der Sitzung anwesend sind oder z.B. fernmündlich oder durch Video-Zuschaltung teilnehmen. Weiterhin erforderlich ist die Wiedergabe der Tagesordnungspunkte, der **wesentliche Inhalt der Verhandlungen sowie die Beschlüsse**. Die bloße Aufzeichnung der Beschlussergebnisse ist also nicht ausreichend; andererseits wird auch **kein Wortprotokoll** verlangt, sondern es sind die **tragenden Gesichtspunkte der Verhandlungen und die getroffenen Beschlüsse** wiederzugeben. Nicht erforderlich ist die Wiedergabe jedes einzelnen Wortbeitrages; eine Zusammenfassung der Diskussion mit Darstellung der wesentlichen Gesichtspunkte ist ausreichend. Auch bei der Wiedergabe der vom Vorstand erstatteten Berichte, die in der Praxis üblicherweise mündlich anhand einer Vielzahl von Folien und Schaubildern erfolgt, genügt eine zusammenfassende Darstellung, soweit nicht in der anschließenden Diskussion Einzelheiten aufgegriffen werden[276]. Erforderlich ist die Angabe des genauen **Wortlauts der Beschlüsse**, bzw. der Beschlussanträge sowie des **Abstimmungsergebnisses**. Eine namentliche Wiedergabe des Stimmverhaltens der einzelnen Aufsichtsratsmitglieder ist grundsätzlich

28.73

---

270 *Drygala* in K. Schmidt/Lutter, § 108 AktG Rz. 25; *Lutter/Krieger/Verse*, Aufsichtsrat, Rz. 728; *Riegger*, BB 1980, 130, 132.
271 BGH v. 17.5.1993 – II ZR 89/92 – Hamburg Mannheimer Versicherung, BGHZ 122, 342, 353; *Hoffmann-Becking* in MünchHdb. AG, § 31 Rz. 89; *Lutter/Krieger/Verse*, Aufsichtsrat, Rz. 728.
272 Näher *Hoffmann/Preu*, Aufsichtsrat, Rz. 420; *Mertens/Cahn* in KölnKomm. AktG, 3. Aufl. 2013, § 108 AktG Rz. 33; *Paefgen*, Struktur, S. 213; *Riegger*, BB 1980, 130, 133; *Spindler* in BeckOGK AktG, Stand 1.2.2021, § 108 AktG Rz. 61.
273 *Habersack* in MünchKomm. AktG, 5. Aufl. 2019, § 108 AktG Rz. 57; *Hopt/Roth* in GroßKomm. AktG, 5. Aufl. 2019, § 108 AktG Rz. 124; *Werner*, ZGR 1977, 236, 242.
274 *Brinkschmidt*, Protokolle des Aufsichtsrats, S. 33 ff.; *Hüffer/Koch*, § 107 AktG Rz. 15; *Mertens/Cahn* in KölnKomm. AktG, 3. Aufl. 2013, § 107 AktG Rz. 85.
275 *Bürgers/Fischer* in Bürgers/Körber/Lieder, § 107 AktG Rz. 14; *Spindler* in BeckOGK AktG, Stand 1.2.2021, § 107 AktG Rz. 75.
276 Ähnlich *Hoffmann-Becking* in MünchHdb. AG, § 31 Rz. 107; *Brinkschmidt*, Protokolle des Aufsichtsrats, S. 75.

nicht erforderlich[277] und kommt nur in Betracht, wenn dies von einem Aufsichtsratsmitglied in der Sitzung, z.B. aus haftungsrechtlichen Gründen, gefordert wird[278]. Soweit sich allerdings ein Aufsichtsratsmitglied wegen der Gefahr der Befangenheit oder der Interessenkollision bei einer Abstimmung der Stimme enthalten hat, sollte dies ausdrücklich festgehalten werden, da nicht ausgeschlossen werden kann, dass der Beschluss später angegriffen wird. **Erklärungen zu Protokoll**, insbesondere Widersprüche gegen Beschlüsse oder gegen Maßnahmen des Aufsichtsratsvorsitzenden, müssen in jedem Fall festgehalten werden[279]. Soweit im Beschluss auf Unterlagen Bezug genommen wird, sind diese genau zu bezeichnen, damit im Zweifelsfall eine Identifizierung an Hand der beim Aufsichtsratsvorsitzenden oder beim Vorstand geführten Akten erfolgen kann. Ob die Unterlagen dem Protokoll auch als Anlage beigefügt werden sollen, ist oftmals eine Frage der Praktikabilität, da die Unterlagen vielfach sehr umfangreich sind. Zwingend erforderlich ist dies jedoch nicht[280]; jedenfalls solange nicht, wie ein Aufsichtsratsmitglied nicht in der Sitzung die Beifügung beantragt.

28.74 Beschließt der Aufsichtsrat **ohne die Durchführung einer Sitzung** nach § 108 Abs. 4 AktG im schriftlichen Verfahren, auf fernmündlichem Weg oder mittels anderer vergleichbarer moderner Kommunikationsformen, bedarf es analog § 107 Abs. 2 AktG ebenfalls der **Niederschrift über die Beschlussfassung**, die vom Aufsichtsratsvorsitzenden zu unterzeichnen ist[281]. Die Niederschrift über eine Beschlussfassung des Aufsichtsrates außerhalb einer Sitzung ist allen Aufsichtsratsmitgliedern vom Aufsichtsratsvorsitzenden zuzusenden[282]. Davon hängt jedoch die Wirksamkeit des Beschlusses nicht ab[283].

b) Zuständigkeiten

28.75 Der Aufsichtsratsvorsitzende hat das Protokoll nach § 107 Abs. 2 Satz 1 AktG zu unterzeichnen, der damit die **Verantwortung für die inhaltliche Richtigkeit und Vollständigkeit** des Protokolls übernimmt[284]. Falls die Aufsichtsratssitzung wegen Verhinderung des Aufsichtsratsvorsitzenden vom Stellvertreter geleitet worden ist, hat dieser als Sitzungsleiter das Protokoll zu unterzeichnen, auch wenn die Verhinderung des Aufsichtsratsvorsitzenden zum Zeitpunkt der Fertigstellung des Protokolls nicht mehr besteht[285]. Über **Berichtigungsverlangen** von Aufsichtsratsmitgliedern entscheidet allein der Aufsichtsratsvorsitzende, da er die Verantwortung für die Ordnungsmäßigkeit des Protokolls trägt. Der Aufsichtsrat kann hierüber nicht durch Beschluss entscheiden[286]. Deshalb kann die in der Praxis ge-

---

277 *Brinkschmidt*, Protokolle des Aufsichtsrats, S. 75; *Mertens/Cahn* in KölnKomm. AktG, 3. Aufl. 2013, § 107 AktG Rz. 78.
278 *Brinkschmidt*, Protokolle des Aufsichtsrats, S. 76; *Spindler* in BeckOGK AktG, Stand 1.2.2021, § 107 AktG Rz. 74; zweifelnd *Lutter/Krieger/Verse*, Aufsichtsrat, Rz. 710.
279 OLG München v. 29.10.1980 – 7 U 2481/80, ZIP 1981, 293, 294 (zur KG); *Drygala* in K. Schmidt/Lutter, § 107 AktG Rz. 32; *Spindler* in BeckOGK AktG, Stand 1.2.2021, § 107 AktG Rz. 74; *E. Vetter*, DB 2004, 2623, 2628.
280 *Bürgers/Fischer* in Bürgers/Körber/Lieder, § 107 AktG Rz. 15; *Habersack* in MünchKomm. AktG, 5. Aufl. 2019, § 107 AktG Rz. 81; *Mertens/Cahn* in KölnKomm. AktG, 3. Aufl. 2013, § 107 AktG Rz. 78; a.A. *Lutter/Krieger/Verse*, Aufsichtsrat, Rz. 709.
281 OLG Düsseldorf v. 17.11.2003 – I-15 U 225/02, AG 2003, 321, 323; *Brinkschmidt*, Protokolle des Aufsichtsrats, S. 84; *Hopt/Roth* in Großkomm. AktG, 5. Aufl. 2019, § 107 AktG Rz. 236; *Mertens/Cahn* in KölnKomm. AktG, 3. Aufl. 2013, § 107 AktG Rz. 90; a.A. *Hoffmann/Lehmann/Weinmann*, § 27 MitbestG Rz. 15; *Habersack* in Habersack/Henssler, MitbestR, § 25 MitbestG Rz. 23 im Fall des schriftlichen Beschlussverfahrens.
282 Vgl. z.B. *Hoffmann-Becking* in MünchHdb. AG, § 31 Rz. 112; *Hopt/Roth* in Großkomm. AktG, 5. Aufl. 2019, § 108 AktG Rz. 142 zur Beschlussfassung im schriftlichen Verfahren.
283 *Hoffmann-Becking* in MünchHdb. AG, § 31 Rz. 112.
284 *Brinkschmidt*, Protokolle des Aufsichtsrats, S. 90; *Bürgers/Fischer* in Bürgers/Körber/Lieder, § 107 AktG Rz. 14; *Mertens/Cahn* in KölnKomm. AktG, 3. Aufl. 2013, § 107 AktG Rz. 82.
285 *Brinkschmidt*, Protokolle des Aufsichtsrats, S. 93; *Peus*, Der Aufsichtsratsvorsitzende, S. 133.
286 OLG München v. 29.10.1980 – 7 U 2481/80, ZIP 1981, 293, 294 (zur KG); *Drygala* in K. Schmidt/Lutter, § 107 AktG Rz. 31; *Spindler* in BeckOGK AktG, Stand 1.2.2021, § 107 AktG Rz. 76; a.A. *Brinkschmidt*,

legentlich anzutreffende Übung, die Genehmigung des Sitzungsprotokolls in der nachfolgenden Aufsichtsratssitzung unter einem gesonderten Tagesordnungspunkt zu behandeln, richtigerweise nur den Bericht des Aufsichtsratsvorsitzenden beinhalten, ob von den Mitgliedern des Aufsichtsrates ein Berichtigungsverlangen gestellt und wie ihm Rechnung getragen worden ist. Aus praktischen Gründen empfehlenswert ist eine Regelung in der Aufsichtsratsgeschäftsordnung, wonach das Protokoll als genehmigt gilt, wenn nicht innerhalb einer bestimmten Frist (z.B. zwei Wochen nach Versand) beim Aufsichtsratsvorsitzenden Widerspruch erhoben wird[287]. Wer das Protokoll erstellt, sagt das Gesetz nicht. Weitgehend üblich ist hierfür die Hinzuziehung eines **Protokollführers**, der meist Angestellter der Gesellschaft ist (z.B. Justitiar oder Leiter des Vorstandssekretariats), der das Protokoll aber selbst nicht zu unterzeichnen braucht. Die Verantwortung für den Inhalt des Protokolls bleibt jedoch in jedem Fall unverändert beim Aufsichtsratsvorsitzenden. Der Aufsichtsrat kann durch Beschluss die Hinzuziehung eines aufsichtsratsexternen Protokollführers ablehnen[288]. Dann obliegt die Aufgabe der Protokollführung dem Aufsichtsratsvorsitzenden persönlich.

Jedes Aufsichtsratsmitglied hat das unentziehbare Recht auf Erteilung einer **Abschrift** des vollständigen Sitzungsprotokolls nebst allen Anlagen (§ 107 Abs. 2 Satz 4 AktG), und zwar auch dann, wenn es an der Sitzung nicht teilgenommen hat[289]. Die Aufsichtsratsmitglieder können nicht auf Protokollauszüge oder die bloße Einsichtnahme in das Protokoll verwiesen werden[290]. In der Praxis üblich ist der unaufgeforderte Versand des Protokolls, für den der Aufsichtsratsvorsitzende Verantwortung trägt. Das Aufsichtsratsmitglied hat kein Recht auf Abschriften von **Protokollen von Aufsichtsratssitzungen aus früheren Amtsperioden**, zu denen es noch nicht dem Aufsichtsrat angehört hat[291]. Ein Einsichtsrecht kommt insoweit nur bei Vorliegen besonderer Gründe in Betracht, sofern nicht der Aufsichtsrat nach § 111 Abs. 2 AktG einen entsprechenden generellen Bewilligungsbeschluss fasst[292]. Ebenso wenig wie dem **Vorstand** ein Recht auf Teilnahme an den Sitzungen des Aufsichtsrates zusteht, hat er nach den gesetzlichen Bestimmungen einen Anspruch auf Aushändigung einer Abschrift des Sitzungsprotokolls[293]. In der Praxis erhalten jedoch die Mitglieder des Vorstandes meistens, zumindest der Vorsitzende des Vorstandes, im Interesse einer guten und vertrauensvollen Zusammenarbeit zwischen beiden Organen, wie sie auch der Deutsche Corporate Governance Kodex beschreibt, eine Abschrift. Mindestens die auszugsweise Überlassung des Protokolls ist in der Regel auch deshalb erforderlich, weil die Ausführung der Aufsichtsratsbeschlüsse vielfach in den Händen des Vorstandes liegt. Eine Überlassung des Protokolls kommt jedoch nicht in Betracht, soweit der Aufsichtsrat ausnahmsweise ein besonderes Interesse daran hat, seine Beratungen und Beschlüsse gegenüber dem Vorstand geheim

28.76

Protokolle des Aufsichtsrats, S. 102; vgl. auch *Habersack* in MünchKomm. AktG, 5. Aufl. 2019, § 107 AktG Rz. 83.
287 Ebenso *Habersack* in MünchKomm. AktG, 5. Aufl. 2019, § 107 AktG Rz. 84; *Mertens/Cahn* in KölnKomm. AktG, 3. Aufl. 2013, § 107 AktG Rz. 83.
288 *Brinkschmidt*, Protokolle des Aufsichtsrats, S. 52; *Kindl*, Teilnahme an der Aufsichtsratssitzung, S. 40; *Lutter/Krieger/Verse*, Aufsichtsrat, Rz. 703; a.A. *Drygala* in K. Schmidt/Lutter, § 107 AktG Rz. 31; *Hüffer/Koch*, § 109 AktG Rz. 5; *Spindler* in BeckOGK AktG, Stand 1.2.2021, § 107 AktG Rz. 72, die Widerspruch eines Mitgliedes ausreichen lassen wollen.
289 *Brinkschmidt*, Protokolle des Aufsichtsrats, S. 125.
290 *Habersack* in MünchKomm. AktG, 5. Aufl. 2019, § 107 AktG Rz. 87; *Hoffmann-Becking* in MünchHdb. AG, § 31 Rz. 109; *Lutter/Krieger/Verse*, Aufsichtsrat, Rz. 713.
291 *Brinkschmidt*, Protokolle des Aufsichtsrats, S. 125; *Lutter/Krieger/Verse*, Aufsichtsrat, Rz. 713; *Spindler* in BeckOGK AktG, Stand 1.2.2021, § 107 AktG Rz. 82.
292 *Hoffmann/Preu*, Aufsichtsrat, Rz. 425; *Hopt/Roth* in Großkomm. AktG, 5. Aufl. 2019, § 107 AktG Rz. 257; großzügiger *Brinkschmidt*, Protokolle des Aufsichtsrats, S. 126; *Lutter/Krieger/Verse*, Aufsichtsrat, Rz. 713.
293 *Brinkschmidt*, Protokolle des Aufsichtsrats, S. 132; vgl. auch *Hopt/Roth* in Großkomm. AktG, 5. Aufl. 2019, § 107 AktG Rz. 255.

zu halten[294]. Dies wird bei der Behandlung von Personalfragen des Vorstandes und Aufsichtsrates regelmäßig der Fall sein.

6. Fehlerhafte Beschlüsse des Aufsichtsrates

a) Vorbemerkung

28.77 Der Aufsichtsratsbeschluss ist ein **körperschaftliches Rechtsgeschäft**, das unter einem Fehler leiden kann. Dabei ist zwischen Verfahrensfehlern einerseits und inhaltlichen Verstößen des Beschlusses gegen Bestimmungen des Gesetzes, der Satzung oder der Geschäftsordnung des Aufsichtsrates zu unterscheiden. Im AktG fehlt eine ausdrückliche Regelung, wie fehlerhafte Aufsichtsratsbeschlüsse zu behandeln sind. Eine im Wesentlichen vom Schrifttum und von einigen Instanzgerichten vertretene Auffassung will die für die Fehlerhaftigkeit von Hauptversammlungsbeschlüssen geltenden Bestimmungen der §§ 241 ff. AktG analog auch auf Aufsichtsratsbeschlüsse anwenden und zwischen Fehlern, die zur Nichtigkeit des Beschlusses führen, und solchen, die lediglich zur Anfechtung berechtigen, unterscheiden. Ein fehlerhafter Aufsichtsratsbeschluss ist danach nicht stets nichtig, sondern es ist auf die Schwere des Verstoßes gegen Gesetz oder Satzung[295] oder darauf abzustellen, ob der Verfahrensmangel einen Verstoß gegen verzichtbare oder unverzichtbare Vorschriften bildet[296].

Der BGH hat sich bei der Behandlung der Fehlerhaftigkeit von Aufsichtsratsbeschlüssen im Prinzip **gegen eine Differenzierung zwischen anfechtbaren und nichtigen Aufsichtsratsbeschlüssen** ausgesprochen und eine Analogie zu den Vorschriften der §§ 241 ff. AktG ausdrücklich abgelehnt[297]. Zur Begründung hat er dabei im Wesentlichen auf das besonders zu schützende Vertrauen der Öffentlichkeit und der Anleger in den Bestand der Entscheidung der Hauptversammlung abgestellt, das beim Aufsichtsratsbeschluss, der in den meisten Fällen nur interne Wirkung habe, nicht gegeben sei. Er hat weiter darauf hingewiesen, dass sich die Abgrenzungskriterien der §§ 241 und 243 AktG nicht auf Aufsichtsratsbeschlüsse übertragen ließen. Allerdings hat der BGH unter Hinweis auf das **Erfordernis des Rechtsschutzinteresses** hinsichtlich der Feststellung der Nichtigkeit eines als fehlerhaft betrachteten Aufsichtsratsbeschlusses und das **Rechtsprinzip der Verwirkung**[298] einen Weg aufgezeigt, der dazu führt, dass in der Praxis die unterschiedlichen Lösungsansätze in den meisten Fällen zu gleichen Ergebnissen gelangen werden[299]. Ein **Mangel der einzelnen Stimmabgabe** führt nur ausnahmsweise zur Fehlerhaftigkeit des Aufsichtsratsbeschlusses. Die Stimmabgabe als empfangsbedürftige Willenserklärung[300] kann z.B. nach allgemeinen Regeln angefochten werden, mangels Erfüllung der gesetzli-

---

294 *Brinkschmidt*, Protokolle des Aufsichtsrats, S. 132; *Mertens/Cahn* in KölnKomm. AktG, 3. Aufl. 2013, § 107 AktG Rz. 89; *Peus*, Der Aufsichtsratsvorsitzende, S. 181.
295 OLG Hamburg v. 25.5.1984 – 11 U 183/83 – Beiersdorf, AG 1984, 248, 249; OLG Stuttgart v. 15.4.1985 – 2 U 57/85 – Dornier, AG 1985, 193, 194; OLG Hamburg v. 6.3.1992 – 11 U 134/91 – Hamburg Mannheimer Versicherung, AG 1993, 197, 198; OLG Celle v. 9.10.1989 – 9 U 186/89 – Pelikan, AG 1990, 264, 265.
296 *Axhausen*, Anfechtbarkeit aktienrechtlicher Aufsichtsratsbeschlüsse, S. 113 ff.; *Baums*, ZGR 1983, 300, 305; *Lemke*, Der fehlerhafte Aufsichtsratsbeschluss, S. 94 ff.; *Mertens/Cahn* in KölnKomm. AktG, 3. Aufl. 2013, § 108 AktG Rz. 99.
297 BGH v. 17.5.1993 – II ZR 89/92 – Hamburg Mannheimer Versicherung, BGHZ 122, 342, 347; BGH v. 15.11.1993 – II ZR 235/92 – Vereinigte Krankenversicherung, BGHZ 124, 111, 115; BGH v. 21.4.1997 – II ZR 175/95 – ARAG/Garmenbeck, BGHZ 135, 244, 247; LG Frankfurt v. 19.12.1995 – 2/14 O 183/95 – Deutsche Börse AG, ZIP 1996, 1661, 1662; zustimmend z.B. auch *Götz* in FS Lüke, 1997, S. 167, 175 ff.; *Hüffer/Koch*, § 108 AktG Rz. 26; *Kindl*, AG 1995, 153; *Lutter/Krieger/Verse*, Aufsichtsrat, Rz. 739; a.A. *K. Schmidt* in Großkomm. AktG, 4. Aufl. 1996, § 241 AktG Rz. 35; *Lemke*, Der fehlerhafte Aufsichtsratsbeschluss, S. 94 ff., 120.
298 Vgl. BGH v. 17.5.1993 – II ZR 89/92 – Hamburg Mannheimer Versicherung, BGHZ 122, 342, 352.
299 *Hoffmann-Becking* in MünchHdb. AG, § 31 Rz. 114; *Lutter/Krieger/Verse*, Aufsichtsrat, Rz. 739.
300 BGH v. 14.7.1954 – II ZR 342/53, BGHZ 14, 264, 267; *Baltzer*, Der Beschluss als rechtstechnisches Mittel organschaftlicher Funktion im Privatrecht, 1965, S. 142; *Zöllner*, Die Schranken mitgliedschaftlicher Stimmrechtsmacht bei den privatrechtlichen Personenverbänden, 1963, S. 10.

chen Voraussetzungen einer Stimmbotschaft nach § 108 Abs. 3 AktG unwirksam sein oder gegen ein Stimmverbot verstoßen[301]. Ein Mangel einer einzelnen Stimmabgabe ist für die Beschlussfassung nur dann beachtlich, wenn die abgegebene Stimme für die Beschlussfähigkeit des Aufsichtsrates ausschlaggebend oder die fehlerhafte Stimmabgabe für das Abstimmungsergebnis rechnerisch entscheidend war[302]. Bleibt das Abstimmungsergebnis auch ohne Berücksichtigung der nichtigen Stimmabgabe unverändert, ist der Aufsichtsratsbeschluss uneingeschränkt gültig[303].

b) Beschlussmängel

aa) Inhaltliche Mängel des Aufsichtsratsbeschlusses

28.78 Ein inhaltlicher Mangel liegt vor, wenn der Aufsichtsratsbeschluss seinem Inhalt nach gegen **zwingende Bestimmungen der Satzung oder des Gesetzes** verstößt. Dazu zählen z.B. Verstöße gegen die dem AktG zugrundeliegende Kompetenzordnung der Organe der Gesellschaft, Verstöße gegen die Vorschriften des MitbestG und die Missachtung der bürgerlich-rechtlichen Regelungen der §§ 134 und 138 BGB. Aufsichtsratsbeschlüsse mit inhaltlichen Mängeln sind unheilbar **nichtig**. Beispiele: Verabschiedung einer Regelung, für deren Erlass die Hauptversammlung zuständig ist[304]; Beschluss zur Erteilung einer Weisung an den Vorstand[305]; Erlass einer Geschäftsordnung, die gegen Vorschriften des AktG oder des MitbestG verstößt[306]; Beschluss über die Besetzung des Präsidial- oder Personalausschusses unter diskriminierender Nichtberücksichtigung der Aufsichtsratsmitglieder der Arbeitnehmer[307]; Beschluss des Aufsichtsrates, der die Grenzen des dem Aufsichtsrat eingeräumten Ermessens überschreitet[308].

bb) Verfahrensmängel des Aufsichtsratsbeschlusses

28.79 Ist der Aufsichtsratsbeschluss unter Verletzung einer gesetzlichen oder in der Satzung enthaltenen Verfahrensvorschrift zustande gekommen, ist der Beschluss grundsätzlich nichtig, es sei denn, dass der Verfahrensverstoß weniger gravierend ist. **Nichtigkeit** ist insbesondere in folgenden Fällen anzunehmen. Beispiele: Nichtladung eines Aufsichtsratsmitglieds[309]; Beschlussfassung außerhalb der Tagesord-

---

301 Vgl. z.B. *Habersack* in MünchKomm. AktG, 5. Aufl. 2019, § 108 AktG Rz. 75; *Lemke*, Der fehlerhafte Aufsichtsratsbeschluss, S. 139; *Mertens/Cahn* in KölnKomm. AktG, 3. Aufl. 2013, § 108 AktG Rz. 90.
302 *Baums*, ZGR 1983, 300, 320; *Hüffer/Koch*, § 108 AktG Rz. 27; *Habersack* in MünchKomm. AktG, 5. Aufl. 2019, § 108 AktG Rz. 76; *Spindler* in BeckOGK AktG, Stand 1.2.2021, § 108 AktG Rz. 79.
303 *Baums*, ZGR 1983, 300, 320; *Lutter/Krieger/Verse*, Aufsichtsrat, Rz. 741; *Mertens/Cahn* in KölnKomm. AktG, 3. Aufl. 2013, § 108 AktG Rz. 91.
304 *Baums*, ZGR 1983, 300, 325; *Hoffmann-Becking* in MünchHdb. AG, § 31 Rz. 116; *Lemke*, Der fehlerhafte Aufsichtsratsbeschluss, S. 163.
305 *Axhausen*, Anfechtbarkeit aktienrechtlicher Aufsichtsratsbeschlüsse, S. 165; *Meilicke* in FS Schmidt, 1959, S. 71, 96.
306 BGH v. 5.6.1975 – II ZR 156/73 – Bayer, BGHZ 64, 325, 333; OLG Hamburg v. 23.7.1982 – 11 U 179/80 – Beiersdorf, AG 1983, 21, 22; *Axhausen*, Anfechtbarkeit aktienrechtlicher Aufsichtsratsbeschlüsse, S. 180; *Baums*, ZGR 1983, 300, 327; *Lutter/Krieger/Verse*, Aufsichtsrat, Rz. 740; *Raiser* in Raiser/Veil/Jacobs, § 28 MitbestG Rz. 5.
307 BGH v. 17.5.1993 – II ZR 89/92 – Hamburg Mannheimer Versicherung, BGHZ 122, 342, 358; OLG München v. 27.1.1995 – 23 U 4282/94, AG 1995, 466, 467; LG Frankfurt v. 19.12.1995 – 2/14 O 183/95 – Deutsche Börse AG, ZIP 1996, 1661, 1664; kritisch *Zöllner* in FS Zeuner, 1995, S. 161, 182.
308 BGH v. 15.11.1993 – II ZR 235/92 – Vereinigte Krankenversicherung, BGHZ 124, 111, 127; BGH v. 21.4.1997 – II ZR 175/95 – ARAG/Garmenbeck, BGHZ 135, 244, 256; *Mertens/Cahn* in KölnKomm. AktG, 3. Aufl. 2013, § 108 AktG Rz. 97.
309 OLG Stuttgart v. 15.4.1985 – 2 U 57/85, AG 1985, 193, 194; OLG Karlsruhe v. 13.10.1995 – 10 U 51/95 – HSB, AG 1996, 224, 226; *Hopt/Roth* in Großkomm. AktG, 5. Aufl. 2019, § 108 AktG Rz. 171; *Lemke*, Der fehlerhafte Aufsichtsratsbeschluss, S. 125; a.A. *Axhausen*, Anfechtbarkeit aktienrechtlicher Aufsichtsratsbeschlüsse, S. 195; *Baums*, ZGR 1983, 300, 317; *Kindl*, Teilnahme an der Aufsichtsratssitzung, S. 195.

nung gegen den Widerspruch eines Aufsichtsratsmitglieds[310]; unzureichende Bezeichnung des Tagesordnungspunktes[311]; unzulässiger Ausschluss eines Aufsichtsratsmitglieds[312]; Beschlussfassung trotz Beschlussunfähigkeit[313]; Abgabe einer unwirksamen Stimme, wenn diese für das Beschlussergebnis ausschlaggebend war[314].

28.80 **Keine Nichtigkeit** ist anzunehmen, wenn bei der Beschlussfassung gegen eine Verfahrensvorschrift von geringerem Gewicht verstoßen worden ist, z.B. bei Teilnahme fremder Personen an der Beschlussfassung, wenn die unzulässige Stimmabgabe für das Beschlussergebnis nicht kausal war[315]. Ein Aufsichtsratsbeschluss, der gegen eine bloße Ordnungsvorschrift geringeren Gewichts verstößt, ist **uneingeschränkt gültig**, z.B. bei fehlerhafter Protokollierung des Beschlusses nach § 107 Abs. 2 Satz 3 AktG[316], der Teilnahme fremder Personen an den Beratungen des Aufsichtsrates entgegen § 109 Abs. 1 Satz 1 AktG[317] oder bei Beschluss des Vermittlungsausschusses unter Versäumnis der Monatsfrist des § 31 Abs. 3 Satz 1 MitbestG[318].

c) Rechtsbehelfe

28.81 Die Nichtigkeit eines Aufsichtsratsbeschlusses kann nicht durch Anfechtung des Beschlusses, sondern nur mittels **Feststellungsklage** nach § 256 ZPO geltend gemacht werden[319]. Die Klage, die von jedem Aufsichtsratsmitglied erhoben werden kann, ist **gegen die Gesellschaft zu richten**, die dabei vom Vorstand gemäß § 78 Abs. 1 AktG vertreten wird[320]. Die Klage kommt auch für Beschlüsse in Betracht,

---

310 *Habersack* in MünchKomm. AktG, 5. Aufl. 2019, § 108 AktG Rz. 76 ff.; *Hoffmann-Becking* in MünchHdb. AG, § 31 Rz. 117; *Lemke*, Der fehlerhafte Aufsichtsratsbeschluss, S. 134.
311 BGH v. 29.5.2000 – II ZR 47/99, NZG 2000, 945, 946 (zur Sparkasse); *Burgard/Heimann*, AG 2014, 360, 367; *Mertens/Cahn* in KölnKomm. AktG, 3. Aufl. 2013, § 110 AktG Rz. 5; siehe auch *Hüffer/Koch*, § 110 AktG Rz. 4.
312 LG Frankfurt v. 19.12.1995 – 2/14 O 183/95 – Deutsche Börse AG, ZIP 1996, 1661, 1662; LG Mühlhausen v. 15.8.1996 – 1 HKO 3127/96 – APEX Bäuerliche AG, AG 1996, 527; *Hoffmann-Becking* in MünchHdb. AG, § 31 Rz. 117; *Mertens/Cahn* in KölnKomm. AktG, 3. Aufl. 2013, § 108 AktG Rz. 94; a.A. *Axhausen*, Anfechtbarkeit aktienrechtlicher Aufsichtsratsbeschlüsse, S. 198; *Lutter/Krieger/Verse*, Aufsichtsrat, Rz. 741.
313 BGH v. 27.5.1991 – II ZR 87/90, AG 1991, 398, 399; *Götz* in FS Lüke, 1997, S. 167, 182; *Hoffmann-Becking* in MünchHdb. AG, § 31 Rz. 117; *Lemke*, Der fehlerhafte Aufsichtsratsbeschluss, S. 138; *Raiser* in Raiser/Veil/Jacobs, § 25 MitbestG Rz. 41.
314 *Lutter/Krieger/Verse*, Aufsichtsrat, Rz. 741; *Mertens/Cahn* in KölnKomm. AktG, 3. Aufl. 2013, § 108 AktG Rz. 92; *Spindler* in BeckOGK AktG, Stand 1.2.2021, § 108 AktG Rz. 79.
315 BGH v. 17.4.1967 – II ZR 157/64, BGHZ 47, 341, 346; *Baums*, ZGR 1983, 300, 324; *Hüffer/Koch*, § 108 AktG Rz. 27; *Habersack* in Habersack/Henssler, MitbestR, § 25 MitbestG Rz. 41; anders noch BGH v. 24.2.1954 – II ZR 63/53, BGHZ 12, 327, 331.
316 AG Ingolstadt v. 18.1.2001 – HRB 2468 – Net logistics AG, AG 2002, 110, 111; *Hoffmann-Becking* in MünchHdb. AG, § 31 Rz. 118; *Hopt/Roth* in Großkomm. AktG, 5. Aufl. 2019, § 107 AktG Rz. 253; *Lutter/Krieger/Verse*, Aufsichtsrat, Rz. 742.
317 *Baums*, ZGR 1983, 300, 323; *Lutter/Krieger/Verse*, Aufsichtsrat, Rz. 742; *Spindler* in BeckOGK AktG, Stand 1.2.2021, § 108 AktG Rz. 79.
318 *Hoffmann/Lehmann/Weinmann*, § 29 MitbestG Rz. 46; *Mertens*, ZGR 1983, 189, 202; *Habersack* in Habersack/Henssler, MitbestR, § 25 MitbestG Rz. 40; a.A. *Krieger*, Personalentscheidungen des Aufsichtsrats, 1981, S. 102.
319 BGH v. 17.7.2012 – II ZR 55/11 – Heberger, AG 2012, 677 Rz. 10; BGH v. 17.5.1993 – II ZR 89/92 – Hamburg Mannheimer Versicherung, BGHZ 122, 342, 347; BGH v. 15.11.1993 – II ZR 235/92 – Vereinigte Krankenversicherung, BGHZ 124, 111, 125; früher bereits BGH v. 25.2.1965 – II ZR 287/63, BGHZ 43, 261, 265; *Götz* in FS Lüke, 1997, S. 167, 187; *Kindl*, AG 1995, 153; a.A. *Axhausen*, Anfechtbarkeit aktienrechtlicher Aufsichtsratsbeschlüsse, S. 154 ff.; *Baums*, ZGR 1983, 300, 305 ff.; *Lemke*, Der fehlerhafte Aufsichtsratsbeschluss, S. 194.
320 BGH v. 25.2.1982 – II ZR 102/81 – Dynamit Nobel, BGHZ 83, 144, 146; BGH v. 17.5.1993 – II ZR 89/92 – Hamburg Mannheimer Versicherung, BGHZ 122, 342, 345; *Habersack* in MünchKomm. AktG,

die vor der Amtszeit des Aufsichtsratsmitglieds gefasst werden und noch Wirkung entfalten[321]. Zur Klageerhebung ist auch die Gesellschaft selbst, vertreten durch den Vorstand[322] oder auch ein einzelnes Vorstandsmitglied[323], berechtigt. Steht die Frage der Nichtigkeit eines Aufsichtsratsbeschlusses im Raum, gebietet es das **allseitige Interesse, den Schwebezustand alsbald zu beenden** sowie Klarheit und Rechtssicherheit über die Rechtsfolgen des gerügten Verfahrensmangels bei der Beschlussfassung im Aufsichtsrat oder eines inhaltlichen Fehlers des Beschlusses herbeizuführen. Hierzu kommen neben den zum **Rechtsinstitut der Verwirkung** entwickelten Grundsätzen auch eine Begrenzung des zur Geltendmachung des Mangels erforderlichen Rechtsschutzinteresses in Betracht[324]. Ist der Aufsichtsratsbeschluss z.B. mit **minderschweren Verfahrensmängeln** behaftet, auf die das Aufsichtsratsmitglied, dessen mitgliedschaftliche Teilhaberechte betroffen sind, verzichten kann, muss der Beschlussmangel alsbald nach Ablauf einer angemessenen Frist zur rechtlichen Prüfung gegenüber dem Aufsichtsratsvorsitzenden gerügt werden[325]. Dieser hat dann einen mangelfreien Beschluss entweder in der nächsten Aufsichtsratssitzung oder in Eilfällen in einer Sondersitzung oder auch durch Beschlussfassung auf schriftlichem Weg herbeizuführen. Andernfalls kann der Mangel des Zustandekommens des Aufsichtsratsbeschlusses nicht mehr geltend gemacht werden; es tritt insoweit **Verwirkung des Rechts** ein[326]. Praktikabel und angemessen ist eine Rügefrist von einem Monat, die mit Ablauf der nächsten Aufsichtsratssitzung beginnt. Die Klage gemäß § 256 ZPO auf Feststellung der Nichtigkeit des Beschlusses muss vor Ablauf dieser Frist erhoben werden[327]. Das **Urteil**, mit dem die Nichtigkeit eines Aufsichtsratsbeschlusses festgestellt wird, wirkt nicht nur *inter partes*, sondern **für und gegen alle**; es ist für die Aktionäre sowie für die Mitglieder des Aufsichtsrates und des Vorstandes verbindlich[328]. Werden durch den Aufsichtsratsbeschluss die Mitgliedschaftsrechte der Aktionäre verletzt, können ausnahmsweise auch diese gegen den Beschluss mit der allgemeinen Feststellungklage nach § 256 ZPO vorgehen[329].

7. Selbstbeurteilung des Aufsichtsrates

a) Allgemeines

Nach D.13 Deutscher Corporate Governance Kodex soll der Aufsichtsrat **regelmäßig die Wirksamkeit seiner Tätigkeit einschließlich die der Ausschüsse beurteilen**, um sie kontinuierlich zu verbessern. Für den Aufsichtsrat besteht schon aus seiner Selbstverantwortung wie auch aus § 111 Abs. 1 AktG die Verpflichtung, die eigene Arbeit wie auch die seiner Ausschüsse, insbesondere bei der Verabschie-

28.82

---

5. Aufl. 2019, § 108 AktG Rz. 85; *Hüffer/Koch*, § 108 AktG Rz. 26; *Kindl*, Die Teilnahme an der Aufsichtsratssitzung, S. 188; *Mertens/Cahn* in KölnKomm. AktG, 3. Aufl. 2013, § 108 AktG Rz. 113; a.A. *Bork*, ZIP 1991, 137, 144; *Hommelhoff*, ZHR 143 (1979), 288, 313.
321 BGH v. 17.7.2012 – II ZR 55/11 – Heberger, AG 2012, 677 Rz. 12.
322 BGH v. 17.5.1993 – II ZR 89/92 – Hamburg Mannheimer Versicherung, BGHZ 122, 342, 352; *Hüffer/Koch*, § 108 AktG Rz. 30; *Tomasic* in Grigoleit, § 108 AktG Rz. 42.
323 *Meilicke* in FS Schmidt, 1959, S. 71, 109; *Mertens/Cahn* in KölnKomm. AktG, 3. Aufl. 2013, § 108 AktG Rz. 113.
324 BGH v. 17.5.1993 – II ZR 89/92 – Hamburg Mannheimer Versicherung, BGHZ 122, 342, 351.
325 BGH v. 17.5.1993 – II ZR 89/92 – Hamburg Mannheimer Versicherung, BGHZ 122, 342, 352.
326 *Habersack* in MünchKomm. AktG, 5. Aufl. 2019, § 108 AktG Rz. 78; *Hüffer/Koch*, § 108 AktG Rz. 29.
327 *Hüffer/Koch*, § 108 AktG Rz. 29; *Kindl*, AG 1993, 153, 161; vgl. auch *Baums*, ZGR 1983, 300, 341; *Götz* in FS Lüke, 1997, S. 167, 187.
328 *Baums*, ZGR 1983, 300, 308; *Habersack* in MünchKomm. AktG, 5. Aufl. 2019, § 108 AktG Rz. 85; *Mertens/Cahn* in KölnKomm. AktG, 3. Aufl. 2013, § 108 AktG Rz. 114; a.A. *Lemke*, Der fehlerhafte Aufsichtsratsbeschluss, S. 176.
329 BGH v. 10.10.2005 – II ZR 90/03 – Mangusta/Commerzbank, BGHZ 164, 249; OLG Frankfurt v. 21.11.2006 – 5 U 115/05, AG 2007, 282, 284; *Bürgers/Fischer* in Bürgers/Körber/Lieder, § 108 AktG Rz. 21; *Habersack* in MünchKomm. AktG, 5. Aufl. 2019, § 108 AktG Rz. 85.

dung von Beschlüssen und sonstigen Maßnahmen auf Effizienz zu überprüfen[330], um bei Aufdeckung von eventuellen strukturellen Defiziten, Effizienzproblemen und anderen Schwierigkeiten für Abhilfe zu sorgen. An dieser generellen Aufgabe haben alle Aufsichtsratsmitglieder mitzuwirken. Die ausdrückliche Empfehlung des Kodex geht über diese allgemeine Pflicht hinaus und will sicherstellen, dass sich der Aufsichtsrat abseits von aktuellen Tagesfragen regelmäßig, gezielt und systematisch in einem **formalisierten Prozess** mit der Frage der Qualität und Effizienz seiner eigenen Arbeit befasst. Die Empfehlung ersetzt die sog **Effizienzprüfung** gemäß Ziff. 5.6 Deutscher Corporate Governance Kodex a.F.[331] Für Aufsichtsräte von Kreditinstituten ergeben sich nach § 25d Abs. 11 Satz 1 Nr. 3 KWG besondere Anforderungen an die Selbstbeurteilung[332].

28.83 Bekennt sich der Aufsichtsrat durch **Mehrheitsbeschluss** zur regelmäßigen Selbstevaluierung gemäß D.13 Deutscher Corporate Governance Kodex oder ist eine entsprechende Verpflichtung in der Geschäftsordnung des Aufsichtsrates niedergelegt, obliegt es dem Aufsichtsratsvorsitzenden dafür zu sorgen, dass die Selbstbeurteilung auch regelmäßig und ernsthaft durchgeführt wird und sich nicht auf ein bloßes *box-ticking* beschränkt[333]. Die Selbstbeurteilung hat **im Aufsichtsratsplenum** stattzufinden[334]; Vorgaben, wie die Prüfung durchzuführen ist, enthält der Kodex nicht[335]. Die Selbstbeurteilung bezieht sich auf die Wahrnehmung der Aufgabe des Aufsichtsrates einschließlich seiner Ausschüsse sowohl in organisatorischer Hinsicht (z.B. Sitzungsvorbereitung, Informationsversorgung, Beratungsintensität und Ausschussarbeit) als auch in Bezug auf die materiell-inhaltliche Arbeit seiner Tätigkeit sowie auf die Zusammenarbeit mit dem Vorstand und dem Abschlussprüfer[336]. Eine Bewertung der Mitarbeit des einzelnen Aufsichtsratsmitglieds durch die übrigen Organmitglieder – abgesehen von der Rolle des Aufsichtsratsvorsitzenden – ist nicht notwendigerweise Gegenstand der Effizienzprüfung[337]. Gleichwohl kann die Frage der richtigen Zusammensetzung des Aufsichtsrats (Mix an Talenten und Fähigkeiten) nicht ausgeblendet werden, wie sich auch aus der Notwendigkeit zur Erarbeitung eines Kompetenzprofils nach C.1 Satz 1 Deutscher Corporate Governance Kodex ergibt.

b) Durchführung

28.84 Die **Art und Weise der Selbstevaluierung** ist im Kodex nicht näher geregelt und bleibt allein der autonomen Entscheidung des Aufsichtsrates überlassen. In Betracht kommt in erster Linie die kritische Selbsteinschätzung der eigenen Arbeit des Aufsichtsrates durch die Organmitglieder selbst[338]. Die Prüfung kann grundsätzlich auch durch eine strukturierte offene Diskussion im Aufsichtsrat erfolgen. Vorzugswürdig ist jedoch eine interne anonymisierte Umfrage unter den Aufsichtsratsmitgliedern anhand speziell entwickelter Fragebögen mit anschließender Diskussion der Ergebnisse im Aufsichtsrats-

---

330 *W. Doralt* in Semler/v. Schenck/Wilsing, ArbeitsHdb. AR, § 15 Rz. 107; *Habersack* in MünchKomm. AktG, 5. Aufl. 2019, § 111 AktG Rz. 59; *Spindler* in BeckOGK AktG, Stand 1.2.2021, § 111 AktG Rz. 27; vgl. auch *Baums* (Hrsg.), Bericht Regierungskommission, Rz. 62.
331 *von Werder* in Kremer/Bachmann/Lutter/v. Werder, Deutscher Corporate Governance Kodex, D.13 Rz. 3.
332 Siehe dazu *Henning/Hönsch*, BOARD 2015, 115 ff.
333 Vgl. auch *Eulerich/Velte*, IRZ 2012, 125, 127; *Schiessl*, AG 2002, 593, 600; *E. Vetter* in Liber amicorum M. Winter, 2011, S. 701, 724.
334 *Hopt/Roth* in Großkomm. AktG, 5. Aufl. 2019, § 111 AktG Rz. 223; *Lutter/Krieger/Verse*, Aufsichtsrat, Rz. 655; *Semler* in FS Raiser, 2005, S. 399, 402; *Seibt*, DB 2003, 2107, 2111; a.A. *Leyens*, Information des Aufsichtsrats, 2006, S. 253.
335 Zu den Alternativen siehe *W. Doralt* in Semler/v. Schenck/Wilsing, ArbeitsHdb. AR, § 15 Rz. 111; *Schäfer* in JIG, DCGK, D.13 Rz. 14.
336 Siehe dazu z.B. die umfangreiche Checkliste bei *E. Vetter* in Happ/Groß/Möhrle/Vetter, Aktienrecht, Muster 9.24.
337 *Drygala* in K. Schmidt/Lutter, § 107 AktG Rz. 3; *Hopt/Leyens*, ZGR 2019, 929, 973; *Seibt*, DB 2003, 2107, 2109; siehe auch *W. Doralt* in Semler/v. Schenck/Wilsing, ArbeitsHdb. AR, § 15 Rz. 113.
338 *Hüffer/Koch*, § 107 AktG Rz. 3; *Spindler* in BeckOGK AktG, Stand 1.2.2021, § 111 AktG Rz. 27; siehe auch *Eulerich/Velte*, IRZ 2012, 125, 127.

plenum. Bei erstmaliger Durchführung der Selbstevaluierung oder bei vollständiger oder bei umfangreicher Neubesetzung des Aufsichtsrats mag die Inanspruchnahme professioneller Hilfe von externen **unabhängigen Beratern**[339] ratsam sein, wenn eine *bench-mark*-Orientierung zur Effizienz der Arbeit des Aufsichtsrates im Vergleich zu anderen Unternehmen angestrebt wird[340]. Zwingend ist die Einschaltung von externen Dritten nicht[341]; sie befreit den Aufsichtsrat auch nicht von der Verantwortung sich mit den Ergebnissen im Hinblick auf möglichen Handlungsbedarf zu befassen. Die Beauftragung eines Experten liegt allein in der Kompetenz des Aufsichtsrats[342].

Zur **Häufigkeit der Selbstevaluierung** beschränkt sich die Kodex-Empfehlung auf die Aussage, dass die Selbstbeurteilung regelmäßig erfolgen soll. Eine jährliche Selbstevaluierung des Aufsichtsrates ist jedoch nicht angezeigt[343]. Er entscheidet vielmehr nach eigenem Ermessen. Sinnvoll, praktikabel und ausreichend erscheint eine ernsthafte und gründliche zwei- bis dreimalige Durchführung der Selbstevaluierung des Aufsichtsrates innerhalb einer regulären Amtsperiode von rund 5 Jahren, sofern nicht aus besonderen Gründen kürzere Evaluationsintervalle notwendig sind[344]. 28.84a

Nach der Empfehlung in D.13 Satz 2 soll im Rahmen der **Erklärung zur Unternehmensführung** gemäß § 289f HGB berichtet werden, „ob und wie" die Selbstbeurteilung durchgeführt wurde. Ziel muss es dabei sein, das Verfahren zu beschreiben. Im Hinblick auf die Vertraulichkeit der Beratungen des Aufsichtsrats und der Verschwiegenheitspflicht der Aufsichtsratsmitglieder gemäß § 116 Satz 2 AktG sind abstrakte Aussagen zu den Ergebnissen der Selbstbeurteilung ausreichend[345]. 28.84b

§ 29
Ausschüsse des Aufsichtsrates

I. Kompetenzen	29.1	2. Ungeschriebene Delegationsverbote	29.9
1. Bedeutung und Aufgabe	29.1	3. Folgen des Delegationsverbotes	29.13
2. Ausschussformen	29.3	IV. Besetzung	29.14
II. Einsetzung	29.4	1. Größe des Ausschusses	29.14
1. Beschluss des Aufsichtsrates	29.4	2. Personelle Zusammensetzung	29.17
2. Gesetzliche Anordnung	29.6	V. Innere Ordnung und Arbeitsweise	29.19
3. Anordnungen der Hauptversammlung	29.7	1. Regelung der inneren Ordnung	29.19
III. Delegationsverbote	29.8	a) Ausschussvorsitz	29.20
1. Ausdrückliche gesetzliche Delegationsverbote	29.8	b) Beschlussfassung	29.22
		c) Teilnahmerechte	29.23

---

339 *W. Doralt* in Semler/v. Schenck/Wilsing, ArbeitsHdb. AR, § 15 Rz. 116; *Peltzer*, NZG 2002, 593, 597; teilweise a.A. *Semler* in FS Raiser, 2005, S. 399, 401; *Seibt*, DB 2003, 2107, 2110.
340 Vgl. *Seibt*, DB 2003, 2107, 2110.
341 *W. Doralt* in Semler/v. Schenck/Wilsing, ArbeitsHdb. AR, § 15 Rz. 116; *Hoffmann-Becking* in MünchHdb. AG, § 31 Rz. 7; *E. Vetter/Peters* in Henssler/Strohn, D.13 DCGK Rz. 2.
342 *Von Schenck* in Semler/v. Schenck/Wilsing, ArbeitsHdb. AR, § 1 Rz. 164; *Spindler* in BeckOGK AktG, Stand 1.2.2021, § 111 AktG Rz. 27; *E. Vetter*, ZGR 2020, 35, 53.
343 *E. Vetter* in Happ/Groß/Möhrle/Vetter, Aktienrecht, Muster 9.24 Rz. 4.1; *Wilsing* in Wilsing, Deutscher Corporate Governance Kodex, Ziff. 5.6 Rz. 5; a.A. *Seibt*, DB 2003, 2107, 2109; *von Werder* in Kremer/Bachmann/Lutter/v. Werder, Deutscher Corporate Governance Kodex, D.13 Rz. 8.
344 Siehe auch *Hoffmann-Becking* in MünchHdb. AG, § 31 Rz. 7.
345 *Schäfer* in JIG, DCGK, D.13 Rz. 20; *E. Vetter/Peters* in Henssler/Strohn, D.13 DCGK Rz. 5.

2. Überwachung der Ausschüsse und Berichtpflichten	29.25	4. Prüfungsausschuss	29.34
		5. Nominierungsausschuss	29.37
VI. **Praktische Verbreitung**	29.29	6. Ausschuss für Geschäfte mit nahestehenden Personen	29.37a
1. Personalausschuss	29.29		
2. Aufsichtsratspräsidium	29.31	7. Sonstige Aufsichtsratsausschüsse	29.38
3. Vermittlungsausschuss	29.33		

Schrifttum: *Altmeppen*, Der Prüfungsausschuss – Arbeitsteilung im Aufsichtsrat, ZGR 2004, 390; *Buhleier/Krowas*, Persönliche Pflicht zur Prüfung des Jahresabschlusses durch den Aufsichtsrat, DB 2010, 1165; *Deckert*, Effektive Überwachung der AG-Geschäftsführung durch Ausschüsse des Aufsichtsrates, ZIP 1996, 985; *Diekmann/Bidmon*, Das „unabhängige" Aufsichtsratsmitglied nach dem BilMoG – insbesondere als Vertreter des Hauptaktionärs, NZG 2009, 1087; *Dreher*, Die Qualifikation der Aufsichtsratsmitglieder, in FS Boujong, 1996, S. 71; *Dreher*, Antikorruptionsuntersuchungen durch den Aufsichtsrat, in FS Goette, 2011, S. 43; *Feddersen*, Neue gesetzliche Anforderungen an den Personalausschuss, AG 2000, 385; *Florstedt*, Related Party Transaction, 2021; *Fonk*, Was bleibt vom Personalausschuss der AG nach dem VorstAG, in FS Hoffmann-Becking, 2013, S. 347; *Gesell*, Prüfungsausschuss und Aufsichtsrat nach dem BilMoG, ZGR 2011, 361; *Hasselbach/Seidel*, Ad-hoc Ausschüsse des Aufsichtsrats, AG 2012, 114; *Hennrichs*, Finanzmarktintegritätsstärkungsgesetz (FISG) – die „richtigen Antworten auf Wirecard"?, DB 2021, 268; *Hoffmann-Becking*, Rechtliche Möglichkeiten und Grenzen einer Verbesserung der Arbeit des Aufsichtsrats, in FS Havermann, 1995, S. 229; *Hommelhoff*, Unabhängige Aufsichtsratsmitglieder in der faktisch konzernierten Börsengesellschaft, in FS Windbichler, 2020, S. 759; *Hopt/Kumpan*, Governance in börsennotierten und anderen bedeutenden Aktiengesellschaften, AG 2021, 129; *Hopt/Leyens*, Der Deutsche Corporate Governance Kodex 2020 – Grundsatz- und Praxisprobleme, ZGR 2019, 929; *Huwer*, Der Prüfungsausschuss des Aufsichtsrats, 2008; *Kelm/Naumann*, Neue (?) Anforderungen an den Prüfungsausschuss nach der EU-Abschlussprüfungsreform, WPg 2016, 653; *Krieger*, Personalentscheidungen des Aufsichtsrats 1981; *Krieger*, Zum Aufsichtsratspräsidium, ZGR 1985, 338; *Lehmann*, Aufsichtsratsausschüsse, DB 1979, 2117; *Leyens*, Information des Aufsichtsrats, 2006; *Lutter*, Defizite für eine effiziente Aufsichtsratstätigkeit und gesetzliche Möglichkeiten der Verbesserung, ZHR 159 (1995), 287; *Markworth*, Der Aufsichtsrats-Ausschuss zu Related Party Transactions nach § 107 Abs. 3 Sätze 4–6 AktG, AG 2020, 166; *Maushake*, Audit Committees, 2009; *Meder*, Der Nominierungsausschuss in der AG – Zur Änderung des Deutschen Corporate Governance Kodex 2007, ZIP 2007, 1538; *Mertens*, Verfahrensfragen bei Personalentscheidungen des mitbestimmten Aufsichtsrats, ZGR 1983, 189, 200; *Meyer*, Der unabhängige Finanzexperte im Aufsichtsrat, 2012; *Möllers*, Professionalisierung des Aufsichtsrates, ZIP 1995, 1725; *Paefgen*, Struktur und Aufsichtsratsverfassung in der mitbestimmten AG, 1982; *Rellermeyer*, Aufsichtsratsausschüsse, 1986; *Säcker*, Aufsichtsratsausschüsse nach dem MitbestG, 1979; *Scheffler*, Aufgaben und Zusammensetzung von Prüfungsausschüssen (Audit Committees), ZGR 2003, 236; *Schilha*, Neues Anforderungsprofil, mehr Aufgaben und erweiterte Haftung für den Aufsichtsrat nach Inkrafttreten der Abschlussprüfungsreform, ZIP 2016, 1316; *J. Schmidt*, Related Party Transactions nach dem RegE zum ARUG II, EuZW 2019, 261; *Schüppen*, Wirtschaftsprüfer und Aufsichtsrat – alte Fragen und aktuelle Entwicklungen, ZIP 2012, 1317; *Schüppen*, Die europäische Abschlussprüfungsreform und ihre Implementierung in Deutschland – Vom Löwen zum Bettvorleger?, NZG 2016, 247; *Selter*, Die Beratung des Aufsichtsrats und seiner Mitglieder, 2014; *Semler*, Ausschüsse des Aufsichtsrats, AG 1988, 60; *Simons*, Der Nominierungsausschuss nach dem DCGK 2020, AG 2020, 75; *Simons/Kalbfleisch*, Sektorvertrautheit im Aufsichtsrat (§ 100 Abs. 5 Halbs. 2 AktG), AG 2020, 526; *Spindler*, Die Empfehlungen der EU für den Aufsichtsrat und ihre deutsche Umsetzung im Corporate Governance Kodex, ZIP 2005, 2033; *Staake*, Der unabhängige Finanzexperte im Aufsichtsrat, ZIP 2010, 1013; *Tarde*, Geschäfte mit nahestehenden Personen nach dem ARUG II-Regierungsentwurf, NZG 2019, 488; *Verse*, Interessenkonflikte im „Related Party"-Ausschuss, in FS Hopt, 2020, S. 1335; *E. Vetter*, Update des Deutschen Corporate Governance Kodex, BB 2005, 1689; *E. Vetter*, Die Änderungen 2007 des Deutschen Corporate Governance Kodex, DB 2007, 1963; *E. Vetter*, Der Prüfungsausschuss in der AG nach dem BilMoG, ZGR 2010, 751; *E. Vetter*, Zur Compliance-Verantwortung des Aufsichtsrats in eigenen Angelegenheiten, in Liber amicorum M. Winter, 2011, S. 701; *E. Vetter*, Der Aufsichtsrat – Spagat zwischen gesetzlichen Vorgaben und wachsenden Herausforderungen, in Fleischer/Koch/Kropff/Lutter (Hrsg.), 2016, S. 103; *E. Vetter*, Zuständigkeit zum Beschluss über das Vorstandsvergütungssystem gem. § 87a AktG, NZG 2020, 1161; *E. Vetter*, Informationspflichten des Aufsichtsratsausschusses gegenüber dem Aufsichtsratsplenum, in FS Grunewald, 2021, S. 1175; *E. Vetter*, Das neue Auskunftsrecht des Prüfungsausschusses nach § 107 Abs. 4 AktG, AG 2021, 584; *Winter*, Die Verantwortlichkeit des Aufsichtsrats für „Corporate Compliance", in FS Hüffer, 2010, S. 1103.

I. Kompetenzen

1. Bedeutung und Aufgabe

Der Aufsichtsrat kann zur Wahrnehmung seiner Aufgaben nach § 107 Abs. 3 Satz 1 AktG Ausschüsse bilden. Nur in Ausnahmefällen ist die Ausschussbildung zwingend. Sie sind auf Grund ihrer geringeren Mitgliederzahl in der Lage, flexibler zu reagieren und die ihnen übertragenen Aufgaben nicht nur diskret, sondern in der Regel auch schneller, konzentrierter und professioneller als das Plenum zu erledigen[1]. Mit der Einsetzung von Aufsichtsratsausschüssen kann damit zum Teil auch der verbreiteten **Kritik über die Ineffizienz der Aufsichtsräte** entgegengetreten werden, soweit diese auf die Größe des Aufsichtsrates von bis zu 20 oder 21 Mitgliedern gestützt wird[2]. Bei der überschaubaren Größe eines Aufsichtsratsausschusses kann davon ausgegangen werden, dass sich die Mitglieder stärker mit ihrer Aufgabenstellung identifizieren. Andererseits darf durch die Aufgabendelegation **keine Entleerung der Arbeit des Aufsichtsratsplenums** stattfinden und es muss die notwendige **Information des Plenums über die Tätigkeit des Ausschusses** gewährleistet sein[3]. 29.1

Der **Aufsichtsrat von börsennotierten Gesellschaften** hat nach § 171 Abs. 2 Satz 2 AktG im Bericht an die Hauptversammlung die Einsetzung von Aufsichtsratsausschüssen mitzuteilen. D.2 Deutscher Corporate Governance Kodex empfiehlt abhängig von den spezifischen Gegebenheiten des Unternehmens die Bildung von fachlich qualifizierten Ausschüssen. Nicht zuletzt auch infolge dieser Empfehlung verfügen heute Gesellschaften, deren Aufsichtsrat 9 oder mehr Mitglieder zählt, in der Regel über eine Reihe von Ausschüssen zur Steigerung der Effizienz der Aufsichtsratsarbeit. Dies trifft längst auch für viele nicht börsennotierte Gesellschaften zu. Die Arbeitsteilung mit Hilfe von Aufsichtsratsausschüssen zählt heute zum festen Bestandteil guter Corporate Governance. 29.2

2. Ausschussformen

In der Praxis finden sich Aufsichtsratsausschüsse mit unterschiedlichen Rechten und Funktionen[4]. **Vorbereitende Ausschüsse** haben die ihnen zugewiesenen Angelegenheiten zu prüfen und für die endgültige Beschlussfassung durch das Aufsichtsratsplenum Entscheidungsvorschläge zu erarbeiten. Beschlusskompetenzen des Aufsichtsrates zur abschließenden Entscheidung in der Sache stehen ihnen nicht zu. Davon zu unterscheiden sind **entscheidende Ausschüsse**, die die ihnen zugewiesenen Angelegenheiten an Stelle des Aufsichtsratsplenums endgültig und abschließend entscheiden. Seltener sind **überwachende Ausschüsse**. Für Gesellschaften im Geltungsbereich des MitbestG ist die Bildung des sog. **Vermittlungsausschusses als ständigem Ausschuss** nach § 27 Abs. 3 MitbestG zwingend[5], der in der Praxis allerdings nur in seltenen Ausnahmefällen tätig wird. 29.3

---

1 *Deckert*, ZIP 1996, 985, 987; *Hoffmann-Becking* in FS Havermann, 1995, S. 229, 236; *Lutter*, AG 1994, 176, 177; *Möllers*, ZIP 1995, 1725, 1731; kritisch demgegenüber *Claussen/Bröcker*, AG 2000, 481, 491; *Sünner*, AG 2000, 492, 496.
2 Vgl. auch *Baums* (Hrsg.), Bericht Regierungskommission, Rz. 56.
3 Kritisch insoweit *Drygala* in K. Schmidt/Lutter, § 107 AktG Rz. 37; *E. Vetter* in 50 Jahre AktG, S. 103, 117.
4 *Hoffmann-Becking* in MünchHdb. AG, § 32 Rz. 2; *Mertens/Cahn* in KölnKomm. AktG, 3. Aufl. 2013, § 107 AktG Rz. 113; *Rellermeyer*, Aufsichtsratsausschüsse, S. 9 ff.; *Semler*, AG 1988, 60, 61.
5 *Hoffmann/Lehmann/Weinmann*, § 27 MitbestG Rz. 44; *Raiser* in Raiser/Veil/Jacobs, § 27 MitbestG Rz. 35; *Habersack* in Habersack/Henssler, MitbestR, § 27 MitbestG Rz. 21.

II. Einsetzung

1. Beschluss des Aufsichtsrates

29.4 Zur Einsetzung eines Ausschusses ist ausschließlich der Aufsichtsrat befugt. Die Einsetzung steht regelmäßig im **pflichtgemäßen Ermessen des Aufsichtsrates**, der eigenverantwortlich zu entscheiden hat, ob er seine Aufgaben im Aufsichtsratsplenum oder im Wege der Arbeitsteilung und Delegation durch einen oder mehrere Ausschüsse erledigen will und welche speziellen Kompetenzen dem Ausschuss eingeräumt werden sollen[6]. **Obligatorische Ausschüsse** sind in der börsennotierten AG seit der Gesetzesänderung durch das FISG[7] der Prüfungsausschuss sowie nach § 27 Abs. 3 MitbestG in der AG mit mehr als 2.000 Mitarbeitern im Inland der Vermittlungsausschuss. Auch in bestimmten Kreditinstituten und Finanzierungsgesellschaften bestehen nach § 25d Abs. 8, 9,10, 11 und 12 KWG **obligatorische Ausschüsse**[8].

29.5 Weit verbreitet und zulässig ist, die Einrichtung von Aufsichtsratsausschüssen bereits in der **Geschäftsordnung des Aufsichtsrates** zu regeln[9]. Der Aufsichtsrat hat dann jeweils nach seiner Konstituierung die einzelnen Ausschussmitglieder für die neue Amtsperiode des Aufsichtsrates zu wählen. Bei akutem Handlungsbedarf kommt unabhängig von einer bestehenden Geschäftsordnung auch die Einsetzung eines Ausschusses durch einen Ad-hoc-Beschluss des Aufsichtsrates in Betracht. Schließlich kann der Aufsichtsrat jederzeit einem bereits bestehenden Ausschuss aus aktuellem Anlass durch Beschluss weitere Zuständigkeiten, z.B. im Fall einer Beteiligungsakquisition oder bei einer Kapitalerhöhung hinsichtlich der Zustimmung nach § 204 Abs. 1 Satz 2 AktG[10], übertragen. Der Beschluss des Aufsichtsrates über die Einsetzung eines Ausschusses bedarf, sofern die Geschäftsordnung nichts anderes bestimmt, nur der **einfachen Mehrheit**[11]. Der Aufsichtsrat ist berechtigt, jederzeit die Einsetzung eines fakultativen Ausschusses rückgängig zu machen[12].

Aus aktuellem Anlass oder in speziellen Situationen kommt auch die Einsetzung eines **Ad-hoc-Ausschusses** in Betracht, wenn z.B. aus Gründen der Eilbedürftigkeit, zur Vermeidung von Interessenkonflikten oder wegen des zu erwartenden erheblichen Arbeitseinsatzes eine angemessene Befassung des Plenums ausscheidet[13]. Verbreitet ist dies etwa für die Abgabe der Stellungnahme zu einem öffentlichen Angebot nach § 27 WpÜG[14], in Krisenzeiten des Unternehmens[15], bei besonderen Compliance-Vorfällen[16] oder bei Beschlüssen über Geschäfte mit nahestehenden Personen[17] (siehe dazu Rz. 32.35).

---

6 BGH v. 25.2.1982 – II ZR 123/81 – Siemens, BGHZ 83, 106, 115; BGH v. 17.5.1993 – II ZR 89/92 – Hamburg Mannheimer Versicherung, BGHZ 122, 342, 353; *Drygala* in K. Schmidt/Lutter, § 107 AktG Rz. 35; *Krieger*, ZGR 1985, 338, 361; *Säcker*, Aufsichtsratsausschüsse, S. 32; *Habersack* in MünchKomm. AktG, 5. Aufl. 2019, § 107 AktG Rz. 93; *E. Vetter* in Liber amicorum M. Winter, 2011, S. 701, 712.
7 Gesetz zur Stärkung der Finanzmarktintegrität (Finanzmarktintegritätsstärkungsgesetz – FISG) v. 3.6.2021, BGBl. I 2021, 1534.
8 Siehe dazu *Drygala* in K. Schmidt/Lutter, § 107 AktG Rz. 92; *Langenbucher*, ZHR 176 (2012), 652, 657.
9 *Hoffmann-Becking* in MünchHdb. AG, § 32 Rz. 41; *Rellermeyer*, Aufsichtsratsausschüsse, S. 79 ff.; *Säcker*, Aufsichtsratsausschüsse, S. 32; *Habersack* in Habersack/Henssler, MitbestR, § 25 MitbestG Rz. 124.
10 Vgl. *Hirte* in Großkomm. AktG, 4. Aufl. 2001, § 202 AktG Rz. 167; *Kuntz* in KölnKomm. AktG, 3. Aufl. 2020, § 202 Rz. 182; *Scholz* in MünchHdb. AG, § 59 Rz. 64.
11 *Drygala* in K. Schmidt/Lutter, § 107 AktG Rz. 44; *Grigoleit/Tomasic* in Grigoleit, § 107 AktG Rz. 24; *Rellermeyer*, Aufsichtsratsausschüsse, S. 76; *Selter*, Die Beratung des Aufsichtsrats, Rz. 406.
12 *Hopt/Roth* in Großkomm. AktG, 5. Aufl. 2019, § 107 AktG Rz. 318.
13 *Spindler* in Spindler/Stilz, § 107 AktG Rz. 81; *Selter*, Die Beratung des Aufsichtsrats, Rz. 443.
14 *Hirte* in KölnKomm. WpÜG, § 27 WpÜG Rz. 20; *Seibt*, DB 2002, 529, 531; *E. Vetter* in FS Hopt, 2010, S. 2657, 2662.
15 *Hasselbach/Seibel*, AG 2012, 114, 115; *Hopt/Roth* in Großkomm. AktG, 5. Aufl. 2019, § 107 AktG Rz. 612.
16 *Dreher* in FS Goette, 2011, S. 43, 48.
17 *Grigoleit/Tomasic* in Grigoleit, § 107 AktG Rz. 52; *Lutter/Krieger/Verse*, Aufsichtsrat, Rz. 763.

2. Gesetzliche Anordnung

Nach § 27 Abs. 3 MitbestG hat der Aufsichtsrat unmittelbar nach seiner Konstituierung einen ständigen Ausschuss, den sog. **Vermittlungsausschuss**, einzusetzen, der dem Plenum Beschlussvorschläge zur Besetzung des Vorstandes vorlegt, falls im ersten Wahlgang im Plenum die nach § 31 Abs. 3 und 5 MitbestG erforderliche Zwei-Drittel-Mehrheit nicht erreicht worden ist (vgl. dazu Rz. 21.16). Der Ausschuss besteht **zwingend aus vier Mitgliedern**[18]. Ihm gehören der Vorsitzende des Aufsichtsrates und sein Stellvertreter kraft Gesetzes als Mitglieder an. Die Aufsichtsratsmitglieder der Anteilseigner und der Arbeitnehmer wählen in separaten Wahlgängen mit einfacher Mehrheit jeweils ein weiteres Mitglied[19]. Die Aufgabenzuweisung nach § 31 Abs. 3 und 5 MitbestG ist nicht abschließend, so dass dem Vermittlungsausschuss noch weitere Aufgaben übertragen werden können[20]. Bei der Wahrnehmung dieser Kompetenzen unterliegt er den allgemeinen Regeln über die Arbeitsweise eines Ausschusses[21].

29.6

Der durch das FISG geänderte § 107 Abs. 4 Satz 1 AktG schreibt für die börsennotierte AG zwingend die Einsetzung eines **obligatorischen Prüfungsausschusses** vor, dem die in § 107 Abs. 3 Satz 2 AktG genannten Aufgaben übertragen sind. Bei seiner Zusammensetzung sind die Vorgaben von § 100 Abs. 5 AktG zwingend zu beachten[22] (vgl. dazu im Einzelnen Rz. 29.18a, 29.36, Rz. 26.16a).

29.6a

3. Anordnungen der Hauptversammlung

Das Gesetz geht von der **Organisationsautonomie des Aufsichtsrates** hinsichtlich der Einsetzung und Besetzung von Aufsichtsratsausschüssen aus. Damit scheiden sowohl Satzungsbestimmungen als auch Beschlüsse der Hauptversammlung zur Bildung eines bestimmten Ausschusses wie z.B. des Aufsichtsratspräsidiums oder zur Festlegung der Größe und zur Ausschusszugehörigkeit bestimmter Aufsichtsratsmitglieder oder zur Beachtung eines bestimmten Gruppenproporzes aus[23].

29.7

III. Delegationsverbote

1. Ausdrückliche gesetzliche Delegationsverbote

Soweit es um die Einrichtung eines vorbereitenden Ausschusses geht, sieht das AktG keine Delegationsverbote vor. Anders ist dies für Ausschüsse mit Entscheidungskompetenz. § 107 Abs. 3 Satz 4 AktG enthält einen Katalog von Aufgaben, die **zwingend dem Aufsichtsratsplenum zur Erledigung zugewiesen** sind und die nicht an einen Ausschuss delegiert werden können. Zu den in der Praxis wichtigsten Aufgaben, die dem Aufsichtsratsplenum vorbehalten sind, zählen die Wahl des Aufsichtsratsvorsitzenden und seines Stellvertreters (§ 107 Abs. 1 AktG), die Bestellung und Abberufung von Vorstandsmitgliedern (§ 84 Abs. 1 und Abs. 3 Satz 1 AktG) sowie der Erlass einer Geschäftsordnung

29.8

---

[18] *Mertens/Cahn* in KölnKomm. AktG, 3. Aufl. 2013, Anhang § 117 B, § 27 MitbestG Rz. 17; *Oetker* in Großkomm. AktG, 5. Aufl. 2018, § 27 MitbestG Rz. 23; *Raiser* in Raiser/Veil/Jacobs, § 27 MitbestG Rz. 35.
[19] *Raiser* in Raiser/Veil/Jacobs, § 27 MitbestG Rz. 34; *Schubert* in Wißmann/Kleinsorge/Schubert, § 27 MitbestG Rz. 27; *Habersack* in Habersack/Henssler, MitbestR, § 27 MitbestG Rz. 22.
[20] *Mertens/Cahn* in KölnKomm. AktG, 3. Aufl. 2013, Anhang § 117 B, § 27 MitbestG Rz. 17; *Oetker* in Großkomm. AktG, 5. Aufl. 2018, § 27 MitbestG Rz. 26.
[21] *Lutter/Krieger/Verse*, Aufsichtsrat, Rz. 793; *Mertens/Cahn* in KölnKomm. AktG, 3. Aufl. 2013, Anhang § 117 B, § 27 MitbestG Rz. 17; *Habersack* in Habersack/Henssler, MitbestR, § 27 MitbestG Rz. 25.
[22] *Hopt/Kumpan*, AG 2021, 129 Rz. 15.
[23] BGH v. 25.2.1982 – II ZR 123/81 – Siemens, BGHZ 83, 106, 115; BGH v. 17.5.1993 – II ZR 89/92 – Hamburg Mannheimer Versicherung, BGHZ 122, 342, 353; *Hoffmann-Becking* in MünchHdb. AG, § 32 Rz. 42; *Hüffer/Koch*, § 107 AktG Rz. 18; *Lehmann*, AG 1977, 14, 15; *Rellermeyer*, Aufsichtsratsausschüsse, S. 69; a.A. *Leyens*, Information, S. 244; *Lutter*, ZGR 2001, 224, 230.

für den Vorstand (§ 77 Abs. 2 Satz 1 AktG). Seit dem VorstAG[24] sind auch alle Entscheidungen zu den **Regelungen des Vorstandsanstellungsvertrages mit Vergütungscharakter** dem Plenum vorbehalten (§ 107 Abs. 3 Satz 4 i.V.m. § 87 Abs. 1 und Abs. 2 Satz 1 und 2 AktG). Zu nennen ist weiterhin die Festlegung von zustimmungspflichtigen Geschäften (§ 111 Abs. 4 Satz 2 AktG), die Prüfung des Jahresabschlusses und Lageberichts sowie die Prüfung des Konzernabschlusses und Konzernlageberichts (§ 171 Abs. 1 AktG) sowie die Billigung des Jahresabschlusses und des Konzernabschlusses (§ 171 Abs. 2 Satz 4 und 5 AktG). Im faktischen Konzern ist auch die Prüfung des Berichts des Vorstandes über die Beziehungen zu verbundenen Unternehmen (§ 314 Abs. 2 und 3 AktG) als nicht delegationsfähige Aufgabe des Aufsichtsrates zu nennen.

2. Ungeschriebene Delegationsverbote

29.9 Der Katalog der dem Plenum zwingend vorbehaltenen Aufgaben in § 107 Abs. 3 Satz 4 AktG hat keinen abschließenden Charakter. Es besteht Einigkeit, dass nur das Aufsichtsratsplenum selbst Entscheidungen über seine **eigene innere Ordnung und Arbeitsweise** treffen kann[25]. Dazu zählen z.B. der Erlass einer Aufsichtsratsgeschäftsordnung[26], die Einsetzung und Besetzung von Aufsichtsratsausschüssen (§ 107 Abs. 3 Satz 1 AktG)[27], die Rückgängigmachung einer beschlossenen Delegation an einen Aufsichtsratsausschuss[28] oder die Beschränkung nach § 170 Abs. 3 Satz 2 AktG zur Aushändigung von Berichten.

29.10 Ein Delegationsverbot besteht auch hinsichtlich der Entscheidung über die Abgabe der **Entsprechenserklärung des Aufsichtsrates** nach § 161 AktG (vgl. dazu im Einzelnen Rz. 2.79). Die Entsprechenserklärung greift, soweit die Verhaltensempfehlungen des Kodex die zukünftige Amtsführung des Aufsichtsrats betreffen, in die Verantwortung sowie die innere Ordnung und Arbeitsweise des Aufsichtsrates als Organ wie auch in die Individualrechte der einzelnen Mitglieder ein. Solche Entscheidungen müssen vom Aufsichtsratsplenum wahrgenommen werden, dem auch die Zuständigkeit für die eventuelle Transformation der Empfehlungen in interne Regelungen zusteht[29].

29.11 Auch wenn die **allgemeine Überwachungspflicht** des Aufsichtsrates nicht in § 107 Abs. 3 Satz 1 AktG erwähnt ist, besteht doch allgemeine Übereinstimmung, dass sie als wesentlicher Bestandteil seiner gesetzlichen Überwachungsaufgabe nach § 111 Abs. 1 AktG vom Delegationsverbot erfasst wird[30]. Der Kern der Überwachungsaufgabe lässt sich den Berichtspflichten des Vorstandes nach § 90 Abs. 1 AktG entnehmen. Wie sich nicht zuletzt auch aus dem Gedanken von § 111 Abs. 6 AktG entnehmen lässt, hat der Aufsichtsrat diese Pflicht als Plenaraufgabe wahrzunehmen und kann sie nicht generell und pauschal, sondern nur für bestimmte Teilbereiche und Sonderaufgaben delegieren.

---

24 Gesetz zur Angemessenheit der Vorstandsvergütung v. 31.7.2009, BGBl. I 2009, 2509.
25 *Habersack* in Habersack/Henssler, MitbestR, § 25 MitbestG Rz. 131; *Lutter/Krieger/Verse*, Aufsichtsrat, Rz. 744; *Raiser/Veil*, Kapitalgesellschaften, § 15 Rz. 75 und 77; *Rellermeyer*, Aufsichtsratsausschüsse, S. 17; *Semler*, AG 1988, 60, 61.
26 *Drygala* in K. Schmidt/Lutter, § 107 AktG Rz. 41; *Lutter/Krieger/Verse*, Aufsichtsrat, Rz. 746.
27 *Hoffmann-Becking* in MünchHdb. AG, § 32 Rz. 3; *Lutter/Krieger/Verse*, Aufsichtsrat, Rz. 746; *Mertens/Cahn* in KölnKomm. AktG, 3. Aufl. 2013, § 107 AktG Rz. 171; a.A. *Lehmann*, AG 1977, 14, 16.
28 OLG Hamburg v. 29.9.1995 – 11 U 20/95, AG 1996, 84, 85; *Drygala* in K. Schmidt/Lutter, § 107 AktG Rz. 41; *Habersack* in Habersack/Henssler, MitbestR, § 25 MitbestG Rz. 131; *Spindler* in Spindler/Stilz, § 107 AktG Rz. 95.
29 *Krieger* in FS Ulmer, 2003, S. 365, 376; *Lutter* in KölnKomm. AktG, 3. Aufl. 2012, § 161 AktG Rz. 41; *Seibt*, AG 2002, 249, 253; *E. Vetter* in Liber amicorum M. Winter, 2011, S. 701, 719; a.A. *Ihrig/Wagner*, BB 2002, 2509, 2513.
30 OLG Hamburg v. 29.9.1995 – 11 U 20/95, AG 1996, 84; *Hommelhoff* in FS Werner, 1984, S. 315, 324; *Raiser* in Raiser/Veil/Jacobs, § 25 MitbestG Rz. 62; *Semler*, AG 1988, 60, 61; *Spindler* in Spindler/Stilz, § 107 AktG Rz. 90; *Grigoleit/Tomasic* in Grigoleit, § 107 AktG Rz. 27.

Das vom Aufsichtsrat nach § 87a Abs. 1 AktG zu beschließende Vorstandsvergütungssystem führt im Hinblick auf die künftige Bestellung von Vorstandsmitgliedern bzw. auf die Verlängerung von bestehenden Vorstandsverhältnissen und die damit verbundene Gehaltsbestimmung und sonstiger finanzieller Vertragsregelungen zur Selbstbindung des Aufsichtsrats[31]. Vor diesem Hintergrund und der zwingenden Zuständigkeit des Aufsichtsratsplenums gemäß § 107 Abs. 3 Satz 7 AktG scheidet eine Delegation der Entscheidung über das Vergütungssystem an einen Ausschuss aus[32]. 29.11a

Die regelmäßige **Selbstbeurteilung der Tätigkeit des Aufsichtsrats** (D.13 Deutscher Corporate Governance Kodex) kann ebenfalls nicht auf einen Ausschuss delegiert werden, sondern muss vom Aufsichtsratsplenum wahrgenommen werden[33]. Aus der Natur der Sache ist die ernsthafte kritische Selbsteinschätzung der eigenen Arbeit des Aufsichtsrates, die sich auf alle Aufgaben des Plenums einschließlich der Arbeit der Ausschüsse erstreckt, sowie die regelmäßige Prüfung seiner effizienten und funktionsgerechten Organisation nur durch die Gesamtheit aller Aufsichtsratsmitglieder möglich (vgl. dazu im Einzelnen Rz. 28.83). 29.12

3. Folgen des Delegationsverbotes

Soweit ein Delegationsverbot besteht, kann ein **Aufsichtsratsausschuss keine wirksamen Beschlüsse** an Stelle des Aufsichtsratsplenums vornehmen; gleichwohl getroffene Beschlüsse sind nichtig[34]. Vielmehr hat er zur Vorbereitung der Sitzung des Aufsichtsratsplenums Informationen zu sammeln, auszuwerten und einen Entscheidungsvorschlag vorzulegen. Zwangsläufig sind mit dieser Tätigkeit auch wertende Entscheidungen verbunden, die sich auf die spätere Entscheidung des Plenums präjudizierend auswirken können. Dies macht die Einsetzung eines vorbereitenden Ausschusses im Bereich der dem Gesamtaufsichtsrat zwingend vorbehaltenen Aufgaben nicht unzulässig[35], sondern führt nur zur gesteigerten Verantwortung der Ausschussmitglieder bei der Sachaufklärung und der Information des Aufsichtsratsplenums sowie bei der Vorlage des Entscheidungsvorschlages an das Plenum, das sich eine eigene Meinung zu bilden und eine **eigenverantwortliche Entscheidung** zu treffen hat[36]. 29.13

IV. Besetzung

1. Größe des Ausschusses

Über die Größe und Zusammensetzung eines Aufsichtsratsausschusses entscheidet der Aufsichtsrat wie auch über die Grundsatzfrage der **Einsetzung eines Ausschusses im Rahmen seiner Organisationsautonomie** nach pflichtgemäßem Ermessen unter Beachtung der Gesichtspunkte der sachlichen Anfor- 29.14

---

31 *Herrler*, ZHR 184 (2020), 408, 436; *Spindler* in MünchKomm. AktG, 5. Aufl. 2021, § 87a AktG Rz. 5; *Wentrup* in MünchHdb. AG, § 21 Rz. 60; *E. Vetter*, NZG 2020, 1161, 1163.
32 *Grigoleit/Kochendörfer* in Grigoleit, § 87a AktG Rz. 23; *E. Vetter*, NZG 2020, 1161, 1163; a.A. *Bachmann/Pauschinger*, ZIP 2010, 1, 2; *Hüffer/Koch*, § 87a AktG Rz. 3; *Seibt* in K. Schmidt/Lutter, § 87a AktG Rz. 21; *Spindler* in MünchKomm. AktG, 5. Aufl. 2021, § 87a AktG Rz. 35a.
33 *Semler* in FS Raiser, 2005, S. 399, 402; *E. Vetter* in Happ/Groß/Möhrle/Vetter, Aktienrecht, Muster 9.23 Rz. 3.3.
34 *Habersack* in MünchKomm. AktG, 5. Aufl. 2019, § 107 AktG Rz. 161; *Hopt/Roth* in Großkomm. AktG, 5. Aufl. 2019, § 107 AktG Rz. 440; a.A. *Grigoleit/Tomasic* in Grigoleit, § 107 AktG Rz. 25: Lehre vom fehlerhaften Organ.
35 *Gittermann* in Semler/v. Schenck/Wilsing, ArbeitsHdb. AR, § 5 Rz. 16; *Rellermeyer*, Aufsichtsratsausschüsse, S. 49.
36 *Lutter/Krieger/Verse*, Aufsichtsrat, Rz. 747; *Mertens*, ZGR 1983, 189, 199; *Rellermeyer*, Aufsichtsratsausschüsse, S. 48 ff., 206; *Semler*, AG 1988, 60, 65; vgl. zum Spezialfall der Personalentscheidung teilweise weitergehend *Krieger*, Personalentscheidungen des Aufsichtsrats, S. 74 ff.; eingehend *E. Vetter* in FS Grunewald, 2021, S. 1175, 1184.

derungen an die Ausschusstätigkeit und der Effizienz der Erledigung der Aufgaben, ohne dass die Satzung insoweit entgegen dem Sinn und Wortlaut von § 107 Abs. 3 Satz 1 AktG Vorgaben machen kann[37]. Für den Beschluss des Aufsichtsrates genügt die Mehrheit der abgegebenen Stimmen. In paritätisch mitbestimmten Gesellschaften erfolgt die Wahl nicht im Verfahren nach § 27 MitbestG, sondern nach § 29 MitbestG, wobei dem Aufsichtsratsvorsitzenden die Möglichkeit der Zweitstimme offen steht[38].

29.15 Für Ausschüsse mit bloßen Vorbereitungs-, Überwachungs-, oder Durchführungsaufgaben **ohne Entscheidungskompetenzen** bestehen keine gesetzlichen Mindestanforderungen an ihre Mitgliederzahl. Zulässig ist auch ein Ausschuss aus nur **zwei Mitgliedern**[39].

29.16 **Ausschüsse mit Entscheidungsbefugnis**, die an Stelle des Aufsichtsratsplenums endgültige Entscheidungen in der Sache treffen, müssen die gesetzlichen Bestimmungen über die Beschlussfähigkeit des Aufsichtsrates beachten. Aus § 108 Abs. 2 Satz 3 AktG, der für die **Beschlussfähigkeit** die Teilnahme von mindestens drei Mitgliedern verlangt und der auf beschließende Ausschüsse entsprechend anzuwenden ist, ergibt sich damit, dass diese **mindestens aus drei Mitgliedern** bestehen müssen, da nur bei dieser Mindestgröße eine hohe Gewähr für eine sachgerechte und kollegiale Meinungsbildung des Gremiums unter Berücksichtigung möglichst aller maßgeblichen Gesichtspunkte gegeben ist[40].

2. Personelle Zusammensetzung

29.17 Die Ausschussmitglieder müssen nach § 107 Abs. 3 Satz 1 AktG **aus der Mitte des Aufsichtsrates** gewählt werden; Dritte können nicht Ausschussmitglied sein. Bei der personellen Besetzung eines Ausschusses hat sich der Aufsichtsrat in Anwendung der Sorgfaltspflichten gemäß § 116 Satz 1, § 93 Abs. 1 Satz 1 AktG an den Aufgaben des Ausschusses sowie in erster Linie an der **Qualifikation der zu wählenden Aufsichtsratsmitglieder**, insbesondere an ihren Kenntnissen, Fähigkeiten und Erfahrungen und ihrer zeitlichen Verfügbarkeit zu orientieren[41]. Alle Aufsichtsratsmitglieder haben grundsätzlich das **gleiche passive Wahlrecht**[42], wobei für die Ausschussbesetzung keine Vorgaben hinsichtlich der Geschlechtsquote bestehen.

29.18 Für Gesellschaften mit einem **mitbestimmten Aufsichtsrat** besteht nach zutreffender Meinung im Geltungsbereich des DrittelbG[43] und des MitbestG[44] kein **Gebot der proportionalen Besetzung** des

---

37 BGH v. 25.2.1982 – II ZR 123/81 – Siemens, BGHZ 83, 106, 115, 118; BGH v. 17.5.1993 – II ZR 89/92 – Hamburg Mannheimer Versicherung, BGHZ 122, 342, 355; OLG Hamburg v. 29.9.1995 – 11 U 20/95, AG 1996, 84, 85; *Hoffmann-Becking* in MünchHdb. AG, § 32 Rz. 41; *Lehmann*, DB 1979, 2117, 2119; *Paefgen*, Struktur und Aufsichtsratsverfassung, S. 312.
38 *Habersack* in Habersack/Henssler, MitbestR, § 25 MitbestG Rz. 123; *Hoffmann/Lehmann/Weinmann*, § 25 MitbestG Rz. 38; *Raiser* in Raiser/Veil/Jacobs, § 25 MitbestG Rz. 57; *Zöllner* in FS Zeuner, 1994, S. 161, 181; a.A. *Säcker*, Aufsichtsratsausschüsse, S. 56 ff.; wohl auch *Schubert* in Wißmann/Kleinsorge/Schubert, § 25 MitbestG Rz. 110.
39 *Drygala* in K. Schmidt/Lutter, § 107 AktG Rz. 46; *Habersack* in Habersack/Henssler, MitbestR, § 25 MitbestG Rz. 125; *Rellermeyer*, Aufsichtsratsausschüsse, S. 88; *Schubert* in Wißmann/Kleinsorge/Schubert, § 25 MitbestG Rz. 114; *Spindler* in Spindler/Stilz, § 107 AktG Rz. 98; a.A. *Semler*, AG 1988, 60, 67.
40 BGH v. 23.10.1975 – II ZR 90/73 – Rütgers, BGHZ 65, 190, 192; BGH v. 19.12.1988 – II ZR 74/88, AG 1989, 129, 130; BGH v. 27.5.1991 – II ZR 87/90, AG 1991, 398, 399; *Hoffmann-Becking* in MünchHdb. AG, § 32 Rz. 57; *Hüffer/Koch*, § 107 AktG Rz. 21; *Rellermeyer*, Aufsichtsratsausschüsse, S. 94.
41 *Dreher* in FS Boujong, 1996, S. 71, 87; *Hoffmann-Becking* in MünchHdb. AG, § 32 Rz. 22; *Raiser* in Raiser/Veil/Jacobs, § 25 MitbestG Rz. 56; *Zöllner* in FS Zeuner, 1994, S. 161, 177.
42 BGH v. 25.2.1982 – II ZR 123/81 – Siemens, BGHZ 83, 106, 113; BGH v. 17.5.1993 – II ZR 89/92 – Hamburg Mannheimer Versicherung, BGHZ 122, 342, 358; *Dreher* in FS Boujong, 1996, S. 71, 92; *Hoffmann-Becking* in MünchHdb. AG, § 32 Rz. 44; *Raiser* in Raiser/Veil/Jacobs, § 25 MitbestG Rz. 56.
43 LG Passau v. 31.5.1994 – HK O 75/93 – Vogt electronic AG, AG 1994, 428; *Hoffmann-Becking* in MünchHdb. AG, § 32 Rz. 46; *Hopt/Roth* in Großkomm. AktG, 5. Aufl. 2019, § 107 AktG Rz. 355.
44 BGH v. 25.2.1982 – II ZR 102/81 – Dynamit Nobel, BGHZ 83, 144, 148; BGH v. 17.5.1993 – II ZR 89/92 – Hamburg Mannheimer Versicherung, BGHZ 122, 342, 357; *Hoffmann-Becking* in MünchHdb. AG,

Ausschusses gegenüber der Besetzung des Aufsichtsratsplenums. Ebenso wenig besteht ein Anspruch der Aufsichtsratsmitglieder der Arbeitnehmer, in jedem Ausschuss mindestens mit einem Mitglied vertreten zu sein[45]. Das Recht auf Gleichbehandlung der Aufsichtsratsmitglieder gilt nur gegenüber dem einzelnen Aufsichtsratsmitglied, nicht aber gegenüber der Aufsichtsratsbank, zu der es gehört[46]. Bei der Besetzung eines Ausschusses unterliegt der mitbestimmte Aufsichtsrat allerdings einem **Diskriminierungsverbot**, das sachwidrige Differenzierungen nach der Gruppenzugehörigkeit der Aufsichtsratsmitglieder nicht zulässt. Regelungen in der Aufsichtsratsgeschäftsordnung, die den pauschalen Ausschluss von Arbeitnehmervertretern in einem Aufsichtsratsausschuss vorsehen, führen deshalb wegen fehlerhaften Organisationsermessens zur Nichtigkeit des entsprechenden Aufsichtsratsbeschlusses[47]. Im Allgemeinen wird man von einer – widerlegbaren[48] – Diskriminierungsvermutung auszugehen haben, wenn die Arbeitnehmerseite von der Beteiligung an allen Aufsichtsratsausschüssen ausgeschlossen ist. Gleiches gilt für einen **Personalausschuss** oder einen **Präsidialausschuss** in einem nach dem MitbestG gebildeten Aufsichtsrat, dem wesentliche Kompetenzen zugewiesen sind (z.B. Entscheidungen über die Zustimmungserteilung nach § 111 Abs. 4 Satz 2 AktG) und der unter anderem auch für die Arbeitnehmer wichtige Angelegenheiten endgültig zu entscheiden hat[49]. Die Diskriminierungsvermutung kann von der Gesellschaft widerlegt werden, indem sie nachweist, dass die Ausschussbesetzung durch **objektive, sachliche Gründe** insbesondere die mangelnde Fachkompetenz der Arbeitnehmervertreter für die im Ausschuss anstehenden Aufgaben gerechtfertigt ist[50]. Bei einem Ausschuss, der sich z.B. mit zentralen Belegschaftsinteressen und Fragen der Sozialpolitik befasst, scheidet eine Rechtfertigung zum Ausschluss der Arbeitnehmerseite regelmäßig aus[51]. Stattdessen kann ein Ausschluss von Arbeitnehmervertretern bei Fach- und Spezialausschüssen, wie z.B. dem Kreditausschuss der Banken, eher in Betracht kommen, denn eine Verbesserung der Überwachungstätigkeit des Aufsichtsrates durch die Bildung von Ausschüssen für Spezialaufgaben kann nur erreicht werden, wenn die Ausschussmitglieder auch über die nötigen Fachkenntnisse verfügen[52]. Im Geltungsbereich

---

§ 32 Rz. 47; *Hüffer/Koch*, § 107 AktG Rz. 31; *Semler*, AG 1988, 60, 63; *Schubert* in Wißmannn/Kleinsorge/Schubert, § 25 MitbestG Rz. 118; a.A. *Geitner*, AG 1976, 210, 211.
45 OLG München v. 27.1.1995 – 23 U 4282/94 – Vogt electronic AG, AG 1995, 466, 467; *Altmeppen* in FS Brandner, 1996, S. 3, 8; *Jaeger*, ZIP 1995, 1735, 1736; *Hopt/Roth* in Großkomm. AktG, 5. Aufl. 2019, § 107 Rz. 356; *Oetker* in Großkomm. AktG, 5. Aufl. 2018, § 25 MitbestG Rz. 33; *Zöllner* in FS Zeuner, 1994, S. 161, 164; a.A. *Paefgen*, Struktur und Aufsichtsratsverfassung, S. 342; *Schubert* in Wißmannn/Kleinsorge/Schubert, § 25 MitbestG Rz. 121; wohl auch *Wiedemann*, GesR I, S. 615; offengelassen in BGH v. 17.5.1993 – II ZR 89/92 – Hamburg Mannheimer Versicherung, BGHZ 122, 342, 358.
46 BGH v. 25.2.1982 – II ZR 102/81 – Dynamit Nobel, BGHZ 83, 144, 147; *Hoffmann/Preu*, Aufsichtsrat, Rz. 157.1; *Kindl*, DB 1993, 2065, 2069.
47 BGH v. 17.5.1993 – II ZR 89/92 – Hamburg Mannheimer Versicherung, BGHZ 122, 342, 351; OLG München v. 27.1.1995 – 23 U 4282/94 – Vogt electronic AG, AG 1995, 466, 467; LG Frankfurt v. 19.12.1995 – 2/14 O 183/95 – Deutsche Börse AG, ZIP 1996, 1661, 1664; *Habersack* in MünchKomm. AktG, 5. Aufl. 2019, § 107 AktG Rz. 140; *Mertens/Cahn* in KölnKomm. AktG, 3. Aufl. 2013, § 107 AktG Rz. 121.
48 BGH v. 17.5.1993 – II ZR 89/92 – Hamburg Mannheimer Versicherung, BGHZ 122, 342, 358; *Habersack* in MünchKomm. AktG, 5. Aufl. 2019, § 107 AktG Rz. 141; *Oetker* in Großkomm. AktG, 5. Aufl. 2018, § 25 MitbestG Rz. 40.
49 BGH v. 17.5.1993 – II ZR 89/92 – Hamburg Mannheimer Versicherung, BGHZ 122, 342, 358; OLG München v. 27.1.1995 – 23 U 4282/94 – Vogt electronic AG, AG 1995, 466, 467; *Altmeppen* in FS Brandner, 1996, S. 3, 9; *Hüffer/Koch*, § 107 AktG Rz. 31; *Semler*, AG 1988, 60, 63.
50 *Kindl*, DB 1993, 2065, 2070; *Oetker*, ZGR 2000, 19, 50; *Raiser* in Raiser/Veil/Jacobs, § 25 MitbestG Rz. 56; *Semler*, AG 1988, 60, 63; *Zöllner* in FS Zeuner, 1994, S. 161, 186.
51 *Hoffmann-Becking* in MünchHdb. AG, § 32 Rz. 46; *Mertens/Cahn* in KölnKomm. AktG, 3. Aufl. 2013, § 107 AktG Rz. 126.
52 *Habersack* in Habersack/Henssler, MitbestR, § 25 MitbestG Rz. 127b; *Raiser/Veil*, Kapitalgesellschaften, § 15 Rz. 78.

des MitbestG hat der BGH die ohne Berücksichtigung der Arbeitnehmervertreter erfolgte Besetzung eines Personalausschusses, der die Entscheidung über den dem Aufsichtsratsplenum zur Vorstandsbestellung vorzuschlagenden Kandidaten trifft, als diskriminierend eingestuft[53]. Dabei ergibt sich die Diskriminierung der Arbeitnehmervertreter nicht nur aus der Vorenthaltung von Mitspracherechten, sondern auch dadurch, dass sie von wichtigen Informationen abgeschnitten werden können, ohne dass dies durch Teilnahmerechte nach § 109 Abs. 2 AktG effektiv verhindert werden kann[54]. Keine Diskriminierung besteht nach dem Rechtsgedanken von § 124 Abs. 3 Satz 4 AktG, wenn der nach D.5 Deutscher Corporate Governance Kodex empfohlene Nominierungsausschuss ausschließlich mit Aufsichtsratsmitgliedern der Anteilseigner besetzt wird[55] (vgl. zur Besetzung auch Rz. 29.37).

29.18a Bei **Besetzung des Prüfungsausschusses** hat der Aufsichtsrat der börsennotierten AG in jedem Fall nach §§ 107 Abs. 4 i.V.m. 100 Abs. 5 AktG AktG darauf zu achten, dass unter den Mitgliedern die vom Gesetz geforderte **Finanzexpertise** vorhanden ist, nämlich Sachverstand sowohl auf den Gebieten **Rechnungslegung als auch Abschlussprüfung**, andernfalls ist der Beschluss über die Bestellung der Ausschussmitglieder nichtig[56]. Die erforderliche Fachexpertise muss durch (mindestens) **zwei Mitglieder des Aufsichtsrats**, die jeweils auf einem der beiden Gebiete über Sachverstand verfügen, sichergestellt sein[57]. Ungeachtet der jüngsten Gesetzesänderung sieht die Empfehlung D.4 Satz 1 Deutscher Corporate Governance Kodex vor, dass der **Ausschussvorsitzende unabhängig** sein und auch über besondere Kenntnisse und Erfahrungen in der Anwendung von Rechnungslegungsgrundsätzen und internen Kontrollverfahren verfügen und mit der Abschlussprüfung vertraut sein soll[58]. Zudem müssen die Mitglieder des Prüfungsausschusses gemäß § 100 Abs. 5 AktG **in ihrer Gesamtheit über Sektorenvertrautheit verfügen**[59] (siehe dazu Rz. 26.3a). Ob dadurch die Qualität der Zusammensetzung des Prüfungsausschusses gesteigert wird, bleibt abzuwarten[60]. Da die Sektorenvertrautheit bereits zum Zeitpunkt der Wahl oder des Amtsantritts vorhanden sein muss, ist der Beschluss des Aufsichtsrats über die Bestellung der Ausschussmitglieder nichtig, wenn kein einziges Mitglied über die Sektorenvertrautheit verfügt[61]. Darüber hinaus müssen die Mitglieder des Prüfungsausschusses über besondere Kenntnisse verfügen, bloße *financial litteracy*, die bei allen Aufsichtsratsmitgliedern vorhanden sein muss, reicht nicht aus[62].

---

53 BGH v. 17.5.1993 – II ZR 89/92 – Hamburg Mannheimer Versicherung, BGHZ 122, 342, 358; zustimmend *Mertens/Cahn* in KölnKomm. AktG, 3. Aufl. 2013, § 107 AktG Rz. 126.
54 BGH v. 17.5.1993 – II ZR 89/92 – Hamburg Mannheimer Versicherung, BGHZ 122, 342, 361; LG Frankfurt v. 19.12.1995 – 2/14 O 183/95 – Deutsche Börse AG, ZIP 1996, 1661, 1663; *Henssler* in 50 Jahre BGH, Festgabe der Wissenschaft, 2000, S. 387, 397; *Säcker*, ZHR 148 (1984), 153, 181.
55 *Habersack* in MünchKomm. AktG, 5. Aufl. 2019, § 107 AktG Rz. 109; *Meder*, ZIP 2007, 1538, 1541; *E. Vetter*, DB 2007, 1963, 1967.
56 *Habersack*, AG 2008, 98, 108; *Hönsch*, Der Konzern 2009, 553, 558; *Huwer*, Prüfungsausschuss, S. 382; *Hüffer/Koch*, § 107 AktG Rz. 26; *Meyer*, Der unabhängige Finanzexperte, S. 410; *E. Vetter*, ZGR 2010, 751, 779; a.A. *Diekmann/Bidmon*, NZG 2009, 1087, 1091.
57 Begr. RegE § 100 FISG, BR-Drucks. 9/21, S. 131.
58 Siehe dazu z.B. *Merkt*, ZHR 179 (2015), 601, 618; *Velte*, WPg 2015, 482, 488; weitergehend *Nonnenmacher/Wemmer/v. Werder*, DB 2016, 2826, 2828.
59 *Kelm/Naumann*, WPg 2016, 653, 654; *Schüppen*, NZG 2016, 247, 254; näher zu diesem Begriff etwa *Schilha*, ZIP 2016, 1316, 1321; *Simons/Kalbfleisch*, AG 2020, 526 ff.
60 Kritisch auch *Schüppen*, NZG 2016, 247, 254: „banal"; a.A. *Simons/Kalbfleisch*, AG 2020, 526 Rz. 10.
61 *Schilha*, ZIP 2016, 1316, 1323; siehe auch *Huwer*, Prüfungsausschuss, S. 217; *Maushake*, Audit Committees, S. 261.
62 *Habersack* in MünchKomm. AktG, 5. Aufl. 2019, § 107 AktG Rz. 122; *Hennrichs* in FS Hommelhoff, 2012, S. 383, 396; *Huwer*, Prüfungsausschuss, S. 217; siehe auch *Buhleier/Krowas*, DB 2010, 1165, 1166; *E. Vetter* in Liber amicorum M. Winter, 2011, S. 701, 713; a.A. *Mertens/Cahn* in KölnKomm. AktG, 3. Aufl. 2013, § 107 AktG Rz. 111.

V. Innere Ordnung und Arbeitsweise

1. Regelung der inneren Ordnung

Die gesetzlichen Bestimmungen zur inneren Ordnung und Arbeitsweise von Aufsichtsratsausschüssen behandeln nur Einzelfragen. Die Satzung kann einzelne Fragen in demselben Umfang wie für den Gesamtaufsichtsrat regeln, sofern dabei die **Organisationsautonomie des Aufsichtsrates** zur Einrichtung und Besetzung von Ausschüssen respektiert wird[63]. Im Übrigen ist die nähere Ausgestaltung der inneren Ordnung von Ausschüssen grundsätzlich Sache des Aufsichtsrates. Im Zweifel gelten die Bestimmungen des Gesetzes, der Satzung und der Geschäftsordnung des Aufsichtsrates auch für einen Ausschuss.

29.19

a) Ausschussvorsitz

Der Vorsitzende eines Aufsichtsratsausschusses hat als Leiter dieses Gremiums mit wenigen Ausnahmen im Grundsatz die gleichen Rechte und sitzungsleitenden Befugnisse wie der Vorsitzende des Aufsichtsrates[64]. Das gesetzliche **Zweitstimmrecht** nach § 29 Abs. 2 MitbestG steht ihm nicht zu[65]. Durch die Satzung oder die Geschäftsordnung des Aufsichtsrates kann ihm jedoch ein Zweitstimmrecht für den Fall der Stimmengleichheit im Ausschuss eingeräumt werden[66].

29.20

Die Satzung kann den **Aufsichtsratsvorsitzenden** weder zum Mitglied kraft Amtes in allen Ausschüssen bestimmen[67] noch kann sie vorsehen, dass er automatisch Vorsitzender eines Aufsichtsratsausschusses ist, dem er als Mitglied angehört[68]. Im Unterschied zur Regelung von § 107 Abs. 1 Satz 1 AktG für die Wahl des Aufsichtsratsvorsitzenden durch den Gesamtaufsichtsrat besteht auch keine gesetzliche Verpflichtung, einen Ausschussvorsitzenden zu wählen. Die Wahl ist aber aus praktischen Gründen der Ausschussarbeit meist unabdingbar. Auch D.2 Satz 2 Deutscher Corporate Governance Kodex geht davon aus, dass Aufsichtsratsausschüsse typischerweise einen Vorsitzenden haben. In jedem Fall empfiehlt es sich, dass der Aufsichtsratsvorsitzende den Vorsitz im Ausschuss für die Behandlung der Vorstandsverträge sowie im Ausschuss zur Vorbereitung der Aufsichtsratssitzungen innehat. Der Ausschussvorsitzende wird **im Regelfall vom Aufsichtsratsplenum gewählt**, das die Wahl aber auch dem Ausschuss überlassen kann[69]. Im paritätisch mitbestimmten Aufsichtsrat wird der Ausschussvorsitzende mit der einfachen Stimmenmehrheit gewählt, ohne dass das Verfahren nach § 27 MitbestG anzuwenden ist[70]. Dem Aufsichtsratsvorsitzenden steht in diesem Fall bei der Wahl des Ausschussvorsitzenden das Zweitstimmrecht nach § 29 Abs. 2 MitbestG zu.

29.21

---

63 BGH v. 25.2.1982 – II ZR 123/81 – Siemens, BGHZ 83, 106, 118; *Hoffmann-Becking* in MünchHdb. AG, § 32 Rz. 52; *Hüffer/Koch*, § 107 AktG Rz. 29; *Paefgen*, Struktur und Aufsichtsratsverfassung, S. 366.
64 *Drygala* in K. Schmidt/Lutter, § 107 AktG Rz. 53; *Hüffer/Koch*, § 107 AktG Rz. 29; *Mertens/Cahn* in KölnKomm. AktG, 3. Aufl. 2013, § 107 AktG Rz. 131.
65 BGH v. 25.2.1982 – II ZR 102/81 – Dynamit Nobel, BGHZ 83, 144, 148; *Mertens/Cahn* in KölnKomm. AktG, 3. Aufl. 2013, § 107 AktG Rz. 131; *Paefgen*, Struktur und Aufsichtsratsverfassung, S. 358; *Raiser* in Raiser/Veil/Jacobs, § 25 MitbestG Rz. 66.
66 BGH v. 25.2.1982 – II ZR 123/81 – Siemens, BGHZ 83, 106, 117; BGH v. 25.2.1982 – II ZR 102/81 – Dynamit Nobel, BGHZ 83, 144, 147; *Hüffer/Koch*, § 107 AktG Rz. 32; *Mertens/Cahn* in KölnKomm. AktG, 3. Aufl. 2013, § 107 AktG Rz. 99; *Rellermeyer*, Aufsichtsratsausschüsse, S. 161.
67 *Habersack* in MünchKomm. AktG, 5. Aufl. 2019, § 107 AktG Rz. 97; *Hopt/Roth* in Großkomm. AktG, 5. Aufl. 2019, § 107 AktG Rz. 371; *Semler*, AG 1988, 60, 63.
68 *Gittermann* in Semler/v. Schenck/Wilsing, ArbeitsHdb. AR, § 5 Rz. 64; *Hoffmann-Becking* in MünchHdb. AG, § 32 Rz. 53; *Lutter/Krieger/Verse*, Aufsichtsrat, Rz. 775; a.A. *Paefgen*, Struktur und Aufsichtsratsverfassung, S. 369.
69 *Hopt/Roth* in Großkomm. AktG, 5. Aufl. 2019, § 107 AktG Rz. 371; *Lutter/Krieger/Verse*, Aufsichtsrat, Rz. 775; *Paefgen*, Struktur und Aufsichtsratsverfassung, S. 369.
70 *Habersack* in Habersack/Henssler, MitbestR, § 25 MitbestG Rz. 128; *Raiser* in Raiser/Veil/Jacobs, § 25 MitbestG Rz. 57; *Rellermeyer*, Aufsichtsratsausschüsse, S. 163.

b) Beschlussfassung

29.22 Für die **Beschlussfähigkeit** von Ausschüssen gelten im Grundsatz die allgemeinen Vorschriften, sofern dem Ausschuss die Befugnis eingeräumt ist, an Stelle des Aufsichtsratsplenums endgültig zu entscheiden. Danach ist § 108 Abs. 2 Satz 3 AktG entsprechend anzuwenden, so dass in jedem Fall **mindestens drei Mitglieder** an der Beschlussfassung teilnehmen müssen[71]. Da Ausschüsse meist nur drei Mitglieder haben, bedeutet dies, dass die Beschlussfähigkeit nur gegeben ist, wenn sich sämtliche Ausschussmitglieder an der Beschlussfassung beteiligen. Unter dem Vorbehalt der Beachtung dieser Mindestanforderung kann die Satzung oder die Geschäftsordnung des Aufsichtsrates für größere Ausschüsse auch ein höheres oder niedrigeres Quorum festlegen. Fehlt eine besondere Regelung, müssen in entsprechender Anwendung der § 108 Abs. 2 Satz 2 AktG und § 28 Satz 1 MitbestG mindestens die Hälfte der Mitglieder des Ausschusses teilnehmen[72]. Die Beschlüsse eines Ausschusses erfolgen mit **einfacher Stimmenmehrheit**, sofern der Aufsichtsrat in der Geschäftsordnung oder durch Einzelbeschluss nichts anderes beschlossen hat[73]. Dies gilt auch für Gesellschaften, auf die das MitbestG anzuwenden ist[74]. Dem Ausschussvorsitzenden kann durch die Geschäftsordnung des Aufsichtsrates und nach herrschender Meinung auch durch die Satzung ein Recht zum **Stichentscheid für Pattsituationen** eingeräumt werden, das nicht zwingend dem Zweitstimmrecht nach § 29 Abs. 2 MitbestG nachgebildet sein muss[75] und das dem Ausschussvorsitzenden auch dann zugebilligt werden kann, wenn er nicht zugleich auch Vorsitzender des Aufsichtsrates ist[76].

c) Teilnahmerechte

29.23 Grundsätzlich steht **allen Aufsichtsratsmitgliedern** die Möglichkeit der Teilnahme an Ausschusssitzungen offen. Die Satzung kann keine Teilnahmebeschränkungen anordnen[77]. Der Vorsitzende des Aufsichtsrates kann jedoch die Teilnahme von nicht dem Ausschuss angehörenden Aufsichtsratsmitgliedern wegen der Vertraulichkeit des Beratungsgegenstandes beschränken oder ganz ausschließen (§ 109 Abs. 2 AktG)[78]. Der Aufsichtsrat kann diese Entscheidung aufheben[79]. Dem Ausschussvorsitzenden steht diese Befugnis nicht zu[80].

---

71 BGH v. 23.10.1975 – II ZR 90/73 – Rütgers, BGHZ 65, 190, 192; BGH v. 19.12.1988 – II ZR 74/88, AG 1989, 129, 130; BGH v. 27.5.1991 – II ZR 87/90, AG 1991, 398, 399; *Hoffmann-Becking* in MünchHdb. AG, § 32 Rz. 57; *Rellermeyer*, Aufsichtsratsausschüsse, S. 94.
72 *Hoffmann-Becking* in MünchHdb. AG, § 32 Rz. 57; *Mertens/Cahn* in KölnKomm. AktG, 3. Aufl. 2013, § 107 AktG Rz. 132; *Rellermeyer*, Aufsichtsratsausschüsse, S. 168.
73 *Hopt/Roth* in Großkomm. AktG, 5. Aufl. 2019, § 107 AktG Rz. 456; *Mertens/Cahn* in KölnKomm. AktG, 3. Aufl. 2013, § 107 AktG Rz. 134.
74 *Habersack* in Habersack/Henssler, MitbestR, § 25 MitbestG Rz. 136; *Paefgen*, Struktur und Aufsichtsratsverfassung, S. 357.
75 BGH v. 25.2.1982 – II ZR 123/81 – Siemens, BGHZ 83, 106, 117; *Hoffmann-Becking* in MünchHdb. AG, § 32 Rz. 58; *Lutter/Krieger/Verse*, Aufsichtsrat, Rz. 780; *Raiser* in Raiser/Veil/Jacobs, § 25 MitbestG Rz. 67.
76 BGH v. 25.2.1982 – ZR II 102/81 – Dynamit Nobel, BGHZ 83, 144, 150; *Habersack* in Habersack/Henssler, MitbestR, § 25 MitbestG Rz. 136; *Hüffer/Koch*, § 107 AktG Rz. 32.
77 *Hüffer/Koch*, § 109 AktG Rz. 6; *Säcker*, Aufsichtsratsausschüsse, S. 47.
78 BGH v. 17.5.1993 – II ZR 89/92 – Hamburg Mannheimer Versicherung, BGHZ 122, 342, 353; *Habersack* in MünchKomm. AktG, 5. Aufl. 2019, § 107 AktG Rz. 165; *Spindler* in Spindler/Stilz, § 109 AktG Rz. 30.
79 *Krieger*, ZGR 1985, 338, 358; *Peus*, Der Aufsichtsratsvorsitzende, S. 59; *Rellermeyer*, Aufsichtsratsausschüsse, S. 231; wohl auch *Hommelhoff* in FS Werner, 1984, S. 315, 325; a.A. *Bürgers/Fischer* in Bürgers/Körber/Lieder, § 109 AktG Rz. 6; *Lutter/Krieger/Verse*, Aufsichtsrat, Rz. 778; *Spindler* in Spindler/Stilz, § 109 AktG Rz. 29; unklar LG München I v. 23.8.2007 – 12 O 8466/07, NZG 2008, 348, 350.
80 *Hoffmann-Becking* in MünchHdb. AG, § 32 Rz. 55; *Leyens*, Information, S. 282; *Spindler* in Spindler/Stilz, § 109 AktG Rz. 29.

Das Recht zur Teilnahme umfasst auch das Recht auf **Einsichtnahme in alle Sitzungsunterlagen** der betreffenden Ausschusssitzung einschließlich der vom Vorstand hierfür vorgelegten Berichte und auf Erhalt des später zu erstellenden Sitzungsprotokolls[81]. Es erstreckt sich jedoch nicht auf Unterlagen früherer Ausschusssitzungen[82]. Macht der Aufsichtsratsvorsitzende von der Befugnis gemäß § 109 Abs. 2 AktG Gebrauch, nicht dem Ausschuss angehörenden Aufsichtsratsmitgliedern die Teilnahme an der Ausschusssitzung aus Gründen der Geheimhaltung zu untersagen, entfällt auch deren Recht auf Zugang zu den Sitzungsunterlagen[83]. Im Rahmen seines pflichtgemäßen Ermessens hat der Aufsichtsratsvorsitzende unter Berücksichtigung der Erfordernisse der Vertraulichkeit zu entscheiden, ob er die nicht dem Ausschuss angehörenden Aufsichtsratsmitglieder generell von den Sitzungsunterlagen ausschließt oder ob er ihnen als möglicherweise einschneidende Maßnahme nur den Zugriff auf die Sitzungsunterlagen verwehrt[84]. Soweit der Aufsichtsratsvorsitzende pflichtgemäß die Teilnahme an der Ausschusssitzung auf die Ausschussmitglieder beschränkt hat, wie dies typischerweise für den Personalausschuss oder das Präsidium zutrifft, sind die Ausschussmitglieder auch gegenüber den übrigen Aufsichtsratsmitgliedern zur **Verschwiegenheit** über den Inhalt der Beratungen des Ausschusses verpflichtet, da sonst das dem Aufsichtsratsvorsitzenden durch § 109 Abs. 2 AktG eingeräumte Recht, Teilnahmebeschränkungen anzuordnen, faktisch leerlaufen würde[85]. Die Unterrichtung des Aufsichtsratsplenums nach § 107 Abs. 3 Satz 3 AktG liegt in diesen Fällen ausschließlich in den Händen des Ausschussvorsitzenden.

2. Überwachung der Ausschüsse und Berichtspflichten

Die Delegation von einzelnen Teilbereichen der Überwachungsaufgabe des Aufsichtsrates nach § 111 Abs. 1 AktG auf einen Ausschuss führt nicht dazu, dass sich auch die Gesamtverantwortung aller Aufsichtsratsmitglieder grundlegend ändert und das Aufsichtsratsplenum insoweit von der gesetzlichen Überwachungsaufgabe völlig entlastet wird[86]. Vielmehr wird die **allgemeine Überwachungspflicht** des Aufsichtsrates, die auch durch die Ausschussbildung teilweise inhaltlich modifiziert wird, für die nicht dem Ausschuss angehörenden Aufsichtsratsmitglieder im Übrigen bleibt der Gesamtaufsichtsrat ungeachtet der Aufgabendelegation an den Ausschuss weiterhin Herr des Verfahrens und kann die Angelegenheit der Aufgabendelegation jederzeit sowohl bei einem vorbereitenden als auch bei einem entscheidenden Ausschuss wieder an sich ziehen und im Plenum behandeln[87]. Für die Überwachungspflicht und die Verantwortung der nicht dem Ausschuss angehörenden Aufsichtsratsmitglieder ist grundsätzlich danach zu differenzieren, ob es sich um einen vorbereitenden Ausschuss oder um einen Ausschuss mit Entscheidungsbefugnis handelt. Da der **Ausschuss mit Entscheidungsbefugnis** die ihm zugewiesenen Angelegenheiten an Stelle des Aufsichtsratsplenums endgültig und abschließend entscheidet, trifft die Aufsichtsratsmitglieder, soweit sie dem Ausschuss nicht angehören,

---

81 *Brinkschmidt*, Protokolle des Aufsichtsrats, S. 157; *Hüffer/Koch*, § 109 AktG Rz. 6; *Kindl*, Die Teilnahme an der Aufsichtsratssitzung, 1993, S. 153; *Rellermeyer*, Aufsichtsratsausschüsse, S. 229.
82 *Deckert*, ZIP 1996, 985, 992; *Gittermann* in Semler/v. Schenck/Wilsing, ArbeitsHdb. AR, § 5 Rz. 106; zu weitgehend aber LG Düsseldorf v. 8.3.1988 – 36 O 138/87 – SMS Schloemann Siemag, AG 1988, 386, die Einrichtung eines Personalausschusses durch einstimmigen Beschluss des Plenums bedeute einen Verzicht auf Auskunftsrechte.
83 *Lutter/Krieger/Verse*, Aufsichtsrat, Rz. 777; *Rellermeyer*, Aufsichtsratsausschüsse, S. 229.
84 *Hopt/Roth* in Großkomm. AktG, 5. Aufl. 2019, § 107 AktG Rz. 453; *Rellermeyer*, Aufsichtsratsausschüsse, S. 247 ff.
85 *Deckert*, ZIP 1996, 985, 992; *Mertens/Cahn* in KölnKomm. AktG, 3. Aufl. 2013, § 109 AktG Rz. 36; *Spindler* in Spindler/Stilz, § 109 AktG Rz. 41; differenzierend *Brinkschmidt*, Protokolle des Aufsichtsrats, S. 163 ff.
86 *Götz*, NZG 2002, 599, 601; *Hopt/Roth* in Großkomm. AktG, 5. Aufl. 2019, § 107 AktG Rz. 375; *Semler*, AG 1988, 60, 62: E. *Vetter* in Liber amicorum M. Winter, 2011, S. 701, 714.
87 BGH v. 14.11.1983 – II ZR 33/83 – Reemtsma, BGHZ 89, 48, 56; OLG Hamburg v. 29.9.1995 – 11 U 20/95, AG 1996, 84, 85; *Habersack* in Habersack/Henssler, MitbestG § 25 MitbestR, § 25 MitbestG Rz. 131; *Mertens/Cahn* in KölnKomm. AktG, 3. Aufl. 2013, § 107 AktG Rz. 139; *Paefgen*, Struktur und Aufsichtsratsverfassung, S. 366; *Spindler* in Spindler/Stilz, § 107 AktG Rz. 95.

§ 29 Rz. 29.25 | 6. Kapitel Aufsichtsrat

29.25 keine Verantwortung mehr in der Sache, sondern nur noch die Verantwortung für die sachgerechte Auswahl ausreichend qualifizierter Ausschussmitglieder sowie für die allgemeine Überwachung der Erledigung der den Ausschüssen zugewiesenen Aufgaben[88]. Dazu gehört vor allem, dass sie sich durch regelmäßige **Berichterstattung des Ausschusses** gegenüber dem Aufsichtsratsplenum über die im Ausschuss getroffenen Entscheidungen von der ordnungsgemäßen Wahrnehmung der delegierten Aufgaben unter Beachtung des Gesetzes und der Satzung sowie eventueller Beschlüsse des Plenums informieren[89]. Die dem Ausschuss nicht angehörenden Aufsichtsratsmitglieder sind für einzelne Fehlentscheidungen des Ausschusses nicht verantwortlich, solange für sie keine Anhaltspunkte dafür erkennbar sind, dass die Ausschussmitglieder ihren Verpflichtungen nicht ordnungsgemäß nachgekommen sind[90]. Soweit es sich um einen **vorbereitenden Ausschuss** handelt, wird die endgültige Entscheidung in der Sache vom Gesamtaufsichtsrat unter Berücksichtigung der vom Ausschuss vorgelegten Vorschläge und Erläuterungen getroffen, so dass die Verantwortung für die Richtigkeit der Entscheidung auch unverändert beim Aufsichtsratsplenum und damit bei allen Aufsichtsratsmitgliedern liegt[91]. Sie haben darauf zu achten, dass die Berichterstattung des Ausschusses zusammen mit dem Beschlussvorschlag eine ausreichende Entscheidungsgrundlage für eine eigenverantwortliche Entscheidung des Gesamtaufsichtsrates bildet.

29.26 Jeder Ausschusses hat die Verpflichtung, das Aufsichtsratsplenum über seine Arbeit **regelmäßig und fortlaufend zu informieren** (§ 107 Abs. 3 Satz 5 AktG)[92]. Die Information versteht sich gleichermaßen als Bringschuld wie Holschuld. Die Information des Plenums, die normalerweise durch den Ausschussvorsitzenden jeweils in der nächsten ordentlichen Aufsichtsratssitzung zu erfolgen hat, kann sich grundsätzlich auf eine **zusammenfassende Darstellung der wesentlichen Ergebnisse der Ausschusstätigkeit** im vorangegangenen Berichtszeitraum beschränken[93], solange nicht der Aufsichtsrat eine detaillierte Berichterstattung verlangt.

29.27 Die Einrichtung eines **vorbereitenden Ausschusses** lässt die Verantwortung des Aufsichtsrates für die Entscheidung in der Sache unberührt. Die nicht dem Ausschuss angehörenden Aufsichtsratsmitglieder haben sich eine eigene Meinung zu bilden und sind deshalb zwingend auf die rechtzeitige und vollständige Information des Plenums über alle entscheidungsrelevanten Tatsachen und die den Entscheidungsvorschlag tragenden Überlegungen und Wertungen durch den Aufsichtsratsausschuss angewiesen[94]. Die dem Ausschuss nicht angehörenden Aufsichtsratsmitglieder haben sich mit der Sache selbst zu befassen[95], können aber, soweit keine entgegenstehenden Anhaltspunkte bestehen, grundsätzlich darauf vertrauen, dass sie vom Ausschuss über alle relevanten Umstände, die für die Entscheidung des Plenums notwendig sind, rechtzeitig und ausreichend informiert werden[96] und sich auf eine kritische

---

88 *Habersack* in Habersack/Henssler, MitbestR, § 25 MitbestG Rz. 120; *Hopt/Roth* in Großkomm. AktG, 5. Aufl. 2019, § 107 AktG Rz. 375; *Semler*, AG 1988, 60, 62.
89 OLG Hamburg v. 29.9.1995 – 11 U 20/95, AG 1996, 84, 85; *Habersack* in MünchKomm. AktG, 5. Aufl. 2019, § 107 AktG Rz. 170; *Mertens/Cahn* in KölnKomm. AktG, 3. Aufl. 2013, § 107 AktG Rz. 142; *E. Vetter* in FS Grunewald, 2021, S. 1175, 1183.
90 *Hopt/Roth* in Großkomm. AktG, 5. Aufl. 2019, § 107 AktG Rz. 375; *Bürgers/Fischer* in Bürgers/Körber/Lieder, § 116 AktG Rz. 7; *Spindler* in Spindler/Stilz, § 107 AktG Rz. 45.
91 *Rellermeyer*, Aufsichtsratsausschüsse, S. 192; *Semler*, AG 1988, 60, 65; vgl. auch *Dreher* in FS Boujong, 1996, S. 71, 89.
92 *Hommelhoff* in FS Werner, 1984, S. 315, 330; *Mertens/Cahn* in KölnKomm. AktG, 3. Aufl. 2013, § 107 AktG Rz. 142; *E. Vetter* in Liber amicorum M. Winter, 2011, S. 701, 714.
93 *Ihrig/Wagner*, BB 2002, 789, 793; *Spindler* in Spindler/Stilz, § 107 AktG Rz. 114; *Winter* in FS Hüffer, 2010, S. 1103, 1125.
94 *Hoffmann-Becking* in FS Stimpel, 1985, S. 589, 601; *Mertens/Cahn* in KölnKomm. AktG, 3. Aufl. 2013, § 107 AktG Rz. 142; *Spindler* in Spindler/Stilz, § 107 AktG Rz. 118 f.; *E. Vetter* in FS Grunewald, 2021, S. 1175, 1184 ff.
95 Siehe auch OLG Stuttgart v. 29.2.2012 – 20 U 3/11 – Porsche/Piëch, AG 2012, 298, 301; *Spindler* in Spindler/Stilz, § 107 AktG Rz. 91.
96 *Mertens*, ZGR 1983, 189, 200; *Rellermeyer*, Aufsichtsratsausschüsse, S. 64.

Prüfung der Nachvollziehbarkeit und Plausibilität des Entscheidungsvorschlages beschränken[97]. Die Information des Plenums schließt die Weiterleitung von schriftlichen Vorstandsberichten sowie die Information über mündliche Berichte und Erläuterungen des Vorstandes ein[98].

Der **entscheidende Ausschuss** tritt hingegen im Prozess der Entscheidungsfindung für den delegierten Aufgabenbereich an die Stelle des Aufsichtsratsplenums. Über die getroffenen Beschlüsse hat der Ausschuss im Plenum zu berichten. Weitergehende Informationswünsche von nicht dem Ausschuss angehörenden Aufsichtsratsmitgliedern sind nur beachtlich, wenn diese durch einen Mehrheitsbeschluss des Plenums unterstützt werden[99] oder der Aufsichtsratsvorsitzende mit ihrer Beantwortung einverstanden ist[100].   29.28

VI. Praktische Verbreitung

1. Personalausschuss

Regelmäßig verfügen alle Gesellschaften, die einen Aufsichtsrat mit sechs oder mehr Mitgliedern haben, über einen Personalausschuss. Dies entspricht auch der Empfehlung der EU-Kommission[101]. Ihm sind aus Gründen der besonderen Vertraulichkeit meist die **Personalangelegenheiten der Vorstandsmitglieder** zugewiesen; nicht selten nimmt diese Aufgabe auch das Aufsichtsratspräsidium wahr. Die Gespräche zur Auswahl eines geeigneten Kandidaten für ein Vorstandsamt wie auch die Verhandlung des Anstellungsvertrages, aber auch die Frage eines vorzeitigen Ausscheidens eines Vorstandsmitglieds machen eine diskrete Behandlung der Angelegenheit unabdingbar[102]. Auch die Erarbeitung des Vorstandsvergütungssystems gemäß § 87a AktG typischerweise unter Heranziehung eines Vergütungsberaters ist im Personalausschuss besser aufgehoben als im Plenum, dem jedoch die endgültige Verabschiedung vorbehalten ist[103]. Soweit es um die Bestellung oder Abberufung von Vorstandsmitgliedern geht, kann der Personalausschuss wegen des **Delegationsverbots** in § 107 Abs. 3 Satz 4 AktG die Entscheidung des Aufsichtsratsplenums jedoch nur vorbereiten[104]; keinesfalls darf er den Aufsichtsrat durch Zusagen gegenüber dem Aspiranten oder dem Vorstandsmitglied präjudizieren[105]. Seit dem VorstAG sind die **Vergütungsangelegenheiten der Vorstandsmitglieder** zwingend dem Plenum vorbehalten[106] (vgl. dazu auch Rz. 27.51).   29.29

---

97 *Drygala* in K. Schmidt/Lutter, § 107 AktG Rz. 56; *Spindler* in Spindler/Stilz, § 107 AktG Rz. 119.
98 *Lutter/Krieger/Verse*, Aufsichtsrat, Rz. 787; *Rellermeyer*, Aufsichtsratsausschüsse, S. 207 ff.; einschränkend *Leyens*, Information, S. 281.
99 *Götz*, NZG 2002, 599, 601; *Hoffmann-Becking* in FS Stimpel, 1985, S. 589, 602; *Lutter/Krieger/Verse*, Aufsichtsrat, Rz. 787; a.A. LG Frankfurt v. 19.12.1995 – 2/14 O 183/95 – Deutsche Börse AG, ZIP 1996, 1661, 1664.
100 *Hoffmann-Becking* in FS Stimpel, 1985, S. 589, 602; *Hoffmann-Becking* in MünchHdb. AG, § 32 Rz. 50: analog § 109 Abs. 2 AktG.
101 Dokument 2005/162/EG v. 15.2.2005, ABl. EU Nr. L 52 v. 25.2.2005, S. 51; vgl. dazu z.B. *Spindler*, ZIP 2005, 2033, 2039; *Leyens*, Information, S. 275.
102 *Fonk* in FS Hoffmann-Becking, 2013, S. 347, 348; *Habersack*, ZHR 174 (2010), 2, 10.
103 *Grigoleit/Kochendörfer* in Grigoleit, § 87 AktG Rz. 23; *E. Vetter*, NZG 2020, 1161, 1162 ff.; a.A. *Bachmann/Pauschinger*, ZIP 2019, 1, 2; *Seibt* in K. Schmidt/Lutter, § 87a AktG Rz. 21.
104 BGH v. 25.2.1982 – ZR II 102/81 – Dynamit Nobel, BGHZ 83, 144, 150; *Hoffmann-Becking* in FS Havermann, 1995, S. 229, 236; *Mertens/Cahn* in KölnKomm. AktG, 3. Aufl. 2013, § 107 AktG Rz. 101; eingehend *Krieger*, Personalentscheidungen des Aufsichtsrats, S. 68 ff.
105 *Selter*, Die Beratung des Aufsichtsrats, Rz. 419; *Spindler* in Spindler/Stilz, § 107 AktG Rz. 97 und 130.
106 *Drygala* in K. Schmidt/Lutter, § 107 AktG Rz. 37; *Spindler* in Spindler/Stilz, § 107 AktG Rz. 126; *Thüsing*, AG 2009, 517, 524.

29.30 Soweit dem Personalausschuss noch Entscheidungskompetenz zukommt (z.B. Befreiung vom Wettbewerbsverbot, Genehmigung von Krediten nach §§ 89, 115 AktG)[107], muss er aus **mindestens drei Mitgliedern** bestehen[108]. Richtet sich die Zusammensetzung des Aufsichtsrates nach dem MitbestG, so ist eine Ausschussbesetzung ohne Aufsichtsratsmitglieder der Arbeitnehmer wegen ihres diskriminierenden Charakters regelmäßig unzulässig[109]. Dies gilt nicht in gleichem Maße bei einem Personalausschuss in einem nach dem DrittelbG gebildeten Aufsichtsrat, so dass die Besetzung ausschließlich mit Anteilseignervertretern zulässig ist[110]. Nach der Empfehlung der EU-Kommission soll die Mehrheit der Ausschussmitglieder unabhängig sein[111]. **Vorsitzender des Personalausschusses** ist in der Praxis regelmäßig der Vorsitzende des Aufsichtsrates.

2. Aufsichtsratspräsidium

29.31 In vielen Gesellschaften hat der Aufsichtsrat ein Aufsichtsratspräsidium gebildet[112]. Dem Präsidium obliegt vor allem die **Vorbereitung der Aufsichtsratssitzungen** und die Koordination der Sitzungen der Ausschüsse sowie die ständige Fühlungnahme mit dem Vorstand.

29.32 Der Aufsichtsratsvorsitzende sowie der oder gegebenenfalls die weiteren stellvertretenden Aufsichtsratsvorsitzenden sind **geborene Mitglieder des Präsidiums**[113]. Die weiteren Mitglieder des sog. Vermittlungsausschusses nach § 27 Abs. 3 MitbestG sind nicht automatisch auch Mitglieder des Aufsichtsratspräsidiums[114]. Für die Größe des Präsidiums und die Wahl eventueller weiterer Mitglieder gelten die allgemeinen Grundsätze[115]. Soweit das Präsidium nur der Unterstützung und Entlastung des Aufsichtsratsvorsitzenden dient und einzelne seiner Aufgaben übernimmt, ist ein zweiköpfiges Gremium bestehend aus dem Aufsichtsratsvorsitzenden und seinem Stellvertreter ausreichend[116]. Werden ihm jedoch auch Aufgaben des Aufsichtsrates übertragen, wie nicht selten die typischen Funktionen des Personalausschusses oder die Zuständigkeit zur Entscheidung bei besonders eiligen zustimmungspflichtigen Geschäften, ist eine Besetzung mit drei Mitgliedern zwingend[117].

3. Vermittlungsausschuss

29.33 Gesellschaften, die einen paritätisch besetzten Aufsichtsrat haben, sind nach § 27 Abs. 3 MitbestG verpflichtet, einen sog. Vermittlungsausschuss als ständige Einrichtung zu bilden, der **zwingend aus vier**

---

107 *Fonk* in FS Hoffmann-Becking, 2013, S. 347, 352; *Spindler* in Spindler/Stilz, § 107 AktG Rz. 127 ff.
108 *Krieger*, Personalentscheidungen des Aufsichtsrats, S. 81; *Rellermeyer*, Aufsichtsratsausschüsse, S. 94 Fn. 96.
109 BGH v. 17.5.1993 – II ZR 89/92 – Hamburg Mannheimer Versicherung, BGHZ 122, 342, 358; *Altmeppen* in FS Brandner, 1996, S. 3, 9; *Hüffer/Koch*, § 107 AktG Rz. 31; *Rellermeyer*, Aufsichtsratsausschüsse, S. 120 ff.; *Semler*, AG 1988, 60, 63.
110 *Altmeppen* in FS Brandner, 1996, S. 3, 14; *Hoffmann-Becking* in FS Havermann, 1995, S. 229, 239.
111 Dokument 2005/162/EG v. 15.2.2005, ABl. EU Nr. L 52 v. 25.2.2005, S. 51; vgl. dazu z.B. *Lieder*, NZG 2005, 569, 570; *Spindler*, ZIP 2005, 2033, 2039.
112 Vgl. z.B. *Krieger*, ZGR 1985, 338; *Lutter/Krieger/Verse*, Aufsichtsrat, Rz. 753; *Potthoff/Trescher/Theisen*, AR-Mitglied, Rz. 1099.
113 *Hoffmann-Becking* in MünchHdb. AG, § 32 Rz. 16; *Krieger*, ZGR 1985, 338, 363; *Lutter/Krieger/Verse*, Aufsichtsrat, Rz. 754; *Spindler* in Spindler/Stilz, § 107 AktG Rz. 124.
114 *Habersack* in Habersack/Henssler, MitbestR, § 25 MitbestG Rz. 129; *Krieger*, ZGR 1985, 338, 362; *Paefgen*, Struktur und Aufsichtsratsverfassung, S. 374; *Raiser* in Raiser/Veil/Jacobs, § 27 MitbestG Rz. 37; a.A. *Säcker*, Aufsichtsratsausschüsse, S. 34.
115 *Krieger*, ZGR 1985, 338, 363; *Lutter/Krieger/Verse*, Aufsichtsrat, Rz. 754; *Mertens/Cahn* in KölnKomm. AktG, 3. Aufl. 2013, § 107 AktG Rz. 127.
116 *Hoffmann-Becking* in MünchHdb. AG, § 32 Rz. 16; *Mertens/Cahn* in KölnKomm. AktG, 3. Aufl. 2013, § 107 AktG Rz. 104; a.A. *Semler* in MünchKomm. AktG, 2. Aufl. 2004, § 107 AktG Rz. 252.
117 *Hoffmann-Becking* in MünchHdb. AG, § 32 Rz. 16; *Krieger*, ZGR 1985, 338, 364; *Mertens/Cahn* in KölnKomm. AktG, 3. Aufl. 2013, § 107 AktG Rz. 104.

Mitgliedern besteht. Der Aufsichtsratsvorsitzende und sein Stellvertreter sind Mitglieder kraft Amtes. Die Aufsichtsratsmitglieder der Anteilseigner und die der Arbeitnehmer wählen jeweils noch ein weiteres Mitglied[118] (vgl. dazu im Einzelnen Rz. 21.16).

4. Prüfungsausschuss

In zunehmendem Umfang haben Gesellschaften einen Prüfungs- oder Bilanzausschuss eingerichtet, der in der Praxis mitunter auch als **Audit Committee** bezeichnet wird[119]. In der **börsennotierten AG** ist er nach der Gesetzesänderung durch das FISG gemäß § 107 Abs. 4 Satz 1 AktG eine **zwingende Einrichtung**[120]; nur in der nichtbörsennotierten AG steht die Einsetzung dem Aufsichtsrat frei. Für CRR-Kreditinstitute sieht § 25d Abs. 7 und 9 KWG Einrichtungspflichten vor. Der Prüfungsausschuss soll die Effizienz der Aufsichtsratsarbeit steigern und ist regelmäßig für die Überwachung des Rechnungswesens, der Wirksamkeit des internen Kontrollsystems und des Risikomanagementsystems sowie der Qualität der Abschlussprüfung zuständig. § 107 Abs. 3 Satz 2 AktG nennt auf Grund gemeinschaftsrechtlicher Vorgaben beispielhaft verschiedene Aufgaben des Prüfungsausschusses[121]. Auch wenn das Gesetz die Organisationsautonomie des Aufsichtsrats nicht ausdrücklich beschränkt, ist davon auszugehen, dass die in § 107 Abs. 3 Satz 2 AktG genannten Aufgaben zum **Kernbestand der Aufgaben** des Prüfungsausschusses gehören. Sie sind nicht disponibel und sind vom Prüfungsausschuss zu erledigen, auch wenn der Beschluss über die Einsetzung des Ausschusses insoweit schweigt. Der Aufsichtsrat kann den Ausschuss aber noch mit weiteren Aufgaben betrauen wie z.B. die Compliance.

29.34

Typische Aufgabe ist es, den Jahresabschluss, Lagebericht, Konzernabschluss und Konzernlagebericht sowie den Gewinnverwendungsvorschlag zur **Vorbereitung der endgültigen Entscheidung des Aufsichtsratsplenums** zu prüfen[122]. Die vollständige und abschließende Prüfung durch den Ausschuss untersagt § 107 Abs. 3 Satz 3 AktG. Dem Prüfungsausschuss obliegt zudem, den Vorschlag für den von der Hauptversammlung zu wählenden Abschlussprüfer unter Beachtung der Anforderungen für dessen Unabhängigkeit[123] zu erarbeiten (§ 124 Abs. 3 Satz 2 AktG), den Auftrag nach der Bestellung des Abschlussprüfers durch die Hauptversammlung zu erteilen (§ 111 Abs. 2 Satz 3 AktG) und die jeweiligen Prüfungsschwerpunkte für die Abschlussprüfung festzulegen. Nach § 107 Abs. 3 Satz 2 AktG soll er sich weiterhin mit der **Überwachung des Rechnungslegungsprozesses, der Wirksamkeit des internen Kontrollsystems, des internen Revisionssystems**[124]**, des Risikomanagementsystems**[125] sowie der **Auswahl und Unabhängigkeit des Abschlussprüfers sowie der Qualität der Abschlussprüfung**[126] befassen. Nach der Empfehlung von D.3 Satz 1 Deutscher Corporate Governance Kodex wird ihm meist auch die **Überwachung der Corporate Compliance** übertragen[127]. Nach D.3 Satz 2 Deutscher Corporate Governance Kodex soll sich der Prüfungsausschuss mit dem Konzernabschluss einschließ-

29.35

---

118 *Annuß* in MünchKomm. AktG, 5. Aufl. 2019, § 27 MitbestG Rz. 22; *Oetker* in Großkomm. AktG, 5. Aufl. 2018, § 27 MitbestG Rz. 24; *E. Vetter* in Liber amicorum M. Winter, 2011, S. 701, 709.
119 Vgl. *Altmeppen*, ZGR 2004, 390 ff.; *Ranzinger/Blies*, AG 2001, 455 ff.; *Scheffler*, ZGR 2003, 236 ff.; vgl. allgemein *Hopt/Roth* in Großkomm. AktG, 5. Aufl. 2019, § 107 AktG Rz. 498.
120 *Hennrichs*, DB 2021, 268, 276; *E. Vetter*, AG 2021, 584 Rz. 2.
121 *Drygala* in K. Schmidt/Lutter, § 107 AktG Rz. 59 ff.; *Gesell*, ZGR 2011, 361, 370; *Schüppen*, ZIP 2012, 1317, 1319; *Spindler* in Spindler/Stilz, § 107 AktG Rz. 140; *E. Vetter*, ZGR 2010, 751, 761.
122 *Hüffer/Koch*, § 171 AktG Rz. 12; *Rürup* in FS Budde, 1995, S. 543, 546; *E. Vetter* in Großkomm. AktG, 5. Aufl. 2018, § 171 AktG Rz. 24.
123 *Kremer* in Kremer/Bachmann/Lutter/v. Werder, Deutscher Corporate Governance Kodex, Rz. 1293; *Schäfer*, ZGR 2004, 416, 426.
124 *Scheffler*, ZGR 2003, 236, 255; *Gittermann* in Semler/v. Schenck/Wilsing, ArbeitsHdb. AR, § 5 Rz. 138.
125 *Huwer*, Prüfungsausschuss, S. 134 ff.; *Maushake*, Audit Committees, S. 472; *Scheffler* in FS Havermann, 1995, S. 651, 674; *Schäfer*, ZGR 2004, 416, 429.
126 *Drygala* in K. Schmidt/Lutter, § 107 AktG Rz. 69; *Selter*, Die Beratung des Aufsichtsrats, Rz. 433; *E. Vetter*, ZGR 2010, 751, 775.
127 *Bürkle*, BB 2007, 1797, 1799; *Immenga* in FS Schwark, 2009, S. 199, 206; *Nonnenmacher/Wemmer/v. Werder*, DB 2016, 2826, 2831; *E. Vetter*, ZGR 2010, 701, 777; *Winter* in FS Hüffer, 2010, S. 1103, 1104;

lich der CSR-Berichterstattung[128], aber auch dem HGB-Abschluss sowie der unterjährigen Finanzinformation befassen. Die Bedeutung des Prüfungsausschusses für die **Wahl des Abschlussprüfers** ist weiter gewachsen, denn bei Unternehmen von öffentlichem Interesse liegt die Prozessverantwortung für das Auswahlverfahren, das transparent und diskriminierungsfrei zu erfolgen hat, zwingend in seiner Zuständigkeit. Das in Art. 16 Abs. 3–5 EU-AbschlussprüferVO[129] detailliert normierte Verfahren, das bei Gesellschaften durchzuführen ist, deren Abschluss bereits seit 10 Jahren von demselben Abschlussprüfer geprüft worden ist und das kein Verfahren im Sinne des Vergaberechts bildet, ist komplex und aufwendig. Für die Verfahrensdurchführung kann der Prüfungsausschuss, wenn er keine externe Beratung in Anspruch nehmen will, auf Mitarbeiter des Unternehmens zurückgreifen, ohne dass dadurch dem Vorstand Einflussmöglichkeiten auf die Auswahl des Prüfers eingeräumt werden dürfen[130]. Es muss sichergestellt sein, dass die **Entscheidungshoheit des Prüfungsausschusses** einschließlich der Festlegung der Auswahlkriterien stets gewahrt bleibt[131]. Bei kapitalmarktorientierten Gesellschaften i.S.v. 264d HGB hat der Aufsichtsrat nach § 124 Abs. 3 Satz 2 AktG zudem seinen Vorschlag an die Hauptversammlung zur Wahl des Abschlussprüfers auf die Empfehlung des Prüfungsausschusses zu stützen (siehe dazu Rz. 27.63). Dem Prüfungsausschuss obliegt ferner die Überwachung bzw. Genehmigung der **Nichtprüfungsleistungen des Abschlussprüfers**[132].

29.35a Auf gemeinschaftsrechtliche Vorgaben geht auch § 107 Abs. 3 Satz 3 AktG zurück, der als neue Aufgabe des Prüfungsausschusses vorsieht, dass er Empfehlungen oder Vorschläge zur Gewährleistung der **Integrität des Rechnungslegungsprozesses** unterbreiten kann[133]. Damit wird dem Prüfungsausschuss zwar nicht die Verantwortung übertragen, den ordnungsmäßigen Ablauf des Rechnungslegungsprozess zu gewährleisten, bei festgestellten Mängeln muss er jedoch aktiv werden[134].

29.36 Das Gesetz verlangt nicht, dass der Ausschussvorsitzende über die Finanzexpertise i.S.v. § 100 Abs. 5 AktG verfügt[135]. Weitergehend empfiehlt D. 4 Satz 2 Deutscher Corporate Governance Kodex zur Stärkung der Unabhängigkeit des Ausschusses, dass der Aufsichtsratsvorsitzende nicht den **Vorsitz im Prüfungsausschuss** übernehmen soll, und erwartet, dass der Ausschussvorsitzende über besondere Kenntnisse und Erfahrungen in der Anwendung von Rechnungslegungsgrundsätzen und internen Kontrollverfahren verfügt[136]. Darüber hinaus soll er unabhängig und in den letzten zwei Jahren nicht Vorstandsmitglied der AG gewesen sein. Gemäß § 107 Abs. 4 i.V.m. § 100 Abs. 5 AktG muss der Aufsichtsrat einer kapitalmarktorientierten Gesellschaft sicherstellen, dass dem Prüfungsausschuss mindestens **ein Mitglied** angehört, das über **Sachverstand auf dem Gebiet Rechnungslegung** sowie **ein weiteres Mit-**

---

vgl. auch *Hopt/Roth* in Großkomm. AktG, 5. Aufl. 2019, § 111 AktG Rz. 319; kritisch *Sünner*, CCZ 2008, 56, 57.
128 Siehe dazu z.B. *Hennrichs/Pöschke*, NZG 2018, 121 ff.; *E. Vetter/Peters* in Henssler/Strohn, D.4 DCGK Rz. 3; *E. Vetter* in FS Marsch-Barner, 2018, S. 559, 572.
129 Verordnung (EU) Nr. 537/2014 des Europäischen Parlaments und des Rates v. 16.4.2014 über spezifische Anforderungen an die Abschlussprüfung bei Unternehmen von öffentlichem Interesse und zur Aufhebung des Beschlusses 2005/909/EG der Kommission, ABl. EU Nr. L 158 v. 27.5.2014, S. 77.
130 *Nonnenmacher/Wemmer/v. Werder*, DB 2016, 2826, 2831; *Schilha*, ZIP 2016, 1316, 1327; *Schüppen*, NZG 2016, 247, 251; dies schließt den Dialog zwischen Vorstand und Prüfungsausschuss nicht aus, sondern setzt ihn voraus.
131 Siehe dazu generell auch *E. Vetter* in 50 Jahre AktG, S. 103, 127.
132 *Buhleier/Niehus/Splinter*, DB 2016, 1885, 1890 ff.; *Nonnenmacher/Wemmer/v. Werder*, DB 2016, 2826, 2833; *Schürnbrand*, AG 2016, 74, 76.
133 Richtlinie 2014/EU/56 des Europäischen Parlaments und des Rates zur Änderung der Richtlinie 2006/43/EG über Abschlussprüfungen und konsolidierten Abschlüssen v. 27.5.2014, ABl. EU Nr. L 158, S. 196.
134 *Schüppen*, NZG 2016, 247, 254; *Kelm/Naumann*, WPg 2016, 653, 659; siehe auch *Velte*, WPg 2016, 125, 128.
135 Kritisch *Hopt/Kumpan*, AG 2021, 129 Rz. 13.
136 *Hopt/Roth* in Großkomm. AktG, 5. Aufl. 2019, § 107 AktG Rz. 564; *Lieder*, NZG, 2005, 569, 573; kritisch *Spindler* in Spindler/Stilz, § 107 AktG Rz. 145; *E. Vetter*, BB 2005, 1689, 1690.

glied, das über **Sachverstand auf dem Gebiet Abschlussprüfung** verfügt (vgl. dazu Rz. 26.16a). Zudem müssen die Aufsichtsratsmitglieder in ihrer Gesamtheit die Sektorvertrautheit erfüllen[137]. Bei Wegfall eines Mitglieds mit dieser besonderen Qualifikation hat der Aufsichtsrat den Prüfungsausschuss um ein Mitglied zu ergänzen, das die notwendige Qualifikation nach § 100 Abs. 5 AktG erfüllt, sofern sie nicht bei einem anderen Ausschussmitglied vorhanden ist[138].

Jedes Ausschussmitglied hat nach dem durch das FISG geänderten § 107 Abs. 4 Satz 3 AktG über den Ausschussvorsitzenden ein **direktes Auskunftsrecht** gegenüber den Leitern der in § 107 Abs. 3 Satz 2 AktG genannten Zentralbereichen (Internes Kontrollsystems, Risikomanagementsystem, interne Revision); eine Erstreckung auf andere Zentralbereichsleiter scheidet angesichts des klaren Gesetzeswortlauts aus. Dazu bedarf das Ausschussmitglied nicht der vorherigen Ermächtigung durch den Ausschuss nach § 111 Abs. 2 Satz 2 AktG, sondern es steht ihm als **persönliches Recht kraft Amtes** zu[139]; hieraus erwächst ihm allerdings eine erhöhte Verantwortung[140]. Der Ausschussvorsitzende hat den Vorstand nach § 107 Abs. 4 Satz 6 AktG unverzüglich über die Auskunft des Bereichsleiters **zu informieren**[141]. Darüber hinaus hat er die erteilte Auskunft nach § 107 Abs. 4 Satz 4 AktG allen Ausschussmitgliedern mitzuteilen. Zudem wird er auch den Aufsichtsratsvorsitzenden im Sinne guter Corporate Governance zu unterrichten haben[142].

29.36a

5. Nominierungsausschuss

D.5 Deutscher Corporate Governance Kodex empfiehlt in Abhängigkeit von den Gegebenheiten des Unternehmens[143] die Einrichtung eines Ausschusses, der die **Vorschläge zur Wahl der Mitglieder des Aufsichtsrates** für die Hauptversammlung nach § 124 Abs. 3 Satz 2 AktG erarbeitet[144]. Dabei kann der Ausschuss vorbereitend für das Aufsichtsratsplenum tätig werden oder an dessen Stelle endgültig über den Wahlvorschlag an die Hauptversammlung entscheiden[145]. Mit dem vom Aufsichtsrat beschlossenen Wahlvorschlag ist regelmäßig ein stärkerer Vertrauensbeweis für die vorgeschlagenen Kandidaten verbunden, was ihre Legitimation stärkt und der Arbeit im Aufsichtsrat zugutekommt[146]. Soweit dem Ausschuss keine weiteren Aufgaben übertragen werden, wird die Entscheidung über die Einsetzung und die Kompetenzen des Ausschusses nach dem Rechtsgedanken von § 124 Abs. 3 Satz 5 AktG **ausschließlich durch die Aufsichtsratsmitglieder der Anteilseigner** getroffen[147], die auch die Mitglieder des Nominierungsausschusses ausschließlich aus ihren eigenen Reihen wählen[148]. Gehören dem Ausschuss auch Aufsichtsratsmitglieder der Arbeitnehmer an, ist dies nach § 161 AktG anzuge-

29.37

---

137 *Drygala* in K. Schmidt/Lutter, § 107 AktG Rz. 84; *Gittermann* in Semler/v. Schenck/Wilsing, ArbeitsHdb. AR, § 5 Rz. 140; *Grigoleit/Tomasic* in Grigoleit, § 107 AktG Rz. 107.
138 *Hüffer/Koch*, § 101 AktG Rz. 26.
139 Ebenso *Arbeitskreis Bilanzrecht Hochschullehrer Rechtswissenschaft*, BB 2020, 2731, 2743; *Hennrichs*, DB 2021, 268, 277; *Hopt/Kumpan*, AG 2021, 129 Rz. 22.
140 *E. Vetter*, AG 2021, 584 Rz. 10.
141 *Bost*, NZG 2021, 865, 867; *E. Vetter*, AG 2021, 584 Rz. 15.
142 *E. Vetter*, AG 2021, 584 Rz. 16; siehe auch *Hennrichs*, DB 2021, 268, 279.
143 Siehe dazu *Simons*, AG 2020, 75 Rz. 10; *E. Vetter/Peters* in Henssler/Strohn, D.5 DCGK Rz. 2.
144 *Meder*, ZIP 2007, 1538 ff.; *E. Vetter*, DB 2007, 1963, 1967; vgl. allgemein *Hopt/Roth* in Großkomm. AktG, 5. Aufl. 2019, § 107 AktG Rz. 577.
145 *Hüffer/Koch*, § 124 AktG Rz. 21; *Rieckers* in Spindler/Stilz, § 124 AktG Rz. 31; *Sünner*, AG 2012, 265, 268.
146 *Meder*, ZIP 2007, 1538, 1540.
147 *Hopt/Roth* in Großkomm. AktG, 5. Aufl. 2019, § 107 AktG Rz. 577; *Sünner*, AG 2012, 265, 268; *E. Vetter*, DB 2007, 1963, 1967; a.A. *Habersack* in MünchKomm. AktG, 5. Aufl. 2019, § 107 AktG Rz. 109; *Simons*, AG 2020, 75 Rz. 23; kritisch *Hopt/Leyens*, ZGR 2019, 929, 969.
148 *Habersack* in MünchKomm. AktG, 5. Aufl. 2019, § 107 AktG Rz. 109; *Hüffer/Koch*, § 124 AktG Rz. 13a; *Ihrig/Meder*, ZIP 2012, 1210, 1211; *Meder*, ZIP 2007, 1538, 1540; *Spindler* in Spindler/Stilz, § 107 AktG Rz. 134; *E. Vetter*, DB 2007, 1963, 1967.

ben und zu begründen[149]. Für die Erarbeitung der jeweiligen Vorschläge bedarf es eines Anforderungsprofils, das die für das Unternehmen relevanten Qualifikationsanforderungen und Unabhängigkeitsstandards enthält[150] und dabei sowohl § 100 Abs. 5 AktG, die Empfehlungen C.6 bis C. 12 Deutscher Corporate Governance Kodex, die vom Aufsichtsrat nach C.1 Satz 2 Deutscher Corporate Governance Kodex verabschiedeten Diversity-Grundsätze sowie eventuelle Erkenntnisse der Selbstbeurteilung[151] berücksichtigt[152]. Diese Anforderungen werden durch die Aufsichtsratsmitglieder der Anteilseigner bestimmt[153]. Die Missachtung von gesetzlichen Besetzungsanforderungen beim Wahlvorschlag an die Hauptversammlung ist pflichtwidrig und kann zur Anfechtbarkeit des Hauptversammlungsbeschlusses führen[154]. Nach § 25d Abs. 11 KWG ist der Nominierungsausschuss bei Unternehmen i.S.v. § 25d Abs. 3 Satz 1 und 2 KWG obligatorisch.

6. Ausschuss für Geschäfte mit nahestehenden Personen

29.37a Im Hinblick auf Geschäfte mit nahestehenden Personen gemäß § 111a Abs. 1 AktG (*Related Party Transactions*) eröffnet § 107 Abs. 3 Satz 4 AktG die Möglichkeit, einen besonderen Ausschuss – ad hoc oder als ständige Einrichtung – einzusetzen, der an Stelle des Aufsichtsratsplenums nach § 111b Abs. 1 AktG beschließt, ob die Zustimmung zu derartigen Geschäften erteilt oder verweigert werden soll. Die Aufgabe kann grundsätzlich auch an einen bereits bestehenden Ausschuss delegiert werden[155]. Die Einsetzung eines nur vorbereitend tätigen Ausschusses ist zulässig[156], dürfte aber aus Gründen der Praktikabilität ausscheiden, da dadurch die Dauer und Komplexität des Zustimmungsverfahrens nur noch weiter erhöht werden würde und die Erleichterung nach § 107 Abs. 3 Satz 6 AktG nicht genutzt werden kann[157].

29.37b Bei Einsetzung eines **entscheidenden Ausschusses** sind **besondere Besetzungsregeln** zu beachten. Dem Ausschuss darf nach § 107 Abs. 3 Satz 5 AktG keine Person angehören, die an dem zustimmungspflichtigen Geschäft direkt beteiligt ist; damit werden insbesondere auch die Mitglieder des Vertretungsorgans der Vertragspartei erfasst[158]. Nach § 107 Abs. 3 Satz 6 AktG darf bei der Mehrheit seiner Mitglieder auch **keine Besorgnis eines Interessenkonflikts** auf Grund ihrer Beziehungen zu einer nahestehenden Person vorliegen. Primär geht es dabei um dem maßgeblich beteiligten Aktionär nahestehende Personen[159]. Die konfliktbefangenen für den Ausschuss vorgeschlagenen Aufsichtsratsmitglieder können sich gleichwohl an der Abstimmung beteiligen[160]. Bei Missachtung der Vorgaben von

---

149 *Hoffmann-Becking* in MünchHdb. AG, § 32 Rz. 18; *Simons*, AG 2020, 75 Rz. 24.
150 Vgl. *Leyens*, Information, S. 292 ff.; *Kremer* in Kremer/Bachmann/Lutter/v. Werder, Deutscher Corporate Governance Kodex, Rz. 1311; *Simons*, AG 2020, 75 Rz. 33; *v. Werder/Wieczorek*, DB 2007, 297, 302.
151 *Gesell*, ZGR 2011, 361, 394.
152 *Leyens*, Information, S. 303; *v. Werder/Wieczorek*, DB 2007, 297, 302.
153 *Hüffer/Koch*, § 100 AktG Rz. 7; *Ihrig/Meder*, ZIP 2012, 1210, 1211; *Meder*, ZIP 2007, 1538, 1540; *E. Vetter*, BB 2005, 1689, 1691.
154 *Diekmann/Bidmon*, NZG 2009, 1087, 1091; *Habersack* in FS Goette, 2011, S. 121, 132; *E. Vetter* in FS Maier-Reimer, 2010, S. 795, 811; a.A. *Gruber*, NZG 2008, 13, 14; *Hüffer/Koch*, § 100 AktG Rz. 28.
155 *Florstedt*, Related Party Transactions, 2021, Rz. 514; *Hoffmann-Becking* in MünchHdb. AG, § 29 Rz. 76; *Lutter/Krieger/Verse*, Aufsichtsrat, Rz. 763; *Markworth*, AG 2020, 166 Rz. 8.
156 *J. Schmidt*, EuZW 2019, 261, 263; *J. Vetter* in K. Schmidt/Lutter, § 111b AktG Rz. 95.
157 *Florstedt*, Related Party Transactions, 2021, Rz. 514; *J. Schmidt*, EuZW 2019, 261, 263; a.A. *Markworth*, AG 2020, 166 Rz. 7.
158 *Grigoleit/Tomasic* in Grigoleit, AktG, § 107 AktG Rz. 65; a.A. *Florstedt*, Related Party Transactions, 2021, Rz. 471; *Markworth*, AG 2020, 166 Rz. 14; *Verse* in FS Hopt, 2020, S. 1335, 1337; siehe auch *Hommelhoff* in FS Windbichler, 2020, S. 759, 768.
159 *Florstedt*, ZHR 184 (2020), 10, 45; *Hommelhoff* in FS Windbichler, 2020, S. 759, 767 ff. weitergehend zum mitbestimmten Aufsichtsrat z.B. *Verse* in FS Hopt, 2020, S. 1335, 1345.
160 *Barg*, AG 2020, 149 Rz. 43; *Drygala* in K. Schmidt/Lutter, § 107 AktG Rz. 91; *Hoffmann-Becking* in MünchHdb. AG, § 29 Rz. 76; *Lieder/Wernert*, DB 2020, 882, 888; *H.-F. Müller*, ZIP 2019, 2429, 2434;

§ 107 Abs. 3 Satz 5 und 6 AktG ist der Beschluss über die **Ausschusseinsetzung wegen Gesetzesverstoßes nichtig**[161]; zudem können **Haftungsansprüche** ausgelöst werden[162]. Die ordnungsgemäße Ausschussbesetzung ist aus objektiver Perspektive anhand des konkreten zur Entscheidung anstehenden Geschäftsvorfalls zu bestimmen[163], ohne dass den Aufsichtsratsmitgliedern dabei die Privilegierung der Business Judgement Rule zugutekommt[164]. Das Stimmverbot gemäß § 111b Abs. 2 AktG kommt bei der Wahl der Ausschussmitglieder nicht zur Anwendung[165].

Die Einrichtung eines Ausschusses für Geschäfte mit nahestehenden Personen als dauerhafte Einrichtung kann im Einzelfall schwierig und aus praktischer Sicht wenig zielführend sein, da Interessenkonflikte vielfach nicht vorhersehbar sind[166]. Andererseits bietet sich an, für den Fall des Wegfalls eines Ausschussmitglieds wegen Inhabilität nach § 107 Abs. 3 Satz 5 AktG infolge des konkreten Geschäftsvorfalls, vorsorglich bereits **Ersatzmitglieder** mit Festlegung der Reihenfolge ihres Einrückens in den Ausschuss zu bestellen[167]. In der Praxis ist zu erwarten, dass ein ständiger Ausschuss nur dann eingerichtet werden wird, wenn die AG maßgeblich beteiligte Aktionäre hat – vor allem aber im Fall des faktischen Konzerns[168] – und mit ihnen entsprechende Geschäfte nicht völlig fernliegend sind. Bei Geschäften zwischen der AG und Mitgliedern des Vorstands oder des Aufsichtsrats dürfte der Schwellenwert von § 111b Abs. 1 AktG allenfalls in seltenen Ausnahmefällen erreicht werden. Gegebenenfalls kommt stattdessen in der konkreten Situation die Einrichtung eines ad-hoc Ausschusses in Betracht. Was die Wahl von Aufsichtsratsmitgliedern der Arbeitnehmer in den Ausschuss anbetrifft, bestehen keine besonderen Anforderungen[169] (siehe Rz. 29.18).

29.37c

Für den Zustimmungsbeschluss des Ausschusses reicht die **einfache Stimmenmehrheit** aus. Stimmen die unbefangenen Ausschussmitglieder – anders als die befangenen – nicht einheitlich ab, kann die Zustimmung u.U. auch gegen die Mehrheit der unbefangenen Mitglieder erzielt werden[170]. Das Gesetz begründet jedoch für den Zustimmungsbeschluss keine besonderen Mehrheitserfordernisse, insbesondere verlangt es nicht die mehrheitliche Zustimmung der unabhängigen Aufsichtsratsmitglieder.

29.37d

Hat der Ausschuss unter Missachtung der Besetzungsvorgaben gemäß § 107 Abs. 3 Satz 5 und 6 AktG die Zustimmung zu dem Geschäft erteilt, ist der **Zustimmungsbeschluss des Ausschusses nichtig**, sofern er nicht vom Aufsichtsratsplenum gemäß § 111b Abs. 2 AktG ordnungsgemäß bestätigt wird[171].

29.37e

---

weitergehend z.B. *Heidel/Illner* in Hirte/Heidel, Das neue Aktienrecht, 2020, § 107 AktG Rz. 6; kritisch *Tröger* in FS Hopt, 2020, S. 1289, 1298.

161 *Lutter/Krieger/Verse*, Aufsichtsrat, Rz. 763; *Markworth*, AG 2020, 166 Rz. 17; *Paschos* in Henssler/Strohn, § 111b AktG Rz. 19; unklar *Habersack* in MünchKomm. AktG, 5. Aufl. 2021, § 107 AktG Rz. 24; a.A. *Florstedt*, Related Party Transactions, 2021, Rz. 521.
162 *Drygala* in K. Schmidt/Lutter, § 107 AktG Rz. 90; *Florstedt*, Related Party Transactions, 2021, Rz. 491; *J. Schmidt*, EuZW 2019, 261, 263.
163 *Drygala* in K. Schmidt/Lutter, § 107 AktG Rz. 90; *Hüffer/Koch*, § 107 AktG Rz. 26b; *Paschos/Goslar*, AG 2019, 365, 371.
164 *Heidel/Illner* in Hirte/Heidel, Das neue Aktienrecht, 2020, § 107 AktG Rz. 3; *Lieder/Wernert*, ZIP 2019, 989, 994; *J. Schmidt*, EuZW 2019, 261, 263.
165 *Grigoleit/Tomasic* in Grigoleit, AktG, § 107 AktG Rz. 53.
166 *Drygala* in K. Schmidt/Lutter, § 107 AktG Rz. 92; *Hüffer/Koch*, § 107 AktG Rz. 26b; *Markworth*, AG 2020, 166 Rz. 6; *Tarde*, NZG 2019, 488, 492.
167 *Hüffer/Koch*, § 107 AktG Rz. 26b; *Markworth*, AG 2020, 166 Rz. 6.
168 Begr. RegE, BR-Drucks. 156/19, S. 83; *Bungert/Berger*, DB 2018, 2860, 2865; *Tarde*, NZG 2019, 488, 492.
169 Siehe aber *Markworth*, AG 2020, 166 Rz. 20; *Tröger*, AG 2015, 53, 70; *J. Vetter*, ZHR 179 (2015), 273, 308.
170 A.A. *Drygala* in K. Schmidt/Lutter, § 107 AktG Rz. 91; *Heidel/Illner* in Hirte/Heidel, Das neue Aktienrecht, 2020, § 107 AktG Rz. 6; siehe auch *Tröger/Roth/Strenger*, BB 2018, 2946, 2949.
171 *Grigoleit/Tomasic* in Grigoleit, AktG, § 107 AktG Rz. 59; *Lutter/Krieger/Verse*, Aufsichtsrat, Rz. 763; *Markworth*, AG 2020, 166 Rz. 17; andeutungsweise auch Begr. RegE, BR-Drucks. 156/19, S. 84.

Zu den materiellen Vorgaben des Beschlusses über die Erteilung der Zustimmung gemäß § 111b Abs. 1 AktG siehe Rz. 32.32.

7. Sonstige Aufsichtsratsausschüsse

29.38 Auch wenn die früher in Ziff. 5.3.4 Deutscher Corporate Governance Kodex enthaltene Empfehlung zur Bildung weiterer Ausschüsse 2013 entfallen ist, entspricht es der etablierten Praxis vieler börsennotierter Gesellschaften, weitere Aufsichtsratsausschüsse einzurichten. Ungeachtet der umfangreichen gesetzlichen Vorgaben zur Vorstandsvergütung und zum Vergütungssystem und entsprechender europäischer Empfehlungen[172] enthält der Kodex keine Empfehlung zur Einrichtung eines **Vergütungsausschusses**[173]. So haben z.B. verschiedene Unternehmen angesichts der Bedeutung der Unternehmensstrategie wie auch der Erwartungen der institutionellen Investoren einen **Strategieausschuss** eingerichtet[174]. Selten als ständige Einrichtung, wohl aber auf Grund von aktuellen Anlässen, kommt auch ein **Compliance- oder Antikorruptionsausschuss** in Betracht, der konkrete Vorfälle untersucht, soweit sie den Vorstand betreffen[175]. Kreditinstitute verfügen typischerweise über einen **Kreditausschuss**, der zur Überwachung des Risikoprofils des Instituts zuständig ist und ab einer bestimmten Größenordnung bei der Vergabe von Krediten i.S.v. § 111 Abs. 4 Satz 2 AktG in den Entscheidungsprozess einzubeziehen ist[176]. Darüber hinaus enthält § 25d KWG spezifische Vorgaben zur Bildung und Organisation von obligatorischen Ausschüssen.

§ 30
Rechte und Pflichten des Aufsichtsratsmitgliedes

I. Rechtsstellung des Aufsichtsratsmitglieds 30.1	c) Typische Geheimnisse und vertrauliche Angaben 30.17
1. Rechtsgrundlage 30.1	aa) Geheimnisse 30.18
2. Gleichheit und Unabhängigkeit 30.3	bb) Vertrauliche Angaben 30.19
a) Gleichheit 30.3	d) Reichweite der Satzungsautonomie 30.20
b) Unabhängigkeit 30.5	aa) Zwingender Charakter der Verschwiegenheitspflicht . . . 30.20
c) Höchstpersönliche Amtsausübung 30.8	bb) Richtlinien 30.21
3. Pflicht zur kollegialen Zusammenarbeit 30.10	e) Konfliktsituationen 30.22
	f) Sanktionen 30.23
4. Verschwiegenheitspflicht 30.12	5. Loyalitäts- und Treuepflicht 30.26
a) Grundlagen 30.12	a) Das Aufsichtsratsamt als Nebenamt 30.26
b) Persönlicher Geltungsbereich der Verschwiegenheitspflicht 30.14	

---

172 Empfehlung der Kommission v. 15.2.2005 zu den Aufgaben von nicht geschäftsführenden Direktoren/Aufsichtsratsmitgliedern/börsennotierter Gesellschaften sowie zu den Ausschüssen des Verwaltungs-/Aufsichtsrats, ABl. EU Nr. L 52 v. 25.2.2005, S. 51.
173 Kritisch auch *Hopt/Leyens*, ZGR 2019, 929, 969; *M. Roth*, AG 2020, 278 Rz. 44.
174 Siehe z.B. *Hirt* in Schoppen (Hrsg.), Corporate Governance, 2016, S. 234, 235; *E. Vetter* in 50 Jahre AktG, S. 103, 116.
175 Siehe z.B. *Dreher* in FS Goette, 2011, S. 43, 48; *Plagemann*, NZG 2013, 1293, 1296; *Selter*, Die Beratung des Aufsichtsrats, Rz. 442.
176 *Drygala* in K. Schmidt/Lutter, § 107 AktG Rz. 56; *Mertens/Cahn* in KölnKomm. AktG, 3. Aufl. 2013, § 107 AktG Rz. 112; *Schwark* in FS Canaris, 2007, Bd. II, S. 389, 395.

b) Interessenkollision 30.27
   aa) Interessenkollision im Rahmen der Aufsichtsratstätigkeit 30.27
   bb) Treuepflichten außerhalb der Aufsichtsratstätigkeit 30.29
   cc) Eigennützige Einflussnahme . 30.30
6. Mitteilungspflichten als Unternehmensinsider 30.31
7. Vergütung 30.32
   a) Rechtsgrundlage 30.32
   b) Festsetzung und Herabsetzung der Vergütung 30.33
      aa) Festsetzung der Vergütung . . 30.33
      bb) Herabsetzung der Vergütung 30.36
   c) Arten der Vergütung 30.37
      aa) Feste Vergütung 30.38
      bb) Variable Vergütung 30.40
      cc) Stock options 30.42
   d) Bemessung der Vergütung 30.46
   e) Ersatz von Aufwendungen 30.51
   f) Steuerliche Behandlung der Aufsichtsratsvergütung 30.52
   g) Vergütungsvotum der Hauptversammlung 30.52a
II. Haftung des Aufsichtsratsmitglieds . 30.53
1. Vorbemerkung 30.53
2. Haftungsgrundlage 30.54
3. Objektiver Sorgfaltsmaßstab 30.57
   a) Grundsatz 30.57
   b) Funktionsbezogene, personelle Differenzierungen 30.58
4. Pflichtenkreis der Aufsichtsratsmitglieder 30.61
   a) Personenbezogene Pflichten 30.63
   b) Funktionsbezogene Pflichten 30.65

5. Verfolgung von Ersatzansprüchen . . 30.68
   a) Ansprüche im Innenverhältnis . . 30.68
      aa) Anspruchsberechtigter 30.68
      bb) Geltendmachung von Ersatzansprüchen 30.69
   b) Ansprüche im Außenverhältnis . . 30.71
6. Verzicht und Vergleich 30.74
7. Haftpflichtversicherung der Aufsichtsratsmitglieder 30.75
8. Freistellung 30.78
III. Klagerechte des einzelnen Aufsichtsratsmitglieds 30.79
1. Allgemeines 30.79
2. Gesetzlich geregelte Antrags- und Klagebefugnisse 30.80
3. Klagen zur Durchsetzung von persönlichen Rechtsansprüchen außerhalb der organschaftlichen Befugnisse 30.81
4. Klagen zur Durchsetzung der individuellen organschaftlichen Rechte und Pflichten des einzelnen Aufsichtsratsmitglieds 30.82
   a) Streit wegen Verletzung von Eigenrechten des Aufsichtsratsmitglieds 30.82
   b) Geltendmachung der Fehlerhaftigkeit von Beschlüssen des Aufsichtsrates 30.85
5. Klagen zur Durchsetzung der Rechte des Aufsichtsrates gegenüber einem anderen Organ 30.87
   a) Klagen des Aufsichtsratsmitglieds aus eigenem Recht 30.87
   b) Klagen des Aufsichtsratsmitglieds anstelle des Aufsichtsrates 30.88

Schrifttum: *Baums*, Unabhängige Aufsichtsratsmitglieder, ZHR 180 (2016), 697; *Bayer*, Aktionärsrechte und Anlegerschutz, in Hommelhoff/Lutter/K. Schmidt/Schön/Ulmer (Hrsg.), Corporate Governance, 2002, S. 137; *Berger*, Die Kosten der Aufsichtsratstätigkeit in der AG, 1999; *Bork*, Passivlegitimation und gesetzliche Vertretung der AG bei Klagen einzelner Aufsichtsratsmitglieder, ZIP 1991, 137; *Deckert*, Klagemöglichkeiten einzelner Aufsichtsratsmitglieder, AG 1994, 457; *Dreher*, Die Qualifikation der Aufsichtsratsmitglieder, in FS Boujong, 1996, S. 71; *Dreher*, Der Abschluss von D & O Versicherungen und die aktienrechtliche Zuständigkeitsordnung, ZHR 165 (2001), 293; *Feddersen*, Neue gesetzliche Anforderungen an den Aufsichtsrat, AG 2000, 385; *Fleischer*, Fehlerhafte Aufsichtsratsbeschlüsse: Rechtsdogmatik – Rechtsvergleichung – Rechtspolitik (Teil 2), DB 2013, 217; *Götz*, Die Überwachung der Aktiengesellschaft im Lichte jüngerer Unternehmenskrisen, AG 1995, 337; *Habersack*, Aufsichtsratsvergütung nach ARUG II, in FS Hopt, 2020, S. 333; *Henssler*, D&O-Versicherung in Deutschland, RWS Forum Gesellschaftsrecht 2001, 2001, S. 131; *Hoffmann-Becking*, Unabhängigkeit im Aufsichtsrat, NZG 2014, 801; *Hommelhoff*, Die Autarkie des Aufsichtsrats, ZGR 1983, 551; *Kästner*, Aktienrechtliche Probleme der D & O Versicherung, AG 2000, 113; *Kiem*, Drittvergütung von Aufsichtsratsmitgliedern, in FS Stilz 2014, S. 329; *Kindl*, Die Teilnahme an der Aufsichtsratssitzung, 1993; *Kort*, Rechtsfragen der Höhe und Zusammensetzung der Vergütung von Mitgliedern des Aufsichtsrats der

AG, in FS Hüffer, 2010, S. 483; *Lewerenz*, Leistungsklagen zwischen Organen und Organmitgliedern der AG, 1977; *Lippert*, Überwachungspflicht, Informationsrecht und gesamtschuldnerische Haftung des Aufsichtsrates nach dem AktG 1965, 1976; *Lutter*, Information und Vertraulichkeit im Aufsichtsrat, 3. Aufl. 2006; *Matthießen*, Stimmrecht und Interessenkollision im Aufsichtsrat, 1989; *Merkt/Mylich*, Einlage eigener Aktien und Rechtsrat durch den Aufsichtsrat, NZG 2012, 525; *Mertens*, Beratungsverträge mit Aufsichtsratsmitgliedern, in FS Steindorff, 1990, S. 173; *Mertens*, Bedarf der Abschluss einer D&O Versicherung durch die Aktiengesellschaft der Zustimmung der Hauptversammlung?, AG 2000, 447; *Möllers*, Professionalisierung des Aufsichtsrates, ZIP 1995, 1725; *Mülbert*, Die Stellung der Aufsichtsratsmitglieder, in Feddersen/Hommelhoff/Uwe H. Schneider (Hrsg.), Corporate Governance, 1995, S. 99; *Mutter*, Unternehmerische Entscheidungen und Haftung des Aufsichtsrats der Aktiengesellschaft, 1994; *Raiser*, Klagebefugnisse einzelner Aufsichtsratsmitglieder, ZGR 1989, 44; *Säcker*, Anpassung von Satzungen und Geschäftsordnungen an das MitbestG 1976, 1977; *Schiessl*, Deutsche Corporate Governance post Enron, AG 2002, 593; *Schwark*, Corporate Governance: Vorstand und Aufsichtsrat, in Hommelhoff/Lutter/K. Schmidt/Schön/Ulmer (Hrsg.), Corporate Governance, 2002, S. 75; *Seibt*, Deutscher Corporate Governance Kodex und Entsprechens-Erklärung (§ 161 AktG-E), AG 2002, 249; *Semler*, Leitung und Überwachung der AG, 2. Aufl. 1996; *Spindler*, Die Neuregelung der Aufsichtsratsvergütung im Rahmen des Vergütungssystems nach ARUG II, in FS Krieger, 2020, S. 951; *Steinbeck*, Überwachungspflicht und Einwirkungsmöglichkeiten des Aufsichtsrats in der Aktiengesellschaft, 1992; *Thümmel*, Persönliche Haftung von Managern und Aufsichtsräten, 5. Aufl. 2016; *Ulmer*, Aufsichtsratsmandat und Interessenkollision, NJW 1980, 1603; *E. Vetter*, Aktienrechtliche Probleme der D & O Versicherung, AG 2000, 453; *E. Vetter*, Deutscher Corporate Governance Kodex, DNotZ 2003, 548; *E. Vetter*, Die Verantwortung und Haftung des überstimmten Aufsichtsratsmitglieds, DB 2004, 2623; *E. Vetter*, Kosten der Aufsichtsratstätigkeit und Budgetrecht des Aufsichtsrats, in VGR (Hrsg.), Gesellschaftsrecht in der Diskussion 2014, S. 115; *E. Vetter*, Der Aufsichtsrat – Spagat zwischen gesetzlichen Vorgaben und wachsenden Herausforderungen, in Fleischer/Koch/Kropff/Lutter (Hrsg.), 50 Jahre Aktiengesetz, 2016, S. 103; *Wardenbach*, Interessenkollision und mangelnde Sachkunde als Bestellungshindernisse zum Aufsichtsrat der AG, 1996; *Weiß*, Aktienoptionspläne für Führungskräfte, 1999; *Zuber*, Die externe Pflichtenbindung von Aufsichtsratsmitgliedern, 2017.

I. Rechtsstellung des Aufsichtsratsmitglieds

1. Rechtsgrundlage

30.1 Mit der Annahme seiner Wahl, die in der Praxis meist bereits im Voraus ausdrücklich erklärt wird und auch danach erklärt werden kann, aber ebenso konkludent, z.B. durch Teilnahme an der nächsten Aufsichtsratssitzung, zum Ausdruck gebracht werden kann, tritt das Aufsichtsratsmitglied zum vorgesehenen Zeitpunkt in ein **korporatives Rechtsverhältnis** zur Gesellschaft[1]. Entsprechendes gilt für den Fall der Entsendung nach § 101 Abs. 2 AktG oder der gerichtlichen Bestellung nach § 104 AktG.

30.2 Neben dem korporativen Rechtsverhältnis wird zwischen der Gesellschaft und dem einzelnen Aufsichtsratsmitglied zugleich ein **gesetzliches Schuldverhältnis** begründet, ohne dass es hierzu entsprechender Willenserklärungen beider Seiten bedarf, da der Inhalt der rechtlichen Stellung des Aufsichtsratsmitglieds allein durch Gesetz und Satzung bestimmt wird und individuellen Vereinbarungen nicht zugänglich ist[2]. Ein mit dem Anstellungsverhältnis der Vorstandsmitglieder vergleichbares vertragliches Anstellungsverhältnis, das neben das korporative Rechtsverhältnis tritt, besteht nach h.L. zwischen der AG und den Aufsichtsratsmitgliedern deshalb nicht[3].

---

1 *Habersack* in MünchKomm. AktG, 5. Aufl. 2019, § 113 AktG Rz. 31; *Hoffmann-Becking* in MünchHdb. AG, § 33 Rz. 11; *Lutter/Krieger/Verse*, Aufsichtsrat, Rz. 842.
2 *Hüffer/Koch*, § 101 AktG Rz. 2; *Lutter/Krieger/Verse*, Aufsichtsrat, Rz. 842; *Mertens/Cahn* in KölnKomm. AktG, 3. Aufl. 2013, § 101 AktG Rz. 5.
3 *Henssler* in FS 50 Jahre BGH, 2000, S. 387, 416; *Hüffer/Koch*, § 101 AktG Rz. 2; *Kort* in FS Hüffer, 2010, S. 483, 484; *Spindler* in BeckOGK AktG, Stand 1.2.2021, § 101 AktG Rz. 9; a.A. *Grunewald*, GesR, § 10 Rz. 96; *Säcker*, NJW 1979, 1521, 1525.

2. Gleichheit und Unabhängigkeit
a) Gleichheit

Die Aufsichtsratsmitglieder haben alle die **gleichen Rechte und Pflichten**[4]. Dies gilt unabhängig davon, von wem und auf welchem Weg sie in den Aufsichtsrat berufen wurden. Ihnen stehen insbesondere die gleichen organinternen Teilnahme-, Informations-, Rede- und Mitwirkungsrechte sowie die gleichen Befugnisse gegenüber den anderen Gesellschaftsorganen zu[5]. Eine Sondersituation ist lediglich hinsichtlich des Aufsichtsratsvorsitzenden gegeben, dem das Gesetz eine herausgehobene Stellung mit zum Teil besonderen Befugnissen einräumt (vgl. z.B. § 90 Abs. 1 Satz 3, § 107 Abs. 2 Satz 1, § 109 Abs. 2, § 110 Abs. 1 Satz 1 AktG) (vgl. Rz. 28.12).

30.3

Für den **mitbestimmten Aufsichtsrat** ist der Grundsatz der gleichen Rechtsstellung z.B. in den § 4 Abs. 3 MontanMitbestG und § 5 Abs. 4 MitbestErgG ausdrücklich niedergelegt; er gilt aber uneingeschränkt für die Aufsichtsratsmitglieder der Anteilseigner und der Arbeitnehmer gleichermaßen im Geltungsbereich des DrittelbG[6] und des MitbestG[7], soweit nicht das Gesetz selbst ausdrücklich bestimmte Unterschiede anerkannt hat.

30.4

b) Unabhängigkeit

Ungeachtet der seit langem geführten Diskussion zur Frage der Unabhängigkeit der Aufsichtsratsmitglieder[8] enthält das AktG weder eine Definition der Unabhängigkeit noch eine ausdrückliche Regelung, sondern beschränkt sich auf die Behandlung von Teilaspekten (§ 100 Abs. 2 Nr. 2, § 105 Abs. 1, § 107 Abs. 3 Satz 5 und § 111b Abs. 2 AktG)[9]. Die Unabhängigkeit steht allerdings im zentralen Fokus der **institutionellen Investoren** wie auch der **Stimmrechtsberater**. Die Aufsichtsratsmitglieder der Anteilseigner und der Arbeitnehmer haben die gleichen Rechte und Pflichten und sind bei ihrer Amtsführung **nicht Vertreter von Partikularinteressen**, sondern haben ihr Amt unabhängig und eigenverantwortlich auszuüben[10]. Insbesondere sind sie nach h.M. in gleicher Weise allein auf die **Wahrung des Unternehmensinteresses**[11] verpflichtet und haben ihr Verhalten ebenso wie der vom Aufsichtsrat

30.5

---

4 BVerfG v. 7.11.1972 – 1 BvR 338/68, BVerfGE 34, 103, 112; BGH v. 5.6.1975 – II ZR 23/74 – Bayer, BGHZ 64, 325, 330; BGH v. 25.2.1982 – II ZR 145/80 – Bilfinger und Berger, BGHZ 83, 151, 154; *Habersack* in MünchKomm. AktG, 5. Aufl. 2019, § 111 AktG Rz. 17; *Schubert* in Wißmann/Kleinsorge/Schubert, § 25 MitbestG Rz. 230; *Mertens/Cahn* in KölnKomm. AktG, 3. Aufl. 2013, vor § 95 AktG Rz. 12; *Raiser/Veil*, Kapitalgesellschaften, § 15 Rz. 103.
5 Vgl. *Lutter/Krieger/Verse*, Aufsichtsrat, Rz. 825; *Mülbert* in Corporate Governance, S. 99, 108 ff.
6 BGH v. 5.6.1975 – II ZR 23/74 – Bayer, BGHZ 64, 325, 330; *Hueck*, RdA 1975, 35, 37; *Mertens*, AG 1977, 306, 308 (sämtlich zum BetrVG 1952).
7 BGH v. 25.2.1982 – II ZR 102/81 – Dynamit Nobel, BGHZ 83, 144, 147; BGH v. 25.2.1982 – II ZR 145/80 – Bilfinger und Berger, BGHZ 83, 151, 154; BGH v. 28.11.1988 – II ZR 57/88 – Opel, BGHZ 85, 54, 65; *Habersack* in Habersack/Henssler, MitbestR, § 25 MitbestG Rz. 76; *Oetker* in Großkomm. AktG, 5. Aufl. 2018, § 25 MitbestG Rz. 20; *Raiser* in Raiser/Veil/Jacobs, § 25 MitbestG Rz. 123.
8 Als zentrales Problem des Aufsichtsrats wird die Unabhängigkeit seiner Mitglieder betrachtet von *Roth/Wörle*, ZGR 2004, 565, 630; international auch *Hopt*, ZHR 175 (2011), 444, 474 ff.
9 *Hopt/Leyens*, ZGR 2019, 929, 956; *Langenbucher*, ZGR 2012, 314, 323; *M. Roth*, ZHR 175 (2011), 605, 628.
10 BGH v. 5.6.1975 – II ZR 23/74 – Bayer, BGHZ 64, 325, 331; BGH v. 25.2.1982 – II ZR 123/81 – Siemens, BGHZ 83, 106, 112; BGH v. 26.3.1984 – II ZR 171/83 – BuM/WestLB, BGHZ 90, 381, 398; BGH v. 18.9.2006 – II ZR 137/05 – WMF, BGHZ 169, 98 Rz. 18.
11 BGH v. 5.6.1975 – II ZR 23/74 – Bayer, BGHZ 64, 325, 331; BGH v. 18.9.2006 – II ZR 137/05 – WMF, BGHZ 169, 98 Rz. 18; *Hüffer/Koch*, § 116 AktG Rz. 8; *Mertens/Cahn* in KölnKomm. AktG, 3. Aufl. 2013, vor § 95 AktG Rz. 12 ff.; *Raiser* in Raiser/Veil/Jacobs, § 25 MitbestG Rz. 117; *Habersack* in Habersack/Henssler, MitbestR, § 25 MitbestG Rz. 93; *Zuber*, Externe Pflichtenbindung von Aufsichtsratsmitgliedern, 2017, S. 292.

zu kontrollierende Vorstand danach auszurichten. Sie dürfen nicht zu Lasten des Unternehmensinteresses die Interessen derjenigen Gruppe verfolgen, der sie ihr Aufsichtsratsmandat verdanken[12]. Weder das AktG noch das MitbestG lassen ein imperatives Mandat der Aufsichtsratsmitglieder zu[13].

30.6 Die Verpflichtung zur unabhängigen Wahrnehmung ihrer Aufgaben bezieht sich nicht nur auf das Verhältnis der Aufsichtsratsmitglieder zu Aktionären und Dritten, sondern, wie sich aus dem Rechtsgedanken der § 105 Abs. 1 und § 124 Abs. 3 Satz 1 AktG ergibt, auch gegenüber dem Vorstand. C.11 Deutscher Corporate Governance Kodex unterstreicht die Unabhängigkeit des Aufsichtsrates gegenüber dem Vorstand u.a. durch die Empfehlung, dass dem Aufsichtsrat unabhängig von der Gesamtzahl seiner Mitglieder nicht mehr als zwei ehemalige Mitglieder des Vorstandes – unabhängig vom Zeitpunkt ihres Ausscheidens – angehören sollen[14]. Der Deutsche Corporate Governance Kodex enthält mehrere Empfehlungen zur Unabhängigkeit der Aufsichtsratsmitglieder. Er beschränkt sich dabei jedoch auf die **Anteilseignerseite**. Er überlässt gemäß C.6 Abs. 1 Deutscher Corporate Governance Kodex die nähere Festlegung der Selbstorganisation des Aufsichtsrats. Er soll auf eine nach seiner Einschätzung angemessene Zahl unabhängiger Mitglieder achten und dabei auch die Eigentümerstruktur berücksichtigen[15]. Die Einschätzung obliegt dabei alleine den Aufsichtsratsmitgliedern der Anteilseigner[16]. Die Unabhängigkeit der Aufsichtsratsmitglieder ist **mehrdimensional zu bestimmen**; es kommt auf die Unabhängigkeit von der Gesellschaft, deren Vorstand sowie einem kontrollierenden Aktionär an. Dabei wird eine zweigliedrige Vorgehensweise zur Bestimmung der Unabhängigkeit zugrunde gelegt, wie sich aus den konkretisierenden Empfehlungen C.7 bis C.10 Deutscher Corporate Governance Kodex ergibt[17]. Kriterien der Unabhängigkeit finden sich in der – nicht bindenden – Kommissionsempfehlung vom 15.2.2005 zu den Aufgaben von nicht geschäftsführenden Direktoren/Aufsichtsratsmitgliedern börsennotierter Gesellschaften[18]. Die Empfehlung von C.1 Deutscher Corporate Governance Kodex sieht die Konkretisierung von Zielen für die Zusammensetzung des Aufsichtsrats, ein Kompetenzprofil für das Gesamtgremium und die **Anzahl der unabhängigen Aufsichtsratsmitglieder** nach der eigenen Einschätzung der Aufsichtsratsmitglieder der Anteilseigner sowie die Offenlegung dieser Vorgaben für die Zusammensetzung des Aufsichtsrats in der Erklärung zur Unternehmensführung vor[19].

30.7 Das **Unternehmensinteresse** bildet nicht nur die Handlungs- und Entscheidungsmaxime des Aufsichtsrates als Kollegialorgan, sondern dient auch als **Verhaltensmaßstab** für die Tätigkeit seiner einzelnen Mitglieder. Von der Rechtsprechung des BVerfG und des BGH ist das Unternehmensinteresse insbesondere im Zusammenhang mit der Einführung der paritätischen Mitbestimmung als Verhaltensmaßstab der Mitglieder des Aufsichtsrates seit langem anerkannt[20]. Eine Definition oder eine nähere Kon-

---

12 *Habersack* in MünchKomm. AktG, 5. Aufl. 2019, § 111 AktG Rz. 160; *Säcker* in FS Rebmann, 1989, S. 781, 786; *Steinbeck*, Überwachungspflicht, S. 55.
13 *Hoffmann-Becking* in MünchHdb. AG, § 33 Rz. 7; *Raiser/Veil*, Kapitalgesellschaften, § 15 Rz. 101; *Säcker*, Anpassung, S. 14; *E. Vetter*, Beiträge, S. 14.
14 *E. Vetter/Peters* in Henssler/Strohn, C.11 DCGK Rz. 1.
15 Vgl. *Baums*, ZHR 180 (2016), 697, 699; *Lieder*, NZG 2005, 569, 570; *E. Vetter*, BB 2005, 1689, 1690; siehe eingehend *Leyens*, Information des Aufsichtsrats, 2006, S. 320 ff.
16 *Kremer* in Kremer/Bachmann/Lutter/v. Werder, Deutscher Corporate Governance Kodex, C.6 Rz. 7; *Rubner/Fischer*, NZG 2019, 961, 963; *E. Vetter/Peters* in Henssler/Strohn, C.6 DCGK Rz. 2.
17 *von der Linden*, DStR 2019, 1529, 1530; *E. Vetter/Peters* in Henssler/Strohn, C.6 DCGK Rz. 3.
18 Empfehlung der Kommission v. 15.2.2005 zu den Aufgaben von nicht geschäftsführenden Direktoren/Aufsichtsratsmitgliedern/börsennotierter Gesellschaften sowie zu den Ausschüssen des Verwaltungs-/Aufsichtsrats, ABl. EU Nr. L 52 v. 25.2.2005, S. 51; siehe dazu auch *Hüffer*, ZIP 2006, 637; *Lieder*, NZG 2005, 569; *Spindler*, ZIP 2005, 2033; *E. Vetter*, ZGR 2010, 751, 781 ff.
19 Siehe dazu z.B. *Klein*, AG 2012, 805; *Stephanblome*, ZIP 2013, 1411; *E. Vetter/Peters* in Henssler/Strohn, C.1 DCGK Rz. 6.
20 BVerfG v. 7.11.1972 – 1 BvR 338/68, BVerfGE 34, 103, 112; BVerfG v. 1.3.1979 – 1 BvR 532/77, 1 BvR 533/77, 1 BvR 419/78, 1 BvL 21/78 – Mitbestimmung, BVerfGE 50, 290, 350; BGH v. 4.3.1974 – II ZR 89/72 – Seitz, BGHZ 62, 193, 197; BGH v. 29.1.1962 – II ZR 1/61, BGHZ 36, 296, 306; BGH v. 5.6.1975 – II ZR 23/74 – Bayer, BGHZ 64, 325, 331.

kretisierung des Unternehmensinteresses findet sich in der Rechtsprechung jedoch nicht. Auch im umfangreichen Schrifttum, das das Unternehmensinteresse mehrheitlich als Verhaltensmaßstab anerkannt hat, besteht keine übereinstimmende Auffassung, wie das Unternehmensinteresse zu verstehen und inhaltlich auszufüllen ist[21], so dass der Begriff als Verhaltensmaßstab der Organmitglieder noch immer relativ vage ist. Diese Situation hat sich auch durch die vielfach besonders betonte Ausrichtung am *shareholder value* nicht grundsätzlich geändert[22]. Der Streit um das Unternehmensinteresse ist nur in Extremfällen von Bedeutung. Fest steht allerdings, dass das Unternehmensinteresse nicht als das Konglomerat der verschiedenen auf das Unternehmen bezogenen Individualinteressen der verschiedenen Gruppen verstanden werden darf. Keinesfalls kann das Unternehmensinteresse auch mit dem Interesse am bloßen Erhalt des Unternehmens quasi als kleinstem gemeinsamen Nenner der unterschiedlichen Einzelinteressen gleichgesetzt werden[23]. Es ist von jedem Aufsichtsratsmitglied eine **persönliche und eigenverantwortliche Meinungsbildung in der konkreten Situation** vorzunehmen und im Konfliktfall bei divergierenden und nicht miteinander kompatiblen Einzelinteressen der erwerbswirtschaftlichen Zielsetzung des Unternehmens der Vorrang gegenüber anderen Gruppen- oder Individualinteressen einzuräumen[24].

c) Höchstpersönliche Amtsausübung

§ 111 Abs. 6 AktG bestimmt, dass die Mitglieder des Aufsichtsrates ihre Aufgaben nicht durch andere erledigen lassen dürfen. Sie haben ihr Amt persönlich, eigenständig und in **eigener Verantwortung** wahrzunehmen und sind **keinerlei Weisungen** unterworfen[25]. Vereinbarungen, nach denen ein Aufsichtsratsmitglied sein Stimmrecht nach Weisung eines anderen ausüben soll, sind nach § 134 BGB ebenso unwirksam[26] wie Vereinbarungen, die das Aufsichtsratsmitglied zur Niederlegung seines Mandates verpflichten, falls es der Weisung eines anderen nicht Folge leistet[27]. Die Pflicht zur **höchstpersönlichen Wahrnehmung des Aufsichtsratsmandates** nach § 111 Abs. 5 AktG verbietet dem Aufsichtsratsmitglied nicht, sich im Einzelfall der **Dienste Dritter** zur Erledigung bestimmter Aufgaben zu bedienen. Die Hinzuziehung von Beratern entbindet nicht von der persönlichen Überwachungspflicht[28]. Es kommen im Übrigen nur **unterstützende Hilfsfunktionen** in Betracht, wie z.B. zur Vorbereitung der Aufsichtsratssitzung oder aber zur Klärung von konkreten Einzelheiten und speziellen Fragen, die über die normalerweise anfallenden Geschäftsvorgänge hinausgehen, die ein Aufsichtsratsmitglied ohne fremde Hilfe selbst beurteilen können muss[29]. Dazu zählt z.B. auch die eigene Abschätzung und Beurteilung von Risiken im Zusammenhang mit Derivategeschäften[30].

30.8

---

21 Vgl. z.B. *Matthießen*, Stimmrecht und Interessenkollision; *Raisch* in FS Hefermehl, 1976, S. 347; *Raiser* in FS Schmidt, 1976, S. 101; *Mülbert*, ZGR 1997, 129 ff.; *Kuhner*, ZGR 2004, 244.
22 Vgl. dazu mit Differenzierungen im Einzelnen *Mülbert*, ZGR 1997, 129, 140; *von Werder*, ZGR 1998, 69, 77 ff.; *Hüffer*, ZHR 161 (1997), 214, 217; *K. Schmidt*, GesR, S. 806.
23 *Wiedemann*, BB 1978, 5, 11; *Wiedemann*, GesR I, S. 626; *Steinbeck*, Überwachungspflicht, S. 49; a.A. *Raisch* in FS Hefermehl, 1976, S. 347, 349; *Raiser* in FS Schmidt, 1976, S. 101, 109; *Lutter/Krieger/Verse*, Aufsichtsrat, Rz. 822.
24 *Wiedemann*, BB 1978, 5, 11; *Wiedemann*, GesR I, S. 627; *Junge* in FS von Caemmerer, 1978, S. 547, 554; *E. Vetter*, Beiträge, S. 42.
25 BGH v. 15.11.1982 – II ZR 27/82 – Hertie, BGHZ 85, 293, 294; *Habersack* in MünchKomm. AktG, 5. Aufl. 2019, § 111 AktG Rz. 160; *Spindler* in BeckOGK AktG, Stand 1.2.2021, § 111 AktG Rz. 108; *Zuber*, Externe Pflichtenbindung von Aufsichtsratsmitgliedern, 2017, S. 253.
26 *Lutter/Krieger/Verse*, Aufsichtsrat, Rz. 822; *Oetker* in Großkomm. AktG, 5. Aufl. 2018, § 25 MitbestG Rz. 27; *Raiser* in Raiser/Veil/Jacobs, § 25 MitbestG Rz. 125.
27 *Lutter/Krieger/Verse*, Aufsichtsrat, Rz. 822; *Oetker* in Großkomm. AktG, 5. Aufl. 2018, § 25 MitbestG Rz. 27; *Raiser/Veil*, Kapitalgesellschaften, § 15 Rz. 102.
28 *Drygala* in K. Schmidt/Lutter, § 116 AktG Rz. 3; *Spindler* in BeckOGK AktG, Stand 1.2.2021, § 111 AktG Rz. 109.
29 *Hopt/Roth* in Großkomm. AktG, 5. Aufl. 2019, § 111 AktG Rz. 803; *Lutter/Krieger*, DB 1995, 257, 259; *Semler*, Leitung und Überwachung, Rz. 166, *Semler* in FS Claussen, 1997, S. 381, 392.
30 OLG Stuttgart v. 29.2.2012 – 20 U 3/11 – Porsche/VW Piëch, AG 2012, 298, 301.

30.9 Eine **Zuziehung von Beratern und Sachverständigen** im Sinne einer ständigen Mitwirkung bei der Erledigung der Aufgaben des Aufsichtsratsmitglieds, wie z.B. die generelle Zuziehung bei der Durchsicht und Prüfung des Jahresabschlusses oder des Prüfungsberichts des Abschlussprüfers, ist jedoch nicht zulässig[31]. Zu Recht erwartet der BGH von einem Aufsichtsratsmitglied wirtschaftliche und rechtliche Mindestkenntnisse und Mindestfähigkeiten für die sachgerechte Wahrnehmung seiner Rechte und Pflichten und zur Beurteilung der normalerweise anfallenden Geschäftsvorgänge. In jedem Fall ist das Aufsichtsratsmitglied auch bei der Zuziehung von Dritten verpflichtet, sich ein **persönliches, eigenverantwortliches Bild** von dem zu beurteilenden Vorgang zu machen und darf nicht blindlings dessen Urteil ohne eigene kritische Würdigung folgen[32]. Hinsichtlich der Verantwortung des Vorstands hat der BGH entschieden, dass das Vorstandsmitglied den Rat eines Dritten auf Plausibilität zu prüfen hat[33]. Für die Mitglieder des Aufsichtsrats, die ihr Amt ebenfalls eigenverantwortlich auszuüben haben[34], kann nichts anderes gelten.

3. Pflicht zur kollegialen Zusammenarbeit

30.10 Jedes Aufsichtsratsmitglied trifft die **Pflicht zur Mitwirkung und kollegialen Zusammenarbeit** mit den übrigen Aufsichtsratsmitgliedern[35]. Als Mitglied eines Kollegialorgans ist das einzelne Aufsichtsratsmitglied verpflichtet, persönlich nach seinen Fähigkeiten und Möglichkeiten dazu beizutragen, dass der Aufsichtsrat die ihm obliegenden Aufgaben ordnungsgemäß, sachgerecht und effizient im Interesse des Unternehmens erfüllen und der Gesamtverantwortung seiner Mitglieder gerecht werden kann[36]. Inhaltlich ist die Pflicht zur kollegialen Zusammenarbeit durch **positive Mitwirkungshandlungen** des einzelnen Aufsichtsratsmitglieds gekennzeichnet, wie z.B. die Einhaltung der Geschäftsordnung des Aufsichtsrates, die Einsetzung von Aufsichtsratsausschüssen und die Mitarbeit in Ausschüssen, die sorgfältige Sitzungsvorbereitung sowie die eigenverantwortliche Urteilsbildung über die Beschlussgegenstände. Daneben steht die Pflicht zur regelmäßigen Teilnahme an den Aufsichtsratssitzungen sowie die offene, vollständige und rechtzeitige Unterrichtung der anderen Aufsichtsratsmitglieder über alle für die Arbeit des Aufsichtsrates relevanten Vorgänge und Entwicklungen[37]. Dies schließt das Einbringen von Spezialkenntnissen eines Aufsichtsratsmitglieds in die Aufsichtsratsarbeit ein[38].

30.11 D.13 Deutscher Corporate Governance Kodex empfiehlt die regelmäßige **Überprüfung der Wirksamkeit der Aufgabenerledigung durch den Aufsichtsrat und seine Ausschüsse** mit dem Ziel einer kontinuierlichen Verbesserung. Grundsätzlich ist der Aufsichtsrat bei der Wahrnehmung seiner Aufgaben,

---

31 BGH v. 15.11.1982 – II ZR 27/82 – Hertie, BGHZ 85, 293, 296; *Hopt/Roth* in Großkomm. AktG, 5. Aufl. 2019, § 111 AktG Rz. 796; kritisch *Hommelhoff*, ZGR 1983, 551, 556.
32 *Hommelhoff*, ZGR 193, 551, 556; *Lutter/Krieger/Verse*, Aufsichtsrat, Rz. 887; *Potthoff/Trescher/Theisen*, AR-Mitglied, Rz. 821.
33 BGH v. 28.4.2015 – II ZR 63/14 – Heberger, AG 2015, 535 Rz. 33; dazu *Kort*, AG 2015, 531, 534; *E. Vetter*, NZG 2015, 889, 894.
34 BGH v. 6.11.2012 – II ZR 111/12 – Porsche/VW Piëch, AG 2013, 90, 91; OLG Stuttgart v. 29.2.2012 – 20 U 3/11 – Porsche/VW Piëch, AG 2012, 298, 301; *Habersack* in MünchKomm. AktG, 5. Aufl. 2019, § 116 AktG Rz. 32; *E. Vetter* in 50 Jahre Aktiengesetz, S. 103, 123; siehe auch BGH v. 11.12.2006 – II ZR 243/05, AG 2007, 167 Rz. 13 (zur GmbH).
35 *Drygala* in K. Schmidt/Lutter, § 116 AktG Rz. 3; *Lutter/Kremer*, ZGR 1992, 87, 88; *Mertens/Cahn* in KölnKomm. AktG, 3. Aufl. 2013, § 116 AktG Rz. 11; *Raiser* in Raiser/Veil/Jacobs, § 25 MitbestG Rz. 120.
36 *Hommelhoff*, ZHR 143 (1979), 288, 292; *Lutter/Krieger/Verse*, Aufsichtsrat, Rz. 886; *Mülbert* in Corporate Governance, S. 99, 102; *Spindler* in BeckOGK AktG, Stand 1.2.2021, § 116 AktG Rz. 19; *Steinbeck*, Überwachungspflicht, S. 25.
37 *Hüffer*, NZG 2007, 47, 50; *Mertens/Cahn* in KölnKomm. AktG, 3. Aufl. 2013, § 116 AktG Rz. 11; *Mülbert* in Corporate Governance, S. 99, 102; *Raiser/Veil*, Kapitalgesellschaften, § 15 Rz. 112; *Spindler* in BeckOGK AktG, Stand 1.2.2021, § 116 AktG Rz. 37.
38 BGH v. 20.9.2011 – II ZR 234/09 – ISION, AG 2011, 876; *Dreher* in FS Boujong, 1996, S. 71, 83; *Drygala* in K. Schmidt/Lutter, § 116 AktG Rz. 44; *Merkt/Mylich*, NZG 2012, 525, 530; siehe schon *Hommelhoff* in FS Werner, 1984, S. 315, 322.

insbesondere bei allen seinen Beschlüssen und Maßnahmen, stets verpflichtet, die eigene Arbeit wie auch die seiner Ausschüsse auf ihre Zielgerichtetheit und Effizienz zu überprüfen[39], um bei der Aufdeckung von Problemen und Schwachstellen unmittelbar für Abhilfe sorgen zu können. Dazu hat jedes einzelne Aufsichtsratsmitglied im Rahmen seiner Pflicht zur kollegialen Zusammenarbeit beizutragen (zur Selbstprüfung siehe Rz. 30.27).

4. Verschwiegenheitspflicht

a) Grundlagen

30.12 Die Mitglieder des Aufsichtsrates unterliegen nach § 116 i.V.m. § 93 Abs. 1 Satz 3 AktG der Pflicht zur Verschwiegenheit, die sich inhaltlich am Unternehmensinteresse zu orientieren hat. Der Gesetzgeber hat diese für die Zusammenarbeit im Aufsichtsrat elementare Pflicht betont, indem in § 116 Satz 2 AktG nunmehr typische Beispiele vertraulicher Vorgänge ausdrücklich genannt werden[40]. Die Verschwiegenheitspflicht ist **Ausdruck der Treuepflicht**, der auch das Aufsichtsratsmitglied unterliegt und die einen festen Bestandteil des Pflichtenkreises des Aufsichtsratsmitglieds bildet[41]. Die schuldhafte **Verletzung der Geheimhaltungspflicht** durch ein Mitglied des Aufsichtsrates ist nach § 404 AktG **strafbar**.

Neben die aktienrechtliche Verschwiegenheitspflicht treten in der **börsennotierten AG** die besonderen Verhaltenspflichten der Aufsichtsratsmitglieder nach Art. 8 Abs. 4 EU-MarktmissbrauchsVO (MMVO) als so genannte **Primärinsider**, d.h. insbesondere die **Insiderhandelsverbote** nach Art. 8 Abs. 1 MMVO (vgl. Rz. 14.35) sowie Meldepflichten unter dem Gesichtspunkt der *directors' dealings*[42], Art. 19 MMVO (vgl. Rz. 16.3).

30.13 In der Sache ist die Verschwiegenheitspflicht notwendige Voraussetzung, um eine **offene Kommunikation und vertrauensvolle Zusammenarbeit** von Vorstand und Aufsichtsrat wie auch innerhalb des Aufsichtsrates zu gewährleisten[43]. Zwischen beidem besteht ein „unlösbarer Zusammenhang"[44]. Der Vorstand ist gemäß § 90 AktG gegenüber dem Aufsichtsrat zur rechtzeitigen und offenen Information und Berichterstattung in allen für diesen bedeutsamen Angelegenheiten verpflichtet und muss sich seinerseits im Unternehmensinteresse auf eine vertrauliche Behandlung der dem Aufsichtsrat mitgeteilten Angelegenheiten des Unternehmens verlassen können. Auch für die Beratungen des Aufsichtsrates, dem nach § 107 Abs. 3 Satz 5 AktG unter anderem regelmäßig über die Arbeit der Aufsichtsratsausschüsse zu berichten ist, ist die Sicherstellung der **strikten Vertraulichkeit die unverzichtbare Grundlage einer offenen Aussprache** sowie effektiven und konstruktiven Zusammenarbeit. Diesem Ziel dient auch § 116 Satz 2 AktG, der die Verschwiegenheitspflicht der Aufsichtsratsmitglieder hinsichtlich der erhaltenen vertraulichen Berichte und vertraulichen Beratungen erwähnt. Die Vorschrift hat nur klarstellenden Charakter und lässt die generelle Verschwiegenheitspflicht der Aufsichtsratsmitglieder gemäß § 116 Satz 1 i.V.m. § 93 Abs. 1 Satz 3 AktG unberührt[45].

---

39 Vgl. auch *Baums* (Hrsg.), Bericht Regierungskommission, Rz. 62; siehe im Übrigen den Fragenkatalog bei *E. Vetter* in Happ/Groß/Möhrle/Vetter, Aktienrecht, Muster 9.24.
40 Vgl. *Baums* (Hrsg.), Bericht Regierungskommission, Rz. 66.
41 BGH v. 5.6.1975 – II ZR 23/74 – Bayer, BGHZ 64, 325, 327; *Hopt/Roth* in Großkomm. AktG, 5. Aufl. 2015, § 93 AktG Rz. 279; *Hüffer/Koch*, § 116 AktG Rz. 9; *Lutter*, Information, S. 173; *Schwintowski*, NJW 1990, 1009, 1011.
42 Vgl. dazu z.B. *Fleischer*, ZIP 2002, 1217 ff.; *Uwe H. Schneider*, BB 2002, 1817 ff.
43 *Hopt/Roth* in Großkomm. AktG, 5. Aufl. 2019, § 116 AktG Rz. 190; *Hüffer/Koch*, § 116 AktG Rz. 9; *Raiser/Veil*, Kapitalgesellschaften, § 15 Rz. 106.
44 Vgl. Begr. RegE zum TransPuG, BR-Drucks. 109/02, S. 41.
45 *Hopt/Roth* in Großkomm. AktG, 5. Aufl. 2019, § 116 AktG Rz. 190; *Schüppen*, ZIP 2002, 1269, 1274; *Ihrig/Wagner*, BB 2002, 789, 794.

b) Persönlicher Geltungsbereich der Verschwiegenheitspflicht

30.14 Die Verschwiegenheitspflicht trifft **alle Aufsichtsratsmitglieder** in gleicher Weise unabhängig davon, auf welchem Weg sie zum Aufsichtsratsmitglied bestellt worden sind. Insbesondere kommt eine Differenzierung der Verschwiegenheitspflicht zwischen den Aufsichtsratsmitgliedern der Anteilseigner und der Arbeitnehmer nicht in Betracht[46]. Etwas anderes gilt gemäß § 394 Satz 1 AktG nur für die auf Veranlassung einer Gebietskörperschaft in den Aufsichtsrat entsandten Mitglieder, sofern und soweit sie gegenüber der Gebietskörperschaft berichtspflichtig sind[47].

30.15 Die Verschwiegenheitspflicht besteht gegenüber allen Personen, die nicht Organmitglieder der AG sind[48], aber selbstverständlich **nicht im Verhältnis zu den anderen Aufsichtsratsmitgliedern**[49]. Dies gilt grundsätzlich auch im Verhältnis zwischen einem **Mitglied eines Aufsichtsratsausschusses** und den übrigen Aufsichtsratsmitgliedern[50], wenngleich die Ausschussmitglieder gehalten sind, dem Ausschussvorsitzenden die Entscheidung zu überlassen, welche vertraulichen Informationen an die übrigen Aufsichtsratsmitglieder weitergegeben werden sollen. Dies gilt nicht nur für die regelmäßige Berichterstattung an das Aufsichtsratsplenum nach § 107 Abs. 3 Satz 5 AktG, sondern insbesondere dann, wenn der Aufsichtsratsvorsitzende die Teilnahme von nicht dem Ausschuss angehörenden Aufsichtsratsmitgliedern an den Ausschusssitzungen nach § 109 Abs. 2 AktG ausgeschlossen hat und der Aufsichtsrat hinsichtlich der Weitergabe von Informationen mehrheitlich nichts anderes beschließt. Eine **erhöhte Verschwiegenheit** besteht dann, wenn es um Angelegenheiten geht, die gerade aus Gründen der erhöhten Vertraulichkeit einem Ausschuss zugewiesen werden, wie dies z.B. typischerweise beim **Personalausschuss** der Fall ist[51]. Speziell die Auswahl und Anhörung potentieller Kandidaten für ein zu besetzendes Vorstandsamt unterliegen einer **besonderen Vertraulichkeit**. Gemäß § 101 Abs. 3 Satz 2 AktG gewählte **Ersatzmitglieder** gehören vor ihrem Nachrücken nicht dem Aufsichtsrat an. Deshalb haben die Aufsichtsratsmitglieder die gesetzliche Verschwiegenheitspflicht auch im Verhältnis zu Ersatzmitgliedern zu beachten, solange diese noch nicht in den Aufsichtsrat nachgerückt sind[52]. Nach dem **Ausscheiden eines Aufsichtsratsmitglieds aus dem Aufsichtsrat** besteht die Verschwiegenheitspflicht als nachwirkende Treuepflicht unverändert fort[53].

30.16 Die Verschwiegenheitspflicht gilt nicht nur gegenüber der allgemeinen Öffentlichkeit, sondern auch gegenüber den Aktionären, der Belegschaft, den betriebsverfassungsrechtlichen Gremien (z.B. Betriebsrat, Wirtschaftsausschuss) sowie gegenüber den Gewerkschaften[54]. Bedient sich ein Aufsichtsratsmitglied bei der Wahrnehmung seiner Aufgaben ausnahmsweise der **Hilfe Dritter** (z.B. Hilfskräfte, Sachverständige), hat es diese sorgfältig auszusuchen und die Einhaltung der Vertraulichkeitsverpflich-

---

46 BGH v. 5.6.1975 – II ZR 23/74 – Bayer, BGHZ 64, 325, 330; *Drygala* in K. Schmidt/Lutter, § 116 AktG Rz. 29; *Edenfeld/Neufang*, AG 1999, 49, 52; *Habersack* in MünchKomm. AktG, 5. Aufl. 2019, § 116 AktG Rz. 58.
47 Vgl. dazu z.B. *Lutter/Grunewald*, WM 1984, 385, 397; *Schwintowski*, NJW 1990, 1009; *Wilting*, AG 2012, 529, 533.
48 BGH v. 26.4.2016 – XI ZR 108/15, AG 2016, 493, 495; *Habersack* in MünchKomm. AktG, 5. Aufl. 2019, § 116 AktG Rz. 59; *Spindler* in BeckOGK AktG, Stand 1.2.2021, § 116 AktG Rz. 110 und 113.
49 OLG Hamburg v. 25.5.1984 – 11 U 183/83 – Beiersdorf, AG 1984, 248, 251; *Lutter*, Information, S. 175; *Mertens/Cahn* in KölnKomm. AktG, 3. Aufl. 2013, § 116 AktG Rz. 58; *Raiser* in Raiser/Veil/Jacobs, § 25 MitbestG Rz. 137.
50 *Lutter*, Information, S. 137; *Gittermann* in Semler/v. Schenck/Wilsing, ArbeitsHdb. AR, § 5 Rz. 106.
51 *Lutter*, Information, S. 137; *Rellermeyer*, Aufsichtsratsausschüsse, S. 205.
52 *Habersack* in MünchKomm. AktG, 5. Aufl. 2019, § 116 AktG Rz. 59; *Hopt/Roth* in Großkomm. AktG, 5. Aufl. 2019, § 116 AktG Rz. 201; *Potthoff/Trescher/Theisen*, AR-Mitglied, Rz. 914.
53 OLG Koblenz v. 5.3.1987 – 6 W 38/87, AG 1987, 184; *Habersack* in MünchKomm. AktG, 5. Aufl. 2019, § 116 AktG Rz. 15; *Hoffmann-Becking* in MünchHdb. AG, § 33 Rz. 57; *Raiser* in Raiser/Veil/Jacobs, § 25 MitbestG Rz. 127.
54 *Lutter/Krieger/Verse*, Aufsichtsrat, Rz. 276; *Mülbert* in Corporate Governance, S. 99, 117; *Raiser* in Raiser/Veil/Jacobs, § 25 MitbestG Rz. 136.

tung durch geeignete Vorkehrungen oder durch die Auswahl von beruflich zur Verschwiegenheit Verpflichteten sicherzustellen[55].

c) Typische Geheimnisse und vertrauliche Angaben

Die Verschwiegenheitspflicht bezieht sich auf Geheimnisse des Unternehmens und vertrauliche Angaben (§ 93 Abs. 1 Satz 3 AktG), soweit im Hinblick auf die Wettbewerbsfähigkeit des Unternehmens oder sein Ansehen in der Öffentlichkeit ein **objektives und gerichtlich nachprüfbares Unternehmensinteresse an der Geheimhaltung** gegeben ist[56]. Weder Vorstand noch der Aufsichtsrat können das objektiv erforderliche Geheimhaltungsinteresse durch Beschluss begründen oder erweitern[57]. Allerdings ist das objektive Geheimhaltungsinteresse des Unternehmens grundsätzlich zu vermuten, wenn der Vorstand oder der Aufsichtsrat eine Information ausdrücklich als vertraulich bezeichnet haben und sich danach verhalten[58]. Es obliegt jedem einzelnen Aufsichtsratsmitglied im Rahmen seiner pflichtgemäßen Amtsführung zu prüfen, ob die Voraussetzungen zur vertraulichen Behandlung einer bestimmten Information gegeben sind oder nicht. Dabei steht ihm **kein Ermessens- oder Beurteilungsspielraum** zu[59].

30.17

aa) Geheimnisse

Geheimnisse sind relativ unbekannte Tatsachen, deren Weitergabe an Dritte für die Gesellschaft schädlich sein könnte[60]. Geheimnisse können z.B. kaufmännische Unternehmensdaten, Daten über Geschäftspartner, Personaldaten, technische Daten aus dem Entwicklungs- und Produktionsprozess sowie strategische Daten und Vorgänge aus dem Planungsprozess sein[61].

30.18

bb) Vertrauliche Angaben

Zu den vertraulichen Angaben zählen alle Informationen, deren Weitergabe an Dritte nicht dem Unternehmensinteresse entspricht[62]. Bei Personalangelegenheiten des Vorstands sind auch die Vorstandsmitglieder Dritte[63]. Vertrauliche Angaben sind insbesondere (vgl. § 116 Satz 2 AktG) die Beratungsgegenstände des Aufsichtsrates und seiner Ausschüsse, vertrauliche Berichte des Vorstandes, des Abschlussprüfers oder von Sachverständigen, der Verlauf der Sitzung einschließlich der Abstimmung sowie die Stellungnahmen und die Stimmabgabe einzelner Aufsichtsratsmitglieder[64]. Auch die **eigene**

30.19

---

55 BGH v. 5.6.1975 – II ZR 23/74 – Bayer, BGHZ 64, 325, 332; *Hommelhoff*, ZGR 1983, 551, 567; *Hüffer/Koch*, § 116 AktG Rz. 10; *Lutter/Krieger*, DB 1995, 257, 259.
56 *Hüffer/Koch*, § 116 AktG Rz. 11; *Rittner* in FS Hefermehl, 1976, S. 365, 369; *Habersack* in Habersack/Henssler, MitbestR, § 25 MitbestG Rz. 103 f.
57 BGH v. 5.6.1975 – II ZR 23/74 – Bayer, BGHZ 64, 325, 329.
58 Vgl. Begr. RegE zum TransPuG, BR-Drucks. 109/02, S. 43; *Grigoleit/Tomasic* in Grigoleit, § 116 AktG Rz. 17; siehe auch *Schubert* in Wißmann/Kleinsorge/Schubert, § 25 MitbestG Rz. 340; *Lutter*, Information, S. 160 „indizielle Bedeutung".
59 *Hoffmann-Becking* in MünchHdb. AG, § 33 Rz. 62; *Hüffer/Koch*, § 116 AktG Rz. 11; *Lutter*, Information, S. 168; *Rittner* in FS Hefermehl, 1976, S. 365, 369.
60 BGH v. 5.6.1975 – II ZR 23/74 – Bayer, BGHZ 64, 325, 329; *Hopt/Roth* in Großkomm. AktG, 5. Aufl. 2015, § 93 AktG Rz. 283; *Habersack* in MünchKomm. AktG, 5. Aufl. 2019, § 116 AktG Rz. 55.
61 Vgl. dazu *Hopt/Roth* in Großkomm. AktG, 5. Aufl. 2015, § 93 AktG Rz. 283; *Lutter/Krieger/Verse*, Aufsichtsrat, Rz. 269 ff.
62 *Hopt/Roth* in Großkomm. AktG, 5. Aufl. 2015, § 93 AktG Rz. 286; *Lutter/Krieger/Verse*, Aufsichtsrat, Rz. 264; *Mertens/Cahn* in KölnKomm. AktG, 3. Aufl. 2013, § 116 AktG Rz. 49; *Spindler* in BeckOGK AktG, Stand 1.2.2021, § 116 AktG Rz. 119.
63 *Habersack* in MünchKomm. AktG, 5. Aufl. 2019, § 116 AktG Rz. 56; *Hopt/Roth* in Großkomm. AktG, 5. Aufl. 2019, § 116 AktG Rz. 238; *Spindler* in BeckOGK AktG, Stand 1.2.2021, § 116 AktG Rz. 113.
64 BGH v. 5.6.1975 – II ZR 23/74 – Bayer, BGHZ 64, 325, 332; *Drygala* in K. Schmidt/Lutter, § 116 AktG Rz. 35; *Lutter/Krieger/Verse*, Aufsichtsrat, Rz. 265 ff.; *Potthoff/Trescher/Theisen*, AR-Mitglied, Rz. 912.

Stimmabgabe unterliegt, von außergewöhnlichen persönlichen Konfliktsituationen abgesehen, der Verschwiegenheitspflicht der Aufsichtsratsmitglieder[65].

d) Reichweite der Satzungsautonomie

aa) Zwingender Charakter der Verschwiegenheitspflicht

30.20 Die Verschwiegenheitspflicht der Aufsichtsratsmitglieder nach § 116 i.V.m. § 93 Abs. 1 Satz 3 AktG stellt eine **abschließende Regelung** dar, die weder durch die Satzung noch durch die Geschäftsordnung des Aufsichtsrates begründet, gemildert oder verschärft werden kann (§ 23 Abs. 5 AktG)[66]. Nach h.M. sind jedoch **Verfahrensrichtlinien und erläuternde Hinweise** zu der sehr allgemein gehaltenen Regelung der Verpflichtung nach § 116 i.V.m. § 93 Abs. 1 Satz 3 AktG zulässig[67], sofern ein Aufsichtsratsmitglied vertrauliche Informationen des Aufsichtsrates an Dritte weitergeben will, da es sowohl im Interesse der Gesellschaft als auch des Aufsichtsratsmitglieds liegt, Verletzungen der Verschwiegenheitspflicht auszuschließen[68]. Derartige Regelungen oder mehrheitliche Äußerungen der Mitglieder des Aufsichtsrates auf Geheimhaltung und erst recht der Hinweis des Vorstandes auf die Vertraulichkeit der Angelegenheit begründen eine **gesteigerte Prüfungs- und Sorgfaltspflicht** des einzelnen Aufsichtsratsmitglieds, die zur Schadensersatzpflicht führen kann[69], wenn diese Hinweise „nicht ohne sorgfältige Prüfung und, wenn erforderlich, sachkundige Beratung beiseitegeschoben werden"[70].

bb) Richtlinien

30.21 Zulässig und in der Praxis hilfreich ist es, dem Aufsichtsrat einen vom Vorstand erstellten **Katalog** zur Verfügung zu stellen, in dem z.B. generell **geheimhaltungsbedürftige Gegenstände** sowie typische oder wiederkehrende Vorgänge mit vertraulichem Charakter festgehalten werden[71]. Dieser Katalog kann in die Geschäftsordnung des Aufsichtsrates integriert werden, so dass sichergestellt ist, dass er auch jedem Aufsichtsratsmitglied bei Antritt seines Aufsichtsratsmandats zur Kenntnis gebracht wird. In einer Richtlinie können neben einem Katalog geheimhaltungsbedürftiger Gegenstände auch Regelungen zum Verfahren enthalten sein, falls ein Aufsichtsratsmitglied die Absicht hat, bestimmte Informationen an Dritte weiterzugeben.

e) Konfliktsituationen

30.22 Das Aufsichtsratsmitglied kann in eine schwierige Lage geraten, wenn es sich veranlasst sieht, zur Vermeidung eines Schadens oder einer Beeinträchtigung von Rechten Dritter Informationen weiterzugeben, die unter die Verschwiegenheitspflicht fallen. Hierbei kann es sich nur um seltene **Ausnahmefälle** handeln[72], in denen der für das Unternehmen durch die Weitergabe der vertraulichen Information drohende Schaden deutlich geringer ist als der an anderer Stelle sonst entstehende Schaden. Das Aufsichtsratsmitglied ist verpflichtet, den Vorsitzenden des Aufsichtsrates oder den Vorstand rechtzeitig

---

65 *Habersack* in MünchKomm. AktG, 5. Aufl. 2019, § 116 AktG Rz. 57; *Mertens/Cahn* in KölnKomm. AktG, 3. Aufl. 2013, § 116 AktG Rz. 54; *Spindler* in BeckOGK AktG, Stand 1.2.2021, § 116 AktG Rz. 119; a.A. *Säcker*, NJW 1986, 803, 807.
66 BGH v. 5.6.1975 – II ZR 23/74 – Bayer, BGHZ 64, 325, 327; *Säcker* in FS Fischer, 1979, S. 635, 637.
67 BGH v. 5.6.1975 – II ZR 23/74 – Bayer, BGHZ 64, 325, 328; *Hoffmann-Becking* in MünchHdb. AG, § 33 Rz. 67; *Rittner* in FS Hefermehl, 1976, S. 365, 377; *Säcker* in FS Fischer, 1979, S. 635, 645.
68 Vgl. dazu den Vorschlag bei *Lutter*, Information, S. 307 ff.
69 Vgl. *Drygala* in K. Schmidt/Lutter, § 116 AktG Rz. 30; *Mertens/Cahn* in KölnKomm. AktG, 3. Aufl. 2013, § 116 AktG Rz. 51.
70 BGH v. 5.6.1975 – II ZR 23/74 – Bayer, BGHZ 64, 325, 329.
71 *Lutter*, Information, S. 271; *Wessing/Hölters*, DB 1976, 1671, 1672.
72 Ebenso *Hoffmann-Becking* in MünchHdb. AG, § 33 Rz. 65; *Lutter*, Information, S. 167; *Raiser* in Raiser/Veil/Jacobs, § 25 MitbestG Rz. 139.

vorher zu unterrichten, um dem Vorstand als dem für die Öffentlichkeitsarbeit zuständigen Organ die Information der Öffentlichkeit zu ermöglichen, bzw. das Unternehmen in den Stand zu setzen, die durch die Weitergabe der vertraulichen Informationen zu befürchtende Beeinträchtigung und Schädigung seiner Interessen möglichst gering zu halten[73]. Eine Einschränkung der Verschwiegenheitspflicht ist jedoch nicht gerechtfertigt im Fall der Kollision der Interessen des Dienstherrn des Aufsichtsratsmitglieds mit den Interessen der AG[74].

f) Sanktionen

Bei schuldhafter Verletzung der Verschwiegenheitspflicht haftet das Aufsichtsratsmitglied der Gesellschaft auf **Schadensersatz** (§ 116 i.V.m. § 93 Abs. 2 AktG). Daneben ist das unbefugte Offenbaren eines Geheimnisses der Gesellschaft oder dessen unbefugte Verwertung, nicht aber generell jede Verschwiegenheitspflichtverletzung[75] unter **Strafe** gestellt (§ 404 Abs. 1 und 2 AktG, § 119 Abs. 2 WpHG). 30.23

Einstweilen frei. 30.24–30.25

5. Loyalitäts- und Treuepflicht

a) Das Aufsichtsratsamt als Nebenamt

Das Aufsichtsratsmandat ist eine treuhänderische Funktion und begründet eine besondere Vertrauensstellung. Hieraus ergibt sich für jedes Aufsichtsratsmitglied eine Loyalitäts- und Treuepflicht gegenüber dem Unternehmen, in dessen Aufsichtsrat es tätig ist, nach der es dessen Interesse zu wahren und alles zu unterlassen hat, was diese Interessen schädigt[76]. Ungeachtet des in § 116 AktG enthaltenen Verweises auf die sinngemäße Geltung des in § 93 AktG für die Mitglieder des Vorstandes geregelten Pflichten- und Verantwortungskreises ist jedoch zu berücksichtigen, dass das Aufsichtsratsmandat im Unterschied zur Tätigkeit als Vorstandsmitglied, wie auch der Gesetzgeber und die Rechtsprechung[77] anerkannt haben (vgl. § 100 Abs. 2 Nr. 1, § 110 Abs. 3 AktG), nach dem Leitbild des AktG ein **Nebenamt** ist, wobei dies in der Praxis speziell beim Aufsichtsratsvorsitzenden von DAX-Gesellschaften nur noch eingeschränkt zutrifft[78]. Generell ist damit das Risiko von Rollenkonflikten und Interessenkollisionen zwischen der Pflicht zur Wahrung der Interessen der AG, deren Aufsichtsrat das Aufsichtsratsmitglied angehört und seinen hauptberuflichen Interessen außerhalb des Unternehmens oder anderen Rollen, praktisch vorprogrammiert ist. Deshalb kommt für die Mitglieder des Aufsichtsrates eine pauschale Übernahme der Grundsätze über die Loyalitäts- und Treupflichten des Vorstandes, der eine hauptberufliche Aufgabe wahrnimmt, nicht in Betracht[79]; es bedarf vielmehr der sachgerechten Differenzierung. Wegen des Charakters des Aufsichtsratsmandates als Nebenamt kann nicht verlangt werden, dass das Aufsichtsratsmitglied stets und in allen Situationen den Interessen der AG Vorrang gibt. Vielmehr ist nach verbreiteter Ansicht zur Bestimmung des Pflichtenkreises eines Auf- 30.26

---

[73] Siehe auch *Lutter/Krieger/Verse*, Aufsichtsrat, Rz. 283; *Peus*, Der Aufsichtsratsvorsitzende, 1983, S. 391; *Potthoff/Trescher/Theisen*, AR-Mitglied, Rz. 920.
[74] BGH v. 26.4.2016 – XI ZR 108/15, AG 2016, 493, 495; *E. Vetter*, EWiR 2016, 423, 424.
[75] Vgl. *Geilen* in KölnKomm. AktG, 1983, § 404 AktG Rz. 37; *Lutter*, Information, S. 171; *Otto* in Großkomm. AktG, 4. Aufl. 1997, § 404 AktG Rz. 21.
[76] OLG Stuttgart v. 29.2.2012 – 20 U 3/11 – Porsche/VW Piëch, AG 2012, 298, 302; *Hüffer/Koch*, § 116 AktG Rz. 9; *Mülbert* in Corporate Governance, S. 99, 116; *Spindler* in BeckOGK AktG, Stand 1.2.2021, § 116 AktG Rz. 106; *Wiedemann*, Organverantwortung, S. 17.
[77] BGH v. 15.11.1982 – II ZR 27/82 – Hertie, BGHZ 85, 293, 296.
[78] *Börsig/Löbbe* in FS Hoffmann-Becking, 2013, S. 125, 143; *Drinhausen/Marsch-Barner*, AG 2014, 337, 351; *Hüffer/Koch*, § 107 AktG Rz. 8; kritisch *E. Vetter* in 50 Jahre Aktiengesetz, S. 103, 145.
[79] *Hüffer/Koch*, § 116 AktG Rz. 7; *Raiser/Veil*, Kapitalgesellschaften, § 15 Rz. 99; *K. Schmidt*, GesR, S. 828; *Ulmer*, NJW 1980, 1603, 1604.

sichtsratsmitglieds auf den jeweiligen Tätigkeitsbereich abzustellen, in dem die Interessenkollision aufgetreten ist[80].

Der Trend zu größerer **Professionalisierung des Aufsichtsrats** ist unübersehbar[81] und reicht mitunter bis zur Forderung nach **Berufsaufsichtsräten**[82]. Auch wenn in vielen DAX-30 Gesellschaften der Aufsichtsratsvorsitzende hauptberuflich tätig ist, haben zu Recht weder der Gesetzgeber noch der Deutsche Corporate Governance Kodex diese Vorschläge aufgegriffen. Die Vereinbarkeit eines solchen Modells, das zwangsläufig auch Auswirkung auf die Verantwortung der Aufsichtsratsmitglieder hätte, mit der Organisationsstruktur des Aktienrechts und den Grundsätzen der Mitbestimmung im Aufsichtsrat ist zweifelhaft und jedenfalls in der praktischen Umsetzung nicht spannungsfrei. Auch besteht die Gefahr, dass das Informationsgefälle zwischen den einzelnen Aufsichtsratsmitgliedern zu Lasten der Überwachungseffizienz vertieft wird. Schließlich kann ein hauptberufliches Aufsichtsratsmitglied – erst recht in der Rolle des Aufsichtsratsvorsitzenden[83] – schnell an die durch die § 76 Abs. 1 und § 111 Abs. 4 Satz 1 AktG bestimmten Kompetenzgrenzen stoßen[84]. Die Harmonisierung der weiteren Professionalisierung des Aufsichtsrats mit den tatsächlichen Leistungserwartungen an seine Mitglieder muss der künftigen Entwicklung gegebenenfalls auch Maßnahmen des Gesetzgebers überlassen bleiben[85].

b) Interessenkollision

aa) Interessenkollision im Rahmen der Aufsichtsratstätigkeit

30.27 Gerät das Aufsichtsratsmitglied bei der Ausübung seines Aufsichtsratsmandates in einen konkreten Konflikt zwischen seinen hieraus resultierenden Pflichten und eigenen Interessen oder Drittinteressen, z.B. als Vertreter, Aufsichtsratsmitglied oder Berater eines anderen Unternehmens (Lieferanten, Kreditgeber, Wettbewerber, Vergütung durch Dritte[86] etc.), ist es auf Grund seiner Loyalitäts- und Treuepflicht verpflichtet, den **Interessenkonflikt im Aufsichtsrat offenzulegen**, um einerseits die Gefahr einer Beeinflussung der anderen Mitglieder des Aufsichtsrates zu vermeiden[87] und andererseits dem Aufsichtsrat die Möglichkeit zu geben, über geeignete Maßnahmen zur Überwindung des Interessenkonfliktes bis hin zum Ausscheiden des Aufsichtsratsmitglieds als *ultima ratio* zu beraten. Dies entspricht auch der Empfehlung von E.1 Deutscher Corporate Governance Kodex. Im Einzelfall mag es ausreichen, wenn das Aufsichtsratsmitglied an der Beratung des Aufsichtsrates oder **an der Abstimmung nicht teilnimmt oder sich der Stimme enthält**, um eine Beeinflussung des Beschlussergebnisses zu vermeiden[88]. Andererseits muss berücksichtigt werden, dass es sich bei dem Stimmrecht um ein „Pflichtrecht" handelt, von dem das Aufsichtsratsmitglied auch grundsätzlich Gebrauch machen muss[89]. Dies gilt in besonderem Maße für die Anteilseignervertreter im **paritätisch besetzten Aufsichtsrat**[90]. Bei Nichtabgabe ihrer Stimme im Aufsichtsrat ist zwangsläufig die leichte Stimmenmehr-

---

80 Zu dieser Differenzierung vgl. *Ulmer*, NJW 1980, 1603, 1605; *Mertens/Cahn* in KölnKomm. AktG, 3. Aufl. 2013, § 116 AktG Rz. 20 ff.; *Steinbeck*, Überwachungspflicht, S. 56; kritisch hingegen *Wiedemann*, Organverantwortung, S. 24 ff.
81 *Lutter*, DB 2009, 775, 778; *Säcker*, AG 2004, 180, 182; *E. Vetter* in 50 Jahre Aktiengesetz, S. 103, 144.
82 Nachweise bei *Bihr/Blättchen*, BB 2007, 1285, 1290.
83 Weitergehende Forderungen etwa bei *Börsig/Löbbe* in FS Hoffmann-Becking, 2013, S. 125, 143 ff.; dagegen z.B. *E. Vetter* in 50 Jahre Aktiengesetz, S. 103, 145.
84 *Mertens/Cahn* in KölnKomm. AktG, 3. Aufl. 2013, vor § 95 AktG Rz. 7; *E. Vetter* in 50 Jahre Aktiengesetz, S. 103, 144.
85 Siehe z.B. die rechtspolitischen Forderungen Arbeitskreis Recht des Aufsichtsrats, NZG 2021, 477, 478 ff.
86 Siehe dazu *Kiem* in FS Stilz, 2014, S. 329, 341.
87 *Habersack* in MünchKomm. AktG, 5. Aufl. 2019, § 100 AktG Rz. 82; *Steinbeck*, Überwachungspflicht, S. 63; *Wiedemann*, Organverantwortung, S. 28.
88 *Mertens/Cahn* in KölnKomm. AktG, 3. Aufl. 2013, § 116 AktG Rz. 25.
89 *Hopt/Roth* in Großkomm. AktG, 5. Aufl. 2019, § 108 AktG Rz. 60; *Mülbert* in Corporate Governance, S. 99, 119; *Steinbeck*, Überwachungspflicht, S. 62.
90 Vgl. *Wiedemann*, Organverantwortung, S. 28.

heit der Anteilseignerseite in Gefahr, sofern nicht die Arbeitnehmerseite ebenfalls nicht vollzählig an der Abstimmung teilnimmt. Trägt ein Aufsichtsratsmitglied durch **Nichtabgabe seiner Stimme** dazu bei, dass der Aufsichtsrat einen dem Unternehmensinteresse widersprechenden Beschluss fasst, muss das Aufsichtsratsmitglied, das wegen des aus seiner Doppelrolle resultierenden Interessenkonflikts nicht an der Abstimmung teilgenommen hat, mit Schadensersatzansprüchen rechnen. Infolge seiner Loyalitäts- und Treuepflichten gegenüber dem Unternehmen ist es verpflichtet, bei unvermeidbaren Interessenkollisionen dem **Unternehmensinteresse den Vorrang** gegenüber den anderen Interessen einzuräumen und sich für das Unternehmensinteresse einzusetzen[91]. Bei Missachtung des Unternehmensinteresses kann es sich zu seiner Entlastung nicht auf den Interessenkonflikt und seine Verpflichtungen gegenüber Dritten berufen[92]. Sieht sich das Aufsichtsratsmitglied nicht in der Lage, den Konflikt zu lösen oder ist mit einem **dauerhaften Konflikt** oder wiederkehrenden Konfliktfällen zu rechnen, ist das Aufsichtsratsmitglied, sofern keine anderen Lösungswege offenstehen, in letzter Konsequenz verpflichtet, eine der beiden Pflichtenstellungen aufzugeben[93]. Dies entspricht auch der Empfehlung E.1 Satz 3 Deutscher Corporate Governance Kodex, die in diesem Fall das **Ausscheiden aus dem Aufsichtsrat** vorsieht.

In jedem Fall ist nach der Empfehlung von E.1 Satz 2 Deutscher Corporate Governance Kodex erforderlich, im schriftlichen **Bericht des Aufsichtsrates an die Hauptversammlung** gemäß § 171 Abs. 2 AktG über einen zu einem Beratungs- oder Beschlussgegenstand des Aufsichtsrates aufgetretenen Interessenkonflikt eines Aufsichtsratsmitglieds und dessen Behandlung zu informieren. Anzugeben ist z.B., ob das betreffende Aufsichtsratsmitglied an den Beratungen des Aufsichtsrates und einer Abstimmung teilgenommen hat oder ob es bei einem Dauerkonflikt aus dem Aufsichtsrat ausgeschieden ist. Soweit der Interessenkonflikt frühzeitig erkannt und durch geeignete Maßnahmen Auswirkungen auf die Arbeit des Aufsichtsrates ausgeschlossen werden konnten, ist eine Darstellung der Situation im Aufsichtsratsbericht ohne namentliche Benennung des betroffenen Aufsichtsratsmitglieds ausreichend[94]. 30.28

bb) Treuepflichten außerhalb der Aufsichtsratstätigkeit

Bei Entscheidungen, die das Aufsichtsratsmitglied außerhalb seiner Aufsichtsratsfunktion zu treffen hat und die sich auf die Gesellschaft nachteilig auswirken können, ist das Aufsichtsratsmitglied nicht verpflichtet, davon zugunsten der Gesellschaft Abstand zu nehmen[95]. **Geschäftschancen**, die sich dem Aufsichtsratsmitglied unabhängig von seinem Aufsichtsratsmandat bieten, kann es privat oder auch durch die Gesellschaft, deren Geschäftsführungsmitglied es ist, wahrnehmen, auch wenn die Gesellschaft, deren Aufsichtsrat er angehört, selbst an der Realisierung der Geschäftschance interessiert ist[96]. Treuwidrig und unzulässig ist es aber, dabei z.B. auf vertrauliche Informationen aus dem Aufsichtsrat zurückzugreifen[97]. 30.29

---

91 *Edenfeld/Neufang*, AG 1999, 49, 51; *Hoffmann/Preu*, Aufsichtsrat, Rz. 500; *Steinbeck*, Überwachungspflicht, S. 58; *Ulmer*, NJW 1980, 1603, 1605.
92 BGH v. 21.12.1979 – II ZR 244/78 – Elektrische Licht und Kraftanlagen AG/Schaffgotsch, AG 1980, 111, 112.
93 *Hoffmann-Becking* in MünchHdb. AG, § 33 Rz. 85; *Mülbert* in Corporate Governance, S. 99, 119; *Semler/Stengel*, NZG 2003, 1, 6.
94 *Ekkenga* in KölnKomm. AktG, 3. Aufl. 2012, § 171 AktG Rz. 78; *Lutter*, AG 2008, 1, 9; *Peltzer*, Deutsche Corporate Governance, Rz. 319; *E. Vetter*, ZIP 2006, 257, 261.
95 *Dreher*, JZ 1990, 896, 900; *Deckert*, DZWir 1996, 406, 408; *Lutter*, ZHR 145 (1981), 224, 239; *Steinbeck*, Überwachungspflicht, S. 63; *Ulmer*, NJW 1980, 1603, 1606.
96 *Mertens/Cahn* in KölnKomm. AktG, 3. Aufl. 2013, § 116 AktG Rz. 31; *Spindler* in BeckOGK AktG, Stand 1.2.2021, § 116 AktG Rz. 84.
97 *Hüffer/Koch*, § 116 AktG Rz. 7; *Mertens/Cahn* in KölnKomm. AktG, 3. Aufl. 2013, § 116 AktG Rz. 34; vgl. auch *Wiedemann*, Organverantwortung, S. 21.

cc) Eigennützige Einflussnahme

30.30 Unzulässig ist auch die **Ausnutzung der Funktion und Einflussmöglichkeiten als Aufsichtsratsmitglied**, um den Vorstand zum Nachteil des Unternehmens zu einem bestimmten Geschäft oder einem sonstigen Verhalten zu veranlassen, das im persönlichen Interesse des Aufsichtsratsmitglieds oder im Interesse der Gesellschaft liegt, deren Geschäftsführung er angehört[98]. Dieses Prinzip erfährt durch Grundsatz 19 Deutscher Corporate Governance Kodex besonderen Nachdruck[99].

6. Mitteilungspflichten als Unternehmensinsider

30.31 Besondere **kapitalmarktrechtliche Mitteilungspflichten** ergeben sich nicht nur für die Mitglieder des Vorstandes, sondern auch für die Mitglieder des Aufsichtsrates als so genannter Primärinsider unter dem Gesichtspunkt der *directors' dealings*[100], Art. 19 MMVO (vgl. Rz. 16.3).

7. Vergütung

a) Rechtsgrundlage

30.32 Den Mitgliedern des Aufsichtsrates steht für ihre Tätigkeit **nicht schon kraft Gesetzes eine Vergütung** zu. Eine allgemeine Vermutung, dass Aufsichtsratsmitglieder nur gegen Entgelt tätig werden, besteht nicht. Ebenso wenig kann von einer stillschweigenden Vereinbarung einer angemessenen oder üblichen Vergütung ausgegangen werden; § 612 BGB ist nicht anwendbar[101]. Voraussetzung für eine Vergütung ist nach § 113 Abs. 1 Satz 2 AktG, dass die **Satzung eine Vergütung festgesetzt** hat oder sie **von der Hauptversammlung bewilligt** worden ist. Fehlt es hieran, wird die Aufsichtsratstätigkeit unentgeltlich erbracht[102] und die Mitglieder des Aufsichtsrates haben gegen die Gesellschaft nur Anspruch auf **Auslagenersatz** gemäß den §§ 670 und 675 BGB[103]. Von den **Aufsichtsratsmitgliedern der Arbeitnehmer** wird erwartet, dass sie einen Teil ihrer Aufsichtsratsvergütung an die Hans-Böckler-Stiftung zur Finanzierung von gewerkschaftlichen Bildungsmaßnahmen abführen[104].

30.32a In der börsennotierten AG verlangt der durch das ARUG II neu eingefügte § 113 Abs. 3 AktG n.F mindestens **alle vier Jahre einen Hauptversammlungsbeschluss** über die Aufsichtsratsvergütung. Dieser Beschluss muss klar und verständlich sein und die Angaben enthalten, die § 87a AktG für die Vorstandsvergütungssystem vorsieht, wobei Vergütungselemente, die für den Aufsichtsrat nicht vorgesehen sind, nicht zu erläutern sind[105].

---

98 BGH v. 21.12.1979 – II ZR 244/78 – Elektrische Licht und Kraftanlagen AG/Schaffgotsch, AG 1980, 111, 112; OLG Stuttgart v. 29.2.2012 – 20 U 3/11 – Porsche/VW Piëch, AG 2012, 298, 302; *Drygala* in K. Schmidt/Lutter, § 116 AktG Rz. 25; *Steinbeck*, Überwachungspflicht, S. 64; *Ulmer*, NJW 1980, 1603, 1605.
99 *Bachmann* in Kremer/Bachmann/Lutter/v. Werder, Deutscher Corporate Governance Kodex, Grds. 19 Rz. 6; *Busch/Link* in JIG, DCGK, Grds. 19 Rz. 5.
100 Vgl. dazu z.B. *Fleischer*, ZIP 2002, 1217 ff.; Uwe H. *Schneider*, BB 2002, 1817 ff.
101 *Hüffer/Koch*, § 113 AktG Rz. 3; *Spindler* in BeckOGK AktG, Stand 1.2.2021, § 113 AktG Rz. 8.
102 *Habersack* in MünchKomm. AktG, 5. Aufl. 2019, § 113 AktG Rz. 31; *Hoffmann-Becking* in MünchHdb. AG, § 33 Rz. 11.
103 *Hoffmann-Becking* in MünchHdb. AG, § 33 Rz. 15; *Hüffer/Koch*, § 113 AktG Rz. 2b; *Semler* in FS Claussen, 1997, S. 381, 382.
104 Vgl. *Hopt/Roth* in Großkomm. AktG, 5. Aufl. 2019, § 113 AktG Rz. 25; *Köstler/Müller/Sick*, Aufsichtsratspraxis, 10. Aufl. 2013, Rz. 754; siehe auch *Thüsing/Forst* in FS Graf von Westphalen, 2010, S. 693 ff.; OLG Frankfurt v. 7.12.2017 – 3 U 167/14, AG 2018, 948; siehe auch BAG v. 21.5.2015 – 8 AZR 956/13, AG 2016, 39; kritisch *Krieger* in FS E. Vetter, 2019, S. 363 ff.; *Rieble*, AG 2016, 315, 317.
105 *Hüffer/Koch*, § 113 AktG Rz. 31; *Löbbe/Fischbach*, AG 2019, 373, 382; *Spindler* in FS Krieger, 2020, S. 951, 955.

Im Sinne der Vereinfachung kann auf das bereits bestehende von der Hauptversammlung nach § 113 Abs. 1 Satz 2 AktG beschlossene Vergütungssystem verwiesen werden, indem in einem **umfassenden Hauptversammlungsbeschluss** die konkrete Aufsichtsratsvergütung und das ihr zugrundeliegende System bestätigt werden[106]. Hierfür ist die einfache Mehrheit ausreichend[107]. Lehnt die Hauptversammlung die Bestätigung ab, gilt die bisherige – unbestätigte – Vergütungsregelung fort[108]. § 113 Abs. 3 AktG greift unabhängig davon ein, ob die Aufsichtsratsvergütung in der Satzung oder durch einfachen Hauptversammlungsbeschluss geregelt ist[109]. Die Anforderungen von § 87a Abs. 1 Satz 2 AktG lassen sich nur schwer auf die Aufsichtsratsvergütung übertragen, sodass Abstriche bei der inhaltlichen Darstellung unvermeidlich sind und die deshalb auch kurz gefasst sein kann[110].

§ 113 Abs. 3 Satz 4 AktG befreit für den Fall der Vergütungsfestsetzung in der Satzung von der Aufnahme der Angaben zu § 87a Abs. 1 Satz 2 AktG in die Satzung, sofern diese im Beschluss über die Aufsichtsratsvergütung enthalten sind[111].

b) Festsetzung und Herabsetzung der Vergütung

aa) Festsetzung der Vergütung

Bei den meisten Gesellschaften wird die Aufsichtsratsvergütung bereits in der **Satzung** festgesetzt. Nach § 113 Abs. 1 Satz 2 Alt. 2 AktG kommt aber auch die alljährliche Bewilligung der Vergütung durch einen gesonderten **Hauptversammlungsbeschluss** in Betracht, der in der Praxis regelmäßig für das abgelaufene Geschäftsjahr getroffen wird und für den die einfache Stimmenmehrheit genügt[112]. Zulässig ist auch, dass der Hauptversammlungsbeschluss bereits vor Beginn des Geschäftsjahres erfolgt. Eine solche vorherige Bewilligung der Aufsichtsratsvergütung durch die Hauptversammlung soll nach h.L.[113] als **Grundsatzbeschluss** im Zweifel ungeachtet der fehlenden Transparenz auch für nachfolgende Geschäftsjahre gelten, und zwar solange, bis die Hauptversammlung etwas anderes beschließt, auch wenn dem Wortlaut des Hauptversammlungsbeschlusses der Grundsatzcharakter und die langfristige Wirkung nicht zu entnehmen sind[114]. 30.33

Eine **Satzungsbestimmung** über die Vergütung der Mitglieder des Aufsichtsrates hat im Zweifel **abschließenden Charakter**[115]. Die Hauptversammlung kann für die Mitglieder des Aufsichtsrats eine zusätzliche Vergütung bewilligen, wenn die Satzung nur die Mindestvergütung regelt[116]. Für diesen 30.34

---

106 *Drygala* in K. Schmidt/Lutter, § 113 AktG Rz. 29; *Grigoleit/Tomasic/Kochendörfer* in Grigoleit, § 113 AktG Rz. 10; *Habersack* in FS Hopt, 2020, S. 333, 342; *Lochner/Beneke* in Hirte/Heidel, Das neue Aktienrecht, 2020, § 113 Rz. 5; *Spindler* in FS Krieger, 2020, S. 951, 954.
107 *Habersack* in FS Hopt, 2020, S. 333, 341; *Hüffer/Koch*, § 113 AktG Rz. 30.
108 *Habersack* in FS Hopt, 2020, S. 333, 342.
109 *Grigoleit/Tomasic/Kochendörfer* in Grigoleit, § 113 AktG Rz. 10; *Spindler* in FS Krieger, 2020, S. 951, 953.
110 *Hüffer/Koch*, § 113 AktG Rz. 31; *Spindler* in FS Krieger, 2020, S. 951, 955.
111 *Bungert/Wansleben*, BB 2019, 1026, 1027; *Grigoleit/Tomasic/Kochendörfer* in Grigoleit, § 113 AktG Rz. 14; *Hüffer/Koch*, § 113 AktG Rz. 32; *Lochner/Beneke* in Hirte/Heidel, Das neue Aktienrecht, 2020, § 113 Rz. 5; *Spindler* in FS Krieger, 2020, S. 951, 953.
112 *Habersack* in FS Hopt, 2020, S. 333, 341.
113 *Berger*, Die Kosten der Aufsichtsratstätigkeit, S. 41; *Hopt/Roth* in Großkomm. AktG, 5. Aufl. 2019, § 113 AktG Rz. 123; *Hüffer/Koch*, § 113 AktG Rz. 17.
114 A.A. deshalb *E. Vetter*, BB 1989, 442, 443, wonach der Grundsatzcharakter der Vergütungsregelung dem Wortlaut des Hauptversammlungsbeschlusses zu entnehmen sein muss.
115 *Habersack* in MünchKomm. AktG, 5. Aufl. 2019, § 113 AktG Rz. 35; *Spindler* in BeckOGK AktG, Stand 1.2.2021, § 113 AktG Rz. 40.
116 *Hopt/Roth* in Großkomm. AktG, 5. Aufl. 2019, § 113 AktG Rz. 121; *Mertens/Cahn* in KölnKomm. AktG, 3. Aufl. 2013, § 113 AktG Rz. 43.

Beschluss ist die **einfache Mehrheit** ausreichend. Ist die Satzungsbestimmung hingegen abschließend, ist ein Beschluss der Hauptversammlung mit satzungsändernder Mehrheit notwendig[117].

30.35 Empfehlenswert ist auch, den **Fälligkeitszeitpunkt** exakt festzulegen. Ist die Fälligkeit nicht ausdrücklich geregelt, so wird der feste Teil der Aufsichtsratsvergütung mit Ablauf des Geschäftsjahres fällig; der variable Vergütungsteil wird erst mit Ablauf der Hauptversammlung fällig, die über die Gewinnverwendung für das abgelaufene Geschäftsjahr beschließt[118].

bb) Herabsetzung der Vergütung

30.36 Ist die Vergütung der Mitglieder des Aufsichtsrates in der Satzung festgesetzt, ist zur Herabsetzung der Vergütung eine Satzungsänderung erforderlich, für die nach Wegfall von § 113 Abs. 1 Satz 4 AktG a.F. ein **Hauptversammlungsbeschluss mit Dreiviertelmehrheit** gemäß § 179 Abs. 2 AktG erforderlich ist[119]. Die Satzungsregelung mit der herabgesetzten Vergütung wird mit Eintragung der Satzungsänderung im Handelsregister wirksam (§ 181 Abs. 3 AktG). Für das abgelaufene Geschäftsjahr kommt ihr jedoch keine Bedeutung zu[120]. Die herrschende Ansicht will die Herabsetzung für das laufende Geschäftsjahr, in dem der Hauptversammlungsbeschluss gefasst wird, nicht für die fixe, sondern nur für die variable Vergütung zulassen[121]. Nach dem Wegfall der Sondervorschrift von § 113 Abs. 1 Satz 4 AktG a.F. überzeugt die Differenzierung zwischen fester und variabler Vergütung jedoch nicht, da der Anspruch auf beide Vergütungsbestandteile bereits **mit Beginn des Geschäftsjahres dem Grunde nach entstanden** ist und das Aufsichtsratsmitglied im Vertrauen auf diese Regelung seine Tätigkeit aufgenommen hat. Ohne Zustimmung der Aufsichtsratsmitglieder gilt die Herabsetzung der Vergütung deshalb erst für das nach der Eintragung der Satzungsänderung im Handelsregister beginnende Geschäftsjahr[122].

c) Arten der Vergütung

30.37 Die Vergütung der Aufsichtsratsmitglieder kann auf unterschiedliche Weise bestimmt werden. Eine einheitliche Unternehmenspraxis lässt sich nicht feststellen.

aa) Feste Vergütung

30.38 Die feste Vergütung (Fixum) kann entweder als alleinige Vergütung festgesetzt oder aber als Teil einer Gesamtvergütung gewährt werden, die durch einen zusätzlichen Bestandteil, nämlich eine variable

---

117 LG Memmingen v. 31.1.2001 – 2 H O 1685/00 – Schneider Rundfunkwerke, AG 2001, 375, 376; *Gehling*, ZIP 2005, 549, 550; *Spindler* in BeckOGK AktG, Stand 1.2.2021, § 113 AktG Rz. 40.
118 *Hopt/Roth* in Großkomm. AktG, 5. Aufl. 2019, § 113 AktG Rz. 107; *Mertens/Cahn* in KölnKomm. AktG, 3. Aufl. 2013, § 113 AktG Rz. 35; *Grau* in Semler/v. Schenck/Wilsing, ArbeitsHdb. AR, § 13 Rz. 64.
119 *Hüffer/Koch*, § 113 AktG Rz. 24; *Löbbe/Fischbach*, AG 2019, 373, 382.
120 *Buckel*, AG 2013, 451, 455; *Habersack* in MünchKomm. AktG, 5. Aufl. 2019, § 113 AktG Rz. 38; *Hopt/Roth* in Großkomm. AktG, 5. Aufl. 2019, § 113 AktG Rz. 130; *Hoffmann-Becking* in MünchHdb. AG, § 33 Rz. 32; *Kort* in FS Hüffer, 2010, S. 483, 492.
121 LG München I v. 27.12.2012 – 5 HK O 9109/12, AG 2013, 474, 475; *Buckel*, AG 2013, 451, 454; *Hoffmann-Becking* in MünchHdb. AG, § 33 Rz. 32; *Hüffer/Koch*, § 113 AktG Rz. 24; *Kort* in FS Hüffer, 2010, S. 483, 492; *Spindler* in BeckOGK AktG, Stand 1.2.2021, § 113 AktG Rz. 49; a.A. *Habersack* in MünchKomm. AktG, 5. Aufl. 2019, § 113 AktG Rz. 38; *Mertens/Cahn* in KölnKomm. AktG, 3. Aufl. 2013, § 113 AktG Rz. 52.
122 *Habersack* in MünchKomm. AktG, 5. Aufl. 2019, § 113 AktG Rz. 38; *Mertens/Cahn* in KölnKomm. AktG, 3. Aufl. 2013, § 113 AktG Rz. 52; a.A. LG München I v. 27.12.2012 – 5 HK O 9109/12, AG 2013, 474, 475; *Drygala* in K. Schmidt/Lutter, § 113 AktG Rz. 26; *Hopt/Roth* in Großkomm. AktG, 5. Aufl. 2019, § 113 AktG Rz. 132; *Kort* in FS Hüffer, 2010, S. 483, 493.

Vergütung, ergänzt wird, deren Höhe sich am wirtschaftlichen Erfolg des Unternehmens ausrichtet. Angesichts der gewachsenen Bedeutung der Aufsichtsratsausschüsse und der damit verbundenen Arbeitsbelastung wird verbreitet eine gesonderte Vergütung für den Vorsitzenden sowie die Mitglieder von Ausschüssen gewährt.

Viele Gesellschaften sehen ein so genanntes **Sitzungsgeld** vor. Ist dieser Betrag so hoch, dass er nicht mehr als pauschalierter Aufwendungsersatz der Aufsichtsratsmitglieder für die tatsächlich entstandenen Kosten betrachtet werden kann, stellt er eine weitere Komponente der Aufsichtsratsvergütung dar und es bedarf eines Beschlusses der Hauptversammlung nach § 113 Abs. 1 AktG[123]. 30.39

bb) Variable Vergütung

§ 113 AktG enthält keine eigenen Vorgaben mehr zur erfolgsabhängigen Vergütung, nachdem § 113 Abs. 3 AktG a.F. durch das ARUG II entfallen ist[124] und sich § 113 Abs. 3 AktG n.F. mit der Umsetzung der Aktionärsrechterichtlinie befasst. Die variable Vergütung ist jedoch weiterhin zulässig[125]. 30.40

Der Gesetzgeber hat eine Variante einer jährlichen variablen Vergütung (Aufsichtsratstantieme) ausdrücklich normiert. Erhalten die Aufsichtsratsmitglieder eine variable Vergütung in Form eines Anteils am Jahresgewinn der Gesellschaft, ist nach § 113 Abs. 3 Satz 1 AktG zwingend der Bilanzgewinn zugrunde zu legen, der jedoch um eine Verzinsung von mindestens 4 % der auf den geringsten Ausgabebetrag der Aktien geleisteten Einlagen zu kürzen ist. Dies bedeutet, dass der maßgebliche Orientierungswert durch die Bildung von offenen Rücklagen verringert und durch die Auflösung von offenen Rücklagen vergrößert wird. Die Regelung in § 113 Abs. 3 Satz 1 AktG unterscheidet sich nur geringfügig von der früheren Vorschrift des § 86 Abs. 2 AktG, der den Bezugswert für die variable Vergütung des Vorstandes unterschiedlich definierte und am Jahresgewinn ausrichtete. Die Vorschrift des § 113 Abs. 3 Satz 1 AktG hat in der Unternehmenspraxis keine größere Bedeutung gefunden.

Entgegen früheren Fassungen empfiehlt der Deutsche Corporate Governance Kodex keine variable erfolgsorientierte Vergütung für Aufsichtsratsmitglieder. Viele börsennotierte Gesellschaften sehen deshalb nur eine reine Festvergütung vor[126]. Falls eine erfolgsorientierte Vergütung gleichwohl zugesagt wird, soll sie nach G.18 Deutscher Corporate Governance Kodex auf die **nachhaltige Entwicklung** der Gesellschaft ausgerichtet sein[127]. In der Praxis findet sich mitunter die Festsetzung einer **dividendenabhängigen Tantieme**. Mitunter wird die variable Vergütung auch an bilanziellen Kennzahlen oder bestimmten betriebswirtschaftlichen Renditekenngrößen orientiert, wie z.B. EBIT, EBITA, NOPAT, ROI, ROCE oder unternehmenswertbasierten Bezugsgrößen (z.B. EVA)[128]. Vielfach wird auch auf das Konzernergebnis abgestellt. Bei der Wahl einer bestimmten Bilanzkennzahl als Bezugsgröße für die variable Vergütung der Mitglieder des Aufsichtsrates sollte maßgeblich die Zielsetzung sein, dass die Bezugsgröße weder der Gefahr der Manipulation durch Maßnahmen des Vorstandes im Bereich des Rechnungswesens noch durch Entscheidungen des Aufsichtsrates hinsichtlich der Gewinnausschüttung ausgesetzt ist. Vor diesem Hintergrund ist insbesondere die Orientierung der Aufsichtsratstantieme an der Höhe der ausgeschütteten Dividende kritisch zu beurteilen. Im Interesse der Unabhängigkeit der Mitglieder des Aufsichtsrates ist darüber hinaus generell anzustreben, dass die Bemessungs- 30.41

---

123 *Hoffmann-Becking* in MünchHdb. AG, § 33 Rz. 20; *Hoffmann/Preu*, Aufsichtsrat, Rz. 452; *Mertens/Cahn* in KölnKomm. AktG, 3. Aufl. 2013, § 113 AktG Rz. 12; vgl. auch *E. Vetter*, ZIP 2008, 1, 2.
124 *Drygala* in K. Schmidt/Lutter, § 113 AktG Rz. 34.
125 *Drygala* in K. Schmidt/Lutter, § 113 AktG Rz. 35; *Grigoleit/Tomasic/Kochendörfer* in Grigoleit, § 113 AktG Rz. 23; *Spindler* in FS Krieger, 2020, S. 951, 959.
126 Siehe *M. Roth*, WM 2012, 1985, 1989; *Wilsing/von der Linden*, DStR 2012, 1391, 1393.
127 Die Parallele zur Vorstandsvergütung gemäß § 87 Abs. 1 Satz 1 AktG ist offensichtlich; siehe z.B. *Hecker/Peters*, BB 2012, 2639, 2645; *Roth*, WM 2012, 1985, 1989.
128 Vgl. z.B. *Deutsches Aktieninstitut/Towers Perrin* in Deutsches Aktieninstitut (Hrsg.), Empfehlungen zur Vergütung des Aufsichtsrates, 2003, S. 32.

grundlage für ihre variable Vergütung nicht vollständig mit der der Mitglieder des Vorstandes identisch ist[129].

cc) Stock options

30.42 Den Mitgliedern des Aufsichtsrates können generell keine Aktienoptionen, so genannte *Stock options*, als Vergütung eingeräumt werden, und zwar weder mit Hilfe von Wandelschuldverschreibungen oder Optionsanleihen noch durch den Rückkauf von Aktien[130].

30.43 Ungeachtet der in einem obiter dictum getroffenen Aussagen des BGH im MobilCom-Fall[131] ist nach h.M. die Vergütung der Mitglieder des Aufsichtsrates in Form der bloßen schuldrechtlichen Nachbildung von Aktienoptionen, sog. **Phantom Stock Options**, die das Grundkapital der AG unberührt lassen, oder sog. **Stock Appreciation Rights**, die Zahlungspflichten abhängig von der Aktienkursentwicklung auslösen, als zulässig anzusehen[132]. Der Begünstigte erhält dabei von der Gesellschaft jeweils eine Geldleistung, ohne Aktionär zu werden (vgl. auch Rz. 56.11 ff.)[133]. Der vom BGH als Gefahr für die Überwachungsaufgabe des Aufsichtsrates bezeichneten Übereinstimmung der Erfolgsparameter von Vorstand und Aufsichtsrat lässt sich im Übrigen durch eine Begrenzung der variablen Vergütung begegnen[134].

30.44–30.45 Einstweilen frei.

d) Bemessung der Vergütung

30.46 Eine gesetzliche Gebührenordnung für Aufsichtsräte existiert nicht[135]. § 113 Abs. 1 Satz 3 AktG verlangt ähnlich wie die für den Vorstand geltende Parallelvorschrift von § 87 Abs. 1 Satz 1 AktG, dass die Vergütung in einem **angemessenen Verhältnis** zu den **Aufgaben der Aufsichtsratsmitglieder** und der **Lage der Gesellschaft** steht. Die Sollvorschrift ist im Sinne einer Begrenzung der Vergütung nach oben zu verstehen ohne jedoch weitergehende Vorgaben aufzustellen[136]. Für die Angemessenheit wird man nicht allein auf die Ertragslage der Gesellschaft, sondern auf ihre Gesamtsituation abstellen müssen und – soweit möglich – auf Unternehmen vergleichbarer Branche, Art und Größe. Was den fixen Anteil der Aufsichtsratsvergütung anbetrifft, so kommt als angemessene Vergütung auch eine Pau-

---

129 Vgl. z.B. *Deutsches Aktieninstitut/Towers Perrin* in Deutsches Aktieninstitut (Hrsg.), Empfehlungen zur Vergütung des Aufsichtsrates, 2003, S. 26; generell zum Problem des back scratching *Baums* (Hrsg.), Bericht Regierungskommission, Rz. 64; *Peltzer*, NZG 2002, 10, 16; kritisch auch *M. Roth*, WM 2012, 1985, 1989.
130 BGH v. 16.2.2004 – II ZR 316/02 – MobilCom, BGHZ 158, 122 ff.; *Habersack*, ZGR 2004, 721, 732; *Peltzer* in FS Priester, 2007, S. 573, 575; *E. Vetter*, ZIP 2008, 1, 4; Zweifel bei *Hoffmann-Becking*, ZHR 169 (2005), 155, 180; *Hopt/Roth* in Großkomm. AktG, 5. Aufl. 2019, § 113 AktG Rz. 60; *Spindler* in BeckOGK AktG, Stand 1.2.2021, § 113 AktG Rz. 61.
131 BGH v. 16.2.2004 – II ZR 316/02 – MobilCom, BGHZ 158, 122, 129.
132 *Gehling*, ZIP 2005, 549, 557; *Grigoleit/Tomasic/Kochendörfer* in Grigoleit, § 113 AktG Rz. 26; *Hoffmann-Becking*, ZHR 169 (2005), 155, 179; *Hopt/Roth* in Großkomm. AktG, 5. Aufl. 2019, § 113 AktG Rz. 64; *Richter*, BB 2004, 949, 956; *Spindler* in BeckOGK AktG, Stand 1.2.2021, § 113 AktG Rz. 64; *Martinus/Zimmer*, BB 2011, 3014, 3016; *E. Vetter*, AG 2004, 234, 237; *E. Vetter*, ZIP 2008, 1, 5; wohl auch *Hüffer/Koch*, § 113 AktG Rz. 15; a.A. *Habersack*, ZGR 2004, 721, 732; *Meyer/Ludwig*, ZIP 2004, 940, 944; *Paefgen*, WM 2004, 1169, 1173; *Peltzer*, NZG 2004, 509.
133 Vgl. *Feddersen*, ZHR 161 (1997), 269, 285; *Mäger*, BB 1999, 1389, 1393.
134 *Bösl*, BKR 2004, 474, 477; *Grigoleit/Tomasic/Kochendörfer* in Grigoleit, § 113 AktG Rz. 26; *E. Vetter*, ZIP 2008, 1, 5; vgl. auch *Lutter* in FS Hadding, 2004, S. 561, 572; *Spindler* in FS Krieger, 2020, S. 951, 964.
135 Vgl. dazu *Geßler*, DB 1978, 63; *Lutter*, AG 1979, 85.
136 *Hopt/Roth* in Großkomm. AktG, 5. Aufl. 2019, § 113 AktG Rz. 79; *Mertens/Cahn* in KölnKomm. AktG, 3. Aufl. 2013, § 113 AktG Rz. 31.

schalvergütung in Betracht, die sich unter Zugrundelegung eines durchschnittlichen Zeitaufwandes von 4–5 Aufsichtsratssitzungen pro Jahr (§ 110 Abs. 3 AktG) am Honorar eines qualifizierten Beraters bemisst[137]. Die **Aufsichtsratsvergütung** ist in der Vergangenheit vielfach als zu niedrig kritisiert worden[138]. In vielen Gesellschaften entspricht die Aufsichtsratsvergütung weder der verantwortungsvollen Tätigkeit der Aufsichtsratsmitglieder noch hält sie einem Vergleich mit dem Honorar qualifizierter Berater Stand[139]. Insbesondere bei den DAX-30-Unternehmen ist die Aufsichtsratsvergütung jedoch in den letzten Jahren deutlich erhöht worden.

Für die Vergütung der Mitglieder des Aufsichtsrates ist der **Grundsatz der individuellen Gleichbehandlung** zu wahren[140]. Damit ist es durchaus vereinbar, wenn die Hauptversammlung im Ausnahmefall nach sachlichen Gesichtspunkten eine Sondervergütung für ein einzelnes Aufsichtsratsmitglied beschließt, um damit eine außerordentliche Tätigkeit zu vergüten[141]. In der Praxis weit verbreitet ist die Regelung, dass der **Aufsichtsratsvorsitzende**, der **stellvertretende Vorsitzende** und der **Vorsitzende eines Ausschusses** das Mehrfache der Vergütung des einfachen Aufsichtsratsmitglieds erhalten. Dies widerspricht nicht dem Grundsatz der gleichen Rechtsstellung der Aufsichtsratsmitglieder[142]. Da die Positionen besonderen Anforderungen genügen müssen, ist die Differenzierung sachlich gerechtfertigt und liegt auch auf der Linie der Empfehlung von G.17 Deutscher Corporate Governance Kodex. Für den Aufsichtsratsvorsitzenden, dessen besondere Arbeitsbelastung der Gesetzgeber in § 100 Abs. 2 Satz 3 AktG ausdrücklich anerkannt hat, wird in der Praxis nach Vorschlägen im Schrifttum inzwischen bis zur vierfachen Vergütung des einfachen Aufsichtsratsmitglieds gezahlt[143]. 30.47

Mit § 113 Abs. 1 Satz 2 AktG ist es auch vereinbar, wenn sich die Satzung darauf beschränkt, die **Gesamtvergütung des Aufsichtsrates** festzulegen und es dem Aufsichtsrat überlässt, den Betrag nach eigenem pflichtgemäßem Ermessen (§§ 315 und 420 BGB) **unter den Aufsichtsratsmitgliedern aufzuteilen**[144]. Kriterien für die Aufteilung können dabei z.B. der von den jeweiligen Aufsichtsratsmitgliedern erbrachte Arbeitseinsatz sowie die Mitgliedschaft oder der Vorsitz in Aufsichtsratsausschüssen sein[145]. 30.48

Aufsichtsratsmitglieder, die dem Aufsichtsrat nicht während des gesamten Geschäftsjahres angehören, haben nur Anspruch auf eine **anteilige Vergütung** entsprechend der Dauer ihrer Aufsichtsratszugehörigkeit[146]. 30.49

Die an alle Aufsichtsratsmitglieder in einem Geschäftsjahr gezahlten **Gesamtbezüge** sind nach § 285 Nr. 9a HGB im Anhang zum Jahresabschluss anzugeben. Darüber hinaus ist die individuelle Vergü- 30.50

---

137 Ähnlich z.B. *Peltzer*, Deutsche Corporate Governance, Rz. 299.
138 Vgl. z.B. *Hoffmann-Becking* in FS Havermann, 1995, S. 229, 245; *Lutter*, ZHR 159 (1995), 287, 304.
139 Vgl. z.B. *Baums* (Hrsg.), Bericht Regierungskommission, Rz. 65; *Kiem* in FS Stilz, 2014, S. 329, 331.
140 *Berger*, Kosten der Aufsichtsratstätigkeit, S. 52; *Lutter/Krieger/Verse*, Aufsichtsrat, Rz. 843; *Habersack* in MünchKomm. AktG, 5. Aufl. 2019, § 113 AktG Rz. 42; differenzierend *Haarmann* in FS Hüffer, 2010, S. 243, 250 ff.
141 OLG Stuttgart v. 9.4.1991 – 12 U 206/90, AG 1991, 404; *Hopt/Roth* in Großkomm. AktG, 5. Aufl. 2019, § 113 AktG Rz. 142.
142 *Habersack* in MünchKomm. AktG, 5. Aufl. 2019, § 113 AktG Rz. 43; *Schubert* in Wißmann/Kleinsorge/Schubert, § 25 MitbestG Rz. 269; *Hüffer/Koch*, § 113 AktG Rz. 20; *Säcker*, NJW 1979, 1521, 1525.
143 *E. Vetter*, ZIP 2008, 1, 6; siehe bereits *Hoffmann-Becking* in FS Havermann, 1995, S. 229, 245; *Lutter*, ZHR 159 (1995), 287, 309.
144 *Bürgers/Fischer* in Bürgers/Körber/Lieder, § 113 AktG Rz. 4; *Habersack* in MünchKomm. AktG, 5. Aufl. 2019, § 113 AktG Rz. 34; *Hopt/Roth* in Großkomm. AktG, 5. Aufl. 2019, § 113 AktG Rz. 126; *Hüffer/Koch*, § 113 AktG Rz. 3; kritisch *Drygala* in K. Schmidt/Lutter, § 113 AktG Rz. 9.
145 Vgl. auch Grundsatz 24 und Empfehlung G. 17 Deutscher Corporate Governance Kodex.
146 *Habersack* in MünchKomm. AktG, 5. Aufl. 2019, § 113 AktG Rz. 51; *Hopt/Roth* in Großkomm. AktG, 5. Aufl. 2019, § 113 AktG Rz. 100; *Mertens/Cahn* in KölnKomm. AktG, 3. Aufl. 2013, § 113 AktG Rz. 37.

tung jedes einzelnen Aufsichtsratsmitglieds **aufgegliedert nach Bestandteilen** gemäß § 162 Abs. 1 AktG im Vergütungsbericht anzugeben.

e) Ersatz von Aufwendungen

30.51 Vom Vergütungsanspruch nach § 113 Abs. 1 Satz 2 AktG zu unterscheiden ist der Anspruch des Aufsichtsratsmitglieds gemäß §§ 670, 675 BGB auf **Erstattung der Aufwendungen**, die es im Zusammenhang mit der Ausübung seines Mandates für erforderlich halten durfte[147]. Der Anspruch besteht, ohne dass es hierzu einer Satzungsregelung oder eines Bewilligungsbeschlusses der Hauptversammlung bedarf. Den Aufsichtsratsmitgliedern kann anstelle der Einzelabrechnung auch eine **Aufwandspauschale** (z.B. als Sitzungsgeld) zur Abdeckung ihrer mit der Aufsichtsratstätigkeit üblicherweise anfallenden tatsächlichen Aufwendungen gewährt werden[148]. Eine überhöhte Aufwandspauschale ist jedoch als Vergütung i.S.v. § 113 Abs. 1 AktG zu betrachten, für die eine Regelung in der Satzung oder ein Hauptversammlungsbeschluss notwendig ist[149]. **Nicht erstattungsfähig** sind die Aufwendungen der Aufsichtsratsmitglieder für die Teilnahme an Schulungen, soweit es um den Erwerb von allgemeinen Mindestkenntnissen wirtschaftlicher und rechtlicher Art geht, da jedes Aufsichtsratsmitglied über diese Grundkenntnisse bereits bei Amtsantritt verfügen muss[150]. Im Übrigen ist die laufende Gewährleistung der Sachkunde der Aufsichtsratsmitglieder im Interesse der Qualität der Aufsichtsratsarbeit zu unterstützen[151]. Grundsatz 18 Deutscher Corporate Governance Kodex betont die eigene **Fortbildungsverantwortung der Aufsichtsratsmitglieder**. Die Gesellschaft soll nach D.12 Deutscher Corporate Governance Kodex neue Aufsichtsratsmitglieder beim Amtsbeginn (*Onboarding*) sowie allgemein Fortbildungsmaßnahmen angemessen unterstützen[152]. Das betrifft speziell die Erstattung von Fortbildungsaufwendungen zum Erwerb von besonderem Wissen und Spezialkenntnissen wie z.B. im Bereich der Ausschusstätigkeit oder im Fall von Gesetzesänderungen[153].

f) Steuerliche Behandlung der Aufsichtsratsvergütung

30.52 Die Aufsichtsratsvergütung ist als **Betriebsausgabe der Gesellschaft** handelsrechtlich in voller Höhe, in steuerlicher Hinsicht nach § 10 Nr. 4 KStG jedoch **nur zur Hälfte abzugsfähig**[154]. Beim Aufsichtsratsmitglied unterliegt die Aufsichtsratsvergütung der **Einkommensteuer** und zusätzlich der **Umsatz-**

---

147 *Hoffmann-Becking* in MünchHdb. AG, § 33 Rz. 15; *Hüffer/Koch*, § 113 AktG Rz. 7; *Lutter/Krieger/Verse*, Aufsichtsrat, Rz. 845.
148 *Berger*, Kosten der Aufsichtsratstätigkeit, S. 129; *Hoffmann/Preu*, Aufsichtsrat, Rz. 452; *Hüffer/Koch*, § 113 AktG Rz. 9; *Lutter/Krieger/Verse*, Aufsichtsrat, Rz. 847.
149 *Hoffmann-Becking* in MünchHdb. AG, § 33 Rz. 20 in Bezug auf überhöhte Sitzungsgelder; *Hopt/Roth* in Großkomm. AktG, 5. Aufl. 2019, § 113 AktG Rz. 44; *Mertens/Cahn* in KölnKomm. AktG, 3. Aufl. 2013, § 113 AktG Rz. 12.
150 *Hoffmann-Becking* in MünchHdb. AG, § 33 Rz. 16; *Lutter/Krieger/Verse*, Aufsichtsrat, Rz. 846; *Mertens/Cahn* in KölnKomm. AktG, 3. Aufl. 2013, § 113 AktG Rz. 12; *Schubert* in Wißmann/Kleinsorge/Schubert, § 25 MitbestG Rz. 281; vgl. auch *Habersack* in MünchKomm. AktG, 5. Aufl. 2019, § 113 AktG Rz. 27.
151 *Hopt/Roth* in Großkomm. AktG, 5. Aufl. 2019, § 113 AktG Rz. 115; *Hüffer/Koch*, § 113 AktG Rz. 10; *Kremer* in Kremer/Bachmann/Lutter/v. Werder, Deutscher Corporate Governance Kodex, D.12 Rz. 2.
152 *Hopt/Leyens*, ZGR 2019, 929, 972; *Kremer* in Kremer/Bachmann/Lutter/v. Werder, Deutscher Corporate Governance Kodex, D.12 Rz. 3.
153 *Drygala* in K. Schmidt/Lutter, § 113 AktG Rz. 21; *Habersack* in MünchKomm. AktG, 5. Aufl. 2019, § 113 AktG Rz. 27; *Hoffmann-Becking*, ZGR 2011, 136, 142; *Hüffer/Koch*, § 113 AktG Rz. 10; *Schubert* in Wißmann/Kleinsorge/Schubert, § 25 MitbestG Rz. 281; eingehend *E. Vetter* in VGR, Gesellschaftsrecht in der Diskussion 2014, 2015, S. 115, 121.
154 Kritisch zu dieser Regelung z.B. *Clemm/Clemm*, BB 2001, 1873; *E. Vetter*, ZIP 2008, 1, 2; vgl. auch *Baums* (Hrsg.), Bericht Regierungskommission, Rz. 65.

steuer, soweit das Aufsichtsratsmitglied nicht von der so genannten Kleinunternehmerbefreiung nach § 19 UStG Gebrauch machen kann[155].

g) Vergütungsvotum der Hauptversammlung

Ähnlich wie bei dem **Billigungsbeschluss der Hauptversammlung** zur Vorstandsvergütung gemäß § 120a Abs. 1 AktG verlangt der durch das ARUG II neu eingefügte § 113 Abs. 3 AktG bei der börsennotierten AG **mindestens alle vier Jahre** einen Hauptversammlungsbeschluss über die Aufsichtsratsvergütung. Damit wird keine generelle Vergütungspflicht für die Aufsichtsratstätigkeit begründet[156], auch wenn dies zumindest in der börsennotierten AG längst der praktische Regelfall ist. Die Umsetzung in der Hauptversammlung erfolgt als sog. Einheitslösung durch einen **umfassenden Beschluss**, der die konkrete Aufsichtsratsvergütung nach § 113 Abs. 1 Satz 2 AktG und das ihr zugrundeliegende abstrakte System zusammen bestätig[157]; für eine getrennte Beschlussfassung lässt das Gesetz keinen Raum[158]. Die Regelung von § 113 Abs. 3 AktG greift unabhängig davon ein, ob die Aufsichtsratsvergütung in der Satzung oder durch einen Hauptversammlungsbeschluss festgelegt wurde[159]. Ist die Vergütung in der Satzung geregelt, bedarf der Beschluss über die Änderung des Vergütungssystems oder der Vergütung der qualifizierten Mehrheit gemäß § 179 Abs. 2 AktG[160]; für den **bestätigenden Beschluss** ist stets die einfache Mehrheit gemäß § 133 Abs. 1 AktG ausreichend[161].

30.52a

Dieser **Beschluss** muss **klar und verständlich** sein und die entsprechenden Angaben zum Aufsichtsratsvergütungssystem enthalten, die § 87a Abs. 1 Satz 2 AktG für das Vorstandsvergütungssystem vorsieht[162]. Diese Anforderungen lassen sich jedoch nur schwer und keinesfalls vollständig auf die Aufsichtsratsvergütung übertragen, sodass zwangsläufig Abstriche bei der inhaltlichen Darstellung hinzunehmen sind[163]. Vergütungselemente, die für den Aufsichtsrat nicht vorgesehen sind, müssen nicht erläutert werden[164]. § 113 Abs. 3 Satz 4 AktG befreit für den Fall der Vergütungsfestsetzung in der Satzung von der Aufnahme auch der Angaben zu § 87a Abs. 1 AktG in die Satzung, wenn diese in dem satzungsändernden Beschluss enthalten sind[165]. Über die den Aufsichtsratsmitgliedern gewährte Vergütung gibt der gemäß § 162 AktG zu erstellende **Vergütungsbericht** Auskunft.

---

155 Vgl. wegen der Einzelheiten z.B. *Hoffmann/Preu*, Aufsichtsrat, Rz. 453 ff.
156 Begr. RegE BR-Drucks. 156/19, S. 99.
157 *Drygala* in K. Schmidt/Lutter, § 113 AktG Rz. 29; *Grigoleit/Tomasic/Kochendörfer* in Grigoleit, § 113 AktG Rz. 13; *Lochner/Beneke* in Hirte/Heidel, Das neue Aktienrecht, 2020, § 113 AktG Rz. 5.
158 *Grigoleit/Tomasic/Kochendörfer* in Grigoleit, § 113 AktG Rz. 13; *Löbbe/Fischbach*, AG 2019, 373, 382; *Paschos/Goslar*, AG 2019, 365, 369; tendenziell auch *Hüffer/Koch*, § 113 AktG Rz. 29; a.A. *Bachmann/Pauschinger*, ZIP 2019, 1, 9; *Drygala* in K. Schmidt/Lutter, § 113 AktG Rz. 29; *Habersack* in FS Hopt, 2020, S. 333, 339.
159 *Grigoleit/Tomasic/Kochendörfer* in Grigoleit, § 113 AktG Rz. 113 Rz. 10; *Habersack* in MünchKomm. AktG, 5. Aufl. 2021, § 113 AktG Rz. 12.
160 *Florstedt*, ZGR 2019, 630, 656; *Grigoleit/Tomasic/Kochendörfer* in Grigoleit, § 113 AktG Rz. 113 Rz. 10; *Habersack* in MünchKomm. AktG, 5. Aufl. 2021, § 113 AktG Rz. 13.
161 *Habersack* in FS Hopt, 2020, S. 333, 341; *Hoffmann-Becking* in MünchHdb. AG, § 33 Rz. 24; *Löbbe/Fischbach*, AG 2019, 373, 382; *Lochner/Beneke* in Hirte/Heidel, Das neue Aktienrecht, 2020, § 113 AktG Rz. 5.
162 *Drygala* in K. Schmidt/Lutter, § 113 AktG Rz. 30; *Habersack* in MünchKomm. AktG, 5. Aufl. 2021, § 113 AktG Rz. 16.
163 *Habersack* in MünchKomm. AktG, 5. Aufl. 2021, § 113 AktG Rz. 18; *Paschos/Goslar*, AG 2019, 365, 369.
164 *Hüffer/Koch*, § 113 AktG Rz. 31; *Löbbe/Fischbach*, AG 2019, 373, 382.
165 *Bungert/Wansleben*, DB 2019, 1026, 1027; *Grigoleit/Tomasic/Kochendörfer* in Grigoleit, § 113 AktG Rz. 5; *Hüffer/Koch*, § 113 AktG Rz. 32.

II. Haftung des Aufsichtsratsmitglieds

1. Vorbemerkung

30.53 Die Verfolgung und Durchsetzung von Schadensersatzansprüchen gegen Organmitglieder der AG, speziell gegen Mitglieder des Aufsichtsrates, waren in Deutschland trotz klarer materiellrechtlicher Haftungsregelungen lange eine Seltenheit. Seit dem ARAG/Garmenbeck-Urteil des BGH aus dem Jahre 1997[166] ist eine zunehmende Tendenz von Regressprozessen gegen Organmitglieder festzustellen[167]. Wurde das Recht der Organhaftung im Jahre 1980 nicht als „lebendes Recht"[168] und noch 15 Jahre später als „praktisch nicht existent"[169] bezeichnet, hat sich dieses Bild deutlich gewandelt[170]. Eine vermehrte Inanspruchnahme von Aufsichtsratsmitgliedern nach §§ 147, 148 AktG lässt sich jedoch nicht feststellen.

2. Haftungsgrundlage

30.54 Das AktG enthält für die Mitglieder des Aufsichtsrates keine eigenständige Regelung ihrer Haftung[171]. Vielmehr verweist § 116 Satz 1 AktG hinsichtlich ihrer Sorgfaltspflicht und Verantwortlichkeit pauschal auf die in § 93 Abs. 1 AktG geregelte Sorgfaltspflicht und Verantwortlichkeit der Mitglieder des Vorstandes, die für die Mitglieder des Aufsichtsrates hinsichtlich ihrer Aufgaben sinngemäß gelten. Auf die Erläuterungen zur Haftung des Vorstandes (Beweislast, Kausalitätsnachweis, gesamtschuldnerische Haftung und Geltendmachung der Ansprüche) wird deshalb ergänzend verwiesen (vgl. Rz. 23.47 ff.).

30.55 Für die Beurteilung der Verantwortlichkeit und Haftung der Aufsichtsratsmitglieder muss freilich situationsbezogen der Unterschied zwischen der umfassenden Leitungsverantwortung des Vorstandes und der begrenzten Überwachungspflicht des Aufsichtsrates berücksichtigt werden sowie die Tatsache, dass es sich bei dem Aufsichtsratsmandat um ein bloßes Nebenamt handelt[172]. Bei der Wahrnehmung ihrer Aufgaben, nämlich insbesondere der Pflicht zur Überwachung der Geschäftsführung, haben die Mitglieder des Aufsichtsrates demgemäß nach §§ 116, 93 Abs. 1 AktG die **Sorgfalt eines ordentlichen und gewissenhaften „Überwachers"** anzuwenden[173]. Bei schuldhafter Verletzung ihrer individuellen Pflichten haften sie der Gesellschaft auf Schadensersatz. Der nach §§ 116, 93 Abs. 1 AktG begründete Standard hat damit eine Doppelfunktion; er bestimmt den Pflichtenkreis des Aufsichtsratsmitglieds und ist zugleich Verschuldensmaßstab[174].

30.56 Die §§ 116, 93 AktG haben zwingenden Charakter, so dass zugunsten der Aufsichtsratsmitglieder ein **Haftungsausschluss** oder eine **Haftungsbeschränkung** weder durch die Satzung noch durch eine in-

---

166 BGH v. 21.4.1997 – II ZR 175/95 – ARAG/Garmenbeck, BGHZ 135, 244.
167 LG Stuttgart v. 29.10.1999 – 4 KfH O 80/98 – Altenburger und Stralsunder Spielkarten Fabriken, AG 2000, 237, 238; LG Bielefeld v. 16.11.1999 – 15 O 91/98 – Balsam, AG 2000, 136; LG Dortmund v. 1.8.2001 – 20 O 143/93 – Harpener/Omni II, AG 2002, 97, 98.
168 *Wiedemann*, GesR I, S. 624.
169 *Baums*, ZIP 1995, 11, 13.
170 *Bachmann*, Gutachten E zum 70. Deutschen Juristentag, 2014, S. 11 ff.; *Hüffer/Koch*, § 93 AktG Rz. 1.
171 Kritisch insoweit z.B. *Raiser*, NJW 1996, 552, 553; *Raiser*, NJW 1996, 2257, 2261.
172 *Fleck* in FS Heinsius, 1991, S. 89, 90; *Hopt* in FS Mestmäcker, 1996, S. 909, 916; *Peltzer*, WM 1981, 346, 349; *Habersack* in MünchKomm. AktG, 5. Aufl. 2019, § 116 AktG Rz. 2.
173 *P. Doralt/W. Doralt* in Semler/v. Schenck/Wilsing, ArbeitsHdb. AR, § 16 Rz. 61; *Hoffmann-Becking* in MünchHdb. AG, § 33 Rz. 74; *Hüffer/Koch*, § 116 AktG Rz. 2; *Lutter/Krieger/Verse*, Aufsichtsrat, Rz. 982; *Semler* in FS Peltzer, 2001, S. 489, 497.
174 *Dreher* in FS Boujong, 1996, S. 71, 79; *Mertens/Cahn* in KölnKomm. AktG, 3. Aufl. 2013, § 93 AktG Rz. 7; *Habersack* in MünchKomm. AktG, 5. Aufl. 2019, § 116 AktG Rz. 2; *Thümmel*, Persönliche Haftung von Managern und Aufsichtsräten, Rz. 182; *Hüffer/Koch*, § 93 AktG Rz. 5.

dividuelle Vereinbarung mit der Gesellschaft zulässig ist[175]; eine derartige Regelung ist nach § 23 Abs. 5 AktG **unwirksam**. Ebenso ist eine **Änderung des gesetzlich festgelegten Sorgfaltsmaßstabes**, den die Mitglieder des Aufsichtsrates nach § 116 Satz 1, § 93 Abs. 1 AktG zu beachten haben, zum Nachteil der Gesellschaft nicht zulässig[176].

3. Objektiver Sorgfaltsmaßstab

a) Grundsatz

Über den Maßstab der Sorgfaltspflicht der Mitglieder des Aufsichtsrates gibt eine Entscheidung des BGH aus dem Jahre 1982 Auskunft, die auch der Tatsache Rechnung trägt, dass das **Aufsichtsratsamt keine hauptberufliche Tätigkeit**, sondern im Unterschied zur Tätigkeit des Vorstandes im Normalfall lediglich ein Nebenamt ist. Danach muss das Aufsichtsratsmitglied mindestens über diejenigen Kenntnisse und Fähigkeiten allgemeiner, wirtschaftlicher, organisatorischer und rechtlicher Art verfügen oder sie sich umgehend aneignen, die erforderlich sind, „um alle normalerweise anfallenden Geschäftsvorgänge auch ohne fremde Hilfe verstehen und sachgerecht beurteilen zu können"[177]. Dies schließt Kenntnisse über die Aufgaben und Kompetenzen des Aufsichtsrates und seiner Arbeitsweise sowie die Rechte und Pflichten des einzelnen Aufsichtsratsmitglieds und des Vorstandes ein[178]. Der BGH hat damit die h.M. bestätigt, dass eine personenbezogene Differenzierung nicht in Betracht kommt und der objektive **Sorgfaltsmaßstab im Sinne eines Mindeststandards für alle Aufsichtsratsmitglieder einheitlich** ist. Insbesondere dürfen für die Aufsichtsratsmitglieder der Arbeitnehmer keine niedrigeren Sorgfaltsanforderungen gestellt werden als für die Aufsichtsratsmitglieder der Anteilseigner[179]. Angesichts der gesetzlichen Aufgabe des Aufsichtsrates zur Prüfung des Jahresabschlusses, Lageberichts, des Vorschlags zur Verwendung des Bilanzgewinns sowie gegebenenfalls des Konzernabschlusses und des Konzernlageberichts (§ 171 Abs. 1 AktG), muss jedes Aufsichtsratsmitglied über **ausreichende Sachkunde im Sinne der** *financial literacy* verfügen. Es muss sich im Rahmen dieser Prüfung, den Berichten des Vorstandes nach § 90 AktG und dem schriftlichen Bericht des Abschlussprüfers wie auch dessen eventueller zusätzlicher mündlicher Erläuterungen ein realistisches Bild über die Vermögens-, Finanz- und Ertragslage der Gesellschaft und ihrer künftigen Aussichten verschaffen können, um aus den gesamten Informationen die richtigen Schlussfolgerungen zu ziehen[180].

30.57

b) Funktionsbezogene, personelle Differenzierungen

Der allgemeine **Sorgfaltsmaßstab** der Mitglieder des Aufsichtsrates nach § 116 Satz 1, § 93 Abs. 1 AktG ist **nicht abstrakt** für das Anforderungsprofil eines objektiv-typisierten Aufsichtsratsmitglieds einer AG zu bestimmen, sondern er hängt vom **konkreten organisatorischen Zuschnitt des Unternehmens**, dem tatsächlichen Geschäftsumfang und seiner individuellen Situation ab. Demgemäß ist bei den notwendigen Fähigkeiten und Kenntnissen des Aufsichtsratsmitglieds danach zu differenzieren, ob es sich z.B. um ein regionales mittelständisches Unternehmen, einen diversifizierten Konzern oder eine multinationale Unternehmensgruppe handelt und in welcher Wirtschaftsbranche das Unter-

30.58

---

175 *Hüffer/Koch*, § 116 AktG Rz. 13; *Lutter/Krieger/Verse*, Aufsichtsrat, Rz. 1024; *Spindler* in BeckOGK AktG, Stand 1.2.2021, § 116 AktG Rz. 199.
176 Vgl. zur insoweit vergleichbaren Regelung der Haftung der Vorstandsmitglieder z.B. *Hopt/Roth* in Großkomm. AktG, 5. Aufl. 2015, § 93 AktG Rz. 47; *Hüffer/Koch*, § 93 AktG Rz. 2; *Uwe H. Schneider* in FS Werner, 1984, S. 795, 803.
177 BGH v. 15.11.1982 – II ZR 27/82 – Hertie, BGHZ 85, 293, 295; *Hommelhoff*, ZGR 1983, 551, 574.
178 *Hommelhoff*, ZGR 1983, 551, 574; *Mertens/Cahn* in KölnKomm. AktG, 3. Aufl. 2013, § 116 AktG Rz. 7.
179 *Hopt/Roth* in Großkomm. AktG, 5. Aufl. 2019, § 116 AktG Rz. 48; *Hüffer/Koch*, § 116 AktG Rz. 3; *Lutter/Krieger/Verse*, Aufsichtsrat, Rz. 1009; *Schwark* in FS Werner, 1984, S. 841, 850.
180 Vgl. *Baums* (Hrsg.), Bericht Regierungskommission, Rz. 310; *Dreher* in FS Boujong, 1996, S. 71 ff.; *Peltzer*, NZG 2002, 593, 597; *Peltzer*, Deutsche Corporate Governance, Rz. 193.

nehmen tätig ist[181]. In **Sondersituationen**, insbesondere in der Unternehmenskrise, besteht ein gesteigerter Sorgfaltsmaßstab[182].

30.59 Gehören dem Aufsichtsrat **Personen mit besonderer Qualifikation oder Fachkenntnissen** an, ist ein **erhöhter Sorgfaltspflichtenmaßstab** im Bereich ihrer speziellen Qualifikation und Kenntnisse zu beachten. Dies bedeutet, dass ein Aufsichtsratsmitglied seine besonderen Kenntnisse und Erfahrungen, z.B. als Rechtsanwalt, Finanzfachmann, Marketingexperte, Wirtschaftsprüfer, Ingenieur oder auch als ehemaliges Vorstandsmitglied der Gesellschaft einzubringen hat, wenn vom Aufsichtsrat ein in seinen speziellen Kompetenz- oder Erfahrungsbereich fallender Vorgang behandelt wird[183]. Ein Berufen auf den allgemeinen Sorgfaltsmaßstab eines Aufsichtsratsmitglieds ist in diesem Fall ausgeschlossen. Dies gilt besonders auch deshalb, weil der Beurteilung eines solchen Vorgangs durch dieses Aufsichtsratsmitglied bei den Beratungen des Aufsichtsrates erfahrungsgemäß besonderes Gewicht beigemessen wird. Die übrigen Aufsichtsratsmitglieder dürfen sich, soweit sie über eine vergleichbare Qualifikation nicht verfügen, auf das Urteil und die Expertise dieses Mitglieds mit für sie selbst haftungsentlastender Wirkung verlassen, sofern es plausibel ist und keine Anhaltspunkte für ein fehlerhaftes Urteil ersichtlich sind[184].

30.60 Ein **gesteigerter Sorgfaltsmaßstab** besteht auch für die **Mitglieder eines Aufsichtsratsausschusses**, insbesondere für den Ausschussvorsitzenden[185]. Erst recht ist ein höherer Sorgfaltsmaßstab zu beachten, wenn von den Ausschussmitgliedern spezielle Fachkenntnisse erwartet werden, wie dies z.B. beim Prüfungsausschuss (*Audit Committee*), dem Investitionsausschuss oder dem Kreditausschuss einer Bank erforderlich ist[186]. Dies gilt aber auch unabhängig davon, ob die Mitglieder in den Ausschuss wegen besonderer Fachkenntnisse oder einer sonstigen besonderen Qualifikation gewählt worden sind oder nicht, da die anderen Aufsichtsratsmitglieder billigerweise auf die sorgfältige und vertiefte Überwachung des Vorstandes durch den Aufsichtsratsausschuss grundsätzlich[187] vertrauen dürfen[188], sofern kein konkreter Anlass für Zweifel an einer ordnungsgemäßen und sorgfältigen Überwachung besteht[189]. Verfügt ein Aufsichtsratsmitglied nicht über die für einen bestimmten Aufsichtsratsausschuss

---

181 *Dreher* in FS Boujong, 1996, S. 71, 76; *Hüffer/Koch*, § 116 AktG Rz. 4; *Schwark* in FS Werner, 1984, S. 841, 849; *Edenfeld/Neufang*, AG 1999, 49, 50.
182 OLG Hamburg v. 6.3.2015 – 11 U 222/13, AG 2015, 399, 401; OLG Düsseldorf v. 6.11.2014 – I-6 U 16/14, AG 2015, 434, 437; OLG Stuttgart v. 29.2.2012 – 20 U 3/11, AG 2012, 298, 300; OLG Stuttgart v. 19.6.2012 – 20 W 1/12 – Porsche/VW Piëch, AG 2012, 762, 764; *Habersack* in MünchKomm. AktG, 5. Aufl. 2019, § 116 AktG Rz. 37; *Spindler* in BeckOGK AktG, Stand 1.2.2021, § 116 AktG Rz. 41; *Selter*, Beratung des Aufsichtsrats, Rz. 604.
183 BGH v. 20.9.2011 – II ZR 234/09 – ISION, AG 2011, 876; OLG Düsseldorf v. 8.3.1984 – 8 U 75/83, AG 1984, 273, 275 (zur Publikums-KG); LG Hamburg v. 16.12.1980 – 8 O 229/79 – Lenz Bau, AG 1982, 51, 53; *Hoffmann-Becking* in MünchHdb. AG, § 33 Rz. 76; *Merkt/Mylich*, NZG 2012, 525, 530; *Spindler* in BeckOGK AktG, Stand 1.2.2021, § 116 AktG Rz. 19; a.A. *Hopt/Roth* in Großkomm. AktG, 5. Aufl. 2019, § 116 AktG Rz. 43; *Wirth*, ZGR 2005, 327, 335; zurückhaltend *Hüffer/Koch*, § 116 AktG Rz. 4.
184 *Dreher* in FS Boujong, 1996, S. 71, 83; *Hoffmann-Becking* in MünchHdb. AG, § 33 Rz. 75; *Hommelhoff*, ZGR 1983, 551, 572; *Lutter/Krieger/Verse*, Aufsichtsrat, Rz. 1010; *Raiser/Veil*, Kapitalgesellschaften, § 15 Rz. 112; *Schwark* in FS Werner, 1984, S. 841, 849; strenger jedoch *Möllers*, ZIP 1995, 1725, 1733.
185 *Habersack* in MünchKomm. AktG, 5. Aufl. 2019, § 116 AktG Rz. 37; *Hopt/Roth* in Großkomm. AktG, 5. Aufl. 2019, § 116 AktG Rz. 48; *Semler* in FS Karsten Schmidt, 2009, S. 1489, 1505; *Spindler* in BeckOGK AktG, Stand 1.2.2021, § 116 AktG Rz. 17.
186 Vgl. auch *Hopt/Roth* in Großkomm. AktG, 5. Aufl. 2005, § 116 AktG Rz. 52; *Mutter/Gayk*, ZIP 2003, 1773, 1774; a.A. wohl *Luttermann*, BB 2003, 745, 748.
187 *Steinbeck*, Überwachungspflicht, S. 33; einschränkend jedoch *P. Doralt/W. Doralt* in Semler/v. Schenck/Wilsing, ArbeitsHdb. AR, § 16 Rz. 132; *Hüffer/Koch*, § 116 AktG Rz. 4.
188 OLG Hamburg v. 29.9.1995 – 11 U 20/95, AG 1996, 84, 85; *Götz*, AG 1995, 337, 346; *Hoffmann-Becking* in MünchHdb. AG, § 33 Rz. 77; *Mertens/Cahn* in KölnKomm. AktG, 3. Aufl. 2013, § 116 AktG Rz. 63; *Mutter*, Unternehmerische Entscheidungen, S. 289; *Rellermeyer*, Aufsichtsratsausschüsse, 1986, S. 64.
189 Sehr weitgehend OLG Düsseldorf v. 8.3.1984 – 6 U 75/83, AG 1984, 273, 275 (zur Publikums-KG), das bei Unternehmen in der Anlaufphase vom Aufsichtsratsmitglied auch ohne konkrete Verdachtsmomen-

benötigten Fachkenntnisse und sonstigen Erfahrungen, darf es nicht in den Ausschuss gewählt werden und muss seine Wahl ablehnen[190]. Für den Vorsitzenden des Prüfungsausschusses sieht die Empfehlung von D.4 Deutscher Corporate Governance Kodex ausdrücklich „besondere Kenntnisse und Erfahrungen in der Anwendung von Rechnungslegungsgrundsätzen und internen Kontrollverfahren" vor[191]. Nach § 100 Abs. 5 AktG muss dem Prüfungsausschuss einer kapitalmarktorientierten AG (§ 264d HGB) mindestens ein Mitglied angehören, das über **Sachverstand auf dem Gebiet Rechnungslegung** verfügt sowie ein weiteres, das über **Sachverstand auf dem Gebiet der Abschlussprüfung** verfügt. Nimmt das Aufsichtsratsmitglied die Wahl dennoch an, kommt im Schadensfall eine Haftung aus dem **Gesichtspunkt des Übernahmeverschuldens** in Betracht[192]. Besonders hohe Anforderungen bestehen für den Sorgfaltsmaßstab und die Pflichten des **Aufsichtsratsvorsitzenden**, denn ihm kommt mit der Übernahme der Vorsitzendenfunktion zwangsläufig eine **gesteigerte Verantwortung** in persönlicher und zeitlicher Hinsicht für die erfolgreiche und effiziente Tätigkeit des Aufsichtsrates zu[193].

4. Pflichtenkreis der Aufsichtsratsmitglieder

Die Überwachung der Geschäftsführung des Vorstandes ist die wichtigste Aufgabe des Aufsichtsrates. Bei seiner Überwachungstätigkeit hat sich der Aufsichtsrat am Maßstab der **Rechtmäßigkeit, Ordnungsmäßigkeit, Wirtschaftlichkeit und Zweckmäßigkeit** der Geschäftsführung des Vorstandes auszurichten[194]. An der ordnungsgemäßen und möglichst effektiven Erfüllung dieser Aufgabe hat das einzelne Aufsichtsratsmitglied höchstpersönlich und eigenverantwortlich mitzuwirken[195]. Die in der Betriebswirtschaftslehre entwickelten **Grundsätze ordnungsmäßiger Aufsichtsratstätigkeit**[196], die teilweise auch Eingang in den Deutschen Corporate Governance Kodex gefunden haben, haben keine Verbindlichkeit. Sie begründen weder Rechtspflichten[197] noch reicht ihre Einhaltung automatisch als Nachweis der Erfüllung der Sorgfaltspflichten als Aufsichtsratsmitglied aus[198]. Die Grundsätze können freilich zur Schärfung des Bewusstseins der Aufsichtsratsmitglieder bei Wahrnehmung ihrer Überwachungsaufgabe beitragen und Anhaltspunkte zur Konkretisierung einzelner Sorgfaltspflichten liefern. Soweit die Aufsichtsratsmitglieder unternehmerische Entscheidungen treffen, kommen auch für sie die **Grundsätze der** *Business Judgement Rule* in Betracht, wie sie in § 93 Abs. 1 Satz 2 AktG geregelt sind[199].

---

te eigene Nachforschungen verlangt; siehe auch BGH v. 22.10.1979 – II ZR 151/77, AG 1980, 109, 110 (zur Publikums-KG).

190 *Lutter/Krieger/Verse*, Aufsichtsrat, Rz. 1011; *Mertens/Cahn* in KölnKomm. AktG, 3. Aufl. 2013, § 116 AktG Rz. 63; *Schwark* in FS Werner, 1984, S. 841, 848; *Mutter/Gayk*, ZIP 2003, 1773, 1775.
191 Vgl. *Habersack*, ZSR 2005 II, 533, 554; *Lieder*, NZG 2005, 573; *E. Vetter*, BB 2005, 1689.
192 *Hüffer/Koch*, § 116 AktG Rz. 4; *Feddersen*, AG 2000, 385, 389; *Götz*, AG 1995, 337, 345; *Spindler* in BeckOGK AktG, Stand 1.2.2021, § 116 AktG Rz. 16; *E. Vetter*, ZGR 2010, 751, 779.
193 *Bürgers/Fischer* in Bürgers/Körber/Lieder, § 116 AktG Rz. 3; *Drygala* in K. Schmidt/Lutter, § 116 AktG Rz. 44; *Hopt/Roth* in Großkomm. AktG, 5. Aufl. 2019, § 116 AktG Rz. 51; *Krieger*, ZGR 1985, 338, 342; *Semler*, AG 1983, 141, 144; differenzierend *Dreher* in FS Boujong, 1996, S. 71, 85.
194 *Lutter/Krieger/Verse*, Aufsichtsrat, Rz. 986; *Potthoff/Trescher/Theisen*, AR-Mitglied, Rz. 490 ff.; *Semler* in FS Peltzer, 2001, S. 489, 497.
195 *Deckert*, DZWir 1996, 406, 407; *Mertens/Cahn* in KölnKomm. AktG, 3. Aufl. 2013, § 116 AktG Rz. 10; *Mülbert* in Corporate Governance, S. 99, 116; *Potthoff/Trescher/Theisen*, AR-Mitglied, Rz. 796; *Steinbeck*, Überwachungspflicht, S. 25.
196 Arbeitskreis „Externe und interne Überwachung der Unternehmung" der Schmalenbach-Gesellschaft/ Deutsche Gesellschaft für Betriebswirtschaft e.V., DB 1995, 1; vgl. dazu z.B. *Potthoff*, DB 1995, 163; *Theisen*, AG 1995, 193.
197 *Hüffer/Koch*, § 111 AktG Rz. 1; vgl. auch *Claussen/Bröcker*, AG 2000, 481, 482; *Semler*, Leitung und Überwachung, S. 54.
198 *Semler* in FS Peltzer, 2001, S. 489, 494; *Spindler* in BeckOGK AktG, Stand 1.2.2021, § 116 AktG Rz. 22.
199 *Hoffmann-Becking* in MünchHdb. AG, § 33 Rz. 87; *Hopt/Roth* in Großkomm. AktG, 5. Aufl. 2019, § 116 AktG Rz. 59 ff.; *Spindler* in BeckOGK AktG, Stand 1.2.2021, § 116 AktG Rz. 45.

30.62 Die **Unwirksamkeit der Wahl** oder der Entsendung beeinträchtigt nicht die Sorgfaltspflicht und Verantwortung eines Aufsichtsratsmitglieds gemäß § 116 Satz 1, § 93 Abs. 1 AktG, wenn es das Amt wahrgenommen hat und im Rahmen seines Mandates tätig geworden ist[200].

a) Personenbezogene Pflichten

30.63 Das Aufsichtsratsmitglied braucht zwar nicht über einen umfassenden ökonomischen und juristischen oder speziell bilanzrechtlichen Sachverstand zu verfügen[201], es hat in seiner Person aber sicherzustellen, dass es über die für die Wahrnehmung des Aufsichtsratsmandates **notwendigen Kenntnisse und Erfahrungen** verfügt, um die für die Lage der Gesellschaft maßgeblichen wirtschaftlichen Zusammenhänge und die normalerweise anfallenden Geschäftsvorfälle ohne die Inanspruchnahme der Hilfe Dritter zu beurteilen[202]. Das Aufsichtsratsmitglied muss in der Lage sein, sich auf Grund der schriftlichen und mündlichen Berichterstattung des Vorstandes und der Feststellungen und Erläuterungen des Abschlussprüfers sowie gegebenenfalls der Diskussion im Aufsichtsrat ein realistisches Bild über die wirtschaftliche Lage der Gesellschaft und ihre weitere Entwicklung zu machen.

30.64 Das einzelne Aufsichtsratsmitglied muss **ausreichende Kenntnisse** zur sachgerechten Beurteilung der Überwachungsaufgabe und Überwachungstätigkeit des Aufsichtsrates besitzen, nämlich insbesondere Kenntnisse der Ordnungsmäßigkeit von Zusammensetzung, Organisation und Arbeitsweise des Aufsichtsrates[203], der Rechte und Pflichten des Aufsichtsrates sowie des einzelnen Aufsichtsratsmitglieds[204], der Rechte und Pflichten des Vorstandes[205] sowie der Ordnungsmäßigkeit der Berichterstattung des Vorstandes gemäß § 90 AktG[206].

b) Funktionsbezogene Pflichten

30.65 Das Aufsichtsratsmitglied ist zur **regelmäßigen Teilnahme** an den Aufsichtsratssitzungen und zur **sorgfältigen Vorbereitung** der zur Beratung und Beschlussfassung anstehenden Gegenstände verpflichtet. Grundsatz 12 Deutscher Corporate Governance Kodex betont zu Recht die Verantwortung des einzelnen Aufsichtsratsmitglieds, darauf zu achten, dass ihm genügend Zeit zur Wahrnehmung des Aufsichtsratsmandates zur Verfügung steht. Darüber hinaus hat es im Interesse des Unternehmens auf eine gesetzeskonforme Erledigung der dem Aufsichtsrat zugewiesenen Aufgaben und eine funktionsgerechte Organisation und Arbeitsweise des Gremiums hinzuwirken, was gegebenenfalls auch die **Einberufung einer außerordentlichen Aufsichtsratssitzung**, zu der das einzelne Aufsichtsratsmitglied nach § 110 Abs. 2 AktG berechtigt ist, erforderlich machen kann[207]. Bei einer schwierigen wirtschaftlichen Lage des Unternehmens, bei risikoträchtigen Angelegenheiten oder sonstigen konkreten Besorg-

---

200 BGH v. 19.2.2013 – II ZR 56/12 – IKB, AG 2013, 387 Rz. 19; BGH v. 3.7.2006 – II ZR 151/04 – IFA, BGHZ 168, 188 Rz. 14; OLG Frankfurt v. 20.10.2010 – 23 U 121/08, AG 2011, 36, 40; *Habersack* in MünchKomm. AktG, 5. Aufl. 2019, § 116 AktG Rz. 14; *Mertens/Cahn* in KölnKomm. AktG, 3. Aufl. 2013, § 101 AktG Rz. 107; *Lowe*, Fehlerhaft gewählte Aufsichtsratsmitglieder, 1988, S. 86.
201 *Mertens/Cahn* in KölnKomm. AktG, 3. Aufl. 2013, § 116 AktG Rz. 7; a.A. *Prühs*, AG 1970, 347, 352.
202 BGH v. 15.11.1982 – II ZR 27/82 – Hertie, BGHZ 85, 293, 295; *P. Doralt/W. Doralt* in Semler/v. Schenck/Wilsing, ArbeitsHdb. AR, § 16 Rz. 119; *Habersack* in MünchKomm. AktG, 5. Aufl. 2019, § 116 AktG Rz. 24; *Spindler* in BeckOGK AktG, Stand 1.2.2021, § 116 AktG Rz. 16.
203 *P. Doralt/W. Doralt* in Semler/v. Schenck, ArbeitsHdb. AR, § 14 Rz. 138; *Mertens/Cahn* in KölnKomm. AktG, 3. Aufl. 2013, § 116 AktG Rz. 7.
204 *Hopt/Roth* in Großkomm. AktG, 5. Aufl. 2019, § 116 AktG Rz. 37; *Mertens/Cahn* in KölnKomm. AktG, 3. Aufl. 2013, § 116 AktG Rz. 7; *Potthoff/Trescher/Theisen*, AR-Mitglied, Rz. 805.
205 *Mertens/Cahn* in KölnKomm. AktG, 3. Aufl. 2013, § 116 AktG Rz. 7; *Schwark* in FS Werner, 1984, S. 841, 844.
206 *Mertens/Cahn* in KölnKomm. AktG, 3. Aufl. 2013, § 116 AktG Rz. 7; *Potthoff/Trescher/Theisen*, AR-Mitglied, Rz. 805.
207 *Lutter/Krieger/Verse*, Aufsichtsrat, Rz. 889; *Mertens/Cahn* in KölnKomm. AktG, 3. Aufl. 2013, § 116 AktG Rz. 12.

nisgründen steigt dabei die **Pflicht zur kritischen Prüfung und insbesondere zum intensiven Gebrauch des individuellen Fragerechts** des Aufsichtsratsmitglieds gegenüber dem Vorstand und gegebenenfalls auch zur Einforderung von zusätzlichen Berichten nach § 90 Abs. 3 Satz 2 AktG[208] bis hin zur Beauftragung von einzelnen Aufsichtsratsmitgliedern oder Sachverständigen mit bestimmten Sonderaufgaben nach § 111 Abs. 2 Satz 2 AktG[209] oder zur Anordnung von Zustimmungsvorbehalten nach § 111 Abs. 4 Satz 2 AktG[210]. Die **Ausweitung der Individualrechte des einzelnen Aufsichtsratsmitglieds** in den § 90 Abs. 3 Satz 2 und § 110 Abs. 2 AktG zielt bewusst auf eine Stärkung der Verantwortung und des Verantwortungsbewusstseins des einzelnen Aufsichtsratsmitglieds ab[211]. Das Individualrecht ist ein sog. **Pflichtrecht**, das ausgeübt werden muss, wenn es zur ordnungsgemäßen Überwachung notwendig ist[212]. Zu eigenen Nachforschungen oder Kontrollmaßnahmen am Aufsichtsrat vorbei sowie zu direkten Fragen an den Vorstand oder einzelne seiner Mitglieder außerhalb der Aufsichtsratssitzung ist das Aufsichtsratsmitglied jedoch weder berechtigt noch verpflichtet[213].

Gerichtsentscheidungen über **Pflichtverletzungen** von Aufsichtsratsmitgliedern oder Beiratsmitgliedern einer Publikums-Kommanditgesellschaft, auf die die §§ 116, 93 AktG entsprechend angewendet werden, mit der Folge persönlicher Haftung ergehen meist im Fall der Insolvenz der Unternehmen. Pflichtverletzungen sind bejaht worden z.B. bei Untätigkeit bei ungewöhnlich leichtfertigen Maßnahmen des Vorstandes[214] oder bei konkreten Gerüchten oder glaubhaften Hinweisen über ein Fehlverhalten des Vorstandes[215]; bei Unterlassung weitergehender Prüfungen, wenn die Jahresabschlussprüfung Anlass dazu gibt[216]; der Zustimmung zu einer Auszahlung ohne erforderliche Erkundigungen[217]; bei Duldung der unzulässigen Verzögerung der Stellung des Insolvenzantrages durch den Vorstand trotz Kenntnis der Überschuldung[218]; der Veranlassung des Vorstandes zum Abschluss eines gesellschaftsschädlichen Geschäfts[219]; der Zustimmung zum Verkauf von Vermögensgegenständen durch den Vorstand deutlich unter dem Verkehrswert, der leicht festzustellen war[220]; dem Versäumnis der Weitergabe wichtiger Informationen an den Gesamtaufsichtsrat, z.B. über die mangelnde Bonität eines Kunden, deren Kenntnis zur Versagung des beantragten Kredits durch den Aufsichtsrat geführt hätte[221];

---

208 OLG Düsseldorf v. 6.11.2014 – I-6 U 16/14, AG 2015, 434, 436; OLG Stuttgart v. 19.6.2012 – 20 W 1/12, AG 2012, 762, 764.
209 Vgl. *Hüffer/Koch*, § 116 AktG Rz. 4; *Semler*, Leitung und Überwachung, Rz. 240; *Semler*, AG 1983, 141, 142; *Thümmel*, Persönliche Haftung von Managern und Aufsichtsräten, Rz. 257.
210 *Henze*, NJW 1998, 3309, 3312; siehe auch OLG Stuttgart v. 19.6.2012 – 20 W 1/12, AG 2012, 762, 763; weitergehend *Leyens*, Information des Aufsichtsrats, 2006, S. 164 ff.
211 Siehe *Seibert*, NZG 2002, 608, 610; *Fleischer* in BeckOGK AktG, Stand 1.2.2021, § 90 AktG Rz. 47.
212 *Fleischer* in BeckOGK AktG, Stand 1.2.2021, § 90 AktG Rz. 48; *Kort* in Großkomm. AktG, 4. Aufl. 2006, § 90 AktG Rz. 103.
213 *Mertens/Cahn* in KölnKomm. AktG, 3. Aufl. 2013, § 116 AktG Rz. 16; *Brandi*, ZIP 2000, 173, 174; einschränkend *Hoffmann-Becking* in MünchHdb. AG, § 33 Rz. 79; a.A. *Leyens*, Information des Aufsichtsrats, S. 175 ff.; *Roth*, AG 2004, 1, 8.
214 BGH v. 4.7.1977 – II ZR 150/75, BGHZ 69, 207, 214 (zur Publikums-KG).
215 LG Bielefeld v. 16.11.1999 – 15 O 91/98 – Balsam, AG 2000, 136; zustimmend *von Gerkan*, EWiR 2000, 107; *H.P. Westermann*, ZIP 2000, 25; siehe auch OLG Stuttgart v. 19.6.2012 – 20 W 1/12, AG 2012, 762, 763.
216 BGH v. 7.11.1977 – II ZR 43/76, AG 1978, 106, 108 (zur Publikums-KG); BGH v. 22.10.1979 – II ZR 151/77, AG 1980, 109, 110 (zur Publikums-KG).
217 BGH v. 11.12.2006 – II ZR 243/05, AG 2007, 167 (zur GmbH).
218 BGH v. 9.7.1979 – II ZR 118/77 – Herstatt, BGHZ 75, 96, 107; Vorinstanz OLG Köln v. 5.5.1977 – 14 U 46/76 – Herstatt, AG 1978, 17, 20.
219 BGH v. 21.12.1979 – II ZR 244/78 – Elektrische Licht- und Kraftanlagen AG/Schaffgotsch, AG 1980, 111, 112; vgl. dazu *Ulmer*, NJW 1980, 1603.
220 LG Stuttgart v. 29.10.1999 – 4 KfH O 80/98 – Altenburger und Stralsunder Spielkarten Fabriken, AG 2000, 237, 238; zustimmend *Kort*, EWiR 1999, 1145.
221 LG Hamburg v. 16.12.1980 – 8 O 229/79 – Lenz Bau, AG 1982, 51, 53; LG Bielefeld v. 16.11.1999 – 15 O 91/98 – Balsam, AG 2000, 136; zustimmend *von Gerkan*, EWiR 2000, 107; *H.P. Westermann*, ZIP

dem Versäumnis der Information des Gesamtaufsichtsrates über ungesicherte Darlehensvergabe an die Obergesellschaft[222]; dem Unterlassen der Verfolgung von Schadensersatzansprüchen der Gesellschaft gegen ein Vorstandsmitglied wegen sorgfaltswidriger Geschäftsführung[223]; der Gewährung von nachträglichen vertraglich nicht vereinbarten Anerkennungsprämien[224] oder der Billigung von Geschäftsführungsmaßnahmen des Vorstands, die das Aufsichtsratsmitglied auf Grund seiner besonderen Fachkenntnisse als unzulässig hätte erkennen müssen[225]. § 116 Satz 3 AktG stellt klar, dass auch die Gewährung einer **unangemessen hohen Vorstandsvergütung** eine Pflichtverletzung darstellt und Schadensersatzansprüche auslösen kann; Haftungsnorm bleibt aber § 116 Satz 1 AktG i.V.m. § 93 AktG. Die Effektivität der Norm ist mangels weiterer Konkretisierung ohnehin fraglich[226]. Die Vergütungsfestsetzung ist nach h.M. unternehmerische Entscheidung[227]. Als Schaden kommen nicht nur die überhöhte Vergütung, sondern z.B. auch eine variable Vergütung mit unangemessener Hebelwirkung oder fehlender Nachhaltigkeit in Betracht[228]. Der Hauptversammlungsbeschluss nach § 120 Abs. 4 AktG entfaltet hinsichtlich der Aufsichtsratshaftung keine Wirkung, wohl aber kann die Einschaltung eines unabhängigen Vergütungsberaters entlastend wirken[229]. Das setzt aber voraus, dass das Aufsichtsratsmitglied die Stellungnahme des Vergütungsberaters nicht blindlings übernimmt, sondern kritisch prüft und sich ein eigenes Bild macht[230].

30.67 Aufsichtsratsmitglieder dürfen nicht kommentarlos hinnehmen, dass der Aufsichtsrat einen **satzungswidrigen, rechtswidrigen oder gesellschaftsschädlichen Beschluss** fasst. Jedes Aufsichtsratsmitglied ist vielmehr i.S.d. Compliance in eigenen Angelegenheiten verpflichtet, **zumutbare Anstrengungen** zu unternehmen, den Beschluss zu verhindern. Wieweit die Pflicht des einzelnen Aufsichtsratsmitglieds reicht, lässt sich nicht generell bestimmen. Mindestens muss das Aufsichtsratsmitglied im Rahmen der Beratungen deutlich seine Auffassung zum Ausdruck bringen und erläutern, weshalb es den vorgesehenen Beschluss für fehlerhaft und schädlich hält, und bei der Beschlussfassung dagegen stimmen. Eine bloße Stimmenthaltung bei der Abstimmung ist dazu nicht ausreichend[231]. Darüber hinaus sollte das überstimmte Aufsichtsratsmitglied im eigenen Interesse seine **ablehnende Haltung ausdrücklich zu Protokoll geben**, um hierdurch dem eventuellen Vorwurf der Pflichtverletzung nachweisbar begeg-

---

2000, 25; zur Informationspflicht vgl. z.B. auch LG Dortmund v. 1.8.2001 – 20 O 143/93 – Harpener/Omni II, AG 2002, 97, 98; *Emde*, DB 1999, 1486.
222 LG Dortmund v. 1.8.2001 – 20 O 143/93 – Harpener/Omni II, AG 2002, 97, 98; vgl. auch LG Hamburg v. 16.12.1980 – 8 O 229/79 – Lenz Bau, AG 1982, 51, 53; vgl. auch OLG Jena v. 25.4.2007 – 6 U 947/05 – MPS, ZIP 2007, 1314.
223 BGH v. 21.4.1997 – II ZR 175/95 – ARAG/Garmenbeck, BGHZ 135, 244; *Götz*, NJW 1997, 3275, 3277; *Thümmel*, DB 1997, 1117, 1119; *Thümmel*, Persönliche Haftung von Managern und Aufsichtsräten, Rz. 271a.
224 BGH v. 21.12.2005 – 3 StR 470/04, AG 2006, 110; vgl. dazu z.B. *Fleischer*, DB 2006, 542, 543; *Hoffmann-Becking*, NZG 2006, 127, 128.
225 BGH v. 20.9.2011 – II ZR 234/09 – ISION, AG 2011, 876 Rz. 27; siehe dazu *Merkt/Mylich*, NZG 2012, 525, 529.
226 *Mertens/Cahn* in KölnKomm. AktG, 3. Aufl. 2013, § 116 AktG Rz. 76; *Hüffer/Koch*, § 116 AktG Rz. 19; siehe auch *Seyfarth*, Vorstandsrecht, § 5 Rz. 37.
227 *Drygala* in K. Schmidt/Lutter, § 116 AktG Rz. 62; *Fleischer* in BeckOGK AktG, Stand 1.2.2021, § 87 AktG Rz. 46; *Hüffer* in FS Hoffmann-Becking, 2013, S. 589, 599; *Spindler*, AG 2011, 725, 726; anders *Hüffer/Koch*, § 116 AktG Rz. 19.
228 OLG München v. 7.5.2008 – 7 U 5618/07, AG 2008, 593, 594; *Cahn* in FS Hopt, 2010, S. 431, 450; *Mertens/Cahn* in KölnKomm. AktG, 3. Aufl. 2013, § 116 AktG Rz. 76.
229 *Drygala* in K. Schmidt/Lutter, § 116 AktG Rz. 47; *Fleischer*, BB 2010, 67, 71; *Spindler* in MünchKomm. AktG, 5. Aufl. 2019, § 87 AktG Rz. 129.
230 Siehe allgemein z.B. BGH v. 6.11.2012 – II ZR 111/12 – Porsche/VW Piëch, AG 2013, 90, 91; *E. Vetter* in 50 Jahre Aktiengesetz, S. 103, 122.
231 *Hopt/Roth* in Großkomm. AktG, 5. Aufl. 2019, § 116 AktG Rz. 267; *Spindler* in BeckOGK AktG, Stand 1.2.2021, § 116 AktG Rz. 39; *E. Vetter*, DB 2004, 2623, 2625; a.A. LG Berlin v. 8.10.2003 – 101 O 80/02, ZIP 2004, 73.

nen zu können[232]. Besteht die Pflichtverletzung im Unterlassen eines notwendigen Aufsichtsratsbeschlusses, sollte das Aufsichtsratsmitglied dokumentieren können, dass es alle zumutbaren Anstrengungen unternommen hat, den pflichtgemäßen Aufsichtsratsbeschluss herbeizuführen[233]. Zur Erhebung einer Klage gegen einen seiner Ansicht nach fehlerhaften Beschluss ist das Aufsichtsratsmitglied nur in seltenen Ausnahmefällen verpflichtet, etwa wenn bei Durchführung des Beschlusses mit erheblichen Schäden für die Gesellschaft zu rechnen ist oder Strafgesetze verletzt werden[234]. Durch Ausscheiden aus dem Aufsichtsrat (oder der Androhung) kann der fehlerhafte Beschluss nicht zuverlässig verhindert werden; es kann deshalb auch nicht vom Aufsichtsratsmitglied verlangt werden[235].

5. Verfolgung von Ersatzansprüchen

a) Ansprüche im Innenverhältnis

aa) Anspruchsberechtigter

Der Anspruch auf Schadensersatz wegen Verletzung der Sorgfaltspflichten als Aufsichtsratsmitglied steht nach § 116 Satz 1, § 93 Abs. 2 Satz 1 AktG der **Gesellschaft** als der geschädigten Person zu. Die Ansprüche verjähren nach § 93 Abs. 6 AktG **in fünf Jahren**. In der **börsennotierten AG** tritt die Verjährung **nach zehn Jahren** ein.

30.68

bb) Geltendmachung von Ersatzansprüchen

Für die Geltendmachung der Schadensersatzansprüche gegen die Aufsichtsratsmitglieder ist der **Vorstand** gemäß § 78 AktG zuständig[236]. Wegen der engen wechselseitigen Verbundenheit zwischen Vorstand und Aufsichtsrat sowie dem Risiko der eigenen Haftung kommt es im Regelfall nicht zur Verfolgung von Rechtsansprüchen durch den Vorstand gegen Mitglieder des Aufsichtsrates. Treffend ist deshalb in diesem Zusammenhang bereits von der „Bisssperre" des Vorstandes gesprochen worden[237]. Die weitaus meisten Regressfälle werden deshalb in der Praxis nach Eintritt der Insolvenz des Unternehmens vom Insolvenzverwalter eingeleitet[238].

30.69

Dem Vorstand obliegt die eigenverantwortliche **Prüfung der Ansprüche** gegen die Aufsichtsratsmitglieder. Er ist zu deren außergerichtlicher und gerichtlicher **Verfolgung** berechtigt und nach den Grundsätzen des BGH-Urteils im Fall ARAG/Garmenbeck[239] über die Durchsetzung von Ersatzansprüchen gegen pflichtwidrig handelnde Mitglieder des Vorstandes, die hier entsprechend zu berück-

30.70

---

232 OLG Düsseldorf v. 22.6.1995 – U 104/94 – ARAG/Garmenbeck, AG 1995, 416, 417; *Hoffmann-Becking* in MünchHdb. AG, § 31 Rz. 107; *Lutter/Krieger/Verse*, Aufsichtsrat, Rz. 999; *Noack*, DZWir 1994, 341, 343; *Peltzer*, WM 1981, 346, 352.
233 *Lutter/Krieger/Verse*, Aufsichtsrat, Rz. 997 ff.; *Potthoff/Trescher/Theisen*, AR-Mitglied, Rz. 2173; *E. Vetter*, DB 2004, 2623, 2628.
234 *Hoffmann/Preu*, Aufsichtsrat, Rz. 520; *Mertens/Cahn* in KölnKomm. AktG, 3. Aufl. 2013, § 116 AktG Rz. 64; *Raiser*, ZGR 1989, 44, 68; *Spindler* in BeckOGK AktG, Stand 1.2.2021, § 116 AktG Rz. 55; offengelassen in BGH v. 21.4.1997 – II ZR 175/95 – ARAG/Garmenbeck, BGHZ 135, 244, 248; vgl. auch *Mülbert* in Corporate Governance, S. 99, 117.
235 Im Ergebnis ebenso *P. Doralt/W. Doralt* in Semler/v. Schenck/Wilsing, ArbeitsHdb. AR, § 16 Rz. 139; *Lutter/Krieger/Verse*, Aufsichtsrat, Rz. 1001; *Habersack* in MünchKomm. AktG, 5. Aufl. 2019, § 116 AktG Rz. 38; *E. Vetter*, DB 2004, 2623, 2627.
236 *Goette* in FS 50 Jahre BGH, 2000, S. 123, 129; *Lutter/Krieger/Verse*, Aufsichtsrat, Rz. 1025; *Peltzer*, WM 1981, 346, 348.
237 *Peltzer*, WM 1981, 346, 348; vgl. auch *Trescher*, DB 1995, 661.
238 Siehe nur OLG Hamburg v. 6.3.2015 – 11 U 222/13, AG 2015, 399, 401; OLG Düsseldorf v. 6.11.2014 – I-6 U 16/14, AG 2015, 434, 437; OLG Stuttgart v. 19.6.2012 – 20 W 1/12, AG 2012, 762, 764.
239 BGH v. 21.4.1997 – II ZR 175/95 – ARAG/Garmenbeck, BGHZ 135, 244.

sichtigen sind²⁴⁰, im Unternehmensinteresse grundsätzlich auch verpflichtet, sofern ausreichende Erfolgsaussichten zur Anspruchsdurchsetzung bestehen. Dem Vorstand ist bei der Beurteilung der Erfolgsaussichten ein sehr begrenzter Beurteilungsspielraum und hinsichtlich der Anspruchsverfolgung nur ein enger Ermessensspielraum eingeräumt²⁴¹. Pflichtverletzungen des Aufsichtsrates stehen im Regelfall in engem Zusammenhang mit entsprechenden Pflichtverletzungen des Vorstandes. In der Praxis wird deshalb eine Verfolgung der Ansprüche durch den Vorstand gegen Mitglieder des eigenen Aufsichtsrates wegen der kollegialen wechselseitigen Verbundenheit und dem Risiko der eigenen Haftung nur dann Realität werden, wenn z.B. nach einem Wechsel der Mehrheitsverhältnisse in der Gesellschaft die bisherigen Vorstands- und Aufsichtsratsmitglieder ausgeschieden sind und nun die Amtsgeschäfte von einem neuen Vorstand wahrgenommen werden. Bleibt die Verfolgung der Schadensersatzansprüche der Gesellschaft gegen die Mitglieder des Aufsichtsrates nach § 116 Satz 1, § 93 Abs. 2 Satz 1 AktG durch den Vorstand aus den zuvor genannten Gründen aus, kommt eine **Geltendmachung der Ansprüche** durch die **Hauptversammlung** (§ 147 Abs. 1 Satz 1 AktG) oder im Klagezulassungsverfahren durch eine **qualifizierte Aktionärsminderheit** nach § 148 AktG in Betracht.

b) Ansprüche im Außenverhältnis

30.71 Eine **unmittelbare Haftung der Mitglieder des Aufsichtsrats** gegenüber Aktionären ist nicht generell ausgeschlossen. Sie wird aber – wenn überhaupt – nur in seltenen Ausnahmefällen nach deliktsrechtlichen Grundsätzen relevant werden. Erörtert wird unter anderem eine Haftung wegen **Verletzung der Mitgliedschaftsrechte der Aktionäre**, die als sonstiges absolutes Recht unter den Schutz von § 823 Abs. 1 BGB fallen²⁴². In diesen Fällen wird aber primär eine Haftung der Mitglieder des Vorstandes als dem geschäftsführenden Organ in Betracht kommen (vgl. dazu im Einzelnen Rz. 23.79 ff.)²⁴³.

30.72 Als weitere Anspruchsgrundlagen der Aktionäre können auch § 117 Abs. 2 AktG, § 823 Abs. 2 BGB i.V.m. einem Schutzgesetz, z.B. § 263 StGB (Betrug), § 266 StGB (Untreue)²⁴⁴, § 264a StGB (Kapitalanlagebetrug) oder die durch die §§ 399 ff. AktG abgesicherten Pflichten²⁴⁵ sowie § 826 BGB²⁴⁶, in Betracht kommen²⁴⁷. Kein Schutzgesetz i.S.v. § 823 Abs. 2 BGB sind jedoch die § 116 Satz 1, § 93 Abs. 1 AktG²⁴⁸.

30.73 Einstweilen frei.

6. Verzicht und Vergleich

30.74 Nach § 93 Abs. 4 Satz 3 i.V.m. § 116 AktG kommt ein Verzicht oder Vergleich über **Ersatzansprüche der Gesellschaft** gegen Mitglieder des Aufsichtsrates erst **drei Jahre nach ihrer Entstehung** in Betracht. Eine vorher getroffene Vereinbarung ist unwirksam²⁴⁹. Diese zeitlichen Anforderungen sind

---

240 P. Doralt/W. Doralt in Semler/v. Schenck/Wilsing, ArbeitsHdb. AR, § 16 Rz. 160; Lutter/Krieger/Verse, Aufsichtsrat, Rz. 1025.
241 BGH v. 21.4.1997 – II ZR 175/95 – ARAG/Garmenbeck, BGHZ 135, 244, 254; großzügiger Paefgen, AG 2008, 761, 763; Reichert in FS Hommelhoff, 2012, S. 907, 917.
242 Vgl. P. Doralt/W. Doralt in Semler/v. Schenck/Wilsing, ArbeitsHdb. AR, § 16 Rz. 237; Lutter/Krieger/Verse, Aufsichtsrat, Rz. 1031.
243 Vgl. z.B. Mertens/Cahn in KölnKomm. AktG, 3. Aufl. 2010, § 93 AktG Rz. 212 m.w.N.; Seibt, AG 2002, 249, 255 ff.
244 BGH v. 11.7.1988 – II ZR 243/87, BGHZ 105, 121, 124; vgl. auch BGH v. 6.4.2000 – 1 StR 280/99, BGHSt 46, 30; BGH v. 6.2.2002 – 1 StR 185/01, NJW 2002, 1211.
245 BGH v. 11.7.1988 – II ZR 243/87, BGHZ 105, 121.
246 BGH v. 26.3.1984 – II ZR 171/83 – BuM/WestLB, BGHZ 90, 381, 399.
247 Vgl. dazu z.B. Kossen, DB 1988, 1785, 1791.
248 BGH v. 9.7.1979 – II ZR 211/76 – Herstatt II, AG 1979, 263; BGH v. 13.4.1994 – II ZR 16/93, BGHZ 125, 366, 375.
249 Hüffer/Koch, § 93 AktG Rz. 52; Mertens/Cahn in KölnKomm. AktG, 3. Aufl. 2010, § 93 AktG Rz. 174.

dann unbeachtlich, wenn das Aufsichtsratsmitglied zahlungsunfähig ist und sich zur Abwendung des Insolvenzverfahrens mit seinen Gläubigern vergleicht oder die Ersatzpflicht im Insolvenzplan geregelt ist (§ 93 Abs. 4 Satz 4 AktG). Zur Wirksamkeit des Verzichts oder Vergleichs, bei dem die Gesellschaft gegenüber dem einzelnen Aufsichtsratsmitglied durch den Vorstand vertreten wird, bedarf es nach § 93 Abs. 4 Satz 3 AktG eines **zustimmenden Beschlusses der Hauptversammlung**, für den im Unterschied zur Abberufung eines Aufsichtsratsmitglieds (§ 103 Abs. 1 Satz 2 AktG) die einfache Mehrheit ausreicht, sofern nicht die Satzung eine höhere Mehrheit verlangt. Die Wirkung des Hauptversammlungsbeschlusses entfällt, wenn eine Minderheit von 10 % des Grundkapitals Widerspruch zur Niederschrift erhebt, z.B. mit dem Ziel Ersatzansprüche nach § 147 AktG zu verfolgen. Die von der Hauptversammlung nach § 120 Abs. 1 Satz 1 AktG alljährlich zu beschließende **Entlastung der Mitglieder des Aufsichtsrates** enthält im Unterschied zum GmbH-Recht keinen Verzicht auf Ersatzansprüche (§ 120 Abs. 2 Satz 2 AktG).

7. Haftpflichtversicherung der Aufsichtsratsmitglieder

In vielen Gesellschaften besteht eine Vermögensschaden-Haftpflichtversicherung, so genannte **D&O-Versicherung** (Directors & Officers Liability Insurance), die jeweils von der AG selbst auf ihre Kosten abgeschlossen wird und die als Gruppenversicherung Versicherungsschutz für sämtliche Mitglieder des Vorstandes, des Aufsichtsrates wie zumeist auch für die übrigen Führungskräfte des Unternehmens einschließt. Diese Versicherung deckt das Haftungsrisiko ab, dass das einzelne Aufsichtsratsmitglied im Falle einer schuldhaft fehlerhaften Wahrnehmung seiner Aufgaben als **Organmitglied persönlich auf Schadensersatz in Anspruch genommen** wird, und zwar sowohl von Dritten als auch von der AG selbst[250]. Gelegentlich wird von der Gesellschaft auch eine separate Police allein für die Mitglieder des Aufsichtsrats, sog. *Two-Towers* Modell abgeschlossen[251].

30.75

Oft wird für die versicherten Personen ein **Selbstbehalt**, insbesondere bei grob fahrlässigem Verhalten vereinbart. Die in Ziff. 3.8 Deutscher Corporate Governance Kodex a.F. enthaltene Empfehlung zur Vereinbarung eines angemessenen Selbstbehaltes für die von der Gesellschaft abgeschlossene D&O-Versicherung der Mitglieder des Aufsichtsrates ist im aktuellen Kodex nicht mehr enthalten. § 93 Abs. 2 Satz 3 AktG, der für Vorstandsmitglieder zwingend einen Selbstbehalt anordnet, gilt nach § 116 Satz 1 AktG nicht für die Mitglieder des Aufsichtsrats. Sieht die D&O-Versicherung einen Selbstbehalt vor, kann das einzelne Aufsichtsratsmitglied den Selbstbehalt durch Abschluss einer **Zusatzversicherung auf eigene Kosten** reduzieren oder auch völlig ausschließen.

30.76

Die **aktienrechtliche Zulässigkeit** einer D&O-Versicherung ist unbestritten[252]. Insbesondere stellt der Abschluss einer D&O-Versicherung für die Mitglieder des Aufsichtsrates durch die Gesellschaft **keinen Verzicht auf Ersatzansprüche** dar und verstößt deshalb auch nicht gegen § 93 Abs. 4 Satz 3 AktG[253]. Für den Abschluss der Versicherung ist nach überwiegender, aber umstrittener, Ansicht der Vorstand zuständig[254]. Soweit bisweilen ein Zustimmungsbeschluss der Hauptversammlung gefordert wird, wird dies dem Sinn und Zweck der D&O-Versicherung nicht gerecht und führt auch zu erheblichen

30.77

---

250 Vgl. z.B. *Henssler*, RWS Forum Gesellschaftsrecht 2001, S. 131, 139; *Ihlas*, Organhaftung und Haftpflichtversicherung, 1997, S. 59 ff., 187 ff.; *Lattwein/Krüger*, NVersZ 2000, 365.
251 Siehe dazu *Armbrüster*, NJW 2016, 897, 898; *W. Doralt*, ZGR 2019, 996, 1014; kritisch *Dreher* in FS Baums, 2017, 325 ff.
252 Vgl. z.B. auch *Baums* (Hrsg.), Bericht Regierungskommission, Rz. 75; *Hopt/Roth* in Großkomm. AktG, 5. Aufl. 2015, § 93 AktG Rz. 451; *Lutter/Krieger/Verse*, Aufsichtsrat, Rz. 1037; *Mertens/Cahn* in KölnKomm. AktG, 3. Aufl. 2010, § 84 AktG Rz. 83.
253 *Berger*, Kosten der Aufsichtsratstätigkeit, S. 145; *Mertens/Cahn* in KölnKomm. AktG, 3. Aufl. 2010, § 93 AktG Rz. 244; *Spindler* in MünchKomm. AktG, 5. Aufl. 2019, § 93 AktG Rz. 194; *E. Vetter*, AG 2000, 453, 454; ebenso wohl *Baums* (Hrsg.), Bericht Regierungskommission, Rz. 75.
254 *Dreher*, ZHR 165 (2001), 293, 321; *Hüffer/Koch*, § 113 AktG Rz. 5; *Mertens*, AG 2000, 447, 452; *E. Vetter*, AG 2000, 453, 457; a.A. *Armbrüster* in FS K. Schmidt, 2019, S. 23 ff.; *W. Doralt* in Semler/v. Schenck/Wilsing, ArbeitsHdb. AR, § 17 Rz. 62; *Kumpan* in FS Hopt, 2020, S. 631, 648.

praktischen Schwierigkeiten, da § 113 AktG verlangt, dass die Vergütung des Aufsichtsrates exakt bestimmt sein muss[255]. Nach zutreffender, wenn auch umstrittener, Ansicht wird der Abschluss einer gesellschaftsfinanzierten D&O-Versicherung für Aufsichtsratsmitglieder vorrangig mit dem **Eigeninteresse der AG** und der verantwortlichen Risikovorsorge[256] begründet und als Bestandteil der rechtlichen und wirtschaftlichen Grundlagen für die Übernahme des Aufsichtsratsmandates sowie als Fürsorgemaßnahme der Gesellschaft angesehen, auf die § 113 AktG nicht anwendbar ist[257]. Der rechtlichen Qualifikation als Maßnahme im Eigeninteresse der Gesellschaft entspricht auch die **Beurteilung der Finanzverwaltung**[258], die die Prämienzahlungen durch die Gesellschaft unter bestimmten Voraussetzungen nicht anteilig als steuerpflichtige Einkünfte der Mitglieder des Aufsichtsrates betrachtet. Nach Auffassung der obersten Finanzbehörden des Bundes und der Länder ist bei der von der Gesellschaft abgeschlossenen und finanzierten D&O-Versicherung unter bestimmten Voraussetzungen von einem **überwiegend eigenbetrieblichen Interesse** auszugehen, so dass die Prämienbeiträge nicht der Lohn- oder Einkommensteuer der versicherten Personen unterliegen und bei der Gesellschaft in vollem Umfang als Betriebsausgabe abzugsfähig sind. Ungeachtet der umstrittenen rechtlichen Qualifikation der gesellschaftsfinanzierten D&O-Versicherung im Hinblick auf § 113 Abs. 1 AktG ist der Versicherungsvertrag jedoch auch bei Fehlen der Zustimmung der Hauptversammlung in jedem Fall wirksam[259].

8. Freistellung

30.78 Eine Haftungsfreistellung zugunsten der Aufsichtsratsmitglieder durch die Gesellschaft scheidet wegen § 93 Abs. 4 Satz 3 AktG aus[260]. Zulässig ist eine Haftungsfreistellung durch Dritte[261]. Diese kommt insbesondere für die Vertreter des herrschenden Unternehmens, die Aufsichtsratsmandate in Tochtergesellschaften wahrnehmen, hinsichtlich einer eventuellen Haftung wegen fehlerhafter Wahrnehmung ihrer Überwachungspflichten in Betracht.

III. Klagerechte des einzelnen Aufsichtsratsmitglieds

1. Allgemeines

30.79 Das AktG räumt dem einzelnen Aufsichtsratsmitglied in einigen wenigen Fällen das Recht ein, Klage gegen die Gesellschaft zu erheben. Ob über diese ausdrücklich normierten Fälle hinaus dem einzelnen Aufsichtsratsmitglied oder einer Gruppe von Aufsichtsratsmitgliedern auch in anderen Fällen die Möglichkeit eröffnet ist, Klagen gegen die AG oder gegen ihre Organe zu erheben, ist hinsichtlich der Voraussetzungen und Grenzen dieser Klagemöglichkeiten in Literatur und Rechtsprechung in hohem Maße umstritten[262]. Zu unterscheiden ist dabei zwischen verschiedenen Konstellationen; zum einen

---

255 *Hüffer/Koch*, § 113 AktG Rz. 6; *E. Vetter*, AG 2000, 453, 456 Fn. 36.
256 *Habersack* in MünchKomm. AktG, 5. Aufl. 2019, § 113 AktG Rz. 16; *Hopt/Roth* in Großkomm. AktG, 5. Aufl. 2019, § 113 AktG Rz. 73; *Lange*, DStR 2002, 1626, 1630; *E. Vetter*, AG 2000, 453, 455; zurückhaltend *Dreher*, ZHR 165 (2001), 293, 313; *Henssler*, RWS Forum Gesellschaftsrecht 2001, S. 131, 150.
257 *Mertens*, AG 2000, 447 ff.; *Dreher*, ZHR 165 (2001), 293 ff.; *Lange*, ZIP 2001, 1524, 1526; *E. Vetter*, AG 2000, 453 ff.; differenzierend *Spindler* in BeckOGK AktG, Stand 1.2.2021, § 113 AktG Rz. 19.
258 Schreiben des Bundesministeriums der Finanzen v. 24.1.2002 – IV C 5-S 2332-8/02, abgedruckt z.B. in AG 2002, 287; vgl. dazu z.B. *Schüppen/Sanna*, ZIP 2002, 550.
259 *Krüger*, NVersZ 2001, 8, 9; a.A. *Kästner*, AG 2000, 113, 117.
260 *Habersack* in FS Ulmer, 2003, S. 151, 156; *Hoffmann/Preu*, Aufsichtsrat, Rz. 522; *Spindler* in BeckOGK AktG, Stand 1.2.2021, § 116 AktG Rz. 173.
261 *Habersack* in MünchKomm. AktG, 5. Aufl. 2019, § 116 AktG Rz. 79; *Hüffer/Koch*, § 116 AktG Rz. 13; zurückhaltend *H.P. Westermann* in FS Beusch, 1993, S. 871, 887; differenzierend unter dem Gesichtspunkt der zwingenden Unabhängigkeit *Habersack* in FS Ulmer, 2003, S. 151, 165.
262 Vgl. z.B. *Deckert*, AG 1994, 457; *Steinbeck*, Überwachungspflicht, S. 212 ff.; siehe auch *Mülbert* in Corporate Governance, S. 99, 109.

die gesetzlich ausdrücklich geregelten Fälle sowie die Fälle der Durchsetzung individueller Ansprüche des Aufsichtsratsmitglieds. Zum anderen geht es um die Ansprüche des einzelnen Aufsichtsratsmitglieds zur ordnungsgemäßen Erfüllung seiner Rechte und Pflichten als Organmitglied sowie die aus der Überwachungsaufgabe des Aufsichtsrates abgeleiteten Ansprüche eines Aufsichtsratsmitglieds gegen ein anderes Organ der Gesellschaft.

2. Gesetzlich geregelte Antrags- und Klagebefugnisse

Soweit es um die **richtige Zusammensetzung des Aufsichtsrats** (§ 98 Abs. 2 Satz 1 Nr. 2 AktG) oder die **Besetzung des beschlussunfähigen oder unterbesetzten Aufsichtsrates** (§ 104 Abs. 1 Satz 1 AktG) geht, ist jedes Aufsichtsratsmitglied befugt, eine gerichtliche Entscheidung herbeizuführen. Auch zur Beantragung der gerichtlichen Bestellung eines fehlenden Vorstandsmitglieds ist das einzelne Aufsichtsratsmitglied berechtigt[263]. Unter den Voraussetzungen von § 245 Nr. 5 AktG ist jedes Mitglied des Aufsichtsrates zur **Anfechtungsklage** und nach § 249 Abs. 1 AktG zur **Nichtigkeitsklage** gegen einen fehlerhaften Hauptversammlungsbeschluss sowie zur **Klage auf Feststellung der Nichtigkeit** des Jahresabschlusses befugt (§ 256 Abs. 7 i.V.m. § 249 Abs. 1 AktG) (vgl. dazu im Einzelnen Rz. 39.91)[264].

30.80

3. Klagen zur Durchsetzung von persönlichen Rechtsansprüchen außerhalb der organschaftlichen Befugnisse

Das einzelne Aufsichtsratsmitglied ist berechtigt, seine persönlichen **Ansprüche auf Zahlung** der Aufsichtsratsvergütung und des Aufwendungsersatzes im Wege der Leistungsklage zu verfolgen[265]. Die Klage ist gegen die Gesellschaft zu richten, die vom Vorstand gemäß § 78 Abs. 1 AktG vertreten wird.

30.81

4. Klagen zur Durchsetzung der individuellen organschaftlichen Rechte und Pflichten des einzelnen Aufsichtsratsmitglieds

a) Streit wegen Verletzung von Eigenrechten des Aufsichtsratsmitglieds

Das AktG räumt dem einzelnen Aufsichtsratsmitglied verschiedene organschaftliche Rechte ein, die es in die Lage versetzen sollen, seinen aus § 111 Abs. 1 AktG abzuleitenden Pflichten als Organmitglied ordnungsgemäß nachkommen zu können. Der BGH spricht bei diesen subjektiven organschaftlichen Rechten von so genannten **Eigenrechten** des Mitglieds[266]. Wird das Aufsichtsratsmitglied in diesen Eigenrechten beeinträchtigt, so ist es befugt, die Durchsetzung dieser Rechte im Wege der **Klage im eigenen Namen** zu verfolgen[267].

30.82

Nach Ansicht der Rechtsprechung, die den Gesellschaftsorganen der AG bisher die Anerkennung der Teil-Partei- und Teil-Prozessfähigkeit gemäß § 50 Abs. 1 ZPO versagt hat[268], ist für derartige Klagen stets die **Gesellschaft passivlegitimiert**, die dabei gemäß § 78 Abs. 1 AktG **durch den Vorstand vertreten** wird[269]. Diese generelle Lösung ist deshalb problematisch und unbefriedigend, weil in einem

30.83

---

263 *Lutter/Krieger/Verse*, Aufsichtsrat, Rz. 833; *Spindler* in MünchKomm. AktG, 5. Aufl. 2019, § 85 AktG Rz. 9.
264 *Hoffmann/Preu*, Aufsichtsrat, Rz. 356; *Lutter/Krieger/Verse*, Aufsichtsrat, Rz. 836.
265 *Deckert*, AG 1994, 457, 458; *Hoffmann-Becking* in MünchHdb. AG, § 33 Rz. 91; *Hüffer/Koch*, § 90 AktG Rz. 16; *Raiser* in Raiser/Veil/Jacobs, § 25 MitbestG Rz. 100.
266 BGH v. 28.11.1988 – II ZR 57/88 – Opel, BGHZ 106, 54, 62; *Säcker*, NJW 1979, 1521 spricht von Hilfsrechten; vgl. auch *Deckert*, AG 1994, 457, 458.
267 *Hüffer/Koch*, § 90 AktG Rz. 21; *Lutter/Krieger/Verse*, Aufsichtsrat, Rz. 838; *Säcker*, NJW 1979, 1521.
268 Offengelassen in BGH v. 28.11.1988 – II ZR/57/88 – Opel, BGHZ 106, 54, 62; siehe auch OLG Hamburg v. 6.3.1992 – 11 U 134/91 – Hamburg Mannheimer Versicherung, AG 1992, 197.
269 Vgl. BGH v. 15.11.1982 – II ZR 27/82 – Hertie, BGHZ 85, 293, 295; BGH v. 28.11.1988 – II ZR/57/88 – Opel, BGHZ 106, 54, 62; *Hüffer/Koch*, § 90 AktG Rz. 22; *Mertens/Cahn* in KölnKomm. AktG, 3. Aufl.

Teil der Fälle der Vorstand ungeachtet der gesetzlichen Funktionstrennung in der AG in die inneren Angelegenheiten des Aufsichtsrates eingreifen müsste und darüber hinaus bei der Klage zur Durchsetzung bestimmter Maßnahmen als Organfremder oft auch weder rechtlich noch faktisch in der Lage ist, diese selbst zu erbringen[270]. Richtigerweise ist zu differenzieren und die Klage des Aufsichtsratsmitglieds auf Kompetenzschutz deshalb nicht gegen die Gesellschaft, sondern gegen dasjenige Organ (oder den Aufsichtsratsvorsitzenden innerhalb des Organs Aufsichtsrat) zu richten, durch das das Aufsichtsratsmitglied nach seinem eigenen Vortrag in seinen organschaftlichen Eigenrechten beeinträchtigt wird und das durch die Klage zu einem rechtskonformen Verhalten angehalten werden soll, um die Eigenrechte des Aufsichtsratsmitglieds zu befriedigen[271].

30.84 Werden dem Aufsichtsratsmitglied vom Vorstand die in § 90 Abs. 1 Nr. 1 bis 4 AktG vorgeschriebenen Regelberichte oder ein Anforderungsbericht gemäß § 90 Abs. 3 AktG, der nach der durch das TransPuG erfolgten Gesetzesänderung auch von einem einzelnen Aufsichtsratsmitglied verlangt werden kann, entgegen der Bestimmung des § 90 Abs. 5 AktG vorenthalten, kann es die **Erfüllung der Berichtspflicht** im eigenen Namen im Wege der **Leistungsklage** gegen den Vorstand als das verpflichtete Organ geltend machen[272]. Gleiches gilt für die Vorlage des Jahresabschlusses (§ 170 Abs. 3 AktG) und des Berichts über die Beziehungen zu verbundenen Unternehmen (§ 314 Abs. 1 AktG). Beruht die Vorenthaltung der Berichte auf einer Weigerung des Aufsichtsratsvorsitzenden, dem sie bereits vom Vorstand zugeleitet worden sind und der damit seine Berichtspflicht gegenüber dem Aufsichtsrat erfüllt hat[273], ist die Klage auf Aushändigung gegen den Aufsichtsratsvorsitzenden als das verpflichtete Organ (innerhalb des Organs Aufsichtsrat) zu richten[274]. Nach § 111 Abs. 2 Satz 3 AktG und § 318 Abs. 1 Satz 4 HGB erteilt der Aufsichtsrat dem Abschlussprüfer den Auftrag zur Erstellung des Prüfungsberichts zum Jahresabschluss und Konzernabschluss. Werden die **Prüfungsberichte des Abschlussprüfers** einem Aufsichtsratsmitglied entgegen § 170 Abs. 3 AktG vorenthalten oder werden ihm die vom Aufsichtsrat nach § 109 Abs. 1 Satz 2 AktG in Auftrag gegebenen Sachverständigenberichte nicht zugänglich gemacht, ist es zur **Klage auf Aushändigung der Berichte** gegen den Aufsichtsratsvorsitzenden berechtigt[275]. Wird einem Aufsichtsratsmitglied entgegen § 109 Abs. 1 Satz 1 AktG die **Teilnahme an der Sitzung des Aufsichtsrates** verweigert, kann es seine Rechte durch Klage gegen den Aufsichtsratsvorsitzenden durchsetzen[276]. Gleiches gilt für den Fall, dass dem Aufsichtsrats-

---

2010, § 90 AktG Rz. 66; differenzierend hinsichtlich der Vertretung der AG z.B. *Lutter/Krieger/Verse*, Aufsichtsrat, Rz. 839; *Stodolkowitz*, ZHR 154 (1990), 1, 15.

270 *Hommelhoff*, ZHR 143 (1979), 288, 315; *Häsemeyer*, ZHR 144 (1980), 265, 274.
271 *Hommelhoff*, ZHR 143 (1979), 288, 316; *Säcker*, NJW 1979, 1521, 1526; *Steinbeck*, Überwachungspflicht, S. 213.
272 *Bork*, ZIP 1991, 137, 141; *Hommelhoff*, ZHR 143 (1979), 288, 316; *Raiser*, AG 1989, 185, 189; *H. Westermann* in FS Bötticher, 1969, S. 369, 380; a.A. BGH v. 15.11.1982 – II ZR 27/82 – Hertie, BGHZ 85, 293, 295; *Hüffer/Koch*, § 90 AktG Rz. 22; *Mertens/Cahn* in KölnKomm. AktG, 3. Aufl. 2010, § 90 AktG Rz. 66.
273 Vgl. BayObLG v. 25.4.1968 – 2 Z 56/67, AG 1968, 329, 330.
274 *Hommelhoff*, ZHR 143 (1979), 288, 315; *Lewerenz*, Leistungsklagen zwischen Organen und Organmitgliedern, S. 100; *K. Schmidt*, ZZP 92 (1979), 212, 226; *Lutter/Krieger/Verse*, Aufsichtsrat, Rz. 839; *H. Westermann* in FS Bötticher, 1969, S. 369, 381; a.A. *Bork*, ZIP 1991, 137, 143; *Raiser*, AG 1989, 185, 189: Passivlegitimation des Aufsichtsrates vertreten durch den Vorstand.
275 *Bork*, ZGR 1989, 1, 32; *Hommelhoff*, ZHR 143 (1979), 288, 315; offengelassen in BGH v. 15.11.1982 – II ZR 27/82 – Hertie, BGHZ 85, 292, 295; a.A. *Hüffer/Koch*, § 170 AktG Rz. 15; *Spindler* in MünchKomm. AktG, 5. Aufl. 2019, § 90 AktG Rz. 63: Passivlegitimation des Aufsichtsrates vertreten durch den Vorstand; wieder anders *Stodolkowitz*, ZHR 154 (1990), 1, 15: Passivlegitimation der AG vertreten durch den Aufsichtsrat.
276 Ebenso wohl *Bork*, ZIP 1991, 137 ff.; *Häsemeyer*, ZHR 144 (1980), 265, 284; *Hommelhoff*, ZHR 143 (1979), 288, 315; *Lewerenz*, Leistungsklagen zwischen Organen und Organmitgliedern, 1977, S. 134; *Schwab*, Das Prozessrecht gesellschaftsinterner Streitigkeiten, 2005, S. 581 ff.; a.A. *Lippert*, Überwachungspflicht, Informationsrecht und gesamtschuldnerische Haftung des Aufsichtsrates, S. 122;

mitglied unter Verstoß gegen § 107 Abs. 2 Satz 4 AktG das **Sitzungsprotokoll** nicht ausgehändigt wird[277]. Das Aufsichtsratsmitglied hat nach § 109 Abs. 2 AktG kein uneingeschränktes Recht auf **Teilnahme an der Sitzung eines Aufsichtsratsausschusses**. Es ist insoweit von einer Entscheidung des Aufsichtsratsvorsitzenden, die nach pflichtgemäßem Ermessen zu erfolgen hat, abhängig. Wird die Teilnahme verweigert, kann das Aufsichtsratsmitglied seine Rechte durch Klage gegen den Aufsichtsratsvorsitzenden durchsetzen[278].

b) Geltendmachung der Fehlerhaftigkeit von Beschlüssen des Aufsichtsrates

Aufsichtsratsbeschlüsse können sowohl ihrem Inhalt nach wie auch nach der Art ihres Zustandekommens mit Mängeln behaftet sein. Nach einer von Teilen des Schrifttums vertretenen Auffassung ist ein Aufsichtsratsbeschluss bei schweren inhaltlichen Verstößen gegen Gesetz oder Satzung sowie bei absoluten Verfahrensmängeln nichtig, während er bei Verletzung von verzichtbaren oder heilbaren Verfahrensmängeln nur anfechtbar ist[279]. Der BGH ist der **Differenzierung zwischen anfechtbaren und nichtigen Aufsichtsratsbeschlüssen** nicht gefolgt und hat für die Fehlerhaftigkeit von Aufsichtsratsbeschlüssen insbesondere eine Analogie zu den Vorschriften der §§ 241 ff. AktG über die Anfechtbarkeit und Nichtigkeit von Hauptversammlungsbeschlüssen ausdrücklich abgelehnt[280]. Im Wesentlichen hat er auf das besonders zu schützende Vertrauen der Öffentlichkeit und der Anleger in den Bestand der Entscheidung der Hauptversammlung hingewiesen, das beim Aufsichtsratsbeschluss, der in den meisten Fällen nur interne Wirkung habe, nicht gegeben sei. Andererseits hat der BGH hinsichtlich der **Rechtsschutzmöglichkeiten des einzelnen Aufsichtsratsmitglieds** betont, dass dieses seine Einwendungen gegen einen von ihm als fehlerhaft betrachteten Beschluss in jedem Fall „mit aller unter den jeweils gegebenen Verhältnissen zumutbaren Beschleunigung" geltend machen muss[281], da die Gesellschaft andernfalls in einem unzumutbaren Zustand der Rechtsunsicherheit hinsichtlich der Bestandskraft des Aufsichtsratsbeschlusses steht. In ihren praktischen Auswirkungen kommen damit die unterschiedlichen Auffassungen in den meisten Fällen zu identischen Ergebnissen.

30.85

Jedem Aufsichtsratsmitglied steht die Möglichkeit offen, die Fehlerhaftigkeit eines Beschlusses des Aufsichtsrates gerichtlich geltend zu machen, sofern der Fehler nicht in einem weniger gravierenden Verfahrensverstoß liegt. Eine Pflicht zur Klageerhebung besteht jedoch nicht; es reicht aus, wenn das Aufsichtsratsmitglied bei den Beratungen seine Auffassung darlegt und bei der Abstimmung dagegen stimmt[282]. In Betracht kommt die **Klage auf Feststellung der Nichtigkeit** des Beschlusses[283], die gegen die Gesellschaft zu richten ist, die dabei nach h.M. vom Vorstand gemäß § 78 Abs. 1 AktG ver-

30.86

Raiser in Raiser/Veil/Jacobs, § 25 MitbestG Rz. 101, die Passivlegitimation der AG annehmen; siehe auch BGH v. 15.11.1982 – II ZR 27/82 – Hertie, BGHZ 85, 293, 295.
277 A.A. *Hüffer/Koch*, § 107 AktG Rz. 16; *Mertens/Cahn* in KölnKomm. AktG, 3. Aufl. 2013, § 107 AktG Rz. 86, die Passivlegitimation der AG vertreten durch den Vorstand annehmen wollen.
278 *Lewerenz*, Leistungsklagen zwischen Organen und Organmitgliedern, 1977, S. 135; *Lippert*, Überwachungspflicht, Informationsrecht und gesamtschuldnerische Haftung des Aufsichtsrates, S. 122; a.A. *Raiser* in Raiser/Veil/Jacobs, § 25 MitbestG Rz. 101: Passivlegitimation der AG.
279 *Axhausen*, Anfechtbarkeit aktienrechtlicher Aufsichtsratsbeschlüsse, S. 113 ff.; *Baums*, ZGR 1983, 300, 305; *Lembke*, Der fehlerhafte Aufsichtsratsbeschluss, S. 94 ff.; *Mertens/Cahn* in KölnKomm. AktG, 3. Aufl. 2013, § 108 AktG Rz. 116; *K. Schmidt* in Großkomm. AktG, 4. Aufl. 1996, § 241 AktG Rz. 35.
280 BGH v. 17.5.1993 – II ZR 89/92 – Hamburg Mannheimer Versicherung, BGHZ 122, 342, 347; BGH v. 15.11.1993 – II ZR 235/92 – Vereinigte Krankenversicherung, BGHZ 124, 111, 115; vgl. dazu z.B. auch *Götz* in FS Lüke, 1997, S. 167 ff.; *Kindl*, AG 1995, 153; *Spindler* in BeckOGK AktG, Stand 1.2.2021, § 108 AktG Rz. 83.
281 BGH v. 17.5.1993 – II ZR 89/92 – Hamburg Mannheimer Versicherung, BGHZ 122, 342, 352.
282 *Raiser/Veil*, Kapitalgesellschaften, § 15 Rz. 127; *E. Vetter*, DB 2004, 2623, 2625.
283 BGH v. 5.6.1975 – II ZR 23/74 – Bayer, BGHZ 64, 325, 326; BGH v. 17.5.1993 – II ZR 89/92 – Hamburg Mannheimer Versicherung, BGHZ 122, 342, 347; BGH v. 21.4.1997 – II ZR 175/95 – ARAG, BGHZ 135, 244, 247; *Hüffer/Koch*, § 108 AktG Rz. 26; *Mertens/Cahn* in KölnKomm. AktG, 3. Aufl. 2013, § 108 AktG Rz. 113.

treten wird[284]. Für eine **Anfechtungsklage** zur Beseitigung eines fehlerhaften Aufsichtsratsbeschlusses ist dagegen kein Raum[285]. Ist der Aufsichtsratsbeschluss mit einem minderschweren Mangel (z.B. Verstoß gegen verzichtbare Verfahrensvorschriften) behaftet, kann seine Nichtigkeit nicht jederzeit geltend gemacht werden. Aus Gründen der Rechtssicherheit ist vielmehr erforderlich, den Beschlussmangel alsbald nach der notwendigen rechtlichen Prüfung zu rügen, z.b. gegenüber dem Aufsichtsratsvorsitzenden, da andernfalls die **Verwirkung des Rechts** eintritt[286]. Praktikable Vorschläge[287], z.b. eine Frist von einem Monat nach der nächsten Aufsichtsratssitzung zur Erhebung der Klage auf Feststellung der Nichtigkeit des Beschlusses gemäß § 256 ZPO haben sich nicht durchgesetzt[288]. Bei länger andauernder Ungewissheit ist der Aufsichtsratsvorsitzende unter Umständen verpflichtet, das betreffende Aufsichtsratsmitglied zur Stellungnahme aufzufordern, um eine andernfalls bestehende Unklarheit zu beseitigen oder um entscheiden zu können, ob die Gesellschaft gegebenenfalls ihrerseits Feststellungsklage zur Beendigung des Schwebezustandes erhebt[289].

5. Klagen zur Durchsetzung der Rechte des Aufsichtsrates gegenüber einem anderen Organ

a) Klagen des Aufsichtsratsmitglieds aus eigenem Recht

30.87 Handelt der Vorstand nach Ansicht eines Aufsichtsratsmitglieds weder rechtmäßig noch satzungsgemäß, so ist das Aufsichtsratsmitglied berechtigt, unter Umständen sogar verpflichtet, gemäß § 110 AktG auf eine Diskussion und Entscheidungsfindung des Aufsichtsrates hinzuwirken. Nach § 110 Abs. 2 AktG kann bereits ein einzelnes Mitglied des Aufsichtsrates zu einer Sitzung einberufen, sofern der Aufsichtsratsvorsitzende dem Einberufungsverlangen nicht nachkommt. Eine Klage des Aufsichtsratsmitglieds aus eigenem Recht **gegen den Vorstand** zur Durchsetzung eines bestimmten Verhaltens kommt jedoch nicht in Betracht. Das Aufsichtsratsmitglied ist nicht berechtigt, den im Aufsichtsrat bestehenden organinternen Mehrheits-Minderheitskonflikt nach außen zu tragen und zu einem Konflikt mit einem anderen Organ der Gesellschaft umzugestalten. Das Aufsichtsratsmitglied ist vielmehr auf die Rechte zur Herbeiführung einer **organinternen Lösung des Konflikts** beschränkt. Der Aufsichtsrat ist Träger des Überwachungsrechts nach § 111 Abs. 1 AktG und Inhaber eventueller daraus abzuleitender Ansprüche gegen den Vorstand. Das einzelne Aufsichtsratsmitglied kann diese Rechte nicht selbst wahrnehmen[290]. Diese Zuständigkeitsregelung gilt uneingeschränkt auch für Gesellschaften, deren Aufsichtsrat nach den Bestimmungen des MitbestG zu bilden ist[291].

---

284 BGH v. 25.2.1982 – II ZR 102/81 – Dynamit Nobel, BGHZ 83, 144, 146; BGH v. 17.5.1993 – II ZR 89/92 – Hamburg Mannheimer Versicherung, BGHZ 122, 342, 345; *Kindl*, Die Teilnahme an der Aufsichtsratssitzung, S. 188; *Mertens/Cahn* in KölnKomm. AktG, 3. Aufl. 2013, § 108 AktG Rz. 113; a.A. *Lutter/Krieger/Verse*, Aufsichtsrat, Rz. 837; *Noack*, DZWiR 1994, 341, 342; *Stodolkowitz*, ZHR 154 (1990), 1, 15.
285 BGH v. 17.5.1993 – II ZR 89/92 – Hamburg Mannheimer Versicherung, BGHZ 122, 342, 347; BGH v. 15.11.1993 – II ZR 235/92 – Vereinigte Krankenversicherung, BGHZ 124, 111, 115; *Hüffer/Koch*, § 108 AktG Rz. 26; *Spindler* in BeckOGK AktG, Stand 1.2.2021, § 108 AktG Rz. 84.
286 *Fleischer*, DB 2013, 217, 221; *Götz* in FS Lüke, 1997, S. 167, 187; *Hopt/Roth* in Großkomm. AktG, 5. Aufl. 2019, § 108 AktG Rz. 202; *Lutter/Krieger/Verse*, Aufsichtsrat, Rz. 737; *Spindler* in BeckOGK AktG, Stand 1.2.2021, § 108 AktG Rz. 89.
287 Siehe *Habersack* in MünchKomm. AktG, 5. Aufl. 2019, § 108 AktG Rz. 82; *Kindl*, AG 1993, 153, 161; vgl. auch *Götz* in FS Lüke, 1997, S. 167, 187; gegen starre Frist *Spindler* in BeckOGK AktG, Stand 1.2.2021, § 108 AktG Rz. 88.
288 Siehe *Fleischer*, DB 2013, 217, 221; *Hüffer/Koch*, § 108 AktG Rz. 23.
289 Vgl. BGH v. 17.5.1993 – II ZR 89/92 – Hamburg Mannheimer Versicherung, BGHZ 122, 342, 352; *Fleischer*, DB 2013, 217, 222; *Hoffmann/Preu*, Aufsichtsrat, Rz. 606.
290 BGH v. 28.11.1988 – II ZR/57/88 – Opel, BGHZ 106, 54, 63; OLG Celle v. 9.10.1989 – 9 U 186/89 – Pelikan, AG 1990, 264, 265; OLG Stuttgart v. 30.5.2007 – 20 U 14/06 – Züblin/Strabag, AG 2007, 873, 875; *Bork*, ZGR 1989, 1, 35; *Deckert*, AG 1994, 457, 463; *Kort*, AG 1987, 193, 194.
291 BGH v. 28.11.1988 – II ZR/57/88 – Opel, BGHZ 106, 54, 65; *Raiser*, ZGR 1989, 44, 52.

b) Klagen des Aufsichtsratsmitglieds anstelle des Aufsichtsrates

Die Frage der Zulässigkeit des **aktienrechtlichen Organstreits**, d.h., ob der Aufsichtsrat berechtigt ist, seine organschaftlichen Befugnisse im Wege der Klage gegen den Vorstand durchzusetzen, hat der BGH ausdrücklich offengelassen[292]. Der BGH hat gleichfalls nicht endgültig entschieden, ob einer in der Literatur vertretenen Auffassung[293] zuzustimmen ist, dass die Kontrollrechte, die dem Aufsichtsrat als Kollegialorgan gegenüber dem Vorstand zustehen, auch durch das einzelne Aufsichtsratsmitglied oder eine Gruppe von Aufsichtsratsmitgliedern gegenüber dem Vorstand im Wege der **Klage aus abgeleitetem Recht** (*actio pro socio* oder *actio pro societate*), d.h. im Wege der Prozessstandschaft geltend gemacht werden können. Allerdings hat der BGH den im Rahmen einer Entscheidung des Aufsichtsrates unterlegenen Aufsichtsratsmitgliedern zu Recht untersagt, den Konflikt zwischen Mehrheit und Minderheit im Aufsichtsrat über den Umweg einer gerichtlichen Inanspruchnahme des Vorstandes fortzusetzen[294]. Ob ein Klagerecht des einzelnen Aufsichtsratsmitglieds anstelle des Aufsichtsrates anzuerkennen ist, wenn der vorangegangene Aufsichtsratsbeschluss vor der Klageerhebung erfolgreich angegriffen worden ist, hat der BGH ausdrücklich offengelassen[295].

30.88

§ 31
Verträge der AG mit Aufsichtsratsmitgliedern

I. Beratungsverträge mit Aufsichtsratsmitgliedern gemäß § 114 AktG 31.1	2. Verfahren 31.12
1. Regelungsgegenstand 31.1	3. Rechtsfolgen bei fehlender Zustimmung 31.15
a) Vorbemerkung 31.1	a) Nichtigkeit des Vertrages 31.15
b) Anwendungsbereich von § 114 AktG 31.2	b) Rückabwicklung durchgeführter Verträge 31.16
aa) Tätigkeit außerhalb der organschaftlichen Aufgaben 31.2	II. Kreditverträge mit Aufsichtsratsmitgliedern gemäß § 115 AktG 31.19
bb) Altverträge 31.5	1. Regelungsgegenstand 31.19
cc) Verträge mit dem Aufsichtsrat 31.6	2. Verfahren 31.22
dd) Publizität 31.7	3. Rechtsfolgen bei fehlender Zustimmung 31.23
c) Betroffener Personenkreis 31.8	
aa) Aufsichtsratsmitglieder 31.8	
bb) Konzernsachverhalte 31.9	
cc) Vertrag mit einer Beratungsgesellschaft 31.10	

---

292 BGH v. 28.11.1988 – II ZR/57/88 – Opel, BGHZ 106, 54, 63; vgl. auch *Mertens*, ZHR 154 (1990), 24; *Raiser*, AG 1989, 185.
293 *Hommelhoff/Timm*, AG 1976, 330, 333; *Bork*, ZGR 1989, 1, 39; *Pflugradt*, Leistungsklagen zur Erzwingung rechtmäßigen Vorstandsverhaltens, S. 126 ff.; *Rellermeyer*, ZGR 1993, 77, 94 ff.
294 BGH v. 28.11.1988 – II ZR/57/88 – Opel, BGHZ 106, 54, 66; OLG Celle v. 9.10.1989 – 9 U 186/89 – Pelikan, AG 1990, 264, 265; vgl. auch *Raiser*, ZGR 1989, 44, 70.
295 BGH v. 28.11.1988 – II ZR 57/88 – Opel, BGHZ 106, 54, 67; vgl. *Deckert*, AG 1994, 457, 465; *Stodolkowitz*, ZHR 154 (1990), 1, 19.

Schrifttum: *Beater,* Beratungsvergütungen für Aufsichtsratsmitglieder (§§ 113, 114 AktG), ZHR 157 (1993), 420; *Bosse,* Rechtliche Anforderungen an Verträge mit Aufsichtsratsmitgliedern und die Zustimmung des Aufsichtsrats nach § 114 AktG, NZG 2007, 172; *Boujong,* Rechtliche Mindestanforderungen an eine ordnungsgemäße Vorstandskontrolle und -beratung, AG 1995, 203; *Cahn,* Beratungsverträge mit Aufsichtsratsmitgliedern, Der Konzern 2012, 501; *Deckert,* Organschaftliche und vertragliche Beratungspflichten des Aufsichtsratsmitglieds, AG 1997, 109; *Happ,* Anwaltlicher Beratungsvertrag und Aufsichtsratsmandat, in FS Priester, 2007, S. 175; *Hoffmann,* Beratungsverträge mit Aufsichtsratsmitgliedern, in FS Havermann, 1995, S. 201; *Hoffmann-Becking,* Beratungsverträge mit Aufsichtsratsmitgliedern – grenzenlose Anwendung des § 114 AktG?, in FS Karsten Schmidt, 2009, S. 657; *Hommelhoff,* Die Autarkie des Aufsichtsrats, ZGR 1983, 551; *Ihrig,* Vergütungszahlungen auf einen Beratungsvertrag mit einem Aufsichtsratsmitglied vor Zustimmung des Aufsichtsrats, ZGR 2013, 417; *Lutter,* Beraterverträge mit Aufsichtsratsmitgliedern in Gesellschaft und Konzern, in FS Westermann, 2008, S. 1171; *Lutter/Drygala,* Die besondere sachverständige Beratung des Aufsichtsrats durch seine Mitglieder, in FS Ulmer, 2003, S. 381; *Lutter/Kremer,* Die Beratung der Gesellschaft durch Aufsichtsratsmitglieder, ZGR 1992, 87; *Mertens,* Beratungsverträge mit Aufsichtsratsmitgliedern, in FS Steindorff, 1990, S. 173; *H.-F. Müller,* Aufsichtsratsmandat und anwaltliche Tätigkeit, NZG 2002, 797; *Oppenhoff,* Zum Umkreis der von § 114 AktG Betroffenen, in FS Barz, 1974, S. 283; *Ruoff,* Der richtige Umgang mit Beratungsaufträgen an Aufsichtsratsmitglieder nach dem Fresenius-Urteil des BGH, BB 2013, S. 899; *Spindler,* Beratungsverträge mit Aufsichtsratsmitgliedern, NZG 2012, 1161; *Spindler,* Beratungsverträge mit Aufsichtsratsmitgliedern – Vorabzustimmung oder nachträgliche Genehmigung, NZG 2011, 334; *E. Vetter,* Beratungsverträge mit Aufsichtsratsmitgliedern, AG 2006, 173; *E. Vetter,* Aufsichtsratsvergütung und Verträge mit Aufsichtsratsmitgliedern, ZIP 2008, 1.

I. Beratungsverträge mit Aufsichtsratsmitgliedern gemäß § 114 AktG

1. Regelungsgegenstand

a) Vorbemerkung

31.1 Bestandteil der allgemeinen Überwachungspflicht des Aufsichtsrates gemäß § 111 Abs. 1 AktG ist neben der vergangenheitsbezogenen Kontrolle der Geschäftsführung des Vorstandes durch Prüfung abgeschlossener Vorgänge die zukunftsorientierte Überwachung, die unter anderem durch Beratung des Vorstandes wahrgenommen wird. Diese Pflicht trifft den Aufsichtsrat als Kollegialorgan, wie auch indirekt seine Mitglieder, da jedes Aufsichtsratsmitglied zur Erfüllung dieser Aufgabe beizutragen hat[1]. Schließt die Gesellschaft mit einem Aufsichtsratsmitglied einen Dienst- oder Werkvertrag über eine **Tätigkeit höherer Art** ab, so ist § 114 AktG zu beachten, der für solche Verträge eine klare **Abgrenzung zu den gesetzlichen organschaftlichen Amtspflichten eines Aufsichtsratsmitglieds** verlangt. Darüber hinaus ist für den Vertragsabschluss hinsichtlich der vereinbarten Leistung und ihrer Vergütung zur Begegnung der abstrakten **Gefahr einer Interessenkollision** sowie im Interesse einer **unabhängigen Überwachung** durch den Aufsichtsrat und zur **Vermeidung einer Umgehung** der zwingenden Regelung des § 113 Abs. 1 AktG (Gefahr der „Selbstbedienung")[2] eine erhöhte Transparenz und die Zustimmung des Aufsichtsrates als „präventive Kontrolle" erforderlich[3].

---

1 BGH v. 25.3.1991 – II ZR 188/89 – Deutscher Herold, BGHZ 114, 127, 134; *Boujong,* AG 1995, 203, 204; *Hommelhoff,* ZHR 143 (1979), 288, 292; *Lutter/Kremer,* ZGR 1992, 87, 91.
2 BGH v. 29.6.2021 – II ZR 75/20, ZIP 2021, 1596; BGH v. 3.7.2006 – II ZR 151/04 – IFA, BGHZ 168, 188 Rz. 9; drastischer OLG Frankfurt v. 21.9.2005 – 1 U 14/05 – „Schutz vor Korruption", AG 2005, 925, 926; siehe auch *E. Vetter,* ZIP 2008, 1, 6.
3 BGH v. 10.7.2012 – II ZR 48/11 – Fresenius, BGHZ 194, 14 Rz. 13; BGH v. 2.4.2007 – II ZR 325/06, AG 2007, 484 Rz. 16; BGH v. 25.3.1991 – II ZR 188/89 – Deutscher Herold, BGHZ 114, 127, 129; BGH v. 4.7.1994 – II ZR 197/93, BGHZ 126, 340, 344; *Deckert,* AG 1997, 109, 114; *Hoffmann-Becking* in MünchHdb. AG, § 33 Rz. 44; *Lutter/Drygala* in FS Ulmer, 2003, S. 381, 382; *Mertens/Cahn* in KölnKomm. AktG, 3. Aufl. 2013, § 114 AktG Rz. 2.

b) Anwendungsbereich von § 114 AktG
aa) Tätigkeit außerhalb der organschaftlichen Aufgaben

§ 114 AktG erfasst nur Dienst- und Werkverträge, die eine Tätigkeit höherer Art i.S.v. § 667 BGB zum Gegenstand haben, die außerhalb der Tätigkeit des Aufsichtsrates liegt. Dazu zählen auch Vermittlungsverträge[4]. Der Anwendungsbereich von § 114 AktG erschließt sich im Zusammenspiel mit der zwingenden Vorschrift des § 113 Abs. 1 AktG, die für die Vergütung der Aufsichtsratsmitglieder eine Regelung in der Satzung oder einen Beschluss der Hauptversammlung verlangt (vgl. dazu Rz. 30.32). Insbesondere soweit es um Beratungspflichten geht[5], die den Aufsichtsrat kraft Gesetzes treffen und zu deren Erfüllung die Aufsichtsratsmitglieder auf Grund ihrer Stellung als Organmitglied verpflichtet sind, bildet § 113 Abs. 1 AktG eine abschließende Regelung. Die Vergütung kann nicht durch Beratungs- oder Vermittlungsverträge oder durch ein verdecktes Sonderhonorar ergänzt werden[6]. Im Rahmen der **organschaftlichen Beratungsaufgaben** sind deshalb Beratungs- oder Vermittlungsverträge nicht zulässig und wegen Verstoßes gegen § 113 Abs. 1 AktG gemäß § 134 BGB nichtig[7].

31.2

Außerhalb der Organpflichten ist ein Beratungsvertrag mit einem Aufsichtsratsmitglied zulässig. Die **Abgrenzung einer zulässigen vertraglichen Beratung gemäß § 114 AktG gegenüber der organschaftlichen Beratungsaufgaben** ist vornehmlich nach inhaltlichen Kriterien, d.h. **anhand des konkreten Beratungsgegenstandes** vorzunehmen und nicht danach, ob der erforderliche persönliche zeitliche Einsatz über das normale Maß eines Aufsichtsratsmitglieds hinausgeht, da es auch einen den üblichen Rahmen übersteigenden Einsatz zu leisten hat, wenn dies die Verhältnisse der Gesellschaft erfordern[8]. Die Beurteilung von und die Beratung über Vorhaben des Unternehmens von grundsätzlicher Bedeutung oder bei strategischen Fragen i.S.v. § 90 Abs. 1 Nr. 1 AktG oder von wesentlichen Geschäftsvorfällen nach § 90 Abs. 1 Nr. 4 AktG sowie Fragen des Jahresabschlusses zählen zu den organschaftlichen Aufgaben des Aufsichtsratsmitglieds. Gleiches gilt für Vorgänge in verbundenen Unternehmen mit erheblichem Einfluss auf den Konzern (§ 90 Abs. 2 und Abs. 3 Satz 1 AktG). Die Beurteilung oder Bearbeitung von Spezialfragen der Geschäftsführung, insbesondere sofern dafür Fach- oder Spezialkenntnisse erforderlich sind, sowie Arbeiten zur Vorbereitung oder Durchführung von Geschäftsführungsaufgaben des Tagesgeschäfts, zählen nicht zu den organschaftlichen Beratungspflichten eines Aufsichtsratsmitglieds[9]. Dies betrifft typischerweise Spezialfragen der Steuerberatung, Wirtschaftsprüfung, Rechtsberatung oder der Prozessführung[10]. Das Erfordernis oder der Einsatz von Spezialkenntnissen allein reicht allerdings nicht aus, die Zulässigkeit eines Beratungsvertrages nach § 114 AktG zu begründen. Denn Aufsichtsratsmitglieder sind verpflichtet, auch ihre über die Mindestqualifikation als Aufsichtsratsmitglied hinausgehenden individuellen Spezialkenntnisse im Rahmen ihrer Überwachungsaufgabe in die organschaftliche Beratung einzubringen, da ihre spezielle Qualifikati-

31.3

---

4 OLG Köln v. 11.7.2019 – 18 U 37/18, AG 2019, 844, 845; OLG Nürnberg v. 8.3.2017 – 12 U 927/15, AG 2018, 166, 168.
5 Gleiches gilt für die Vermittlung von Kontakten, z.B. zu einem Kandidaten für eine Vorstandsposition oder zu einem potentiellen Geschäftspartner.
6 BGH v. 3.7.2006 – II ZR 151/04 – IFA, BGHZ 168, 188 Rz. 16; BGH v. 25.3.1991 – II ZR 188/89 – Deutscher Herold, BGHZ 114, 127, 129; BGH v. 4.7.1994 – II ZR 197/93, BGHZ 126, 340, 346; *Hüffer/Koch*, § 114 AktG Rz. 6; *Lutter/Kremer*, ZGR 1992, 87, 92; *Lutter/Drygala* in FS Ulmer, 2003, S. 381, 382.
7 BGH v. 3.7.2006 – II ZR 151/04 – IFA, BGHZ 168, 188 Rz. 16; BGH v. 25.3.1991 – II ZR 188/89 – Deutscher Herold, BGHZ 114, 127, 127; BGH v. 4.7.1994 – II ZR 197/93, BGHZ 126, 340, 340.
8 BGH v. 25.3.1991 – II ZR 188/89 – Deutscher Herold, BGHZ 114, 127, 131; KG v. 25.9.1995 – 2 U 6753/94, AG 1997, 42, 43; *Beater*, ZHR 157 (1993), 420, 422; *Boujong*, AG 1995, 203, 204; *Hoffmann-Becking* in MünchHdb. AG, § 33 Rz. 46; *Mertens* in FS Steindorff, 1990, S. 173, 181; a.A. *Lehmann*, DB 1966, 1757.
9 *Deckert*, AG 1997, 109, 112; *Jaeger*, ZIP 1994, 1759; *Rodewig/Rothley* in Semler/v. Schenck/Wilsing, ArbeitsHdb. AR, § 9 Rz. 143; *E. Vetter*, ZIP 2008, 1, 7.
10 BGH v. 20.9.2011 – II ZR 234/09 – ISION, AG 2011, 876 Rz. 28; BGH v. 2.7.1998 – IX ZR 63/97, AG 1998, 583, 584; *Krummel/Küttner*, DB 1996, 193, 198; *Lutter/Krieger/Verse*, Aufsichtsrat, Rz. 860.

on nicht selten der Grund für ihre Wahl in den Aufsichtsrat ist[11]. Dies gilt vor allem für den Aufsichtsratsvorsitzenden und die Mitglieder von Ausschüssen, denen weitergehende Überwachungs- und Beratungspflichten obliegen als dem einfachen Aufsichtsratsmitglied[12]. Zu betonen ist dabei, dass der BGH die organschaftlichen Aufgaben des Aufsichtsrates außerordentlich weit fasst und etwa auch die Beratung beim Abschluss von Unternehmenskäufen, strategischen Allianzen und die Verhandlungen mit Banken beim Börsengang hinzuzählt[13].

31.4 Der Beratungsvertrag muss konkrete Aussagen zum speziellen Beratungsgegenstand und dem dafür zu entrichtenden Entgelt enthalten und **eindeutige Feststellungen** zulassen, die dem Aufsichtsrat ein eigenständiges Urteil darüber erlauben, dass die vereinbarte Tätigkeit des Aufsichtsratsmitglieds außerhalb seiner organschaftlichen Pflichten liegt[14]. Unklarheiten gehen zu Lasten des Aufsichtsratsmitglieds und führen im Zweifel zur Unwirksamkeit des Vertrages[15].

bb) Altverträge

31.5 § 114 AktG gilt nicht nur für Beraterverträge, die ein Aufsichtsratsmitglied während seiner Zugehörigkeit zum Aufsichtsrat abschließt, sondern auch für **bei Amtsantritt bereits laufende Verträge, sog. Altverträge**[16]. In diesem Fall muss der bestehende Vertrag im Aufsichtsrat bei Amtsantritt offengelegt und die Zustimmung zu seiner Fortsetzung beantragt werden[17]. Soweit Gegenstand des Beratungsvertrages organschaftliche Aufgaben des Aufsichtsratsmitglieds sind, scheidet jedoch eine Genehmigungsfähigkeit nach § 114 Abs. 1 AktG aus. Der Vertrag ruht während der Amtszeit des Aufsichtsratsmitglieds und lebt erst nach dessen Ausscheiden aus dem Amt wieder auf[18]. Umfasst der Beratungsvertrag sowohl aufsichtsratsbezogene als auch aufsichtsratsfremde Aufgaben, die sachlich voneinander getrennt werden können, wird nicht der gesamte Vertrag von dem Verbot erfasst, sondern es ist § 139 BGB entsprechend anzuwenden, mit der Folge, dass für die aufsichtsratsfremde Beratungsaufgabe die Zustimmung des Aufsichtsrates nach § 114 Abs. 1 AktG herbeizuführen ist, während der übrige Vertragsteil bis zum Ende der Amtszeit des Aufsichtsratsmitglieds ruht[19].

---

11 *Boujong*, AG 1995, 203, 204; *Deckert*, AG 1997, 109, 112; *Drygala* in K. Schmidt/Lutter, § 114 AktG Rz. 10; *Mertens* in FS Steindorff, 1990, S. 173, 181; *Müller*, NZG 2002, 797, 798.
12 *Deckert*, AG 1997, 109, 114; *Hopt/Roth* in Großkomm. AktG, 5. Aufl. 2019, § 114 Rz. 30; *Mertens* in FS Steindorff, 1990, S. 173, 179; *Rodewig/Rothley* in Semler/v. Schenck/Wilsing, ArbeitsHdb. AR, § 9 Rz. 145; *E. Vetter*, AG 2006, 173, 176.
13 BGH v. 27.4.2009 – II ZR 160/08, AG 2009, 661, 662; BGH v. 20.11.2006 – II ZR 279/05, BGHZ 170, 60 Rz. 14; BGH v. 3.7.2006 – II ZR 151/04 – IFA, BGHZ 168, 188 Rz. 17; *Drygala* in K. Schmidt/Lutter, § 114 AktG Rz. 10.
14 BGH v. 3.7.2006 – II ZR 151/04 – IFA, BGHZ 168, 188 Rz. 16; *Hopt/Roth* in Großkomm. AktG, 5. Aufl. 2019, § 114 AktG Rz. 78; *E. Vetter*, ZIP 2008, 1, 7; kritisch zur Präzisierung der Vergütung *Happ* in FS Priester, 2007, S. 175, 186.
15 BGH v. 2.4.2007 – II ZR 325/06, AG 2007, 484 Rz. 15; BGH v. 4.7.1994 – II ZR 197/93, BGHZ 126, 340, 345; OLG Köln v. 31.1.2013 – 18 U 21/12 – Solarworld, ZIP 2013, 516, 519; *Deckert*, WiB 1997, 561, 563; *Lutter/Krieger/Verse*, Aufsichtsrat, Rz. 860; *Mertens* in FS Steindorff, 1990, S. 173, 179; *Jaeger*, ZIP 1994, 1759, 1760; *Rellermeyer*, ZGR 1993, 77, 86.
16 BGH v. 4.7.1994 – II ZR 197/93, BGHZ 126, 340, 346; BGH v. 2.7.1998 – IX ZR 63/97, AG 1998, 583, 584; *Krummel/Küttner*, DB 1996, 193, 196; *Lutter/Krieger/Verse*, Aufsichtsrat, Rz. 861; *Mertens* in FS Steindorff, 1990, S. 173, 182.
17 BGH v. 4.7.1994 – II ZR 197/93, BGHZ 126, 340, 348; *Hüffer/Koch*, § 114 AktG Rz. 2; *Raiser/Veil*, Kapitalgesellschaften, § 15 Rz. 98.
18 BGH v. 25.3.1991 – II ZR 188/89 – Deutscher Herold, BGHZ 114, 127, 134; BGH v. 4.7.1994 – II ZR 197/93, BGHZ 126, 340, 349; *Lutter/Krieger/Verse*, Aufsichtsrat, Rz. 861; *Mertens* in FS Steindorff, 1990, S. 173, 183; *Spindler* in Spindler/Stilz, § 114 AktG Rz. 6; *E. Vetter*, ZIP 2008, 1, 9.
19 *Beater*, ZHR 157 (1993), 420, 434; *Deckert*, WiB 1997, 561, 564; *Lutter/Kremer*, ZGR 1992, 87, 96.

cc) Verträge mit dem Aufsichtsrat

Erteilt der Aufsichtsrat einem seiner Mitglieder einen Auftrag, so ist zweifelhaft, inwieweit die § 113 Abs. 1 und § 114 AktG zu beachten sind[20]. Eine unmittelbare Anwendung der Vorschriften scheidet aus. Auch der Schutzzweck der Sicherung einer unabhängigen Überwachung gegenüber dem Vorstand greift bei einer Auftragserteilung durch den Aufsichtsrat regelmäßig nicht ein. Der Aufsichtsrat kann Aufträge an ein einzelnes Mitglied nur im Rahmen seiner gesetzlichen Überwachungsaufgabe erteilen, die damit zwangsläufig zu den organschaftlichen Aufgaben zählt[21]. Erteilt der Aufsichtsrat einem seiner Mitglieder einen Sonderauftrag gemäß § 111 Abs. 2 Satz 2 Alt. 1 AktG, kommt nach herrschender Meinung eine separate Vergütung nicht in Betracht, da das Aufsichtsratsmitglied verpflichtet ist, die Aufgabe im Rahmen seiner organschaftlichen Pflichten zu erfüllen, auch wenn dies zu einer persönlichen Zusatzbelastung führt[22]. Der Hauptversammlung steht allerdings jederzeit offen durch Hauptversammlungsbeschluss nach § 113 Abs. 1 Satz 2 AktG eine Sondervergütung für die Wahrnehmung einer Sonderaufgabe nach § 111 Abs. 2 Satz 2 Alt. 1 AktG zu gewähren[23]. Im Übrigen liegt die Zuständigkeit zum Vertragsabschluss mit dem Aufsichtsratsmitglied über Tätigkeiten höherer Art allein beim Vorstand; dem Aufsichtsrat fehlt insoweit die Vertretungsmacht.

dd) Publizität

Nach § 285 Nr. 9 lit. a und § 314 Abs. 1 Nr. 6 lit. a HGB sind die im Geschäftsjahr den Aufsichtsratsmitgliedern insgesamt gewährten Bezüge im **Anhang** bzw. bei Mutterunternehmen auch im **Konzernanhang** anzugeben. Die Vergütung für besondere Leistungen eines Aufsichtsratsmitglieds auf Grund eines Vertrages nach § 114 AktG wird von der handelsrechtlichen Publizitätspflicht nicht erfasst[24] und ist auch nicht Gegenstand des Vergütungsberichts nach § 162 AktG.

c) Betroffener Personenkreis

aa) Aufsichtsratsmitglieder

§ 114 AktG erfasst Verträge höherer Art zwischen der Gesellschaft und ihren amtierenden Aufsichtsratsmitgliedern, selbst wenn die Bestellung unwirksam war[25]. Die Vorschrift ist nach ihrem Wortlaut nicht unmittelbar auf Beratungs- oder Vermittlungsverträge der Gesellschaft mit einer einem Aufsichtsratsmitglied nahestehenden Person anwendbar. Auch Verträge mit Ersatzmitgliedern werden nicht erfasst[26].

bb) Konzernsachverhalte

Nach Ansicht des BGH[27] steht der erweiterten Anwendung von § 114 AktG auf Beratungsverträge im Zusammenhang mit Konzern- und Umgehungssachverhalten nicht entgegen, dass § 115 Abs. 1 und Abs. 3 AktG (ähnlich § 89 Abs. 4 AktG für Kredite an Vorstandsmitglieder) für Kredite an Aufsichts-

---

20 Vgl. dazu *Lutter/Drygala* in FS Ulmer, 2003, S. 381 ff.; *Lutter/Krieger/Verse*, Aufsichtsrat, Rz. 866.
21 *Mertens* in FS Steindorff, 1990, S. 173, 184, 862; a.A. *Lutter/Drygala* in FS Ulmer, 2003, S. 381, 392.
22 *Hüffer/Koch*, § 111 AktG Rz. 22; *Mertens* in FS Steindorff, 1990, S. 173, 184; *Berger*, Die Kosten der Aufsichtsratstätigkeit in der AG, 2000, S. 105; *Semler* in FS Claussen, 1997, S. 381, 398; a.A. *Lehmann*, DB 1966, 1757, 1758; *Lutter/Drygala* in FS Ulmer, 2003, S. 381, 392.
23 Vgl. dazu auch den Fall OLG Stuttgart v. 9.4.1991 – 12 U 206/90, AG 1991, 404.
24 *ADS*, § 285 HGB Rz. 175; *Spindler* in Spindler/Stilz, § 114 AktG Rz. 31; *E. Vetter*, ZIP 2008, 1, 10.
25 BGH v. 3.7.2006 – II ZR 151/04 – IFA, BGHZ 168, 188 Rz. 14; OLG Hamm v. 4.3.2020 – 8 U 32/19, AG 2020, 714, 715.
26 OLG Hamburg v. 17.1.2007 – 11 U 48/06 – Tecis, AG 2007, 404, 407; *Bürgers/Fischer* in Bürgers/Körber/Lieder, § 114 AktG Rz. 4; *Hüffer/Koch*, § 114 AktG Rz. 2; *E. Vetter*, ZIP 2008, 1, 10.
27 *Boujong*, AG 1995, 203, 204; *Hommelhoff*, ZHR 143 (1979), 288, 292; *Lutter/Kremer*, ZGR 1992, 87, 91. BGH v. 29.6.2021 – II ZR 75/20, ZIP 2021, 1596, 1598.

ratsmitglieder in solchen Konstellationen eine detaillierte Regelung enthalten (vgl. dazu Rz. 31.20). § 114 AktG lässt sich nicht im Wege der Analogie generell auf sämtliche Beratungs- und Vermittlungsverträge von Aufsichtsratsmitgliedern in Konzernfällen anwenden[28]. Es ist vielmehr zu differenzieren: Nach der im Wesentlichen vergleichbaren Interessenlage und dem Schutzzweck der Vorschrift muss § 114 AktG über den Gesetzeswortlaut hinaus z.B. auch **für Beratungsverträge von Aufsichtsratsmitgliedern mit einer Tochtergesellschaft** gelten, sofern der **Vertragsgegenstand Fragen der Überwachung der AG** betrifft, deren Aufsichtsrat das Mitglied angehört oder der Vertrag ebenso gut (unmittelbar) mit der AG hätte abgeschlossen werden können, so dass sich die Annahme einer Gesetzesumgehung aufdrängt[29]. Verträge des Aufsichtsratsmitglieds mit der **Muttergesellschaft** fallen im Regelfall nicht in den Anwendungsbereich von § 114 AktG[30].

cc) Vertrag mit einer Beratungsgesellschaft

31.10 Nach Sinn und Zweck der §§ 113, 114 AktG ist § 114 AktG auch dann anzuwenden, wenn der Beratungs- oder Vermittlungsvertrag nicht mit dem Aufsichtsratsmitglied persönlich abgeschlossen wird, sondern mit einer Gesellschaft (z.B. Rechtsanwalts- oder Steuerberatersozietät, Marketingagentur), an der das Aufsichtsratsmitglied als Gesellschafter beteiligt ist. Auf die Rechtsform der Gesellschaft kommt es nicht an[31]. Es ist nicht erforderlich, dass das Aufsichtsratsmitglied selbst die Beratungsleistung für die Gesellschaft erbringt. Auch die Höhe der Beteiligung des Aufsichtsratsmitglieds an der Gesellschaft ist nach der Rechtsprechung des BGH praktisch irrelevant. Insbesondere ist ein kontrollierender Einfluss des Aufsichtsratsmitglieds auf die Gesellschaft nicht erforderlich[32]. Der Vorstand hat wegen der **abstrakten Gefahr der Beeinträchtigung der Unabhängigkeit der Aufsichtsratskontrolle** § 114 AktG zu beachten, wenn an eine Beratungsgesellschaft ein Auftrag erteilt werden soll, an der ein Mitglied des Aufsichtsrates beteiligt ist[33]. Gleiches gilt, wenn das Aufsichtsratsmitglied der Geschäftsleitung der Beratungsgesellschaft angehört, auch wenn es kein erfolgsabhängiges sondern ein festes Gehalt bezieht[34].

31.11 Angesichts des Schutzzwecks von § 114 AktG kommt es auf den **finanziellen Vorteil** an, der dem Aufsichtsratsmitglied mittelbar über seine Beteiligung zufließt. Entscheidend ist, wenn bei abstrakter Betrachtung angesichts der Höhe der Vergütung die „unabhängige Wahrnehmung der organschaftlichen Überwachungstätigkeit des Aufsichtsratsmitglieds gefährdet" erscheint[35]. Allenfalls ganz geringfügige

---

28 *Hoffmann-Becking* in MünchHdb. AG, § 33 Rz. 52; *Hüffer/Koch*, § 114 AktG Rz. 5; *Mertens* in FS Steindorff, 1990, S. 173, 186; a.A. *Deckert*, WiB 1997, 561, 565; *Lutter/Kremer*, ZGR 1992, 87, 104; *Lutter/Krieger/Verse*, Aufsichtsrat, Rz. 874; *Oppenhoff* in FS Barz, 1974, S. 283, 289; *Krummel/Küttner*, DB 1996, 193, 195.
29 BGH v. 10.7.2012 – II ZR 48/11 – Fresenius, BGHZ 194, 14 Rz. 16; *Drygala* in K. Schmidt/Lutter, § 114 AktG Rz. 15; *Hoffmann-Becking* in FS Karsten Schmidt, 2009, S. 657, 665; *E. Vetter*, ZIP 2008, 1, 9; einschränkend *Cahn*, Der Konzern 2012, 501, 503; *Ihrig*, ZGR 2013, 417, 434; *Mertens* in FS Steindorff, 1990, 173, 186; vgl. auch generell *Lutter* in FS Westermann, 2008, S. 1171, 1183.
30 *Cahn*, Der Konzern 2012, 501, 503; *Bürgers/Fischer* in Bürgers/Körber/Lieder, § 114 AktG Rz. 12; *Hoffmann-Becking* in FS Karsten Schmidt, 2009, S. 657, 666; *Hüffer/Koch*, § 114 AktG Rz. 4; *E. Vetter*, ZIP 2008, 1, 9; a.A. *Habersack* in MünchKomm. AktG, 5. Aufl. 2019, § 114 AktG Rz. 17; *Spindler* in Spindler/Stilz, § 114 AktG Rz. 7.
31 BGH v. 2.4.2007 – II ZR 325/06, AG 2007, 484 Rz. 11; vgl. auch BGH v. 20.11.2006 – II ZR 279/05, BGHZ 170, 60 Rz. 10.
32 BGH v. 20.11.2006 – II ZR 279/05, BGHZ 170, 60 Rz. 8; OLG Köln v. 11.7.2019 – 18 U 37/18, AG 2019, 844, 845.
33 *Deckert*, WiB 1997, 561, 565; *Lutter/Krieger/Verse*, Aufsichtsrat, Rz. 876; *Müller*, NZG 2002, 797, 798; *Oppenhoff* in FS Barz, 1974, S. 283, 288; *Rellermeyer*, ZGR 1993, 77, 88; a.A. *Brandner* in FS Geiß, 2000, S. 231, 243; *Hoffmann-Becking* in MünchHdb. AG, § 33 Rz. 51; *Wissmann/Ost*, BB 1998, 1957, 1960; vgl. auch BGH v. 22.2.2001 – IX ZR 357/99, BGHZ 147, 39, 42.
34 BGH v. 29.6.2021 – II ZR 75/20, AG 2021, 672 Rz. 23.
35 BGH v. 20.11.2006 – II ZR 279/05, BGHZ 170, 60 Rz. 8; BGH v. 2.4.2007 – II ZR 325/05, AG 2006, 484 Rz. 11; *E. Vetter*, AG 2006, 173, 177; *E. Vetter*, ZIP 2008, 1, 8; kritisch *Happ* in FS Priester, 2007, S. 175, 179.

Leistungen oder im Vergleich zur Aufsichtsratsvergütung vernachlässigenswerte Beträge (Bagatelle) sind unschädlich[36].

2. Verfahren

Beim Abschluss eines Beratungsvertrages mit einem Aufsichtsratsmitglied vertritt der Vorstand die Gesellschaft[37]. Die Zustimmung des Aufsichtsrates zu dem Vertrag erfolgt durch Beschluss[38], der auch an einen **Aufsichtsratsausschuss** (z.B. Personalausschuss oder Aufsichtsratspräsidium) übertragen werden kann[39], was sich auch aus Gründen der Praktikabilität empfiehlt.

31.12

Die Entscheidung kann sowohl vor Vertragsabschluss als Einwilligung wie auch nachträglich als Genehmigung erteilt werden[40]. Im Normalfall wird die Zustimmung im Voraus oder jedenfalls binnen angemessener Frist, gegebenenfalls durch einen Aufsichtsratsausschuss, einzuholen sein. Bei Eilfällen und Standardvorgängen ohne besonderen finanziellen Wert ist nachträglicher Beschluss unbedenklich[41]. Der Erfüllung des Vertrages durch das Aufsichtsratsmitglied auch schon vor Zustimmung des Aufsichtsrats steht grundsätzlich nichts entgegen, die **Zahlung der Vergütung darf jedoch nicht vor Erteilung der Aufsichtsratszustimmung** erfolgen[42]. Versäumnisse in der Einholung der Zustimmung können Schadensersatzpflichten des Vorstandes (§ 93 Abs. 2 und Abs. 3 Nr. 7 AktG) wie auch des begünstigten Aufsichtsratsmitglieds (§ 93 Abs. 2, Abs. 3 Nr. 7, § 116 AktG) auslösen[43].

31.13

Für die Zustimmung des Aufsichtsrates nach § 114 Abs. 1 AktG ist ein **ausdrücklicher Beschluss** erforderlich; die Billigung des Vertrages durch den Alleinaktionär macht den Aufsichtsratsbeschluss nicht entbehrlich[44]. Dem vertragsschließenden Aufsichtsratsmitglied steht bei der Beschlussfassung kein Stimmrecht zu[45]. Im dreiköpfigen Aufsichtsrat kann dieses Aufsichtsratsmitglied teilnehmen, muss sich aber der Stimme enthalten[46]. Die bloße Kenntnisnahme des Beratungsvertrages durch den Auf-

31.14

---

36 BGH v. 20.11.2006 – II ZR 279/05, BGHZ 170, 60, 63; OLG Köln v. 31.1.2013 – 18 U 21/12 – Solarworld, ZIP 2013, 516, 518; *Hüffer/Koch*, § 114 AktG Rz. 3; kritisch *Happ* in FS Priester, 2007, S. 175, 180; *Hoffmann-Becking* in FS Karsten Schmidt, 2009, S. 657, 664.
37 *Deckert*, WiB 1997, 561, 565; *Lutter/Krieger/Verse*, Aufsichtsrat, Rz. 858.
38 OLG Köln v. 27.5.1994 – 19 U 289/93, AG 1995, 90, 92; *Krummel/Küttner*, DB 1996, 193, 199; *Mertens/Cahn* in KölnKomm. AktG, 3. Aufl. 2013, § 114 AktG Rz. 26.
39 BGH v. 10.7.2012 – II ZR 48/11 – Fresenius, BGHZ 194, 14 Rz. 21; *Israel* in Bürgers/Körber, 4. Aufl. 2017, § 114 AktG Rz. 7; *Krummel/Küttner*, DB 1996, 193, 199; *Mertens/Cahn* in KölnKomm. AktG, 3. Aufl. 2013, § 114 AktG Rz. 26; *Spindler*, NZG 2012, 1161, 1163; a.A. wohl *Grigoleit/Tomasic* in Grigoleit, § 114 AktG Rz. 17.
40 Strenger OLG Frankfurt v. 15.2.2011 – 5 U 30/10 – Fresenius, AG 2011, 256, 257; siehe dazu *Cahn*, Der Konzern 2012, 501, 506.
41 *Spindler*, NZG 2012, 1161, 1162; *Spindler*, NZG 2011, 334, 337; *E. Vetter* in Liber amicorum M. Winter, 2011, S. 701, 717; großzügiger *Drygala*, ZIP 2011, 427, 428; wohl auch *Hüffer/Koch*, § 114 AktG Rz. 9.
42 BGH v. 10.7.2012 – II ZR 48/11 – Fresenius, BGHZ 194, 14 Rz. 19; *Ihrig*, ZGR 2013, 417, 430; *Spindler*, NZG 2012, 1161, 1163.
43 Vgl. BGH v. 25.3.1991 – II ZR 188/89 – Deutscher Herold, BGHZ 114, 127, 134; OLG Köln v. 27.5.1994 – 19 U 289/93, AG 1995, 90, 92; LG Köln v. 8.5.2002 – 91 O 204/00, AG 2003, 167, 168; *Deckert*, WiB 1997, 561, 567; *Drygala* in K. Schmidt/Lutter, § 114 AktG Rz. 4; *E. Vetter*, AG 2006, 173, 178.
44 OLG Nürnberg v. 8.3.2017 – 12 U 927/15, AG 2018, 166, 169; OLG Köln v. 27.5.1994 – 19 U 289/93, AG 1995, 90.
45 BGH v. 2.4.2007 – II ZR 325/05, AG 2007, 484 Rz. 13; *Dreher*, JZ 1990, 896, 897 Fn. 20; *Hopt/Roth* in Großkomm. AktG, 5. Aufl. 2019, § 114 AktG Rz. 72; *Mertens/Cahn* in KölnKomm. AktG, 3. Aufl. 2013, § 114 AktG Rz. 26; *Spindler* in Spindler/Stilz, § 114 AktG Rz. 21; *E. Vetter*, AG 2006, 173, 179; a.A. *Behr*, AG 1984, 281, 285; *Matthießen*, Stimmrecht und Interessenkollision im Aufsichtsrat, 1989, S. 334; *Weiß* in Semler/v. Schenck/Wilsing, ArbeitsHdb. AR, § 14 Rz. 113.
46 BGH v. 2.4.2007 – II ZR 325/06, AG 2007, 484 Rz. 13; *Bosse*, NZG 2007, 172, 175; *Bürgers/Fischer* in Bürgers/Körber/Lieder, § 114 AktG Rz. 7; *E. Vetter*, AG 2006, 173, 176.

sichtsrat reicht nicht aus[47]. Ein wirksamer Zustimmungsbeschluss des Aufsichtsrates erfordert nicht die Vorlage des Vertrages, setzt aber die **Offenlegung des wesentlichen Inhalts des Beratungsvertrages** voraus, um dem Aufsichtsrat eine verantwortliche Entscheidung zu ermöglichen[48]. Dies macht regelmäßig die Schrift- oder Textform erforderlich[49]. Entscheidend ist die genaue Darstellung des außerhalb der organschaftlichen Aufgaben liegenden Tätigkeitsprogramms und die Angabe der Höhe der vorgesehenen Vergütung. Eine Bezugnahme auf eine gesetzliche Gebührenordnung oder allgemeine Tarife ist zulässig[50]. Lässt sich daraus das zu erwartende Honorar des Aufsichtsratsmitglieds im Voraus nicht ausreichend genau beurteilen, ist gegebenenfalls zusätzlich der zu erwartende Rahmen oder eine Vergütungsobergrenze anzugeben, so dass bei Erreichen oder voraussichtlichem Überschreiten dieser Grenze eine erneute Beschlussfassung des Aufsichtsrates erforderlich wird[51]. Eine abstrakte Budgetgenehmigung durch den Aufsichtsrat ist jedoch nicht ausreichend[52].

3. Rechtsfolgen bei fehlender Zustimmung

a) Nichtigkeit des Vertrages

31.15 Solange der Aufsichtsrat zu einem nach § 114 Abs. 1 AktG genehmigungsfähigen Vertrag mit dem Aufsichtsratsmitglied die angestrebte Zustimmung nicht erteilt hat, ist dieser **schwebend unwirksam**[53]. Verweigert der Aufsichtsrat seine Zustimmung, ist der bislang schwebend unwirksame Vertrag **endgültig unwirksam**[54]. Gleiches gilt, falls der Vertrag dem Aufsichtsrat überhaupt nicht zur Genehmigung vorgelegt werden soll[55]. Ein bei Amtsantritt eines Aufsichtsratsmitglieds bereits bestehender nach § 114 Abs. 1 AktG genehmigungsfähiger Vertrag verliert, jedenfalls was die Vergütungspflicht anbetrifft, mit Verweigerung der Zustimmung des Aufsichtsrates seine Wirkung, solange das Aufsichtsratsmandat andauert[56]. Die Nichtigkeit kann auch nicht durch Billigung des Beratungsvertrages durch die Hauptversammlung vermieden werden[57].

---

47 LG Stuttgart v. 27.5.1998 – 27 O 7/98, ZIP 1998, 1275, 1280; *Wissmann/Ost*, BB 1998, 1957, 1958.
48 BGH v. 10.7.2012 – II ZR 48/11 – Fresenius, BGHZ 194, 14 Rz. 13; BGH v. 4.7.1994 – II ZR 197/93, BGHZ 126, 340, 344; OLG Nürnberg v. 8.3.2017 – 12 U 927/15, AG 2018, 166, 170; KG v. 25.9.1995 – 2 U 6753/94, AG 1997, 42, 43; OLG Köln v. 27.5.1994 – 19 U 289/93, AG 1995, 90, 91; LG Stuttgart v. 27.5.1998 – 27 O 7/98, ZIP 1998, 1275, 1278; *Deckert*, WiB 1997, 561, 563; *Hoffmann-Becking* in MünchHdb. AG, § 33 Rz. 54; *Spindler* in Spindler/Stilz, § 114 AktG Rz. 22.
49 *Grigoleit/Tomasic* in Grigoleit, § 114 AktG Rz. 7; *Ruoff*, BB 2013, 899, 900; *Spindler* in Spindler/Stilz, § 114 AktG Rz. 23; strenger *Habersack* in MünchKomm. AktG, 5. Aufl. 2019, § 114 AktG Rz. 25; *Hüffer/Koch*, § 114 AktG Rz. 8; offengelassen OLG Köln v. 31.1.2013 – 18 U 21/12 – Solarworld, ZIP 2013, 516, 518.
50 *Deckert*, WiB 1997, 561, 566; *Lutter/Krieger/Verse*, Aufsichtsrat, Rz. 861; *Mertens/Cahn* in KölnKomm. AktG, 3. Aufl. 2013, § 114 AktG Rz. 26; vgl. auch LG Stuttgart v. 27.5.1998 – 27 O 7/98, ZIP 1998, 1275, 1278.
51 *Rellermeyer*, ZGR 1993, 77, 90; *Rodewig/Rothley* in Semler/v. Schenck/Wilsing, ArbeitsHdb. AR, § 9 Rz. 157; *E. Vetter*, AG 2006, 173, 178.
52 OLG Frankfurt v. 15.2.2011 – 5 U 30/10 – Fresenius, AG 2011, 256, 257; *Hüffer/Koch*, § 114 AktG Rz. 8; *Spindler*, NZG 2011, 334, 337; offen gelassen BGH v. 10.7.2012 – II ZR 48/11 – Fresenius, BGHZ 194, 14 Rz. 10; zur Alternative eines Vorratsbeschlusses siehe *E. Vetter* in Happ/Groß/Möhrle/Vetter, Aktienrecht, Muster 9.21 Rz. 6.1.
53 BGH v. 10.7.2012 – II ZR 48/11 – Fresenius, BGHZ 194, 14 Rz. 19; *Lutter/Kremer*, ZGR 1992, 87, 92; *Mertens/Cahn* in KölnKomm. AktG, 3. Aufl. 2013, § 114 AktG Rz. 25.
54 OLG Nürnberg v. 8.3.2017 – 12 U 927/15, AG 2018, 166, 170; *Deckert*, WiB 1997, 561, 565; *Hüffer/Koch*, § 114 AktG Rz. 8; *Lutter/Kremer*, ZGR 1992, 87, 92.
55 BGH v. 4.7.1994 – II ZR 197/93, BGHZ 126, 340, 348; *Lutter/Krieger/Verse*, Aufsichtsrat, Rz. 861.
56 BGH v. 4.7.1994 – II ZR 197/93, BGHZ 126, 340, 348; *Lutter/Kremer*, ZGR 1992, 87, 100; *Mertens/Cahn* in KölnKomm. AktG, 3. Aufl. 2013, § 114 AktG Rz. 22; *Potthoff/Trescher/Theisen*, AR-Mitglied, Rz. 1879.
57 OLG Köln v. 27.5.1994 – 19 U 289/93, AG 1995, 90, 92; *Habersack* in MünchKomm. AktG, 5. Aufl. 2019, § 114 AktG Rz. 29; *Mertens* in FS Steindorff, 1990, S. 173, 180; offengelassen von BGH v. 25.3.1991 –

b) Rückabwicklung durchgeführter Verträge

Bei Fehlen der Zustimmung des Aufsichtsrates oder im Fall eines genehmigungsunfähigen Beratungsvertrages **hat das Aufsichtsratsmitglied die erhaltene Vergütung nach § 114 Abs. 2 Satz 1 AktG an die Gesellschaft zurückzugewähren**. Es handelt sich dabei um einen von §§ 812 ff. BGB unabhängigen eigenständigen aktienrechtlichen Rückgewährsanspruch[58], der auch die von der Gesellschaft mit der Vergütung gezahlten Kosten und Auslagen sowie zur Verfügung gestellte Gegenstände erfasst[59]. Der Vorstand ist verpflichtet, den Anspruch im Namen der Gesellschaft geltend zu machen[60]. Daneben kann ein **Schadensersatzanspruch** gegen die anderen Aufsichtsratsmitglieder bestehen[61].

31.16

Ist der **Vertrag nicht unmittelbar mit dem Aufsichtsratsmitglied persönlich abgeschlossen**, sondern mit einer ihm zuzurechnenden Gesellschaft (z.B. Anwalts- und Steuerberatungssozietät), so richtet sich der Rückzahlungsanspruch nach § 114 Abs. 2 Satz 1 AktG gegen diese Gesellschaft und das Aufsichtsratsmitglied als Gesamtschuldner[62]. Daneben besteht gemäß § 93 Abs. 2 und Abs. 3 Nr. 7 i.V.m. § 116 AktG ein Schadensersatzanspruch gegen das begünstigte Aufsichtsratsmitglied persönlich[63].

31.17

Das Aufsichtsratsmitglied kann einen eventuell gegen die Gesellschaft bestehenden **Anspruch aus ungerechtfertigter Bereicherung** auf Rückgewähr der von ihm erbrachten Leistung nach § 114 Abs. 2 Satz 2 AktG nicht gegen den Rückzahlungsanspruch der Gesellschaft aufrechnen. Ebenso wenig steht ihm wegen seines eventuellen Anspruchs gegen die Gesellschaft ein Zurückbehaltungsrecht zu[64]. Der Anspruch muss deshalb von dem Aufsichtsratsmitglied gesondert geltend gemacht werden. In der Regel wird einem solchen Anspruch § 814 BGB entgegenstehen, da das Aufsichtsratsmitglied weiß, dass der Vertrag ohne die notwendige Zustimmung des Aufsichtsrates unwirksam ist[65].

31.18

II. Kreditverträge mit Aufsichtsratsmitgliedern gemäß § 115 AktG

1. Regelungsgegenstand

Die Vorschrift des § 115 AktG will **Missbräuchen entgegenwirken** und verfolgt einen ähnlichen Zweck wie § 114 AktG. Sie muss aber auch im Zusammenhang mit § 89 AktG gesehen werden (vgl. dazu Rz. 21.155 ff.). Sie will verhindern, dass einzelne Aufsichtsratsmitglieder ihre Stellung dazu be-

31.19

II ZR 188/89 – Deutscher Herold, BGHZ 114, 127, 135; vgl. auch *H.-F. Müller*, NZG 2002, 797, 802; a.A. *Peltzer*, ZIP 2007, 305, 307.
58 BGH v. 3.7.2006 – II ZR 151/04 – IFA, BGHZ 168, 188 Rz. 20; BGH v. 4.7.1994 – II ZR 197/93, BGHZ 126, 340, 350; *Deckert*, WiB 1997, 561, 566; *Hüffer/Koch*, § 114 AktG Rz. 10.
59 BGH v. 4.7.1994 – II ZR 197/93, BGHZ 126, 340, 350; *Habersack* in MünchKomm. AktG, 5. Aufl. 2019, § 114 AktG Rz. 35; *Mertens/Cahn* in KölnKomm. AktG, 3. Aufl. 2013, § 114 AktG Rz. 32.
60 *Deckert*, WiB 1997, 561, 566; *Habersack* in MünchKomm. AktG, 5. Aufl. 2019, § 114 AktG Rz. 34; *Hüffer/Koch*, § 114 AktG Rz. 11; *Lutter* in FS Westermann, 2008, S. 1171, 1189.
61 OLG Nürnberg v. 8.3.2017 – 12 U 927/15, AG 2018, 166, 171; *Grigoleit/Tomasic* in Grigoleit, § 114 AktG Rz. 21.
62 BGH v. 29.6.2021 – II ZR 75/20, AG 2021, 672 Rz. 33; BGH v. 3.7.2006 – II ZR 151/04 – IFA, BGHZ 168, 188 Rz. 12, 21; BGH v. 20.11.2006 – II ZR 279/05, BGHZ 170, 60 Rz. 16; *Benecke*, WM 2007, 717, 721; *Bosse*, NZG 2007, 172, 174; *Lutter* in FS Westermann, 2008, S. 1171, 1187; *Spindler* in Spindler/Stilz, § 114 AktG Rz. 27; *E. Vetter*, ZIP 2008, 1, 10.
63 BGH v. 26.9.1996 – III ZR 266/95, AG 1997, 45; KG v. 25.9.1995 – 2 U 6753/94, AG 1997, 42, 45; vgl. auch *Deckert*, WiB 1997, 561, 567.
64 BGH v. 4.7.1994 – II ZR 197/93, BGHZ 126, 340, 350; KG v. 25.9.1995 – 2 U 6753/94, AG 1997, 42, 45; LG Stuttgart v. 27.5.1998 – 27 O 7/98, ZIP 1998, 1275, 1282; *Hoffmann/Kirchhoff*, WPg 1991, 592, 598; *Deckert*, WiB 1997, 561, 566.
65 *Mertens/Cahn* in KölnKomm. AktG, 3. Aufl. 2013, § 114 AktG Rz. 32; *Spindler* in Spindler/Stilz, § 114 AktG Rz. 29; differenzierend *Habersack* in MünchKomm. AktG, 5. Aufl. 2019, § 114 AktG Rz. 36.

nutzen, sich von der Gesellschaft Kredite zu unangemessenen Bedingungen, in unangemessener Höhe oder ohne ausreichende Sicherheiten einräumen zu lassen[66]. Weitere Zielsetzung ist die **Sicherung der Unabhängigkeit der Aufsichtsratskontrolle** durch erhöhte Transparenz[67].

31.20 § 115 AktG versteht unter Kredit dasselbe wie § 89 AktG[68]. Die Regelung erfasst **jede zeitliche Überlassung von Kapital** und gilt damit nicht nur für Kredite im engeren Sinne, sondern auch für die Übernahme von Bürgschaften und Garantien für ein Aufsichtsratsmitglied oder die Gestellung von sonstigen Sicherheiten für Darlehen von dritter Seite (vgl. dazu Rz. 21.155 ff.). § 115 AktG liegt ein **weiter Kreditbegriff** zugrunde und erfasst generell Kredite an Aufsichtsratsmitglieder. Für die Anwendung von § 115 AktG ist unerheblich, ob die Laufzeit des Kredits über die Amtszeit des Aufsichtsratsmitglieds hinausgeht oder erst für einen Zeitraum nach dessen Ausscheiden aus dem Aufsichtsrat gewährt werden soll. **Altkredite**, die dem Aufsichtsratsmitglied bereits vor seiner Wahl gewährt wurden, werden nicht erfasst, da von ihnen im Unterschied zur Situation bei § 114 AktG kein Missbrauchspotential ausgeht[69]. Zustimmungsbedürftig sind nicht nur Kredite an Aufsichtsratsmitglieder persönlich, sondern auch Kredite an ihnen nahestehenden Personen (§ 115 Abs. 1 Satz 2 AktG); dies schließt Treuhänder und Strohmänner ein[70]. Anders als § 114 AktG gilt § 115 AktG auch für Konzernkonstellationen, d.h., es werden ausdrücklich auch Kredite erfasst, die einem Aufsichtsratsmitglied von einem abhängigen Unternehmen gewährt werden (§ 115 Abs. 1 Satz 2 AktG).

31.21 Nach § 285 Nr. 9 lit. c und § 314 Abs. 1 Nr. 6 lit. c HGB sind die im Geschäftsjahr den Aufsichtsratsmitgliedern insgesamt gewährten Kredite und für sie eingegangenen Haftungsverhältnisse im **Anhang**, bzw. bei Mutterunternehmen auch im **Konzernanhang**, anzugeben[71].

2. Verfahren

31.22 Beim Abschluss des Kreditvertrages mit einem Aufsichtsratsmitglied vertritt der Vorstand die Gesellschaft[72]. Der Vertrag bedarf der Einwilligung des Aufsichtsrates, d.h. der **vorherigen Zustimmung**, die durch ausdrücklichen Beschluss erfolgen muss und an einen **Ausschuss** (Personalausschuss oder Aufsichtsratspräsidium) delegiert werden kann[73]. Die Zustimmung nach § 115 Abs. 1 AktG ergeht durch **ausdrückliche Beschlussfassung** des Aufsichtsrates, bei der das vertragsschließende Aufsichtsratsmitglied kein Stimmrecht hat[74]. Allgemeine **Vorratsbeschlüsse sind unzulässig**. Die Einwilligung des Aufsichtsrates kann nur für bestimmte Kredite oder Arten von Krediten und maximal 3 Monate im Voraus erteilt werden (§ 115 Abs. 1 Satz 3 AktG). Für die Entscheidung des Aufsichtsrates ist die Offenlegung der Kreditbedingungen einschließlich der Verzinsung und der Modalitäten der Rückzah-

---

66 *Beater*, ZHR 157 (1993), 420, 427; *Drygala* in K. Schmidt/Lutter, § 115 AktG Rz. 2.
67 *Hopt/Roth* in Großkomm. AktG, 5. Aufl. 2019, § 115 AktG Rz. 2; *Spindler* in Spindler/Stilz, § 115 AktG Rz. 1.
68 *Bürgers/Fischer* in Bürgers/Körber/Lieder, § 115 AktG Rz. 2; *Habersack* in MünchKomm. AktG, 5. Aufl. 2019, § 115 AktG Rz. 7.
69 *Habersack* in MünchKomm. AktG, 5. Aufl. 2019, § 115 AktG Rz. 10; *Hopt/Roth* in Großkomm. AktG, 5. Aufl. 2019, § 115 AktG Rz. 12; a.A. *Grigoleit/Tomasic* in Grigoleit, § 115 AktG Rz. 3; *Spindler* in Spindler/Stilz, § 115 AktG Rz. 11.
70 *Drygala* in K. Schmidt/Lutter, § 115 AktG Rz. 7; *Grigoleit/Tomasic* in Grigoleit, § 115 AktG Rz. 4.
71 *Hopt/Roth* in Großkomm. AktG, 5. Aufl. 2019, § 115 AktG Rz. 2; *Spindler* in Spindler/Stilz, § 115 AktG Rz. 15; differenzierend *Grottel* in BeckBilKomm., § 285 HGB Rz. 333 für Arbeitnehmervertreterdarlehen.
72 *Habersack* in MünchKomm. AktG, 5. Aufl. 2019, § 115 AktG Rz. 16; *Hopt/Roth* in Großkomm. AktG, 5. Aufl. 2019, § 115 AktG Rz. 32.
73 *Drygala* in K. Schmidt/Lutter, § 115 AktG Rz. 9; *Hüffer/Koch*, § 115 AktG Rz. 2; *Mertens/Cahn* in KölnKomm. AktG, 3. Aufl. 2013, § 115 AktG Rz. 8.
74 *Dreher*, JZ 1990, 896, 897 Fn. 20; *Lutter/Krieger/Verse*, Aufsichtsrat, Rz. 879; *Mertens/Cahn* in KölnKomm. AktG, 3. Aufl. 2013, § 115 AktG Rz. 8; a.A. *Behr*, AG 1984, 281, 285; *Matthießen*, Stimmrecht und Interessenkollision im Aufsichtsrat, 1989, S. 334.

3. Rechtsfolgen bei fehlender Zustimmung

Wird ein Kredit trotz fehlender Zustimmung gewährt, ist er ungeachtet entgegenstehender Vereinbarungen **sofort zurückzuzahlen**, wenn der Aufsichtsrat nicht nachträglich seine Zustimmung erteilt (§ 115 Abs. 4 AktG). Für die **Rückzahlung** eines nicht genehmigten Kredites **haften** sowohl der Vorstand als auch das betreffende Aufsichtsratsmitglied der Gesellschaft nach § 93 Abs. 2, Abs. 3 Nr. 8 und § 116 AktG als Gesamtschuldner[75]. 31.23

§ 32
Geschäfte mit nahestehenden Personen

I. Einleitung 32.1	5. Organisatorische Vorkehrungen 32.22
II. Aufgreifkriterien 32.3	a) Internes Verfahren 32.22
1. Erfasste Gesellschaften 32.3	b) Dispens kraft Satzungsregelung ... 32.24
2. Nahestehende Personen 32.5	6. Weitere Ausnahmetatbestände 32.25
3. Erfasste Geschäfte und Maßnahmen ... 32.11	a) Tochtergesellschaften 32.25
a) Allgemeines 32.11	b) Entscheidungen der Hauptversammlung 32.27
b) Geschäft 32.12	
c) Maßnahme 32.13	c) Vergütungsbezogene Geschäfte mit Organmitgliedern 32.28
d) Bewertung des Geschäfts 32.14	
e) Wesentlichkeitsschwelle 32.15	III. Zustimmung des Aufsichtsrats 32.29
4. Ausgenommene Geschäfte 32.18	1. Vorherige Zustimmung 32.29
a) Geschäfte im ordentlichen Geschäftsgang 32.18	2. Einrichtung eines Aufsichtsratsausschusses 32.35
b) Marktübliche Bedingungen 32.20	IV. Offenlegung 32.36

Schrifttum: *Backhaus*, Das interne Verfahren zur Bewertung von Geschäften mit nahestehenden Personen (Related Party Transactions) gemäß § 111 a II 2 AktG, NZG 2020, 695; *Barg*, Regulierung von Related Party Transactions im deutschen Aktienrecht, AG 2020, 149; *Bayer/Selentin*, Related Party Transactions: Der neueste EU-Vorschlag im Kontext des deutschen Aktien- und Konzernrechts, NZG 2015, 7; *Bürgers/Guntermann*, Transaktionen im faktischen Konzernverbund im Lichte des ARUG II, in FS Krieger, 2020, S. 141; *Bungert/Berger*, Say on Pay und Related Party Transactions: Der RefE des Gesetzes zur Umsetzung der zweiten Aktionärsrechterichtlinie (Teil 2), DB 2018, 2860; *Bungert/Wansleben*, Umsetzung der überarbeiteten Aktionärsrechterichtlinie in das deutsche Recht: Say on Pay und Related Party Transactions, DB 2017, 1190; *Bungert/Wansleben*, ARUG II: Say on Pay und Related Party Transaction im Regierungsentwurf aus Sicht der Praxis, BB 2019, 1026; *Eisele/Oser*, RegE ARUG II: Ausgewählte Anwendungsfragen der neuen Zustimmungs- und Publizitätspflichten für Geschäfte mit nahestehenden Personen, DB 2019, 1517; *Engert/Florstedt*, Geschäfte mit nahestehenden Personen aus empirischer Sicht, ZIP 2019, 493; *Florstedt*, Related Party Transactions, 2021; *Florstedt*, Die wesentlichen Änderungen des ARUG II nach den Empfehlungen des Rechtsausschusses, ZIP 2020, 1; *Florstedt*, Der Aktionärsschutz bei Geschäften mit nahestehenden Personen

---

[75] Vgl. *Drygala* in K. Schmidt/Lutter, § 115 AktG Rz. 12; *Habersack* in MünchKomm. AktG, 5. Aufl. 2019, § 115 AktG Rz. 20.

gem. § 107 AktG und §§ 111a–c AktG, ZHR 184 (2020), 10; *Grigoleit*, Regulierung von Related Party Transactions im Kontext des deutschen Konzernrechts, ZGR 2019, 412; *Heldt*, Say on Pay und Related Party Transactions im Referentenentwurf des ARUG II aus gesellschaftspolitischer Sicht, AG 2018, 905; *Kleinert/ Kleinert*, Konsequenzen aus der BGH-Entscheidung vom 15.1.2019 (II ZR 392/17) und § 111b AktG-RegE, BB 2019, 1355; *Lieder/Wernert*, Related Party Transactions nach dem Referentenentwurf eines ARUG II, ZIP 2018, 2441; *Lieder/Wernert*, Related Party Transactions: Ein Update zum Regierungsentwurf des ARUG II, ZIP 2019, 989; *Lieder/Wernert*, Grundsatz- und Anwendungsfragen zu Related Party Transactions nach neuem Aktienrecht, DB 2020, 882; *Markworth*, Der Aufsichtsrats-Ausschuss zu Related Party Transactions nach § 107 Abs. 3 Sätze 4–6 AktG, AG 2020, 166; *H.-F. Müller*, Related Party Transactions im Konzern, ZGR 2019, 97; *H.-F. Müller*, Die Angemessenheit von Related Party Transactions, in FS E. Vetter, 2019, S. 479; *H.-F. Müller*, Related Party Transactions nach dem ARUG II, ZIP 2019, 2429; *Paschos/Goslar*, Der Regierungsentwurf des Gesetzes zur Umsetzung der zweiten Aktionärsrechterichtlinie (ARUG II), AG 2019, 365; *Redeke/ Schäfer/Troidl*, Related Party Transactions: Zum internen Verfahren nach § 111a Abs. 2 AktG, AG 2020, 159; *J. Schmidt*, Related Party Transactions nach dem RegE zum ARUG II, EuZW 2019, 261; *Seibert*, ARUG II – Die Stellungnahmen, in FS E. Vetter, 2019, S. 749; *Stöber*, Neuerungen im Aktienrecht durch das ARUG II, DStR 2020, 391; *Tarde*, Related Party Transactions, 2018; *Tarde*, Geschäfte mit nahestehenden Personen nach dem ARUG II-Regierungsentwurf, NZG 2019, 488; *Tröger*, Investorenschutz à l'ancienne – Bemerkung zur Regelung von Related Party Transactions im ARUG II, in FS Hopt, 2020, S. 1289; *Tröger/Roth/Strenger*, Effektiver Aktionärsschutz bei Related Party Transactions: wider die „weiße Salbe" des ARUG II-Referentenentwurfs, BB 2018, 2946; *J. Vetter*, Zur Bewertung von Geschäften mit nahestehenden Personen – Überlegungen zur Auslegung des § 111b Abs. 1 AktG, AG 2019, 853.

I. Einleitung

32.1 Aufgrund des am 1.1.2020 in Kraft getretenen ARUG II[1] unterliegen Geschäfte mit nahestehenden Personen, insbesondere solche mit maßgeblich beteiligten Aktionären – sog. Related Party Transactions – einem besonderen Zustimmungs-Verfahren, das auf der Grundlage von Art. 9c ARRL[2] in den §§ 111a bis 111c AktG geregelt ist. Das Verfahren soll im Wege der **Vorabkontrolle und nachträglichen Offenlegung** der immanenten Gefahr Rechnung tragen, dass es bei einem bestehenden Näheverhältnis zu **Vermögensverlagerungen ohne marktgerechte Gegenleistung** zugunsten nahestehender Personen kommen kann (sog. *Tunneling*)[3]. Für die betroffenen Gesellschaften können mit der Einrichtung und Unterhaltung eines Systems zur laufenden Erfassung der relevanten Geschäfte unter Umständen erhebliche organisatorische Maßnahmen notwendig werden[4].

32.2 Die Vorgaben der §§ 111a ff. AktG sind, wie in § 311 Abs. 3 AktG ausdrücklich klargestellt wird, von einer faktisch abhängigen AG auch zu beachten, wenn diese Geschäfte mit dem Mutterunternehmen oder einer anderen abhängigen Konzerngesellschaft tätigt; der **faktische Konzern** ist nicht privilegiert. Die Geschäfte müssen den Anforderungen von § 311 AktG genügen und sind nach § 312 AktG im Abhängigkeitsbericht zu erfassen[5]. Soweit für einzelne Geschäfte nicht die Privilegierungstatbestände nach § 111a Abs. 2 und 3 AktG eingreifen, ist gem. § 111b Abs. 1 AktG die präventive Einbeziehung

---

1 Gesetz zur Umsetzung der zweiten Aktionärsrechterichtlinie (ARUG II) v. 12.12.2019, BGBl. I 2019, 2637.
2 Richtlinie (EU) 2017/828 des Europäischen Parlaments und des Rates v. 17.5.2017 zur Änderung der Richtlinie 2007/36/EG im Hinblick auf die Förderung der langfristigen Mitwirkung der Aktionäre, ABl. EU Nr. L 132 v. 20.5.2017, S. 1.
3 Zum Regelungszweck der Richtlinie siehe nur *Florstedt*, ZHR 184 (2020), 10, 12; *Lieder/Wernert*, ZIP 2018, 2441, 2442; *Tarde*, Related Party Transactions, 2018, S. 221; *J. Vetter* in K. Schmidt/Lutter, § 111a AktG Rz. 17; siehe auch *Seibert* in FS E. Vetter, 2019, S. 749, 759.
4 Ebenso z.B. *Paschos* in Henssler/Strohn, § 111a AktG Rz. 10.
5 *Bürgers/Guntermann* in FS Krieger, 2020, S. 141, 142; *Grigoleit*, ZGR 2019, 412, 441 ff.; *H.-F. Müller*, ZGR 2019, 97, 119 ff.

des Aufsichtsrats notwendig[6]. Dies gilt jedoch nicht für Geschäfte innerhalb eines **Vertragskonzerns**; insoweit enthält § 111a Abs. 3 Nr. 3a AktG eine **Bereichsausnahme** für in Befolgung des Weisungsrechts des herrschenden Unternehmens nach § 308 AktG getätigte Geschäfte[7].

II. Aufgreifkriterien

1. Erfasste Gesellschaften

Die §§ 111a ff. AktG sind von **börsennotierten Gesellschaften** i.S.v. § 3 Abs. 2 AktG zu befolgen. Erfasst wird die Rechtsform der AG, KGaA[8] wie auch der SE[9], unabhängig davon, ob deren Aktien an einer Börse im In- oder Ausland gehandelt werden[10]. Gesellschaften, deren Aktien allein im Freiverkehr[11] gehandelt werden (§ 48 BörsG), unterliegen hingegen nicht den neuen Bestimmungen, und zwar auch dann, wenn es sich um den qualifizierten Freiverkehr handelt oder der Handel im Wachstumsmarkt erfolgt (§ 48a BörsG).

32.3

Soweit das Geschäft nicht mit der AG selbst und der nahestehenden Person abgeschlossen wird, sondern stattdessen zwischen einem **Tochterunternehmen der AG** und der nahestehenden Person stattfindet, kommen die §§ 111a und 111b AktG nicht zur Anwendung[12]. § 111c Abs. 4 AktG schreibt lediglich die Veröffentlichung des Geschäfts vor, sofern die Wesentlichkeitsschwelle von § 111b Abs. 1 oder Abs. 3 AktG erreicht ist (siehe auch Rz. 32.41).

32.4

2. Nahestehende Personen

Das Geschäft muss mit einer nahestehenden Person geschlossen werden. Dies kann auch ein Unternehmen sein. § 111a Abs. 1 Satz 2 AktG enthält insoweit ungeachtet frühzeitiger kritischer Stimmen im Schrifttum[13] keine eigenständige Definition, sondern orientiert sich im Wege der dynamischen Verweisung[14] an den **Vorschriften der internationalen Rechnungslegungsstandards** (IRS). Eine Änderung dieser Standards berührt damit automatisch den Anwendungsbereich der §§ 111a ff. AktG. Die praktischen Folgen dieser Regelungstechnik auf die Rechtsklarheit und Rechtssicherheit bleiben abzuwarten.

32.5

Die ausdrückliche Bezugnahme auf die IRS – konkret auf IAS 24.9, IFRS 10 und 11 sowie IAS 28 – bedeutet, dass ein wirtschaftliches und kein formal-juristisches Verständnis maßgeblich ist, so dass ein Näheverhältnis nicht nur durch gesellschaftsrechtliche oder vertragliche Verbindungen begründet wer-

32.6

---

6 *Hüffer/Koch*, § 311 AktG Rz. 52a; *H.-F. Müller*, ZIP 2019, 2429, 2433.
7 *Habersack* in Emmerich/Habersack, Aktien- und GmbH-Konzernrecht, § 311 AktG Rz. 96; *Heidel/Illner* in Hirte/Heidel, Das neue Aktienrecht, 2020, § 111a Rz. 47; *Paschos* in Henssler/Strohn, § 111a AktG Rz. 24.
8 Siehe dazu speziell *Backhaus/Brouwer*, AG 2019, 287 ff.; *Fiebelkorn*, ZIP 2020, 953 ff.
9 Begr. RegE, BR-Drucks. 156/19, S. 87; *Backhaus/Brouwer*, AG 2019, 287, 288; *Barg*, AG 2020, 149 Rz. 8.
10 *Hüffer/Koch*, § 3 AktG Rz. 6; *H.-F. Müller*, ZIP 2019, 2429, 2430.
11 *H.-F. Müller*, ZIP 2019, 2429; kritisch *Barg*, AG 2020, 149 Rz. 8; perspektivisch *Florstedt*, Related Party Transactions, 2021, Rz. 226.
12 *Habersack* in MünchKomm. AktG, 5. Aufl. 2021, § 111b AktG Rz. 13; *Hüffer/Koch*, § 111b AktG Rz. 6; *J. Vetter* in K. Schmidt/Lutter, § 111b AktG Rz. 75; a.A. *Heidel/Illner* in Hirte/Heidel, Das neue Aktienrecht, 2020, § 111b AktG Rz. 20.
13 Siehe nur *Bayer/Selentin*, NZG 2015, 7, 10; *Bungert/Wansleben*, DB 2017, 1190, 1194; siehe auch *Florstedt*, ZHR 184 (2020), 10, 21.
14 [...] „in der jeweils geltenden Fassung"; siehe dazu *Barg*, AG 2020, 149 Rz. 10; *Florstedt*, Related Party Transactions, 2021, Rz. 197; *Grigoleit*, ZGR 2019, 412, 427.

den kann, auch Schlüsselfunktionen im Management oder persönliche Verbindungen kommen in Betracht.

32.7 Ein Nahestehen **aufgrund gesellschaftsrechtlicher Verhältnisse** liegt vor, bei einer Beherrschung, gemeinschaftlicher Führung, einem maßgeblichen Einfluss und kann auch bereits bei einer Zugehörigkeit zu derselben Unternehmensgruppe bestehen. Nach IAS 28 wird – insofern abweichend von §§ 15 ff. AktG – **widerleglich vermutet**, dass schon ab einer (unmittelbaren oder mittelbaren) **Beteiligung von 20 % der Stimmrechte** ein maßgeblicher Einfluss besteht[15]. Umgekehrt wird bei einer kleineren Beteiligung i.d.R. kein Näheverhältnis anzunehmen sein[16]. Typischer Anwendungsfall sind Geschäfte mit dem Großaktionär, wie sie aus (faktischen) Konzernen bekannt sind. Zur Behandlung von Geschäften der Gesellschaft mit von der nahestehenden Person kontrollierten Rechtsträgern siehe Rz. 32.17.

32.8 Nahestehende Person ist auch, wer **aufgrund dienstvertraglicher oder organschaftlicher Verbindungen** in der Gesellschaft oder ihrem Mutterunternehmen oder einem anderen von ihr abhängigen Unternehmen eine Schlüsselposition bekleidet[17]. Dies betrifft insbesondere Vorstands- oder Aufsichtsratsmitglieder, ausnahmsweise auch Personen im Management unterhalb des Vorstands[18].

32.9 Als nahestehend gelten auch **nahe Familienangehörige** solcher Personen, die eines der vorgenannten Kriterien erfüllen. Nahe Familienangehörige sind neben Ehegatten, Lebenspartnern und Kindern (einschließlich deren Ehegatten oder Lebenspartnern) insbesondere auch unterhaltsberechtigte oder haushaltszugehörige Verwandte[19].

32.10 Das Näheverhältnis muss nicht bereits bei Abschluss des Geschäfts vorliegen. Aufgrund der wirtschaftlichen Betrachtung ist vom Bestehen eines Näheverhältnisses – im Sinne einer widerleglichen Vermutung[20] – auszugehen, wenn es innerhalb eines Zeitraums von sechs Monaten vor und nach dem Geschäftsabschluss besteht[21].

3. Erfasste Geschäfte und Maßnahmen

a) Allgemeines

32.11 § 111a Abs. 1 Satz 1 Nr. 1 AktG erfasst sowohl **schuldrechtliche als auch dingliche Rechtsgeschäfte sowie Maßnahmen**, „durch die ein Gegenstand oder ein anderer Vermögenswert entgeltlich oder unentgeltlich übertragen oder zur Nutzung überlassen wird"[22]. Ein **Unterlassen**[23] wird gem. § 111a Abs. 1 Satz 3 AktG nicht von den neuen Bestimmungen erfasst, selbst wenn das Unterlassen den Interessen eines Großaktionärs dient[24].

---

15 Begr. RegE, BR-Drucks 156/19, S. 88; *Grigoleit*, ZGR 2019, 412, 430; *H.-F. Müller*, ZIP 2019, 2429, 2430.
16 Begr. RegE, BR-Drucks. 156/19, S. 88.
17 Begr. RegE, BR-Drucks. 156/19, S. 88; *Hüffer/Koch*, § 111a AktG Rz. 6; *Lutter/Krieger/Verse*, Rechte und Pflichten des Aufsichtsrats, Rz. 134.
18 *H.-F. Müller* ZGR 2019, 97, 101; *Spindler/Seidel* in BeckOGK AktG, Stand 19.10.2020, § 111a AktG Rz. 18; siehe auch *Hauptmann/Sailer/Benz*, Der Konzern 2010, 112, 114; *Niehus*, DB 2008, 2493, 2494.
19 Begr. RegE, BR-Drucks. 156/19, S. 88.
20 *Hüffer/Koch*, § 111a AktG Rz. 9.
21 Begr. RegE, BR-Drucks. 156/19, S. 89; *Heidel/Illner* in Hirte/Heidel, Das neue Aktienrecht, 2020, § 111a AktG Rz. 24; *Hüffer/Koch*, § 111a AktG Rz. 9; kritisch *Kleinert/Mayer*, EuZW 2019, 103, 104.
22 Begr. RegE, BR-Drucks. 156/19, S. 87; *Grigoleit* in Grigoleit, § 111a AktG Rz. 22; *Tarde*, NZG 2019, 488, 489.
23 Siehe dazu z.B. *Lieder/Wernert*, DB 2020, 882, 883; *J. Vetter*, AG 2019, 853, 855; zu den Schwierigkeiten der Abgrenzung etwa *H.-F. Müller*, ZIP 2019, 2429, 2430.
24 Kritisch deshalb z.B. *Grigoleit* in Grigoleit, § 111a AktG Rz. 25; *Hüffer/Koch*, § 111a AktG Rz. 3; siehe auch *Heidel/Illner* in Hirte/Heidel, Das neue Aktienrecht, 2020, § 111a AktG Rz. 25.

b) Geschäft

Dem Begriff des Geschäfts liegt ein **weites und funktionales Verständnis** zugrunde, das sich an den zu § 285 Nr. 21 HGB entwickelten Grundsätzen orientiert, auf die zur Auslegung ausweislich der Gesetzesbegründung zurückgegriffen werden kann[25]. Er umfasst alle Rechtsgeschäfte, durch die ein Vermögenswert – entgeltlich oder unentgeltlich – übertragen oder überlassen wird. Die Gesetzesbegründung nennt unter anderem den Bezug oder die Erbringung von Dienstleistungen, die Nutzungsüberlassung von Vermögensgegenständen, An- und Verkäufe, Finanzierungen sowie die Stellung von Sicherheiten und jedes sonstige Geschäft, das zu einer Vermögensübertragung führt[26] – es sei denn, es erfolgt im ordentlichen Geschäftsgang und zu marktüblichen Bedingungen, § 111a Abs. 2 Satz 1 AktG (vgl. dazu bei Rz. 32.18 ff.). Schuldrechtliche und dingliche Geschäfte werden einheitlich behandelt; für sie ist nur eine Zustimmung und Bekanntmachung erforderlich[27].

32.12

c) Maßnahme

Mit dem Begriff der Maßnahme soll als Auffangtatbestand mit weitem Anwendungsanspruch **jedes zweckgerichtete nicht rechtsgeschäftliche Tun** erfasst werden, das die Vermögens- oder Ertragslage der Gesellschaft betreffen kann[28]. Zur Auslegung verweist die Gesetzesbegründung ausdrücklich auf die zu § 285 Nr. 21 HGB entwickelten Grundsätze[29]. Erfasst sind z.B. Produktionsverlagerungen, Produktionsänderungen und Betriebsstilllegungen aber auch Abstimmungen im Ein- und Verkauf[30].

32.13

d) Bewertung des Geschäfts

Maßgeblicher Wert des Geschäfts mit der nahestehenden Person ist der **allgemeine Verkehrswert**, der dem am Markt erzielbaren Zeitwert abzüglich Verkehrssteuern entspricht[31]. Ausweislich der Gesetzesbegründung kann der Wert bei fehlendem oder unbekanntem Marktwert auch durch **realistische Schätzung** ermittelt werden[32]. Im Hinblick auf die im Sinne der Business Judgement Rule erforderliche angemessene Informationsbasis für den Geschäftsabschluss wird man die Schätzung nicht vorschnell, sondern nur zurückhaltend im Ausnahmefall heranziehen dürfen[33]. Die sorgfältige Wertermittlung obliegt dem Vorstand, die vom Aufsichtsrat auf Basis der verfügbaren Informationen zumindest auf Plausibilität zu überprüfen ist[34].

32.14

e) Wesentlichkeitsschwelle

Der Zustimmungsvorbehalt des Aufsichtsrats greift nur bei wesentlichen Transaktionen mit nahestehenden Personen und Unternehmen ein. Die gemeinschaftsrechtliche Vorgabe der Wesentlichkeit konkretisiert § 111b Abs. 1 Satz 1 AktG mit einem **Geschäftswert von 1,5 % des Aktivvermögens**, de-

32.15

---

25 Begr. RegE, BR-Drucks. 156/19, S. 89; *J. Vetter*, AG 2019, 853, 854; kritisch *Barg*, AG 2020, 149 Rz. 14.
26 Begr. RegE, BR-Drucks. 156/19, S. 87.
27 Begr. RegE, BR-Drucks. 156/19, S. 87; *H.-F. Müller*, ZIP 2019, 2429, 2430; *Grigoleit*, ZGR 2019, 412, 420.
28 *Heidel/Illner* in Hirte/Heidel, Das neue Aktienrecht, 2020, § 111a AktG Rz. 9; *Hüffer/Koch*, § 111a AktG Rz. 9; *J. Vetter*, AG 2019, 853, 855.
29 Begr. RegE, BR-Drucks. 156/19, S. 87.
30 Begr. RegE, BR-Drucks. 156/19, S. 87; *J. Vetter* in K. Schmidt/Lutter, § 111a AktG Rz. 124; weitere Beispiele bei *E. Vetter*, ZHR 171 (2007), 342, 352.
31 *Habersack* in MünchKomm. AktG, 5. Aufl. 2021, § 111b AktG Rz. 8; *Hüffer/Koch*, § 111a AktG Rz. 3; *J. Vetter*, AG 2019, 853, 857.
32 Begr. RegE, BR-Drucks. 156/19, S. 89.
33 Ebenso wohl *Grigoleit* in Grigoleit, § 111b AktG Rz. 15; *Habersack* in MünchKomm. AktG, 5. Aufl. 2021, § 111b AktG Rz. 10; großzügiger *Hüffer/Koch*, § 111b AktG Rz. 5.
34 Ähnlich *Florstedt*, Related Party Transactions, 2021, Rz. 311; *Habersack* in MünchKomm. AktG, 5. Aufl. 2021, § 111b AktG Rz. 10.

finiert als Summe des in der Bilanz ausgewiesenen Anlage- und Umlaufvermögens i.S.v. § 266 Abs. 2 Buchst. A und B HGB. Ist die AG **Mutterunternehmen** i.S.v. von § 290 Abs. 1 und 2 HGB, ist gem. § 111b Abs. 3 AktG auf die Summe des im Konzernabschluss ausgewiesenen Anlage- und Umlaufvermögens gem. § 298 Abs. 1, § 266 Abs. 2 Buchst. A und B HGB abzustellen. Maßgeblich ist dabei der **letzte festgestellte Einzelabschluss oder gebilligte Konzernabschluss**[35].

32.16 Die Bezugsgröße des relevanten Aktivvermögens ändert sich demgemäß unterjährig, sobald der (Konzern-)Jahresabschluss des abgelaufenen Geschäftsjahres festgestellt oder gebilligt ist[36], wodurch Gestaltungsmöglichkeiten eröffnet werden[37]. Dabei gilt der Schwellenwert nicht nur für eine einzelne Transaktion, sondern kommt nach § 111b Abs. 1 AktG auch dann zur Anwendung, wenn der **aggregierte Wert mehrerer Transaktionen mit derselben Person** im **laufenden Geschäftsjahr** die Schwelle von 1,5 % insgesamt übersteigt[38]. Auch hier ist bei der Aggregation der unterjährigen Änderung der Bezugsgröße Rechnung zu tragen. Die Zustimmungspflicht betrifft das erste Geschäft, das die neue Bezugsgröße überschreitet, unabhängig davon, ob sie höher oder niedriger als im Vorjahr liegt[39]. **Privilegierte Geschäfte** i.S.v. § 111a Abs. 2 und 3 AktG werden bei der Aggregation generell nicht mitgezählt[40]; dies gilt auch für Geschäfte, denen der Aufsichtsrat bereits zugestimmt hat[41]. Es findet also ein „Neustart" der Aggregation statt[42].

32.17 Im Interesse des effektiven Schutzes des Regelungszwecks von § 111b Abs. 1 AktG sind nach zutreffender aber umstrittener Ansicht **alle Geschäfte der AG zusammenzurechnen**, die mit dem nahestehenden Unternehmen selbst oder dessen **Tochterunternehmen** abgeschlossen werden[43]. Der Wortlaut von § 111b Abs. 1 AktG steht dieser Auslegung nicht entgegen[44] und ist auch mit Blick auf das *Tunneling*-Risiko geboten, das einer unterschiedlichen Betrachtung entgegensteht. Diese am Schutzzweck orientierte Auslegung im Sinne der **wirtschaftlichen** Identität[45] wird durch die Rechtsprechung auch in anderem Zusammenhang – etwa zu § 112 AktG bei Geschäften der AG mit Gesellschaften, an denen ein Vorstandsmitglied maßgeblich beteiligt ist[46] oder bei Beratungsverträgen mit einer Gesellschaft, die im Alleinbesitz eines Aufsichtsratsmitglieds steht[47] – vorgenommen. Ausgehend vom Schutzzweck von § 111b Abs. 1 AktG wäre auch eine Zusammenrechnung aller Geschäfte geboten, die die

---

35 *Grigoleit* in Grigoleit, § 111b AktG Rz. 7; *J. Vetter* in K. Schmidt/Lutter, § 111b AktG Rz. 20 und 32.
36 *Florstedt*, Related Party Transactions, 2021, Rz. 446; *J. Vetter* in K. Schmidt/Lutter, § 111b AktG Rz. 21.
37 *Habersack* in MünchKomm. AktG, 5. Aufl. 2021, § 111b AktG Rz. 6; *J. Vetter* in K. Schmidt/Lutter, § 111b AktG Rz. 22.
38 *Bungert/Wansleben*, BB 2019, 1026, 1028; *J. Vetter* in K. Schmidt/Lutter, § 111b AktG Rz. 73.
39 Ebenso wohl *Schulenburg* in Aktuelle Entwicklungen im Wirtschafts- und Steuerrecht, 2020, S. 10, 12.
40 *Bungert/Wansleben*, BB 2019, 1026, 1028; *H.-F. Müller*, ZIP 2019, 2429, 2431; *J. Schmidt*, EuZW 2019, 261, 262.
41 *Grigoleit* in Grigoleit, § 111b AktG Rz. 18; *Paschos* in Henssler/Strohn, § 111b AktG Rz. 10; *J. Vetter*, AG 2019, 853, 861; a.A. *Eisele/Oser*, DB 2019, 1517, 1522; *Heidel/Illner* in Hirte/Heidel, Das neue Aktienrecht, 2020, § 111b AktG Rz. 16.
42 *Grigoleit*, ZGR 2019, 412, 424; *Paschos* in Henssler/Strohn, § 111b AktG Rz. 10; *Spindler/Seidel* in BeckOGK AktG, Stand 19.10.2020, § 111b AktG Rz. 10; *Tarde*, NZG 2019, 488, 490.
43 *Barg*, AG 2020, 149 Rz. 20; *Florstedt*, ZHR 184 (2020), 10, 26; *Grigoleit*, ZGR 2019, 412, 426; *Grigoleit* in Grigoleit, § 111b AktG Rz. 22; unklar *Heidel/Illner* in Hirte/Heidel, Das neue Aktienrecht, 2020, § 111b AktG Rz. 25; einschränkend *Spindler/Seidel* in BeckOGK AktG, Stand 19.10.2020, § 111b AktG Rz. 9; a.A. *Habersack* in MünchKomm. AktG, 5. Aufl. 2021, § 111b AktG Rz. 13; *J. Vetter* in K. Schmidt/Lutter, § 111b AktG Rz. 73.
44 Ebenso *Florstedt*, ZHR 184 (2020), 10, 26 Fn. 78; a.A. *Habersack* in MünchKomm. AktG, 5. Aufl. 2021, § 111b AktG Rz. 13; *J. Vetter*, AG 2019, 853, 861.
45 Ähnlich *Grigoleit*, ZGR 2019, 412, 426.
46 Siehe z.B. BGH v. 15.1.2019 – II ZR 392/17, BGHZ 220, 377 Rz. 22; OLG München v. 7.6.2018 – 23 U 3018/1, AG 2018, 758, 760; siehe dazu *Drygala* in K. Schmidt/Lutter, § 112 AktG Rz. 14; *E. Vetter*, ZGR 2020, 35, 36.
47 BGH v. 3.7.2006 – II ZR 151/04 – IFA, BGHZ 168, 188 Rz. 13; BGH v. 20.11.2006 – II ZR 279/05, BGHZ 170, 60 Rz. 7; *Hüffer/Koch*, § 114a AktG Rz. 4; *E. Vetter*, AG 2006, 173, 176.

nahestehende Person mit der AG selbst oder mit deren Tochtergesellschaften abschließt. Die Gesetzesbegründung stellt jedoch klar, dass insoweit der Schutz nicht über die zwingende präventive Einschaltung des Aufsichtsrats nach § 111b AktG, sondern alleine durch die nachträglich Veröffentlichung gem. § 111c Abs. 4 AktG gewährleistet wird[48] (siehe auch Rz. 32.41).

4. Ausgenommene Geschäfte
a) Geschäfte im ordentlichen Geschäftsgang

Nach § 111a Abs. 2 Satz 1 AktG unterliegen Geschäfte mit nahestehenden Personen ausnahmsweise nicht dem Regime der §§ 111a ff. AktG, wenn sie **im ordentlichen Geschäftsgang und zu marktüblichen Bedingungen abgeschlossen** werden. Abzustellen ist dabei auf Inhalt, Umfang, Häufigkeit des Geschäfts sowie die Üblichkeit der jeweiligen Konditionen[49]. In diesem Fall wird davon ausgegangen, dass die nahestehende Person ihren Einfluss nicht zum Nachteil der Gesellschaft ausgenutzt hat[50]. Die Befreiung kommt auch für konzerninterne Geschäfte zur Anwendung[51]. Für eine Befreiung müssen stets **beide Kriterien kumulativ** erfüllt sein[52].

32.18

Durch das Kriterium des ordentlichen Geschäftsgangs sollen nach Art und Umfang **außergewöhnliche Geschäfte ausgenommen** sein. Zur Abgrenzung kann auf die zu § 116 Abs. 2 HGB entwickelten Kriterien zurückgegriffen werden[53].

32.19

b) Marktübliche Bedingungen

Für die materiell-inhaltliche Beurteilung des Geschäfts ist auf die **Angemessenheit von Leistung und Gegenleistung** aus der Perspektive der Gesellschaft oder die Marktüblichkeit der Gesamtheit der vereinbarten Konditionen abzustellen[54]. Fehlt es daran, ist regelmäßig ein **Drittvergleich** durchzuführen[55]; ausnahmsweise kann dabei auch eine Schätzung angestellt werden[56].

32.20

Die Privilegierung von § 111a Abs. 2 Satz 1 AktG hat vor allem für den **routinemäßigen konzerninternen Leistungsaustausch** Bedeutung[57]. Sie gilt z.B. für den Waren- und Dienstleistungsaustausch[58], kann aber auch die Einbeziehung in einen zentralen Cash Pool erfassen[59].

32.21

---

48 Begr. RegE, BR-Drucks. 156/19, S. 93; *Hüffer/Koch*, § 111a AktG Rz. 6; *Paschos* in Henssler/Strohn, § 111b AktG Rz. 12; *J. Vetter* in K. Schmidt/Lutter, § 111b AktG Rz. 75; a.A. *Grigoleit* in Grigoleit, § 111b AktG Rz. 22; *Heidel/Illner* in Hirte/Heidel, Das neue Aktienrecht, 2020, § 111b AktG Rz. 20.
49 *Grigoleit*, ZGR 2019, 412, 431; *Hüffer/Koch*, § 111a AktG Rz. 10; *Tarde*, NZG 2019, 488, 490.
50 *J. Vetter* in K. Schmidt/Lutter, § 111a AktG Rz. 139.
51 *Paschos/Goslar*, AG 2019, 365, 371; *J. Vetter* in K. Schmidt/Lutter, § 111a AktG Rz. 148.
52 Begr. RegE, BR-Drucks. 156/19, S. 89; *Heidel/Illner* in Hirte/Heidel, Das neue Aktienrecht, 2020, § 111a AktG Rz. 27; *J. Vetter* in K. Schmidt/Lutter, § 111a AktG Rz. 143.
53 *Barg*, AG 2020, 149 Rz. 25; *Lieder/Wernert*, ZIP 2018, 2441, 2445; *H.-F. Müller* in FS E. Vetter, 2019, S. 479, 480; anders *Bungert/Wansleben*, DB 2017, 1190, 1197; *Hüffer/Koch*, § 111a AktG Rz. 10, die auf § 52 Abs. 9 AktG verweisen; insgesamt ablehnend *J. Vetter* in FS Hopt, 2020, S. 1383, 1397.
54 *Hüffer/Koch*, § 111a AktG Rz. 10; *H.-F. Müller* in FS E. Vetter, 2019, S. 479, 482; *J. Vetter* in K. Schmidt/Lutter, § 111a AktG Rz. 151.
55 *Florstedt*, ZHR 184 (2020), 10, 34; *H.-F. Müller* in FS E. Vetter, 2019, S. 479, 483; *J. Vetter* in K. Schmidt/Lutter, § 111a AktG Rz. 151.
56 *Bungert/Berger*, DB 2018, 2860, 2862; *Grigoleit* in Grigoleit, § 111a AktG Rz. 101; *Lieder/Wernert*, DB 2020, 882, 884; *J. Vetter*, AG 2019, 853, 860.
57 Beispiele bei *J. Vetter*, AG 2019, 853, 857 ff.
58 *Florstedt*, Related Party Transactions, 2021, Rz. 330; *H.-F. Müller*, ZIP 2019, 2429, 2432.
59 *Florstedt*, ZHR 184 (2020), 10, 35; *Hüffer/Koch*, § 111a AktG Rz. 10; *H.-F. Müller*, ZIP 2019, 2429, 2432; distanziert aber *Grigoleit*, ZGR 2019, 412, 433; *Tarde*, NZG 2019, 488, 490.

5. Organisatorische Vorkehrungen
a) Internes Verfahren

32.22 Es liegt auf der Hand, dass die Gesellschaft organisatorische Vorkehrungen zu treffen hat, um den neuen gesetzlichen Anforderungen der §§ 111a ff. AktG Rechnung tragen zu können. § 111a Abs. 2 Satz 2 AktG verlangt von der Gesellschaft die Einrichtung eines internen Verfahrens zur regelmäßigen Bewertung, ob die Voraussetzungen gem. § 111a Abs. 2 Satz 1 AktG erfüllt sind. Weder dem Gesetz noch der Gesetzesbegründung lässt sich entnehmen, in wessen Zuständigkeit die Einrichtungsverpflichtung fällt. Art. 9c Abs. 5 Satz 2 Aktionärsrechtrichtlinie lässt jedoch eine klare **Zuordnung zum Aufsichtsrat** erkennen, der bei richtlinienkonformer Gesetzesauslegung Rechnung zu tragen ist[60]. Das Gesetz formuliert für das Verfahren keine konkreten Anforderungen, so dass für den Aufsichtsrat weitgehende Gestaltungsfreiheit bei der Einrichtung besteht[61], um regelmäßig zu klären, ob die Voraussetzungen des **Befreiungstatbestands** von § 111a Abs. 2 Satz 1 AktG für „reguläre Geschäfte" erfüllt sind[62]. Von diesem Verfahren müssen jedoch die an dem konkreten Geschäft beteiligten nahestehenden Personen ausgeschlossen sein[63]. Das **Erfassungsverfahren zur Nachteilsermittlung** gem. § 311 AktG im faktischen Konzern zur Vorbereitung des Abhängigkeitsberichts nach § 312 AktG kann als Vorbild dienen[64]; wegen der unterschiedlichen Aufgreifkriterien und Folgepflichten[65] sind jedoch zwangsläufig Anpassungen notwendig[66]. Über seine Prüfung des internen Verfahrens hat der Aufsichtsrat in seinem Bericht an die Hauptversammlung gem. § 171 Abs. 2 Satz 1 AktG zu berichten[67].

32.23 Damit der Aufsichtsrat seine Aufgabe gem. § 111a Abs. 2 Satz 2 AktG als Ausfluss seiner Überwachungsaufgabe erfüllen kann, hat der Vorstand im Rahmen seiner Zuständigkeit gem. § 76 Abs. 1 AktG für ein **Monitoring- und Clearingverfahren** zur laufenden Erfassung, Dokumentation und Prüfung der relevanten Vorgänge mit nahestehenden Personen durch eine Clearingstelle zu sorgen, damit geklärt werden kann, ob die Voraussetzungen des **Befreiungstatbestands** von § 111a Abs. 2 Satz 1 AktG für „reguläre Geschäfte" erfüllt sind[68]. Dabei muss gewährleistet sein, dass sowohl die Aggregation der relevanten Geschäfte der AG selbst sowie mit Blick auf § 111c Abs. 4 AktG auch die ihrer Tochtergesellschaften erfolgt[69].

b) Dispens kraft Satzungsregelung

32.24 Zur Vermeidung des mit dem Verfahren verbundenen Mehraufwands kann in der Satzung gem. § 111a Abs. 2 Satz 3 AktG der **Verzicht auf die Befreiung** für Geschäfte mit nahestehenden Personen

---

60 *Backhaus*, NZG 2020, 695, 696; *Barg*, AG 2020, 149 Rz. 27; *Bungert/Wansleben*, DB 2017, 1190, 1197; *Florstedt*, ZHR 184 (2020), 10, 35; *Redeke/Schäfer/Troidl*, AG 2020, 159 Rz. 7; *Spindler/Seidel* in BeckOGK AktG, Stand 19.10.2020, § 111a AktG Rz. 31; *J. Vetter* in K. Schmidt/Lutter, § 111a AktG Rz. 177; a.A. *Heldt*, AG 2018, 905, 915; *Lanfermann*, BB 2018, 2859, 2862.
61 *Hoffmann-Becking* in MünchHdb. AG, § 29 Rz. 71; *Redeke/Schäfer/Troidl*, AG 2020, 159 Rz. 15 ff.; *J. Vetter* in K. Schmidt/Lutter, § 111a AktG Rz. 172.
62 *H.-F. Müller*, ZGR 2019, 97, 121; *Backhaus*, NZG 2020, 695, 696: retrospektive Überprüfung.
63 *Hüffer/Koch*, § 111a AktG Rz. 13; *Paschos* in Henssler/Strohn, § 111a AktG Rz. 15; weiter wohl *Grigoleit*, ZGR 2019, 412, 434.
64 *Hüffer/Koch*, § 111a AktG Rz. 13; *Lieder/Wernert*, DB 2020, 882, 886; *J. Vetter* in K. Schmidt/Lutter, § 111a AktG Rz. 175.
65 *Grigoleit*, ZGR 2019, 412, 434; *Schödel* in Hirte/Heidel, Das neue Aktienrecht, 2020, § 311 Rz. 2.
66 Siehe dazu *H.-F. Müller*, ZGR 2019, 97, 120; *Tarde*, NZG 2019, 488, 490; kritisch z.B. *Paschos* in Henssler/Strohn, § 111a AktG Rz. 16.
67 *Florstedt*, ZHR 184 (2020), 10, 36; generell zum Bericht des Aufsichtsrats z.B. *E. Vetter* in Großkomm. AktG, 5. Aufl. 2018, § 171 AktG Rz. 236.
68 *H.-F. Müller*, ZGR 2019, 97, 121; *Backhaus*, NZG 2020, 695, 696: retrospektive Überprüfung.
69 *Florstedt*, ZHR 184 (2020), 10, 26; *Grigoleit* in Grigoleit, § 111a AktG Rz. 64; *Heidel/Illner* in Hirte/Heidel, Das neue Aktienrecht, 2020, § 111a AktG Rz. 19; *J. Vetter* in K. Schmidt/Lutter, § 111a AktG Rz. 100.

nach § 111a Abs. 2 Satz 1 AktG niedergelegt werden, die im ordentlichen Geschäftsgang zu marktüblichen Konditionen stattgefunden haben. Dies kann sich für Gesellschaften mit breitgestreutem Aktionärskreis anbieten, sofern zuverlässig absehbar ist, dass im Geschäftsjahr entweder keine Geschäfte mit nahestehenden Personen stattfinden werden oder jedenfalls der Schwellenwert von 1,5 % der Bilanzsumme – auch durch Aggregation – nicht erreicht werden wird[70]. Dann bedarf es keiner Einrichtung eines internen Verfahrens i.S.v. § 111a Abs. 2 Satz 2 AktG[71]. Die Geschäfte mit nahestehenden Personen müssen dennoch vorsorglich zur Aggregierung erfasst werden, denn sofern wider Erwarten der Schwellenwert nach § 111b Abs. 1 AktG überschritten wird, unterliegen auch Standardgeschäfte dem Zustimmungsvorbehalt des Aufsichtsrats gem. § 111b Abs. 2 AktG und der anschließenden Bekanntmachungspflicht[72].

6. Weitere Ausnahmetatbestände

a) Tochtergesellschaften

32.25 § 111a Abs. 3 AktG gewährt weitere Privilegierungen für sog. **Downstream-Geschäfte**. Geschäfte mit unmittelbaren oder mittelbaren 100%igen Tochtergesellschaften sind nach § 111a Abs. 3 Nr. 1 AktG ebenso ausgenommen wie Geschäfte mit Tochtergesellschaften, die die Gesellschaft beherrscht und an denen keine andere ihr nahestehende Person beteiligt ist. Der nach internationalen Rechnungslegungsstandards auszufüllende Begriff der Tochtergesellschaft umfasst auch Enkel- und Urenkelgesellschaften[73]. Beide Ausnahmen rechtfertigen sich nach Ansicht des Gesetzgebers dadurch, dass durch das Geschäft kein Vermögenswert den Konsolidierungskreis verlässt[74].

32.26 Schließlich sind nach § 111a Abs. 3 Nr. 4 AktG *downstream*-Geschäfte der AG also ihre Geschäfte mit **börsennotierten Tochtergesellschaften** privilegiert, die ihren Sitz in einem **EU-Mitgliedstaat** haben, da nach Ansicht des Gesetzgebers das dortige Schutzkonzept generell für ausreichenden Schutz sorgt[75].

b) Entscheidungen der Hauptversammlung

32.27 Nach § 111a Abs. 3 Nr. 2 und 3 AktG sind Geschäfte mit einer nahestehenden Person ausgenommen, die der **Zustimmung oder Ermächtigung durch die Hauptversammlung** bedürfen einschließlich der zur **Umsetzung des Hauptversammlungsbeschlusses** vorgenommenen Geschäfte und Maßnahmen. Die Vorschrift § 111a Abs. 3 Nr. 3 AktG zielt u.a. speziell auf die **Bildung des Vertragskonzerns** und die Geschäfte zwischen den vertraglich konzernierten Gesellschaften ab[76]. Hier sind die Interessen der Aktionärsminderheit durch das grundsätzliche Recht zur Beschlusskontrolle auf anderem Weg gewahrt[77].

---

70 Begr. RegE, BR-Drucks. 156/19, S. 90; kritisch z.B. *H.-F. Müller*, ZIP 2019, 2429, 2432; *Redeke/Schäfer/Troidl*, AG 2020, 159 Rz. 22.
71 *Backhaus*, NZG 2020, 695; *Hüffer/Koch*, § 111a AktG Rz. 14.
72 *H.-F. Müller*, ZIP 2019, 2429, 2432; *Paschos* in Henssler/Strohn, § 111a AktG Rz. 17; *Redeke/Schäfer/Troidl*, AG 2020, 159 Rz. 22; siehe auch *Hoffmann-Becking* in MünchHdb. AG, § 29 Rz. 71.
73 Begr. RegE, BR-Drucks. 156/19, S. 91; *Barg*, AG 2020, 149 Rz. 32; *J. Schmidt*, EuZW 2019, 261, 262.
74 *Paschos* in Henssler/Strohn, § 111a AktG Rz. 20; kritisch z.B. *Grigoleit*, ZGR 2019, 412, 441; *Tröger* in FS Hopt, 2020, S. 1289, 1300; *J. Vetter* in K. Schmidt/Lutter, § 111a AktG Rz. 205.
75 Begr. RegE, BR-Drucks. 156/19, S. 90; zustimmend *Paschos/Goslar*, AG 2019, 365, 370; kritisch z.B. *Florstedt*, ZHR 184 (2020), 10, 37; *Grigoleit*, ZGR 2019, 412, 442; *Tröger* in FS Hopt, 2020, S. 1289, 1300.
76 *Bungert/Berger*, DB 2018, 2860, 2862; *Habersack* in Emmerich/Habersack, Aktien- und GmbH-Konzernrecht, § 311 AktG Rz. 96; *Heldt*, AG 2018, 905, 916; *Lieder/Wernert*, DB 2020, 882, 887.
77 Zur ratio siehe *H.-F. Müller*, ZIP 2019, 2429, 2433.

c) Vergütungsbezogene Geschäfte mit Organmitgliedern

32.28 Gem. § 111a Abs. 3 Nr. 4 AktG sind schließlich vergütungsbezogene Geschäfte mit **Mitgliedern des Vorstands oder Aufsichtsrats** befreit; sie unterliegen allein den Schutzprinzipien, die in §§ 87, 113 und 114 AktG niedergelegt sind.

III. Zustimmung des Aufsichtsrats

1. Vorherige Zustimmung

32.29 Handelt es sich um ein relevantes Geschäft mit nahestehenden Personen, bedarf der Vorstand der Zustimmung des Aufsichtsrats gem. § 111a Abs. 1 AktG, die ausdrücklich **vor dem Abschluss des Geschäfts** – also typischerweise vor dem Wirksamwerden des Verpflichtungsgeschäfts – vorliegen muss[78] oder als aufschiebende Bedingung vereinbart wird[79]. Für das Verfügungsgeschäft muss keine weitere Zustimmung eingeholt werden[80]. Bei Missachtung der Zustimmungsbedürftigkeit ist das Geschäft jedoch gleichwohl wirksam, es können aber **Schadensersatzansprüche** wegen sorgfaltswidrigem Verhalten gem. § 93 AktG ausgelöst werden[81].

32.30 Bei dem Beschluss über die Erteilung der Zustimmung, unterliegen die Aufsichtsratsmitglieder, die bei dem konkreten Geschäft als nahestehende Personen zu qualifizieren sind, gem. § 111b Abs. 2 AktG einem **Stimmverbot**. Aufsichtsratsmitglieder, die als Vertreter eines maßgeblich beteiligten Aktionärs gelten, sind von der Beschlussfassung ausgeschlossen; dies erfasst nicht nur Mitglieder des Leitungsorgans des nahestehenden Unternehmens, sondern im Regelfall auch dessen Angestellte[82]. Darüber hinaus dürfen auch Aufsichtsratsmitglieder, bei denen auf Grund ihres Verhältnisses zu der nahestehenden Person, die **Besorgnis eines Interessenkonflikts** besteht, ihr Stimmrecht nicht ausüben. Dies ist dann der Fall, wenn objektiv Gründe vorliegen, die die Annahme rechtfertigen, dass das Aufsichtsratsmitglied seine Entscheidung nicht allein am Interesse des Unternehmens, sondern auch am Interesse der nahestehenden Person ausrichten könnte[83]. Bei dieser Beurteilung, die alle Aufsichtsratsmitglieder mit großer Sorgfalt vorzunehmen haben, kommen z.B. geschäftliche, finanzielle oder persönliche Beziehungen zur nahestehenden Person in Betracht[84]. Die Stimmabgabe trotz Stimmverbots ist nichtig[85]. Jedes Aufsichtsratsmitglied trifft die Treuepflicht zur aktiven **Offenlegung möglicher Interessenkonflikte**[86], ohne dass die übrigen Aufsichtsratsmitglieder eine aktive Nachforschungspflicht trifft[87]. Die Frage, ob ein Interessenkonflikt zu besorgen ist, unterliegt der **objektiven Beurteilung** mit

---

78 *Barg*, AG 2020, 149 Rz. 46; *Habersack* in MünchKomm. AktG, 5. Aufl. 2021, § 111b AktG Rz. 18; *Hoffmann-Becking* in MünchHdb. AG, § 29 Rz. 74; *J. Vetter* in K. Schmidt/Lutter, § 111b AktG Rz. 92.
79 *Bungert/Wansleben*, BB 2019, 1026, 1028; *Grigoleit* in Grigoleit, § 111b AktG Rz. 28.
80 *Grigoleit*, ZGR 2019, 412, 420; *Markworth*, AG 2020, 166 Rz. 27.
81 *Grigoleit* in Grigoleit, § 111b AktG Rz. 30; *Hüffer/Koch*, § 111b AktG Rz. 10; kritisch z.B. *Tröger*, AG 2015, 53, 67; *Tröger/Roth/Strenger*, BB 2018, 2946, 2952; siehe auch *Heidel/Illner* in Hirte/Heidel, Das neue Aktienrecht, 2020, § 111b AktG Rz. 90 ff.
82 *Habersack* in MünchKomm. AktG, 5. Aufl. 2021, § 111b AktG Rz. 20; *Hüffer/Koch*, § 107 AktG Rz. 26c; *Tarde*, NZG 2019, 488, 492; unklar *Grigoleit* in Grigoleit, § 111b AktG Rz. 34.
83 Begr. RegE, BR-Drucks. 156/19, S. 94.
84 *Stöber*, DStR 2020, 391, 397; *Tarde*, NZG 2019, 488, 492.
85 *Grigoleit* in Grigoleit, § 111b AktG Rz. 35; *Heidel/Illner* in Hirte/Heidel, Das neue Aktienrecht, 2020, § 111b AktG Rz. 106; *Florstedt*, Related Party Transactions, 2021, Rz. 526; *Hoffmann-Becking* in MünchHdb. AG, § 29 Rz. 75; *J. Vetter* in K. Schmidt/Lutter, § 111b AktG Rz. 144.
86 *Bungert/Berger*, DB 2018, 2860, 2864; *Grigoleit* in Grigoleit, § 111b AktG Rz. 35; *Lieder/Wernert*, ZIP 2019, 989, 995; *J. Vetter* in K. Schmidt/Lutter, § 111b AktG Rz. 143.
87 Ebenso *H.-F. Müller*, ZIP 2019, 2429, 2434.

der Möglichkeit der gerichtlichen Überprüfung, ohne dass – im Unterschied zur Empfehlung C.6 des Deutschen Corporate Governance Kodex – eine Entscheidungsprärogative des Aufsichtsrats besteht[88].

Im Fall der Stimmabgabe trotz Stimmverbots, die für das Abstimmungsergebnis ausschlaggebend war, kann sowohl die **persönliche Haftung des betreffenden Aufsichtsratsmitglieds**[89] und darüber hinaus ggf. auch aller übrigen Mitglieder begründet sein[90]. 32.31

Der Beschluss über die Zustimmung zu dem Geschäft ist – wie generell beim Beschluss gem. § 111 Abs. 4 Satz 2 AktG[91] – eine **unternehmerische Entscheidung** im Sinne der Business Judgement Rule der § 93 Abs. 1 Satz 2 AktG, § 116 Satz 1 AktG[92]. Der Aufsichtsrat darf die Zustimmung zu dem Geschäft mit der nahestehenden Person nur erteilen, wenn es dem **Unternehmensinteresse** entspricht[93]. Dies ist zu bejahen, wenn seine **Bedingungen insgesamt angemessen** sind, z.B., wenn das gleiche Geschäft auch mit einem unabhängigen Dritten abgeschlossen werden würde[94]. Insofern trifft die Aufsichtsratsmitglieder die **Pflicht zur sorgfältigen Prüfung**. Über die Zustimmung entscheidet der Aufsichtsrat – wie generell bei zustimmungspflichtigen Geschäften gem. § 111 Abs. 4 Satz 2 AktG in eigener Verantwortung und unternehmerischem Ermessen, wobei sich der Aufsichtsrat auf die Vorarbeiten des Vorstands für den Beschlussantrag stützen darf, ihn jedoch sorgfältig zu prüfen hat[95]. 32.32

Wird die Zustimmung zu dem Geschäft ungeachtet des Umstands erteilt, dass die Konditionen nicht angemessen waren, ist es gleichwohl wirksam[96]. Für die Mitglieder von Aufsichtsrat und Vorstand kommt indessen u.U. gem. § 93 Abs. 2 AktG, § 116 Satz 1 AktG ihre **persönliche Haftung** wegen sorgfaltswidrigem Verhalten in Betracht, das in der sorgfaltswidrigen Stimmabgabe bzw. dem sorgfaltswidrigen Abschluss des Geschäfts liegt, wobei in beiden Fällen eine unternehmerische Entscheidung vorliegt, die grundsätzlich der Privilegierung der Business Judgement Rule nach § 93 Abs. 1 Satz 2 AktG unterliegt[97]. Darüber hinaus kann im faktischen Konzern die Haftung des herrschenden Unternehmens und seiner organschaftlichen Vertreter nach §§ 317 und 318 AktG bestehen[98]. 32.33

Sofern der Aufsichtsrat seine Zustimmung zu dem Geschäft mit der nahestehenden Person ablehnt, hat der Vorstand nach § 111b Abs. 4 Satz 1 AktG die Möglichkeit die **Hauptversammlung** um Zustimmung einzuberufen. Dabei ist die nahestehende Person nach § 111b Abs. 2 Satz 2 AktG in der Haupt- 32.34

---

88 Begr. RegE, BR-Drucks. 156/19, S. 94; *Hüffer/Koch*, § 111b AktG Rz. 7; *J. Schmidt*, EuZW 2019, 261, 262; *J. Vetter* in K. Schmidt/Lutter, § 111b AktG Rz. 139; a.A. *Lutter/Krieger/Verse*, Rechte und Pflichten des Aufsichtsrats, Rz. 134.
89 *Barg*, AG 2020, 15149 Rz. 39; *Bungert/Berger*, DB 2018, 2860, 2864; *Hüffer/Koch*, § 111b AktG Rz. 10; mangels fehlender Anspruchsgrundlage irrig *Stöber*, DStR 2020, 391, 397, der die Haftung des Aktionärs bejaht.
90 Begr. RegE, BR-Drucks. 156/19, S. 94; *Grigoleit* in Grigoleit, § 111b AktG Rz. 35.
91 Siehe dazu z.B. *Hopt/Roth* in Großkomm. AktG, 5. Aufl. 2019, § 111 AktG Rz. 713; *Hüffer/Koch*, § 111 AktG Rz. 48; *E. Vetter* in Fleischer/Koch/Kropff/Lutter, 50 Jahre AktG, S. 103, 122.
92 *Bungert/Wansleben*, BB 2019, 1026, 1029; *H.-F. Müller* in FS E. Vetter, 2019, S. 479, 485; *J. Vetter* in K. Schmidt/Lutter, § 111b AktG Rz. 90.
93 *Bürgers/Guntermann* in FS Krieger, 2020, S. 141, 150; *Florstedt*, Related Party Transactions, 2021, Rz. 502; *H.-F. Müller* in FS E. Vetter, 2019, S. 479, 485.
94 *Habersack* in MünchKomm. AktG, 5. Aufl. 2021, § 111b AktG Rz. 21; *Heidel/Illner* in Hirte/Heidel, Das neue Aktienrecht, 2020, § 111b AktG Rz. 84; *H.-F. Müller*, ZIP 2019, 2429, 2435.
95 *Florstedt*, Related Party Transactions, 2021, Rz. 504; *H.-F. Müller*, ZIP 2019, 2429, 2435; *Spindler* in Spindler/Stilz, § 111 AktG Rz. 72.
96 *H.-F. Müller* in FS E. Vetter, 2019, S. 479, 481; *Paschos* in Henssler/Strohn, § 111b AktG Rz. 25; *J. Vetter* in K. Schmidt/Lutter, § 111b AktG Rz. 102.
97 *Heidel/Illner* in Hirte/Heidel, Das neue Aktienrecht, 2020, § 111b AktG Rz. 88; *Markworth*, AG 2020, 166 Rz. 18; *H.-F. Müller* in FS E. Vetter, 2019, S. 479, 482; *Tarde*, NZG 2019, 488, 493.
98 *H.-F. Müller* in FS E. Vetter, 2019, S. 479, 487; *Veil*, NZG 2017, 521, 529.

versammlung vom Stimmrecht ausgeschlossen. Liegt ein zustimmender einfacher Mehrheitsbeschluss der Hauptversammlung vor, darf der Vorstand das Geschäft abschließen[99].

2. Einrichtung eines Aufsichtsratsausschusses

32.35 Die Entscheidung über die Zustimmung zu dem konkreten Geschäft muss nicht zwingend im Aufsichtsratsplenum getroffen werden; § 111a Abs. 2 AktG lässt ausdrücklich die **Delegation an einen Ausschuss** nach näherer Maßgabe gem. § 107 Abs. 3 Satz 4–6 AktG zu (Rz. 29.37b). Dabei kommt sowohl die Delegation an einen bereits bestehenden Ausschuss, der die Anforderungen von § 107 Abs. 3 Satz 5 und 6 AktG erfüllt, als auch die Einsetzung eines gesonderten Ausschusses in Betracht[100]. Ob ein ständiger Ausschuss angesichts der zwingenden **Vorgaben zur Besetzung** sinnvoll ist, lässt sich nicht pauschal beurteilen. Geschäfte der AG mit Mitgliedern des Vorstands oder des Aufsichtsrats werden nur selten den 1,5 % Schwellenwert erreichen[101]. Deshalb bietet sich ein solcher Ausschuss nur an, wenn die AG maßgeblich beteiligte Aktionäre hat, vor allem aber im faktischen Konzern[102]. Im Übrigen gelten für diesen Ausschuss, der auch ad hoc eingerichtet werden kann, keine Besonderheiten, das heißt, der Aufsichtsrat kann die Bildung des Ausschusses nach allgemeinen Regeln jederzeit rückgängig machen und die Entscheidungskompetenz wieder in das Plenum verlagern[103] (Rz. 29.5).

IV. Offenlegung

32.36 Für Geschäfte, die dem Zustimmungserfordernis nach § 111b Abs. 1 AktG unterliegen, begründet § 111c AktG eine **Veröffentlichungspflicht**, deren Missachtung nach § 405 Abs. 2a Nr. 6 AktG eine Ordnungswidrigkeit darstellt, die mit einem **Bußgeld** von bis zu 500.000 Euro bewehrt ist. Zuständig für die Veröffentlichung ist der **Vorstand**[104]; er hat die notwendigen internen Voraussetzungen zur Erfassung und Zusammenführung der Daten zu schaffen, um, sofern die Voraussetzungen vorliegen, die rechtzeitige Veröffentlichung sicherzustellen.

32.37 Die Veröffentlichung muss **alle wesentlichen Informationen** über das Geschäft enthalten. Zu den **Mindestinformationen** zählen gem. § 111c Abs. 2 Satz 4 AktG der Name der nahestehenden Person und die Art der Beziehung zwischen ihr und der Gesellschaft, das Datum des Geschäftsabschlusses sowie der Transaktionswert. Weiterhin sind Angaben zur Beurteilung der Angemessenheit des Geschäfts erforderlich[105].

32.38 Die kapitalmarktrechtlich ausgestaltete Veröffentlichungspflicht ist **unverzüglich**, jedenfalls aber **binnen vier Handelstagen** nach Abschluss des Geschäfts zu erfüllen[106]. Handelt es sich bei dem Geschäft um eine **Insiderinformation** i.S.v. Art. 7 Abs. 1 MAR hat die Veröffentlichung nach § 111c Abs. 3 Satz 1 AktG gemäß dem **Verfahren der Ad-hoc-Publizität** nach Art. 17 MAR zu erfolgen. Enthält die Ad-hoc-Mitteilung alle nach § 111c Abs. 3 AktG erforderlichen Angaben, ist daneben eine separate

---

99 *Bungert/Berger*, DB 2018, 2860, 2866; *Florstedt*, Related Party Transactions, 2021, Rz. 538.
100 *Hoffmann-Becking* in MünchHdb. AG, § 32 Rz. 40; *Markworth*, AG 2020, 166 Rz. 6; *J. Schmidt*, EuZW 2019, 261, 263.
101 Siehe z.B. auch *Florstedt*, ZHR 184 (2020), 10, 31.
102 *Markworth*, AG 2020, 166 Rz. 6; *Tarde*, NZG 2019, 488, 492.
103 *Grigoleit* in Grigoleit, § 111c AktG Rz. 38; *Hüffer/Koch*, § 111b AktG Rz. 7; *Markworth*, AG 2020, 166 Rz. 10.
104 *Habersack* in MünchKomm. AktG, 5. Aufl. 2021, § 111c AktG Rz. 15; *Hüffer/Koch*, § 111c AktG Rz. 6; *J. Vetter* in K. Schmidt/Lutter, § 111c AktG Rz. 45.
105 *Florstedt*, ZHR 184 (2020), 10, 53; *Hüffer/Koch*, § 111c AktG Rz. 3; *H.-F. Müller*, ZIP 2019, 2429, 2436; *Eisele/Oser*, DB 2019, 1517, 1521; *J. Vetter* in K. Schmidt/Lutter, § 111c AktG Rz. 41.
106 *Bungert/Wansleben*, BB 2019, 1026, 1029; *Grigoleit* in Grigoleit, § 111c AktG Rz. 6; *Hoffmann-Becking* in MünchHdb. AG, § 29 Rz. 78.

Veröffentlichung des Geschäfts entbehrlich[107]. Nach den Grundsätzen des mehrstufigen Verfahrens unterliegt bereits der typischerweise bedingte Abschluss des Geschäfts durch den Vorstand der Ad-hoc Veröffentlichungspflicht, so dass im Regelfall der Aufschub der Veröffentlichung gem. Art. 17 Abs. 4 MAR in Betracht kommt[108].

Im Interesse der leichten dauerhaften Zugänglichkeit der Information verlangt § 111c Abs. 2 Satz 5 AktG zudem, dass die Angaben zusätzlich für eine Dauer von fünf Jahren auf der **Internetseite der Gesellschaft** zugänglich sein müssen. 32.39

Die Veröffentlichung dient sowohl der **Information der Aktionäre** als auch der übrigen **Stakeholder**[109]. Sie soll es ermöglichen, das Geschäft mit der nahestehenden Person nachzuvollziehen sowie ggf. auch einer näheren Prüfung zu unterziehen[110]. 32.40

Im Fall der Aggregation ist nicht nur das einzelne Geschäft zu veröffentlichen, durch das die Wesentlichkeitsschwelle von 1,5 % der Bilanzsumme überschritten wird. Gem. § 111c Abs. 1 Satz 2 AktG sind vielmehr im Sinne eines ex-post-Schutzes durch Transparenz – rückwirkend – **alle aggregierten bisher nicht veröffentlichten Geschäfte** anzugeben, die die AG mit dem nahestehenden Unternehmen – einschließlich dessen Tochtergesellschaften – (siehe Rz. 32.4) abgeschlossen hat[111]. Ist die AG Mutterunternehmen, trifft sie eine erweiterte Veröffentlichungspflicht[112]. Gem. § 111c Abs. 4 AktG sind auch Geschäfte von Tochtergesellschaften der AG mit einer ihr nahestehenden Person zu veröffentlichen, sofern im konkreten Einzelfall oder im Wege der Aggregation der Schwellenwert von § 111b Abs. 1 AktG überschritten wird[113]. In letzterem Fall ist nur das letzte Geschäft zu veröffentlichen[114]. 32.41

---

107 *Hüffer/Koch*, § 111c AktG Rz. 4; *H.-F. Müller*, ZIP 2019, 2429, 2436; *Paschos/Goslar*, AG 2019, 365, 372; *J. Schmidt*, EuZW 2019, 261, 264.
108 *Paschos/Goslar*, AG 2019, 365, 372; *Tarde*, NZG 2019, 488, 493; *J. Vetter* in K. Schmidt/Lutter, § 111c AktG Rz. 52; dazu jüngst *Peters* in FS E. Vetter, 2019, S. 563, 572 ff.
109 Erwägungsgrund 44 ARRL; Begr. RegE, BR-Drucks. 156/19, S. 95; *Florstedt*, ZHR 184 (2020), 10, 51; *Grigoleit* in Grigoleit, § 111c AktG Rz. 2.
110 *Lieder/Wernert*, DB 2020, 882, 888; *Paschos* in Henssler/Strohn, § 111c AktG Rz. 1.
111 *Bungert/Wansleben*, BB 2019, 1026, 1029; *Habersack* in MünchKomm. AktG, 5. Aufl. 2021, § 111c AktG Rz. 6; *J. Schmidt*, EuZW 2019, 261, 262.
112 *Habersack* in MünchKomm. AktG, 5. Aufl. 2021, § 111c AktG Rz. 23; *Spindler/Seidel* in BeckOGK AktG, Stand 19.10.2020, § 111c AktG Rz. 20.
113 *Grigoleit* in Grigoleit, § 111c AktG Rz. 21; *Habersack* in MünchKomm. AktG, 5. Aufl. 2021, § 111c AktG Rz. 23; *Hüffer/Koch*, § 111c AktG Rz. 5; *Spindler/Seidel* in BeckOGK AktG, Stand 19.10.2020, § 111c AktG Rz. 22.
114 *Florstedt*, Related Party Transactions, 2021, Rz. 653; *Habersack* in MünchKomm. AktG, 5. Aufl. 2021, § 111c AktG Rz. 23.

7. Kapitel
Hauptversammlung

§ 33
Bedeutung und Kompetenzen der Hauptversammlung

I. Grundlagen	33.1	d) Wahl der Aufsichtsratsmitglieder	33.26
II. Bedeutung der Hauptversammlung	33.2	e) Wahl des Abschlussprüfers	33.27
1. Information	33.2	f) Billigung des Vorstandsvergütungssystems	33.28
2. Kommunikation	33.4	g) Vergütung der Aufsichtsratsmitglieder	33.31
3. Beschlussfassung	33.6	h) Billigung des Vergütungsberichts	33.32
4. Präsenzen	33.7	3. Strukturentscheidungen	33.35
5. Institutionelle Anleger	33.10	4. Sonstige Beschlüsse	33.39
6. Aktivistische Aktionäre	33.11	V. Satzungsmäßige Kompetenzen	33.40
7. Privatanleger	33.12	VI. Ungeschriebene Kompetenzen	33.41
8. Investor Relations	33.13	1. Holzmüller-Fälle	33.41
III. Verhältnis zu Vorstand und Aufsichtsrat	33.14	2. Zusammenschluss unter Holding	33.47
IV. Gesetzliche Kompetenzen	33.16	3. Börseneinführung	33.51
1. Allgemeines	33.16	4. Börsengang einer Tochtergesellschaft	33.52
2. Wiederkehrende Beschlüsse	33.17	5. Echtes Delisting	33.53
a) Feststellung des Jahresabschlusses	33.17	VII. Virtuelle Hauptversammlung	33.56
b) Gewinnverwendung	33.18		
c) Entlastung	33.21		

Schrifttum: *Arnold*, Mitwirkungsbefugnisse der Aktionäre nach Gelatine und Macrotron, ZIP 2005, 1573; *Baums*, Institutionelle Investoren im Aktienrecht, ZHR 183 (2019), 605; *Bungert*, Festschreibung der ungeschriebenen „Holzmüller"-Hauptversammlungszuständigkeiten bei der Aktiengesellschaft, BB 2004, 1345; *Bunz*, Vorbereitungs- und Reaktionsmöglichkeiten börsennotierter Unternehmen auf Shareholder Activism, NZG 2014, 1049; *Decher*, Rechtsfragen des grenzüberschreitenden Merger of Equals, in FS Lutter, 2000, S. 1209; *Dietz-Vellmer*, Organhaftungsansprüche in der Aktiengesellschaft: Anforderungen an Verzicht oder Vergleich durch die Gesellschaft, NZG 2011, 248; *Ekkenga/B. Schneider*, „Holzmüller" und seine Geburtsfehler – hier: Die angebliche Schrankenlosigkeit der Vertretungsmacht des Mutter-Vorstands im Konzern, ZIP 2017, 1053; *Fleischer*, Zur Rolle und Regulierung von Stimmrechtsberatern (Proxy Advisors) im deutschen und europäischen Aktien- und Kapitalmarktrecht, AG 2012, 2; *Goette*, Leitung, Aufsicht, Haftung – zur Rolle der Rechtsprechung bei der Sicherung einer modernen Unternehmensführung, in FS 50 Jahre BGH, 2000, S. 123; *Groß*, Vorbereitung und Durchführung von Hauptversammlungsbeschlüssen zu Erwerb und Veräußerung von Unternehmensbeteiligungen, AG 1996, 111; *Habersack*, Aufsichtsratsvergütung nach ARUG II, in FS Hopt, 2020, S. 333; *Habersack*, Die Aktionärsklage – Grundlagen, Grenzen und Anwendungsfälle, DStR 1998, 533; *Hasselbach*, Der Verzicht auf Schadensersatzansprüche gegen Organmitglieder, DB 2010, 2037; *Henze*, Holzmüller vollendet das 21. Lebensjahr, in FS Ulmer, 2003, S. 211; *Hirte*, Bezugsrechtsausschluss und Konzernbildung, 1986; *Höreth*, It's Payment Date – Praxistipps zur Dividende 2017, AG 2017, R31; *Hoffmann-Becking*, „Holzmüller", „Gelatine" und die These von der Mediatisierung der Aktionärsrechte, ZHR 172 (2008), 231; *Horn*, Internationale Unternehmenszusammenschlüsse, ZIP 2000, 473; *Hüffer*, Zur Holzmüller-Problematik: Reduktion des Vorstandsermessens oder Grundlagenkompetenz der Hauptversammlung?, in FS Ulmer, 2003, S. 279; *Kleinmanns*, Shareholder Activism – bedeutender Einfluss institutioneller Investoren auch in Deutschland?, IRZ 2016, 341; *Klühs*, Präsenzbonus für die Teilnahme an der

Hauptversammlung, ZIP 2006, 107; *Koch*, Der Kapitalanleger als Corporate Governance-Akteur im Rahmen der neuen §§ 134a ff. AktG, BKR 2020, 1; *Koch*, Die Zuständigkeit der Hauptversammlung für Zusammenschlussvorhaben nach dem Linde/Praxair-Modell, ZGR 2019, 588; *Kocher*, Strategien im Umgang mit aktivistischen Aktionären und Investoren in Deutschland, DB 2016, 2887; *Lenz*, Steigerung der Hauptversammlungsteilnahme durch monetäre Anreize? NZG 2006, 534; *Liebscher*, Ungeschriebene Hauptversammlungszuständigkeiten im Lichte von Holzmüller, Macrotron und Gelatine, ZGR 2005, 1; *von der Linden*, Das liebe Geld – Organvergütung nach ARUG II, Der Aufsichtsrat, Sonderausgabe 2020, 4; *von der Linden*, Inhalts- und Verfahrensfehler von Entlastungsbeschlüssen, ZIP 2013, 2343; *von der Linden*, Kann die Satzung eine Börsennotierung vorschreiben?, NZG 2015, 176; *Löbbe/Fischbach*, Die Neuregelungen des ARUG II zur Vergütung von Vorstand und Aufsichtsrat börsennotierter Aktiengesellschaften, AG 2019, 373; *Lutter*, Das Vor-Erwerbsrecht/Bezugsrecht der Aktionäre beim Verkauf von Tochtergesellschaften über die Börse, AG 2000, 342; *Lutter*, Gesellschaftsrecht und Kapitalmarkt, in FS Zöllner, Bd. I, 1998, S. 363; *Lutter*, Organzuständigkeiten im Konzern, in FS Stimpel, 1985, S. 825; *Lutter/Drygala*, Rechtsfragen beim Gang an die Börse, in FS Raisch, 1995, S. 239; *Lutter/Leinekugel*, Der Ermächtigungsbeschluss der Hauptversammlung zu grundlegenden Strukturmaßnahmen – zulässige Kompetenzübertragung oder unzulässige Selbstentmachtung?, ZIP 1998, 805; *Lutter/Leinekugel*, Kompetenzen von Hauptversammlung und Gesellschafterversammlung beim Verkauf von Unternehmensteilen, ZIP 1998, 225; *Marsch-Barner*, Zur „Holzmüller"-Doktrin nach „Gelatine", in Grundmann/Schwintowski/Singer/Weber, Anleger- und Funktionsschutz durch Kapitalmarktrecht, 2006, S. 105; *Martens*, Leitfaden für die Leitung der Hauptversammlung einer Aktiengesellschaft, 3. Aufl. 2003; *Müller-Michaels/Ringel*, Muss sich Ethik lohnen? Wider die ökonomistische Rechtfertigung von Corporate Social Responsibility, AG 2011, 101; *Peltzer*, Empfehlen sich gesetzliche Regeln zur Einschränkung des Einflusses der Kreditinstitute auf Aktiengesellschaften?, JZ 1996, 842; *Reichert*, Ausstrahlungswirkungen der Ausgliederungsvoraussetzungen nach UmwG auf andere Strukturänderungen, ZHR-Beiheft 1999, 25; *Rousseau/Wasse*, Der Beschluss der Hauptversammlung über die Verwendung eines Bilanzverlustes, NZG 2010, 535; *Uwe. H. Schneider*, Die Zielgesellschaft nach Abgabe eines Übernahme- oder Pflichtangebots, AG 2002, 125; *Uwe H. Schneider/Anzinger*, Institutionelle Stimmrechtsberatung und Stimmrechtsvertretung – „A quiet guru's enormous clout", NZG 2007, 88; *Schockenhoff/Culmann*, Shareholder Activism in Deutschland, ZIP 2015, 297; *Scholz*, Zurück ins Macrotron-Zeitalter durch Satzungsregelung?, BB 2015, 2248; *Schüppen*, Die Bestellung des Abschlussprüfers für mehrere Jahre, in FS E. Vetter, 2019, S. 737; *Seibert*, Corporate Governance: The Next Phase – Die Corporate Governance-Debatte schreitet weiter zu den Pflichten der Eigentümer und ihrer Helfer, in FS Hoffmann-Becking, 2013, S. 1101; *Seiler/Singhof*, Zu den Rechtsfolgen bei Nichtbeachtung der „Holzmüller"-Grundsätze, Der Konzern 2003, 313; *Singhof*, Zum Vorziehen der Wahl des Abschlussprüfers beim Prüferwechsel, in FS Marsch-Barner, 2018, S. 539; *Stephan/Strenger*, Die Zuständigkeit der Hauptversammlung bei Strukturveränderungen – ein anlassbedingter Vorschlag, AG 2017, 346; *Stöcker*, Grenzüberschreitende Unternehmenszusammenschlüsse, ZGR 2017, 385; *Strohn*, Zur Zuständigkeit der Hauptversammlung bei Zusammenschlussvorhaben unter Gleichen, ZHR 182 (2018), 114; *Tröger*, Die Regelungen zur institutionellen Investoren, Vermögensverwaltern und Stimmrechtsberatern im Referentenentwurf eines Gesetzes zur Umsetzung der zweiten Aktionärsrechterichtlinie (ARUG II), ZGR 2019, 126; *Velte*, Erteilung des Prüfungsauftrags und Überwachung des Abschlussprüfers durch den Prüfungsausschuss – vorbereitende oder ersetzende Tätigkeit?, NZG 2011, 771; *E. Vetter*, Handgeld für in der Hauptversammlung präsente Aktionäre, AG 2006, 32; *Vollmer/Grupp*, Der Schutz der Aktionäre beim Börseneintritt und Börsenaustritt, ZGR 1995, 459; *Wilsing*, Corporate Governance in Deutschland und Europa – Die Rolle der institutionellen Investoren, der Proxy Advisors und die der Aktionäre, ZGR 2012, 291; *Wilsing*, Die Zuständigkeit der Hauptversammlung für Unternehmenszusammenschlüsse am Beispiel Linde/Praxair – Gedanken de lege lata und de lege ferenda, in FS Marsch-Barner, 2018, S. 595; *Wollburg/Gehling*, Umgestaltung des Konzerns – Wer entscheidet über die Veräußerung von Beteiligungen in der Aktiengesellschaft?, in FS Lieberknecht, 1997, S. 133; *Wünschmann*, Die Haftung und die Regulierung von institutionellen Stimmrechtsberatern, 2015; *Zienik*, Ungeschriebene Hauptversammlungskompetenzen bei Unternehmensakquisitionen einer Aktiengesellschaft, 2016.

I. Grundlagen

33.1 Die Hauptversammlung ist das Organ der AG, in dem die Aktionäre ihre wichtigsten Mitgliedschaftsrechte ausüben (§ 118 Abs. 1 AktG). Sie nehmen dort von den Vorlagen und Berichten der Verwaltung

Kenntnis (vgl. z.B. § 176 Abs. 1 AktG zur Entgegennahme der Unterlagen zur Rechnungslegung). In der Aussprache darüber können sie von ihrem Frage- und Rederecht Gebrauch machen, erhalten entsprechende Auskünfte (§ 131 AktG) und können sich anschließend durch Ausübung ihres Stimmrechts, selbst oder über einen Vertreter, an der Willensbildung der Gesellschaft beteiligen (§§ 133 ff. AktG). Die Hauptversammlung dient damit zum einen der Unterrichtung der Aktionäre. Zum anderen ist sie das Organ, in dem die Aktionäre Angelegenheiten der Gesellschaft erörtern sowie über bestimmte wesentliche Gegenstände beschließen. Nichts anderes gilt, soweit eine virtuelle Hauptversammlung nach Maßgabe von § 1 Abs. 2 COVMG in Rede steht (näher dazu Rz. 33.56 und Rz. 35.63 ff.). Insbesondere hat auch sie unbestreitbar Organqualität. Ebenso bildet sie ein Forum, welches auf Unterrichtung der Aktionäre sowie auf Sachentscheidung im Beschlusswege gerichtet ist. Daran ändert nichts, dass der Gesetzgeber die Aktionärsrechte für das virtuelle Format (vorübergehend) neu kalibriert hat – mit dem erklärten Ziel, den Gesellschaften in Zeiten der Pandemie „substanzielle Erleichterungen für die Durchführung von Hauptversammlungen" zu verschaffen und ihre Handlungsfähigkeit zu sichern[1].

II. Bedeutung der Hauptversammlung

1. Information

Was die Unterrichtung der Aktionäre angeht, so bietet die Hauptversammlung allerdings meist wenig Neuigkeiten. Alle wesentlichen Informationen sind in der Regel schon in den schriftlichen Unterlagen enthalten, insbesondere im Jahresabschluss, im Konzernabschluss und in den zugehörigen Lageberichten sowie im Bericht des Aufsichtsrats. Diese Unterlagen werden den Aktionären schon vor der Hauptversammlung bekanntgegeben bzw. zugänglich gemacht (§ 175 Abs. 2 AktG, näher Rz. 33.17, 35.4). Auch die Tagesordnung der Hauptversammlung wird bereits mit der Einberufung bekanntgemacht (§ 121 Abs. 3 Satz 2, näher Rz. 34.47 ff.), ebenso die Beschlussvorschläge der Verwaltung (§ 124 Abs. 3 Satz 1, näher Rz. 34.51 ff.), in bestimmten Fällen flankiert durch schriftliche Berichte an die Hauptversammlung (Rz. 34.102 ff.). Sollten im Einberufungszeitraum noch neue, kursrelevante Tatsachen eintreten, sind diese unverzüglich zu veröffentlichen (Art. 17 Abs. 1 MAR). Die Hauptversammlung ist damit jedenfalls bei börsennotierten Gesellschaften nicht mehr der Ort, an dem zuvor getroffene wichtige Entscheidungen von Vorstand und Aufsichtsrat erstmals bekanntgegeben und präsentiert werden.

33.2

Nur in der Hauptversammlung können die Aktionäre allerdings ihr **Frage- und Rederecht** ausüben (näher Rz. 35.6, 36.3 ff.). Mit dessen Hilfe können sie ergänzende Erläuterungen zur Rechnungslegung, zur Strategie der Gesellschaft sowie zu den unterbreiteten Beschlussvorschlägen erhalten. In der Hauptversammlung vor allem der Publikumsgesellschaften wird das Frage- und Rederecht zumeist ausführlich genutzt, mitunter auch nachdrücklich oder sogar aggressiv, um tatsächliche oder vermeintliche Missstände aufzudecken oder die Verwaltung aus sonstigem Anlass unter Druck zu setzen. Berufsopponenten versuchen nicht selten, durch bewusst abseitige Fragen oder umfangreiche Fragenkataloge unvollständige oder fehlerhafte Auskünfte zu provozieren, um die Gesellschaft im Anschluss an die Hauptversammlung mit Anfechtungs- oder Auskunftsklagen zu überziehen[2]. Die Hauptversammlung erfordert deshalb nicht nur eine sorgfältige Vorbereitung, sondern auch eine souveräne Versammlungsleitung[3].

33.3

---

1 Begr. FraktE COVID-19-G, BT-Drucks. 19/18110, S. 5.
2 Siehe dazu auch *Butzke*, HV, A Rz. 22 ff.
3 *Martens*, Leitfaden, S. 11.

2. Kommunikation

33.4 Für die Kommunikation der Aktionäre mit der Verwaltung und untereinander bietet die Hauptversammlung nur begrenzten Raum. Dies ergibt sich schon daraus, dass die Hauptversammlung in der Regel **an nur einem Tag** stattfindet und deshalb bei einer Publikumsgesellschaft nur verhältnismäßig wenige Aktionäre zu Wort kommen können. Hinzu kommt, dass manche Redner ihre Sonderinteressen verfolgen und damit eine Aussprache, die dem Interesse aller Aktionäre dient, nur teilweise stattfindet. Dabei wird die Hauptversammlung häufig „künstlich" in die Länge gezogen, nicht nur durch Berufsopponenten, sondern mitunter auch durch Wortbeiträge zu Themen abseits der Tagesordnung, insbesondere zu allgemeinen wirtschaftspolitischen, gesellschaftlichen oder ideologischen Fragen, welche die Gesellschaft gar nicht oder allenfalls am Rande berühren[4]. Auch deshalb kann es durchaus vorkommen, dass eine Hauptversammlung zehn Stunden oder sogar länger dauert – vor allem bei den DAX-Gesellschaften. Der Regelfall ist dies allerdings nicht. Im Gegenteil: Es gelingt in der Praxis zusehends wieder, die Debatte und damit die Hauptversammlung insgesamt zu fokussieren und zu straffen. Dies entspricht dem **Leitbild des Gesetzgebers**. Es besteht seit dem UMAG darin, dass die Hauptversammlung eine Plattform für eine straffe Sachdebatte und Entscheidungsfindung ist – und somit im Regelfall innerhalb von **vier bis sechs Stunden** abzuwickeln sein soll[5]. Die Rechtsprechung hat dieses Leitbild aufgegriffen und inzwischen mehrfach bestätigt[6]. Gleiches gilt für den DCGK, der eine entsprechende Anregung formuliert, auch nach seiner Kernsanierung im Jahr 2019 (A.4 DCGK 2020). Ein anderer Maßstab kann freilich gelten, wenn wichtige Kapital- oder Strukturmaßnahmen auf der Tagesordnung stehen oder wenn aus anderen (objektiven) Gründen gesteigerter Gesprächsbedarf besteht. Spätestens um Mitternacht muss die Hauptversammlung aber in jedem Fall geschlossen sein. Anderenfalls sind nach Auffassung einiger Gerichte die gefassten Beschlüsse nicht nur anfechtbar, sondern sogar nichtig[7]; siehe noch Rz. 34.42 und 36.6.

33.5 Was die **Kommunikation der Aktionäre untereinander** angeht, so kann ein Bedürfnis dafür schon im Vorfeld der Hauptversammlung bestehen. Der Gesetzgeber hat deshalb ein **Aktionärsforum** im Bundesanzeiger eingerichtet (§ 127a AktG)[8]. Dieses Forum soll die Kontaktaufnahme der Aktionäre untereinander erleichtern, damit sie den zur Ausübung bestimmter Minderheitsrechte erforderlichen Aktienbesitz gemeinsam leichter erreichen können[9]. Es ist allerdings zweifelhaft, ob dafür der Bundesanzeiger benötigt wird[10]. Bislang ist das Aktionärsforum in der Praxis kaum angenommen worden[11]. Ein Grund liegt vermutlich darin, dass gemeinsame Aktionen von Aktionären zu einem abgestimmten Stimmverhalten in der Hauptversammlung führen können. Dieses kann dann als *acting in concert* gemäß § 34 Abs. 2 WpHG, § 30 Abs. 2 WpÜG kapitalmarktrechtliche Mitteilungs- und Angebotspflichten auslösen, deren Verletzung wiederum einen Verlust von Aktionärsrechten einschließlich des Stimmrechts bewirkt (siehe noch Rz. 36.48)[12]. Hinzu kommt die Konkurrenz privater Austauschforen, die nicht nur einseitig, sondern als Zwei-Wege-Kommunikation funktionieren[13].

---

4 *Butzke*, HV, A Rz. 16 ff.
5 Begr. RegE UMAG, BT-Drucks. 15/5092, S. 17.
6 Siehe nur BGH v. 8.2.2010 – II ZR 94/08 – Redezeitbeschränkung, BGHZ 184, 239, 248 = AG 2010, 292 Rz. 20; BGH v. 5.11.2013 – II ZB 28/12 – Deutsche Bank, BGHZ 198, 354 = AG 2014, 87 Rz. 34.
7 So insbesondere LG Düsseldorf v. 16.5.2007 – 36 O 99/06, AG 2007, 797.
8 Näher dazu *Seibert*, AG 2006, 16.
9 Begr. RegE UMAG, BT-Drucks. 15/5092, S. 31.
10 *DAV-Handelsrechtsausschuss*, ZIP 2004, 1230, 1231.
11 *Butzke* in Großkomm. AktG, 5. Aufl. 2017, § 127a AktG Rz. 2; *Kubis* in MünchKomm. AktG, 4. Aufl. 2018, § 127a AktG Rz. 2; *Bayer/Hoffmann*, AG 2013, R61; *Seibert*, NZG 2007, 841, 842.
12 Näher dazu *Butzke* in Großkomm. AktG, 5. Aufl. 2017, § 127a AktG Rz. 8; *Rieckers* in BeckOGK AktG, Stand 1.6.2021, § 127a AktG Rz. 18.
13 *Kubis* in MünchKomm. AktG, 4. Aufl. 2018, § 127a AktG Rz. 2; *Noack/Zetzsche* in KölnKomm. AktG, 3. Aufl. 2011, § 127a AktG Rz. 4.

3. Beschlussfassung

Die Bedeutung der Hauptversammlung als **Beschlussorgan** hat in den vergangenen Jahren wieder zugenommen. Dies betrifft vor allem die börsennotierten Gesellschaften. Bei ihnen hat der Gesetzgeber, teilweise in Umsetzung europäischer Vorgaben, die Zuständigkeit der Hauptversammlung stetig **ausgebaut**. Als jüngste Beispiele sind zu erwähnen der grundlegend reformierte Say on Pay (§ 120a Abs. 1–3 AktG, näher Rz. 33.28 ff.), die jährliche Billigung des neuen Vergütungsberichts (§ 120a Abs. 4 i.V.m. § 162 AktG, näher Rz. 33.32 ff.) sowie die etwaige Herabsetzung der Maximalvergütung für Vorstandsmitglieder auf Verlangen einer Minderheit (§ 87 Abs. 4 AktG), allesamt basierend auf dem ARUG II vom 12.12.2019[14]. Vorbei sind daher die Zeiten, in denen eine (ordentliche) Hauptversammlung meist nur fünf reguläre Tagesordnungspunkte umfasste (Vorlage der Unterlagen zur Rechnungslegung, Gewinnverwendung, Entlastung der Vorstandsmitglieder, Entlastung der Aufsichtsratsmitglieder, Wahl des Abschlussprüfers). In regelmäßigen, tendenziell kürzer werdenden Abständen kommen weitere Punkte hinzu. Das sind etwa die Ermächtigung zum Erwerb eigener Aktien, genehmigtes Kapital und Anleiheermächtigungen. Sie alle sind essenziell, um der börsennotierten Gesellschaft die notwendige Flexibilität für ihre Finanzierung am Kapitalmarkt einzuräumen, außerdem für etwaige Akquisitionen oder Zusammenschlüsse. Allesamt können solche Ermächtigungen aber nur für die Dauer von bis zu fünf Jahren erteilt werden. Dies mit der Folge, dass sie nach Ablauf dieser Frist erneuert werden müssen, im Falle ihrer Ausnutzung auch schon früher. Ähnlich verhält es sich bei Wahlen zum Aufsichtsrat. Die Amtszeit von Aufsichtsratsmitgliedern beträgt (gerundet) ebenfalls bis zu fünf Jahre. Dies war lange Zeit auch der praktische Standard. Inzwischen allerdings stehen Neuwahlen in der Praxis oft schon in deutlich kürzeren Abständen an. So etwa, wenn die Amtszeiten der Aufsichtsratsmitglieder bewusst nicht parallel laufen, sondern sich zeitlich überschneiden (*staggered board*). Ein weiterer Grund ist, dass einflussreiche Investoren und Stimmrechtsberater zunehmend für kurze Amtszeiten plädieren – z.B. von nur noch vier oder gar drei Jahren, wie es im angloamerikanischen Rechtskreis eher üblich ist. All dies führt dazu, dass Umfang und Komplexität der Agenda stetig wachsen. Das gilt umso mehr, als besagte Zusatzpunkte nicht nur umfangreiche Beschlussanträge bedeuten, sondern auch zusätzliche Berichte und Informationen. Dies wiederum hat zur Folge, dass die Einberufung sowie ihre Begleitdokumente kontinuierlich anschwellen – und von vielen Kleinanlegern kaum noch verstanden werden können.

4. Präsenzen

In den Jahren nach 1998 war festzustellen, dass die durchschnittliche Teilnahmequote an der Hauptversammlung, bezogen auf das Aktienkapital der jeweiligen Gesellschaft, kontinuierlich zurückging. Schon seit geraumer Zeit steigen die Zahlen aber wieder. Lag die durchschnittliche HV-Präsenz bei den DAX-Gesellschaften im Jahr 1998 bei 60,95 %, sank sie über die Jahre auf 45,87 % (2005), um später auf 56,42 % (2007) und 59,03 % (2012) wieder anzusteigen[15]. Der Wiederanstieg wird z.T. auf das UMAG zurückgeführt, mit dem bei Inhaberaktien das Hinterlegungserfordernis als Teilnahmevoraussetzung abgeschafft und für die Anmeldung ein „Record Date" eingeführt wurde[16]. Durch das ARUG (I) vom 30.7.2009[17] wurde außerdem das Vollmachtstimmrecht der Banken verbessert (Rz. 36.52 ff.). Gleichzeitig wurden für die Aktionäre neue, moderne Wege der Partizipation geschaffen, namentlich die Möglichkeiten der **Online-Teilnahme** (§ 118 Abs. 1 Satz 2 AktG, näher Rz. 35.59), der schriftlichen oder elektronischen **Briefwahl** (§ 118 Abs. 2 AktG, näher Rz. 35.60) und des elektronischen **Vollmachtsnachweises** (§ 134 Abs. 3 Satz 4 AktG, näher Rz. 36.51). Im Jahr 2013 sanken die Präsenzen massiv ab auf rd. 50,8 %[18]. Als Grund dafür wird mitunter eine Entscheidung des OLG Köln vermutet, die eine Mitteilungspflicht der Legitimationsaktionäre für die auf ihren Namen eingetragenen fremden

---

14 BGBl. I 2019, 2637.
15 *Baums*, ZHR 171 (2007), 599, 600.
16 Näher dazu *Seibert*, NZG 2007, 841.
17 BGBl. I 2009, 2479.
18 Quelle: Barkow Consulting GmbH (www.barkowconsulting.com).

Aktien annahm[19]. Diese Entscheidung führte zu einer erheblichen Verunsicherung insbesondere der ausländischen Investoren. Im Jahr 2015 wurde § 21 WpHG a.F. (seit 3.1.2018: § 33 WpHG) klarstellend dahin geändert, dass Mitteilungspflichten nur den Eigentümer der Aktien treffen[20]. Die Präsenzen stiegen daraufhin wieder spürbar und kontinuierlich an: 60,5 % (2016), 62,9 % (2017), 65,4 % (2018) sowie 66,7 % (2019) – wiederum jeweils als Durchschnittswert im DAX[21]. Diese positive Entwicklung dürfte auch darauf beruhen, dass die Gesellschaften zunehmend den Kontakt zu ihren institutionellen Aktionären suchen und dabei für eine Stimmabgabe in der Hauptversammlung werben.

33.8 Im Jahr 2020 schließlich erreichte die Durchschnittspräsenz im DAX einen neuen **Höchstwert** von 69,9 %[22]. Dabei ist freilich zu bedenken, dass sich gegenüber den Vorjahren die tatsächlichen Rahmenbedingungen in mehrfacher Hinsicht verschoben haben: *Erstens*, weil mit Siemens und Infineon nur zwei DAX-Gesellschaften im Frühjahr noch eine klassische Präsenzveranstaltung abhalten konnten, während die übrigen angesichts der COVID-19-Pandemie das **virtuelle Format** wählen mussten. Und *zweitens*, weil es im DAX in weniger als zwölf Monaten zu einem Austausch von drei Mitgliedern kam (Abgänge von thyssenkrupp, Lufthansa und Wirecard; Aufnahme von MTU, Deutsche Wohnen und Delivery Hero); allein darauf lassen sich rechnerisch über zwei Prozentpunkte des Gesamtanstiegs von 3,2 Prozentpunkten gegenüber dem Jahr 2019 zurückführen. Von daher ist das Jahr 2020 schwerlich mit den Vorjahren vergleichbar.

33.9 Um die Präsenzen zu erhöhen, ist in Anlehnung an die spanische Praxis die Einführung eines **Präsenzbonus** vorgeschlagen worden, der die Teilnahme an der Hauptversammlung unabhängig von der Ausübung des Stimmrechts honoriert[23]. Die Zahlung einer solchen Anwesenheitsprämie stellt allerdings eine verdeckte Gewinnausschüttung gemäß § 57 Abs. 3 AktG dar, die durch kein betriebliches Interesse gerechtfertigt ist[24]. Über eine Ergänzung von § 58 Abs. 3 AktG könnte zwar die Einführung einer solchen Prämie durch Beschluss der Hauptversammlung über die Gewinnverwendung ermöglicht werden[25]. Möglicherweise würde sich dadurch aber nur die Zahl der anwesenden Aktionäre erhöhen, nicht hingegen auch das vertretene Grundkapital[26]. Angesichts dieser und weiterer Einwände haben sich die Vorschläge zur Einführung eines Präsenzbonus nicht durchgesetzt.

5. Institutionelle Anleger

33.10 Institutionelle Investoren sind an der Aktie primär als Anlageobjekt interessiert. Den Kontakt zum Vorstand und bisweilen auch zum Aufsichtsratsvorsitzenden suchen sie zumeist außerhalb der Hauptversammlung. Solche **Investorengespräche** dienen vor allem dazu, eine bessere Einschätzung der Strategie des Unternehmens und der handelnden Personen zu gewinnen. Dessen ungeachtet kann die Hauptversammlung für institutionelle Investoren ein wichtiges Forum sein. Das gilt aus mehreren Gründen: *Erstens* sind Kapitalverwaltungsgesellschaften mit Sitz im Inland verpflichtet, das Stimmrecht aus Aktien inländischer Gesellschaften selbst oder über einen Bevollmächtigten auszuüben (§ 94 Satz 3, 4 KAGB). *Zweitens* gibt es international agierende **Stimmrechtsberater**, die institutionelle Investoren bei der Ausübung ihres Stimmrechts unterstützen, allen voran International Shareholder Ser-

---

19 OLG Köln v. 6.6.2012 – 18 U 240/11, AG 2012, 599; zust. *Bayer/Scholz*, NZG 2013, 721 ff.; abl. *Widder/Koch*, ZIP 2012, 2092 ff.; *Nartowska*, NZG 2013, 124 ff.; *Richter*, WM 2013, 2296 ff.
20 Näher *Piroth*, AG 2015, 10 ff.; *Harnos/Piroth*, ZIP 2015, 456 ff.
21 Quelle: Barkow Consulting GmbH (www.barkowconsulting.com).
22 Quelle: Barkow Consulting GmbH (www.barkowconsulting.com).
23 Dazu *Dauner-Lieb*, WM 2007, 9; *Klühs*, ZIP 2006, 107; *Lenz*, NZG 2006, 534; *Noack*, BB 42/2005, Die erste Seite; *Seibert* in FS Westermann, 2008, S. 1505, 1513 ff.; *E. Vetter*, AG 2006, 32.
24 *Bayer* in MünchKomm. AktG, 5. Aufl. 2019, § 57 AktG Rz. 81; *Fleischer*, WM 2007, 909, 913; *E. Vetter*, AG 2006, 32, 34.
25 *Klühs*, ZIP 2006, 107, 112, 118.
26 *Kubis* in MünchKomm. AktG, 4. Aufl. 2018, § 118 AktG Rz. 25.

vices (ISS) und Glass Lewis[27]. So gelingt es, dass auch ausländische Investoren ihr Stimmrecht wahrnehmen, ohne sich vertieft mit dem deutschen Recht oder der jeweiligen Tagesordnung zu befassen. Das führt allerdings zu einer neuen Principal-Agent-Problematik. *Drittens* betrifft die Corporate-Covernance-Debatte inzwischen nicht mehr nur die Leitungs- und Aufsichtsorgane. Sie betont zunehmend auch die Rolle und Verantwortung der Aktionäre als Eigentümer[28]. In diesem Lichte fordern Art. 3g ff. Aktionärsrechte-RL weitreichende Transparenz bei institutionellen Anlegern und Vermögensverwaltern, namentlich hinsichtlich ihrer Mitwirkungspolitik, ihrer Anlagestrategie und ihres Abstimmungsverhaltens. Stimmrechtsberater sind gehalten, sich zu einem Verhaltenskodex zu bekennen sowie ihre Informationsquellen, Arbeitsweisen und Interessenkonflikte offenzulegen. Das ARUG II vom 12.12.2019[29] hat diese Vorgaben umgesetzt in den neuen §§ 134a–134d AktG[30].

6. Aktivistische Aktionäre

Eine besondere Gruppe innerhalb der Anleger bilden die sog. aktivistischen Aktionäre. Dabei handelt es sich häufig um **Hedgefonds**, die ihre gesellschaftsrechtliche Stellung – in der Regel nur eine überschaubare Minderheitsbeteiligung – aggressiv nutzen, um im Interesse einer hohen Anlagerendite Einfluss auf die Unternehmen auszuüben. Dies kann transaktionsbezogen geschehen, indem z.B. gezielt Anteile an einem Unternehmen erworben werden, bei dem der Abschluss eines Beherrschungs- und Gewinnabführungsvertrags, ein Übernahmeangebot oder ein Squeeze-out bevorsteht[31]. Die Einflussnahme kann sich aber auch auf eine Änderung der Strategie des Unternehmens beziehen. Dazu wird dann über die Hauptversammlung durch Gegen- oder Ergänzungsanträge und die Einwerbung von Stimmrechtsvollmachten sowie durch öffentliche Kampagnen Druck ausgeübt[32]. Will sich der Investor mittel- oder längerfristig engagieren, kann auch eine Vertretung im Aufsichtsrat angestrebt sein. Die Vorstände börsennotierter Gesellschaften in Deutschland sind gut beraten, sich auf die vielfältigen Facetten solcher Angriffe frühzeitig vorzubereiten. Als Präventionsmaßnahmen kommen dabei weniger rechtliche Maßnahmen als vielmehr eine sorgfältige Beobachtung des Kapitalmarkts und eine konsistente Öffentlichkeitsarbeit in Betracht[33].

33.11

7. Privatanleger

Verglichen mit den institutionellen Anlegern ist das Interesse der Privatanleger an der Hauptversammlung gering. Die durchschnittliche Anzahl der Aktionäre und Aktienfondsbesitzer lag zwar im Jahr 2020 bei rd. 12,4 Millionen und damit auf dem höchsten Stand seit 2001[34]. Davon nehmen aber nur wenige an den Hauptversammlungen der deutschen (oder auch ausländischen) Unternehmen teil. Der meist unbedeutende Einfluss der Privataktionäre schlägt sich in einer entsprechenden „rationalen Apathie"[35] nieder. Daran ändert nichts, dass solche Privataktionäre bisweilen in hoher vierstelliger Zahl auf den Hauptversammlungen einzelner DAX-Gesellschaften zugegen sind und dort nach Köpfen eine deutliche Mehrheit stellen. Ihr Anteil am vertretenen Grundkapital fällt in der Regel deutliche geringer aus; meist liegt er im niedrigen einstelligen Prozentbereich[36].

33.12

---

27 Näher *Fleischer*, AG 2012, 2; *Uwe H. Schneider/Anzinger*, NZG 2007, 88 ff.; *Wilsing*, ZGR 2012, 291, 294 ff.; *Wünschmann*, S. 56 ff.
28 *Hüffer/Koch*, § 134a AktG Rz. 1; *Seibert* in FS Hoffmann-Becking, 2013, S. 1101.
29 BGBl. I 2019, 2637.
30 Dazu *Baums*, ZHR 183 (2019), 605; *Koch*, BKR 2020, 1; *Tröger*, ZGR 2019, 126.
31 Vgl. *Fabritius/Lyons/Kulenkamp*, Börsen-Zeitung v. 11.4.2015.
32 *Kleinmanns*, IRZ 2016, 341; *Kocher*, DB 2016, 2887; *Schockenhoff/Culmann*, ZIP 2015, 297.
33 *Bunz*, NZG 2014, 1049, 1053; *Kleinmanns*, IRZ 2016, 341, 344.
34 Quelle: Statista Research Department, 2.3.2021.
35 *Clark*, Vote Buying and Corporate Law, (1979) 29 Case Western Reserve Law Review, 776, 779.
36 *Butzke*, HV, A Rz. 13.

8. Investor Relations

33.13 Unabhängig von der rechtlichen Bedeutung der Hauptversammlung wird diese von der Verwaltung zum Anlass genommen, die Gesellschaft den Aktionären und der Öffentlichkeit, mittels der eingeladenen Presse- und Medienvertreter, näher zu bringen. So erhalten die Aktionäre auf der Hauptversammlung vielfach Gelegenheit, sich auch außerhalb der Aussprache z.B. durch Filme, Broschüren o.Ä. umfassend über die Tätigkeit der Gesellschaft zu informieren. Die Teilnehmer können auf diese Weise auch die sozialen und ökologischen Aktivitäten des Unternehmens kennen lernen. Schon seit einiger Zeit legen dazu größere Unternehmen einen Bericht über ihre **Corporate Social Responsibility** (CSR) vor – anfangs noch auf freiwilliger Basis. Diese sog. nichtfinanzielle Erklärung ist inzwischen verpflichtend für alle großen Kapitalgesellschaften mit mehr als 500 Mitarbeitern (§ 289b HGB)[37]. Die Erklärung erstreckt sich zumindest auf die Themen Umwelt, Soziales, Arbeitnehmerschutz, Menschenrechte und Antikorruption (§ 289c HGB). Mitunter ist die Hauptversammlung auch der Ort, um im Foyer neue Produkte vorzustellen oder durch anschließende Werksbesichtigungen Eindrücke von den Produktionsstätten zu vermitteln. Die Hauptversammlung i.w.S. kann demnach auch eine **Werbeveranstaltung** für Anleger sein. Die Einzelheiten gehören zu den Aufgaben der **Investor-Relations-Abteilung**. Deren Aufgabe ist auch, unabhängig von der Hauptversammlung mit den wichtigsten Investoren im Dialog zu bleiben.

III. Verhältnis zu Vorstand und Aufsichtsrat

33.14 Das Verhältnis zwischen der Hauptversammlung und den beiden anderen Organen der AG, dem **Vorstand** als dem Geschäftsführungsorgan (§ 76 AktG) und dem **Aufsichtsrat** als Überwachungsorgan (§ 111 AktG), ist dadurch gekennzeichnet, dass jedes Organ einen eigenen Zuständigkeitsbereich hat. Dem Vorstand ist die Leitung der Gesellschaft als eigenverantwortliche Aufgabe zugewiesen (§ 76 Abs. 1 AktG). Die **Hauptversammlung** ist von dieser Funktion ausgeschlossen[38]. Die Hauptversammlung ist dementsprechend dem Vorstand und dem Aufsichtsrat nicht übergeordnet, sondern steht auf gleicher Stufe neben ihnen[39]. Die Hauptversammlung wählt zwar die Anteilseignervertreter im Aufsichtsrat, kann aber weder dem Aufsichtsrat noch den von diesem bestellten Vorstandsmitgliedern Weisungen erteilen. Sie hat in Fragen der Geschäftsführung auch kein Initiativrecht (vgl. § 111 Abs. 4 Satz 3, § 119 Abs. 2 AktG). Darin liegt ein wesentlicher Unterschied zur GmbH, bei der die Geschäftsführer den Weisungen der Gesellschafterversammlung unterworfen sind (§ 37 GmbHG). Anders als die Hauptversammlung ist der Aufsichtsrat in begrenztem Umfang an der Geschäftsführung des Vorstands beteiligt (§ 111 Abs. 4 Satz 2, §§ 111a, 111b AktG). Er wird dadurch aber nicht zu einem Co-Leitungsorgan[40].

33.15 Vorstand und Aufsichtsrat sind gehalten, ihre Befugnisse nur im Rahmen der Vorgaben der Satzung auszuüben. Dies gilt insbesondere für den **Unternehmensgegenstand**, der den äußeren Rahmen für die Aktivitäten der Gesellschaft bildet (§ 23 Abs. 3 Nr. 2 AktG). Vorstand und Aufsichtsrat sind zudem verpflichtet, die Hauptversammlung organisatorisch vorzubereiten. Auf Verlangen der Hauptversammlung – ein Fall, der hin und wieder vorkommt – hat der Vorstand auch Beschlussgegenstände vorzubereiten, die in die Zuständigkeit der Hauptversammlung fallen (§ 83 Abs. 1 AktG). Soweit die Beschlüsse der Hauptversammlung noch der Ausführung bedürfen, z.B. einer Anmeldung zur Eintragung ins Handelsregister, ist der Vorstand auch dazu verpflichtet (§ 83 Abs. 2 AktG). Im Übrigen un-

---

37 Näher *Lanfermann*, BB 2016, 1131, 1132; *Mock*, ZIP 2017, 1195; *Seibt*, DB 2016, 2707.
38 *Fleischer* in BeckOGK AktG, Stand 1.6.2021, § 76 AktG Rz. 7; *Hüffer/Koch*, § 76 AktG Rz. 2; vgl. auch *Seibt* in K. Schmidt/Lutter, § 76 AktG Rz. 2.
39 BVerfG v. 20.9.1999 – 1 BvR 636/95 – Daimler-Benz, AG 2000, 74; *Hüffer/Koch*, § 118 AktG Rz. 4; *Spindler* in K. Schmidt/Lutter, § 119 AktG Rz. 1.
40 *Hüffer/Koch*, § 76 AktG Rz. 2; für die Einordnung als mit-unternehmerisches Organ *Lutter/Krieger/Verse*, Rechte und Pflichten des Aufsichtsrats, Rz. 58.

terliegen Vorstand und Aufsichtsrat insofern einer Kontrolle durch die Hauptversammlung, als diese über die Beschlussvorschläge der Verwaltung sowie alljährlich über die **Entlastung** beider Organe entscheidet (§ 120 AktG, näher Rz. 33.21 ff.).

IV. Gesetzliche Kompetenzen

1. Allgemeines

Die wichtigste Funktion der Hauptversammlung besteht in der **Beschlussfassung** über die Gegenstände, die ihr von Gesetzes wegen zur Entscheidung zugewiesen sind. Diese Beschlussgegenstände sind vor allem, aber nicht abschließend in § 119 Abs. 1 AktG aufgeführt, wobei die Einzelheiten z.T. an anderer Stelle geregelt sind. So ist beispielsweise die in § 119 Abs. 1 Nr. 1 AktG aufgeführte Bestellung der Aufsichtsratsmitglieder in § 101 AktG näher behandelt. Beschlusskompetenzen sind der Hauptversammlung auch außerhalb des AktG zugewiesen. So ist die in § 119 Abs. 1 Nr. 5 AktG erwähnte Zuständigkeit für die Bestellung des Abschlussprüfers in § 318 HGB geregelt. Die Zuständigkeit für Beschlüsse zu den verschiedenen Umwandlungsmöglichkeiten ergibt sich aus dem UmwG, dort vor allem aus den §§ 13, 125, 193 UmwG. In all diesen Fällen ist die Zuständigkeit der Hauptversammlung zwingend. Eine Übertragung der Beschlussfassung auf Vorstand oder Aufsichtsrat ist nicht zulässig[41]. Die der Hauptversammlung gesetzlich zugewiesenen Entscheidungen lassen sich einteilen in regelmäßig wiederkehrende Beschlüsse (Rz. 33.17 ff.), Strukturmaßnahmen (Rz. 33.35 ff.) und sonstige Beschlüsse (Rz. 33.39)[42].

33.16

2. Wiederkehrende Beschlüsse

a) Feststellung des Jahresabschlusses

§ 175 Abs. 1 Satz 1 AktG bestimmt, dass die ordentliche Hauptversammlung alljährlich den Jahresabschluss, den Lagebericht, einen etwaigen Einzelabschluss nach § 325 Abs. 2a HGB sowie ggf. die entsprechenden Konzernunterlagen entgegennimmt. Diese sämtlichen Dokumente sind den Aktionären ab der Einberufung zugänglich zu machen, ebenso der Gewinnverwendungsvorschlag des Vorstands und der schriftliche Bericht des Aufsichtsrats (§ 175 Abs. 2 Satz 1 AktG). Dies kann auf zweierlei Weise geschehen, nämlich entweder per Auslage in den Geschäftsräumen sowie Zusendung auf Wunsch oder über die Internetseite der Gesellschaft (§ 175 Abs. 2 Satz 1–4 AktG). In der Praxis wählen börsennotierte Gesellschaften stets die **Internetpublizität**, auch mit Rücksicht auf § 124a Satz 1 Nr. 3 AktG (siehe dazu Rz. 34.65)[43]. Die Auslage und Versendung physischer Unterlagen wird mitunter noch zusätzlich angeboten, ist aber rechtlich entbehrlich und geht im Zuge der Digitalisierung immer weiter zurück – auch im Interesse des Umweltschutzes und zur Vermeidung überflüssiger Kosten. In der Hauptversammlung sind die Unterlagen ebenfalls auszulegen oder anderweitig zugänglich zu machen (§ 176 Abs. 1 Satz 1 AktG). Ihre **Vorlage** bildet üblicherweise den ersten Tagesordnungspunkt einer jeden ordentlichen Hauptversammlung. Dabei handelt es sich zumeist um einen **beschlusslosen Punkt** i.S.v. § 124a Satz 1 Nr. 2 AktG. Dies deshalb, weil in der Praxis nahezu immer der Aufsichtsrat den Jahresabschluss billigt und dieser somit bereits festgestellt ist (§ 172 Satz 1 AktG). Es bleibt dann kein Raum für die Hauptversammlung, selbst über die Feststellung zu beschließen (§ 173 Abs. 1 Satz 1 AktG). Für sie bleibt allein, über die Verwendung des Bilanzgewinns zu entscheiden, dies aber in der Regel unter einem gesonderten Tagesordnungspunkt (siehe dazu Rz. 33.18 ff.). Anders ist dies allerdings in der KGaA: Dort gilt, dass die Feststellung des Jahresabschlusses stets Sache der Hauptversammlung ist – und überdies der Zustimmung der persönlich haftenden Gesellschafter bedarf (§ 286 Abs. 1 Satz 1 und 2 AktG).

33.17

---

41 *Spindler* in K. Schmidt/Lutter, § 119 AktG Rz. 2.
42 *Hüffer/Koch*, § 119 AktG Rz. 5 ff.
43 *Hennrichs/Pöschke* in MünchKomm. AktG, 4. Aufl. 2018, § 175 AktG Rz. 40.

b) Gewinnverwendung

33.18 Zu den Beschlüssen, die regelmäßig auf der Tagesordnung der jährlichen Hauptversammlung stehen, gehört die **Verwendung des Bilanzgewinns** (§ 119 Abs. 1 Nr. 2 AktG). Sie zählt zu den Kernrechten der Aktionäre. Allerdings ist dieses Recht im Interesse der Kapitalerhaltung nicht unerheblich eingeschränkt: durch die Verpflichtung zur Bildung einer gesetzlichen Rücklage (§ 150 AktG) sowie durch die Befugnis der Verwaltung zur Rücklagenbildung. Wird der Jahresabschluss, wie dies bei der börsennotierten AG die Regel ist, von Vorstand und Aufsichtsrat festgestellt, so ist die Hauptversammlung an diese Vorentscheidung gebunden (§ 174 Abs. 1 Satz 2 AktG). Im Rahmen dieser Feststellung können Vorstand und Aufsichtsrat einen Teil des Jahresüberschusses in andere Gewinnrücklagen einstellen. Das Gesetz begrenzt diesen Teil auf höchstens die Hälfte (§ 58 Abs. 2 Satz 1 AktG). Die Satzung kann jedoch davon abweichen und Vorstand und Aufsichtsrat zu einer höheren oder niedrigeren Einstellung ermächtigen (§ 58 Abs. 2 Satz 2 AktG). In der Praxis der börsennotierten AG wird dieser Spielraum meist nur im Sinne einer über die Hälfte des Jahresüberschusses hinausgehenden Ermächtigung genutzt[44].

33.19 Die Hauptversammlung ist an den von Vorstand und Aufsichtsrat festgestellten Jahresabschluss gebunden. Sie kann daher nur über den **festgestellten Bilanzgewinn** entscheiden. Sie kann diesen ausschütten, auf neue Rechnung vortragen oder in die Gewinnrücklagen einstellen (§ 58 Abs. 3 AktG). Einen höheren Gewinn kann sie nicht ausschütten. Die Hauptversammlung kann auch nicht, wie bisweilen von interessierten Aktionären beantragt, über die Ausschüttung eines Teiles des Gewinns an bestimmte gemeinnützige Organisationen beschließen. Eine solche Verwendung des Bilanzgewinns ist nur zulässig, wenn die Satzung eine entsprechende Ermächtigung enthält, die in aller Regel aber fehlt (§ 58 Abs. 3 Satz 2 AktG)[45]. Die Fälligkeit des Anspruchs auf den Bilanzgewinn nach einem Verwendungsbeschluss ist durch die Aktienrechtsnovelle 2016 vom 22.12.2015[46] grundsätzlich auf den dritten Geschäftstag nach der Hauptversammlung festgelegt worden (§ 58 Abs. 4 Satz 2 AktG) – wobei „Geschäftstag" als „Bankarbeitstag" zu verstehen ist[47]. Weitere Einzelheiten des Gewinnverwendungsbeschlusses sind in § 174 AktG geregelt.

33.20 Weist die Gesellschaft keinen Bilanzgewinn, sondern einen **Bilanzverlust** aus, so kommt ein Gewinnverwendungsbeschluss der Hauptversammlung nicht in Betracht. Bisweilen schlägt die Verwaltung zwar vor, den Bilanzverlust auf neue Rechnung vorzutragen. Ein entsprechender Hauptversammlungsbeschluss ist jedoch überflüssig und wirkungslos[48].

c) Entlastung

33.21 Nach § 119 Abs. 1 Nr. 4, § 120 Abs. 1 Satz 1 AktG beschließt die Hauptversammlung alljährlich in den ersten acht Monaten des Geschäftsjahrs über die Entlastung der Mitglieder des Vorstands und des Aufsichtsrats. Inhaltlich bedeutet die Entlastung zweierlei: eine **Billigung** des Organhandelns für die Vergangenheit, d.h. in der Regel für das letzte abgelaufene Geschäftsjahr, sowie eine **Vertrauenskundgabe** für die künftige Verwaltung. Anders als im GmbH-Recht[49] beinhaltet dies keinen Verzicht auf eventuelle Ersatzansprüche (§ 120 Abs. 2 Satz 2 AktG). Dennoch ist schon lange anerkannt, dass Entlastungsbeschlüsse einer (eingeschränkten) **Inhaltskontrolle** unterliegen können – und zwar im Wege

---

44 *Hölters/Favoccia* in MünchVertragsHdb., V.27, dort § 27 Abs. 2; *Pühler* in Happ/Groß/Möhrle/Vetter, Aktienrecht, 1.01, dort § 26.
45 Vgl. *Müller-Michaels/Ringel*, AG 2011, 101, 112 f., zum Aspekt der Gemeinwohlförderung.
46 BGBl. I 2015, 2565.
47 Begr. RegE, BT-Drucks. 18/4349, S. 20; näher *Höreth*, AG 2017, R31.
48 *Euler/Klein* in BeckOGK AktG, Stand 1.6.2021, § 174 AktG Rz. 9; *Hüffer/Koch*, § 174 AktG Rz. 2; *Butzke*, HV, H Rz. 79; *Rousseau/Wasse*, NZG 2010, 535 ff.
49 Dazu BGH v. 20.5.1985 – II ZR 165/84, BGHZ 94, 324, 325; BGH v. 21.4.1986 – II ZR 165/85, BGHZ 97, 382, 394; OLG Köln v. 13.7.2000 – 18 U 37/00, NZG 2000, 1135, 1136; OLG Naumburg v. 15.9.1999 – 5 U 92/99, NZG 2000, 380, 382 f.

der Anfechtungsklage. Dies folgt aus der berühmten Macrotron-Formel des BGH aus dem Jahr 2002. Sie besagt, dass der Hauptversammlung zwar ein breites Ermessen zusteht, die Entlastung zu erteilen oder zu versagen. Eine Grenze soll aber erreicht sein, wenn dem Organmitglied ein eindeutiger und schwerwiegender Gesetzes- oder Satzungsverstoß zur Last fällt. Dann handelt treuwidrig, wer für eine Entlastung stimmt[50]. Es gibt für den Anfechtungskläger freilich mehrere Hürden: *Erstens*, dass ihn die volle Darlegungs- und Beweislast trifft, auch und gerade für den angeblichen Rechtsverstoß. *Zweitens*, dass die Gerichte hohe Anforderungen an die Eindeutigkeit des Rechtsverstoßes stellen. Erforderlich ist, dass das Organmitglied sich sehenden Auges über eine zweifelsfreie Rechtslage hinwegsetzt. Daran fehlt es, solange sein Verhalten wenigstens vertretbar erscheint und eine gerichtliche Klärung der Zulässigkeit aussteht[51]. Und *drittens*: Die Hauptversammlung muss den Rechtsverstoß kennen oder wenigstens erkennen können. Anderenfalls fehlt es am subjektiven Element eines treuwidrigen Stimmverhaltens. Kurzum: Die Anfechtung geht ins Leere, wenn erst der Beschlussmängelprozess selbst den Rechtsverstoß des Organmitglieds zu Tage fördert[52].

Die Entlastung bezieht sich regelmäßig auf das gesamte Verhalten in der Entlastungsperiode. Die Hauptversammlung kann aber auch eine **Teilentlastung** in der Weise beschließen, dass von der Entlastung bestimmte Vorgänge ausgenommen werden und die Beschlussfassung insoweit z.B. vertagt wird. Dies gilt nach h.M. nur dann nicht, wenn dabei Vorgänge ausgeklammert werden, die zum Kern der Amtsführung gehören[53]. Das Gesetz zwingt somit nicht zu einem undifferenzierten Pauschalurteil. Die Hauptversammlung ist vielmehr frei, einzelne sachlich und zeitlich abgegrenzte Sachverhalte von der Entlastung auszunehmen[54]. Eine Entlastung unter einer **Bedingung** oder einem Vorbehalt, z.B. dem Ergebnis einer Sonderprüfung, ist dagegen unzulässig[55]. Anstelle einer Sachentscheidung kann die Hauptversammlung auch eine **Vertagung** der Entlastung beschließen[56]. Ein solches Vorgehen liegt insbesondere dann nahe, wenn das Ergebnis einer Sonderprüfung aussteht und deshalb noch keine abschließende Bewertung möglich ist. Die Hauptversammlung ist zu einer solchen Vertagung aber nicht verpflichtet[57]; zur Reihenfolge der Abstimmungen bei einem Vertagungsantrag siehe Rz. 36.40. 33.22

Vorstand und Aufsichtsrat müssen der Hauptversammlung **Beschlussvorschläge** zur Entlastung beider Organe unterbreiten (§ 124 Abs. 3 Satz 1 AktG, näher Rz. 34.51 ff.). Soweit ein Mitglied des Vorstands 33.23

---

50 BGH v. 25.11.2002 – II ZR 133/01 – Macrotron, BGHZ 153, 47, 51 = AG 2003, 273.
51 BGH v. 9.11.2009 – II ZR 154/08 – RWE, AG 2010, 79; BGH v. 7.2.2012 – II ZR 253/10 – Commerzbank, AG 2012, 248; BGH v. 10.7.2012 – II ZR 48/11 – Fresenius, BGHZ 194, 14, 22 = AG 2012, 712 Rz. 23; OLG Stuttgart v. 17.11.2010 – 20 U 2/10 – Porsche, AG 2011, 93; OLG Stuttgart v. 29.2.2012 – 20 U 3/11 – Porsche/Piëch, AG 2012, 298; *von der Linden*, ZIP 2013, 2343, 2345.
52 OLG Frankfurt v. 16.5.2006 – 5 U 109/04, ZIP 2007, 26, 27; OLG Köln v. 9.7.2009 – 18 U 167/08, ZIP 2009, 1999, 2000; OLG Stuttgart v. 17.11.2010 – 20 U 2/10 – Porsche, AG 2011, 93; OLG Stuttgart v. 29.2.2012 – 20 U 3/11 – Porsche/Piëch, AG 2012, 298; OLG Stuttgart v. 8.7.2015 – 20 U 2/14 – Porsche, AG 2016, 370; *von der Linden*, ZIP 2013, 2343, 2345; offengelassen von BGH v. 6.11.2012 – II ZR 111/12 – Porsche/Piëch, AG 2013, 90.
53 LG Düsseldorf v. 21.12.1994 – 41 O 155/94, AG 1995, 237, 238; OLG Düsseldorf v. 22.2.1996 – 6 U 20/95 – Mannesmann, AG 1996, 273, 274 f.; *Hüffer/Koch*, § 120 AktG Rz. 12a; *Kubis* in MünchKomm. AktG, 4. Aufl. 2018, § 120 AktG Rz. 24; *Mülbert* in Großkomm. AktG, 5. Aufl. 2017, § 120 AktG Rz. 104; *Spindler* in K. Schmidt/Lutter, § 120 AktG Rz. 41; a.A. *Hoffmann* in BeckOGK AktG, Stand 1.6.2021, § 120 AktG Rz. 8; *Sethe*, ZIP 1996, 1321, 1322 ff.
54 *Hüffer/Koch*, § 120 AktG Rz. 12a; *Butzke*, HV, I Rz. 14; *Sethe*, ZIP 1996, 1321, 1322 ff.; insoweit auch *Spindler* in K. Schmidt/Lutter, § 120 AktG Rz. 41.
55 OLG Düsseldorf v. 22.2.1996 – 6 U 20/95 – Mannesmann, AG 1996, 273, 274; *Kubis* in MünchKomm. AktG, 4. Aufl. 2018, § 120 AktG Rz. 25; *Mülbert* in Großkomm. AktG, 5. Aufl. 2017, § 120 AktG Rz. 105; *Spindler* in K. Schmidt/Lutter, § 120 AktG Rz. 42; *Bungert* in MünchHdb. AG, § 35 Rz. 33.
56 Einschränkend *Hoffmann* in BeckOGK AktG, Stand 1.6.2021, § 120 AktG Rz. 7 (Vertagung nur auf einen Zeitpunkt innerhalb der Acht-Monatsfrist des § 175 Abs. 1 Satz 2 AktG).
57 *Drinhausen* in Hölters, § 120 AktG Rz. 25; *Kubis* in MünchKomm. AktG, 4. Aufl. 2018, § 120 AktG Rz. 27.

oder des Aufsichtsrats selbst Aktien hält, kann es mit diesen an der Abstimmung in der Hauptversammlung nicht teilnehmen (§ 136 Abs. 1 Satz 1 AktG). Dieses **Stimmverbot** gilt allerdings nur für die eigene Entlastung. Dem entspricht es, dass das Stimmverbot bei einer Gesamtentlastung aller Mitglieder des jeweiligen Organs breitflächig greift; zur Reichweite bei Einzelentlastung siehe Rz. 36.46. Das Stimmverbot greift nur für die Abstimmung in der Sache, also über die Entlastung als solche. Es gilt demgegenüber *nicht* für vorgelagerte **Verfahrensbeschlüsse**, also z.B. nicht bei einer Abstimmung über die Fragen, ob die Entlastung vertagt wird oder ob Organmitglieder einzeln oder gemeinsam entlastet werden (§ 120 Abs. 1 Satz 2 AktG)[58].

33.24 Eine **Verweigerung** der Entlastung hat keine unmittelbaren rechtlichen Konsequenzen. Das Amt des betroffenen Organmitglieds bleibt davon unberührt. Wird die Entlastung zu Unrecht oder ohne erkennbaren Grund verweigert, so ist das betroffene Vorstandsmitglied berechtigt, sein Amt aus wichtigem Grund niederzulegen[59]. Die Verweigerung der Entlastung eines Vorstandsmitglieds ist im Übrigen nicht gleichbedeutend mit einem förmlichen **Vertrauensentzug** i.S.v. § 84 Abs. 3 Satz 2 Alt. 3 AktG. Einen Vertrauensentzug muss die Hauptversammlung gesondert beschließen[60]. Dafür bedarf es einer entsprechenden Bekanntmachung dieses Gegenstands; unter dem Tagesordnungspunkt „Entlastung" ist für einen förmlichen Vertrauensentzug kein Raum (siehe Rz. 36.39).

33.25 Angesichts der begrenzten rechtlichen Bedeutung der Entlastung ist wiederholt ihre **Abschaffung** vorgeschlagen worden[61]. Dies mit dem Ziel, die alljährlichen Pflichtpunkte der Tagesordnung, die Aussprache und damit die Hauptversammlung insgesamt spürbar zu straffen. Dabei geraten aber mehrere Punkte aus dem Blick. *Erstens* und allen voran: Die Entlastung ist nicht nur ein rein rechtliches Instrument. Sie hat auch eine erhebliche **unternehmenspolitische Bedeutung**. Das gilt nicht nur, aber vor allem in großen, börsennotierten Gesellschaften. Dem entspricht es, dass Vorstands- und Aufsichtsratsmitglieder sich in aller Regel auch nicht mit der (rechtlich ausreichenden) einfachen Stimmenmehrheit begnügen können. Es sind darüber hinaus sehr viel höhere, stabilere Mehrheiten erforderlich, – abhängig von der jeweiligen Aktionärsstruktur. Wer sie verfehlt, wird „politisch" unhaltbar und muss sich zurückziehen, auch ohne förmlichen Vertrauensentzug und ohne „echte" Abberufung. *Zweitens* hat die Entlastung (ebenso wie die Aussprache darüber) eine wichtige **Ventilfunktion**. Dies mit der Folge, dass sich eventueller Unmut der Aktionäre in der Diskussion und der Abstimmung über die Entlastung niederschlägt, während andere Sachbeschlüsse davon unberührt bleiben können. Schließlich und *drittens*: Die besondere Bedeutung der Entlastung setzt sich auch nach der Hauptversammlung fort. Vermehrt ist zu beobachten, dass kritische Aktionäre die erteilte Entlastung zum Gegenstand von **Anfechtungsklagen** machen – und die betroffenen Organe sich gegen solche Klagen auch sehr entschlossen verteidigen[62].

d) Wahl der Aufsichtsratsmitglieder

33.26 Die Mitglieder des Aufsichtsrats werden von der Hauptversammlung gewählt, soweit sie nicht in den Aufsichtsrat entsandt oder von den Arbeitnehmern nach den mitbestimmungsrechtlichen Regelungen gewählt werden (§ 119 Abs. 1 Nr. 1, § 101 Abs. 1 Satz 1 AktG). Der **Wahlvorschlag** stammt nur vom Aufsichtsrat, nicht auch vom Vorstand (§ 124 Abs. 3 Satz 1 AktG, siehe auch Rz. 34.51). Überdies gilt, dass in mitbestimmten Aufsichtsräten der Beschluss über den Wahlvorschlag nur der Stimmenmehr-

---

58 OLG München v. 17.3.1995 – 23 U 5930/94, AG 1995, 381, 382; *Kubis* in MünchKomm. AktG, 4. Aufl. 2018, § 120 AktG Rz. 8; *Rieckers* in BeckOGK AktG, Stand 1.6.2021, § 136 AktG Rz. 8; *Spindler* in K. Schmidt/Lutter, § 120 AktG Rz. 25; *Butzke*, HV, I Rz. 21.
59 *Mülbert* in Großkomm. AktG, 5. Aufl. 2017, § 120 AktG Rz. 58; *Bungert* in MünchHdb. AG, § 35 Rz. 37; *Butzke*, HV, I Rz. 44; enger *Zöllner* in KölnKomm. AktG, 1973, § 120 AktG Rz. 44.
60 *Hüffer/Koch*, § 120 AktG Rz. 16; *Mülbert* in Großkomm. AktG, 5. Aufl. 2017, § 120 AktG Rz. 57; *Reger* in Bürgers/Körber/Lieder, § 120 AktG Rz. 14; *Spindler* in K. Schmidt/Lutter, § 120 AktG Rz. 47.
61 Vgl. z.B. *Peltzer*, JZ 1996, 842, 845 f.
62 *von der Linden*, ZIP 2013, 2343.

heit der Anteilseignervertreter bedarf (§ 124 Abs. 3 Satz 5 Halbs. 1 AktG). Die Anteilseignervertreter haben also ein **Sonderbeschlussrecht**[63]. Dieses soll sicherstellen, dass die Arbeitnehmervertreter auf die Wahl der Aktionärsvertreter keinen Einfluss nehmen können – nicht einmal über eine Mitwirkung am Wahlvorschlag. Und mehr noch: Nach h.M. haben sie insoweit auch kein Recht auf Mitberatung[64]. Die Hauptversammlung beschließt ferner über die Abberufung der von ihr gewählten Mitglieder (§ 103 Abs. 1 AktG) sowie über die Vergütung der Aufsichtsratsmitglieder, letzteres seit dem ARUG II vom 12.12.2019[65] mindestens alle vier Jahre, wobei ein bestätigender Beschluss genügt (§ 113 Abs. 1, 3 AktG, näher Rz. 33.31).

e) Wahl des Abschlussprüfers

Ferner obliegt es der Hauptversammlung, den Prüfer des Jahresabschlusses und ggf. auch des Konzernabschlusses zu wählen (§ 119 Abs. 1 Nr. 5 AktG i.V.m. § 318 HGB). Dabei erfolgt die Wahl regelmäßig für das bereits begonnene, aber noch nicht abgelaufene Geschäftsjahr. Es ist aber nicht ausgeschlossen, den Abschlussprüfer ausnahmsweise auch schon für künftige Geschäftsjahre zu wählen. So vor allem, wenn ein Prüferwechsel beabsichtigt ist und der neue Prüfer frühzeitig eine sichere Grundlage für die erforderliche Einarbeitung erhalten soll[66]. Nur der Aufsichtsrat ist berufen, der Hauptversammlung den **Wahlvorschlag** zu unterbreiten – d.h. *nicht* auch der Vorstand (§ 124 Abs. 3 Satz 1 AktG, siehe auch Rz. 34.51). Bei Unternehmen von öffentlichem Interesse ist dieser Wahlvorschlag auf eine **Empfehlung des Prüfungsausschusses** zu stützen (§ 124 Abs. 3 Satz 2 AktG). Der Begriff des Unternehmens von öffentlichem Interesse richtet sich nach § 316a Satz 2 HGB. Er umfasst kapitalmarktorientierte Unternehmen i.S.v. § 264d HGB, außerdem bestimmte CRR-Kreditinstitute und Versicherungsunternehmen. Für einen **Wechsel des Abschlussprüfers** gilt ein mehrstufiges, streng formalisiertes Verfahren nach Maßgabe von Art. 16 Abschlussprüfer-VO (EU) 537/2014. Es beinhaltet, dass der Prüfungsausschuss eine begründete Empfehlung ausspricht, die mindestens zwei Vorschläge umfasst, außerdem eine begründete Präferenz. Der Aufsichtsrat ist an diese Empfehlung nicht gebunden. Sein Wahlvorschlag muss aber die Empfehlung sowie die Präferenz des Prüfungsausschusses angeben; ein davon abweichender Wahlvorschlag ist zu begründen. Der Aufsichtsrat erteilt dem gewählten Abschlussprüfer den Prüfungsauftrag (§ 111 Abs. 2 Satz 3 AktG). Er kann diese Aufgabe auf seinen Prüfungsausschuss delegieren[67]. Etwas anderes galt herkömmlich für **Versicherungsunternehmen**. § 341k Abs. 2 HGB sah vor, dass der Aufsichtsrat den Abschlussprüfer nicht nur vorschlägt, sondern unmittelbar bestimmt. Das FISG vom 3.6.2021[68] hat diese Sonderregelung ersatzlos gestrichen. Seither gilt auch für Versicherungsunternehmen, dass die Kompetenz zur Wahl des Abschlussprüfers allein bei ihrer Haupt-, Gesellschafter- bzw. Mitgliederversammlung liegt, während der Aufsichtsrat nur den Wahlvorschlag unterbreitet. Das Übergangsrecht sieht vor, dass der neue § 341k HGB erstmals auf Abschlussprüfungen für das Geschäftsjahr anzuwenden ist, welches nach dem 31.12.2021 beginnt. Für frühere Geschäftsjahre bleibt das alte Recht maßgeblich.

33.27

f) Billigung des Vorstandsvergütungssystems

Besonders hervorzuheben ist der sog. **Say on Pay**, d.h. die Billigung des Vergütungssystems für die Vorstandsmitglieder börsennotierter Gesellschaften. Dieser Beschlussgegenstand ist dem deutschen Akti-

33.28

---

63 *Hüffer/Koch*, § 124 AktG Rz. 26.
64 *Butzke* in Großkomm. AktG, 5. Aufl. 2017, § 124 AktG Rz. 97; *Hüffer/Koch*, § 124 AktG Rz. 26; *Ihrig/Meder*, ZIP 2012, 1210; a.A. *Hoffmann-Becking* in MünchHdb. AG, § 30 Rz. 49.
65 BGBl. I 2019, 2637.
66 *Leuering* in Reichert, ArbeitsHdb. HV, § 18 Rz. 7; *Rieckers*, DB 2017, 2720, 2721; *Schüppen* in FS E. Vetter, 2019, S. 737, 744; *Singhof* in FS Marsch-Barner, 2018, S. 539, 547.
67 *Habersack* in MünchKomm. AktG, 5. Aufl. 2019, § 111 Rz. 98; *Hopt/Roth* in Großkomm. AktG, 5. Aufl. 2018, § 111 AktG Rz. 444; *Hüffer/Koch*, § 111 AktG Rz. 27; *Marsch-Barner* in Wilsing, 7.2.2 DCGK Rz. 3; a.A. *Drygala* in K. Schmidt/Lutter, § 111 AktG Rz. 40; *Velte*, NZG 2011, 771, 772.
68 BGBl. I 2021, 1534.

enrecht schon seit dem ARUG (I) vom 30.7.2009[69] bekannt und war ursprünglich in § 120 Abs. 4 AktG a.F. verankert. Die 2. Aktionärsrechte-RL vom 17.5.2017 hat jedoch eine Reihe von Anpassungen erforderlich gemacht. Diese wurden umgesetzt in § 119 Abs. 1 Nr. 3, § 120a Abs. 1–3 AktG i.d.F. des ARUG II vom 12.12.2019[70]. Neu ist dabei *erstens*, dass der Say on Pay **mindestens alle vier Jahre** einzuholen ist, außerdem bei jeder wesentlichen Änderung des Vergütungssystems (§ 120a Abs. 1 Satz 1 AktG) – ein Übergang also vom bisherigen rechtlichen „Kann" zum „Muss". Hinzu kommt *zweitens*, dass der Beschlussvorschlag nur noch vom Aufsichtsrat stammt, nicht mehr auch vom Vorstand (§ 124 Abs. 3 Satz 1 AktG, siehe auch Rz. 34.51). Und *drittens*: Das Vergütungssystem ist mit seinem vollständigen Inhalt als Bestandteil der Einberufung bekanntzumachen (§ 124 Abs. 2 Satz 3 AktG, siehe auch Rz. 34.50). Es genügt also nicht, insoweit auf den Geschäftsbericht oder die Internetseite der Gesellschaft zu verweisen.

33.29 Im Übrigen folgt der Say on Pay weithin den schon bisher bekannten Regeln. Das bedeutet vor allem: Der Beschluss betrifft nur das Vergütungssystem als **abstrakten Rahmen**, nicht die individuellen Bezüge der Vorstandsmitglieder[71]. Er hat rein **beratenden, empfehlenden bzw. konsultativen Charakter** (§ 120a Abs. 1 Satz 2 AktG). Er lässt die Verantwortlichkeit sowie eine etwaige Haftung des Aufsichtsrats unberührt (§ 116 Satz 3 AktG)[72]. Und er ist und bleibt als konsultatives Votum auch unter neuem Recht **unanfechtbar** (§ 120a Abs. 1 Satz 3 AktG).

33.30 Schließlich bleibt es auch dabei, dass der Say on Pay nur der **einfachen Stimmenmehrheit** bedarf – so jedenfalls aus rechtlicher Sicht (§ 133 Abs. 1 AktG)[73]. Ebenso unverändert gilt aber, dass „politisch" in aller Regel eine deutlich stabilere Mehrheit erforderlich ist, abhängig von der jeweiligen Aktionärsstruktur. Nicht erst die mehrheitliche Missbilligung, sondern schon spürbare Opposition gibt deshalb Anlass, das vorgelegte Vergütungssystem kritisch zu prüfen, ggf. auch zu überarbeiten und sodann erneut der Hauptversammlung vorzulegen – denn so fordern es mächtige Investoren und Stimmrechtsberater[74].

g) Vergütung der Aufsichtsratsmitglieder

33.31 § 113 Abs. 3 Satz 1 AktG bestimmt, dass bei börsennotierten Gesellschaften die Hauptversammlung **mindestens alle vier Jahre** über die Vergütung der Aufsichtsratsmitglieder beschließt. Auch dies ist eine Neuerung des ARUG II vom 12.12.2019[75]. Zwar galt schon zuvor, dass es Sache der Hauptversammlung ist, über die Aufsichtsratsvergütung zu befinden. Dafür gab und gibt es auch weiterhin zwei Wege: den einfachen Hauptversammlungsbeschluss oder, praktisch bedeutsamer, eine Satzungsklausel (§ 113 Abs. 1 Satz 2 AktG). Im Lichte des Europarechts wurde aber eine gesetzliche Ergänzung notwendig. Denn die 2. Aktionärsrechte-RL vom 17.5.2017 verlangt einen **wiederkehrenden** Say on Pay, und zwar für sämtliche Mitglieder der Unternehmensleitung, d.h. in dualen Strukturen einschließlich der Aufsichtsratsmitglieder. Dem entspricht es, dass im vierjährigen Turnus eine Wiedervorlage an die Hauptversammlung erforderlich wird – entweder zur **Bestätigung** oder auch zur **Änderung** der bisherigen Vergütung (§ 113 Abs. 3 Satz 2 AktG). Der Beschlussvorschlag stammt nach allgemeinen Regeln von Vorstand und Aufsichtsrat (§ 124 Abs. 3 Satz 1 AktG, dazu Rz. 34.51). Für eine Bestätigung genügt die einfache Stimmenmehrheit[76]. Demgegenüber bedarf eine Änderung der Vergütung in der Praxis zumeist einer Satzungsänderung – und somit im gesetzlichen Regelfall auch einer qualifizierten Kapi-

---

69 BGBl. I 2009, 2509.
70 BGBl. I 2019, 2637.
71 *Herrler* in Grigoleit, § 120a AktG Rz. 12; *Hoffmann* in BeckOGK AktG, Stand 1.6.2021, § 120a AktG Rz. 18; *Hüffer/Koch*, § 120a AktG Rz. 6; *von der Linden*, Der Aufsichtsrat, Sonderausgabe 2020, 4, 5.
72 Begr. RegE ARUG II, BT-Drucks. 19/9739, S. 93.
73 *Hüffer/Koch*, § 120a AktG Rz. 5.
74 *von der Linden*, Der Aufsichtsrat, Sonderausgabe 2020, 4, 5.
75 BGBl. I 2019, 2637.
76 Begr. RegE ARUG II, BT-Drucks. 19/9739, S. 89; *Hüffer/Koch*, § 113 AktG Rz. 30; *Habersack* in FS Hopt, 2020, S. 333, 341.

talmehrheit (§ 179 Abs. 2 Satz 1 AktG)[77]. Der Beschluss nach § 113 Abs. 3 AktG hat stets **verbindlichen Charakter**. Dem entspricht es, dass ein Anfechtungsausschluss nach dem Vorbild des § 120a Abs. 1 Satz 3 AktG nicht in Betracht kommt. Ausgeschlossen ist allerdings ein spezifischer Anfechtungsgrund: Der Beschluss ist nicht mit dem Argument anfechtbar, es seien entgegen § 113 Abs. 3 Satz 3, § 87a Abs. 1 Satz 2 AktG Pflichtangaben zum Vergütungssystem unterblieben, unklar oder unverständlich – aus anderen Gründen aber sehr wohl (§ 113 Abs. 3 Satz 5 AktG)[78].

h) Billigung des Vergütungsberichts

Ferner muss die Hauptversammlung gemäß § 119 Abs. 1 Nr. 3, § 120a Abs. 4 AktG i.d.F. des ARUG II über die Billigung des Vergütungsberichts beschließen, erstmalig in der HV-Saison 2022 (§ 26j Abs. 2 Satz 3 EGAktG). Besagter Vergütungsbericht ist geregelt in § 162 AktG. **Berichtspflichtig** sind danach Vorstand und Aufsichtsrat gleichermaßen (§ 162 Abs. 1 Satz 1 AktG). Das bedeutet, dass der Aufsichtsrat selbst Co-Autor des neuen Berichts ist. Als solcher kann er naturgemäß nicht mehr auch die Prüfung des Berichts übernehmen. Diese Aufgabe fällt künftig allein noch dem Abschlussprüfer zu (§ 162 Abs. 3 Satz 1 und 2 AktG). Dem entspricht es, dass der Vergütungsbericht vom Lagebericht entkoppelt wurde und seinen bisherigen Standort im HGB eingebüßt hat. 33.32

Inhaltlich betrifft der Vergütungsbericht die im vergangenen Geschäftsjahr gewährte oder geschuldete Organvergütung (§ 162 Abs. 1 Satz 1 AktG). Hierbei bedarf es **individualisierter Angaben** für alle ehemaligen und amtierenden Vorstands- und Aufsichtsratsmitglieder, und zwar ohne die Möglichkeit eines Opt-out. Das neue Recht setzt also auf maximale Transparenz in klarer und verständlicher Form. Das schließt zahlreiche Detailangaben ein, darunter alle festen und variablen Bestandteile, deren jeweiligen Anteil an der Gesamtvergütung sowie eine Spiegelung am maßgeblichen Vergütungssystem; eine Gegenüberstellung, wie sich die Organvergütung einerseits sowie die Ertragslage der Gesellschaft und die durchschnittlichen Arbeitnehmergehälter andererseits entwickelt haben; diverse Angaben zu Aktien und Aktienoptionen, etwaigen Clawbacks, etwaigen Abweichungen vom Vergütungssystem sowie eine Erläuterung, wie das (nunmehr obligatorische) Vergütungs-Cap für die Vorstandsmitglieder eingehalten wurde. 33.33

Es gelten für die Billigung des Vergütungsberichts im Wesentlichen dieselben Regeln wie beim Say on Pay (dazu Rz. 33.28 ff.). Das bedeutet im Einzelnen: Der Billigungsbeschluss der Hauptversammlung begründet weder Rechte noch Pflichten, ist also ein rein **konsultatives Votum** (§ 120a Abs. 4 Satz 2 i.V.m. Abs. 1 Satz 2 AktG). Dementsprechend ist er auch **nicht anfechtbar** (§ 120a Abs. 4 Satz 2 i.V.m. Abs. 1 Satz 3 AktG). Er bedarf aus rechtlicher Sicht nur der einfachen Stimmenmehrheit (§ 133 Abs. 1 AktG)[79]. Im Übrigen beeinträchtigt eine etwaige Missbilligung weder den Vergütungsbericht als solchen noch die darin ausgewiesenen Bezüge. Ferner ist hervorzuheben, dass der Bericht als Bestandteil der Einberufung bekanntzumachen ist (§ 124 Abs. 2 Satz 3 AktG, siehe auch Rz. 34.50). Ein wesentlicher formaler Unterschied bleibt allerdings: Den Beschlussvorschlag an die Hauptversammlung über die Billigung des Vergütungsberichts müssen nach allgemeinen Regeln beide Organe unterbreiten, d.h. sowohl der Vorstand als auch der Aufsichtsrat – anders als beim Say on Pay, der einen Beschlussvorschlag allein des Aufsichtsrats verlangt (§ 124 Abs. 3 Satz 1 AktG, siehe Rz. 33.28 sowie 34.51)[80]. 33.34

3. Strukturentscheidungen

Zu den Strukturentscheidungen gehören alle Maßnahmen, die die Grundlagen der Gesellschaft betreffen. Solche Entscheidungen fallen zwingend in die Zuständigkeit der Hauptversammlung. So können 33.35

---

77 *von der Linden*, Der Aufsichtsrat, Sonderausgabe 2020, 4, 6.
78 *Habersack* in FS Hopt, 2020, S. 333, 343; *Löbbe/Fischbach*, AG 2019, 373, 382 f.
79 *Herrler* in Grigoleit, § 120a AktG Rz. 41.
80 *Hoffmann* in BeckOGK AktG, Stand 1.6.2021, § 120a AktG Rz. 46; *von der Linden*, Der Aufsichtsrat, Sonderausgabe 2020, 4, 5.

insbesondere **Satzungsänderungen** nur von der Hauptversammlung beschlossen werden (§ 119 Abs. 1 Nr. 6 i.V.m. § 179 Abs. 1 Satz 1 AktG). Der Wortlaut der vorgeschlagenen Satzungsänderung ist dabei mit der Tagesordnung bekanntzumachen (§ 124 Abs. 2 Satz 3 Fall 1 AktG). Von der Satzungsänderung ist die bloße **Fassungsänderung** zu unterscheiden, die nicht den Inhalt der Satzung, sondern nur ihre sprachliche Form betrifft. Die Befugnis zu Fassungsänderungen kann die Hauptversammlung dem Aufsichtsrat übertragen (§ 179 Abs. 1 Satz 2 AktG). Dafür ist ein Beschluss der Hauptversammlung erforderlich, der mit einer Drei-Viertel-Kapitalmehrheit gefasst werden kann[81]. In der Praxis wird der Aufsichtsrat in der Regel durch eine entsprechende Satzungsbestimmung generell zur Vornahme von Fassungsänderungen ermächtigt[82]. Eine solche allgemeine Übertragung ist zulässig[83]. Der Fall einer Fassungsänderung liegt z.B. vor, wenn ein genehmigtes Kapital wegen Zeitablaufs gegenstandslos geworden ist (§ 202 Abs. 2 Satz 1 AktG). Es kann dann aus der Satzung gestrichen werden.

33.36 Zu den Strukturbeschlüssen gehören auch alle Maßnahmen der **Kapitalbeschaffung** und der **Kapitalherabsetzung** (§ 119 Abs. 1 Nr. 7 AktG). Dementsprechend beschließt die Hauptversammlung über eine ordentliche Kapitalerhöhung (§§ 182 ff. AktG), eine bedingte Kapitalerhöhung (§§ 192 ff. AktG), ein genehmigtes Kapital (§§ 202 ff. AktG) und eine Kapitalerhöhung aus Gesellschaftsmitteln (§§ 207 ff. AktG). Gleiches gilt für die ordentliche oder vereinfachte Kapitalherabsetzung (§§ 222 ff., 229 ff. AktG) sowie die Kapitalherabsetzung durch Einziehung von Aktien (§§ 237 ff. AktG). Einer Beschlussfassung der Hauptversammlung vorbehalten ist auch die Ausgabe von Bezugs- und Umtauschrechten für Aktien, wie sie mit der Begebung von Wandel- und Optionsschuldverschreibungen verbunden ist (§ 221 AktG).

33.37 Die Hauptversammlung ist ferner zuständig für die **Auflösung** der Gesellschaft (§ 119 Abs. 1 Nr. 9 i.V.m. § 262 Abs. 1 Nr. 2 AktG). Weitere Zuständigkeiten in Strukturfragen, die in § 119 AktG nicht aufgeführt sind, betreffen z.B. die Zustimmung zu **Beherrschungs- und Gewinnabführungsverträgen** und deren Änderung (§ 292 Abs. 1, § 295 Abs. 1 AktG), zu einer **Eingliederung** (§ 319 Abs. 1 und 2, § 320 Abs. 1 AktG), zur **Verschmelzung** (§§ 13, 73 UmwG), zur **Spaltung** (§§ 125, 65 UmwG), zur **Vermögensübertragung** (§ 179a AktG, §§ 174 f. UmwG), zum **Rechtsformwechsel** (§§ 190, 226 ff. UmwG) sowie zu einer Nachgründung (§ 52 Abs. 5 AktG). Erwähnt seien außerdem der aktien- und umwandlungsrechtliche **Ausschluss von Minderheitsaktionären** (§ 327a AktG, § 62 Abs. 5 UmwG) sowie der **Fortsetzungsbeschluss** im Falle der Auflösung (§ 274 AktG).

33.38 Zu den Strukturbeschlüssen können auch die Beschlüsse der Hauptversammlung der Zielgesellschaft eines Übernahmeangebots gerechnet werden, mit denen der Vorstand zu bestimmten **Abwehrmaßnahmen** ermächtigt wird (§ 33 Abs. 2, § 33a Abs. 2 Satz 2 Nr. 1 WpÜG). Gegenstand einer solchen Ermächtigung können alle Maßnahmen sein, die in die Zuständigkeit der Hauptversammlung fallen (§ 33 Abs. 2 Satz 1 WpÜG). Dies wird z.T. dahin verstanden, dass die Hauptversammlung sämtliche Entscheidungen in ihrem Zuständigkeitsbereich an den Vorstand delegieren kann[84]. Nach h.M. bewegt sich diese Delegationsmöglichkeit jedoch nur im Rahmen der aktienrechtlichen Vorschriften[85].

---

81 *Holzborn* in BeckOGK AktG, Stand 1.6.2021, § 179 AktG Rz. 111; *Hüffer/Koch*, § 179 AktG Rz. 11; modifizierend bei Einzelfällen *Seibt* in K. Schmidt/Lutter, § 179 AktG Rz. 23.
82 Vgl. *Pühler* in Happ/Groß/Möhrle/Vetter, Aktienrecht, 1.01, dort § 16.
83 *Holzborn* in BeckOGK AktG, Stand 1.6.2021, § 179 AktG Rz. 111; *Hüffer/Koch*, § 179 AktG Rz. 11; *Körber/König* in Bürgers/Körber/Lieder, § 179 AktG Rz. 30; *Seibt* in K. Schmidt/Lutter, § 179 AktG Rz. 23; *Wiedemann* in Großkomm. AktG, 4. Aufl. 1995, § 179 AktG Rz. 108; a.A. *Zöllner* in KölnKomm. AktG, 2. Aufl. 1995, § 179 AktG Rz. 148; *Fritzsche*, WM 1984, 1243, 1244.
84 *Grunewald* in Baums/Thoma/Verse, § 33 WpÜG Rz. 76; *Steinmeyer* in Steinmeyer, § 33 WpÜG Rz. 35 ff.; *Uwe. H. Schneider*, AG 2002, 125, 131.
85 *Hirte* in KölnKomm. WpÜG, § 33 WpÜG Rz. 96 f.; *Krause/Pötzsch/Stephan* in Assmann/Pötzsch/Uwe H. Schneider, § 33 WpÜG Rz. 207; *Röh* in FrankfurtKomm. WpÜG, § 33 WpÜG Rz. 102; *Schlitt* in MünchKomm. AktG, 4. Aufl. 2017, § 33 WpÜG Rz. 207.

4. Sonstige Beschlüsse

Außer den regelmäßig wiederkehrenden Beschlüssen und den Strukturbeschlüssen gibt es eine Reihe weiterer Zuständigkeiten der Hauptversammlung. Zu diesen inhaltlich sehr unterschiedlichen Beschlüssen gehören z.b. die Ermächtigung zum Erwerb, zur Veräußerung und zur Einziehung **eigener Aktien** (§ 71 Abs. 1 Nr. 7 und 8 AktG), die Bestellung von **Sonderprüfern** (§ 119 Abs. 1 Nr. 8 i.V.m. § 142 Abs. 1 AktG), der förmliche **Vertrauensentzug** gegenüber einem Vorstandsmitglied (§ 84 Abs. 3 Satz 2 AktG), die **Herabsetzung** der Maximalvergütung für Vorstandsmitglieder auf Verlangen einer Minderheit (§ 87 Abs. 4 AktG), die **Abberufung** von Aufsichtsratsmitgliedern (§ 103 Abs. 1 AktG), die Entscheidung über die Geltendmachung von **Ersatzansprüchen** gegen Mitglieder des Vorstands und des Aufsichtsrats (§ 147 Abs. 1 Satz 1 AktG), die Bestellung eines besonderen Vertreters (§ 147 Abs. 2 AktG) sowie die Zustimmung zur Übermittlung von Informationen an die Inhaber zugelassener Wertpapiere im Wege der **Datenfernübertragung** (§ 49 Abs. 3 Nr. 1 WpHG, siehe auch Rz. 34.83). Eine zunehmend wichtige Rolle spielen auch Beschlüsse über die Zustimmung zu einem **Vergleich über Ersatzansprüche** gegen Vorstands- oder Aufsichtsratsmitglieder gemäß § 93 Abs. 4 Satz 3, § 116 Satz 1 AktG[86]. Obwohl für einen solchen Zustimmungsbeschluss kein schriftlicher Bericht von Vorstand oder Aufsichtsrat vorgeschrieben ist, empfiehlt es sich doch, die Hauptversammlung über die Gründe für den Vergleich umfassend zu informieren. Der Zustimmungsbeschluss selbst bedarf keiner sachlichen Rechtfertigung[87].

33.39

V. Satzungsmäßige Kompetenzen

Nach § 119 Abs. 1 AktG beschließt die Hauptversammlung auch in den von der Satzung ausdrücklich bestimmten Fällen. Für entsprechende Regelungen lässt das AktG allerdings nur wenig Spielraum (§ 23 Abs. 5 AktG). Zuständigkeiten der Hauptversammlung, die sich aus der Satzung ergeben, sind daher selten. Sieht die Satzung die Ausgabe **vinkulierter Namensaktien** vor, so kann sie z.B. bestimmen, dass die Zustimmung zur Übertragung von der Hauptversammlung erteilt wird (§ 68 Abs. 2 Satz 2 AktG). Die Satzung kann auch einen **Aktionärsausschuss** oder einen **Beirat** vorsehen und die Wahl sowie die Abberufung der Mitglieder dieser Gremien der Hauptversammlung zuweisen[88]. Da hierdurch die gesetzlichen Aufgaben der gesetzlichen Organe nicht eingeschränkt werden dürfen, haben solche Gremien rechtlich nur geringe Bedeutung[89]. Zu sog. **Delisting-Beschlüssen** kraft einer Satzungsklausel siehe Rz. 33.55.

33.40

VI. Ungeschriebene Kompetenzen

1. Holzmüller-Fälle

Maßnahmen der Geschäftsführung erfordern nur in ausdrücklich geregelten Fällen eine Zustimmung der Hauptversammlung. So verhält es sich etwa bei Nachgründungsverträgen (§ 52 Abs. 1 Satz 1 AktG), bei Gesamtvermögensgeschäften (§ 179a Abs. 1 Satz 1 AktG), bei der Ausgabe von Wandel- oder Optionsanleihen (§ 221 Abs. 1 Satz 1 AktG) und bei Unternehmensverträgen (§ 293 Abs. 1 Satz 1, Abs. 2 Satz 1 AktG). Ebenso, wenn die Gesellschaft auf bestimmte Ersatzansprüche verzichtet oder

33.41

---

86 Näher *Dietz-Vellmer*, NZG 2011, 248 ff.
87 *Hüffer/Koch*, § 93 AktG Rz. 78; *Dietz-Vellmer*, NZG 2011, 248, 252; *Hasselbach*, DB 2010, 2037, 2042.
88 *Hoffmann* in BeckOGK AktG, Stand 1.6.2021, § 119 AktG Rz. 70; *Hüffer/Koch*, § 119 AktG Rz. 10; *Kubis* in MünchKomm. AktG, 4. Aufl. 2018, § 119 AktG Rz. 17; *Mülbert* in Großkomm. AktG, 5. Aufl. 2017, § 119 AktG Rz. 190.
89 *Hoffmann* in BeckOGK AktG, Stand 1.6.2021, § 119 AktG Rz. 70; *Kubis* in MünchKomm. AktG, 4. Aufl. 2018, § 119 AktG Rz. 17.

sich darüber vergleicht (§ 50 Satz 1, § 93 Abs. 4 Satz 3, § 117 Abs. 4 AktG). Im Übrigen liegt es im Ermessen des Vorstands, ob er eine bestimmte Maßnahme der Hauptversammlung zur Zustimmung vorlegen will (§ 119 Abs. 2 AktG). Der BGH hat allerdings entschieden, dass in Fällen von besonderer Tragweite eine Vorlagepflicht bestehen kann. Im sog. Holzmüller-Fall ging es um die **Ausgliederung des Kernbereichs** des Unternehmens, der rd. 80 % des Gesellschaftsvermögens darstellte, auf eine Tochtergesellschaft. Das Zustimmungserfordernis der Hauptversammlung wurde mit der allgemeinen Erwägung begründet, es gebe grundlegende Entscheidungen, die tief in die Mitgliedsrechte der Aktionäre und deren Eigentum eingreifen und von denen der Vorstand vernünftigerweise nicht annehmen könne, er dürfe sie in ausschließlich eigener Verantwortung treffen[90]. Ergänzend hat der BGH ausgeführt, dass auch **spätere Kapitalmaßnahmen** in der durch Ausgliederung entstandenen Tochtergesellschaft der Hauptversammlung der Muttergesellschaft zur Zustimmung vorzulegen seien[91]. Das Gleiche gelte für den Abschluss von **Unternehmensverträgen** mit der Tochtergesellschaft, für die **Übertragung** ihres Gesellschaftsvermögens[92] und für einen **Auflösungsbeschluss**. In all diesen Fällen soll der Zustimmungsvorbehalt der Hauptversammlung der Obergesellschaft sicherstellen, dass die Mitgliedschaft und der Einfluss der Aktionäre nicht durch Maßnahmen bei der Tochter verwässert werden[93].

33.42 Die Holzmüller-Entscheidung hat in Rechtsprechung und Literatur zu unterschiedlichen Auffassungen in der Frage geführt, welche sonstigen Maßnahmen der Hauptversammlung zur Zustimmung vorzulegen sind. Umstritten war insbesondere, ab welcher Schwelle eine Strukturänderung als wesentlich anzusehen ist. Im Schrifttum wurde die Schwelle überwiegend bei 20–25 % des Aktivvermögens[94] und nur vereinzelt bei höheren oder niedrigeren Werten angesetzt[95]. Demgegenüber orientierte sich die Rechtsprechung entweder an allgemeinen Überlegungen zu Wert und Bedeutung[96] oder „sicherheitshalber" an einer Untergrenze von 10 % der Aktiva oder des Grundkapitals[97]. Erst allmählich hat sich eine restriktivere Haltung durchgesetzt[98].

33.43 In seinen sog. Gelatine-Entscheidungen[99] hat der BGH im Wege der Rechtsfortbildung klargestellt, dass eine Zustimmung der Hauptversammlung zu Geschäftsführungsmaßnahmen des Vorstands nur in eng umgrenzten **Ausnahmefällen** erforderlich ist, über die dann mit einer **Drei-Viertel-Kapitalmehrheit** zu beschließen ist. Dabei ging es um die Einbringung zweier Tochtergesellschaften in eine weitere Tochtergesellschaft mit der Folge, dass die beiden Töchter zu Enkelgesellschaften wurden, sowie um die Einbringung einer KG-Beteiligung in eine Tochtergesellschaft. Der BGH hat in diesem Zusammenhang betont, dass eine Zustimmung der Hauptversammlung erst dann einzuholen ist, wenn die Maßnahme an die Kernkompetenz der Hauptversammlung rührt, über die Verfassung der Gesellschaft zu bestimmen, und in ihren Auswirkungen einem Zustand nahekommt, der allein durch eine

---

90 BGH v. 25.2.1982 – II ZR 174/80 – Holzmüller, BGHZ 83, 122, 131 = AG 1982, 158.
91 Dazu näher *Ekkenga/B. Schneider*, ZIP 2017, 1053.
92 Zum Fall der Vermögensübertragung bei einer eingegliederten Tochtergesellschaft OLG Celle v. 7.3.2001 – 9 U 137/00, AG 2001, 150; LG Hannover v. 30.5.2000 – 26 O 79/98, AG 2001, 150.
93 BGH v. 25.2.1982 – II ZR 174/80 – Holzmüller, BGHZ 83, 122, 140 ff. = AG 1982, 158.
94 Vgl. insbesondere *Hirte*, S. 180; *Lutter* in FS Stimpel, 1985, S. 825, 850; *Wollburg/Gehling* in FS Lieberknecht, 1997, S. 133, 159.
95 Vgl. einerseits *Geßler* in FS Stimpel, 1985, S. 771, 787 (10 %) und andererseits *Reichert*, ZHR-Beiheft 1999, 25, 44 f., 51 (50 %).
96 OLG München v. 10.11.1994 – 24 U 1036/93, AG 1995, 232, 233; LG Köln v. 3.2.1992 – 91 O 203/91, AG 1992, 238, 239 f.; LG Stuttgart v. 8.11.1991 – 2 KfH O 135/91, AG 1992, 236, 237 f.
97 OLG Köln v. 24.11.1992 – 22 U 72/92 – Winterthur/Nordstern, AG 1993, 86, 88; LG Frankfurt v. 10.3.1993 – 3/14 O 25/92, AG 1993, 287, 288 f.
98 LG Düsseldorf v. 13.2.1997 – 31 O 133/96 – W. Rau Neusser Öl und Fett, AG 1999, 94, 95 (über 50 %); zurückhaltend auch LG Heidelberg v. 1.12.1998 – O 95/98 KfH I – MLP, AG 1999, 135, 137; *Henze* in FS Ulmer, 2003, S. 211 ff., 222 f. (über 50 %); *Hüffer* in FS Ulmer, 2003, S. 279, 295 (über 75 %).
99 BGH v. 26.4.2004 – II ZR 155/02 – Gelatine I, BGHZ 159, 30 = AG 2004, 384; BGH v. 26.4.2004 – II ZR 154/02 – Gelatine II, ZIP 2004, 1001.

Satzungsänderung herbeigeführt werden kann. Die Überschreitung von Schwellenwerten zwischen 10 % und 50 % genügt dafür nicht. Der Bereich, auf den sich die Maßnahme erstreckt, muss die Ausmaße der Ausgliederung im Holzmüller-Fall erreichen, d.h. mindestens 80 % des Vermögens der Gesellschaft betreffen[100]. Dieser Schwellenwert wird teilweise auch etwas niedriger angesetzt[101]. Welche Kriterien dabei maßgebend sind, ist offen[102]. Im Vordergrund dürfte der Anteil am Ertragswert und am Umsatz stehen. Zum Teil wird auch auf die als Gegenleistung abfließenden Mittel abgestellt[103]. Entscheidend dürfte eine wertende Gesamtbetrachtung sein, wobei es darauf ankommt, ob der Kernbereich des Unternehmens betroffen ist[104].

Dieses Zustimmungserfordernis gilt jedenfalls für Mediatisierungsfälle wie **Ausgliederungen** außerhalb des UmwG und die **Umstrukturierung** einer Tochter- in eine Enkelgesellschaft, und zwar auch dann, wenn die Satzung eine sog. Konzernklausel enthält. Ob es auch für andere Geschäftsführungsmaßnahmen gilt, hat der BGH damals noch ausdrücklich offengelassen[105]. Der zugrundeliegende Gedanke, dass es um den Schutz der Aktionäre vor einer nachhaltigen Schwächung des Wertes ihrer Beteiligung geht, könnte dafür sprechen, auch sonstige Maßnahmen wie z.B. die Veräußerung oder den Erwerb von **Beteiligungen** vorsorglich einzubeziehen, sofern die erforderliche Relevanz gegeben ist[106]. Bei solchen Maßnahmen fehlt aber der Gesichtspunkt der Mediatisierung[107]. Noch stärker lässt sich sagen, dass eine (entgeltliche) Beteiligungsveräußerung nachgerade das Gegenteil einer Mediatisierung bewirkt[108]. Der BGH hat deshalb später eine ungeschriebene Zustimmungskompetenz für diesen Fall zu Recht verneint[109]. Beim Erwerb einer Beteiligung erscheint eine Zustimmung der Hauptversammlung insbesondere dann entbehrlich, wenn die Satzung eine sog. Konzernöffnungsklausel enthält[110]. Eine Zustimmung der Hauptversammlung kann aber erforderlich sein, wenn infolge einer Veräußerung der satzungsmäßige **Unternehmensgegenstand** auf Dauer teilweise nicht mehr verwirklicht werden oder durch den Erwerb erweitert werden soll. Solchen Veränderungen ist durch eine entsprechende Satzungsänderung Rechnung zu tragen[111]. Über den Erwerb einer Beteiligung kann der Vorstand

33.44

---

100 BGH v. 26.4.2004 – II ZR 155/02 – Gelatine I, BGHZ 159, 30, 45 = AG 2004, 384.
101 OLG Hamm v. 19.11.2007 – 8 U 216/07 – Arcandor, ZIP 2008, 832, 833, 835: ca. 75-80 %; OLG Köln v. 15.1.2009 – 18 U 205/07 – Strabag, ZIP 2009, 1469, 1471: 70–80 %; LG München I v. 8.6.2006 – 5 HKO 5025/06, BeckRS 2006, 10432: mindestens 75 %; für 75 % auch *Hüffer/Koch*, § 119 AktG Rz. 25; *Zienik*, S. 229 ff.
102 Gesetzgebungsvorschlag bei *Stephan/Strenger*, AG 2017, 346.
103 So *Zienik*, S. 229 ff.
104 Näher *Hüffer/Koch*, § 119 AktG Rz. 25, *Reger* in Bürgers/Körber/Lieder, § 119 AktG Rz. 24; vgl. auch *Spindler* in K. Schmidt/Lutter, § 119 AktG Rz. 32.
105 BGH v. 26.4.2004 – II ZR 155/02 – Gelatine I, BGHZ 159, 30, 41 = AG 2004, 384.
106 So z.B. *Hoffmann* in BeckOGK AktG, Stand 1.6.2021, § 119 AktG Rz. 43; dazu auch *Bungert*, BB 2004, 1345, 1349 ff.
107 *Reger* in Bürgers/Körber/Lieder, § 119 AktG Rz. 17; *Krieger* in MünchHdb. AG, § 70 Rz. 10; *Marsch-Barner* in Grundmann/Schwintowski/Singer/Weber, S. 105, 113 f.; *Arnold*, ZIP 2005, 1573, 1576 f.; a.A. zum Beteiligungserwerb: *Spindler* in K. Schmidt/Lutter, § 119 AktG Rz. 35; *Liebscher*, ZGR 2005, 1, 23 f.; krit. zum Kriterium der Mediatisierung *Hoffmann-Becking*, ZHR 172 (2008), 231 ff.
108 *Goette*, DStR 2007, 586.
109 BGH v. 20.11.2006 – II ZR 226/05 – Stuttgarter Hofbräu, AG 2007, 203; dem folgend OLG Hamm v. 19.11.2007 – 8 U 216/07 – Arcandor, AG 2008, 421 zur Veräußerung der Anteile an einer Enkelgesellschaft; vgl. auch BVerfG v. 7.9.2011 – 1 BvR 1460/10 – Strabag, AG 2011, 873; a.A. *Kubis* in MünchKomm. AktG, 4. Aufl. 2018, § 119 AktG Rz. 68.
110 OLG Frankfurt v. 7.12.2010 – 5 U 29/10 – Commerzbank, AG 2011, 173, 174; zust. *Krieger* in MünchHdb. AG, § 70 Rz. 10; *Nikoleyczik/Wahl*, EWiR 2011, 33 f.; abl. *Zienik*, S. 175 f., 279, 338.
111 OLG Stuttgart v. 14.5.2003 – 20 U 31/02, AG 2003, 527, 532; LG Köln v. 23.11.2007 – 82 O 214/06, AG 2008, 327; *Hüffer/Koch*, § 179 AktG Rz. 9a; *Sailer-Coceani* in MünchHdb. AG, § 9 Rz. 18 f.; *Spindler* in K. Schmidt/Lutter, § 119 AktG Rz. 39; *Wiedemann* in Großkomm. AktG, 4. Aufl. 1995, § 179 AktG Rz. 60; *Reichert* in Beck'sches Hdb. AG, § 5 Rz. 36; *Lutter/Leinekugel*, ZIP 1998, 225, 227; *Wollburg/Gehling* in FS Lieberknecht, 1997, S. 133, 138.

dagegen autonom entscheiden[112]. Das gilt auch, wenn der Erwerb der Vorbereitung einer Verschmelzung dient[113].

33.45 Die Zustimmung der Hauptversammlung kann sowohl ein **unternehmerisches Konzept** betreffen, z.B. die Umstrukturierung der Gesellschaft in eine Holding, als auch eine bestimmte **Einzelmaßnahme**, z.B. die Ausgliederung des größten Unternehmensbereichs. Im ersten Fall handelt es sich um einen Ermächtigungsbeschluss, der in Analogie zu § 71 Abs. 1 Nr. 8, § 202 Abs. 2, § 221 Abs. 2 AktG die wesentlichen Eckpunkte des Konzepts umfassen muss[114]. Im zweiten Fall liegt ein Zustimmungsbeschluss vor. Dieser kann auch nachträglich gefasst werden. Nach h.M. ist in allen Fällen ein **schriftlicher Bericht** erforderlich, in dem die vorgeschlagene Maßnahme näher erläutert wird[115]. Dagegen spricht zwar, dass selbst in den Fällen der §§ 179, 179a AktG kein Bericht vorgeschrieben ist. Angesichts der bestehenden Rechtsunsicherheit ist ein solcher Bericht aber vorsorglich zu empfehlen[116]. Er ist entsprechend § 124 Abs. 2 Satz 3 AktG bekanntzumachen[117].

33.46 Der vom BGH statuierte Zustimmungsvorbehalt begründet nur eine **interne Verpflichtung**[118]. Er lässt die Vertretungsmacht des Vorstands nach außen unberührt (vgl. § 82 AktG). Wird der Vorlagepflicht nicht entsprochen, stellt dies allerdings eine Verletzung der allgemeinen Sorgfaltspflicht aus § 93 Abs. 1 Satz 1 AktG dar, die zu Schadensersatzansprüchen der Gesellschaft führen kann[119]. Dabei kann sich der Vorstand, da es um eine Kompetenzverletzung geht, nicht wie bei sonstigem geschäftlichem Handeln auf sein weites unternehmerisches Ermessen berufen[120]. Die pflichtwidrige Unterlassung der Vorlage bedeutet zugleich eine **Verletzung des Mitgliedschaftsrechts** der Aktionäre. Diese können sich gegen einen solchen Eingriff mit einer Feststellungs- oder Unterlassungsklage sowie ggf. mit einer einstweiligen Verfügung zur Wehr setzen[121]. Sie können u.U. auch erreichen, dass die Verwaltung zur Rückabwicklung der Maßnahme verpflichtet wird[122]. Nach h.M. stehen den Aktionären dagegen grundsätzlich keine eigenen Schadensersatzansprüche zu. Insbesondere findet § 823 Abs. 1 BGB keine Anwendung, weil nicht das Mitgliedschaftsrecht als solches, sondern das dahinterstehende Vermögen des Aktionärs betroffen ist[123].

---

112 *Kubis* in MünchKomm. AktG, 4. Aufl. 2018, § 119 AktG Rz. 71.
113 OLG Frankfurt v. 7.12.2010 – 5 U 29/10 – Commerzbank, AG 2011, 173, 174 f.
114 Zur Zulässigkeit einer solchen Ermächtigung LG Frankfurt v. 12.12.2000 – 3/5 O 149/99 – AGIV, AG 2001, 431, 434; *Hüffer/Koch*, § 124 AktG Rz. 11; *Reger* in Bürgers/Körber/Lieder, § 119 AktG Rz. 26; *Krieger* in MünchHdb. AG, § 70 Rz. 12; *Groß*, AG 1996, 111, 115; *Lutter/Leinekugel*, ZIP 1998, 805, 813 f.; abl. LG Stuttgart v. 8.11.1991 – 2 KfH O 135/91, AG 1992, 236, 237 f.
115 *Hüffer/Koch*, § 119 AktG Rz. 27; *Krieger* in MünchHdb. AG, § 70 Rz. 14, jeweils m.w.N.
116 *Hüffer/Koch*, § 119 AktG Rz. 27; *Butzke*, HV, L Rz. 81.
117 *Hüffer/Koch*, § 124 AktG Rz. 11.
118 BGH v. 25.2.1982 – II ZR 174/80 – Macrotron, BGHZ 83, 122, 132 = AG 1982, 158; BGH v. 26.4.2004 – II ZR 154/02 – Gelatine II, ZIP 2004, 1001; *Hoffmann* in BeckOGK AktG, Stand 1.6.2021, § 119 AktG Rz. 75; *Henze* in FS Ulmer, 2003, S. 211, 221; krit. *Ekkenga/B. Schneider*, ZIP 2017, 1053 ff. zur Behandlung von Kapitalmaßnahmen bei einer Tochtergesellschaft.
119 Vgl. *Seiler/Singhof*, Der Konzern 2003, 313, 319 ff. m.w.N.
120 *Goette* in FS 50 Jahre BGH, 2000, S. 123, 132 f.
121 BGH v. 10.10.2005 – II ZR 90/03 – Mangusta/Commerzbank II, BGHZ 164, 249 = AG 2006, 38; OLG Hamm v. 19.11.2007 – 8 U 216/07 – Arcandor, AG 2008, 421; LG Duisburg v. 27.6.2002 – 21 O 106/02 – Babcock Borsig, AG 2003, 390; LG Düsseldorf v. 14.12.1999 – 10 O 495/99 – Mannesmann, AG 2000, 233; *Spindler* in K. Schmidt/Lutter, § 119 AktG Rz. 48; *Bungert* in MünchHdb. AG, § 35 Rz. 73 ff.; *Markwardt*, WM 2004, 211 ff.; *Seiler/Singhof*, Der Konzern 2003, 316 f.
122 BGH v. 25.2.1982 – II ZR 174/80, BGHZ 83, 122, 134 ff. = AG 1982, 158; BGH v. 23.6.1997 – II ZR 132/93, BGHZ 136, 133, 141 = AG 1997, 465; OLG Stuttgart v. 14.4.2003 – 20 U 31/03, NZG 2003, 778, 785; *Kubis* in MünchKomm. AktG, 4. Aufl. 2018, § 119 AktG Rz. 103; *Spindler* in K. Schmidt/Lutter, § 119 AktG Rz. 48; *Krieger* in MünchHdb. AG, § 70 Rz. 15.
123 LG Bonn v. 15.5.2001 – 11 O 181/00, AG 2001, 484, 485; *Hopt* in Großkomm. AktG, 4. Aufl. 1999, § 93 AktG Rz. 473; *Seiler/Singhof*, Der Konzern 2003, 313, 325 f.; a.A. *Mertens/Cahn* in KölnKomm. AktG, 3. Aufl. 2010, § 93 AktG Rz. 211; *Habersack*, DStR 1998, 533 ff.

2. Zusammenschluss unter Holding

33.47 Eine weitere (ungeschriebene) Kompetenz der Hauptversammlung wird diskutiert mit Blick auf Zusammenschlüsse unter einer gemeinsamen Holding. Diese Diskussion hat sich (neu) entzündet an der Fusion von Linde AG und Praxair, Inc. im Jahr 2017/2018. Das vorbereitende **Business Combination Agreement**, kurz: BCA, zwischen Linde und Praxair wurde im Juni 2017 geschlossen. Es sah vor, dass beide Unternehmen sich unter einer gemeinsamen neuen Holding vereinen, der Linde plc mit Sitz in Dublin. Zur Umsetzung unterbreitete die Linde plc den Aktionären der Linde AG ein **öffentliches Tauschangebot** nach dem WpÜG. Es besagte, dass jeder Aktionär bei der Linde AG „aussteigen" und stattdessen bei der Linde plc als neuer Obergesellschaft „einsteigen" konnte, ganz nach individuellem Belieben. Tatsächlich fand das Angebot breiten Zuspruch. Nur rd. 8 % der Aktien verblieben in den Händen von Minderheitsaktionären – und dies auch nur vorübergehend bis zum anschließenden Squeeze-out.

33.48 Auf diesen letzten Schritt, den Squeeze-out der verbliebenen Minderheit, kommt es hier nicht weiter an. Im Fokus steht vielmehr der Weg dorthin, sprich: das im BCA vorgezeichnete Tauschangebot und die damit verbundene Vereinigung von Linde und Praxair unter einer neuen gemeinsamen Holding. Dieses Fusionsmodell ist keineswegs neu. Es kam in der Praxis bereits mehrfach zur Anwendung, etwa bei den beabsichtigten, schlussendlich aber nicht umgesetzten Fusionen Deutsche Börse/NYSE Euronext (2012) und Deutsche Börse/LSE (2017). Auch bei diesen früheren Transaktionen wurde die Hauptversammlung nicht eingebunden. Dafür bestand auch kein Anlass. Denn nach tradierter h.M. gibt es bei dieser Transaktionsstruktur keine Zuständigkeit der Hauptversammlung, und zwar weder eine geschriebene noch eine ungeschriebene, auch und insbesondere nicht nach Holzmüller/Gelatine-Grundsätzen (siehe dazu Rz. 33.41 ff.)[124]. Eine Vorlage an die Hauptversammlung wäre allenfalls denkbar auf **freiwilliger Basis** nach § 119 Abs. 2 AktG. Demgegenüber wurden allerdings mit Blick auf Linde/Praxair auch abweichende Stimmen laut. Ihre Kernthese lautet, wegen der wirtschaftlichen Tragweite des Zusammenschlusses und der (vermeintlich nachteiligen) Auswirkungen auf die Rechtsstellung der Aktionäre sei eine neue (ungeschriebene) Kompetenz der Hauptversammlung anzuerkennen[125]. Das LG München I ist dem jedoch nicht gefolgt, sondern hat die tradierte h.M. bestätigt[126]. Das ist richtig und auch rechtspolitisch wünschenswert – sowohl aus aktien- als auch aus übernahmerechtlicher Perspektive.

33.49 Das geschriebene Aktienrecht kennt schlechterdings keine Kompetenz der Hauptversammlung für Übernahmeangebote, auch nicht im Wege des Aktientauschs. Nichts anderes gilt, wenn die Übernahme in einem BCA vorgezeichnet ist und einem „höheren Ziel" dient. Auch mit „Holzmüller" und „Gelatine" hat eine solche Übernahme per Aktientausch nichts gemein: Das Gesellschaftsvermögen bleibt der Zielgesellschaft vollständig erhalten. Daher lässt sich auch nicht sagen, dass es den (ohnehin kargen) Mitspracherechten der Aktionäre, etwa über die Verwendung des Bilanzgewinns, entzogen würde. Vielmehr beurteilt jeder Aktionär selbst, ob er das Übernahmeangebot annehmen und sich somit aus der Zielgesellschaft verabschieden möchte.

33.50 Aus übernahmerechtlicher Sicht gilt, dass das WpÜG ein geordnetes Verfahren für Übernahmeangebote vorsieht, seien sie nun freiwilliger oder verpflichtender, freundlicher oder feindlicher Natur. Dabei nimmt das WpÜG neben dem Bieter auch die Organe der Zielgesellschaft in die Pflicht: *Erstens* sind sie allein dem Interesse der Zielgesellschaft verpflichtet (§ 3 Abs. 3 WpÜG). *Zweitens* müssen sie eine begründete Stellungnahme abgeben (§ 27 WpÜG). Und *drittens* darf der Vorstand den Erfolg des Übernahmeangebots nicht behindern (§ 33 WpÜG). Diese und andere Vorgaben des WpÜG gewäh-

---

124 *Marsch-Barner* in Semler/Volhard, ArbeitsHdb. Übernahme, Bd. 1, § 7 Rz. 61; *Stöcker*, S. 113 ff.; *Decher* in FS Lutter, 2000, S. 1209, 1223; a.A. *Horn*, ZIP 2000, 473, 479.
125 So insbesondere *Strohn*, ZHR 182 (2018), 114 ff.; ebenso *Hoffmann* in BeckOGK AktG, Stand 1.6.2021, § 119 AktG Rz. 33a.
126 LG München I v. 20.12.2018 – 5 HK O 15236/17 – Linde/Praxair, AG 2019, 225; ebenso *Koch*, ZGR 2019, 588 ff.; *Wilsing* in FS Marsch-Barner, 2018, S. 595 ff.

ren der Zielgesellschaft und ihren Aktionären ausreichenden Schutz – und zwar auch ohne Beteiligung der Hauptversammlung. Daran ändert sich nichts, nur weil der Vorstand das Angebot mit dem Bieter abstimmt und es über ein BCA von vornherein in eine bestimmte Bahn lenkt.

3. Börseneinführung

33.51 Die Börseneinführung (Initial Public Offering, IPO) ist die Zulassung von Aktien zum regulierten Markt. Sie vollzieht sich durch Verwaltungsakt, den die Börsengeschäftsführung als Trägerin hoheitlicher Gewalt auf Antrag der Gesellschaft erlässt. Mit dieser Zulassung können die Aktien auf allen Plattformen der Börse gehandelt werden. Es handelt sich also primär um einen öffentlich-rechtlichen bzw. verwaltungsrechtlichen Vorgang. Daneben stellen sich aber auch gesellschaftsrechtliche Fragen: Aus dieser Perspektive erfordert die Börseneinführung einer AG nach teilweise vertretener Auffassung einen Beschluss der Hauptversammlung[127]. Ein solches Zustimmungserfordernis sei zwar im Gesetz nicht vorgesehen. Es könne sich aber aus den zusätzlichen Pflichten ergeben, die eine Börsennotierung für die Gesellschaft und für die Aktionäre mit sich bringe. Hinzu komme, dass die Unterwerfung unter das Sonderrecht der börsennotierten AG eine **Strukturentscheidung** sei, die einem Formwechsel gleiche[128]. Diese Sichtweise kann jedoch nicht überzeugen. Tatsächlich erleichtert die Börsenzulassung nur die Veräußerbarkeit der Aktie. Darin liegt eine Verbesserung der wirtschaftlichen Situation der Aktionäre. Die mit der Börsenzulassung verbundenen Pflichten für die Aktionäre, insbesondere die Beachtung der Insiderbestimmungen (Art. 7 ff. MAR) und der Mitteilungspflichten (§§ 33 ff. WpHG), fallen demgegenüber kaum ins Gewicht. Sie sind jedenfalls kein schwerwiegender Eingriff in das Mitgliedschaftsrecht der Aktionäre. Auch in Bezug auf das Innenverhältnis zwischen der Gesellschaft und ihren Aktionären ergeben sich aus einem Börsengang keine wesentlichen Veränderungen. Die Börsenzulassung steht deshalb einem Formwechsel nicht gleich[129]. Unabhängig davon ist die Hauptversammlung allerdings kraft gesetzlicher Kompetenz zu beteiligen, wenn für den Börsengang neue Aktien aus einer **Kapitalerhöhung** bereitgestellt werden[130].

4. Börsengang einer Tochtergesellschaft

33.52 Erörtert wird daneben, ob der Börsengang einer Tochtergesellschaft die Zustimmung der Hauptversammlung der Muttergesellschaft erfordert. Richtigerweise hat der Börsengang der Tochter als solcher mit Holzmüller nichts gemein[131]. In den Blick zu nehmen sind aber die vorbereitenden und umsetzenden Einzelmaßnahmen. Dabei sind zwei Fälle zu unterscheiden: *Erstens*, dass Altaktien aus dem Bestand der Mutter platziert werden. *Zweitens*, dass die Tochter neue Aktien platziert, was einer Kapitalerhöhung unter Bezugsrechtsausschluss bedarf. Mitunter wird vertreten, aus der Holzmüller-Doktrin lasse sich für beide Fälle eine Zuständigkeit der Hauptversammlung auf Mutterebene ableiten[132]. Das geht indes zu weit. Richtig ist vielmehr: Die Mutter ist frei darin, **Bestandsaktien** an ihrer Tochter an der Börse zu platzieren. Es handelt sich um einen Sonderfall der entgeltlichen Anteilsveräußerung, die nach h.M. keine Mediatisierung bewirkt, sondern das genaue Gegenteil (Rz. 33.44). Anders liegt der Fall einer **Kapitalerhöhung** auf Tochterebene: Hierfür *kann* es erforderlich sein, nicht nur die eigene Hauptversammlung zu befassen, sondern auch die Hauptversammlung auf Mutterebene (Rz. 33.41).

---

127 *Spindler* in K. Schmidt/Lutter, § 119 AktG Rz. 38; *Lutter* in FS Zöllner, Bd. I, 1998, S. 363, 376 ff.; *Lutter/Drygala* in FS Raisch, 1995, S. 239, 240 ff.; *Lutter/Leinekugel*, ZIP 1998, 805, 806; *Vollmer/Grupp*, ZGR 1995, 459, 466 f.
128 *Lutter* in FS Zöllner, Bd. I, 1998, S. 363, 378.
129 *Kubis* in MünchKomm. AktG, 4. Aufl. 2018, § 119 AktG Rz. 84; *Reichert* in Beck'sches Hdb. AG, § 5 Rz. 39; *Hopt* in FS Drobnig, 1998, S. 525, 536.
130 *Mülbert* in Großkomm. AktG, 5. Aufl. 2017, § 119 AktG Rz. 130.
131 LG München I v. 8.6.2006 – 5 HK O 5025/06 – Infineon, ZIP 2006, 2036, 2040; *Drinhausen* in Hölters, § 119 AktG Rz. 21; *Hüffer/Koch*, § 119 AktG Rz. 24; *Reger* in Bürgers/Körber/Lieder, § 119 AktG Rz. 20; *Spindler* in K. Schmidt/Lutter, § 119 AktG Rz. 38.
132 *Kubis* in MünchKomm. AktG, 4. Aufl. 2018, § 119 AktG Rz. 75.

Außerdem *kann* eine Zustimmungspflicht bestehen, falls die Mutter ihre Tochter vor deren Börsengang noch mit **Vermögen** ausstattet. Denn dieses Vermögen wird dann von der Mutter- auf die Tochterebene verschoben. Aus der Perspektive der Aktionäre der Mutter stellt dies eine Mediatisierung dar. Es bleibt aber dabei, dass jeweils auch die quantitative Holzmüller-Schwelle erreicht sein muss (Rz. 33.43). Umstritten ist ferner, ob die Aktionäre der Mutter beim Börsengang einer Tochter ein **Vorerwerbs-** oder **Bezugsrecht** auf deren Aktien haben. Das ist aber keine Frage des § 119 AktG, sondern allein des § 186 AktG. Die Holzmüller-Doktrin gibt deshalb für solcherlei Vorrechte nichts her[133].

5. Echtes Delisting

Eine weitere ungeschriebene Zuständigkeit der Hauptversammlung wurde lange Zeit im Bereich des „echten" Delistings gesehen. Echtes Delisting meint den spiegelbildlichen Schritt zur Börseneinführung (siehe dazu Rz. 33.51), also den **Widerruf der Zulassung** zum regulierten Markt durch gegenläufigen Verwaltungsakt. Ein solcher Widerruf ist öffentlich-rechtlich in zwei Konstellationen möglich: *Erstens*, wenn ein ordnungsgemäßer Börsenhandel dauerhaft nicht mehr gewährleistet ist (§ 39 Abs. 1 BörsG). *Zweitens*, wenn die Gesellschaft den Widerruf beantragt und der Anlegerschutz nicht entgegensteht (§ 39 Abs. 2 BörsG). Dem entspricht es, dass dem Aktionär gegen den Widerrufsbescheid der Verwaltungsrechtsweg offensteht. Statthaft ist namentlich erst der Widerspruch (§ 69 VwGO), dann die Anfechtungsklage (§ 42 Abs. 1 VwGO). Dafür muss der Aktionär eine Verletzung seiner subjektiv-öffentlichen Rechte rügen (§ 42 Abs. 2 VwGO)[134]. 33.53

Was ein Delisting für das Innenrecht der Gesellschaft bedeutet, ist gesetzlich nicht geregelt. Im Macrotron-Urteil vom 25.11.2002 hat der BGH den Standpunkt bezogen, es beeinträchtige die Verkehrsfähigkeit der Aktie und damit auch das Aktieneigentum als solches – berühre also den Schutzbereich des Art. 14 GG. Aus diesem Grund dürfe der Vorstand einen Börsenrückzug nur mit **Zustimmung der Hauptversammlung** auf den Weg bringen. Darüber hinaus müsse die Gesellschaft oder ein Großaktionär eine **Abfindung** bieten, deren Angemessenheit im **Spruchverfahren** überprüfbar sei[135]. Diese Sichtweise sah sich von Anfang an berechtigten Einwänden ausgesetzt. Dies schon im Ansatz, weil Art. 14 GG allenfalls die rechtliche, nicht aber die tatsächliche Verkehrsfähigkeit der Aktie im Blick hat. Hinzu kommt, dass ein Rückzug von der Börse die Verkehrsfähigkeit der Aktie keineswegs aufhebt. Mit einer nachträglichen Anteilsvinkulierung hat das Delisting nichts gemein. Dementsprechend hat das BVerfG mit Urteil vom 11.7.2012 die Macrotron-Doktrin zwar nicht im Ergebnis, jedoch in ihrer tragenden Begründung beanstandet. Namentlich hat es klargestellt, dass die Verkehrsfähigkeit der Aktie eine schlichte Ertrags- und Handelschance ist und als solche keinen verfassungsrechtlichen Schutz genießt[136]. Daraufhin musste der BGH prüfen, ob er seine Rechtsprechung auf neuer, einfachrechtlicher Grundlage fortsetzen möchte. Eben dies hat er mit Beschluss vom 8.10.2013 in Sachen „Frosta" abgelehnt[137]. Im Anschluss daran wurde das Delisting mit dem TransRL-ÄndRL-UG vom 22.11.2015[138] **börsen- bzw. kapitalmarktrechtlich** neu geregelt. Der Schutz der Anleger ist seither dadurch sichergestellt, dass dem Antrag auf Widerruf der Börsenzulassung ein Angebot zum Erwerb aller betroffenen Aktien zugrunde liegen muss (§ 39 Abs. 2 und 3 BörsG). 33.54

Hieran wiederum hat sich die Diskussion entzündet, ob nicht die **Satzung** eine Börsennotierung vorschreiben kann. Dies mit dem Ziel, den Vorstand an die Satzungsvorgabe zu binden, den Börsenrückzug von einer vorherigen Satzungsänderung abhängig zu machen und ihn so wieder unter Zustimmungsvorbehalt der Hauptversammlung zu stellen. Dies ist richtigerweise abzulehnen. Eine solche Satzungsklausel ist im Lichte der Frosta-Rechtsprechung des BGH nichts anderes als ein Übergriff in 33.55

---

133 *Hüffer/Koch*, § 119 AktG Rz. 24; a.A. *Lutter*, AG 2000, 342, 343 ff.
134 Dazu VGH Kassel v. 22.2.2021 – 6 B 2656/20 – Rocket Internet, ZIP 2021, 1115.
135 BGH v. 25.11.2002 – II ZR 133/01 – Macrotron, BGHZ 153, 47, 53 ff. = AG 2003, 273.
136 BVerfG v. 11.7.2012 – 1 BvR 3142/07 u.a., BVerfGE 132, 99 = AG 2012, 557.
137 BGH v. 8.10.2013 – II ZB 26/12 – Frosta, AG 2013, 877.
138 BGBl. I 2015, 2029.

die Geschäftsführung des Vorstands. Das bedeutet, dass sie das zwingende gesetzliche Kompetenzgefüge verschiebt – entgegen § 23 Abs. 5 Satz 1 AktG. Daher ist sie i.S.v. § 241 Nr. 3 AktG mit dem Wesen der AG unvereinbar und nichtig[139].

VII. Virtuelle Hauptversammlung

33.56 Für virtuelle Hauptversammlungen i.S.v. § 1 Abs. 2 COVMG gelten keine Besonderheiten, was ihre **Kompetenzen** angeht. Vielmehr gilt, dass jedweder anerkannte Hauptversammlungsbeschluss auch im Rahmen einer virtuellen Hauptversammlung gefasst werden kann, d.h. neben den alljährlichen Pflichtpunkten auch alle anderen turnusmäßigen oder auch situationsbedingt erforderlichen Beschlüsse. Dem entspricht es, dass § 1 Abs. 2 COVMG nach dem erklärten Willen des Gesetzgebers keineswegs auf ordentliche Hauptversammlungen beschränkt ist. Die Vorschrift gilt ebenso für **außerordentliche Hauptversammlungen**[140]. Keinen Zuspruch verdienen daher Stimmen, die angesichts eingeschränkter Aktionärsrechte und fehlender Interaktion das virtuelle Format als untauglich erachten, um besonders weitreichende Entscheidungen zu treffen, z.B. über eine Kapital- oder Strukturmaßnahme und namentlich über einen Squeeze-out. Näher zur virtuellen Hauptversammlung Rz. 35.63 ff.

§ 34
Vorbereitung der Hauptversammlung

I. Grundlagen 34.1	3. Einberufungsverlangen 34.21
II. Organisatorische Vorbereitung 34.2	a) Aktionärsverlangen nach
1. Allgemeines 34.2	§ 122 Abs. 1 AktG 34.21
2. Versammlungsort 34.3	aa) Quorum 34.21
3. Versammlungsraum 34.4	bb) Schriftform 34.24
4. Technische Vorbereitung 34.5	cc) Zweck und Gründe 34.25
5. Generalplan 34.6	dd) Materielle Rechtmäßigkeit .. 34.26
6. Leitfäden 34.7	ee) Vorstandspflichten 34.27
7. Fragenkatalog, Backoffice 34.8	ff) Absage 34.28
III. Einberufung 34.9	gg) Gerichtliche Ermächtigung . 34.29
1. Einberufungsgründe 34.10	hh) Selbstvornahme 34.30
a) Gesetzliche Verpflichtung ... 34.10	b) Verlangen des Hauptaktionärs . 34.31
b) Einberufung gemäß Satzung ... 34.14	c) Verlangen des Bieters 34.32
c) Freiwillige Initiative der Verwaltung ... 34.15	d) Verlangen bei Konzernverschmelzung 34.33
2. Einberufungsberechtigte 34.18	e) Verlangen zur Einberufung einer gesonderten Versammlung 34.34
a) Vorstand 34.18	f) Behördliches Einberufungsverlangen 34.35
b) Aufsichtsrat 34.19	4. Einberufungsfrist 34.36
c) Sonstige Personen 34.20	

---

139 *Hoffmann* in BeckOGK AktG, Stand 1.6.2021, § 119 AktG Rz. 48a; *Hüffer/Koch*, § 119 AktG Rz. 40; *Reger* in Bürgers/Körber/Lieder, § 119 AktG Rz. 31; *Spindler* in K. Schmidt/Lutter, § 119 AktG Rz. 54; *von der Linden*, NZG 2015, 176; *Scholz*, BB 2015, 2248; a.A. *Kubis* in MünchKomm. AktG, 4. Aufl. 2018, § 119 AktG Rz. 93.
140 Begr. FraktE COVID-19-G, BT-Drucks. 19/18110, S. 26.

5. Inhalt der Einberufung 34.39
   a) Allgemeines 34.39
   b) Firma 34.40
   c) Sitz 34.41
   d) Zeit der Hauptversammlung 34.42
   e) Versammlungsort 34.43
   f) Einberufender 34.46
   g) Tagesordnung 34.47
      aa) Allgemeines 34.47
      bb) Bindungswirkung 34.48
      cc) Konkretisierung 34.49
      dd) Zusatzangaben 34.50
   h) Beschlussvorschläge der Verwaltung 34.51
      aa) Allgemeines 34.51
      bb) Konkretisierung 34.52
      cc) Entbehrlichkeit 34.53
      dd) Bindungswirkung 34.54
   i) Teilnahmevoraussetzungen, Nachweisstichtag 34.55
   j) Stimmabgabe durch Bevollmächtigte 34.56
   k) Stimmabgabe per Briefwahl 34.57
   l) Rechte der Aktionäre 34.58
   m) Internetseite der Gesellschaft ... 34.59
   n) Hinweise zum Datenschutz 34.60
6. Bekanntmachung im Bundesanzeiger 34.63
7. EU-weite Verbreitung 34.64
8. Internetpublizität 34.65
9. Änderung der Einberufung, Absage 34.66
10. Rechtsfolgen von Verstößen 34.67
IV. Ergänzung der Tagesordnung 34.68
1. Quorum 34.68
2. Schriftform, Begründung, Beschlussvorlage 34.69
3. Fristen 34.70
4. Bekanntmachung 34.71
   a) Börsennotierte AG mit Inhaberaktien 34.72
   b) Börsennotierte AG mit Namensaktien 34.73
   c) Börsenferne AG 34.74

5. Gerichtliche Ermächtigung 34.75
V. Mitteilungspflichten 34.76
1. Allgemeines 34.76
2. Mitteilungsschuldner 34.77
3. Mitteilungsempfänger 34.78
4. Inhalt der Mitteilungen 34.79
   a) Einberufung der Hauptversammlung 34.79
   b) Geänderte Tagesordnung 34.80
   c) Hinweis zur Stimmrechtsvollmacht 34.81
   d) Anderweitige Aufsichtsratsmandate 34.82
5. Form der Mitteilungen 34.83
6. Mitteilungssprache 34.84
7. Mitteilungsfrist 34.85
8. Rechtsfolgen von Verstößen 34.86
VI. Gegenanträge von Aktionären 34.87
1. Allgemeines 34.87
2. Begriff 34.88
3. Begründung 34.89
4. Form, Adressierung 34.90
5. Berechtigung 34.91
6. Frist 34.92
7. Publizität 34.93
8. Ausnahmen 34.95
9. Überlange Begründung 34.96
10. Stellungnahme der Verwaltung ... 34.97
VII. Wahlvorschläge von Aktionären ... 34.98
VIII. Anmeldung und Legitimation 34.99
1. Anmeldeerfordernis 34.99
2. Legitimation bei Inhaberaktien ... 34.100
3. Legitimation bei Namensaktien ... 34.101
IX. Berichtspflichten 34.102
1. Berichte des Vorstands 34.102
2. Berichte des Aufsichtsrats 34.106
3. Bericht des Hauptaktionärs 34.109
4. Berichte Dritter 34.110
X. Sonderfall: Übernahmeangebot ... 34.111

Schrifttum: *Arnold/Carl/Götze*, Aktuelle Fragen bei der Durchführung der Hauptversammlung, AG 2011, 349; *Austmann*, Verfahrensanträge in der Hauptversammlung, in FS Hoffmann-Becking, 2013, S. 45; *Bankenverband*, Aktionärsrechterichtlinie II/ARUG II, Umsetzungsleitfaden für den deutschen Markt, Modul 2: Hauptversammlungsprozesse, Fassung 2.0, Stand: 19.11.2020; *Baums/Drinhausen/Keinath*, Anfechtungsklagen und Freigabeverfahren, Eine empirische Studie, ZIP 2011, 2329; *Bayer/Hoffmann*, Der Ort der Hauptversammlung, AG 2013, R23; *Bayer/Hoffmann*, Hauptversammlungsabsagen: Verbreitung und Beweggründe, AG 2016, R115; *Bayer/Lieder*, Umschreibungsstopp bei Namensaktien vor Durchführung der Hauptversammlung, NZG 2009, 1361; *Bayer/Scholz/Weiß*, Die Absage der Hauptversammlung durch den Vorstand im Kontext des § 122 AktG, ZIP 2014, 1; *Biehler*, Multinationale Konzerne und die Abhaltung einer Hauptversammlung nach deutschem Recht im Ausland, NJW 2000, 1243; *Bungert*, Hauptversammlungen deutscher Aktiengesellschaften im Ausland, AG 1995, 26; *Bungert/Leyendecker-Langner*, Hauptversammlungen im Ausland, BB 2015, 268; *Butzke*, Hinterlegung, Record Date und Einberufungsfrist, WM 2005, 1981; *Cichy/Krawinkel*, „Know Your Shareholder" nach ARUG II – Inpflichtnahme der Intermediäre bei der Aktionärsidentifizierung und Informationsübermittlung, DB 2020, 602; *Dietz-Vellmer*, Hauptversammlungsbeschlüsse nach § 119 Abs. 2 AktG – geeignetes Mittel zur Haftungsvermeidung für Organe?, NZG 2014, 721; *Florstedt*, Fristen und Termine im Recht der Hauptversammlung, ZIP 2010, 761; *Halberkamp/Gierke*, Das Recht der Aktionäre auf Einberufung einer Hauptversammlung, NZG 2004, 494; *Happ/Freitag*, Die Mitternachtsstund' als Nichtigkeitsgrund, AG 1998, 493; *Heidinger/Blath*, Die Legitimation der Teilnahme an der Hauptversammlung nach Inkrafttreten des UMAG, DB 2006, 2275; *Huber*, Die „geplant beschlusslose" Hauptversammlung, ZIP 1995, 1740; *Hüffer*, Zur Holzmüller-Problematik: Reduktion des Vorstandsermessens oder Grundlagenkompetenz der Hauptversammlung, in FS Ulmer, 2003, S. 279; *Kocher*, Zur Bedeutung von Beschlussvorschlägen der Verwaltung für die Fassung und Anfechtung von Hauptversammlungsbeschlüssen, AG 2013, 406; *Kort*, Bekanntmachungs-, Berichts- und Informationspflichten bei „Holzmüller"-Beschlüssen der Mutter im Falle von Tochter-Kapitalerhöhungen zu Sanierungszwecken, ZIP 2002, 685; *Koschmieder*, Datenschutzrechtliche Vorgaben für die Verarbeitung von Aktionärsdaten, DB 2019, 2113; *Kuhnt*, Geschäftsordnungsanträge und Geschäftsordnungsmaßnahmen bei Hauptversammlungen, in FS Lieberknecht, 1997, S. 45; *von der Linden*, Beschlussvorschläge an die Hauptversammlung bei Einberufung aufgrund eines Mehrheitsverlangens, AG 2016, 280; *von der Linden*, Deutscher Corporate Governance Kodex 2019 – Alles neu macht der Mai, DStR 2019, 1528; *von der Linden*, Die gerichtliche Bestimmung eines neutralen Versammlungsleiters – ein betagtes Instrument im Lichte des Shareholder Activism, in FS Marsch-Barner, 2018, S. 303; *von der Linden*, Hauptversammlungen – neue Herausforderungen durch die DSGVO, BB 2019, 75; *von der Linden*, Tempus fugit – Erweiterung der Tagesordnung in der börsenfernen AG, DB 2020, 2061; *Linnerz*, Ort, Terminierung und Dauer einer Hauptversammlung, NZG 2006, 208; *Löschhorn*, Notwendigkeit einer Datenschutzerklärung bei der Einladung zur Hauptversammlung von Aktiengesellschaften, AG 2018, R319; *Lutter/Leinekugel*, Der Ermächtigungsbeschluss der Hauptversammlung zu grundlegenden Strukturmaßnahmen – zulässige Kompetenzübertragung oder unzulässige Selbstentmachtung, ZIP 1998, 805; *Marsch-Barner*, Neuere Entwicklungen im Vollmachtsstimmrecht der Banken, in FS Peltzer, 2001, S. 261; *Marsch-Barner*, Zusagen des Vorstands gegenüber den Aktionären, ZHR 178 (2014), 629; *Martens*, Die Leitungskompetenzen auf der Hauptversammlung einer Aktiengesellschaft, WM 1981, 1010; *Martens*, Leitfaden für die Leitung der Hauptversammlung einer Aktiengesellschaft, 3. Aufl. 2003; *Mertens*, Das Minderheitsrecht nach § 122 Abs. 2 AktG und seine Grenzen, AG 1997, 481; *Mimberg*, Schranken der Vorbereitung und Durchführung der HV im Internet – die Rechtslage nach dem Inkrafttreten von NaStraG, Formvorschriften-AnpassungsG und TransPuG, ZGR 2003, 21; *Mülbert/Bux*, Dem Aufsichtsrat vergleichbare in- und ausländische Kontrollgremien von Wirtschaftsunternehmen, WM 2000, 1665; *Mutter*, Gegenanträge – was sind 5.000 Zeichen?, ZIP 2002, 1759; *Noack*, Das neue Recht der Gegenanträge nach § 126 AktG, BB 2003, 1393; *Noack*, Neue Regularien für die Hauptversammlung durch das ARUG II und den Corporate Governace Kodex 2020, DB 2019, 2785; *Noack/Zetzsche*, Bankaktienrecht und Aktienbankrecht, in FS Hopt, 2010, S. 2283; *Paschos/Goslar*, Der Regierungsentwurf des Gesetzes zur Umsetzung der Aktionärsrechterichtlinie (ARUG), AG 2009, 14; *Pentz*, Nochmals: Gegenanträge – was sind 5.000 Zeichen?, ZIP 2003, 1925; *Sasse*, § 126 AktG – Rechtsunsicherheiten bei der Behandlung von Gegenanträgen, NZG 2004, 153; *Scholz*, Unzulässigkeit der Beschlussfassung der Hauptversammlung gem. § 124 Abs. 4 AktG, AG 2008, 11; *Schröer*, Angabe von Aufsichtsmandaten im Anhang des Jahresabschlusses nach dem KonTraG, ZIP 1999, 1369; *Simons*, Zur Begründungspflicht bei Gegenanträgen (§ 126 AktG), NZG 2019, 127; *Simons/Hauser*, Die virtuelle Hauptversammlung, NZG 2020, 488; *Stehle*, Zur Behandlung von Gegenanträgen, die einen Verweis auf die Homepage des opponierenden Aktionärs enthalten, ZIP 2003, 980; *Stützle/Walgenbach*, Leitung der Hauptversammlung und Mitspracherechte der Aktionäre in Fragen der Versammlungsleitung, ZHR 155 (1991), 516; *Tröger*, Vorbereitung von Zustimmungsbeschlüssen bei Strukturmaßnahmen, ZIP 2001, 2029; *R. Weber*, Absage einer auf ein Aktionärsverlangen einberufenen Hauptversammlung und Abhaltung einer Hauptversammlung durch die Aktionäre, NZG 2013, 890; *Weißhaupt*, Informationsmängel in der Hauptversammlung – die Neuregelungen durch das UMAG, ZIP 2005, 1766; *Weisner/Heins*, Das Schriftformerfordernis in § 122 AktG, AG 2012, 706; *Werner*, Bekanntmachung der Tagesordnung und bekanntmachungsfreie Anträge – Ein Beitrag zur Auslegung des § 124 AktG, in FS Fleck, 1988, S. 401; *Wieneke*, Beschlussfassung der Hauptversammlung in Abweichung von den Vorschlägen der Verwaltung, in FS Schwark, 2009, S. 305; *Wilsing*, Der Regierungsentwurf des Gesetzes zur Unternehmensintegrität und zur Modernisierung des Anfechtungsrechts, DB 2005,

35; *Zetzsche*, Aktionärsidentifikation, Aktionärslegitimation und das Hauptversammlungsverfahren nach ARUG II, AG 2020, 1; *Zetzsche*, Corporate Technologies – Zur Digitalisierung im Aktienrecht, AG 2019, 1; *Zetzsche*, Datenschutz und Hauptversammlung – Zur Einwirkung der Datenschutzgrundverordnung auf das Aktienrecht, AG 2019, 233; *Zimmer*, Das Gesetz zur Kontrolle und Transparenz im Unternehmensbereich, NJW 1998, 3521.

I. Grundlagen

Die AG ist die Rechtsform der Großunternehmen. Dem entspricht es, dass Aktiengesellschaften, zumal die börsennotierten, als Kapitalsammelbecken dienen und konzeptionell auf einen breiten, oftmals internationalen und ständig variierenden Aktionärskreis angelegt sind. Die Hauptversammlung der Aktionäre ist somit kraft Natur der Sache ein **schwerfälliges Organ**, das nur in größeren Abständen zusammentritt, in der Regel nur einmal im Jahr. Sie setzt eine umfassende und langfristige **Vorbereitung** voraus – sowohl in organisatorischer als auch in rechtlicher Hinsicht. Aus alldem folgt zugleich, dass auch die Aktionäre frühzeitig über den **Termin** und den **Ort** der Hauptversammlung informiert werden müssen, ebenso über die **Tagesordnung** und die dazu unterbreiteten **Beschlussvorschläge** des Vorstands und des Aufsichtsrats. Hinzu kommt, dass neben der Gesellschaft und ihren Aktionären zahlreiche weitere Akteure in den Informations- und Willensbildungsprozess einbezogen sind, namentlich die Depotbanken und andere Intermediäre, Aktionärsvereinigungen sowie professionelle Stimmrechtsberater. Sie alle benötigen Zeit, um sich schon vor der Hauptversammlung mit der Tagesordnung auseinanderzusetzen und sich auf die anstehenden Entscheidungen vorzubereiten. Dem entspricht es, dass das deutsche Aktienrecht für Hauptversammlungen ein detailliertes **Einberufungs-, Mitteilungs- und Informationsprozedere** vorsieht, auf dessen präzise Einhaltung alle Beteiligten im ureigenen Interesse hinwirken müssen.

34.1

II. Organisatorische Vorbereitung

1. Allgemeines

Die organisatorische Vorbereitung beginnt in aller Regel lange vor der Hauptversammlung und ihrer Einberufung. Vor allem Gesellschaften, die eine größere Zahl von Teilnehmern erwarten, müssen meist mehrere Monate oder gar Jahre im Voraus einen geeigneten Versammlungsraum reservieren. Dem entspricht es, dass sie auch den **Termin** der Hauptversammlung frühzeitig festlegen müssen[1]. Dabei muss der Termin so gewählt sein, dass die Unterlagen für die Rechnungslegung mit ausreichendem Vorlauf auf die Einberufungsfrist zur Hauptversammlung verabschiedet und, soweit dies noch geschieht, auch gedruckt sind, damit sie zur Einsichtnahme ausgelegt oder zugänglich gemacht werden können (§ 175 Abs. 2 Sätze 1 und 4 AktG). Zu berücksichtigen ist ferner, dass zur Vorbereitung der Hauptversammlung noch zahlreiche weitere Unterlagen erstellt werden müssen. Das ist insbesondere die Einberufungsunterlage als zentrales Dokument (§ 121 Abs. 3 AktG), darüber hinaus aber auch Mitteilungsschreiben, Lebensläufe von Wahlkandidaten sowie Anmeldungs-, Vollmachts- und Briefwahlformulare. Falls Kapital- oder Strukturmaßnahmen anstehen, kommen noch umfangreiche Vorstandsberichte hinzu (Rz. 34.102 ff.). Regelmäßig geben börsennotierte Gesellschaften den Termin ihrer ordentlichen Hauptversammlung nicht erst mit der Einberufung bekannt. Vielmehr sind viele von ihnen kraft der Börsenordnungen verpflichtet, einen **Finanz- bzw. Unternehmenskalender** zu veröffentlichen, der neben Presse- und Analystenkonferenzen auch den Termin der Jahreshauptversammlung ankündigt (so z.B. § 54 BörsO FWB). In jedem Fall muss die ordentliche Hauptversammlung innerhalb der **ersten acht Monate** des laufenden Geschäftsjahres stattfinden (§ 175 Abs. 1 Satz 2 AktG,

34.2

---

[1] *Martens*, Leitfaden, S. 3 f.

bei der SE sogar innerhalb der ersten sechs Monate, Art. 54 Abs. 1 Satz 1 SE-VO). Eine Fristüberschreitung kann dazu führen, dass das Registergericht ein Zwangsgeld verhängt, um die Vorstandsmitglieder zur Erfüllung ihrer Pflichten anzuhalten (§ 407 Abs. 1 AktG). Sie hat aber nicht zur Folge, dass verspätet gefasste Beschlüsse der Hauptversammlung anfechtbar oder sogar nichtig wären[2].

2. Versammlungsort

34.3 Bei der Auswahl des Versammlungsortes ist aus organisatorischer Sicht vor allem an die Erreichbarkeit und namentlich an die **Verkehrsanbindung** zu denken (zu den rechtlichen Vorgaben Rz. 34.43 ff.). Er sollte sowohl mit öffentlichen Verkehrsmitteln als auch mit dem Pkw gut erreichbar sein. Bei größeren Hauptversammlungen fällt deshalb die Wahl meist auf Messehallen oder Kongresszentren[3]. Bei kleineren Hauptversammlungen können Veranstaltungsräume in einem Hotel oder auch die Geschäftsräume der Gesellschaft selbst ausreichen.

3. Versammlungsraum

34.4 Die Auswahl des konkreten Versammlungsraums hängt aus organisatorischer Sicht von zahlreichen Faktoren ab. Das sind namentlich eine hinreichende **Kapazität**, Licht- und Luftzufuhr, die technische Grundausstattung, Barrierefreiheit, Feuerschutz und Sicherheit, die Akustik und viele andere mehr. Von zentraler Bedeutung ist dabei, wie viele Aktionäre, Aktionärsvertreter, Gäste, Mitarbeiter, Dienstleister und Berater vor Ort zu erwarten sind. Hierfür gibt es Erfahrungswerte, auf deren Grundlage die Gesellschaften und ihre Dienstleister in aller Regel eine recht zuverlässige Prognose treffen können. Dessen ungeachtet ist mit einem Puffer zu planen, sei es durch Auswahl eines hinreichend großen Hauptraums, sei es durch vorsorgliche Anmietung von **Zusatzräumen**, in welche zusätzliche Besucher umgeleitet werden können. In letzterem Fall ist technische Vorsorge dafür zu treffen, dass das Geschehen aus dem Hauptraum in Bild und Ton in die Zusatzräume übertragen werden kann. Davon zu unterscheiden ist die Übertragung (auch) in sonstige Nebenräume wie namentlich in das Foyer, den Cateringbereich und die Sanitärräume, aber auch in das Backoffice (dazu Rz. 35.58). Schließlich spielen aus organisatorischer Sicht auch geeignete Räumlichkeiten für die Vertreter der Presse eine Rolle – ebenso wie die Verpflegung der Teilnehmer, Gäste, Mitarbeiter, Dienstleister und Berater vor und hinter den Kulissen.

4. Technische Vorbereitung

34.5 Wichtig sind sodann die technischen Vorbereitungen, insbesondere die meist EDV-gestützten Anmelde- und Registrierungsprozesse. Die erschienenen oder vertretenen **Aktionäre** sowie ihre **Vertreter** sind in ein **Teilnehmerverzeichnis** aufzunehmen, und zwar mit Angabe ihres Namens und Wohnorts sowie bei Nennbetragsaktien des Betrags, bei Stückaktien der Zahl der jeweils vertretenen Aktien unter Angabe ihrer Gattung (§ 129 Abs. 1 Satz 2 AktG, dazu Rz. 35.42 ff.). Das Teilnehmerverzeichnis ist in der Hauptversammlung vor der ersten Abstimmung allen Teilnehmern zugänglich zu machen (§ 129 Abs. 4 Satz 1 AktG). Eine Auslegung in Papierform ist dafür nicht erforderlich; es genügt, wenn das Verzeichnis elektronisch geführt wird und über einen Bildschirm eingesehen werden kann (Rz. 35.47). Der Versammlungsraum ist überdies mit ausreichend vielen **Mikrofonen** für den Versammlungsleiter, die Mitglieder des Vorstands und die Aktionärssprecher sowie eventuell mit **Kameras**, **Monitoren** und **Lautsprechern** für eine Audio- und Videoübertragung der Hauptversammlung in die Nebenräume auszustatten. Soll die Hauptversammlung im **Internet** übertragen werden, ist auch dafür technische Vorsorge zu treffen. Vorzubereiten ist schließlich die Durchführung der **Abstimmungen**, die bei größeren Hauptversammlungen in der Regel mithilfe von codierten Stimmabschnitten bzw. Stimmkarten oder auch per elektronischer Stimmabgabe erfolgen (siehe Rz. 36.64).

---

2 *Hüffer/Koch*, § 175 AktG Rz. 4.
3 HV-Magazin, Sept. 2012, Sonderausgabe HV-Locations 2012/2013, S. 8 ff.

5. Generalplan

Es empfiehlt sich, rechtzeitig vor jeder Hauptversammlung einen Generalplan aufzustellen, der die unterschiedlichen Vorbereitungsmaßnahmen abbildet und koordiniert. Dieser Plan listet im Einzelnen die rechtlich und organisatorisch erforderlichen Aktivitäten und Schritte auf, darüber hinaus u.U. auch weitere sinnvolle Punkte. Außerdem vermerkt er Fristen, Reihenfolgen, Verantwortlichkeiten und den jeweiligen Bearbeitungsstatus[4]. Bei dieser Planung ist auch daran zu denken, dass rechtzeitig ein **Notar** angesprochen und beauftragt wird (§ 130 AktG), ebenso alle sonst erforderlichen Mitarbeiter, Dienstleister und Berater.

34.6

6. Leitfäden

Für die Abwicklung der Hauptversammlung ist es unerlässlich, für den Versammlungsleiter einen ausführlichen Leitfaden zu erstellen, in dem der (reguläre) Ablauf der Hauptversammlung von der Begrüßung der Erschienenen bis zur Schließung der Versammlung wörtlich vorgezeichnet ist; näher zum üblichen Ablauf einer Hauptversammlung Rz. 35.2 ff. In diesem sog. **Hauptleitfaden** muss vor allem die Leitung der Abstimmungen konkret vorformuliert sein. Darüber hinaus bedarf es eines **Sonderleitfadens**, der Textbausteine für etwaige sonstige Leitungs- und Ordnungsmaßnahmen abbildet, z.B. die Beschränkung des Frage- und Rederechts sowie die Reaktion auf Verfahrens- und Sachanträge von Aktionären oder auch auf Störungen der Sicherheit und Ordnung (näher dazu Rz. 35.36 ff.). Zur Vorbereitung des notariellen Protokolls sollte der Hauptleitfaden auch dem Notar zur Verfügung gestellt werden (siehe auch Rz. 37.25).

34.7

7. Fragenkatalog, Backoffice

Bei der Vorbereitung der Hauptversammlung ist weiter daran zu denken, dass der Vorstand verpflichtet ist, im gesetzlichen Rahmen, wie er vor allem durch § 131 AktG abgesteckt ist, Fragen der Aktionäre zu beantworten (näher Rz. 36.11 ff.). Zur Vorbereitung dieser Aufgabe kann es von Nutzen sein, absehbare Fragen vorab zusammenzustellen und passende Antworten darauf zu entwerfen (Q&A-Katalog). Außerdem sollte eine Gruppe von Mitarbeitern und Beratern zusammengestellt werden, deren Aufgabe darin besteht, die in der Hauptversammlung tatsächlich gestellten Fragen zu erfassen und, soweit erforderlich, Antwortvorschläge zu erarbeiten. Die Einrichtung eines solchen **Backoffice** dient dazu, die in der Hauptversammlung gestellten Fragen möglichst zügig und inhaltlich zutreffend zu beantworten, erforderlichenfalls auch noch zu später Stunde[5]. Dies trägt der Pflicht des Vorstands Rechnung, angemessene organisatorische Vorsorge für die Fragenbeantwortung zu treffen (siehe Rz. 36.20)[6]. Eine solche Vorsorge ist umso mehr anzuraten, als statistisch betrachtet die Verletzung des Auskunftsrechts der häufigste Grund ist, auf den Anfechtungsklagen gegen Hauptversammlungsbeschlüsse mit Erfolg gestützt werden[7]. Hinzu kommt, dass eine Falschauskunft in der Hauptversammlung eine unrichtige Darstellung i.S.v. § 400 AktG sein kann – und als solche schlechtestenfalls ein Strafverfahren nach sich zieht (siehe auch Rz. 36.36).

34.8

---

4 Vgl. die Checklisten bei *Butzke*, HV, Anh. 1: Terminplan einer Hauptversammlung; *Schaaf*, Rz. 40 f. und Anl. 1, S. 393 ff.; *Steiner*, S. 212 ff.
5 Vgl. LG Frankfurt v. 22.11.2006 – 3/4 O 68/06, AG 2007, 375, 377.
6 *Decher* in Großkomm. AktG, 5. Aufl. 2020, § 131 AktG Rz. 281; *Hüffer/Koch*, § 131 AktG Rz. 10; *Poelzig* in BeckOGK AktG, Stand 1.6.2021, § 131 AktG Rz. 214 ff., 236; *Spindler* in K. Schmidt/Lutter, § 131 AktG Rz. 64.
7 *Baums/Drinhausen/Keinath*, ZIP 2011, 2329, 2339.

III. Einberufung

34.9 Die Hauptversammlung ist in den durch Gesetz oder Satzung bestimmten Fällen sowie dann einzuberufen, wenn es das Wohl der Gesellschaft erfordert (§ 121 Abs. 1 AktG).

1. Einberufungsgründe
a) Gesetzliche Verpflichtung

34.10 Die Hauptversammlung ist vom Vorstand alljährlich unverzüglich nach Eingang des Berichts des Aufsichtsrats über die Prüfung des Jahresabschlusses, des Lageberichts und des Gewinnverwendungsvorschlags sowie bei Mutterunternehmen auch des Konzernabschlusses und des Konzernlageberichts einzuberufen (§ 175 Abs. 1 Satz 1 i.V.m. § 171 AktG). Gegenstand dieser sog. **ordentlichen Hauptversammlung** ist die Entgegennahme der Unterlagen zur Rechnungslegung (dazu Rz. 33.17), außerdem die jährliche Beschlussfassung über die Verwendung des Bilanzgewinns (§ 119 Abs. 1 Nr. 2, § 174 AktG, dazu Rz. 33.18 ff.), über die Entlastung der Mitglieder von Vorstand und Aufsichtsrat (§ 119 Abs. 1 Nr. 4, § 120 AktG, dazu Rz. 33.21 ff.) sowie über die Wahl des Abschluss- und Konzernabschlussprüfers (§ 119 Abs. 1 Nr. 5 AktG i.V.m. § 318 Abs. 1 Satz 1 HGB, dazu Rz. 33.27), schließlich neuerdings über die Billigung des jährlichen Vergütungsberichts (§ 119 Abs. 1 Nr. 3, § 120a Abs. 4 i.V.m. § 162 AktG, dazu Rz. 33.32 ff.). Die ordentliche Hauptversammlung kann außerdem in regelmäßigen größeren Abständen oder anlassbezogen über weitere Gegenstände beschließen, z.B. über Wahlen zum Aufsichtsrat (§ 119 Abs. 1 Nr. 1, § 101 Abs. 1 AktG, dazu Rz. 33.26), über das System der Vorstandsvergütung (§ 119 Abs. 1 Nr. 3, § 120a Abs. 1–3 AktG, dazu Rz. 33.28 ff.), über die Vergütung der Aufsichtsratsmitglieder (§ 113 Abs. 1, 3 AktG, dazu Rz. 33.31) sowie über Maßnahmen der Kapitalbeschaffung und der Kapitalherabsetzung – einschließlich entsprechender Vorratsermächtigungen zugunsten der Verwaltung (§ 119 Abs. 1 Nr. 7 AktG, dazu Rz. 33.36).

34.11 Darüber hinaus kann im Einzelfall auch eine **außerordentliche Hauptversammlung** notwendig werden[8]. Dafür gelten im Wesentlichen dieselben Regeln wie für die ordentliche Hauptversammlung, namentlich betreffend die Einberufung, die Fristen und die Aktionärsrechte. Gegenstand einer außerordentlichen Hauptversammlung können z.B. Beschlüsse über dringend erforderliche Kapitalmaßnahmen (§§ 182 ff. AktG), über einen Verschmelzungsvertrag (§ 65 UmwG) oder über einen Unternehmensvertrag (§ 293 AktG) sein.

34.12 Gesetzliche Gründe für die Einberufung einer Hauptversammlung sind z.B. ein aktionärsseitiges **Einberufungsverlangen** (§ 122 Abs. 1 AktG, § 62 Abs. 2 UmwG, dazu Rz. 34.21 ff. und 34.33) oder der Eintritt eines **Verlustes** in Höhe der Hälfte des Grundkapitals (§ 92 Abs. 1 AktG). Als weiterer, aus praktischer Sicht aber kaum bedeutsamer Grund ist zu nennen, dass die Hauptversammlung selbst (bekanntmachungsfrei) die Einberufung einer weiteren Hauptversammlung beschließt (§ 124 Abs. 4 Satz 2 Fall 1 AktG, siehe auch Rz. 34.48, 36.38).

34.13 Eine Einberufung der Hauptversammlung ist darüber hinaus immer dann geboten, wenn es das **Wohl der Gesellschaft** erfordert (§ 121 Abs. 1 AktG). Ein solcher Fall kann z.B. vorliegen, wenn dringend Kapitalmaßnahmen erforderlich sind[9] oder ein untragbar gewordenes Aufsichtsratsmitglied abberufen werden soll[10]. Eine Einberufung der Hauptversammlung aus Gründen des Gesellschaftswohls kann auch dann geboten sein, wenn einzelne Aktionäre versuchen, auf die Geschäftsführung des Vorstands Einfluss zu nehmen, oder wenn die Unternehmensstrategie geändert werden soll[11].

---

8 *Kubis* in MünchKomm. AktG, 4. Aufl. 2018, § 118 AktG Rz. 2; *Mülbert* in Großkomm. AktG, 5. Aufl. 2017, Vor § 118 Rz. 16.
9 Vgl. *Reichert* in Beck'sches Hdb. AG, § 5 Rz. 74; *Steiner*, § 1 Rz. 4.
10 *Bungert* in MünchHdb. AG, § 36 Rz. 5; *Reichert* in Beck'sches Hdb. AG, § 5 Rz. 74.
11 *Ziemons* in K. Schmidt/Lutter, § 121 AktG Rz. 12.

b) Einberufung gemäß Satzung

Die Satzung kann eine Einberufung der Hauptversammlung nur innerhalb der engen Grenzen des § 23 Abs. 5 AktG vorsehen. Hauptfall ist, dass die Satzung die Übertragung **vinkulierter Namensaktien** von einer Zustimmung der Hauptversammlung abhängig macht (§ 68 Abs. 2 Satz 3 AktG). Möglich wäre auch, die Einberufung der Hauptversammlung für den Fall vorzuschreiben, dass die Aktien der Gesellschaft Gegenstand eines **Übernahmeangebots** sind (§ 16 Abs. 3 WpÜG). Dies dürfte insbesondere für den Fall eines feindlichen Angebots gelten, das der Vorstand mit Abwehrmaßnahmen bekämpfen möchte – z.B. mit einer Kapitalerhöhung, die eine Übernahme erschweren oder zumindest erheblich verteuern würde (siehe noch Rz. 34.111). In diesem Kontext gehört auch die Anregung A.5 DCGK 2020. Sie besagt, dass der Vorstand im Falle eines Übernahmeangebots eine außerordentliche Hauptversammlung einberufen sollte, in der die Aktionäre sich beraten und ggf. gesellschaftsrechtliche Maßnahmen beschließen. Diese Anregung war im Rahmen der Kodexreform 2019 ursprünglich zur Streichung vorgesehen. Schlussendlich wurde sie aber beibehalten, nicht zuletzt auf Druck von Aktionärsvereinigungen, institutionellen Investoren und Stimmrechtsberatern, die teilweise sogar die Aufwertung zu einer Empfehlung forderten[12]. Darüber hinaus kann die Satzung z.B. (klarstellend) vorsehen, dass die Hauptversammlung in den Fällen einer sog. **ungeschriebenen Zuständigkeit** einberufen wird. Eine solche Zuständigkeit besteht nach der Rechtsprechung allerdings nur in engen Grenzen, namentlich in den sog. Holzmüller- und Gelatine-Fällen (siehe dazu Rz. 33.41 ff.).

34.14

c) Freiwillige Initiative der Verwaltung

Die Hauptversammlung kann jederzeit einberufen werden, wenn dies aus der Sicht der Verwaltung zweckmäßig erscheint. Nach § 119 Abs. 2 AktG kann der Vorstand die Hauptversammlung auch zur Entscheidung über **Geschäftsführungsfragen** einberufen. Dies kann etwa dann sinnvoll sein, wenn unsicher ist, ob die Hauptversammlung einer bestimmten Maßnahme nicht ohnehin nach den Holzmüller-Grundsätzen zustimmen muss. Eine Beschlussfassung der Hauptversammlung in Geschäftsführungsfragen kann zudem bewirken, dass die Haftung des Vorstands im Zusammenhang mit der Durchführung der Maßnahme ausgeschlossen ist (§ 93 Abs. 4 Satz 1 AktG)[13]. Eine nachträgliche Billigung hat diese Wirkung dagegen nicht[14].

34.15

Umstritten ist, ob die Hauptversammlung auch lediglich zur **Unterrichtung** der Aktionäre einberufen werden kann (sog. geplant beschlusslose Hauptversammlung). Nach einer früher verbreiteten Auffassung sollte dies unzulässig sein[15]. Der Vorstand hat aber unbestritten das Recht, der Hauptversammlung Fragen der Geschäftsführung zur Entscheidung vorzulegen (siehe Rz. 34.15). Dann muss er auch berechtigt sein, die Hauptversammlung nur zur Information und Erörterung von Geschäftsführungsfragen einzuberufen – d.h. auch ohne darauf bezogene Beschlussvorlage[16]. Um einen solchen Fall kann es sich z.B. handeln, wenn der Vorstand bei einem **feindlichen Übernahmeangebot** der Hauptversammlung seine ablehnende Stellungnahme (§ 27 WpÜG) und ggf. das geplante weitere Vorgehen erläutern möchte (siehe auch Rz. 34.111)[17].

34.16

---

12 *von der Linden*, DStR 2019, 1528, 1529.
13 *Hüffer/Koch*, § 93 AktG Rz. 72.
14 OLG München v. 27.8.2008 – 7 U 5678/07, AG 2008, 864, 865; *Hüffer/Koch*, § 93 AktG Rz. 73, § 119 AktG Rz. 13.
15 *Zöllner* in KölnKomm. AktG, 1. Aufl. 1985, § 119 AktG Rz. 8.
16 *Kubis* in MünchKomm. AktG, 4. Aufl. 2018, § 119 AktG Rz. 6, § 121 AktG Rz. 10; *Mülbert* in Großkomm. AktG, 5. Aufl. 2017, Vor § 118 AktG Rz. 52; *Ziemons* in K. Schmidt/Lutter, § 121 AktG Rz. 13; *Bungert* in MünchHdb. AG, § 36 Rz. 6; *Butzke*, HV, B Rz. 37; *Huber*, ZIP 1995, 1740 ff.; einschränkend *Reichert/Balke* in Reichert, ArbeitsHdb. HV, § 4 Rz. 20.
17 *Marsch-Barner* in Zschocke/Schuster, Bad Homburger Hdb. Übernahmerecht, E 37.

34.17 In der Praxis machen Vorstände von dieser Möglichkeit allerdings nur äußerst selten Gebrauch[18]. Dies gilt aus mehreren Gründen: *Erstens* und vor allem, weil eine Hauptversammlung in der Regel mit erheblichen Kosten verbunden ist. *Zweitens*, weil sie bei breit gefasstem Aktionärskreis auch ein überaus schwerfälliges Organ ist – selbst unter Inanspruchnahme übernahmerechtlicher Erleichterungen bei ihrer Einberufung. Und schließlich *drittens*, weil der Vorstand sich heutzutage der Unterstützung seiner wesentlichen Aktionäre zumeist auch auf anderem Wege versichern kann, d.h. auch außerhalb des rechtlichen Forums der Hauptversammlung.

2. Einberufungsberechtigte

a) Vorstand

34.18 Die Hauptversammlung wird in der Regel vom **Vorstand** einberufen (§ 121 Abs. 2 Satz 1 AktG). Dieser ist dafür als Organ zuständig. Er entscheidet deshalb durch Beschluss[19], für den die einfache Mehrheit der abgegebenen Stimmen genügt – abweichend vom Prinzip der Gesamtgeschäftsführung des § 77 Abs. 1 Satz 1 AktG. Es ist aber stets erforderlich, dass der Vorstand beschlussfähig ist und namentlich aus der nach Gesetz (§ 76 Abs. 2 AktG) oder Satzung erforderlichen Anzahl von Vorstandsmitgliedern besteht. Anderenfalls muss er zur wirksamen Einberufung erst auf diese Zahl ergänzt werden[20]. Dies kann auch im Wege einer gerichtlichen Notbestellung erfolgen (§ 85 AktG). Die Einberufung ist eine Organpflicht des Vorstands. Dies mit der Folge, dass sie nicht an die Zustimmung des Aufsichtsrats gebunden werden kann[21]. Die Durchführung der beschlossenen Einberufung kann einzelnen Vorstandsmitgliedern übertragen werden[22].

b) Aufsichtsrat

34.19 Der Aufsichtsrat kann die Hauptversammlung einberufen, wenn es das Wohl der Gesellschaft erfordert (§ 111 Abs. 3 Satz 1 AktG). Zuständig ist dafür der Gesamtaufsichtsrat, der mit einfacher Mehrheit der abgegebenen Stimmen beschließt (§ 111 Abs. 3 Satz 2 AktG). Die Entscheidung steht unter **Plenarvorbehalt**. Das bedeutet, dass eine Delegation der Einberufung auf einen Ausschuss ausgeschlossen ist (§ 107 Abs. 3 Satz 3 AktG). Die Einberufung der Hauptversammlung durch den Aufsichtsrat ist in der Praxis überaus **selten**. Sie ist z.B. denkbar, wenn der Aufsichtsrat einen förmlichen Vertrauensentzug gegenüber einem Vorstandsmitglied herbeiführen möchte (§ 84 Abs. 3 Satz 2 AktG). Ferner, wenn er erreichen möchte, dass eine erwogene Geltendmachung von Ersatzansprüchen gegen ein Vorstandsmitglied durch einen Hauptversammlungsbeschluss legitimiert bzw. abgesichert wird (§ 147 Abs. 1 Satz 1 AktG). Diese Beispiele sind aber eher theoretischer Natur. Das gilt aus mehreren Gründen: *Erstens* wird dem Aufsichtsrat daran gelegen sein, sensible Themen wie Personal- oder Haftungsfragen nach Möglichkeit diskret und effizient zu lösen. Er wird es also gerade vermeiden wollen, mit ihnen die Quasi-Öffentlichkeit der Hauptversammlung zu suchen und überdies allfällige Anfechtungsrisiken einzugehen. Hinzu kommt *zweitens*, dass die Einberufung (allein) durch den Aufsichtsrat auch rechtlichen Schwierigkeiten begegnet. Diese liegen darin, dass § 124 Abs. 3 Satz 1 AktG zu (fast) jedem Tagesordnungspunkt einen Beschlussvorschlag sowohl des Vorstands als auch des Aufsichtsrats

---

18 *Butzke* in Großkomm. AktG, 5. Aufl. 2017, § 121 AktG Rz. 14.
19 *Butzke* in Großkomm. AktG, 5. Aufl. 2017, § 121 AktG Rz. 21 ff.; vgl. auch öOGH v. 19.12.2000 – 10 Ob 32/00, AG 2002, 575.
20 BGH v. 23.6.1999 – II ZR 225/99, AG 2002, 241, 242; BGH v. 12.11.2001 – II ZR 225/99 – *Sachsenmilch*, BGHZ 149, 158, 161 = AG 2002, 241; OLG Dresden v. 31.8.1999 – 13 U 1215/99, ZIP 1999, 1632; LG Heilbronn v. 19.11.1999 – 3 KfH O 227/99, AG 2000, 373; LG Münster v. 3.12.1997 – 21 O 161/97, DB 1998, 665; *Rieckers* in BeckOGK AktG, Stand 1.6.2021, § 121 AktG Rz. 13; *Ziemons* in K. Schmidt/Lutter, § 121 AktG Rz. 21.
21 *Butzke* in Großkomm. AktG, 5. Aufl. 2017, § 121 AktG Rz. 24.
22 *Butzke* in Großkomm. AktG, 5. Aufl. 2017, § 121 AktG Rz. 23; *Hüffer/Koch*, § 121 AktG Rz. 6; *Butzke*, HV, B Rz. 33.

verlangt – widrigenfalls ein Einberufungs- bzw. Bekanntmachungsfehler vorliegt, die Versammlung nicht fehlerfrei beschließen kann und dennoch gefasste Beschlüsse formell rechtswidrig und anfechtbar wären. Dies hat zur Folge, dass der Aufsichtsrat bei der Einberufung zumindest insoweit auf die Mitwirkung des (beschlussfähigen) Vorstands angewiesen ist.

c) Sonstige Personen

Die Hauptversammlung kann in einigen Fällen auch durch andere Personen einberufen werden. **Aktionäre** können einberufen, wenn sie gerichtlich zur Selbstvornahme ermächtigt sind (§ 122 Abs. 3 Satz 1 AktG, näher Rz. 34.29 f.). In der aufgelösten AG steht das Recht zur Einberufung dem **Abwickler** zu (§ 268 Abs. 2 AktG). Schließlich kann die **Satzung** vorsehen, dass bestimmte Personen, z.B. einzelne Aktionäre, die Hauptversammlung einberufen können[23] – was allerdings in der Praxis überaus selten vorkommt.

34.20

3. Einberufungsverlangen

a) Aktionärsverlangen nach § 122 Abs. 1 AktG

aa) Quorum

Gemäß § 122 Abs. 1 Satz 1 AktG können **Aktionäre** die Einberufung der Hauptversammlung verlangen. Das setzt in erster Linie voraus, dass ihre Anteile zusammen den zwanzigsten Teil, also 5 % des Grundkapitals erreichen. Dabei handelt es sich nach dem eindeutigen Gesetzeswortlaut sowie auch nach dem Regelungszweck um ein **Mindestquorum**, d.h. um eine Untergrenze. Eine Begrenzung nach oben sieht das Gesetz demgegenüber nicht vor. Dem entspricht es, dass § 122 AktG richtigerweise kein exklusives Minderheitenrecht regelt – entgegen seiner insoweit irreleitenden amtlichen Überschrift (Einberufung auf Verlangen einer Minderheit). Das wiederum bedeutet, dass das Verlangen auch von einer Aktionärsmehrheit bzw. vom Mehrheitsaktionär stammen kann[24]. Selbst ein Hauptaktionär i.S.v. § 327a Abs. 1 AktG, dessen Beteiligung sich auf mindestens 95 % am Grundkapital beläuft, kann es stellen[25]. Die **Satzung** kann das erforderliche Quorum niedriger, nicht aber höher ansetzen (§ 122 Abs. 1 Satz 2 AktG). Bei börsennotierten Gesellschaften ist eine solche satzungsmäßige Erleichterung allerdings selten.

34.21

Für das gesetzliche Quorum kommt es auf das tatsächlich bestehende Grundkapital im Zeitpunkt des Verlangens an. Das entspricht in der Regel dem im Handelsregister **eingetragenen Grundkapital**. Etwas anderes gilt nur nach Ausgabe von Bezugsaktien aus bedingtem Kapital, die registermäßig noch nicht nachvollzogen ist (§ 200 AktG). **Eigene Aktien** der Gesellschaft werden nicht abgesetzt[26]. Der erforderliche Aktienbesitz ist nachzuweisen durch Urkunden, Bankbescheinigung oder Eintragung im Aktienregister (§ 67 Abs. 2 Satz 1 AktG). Ein gewillkürter Vertreter hat seine Vollmacht im Original beizufügen; anderenfalls droht die Zurückweisung des Verlangens analog § 174 Satz 1 BGB. Außerdem ist nachzuweisen, dass die antragstellenden Aktionäre **seit mindestens 90 Tagen** vor dem Tag des Zugangs des Verlangens Inhaber der Aktien sind (§ 122 Abs. 1 Satz 3 AktG). Für die Berechnung dieser Frist gilt § 121 Abs. 7 AktG entsprechend (§ 122 Abs. 1 Satz 4 AktG). Zum Nachweis der Vorbesitzzeit

34.22

---

23 *Hüffer/Koch*, § 121 AktG Rz. 8.
24 OLG Düsseldorf v. 5.7.2012 – I-6 U 69/11 – IKB, AG 2013, 264; OLG Frankfurt v. 19.6.2017 – 5 U 150/16, ZIP 2017, 1714, 1716; OLG Hamm v. 11.7.2002 – 15 W 269/02, DStR 2003, 219; KG v. 3.12.2002 – 1 W 363/02, AG 2003, 500, 501; *Kubis* in MünchKomm. AktG, 4. Aufl. 2018, § 122 AktG Rz. 6; *von der Linden*, AG 2016, 280, 282.
25 LG Regensburg v. 16.1.2004 – 2 HK O 2124/03, Der Konzern 2004, 811, 818; *Grunewald* in Münch-Komm. AktG, 5. Aufl. 2020, § 327a AktG Rz. 12; *Habersack* in Emmerich/Habersack, § 327a AktG Rz. 20; *von der Linden*, AG 2016, 280, 283.
26 *Hüffer/Koch*, § 122 AktG Rz. 3; *Kubis* in MünchKomm. AktG, 4. Aufl. 2018, § 122 AktG Rz. 6.

kann ebenfalls eine Bescheinigung der depotführenden Bank vorgelegt oder, bei Namensaktien, wiederum auf das Aktienregister verwiesen werden[27].

34.23 Schließlich ist nachzuweisen, dass die antragstellenden Aktionäre den erforderlichen Aktienbesitz **bis zur Entscheidung** des Vorstands über das Einberufungsverlangen bzw. im Falle des § 122 Abs. 3 Satz 1 AktG bis zur gerichtlichen Entscheidung halten[28]. Dies ist in § 122 Abs. 1 Satz 3 und Abs. 3 Satz 5 AktG ausdrücklich klargestellt. Dagegen ist nicht erforderlich, dass das Quorum noch am Tage der Hauptversammlung besteht[29]. Es genügt zum Nachweis, dass die Depotbank erklärt, sie werde die Gesellschaft bzw. das Gericht über etwaige Veränderungen des Depotbestandes umgehend unterrichten.

bb) Schriftform

34.24 Das Verlangen muss **schriftlich** an den Vorstand gerichtet werden – unter Angabe des Zwecks und der Gründe. Schriftform bedeutet eigenhändige Unterschrift (§ 126 BGB) oder elektronische Signatur (§ 126 Abs. 3, § 126a BGB). Eine Übermittlung per Fax oder E-Mail genügt daher nicht[30]. Auch insoweit kann die Satzung Erleichterung schaffen, d.h. auch eine weniger strenge Form als die Schriftform zulassen (§ 122 Abs. 1 Satz 2 AktG). Auch eine solche Erleichterung ist aber bei börsennotierten Gesellschaften nur selten zu beobachten.

cc) Zweck und Gründe

34.25 Als **Zweck** sind die Beschlussgegenstände mit der nach §§ 121, 124 AktG erforderlichen Konkretisierung anzugeben[31]. Ausformulierte Beschlussvorschläge sind dafür grundsätzlich nicht erforderlich[32]. Unzulässig ist allerdings ein Verlangen, das die Einberufung einer rein informatorischen, beschlusslosen Hauptversammlung zum Ziel hat – auch nach der Änderung des § 122 Abs. 2 AktG durch das ARUG (I) vom 30.7.2009[33]. Zur **Begründung** des Verlangens ist darzulegen, warum die Hauptversammlung einberufen werden soll und kein Aufschub bis zur nächsten ordentlichen Hauptversammlung in Betracht kommt[34].

dd) Materielle Rechtmäßigkeit

34.26 Das Verlangen ist nur beachtlich, wenn sein Gegenstand sich im Rahmen der Zuständigkeit der Hauptversammlung bewegt[35]. Es darf außerdem **nicht materiell gesetz- oder satzungswidrig** oder rechts-

---

27 *Butzke* in Großkomm. AktG, 5. Aufl. 2017, § 122 AktG Rz. 17; *Noack/Zetzsche* in KölnKomm. AktG, 3. Aufl. 2011, § 122 AktG Rz. 33; *Rieckers* in BeckOGK AktG, Stand 1.6.2021, § 122 AktG Rz. 15; *Bungert* in MünchHdb. AG, § 36 Rz. 19.
28 *Butzke* in Großkomm. AktG, 5. Aufl. 2017, § 122 AktG Rz. 15; *Bungert* in MünchHdb. AG, § 36 Rz. 19.
29 *Kubis* in MünchKomm. AktG, 4. Aufl. 2018, § 122 AktG Rz. 7; *Noack/Zetzsche* in KölnKomm. AktG, 3. Aufl. 2011, § 122 AktG Rz. 30.
30 *Drinhausen* in Hölters, § 122 AktG Rz. 9; *Hüffer/Koch*, § 122 AktG Rz. 7; *Rieckers* in BeckOGK AktG, Stand 1.6.2021, § 122 AktG Rz. 18; *Ziemons* in K. Schmidt/Lutter, § 122 AktG Rz. 24; *Weisner/Heins*, AG 2012, 706 ff.; a.A. *Kubis* in MünchKomm. AktG, 4. Aufl. 2018, § 122 AktG Rz. 12; *Noack/Zetzsche* in KölnKomm. AktG, 3. Aufl. 2011, § 122 AktG Rz. 47.
31 OLG Köln v. 15.6.1959 – 8 W 61/59, WM 1959, 1402, 1403 = AG 1960, 46; *Hüffer/Koch*, § 122 AktG Rz. 9; *Reger* in Bürgers/Körber/Lieder, § 122 AktG Rz. 7; *Rieckers* in BeckOGK AktG, Stand 1.6.2021, § 122 AktG Rz. 19.
32 *Rieckers* in BeckOGK AktG, Stand 1.6.2021, § 122 AktG Rz. 19; *Butzke*, HV, B Rz. 106; *Halberkamp/Gierke*, NZG 2004, 494, 496; a.A. *Ziemons* in K. Schmidt/Lutter, § 122 AktG Rz. 19.
33 OLG München v. 9.11.2009 – 31 Wx 134/09, AG 2010, 84, 85; *Kubis* in MünchKomm. AktG, 4. Aufl. 2018, § 122 AktG Rz. 16; a.A. *Butzke* in Großkomm. AktG, 5. Aufl. 2017, § 122 AktG Rz. 23; *Drinhausen* in Hölters, § 122 AktG Rz. 15.
34 *Hüffer/Koch*, § 122 AktG Rz. 9.
35 *Rieckers* in BeckOGK AktG, Stand 1.6.2021, § 122 AktG Rz. 22; *Butzke*, HV, B Rz. 107.

missbräuchlich sein[36]. Rechtsmissbräuchlich kann das Verlangen insbesondere dann sein, wenn die ordentliche Hauptversammlung ohnehin bevorsteht und die beantragte Beschlussfassung nicht dringlich ist[37]. Ein rechtsmissbräuchliches oder aus anderen Gründen materiell rechtswidriges Verlangen kann der Vorstand zurückweisen. Es steht ihm aber frei, selbst einem **missbräuchlichen** Verlangen Folge zu leisten[38]. Geschieht dies, leidet der spätere Hauptversammlungsbeschluss nicht notwendig unter einem Einberufungs- oder einem Inhaltsmangel. Demgegenüber wären Beschlüsse, die die Hauptversammlung außerhalb ihrer Zuständigkeit fasst oder die durch ihren Inhalt gegen Gesetz oder Satzung verstoßen, nach allgemeinen Regeln anfechtbar (§ 243 Abs. 1 AktG), u.U. sogar nichtig.

ee) Vorstandspflichten

Der Vorstand muss über das Einberufungsverlangen innerhalb **angemessener Frist** entscheiden. Dafür kann er im Allgemeinen einen Zeitraum von zwei bis vier Wochen in Anspruch nehmen[39]. Mehr als sieben Wochen sind demgegenüber regelmäßig zu lang[40]. Bei Vorliegen aller formellen und inhaltlichen Voraussetzungen ist dem Verlangen nachzukommen[41]. Dies geschieht, indem der Vorstand die Hauptversammlung unverzüglich einberuft. Es empfiehlt sich, diesen Entschluss den hinter dem Verlangen stehenden Aktionären vorab mitzuteilen – schon allein, damit diese nicht noch eine gerichtliche Ermächtigung zur Selbstvornahme beantragen (§ 122 Abs. 3 Satz 1 AktG, dazu Rz. 34.29). Es ist dem Vorstand unbenommen, mit der Einberufung weitere Punkte auf die Tagesordnung zu setzen. Zu den aktionärsseitig verlangten Punkten müssen Vorstand und Aufsichtsrat keine eigenen Vorschläge unterbreiten (§ 124 Abs. 3 Satz 3 Halbs. 2 AktG); sie können dies aber tun[42].

34.27

ff) Absage

Hat der Vorstand die Hauptversammlung auf Verlangen einberufen, kann er sie auch wieder absagen[43]. Dies kann z.B. dann angebracht sein, wenn das Einberufungsverlangen zurückgenommen wurde[44]. Aber auch ohne eine solche Rücknahme darf der Vorstand die Hauptversammlung nach pflichtgemäßem Ermessen absagen. Dies geschieht am zweckmäßigsten durch Bekanntgabe im Bundesanzeiger sowie auf der Internetseite der Gesellschaft (Rz. 34.66).

34.28

---

36 OLG Düsseldorf v. 5.7.2012 – I-6 U 69/11 – IKB, AG 2013, 264, 266; OLG Hamburg v. 6.11.2002 – 11 W 91/01, AG 2003, 643; OLG Karlsruhe v. 16.6.2014 – 11 Wx 49/14, ZIP 2015, 125, 126 f.; KG v. 3.12.2002 – 1 W 363/02, AG 2003, 500 ff.; OLG Köln v. 15.6.1959 – 8 W 61/59, WM 1959, 1402, 1404 = AG 1960, 46; LG Frankfurt v. 10.12.2003 – 3-16 T 17/03, AG 2004, 218.
37 OLG Karlsruhe v. 16.6.2014 – 11 Wx 49/14, ZIP 2015, 125, 126; OLG München v. 9.11.2010 – 31 Wx 134/09, AG 2010, 84; OLG Stuttgart v. 25.11.2008 – 8 W 370/08, AG 2009, 169, 170.
38 OLG Düsseldorf v. 5.7.2012 – I-6 U 69/11 – IKB, AG 2013, 264; *Butzke* in Großkomm. AktG, 5. Aufl. 2017, § 122 AktG Rz. 36; *Hüffer/Koch*, § 122 AktG Rz. 14; *Reger*, NZG 2013, 536.
39 Vgl. RG v. 23.4.1918 – II 59/18, RGZ 92, 409, 410; RG JW 1931, 2980; zust. *Hüffer/Koch*, § 122 AktG Rz. 15; *Rieckers* in BeckOGK AktG, Stand 1.6.2021, § 122 AktG Rz. 29; enger *Reger* in Bürgers/Körber/Lieder, § 122 AktG Rz. 12; *Halberkamp/Gierke*, NZG 2004, 494, 499; *Mertens*, AG 1997, 481, 486, die jeweils nur einen Zeitraum von mehreren Tagen zugestehen wollen.
40 BGH v. 28.1.1985 – II ZR 79/84, WM 1985, 567, 568.
41 OLG München v. 4.9.2009 – 31 Wx 134/09, AG 2012, 84, 85; OLG Stuttgart v. 25.11.2008 – 8 W 370/08, AG 2009, 169, 170.
42 *Hüffer/Koch*, § 124 AktG Rz. 24; *Rieckers* in BeckOGK AktG, Stand 1.6.2021, § 124 AktG Rz. 66; *Butzke*, HV, B Rz. 110.
43 BGH v. 30.6.2015 – II ZR 142/14, BGHZ 206, 143 = AG 2015, 822 Rz. 25; *Hüffer/Koch*, § 122 AktG Rz. 15 i.V.m. § 122 AktG Rz. 18; a.A. LG Frankfurt v. 12.3.2013 – 3-05 O 114/12, NZG 2013, 748 m. zust. Anm. *Plückelmann*.
44 *R. Weber*, NZG 2013, 890, 891.

gg) Gerichtliche Ermächtigung

34.29 Kommt der Vorstand dem Verlangen nicht nach, können die Aktionäre sich gerichtlich zur Selbstvornahme ermächtigen lassen (§ 122 Abs. 3 Satz 1 AktG). Der Antrag muss von denselben Aktionären kommen, die das Verlangen gestellt haben – einschließlich etwaiger Gesamtrechtsnachfolger, nicht jedoch Erwerber kraft Rechtsgeschäfts[45]. Es ist unschädlich, wenn einzelne Aktionäre im Laufe des Verfahrens ausscheiden, solange die verbleibenden Aktionäre noch das Quorum erreichen[46]. Über den Antrag entscheidet in erster Instanz das **Amtsgericht** (§ 23a Abs. 1 Nr. 2, Abs. 2 Nr. 4 GVG, § 375 Nr. 3 FamFG; § 14 AktG, § 376 Abs. 1, § 377 FamFG). Gegen dessen Entscheidung ist das Rechtsmittel der **Beschwerde** statthaft (§ 122 Abs. 3 Satz 4 AktG, § 64 Abs. 1 FamFG). Darüber entscheidet das **OLG** (§ 119 Abs. 1 Satz 1 Nr. 1 lit. b GVG), es sei denn, das Amtsgericht hilft selbst ab (§ 68 Abs. 1 FamFG). Gegen die Entscheidung des OLG wiederum ist nach Maßgabe der §§ 70 ff. FamFG die **Rechtsbeschwerde** möglich; zur gerichtlichen Bestimmung des Versammlungsleiters nach § 122 Abs. 3 Satz 2 AktG siehe Rz. 35.28 ff.

hh) Selbstvornahme

34.30 Gerichtlich ermächtigte Aktionäre können die Hauptversammlung selbst einberufen. Dabei ist auf die gerichtliche Ermächtigung als Rechtsgrundlage hinzuweisen (§ 122 Abs. 3 Satz 3 AktG). Den Aktionären obliegen dann alle organisatorischen und rechtlichen Vorbereitungen. Auch müssen sie die damit verbundenen **Kosten** zunächst verauslagen. § 122 Abs. 4 AktG bestimmt zwar, dass (im Ergebnis) die Gesellschaft die Kosten der Hauptversammlung trägt. Das meint aber nur einen **Freistellungs- bzw. Erstattungsanspruch** der Aktionäre[47]. Die Norm gibt den Aktionären also keine Möglichkeit, die Gesellschaft unmittelbar rechtsgeschäftlich zu verpflichten, z.B. beim Abschluss der erforderlichen Miet- oder Dienstverträge. Eine solchermaßen durch die Aktionäre einberufene Hauptversammlung kann der Vorstand nicht absagen, weil diese Kompetenz nur dem einberufenden Organ zusteht[48]. Denkbar ist aber, dass er es nicht zur Selbstvornahme kommen lässt, sondern unter dem Eindruck des gerichtlichen Verfahrens die Hauptversammlung doch noch aus eigenem Recht einberuft. Damit tritt nach h.M. freilich noch **keine Erledigung** des gerichtlichen Ermächtigungsverfahrens ein. Sie ist erst anzunehmen, wenn die Hauptversammlung nicht nur einberufen, sondern auch tatsächlich durchgeführt worden ist[49].

b) Verlangen des Hauptaktionärs

34.31 Einen Sonderfall des Einberufungsverlangens regeln die §§ 327a ff. AktG. Danach kann ein Aktionär, dem 95 % des Grundkapitals der Gesellschaft gehören (Hauptaktionär), die Einberufung der Hauptversammlung verlangen, damit diese die Übertragung der Aktien der übrigen Aktionäre auf ihn beschließt (§ 327a Abs. 1 AktG, sog. **Squeeze-out**). Im Unterschied zu § 122 Abs. 1 AktG kann ein solches Verlangen in jeder beliebigen Form, insbesondere auch mündlich gestellt werden[50]. In der Regel ist es aber zweckmäßig, das Verlangen schriftlich zu dokumentieren. Vorstand und Aufsichtsrat müs-

---

45 *Hüffer/Koch*, § 122 AktG Rz. 25; *Kubis* in MünchKomm. AktG, 4. Aufl. 2018, § 122 AktG Rz. 45; *Reger* in Bürgers/Körber/Lieder, § 122 AktG Rz. 18.
46 OLG Düsseldorf v. 16.1.2004 – I-3 Wx 290/03 – Babcock Borsig, AG 2004, 311.
47 *Hüffer/Koch*, § 122 AktG Rz. 35.
48 BGH v. 30.6.2015 – II ZR 142/14, BGHZ 206, 143 = AG 2015, 822 Rz. 27.
49 BGH v. 8.5.2012 – II ZB 17/11, ZIP 2012, 1313 Rz. 8; BGH v. 30.6.2015 – II ZR 142/14, BGHZ 206, 143 = AG 2015, 822 Rz. 27; BGH v. 10.10.2017 – II ZR 375/15, BGHZ 216, 112 = AG 2018, 28 Rz. 68; OLG Düsseldorf v. 11.4.2013 – I-3 Wx 36/13, AG 2013, 468; KG v. 3.12.2002 – 1 W 363/02, AG 2003, 500, 501; *Bayer/Scholz/Weiß*, ZIP 2014, 1, 5; *Kort*, EWiR 2012, 581, 582; *von der Linden* in FS Marsch-Barner, 2018, S. 303, 307.
50 *Grunewald* in MünchKomm. AktG, 5. Aufl. 2020, § 327a AktG Rz. 11; *Hüffer/Koch*, § 327a AktG Rz. 11.

sen der Hauptversammlung in dieser Konstellation richtigerweise keine eigenen Vorschläge unterbreiten. Dies folgt aus § 124 Abs. 3 Satz 3 Halbs. 2 AktG, der zwar von einem Minderheitsverlangen spricht, dabei aber auch und erst recht das Verlangen einer Aktionärsmehrheit bzw. eines Mehrheitsaktionärs umfasst – ebenso wie § 122 Abs. 1 AktG[51]; näher dazu Rz. 34.53.

c) Verlangen des Bieters

§ 33b Abs. 2 Satz 1 Nr. 3 WpÜG enthält bestimmte Sonderregeln für die erste Hauptversammlung einer Zielgesellschaft, die auf Verlangen eines Bieters einberufen wird, der nach einem Übernahmeangebot über mindestens 75 % der Stimmrechte verfügt. Die Einberufung dieser Hauptversammlung muss zum Zweck der Satzungsänderung oder der Neubesetzung der Leitungsorgane erfolgen. Es können aber auch weitere Beschlüsse vorgesehen werden. Für das Einberufungsverlangen gelten ergänzend die allgemeinen Vorschriften[52]. Ein 90-tägiger Aktienvorbesitz ist aber nicht erforderlich[53]. Der Vorstand der Zielgesellschaft hat die Möglichkeit, die Einberufungsfrist auf bis zu 14 Tage zu verkürzen (§ 16 Abs. 4 Satz 1, § 33b Abs. 4 WpÜG); zu weiteren Einzelheiten siehe Rz. 34.111.

34.32

d) Verlangen bei Konzernverschmelzung

Hält eine AG mindestens 90 % des Kapitals einer GmbH oder AG, so ist bei einer Verschmelzung der Tochtergesellschaft auf die Obergesellschaft bei dieser grundsätzlich kein Verschmelzungsbeschluss erforderlich (§ 62 Abs. 1 UmwG). Allerdings kann eine **Aktionärsminderheit** mit 5 % des Grundkapitals die Einberufung der Hauptversammlung verlangen, in der über die Zustimmung zu der Verschmelzung beschlossen wird (§ 62 Abs. 2 UmwG). Wird ein solches Verlangen gestellt, bedeutet dies, dass der Vorstand der Obergesellschaft nicht mehr allein, sondern nur mit Zustimmung der Hauptversammlung den Verschmelzungsvertrag abschließen kann. Diese Regelung dient damit, anders als § 122 Abs. 1 AktG, der Kompetenzabgrenzung[54].

34.33

e) Verlangen zur Einberufung einer gesonderten Versammlung

In einigen Fällen sieht das Gesetz **Sonderbeschlüsse** gewisser Aktionäre vor (§ 138 Satz 1 AktG). Solche Sonderbeschlüsse können neben einem Beschluss der Hauptversammlung erforderlich sein (z.B. in den Fällen der § 141, § 179 Abs. 3, § 182 Abs. 2, § 193 Abs. 1 Satz 3, § 202 Abs. 2 Satz 4, § 221 Abs. 1 Satz 4, § 222 Abs. 2, § 295 Abs. 2 AktG), außerdem als Zustimmung zu einer Maßnahme des Vorstands (vgl. § 296 Abs. 2, § 297 Abs. 2, § 302 Abs. 3 Satz 3, § 309 Abs. 3 Satz 1, § 310 Abs. 4, § 317 Abs. 4, § 318 Abs. 4 AktG). Die Aktionäre, die berechtigt sind, an der Abstimmung über einen solchen Sonderbeschluss teilzunehmen, können mit 10 % der zur Sonderabstimmung zugelassenen Aktien die Einberufung einer gesonderten Versammlung oder die Bekanntmachung eines Gegenstands zur gesonderten Abstimmung verlangen (§ 138 Satz 3 AktG). Daneben bleibt die auf das gesamte Grundkapital bezogene Minderheit nach § 122 Abs. 1 AktG berechtigt, die Einberufung der Hauptversammlung zu verlangen (§ 138 Satz 2 AktG)[55].

34.34

f) Behördliches Einberufungsverlangen

Bei Kreditinstituten, Finanzdienstleistungsinstituten, Finanzholding-Gesellschaften, gemischten Finanzholding-Gesellschaften und Versicherungsunternehmen kann die BaFin neben anderen Aufsichts-

34.35

---

51 *von der Linden*, AG 2016, 280, 282 ff.
52 Begr. RegE ÜbRL-UG, BT-Drucks. 16/1003, S. 20.
53 *Steinmeyer* in Steinmeyer, § 33b WpÜG Rz. 16.
54 *Marsch-Barner* in Kallmeyer, § 62 UmwG Rz. 21; *Rieckers* in BeckOGK AktG, Stand 1.6.2021, § 127a AktG Rz. 12.
55 *Hüffer/Koch*, § 138 AktG Rz. 6.

maßnahmen auch die Einberufung einer Hauptversammlung verlangen (§ 44 Abs. 5 Satz 1 KWG, § 306 Abs. 1 Satz 1 Nr. 5 VAG). Verschlechtert sich die Finanzlage eines Instituts in der Rechtsform der AG oder droht eine solche Verschlechterung, so kann die BaFin oder die EZB vom Vorstand die Einberufung der Hauptversammlung mit einer vorgegebenen Tagesordnung verlangen. Kommt die Geschäftsleitung dem Verlangen nicht nach, so kann die Aufsichtsbehörde die Einberufung selbst vornehmen (§ 36 Abs. 1 Satz 3 Nr. 1 lit. g SAG).

4. Einberufungsfrist

34.36 Die Hauptversammlung ist gemäß § 123 Abs. 1 AktG mindestens **30 Tage** vor dem Tage der Versammlung einzuberufen. Diese Frist ist rückwärts von der Hauptversammlung zu berechnen, wobei der Tag der Hauptversammlung nicht mitzuzählen ist, ebenso wenig der Tag der Einberufung selbst (§ 121 Abs. 7 Satz 1, § 123 Abs. 1 Satz 2 AktG)[56]. Mit anderen Worten: Es müssen zwischen dem Tag der Einberufung und dem Tag der Hauptversammlung 30 volle Kalendertage frei bleiben. Rechenbeispiel: Soll die Hauptversammlung am 20.7. stattfinden, muss die Einberufung spätestens am 19.6. erfolgen.

34.37 Fällt der letzte Tag der Frist auf einen Samstag, einen Sonntag oder einen gesetzlichen Feiertag, so findet – anders als noch vor dem ARUG (I) vom 30.7.2009[57] – keine Verlängerung der Frist auf den vorausgehenden Werktag statt (§ 121 Abs. 7 Satz 2 AktG). Zu berücksichtigen ist aber, dass die Einberufung im **Bundesanzeiger** bekanntzumachen ist (§ 25, § 121 Abs. 4 Satz 1 AktG) und dieser am Wochenende und an gesetzlichen Feiertagen nicht erscheint. Außerdem gibt es nach den AGB des Bundesanzeigers gewisse Vorlaufzeiten für die Auftragserteilung, abhängig vom Umfang der Einberufungsunterlage[58]. Im Einzelnen gilt, dass der Bundesanzeiger bei abgeschlossener Datenübermittlung bis 14 Uhr eine Bekanntgabe spätestens am übernächsten Publikationstag garantiert – vorausgesetzt, das Dokument umfasst nicht mehr als 25 DIN A4-Seiten. Bei umfangreicheren Dokumenten ist ein weiterer Publikationstag als Vorlauf einzuplanen. Diese Umstände führen faktisch zu einer Verlängerung der Einberufungsfrist[59]. Die gesetzliche Einberufungsfrist wird bei börsennotierten Gesellschaften außerdem regelmäßig durch zusätzliche Bestimmungen der Satzung über die **Anmeldung** zur Hauptversammlung **verlängert** (§ 123 Abs. 2 Satz 5 AktG, dazu Rz. 34.99).

34.38 Eine bis auf 21 Tage verkürzte Einberufungsfrist lässt § 7 Abs. 1 Satz 2 FMStBG für den Fall zu, dass zur **Rekapitalisierung** eines Unternehmens des Finanzsektors eine Kapitalerhöhung beschlossen werden soll. Eine besondere Eilbedürftigkeit ist dabei nicht erforderlich[60]. Für Beschlussfassungen zur Durchführung von behördlichen Abwicklungsmaßnahmen gilt diese Verkürzungsmöglichkeit entsprechend (§ 125 Abs. 2 SAG). Des Weiteren kann in der Satzung eine Verkürzung der Einberufungsfrist auf mindestens zehn Tage vorgesehen werden, wenn bei Verschlechterung oder drohender Verschlechterung der Finanzlage eines Instituts eine Kapitalerhöhung beschlossen werden soll (§ 36 Abs. 5 SAG).

5. Inhalt der Einberufung

a) Allgemeines

34.39 Die Einberufung muss mindestens die **Firma** und den **Sitz** der Gesellschaft sowie **Zeit** und **Ort** der Hauptversammlung angeben (§ 121 Abs. 3 Satz 1 AktG, dazu Rz. 34.40 ff.), außerdem den **Einberufenden** (Rz. 34.46) und die **Tagesordnung** (§ 121 Abs. 3 Satz 2 AktG, dazu Rz. 34.47 ff.). Darüber hinaus

---

56 *Butzke* in Großkomm. AktG, 5. Aufl. 2017, § 123 AktG Rz. 7; *Hüffer/Koch*, § 123 AktG Rz. 2; *Rieckers* in BeckOGK AktG, Stand 1.6.2021, § 121 AktG Rz. 111; *Ziemons* in K. Schmidt/Lutter, § 123 AktG Rz. 7.
57 BGBl. I 2009, 2479.
58 *Butzke* in Großkomm. AktG, 5. Aufl. 2017, § 123 AktG Rz. 11.
59 *Rieckers* in BeckOGK AktG, Stand 1.6.2021, § 123 AktG Rz. 13; *Paschos/Goslar*, AG 2009, 14, 15.
60 OLG Frankfurt v. 16.12.2014 – 5 U 24/14 – Commerzbank, AG 2015, 272 Rz. 34.

muss die Einberufung die **Beschlussvorschläge** der Verwaltung umfassen, die in der Regel von Vorstand und Aufsichtsrat stammen, in bestimmten Fällen nur vom Aufsichtsrat (§ 124 Abs. 3 Satz 1 AktG, dazu Rz. 34.51 ff.). Bei börsennotierten Gesellschaften kommt eine Reihe weiterer Pflichtangaben hinzu, namentlich die **Voraussetzungen für die Teilnahme** an der Versammlung und für die **Ausübung des Stimmrechts**, ggf. auch der **Nachweisstichtag** (Record Date) nach § 123 Abs. 4 Satz 2 AktG und dessen Bedeutung (§ 121 Abs. 3 Satz 3 Nr. 1 AktG, dazu Rz. 34.55), das Verfahren für die Stimmabgabe durch **Bevollmächtigte** und durch **Briefwahl** (§ 121 Abs. 3 Satz 3 Nr. 2 AktG, dazu Rz. 34.56 f.), eine Erläuterung der **Aktionärsrechte** nach § 122 Abs. 2, § 126 Abs. 1, § 127 sowie § 131 Abs. 1 AktG (§ 121 Abs. 3 Satz 3 Nr. 3 AktG, dazu Rz. 34.58) sowie die **Internetseite** mit den Informationen und Unterlagen nach § 124a AktG (§ 121 Abs. 3 Satz 3 Nr. 4 AktG, dazu Rz. 34.59). Schließlich muss die Gesellschaft darüber belehren, dass sie anlässlich ihrer Hauptversammlung **personenbezogene Daten** verarbeitet. Das ist keine gesellschaftsrechtliche Pflicht, folgt aber aus Art. 12–14 DSGVO (EU) 2016/679 (Rz. 34.60 ff.). Mit diesen Inhalten ist die Einberufung in den Gesellschaftsblättern bekanntzumachen (§ 121 Abs. 4 Satz 1 AktG, dazu Rz. 34.63), EU-weit zu verbreiten (§ 121 Abs. 4a AktG, dazu Rz. 34.64) und überdies auf der Internetseite der Gesellschaft zu veröffentlichen (§ 124a AktG, dazu Rz. 34.65). Zu den **Rechtsfolgen von Verstößen** gegen die Einberufungs- und Bekanntmachungspflichten, insbesondere unterbliebener, unvollständiger oder unzutreffender Pflichtangaben siehe Rz. 34.67.

b) Firma

Die Einberufung muss zunächst die Firma enthalten (§ 121 Abs. 3 Satz 1 AktG). Gemeint ist damit der **Name** der AG als Handelsgesellschaft, einschließlich der notwendigen **Rechtsformangabe** (§ 4 AktG). Das soll gewährleisten, dass keine Zweifel über die Identität der Gesellschaft entstehen können, deren Hauptversammlung einberufen wird. Die Firma ist so anzugeben, wie sie im Zeitpunkt der Einberufung im **Handelsregister** eingetragen ist[61]. Das gilt auch dann, wenn eine Umfirmierung bereits beschlossen und angemeldet, aber noch nicht eingetragen ist. Es kann sich anbieten, in einem solchen Fall die neue (künftige) Firma ergänzend zu nennen; eine Verpflichtung dazu besteht allerdings nicht[62]. Die Rechtsformangabe darf abgekürzt werden (AG). Das gilt auch dann, wenn die eingetragene Firma eine ausgeschriebene Rechtsformangabe enthält (Aktiengesellschaft)[63]. Im Übrigen sollte es vermieden werden, Bestandteile der eingetragenen Firma abzukürzen oder gar ganz auszulassen. Anderenfalls droht die Nichtigkeit der gefassten Beschlüsse nach § 241 Nr. 1 AktG. Etwas anderes gilt, wenn trotz der Abkürzung oder Auslassung eine eindeutige Identifikation der Gesellschaft möglich ist – aus Sicht eines objektiv urteilenden Aktionärs[64].

34.40

c) Sitz

Darüber hinaus ist der Sitz der Gesellschaft anzugeben (§ 121 Abs. 3 Satz 1 AktG). Gemeint ist damit der Ort im Inland, den die Satzung als Sitz bestimmt (§ 5 AktG). Bei **Doppelsitz** sind beide Sitze zu nennen[65]. Der Sitz muss in der Einberufung nicht ausdrücklich als solcher bezeichnet werden. Es genügt, ihn in üblicher Weise der Firma hintanzustellen – mit oder ohne Abtrennung durch Komma, Absatz, Klammern oder in sonstiger Weise[66]. Auch für den Sitz gilt, dass er so angegeben werden muss, wie er im Zeitpunkt der Einberufung im **Handelsregister** eingetragen ist. Eine Sitzverlegung ist

34.41

---

61 *Butzke* in Großkomm. AktG, 5. Aufl. 2017, § 121 AktG Rz. 49.
62 *Rieckers* in BeckOGK AktG, Stand 1.6.2021, § 121 AktG Rz. 26; a.A. *Ziemons* in K. Schmidt/Lutter, § 121 AktG Rz. 29.
63 *Herrler* in Grigoleit, § 121 AktG Rz. 11.
64 *Butzke* in Großkomm. AktG, 5. Aufl. 2017, § 121 AktG Rz. 49; *Drinhausen* in Hölters, § 121 AktG Rz. 20; *Rieckers* in BeckOGK AktG, Stand 1.6.2021, § 121 AktG Rz. 26.
65 *Hüffer/Koch*, § 121 AktG Rz. 9.
66 *Kubis* in MünchKomm. AktG, 4. Aufl. 2018, § 121 AktG Rz. 33.

irrelevant, solange sie nur beschlossen und angemeldet, nicht aber auch eingetragen ist[67]. Die zusätzliche Angabe auch des künftigen Sitzes schadet aber nicht. Anders verhält es sich, wenn die politische Gemeinde des Sitzes ihre Bezeichnung ändert, dies aber in der Satzung und im Handelsregister noch nicht nachvollzogen ist. Dann ist für die Einberufung die korrekte (geänderte) Bezeichnung des Sitzes maßgeblich; die Angabe auch der eingetragenen (ehemaligen) Bezeichnung ist optional[68]. Abkürzungen sollten beim Sitz vermieden werden. Sie sind aber unschädlich, wenn der Sitz zweifelsfrei zu identifizieren ist (z.B. Frankfurt „a.M.").

d) Zeit der Hauptversammlung

34.42 Anzugeben ist außerdem die Zeit der Hauptversammlung (§ 121 Abs. 3 Satz 1 AktG). Dazu ist es erforderlich, Datum und Uhrzeit zu nennen. Das **Datum** wiederum ist zu bezeichnen mit Tag, Monat und Jahr. Üblich, aber nicht erforderlich ist es, auch den einschlägigen Wochentag anzugeben (z.B. Montag). Passen Datum und Wochentag nicht zusammen, ist ersteres maßgeblich. Eine solchermaßen widersprüchliche Angabe ist darum weder Nichtigkeits- noch Anfechtungsgrund. Als Versammlungstag kommt bei einer börsennotierten Gesellschaft mit umfangreichem Streubesitz nur ein **Werktag** in Betracht. Das schließt auch den Samstag ein, der aber als Versammlungstag eher unüblich ist[69]. Sonn- und Feiertage kommen nicht in Frage. Die **Uhrzeit** bezeichnet den Beginn der Hauptversammlung. Üblich ist bei Publikumsgesellschaften ein Beginn um 10 Uhr[70]. Ein früherer oder späterer Beginn ist denkbar. Zu beachten ist allerdings, dass die Beschlüsse anfechtbar sein können, wenn die Aktionäre keine ausreichende Frage- und Redezeit hatten. Die Hauptversammlung sollte deshalb spätestens um 16 Uhr beginnen[71]. Eine Angabe zur voraussichtlichen Dauer ist nicht erforderlich[72]. Eine äußerste zeitliche Begrenzung ergibt sich daraus, dass die Beschlüsse nach h.M. bis spätestens 24 Uhr des Versammlungstages gefasst sein müssen (siehe auch Rz. 33.4 und 36.6). Später gefasste Beschlüsse sind aus Gründen der Rechtssicherheit ausnahmslos nichtig – ohne dass es auf Zumutbarkeitserwägungen ankommt[73]. Ausnahmsweise ist es denkbar, für **mehrere Tage** einzuberufen[74]. In diesem Fall muss für jeden Versammlungstag die Uhrzeit des Beginns ersichtlich sein. Das gesetzliche Leitbild ist aber eine eintägige Veranstaltung. Es besteht daher keine Pflicht, auf mehrere Tage einzuberufen – auch nicht bei anspruchsvoller Tagesordnung oder weitreichenden Beschlussfassungen[75].

---

67 *Rieckers* in BeckOGK AktG, Stand 1.6.2021, § 121 AktG Rz. 27; a.A. *Ziemons* in K. Schmidt/Lutter, § 121 AktG Rz. 30.
68 *Ziemons* in K. Schmidt/Lutter, § 121 AktG Rz. 30.
69 LG Darmstadt v. 25.11.1980 – 15 O 446/80, BB 1981, 72 f. (zur GmbH); *Kubis* in MünchKomm. AktG, 4. Aufl. 2018, § 121 AktG Rz. 36; a.A. (keine Samstage) *Ziemons* in K. Schmidt/Lutter, § 121 AktG Rz. 34.
70 LG Stuttgart v. 27.4.1994 – 7 KfH O 122/93, AG 1994, 425, 426.
71 *Kubis* in MünchKomm. AktG, 4. Aufl. 2018, § 121 AktG Rz. 38.
72 OLG Koblenz v. 23.11.2000 – 6 U 1434/95, ZIP 1095, 1096; OLG Koblenz v. 26.4.2001 – 6 U 746/95, ZIP 2001, 1093; LG Mainz v. 14.4.2005 – 12 HK O 82/04, AG 2005, 894, 895; *Hüffer/Koch*, § 121 AktG Rz. 9, 17; *Kubis* in MünchKomm. AktG, 4. Aufl. 2018, § 121 AktG Rz. 35; *Happ/Freitag*, AG 1998, 493, 495.
73 LG Düsseldorf v. 16.5.2007 – 36 O 99/06, DIS, ZIP 2007, 1859, 1860; LG Mainz v. 14.4.2005 – 12 HK O 82/04, AG 2005, 894, 895; *Kubis* in MünchKomm. AktG, 4. Aufl. 2018, § 121 AktG Rz. 35; *Mülbert* in Großkomm. AktG, 5. Aufl. 2017, § 129 AktG Rz. 77; für Zumutbarkeitsprüfung *Hüffer/Koch*, § 121 AktG Rz. 17; *Happ/Freitag*, AG 1998, 493, 495 f.
74 *Butzke*, HV, B Rz. 16 f.
75 OLG München v. 28.9.2011 – 7 U 711/11 – HRE, AG 2011, 840, 841 f.; *Butzke* in Großkomm. AktG, 5. Aufl. 2017, § 121 AktG Rz. 132; *Hüffer/Koch*, § 121 AktG Rz. 17a; *Arnold/Carl/Götze*, AG 2011, 349, 350; *Linnerz*, NZG 2006, 208, 210; a.A. LG Frankfurt v. 28.11.2006 – 3-5 O 93/06, AG 2007, 505, 506; LG Mainz v. 14.4.2005 – 12 HK O 82/04, AG 2005, 894, 895; *Kubis* in MünchKomm. AktG, 4. Aufl. 2018, § 121 AktG Rz. 36.

e) Versammlungsort

Ferner ist der Versammlungsort anzugeben (§ 121 Abs. 3 Satz 1 AktG). Er ist so zu bezeichnen, dass das Versammlungslokal eindeutig erkennbar wird – d.h. regelmäßig mit Straße, Hausnummer und politischer Gemeinde[76]. Spezifischere oder zusätzliche Angaben sind nur ausnahmsweise erforderlich. So etwa, wenn die politische Gemeinde verwechselt werden könnte (Postleitzahl oder geographischer Zusatz). Ebenso, wenn die Adresse ein sehr großes Gebäude (Bauteil, Etage, konkreter Raum) oder ein weiträumiges Messegelände bezeichnet (konkrete Halle). Entbehrlich sind nähere Angaben, falls den Schwierigkeiten vor Ort anderweitig begegnet wird, z.B. durch gut sichtbare Ausschilderung des Versammlungsraums im Gebäude bzw. auf dem Gelände. 34.43

Wenn die Satzung nichts anderes bestimmt, findet die Hauptversammlung am **Sitz der Gesellschaft** statt – bei Zulassung der Aktien zum regulierten Markt alternativ am **Sitz der Börse** (§ 121 Abs. 5 Satz 1 und 2 AktG). Die Satzung stellt häufig mehrere Orte zur Auswahl. Denkbar ist etwa, dass sie jede deutsche Großstadt ab einer bestimmten Einwohnerzahl zulässt. Alternativ oder ergänzend kann sie auch auf einen Umkreis um einen bestimmten Ort abstellen (z.B. 50 oder 100 km um den Sitz der Gesellschaft). Solche generalisierenden Bestimmungen sind grundsätzlich zulässig. Sie dürfen dem Vorstand oder Aufsichtsrat aber nicht das Recht einräumen, den Versammlungsort nach ihrem Ermessen zu bestimmen[77] oder ihnen die Auswahl unter einer großen Zahl geografisch weit auseinanderliegender Orte überlassen[78]. Die beschriebenen, in der Praxis verbreiteten Modelle – Auswahl unter deutschen Großstädten oder im näher bestimmten Umkreis um den Gesellschaftssitz oder einen anderen Ort – dürften danach zulässig sein[79]. 34.44

Nach neuerer Auffassung kann die Hauptversammlung auch an einen Versammlungsort im **Ausland** einberufen werden, sofern die Satzung dies vorsieht[80]. Voraussetzung ist dabei, dass der Versammlungsort ohne wesentliche Schwierigkeiten erreichbar ist[81]. Eine praktische Folgefrage ist, wie in diesem Fall die erforderliche **Beurkundung** der Hauptversammlungsbeschlüsse erfolgen kann (§ 130 Abs. 1 Satz 1 AktG, dazu Rz. 37.2 ff.). Dabei gilt, dass die Beurkundung durch einen deutschen Konsularbeamten der notariellen Beurkundung gleichsteht (§ 10 Abs. 2 KonsG)[82]. Denkbar ist aber auch, dass eine andere Person die Beurkundung vornimmt – wenn sie nach dem Recht des ausländischen Staates dazu berufen ist und der Vorgang der Beurkundung durch einen deutschen Notar gleichwertig ist[83]. Dafür kommt es maßgeblich darauf an, dass die beurkundende Person einem deutschen Notar nach Ausbildung und Stellung im Rechtsleben vergleichbar ist und das Verfahrensrecht, das für die Urkunde zur Anwendung kommt, den tragenden Grundsätzen des deutschen Beurkundungsrechts entspricht[84]. Die Beherrschung der deutschen Sprache ist dagegen nicht entscheidend, da das Protokoll auch in einer anderen Sprache erstellt werden kann[85]. 34.45

---

76 *Kubis* in MünchKomm. AktG, 4. Aufl. 2018, § 121 AktG Rz. 39.
77 BGH v. 8.11.1993 – II ZR 26/93, NJW 1994, 320, 321 f.; zu den verschiedenen Satzungsgestaltungen *Bayer/Hoffmann*, AG 2013, R23.
78 BGH v. 21.10.2014 – II ZR 330/13, BGHZ 203, 68 = AG 2015, 82 Rz. 20.
79 *Butzke* in Großkomm. AktG, 5. Aufl. 2017, § 121 AktG Rz. 120.
80 BGH v. 21.10.2014 – II ZR 330/13, BGHZ 203, 68 = AG 2015, 82.
81 *Hüffer/Koch*, § 121 AktG Rz. 15; *Reger* in Bürgers/Körber/Lieder, § 121 AktG Rz. 24; *Rieckers* in BeckOGK AktG, Stand 1.6.2021, § 121 AktG Rz. 88; krit. *Bungert/Leyendecker-Langner*, BB 2015, 268, 269 f.
82 Näher *Biehler*, NJW 2000, 1243, 1245.
83 BGH v. 21.10.2014 – II ZR 330/13, BGHZ 203, 68 = AG 2015, 82 Rz. 16; *Hüffer/Koch*, § 121 AktG Rz. 16; *Kubis* in MünchKomm. AktG, 4. Aufl. 2018, § 121 AktG Rz. 92; *Reger* in Bürgers/Körber/Lieder, § 121 AktG Rz. 24; *Butzke*, HV, B Rz. 14 und N Rz. 14; *Linnerz*, NZG 2006, 208, 209.
84 BGH v. 21.10.2014 – II ZR 330/13, BGHZ 203, 68 = AG 2015, 82 Rz. 16.
85 *Butzke* in Großkomm. AktG, 5. Aufl. 2017, § 121 AktG Rz. 123; *Mülbert* in Großkomm. AktG, 5. Aufl. 2017, § 130 AktG Rz. 56; a.A. *Rieckers* in BeckOGK AktG, Stand 1.6.2021, § 121 AktG Rz. 89; *Bungert*, AG 1995, 26, 31 f.

f) Einberufender

34.46 Die Einberufung muss erkennen lassen, wer die Hauptversammlung einberuft. Das ist weder in § 121 Abs. 3 AktG noch anderenorts explizit geregelt, entspricht aber der ganz h.M. und liegt in der Natur der Sache[86]. Es genügt, das handelnde Organ der AG zu nennen – in aller Regel also den **Vorstand** (§ 121 Abs. 2 Satz 1 AktG, dazu Rz. 34.18), ausnahmsweise den **Aufsichtsrat** (§ 111 Abs. 3 Satz 1 AktG, dazu Rz. 34.19). Demgegenüber ist es nicht erforderlich, die einzelnen Vorstands- oder Aufsichtsratsmitglieder aufzuführen[87]. Anders verhält es sich, wenn ausnahmsweise **andere Personen** die Hauptversammlung einberufen, sei es aufgrund eines satzungsmäßigen Einberufungsrechts (dazu Rz. 34.20) oder aufgrund gerichtlicher Ermächtigung nach § 122 Abs. 3 Satz 1 AktG (dazu Rz. 34.29 f.). Dann sind jeweils die konkret handelnden (natürlichen oder juristischen) Personen zu nennen, im letzten Fall unter ausdrücklichem Hinweis auf ihre gerichtliche Ermächtigung (§ 122 Abs. 3 Satz 3 AktG, dazu Rz. 34.30).

g) Tagesordnung

aa) Allgemeines

34.47 Zusammen mit der Einberufung ist die Tagesordnung bekanntzumachen (§ 121 Abs. 3 Satz 2 AktG). Gemeint ist damit eine konkrete Aufstellung der **Gegenstände**, über die die jeweilige Hauptversammlung verhandeln und beschließen soll – einschließlich der vorgesehenen **Reihenfolge** ihrer Behandlung[88]. Die Angaben müssen so konkret sein, dass die Aktionäre ohne Weiteres erkennen können, worüber in der Sache verhandelt und beschlossen werden soll[89]. Das meint allerdings nicht den konkreten Beschluss- oder Wahlvorschlag. Denn diesen behandelt das Gesetz an anderer Stelle gesondert (§ 124 Abs. 3 Satz 1 AktG, dazu Rz. 34.51 ff.). Dem entspricht es, dass der Gegenstand bzw. Tagesordnungspunkt (gleichsam die Überschrift) einerseits und der dazu unterbreitete Beschluss- bzw. Wahlvorschlag andererseits zu unterscheiden sind. Dabei gilt, dass der Tagesordnungspunkt einen **Rahmen** setzt, innerhalb dessen Anträge unterbreitet und entsprechende Beschlüsse gefasst werden können. Der Beschluss- bzw. Wahlvorschlag der Verwaltung bewegt sich innerhalb dieses Rahmens, schöpft ihn aber üblicherweise nicht aus. Vielmehr bleibt regelmäßig Raum, um innerhalb des Tagesordnungspunkts auch vom Verwaltungsvorschlag abweichende Beschlüsse zu fassen – und dort wiederum können etwaige aktionärsseitige **Gegenanträge oder Wahlvorschläge** ansetzen (§§ 126, 127 AktG, dazu Rz. 34.87 ff., 36.37 ff.). Für anderweitige Anträge, außerhalb der bekanntgemachten Tagesordnung, bleibt demgegenüber regelmäßig kein Raum. Sie setzen vielmehr voraus, dass die Tagesordnung zunächst nach näherer Maßgabe von § 122 Abs. 2 AktG um einen einschlägigen weiteren Punkt ergänzt wird (Rz. 34.68 ff., zu bekanntmachungsfreien Gegenständen Rz. 34.48). Kurzum: Der Kerngedanke ist, dass die Aktionäre an die bekanntgemachte Tagesordnung der Hauptversammlung gebunden sind, nicht aber auch an die darunter unterbreiteten Beschluss- bzw. Wahlvorschläge der Verwaltung[90].

bb) Bindungswirkung

34.48 Die Tagesordnung bewirkt sowohl eine positive als auch eine negative Bindung. **Positive Bindung** bedeutet, dass der Versammlungsleiter alle bekanntgemachten Gegenstände aufrufen und behandeln

---

86 *Noack/Zetzsche* in KölnKomm. AktG, 3. Aufl. 2011, § 121 AktG Rz. 84; *Rieckers* in BeckOGK AktG, Stand 1.6.2021, § 121 AktG Rz. 42; *Butzke*, HV, B Rz. 69.
87 *Kubis* in MünchKomm. AktG, 4. Aufl. 2018, § 121 AktG Rz. 70.
88 OLG Stuttgart v. 23.1.1995 – 5 U 117/94 – Südmilch, AG 1995, 283, 284; *Butzke* in Großkomm. AktG, 5. Aufl. 2017, § 121 AktG Rz. 60; *Noack/Zetzsche* in KölnKomm. AktG, 3. Aufl. 2011, § 121 AktG Rz. 77; *Rieckers* in BeckOGK AktG, Stand 1.6.2021, § 121 AktG Rz. 32.
89 OLG Düsseldorf v. 24.4.1997 – 6 U 20/96, DB 1997, 1170, 1171; OLG Stuttgart v. 23.1.1995 – 5 U 117/94 – Südmilch, AG 1995, 283, 284; *Drinhausen* in Hölters, § 121 AktG Rz. 25; *Hüffer/Koch*, § 121 AktG Rz. 9; *Kubis* in MünchKomm. AktG, 4. Aufl. 2018, § 121 AktG Rz. 46; *Rieckers* in BeckOGK AktG, Stand 1.6.2021, § 121 AktG Rz. 32.
90 *Butzke*, HV, B Rz. 75.

muss – sei es auch in einer abweichenden Reihenfolge[91]. Das schließt es nicht aus, dass die Verwaltung ihren Beschlussvorschlag noch zurückzieht, ihn also in der Hauptversammlung nicht zur Abstimmung stellt (Rz. 34.54). Die Behandlung des Gegenstands liegt dann darin, dass der Versammlungsleiter über eben diese Entwicklung unterrichtet[92]. Der Versammlungsleiter ist aber nicht autorisiert, einen bekanntgemachten Gegenstand nach eigenem Ermessen gar nicht erst aufzurufen. Dafür ist vielmehr erforderlich, dass der Tagesordnungspunkt abgesetzt wird – entweder vor Beginn der Hauptversammlung durch das einberufende Organ (in der Regel durch den Vorstand) oder nach begonnener Hauptversammlung durch diese selbst[93]. **Keine positive Bindung** besteht, was die bekanntgemachte Reihenfolge der Tagesordnungspunkte angeht. Es steht also im Ermessen des Versammlungsleiters, eine andere Reihenfolge zu bestimmen, wenn ihm dies aus Sachgründen zweckmäßig erscheint[94]. Demgegenüber meint **negative Bindung**, dass über andere als die bekanntgemachten Gegenstände keine Beschlüsse gefasst werden dürfen – und dass dennoch gefasste Beschlüsse anfechtbar sind (§ 124 Abs. 4 Satz 1, § 243 Abs. 1 AktG)[95]. Davon allerdings bestimmt § 124 Abs. 4 Satz 2 AktG einige Ausnahmen. **Bekanntmachungsfrei** sind danach der Antrag auf Einberufung einer neuen Hauptversammlung, Verhandlungen ohne Beschlussfassung sowie Anträge zu den Gegenständen der Tagesordnung (namentlich Gegenanträge, Wahlvorschläge und Geschäftsordnungsanträge, auch ein Sonderprüfungsantrag im Rahmen des Tagesordnungspunkts „Entlastung", siehe auch Rz. 34.88 und 36.39).

cc) Konkretisierung

Beim Grad der Konkretisierung ist wie folgt zu differenzieren: Einigkeit besteht, dass zur Bekanntmachung der regulären Beschlussgegenstände Gewinnverwendung, Entlastung der Vorstandsmitglieder, Entlastung der Aufsichtsratsmitglieder und Wahl des Abschlussprüfers eine schlagwortartige Kennzeichnung ausreicht[96]. Dasselbe gilt bei **Wahlen zum Aufsichtsrat**, außerdem für die jährliche **Billigung des Vergütungsberichts** (§ 120a Abs. 4 AktG), für die turnusmäßige **Billigung des Vergütungssystems** der Vorstandsmitglieder (§ 120a Abs. 1 AktG) und für den turnusmäßigen Beschluss über die **Vergütung der Aufsichtsratsmitglieder** (§ 113 Abs. 3 AktG). Jenseits dieser Standardpunkte werden in der Regel konkretere Beschreibungen (Überschriften) gewählt. Das gilt namentlich bei **Satzungsänderungen**. Hier gibt der Tagesordnungspunkt regelmäßig zu erkennen, welche genaue Vorschrift geändert werden soll (z.B.: „Änderung der Satzung in § 2: Unternehmensgegenstand"). Dies schon deshalb, um nicht die Satzung insgesamt zur Disposition zu stellen und für entsprechende Gegenanträge zu öffnen[97]. Bei **Kapitalerhöhungen** gilt, dass der Tagesordnungspunkt die Art der Kapitalerhöhung festlegen muss, außerdem einen etwaigen Ausschluss des Bezugsrechts (§ 183 Abs. 1 Satz 2, § 186 Abs. 4 Satz 1 AktG, z.B.: „Ordentliche Kapitalerhöhung gegen Sacheinlagen unter Ausschluss des Bezugsrechts"; „Genehmigtes Kapital gegen Bar- oder Sacheinlagen, Ermächtigung des Vorstands zum Ausschluss des Bezugsrechts und entsprechende Satzungsänderung"). **Zustimmungsbedürftige Verträge** erfordern die (schlagwortartige) Bezeichnung des Vertragsinhalts und üblicherweise auch des Vertragspartners[98]. Dies betrifft vor allem Unternehmensverträge (§ 293 Abs. 1 und 2, § 295 Abs. 1 AktG), außerdem Verschmelzungs-, Spaltungs- und Ausgliederungsverträge (§§ 13, 65, 125 UmwG), Verträge zur Vermögensübertragung (§ 179a Abs. 1 AktG, §§ 174 ff. UmwG), Nachgründungsverträge

34.49

---

91 *Noack/Zetzsche* in KölnKomm. AktG, 3. Aufl. 2011, § 121 AktG Rz. 77; *Rieckers* in BeckOGK AktG, Stand 1.6.2021, § 121 AktG Rz. 33; *Bungert* in MünchHdb. AG, § 36 Rz. 57.
92 *Rieckers* in BeckOGK AktG, Stand 1.6.2021, § 121 AktG Rz. 33.
93 *Butzke*, HV, D Rz. 82; *Hoffmann-Becking* in MünchHdb. AG, § 37 Rz. 50; *Austmann* in FS Hoffmann-Becking, 2013, S. 45, 66 f.; *Kuhnt* in FS Lieberknecht, 1997, S. 45, 53; *Martens*, WM 1981, 1010, 1013; *Stützle/Walgenbach*, ZHR 155 (1991), 516, 538 f.
94 *Rieckers* in BeckOGK AktG, Stand 1.6.2021, § 121 AktG Rz. 33.
95 *Bungert* in MünchHdb. AG, § 36 Rz. 57.
96 *Butzke* in Großkomm. AktG, 5. Aufl. 2017, § 121 AktG Rz. 62; *Kubis* in MünchKomm. AktG, 4. Aufl. 2018, § 121 AktG Rz. 48 ff.; *Rieckers* in BeckOGK AktG, Stand 1.6.2021, § 121 AktG Rz. 36.
97 *Werner* in FS Fleck, 1988, S. 401, 404.
98 *Kubis* in MünchKomm. AktG, 4. Aufl. 2018, § 121 AktG Rz. 57.

(§ 52 Abs. 1 AktG) sowie den Verzicht auf und den Vergleich über bestimmte Ersatzansprüche (z.B. nach § 93 Abs. 4 Satz 3, § 116 Satz 1 AktG). Bei einem **Formwechsel** ist die künftige Rechtsform zu nennen, beim Formwechsel in eine KG oder KGaA zudem der künftige Komplementär[99]. Davon zu unterscheiden ist, dass für viele dieser Punkte bestimmte Zusatzangaben bekanntzumachen sind, z.B. der Wortlaut der konkret vorgeschlagenen Satzungsänderung, der Volltext des Vergütungssystems oder der wesentliche Vertragsinhalt (dazu Rz. 34.50).

dd) Zusatzangaben

34.50 Darüber hinaus sind zu bestimmten Tagesordnungspunkten weitere Angaben bekanntzumachen. Das gilt zunächst für **Wahlen zum Aufsichtsrat**. Gemäß § 124 Abs. 2 Satz 1 AktG ist hier anzugeben, nach welchen gesetzlichen Vorschriften sich der Aufsichtsrat zusammensetzt, außerdem eine etwaige Bindung der Hauptversammlung an Wahlvorschläge. Hinzu treten bei börsennotierten Gesellschaften, für die das MitbestG, das MontanMitbestG oder das MitbestErgG greift, bestimmte Pflichtangaben zur gesetzlichen Geschlechterquote. Namentlich ist anzugeben, ob der Gesamterfüllung nach § 96 Abs. 2 Satz 3 AktG widersprochen wurde und wie viele der Sitze im Aufsichtsrat mindestens von Frauen und Männern besetzt sein müssen (§ 124 Abs. 2 Satz 2 AktG). Bei **Satzungsänderungen** ist der exakte Wortlaut der vorgeschlagenen Änderung bekanntzumachen, beim **Say on Pay** das vollständige Vergütungssystem, bei der **Billigung des Vergütungsberichts** dessen Volltext (§ 124 Abs. 2 Satz 3 Fälle 1–4 AktG). **Zustimmungsbedürftige Verträge** erfordern eine Bekanntmachung ihres wesentlichen Inhalts (§ 124 Abs. 2 Satz 3 Fall 5 AktG). Dieser umfasst klassischerweise die Vertragsparteien, Hauptleistungen, Gewährleistungsrechte, Aktionärsschutzvorschriften, bei längerer Vertragsdauer auch Kündigungs- oder sonstige Beendigungsrechte, in aller Regel aber keine Rechtswahl- oder Schiedsklauseln[100]. Dabei gilt, dass der Vorstand ein erhebliches Ermessen hat, welche Punkte er als wesentlich erachtet und wie er sie darstellt[101]. Keinesfalls ist es erforderlich, den Vertrag im Volltext bekanntzumachen. Dies umso weniger, als insbesondere Unternehmens- und Umwandlungsverträge ab der Einberufung ausliegen bzw. auf der Internetseite der Gesellschaft zugänglich sind (§ 293f AktG, § 63 UmwG). Umgekehrt gilt auch, dass eine Bekanntmachung des Volltextes regelmäßig nicht die Herausstellung der wesentlichen Inhalte ersetzen kann, zumindest nicht bei komplexen Vertragswerken[102]. Jedoch sind dann geringere Anforderungen an die Beschreibung der wesentlichen Inhalte zu stellen. Das gilt erst recht, wenn überdies noch ein schriftlicher Bericht erstattet wird, der den zustimmungsbedürftigen Vertrag rechtlich und wirtschaftlich erläutert (z.B. § 293a AktG, § 8 UmwG).

h) Beschlussvorschläge der Verwaltung

aa) Allgemeines

34.51 Die Einberufung muss außerdem die Beschlussvorschläge der Verwaltung umfassen. Im Ausgangspunkt gilt dabei, dass sowohl der **Vorstand** als auch der **Aufsichtsrat** zu jedem Gegenstand einen Beschlussvorschlag unterbreiten müssen (§ 124 Abs. 3 Satz 1 Fall 1 AktG). Die Vorschläge von Vorstand und Aufsichtsrat stimmen in der Praxis stets überein. Abweichende Vorschläge sind zwar ebenfalls zulässig, spielen aber in der Praxis keine Rolle. Dasselbe gilt für Alternativ- und Eventualvorschläge[103]. Eine Besonderheit gilt für die Wahl von **Aufsichtsratsmitgliedern**, **Abschlussprüfern** und **Sonderprüfern**, außerdem neuerdings für den **Say on Pay** nach § 120a Abs. 1 AktG (dazu Rz. 33.28 ff.). Hierfür ist jeweils vorgesehen, dass der Beschluss- bzw. Wahlvorschlag allein vom Aufsichtsrat stammt (§ 124

---

99 *Rieckers* in BeckOGK AktG, Stand 1.6.2021, § 121 AktG Rz. 37.
100 *Drinhausen* in Hölters, § 124 AktG Rz. 12.
101 *Hüffer/Koch*, § 124 AktG Rz. 14.
102 *Hüffer/Koch*, § 124 AktG Rz. 15; *Kubis* in MünchKomm. AktG, 4. Aufl. 2018, § 124 AktG Rz. 25; *Butzke*, HV, B Rz. 94; a.A. *Rieckers* in BeckOGK AktG, Stand 1.6.2021, § 124 AktG Rz. 34; *Ziemons* in K. Schmidt/Lutter, § 124 AktG Rz. 73.
103 *Butzke* in Großkomm. AktG, 5. Aufl. 2017, § 124 AktG Rz. 59 f.

Abs. 3 Satz 1 Fall 2 AktG). Hintergrund ist, dass der Vorstand nicht beeinflussen soll, wer seine Tätigkeit überwacht und prüft[104] und welche Verhaltensanreize sein Vergütungssystem setzt. Wahlbeschlüsse sind daher anfechtbar, wenn der Vorstand dennoch einen eigenen Vorschlag unterbreitet – selbst dann, wenn der Vorschlag in der Hauptversammlung nur als solcher des Aufsichtsrats zur Abstimmung gebracht wird[105]. Etwas anderes gilt beim Say on Pay, für den § 120a Abs. 1 Satz 3 AktG die Anfechtung ausschließt.

bb) Konkretisierung

Die Vorschläge der Verwaltung müssen so **konkret gefasst** sein, dass sie in der Hauptversammlung als Beschlussanträge zur Abstimmung gestellt werden können (Rz. 36.61)[106]. Damit geht einher, dass es den Aktionären schon im Vorfeld der Hauptversammlung möglich sein soll, Stimmrechtsvertretern entsprechende Weisungen zu erteilen. Es besteht **keine Pflicht**, die Verwaltungsvorschläge in der Einberufung zu **begründen**. Bei den alljährlichen Standardpunkten (Gewinnverwendung, Entlastung der Vorstandsmitglieder, Entlastung der Aufsichtsratsmitglieder, Wahl des Abschlussprüfers, wohl auch Billigung des Vergütungsberichts) ist eine solche Begründung auch nicht üblich. Anders verhält es sich jenseits dieser Standardpunkte: Hier kann sich eine kurze Begründung durchaus empfehlen, um den Aktionären die Beweggründe der Verwaltung zu erläutern und so die notwendigen Mehrheiten sicherzustellen, z.B. bei einer Satzungsänderung[107]. Eine Sonderstellung nehmen Kapitalerhöhungen unter Bezugsrechtsausschluss ein. Hier muss zwar nicht die Kapitalmaßnahme als solche begründet werden. Begründungspflichtig sind aber der Bezugsrechtsausschluss und der vorgeschlagene Ausgabebetrag, und zwar in einem Vorstandsbericht, der klassischerweise seinerseits Bestandteil der Einberufungsunterlage ist (§ 186 Abs. 4 Satz 2 AktG).

34.52

cc) Entbehrlichkeit

Entbehrlich sind Beschlussvorschläge der Verwaltung in zwei Fällen: *Erstens*, wenn die Hauptversammlung bei der Wahl von Aufsichtsratsmitgliedern nach § 6 MontanMitbestG an Wahlvorschläge **gebunden** ist (§ 124 Abs. 3 Satz 3 Fall 1 AktG). *Zweitens*, wenn der Beschlussgegenstand auf **Verlangen einer Minderheit** auf die Tagesordnung gesetzt worden ist (§ 124 Abs. 3 Satz 3 Fall 2 AktG). Der Begriff der „Minderheit" ist hierbei irreführend. Er bezieht sich auf die amtliche Überschrift des § 122 AktG. Dem entspricht es, dass er ebenso wie dort keine Minderheit i.e.S. meint, sondern auf das dort beschriebene Mindestquorum abstellt. § 124 Abs. 3 Satz 3 Fall 2 AktG greift deshalb auch und erst recht, wenn der Beschlussgegenstand auf das Verlangen einer Aktionärsmehrheit bzw. eines Mehrheitsaktionärs zurückgeht[108]; siehe schon Rz. 34.31. Vorstand und Aufsichtsrat bleiben aber berechtigt, eigene Vorschläge zu machen[109].

34.53

dd) Bindungswirkung

Die Verwaltung ist an ihre in der Einberufung unterbreiteten Vorschläge **nicht gebunden**. Es ist daher denkbar, dass sie ihren Beschlussvorschlag noch zurückzieht, ihn also in der Hauptversammlung nicht

34.54

---

104 *Kropff*, AktG, S. 174.
105 BGH v. 25.11.2002 – II ZR 49/01 – HypoVereinsbank, BGHZ 153, 32, 35 ff. = AG 2003, 319; OLG München v. 21.5.2003 – 7 U 5347/02, AG 2003, 645; OLG München v. 28.7.2010 – 7 AktG 2/10, AG 2010, 842, 843; a.A. *Kocher*, AG 2013, 406, 412.
106 *Hüffer/Koch*, § 124 AktG Rz. 17; *Noack/Zetzsche* in KölnKomm. AktG, 3. Aufl. 2011, § 124 AktG Rz. 61; *Rieckers* in BeckOGK AktG, Stand 1.6.2021, § 124 AktG Rz. 40.
107 *Butzke* in Großkomm. AktG, 5. Aufl. 2017, § 124 AktG Rz. 76.
108 *von der Linden*, AG 2016, 280, 282 ff.
109 OLG München v. 9.11.2009 – 31 Wx 134/09, AG 2010, 84, 87; *Hüffer/Koch*, § 124 AktG Rz. 24; *Kubis* in MünchKomm. AktG, 4. Aufl. 2018, § 124 AktG Rz. 32; *Rieckers* in BeckOGK AktG, Stand 1.6.2021, § 124 AktG Rz. 66; *Ziemons* in K. Schmidt/Lutter, § 124 AktG Rz. 46.

zur Abstimmung stellt. So beispielsweise, wenn ein Wahlkandidat nicht mehr zur Verfügung steht oder die avisierte Kapital- oder Strukturmaßnahme sich nicht mehr realisieren lässt. Ebenso ist denkbar, dass die Verwaltung ihren Beschlussvorschlag an eine veränderte Sachlage anpasst – allerdings nur im Rahmen des jeweiligen Tagesordnungspunkts[110]. Ein Beispiel hierfür ist, dass der Gewinnverwendungsvorschlag angepasst wird, wenn und weil sich seit der Einberufung die Zahl der dividendenberechtigten Aktien geändert hat. Bisweilen kommt es auch vor, dass der Vorstand sich vor oder sogar erst in der Hauptversammlung verpflichtet, einen vorgeschlagenen Beschluss nur eingeschränkt auszuführen. Eine solche Erklärung wird als **Selbstverpflichtung** bezeichnet. Ihr Hintergrund ist meist, dass der bekanntgemachte Beschlussvorschlag auf unvorhergesehene Kritik stößt und die erforderliche Mehrheit in Frage steht. Dann kann der Vorstand mit der Selbstverpflichtung gegensteuern. Von Bedeutung ist dies namentlich, wenn der Vorstand zusagt, ein genehmigtes Kapital und dort die Ermächtigung zum Bezugsrechtsausschluss nur in begrenzter Höhe zu nutzen. Auch eine solche Selbstverpflichtung bindet die Gesellschaft nach innen und außen[111]. Sie wird meist zusätzlich nach der Hauptversammlung auf der Internetseite der Gesellschaft veröffentlicht. In jüngerer Zeit sehen institutionelle Investoren die Selbstverpflichtung allerdings zunehmend kritisch. Dies vor allem, weil sie kraft Natur der Sache außerhalb der Ermächtigung steht und somit als intransparent wahrgenommen wird[112].

i) Teilnahmevoraussetzungen, Nachweisstichtag

34.55 Börsennotierte Gesellschaften sind verpflichtet, in der Einberufung auch die Voraussetzungen für die **Teilnahme** an der Versammlung und für die **Stimmrechtsausübung** anzugeben – bei Inhaberaktien außerdem den **Nachweisstichtag (Record Date)** nach § 123 Abs. 4 Satz 2 AktG und dessen Bedeutung (§ 121 Abs. 3 Satz 3 Nr. 1 AktG). Das erfordert eine Darstellung der Anforderungen, welche die Satzung an eine vorherige Anmeldung stellt (§ 123 Abs. 2 AktG, dazu Rz. 34.99). Außerdem sind die Anforderungen der Satzung an die Legitimation der Aktionäre zu beschreiben (§ 123 Abs. 3–5 AktG, dazu Rz. 34.100 f.), ebenso etwaige Besonderheiten bei einer Online-Teilnahme (§ 118 Abs. 1 Satz 2 AktG). Die Darstellung muss jeweils inhaltlich zutreffend und vollständig sein. Es genügt nicht, auf die anderenorts abrufbaren Satzungsbestimmungen zu verweisen[113]. Umgekehrt ist es aber auch nicht erforderlich, die Satzungsbestimmungen wörtlich zu zitieren. Der bei Namensaktiengesellschaften übliche **Umschreibungsstopp** (Rz. 34.101) ist keine Voraussetzung für die Hauptversammlungsteilnahme. Eine Pflicht zur Angabe oder Erläuterung dieses Stichtags besteht daher nicht; im Interesse der Transparenz ist die Angabe aber angebracht und weithin üblich[114]. In der Aufforderung, Umschreibungsanträge möglichst rechtzeitig vor der Hauptversammlung zu stellen, liegt keine Beschränkung des Teilnahmerechts[115].

j) Stimmabgabe durch Bevollmächtigte

34.56 In der Einladung anzugeben ist sodann das Verfahren für die Stimmabgabe durch einen Bevollmächtigten, und zwar unter Hinweis auf die dabei zu verwendenden Formulare und die Art und Weise, wie der Gesellschaft ein Nachweis über die Bestellung eines Bevollmächtigten elektronisch übermittelt werden kann (§ 121 Abs. 3 Satz 3 Nr. 2 lit. a AktG). Anzugeben ist insbesondere, welche **Form** für die

---

110 *Rieckers* in BeckOGK AktG, Stand 1.6.2021, § 124 AktG Rz. 40; *Butzke*, HV, B Rz. 87; *Kocher*, AG 2013, 406, 410; *Scholz*, AG 2008, 11, 16; *Wieneke* in FS Schwark, 2009, S. 305, 312 f.
111 *Arnold/Carl/Götze*, AG 2011, 349, 355; *Marsch-Barner*, ZHR 178 (2014), 629, 633 ff.
112 *BVI*, Analyse-Leitlinien 2021, 2.1.
113 *Rieckers* in BeckOGK AktG, Stand 1.6.2021, § 121 AktG Rz. 46.
114 *Butzke* in Großkomm. AktG, 5. Aufl. 2017, § 121 AktG Rz. 69; *Hüffer/Koch*, § 121 AktG Rz. 10; *Rieckers* in BeckOGK AktG, Stand 1.6.2021, § 121 AktG Rz. 45; a.A. (Angabepflicht) OLG Köln v. 11.2.2009 – 18 W 11/09, AG 2009, 448, 449; LG Köln v. 5.12.2008 – 82 O 91/08, AG 2009, 449, 450; *Kubis* in MünchKomm. AktG, 4. Aufl. 2018, § 121 AktG Rz. 64; *Ziemons* in K. Schmidt/Lutter, § 121 AktG Rz. 50.
115 BGH v. 21.9.2009 – II ZR 174/08 – Umschreibungsstopp, BGHZ 182, 272 = AG 2009, 824 Rz. 10.

Erteilung der Vollmacht, ihren Widerruf und den Nachweis der Bevollmächtigung verlangt wird (z.B. Textform). Für die elektronische Übermittlung des Vollmachtsnachweises ist eine elektronische Empfangsadresse der Gesellschaft anzugeben, z.B. eine E-Mail-Adresse (§ 134 Abs. 3 Satz 4 AktG)[116]; siehe näher zu alldem Rz. 36.51. Ergänzend wird häufig auf die u.U. abweichenden Formvorgaben der Intermediäre und Aktionärsvereinigungen hingewiesen (näher dazu Rz. 36.52 ff.). Zudem wird das Verfahren für die Stimmabgabe durch den weisungsgebundenen Stimmrechtsvertreter der Gesellschaft beschrieben (dazu Rz. 36.57).

k) Stimmabgabe per Briefwahl

34.57
Des Weiteren ist das Verfahren der Stimmabgabe durch Briefwahl oder im Wege der elektronischen Kommunikation, d.h. der Online-Teilnahme, zu erläutern, soweit die Satzung eine entsprechende Form der Stimmabgabe vorsieht (§ 121 Abs. 3 Satz 3 Nr. 2 lit. b AktG). Auch hier gilt, dass einerseits ein Verweis auf die anderenorts abrufbaren Satzungsbestimmungen nicht genügt, umgekehrt aber deren wörtliche Wiedergabe nicht erforderlich ist[117]. Die meisten Satzungen treffen insoweit ohnehin keine eigenen Regelungen. Vielmehr enthalten sie, im Einklang mit § 118 Abs. 1 Satz 2 und Abs. 2 Satz 1 AktG, eine Ermächtigung an den Vorstand. In diesem Fall ist das Verfahren in der Einberufung nur zu erläutern, wenn und soweit der Vorstand von dieser Ermächtigung auch tatsächlich Gebrauch macht[118]. Die Erläuterung muss sich dann auf alle Einzelheiten erstrecken, deren Kenntnis zur form- und fristgerechten Stimmabgabe erforderlich ist (z.B. schriftliche oder elektronische Stimmabgabe, Formulare, Empfangsadresse der Gesellschaft oder einer anderen empfangsberechtigten Stelle, Einsende- bzw. Annahmeschluss, Widerruf und nachträgliche Änderung); siehe näher zur Online-Teilnahme Rz. 35.59 und zur Briefwahl Rz. 35.60.

l) Rechte der Aktionäre

34.58
Gemäß § 121 Abs. 3 Satz 3 Nr. 3 Halbs. 1 AktG sind drei ausgewählte Rechte der Aktionäre anzugeben: das Recht auf nachträgliche **Ergänzung der Tagesordnung** (§ 122 Abs. 2 AktG, dazu Rz. 34.68 ff.), das Recht, schon im Vorfeld der Hauptversammlung **Gegenanträge** und **Wahlvorschläge** zu übersenden (§§ 126, 127 AktG, dazu Rz. 34.87 ff.) sowie das **Auskunftsrecht** (§ 131 Abs. 1 AktG, dazu Rz. 36.11 ff.). Dazu ist eine verständliche (kompakte) Beschreibung des jeweiligen Regelungsinhalts erforderlich. Eines Abdrucks der gesetzlichen Bestimmungen bedarf es nicht; er ist aber für sich genommen auch nicht ausreichend. Die zu beachtenden Fristen sind in jedem Fall konkret anzugeben, d.h. nicht nur als abstrakte Formel, sondern ausgerechnet für die konkrete Hauptversammlung. Die Angaben in der Einberufung können sich auf die Fristen beschränken, wenn sich weitergehende Erläuterungen der Rechte auf der Internetseite der Gesellschaft befinden und auf diese hingewiesen wird (§ 121 Abs. 3 Satz 3 Nr. 3 Halbs. 2 AktG).

m) Internetseite der Gesellschaft

34.59
In der Einberufung ist gemäß § 121 Abs. 3 Satz 3 Nr. 4 AktG die Internetseite der Gesellschaft anzugeben, über welche die Unterlagen und Informationen nach § 124a AktG zugänglich sind, darunter auch der Inhalt der Einberufung nebst begleitenden Unterlagen, die Gesamtzahl der Aktien und der Stimmrechte im Zeitpunkt der Einberufung sowie etwaige Vollmachts- und Briefwahlformulare (siehe dazu auch Rz. 34.65). Es genügt dafür die Angabe der **Homepage** (Startseite der Internetpräsenz der Gesellschaft)[119]. Zweckmäßig ist es aber, den genauen Pfad bzw. einen unmittelbaren Link zur „HV-Seite"

---

116 *Butzke* in Großkomm. AktG, 5. Aufl. 2017, § 121 AktG Rz. 75; *Hüffer/Koch*, § 121 AktG Rz. 10b; *Noack/Zetzsche* in KölnKomm. AktG, 3. Aufl. 2011, § 121 AktG Rz. 103.
117 *Rieckers* in BeckOGK AktG, Stand 1.6.2021, § 121 AktG Rz. 52.
118 *Hüffer/Koch*, § 121 AktG Rz. 10c.
119 *Herrler* in Grigoleit, § 121 AktG Rz. 18; *Kubis* in MünchKomm. AktG, 4. Aufl. 2018, § 121 AktG Rz. 69; *Noack/Zetzsche* in KölnKomm. AktG, 3. Aufl. 2011, § 121 AktG Rz. 111.

anzugeben, die bei börsennotierten Gesellschaften üblicherweise ein Unterpunkt der Rubrik „Investor Relations" ist. Das bietet sich umso mehr an, als nunmehr auch die Mitteilungen nach § 125 Abs. 5 Satz 1 AktG i.V.m. Tabelle 3 Block C-6 DVO (EU) 2018/1212 einen (präzisen) URL-Hyperlink zu derjenigen Website enthalten müssen, auf der alle Informationen rund um die Hauptversammlung zugänglich sind – und das wiederum meint die Unterlagen und Informationen i.S.v. § 124a AktG (siehe noch Rz. 34.65, 34.79).

n) Hinweise zum Datenschutz

34.60 Schließlich muss die Gesellschaft darüber belehren, dass sie anlässlich ihrer Hauptversammlung **personenbezogene Daten** verarbeitet[120]. Das ist keine gesellschaftsrechtliche Pflicht, folgt aber aus Art. 12–14 DSGVO (EU) 2016/679. Der Begriff der Verarbeitung ist dabei denkbar weit. Art. 4 Nr. 2 DSGVO bestimmt, dass er jeden Vorgang und jede Vorgangsreihe im Zusammenhang mit personenbezogenen Daten umfasst – mit oder ohne die Hilfe automatisierter Verfahren. Darunter fallen nach der Legaldefinition insbesondere das Erheben, Erfassen und Speichern, die Organisation und das Ordnen, das Anpassen und Verändern sowie das Auslesen, Abfragen und Abgleichen personenbezogener Daten, außerdem jedwede Offenlegung sowie die Einschränkung, Löschung und Vernichtung. All dies findet regelmäßig auch statt, wenn eine AG ihre Hauptversammlung vorbereitet und durchführt. Die Gesellschaft ist dann **Verantwortlicher** i.S.v. Art. 4 Nr. 7 DSGVO. Sie ist es nämlich, die über „die Zwecke und Mittel der Verarbeitung" personenbezogener Daten entscheidet, sei es auch unter Einsatz externer Dienstleister oder Berater[121]. Das gilt z.B. (aber nicht ausschließlich) bei der Versendung der Mitteilungen nach § 125 AktG, beim Führen der Anmeldelisten, des Teilnehmerverzeichnisses und der Rednerlisten, bei der Versendung der Eintrittskarten und sonstiger Unterlagen, bei der Entgegennahme und Veröffentlichung etwaiger Anträge und Wahlvorschläge von Aktionären sowie beim Erfassen und Auswerten der Stimmen.

34.61 **Form und Modalitäten** der Belehrung regelt Art. 12 Abs. 1 Satz 1 und 2 DSGVO. Dort heißt es, dass der Verantwortliche die Informationen in präziser, transparenter, verständlicher und leicht zugänglicher Form bereitstellt, außerdem in klarer und einfacher Sprache. Weiter heißt es, dass der Informationstransfer in schriftlicher oder in anderer Form erfolgt, ggf. auch elektronisch. Die Gesellschaft hat demnach einen erheblichen Spielraum, wie und auf welchem Weg sie die Informationen bereitstellt: Sie kann die Belehrung zum Datenschutz namentlich in die **Einberufungsunterlage** integrieren, sie den **Mitteilungen** nach § 125 AktG beifügen oder sie gesondert auf ihrer **Internetseite** vorhalten – mit oder ohne Verweis in der Einberufung[122]. Letzteres mag zwar je nach Lage des Falls einen sog. Medienbruch verursachen. Art. 12 Abs. 1 Satz 1 Halbs. 1 DSGVO fordert aber nur „leichten" Zugang, was einen Medienbruch nicht *per se* ausschließen dürfte[123]. Zusätzliche Maßnahmen sind ebenfalls vorstellbar, z.B. Hinweise zum Datenschutz auch auf den Eintrittskarten, Vollmachts- und Briefwahlformularen oder in Internetportalen. Geboten sind sie aber nicht. Dies gilt aus mehreren Gründen: *Erstens*, weil der erste Austausch personenbezogener Daten dann zumeist schon stattgefunden hat, sprich: der Aktionär hat bereits eine Mitteilung erhalten und sich oder seinen Vertreter angemeldet[124]. Und *zweitens*, weil Art. 12 Abs. 1 Satz 1 DSGVO nur „geeignete Maßnahmen" verlangt, um den betroffenen Personen die Informationen zu übermitteln. Diese Pflicht ist nicht erfolgsbezogen. Die Informationen müssen also nicht tatsächlich zugehen, und erst recht muss die betroffene Person sie nicht tatsächlich zur Kenntnis nehmen[125].

---

120 Ausführlich dazu *Koschmieder*, DB 2019, 2113; *von der Linden*, BB 2019, 75; *Zetzsche*, AG 2019, 233, 239.
121 *von der Linden*, BB 2019, 75.
122 *Hüffer/Koch*, § 67e AktG Rz. 7; *von der Linden*, BB 2019, 75, 76; *Zetzsche*, AG 2019, 233, 239.
123 *Bayer/Illhardt* in MünchKomm. AktG, 5. Aufl. 2021, § 67e AktG Rz. 39; *von Nussbaum* in K. Schmidt/Lutter, § 67e AktG Rz. 48; *von der Linden*, BB 2019, 75, 76.
124 *Löschhorn*, AG 2018, R319, R320.
125 *von der Linden*, BB 2019, 75, 76.

Inhaltlich muss die Belehrung sämtliche Pflichtpunkte der Art. 13 bzw. 14 DSGVO abdecken. Erforderlich sind danach vor allem Informationen über den Verantwortlichen, den Datenschutzbeauftragten, die Zwecke und die Rechtsgrundlage der Datenverarbeitung, den Empfänger, die Dauer der Speicherung sowie über etwaige Auskunfts-, Berichtigungs-, Einschränkungs-, Widerspruchs-, Löschungs- und Beschwerderechte. Dennoch darf und sollte die Belehrung möglichst kompakt ausfallen. Das entspricht dem Gebot, die Informationen in präziser und verständlicher Form zu präsentieren (Art. 12 Abs. 1 Satz 1 DSGVO). Auch aus Sicht der Aktionäre und ihrer Vertreter dürften umfangreiche Belehrungen eher abschreckend wirken. So etwa, wenn ohne Not sämtliche Aktionärsrechte i.S.v. § 121 Abs. 3 Satz 3 Nr. 3 AktG abermals erläutert werden, nur durch die datenschutzrechtliche Brille. Etwaige **Verstöße gegen die Belehrungspflicht** können Sanktionen nach Art. 83 DSGVO auslösen; sie begründen aber keine Anfechtbarkeit der Hauptversammlungsbeschlüsse nach § 243 Abs. 1 AktG[126].

34.62

6. Bekanntmachung im Bundesanzeiger

Die Einberufung der Hauptversammlung ist – zusammen mit der Tagesordnung und den Beschlussvorschlägen (§ 121 Abs. 3 Satz 1, § 124 Abs. 3 AktG) - in den Gesellschaftsblättern bekanntzumachen (§ 121 Abs. 4 Satz 1 AktG). Dies bedeutet Bekanntmachung im **Bundesanzeiger** (§ 25 AktG). Die Gesellschaft kann die Einberufung freiwillig in weiteren Publikationsorganen veröffentlichen; dies hat aber keine rechtliche Bedeutung[127]. Börsennotierte Gesellschaften mit Deutschland als Herkunftsstaat i.S.v. § 2 Abs. 13 WpHG müssen die Einberufung zusammen mit der Tagesordnung auch nach dem einschlägigen Kapitalmarktrecht unverzüglich im Bundesanzeiger veröffentlichen (§ 49 Abs. 1 Satz 1 Nr. 1 WpHG). Dabei sind auch Angaben zur Gesamtzahl der Aktien und der Stimmrechte im Zeitpunkt der Einberufung sowie zu den Rechten der Aktionäre bezüglich der Teilnahme an der Hauptversammlung zu machen.

34.63

7. EU-weite Verbreitung

Börsennotierte Gesellschaften müssen die Einberufung über geeignete Medien in der gesamten **EU** verbreiten lassen (§ 121 Abs. 4a AktG). Dies kann über den entsprechenden Verbreitungsdienst des Bundesanzeigers geschehen[128]. Die Bekanntmachung im Bundesanzeiger stellt allerdings schon für sich genommen eine hinreichende EU-weite Verbreitung sicher[129]. Eine Ausnahme gilt für börsennotierte Gesellschaften, die ausschließlich Namensaktien ausgegeben haben *oder* ihre Einberufung den Aktionären unmittelbar übersenden; sie müssen also keine EU-weite Verbreitung vornehmen. Die frühere Streitfrage, ob die beiden Ausnahmetatbestände alternativ oder kumulativ zu verstehen sind, hat die Aktienrechtsnovelle 2016 vom 22.12.2015[130] in ersterem Sinne aufgelöst (ursprünglich: „*und*"; heute: „*oder*"). Europarechtliche Bedenken gegen diese Klarstellung sind unbegründet. Die Praxis neigt aber aus Gründen der Vorsicht weiterhin dazu, trotz der Ausnahmeregelungen die EU-weite Verbreitung zu veranlassen[131].

34.64

---

126 *Bayer/Illhardt* in MünchKomm. AktG, 5. Aufl. 2021, § 67e AktG Rz. 41; *Hüffer/Koch*, § 67e AktG Rz. 7; *von der Linden*, BB 2019, 75, 79; *Zetzsche*, AG 2019, 1, 15.
127 *Hüffer/Koch*, § 25 AktG Rz. 1.
128 Begr. RegE ARUG, BT-Drucks. 16/11642, S. 28; *Butzke* in Großkomm. AktG, 5. Aufl. 2017, § 121 AktG Rz. 90; *Hüffer/Koch*, § 121 AktG Rz. 11j; *Noack/Zetzsche* in KölnKomm. AktG, 3. Aufl. 2011, § 125 AktG Rz. 164; *Reger* in Bürgers/Körber/Lieder, § 121 AktG Rz. 19a; *Paschos/Goslar*, AG 2009, 14, 16.
129 *Noack/Zetzsche* in KölnKomm. AktG, 3. Aufl. 2011, § 121 AktG Rz. 163 ff.; *Rieckers* in BeckOGK AktG, Stand 1.6.2021, § 121 AktG Rz. 78; a.A. *Drinhausen* in Hölters, § 121 AktG Rz. 38.
130 BGBl. I 2015, 2565.
131 *Butzke* in Großkomm. AktG, 5. Aufl. 2017, § 121 AktG Rz. 92.

8. Internetpublizität

34.65 Überdies muss die Gesellschaft ihre eigene **Internetseite** nutzen, um die Publizität der Einberufung sowie begleitender Unterlagen und Informationen sicherzustellen (§ 124a Satz 1 AktG, siehe dazu schon Rz. 34.59). Dort müssen „alsbald nach der Einberufung" (in der Praxis zumeist noch am selben, spätestens am nächsten Tag) folgende Informationen und Unterlagen zugänglich sein:

- der Inhalt der Einberufung;
- eine Erläuterung, wenn zu einem Tagesordnungspunkt kein Beschluss gefasst werden soll;
- die Unterlagen, welche der Versammlung zugänglich zu machen sind;
- die Gesamtzahl der Aktien und der Stimmrechte im Zeitpunkt der Einberufung, einschließlich getrennter Angaben zur Gesamtzahl für jede Aktiengattung;
- ggf. Briefwahl- und Vollmachtsformulare, sofern sie den Aktionären nicht direkt übermittelt werden.

Überdies bestimmt § 124a Satz 2 AktG, dass auch ein nach der Einberufung eingegangenes **Aktionärsverlangen** i.S.v. § 122 Abs. 2 AktG (dazu Rz. 34.68 ff.) auf der Internetseite zugänglich zu machen ist – und zwar unverzüglich nach seinem Eingang bei der Gesellschaft. **Gesteigerte Bedeutung** erfährt die Internetseite infolge des ARUG II vom 12.12.2019. Dies vor allem, weil die Mitteilungen nach § 125 AktG i.V.m. Tabelle 3 DVO (EU) 2018/1212 inhaltlich sehr schlank ausfallen können, im Übrigen auf die Internetseite verweisen dürfen und diese somit zur zentralen Informationsquelle für die Aktionäre aufwerten (dazu Rz. 34.76 ff.).

9. Änderung der Einberufung, Absage

34.66 Eine **Änderung der Einberufung** in einem wesentlichen Punkt stellt eine Rücknahme der Einberufung dar, verbunden mit einer neuen Einberufung. Keine Änderung der Einberufung ist erforderlich, wenn sich lediglich der Beginn der Hauptversammlung um z.B. 30 Minuten verschiebt oder innerhalb des bekanntgegebenen Ortes ein anderer Versammlungsraum gewählt wird[132]. Nach herkömmlicher Ansicht kann die Einberufung bis zur **Eröffnung** der Hauptversammlung noch von demjenigen zurückgenommen werden, der sie vorgenommen hat[133]. Der BGH stellt dagegen auf die tatsächlichen Verhältnisse ab. Eine **Absage** der Hauptversammlung ist danach dann nicht mehr möglich, wenn sich Aktionäre nach der Einlasskontrolle im Versammlungsraum eingefunden haben und die angekündigte Zeit des Beginns der Hauptversammlung erreicht ist – ohne Rücksicht auf eine formale Eröffnung durch den Versammlungsleiter[134]. Für die Absage der Hauptversammlung gelten keine besonderen Formalien. Die Absage muss aber effektiv bekanntgegeben werden, am zweckmäßigsten im Bundesanzeiger sowie auf der Internetseite der Gesellschaft[135].

---

132 OLG Frankfurt v. 18.3.2014 – 5 U 65/13, AG 2015, 445, 447; *Butzke* in Großkomm. AktG, 5. Aufl. 2017, § 121 AktG Rz. 112; *Hüffer/Koch*, § 121 AktG Rz. 18; *Kubis* in MünchKomm. AktG, 4. Aufl. 2018, § 121 AktG Rz. 106.
133 *Hüffer/Koch*, § 121 AktG Rz. 18; *Kubis* in MünchKomm. AktG, 4. Aufl. 2018, § 121 AktG Rz. 103; *Rieckers* in BeckOGK AktG, Stand 1.6.2021, § 121 AktG Rz. 96.
134 BGH v. 30.6.2015 – II ZR 142/14, BGHZ 206, 143 = AG 2015, 822 Rz. 30.
135 *Butzke* in Großkomm. AktG, 5. Aufl. 2017, § 121 AktG Rz. 111; *Hüffer/Koch*, § 121 AktG Rz. 18; *Kubis* in MünchKomm. AktG, 4. Aufl. 2018, § 121 AktG Rz. 104; *Rieckers* in BeckOGK AktG, Stand 1.6.2021, § 121 AktG Rz. 98; *Bungert* in MünchHdb AG, § 36 Rz. 137; zur Verbreitung und den Beweggründen einer Absage *Bayer/Hoffmann*, AG 2016, R115.

10. Rechtsfolgen von Verstößen

Die Rechtsfolgen von Verstößen gegen die Einberufungs- und Bekanntmachungspflichten sind vielschichtig und komplex. Im Wesentlichen lassen sich folgende Gruppen bilden: *Erstens* gibt es bestimmte, nach der Wertung des Gesetzgebers besonders schwerwiegende Verstöße, die ohne Weiteres zur **Nichtigkeit** der Hauptversammlungsbeschlüsse führen. Hierzu gehört, dass die Hauptversammlung unter Verstoß gegen § 121 Abs. 2 und 3 Satz 1 oder Abs. 4 AktG einberufen wird (§ 241 Nr. 1 AktG), d.h. insbesondere ohne Befugnis zur Einberufung, ohne Bekanntmachung in den Gesellschaftsblättern oder unter fehlerhafter oder unvollständiger Angabe der Firma, des Gesellschaftssitzes, der Versammlungszeit oder des Versammlungsorts. *Zweitens* gilt, dass alle sonstigen Verstöße gegen die Einberufungs- und Bekanntmachungsvorschriften allenfalls zur **Anfechtbarkeit** der Beschlüsse führen – vorbehaltlich ihrer beschlussmängelrechtlichen Relevanz. Zentralnorm ist dabei § 124 Abs. 4 Satz 2 i.V.m. § 243 Abs. 1 AktG. Daraus geht hervor, dass grundsätzlich keine Beschlüsse über Gegenstände gefasst werden dürfen, die nicht ordnungsgemäß bekanntgemacht sind; zu bekanntmachungsfreien Beschlüssen siehe Rz. 34.48. **Keine Anfechtbarkeit** begründen etwaige Verstöße gegen die datenschutzrechtliche Belehrungspflicht aus Art. 12–14 DSGVO (siehe schon Rz. 34.62). **Ausgeschlossen** ist die Anfechtung gemäß § 243 Abs. 3 Nr. 2 AktG bei Verstößen gegen die Pflichten zur EU-weiten Verbreitung (§ 121 Abs. 4a AktG, dazu Rz. 34.64) sowie zur Internetpublizität (§ 124a AktG, dazu Rz. 34.65), außerdem gemäß § 52 WpHG bei Verletzung (nur) der kapitalmarktrechtlichen Publikationspflichten aus § 49 Abs. 1 Satz 1 Nr. 1 WpHG, d.h. bei unterlassener Angabe der Gesamtzahl der Aktien und der Stimmrechte im Zeitpunkt der Einberufung (dazu Rz. 34.63).

34.67

IV. Ergänzung der Tagesordnung

1. Quorum

Aktionäre können verlangen, dass bestimmte Gegenstände auf die Tagesordnung der Hauptversammlung gesetzt und bekanntgemacht werden (§ 122 Abs. 2 AktG). Dieses Recht steht ihnen zu, wenn ihre Anteile zusammen **5 % des Grundkapitals** oder den **anteiligen Betrag von 500.000 Euro** erreichen. Es handelt sich aber, ebenso wie beim Einberufungsverlangen, keineswegs um ein exklusives Minderheitenrecht (Rz. 34.21). Das Recht steht vielmehr auch (und erst recht) einer Aktionärsmehrheit bzw. einem Mehrheitsaktionär zu[136]. Zur Berechnung des **prozentualen Quorums** siehe Rz. 34.22. Zur Berechnung des **anteiligen Betrags** ist bei Stückaktien die Grundkapitalziffer durch die Zahl aller Aktien zu teilen; anschließend ist der gefundene Wert mit der Zahl der Aktien zu multiplizieren, die das Verlangen unterstützen. Bei Nennbetragsaktien entspricht der anteilige Betrag der einzelnen Aktie ihrem Nennwert. Das Vorbesitzerfordernis von 90 Tagen sowie das Erfordernis, das Quorum bis zur Entscheidung des Vorstands bzw. des Gerichts zu halten, gelten auch beim Ergänzungsverlangen (siehe dazu Rz. 34.22 f.).

34.68

2. Schriftform, Begründung, Beschlussvorlage

Das Ergänzungsverlangen ist **schriftlich** an den Vorstand zu richten (siehe dazu Rz. 34.24). Dabei muss jedem neuen Gegenstand eine Begründung *oder* eine Beschlussvorlage beiliegen (§ 122 Abs. 2 Satz 2 AktG). Dem entspricht es, dass Vorstand und Aufsichtsrat in der Bekanntmachung der zusätzlichen Gegenstände keine eigenen Beschlussvorschläge unterbreiten müssen (§ 124 Abs. 3 Satz 3 Halbs. 2 AktG) – und zwar gleich, ob das Verlangen von einer Aktionärsminderheit, einer Aktionärsmehrheit oder sogar von einem Mehrheitsaktionär stammt (siehe schon Rz. 34.31 und 34.53).

34.69

---

136 KG v. 3.12.2002 – 1 W 363/02, AG 2003, 500; LG Frankfurt v. 27.10.2016 – 3-05 O 157/16, ZIP 2017, 377.

3. Fristen

34.70 Ein Ergänzungsverlangen kann sowohl vor als auch nach der Einberufung gestellt werden. Es muss der Gesellschaft aber mindestens 24 Tage, bei börsennotierten Gesellschaften sogar **mindestens 30 Tage vor der Hauptversammlung** zugehen (§ 122 Abs. 2 Satz 3 Halbs. 1 AktG). Der Tag des Zugangs ist dabei nicht mitzurechnen (§ 122 Abs. 2 Satz 3 Halbs. 2 AktG), ebenso wenig der Tag der Hauptversammlung (§ 121 Abs. 7 Satz 1 AktG). Der Vorstand ist berechtigt und verpflichtet, das Verlangen nach dessen Eingang sorgsam zu prüfen – sowohl in formeller Hinsicht als auch auf inhaltliche Rechtmäßigkeit. Dafür ist ihm ein angemessener Prüfungszeitraum zuzubilligen, der je nach Umfang und Komplexität des Verlangens mehrere Tage umfassen darf[137].

4. Bekanntmachung

34.71 § 124 Abs. 1 Satz 1 AktG bestimmt, dass die zusätzlichen Gegenstände „**unverzüglich nach Zugang des Verlangens**" bekanntzumachen sind – sei es vom Vorstand oder, nach entsprechender gerichtlicher Ermächtigung (Rz. 34.75), von den Aktionären im Wege der Selbstvornahme. Das ist bemerkenswert, weil diese zeitliche Vorgabe nicht nur unscharf ist, sondern auch aus der rückwärtsgewandten Betrachtung des § 121 Abs. 7 AktG ausbricht. Die genaue Bemessung der Bekanntmachungsfrist hängt davon ab, ob die Gesellschaft börsennotiert ist und wie ihre Aktien verbrieft sind. Es sind demnach **drei Fallgruppen** zu unterscheiden:

a) Börsennotierte AG mit Inhaberaktien

34.72 Für die börsennotierte AG mit Inhaberaktien bildet das gesetzliche **Record Date** des § 123 Abs. 4 Satz 2 AktG die entscheidende Zäsur. Eine Erweiterung der Tagesordnung ist stets vor diesem Termin bekanntzumachen. Anderenfalls ist die Bekanntmachung verspätet, dennoch gefasste Beschlüsse sind anfechtbar. Das lässt sich im Gesetz an zwei Stellen festmachen: Art. 6 Abs. 4 Aktionärsrechte-RL gibt den EU-Mitgliedstaaten auf, dass eine geänderte Tagesordnung für die Aktionäre stets vor dem Record Date verfügbar sein muss; in eben diesem Sinne ist daher auch die Vorgabe „unverzüglich" in § 124 Abs. 1 Satz 1 AktG zu interpretieren[138]. Hinzu kommt im nationalen Recht § 125 Abs. 1 Satz 1, 3 AktG. Dort heißt es, dass der Vorstand spätestens 21 Tage vor der Versammlung die Pflichtmitteilungen an die Intermediäre, Aktionäre und Aktionärsvereinigungen auf den Weg bringen muss – bei börsennotierten Gesellschaften mit der bereits *geänderten* Tagesordnung.

b) Börsennotierte AG mit Namensaktien

34.73 Weniger eindeutig verhält es sich bei börsennotierten Gesellschaften mit Namensaktien. Sie kennen weder ein gesetzliches noch ein statutarisches Record Date. Dennoch galt vor dem ARUG II auch für sie, dass ihr Vorstand die Pflichtmitteilungen nach § 125 AktG (als Erstversand) spätestens 21 Tage vor der Versammlung absetzen musste, und zwar ebenfalls mit der bereits *geänderten* Tagesordnung. Die Bekanntmachung im Bundesanzeiger musste also auch hier schon vorher bewirkt werden. Insoweit bestand, was oft übersehen wurde, ein Gleichlauf zwischen Inhaber- und Namensaktie[139]. Diesen Gleichlauf hat das ARUG II allerdings mit Wirkung zum 3.9.2020 beendet. Seither gilt für Namensaktien ein

---

137 *Drinhausen* in Hölters, § 123 AktG Rz. 4 (drei bis fünf Tage); *Rieckers* in BeckOGK AktG, Stand 1.6.2021, § 124 AktG Rz. 4 (drei bis vier Tage); *Ziemons* in K. Schmidt/Lutter, § 124 AktG Rz. 15 (ein bis zwei Arbeitstage); *Florstedt*, ZIP 2010, 761, 765 (drei Tage); vgl. auch *Butzke* in Großkomm. AktG, 5. Aufl. 2017, § 122 AktG Rz. 66 mit Betonung des Einzelfalls.
138 BGH v. 14.7.2020 – II ZR 255/18, BGHZ 226, 224 = AG 2020, 789 Rz. 28; OLG Frankfurt v. 19.6.2017 – 5 U 150/16, ZIP 2017, 1714, 1715; *Butzke* in Großkomm. AktG, 5. Aufl. 2017, § 124 AktG Rz. 13; *Hüffer/Koch*, § 124 AktG Rz. 2; *von der Linden*, EWiR 2017, 653, 654; *von der Linden*, DB 2020, 2061, 2062.
139 *von der Linden*, EWiR 2017, 653, 654.

neuer § 125 Abs. 2 AktG. Er bestimmt, dass die Mitteilungen u.a. an solche Namensaktionäre abzusetzen sind, die „zu Beginn des 21. Tages" vor der Versammlung im Aktienregister stehen. Das bedingt, dass die Mitteilung selbst nicht mehr vor, sondern erst nach diesem Stichtag erfolgen kann[140].

c) Börsenferne AG

Für börsenferne Gesellschaften gilt weder Art. 6 Abs. 4 Aktionärsrechte-RL noch § 125 Abs. 1 Satz 3 AktG. Dabei ist unerheblich, ob Inhaber- oder Namensaktien ausgegeben sind. Dem entspricht es, dass die börsenferne AG neue Tagesordnungspunkte auch noch später bekanntmachen darf, insbesondere auch noch nach ihrem statutarischen Record Date[141] – allerdings: nicht zeitlich unbegrenzt. Der BGH hat hierzu den Standpunkt bezogen, die Bekanntgabe müsse jedenfalls so rechtzeitig erfolgen, dass die Aktionäre ausreichend Zeit haben, sich mit der ergänzten Tagesordnung zu befassen, über ihre Teilnahme an der Hauptversammlung zu befinden und die Teilnahmevoraussetzungen zu erfüllen[142]. Eine Bekanntgabe erst am Tag des Ablaufs der statutarischen Anmelde- und Legitimationsfrist ist nach diesem Maßstab verspätet[143]. Der BGH hat allerdings ausdrücklich offengelassen, wo genau die zeitliche Grenze verlaufen soll.

34.74

5. Gerichtliche Ermächtigung

Auch für das Ergänzungsverlangen gilt, dass die Aktionäre sich nach näherer Maßgabe von § 122 Abs. 3 Satz 1 AktG gerichtlich zur Selbstvornahme ermächtigen lassen können; zu den Einzelheiten siehe Rz. 34.29. Eine Besonderheit ist allerdings, dass bei nachträglichen Ergänzungsverlangen naturgemäß nur ein sehr enges Zeitfenster besteht, um die gerichtliche Ermächtigung zu erwirken und dann auch noch rechtzeitig umzusetzen; zu den zeitlichen Grenzen siehe Rz. 34.71 ff. Daraus folgt, dass das gerichtliche Ermächtigungsverfahren in dieser Konstellation unter zeitlichem Hochdruck geführt werden muss – *de facto* als Eilverfahren[144].

34.75

V. Mitteilungspflichten

1. Allgemeines

Der Vorstand ist verpflichtet, die Einberufung einer Reihe von Adressaten mitzuteilen, ebenso eine etwaige Ergänzung der Tagesordnung. In der Sache geht es vor allem darum, die Aktionäre (über Informationsmittler oder auch direkt) über die kommende Hauptversammlung zu unterrichten. Dies hat den Hintergrund, dass die Aktionäre die Bekanntmachungen im Bundesanzeiger oftmals nicht zur Kenntnis nehmen – jedenfalls nicht ohne Weiteres[145]. Es bedarf daher zusätzlich einer **Push-Mitteilung** über dieses wichtige Ereignis[146]. Dabei macht es einen Unterschied, ob die Gesellschaft (auch) Inhaber- oder (nur) Namensaktien ausgegeben hat. **Inhaberaktionäre** sind der Gesellschaft – unterhalb der Meldeschwellen des § 33 WpHG – in der Regel unbekannt. Daher kommt ein direkter Informationsfluss nicht in Betracht. Vielmehr sind die Beteiligten auf die sog. Intermediärskette als primären Kommunikationsweg angewiesen. Entlang dieser Kette fließen die Informationen von der Gesell-

34.76

---

140 Begr. RegE ARUG II, BT-Drucks. 19/9739, S. 96; *von der Linden*, DB 2020, 2061, 2062.
141 OLG Frankfurt v. 19.6.2017 – 5 U 150/16, ZIP 2017, 1714, 1715.
142 BGH v. 14.7.2020 – II ZR 255/18, BGHZ 226, 224 = AG 2020, 789 Rz. 12.
143 BGH v. 14.7.2020 – II ZR 255/18, BGHZ 226, 224 = AG 2020, 789 Rz. 25.
144 *von der Linden* in FS Marsch-Barner, 2018, S. 303, 305.
145 *Butzke* in Großkomm. AktG, 5. Aufl. 2017, § 125 AktG Rz. 1 ff.; *Noack/Zetzsche* in KölnKomm. AktG, 3. Aufl. 2011, § 125 AktG Rz. 4 f.; *Rieckers* in BeckOGK AktG, Stand 1.6.2021, § 125 AktG Rz. 1; *Ziemons* in K. Schmidt/Lutter, § 125 AktG Rz. 1.
146 *Noack*, DB 2019, 2785.

schaft über den Zentralverwahrer (erster Intermediär) und etwaige Zwischenglieder bis zur Depotbank (Letztintermediär), die wiederum ihre Depotkunden informiert. Kurzum: Die Intermediäre sind in diesem Fall notwendige Bindeglieder zwischen der Gesellschaft und ihren Aktionären[147]. Anders verhält es sich bei **Namensaktien**: Hier existiert ein Aktienregister, so dass die Gesellschaft mit den eingetragenen Aktionären direkt kommunizieren kann (und muss). Zentrale Vorschrift des Mitteilungsrechts ist § 125 AktG. Es handelt sich dabei um eine Spezialregelung zu den §§ 67a ff. AktG, die allgemein die Übermittlung von Informationen über **Unternehmensereignisse** regeln (§ 67a Abs. 1 Satz 2 AktG). Die §§ 67a ff. AktG werden aber für die Hauptversammlung nicht etwa vollständig verdrängt. Vielmehr werden sie in § 125 AktG verschiedentlich in Bezug genommen, kommen also insoweit doch wieder zur Anwendung. Hinzu kommt die DVO (EU) 2018/1212, die Regelungen zum **Inhalt** und zum **Format** der Mitteilungen trifft und ihrerseits in § 125 Abs. 5 Satz 1 AktG ausdrücklich in Bezug genommen wird.

2. Mitteilungsschuldner

34.77 § 125 Abs. 1 Satz 1, Abs. 2 AktG bestimmt, dass der **Vorstand** die Mitteilungen vornimmt. Mitteilungsschuldner ist allerdings nicht er selbst, sondern die **Gesellschaft**[148]. Der Vorstand ist also angesprochen als das zuständige geschäftsführende Organ. Er muss die Mitteilung auch dann vornehmen, wenn er die Hauptversammlung ausnahmsweise nicht selbst einberufen hat, sondern der Aufsichtsrat (§ 111 Abs. 3 Satz 1 AktG, dazu Rz. 34.19) oder gerichtlich ermächtigte Aktionäre (§ 122 Abs. 3 AktG, dazu Rz. 34.29 f.). Nötigenfalls können zur Einberufung ermächtigte Aktionäre daher eine **einstweilige Verfügung** erwirken, um einen unwilligen Vorstand zur Erfüllung seiner Mitteilungspflichten anzuhalten[149]. Der Vorstand muss aber nicht eigenhändig handeln. Vielmehr darf er zur Erfüllung der Mitteilungspflichten einen Mitarbeiter oder auch einen **Dienstleister** einschalten[150]. Das gilt schon seit jeher, wurde aber mit dem ARUG II ausdrücklich klargestellt, indem § 125 Abs. 5 Satz 2 AktG auf § 67a Abs. 2 Satz 1 AktG verweist[151].

3. Mitteilungsempfänger

34.78 Die Mitteilungsempfänger hängen davon ab, ob die Gesellschaft Inhaber- oder Namensaktien ausgegeben hat (siehe schon Rz. 34.76). Im ersteren Fall (**Inhaberaktien**) bestimmen sich die Empfänger nach § 125 Abs. 1 Satz 1 Nr. 1–3 AktG. Es gibt dann drei Gruppen von Empfängern: *erstens* die **Intermediäre**, die Aktien der Gesellschaft verwahren, *zweitens* die **Aktionäre und Intermediäre**, die eine Mitteilung verlangt haben, sowie schließlich *drittens* die **Aktionärsvereinigungen**, die die Mitteilung verlangt haben oder die in der letzten Hauptversammlung Stimmrechte ausgeübt haben. Demgegenüber sind im letzteren Fall (**Namensaktien**) gemäß § 125 Abs. 2 AktG die drei folgenden Gruppen zu bedienen: *erstens* diejenigen, die zu Beginn des 21. Tages vor der Hauptversammlung im Aktienregister **eingetragen** sind, *zweitens* die **Aktionäre und Intermediäre**, die die Mitteilung verlangt haben, sowie *drittens* die **Aktionärsvereinigungen**, die die Mitteilung verlangt oder die in der letzten Hauptversammlung Stimmrechte ausgeübt haben. Intermediäre sind zur **Weiterleitung** verpflichtet (§ 125 Abs. 5 Satz 3, § 67a, § 67b AktG). Hat die Gesellschaft sowohl Inhaber- als auch Namensaktien ausgegeben, ist ein Doppelschritt erforderlich: In einem ersten Schritt sind gemäß § 125 Abs. 1 Satz 1 Nr. 1 AktG alle Intermediäre zu benachrichtigen, die Aktien der Gesellschaft verwahren. Dies gilt unabhän-

---

147 *Noack/Zetzsche* in FS Hopt, 2010, S. 2283, 2289 f.
148 OLG Frankfurt v. 7.6.1974 – 14 U 111/74, NJW 1975, 392, 393; *Drinhausen* in Hölters, § 125 AktG Rz. 7; *Kubis* in MünchKomm. AktG, 4. Aufl. 2018, § 125 AktG Rz. 3; *Reger* in Bürgers/Körber/Lieder, § 125 AktG Rz. 8; *Rieckers* in BeckOGK AktG, Stand 1.6.2021, § 125 AktG Rz. 9; a.A. LG Stuttgart v. 30.5.1979 – 7 KfH O.74/79, AG 1979, 320.
149 LG München I v. 19.4.2018 – 5 HK O 5426/18, AG 2018, 494.
150 *Butzke* in Großkomm. AktG, 5. Aufl. 2017, § 125 AktG Rz. 8.
151 *Rieckers* in BeckOGK AktG, Stand 1.6.2021, § 125 AktG Rz. 9.

gig davon, ob sie Inhaber- oder Namensaktien der Gesellschaft verwahren[152]. In einem zweiten Schritt sind gemäß § 125 Abs. 2 AktG die Mitteilungen an die zu Beginn des 21. Tages vor der Hauptversammlung im Aktienregister Eingetragenen vorzunehmen[153]. Darüber hinaus kann jedes **Aufsichtsratsmitglied** verlangen, dass ihm der Vorstand die Mitteilungen übersendet (§ 125 Abs. 3 AktG).

4. Inhalt der Mitteilungen

a) Einberufung der Hauptversammlung

Mitzuteilen ist die Einberufung der Hauptversammlung (§ 125 Abs. 1 Satz 1 AktG). Damit ist allerdings nicht gesagt, dass die Einberufungsunterlage als solche übermittelt werden müsste. Vielmehr verweist § 125 Abs. 5 Satz 1 AktG hinsichtlich des Inhalts der Push-Mitteilung auf die DVO (EU) 2018/1212. Dort wiederum sind Art. 4 Abs. 1 sowie die Tabelle 3 einschlägig. Daraus geht hervor, dass die Push-Mitteilung deutlich schlanker ausfallen kann als vor dem ARUG II. Es genügen die Eckdaten der **Tabelle 3 Blöcke A bis C** (eindeutige Kennung des Ereignisses; Art der Mitteilung; ISIN; Name des Emittenten; Datum, Uhrzeit, Art und Ort der Hauptversammlung; Record Date; URL-Hyperlink zur Internetseite). Darüber hinaus *kann* die Push-Mitteilung auch die Angaben nach **Tabelle 3 Blöcke D bis F** umfassen (d.h. Angaben zur Teilnahme des Aktionärs, zu den Tagesordnungspunkten sowie zu den Fristen für die Ausübung anderer Aktionärsrechte). Diese Angaben müssen aber, anders als die Blöcke A bis C, kein unmittelbarer Bestandteil der Push-Mitteilung sein. Es genügt, wenn sie sich auf der Internetseite der Gesellschaft finden, auf welche die Push-Mitteilung verweist, gleich in welcher Darstellungsform. Dort finden sich auch die sonstigen Informationen und Unterlagen, d.h. die Einberufungsunterlage, die Angaben nach § 125 Abs. 1 Satz 3–5 AktG (siehe Rz. 34.80 ff.) sowie die Unterlagen, Informationen und Formulare nach § 124a AktG (siehe Rz. 34.65). Kurzum: Die Push-Mitteilung hat nach diesem Konzept nur **Signalfunktion**; die eigentliche Informationsquelle ist die Internetseite. Es steht der Gesellschaft zwar frei, mit der Push-Mitteilung zusätzliche Informationen zu übermitteln[154]. Eine Verpflichtung dazu besteht aber nicht[155]. Dies umso weniger, als jedenfalls die Kommunikation mit den Intermediären an das Format der Tabelle 3 DVO (EU) 2018/1212 gebunden und somit zugleich inhaltlich auf deren Felder beschränkt ist (siehe Rz. 34.83).

34.79

b) Geänderte Tagesordnung

§ 125 Abs. 1 Satz 3 AktG bestimmt, dass börsennotierte Gesellschaften im Falle des § 122 Abs. 2 AktG die geänderte Tagesordnung mitteilen müssen. Es steht also der Fall einer erfolgreichen **Ergänzung der Tagesordnung** in Rede (siehe dazu Rz. 34.68 ff.). Das ist unproblematisch, wenn die Ergänzung schon gemeinsam mit der Einberufung bekanntgemacht wird. Bei einem nachträglichen Verlangen und einer nachträglichen Ergänzung bedarf es ggf. einer gesonderten Mitteilung[156]. Die ergänzten Tagesordnungspunkte lassen sich, ebenso wie die ursprünglichen Punkte, mitteilen unter Verwendung der Tabelle 3 Block E DVO (EU) 2018/1212 (Angaben zu jedem Tagesordnungspunkt: eindeutige Kennung und Überschrift des Tagesordnungspunkts; spezifischer URL-Hyperlink zu den zum Tagesordnungspunkt gehörigen Unterlagen; verbindlicher oder empfehlender Charakter der Abstimmung; alternative Optionen für die Stimmabgabe). Auch hier gilt aber, dass diese Angaben in der Mitteilung selbst verzichtbar sind, wenn sie sich auf der Internetseite der Gesellschaft finden. Das bedeutet, dass die Mitteilung über die Ergänzung der Tagesordnung sich ihrerseits auf die Felder der Tabelle 3 Blöcke A bis C beschränken darf. Sie deckt sich dann inhaltlich weitgehend mit der vorangegangenen Mittei-

34.80

---

152 Begr. RegE ARUG II, BT-Drucks. 19/9739, S. 96.
153 *Rieckers* in BeckOGK AktG, Stand 1.6.2021, § 125 AktG Rz. 10.
154 Begr. RegE ARUG II, BT-Drucks. 19/9739, S. 97.
155 *Herrler* in Grigoleit, § 125 AktG Rz. 13; *Hüffer/Koch*, § 125 AktG Rz. 17; *Liebscher* in Henssler/Strohn, § 125 AktG Rz. 6; *Rieckers* in BeckOGK AktG, Stand 1.6.2021, § 125 AktG Rz. 28; *Noack*, DB 2019, 2785, 2787; *Zetzsche*, AG 2020, 1, 12; unklar *Ziemons* in K. Schmidt/Lutter, § 125 AktG Rz. 25.
156 *Herrler* in Grigoleit, § 125 AktG Rz. 14.

lung über die Einberufung. Der Unterschied liegt allein im Feld A-2: Art der Mitteilung (zunächst: Einberufung der Hauptversammlung – NEWM, bei Erweiterung der Tagesordnung: Aktualisierung bzw. Replacement – REPL).

c) Hinweis zur Stimmrechtsvollmacht

34.81 Der Vorstand muss in den Mitteilungen darauf hinweisen, dass die Aktionäre ihr Stimmrecht durch einen Bevollmächtigten ausüben können, auch durch eine **Aktionärsvereinigung** (§ 125 Abs. 1 Satz 4 AktG). Die Aktionäre sollen auf diese Weise darüber unterrichtet werden, dass die Kreditinstitute kein Vertretungsmonopol haben[157]. Der Hinweis kann in enger Anlehnung an den Wortlaut von § 125 Abs. 1 Satz 4 AktG formuliert werden. Eine deutlichere Hervorhebung der Aktionärsvereinigungen ist nicht erforderlich. Erst recht bedarf es keiner namentlichen Benennung bestimmter Aktionärsvereinigungen[158]. Der Hinweis zur Stimmrechtsvollmacht gehört nicht zu den Mindestinformationen der Tabelle 3 DVO (EU) 2018/1212, dort Blöcke A bis C. Dem entspricht es, dass er kein unmittelbarer Bestandteil der Push-Mitteilung sein muss (und es im Fall der Mitteilung an Intermediäre auch gar nicht sein kann, siehe Rz. 34.83). Es genügt daher, wenn er auf die Internetseite der Gesellschaft bereitsteht, auf welche die Push-Mitteilung verweist – sei es innerhalb der Einberufungsunterlage oder auch außerhalb dieses Kerndokuments[159].

d) Anderweitige Aufsichtsratsmandate

34.82 Ein weiterer Pflichtpunkt kommt hinzu, falls die Wahl eines Aufsichtsratsmitglieds auf der Tagesordnung steht. In börsennotierten Gesellschaften sind dem Wahlvorschlag dann Angaben zur Mitgliedschaft des Kandidaten in anderen gesetzlich zu bildenden **Aufsichtsräten** beizufügen (§ 125 Abs. 1 Satz 5 Halbs. 1 AktG). Darüber hinaus heißt es, dass auch Angaben zur Mitgliedschaft in vergleichbaren **in- und ausländischen Kontrollgremien** von Wirtschaftsunternehmen beigefügt werden *sollen* (§ 125 Abs. 1 Satz 5 Halbs. 2 AktG). Diese Angaben entsprechen den Pflichtangaben im Anhang des Jahresabschlusses gemäß § 285 Nr. 10 HGB. Ihr Sinn liegt darin, über etwaige personelle Verflechtungen, über etwaige Interessenkonflikte sowie über die zeitliche Belastung des Kandidaten zu unterrichten[160]. Auch hier gilt allerdings, dass die Angaben kein unmittelbarer Bestandteil der Push-Mitteilung sein müssen – und es in einer Mitteilung an die Intermediäre mangels passender Felder in der Tabelle 3 DVO (EU) 2018/1212 auch gar nicht sein können (siehe Rz. 34.83). Ausreichend ist daher, die Informationen in die Einberufungsunterlage aufzunehmen oder sie gesondert auf der Internetseite bereitzustellen[161].

5. Form der Mitteilungen

34.83 Die Form der Mitteilungen hängt vom Empfänger ab: Für die Mitteilung an **Intermediäre** gilt § 125 Abs. 5 Satz 1 AktG i.V.m. Art. 2 Abs. 2 Unterabs. 1 DVO (EU) 2018/1212. Verlangt wird dort ein Format, das eine Verarbeitung gemäß Art. 2 Abs. 3 DVO (EU) 2018/1212 ermöglicht. Dort wiederum ist die Übermittlung zwischen den Intermediären geregelt. Sie erfolgt in elektronischen und maschinenlesbaren Formaten, die die Interoperabilität und vollautomatisierte Abwicklung ermöglichen und international geltenden Industriestandards wie ISO oder mit ISO kompatiblen Methoden entsprechen. Dem entspricht es, dass die Einspeisung von Informationen in die Intermediärskette inhaltlich auf die Felder der Tabelle 3 DVO (EU) 2018/1212 beschränkt ist. Für die Mitteilung an **Aktionärsvereinigungen** sieht das Gesetz demgegenüber keine bestimmte Form vor. Es kommen deshalb sowohl papier-

---

157 Begr. RegE KonTraG, BT-Drucks. 13/9712, S. 17 f.
158 *Kubis* in MünchKomm. AktG, 4. Aufl. 2018, § 125 AktG Rz. 12.
159 *Rieckers* in BeckOGK AktG, Stand 1.6.2021, § 125 AktG Rz. 31; *Noack*, DB 2019, 2785, 2787.
160 *Marsch-Barner* in FS Peltzer, 2001, S. 261, 263; *Mülbert/Bux*, WM 2000, 1665, 1670 ff.; *Schröer*, ZIP 1999, 1163; *Zimmer*, NJW 1998, 3521, 3523.
161 *Bankenverband*, Leitfaden, Modul 2 S. 19; *Noack*, DB 2019, 2785, 2787.

gebundene als auch elektronische Mitteilungen in Betracht[162]. Diese sind naturgemäß im Klartext zu verfassen. Gleiches gilt im Ausgangspunkt für die Mitteilung an **Aktionäre**. Dies allerdings mit der Maßgabe, dass börsennotierte Gesellschaften den § 49 Abs. 3 Satz 1 Nr. 1 WpHG beachten müssen[163]. Er schränkt das Recht des Emittenten ein, Informationen an die Inhaber zugelassener Wertpapiere im Wege der Datenfernübertragung zu übermitteln. Erforderlich ist u.a., dass die Hauptversammlung zugestimmt hat, Vorkehrungen zur sicheren Identifizierung und Adressierung der Aktionäre getroffen sind und die Aktionäre entweder in die elektronische Übermittlung eingewilligt oder ihr nicht innerhalb angemessener Zeit widersprochen haben. Fehlt es daran, ist der Emittent auf papiergebundene Kommunikation mit dem Aktionär verwiesen (§ 49 Abs. 3 Satz 2 WpHG).

6. Mitteilungssprache

§ 125 AktG trifft zur Sprache der Mitteilung keine eigene Regelung. Maßgebliche Norm ist allein Art. 2 Abs. 2 Unterabs. 2 DVO (EU) 2018/1212. Dort heißt es, dass der Emittent die Informationen in der Sprache zur Verfügung stellt, in der er seine Finanzinformationen gemäß der RL 2004/109/EG veröffentlicht, außerdem in einer in internationalen Finanzkreisen gebräuchlichen Sprache. Das bedeutet, dass er die Mitteilungen sowohl **in seiner deutschen Heimatsprache** als auch **in englischer Sprache** machen muss[164]. Dies gilt allerdings allein für die Mindestangaben nach Tabelle 3 DVO (EU) 2018/1212, ggf. beschränkt auf die Blöcke A bis C, also nur für die unmittelbaren Mitteilungsinhalte. Es besteht hingegen keine Pflicht, darüber hinaus auch die Inhalte der dort mitgeteilten **Internetseite** in englischer Sprache vorzuhalten – und zwar auch nicht, soweit die Mitteilung zulässigerweise schlank ausfällt und hinsichtlich aller weiteren Informationen auf die Internetseite verweist[165]. Gänzlich verzichtbar ist eine Mitteilung in englischer Sprache, wenn sie aufgrund der Aktionärsstruktur nicht gerechtfertigt ist (Art. 2 Abs. 2 Unterabs. 2 a.E. DVO (EU) 2018/1212). Es ist allerdings nur schwer vorstellbar, mit welcher Begründung eine börsennotierte Gesellschaft diese Ausnahme für sich in Anspruch nehmen sollte[166].

34.84

7. Mitteilungsfrist

Zur Mitteilungsfrist enthält das geltende Recht widerstreitende Befehle: *Einerseits* ist Art. 9 Abs. 1 DVO (EU) 2018/1212 zu sehen. Er besagt, dass der Emittent die Intermediärskette schon an demjenigen **Geschäftstag** anstoßen muss, an dem er ein Unternehmensereignis (einschließlich der Hauptversammlung) nach geltendem Recht **bekanntgibt**. *Andererseits* bestimmt § 125 Abs. 1 Satz 1 AktG, dass der Vorstand einer Inhaberaktiengesellschaft die Mitteilung (erst) **mindestens 21 Tage** vor der Hauptversammlung auf den Weg bringen muss. Für Namensaktiengesellschaften gilt, dass der Vorstand die gleiche Mitteilung „den **zu Beginn des 21. Tages** vor der Hauptversammlung im Aktienregister Eingetragenen" machen muss – wobei nach Erreichen dieses Stichtags unverzügliches Handeln geboten ist[167]. All das passt nicht recht zusammen. Es gibt daher Stimmen, die für eine Definitionshoheit des nationalen Gesetzgebers über den Zeitpunkt der „Bekanntgabe" des Unternehmensereignisses i.S.v. Art. 9 Abs. 1 DVO (EU) 2018/1212 eintreten – und so einen Gleichlauf herstellen wollen[168]. Im Ergebnis bedeutet dies jedoch, sich allein an der späteren Frist zu orientieren. Das kann für die auf Rechtssicherheit bedachte Praxis schwerlich die Lösung sein. Eher ist ratsam, die Intermediärskette schon zum Einberufungstermin anzustoßen – und ggf. zu einem späteren Zeitpunkt erneut. Die Gefahr ver-

34.85

---

162 *Rieckers* in BeckOGK AktG, Stand 1.6.2021, § 125 AktG Rz. 42; a.A. *Herrler* in Grigoleit, § 125 AktG Rz. 18 (nur elektronisch).
163 *Herrler* in Grigoleit, § 125 AktG Rz. 20; *Hüffer/Koch*, § 125 AktG Rz. 21; *Zetzsche*, AG 2020, 1, 15.
164 *Noack*, DB 2019, 2785, 2787 f.
165 *Rieckers* in BeckOGK AktG, Stand 1.6.2021, § 125 AktG Rz. 38; *Noack*, DB 2019, 2785, 2787 f.
166 *Noack*, DB 2019, 2785, 2787 f.
167 *Ziemons* in K. Schmidt/Lutter, § 125 AktG Rz. 61.
168 *Noack*, DB 2019, 2785, 2786.

wirrender Doppelungen und auch doppelter Kosten erscheint eher hinnehmbar als die Gefahr einer (anfechtungserheblichen) Fristversäumung[169].

8. Rechtsfolgen von Verstößen

34.86 Verstöße gegen die gesetzliche Mitteilungspflicht führen in der Regel zur **Anfechtbarkeit** der gefassten Beschlüsse (§ 243 Abs. 1 AktG). Dies gilt mit der Einschränkung, dass der Verstoß für das Zustandekommen des konkret angefochtenen Beschlusses **relevant** geworden sein muss. Gesetzlich ausgeschlossen ist die Anfechtung, soweit Intermediäre ihrer Pflicht zur **Weitergabe von Mitteilungen** nicht nachgekommen sind (§ 243 Abs. 3 Nr. 2 i.V.m. §§ 67a, 67b AktG). Dies beruht darauf, dass die Intermediäre im Ergebnis als Informationsgehilfen des Aktionärs tätig werden, ihre Pflichterfüllung also außerhalb der Einfluss- und Risikosphäre der Gesellschaft liegt[170]. Unterbliebene, unvollständige oder unrichtige Angaben gemäß § 125 Abs. 1 Satz 5 Halbs. 2 AktG (Mitgliedschaften in vergleichbaren in- und ausländischen Kontrollgremien von Wirtschaftsunternehmen) bleiben wegen des Soll-Charakters der Vorschrift von vornherein sanktionslos[171].

VI. Gegenanträge von Aktionären

1. Allgemeines

34.87 Jeder Aktionär kann der Gesellschaft schon im Vorfeld der Hauptversammlung Gegenanträge zu den Vorschlägen von Vorstand und Aufsichtsrat übermitteln. Solche Gegenanträge muss die Gesellschaft sodann veröffentlichen – mitsamt dem Namen des Aktionärs, der Begründung und einer etwaigen Stellungnahme der Verwaltung. Voraussetzung ist, dass der Aktionär den Gegenantrag der Gesellschaft spätestens 14 Tage vor der Hauptversammlung übersandt hat (§ 126 Abs. 1 Satz 1 AktG, dazu Rz. 34.92). Bei börsennotierten Gesellschaften gilt, dass sie zur Veröffentlichung ihre Internetseite wählen müssen (§ 126 Abs. 1 Satz 3 AktG, dazu Rz. 34.93). Zu beachten ist allerdings, dass § 126 AktG nur die **Publizität** vorab angekündigter Gegenanträge regelt. Er entbindet den Aktionär also nicht davon, seinen vorab übersandten Gegenantrag in der Hauptversammlung noch mündlich zu stellen bzw. stellen zu lassen; das zeigt namentlich der Umkehrschluss aus § 126 Abs. 2 Satz 1 Nr. 6 und 7 AktG[172]. Umgekehrt stellt die Norm aber auch keine Voraussetzung dafür auf, dass Gegenanträge in der Hauptversammlung mündlich gestellt werden[173]. Es sind vielmehr auch spontane Gegenanträge während der Hauptversammlung zulässig; näher zum Antragsrecht des Aktionärs in der Hauptversammlung Rz. 36.37 ff.

2. Begriff

34.88 Ein **Gegenantrag** liegt vor, wenn ein Aktionär zu einem angekündigten Beschlussgegenstand einen entgegengesetzten oder sonst inhaltlich abweichenden Beschluss herbeiführen möchte – außerdem, wenn er die Sachentscheidung als solche vereiteln möchte (d.h. durch Absetzung oder Vertagung)[174]. Dies setzt voraus, dass die Verwaltung mit der Einberufung ihre Beschlussvorschläge nach § 124 Abs. 3

---

169 *Rieckers* in BeckOGK AktG, Stand 1.6.2021, § 125 AktG Rz. 54; *Cichy/Krawinkel*, DB 2020, 602, 607 f.; *Zetzsche*, AG 2020, 1, 13 f.
170 *Hüffer/Koch*, § 243 AktG Rz. 44a.
171 Begr. RegE KonTraG, BT-Drucks. 13/9712, S. 17; *Hüffer/Koch*, § 125 AktG Rz. 22; *Kubis* in Münch-Komm. AktG, 4. Aufl. 2018, § 125 AktG Rz. 41; *Ziemons* in K. Schmidt/Lutter, § 125 AktG Rz. 19.
172 *Noack/Zetzsche* in KölnKomm. AktG, 3. Aufl. 2011, § 126 AktG Rz. 123.
173 *Hüffer/Koch*, § 126 AktG Rz. 1; *Simons/Hauser*, NZG 2020, 488, 493.
174 *Butzke* in Großkomm. AktG, 5. Aufl. 2017, § 126 AktG Rz. 18; *Hüffer/Koch*, § 126 AktG Rz. 2; *Kubis* in MünchKomm. AktG, 4. Aufl. 2018, § 126 AktG Rz. 9, 12; *Noack/Zetzsche* in KölnKomm. AktG, 3. Aufl. 2011, § 126 AktG Rz. 25.

Satz 1 AktG unterbreitet hat, seien es solche des **Vorstands**, des **Aufsichtsrats** oder **beider Organe** (dazu Rz. 34.51 ff.). Die bloße Missbilligung eines Verwaltungsvorschlags (z.B. inhaltliche Kritik, eine Unmutsäußerung oder auch ein schlichtes „Nein" in der Sache) ist nach diesem Maßstab kein Gegenantrag[175]. Es genügt auch nicht, andere Aktionäre zur Opposition oder zu einer Nein-Stimme aufzurufen. Ausreichend ist aber z.B. der Vorschlag, die von der Verwaltung angestrebte Entlastung zu verweigern – denn er hat im Unterschied zum bloßen „Nein" einen eigenen, beschlussfähigen Regelungsgehalt. Es ist anerkannt, dass ein Antrag auf Bestellung eines Sonderprüfers, je nach inhaltlichem Zuschnitt, bekanntmachungsfrei unter dem Tagesordnungspunkt „Entlastung" gestellt werden kann (siehe Rz. 34.48 und 36.39). Er sollte daher bei form- und fristgerechter Übersendung an die Gesellschaft auch als Gegenantrag i.S.v. § 126 Abs. 1 Satz 1 AktG veröffentlicht werden[176]. Das gilt erst recht, wenn er mit dem Verfahrens- bzw. Geschäftsordnungsantrag kombiniert ist, die Sachentscheidung über die Entlastung bis zur Vorlage des Sonderprüfungsberichts zu vertagen. Auch im Übrigen verfährt die Praxis eher großzügig, was die Einordnung von Aktionärseingaben als Gegenanträge angeht, schon zur Vermeidung allfälliger Anfechtungsrisiken. Es besteht jedoch keine Pflicht, auch solche Gegenanträge zu veröffentlichen, die Aktionäre in Erwartung eines bestimmten Verwaltungsvorschlags bereits **vor der Einberufung** eingereicht haben[177]. Umstritten ist, ob sich Gegenanträge im Lichte von Art. 6 Abs. 1 Unterabs. 1 lit. b Aktionärsrechte-RL auch gegen die **Vorschläge anderer Aktionäre** richten dürfen, namentlich in den Fällen des § 122 Abs. 1 und 2 AktG[178].

3. Begründung

§ 126 Abs. 1 Satz 1 AktG bestimmt, dass ein vorab eingereichter Gegenantrag begründet werden muss. Gleiches folgt im Umkehrschluss aus § 127 Satz 2 AktG (dazu Rz. 34.98). Das bedeutet zunächst, dass die Eingabe des Aktionärs sich nicht im Gegenantrag selbst erschöpfen darf. Auch genügt es nicht, den Gegenantrag mit anderen Worten zu wiederholen. Es bedarf vielmehr weiterer Ausführungen, die den Gegenantrag bzw. die Opposition argumentativ untermauern[179]. Diese Ausführungen müssen allerdings weder richtig noch schlüssig sein (siehe aber noch § 126 Abs. 2 Satz 1 Nr. 3 AktG und dazu Rz. 34.95). In der Praxis werden daher meist auch solche Gegenanträge berücksichtigt, die nur pauschal, wirr oder sonst inhaltlich fragwürdig begründet sind – sei es auch nur zur Vermeidung von Anfechtungsrisiken. Auch kommt es nicht auf den **Umfang** der Begründung an. Es genügt ggf. schon ein einziger Satz oder Halbsatz[180], u.U. sogar ein Stichwort[181]. Die Begründung muss dem Gegenantrag **beigefügt** sein, darf sich also nicht erst aus einem Verweis auf andere Quellen ergeben, z.B. auf Eingaben zu früheren Hauptversammlungen oder auf eine Internetseite des Aktionärs[182]. Für börsennotierte Gesellschaften wird das Begründungserfordernis teilweise unter Hinweis auf Art. 5 Abs. 4 Satz 1 lit. d und Art. 6 Abs. 1 Unterabs. 1 lit. b Aktionärsrechte-RL in Zweifel gezogen[183]. Richtigerweise ist der Richtlinie aber nicht zu entnehmen, dass das nationale Recht keinerlei Begründung verlan-

34.89

---

175 *Rieckers* in BeckOGK AktG, Stand 1.6.2021, § 126 AktG Rz. 9.
176 *Noack/Zetzsche* in KölnKomm. AktG, 3. Aufl. 2011, § 126 AktG Rz. 26.
177 OLG Frankfurt v. 7.6.1974 – 14 U 111/74, WM 1975, 336, 337; *Kubis* in MünchKomm. AktG, 4. Aufl. 2018, § 126 AktG Rz. 11; *Reger* in Bürgers/Körber/Lieder, § 126 AktG Rz. 6; *Butzke*, HV, B Rz. 151.
178 Bejahend: *Herrler* in Grigoleit, § 126 AktG Rz. 6; *Hüffer/Koch*, § 126 AktG Rz. 2; *Kubis* in MünchKomm. AktG, 4. Aufl. 2018, § 126 AktG Rz. 10; *Noack/Zetzsche* in KölnKomm. AktG, 3. Aufl. 2011, § 126 AktG Rz. 27; *Ziemons* in K. Schmidt/Lutter, § 126 AktG Rz. 10; ablehnend: *Butzke* in Großkomm. AktG, 5. Aufl. 2017, § 126 AktG Rz. 17; offen gelassen von OLG Düsseldorf v. 5.7.2012 – I-6 U 69/11 – IKB, AG 2013, 264, 266 f.
179 *Kubis* in MünchKomm. AktG, 4. Aufl. 2018, § 126 AktG Rz. 17.
180 *Simons*, NZG 2019, 127, 133 Fn. 50.
181 *Noack/Zetzsche* in KölnKomm. AktG, 3. Aufl. 2011, § 126 AktG Rz. 35.
182 *Butzke* in Großkomm. AktG, 5. Aufl. 2017, § 126 AktG Rz. 20; *Hüffer/Koch*, § 126 AktG Rz. 3; *Reger* in Bürgers/Körber/Lieder, § 126 AktG Rz. 11; *Stehle*, ZIP 2003, 980 ff.
183 *Hüffer/Koch*, § 126 AktG Rz. 3; *Noack/Zetzsche* in KölnKomm. AktG, 3. Aufl. 2011, § 126 AktG Rz. 33; *Reger* in Bürgers/Körber/Lieder, § 126 AktG Rz. 11; *Ziemons* in K. Schmidt/Lutter, § 126 AktG Rz. 18.

gen dürfte – auch nicht im Wege eines Umkehrschlusses aus Art. 6 Abs. 1 Unterabs. 1 lit. a Aktionärsrechte-RL[184].

4. Form, Adressierung

34.90 Eine bestimmte **Form** wird für den Gegenantrag nicht verlangt. Dieser muss der Gesellschaft nur „übersandt" werden. Das kann im Ausgangspunkt sowohl schriftlich per Post als auch z.B. per Fax oder elektronisch per E-Mail geschehen[185]. Zu beachten ist allerdings, dass der Gegenantrag an die in der Einberufung **dafür angegebene Adresse** gerichtet sein muss (§ 126 Abs. 1 Satz 1 AktG). Der Gesellschaft ist es somit möglich, die Aktionäre auf eine bestimmte Post-, Fax- oder E-Mail-Adresse festzulegen (Kanalisierung) – und ggf. durch eine restriktive Auswahl unter diesen Optionen zugleich die Kommunikationswege für die Aktionäre einzuschränken. Sie muss dabei keine eigenen Kontaktdaten angeben; es genügen auch die Kontaktdaten einer **externen Empfangsstelle**, z.B. ihres HV-Dienstleisters. Es gibt aber umgekehrt **keine Pflicht** der Gesellschaft, in der Einberufung eine Adresse für Gegenanträge anzugeben. Bei fehlender Angabe ist die Einberufung also nicht etwa mangelhaft. Der Gegenantrag kann in diesem Fall an die generelle Post-, Fax- oder E-Mail-Adresse der Gesellschaft gerichtet werden, wie sie beispielsweise auf deren Internetseite ausgewiesen ist[186]. Allerdings muss der Aktionär dann solche Kontaktdaten wählen, die dem Ort der Geschäftsleitung zugeordnet sind, in der Regel also der **Hauptverwaltung**. Eine Zweigniederlassung oder eine sonstige Außenstelle ist ohne Weiteres nicht zum Empfang von Gegenanträgen befugt[187]. Der Zugang dort wirkt erst dann gegen die Gesellschaft, wenn die Außenstelle den Gegenantrag an die Hauptverwaltung weitergeleitet hat – was allerdings seinerseits unter Wahrung der gesetzlichen 14-Tagesfrist geschehen muss[188]. Das Risiko der rechtzeitigen Weiterleitung durch eine nicht empfangsbefugte Außenstelle trägt also allein der Aktionär.

5. Berechtigung

34.91 Der Übersender eines Gegenantrags muss auf Verlangen seine **Aktionärseigenschaft** nachweisen. Dazu reicht bei Inhaberaktien die Vorlage einer Bankbescheinigung aus. Bei Namensaktien ergibt sich die Legitimation aus der Eintragung im Aktienregister (§ 67 Abs. 2 Satz 1 AktG). Ein bestimmtes **Quorum** ist nicht erforderlich[189]. Es genügt also schon, wenn der Übersender nur eine einzige Aktie hält – mit oder auch ohne Stimmrecht. Unerheblich ist auch, seit wann die Aktionärseigenschaft besteht[190]. Auch kann die Gesellschaft keinen Nachweis verlangen, dass die Aktionärseigenschaft bis zur Entscheidung über die Veröffentlichung des Gegenantrags oder gar bis zur Hauptversammlung bestehen bleibt – anders als im Falle des § 122 Abs. 1 oder 2 AktG (siehe dazu Rz. 34.22 f. und 34.68). Ein etwaiges **Stimmverbot** zum Verwaltungsvorschlag, z.B. nach § 136 Abs. 1 oder § 142 Abs. 1 Satz 2 AktG, lässt die Berechtigung zur Übersendung von Gegenanträgen unberührt[191]. Etwas anderes gilt für den Rechtsverlust nach § 20 Abs. 7 AktG, § 44 WpHG, § 59 Satz 1 WpÜG: Er wirkt umfassend und nimmt dem betroffenen Aktionär auch das Recht, Gegenanträge zu übermitteln (sowie ggf. später in der Hauptversammlung zu stellen).

---

184 *Butzke* in Großkomm. AktG, 5. Aufl. 2017, § 126 AktG Rz. 22; *Rieckers* in BeckOGK AktG, Stand 1.6.2021, § 126 AktG Rz. 14; *Simons*, NZG 2019, 127 ff.
185 *Kubis* in MünchKomm. AktG, 4. Aufl. 2018, § 126 AktG Rz. 19.
186 *Hüffer/Koch*, § 126 AktG Rz. 5; *Ziemons* in K. Schmidt/Lutter, § 126 AktG Rz. 21; *Mimberg*, ZGR 2003, 21, 34; *Noack*, BB 2003, 1393, 1394; abl. *Sasse*, NZG 2004, 153, 154 f.
187 A.A. *Ziemons* in K. Schmidt/Lutter, § 126 AktG Rz. 22.
188 *Butzke* in Großkomm. AktG, 5. Aufl. 2017, § 126 AktG Rz. 25.
189 *Noack/Zetzsche* in KölnKomm. AktG, 3. Aufl. 2011, § 126 AktG Rz. 16.
190 *Kubis* in MünchKomm. AktG, 4. Aufl. 2018, § 126 AktG Rz. 4.
191 *Drinhausen* in Hölters, § 126 AktG Rz. 5; *Kubis* in MünchKomm. AktG, 4. Aufl. 2018, § 126 AktG Rz. 4; *Reger* in Bürgers/Körber/Lieder, § 126 AktG Rz. 3.

6. Frist

Der Gegenantrag muss der Gesellschaft so rechtzeitig zugehen, dass bis zur Hauptversammlung noch mindestens **14 Tage** bleiben (§ 126 Abs. 1 Satz 1 AktG). Für die Fristberechnung gelten § 121 Abs. 7 und § 126 Abs. 1 Satz 2 AktG. Der Tag der Hauptversammlung ist demnach nicht mitzurechnen, ebenso wenig der Tag des Zugangs; der Schutz von Samstagen, Sonntagen oder Feiertagen ist ausdrücklich ausgeschlossen. Maßgebend für die Einhaltung der solchermaßen berechneten Frist ist, dass der Gegenantrag nebst Begründung bei der Gesellschaft eingeht[192]. Dies kann auch außerhalb der Geschäftszeiten geschehen. Es kommt insbesondere nicht darauf an, ob die Gesellschaft den Gegenantrag nach gewöhnlichem Verlauf der Dinge noch innerhalb der Frist zur Kenntnis nehmen kann. Vielmehr gilt, dass auch der Eingang bis 24 Uhr des letzten Tages noch die Frist wahrt – schon aus Gründen der Rechtssicherheit[193].

34.92

7. Publizität

Die Gesellschaft ist verpflichtet, form- und fristgerecht eingereichte Gegenanträge samt deren Begründung den in § 125 Abs. 1 bis 3 AktG genannten Berechtigten **zugänglich zu machen** (§ 126 Abs. 1 Satz 1 AktG). Bei börsennotierten Gesellschaften geschieht dies durch Veröffentlichung auf der **Internetseite** der Gesellschaft (§ 126 Abs. 1 Satz 3 AktG). Eine Veröffentlichung im Bundesanzeiger ist nur bei börsenfernen Gesellschaften gleichwertig[194]. Eine Auslegung zur Einsichtnahme bei der Gesellschaft ist nicht erforderlich[195]. Nicht selten werden die Gegenanträge allerdings zumindest in der Hauptversammlung auch in gedruckter Form ausgelegt.

34.93

Stellen mehrere Aktionäre Gegenanträge zu **demselben Beschlussgegenstand**, können die Anträge und deren Begründungen zusammengefasst werden (§ 126 Abs. 3 AktG). Dabei kann der Vorstand Wiederholungen streichen. Der Umfang der Veröffentlichung ist in diesem Fall nicht begrenzt.

34.94

8. Ausnahmen

§ 126 Abs. 2 Satz 1 AktG nennt abschließend die Gründe, aus denen die Verwaltung ausnahmsweise davon absehen darf, Gegenanträge zugänglich zu machen. Von praktischer Bedeutung ist insbesondere § 126 Abs. 2 Satz 1 Nr. 2 AktG. Danach darf die Publizität entfallen, wenn der Gegenantrag zu einem **gesetzes-** oder **satzungswidrigen Beschluss** führen würde. Darunter fallen insbesondere Anträge, die sich zwar gegen einen Beschlussvorschlag der Verwaltung richten, zugleich aber inhaltlich durch die Tagesordnung nicht mehr gedeckt sind (§ 124 Abs. 4 Satz 1 AktG, siehe dazu Rz. 34.48)[196]. Unzulässig ist z.B. auch der Antrag, den Bilanzgewinn ohne entsprechende Satzungsgrundlage bestimmten Zwecken zu widmen (§ 58 Abs. 4 AktG). Hervorzuheben ist außerdem § 126 Abs. 2 Satz 1 Nr. 3 AktG. Danach entfällt die Publizitätspflicht, wenn die Begründung des Gegenantrags in wesentlichen Punkten **offensichtlich falsche oder irreführende Angaben** oder **Beleidigungen** enthält. Besteht Aufklärungsbedarf, so sind unrichtige Angaben nicht *offensichtlich* falsch[197]. Auch sonst empfiehlt sich bei

34.95

---

192 *Kubis* in MünchKomm. AktG, 4. Aufl. 2018, § 126 AktG Rz. 21; *Noack/Zetzsche* in KölnKomm. AktG, 3. Aufl. 2011, § 126 AktG Rz. 18.
193 BGH v. 24.1.2000 – II ZR 268/98, BGHZ 143, 339, 341 ff. = AG 2000, 322 (zu § 126 AktG a.F.); *Hüffer/Koch*, § 126 AktG Rz. 5; *Butzke*, HV, B Rz. 156; strenger (Zugang innerhalb der branchenüblichen Geschäftsstunden des letzten Tages) *Kubis* in MünchKomm. AktG, 4. Aufl. 2018, § 126 AktG Rz. 21.
194 *Drinhausen* in Hölters, § 126 AktG Rz. 12; *Hüffer/Koch*, § 126 AktG Rz. 6; *Mimberg*, ZGR 2003, 21, 36.
195 Vgl. *Sasse*, NZG 2004, 153, 157 m.w.N.
196 *Butzke*, HV, B Rz. 158.
197 OLG Stuttgart v. 1.12.1994 – 13 U 46/93, ZIP 1995, 378 f.; LG Stuttgart v. 27.1.1994 – 4 KfH O 166/93, AG 1994, 427; LG Wuppertal v. 15.11.1966 – 11 O 93/66, AG 1967, 139.

der Annahme dieses Tatbestandes eher Zurückhaltung, zumal die Gesellschaft die Möglichkeit hat, unrichtige Angaben in einer Stellungnahme richtigzustellen (siehe dazu Rz. 34.97)[198].

9. Überlange Begründung

34.96 Die Gesellschaft muss die **Begründung** eines Gegenantrags dann nicht zugänglich machen, wenn sie insgesamt **mehr als 5.000 Zeichen** beträgt (§ 126 Abs. 2 Satz 2 AktG). In diesem Fall entfällt nur die Pflicht zur Veröffentlichung der Begründung, nicht auch des Gegenantrags. Unter Zeichen sind mangels anderer Hinweise des Gesetzgebers Buchstaben, Ziffern, Satzzeichen sowie auch etwaige Sonderzeichen oder Symbole zu verstehen – nicht aber Leerzeichen[199]. Wird die Höchstzahl überschritten, kann der Vorstand die Begründung insgesamt weglassen. Zu einer Kürzung der Begründung auf die zulässige Länge ist er nicht verpflichtet. Er ist dazu allerdings berechtigt, sofern er dies kennzeichnet und der Sinn der Begründung gewahrt bleibt[200].

10. Stellungnahme der Verwaltung

34.97 Die Verwaltung kann die Gegenanträge mit einer eigenen **Stellungnahme** verbinden (§ 126 Abs. 1 Satz 1 AktG). Das Gesetz enthält dazu keine Vorgaben, und zwar weder zum Inhalt noch zum Umfang. Eine Stellungnahme kann sinnvoll sein, um etwaige unzutreffende Darstellungen zu korrigieren oder die Gegenanträge aus der Sicht der Verwaltung zu kommentieren.

VII. Wahlvorschläge von Aktionären

34.98 Die Vorschriften über die Gegenanträge gelten entsprechend für Vorschläge von Aktionären zur **Wahl von Aufsichtsratsmitgliedern** oder von **Abschlussprüfern** (§ 127 Satz 1 AktG). Solche Gegenvorschläge müssen allerdings nicht begründet werden (§ 127 Satz 2 AktG). Über die allgemeinen Ausnahmen von der Veröffentlichungspflicht hinaus brauchen Gegenvorschläge von Aktionären auch dann nicht veröffentlicht zu werden, wenn der Vorschlag nicht den Namen, den ausgeübten Beruf und den Wohnort der vorgeschlagenen Person enthält oder die erforderlichen Angaben zu Mitgliedschaften in anderen gesetzlich zu bildenden Aufsichtsräten fehlen (§ 127 Satz 3 i.V.m. § 124 Abs. 3 Satz 4, § 125 Abs. 1 Satz 5 AktG). Die bloße **Ablehnung** eines fremden Wahlvorschlags ist kein eigener Wahlvorschlag; sie kann aber bei beschlussfähiger Ausformung als Gegenantrag i.S.v. § 126 AktG zu behandeln sein[201]. Fehlen in dem Gegenvorschlag vorgeschriebene Angaben, ist der Vorstand nicht verpflichtet, den Aktionär auf den Mangel hinzuweisen und ihm Gelegenheit zur Ergänzung zu geben. Bei börsennotierten Gesellschaften, die der paritätischen Mitbestimmung unterliegen, muss der Vorstand die Wahlvorschläge von Aktionären um bestimmte Angaben zur geschlechterspezifischen Besetzung des Aufsichtsrats ergänzen (§ 127 Satz 4 AktG). Diese Angaben entsprechen denjenigen Hinweisen, die in

---

198 *Butzke*, HV, B Rz. 158.
199 *Butzke* in Großkomm. AktG, 5. Aufl. 2017, § 126 AktG Rz. 84; *Hüffer/Koch*, § 126 AktG Rz. 9; *Noack/Zetzsche* in KölnKomm. AktG, 3. Aufl. 2011, § 126 AktG Rz. 126; *Noack*, NZG 2003, 241, 244; *Pentz*, ZIP 2003, 1925, 1927 f.; a.A. *Drinhausen* in Hölters, § 126 AktG Rz. 8; *Kubis* in MünchKomm. AktG, 4. Aufl. 2018, § 126 AktG Rz. 40; *Rieckers* in BeckOGK AktG, Stand 1.6.2021, § 126 AktG Rz. 49; *Mutter*, ZIP 2002, 1759.
200 *Rieckers* in BeckOGK AktG, Stand 1.6.2021, § 126 AktG Rz. 50; *Bungert* in MünchHdb. AG, § 36 Rz. 112; *Schaaf*, Rz. 232; *Schlitt* in Reichert, ArbeitsHdB. HV, § 4 Rz. 346; a.A. *Kubis* in MünchKomm. AktG, 4. Aufl. 2018, § 126 AktG Rz. 40; *Noack/Zetzsche* in KölnKomm. AktG, 3. Aufl. 2011, § 126 AktG Rz. 107.
201 *Butzke* in Großkomm. AktG, 5. Aufl. 2017, § 127 AktG Rz. 7; *Kubis* in MünchKomm. AktG, 4. Aufl. 2018, § 127 AktG Rz. 4; *Rieckers* in BeckOGK AktG, Stand 1.6.2021, § 127 AktG Rz. 4; a.A. *Noack/Zetzsche* in KölnKomm. AktG, 3. Aufl. 2011, § 127 AktG Rz. 10.

§ 124 Abs. 2 Satz 2 AktG für die Bekanntmachung des Tagesordnungspunkts „Wahlen zum Aufsichtsrat" vorgeschrieben sind (dazu Rz. 34.50). Der Vorstand sollte vorsorglich davon absehen, Wahlvorschläge von Aktionären inhaltlich zu kommentieren, da er zur Wahl von Aufsichtsratsmitgliedern und Prüfern selbst keine Vorschläge unterbreiten darf (§ 124 Abs. 3 Satz 1 AktG, dazu Rz. 34.51)[202].

VIII. Anmeldung und Legitimation

1. Anmeldeerfordernis

Die Satzung kann vorsehen, dass die Aktionäre sich anmelden müssen, um an der Hauptversammlung teilzunehmen oder ihr Stimmrecht auszuüben (§ 123 Abs. 2 Satz 1 AktG). Das gilt für Inhaber- und für Namensaktien gleichermaßen[203]. Die gesetzliche Einberufungsfrist verlängert sich in diesem Fall um die Tage der satzungsmäßigen **Anmeldefrist** (§ 123 Abs. 2 Satz 5 AktG, siehe schon Rz. 34.37). Die Satzung kann die Anmeldefrist auf **längstens sechs Tage** festlegen (§ 123 Abs. 2 Satz 2 AktG). Eine kürzere Frist ist denkbar, muss sich allerdings ihrerseits aus der Satzung ergeben oder in der Einberufung festgelegt werden, letzteres aufgrund einer entsprechenden Satzungsermächtigung (§ 123 Abs. 2 Satz 3 AktG)[204]. Fristwahrend ist der Zugang bei der Gesellschaft unter der in der Einberufung hierfür angegebenen Adresse (§ 123 Abs. 2 Satz 2 AktG). Dies muss nicht die bzw. eine Adresse der Gesellschaft selbst sein. Denkbar ist es auch, in der Einberufung eine externe Anmeldestelle zu benennen, z.B. einen HV-Dienstleister[205]. Die Satzung kann auch näher regeln, in welcher **Form**, in welcher **Sprache** und mit welchem **Inhalt** die Anmeldung zu bewirken ist, ohne dabei jedoch übermäßige Erschwernisse aufzustellen[206]. Davon unabhängig gilt, dass **Intermediäre** die Anmeldung stets mit dem detaillierten Mindestinhalt des Art. 6 Abs. 3 i.V.m. Tabelle 5 DVO (EU) 2018/1212 übermitteln müssen[207]. Dieser Normbefehl richtet sich allerdings nur an die Intermediäre. Er schließt es nicht aus, dass die Gesellschaft auch Anmeldungen von an anderer Stelle oder auch anderen Inhalts akzeptiert.

34.99

2. Legitimation bei Inhaberaktien

Gemäß § 123 Abs. 3 Halbs. 1 AktG kann die Satzung bestimmen, wie die Berechtigung zur Teilnahme an der Versammlung oder zur Stimmrechtsausübung nachzuweisen ist. Das gilt auch, und aus praktischer Sicht sogar in erster Linie, bei Inhaberaktien. Allerdings bestimmt § 123 Abs. 4 Satz 1 AktG, dass bei Inhaberaktien börsennotierter Gesellschaften ein Nachweis gemäß § 67c Abs. 3 AktG in jedem Fall ausreicht. Dort wiederum ist geregelt, dass der Letztintermediär, also die Depotbank, dem Aktionär auf Verlangen einen **textförmigen Nachweis** ausstellen muss, und zwar nach näherer Maßgabe von Art. 5 i.V.m. Tabelle 4 DVO (EU) 2018/1212. Die dort vorgesehenen Inhalte sind überaus kleinteilig. Sie umfassen im Einzelnen die eindeutige Kennung der Bestätigung, den Namen des Emittenten, die eindeutige Kennung der Veranstaltung, die Art der Mitteilung, die ISIN, das Record Date, die berechtigte Position, die Nummer des Depotkontos, den Namen des Kontoinhabers sowie den Namen und die eindeutige Kennung des Aktionärs und ggf. seines Vertreters. Derart umfassende Nachweise stellen die Depotbanken nach aktuellem Sachstand oft (noch) nicht aus. Das ist aber unschädlich, weil § 123 Abs. 4 Satz 1 AktG einen Nachweis dieses Inhalts nur für **ausreichend** erklärt, nicht aber einfordert[208]. Die Gesellschaft ist daher berechtigt, auch andere, insbesondere inhaltlich schlankere Nach-

34.100

---

202 *Butzke* in Großkomm. AktG, 5. Aufl. 2017, § 127 AktG Rz. 11; *Hüffer/Koch*, § 127 AktG Rz. 1.
203 Begr. RegE UMAG, BT-Drucks. 15/5092, S. 13.
204 OLG München v. 26.3.2008 – 7 U 4782/07, AG 2008, 460; LG München I v. 30.8.2007 – 5 HK O 2797/07, WM 2007, 2111.
205 *Kubis* in MünchKomm. AktG, 4. Aufl. 2018, § 123 AktG Rz. 14.
206 *Herrler* in Grigoleit, § 123 AktG Rz. 6.
207 *Rieckers* in BeckOGK AktG, Stand 1.6.2021, § 123 AktG Rz. 19.
208 *Herrler* in Grigoleit, § 123 AktG Rz. 21; *Rieckers* in BeckOGK AktG, Stand 1.6.2021, § 123 AktG Rz. 43.

weise zu akzeptieren – selbst ohne eine entsprechende Satzungserlaubnis. In jedem Fall gilt, dass sich der Nachweis auf den **Beginn des 21. Tages** (d.h. 0:00 Uhr) vor der Hauptversammlung beziehen muss (§ 123 Abs. 4 Satz 2 AktG, sog. **Record Date**). Ferner, dass er der Gesellschaft unter der in der Einberufung hierfür mitgeteilten Adresse mindestens sechs Tage vor der Versammlung zugehen muss – es sei denn, die Satzung bestimmt oder erlaubt eine kürzere Frist (§ 123 Abs. 4 Satz 2 und 3 AktG). Mit dem Record Date ist keine Veräußerungssperre verbunden. Aktionäre, die ihre Aktien erst nach dem Record Date erwerben, sind aber weder teilnahme- noch stimmberechtigt (§ 123 Abs. 3 Satz 5 AktG). Zu Schwierigkeiten führt, dass das aktienrechtliche Record Date einerseits und das (arbeitstechnische) Record Date i.S.v. Art. 1 Nr. 7 DVO (EU) 2018/1212 andererseits nicht aufeinander abgestimmt sind.

3. Legitimation bei Namensaktien

34.101 Bei Namensaktien börsennotierter Gesellschaften ergibt sich die Berechtigung zur Teilnahme an der Hauptversammlung und zur Stimmrechtsausübung aus der Eintragung im Aktienregister (§ 123 Abs. 5 i.V.m. § 67 Abs. 2 Satz 1 AktG). Die Satzung kann insoweit für börsennotierte Gesellschaften keine weiteren Erfordernisse aufstellen[209]. Zulässig ist allerdings eine satzungsmäßige Regelung, dass Umschreibungen im Aktienregister ab einem bestimmten Tag vor der Hauptversammlung ausgesetzt werden[210]. Auch ohne Satzungsregelung ist es zulässig, dass der Vorstand einen solchen **Umschreibungsstopp** anordnet – mit oder ohne Hinweis in der Einberufungsunterlage (dazu Rz. 34.55). Das Interesse der Gesellschaft an einer ordnungsgemäßen Vorbereitung ihrer Hauptversammlung überwiegt insoweit das Interesse eines Erwerbers an seiner raschen Eintragung im Aktienregister. Der Gesetzgeber hat dies bei Namensaktien für so selbstverständlich erachtet, dass er ausdrücklich auf eine gesetzliche Regelung verzichtet hat[211]. Der Umschreibungsstopp ist dabei nicht auf den technisch unvermeidbaren Bearbeitungszeitraum beschränkt. Vielmehr gilt, dass er bis zu sechs volle Tage vor der Hauptversammlung einsetzen darf – angelehnt an die Anmelde- und Nachweisfristen aus § 123 Abs. 2 Satz 3 und Abs. 4 Satz 2 AktG[212]. Überlegungen des Gesetzgebers, für die Inhaber- und Namensaktien börsennotierter Gesellschaften einen einheitlichen Nachweisstichtag festzulegen, sind bislang nicht verwirklicht worden.

IX. Berichtspflichten

1. Berichte des Vorstands

34.102 Zu bestimmten Tagesordnungspunkten hat der Vorstand der Hauptversammlung einen schriftlichen Bericht vorzulegen, der der Vorabunterrichtung der Aktionäre dient. Solche Berichte sind insbesondere in folgenden Fällen erforderlich:

– Bericht über den Grund eines Bezugsrechtsausschlusses und den Ausgabebetrag bei Kapitalmaßnahmen (§ 186 Abs. 4 Satz 2, § 203 Abs. 1 und 2, § 221 Abs. 4 Satz 2 AktG)

– Bericht zum Erwerb und zur Veräußerung eigener Aktien in Abweichung vom Gleichbehandlungsgrundsatz (§ 71 Abs. 1 Nr. 8 AktG)

– Bericht über einen Unternehmensvertrag (§ 293a AktG)

---

[209] *Reger* in Bürgers/Körber/Lieder, § 123 AktG Rz. 6, 9a; *Ziemons* in K. Schmidt/Lutter, § 123 AktG Rz. 32; *Butzke*, WM 2005, 1981, 1982; *Heidinger/Blath*, DB 2006, 2275.
[210] *Butzke* in Großkomm. AktG, 5. Aufl. 2017, § 123 AktG Rz. 98 m.w.N.
[211] Begr. RegE UMAG, BT-Drucks. 15/5092, S. 14.
[212] BGH v. 21.9.2009 – II ZR 174/08 – Umschreibungsstopp, BGHZ 182, 272 = AG 2009, 824 Rz. 9; *Kubis* in MünchKomm. AktG, 4. Aufl. 2018, § 123 AktG Rz. 40; *Ziemons* in K. Schmidt/Lutter, § 123 AktG Rz. 34; *Bayer/Lieder*, NZG 2009, 1361, 1363.

- Eingliederungsbericht (§ 319 Abs. 3 Nr. 3, § 320 Abs. 1 Satz 3 AktG)
- Verschmelzungsbericht (§§ 8, 122e UmwG)
- Bericht zu Spaltungsvorgängen (§ 127 UmwG)
- Bericht zum Formwechsel (§ 192 UmwG).

Die jeweiligen Berichte sind **schriftlich** zu erstellen. Das erfordert nach überkommener h.M., dass sämtliche Vorstandsmitglieder den Bericht eigenhändig unterzeichnen (§ 126 BGB)[213]. Nach a.A. soll auch die Unterzeichnung durch Vorstandsmitglieder in vertretungsberechtigter Zahl ausreichen[214]. Der BGH hat schon vor geraumer Zeit Sympathie für die weniger strenge Auffassung zum Ausdruck gebracht; letztlich hat er die Frage aber offengelassen[215]. Für die Praxis empfiehlt sich daher weiterhin, die Unterschriften sämtlicher Vorstandsmitglieder einzuholen. Namentlich **Vertrags- und Verschmelzungsberichte** sind dabei so rechtzeitig zu erstellen, dass die Gesellschaft sie entweder ab der Einberufung der Hauptversammlung zur Einsichtnahme auslegen und den Aktionären auf Verlangen zusenden oder über die Internetseite zugänglich machen kann (§ 293 f Abs. 1 Nr. 3, Abs. 2 und 3 AktG, § 63 Abs. 1 Nr. 4, Abs. 3 und 4 UmwG). Der **Bericht über einen Bezugsrechtsausschluss** ist ebenfalls zugänglich zu machen (§ 186 Abs. 4 Satz 2 AktG). Dies geschieht in der Praxis durch Aufnahme des Berichtsinhalts in die Einberufungsunterlage entsprechend § 124 Abs. 2 Satz 3 Fall 5 AktG. Bisweilen ist zu beobachten, dass der Bericht zusätzlich noch als eigenständiges Dokument auf der Internetseite veröffentlicht wird (§ 124a Satz 1 Nr. 3 AktG). Eine solche doppelte Publizität ist zwar nicht erforderlich, aber natürlich unschädlich.

Bei der inhaltlichen Abfassung der Berichte ist besondere Sorgfalt anzuwenden. Die Berichte dienen der Unterrichtung der Aktionäre und sollen ihnen eine sachgemäße Ausübung des Stimmrechts ermöglichen. Die Berichte müssen deshalb inhaltlich **zutreffend** und **vollständig** sein. Anderenfalls besteht die Gefahr, dass die auf der Grundlage solcher Berichte gefassten Beschlüsse der Hauptversammlung anfechtbar sind. Eine Anfechtungsklage kann zwar nur eingeschränkt auf Informationspflichtverletzungen gestützt werden (§ 243 Abs. 4 AktG). Diese Einschränkungen gelten aber nur für Informationsmängel in der Hauptversammlung. Die davor zu erstellenden und zu publizierenden Berichte sind insoweit nicht privilegiert[216].

34.103

Über die gesetzlichen Vorschriften hinaus wird eine Berichtspflicht teilweise auch dann angenommen, wenn der Vorstand der Hauptversammlung **einzelne Geschäftsführungsmaßnahmen** gemäß § 119 Abs. 2 AktG zur Zustimmung vorlegt[217]. Im Grundsatz ist zwar davon auszugehen, dass der Vorstand der Hauptversammlung die Informationen zur Verfügung stellen muss, die sie für eine sachgerechte Willensbildung benötigt[218]. Eine Analogie zu den gesetzlichen Berichtspflichten ist aber nur gerechtfertigt, wenn es sich um vergleichbare **Strukturmaßnahmen** handelt[219]. Eine „ungeschriebene" Be-

34.104

---

213 *Rieder/Holzmann* in Grigoleit, § 186 AktG Rz. 50; *Servatius* in BeckOGK AktG, Stand 1.6.2021, § 186 AktG Rz. 37.
214 *Hüffer/Koch*, § 186 AktG Rz. 23; *Lieder* in Bürgers/Körber/Lieder, § 186 AktG Rz. 33; *Schürnbrand/Verse* in MünchKomm. AktG, 5. Aufl. 2021, § 186 AktG Rz. 88; *Veil* in K. Schmidt/Lutter, § 186 AktG Rz. 19.
215 BGH v. 21.5.2007 – II ZR 266/04, AG 2007, 625 Rz. 26 ff. (zum Verschmelzungsbericht).
216 Begr. RegE UMAG, BT-Drucks. 15/5092, S. 26; *Hüffer/Koch*, § 243 AktG Rz. 47c; *Schwab* in K. Schmidt/Lutter, § 243 AktG Rz. 34; *Weißhaupt*, ZIP 2005, 1766, 1773; *Wilsing*, DB 2005, 35, 36.
217 So OLG Frankfurt v. 23.3.1999 – 5 U 193/97 – Altana, AG 1999, 378; OLG München v. 26.4.1996 – 23 U 4586/96, AG 1996, 327; LG München I v. 3.5.2001 – 5 HKO 23950/00, ZIP 2001, 1148, 1150.
218 BGH v. 15.1.2001 – II ZR 124/99, – Altana/Milupa, BGHZ 146, 288 = ZIP 2001, 416.
219 BGH v. 15.1.2001 – II ZR 124/99 – Altana/Milupa, BGHZ 146, 288 = ZIP 2001, 416, 417 f.; OLG Frankfurt v. 23.3.1999 – 5 U 193/97, AG 1999, 378, 379 f.; LG Frankfurt v. 12.12.2000 – 3/5 O 149/99, AG 2001, 431, 434; LG Karlsruhe v. 6.11.1997 – O 43/97 KfH I, AG 1998, 99, 101 f.; krit. *Kort*, ZIP 2002, 685, 686 f.; *Tröger*, ZIP 2001, 2029, 2034; abl. LG Hamburg v. 21.1.1997 – 402 O 122/96, AG 1997, 238; *Hüffer* in FS Ulmer, 2003, S. 279, 300.

richtspflicht besteht deshalb erst dann, wenn die Geschäftsführungsmaßnahme so bedeutsam ist, dass sie der Hauptversammlung zur Zustimmung vorgelegt werden muss (sog. Holzmüller-Maßnahmen)[220]. Dies ist nach der Rechtsprechung des BGH nur bei Maßnahmen anzunehmen, die nahezu satzungsändernde Wirkung haben und damit die Kernkompetenz der Hauptversammlung berühren, über die Verfassung der Gesellschaft zu bestimmen. Dabei müssen auch die quantitativen Schwellenwerte der Holzmüller-Rechtsprechung erreicht sein (80 % des Gesellschaftsvermögens, siehe näher Rz. 33.41 ff.).

34.105 Die Zustimmung der Hauptversammlung kann ein **unternehmerisches Konzept** oder eine bestimmte **Einzelmaßnahme** betreffen. Im ersten Fall handelt es sich um einen Ermächtigungsbeschluss. Dieser muss bereits selbst die wesentlichen Eckpunkte des Konzepts enthalten[221]. Diese Punkte können in einem schriftlichen Bericht des Vorstands näher erläutert werden. Soll die Hauptversammlung einer Einzelmaßnahme wie z.B. einer Veräußerung zustimmen und sind dazu bereits Verpflichtungsverträge abgeschlossen, so ist die Hauptversammlung über diese zu unterrichten. Dafür ist der **wesentliche Inhalt** der Verträge gemäß § 124 Abs. 2 Satz 3 Fall 5 AktG bekanntzumachen. Außerdem müssen die Verträge vor und in der Hauptversammlung zur Einsichtnahme **ausgelegt** bzw. auf der **Internetseite** der Gesellschaft bereitgestellt werden. Etwaige Geheimhaltungsinteressen der Vertragsparteien sollen dem nicht entgegenstehen[222]. Bei fremdsprachigen Verträgen muss neben dem Originaltext eine **deutsche Übersetzung** vorgelegt werden[223].

2. Berichte des Aufsichtsrats

34.106 Der Aufsichtsrat muss gemäß § 171 Abs. 2 Satz 1 AktG einen **schriftlichen Bericht** erstellen. Dieser Bericht muss ab der Einberufung sowie in der Hauptversammlung zugänglich sein – jeweils gemeinsam mit den Abschlussunterlagen (§ 175 Abs. 2, § 176 Abs. 1 Satz 1 AktG). Er hat zwingende gesetzliche **Mindestinhalte**. Insbesondere muss der Aufsichtsrat darstellen, was seine eigene Prüfung des Jahresabschlusses, des Lageberichts, etwaiger Konzernunterlagen und des Vorschlags für die Gewinnverwendung ergeben hat (§ 171 Abs. 2 Satz 1 AktG). Außerdem muss er Stellung zum Ergebnis der Abschlussprüfung beziehen (§ 171 Abs. 2 Satz 3, 5 AktG). Er muss erklären, ob nach dem abschließenden Ergebnis seiner eigenen Prüfung Einwendungen zu erheben sind und ob er den Jahres- sowie den Konzernabschluss billigt (§ 171 Abs. 2 Satz 4, 5 AktG). Hinzu kommen Berichtpflichten mit Blick auf die Prüfung eines etwaigen Abhängigkeitsberichts (§ 314 Abs. 2, 3 AktG). Schließlich muss der Aufsichtsrat darstellen, in welcher Art und in welchem Umfang er die Geschäftsführung im Berichtsjahr geprüft hat (§ 171 Abs. 2 Satz 2 Halbs. 1 AktG). Bei börsennotierten Gesellschaften sind in diesem Kontext die gebildeten Ausschüsse mitzuteilen, ebenso die Zahl der Plenar- und Ausschusssitzungen (§ 171 Abs. 2 Satz 2 Halbs. 2 AktG). Hinzu treten zumeist noch Angaben zur individuellen Sitzungsteilnahme, zu Aus- und Fortbildungsmaßnahmen sowie zu etwaigen Interessenkonflikten (D.8, D.12 und E.1 Satz 2 DCGK 2020).

34.107 Die **Intensität des Berichts** bestimmt sich nach der Lage der Gesellschaft. In ereignisarmen Jahren darf der Bericht knapp ausfallen. Anders hingegen in Krisenzeiten oder aus sonstigem wichtigem Anlass: Hier muss der Aufsichtsrat „Ross und Reiter" nennen, d.h. seine Einbindung sowie die ergriffenen

---

220 *Hüffer/Koch*, § 119 AktG Rz. 27; *Reger* in Bürgers/Körber/Lieder, § 119 AktG Rz. 9; *Butzke*, HV, L Rz. 81 (vorsorglich); weitergehend zu allen Vorlagebeschlüssen *Dietz-Vellmer*, NZG 2014, 721, 723 f.
221 Vgl. LG Frankfurt v. 12.12.2000 – 3/5 O 149/99 – AGIV, AG 2001, 431, 434; LG Frankfurt v. 14.12.2004 – 3/5 O 106/04 – mgtechnologies, ZIP 2005, 579; *Lutter/Leinekugel*, ZIP 1998, 805, 813 f.; abl. LG Stuttgart v. 8.11.1991 – 2 KfH O 135/91, AG 1992, 236.
222 BGH v. 15.1.2001 – II ZR 124/99 – Altana/Milupa, BGHZ 146, 288 = ZIP 2001, 416, 418.
223 LG München I v. 3.5.2001 – 5 HK O 23950/00, ZIP 2001, 1148, 1150; *Hüffer/Koch*, § 119 AktG Rz. 28; vgl. auch OLG Dresden v. 23.4.2003 – 18 U 1976/02, AG 2003, 433 (für Bewertungsgutachten in russischer Sprache).

Maßnahmen näher beschreiben[224]. Auf diese Weise legt er proaktiv Rechenschaft über seine Tätigkeit im jeweiligen Berichtsjahr ab. Aus Sicht der Aktionäre ist der schriftliche Bericht daher die wesentliche Grundlage für den Entlastungsbeschluss (§ 120 AktG, siehe dazu Rz. 33.21 ff.)[225]; zur mündlichen Erläuterung des Berichts in der Hauptversammlung siehe Rz. 35.5.

Ein Bericht des Aufsichtsrats ist im Übrigen bei der **Gründung** der Gesellschaft (§ 33 Abs. 1, § 34 AktG) und im Falle einer **Nachgründung** (§ 52 Abs. 3 AktG) vorgeschrieben.   34.108

3. Bericht des Hauptaktionärs

Gemäß § 327a Abs. 1 Satz 1 AktG kann die Hauptversammlung beschließen, dass die Aktien der Minderheitsaktionäre gegen angemessene Barabfindung auf den Hauptaktionär übertragen werden, der schon mit mindestens 95 % am Grundkapital beteiligt sein muss (sog. **Squeeze-out**). Das setzt ein entsprechendes Verlangen des Hauptaktionärs voraus, kann also nur auf seine Initiative hin geschehen. Der Hauptaktionär muss der Hauptversammlung dann einen **schriftlichen Bericht** erstatten, der die Voraussetzungen für die Übertragung der Aktien der Minderheitsaktionäre darlegt und insbesondere die Angemessenheit der Barabfindung erläutert und begründet (§ 327c Abs. 2 Satz 1 AktG, sog. Übertragungsbericht). Auch dieser Bericht ist zur Einsichtnahme auszulegen und auf Verlangen in Abschrift zu übersenden bzw. über die Internetseite der Gesellschaft zugänglich zu machen (§ 327c Abs. 3 Nr. 3, Abs. 4 und 5 AktG).   34.109

4. Berichte Dritter

In einer Reihe von Fällen sind der Hauptversammlung Berichte dritter Personen vorzulegen. Dabei handelt es sich regelmäßig um **Prüfungsberichte**, die im Allgemeinen von einem Wirtschaftsprüfer erstellt werden. Solche Berichte sieht das Gesetz z.B. bei der Nachgründung vor (§ 52 Abs. 4 AktG), außerdem bei Kapitalerhöhungen gegen Sacheinlagen (§ 183 Abs. 3, § 194 Abs. 4, § 205 Abs. 3 AktG), bei Unternehmensverträgen (§ 293e AktG), bei der Eingliederung (§ 320 Abs. 3 AktG) sowie bei Umwandlungen (§§ 9, 12, 125 UmwG). Diese Berichte sind z.T. für das Registergericht, z.T. aber auch für die Aktionäre bestimmt. In dem zuletzt genannten Fall sind die Berichte vor und während der Hauptversammlung zur Einsichtnahme auszulegen sowie auf Verlangen in Abschrift zu übersenden bzw. über die Internetseite der Gesellschaft zugänglich zu machen (s. z.B. § 293f AktG).   34.110

X. Sonderfall: Übernahmeangebot

Die Hauptversammlung kann anlässlich eines **öffentlichen Übernahmeangebots** (außerordentlich) einberufen werden. Das gilt vor allem, aber nicht nur, wenn ein *feindliches* Angebot in Rede steht, welches der Vorstand mit **Abwehrmaßnahmen** bekämpfen möchte. In diesem Kontext gehört auch die Anregung A.5 DCGK 2020. Sie besagt, dass der Vorstand im Falle eines Übernahmeangebots eine außerordentliche Hauptversammlung einberufen sollte, in der die Aktionäre sich beraten und ggf. gesellschaftsrechtliche Maßnahmen beschließen können (siehe schon Rz. 34.14). Die Laufzeit eines Angebots beträgt zwischen vier und zehn Wochen ab der Veröffentlichung der Angebotsunterlage (§ 16 Abs. 1 Satz 1 WpÜG). Daher ist es kaum möglich, eine Hauptversammlung unter Beachtung der regulären Form- und Fristerfordernisse vorzubereiten, einzuberufen und durchzuführen. Dem entspricht es, dass für diesen Sonderfall die **Einberufungsfrist** bis auf **14 Tage** verkürzt werden kann, berechnet auch in die-   34.111

---

224 OLG Hamburg v. 12.1.2001 – 11 U 162/00, AG 2001, 359, 362; OLG Stuttgart v. 15.3.2006 – 20 U 25/05, AG 2006, 379, 381; *Drygala* in K. Schmidt/Lutter, § 171 AktG Rz. 15; *Ekkenga* in KölnKomm. AktG, 3. Aufl. 2015, § 171 AktG Rz. 68; *Hennrichs/Pöschke* in MünchKomm. AktG, 4. Aufl. 2018, § 171 AktG Rz. 196 ff.
225 BVerfG v. 20.9.1999 – 1 BvR 636/95 – Daimler-Benz, AG 2000, 74, 75.

sem Kontext nach näherer Maßgabe des § 121 Abs. 7 AktG (§ 16 Abs. 4 Satz 1–3 WpÜG). Dies wiederum hat zur Folge, dass sich eine etwaige statutarische **Anmeldefrist** für die Aktionäre ebenfalls verkürzt, und zwar auf mindestens vier Tage vor dem Tag der Hauptversammlung (§ 16 Abs. 4 Satz 5 WpÜG). Zugleich bewirkt die Einberufung, dass die **Annahmefrist** für das Angebot, unbeschadet des § 21 Abs. 5 und des § 22 Abs. 2 WpÜG, kraft Gesetzes zehn Wochen ab der Veröffentlichung der Angebotsunterlage beträgt (§ 16 Abs. 3 Satz 1 WpÜG). Die Mitteilungen nach § 125 Abs. 1 Satz 1 AktG, d.h. insbesondere die **Mitteilungen in die Intermediärskette sowie an Aktionärsvereinigungen**, sind unverzüglich zu machen (§ 16 Abs. 4 Satz 5 WpÜG). Demgegenüber können die **Mitteilungen an die Aktionäre** sogar entfallen, falls zur Überzeugung des Vorstands mit Zustimmung des Aufsichtsrats ihr rechtzeitiger Eingang bei den Aktionären nicht wahrscheinlich ist (§ 16 Abs. 4 Satz 8 WpÜG). Hinzu kommt, dass die Gesellschaft bei der Wahl des **Versammlungsorts** frei ist (§ 16 Abs. 4 Satz 4 WpÜG) – abweichend von § 121 Abs. 5 AktG und etwaigen Bestimmungen der Satzung (siehe dazu Rz. 34.43 ff.).

§ 35
Ablauf der Hauptversammlung

I. Grundlagen 35.1	b) Verfahrensrechtliche Befugnisse . 35.37
II. **Ablauf im Überblick** 35.2	c) Ordnungsrechtliche Befugnisse .. 35.38
1. Eröffnung 35.2	d) Insbesondere: Sicherheitsfragen . 35.39
2. Regularien 35.3	e) Öffentliche Sicherheit und Ordnung 35.40
3. Bericht des Vorstands 35.4	
4. Bericht des Aufsichtsrats 35.5	5. Haftung 35.41
5. Aussprache 35.6	V. **Teilnehmerverzeichnis** 35.42
6. Abstimmungen 35.7	1. Allgemeines 35.42
7. Beschlussfeststellung 35.8	2. Erstellung 35.43
8. Schließung 35.9	3. Inhalt 35.44
III. **Teilnahmerecht** 35.10	4. Kennungen 35.45
1. Aktionäre 35.10	5. Form 35.46
2. Aktionärsvertreter 35.14	6. Offenlegung 35.47
3. Vorstands- und Aufsichtsratsmitglieder 35.18	7. Nachträgliche Einsichtnahme 35.48
	8. Rechtsfolgen von Verstößen 35.49
4. Versammlungsleiter 35.21	VI. **Geschäftsordnung** 35.50
5. Abschlussprüfer 35.22	1. Allgemeines 35.50
6. Notar 35.23	2. Rechtsnatur 35.51
7. Behördenvertreter 35.24	3. Inhalt 35.52
8. Gäste 35.25	4. Form- und Mehrheitserfordernisse .. 35.55
IV. **Versammlungsleiter** 35.26	5. Rechtsfolgen von Verstößen 35.56
1. Allgemeines 35.26	VII. **Übertragung und digitale Elemente** 35.57
2. Auswahl 35.27	1. Übertragung in Bild und Ton 35.57
a) Satzungsmäßige Bestimmung ... 35.27	2. Übertragung in Nebenräume 35.58
b) Gerichtliche Bestimmung 35.28	3. Online-Teilnahme 35.59
c) Wahl durch die Hauptversammlung 35.31	4. Briefwahl 35.60
	5. Eingangsbestätigung 35.61
3. Abwahl 35.32	6. Abstimmungsbestätigung 35.62
4. Aufgaben und Befugnisse 35.36	VIII. **Virtuelle Hauptversammlung** 35.63
a) Umfassende eigene Rechte 35.36	1. Begriff 35.63

2. Bild- und Tonübertragung 35.64
3. Stimmrecht 35.65
4. Fragerecht 35.66
5. Widerspruchsrecht 35.67
6. Antragsrecht 35.68
7. Einberufungsfrist 35.69
8. Weitere Fristen und Termine 35.70
9. Verfassungskonformität 35.71
10. Richtlinienkonformität 35.72

Schrifttum: *Arnold/Carl/Götze,* Aktuelle Fragen bei der Durchführung der Hauptversammlung, AG 2011, 349; *Austmann,* Verfahrensanträge in der Hauptversammlung, in FS Hoffmann-Becking, 2013, S. 45; *Bachmann,* Die Geschäftsordnung der Hauptversammlung, AG 1999, 210; *Bayer/Hoffmann,* Hauptversammlungsleitung: Statutarische Regelungen, AG 2012, R339; *Bezzenberger,* Die Geschäftsordnung der Hauptversammlung, ZGR 1998, 352; *Bücker/Kulenkamp/Schwarz/Seibt/von Bonin,* Praxisleitfaden zur virtuellen Hauptversammlung, DB 2020, 775; *Butzke,* Die Abwahl des Versammlungsleiters – ein neues Betätigungsfeld für „kritische" Aktionäre?, ZIP 2005, 1164; *Danwerth,* Die erste Saison der virtuellen Hauptversammlung börsennotierter Unternehmen, AG 2020, 776; *Dietrich,* Voraussetzungen und Inhalte einer Geschäftsordnung der Hauptversammlung, NZG 1998, 921; *Drinhausen/Marsch-Barner,* Zur Rechtsstellung des Aufsichtsratsvorsitzenden als Leiter der Hauptversammlung einer börsennotierten Aktiengesellschaft, AG 2014, 757; *von Falkenhausen/Kocher,* Abwahlanträge gegen satzungsmäßig bestimmte Hauptversammlungsleiter, BB 2005, 1068; *Großfeld/Spennemann,* Die Teilnahmeberechtigung mehrerer gesetzlicher Vertreter von Gesellschaften in Mitgliederversammlungen von Kapitalgesellschaften und Genossenschaften, AG 1979, 128; *Hennerkes/Kögel,* Eine Geschäftsordnung für die Hauptversammlung, DB 1999, 81; *Herb/Merkelbach,* Die virtuelle Hauptversammlung 2020 – Vorbereitung, Durchführung und rechtliche Gestaltungsoptionen, DStR 2020, 811; *Herrler,* Die virtuelle Hauptversammlung nach dem COVID-19-Gesetz, DNotZ 2020, 468; *Herrler/Reymann,* Die Neuerungen im Aktienrecht durch das ARUG – unter besonderer Berücksichtigung der Neuregelungen zur Hauptversammlung und zur Kapitalaufbringung bei der AG, DNotZ 2009, 815; *Hippeli,* Die Hauptversammlung im Corona-Zeitalter, DZWiR 2020, 263; *Hoffmann-Becking,* Der Aufsichtsrat der AG und sein Vorsitzender in der Hauptversammlung, NZG 2017, 281; *Höreth,* Wer ist der älteste anwesende Aktionär? – Praktische Überlegungen zur provisorischen Versammlungsleitung, AG 2011, R318; *Ihrig,* Zur Entscheidungskompetenz der Hauptversammlung in Fragen der Versammlungsleitung, in FS Goette, 2011, S. 205; *Ihrig,* Zur Vervielfältigung des Rechts des Aktionärs zur Teilnahme an der Hauptversammlung, in FS Seibert, 2019, S. 409; *Ihrig/Wagner,* Die Reform geht weiter: Das Transparenz- und Publizitätsgesetz kommt, BB 2002, 789; *Kersting,* Das Auskunftsrecht des Aktionärs bei elektronischer Teilnahme an der Hauptversammlung (§§ 118, 131 AktG), NZG 2010, 130; *Kocher,* Der Einfluss festgelegter Stimmen auf Hauptversammlungen – Einschränkungen des Prinzips der ergebnisoffenen Präsenzversammlung?, BB 2014, 2317; *Krieger,* Abwahl des satzungsmäßigen Versammlungsleiters, AG 2006, 355; *Kruchen,* Virtuelle Hauptversammlung, DZWiR 2020, 431; *Lieder,* Die Rechtsstellung von Aufsichtsratsmitgliedern bei fehlerhafter Wahl, ZHR 178 (2014), 282; *von der Linden,* Die Abwahl des Hauptversammlungsleiters – Irrwege, Umwege, Auswege, DB 2017, 1371; *von der Linden,* Die gerichtliche Bestimmung eines neutralen Versammlungsleiters – ein betagtes Instrument im Lichte des Shareholder Activism, in FS Marsch-Barner, 2018, S. 303; *von der Linden,* Haftung für Fehler bei der Leitung der Hauptversammlung, NZG 2013, 208; *von der Linden,* Wer entscheidet über die Form der Stimmrechtsausübung in der Hauptversammlung?, NZG 2012, 930; *Marsch-Barner,* Die Geschäftsordnung der Hauptversammlung, in Dörner/Menoldt/Pfitzer/Oser, Reform des Aktienrechts, der Rechnungslegung und der Prüfung, 2. Aufl. 2003, S. 275; *Marsch-Barner,* Zu den Rechtsfolgen von Fehlern bei der Leitung der Hauptversammlung, in FS Brambring, 2011, S. 267; *Marsch-Barner,* Zur Anfechtung der Wahl von Aufsichtsratsmitgliedern, in FS K. Schmidt, 2009, S. 1109; *Martens,* Leitfaden für die Leitung der Hauptversammlung einer Aktiengesellschaft. 4. Aufl. 2003; *Max,* Die Leitung der Hauptversammlung, AG 1991, 77; *Noack,* ARUG: das nächste Stück der Aktienrechtsreform in Permanenz, NZG 2008, 441; *Noack,* Briefwahl und Online-Teilnahme an der Hauptversammlung: der neue § 118 AktG, WM 2009, 2289; *Noack,* Neue Regularien für die Hauptversammlung durch das ARUG II und den Corporate Governance Kodex 2020, DB 2019, 2785; *Noack,* Neuerungen im Recht der Hauptversammlung durch das Transparenz- und Publizitätsgesetz und den Deutschen Corporate Governance Kodex, DB 2002, 620; *Noack,* Online-Hauptversammlung, NZG 2001, 1057; *Noack/Zetzsche,* Die virtuelle Hauptversammlung nach dem COVID-19-Pandemie-Gesetz 2020, AG 2020, 265; *Paschos/Goslar,* Der Referentenentwurf des ARUG aus Sicht der Praxis, AG 2008, 605; *Poelzig,* Die Haftung des Leiters der Hauptversammlung – Grundlagen, Grenzen und Durchsetzung der Haftung, AG 2015, 476; *Rieckers,* Der gerichtlich bestellte Versammlungsleiter, in FS Krieger,

2020, S. 753; *Rose*, Anträge auf Abwahl des durch die Satzung bestimmten Versammlungsleiters, NZG 2007, 241; *Schaaf*, Die Geschäftsordnung der AG-Hauptversammlung – eine praktische Notwendigkeit?, ZIP 1999, 1339; *Schaaf/Slowinski*, Stimmabgabe des Aktionärs durch Briefwahl, ZIP 2011, 2444; *Schatz*, Beschlussvereitelung durch den Versammlungsleiter und Reaktionsmöglichkeiten der Aktionäre, AG 2015, 696; *Uwe H. Schneider*, Die Erfüllung der kapitalmarktrechtlichen Mitteilungspflichten in der Hauptversammlung, AG 2021, 58; *Uwe H. Schneider*, Geheime Abstimmung in der Hauptversammlung einer Aktiengesellschaft, in FS Peltzer, 2001, S. 425; *Seibert*, Das „TransPuG", NZG 2002, 608; *Seibert/Florstedt*, Der Regierungsentwurf des ARUG, ZIP 2008, 2145; *Seulen*, RefE für das ARUG II – Umsetzung der zweiten Aktionärsrechterichtlinie, DB 2018, 2915; *Stützle/Walgenbach*, Leitung der Hauptversammlung und Mitspracherecht der Aktionäre in Fragen der Versammlungsleitung, ZHR 155 (1991), 516; *Teichmann/Krapp*, Die virtuelle Hauptversammlungssaison 2020: Umsetzungspraxis in DAX und MDAX, DB 2020, 2169; *Theusinger/Schilha*, Die Leitung der Hauptversammlung – eine Aufgabe frei von Haftungsrisiken?, BB 2015, 131; *Theusinger/Schilha*, Gerichtliche Bestimmung eines unparteiischen Versammlungsleiters für einzelne Tagesordnungspunkte der Hauptversammlung, NZG 2016, 56; *Tröger*, Virtuelle Hauptversammlung 2020 und Aktionärsinteressen, BB 2020, 1091; *E. Vetter*, Die Teilnahme ehemaliger Vorstandsmitglieder an der Hauptversammlung, AG 1991, 171; *E. Vetter*, Unternehmensexterne als Versammlungsleiter der Hauptversammlung, in FS Bergmann, 2018, S. 799; *Wicke*, Die Leitung der Hauptversammlung einer Aktiengesellschaft – Praxisrelevante Fragen und neuere Entwicklungen, NZG 2007, 771; *Wilsing/von der Linden*, Debatte und Abstimmung über Geschäftsordnungsanträge in der Hauptversammlung der Aktiengesellschaft, ZIP 2010, 2321; *Wilsing/von der Linden*, Hauptversammlungsleitung durch einen Unternehmensfremden, ZIP 2009, 641; *Wilsing/von der Linden*, Insiderinformationen in der Hauptversammlung, in FS Seibert, 2019, S. 1119; *Wilsing/von der Linden*, Rechtmäßiges Alternativverhalten im Organhaftungsrecht – Steine statt Brot?, NZG 2018, 1416; *Wilsing/von der Linden*, Statutarische Ermächtigungen des Hauptversammlungsleiters zur Beschränkung des Frage- und Rederechts, DB 2010, 1277; *Wilsing/von der Linden*, Zehn Leitlinien für den Versammlungsleiter, BOARD 2018, 110; *Zetzsche*, Aktionärsidentifikation, Aktionärslegitimation und das Hauptversammlungsverfahren nach ARUG II, AG 2020, 1.

I. Grundlagen

35.1 Ähnlich wie die Einberufung ist auch der Ablauf einer Hauptversammlung streng formalisiert. Wesentliche **Stationen im Ablauf** sind die Eröffnung, die Erläuterung der Regularien, mündliche Vorstands- und Aufsichtsratsberichte und die Aussprache mit den Aktionären, anschließend die Abstimmungen, die Beschlussfeststellung und die Schließung (Rz. 35.2 ff.). Ein **Teilnahmerecht** steht in erster Linie den (angemeldeten und legitimierten) Aktionären und Aktionärsvertretern zu, außerdem den Vorstands- und Aufsichtsratsmitgliedern, dem Versammlungsleiter sowie in bestimmten Fällen dem Abschlussprüfer und Behördenvertretern; alle weiteren erforderlichen oder erwünschten Personen, einschließlich des Notars, müssen als Gäste zugelassen werden (Rz. 35.10 ff.). Die Schlüsselfigur einer jeden Hauptversammlung ist der **Versammlungsleiter**. Seine Kernaufgabe ist, für die rechtmäßige, sachgerechte und zügige Erledigung der gesamten Tagesordnung zu sorgen. Zu diesem Zweck kann und darf er sämtliche notwendigen Maßnahmen ergreifen – sowohl in verfahrens- als auch in ordnungsrechtlicher Hinsicht (Rz. 35.26 ff.). Über jede Hauptversammlung ist ein **Teilnehmerverzeichnis** zu führen (Rz. 35.42 ff.). Darüber hinaus gilt, dass die Hauptversammlung sich selbst eine **Geschäftsordnung** geben kann, um ihr eigenes Verfahren zu ordnen. Allerdings muss eine solche Geschäftsordnung sich stets im Rahmen von Gesetz und Satzung bewegen, die keinen nennenswerten Regelungsspielraum lassen; in der Praxis spielt sie darum keine Rolle (Rz. 35.50 ff.). Von hoher praktischer Bedeutung sind demgegenüber Fragen der **Bild- und Tonübertragung**, der schriftlichen oder elektronischen **Briefwahl**, zunehmend auch der **Online-Teilnahme** und weiterer digitaler Elemente (Rz. 35.57 ff.). Das gilt nicht erst seit der COVID-19-Pandemie. Diese hat freilich bewirkt, dass mit der **virtuellen Hauptversammlung** vorübergehend ein digitales Sonderformat zur Verfügung steht – für Hauptversammlungen ohne physische Präsenz der Aktionäre und ihrer Bevollmächtigten (Rz. 35.63 ff.). Dabei handelt es sich um ein Notstandsinstrument. Als Vorlage für die Hauptversammlung der Zukunft taugt es nur sehr bedingt. Die (nähere) Zukunft dürfte vielmehr hybriden Formaten gehören, welche die klassische

Präsenzveranstaltung zunehmend mit digitalen Komponenten aufwerten, darunter womöglich auch ausgewählte Elemente der Online-Teilnahme.

II. Ablauf im Überblick

1. Eröffnung

Die Hauptversammlung beginnt, indem der Versammlungsleiter sie förmlich eröffnet. Der BGH erachtet eine förmliche Eröffnung zwar nicht für erforderlich[1]. Dies spielt aber damit zusammen, dass nach demselben Urteil die **Absagekompetenz** vom Einberufenden auf die Hauptversammlung übergehen soll, sobald die Aktionäre sich im Versammlungsraum eigefunden haben und die in der Einberufung vermerkte Zeit des Versammlungsbeginns erreicht ist (Rz. 34.66). Die Praxis sollte daher auf eine förmliche Eröffnung nicht verzichten. Diese Eröffnung geht üblicherweise einher mit der Begrüßung der Aktionäre und Aktionärsvertreter, der Pressevertreter sowie etwaiger sonstiger Gäste. Außerdem stellt der Versammlungsleiter fest, welche Mitglieder des Vorstands und des Aufsichtsrats anwesend sind. Ggf. teilt er mit, wer sich aus welchen Gründen entschuldigen lässt. Ferner stellt er den Notar vor, der die Niederschrift über die Beschlüsse der Hauptversammlung aufnimmt und dazu regelmäßig neben dem Versammlungsleiter auf dem Podium sitzt.

35.2

2. Regularien

Sodann führt der Versammlungsleiter durch die Regularien. Dazu gehört insbesondere, dass er den **Präsenzbereich** definiert. Ferner, dass er auf das Prozedere für **Wortmeldungen** und für die spätere **Aussprache** hinweist (Rz. 35.6, 36.4), ggf. auch schon auf das spätere **Abstimmungs- oder Wahlverfahren** (Rz. 35.7, 36.64, 36.69 ff.) einschließlich der Stimmrechtsvertretung (Rz. 36.51 ff.). Darüber hinaus wird üblicherweise festgestellt, dass die Hauptversammlung form- und fristgerecht einberufen worden ist, welche Punkte auf der Tagesordnung stehen, welche **Unterlagen** seit wann zugänglich sind und wo sie für die Aktionäre im Präsenzbereich ausliegen. Unter normalen Bedingungen kann dieser sehr formale, aber unvermeidliche Abschnitt der Hauptversammlung im Interesse aller Beteiligten straff ausfallen. Bei konfliktträchtigen Hauptversammlungen muss er hingegen ausführlicher gefasst werden, z.B. mit Blick auf aktionärsseitig ergänzte Tagesordnungspunkte, etwaige erwartete oder sogar angekündigte Gegen- oder Geschäftsordnungsanträge usw.

35.3

3. Bericht des Vorstands

§ 176 Abs. 1 Satz 2 Halbs. 1 AktG bestimmt, dass der Vorstand seine Vorlagen zu Beginn der Verhandlung erläutern soll. Die **Vorlagen** sind die Unterlagen, welche die ordentliche Hauptversammlung gemäß § 175 Abs. 1 AktG entgegennimmt. Sie umfassen den Jahresabschluss, den Lagebericht, einen etwaigen Einzelabschluss nach § 325 Abs. 2a HGB sowie ggf. die entsprechenden Konzernunterlagen, außerdem den Gewinnverwendungsvorschlag. Diese sämtlichen Dokumente sind den Aktionären ab der Einberufung zugänglich zu machen, sei es per Auslage in den Geschäftsräumen sowie Zusendung auf Wunsch oder – sicherlich zeitgemäßer – über die Internetseite der Gesellschaft (§ 175 Abs. 2 AktG). In der Hauptversammlung sind sie ebenfalls auszulegen oder anderweitig zugänglich zu machen (§ 176 Abs. 1 Satz 1 AktG, siehe zu alledem schon Rz. 33.17). Die Erläuterung meint einen zusammenhängenden **mündlichen Vortrag** des wesentlichen, nicht aber des vollständigen Inhalts der Vorlagen[2]. Die Schwerpunkte wählt der Vorstand dabei nach eigenem Ermessen[3]. Die Erläuterung erstreckt sich auch

35.4

---

1 BGH v. 30.6.2015 – II ZR 142/14, BGHZ 206, 143 = AG 2015, 822 Rz. 36.
2 *Hüffer/Koch*, § 176 AktG Rz. 3.
3 *Euler/Klein* in BeckOGK AktG, Stand 1.6.2021, § 176 AktG Rz. 12; *Hennrichs/Pöschke* in MünchKomm. AktG, 4. Aufl. 2018, § 176 AktG Rz. 12; *Reger* in Bürgers/Körber/Lieder, § 176 AktG Rz. 3.

auf wichtige Entwicklungen, die seit der Aufstellung und Billigung der Abschlussunterlagen eingetreten sind. Ebenso umfasst sie eine darauf aufbauende, vorausschauende Beurteilung des laufenden Geschäftsjahrs. Sinnvoll und üblich ist es, mit der Erläuterung auch proaktiv auf bereits bekannte oder absehbare Aktionärsfragen und Kritikpunkte einzugehen[4]. Dies mit dem Ziel, frühzeitig die „Deutungshoheit" über die Themen zu gewinnen und die spätere Aussprache mit den Aktionären (Rz. 35.6) zu entlasten[5].

4. Bericht des Aufsichtsrats

35.5 Weiter bestimmt § 176 Abs. 1 Satz 2 Halbs. 2 AktG, dass der Aufsichtsratsvorsitzende den schriftlichen Bericht des Aufsichtsrats (dazu Rz. 34.106 f.) erläutern soll. Hieran ist ein ähnlicher Maßstab anzulegen wie an die mündlichen Ausführungen des Vorstands (Rz. 35.4). Das bedeutet: Es ist eine in sich geschlossene **mündliche Darstellung** zu liefern. Diese soll den schriftlichen Bericht nicht etwa (nur) wiederholen. Vielmehr geht es darum, sachgerechte Schwerpunkte zu setzen[6]. Klassische Schwerpunkte sind herausragende Geschäftsführungsmaßnahmen, die der Aufsichtsrat im Berichtsjahr begleitet hat. Dies vor allem, wenn sie einem **Zustimmungsvorbehalt** nach § 111 Abs. 4 Satz 2 AktG unterliegen. Denn mit seiner Zustimmung oder seinem Veto nimmt der Aufsichtsrat an der Geschäftsführung teil und übt eigenes unternehmerisches Ermessen aus[7]. Ebenso ist es üblich, im mündlichen Bericht auf **Personalentscheidungen** des Aufsichtsrats für den Vorstand einzugehen. Das gilt nicht nur, aber in besonderem Maße für die Bestellung eines neuen Vorsitzenden oder Sprechers[8]. Die mündlichen Ausführungen können auch über den schriftlichen Bericht hinausgehen. Insbesondere ist es denkbar, die Lage und die Entwicklung der Gesellschaft aus der Perspektive des Aufsichtsrats einzuschätzen[9]. Darüber sowie auch über den Umfang der mündlichen Erläuterungen entscheidet der Aufsichtsratsvorsitzende. Dies gilt mit der Maßgabe, dass er sich an die Tendenz des schriftlichen Berichts des Gesamtaufsichtsrats halten muss. Etwaige persönliche Einschätzungen muss er als solche kennzeichnen[10]. Im Übrigen gilt auch hier, dass der mündliche Bericht absehbare Fragen sowie Kritik aus den Reihen der Aktionäre vorwegnehmen sollte[11].

5. Aussprache

35.6 Auf die Berichte des Vorstands (Rz. 35.4) und des Aufsichtsratsvorsitzenden (Rz. 35.5) folgt die Aussprache mit den Aktionären. Sie gibt den Aktionären Raum, ihr Frage- und Rederecht auszuüben (Rz. 36.3 ff.) sowie Anträge zur Geschäftsordnung oder zur Sache zu stellen (Rz. 36.37 ff.). Üblicherweise findet eine **Generaldebatte** statt. Das bedeutet, dass sämtliche Punkte der Tagesordnung gleichzeitig aufgerufen und behandelt werden. **Einzeldebatten** sind ebenfalls denkbar, in zeitlicher Hinsicht aber schwieriger zu steuern; in der Praxis kommen sie deshalb kaum vor. In größeren Hauptversammlungen verteilt sich die Aussprache, auch in Form der Generaldebatte, auf mehrere Frage- und Antwortrunden. Der Versammlungsleiter lässt dann in einem ersten Block eine überschaubare Anzahl

---

4 *Drygala* in K. Schmidt/Lutter § 176 AktG Rz. 11; *Hennrichs/Pöschke* in MünchKomm. AktG, 4. Aufl. 2018, § 176 AktG Rz. 12; *Hüffer/Koch*, § 176 AktG Rz. 3.
5 *Wilsing/von der Linden* in FS Seibert, 2019, S. 1119, 1122.
6 *Hennrichs/Pöschke* in MünchKomm. AktG, 4. Aufl. 2018, § 176 AktG Rz. 20.
7 BGH v. 21.4.1997 – II ZR 175/95 – ARAG/Garmenbeck, BGHZ 135, 244, 255 = AG 1997, 377; BGH v. 10.7.2018 – II ZR 24/17 – Schloss Eller, BGHZ 219, 193 = AG 2018, 841 Rz. 50; *Habersack* in MünchKomm. AktG, 5. Aufl. 2019, § 111 AktG Rz. 114, 144; *Mertens/Cahn* in KölnKomm. AktG, 3. Aufl. 2013, § 111 AktG Rz. 111; *Spindler* in BeckOGK AktG, Stand 1.6.2021, § 111 AktG Rz. 90; *Wilsing/von der Linden*, NZG 2018, 1416, 1418.
8 *Hennrichs/Pöschke* in MünchKomm. AktG, 4. Aufl. 2018, § 176 AktG Rz. 20.
9 *Hüffer/Koch*, § 176 AktG Rz. 4.
10 *Hennrichs/Pöschke* in MünchKomm. AktG, 4. Aufl. 2018, § 176 AktG Rz. 19; *Hüffer/Koch*, § 176 AktG Rz. 4; *Reger* in Bürgers/Körber/Lieder, § 176 AktG Rz. 6.
11 *Wilsing/von der Linden* in FS Seibert, 2019, S. 1119, 1124.

von Aktionären und Aktionärsvertretern sprechen, je nach Größe der Hauptversammlung und Länge der Rednerliste etwa drei bis zehn. Darunter sind in aller Regel die Vertreter der großen Aktionärsvereinigungen (DSW und SdK) sowie der institutionellen Investoren (Rz. 36.4). Hintergrund ist, dass diese oftmals Themen von allgemeinem Interesse ansprechen[12]. Die Fragen werden stenografisch erfasst. Das Backoffice erstellt sodann Antwortvorschläge, die in einer anschließenden Antwortrunde vorgetragen werden können – je nach inhaltlicher Stoßrichtung entweder durch ein Vorstandsmitglied oder durch den Aufsichtsratsvorsitzenden (siehe auch Rz. 36.13, 36.21). Daran schließen sich ggf. weitere Frage- und Antwortrunden an. Diese strukturierte Abfolge von Frage und Antwort hat sich in der Praxis bewährt. Direkte bzw. freie Antworten kommen meistens erst in der Schlussrunde bei etwaigen Rückfragen zum Einsatz. Im Übrigen gilt es, jedwedes Zwiegespräch zwischen der Verwaltung und den Versammlungsteilnehmern zu vermeiden[13]. Auch etwaige Zwischenrufe aus dem Plenum sollten in der Sache unkommentiert bleiben. Stattdessen sollte der Versammlungsleiter den Störer belehren, dass er sich ordnungsgemäß zu Wort melden und dann am Rednerpult sprechen kann. Je nach Art und Intensität des Zwischenrufs kann es auch angezeigt sein, den Störer durch Ordnungsmaßnahmen in seine Schranken zu weisen (dazu Rz. 35.38).

6. Abstimmungen

Nach der Aussprache finden die Abstimmungen statt. Zur Abstimmung stehen dann die mit der Einberufungsunterlage bekanntgemachten Beschlussvorschläge der Verwaltung, ggf. unter Anpassung an eine etwa veränderte Sachlage, z.B. an eine veränderte Zahl dividendenberechtigter Aktien (dazu Rz. 34.54). Das **Abstimmungsprozedere** (Abstimmungsmedium; Additions- oder Subtraktionsmethode; offene oder verdeckte Abstimmung) bestimmt der Versammlungsleiter, soweit nicht die Satzung ihn ausnahmsweise bindet[14]; ausführlich dazu Rz. 36.64. Es findet üblicherweise ein einheitlicher Sammelgang zu allen Tagesordnungspunkten statt. Das bedeutet, dass die Aktionäre ihre Stimmen zu den unterschiedlichen Beschlussvorschlägen gemeinsam abgeben – was ein inhaltlich differenziertes Abstimmungsverhalten freilich nicht ausschließt. Anschließend werden die Stimmen ausgezählt und so die **Abstimmungsergebnisse** ermittelt (näher Rz. 36.67). Etwaige Gegenanträge der Aktionäre gelangen üblicherweise gesondert zur Abstimmung. In den meisten Fällen erledigen sie sich, falls der Verwaltungsvorschlag die notwendige Mehrheit findet.

35.7

7. Beschlussfeststellung

Im Anschluss stellt der Versammlungsleiter fest, was die Beschlussfassung ergeben hat. Kernbestandteil ist die Feststellung, dass die erforderliche Mehrheit erreicht wurde. In der börsenfernen AG kann der Versammlungsleiter es stets bei dieser kurzen Feststellung bewenden lassen. Demgegenüber muss in der **börsennotierten AG** die Feststellung im gesetzlichen Regelfall umfangreicher ausfallen. Sie muss dann namentlich auch die Zahl der Aktien umfassen, für die gültige Stimmen abgegeben worden sind, außerdem den durch die gültigen Stimmen vertretenen Anteil am eingetragenen Grundkapital sowie die Zahl der für jeden Beschluss abgegebenen Stimmen, Gegenstimmen und ggf. der Enthaltungen (§ 130 Abs. 2 Satz 2 Nr. 1–3 AktG). Es ist jedoch auch in der börsennotierten AG zulässig, dass der Versammlungsleiter sich auf eine kurze Feststellung beschränkt – und zwar dann, wenn kein Aktionär eine umfassende Feststellung verlangt (§ 130 Abs. 2 Satz 3 AktG). Die Feststellung des Versammlungsleiters und ihre Beurkundung sind für den Beschluss der Hauptversammlung **konstitutiv** (siehe auch Rz. 36.68 und 37.17). Dies gilt selbst dann, wenn die Feststellung dem wirklichen Beschlussinhalt wi-

35.8

---

12 OLG München v. 28.9.2011 – 7 U 711/11 – HRE, AG 2011, 840, 843; *Kubis* in MünchKomm. AktG, 4. Aufl. 2018, § 119 AktG Rz. 144; *Mülbert* in Großkomm. AktG, 5. Aufl. 2017, § 129 AktG Rz. 150; *Butzke*, HV, D Rz. 34; *Hoffmann-Becking* in MünchHdb. AG, § 37 Rz. 62.
13 *Wilsing/von der Linden*, BOARD 2018, 110.
14 *von der Linden*, NZG 2012, 930, 932 ff.

derspricht. Etwaige Fehler der Feststellung können nur im Wege der Anfechtungsklage korrigiert werden[15]; näher zu alldem Rz. 37.11 ff.

8. Schließung

35.9 Die Hauptversammlung endet, sobald der Versammlungsleiter sie schließt. Das darf erst, muss aber auch geschehen, wenn die Tagesordnung erledigt ist. Dabei ist gleich, ob sie durch **Sachbeschlüsse** erledigt wurde oder durch **Vertagung** oder **Absetzung** einzelner oder sämtlicher Punkte. Außerdem müssen die Aktionäre Gelegenheit erhalten, nach den Beschlussfeststellungen des Versammlungsleiters noch etwaige **Widersprüche** zu Protokoll zu geben (Rz. 36.74). Bis dahin darf und muss der Versammlungsleiter ggf. noch zuwarten. Es begegnet erheblichen Bedenken, eine einmal geschlossene Hauptversammlung wiederzueröffnen. So jedenfalls dann, wenn Aktionäre im Vertrauen auf die Schließung bereits das Versammlungslokal verlassen haben[16]. Aber auch unabhängig davon dürfte eine einmal verfügte Schließung endgültig sein – selbst dann, wenn sie verfrüht war, weil es erkennbar noch offene Punkte gibt. Insbesondere dürfen die Aktionäre nach erfolgter Schließung keine Beschlüsse mehr fassen. Damit ist schwerlich vereinbar, dass nach h.M. die Hauptversammlung in der Lage sein soll, sofort nach der (verfrühten) Schließung mit einfacher Stimmenmehrheit ihre eigene Fortsetzung zu beschließen[17]. Dieser Beschluss läge nämlich seinerseits außerhalb der Hauptversammlung. Überdies fehlt es nach Schließung an einem Leiter, der besagten **Fortsetzungsbeschluss** einholen und sein Ergebnis feststellen könnte. Für die Praxis ist ein Fortsetzungsbeschluss daher keine realistische Option. Vielmehr ist es erforderlich, die Hauptversammlung unter Beachtung aller Formen und Fristen neu einzuberufen[18].

III. Teilnahmerecht

1. Aktionäre

35.10 Jeder Aktionär hat, wie sich aus § 118 Abs. 1 Satz 1 AktG ergibt, ein Recht zur Teilnahme an der Hauptversammlung. Dieses Recht ist in seinem Kern unentziehbar und unverzichtbar (Rz. 36.2). Inhaltlich umfasst es das Recht auf **Anwesenheit** sowie das Recht auf **Mitberatung**, d.h. das Recht, sich zu den Gegenständen der Tagesordnung zu äußern sowie Fragen und auch Anträge zu stellen[19]. Das **Stimmrecht** steht als eigenes Recht neben dem Teilnahmerecht[20]. Das folgt u.a. aus § 118 Abs. 2 Satz 1 AktG, der unter bestimmten Voraussetzungen eine Stimmabgabe per Briefwahl ermöglicht, d.h. definitionsgemäß auch ohne Teilnahme an der Hauptversammlung (dazu Rz. 35.60). Umgekehrt gibt es auch Aktionäre, die zwar teilnahme-, aber nicht stimmberechtigt sind. So etwa, wenn sie einem Stimmverbot unterliegen (§ 136 Abs. 1, § 142 Abs. 1 Satz 2 und 3, § 285 Abs. 1 Satz 2 und 3 AktG) oder nur stimmrechtslose Vorzugsaktien halten (§ 139 Abs. 1 Satz 1 AktG). Dem entspricht es, dass auch § 121 Abs. 3 Satz 3 Nr. 1 und § 123 Abs. 2 Satz 1, Abs. 3 Halbs. 1, Abs. 5 AktG zwischen der Teilnahme an der Hauptversammlung und der Stimmrechtsausübung unterscheiden.

35.11 Das Teilnahmerecht steht jedem Aktionär unabhängig vom Umfang seiner Beteiligung am Grundkapital zu. Auch eine bloß vorübergehende Aktionärseigenschaft, z.B. aufgrund einer **Wertpapierleihe**, begründet das Teilnahmerecht[21]. Dies gilt auch dann, wenn die Aktien allein zur Stimmrechtsausübung

---

15 *Hüffer/Koch*, § 130 AktG Rz. 22; *Kubis* in MünchKomm. AktG, 4. Aufl. 2018, § 130 AktG Rz. 62.
16 Vgl. BGH v. 30.6.2015 – II ZR 142/14, BGHZ 206, 143 = AG 2015, 822 Rz. 39.
17 *Kubis* in MünchKomm. AktG, 4. Aufl. 2018, § 119 AktG Rz. 160; *Butzke*, HV, D Rz. 52; *Martens*, Leitfaden, S. 96 f.; *Max*, AG 1991, 77, 93 f.; *Stützle/Walgenbach*, ZHR 155 (1991), 516, 539.
18 *Wilsing/von der Linden*, BOARD 2018, 110, 112.
19 *Hüffer/Koch*, § 118 AktG Rz. 20.
20 BGH v. 12.7.1971 – II ZR 127/69, AG 1972, 220 (zur GmbH).
21 *Kubis* in MünchKomm. AktG, 4. Aufl. 2018, § 118 AktG Rz. 54.

in der Hauptversammlung erworben wurden – mit Ausnahme rechtsmissbräuchlicher Gestaltungen. Kein Teilnahmerecht vermitteln Aktien, deren Rechte ruhen, wie insbesondere **eigene Aktien** der Gesellschaft (§§ 71b, 71d Satz 4, § 71e Abs. 1 Satz 1 AktG). Kein Teilnahmerecht gewähren auch solche Aktien, deren Inhaber gegen die Meldepflichten aus §§ 33, 34 WpHG oder gegen die Pflicht zur Unterbreitung eines Übernahmeangebots aus § 35 Abs. 1 und 2 WpÜG verstoßen haben (§ 44 WpHG, § 59 Satz 1 WpÜG). Inhaber von Zertifikaten, z.B. American Depository Receipts (ADR), halten keine Aktien und haben schon deshalb kein Zutrittsrecht zur Hauptversammlung[22]. Auch Inhaber von **Options- und Wandelschuldverschreibungen** sind nicht teilnahmeberechtigt.

Bei einer **Sonderversammlung** i.S.v. § 138 Satz 2 AktG sind nach h.M. nur die auf dieser Versammlung stimmberechtigten Aktionäre teilnahmeberechtigt[23]. Die Aktionäre, um deren besondere Interessen es geht, sollen über ihre Angelegenheiten unbeeinflusst beraten und beschließen können[24]. Streng durchgesetzt wird dieses exklusive Teilnahmerecht in der Praxis allerdings selten. Hintergrund ist, dass eine Sonderversammlung sich in aller Regel unmittelbar an die Hauptversammlung anschließt. Es ist kaum darstellbar, einen größeren Präsenzbereich zunächst vollständig zu räumen, um dann nur die sonderabstimmungsberechtigten Aktionäre wieder einzulassen. Wichtig ist aber, dass der Versammlungsleiter nur den berechtigten Aktionären das Wort erteilt und vor allem nur sie zur Stimmabgabe zulässt[25]. Üblich und sinnvoll ist es immerhin, die übrigen Aktionäre zu Beginn der Versammlung aus dem Saal zu bitten und darauf hinzuweisen, dass sie im Falle ihres Verbleibs nur als Gäste geduldet werden[26].

35.12

Das Teilnahmerecht kann durch die **Satzung** insofern beschränkt werden, als eine **Anmeldung** zur Hauptversammlung verlangt werden kann (§ 123 Abs. 2 Satz 1 AktG). Dies ist bei börsennotierten Gesellschaften regelmäßig der Fall (näher Rz. 34.99). Bei Inhaberaktien bedarf es zudem eines **Legitimationsnachweises** (dazu Rz. 34.100). Darüber hinaus kann das Teilnahmerecht in der Hauptversammlung durch **Verfahrens- oder Ordnungsmaßnahmen** des Versammlungsleiters eingeschränkt werden, z.B. durch Sicherheitskontrollen, eine Beschränkung der Frage- und Redezeit, einen Wortentzug oder einen Saalverweis (dazu Rz. 35.36 ff., 36.5 ff.).

35.13

2. Aktionärsvertreter

Das Teilnahmerecht ist kein höchstpersönliches Recht; es kann daher auch durch einen gewillkürten Vertreter ausgeübt werden. Voraussetzung dafür ist eine entsprechende **Vollmacht** (§§ 164 ff. BGB). § 134 Abs. 3 Satz 1 AktG regelt dies (nur) für die Stimmrechtsvertretung (siehe Rz. 36.51). Es ist aber anerkannt, dass für die sonstigen versammlungsgebundenen Aktionärsrechte dasselbe gelten muss, namentlich für das Teilnahmerecht (Rz. 36.2), das Frage- und Rederecht (Rz. 36.3 ff.), das Auskunftsrecht (Rz. 36.11 ff.), das Antragsrecht (Rz. 36.37 ff.) sowie das Widerspruchsrecht (Rz. 36.74). Mehr noch: Eine Stimmrechtsvollmacht ist regelmäßig dahin auszulegen, dass der Bevollmächtigte damit auch die übrigen versammlungsgebundenen Rechte wahrnehmen kann[27]. Dabei gilt, dass der Bevollmächtigte nach allgemeinen Regeln diese Rechte im fremden Namen ausübt – in aller Regel unter Offenlegung des Namens des Prinzipals. Etwas anderes gilt für Intermediäre, Aktionärsvereinigungen, Stimmrechtsberater, geschäftsmäßig agierende Stimmrechtsvertreter sowie für den Stimmrechtsvertreter der Gesellschaft. Sie treten regelmäßig im Namen dessen auf, den es angeht, es sei denn, ihre Vollmacht gestattet ihnen ausnahmsweise eine offene Stellvertretung (§ 134 Abs. 3 Satz 5 Halbs. 2, § 135 Abs. 5

35.14

---

22 *Mülbert* in Großkomm. AktG, 5. Aufl. 2017, § 118 AktG Rz. 22; *Butzke*, HV, C Rz. 11; näher dazu *Bungert/Paschos*, DZWiR 1995, 221 ff.
23 *Bezzenberger/Bezzenberger* in Großkomm. AktG, 5. Aufl. 2020, § 138 AktG Rz. 34; *Hüffer/Koch*, § 138 AktG Rz. 4; *Austmann* in MünchHdb. AG, § 40 Rz. 69; a.A. *Steiner*, § 17 Rz. 16.
24 *Arnold* in MünchKomm. AktG, 4. Aufl. 2018, § 138 AktG Rz. 26.
25 *Austmann* in MünchHdb. AG, § 40 Rz. 69.
26 *Bezzenberger/Bezzenberger* in Großkomm. AktG, 5. Aufl. 2020, § 138 AktG Rz. 35.
27 *Rieckers* in BeckOGK AktG, Stand 1.6.2021, § 134 AktG Rz. 83.

Satz 2 AktG, näher Rz. 36.55). Statt eine Vollmacht zu erteilen, kann der Aktionär einen Dritten auch ermächtigen, seine Aktionärsrechte **im eigenen Namen** auszuüben (sog. Legitimationszession, § 129 Abs. 3 Satz 1 AktG)[28].

35.15 Der Aktionär kann auch **mehreren Personen** eine Vollmacht erteilen – sei es als Gesamt- oder als Einzelvertretern. In diesem Fall darf die Gesellschaft einen oder mehrere dieser Vertreter zurückweisen (§ 134 Abs. 3 Satz 2 AktG). Anders formuliert: Die Gesellschaft muss nicht mehr als einen Bevollmächtigten je Aktionär zulassen. Und mehr noch: Bei persönlichem Erscheinen des Aktionärs darf sie sogar sämtliche Bevollmächtigte zurückweisen[29]. Dies gilt unabhängig vom Umfang des Aktienbesitzes[30]. Denn das Teilnahmerecht ist allein auf die Person bezogen, nicht auf die jeweilige Aktienzahl[31]. Trotzdem sollte die AG auf nachvollziehbare Belange des Aktionärs Rücksicht nehmen. So vor allem, wenn komplexe Tagesordnungspunkte anstehen und der Aktionär auf mehrere Vertreter bzw. Begleiter angewiesen sein kann (z.B. Rechtsberater und Wirtschaftsprüfer)[32]. Ohnehin kann sich ein Aktionär unschwer mehrere Eintrittskarten beschaffen, falls er nur mehrere Aktiendepots unterhält. Das wiederum hat zur Folge, dass er ebenso unschwer mehrere Vertreter entsenden kann. Darin liegt weder eine Umgehung noch ein Rechtsmissbrauch. Im Gegenteil: Art. 10 Abs. 2 Unterabs. 2 Satz 1 Aktionärsrechte-RL sieht sogar ausdrücklich vor, dass ein Aktionär für die Aktien in jedem seiner Wertpapierdepots einen gesonderten Vertreter bestellen darf. Im praktischen Ergebnis lässt sich so eine „Vervielfältigung" des Teilnahmerechts erreichen[33]. Über die Zulassung oder Zurückweisung von Bevollmächtigten entscheidet der Versammlungsleiter[34]. Die Satzung kann für die Ausübung des Zurückweisungsrechts nähere Regeln aufstellen[35]; diese sollten eine flexible Handhabung ermöglichen.

35.16 **Gesamtbevollmächtigte** können (und müssen) einander mit Untervollmacht ausstatten, falls nur einer von ihnen zur Teilnahme und zur Stimmrechtsausübung zugelassen wird. Gleiches befürworten manche Stimmen in den Fällen **gesetzlicher Gesamtvertretung**, z.B. bei der Vertretung minderjähriger Aktionäre durch Vater und Mutter (§ 1629 Abs. 1 Satz 2 BGB), einer Personengesellschaft durch ihre sämtlichen Gesellschafter (§§ 714, 709 BGB, § 125 Abs. 2, § 161 Abs. 2 HGB) oder auch einer AG durch ihre sämtlichen Vorstandsmitglieder (§ 78 Abs. 2 Satz 1 AktG)[36]. Dem ist aber nur mit folgender Maßgabe beizutreten: Die Gesellschaft ist nicht berechtigt, einen oder mehrere *gesetzliche* Gesamtvertreter zurückzuweisen – es sei denn, sie hat nachvollziehbare Zweifel an deren Legitimation. § 134 Abs. 3 Satz 2 AktG regelt nach Wortlaut und Systematik nur die Zurückweisung eines *Bevollmächtigten*, d.h. eines *gewillkürten* Vertreters. Auf gesetzliche (einschließlich organschaftlicher) Vertreter ist die Norm weder direkt noch entsprechend anwendbar[37]. Stehen die Aktien mehreren Berechtigten zu, so können die Rechte aus ihnen nur durch einen **gemeinschaftlichen Vertreter** ausgeübt werden (§ 69 Abs. 1 AktG). Das gilt namentlich bei Erben-, Güter- oder Bruchteilsgemeinschaften. Auszunehmen ist die Girosammelverwahrung gemäß §§ 5 ff. DepotG, da es hier bei einer Mitgliedschaft der einzelnen Aktionäre bleibt[38]. Dasselbe gilt für Pool- und Treuhandvereinbarungen[39]. Auch auf Investmentfonds

---

28 *Hüffer/Koch*, § 129 AktG Rz. 12; *Mülbert* in Großkomm. AktG, 5. Aufl. 2017, § 118 AktG Rz. 71.
29 *Ihrig* in FS Seibert, 2019, S. 409, 413 ff.
30 *Holzborn* in Bürgers/Körber/Lieder, § 134 AktG Rz. 17a; *Hüffer/Koch*, § 134 AktG Rz. 27; *Rieckers* in BeckOGK, Stand 1.6.2021, § 134 AktG Rz. 66; a.A. *Spindler* in K. Schmidt/Lutter, § 134 AktG Rz. 60.
31 *Maul* in Beck'sches Hdb. AG, § 4 Rz. 7.
32 *Hüffer/Koch*, § 134 AktG Rz. 27.
33 Dazu *Ihrig* in FS Seibert, 2019, S. 409, 422 ff.
34 *Hoffmann-Becking* in MünchHdb. AG, § 37 Rz. 17.
35 Begr. RegE ARUG, BT-Drucks. 16/11642, S. 32; *Rieckers* in BeckOGK AktG, Stand 1.6.2021, § 134 AktG Rz. 68.
36 *Arnold* in MünchKomm. AktG, 4. Aufl. 2018, § 134 AktG Rz. 50.
37 *Spindler* in K. Schmidt/Lutter, § 134 AktG Rz. 67; *Großfeld/Spennemann*, AG 1979, 128, 129.
38 *Hüffer/Koch*, § 69 AktG Rz. 2.
39 *Bezzenberger* in K. Schmidt/Lutter, § 69 AktG Rz. 4.

ist § 69 AktG nach h.M. nicht anwendbar. Für sie gilt vielmehr, dass die Verwaltungsgesellschaft zur Ausübung der Rechte berufen ist (§§ 92 ff. KAGB)[40].

Die **Satzung** kann die Möglichkeit der Vertretung nicht ausschließen. Nach überkommener Auffassung sollte es ihr immerhin möglich sein, nur bestimmte Personen als Bevollmächtigte zuzulassen, namentlich andere Aktionäre[41]. Die heute h.M. teilt diesen Standpunkt zu Recht nicht mehr. Statutarische Regeln darf es nur geben, was die **Form** angeht, in der die Vollmacht erteilt, widerrufen oder nachgewiesen werden muss (§ 134 Abs. 3 Satz 3 AktG, dazu Rz. 36.51). Es ist jedoch nicht statthaft, die Aktionäre statutarisch auf bestimmte Personen als Bevollmächtigte festzulegen oder sonst inhaltlich einzuschränken[42]. 35.17

3. Vorstands- und Aufsichtsratsmitglieder

Vorstands- und Aufsichtsratsmitglieder „sollen" an der Hauptversammlung teilnehmen (§ 118 Abs. 3 Satz 1 AktG). Sie sind damit zur Teilnahme berechtigt, aber auch verpflichtet. Die Teilnahme des Vorstands ist notwendig, weil er seine Vorlagen erläutern und ggf. Auskünfte erteilen muss (§ 176 Abs. 1 Satz 2, § 131 AktG, dazu Rz. 35.4, 35.6 und 36.11 ff.). Auch der schriftliche Bericht des Aufsichtsrats ist zu erläutern, allerdings nur vom Aufsichtsratsvorsitzenden (§ 176 Abs. 1 Satz 2 AktG, dazu Rz. 35.5). Kein Teilnahmerecht haben **ehemalige Organmitglieder**[43]. Doch ist es denkbar und üblich, sie auf eigenen Wunsch als Gäste zuzulassen[44]. Umgekehrt haben ehemalige Organmitglieder aber auch keine Teilnahmepflicht[45]. Das gilt selbst dann, wenn sie noch zur Entlastung anstehen[46]. Die h.M. befürwortet hiervon eine Ausnahme: Ehemalige Organmitglieder sollen teilnahmepflichtig werden können, um erforderliche Auskünfte betreffend ihre Amtszeit zu ermöglichen – und zwar kraft nachwirkender Treupflicht aus ihrem Organ- oder Anstellungsverhältnis[47]. Diese Sichtweise verdient jedoch keinen Zuspruch. Auskunftspflichtig ist stets nur der amtierende Vorstand (siehe Rz. 36.13). Dem entspricht es, dass er zwar seinerseits verpflichtet sein kann, eine sonst nicht mehr verfügbare Information bei einem ehemaligen Organmitglied zu beschaffen. Dafür ist aber keine Anwesenheit des ehemaligen Organmitglieds in der Hauptversammlung erforderlich[48]. 35.18

Die Satzung kann die Teilnahmepflicht der **Aufsichtsratsmitglieder** lockern. Sie kann nämlich bestimmte Fälle vorsehen, in denen ein Aufsichtsratsmitglied nicht vor Ort erscheinen muss, sondern im Wege der Bild- und Tonübertragung teilnehmen darf (§ 118 Abs. 3 Satz 2 AktG). So etwa, wenn das Aufsichtsratsmitglied aufgrund seines Wohnsitzes im Ausland erhebliche Reisen auf sich nehmen müsste. Ebenso, wenn es sich aus wichtigem Grund an einem anderen ausländischen oder auch inländischen Ort aufhält. Teilnahme der Aufsichtsratsmitglieder im Wege der Bild- und Tonübertragung meint in jedem Fall eine **beiderseitige Übertragung**[49]. Angesichts dieser Anforderungen hatte die Lockerung der Präsenzpflicht zunächst wenig praktische Bedeutung. Gesteigerte Bedeutung erfuhr sie erst, als die COVID-19-Pandemie es ab dem Frühjahr 2020 erforderlich machte, physische Kontakte 35.19

---

40 *Bezzenberger* in K. Schmidt/Lutter, § 69 AktG Rz. 4; *Hüffer/Koch*, § 69 AktG Rz. 2; a.A. *Cahn* in BeckOGK AktG, Stand 1.6.2021, § 69 AktG Rz. 7.
41 RG v. 23.5.1903 – I 28/03, RGZ 55, 41. 42.
42 OLG Braunschweig v. 27.8.2013 – 2 W 142/12, BeckRS 2014, 20216 Rz. 22; OLG Stuttgart v. 28.5.1990 – 8 W 203/90, AG 1991, 69 f.; *Hüffer/Koch*, § 134 AktG Rz. 25; *Mülbert* in Großkomm. AktG, 5. Aufl. 2017, § 118 AktG Rz. 85; *Hoffmann-Becking* in MünchHdb. AG, § 37 Rz. 15.
43 *Hoffmann-Becking* in MünchHdb. AG, § 37 Rz. 1.
44 *Hüffer/Koch*, § 118 AktG Rz. 21; *E. Vetter*, AG 1991, 171, 172 ff.
45 *Mülbert* in Großkomm. AktG, 5. Aufl. 2017, § 118 AktG Rz. 60.
46 *Hoffmann-Becking* in MünchHdb. AG, § 37 Rz. 1; *E. Vetter*, AG 1991, 171, 172 ff.
47 *Mülbert* in Großkomm. AktG, 5. Aufl. 2017, § 118 AktG Rz. 60; *Reger* in Bürgers/Körber/Lieder, § 118 AktG Rz. 8; *Spindler* in K. Schmidt/Lutter, § 118 AktG Rz. 39; *E. Vetter*, AG 1991, 171, 172.
48 *Hoffmann* in BeckOGK AktG, Stand 1.6.2021, § 118 AktG Rz. 34.
49 Begr. RegE TransPuG, BT-Drucks. 14/8769, S. 19; *Hüffer/Koch*, § 118 AktG Rz. 22; *Spindler* in K. Schmidt/Lutter, § 118 AktG Rz. 42; *Seibert*, NZG 2002, 608, 611.

auf ein Minimum zu reduzieren. Für Vorstandsmitglieder gilt § 118 Abs. 3 Satz 2 AktG weder direkt noch entsprechend.

35.20 Naturgemäß ist es möglich und unbedenklich, dass Vorstands- und Aufsichtsratsmitglieder der Hauptversammlung **aus wichtigem Grund** fernbleiben, z.B. bei anderweitiger Verpflichtung im Dienste der Gesellschaft, unauflösbarer Terminkollision, Krankheit usw. Einer Satzungserlaubnis bedarf es dafür nicht. Vielmehr gilt, dass das Fernbleiben unter solchen Umständen entschuldigt und somit nicht vorwerfbar ist[50]. Wer grundlos fernbleibt, verletzt hingegen schuldhaft seine organschaftliche Sorgfaltspflicht (§ 93 Abs. 1 Satz 1, § 116 Satz 1 AktG). Die Rechtsfolgen bestimmen sich nach allgemeinen Regeln. Denkbar sind u.a. Abberufung (§ 84 Abs. 3 Satz 2, § 103 AktG), Verweigerung der Entlastung (§ 120 Abs. 1 Satz 1 AktG) sowie Schadensersatzansprüche der Gesellschaft (§ 93 Abs. 2 Satz 1, § 116 Satz 1 AktG). Zumeist werden diese Rechtsfolgen aber außer Verhältnis zur Schwere der Pflichtverletzung stehen. Demgegenüber besteht in aller Regel keine Möglichkeit, Beschlüsse der Hauptversammlung wegen einer Verletzung der Teilnahmepflicht aus § 118 Abs. 3 Satz 1 AktG anzufechten (Soll-Vorschrift)[51].

4. Versammlungsleiter

35.21 Der Versammlungsleiter hat ein eigenes Teilnahmerecht kraft Natur der Sache[52]. Das gilt unabhängig davon, ob er sein Amt einer Satzungsbestimmung, einer gerichtlichen Bestellung oder einer Wahl durch die Hauptversammlung verdankt (näher dazu Rz. 35.27 ff.).

5. Abschlussprüfer

35.22 Eine Teilnahmepflicht des **Abschlussprüfers** besteht nur in dem Sonderfall, dass der Jahresabschluss von der Hauptversammlung festgestellt wird (§ 176 Abs. 2 Satz 1 AktG). In allen übrigen Fällen besteht nicht einmal ein originäres Teilnahmerecht[53]; die Teilnahme des Abschlussprüfers oder eines Vertreters ist aber üblich und zur Unterstützung des Vorstands bei der Auskunftserteilung sinnvoll[54]. Die Zulassung erfolgt durch den Versammlungsleiter. **Sonderprüfer** haben dagegen generell weder ein Recht noch eine Pflicht zur Teilnahme[55]. Sie erstatten der Hauptversammlung lediglich einen schriftlichen Bericht (§ 145 Abs. 5 AktG).

6. Notar

35.23 Bei börsennotierten Gesellschaften ist stets ein Notar notwendig, der die **Niederschrift** über die Beschlüsse der Hauptversammlung und bestimmte andere Vorgänge aufnimmt (§ 130 Abs. 1 Satz 1 AktG, dazu Rz. 37.2 ff.). Er ist zwar in gewisser Weise ein notwendiger Funktionsträger, weil ohne seine Gegenwart und Mitwirkung kein wirksamer Hauptversammlungsbeschluss zustande kommen kann. Auch ist er kraft seines Geschäftsbesorgungsvertrags verpflichtet, sich zur Hauptversammlung zu begeben und die beurkundungsbedürftigen Vorgänge wahrzunehmen; der Versammlungsort ist insoweit zugleich Erfüllungsort für seine Vertragspflichten. Daraus erwächst nach h.M. aber kein eigenes Teilnahmerecht im hier diskutierten Sinne[56]. Vielmehr gilt, dass der Notar als Gast zur Hauptversammlung zu-

---

50 *Mülbert* in Großkomm. AktG, 5. Aufl. 2017, § 118 AktG Rz. 44, 55.
51 *Reger* in Bürgers/Körber/Lieder, § 118 AktG Rz. 8.
52 *Herrler* in Grigoleit, § 118 AktG Rz. 33; *Hoffmann* in BeckOGK AktG, Stand 1.6.2021, § 118 AktG Rz. 36; *Kubis* in MünchKomm. AktG, 4. Aufl. 2018, § 118 AktG Rz. 106; *Mülbert* in Großkomm. AktG, 5. Aufl. 2017, § 118 AktG Rz. 72; *Spindler* in K. Schmidt/Lutter, § 118 AktG Rz. 46.
53 *Mülbert* in Großkomm. AktG, 5. Aufl. 2017, § 118 AktG Rz. 63; *Hoffmann-Becking* in MünchHdb. AG, § 37 Rz. 3; *Butzke*, HV, C Rz. 27.
54 *Hüffer/Koch*, § 118 AktG Rz. 23; *Hoffmann-Becking* in MünchHdb. AG, § 37 Rz. 3.
55 *Bärwaldt* in Reichert, ArbeitsHdb. HV, § 8 Rz. 89.
56 *Kubis* in MünchKomm. AktG, 4. Aufl. 2018, § 118 AktG Rz. 107.

gelassen werden muss – ähnlich wie auch andere Dienstleister und Hilfspersonen der Gesellschaft (Rz. 35.25). Dasselbe gilt für etwaige Hilfspersonen, die der Notar seinerseits zur Erfüllung seiner Pflichten hinzuziehen möchte, z.B. zur Entgegennahme von Widersprüchen oder als unbeantwortet gerügter Fragen.

7. Behördenvertreter

Aufgrund besonderer gesetzlicher Regelung sind Vertreter der Bundesanstalt für Finanzdienstleistungsaufsicht (**BaFin**) berechtigt, an der Hauptversammlung von Kreditinstituten, Versicherungsunternehmen und Bausparkassen teilzunehmen (§ 44 Abs. 4 KWG, § 306 Abs. 1 Satz 1 Nr. 4 VAG, § 3 Abs. 1 BausparkG). Das Teilnahmerecht ermöglicht in diesen Fällen vor allem die schiere Anwesenheit zu Beobachtungszwecken. Darüber hinaus sind die Behördenvertreter aber auch autorisiert, in der Hauptversammlung das Wort zu ergreifen – d.h. einen Redebeitrag zu leisten. Die Gesellschaft muss die Anwesenheit und einen etwaigen Redebeitrag dulden. Es ist dem Versammlungsleiter aber unbenommen, nach pflichtgemäßem Ermessen zu bestimmen, wann der Behördenvertreter sprechen darf.

35.24

8. Gäste

Die Hauptversammlung ist keine öffentliche Veranstaltung, auch nicht bei einer börsennotierten Publikumsgesellschaft[57]. Dem entspricht es, dass Personen ohne eigenes oder abgeleitetes Teilnahmerecht allenfalls als Gäste anwesend sein dürfen. Das gilt zunächst für **Presse- und Medienvertreter**, ebenso aber für sonstige Gäste, wie sie auf größeren Hauptversammlungen oft zugegen sind, z.B. frühere Vorstands- und Aufsichtsratsmitglieder, Geschäftspartner, Betriebsräte, Studenten, Schulklassen usw. Auch **Mitarbeiter**, **Berater** und andere **Dienstleister** der Gesellschaft müssen als Gäste zugelassen werden. Darüber entscheidet der Versammlungsleiter nach freiem Ermessen[58]. Die h.M. befürwortet, dass die Hauptversammlung diese Entscheidung an sich ziehen und mit einfacher Stimmenmehrheit beschließen könne, bestimmte oder sämtliche Gäste auszuschließen[59]. Dem ist aber nicht beizutreten. Es ist allein der Versammlungsleiter berufen, für die rechtmäßige, sachgerechte und zügige Gestaltung und Abwicklung der Hauptversammlung zu sorgen (Rz. 35.36). Dazu gehört richtigerweise auch, über den Zugang Dritter zur Hauptversammlung und damit über den Grad der „Öffentlichkeit" zu entscheiden – denn auch dies ist eine Frage der Sachgerechtigkeit. Das gilt umso mehr, wenn die Satzung den Versammlungsleiter ermächtigt, eine Bild- und Tonübertragung nach außen zuzulassen und die Hauptversammlung auch auf diese Weise für Dritte zu öffnen (§ 118 Abs. 4 AktG, dazu Rz. 35.57)[60].

35.25

IV. Versammlungsleiter

1. Allgemeines

Der Versammlungsleiter ist **notwendige Schlüsselfigur** einer jeden Hauptversammlung. Das gilt in rechtlicher, aber auch in tatsächlicher Hinsicht. Denn die Hauptversammlung ist mehr als eine rechtliche Pflichtübung. Für die Gesellschaft ist sie auch ein wichtiges Instrument der Außendarstellung. So jedenfalls bei den großen Publikumsgesellschaften: Hier tritt der Versammlungsleiter als Repräsentant

35.26

---

[57] *Herrler* in Grigoleit, § 118 AktG Rz. 33.
[58] *Mülbert* in Großkomm. AktG, 5. Aufl. 2017, § 118 AktG Rz. 93; *Spindler* in K. Schmidt/Lutter, § 118 AktG Rz. 48; *Butzke*, HV, C Rz. 34; einschränkend *Hoffmann-Becking*, NZG 2017, 281, 287: pflichtgemäßes Ermessen.
[59] *Hoffmann* in BeckOGK AktG, Stand 1.6.2021, § 118 AktG Rz. 37; *Kubis* in MünchKomm. AktG, 4. Aufl. 2018, § 118 AktG Rz. 114; *Reger* in Bürgers/Körber/Lieder, § 118 AktG Rz. 10; *Spindler* in K. Schmidt/Lutter, § 118 AktG Rz. 48.
[60] *Hoffmann-Becking*, NZG 2017, 281, 288.

des Unternehmens auf – gegenüber dem Kapitalmarkt, den Medien und der Öffentlichkeit[61]. Auch in dieser Hinsicht ist seine Bedeutung kaum zu überschätzen. Über die Person, die Aufgaben und die Befugnisse des Versammlungsleiters trifft das geschriebene Aktienrecht dennoch keine klaren Aussagen. Es enthält nur mittelbare und bruchstückhafte Regelungen, namentlich zur Zulassung einer Bild- und Tonübertragung (§ 118 Abs. 4 AktG, dazu Rz. 35.57), zur Feststellung der Hauptversammlungsbeschlüsse (§ 130 Abs. 2 AktG, dazu Rz. 36.68 und 37.11 ff.) sowie zur Beschränkung des Frage- und Rederechts (§ 131 Abs. 2 Satz 2 AktG dazu Rz. 35.36 f. und 36.5). In all diesen Vorschriften ist die Existenz eines konkreten Versammlungsleiters nicht geregelt, sondern nur vorausgesetzt. Gleiches gilt für § 122 Abs. 3 Satz 1 und 2 AktG. Nach dieser Norm kann das Gericht unter bestimmten Voraussetzungen Aktionäre ermächtigen, die Hauptversammlung selbst einzuberufen oder die Tagesordnung selbst zu ergänzen – und „zugleich" mit dieser Ermächtigung den Versammlungsleiter bestimmen. Das setzt die sachlich fundierte, objektive Besorgnis voraus, dass der sonst berufene Versammlungsleiter seine Aufgabe nicht ordnungsgemäß wahrnehmen werde (näher Rz. 35.29). Wer dieser sonst berufene Versammlungsleiter ist, bleibt aber auch hier offen, ebenso seine genauen Aufgaben und Befugnisse. Klar ist nur, wer *nicht* Versammlungsleiter sein kann: Vorstandsmitglieder und der beurkundende Notar sind kraft Gesetzes von diesem Amt ausgeschlossen. Ihre Aufgaben stehen in einem unüberbrückbaren Spannungsverhältnis zu dem Auftrag, die Veranstaltung im allseitigen Interesse mit einer gewissen Neutralität zu moderieren (funktionelle Inkompatibilität)[62].

2. Auswahl
a) Satzungsmäßige Bestimmung

35.27 Zumeist regelt die Satzung, wer die Hauptversammlung leitet. Dann entscheidet sie sich üblicherweise für den **Aufsichtsratsvorsitzenden** oder – falls dieser verhindert ist – für dessen Stellvertreter oder ein anderes Mitglied des Aufsichtsrats. Ausweislich einer empirischen Studie gilt das – Stand 2012 – für die Satzungen von ganzen 96,2 % der deutschen Gesellschaften, die in den Indizes DAX, MDAX oder TecDAX notiert sind[63]. Rechtlich handelt es sich dabei um eine **zusätzliche Aufgabe**[64]. Der Aufsichtsratsvorsitzende kann daher diese Aufgabe ablehnen, ohne seine Sorgfaltspflichten aus §§ 93, 116 AktG zu verletzen. In diesem Fall greift die satzungsmäßige Regelung für den Verhinderungsfall. Fehlt eine solche Regelung oder ist der Ersatzmann seinerseits verhindert, muss die Hauptversammlung ihren Leiter selbst wählen (Rz. 35.31). Zulässig sind aber auch flexible Satzungsklauseln. Sie können die Auswahl des Versammlungsleiters etwa dem Aufsichtsrat überantworten, in der monistischen SE dem Verwaltungsrat, in der KGaA auch einem Gesellschafterausschuss[65]. Dabei müssen sie das jeweilige Gremium nicht darauf verweisen, den Kandidaten in den eigenen Reihen oder unter den Aktionären zu suchen. Vielmehr ist auch die Leitung der Hauptversammlung durch einen unternehmensfremden **Dritten** zulässig, z.B. durch einen Rechtsanwalt[66]. Nur Vorstandsmitglieder und der beurkundende Notar sind schon kraft Gesetzes vom Amt des Versammlungsleiters ausgeschlossen (siehe schon Rz. 35.26). Es ist unbedenklich, falls auf statuarischer Grundlage ein Aufsichtsratsmitglied als Versammlungsleiter tätig wird, dessen Wahl in den Aufsichtsrat angefochten ist. Dabei bleibt es selbst dann, wenn zu einem

---

61 *Krieger*, AG 2006, 355, 358; *von der Linden*, NZG 2013, 208, 212; *von der Linden* in FS Marsch-Barner, 2018, S. 303, 312; *Wilsing/von der Linden*, ZIP 2010, 2321, 2328.
62 KG v. 6.12.2010 – 23 AktG 1/10, AG 2011, 170, 172; *Hüffer/Koch*, § 129 AktG Rz. 20; *Kubis* in Münch-Komm. AktG, 4. Aufl. 2018, § 119 AktG Rz. 106; *Ziemons* in K. Schmidt/Lutter, § 129 AktG Rz. 68; *von der Linden*, NZG 2013, 208, 209; *Wilsing/von der Linden*, ZIP 2009, 641, 642 ff.
63 *Bayer/Hoffmann*, AG 2012, R339, R340.
64 KG v. 6.12.2010 – 23 AktG 1/10, AG 2011, 170, 172; OLG Köln v. 31.1.2013 – 18 U 21/12 – Solarworld, NZG 2013, 548, 551; LG Ravensburg v. 8.5.2014 – 7 O 51/13 KfH 1, AG 2014, 910, 911.
65 *Bayer/Hoffmann*, AG 2012, R339, R340.
66 Dazu ausführlich *Wilsing/von der Linden*, ZIP 2009, 641.

späteren Zeitpunkt die Wahl in den Aufsichtsrat für nichtig erklärt werden sollte – und zwar trotz der prinzipiellen Rückwirkung des Anfechtungsurteils[67].

b) Gerichtliche Bestimmung

§ 122 Abs. 3 Satz 2 AktG sieht vor, dass der Versammlungsleiter auch gerichtlich bestimmt werden kann – was in der Sache eine Verdrängung des satzungsmäßigen Leiters bedeutet. Das setzt voraus, dass Aktionäre sich gemäß § 122 Abs. 3 Satz 1 AktG gerichtlich zur Einberufung einer Hauptversammlung (Rz. 34.29) bzw. zur Ergänzung der Tagesordnung (Rz. 34.75) ermächtigen lassen. Das Gericht ist dann befugt, „zugleich" mit der Ermächtigung den Versammlungsleiter zu bestimmen. Eines besonderen Antrags bedarf es dazu nicht. Der Versammlungsleiter kann also – im Rahmen des einmal eröffneten unternehmensrechtlichen Verfahrens – auch **amtswegig** bestellt werden. Ein dennoch gestellter Antrag ist als Anregung zu verstehen[68]. Nach dem Gesetzeswortlaut („zugleich") erfolgen die Ermächtigung der Aktionäre und die Bestellung des Versammlungsleiters synchron. Es ist aber h.M., dass die beiden Maßnahmen auch zeitlich auseinanderfallen dürfen[69]. So vor allem, wenn ein sachlicher Grund für die Bestimmung eines Versammlungsleiters erst nachträglich erkennbar wird. § 122 Abs. 3 Satz 2 AktG ist dann so zu lesen, dass die Bestimmung eines Versammlungsleiters nicht ohne eine Ermächtigung zur Selbstvornahme in Betracht kommt. Eine gänzlich isolierte Bestellung des Versammlungsleiters, d.h. in den Fällen des § 122 Abs. 1 oder 2 AktG, ist demgegenüber abzulehnen. Anders verhält es sich, wenn der Vorstand sich zunächst gegen das Aktionärsverlangen sperrt, später aber unter dem Eindruck eines gerichtlichen Verfahrens „einknickt"[70]. Dann bleibt § 122 Abs. 3 Satz 2 AktG anwendbar, zumal das primäre Begehren der Antragsteller sich erst mit der Durchführung der Hauptversammlung erledigt (Rz. 34.30).

35.28

§ 122 Abs. 3 Satz 2 AktG stellt selbst keine materiellen Voraussetzungen auf. Das bedeutet allerdings nicht, dass das gerichtliche Bestimmungsermessen ohne Weiteres eröffnet wäre. Es bedarf vielmehr einer sachlich fundierten, **objektiven Besorgnis**, dass der satzungsmäßig berufene Versammlungsleiter seine Aufgabe nicht ordnungsgemäß wahrnehmen werde. Daran sind hohe Anforderungen zu stellen. Das wiederum folgt aus Art. 14 GG, der das Anteilseigentum schützt – und damit auch die Satzungsautonomie sowie das Selbstorganisationsrecht der Hauptversammlung[71]. Es geht daher nicht an, zur Begründung der objektiven Besorgnis nur darauf abzustellen, dass anstehende Beschlüsse den satzungsmäßigen Versammlungsleiter persönlich betreffen[72]. Vielmehr ist die **Vorgeschichte** des jeweiligen Verfahrens in den Blick zu nehmen. Sie muss ergeben, dass eine unsachliche Leitung der Hauptversammlung konkret zu erwarten steht[73]. Darüber hinaus bedarf es in jedem Einzelfall einer **Interes-**

35.29

---

67 BGH v. 19.2.2013 – II ZR 56/12 – IKB, BGHZ 196, 195 = AG 2013, 387 Rz. 25; OLG Frankfurt v. 20.10.2010 – 23 U 121/08, AG 2011, 36, 40; *Hoffmann-Becking* in MünchHdb. AG, § 37 Rz. 37; *Drinhausen/Marsch-Barner*, AG 2014, 757, 769; *Lieder*, ZHR 178 (2014), 282, 307 f.; *Marsch-Barner* in FS K. Schmidt, 2009, S. 1109, 1126 f.
68 *Hüffer/Koch*, § 122 AktG Rz. 28.
69 OLG Hamburg v. 16.12.2011 – 11 W 89/11, AG 2012, 294, 295; *Butzke* in Großkomm. AktG, 5. Aufl. 2017, § 122 AktG Rz. 90; *Hüffer/Koch*, § 122 AktG Rz. 29; *Noack/Zetzsche* in KölnKomm. AktG, 3. Aufl. 2011, § 122 AktG Rz. 103; *Hoffmann-Becking*, NZG 2017, 281, 283; *Schatz*, AG 2015, 696, 706; *Theusinger/Schilha*, NZG 2016, 56, 57.
70 OLG Hamburg v. 16.12.2011 – 11 W 89/11, AG 2012, 294, 295; OLG Köln v. 16.6.2015 – 18 Wx 1/15 – STRABAG, AG 2015, 716; *Bungert* in MünchHdb. AG, § 36 Rz. 33; *Reger* in Bürgers/Körber/Lieder, § 122 AktG Rz. 20; *Linnerz*, GWR 2012, 247; *Theusinger/Schilha* NZG 2016, 56, 57.
71 *von der Linden* in FS Marsch-Barner, 2018, S. 303, 308 f.
72 So aber OLG Köln v. 16.6.2015 – 18 Wx 1/15 – STRABAG, AG 2015, 716; LG Köln v. 14.1.2016 – 91 O 31/15 – STRABAG, AG 2016, 513.
73 OLG Zweibrücken v. 3.12.1996 – 3 W 171/96, AG 1997, 140, 141; *Butzke* in Großkomm. AktG, 5. Aufl. 2017, § 122 AktG Rz. 89; *Kubis* in MünchKomm. AktG, 4. Aufl. 2018, § 122 AktG Rz. 60; *Reger* in Bürgers/Körber/Lieder, § 122 AktG Rz. 20; *von der Linden* in FS Marsch-Barner, 2018, S. 303, 312; *Rieckers* in FS Krieger, 2020, S. 753, 756; *Theusinger/Schilha*, NZG 2016, 56, 58.

senabwägung. Dies mit dem Ziel, das Selbstorganisationsrecht der Hauptversammlung einerseits und die Interessen der Antragsteller andererseits schonend auszugleichen. Das gilt umso mehr, als die Hauptversammlung nicht nur eine rechtliche Pflichtübung ist, sondern für die Gesellschaft auch ein wichtiges Instrument der Außendarstellung (siehe schon Rz. 35.26). Es muss daher die absolute Ausnahme sein, den regulären Versammlungsleiter gerichtlich aus seiner Rolle zu verdrängen[74].

35.30 Denkbar ist nach zutreffender h.M. auch eine **gespaltene Versammlungsleitung**[75]. Gemeint ist damit, dass das Gericht einen Versammlungsleiter nur für ausgewählte Tagesordnungspunkte bestimmt, der reguläre Leiter sein Amt also nur abschnittsweise einbüßt. Je nach Lage des Falls kann es sogar geboten sein, (nur) dieses Mittel zu wählen, um das Selbstorganisationsrecht der Hauptversammlung nicht übermäßig zu beschneiden. Andere meinen, eine gespaltene Versammlungsleitung komme allenfalls ausnahmsweise in Betracht[76]. Sie betonen die Einheit der Hauptversammlung, das Interesse an einem reibungslosen Ablauf sowie die Gefahr sitzungsleitender Friktionen. Wieder andere halten eine gespaltene Versammlungsleitung aus denselben Gründen für gänzlich ausgeschlossen[77]. Diese Bedenken überzeugen allerdings nicht: Zwar stellt eine gespaltene Versammlungsleitung die Praxis vor Herausforderungen. So etwa, was die Strukturierung der Debatte(n), die Abgrenzung der Themen und das Zeitmanagement angeht[78]. Die damit verbundenen Probleme und Risiken erscheinen aber beherrschbar. Das gilt umso mehr, als sie auch anderenorts auftauchen. Zu denken ist nur an gesonderte Debatten zur Geschäftsordnung oder an Sonderversammlungen bestimmter Aktionäre i.S.v. §§ 138, 141 Abs. 3 Satz 1 AktG. Hinzu kommt die Rechtsprechung des BGH zur Teilbarkeit der Niederschrift (Rz. 37.2). Sie unterstreicht, dass die Einheit der Hauptversammlung kein unumstößliches Dogma ist.

c) Wahl durch die Hauptversammlung

35.31 Ohne statutarische oder gerichtliche Bestimmung muss die Hauptversammlung zu Beginn ihren Leiter selbst wählen. Dies ist als notwendiger Akt der **Selbstorganisation** ohne Weiteres zulässig. Für den Wahlbeschluss genügt gemäß § 133 Abs. 1 AktG die einfache Stimmenmehrheit[79]. Einer Ankündigung als Tagesordnungspunkt bedarf es nicht[80], ebenso wenig der Bekanntgabe von Beschlussvorschlägen des Vorstands oder des Aufsichtsrats nach § 124 Abs. 3 Satz 1 AktG. Die Schwierigkeit liegt darin, dass die Hauptversammlung somit einen Wahlbeschluss fassen muss, dazu aber ebenfalls auf einen Vorsitzenden angewiesen ist. Das führt zum sog. **provisorischen Versammlungs- oder Wahlleiter**. Als solcher bietet sich der Einberufende an, in der Regel also der Vorstand, bei einem mehrköpfigen Gremium dessen Vorsitzender[81]. Dem steht nicht entgegen, dass Vorstandsmitglieder vom Amt des „echten" Versammlungsleiters ausgeschlossen sind (Rz. 35.26). Denn dieser Ausschluss beruht auf funktioneller Inkompatibilität, die im Stadium der provisorischen Sitzungs- bzw. Wahlleitung zu Beginn der Hauptversammlung noch nicht Platz greift. Der beurkundende Notar ist dagegen auch als provisorischer Versammlungs- bzw. Wahlleiter ausgeschlossen[82]. Schlechterdings unpraktikabel ist es, die provisori-

---

74 *von der Linden* in FS Marsch-Barner, 2018, S. 303, 312.
75 OLG Hamburg v. 16.12.2011 – 11 W 89/11, AG 2012, 294; OLG Köln v. 16.6.2015 – 18 Wx 1/15 – STRABAG, AG 2015, 716; *Butzke* in Großkomm. AktG, 5. Aufl. 2017, § 122 AktG Rz. 93; *Noack/Zetzsche* in KölnKomm. AktG, 3. Aufl. 2011, § 122 AktG Rz. 104; *Ziemons* in K. Schmidt/Lutter, § 122 AktG Rz. 62; *Hoffmann-Becking*, NZG 2017, 281, 283; *von der Linden* in FS Marsch-Barner, 2018, S. 303, 314; *Schatz*, AG 2015, 696, 705; *Theusinger/Schilha*, NZG 2016, 56, 59.
76 *Rieckers* in BeckOGK AktG, Stand 1.6.2021, § 122 AktG Rz. 71.
77 *Kubis* in MünchKomm. AktG, 4. Aufl. 2018, § 122 AktG Rz. 60; *Mertens*, AG 1997, 481, 490.
78 *Butzke* in Großkomm. AktG, 5. Aufl. 2017, § 122 AktG Rz. 93.
79 *E. Vetter* in FS Bergmann, 2018, S. 799, 803.
80 *Hüffer/Koch*, § 129 AktG Rz. 20.
81 *Drinhausen* in Hölters, Anh. § 129 AktG Rz. 2; *Hüffer/Koch*, § 129 AktG Rz. 20; *Mülbert* in Großkomm. AktG, 5. Aufl. 2017, § 129 AktG Rz. 114; *Wicke* in BeckOGK AktG, Stand 1.6.2021, § 129 AktG Rz. 43; *Hoffmann-Becking* in MünchHdb. AG, § 37 Rz. 40; *Martens*, Leitfaden, S. 46; a.A. *Ziemons* in K. Schmidt/Lutter, § 129 AktG Rz. 62.
82 KG v. 6.12.2010 – 23 AktG 1/10, AG 2011, 170, 172.

sche Versammlungs- bzw. Wahlleitung nach parlamentarischen Gepflogenheiten dem ältesten anwesenden Aktionär zu überlassen. Entsprechende Satzungsklauseln sind zwar hin und wieder zu sehen, meistens ihrerseits älteren Datums. Publikumsgesellschaften sollten derartige Regeln aber meiden bzw. streichen[83]. Zu beachten ist, dass die Wahl des Versammlungsleiters „erste Abstimmung" i.S.v. § 129 Abs. 4 Satz 1 AktG ist. Dem entspricht es, dass schon vor dieser Abstimmung das Teilnehmerverzeichnis fertiggestellt und einsehbar sein muss (dazu Rz. 35.42 ff.).

3. Abwahl

Eine Kernfrage ist, ob und unter welchen Voraussetzungen die Hauptversammlung ihren Leiter durch Geschäftsordnungsbeschluss abwählen kann. Die Antwort hängt davon ab, auf welchem Weg der Versammlungsleiter ins Amt gelangt ist. Weitgehende Einigkeit besteht, dass ein gerichtlich bestellter Versammlungsleiter keinesfalls zur Disposition der Hauptversammlung steht[84]. Ebenso, dass ein selbst gewählter Leiter ohne Weiteres abwählbar ist. Streit herrscht hingegen, was die Abwählbarkeit des satzungsmäßigen Versammlungsleiters angeht. Die Instanzgerichte befürworten eine **Abwählbarkeit aus wichtigem Grund**[85]. Dies geschieht nahezu durchweg mit der Maßgabe, dass nur auf die Leitungsaufgabe bezogene Pflichtverletzungen einen wichtigen Grund ausmachen können[86]. So etwa, wenn Teilnahmerechte verletzt, zulässige Anträge ignoriert oder Stimmverbote missachtet werden. Auch im Schrifttum hat diese Auffassung zahlreiche Anhänger[87]. Umstritten ist innerhalb dieser Auffassung die notwendige Mehrheit. Einige fordern – aufgrund satzungsdurchbrechender Wirkung des Abwahlbeschlusses – eine satzungsändernde Kapitalmehrheit[88]. Anderen genügt hingegen die einfache Stimmenmehrheit[89].

35.32

Die h.M. ist jedoch schon im Ausgangspunkt verfehlt. Richtig ist vielmehr, dass ohne ausdrückliche Öffnungsklausel in der Satzung eine Abwahl des statutarischen Versammlungsleiters gar nicht in Betracht kommt[90]. Einen dennoch gestellten Abwahlantrag darf der Versammlungsleiter zurückweisen oder schlicht übergehen. Das gilt ohne Rücksicht auf die konkrete Antragsbegründung. Denn eine Abwahl wäre ohne rechtliche Grundlage. Mehr noch: Sie stünde im ausdrücklichen **Widerspruch zur Satzung**. Dieser Widerspruch ließe sich allenfalls durch förmliche Satzungsänderung auflösen. Eben jener Weg ist aber in der laufenden Hauptversammlung versperrt. *Zum einen*, weil die Aktionäre ihn nur bei ordnungsgemäßer Bekanntmachung gehen dürfen (§ 124 Abs. 4 Satz 1 AktG, dazu Rz. 34.48). *Zum anderen*, weil Satzungsänderungen erst mit ihrer Eintragung in das Handelsregister wirksam werden (§ 181 Abs. 3 AktG). Nichts anderes folgt aus der Rechtsfigur der (punktuellen) **Satzungsdurchbrechung**[91]. Im Aktienrecht gibt es nämlich neben der Satzungsänderung keine weitere Möglichkeit,

35.33

---

83 *Hüffer/Koch*, § 129 AktG Rz. 20; *Hoffmann-Becking*, NZG 2017, 281, 282; *Höreth*, AG 2011, R318.
84 *Kubis* in MünchKomm. AktG, 4. Aufl. 2018, § 119 AktG Rz. 118.
85 OLG Bremen v. 13.11.2009 – 2 U 57/09, AG 2010, 256; OLG Frankfurt v. 2.10.2012 – 5 U 10/12, BeckRS 2013, 19282 Rz. 61; OLG Hamburg v. 12.1.2001 – 11 U 162/00, AG 2001, 359, 363; OLG München v. 6.8.2008 – 7 U 3905/06, BeckRS 2009, 12208; OLG Stuttgart v. 2.12.2014 – 20 AktG 1/14 AG 2015, 493; LG Frankfurt v. 11.1.2005 – 3-5 O 100/04, AG 2005, 892; LG Frankfurt v. 20.12.2011 – 3-5 O 37/11; LG Köln v. 6.7.2005 – 82 O 150/04, AG 2005, 696, 701.
86 A.A. wohl nur LG Frankfurt v. 11.1.2005 – 3-5 O 100/04, AG 2005, 892.
87 *Drinhausen* in Hölters, Anh. § 129 AktG Rz. 5; *Hüffer/Koch*, § 129 AktG Rz. 21; *Kubis* in MünchKomm. AktG, 4. Aufl. 2018, § 119 AktG Rz. 112; *Mülbert* in Großkomm. AktG, 5. Aufl. 2017, § 129 AktG Rz. 119; *Wicke* in BeckOGK AktG, Stand 1.6.2021, § 129 AktG Rz. 46; *Butzke*, ZIP 2005, 1164, 1165; *Drinhausen/Marsch-Barner*, AG 2014, 757, 764 f.; *von Falkenhausen/Kocher*, BB 2005, 1068, 1069.
88 *Wicke* in BeckOGK AktG, Stand 1.6.2021, § 129 AktG Rz. 46.
89 *Mülbert* in Großkomm. AktG, 5. Aufl. 2017, § 129 AktG Rz. 119.
90 *Hoffmann-Becking* in MünchHdb. AG, § 37 Rz. 44; *Ziemons* in K. Schmidt/Lutter, § 124 AktG Rz. 100; *Austmann* in FS Hoffmann-Becking, 2013, S. 45, 57 ff.; *Ihrig* in FS Goette, 2011, S. 205, 217; *Krieger*, AG 2006, 355, 359 ff.; *von der Linden*, DB 2017, 1371; *Wilsing/von der Linden*, ZIP 2010, 2321, 2327.
91 So aber z.B. *Herrler* in Grigoleit, § 129 AktG Rz. 40; *Hüffer/Koch*, § 129 AktG Rz. 21; *Kubis* in MünchKomm. AktG, 4. Aufl. 2018, § 119 AktG Rz. 112; *Drinhausen/Marsch-Barner*, AG 2014, 757, 764 f.

geltendes Satzungsrecht zu suspendieren. Vielmehr führt die objektive Abweichung von Satzungsvorschriften stets zu einer Satzungsverletzung i.S.v. § 243 Abs. 1 AktG.

35.34 Fehl geht der Einwand, bei sachgerechter Auslegung stünden die gängigen Satzungsklauseln unter dem ungeschriebenen Vorbehalt einer Abwahl aus wichtigem Grund[92]. Dies gilt schon deshalb, weil materielle Satzungsbestimmungen objektiv auszulegen sind. Das schließt es regelmäßig aus, das gewünschte Ergebnis „zwischen den Zeilen" zu finden. Anders wäre es nur, wenn ein Abwahlrecht sich eindeutig aus dem **Regelungszweck** der Satzungsklausel herleiten ließe. Das Gegenteil ist jedoch der Fall: Bei sachgerechter Auslegung spricht alles dafür, dass die Satzung die Person des Versammlungsleiters außer Streit stellen möchte – und zwar ohne jeden Vorbehalt, auch und gerade für konfliktträchtige Hauptversammlungen[93]. Das gilt umso mehr, als schutzwürdige Aktionärsinteressen nicht entgegenstehen. Denn bei Leitungsfehlern bietet die **Anfechtungsklage** gegen die Sachbeschlüsse hinreichenden Rechtsschutz[94]. Ein präventiver Schutz der Aktionäre über eine Abwahl des Versammlungsleiters ist weder erforderlich noch sinnvoll. Mehr noch: Aus praktischer Sicht ist er auch vollkommen illusorisch. In der Praxis dienen Abwahlanträge nämlich als reines „Störfeuer". Niemand erwartet ernsthaft, dass sie einmal die Mehrheit finden. Ganz im Gegenteil: Es ist der absolute Regelfall, dass der Versammlungsleiter im Falle einer Abstimmung mit überragender Mehrheit im Amt bestätigt wird[95].

35.35 Trotzdem haben die Gesellschaften bis zu einer höchstrichterlichen Klärung der umstrittenen Kernfrage wenig Spielraum: Abwahlanträge werden in der Praxis nahezu immer zur Diskussion und zur Abstimmung gestellt. Dies selbst dann, wenn ein wichtiger Grund für die Abwahl eher fernliegt. Bislang konnte auf diese Weise Rechtssicherheit für die späteren Sachbeschlüsse erzielt werden, sei es auch auf Kosten der Frage- und Redezeit in der Generaldebatte. Jüngere Urteile des OLG Köln und des OLG Stuttgart schmälern diese Rechtssicherheit[96]. Sie lassen eine formal ordnungsgemäße Behandlung des Abwahlantrags nicht mehr genügen. Stattdessen erweitern sie das herkömmliche Konzept um eine **Inhaltskontrolle des Abwahlbeschlusses**. Die Kernthese lautet, die Aktionäre seien bei „offenbaren und schweren Leitungsfehlern" kraft ihrer Treupflicht zur Abwahl des Versammlungsleiters verpflichtet – was mit einer Kombination aus Anfechtungs- und positiver Beschlussfeststellungsklage überprüfbar sein soll. Das überzeugt weder inhaltlich noch prozessual. Es handelt sich um einen weiteren konzeptionellen Irrweg, mit dem die Praxis jedoch einstweilen umgehen muss[97].

4. Aufgaben und Befugnisse

a) Umfassende eigene Rechte

35.36 Das geschriebene Aktienrecht trifft über die Aufgaben und die Befugnisse des Versammlungsleiters keine klaren Aussagen. Es enthält insoweit nur mittelbare und bruchstückhafte Regelungen (siehe schon Rz. 35.26). Immerhin ist damit aber die Existenz eines Versammlungsleiters vorausgesetzt, und es leuchtet ein, dass dieses Rechtsinstitut keinen Selbstzweck verfolgt. Nach der Intention des Gesetzgebers soll es vielmehr sicherstellen, dass die Hauptversammlung ihre Aufgabe als Diskussions- und Entscheidungsforum der Anteilseigner bzw. als „Sitz der Aktionärsdemokratie" mit der gebotenen Ef-

---

92 So aber z.B. OLG Bremen v. 13.11.2009 – 2 U 57/09, AG 2010, 256; OLG Hamburg v. 12.1.2001 – 11 U 162/00, AG 2001, 359, 363; LG Frankfurt v. 11.1.2005 – 3-5 O 100/04, AG 2005, 892; *Butzke*, ZIP 2005, 1164, 1166; *von Falkenhausen/Kocher*, BB 2005, 1068, 1069.
93 *von der Linden*, DB 2017, 1371, 1372.
94 *Ziemons* in K. Schmidt/Lutter, § 124 AktG Rz. 100; *Austmann* in FS Hoffmann-Becking, 2013, S. 45, 58 f.; *Ihrig* in FS Goette, 2011, S. 205, 217; *von der Linden*, DB 2017, 1371, 1372; *Wilsing/von der Linden*, ZIP 2010, 2321, 2328.
95 *Austmann* in FS Hoffmann-Becking, 2013, S. 45, 58; *von der Linden*, DB 2017, 1371, 1372.
96 OLG Köln v. 9.3.2017 – 18 U 19/16, AG 2017, 351, 360; OLG Stuttgart v. 8.7.2015 – 20 U 2/14 – Porsche, AG 2016, 370.
97 Ausführlich *von der Linden*, DB 2017, 1371.

fizienz erfüllt[98]. Über die sporadischen gesetzlichen Regeln hinaus lassen sich aus dieser Erkenntnis Rückschlüsse auf die konkreten Aufgaben und Befugnisse des Versammlungsleiters ziehen. Seine **Kernaufgabe** sehen Rechtsprechung und Schrifttum übereinstimmend darin, für die rechtmäßige, sachgerechte und zügige Erledigung der gesamten Tagesordnung zu sorgen. Zu diesem Zweck kann und darf der Versammlungsleiter sämtliche notwendigen Maßnahmen ergreifen – sowohl in verfahrens- als auch in ordnungsrechtlicher Hinsicht[99]. Das gilt unabhängig davon, ob die Satzung oder die Geschäftsordnung ihn entsprechend ermächtigt. Für Beschränkungen der Frage- und Redezeit gibt es hierbei keine Besonderheiten; auch sie sind richtigerweise ein allgemeines Instrument der Sitzungsleitung[100]. Nichts anderes folgt aus § 131 Abs. 2 Satz 2 AktG. Diese Norm, eingefügt durch das UMAG vom 22.9.2005[101], hat insoweit nur klarstellende Funktion (näher Rz. 36.6). Kurzum: Die verfahrens- und ordnungsrechtlichen Befugnisse, einschließlich Frage- und Redezeitbeschränkungen, stehen dem Versammlungsleiter **aus eigenem Recht** zu. Schranken findet das Ermessen des Versammlungsleiters erst in den Geboten der Sachdienlichkeit, der Verhältnismäßigkeit und der Aktionärsgleichbehandlung (§ 53a AktG).

b) Verfahrensrechtliche Befugnisse

Zu den verfahrensrechtlichen Befugnissen gehört, dass der Versammlungsleiter die Hauptversammlung eröffnet (Rz. 35.2), schließt (Rz. 35.9) und bei Bedarf unterbricht. Ferner entscheidet er über den Zutritt von Personen und ihren Verbleib in der Versammlung (siehe noch Rz. 35.39). Er steuert die Aussprache (Rz. 35.6, 36.4), beschränkt das Frage- und Rederecht der Aktionäre (Rz. 35.36, 36.5 ff.), erteilt und entzieht das Wort, ruft die gestellten Anträge auf, leitet die Abstimmungen und stellt die gefassten Beschlüsse fest (Rz. 35.8, 36.68 und 37.11 ff.). All das gilt unabhängig davon, ob die Satzung oder die Geschäftsordnung der Hauptversammlung ihn zu einem solchen Vorgehen ermächtigt (Rz. 35.36). Mit anderen Worten: Es handelt sich um **originäre gesetzliche Kompetenzen**, die sich nicht von den Rechten der Hauptversammlung ableiten. Dementsprechend kann die Hauptversammlung diese Kompetenzen auch nicht zulasten des Versammlungsleiters an sich ziehen – sei es durch Geschäftsordnungsbeschluss, Geschäftsordnungsbestimmung oder Satzungsregelung[102]. Lediglich besondere Verfahrensfragen, die über die eigentliche Abwicklung der Tagesordnung hinausgehen, muss die Hauptversammlung durch Geschäftsordnungsbeschluss selbst lösen. Im Einzelnen sind das die – nur in engen Grenzen zulässigen – Anträge auf Vertagung oder Absetzung von Tagesordnungspunkten, auf Vertagung der Hauptversammlung als Ganzes und auf Abwahl des amtierenden Versammlungsleiters, außerdem der Antrag auf Einberufung einer neuen Hauptversammlung, mit Einschränkungen auch der Antrag auf Übergang zur Einzelentlastung; näher Rz. 36.38.

35.37

c) Ordnungsrechtliche Befugnisse

Darüber hinaus kann der Versammlungsleiter auch Ordnungsmaßnahmen ergreifen. Sie dienen dem Ziel, die Hauptversammlung vor **Störungen** zu schützen. Anders als verfahrensrechtliche Anordnun-

35.38

---

98 Vgl. Begr. RegE UMAG, BT-Drucks. 15/5092, S. 17; BVerfG v. 20.9.1999 – 1 BvR 636/95 – Daimler-Benz, AG 2000, 74, 75; *von der Linden*, NZG 2012, 930, 932; *Wilsing/von der Linden*, ZIP 2009, 641, 642.
99 BGH v. 11.11.1965 – II ZR 122/63, BGHZ 44, 245, 248 = AG 1966, 28; BGH v. 9.10.2018 – II ZR 78/17 – Mologen, BGHZ 220, 36 = AG 2019, 176 Rz. 47; *Hüffer/Koch*, § 129 AktG Rz. 22; *Wicke* in BeckOGK AktG, Stand 1.6.2021, § 129 AktG Rz. 49; *Ziemons* in K. Schmidt/Lutter, § 129 AktG Rz. 69 f.; *Stützle/Walgenbach*, ZHR 155 (1991), 516, 520.
100 BGH v. 8.2.2010 – II ZR 94/08 – Redezeitbeschränkung, BGHZ 184, 239 = AG 2010, 292 Rz. 29; *Hüffer/Koch*, § 131 AktG Rz. 50; *Wilsing/von der Linden*, DB 2010, 1277, 1279.
101 BGBl. I 2005, 2802.
102 *Wicke* in BeckOGK AktG, Stand 1.6.2021, § 129 AktG Rz. 49; *Hoffmann-Becking* in MünchHdb. AG, § 37 Rz. 47; *Drinhausen/Marsch-Barner*, AG 2014, 757, 758; *Schaaf*, ZIP 1999, 1339, 1340; *Stützle/Walgenbach*, ZHR 155 (1991), 516, 529; für freiwillige Delegierbarkeit auf die Hauptversammlung: *Hüffer/Koch*, § 129 AktG Rz. 22; *Kubis* in MünchKomm. AktG, 4. Aufl. 2018, § 119 AktG Rz. 124.

gen richten sich Ordnungsmaßnahmen daher nicht an sämtliche Teilnehmer, sondern gegen einen oder mehrere Störer[103]. In Betracht kommen z.B. individuelle Redezeitbeschränkungen, ein Wortentzug, ein vorläufiger Saalverweis sowie – als *ultima ratio* – der endgültige Verweis aus dem Präsenzbereich (siehe auch Rz. 36.7 f.). All diese Maßnahmen greifen in das Teilnahmerecht des Störers ein. Deshalb stehen sie unter dem strengen Vorbehalt der **Verhältnismäßigkeit**[104]. Daraus folgt zweierlei: *Erstens* muss der Versammlungsleiter in aller Regel „gestuft" vorgehen, d.h. unter den verfügbaren Ordnungsmaßnahmen zunächst ein relativ mildes Mittel wählen. *Zweitens* darf er Ordnungsmaßnahmen in der Regel nicht ohne vorherige **Androhung** bzw. **Abmahnung** verhängen[105]. Dazu ist erforderlich, den Störer zur Ordnung zu rufen und ihm die Konsequenzen weiterer Störungen vor Augen zu führen. Je nach Lage des Falls kann und sollte der Versammlungsleiter den Störer sogar wiederholt abmahnen. Umgekehrt können besonders massive Störungen es aber auch rechtfertigen, im Einzelfall auf eine Abmahnung gänzlich zu verzichten[106]. Dabei ist allerdings auch zu sehen, dass es zur Taktik gewisser Interessengruppen gehört, den Ablauf von Hauptversammlungen gezielt zu stören. Je nach Motivlage nutzt der Störer dann die gezielt aufgeheizte Atmosphäre aus, um einen Antrag auf Abwahl des Versammlungsleiters zu stellen, um unter Berufung auf eine angebliche Teilnahmerechtsverletzung die Sachbeschlüsse der Hauptversammlung anzufechten oder um die Gesellschaftsverwaltung öffentlich anzuprangern. Der Versammlungsleiter ist daher gut beraten, auch und gerade auf besonders provokantes Verhalten nur überlegt und maßvoll zu reagieren. Im Übrigen stellen Störer ihr Fehlverhalten oft wieder ein, sobald sie erkennen, dass die erhoffte Überreaktion ausbleibt[107].

d) Insbesondere: Sicherheitsfragen

35.39 Der Versammlungsleiter kann im Rahmen seiner verfahrens- und ordnungsrechtlichen Befugnisse anordnen, dass im Eingangsbereich zur Hauptversammlung Sicherheitskontrollen durchgeführt werden. Mehr noch: Je nach Erfahrungswerten und konkreter „Bedrohungslage" kann die Gesellschaft als Veranstalterin zu solchen Kontrollen sogar verpflichtet sein, auch im Interesse und zum Schutz der Aktionäre, der Aktionärsvertreter und der sonstigen Teilnehmer. Primäres Ziel ist es, dass keine Waffen, Sprengstoffe oder gefährlichen Gegenstände in die Versammlungsräume gelangen. Darüber hinaus kann es aber auch darum gehen, andere (potenziell) störende Gegenstände aufzufinden, z.B. Transparente, Lautsprecher, Flugblätter usw. Es handelt sich also um Maßnahmen der **Gefahrenprävention** bzw. ggf. schon der Gefahrenabwehr. Die Kontrollen können sich sowohl auf Gepäckstücke beziehen als auch auf Personen bzw. die am Körper getragene Kleidung. In allen Fällen berühren sie das **allgemeine Persönlichkeitsrecht** der Teilnehmer. Sie sind aber zulässig, wenn und weil sie einem legitimen Zweck dienen sowie geeignet, erforderlich und angemessen ausfallen[108]. Dabei gilt, dass die Kontrolle mittels eines Durchleuchtungsgeräts oder Metalldetektors (ähnlich wie an Flughäfen) als relativ mildes Mittel in der Regel ohne Weiteres zulässig ist[109]. Physische Durchsuchungen, sowohl des Gepäcks als auch der Kleidung, sind demgegenüber tiefere Eingriffe. Sie kommen daher zumeist erst auf zweiter Stufe in Betracht, falls das Durchleuchtungsgerät oder der Metalldetektor anschlägt. Außerdem ist zu bedenken, dass die Kontrollen auf alle Aktionäre und Aktionärsvertreter gleichmäßig angewendet werden sollten.

---

103 *Wilsing/von der Linden*, ZIP 2009, 641, 644.
104 BGH v. 11.11.1965 – II ZR 122/63, BGHZ 44, 245, 255 = AG 1966, 28; BGH v. 8.2.2010 – II ZR 94/08 – Redezeitbeschränkung, BGHZ 184, 239, 246 = AG 2010, 292 Rz. 16; *Hüffer/Koch*, § 129 AktG Rz. 22.
105 *Wicke* in BeckOGK AktG, Stand 1.6.2021, § 129 AktG Rz. 58.
106 *Kubis* in MünchKomm. AktG, 4. Aufl. 2018, § 119 AktG Rz. 172.
107 *Wilsing/von der Linden*, BOARD 2018, 110 f.
108 AG München v. 14.12.1994 – 263 C 23327/94, AG 1995, 335; *Kubis* in MünchKomm. AktG, 4. Aufl. 2018, § 119 AktG Rz. 132; *Butzke*, HV, D Rz. 22; *Martens*, Leitfaden, S. 43; einschränkend *Jäger*, WiB 1996, 457, 462: nur bei konkreter Gefährdung.
109 OLG Frankfurt v. 16.2.2007 – 5 W 43/06 – Wella, AG 2007, 357; zust. *Wicke*, NZG 2007, 771, 772; krit. dazu *Hüffer/Koch*, § 129 AktG Rz. 22.

e) Öffentliche Sicherheit und Ordnung

Bisweilen kommt es vor, dass Ereignisse im öffentlichen Raum den Zugang zur Hauptversammlung erschweren oder die Hauptversammlung anderweitig beeinträchtigen. Zu denken ist etwa an Verkehrsstörungen, aber auch an (lautstarke) Demonstrationen vor dem Versammlungslokal. Der Versammlungsleiter ist regelmäßig weder befugt noch in der Lage, solche Hindernisse zu beseitigen. Dies ist vielmehr Aufgabe und Kompetenz der **Polizei** oder der **Ordnungsbehörden**[110]. Diese sind auch einzuschalten, falls Bombendrohungen eingehen oder die *öffentliche* Sicherheit oder Ordnung anderweitig gestört wird – sei es im Umfeld oder innerhalb der Hauptversammlung. Bei größeren Veranstaltungen empfiehlt es sich, die Zusammenarbeit zwischen den Sicherheitskräften der Gesellschaft und den Behörden rechtzeitig vor der Versammlung abzustimmen.

35.40

5. Haftung

Fehler bei der Versammlungsleitung können erhebliche Auswirkungen haben. So etwa, falls eine wichtige Kapital- oder Strukturmaßnahme wegen eines Leitungsfehlers erfolgreich angefochten wird. Die Frage ist dann, nach welchen Regeln der Versammlungsleiter der Gesellschaft haftet. Nach h.M. sind die §§ 93, 116 AktG weder direkt noch analog anzuwenden[111]. Das gilt auch dann, wenn ein Aufsichtsratsmitglied als Versammlungsleiter auftritt – wie es in der Praxis nahezu immer der Fall ist (Rz. 35.27). Deliktsrechtliche Ansprüche, namentlich aus § 826 BGB, sind denkbar, spielen aber in der Praxis keine Rolle[112]. Es bleibt somit das allgemeine Leistungsstörungsrecht, d.h. § 280 Abs. 1 BGB. Das erforderliche **Schuldverhältnis** ist korporationsrechtlicher Natur[113]. Es entsteht mit der Übernahme des Mandats[114], und zwar gleich, ob eine Satzungsklausel (Rz. 35.27), eine gerichtliche Bestimmung (Rz. 35.28 ff.) oder ein Wahlakt (Rz. 35.31) zugrunde liegt. Kraft dieses Schuldverhältnisses muss ein jeder Versammlungsleiter die Hauptversammlung sorgfältig führen. Dabei hat er einen erheblichen Ermessensspielraum, der auch haftungsrechtlich zu berücksichtigen ist. **Pflichtwidrig** handelt nur, wer die äußersten Grenzen dieses Spielraums überschreitet[115]. Gemessen an einer Haftung analog §§ 93, 116 AktG bietet dieser Ansatz dem Versammlungsleiter spürbare **Vorteile**: keine Beweislastumkehr mit Blick auf die Pflichtwidrigkeit (§ 93 Abs. 2 Satz 2 AktG), keine Restriktionen bei Verzicht und Vergleich (§ 93 Abs. 4 Satz 3 AktG), keine zehn- bzw. fünfjährige Sonderverjährung (§ 93 Abs. 6 AktG). Widerleglich vermutet wird allerdings, dass der Versammlungsleiter seine Pflichtverletzung zu vertreten hat (§ 280 Abs. 1 Satz 2 BGB). Es fallen ihm dabei **Vorsatz** und jedwede **Fahrlässigkeit** zur Last (§ 276 Abs. 1 Satz 1 AktG). Eine gesetzliche Haftungsprivilegierung gibt es nicht, auch nicht bei unentgeltlicher Tätigkeit[116]. Es ist dem Versammlungsleiter aber unbenommen, einen milderen Haftungsmaßstab mit der Gesellschaft zu vereinbaren – auch im Voraus bis zur Grenze des § 276 Abs. 3 BGB. Auch eine höhenmäßige Begrenzung dürfte zulässig sein[117]. Ratsam ist zudem, das Risiko des Versammlungsleiters durch eine **Haftpflichtversicherung** aufzufangen, auch im Eigeninteresse der Gesellschaft. Ein Aufsichtsratsmitglied sollte sich dabei nicht unbesehen auf seine bestehende D&O-Versicherung verlassen. Denn zumindest nach ihrem Wortlaut decken manche Versicherungsverträge die zusätzliche Tätigkeit als Versammlungsleiter nicht ab[118].

35.41

---

110 *Martens*, Leitfaden, S. 42 f.; *Max*, AG 1991, 77, 80 f.
111 LG Ravensburg v. 8.5.2014 – 7 O 51/13 KfH 1, AG 2014, 910 f.; *Hüffer/Koch*, § 129 AktG Rz. 25; *Marsch-Barner* in FS Brambring, 2011, S. 267, 281; *von der Linden*, NZG 2013, 208, 209 f.; *von der Linden*, EWiR 2014, 551; a.A. *Rose*, NZG 2007, 241, 245; *Uwe H. Schneider*, AG 2021, 58, 65 Rz. 36.
112 *Kubis* in MünchKomm. AktG, 4. Aufl. 2018, § 119 AktG Rz. 186.
113 *von der Linden*, EWiR 2014, 551, 552; *Theusinger/Schilha*, BB 2015, 131, 138.
114 A.A. LG Ravensburg v. 8.5.2014 – 7 O 51/13 KfH 1, AG 2014, 910, 911.
115 *von der Linden*, NZG 2013, 208, 211.
116 *Hüffer/Koch*, § 129 AktG Rz. 25.
117 *Wicke* in BeckOGK AktG, Stand 1.6.2021, § 129 AktG Rz. 61; *Poelzig*, AG 2015, 476, 488.
118 *von der Linden*, NZG 2013, 208, 212.

V. Teilnehmerverzeichnis

1. Allgemeines

35.42 Nach § 129 Abs. 1 Satz 2 AktG ist zu jeder Hauptversammlung ein Teilnehmerverzeichnis zu erstellen. Zur Erstellung verpflichtet ist die Gesellschaft und damit nach h.M. der **Vorstand** als geschäftsführendes Organ[119]. Während der Hauptversammlung ist allerdings auch der **Versammlungsleiter** dafür verantwortlich, dass das Teilnehmerverzeichnis ordnungsgemäß geführt wird. Dies gilt insbesondere (aber nicht nur), wenn das Teilnehmerverzeichnis beim Subtraktionsverfahren den Abstimmungen zugrunde gelegt wird[120]. Den **Notar** soll dann nach verbreiteter Auffassung eine Pflicht treffen, das Verzeichnis als Abstimmungsgrundlage zumindest auf Plausibilität zu prüfen[121]. Dem ist aber nicht beizutreten. Zum einen bleibt die postulierte Pflicht konturlos; zum anderen steht sie im Widerspruch dazu, dass der Notar sich hinsichtlich des beurkundungspflichtigen Abstimmungsergebnisses anerkanntermaßen auf die Auszählung durch die Gesellschaft oder deren Dienstleiter verlassen darf, eigene Wahrnehmungen des Notars insoweit also nicht erforderlich sind (Rz. 37.9).

2. Erstellung

35.43 Das Teilnehmerverzeichnis wird in der Regel schon vor der Hauptversammlung aufgrund der eingegangenen Anmeldungen vorbereitet. Dieses **Anmeldeverzeichnis** wird dann am Tag der Hauptversammlung in das Teilnehmerverzeichnis überführt, soweit die Aktionäre und Aktionärsvertreter tatsächlich erscheinen. Während dieses Prozesses kann die Hauptversammlung auch ohne Teilnehmerverzeichnis beginnen[122]. Das Teilnehmerverzeichnis muss allerdings spätestens **vor der ersten Abstimmung** fertiggestellt und zugänglich sein (vgl. § 129 Abs. 4 Satz 1 AktG). In der Regel liegt das Teilnehmerverzeichnis schon alsbald nach Beginn der Hauptversammlung vor. Es wird dann laufend um alle Neuzugänge, Abgänge oder Wechsel in der Vertretung fortgeschrieben[123]. Eine besondere Frequenz ist für die Anfertigung und Offenlegung dieser sog. **Nachtragsverzeichnisse** nicht vorgeschrieben. Es ist üblich, dass kurz vor Beginn der jeweiligen Abstimmungen ein aktuelles Nachtragsverzeichnis erstellt wird[124]. Erforderlich ist dies, wenn im Subtraktionsverfahren abgestimmt wird und das Teilnehmerverzeichnis dafür als Zählbasis diesen soll (sog. **Präsenzliste**, siehe schon Rz. 35.42)[125].

3. Inhalt

35.44 In das Teilnehmerverzeichnis sind die erschienenen oder vertretenen **Aktionäre** sowie ihre **Vertreter** aufzunehmen, und zwar mit Angabe ihres Namens und Wohnorts sowie bei Nennbetragsaktien des Betrags, bei Stückaktien der Zahl der jeweils vertretenen Aktien unter Angabe ihrer Gattung (§ 129 Abs. 1 Satz 2 AktG). Zu den erschienenen Aktionären gehören auch etwaige **Online-Teilnehmer** i.S.v.

---

119 *Hüffer/Koch*, § 129 AktG Rz. 6; *Mülbert* in Großkomm. AktG, 5. Aufl. 2017, § 129 AktG Rz. 45, 47; *Ziemons* in K. Schmidt/Lutter, § 129 AktG Rz. 19; *Butzke*, HV, C Rz. 65; *Hoffmann-Becking* in MünchHdb. AG, § 37 Rz. 28; a.A. (Pflicht des Versammlungsleiters) *Kubis* in MünchKomm. AktG, 4. Aufl. 2018, § 129 AktG Rz. 16.
120 *Wicke* in BeckOGK AktG, Stand 1.6.2021, § 129 AktG Rz. 20; *Butzke*, HV, C Rz. 66; *Reichert* in Beck'sches Hdb. AG, § 5 Rz. 154.
121 *Kubis* in MünchKomm. AktG, 4. Aufl. 2018, § 129 AktG Rz. 17; *Mülbert* in Großkomm. AktG, 5. Aufl. 2017, § 129 AktG Rz. 50; *Reger* in Bürgers/Körber/Lieder, § 129 AktG Rz. 18; *Wicke* in BeckOGK AktG, Stand 1.6.2021, § 129 AktG Rz. 21; *Hoffmann-Becking* in MünchHdb. AG, § 37 Rz. 28.
122 *Mülbert* in Großkomm. AktG, 5. Aufl. 2017, § 129 AktG Rz. 53.
123 *Hüffer/Koch*, § 129 AktG Rz. 10; *Mülbert* in Großkomm. AktG, 5. Aufl. 2017, § 129 AktG Rz. 54; *Wicke* in BeckOGK AktG, Stand 1.6.2021, § 129 AktG Rz. 23; *Ziemons* in K. Schmidt/Lutter, § 129 AktG Rz. 25; *Butzke*, HV, C Rz. 67.
124 *Kubis* in MünchKomm. AktG, 4. Aufl. 2018, § 129 AktG Rz. 19.
125 *Hoffmann-Becking* in MünchHdb AG, § 37 Rz. 29.

§ 118 Abs. 1 Satz 2 AktG (siehe dazu Rz. 35.59). Dabei empfiehlt es sich, diese aus Gründen der Transparenz im Teilnehmerverzeichnis auch als Online-Teilnehmer zu kennzeichnen. **Briefwähler** nehmen dagegen nicht an der Hauptversammlung teil (Rz. 35.60); sie gehören deshalb auch nicht ins Teilnehmerverzeichnis[126].

4. Kennungen

Vom Aktionär selbst oder offen durch einen bevollmächtigten Dritten vertretene Aktien kennzeichnet man im Teilnehmerverzeichnis in der Regel als sog. **Eigenbesitz** (kurz: E). Etwas anderes gilt, falls Intermediäre, Aktionärsvereinigungen, Stimmrechtsberater, geschäftsmäßig agierende Stimmrechtsvertreter oder der Stimmrechtsvertreter der Gesellschaft als Bevollmächtigte auftreten. Sie sind berechtigt und im Regelfall auch verpflichtet, den Namen ihres Prinzipals zu verschweigen (§ 134 Abs. 3 Satz 5 Halbs. 2, § 135 Abs. 5 Satz 2 AktG, siehe schon Rz. 35.14, außerdem Rz. 36.55). Dem entspricht es, dass der Name des solchermaßen verdeckt vertretenen Aktionärs auch im Teilnehmerverzeichnis nicht angegeben werden muss (§ 129 Abs. 2 Satz 2 AktG). Sehr wohl ist es aber erforderlich, den Vertretungsfall als solchen zu kennzeichnen – um nicht fehlerhaft eine Wahrnehmung eigener Rechte zu signalisieren. Das geschieht in der Praxis durch die Kennzeichnung der jeweiligen Aktienbestände als sog. **Vollmachtbesitz** (kurz: V). Bei Legitimationszession i.S.v. § 129 Abs. 3 AktG, also der Ermächtigung zur Ausübung fremder Aktionärsrechte im eigenen Namen, ist allein der Ermächtigte in das Teilnehmerverzeichnis einzutragen. Die solchermaßen vertretenen Aktienbestände weist man üblicherweise als sog. **Fremdbesitz** (kurz: F) aus[127].

35.45

5. Form

Das Teilnehmerverzeichnis kann **schriftlich** geführt werden, aber auch als **elektronische Datei**. Eine bestimmte Reihenfolge in der Erfassung und Darstellung der Teilnehmer ist nicht vorgeschrieben. Meistens wird das Teilnehmerverzeichnis fortlaufend nach der Reihenfolge der Eintritts- oder Stimmkartennummern erstellt. Es kann, falls es elektronisch geführt wird, später auch in eine alphabetische oder sonstige Reihenfolge umsortiert werden.

35.46

6. Offenlegung

Das Teilnehmerverzeichnis ist vor der ersten Abstimmung sämtlichen Teilnehmern **zugänglich zu machen** (§ 129 Abs. 4 Satz 1 AktG). Dabei macht es keinen Unterschied, ob die erste Abstimmung einen Sach- oder einen Verfahrensantrag betrifft. Für die Zugänglichkeit genügt, dass die anwesenden Teilnehmer den Inhalt des Verzeichnisses ohne größere Schwierigkeiten zur Kenntnis nehmen können. Die Gesellschaft kann daher frei wählen, in welcher Form und über welches Medium sie das Teilnehmerverzeichnis bereitstellt. In Betracht kommt stets ein physischer Ausdruck, ebenso aber eine elektronische Bereitstellung über einen Bildschirm[128]. Bei einer großen Zahl interessierter Teilnehmer sollten mehrere Ausdrucke oder Bildschirme bereitstehen. (Überschaubare) Wartezeiten bei der Einsichtnahme sind aber zumutbar und unschädlich. Der Zugang muss nicht zwingend im eigentlichen Versammlungsraum gewährleistet sein. Es genügt ebenso ein Zugang innerhalb des (sonstigen) Präsenzbereichs, nicht aber außerhalb des Präsenzbereichs[129]. Zur Einsichtnahme berechtigt sind alle physisch anwesenden Personen mit eigenem oder fremdem **Teilnahmerecht**, namentlich also alle physisch anwesenden Aktionäre und Aktionärsvertreter, aber auch anwesende Vorstands- und Aufsichtsratsmitglieder

35.47

---

126 *Reger* in Bürgers/Körber/Lieder, § 129 AktG Rz. 26a; *Wicke* in BeckOGK AktG, Stand 1.6.2021, § 129 AktG Rz. 30; *Ziemons* in K. Schmidt/Lutter, § 129 AktG Rz. 29.
127 *Ziemons* in K. Schmidt/Lutter, § 129 AktG Rz. 36; *Butzke*, HV, C Rz. 56; *Hoffmann-Becking* in MünchHdb. AG, § 37 Rz. 26.
128 *Hüffer/Koch*, § 129 AktG Rz. 13; *Kubis* in MünchKomm. AktG, 4. Aufl. 2018, § 129 AktG Rz. 41; *Wicke* in BeckOGK AktG, Stand 1.6.2021, § 129 AktG Rz. 31.
129 *Kubis* in MünchKomm. AktG, 4. Aufl. 2018, § 129 AktG Rz. 41.

sowie der Versammlungsleiter. Pressevertreter und sonstige Gäste gehören dazu nicht[130]; siehe auch Rz. 35.25. **Online-Teilnehmer** sind nur dann einsichtsberechtigt, wenn ihnen dieses Recht nach Maßgabe von § 118 Abs. 2 Satz 1 AktG eingeräumt wurde (Rz. 35.59). Das Recht zur Einsichtnahme gewährt im Übrigen keinen Anspruch auf eine bestimmte Aufbereitung des Teilnehmerverzeichnisses (z.B. Auflistung aller Aktionäre mit einem bestimmten Aktienbesitz).

7. Nachträgliche Einsichtnahme

35.48 Das Einsichtsrecht besteht nicht nur während der Hauptversammlung, sondern nach ihr noch für einen Zeitraum von **zwei Jahren** (§ 129 Abs. 4 Satz 2 AktG). Die Frist ist zu berechnen nach §§ 187–193 BGB. Fristende ist somit der Ablauf desjenigen Tages, der im übernächsten Jahr nach Zahl und Monat dem damaligen Hauptversammlungstag entspricht (§ 188 Abs. 2 Fall 1 BGB). Nach h.M. soll es genügen, dass der Berechtigte innerhalb dieser Frist die Einsichtnahme verlangt – gleich in welcher Form[131]. Dem entspricht es, dass die Gesellschaft das Verzeichnis mindestens für diese Dauer aufbewahren muss. Darin liegt zugleich eine gesetzliche Erlaubnis i.S.v. Art. 6 Abs. 1 Unterabs. 1 lit. c DSGVO, die personenbezogenen Daten (mindestens) für diese Dauer zu speichern. Berechtigt zur nachträglichen Einsichtnahme, auch in fremde Daten, ist jeder Aktionär. Das ist unterschiedslos, wer im Zeitpunkt seines Einsichtsverlangens Aktionär ist. Unerheblich ist, ob der Aktionär an der jeweiligen Hauptversammlung teilgenommen hat. Ebenso, ob sein Aktionärsstatus zum damaligen Zeitpunkt überhaupt schon bestand[132]. Umgekehrt soll allerdings einsichtsberechtigt bleiben, wer seinerzeit im Teilnehmerverzeichnis erfasst worden ist, anschließend aber den Aktionärsstatus verloren hat[133]. Die Einsichtnahme erfolgt in den Räumen der Gesellschaft während der üblichen Geschäftszeiten. Anerkannt ist überdies, dass der Aktionär auf eigene Kosten auch eine **Abschrift** des Teilnehmerverzeichnisses fordern kann, bei elektronischer Führung einen **Ausdruck**. Der Wortlaut von § 129 Abs. 4 Satz 2 AktG gibt dafür zwar nichts her. Bis zum NaStraG vom 18.1.2001[134] konnte der Aktionär aber (wie jedermann) eine Abschrift des Teilnehmerverzeichnisses über das Handelsregister beziehen (§ 9 Abs. 2 Satz 1, 4 HGB a.F.). Der Gesetzgeber des NaStraG wollte allein die Registergerichte entlasten, nicht aber die Aktionäre materiell schlechter stellen[135].

8. Rechtsfolgen von Verstößen

35.49 Fehlt in der Hauptversammlung das Teilnehmerverzeichnis, ist es unrichtig oder unvollständig oder wird es nicht offengelegt, so kann dies ein **Anfechtungsgrund** sein. Etwas anderes gilt, wenn Aktionäre oder Aktionärsvertreter den Fehler verursacht haben, namentlich durch falsche Angaben gegenüber der Gesellschaft[136]. Im Übrigen kann die Gesellschaft argumentieren, dass der konkrete Fehler im Einzelfall für das Zustandekommen des angefochtenen Beschlusses nicht relevant geworden ist. Die Relevanz fehlt naturgemäß, wenn die Gesellschaft nach Beendigung der Hauptversammlung den Anspruch auf nachträgliche Einsichtnahme aus § 129 Abs. 4 Satz 2 AktG nicht erfüllt. Der Aktionär kann dann

---

130 *Hüffer/Koch*, § 129 AktG Rz. 13; *Kubis* in MünchKomm. AktG, 4. Aufl. 2018, § 129 AktG Rz. 37; *Wicke* in BeckOGK AktG, Stand 1.6.2021, § 129 AktG Rz. 32; a.A. *von Falkenhausen*, BB 1966, 340.
131 *Mülbert* in Großkomm. AktG, 5. Aufl. 2017, § 129 AktG Rz. 86.
132 *Noack/Zetzsche* in KölnKomm. AktG, 3. Aufl. 2011, § 129 AktG Rz. 94.
133 *Kubis* in MünchKomm. AktG, 4. Aufl. 2018, § 129 AktG Rz. 42; *Wicke* in BeckOGK AktG, Stand 1.6.2021, § 129 AktG Rz. 33; *Ziemons* in K. Schmidt/Lutter, § 129 AktG Rz. 44; *Butzke*, HV, C Rz. 73; *Noack*, NZG 2001, 1057, 1063.
134 BGBl. I 2001, 123.
135 *Hüffer/Koch*, § 129 AktG Rz. 14; *Kubis* in MünchKomm. AktG, 4. Aufl. 2018, § 129 AktG Rz. 42; *Reger* in Bürgers/Körber/Lieder, § 129 AktG Rz. 31; *Wicke* in BeckOGK AktG, Stand 1.6.2021, § 129 AktG Rz. 33; *Butzke*, HV, C Rz. 73.
136 *Noack/Zetzsche* in KölnKomm. AktG, 3. Aufl. 2011, § 129 AktG Rz. 101; *Wicke* in BeckOGK AktG, Stand 1.6.2021, § 129 AktG Rz. 34; *Butzke*, HV, C Rz. 74; a.A. *Mülbert* in Großkomm. AktG, 5. Aufl. 2017, § 129 AktG Rz. 91.

allenfalls **Leistungsklage** erheben[137]. Aktionäre und Aktionärsvertreter, die vorsätzlich unrichtige oder unvollständige Angaben für das Teilnehmerverzeichnis machen, handeln ordnungswidrig (§ 405 Abs. 2 AktG).

VI. Geschäftsordnung

1. Allgemeines

Nach § 129 Abs. 1 Satz 1 AktG kann sich die Hauptversammlung eine Geschäftsordnung mit Regeln für ihre eigene Vorbereitung und Durchführung geben. Diese **Kompetenznorm** geht zurück auf das KonTraG vom 27.4.1998[138]. In den Gesetzesmaterialien heißt es sinngemäß, sie bekräftige die schon vorher anerkannte Befugnis der Hauptversammlung, ihr Verfahren eigenverantwortlich zu ordnen. Dem entspreche es, dass eine Geschäftsordnung verschiedene im Gesetz offengelassene Fragen regeln könne, z.B. betreffend Sicherheitskontrollen, die Person des Versammlungsleiters und seine Leitungs- und Ordnungsbefugnisse, das Anwesenheitsrecht des Abschlussprüfers und anderer Dritter, Tonbandmitschnitte und das Recht einzelner Redner auf Unterbrechung der Aufzeichnung, die Aushändigung eines stenographischen Protokolls, die Erteilung von Abschriften, die Redezeiten, Einzelheiten des Fragerechts, die Anmeldung von Redebeiträgen, die Behandlung von Rednerlisten, den Schluss der Rednerliste, das Verfahren der Stimmauszählung sowie die Verlesung von Beschlussvorschlägen. Regelungszweck sei es, die **Selbstorganisationsautonomie** der Hauptversammlung zu stärken, den Fokus auf die Sachdebatte zu lenken und die Kontrolle durch die Eigentümer in der Hauptversammlung zu verbessern[139]. Die praktische Bedeutung der Geschäftsordnung ist allerdings nach wie vor gering. Das Schrifttum beschreibt § 129 Abs. 1 Satz 1 AktG daher zutreffend als „totes Recht"[140].

35.50

2. Rechtsnatur

Die Geschäftsordnung ist weder Bestandteil der Satzung noch ein Annex zu ihr. Sie ist vielmehr eine **nachrangige Verfahrensregelung** eigener Art, der sich die Hauptversammlung kraft rechtsgeschäftlich begründeter Selbstbindung unterwirft[141]. Nichts anderes folgt daraus, dass der Erlass einer Geschäftsordnung neben der einfachen Stimmenmehrheit auch eine qualifizierte Kapitalmehrheit verlangt (siehe dazu Rz. 35.55) – ähnlich wie eine Satzungsänderung. Die Vorstellung des Gesetzgebers war allein, dass dieses qualifizierte Mehrheitserfordernis der Geschäftsordnung eine möglichst starke Legitimation und Autorität im Aktionärskreis verschafft[142]. Der Erlass einer Geschäftsordnung ist Ausdruck der **Selbstorganisation**. Daher war er auch schon vor dem KonTraG zulässig. Auch dies betonte die damaligen Gesetzesmaterialien ausdrücklich (Rz. 35.50). § 129 Abs. 1 Satz 1 AktG hat daher nur klarstellenden Charakter. Der Gesetzgeber des KonTraG ging offenbar davon aus, mit seiner Einführung einen Anreiz zum Erlass von Geschäftsordnungen zu schaffen[143] – dies allerdings zu Unrecht (siehe schon Rz. 35.50).

35.51

3. Inhalt

Als möglichen Inhalt der Geschäftsordnung nennt § 129 Abs. 1 Satz 1 AktG „Regeln für die **Vorbereitung** und **Durchführung** der Hauptversammlung". Dies gilt allerdings mit der Maßgabe, dass die Ge-

35.52

---

137 *Herrler* in Grigoleit, § 129 AktG Rz. 30.
138 BGBl. I 1998, 786.
139 Begr. RegE KonTraG, BT-Drucks. 13/9712, S. 19 f.
140 *Noack/Zetzsche* in KölnKomm. AktG, 3. Aufl. 2011, § 129 AktG Rz. 2.
141 *Drinhausen* in Hölters, § 129 AktG Rz. 3; *Hüffer/Koch*, § 129 AktG Rz. 1b; *von der Linden*, NZG 2012, 930, 934.
142 Begr. RegE KonTraG, BT-Drucks. 13/9712, S. 19.
143 Begr. RegE KonTraG, BT-Drucks. 13/9712, S. 19.

schäftsordnung sich als nachrangiges Regelwerk ihrerseits stets im Rahmen von Gesetz und Satzung bewegen muss. Es besteht daher deutlich weniger Spielraum als die Gesetzesmaterialien zum KonTraG suggerieren (Rz. 35.50). Bestimmte Verfahrensfragen überantwortet das Gesetz ausschließlich der Satzung. Das gilt namentlich für die Auflockerung der Präsenzpflicht von Aufsichtsratsmitgliedern (§ 118 Abs. 3 Satz 2 AktG, dazu Rz. 35.19), die Regelung der Voraussetzungen für die Teilnahme an der Hauptversammlung und die Stimmrechtsausübung (§ 123 Abs. 2 Satz 1 AktG, dazu Rz. 34.99), eine Formerleichterung für Stimmrechtsvollmachten (§ 134 Abs. 3 Satz 3 AktG, dazu Rz. 36.51) sowie die Form der Stimmabgabe (§ 134 Abs. 4 AktG, dazu Rz. 36.64). Diese Fragen sind daher allesamt kein tauglicher Gegenstand einer Geschäftsordnung. Anderslautende Aussagen in den Gesetzesmaterialien sind ein offenkundiger Fehltritt der Entwurfsverfasser. Sie vermögen es nicht, die klare gesetzliche Abschichtung zwischen Satzung einerseits und Geschäftsordnung andererseits aufzuheben[144]. An anderer Stelle sieht das Gesetz vor, dass bestimmte Fragen nicht nur in der Satzung, sondern wahlweise auch in der Geschäftsordnung geregelt werden können (z.B. § 118 Abs. 4, § 131 Abs. 2 Satz 2 AktG). Dies eröffnet aber keine zusätzlichen inhaltlichen Optionen. Im Übrigen gilt, dass die Satzung der Geschäftsordnung vorgeht, soweit sie ihrerseits einschlägige Bestimmungen trifft[145].

35.53 Die **Befugnisse des Versammlungsleiters** kann eine Geschäftsordnung nicht sinnvoll regeln. Dies gilt für sämtliche Maßnahmen, für die der Versammlungsleiter aus eigenem Recht zuständig ist, seien sie nun verfahrens- oder ordnungsrechtlicher Natur (siehe dazu Rz. 35.36 ff.). Die Geschäftsordnung könnte insoweit nur die bestehende Rechtslage beschreiben, diese aber nicht für den Versammlungsleiter verbindlich konkretisieren. Denn dies wäre nichts anderes als ein unzulässiger Übergriff der Hauptversammlung in eine fremde Kompetenz[146].

35.54 Auch die **Rechte der Aktionäre** lassen sich in einer Geschäftsordnung allenfalls umschreiben, nicht aber inhaltlich verändern[147]. Eine zeitliche Beschränkung des Frage- und Rederechts ist auf diesem Wege nur in gleichem Umfang zulässig wie im Rahmen einer Satzungsregelung (§ 131 Abs. 2 Satz 2 AktG)[148]. Denkbar sind vor allem bloße Verfahrensregeln, bei denen aber stets zu fragen wäre, ob sie nicht in letzter Konsequenz auch inhaltlich in die Rechte der Aktionäre oder des Versammlungsleiters eingreifen. Soweit sich die Geschäftsordnung auf die rein deskriptive Wiedergabe allgemeiner Grundsätze beschränkt, würde diese Gefahr zwar nicht bestehen. Solche Texte sind aber aus praktischer Sicht ohne Wert. Im Übrigen bergen umfassende Darstellungen in einer Geschäftsordnung die Gefahr, dass die Hauptversammlung ohne Not noch weiter „verrechtlicht" wird und der Versammlungsleiter wichtige Flexibilität einbüßt.

4. Form- und Mehrheitserfordernisse

35.55 Über den Erlass, die Änderung und die Aufhebung einer Geschäftsordnung entscheidet die Hauptversammlung durch Beschluss. Dieser Beschluss ist **bekanntmachungsbedürftig**. Er betrifft nämlich keinen (anderen) Gegenstand der Tagesordnung i.S.v. § 124 Abs. 4 Satz 2 AktG. Erforderlich ist daher, dass der Erlass, die Änderung oder die Aufhebung der Geschäftsordnung mit der Einberufung als eigenständiger **Tagesordnungspunkt** bekanntgemacht wird (§ 121 Abs. 3 Satz 2 AktG, dazu Rz. 34.47 ff.). Außerdem sind Vorstand und Aufsichtsrat verpflichtet, der Hauptversammlung einen konkreten **Be-

---

144 *von der Linden*, NZG 2012, 930, 934.
145 *Hüffer/Koch*, § 129 AktG Rz. 1b; *Kubis* in MünchKomm. AktG, 4. Aufl. 2018, § 129 AktG Rz. 5; *Mülbert* in Großkomm. AktG, 5. Aufl. 2017, § 129 AktG Rz. 16; *Bachmann*, AG 1999, 210, 211 f.; *Hennerkes/Kögel*, DB 1999, 81, 82.
146 *Hüffer/Koch*, § 129 AktG Rz. 1c; *Kubis* in MünchKomm. AktG, 4. Aufl. 2018, § 129 AktG Rz. 6; *Mülbert* in Großkomm. AktG, 5. Aufl. 2017, § 129 AktG Rz. 17; *Bezzenberger*, ZGR 1998, 352, 361; *Dietrich*, NZG 1998, 921, 923; *Schaaf*, ZIP 1999, 1339, 1340; a.A. *Bachmann*, AG 1999, 210, 211 f.
147 *Kubis* in MünchKomm. AktG, 4. Aufl. 2018, § 129 AktG Rz. 8; *Butzke*, HV, D Rz. 94; *Hennerkes/Kögel*, DB 1999, 81, 84; *Marsch-Barner* in Reform des Aktienrechts, S. 275, 281; *Schaaf*, ZIP 1999, 1339 ff.
148 *Ziemons* in K. Schmidt/Lutter, § 129 AktG Rz. 10.

schlussvorschlag zu unterbreiten (§ 124 Abs. 3 Satz 1 AktG, dazu Rz. 34.51 ff.). Umstritten ist, wie weit bei Erlass und etwaiger Änderung die Bekanntmachungspflicht im Einzelnen reicht. Nach wohl h.M. soll es genügen, dass analog § 124 Abs. 2 Satz 3 Fall 5 AktG der wesentliche Inhalt der Geschäftsordnung bekanntgemacht wird[149]. Dem ist allerdings nicht beizutreten. Vielmehr gilt, dass der Beschlussvorschlag den vollen Wortlaut der vorgeschlagenen Geschäftsordnung bzw. ihrer zu ändernden Passagen umfassen muss – entsprechend § 124 Abs. 2 Satz 3 Fall 1 AktG[150]. Anderenfalls bliebe er unbestimmt und würde sich nicht eignen, in der Hauptversammlung als Beschlussantrag zur Abstimmung zu kommen. Der Erlassbeschluss der Hauptversammlung bedarf neben der einfachen Stimmenmehrheit einer **Drei-Viertel-Mehrheit** des bei der Beschlussfassung vertretenen Grundkapitals (§ 129 Abs. 1 Satz 1 AktG). Dieses Mehrheitserfordernis gilt auch für spätere Änderungen der Geschäftsordnung. Es ist gesetzlich zwingend. Die Satzung kann, anders als für ihre eigene Änderung, weder Erleichterungen noch Erschwernisse schaffen. § 179 Abs. 2 Satz 2 AktG gilt weder direkt noch analog[151]. Demgegenüber genügt für die ersatzlose Aufhebung einer bestehenden Geschäftsordnung die einfache Stimmenmehrheit (§ 133 Abs. 1 AktG)[152]. Anders als die Satzung (§ 37 Abs. 4 Nr. 1 AktG) ist eine Geschäftsordnung nicht zum Handelsregister einzureichen; ihre Änderung oder Aufhebung bedarf keiner Handelsregistereintragung[153].

5. Rechtsfolgen von Verstößen

Anders als Gesetzes- und Satzungsverletzungen machen Verstöße gegen die Geschäftsordnung die Sachbeschlüsse der Hauptversammlung **nicht anfechtbar** (§ 243 Abs. 1 AktG). Eine gewisse Relevanz für den Beschlussmängelstreit erlangt die Geschäftsordnung allenfalls, wenn die Verletzung ihrer Verfahrensregeln sich zugleich als ein Gesetzes- oder Satzungsverstoß darstellt. So kann der Fall etwa liegen, wenn Aktionäre sachgrundlos ungleich behandelt oder ihre Mitwirkungsrechte treuwidrig verkürzt werden (§ 53a AktG, § 242 BGB)[154]. Selbst dann gilt aber, dass allein der Gesetzes- oder Satzungsverstoß als solcher die Anfechtung trägt. Die Geschäftsordnung ist nur geeignet, ihn (argumentativ) zu unterstreichen. Fehl geht es demgegenüber, in einem Verstoß gegen die Geschäftsordnung stets auch einen (mittelbaren) Verstoß gegen § 129 Abs. 1 Satz 1 AktG zu erblicken[155]. § 129 Abs. 1 Satz 1 AktG ist nicht mehr als eine bloße Kompetenznorm für die Hauptversammlung (Rz. 35.50). Er regelt also nur, in welchem Verfahren, mit welcher Mehrheit und mit welchem Inhalt die Hauptversammlung sich selbst eine Geschäftsordnung geben darf. Das besagt nichts darüber, wie oder mit welchem Inhalt andere Sachbeschlüsse der Hauptversammlung zustande kommen dürfen[156].

35.56

VII. Übertragung und digitale Elemente

1. Übertragung in Bild und Ton

§ 118 Abs. 4 AktG bestimmt, unter welchen Voraussetzungen die Hauptversammlung in Bild und Ton übertragen werden darf. Zum einen kann danach die Satzung oder die Geschäftsordnung eine solche Übertragung vorsehen. Zum anderen können beide Regelwerke eine Ermächtigung aussprechen, die

35.57

---

149 *Hüffer/Koch*, § 129 AktG Rz. 1d; *Kubis* in MünchKomm. AktG, 4. Aufl. 2018, § 129 AktG Rz. 9; *Wicke* in BeckOGK AktG, Stand 1.6.2021, § 129 AktG Rz. 11.
150 *Ziemons* in K. Schmidt/Lutter, § 129 AktG Rz. 12.
151 *Herrler* in Grigoleit, § 129 AktG Rz. 2.
152 *Kubis* in MünchKomm. AktG, 4. Aufl. 2018, § 129 AktG Rz. 10; *Reger* in Bürgers/Körber/Lieder, § 129 AktG Rz. 10; a.A. *Ziemons* in K. Schmidt/Lutter, § 129 AktG Rz. 14.
153 *Hüffer/Koch*, § 129 AktG Rz. 1b; *Wicke* in BeckOGK AktG, Stand 1.6.2021, § 129 AktG Rz. 11; *von der Linden*, NZG 2012, 930, 934.
154 *Hüffer/Koch*, § 129 AktG Rz. 1g; *von der Linden*, NZG 2012, 930, 934.
155 So aber *Kubis* in MünchKomm. AktG, 4. Aufl. 2018, § 129 AktG Rz. 14.
156 *Mülbert* in Großkomm. AktG, 5. Aufl. 2017, § 129 AktG Rz. 33.

Bild- und Tonübertragung zuzulassen – und zwar entweder zugunsten des Vorstands oder zugunsten des Versammlungsleiters. Bild- und Tonübertragung meint eine **einseitige Übertragung** des Geschehens aus dem Versammlungsraum nach außen. Der Grad der Öffentlichkeit ist nicht geregelt und kann daher frei bestimmt werden. Denkbar ist z.B. eine Übertragung im Betriebsfernsehen oder im Intranet. In Betracht kommt aber auch, die Versammlung im **Internet** zu übertragen, sei es in einem gesicherten Bereich (HV-Portal) für einen begrenzten Personenkreis oder auch ohne Zugangsschranken und somit öffentlich[157]. Die Übertragung kann als Minus auch in einer bloßen Tonübertragung bestehen. Die Regelung schafft Rechtssicherheit, erhöht die Reichweite der Hauptversammlung und kann zugleich dazu beitragen, den Besucherandrang vor Ort zu reduzieren. Eine wesentliche Folge ist, dass Aktionäre der Verbreitung und auch einer etwaigen Aufzeichnung ihrer Redebeiträge nicht mehr wirksam widersprechen können[158]. Verfassungsrechtliche Bedenken, namentlich im Hinblick auf das allgemeine Persönlichkeitsrecht und das Recht auf informationelle Selbstbestimmung einzelner Aktionäre, sind unbegründet[159].

2. Übertragung in Nebenräume

35.58 Von einer Bild- und Tonübertragung nach außen ist die Übertragung der Hauptversammlung in etwaige Nebenräume zu unterscheiden. Sie lässt sich ihrerseits in zwei Fallgruppen teilen: Zum einen die Übertragung in das **Backoffice**, um dort die gestellten Fragen und Anträge der Aktionäre zu notieren und ggf. Antwortvorschläge zu erarbeiten. Zum anderen die Übertragung in solche Nebenräume, die zum **Präsenzbereich** zählen und daher für die Aktionäre und Aktionärsvertreter zugänglich sind, z.B. in das Foyer, in den Cateringbereich oder in den Sanitärbereich. Diese Übertragung dient dazu, dass die physisch anwesenden Teilnehmer das Geschehen im Versammlungssaal auch aus den Nebenräumen heraus verfolgen können[160]. Dabei handelt es sich um einen freiwilligen Service; es besteht also kein Anspruch der Aktionäre auf Übertragung in Nebenräume des Präsenzbereichs. Dem entspricht es, dass eine fehlende, unterbrochene oder unverständliche Übertragung in die Nebenräume auch keinen Anfechtungs- oder Nichtigkeitsgrund ausmacht[161]. Dies umso weniger, als es den Aktionären jederzeit freisteht, auf etwaige Übertragungsschwierigkeiten zu reagieren, in den Versammlungssaal zurückzukehren und der Hauptversammlung von dort aus weiter zu folgen. Dennoch sollten die Gesellschaften im eigenen Interesse darauf achten, dass die Übertragung in Nebenräume störungsfrei und gut verständlich ist – um sonst drohender Kritik während der Veranstaltung vorzubeugen.

3. Online-Teilnahme

35.59 § 118 Abs. 1 Satz 2 AktG regelt die sog. Online-Teilnahme. Darunter ist zu verstehen, dass Aktionäre an der Hauptversammlung, auch ohne Anwesenheit an deren Ort, teilnehmen und sämtliche oder einzelne ihrer Rechte ganz oder teilweise im Wege elektronischer Kommunikation ausüben. Voraussetzung dafür ist, dass die **Satzung** die Online-Teilnahme entweder selbst vorsieht oder den Vorstand entsprechend ermächtigt. In der Praxis ist Letzteres gängig. In jedem Fall ist die Online-Teilnahme nur eine **zusätzliche Option** für die Aktionäre. Es ist also nicht möglich, allein die Online-Teilnahme an-

---

157 *Hüffer/Koch*, § 118 AktG Rz. 30; *Kubis* in MünchKomm. AktG, 4. Aufl. 2018, § 118 AktG Rz. 119; *Noack*, DB 2002, 620, 623.
158 Begr. RegE TransPuG, BT-Drucks. 14/8769, S. 19; *Hüffer/Koch*, § 118 AktG Rz. 30; *Spindler* in K. Schmidt/Lutter, § 118 AktG Rz. 64; *Ihrig/Wagner*, BB 2002, 789, 795; *Noack*, DB 2002, 620, 623; *Seibert*, NZG 2002, 608, 611.
159 LG Frankfurt v. 7.1.2004 – 3-13 O 79/03, AG 2005, 821.
160 *Hoffmann-Becking* in MünchHdb. AG, § 37 Rz. 54; *Martens*, Leitfaden, S. 52 f.; *Pöschke/Vogel* in Reichert, ArbeitsHdb. HV, § 13 Rz. 103.
161 BGH v. 8.10.2013 – II ZR 329/12, AG 2013, 880; OLG Frankfurt v. 16.12.2014 – 5 U 24/14 – Commerzbank, AG 2015, 272, 273; OLG München v. 10.4.2013 – 7 AktG 1/13, AG 2013, 527; a.A. noch LG Frankfurt v. 20.12.2011 – 3-5 O 37/11, BB 2012, 736; LG München I v. 1.4.2010 – 5 HK O 12554/09, AG 2011, 263.

zubieten und auf eine Präsenzveranstaltung zu verzichten[162]. Online-Teilnehmer gehören – anders als Briefwähler – in das Teilnehmerverzeichnis (§ 129 Abs. 1 Satz 2 AktG, dazu Rz. 35.42 ff.)[163]. Dafür ist unerheblich, welche Aktionärsrechte ihnen im Einzelnen zuerkannt werden. In Betracht kommen vor allem das Stimmrecht, das Antragsrecht und das Widerspruchsrecht, außerdem das Frage- und das Rederecht. Diese Rechte können, müssen aber nicht allesamt gewährt werden. Auch ist es denkbar, alle oder einzelne Rechte mit inhaltlichen Beschränkungen zu versehen. So etwa, wenn Online-Teilnehmer nur eine begrenzte Zahl von Fragen stellen dürfen oder dafür auf ein bestimmtes Zeitfenster in der Hauptversammlung verwiesen werden[164]. Die Einräumung ausgewählter Rechte bedeutet, dass im Umkehrschluss alle übrigen Rechte ausgeschlossen sind[165]. Unproblematisch ist, wenn die Online-Teilnehmer auf diese Weise schlechter gestellt werden als die Teilnehmer vor Ort. § 53a AktG gilt insofern nicht; es bedarf daher auch keiner sachlichen Rechtfertigung[166]. Das gilt allerdings nur mit folgenden Maßgaben: *Erstens* ist es nicht möglich, den Online-Teilnehmer völlig rechtlos zu stellen – denn dann wäre seine Teilnahme ohne jede Substanz[167]. *Zweitens* dürfen nur versammlungsgebundene Rechte ausgeschlossen oder beschränkt werden, nicht auch Rechte im Vorfeld der Hauptversammlung[168]. Und *drittens* ist es unstatthaft, dem Online-Teilnehmer zusätzliche Privilegien einzuräumen und ihn somit besser zu stellen als den herkömmlichen Teilnehmer[169]. Ein satzungsmäßiges **Anmeldeerfordernis** gilt auch für die Online-Teilnahme. Börsennotierte Gesellschaften müssen in der Einberufung erläutern, welches Verfahren für die Stimmabgabe im Wege der Online-Teilnahme zu beachten ist (§ 121 Abs. 3 Satz 3 Nr. 2 lit. b AktG, dazu Rz. 34.57).

4. Briefwahl

Briefwahl meint, dass Aktionäre ihre Stimmen schriftlich oder im Wege elektronischer Kommunikation abgeben – auch ohne Teilnahme an der Hauptversammlung (§ 118 Abs. 2 Satz 1 AktG). Der Terminus ist griffig, aber unpräzise. Zum einen, weil es nicht nur um Wahlen geht, sondern um jedwede Abstimmung in der Hauptversammlung. Zum anderen, weil neben der brieflichen bzw. schriftlichen auch eine elektronische Stimmabgabe denkbar ist, z.B. per E-Mail oder über ein HV-Portal[170]. Voraussetzung der Briefwahl ist, dass die **Satzung** sie entweder anordnet oder den Vorstand entsprechend ermächtigt – ganz wie bei der Online-Teilnahme (Rz. 35.59). Die Briefwahl wird in der Praxis auch rege genutzt. Schriftliche Briefwahl ist dabei ebenso gängig wie elektronische; zumeist werden beide Optionen angeboten. Der **Einsende- bzw. Annahmeschluss** fällt üblicherweise auf den Vorabend der Hauptversammlung. Es ist aber zulässig, Briefwahlstimmen auch noch während der Hauptversammlung anzunehmen, längstens bis zum Beginn des Abstimmungsvorgangs[171]. Ändern sich Beschlussvorschläge, sind vorherige Briefwahlstimmen in der Regel hinfällig. Etwas anderes gilt, wenn es sich um rein redaktionelle Anpassungen des Beschlussvorschlags handelt, außerdem beim Übergang von der

35.60

---

162 Begr. RegE ARUG, BT-Drucks. 16/11642, S. 26; *Hüffer/Koch*, § 118 AktG Rz. 10; *Kubis* in Münch-Komm. AktG, 4. Aufl. 2018, § 118 AktG Rz. 80; *Herrler/Reymann*, DNotZ 2009, 815, 820; *Horn*, ZIP 2008, 1558, 1564; a.A. wohl *Noack*, WM 2009, 2289, 2293.
163 Begr. RegE ARUG, BT-Drucks. 16/11642 S. 26; *Hüffer/Koch*, § 118 AktG Rz. 12; *Noack/Zetzsche* in KölnKomm. AktG, 3. Aufl. 2011, § 129 AktG Rz. 46 ff.; *Reger* in Bürgers/Körber/Lieder, § 118 AktG Rz. 5c.
164 *Arnold/Carl/Götze*, AG 2011, 359, 360; *Kersting*, NZG 2010, 130, 132; *Noack*, NZG 2008, 441, 444; *Seibert/Florstedt*, ZIP 2008, 2145, 2146.
165 Begr. RegE ARUG, BT-Drucks. 16/11642, S. 26.
166 Begr. RegE ARUG, BT-Drucks. 16/11642, S. 26; *Mülbert* in Großkomm. AktG, 5. Aufl. 2017, § 118 AktG Rz. 104; *Arnold/Carl/Götze*, AG 2011, 349, 360.
167 *Hüffer/Koch*, § 118 AktG Rz. 12.
168 *Kubis* in MünchKomm. AktG, 4. Aufl. 2018, § 118 AktG Rz. 82.
169 *Hüffer/Koch*, § 118 AktG Rz. 12.
170 *Hüffer/Koch*, § 118 AktG Rz. 15; *DAV-Handelsrechtsausschuss*, NZG 2008, 534, 536 Rz. 19.
171 *Hoffmann* in BeckOGK AktG, Stand 1.6.2021, § 118 AktG Rz. 54; *Reger* in Bürgers/Körber/Lieder, § 118 AktG Rz. 5h; *Spindler* in K. Schmidt/Lutter, § 118 AktG Rz. 58; *Arnold/Carl/Götze*, AG 2011, 349, 358; *Noack*, WM 2009, 2289, 2291.

Gesamt- zur Einzelentlastung[172]. Die Briefwahlstimme hat vollen Zählwert, muss also wie eine vor Ort abgegebene Stimme in das Abstimmungsergebnis einfließen. Auch rechnet sie zum vertretenen Grundkapital, auf das z.B. § 179 Abs. 2 AktG abstellt[173]. Dessen ungeachtet sind Briefwähler aber **keine Teilnehmer**. Daraus folgt zweierlei: *Erstens* sind sie nicht in das Teilnehmerverzeichnis aufzunehmen (Rz. 35.44). *Zweitens* sind sie auch nicht „erschienen" und demnach nicht anfechtungsbefugt nach § 245 Nr. 1 AktG, wohl aber ggf. nach § 245 Nr. 2 oder 3 AktG[174]. Ein statutarisches **Anmeldeerfordernis** für die Stimmrechtsausübung gilt auch für die Briefwahl (§ 123 Abs. 2 Satz 1 AktG, dazu Rz. 34.99)[175]. Für börsennotierte Gesellschaften gilt überdies, dass sie in der Einberufung das Verfahren der Briefwahl erläutern müssen (§ 121 Abs. 3 Satz 3 Nr. 2 lit. b AktG, dazu Rz. 34.57). Außerdem müssen sie Briefwahlformulare auf ihrer Internetseite bereitstellen, es sei denn, sie übermitteln diese den Aktionären direkt (§ 124a Satz 1 Nr. 5 AktG, dazu Rz. 34.65).

5. Eingangsbestätigung

35.61 Bei elektronischer Stimmabgabe muss die Gesellschaft eine Eingangsbestätigung erteilen. Das gilt bei Online-Teilnahme und elektronischer Briefwahl gleichermaßen (§ 118 Abs. 1 Satz 3, Abs. 2 Satz 2 AktG)[176]. Die Eingangsbestätigung ist ihrerseits **elektronisch** zu erteilen[177]. Art. 9 Abs. 5 Unterabs. 1 DVO (EU) 2018/1212 bestimmt, dass dies **unmittelbar** nach Stimmabgabe geschehen muss. Die Vorstellung dürfte sein, dass umgehend eine automatische Eingangsbestätigung generiert wird, sei es über das HV-Portal oder über eine Auto-Reply-Funktion[178]. Zulässig ist auch die Erteilung durch einen beauftragten Dritten (§ 118 Abs. 1 Satz 5, Abs. 2 Satz 2, § 67 Abs. 2 Satz 1 AktG). **Empfänger** ist die abstimmende Person, nicht also notwendig der Aktionär, sondern ggf. auch ein Intermediär oder ein Vertreter. Ziel ist es, den erfolgreichen Abschluss des telekommunikativen Vorgangs zu dokumentieren. Bleibt die Eingangsbestätigung aus, kann dies Anlass geben, die Stimmabgabe zu wiederholen[179]. Der **Mindestinhalt** der Eingangsbestätigung ergibt sich aus Art. 7 Abs. 1 i.V.m. Tabelle 6 DVO (EU) 2018/1212. Anzugeben sind danach: eine eindeutige Kennung der Bestätigung; die Art der Mitteilung; eine eindeutige Kennung sowie das Datum der Hauptversammlung; die ISIN; die Namen des Emittenten, des Betätigenden, des Abstimmenden und des Aktionärs. Ein Intermediär ist verpflichtet, die ihm erteilte Eingangsbestätigung an den Aktionär weiterzuleiten – ggf. entlang der Intermediärskette (§ 118 Abs. 1 Satz 4 und 5, Abs. 2 Satz 2, § 67 Abs. 3 AktG).

6. Abstimmungsbestätigung

35.62 Darüber hinaus muss die Gesellschaft auf Verlangen bestätigen, ob und wie die Stimme gezählt wurde (§ 129 Abs. 5 Satz 1 AktG). Anders als die bloße Eingangsbestätigung (Rz. 35.61) betrifft diese sog. Abstimmungsbestätigung nicht nur elektronische, sondern jedwede Stimmen[180]. Das hat zur Folge, dass die Gesellschaften das Abstimmungsverhalten auch physisch präsenter Teilnehmer im Einzelnen erfassen und dokumentieren müssen – selbst eine etwaige Stimmabgabe per Handzeichen oder Zuruf[181]. Geheime Abstimmungen[182] darf es demnach in der AG nicht (mehr) geben. Die Frist für das

---

172 *Kocher*, BB 2014, 2317, 2319 ff.
173 Begr. RegE ARUG, BT-Drucks. 16/11642, S. 27.
174 *Hüffer/Koch*, § 118 AktG Rz. 19.
175 *Paschos/Goslar*, AG 2008, 605, 619; *Schaaf/Slowinski*, ZIP 2011, 2444, 2445; zweifelnd *Noack*, WM 2009, 2289, 2291.
176 *Noack*, DB 2019, 2785, 2790.
177 *Hüffer/Koch*, § 118 AktG Rz. 14a.
178 *Herrler* in Grigoleit, § 118 AktG Rz. 17.
179 *Hoffmann* in BeckOGK AktG, Stand 1.6.2021, § 118 AktG Rz. 51.
180 *Zetzsche*, AG 2020, 1, 16 Rz. 97.
181 *Wicke* in BeckOGK AktG, Stand 1.6.2021, § 129 AktG Rz. 39; *Seulen*, DB 2018, 2915, 2919.
182 Dazu *Uwe H. Schneider* in FS Peltzer, 2001, S. 425.

Verlangen beträgt einen Monat nach dem Tag der Hauptversammlung. Sie berechnet sich nach Maßgabe von §§ 187–193 BGB, nicht nach § 121 Abs. 7 AktG[183]. Das Verlangen kann formlos gestellt werden; es empfiehlt sich aber Textform[184]. **Berechtigter** ist die abstimmende Person, ggf. also ein Intermediär oder sonstiger Stimmrechtsvertreter. Die Gesellschaft muss darauf innerhalb von 15 Tagen reagieren, gemessen ab dem Verlangen oder ab der Hauptversammlung, je nachdem, welches Ereignis später eintritt (Art. 9 Abs. 5 Unterabs. 2 DVO (EU) 2018/1212). Sie kann hiermit auch Dritte beauftragen (§ 129 Abs. 5 Satz 4, § 67a Abs. 2 Satz 1 AktG). Der **Mindestinhalt** der Bestätigung richtet sich nach Art. 7 Abs. 2 i.V.m. Tabelle 7 DVO (EU) 2018/1212 (eindeutige Kennung der Bestätigung; Art der Mitteilung; eindeutige Kennung und Datum der Hauptversammlung; ISIN; Namen des Emittenten, des Aktionärs und ggf. des aktionärsseitig benannten Dritten; Modalität, Tag und Uhrzeit des Eingangs; eindeutige Kennung der Stimmen). Befremdlich ist, dass die Tabelle 7 DVO (EU) 2018/1212 kein Feld hat, das die inhaltliche Einordnung der Stimme abbildet (Ja, Nein, Enthaltung)[185]. Soweit technisch möglich, sollten die Gesellschaften diese Angabe zusätzlich in ihre Bestätigung aufnehmen. Ein Intermediär muss auf diese Bestätigung weiterleiten, ggf. durch die Kette (§ 129 Abs. 5 Satz 3 und 4, § 67a Abs. 3 AktG).

VIII. Virtuelle Hauptversammlung

1. Begriff

Im Frühjahr 2020 wurde offenbar, dass die COVID-19-Pandemie herkömmliche physische Hauptversammlungen auf absehbare Zeit ausschließen würde – nicht nur, aber insbesondere bei großen Publikumsgesellschaften. Der Gesetzgeber hat darauf kurzfristig reagiert mit dem COVMG vom 27.3.2020[186]. Sein erklärtes Ziel war es, den Unternehmen „substanzielle Erleichterungen für die Durchführung von Hauptversammlungen" zu verschaffen und sie so in die Lage zu versetzen, „auch bei weiterhin bestehenden Beschränkungen der Versammlungsmöglichkeiten erforderliche Beschlüsse zu fassen und handlungsfähig zu bleiben"[187]. § 1 COVMG erlaubt daher (vorübergehend) virtuelle Hauptversammlungen, zunächst nur bis zum Ende des Jahres 2020, später verlängert mit einigen punktuellen Änderungen bis zum Ende des Jahres 2021 durch Art. 11 RSchBefrVerkG vom 22.12.2020[188] und sodann erneut bis zum Ablauf des 31.8.2022 durch Art. 15 AufbhG 2021 vom 10.9.2021[189]. Begrifflich meint virtuelle Hauptversammlung, dass die physische Präsenz der Aktionäre sowie deren Bevollmächtigter ausgeschlossen wird. Es handelt sich also – entgegen verbreiteter Darstellung – nicht um ein vollständig virtuelles Format. Richtig ist vielmehr, dass der **physische Kern** der Versammlung erhalten bleibt – bestehend aus dem Versammlungsleiter, dem Notar und in der Regel auch aus mindestens einem Vorstandsmitglied[190]. Hinzu kommt „hinter den Kulissen" ggf. noch der Stimmrechtsvertreter der Gesellschaft. Die Besonderheit besteht darin, dass die Aktionäre und Aktionärsvertreter ihre Rechte ausschließlich „aus der Ferne" ausüben. Um dies sicherzustellen, knüpft § 1 Abs. 2 COVMG die Entscheidung des Vorstands und des Aufsichtsrats zugunsten einer virtuellen Hauptversammlung an **mehrere Bedingungen**, namentlich an die Bild- und Tonübertragung der gesamten Versammlung sowie an die Einräumung gewisser Mindestrechte für die Aktionäre.

35.63

---

183 Begr. RegE ARUG II, BT-Drucks. 19/9739, S. 98.
184 *Herrler* in Grigoleit, § 129 AktG Rz. 32.
185 *Noack*, DB 2019, 2785, 2790.
186 BGBl. I 2020, 569.
187 Begr. FraktE COVID-19-G, BT-Drucks. 19/18110, S. 5.
188 BGBl. I 2020, 3328.
189 BGBl. I 2021, 4147.
190 *Noack/Zetzsche*, AG 2020, 265, 268 Rz. 23.

2. Bild- und Tonübertragung

35.64 Die gesamte Versammlung muss in Bild und Ton übertragen werden (§ 1 Abs. 2 Satz 1 Nr. 1 COVMG). Das bedeutet, dass die Bild- und Tonübertragung den vollständigen Gang der Versammlung umfassen muss, von der Eröffnung durch den Versammlungsleiter über die einleitenden Berichte des Vorstands und des Aufsichtsratsvorsitzenden, die Beantwortung etwaiger Fragen sowie die Abstimmungen bis zur Schließung der Veranstaltung[191]. Es ist aber keine öffentliche Übertragung notwendig. Der Zugang zur Bild- und Tonübertragung muss (nur) gewährleistet sein für die ordnungsgemäß angemeldeten Aktionäre bzw. für deren etwaige Vertreter.

3. Stimmrecht

35.65 Die Aktionäre müssen ihr Stimmrecht über elektronische Kommunikation *sowie* (kumulativ) durch Vollmachtserteilung ausüben können (§ 1 Abs. 2 Satz 1 Nr. 2 COVMG). Das dafür üblicherweise genutzte Modell ist eine Kombination aus **elektronischer Briefwahl** und Bevollmächtigung eines gesellschaftseigenen **Stimmrechts- bzw. Abstimmungsvertreters**[192]. Es bleibt den Aktionären unbenommen, Dritte mit der Ausübung ihres Stimmrechts zu beauftragen und sie entsprechend zu bevollmächtigen, darunter auch Intermediäre, Aktionärsvereinigungen oder Stimmrechtsberater. Nur haben diese Dritten dann ihrerseits kein Recht auf physische Anwesenheit in der Versammlung, ebenso wenig wie der hinter ihnen stehende Aktionär. Das bedeutet, dass ein bevollmächtigter Dritter die Stimmen namens des Aktionärs seinerseits nur in einen der eröffneten Kanäle einspeisen kann – d.h., er kann entweder per elektronischer Briefwahl abstimmen oder dem Stimmrechtsvertreter der Gesellschaft eine Untervollmacht (nebst Weisungen) erteilen[193]. Echte (interaktive) **Online-Teilnahme** i.S.v. § 118 Abs. 1 Satz 2 AktG ist ebenfalls denkbar, wurde aber in der Praxis bisher nur in sehr wenigen Fällen angeboten[194]. Es ist kein Ermessensfehler, wenn der Vorstand sich für die Briefwahl und gegen eine Online-Teilnahme entscheidet[195].

4. Fragerecht

35.66 Die Aktionäre haben das Recht, **Fragen im Wege elektronischer Kommunikation** zu stellen (§ 1 Abs. 2 Satz 1 Nr. 3 COVMG). Dafür ist es nicht notwendig, dass Fragen während der laufenden Versammlung eingereicht werden können. Der Vorstand kann auch festlegen, dass die Fragen **vor der Versammlung** einzureichen sind – auch dies aber nur mit Zustimmung des Aufsichtsrats (§ 1 Abs. 2 Satz 2 Halbs. 2, Abs. 6 Satz 1 COVMG). Dafür sah das COVMG ursprünglich einen Vorlauf von zwei Tagen vor; seit dem 28.2.2021 ist es nur noch ein einziger Tag. Die verbleibende Zeit dient zur Vorbereitung der Antworten, die in der Versammlung verlesen werden. Dieser Weg der Vorab-Einreichung ist das in der Praxis klar präferierte Modell, für das sich jedenfalls im Jahr 2020 nahezu alle Gesellschaften entschieden haben[196]. Etwaige Rückfragen auf die erteilten Antworten sind hierbei ausgeschlossen. Jedoch haben im Jahr 2021 einige Gesellschaften (limitierte) Rückfragen auf freiwilliger Basis ermöglicht. Das **Auskunftsrecht** (auf gestellte Fragen) richtet sich *nicht* nach § 131 Abs. 1 Satz 1, Abs. 2 Satz 1 AktG. Stattdessen entscheidet der Vorstand „nach freiem, pflichtgemäßem Ermessen", wie er die Fragen beantwortet (§ 1 Abs. 2 Satz 2 Halbs. 1 COVMG). Ursprünglich durfte er sogar selbst entscheiden, welche Fragen er überhaupt beantwortet. Soweit ersichtlich, haben nahezu sämtliche Vorstände dieses weitreichende Ermessen in der Praxis überaus verantwortungsvoll ausgeübt. Das bedeutet, dass sie nach Möglichkeit sämtliche vorab eingereichten Fragen beantwortet haben – ohne jede Selektierung

---

191 Begr. FraktE COVID-19-G, BT-Drucks. 19/18110, S. 26.
192 *Danwerth*, AG 2020, 776, 784 Rz. 36.
193 *Teichmann/Krapp*, DB 2020, 2169, 2173.
194 *Danwerth*, AG 2020, 776, 783 Rz. 33; *Teichmann/Krapp*, DB 2020, 2169, 2173.
195 LG Frankfurt v. 23.2.2021 – 3-05 O 64/20 – Deutsche Bank, AG 2021, 441, 443; LG Köln v. 26.2.2021 – 82 O 53/20, AG 2021, 446, dazu *von der Linden*, EWiR 2021, 555.
196 *Danwerth*, AG 2020, 776, 780 Rz. 15; *Teichmann/Krapp*, DB 2020, 2169, 2174.

und auch inhaltlich entsprechend dem Maßstab des § 131 Abs. 2 Satz 1 AktG. Von daher ist die gesetzliche Nachschärfung zum 28.2.2021 auch insoweit eher kosmetischer Natur.

5. Widerspruchsrecht

Schließlich müssen die Aktionäre die Möglichkeit haben, während der Versammlung Widerspruch gegen einen, mehrere oder sämtliche Beschlüsse der Versammlung zu Protokoll zu geben – unter der Voraussetzung, dass sie auf einem der bereitgestellten Wege ihr Stimmrecht ausgeübt haben (§ 1 Abs. 2 Satz 1 Nr. 4 COVMG). Dies vor dem Hintergrund, dass ohne einen solchen Widerspruch die spätere Erhebung etwaiger **Anfechtungsklagen** ausgeschlossen wäre (§ 245 Nr. 1 AktG). Dabei ist freilich zu sehen, dass der Gesetzgeber das Anfechtungsrecht in anderer Hinsicht wieder eingehegt hat. § 1 Abs. 7 COVMG bestimmt, dass die Anfechtung nicht auf Verletzungen von § 118 Abs. 1 Satz 3–5, Abs. 2 Satz 2 oder Abs. 4 AktG, von Formerfordernissen für Mitteilungen nach § 125 AktG oder von § 1 Abs. 2 COVMG gestützt werden kann – es sei denn, der Gesellschaft ist Vorsatz nachzuweisen.

35.67

6. Antragsrecht

Das ursprüngliche COVMG i.d.F. vom 27.3.2020 sah *nicht* vor, dass den Aktionären auch **Antragsrechte** einzuräumen sind, seien es Gegenanträge, Wahlvorschläge oder Geschäftsordnungsanträge. Der Gesetzgeber hat diesen Punkt nicht etwa übersehen, sondern in den Materialien des COVMG ausdrücklich adressiert. Dort heißt es, dass bei Wahl des Modells „elektronische Briefwahl + Stimmrechtsvertreter" alle Antragsrechte in der Versammlung „natürlich" wegfallen – weil es diese nur bei einer „elektronischen Teilnahme", d.h. bei Online-Teilnahme i.S.v. § 118 Abs. 1 Satz 2 AktG geben kann[197]. Diese Grundentscheidung des Gesetzgebers war eindeutig. Sie ließ insbesondere keinen Raum, § 1 Abs. 2 Satz 1 Nr. 3, Satz 2 Halbs. 2 COVMG analog auf das Antragsrecht anzuwenden. Dafür fehlte nachweislich die methodische Kernvoraussetzung, nämlich eine planwidrige Regelungslücke[198]. Geändert hat sich dies erst mit Wirkung zum 28.2.2021. Seither bestimmt § 1 Abs. 2 Satz 3 COVMG, dass vorab übersandte Anträge oder Wahlvorschläge von Aktionären als gestellt gelten, wenn sie nach §§ 126, 127 AktG zugänglich zu machen sind und der Aktionär ordnungsgemäß legitimiert und zur Hauptversammlung angemeldet ist.

35.68

7. Einberufungsfrist

§ 1 Abs. 3 Satz 1, Abs. 6 Satz 1 COVMG erlaubt, dass der Vorstand die Hauptversammlung mit verkürzter Frist einberuft – auch dies allerdings nur mit der Zustimmung des Aufsichtsrats. Die **Einberufung**, d.h. die Bekanntmachung im Bundesanzeiger, muss danach „spätestens am 21. Tag vor dem Tag der Versammlung" erfolgen. Diese Vorgabe greift erkennbar die Mindestfrist des Art. 5 Abs. 1 Unterabs. 1 Aktionärsrechte-RL auf, außerdem präzise den europarechtlich gebotenen Mindestabstand von acht vollen Tagen zum (modifizierten) Record Date (Art. 7 Abs. 3 Satz 4 Aktionärsrechte-RL)[199]. Der 21. Tag vor der Versammlung ist demnach selbst nicht in die Frist einzuberechnen, sondern steht noch für die Einberufung zur Verfügung (*„am* 21. Tag"). Anders gewendet: Es müssen nur 20 (nicht: 21) volle Tage zwischen dem Tag der Einberufung und dem Tag der Versammlung „freibleiben"[200]. Nichts anderes folgt aus § 123 Abs. 1 Satz 2 AktG, der auf die maßgebliche Formulierung „am 21. Tag" erkennbar nicht zugeschnitten ist. Auch verlängert sich die Einberufungsfrist nicht um die Dauer einer statutarischen Anmeldefrist[201].

35.69

---

197 Begr. FraktE COVID-19-G, BT-Drucks. 19/18110, S. 26.
198 A.A. *Hüffer/Koch*, § 118 AktG Rz. 59; *Herrler*, DNotZ 2020, 468, 498 ff.
199 Begr. FraktE COVID-19-G, BT-Drucks. 19/18110, S. 27.
200 *Herb/Merkelbach*, DStR 2020, 811, 815.
201 Begr. FraktE COVID-19-G, BT-Drucks. 19/18110, S. 27.

8. Weitere Fristen und Termine

35.70 Weitere aktienrechtliche Fristen und Termine verschieben sich bei Einberufung mit verkürzter Frist wie folgt: **Ergänzungsverlangen:** mindestens 14 Tage vor der Versammlung (§ 1 Abs. 3 Satz 4 COVMG; statt: mindestens 30 oder 24 Tage, § 122 Abs. 2 Satz 3 AktG); **Record Date** bei Inhaberaktien: Beginn des zwölften Tages vor der Versammlung (§ 1 Abs. 3 Satz 2 COVMG; statt: Beginn des 21. Tages vor der Versammlung, § 123 Abs. 4 Satz 2 AktG). Das gilt allerdings nicht für das statutarische Record Date einer börsenfernen Gesellschaft[202]; **Mitteilung** nach § 125 Abs. 1 Satz 1 AktG: spätestens zwölf Tage vor der Versammlung (§ 1 Abs. 3 Satz 3 COVMG; statt: mindestens 21 Tage vor der Versammlung); **Mitteilung** nach § 125 Abs. 2 AktG: an die zu Beginn des zwölften Tages vor der Hauptversammlung im Aktienregister Eingetragenen (§ 1 Abs. 3 Satz 3 COVMG; statt: an die zu Beginn des 21. Tages vor der Hauptversammlung im Aktienregister Eingetragenen); **Nachweisfrist:** spätestens am vierten Tag (d.h. drei „freie" Tage) vor der Hauptversammlung, soweit der Vorstand in der Einberufung keine kürzere Frist vorsieht (§ 1 Abs. 3 Satz 2 COVMG; statt: mindestens sechs Tage vor der Versammlung, § 123 Abs. 4 Satz 2 AktG). Die (bis zu sechstägige) **Anmeldefrist** wird demgegenüber nicht abgekürzt; das COVMG gilt hierfür weder direkt noch analog[203].

9. Verfassungskonformität

35.71 § 1 COVMG ist verfassungskonform, auch und insbesondere mit Blick auf die **Eigentumsgarantie** aus Art. 14 GG. Es handelt sich um eine Inhalts- und Schrankenbestimmung i.S.v. Art. 14 Abs. 1 Satz 2 GG. Als solche bewirkt die Norm einen sachgerechten Ausgleich zwischen dem Interesse der Aktionäre an einer informierten Ausübung ihrer Rechte, dem Interesse derselben Aktionäre, der Unternehmen und der Öffentlichkeit an der Durchführung von Hauptversammlungen sowie dem öffentlichen Infektionsschutzinteresse[204]. Fehl geht es, den Blick auf die Verkürzung herkömmlicher Aktionärsrechte zu verengen und namentlich die fehlende Möglichkeit von Rückfragen zu beklagen. Denn ohne § 1 COVMG wäre es nicht beim „klassischen" Auskunftsrecht des § 131 AktG geblieben. Vielmehr hätte es dieses Recht – mangels einer Plattform zu seiner Nutzung – bis auf Weiteres nur noch auf dem Papier gegeben. Die Alternative wäre also gewesen, dass bis zur Überwindung der Pandemie überhaupt keine Hauptversammlungen stattfinden, keinerlei Fragen gestellt, keinerlei Antworten erteilt und keinerlei Beschlüsse gefasst werden. Daran gemessen verdient das virtuelle Format gewiss den Vorzug, auch aus Sicht der Aktionäre als Eigenkapitalgeber. Auch ist nicht zu beanstanden, dass der Gesetzgeber die „echte" Online-Teilnahme nur als Option und nicht als Pflichtprogramm des virtuellen Formats vorgesehen hat. Dies vor allem, weil die Online-Teilnahme herausfordernder, fehleranfälliger und praktisch kaum erprobt ist[205].

10. Richtlinienkonformität

35.72 § 1 COVMG ist auch europarechtskonform[206]. Art. 9 Abs. 1 Satz 1 Aktionärsrechte-RL verpflichtet die EU-Mitgliedstaaten, jedem Aktionär ein **Fragerecht** einzuräumen. Die konkrete Ausgestaltung dieses Fragerechts ist und bleibt aber den Mitgliedstaaten überlassen. Es ist also nicht erforderlich, den Aktionären speziell ein Fragerecht einzuräumen, welches in bzw. während der Hauptversammlung aus-

---

202 LG Köln v. 4.3.2021 – 91 O 12/20, AG 2021, 447, 448.
203 A.A. *Noack/Zetzsche*, AG 2020, 265, 273 f. Rz. 76.
204 LG Frankfurt v. 23.2.2021 – 3-05 O 64/20 – Deutsche Bank, AG 2021, 441, 442; LG Köln v. 26.2.2021 – 82 O 53/20, AG 2021, 446; *von der Linden*, EWiR 2021, 555; vgl. auch *Bücker/Kulenkamp/Schwarz/Seibt/von Bonin*, DB 2020, 775, 783; *Hippeli*, DZWiR 2020, 263, 269; *Kruchen*, DZWiR 2020, 431, 456; *Noack/Zetzsche*, AG 2020, 265, 271 Rz. 55 f.; *Tröger*, BB 2020, 1091, 1094.
205 LG Köln v. 26.2.2021 – 82 O 53/20, AG 2021, 446, dazu *von der Linden*, EWiR 2021, 555.
206 KG v. 25.3.2021 – 12 AktG 1/21 – Rocket Internet, AG 2021, 597, 599 f.; LG Frankfurt v. 23.2.2021 – 3-05 O 64/20 – Deutsche Bank, AG 2021, 441, 442 f.; LG Köln v. 26.2.2021 – 82 O 53/20, AG 2021, 446, dazu *von der Linden*, EWiR 2021, 555.

zuüben ist. Überdies bestimmt Art. 9 Abs. 1 Satz 2 Aktionärsrechte-RL, dass die Mitgliedstaaten den Gesellschaften auch eine **Antwortpflicht** auferlegen müssen. Jedoch steht (auch) dies unter dem Vorbehalt, dass die Mitgliedstaaten Maßnahmen ergreifen dürfen, um den ordnungsgemäßen Ablauf von Hauptversammlungen und ihre ordnungsgemäße Vorbereitung zu gewährleisten (Art. 9 Abs. 2 Unterabs. 1 Satz 1 Aktionärsrechte-RL). Von eben dieser Möglichkeit hat der Gesetzgeber des COVMG Gebrauch gemacht, um den Unwägbarkeiten einer Hauptversammlung im virtuellen Format Herr zu werden – allen voran einer möglichen „Fragenflut", die die zeitlichen Grenzen der Hauptversammlung und ihrer Vorbereitung sprengen würde[207].

§ 36
Rechte des Aktionärs in der Hauptversammlung

I. Grundlagen 36.1	d) Stille Reserven 36.25
II. Teilnahmerecht 36.2	e) Bilanzierungs- und Bewertungsmethoden 36.26
III. Frage- und Rederecht 36.3	f) Strafbarkeit 36.27
1. Allgemeines 36.3	g) Sonderregelung für Institute 36.28
2. Reihenfolge der Redner 36.4	h) Internetauskunft 36.29
3. Beschränkung des Frage- und Rederechts 36.5	i) Sonderfall: Rechtsmissbrauch ... 36.30
a) Rechtsgrundlage 36.5	j) Aufnahme in die Niederschrift, Begründung 36.31
b) Allgemeine Beschränkung 36.6	7. Nachinformation 36.32
c) Individuelle Beschränkung 36.7	a) Allgemeines 36.32
d) Durchsetzung 36.8	b) Insbesondere: Transaktionen 36.33
4. Schließung der Rednerliste 36.9	c) Insbesondere: Verbundene Unternehmen 36.34
5. Schluss der Debatte 36.10	d) Auskunftsverlangen 36.35
IV. Auskunftsrecht 36.11	8. Rechtsfolgen von Verstößen 36.36
1. Allgemeines 36.11	V. Antragsrecht 36.37
2. Auskunftsberechtigter 36.12	1. Allgemeines 36.37
3. Auskunftsschuldner 36.13	2. Verfahrensanträge 36.38
4. Einzelne Anspruchsvoraussetzungen .. 36.14	3. Sachanträge 36.39
a) Auskunftsverlangen 36.14	4. Reihenfolge der Abstimmungen 36.40
b) Angelegenheit der Gesellschaft ... 36.15	VI. Stimmrecht 36.41
c) Erforderlichkeit der Auskunft 36.16	1. Allgemeines 36.41
d) Auskunft über verbundene Unternehmen 36.17	2. Beginn und Umfang 36.42
e) Erweiterung des Auskunftsrechts . 36.18	3. Beschränkungen und Erweiterungen . 36.43
5. Auskunftserteilung 36.19	a) Höchststimmrecht 36.43
a) Form der Auskunft 36.19	b) Mehrstimmrechte 36.44
b) Inhalt der Auskunft 36.20	c) Stimmrechtslose Vorzugsaktien .. 36.45
c) Zeitpunkt der Auskunft 36.21	4. Stimmrechtsausschluss 36.46
6. Auskunftsverweigerung 36.22	a) Stimmverbote 36.46
a) Allgemeines 36.22	b) Eigene Aktien 36.47
b) Drohender Nachteil 36.23	c) Rechtsverlust 36.48
c) Steuern 36.24	

---

207 Begr. FraktE COVID-19-G, BT-Drucks. 19/18110, S. 26.

d) Treuwidrige Stimmabgabe 36.49
5. Stimmbindungsverträge 36.50
6. Stimmrechtsvollmacht 36.51
7. Vollmachtstimmrecht der Banken 36.52
   a) Allgemeines 36.52
   b) Stimmrechtsvollmacht 36.53
   c) Stimmrechtsausübung 36.54
   d) Aus- und Nachweis 36.55
   e) Eigene Hauptversammlung 36.56
8. Stimmrechtsvertreter der AG 36.57
VII. Beschlüsse und Wahlen 36.58
1. Allgemeines 36.58
2. Positive und negative Beschlüsse 36.59
3. Beschlussverfahren 36.60
   a) Beschlussfähigkeit 36.60

   b) Beschlussantrag 36.61
   c) Rechtsnatur der Stimmabgabe . . . 36.62
   d) Inhalt der Stimmabgabe 36.63
   e) Form der Stimmabgabe 36.64
   f) Stimmenmehrheit 36.65
   g) Kapitalmehrheit 36.66
   h) Abstimmungsergebnis 36.67
   i) Feststellung und Beurkundung . . 36.68
4. Wahlen 36.69
   a) Mehrheitserfordernis 36.69
   b) Wahlmodus 36.70
   c) Bestimmung des Wahlmodus . . . 36.71
5. Aufhebungsbeschluss 36.72
6. Bestätigungsbeschluss 36.73
VIII. Widerspruchsrecht 36.74

Schrifttum: *Austmann*, Verfahrensanträge in der Hauptversammlung, in FS Hoffmann-Becking, 2013, S. 45; *Austmann/Rühle*, Wahlverfahren bei mehreren für einen Aufsichtsratssitz vorgeschlagenen Kandidaten, AG 2011, 805; *Bachmann*, Dialog zwischen Investor und Aufsichtsrat, in VGR, Gesellschaftsrecht in der Diskussion 2016, 2017, S. 135; *Bachmann*, Verwaltungsvollmacht und „Aktionärsdemokratie": Selbstregulative Ansätze für die Hauptversammlung, AG 2001, 635; *Bollweg*, Die Wahl des Aufsichtsrats in der Hauptversammlung der Aktiengesellschaft, 1997; *Bredol*, „Noch offene Fragen?" – Zur Nachfrageobliegenheit des Aktionärs auf der Hauptversammlung, NZG 2012, 613; *Burgard*, Die Offenlegung von Beteiligungen, Abhängigkeits- und Konzernlagen bei der Aktiengesellschaft, 1990; *Casper*, Der stimmlose Beschluss, in FS Hüffer, 2010, S. 111; *Decher*, Information im Konzern und Auskunftsrecht der Aktionäre gemäß § 131 Abs. 4 AktG, ZHR 158 (1994), 473; *Drescher*, Die Relevanz von Beschlussmängeln in der Rechtsprechung des BGH, in FS Krieger, 2020, S. 215; *Drescher*, Fehlen und Wegfall des Rechtsschutzbedürfnisses für eine Beschlussmängelklage, in FS Stilz, 2014, S. 126; *Duden*, Gleichbehandlung bei Auskünften an Aktionäre, in FS von Caemmerer, 1978, S. 499; *Ebenroth/Koos*, Die Verfassungsmäßigkeit des Auskunftsverweigerungsrechts gemäß § 131 Abs. 3 AktG bei Aktionärsanfragen bezüglich stiller Reserven, BB-Beil. 8/1995, 1; *Fleischer*, Investor Relations und informationelle Gleichbehandlung im Aktien-, Konzern- und Kapitalmarktrecht, ZGR 2009, 505; *Fleischer/Bauer/Wansleben*, Investorenkontakte des Aufsichtsrats: Zulässigkeit und Grenzen, DB 2015, 360; *Füchsel*, Rechtsmissbräuchliche Gestaltung von Aufsichtsratswahlen, NZG 2018, 416; *Geißler*, Der aktienrechtliche Auskunftsanspruch im Grenzbereich des Missbrauchs, NZG 2001, 539; *Gotthardt/Krengel*, Der actus contrarius im Aktienrecht am Beispiel der Ermächtigung zum Bezugsrechtsausschluss, AG 2017, 222; *Götze*, Erteilung von Stimmvollmacht nach dem ARUG, NZG 2010, 93; *Groß*, Informations- und Auskunftsrecht des Aktionärs, AG 1997, 97; *Habersack*, Aktienrecht und Internet, ZHR 165 (2001), 172; *Habersack/Schürnbrand*, Die Bestätigung fehlerhafter Beschlüsse, in FS Hadding, 2004, S. 391; *Habersack/Verse*, Zum Auskunftsrecht des Aktionärs im faktischen Konzern, AG 2003, 300; *Hanloser*, Proxy-Voting, Remote-Voting und Online-HV: § 134 Abs. 3 Satz 3 AktG nach dem NaStraG, NZG 2001, 355; *Hauschild/Zimmermann*, Die Weitergabe des Stimmbogens in der Hauptversammlung an Dritte – eine Petitesse?, in FS Krieger, 2020, S. 331; *Hemeling*, Gesellschaftsrechtliche Fragen der Due Diligence beim Unternehmenskauf, ZHR 169 (2005), 274; *Hoffmann-Becking*, Das erweiterte Auskunftsrecht des Aktionärs nach § 131 Abs. 4 AktG, in FS Rowedder, 1994, S. 155; *Hoffmann-Becking*, Der Aufsichtsrat der AG und sein Vorsitzender in der Hauptversammlung, NZG 2017, 281; *Hoppe*, Hauptversammlungssaison 2017: Rechte und Pflichten des Versammlungsleiters bei Wahlentscheidungen der Hauptversammlung, NZG 2017, 361; *Hüffer*, Informationen zwischen Tochtergesellschaft und herrschendem Unternehmen im vertragslosen Konzern, in FS Schwark, 2009, S. 185; *Junge*, Der Verkauf von Teilnahme- und Stimmrechten, in FS Röhricht, 2005, S. 277; *Kamprad*, Informations- und Auskunftspflicht über die steuerliche Tarifbelastung der Rücklagen im Jahresabschluss der AG?, AG 1991, 396; *Kersting*, Ausweitung des Fragerechts durch die Aktionärsrechterichtlinie, ZIP 2009, 2317; *Kersting*, Erforderlichkeit der Auskunft und Aktionärsrechterichtlinie, in FS Hoffmann-Becking, 2013, S. 651; *Kersting/Billerbeck*, Auskunftsverweigerungsrecht und Auskunftsverweigerungspflicht, NZG 2019,

1326; *Kocher*, Der Einfluss festgelegter Stimmen auf Hauptversammlungen – Einschränkungen des Prinzips der ergebnisoffenen Präsenzversammlung?, BB 2014, 2317; *Kocher*, Einschränkungen des Anspruchs auf gleiche Information für alle Aktionäre – Keine Angst vor § 131 Abs. 4 AktG, Der Konzern 2008, 611; *Kocher*, Zur Bedeutung von Beschlussvorschlägen der Verwaltung für die Fassung und Anfechtung von Hauptversammlungsbeschlüssen, AG 2013, 406; *Kocher/Lönner*, Erforderlichkeit, Nachfrageobliegenheiten und Gremienvertraulichkeit – Begrenzungen des Auskunftsrechts in der Hauptversammlung, AG 2014, 81; *Kocher/Sambulski*, Insiderinformationen in der Hauptversammlung, DB 2018, 1905; *Krieger*, Unbeantwortete Aktionärsfragen im notariellen Hauptversammlungsprotokoll, in FS Priester, 2007, S. 387; *Krömker*, Der Anspruch des Paketaktionärs auf Informationsoffenbarung zum Zwecke der Due Diligence, NZG 2003, 418; *Kubis*, Auskunft ohne Grenzen, ZGR 2014, 608; *Kuhnt*, Geschäftsordnungsanträge und Geschäftsordnungsmaßnahmen bei Hauptversammlungen, in FS Lieberknecht, 1997, S. 45; *Leuering/Prüm*, Das Quorum in der Hauptversammlung, NJW-Spezial 2017, 79; *Lieder*, Auskunftsrecht und Auskunftserzwingung, NZG 2014, 601; *von der Linden*, Die Abwahl des Hauptversammlungsleiters – Irrwege, Umwege, Auswege, DB 2017, 1371; *von der Linden*, Wer entscheidet über die Form der Stimmrechtsausübung in der Hauptversammlung?, NZG 2012, 930; *Marsch-Barner*, Neuere Entwicklungen im Vollmachtstimmrecht der Banken, in FS Peltzer, 2001, S. 261; *Marsch-Barner*, Treuepflichten zwischen Aktionär und Verhaltenspflichten bei der Stimmrechtsbündelung, ZHR 157 (1993), 172; *Marsch-Barner*, Zu den Rechtsfolgen von Fehlern bei der Leitung der Hauptversammlung, in FS Brambring, 2011, S. 267; *Marsch-Barner*, Zum Auskunftsrecht des Aktionärs in der Hauptversammlung, WM 1984, 41; *Martens*, Leitfaden für die Leitung der Hauptversammlung einer Aktiengesellschaft, 3. Aufl. 2003; *Max*, Die Leitung der Hauptversammlung, AG 1991, 77; *Meilicke*, Ist die Tarifbelastung des verwendbaren Eigenkapitals im Jahresabschluss der AG und gegenüber dem Aktionär offenzulegen?, BB 1991, 241; *Mertens*, Die Information des Erwerbers einer wesentlichen Unternehmensbeteiligung an einer Aktiengesellschaft durch deren Vorstand, AG 1997, 541; *Mutter*, Auskunftsansprüche des Aktionärs in der HV, 2002; *Noack*, Der Widerspruch des Aktionärs in der Hauptversammlung, AG 1989, 78; *Noack*, Stimmrechtsvertretung in der Hauptversammlung nach NaStraG, ZIP 2001, 57; *Noack/Zetzsche*, Festgelegte Stimmen vor und in der Hauptversammlung, in FS Uwe H. Schneider, 2011, S. 895; *Pentz*, Auskunftsverlangen des Großaktionärs, in FS Priester, 2007, S. 593; *Pentz*, Erweitertes Auskunftsrecht und faktische Unternehmensverbindungen, ZIP 2007, 2298; *Quack*, Beschränkungen der Redezeit und des Auskunftsrechts des Aktionärs, AG 1985, 145; *Reger*, Neues zum Auskunftsrecht in der Hauptversammlung, NZG 2013, 48; *Schaaf*, Die Praxis der Hauptversammlung, 3. Aufl. 2011; *Schäfer*, „Girmes" wiedergelesen: Zur Treuepflicht des Aktionärs im Sanierungsfall, in FS Hommelhoff, 2012, S. 939; *J. Schmidt*, Banken(voll)macht im Wandel der Zeit – Das ARUG als (vorläufiger?) Schlussstein einer wechselvollen Geschichte, WM 2009, 2350; *J. Schmidt*, Europäische Einflüsse auf das deutsche Unternehmensrecht, AG 2016, 713; *Uwe H. Schneider*, Geheime Abstimmung in der Hauptversammlung einer Aktiengesellschaft, in FS Peltzer, 2001, S. 425; *Seibert*, Aktienrechtsnovelle NaStraG tritt in Kraft – Übersicht über das Gesetz und Auszüge aus dem Bericht des Rechtsausschusses, ZIP 2001, 53; *Semler*, Einzelentlastung und Stimmverbot, in FS Zöllner, Bd. I, 1998, S. 553; *Siepelt*, Das Rederecht des Aktionärs und dessen Beschränkung, AG 1995, 254; *Simons*, Die Online-Abstimmung in der Hauptversammlung, NZG 2017, 567; *Spindler*, Grundlagen und Grenzen der Kommunikation mit Aktionären und Investoren (Investor Relations) – de lege lata und de lege ferenda, in FS Seibert, 2019, S. 855; *Spitze/Diekmann*, Verbundene Unternehmen als Gegenstand des Interesses von Aktionären – Inhalt des Auskunftsanspruchs nach § 131 Abs. 1 S. 1 und 2 AktG, ZHR 158 (1994), 447; *Stöber*, Das Auskunftsrecht der Aktionäre und seine Beschränkungen im Lichte des Europarechts, DStR 2014, 1680; *Stützle/Walgenbach*, Leitung der Hauptversammlung und Mitspracherecht der Aktionäre in Fragen der Versammlungsleitung, ZHR 155 (1991), 516; *Trescher*, Die Auskunftspflicht des Aufsichtsrats in der Hauptversammlung, DB 1990, 515; *Ulmer*, Gesellschafterbeschlüsse in Personengesellschaften, in FS Niederländer, 1991, S. 415; *E. Vetter*, Auskünfte des Aufsichtsrats in der Hauptversammlung – Gedanken de lege ferenda, in FS Westermann, 2008, S. 1589; *Wicke*, Die Leitung der Hauptversammlung einer Aktiengesellschaft – Praxisrelevante Fragen und neuere Entwicklungen, NZG 2007, 771; *Wicke*, Einführung in das Recht der Hauptversammlung, das Recht der Sacheinlagen und das Freigabeverfahren nach dem ARUG, 2009; *Wilsing*, Politische Äußerungen von Vorstandsmitgliedern, in FS Krieger, 2020, S. 1141; *Wilsing/von der Linden*, Debatte und Abstimmung über Geschäftsordnungsanträge in der Hauptversammlung der Aktiengesellschaft, ZIP 2010, 2321; *Wilsing/von der Linden*, Insiderinformationen in der Hauptversammlung, in FS Seibert, 2019, S. 1119; *Wilsing/von der Linden*, Statutarische Ermächtigungen des Hauptversammlungsleiters zur Beschränkung des Frage- und Rederechts, DB 2010, 1277; *Wilsing/von der Linden*, Zehn Leitlinien für den Versammlungsleiter, BOARD 2018, 110; *Zetzsche*, Die Aufsichtsratswahl mit mehreren Kandidaten – Versuch einer Konturierung anhand der §§ 127, 137 AktG, in FS Krieger, 2020, S. 1165; *Zöllner*, Beschluss, Beschlussergebnis und Beschlussergebnisfeststellung, in FS Lutter, 2000, S. 821.

I. Grundlagen

36.1 § 118 Abs. 1 Satz 1 AktG besagt, dass die Aktionäre ihre Rechte in den Angelegenheiten der Gesellschaft in der Hauptversammlung ausüben, soweit nichts anderes bestimmt ist. Angesprochen sind damit allein solche Rechte, die aus der **Mitgliedschaft** des Aktionärs in der AG folgen. Sie sind daher abzugrenzen gegen bloße **Gläubigerrechte**, wie sie namentlich aus Schuldverschreibungen der AG einschließlich der Wandel- oder Optionsanleihen oder aus Genussscheinen bestehen. Dem entspricht es, dass Gläubigerrechte nicht in der Hauptversammlung auszuüben sind und den Gläubigern insoweit auch keinerlei Befugnisse verleihen, insbesondere kein Teilnahmerecht[1]. Zu den **versammlungsgebundenen Aktionärsrechten** zählen im Einzelnen das Teilnahmerecht (Rz. 36.2), das Frage- und Rederecht (Rz. 36.3 ff.), das Auskunftsrecht (Rz. 36.11 ff.), das Antragsrecht (Rz. 36.37 ff.) sowie das Stimmrecht (Rz. 36.41 ff.), welches sich in Beschlüssen und Wahlen niederschlägt (Rz. 36.58 ff.), schließlich auch das Widerspruchsrecht (Rz. 36.74). Davon zu unterscheiden sind **nicht versammlungsgebundene Aktionärsrechte**, die außerhalb der Hauptversammlung ausgeübt werden können und müssen. Dies sind in erster Linie die **Vermögensrechte**, d.h. der Dividendenanspruch, das Bezugsrecht sowie der Anspruch auf den anteiligen Liquidationserlös[2]. Darüber hinaus gibt es aber auch zahlreiche **Verwaltungs-, Kontroll- und Informationsrechte** der Aktionäre, die vor bzw. außerhalb der Hauptversammlung auszuüben sind. Dazu zählen beispielsweise das Recht auf Einberufung der Hauptversammlung (§ 122 Abs. 1, 3 AktG, dazu Rz. 34.21 ff.), das Recht auf Ergänzung der Tagesordnung (§ 122 Abs. 2, 3 AktG, dazu Rz. 34.68 ff.), der Anspruch auf Mitteilungen nach § 125 Abs. 1 Satz 1 Nr. 2, Abs. 2 AktG (Rz. 34.76 ff.), das Recht auf Einsichtnahme und auf Erteilung von Abschriften (z.B. § 175 Abs. 2, § 293f Abs. 1–3, § 295 Abs. 1 Satz 2 AktG, § 63 Abs. 1, 3 und 4 UmwG), das Anfechtungsrecht (§ 245 AktG), das Recht auf Nichtigkeitsklage (§ 249 AktG), die Rechte zur Durchsetzung einer Sonderprüfung (§ 142 Abs. 2, 4, § 258 Abs. 2, § 315 AktG) sowie das Recht auf Einleitung eines Statusverfahrens nach § 98 Abs. 2 Nr. 3 AktG, außerdem ein etwaiges Entsenderecht nach § 101 Abs. 2 AktG[3].

II. Teilnahmerecht

36.2 An oberster Stelle der versammlungsgebundenen Aktionärsrechte steht das Teilnahmerecht. Dieses Recht ist gesetzlich nicht ausdrücklich geregelt. Es folgt aber aus der Natur der Sache, wird in § 118 Abs. 1 Satz 1 AktG vorausgesetzt und ist als **Ausfluss der Mitgliedschaft** allgemein anerkannt[4]. Das Teilnahmerecht bildet die Basis für die Ausübung aller anderen versammlungsgebundenen Aktionärsrechte (Rz. 36.1). Denn erst die Teilnahme ermöglicht es dem Aktionär, auch zur Tagesordnung zu sprechen, seine Fragen und Anträge zu stellen, sein Stimmrecht in der Versammlung auszuüben sowie ggf. Widerspruch gegen einen Hauptversammlungsbeschluss einzulegen. Dem entspricht es, dass das Teilnahmerecht **in seinem Kern** unentziehbar und unverzichtbar ist[5]. **Beschränkungen** sind allerdings in mehrfacher Hinsicht möglich: *Erstens* kann die Satzung eine **Anmeldung** zur Hauptversammlung verlangen (§ 123 Abs. 2 Satz 1 AktG, dazu Rz. 34.99). *Zweitens* bedarf es bei Inhaberaktien eines **Legitimationsnachweises** (§ 123 Abs. 3, 4 AktG, dazu Rz. 34.100). Und *drittens* ist zu sehen, dass der Versammlungsleiter im Rahmen seiner Befugnisse sowohl **Verfahrens-** als auch **Ordnungsmaßnahmen**

---

1 *Hüffer/Koch*, § 118 AktG Rz. 7.
2 *Kubis* in MünchKomm. AktG, 4. Aufl. 2018, § 118 AktG Rz. 48.
3 *Drinhausen* in Hölters, § 118 AktG Rz. 13; *Herrler* in Grigoleit, § 118 AktG Rz. 6; *Hoffmann* in BeckOGK AktG, Stand 1.6.2021, § 118 AktG Rz. 11; *Hüffer/Koch*, § 118 AktG Rz. 9; *Kubis* in MünchKomm. AktG, 4. Aufl. 2018, § 118 AktG Rz. 49 ff.; *Reger* in Bürgers/Körber/Lieder, § 118 AktG Rz. 5.
4 BGH v. 17.10.1988 – II ZR 18/88, GmbHR 1989, 120, 121 (zur GmbH); *Hoffmann* in BeckOGK AktG, Stand 1.6.2021, § 118 AktG Rz. 13; *Kubis* in MünchKomm. AktG, 4. Aufl. 2018, § 118 AktG Rz. 38; *Mülbert* in Großkomm. AktG, 5. Aufl. 2017, § 118 AktG Rz. 66; *Hoffmann-Becking* in MünchHdb. AG, § 37 Rz. 8; *Junge* in FS Röhricht, 2005, S. 277, 281.
5 *Mülbert* in Großkomm. AktG, 5. Aufl. 2017, § 118 AktG Rz. 43.

anordnen kann – z.B. Sicherheitskontrollen im Eingangsbereich, eine allgemeine oder individuelle Beschränkung der Frage- und Redezeit, einen Wortentzug oder auch einen Saalverweis (dazu Rz. 35.36 ff., 36.5 ff.); siehe ausführlich zum Teilnahmerecht der Aktionäre und ihrer Bevollmächtigten Rz. 35.10 ff. sowie 35.14 ff.

III. Frage- und Rederecht

1. Allgemeines

36.3 Das Frage- und Rederecht des Aktionärs ist gesetzlich nur rudimentär geregelt. Namentlich heißt es in § 131 Abs. 2 Satz 2 AktG, dass die Satzung oder die Geschäftsordnung den Versammlungsleiter ermächtigen kann, das Frage- und Rederecht des Aktionärs zeitlich angemessen zu beschränken (dazu Rz. 36.5). Damit ist nicht etwa bestimmt, sondern nur vorausgesetzt, dass es ein Frage- und Rederecht des Aktionärs gibt. Auch hat das Frage- und Rederecht seinen Rechtsgrund nicht in § 131 Abs. 1 Satz 1 AktG[6]. Diese Vorschrift behandelt vielmehr das Auskunftsrecht, d.h. den Anspruch, auf eine gestellte Frage auch eine Antwort zu erhalten (dazu Rz. 36.11 ff.). Sie setzt also tatbestandlich voraus, dass die Frage bereits gestellt ist („auf Verlangen"). Auch Art. 9 Aktionärsrechte-RL unterscheidet klar zwischen Fragerecht einerseits und Antwortpflicht andererseits. Seine **Grundlage** findet das Frage- und Rederecht daher, ebenso wie das Teilnahmerecht, in der Mitgliedschaft des Aktionärs. Mehr noch: Es ist richtigerweise eine besondere Komponente bzw. Ausprägung des Teilnahmerechts[7]. Denn das Teilnahmerecht ist bei sachgerechtem Verständnis mehr als das Recht auf schiere Anwesenheit in der Hauptversammlung. Es beinhaltet auch das Recht auf **Mitberatung**, d.h. das Recht, sich zu den Gegenständen der Tagesordnung zu äußern sowie Fragen und auch Anträge zu stellen (siehe schon Rz. 35.10). Das bedeutet wiederum, dass das Frage- und Rederecht sich nur auf „Angelegenheiten der Gesellschaft" i.S.v. § 118 Abs. 1 Satz 1 AktG bezieht. Darüber hinaus ist anerkannt, dass der Aktionär sich mit seinen Fragen und Ausführungen im Rahmen der jeweiligen Tagesordnung halten muss[8]. Der Versammlungsleiter darf und muss daher einschreiten, wenn ein Redner abschweift und sich namentlich **allgemeinen politischen Themen** widmet. Etwas anderes *kann* gelten, falls der Aktionär mit seinem Beitrag eine politische Debatte aufgreift, die ein Vorstandsmitglied im Entlastungszeitraum selbst eröffnet oder befeuert hat – denn im Einzelfall können die Grenzen zwischen privater Meinungsäußerung des Vorstandsmitglieds und seiner Geschäftsführung durchaus verschwimmen[9].

2. Reihenfolge der Redner

36.4 Der Versammlungsleiter ist berufen, den Rednern das Wort zu erteilen. Dazu müssen sich gewillte Aktionäre und Aktionärsvertreter zunächst zu Wort melden. Das Verfahren dafür bestimmt ebenfalls der Versammlungsleiter. **Formlose Wortmeldungen**, z.B. durch Handzeichen, kommen nur bei überschaubarem Teilnehmerkreis in Betracht. In aller Regel ist es erforderlich, dass die Aktionäre und Aktionärsvertreter sich an einem Wortmeldetisch in eine **Rednerliste** eintragen. Diese Rednerliste wird sodann abgearbeitet und zugleich um etwaige spätere Meldungen erweitert. An die **Reihenfolge** der Wortmeldungen ist der Versammlungsleiter aber nicht gebunden. Er entscheidet vielmehr nach eigenem **Ermessen**, wen er wann aufruft. Wie immer gilt, dass er sich dabei von den Kriterien der Sachdienlichkeit, der Angemessenheit und der Gleichbehandlung leiten lassen muss (Rz. 35.36). Ein wichtiger Gesichtspunkt ist, dass die Sprecher von **Aktionärsvereinigungen** erfahrungsgemäß Themen von

---

6 *Wilsing/von der Linden*, DB 2010, 1277, 1278.
7 *Herrler* in Grigoleit, § 118 AktG Rz. 27; *Hüffer/Koch*, § 118 AktG Rz. 20; *Kubis* in MünchKomm. AktG, 4. Aufl. 2018, § 118 AktG Rz. 65; *Mülbert* in Großkomm. AktG, 5. Aufl. 2017, § 118 AktG Rz. 41, 80; *Reichert* in Beck'sches Hdb. AG, § 5 Rz. 144.
8 *Kubis* in MünchKomm. AktG, 4. Aufl. 2018, § 118 AktG Rz. 75.
9 *Wilsing* in FS Krieger, 2020, S. 1141, 1146.

allgemeinem Interesse ansprechen[10]. Es ist daher üblich, obgleich nicht zwingend, sie frühzeitig aufzurufen (Rz. 35.6). Damit wissen viele Aktionäre ihre Anliegen bereits behandelt und sehen von eigenen Wortmeldungen ab. So lässt sich die Aussprache insgesamt straffen. Hinzu kommt, dass **Presse- und Medienvertreter** oftmals vor allem die frühen Beiträge zur Aussprache verfolgen und über sie berichten. Auch dies spricht dafür, Beiträge von (mutmaßlich) allgemeinem Interesse vorzuziehen. Kein Aktionär kann beanstanden, wenn ausgerechnet er zu einem besonders späten Zeitpunkt aufgerufen wird. Denn es liegt in der Natur der Sache, dass jemand zuerst und jemand zuletzt sprechen muss. Dessen ungeachtet sollte der Versammlungsleiter es vermeiden, bekannte Kritiker allesamt erst besonders spät aufzurufen – auch aus „atmosphärischen" Gründen. Wortmeldungen zur **Geschäftsordnung** haben keinen zeitlichen Vorrang[11]. Eine Ausnahme bildet allein der Antrag auf Abwahl des Versammlungsleiters (Rz. 35.32 ff.). Wer ihn stellen möchte, erhält in der Praxis meistens zeitnah das Wort – mitunter aber tatsächlich nur zu diesem Antrag und noch nicht zur Sache.

3. Beschränkung des Frage- und Rederechts
a) Rechtsgrundlage

36.5 Der Versammlungsleiter ist befugt, jedenfalls das Rederecht, richtigerweise aber ebenso das Fragerecht der Aktionäre zu beschränken. Dabei handelt es sich um ein **allgemeines Instrument der Sitzungsleitung**[12]. Es kommt also nicht darauf an, ob die Satzung den Versammlungsleiter eigens zur Beschränkung des Frage- und Rederechts ermächtigt. Nichts anderes folgt aus § 131 Abs. 2 Satz 2 AktG. Dort heißt es zwar, dass die **Satzung** oder die **Geschäftsordnung** eine solche Ermächtigung aussprechen und überdies „Näheres" bestimmen kann. Diese Vorschrift, eingefügt durch das UMAG vom 22.9.2005[13], hat aber nur klarstellende Funktion (siehe schon Rz. 35.36). Ihr Anliegen ist, die Satzungs- bzw. Geschäftsordnungsautonomie zu stärken, einer ausufernden Nutzung des Frage- und Rederechts zu begegnen und die Hauptversammlung wieder zu einer straffen, auf die wesentlichen strategischen Entscheidungen konzentrierten Plattform zu machen[14]. Seit dem UMAG sind derartige Satzungsklauseln häufig zu sehen. Sie belassen es zumeist dabei, den Gesetzeswortlaut zu wiederholen, d.h. den Versammlungsleiter zu „angemessenen", nicht näher spezifizierten Beschränkungen des Frage- und Rederechts zu ermächtigen. Denkbar ist allerdings auch, dass die Satzung **konkrete zeitliche Vorgaben** aufstellt (z.B. zehn oder 15 Minuten je Redner)[15]. Eine solchermaßen konkrete Satzungsklausel bietet aber keinen Mehrwert. Im Gegenteil: Es ist möglich, dass sie den Rechtfertigungsbedarf für strengere Beschränkungen erhöht und so ihren Regelungszweck konterkariert[16]. Der wesentliche Fortschritt des UMAG liegt darin, dass der Versammlungsleiter nicht mehr zwischen (höherwertigem) Fragerecht einerseits und Rederecht andererseits abschichten muss – anders als nach früherer Rechtslage[17]. Er kann vielmehr einen einheitlichen Rahmen setzen, den jeder Aktionär nach eigener Wahl für Fragen, für

---

10 OLG München v. 28.9.2011 – 7 U 711/11 – HRE, AG 2011, 840, 843; *Kubis* in MünchKomm. AktG, 4. Aufl. 2018, § 119 AktG Rz. 144; *Mülbert* in Großkomm. AktG, 5. Aufl. 2017, § 129 AktG Rz. 150; *Butzke*, HV, D Rz. 34; *Hoffmann-Becking* in MünchHdb. AG, § 37 Rz. 62.
11 *Hoffmann-Becking* in MünchHdb. AG, § 37 Rz. 53; *Martens*, Leitfaden, S. 51; a.A. *Kuhnt* in FS Lieberknecht, 1997, S. 45, 51 f.
12 BGH v. 8.2.2010 – II ZR 94/08 – Redezeitbeschränkung, BGHZ 184, 239 = AG 2010, 292 Rz. 29; OLG Frankfurt v. 20.10.2010 – 23 U 121/08, AG 2011, 36, 41; OLG Stuttgart v. 2.12.2014 – 20 AktG 1/14, AG 2015, 163, 169; *Hüffer/Koch*, § 131 AktG Rz. 50; *Kubis* in MünchKomm. AktG, 4. Aufl. 2018, § 119 AktG Rz. 162; *Wilsing/von der Linden*, DB 2010, 1277, 1279.
13 BGBl. I 2005, 2802.
14 Begr. RegE UMAG, BT-Drucks. 15/5092, S. 17.
15 BGH v. 8.2.2010 – II ZR 94/08 – Redezeitbeschränkung, BGHZ 184, 239 = AG 2010, 292 Rz. 7 ff.
16 *Decher* in Großkomm. AktG, 5. Aufl. 2020, § 131 AktG Rz. 300; *Reger* in Bürgers/Körber/Lieder, § 131 AktG Rz. 18; *Wilsing/von der Linden*, DB 2010, 1277, 1280.
17 BVerfG v. 20.9.1999 – 1 BvR 636/95 – Daimler-Benz, AG 2000, 74, 75.

Redebeiträge oder für beides nutzt[18]. Das ist sachgerecht, zumal die Übergänge zwischen Frage und Rede oft fließend sind, eine trennscharfe Abgrenzung also ohnehin nicht zu leisten wäre[19].

b) Allgemeine Beschränkung

Eine allgemeine Beschränkung des Frage- und Rederechts trifft **sämtliche Redner**. Sie anzuordnen, liegt im **Ermessen** des Versammlungsleiters (siehe schon Rz. 35.37). Die konkrete Beschränkung muss geeignet, erforderlich und angemessen sein. Dafür kommt es auf den Einzelfall an. Maßgeblich sind in erster Linie die verbleibende Zeit sowie die Zahl der angemeldeten Redner. In jedem Fall ist zu bedenken, dass eine eintägige Versammlung bis 24 Uhr beendet sein muss (Rz. 33.4 und 34.42). Das bedeutet aber nicht, dass eine Beschränkung sich erst an dieser äußersten Grenze orientieren dürfte. Vielmehr gilt, dass eine „normale" Hauptversammlung nur vier bis sechs Stunden dauern sollte[20]. So lautet auch die Anregung A.4 DCGK 2020. Kein Raum ist für eine Beschränkung, falls zu Beginn der Generaldebatte erst zwei Wortmeldungen vorliegen[21]. Eine spätere Beschränkung bleibt allerdings möglich. Denkbar sind auch **sukzessive Beschränkungen**, z.B. zunächst auf zehn und später auf fünf Minuten je Redner[22]. Darin liegt keine unzulässige Ungleichbehandlung der Aktionäre; denn mit fortschreitender Zeit verändern sich die tatsächlichen Rahmenbedingungen[23]. Ebenso ist es denkbar, unterschiedliche Zeitrahmen für Erstredner und für abermalige Redner festzusetzen[24]. Zu späterer Stunde können sogar Beschränkungen auf drei oder zwei Minuten je Redner statthaft sein[25]. Dies gilt aus mehreren Gründen: *Erstens* lässt sich bei guter Vorbereitung viel Stoff auch in knapper Zeit vortragen. *Zweitens* können späte Redner oft an frühere Beiträge anknüpfen und sich daher kürzer fassen. Und *drittens* sind kurze Beiträge in der Regel eingängiger. Dies mit der Folge, dass die Diskussion mitunter sogar lebhafter und ertragreicher ausfällt als bei unbeschränkter Redezeit[26]. **Keine Beschränkung** liegt vor, wenn der Versammlungsleiter die Redner nur bittet, sich kurz zu fassen. Ein solcher Aufruf zur Selbstdisziplin ist in der Praxis oft zu beobachten. Er ist aber nicht erforderlich, um später eine verbindliche Beschränkung anzuordnen[27].

36.6

c) Individuelle Beschränkung

Davon zu unterscheiden ist eine individuelle Beschränkung des Frage- und Rederechts. Sie betrifft die Frage- und Redezeit nicht sämtlicher, sondern nur **einzelner Redner**. Voraussetzung ist, dass der betroffene Redner durch Inhalt oder Gestaltung seines Beitrags den Ablauf der Hauptversammlung stört. So etwa, wenn er in unsachlicher, ungehöriger, beleidigender oder ausufernder Weise spricht, insbesondere Themen abseits der Tagesordnung behandelt oder sich in ständigen Wiederholungen ergeht[28]. Dem entspricht es, dass die individuelle Beschränkung nicht verfahrensrechtlicher Natur ist, sondern

36.7

---

18 BGH v. 8.2.2010 – II ZR 94/08 – Redezeitbeschränkung, BGHZ 184, 239 = AG 2010, 292 Rz. 17; *Hüffer/Koch*, § 131 AktG Rz. 44; *Poelzig* in BeckOGK AktG, Stand 1.6.2021, § 131 AktG Rz. 199.
19 *Wilsing/von der Linden*, DB 2010, 1277, 1279.
20 Begr. RegE UMAG, BT-Drucks. 15/5092, S. 17.
21 LG München I v. 11.12.2008 – 5 HK O 15201/08, AG 2009, 382 f.
22 LG Stuttgart v. 27.4.1994 – 7 KfH O 122/93, AG 1994, 425, 426; *Hoffmann-Becking* in MünchHdb. AG, § 37 Rz. 67; *Reichert* in Beck'sches Hdb. AG, § 5 Rz. 173.
23 *Reichert* in Beck'sches Hdb. AG, § 5 Rz. 174; *Siepelt*, AG 1995, 254, 257 f.
24 *Butzke*, HV D Rz. 61.
25 LG Frankfurt v. 18.1.2018 – 3-05 O 17/17 – Deutsche Bank.
26 OLG Frankfurt v. 8.6.2009 – 23 W 3/09 – Deutsche Bank, NZG 2009, 1066, 1067.
27 *Kubis* in MünchKomm. AktG, 4. Aufl. 2018, § 119 AktG Rz. 165; *Mülbert* in Großkomm. AktG, 5. Aufl. 2017, § 129 AktG Rz. 207; a.A. wohl LG Stuttgart v. 27.4.1994 – 7 KfH O 122/93, AG 1994, 425, 426.
28 BGH v. 11.11.1965 – II ZR 122/63, BGHZ 44, 245, 255 = AG 1966, 425; LG Frankfurt v. 22.2.1984 – 3/9 O 123/83, ZIP 1984, 321, 324 = AG 1984, 192; *Hüffer/Koch*, § 131 AktG Rz. 53; *Kubis* in MünchKomm. AktG, 4. Aufl. 2018, § 119 AktG Rz. 170; *Quack*, AG 1985, 145, 147; *Siepelt*, AG 1995, 254, 258; *Wicke*, NZG 2007, 771, 773.

eine **Ordnungsmaßnahme**. Als solche steht sie unter dem strengen Vorbehalt der Verhältnismäßigkeit. Das wiederum bedeutet, dass in aller Regel zunächst eine **Androhung** bzw. eine **Abmahnung** erforderlich ist, um den Redner zur Ordnung zu rufen und ihm die Konsequenzen weiteren Fehlverhaltens vor Augen zu führen (siehe näher Rz. 35.38). Darüber hinaus gilt, dass der Versammlungsleiter auch den **Gleichheitssatz** beachten muss. Er ist also gehalten, mehrere Störer unter vergleichbaren Voraussetzungen auch gleich zu behandeln[29].

d) Durchsetzung

36.8 Eine angeordnete Beschränkung des Frage- und Rederechts muss der Versammlungsleiter auch durchsetzen[30]. Hierbei hilft es, dem Redner schon kurz vor Ablauf seiner Frage- und Redezeit ein Zeichen zu geben. Das kann z.B. ein mündlicher Hinweis des Versammlungsleiters sein. Die Praxis bedient sich bisweilen auch **optischer Signale** am Rednerpult. Sie bieten den Vorteil, dass der Versammlungsleiter den Redner nicht eigens unterbrechen muss. Bei Ablauf seiner Frage- und Redezeit muss der Redner zum Ende kommen. Der Versammlungsleiter muss ihn dazu entsprechend anhalten, auch im Interesse der **Aktionärsgleichbehandlung**. Eine sekundengenaue Einhaltung der Frage- und Redezeit ist freilich nicht erforderlich. Insbesondere ist es unbedenklich, wenn der Versammlungsleiter den Redner einen begonnenen Gedanken noch zu Ende führen lässt. Dies folgt aus dem **Verhältnismäßigkeitsprinzip**[31]. Längere Überziehungen, z.B. um mehrere Minuten, muss der Versammlungsleiter hingegen unterbinden. Dazu muss er den Redner in einem ersten Schritt **ermahnen**. In einem zweiten Schritt muss er dem Redner **das Wort entziehen**. Falls technisch möglich, sollte er hierzu das Mikrofon des Redners deaktivieren und den nächsten Redner an ein anderes Pult bitten. Alternativ muss er den Redner, der seine Zeit verbraucht hat, des (einzigen) Pultes verweisen. Weigert sich der Redner, stört er nunmehr die Sicherheit und Ordnung der Hauptversammlung[32]. Dies mit der Folge, dass der Versammlungsleiter stufenweise zu **Ordnungsmaßnahmen** greifen kann: Räumung des Pultes unter Einsatz der Saalordner, Verweis des Störers aus dem Saal, schließlich auch der Verweis aus der Präsenzzone – jeweils nach entsprechender Androhung bzw. Abmahnung (siehe schon Rz. 35.38).

4. Schließung der Rednerliste

36.9 Zu den Befugnissen des Versammlungsleiters gehört es auch, die Rednerliste zu schließen, d.h. **keine Wortmeldungen** mehr anzunehmen[33]. Diese Maßnahme hat einschneidende Wirkung. Sie ist deshalb nur zulässig, wenn sich eine rechtzeitige Beendigung der Hauptversammlung anders nicht sicherstellen lässt – namentlich mit Blick auf die Zahl der bereits abgegebenen, aber noch unerledigten Wortmeldungen[34]. Unzureichend ist der subjektive Eindruck des Versammlungsleiters, dass die Tagesordnung oder einzelne ihrer Punkte ausreichend behandelt sind[35]. Es empfiehlt sich, die Schließung der Rednerliste vorher **anzukündigen**[36]. Dafür genügt in der Regel ein zeitlicher Vorlauf von fünf bis zehn Minuten. So erhalten die Aktionäre noch Gelegenheit, sich bei Bedarf in die Rednerliste einzutragen – sei es zum ersten oder auch zum wiederholten Male. Genau dies zu vermeiden, dürfte regelmäßig kein legitimes Bestreben sein[37]. **Rechtzeitige Wortmeldungen** muss der Versammlungsleiter sodann noch erledigen. Bei einer großen Zahl offener Wortmeldungen steht es ihm frei, die Frage- und Redezeit

---

29 LG Frankfurt v. 22.2.1984 – 3/9 O 123/83, ZIP 1984, 321, 324 = AG 1984, 192.
30 Butzke, HV D Rz. 70.
31 Butzke, HV D Rz. 70; Marsch-Barner in FS Brambring, 2011, S. 267, 277.
32 Hüffer/Koch, § 129 AktG Rz. 22.
33 Reichert in Beck'sches Hdb. AG, § 5 Rz. 175.
34 OLG München v. 28.9.2011 – 7 U 711/11 – HRE, AG 2011, 840, 843; Kubis in MünchKomm. AktG, 4. Aufl. 2018, § 119 AktG Rz. 168; Butzke, HV, D Rz. 63; Schaaf, Rz. 658 ff.
35 Schaaf, Rz. 660; a.A. Martens, Leitfaden, S. 67; Max, AG 1991, 77, 92.
36 Ziemons in K. Schmidt/Lutter, § 129 AktG Rz. 85; Butzke, HV D Rz. 63; Hoffmann-Becking, MünchHdb. AG, § 37 Rz. 64.
37 So aber Kubis in MünchKomm. AktG, 4. Aufl. 2018, § 119 AktG Rz. 168.

(weiter) zu beschränken, ggf. auf nur drei oder zwei Minuten je Redner (siehe Rz. 36.6). Erst als *ultima ratio* kommt in Betracht, nach der Rednerliste auch die Debatte unverrichteter Dinge zu schließen (siehe dazu Rz. 36.10).

5. Schluss der Debatte

Die Debatte endet, wenn sämtliche Wortmeldungen erledigt sind. Dies setzt voraus, dass niemand mehr das Wort wünscht. Alternativ ist auch denkbar, dass die Rednerliste nicht nur bewältigt, sondern überdies schon geschlossen ist (dazu Rz. 36.9). Üblicherweise erklärt der Versammlungsleiter die Debatte förmlich für beendet, bevor er zu den Abstimmungen überleitet. Diese Erklärung ist aber in den beschriebenen Fällen rein **deklaratorisch**[38]. Anders verhält es sich, falls Wortmeldungen noch offen sind, aber selbst unter scharfen Beschränkungen der Frage- und Redezeit realistischerweise nicht mehr erledigt werden können. Dann ist es denkbar, dass der Versammlungsleiter die Debatte trotz unerledigter Rednerliste schließt – in diesem Fall also mit **konstitutiver Wirkung**[39]. Dies kommt regelmäßig erst in den späten Abendstunden in Betracht[40]. Auch solche Aktionäre, die sich bereits zu Wort gemeldet haben, dürfen dann nicht mehr sprechen. Ebenso wenig dürfen sie noch Fragen oder Anträge stellen. In diesem Sinne gilt, dass eine Eintragung in der Rednerliste keinen Anspruch begründet, tatsächlich das Wort zu erhalten[41]. Auch nach dem Schluss der Debatte kann der Versammlungsleiter dem Vorstand noch Gelegenheit geben, zuvor gestellte Fragen zu beantworten bzw. frühere Antworten zu ergänzen (Rz. 36.21). So vor allem, wenn Aktionäre ihre Fragen als unbeantwortet zu Protokoll geben (§ 131 Abs. 5 AktG, dazu Rz. 36.31)[42].

36.10

IV. Auskunftsrecht

1. Allgemeines

§ 131 Abs. 1 AktG gewährt jedem Aktionär ein Auskunftsrecht. Dieses Auskunftsrecht ist nach h.M. gesetzlich abschließend geregelt. Satzung und Geschäftsordnung können es daher weder einschränken noch erweitern[43]. **Zweck** des Auskunftsrechts ist, dem Aktionär die Informationen zu verschaffen, die er für die sinnvolle Ausübung seiner versammlungsbezogenen Rechte und namentlich des Stimmrechts benötigt[44]. Das Auskunftsrecht ist demnach ein **eigennütziges mitgliedschaftliches Individualrecht**[45]. Nicht zu verwechseln, jedoch eng verknüpft ist es mit dem Fragerecht des Aktionärs. Das Fragerecht beinhaltet, dass der Aktionär in der Hauptversammlung seine Fragen stellen darf (zu Angelegenheiten der Gesellschaft, im Rahmen der Tagesordnung sowie innerhalb der vom Versammlungsleiter verfügten zeitlichen Beschränkungen, siehe Rz. 36.3 ff.). Das Auskunftsrecht meint hingegen, dass der Aktionär auf seine solchermaßen gestellte Frage auch eine Antwort erwarten darf (Rz. 36.3). Dabei gilt, dass das Auskunftsrecht des Aktionärs deutlich enger zugeschnitten ist als das Informationsrecht des GmbH-Gesellschafters aus § 51a GmbHG – sowohl in inhaltlicher als auch in zeitlicher Hinsicht. Dies reflektiert den anonymen und beitrittsoffenen Charakter der AG[46]. Insbesondere ist der Vorstand

36.11

---

38 *Schaaf*, Rz. 668.
39 *Kubis* in MünchKomm. AktG, 4. Aufl. 2018, § 119 AktG Rz. 169.
40 *Reichert* in Beck'sches Hdb. AG, § 5 Rz. 176.
41 OLG München v. 28.9.2011 – 7 U 711/11 – HRE, AG 2011, 840, 843; *Reger* in Bürgers/Körber/Lieder, § 131 AktG Rz. 18a; krit. LG Frankfurt v. 18.12.2012 – 3-05 O 93/12 – Deutsche Bank, ZIP 2013, 578, 579.
42 *Hoffmann-Becking* in MünchHdb. AG, § 37 Rz. 67.
43 *Hüffer/Koch*, § 131 AktG Rz. 3; *Kersting* in KölnKomm. AktG, 3. Aufl. 2010, § 131 AktG Rz. 58; *Spindler* in K. Schmidt/Lutter, § 131 AktG Rz. 8; *Hoffmann-Becking* in MünchHdb. AG, § 38 Rz. 3; a.A. *Kubis* in MünchKomm. AktG, 4. Aufl. 2018, § 131 AktG Rz. 183.
44 OLG München v. 4.7.2001 – 7 U 5285/00, AG 2002, 294, 295.
45 *Decher* in Großkomm. AktG, 5. Aufl. 2020, § 131 AktG Rz. 7 ff.
46 *Hüffer/Koch*, § 131 AktG Rz. 1.

nicht verpflichtet, auf solche Aktionärsfragen zu antworten, die ihn außerhalb einer Hauptversammlung erreichen. Umgekehrt ist dies dem Vorstand allerdings auch nicht verboten. Er kann also Auskünfte nach pflichtgemäßem Ermessen auch außerhalb der Hauptversammlung erteilen. Bedeutung hat dies für den sog. **Investorendialog**, den der Vorstand üblicherweise mit institutionellen Anlegern und deren Analysten führt. Ein solcher Dialog hat freilich zur Folge, dass die anderen Aktionäre informationelle Gleichbehandlung einfordern können. Dem entspricht es, dass § 131 Abs. 4 AktG ihnen den sog. Nachinformationsanspruch einräumt, allerdings erst wieder in der (nächsten) Hauptversammlung (Rz. 36.32 ff.). Überdies empfiehlt F.1 DCGK 2020, dass die Gesellschaft ihren Aktionären von sich aus unverzüglich alle wesentlichen Informationen zur Verfügung stellen soll, die sie mit Finanzanalysten und vergleichbaren Adressaten geteilt hat. Dies geschieht üblicherweise, indem die Gesellschaft besagte Informationen zeitnah auf ihrer Internetseite bereitstellt[47].

2. Auskunftsberechtigter

36.12 Auskunftsberechtigt ist **jeder Aktionär**, der an der Hauptversammlung teilnimmt. Unerheblich ist, wie viele Aktien er hält[48]. Ebenso, ob seine Aktien das Stimmrecht gewähren. Schließlich auch, ob im Einzelfall ein Stimmverbot greift, z.B. aus § 111b Abs. 4 Satz 2, § 136 Abs. 1, § 142 Abs. 1 Satz 2 und 3 oder § 285 Abs. 1 Satz 2 und 3 AktG[49]. Ein etwaiger Rechtsverlust, z.B. nach § 20 Abs. 7 AktG, § 44 WpHG oder § 59 Satz 1 WpÜG, umfasst hingegen auch das Auskunftsrecht. Das Auskunftsrecht ist kein höchstpersönliches Recht. Es kann daher, ebenso wie das Stimmrecht und die anderen versammlungsgebundenen Rechte, durch einen **Bevollmächtigten** ausgeübt werden (siehe schon Rz. 35.14). Ferner kommt in Betracht, dass ein sog. Legitimationsaktionär das fremde Recht im eigenen Namen ausübt[50]. Umgekehrt gilt, dass andere Teilnehmer als Aktionäre, Aktionärsvertreter und Legitimationsaktionäre kein Auskunftsrecht nach § 131 AktG haben[51]. Das betrifft vor allem Gäste einschließlich der Presse- und Medienvertreter (Rz. 35.25).

3. Auskunftsschuldner

36.13 Auskunftsschuldner ist die **Gesellschaft**. § 131 Abs. 1 Satz 1 AktG bestimmt zwar, dass der Vorstand die Auskunft erteilt. Dies unterstreicht aber nur, dass der Vorstand für die Gesellschaft auch insoweit als geschäftsführendes Organ tätig wird[52]. Dem entspricht es, dass ein Antrag auf gerichtliche Entscheidung nach § 132 AktG ebenfalls gegen die Gesellschaft zu richten ist, nicht gegen ihren Vorstand[53]. Für den Vorstand antwortet entweder sein Vorsitzender bzw. Sprecher oder das fachlich zuständige Vorstandsmitglied. Das meint stets nur den amtierenden Vorstand, nicht hingegen ehemalige Mitglieder (Rz. 35.18). Denkbar ist auch, dass der Vorstand einen **Mitarbeiter** als „Auskunftsgehilfen" antworten lässt. Rechtlich ist auch dies eine Antwort des Vorstands[54]. In der Praxis ist eine solche (echte) Delegation aber nur selten zu beobachten. Üblich ist vielmehr, dass das **Backoffice** einen Antwortvorschlag erarbeitet, die eigentliche Beantwortung aber der Vorstand selbst übernimmt (siehe schon Rz. 35.6). Andere Personen als Vorstandsmitglieder sind nicht auskunftspflichtig. Das gilt z.B. für den **Abschlussprüfer** (§ 176 Abs. 2 Satz 3 AktG), aber auch für einen **Sonderprüfer**, der nur schriftlich über das Ergebnis seiner Prüfung berichtet (§ 145 Abs. 6 AktG). Nichts anderes gilt für den **Aufsichtsrat** bzw. für dessen Mitglieder. Auch sie sind also nicht verpflichtet, Fragen der Aktionäre zu

---

47 *von der Linden* in Beck'sches Hdb. AG, § 25 Rz. 87.
48 BayObLG v. 8.5.1974 – BReg. 2 Z 73/73, BayObLGZ 1974, 208, 213 = AG 1974, 224.
49 *Decher* in Großkomm. AktG, 5. Aufl. 2020, § 131 AktG Rz. 58.
50 LG Heilbronn v. 6.3.1967 – KfH AktE 1/67, AG 1967, 81 m. Anm. *Henn.*
51 *Hüffer/Koch*, § 131 AktG Rz. 4.
52 *Kubis* in MünchKomm. AktG, 4. Aufl. 2018, § 131 AktG Rz. 19.
53 *Decher* in Großkomm. AktG, 5. Aufl. 2020, § 132 AktG Rz. 28.
54 OLG Düsseldorf v. 5.11.1987 – 19 W 6/87, AG 1988, 53; *Kubis* in MünchKomm. AktG, 4. Aufl. 2018, § 131 AktG Rz. 21; *Groß*, AG 1997, 97, 99.

beantworten[55] – trotz ihrer Pflicht zur Anwesenheit in der Hauptversammlung (§ 118 Abs. 3 Satz 1 AktG, siehe dazu Rz. 35.18 ff.). Dennoch ist es üblich, dass der **Aufsichtsratsvorsitzende** all jene Fragen beantwortet, die den Zuständigkeitsbereich des Aufsichtsrats betreffen, z.B. Vorstandspersonalien, die Vorstandsvergütung sowie die Abschlussprüfung. Die Auskünfte erteilt er im Einvernehmen mit dem Vorstand. Darauf weist der Versammlungsleiter üblicherweise zu Beginn der Aussprache ausdrücklich hin. Erforderlich ist ein solcher Hinweis allerdings nicht. Auch ohne ihn gilt, dass sich der Vorstand die Auskünfte des Aufsichtsratsvorsitzenden konkludent zu eigen macht, indem er ihnen nicht widerspricht[56].

4. Einzelne Anspruchsvoraussetzungen

a) Auskunftsverlangen

Das Auskunftsrecht setzt ein Verlangen voraus, sprich: eine **Frage**. Besagte Frage muss ein Aktionär oder Aktionärsvertreter in der Hauptversammlung **mündlich** stellen[57]. Das geschieht allein in der Aussprache, keinesfalls durch Zwischenruf[58]. **Schriftliche Fragen** sind nicht vorgesehen[59]. Sie können nur dazu dienen, die mündliche Frage anzukündigen und der Gesellschaft so die Beantwortung zu erleichtern. Das bietet sich namentlich bei umfangreichen oder komplizierten Fragenkatalogen an[60]. Umgekehrt kann die Gesellschaft auch nicht verlangen, dass Aktionäre ihre Fragen schriftlich ankündigen bzw. stellen[61]. Denkbar ist allenfalls, dass Aktionär und Gesellschaft sich einvernehmlich auf schriftliche Fragen verständigen und auf eine Verlesung verzichten. Das hat aber mehrere Folgen: *Erstens* muss der Vorstand die Fragen bei ihrer Beantwortung wenigstens komprimiert wiedergeben. Anderenfalls bestünde die Gefahr, dass die Antwort für die übrigen Aktionäre unverständlich wäre[62]. *Zweitens* ist zu prüfen, ob die Gesellschaft im Interesse der Gleichbehandlung denselben Service nicht auch den anderen Aktionären anbieten muss. Das gilt vor allem, wenn sie mehr schriftliche Fragen annimmt, als der Aktionär in seiner (beschränkten) Frage- und Redezeit verlesen könnte. Die Sprache der Hauptversammlung ist regelmäßig deutsch. Dem entspricht es, dass die Aktionäre auch ihre Fragen **in deutscher Sprache** stellen müssen[63]. Fremdsprachige Fragen kann und muss der Versammlungsleiter unterbinden. Anders ist dies, wenn ein Dolmetscher zum Einsatz kommt. Ebenso, wenn sämtliche Versammlungsteilnehmer der Fremdsprache zustimmen[64]. Der Aktionär muss seine Frage nicht **begründen**. Auch muss er sie nicht auf einen bestimmten Tagesordnungspunkt beziehen. Er kann aber gehalten sein, die **Erforderlichkeit** der Auskunft darzulegen, falls diese ohne Weiteres nicht erkennbar ist[65]; näher zum Frage- und Rederecht des Aktionärs Rz. 36.3 ff., zur Erforderlichkeit der Auskunft Rz. 36.16.

---

55 BVerfG v. 20.9.1999 – 1 BvR 636/95 – Daimler-Benz, AG 2000, 74, 75; *Hüffer/Koch*, § 131 AktG Rz. 7; *Kersting* in KölnKomm. AktG, 3. Aufl. 2010, § 131 AktG Rz. 72; *Kubis* in MünchKomm. AktG, 4. Aufl. 2018, § 131 AktG Rz. 22; *Hoffmann-Becking* in MünchHdb. AG, § 38 Rz. 7.
56 *Decher* in Großkomm. AktG, 5. Aufl. 2020, § 131 AktG Rz. 66; *Hüffer/Koch*, § 131 AktG Rz. 7; *Kersting* in KölnKomm. AktG, 3. Aufl. 2010, § 131 AktG Rz. 72; *Kubis* in MünchKomm. AktG, 4. Aufl. 2018, § 131 AktG Rz. 22; strenger wohl *Trescher*, DB 1990, 515 f.; *E. Vetter* in FS Westermann, 2008, S. 1589, 1591.
57 OLG Frankfurt v. 17.7.2007 – 5 U 229/05 – Deutsche Bank, AG 2007, 672, 675.
58 *Hüffer/Koch*, § 131 AktG Rz. 9.
59 A.A. *Heidel* in Heidel, § 131 AktG Rz. 11; *Herrler* in Grigoleit, § 131 AktG Rz. 9; *Spindler* in K. Schmidt/Lutter, § 131 AktG Rz. 24.
60 *Hoffmann-Becking* in MünchHdb. AG, § 38 Rz. 31.
61 *Decher* in Großkomm. AktG, 5. Aufl. 2020, § 131 AktG Rz. 74.
62 *Hüffer/Koch*, § 131 AktG Rz. 9; *Kubis* in MünchKomm. AktG, 4. Aufl. 2018, § 131 AktG Rz. 29.
63 *Decher* in Großkomm. AktG, 5. Aufl. 2020, § 131 AktG Rz. 76; *Kubis* in MünchKomm. AktG, 4. Aufl. 2018, § 131 AktG Rz. 27; *Drinhausen/Marsch-Barner*, AG 2014, 757, 764; a.A. (Verstehen durch Vorstand genügt) *Heidel* in Heidel, § 131 AktG Rz. 11.
64 *Poelzig* in BeckOGK AktG, Stand 1.6.2021, § 131 AktG Rz. 60.
65 OLG Düsseldorf v. 17.7.1991 – 19 W 2/91, AG 1992, 34, 35; OLG Hamburg v. 12.12.1969 – 11 W 34/69, AG 1970, 50, 51; KG v. 24.8.1995 – 2 W 4557/94, AG 1996, 135; *Spindler* in K. Schmidt/Lutter, § 131 AktG Rz. 34.

b) Angelegenheit der Gesellschaft

36.15 Das Auskunftsrecht betrifft nur Angelegenheiten der Gesellschaft. Daraus ergibt sich eine inhaltliche Einschränkung, allerdings nur in überschaubarem Umfang. Das Schrifttum spricht daher von einer „Scheinhürde"[66]. Erfasst bleibt alles, was sich auf die Gesellschaft und ihre Tätigkeit bezieht, u.a. ihre Vermögens-, Finanz- und Ertragslage, die Geschäftspolitik, Personalfragen sowie die Verhältnisse der Gesellschaftsorgane[67]. Umgekehrt betrachtet: Angelegenheiten anderer Personen oder Gesellschaften sind ausgenommen. Dabei können sich aber Abgrenzungsschwierigkeiten ergeben. So etwa, wenn Konzernunternehmen, Kunden, Lieferanten oder Geschäftspartner in Rede stehen – denn deren Angelegenheiten können auch solche der Gesellschaft sein[68]. Dasselbe gilt für Angelegenheiten der Organmitglieder, soweit sie Bezug (auch) zur Gesellschaft haben, z.B. Vorbildung, Nebentätigkeiten und konzernfremde Mandate. Davon zu unterscheiden sind **persönliche bzw. private Angelegenheiten** der Organmitglieder. Sie fallen anerkanntermaßen nicht unter das Auskunftsrecht[69]. Hierzu zählen auch Strafanzeigen bzw. Strafverfolgungsmaßnahmen, es sei denn, sie betreffen die Organtätigkeit als solche bzw. wirken sich auf diese aus[70]. Auch im Übrigen sind die Grenzen fließend. So verhält es sich selbst bei politischen Meinungsäußerungen. Sie haben zwar privaten Charakter, werden aber unter Umständen vom Empfänger (auch) der Gesellschaft zugeschrieben (siehe schon Rz. 36.3). Anerkannt ist, dass Auffassungen, Überlegungen und Motive einzelner Aufsichtsratsmitglieder keine Angelegenheiten der Gesellschaft sind[71]. Auch andere **Interna des Aufsichtsrats**, z.B. Beratungen und Abstimmungen, sind dem Auskunftsrecht weitgehend entzogen. Dies aber nicht, weil sie keine Angelegenheiten der Gesellschaft wären. Es geht vielmehr darum, dass die Gesellschaft zur Abwendung von Nachteilen die Auskunft verweigern darf (§ 131 Abs. 3 Satz 1 Nr. 1 AktG, dazu Rz. 36.23). Die **Gremienvertraulichkeit** wiegt hierbei regelmäßig schwerer als das Auskunftsinteresse der Aktionäre[72].

c) Erforderlichkeit der Auskunft

36.16 § 131 Abs. 1 Satz 1 AktG setzt außerdem voraus, dass die Auskunft erforderlich ist, um einen Gegenstand der Tagesordnung sachgemäß zu beurteilen. Hierbei kommt es auf den Standpunkt eines **objektiv denkenden Aktionärs** an, der die Gesellschaftsverhältnisse nur aufgrund allgemein bekannter Tatsachen kennt. Für ihn muss die begehrte Auskunft ein **wesentliches Element** seiner Urteilsfindung bilden[73]. Ein bloßer Zusammenhang mit der Tagesordnung reicht also nicht aus. Nach ständiger Rechtsprechung des BGH soll das Erforderlichkeitskriterium ausufernde Auskunftsbegehren verhindern, die Hauptversammlung von sachfremden und unerheblichen Fragen entlasten und einen sachgerechten und ordnungsgemäßen Ablauf ermöglichen. Es begrenzt daher das Auskunftsrecht nicht nur in **quali-**

---

66 *Kubis*, ZGR 2014, 608, 610.
67 *Herrler* in Grigoleit, § 131 AktG Rz. 12.
68 *Hüffer/Koch*, § 131 AktG Rz. 12.
69 *Drinhausen* in Hölters, § 131 AktG Rz. 8; *Poelzig* in BeckOGK AktG, Stand 1.6.2021, § 131 AktG Rz. 69; *Reger* in Bürgers/Körber/Lieder, § 131 AktG Rz. 7.
70 LG Frankfurt v. 24.1.2005 – 3-5 O 61/03 – Deutsche Bank, AG 2005, 891, 892.
71 BVerfG v. 20.9.1999 – 1 BvR 636/95 – Daimler-Benz, AG 2000, 74, 75.
72 BGH v. 5.11.2013 – II ZB 28/12 – Deutsche Bank, BGHZ 198, 354 = AG 2014, 87 Rz. 47; BGH v. 14.1.2014 – II ZB 5/12 – Porsche, AG 2014, 402 Rz. 76; OLG Düsseldorf v. 13.7.2015 – I-26 W 16/14, AG 2015, 908, 910 f.; OLG Frankfurt v. 8.11.2012 – 21 W 33/11 – Deutsche Bank, AG 2013, 300, 301 f.; *Hüffer/Koch*, § 131 AktG Rz. 12; *Hoffmann-Becking*, NZG 2017, 281, 284; *Kocher/Lönner*, AG 2014, 81, 83 f.
73 BGH v. 12.11.2001 – II ZR 225/99 – Sachsenmilch III, BGHZ 149, 158, 164 = AG 2002, 241; BGH v. 18.10.2004 – II ZR 250/02 – ThyssenKrupp, BGHZ 160, 385, 389 = AG 2005, 87; BGH v. 16.2.2009 – II ZR 185/07 – Kirch/Deutsche Bank, BGHZ 180, 9, 29 = AG 2009, 285 Rz. 39; BGH v. 5.11.2013 – II ZB 28/12 – Deutsche Bank, BGHZ 198, 354 = AG 2014, 87 Rz. 20; BGH v. 14.1.2014 – II ZB 5/12 – Porsche, AG 2014, 402 Rz. 26; OLG Düsseldorf v. 5.11.1987 – 19 W 6/87, NJW 1988, 1033, 1034; *Hüffer/Koch*, § 131 AktG Rz. 22; *Kubis* in MünchKomm. AktG, 4. Aufl. 2018, § 131 AktG Rz. 41.

tativer und **quantitativer Hinsicht**, sondern auch hinsichtlich des **Detaillierungsgrads**[74]. Dies steht im Einklang mit Art. 9 Abs. 2 Unterabs. 1 Satz 1 Aktionärsrechte-RL. Diese Vorschrift gestattet es den Mitgliedstaaten, zur Gewährleistung eines ordnungsgemäßen Ablaufs der Hauptversammlung entsprechende Beschränkungen (auch) des Auskunftsrechts vorzunehmen. Vor diesem Hintergrund hat der BGH mehrmals entschieden, dass das Erforderlichkeitskriterium ernst zu nehmen ist und insbesondere nicht im Wege vermeintlich richtlinienkonformer Auslegung ausgehöhlt werden darf[75]. Frühere Bedenken gegen die Vereinbarkeit mit der Aktionärsrechte-RL[76] sind damit aus praktischer Sicht ausgeräumt. In der Rechtsprechung hat sich eine breite **Kasuistik** zur Erforderlichkeit herausgebildet. Es verbietet sich allerdings jede schematische Betrachtung. Die Erforderlichkeit ist stets eine Frage des Einzelfalls.

d) Auskunft über verbundene Unternehmen

§ 131 Abs. 1 Satz 2 AktG bestimmt, dass sich die Auskunftspflicht auf die rechtlichen und geschäftlichen Beziehungen der Gesellschaft zu einem verbundenen Unternehmen erstreckt. Die Vorschrift hat nur klarstellenden Charakter. Auch ohne sie gilt, dass Beziehungen zu verbundenen Unternehmen stets auch Angelegenheiten der Gesellschaft selbst sind[77]. Der Begriff des verbundenen Unternehmens bestimmt sich nach § 15 AktG. Es genügt demnach, wenn eine **Mehrheitsbeteiligung** i.S.v. § 16 AktG besteht, d.h. eine Mehrheit entweder der Anteile oder der Stimmrechte. **Abhängigkeit** (§ 17 AktG) oder gar ein **Konzernverhältnis** (§ 18 AktG) ist hingegen nicht erforderlich. Unzureichend sind Lizenzverträge oder andere rein schuldrechtliche Verhältnisse[78]. Auch eine bloße Minderheitsbeteiligung genügt nicht. Denkbar ist aber, dass derartige Auskünfte unmittelbar unter § 131 Abs. 1 Satz 1 AktG fallen, wenn der Vertrag bzw. die Minderheitsbeteiligung für die Gesellschaft von besonderer Bedeutung ist[79].

36.17

e) Erweiterung des Auskunftsrechts

Das Auskunftsrecht wird bei einer Reihe von Beschlussgegenständen auf Angelegenheiten außerhalb der Gesellschaft erweitert. Diese Erweiterung gilt namentlich bei Beschlüssen über **Unternehmensverträge** (§ 293g Abs. 3, § 295 Abs. 2 AktG), über eine **Eingliederung** (§ 319 Abs. 3 Satz 4, § 320 Abs. 4 Satz 3, § 326 AktG) sowie über **Verschmelzungen** und **Spaltungen** (§ 64 Abs. 2, §§ 73, 125 UmwG). Danach ist über wesentliche Angelegenheiten des anderen Vertragsteils bzw. der anderen beteiligten Rechtsträger auch dann Auskunft zu geben, wenn diese keine verbundenen Unternehmen sind. Außerdem bestimmt § 131 Abs. 1 Satz 4 AktG, dass die Auskunftspflicht eines **Mutterunternehmens**, das seiner Hauptversammlung den Konzernabschluss und den Konzernlagebericht vorlegt, sich auf die Lage des Konzerns und der in den Konzernabschluss einbezogenen Unternehmen erstreckt.

36.18

---

74 BGH v. 16.2.2009 – II ZR 185/07 – Kirch/Deutsche Bank, BGHZ 180, 9, 29 = AG 2009, 285 Rz. 39; BGH v. 5.11.2013 – II ZB 28/12 – Deutsche Bank, BGHZ 198, 354 = AG 2014, 87 Rz. 20; BGH v. 14.1.2014 – II ZB 5/12 – Porsche, AG 2014, 402 Rz. 26; BGH v. 23.2.2021 – II ZR 65/19 – Metro/Ceconomy, AG 2021, 468 Rz. 99; ebenso *Spindler* in K. Schmidt/Lutter, § 131 AktG Rz. 29; *Wilsing/von der Linden* in FS Seibert, 2019, S. 1119, 1125 f.
75 BGH v. 5.11.2013 – II ZB 28/12 – Deutsche Bank, BGHZ 198, 354 = AG 2014, 87 Rz. 21; BGH v. 14.1.2014 – II ZB 5/12 – Porsche, AG 2014, 402 Rz. 27; ebenso z.B. *Hüffer/Koch*, § 131 AktG Rz. 23 f.; *Poelzig* in BeckOGK AktG, Stand 1.6.2021, § 131 AktG Rz. 84; *Spindler* in K. Schmidt/Lutter, § 131 AktG Rz. 29; *Kubis*, ZGR 2014, 608, 620; *Reger*, NZG 2013, 48; *Stöber*, DStR 2014, 1680, 1683.
76 *Kersting* in KölnKomm. AktG, 3. Aufl. 2010, § 131 AktG Rz. 113; *Kersting*, ZIP 2009, 2317; *Kersting* in FS Hoffmann-Becking, 2013, S. 651.
77 OLG Bremen v. 20.10.1980 – 2 W 35/80, AG 1981, 229; LG München I v. 10.12.1998 – 5 HK O 10806/97, AG 1999, 283, 284; *Hüffer/Koch*, § 131 AktG Rz. 15; *Kubis* in MünchKomm. AktG, 4. Aufl. 2018, § 131 AktG Rz. 67; *Spitze/Diekmann*, ZHR 158 (1994), 447, 449 f.
78 *Kubis* in MünchKomm. AktG, 4. Aufl. 2018, § 131 AktG Rz. 70.
79 *Hüffer/Koch*, § 131 AktG Rz. 16; *Spitze/Diekmann*, ZHR 158 (1994), 447, 452.

5. Auskunftserteilung

a) Form der Auskunft

36.19 Die Auskunft ist **mündlich** zu erteilen[80]. Sie ist in deutsche Sprache zu kleiden, ebenso wie die Fragen der Aktionäre (siehe dazu Rz. 36.14). Der Aktionär hat keinen Anspruch auf eine **schriftliche Auskunft** oder gar auf **Einsichtnahme** in Unterlagen[81]. Auch hat er keinen Anspruch auf Nachweise[82]. Umgekehrt muss er sich auch nicht mit einer schriftlichen Auskunft begnügen. Etwas anderes gilt, falls die Vorlage schriftlicher Unterlagen das Informationsinteresse ausnahmsweise besser befriedigt, z.B. bei einer umfangreichen **Aufstellung von Zahlen und Daten**. Dann ist die Gesellschaft **berechtigt**, aber nicht verpflichtet, den Aktionär auf Unterlagen zu verweisen. So etwa, wenn in der Hauptversammlung einer Großbank nach dem Handel in eigenen Aktien gefragt wird, deren listenförmige Darstellung eingängiger ist als eine kleinteilige Verlesung. Dabei kommt es nicht auf den subjektiven Willen des Aktionärs an, sondern auf eine objektive Beurteilung der Interessenlage. Es muss aber sichergestellt sein, dass auch die übrigen Aktionäre die Unterlagen einsehen können[83]. Denkbar ist auch, die Unterlagen auf eine Leinwand zu projizieren, auf einem Bildschirm einzublenden oder anderweitig für die Aktionäre sichtbar zu machen[84]. Sinnvoll ist dies vor allem bei bildhaften oder graphischen Darstellungen. Auch bei Fragen nach dem Inhalt von Verträgen oder Gutachten genügt im Grundsatz eine mündliche Auskunft. Eine **Verlesung** kann nur in Ausnahmefällen verlangt werden, wenn und soweit es auf die Kenntnis des genauen Wortlauts ankommt. Das ist mit Blick auf ein vollständiges Vertragswerk kaum vorstellbar. Es genügt dann die Verlesung der relevanten Passage[85]. Keinesfalls kann die Verlesung solcher Unterlagen verlangt werden, die ohnehin zur Einsichtnahme ausliegen[86]. Eine Ausnahme vom Mündlichkeitsprinzip macht § 131 Abs. 1 Satz 3 AktG. Er bestimmt, dass kleine und mittelgroße Kapitalgesellschaften auf Verlangen nicht nur einen verkürzten, sondern den vollständigen Jahresabschluss vorlegen müssen. Eine mündliche Auskunft reicht hierfür nicht aus[87].

b) Inhalt der Auskunft

36.20 Die Auskunft muss inhaltlich den „Grundsätzen einer gewissenhaften und getreuen Rechenschaft" entsprechen (§ 131 Abs. 2 Satz 1 AktG). Dies bedeutet, dass die Auskunft **vollständig** und **sachlich zutreffend** sein muss[88]. Die Anforderungen an die **Genauigkeit** der Antwort hängen in erster Linie von der Erforderlichkeit bzw. Beurteilungserheblichkeit ab (siehe dazu Rz. 36.16). Im Übrigen hängen sie davon ab, mit welcher Genauigkeit die Frage formuliert wird[89]. Dem entspricht es, dass eine pauschale, allgemein gehaltene Frage auch pauschal beantwortet werden darf. Es ist dann Sache des Aktio-

---

80 BGH v. 9.2.1987 – II ZR 119/86, BGHZ 101, 1, 15 = AG 1987, 344; BGH v. 5.4.1993 – II ZR 238/91, BGHZ 122, 211, 236 = AG 1993, 422; OLG Düsseldorf v. 17.7.1991 – 19 W 2/91, WM 1991, 2148; LG Heidelberg v. 7.8.1996 – II KfH O 4/96, AG 1996, 523, 524; LG München I v. 28.8.2008 – 5 HK O 2522/08, AG 2008, 904, 905; LG München I v. 8.4.2010 – 5 HK O 12377/09, AG 2010, 378, 383; LG München I v. 20.11.2011 – 5 HK O 18850/09, AG 2011, 211, 219.
81 BGH v. 9.2.1987 – II ZR 119/86, BGHZ 101, 1, 15 = AG 1987, 344; BGH v. 5.4.1993 – II ZR 238/91, BGHZ 122, 211, 236 = AG 1993, 422; *Decher* in Großkomm. AktG, 5. Aufl. 2020, § 131 AktG Rz. 275; *Hüffer/Koch*, § 131 AktG Rz. 41; *Kubis* in MünchKomm. AktG, 4. Aufl. 2018, § 131 AktG Rz. 85 f.
82 OLG Frankfurt v. 7.6.1988 – 5 U 93/87, AG 1989, 330.
83 *Hüffer/Koch*, § 131 AktG Rz. 41.
84 *Kubis* in MünchKomm. AktG, 4. Aufl. 2018, § 131 AktG Rz. 87.
85 *Butzke*, HV, G Rz. 34.
86 OLG Düsseldorf v. 15.3.1999 – 17 W 18/99 – ThyssenKrupp, AG 1999, 418, 420.
87 *Poelzig* in BeckOGK AktG, Stand 1.6.2021, § 131 AktG Rz. 143.
88 OLG Stuttgart v. 17.11.2010 – 20 U 2/10 – Porsche, AG 2011, 93, 98.
89 OLG Stuttgart v. 29.2.2012 – 20 W 5/11 – Porsche, AG 2012, 377, 380; OLG Stuttgart v. 7.10.2019 – 20 U 2/18, NZG 2020, 309 Rz. 37; *Hüffer/Koch*, § 131 AktG Rz. 40; *Poelzig* in BeckOGK AktG, Stand 1.6.2021, § 131 AktG Rz. 236; *Kubis*, ZGR 2014, 608, 623.

närs, sich erneut zu Wort zu melden und sein Auskunftsbegehren durch Nachfrage zu präzisieren[90]. Ungenügend ist es, die pauschale Frage nur zu wiederholen oder (ebenso pauschal) als unbeantwortet zu rügen[91]. Dasselbe gilt, falls die Frage auf eine Vielzahl von Informationen gerichtet ist, die nur teilweise für die Beurteilung eines Tagesordnungspunkts relevant sind[92]. Das Risiko einer **unverständlichen Frage** trägt ebenfalls der Aktionär. Gleiches gilt richtigerweise für eine **mehrdeutige Frage**. Es genügt dann, dass der Vorstand die Frage so beantwortet, wie er sie sinnvollerweise versteht. Er muss also nicht seinerseits beim Aktionär rückfragen, ebenso wenig der Versammlungsleiter[93]. Wer nach einer subjektiven Einschätzung fragt, kann die ihm mitgeteilte Einschätzung nicht als objektiv falsch bemängeln[94]. Der Vorstand ist verpflichtet, sich auf absehbare Fragen angemessen **vorzubereiten**. Dazu kann es angebracht sein, schon vorab Antworten zu entwerfen, etwa benötigte Unterlagen mitzubringen sowie sachkundige Mitarbeiter einzusetzen (siehe schon Rz. 34.8). Trotzdem kann der Fall eintreten, dass der Vorstand sich zur Beantwortung außerstande sieht, z.B. wegen des speziellen Charakters oder der Detailtiefe der Frage. Hier stößt die Auskunftspflicht an eine **immanente Grenze**[95]. Zu ähnlichen Ergebnissen gelangt, wer auf subjektive Unmöglichkeit der Leistung i.S.v. § 275 Abs. 1 Fall 1 BGB oder auf Unzumutbarkeit i.S.v. § 275 Abs. 2 BGB abstellt[96].

c) Zeitpunkt der Auskunft

Die Antwort muss sich nicht unmittelbar an die Frage anschließen. Dies ist in der Praxis auch nicht üblich. Vielmehr kommen im Rahmen der Aussprache regelmäßig mehrere Redner nacheinander zu Wort. Das gilt für General- und Einzeldebatten gleichermaßen. Die Fragen werden stenografisch erfasst. Das **Backoffice** bereitet dann Antwortvorschläge vor, die später **blockweise** verlesen werden. Daran schließen sich ggf. weitere Frage- und Antwortrunden an (siehe schon Rz. 35.6). Es steht dem Vorstand frei, in welcher Reihenfolge er seine Antworten erteilt. Er ist also weder an die Reihenfolge der Redner noch an die Reihenfolge der gestellten Fragen gebunden[97]. Auch steht es ihm frei, mehrfach gestellte bzw. verwandte Fragen mit einer einheitlichen Antwort zu erledigen[98]. Er kann auch auf frühere Antworten oder auf die einleitenden Reden verweisen[99]. Direkte bzw. freie Antworten erteilt der Vorstand zumeist erst auf etwaige Rückfragen in der Schlussrunde (Rz. 35.6). Es ist auch denkbar, dass er nach dem Schluss der Debatte noch Antworten nachreicht (Rz. 36.10). Wichtig ist aber, die Antworten **vor den Abstimmungen** zu erteilen – ansonsten können die Aktionäre sie bei ihrer Willensbildung nicht mehr berücksichtigen, und es drohen Anfechtungsrisiken (Rz. 36.36). Dies ist auch zu bedenken, soweit anstelle einer mündlichen Antwort ausnahmsweise Unterlagen präsentiert werden (siehe dazu Rz. 36.19). Die Aktionäre müssen also, je nach Umfang der Texte, vor den Abstimmungen ausreichende Zeit zur Kenntnisnahme erhalten[100]. Etwaige (objektiv) offene Punkte müssen die Aktionäre in der Hauptversammlung nicht proaktiv rügen. Auch ist es nicht erforderlich, die Frage gemäß § 131 Abs. 5 AktG als unbeantwortet zu Protokoll zu geben (siehe dazu Rz. 36.31 und 37.19). Es gilt vielmehr, dass die Gesellschaft das Risiko (objektiv) unzureichender Beantwortung und damit das An-

36.21

---

90 BGH v. 5.11.2013 – II ZB 28/12 – Deutsche Bank, BGHZ 198, 354 = AG 2014, 87 Rz. 44.
91 OLG Hamburg v. 12.1.2001 – 11 U 162/00, AG 2001, 359, 360.
92 BGH v. 5.11.2013 – II ZB 28/12 – Deutsche Bank, BGHZ 198, 354 = AG 2014, 87 Rz. 44; OLG Stuttgart v. 2.12.2014 – 20 AktG 1/14, AG 2015, 163, 170; OLG Stuttgart v. 7.10.2019 – 20 U 2/18 – Porsche, AG 2020, 307, 312.
93 A.A. *Kubis* in MünchKomm. AktG, 4. Aufl. 2018, § 131 AktG Rz. 81.
94 OLG Stuttgart v. 2.12.2014 – 20 AktG 1/14, AG 2015, 163, 170.
95 *Decher* in Großkomm. AktG, 5. Aufl. 2020, § 131 AktG Rz. 285; *Herrler* in Grigoleit, § 131 AktG Rz. 32; *Hüffer/Koch*, § 131 AktG Rz. 11.
96 OLG Stuttgart v. 29.2.2012 – 20 W 5/11 – Porsche, AG 2012, 377, 380; *Kersting* in KölnKomm. AktG, 3. Aufl. 2010, § 131 AktG Rz. 415 f.; *Spindler* in K. Schmidt/Lutter, § 131 AktG Rz. 65.
97 *Decher* in Großkomm. AktG, 5. Aufl. 2020, § 131 AktG Rz. 271.
98 *Spindler* in K. Schmidt/Lutter, § 131 AktG Rz. 60.
99 *Pöschke/Vogel* in Reichert, ArbeitsHdb. HV, § 11 Rz. 17.
100 *Herrler* in Grigoleit, § 131 AktG Rz. 29.

fechtungsrisiko trägt[101]. Anders kann dies sein, falls der Versammlungsleiter vor dem Schluss der Debatte nachfragt, ob alle Fragen beantwortet sind. Dann handelt regelmäßig **widersprüchlich**, wer trotz Anwesenheit schweigt, später aber Anfechtungsklage erhebt und diese auf Auskunftsmängel stützt[102]. Das gilt nicht nur, aber erst recht, wenn der Versammlungsleiter seine Nachfrage konkret an besagten Aktionär richtet.

6. Auskunftsverweigerung

a) Allgemeines

36.22 § 131 Abs. 3 Satz 1 AktG regelt, wann der Vorstand die Auskunft ausnahmsweise verweigern *darf*. Dabei ist vorausgesetzt, dass ein Auskunftsanspruch an sich besteht, also sämtliche Erfordernisse des § 131 Abs. 1 Satz 1 AktG erfüllt sind[103]. Das Gesetz nennt insgesamt **sieben Fälle**, in denen eine Auskunftsverweigerung in Betracht kommt. Dies sind im Einzelnen und schlagwortartig: der drohende Nachteil (Rz. 36.23), Auskünfte zu steuerlichen Wertansätzen oder zur Höhe einzelner Steuern (Rz. 36.24), zu stillen Reserven (Rz. 36.25) sowie zu Bilanzierungs- und Bewertungsmethoden (Rz. 36.26), die Strafbarkeit der Auskunft (Rz. 36.27), Auskünfte zu nicht ausweispflichtigen Bilanzierungs- und Bewertungsmethoden sowie Verrechnungen bei Kredit-, Finanzdienstleistungs- und Wertpapierinstituten (Rz. 36.28), außerdem die rechtzeitige Internetpublizität der Auskunft (Rz. 36.29). Dieser Katalog ist **abschließend** (§ 131 Abs. 3 Satz 2 AktG). Es bleibt aber Raum, um die Antwort auch bei übermäßiger oder anderweitig missbräuchlicher Fragerechtsausübung zu verweigern (Rz. 36.30). Die Auskunftsverweigerung ist eine **Geschäftsführungsmaßnahme**. Dem entspricht es, dass sie einen Beschluss des Vorstands erfordert[104]. Dafür gilt § 77 Abs. 1 AktG. Das bedeutet, dass sämtliche Vorstandsmitglieder einstimmig beschließen müssen, falls die Satzung oder die Geschäftsordnung des Vorstands nichts anderes bestimmt. Es ist aber anerkannt, dass der Vorstand über die Auskunftsverweigerung auch **konkludent** beschließen kann[105]. Dafür reicht aus, dass kein Vorstandsmitglied der Verweigerung widerspricht. Überdies ist es denkbar, den Beschluss vorsorglich schon vor der Hauptversammlung zu fassen[106]. Auf einem anderen Blatt steht, ob der Vorstand im Einzelfall die Auskunft sogar verweigern *muss*. Dies ist keine Frage des § 131 Abs. 3 AktG, sondern des § 93 Abs. 1 Satz 1 AktG[107].

b) Drohender Nachteil

36.23 Der Vorstand darf die Auskunft verweigern, soweit sie geeignet ist, der Gesellschaft oder einem verbundenen Unternehmen einen nicht unerheblichen Nachteil zuzufügen (§ 131 Abs. 3 Satz 1 Nr. 1 AktG). Der Nachteil muss nicht objektiv feststehen. Es genügt, dass ein vernünftiger Kaufmann mit ihm rechnet[108]. Der **Begriff des Nachteils** ist weit zu verstehen. Er meint nicht nur Schäden i.S.d. §§ 249 ff. BGB. Erfasst ist vielmehr jede einigermaßen gewichtige Beeinträchtigung des Gesellschaftsinteresses[109]. Der Begriff des verbundenen Unternehmens richtet sich abermals nach § 15 AktG, wie schon bei § 131 Abs. 1

---

101 *Poelzig* in BeckOGK AktG, Stand 1.6.2021, § 131 AktG Rz. 224.
102 OLG Stuttgart v. 7.10.2019 – 20 U 2/18, NZG 2020, 309 Rz. 65; LG Mainz v. 13.7.1987 – 10 HO 141/86, AG 1988, 169; *Kersting* in KölnKomm. AktG, 3. Aufl. 2010, § 131 AktG Rz. 394; *Kubis* in MünchKomm. AktG, 4. Aufl. 2018, § 131 AktG Rz. 78; *Bredol*, NZG 2012, 613 ff.; *Drescher* in FS Krieger, 2020, S. 215, 221; *Kocher/Lönner*, AG 2014, 81, 83; a.A. OLG Köln v. 28.7.2011 – 18 U 213/10, AG 2011, 838.
103 *Hüffer/Koch*, § 131 AktG Rz. 54.
104 *Kubis* in MünchKomm. AktG, 4. Aufl. 2018, § 131 AktG Rz. 110.
105 BGH v. 9.2.1987 – II ZR 119/86, BGHZ 101, 1, 5 f. = AG 1987, 344; OLG Frankfurt v. 15.4.1986 – 3 U 191/84, AG 1986, 233; *Hüffer/Koch*, § 131 AktG Rz. 54; *Kubis* in MünchKomm. AktG, 3. Aufl. 2013, § 131 AktG Rz. 110; *Butzke*, HV, G Rz. 67.
106 LG Essen v. 23.1.1962 – 16 HO 62/61, AG 1962, 126; *Decher* in Großkomm. AktG, 5. Aufl. 2020, § 131 AktG Rz. 354; *Kubis* in MünchKomm. AktG, 4. Aufl. 2018, § 131 AktG Rz. 110.
107 *Kersting/Billerbeck*, NZG 2019, 1326 ff.
108 *Hüffer/Koch*, § 131 AktG Rz. 55.
109 *Decher* in Großkomm. AktG, 5. Aufl. 2020, § 131 AktG Rz. 364.

Satz 2 AktG (siehe Rz. 36.17). Die Vor- und Nachteile der Auskunftserteilung sind gegeneinander **abzuwägen**. Dabei kommt es allein auf die Vor- und Nachteile für die AG und für die Gesamtheit ihrer Aktionäre an. Außer Betracht bleiben hingegen die Vor- und Nachteile für Dritte einschließlich einzelner Aktionäre, aber auch der Organmitglieder[110]. Im Gegenteil gilt, dass die Aufdeckung von **Pflichtverletzungen eines Organmitglieds** sogar ein dominierender Vorteil für die Gesellschaft sein kann[111]. Dafür genügt aber nicht, dass der Fragesteller eine Pflichtverletzung nur behauptet oder über sie spekuliert. Er ist vielmehr gehalten, ein substanzielles Aufklärungsinteresse darzulegen. Daran fehlt es, wenn aufgrund interner Aufarbeitung ein wirksames Eingreifen der zuständigen Gesellschaftsorgane zu erwarten steht[112]. Pauschales Misstrauen ist unbeachtlich. **Vertragliche Schweigepflichten** der AG stehen einer Auskunft nicht *per se* entgegen. Anderenfalls könnte die AG sich ihrer Auskunftspflicht nach Belieben entziehen. Entscheidend ist vielmehr, ob schon der Abschluss der Geheimhaltungsabrede selbst erforderlich war, um einen Nachteil von der AG abzuwenden[113]. Der BGH stellt daran allerdings keine strengen Anforderungen. Es reichen geschäftsübliche „Diskretionsgründe". Dahinter steht der Gedanke, dass geschäftsübliche Diskretion essenziell ist, um die eigene Kontrahierungsfähigkeit zu erhalten[114]. Nachteilig kann es auch sein, noch marktrelevante Details von Derivatgeschäften offenzulegen, z.B. Strike-Preise oder Laufzeiten[115]. Ferner dürfen Auskünfte verweigert werden, die vertrauliche **Interna des Aufsichtsrats** oder seiner Ausschüsse betreffen (siehe schon Rz. 36.15)[116].

c) Steuern

Gemäß § 131 Abs. 3 Satz 1 Nr. 2 AktG darf der Vorstand die Auskunft verweigern, soweit sie sich auf **steuerliche Wertansätze** oder auf die **Höhe einzelner Steuern** bezieht. Der historische Gesetzgeber wollte die Aktionäre vor dem Irrtum schützen, steuerlicher Gewinn sei betriebswirtschaftlich erzielt und möglicherweise ausschüttungsfähig[117]. Diese Sorge überzeugt aus heutiger Sicht nicht mehr[118]. Das Auskunftsverweigerungsrecht ist aber dessen ungeachtet geltendes Recht und als solches einschränkungslos anzuwenden. Demgemäß kann z.B. die Auskunft auf die Frage verweigert werden, inwieweit Rückstellungen steuerlich anerkannt sind[119]. Keiner Antwort bedarf auch die Frage nach der Tarifbelastung des Eigenkapitals[120].

36.24

d) Stille Reserven

Der Vorstand darf nach § 131 Abs. 3 Satz 1 Nr. 3 AktG die Auskunft verweigern über den Unterschied zwischen Bilanzansätzen im Jahresabschluss und dem höheren Wert der bilanzierten Gegenstände. Es

36.25

---

110 *Kubis* in MünchKomm. AktG, 4. Aufl. 2018, § 131 AktG Rz. 115.
111 BGH v. 29.11.1982 – II ZR 88/81, BGHZ 86, 1, 19 = AG 1983, 75; BGH v. 16.2.2009 – II ZR 185/07 – Kirch/Deutsche Bank, BGHZ 180, 9, 29 = AG 2009, 285 Rz. 43; BGH v. 14.1.2014 – II ZB 5/12 – Porsche, AG 2014, 402 Rz. 28; OLG Düsseldorf v. 18.2.2013 – I-26 W 21/12 (AktE) – IKB, BeckRS 2015, 09412; OLG Stuttgart v. 29.2.2012 – 20 W 5/11 – Porsche, AG 2012, 377, 383; LG Hannover v. 15.1.1991 – 26 AktE 5/90, AG 1991, 186.
112 BGH v. 14.1.2014 – II ZB 5/12 – Porsche, AG 2014, 402 Rz. 52; *Hüffer/Koch*, § 131 AktG Rz. 55.
113 *Decher* in Großkomm. AktG, 5. Aufl. 2020, § 131 AktG Rz. 371.
114 BGH v. 16.2.2009 – II ZR 185/07 – Kirch/Deutsche Bank, BGHZ 180, 9, 29 = AG 2009, 285 Rz. 42.
115 BGH v. 14.1.2014 – II ZB 5/12 – Porsche, AG 2014, 402 Rz. 44.
116 BGH v. 5.11.2013 – II ZB 28/12 – Deutsche Bank, BGHZ 198, 354 = AG 2014, 87 Rz. 47; OLG Stuttgart v. 15.2.1995 – 3 U 118/94, AG 1995, 234, 235; LG Mannheim v. 7.4.2005 – 23 O 102/04, AG 2005, 780, 781; *Hüffer/Koch*, § 131 AktG Rz. 11; *Kersting* in KölnKomm. AktG, 3. Aufl. 2010, § 131 AktG Rz. 244, 374.
117 *Kropff*, AktG, S. 186.
118 *Hüffer/Koch*, § 131 AktG Rz. 59; *Kersting* in KölnKomm. AktG, 3. Aufl. 2010, § 131 AktG Rz. 312; *Butzke*, HV, G Rz. 70.
119 LG München I v. 10.3.1980 – 7 HKO 7427/79, AG 1981, 79, 80.
120 *Hüffer/Koch*, § 131 AktG Rz. 59; *Kubis* in MünchKomm. AktG, 4. Aufl. 2018, § 131 AktG Rz. 123; *Spindler* in K. Schmidt/Lutter, § 131 AktG Rz. 79; *Kamprad*, AG 1991, 396; a.A. *Meilicke*, BB 1991, 241, 242.

geht also um sog. **stille Reserven**. Sie entstehen, wenn Aktiva zu einem niedrigeren Wert oder Passiva zu einem höheren Wert als dem wahren Wert angesetzt sind[121]. Das wiederum setzt entsprechende Ansatz- oder Bewertungswahlrechte voraus. Deren Zahl schrumpft, weil auch im deutschen Bilanzrecht mittlerweile die Tendenz vorherrscht, dass die Darstellung der Vermögens-, Finanz- und Ertragslage den tatsächlichen Verhältnissen entsprechen soll[122]. Damit schrumpft auch die praktische Bedeutung des § 131 Abs. 3 Satz 1 Nr. 3 AktG[123]. Die Norm bleibt aber sinnvoll, soweit stille Reserven bilanzrechtlich noch anerkannt sind. Ihr **Hintergrund** ist, dass namentlich Wettbewerber und Geschäftspartner die Werteinschätzung des Vorstands für ihre eigene Disposition zum Schaden der AG fruchtbar machen könnten[124]. Dies wiederum würde dann auch zum Schaden der Aktionäre gereichen. Verfassungsrechtliche Bedenken gegen § 131 Abs. 3 Satz 1 Nr. 3 AktG, insbesondere aus Art. 14 GG, sind unbegründet[125]. Dasselbe gilt für europarechtliche Bedenken, denn es geht um **Nachteilsprävention**, was sich unschwer unter den „Schutz der Vertraulichkeit und der Geschäftsinteressen" i.S.v. Art. 9 Abs. 2 Unterabs. 1 Satz 1 Aktionärsrechte-RL fassen lässt[126]. Dem entspricht es, dass z.B. die Frage nach dem Verkehrs- oder Feuerversicherungswert des Grundbesitzes oder der Gebäude nicht beantwortet werden muss[127]. Gleiches gilt für die Frage nach dem Substanz- und Liquidationswert einer Beteiligung[128]. Die h.M. erstreckt die Vorschrift auch auf stille Reserven in der Handelsbilanz verbundener Unternehmen[129]. Vorausgesetzt ist bei alldem, dass der **Aufsichtsrat** den Jahresabschluss billigt, dessen Feststellung also nicht der Hauptversammlung überlässt (§ 172 Satz 1 AktG). Dies ist der praktische Regelfall. Anders verhält es sich in der KGaA, denn dort ist die Feststellung des Jahresabschlusses stets Sache der Hauptversammlung (§ 286 Abs. 1 Satz 1 AktG, siehe schon Rz. 33.17). Kein Auskunftsverweigerungsrecht besteht, soweit die stillen Reserven an anderer Stelle aufgedeckt sind, z.B. im IFRS-Konzernabschluss[130].

e) Bilanzierungs- und Bewertungsmethoden

36.26 In eine ähnliche Richtung zielt § 131 Abs. 3 Satz 1 Nr. 4 AktG. Dort ist bestimmt, dass der Vorstand die Auskunft über Bilanzierungs- und Bewertungsmethoden verweigern darf. Vorausgesetzt ist dabei zweierlei: *Erstens*, dass die Angabe dieser Methoden im **Anhang** ausreicht, um ein den tatsächlichen Verhältnissen entsprechendes Bild der Vermögens-, Finanz- und Ertragslage der Gesellschaft i.S.v. § 264 Abs. 2 HGB zu vermitteln. *Zweitens* abermals, dass der Aufsichtsrat den Jahresabschluss billigt, die Hauptversammlung diesen also nicht selbst feststellt (siehe Rz. 36.25). Die Norm spielt in der Praxis keine nennenswerte Rolle.

f) Strafbarkeit

36.27 § 131 Abs. 3 Satz 1 Nr. 5 AktG gewährt ein Auskunftsverweigerungsrecht, soweit der Vorstand sich durch die Erteilung der Auskunft strafbar machen würde. Gleich ist, ob eine Strafbarkeit wegen **Täter**-

---

121 *Poelzig* in BeckOGK AktG, Stand 1.6.2021, § 131 AktG Rz. 171.
122 Begr. RegE BilMoG, BT-Drucks. 16/10067, S. 57.
123 *Hüffer/Koch*, § 131 AktG Rz. 60.
124 *Kubis* in MünchKomm. AktG, 4. Aufl. 2018, § 131 AktG Rz. 124.
125 BVerfG v. 20.9.1999 – 1 BvR 168/93, AG 2000, 72; *Spindler* in K. Schmidt/Lutter, § 131 AktG Rz. 80; *Ebenroth/Koos*, BB-Beil. 8/1995, 1, 3, 4 ff.
126 *Poelzig* in BeckOGK AktG, Stand 1.6.2021, § 131 AktG Rz. 170; a.A. *Heidel* in Heidel, § 131 AktG Rz. 65, 68.
127 KG v. 30.6.1994 – 2 W 4531/93 u.a., AG 1994, 469, 472 f.; LG Berlin v. 6.3.2000 – 92 O 111/99, AG 2000, 288; LG Frankfurt v. 16.9.1994 – 3/3 O 83/92, WM 1994, 1929, 1930; siehe auch *Mutter*, S. 70 ff.
128 LG Hamburg v. 8.6.1995 – 405 O 203/94, AG 1996, 233, 234.
129 *Decher* in Großkomm. AktG, 5. Aufl. 2020, § 131 AktG Rz. 401; *Kubis* in MünchKomm. AktG, 4. Aufl. 2018, § 131 AktG Rz. 126; *Reger* in Bürgers/Körber/Lieder, § 131 AktG Rz. 22.
130 *Hüffer/Koch*, § 131 AktG Rz. 60.

schaft oder **Teilnahme** in Rede steht[131]. Es genügt auch Strafbarkeit nach einer ausländischen Rechtsordnung[132]. Erforderlich ist aber, dass die Erteilung der Auskunft selbst den Straftatbestand verwirklichen würde. So etwa, wenn es um die verbotene Preisgabe von Staats- oder Privatgeheimnissen geht (§§ 93 ff., § 203 StGB). Davon zu unterscheiden ist, dass die Auskunft eine anderweitig begangene Straftat betrifft; hierfür gilt § 131 Abs. 3 Satz 1 Nr. 5 AktG nicht[133]. Ebenso wenig greift er, wenn die Auskunft ein **Gesellschaftsgeheimnis** betrifft. Zwar macht sich strafbar, wer ein solches unbefugt offenbart (§ 404 Abs. 1 AktG). Daran fehlt es aber, wenn und weil § 131 Abs. 1 Satz 1 AktG eine Befugnis verleiht[134]. Unbenommen ist es, die Auskunft über das Geheimnis stattdessen nach § 131 Abs. 3 Satz 1 Nr. 1 AktG zu verweigern, d.h. zur Abwendung eines drohenden Nachteils für die Gesellschaft (siehe Rz. 36.23). Ähnlich verhält es sich mit Blick auf **Insiderinformationen**: Deren unbefugte Weitergabe ist ebenfalls strafbar (Art. 10, 14 lit. c MAR, § 119 Abs. 3 Nr. 3 WpHG). Denkbar ist aber, § 131 Abs. 1 Satz 1 AktG auch insoweit eine Befugnis zu entnehmen. Das gilt umso mehr, als der Vorstand sich selbst „sprechfähig" machen und so etwaiger Strafbarkeit entziehen kann – nämlich durch Herstellung der ohnehin gebotenen Ad-hoc-Publizität[135]. Etwas anderes gilt, solange die Ad-hoc-Publizität nach Art. 17 Abs. 4 MAR aufgeschoben ist. Dies setzt u.a. voraus, dass die Offenlegung geeignet wäre, berechtigte Interessen des Emittenten zu beeinträchtigen. Dem entspricht es, dass der Vorstand zum Schutz derselben berechtigten Interessen auch die Auskunft in der Hauptversammlung verweigern darf – und zwar wiederum nach § 131 Abs. 3 Satz 1 Nr. 1 AktG[136]; siehe dazu Rz. 36.31.

g) Sonderregelung für Institute

§ 131 Abs. 3 Satz 1 Nr. 6 AktG enthält eine Sonderregelung für Kredit-, Finanzdienstleistungs- und Wertpapierinstitute. Die Begriffe bestimmen sich nach § 1 Abs. 1, 1a KWG sowie § 2 Abs. 1 WpIG. Der Vorstand solcher Institute darf die Auskunft verweigern, soweit es um Angaben über **Bilanzierungs- und Bewertungsmethoden** sowie **Verrechnungen** geht, die im Jahres- und Konzernabschluss sowie in den Lage- und Konzernlageberichten nicht gemacht werden müssen. Hintergrund ist, dass die §§ 340–340g HGB entsprechende Erleichterungen für die Rechnungslegung der Institute vorsehen[137]. Danach ist es namentlich zulässig, außerordentliche **stille Reserven** zu bilden und teilweise auch sonst verbotene Saldierungen vorzunehmen, insbesondere durch die sog. Überkreuzverrechnung nach § 340f Abs. 3 HGB.

36.28

h) Internetauskunft

Nach § 131 Abs. 3 Satz 1 Nr. 7 AktG besteht ein Auskunftsverweigerungsrecht, soweit die Auskunft auf der **Internetseite der Gesellschaft** über mindestens sieben Tage vor Beginn sowie auch in der Hauptversammlung durchgängig zugänglich ist. Der Vorstand kann damit namentlich Antworten auf **Standardfragen** (FAQ) sowie Listen und Statistiken vorab veröffentlichen. Dies mit der Folge, dass er in der Hauptversammlung darauf verweisen darf und allenfalls noch Rück- oder Ergänzungsfragen beantworten muss[138]. Es ist nicht notwendig, in der Einberufung oder auch anderweitig auf die vorab erteilten Auskünfte hinzuweisen[139]. Die Frist berechnet sich nach § 121 Abs. 7 AktG. Die Informationen müssen also vor der Hauptversammlung mindestens volle sieben Kalendertage durchgängig ver-

36.29

---

131 *Kubis* in MünchKomm. AktG, 4. Aufl. 2018, § 131 AktG Rz. 132.
132 *Decher* in Großkomm. AktG, 5. Aufl. 2020, § 131 AktG Rz. 410; *Hüffer/Koch*, § 131 AktG Rz. 62; a.A. *Kubis* in MünchKomm. AktG, 4. Aufl. 2018, § 131 AktG Rz. 135.
133 *Hüffer/Koch*, § 131 AktG Rz. 62.
134 *Spindler* in K. Schmidt/Lutter, § 131 AktG Rz. 82.
135 *Kocher/Sambulski*, DB 2018, 1905, 1906, 1908.
136 *Wilsing/von der Linden* in FS Seibert, 2019, S. 1119, 1127.
137 *Hüffer/Koch*, § 131 AktG Rz. 63.
138 *Drinhausen* in Hölters, § 131 AktG Rz. 36.
139 Begr. RegE UMAG, BT-Drucks. 15/5092, S. 17 f.

fügbar sein. Die §§ 187–193 BGB finden keine Anwendung. Geringfügige und vorübergehende Störungen des Internetzugangs sind unbedenklich[140]. Die **praktische Bedeutung** der Regelung ist gering, zumal die Aktionäre nicht verpflichtet sind, ihre Fragen vor der Hauptversammlung einzureichen[141]. Im Übrigen bleibt die Gesellschaft berechtigt, die Aktionäre auch erst in der Hauptversammlung auf die Einsichtnahme in Unterlagen zu verweisen, falls dem Informationsinteresse auf diese Weise besser gedient ist (siehe Rz. 36.19).

i) Sonderfall: Rechtsmissbrauch

36.30 Wie jedes Recht kann auch das Auskunftsrecht missbraucht werden. Dabei geht es vor allem um eine exzessive Rechtsausübung, z.B. durch Vortragen übermäßig langer oder granularer Fragenkataloge, sog. **quantitativer Fragenexzess**[142]. Eine solchermaßen exzessive Rechtsausübung kann gemäß § 242 BGB treuwidrig und somit unzulässig sein[143]. Dies gilt insbesondere dann, wenn die Fragen schon wegen ihrer schieren Masse ersichtlich nicht innerhalb der verfügbaren Zeit beantwortet werden können und der Fragesteller sie trotz Aufforderung des Versammlungsleiters nicht auf ein beherrschbares Maß reduziert[144]. Dahinter steht der Gedanke, dass der Aktionär die regelmäßig nur eintägige Hauptversammlung nicht für individuelle Informationsbedürfnisse monopolisieren darf[145]. Die Kriterien dafür sind allerdings wenig griffig und im Detail umstritten. Insbesondere gibt es **keine absolute Obergrenze** für die Zahl zulässiger Fragen[146]. Dem entspricht es, dass der Einwand des Rechtsmissbrauchs für die Gesellschaft risikobehaftet ist. Die praxisnahe Lösung liegt eher darin, schon die Verlesung derart ausufernder Fragekataloge zu unterbinden – nämlich durch angemessene Beschränkungen des Frage- und Rederechts (Rz. 36.5), nötigenfalls auch durch Schließung der Rednerliste (Rz. 36.9) und der Debatte (Rz. 36.10)[147]. Geübte Redner können dem allerdings entgegenwirken, z.B. durch Erhöhung der Sprechgeschwindigkeit, vor allem aber durch Kooperation mit anderen Aktionären, die ihrerseits Frage- und Redezeit in Anspruch nehmen. **Kein Missbrauch** ist es, wenn der Aktionär ohnehin entschlossen ist, seine Stimme in einem bestimmten Sinne abzugeben, und mit seiner Frage für Opposition werben möchte[148].

j) Aufnahme in die Niederschrift, Begründung

36.31 Nach § 131 Abs. 5 AktG kann ein Aktionär verlangen, dass seine unbeantworteten Fragen sowie der Auskunftsverweigerungsgrund in die notarielle Niederschrift aufgenommen werden (siehe näher Rz. 37.12). Diese Regelung dient ausschließlich **Beweiszwecken**[149]. Ihr ist nicht zu entnehmen, dass der Vorstand eine Auskunftsverweigerung in der Hauptversammlung begründen müsste. Sie setzt eine **Begründung** nur voraus, ohne sie einzufordern. Dem entspricht es, dass es für das Auskunftsverwei-

---

140 Begr. RegE UMAG, BT-Drucks. 15/5092, S. 18.
141 *Poelzig* in BeckOGK AktG, Stand 1.6.2021, § 131 AktG Rz. 189.
142 OLG Frankfurt v. 22.7.1983 – 20 W 843/82 – Deutsche Bank, AG 1984, 25, 25 (25.000 Einzelangaben); OLG Frankfurt v. 17.7.2007 – 5 U 229/05 – Deutsche Bank, AG 2007, 672, 675 (308 Einzelfragen); OLG Karlsruhe v. 29.6.1989 – 11 W 57/89, AG 1990, 82 f.
143 *Hüffer/Koch*, § 131 AktG Rz. 66; *Kersting* in KölnKomm. AktG, 3. Aufl. 2010, § 131 AktG Rz. 381; *Geißler*, NZG 2001, 539; *Groß*, AG 1997, 97, 104; *Marsch-Barner*, WM 1984, 41.
144 OLG Stuttgart v. 29.2.2012 – 20 W 5/11 – Porsche, AG 2012, 377, 378 f.; *Spindler* in K. Schmidt/Lutter, § 131 AktG Rz. 36; *Hoffmann-Becking* in MünchHdb. AG, § 38 Rz. 34.
145 *Hüffer/Koch*, § 131 AktG Rz. 68.
146 OLG Stuttgart v. 29.2.2012 – 20 W 5/11 – Porsche, AG 2012, 377, 378; LG München I v. 28.5.2010 – 5 HK O 14307/07, AG 2010, 919, 921; *Spindler* in K. Schmidt/Lutter, § 131 AktG Rz. 35.
147 *Kersting* in KölnKomm. AktG, 3. Aufl. 2010, § 131 AktG Rz. 382.
148 OLG Düsseldorf v. 22.7.1986 – 19 W 2/86, AG 1987, 21, 22 f.
149 LG Frankfurt v. 24.1.2005 – 3-5 O 61/03 – Deutsche Bank, ZIP 2005, 1275, 1276; *Spindler* in K. Schmidt/Lutter, § 131 AktG Rz. 107; *Krieger* in FS Priester, 2007, S. 387, 401 f.

gerungsrecht allein auf die objektive Sachlage ankommt[150]. Der Vorstand entscheidet daher selbst, ob er in der Hauptversammlung eine Begründung gibt. Ebenso, ob er die Beantwortung überhaupt ausdrücklich verweigert oder die Frage schlicht übergeht. Letzteres bietet sich namentlich an, wenn nach **Insiderinformationen** gefragt ist (siehe schon Rz. 36.27). Denn die ausdrückliche Verweigerung einer Antwort oder eines Dementis wäre in aller Regel nichts anderes als die Bestätigung, dass die Insiderinformation existiert[151]. Dies mit der Folge, dass die Geheimhaltung i.S.v. Art. 17 Abs. 4 Unterabs. 1 lit. c MAR gefährdet oder sogar beendet wäre. Es steht der Gesellschaft frei, in etwaigen gerichtlichen Auseinandersetzungen eine Begründung nachzuschieben[152]. Dazu muss sie drohende Nachteile i.S.v. § 131 Abs. 3 Satz 1 Nr. 1 AktG nicht im Einzelnen darlegen oder gar beweisen. Es reicht aus, besagte Nachteile plausibel zu machen[153].

7. Nachinformation

a) Allgemeines

§ 131 Abs. 4 Satz 1 AktG regelt den Anspruch auf Nachinformation. Er zielt auf **informatorische Gleichbehandlung** und ist eine besondere Ausprägung des allgemeinen Gleichbehandlungsgebots aus § 53a AktG[154]. Seine Rechtsfolge ist, dass der Vorstand in der Hauptversammlung selbst dann Auskunft erteilen muss, wenn kein Bezug zu Gegenständen der Tagesordnung besteht. Hinzu kommt, dass § 131 Abs. 4 Satz 2 AktG die Möglichkeit einschränkt, die solchermaßen geschuldete Auskunft zu verweigern (keine Verweigerung nach § 131 Abs. 3 Satz 1 Nr. 1–4 AktG). Vorausgesetzt ist dabei zweierlei: *Erstens* bedarf es eines Auskunftsverlangens, ebenso wie bei § 131 Abs. 1 Satz 1 AktG (siehe noch Rz. 36.35). *Zweitens* ist erforderlich, dass ein anderer Aktionär die Auskunft außerhalb der Hauptversammlung schon erhalten hat. Gemeint ist damit die Erteilung der Auskunft im Sinne einer der Gesellschaft zurechenbaren **Geschäftsführungsmaßnahme**[155]. Die Gesellschaft muss also keine Informationsvorsprünge ausgleichen, die sie nicht selbst zu verantworten hat. Die Geschäftsführung wiederum fällt nach allgemeinen Regeln in die Zuständigkeit des Vorstands (§ 76 Abs. 1, § 77 Abs. 1 AktG). Dem entspricht es, dass die unbefugte Preisgabe von Informationen durch Aufsichtsratsmitglieder oder Dritte nicht ausreicht, um einen Nachinformationsanspruch zu begründen[156]. Anders ist dies allerdings, wenn und soweit man eine limitierte Annexkompetenz des Aufsichtsrats zur **Kapitalmarktkommunikation** anerkennt – wie sie auch A.3 DCGK 2020 annimmt[157]. Im Übrigen ist entscheidend, dass ein Aktionär **in eben dieser Eigenschaft** die Auskunft erhalten hat. Nicht erfasst sind demgegenüber Auskünfte an Aufsichtsratsmitglieder, Geschäftspartner, Banken oder Finanzanalysten[158]. Dies auch dann nicht, wenn diese Personen ihrerseits Aktien der Gesellschaft halten[159]. Das gilt umso mehr, als anderenfalls die Schweigepflichten der Aufsichtsratsmitglieder aus § 93 Abs. 1 Satz 3, § 116 Satz 1 und 2 AktG ausgehöhlt würden.

36.32

---

150 BGH v. 14.1.2014 – II ZB 5/12 – Porsche, AG 2014, 402 Rz. 43; *Kersting* in KölnKomm. AktG, 3. Aufl. 2010, § 131 AktG Rz. 507; *Kubis* in MünchKomm. AktG, 4. Aufl. 2018, § 131 AktG Rz. 113; *Spindler* in K. Schmidt/Lutter, § 131 AktG Rz. 73; *Lieder*, NZG 2014, 601, 603.
151 *Kocher/Sambulski*, DB 2018, 1905, 1909; *Wilsing/von der Linden* in FS Seibert, 2019, S. 1119, 1127.
152 BGH v. 14.1.2014 – II ZB 5/12 – Porsche, AG 2014, 402 Rz. 4.
153 BGH v. 14.1.2014 – II ZB 5/12 – Porsche, AG 2014, 402 Rz. 42; OLG Düsseldorf v. 17.7.1991 – 19 W 2/91, AG 1992, 34, 35; OLG Stuttgart v. 29.2.2012 – 20 W 5/11 – Porsche, AG 2012, 377, 381; *Herrler* in Grigoleit, § 131 AktG Rz. 43; *Hüffer/Koch*, § 131 AktG Rz. 56; *Kersting* in KölnKomm. AktG, 3. Aufl. 2010, § 131 AktG Rz. 510 f.
154 *Fleischer*, ZGR 2009, 505, 520: „Holz vom gleichen Stamme".
155 *Hüffer/Koch*, § 131 AktG Rz. 70.
156 *Kubis* in MünchKomm. AktG, 4. Aufl. 2018, § 131 AktG Rz. 149.
157 *Hüffer/Koch*, § 131 AktG Rz. 74; *Poelzig* in BeckOGK AktG, Stand 1.6.2021, § 131 AktG Rz. 255; *Bachmann* in VGR, Gesellschaftsrecht in der Diskussion 2016, 2017, S. 135, 169 f.; *Fleischer/Bauer/Wansleben*, DB 2015, 360, 364; *Spindler* in FS Seibert, 2019, S. 855, 864.
158 *Kropff*, AktG, S. 187.
159 *Decher*, ZHR 158 (1994), 473, 479.

b) Insbesondere: Transaktionen

36.33 Bedeutung hat diese Differenzierung auch für M&A-Fälle, die mit sog. Due-Diligence-Prüfungen oder Managementgesprächen einhergehen. Dabei sind zwei Konstellationen zu unterscheiden: Zum einen ist denkbar, dass die Gesellschaft einem **Erwerbsinteressenten** Einblick in ihre Interna gewährt. Das geschieht jedoch nur mit Blick auf einen möglichen Erwerb, nicht wegen einer etwa schon vorhandenen Aktionärseigenschaft. Aus diesem Grund erwächst den anderen Aktionären kein Anspruch auf informationelle Gleichbehandlung[160]. Zum anderen kommt in Betracht, dass die Gesellschaft einem **(Groß-)Aktionär** Auskünfte gibt, um ihn bei seinen **Verkaufsbemühungen** zu unterstützen. Im Ergebnis scheitert der Anspruch auf Nachinformation auch in dieser Konstellation, allerdings mit abweichender Begründung. Denn hier lässt sich ein innerer Bezug der erteilten Auskünfte zur Aktionärseigenschaft kaum leugnen. § 131 Abs. 4 Satz 1 AktG gestattet es aber, nach **sachlichen Kriterien** zu differenzieren – ebenso wie das allgemeine Gleichbehandlungsgebot aus § 53a AktG. Entscheidend ist somit, ob die Gesellschaft ein eigenes Interesse am Erfolg des Veräußerungsprozesses hat. Dieses Interesse rechtfertigt dann die Offenlegung bestimmter Informationen im Verhältnis zu den beteiligten Parteien, nicht jedoch im Verhältnis zu den übrigen Aktionären[161]. Ebenso liegt der Fall, wenn die Gesellschaft gemäß § 327b Abs. 1 Satz 2 AktG ihrem Hauptaktionär Informationen erteilt, damit er die Höhe der Barabfindung für einen Zwangsausschluss der Minderheitsaktionäre ermitteln kann[162].

c) Insbesondere: Verbundene Unternehmen

36.34 Gemäß § 131 Abs. 4 Satz 3 AktG besteht kein Anspruch auf Nachinformation, wenn ein Tochterunternehmen, ein Gemeinschaftsunternehmen oder ein assoziiertes Unternehmen die Auskunft einem **Mutterunternehmen** zum Zwecke der Einbeziehung der Gesellschaft in den Konzernabschluss erteilt und die Auskunft für diesen Zweck benötigt wird. Damit ist ausdrücklich ein Fall geregelt, in dem ein verbundenes Unternehmen die Auskunft nicht in seiner Eigenschaft als Aktionär erhält. Diese Regelung hat aber keinen abschließenden Charakter. Unzulässig ist deshalb der Umkehrschluss, dass zwischen verbundenen Unternehmen im Übrigen keine Möglichkeit des privilegierten Informationsaustauschs bestünde[163]. Im Gegenteil: Im **Vertragskonzern** ist der Informationsaustausch durchweg als leitungsbezogen aufzufassen. Er ist also gerade nicht, wie § 131 Abs. 4 Satz 1 AktG es fordert, durch die Aktionärseigenschaft veranlasst[164]. Nichts anderes gilt im Ergebnis für den **faktischen Konzern**: Hier mag der Informationsaustausch zwar durch die Aktionärseigenschaft veranlasst sein. Die §§ 311 ff. AktG begründen aber eine Sonderrechtsbeziehung zwischen dem herrschenden Unternehmen und der abhängigen Gesellschaft. Damit liefern sie zugleich Sachgründe für eine bevorzugte Behandlung des herrschenden Unternehmens – und zwar ohne Rücksicht darauf, ob bloße Abhängigkeit besteht oder darüber hinaus auch Leitungsmacht ausgeübt wird[165].

---

160 *Reger* in Bürgers/Körber/Lieder, § 131 AktG Rz. 29; *Kocher*, Der Konzern 2008, 611, 614 f.; *Krömker*, NZG 2003, 418, 423; *Mertens*, AG 1997, 541, 547.
161 *Hüffer/Koch*, § 131 AktG Rz. 71; *Hemeling*, ZHR 169 (2005), 274, 288; *Kocher*, Der Konzern 2008, 611, 614 f.
162 LG München I v. 28.8.2008 – 5 HK O 12861/07 – HVB/Unicredit, ZIP 2008, 2124 Ls. 8.
163 *Decher* in Großkomm. AktG, 5. Aufl. 2020, § 131 AktG Rz. 468; *Kersting* in KölnKomm. AktG, 3. Aufl. 2010, § 131 AktG Rz. 448; *Hoffmann-Becking* in FS Rowedder, 1994, S. 155, 169; *Pentz* in FS Priester, 2007, S. 593, 603 f.; a.A. *Heidel* in Heidel, § 131 AktG Rz. 77.
164 LG München I v. 4.9.1997 – 5 HKO 14614/96, AG 1999, 138 f.; *Hüffer/Koch*, § 131 AktG Rz. 72; *Kubis* in MünchKomm. AktG, 4. Aufl. 2018, § 131 AktG Rz. 163; *Decher*, ZHR 158 (1994), 473, 480 f.; *Duden* in FS von Caemmerer, 1978, S. 499, 504; *Hoffmann-Becking* in FS Rowedder, 1994, S. 155, 167 f.
165 *Decher* in Großkomm. AktG, 5. Aufl. 2020, § 131 AktG Rz. 470; *Hüffer/Koch*, § 131 AktG Rz. 72; *Hüffer* in FS Schwark, 2009, S. 185, 194 f.; *Pentz* in FS Priester, 2007, S. 593, 612; *Pentz*, ZIP 2007, 2298, 2301; a.A. *Kubis* in MünchKomm. AktG, 4. Aufl. 2018, § 131 AktG Rz. 165; *Habersack/Verse*, AG 2003, 300, 307.

d) Auskunftsverlangen

Die Auskunftspflicht aus § 131 Abs. 4 Satz 1 AktG setzt das Verlangen eines Aktionärs oder Aktionärsvertreters voraus, ebenso wie § 131 Abs. 1 Satz 1 AktG (siehe schon Rz. 36.32). Auch für dieses Verlangen gilt, dass es mündlich in der Hauptversammlung zu stellen ist, und zwar im Rahmen der Aussprache, keinesfalls durch Zwischenruf (siehe Rz. 36.14). Dafür genügt nicht die **Ausforschungsfrage**, ob und ggf. welche Auskünfte die Gesellschaft einem anderen Aktionär außerhalb der Hauptversammlung erteilt hat. Erforderlich ist vielmehr ein konkretes Auskunftsverlangen in der Sache[166]. Zu weit geht die Forderung, dass der Fragesteller den vorab informierten Aktionär namentlich bezeichnen müsste[167]. 36.35

8. Rechtsfolgen von Verstößen

Wenn eine Frage unbeantwortet bleibt, kann der Aktionär das **Auskunftserzwingungsverfahren** nach § 132 AktG einleiten. Der Antrag richtet sich gegen die Gesellschaft (siehe schon Rz. 36.13). Er ist binnen zwei Wochen nach der Hauptversammlung zu stellen (§ 132 Abs. 2 Satz 2 AktG). Umstritten ist, ob das Verfahren auch bei erteilter, aber unrichtiger Auskunft einschlägig ist. Der BGH hat die Frage offengelassen[168]. Mehrere Instanz- und Obergerichte verneinen sie[169]. Anders die wohl h.M.: Sie stellt unterbliebene und unrichtige Auskünfte gleich[170]. Dem ist beizutreten, weil der Vorstand mit einer unrichtigen Auskunft die richtige schuldig bleibt. Der Aktionär kann aber nicht fordern, dass die Richtigkeit der Auskunft eidesstattlich versichert wird[171]. Das Verfahren richtet sich primär nach § 99 AktG, subsidiär nach dem FamFG (§ 132 Abs. 3 Satz 1, § 99 Abs. 1 AktG). Bezweckt ist damit ein beschleunigter Rechtsschutz[172]. Eine **Leistungsklage** ist unstatthaft. Denkbar ist aber, die **Anfechtungsklage** auf einen Auskunftsmangel zu stützen, sofern er den konkreten Gegenstand betrifft. Voraussetzung ist, dass ein objektiv urteilender Aktionär die Information als wesentlich angesehen hätte, um seine Teilnahme- und Mitgliedschaftsrechte sachgerecht wahrzunehmen (§ 243 Abs. 4 Satz 1 AktG). Eine weitere Einschränkung folgt aus § 243 Abs. 4 Satz 2 AktG. Sie betrifft Auskünfte zur Ermittlung, Höhe oder Angemessenheit von Ausgleich, Abfindung, Zuzahlung oder über sonstige Kompensationen. Dahinter steht der Gedanke, dass Bewertungsrügen heute breitflächig ins **Spruchverfahren** verwiesen sind. Die Auskunftsrüge soll insoweit keine „Hintertür" lassen. Dies gilt allerdings nicht bei gänzlich verweigerter Information[173]. Anfechtungsklage und Auskunftserzwingungsverfahren können unabhängig voneinander eingeleitet werden. Die Entscheidung nach § 132 AktG hat für den Anfechtungsprozess keine Bindungswirkung[174]. Eine vorsätzliche Falschauskunft kann **strafbar** sein (§ 404 Abs. 1 Nr. 1 AktG). 36.36

---

166 OLG Dresden v. 1.12.1998 – 7 W 426/98, AG 1999, 274; *Decher* in Großkomm. AktG, 5. Aufl. 2020, § 131 AktG Rz. 484 f.; *Hüffer/Koch*, § 131 AktG Rz. 75; *Kubis* in MünchKomm. AktG, 4. Aufl. 2018, § 131 AktG Rz. 158; *Spindler* in K. Schmidt/Lutter, § 131 AktG Rz. 96; *Hoffmann-Becking* in FS Rowedder, S. 155, 160; a.A. *Burgard*, S. 87.
167 So aber LG Frankfurt v. 16.5.1966 – 3 1 O 63/66, AG 1968, 24.
168 BGH v. 14.1.2014 – II ZB 5/12 – Porsche, AG 2014, 402 Rz. 83.
169 OLG Dresden v. 1.12.1998 – 7 W 426/98, AG 1999, 274, 276; KG v. 16.7.2009 – 23 W 69/08, AG 2010, 254; LG Dortmund v. 1.10.1998 – 20 AktE 8/98, AG 1999, 133.
170 LG München I v. 28.5.2010 – 5 HK O 14307/07, AG 2010, 919, 920; *Decher* in Großkomm. AktG, 5. Aufl. 2020, § 132 AktG Rz. 25; *Drinhausen* in Hölters, § 132 AktG Rz. 5; *Hüffer/Koch*, § 132 AktG Rz. 4a; *Kersting* in KölnKomm. AktG, 3. Aufl. 2010, § 132 AktG Rz. 6, 36; *Spindler* in K. Schmidt/Lutter, § 132 AktG Rz. 9; *Lieder*, NZG 2014, 601, 608 f.
171 BayObLG v. 17.7.2002 – 3Z BR 394/01, BayObLGZ 2001, 227, 231 = AG 2003, 499.
172 *Kropff*, AktG, S. 189.
173 Begr. RegE UMAG, BT-Drucks. 15/5092, S. 26.
174 BGH v. 16.2.2009 – II ZR 185/07 – Kirch/Deutsche Bank, BGHZ 180, 9 = AG 2009, 285 Rz. 35.

V. Antragsrecht

1. Allgemeines

36.37 Das Antragsrecht ist ebenfalls eine Komponente des Teilnahmerechts. Denn das Teilnahmerecht beinhaltet das Recht auf **Mitberatung**, d.h. das Recht, sich zu den Gegenständen der Tagesordnung zu äußern sowie Fragen und auch Anträge zu stellen (siehe schon Rz. 35.10). Zu beachten ist dabei die sog. **negative Bindung** der Hauptversammlung an ihre Tagesordnung. Sie bedeutet, dass über andere als die bekanntgemachten Gegenstände keine Beschlüsse gefasst werden dürfen – und dass dennoch gefasste Beschlüsse anfechtbar sind (§ 124 Abs. 4 Satz 1, § 243 Abs. 1 AktG). Aktionärsseitige Anträge sind damit nicht ausgeschlossen, müssen sich aber innerhalb des Rahmens bewegen, den die Tagesordnung aufspannt (siehe schon Rz. 34.48). Das ist nicht zu verwechseln mit den ebenfalls bekanntgemachten Beschluss- oder Wahlvorschlägen der Verwaltung (dazu Rz. 34.51 ff.). Sie bewegen sich ihrerseits innerhalb des Rahmens, den der jeweilige Tagesordnungspunkt setzt, schöpfen ihn aber üblicherweise nicht aus. Es bleibt also Raum, um innerhalb des bekanntgemachten Tagesordnungspunkts auch vom Verwaltungsvorschlag abweichende Anträge zu unterbreiten, d.h. namentlich **Gegenanträge** in der Sache, eigene **Wahlvorschläge** sowie auch **Verfahrens- bzw. Geschäftsordnungsanträge** (siehe schon Rz. 34.47). Für sämtliche Sach- und Verfahrensanträge gilt, dass sie in der Hauptversammlung **mündlich** zu stellen sind, sei es vom Aktionär oder einem Aktionärsvertreter. Die Übergabe schriftlicher Antragstexte an den Versammlungsleiter reicht nicht. Auch genügt es nicht, einen Antrag vorab nach §§ 126, 127 AktG an die Gesellschaft zu übermitteln (Rz. 34.87). Denkbar ist aber, sich mündlich auf *veröffentlichte* Eingaben nach §§ 126, 127 AktG zu beziehen, ohne sie zu verlesen[175]. Auf einen unangekündigten Antrag, gleich welchen Inhalts, muss und sollte der Versammlungsleiter nicht unmittelbar reagieren. Er erhält einen Sonderleitfaden aus dem Backoffice, mit dem er zu gegebener Zeit auf den Antrag zurückkommen kann[176]; siehe zur Bestimmtheit des Beschlussantrags auch Rz. 36.61.

2. Verfahrensanträge

36.38 Über die meisten Verfahrens- bzw. Geschäftsordnungsfragen entscheidet der Versammlungsleiter. Das gilt z.B. für die Wahl zwischen Einzel- und Generaldebatte (Rz. 35.6), für die Beschränkung des Frage- und Rederechts (Rz. 35.36, 36.5 ff.) sowie für die Schließung der Rednerliste und der Debatte (Rz. 36.9 ff.). Dabei ist unerheblich, ob die Satzung oder die Geschäftsordnung der Hauptversammlung den Versammlungsleiter entsprechend ermächtigt (Rz. 35.36 f.). Ein Beschluss der Hauptversammlung zu all diesen Fragen ist demnach weder erforderlich noch genügend[177]. Ein dennoch gestellter Verfahrensantrag ist unstatthaft bzw. als bloße Anregung zu verstehen[178]. Die Hauptversammlung selbst hat nur über die folgenden Verfahrensanträge zu entscheiden:

– Vertagung oder Absetzung einzelner Tagesordnungspunkte,

– Vertagung der Hauptversammlung als Ganzes,

– Abwahl des Versammlungsleiters (dazu Rz. 35.32 ff.),

– Einberufung einer neuen Hauptversammlung (§ 124 Abs. 4 Satz 2 Fall 1 AktG).

Eine Zwitterstellung nimmt der Antrag auf Übergang zur Einzelentlastung ein (§ 120 Abs. 1 Satz 2 AktG). Der Versammlungsleiter darf ihm zwar aus eigenem Recht stattgeben, nicht aber gegen den

---

175 LG Hamburg v. 8.6.1995 – 405 O 203/94, AG 1996, 233; *Kubis* in MünchKomm. AktG, 4. Aufl. 2018, § 119 AktG Rz. 150; *Mülbert* in Großkomm. AktG, 5. Aufl. 2017, § 129 AktG Rz. 153.
176 *Wilsing/von der Linden*, BOARD 2018, 110, 112.
177 *Wilsing/von der Linden*, ZIP 2010, 2321.
178 *Mülbert* in Großkomm. AktG, 5. Aufl. 2017, § 129 AktG Rz. 154.

Willen der Hauptversammlung oder einer qualifizierten Aktionärsminderheit an der Gesamtentlastung festhalten[179].

3. Sachanträge

Sachanträge der Aktionäre müssen sich stets im Rahmen der bekanntgemachten Tagesordnung halten (§ 124 Abs. 4 Satz 2 AktG, siehe Rz. 34.48, 36.37). Es sollen also solche Anträge und Beschlüsse ausgeschlossen sein, mit denen die anderen Aktionäre bei unbefangener Betrachtung der Tagesordnung nicht rechnen. Dem entspricht es, dass die Zulässigkeit von Sachanträgen im Einzelfall vom Konkretisierungsgrad der Tagesordnungspunkte abhängen kann[180]. Erlaubt sind aber stets **Gegenanträge** zu den bekanntgemachten Verwaltungsvorschlägen (§ 126 AktG, siehe Rz. 34.87 ff.), außerdem eigene **Wahlvorschläge** (§ 127 AktG, siehe Rz. 34.98). Denkbar sind danach z.B. ein abweichender **Gewinnverwendungsvorschlag**[181] sowie eigene Kandidatenvorschläge für Aufsichtsratswahlen oder die Wahl des Abschlussprüfers[182], ferner ein abweichender Wortlaut bei **Satzungsänderungen**, nicht jedoch die Änderung der Satzung in einem anderen Punkt. Überdies ist anerkannt, dass unter dem Tagesordnungspunkt „Entlastung" eine **Sonderprüfung** beantragt und beschlossen werden darf. Dies allerdings nur, wenn sie sich auf Vorgänge im Entlastungszeitraum bezieht[183]. Keinen Raum schafft der Punkt „Entlastung" hingegen für einen förmlichen **Vertrauensentzug** (§ 84 Abs. 3 Satz 2 Fall 3 AktG)[184], für die **Abberufung** eines Aufsichtsratsmitglieds (§ 103 Abs. 1 AktG)[185], für die Geltendmachung von **Ersatzansprüchen** (§ 147 Abs. 1 Satz 1 AktG) oder für die Bestellung eines **besonderen Vertreters** (§ 147 Abs. 2 Satz 1 AktG). Unter dem Tagesordnungspunkt „Wahlen zum Aufsichtsrat" ist ein Sonderprüfungsantrag unzulässig[186]. Dasselbe gilt für einen **Herabsetzungsbeschluss** nach § 87 Abs. 4 AktG unter dem Tagesordnungspunkt „Billigung des Vergütungssystems" (§ 120a Abs. 1–3 AktG)[187]. Kein Raum ist schließlich auch für einen **Bezugsrechtsausschluss** bei angekündigter Kapitalerhöhung mit Bezugsrecht, ebenso wenig für einen Übergang von Bar- zu Sacheinlagen – wohl aber umgekehrt[188].

36.39

4. Reihenfolge der Abstimmungen

Ein Antrag auf **Abwahl des Versammlungsleiters** (Rz. 35.32 ff.) ist nicht notwendig sofort, aber doch zeitnah zur Abstimmung zu stellen. Zuvor muss das Teilnehmerverzeichnis zugänglich sein (§ 129 Abs. 4 Satz 1 AktG, siehe Rz. 35.47). Auch darf und muss der Versammlungsleiter naturgemäß einen Abstimmungsmodus festlegen und erläutern (Rz. 36.64). Schließlich darf er auch eine etwaige Geschäftsordnungsdebatte zum Abwahlantrag anordnen und moderieren[189]. Im Übrigen jedoch sollte er Leitungs- und Ordnungsmaßnahmen, insbesondere Eingriffe in Aktionärsrechte, bis zur Abstimmung nach Mög-

36.40

---

179 BGH v. 21.9.2009 – II ZR 174/08 – Umschreibungsstopp, BGHZ 182, 272 = AG 2009, 824 Rz. 12 ff.; *Wilsing/von der Linden*, ZIP 2010, 2321; *Wilsing/von der Linden*, BOARD 2018, 110, 112.
180 OLG Frankfurt v. 19.5.2015 – 5 U 177/14, AG 2016, 252, 254.
181 *Kubis* in MünchKomm. AktG, 4. Aufl. 2018, § 124 AktG Rz. 66; *Rieckers* in BeckOGK AktG, Stand 1.6.2021, § 124 AktG Rz. 77; *Kocher*, AG 2013, 406, 409.
182 OLG Frankfurt v. 19.5.2015 – 5 U 177/14, AG 2016, 252, 254.
183 OLG Brandenburg v. 6.6.2001 – 7 U 145/00, AG 2003, 328, 329; OLG Frankfurt v. 19.5.2015 – 5 U 177/14, AG 2016, 252, 254; *Butzke* in Großkomm. AktG, 5. Aufl. 2017, § 124 AktG Rz. 112; *Rieckers* in BeckOGK AktG, Stand 1.6.2021, § 124 AktG Rz. 82; *von der Linden* in Heidel, § 142 AktG Rz. 13; a.A. (gar keine Sonderprüfung) *Kocher*, AG 2013, 406, 409.
184 LG München I v. 28.7.2005 – 5 HK O 10485/04, AG 2005, 701, 702; *Kubis* in MünchKomm. AktG, 4. Aufl. 2018, § 124 AktG Rz. 67; *Kocher*, AG 2013, 406, 409; a.A. *Noack/Zetzsche* in KölnKomm. AktG, 3. Aufl. 2011, § 124 AktG Rz. 105; *Müller* in Heidel, § 124 AktG Rz. 27.
185 *Hüffer/Koch*, § 124 AktG Rz. 29; a.A. *Herrler* in Grigoleit, § 124 AktG Rz. 30.
186 LG Frankfurt v. 19.6.2008 – 3-5 O 158/07 – Deutsche Bank, NZG 2009, 149, 150 f.
187 *Hüffer/Koch*, § 124 AktG Rz. 29.
188 *Rieckers* in BeckOGK AktG, Stand 1.6.2021, § 124 AktG Rz. 79; *Kocher*, AG 2013, 406, 408 f.; teilweise a.A. (auch nicht umgekehrt) *Butzke* in Großkomm. AktG, 5. Aufl. 2017, § 124 AktG Rz. 111.
189 *Austmann* in MünchHdb. AG, § 40 Rz. 16.

lichkeit vermeiden. Über einen **Vertagungs- oder Absetzungsantrag** ist stets vor den Beschlussfassungen zur Sache abzustimmen[190]. Es genügt nicht, die Aktionäre darauf zu verweisen, dass sie in der Sache mit „Nein" stimmen können. Denn auch damit wäre eine Sachentscheidung gefällt (sei es auch ggf. eine ablehnende). Eben dies soll eine Vertagung bzw. Absetzung verhindern[191]. Dasselbe gilt für den Antrag auf **Übergang zur Einzelentlastung** (§ 120 Abs. 1 Satz 2 AktG)[192]. Für **Sachanträge** bestimmt der Versammlungsleiter die Abstimmungsreihenfolge. Ermessensleitende Kriterien sind die Sachdienlichkeit und die Verfahrensökonomie. Dem entspricht es, dass bei konkurrierenden Sachanträgen regelmäßig derjenige mit den **besten Erfolgsaussichten** priorisiert wird – d.h. in aller Regel der Verwaltungsvorschlag. So lassen sich überflüssige Abstimmungs- bzw. Wahlgänge vermeiden[193]. Eine Ausnahme regelt § 137 AktG für **Wahlen zum Aufsichtsrat**. Hierfür gilt, dass der Wahlvorschlag eines Aktionärs Abstimmungspriorität gegenüber dem Verwaltungsvorschlag genießt, falls er nach § 127 AktG eingereicht worden ist und eine Minderheit von 10 % des vertretenen Grundkapitals es verlangt. Dabei handelt es sich um eine nicht verallgemeinerungsfähige Sonderregelung[194]. Sie gilt weder für andere Beschlussgegenstände noch für miteinander konkurrierende Aktionärsanträge. Weite Anträge haben keinen Vorrang vor engeren[195].

VI. Stimmrecht

1. Allgemeines

36.41 Das Stimmrecht ist die Befugnis, durch Stimmabgabe an den Beschlüssen der Hauptversammlung mitzuwirken und sie mit dem eigenen Stimmgewicht zu beeinflussen[196]. Es gehört zu den **Verwaltungs- bzw. Herrschaftsrechten** des Aktionärs[197]. Grundsätzlich gewährt jede Aktie das Stimmrecht (§ 12 Abs. 1 Satz 1 AktG). Davon gibt es nur wenige Ausnahmen, insbesondere Höchststimmrechte (§ 134 Abs. 1 Satz 2 AktG, siehe Rz. 36.43) sowie stimmrechtslose Vorzugsaktien (§ 139 AktG, siehe Rz. 36.45). Umgekehrt gilt aber auch, dass es kein Stimmrecht ohne Aktie gibt. Dem entspricht es, dass ein persönlich haftender Gesellschafter in der KGaA nur stimmberechtigt ist, soweit er Kommanditaktien hält (§ 285 Abs. 1 Satz 1 AktG)[198]. Kein Stimmrecht haben die Inhaber von Anleihen oder Genussscheinen der AG. Sie sind nur Gläubiger, keine Aktionäre. Das gilt auch dann, wenn ihre Finanzinstrumente mit Wandlungs- oder Optionsrechten auf Aktien versehen sind (Rz. 36.1). Kein Stimmrecht hat auch der Pfandgläubiger einer verpfändeten Aktie[199]. Auch lässt sich das Stimmrecht nicht ohne die Aktie übertragen, sog. **Abspaltungsverbot**[200]. Das hindert aber nicht die Ausübung des Stimmrechts

---

190 *Hüffer/Koch*, § 129 AktG Rz. 23; *Mülbert* in Großkomm. AktG, 5. Aufl. 2017, § 129 AktG Rz. 159; *Austmann* in MünchHdb. AG, § 40 Rz. 17; *Austmann* in FS Hoffmann-Becking, 2013, S. 45, 70; *Wicke*, NZG 2007, 771, 772; *Wilsing/von der Linden*, ZIP 2010, 2321, 2324, 2326.
191 *Wilsing/von der Linden*, ZIP 2010, 2321, 2324.
192 *Hoffmann* in BeckOGK AktG, Stand 1.6.2021, § 120 AktG Rz. 19; *Kubis* in MünchKomm. AktG, 4. Aufl. 2018, § 119 AktG Rz. 152; a.A. *Hüffer/Koch*, § 120 AktG Rz. 9; *Austmann* in FS Hoffmann-Becking, 2013, 45, 71.
193 BGH v. 9.10.2018 – II ZR 78/17 – Mologen, BGHZ 220, 36 = AG 2019, 176 Rz. 55; OLG Stuttgart v. 3.12.2008 – 20 W 12/08, AG 2009, 204, 210; LG München I v. 31.3.2016 – 5 HK O 14432/15, AG 2016, 834, 836; *Hüffer/Koch*, § 129 AktG Rz. 23; *Mülbert* in Großkomm. AktG, 5. Aufl. 2017, § 129 AktG Rz. 161; *Zetzsche* in FS Krieger, 2020, S. 1165, 1158.
194 BGH v. 9.10.2018 – II ZR 78/17 – Mologen, BGHZ 220, 36 = AG 2019, 176 Rz. 55.
195 OLG Stuttgart v. 3.12.2008 – 20 W 12/08, AG 2009, 204, 210.
196 *Hüffer/Koch*, § 12 AktG Rz. 2.
197 *K. Schmidt*, GesR, § 21 II 1.
198 *Vatter* in BeckOGK AktG, Stand 1.6.2021, § 12 AktG Rz. 5.
199 *Heider* in MünchKomm. AktG, 5. Aufl. 2019, § 12 AktG Rz. 7.
200 RG v. 31.3.1931 – II 222/30, RGZ 132, 149, 159; BGH v. 17.11.1986 – II ZR 96/86, AG 1987, 157; *Heider* in MünchKomm. AktG, 5. Aufl. 2019, § 12 AktG Rz. 6; *Mock* in Großkomm. AktG, 5. Aufl. 2017, § 12 AktG Rz. 61.

durch Dritte, z.B. durch einen Legitimationsaktionär oder einen Bevollmächtigten (Rz. 36.51 ff.). Das Stimmrecht ist – im Unterschied zum Frage-, Rede- und Antragsrecht – kein Bestandteil des Teilnahmerechts. Es handelt sich vielmehr um ein eigenständiges Recht (siehe schon Rz. 35.10). Das kommt im Gesetz an mehreren Stellen zum Ausdruck. Allen voran ist dies § 118 Abs. 2 Satz 1 AktG, der eine Stimmabgabe per schriftlicher oder elektronischer **Briefwahl** regelt, d.h. definitionsgemäß auch ohne Teilnahme an der Hauptversammlung (dazu Rz. 35.60). Dem entspricht es, dass auch § 121 Abs. 3 Satz 3 Nr. 1 und § 123 Abs. 2 Satz 1, Abs. 3 Halbs. 1, Abs. 5 AktG zwischen der Teilnahme an der Hauptversammlung einerseits und der Stimmrechtsausübung andererseits unterscheiden.

2. Beginn und Umfang

Das Stimmrecht beginnt mit der vollständigen Leistung der Einlage (§ 134 Abs. 2 Satz 1 AktG). Die Satzung kann abweichend davon bestimmen, dass das Stimmrecht bereits mit der gesetzlichen oder einer höheren Mindesteinlage beginnt (§ 134 Abs. 2 Satz 2 Satz 3 AktG). Der Umfang des Stimmrechts bestimmt sich bei **Nennbetragsaktien** nach Aktiennennbeträgen, bei **Stückaktien** nach deren Zahl (§ 8 Abs. 1, § 134 Abs. 1 Satz 1 AktG). Ist das Grundkapital in Aktien mit gleichem Nennbetrag (z.B. ein Euro) eingeteilt, so gewährt jede Aktie eine Stimme. Bei unterschiedlichen Nennbeträgen gewähren die Aktien mit dem niedrigsten Nennbetrag eine Stimme, die Aktien mit dem höheren Nennbetrag ein entsprechendes Vielfaches. Stückaktien haben dagegen stets ein gleiches, einfaches Stimmrecht.

36.42

3. Beschränkungen und Erweiterungen

a) Höchststimmrecht

§ 134 Abs. 1 Satz 2 AktG regelt, dass und wie die Satzung die Stimmkraft beschränken kann, wenn einem Aktionär mehrere Aktien gehören. In Betracht kommen ein **Höchstbetrag** sowie **Abstufungen**. Beide bewirken, dass ab einer bestimmten Schwelle (z.B. ab 5, 10 oder 20 % des Grundkapitals) die Stimmkraft des Aktionärs hinter seinem Kapitalanteil zurückbleibt. Ein Großaktionär kann die AG somit nicht beherrschen[201]. Das soll die AG nach herkömmlicher Vorstellung vor unerwünschten Übernahmen schützen. Jedoch hat das KonTraG vom 27.4.1998[202] dem Höchststimmrecht in börsennotierten Gesellschaften die Grundlage entzogen. Dahinter steht die Erwägung, Höchststimmrechte seien der Übernahmefantasie abträglich und überdies einem sich selbst stabilisierenden Management förderlich[203]. Dem entspricht es, dass § 134 Abs. 1 Satz 2 AktG sich heute nur noch an **börsenferne Gesellschaften** richtet. Früher etablierte Höchststimmrechte in börsennotierten Gesellschaften sind zum 1.6.2000 erloschen (§ 5 Abs. 7 EGAktG). Ebenfalls entfallen ist das ehemalige Höchststimmrecht bei der Volkswagen AG aus § 2 VW-Gesetz vom 21.7.1960. Hintergrund ist, dass der EuGH dieses gesetzliche Höchststimmrecht als europarechtswidrig beanstandet hat, namentlich als unvereinbar mit der Freiheit des Kapitalverkehrs[204]. Der deutsche Gesetzgeber hat es daraufhin aufgehoben mit Gesetz vom 8.12.2008[205].

36.43

b) Mehrstimmrechte

Mehrstimmrechte sind unzulässig (§ 12 Abs. 2 AktG). Gemeint sind Satzungsklauseln, die einem Aktionär **mehr Stimmkraft** einräumen, als seine Kapital- und Risikobeteiligung hergibt. Derartige Klauseln waren früher uneingeschränkt zulässig. Später ließ § 12 Abs. 2 Satz 2 AktG a.F. sie nur noch mit landesministerieller Erlaubnis zu. Dies setzte voraus, dass das Mehrstimmrecht zur Wahrung überwie-

36.44

---

201 Hüffer/Koch, § 134 AktG Rz. 4.
202 BGBl. I 1998, 786.
203 Begr. RegE KonTraG, BT-Drucks. 13/9712, S. 20.
204 EuGH v. 23.10.2007 – C-112/05, AG 2007, 817.
205 BGBl. I 2008, 2369.

gender gesamtwirtschaftlicher Belange erforderlich war. Das KonTraG vom 27.4.1998[206] hat diese Bestimmung ersatzlos gestrichen. Zur Begründung hieß es, die Einräumung von Einfluss ohne korrespondierendes Anteilseigentum widerspreche den Erwartungen des Kapitalmarkts, schwäche die Eigentümerkontrolle und hindere die weitere Standardisierung der Aktie als Anlagepapier[207]. Frühere Mehrstimmrechte sind spätestens am 1.6.2003 erloschen, es sei denn, die Hauptversammlung hat zuvor ihre Fortgeltung beschlossen (§ 5 Abs. 1 Satz 1 EGAktG)[208]. Unabhängig davon konnte die Hauptversammlung auch eine Beseitigung der Mehrstimmrechte beschließen (§ 5 Abs. 2 Satz 1 EGAktG). Für den Wegfall der Mehrstimmrechte war in jedem Fall ein angemessener Ausgleich zu gewähren (§ 5 Abs. 3 EGAktG).

c) Stimmrechtslose Vorzugsaktien

36.45 Stimmrechtslose Vorzugsaktien können nach § 139 Abs. 2 AktG bis zu 50 % des Grundkapitals ausmachen. Sie gewähren kein Stimmrecht, stattdessen aber einen Vorzug bei der Verteilung des Bilanzgewinns (§ 139 Abs. 1 Satz 1 AktG). Der Vorzug kann insbesondere in einer **Vorabdividende** bestehen, aber auch in einem erhöhten Gewinnanteil, der sog. **Mehrdividende** (§ 139 Abs. 1 Satz 2 AktG). Zulässig sind auch Kombinationen aus beidem[209]. Gleiches gilt für andere Gestaltungen, namentlich für eine sog. **Höchstdividende**, die aber in der Praxis keine erkennbare Rolle spielt[210]. Nachzahlbarkeit des Vorzugs ist seit der Aktienrechtsnovelle 2016 vom 22.12.2015[211] nicht mehr erforderlich. Sie ist aber immer noch der Regelfall (§ 139 Abs. 1 Satz 3 AktG). Das Stimmrecht aus Vorzugsaktien kann vorübergehend aufleben. Das geschieht bei nachzahlbarem Vorzug, wenn er in einem Jahr ganz oder teilweise ausfällt, ohne dass der Rückstand im Folgejahr neben dem nächsten vollen Vorzug nachgezahlt wird. Das Stimmrecht besteht dann solange, bis sämtliche Rückstände gezahlt sind (§ 140 Abs. 2 Satz 1 AktG). Bei *nicht* nachzahlbarem Vorzug genügt es, dass er einmalig ganz oder teilweise ausfällt. Dann besteht das Stimmrecht, bis der Vorzug in einem späteren Jahr wieder vollständig gezahlt wird (§ 140 Abs. 2 Satz 2 AktG). Dauerhaft lebt das Stimmrecht auf, falls der Vorzug aufgehoben wird (§ 141 Abs. 4 AktG).

4. Stimmrechtsausschluss

a) Stimmverbote

36.46 Das Gesetz kennt mehrere Fälle eines Stimmverbots. An erster Stelle ist § 136 Abs. 1 Satz 1 AktG zu nennen. Er bestimmt, dass niemand für sich oder für einen anderen das Stimmrecht ausüben kann, wenn darüber Beschluss gefasst wird, ob er zu **entlasten** oder von einer Verbindlichkeit zu **befreien** ist oder ob die Gesellschaft gegen ihn einen **Anspruch geltend macht**. Das Stimmverbot gilt nur für die jeweilige Sachentscheidung. Nicht erfasst sind bloße Verfahrensanträge, z.B. auf Vertagung oder Übergang zur Einzelentlastung (siehe schon Rz. 33.23). Außerdem ist **Selbstbetroffenheit** vorausgesetzt. Bei Einzelentlastung ist daher nur das jeweils betroffene Organmitglied vom Stimmrecht ausgeschlossen; die anderen Organmitglieder dürfen mitstimmen[212]. Etwas anderes gilt nur, falls eine gemeinsame Pflichtverletzung zur Debatte steht[213]. Es ist keine Gesetzesumgehung, sondern zulässige Gestaltung,

---

206 BGBl. I 1998, 786.
207 Begr. RegE KonTraG, BT-Drucks. 13/9712, S. 12.
208 Dazu LG Memmingen v. 12.2.2001 – 2 H O 1748/00, AG 2001, 548.
209 Begr. RegE, BT-Drucks. 18/4349, S. 26.
210 *Bezzenberger/Bezzenberger* in Großkomm. AktG, 5. Aufl. 2020, § 139 AktG Rz. 51.
211 BGBl. I 2015, 2565.
212 *Hüffer/Koch*, § 136 AktG Rz. 9; *Rieckers* in BeckOGK AktG, Stand 1.6.2021, § 136 AktG Rz. 8; *Spindler* in K. Schmidt/Lutter, § 136 AktG Rz. 24; a.A. *Tröger* in KölnKomm. AktG, 3. Aufl. 2017, § 136 AktG Rz. 26.
213 BGH v. 20.1.1986 – II ZR 73/85, BGHZ 97, 28, 36 = AG 1986, 256; BGH v. 12.6.1989 – II ZR 246/88, BGHZ 108, 21, 25 f. = GmbHR 1989, 329; BGH v. 21.9.2009 – II ZR 174/08 – Umschreibungsstopp,

wenn die Einzelentlastung zur Vermeidung bzw. Auflösung eines kollektiven Stimmverbots eingesetzt wird[214]. Das Stimmverbot erstreckt sich auf **Drittgesellschaften**, wenn der betroffene Aktionär auf deren Willensbildung maßgeblichen Einfluss hat, z.b. als einziger Komplementär, als beherrschender Gesellschafter, als Alleingeschäftsleiter oder bei beherrschendem Einfluss im geschäftsführenden Kollegialorgan[215]. Das Stimmrecht aus Aktien, die dem Stimmverbot unterliegen, darf auch kein Dritter ausüben (§ 136 Abs. 1 Satz 2 AktG). Ein ähnlich strukturiertes Stimmverbot sieht § 142 Abs. 1 Satz 2, 3 AktG für **Sonderprüfungen** vor[216]. Weitere Stimmverbote finden sich in § 111b Abs. 4 Satz 2 AktG für die Zustimmung zu Geschäften mit nahestehenden Personen sowie, speziell für persönlich haftende Gesellschafter einer KGaA, in § 285 Abs. 1 Satz 2 und 3 AktG. Daraus ergibt sich ein buntes Gesamtbild. Das ist aber das Ergebnis bewusster gesetzgeberischer Entscheidungen. Für eine generelle Erstreckung der Stimmverbote auf andere Interessenkollisionen im Wege der **Rechtsanalogie** ist somit kein Raum. Es gibt namentlich kein allgemeines Verbot des „Richtens in eigener Sache". So ist es etwa unbedenklich, wenn ein Aktionär bei seiner eigenen Wahl in den Aufsichtsrat mitstimmt[217].

b) Eigene Aktien

Aus eigenen Aktien stehen der Gesellschaft keine Rechte zu (§ 71b AktG). Dies gilt unabhängig davon, ob der Aktienerwerb zulässig war oder nicht. Dies betrifft nicht nur das **Stimmrecht**, sondern auch z.B. das Gewinnbezugsrecht. Falls die Gesellschaft am Tag der Hauptversammlung eigene Aktien hält, sind diese von der Zahl der dividendenberechtigten Aktien abzusetzen[218].

36.47

c) Rechtsverlust

Ein umfassender Rechtsverlust kann nach § 20 Abs. 7 AktG, § 44 WpHG sowie § 59 Satz 1 WpÜG eintreten. Das setzt voraus, dass bei **börsenfernen** Gesellschaften die Mitteilungspflichten aus § 20 Abs. 1 oder 4 AktG, bei **börsennotierten** Gesellschaften die Mitteilungspflichten aus § 33 Abs. 1 oder 2 WpHG oder die Pflichten zur Abgabe oder zur Veröffentlichung eines Übernahmeangebots aus § 35 Abs. 1, 2 WpÜG nicht erfüllt werden. Der Rechtsverlust erstreckt sich jeweils auch und insbesondere auf das Teilnahme- sowie auf das Stimmrecht[219]. Dennoch abgegebene Stimmen darf und muss der Versammlungsleiter grundsätzlich unberücksichtigt lassen. Es besteht aber die Schwierigkeit, dass er während der Hauptversammlung kaum in der Lage ist, eine belastbare tatsächliche und rechtliche Prüfung dieser Frage vorzunehmen. Daher gilt, dass er den Aktionär nur dann von der Teilnahme und den Abstimmungen ausschließen darf, wenn der Rechtsverlust *offenkundig* oder aus anderen Gründen hinreichend sicher feststellbar ist[220].

36.48

d) Treuwidrige Stimmabgabe

Die Treupflicht kann ausnahmsweise dazu führen, dass der Aktionär zu einer Stimmabgabe bestimmten Inhalts verpflichtet ist, d.h. zur Unterstützung des Beschlussantrags. Dies kann insbesondere bei

36.49

BGHZ 182, 272 = AG 2009, 824 Rz. 15; *Holzborn* in Bürgers/Körber/Lieder, § 136 AktG Rz. 4; *Spindler* in K. Schmidt/Lutter, § 136 AktG Rz. 25; *Semler* in FS Zöllner, Bd. I, 1998, S. 553, 562 f.
214 BGH v. 21.9.2009 – II ZR 174/08 – Umschreibungsstopp, BGHZ 182, 272 = AG 2009, 824 Rz. 15.
215 RG v. 22.1.1935 – II 198/34, RGZ 146, 385, 391; BGH v. 19.1.1962 – II ZR 1/61, BGHZ 36, 296, 299 = AG 1962, 74; BGH v. 7.2.2012 – II ZR 230/09, ZIP 2012, 917 Rz. 17; OLG Düsseldorf v. 16.11.1967 – 6 U 280/66, AG 1968, 19, 20; OLG Karlsruhe v. 20.5.2000 – 8 U 233/99, AG 2001, 93, 94; *Arnold* in MünchKomm. AktG, 4. Aufl. 2018, § 136 AktG Rz. 47; *Hüffer/Koch*, § 136 AktG Rz. 10 f., 14.
216 Dazu *von der Linden* in Heidel, § 142 AktG Rz. 15 ff.
217 *Spindler* in K. Schmidt/Lutter, § 136 AktG Rz. 32.
218 *Wieneke* in Bürgers/Körber/Lieder, § 71b AktG Rz. 4; *Butzke*, HV, H Rz. 90; zur Formulierung des Gewinnverwendungsvorschlags: *Wettich*, NZG 2010, 767.
219 BGH v. 24.4.2006 – II ZR 30/05, BGHZ 167, 204 = AG 2006, 501 Rz. 14.
220 *Drinhausen/Marsch-Barner*, AG 2014, 757, 761.

einer sinnvollen, mehrheitlich angestrebten und für den Aktionär zumutbaren **Sanierungsmaßnahme** der Fall sein[221]. Ferner, wenn es darum geht, wesentliche Werte zu erhalten oder erhebliche Verluste zu vermeiden, und den Gesellschaftern die Zustimmung unter Berücksichtigung ihrer eigenen schutzwürdigen Belange zumutbar ist[222]. Schließlich auch, wenn die **Auflösung** der Gesellschaft beschlossen werden soll, der Gesellschaftszweck dauerhaft unerreichbar geworden ist und verbliebene Vermögenswerte sinnlos aufgezehrt werden[223]. Eine treuwidrige Stimmabgabe ist nach h.M. nichtig[224]. Der Versammlungsleiter müsste daher treuwidrig abgegebene Stimmen unberücksichtigt lassen. Auch hier gilt aber, dass er kaum in der Lage ist, während der Hauptversammlung die notwendigen tatsächlichen und rechtlichen Prüfungen vorzunehmen (siehe schon Rz. 36.48 zur Stimmabgabe trotz Rechtsverlusts). Er darf Stimmen deshalb nur bei *offenkundiger* Treuwidrigkeit ausblenden[225].

5. Stimmbindungsverträge

36.50 Stimmbindungsverträge sind grundsätzlich zulässig[226]. Sie werden zumeist zwischen Aktionären geschlossen, um deren Stimmrechte zu bündeln oder zu koordinieren. Denkbar sind aber auch Stimmbindungen gegenüber Nichtaktionären[227]. Das Abspaltungsverbot (Rz. 36.41) steht ihnen nicht entgegen, ebenso wenig die Treupflicht des Aktionärs zur Gesellschaft[228]. Unwirksam sind Stimmbindungen, durch die sich ein Aktionär verpflichtet, nach Weisung der Gesellschaft, des Vorstands, des Aufsichtsrats oder eines von der Gesellschaft abhängigen Unternehmens das Stimmrecht auszuüben (§ 136 Abs. 2 Satz 1 AktG). Ebenso ein Vertrag, durch den sich ein Aktionär verpflichtet, für die jeweiligen Vorschläge von Vorstand und Aufsichtsrat zu stimmen (§ 136 Abs. 2 Satz 2 AktG). Die Stimmbindung verpflichtet in der Regel nur die unmittelbar Beteiligten. Eine vereinbarungswidrige Stimmabgabe ist daher wirksam[229]. Entgeltliche Stimmbindungen können als sog. **Stimmenkauf** ordnungswidrig und nichtig sein (§ 405 Abs. 3 Nr. 6 und 7 AktG). Bei börsennotierten Gesellschaften sind Stimmbindungsverträge eher selten, weil sie als **acting in concert** eine Mitteilungspflicht nach §§ 33, 34 Abs. 2 WpHG sowie eine Angebotspflicht nach § 29 Abs. 2, § 30 Abs. 2, § 35 WpÜG auslösen können[230].

6. Stimmrechtsvollmacht

36.51 Das Stimmrecht kann auch ein Bevollmächtigter ausüben (§ 134 Abs. 3 Satz 1 AktG). Die Erteilung, der Widerruf und der Nachweis einer Stimmrechtsvollmacht bedürfen der **Textform** i.S.v. § 126b BGB (§ 134 Abs. 3 Satz 3 Halbs. 1 AktG)[231]. Es genügen somit auch Fax, E-Mail und SMS, ebenso Bild-

---

221 BGH v. 20.3.1995 – II ZR 205/94 – Girmes, BGHZ 129, 136, 143 ff.= AG 1995, 368; *Hüffer/Koch*, § 179 AktG Rz. 30; vgl. auch zur GmbH: BGH v. 25.9.1986 – II ZR 262/85, BGHZ 98, 276, 278 f.; BGH v. 23.1.1987 – II ZR 244/86, NJW 1987, 3192.
222 BGH v. 12.4.2016 – II ZR 275/14 – Media-Saturn, GmbHR 2016, 759.
223 OLG Köln v. 6.5.2021 – 18 U 133/20, AG 2021, 608.
224 OLG Stuttgart v. 8.7.2015 – 20 U 2/14 – Porsche, AG 2016, 370, 371; *Schäfer* in FS Hommelhoff, 2012, S. 939, 954 f.; a.A. *Oelrichs*, GmbHR 1995, 863 ff.
225 *Hüffer/Koch*, § 130 AktG Rz. 22; *Spindler* in K. Schmidt/Lutter, § 133 AktG Rz. 27; *Butzke*, HV, E Rz. 61; *Drinhausen/Marsch-Barner*, AG 2014, 757, 762; *Marsch-Barner*, ZHR 157 (1993), 172, 189; *Stützle/Walgenbach*, ZHR 155 (1991), 516, 536.
226 BGH v. 29.5.1967 – II ZR 105/66, BGHZ 48, 163, 166 ff. = AG 1967, 358; BGH v. 24.11.2008 – II ZR 116/08 – Schutzgemeinschaftsvertrag II, BGHZ 179, 13 = AG 2009, 163 Rz. 12; *Arnold* in MünchKomm. AktG, 4. Aufl. 2018, § 136 AktG Rz. 66; *Hüffer/Koch*, § 133 AktG Rz. 27; *Tröger* in KölnKomm. AktG, 3. Aufl. 2017, § 136 AktG Rz. 114.
227 *Hüffer/Koch*, § 133 AktG Rz. 27.
228 BGH v. 15.7.2014 – II ZR 375/13, AG 2014, 705.
229 *Holzborn* in Bürgers/Körber/Lieder, § 136 AktG Rz. 27; *Hüffer/Koch*, § 136 AktG Rz. 29; *Spindler* in K. Schmidt/Lutter, § 136 AktG Rz. 49; *Butzke*, HV, E Rz. 50.
230 Vgl. BGH v. 18.9.2006 – II ZR 137/05, BGHZ 169, 98 = AG 2006, 883.
231 Krit. dazu *DAV-Handelsrechtsausschuss*, NZG 2008, 534, 538.

schirmformulare und Internetdialoge[232]. Die **Satzung** kann eine andere Form bestimmen oder den Vorstand dazu ermächtigen (§ 134 Abs. 3 Satz 3 Halbs. 2 AktG). Bei börsennotierten Gesellschaften sind aber nur **Erleichterungen** statthaft, keine Erschwernisse. Die Praxis macht davon keinen Gebrauch. Dies umso weniger, als Art. 11 Abs. 2 Satz 1 Aktionärsrechte-RL seinerseits „Schriftlichkeit" i.S.v. Textform verlangt und überdies die Textform ohnehin schon weitreichende Flexibilität bietet[233]. Kein Raum ist daher für eine formlose Weitergabe des Stimmbogens, es sei denn, sie lässt sich im Einzelfall als Stimmbotschaft oder als Legitimationszession deuten[234]. Börsennotierte Gesellschaften müssen für die **Übermittlung des Nachweises** einen elektronischen Kommunikationsweg anbieten (§ 134 Abs. 3 Satz 4 AktG). Dafür kommt insbesondere eine E-Mail-Adresse in Frage, aber auch ein Aktionärsportal oder ein elektronisches Formular. Es ist der Gesellschaft unbenommen, *daneben* auch andere, nicht-elektronische Kommunikationswege zu eröffnen, etwa den Postweg oder eine Faxnummer. Dem Vertreter ist unbenommen, sich nicht schon vorab zu legitimieren, sondern erst am Versammlungsort. Einen nicht gehörig legitimierten Vertreter darf die Gesellschaft zurückweisen. Nach h.M. ist sie dazu aber nicht verpflichtet. Sie darf den Vertreter also auch zulassen und eine nachträgliche Legitimation einfordern[235]. Das ändert aber nichts daran, dass die Vollmacht als solche schon vor oder während der Hauptversammlung formwirksam erteilt sein muss; siehe zur Teilnahme- und Stimmrechtsvertretung im Übrigen schon Rz. 35.14 ff.

7. Vollmachtstimmrecht der Banken

a) Allgemeines

Eine besondere Rolle spielt das Vollmacht- bzw. Depotstimmrecht der Banken. Es gehörte seit 1998 wiederholt zu den Schwerpunkten aktienrechtlicher Reformgesetze. Hintergrund ist, dass es den Banken herkömmlich eine erhebliche Stimmrechtsmacht verlieh, obwohl die Kapital- und Risikobeteiligung bei den Depotkunden lag. Dadurch verstärkte sich der Einfluss der Banken, den diese ohnehin schon kraft eigener Beteiligungen, als Kreditgeber der Unternehmen sowie aus Aufsichtsratsmandaten hatten[236]. Jedoch hat dieses Problem in jüngerer Zeit an Brisanz verloren. Dies aus mehreren Gründen: *Erstens* findet die Namensaktie zunehmende Verbreitung. Sie ermöglicht den Direktkontakt zwischen Gesellschaft und Aktionär, d.h. ohne die Depotbank als Informationsmittler (siehe schon Rz. 34.76). Hinzu kommt *zweitens*, dass die Zunahme ausländischer Investoren zu einer Verringerung der von Banken vertretenen Stimmen führt. Schließlich und *drittens*: Die Stimmrechtsvertretung bedeutet für die Banken erhebliche Kosten bei überschaubarer Vergütung. Sie ist daher heute für die Banken nicht mehr sonderlich attraktiv[237]. Dem entspricht es, dass Sparkassen, Genossenschafts- und Direktbanken diese Dienstleistung schon seit geraumer Zeit nicht mehr anbieten[238]. Dessen ungeachtet bleibt § 135 AktG von Bedeutung. Seit dem ARUG II vom 12.12.2019[239] spricht er nicht mehr von Kreditinstituten, sondern von Intermediären. **Intermediär** ist, wer Dienstleistungen der Verwahrung oder der Verwaltung von Wertpapieren oder der Führung von Depotkonten für Aktionäre oder andere Personen erbringt (§ 67a Abs. 4 AktG) – namentlich also Kreditinstitute, Wertpapierfirmen und Zentralverwahrer. Der Sitz des Intermediärs ist irrelevant. Entscheidend ist vielmehr, dass seine Dienstleistungen die

36.52

---

232 Begr. RegE ARUG, BT-Drucks. 16/11642, S. 32.
233 *Herrler* in Grigoleit, § 134 AktG Rz. 28; *Hüffer/Koch*, § 134 AktG Rz. 23; *Spindler* in K. Schmidt/Lutter, § 134 AktG Rz. 45; *Götze*, NZG 2010, 93, 95; *Grundmann*, BKR 2009, 31, 37.
234 *Hauschild/Zimmermann* in FS Krieger, 2020, S. 331 ff.
235 RG v. 2.2.1923 – II 147/22, RGZ 106, 258, 261; OLG Düsseldorf v. 11.7.1991 – 6 U 59/91, AG 1991, 444, 445; *Holzborn* in Bürgers/Körber/Lieder, § 134 AktG Rz. 20; *Hüffer/Koch*, § 134 AktG Rz. 24; *Butzke*, HV, E Rz. 71; a.A. noch *Zöllner* in KölnKomm. AktG, 1973, § 134 AktG Rz. 90.
236 *Arnold* in MünchKomm. AktG, 4. Aufl. 2018, § 135 AktG Rz. 18.
237 *Hoffmann-Becking* in MünchHdb. AG, § 37 Rz. 20.
238 *Arnold* in MünchKomm. AktG, 4. Aufl. 2018, § 135 AktG Rz. 21.
239 BGBl. I 2019, 2637.

Aktien solcher Gesellschaften betreffen, die ihren Sitz in der EU oder im EWR haben[240]. Die Vorgaben des § 135 AktG gelten sinngemäß für **Aktionärsvereinigungen**, für **Stimmrechtsberater** sowie für geschäftsmäßig agierende **Stimmrechtsvertreter** (§ 135 Abs. 8 AktG).

b) Stimmrechtsvollmacht

36.53 Für die Stimmrechtsvollmacht gelten besondere Voraussetzungen: Sie darf stets nur einem bestimmten Intermediär erteilt werden (§ 135 Abs. 1 Satz 2 AktG). Blanko-, Inhaber- oder Alternativvollmachten sind somit unzulässig. Eine bestimmte **Form** schreibt § 135 AktG nicht vor. Insbesondere bedarf die Vollmacht schon seit dem NaStraG vom 18.1.2001[241] nicht mehr der **Schriftform**. Umstritten ist aber, ob im Lichte von Art. 11 Abs. 2 Satz 1 Aktionärsrechte-RL nicht wenigstens **Textform** i.S.v. § 126b BGB verlangt werden muss[242]. Die Entstehungsgeschichte des § 135 AktG lässt hierfür richtigerweise keinen Raum[243]. Es bleibt somit dabei, dass die Vollmacht einem Intermediär abweichend von § 134 Abs. 3 Satz 3 AktG formlos erteilt werden kann – auch nach dem ARUG (I) vom 30.7.2009[244]. Ausreichend sind somit auch **mündliche** oder **fernmündliche** Erklärungen. In jedem Fall muss der Intermediär die Vollmacht nachprüfbar festhalten (§ 135 Abs. 1 Satz 2 AktG). Dies gelingt bei mündlicher oder fernmündlicher Erklärung durch Aufzeichnung oder durch Aktenvermerk. Die Dauer der Dokumentationspflicht beträgt in Anlehnung an § 257 Abs. 4 HGB sechs Jahre[245]. § 135 Abs. 1 Satz 3 AktG verbietet es, die Bevollmächtigung mit anderen Erklärungen zu verbinden. Die Stimmrechtsvollmacht kann daher kein Bestandteil der AGB oder einer Vollmacht zur Vermögensverwaltung sein[246]. **Dauervollmachten** sind zulässig, aber jederzeit widerruflich. Hierauf muss der Intermediär jährlich und deutlich hervorgehoben hinweisen (§ 135 Abs. 1 Satz 6 AktG).

c) Stimmrechtsausübung

36.54 Der Intermediär ist grundsätzlich verpflichtet, das Stimmrecht nach den **Weisungen des Aktionärs** auszuüben. Die Vollmacht kann aber auch vorsehen, dass er, wenn ihm keine ausdrücklichen Weisungen erteilt werden, das Stimmrecht entsprechend **eigenen Abstimmungsvorschlägen** oder entsprechend den **Vorschlägen des Vorstands und des Aufsichtsrats** oder, für den Fall voneinander abweichender Vorschläge, nur den Vorschlägen des Aufsichtsrats ausübt (§ 135 Abs. 1 Satz 4 AktG). Eigene Abstimmungsvorschläge muss der Intermediär dem Aktionär rechtzeitig vor der Hauptversammlung zugänglich machen (§ 135 Abs. 2 Satz 1 AktG). Dafür genügt eine Bekanntgabe auf der Internetseite des Intermediärs[247]. Entsprechend ist zu verfahren, wenn der Intermediär das Stimmrecht gemäß den Verwaltungsvorschlägen ausüben möchte – es sei denn, der Aktionär hat diese bereits anderweitig erhalten (§ 135 Abs. 4 Satz 1 AktG). Letzteres ist der Fall bei Namensaktionären, die eine Mitteilung nach § 125 Abs. 2 AktG unmittelbar von der Gesellschaft erhalten (siehe dazu Rz. 34.76 ff.). Die Erteilung von Weisungen zu den einzelnen Tagesordnungspunkten sowie die Erteilung einer Vollmacht zur Stimmrechtsausübung nach den eigenen oder den Vorschlägen der Verwaltung sind dem Aktionär durch ein **Formblatt** oder **Bildschirmformular** zu erleichtern (§ 135 Abs. 1 Satz 7 AktG).

---

240 Begr. RegE ARUG II, BT-Drucks. 19/9739, S. 62 f.
241 BGBl. I 2001, 123.
242 So z.B. *Herrler* in Grigoleit, § 135 AktG Rz. 7; *Holzborn* in Bürgers/Körber/Lieder, § 135 AktG Rz. 6; *Hüffer/Koch*, § 135 AktG Rz. 9; *Müller* in Heidel, § 135 AktG Rz. 6; *Wicke*, S. 35 f.; *Grundmann*, BKR 2009, 31, 37; *J. Schmidt*, WM 2009, 2350, 2356; *J. Schmidt*, AG 2016, 713, 717.
243 *Arnold* in MünchKomm. AktG, 4. Aufl. 2018, § 135 AktG Rz. 46; *Rieckers* in BeckOGK AktG, Stand 1.6.2021, § 135 AktG Rz. 18; *Wettich*, NZG 2011, 721, 722.
244 BGBl. I 2009, 2479.
245 *Herrler* in Grigoleit, § 135 AktG Rz. 8.
246 *Spindler* in K. Schmidt/Lutter, § 135 AktG Rz. 16.
247 Begr. RegE ARUG, BT-Drucks. 16/11642, S. 34; *Hüffer/Koch*, § 135 AktG Rz. 18.

d) Aus- und Nachweis

Der Intermediär übt das Stimmrecht regelmäßig im Namen dessen aus, den es angeht (siehe schon Rz. 35.14). Die vertretenen Aktionäre bleiben dann **anonym**. Dem entspricht es, dass auch das **Teilnehmerverzeichnis** ihre Namen nicht ausweisen muss (§ 129 Abs. 2 Satz 2 AktG). Dort ist vielmehr nur der Intermediär einzutragen. Die entsprechenden Bestände werden als **Vollmachtbesitz** (kurz: V) gekennzeichnet; anderenfalls wären sie von eigenen Beständen des Intermediärs nicht unterscheidbar (siehe Rz. 35.45). Zum **Nachweis** der Stimmberechtigung genügt bei einer börsennotierten Gesellschaft die Vorlage des Berechtigungsnachweises gemäß § 123 Abs. 3 AktG (§ 135 Abs. 5 Satz 4 AktG). Eine offene Stimmrechtsvertretung setzt voraus, dass die Vollmacht eine entsprechende Erlaubnis für den Intermediär umfasst (§ 135 Abs. 5 Satz 2 AktG).

36.55

e) Eigene Hauptversammlung

In seiner eigenen Hauptversammlung darf ein bevollmächtigter Intermediär das Stimmrecht nur dann ausüben, wenn der Aktionär eine ausdrückliche Weisung zu den einzelnen Gegenständen der Tagesordnung erteilt hat (§ 135 Abs. 3 Satz 3 AktG). Gleiches gilt in der Hauptversammlung einer Gesellschaft, an welcher der Intermediär mit **mehr als 20 %** des Grundkapitals unmittelbar oder mittelbar beteiligt ist (§ 135 Abs. 3 Satz 4 Halbs. 1 AktG). Außer Betracht bleiben mittelbare Beteiligungen i.S.v. § 35 Abs. 3–6 WpHG (§ 135 Abs. 3 Satz 4 Halbs. 2 AktG). Dasselbe gilt für Aktien, die der Intermediär nur im Handelsbestand hält[248]. Früher bestand die Option, das Erfordernis von Einzelweisungen durch einen Verzicht auf die Ausübung der eigenen Stimmrechte abzuwenden (§ 135 Abs. 3 Halbs. 2 AktG a.F.). Sie ist aber mit dem ARUG (I) vom 30.7.2009[249] entfallen. Eine solche **Selbstbeschränkung** des Intermediärs, gleich welchen Umfangs, kann daher heute nicht mehr zum Ziel führen[250]. Ohnehin wäre aber kaum vorstellbar, dass sich ein Intermediär mit einer signifikanten Eigenbeteiligung von mehr als 20 % des Grundkapitals gegen die Ausübung seiner eigenen Stimmrechte entscheidet.

36.56

8. Stimmrechtsvertreter der AG

Weit verbreitet sind inzwischen gesellschaftseigene Stimmrechtsvertreter. Sie stehen vor und zumeist auch noch während der Hauptversammlung als Anlaufstelle für sämtliche Aktionäre bereit. Die Aktionäre müssen darum nicht mehr selbst eine Person ihres Vertrauens suchen und bemühen. Das gilt allerdings nur, soweit es um das Stimmrecht geht. Zur Ausübung anderer Aktionärsrechte, z.B. des Frage- und Rederechts, des Antragsrechts oder des Widerspruchsrechts, stehen gesellschaftseigene Vertreter nicht zur Verfügung. Als Stimmrechtsvertreter benannt wird zumeist ein Mitarbeiter der AG oder ihres HV-Dienstleisters[251]. Die Zulässigkeit dieses Angebots an die Aktionäre stand früher in Frage. Dahinter stand die Befürchtung mangelnder Neutralität sowie programmierter Interessenkonflikte. Seit dem NaStraG vom 18.1.2001[252] ist der gesellschaftseigene Stimmrechtsvertreter jedoch gesetzlich anerkannt. Er findet sich in § 134 Abs. 3 Satz 5 Halbs. 1 AktG. Dort heißt es, dass die AG, wenn sie einen Stimmrechtsvertreter bereitstellt, die ihm erteilten Vollmachten drei Jahre lang nachprüfbar festhalten muss. Der Gesetzgeber wollte damit erklärtermaßen ein dem US-amerikanischen **Proxy-Voting** ähnliches Verfahren ermöglichen[253]. Auch § 1 Abs. 2 Satz 1 Nr. 2 COVMG setzt voraus, dass die AG einen Stimmrechtsvertreter anbieten darf (siehe Rz. 35.65). § 135 Abs. 5 AktG gilt für gesellschaftseigene Stimmrechtsvertreter entsprechend (§ 134 Abs. 3 Satz 5 Halbs. 2 AktG). Daraus folgt vor allem, dass

36.57

---

248 *Rieckers* in BeckOGK AktG, Stand 1.6.2021, § 135 AktG Rz. 96.
249 BGBl. I 2009, 2479.
250 *Herrler* in Grigoleit, § 135 AktG Rz. 35; *Holzborn* in Bürgers/Körber/Lieder, § 135 AktG Rz. 33; *Rieckers* in BeckOGK AktG, Stand 1.6.2021, § 135 AktG Rz. 95; a.A. *Hüffer/Koch*, § 135 AktG Rz. 36; *Marsch-Barner* in FS Peltzer, 2001, S. 261, 268.
251 *Hoffmann-Becking* in MünchHdb. AG, § 37 Rz. 16.
252 BGBl. I 2001, 123.
253 AusschussB NaStraG, BT-Drucks. 14/4618, S. 14; *Seibert*, ZIP 2001, 53, 55.

die vertretenen Aktionäre anonym bleiben, es sei denn, die Vollmacht erlaubt eine offene Stellvertretung (siehe Rz. 36.55). Nach zutreffender h.M. dürfen gesellschaftseigene Stimmrechtsvertreter analog § 135 Abs. 3 Satz 3 AktG nur aufgrund **ausdrücklicher Weisungen** abstimmen[254]. Die AG selbst, ihre Organe und Organmitglieder sind als gesellschaftseigene Stimmrechtsvertreter untauglich. Das folgt aus dem Rechtsgedanken des § 136 Abs. 2 AktG. Unberührt bleibt die Möglichkeit, ein Organmitglied im Einzelfall zu bevollmächtigen, soweit die Initiative hierfür vom Aktionär ausgeht[255].

VII. Beschlüsse und Wahlen

1. Allgemeines

36.58 Die Aktionäre bilden ihren kollektiven Willen durch Beschluss. Das geschieht in einem mehrstufigen Verfahren, bestehend aus Beschlussantrag, Abstimmung, Ergebnisermittlung, Feststellung des Beschlussinhalts und Beurkundung. Der Beschluss ist gesetzlich nicht definiert. Die Rechtsprechung begriff ihn zunächst als einen Sozialakt ohne rechtsgeschäftlichen Charakter[256]. Davon ist sie aber längst wieder abgerückt[257]. Richtigerweise ist der Beschluss ein **mehrseitiges Rechtsgeschäft** eigener Art[258]. Er ist also insbesondere kein Vertrag. Er kommt nämlich nicht durch Konsens zustande, sondern kraft Mehrheitswillens. Auch ist er – im Unterschied zur Stimmabgabe des Aktionärs (Rz. 36.62) – keine Willenserklärung. Dem entspricht es, dass die Vorschriften der allgemeinen Rechtsgeschäftslehre für Beschlüsse nur teilweise Geltung beanspruchen. Keine Anwendung finden namentlich die §§ 125, 134, 138 BGB[259]. Stattdessen gilt, dass formelle und inhaltliche Beschlussmängel mit der Anfechtungsklage gerügt werden müssen. Die Nichtigkeit eines fehlerhaften Beschlusses ist auf wenige, abschließend geregelte Fälle beschränkt und überdies für eintragungsbedürftige Beschlüsse nach Maßgabe von § 242 AktG heilbar. § 181 BGB ist ebenfalls unanwendbar[260]. Beschlüsse sind auch nicht nach §§ 133, 157 BGB auszulegen. Vielmehr sind sie **objektiv** auszulegen, was in der Revision unbeschränkt nachprüfbar ist – ähnlich wie bei materiellen Satzungsbestandteilen[261]. Auch ist es nur in engen Grenzen denkbar, Beschlüsse unter eine aufschiebende oder auflösende Bedingung i.S.v. § 158 BGB zu stellen. Die Praxis arbeitet daher mit Anweisungen an den Vorstand, den Beschluss erst bei Eintritt eines künftigen Ereignisses zu vollziehen, sog. unechte Bedingung[262].

2. Positive und negative Beschlüsse

36.59 Die Beschlüsse der Hauptversammlung können positiv oder negativ ausfallen[263]. **Positiv** sind sie, falls die Hauptversammlung den jeweiligen Beschlussantrag annimmt. Ein **negativer Beschluss** liegt vor,

---

254 *Hirschmann* in Hölters, § 134 AktG Rz. 51; *Hüffer/Koch*, § 134 AktG Rz. 26b; *Müller* in Heidel, § 134 AktG Rz. 32; *Spindler* in K. Schmidt/Lutter, § 134 AktG Rz. 63; *Butzke*, HV, E Rz. 68; *Noack*, ZIP 2001, 57, 62; a.A. *Holzborn* in Bürgers/Körber/Lieder, § 134 AktG Rz. 22; *Bachmann*, AG 2001, 635, 638 f.; *Habersack*, ZHR 165 (2001), 172, 188 f.; *Hanloser*, NZG 2001, 355, 356.
255 *Hüffer/Koch*, § 134 AktG Rz. 26b.
256 RG v. 4.12.1928 – II 360/28, RGZ 122, 367, 369; BGH v. 22.9.1969 – II ZR 144/68, BGHZ 52, 316, 318 = AG 1970, 47.
257 BGH v. 18.9.1975 – II ZB 6/74, BGHZ 65, 93, 97 f. = GmbHR 1975, 272.
258 *Holzborn* in Bürgers/Körber/Lieder, § 133 AktG Rz. 2; *Hüffer/Koch*, § 133 AktG Rz. 3; *Spindler* in K. Schmidt/Lutter, § 133 AktG Rz. 2.
259 *Arnold* in MünchKomm. AktG, 4. Aufl. 2018, § 133 AktG Rz. 5.
260 BGH v. 18.9.1975 – II ZB 6/74, BGHZ 65, 93, 96 ff. = GmbHR 1975, 272.
261 OLG Karlsruhe v. 14.3.2018 – 11 U 35/17 – Gelita, AG 2018, 367 Rz. 32; LG München I v. 6.11.2014 – 5 HK O 679/14, AG 2015, 639, 640; LG München I v. 19.12.2019 – 5 HK O 12082/18, AG 2020, 448, 450 f.; *Hüffer/Koch*, § 133 AktG Rz. 4; *Spindler* in K. Schmidt/Lutter, § 133 AktG Rz. 2.
262 *Hüffer/Koch*, § 133 AktG Rz. 4.
263 *Arnold* in MünchKomm. AktG, 4. Aufl. 2018, § 133 AktG Rz. 7.

falls die Hauptversammlung einen Beschlussantrag ablehnt. Unerheblich ist, ob der Beschlussantrag seinerseits positiven oder negativen Regelungsgehalt hat (z.B. Erteilung oder Versagung der Entlastung, siehe dazu Rz. 36.61). Ebenso, ob es sich inhaltlich um einen Sach- oder um einen Verfahrensantrag handelt. Dem entspricht es, dass § 133 Abs. 1 AktG stets von einer positiven Beschlussfassung ausgeht, indem er dafür die einfache Stimmenmehrheit verlangt[264]. Gleiches gilt für alle anderen Normen, die eine abweichende Stimmenmehrheit oder, als zusätzliches Erfordernis, eine (qualifizierte) Kapitalmehrheit vorgeben (siehe Rz. 36.65 f.). Dabei gilt aber stets: Ein Beschluss kommt auch zustande, falls die erforderliche Stimmen- oder Kapitalmehrheit einmal verfehlt wird – dann nur mit negativem, d.h. ablehnendem Inhalt[265]. Bedeutsam ist die Unterscheidung zwischen positiven und negativen Beschlüssen für den **Rechtsschutz**: Gegen positive Beschlüsse ist die **Anfechtungs- bzw. Nichtigkeitsklage** statthaft. Hierfür besteht in aller Regel auch ein Rechtsschutzbedürfnis. Es fehlt nur ausnahmsweise, z.B. dann, wenn die Hauptversammlung den angefochtenen Beschluss wieder aufhebt, bei ausgeschlagener Wahl oder bei Amtsniederlegung[266]. Anders bei negativen Beschlüssen: Die Kassation des ablehnenden Beschlusses brächte für sich genommen noch keinen positiven Beschluss zustande; der Beschlussantrag bliebe unverändert erfolglos. Erforderlich ist daher, die Anfechtungsklage mit einem positiven Feststellungsantrag zu kombinieren (sog. **positive Beschlussfeststellungsklage**)[267]. **Kein Beschluss** ist es, wenn ein Beschlussantrag übergangen wird – gleich aus welchen Gründen[268].

3. Beschlussverfahren

a) Beschlussfähigkeit

Das Gesetz macht grundsätzlich keine Vorgaben zur Beschlussfähigkeit der Hauptversammlung. Daher gilt, dass die Hauptversammlung stets beschlussfähig ist, sobald nur eine einzige stimmberechtigte Aktie vertreten ist[269]. Davon gibt es nur wenige **Ausnahmen**: Die erste betrifft die **Nachgründung**. Hierfür bestimmt § 52 Abs. 5 Satz 2 AktG, dass die Anteile der zustimmenden Mehrheit mindestens 25 % des *gesamten* Grundkapitals erreichen müssen, falls der zustimmungspflichtige Vertrag schon im ersten Jahr nach der Eintragung der Gesellschaft in das Handelsregister geschlossen wird. Dem entspricht es, dass dieses Mindestquorum entweder an der Hauptversammlung teilnehmen und dort abstimmen oder aber die Briefwahl nutzen muss[270]. Die zweite Ausnahme findet sich in § 319 Abs. 1 AktG. Dort ist die **Eingliederung** behandelt. Sie setzt voraus, dass sich sämtliche Aktien in einer Hand befinden. Somit kann nur eine Vollversammlung den Eingliederungsbeschluss fassen[271]. **Keine Beschlussfähigkeit** regelt § 25a Abs. 5 Satz 8 KWG. Er schichtet nur die erforderlichen Mehrheiten für die Billigung einer höheren variablen Vergütung danach ab, wie viele Stimmrechte bei der Beschlussfassung vertreten sind. Jedoch kann die **Satzung** die Beschlussfähigkeit der Hauptversammlung regeln. Denkbar ist dies sowohl allgemein als auch für ausgewählte Beschlussgegenstände. Darin liegt dann ein „weiteres Erfordernis" i.S.v. § 133 Abs. 1 AktG. In der Praxis sind solche Satzungsklauseln selten. Sie finden sich primär bei „geschlossenen" Gesellschaften mit kleinem Aktionärskreis. Ihr Sinn ist, eine

36.60

---

264 *Hüffer/Koch*, § 133 AktG Rz. 5.
265 *Hirschmann* in Hölters, § 133 AktG Rz. 4.
266 *Hüffer/Koch* § 246 AktG Rz. 10.
267 BGH v. 13.3.1980 – II ZR 54/78, BGHZ 76, 191, 197 ff. = AG 1980, 187; BGH v. 26.10.1983 – II ZR 87/83, BGHZ 88, 320, 329 f. = ZIP 1983, 1444; BGH v. 20.1.1986 – II ZR 73/85, BGHZ 97, 28, 30 f. = AG 1986, 256; BGH v. 10.5.2001 – III ZR 262/00, BGHZ 147, 394 = AG 2001, 587; *Hüffer/Koch* § 246 AktG Rz. 42; *Schäfer* in MünchKomm. AktG, 5. Aufl. 2021, § 246 AktG Rz. 84; *Drescher* in FS Stilz, 2014, S. 126, 127 f.; *von der Linden*, DB 2017, 1371, 1372 f.
268 *Holzborn* in Bürgers/Körber/Lieder, § 133 AktG Rz. 2.
269 RG v. 29.12.1894 – I 311/94, RGZ 34, 110, 116; RG v. 13.6.1913 – II 197/13, RGZ 82, 386, 388; *Grundmann* in Großkomm. AktG, 5. Aufl. 2020, § 133 AktG Rz. 54; *Holzborn* in Bürgers/Körber/Lieder, § 133 AktG Rz. 5; *Austmann* in MünchHdb. AG, § 40 Rz. 5.
270 *Rieckers* in BeckOGK AktG, Stand 1.6.2021, § 133 AktG Rz. 10.
271 *Grunewald* in MünchKomm. AktG, 5. Aufl. 2020, § 319 AktG Rz. 15.

Beschlussfassung der Minderheit in Abwesenheit der Mehrheit zu verhindern[272]. Dies allerdings um den Preis, dass die ohnehin schwerfällige Hauptversammlung noch weiter formalisiert und gelähmt wird. Für börsennotierte Gesellschaften sind solche Satzungsklauseln nicht zu empfehlen[273].

b) Beschlussantrag

36.61 Jeder Hauptversammlungsbeschluss setzt einen Beschlussantrag voraus. Das gilt für Sach- und Verfahrensbeschlüsse gleichermaßen. **Antragsberechtigt** sind Vorstand und Aufsichtsrat als Organe, außerdem die Aktionäre und Aktionärsvertreter als Ausfluss ihres Teilnahmerechts, und zwar unabhängig von ihrer Stimmberechtigung (Rz. 36.37). **Kein Sachantragsrecht** haben hingegen die einzelnen Vorstands- und Aufsichtsratsmitglieder in dieser Eigenschaft[274]. Hintergrund ist, dass § 124 Abs. 3 Satz 1 AktG Beschlussvorschläge verlangt, die eine organinterne Vorabstimmung erfordern und nicht durch abweichende Sachanträge einzelner Mitglieder unterlaufen werden sollen. Es spricht aber nichts dagegen, dass Vorstands- oder Aufsichtsratsmitglieder einen Verfahrensantrag stellen[275]. Gleiches gilt nach h.M. für den Versammlungsleiter in eben dieser Funktion[276]. Davon zu unterscheiden ist, dass der Versammlungsleiter berechtigt und verpflichtet ist, die von anderer Seite gestellten Beschlussanträge zu prüfen und zur Abstimmung zu stellen – und dafür ein Abstimmungsverfahren sowie ggf. auch eine Abstimmungsreihenfolge festzulegen (siehe Rz. 36.40, 36.64). Ein jeder Beschlussantrag muss so **bestimmt** formuliert sein, dass eine Abstimmung mit „Ja" oder „Nein" möglich ist[277]. Er kann sowohl positiv als auch negativ gefasst werden. Positive Beschlussergebnisse lassen sich aber nur aufgrund positiver Anträge erreichen. So etwa, wenn beantragt ist, die Entlastung zu erteilen. Es ist zwar auch zulässig, spiegelbildlich über eine Verweigerung der Entlastung abzustimmen. Die Ablehnung dieses negativ gefassten Beschlussantrags würde aber nicht bewirken, dass die Entlastung erteilt ist[278].

c) Rechtsnatur der Stimmabgabe

36.62 Die Stimmabgabe ist eine **Willenserklärung**[279]. Es gelten daher die §§ 104 ff. BGB. Die Stimmabgabe richtet sich an die Gesellschaft. Dort muss sie also auch zugehen (§ 130 Abs. 1 Satz 1 BGB). Dem entspricht es, dass sie wirksam wird, sobald sie in den Machtbereich des Versammlungsleiters oder seiner Hilfspersonen gelangt, z.B. durch Einwurf in einen Sammelkasten[280]. Ein **Widerruf** ist danach nicht mehr möglich (§ 130 Abs. 1 Satz 2 BGB)[281]. Denkbar ist allenfalls noch die **Anfechtung** der Stimmabgabe nach §§ 119 ff. BGB[282]. Anders kann dies bei der Briefwahl sein: Deren Verfahrensregeln erlauben es zumeist, eine abgegebene Stimme noch bis zum Einsende- bzw. Annahmeschluss zu ändern oder zu widerrufen (siehe Rz. 35.60).

---

272 *Leuering/Prüm*, NJW-Spezial 2017, 79.
273 *Rieckers* in BeckOGK AktG, Stand 1.6.2021, § 133 AktG Rz. 11.
274 *Herrler* in Grigoleit, § 133 AktG Rz. 7; *Hüffer/Koch*, § 133 AktG Rz. 9; *Mülbert* in Großkomm. AktG, 5. Aufl. 2017, § 118 AktG Rz. 51; *Rieckers* in BeckOGK AktG, Stand 1.6.2021, § 133 AktG Rz. 13; *Hoffmann-Becking*, NZG 2017, 281, 286; a.A. *Grundmann* in Großkomm. AktG, 5. Aufl. 2020, § 133 AktG Rz. 61; *Holzborn* in Bürgers/Körber/Lieder, § 133 AktG Rz. 4.
275 *Kubis* in MünchKomm. AktG, 4. Aufl. 2018, § 118 AktG Rz. 100.
276 *Mülbert* in Großkomm. AktG, 5. Aufl. 2017, § 118 AktG Rz. 51; *Rieckers* in BeckOGK AktG, Stand 1.6.2021, § 133 AktG Rz. 13; *Austmann* in MünchHdb. AG, § 40 Rz. 10.
277 *Zöllner* in FS Lutter, 2000, S. 821, 822 f.
278 *Austmann* in MünchHdb. AG, § 40 Rz. 4.
279 BGH v. 27.10.1951 – II ZR 44/50, NJW 1952, 98, 99; BGH v. 14.7.1954 – II ZR 342/53, BGHZ 14, 264, 267 = NJW 1954, 1563; *Hüffer/Koch*, § 133 AktG Rz. 18; *Spindler* in K. Schmidt/Lutter, § 133 AktG Rz. 17; *Austmann* in MünchHdb. AG, § 40 Rz. 27.
280 *Butzke*, HV, E Rz. 8.
281 *Hüffer/Koch*, § 133 AktG Rz. 19.
282 *Arnold* in MünchKomm. AktG, 4. Aufl. 2018, § 133 AktG Rz. 26.

d) Inhalt der Stimmabgabe

Inhalt der Stimmabgabe kann nur ein „Ja" oder ein „Nein" sein. Die **Enthaltung** ist keine Stimmabgabe. Vielmehr ist sie ein Nichtgebrauch des Stimmrechts, also das genaue Gegenteil[283]. Das gilt auch im Subtraktionsverfahren (Rz. 36.64, 36.67). Andere Optionen als Ja, Nein und Enthaltung kennt das deutsche Aktienrecht nicht. Keine eigenständige Bedeutung hat insbesondere ein leerer Stimmzettel[284]. Er bringt seinerseits entweder eine Ja-Stimme, eine Nein-Stimme oder eine Enthaltung zum Ausdruck – je nach Abstimmungsmodus. Nichts anderes folgt aus Tabelle 3 Block E-5 DVO (EU) 2018/1212. Dort heißt es, dass für jeden Tagesordnungspunkt sämtliche Optionen für die Stimmabgabe anzugeben sind. Als Beispiele sind genannt: Befürwortung (*vote in favour*, VF), Ablehnung (*vote against*, VA), Stimmenthaltung (*abstention*, AB), Abgabe eines leeren Stimmzettels (*blank*, BL) sowie Sonstige (*other*, OT). Das gilt aber nur, „soweit zutreffend". Was zutrifft, bleibt eine Frage des nationalen Rechts. Deutsche Gesellschaften dürfen und sollten es daher bei den Angaben VF, VA und AB belassen, um nicht Optionen zu signalisieren, die keine sind. Eine unklare oder **widersprüchliche Stimmabgabe**, z.B. Ankreuzen sowohl des Ja- als auch des Nein-Feldes, ist unwirksam. Zulässig ist es hingegen, aus mehreren Aktien **uneinheitlich** abzustimmen[285]. Das folgt für börsennotierte Gesellschaften auch aus Art. 13 Abs. 4 Aktionärsrechte-RL.

36.63

e) Form der Stimmabgabe

Die Form der Stimmabgabe ist Satzungsfrage (§ 134 Abs. 4 AktG). Sie betrifft mehrere Aspekte: *Erstens* geht es darum, wie bzw. mittels welchen **Abstimmungsmediums** die Stimmen abzugeben sind (z.B. durch Zuruf, durch Handzeichen, mithilfe von Stimmkarten oder Stimmabschnitten oder mittels elektronischer Stimmabgabe). *Zweitens* geht es um den **Abstimmungsmodus**. Dahinter steht die Frage, wer bei der Stimmabgabe aktiv werden und wer passiv bleiben muss. In Betracht kommen das **Additionsverfahren** (Sammeln und Auszählen aller Ja- und Nein-Stimmen), das reguläre **Subtraktionsverfahren** (Sammeln und Auszählen der Nein-Stimmen und der Enthaltungen, Berechnung der Ja-Stimmen durch Abzug von der Präsenz) sowie das **umgekehrte Subtraktionsverfahren** (Sammeln und Auszählen der Ja-Stimmen und der Enthaltungen, Berechnung der Nein-Stimmen, siehe näher Rz. 36.67). *Drittens* geht es darum, ob **offen** oder **verdeckt** abgestimmt wird. **Geheime Abstimmungen** waren früher ebenfalls denkbar[286]. Jedoch gilt seit dem ARUG II, dass die Gesellschaft auf Verlangen bestätigen muss, ob und wie sie eine Stimme gezählt hat (§ 129 Abs. 5 Satz 1 AktG). Für geheime Abstimmungen lässt das keinen Raum mehr (siehe schon Rz. 34.62). Die meisten Satzungen treffen zu alledem keine Regelung. Stattdessen ermächtigen sie den Versammlungsleiter. Dies mit der Folge, dass die Hauptversammlung keine andere Form der Stimmabgabe beschließen darf[287]. Umstritten ist, was ohne eine solche Ermächtigung gilt. Nach h.M. entscheidet auch dann der Versammlungsleiter, allerdings nur vorbehaltlich eines abweichenden Verfahrensbeschlusses der Hauptversammlung[288]. Dem ist nicht beizutreten. § 134 Abs. 4 AktG sagt klar, dass die Aktionäre die Formfrage allein in der **Satzung** regeln können. Daraus folgt, dass die Geschäftsordnung keine solche Regelung treffen kann – entgegen den irreleitenden Materialien zum KonTraG (siehe Rz. 35.52). Erst recht genügt somit kein einfacher Verfahrensbeschluss. Richtig ist vielmehr, dass der Versammlungsleiter auch dann abschlie-

36.64

---

[283] BGH v. 20.3.1995 – II ZR 205/94 – Girmes, BGHZ 129, 136, 153 = AG 1995, 368; *Holzborn* in Bürgers/Körber/Lieder, § 133 AktG Rz. 6; *Hüffer/Koch*, § 133 AktG Rz. 18; *von der Linden*, NZG 2012, 930, 931; a.A. *Ulmer* in FS Niederländer, 1991, S. 415, 419.
[284] *Holzborn* in Bürgers/Körber/Lieder, § 133 AktG Rz. 6.
[285] *Arnold* in MünchKomm. AktG, 4. Aufl. 2018, § 133 AktG Rz. 27; *Hüffer/Koch*, § 133 AktG Rz. 21; *Rieckers* in BeckOGK AktG, Stand 1.6.2021, § 133 AktG Rz. 25; *Spindler* in K. Schmidt/Lutter, § 133 AktG Rz. 19; a.A. noch RG v. 16.9.1927 – II 21/27, RGZ 118, 67, 70.
[286] *Uwe H. Schneider* in FS Peltzer, 2001, S. 425.
[287] *Herrler* in Grigoleit, § 131 AktG Rz. 49.
[288] *Hirschmann* in Hölters, § 134 AktG Rz. 63; *Hüffer/Koch*, § 134 AktG Rz. 34; *Butzke*, HV, E Rz. 102; *Uwe H. Schneider* in FS Peltzer, 2001, S. 425, 433; *Stützle/Walgenbach*, ZHR 155 (1991), 516, 534 f.

ßend über die Form der Stimmabgabe entscheidet, wenn die Satzung zu diesem Punkt vollständig schweigt[289].

f) Stimmenmehrheit

36.65 § 133 Abs. 1 AktG bestimmt, dass Beschlüsse der Mehrheit der abgegebenen Stimmen bedürfen. Sprachlich kompakter ist dies die **einfache Stimmenmehrheit**. Sie ist erreicht, wenn die Zahl der gültigen Ja-Stimmen die Zahl der gültigen Nein-Stimmen um wenigstens eine Stimme übertrifft[290]. Der Beschlussantrag ist dann angenommen. Anderenfalls, auch bei Stimmengleichheit, ist er abgelehnt[291]. Stimmenthaltungen spielen keine Rolle; sie zählen insbesondere nicht zu den Nein-Stimmen[292]. Das gilt ohne Rücksicht auf den Abstimmungsmodus (Additionsverfahren, Subtraktionsverfahren, umgekehrtes Subtraktionsverfahren, siehe dazu Rz. 36.64, 36.67). Nur ausnahmsweise fordert das Gesetz eine **höhere Stimmenmehrheit**. So etwa für die Abberufung von Aufsichtsratsmitgliedern (§ 103 Abs. 1 Satz 2 AktG: mindestens drei Viertel der abgegebenen Stimmen), für die Ersetzung einer vom Aufsichtsrat verweigerten Zustimmung (§ 111 Abs. 4 Satz 4 AktG: mindestens drei Viertel der abgegebenen Stimmen) sowie für die Billigung einer höheren variablen Vergütung in Kredit- und Finanzdienstleistungsinstituten (§ 25a Abs. 5 Satz 8 KWG: mindestens 66 % bzw. 75 % der abgegebenen Stimmen). Die **Satzung** kann das Erfordernis einfacher Stimmenmehrheit nur für Wahlbeschlüsse abmildern (§ 133 Abs. 2 AktG, siehe Rz. 36.69). Für sonstige Beschlüsse kann sie es lediglich verschärfen, also eine größere Mehrheit einfordern. Das kann bis zum Einstimmigkeitserfordernis reichen[293]. Etwas anderes gilt, wo das Gesetz für bestimmte Beschlüsse nochmals ausdrücklich auf die einfache Stimmenmehrheit abhebt, z.B. bei § 103 Abs. 2 Satz 2, § 142 Abs. 1 Satz 1 und § 147 Abs. 1 Satz 1 AktG. Dort ist die einfache Stimmenmehrheit jeweils zwingend und somit satzungsfest[294].

g) Kapitalmehrheit

36.66 Bei besonders wichtigen Beschlüssen verlangt das Gesetz überdies eine Kapitalmehrheit. Das gilt namentlich bei Satzungsänderungen (§ 179 Abs. 2 Satz 1 AktG), bei Gesamtvermögensgeschäften (§ 179a Abs. 1 AktG), bei Kapitalmaßnahmen (§ 182 Abs. 1 Satz 1, § 186 Abs. 3 Satz 1, § 193 Abs. 1 Satz 1, § 202 Abs. 2 Satz 2 AktG), bei Unternehmensverträgen (§ 293 Abs. 1 Satz 2, § 295 AktG) sowie bei Verschmelzungen, Spaltungen und Rechtsformwechseln (§ 65 Abs. 1 Satz 1, § 125 Satz 1, § 233 Abs. 2 Satz 1, § 240 Abs. 1 Satz 1, § 252 Abs. 1 Satz 1 UmwG), außerdem bei sog. Holzmüller-Beschlüssen (dazu Rz. 33.41 ff.). Erforderlich ist stets eine Mehrheit von **mindestens drei Vierteln** des bei der Beschlussfassung vertretenen Grundkapitals. Gemeint ist damit *nicht* das präsente Grundkapital. Vielmehr geht es um das Kapital, für das bei der konkreten Beschlussfassung wirksame Ja- und Nein-Stimmen abgegeben werden[295]. Daraus folgt, dass Stimmen- und Kapitalmehrheit sich im Regelfall decken. Etwas anderes kann gelten, wenn Einlagen noch nicht vollständig erbracht sind – denn dann klaffen Stimmgewicht und Kapitalanteil auseinander (§ 134 Abs. 2 AktG). Ferner, wenn Mehr- oder Höchststimmrechte bestehen, jedoch sind erstere abgeschafft und letztere nur bei börsenfernen Gesellschaften

---

289 *von der Linden*, NZG 2012, 930 ff.; *Simons*, NZG 2017, 567, 568.
290 *Herrler* in Grigoleit, § 133 AktG Rz. 15; *Müller* in Heidel, § 133 AktG Rz. 4; *Rieckers* in BeckOGK AktG, Stand 1.6.2021, § 133 AktG Rz. 35.
291 *Austmann* in MünchHdb. AG, § 40 Rz. 38.
292 BGH v. 25.1.1982 – II ZR 164/81, BGHZ 83, 35, 36 f. = NJW 1982, 1585 (zum Verein); *Hüffer/Koch*, § 133 AktG Rz. 12; *Spindler* in K. Schmidt/Lutter, § 133 AktG Rz. 26; *Reichert* in Beck'sches Hdb. AG, § 5 Rz. 226.
293 *Tröger* in KölnKomm. AktG, 3. Aufl. 2017, § 133 AktG Rz. 163.
294 *Arnold* in MünchKomm. AktG, 4. Aufl. 2018, § 133 AktG Rz. 60.
295 *Grundmann* in Großkomm. AktG, 5. Aufl. 2020, § 133 AktG Rz. 108; *Rieckers* in BeckOGK AktG, Stand 1.6.2021, § 133 AktG Rz. 40; *Spindler* in K. Schmidt/Lutter, § 133 AktG Rz. 30; *Tröger* in KölnKomm. AktG, 3. Aufl. 2017, § 133 AktG Rz. 142.

statthaft (Rz. 36.43 f.). Die Kapitalmehrheit ist kein größeres, sondern ein „weiteres Erfordernis" i.S.v. § 133 Abs. 1 AktG. Es müssen also stets beide Mehrheiten (Stimmen- und Kapitalmehrheit) erreicht sein[296]. Es bedarf aber keiner zweifachen Abstimmung, sondern nur zweifacher Berechnung[297]. Die **Satzung** kann eine abweichende, oftmals aber nur eine höhere Kapitalmehrheit bestimmen.

h) Abstimmungsergebnis

Der **Versammlungsleiter** ist berufen, das Abstimmungsergebnis zu ermitteln. Er kann dabei Hilfspersonen einsetzen und sich auch technischer Hilfsmittel bedienen[298]. Es hängt vom Abstimmungsmodus ab, welche Stimmen tatsächlich ausgezählt und welche ggf. nur berechnet werden: Bei der **Additionsmethode** werden sowohl die Ja-Stimmen als auch die Nein-Stimmen ausgezählt, bei der regulären **Subtraktionsmethode** die Nein-Stimmen und die Enthaltungen, bei der **umgekehrten Subtraktionsmethode** die Ja-Stimmen und die Enthaltungen (siehe schon Rz. 36.64). Bei der Additionsmethode hat es damit sein Bewenden. Die Subtraktionsmethode hingegen erfordert einen weiteren Schritt, nämlich die Berechnung der nicht eigens gesammelten und gezählten Ja- bzw. Nein-Stimmen durch Abzug von der Gesamtzahl der präsenten stimmberechtigten Aktien. Dem entspricht es, dass die Präsenz der stimmberechtigten Aktien für jeden Beschluss als Ausgangsgröße bekannt sein muss. Sie geht aus dem **Teilnehmerverzeichnis** hervor, das somit zu einer jeden Abstimmung im Subtraktionsverfahren auf dem aktuellen Stand sein muss (siehe Rz. 35.42 f.). Etwaige Zu- und Abgänge stimmberechtigter Aktien während einer laufenden Abstimmung müssen unterbunden werden. Außerdem muss der Versammlungsleiter die Subtraktionsmethode hinreichend erläutern[299]. Dies vorausgesetzt, ist die Subtraktionsmethode zulässig[300]. In der Praxis wird sie vielfach eingesetzt. Sie bietet sich vor allem bei klaren Mehrheitsverhältnissen an, die einen sehr hohen Anteil an Ja- oder Nein-Stimmen für den Beschlussantrag erwarten lassen. Ihr Vorteil liegt darin, dass sie bei händischer Stimmensammlung und -auszählung regelmäßig weniger Zeit in Anspruch nimmt. Bei elektronischer Stimmabgabe und vollautomatischer Auszählung geht dieser Vorteil verloren. Das ändert nichts an der Zulässigkeit der Subtraktionsmethode. Doch gibt es einen Trend, mit fortschreitender technologischer Entwicklung zunehmend wieder die Additionsmethode zu verwenden[301]. Etwaige **Briefwahlstimmen** sind gesondert auszuzählen und fließen dann ebenfalls in das Abstimmungsergebnis ein[302].

36.67

i) Feststellung und Beurkundung

Der Versammlungsleiter muss feststellen, was die Beschlussfassung ergeben hat. Diese Feststellung und ihre Beurkundung sind für den Beschluss der Hauptversammlung **konstitutiv**. Dies gilt selbst dann, wenn die Feststellung dem wirklichen Beschlussinhalt widerspricht. Etwaige Fehler der Feststellung können nur im Wege der Anfechtungsklage korrigiert werden (siehe Rz. 35.8 und 37.17). Dies gilt

36.68

---

296 RG v. 24.9.1929 – II 26/29, RGZ 125, 356, 359; BGH v. 28.11.1974 – II ZR 176/72, AG 1975, 16; *Hüffer/Koch*, § 133 AktG Rz. 13; *Spindler* in K. Schmidt/Lutter, § 133 AktG Rz. 31; *Pöschke/Vogel* in Reichert, ArbeitsHdb. HV, § 12 Rz. 13.
297 *Hüffer/Koch*, § 179 AktG Rz. 14.
298 *Rieckers* in BeckOGK AktG, Stand 1.6.2021, § 133 AktG Rz. 27; *Spindler* in K. Schmidt/Lutter, § 133 AktG Rz. 22; *Pickert* in Reichert, ArbeitsHdb. HV, § 9 Rz. 292.
299 *Austmann* in MünchHdb. AG, § 40 Rz. 37.
300 BGH v. 19.9.2002 – V ZB 37/02, BGHZ 152, 63 = ZIP 2003, 437 (zur WEG); OLG Frankfurt v. 1.7.1998 – 21 U 166/97, AG 1999, 231, 232; LG Dortmund v. 26.9.1966 – 10 O 191/66, AG 1968, 390; LG München I v. 31.3.2016 – 5 HK O 14432/15, AG 2016, 834, 835; *Hüffer/Koch*, § 130 AktG Rz. 24; *Tröger* in KölnKomm. AktG, 3. Aufl. 2017, § 133 AktG Rz. 115; krit. OLG Karlsruhe v. 7.12.1990 – 15 U 256/89, AG 1991, 144, 146.
301 *Hüffer/Koch*, § 130 AktG Rz. 23.
302 *Holzborn* in Bürgers/Körber/Lieder, § 133 AktG Rz. 12.

auch für sog. **stimmlose Beschlüsse**, d.h. Beschlüsse, bei denen überhaupt keine (wirksamen) Stimmen abgegeben werden[303]; ausführlich zu alldem Rz. 37.11 ff.

4. Wahlen

a) Mehrheitserfordernis

36.69 § 133 Abs. 2 AktG erlaubt es, dass die Satzung für Wahlen **andere Mehrheitserfordernisse** bestimmt. Sie kann also das reguläre Erfordernis einfacher Stimmenmehrheit aus § 133 Abs. 1 AktG verschärfen[304]. Sie kann es aber auch abmildern oder anderweitig modifizieren. Praktische Bedeutung hat dies für Wahlen zum Aufsichtsrat. In Frage kommt hierfür insbesondere eine nur **relative Stimmenmehrheit**, außerdem **Stichwahlen** sowie bei Stimmenpatt auch ein **Losentscheid**. Kein Raum ist hingegen für Stichentscheide durch den Versammlungsleiter oder eine andere Person[305]. Denn dies liefe entweder auf eine Fremdbestimmung der Wahl oder, bei Aktionärseigenschaft, auf ein verbotenes Mehrstimmrecht hinaus[306]. Schließlich sind auch **Verhältniswahlen** denkbar. Sie zeichnet aus, dass die verfügbaren Posten nach Stimmanteilen vergeben werden – mit der Folge einer Minderheitsrepräsentanz im Aufsichtsrat.

b) Wahlmodus

36.70 Vom Mehrheitserfordernis i.S.d. § 133 AktG zu unterscheiden ist der Wahlmodus. In Betracht kommen die Einzelwahl, die Simultanwahl, die Alternativwahl sowie die Block-, Global- bzw. Listenwahl. Bei der **Einzelwahl** (i.e.S., auch: Sukzessivwahl) wird über jeden Kandidaten individuell abgestimmt, und zwar jeweils in einem gesonderten Wahlgang. Ganz ähnlich ist es bei der **Simultanwahl**: Auch sie ermöglicht nämlich eine differenzierte Stimmabgabe; nur fasst sie mehrere Einzelwahlen organisatorisch in einem Wahlgang zusammen. Die Simultanwahl ist darum ebenfalls eine Einzelwahl (i.w.S.). Als solche entspricht sie auch C.15 Satz 1 DCGK 2020[307]. **Alternativwahl** bedeutet, dass zwei oder noch mehr Kandidaten um einen Sitz konkurrieren, der Aktionär seine Stimme(n) aber nur einmal abgeben kann. Dabei muss nach h.M. auch eine Nein-Stimme (zu allen Kandidaten) möglich sein. Gewählt ist, wer die meisten Stimmen auf sich vereint und überdies die einfache Stimmenmehrheit erreicht[308]; denn eine relative Mehrheit reicht nur bei entsprechender Satzungsbestimmung (Rz. 36.69). **Block-, Global- und Listenwahl** sind synonyme Begriffe. Sie beschreiben allesamt, dass eine einheitliche Kandidatenliste zur Abstimmung steht, die nur insgesamt angenommen oder abgelehnt werden kann. Die Zulässigkeit der Block-, Global- bzw. Listenwahl war früher umstritten. Der BGH hat sie aber inzwischen anerkannt[309]. So jedenfalls, wenn sie in der Satzung vorgeschrieben oder erlaubt ist (siehe noch Rz. 36.71). Ebenso ist sie zulässig, wenn der Versammlungsleiter vor der Abstimmung er-

---

303 BGH v. 24.4.2006 – II ZR 30/05, BGHZ 167, 204 = AG 2006, 501 Rz. 26; OLG Frankfurt v. 2.5.2019 – 22 U 61/17, AG 2019, 685, 686; LG Berlin, v. 9.9.2011 – 100 O 35/11, ZIP 2012, 1034; *Hüffer/Koch*, § 133 Rz. 2; *Casper* in FS Hüffer, 2010, S. 111, 113.
304 BGH v. 13.3.1980 – II ZR 54/78, BGHZ 76, 191, 193 f. = AG 1980, 187.
305 *Herrler* in Grigoleit, § 133 AktG Rz. 21; *Hüffer/Koch*, § 130 AktG Rz. 32; *Rieckers* in BeckOGK AktG, Stand 1.6.2021, § 133 AktG Rz. 61; *Bollweg*, S. 498 f.; a.A. *Grundmann* in Großkomm. AktG, 5. Aufl. 2020, § 133 AktG Rz. 126; *Tröger* in KölnKomm. AktG, 3. Aufl. 2017, § 133 AktG Rz. 172.
306 *Hüffer/Koch*, § 130 AktG Rz. 32.
307 LG München I v. 31.3.2016 – 5 HK O 14432/15, AG 2016, 834, 836.
308 *Rieckers* in BeckOGK AktG, Stand 1.6.2021, § 133 AktG Rz. 62; *Simons* in Hölters, § 101 AktG Rz. 18; *Austmann/Rühle*, AG 2011, 805, 810 ff.; *Füchsel*, NZG 2018, 416, 422; *Hoppe*, NZG 2017, 361, 366.
309 BGH v. 16.2.2009 – II ZR 185/07 – Kirch/Deutsche Bank, BGHZ 180, 9 = AG 2009, 285 Rz. 29; *Drygala* in K. Schmidt/Lutter, § 101 AktG Rz. 11; *Habersack* in MünchKomm. AktG, 5. Aufl. 2019, § 101 AktG Rz. 21; *Hüffer/Koch*, § 101 AktG Rz. 6; *Spindler* in BeckOGK AktG, Stand 1.6.2021, § 101 AktG Rz. 37.

läutert, dass durch mehrheitliche Ablehnung der Liste eine Einzelabstimmung herbeigeführt werden kann; außerdem darf kein erschienener Aktionär dieser Vorgehensweise widersprechen[310].

c) Bestimmung des Wahlmodus

Das Gesetz regelt den Wahlmodus nicht. Dem entspricht es, dass die Satzung ihn regeln darf (§ 23 Abs. 5 Satz 2 AktG)[311]. Oftmals geschieht dies, indem die Satzung den Versammlungsleiter ermächtigt, seinerseits flexibel über den Wahlmodus zu entscheiden. Die Hauptversammlung darf dann keinen anderen Wahlmodus beschließen. Dies liefe nämlich auf eine unzulässige **Satzungsdurchbrechung** hinaus[312]. Ein dennoch gestellter Geschäftsordnungsantrag ist unzulässig und darf übergangen werden. Umstritten ist, was ohne eine solche Satzungsklausel gilt. Richtigerweise entscheidet auch dann der Versammlungsleiter über den Wahlmodus, und zwar ebenfalls abschließend, d.h. ohne konkurrierende Geschäftsordnungskompetenz der Hauptversammlung[313]. Besonderheiten gelten, wenn es um die Anordnung einer *nicht* schon statutarisch vorgesehenen Block-, Global- bzw. Listenwahl geht (Rz. 36.70: kein erschienener Aktionär darf widersprechen). Außerdem ist § 137 AktG zu beachten. Dort heißt es, dass über den Wahlvorschlag eines Aktionärs zuerst abgestimmt werden muss, wenn er nach § 127 AktG eingereicht worden ist und eine Minderheit von 10 % des vertretenen Grundkapitals es verlangt (siehe Rz. 36.40).

36.71

5. Aufhebungsbeschluss

Es besteht Einigkeit, dass die Hauptversammlung ihre eigenen Beschlüsse aufheben kann. Damit verbinden sich jedoch mehrere Fragen. Dies ist allen voran die Frage, ob der Aufhebungsbeschluss noch in derselben Hauptversammlung gefasst werden darf wie der Ausgangsbeschluss. Das wird verbreitet befürwortet[314]. Dabei gerät aus dem Blick, dass ein positiver Ausgangsbeschluss den angekündigten Beschlussvorschlag verbraucht – einschließlich seines kontradiktorischen Gegenteils. Es wäre daher unzulässig, noch über eine Ablehnung des bereits angenommenen Beschlussvorschlags abstimmen zu lassen. Dasselbe muss für eine Aufhebung des Ausgangsbeschlusses gelten. Denn sie ist nur eine Ablehnung in anderem Gewand[315]. Hinzu kommt, dass viele Aktionäre ihr Stimmrecht per Weisung oder Briefwahl ausüben, sog. festgelegte Stimmen[316]. Auf bekanntmachungsfreie Aufhebungsanträge könnten sie nicht reagieren. Es droht somit neben prozeduralen Unstimmigkeiten auch eine Unterwanderung des erklärten Mehrheitswillens. Denkbar ist aber die Aufhebung durch eine **spätere Hauptversammlung**. Das setzt eine entsprechende Bekanntmachung voraus. Eine weitere Frage ist dann, welche **Mehrheit** ein Aufhebungsbeschluss erfordert. Regelmäßig genügt für ihn die einfache Stimmenmehrheit (siehe dazu Rz. 36.65). Das gilt auch dann, wenn der Ausgangsbeschluss eine qualifizierte Stimmen- oder zusätzlich eine Kapitalmehrheit verlangt[317]. Auch hiervon gibt es aber Ausnahmen: Die ers-

36.72

---

310 BGH v. 21.7.2003 – II ZR 109/02, BGHZ 156, 38, 41 = AG 2003, 625 (Blockabstimmung über Unternehmensverträge); BGH v. 16.2.2009 – II ZR 185/07 – Kirch/Deutsche Bank, BGHZ 180, 9 = AG 2009, 285 Rz. 31; KG v. 17.1.2002 – 2 U 7288/00, AG 2003, 99, 100; LG München I v. 15.4.2004 – 5 HK O 10813/03, AG 2004, 330, 331.
311 BGH v. 16.2.2009 – II ZR 185/07 – Kirch/Deutsche Bank, BGHZ 180, 9 = AG 2009, 285 Rz. 29.
312 BGH v. 9.10.2018 – II ZR 78/17 – Mologen, BGHZ 220, 36 = AG 2019, 176 Rz. 47.
313 *Kubis* in MünchKomm. AktG, 4. Aufl. 2018, § 119 AktG Rz. 153; *Austmann* in FS Hoffmann-Becking, 2013, S. 45, 64 f.; a.A. *Drygala* in K. Schmidt/Lutter, § 101 AktG Rz. 11; offen gelassen von BGH v. 9.10.2018 – II ZR 78/17 – Mologen, BGHZ 220, 36 = AG 2019, 176 Rz. 47.
314 *Grundmann* in Großkomm. AktG, 5. Aufl. 2020, § 133 AktG Rz. 145; *Tröger* in KölnKomm. AktG, 3. Aufl. 2017, § 133 AktG Rz. 220; *Gotthardt/Krengel*, AG 2017, 222, 225 Fn. 14.
315 *Austmann* in MünchHdb. AG, § 40 Rz. 59.
316 *Kocher*, BB 2014, 2317; *Noack/Zetzsche* in FS Uwe H. Schneider, 2011, S. 895.
317 *Holzborn* in BeckOGK AktG, Stand 1.6.2021, § 179 AktG Rz. 174; *Hüffer/Koch*, § 179 AktG Rz. 40; *Seibt* in K. Schmidt/Lutter, § 179 AktG Rz. 47; a.A. (gleiche Mehrheit wie der Ausgangsakt) *Grundmann* in Großkomm. AktG, 5. Aufl. 2020, § 133 AktG Rz. 146.

te betrifft **Satzungsänderungen**: Sie lassen sich nach Vollzug, d.h. nach Eintragung ins Handelsregister, nur noch durch abermalige Satzungsänderung umkehren[318]. Die zweite Ausnahme betrifft den **Gewinnverwendungsbeschluss**. Er lässt sich nur mit Zustimmung sämtlicher Aktionäre aufheben oder ändern. Dies deshalb, weil er unmittelbar Gewinnansprüche begründet, die nicht zur Disposition der Mehrheit stehen[319].

6. Bestätigungsbeschluss

36.73 Beschlüsse der Hauptversammlung, die nicht nichtig, sondern nur anfechtbar sind, lassen sich durch einen Bestätigungsbeschluss heilen (§ 244 Satz 1 AktG). Das kommt vor allem in Betracht, wenn der Ausgangsbeschluss an einem **Verfahrensfehler** leidet. Ein solcher Verfahrensfehler kann auch darin bestehen, dass der Versammlungsleiter den Inhalt des Ausgangsbeschlusses fehlerhaft feststellt. Denn auch eine fehlerhafte Feststellung führt zusammen mit ihrer Beurkundung zu einem wirksamen Hauptversammlungsbeschluss (siehe Rz. 35.8, 36.68 und 37.17). Dieser ist zwar anfechtbar, somit aber auch der Bestätigung zugänglich[320]. Für den Bestätigungsbeschluss gelten dieselben **Mehrheitserfordernisse** wie für den Ausgangsbeschluss[321]. Die Bestätigung wirkt *nicht* zurück. Vielmehr setzt die heilende Wirkung erst ein, wenn der Bestätigungsbeschluss seinerseits bestandskräftig wird. Eine Anfechtungsklage gegen den Ausgangsbeschluss wird ab diesem Zeitpunkt unbegründet; einer etwa mit ihr verbundenen positiven Beschlussfeststellungsklage wird der Boden entzogen[322]. Der Kläger muss sie für erledigt erklären, um prozessuale Kostennachteile zu vermeiden[323]. Denkbar ist allerdings, den Ausgangsbeschluss immerhin noch für die Vergangenheit bis zum Bestätigungsbeschluss für nichtig erklären zu lassen, wenn und soweit der Kläger daran ein rechtliches Interesse hat (§ 244 Satz 2 AktG).

VIII. Widerspruchsrecht

36.74 Aktionäre können einem Hauptversammlungsbeschluss widersprechen. Das hat in erster Linie Bedeutung für ihre spätere **Anfechtungsbefugnis**. § 245 Nr. 1 AktG bestimmt, dass anfechtungsbefugt jeder Aktionär ist, der seine Aktien schon vor der Bekanntmachung der Tagesordnung erworben hat, in der Hauptversammlung erscheint und dem Beschluss zur Niederschrift widerspricht. Widerspruch meint, dass der Aktionär sich gegen die Gültigkeit des Beschlusses wendet. Das Wort „Widerspruch" muss er nicht gebrauchen. Es genügt die Erklärung, er protestiere, opponiere, fechte an, verwahre sich gegen den Beschluss oder halte ihn für gesetzes- oder satzungswidrig, nichtig, unwirksam oder ungültig[324]. Eine Stimmabgabe gegen den Beschluss ist weder erforderlich noch ausreichend[325]. Eine **Begründung** ist ebenfalls entbehrlich. Eine dennoch vorgebrachte Begründung hindert nicht daran, die spätere An-

---

318 *Hüffer/Koch*, § 179 AktG Rz. 40.
319 BGH v. 8.10.1952 – II ZR 313/51, BGHZ 7, 263, 264 = NJW 1952, 1370; BGH v. 24.1.1957 – II ZR 208/55, BGHZ 23, 150, 157 = NJW 1957, 588; *Drygala* in KölnKomm. AktG, 3. Aufl. 2011, § 58 AktG Rz. 135; *Fleischer* in K. Schmidt/Lutter, § 58 AktG Rz. 48; *Butzke*, HV, H Rz. 93.
320 BGH v. 12.12.2005 – II ZR 253/03, AG 2006, 158 Rz. 17 f.; BGH v. 22.3.2011 – II ZR 229/09, BGHZ 189, 32 = AG 2011, 518 Rz. 24; OLG Stuttgart v. 6.5.2004 – 20 U 16/03, AG 2004, 457; *Hüffer/Koch*, § 244 AktG Rz. 2; *Habersack/Schürnbrand* in FS Hadding, 2004, S. 391, 394; a.A. OLG München v. 21.5.2003 – 7 U 534/02, AG 2003, 645; LG München I v. 17.10.2002 – 5 HK O 14610/02, DB 2003, 1268.
321 *Hüffer/Koch*, § 244 AktG Rz. 2.
322 BGH v. 15.12.2003 – II ZR 194/01, BGHZ 157, 206, 210 f. = AG 2004, 204; OLG Düsseldorf v. 31.7.2003 – I-6 U 27/03, NZG 2003, 975, 978; *Drescher* in BeckOGK AktG, Stand 1.6.2021, § 244 AktG Rz. 5; *Hüffer/Koch*, § 244 AktG Rz. 6; *K. Schmidt* in Großkomm. AktG, 4. Aufl. 1996, § 244 AktG Rz. 16.
323 *Drescher* in BeckOGK AktG, Stand 1.6.2021, § 244 AktG Rz. 5.
324 RG v. 17.1.1903 – I 392/02, RGZ 53, 291, 293; *Schäfer* in MünchKomm. AktG, 5. Aufl. 2021, § 245 AktG Rz. 38; *Hüffer/Koch*, § 245 AktG Rz. 14.
325 *Ehmann* in Grigoleit, § 245 AktG Rz. 11a.

fechtungsklage auf andere Gründe zu stützen[326]. Der Widerspruch muss überdies erkennen lassen, gegen welchen Beschluss oder gegen welche Beschlüsse er sich richtet. Ein **genereller Widerspruch** (gegen sämtliche Beschlüsse) ist möglich[327]. Der Widerspruch kann während der gesamten Dauer der Hauptversammlung erklärt werden, auch außerhalb der Aussprache. Das schließt die Möglichkeit ein, ihn schon vor der Beschlussfassung zu erklären[328]. Der erklärte Widerspruch ist zur Niederschrift zu nehmen (siehe Rz. 37.20). Unterbleibt dies, ist der Aktionär dennoch anfechtungsbefugt. Er muss aber ggf. beweisen, dass er dem Beschluss widersprochen hat[329]. Bedeutung hat der Widerspruch überdies, wenn Aktionäre einen gerichtlichen Austausch des **Abschlussprüfers** erwirken möchten (§ 318 Abs. 3 Satz 2 HGB), bei **Verschmelzungen**, **Spaltungen** und **Formwechseln** (§§ 29, 125, 207 UmwG), außerdem als Wirksamkeitshindernis, wenn eine qualifizierte Minderheit sich gegen einen Verzicht auf oder einen Vergleich über **Ersatzansprüche** wendet (§ 50 Satz 1, § 93 Abs. 4 Satz 3, § 116 Satz 1, § 302 Abs. 3 Satz 2, § 309 Abs. 3 Satz 1, § 310 Abs. 4, § 317 Abs. 4 AktG).

§ 37
Dokumentation der Hauptversammlung

I. Grundlagen 37.1	i) Widerspruch 37.20
II. Notarielle Niederschrift 37.2	j) Sonstige Inhalte 37.21
1. Beurkundungspflicht 37.2	k) Berichtigung und Ergänzung 37.22
2. Beweiskraft 37.3	4. Anlagen zur Niederschrift 37.23
3. Inhalt der Niederschrift 37.4	5. Unterschrift des Notars 37.24
a) Allgemeines 37.4	6. Mängel der Niederschrift 37.27
b) Ort und Tag der Verhandlung 37.5	7. Einreichung der Niederschrift 37.28
c) Name des Notars 37.6	III. Veröffentlichung der Abstimmungs-
d) Abstimmungsart 37.7	ergebnisse 37.29
e) Abstimmungsergebnis 37.8	IV. Stenografisches Protokoll 37.30
f) Feststellung der Beschlussfassung .. 37.11	V. Bild- und Tonaufzeichnungen 37.33
g) Minderheitsverlangen 37.18	
h) Auskunftsverweigerung 37.19	

Schrifttum: *Allmendinger*, § 130 Abs. 2 Satz 2 AktG – eine sanktionslose Ordnungsnorm, DNotZ 2012, 164; *Arnold/Carl/Götze*, Aktuelle Fragen bei der Durchführung der Hauptversammlung, AG 2011, 349; *Bezzenberger*, Die Niederschrift über eine beurkundungsfreie Hauptversammlung, in FS Schippel, 1996, S. 361; *Bohrer*, Notare – Ein Berufsstand der Urkundsvernichter?, NJW 2007, 2019; *Bosse*, Grünes Licht für das ARUG: das Aktienrecht geht online, NZG 2009, 807; *Brambring*, Abschluss der Hauptversammlungsniederschrift, in FS Lüer, 2008, S. 162; *Deilmann/Otte*, Auswirkungen des ARUG auf die Feststellung des Beschlussergebnisses in der Hauptversammlung, BB 2010, 722; *Drescher*, Die Berichtigung des Hauptversammlungsprotokolls, in FS 25 Jahre DNotI, 2018, S. 443; *Drinhausen/Marsch-Barner*, Die Rechtsstellung des

---

326 *Noack*, AG 1989, 78, 81.
327 RG v. 23.11.1892 – I 266/92, RGZ 30, 50, 52; RG v. 2.11.1895 – I 208/05, RGZ 36, 24, 26; *Hüffer/Koch*, § 245 AktG Rz. 14.
328 BGH v. 11.6.2007 – II ZR 152/06, AG 2007, 863, 865 Rz. 6; BGH v. 16.2.2009 – II ZR 185/07 – Kirch/Deutsche Bank, BGHZ 180, 9 = AG 2009, 285 Rz. 17; LG München I v. 19.12.2019 – 5 HK O 12082/18, AG 2020, 448, 449.
329 RG v. 17.1.1903 – I 392/02, RGZ 53, 291, 293.

Aufsichtsratsvorsitzenden als HV-Leiter einer börsennotierten AG, AG 2014, 757; *Gehrlein*, Der Anspruch auf Einsicht in ein Hauptversammlungsprotokoll – eine gesetzesferne, aber interessengerechte Rechtsschöpfung, WM 1994, 2054; *Grobecker*, Beachtenswertes zur Hauptversammlungssaison, NZG 2010, 165; *Grumann/Gillmann*, Aktienrechtliche Hauptversammlungsniederschriften und Auswirkungen von formalen Mängeln, NZG 2004, 839; *Habersack*, Beschlussfeststellung oder Beurkundung der Niederschrift – Wann wird der Hauptversammlungsbeschluss wirksam?, Beil. zu ZIP 22/2016, 23; *Herrler*, Berichtigungsmöglichkeiten bei fehlenden Pflichtangaben in der Hauptversammlungsniederschrift, NJW 2018, 585; *Hoffmann-Becking*, Der Aufsichtsrat der AG und sein Vorsitzender in der Hauptversammlung, NZG 2017, 281; *Hoffmann-Becking*, Wirksamkeit der Beschlüsse der Hauptversammlung bei späterer Protokollierung, in FS Hellwig, 2010, S. 153; *Kanzleiter*, Die Berichtigung der notariellen Niederschrift über die Hauptversammlung einer Aktiengesellschaft und die Zulässigkeit mehrerer Niederschriften, DNotZ 2007, 804; *Krieger*, Muss der Hauptversammlungsnotar die Stimmauszählung überwachen?, ZIP 2002, 1597; *Krieger*, Unbeantwortete Aktionärsfragen im notariellen Hauptversammlungsprotokoll, in FS Priester, 2007, S. 387; *Leitzen*, Die Protokollierung des Abstimmungsergebnisses in der Hauptversammlung der börsennotierten AG bei verkürzter Beschlussfeststellung, ZIP 2010, 1065; *Maaß*, Zur Beurteilung formaler „Mängel" von Hauptversammlungsprotokollen, ZNotP 2005, 50; *Merkner/Sustmann*, Worauf bezieht sich § 130 Abs. 2 Satz 1 Nr. 2 AktG: Auf das Grundkapital oder das vertretende Kapital?, NZG 2010, 568; *Priester*, Neue Entwicklungen im Recht der Hauptversammlung – UMAG und jüngste Rechtsprechung, DNotZ 2006, 403; *Reul*, Die notarielle Beurkundung einer Hauptversammlung, AG 2002, 543; *Roeckl-Schmidt/Stoll*, Auswirkungen der späteren Fertigstellung der notariellen Niederschrift auf die Wirksamkeit von Beschlüssen der Hauptversammlung, AG 2012, 225; *Schulte*, Die Niederschrift über die Verhandlung der Hauptversammlung einer AG, AG 1985, 33; *Sigel/Schäfer*, Die Hauptversammlung der Aktiengesellschaft aus notarieller Sicht, BB 2005, 2137; *Wilhelmi*, Der Notar in der Hauptversammlung der Aktiengesellschaft, BB 1987, 1331; *Wolfsteiner*, Nochmals: Hauptversammlungsprotokolle, ZNotP 2005, 376.

I. Grundlagen

37.1 Die Hauptversammlung, die darin gefassten Beschlüsse und bestimmte andere Vorgänge müssen in mehrfacher Hinsicht dokumentiert werden, teils aus rechtlichen, teils aus organisatorischen Gründen. Im Vordergrund steht dabei, dass gemäß § 130 Abs. 1 Satz 1 AktG über die Beschlüsse einer jeden Hauptversammlung eine **Niederschrift** zu erstellen ist – in börsennotierten Gesellschaften stets durch einen Notar (Rz. 37.2). Diese Niederschrift muss zwar nicht die Hauptversammlung als Ganzes dokumentieren, aber doch eine ganze Reihe von Eckdaten, Vorgängen und Erklärungen. Dazu zählen der Ort und der Tag der Verhandlung (Rz. 37.5), der Name des Notars (Rz. 37.6), die Abstimmungsart (Rz. 37.7), das Abstimmungsergebnis (Rz. 37.8 ff.) sowie die Feststellung des Versammlungsleiters über die Beschlussfassung (Rz. 37.11 ff.), außerdem bestimmte Minderheitsverlangen (Rz. 37.18), als unbeantwortet gerügte Fragen (Rz. 37.19) sowie zu Protokoll erklärte Widersprüche (Rz. 37.20). Dabei gilt, dass die Feststellung des Versammlungsleiters und ihre Beurkundung für den Beschluss der Hauptversammlung konstitutiv sind – und zwar selbst dann, wenn besagte Feststellung dem wirklichen Beschlussinhalt widerspricht; etwaige Fehler der Feststellung lassen sich dann nur noch im Wege der Anfechtungsklage korrigieren (Rz. 37.17). Der Vorstand ist verpflichtet, eine Ausfertigung der Niederschrift mit sämtlichen Anlagen unverzüglich zum **Handelsregister** einzureichen (Rz. 37.28). Darüber hinaus müssen börsennotierte Gesellschaften zwar nicht die Niederschrift, aber immerhin die **Abstimmungsergebnisse** innerhalb von sieben Tagen auf ihrer Internetseite veröffentlichen (Rz. 37.29). Neben all diese rechtlichen Erfordernisse treten tatsächliche Gründe, aus denen es erforderlich sein kann, die Hauptversammlung im Ganzen oder in bestimmten Teilen zu **stenografieren** (Rz. 37.30 ff.) oder sie gar in Bild und Ton **aufzuzeichnen** (Rz. 37.33).

II. Notarielle Niederschrift

1. Beurkundungspflicht

Über die Beschlüsse einer jeden Hauptversammlung ist eine Niederschrift zu erstellen (§ 130 Abs. 1 Satz 1 AktG). Diese Niederschrift ist bei **börsennotierten Gesellschaften** stets notariell aufzunehmen; zum Sonderfall der Beurkundung einer Hauptversammlung im Ausland siehe schon Rz. 34.45. Bei börsenfernen Gesellschaften kann demgegenüber eine vom Aufsichtsratsvorsitzenden unterzeichnete Niederschrift ausreichen. Dies ist der Fall, *soweit* keine Beschlüsse gefasst werden, für die das Gesetz eine Drei-Viertel- oder eine größere Mehrheit vorsieht (§ 130 Abs. 1 Satz 3 AktG). „Soweit" bedeutet, dass die Niederschrift ggf. teilbar ist, verschiedene Beschlüsse derselben Hauptversammlung also auch auf mehrere (notarielle und privatschriftliche) Urkunden verteilt werden können[1]. Zweck der Beurkundungspflicht ist zu dokumentieren, welche Beschlüsse die Hauptversammlung gefasst hat und ob dabei ein geordnetes Verfahren eingehalten wurde[2]. Mit dem Abschluss der Beurkundung werden die in der Hauptversammlung gefassten **Beschlüsse rückwirkend** auf den Zeitpunkt der Beschlussfeststellung **wirksam**[3]. Bei einigen Beschlüssen ist zusätzlich noch die Eintragung im Handelsregister erforderlich (z.B. Satzungsänderung, Kapitalmaßnahme, Beherrschungs- und Gewinnabführungsvertrag, Eingliederung, Ausschluss der Minderheitsaktionäre). Diese Eintragung ist allerdings nicht Wirksamkeitsvoraussetzung für den Beschluss als solchen, sondern für die beschlossene Maßnahme[4].

37.2

2. Beweiskraft

Im Falle einer gerichtlichen Auseinandersetzung, z.B. einer Anfechtungsklage (§ 246 AktG) oder eines Auskunftserzwingungsverfahrens (§ 132 AktG), kommt der notariellen Niederschrift die Beweiskraft einer **öffentlichen Urkunde** zu[5]. Sie erbringt vollen Beweis dafür, dass die beurkundeten Vorgänge wie niedergelegt stattgefunden haben (§ 415 Abs. 1 ZPO). Der Beweis des Gegenteils bleibt allerdings zulässig (§ 415 Abs. 2 ZPO)[6]. Demgegenüber unterliegt ein privatschriftliches Protokoll, d.h. die in börsenfernen Gesellschaften denkbare Niederschrift durch den Aufsichtsratsvorsitzenden (siehe Rz. 37.2), der freien Beweiswürdigung nach § 286 ZPO.

37.3

3. Inhalt der Niederschrift

a) Allgemeines

Die Niederschrift muss nicht den gesamten Verlauf der Hauptversammlung abdecken, sondern nur herausgehobene Informationen, Vorgänge und Erklärungen. Zu diesen Pflichtangaben gehören u.a. der **Ort** und der **Tag** der Hauptversammlung, der **Name des Notars**, die **Art** und das **Ergebnis der Abstimmung** sowie die **Feststellung** des Versammlungsleiters über die Beschlussfassung (§ 130 Abs. 2 Satz 1 AktG, dazu Rz. 37.5 ff.). Für die börsennotierten Gesellschaften ist die Feststellung des Ver-

37.4

---

1 BGH v. 19.5.2015 – II ZR 176/14, AG 2015, 633 Rz. 13 ff.
2 BGH v. 19.9.1994 – II ZR 248/92, AG 1994, 559, 561; OLG Düsseldorf v. 28.3.2003 – 16 U 79/02, AG 2003, 510, 512; *Hüffer/Koch*, § 130 AktG Rz. 1; *Kubis* in MünchKomm. AktG, 4. Aufl. 2018, § 130 AktG Rz. 1; *Hoffmann-Becking* in MünchHdb. AG, § 41 Rz. 1.
3 *Hüffer/Koch*, § 130 AktG Rz. 11; *Austmann* in MünchHdb. AG, § 40 Rz. 53; *Habersack*, Beil. zu ZIP 22/2016, 23, 25; *Hoffmann-Becking* in FS Hellwig, 2010, S. 153, 158 ff.; *Roeckl-Schmidt/Stoll*, AG 2012, 225, 229 f.
4 *Rieckers* in BeckOGK AktG, Stand 1.6.2021, § 133 AktG Rz. 57; *Austmann* in MünchHdb. AG, § 40 Rz. 54; *Hoffmann-Becking*, NZG 2017, 281, 290; a.A. *Spindler* in K. Schmidt/Lutter, § 133 AktG Rz. 49: Wirksamwerden des Beschlusses erst mit Anmeldung zur Eintragung beim zuständigen Gericht.
5 OLG Frankfurt v. 8.11.2012 – 21 W 33/11 – Deutsche Bank, AG 2013, 302, 303.
6 BGH v. 8.11.1993 – II ZR 26/93, AG 1994, 177, 178; LG Hamburg v. 8.6.1995 – 405 O 203/94, WM 1996, 168, 171.

sammlungsleiters über die Beschlussfassung durch das ARUG (I) vom 30.7.2009[7] inhaltlich erweitert worden (§ 130 Abs. 2 Satz 2 AktG). Die Niederschrift hat alle von der Hauptversammlung gefassten Beschlüsse zu enthalten, unabhängig davon, ob es sich um Sach-, Verfahrens- oder Wahlbeschlüsse handelt. Dabei sind nicht nur die positiven, d.h. einem Antrag stattgebenden, sondern auch die negativen bzw. ablehnenden Beschlüsse aufzunehmen[8]. Weitere Pflichtangaben betreffen bestimmte **Minderheitsverlangen** (§ 130 Abs. 1 Satz 2 AktG, Rz. 37.18), als unbeantwortet gerügte **Aktionärsfragen** (§ 131 Abs. 5 AktG, Rz. 37.19) sowie zu Protokoll erklärte **Widersprüche** (Rz. 37.20). Es ist dem Notar unbenommen, auch weitere Erklärungen, Umstände und Vorfälle von (potenzieller) Bedeutung zu dokumentieren, z.B. die förmliche Eröffnung und Schließung der Hauptversammlung samt Uhrzeiten, teilnehmende Organmitglieder, die Person sowie die verfahrens- oder ordnungsrechtlichen Anordnungen des Versammlungsleiters usw. (Rz. 37.21). Nachträgliche **Berichtigungen und Ergänzungen** einer bereits abgeschlossenen Niederschrift sind nach Maßgabe von § 44a Abs. 2 Satz 1, 2 oder 3 BeurkG zulässig (Rz. 37.22).

b) Ort und Tag der Verhandlung

37.5 Zu den Pflichtangaben der Niederschrift zählen der Ort und der Tag der Verhandlung. Als Ortsangabe genügt die **politische Gemeinde**. Die weitergehende Bezeichnung des Versammlungslokals nach Straße und Hausnummer ist üblich, aber nicht erforderlich[9]. Der Tag der Verhandlung meint das **Kalenderdatum**. Eine Bezeichnung auch des Wochentags (z.B. Montag) ist entbehrlich. Bei **mehrtägiger Hauptversammlung** sind sämtliche Kalendertage anzugeben. Außerdem soll es erforderlich sein, die einzelnen Beschlüsse einer mehrtägigen Hauptversammlung einem konkreten Kalendertag zuzuordnen[10]. Nicht erforderlich ist hingegen die Angabe einer **Uhrzeit**, und zwar weder für den Beginn oder das Ende der Hauptversammlung noch für die Fassung oder die Feststellung der einzelnen Beschlüsse[11]. Gleichwohl sind Uhrzeitangaben in der Praxis üblich und sinnvoll.

c) Name des Notars

37.6 Anzugeben ist ferner der Name des Notars. Hierfür genügt in der Regel der **Familienname**. Der Vorname ist entbehrlich, es sei denn, es besteht Verwechslungsgefahr[12]. § 130 Abs. 4 Satz 1 AktG verlangt überdies, d.h. als gesondertes Erfordernis, eine eigenhändige **Unterschrift** des Notars (siehe dazu Rz. 37.24 ff.). Daraus schließt die h.M., dass die Unterschrift des Notars nicht zugleich als Namensangabe dienen kann – auch nicht bei eindeutiger Lesbarkeit[13]. Dem ist nicht beizutreten. Die Namensangabe bezweckt, dass der Notar als Aussteller der Urkunde eindeutig identifiziert werden kann. Dieser Zweck ist auch bei lesbarer Unterschrift erreicht, ebenso bei Aufnahme in die Urkundenrolle oder Verwendung eines Briefkopfs[14].

---

7 BGBl. I 2009, 2479.
8 *Hüffer/Koch*, § 130 AktG Rz. 2; *Kubis* in MünchKomm. AktG, 4. Aufl. 2018, § 130 AktG Rz. 4; *Ziemons* in K. Schmidt/Lutter, § 130 AktG Rz. 12.
9 *Herrler* in Grigoleit, § 130 AktG Rz. 34, a.A. *Drinhausen* in Hölters, § 130 AktG Rz. 27.
10 *Hüffer/Koch*, § 130 AktG Rz. 15; *Kubis* in MünchKomm. AktG, 4. Aufl. 2018, § 130 AktG Rz. 45; *Grumann/Gillmann*, NZG 2004, 839, 840; *Sigel/Schäfer*, BB 2005, 2137, 2141; a.A. *Noack/Zetzsche* in KölnKomm. AktG, 3. Aufl. 2011, § 130 AktG Rz. 100.
11 *Noack/Zetzsche* in KölnKomm. AktG, 3. Aufl. 2011, § 130 AktG Rz. 99; a.A. (auch Uhrzeit des Versammlungsbeginns) *Kubis* in MünchKomm. AktG, 4. Aufl. 2018, § 130 AktG Rz. 45; noch strenger (auch Uhrzeit des Versammlungsendes) *Drinhausen* in Hölters, § 130 AktG Rz. 27.
12 *Pöschke/Vogel* in Reichert, ArbeitsHdb. HV, § 13 Rz. 39.
13 *Hüffer/Koch*, § 130 AktG Rz. 16; *Kubis* in MünchKomm. AktG, 4. Aufl. 2018, § 130 AktG Rz. 46; *Wicke* in BeckOGK AktG, Stand 1.6.2021, § 130 AktG Rz. 60; *Sigel/Schäfer*, BB 2005, 2137, 2141.
14 *Noack/Zetzsche* in KölnKomm. AktG, 3. Aufl. 2011, § 130 AktG Rz. 102.

d) Abstimmungsart

Zur Abstimmungsart gehören sowohl die Form der Ausübung des Stimmrechts i.S.v. § 134 Abs. 4 AktG als auch weitere Modalitäten der Stimmenabgabe und -auszählung[15]. Es ist daher festzuhalten, welcher **Abstimmungsmodus** gewählt wurde (Additionsverfahren, reguläres Subtraktionsverfahren, umgekehrtes Subtraktionsverfahren, siehe Rz. 36.64, 36.67), wie bzw. mittels welchen Mediums die Stimmen **abgegeben** wurden (z.B. durch Zuruf, Einsammeln von Stimmkarten oder Stimmabschnitten, elektronische Stimmabgabe, siehe hierzu ebenfalls Rz. 36.64) und auch wie sie **ausgezählt** wurden (z.B. durch Stimmenzähler, manuell oder mithilfe der EDV)[16]. Darüber hinaus befürwortet die h.M., dass auch etwaige Hinweise des Versammlungsleiters auf **Stimmverbote** zur Abstimmungsart i.S.v. § 130 Abs. 2 Satz 1 AktG gehören sollen – und dementsprechend ihrerseits beurkundungspflichtig sein sollen[17]. Das trifft in dieser Schärfe nicht zu. Richtig ist vielmehr, dass Hinweise des Versammlungsleiters auf Stimmverbote an der Protokollierung teilhaben sollten, dies aber nur im Interesse einer weiter verstandenen Vollständigkeit und Verständlichkeit der Niederschrift; sie zählen jedoch nicht zur Abstimmungsart i.S.d. Norm und somit nicht zu den unentbehrlichen Pflichtangaben[18]. Dies hat zur Folge, dass eine nur in diesem spezifischen Punkt (Stimmverbote) lückenhafte Niederschrift kein Nichtigkeitsgrund i.S.v. § 241 Nr. 2 AktG ist[19].

37.7

e) Abstimmungsergebnis

Das Abstimmungsergebnis ist mit der **Anzahl der Ja- und der Nein-Stimmen** in die Niederschrift aufzunehmen, und zwar unabhängig davon, ob der Versammlungsleiter es als solches oder im Rahmen etwaiger erweiterter Feststellungen nach § 130 Abs. 2 Satz 2 AktG auch verkündet. Bloße Prozentzahlen genügen zur ordnungsgemäßen Beurkundung des Abstimmungsergebnisses nicht. Die Angabe nur von Prozentzahlen begründet daher einen Beurkundungsmangel i.S.v. § 241 Nr. 2 AktG. Dieser führt allerdings ausnahmsweise dann nicht zur Nichtigkeit, wenn sich das zahlenmäßige Ergebnis so errechnen lässt, dass danach keine Zweifel über die Ablehnung oder Annahme des Antrags und die Ordnungsmäßigkeit der Beschlussfassung verbleiben[20].

37.8

Das Abstimmungsergebnis wird von der Gesellschaft bzw. von deren Dienstleistern ermittelt. Der Notar darf sich für die Pflichtangabe in seiner Urkunde auf das solchermaßen ermittelte Ergebnis verlassen. **Eigene Wahrnehmungen** des Notars sind insoweit – anders als z.B. zum angeordneten und praktizierten Abstimmungsmodus – *nicht* erforderlich. Der Notar muss die Stimmen also nicht etwa selbst auszählen. Ebenso wenig muss er die Auszählung verfolgen oder sie gar überwachen, auch nicht die dafür etwa erforderliche physische Verbringung der eingesammelten Stimmkarten in einen anderen Raum[21]. Es ist daher rechtlich unbedenklich, wenn er sich auch in dieser Phase der Hauptversammlung im Versammlungsraum aufhält.

37.9

In der Praxis ist es allerdings **üblich**, dass der Notar sich eine zur Stimmenauszählung eingesetzte EDV vor Beginn der Versammlung erläutern und vorführen lässt – und dann in seine Urkunde den Hinweis

37.10

---

15 *Hüffer/Koch*, § 130 AktG Rz. 17.
16 OLG Düsseldorf v. 28.3.2003 – 16 U 79/02, AG 2003, 510, 511; *Pöschke/Vogel* in Reichert, ArbeitsHdb. HV, § 13 Rz. 40 ff.
17 *Kubis* in MünchKomm. AktG, 4. Aufl. 2018, § 130 AktG Rz. 53.
18 *Drinhausen* in Hölters, § 130 AktG Rz. 30.
19 *Wicke* in BeckOGK AktG, Stand 1.6.2021, § 130 AktG Rz. 66.
20 BGH v. 10.10.2017 – II ZR 375/15, BGHZ 216, 112 = AG 2018, 28 Rz. 43 ff.
21 BGH v. 16.2.2009 – II ZR 185/07 – Kirch/Deutsche Bank, BGHZ 180, 9 = AG 2009, 285 Rz. 16; OLG Düsseldorf v. 28.3.2003 – 16 U 79/02, AG 2003, 510, 511; OLG Frankfurt v. 17.7.2007 – 5 U 229/05 – Deutsche Bank, AG 2007, 672, 673; *Hüffer/Koch*, § 130 AktG Rz. 21; *Noack/Zetzsche* in KölnKomm. AktG, 3. Aufl. 2011, § 130 AktG Rz. 166 f.; *Hoffmann-Becking* in MünchHdb. AG, § 41 Rz. 20; *Krieger*, ZIP 2002, 1597, 1598 ff.; *Reul*, AG 2002, 543, 545 ff.; a.A. OLG Oldenburg v. 30.9.2002 – 1 W 45/02, AG 2002, 682; LG Wuppertal v. 26.2.2002 – 14 O 82/01, AG 2002, 567, 568.

aufnimmt, er habe sich vorab von der Zuverlässigkeit des elektronischen Zählverfahrens überzeugt. Ebenso entspricht es einer verbreiteten Praxis, dass der Notar bei der Stimmenauszählung anwesend ist, sich also für deren Dauer „hinter die Kulissen" begibt.

f) Feststellung der Beschlussfassung

37.11 § 130 Abs. 2 Satz 1 AktG besagt, dass die Niederschrift (auch) die Feststellung des Vorsitzenden über die Beschlussfassung umfassen muss. Daraus geht zweierlei hervor: *Erstens*, dass der Versammlungsleiter eine solche **Feststellung** überhaupt treffen muss – und zwar für jede (positive oder negative) Beschlussfassung der Hauptversammlung, sei es zur Sache oder zur Geschäftsordnung (siehe schon Rz. 37.4). Und *zweitens*, dass eben diese vom Versammlungsleiter getroffene Feststellung zu den **Pflichtangaben in der Niederschrift** zählt.

37.12 Der **Versammlungsleiter** darf seine Feststellung über die Beschlussfassung darauf beschränken, dass die erforderliche Mehrheit erreicht wurde – so jedenfalls und ohne Weiteres in der **börsenfernen AG**. Eine Verkündung des Abstimmungsergebnisses i.S.v. § 130 Abs. 2 Satz 1 AktG ist dazu nicht erforderlich[22]. Sie reicht aber für sich genommen auch nicht aus. Umgekehrt bedarf es aber auch keiner Verlesung des vollen Beschlusswortlauts. Es genügt vielmehr die Feststellung, dass der Beschluss entsprechend dem zur Abstimmung gestellten Beschlussvorschlag bzw. Beschlussantrag mit der erforderlichen Mehrheit zustande gekommen ist[23]. Es ist auch eine **zusammenfassende Feststellung** zulässig, etwa dahin, dass die Hauptversammlung sämtliche zur Abstimmung gestellten Beschlussanträge mit der jeweils erforderlichen Mehrheit angenommen hat. Nicht notwendig ist es hingegen, in der Feststellung die erforderliche oder sogar die erreichte Mehrheit auch zu benennen. Ebenso wenig, in der Feststellung sprachlich zwischen einer Stimmenmehrheit und einer etwa daneben erforderlichen Kapitalmehrheit zu unterscheiden – wenngleich dies in der Praxis häufig geschieht.

37.13 Demgegenüber muss in der **börsennotierten AG** die Feststellung des Versammlungsleiters im gesetzlichen Regelfall umfangreicher ausfallen. Sie muss dann namentlich auch die **Zahl der Aktien** umfassen, für die gültige Stimmen abgegeben worden sind (§ 130 Abs. 2 Satz 2 Nr. 1 AktG). Das ist die Gesamtzahl der Aktien, für die gültig mit Ja oder Nein gestimmt worden ist – sei es von (physisch) anwesenden Aktionären oder Aktionärsvertretern, von Online-Teilnehmern oder auch durch Briefwähler[24]. Enthaltungen spielen *hierfür* keine Rolle. Dies deshalb nicht, weil sie keine Stimmabgaben sind, sondern ein Nichtgebrauch des Stimmrechts und somit das genaue Gegenteil (Rz. 36.63). Ferner muss der Versammlungsleiter im Regelfall den durch die gültigen Stimmen vertretenen **Anteil des Grundkapitals** nennen (§ 130 Abs. 2 Satz 2 Nr. 2 AktG). Als Bezugsgröße dafür dient das eingetragene (nicht also: das vertretene) Grundkapital[25]. Dies ist durch die Aktienrechtsnovelle 2016 vom 22.12.2015 klargestellt worden[26]. Und schließlich ist im Regelfall auch die **Gesamtzahl der Ja- und der Nein-Stimmen** festzustellen, die nach dem Additions- oder Subtraktionsverfahren zu den verschiedenen Anträgen abgegeben worden sind (§ 130 Abs. 2 Satz 2 Nr. 3 AktG)[27]. Etwaige Stimmenthaltungen sind *an dieser Stelle* ebenfalls aufzunehmen, allerdings nur dann, wenn es auf sie ankommt – namentlich also bei der Anwendung des regulären oder umgekehrten Subtraktionsverfahrens[28].

---

22 A.A. wohl *Kubis* in MünchKomm. AktG, 4. Aufl. 2018, § 130 AktG Rz. 68.
23 BayObLG v. 16.11.1972 – BReg 2 Z 64/72, NJW 1973, 250, 253 = AG 1973, 65; *Hüffer/Koch*, § 130 AktG Rz. 22 f.; *Reger* in Bürgers/Körber/Lieder, § 130 AktG Rz. 17; *Pöschke/Vogel* in Reichert, ArbeitsHdb. HV, § 13 Rz. 54.
24 *Reger* in Bürgers/Körber/Lieder, § 130 AktG Rz. 17a.
25 *Hüffer/Koch*, § 130 AktG Rz. 23a; *Reger* in Bürgers/Körber/Lieder, § 130 AktG Rz. 17a; *Arnold/Carl/Götze*, AG 2011, 349, 357; *Merkner/Sustmann*, NZG 2010, 568, 569 f.; a.A. *Deilmann/Otte*, BB 2010, 722 f.
26 BGBl. I 2015, 2565.
27 LG München I v. 30.8.2012 – 5 HK O 1378/12, AG 2013, 138, 139.
28 Begr. RegE ARUG, BT-Drucks. 16/11642, S. 32; *Drinhausen* in Hölters, § 130 AktG Rz. 35; *Hüffer/Koch*, § 130 AktG Rz. 23a; *DAV-Handelsrechtsausschuss*, NZG 2008, 534, 538 Rz. 45; *Deilmann/Otte*, BB 2010, 722, 723.

Es ist jedoch auch in der börsennotierten AG zulässig, dass der Versammlungsleiter von erweiterten Feststellungen i.S.v. § 130 Abs. 2 Satz 2 AktG absieht und sich auf eine **kurze Feststellung** beschränkt – wie sie für die börsenferne AG den Regelfall darstellt (siehe Rz. 37.12). Das setzt nur voraus, dass kein Aktionär eine umfassende Feststellung verlangt (§ 130 Abs. 2 Satz 3 AktG) – oder gleichsinnig: dass kein Aktionär der verkürzten Feststellung widerspricht. Der Versammlungsleiter ist nicht verpflichtet, auf die Möglichkeit eines solchen Verlangens hinzuweisen[29]. Ein solcher Hinweis ist aber durchaus praxisüblich und vorsorglich zu empfehlen[30]. Das Verlangen nach umfassender Feststellung kann nur bis zur Verkündung der Beschlussergebnisse gestellt werden; ein rückwirkendes Verlangen, nachdem die Feststellung bereits in verkürzter Form erfolgt ist, wäre verspätet[31]. In der Praxis wird eine umfassende Feststellung heute nur noch selten verlangt. Dies beruht auf mehreren Gründen: *Erstens* haben auch die Aktionäre in aller Regel kein Interesse an der zeitraubenden Verlesung langer Zahlenkolonnen. *Zweitens* projizieren die Gesellschaften die Ergebnisse zumeist auf eine Leinwand oder legen sie für die Aktionäre zur Einsicht oder sogar zur Mitnahme aus[32]. Und *drittens* müssen die ausführlichen Abstimmungsergebnisse ohnehin zeitnah auf der **Internetseite** der Gesellschaft veröffentlicht werden (siehe Rz. 37.29). Auf diese Weise ist dem Informationsinteresse der Aktionäre in aller Regel besser gedient.

37.14

Die Erleichterung der verkürzten Beschlussfeststellung betrifft nach dem Gesetzeswortlaut nur den Fall, „dass" (nicht: ob) die erforderliche Mehrheit erreicht wurde. Daraus folgern manche, für **negative bzw. ablehnende Beschlüsse** müsse es in der börsennotierten AG bei umfassenden Feststellungen des Versammlungsleiters i.S.v. § 130 Abs. 2 Satz 2 Nr. 1–3 AktG sowie bei deren umfassender Protokollierung bleiben[33]. Allerdings ist eine solchermaßen restriktive Interpretation des § 130 Abs. 2 Satz 3 AktG weder sprachlich noch teleologisch geboten.

37.15

Für den **Notar** bleibt es dabei, dass er neben einer verkürzten Feststellung des Versammlungsleiters auch sämtliche anderen Basisangaben nach § 130 Abs. 2 **Satz 1** AktG protokollieren muss – einschließlich des dort verlangten (zahlenmäßigen) Abstimmungsergebnisses (siehe Rz. 37.8 ff.)[34]. Demgegenüber ist der Notar nicht verpflichtet, bei verkürzter Feststellung des Versammlungsleiters auch die Zusatzangaben nach § 130 Abs. 2 **Satz 2 Nr. 1–3** AktG zu dokumentieren. Diese sind vielmehr nur dann beurkundungspflichtig, wenn und soweit die Feststellung des Versammlungsleiters sich auch tatsächlich auf sie erstreckt[35].

37.16

Die Feststellung des Versammlungsleiters und ihre Beurkundung sind für den Beschluss der Hauptversammlung **konstitutiv** (siehe schon Rz. 35.8 und 36.68). Dies gilt selbst dann, wenn die Feststellung dem wirklichen Beschlussinhalt widerspricht. Etwaige Fehler der Feststellung können nur im Wege der Anfechtungsklage korrigiert werden (§ 241 Nr. 5, §§ 243 ff. AktG)[36]. Bis zum Ende der Hauptversammlung kann der Versammlungsleiter etwaige Fehler bei der Feststellung allerdings noch selbst berichtigen[37]. Angesichts der Bedeutung seiner Feststellung ist der Versammlungsleiter befugt, abgegebene Stimmen auf Gültigkeit zu prüfen, z.B. mit Blick auf ein etwaiges Stimmverbot nach § 111b Abs. 4

37.17

---

29 *Noack/Zetzsche* in KölnKomm. AktG, 3. Aufl. 2011, § 130 AktG Rz. 215; *Wicke* in BeckOGK AktG, Stand 1.6.2021, § 130 AktG Rz. 75.
30 *Reger* in Bürgers/Körber/Lieder, § 130 AktG Rz. 17b; *Deilmann/Otte*, BB 2010, 722, 724.
31 *Wicke* in BeckOGK AktG, Stand 1.6.2021, § 130 AktG Rz. 75; *Allmendinger*, DNotZ 2012, 164, 167; *Bosse*, NZG 2009, 807, 810; ähnlich *Noack/Zetzsche* in KölnKomm. AktG, 3. Aufl. 2011, § 130 AktG Rz. 213 (bis zum Beginn der Stimmenzählung; a.A. (nachträgliches Verlangen) *Herrler* in Grigoleit, § 130 AktG Rz. 47; *Hüffer/Koch*, § 130 AktG Rz. 23b; *Kubis* in MünchKomm. AktG, 4. Aufl. 2018, § 130 AktG Rz. 69; *Ziemons* in K. Schmidt/Lutter, § 130 AktG Rz. 33; *Grobecker*, NZG 2010, 165, 169.
32 *Deilmann/Otte*, BB 2010, 722, 724; *Leitzen*, ZIP 2010, 1065, 1068.
33 *Hüffer/Koch*, § 130 AktG Rz. 23b; *Butzke*, HV, E Rz. 117; *Wettich*, NZG 2011, 721, 727.
34 *Hüffer/Koch*, § 130 AktG Rz. 23b.
35 *Noack/Zetzsche* in KölnKomm. AktG, 3. Aufl. 2011, § 130 AktG Rz. 209.
36 *Hüffer/Koch*, § 130 AktG Rz. 22; *Kubis* in MünchKomm. AktG, 4. Aufl. 2018, § 130 AktG Rz. 62.
37 *Noack/Zetzsche* in KölnKomm. AktG, 3. Aufl. 2011, § 130 AktG Rz. 193.

Satz 2, § 136 Abs. 1, § 142 Abs. 1 Satz 2 und 3, § 285 Abs. 1 Satz 2 und 3 AktG (siehe dazu Rz. 36.46) oder auf einen etwaigen Rechtsverlust nach § 20 Abs. 7 AktG, § 44 WpHG, § 59 Satz 1 WpÜG (siehe dazu Rz. 36.48)[38].

g) Minderheitsverlangen

37.18 Die Niederschrift umfasst, sofern gestellt, die in § 130 Abs. 1 Satz 2 AktG aufgeführten Minderheitsverlangen nach **Einzelentlastung** (§ 120 Abs. 1 Satz 2 AktG) und nach **vorrangiger Abstimmung über aktionärsseitige Wahlvorschläge** (§ 137 AktG).

h) Auskunftsverweigerung

37.19 Wird einem Aktionär eine Auskunft verweigert, so kann er verlangen, dass seine **Frage** und der vom Vorstand genannte **Verweigerungsgrund** in die Niederschrift aufgenommen werden (§ 131 Abs. 5 AktG, siehe schon Rz. 36.31). Die Frage ist auf Verlangen auch dann zu protokollieren, wenn sie ohne Angabe eines Grundes unbeantwortet bleibt[39]. In der Praxis werden meist auch solche Fragen protokolliert, die nach Ansicht des Aktionärs lediglich unzureichend beantwortet worden sind – bei denen also die erteilte Antwort entweder die Frage nur teilweise abdeckt oder aber qualitativ hinter den Erwartungen des Aktionärs zurückbleibt[40]. Während der Aufnahme der Fragen kann die Hauptversammlung z.B. mit den Abstimmungen fortgesetzt werden[41]. Bei umfangreichen Fragen kann der Notar den Aktionär auffordern, seine Fragen schriftlich zu übergeben; die Gesellschaft kann ihm zu diesem Zweck eine Schreibhilfe zur Verfügung stellen[42]. Sonstige Ausführungen des Aktionärs müssen nicht in die Niederschrift aufgenommen werden[43].

i) Widerspruch

37.20 Zu beurkunden ist jeder von einem Aktionär zu Protokoll erklärte Widerspruch. Dabei handelt es sich in der Regel um den Widerspruch gegen einen von der Hauptversammlung gefassten Beschluss, der eine etwaige **spätere Anfechtungsklage** ermöglichen soll (§ 245 Nr. 1 AktG). Als Widerspruch ist jede Erklärung anzusehen, mit welcher der Aktionär zum Ausdruck bringt, dass er mit dem Beschluss nicht einverstanden ist und ihn nicht hinnehmen will[44]; näher dazu Rz. 36.74. Widersprüche sind im Gesetz außerdem noch erwähnt beim Verzicht auf bzw. beim Vergleich über bestimmte Ersatzansprüche (§ 50 Satz 1, § 93 Abs. 4 Satz 3, § 116 Satz 1, § 302 Abs. 3 Satz 3, § 309 Abs. 3 Satz 1, § 310 Abs. 4, § 317 Abs. 4 AktG), bei der Wahl des Abschlussprüfers (§ 318 Abs. 3 Satz 2 HGB) sowie bei Umwandlungsbeschlüssen (§§ 29, 125, 207 UmwG).

j) Sonstige Inhalte

37.21 Der Notar ist nur verpflichtet, die im Gesetz ausdrücklich vorgesehenen Vorgänge zu beurkunden. Er kann aber freiwillig **weitere (potenziell) beschlusserhebliche und auch sonstige ihm wichtig erscheinende Vorfälle** in das Protokoll aufnehmen. Dies empfiehlt sich z.B. bei den folgenden Punkten: förmliche Eröffnung und Schließung der Hauptversammlung samt Uhrzeiten, teilnehmende Organmitglieder, Person des Versammlungsleiters, Feststellungen des Versammlungsleiters zur Ordnungsmäßigkeit der Einberufung der Hauptversammlung, Erstellung, Auslage und Aktualisierung des Teilnehmerverzeichnisses, Beschränkungen des Teilnahmerechts von Aktionären, Beschränkungen des Frage- und

---

38 *Hüffer/Koch*, § 130 AktG Rz. 22; *Drinhausen/Marsch-Barner*, AG 2014, 757, 760 ff.
39 *Pöschke/Vogel* in Reichert, ArbeitsHdb. HV, § 13 Rz. 58; *Krieger* in FS Priester, 2007, S. 387, 392 f.
40 Dazu *Krieger* in FS Priester, 2007, S. 387, 397 f.
41 *Krieger* in FS Priester, 2007, S. 387, 402.
42 *Hüffer/Koch*, § 131 AktG Rz. 77; *Krieger* in FS Priester, 2007, S. 387, 403 f.
43 *Hüffer/Koch*, § 130 AktG Rz. 4; *Wilhelmi*, BB 1987, 1331, 1334.
44 *Pöschke/Vogel* in Reichert, ArbeitsHdb. HV, § 13 Rz. 61.

Rederechts sowie sonstige verfahrens- oder ordnungsrechtliche Maßnahmen des Versammlungsleiters[45].

k) Berichtigung und Ergänzung

Der Notar kann seine bereits abgeschlossene und entäußerte Niederschrift nach Maßgabe von § 44a Abs. 2 Satz 1, 2 oder 3 BeurkG nachträglich berichtigen oder ergänzen, z.B. um eine zunächst unterbliebene Pflichtangabe zum Abstimmungsmodus (Additionsverfahren, reguläres Subtraktionsverfahren, umgekehrtes Subtraktionsverfahren, siehe dazu Rz. 37.7). Dabei ist **keine Mitwirkung** des Versammlungsleiters oder der in der Hauptversammlung vertretenen Aktionäre erforderlich[46]. Die drastische Nichtigkeitsfolge des § 241 Nr. 2 i.V.m. § 130 Abs. 1, 2 Satz 1, Abs. 4 AktG lässt sich auf diese Weise abwenden (siehe Rz. 37.25). 37.22

4. Anlagen zur Niederschrift

Gemäß § 130 Abs. 3 AktG sind der Niederschrift die Belege über die **Einberufung** der Hauptversammlung als Anlagen beizufügen. Das Gleiche gilt für **Verträge**, die zu ihrer Wirksamkeit der Zustimmung der Hauptversammlung bedürfen (vgl. z.B. § 293g Abs. 2 Satz 2 AktG zum Beherrschungs- und Gewinnabführungsvertrag und § 17 Abs. 1 UmwG zum Verschmelzungsvertrag). Häufig werden auch **Fragen**, die ein Aktionär als unbeantwortet ansieht, dem Protokoll als Anlage beigefügt[47]. 37.23

5. Unterschrift des Notars

Der Notar muss seine Niederschrift eigenhändig unterschreiben (§ 130 Abs. 4 Satz 1 AktG). Dies muss er aber nicht schon „in" bzw. während der Hauptversammlung tun[48]. Im Gegenteil: Es liegt sogar nahe, die förmliche Schließung der Hauptversammlung abzuwarten und diese ebenfalls zu dokumentieren (obschon die Schließung nur zu den empfehlenswerten sonstigen Inhalten der Urkunde zählt, siehe Rz. 37.21). Daraus folgt, dass eine nachträgliche Unterzeichnung der Niederschrift aus praktischer Sicht nicht etwa die Ausnahme ist, sondern der Regelfall. Eine gewisse **zeitliche Nähe** zwischen der Hauptversammlung und der Leistung der Unterschrift fordert das Gesetz allenfalls mittelbar, nämlich über das gesonderte Erfordernis unverzüglicher Einreichung zum Handelsregister (§ 130 Abs. 5 AktG). Diese Pflicht trifft allerdings nicht den Notar, sondern den Vorstand. Sie hängt somit ihrerseits davon ab, wann der Notar seine Urkunde fertigstellt (siehe Rz. 37.28). Dem entspricht es, dass der Notar seine Unterschrift auch noch deutlich später leisten kann, ggf. auch erst nach mehreren Tagen oder Wochen, im Ergebnis sogar unbefristet[49]. Empfehlenswert ist aber, die Unterschrift kurzfristig zu leisten, um das Risiko späterer Verhinderung gering zu halten[50]. Auch darf der Notar die Wirksamkeit eines Hauptversammlungsbeschlusses nicht grundlos in der Schwebe lassen[51]. **Zeugen** muss der Notar nicht hinzuziehen (§ 130 Abs. 4 Satz 2 AktG). 37.24

In der Praxis geht der Notar oft in mehreren Schritten vor: *Erstens* erhält er vorab den Hauptleitfaden des Versammlungsleiters (Rz. 34.7). So ist es ihm möglich, schon vor der Hauptversammlung ein Ge- 37.25

---

45 Näher *Kubis* in MünchKomm. AktG, 4. Aufl. 2018, § 130 AktG Rz. 71; *Mülbert* in Großkomm. AktG, 5. Aufl. 2017, § 130 AktG Rz. 31; *Butzke*, HV, N Rz. 33; *Bezzenberger* in FS Schippel, S. 361, 376 ff.; *Schulte*, AG 1985, 33, 39.
46 BGH v. 10.10.2017 – II ZR 375/15, BGHZ 216, 112 = AG 2018, 28 Rz. 20 ff.; dazu *Drescher* in FS 25 Jahre DNotI, 2018, S. 443; *Herrler*, NJW 2018, 585.
47 *Hüffer/Koch*, § 130 AktG Rz. 11; *Kubis* in MünchKomm. AktG, 4. Aufl. 2018, § 130 AktG Rz. 19; *Ziemons* in K. Schmidt/Lutter, § 130 AktG Rz. 80; *Pöschke/Vogel* in Reichert, ArbeitsHdb. HV, § 13 Rz. 79.
48 *Hüffer/Koch*, § 130 AktG Rz. 26.
49 BGH v. 16.2.2009 – II ZR 185/07 – Kirch/Deutsche Bank, BGHZ 180, 9 = AG 2009, 285 Rz. 14.
50 *Hüffer/Koch*, § 130 AktG Rz. 26.
51 OLG Stuttgart v. 10.1.2014 – 20 U 8/13, AG 2015, 283, 284 f.

rüst seiner späteren Niederschrift anzufertigen[52]. *Zweitens* überarbeitet und ergänzt er dieses Gerüst sodann während der Hauptversammlung mittels handschriftlicher oder auch elektronischer Notizen. Dabei kann er sich auch unleserlicher Kürzel oder eines Protokollanten bedienen[53]. *Drittens* unterzeichnet der Notar dieses Dokument nach der Hauptversammlung. Dies geschieht aber nur vorsorglich für den Fall, dass er unerwartet handlungsunfähig wird oder verstirbt. Dem entspricht es, dass nur eine **provisorische Urkunde** entsteht, die der Notar noch nicht vorbehaltlos in den Rechtsverkehr gibt. Der *vierte* und letzte Schritt ist, dass der Notar, oftmals erst im Lauf der nächsten Tage, seine **Reinschrift** erstellt. Dabei ist unbedenklich, wenn er kraft eigener Erinnerung den Text des Provisoriums ergänzt oder auch ändert[54]. Erst diese Reinschrift ist dann die finale Urkunde i.S.d. § 130 Abs. 1 Satz 1 AktG; das provisorische Protokoll verliert seine Wirksamkeit[55]. Diese Praxis stand trotz ihrer Verbreitung vorübergehend in der Kritik, und zwar aus strafrechtlicher Sicht unter dem Gesichtspunkt der Urkundenunterdrückung bzw. der Urkundenvernichtung (§ 274 Abs. 1 Nr. 1 StGB). Namentlich das OLG Frankfurt erblickte hierin ein strafrechtlich relevantes Verhalten[56]. Dies allerdings zu Unrecht: Schon nach damals h.M. galt, dass es weder aktien- noch beurkundungs- noch strafrechtlich zu beanstanden ist, wenn der Notar sein von der Reinschrift abgelöstes provisorisches Protokoll „entsorgt"[57]. Zu diesem Ergebnis gelangte später auch der BGH in der Sache „Kirch/Deutsche Bank"[58].

37.26   In den Hauptversammlungen großer Gesellschaften werden bisweilen **zwei Notare** tätig. Dies ist unbedenklich, wenn der beurkundende Notar einen Kollegen zu seiner Unterstützung hinzuzieht, z.B. um Widersprüche oder unbeantwortete Fragen zu notieren[59]. Eine Beurkundung der gefassten Beschlüsse durch mehrere Notare ist zwar ebenfalls denkbar, wegen der Gefahr unterschiedlicher Wahrnehmungen aber nicht angebracht[60].

6. Mängel der Niederschrift

37.27   Gemäß § 241 Nr. 2 AktG sind Beschlüsse **nichtig**, die nicht nach § 130 Abs. 1, 2 Satz 1, Abs. 4 AktG beurkundet sind. Das bedeutet, die Nichtigkeitsfolge greift nur, wenn entweder eine Urkunde insgesamt fehlt oder wenn sie die in § 130 Abs. 1, 2 Satz 1, Abs. 4 AktG genannten Pflichtangaben vermissen lässt: Ort und Tag der Verhandlung, den Namen des Notars, die Art und das Ergebnis der Abstimmung, die (Basis-)Feststellung des Versammlungsleiters über die Beschlussfassung oder die Unterschrift des Notars. Dabei sind allerdings **mehrere Einschränkungen** zu beachten: *Erstens* ist es denkbar, dass zwar das zahlenmäßige Abstimmungsergebnis fehlt, dieses sich aber aus prozentualen Angaben herleiten lässt. Dies mit der Folge, dass keine Zweifel über die Ablehnung oder die Annahme des Antrags und die Ordnungsmäßigkeit der Beschlussfassung verbleiben. Der BGH geht inzwischen davon aus, dass in dieser Konstellation die Nichtigkeitsfolge ausbleibt (siehe auch Rz. 37.8)[61]. *Zweitens* ist zu sehen, dass der Notar seine Urkunde auch mit zeitlichem Abstand zur Hauptversammlung erstellen und unterschreiben darf, im Ergebnis sogar unbefristet (siehe schon Rz. 37.24). Nichtigkeit tritt erst

---

52 *Wicke* in BeckOGK AktG, Stand 1.6.2021, § 130 AktG Rz. 42; *Butzke*, HV, N Rz. 22.
53 BGH v. 16.2.2009 – II ZR 185/07 – Kirch/Deutsche Bank, BGHZ 180, 9 = AG 2009, 285 Rz. 9.
54 BGH v. 16.2.2009 – II ZR 185/07 – Kirch/Deutsche Bank, BGHZ 180, 9 = AG 2009, 285 Rz. 9.
55 *Hüffer/Koch*, § 130 AktG Rz. 11.
56 OLG Frankfurt v. 29.11.2006 – 2 Ws 173/05, NJW 2007, 1221; dagegen zu Recht *Bohrer*, NJW 2007, 2019.
57 *Brambring* in FS Lüer, 2008, S. 161 ff.; *Kanzleiter*, DNotZ 2007, 804; *Krieger* in FS Priester, 2007, S. 387, 400 f.; *Maaß*, ZNotP 2005, 50 ff.; *Priester*, DNotZ 2006, 403, 418; *Wolfsteiner*, ZNotP 2005, 376.
58 BGH v. 16.2.2009 – II ZR 185/07 – Kirch/Deutsche Bank, BGHZ 180, 9 = AG 2009, 285 Rz. 7 ff.; ebenso *Hüffer/Koch*, § 130 AktG Rz. 11; *Mülbert* in Großkomm. AktG, 5. Aufl. 2017, § 130 AktG Rz. 33; *Butzke*, HV, N Rz. 22; *Hoffmann-Becking* in FS Hellwig, 2010, S. 153; *Roeckl-Schmidt/Stoll*, AG 2012, 225, 227.
59 *Kubis* in MünchKomm. AktG, 4. Aufl. 2018, § 130 AktG Rz. 14, 21; *Wicke* in BeckOGK AktG, Stand 1.6.2021, § 130 AktG Rz. 43; *Hoffmann-Becking* in MünchHdb. AG, § 41 Rz. 16.
60 *Kubis* in MünchKomm. AktG, 4. Aufl. 2018, § 130 AktG Rz. 14; *Hoffmann-Becking* in MünchHdb. AG, § 41 Rz. 16; a.A. wohl *Wicke* in BeckOGK AktG, Stand 1.6.2021, § 130 AktG Rz. 43.
61 BGH v. 10.10.2017 – II ZR 375/15, BGHZ 216, 112 = AG 2018, 28 Rz. 43 ff.

ein, wenn ihm dies endgültig unmöglich wird[62]. *Drittens*: Der Notar darf, auch noch nach geleisteter Unterschrift und Entäußerung seiner Urkunde, nach Maßgabe von § 44a Abs. 2 Satz 1, 2 oder 3 BeurkG etwa mangelhafte oder fehlende Pflichtangaben berichtigen oder ergänzen (siehe auch Rz. 37.22)[63]. Und schließlich ist – *viertens* – an § 242 AktG zu denken, der für eintragungsbedürftige Beschlüsse eine Heilung der Nichtigkeit in Aussicht stellt. Im Übrigen greift § 241 Nr. 2 AktG nicht, falls (nur) andere als die in § 130 Abs. 1, 2 Satz 1, Abs. 4 AktG bezeichneten Pflichtangaben fehlen – z.B. etwaige erweiterte Feststellungen des Versammlungsleiters nach § 130 Abs. 2 Satz 2 Nr. 1–3 AktG (siehe dazu Rz. 37.13). Es kommt in diesem Fall **auch keine Anfechtung** in Betracht. Dies deshalb nicht, weil der Beschluss auf einem nachfolgenden, aber seinerseits nicht konstitutionshindernden Beurkundungsmangel unmöglich beruhen kann. Insoweit ist § 130 Abs. 2 Satz 2 Nr. 1–3 AktG eine weitgehend sanktionslose Ordnungsvorschrift[64].

7. Einreichung der Niederschrift

Das **Original** der notariellen Niederschrift bleibt beim Notar (§ 45 Abs. 1 BeurkG). Eine **Ausfertigung** ist mit sämtlichen Anlagen unverzüglich zum Handelsregister einzureichen (§ 130 Abs. 5 AktG). Verpflichtet dazu ist der **Vorstand**. Er muss die Einreichung aber nicht eigenhändig vornehmen. Die Einreichung durch den Notar (im Auftrag bzw. auf Geheiß des Vorstands) ist daher üblich und unbedenklich. Die **Frist** für die Einreichung („unverzüglich") ist nicht fix bemessen. Sie wird daher auch gewahrt, wenn die Fertigstellung der Reinschrift (aufgrund ihres Umfangs und mit Rücksicht auf die sonstige Auslastung des Notars) erst einige Tage oder sogar Wochen nach der Versammlung abgeschlossen werden kann und sich die Einreichung (nur) dadurch verzögert (siehe Rz. 37.24). Die Aktionäre können die Niederschrift über das gemeinsame Registerportal der Länder (www.handelsregister.de) elektronisch abrufen und beim Registergericht eine beglaubigte oder unbeglaubigte **Abschrift** anfordern (§ 9 Abs. 1 und 2 HGB).

III. Veröffentlichung der Abstimmungsergebnisse

Börsennotierte Gesellschaften müssen innerhalb von sieben Tagen nach der Hauptversammlung die Abstimmungsergebnisse auf ihrer **Internetseite** veröffentlichen (§ 130 Abs. 6 AktG). Die **Frist** berechnet sich dabei nach §§ 187 ff. BGB und nicht nach § 121 Abs. 7 AktG, da es sich nicht um eine von der Hauptversammlung zurückzurechnende Frist handelt[65]. Sie lässt dem Aktionär genug Zeit, um eine etwaige Anfechtungsklage vorzubereiten und innerhalb der Monatsfrist des § 246 Abs. 1 AktG zu erheben. Die Pflicht zur Veröffentlichung der Abstimmungsergebnisse gilt nach dem Gesetzeswortlaut für Sach- und etwaige Verfahrensbeschlüsse gleichermaßen[66]. In der Praxis wird die gesetzliche Frist nur selten ausgeschöpft. Die meisten Gesellschaften veröffentlichen die Abstimmungsergebnisse schon unmittelbar nach ihrer Hauptversammlung, spätestens jedoch am nächsten Tag. Eine verspätete, unvollständige oder gar völlig unterbliebene Veröffentlichung nach § 130 Abs. 6 AktG spielt für die Rechtmäßigkeit und für den Bestand der Hauptversammlungsbeschlüsse keine Rolle; insbesondere führt sie weder zur Nichtigkeit noch zur Anfechtbarkeit der Beschlüsse[67]. Ebenso wenig hat sie zur Folge, dass sich die Monatsfrist zur Erhebung von Anfechtungsklagen gegen diese Beschlüsse verlängern würde.

---

62 BGH v. 16.2.2009 – II ZR 185/07 – Kirch/Deutsche Bank, BGHZ 180, 9 = AG 2009, 285 Rz. 14.
63 BGH v. 10.10.2017 – II ZR 375/15, BGHZ 216, 112 = AG 2018, 28 Rz. 20 ff.
64 *Hüffer/Koch*, § 130 AktG Rz. 23a; *Allmendinger*, DNotZ 2012, 164 ff.
65 *Drinhausen* in Hölters, § 130 AktG Rz. 46.
66 *Hüffer/Koch*, § 130 AktG Rz. 29a; *Butzke*, HV, N Rz. 42; für eine Beschränkung auf Sachbeschlüsse: *Kubis* in MünchKomm. AktG, 4. Aufl. 2018, § 130 AktG Rz. 80; *Noack/Zetzsche* in KölnKomm. AktG, 3. Aufl. 2011, § 130 AktG Rz. 390.
67 *Kubis* in MünchKomm. AktG, 4. Aufl. 2018, § 130 AktG Rz. 80.

IV. Stenografisches Protokoll

37.30 Bei Publikumsgesellschaften war es lange Zeit üblich, von jeder Hauptversammlung ein vollständiges stenografisches Protokoll zu erstellen. Diese Übung wurde aufgegeben, als die Rechtsprechung die Gesellschaften für verpflichtet erklärte, auf Wunsch jedem Aktionär gegen Erstattung der Selbstkosten einen **Protokollauszug** mit seinen Wortbeiträgen und den zugehörigen Antworten und Stellungnahmen des Vorstands zu übersenden[68]. Dies umso mehr, als einige Aktionäre sich pauschal die Fragen aller anderen Redner zu eigen zu machen – was freilich für einen Anspruch auf Protokollauszüge eben dieser anderen Fragen und Beiträge nicht genügen dürfte[69]. Einen Anspruch auf vollständige Abschrift eines stenografischen Protokolls hat der BGH ausdrücklich verneint. Offen hat er gelassen, ob ein Anspruch auf Abschrift auch bei bloßem Widerspruch besteht. Bejaht man einen solchen Anspruch, beschränkt sich die Abschrift auf den Widerspruch als solchen und die etwaigen Äußerungen der Verwaltung dazu[70].

37.31 Will die Gesellschaft ein stenografisches Protokoll erstellen, kann sie dies **ohne Ankündigung**[71] und **ohne Einwilligung der jeweiligen Redner**[72] tun. Verpflichtet ist die Gesellschaft zu einer solchen Aufzeichnung allerdings nicht, auch nicht auf Verlangen von Aktionären[73].

37.32 Bisweilen lässt der **Notar** zur Unterstützung für seine Niederschrift ein stenografisches Protokoll erstellen. Ein solches Protokoll ist nicht von der Gesellschaft veranlasst; die Aktionäre können deshalb davon keine Auszüge verlangen. Auch **Aktionäre** können – ohne Zustimmung des Versammlungsleiters oder der übrigen Teilnehmer – den Ablauf der Hauptversammlung stenografieren (lassen) und diese Aufzeichnungen Dritten zur Verfügung stellen[74].

V. Bild- und Tonaufzeichnungen

37.33 Bild- und Tonaufnahmen der Hauptversammlung sind grundsätzlich zulässig, wenn sie vom **Versammlungsleiter** angeordnet sind. Allerdings muss eine solche Aufzeichnung als Eingriff in das Persönlichkeitsrecht der Betroffenen vorher offengelegt werden. Dabei sind die Aktionäre darauf hinzuweisen, dass sie die **Unterbrechung der Aufzeichnung** während ihres Redebeitrags verlangen können[75]. Für die Erteilung von Kopien gelten die Regeln zum stenografischen Protokoll entsprechend (siehe

---

68 BGH v. 19.9.1994 – II ZR 248/92, AG 1994, 559, 563; *Hoffmann-Becking* in MünchHdb. AG, § 36 Rz. 56; *Max*, AG 1991, 77, 83 f.; a.A. OLG München v. 23.9.1992 – 7 U 3015/92, AG 1993, 186 f. als Vorinstanz; siehe dazu auch *Gehrlein*, WM 1994, 2054, 2056 f.
69 *Kubis* in MünchKomm. AktG, 4. Aufl. 2018, § 130 AktG Rz. 105; *Wicke* in BeckOGK AktG, Stand 1.6.2021, § 130 AktG Rz. 92; *Butzke*, HV, N Rz. 47.
70 *Reger* in Bürgers/Körber/Lieder, § 130 AktG Rz. 37; *Butzke*, HV, N Rz. 47.
71 *Wicke* in BeckOGK AktG, Stand 1.6.2021, § 130 AktG Rz. 91; *Butzke*, HV, N Rz. 44; *Martens*, Leitfaden, S. 49; a.A. *Steiner*, § 8 Rz. 4.
72 *Kubis* in MünchKomm. AktG, 4. Aufl. 2018, § 130 AktG Rz. 101; *Wicke* in BeckOGK AktG, Stand 1.6.2021, § 130 AktG Rz. 91; *Martens*, Leitfaden, S. 49; *Max*, AG 1991, 77, 83.
73 BGH v. 19.9.1994 – II ZR 248/92, AG 1994, 559, 561; OLG Hamburg v. 12.1.2001 – 11 U 162/00, AG 2001, 359, 363; *Hüffer/Koch*, § 130 AktG Rz. 33.
74 BGH v. 19.9.1994 – II ZR 248/92, AG 1994, 559, 563; LG München I v. 16.8.2007 – 5 HK O 17682/06, EWiR 2008, 33 m. Anm. *Jungmann*; *Kubis* in MünchKomm. AktG, 4. Aufl. 2018, § 130 AktG Rz. 100; *Wicke* in BeckOGK AktG, Stand 1.6.2021, § 130 AktG Rz. 91.
75 BGH v. 19.9.1994 – II ZR 248/92, AG 1994, 559, 560; *Hüffer/Koch*, § 130 AktG Rz. 33; *Kubis* in MünchKomm. AktG, 4. Aufl. 2018, § 130 AktG Rz. 101; *Mülbert* in Großkomm. AktG, 5. Aufl. 2017, § 129 AktG Rz. 268.

Rz. 37.30). Bild- und Tonaufzeichnungen **Dritter**, z.B. von Aktionären, bedürfen nicht nur der Zustimmung jedes Redners, sondern müssen auch vom Versammlungsleiter zugelassen werden[76]. In der Regel werden solche Aufzeichnungen ausdrücklich untersagt. Davon zu unterscheiden ist die bloße **Übertragung** der Hauptversammlung in Bild oder Ton, sei es nach außen, in das Backoffice oder in etwaige Nebenräume des Präsenzbereichs (siehe dazu Rz. 35.57 f.).

---

[76] BGH v. 19.9.1994 – II ZR 248/92, AG 1994, 559, 561; *Hoffmann-Becking* in MünchHdb. AG, § 37 Rz. 53; *Martens*, Leitfaden, S. 55; *Pöschke/Vogel* in Reichert, ArbeitsHdb. HV, § 13 Rz. 101; einschränkend: *Kubis* in MünchKomm. AktG, 4. Aufl. 2018, § 130 AktG Rz. 100.

8. Kapitel
Rechtsstellung der Aktionäre

§ 38
Rechte und Pflichten des Aktionärs

I. Die Mitgliedschaft 38.1	4. Rechtsfolgen des Verstoßes gegen das Gleichbehandlungsgebot 38.26
1. Grundlagen 38.1	V. Mitgliedschaftliche Treupflicht 38.28
2. Mitgliedschaftsrechte 38.4	1. Grundlagen 38.28
3. Gläubigerrechte 38.8	2. Inhalt 38.32
4. „Sonderrechte" 38.10	3. Konkretisierungen der Treupflicht 38.35
5. Mitgliedschaftliche Pflichten 38.12	a) Das Verhältnis des Aktionärs zur Gesellschaft 38.35
II. Erwerb und Verlust der Mitgliedschaft 38.14	b) Das Verhältnis der Gesellschaft zu den Aktionären 38.37
III. Keine Übertragbarkeit einzelner Mitgliedschaftsrechte 38.17	c) Das Verhältnis der Aktionäre untereinander 38.38
IV. Gleichbehandlungsgebot (§ 53a AktG) 38.19	4. Rechtsfolgen des Verstoßes gegen die Treupflicht 38.39
1. Grundlagen 38.19	
2. Inhalt 38.21	
3. Statutarische Modifikationen; Verzicht . 38.25	

Schrifttum: *Burgard*, Die Förder- und Treupflicht des Alleingesellschafters einer GmbH, ZIP 2002, 827; *Dreher*, Treuepflichten zwischen Aktionären und Verhaltenspflichten bei der Stimmrechtsbündelung, ZHR 157 (1993), 150; *Flume*, Die Rechtsprechung des II. Zivilsenates des BGH zur Treupflicht des GmbH-Gesellschafters und des Aktionärs, ZIP 1995, 161; *Henn*, Die Gleichbehandlung der Aktionäre in Theorie und Praxis, AG 1985, 240; *Hennrichs*, Treupflichten im Aktienrecht, AcP 195 (1995), 221; *Henze*, Die Treupflicht im Aktienrecht, BB 1996, 489; *Henze*, Treupflichten der Gesellschafter im Kapitalgesellschaftsrecht, ZHR 162 (1998), 186; *Herz*, Informationelle Gleichbehandlung und Informationsprivilegien im Aktienrecht, NZG 2020, 285; *G. Hueck*, Der Grundsatz der gleichmäßigen Behandlung im Privatrecht, 1958; *Hüffer*, Zur gesellschaftsrechtlichen Treupflicht als richterrechtlicher Generalklausel, in FS Steindorff, 1990, S. 59; *Koppensteiner*, Treuwidrige Stimmabgaben bei Kapitalgesellschaften, ZIP 1994, 1325; *Lutter*, Treupflichten und ihre Anwendungsprobleme, ZHR 162 (1998), 164; *Lutter*, Das Girmes-Urteil, JZ 1995, 1053; *Lutter*, Die Treupflicht des Aktionärs – Bemerkungen zur Linotype-Entscheidung des BGH, ZHR 153 (1989), 446; *Marsch-Barner*, Treuepflichten zwischen Aktionären und Verhaltenspflichten bei der Stimmrechtsbündelung, ZHR 157 (1993), 172; *Reger/Jud*, Verletzung des Gleichbehandlungsgebots durch nachträgliche Zulassung zur Hauptversammlung und Anfechtbarkeit von Wahlbeschlüssen bei Abweichung vom DCGK, AG 2019, 172; *Seibt*, Sanierungsgesellschaftsrecht: Mitgliedschaftliche Treupflicht und Grenzen der Stimmrechtsausübung in der Aktiengesellschaft, ZIP 2014, 1909; *Sernetz*, Die Rechtsnachfolge in die Verbandsmitgliedschaft insbesondere beim Unternehmerwechsel, 1973; *Waclawik*, Zulässigkeit und Regelungsmacht satzungsmäßiger Treuepflicht- und Gerichtsstandsregeln bei der Aktiengesellschaft, DB 2005, 1151; *Werner*, Zur Treupflicht des Kleinaktionärs, in FS Semler, 1993, S. 419; *M. Winter*, Mitgliedschaftliche Treubindungen im GmbH-Recht, 1988; *Zöllner*, Die Schranken mitgliedschaftlicher Stimmrechtsmacht bei den privatrechtlichen Personenverbänden, 1963; *Zöllner*, Treupflichtgesteuertes Aktienkonzernrecht, ZHR 162 (1998), 235.

I. Die Mitgliedschaft

1. Grundlagen

38.1 Mit dem Begriff der Mitgliedschaft wird im Aktienrecht in erster Linie die Gesamtheit aller Rechte und Pflichten des Aktionärs bezeichnet, die sich aus seiner Gesellschafterstellung in der AG ergeben[1]. Ihrer Rechtsnatur nach ist die so verstandene Mitgliedschaft ein **subjektives Recht**[2], das dem Aktionär eine absolute Rechtsposition verleiht und das deshalb nicht nur Gegenstand rechtsgeschäftlicher Verfügungen sein kann, sondern auch deliktsrechtlichen Schutz genießt[3]. Der Begriff der Mitgliedschaft kann allerdings zugleich das **Rechtsverhältnis** des Aktionärs zu der Gesellschaft und seinen Mitgesellschaftern beschreiben[4]. Auf der Grundlage dieses Verständnisses handelt es sich bei der Mitgliedschaft also um eine relative Rechtsposition[5].

38.2 Häufig, aber nicht notwendig[6], ist die Mitgliedschaft des Aktionärs in einer Aktienurkunde verkörpert (näher Rz. 5.1 ff.). Der Begriff „**Aktie**" steht dabei nicht nur für diese Urkunde, sondern kann auch eine Kurzbezeichnung der Mitgliedschaft sein[7]. In dem zuletzt genannten Sinne wird der Begriff auch gesetzlich – beispielsweise in § 11 AktG[8] und in § 71 AktG[9] – verwendet.

38.3 Unabhängig von den mitgliedschaftlichen Rechten und Pflichten kann der Aktionär zu „seiner" AG auch **schuldrechtliche Rechtsbeziehungen** begründen. Diese Rechtsbeziehungen unterliegen im Grundsatz allein den allgemeinen bürgerlich-rechtlichen Vorschriften, die auch im Verhältnis der AG zu Dritten Anwendung finden. Ausnahmen davon ergeben sich jedoch vor allem dann, wenn das schuldrechtliche Geschäft auf die Aktionärsstellung des Vertragspartners abgestimmt wird: Dies kann nicht nur die Anwendbarkeit des in § 53a AktG niedergelegten Gleichbehandlungsgebotes begründen (vgl. Rz. 38.21), sondern erfordert insbesondere auch die Beachtung des Verbots der Einlagenrückgewähr (§ 57 AktG)[10]. Weitere Ausnahmen gelten beispielsweise für Rechtsgeschäfte über den Erwerb von eigenen Mitgliedschaften durch die AG (vgl. §§ 71 ff. AktG)[11].

2. Mitgliedschaftsrechte

38.4 Die von der Mitgliedschaft umfassten Rechte lassen sich in mehrfacher Hinsicht **untergliedern**:

---

1 Vgl. etwa *Götze* in MünchKomm. AktG, 5. Aufl. 2019, vor § 53a AktG Rz. 5 f.; *Hirte*, Kapitalgesellschaftsrecht, 8. Aufl. 2016, Rz. 4.1.; *Rieckers* in MünchHdb. AG, § 17 Rz. 1.
2 *Hirte*, Kapitalgesellschaftsrecht, 8. Aufl. 2016, Rz. 4.1.; *K. Schmidt*, GesR, S. 549; *Wilhelm*, Kapitalgesellschaftsrecht, 5. Aufl. 2020, Rz. 650.
3 *K. Schmidt*, GesR, S. 549; *Maul* in Beck'sches Hdb. AG, § 4 Rz. 1.
4 Eingehend *Sernetz*, Die Rechtsnachfolge in die Verbandsmitgliedschaft insbesondere beim Unternehmerwechsel, S. 63 ff., 68; siehe auch *Henze/Notz* in Großkomm. AktG, 4. Aufl. 2004, Vor §§ 53a-75 AktG Rz. 11; *K. Schmidt*, GesR, S. 549; *Wilhelm*, Kapitalgesellschaftsrecht, 5. Aufl. 2020, Rz. 650.
5 *Wilhelm*, Kapitalgesellschaftsrecht, 5. Aufl. 2020, Rz. 650.
6 *Hüffer/Koch*, § 10 AktG Rz. 2; *Wagner* in Heidel, § 10 AktG Rz. 3.
7 *Götze* in MünchKomm. AktG, 5. Aufl. 2019, vor § 53a AktG Rz. 5; *Sailer-Coceani* in MünchHdb. AG, § 12 Rz. 1.
8 Vgl. etwa *Mock* in Großkomm. AktG, 5. Aufl. 2017, § 11 AktG Rz. 24.
9 Vgl. etwa *Hüffer/Koch*, § 71 AktG Rz. 4.
10 *Westermann* in Bürgers/Körber/Lieder, § 53a AktG Rz. 3; *Götze* in MünchKomm. AktG, 5. Aufl. 2019, vor § 53a AktG Rz. 11; *Rieckers* in MünchHdb. AG, § 17 Rz. 1.
11 *Götze* in MünchKomm. AktG, 5. Aufl. 2019, vor § 53a AktG Rz. 10; *Henze/Notz* in Großkomm. AktG, 4. Aufl. 2004, Vor §§ 53a-75 AktG Rz. 31.

Ihrem Inhalt nach lassen sich die Mitgliedschaftsrechte zunächst in sog. Verwaltungs- und Vermögensrechte einteilen[12]. Zur Gruppe der **Verwaltungsrechte** (gelegentlich auch Herrschaftsrechte genannt) zählen insbesondere das Recht auf Teilnahme an der Hauptversammlung gemäß § 118 Abs. 1 AktG (vgl. Rz. 35.10 ff.), das Rederecht in der Hauptversammlung (vgl. Rz. 36.3 ff.), das Auskunftsrecht nach § 131 AktG (vgl. Rz. 36.11 ff.) sowie das Stimmrecht gemäß §§ 133 ff. AktG (vgl. Rz. 36.41 ff.); zu denken ist ferner an die verschiedenen Einsichtnahmerechte im Vorfeld der Hauptversammlung (vgl. z.B. § 175 Abs. 2, § 293f Abs. 1, § 327c Abs. 3 AktG, § 63 Abs. 1 UmwG), die Anfechtungsbefugnis gemäß § 245 AktG (vgl. Rz. 39.73 ff.), das Recht auf Erhebung der „allgemeinen Aktionärsklage" (vgl. Rz. 41.12) sowie die Minderheitenrechte nach § 142 Abs. 2 oder § 148 AktG (vgl. Rz. 42.2 ff. und 42.29 ff.). Diese Verwaltungsrechte stehen grundsätzlich allen Aktionären in gleichem Maße zu, ohne dass es auf den Umfang der Beteiligung des jeweiligen Aktionärs am Grundkapital ankäme[13]; Ausnahmen gelten jedoch vor allem für die zuletzt genannten Minderheitenrechte (siehe näher Rz. 42.6 und 42.33) sowie nach § 134 Abs. 1 Satz 1 AktG für das Stimmrecht. Unter den **Vermögensrechten** hat der Anspruch auf Beteiligung am Bilanzgewinn (§ 58 Abs. 4 AktG) die größte Bedeutung (vgl. noch Rz. 38.8); hinzu treten insbesondere das Bezugsrecht auf junge Aktien im Rahmen von Kapitalerhöhungen gemäß § 186 Abs. 1 AktG (vgl. Rz. 44.42 ff.), der Anspruch auf den Liquidationserlös gemäß § 271 AktG[14], der Anspruch auf Vergütung von Nebenleistungen gemäß §§ 55, 61 AktG[15] sowie die Ansprüche auf Abfindung, Ausgleich und Zuzahlung, die sich vor allem im Recht der verbundenen Unternehmen (vgl. z.B. §§ 304, 305, 320b, 327b AktG[16]), im Umwandlungsrecht (siehe etwa § 15 Abs. 1, § 29 UmwG[17]) und im Übernahmerecht (vgl. § 39a WpÜG[18]) ergeben. Der Umfang dieser Vermögensrechte hängt regelmäßig von der Höhe der Kapitalbeteiligung des jeweiligen Aktionärs ab[19].

Die Mitgliedschaftsrechte lassen sich – was Bedeutung vor allem für ihre Beschränkung durch die sog. Treupflicht erlangt (vgl. näher Rz. 38.35 f.) – des Weiteren in eigennützige und uneigennützige Rechte unterteilen[20]. Die **eigennützigen Mitgliedschaftsrechte** ermöglichen dem Aktionär die Wahrnehmung seiner persönlichen Interessen. Zu ihnen zählen in erster Linie die bereits genannten Vermögensrechte (Rz. 38.5), aber auch individuelle Verwaltungsrechte wie das Auskunftsrecht gemäß § 131 AktG oder das Rederecht in der Hauptversammlung[21]. Mit der Wahrnehmung **uneigennütziger Mitgliedschaftsrechte** fördert der Aktionär demgegenüber das Gesellschaftsinteresse, das maßgeblich

---

12 Vgl. etwa *Maul* in Beck'sches Hdb. AG, § 4 Rz. 3; *Rieckers* in MünchHdb. AG, § 17 Rz. 3 f.; *Henze*, DB 1996, 489, 492; krit. *K. Schmidt*, GesR, S. 557, der stattdessen zwischen Teilhabe-, Schutz- und Vermögensrechten differenzieren will.
13 *Rieckers* in MünchHdb. AG, § 17 Rz. 3; *Maul* in Beck'sches Hdb. AG, § 4 Rz. 7.
14 Siehe näher *Koch* in MünchKomm. AktG, 5. Aufl. 2021, § 271 AktG Rz. 9 ff.; *Hoffmann-Becking* in MünchHdb. AG, § 67 Rz. 19 f.
15 Vgl. näher etwa *Henze* in Großkomm. AktG, 4. Aufl. 2001, § 61 AktG Rz. 7 ff.; *Hüffer/Koch*, § 61 AktG Rz. 2 f.; *Bayer* in MünchKomm. AktG, 5. Aufl. 2019, § 61 AktG Rz. 3 ff.; *Drygala* in KölnKomm. AktG, 3. Aufl. 2011, § 61 AktG Rz. 4 ff.
16 Vgl. näher u.a. *van Rossum* in MünchKomm. AktG, 5. Aufl. 2020, § 304 AktG Rz. 21 ff., § 305 AktG Rz. 23 ff.; *Grunewald* in MünchKomm. AktG, 4. Aufl. 2015, § 320b AktG Rz. 2 ff., § 327b AktG Rz. 3 ff.; *Emmerich* in Emmerich/Habersack, Aktien- und GmbH-Konzernrecht, § 304 AktG Rz. 25 ff., § 305 AktG Rz. 18 ff.; *Habersack* in Emmerich/Habersack, Aktien- und GmbH-Konzernrecht, § 320b AktG Rz. 3 ff., § 327b AktG Rz. 3 ff.
17 Vgl. etwa *Decher* in Lutter, § 15 UmwG Rz. 2 ff.; *Grunewald* in Lutter, § 29 UmwG Rz. 18 ff.
18 Siehe näher etwa *Noack/Zetzsche* in Schwark/Zimmer, § 39a WpÜG Rz. 18 ff.; *Müller-Michaels* in Hölters, AktG, § 39a WpÜG Rz. 10 ff.
19 *Rieckers* in MünchHdb. AG, § 17 Rz. 4; *Maul* in Beck'sches Hdb. AG, § 4 Rz. 7.
20 *Hüffer/Koch*, § 53a AktG Rz. 17; *M. Winter*, Mitgliedschaftliche Treubindungen im GmbH-Recht, S. 19 ff., 95 ff., 121 ff.; *Henze*, BB 1996, 489, 492; *Rieckers* in MünchHdb. AG, § 17 Rz. 5; *Ziemons* in Ziemons/Binnewies, Hdb. AG, Rz. I 7.151.
21 *Rieckers* in MünchHdb. AG, § 17 Rz. 5; *Henze*, BB 1996, 489, 492.

durch den statutarischen Unternehmensgegenstand und den Gesellschaftszweck bestimmt wird[22]. Zu diesen uneigennützigen Mitgliedschaftsrechten zählen alle organschaftlichen Befugnisse des Aktionärs, insbesondere also das Stimmrecht in der Hauptversammlung[23]. Sofern jedoch der Gegenstand des Hauptversammlungsbeschlusses im Einzelfall ausschließlich die privaten Interessen der Aktionäre betrifft, kann das Stimmrecht auch den eigennützigen Mitgliedschaftsrechten zuzurechnen sein; das gilt z.B. bei Beschlussfassung über die Gewinnverwendung oder über die Auflösung der Gesellschaft[24].

38.7 Gelegentlich werden die Mitgliedschaftsrechte schließlich mit Blick auf ihre Funktion auch in sog. Haupt- und Hilfsrechte unterschieden[25]. Zu den **Hauptrechten** werden dabei z.B. das Stimmrecht oder das Bezugsrecht auf junge Aktien im Rahmen der Kapitalerhöhung gerechnet; zu den **Hilfsrechten** zählen dagegen diejenigen Rechte, die – wie beispielsweise das Auskunftsrecht oder das Rederecht in der Hauptversammlung – lediglich der Durchsetzung dieser Hauptrechte dienen. Während der Umfang der Hauptrechte regelmäßig von der Höhe der Kapitalbeteiligung des jeweiligen Aktionärs abhängt, stehen die Hilfsrechte allen Aktionären grundsätzlich in gleichem Umfang zu[26]. Auf die Unterscheidung von Haupt- und Hilfsrechten wird im Rahmen der Darstellung des Gleichbehandlungsgebotes zurückzukommen sein (vgl. Rz. 38.22 f.).

3. Gläubigerrechte

38.8 Mitgliedschaftsrechte können sich unter bestimmten Voraussetzungen in **schuldrechtliche Ansprüche** umwandeln, die dann als **Gläubigerrechte** bezeichnet werden[27]. So begründet beispielsweise das mitgliedschaftliche Vermögensrecht auf Beteiligung am Bilanzgewinn gemäß § 58 Abs. 4 AktG lediglich einen Anspruch auf Herbeiführung des Gewinnverwendungsbeschlusses, und erst mit Wirksamwerden dieses Beschlusses entwickelt sich aus diesem Mitgliedschaftsrecht ein konkreter Zahlungsanspruch, der als schuldrechtliches Gläubigerrecht unabhängig von der Mitgliedschaft abgetreten werden kann[28]. Vergleichbares gilt für den Anspruch auf Ausgleichszahlung gemäß § 304 AktG, dem ebenfalls selbständige Verkehrsfähigkeit zukommt[29]. Gemeinsames Merkmal dieser Gläubigerrechte ist also die mit ihrer Entstehung eintretende Loslösung von der Mitgliedschaft[30], die wiederum dazu führt, dass das jeweilige Recht nicht länger dem sog. Abspaltungsverbot (vgl. Rz. 38.17) unterliegt.

38.9 Von **Drittgläubigerrechten** ist demgegenüber die Rede, wenn sich das Gläubigerrecht des Aktionärs nicht aus einem Mitgliedschaftsrecht entwickelt, sondern aus einer schuldrechtlichen Rechtsbeziehung resultiert, die der Aktionär neben seiner Mitgliedschaft zu der Gesellschaft begründet hat (vgl. näher Rz. 38.3)[31].

---

22 *Henze*, BB 1996, 489, 492.
23 *Hüffer/Koch*, § 53a AktG Rz. 17; *Ziemons* in Ziemons/Binnewies, Hdb. AG, Rz. I 7.153.
24 *Henze*, BB 1996, 489, 493; *Rieckers* in MünchHdb. AG, § 17 Rz. 6; *Ziemons* in Ziemons/Binnewies, Hdb. AG, Rz. I 7.153; siehe auch *Winter*, Mitgliedschaftliche Treubindungen im GmbH-Recht, S. 19 ff.
25 *Heider* in MünchKomm. AktG, 5. Aufl. 2019, § 11 AktG Rz. 17; *Rieckers* in MünchHdb. AG, § 17 Rz. 13; krit. *Dauner-Lieb* in KölnKomm. AktG, 3. Aufl. 2008, § 11 AktG Rz. 25.
26 *Rieckers* in MünchHdb. AG, § 17 Rz. 13; *Heider* in MünchKomm. AktG, 5. Aufl. 2019, § 11 AktG Rz. 18.
27 OLG Frankfurt v. 21.1.1986 – 5 U 257/84, DB 1986, 2277 = AG 1987, 43 ff.; *Rieckers* in MünchHdb. AG, § 17 Rz. 1; *Dauner-Lieb* in KölnKomm. AktG, 3. Aufl. 2008, § 11 AktG Rz. 7.
28 *Rieckers* in MünchHdb. AG, § 17 Rz. 1; *Henze/Notz* in Großkomm. AktG, 4. Aufl. 2004, Vor §§ 53a–75 AktG Rz. 17; *Hüffer/Koch*, § 58 AktG Rz. 28.
29 *Hüffer/Koch*, § 304 AktG Rz. 13; *Emmerich* in Emmerich/Habersack, Aktien- und GmbH-Konzernrecht, § 304 AktG Rz. 29.
30 *Mock* in Großkomm. AktG, 5. Aufl. 2017, § 11 AktG Rz. 57; *Heider* in MünchKomm. AktG, 5. Aufl. 2019, § 11 AktG Rz. 19.
31 *Heider* in MünchKomm. AktG, 5. Aufl. 2019, § 11 AktG Rz. 19, 27.

4. „Sonderrechte"

Die Satzung kann einzelnen Aktionären oder Aktionärsgruppen besondere Rechte einräumen, die neben die allgemeinen Mitgliedschaftsrechte treten. Beispielhaft zu nennen ist die statutarische Gewährung des Rechts, Mitglieder in den Aufsichtsrat zu entsenden (§ 101 Abs. 2 Satz 1 AktG), oder die Einräumung von Vorzügen bei der Verteilung des Gewinns (§ 11 Satz 1, § 139 ff. AktG) oder des Liquidationserlöses (§ 11 Satz 1 AktG). Diese im Schrifttum häufig als „**Sonderrechte**" bezeichneten Rechte[32] sind ebenso wie die allgemeinen Mitgliedschaftsrechte Bestandteile der Mitgliedschaft. Sie sind üblicherweise mit bestimmten Aktien verbunden, so dass sie mit deren Übertragung auf den Erwerber übergehen[33]. Insbesondere das Recht zur Entsendung von Mitgliedern in den Aufsichtsrat kann allerdings auch als ein lediglich einem bestimmten Aktionär persönlich zustehendes Recht ausgestaltet sein (vgl. § 101 Abs. 2 Satz 1 AktG)[34].

38.10

Die Bezeichnung dieser besonderen Mitgliedschaftsrechte als „Sonderrechte" hat mit Blick auf **§ 35 BGB** nicht zu Unrecht Kritik erfahren[35]. Nach dieser allgemeinen verbandsrechtlichen Vorschrift zeichnen sich Sonderrechte dadurch aus, dass sie nicht ohne Zustimmung des Mitglieds durch Beschluss der Mitgliederversammlung beeinträchtigt werden können. Dieser erhöhte Bestandsschutz kommt den besonderen Mitgliedschaftsrechten der Aktionäre i.S.d. Rz. 38.10 jedoch keineswegs durchgängig zu. Für die Frage nach der Zustimmungspflichtigkeit solcher beeinträchtigenden Maßnahmen ist vielmehr entscheidend auf die Auslegung der jeweiligen gesetzlichen oder statutarischen Regelung abzustellen, auf der das jeweilige besondere Mitgliedschaftsrecht des Aktionärs beruht[36]. So ist einerseits zwar die Beseitigung des statutarischen Rechts auf Entsendung von Aufsichtsratsmitgliedern (§ 101 Abs. 2 AktG) ohne Zustimmung des begünstigten Aktionärs jedenfalls im Grundsatz ausgeschlossen[37]. Andererseits bedarf ein Hauptversammlungsbeschluss, der die nachteilige Veränderung einer Aktiengattung betrifft, nicht der Zustimmung sämtlicher von der Änderung betroffener Aktionäre, sondern lediglich eines zustimmenden Sonderbeschlusses dieser Aktionäre, der schon mit qualifizierter Mehrheit zustande kommt (vgl. näher § 179 Abs. 3, § 141 Abs. 3 AktG)[38].

38.11

5. Mitgliedschaftliche Pflichten

Die Mitgliedschaft des Aktionärs umfasst nicht nur Rechte, sondern auch Pflichten. Wesentlichste vermögensrechtliche Verpflichtung des Aktionärs ist seine Pflicht zur **Leistung der Einlage**. Diese Pflicht kann gemäß §§ 27, 36a AktG entweder eine Bar-, eine Sach- oder eine gemischte Bar- und Sacheinlage betreffen; sie entsteht mit der Übernahme von Aktien bei Gründung der Gesellschaft, durch Zeichnung junger Aktien im Rahmen einer Kapitalerhöhung oder durch Erwerb einer Aktie, die noch nicht voll eingezahlt ist[39]. **Nachschusspflichten** bestehen demgegenüber bei der Aktiengesellschaft nicht[40]. Gemäß § 55 AktG kann die Satzung den Aktionären jedoch die entgeltliche oder unentgeltliche Pflicht

38.12

---

32 Vgl. etwa *Götze* in MünchKomm. AktG, 5. Aufl. 2019, vor § 53a AktG Rz. 14; *Franz* in Wachter, § 11 AktG Rz. 15.
33 *Götze* in MünchKomm. AktG, 5. Aufl. 2019, vor § 53a AktG Rz. 14.
34 *Habersack* in MünchKomm. AktG, 5. Aufl. 2019, § 101 AktG Rz. 34; *Hüffer/Koch*, § 101 AktG Rz. 10.
35 Vgl. etwa *Hüffer/Koch*, § 11 AktG Rz. 6; *Heider* in MünchKomm. AktG, 5. Aufl. 2019, § 11 AktG Rz. 14; *Wagner* in Heidel, § 11 AktG Rz. 8 f.; *Rieckers* in MünchHdb. AG, § 17 Rz. 7; *Dauner-Lieb* in KölnKomm. AktG, 3. Aufl. 2008, § 11 AktG Rz. 24.
36 *Heider* in MünchKomm. AktG, 5. Aufl. 2019, § 11 AktG Rz. 15; *Hüffer/Koch*, § 11 AktG Rz. 6; *Westermann* in Bürgers/Körber/Lieder, § 11 AktG Rz. 5.
37 *Hüffer/Koch*, § 101 AktG Rz. 10; *Habersack* in MünchKomm. AktG, 5. Aufl. 2019, § 101 AktG Rz. 31; *Hoffmann-Becking* in MünchHdb. AG, § 30 Rz. 61.
38 *Hüffer/Koch*, § 11 AktG Rz. 6; *Wagner* in Heidel, § 11 AktG Rz. 9.
39 *Maul* in Beck'sches Hdb. AG, § 4 Rz. 10.
40 *K. Schmidt*, GesR, S. 799; *Rieckers* in MünchHdb. AG, § 17 Rz. 8.

auferlegen, wiederkehrende, nicht in Geld bestehende Leistungen zu erbringen[41]. Weil diese Verpflichtungen neben die Einlagepflicht treten, werden sie auch **Nebenpflichten** genannt. Auf der Mitgliedschaft beruht des Weiteren die **Rückgewährpflicht** des begünstigten Aktionärs gemäß § 62 AktG, die diesen im Falle eines Verstoßes gegen die in § 57 AktG normierte Vermögensbindung trifft[42].

38.13 Zum Kreis der mitgliedschaftlichen Pflichten der Aktionäre zählt schließlich auch die gegenüber den Mitgesellschaftern und der AG bestehende **Treupflicht** (vgl. dazu näher Rz. 38.28 ff.).

II. Erwerb und Verlust der Mitgliedschaft

38.14 Der **Erwerb** der Mitgliedschaft kann sich zum einen originär durch Übernahme von Aktien bei Gründung der Gesellschaft oder im Rahmen einer Kapitalerhöhung vollziehen[43]. In Betracht kommt zum anderen aber auch ein derivativer Erwerb, der im Wege der Einzel- oder Gesamtrechtsnachfolge in die Mitgliedschaft eines Aktionärs erfolgt[44].

38.15 Ein **Verlust** der Mitgliedschaft tritt spiegelbildlich zunächst durch die rechtsgeschäftliche Übertragung der Aktie auf einen Dritten ein. Von Gesetzes wegen verliert der Aktionär seine Mitgliedschaft darüber hinaus vor allem bei Vollbeendigung der Gesellschaft im Zuge der Auflösung gemäß §§ 262 ff. AktG, durch Einziehung von Aktien gemäß §§ 237 ff. AktG, durch Ausschluss im Falle der Säumnis gemäß § 64 AktG (sog. Kaduzierung) sowie durch Übertragung auf den Hauptaktionär im Wege des Squeeze Out gemäß §§ 327a ff. AktG[45] oder § 39b WpÜG[46].

38.16 Die Beendigung der Mitgliedschaft hat im Grundsatz auch den **Verlust sämtlicher mitgliedschaftlicher Rechte und Pflichten** zur Folge. Ausnahmen davon werden allerdings insbesondere für die Einlageverpflichtung des Veräußerers einer nicht voll eingezahlten und unter Verstoß gegen § 10 Abs. 2 Satz 1 oder 2 AktG ausgegebenen Namens- oder Inhaberaktie für den Fall diskutiert, dass der Erwerber hinsichtlich der Tilgung der Einlageverbindlichkeit gutgläubig ist und deshalb nicht Schuldner der Einlageleistung wird[47]. Daneben wird auch derjenige Aktionär, der sich zur Erbringung einer Sacheinlage verpflichtet hat, durch eine Veräußerung seiner Mitgliedschaft von dieser Einlageverpflichtung nicht frei, obgleich auch den Erwerber der Aktie in dieser Konstellation eine Bareinlagepflicht trifft, falls die Sacheinlage nicht geleistet wird[48]. In Einzelbereichen kann es schließlich nach Beendigung der Mitgliedschaft auch zu einer Fortwirkung mitgliedschaftlicher Pflichten kommen; exemplarisch zu

---

41 Praktische Bedeutung hat diese Gestaltungsmöglichkeit vor allem in der Zuckerrübenindustrie erlangt, in der entsprechende Lieferpflichten der Zuckerrübenanbauer begründet werden (vgl. *Hüffer/Koch*, § 55 AktG Rz. 1); auf diesen Wirtschaftszweig war die Norm des § 55 AktG ursprünglich auch zugeschnitten, vgl. Begr. RegE § 55 AktG, 1965 bei *Kropff*, Aktiengesetz, S. 72.
42 *Henze/Notz* in Großkomm. AktG, 4. Aufl. 2004, Vor §§ 53a-75 AktG Rz. 34.
43 *Rieckers* in MünchHdb. AG, § 17 Rz. 2; *Maul* in Beck'sches Hdb. AG, § 4 Rz. 2.
44 *K. Schmidt*, GesR, S. 551; vgl. dazu auch Rz. 5.78 ff.
45 *Henze/Notz* in Großkomm. AktG, 4. Aufl. 2004, Vor §§ 53a-75 AktG Rz. 20 ff.; *Maul* in Beck'sches Hdb. AG, § 4 Rz. 2.
46 *Rieckers* in MünchHdb. AG, § 17 Rz. 2.
47 Dabei ist freilich nicht abschließend geklärt, ob der i.E. zu Recht allgemein bejahten Forthaftung des Veräußerers (siehe etwa *Henze* in Großkomm. AktG, 4. Aufl. 2000, § 54 AktG Rz. 19 ff.; *Götze* in MünchKomm. AktG, 5. Aufl. 2019, § 54 AktG Rz. 15 ff.; *Hüffer/Koch*, § 54 AktG Rz. 4) weiterhin die dann „abgespaltene" mitgliedschaftliche Einlageverpflichtung zugrunde liegt (so etwa *Götze* in MünchKomm. AktG, 5. Aufl. 2019, § 54 AktG Rz. 19) oder ob diese Haftung vielmehr auf den Rechtsgedanken des § 65 AktG zu stützen ist (so u.a. *Henze* in Großkomm. AktG, 4. Aufl. 2000, § 54 AktG Rz. 28).
48 Vgl. nur *Hüffer/Koch*, § 54 AktG Rz. 4; *Götze* in MünchKomm. AktG, 5. Aufl. 2019, § 54 AktG Rz. 14 (jeweils mit dem zutreffenden Hinweis, dass Ausnahmen wiederum für den gutgläubigen lastenfreien Erwerb gelten).

nennen ist die Ausfallhaftung nach § 64 Abs. 4 Satz 2 AktG und die Haftung als Vormann i.S.d. § 65 AktG, die die Pflicht zur Erbringung der Einlage zwar nicht dem Rechtsgrund nach, zumindest aber im praktischen Ergebnis über die Dauer der Mitgliedschaft hinaus erstrecken[49].

III. Keine Übertragbarkeit einzelner Mitgliedschaftsrechte

Die einzelnen Mitgliedschaftsrechte und -pflichten, die in ihrer Gesamtheit die Mitgliedschaft konstituieren, können nicht von dieser abgetrennt und isoliert übertragen werden[50]. Dieses sog. **Abspaltungsverbot** gilt sowohl für Verwaltungs- als auch für Vermögensrechte[51], und zwar unabhängig davon, ob es sich um allgemeine oder besondere Mitgliedschaftsrechte (sog. Sonderrechte, vgl. Rz. 38.10) handelt[52]. Sobald sich aus einem mitgliedschaftlichen Recht ein Gläubigerrecht entwickelt hat, wird es allerdings nicht länger vom Abspaltungsverbot erfasst (vgl. Rz. 38.8).

38.17

Das Abspaltungsverbot hindert den Aktionär indessen nicht daran, einem Dritten einzelne Mitgliedschaftsrechte **zur Ausübung zu überlassen**; für bestimmte Mitgliedschaftsrechte ist die Zulässigkeit einer solchen Überlassung sogar ausdrücklich gesetzlich vorgesehen (vgl. §§ 129, 135 AktG für das Stimmrecht)[53]. Laufen derartige schuldrechtliche Überlassungen jedoch auf eine Umgehung des Abspaltungsverbotes hinaus, was zutreffend etwa im Fall der unwiderruflichen verdrängenden Stimmrechtsvollmacht angenommen wird, führt dies zu ihrer Nichtigkeit gemäß § 134 BGB[54].

38.18

IV. Gleichbehandlungsgebot (§ 53a AktG)

1. Grundlagen

Zu den allgemeinen Grundsätzen des Gesellschaftsrechts zählt das sog. Gleichbehandlungsgebot. Es verleiht dem Aktionär eine **mitgliedschaftliche Abwehrbefugnis** gegen Eingriffe der Gesellschaftsorgane in seine Mitgliedschaft, die in Form einer willkürlichen Bevorzugung einzelner Aktionäre oder Aktionärsgruppen erfolgen (vgl. noch Rz. 38.21 ff.)[55]. Das Gleichbehandlungsgebot begründet also kein selbständiges, neben die Mitgliedschaft tretendes subjektives Recht des Aktionärs, sondern ist vielmehr selbst **Teil der Mitgliedschaft**[56].

38.19

---

49 *Götze* in MünchKomm. AktG, 5. Aufl. 2019, vor § 53a AktG Rz. 9; *Rieckers* in MünchHdb. AG, § 17 Rz. 2.

50 BGH v. 20.3.1995 – II ZR 205/94, WM 1995, 882, 885 = AG 1995, 368; BGH v. 17.11.1986 – II ZR 96/86, NJW 1987, 780, 780 f. = AG 1987, 157 f.; OLG Frankfurt v. 21.1.1986 – 5 U 257/84, DB 1986, 2277 = AG 1987, 43 ff.; *Heider* in MünchKomm. AktG, 5. Aufl. 2019, § 8 AktG Rz. 89; *Rieckers* in MünchHdb. AG, § 17 Rz. 9.

51 *Rieckers* in MünchHdb. AG, § 17 Rz. 9.

52 Die Übertragung höchstpersönlich ausgestalteter besonderer Mitgliedschaftsrechte (vgl. Rz. 38.10) scheitert dabei freilich schon daran, dass diese Rechte mit ihrem gesetzlichen oder rechtsgeschäftlichen Übergang auf einen Dritten erlöschen, vgl. *Henze/Notz* in Großkomm. AktG, 4. Aufl. 2004, Vor §§ 53a–75 AktG Rz. 40.

53 *Heider* in MünchKomm. AktG, 5. Aufl. 2019, § 8 AktG Rz. 93.

54 BGH v. 17.11.1986 – II ZR 96/86, NJW 1987, 780, 780 f. = AG 1987, 157 f.; *Hüffer/Koch*, § 134 AktG Rz. 21; *Heider* in MünchKomm. AktG, 5. Aufl. 2019, § 8 AktG Rz. 93.

55 BGH v. 6.10.1960 – II ZR 150/58, BGHZ 33, 175, 186; BGH v. 19.12.1977 – II ZR 136/76, BGHZ 70, 117, 121 = AG 1978, 135 ff.

56 *Drygala* in KölnKomm. AktG, 3. Aufl. 2011, § 53a AktG Rz. 10; *Henze/Notz* in Großkomm. AktG, 4. Aufl. 2004, § 53a AktG Rz. 21; *Fleischer* in K. Schmidt/Lutter, § 53a AktG Rz. 14.

38.20 Für das Aktienrecht hat das Gleichbehandlungsgebot **eine gesetzliche Regelung in § 53a AktG** gefunden. Die Vorschrift wurde 1979 durch das Durchführungsgesetz zur zweiten gesellschaftsrechtlichen EG-Richtlinie vom 13.12.1978[57] in das Aktiengesetz eingeführt und beruht auf den Vorgaben des Art. 42 dieser Richtlinie. Weil das Gleichbehandlungsgebot auch schon vor dieser Normierung allgemeine Anerkennung gefunden hatte[58], kommt § 53a AktG lediglich klarstellende Funktion zu[59]. **Kapitalmarktrechtliche Ergänzungen** findet die Norm in der übernahmerechtlichen Regelung des **§ 3 Abs. 1 WpÜG**, die das Gleichbehandlungsgebot auch auf das Verhältnis des Bieters zu den Aktionären der Zielgesellschaft erstreckt[60], sowie in **§ 48 Abs. 1 Nr. 1 WpHG**. Die zuletzt genannte Vorschrift – nach der der Emittent alle Inhaber der zugelassenen Wertpapiere unter gleichen Voraussetzungen gleich zu behandeln hat – erlangt eigenständige Bedeutung gegenüber § 53a AktG allerdings nur insoweit, als es danach auch einer Gleichbehandlung von Inhabern anderer Wertpapiere als Aktien bedarf[61]. Vom Gleichbehandlungsgebot zu unterscheiden sind die aus dem AGG[62] resultierenden **Diskriminierungsverbote**; ihr Schutz kommt allenfalls den Organmitgliedern, nicht aber den Aktionären zugute[63] (vgl. Rz. 21.162 ff.).

2. Inhalt

38.21 Nach § 53a AktG sind die Aktionäre „unter gleichen Voraussetzungen gleich zu behandeln". Die Norm verbietet es damit, die Aktionäre ohne ausreichende sachliche Rechtfertigung, d.h. „willkürlich", unterschiedlich zu behandeln[64]. **Normadressat** ist die AG; das Gleichbehandlungsgebot bindet deshalb sämtliche Organe der Gesellschaft, neben dem Vorstand also auch den Aufsichtsrat und die Hauptversammlung[65]. Von seinen Mitaktionären kann der einzelne Aktionär dagegen nach dieser Vorschrift[66] keine Gleichbehandlung verlangen[67]. § 53a AktG erfasst des Weiteren nur die **gesellschaftsrechtlich geprägte Rechtsbeziehung** zwischen der Gesellschaft und dem Aktionär[68]. Keine Anwendung findet das Gleichbehandlungsgebot deshalb auf etwaige darüber hinaus in diesem Verhältnis bestehende schuldrechtliche Beziehungen (vgl. dazu Rz. 38.3), es sei denn, diese schuldrechtliche Beziehungen wurden gerade aufgrund der Aktionärsstellung des Kontrahenten begründet[69].

---

57 Gesetz zur Durchführung der Zweiten Richtlinie des Rates der Europäischen Gemeinschaften zur Koordinierung des Gesellschaftsrechts, BGBl. I 1978, 1959; vgl. dazu auch *Hüffer*, NJW 1979, 1065.
58 BGH v. 6.10.1960 – II ZR 150/58, BGHZ 33, 175, 186; siehe auch BGH v. 9.11.1992 – II ZR 230/91, BGHZ 120, 141, 150 f. = AG 1993, 134; aus dem Schrifttum vgl. etwa G. *Hueck*, Der Grundsatz der gleichmäßigen Behandlung im Privatrecht, 1958, S. 35 ff., 44 ff.
59 *Rieckers* in MünchHdb. AG, § 17 Rz. 11; *Götze* in MünchKomm. AktG, 5. Aufl. 2019, § 53a AktG Rz. 2; *Hüffer*, NJW 1979, 1065, 1068. Die Frage nach dem Geltungsgrund des Gleichbehandlungsgebotes, die vor allem vor Einführung des § 53a AktG umstritten gewesen war (vgl. dazu etwa *Lutter/Zöllner* in KölnKomm. AktG, 2. Aufl. 1988, § 53a AktG Rz. 4), hat vor diesem Hintergrund an Bedeutung verloren; richtigerweise wird man heute weiterhin von einem rechtsgeschäftlichen Ursprung auszugehen haben, vgl. z.B. *Hüffer/Koch*, § 53a AktG Rz. 3.
60 *Stephan* in Assmann/Pötzsch/Uwe H. Schneider, § 3 WpÜG Rz. 8.
61 *Heidelbach* in Schwark/Zimmer, § 48 WpHG Rz. 9 ff.
62 Allgemeines Gleichbehandlungsgesetz, vgl. Art. 1 des Gesetzes v. 14.8.2006, BGBl. I 2006, 1879.
63 *Hüffer/Koch*, § 53a AktG Rz. 1a; *Servatius* in Wachter, § 53a AktG Rz. 3.
64 *Götze* in MünchKomm. AktG, 5. Aufl. 2019, § 53a AktG Rz. 14; *Hüffer/Koch*, § 53a AktG Rz. 4; *Drygala* in KölnKomm. AktG, 3. Aufl. 2011, § 53a AktG Rz. 11 ff.; *Maul* in Beck'sches Hdb. AG, § 4 Rz. 88.
65 *Drygala* in KölnKomm. AktG, 3. Aufl. 2011, § 53a AktG Rz. 5; *Götze* in MünchKomm. AktG, 5. Aufl. 2019, § 53a AktG Rz. 5; *Henze/Notz* in Großkomm. AktG, 4. Aufl. 2004, § 53a AktG Rz. 29.
66 Etwas anderes kann sich aber in Übernahmefällen aus § 3 Abs. 1 WpÜG ergeben, vgl. auch Rz. 38.20.
67 *Götze* in MünchKomm. AktG, 5. Aufl. 2019, § 53a AktG Rz. 5; *Fleischer* in K. Schmidt/Lutter, § 53a AktG Rz. 16; *Maul* in Beck'sches Hdb. AG, § 4 Rz. 86.
68 BGH v. 14.1.1997 – KZR 30/95, AG 1997, 414; *Götze* in MünchKomm. AktG, 5. Aufl. 2019, § 53a AktG Rz. 7; *Drygala* in KölnKomm. AktG, 3. Aufl. 2011, § 53a AktG Rz. 7.
69 Vgl. näher *Götze* in MünchKomm. AktG, 5. Aufl. 2019, § 53a AktG Rz. 7; *Henze/Notz* in Großkomm. AktG, 4. Aufl. 2004, § 53a AktG Rz. 42; *Drygala* in KölnKomm. AktG, 3. Aufl. 2011, § 53a AktG Rz. 22; siehe auch BGH v. 14.1.1997 – KZR 30/95, AG 1997, 414.

Den **Maßstab** für die Beurteilung einer Ungleichbehandlung bildet – der Ausgestaltung der AG als **38.22** Kapitalgesellschaft entsprechend – in erster Linie die **Höhe der Kapitalbeteiligung** des einzelnen Aktionärs[70]. Dies gilt vor allem hinsichtlich der dem Aktionär zustehenden sog. **Hauptrechte** (Rz. 38.7), die sich ihrem Umfang nach abstufen lassen, wie beispielsweise das Stimmrecht (§§ 12, 134 AktG), das Bezugsrecht auf junge Aktien im Rahmen der Kapitalerhöhung (§ 186 AktG), den Anspruch auf Gewinnbeteiligung (§ 58 Abs. 4, § 60 AktG) sowie den Anspruch auf Beteiligung am Liquidationserlös (§ 271 AktG)[71]. Haben die Aktionäre ihre Einlagen nicht in demselben Umfang geleistet, ist allerdings hinsichtlich des Stimmrechts, der Gewinnbeteiligung und der Beteiligung am Liquidationserlös für die Frage der Ungleichbehandlung nicht auf die nominelle Beteiligung am Grundkapital, sondern auf den Umfang der bereits erbrachten Leistungen abzustellen (vgl. näher § 60 Abs. 2 AktG, § 134 Abs. 2, § 271 Abs. 3 AktG).

Ein anderer Maßstab gilt demgegenüber für die sog. **Hilfsrechte** (Rz. 38.7), wie beispielsweise für die **38.23** Anfechtungsbefugnis (§ 245 AktG), das Recht auf Teilnahme an der Hauptversammlung, das Rede- und das Auskunftsrecht (§ 131 AktG). Diese Rechte lassen sich nicht ihrem Umfang nach abstufen und stehen dem Aktionär somit unabhängig von der Höhe seiner Kapitalbeteiligung zu („Gleichbehandlung nach Köpfen")[72]. Nicht zu Unrecht wird aber die Auffassung vertreten, dass der Umfang der Kapitalbeteiligung im Rahmen der Bemessung der Redezeit in der Hauptversammlung eine angemessene Differenzierung zwischen den einzelnen Aktionären rechtfertigen kann[73].

Eine nach diesen Maßstäben festgestellte Ungleichbehandlung stellt erst dann eine Verletzung des **38.24** Gleichbehandlungsgebotes dar, wenn sie **ohne sachliche Rechtfertigung**, d.h. „willkürlich", erfolgt[74]. Bei Beurteilung dessen ist entscheidend darauf abzustellen, ob der Eingriff in die Mitgliedschaft zur Wahrung eines schutzwürdigen Interesses der AG **geeignet, erforderlich** und mit Rücksicht auf die Interessen des betroffenen Aktionärs auch **verhältnismäßig** erscheint[75]. Die Rechtsprechung hat das Vorliegen einer solchen sachlichen Rechtfertigung z.B. beim Ausschluss der Minderheitsaktionäre vom Bezug von Genussrechten angenommen, wenn die Genussrechte infolge der Ertragsschwäche der Gesellschaft und aufgrund der Nachrangigkeit des auf die Genussrechte auszuschüttenden Betrags gegenüber dem garantierten Gewinnanteil der Minderheitsaktionäre für diese als Kapitalanlage uninteressant sind[76]. Auch die Gewährung eines Rechts zur Umwandlung von Vorzugs- in Stammaktien, das

---

70 BGH v. 19.12.1977 – II ZR 136/76, BGHZ 70, 117, 121 = AG 1978, 135 ff.; *Götze* in MünchKomm. AktG, 5. Aufl. 2019, § 53a AktG Rz. 11; *Hüffer/Koch*, § 53a AktG Rz. 6; *Drygala* in KölnKomm. AktG, 3. Aufl. 2011, § 53a AktG Rz. 24; *Maul* in Beck'sches Hdb. AG, § 4 Rz. 87.
71 *Hüffer/Koch*, § 53a AktG Rz. 6; *Rieckers* in MünchHdb. AG, § 17 Rz. 13; *Ziemons* in Ziemons/Binnewies, Hdb. AG, Rz. I 7.22.
72 *Götze* in MünchKomm. AktG, 5. Aufl. 2019, § 53a AktG Rz. 13; *Hüffer/Koch*, § 53a AktG Rz. 7; *Drygala* in KölnKomm. AktG, 3. Aufl. 2011, § 53a AktG Rz. 26; *Rieckers* in MünchHdb. AG, § 17 Rz. 13.
73 *Götze* in MünchKomm. AktG, 5. Aufl. 2019, § 53a AktG Rz. 13; *Henze/Notz* in Großkomm. AktG, 4. Aufl. 2004, § 53a Rz. 53; *Fleischer* in K. Schmidt/Lutter, § 53a AktG Rz. 26; a.A. *Drygala* in KölnKomm. AktG, 3. Aufl. 2011, § 53a AktG Rz. 26; *Cahn/v. Spannenberg* in BeckOGK AktG, Stand 1.2.2021, § 53a AktG Rz. 18; krit. auch *Hüffer/Koch*, § 53a AktG Rz. 7.
74 BGH v. 10.7.2018 – II ZR 120/16, AG 2018, 706 Rz. 44; BGH v. 9.11.1992 – II ZR 230/91, BGHZ 120, 141, 150 = AG 1993, 134; *Götze* in MünchKomm. AktG, 5. Aufl. 2019, § 53a AktG Rz. 14 ff.; *Drygala* in KölnKomm. AktG, 3. Aufl. 2011, § 53a AktG Rz. 16 ff.; *Rieckers* in MünchHdb. AG, § 17 Rz. 15; *Ziemons* in Ziemons/Binnewies, Hdb. AG, Rz. I 7.24.
75 *Drygala* in KölnKomm. AktG, 3. Aufl. 2011, § 53a AktG Rz. 17; *Götze* in MünchKomm. AktG, 5. Aufl. 2019, § 53a AktG Rz. 15; *Hüffer/Koch*, § 53a AktG Rz. 10; *Henze/Notz* in Großkomm. AktG, 4. Aufl. 2004, § 53a AktG Rz. 70; *Maul* in Beck'sches Hdb. AG, § 4 Rz. 88; vgl. ausführlich und insbesondere zu Fragen der sachlichen Rechtfertigung im Falle der Informationserteilung an einzelne Aktionäre und Aktionärsgruppen auch *Herz*, NZG 2020, 285; *Grigoleit/Rachlitz* in Grigoleit, § 53a AktG Rz. 13 f.
76 BGH v. 9.11.1992 – II ZR 230/91, BGHZ 120, 141, 151 f. = AG 1993, 134.

nicht mit einer Pflicht zum vollen Ausgleich der Kursdifferenz einhergeht, stellt keine willkürliche Bevorzugung der Vorzugsaktionäre dar, wenn für diese Maßnahme nachvollziehbare Gründe im Gesellschaftsinteresse bestehen[77]. Eine sachliche Rechtfertigung wurde schließlich auch in einem Fall bejaht, in dem der Vorstand die statutarisch erforderliche Zustimmung zur Übertragung vinkulierter Namensaktien verweigert hatte, weil der beabsichtigte Aktienerwerb die Entstehung einer Sperrminorität begründet hätte[78]. Demgegenüber hat die Rechtsprechung – trotz Vorliegens einer besonderen Sanierungssituation – § 53a AktG als verletzt gewertet, wenn im Rahmen einer Kapitalerhöhung nur einzelnen Aktionären die Befugnis eingeräumt wird, statt einer Bar- eine Sacheinlage zu erbringen[79]. Auch eine nach Ablauf der Anmelde- und Nachweisfrist (§ 123 AktG) erfolgende Zulassung einzelner Aktionäre zur Teilnahme an der Hauptversammlung begründet nach Auffassung des BGH einen Verstoß gegen § 53a AktG, wenn in der Einladung ausdrücklich darauf hingewiesen worden war, dass diese Fristen einzuhalten sind[80]. Darüber hinaus kommt beim vereinfachten Bezugsrechtsausschluss nach der Rechtsprechung des II. Zivilsenats das Fehlen einer sachlichen Rechtfertigung und damit ein Verstoß gegen das Gleichbehandlungsgebot auch dann in Betracht, wenn die Voraussetzungen des § 186 Abs. 3 Satz 4 AktG eingehalten sind[81].

3. Statutarische Modifikationen; Verzicht

38.25 Das Gleichbehandlungsgebot hat zwar im Grundsatz zwingenden Charakter und kann deshalb durch die Satzung nicht abgedungen werden[82]; **statutarische Modifikationen** sind aber zumindest in Einzelbereichen denkbar. So kann die Satzung die Aktien zunächst mit unterschiedlichen Rechten und Pflichten ausstatten (vgl. §§ 11, 12, 55 AktG)[83]. Werden solche Vorteile erst durch eine nachträgliche Satzungsänderung geschaffen, unterliegt allerdings auch diese Maßnahme dem Gleichbehandlungsgebot; dem kann in diesen Fällen vor allem dadurch Rechnung getragen werden, dass sämtlichen Aktionären der gleiche Zugang zu den neuen Vorteilen gewährt wird[84]. Auch der Maßstab der Gleichbehandlung (Rz. 38.22 f.) unterliegt der Disposition der Satzung, die beispielsweise für die Gewinnverteilung eine Abweichung von dem gesetzlichen Verteilungsschlüssel des § 60 Abs. 1 und 2 AktG vorsehen kann (vgl. § 60 Abs. 3 AktG)[85]. In Betracht kommt schließlich auch ein **Verzicht** des Aktionärs auf den Schutz durch das Gleichbehandlungsgebot, sofern dieser nicht pauschal erfolgt, sondern sich auf einen konkreten Einzelfall bezieht[86]. Dieser Verzicht kann auch konkludent erfolgen, etwa durch Stimmabgabe des nachteilig betroffenen Aktionärs in der Hauptversammlung[87].

---

77 OLG Köln v. 20.9.2001 – 18 U 125/01, NZG 2002, 966, 968 = AG 2002, 244 ff.
78 LG Aachen v. 19.5.1992 – 41 O 30/92, AG 1992, 410, 412.
79 KG v. 18.5.2010 – 14 AktG 1/10, ZIP 2010, 1849, 1852 = AG 2010, 494; krit. *Westermann* in Bürgers/Körber/Lieder, § 53a AktG Rz. 6.
80 BGH v. 9.10.2018 – II ZR 78/17, AG 2019, 176 Rz. 12 ff.; vgl. dazu – mit Nachweisen zu abw. Auffassungen im Schrifttum – auch *Reger/Jud*, AG 2019, 172.
81 BGH v. 10.7.2018 – II ZR 120/16, AG 2018, 706 Rz. 44 ff.
82 *Henn*, AG 1985, 240, 243; *Hüffer/Koch*, § 53a AktG Rz. 5; *Drygala* in KölnKomm. AktG, 3. Aufl. 2011, § 53a AktG Rz. 28; *Cahn/v. Spannenberg* in BeckOGK AktG, Stand 1.2.2021, § 53a AktG Rz. 24.
83 *Drygala* in KölnKomm. AktG, 3. Aufl. 2011, § 53a AktG Rz. 28; *Götze* in MünchKomm. AktG, 5. Aufl. 2019, § 53a AktG Rz. 21.
84 Vgl. näher *Drygala* in KölnKomm. AktG, 3. Aufl. 2011, § 53a AktG Rz. 32.
85 *Hüffer/Koch*, § 53a AktG Rz. 5.
86 *Götze* in MünchKomm. AktG, 5. Aufl. 2019, § 53a AktG Rz. 19; *Henze/Notz* in Großkomm. AktG, 4. Aufl. 2004, § 53a AktG Rz. 93 ff.; *Drygala* in KölnKomm. AktG, 3. Aufl. 2011, § 53a AktG Rz. 33 f.; *Fleischer* in K. Schmidt/Lutter, § 53a AktG Rz. 37 f.; *Henn*, AG 1985, 240, 243.
87 *Grigoleit/Rachlitz* in Grigoleit, § 53a AktG Rz. 21.

4. Rechtsfolgen des Verstoßes gegen das Gleichbehandlungsgebot

Beschlüsse der Hauptversammlung, die gegen das Gleichbehandlungsgebot verstoßen, sind nach heute herrschender Meinung anfechtbar[88]. Eine Nichtigkeit des Beschlusses wird dagegen nur für Fälle besonders schwerwiegender Eingriffe erwogen, wie beispielsweise für Beschlüsse, die auf einen generellen Ausschluss des Gleichbehandlungsgebotes zielen (§ 241 Nr. 3 AktG)[89]. Da **Beschlüsse des Aufsichtsrates**, die das Gesetz oder die Satzung verletzen, grundsätzlich nicht als anfechtbar, sondern als nichtig anzusehen sind, gilt dies auch im Falle eines Verstoßes gegen § 53a AktG[90].

38.26

Sonstige Maßnahmen der Gesellschaftsorgane, die das Gleichbehandlungsgebot verletzen, können demgegenüber sehr unterschiedliche Rechtsfolgen auslösen[91]: Während beispielsweise die **willkürliche Einforderung von Einlagen** (§ 63 AktG) zu einem Leistungsverweigerungsrecht des benachteiligten Aktionärs führt[92], kann dem Aktionär in anderen Konstellationen auch ein Anspruch auf nachträgliche Herstellung des dem Gleichbehandlungsgebot entsprechenden Zustands zustehen. Wird einem Aktionär etwa unter Verstoß gegen § 53a AktG die anderen Aktionären in vergleichbaren Fällen stets gewährte **Zustimmung zu einer Übertragung vinkulierter Namensaktien** verweigert, so ist der Vorstand zu ihrer Erteilung verpflichtet[93]. Die Pflicht zu einer derartigen „aktiven Gleichbehandlung" ergibt sich in gesetzlicher Ausprägung dieses Prinzips auch aus der Regelung des § 131 Abs. 4 AktG, die zugunsten der übrigen Aktionäre einen **Auskunftsanspruch** normiert, wenn lediglich einzelnen Aktionären Informationen außerhalb der Hauptversammlung erteilt worden sind[94]. Demgegenüber besteht kein Anspruch auf Gleichbehandlung hinsichtlich **pflichtwidriger Handlungen** des Vorstands, die einen anderen Aktionär begünstigen[95]. Auch kann der **Ausgleich geldwerter Vorteile**, die einzelnen Aktionären unter Verletzung des Gleichbehandlungsgebotes und deshalb in nichtiger Weise[96] gewährt worden sind, nicht in Form der Zuwendung eines entsprechenden Vorteils verlangt werden, weil dem schon das Verbot der Einlagenrückgewähr (§ 57 AktG) entgegensteht[97]. Vielmehr besteht eine Verpflichtung der AG, die Benachteiligung dadurch zu beseitigen, dass sie ihre Rückgewähransprüche gegenüber den begünstigten Aktionären verfolgt[98]. Ob die Verletzung des Gleichbehandlungsgebotes

38.27

---

88 BGH v. 9.10.2018 – II ZR 78/17, AG 2019, 176 Rz. 12; *Drygala* in KölnKomm. AktG, 3. Aufl. 2011, § 53a AktG Rz. 33 f.; *Götze* in MünchKomm. AktG, 5. Aufl. 2019, § 53a AktG Rz. 29; *Maul* in Beck'sches Hdb. AG, § 4 Rz. 89; *Rieckers* in MünchHdb. AG, § 17 Rz. 18; siehe auch Rz. 39.58.
89 *Drygala* in KölnKomm. AktG, 3. Aufl. 2011, § 53a AktG Rz. 38; *Götze* in MünchKomm. AktG, 5. Aufl. 2019, § 53a AktG Rz. 30; *Henze/Notz* in Großkomm. AktG, 4. Aufl. 2004, § 53a Rz. 113; *Cahn/v. Spannenberg* in BeckOGK AktG, Stand 1.2.2021, § 53a AktG Rz. 34; *Fleischer* in K. Schmidt/Lutter, § 53a AktG Rz. 39; *Ziemons* in Ziemons/Binnewies, Hdb. AG, Rz. I 7.42.
90 BGH v. 10.7.2018 – II ZR 120/16, AG 2018, 706 Rz. 36 ff.; *Götze* in MünchKomm. AktG, 5. Aufl. 2019, § 53a AktG Rz. 31; *Rieckers* in MünchHdb. AG, § 17 Rz. 18.
91 Vgl. eingehend *Henze/Notz* in Großkomm. AktG, 4. Aufl. 2004, § 53a AktG Rz. 116 ff.
92 *Götze* in MünchKomm. AktG, 5. Aufl. 2019, § 53a AktG Rz. 32; *Drygala* in KölnKomm. AktG, 3. Aufl. 2011, § 53a AktG Rz. 40.
93 LG Aachen v. 19.5.1992 – 41 O 30/92, AG 1992, 410, 412; *Götze* in MünchKomm. AktG, 5. Aufl. 2019, § 53a AktG Rz. 33; *Maul* in Beck'sches Hdb. AG, § 4 Rz. 89.
94 Eine Verwässerung dieses Anspruchs auf Gleichbehandlung liegt allerdings darin, dass die in ihren Gleichbehandlungsrechten verletzten Aktionäre eine Auskunftserteilung nicht sofort, sondern erst in einer nachfolgenden Hauptversammlung verlangen können, vgl. *Henze/Notz* in Großkomm. AktG, 4. Aufl. 2004, § 53a AktG Rz. 132.
95 BGH v. 22.10.2007 – II ZR 184/06, AG 2008, 164 = NZG 2008, 149; *Servatius* in Wachter, § 53a AktG Rz. 32.
96 H.M., siehe m.w.N. nur *Henze/Notz* in Großkomm. AktG, 4. Aufl. 2004, § 53a AktG Rz. 117.
97 *Götze* in MünchKomm. AktG, 5. Aufl. 2019, § 53a AktG Rz. 34; siehe eingehend auch *Henze/Notz* in Großkomm. AktG, 4. Aufl. 2004, § 53a AktG Rz. 137 ff.
98 *Hüffer/Koch*, § 53a AktG Rz. 12; *Götze* in MünchKomm. AktG, 5. Aufl. 2019, § 53a AktG Rz. 34; *Maul* in Beck'sches Hdb. AG, § 4 Rz. 89; zu dieser Problematik beim Rückkauf eigener Aktien vgl. insbesondere *Götze* in MünchKomm. AktG, 5. Aufl. 2019, § 53a AktG Rz. 32; *Henze/Notz* in Großkomm. AktG, 4. Aufl. 2004, § 53a AktG Rz. 146 ff.

auch **Schadensersatzansprüche** begründen kann, ist bislang wenig geklärt; jedenfalls für Ansprüche aus § 823 Abs. 1 und 2 BGB wird diese Frage im Schrifttum wohl überwiegend verneint[99].

V. Mitgliedschaftliche Treupflicht

1. Grundlagen

38.28   Nach heute ganz überwiegend vertretener Auffassung umfasst die Mitgliedschaft des Aktionärs auch eine mitgliedschaftliche Treubindung, die den einzelnen Aktionär zur angemessenen Rücksichtnahme auf die gesellschaftsbezogenen Interessen seiner Mitaktionäre und die Belange der AG verpflichtet[100]. Wenngleich diese Treupflicht mittlerweile zu Recht als **rechtsformübergreifendes verbandsrechtliches Prinzip** bezeichnet wird[101], bleibt nicht zu verkennen, dass sich ihre höchstrichterliche Anerkennung gerade im Aktienrecht deutlich zurückhaltender vollzogen hat als etwa für den Bereich der Personengesellschaften und der GmbH[102]. So lehnte der II. Zivilsenat des BGH noch in der 1976 ergangenen „Audi/NSU-Entscheidung" die Existenz einer unter den Aktionären[103] bestehenden Treupflicht ab[104], obgleich derselbe Senat eine solche Pflicht für das Verhältnis der GmbH-Gesellschafter nur wenige Monate zuvor in der sog. „ITT-Entscheidung" ausdrücklich anerkannt hatte[105].

38.29   Die Gründe für diese unterschiedlichen Entwicklungen sind zunächst darin zu suchen, dass die mitgliedschaftliche Treupflicht historisch in erster Linie aus einem zwischen den Gesellschaftern bestehenden, **vom gegenseitigen Vertrauen getragenen Gemeinschaftsverhältnis** hergeleitet wurde; dessen Existenz lässt sich regelmäßig allenfalls in den Personengesellschaften und in der zumeist personalistisch ausgestalteten GmbH, nicht hingegen in der typischerweise als Publikumsgesellschaft organisierten AG nachweisen[106]. Hinzu kommt, dass das Aktiengesetz selbst eine Vielzahl **spezieller Vorschrif-**

---

99   *Hüffer/Koch*, § 53a AktG Rz. 12; *Drygala* in KölnKomm. AktG, 3. Aufl. 2011, § 53a AktG Rz. 46; *Henze/Notz* in Großkomm. AktG, 4. Aufl. 2004, § 53a AktG Rz. 24 f.; *Fleischer* in K. Schmidt/Lutter, § 53a AktG Rz. 41; *G. Hueck*, Der Grundsatz der gleichmäßigen Behandlung im Privatrecht, 1958, S. 295; *Maul* in Beck'sches Hdb. AG, § 4 Rz. 89; a.A. etwa *Götze* in MünchKomm. AktG, 5. Aufl. 2019, § 53a AktG Rz. 37 ff.; *Henn*, AG 1985, 240, 248, die in bestimmten Konstellationen eine Schadensersatzhaftung bejahen wollen.

100 BGH v. 1.2.1988 – II ZR 75/87, BGHZ 103, 184, 194 f. = AG 1988, 135 ff.; BGH v. 20.3.1995 – II ZR 205/94, BGHZ 129, 136, 142 ff. = AG 1995, 368 ff.; BGH v. 22.6.1992 – II ZR 178/90, NJW 1992, 3167, 3171 = AG 1993, 28 ff.; BGH v. 5.7.1999 – II ZR 126/98, BGHZ 142, 167, 169 ff. = AG 1999, 517 ff.; aus dem Schrifttum vgl. u.a. *Hüffer* in FS Steindorff, 1990, S. 59 ff.; *Hüffer/Koch*, § 53a AktG Rz. 13 ff.; *Götze* in MünchKomm. AktG, 5. Aufl. 2019, vor § 53a AktG Rz. 19 ff.; *K. Schmidt*, GesR, S. 587 ff., 799 ff.; *Henze*, BB 1996, 489 ff.; *Henze*, ZHR 162 (1998), 186 ff.; *Zöllner*, ZHR 162 (1998), 235, 237 ff.; *Zöllner*, AG 2000, 145, 153 ff.; *Lutter*, ZHR 162 (1998), 164, 166 ff.; *Marsch-Barner*, ZHR 157 (1993), 172 ff.; *Dreher*, ZHR 157 (1993), 150, 151 ff.; *Werner* in FS Semler, 1993, S. 419 ff.; *Rieckers* in MünchHdb. AG, § 17 Rz. 19; krit. namentlich *Flume*, ZIP 1996, 161 ff.; *Altmeppen*, NJW 1995, 1749, 1750; *Wilhelm*, Kapitalgesellschaftsrecht, 5. Aufl. 2020, Rz. 822 ff.

101 Vgl. u.a. *Henze*, ZHR 162 (1998), 186, 187 f.; *Lutter*, ZHR 162 (1998), 164, 166.

102 Siehe dazu im Überblick etwa *K. Schmidt*, GesR, S. 589 ff.; *Henze/Notz* in Großkomm. AktG, 4. Aufl. 2004, Anh. § 53a AktG Rz. 1 ff.

103 Dass der Aktionär zumindest gegenüber der AG Treupflichten unterliegt, hatte der BGH demgegenüber schon früher anerkannt, vgl. BGH v. 9.6.1954 – II ZR 70/53, BGHZ 14, 25, 38.

104 BGH v. 16.2.1976 – II ZR 61/74, JZ 1976, 561, 562 (m. abl. Anm. *Lutter*) = AG 1976, 218 f. (m. Anm. *Westermann*, AG 1976, 309 ff.).

105 BGH v. 5.6.1975 – II ZR 23/74, BGHZ 65, 15, 18 f.

106 Vgl. dazu mit zahlreichen Nachweisen aus dem älteren Schrifttum *Dreher*, ZHR 157 (1998), 150, 151; *Henze*, BB 1996, 489, 489 f.; *Henze/Notz* in Großkomm. AktG, 4. Aufl. 2004, Anh. § 53a AktG Rz. 8 f.

ten enthält, die den Schutz des einzelnen Aktionärs vor einem Machtmissbrauch bezwecken (vgl. insbesondere §§ 53a, 117, 243 Abs. 2, §§ 300 ff., 309, 311 ff. AktG), so dass es – auch mit Blick auf die flankierenden allgemeinen Normen der §§ 226, 242, 826 BGB – lange Zeit weder zulässig noch nötig erschien, auf das allgemeinere Treupflichtprinzip zurückzugreifen[107].

Zwischenzeitlich hat sich jedoch die zutreffende Erkenntnis durchgesetzt, dass die vielfältigen Möglichkeiten vor allem der Gesellschaftermehrheit, auf die gesellschaftsbezogenen Interessen der Mitgesellschafter einzuwirken, unabhängig vom Bestehen eines persönlichen Vertrauensverhältnisses mit der gesellschaftlichen Verpflichtung korrespondieren, auf die gesellschaftsbezogenen Interessen der Mitgesellschafter und die Belange der AG Rücksicht zu nehmen[108]. Zudem hat sich gezeigt, dass die erwähnten aktienrechtlichen Spezialnormen in bestimmten Konstellationen einem Machtmissbrauch nicht ausreichend entgegenzuwirken vermögen[109]. Zu Recht hat der BGH daher in der 1988 ergangenen „**Linotype-Entscheidung**"[110] zunächst auch für das Verhältnis der Aktionäre untereinander die Existenz einer mitgliedschaftlichen Treupflicht bejaht. In der späteren „**Girmes-Entscheidung**"[111] folgte sodann die Klarstellung, dass nicht nur die Aktionärsmehrheit eine Treupflicht gegenüber der Minderheit trifft, sondern umgekehrt auch eine Treupflicht im Verhältnis der Minderheit zur Mehrheit besteht. Letzteres gewinnt beispielsweise dann Bedeutung, wenn die Minderheit infolge des Erlangens einer Sperrminorität in die Position geraten ist, die Belange der Gesellschaft oder die gesellschaftsbezogenen Interessen der Mehrheitsgesellschafter zu beeinträchtigen[112]. 38.30

Umstritten geblieben ist demgegenüber bis heute die **Rechtsgrundlage** der mitgliedschaftlichen Treupflicht. Während zum Teil auf § 242 BGB abgestellt wird[113], wollen andere Stimmen an § 705 BGB als Grundnorm des gesamten Korporationsrechts anknüpfen[114]; zum Teil werden auch beide Normen nebeneinander herangezogen[115]. Da sich aus diesen unterschiedlichen Begründungen – soweit ersichtlich – keine abweichenden praktischen Folgen ergeben, ist diese Diskussion in erster Linie von dogmatischem Interesse. Für die Rechtsanwendung dürfte demgegenüber im Vordergrund stehen, dass sich die mitgliedschaftliche Treupflicht mittlerweile als **richterrechtliche Generalklausel** bezeichnen lässt, die richtigerweise wohl auf eine Mehrzahl von Vorschriften und Grundsätzen des Gesellschaftsrechts zurückzuführen ist und die ihre rechtsgeschäftliche Ableitungsbasis im Organisationsvertrag der Grün- 38.31

---

107 *Götze* in MünchKomm. AktG, 5. Aufl. 2019, vor § 53a AktG Rz. 19.
108 Vgl. zu diesem Geltungsgrund der mitgliedschaftlichen Treupflicht grundlegend vor allem *Zöllner*, Die Schranken mitgliedschaftlicher Stimmrechtsmacht bei den privatrechtlichen Verbänden, S. 342 ff., der freilich zu Recht darauf hinweist, dass schon das Reichsgericht aus der Möglichkeit, im Wege eines Mehrheitsbeschlusses auf die Interessen der Minderheit einzuwirken, eine gesellschafterliche Pflicht zur Rücksichtnahme hergeleitet hatte (vgl. RGZ 132, 149, 163).
109 *Götze* in MünchKomm. AktG, 5. Aufl. 2019, vor § 53a AktG Rz. 21.
110 BGH v. 1.2.1988 – II ZR 75/87, BGHZ 103, 184, 194 f. = AG 1988, 135 ff.; bestätigt durch BGH v. 22.6.1992 – II ZR 178/90, NJW 1992, 3167, 3171 = AG 1993, 28 ff.; BGH v. 5.7.1999 – II ZR 126/98, BGHZ 142, 167, 169 ff. = AG 1999, 517 ff.
111 BGH v. 20.3.1995 – II ZR 205/94, BGHZ 129, 136, 143 ff. = AG 1995, 368 ff.
112 *Hüffer/Koch*, § 53a AktG Rz. 21; *Götze* in MünchKomm. AktG, 5. Aufl. 2019, vor § 53a AktG Rz. 32; *Henze*, BB 1996, 489, 496; *Hennrichs*, AcP 195 (1995), 221, 237; *Seibt*, ZIP 2014, 1909, 1911 ff.
113 So u.a. *Burgard*, ZIP 2002, 827, 834; *Hennrichs*, AcP 195 (1995), 221, 228 ff.
114 Vgl. u.a. *Lutter*, ZHR 153 (1989), 452, 454; *Lutter*, JZ 1995, 1053, 1054; *Marsch-Barner*, ZHR 157 (1993), 172, 173.
115 Differenzierend namentlich *M. Winter*, Mitgliedschaftliche Treubindungen im GmbH-Recht, S. 13 ff., 63 ff., 67 ff.

der findet[116]. Die in der Praxis gelegentlich anzutreffende **statutarische Festschreibung** der mitgliedschaftlichen Treupflicht[117] erscheint daher nicht notwendig, bleibt aber unschädlich[118].

2. Inhalt

38.32 Dem generalklauselartigen Charakter der Treupflicht entspricht es, dass sich ihr Inhalt und ihre Reichweite regelmäßig nur mit Rücksicht auf die konkrete Fallgestaltung feststellen lassen. Bedeutung erlangt dabei unter anderem die **Realstruktur der Gesellschaft**[119]; so kann die Treupflicht beispielsweise in einer personalistisch organisierten Gesellschaft deutlich weiter reichen als in einer Publikumsgesellschaft. Ungeachtet dieser tatbestandlichen Unschärfen ist der Inhalt der Treupflicht als **Generalklausel** – unter Zugrundelegung der Differenzierung eigen- und uneigennütziger Mitgliedschaftsrechte (Rz. 38.6) – zu Recht wie folgt zusammengefasst worden: „Die Gesellschafter sind verpflichtet, in Ausübung ihrer im Gesellschaftsinteresse begründeten mitgliedschaftlichen Befugnisse diejenigen Handlungen vorzunehmen, die der Förderung des Gesellschaftszwecks dienen, und zuwiderlaufende Maßnahmen zu unterlassen. Bei der Ausübung eigennütziger Mitgliedsrechte sind die Schranken einzuhalten, die sich aus dem Verbot einer willkürlichen oder unverhältnismäßigen Rechtsausübung ergeben. Auf die mitgliedschaftlichen Interessen anderer Gesellschafter ist angemessen Rücksicht zu nehmen"[120].

38.33 Da die Treupflicht des Aktionärs stets auf den **Bereich der Gesellschaft** beschränkt bleibt, lässt sich ihr eine Pflicht zur Rücksichtnahme auf Belange der Mitaktionäre, die in keinem Bezug zur Gesellschaft stehen, nicht entnehmen[121]. Der Rückgriff auf die Treupflicht kommt schließlich ebenso wenig in Bereichen in Betracht, in denen das **Gesetz selbst abschließende Entscheidungen trifft**[122]. Es stellt deshalb grundsätzlich (vgl. aber Rz. 38.38) keinen Treupflichtenverstoß dar, wenn die Aktionärsmehrheit gegen die Stimmen der Minderheit einen die Gesellschaft verpflichtenden Beherrschungsvertrag oder gar ihre Auflösung beschließt, denn das Gesetz selbst erkennt derartige Mehrheitsbeschlüsse in den § 293 Abs. 1, § 262 Abs. 1 Nr. 2 AktG ausdrücklich als ausreichend an und sorgt zum Teil in anderer Weise – exemplarisch sei auf die §§ 304, 305 AktG verwiesen – für einen Interessenausgleich der Min-

---

116 *Hüffer* in FS Steindorff, 1990, S. 59, 64 ff., 68 ff.; *Hüffer/Koch*, § 53a AktG Rz. 15; *Henze*, ZHR 162 (1998), 186, 191 f.; *Henze/Notz* in Großkomm. AktG, 4. Aufl. 2004, Anh. § 53a AktG Rz. 19; *Rieckers* in MünchHdb. AG, § 17 Rz. 19; siehe auch *Lutter*, ZHR 162 (1998), 164, 166; *Götze* in MünchKomm. AktG, 5. Aufl. 2019, vor § 53a AktG Rz. 22; *Maul* in Beck'sches Hdb. AG, § 4 Rz. 81.
117 Vgl. zur statutarischen Verankerung der Treuepflicht in der Satzung der Infineon Technologies AG auch die Entscheidung des LG München I v. 13.4.2006 – 5HK O 4326/05, AG 2007, 255, 258, nach der die konkrete Satzungsregelung insbesondere nicht gegen § 23 Abs. 5 AktG verstößt, sowie *Waclawik*, DB 2005, 1151; siehe auch Rz. 4.72.
118 Eine generelle statutarische Abschaffung der Treubindungen scheitert demgegenüber an § 23 Abs. 5 AktG, vgl. *Henze/Notz* in Großkomm. AktG, 4. Aufl. 2004, Anh. § 53a AktG Rz. 126; *Hüffer/Koch*, § 53a AktG Rz. 26; a.A. *Waclawik*, DB 2005, 1151, 1153.
119 Allg. M., vgl. etwa *K. Schmidt*, GesR, S. 592; zum Diskussionsstand betreffend die Ein-Personen-AG vgl. *Henze/Notz* in Großkomm. AktG, 4. Aufl. 2004, Anh. § 53a AktG Rz. 42; krit. *Cahn/v. Spannenberg* in BeckOGK AktG, Stand 1.2.2021, § 53a AktG Rz. 47.
120 So die zusammenfassende Formulierung von *Hüffer* in FS Steindorff, 1990, S. 59, 69; ihm folgend OLG Stuttgart v. 12.5.1999 – 20 U 62/98, AG 2000, 229, 230; vgl. auch *Rieckers* in MünchHdb. AG, § 17 Rz. 21; *Marsch-Barner*, ZHR 157 (1993), 172 f.; *Werner* in FS Semler, 1993, S. 419, 424; *Maul* in Beck'sches Hdb. AG, § 4 Rz. 81; *Ziemons* in Ziemons/Binnewies, Hdb. AG, Rz. I 7.65 ff.
121 BGH v. 22.6.1992 – II ZR 178/90, NJW 1992, 3167, 3171 = AG 1993, 28 ff.; *Rieckers* in MünchHdb. AG, § 17 Rz. 20; *Zöllner*, AG 2000, 145, 154. Dritte Personen können sich auf die Verletzung mitgliedschaftlicher Treupflichten damit erst recht nicht berufen, vgl. OLG Hamburg v. 20.10.2010 – 11 U 127/09, AG 2011, 301, 302 f.; siehe auch *Götze* in MünchKomm. AktG, 5. Aufl. 2019, vor § 53a AktG Rz. 36.
122 *Götze* in MünchKomm. AktG, 5. Aufl. 2019, vor § 53a AktG Rz. 58 ff.; *Hüffer/Koch*, § 243 AktG Rz. 24, 27; *Zöllner*, AG 2000, 145, 156; *Henze*, BB 1996, 489, 498.

derheitsaktionäre (vgl. näher zum Ganzen Rz. 39.58). Dieses Beispiel verdeutlicht zugleich, dass die durch den BGH bereits vor der Anerkennung der zwischen den Aktionären bestehenden Treupflicht praktizierte **materielle Beschlusskontrolle** (siehe näher Rz. 39.57 ff.) zutreffend als institutionell verfestigte Ausprägung der Treupflicht verstanden wird[123].

In ihrer Ausprägung als Pflicht zur Rücksichtnahme kommt der Treupflicht für die Ausübung der Aktionärsrechte in erster Linie **Schrankenfunktion** zu. Vor allem sein Stimmrecht darf der Aktionär also nicht zur Herbeiführung solcher Beschlüsse nutzen, die ihm zu Lasten der AG oder seiner Mitaktionäre einseitige Vorteile gewähren[124]. Auf diese Schrankenfunktion ist die Treupflicht jedoch nicht beschränkt; sie kann vielmehr ausnahmsweise auch **aktive Förderpflichten** begründen, wenn die AG oder die Mitaktionäre auf die Mitwirkung des Aktionärs in besonderem Maße angewiesen sind[125] (vgl. auch Rz. 38.38). Zu denken ist dabei an Beschlüsse, die – etwa in Sanierungssituationen[126] – im Interesse der AG oder der Mitgesellschafter dringend geboten sind und die der Zustimmung sämtlicher Aktionäre bedürfen; in solchen Fällen kann die Treupflicht also positive Stimmpflichten auslösen[127]. 38.34

3. Konkretisierungen der Treupflicht

a) Das Verhältnis des Aktionärs zur Gesellschaft

Im Verhältnis des Aktionärs zur Gesellschaft bewirkt die Schrankenfunktion der Treupflicht, dass der Aktionär die Ausübung **uneigennütziger Mitgliedschaftsrechte** auf das maßgeblich durch den Gesellschaftszweck und den Unternehmensgegenstand geprägte Gesellschaftsinteresse auszurichten hat[128]. Dabei kommt ihm jedoch ein eigener unternehmerischer Ermessensspielraum zu[129], was Bedeutung vor allem für das Stimmrecht entfaltet, das regelmäßig (vgl. aber Rz. 38.6) als uneigennütziges Recht zu charakterisieren ist. So darf ein Aktionär z.B. einen Beschlussantrag, der darauf zielt, einem Vorstandsmitglied das Vertrauen zu entziehen (§ 84 Abs. 3 Satz 2 AktG), nicht allein aufgrund einer persönlichen Verbundenheit zu dem Vorstandsmitglied ablehnen; unproblematisch ist es demgegenüber, wenn die ablehnende Entscheidung auf einer ermessensfehlerfreien, am Gesellschaftsinteresse ausgerichteten unternehmerischen Entscheidung beruht. 38.35

Die Wahrnehmung **eigennütziger Mitgliedschaftsrechte** erfährt durch die Treupflicht vor allem insoweit Beschränkungen, als sie dem Aktionär eine unverhältnismäßige oder willkürliche Rechtsausübung untersagt[130]. Häufig genanntes Beispiel dafür ist das Verbot einer übermäßigen Nutzung des Auskunfts- 38.36

---

123 Zu der Entwicklung der materiellen Beschlusskontrolle und ihren Grundlagen vgl. eingehend *C. Schäfer* in MünchKomm. AktG, 5. Aufl. 2021, § 243 AktG Rz. 53 f.; *Henze/Notz* in Großkomm. AktG, 4. Aufl. 2004, Anh. § 53a AktG Rz. 23; *Henze*, ZHR 162 (1998), 186, 187.
124 BGH v. 1.2.1988 – II ZR 75/87, BGHZ 103, 184, 194 f. = AG 1988, 135 ff.
125 *Hüffer/Koch*, § 53a AktG Rz. 17; *Götze* in MünchKomm. AktG, 5. Aufl. 2019, vor § 53a AktG Rz. 48 ff.; *Lutter*, ZHR 153 (1989), 446, 467 ff.; *Henze*, BB 1996, 489, 493.
126 Vgl. BGH v. 20.3.1995 – II ZR 205/94, BGHZ 129, 136, 143 ff. = AG 1995, 368 ff.; OLG München v. 16.1.2014 – 23 AktG 3/13, ZIP 2014, 472, 474 = AG 2014, 546; siehe eingehend *Seibt*, ZIP 2014, 1909, 1911 ff.; *Götze* in MünchKomm. AktG, 5. Aufl. 2019, vor § 53a AktG Rz. 51.
127 Als weiteres Beispiel dafür genannt wird u.a. der Fall, dass die Übertragung von Namensaktien an eine Zustimmung der Gesellschaft gebunden wird, die ihrerseits der Zustimmung aller Aktionäre bedarf (§ 68 Abs. 2, § 180 Abs. 2 AktG), vgl. näher *Henze*, BB 1996, 489, 493.
128 *Henze/Notz* in Großkomm. AktG, 4. Aufl. 2004, Anh. § 53a AktG Rz. 53; *Henze*, BB 1996, 489, 493; *Maul* in Beck'sches Hdb. AG, § 4 Rz. 81; *Rieckers* in MünchHdb. AG, § 17 Rz. 22.
129 *Götze* in MünchKomm. AktG, 5. Aufl. 2019, vor § 53a AktG Rz. 45; *Rieckers* in MünchHdb. AG, § 17 Rz. 24; *Zöllner*, AG 2000, 145, 153; *Henze*, ZHR 162 (1998), 186, 189.
130 *Henze/Notz* in Großkomm. AktG, 4. Aufl. 2004, Anh. § 53a AktG Rz. 53; *Rieckers* in MünchHdb. AG, § 17 Rz. 22, 25; *Maul* in Beck'sches Hdb. AG, § 4 Rz. 81.

rechts in der Hauptversammlung (§ 131 AktG)[131]; in diese Kategorie gehört aber u.a. auch die missbräuchliche Erhebung von Anfechtungsklagen[132].

b) Das Verhältnis der Gesellschaft zu den Aktionären

38.37 Treupflichten unterliegt nicht nur der Aktionär gegenüber der Gesellschaft, sondern umgekehrt auch die AG gegenüber ihren Aktionären. Die Gesellschaft hat dem einzelnen Aktionär deshalb insbesondere eine **ungehinderte und sachgemäße Wahrnehmung seiner Mitgliedschaftsrechte zu ermöglichen** und alles zu unterlassen, was diese Rechte beeinträchtigen kann[133]. Daraus hat der BGH zu Recht gefolgert, dass ein Aktionär gegen Kostenerstattung die Abschrift eines in der Hauptversammlung gefertigten Tonbandprotokolls hinsichtlich derjenigen Teile verlangen kann, aus denen seine eigenen Ausführungen und Anträge sowie die von den Mitgliedern des Vorstands dazu abgegebenen Stellungnahmen hervorgehen[134]. Auch das an die Gesellschaft gerichtete Gleichbehandlungsgebot (Rz. 38.19 ff.) lässt sich als gesetzliche Ausprägung der Treupflicht verstehen, die der Gesellschaft gegenüber dem Aktionär obliegt[135].

c) Das Verhältnis der Aktionäre untereinander

38.38 Im Verhältnis zu seinen Mitaktionären konkretisiert sich die Treubindung des Aktionärs vor allem in der Verpflichtung, bei der Ausübung seiner Mitgliedschaftsrechte auf die gesellschaftsbezogenen Belange der Mitaktionäre in der Weise Rücksicht zu nehmen, dass der **Verhältnismäßigkeitsgrundsatz** gewahrt ist[136]. Damit angesprochen ist die sog. materielle Beschlusskontrolle (siehe Rz. 39.57), die jedoch immer dann ausgeschlossen ist, wenn das Gesetz selbst eine abschließende Regelung enthält (vgl. näher Rz. 38.33 und Rz. 39.58). Ein Treupflichtverstoß kann sich indes auch dann, wenn der jeweilige Beschluss mit Blick auf vorrangige gesetzliche Vorgaben keiner materiellen Beschlusskontrolle unterliegt, aus **sonstigen Umständen** der Beschlussfassung ergeben. So hat der BGH in der „Linotype-Entscheidung" eine Verletzung der Treupflicht bei Beschlussfassung über die Auflösung der Gesellschaft im Hinblick darauf bejaht, dass sich der die Auflösung betreibende Mehrheitsaktionär durch vorbereitende Absprachen mit dem Vorstand den alleinigen Zugriff auf wesentliche Vermögensteile der aufzulösenden AG gesichert hatte[137]. Weitere Treupflichtverstöße außerhalb der materiellen Beschlusskontrolle[138] können z.B. darin liegen, dass ein Aktionär die ihm zumutbare und im dringenden Interesse der AG gebotene Mitwirkung an einer Satzungsänderung unterlässt[139] (vgl. auch Rz. 38.34) oder

---

131 Vgl. *Götze* in MünchKomm. AktG, 5. Aufl. 2019, vor § 53a AktG Rz. 43; *Henze*, BB 1996, 489, 495; *Rieckers* in MünchHdb. AG, § 17 Rz. 25.
132 *Götze* in MünchKomm. AktG, 5. Aufl. 2019, vor § 53a AktG Rz. 43; *Grigoleit* in Grigoleit, § 1 AktG Rz. 62; *Henze*, BB 1996, 489, 494; siehe auch *Werner* in FS Semler, 1993, S. 419, 426 ff., der neben dem Fall der rechtsmissbräuchlichen Anfechtungsklage noch weitere Fälle der treuwidrigen Anfechtungsklage anerkennen will. Der BGH hat im Fall einer rechtsmissbräuchlichen Anfechtungsklage den Rückgriff auf die Treupflicht für entbehrlich gehalten, BGH v. 22.5.1989 – II ZR 206/88, BGHZ 107, 296, 311 = AG 1989, 399 ff.
133 BGH v. 19.9.1994 – II ZR 248/92, BGHZ 127, 107, 111 = AG 1994, 559 ff.; *Götze* in MünchKomm. AktG, 5. Aufl. 2019, vor § 53a AktG Rz. 33; *Henze/Notz* in Großkomm. AktG, 4. Aufl. 2004, Anh. § 53a AktG Rz. 87 ff.
134 BGH v. 19.9.1994 – II ZR 248/92, BGHZ 127, 107, 113 = AG 1994, 559 ff.
135 So ausdrücklich OLG Stuttgart v. 12.5.1999 – 20 U 62/98, AG 2000, 229, 230; siehe auch *Henze/Notz* in Großkomm. AktG, 4. Aufl. 2004, Anh. § 53a AktG Rz. 33.
136 *Zöllner*, AG 2000, 145, 154; *Henze*, BB 1996, 489, 494; *Maul* in Beck'sches Hdb. AG, § 4 Rz. 83.
137 BGH v. 1.2.1988 – II ZR 75/87, BGHZ 103, 184, 189 ff. = AG 1988, 135 ff.
138 Vgl. auch die Übersicht zu weiteren Anwendungsfällen bei *Lutter*, ZHR 153 (1989), 446, 458 ff.
139 Vgl. – zur GmbH – BGH v. 25.9.1986 – II ZR 262/85, BGHZ 98, 276, 278 f. = GmbHR 1986, 426; BGH v. 23.3.1987 – II ZR 244/86, NJW 1987, 3192, 3193 = GmbHR 1987, 349; siehe auch BGH v. 12.4.2016 – II ZR 275/14, NZG 2016, 781, 782 = GmbHR 2016, 759; zur AG vgl. etwa *Hüffer/Koch*, § 179 AktG Rz. 30; *Henze/Notz* in Großkomm. AktG, 4. Aufl. 2004, Anh. § 53a AktG Rz. 59; *Henze*, BB 1996, 489,

dass ein „räuberischer Aktionär" von dem Großaktionär die Zahlung eines bestimmten Geldbetrages als Voraussetzung dafür verlangt, dass er seine gegen einen Beschluss der Hauptversammlung gerichtete Anfechtungsklage zurücknimmt[140] (vgl. auch Rz. 39.92 ff.).

4. Rechtsfolgen des Verstoßes gegen die Treupflicht

Nicht nur der Inhalt und die Schutzrichtung der Treupflicht können von Fall zu Fall variieren, gleiches gilt vielmehr auch für die bei Verletzung dieser Pflicht eintretenden **Rechtsfolgen:** 38.39

Überschreitet ein Aktionär die sich aus der Treupflicht im **Verhältnis zur Gesellschaft** ergebenden Schranken der **Ausübung eigennütziger Mitgliedschaftsrechte** (vgl. Rz. 38.36), ist die konkrete Rechtsausübung unbeachtlich[141], so dass beispielsweise eine von ihm gemäß § 131 AktG in der Hauptversammlung verlangte Auskunft durch den Vorstand nicht erteilt zu werden braucht. Im Übrigen ist unter der Voraussetzung, dass der Treupflichtverstoß zu vertreten ist, an **Schadensersatzansprüche** der Gesellschaft zu denken; ob es dafür stets auf eine vorsätzliche Treupflichtverletzung ankommt, ist bislang nicht abschließend geklärt[142]. Die Mitaktionäre können berechtigt sein, die Ersatzleistung an die Gesellschaft im Wege der *actio pro socio* zu verlangen[143]. 38.40

Eine **Stimmrechtsausübung**, die die im **Verhältnis der Aktionäre untereinander** bestehende Treupflicht verletzt, ist nach h.M. nichtig und daher für die Ermittlung des Abstimmungsergebnisses unbeachtlich[144]. Der Versammlungsleiter wird das Vorliegen des Treupflichtverstoßes allerdings – gerade auch unter den besonderen Bedingungen der Hauptversammlung – in der Praxis häufig nicht abschließend beurteilen können[145]; eine deshalb erfolgende Mitzählung der treuwidrig abgegebenen Stimmen kann dann zur Anfechtbarkeit des festgestellten Beschlusses führen (vgl. Rz. 39.53)[146]. Auch im Falle einer Verletzung der sich aus der Treupflicht ergebenden Pflicht zur Mitwirkung an einer Satzungsänderung (vgl. Rz. 38.34) sind die treuwidrig abgegebenen Nein-Stimmen als nichtig sowie 38.41

493; siehe auch OLG München v. 16.1.2014 – 23 AktG 3/13, ZIP 2014, 472, 474 = AG 2014, 546; OLG Stuttgart v. 23.7.2003 – 20 U 5/03, AG 2003, 588, 590.
140 *Lutter*, ZHR 153 (1989), 446, 466 f.
141 *Rieckers* in MünchHdb. AG, § 17 Rz. 31; *Maul* in Beck'sches Hdb. AG, § 4 Rz. 85.
142 Bejahend etwa *Götze* in MünchKomm. AktG, 5. Aufl. 2019, vor § 53a AktG Rz. 69; *Rieckers* in MünchHdb. AG, § 17 Rz. 32 (jew. mit Ausnahme der treuwidrigen Erhebung von Anfechtungsklagen) sowie *Henze/Notz* in Großkomm. AktG, 4. Aufl. 2004, Anh. § 53a AktG Rz. 149. In der „Girmes-Entscheidung" hat der BGH diese Frage nur für den Fall der treuwidrigen Stimmrechtsausübung bejaht und im Übrigen ausdrücklich offengelassen, vgl. BGH v. 20.3.1995 – II ZR 205/94, BGHZ 129, 136, 162 = AG 1995, 368 ff.; zustimmend *Lutter*, JZ 1995, 1053, 1054; anders z.B. *M. Winter*, Mitgliedschaftliche Treubindungen im GmbH-Recht, S. 108 ff.
143 *M. Winter*, Mitgliedschaftliche Treubindungen im GmbH-Recht, S. 306 ff.; *Hüffer/Koch*, § 53a AktG Rz. 19; *Maul* in Beck'sches Hdb. AG, § 4 Rz. 85.
144 BGH v. 20.4.2009 – II ZR 148/07, NZG 2009, 827, 828 = AG 2009, 534; BGH v. 9.11.1987 – II ZR 100/87, BGHZ 102, 172, 176; BGH v. 12.7.1993 – II ZR 65/92, AG 1993, 514, 515; OLG Stuttgart v. 8.10.1999 – 20 U 59/99, AG 2000, 369, 371; *Götze* in MünchKomm. AktG, 5. Aufl. 2019, vor § 53a AktG Rz. 72; *Henze/Notz* in Großkomm. AktG, 4. Aufl. 2004, Anh. § 53a AktG Rz. 128 f.; *Hüffer/Koch*, § 53a AktG Rz. 30; *Fleischer* in K. Schmidt/Lutter, § 53a AktG Rz. 63; a.A. *Ziemons* in Ziemons/Binnewies, Hdb. AG, Rz. I 7.83; *Koppensteiner*, ZIP 1994, 1325, 1326 f.
145 *Götze* in MünchKomm. AktG, 5. Aufl. 2019, vor § 53a AktG Rz. 72; vgl. auch *Marsch-Barner*, ZHR 157 (1993), 172, 189, der daraus folgert, dass eine Nichtbeachtung der treuwidrigen Stimmabgabe nur bei „offenkundigen Treuepflichtverletzungen" in Betracht kommt; ebenso *Fleischer* in K. Schmidt/Lutter, § 53a AktG Rz. 63. Die Annahme einer solchen Offenkundigkeit kann etwa in Sanierungssituationen naheliegen, in denen der Versammlungsleiter freilich die für eine treupflichtwidrige Stimmabgabe sprechenden Umstände regelmäßig schon im Vorfeld der Hauptversammlung prüfen kann, vgl. *Seibt*, ZIP 2014, 1909, 1915.
146 BGH v. 1.2.1988 – II ZR 75/87, BGHZ 103, 184, 193 = AG 1988, 135 ff.; BGH v. 5.7.1999 – II ZR 126/98, BGHZ 142, 167, 169 = AG 1999, 517; *Hüffer/Koch*, § 53a AktG Rz. 29.

als nicht vertreten zu werten, so dass der Versammlungsleiter berechtigt ist, das Zustandekommen des Beschlusses mit der erforderlichen Mehrheit festzustellen[147]. Unterbleibt dies, weil der Versammlungsleiter im Gegenteil unter Berücksichtigung der treuwidrig ausgeübten Nein-Stimmen die Ablehnung der beantragten Satzungsänderung feststellt, muss gegen den ablehnenden Beschluss eine mit der sog. positiven Beschlussfeststellungsklage verbundene Anfechtungsklage erhoben werden[148] (siehe auch Rz. 39.132 ff.). In bestimmten **Sanierungskonstellationen** unterliegt die Stimmrechtsausübung inzwischen ausdrücklichen Obstruktionsverboten, vgl. u.a. § 7 Abs. 7 WStBG, § 245 InsO und § 26 StaRUG.

38.42 Schließlich kommen auch im **Verhältnis der Aktionäre untereinander Schadensersatzansprüche** in Betracht, so etwa zugunsten des Großaktionärs gegenüber dem „räuberisch" agierenden Mitaktionär in dem in Rz. 38.38 genannten Beispiel[149]. Wegen einer treuwidrigen Ausübung des **Stimmrechts** können sich Schadensersatzpflichten nach den Vorgaben der „Girmes-Entscheidung" allerdings nur dann ergeben, wenn der Eintritt des Schadens durch die Erhebung einer Anfechtungsklage nicht verhindert werden kann[150]. Wenngleich der BGH dies der gesetzlichen Wertung des § 117 Abs. 7 Nr. 1 AktG a.F. entnommen hat, steht zu erwarten, dass die Rechtsprechung an diesem Erfordernis – jedenfalls im praktischen Ergebnis – auch nach der zwischenzeitlich durch das **UMAG**[151] erfolgten Streichung dieser Regelung festhalten wird. Denn diese Streichung soll auch im originären Anwendungsbereich dieser Vorschrift dazu führen, dass die Frage, ob der Geschädigte der Schadensentstehung durch Erhebung einer Anfechtungsklage entgegengewirkt hat, künftig jedenfalls für das Vorliegen eines mitwirkenden Verschuldens (§ 254 BGB) Bedeutung erlangt[152]; Gleiches dürfte daher auch für die hier in Rede stehende Schadensersatzpflicht gelten[153]. Um den Aktionären eine von einer drohenden Schadensersatzverpflichtung weitgehend freie Stimmrechtsausübung in der Hauptversammlung zu ermöglichen[154], dürfte die Rechtsprechung ungeachtet der Streichung des § 117 Abs. 7 Nr. 1 AktG a.F. daneben auch an dem in der „Girmes-Entscheidung" zusätzlich aufgestellten Vorsatzerfordernis[155] festhalten[156]. Besteht unter Berücksichtigung dieser Voraussetzungen eine Ersatzpflicht, so erstreckt sich diese nicht auf denjenigen Schaden, der sich auf Seiten des Aktionärs lediglich als „Reflex" des bei

---

147 *Zöllner* in KölnKomm. AktG, 2. Aufl. 1989, § 179 AktG Rz. 213; *Hüffer/Koch*, § 130 AktG Rz. 22; *Wiedemann* in Großkomm. AktG, 4. Aufl. 1995, § 179 AktG Rz. 157; *Henze/Notz* in Großkomm. AktG, 4. Aufl. 2004, Anh. § 53a AktG Rz. 137.
148 *Götze* in MünchKomm. AktG, 5. Aufl. 2019, vor § 53a AktG Rz. 72; *Zöllner* in KölnKomm. AktG, 2. Aufl. 1989, § 179 AktG Rz. 213.
149 Vgl. *Lutter*, ZHR 153 (1989), 446, 466; *Hüffer/Koch*, § 53a AktG Rz. 29.
150 BGH v. 20.3.1995 – II ZR 205/94, BGHZ 129, 136, 158 ff. = AG 1995, 368 ff.
151 Gesetz zur Unternehmensintegrität und Modernisierung des Anfechtungsrechts (UMAG) v. 22.9.2005, BGBl. I 2005, 2802.
152 Vgl. Begr. RegE UMAG, BR-Drucks. 3/05, S. 22. Diese Erwägung geht auf die Vorschläge des 63. Deutschen Juristentages und der Regierungskommission Corporate Governance zurück, vgl. *Baums*, Bericht der Regierungskommission Corporate Governance, Rz. 164.
153 *Drygala* in KölnKomm AktG, 3. Aufl. 2011, § 53a AktG Rz. 131; *Seibt*, ZIP 2014, 1909, 1915; ebenso bereits – auf der Grundlage der früheren Regelung – *Marsch-Barner*, ZHR 157 (1993), 172, 191; *Zöllner*, ZHR 153 (1989), 446, 468.
154 Schon in der „Girmes-Entscheidung" stellt der BGH zur Begründung des Vorsatzerfordernisses nicht nur auf die Wertung des § 117 Abs. 7 Nr. 1 AktG, sondern auch auf dieses Interesse der Aktionäre ab; zugleich betont das Gericht, dass geringere Verschuldensanforderungen auch zu einer Verringerung der Hauptversammlungspräsenzen führen könnten, vgl. BGH v. 20.3.1995 – II ZR 205/94, BGHZ 129, 136, 162 f. = AG 1995, 368 ff.
155 Vgl. Fn. 142 zu Rz. 38.40.
156 Siehe auch *Götze* in MünchKomm. AktG, 5. Aufl. 2019, vor § 53a AktG Rz. 68; *Henze/Notz* in Großkomm. AktG, 4. Aufl. 2004, Anh. § 53a AktG Rz. 147; *Fleischer* in K. Schmidt/Lutter, § 53a AktG Rz. 70; *Drygala* in KölnKomm AktG, 3. Aufl. 2011, § 53a AktG Rz. 131; *Hüffer/Koch*, § 53a AktG Rz. 28; a.A. *Servatius* in Wachter, § 53a AktG Rz. 59, der auch grobe Fahrlässigkeit ausreichen lassen will; noch weitergehend *Grigoleit* in Grigoleit, § 1 AktG Rz. 78, nach dem jede Form der Fahrlässigkeit ausreicht.

der Gesellschaft eingetretenen Schadens darstellt[157]. Für die treuwidrige Stimmabgabe bei Abstimmungen betreffend die **Sanierung von Unternehmen des Finanzsektors** und **von bestimmten realwirtschaftlichen Unternehmen** mit besonderer Bedeutung u.a. für die technologische Souveränität, die Versorgungssicherheit oder kritische Infrastrukturen enthält § 7 Abs. 7 WStBG eine spezielle Schadensersatzregelung.

§ 39
Anfechtungs- und Nichtigkeitsklage; Freigabeverfahren

I. Die Beschlussmängelklagen im System der aktienrechtlichen Klage- und Antragsrechte ... 39.1
II. Anfechtbarkeit und Nichtigkeit von Beschlüssen der Hauptversammlung 39.3
  1. Arten von Beschlussmängeln ... 39.4
  2. Nichtigkeitsgründe ... 39.9
    a) Einberufungsmangel (§ 241 Nr. 1 AktG) ... 39.11
    b) Beurkundungsfehler (§ 241 Nr. 2 AktG) ... 39.17
    c) Verstöße gegen das Wesen der Aktiengesellschaft, gegen gläubigerschützende oder sonst im öffentlichen Interesse stehende Vorschriften (§ 241 Nr. 3 AktG) ... 39.18
    d) Sittenwidrigkeit des Hauptversammlungsbeschlusses (§ 241 Nr. 4 AktG) ... 39.23
    e) Nichtigerklärung durch Urteil (§ 241 Nr. 5 AktG) und Löschung als nichtig von Amts wegen (§ 241 Nr. 6 AktG) ... 39.24
    f) Sonstige Nichtigkeitsgründe ... 39.27
  3. Die Heilung nichtiger Beschlüsse (§ 242 AktG) ... 39.30
    a) Bedeutung der Heilung ... 39.30
    b) Fallgruppen ... 39.32
    c) Rechtsfolgen der Heilung ... 39.36
  4. Anfechtungsgründe ... 39.37
    a) Überblick ... 39.37
    b) Verfahrensfehler ... 39.43
      aa) Überblick ... 39.43
      bb) Relevanz des Fehlers ... 39.44
      cc) Fallgruppen ... 39.47
    c) Inhaltliche Fehler ... 39.54
      aa) Verletzung von Einzelvorschriften ... 39.55
      bb) Verletzung von Generalklauseln ... 39.56
      cc) Insbesondere: Die unzulässige Verfolgung von Sondervorteilen (§ 243 Abs. 2 AktG) ... 39.61
  5. Bestätigung anfechtbarer Beschlüsse (§ 244 AktG) ... 39.64
    a) Wesen und Wirkung der Bestätigung ... 39.64
    b) Prozessuales ... 39.67
    c) Nichtigerklärung für die Vergangenheit ... 39.69
III. Die Anfechtungsklage ... 39.70
  1. Gerichtliche Zuständigkeit ... 39.71
  2. Anfechtungsbefugnis (§ 245 AktG) ... 39.73
    a) Die Anfechtungsbefugnis der Aktionäre (§ 245 Nr. 1 bis 3 AktG) ... 39.75
      aa) § 245 Nr. 1 AktG ... 39.75
      bb) § 245 Nr. 2 AktG ... 39.83
      cc) § 245 Nr. 3 AktG ... 39.88
    b) Die Anfechtungsbefugnis des Vorstands (§ 245 Nr. 4 AktG) ... 39.89
    c) Die Anfechtungsbefugnis einzelner Organmitglieder (§ 245 Nr. 5 AktG) ... 39.91
    d) Missbrauch der Anfechtungsbefugnis ... 39.92
      aa) Ausgangslage ... 39.92
      bb) Tatbestand ... 39.94
      cc) Rechtsfolgen ... 39.97
      dd) Jüngere Entwicklungen bei der Bekämpfung missbräuchlicher Anfechtungsklagen und Reform des Beschlussmängelrechts ... 39.98

---

[157] BGH v. 20.3.1995 – II ZR 205/94, BGHZ 129, 136, 165 f. = AG 1995, 368 ff.

3. Streitgenossenschaft zwischen mehreren Anfechtungsklägern; Nebenintervention 39.100
4. Die Gesellschaft als Beklagte 39.102
5. Die Vertretung der Gesellschaft als Beklagte (§ 246 Abs. 2 AktG) 39.107
6. Anfechtungsfrist (§ 246 Abs. 1 AktG) 39.109
7. Zustellung der Anfechtungsklage ... 39.115
8. Bekanntmachung der Anfechtungsklage (§ 246 Abs. 4 AktG) 39.118
9. Gang des Verfahrens; Dispositionsgrundsatz 39.119
10. Streitwert und Kosten 39.123
11. Wirkungen des Anfechtungsurteils . 39.127
12. Einreichungs- und Veröffentlichungspflichten nach Verfahrensbeendigung 39.131
13. „Positive Beschlussfeststellungsklage" 39.132

IV. Die Nichtigkeitsklage 39.135
1. Überblick 39.135
2. Prozessparteien 39.139
3. Sinngemäße Anwendung der Vorschriften über die Anfechtungsklage; Verbindung mehrerer Nichtigkeitsklagen 39.141
4. Das Verhältnis von Anfechtungs- und Nichtigkeitsklage 39.146

V. Spezielle Nichtigkeits- und Anfechtungsgründe bei einzelnen Beschlussgegenständen und ihre gerichtliche Geltendmachung (§§ 250 bis 255 AktG) 39.147
1. Wahlen zum Aufsichtsrat 39.148
   a) Nichtigkeit der Wahl von Aufsichtsratsmitgliedern 39.148
   b) Anfechtbarkeit der Wahl von Aufsichtsratsmitgliedern 39.154
   c) Prozessuale Sonderregeln 39.156
      aa) Nichtigkeitsklage 39.157

   bb) Anfechtungsklage 39.159
2. Beschlussfassung über die Verwendung des Bilanzgewinns 39.161
   a) Nichtigkeit des Gewinnverwendungsbeschlusses 39.162
   b) Anfechtbarkeit des Gewinnverwendungsbeschlusses 39.165
3. Beschlussfassung über eine Kapitalerhöhung gegen Einlagen 39.167

VI. Das Freigabeverfahren (§§ 246a, 319 Abs. 6, 327e Abs. 2 AktG, § 16 Abs. 3 UmwG) 39.171
1. Die „Blockadewirkung" der Klageerhebung 39.171
2. Die Überwindung der „formalen Registersperre" (§§ 319 Abs. 6, 327e Abs. 2 AktG, § 16 Abs. 3 UmwG) 39.176
   a) Überblick 39.176
   b) Prozessuales 39.177
   c) Freigabevoraussetzungen 39.179
      aa) Unzulässige oder offensichtlich unbegründete Klage ... 39.179a
      bb) Kein fristgemäßer Nachweis einer Beteiligung von mindestens 1.000 Euro („Bagatellquorum") 39.179b
      cc) Interessenabwägung 39.180
   d) Auswirkungen auf die parallele Beschlussmängelklage 39.182
3. Die Überwindung der „faktischen Registersperre" (§ 246a AktG) 39.183
   a) Überblick 39.183
   b) Anwendungsbereich 39.184
   c) Prozessuales 39.185
   d) Freigabevoraussetzungen 39.186
   e) Bindungswirkung der Freigabeentscheidung; Auswirkungen auf die parallele Beschlussmängelklage 39.187

VII. Einstweiliger Rechtsschutz 39.193

Schrifttum: *Arbeitskreis Beschlussmängelrecht,* Vorschlag zur Neufassung der Vorschriften des Aktiengesetzes über Beschlussmängel, AG 2008, 617; *Arnold/Gayk,* Auswirkungen der fehlerhaften Bestellung von Aufsichtsratsmitgliedern – Handlungsempfehlungen für die Praxis, DB 2013, 1830; *Austmann,* Rechtsfragen der Nebenintervention im aktienrechtlichen Anfechtungsprozess, ZHR 158 (1994), 495; *Baums,* Die Prozesskosten der aktienrechtlichen Anfechtungsklage, in FS Lutter, 2000, S. 283; *Bayer,* Aktienrechtsnovelle 2012 – Kritische Anmerkungen zum Regierungsentwurf, AG 2012, 141; *Bayer,* Aktionärsklagen de lege lata und de lege ferenda, NJW 2000, 2609; *Bayer,* Das Freigabeverfahren gem. § 246a AktG idF des ARUG als Instrument zur Bekämpfung räuberischer Aktionäre, in FS Hoffmann-Becking, 2013, S. 91; *Bayer,* Nebenintervention im Recht der Aktiengesellschaft, in FS Maier-Reimer, 2010, 1; *Bayer/Fiebelkorn,* Vorschläge für eine Reform des Beschlussmängelrechts der Aktiengesellschaft, ZIP 2012, 2181; *Bayer/Hoffmann,* „Berufskläger" in der aktuellen rechtspolitischen Diskussion, ZIP 2013, 1193; *Bayer/Hoffmann/Sawada*, Beschlussmängelklagen, Freigabeverfahren und Berufskläger, ZIP 2012, 897; *Bender*, Schiedsklagen gegen Gesellschafterbeschlüsse im Recht der Kapitalgesellschaften nach der Neuregelung des Schiedsverfahrensrechts, DB 1998, 1900; *Bokelmann*, Rechtsmissbrauch des Anfechtungsrechts durch den Aktionär?, BB 1972, 733; *Bork*, Streitgegenstand der Beschlussmängelklage im Gesellschaftsrecht, NZG 2002, 1094; *Brock*, Die Bestellung nach § 104 AktG bei rechtshängiger Wahlbeschlussmängelklage, NZG 2014, 641; *Büchel*, Vom Unbedenklichkeitsverfahren nach §§ 16 Abs. 3 UmwG, 319 Abs. 6 AktG zum Freigabeverfahren nach dem UMAG, in Liber amicorum Wilhelm Happ, 2006, S. 1; *Butzke*, Die Heilungswirkung des Bestätigungsbeschlusses und ihre Grenzen, in FS Eberhard Stilz, 2014, S. 83; *Casper*, Die Heilung nichtiger Beschlüsse im Kapitalgesellschaftsrecht, 1998; *Damm*, Einstweiliger Rechtsschutz im Gesellschaftsrecht, ZHR 154 (1990), 413; *Drygala/Gehling*, Die nichtige Aufsichtsratswahl – Überlegungen zu rechtspolitischen Korrektur, ZIP 2014, 1253; *Enders/Ruttmann*, Die Interessenabwägung im aktienrechtlichen Freigabeverfahren nach § 246a Abs. 2 Nr. 3 AktG – ein Leitfaden für die Praxis, ZIP 2010, 2280; *von Falkenhausen/Kocher*, Zulässigkeitsbeschränkungen für die Nebenintervention bei der aktienrechtlichen Anfechtungsklage, ZIP 2004, 1179; *Fleischer*, Bagatellfehler im aktienrechtlichen Beschlussmängelrecht, ZIP 2014, 149; *Fleischer*, Reformperspektiven des aktienrechtlichen Beschlussmängelrechts im Lichte der Rechtsvergleichung, AG 2012, 765; *Florstedt*, „Kompensation statt Kassation" – ein freigaberechtlicher Grundsatz?, ZIP 2018, 1661; *Florstedt*, Zur Anfechtung der Wahl des Aufsichtsratsmitglieds – Einige Bemerkungen zur gegenwärtigen rechtspolitischen Diskussion, NZG 2014, 681; *v. Gerkan*, Die Gesellschafterklage, ZGR 1988, 441; *Goette*, Zu den Rechtsfolgen unrichtiger Entsprechenserklärungen, in FS Hüffer, 2010, S. 225; *Götze/Roßkopf*, Die Hauptversammlung nach dem Gesetz zur Abmilderung der Folgen der COVID-19-Pandemie im Zivil-, Insolvenz- und Strafverfahrensrecht, DB 2020, 768; *Goslar/von der Linden*, Interventionsfrist, Interventionsbefugnis und Kostenlastverteilung bei der Nebenintervention zur aktienrechtlichen Anfechtungsklage, WM 2009, 492; *Goslar/von der Linden*, Anfechtbarkeit von Hauptversammlungsbeschlüssen aufgrund fehlerhafter Entsprechenserklärungen zum Deutschen Corporate Governance Kodex, DB 2009, 1691; *Grunewald*, Die Rechtsstellung des Legitimationsaktionärs, ZGR 2015, 347; *Habersack/Schürnbrand*, Die Bestätigung fehlerhafter Beschlüsse, in FS Hadding, 2004, S. 391; *Habersack/Stilz*, Zur Reform des Beschlussmängelrechts – Bestandsaufnahme nach ARUG und Perspektiven, ZGR 2010, 710; *Habersack*, Aufsichtsrat und Prüfungsausschuss nach dem BilMoG, AG 2008, 98; *Halfmeier*, Sind die Erfolgsaussichten der Anfechtungsklage bei der Interessenabwägung im Freigabeverfahren der §§ 16 Abs. 3 UmwG, 246a AktG zu berücksichtigen?, WM 2006, 1465; *Happ*, Zur Wirksamkeit der Rechtshandlungen eines fehlerhaft bestellten Aufsichtsrates, in FS Hüffer, 2010, S. 293; *Harbarth*, Reformbedarf im aktienrechtlichen Beschlussmängelrecht, AG 2018, 637; *Harbarth/von Plettenberg*, Aktienrechtsnovelle 2016: Punktuelle Fortentwicklung des Aktienrechts, AG 2016, 145; *Heckschen/Kreußlein*, Fehler und Berichtigungsmöglichkeiten der notariellen Niederschrift über die Hauptversammlung einer AG, NZG 2018, 401; *Heinze*, Einstweiliger Rechtsschutz in aktienrechtlichen Anfechtungs- und Nichtigkeitsverfahren, ZGR 1979, 293; *Heise/Dreier*, Wegfall der Klagebefugnis bei Verlust der Aktionärseigenschaft im Anfechtungsprozess, BB 2004, 1126; *Henze*, Die dosierte Einschränkung der aktienrechtlichen Anfechtungsklage in der Rechtsprechung des Bundesgerichtshofs, in FS Hadding, 2004, S. 409; *Henze*, Aspekte und Entwicklungstendenzen der aktienrechtlichen Anfechtungsklage in der Rechtsprechung des BGH, ZIP 2002, 97; *Herfs/Rowold*, Mehr Rechtssicherheit in der Hauptversammlung, DB 2019, 712; *Hirte*, Missbrauch aktienrechtlicher Anfechtungsklagen – Vom Querulieren und seinen Grenzen, BB 1988, 1469; *Hoffmann-Becking*, Der Einfluss schuldrechtlicher Gesellschaftervereinbarungen auf die Rechtsbeziehungen in der Kapitalgesellschaft, ZGR 1994, 442; *Hoffmann-Becking*, Zehn kritische Thesen zum Deutschen Corporate Governance Kodex, ZIP 2011, 1173; *Hommelhoff*, Zum vorläufigen Bestand fehlerhafter Strukturänderungen im Kapitalgesellschaftsrecht, ZHR 158 (1994), 11; *Hüffer*, Beschlussmängel im Aktienrecht und im Recht der GmbH – eine Bestandsaufnahme unter Berücksichtigung der Beschlüsse von Leitungs- und Überwachungsorganen, ZGR 2001, 833; *Hüffer*, Die Ausgleichsklausel des § 243 Abs. 2 S. 2 AktG – misslungene Privilegierung der Mehrheitsherrschaft oder Grundlage für bloßen Vermögensschutz des Kapitalanlegers?, in FS Kropff, 1997, S. 127; *Hüffer*, Anfechtungsbefugnis und Mindestanteilsbesitz – Vorschläge und Überlegungen zu einer gesetzlichen Neuorientierung, in FS Brandner, 1996, S. 57; *Hüffer*, Anfechtbarkeit von HV-Beschlüssen wegen Abweichung von der Entsprechenserklärung?, in Gesellschaftsrechtliche Vereinigung (Hrsg.), Gesellschaftsrecht in der Diskussion 2010, 2011, S. 63; *Kiefner/Seibel*, Reichweite und Grenzen des Wertverwässerungsschutzes nach § 255 Abs. 2 AktG, AG 2016, 301; *Kiefner/Seibel*, Der potentiell rechtswidrig bestellte Aufsichtsrat als fehlerhaftes Organ – probates Mittel zur Überwindung von Rechtsunsicherheit?, Der Konzern 2013, 310; *Kiethe*, Abkauf von Anfechtungsrechten der Aktionäre – neuere Tendenzen rechtsmissbräuchlichen Verhaltens räuberischer Aktionäre, NZG 2004, 489; *Kleindiek*, Anfechtbarkeit von Entlastungsbeschlüssen wegen unrichtiger Entsprechenserklärung nach § 161 AktG, in FS Goette, 2011, S. 240; *Koch*, Empfiehlt sich eine Reform des Beschlussmängelrechts im Gesellschaftsrecht?, Gutachten F zum 72. DJT, F 1 ff.; *Koch*, Nichtigkeit oder Anfechtbarkeit?, ZHR 182 (2018), 378; *Koch*, Empfiehlt sich eine Reform des Beschlussmängelrechts im Gesellschaftsrecht?, NJW-Beil. 2018, 50; *Koch*, Das Gesetz zur Unternehmensintegrität und Modernisierung des Anfechtungsrechts (UMAG), ZGR 2006, 769; *Kort*, Einstweiliger Rechtsschutz bei eintragungspflichtigen Hauptversammlungsbeschlüssen, NZG 2007, 169; *Kraft*, Das prozessuale Nachweiserfordernis des Bagatellquorums im Freigabeverfahren, NZG 2016, 1370; *Leuering*, Keine Anfechtung wegen Mängeln der Entsprechenserklärung, DStR 2010, 2255; *Lieder*, Reform des gesellschaftsrechtlichen Beschlussmängelrechts, NZG 2018, 1321; *Lüke*, Das Verhältnis von Auskunfts-, Anfechtungs- und Registerverfahren im Aktienrecht, ZGR 1990, 657; *Lüke/Blenske*, Die Schiedsfähigkeit von Beschlussmängelstreitigkeiten – Möglichkeiten und Grenzen der Rechtsgestaltung, ZGR 1998, 253; *Marsch-Barner*, Zur Anfechtung der Wahl von Aufsichtsratsmitgliedern, in FS K. Schmidt, 2009, S. 1109; *K.-P. Martens/S. Martens*, Strategien gegen missbräuchliche Anlegerklagen in Deutschland und den Vereinigten Staaten, in FS K. Schmidt, 2009, S. 1129; *Merkner/Schmidt-Bendun*, Die Aktienrechtsnovelle 2012 – Überblick über den Regierungsentwurf, DB 2012, 98; *Meyer/Ulbrich*, Die Bekanntmachungspflicht nach § 248a AktG bei teilweiser Verfahrensbeendigung, NZG 2010, 246; *Meyer-Landrut/Pluskat*, Ende der klägerischen Nebenintervention im Anfechtungsprozess?, BB 2007, 2533; *Mimberg*, Nichtigkeit der Aufsichtsratswahl in der Kreditinstituts-AG wegen unzulässiger Ämterhäufung nach § 25d KWG?, WM 2015, 1791; *Mimberg*, Das Zusammentreffen von Beschlussbestätigung und positiver Beschlussfeststellungsklage, in FS Hüffer, 2010, S. 663; *Niemeyer/Häger*, Fünf Jahre „Schiedsfähigkeit II" – ein Überblick unter besonderer Berücksichtigung der ergänzenden Regeln für gesellschaftsrechtliche Streitigkeiten der DIS, BB 2014, 1737; *Nietsch*, Aktienrechtliches Freigabeverfahren und Reform des Beschlussmängelrechts, NZG 2018, 1334; *Nietsch*, Stimmlosigkeit im Recht fehlerhafter Beschlüsse, WM 2007, 917; *Noack*, Empfiehlt sich eine Reform des Beschlussmängelrechts im Gesellschaftsrecht?, JZ 2018, 824; *Noack*, Zur vorläufigen Wirksamkeit angefochtener Gesellschafterbeschlüsse – Handlungen während der Schwebezeit, DB 2014, 1851; *Noack/Zetzsche*, Die virtuelle Hauptversammlung nach dem COVID-19-Pandemie-Gesetz 2020, AG 2020, 265; *Noack/Zetzsche*, Die Informationsanfechtung nach der Neufassung des § 243 Abs. 4 AktG, ZHR 170 (2006), 218; *Noack*, Fehlerhafte Beschlüsse in Gesellschaften und Vereinen, 1989; *Noack*, Der Widerspruch des Aktionärs in der Hauptversammlung, AG 1989, 78; *Pentz*, Heilung nichtiger Aufsichtsratsbestellungen durch § 242 AktG?, NZG 2017, 1211; *Raiser*, Das Recht der Gesellschafterklagen, ZHR 153 (1989), 1; *Reichert*, Beschlussmängelstreitigkeiten und Schiedsgerichtsbarkeit – Gestaltungs- und Reaktionsmöglichkeiten, in FS Ulmer, 2003, S. 511; *Rieckers*, Fortsetzung der Anfechtungsklage gegen Aufsichtsratswahlen nach Rücktritt des Aufsichtsrates, AG 2013, 383; *C. Schäfer*, Die virtuelle Hauptversammlung nach dem Corona-Gesetz, NZG 2020, 481; *C. Schäfer*, Zur Reform des Beschlussmängelrechts nach den Beschlüssen des 72. DJT 2018, Der Konzern 2018, 413; *C. Schäfer*, Die „Bestandskraft" fehlerhafter Strukturänderungen im Aktien- und Umwandlungsrecht, in FS K. Schmidt, 2009, S. 1389; *Schürnbrand*, Noch einmal: Das fehlerhaft bestellte Aufsichtsratsmitglied, NZG 2013, 481; *Schürnbrand*, Zur fehlerhaften Bestellung von Aufsichtsratsmitgliedern und fehlerhaften Abberufung von Vorstandsmitgliedern, NZG 2008, 609; *K. Schmidt*, Neues Schiedsverfahrensrecht und Gesellschaftspraxis – Gelöste und ungelöste Probleme bei gesellschaftsrechtlichen Schiedsgerichtsprozessen, ZHR 162 (1998), 265; *K. Schmidt*, Drittbeteiligung und Drittschutz im Freigabeverfahren, in Liber amicorum Wilhelm Happ, 2006, S. 259; *Schnabl*, Die Bekanntmachungspflicht nach § 248a AktG beim Ausscheiden einzelner Anfechtungskläger, ZIP 2008, 1667; *Schockenhoff*, Die nachgeschobene Nichtigkeitsklage gegen den Hauptversammlungsbeschluss einer AG, ZIP 2008, 1945; *Scholz*, Keine Anfechtungsrelevanz der Entsprechenserklärung nach § 161 AktG?, ZIP 2019, 407; *Seibert*, Gute Aktionäre – Schlechte Aktionäre: Räuberische Aktionäre und die Interessenabwägung im Freigabeverfahren – Bericht aus dem Gesetzgebungsverfahren zum ARUG, in FS Uwe H. Schneider, 2011, S. 1211; *Seibert/Böttcher*, Der Regierungsentwurf der Aktienrechtsnovelle 2012, ZIP 2012, 12; *Selter*, Angaben zu Art und Ergebnis der Abstimmung in der Hauptversammlungsniederschrift nach der Rechtsprechungsänderung des BGH, ZIP 2018, 1161; *Simons*, Kodex-Compliance und Wahlbeschlüsse, DB 2019, 659; *Simons/Hauser*, „Corona-Hauptversammlung", die Zweite, NZG 2020, 1406; *Simons/Kalbfleisch*, Sektorvertrautheit im Aufsichtsrat (§ 100 Abs. 5 Halbs. 2 AktG), AG 2020, 526; *Tielmann*, Die Zustellung der aktienrechtlichen Anfechtungsklage nach dem Zustellungsreformgesetz, ZIP 2002, 1879; *Tröger*, Virtuelle Hauptversammlung 2020 und Aktionärsinteressen, BB 2020, 1091; *Tröger*, Aktionärsklagen bei nicht-publizierter Kodexabweichung, ZHR 175 (2011), 746; *Ulmer*, Die Aktionärsklage als Instrument zur Kontrolle des Vorstands- und Aufsichtsratshandelns, ZHR 163 (1999), 290; *Ulmer*, Verletzung schuldrechtlicher Nebenabreden als Anfechtungsgrund im GmbH-Recht?, NJW 1987, 1849; *Veil*, Klagemöglichkeiten bei Beschlussmängeln nach dem UMAG, AG 2005, 567; *Verse*, Das Beschlussmängelrecht nach dem ARUG, NZG 2009, 1127; *Verse*, Rechtsfragen des Quorums im Freigabeverfahren, in FS Stilz, 2014, S. 651; *E. Vetter*, Bändigung des Tigers?, NZG 2019, 379; *E. Vetter*, Anfechtung der Wahl der Aufsichtsratsmitglieder, Bestandsschutzinteresse der AG und die Verantwortung der Verwaltung, ZIP 2012, 701; *E. Vetter/van Laak*, Die angefochtene Aufsichtsratswahl, ZIP 2008, 1806; *J. Vetter*, Ausweitung des Spruchverfahrens – Überlegungen de lege lata und de lege ferenda, ZHR 168 (2004), 8; *J. Vetter*, Schiedsklauseln in Satzungen von Publikumsgesellschaften, DB 2000, 705; *von der Linden*, Hauptversammlungen – neue Herausforderungen durch die DSGVO, BB 2019, 75; *Waclawik*, Hilfe zur Selbsthilfe? – Der Beitritt von Aktionären als Nebenintervenienten im aktienrechtlichen Anfechtungsprozess, WM 2004, 1361; *Waclawik*, Beschlussmängelfolgen von Fehlern bei der Entsprechenserklärung zum DCGK, ZIP 2011, 885; *Wilsing/Ogorek*, Die Nebeninterventionsfrist des § 246 IV 2 AktG – eine verfassungswidrige Verkürzung des Anspruchs auf rechtliches Gehör?, NZG 2010, 1058; *Wilsing/Saß*, Die Rechtsprechung zum Freigabeverfahren seit Inkrafttreten des ARUG, DB 2011, 919; *Winter*, Die Anfechtung eintragungsbedürftiger Strukturbeschlüsse de lege lata und de lege ferenda, in FS Ulmer, 2003, S. 699; *Winter*, Organisationsrechtliche Sanktionen bei Verletzung schuldrechtlicher Gesellschaftervereinbarungen, ZHR 154 (1990), 259; *Zetzsche*, Datenschutz und Hauptversammlung, AG 2019, 233; *Zöllner*, Die Bestätigung von Hauptversammlungsbeschlüssen – ein problematisches Rechtsinstitut, AG 2004, 397; *Zöllner*, Zur Problematik der aktienrechtlichen Anfechtungsklage, AG 2000, 145; *Zöllner*, Bestätigung anfechtbarer Hauptversammlungsbeschlüsse während des Revisionsverfahrens, in FS Beusch, 1993, S. 973; *Zöllner*, Die so genannten Gesellschafterklagen im Kapitalgesellschaftsrecht, ZGR 1988, 392; *Zöllner*, Zur positiven Beschlussfeststellungsklage im Aktienrecht (und anderen Fragen des Beschlussrechts) – Besprechung der Entscheidung BGHZ 76, 191, ZGR 1982, 623.

I. Die Beschlussmängelklagen im System der aktienrechtlichen Klage- und Antragsrechte

Das Aktiengesetz normiert eine Vielzahl von Klage- und Antragsrechten, die es den Aktionären ermöglichen, ihre mitgliedschaftlichen Rechte gerichtlich durchzusetzen. Da es in der Mehrzahl dieser Fälle für die Klage- oder Antragsbefugnis des einzelnen Aktionärs auf einen bestimmten Beteiligungsbesitz nicht ankommt, sondern sogar der Besitz lediglich einer einzelnen Aktie zur Einleitung des jeweiligen gerichtlichen Verfahrens ausreicht, ist in diesen Konstellationen auch von den sog. **Individualklagerechten der Aktionäre** die Rede[1]. Diese sind abzugrenzen von den sog. **Minderheitenrechten der Aktionäre**[2], deren Ausübung das Aktiengesetz davon abhängig macht, dass der jeweilige Antrag auf gerichtliche Entscheidung von einem oder mehreren Aktionären gestellt wird, die auf sich einen bestimmten Anteil des Grundkapitals vereinen (und ggf. weitere Voraussetzungen erfüllen).

39.1

Zu den praktisch bedeutsamsten **Individualklagerechten** zählen die Anfechtungsklage nach § 246 AktG (vgl. dazu näher Rz. 39.70 ff.) und die Nichtigkeitsklage nach § 249 AktG (vgl. dazu näher Rz. 39.135 ff.), die den Aktionären eine Geltendmachung der Mangelhaftigkeit von Beschlüssen der Hauptversammlung ermöglichen; sie sind Gegenstand der nachfolgenden Ausführungen. Als weitere Beispiele für individuelle Klagerechte lassen sich etwa das Recht auf Einleitung einer gerichtlichen Entscheidung über die Zusammensetzung des Aufsichtsrats (§ 98 Abs. 2 Satz 1 Nr. 3 AktG, vgl. dazu Rz. 25.34), auf gerichtliche Bestellung eines Aufsichtsratsmitglieds (§ 104 Abs. 1 Satz 1 AktG, vgl. dazu Rz. 26.38 ff.), auf gerichtliche Entscheidung über das Auskunftsrecht in der Hauptversammlung (§ 132 Abs. 2, §§ 131, 326 AktG, vgl. dazu Rz. 41.1 ff.) sowie auf gerichtliche Entscheidung über den angemessenen Ausgleich und die angemessene Abfindung in verschiedenen Fällen des Konzern- und Umwandlungsrechts (vgl. die Aufzählung in § 1 SpruchG i.V.m. § 3 SpruchG, wegen der Einzelheiten siehe Rz. 40.3 ff.) nennen. Bei den **Minderheitsrechten** stehen in der Praxis vor allem das Recht auf gerichtliche Bestellung von besonderen Vertretern zur Geltendmachung von Ersatzansprüchen (§ 147 Abs. 2 AktG, vgl. dazu Rz. 42.20 ff.) und auf gerichtliche Bestellung von Sonderprüfern (§ 142 Abs. 2 AktG, vgl. dazu Rz. 42.2 ff.) im Vordergrund.

39.2

---

1 Vgl. etwa *Rieckers* in MünchHdb. AG, § 18 Rz. 1 f.; *Maul* in Beck'sches Hdb. AG, § 4 Rz. 91.
2 *Rieckers* in MünchHdb. AG, § 18 Rz. 4; *Maul* in Beck'sches Hdb. AG, § 4 Rz. 92.

II. Anfechtbarkeit und Nichtigkeit von Beschlüssen der Hauptversammlung

39.3 Sowohl die **Anfechtungsklage** gemäß § 246 AktG als auch die **Nichtigkeitsklage** gemäß § 249 AktG betreffen die in der Hauptversammlung der Gesellschaft gefassten Beschlüsse einschließlich etwaiger Sonderbeschlüsse gemäß § 138 AktG und verleihen vor allem den Aktionären (zum Kreis der anfechtungsbefugten Personen vgl. näher Rz. 39.73 ff.) die Befugnis, die Wirksamkeit dieser Beschlüsse gerichtlich klären zu lassen. Da sich die Anfechtungs- und Nichtigkeitsklage jeweils auf unterschiedliche Gruppen fehlerhafter Hauptversammlungsbeschlüsse – nämlich auf anfechtbare Beschlüsse einerseits und auf nichtige Beschlüsse andererseits – beziehen, bleiben nachfolgend zunächst die verschiedenen Arten von Beschlussmängeln zu skizzieren.

1. Arten von Beschlussmängeln

39.4 Das Aktiengesetz differenziert zwischen solchen Beschlussmängeln, die die Nichtigkeit des gefassten Beschlusses bewirken, und anderen Beschlussmängeln, die lediglich zur Anfechtbarkeit des Beschlusses führen. Diese Unterscheidung ist insbesondere mit Blick auf die Rechtsfolgen des fehlerhaften Beschlusses bedeutsam, denn nur die **Nichtigkeit eines Hauptversammlungsbeschlusses** führt dazu, dass diesem von Anfang an keinerlei Rechtswirkungen zukommen[3] und die mit der nichtigen Beschlussfassung gewollten Rechtswirkungen allenfalls noch im Wege der Heilung gemäß § 242 AktG herbeigeführt werden können[4] (siehe aber für bestimmte Beschlussgegenstände noch Rz. 39.176 ff. zum sog. Freigabeverfahren). Die Nichtigkeit eines Beschlusses kann zudem – im Gegensatz zu seiner Anfechtbarkeit – von jedermann und auch ohne vorherige gerichtliche Feststellung geltend gemacht werden[5]. **Anfechtbare Beschlüsse** entfalten demgegenüber die mit der Beschlussfassung gewollte Rechtswirkung so lange, wie sie nicht im Wege der nur befristet zulässigen Anfechtungsklage durch ein rechtskräftiges Anfechtungsurteil, das den Beschluss für nichtig erklärt, rückwirkend vernichtet werden (vgl. § 248 Abs. 1, § 241 Nr. 5 AktG); in Ausnahmefällen kommt zudem eine Amtslöschung gemäß § 398 FamFG in Betracht[6]. Bis zum Ablauf der Anfechtungsfrist sind anfechtbare Hauptversammlungsbeschlüsse somit ungeachtet ihrer Fehlerhaftigkeit „**schwebend wirksam**"[7]; nach Erhebung der Anfechtungsklage setzt sich dieser Schwebezustand prinzipiell bis zur rechtskräftigen Abweisung der Klage oder ihrer sonstigen Erledigung fort[8] (siehe aber für bestimmte Beschlussgegenstände noch Rz. 39.176 ff. zum sog. Freigabeverfahren). Die Anfechtungsklage kann zudem nur von bestimmten, im Gesetz genannten anfechtungsbefugten Personen erhoben werden (vgl. § 245 AktG).

39.5 Ob der konkrete Mangel eines Hauptversammlungsbeschlusses zu dessen Nichtigkeit führt oder „lediglich" dessen Anfechtbarkeit begründet, ist unmittelbar den Vorschriften des Aktiengesetzes zu entnehmen, das die Nichtigkeitsgründe abschließend regelt[9]. Einen Katalog von Nichtigkeitsgründen enthält § 241 AktG, der allerdings bezüglich einiger bestimmter Beschlussgegenstände an anderer Stelle des Aktiengesetzes erweitert wird (vgl. näher Rz. 39.27 ff.). Die **abschließende gesetzliche Aufzählung von Nichtigkeitsgründen** bezweckt die Beschränkung möglicher Nichtigkeitsfälle[10] und dient damit

---

3 *Drescher* in BeckOGK AktG, Stand 1.6.2021, § 241 AktG Rz. 66.
4 *K. Schmidt* in Großkomm. AktG, 4. Aufl. 1996, § 241 AktG Rz. 23.
5 *Hüffer/Koch*, § 241 AktG Rz. 4.
6 *Hüffer/Koch*, § 241 AktG Rz. 5.
7 *K. Schmidt* in Großkomm. AktG, 4. Aufl. 1996, § 241 AktG Rz. 24; *C. Schäfer* in MünchKomm. AktG, 5. Aufl. 2021, § 241 AktG Rz. 15.
8 *C. Schäfer* in MünchKomm. AktG, 5. Aufl. 2021, § 241 AktG Rz. 15.
9 H.M., vgl. *C. Schäfer* in MünchKomm. AktG, 5. Aufl. 2021, § 241 AktG Rz. 7; *Butzke*, HV, O Rz. 39.
10 *C. Schäfer* in MünchKomm. AktG, 5. Aufl. 2021, § 241 AktG Rz. 6.

der Rechtssicherheit[11]. Liegt keiner der gesetzlich normierten Nichtigkeitsgründe vor, ist der fehlerhafte Beschluss lediglich anfechtbar.

Die nähere Betrachtung der gesetzlich normierten Nichtigkeitsgründe (vgl. dazu Rz. 39.11 ff.) verdeutlicht, dass das Gesetz die Nichtigkeit eines Beschlusses nur ausnahmsweise, nämlich in den Fällen besonders evidenter oder inhaltlich schwerwiegender Beschlussmängel anordnet[12]. Dabei kann sich die Nichtigkeit des Beschlusses nicht nur daraus ergeben, dass dieser **seinem Inhalt nach** gegen das Gesetz oder die Satzung der Gesellschaft verstößt, vielmehr können auch **Verfahrensfehler** im Rahmen der Durchführung der Hauptversammlung die Nichtigkeit der darin gefassten Beschlüsse begründen. 39.6

Ob von den nichtigen und den anfechtbaren Hauptversammlungsbeschlüssen schließlich noch eine dritte Kategorie der sog. **Nicht- oder Scheinbeschlüsse** zu unterscheiden ist, wird im Schrifttum heute überwiegend bezweifelt[13]. Der BGH hatte demgegenüber in einer älteren Entscheidung von einer „Scheinversammlung", die lediglich „Scheinbeschlüsse" fassen könne, beispielhaft dann sprechen wollen, wenn „ein Mann von der Straße eine Versammlung von Leuten einberuft, die mit der Gesellschaft gar nichts zu tun haben"[14]. Gerade aus diesem Beispiel wird jedoch zu Recht gefolgert, dass viele der als „Scheinbeschlüsse" erörterten Konstellationen ohne jede praktische Relevanz sind und es sich bei den übrigen in diesem Zusammenhang angeführten Fällen – z.B. Feststellung eines Beschlusses, obgleich der Antrag die notwendige Mehrheit nicht erreicht hat[15] – um Gestaltungen handelt, in denen tatsächlich eine Anfechtbarkeit oder Nichtigkeit vorliegt[16]. Dies gilt auch für die sog. **„stimmlosen Beschlüsse"**, d.h. für solche Beschlüsse, die durch den Versammlungsleiter festgestellt werden, obgleich – z.B. wegen allseitiger Verletzung der aus §§ 20 ff. AktG resultierenden Mitteilungspflichten – nicht eine einzige wirksame Stimme vorliegt: Auch sie sind nach allgemeinen Regeln als anfechtbar zu behandeln (vgl. Rz. 39.37)[17]. 39.7

Eine eigene Kategorie neben den anfechtbaren und nichtigen Beschlüssen bilden dagegen die sog. **unwirksamen Hauptversammlungsbeschlüsse**. Ihre Unwirksamkeit beruht nicht auf einem Verstoß gegen das Gesetz oder gegen die Satzung, sondern auf der (noch) unvollständigen Erfüllung eines rechtsgeschäftlichen Tatbestandes: Weil die beabsichtigte Rechtswirkung nach den gesetzlichen Vorgaben erst eintritt, wenn neben der Beschlussfassung **weitere Erfordernisse** erfüllt sind, bleiben diese Beschlüsse bis zur Erfüllung dieser Erfordernisse schwebend unwirksam[18]. Beispielhaft zu nennen ist der Beschluss über die Änderung der Satzung der Gesellschaft, der so lange keine Rechtswirkungen entfaltet, bis die Satzungsänderung gemäß § 181 Abs. 3 AktG in das Handelsregister eingetragen ist. Daneben gehören in diese Kategorie solche Hauptversammlungsbeschlüsse, die zusätzlich eines Sonder- 39.8

---

11 *K. Schmidt* in Großkomm. AktG, 4. Aufl. 1996, § 241 AktG Rz. 2; *Hüffer/Koch*, § 241 AktG Rz. 1.
12 *C. Schäfer* in MünchKomm. AktG, 5. Aufl. 2021, § 241 AktG Rz. 6; *Butzke*, HV, O Rz. 39.
13 Vgl. etwa *C. Schäfer* in MünchKomm. AktG, 5. Aufl. 2021, § 241 AktG Rz. 11; *Noack*, Fehlerhafte Beschlüsse, 1989, S. 3; *Butzke*, HV, O Rz. 34; *Austmann* in MünchHdb. AG, § 42 Rz. 13; *Heidel* in Heidel, § 241 AktG Rz. 1; einschränkend *Casper*, Die Heilung nichtiger Beschlüsse im Kapitalgesellschaftsrecht, 1998, S. 39 ff.; siehe auch *K. Schmidt* in Großkomm. AktG, 4. Aufl. 1996, § 241 AktG Rz. 11; *Drescher* in BeckOGK AktG, Stand 1.6.2021, § 241 AktG Rz. 97 ff.; *Hommelhoff*, ZHR 158 (1994), 11, 17.
14 BGH v. 16.12.1953 – II ZR 167/52, BGHZ 11, 231, 236.
15 Als Nicht-Beschluss behandelt noch in BGH v. 9.12.1968 – II ZR 57/67, BGHZ 51, 209, 211 = AG 1969, 388; aufgegeben durch BGH v. 21.3.1988 – II ZR 308/87, BGHZ 104, 66,69 = AG 1988, 233 (zur GmbH).
16 Vgl. näher etwa *C. Schäfer* in MünchKomm. AktG, 5. Aufl. 2021, § 241 AktG Rz. 11.
17 BGH v. 24.4.2006 – II ZR 30/05, WM 2006, 1151, 1154 = AG 2006, 501; OLG Frankfurt v. 2.5.2019 – 22 U 61/17, NZG 2019, 1055 Rz. 23; LG Berlin v. 9.9.2011 – 100 O 35/11, ZIP 2012, 1034; *Nietsch*, WM 2007, 917, 919 ff.; a.A. insbes. *Semler/Asmus*, NZG 2004, 881, 888 f., die stimmlose Beschlüsse als Scheinbeschlüsse werten.
18 *C. Schäfer* in MünchKomm. AktG, 5. Aufl. 2021, § 241 AktG Rz. 16 ff.; *K. Schmidt* in Großkomm. AktG, 4. Aufl. 1996, § 241 AktG Rz. 14 ff.; *Butzke*, HV, O Rz. 35.

beschlusses bestimmter Aktionäre bedürfen (§ 179 Abs. 3, § 182 Abs. 2, § 222 Abs. 2 AktG)[19]. Sobald feststeht, dass das zusätzliche Wirksamkeitserfordernis nicht eintritt, ist der bis dahin schwebend unwirksame Beschluss endgültig unwirksam[20]. Dies gilt auch in den in § 217 Abs. 2 Satz 4, § 228 Abs. 2 Satz 1, § 234 Abs. 3 Satz 1, § 235 Abs. 2 Satz 1 AktG genannten Fällen, in denen das Aktiengesetz diese Beschlüsse allerdings als „nichtig" bezeichnet, obgleich – mangels rechtzeitigen Hinzutretens der weiteren tatbestandlichen Erfordernisse – strukturell endgültig unwirksame Beschlüsse vorliegen[21]. Als „nichtige" Beschlüsse können sie jedoch durch eine Heilung gemäß § 242 AktG Wirksamkeit erlangen (vgl. Rz. 39.35).

2. Nichtigkeitsgründe

39.9 Diejenigen Beschlussmängel, die nicht „lediglich" zur Anfechtbarkeit, sondern – ausnahmsweise – zur Nichtigkeit des Hauptversammlungsbeschlusses führen, werden nach h.M. im Aktiengesetz abschließend und zwar insbesondere in § 241 AktG benannt[22]. Wie die Eingangsworte dieser Norm verdeutlichen, ist die **abschließende Aufzählung** allerdings keineswegs nur in dem Katalog des § 241 Nr. 1 bis 6 AktG enthalten, vielmehr werden Nichtigkeitsgründe auch an anderen Stellen des Aktiengesetzes normiert. Dabei ist allerdings nicht zu verkennen, dass in der Mehrzahl der durch das Gesetz in Eingangsworten des § 241 AktG als Nichtigkeitsfälle apostrophierten Konstellationen strukturell endgültig unwirksame Hauptversammlungsbeschlüsse vorliegen (vgl. näher Rz. 39.8). Des Weiteren gilt es zu beachten, dass das Aktiengesetz trotz der Eingangsworte des § 241 AktG („ist ... nur dann nichtig") für einige Beschlüsse, die auf bestimmte Beschlussgegenstände gerichtet sind, in den §§ 250, 253, 256 AktG spezielle Nichtigkeitsgründe enthält (vgl. Rz. 39.147 ff.).

39.10 Der hier zunächst zu behandelnde **Katalog des § 241 AktG** erfasst tatbestandlich unterschiedliche Fehlerarten: Während sich die Nichtigkeit des Beschlusses in den Fällen des § 241 Nr. 1 und Nr. 2 AktG aus einem **Verfahrensfehler** ergibt, beruht sie in den Konstellationen § 241 Nr. 3 und 4 AktG auf **inhaltlichen Mängeln**. Die Vorschriften des § 241 Nr. 5 und 6 AktG betreffen schließlich Fälle, in denen ein Beschluss durch gerichtliche Entscheidung für nichtig erklärt oder – nach seiner Handelsregistereintragung – als nichtig gelöscht wurde.

a) Einberufungsmangel (§ 241 Nr. 1 AktG)

39.11 Nichtig sind gemäß § 241 Nr. 1 AktG zunächst die Beschlüsse einer Hauptversammlung, die unter Verstoß gegen § 121 Abs. 2 und 3 Satz 1 oder Abs. 4 AktG einberufen worden war und die daher unter einem schweren **Einberufungsmangel** leidet (zum Ausnahmefall der sog. „Vollversammlung" vgl. sogleich Rz. 39.15).

39.12 Nichtigkeit tritt demnach ein, wenn der einberufende Vorstand entgegen § 121 Abs. 2 Satz 1 AktG **keinen Beschluss über die Einberufung** gefasst hatte[23] oder wenn die Einberufung durch eine dazu

---

19 Weitere Beispiele u.a. bei *K. Schmidt* in Großkomm. AktG, 4. Aufl. 1996, § 241 AktG Rz. 15 ff.
20 H.M., vgl. etwa *Noack/Zetzsche* in KölnKomm. AktG, 3. Aufl. 2018, § 241 AktG Rz. 24; *C. Schäfer* in MünchKomm. AktG, 5. Aufl. 2021, § 241 AktG Rz. 18; anders *K. Schmidt* in Großkomm. AktG, 4. Aufl. 1996, § 241 AktG Rz. 18 (Nichtigkeit).
21 *Noack/Zetzsche* in KölnKomm. AktG, 3. Aufl. 2018, vor § 241 AktG Rz. 26; *Schwab* in K. Schmidt/Lutter, § 241 AktG Rz. 4; *Butzke*, HV, O Rz. 35; anders *K. Schmidt* in Großkomm. AktG, 4. Aufl. 1996, § 241 AktG Rz. 16.
22 *C. Schäfer* in MünchKomm. AktG, 5. Aufl. 2021, § 241 AktG Rz. 7, 22; *Butzke*, HV, O Rz. 39; anders *K. Schmidt* in Großkomm. AktG, 4. Aufl. 1996, § 241 AktG Rz. 20, 111.
23 *Hüffer/Koch*, § 241 AktG Rz. 10; anders jedoch, wenn der Vorstand einen Beschluss zwar fasst, dieser aber nichtig ist, vgl. *C. Schäfer* in MünchKomm. AktG, 5. Aufl. 2021, § 241 AktG Rz. 28; a.A. *Heidel* in Heidel, § 241 AktG Rz. 6.

nicht befugte Person (§ 121 Abs. 2 AktG) erfolgt ist. Letzteres kann sich beispielsweise[24] daraus ergeben, dass die Bestellung des einberufenden Vorstands insgesamt nichtig war und sich eine Einberufungsbefugnis auch nicht aus der Regelung des § 121 Abs. 2 Satz 2 AktG ergibt, in der zugunsten von im Handelsregister als Vorstand eingetragenen Personen eine entsprechende Befugnis fingiert wird[25]. Erfolgt die Einberufung gemäß § 122 Abs. 3 AktG durch die Aktionärsminderheit, sind die gefassten Beschlüsse gemäß § 241 Nr. 1 AktG nichtig, falls die nach § 122 Abs. 3 Satz 1 AktG erforderliche gerichtliche Ermächtigung nicht erteilt oder vor der Hauptversammlung wieder aufgehoben worden war oder falls auf die gerichtliche Ermächtigung unter Verletzung der Vorgaben des § 122 Abs. 3 Satz 3 AktG in der Einberufung nicht hingewiesen wurde[26].

Ein gemäß § 241 Nr. 1 AktG beachtlicher Einberufungsmangel liegt ferner dann vor, wenn die Einberufung nicht in der Form des § 121 Abs. 4 Satz 1 AktG (**Bekanntmachung in den Gesellschaftsblättern**) oder in der Form des § 121 Abs. 4 Satz 2 AktG (**Einschreiben an namentlich bekannte Aktionäre**) erfolgt. Es führt daher gleichermaßen zur Nichtigkeit der gefassten Beschlüsse, wenn die Einberufung nicht in den (elektronischen)[27] Bundesanzeiger (§ 25 AktG) eingerückt wird[28] oder wenn in den Fällen des § 121 Abs. 4 Satz 2 AktG bei Einberufung durch eingeschriebenen Brief einzelne Aktionäre in von der Gesellschaft zu vertretender Weise übergangen werden und diese Aktionäre die Beschlüsse auch nicht nachträglich gemäß § 242 Abs. 2 Satz 4 AktG genehmigen[29].

39.13

Ohne Rücksicht darauf, ob die Einberufung in den Gesellschaftsblättern oder durch eingeschriebenen Brief erfolgt, kann die Nichtigkeit der gefassten Beschlüsse gemäß § 241 Nr. 1 AktG aber auch darauf beruhen, dass die Einberufung die **inhaltlichen Mindestangaben** nach § 121 Abs. 3 Satz 1 AktG nicht enthält (Firma und Sitz der Gesellschaft; Zeit und Ort der Hauptversammlung). Die Frage, ob mit Blick auf die Notwendigkeit einer teleologischen Reduktion des § 241 Nr. 1 AktG etwas anderes gilt, falls lediglich ein **unwesentlicher Verstoß** gegen § 121 Abs. 3 Satz 1 AktG vorliegt (Beispiele: leicht fehlerhafte Schreibweise der Gesellschaftsfirma oder des Namens der Versammlungsstätte), wird in Rechtsprechung und Schrifttum uneinheitlich beantwortet[30]. Entgegen einer im Schrifttum vertretenen Auffassung kann es indessen schon angesichts der Tatsache, dass § 121 Abs. 3 Satz 1 AktG keine

39.14

---

24 Zu weiteren Fällen der fehlenden Einberufungsbefugnis siehe etwa *C. Schäfer* in MünchKomm. AktG, 5. Aufl. 2021, § 241 AktG Rz. 27 ff.
25 *K. Schmidt* in Großkomm. AktG, 4. Aufl. 1996, § 241 AktG Rz. 44.
26 *K. Schmidt* in Großkomm. AktG, 4. Aufl. 1996, § 241 AktG Rz. 45; *Englisch* in Hölters, § 241 AktG Rz. 23; einschränkend *Noack/Zetzsche* in KölnKomm. AktG, 3. Aufl. 2018, § 241 AktG Rz. 45 f.; *Drescher* in BeckOGK AktG, Stand 1.6.2021, § 241 AktG Rz. 160 ff.; *Hüffer/Koch*, § 241 AktG Rz. 10. Mängel des Ermächtigungsbeschlusses (z.B. Gericht verkennt das Fehlen des erforderlichen Quorums) führen nach inzwischen wohl allg.M. ebenso wenig zur Anfechtbarkeit der gefassten Beschlüsse, vgl. etwa *Hüffer/Koch*, § 241 AktG Rz. 10; *K. Schmidt* in Großkomm. AktG, 4. Aufl. 1996, § 241 AktG Rz. 45; *Gärtner* in Gärtner/Rose/Reul, Anfechtungs- und Nichtigkeitsgründe, 2. Teil A. Rz. 14.
27 Zur Streichung des ursprünglich in § 25 AktG enthaltenen Zusatzes „elektronisch" durch das Gesetz zur Änderung von Vorschriften über Verkündung und Bekanntmachung sowie der Zivilprozessordnung, des Gesetzes betreffend die Einführung der Zivilprozessordnung und der Abgabenordnung v. 22.12.2011 (BGBl. I 2011, 3044) vgl. näher Rz. 42.6 Fn. 17.
28 *C. Schäfer* in MünchKomm. AktG, 5. Aufl. 2021, § 241 AktG Rz. 30; *K. Schmidt* in Großkomm. AktG, 4. Aufl. 1996, § 241 AktG Rz. 46. Weitere Gesellschaftsblätter kann die Satzung seit der im Rahmen der Aktienrechtsnovelle 2016 (BGBl. I 2015, 2565) erfolgten Streichung des § 25 Satz 2 AktG a.F. nicht mehr vorsehen (siehe dazu aber auch die für Altsatzungen geltende Übergangsregelung des § 26h Abs. 3 EGAktG).
29 *Hüffer/Koch*, § 241 AktG Rz. 9.
30 Bejahend etwa OLG München v. 12.11.1999 – 23 U 3319/99, AG 2000, 134, 135; OLG Düsseldorf v. 24.4.1997 – 6 U 20/96, ZIP 1997, 1153, 1159 f.; *K. Schmidt* in Großkomm. AktG, 4. Aufl. 1996, § 241 AktG Rz. 46; verneinend z.B. LG München I v. 8.4.1999 – 5 HKO 17311/98, ZIP 1999, 1213, 1214; *Hüffer/C. Schäfer* in MünchKomm. AktG, 4. Aufl. 2016, § 241 AktG Rz. 33; *Zöllner* in KölnKomm. AktG, 1. Aufl. 1985, § 241 AktG Rz. 84. Allgemein zur Behandlung von sog. Bagatellfehlern im Beschlussmängelrecht siehe *Fleischer*, ZIP 2014, 149, 149 ff.

überspannten Anforderungen an die inhaltliche Gestaltung der Einberufung stellt[31], für eine solche tatbestandliche Reduktion nicht entscheidend darauf ankommen, ob die Aktionäre trotz des Fehlers das in der Einberufung Gemeinte auch bei flüchtigem Lesen noch erkennen konnten[32]. Gegen diese Annahme spricht auch der Aspekt der Rechtssicherheit, denn die Eröffnung eines derart weitgehenden Beurteilungsspielraums führte zu einer erheblichen Verwischung der Konturen dieses Nichtigkeitstatbestands[33]. Allerdings bleibt nicht zu verkennen, dass die Nichtigkeitssanktion des Verstoßes gegen § 121 Abs. 3 Satz 1 AktG zumindest in einzelnen Konstellationen, in denen sich der Verstoß auf einen ganz marginalen Fehler beschränkt, **unverhältnismäßig** erscheinen kann[34]. Zu Recht wird daher im Schrifttum zumindest für solche Sonderfälle eine Korrektur der Nichtigkeitsfolge über § 242 BGB erwogen: Sie kommt ausnahmsweise in Betracht, falls auch aus der objektiven Perspektive eines vernünftig urteilenden Aktionärs der Mindeststandard des § 121 Abs. 3 Satz 1 AktG durch den marginalen Formfehler nicht in Frage gestellt ist[35].

39.15 Im Rahmen der Anwendung des § 241 Nr. 1 AktG gilt es stets die Regelung des § 121 Abs. 6 AktG zu beachten, die zu einer **Ausnahme von der Nichtigkeitsfolge** führen kann: Sind trotz des Vorliegens eines in § 241 Nr. 1 AktG genannten Einberufungsmangels sämtliche Aktionäre erschienen oder vertreten („**Vollversammlung**"), so sind die gefassten Beschlüsse ungeachtet dieses Nichtigkeitsgrundes wirksam, soweit kein Aktionär der Beschlussfassung widerspricht[36]. Praktische Bedeutung erlangt diese Ausnahme in erster Linie für kleinere Gesellschaften mit überschaubarem Aktionärskreis; für börsennotierte Publikumsgesellschaften wird sie dagegen in aller Regel bereits deshalb nicht zu Anwendung kommen, weil in den Hauptversammlungen dieser Gesellschaften eine Präsenz sämtlicher Aktionäre praktisch kaum vorkommen dürfte.

39.16 **Andere Einberufungsmängel**, die in § 241 Nr. 1 AktG keine Erwähnung finden, führen nicht zur Nichtigkeit, sondern allenfalls zur Anfechtbarkeit der in der Hauptversammlung gefassten Beschlüsse (zum Prinzip der abschließenden Regelung der Nichtigkeitsgründe vgl. Rz. 39.9). Dies gilt selbst bei Vorliegen sonstiger besonders schwerwiegender Fehler, so etwa, wenn die Einberufungsfrist (§ 123 AktG) zu Lasten der Aktionäre verkürzt worden oder die Bekanntmachung der Tagesordnung (§ 121 Abs. 3 Satz 2, § 124 AktG) unterblieben ist[37]. Auch die Verletzung der in § 121 Abs. 3 Satz 3 AktG geregelten besonderen Anforderungen an den Inhalt der Einberufung börsennotierter Gesellschaften stellt damit keinen Nichtigkeitsgrund dar[38].

b) Beurkundungsfehler (§ 241 Nr. 2 AktG)

39.17 Genügt die Niederschrift über die Hauptversammlung den Anforderungen des § 130 Abs. 1, Abs. 2 Satz 1 und Abs. 4 AktG nicht, führt dieser **Beurkundungsfehler** gemäß § 241 Nr. 2 AktG zur Nichtig-

---

31 Diesen Umstand zu Recht hervorhebend LG München I v. 8.4.1999 – 5 HKO 17311/98, ZIP 1999, 1213, 1214.
32 So aber *K. Schmidt* in Großkomm AktG, 4. Aufl. 1996, § 241 AktG Rz. 46; siehe auch *Reichert/Balke* in Reichert, ArbeitsHdb. HV, § 4 Rz. 163.
33 Siehe auch *Drescher* in BeckOGK AktG, Stand 1.6.2021, § 241 AktG Rz. 176.
34 Strenger LG München I v. 8.4.1999 – 5 HKO 17311/98, ZIP 1999, 1213, 1214; *Schwab* in K. Schmidt/Lutter, § 241 AktG Rz. 11.
35 *Hüffer*, ZGR 2001, 833, 841; *Noack/Zetzsche* in KölnKomm. AktG, 3. Aufl. 2018, § 241 AktG Rz. 56; *Gärtner* in Gärtner/Rose/Reul, Anfechtungs- und Nichtigkeitsgründe, 2. Teil A. Rz. 30.
36 Der Widerspruch kann bis spätestens vor Bekanntgabe des Beschlussergebnisses durch den Versammlungsleiter erhoben werden, vgl. OLG Stuttgart v. 7.6.2013 – 20 U 2/13, AG 2013, 845, 845 f.
37 *Hüffer/Koch*, § 241 AktG Rz. 9.
38 Die bis zu der durch das ARUG bewirkten Neufassung der §§ 121, 241 AktG kontrovers diskutierte Frage, ob fehlerhafte Angaben zur Ausübung des Stimmrechts einen Nichtigkeits- oder aber nur einen Anfechtungsgrund bilden, ist damit obsolet geworden, vgl. (mit umfangreichen Nachweisen zum Streitstand vor Inkrafttreten des ARUG) *Schwab* in K. Schmidt/Lutter, § 241 AktG Rz. 13; *Göz* in Bürgers/Körber/Lieder, § 241 AktG Rz. 9.

keit der in der Hauptversammlung gefassten Beschlüsse. Zur Vermeidung dieser Rechtsfolge bedarf es folglich einer durch den Notar oder – soweit[39] die Voraussetzungen des § 130 Abs. 1 Satz 3 AktG vorliegen – durch einen sonstigen Protokollführer[40] zu fertigenden Niederschrift (§ 130 Abs. 1 AktG), die bestimmten inhaltlichen Mindestangaben zu genügen hat (§ 130 Abs. 2 Satz 1 AktG) und die durch den Notar bzw. durch den Vorsitzenden des Aufsichtsrats (oder durch den sonstigen Versammlungsleiter[41]) zu unterzeichnen ist (§ 130 Abs. 4 und Abs. 1 Satz 3 AktG)[42]. Die Frage, ob auch bei Beurkundungsfehlern zur Vermeidung der strengen Nichtigkeitsfolge zumindest in Sonderkonstellationen die Anerkennung eines **Bagatellvorbehalts** in Betracht kommt (vgl. für Einberufungsmängel bereits Rz. 39.14), hat der BGH inzwischen unter Aufgabe seiner älteren Rechtsprechung[43] bejaht[44].

c) Verstöße gegen das Wesen der Aktiengesellschaft, gegen gläubigerschützende oder sonst im öffentlichen Interesse stehende Vorschriften (§ 241 Nr. 3 AktG)

Nichtig ist ein Beschluss der Hauptversammlung gemäß § 241 Nr. 3 AktG ferner dann, wenn er mit dem **Wesen der Aktiengesellschaft** nicht zu vereinbaren ist oder durch seinen Inhalt Vorschriften verletzt, die ausschließlich oder überwiegend zum **Schutze der Gläubiger** der Gesellschaft oder sonst im **öffentlichen Interesse** gegeben sind.

39.18

Die generalklauselartige Fassung dieses auf den **Inhalt** des Hauptversammlungsbeschlusses abstellenden Nichtigkeitsgrundes hat im Schrifttum zu einer Vielzahl von Streitfragen geführt, die nicht nur das **Verhältnis der einzelnen tatbestandlichen Varianten** untereinander, sondern auch deren konkreten Inhalt betreffen. Wenngleich diese Diskussion an dieser Stelle in ihren Einzelheiten nicht nachgezeichnet werden kann[45], bleibt festzuhalten, dass die zutreffende, wohl herrschende Auffassung bei

39.19

---

39 Entgegen der bis dato h.M., die von einer prinzipiellen Unteilbarkeit des Hauptversammlungsprotokolls ausging (vgl. die Nachweise bei *Hüffer/Koch*, § 130 AktG Rz. 14c; *Gärtner* in Gärtner/Rose/Reul, Anfechtungs- und Nichtigkeitsgründe, 2. Teil B. Rz. 740 f.), hat sich der BGH im Jahre 2015 auf den Standpunkt gestellt, dass Beschlüsse, die die Voraussetzungen des § 130 Abs. 1 Satz 3 AktG erfüllen, auch dann in einer (gesonderten) privatschriftlichen Niederschrift protokolliert werden können, wenn es bezüglich anderer Beschlüsse derselben Hauptversammlung einer notariellen Niederschrift bedarf, vgl. BGH v. 19.5.2015 – II ZR 176/14, AG 2015, 633, 634 f.; BGH v. 19.5.2015 – II ZR 181/14, AG 2015, 669, 670 f.
40 Der Protokollführer wird in den Fällen des § 130 Abs. 1 Satz 3 AktG durch den jeweiligen Versammlungsleiter (regelmäßig also durch den Vorsitzenden des Aufsichtsrats) bestimmt, vgl. *Kubis* in MünchKomm. AktG, 4. Aufl. 2018, § 130 AktG Rz. 31; *Hüffer/Koch*, § 130 AktG Rz. 14d.
41 § 130 Abs. 1 Satz 3 AktG geht davon aus, dass der Aufsichtsratsvorsitzende die Hauptversammlung leitet. Ist er verhindert oder bestimmt die Satzung einen anderen Versammlungsleiter, hat der tatsächliche Versammlungsleiter das privatschriftliche Protokoll der Hauptversammlung zu unterzeichnen, vgl. etwa OLG Frankfurt v. 2.5.2019 – 22 U 61/17, NZG 2019, 1055 Rz. 27 = AG 2019, 685; *Hüffer/Koch*, § 130 AktG Rz. 14e; *Kubis* in MünchKomm. AktG, 4. Aufl. 2018, § 130 AktG Rz. 33.
42 Siehe zu diesen Erfordernissen näher Rz. 37.1 ff. sowie u.a. *Grumann/Gillmann*, NZG 2004, 839, 840 ff. Das notarielle Protokoll muss nicht notwendig in der Hauptversammlung fertig gestellt, sondern kann – was den praktischen Regelfall bildet – auch noch nachfolgend ergänzt und ausgefertigt werden, vgl. BGH v. 16.2.2009 – II ZR 185/07, AG 2009, 285, 286. Eine bewusst unterlassene Unterzeichnung eines privatschriftlichen Protokolls kann demgegenüber nicht – und zwar auch nicht bei der Ein-Personen-AG – mehrere Monate später nachgeholt werden, vgl. OLG Stuttgart v. 10.1.2014 – 20 U 8/13, AG 2015, 283, 284.
43 BGH v. 4.7.1994 – II ZR 114/93, AG 1994, 466, 466 f.
44 BGH v. 30.6.2016 – II ZR 142/14, NZG 2015, 1227 Rz. 61 = AG 2015, 822 (betreffend Mängel der Niederschrift hinsichtlich der zahlenmäßigen Abstimmungsergebnisse, die jedoch im konkreten Einzelfall keine Zweifel an der Annahme des Beschlussvorschlages begründen konnten); zustimmend u.a. *C. Schäfer* in MünchKomm. AktG, 5. Aufl. 2021, § 242 AktG Rz. 42; *Hüffer/Koch*, § 241 AktG Rz. 13c; krit. u.a. *Heckschen/Kreußlein*, NZG 2018, 401, 415 f.; *Selter*, ZIP 2018, 1161, 1170.
45 Siehe dazu etwa – mit umfangreichen Nachweisen – die Zusammenfassungen bei *C. Schäfer* in MünchKomm. AktG, 5. Aufl. 2021, § 241 AktG Rz. 47 ff.; *K. Schmidt* in Großkomm. AktG, 4. Aufl. 1996, § 241 AktG Rz. 54 ff.; krit. zur Formulierung des Tatbestands und der sich daraus ergebenden Auslegungsschwierigkeiten jüngst auch *Koch*, ZHR 182 (2018), 378, 383 f.

der Auslegung der Vorschrift die tatbestandliche Variante „Verletzung von Gläubigerschutz- oder sonst im öffentlichen Interesse gegebenen Vorschriften" in den Vordergrund rückt und die Variante „Verletzung des Wesens der AG" damit als Auffangvorschrift betrachtet[46], während die Gegenauffassung in erster Linie auf die „Wesensvariante" der Norm abstellt, was wiederum zu einer Begrenzung der Nichtigkeitsfälle wegen Verletzung von im öffentlichen Interessen stehender Vorschriften führt[47]. Im praktischen Ergebnis wirkt sich dieser Streit jedoch in aller Regel nicht aus, da alle Tatbestandsvarianten zur Nichtigkeit des Beschlusses führen[48]. Geht man mit der zuerst genannten Auffassung von dem am konkretesten gefassten Tatbestandsmerkmal aus, bleibt festzuhalten:

39.20 Der Beschluss der Hauptversammlung ist unter dem Gesichtspunkt der **Verletzung gläubigerschützender Vorschriften** nichtig (§ 241 Nr. 3 Var. 2 AktG), wenn er durch seinen Inhalt gegen Normen verstößt, die entweder ausschließlich oder zumindest „schwerpunktmäßig", d.h. überwiegend, den Schutz der Gläubiger der Gesellschaft bezwecken. Zu den zuerst genannten Normen zählen diejenigen Vorschriften, die speziell auf den Schutz der Gläubiger zielen, beispielhaft sind die §§ 225, 233, 272, 303 und 321 AktG oder die §§ 22, 133, 134, 204, 224 und 249 UmwG zu nennen[49]. Zu den zuletzt genannten, nur schwerpunktmäßig den Gläubigerschutz bezweckenden Normen gehören z.B. die der Kapitalerhaltung dienenden Vorschriften – etwa das Verbot der Einlagenrückgewähr (§ 57 AktG), das Verbot der verdeckten Gewinnausschüttung (§ 58 AktG) und das im Grundsatz bestehende Verbot des Erwerbs eigener Aktien (§§ 71 ff. AktG) – sowie die Normen über die Bildung und Verwendung der gesetzlichen Rücklage (§§ 150, 300, 301 AktG)[50]. Die Tatsache, dass der durch die jeweilige Norm bewirkte Schutz *zugleich* den Aktionären zugutekommt, ist für ihre Einordnung als schwerpunktmäßig dem Gläubigerschutz dienende Vorschrift irrelevant[51].

39.21 Die Verletzung von (sonstigen[52]) Vorschriften, die ausschließlich oder überwiegend im **öffentlichen Interesse** gegeben sind, führt gemäß § 241 Nr. 3 Var. 3 AktG gleichermaßen zur Nichtigkeit des Hauptversammlungsbeschlusses. Der Begriff des öffentlichen Interesses ist nach allgemeiner Meinung weit auszulegen[53] und umfasst sämtliche Normen, die einen weitverstandenen *ordre public* abdecken[54]. Erfasst sind des Weiteren Vorschriften, die die rechtliche Struktur der AG prägen, also z.B. ihren korporativen Charakter, ihre Eigenschaft als juristische Person, ihre Eigenschaft als Kapitalgesellschaft usw.[55] Ob vor diesem Hintergrund auch **satzungsändernde Beschlüsse, die den durch § 23 Abs. 5 AktG gesteckten Rahmen des zwingenden Aktienrechts durchbrechen**, stets als Verletzung von im öffentlichen Interesse stehenden Normen zu werten sind und somit zur Anwendbarkeit des § 241 Nr. 3 AktG führen, ist umstritten. Der BGH konnte diese Frage bislang offenlassen[56]; der sie bejahenden

---

46 So etwa *C. Schäfer* in MünchKomm. AktG, 5. Aufl. 2021, § 241 AktG Rz. 49 ff.; *Noack/Zetzsche* in KölnKomm. AktG, 3. Aufl. 2018, § 241 AktG Rz. 91 ff.; krit. *Koch*, ZHR 182 (2018), 378, 383 ff.
47 So z.B. *K. Schmidt* in Großkomm. AktG, 4. Aufl. 1996, § 241 AktG Rz. 54 ff.
48 *Noack/Zetzsche* in KölnKomm. AktG, 3. Aufl. 2018, § 241 AktG Rz. 91; *Heidel* in Heidel, § 241 AktG Rz. 8.
49 *C. Schäfer* in MünchKomm. AktG, 5. Aufl. 2021, § 241 AktG Rz. 54; *Austmann* in MünchHdb. AG, § 42 Rz. 26; *Butzke*, HV, O Rz. 41.
50 *Hüffer/Koch*, § 241 AktG Rz. 18; siehe auch BGH v. 19.5.2015 – II ZR 181/14, AG 2015, 669, 672; BGH v. 19.5.2015 – II ZR 176/14, AG 2015, 633, 637.
51 *Noack/Zetzsche* in KölnKomm. AktG, 3. Aufl. 2018, § 241 AktG Rz. 103; *C. Schäfer* in MünchKomm. AktG, 5. Aufl. 2021, § 241 AktG Rz. 55.
52 Die Verletzung gläubigerschützender Vorschriften (vgl. Rz. 39.20) ist nach der tatbestandlichen Fassung des § 241 Nr. 3 AktG lediglich ein hervorgehobenes Beispiel für die Verletzung im öffentlichen Interesse gegebener Vorschriften, vgl. *C. Schäfer* in MünchKomm. AktG, 5. Aufl. 2021, § 241 AktG Rz. 56.
53 *K. Schmidt* in Großkomm. AktG, 4. Aufl. 1996, § 241 AktG Rz. 59; *Hüffer/Koch*, § 241 AktG Rz. 19.
54 *C. Schäfer* in MünchKomm. AktG, 5. Aufl. 2021, § 241 AktG Rz. 58.
55 Vgl. mit weiteren Beispielen *C. Schäfer* in MünchKomm. AktG, 5. Aufl. 2021, § 241 AktG Rz. 58.
56 BGH v. 15.12.1986 – II ZR 18/86, BGHZ 99, 211, 216 f. = AG 1987, 152; BGH v. 29.6.1987 – II ZR 242/86, NJW 1988, 260, 261 = AG 1987, 348.

Auffassung[57] ist entgegenzuhalten, dass § 241 Nr. 3 AktG gerade nicht von Verstößen gegen zwingende Vorschriften spricht, sondern von der Verletzung von Normen, die schwerpunktmäßig im öffentlichen Interesse stehen[58]. Zu Recht wird daher im Schrifttum entscheidend darauf abgestellt, ob die verletzte, nach § 23 Abs. 5 AktG zwingende Vorschrift dem „von einem öffentlichen Interesse getragenen aktienrechtlichen Regelungskern"[59] zuzurechnen ist. Demgegenüber sind als schwerpunktmäßig im öffentlichen Interesse gegebene Vorschriften stets insbesondere die **§§ 25 ff. MitbestG** anzusehen[60], die wesentliche Regelungen des Mitbestimmungsrechts enthalten. Nach richtiger, wenngleich nicht unbestrittener Auffassung sind deshalb Beschlüsse der Hauptversammlung, die in die mitbestimmungsrechtlich ausgestaltete Verfassung des Aufsichtsrats eingreifen, gemäß § 241 Nr. 3 Var. 3 AktG nichtig[61]. Nichtig wegen Verstoßes gegen schwerpunktmäßig dem öffentlichen Interesse dienenden Vorschriften sind schließlich auch **kompetenzüberschreitende Hauptversammlungsbeschlüsse**, insbesondere solche, mit denen die Hauptversammlung in die Geschäftsführungszuständigkeit des Vorstands (§§ 76, 77 AktG) eingreift[62].

Auf der Basis des oben in den Rz. 39.20 bis 39.21 dargelegten Verständnisses des § 241 Nr. 3 AktG kommt der (ersten) Tatbestandsvariante „**Verletzung des Wesens der Aktiengesellschaft**" nur noch eine Auffangfunktion zu. Eingreifen kann diese Variante vor allem in solchen Konstellationen, in denen der Beschluss zwar offensichtlich keinen Bestand haben kann, es aber – angesichts der Selbstverständlichkeit dieses Ergebnisses – an einer verletzten Norm fehlt[63]. Daneben ist an Fälle zu denken, in denen der Beschluss auch nach seiner Auslegung in sich widersprüchlich bleibt[64], sog. **Perplexität**[65]. 39.22

d) Sittenwidrigkeit des Hauptversammlungsbeschlusses (§ 241 Nr. 4 AktG)

Ein Beschluss der Hauptversammlung ist gemäß § 241 Nr. 4 AktG des Weiteren dann nichtig, wenn er **durch seinen Inhalt gegen die guten Sitten verstößt**. Ein solcher Sittenverstoß liegt – ebenso wie in den Fällen des § 138 BGB – vor, wenn der Beschluss „das Anstandsgefühl aller billig und gerecht Den- 39.23

---

57 Vgl. OLG Düsseldorf v. 16.11.1967 – 6 U 280/66, AG 1968, 19, 22; siehe auch *K. Schmidt* in Großkomm. AktG, 4. Aufl. 1996, § 241 AktG Rz. 56, der darin allerdings einen Verstoß gegen das Wesen der AG i.S.d. 1. Tatbestandsvariante sieht.
58 Vgl. *C. Schäfer* in MünchKomm. AktG, 5. Aufl. 2021, § 241 AktG Rz. 61; *Noack/Zetzsche* in KölnKomm. AktG, 3. Aufl. 2018, § 241 AktG Rz. 105; siehe auch *Austmann* in MünchHdb. AG, § 42 Rz. 25, der die Problematik aber in der 1. Tatbestandsvariante ansiedelt.
59 *C. Schäfer* in MünchKomm. AktG, 5. Aufl. 2021, § 241 AktG Rz. 61; vgl. auch *Noack/Zetzsche* in KölnKomm. AktG, 3. Aufl. 2018, § 241 AktG Rz. 131, die nach der Verzichtbarkeit der betroffenen Position unterscheiden wollen.
60 BGH v. 25.2.1982 – II ZR 123/81, BGHZ 83, 106, 109 ff. = AG 1982, 218; BGH v. 14.11.1983 – II ZR 33/83, BGHZ 89, 48, 50 = AG 1984, 48.
61 Vgl. neben den in der vorherigen Fn. genannten Entscheidungen eingehend z.B. *C. Schäfer* in MünchKomm. AktG, 5. Aufl. 2021, § 241 AktG Rz. 64, mit umfangreichen Nachweisen zum im Schrifttum vertretenen Meinungsspektrum.
62 *Noack/Zetzsche* in KölnKomm. AktG, 3. Aufl. 2018, § 241 AktG Rz. 109 ff.; vgl. auch OLG Düsseldorf v. 20.12.2018 – 6 U 215/16, AG 2019, 348, 352 f. (allerdings offenlassend, ob in dieser Konstellation die erste oder die dritte Tatbestandsvariante eingreift) sowie OLG Karlsruhe v. 14.3.2018 – 11 U 35/17, AG 2018, 367, 372 (Verletzung der ersten Tatbestandsvariante).
63 Vgl. etwa RG v. 25.9.1901 – Rep. I. 142/01, RGZ 49, 77, 79 (Ausschluss eines Aktionärs wegen Austritts aus einem Berufsverband); siehe auch *C. Schäfer* in MünchKomm. AktG, 5. Aufl. 2021, § 241 AktG Rz. 66 f.
64 Vgl. beispielhaft LG München I v. 6.11.2014 – 5HK O 679/14, AG 2015, 639, 640.
65 *C. Schäfer* in MünchKomm. AktG, 5. Aufl. 2021, § 241 AktG Rz. 67; vgl. auch *Zöllner* in KölnKomm. AktG, 1. Aufl. 1985, § 241 AktG Rz. 107, der aber von einem Fall des § 241 Nr. 3 Var. 3 AktG ausgehen will, sowie i.E. *K. Schmidt* in Großkomm. AktG, 4. Aufl. 1996, § 241 AktG Rz. 64; a.A. *Emde*, ZIP 2000, 59, 63; siehe auch *Schwab* in K. Schmidt/Lutter, § 241 AktG Rz. 26, der die Perplexität „ausnahmsweise als ungeschriebenen Nichtigkeitsgrund" wertet.

kenden" verletzt[66]. Um die Fälle der Nichtigkeit zu beschränken, stellt die Norm dabei allein auf den **Inhalt des Beschlusses** ab und blendet damit bewusst[67] die Art seines Zustandekommens ebenso aus wie seine Motivation und Zwecksetzung. Soweit also eine inhaltlich neutrale Beschlussfassung „lediglich" einen sittenwidrigen Zweck verfolgt, kann dies grundsätzlich nur die Anfechtbarkeit des Beschlusses begründen[68]. **Ausnahmen** hat die Rechtsprechung allerdings zu Recht für solche Fälle anerkannt, in denen denjenigen Personen, die von einer inhaltlich neutralen, aber einen sittenwidrigen Zweck verfolgenden Beschlussfassung betroffen sind, die für die Anfechtung dieses Beschlusses gemäß § 245 AktG erforderliche **Anfechtungsbefugnis von vornherein fehlt**: Beschließt etwa die Hauptversammlung, auf die Geltendmachung von Schadensersatzansprüchen gegen Organmitglieder zu verzichten, um auf diese Weise die Gläubiger der bereits insolvenzreifen Gesellschaft zu schädigen, führt dies also trotz der einschränkenden Formulierung des § 241 Nr. 4 AktG zur Nichtigkeit dieses Beschlusses[69].

e) Nichtigerklärung durch Urteil (§ 241 Nr. 5 AktG) und Löschung als nichtig von Amts wegen (§ 241 Nr. 6 AktG)

39.24 Gemäß § 241 **Nr. 5** AktG tritt die Nichtigkeit eines Hauptversammlungsbeschlusses auch dann ein, wenn dieser in einem Anfechtungsklageverfahren (§ 246 AktG) durch Urteil **rechtskräftig für nichtig erklärt worden** ist. Da sich dies gleichermaßen bereits aus § 248 Abs. 1 Satz 1 AktG i.V.m. den zur Gestaltungswirkung von Urteilen anerkannten Grundsätzen ergibt (vgl. Rz. 39.127 f.), hat § 241 Nr. 5 AktG nur klarstellende Funktion[70].

39.25 Nichtig gemäß § 241 **Nr. 6** AktG ist schließlich ein in das Handelsregister der Gesellschaft eingetragener Beschluss, der gemäß § 398 FamFG aufgrund einer rechtskräftigen Entscheidung des Registergerichts gelöscht worden ist. Eine solche **Amtslöschung** setzt nach § 398 FamFG zunächst voraus, dass der Beschluss durch seinen **Inhalt** zwingende Vorschriften des Gesetzes verletzt, bloße Verfahrensfehler reichen demnach nicht aus[71]. Häufig, aber nicht notwendig, wird ein solcher Mangel gleichzeitig unter § 241 Nr. 3 oder Nr. 4 AktG zu subsumieren sein[72]. Praktische Bedeutung kann das vor allem dann erlangen, wenn die deshalb bereits anfänglich vorliegende Nichtigkeit des Beschlusses wegen Fristablaufs zwischenzeitlich nach § 242 Abs. 2 AktG geheilt worden ist[73]: Denn aufgrund der ausdrücklichen Anordnung in § 242 Abs. 2 Satz 3 AktG kann das Amtslöschungsverfahren gemäß § 398 FamFG auch noch nach Ablauf der in § 242 Abs. 2 Satz 1 AktG genannten Heilungsfrist durchgeführt werden, solange keine Freigabeentscheidung i.S.d. § 246a AktG vorliegt (§ 242 Abs. 2 Satz 5 AktG)[74].

---

66 *Hüffer/Koch*, § 241 AktG Rz. 21.
67 *Noack/Zetzsche* in KölnKomm. AktG, 3. Aufl. 2018, § 241 AktG Rz. 147; *Hüffer/Koch*, § 241 AktG Rz. 21.
68 *K. Schmidt* in Großkomm. AktG, 4. Aufl. 1996, § 241 AktG Rz. 65; *C. Schäfer* in MünchKomm. AktG, 5. Aufl. 2021, § 241 AktG Rz. 69; *Jäger*, Aktiengesellschaft, § 24 Rz. 174.
69 BGH v. 8.12.1954 – II ZR 291/53, BGHZ 15, 382, 385 f.; BGH v. 1.6.1987 – II ZR 128/86, BGHZ 101, 113, 116 = AG 1988, 15; zust. etwa *Butzke*, HV, O Rz. 41; *Austmann* in MünchHdb. AG, § 42 Rz. 28.
70 *Hüffer/Koch*, § 241 AktG Rz. 22; a.A. *K. Schmidt* in Großkomm. AktG, 4. Aufl. 1996, § 241 AktG Rz. 69; *Schwab* in K. Schmidt/Lutter, § 241 AktG Rz. 34; *Noack/Zetzsche* in KölnKomm. AktG, 3. Aufl. 2018, § 241 AktG Rz. 152.
71 OLG Hamburg v. 20.8.2003 – 11 W 39/03, NZG 2003, 981 = AG 2003, 695; *Hüffer/Koch*, § 241 AktG Rz. 27.
72 *Hüffer/Koch*, § 241 AktG Rz. 27; anders *Austmann* in MünchHdb. AG, § 42 Rz. 31.
73 Aktionäre können die Amtslöschung indessen nur anregen; gegen eine ablehnende Entscheidung des Registergerichts steht ihnen grundsätzlich keine Beschwerdebefugnis zu, vgl. BGH v. 15.7.2014 – II ZB 18/13, NJW-RR 2015, 162, 163 = AG 2015, 35; a.A. *Casper* in BeckOGK AktG, Stand 1.6.2021, § 242 AktG Rz. 25; zum Antragsrecht der sog. berufsständigen Organe i.S.d. §§ 398, 395 Abs. 1 Satz 1, § 380 FamFG vgl. *Noack/Zetzsche* in KölnKomm. AktG, 3. Aufl. 2018, § 241 AktG Rz. 184.
74 Weitere Ausnahmen gelten für Beschlussfassungen über die Verschmelzung, die Spaltung oder den Formwechsel, vgl. § 20 Abs. 2, §§ 125, 202 Abs. 3 UmwG.

Neben dem Gesetzesverstoß setzt § 398 FamFG für die Amtslöschung zugleich das Bestehen eines **öffentlichen Interesses** an der Beseitigung des Beschlusses voraus. Die Bedeutung dieses Tatbestandsmerkmals ist umstritten: Während das öffentliche Interesse von einem Teil des Schrifttums jedenfalls in den Fällen des § 241 Nr. 3 und 4 AktG als stets gegeben angesehen wird[75], wertet es die zutreffende Gegenmeinung als ein **zusätzliches Erfordernis**[76] und will insoweit auf die Interessen der Gesellschaftsgläubiger, der künftigen Aktionäre und der Allgemeinheit abstellen[77]. Liegen die tatbestandlichen Voraussetzungen des § 398 FamFG vor, hat das Registergericht die Löschung zu verfügen; ihm kommt also nach richtiger Auffassung **kein weitergehender Ermessensspielraum** zu[78].

39.26

f) Sonstige Nichtigkeitsgründe

Die katalogartige Aufzählung der Nichtigkeitsgründe in § 241 Nr. 1 bis Nr. 6 AktG ist nicht abschließend, weitere Nichtigkeitsgründe finden sich vor allem in denjenigen Vorschriften, die in den Eingangsworten des § 241 AktG genannt werden. Dabei gilt es jedoch zu unterscheiden: Bei den dort erwähnten § 217 Abs. 2, § 228 Abs. 2, § 234 Abs. 3 und § 235 Abs. 2 AktG handelt es sich – wie bereits unter Rz. 39.8 dargestellt – der Struktur nach um Fälle der **(endgültigen) Beschlussunwirksamkeit**. Dass das Aktiengesetz diese Beschlüsse gleichwohl als nichtig behandelt, hat auch (vgl. noch Rz. 39.35) Auswirkungen auf die bestehenden Rechtsschutzmöglichkeiten, denn nach allg. Meinung kann gegen diese Beschlüsse die Nichtigkeitsklage gemäß § 249 AktG erhoben werden (vgl. näher Rz. 39.137).

39.27

Etwas anderes gilt dagegen für die beiden sonstigen in den Eingangsworten des § 241 AktG erwähnten Fälle, bei denen es sich auch der Sache nach um „echte" Nichtigkeitsgründe handelt: Gemäß § 192 Abs. 4 AktG ist im Interesse der Inhaber von Bezugs- oder Umtauschrechten ein Beschluss der Hauptversammlung nichtig, falls dieser dem bereits eingetragenen **Beschluss über die bedingte Kapitalerhöhung entgegensteht**; dies gilt praktisch vor allem für einen Hauptversammlungsbeschluss, der den bereits eingetragenen Beschluss über die bedingte Kapitalerhöhung aufhebt[79]. Nach § 212 Satz 2 AktG nichtig ist schließlich auch ein Beschluss, der von dem in § 212 Satz 1 AktG niedergelegten Prinzip abweicht, dass **den Aktionären die neuen Aktien im Falle einer Kapitalerhöhung aus Gesellschaftsmitteln im Verhältnis ihrer Anteile am bisherigen Grundkapital zustehen**[80].

39.28

In den Eingangsworten des § 241 AktG ungenannt bleiben schließlich die Nichtigkeitsgründe der §§ 250, 253, 256 AktG, die sich auf **spezielle Beschlussgegenstände** beziehen. Die allgemeinen Nichtigkeitsregeln werden von diesen Vorschriften zum Teil nicht nur erweitert, sondern auch modifiziert; Einzelheiten dazu bleiben unter Rz. 39.147 ff. darzustellen.

39.29

3. Die Heilung nichtiger Beschlüsse (§ 242 AktG)

a) Bedeutung der Heilung

Der Grundsatz, dass sich jedermann zeitlich unbeschränkt auf die Nichtigkeit eines Hauptversammlungsbeschlusses berufen kann, erfährt im Interesse der Rechtssicherheit[81] eine nicht unerhebliche ge-

39.30

---

75 Vgl. namentlich *K. Schmidt* in Großkomm. AktG, 4. Aufl. 1996, § 241 AktG Rz. 85 f.
76 *C. Schäfer* in MünchKomm. AktG, 5. Aufl. 2021, § 241 AktG Rz. 78; *Noack/Zetzsche* in KölnKomm. AktG, 3. Aufl. 2018, § 241 AktG Rz. 168; *Schwab* in K. Schmidt/Lutter, § 241 AktG Rz. 40; *Drescher* in BeckOGK AktG, Stand 1.6.2021, § 241 AktG Rz. 279; *Casper*, Die Heilung nichtiger Beschlüsse, 1998, S. 240; *Heinemann* in Keidel, § 398 FamFG Rz. 17.
77 *C. Schäfer* in MünchKomm. AktG, 5. Aufl. 2021, § 241 AktG Rz. 79; weiter *Casper*, Die Heilung nichtiger Beschlüsse, 1998, S. 240 f. (der auch die Interessen der derzeitigen Aktionäre berücksichtigt).
78 *K. Schmidt* in Großkomm. AktG, 4. Aufl. 1996, § 241 AktG Rz. 89; *Schwab* in K. Schmidt/Lutter, § 241 AktG Rz. 42; a.A. z.B. *Heinemann* in Keidel, § 398 FamFG Rz. 20.
79 Vgl. näher z.B. *Hirte* in Großkomm. AktG, 4. Aufl. 2001, § 192 AktG Rz. 144 ff.
80 Siehe näher etwa *Hirte* in Großkomm. AktG, 4. Aufl. 1998, § 212 AktG Rz. 15 ff.
81 *Austmann* in MünchHdb. AG, § 42 Rz. 37; *Heidel* in Heidel, § 242 AktG Rz. 1.

setzliche Einschränkung: Unter den in § 242 AktG genannten Voraussetzungen unterliegen nichtige Beschlüsse der **Heilung**; sie bewirkt, dass die Nichtigkeit des Beschlusses – wie es in der Norm heißt – „nicht mehr geltend gemacht werden" kann (vgl. zur dogmatischen Einordnung der Heilung siehe näher Rz. 39.36). Da jedenfalls das Registergericht in bestimmten Konstellationen[82] gemäß § 242 Abs. 2 Satz 3 AktG befugt bleibt, den anfangs nichtigen, mittlerweile aber geheilten Beschluss unter den Voraussetzungen des § 398 FamFG von Amts wegen zu löschen, kann hingegen u.U. selbst die Heilung keine abschließende Rechtssicherheit gewährleisten.

39.31 Nach der ursprünglichen Fassung des § 242 AktG waren nur solche Beschlüsse einer Heilung zugänglich, die das Registergericht trotz ihrer Mangelhaftigkeit **in das Handelsregister der Gesellschaft eingetragen** hatte. Die innere Legitimationsgrundlage der Heilungswirkung bildete bis dahin also vor allem die gerichtliche Prüfung, die jeder Handelsregistereintragung vorausgeht[83]. Das Gesetz für kleine Aktiengesellschaften[84] schuf 1994 eine Ausnahme von diesem Prinzip, indem es die Regelung des § 242 Abs. 2 AktG um einen Satz 4 erweiterte. Nach dieser Vorschrift können auch Beschlüsse, die aufgrund eines bestimmten Einberufungsmangels nichtig sind, durch die bloße **Genehmigung** der von diesem Mangel betroffenen Aktionäre geheilt werden, ohne dass es auf die Handelsregistereintragung ankommt (vgl. näher Rz. 39.34).

b) **Fallgruppen**

39.32 § **242 Abs. 1 AktG** enthält zunächst eine spezifische Regelung für solche Beschlüsse, die infolge eines **Beurkundungsmangels** nach § 241 Nr. 2 AktG als nichtig zu werten sind: Diese werden geheilt, sobald sie durch das Registergericht – weil es die Mangelhaftigkeit nicht bemerkt – in das Handelsregister eingetragen werden[85]. Die Heilung des jeweiligen Beschlusses tritt sofort mit der Eintragung in das Register des zuständigen Gerichts ein; auf die gerichtliche Bekanntmachung dieser Eintragung kommt es also nicht an[86].

39.33 Liegt dagegen ein **Einberufungsfehler** oder ein **Inhaltsmangel** vor und ist ein Beschluss der Hauptversammlung daher nach § 241 Nr. 1, 3 oder 4 AktG nichtig, kann eine Heilung nur unter den Voraussetzungen des § **242 Abs. 2 AktG** eintreten. Anders als nach § 242 Abs. 1 AktG genügt dafür nicht die bloße Eintragung des Beschlusses in das Handelsregister, hinzutreten muss vielmehr, dass seit dieser Eintragung drei Jahre verstrichen sind. Diese Frist beginnt mit der Eintragung des Beschlusses[87]; ihre Berechnung richtet sich nach den § 187 Abs. 1, § 188 Abs. 2 Var. 1 BGB, wobei § 193 BGB nach wohl herrschender, im jüngeren Schrifttum aber zu Recht bestrittener Auffassung keine Anwendung finden soll[88]. Die Frist verlängert sich gemäß § 242 Abs. 2 Satz 2 AktG, sofern bei ihrem Ablauf eine Nichtig-

---

82 Eine Amtslöschung kommt seit Inkrafttreten des § 246a AktG u.a. nicht mehr in Betracht, wenn eine sog. Freigabeentscheidung vorliegt, vgl. § 242 Abs. 2 Satz 5 AktG.
83 *C. Schäfer* in MünchKomm. AktG, 5. Aufl. 2021, § 242 AktG Rz. 3.
84 Gesetz für kleine Aktiengesellschaften und zur Deregulierung des Aktienrechts v. 2.8.1994, BGBl. I 1994, 1961.
85 Fehlerhaft beurkundete Aufsichtsratsbestellungen sind damit keiner Heilung zugänglich: Zwar hat der Vorstand nach Änderung der Aufsichtsratszusammensetzung eine modifizierte Liste der Mitglieder des Aufsichtsrates zum Handelsregister einzureichen, doch führt dies nicht zu einer Eintragung in das Handelsregister, vgl. OLG Frankfurt v. 2.5.2019 – 22 U 61/17, NZG 2019, 1055 Rz. 26; ausf. *Pentz*, NZG 2017, 1211, 1212 ff.
86 *K. Schmidt* in Großkomm. AktG, 4. Aufl. 1996, § 242 AktG Rz. 6; *Hüffer/Koch*, § 242 AktG Rz. 2.
87 *K. Schmidt* in Großkomm. AktG, 4. Aufl. 1996, § 242 AktG Rz. 11; *Hüffer/Koch*, § 242 AktG Rz. 3; *Butzke*, HV, O Rz. 37.
88 Vgl. OLG Düsseldorf v. 5.4.2001 – 6 U 91/00, AG 2003, 45, 45 f.; *Noack/Zetzsche* in KölnKomm. AktG, 3. Aufl. 2018, § 242 AktG Rz. 54; *Butzke*, HV, O Rz. 37; *Göz* in Bürgers/Körber/Lieder, § 242 AktG Rz. 4. Für die Anwendung des § 193 BGB eintretend demgegenüber *K. Schmidt* in Großkomm. AktG, 4. Aufl. 1996, § 242 AktG Rz. 11; *Schwab* in K. Schmidt/Lutter, § 242 AktG Rz. 6; *Casper* in BeckOGK AktG, Stand 1.6.2021, § 242 AktG Rz. 7; *Hüffer/Koch*, § 242 AktG Rz. 3.

keitsklage gemäß § 249 AktG rechtshängig (vgl. dazu § 253 Abs. 1, § 261 Abs. 1 sowie § 167 ZPO) ist; in diesem Fall endet die Frist erst dann, wenn über die Nichtigkeitsklage rechtskräftig entschieden worden ist oder diese sich auf andere Weise erledigt hat. Der Wortlaut des § 242 Abs. 2 Satz 2 AktG bedarf nach zutreffender Ansicht enger Auslegung. Die Frist verlängert sich daher nicht auch bei Rechtshängigkeit einer allgemeinen Feststellungsklage gemäß § 256 ZPO oder eines sonstigen Rechtsstreits, in dem die Nichtigkeit des Beschlusses eine relevante Vorfrage bildet[89]. Etwas anderes gilt dagegen für die **Anfechtungsklage** i.S.d. § 246 AktG: Da sie denselben Streitgegenstand wie die Nichtigkeitsklage aufweist (vgl. näher Rz. 39.146), führt auch ihre Rechtshängigkeit zur Fristverlängerung gemäß § 242 Abs. 2 Satz 2 AktG[90]. Das **Registergericht** bleibt auch nach einer Heilung solcher Beschlüsse gemäß § 242 Abs. 2 Satz 3 AktG zur **Amtslöschung** nach § 398 FamFG befugt, es sei denn, es liegt eine Freigabeentscheidung gemäß § 246a AktG vor (vgl. § 242 Abs. 2 Satz 5 AktG).

Ergibt sich der **Einberufungsfehler** (Rz. 39.33) aus einem **Verstoß gegen § 121 Abs. 4 Satz 2 AktG**, weil bei der Einberufung durch eingeschriebenen Brief einzelne Aktionäre übergangen worden sind, so gilt für die Heilung der in dieser Hauptversammlung gefassten Beschlüsse die **spezielle Regelung des § 242 Abs. 2 Satz 4 AktG**: Die wegen des Einberufungsmangels gemäß § 241 Nr. 1 AktG nichtigen Beschlüsse werden geheilt, sobald die übergangenen Aktionäre diese Beschlüsse genehmigen; im Gegensatz zu den sonstigen Fällen des § 242 Abs. 1 und 2 AktG kommt es dabei also auf die Eintragung dieser Beschlüsse in das Handelsregister nicht an. § 242 Abs. 2 Satz 4 AktG findet auch Anwendung, wenn bei der Einberufung zwar kein Aktionär übergangen wurde, diese aber nicht durch eingeschriebenen Brief, sondern mit normaler Post übersandt worden war, oder wenn die Voraussetzungen des § 121 Abs. 4 AktG verkannt worden sind[91]. 39.34

Gemäß **§ 242 Abs. 3 AktG** ist die Regelung des § 242 Abs. 2 AktG entsprechend anwendbar, wenn ein Beschluss infolge seiner **verspäteten Eintragung** nach den § 217 Abs. 2, § 228 Abs. 2, § 234 Abs. 3 oder § 235 Abs. 2 AktG – wie es in diesen Vorschriften heißt – „nichtig", der Sache nach aber endgültig unwirksam ist (vgl. dazu Rz. 39.8). Mit Ablauf der in § 242 Abs. 2 AktG genannten Frist werden daher in diesen Fällen auch verspätet eingetragene Beschlüsse geheilt. Unter den Voraussetzungen des § 398 FamFG kann das Registergericht solche Beschlüsse jedoch weiterhin von Amts wegen löschen[92], solange keine Freigabeentscheidung gemäß § 246a AktG vorliegt (vgl. § 242 Abs. 2 Satz 5 AktG). Weil § 242 Abs. 3 AktG nicht als abschließende Regelung zu verstehen ist, kommt eine Heilung analog § 242 Abs. 2 AktG nach allgemeiner Meinung auch in **sonstigen Unwirksamkeitsfällen** in Betracht[93]. 39.35

c) Rechtsfolgen der Heilung

Die Rechtswirkungen der eingetretenen Heilung erfahren in § 242 AktG keine abschließende Regelung. Wenngleich die Formulierung der Norm („kann nicht mehr geltend gemacht werden") eine prozessuale Wertung nahelegt, misst die h.M. der Heilung zu Recht **materiell-rechtliche Rückwirkung** zu und behandelt den geheilten Beschluss daher seit dem Zeitpunkt seines Zustandekommens („*ex tunc*") 39.36

---

89 *K. Schmidt* in Großkomm. AktG, 4. Aufl. 1996, § 242 AktG Rz. 12; a.A. *Noack/Zetzsche* in KölnKomm. AktG, 3. Aufl. 2018, § 242 AktG Rz. 61 (für die allgemeine Feststellungsklage); *Schwab* in K. Schmidt/Lutter, § 242 AktG Rz. 7.
90 *Noack/Zetzsche* in KölnKomm. AktG, 3. Aufl. 2018, § 242 AktG Rz. 60; *C. Schäfer* in MünchKomm. AktG, 5. Aufl. 2021, § 242 AktG Rz. 8; *Casper*, Die Heilung nichtiger Beschlüsse, 1998, S. 124 f.
91 *K. Schmidt* in Großkomm. AktG, 4. Aufl. 1996, § 242 AktG Rz. 19; *C. Schäfer* in MünchKomm. AktG, 5. Aufl. 2021, § 242 AktG Rz. 15; *Casper*, Die Heilung nichtiger Beschlüsse, 1998, S. 131 ff.
92 *C. Schäfer* in MünchKomm. AktG, 5. Aufl. 2021, § 242 AktG Rz. 26.
93 OLG Schleswig v. 16.3.2000 – 5 U 244/97, NZG 2000, 895, 896; *K. Schmidt* in Großkomm. AktG, 4. Aufl. 1996, § 242 AktG Rz. 16; *Hüffer/Koch*, § 242 AktG Rz. 10; einschränkend *Schwab* in K. Schmidt/Lutter, § 242 AktG Rz. 21.

als wirksam[94]. Der geheilte Beschluss ist somit nach h.M. von Anfang an „gesetzmäßig" i.S.d. § 93 Abs. 4, § 116 AktG und bindet die Verwaltung ebenso wie die Aktionäre und Dritte („Wirkung *inter omnes*")[95]. Soweit der Beschluss der Ausführung bedarf, hat ihn die Verwaltung deshalb auszuführen und wird dadurch auch nicht schadensersatzpflichtig[96]. Eine Haftung der Mitglieder von Vorstand und Aufsichtsrat kann sich gleichwohl z.B. daraus ergeben, dass sie nicht rechtzeitig für die Beseitigung des Beschlusses gesorgt haben[97].

4. Anfechtungsgründe

a) Überblick

39.37 Im Gegensatz zu den Nichtigkeitsgründen erfahren die Anfechtungsgründe im Aktiengesetz **keine abschließende Aufzählung**; § 243 Abs. 1 AktG spricht vielmehr generalklauselartig davon, dass ein Hauptversammlungsbeschluss „wegen der Verletzung des Gesetzes oder der Satzung" angefochten werden kann. Dieser gesetzlichen Regelung ist zunächst zu entnehmen, dass lediglich die **Beschlüsse der Hauptversammlung** der Anfechtung unterliegen, zu denen gemäß § 138 Satz 2 AktG auch die **Sonderbeschlüsse** bestimmter Aktionärsgruppen zählen[98]; ausgeschlossen ist demgegenüber z.B. eine Anfechtung von Beschlüssen des Vorstands oder des Aufsichtsrats[99]. Ob es sich bei dem anzufechtenden Hauptversammlungsbeschluss um einen dem jeweiligen Antrag stattgebenden, d.h. positiven, oder diesen ablehnenden, d.h. negativen, Beschluss handelt, ist für die Frage der Anfechtbarkeit ohne Bedeutung[100]; im zuletzt genannten Fall bleibt allerdings aus der Perspektive des Klägers zu prüfen, ob die Anfechtungsklage zur Erreichung des Rechtsschutzziels mit der sog. positiven Beschlussfeststellungsklage (Rz. 39.132 ff.) verbunden werden sollte. Der Anfechtung unterliegen nach zutreffender Ansicht auch die sog. **Schein- oder Nichtbeschlüsse** der Hauptversammlung[101] (vgl. dazu Rz. 39.7).

39.38 Die „**Verletzung des Gesetzes**" i.S.d. § 243 Abs. 1 AktG muss nicht notwendig auf einem Verstoß gegen aktiengesetzliche Normen beruhen, denn der in § 243 AktG verwendete Begriff „Gesetz" umfasst

---

94 Vgl. ausführlich – mit umfangreichen Nachweisen auch zur zumeist im älteren Schrifttum vertretenen Gegenansicht – *Casper*, Die Heilung nichtiger Beschlüsse, 1998, S. 140 ff., sowie *K. Schmidt* in Großkomm. AktG, 4. Aufl. 1996, § 242 AktG Rz. 13; *Hüffer/Koch*, § 242 AktG Rz. 7; *Austmann* in MünchHdb. AG, § 42 Rz. 37; *Butzke*, HV, O Rz. 38; dies gilt auch für satzungsändernde Beschlüsse, vgl. BGH v. 15.12.1986 – II ZR 16/86, BGHZ 99, 211, 217; BGH v. 19.6.2000 – II ZR 73/99, BGHZ 144, 365, 367 = AG 2000, 515. In jüngster Zeit wird allerdings vor allem für geheilte Inhaltsmängel wieder verstärkt die Notwendigkeit einer teleologischen Reduktion diskutiert, vgl. u.a. *Noack/Zetzsche* in KölnKomm. AktG, 3. Aufl. 2018, § 242 AktG Rz. 67 ff.
95 Vgl. z.B. *C. Schäfer* in MünchKomm. AktG, 5. Aufl. 2021, § 242 AktG Rz. 20 ff.
96 Die Gegenauffassung, die der Heilung keine materiell-rechtliche Wirkung beimessen will, gelangt freilich auch in diesem Zusammenhang zu abweichenden Ergebnissen, vgl. eingehend – mit umfangreichen Nachweisen sowohl zur h.M. als auch zur Gegenauffassung – *Casper*, Die Heilung nichtiger Beschlüsse, 1998, S. 154 ff.
97 Vgl. näher etwa *K. Schmidt* in Großkomm. AktG, 4. Aufl. 1996, § 242 AktG Rz. 13; *C. Schäfer* in MünchKomm. AktG, 5. Aufl. 2021, § 242 AktG Rz. 22; z.T. abw. (obgleich ebenfalls von einer materiell-rechtlichen Rückwirkung der Heilung ausgehend) *Casper*, Die Heilung nichtiger Beschlüsse, 1998, S. 188; differenzierend auch *Schwab* in K. Schmidt/Lutter, § 242 AktG Rz. 17.
98 *C. Schäfer* in MünchKomm. AktG, 5. Aufl. 2021, § 243 AktG Rz. 9.
99 Die Beschlüsse dieser Organe können aber nach h.M. unter den Voraussetzungen des § 134 BGB oder des § 138 BGB nichtig sein, was ggf. mit der Feststellungsklage (§ 256 ZPO) geltend gemacht werden kann, vgl. z.B. BGH v. 21.4.1997 – II ZR 175/95, BGHZ 135, 244, 247 = AG 1996, 377, sowie näher etwa *C. Schäfer* in MünchKomm. AktG, 5. Aufl. 2021, § 243 AktG Rz. 10, § 241 Rz. 97 f.
100 *C. Schäfer* in MünchKomm. AktG, 5. Aufl. 2021, § 243 AktG Rz. 9.
101 *C. Schäfer* in MünchKomm. AktG, 5. Aufl. 2021, § 243 AktG Rz. 9; *K. Schmidt* in Großkomm. AktG, 4. Aufl. 1996, § 243 AktG Rz. 2.

jede materielle Rechtsnorm i.S.d. Art. 2 EGBGB[102]. Die Anfechtbarkeit eines Beschlusses kann sich daher zunächst aus jeder Verletzung eines formellen Gesetzes, einer Rechtsverordnung und u.U. auch einer für die AG einschlägigen Satzung einer öffentlich-rechtlichen Körperschaft ergeben[103]. Darüber hinaus kann aber auch der Verstoß gegen gewohnheitsrechtliche Normen oder gegen im Wege richterlicher Rechtsfortbildung entwickelte und anerkannte Prinzipien die Anfechtbarkeit begründen[104]. Dem Gesetzesbegriff des § 243 Abs. 1 AktG unterfallen somit insbesondere auch geschriebene und ungeschriebene Generalklauseln, so dass etwa Verstöße gegen § 53a AktG oder § 138 Abs. 1 BGB ebenso zur Anfechtbarkeit eines Beschlusses führen können wie eine Verletzung der mitgliedschaftlichen Treupflicht[105]. **Bestimmte Gesetzesverletzungen** sind allerdings aufgrund besonderer gesetzlicher Anordnung in den § 243 Abs. 3 AktG und § 52 WpHG **nie geeignet**, die Anfechtbarkeit des betroffenen Beschlusses zu begründen (vgl. näher Rz. 39.47 f., 39.55). Des Weiteren erklärt § 120a Abs. 1 Satz 3 AktG den Beschluss der Hauptversammlung über die Billigung des vom Aufsichtsrat vorgelegten Vergütungssystems für die Vorstandsmitglieder der börsennotierten Gesellschaft für stets unanfechtbar[106]. Lediglich beschränkt anfechtbar ist gemäß § 113 Abs. 3 Satz 5 AktG zudem der bei börsennotierten Gesellschaften mindestens alle vier Jahre zu fassende Hauptversammlungsbeschluss über die Vergütung der Aufsichtsratsmitglieder.

Streitig ist, ob eine Anfechtung auch auf die Verletzung von Normen gestützt werden kann, die lediglich **Sollvorschriften** enthalten (wie § 113 Abs. 1 Satz 3, § 118 Abs. 3, § 120 Abs. 3 Satz 1, § 121 Abs. 5 Satz 1, § 143 Abs. 1, § 175 Abs. 3 Satz 2, § 176 Abs. 1 Satz 2 und 3, § 182 Abs. 4 Satz 1, § 234 Abs. 2 Satz 2 AktG). Von der wohl überwiegenden Meinung wird dies zu Recht vor allem im Hinblick darauf bejaht, dass § 243 Abs. 1 AktG keine Anhaltspunkte für eine generelle Ausnahmestellung von Sollvorschriften bietet[107]. Die Sollformulierung kann allerdings Hinweis darauf geben, dass es sich bei der jeweiligen Norm nach ihrem Sinn und Zweck um eine bloße **Ordnungsvorschrift** handelt, deren Verletzung auch nach dieser Auffassung keine Anfechtbarkeit begründet[108]; beispielhaft werden in diesem Zusammenhang die Sollvorschriften des § 118 Abs. 3 AktG und § 120 Abs. 3 Satz 1 AktG genannt[109]. Aber auch dann, wenn eine Einordnung der Norm als Ordnungsvorschrift ausscheidet, kann die Anfechtbarkeit in diesen Fällen insbesondere daran scheitern, dass diese Gesetzesverletzung für das Beschlussergebnis nicht relevant geworden ist (vgl. zum Relevanzerfordernis näher Rz. 39.44 ff.)[110]. Die Sollformulierung kann schließlich auch auf das Bestehen eines **Ermessensspielraums** hindeuten (wie im Fall des § 121 Abs. 5 Satz 1 AktG), so dass die Verletzung der jeweiligen Vorschrift eine An-

39.39

---

102 *K. Schmidt* in Großkomm. AktG, 4. Aufl. 1996, § 243 AktG Rz. 9; *Hüffer/C. Schäfer* in MünchKomm. AktG, 5. Aufl. 2021, § 243 AktG Rz. 16; *Heidel* in Heidel, § 243 AktG Rz. 7.
103 *Noack/Zetzsche* in KölnKomm. AktG, 3. Aufl. 2018, § 243 AktG Rz. 126; *Hüffer/Koch*, § 243 AktG Rz. 5; *Heidel* in Heidel, § 243 AktG Rz. 7.
104 *Butzke*, HV, O Rz. 20; *C. Schäfer* in MünchKomm. AktG, 5. Aufl. 2021, § 243 AktG Rz. 16.
105 *K. Schmidt* in Großkomm. AktG, 4. Aufl. 1996, § 243 AktG Rz. 9; siehe auch Rz. 38.26 und 38.41.
106 Eine dennoch erhobene Anfechtungsklage ist daher unzulässig, vgl. *Hüffer/Koch*, § 120a AktG Rz. 6. Über die Frage, ob unter Fortführung des in § 120a Abs. 1 Satz 3 AktG normierten Rechtsgedankens anzunehmen ist, dass der betreffende Beschluss auch mit einer Nichtigkeitsklage nicht angegriffen werden kann, herrscht Uneinigkeit, vgl. (jeweils m.w.N.) diese Frage bejahend *Liebscher* in Henssler/Strohn, § 120 AktG Rz. 15; a.A. (insb. für kompetenzüberschreitende Beschlüsse) *Spindler* in K. Schmidt/Lutter, § 120a AktG Rz. 17; *Hüffer/Koch*, § 120a AktG Rz. 6.
107 *Hüffer/Koch*, § 243 AktG Rz. 6; *K. Schmidt* in Großkomm. AktG, 4. Aufl. 1996, § 243 AktG Rz. 12.
108 *C. Schäfer* in MünchKomm. AktG, 5. Aufl. 2021, § 243 AktG Rz. 19; *K. Schmidt* in Großkomm. AktG, 4. Aufl. 1996, § 243 AktG Rz. 12; siehe auch *Noack/Zetzsche* in KölnKomm. AktG, 3. Aufl. 2018, § 243 AktG Rz. 139.
109 *C. Schäfer* in MünchKomm. AktG, 5. Aufl. 2021, § 243 AktG Rz. 19.
110 *C. Schäfer* in MünchKomm. AktG, 5. Aufl. 2021, § 243 AktG Rz. 19; siehe auch *Heidel* in Heidel, § 243 AktG Rz. 7.

fechtbarkeit des Beschlusses nur dann begründet, wenn von ihr in ermessensfehlerhafter Weise abgewichen wurde[111].

39.40 Keinen Gesetzesverstoß i.S.d. § 243 Abs. 1 AktG bildet dagegen die **Verletzung schuldrechtlicher Verträge** und damit insbesondere nicht der Verstoß gegen **Stimmbindungsverträge**, die unter den Aktionären bestehen[112]. Da sich dies bereits aus den tatbestandlichen Voraussetzungen des § 243 Abs. 1 AktG ergibt, kann es dabei grundsätzlich auch nicht darauf ankommen, ob sich sämtliche Aktionäre dem jeweiligen Stimmbindungsvertrag unterworfen haben oder nicht. Der BGH hat demgegenüber in zwei – freilich äußerst umstritten gebliebenen[113] – Entscheidungen zum GmbH-Recht angenommen, dass die schuldrechtliche Nebenabrede im Falle der Beteiligung **aller Gesellschafter** als eine solche der Gesellschaft zu behandeln sei, so dass die Verletzung dieser Abrede die Anfechtbarkeit ebenso begründen könne wie die Verletzung des Gesellschaftsvertrages[114]. Für das Aktienrecht entschärft sich diese Problematik zumindest faktisch schon dadurch, dass die diesen Entscheidungen zugrundeliegende Sachverhaltskonstellation deutlich seltener gegeben sein wird: Denn eine Beteiligung sämtlicher Aktionäre an einem Stimmbindungsvertrag dürfte in der Praxis allenfalls bei nicht börsennotierten Gesellschaften mit geschlossenem Gesellschafterkreis vorkommen. Für diese verbleibenden aktienrechtlichen Fälle wird zu Recht erwogen, der Gesellschaft zumindest in Sonderlagen eine Berufung auf den schuldrechtlichen Charakter der vertraglichen Vereinbarung als rechtsmissbräuchlich zu untersagen[115].

39.41 Neben der Verletzung des Gesetzes begründet auch der **Verstoß gegen die Satzung** der Gesellschaft gemäß § 243 Abs. 1 AktG einen Anfechtungsgrund; beispielhaft zu nennen ist die Zulassung solcher Aktionäre zur Hauptversammlung, die sich entgegen den statutarischen Vorgaben nicht fristgerecht angemeldet haben (vgl. § 123 Abs. 2 AktG)[116]. Enthält die Satzung Sollvorschriften, gilt das zu den gesetzlichen Sollformulierungen Ausgeführte (Rz. 39.39) entsprechend; entscheidend kommt es daher auch in diesem Zusammenhang darauf an, ob der Verstoß gegen die Satzung nach objektiver Auslegung der verletzten Norm zur Anfechtbarkeit führen soll[117].

39.41a Da den Empfehlungen des **Deutschen Corporate Governance Kodex (DCGK)** weder Gesetzes- noch Satzungsqualität zukommt (vgl. Rz. 2.45), führt es nicht zur Anfechtbarkeit eines Beschlusses der Hauptversammlung, wenn dieser trotz fehlender Abweichungserklärung gegen die Empfehlungen des DCGK verstößt[118]. Aus diesem Grund ist beispielsweise die Wahl eines Mitglieds des Aufsichtsrates,

---

111 *K. Schmidt* in Großkomm. AktG, 4. Aufl. 1996, § 243 AktG Rz. 12; *Noack/Zetzsche* in KölnKomm. AktG, 3. Aufl. 2018, § 243 AktG Rz. 139.
112 *C. Schäfer* in MünchKomm. AktG, 5. Aufl. 2021, § 243 AktG Rz. 16, 23; *K. Schmidt* in Großkomm. AktG, 4. Aufl. 1996, § 243 AktG Rz. 18; *Englisch* in Hölters, § 243 AktG Rz. 50 f.; a.A. *Drescher* in Beck-OGK AktG, Stand 1.6.2021, § 243 AktG Rz. 63; *Schwab* in K. Schmidt/Lutter, § 243 AktG Rz. 23.
113 Ablehnend z.B. *Ulmer*, NJW 1987, 1849, 1851 ff.; *M. Winter*, ZHR 154 (1990), 259, 268 ff.; *Hoffmann-Becking*, ZGR 1994, 442, 450; i.E. auch OLG Koblenz v. 25.19.1990 – 6 U 238/90, DB 1990, 2413; zust. dagegen z.B. *K. Schmidt* in Großkomm. AktG, 4. Aufl. 1996, § 243 AktG Rz. 19.
114 BGH v. 20.1.1983 – II ZR 243/81, NJW 1983, 1910, 1911 = AG 1983, 249; BGH v. 27.10.1986 – II ZR 240/85, NJW 1987, 1890, 1892 = GmbHR 1987, 94; zust. OLG Hamm v. 12.4.2000 – 8 U 165/99, NZG 2000, 1036, 1036 f. = GmbH 2000, 1036; zur Überlagerung der Abfindungsregelungen eines GmbH-Gesellschaftsvertrages durch schuldrechtliche Abreden vgl. auch jüngst BGH v. 15.3.2010 – II ZR 4/09, DB 2010, 1749, 1750 = GmbHR 2010, 980.
115 *Ulmer*, NJW 1987, 1849, 1851 ff.; *Hüffer/Koch*, § 243 AktG Rz. 10.
116 Eine entgegen der statutarischen Vorgabe erfolgende Zulassung unangemeldeter Aktionäre wird in der Regel zugleich den in § 53a AktG verankerten Gleichheitsgrundsatz verletzen, vgl. BGH v. 9.10.2018 – II ZR 78/17, AG 2019, 176 Rz. 12 ff.
117 Vgl. näher *Noack/Zetzsche* in KölnKomm. AktG, 3. Aufl. 2018, § 243 AktG Rz. 161; *C. Schäfer* in MünchKomm. AktG, 5. Aufl. 2021, § 243 AktG Rz. 20.
118 BGH v. 9.10.2018 – II ZR 78/17, AG 2019, 176 Rz. 25; BGH v. 16.2.2009 – II ZR 185/07, AG 2009, 285, 289; KG v. 26.5.2008 – 23 U 88/07, AG 2009, 118, 119; LG München I v. 22.11.2007 – 5 HK O 10614/07, WM 2008, 130, 132 = AG 2008, 90; *Herfs/Rowold*, DB 2019, 712, 715; *E. Vetter*, NZG 2008, 121, 123; *Theusinger/Liese*, DB 2008, 1419, 1420; *Goslar/von der Linden*, DB 2009, 1691, 1695 f.

die eine nach Empfehlung C.2 DCGK festgesetzte Altersgrenze verletzt, auch dann nicht gemäß § 251 AktG anfechtbar, wenn die jeweilige Entsprechenserklärung nicht wenigstens parallel eine Aktualisierung erfahren hat[119]. Nach zutreffender, wenngleich nicht unbestrittener[120] Auffassung lässt sich die Anfechtbarkeit eines solchen Wahlbeschlusses (wie zwischenzeitlich auch der BGH für das Parallelproblem des Verstoßes gegen die Empfehlungen zur Ämterhäufung (Nr. 5.4.5 Abs. 1 Satz 2 DCGK 2013) entschieden hat[121]) ebenso wenig aus einem Gesetzesverstoß in Form eines Verfahrensfehlers, insbesondere nicht aus einer vermeintlichen Nichtigkeit des zugrundeliegenden Wahlvorschlages des Aufsichtsrates (§ 124 Abs. 3 Satz 1 AktG) herleiten[122]. Zwar mag sich ein die Altersgrenze missachtender Wahlvorschlag inhaltlich nicht mit der vom Aufsichtsrat selbst abgegebenen Entsprechenserklärung in Einklang bringen lassen; allerdings erheben die §§ 107 ff. AktG eine solche inhaltliche Übereinstimmung keineswegs zur Wirksamkeitsvoraussetzung des Aufsichtsratsbeschlusses über die Vorschläge dieses Organs an die Hauptversammlung[123]. Demgegenüber wird in solchen Fällen die unterbliebene Aktualisierung der Entsprechenserklärung regelmäßig eine **Verletzung des § 161 AktG** bedeuten, so dass in der darauffolgenden ordentlichen Hauptversammlung gefasste **Beschlüsse über die Entlastung von Vorstand und Aufsichtsrat** wegen dieser **Gesetzesverletzung** anfechtbar sein können[124]. Dafür ist insbesondere auch darauf abzustellen, ob diese Gesetzesverletzung im konkreten Einzelfall die notwendige Relevanz (vgl. dazu Rz. 39.44 ff.) aufweist[125].

Bei den Anfechtungsgründen lässt sich ebenso wie bei den Nichtigkeitsgründen zwischen **Verfahrensfehlern** einerseits (vgl. Rz. 39.43 ff.) und **inhaltlichen Fehlern** andererseits (vgl. Rz. 39.54 ff,) unterscheiden. Diese Differenzierung hat im Bereich der Anfechtungsgründe vor allem deshalb erhebliche Bedeutung, weil das Vorliegen eines Verfahrensfehlers die Anfechtbarkeit des Beschlusses nur unter der zusätzlichen Voraussetzung seiner „Relevanz" für das Beschlussergebnis begründen kann (vgl. näher Rz. 39.44 ff.).

39.42

---

119 *Hüffer*, Gesellschaftsrecht in der Diskussion 2010, S. 63, 73 ff.; siehe auch BGH v. 9.10.2018 – II ZR 78/17, AG 2019, 176 Rz. 29 f., mit der ergänzenden Erwägung, dass ein Verstoß auch in zeitlicher Hinsicht nicht vorliege, bis die Wahl in der Hauptversammlung abgeschlossen ist und der Gewählte seine Wahl annimmt; krit. insoweit *Simons*, ZIP 2019, 650, 651.
120 Für die Anfechtbarkeit infolge eines Verfahrensfehlers eintretend u.a. OLG München v. 6.8.2008 – 7 U 5628/07, AG 2009, 294, 95; LG Hannover v. 17.3.2010 – 23 O 124/09, NZG 2010, 744, 748 = AG 2009, 459; *E. Vetter*, NZG 2008, 121, 123 f.; *Hölters* in Hölters, § 161 AktG Rz. 60; *Heidel* in Heidel, § 243 AktG Rz. 12; i.E. auch *Waclawik*, ZIP 2011, 885, 888, der allerdings einen Inhaltsmangel bejaht.
121 BGH v. 9.10.2018 – II ZR 78/17, AG 2019, 176 Rz. 26 ff.; zustimmend *Herfs/Rowold*, DB 2019, 712, 716; krit. *Simons*, DB 2019, 650, 652; *Scholz*, ZIP 2019, 407, 408; krit. u.a. *E. Vetter*, NZG 2019, 379, 381 f.
122 *Goslar/von der Linden*, DB 2009, 1691, 1696; *Hüffer*, Gesellschaftsrecht in der Diskussion 2010, S. 63, 75 f.; *Hoffmann-Becking*, ZIP 2011, 1173, 175; *Tröger*, ZHR 175 (2011), 747, 772 f.
123 *Hüffer*, Gesellschaftsrecht in der Diskussion 2010, S. 63, 75 f.
124 Grundlegend BGH v. 16.2.2009 – II ZR 185/07, AG 2009, 285, 287 f.; siehe auch BGH v. 9.10.2018 – II ZR 78/17, AG 2019, 176 Rz. 25; BGH v. 14.5.2013 – II ZR 196/12, AG 2013, 643 sowie BGH v. 21.9.2009 – II ZR 174/08, NZG 2009, 1270, 1272 = AG 2009, 824 (wonach einschränkend die Wertung des § 243 Abs. 4 Satz 1 AktG zu beachten sei); OLG Celle v. 27.6.2018 – 9 U 78/17, AG 2018, 631 Rz. 68; OLG Frankfurt v. 1.10.2013 – 5 U 214/12, NZG 2014, 1017, 1019 = AG 2014, 373; OLG München v. 6.8.2008 – 7 U 5628/07, AG 2009, 294, 295; OLG München v. 23.1.2008 – 7 U 3668/07, NZG 2008, 337, 338 = AG 2008, 386; OLG Frankfurt v. 20.10.2010 – 23 U 121/08, WM 2011, 221, 236 = AG 2011, 36; KG v. 26.5.2008 – 23 U 88/07, AG 2009, 118, 119; *E. Vetter*, NZG 2008, 121, 123 ff.; *Goette* in FS Hüffer, 2010, S. 225, 231 f.; *Kleindiek* in FS Goette, 2011, S. 239, 242 ff.; a.A. *Theusinger/Liese*, DB 2008, 1419, 1421 ff.; *Leuering*, DStR 2010, 2255, 2256 f. (der von einer analogen Anwendbarkeit des in § 52 WpHG (bis 2.1.2018: § 30g) geregelten Anfechtungsausschlusses ausgeht); krit. auch *Tröger*, ZHR 175 (2011), 746, 777.
125 *C. Schäfer* in MünchKomm. AktG, 5. Aufl. 2021, § 243 AktG Rz. 16.

b) Verfahrensfehler

aa) Überblick

39.43 Die Anfechtbarkeit eines Hauptversammlungsbeschlusses kann zunächst darauf beruhen, dass im Rahmen seines Zustandekommens das Gesetz oder die Satzung verletzt wurden (sog. Verfahrensfehler). In Betracht kommt dabei eine Vielzahl von Mängeln, die sich nicht nur im Rahmen der **Durchführung der Hauptversammlung** (vgl. Rz. 39.48), sondern auch bereits bei deren **Vorbereitung** (vgl. Rz. 39.47) und insbesondere bei deren Einberufung ergeben können. Um den hier gegebenen Rahmen nicht zu sprengen, müssen sich die folgenden Darstellungen daher auf einige wesentliche Beispiele für diese Fallgruppe beschränken. Wie bereits erwähnt führen jedoch sämtliche Verfahrensfehler allenfalls dann zur Anfechtbarkeit des Beschlusses, wenn sie für das Beschlussergebnis **relevant** geworden sind. Vor diesem Hintergrund bedarf zunächst dieses alle Verfahrensmängel verbindende Merkmal der näheren Betrachtung.

bb) Relevanz des Fehlers

39.44 Trotz der weiten tatbestandlichen Formulierung des § 243 Abs. 1 AktG ist allgemein anerkannt, dass nicht jeder noch so marginale und das Beschlussergebnis offensichtlich nicht beeinflussende Verfahrensfehler die Anfechtbarkeit eines Hauptversammlungsbeschlusses begründen kann. Ein besonders plastisches Beispiel[126] dafür bildet das fehlerhafte Mitzählen der Stimmen eines Minderheitsaktionärs, der bezüglich des konkreten Beschlusses einem Stimmverbot unterliegt: Da in dieser Konstellation feststeht, dass die Beschlussmehrheit auch ohne Berücksichtigung dieser Stimmen zustande gekommen wäre, stellte es ein offensichtlich unangemessenes Ergebnis dar, wenn das mit der Anfechtungsklage angerufene Gericht diesen Beschluss gleichwohl für nichtig zu erklären hätte. Die **ältere Rechtsprechung** hatte dieser Problematik vor allem dadurch Rechnung zu tragen versucht, dass sie auf die **Kausalität** des Verfahrensverstoßes für das Beschlussergebnis abstellte und der beklagten Gesellschaft den Nachweis gestattete, der Verfahrensverstoß sei für das Beschlussergebnis nicht ursächlich geworden[127].

39.45 Eine strenge Anwendung dieser Kausalitätsbetrachtung kann indes dazu führen, dass die Rechte der Minderheitsaktionäre durch die Gesellschaft im Anfechtungsfall stets mit dem Einwand ausgehebelt werden, die den Minderheitsaktionären z.B. gesetzeswidrig verweigerte Erteilung von Auskünften habe das Abstimmungsverhalten des Mehrheitsaktionärs ohnehin in keiner Weise beeinflusst und sei daher für das Beschlussergebnis auch nicht kausal geworden (vgl. zu diesem Beispiel aber inzwischen § 243 Abs. 4 Satz 1 AktG). Zumindest praktisch könnten die Minderheitsaktionäre mit dieser Argumentation sogar daran gehindert werden, die Verletzung selbst grundlegender Teilnahmerechte im Wege der Anfechtungsklage geltend zu machen. Diesen Bedenken hatte der BGH in seiner älteren Rechtsprechung – trotz begrifflichen Festhaltens an dem Kausalitätserfordernis – zunächst vor allem dadurch Genüge getan, dass die **Anforderungen an die Kausalität sehr niedrig angesiedelt** wurden. So sollte etwa die Verweigerung einer Auskunft bereits dann kausal für das Beschlussergebnis sein, wenn ein objektiv urteilender Aktionär bei Erteilung der Auskunft, d.h. bei Kenntnis der von dem Auskunftsbegehren erfassten Umstände, anders abgestimmt hätte als er wegen Verweigerung der Auskunft ohne diese Kenntnis abgestimmt hat[128]. Schließlich war – wenngleich die höchstrichterliche Rechtsprechung begrifflich weiterhin an dem Kausalitätserfordernis festhielt – selbst der Boden dieser hypothetischen Kausalitätsbetrachtung zumindest faktisch verlassen, als der BGH später feststellte, ein

---

126 Nach C. Schäfer in MünchKomm. AktG, 5. Aufl. 2021, § 243 AktG Rz. 27.
127 Vgl. z.B. BGH v. 23.11.1961 – II ZR 4/60, BGHZ 36, 121, 139 f.; BGH v. 29.11.1982 – II ZR 88/81, BGHZ 86, 1, 3 = AG 1983, 75; weitere Nachweise – auch aus der Rspr. des RG – etwa bei Noack/Zetzsche in KölnKomm. AktG, 3. Aufl. 2018, § 243 AktG Rz. 60; K. Schmidt in Großkomm. AktG, 4. Aufl. 1996, § 243 AktG Rz. 22 (dortige Fn. 34); C. Schäfer in MünchKomm. AktG, 5. Aufl. 2021, § 243 AktG Rz. 28 (dortige Fn. 79).
128 Vgl. BGH v. 15.6.1992 – II ZR 18/91, BGHZ 119, 1, 19 = AG 1992, 450.

objektiv urteilender Aktionär werde z.B. bei Vorenthaltung der ihm gesetzlich im Verschmelzungsbericht zu erteilenden Informationen seine Zustimmung zu dieser Strukturmaßnahme (ohne Rücksicht auf den etwaigen Inhalt dieser Informationen) schon deshalb verweigern, weil es die Bedeutung, die der Erläuterung dieser Maßnahme für die Minderheitsaktionäre zukomme, nicht rechtfertige, ihm diese Informationen vorzuenthalten[129]. Denn der Sache nach hatte damit auch die Rechtsprechung das gesetzeswidrige Vorenthalten der erforderlichen Informationen in den Vordergrund der Betrachtung gerückt.

Der skizzierten älteren Rechtsprechung gegenüber steht seit längerem ein großer Teil des **Schrifttums**, der auf das (auch derart modifizierte) Kausalitätserfordernis verzichten und stattdessen auf die **Relevanz** des Verfahrensfehlers für das Beschlussergebnis abstellen will[130]. Zwar führt diese Relevanzbetrachtung häufig zu keinen anderen Ergebnissen als die Kausalitätsprüfung der älteren Rechtsprechung. Sie legt jedoch offen, dass in die Beurteilung der Folgen des Verfahrensmangels eine **wertende Betrachtung** einfließt, die sich am Zweck der verletzten Norm zu orientieren hat. Dieser deshalb den Vorzug verdienenden Relevanzlehre **hat sich zwischenzeitlich auch der BGH angeschlossen**. In einer Entscheidung aus dem Jahre 2001, die die Verletzung des § 124 Abs. 3 AktG a.F. infolge einer fehlerhaften Besetzung des Vorstands bei Unterbreitung der Beschlussvorschläge an die Hauptversammlung betraf, hält das Gericht ausdrücklich fest, dass es sich kaum beurteilen lasse, ob ein objektiv urteilender Aktionär seine Entscheidung auch dann getroffen hätte, wenn der Beschlussvorschlag von einem ordnungsgemäß besetzten Vorstand abgegeben worden wäre; entscheidend könne daher nur sein, ob es – bei wertender Betrachtungsweise – möglich ist, dass sich der Verfahrensfehler auf das Beschlussergebnis ausgewirkt habe[131].

39.46

Der Gesetzgeber beabsichtigte, diese neuere Rechtsprechung jedenfalls für **Informationsmängel** mit der im **UMAG** enthaltenen Neufassung des § 243 Abs. 4 Satz 1 AktG aufzugreifen[132]. Diese Vorschrift ist bei den Vertretern der Relevanztheorie allerdings auf nicht unberechtigte Kritik gestoßen[133]: Wenn nunmehr „wegen unrichtiger, unvollständiger oder verweigerter Erteilung von Informationen ... nur angefochten werden (kann), wenn ein objektiv urteilender Aktionär die Erteilung der Information als wesentliche Voraussetzung für die sachgerechte Wahrnehmung seiner Teilnahme- und Mitgliedschaftsrechte angesehen hätte", so verschleiert diese Formulierung zum einen, dass die Relevanzlehre im Vergleich zur Kausalitätsbetrachtung tendenziell eine Erweiterung des Anfechtungsrechts zugunsten der Aktionäre bewirkt (siehe Rz. 39.45 f.); dogmatisch zutreffender wäre daher die Aussage gewesen, dass wegen solcher Informationsmängel „schon" dann angefochten werden kann, wenn die Vernichtung des Beschlusses bei wertender Betrachtung des konkreten Eingriffs in die mitgliedschaftlichen Rechte der Aktionäre mit Rücksicht auf den Zweck der verletzten Norm die gebotene Rechtsfolge darstellt[134]. Zum anderen offenbart die im zweiten Halbsatz enthaltene tatbestandliche Voraussetzung der „Wesentlichkeit", dass der Gesetzgeber gedanklich noch der letzten Phase der höchstrichterlichen Kausali-

39.46a

---

129 BGH v. 22.5.1989 – II ZR 206/88, BGHZ 107, 296, 306 ff. = AG 1989, 399; BGH v. 29.10.1990 – II ZR 146/89, ZIP 1990, 1560, 1562 = AG 1991, 102.
130 Vgl. zuerst *Zöllner* in KölnKomm. AktG, 1. Aufl. 1985, § 243 AktG Rz. 81; siehe m.w.N. auch *C. Schäfer* in MünchKomm. AktG, 5. Aufl. 2021, § 243 AktG Rz. 31; *K. Schmidt* in Großkomm. AktG, 4. Aufl. 1996, § 243 AktG Rz. 21 ff.; *Drescher* in BeckOGK AktG, Stand 1.6.2021, § 243 AktG Rz. 74; *Austmann* in MünchHdb. AG, § 42 Rz. 55 ff.; *Butzke*, HV, O Rz. 21.
131 BGH v. 12.11.2001 – II ZR 255/99, AG 2002, 241, 242 f.; mit ausführlicher Begründung bestätigt in BGH v. 18.10.2004 – II ZR 250/02, AG 2005, 87, 89; siehe auch BGH v. 23.2.2021 – II ZR 65/19, NZG 2021, 782 Rz. 23 = AG 2021, 468; BGH v. 14.7.2020 – II ZR 255/18, NZG 2020, 1106, 1108 = AG 2020, 789; BGH v. 10.10.2017 – II ZR 375/15, AG 2018, 28 Rz. 74; OLG Düsseldorf v. 31.7.2003 – I-6 U 27/03, NZG 2003, 975, 976 = GmbHR 2003, 1006; *Henze*, BB 2002, 893, 900.
132 Vgl. RegE UMAG, BR-Drucks. 3/05, S. 53.
133 S. *Hüffer/Koch*, § 243 AktG Rz. 46b; *Schwab* in K. Schmidt/Lutter, § 243 AktG Rz. 35 ff.; *Englisch* in Hölters, § 243 AktG Rz. 89; *Veil*, AG 2005, 567, 569; *Koch*, ZGR 2006, 769, 794.
134 *Hüffer/Koch*, 12. Aufl. 2016, § 243 AktG Rz. 46b; siehe auch BGH v. 18.10.2004 – II ZR 250/02, AG 2005, 87, 89.

tätsrechtsprechung (siehe Rz. 39.45) verhaftet blieb[135], zumal es nach den Gesetzesmaterialien für dieses Tatbestandsmerkmal darauf ankommen soll, ob „der Aktionär ohne die vorherige ordnungsgemäße Erteilung der Information der Beschlussvorlage nicht zugestimmt hätte"[136].

39.46b Es kann vor diesem Hintergrund nicht verwundern, dass die Frage, ob dem tatbestandlichen **Wesentlichkeitskriterium** neben dem Relevanzerfordernis eigenständige Bedeutung zukommt, in Rechtsprechung und Schrifttum inzwischen unterschiedlich beantwortet wird. Einige Stimmen wollen dieser sprachlichen Anlehnung des § 243 Abs. 4 Satz 1 AktG an die Kausalitätslehre keine „übermäßige Bedeutung"[137] beimessen und können sich dabei auf den Umstand berufen, dass der Gesetzgeber erklärtermaßen an die neuere Rechtsprechung des BGH anzuknüpfen beabsichtigte. Danach betont das gesetzliche Wesentlichkeitskriterium also lediglich den nach der Relevanztheorie bestehenden Wertungsspielraum (vgl. Rz. 39.46). Andere Stimmen heben demgegenüber hervor, der Gesetzgeber habe die neuere Rechtsprechung des BGH nicht nur aufgreifen, sondern auch „verdichten" wollen[138], so dass die Vorschrift des § 243 Abs. 4 Satz 1 AktG für den Bereich der Informationsmängel durchaus eine die Relevanztheorie beschränkende Wirkung entfalte[139]. So stelle etwa die Nichterteilung einer Information, die zur ordnungsgemäßen Beurteilung eines Tagesordnungspunktes „erforderlich" war, zwar nach der neueren Rechtsprechung des BGH regelmäßig einen „relevanten" Verstoß gegen § 131 AktG dar[140], für die Frage der Anfechtbarkeit sei aber nach § 243 Abs. 4 Satz 1 AktG zusätzlich darauf abzustellen, ob die unterbliebene Information auch wesentliche Bedeutung für die Ausübung der Mitgliedschaftsrechte gehabt hätte[141].

cc) Fallgruppen

39.47 Gesetzesverletzungen im Rahmen der **Vorbereitung der Hauptversammlung** führen, soweit sie besonders schwerwiegend sind, sogar zur Nichtigkeit der in der Hauptversammlung gefassten Beschlüsse (vgl. Rz. 39.11 ff.); bleiben sie dagegen unterhalb der Schwelle des § 241 Nr. 1 AktG, können sie die Anfechtbarkeit der in der Hauptversammlung gefassten Beschlüsse begründen. Zu denken ist dabei etwa an die Verletzung der gesetzlichen oder statutarischen Einberufungsfrist[142], an die Einberufung der Hauptversammlung an einen unzulässigen Ort[143] oder an eine unterbliebene oder unzureichende Bekanntgabe der Tagesordnung[144] (hierzu zählt z.B. auch, dass die Beschlussvorschläge i.S.d. § 124 Abs. 3 AktG gegenüber der Hauptversammlung von einem Vorstand abgegeben werden, der nicht ausreichend besetzt und daher beschlussunfähig ist[145]). Auch die verspätete Zugänglichmachung von Ge-

---

135 Krit. vor diesem Hintergrund *Veil*, AG 2005, 567, 569; *Heinrich/Theusinger*, BB 2006, 449, 450. Auch der BGH selbst hatte sich unter diesem Gesichtspunkt schon gegen eine im RefE zum UMAG enthaltene noch engere Fassung des neuen § 243 Abs. 4 Satz 1 AktG gewandt, vgl. BGH v. 18.10.2004 – II ZR 250/02, AG 2005, 87, 89.
136 Vgl. RegE UMAG, BR-Drucks. 3/05, S. 53.
137 *Koch*, ZGR 2006, 769, 795; i.E. ebenso LG München v. 31.1.2008 – 5 HK O 19782/06, ZIP 2008, 555, 559; *Hüffer/Koch*, § 243 AktG Rz. 46b; *Drescher* in BeckOGK AktG, Stand 1.6.2021, § 243 AktG Rz. 124.
138 Vgl. dazu RegE UMAG, BR-Drucks. 3/05, S. 53.
139 OLG Frankfurt v. 20.10.2010 – 23 U 121/08, WM 2011, 221, 231 = AG 2011, 36; *Spindler*, NZG 2005, 825, 828 f.; *Weißhaupt*, ZIP 2005, 1766, 1771; *Noack/Zetzsche*, ZHR 170 (2006), 218, 226; *Göz/Holzborn*, WM 2006, 157, 160; siehe auch *Noack/Zetzsche* in KölnKomm. AktG, 3. Aufl. 2018, § 243 AktG Rz. 660 f.
140 Vgl. BGH v. 18.10.2004 – II ZR 250/02, AG 2005, 87, 89.
141 *Weißhaupt*, ZIP 2005, 1766, 1771; *Göz/Holzborn*, WM 2006, 157, 160.
142 Vgl. BGH v. 30.3.1987 – II ZR 180/86, BGHZ 100, 264, 265 ff.
143 BGH v. 28.1.1985 – II ZR 79/84, WM 1985, 567, 568 = GmbHR 1985, 256.
144 BGH v. 14.7.2020 – II ZR 255/18, NZG 2020, 1106, 1107 ff. = AG 2020, 789; *Noack/Zetzsche* in KölnKomm. AktG, 3. Aufl. 2018, § 243 AktG Rz. 94.
145 BGH v. 12.11.2001 – II ZR 225/99, AG 2002, 241, 242.

genanträgen einzelner Aktionäre nach § 126 AktG kann die Anfechtbarkeit begründen[146]. Gemäß § **243 Abs. 3 Nr. 2 AktG** kann die Anfechtungsklage dagegen nicht auf die Verletzung der in den §§ 121 Abs. 4a und § 124a AktG verankerten Bekanntmachungspflichten oder der aus den §§ 67a, 67b AktG resultierenden Übermittlungspflichten gestützt werden (siehe Rz. 39.51a); auch Verstöße gegen die in den §§ 48 ff. WpHG genannten Pflichten bleiben für die Anfechtbarkeit des betroffenen Beschlusses gemäß § **52 WpHG** ohne Bedeutung. Wird gegen die Vorgaben der DSGVO verstoßen – etwa indem im Zuge der Einberufung die Informationserteilung nach den Art. 12 ff. DSGVO unterbleibt –, führt dies nach allg. Meinung ebenso wenig zur Anfechtbarkeit der in der betreffenden Hauptversammlung gefassten Beschlüsse[147]. Die **Relevanz** (vgl. Rz. 39.46) der genannten Vorbereitungsmängel liegt regelmäßig vor; bei formalen Ordnungsmängeln, die für die mitgliedschaftlichen Rechte der Aktionäre keine Bedeutung erlangt haben können (z.B. bei offensichtlichen Schreibfehlern), kann sie allerdings ausnahmsweise fehlen[148]. Bei der Anfechtung wegen eines Vorbereitungsmangels gilt es stets die **Ausnahmevorschrift des § 121 Abs. 6 AktG** zu beachten: Im Falle der sog. **Vollversammlung** kommt eine Anfechtung trotz Vorliegens eines Verstoßes gegen die §§ 121 bis 128 AktG nicht in Betracht, wenn in einer solchen Versammlung kein Aktionär der Beschlussfassung widerspricht (vgl. näher Rz. 39.15).

Bei der **Durchführung der Hauptversammlung** kommen anfechtungsbegründende Mängel insbesondere als unzulässige Eingriffe in das Recht der Aktionäre auf Teilnahme an der Hauptversammlung vor[149], so etwa bei einer unberechtigten Verweigerung des Eintritts in den Versammlungssaal oder bei einem unverhältnismäßigen Saalverweis[150]. In die Gruppe der Durchführungsmängel gehören daneben unberechtigte Eingriffe in das Rederecht der Aktionäre, beispielsweise die unverhältnismäßige Entziehung des Wortes[151]. Die **Relevanz** dieser Mängel (Rz. 39.46) ist angesichts der hohen Bedeutung des subjektiven Rechts der Aktionäre auf Teilnahme an der Hauptversammlung regelmäßig zu bejahen[152]. Eröffnet die Gesellschaft ihren Aktionären die Möglichkeit zur **Online-Teilnahme** an der Hauptversammlung und kommt es dabei infolge technischer Störungen zu einer Verletzung von Rechten, die gemäß § 118 Abs. 1 Satz 2, Abs. 2 Satz 1 und § 134 Abs. 3 AktG elektronisch wahrgenommen worden sind, kann demgegenüber darauf nach § **243 Abs. 3 Nr. 1 AktG** eine Anfechtung nicht gestützt werden, es sei denn, der Gesellschaft ist grobe Fahrlässigkeit oder Vorsatz (bzw. ein statutarisch definiertes strengeres Verschulden) vorwerfbar. Eine durch die COVID-19-Pandemie veranlasste vorübergehende Erweiterung erfährt diese Ausnahmeregelung durch § **1 Abs. 7 COVMG**: Um die Sorge vor Anfechtungsrisiken zu zerstreuen und den Gesellschaften auf diese Weise die ihnen nach § 1 Abs. 2 COVMG prinzipiell eröffnete Entscheidung für eine Versammlung ohne physische Präsenz zu erleichtern[153], erstreckt diese Vorschrift (für die Dauer ihres zeitlichen Anwendungsbereichs, vgl. § 7 COVMG)

39.48

---

146 *C. Schäfer* in MünchKomm. AktG, 5. Aufl. 2021, § 243 AktG Rz. 34. Hält die Gesellschaft den Gegenantrag unzutreffend für verspätet und verzichtet sie deshalb auf die gebotene Zugänglichmachung, kann auch dies die Anfechtbarkeit begründen, vgl. BGH v. 24.1.2000 – II ZR 268/98, NJW 2000, 1328, 1328 f. = AG 2000, 322.
147 *Hüffer/Koch*, § 67e AktG Rz. 7; *Bayer/Illhardt* in MünchKomm. AktG, 5. Aufl. 2021, § 67e AktG Rz. 41; *von der Linden*, BB 2019, 75, 79; *Zetzsche*, AG 2019, 233, 241 f.
148 Vgl. *C. Schäfer* in MünchKomm. AktG, 5. Aufl. 2021, § 243 AktG Rz. 35; *K. Schmidt* in Großkomm. AktG, 4. Aufl. 1996, § 243 AktG Rz. 26 ff.; *Butzke*, HV, O Rz. 22; strenger *Heidel* in Heidel, § 243 AktG Rz. 20.
149 *K. Schmidt* in Großkomm. AktG, 4. Aufl. 1996, § 243 AktG Rz. 33; *C. Schäfer* in MünchKomm. AktG, 5. Aufl. 2021, § 243 AktG Rz. 37; *Heidel* in Heidel, § 243 AktG Rz. 21.
150 Siehe z.B. BGH v. 11.11.1965 – II ZR 122/63, BGHZ 44, 245, 250; LG München I v. 20.2.2020 – 5 HK O 7924/19, ZIP 2020, 2339, 2341.
151 OLG Düsseldorf v. 22.11.2018 – I-6 AktG 1/18, AG 2019, 467, 472; OLG Düsseldorf v. 22.6.2017 – I-6 AktG 1/17, AG 2017, 900, 904; *K. Schmidt* in Großkomm. AktG, 4. Aufl. 1996, § 342 AktG Rz. 33; *Heidel* in Heidel, § 243 AktG Rz. 21.
152 *Heidel* in Heidel, § 243 AktG Rz. 21; vgl. exemplarisch für die unberechtigte Verweigerung des Zutritts zur Versammlung LG München I v. 20.2.2020 – 5 HK O 7924/19, ZIP 2020, 2339, 2342.
153 RegBegr. z. COVMG, BT-Drucks. 19/18110, S. 27.

den Anfechtungsausschluss auch auf Verstöße gegen § 118 Abs. 1 Satz 3 bis 5, Abs. 2 Satz 2 und Abs. 4 AktG, auf die Verletzung von Formerfordernissen für Mitteilungen nach § 125 AktG sowie auf die Verletzung von § 1 Abs. 2 COVMG, soweit der Gesellschaft kein Vorsatz nachzuweisen ist[154].

39.49 Die **Verletzung gesetzlicher Informationspflichten** bildet eine weitere Fallgruppe der zur Anfechtbarkeit führenden Verfahrensfehler. Verstöße gegen gesetzliche Informationspflichten sind sowohl im Vorbereitungs- (vgl. Rz. 39.50) als auch im Durchführungsstadium (vgl. Rz. 39.52) der Hauptversammlung denkbar:

39.50 **Im Vorfeld der Hauptversammlung** kann beispielsweise die notwendige Auslage des Jahresabschlusses (§ 175 Abs. 2 AktG)[155] oder des Vermögensübertragungsvertrages (§ 179a Abs. 2 AktG)[156] unterbleiben; auch die Verletzung der Berichtspflicht bei Ausschluss des Bezugsrechts (§ 186 Abs. 4 Satz 2 AktG) kann einen Anfechtungsgrund bilden[157]. Vergleichbare Informations-, Berichts- und Auskunftsrechte, die zum Teil sowohl vor als auch in der Hauptversammlung zu erfüllen sind, enthalten u.a. zudem das aktiengesetzliche Vertragskonzernrecht (§§ 293a ff. AktG) und das Umwandlungsrecht (vgl. z.B. §§ 2 ff. UmwG für die Verschmelzung, §§ 190 ff. UmwG für den Formwechsel). Für die Fälle des Formwechsels hatte der BGH allerdings im Jahre 2000 entschieden, dass Anfechtungsklagen, mit denen eine Verletzung dieser Rechte **in Zusammenhang mit der Gewährung der Barabfindung** gerügt werden soll, dem **Klageausschluss des § 210 UmwG** unterliegen: Die Barabfindung sei im Falle solcher Informationspflichtverletzungen „nicht ordnungsgemäß angeboten" im Sinne dieser Norm; diese Rechtsverletzungen (unter Einschluss der Verletzung des § 131 AktG, vgl. dazu sogleich Rz. 39.52) könnten daher lediglich im Spruchverfahren (vgl. Rz. 40.3 ff.) gerügt werden[158]. Im Schrifttum[159] wurde danach uneinheitlich beurteilt, ob diese Rechtsprechung auf andere Fälle des Klageausschlusses – der z.B. auch bei der Verschmelzung (§ 32 UmwG), bei der Mehrheitseingliederung (§ 320b Abs. 2 AktG), beim Abschluss von Unternehmensverträgen (§ 304 Abs. 3 Satz 2, § 305 Abs. 5 Satz 2 AktG) und für Squeeze-Out-Beschlüsse (§ 327f AktG) gesetzlich vorgesehen ist – übertragen werden kann[160].

39.51 Der Gesetzgeber des **UMAG** beabsichtigte, diese Streitfrage im Wege der Einführung eines neuen § 243 Abs. 4 Satz 2 AktG einer gesetzlichen Lösung zuzuführen. Danach kann eine Anfechtungsklage auf unrichtige, unvollständige oder unzureichende Informationen in der Hauptversammlung über die Ermittlung, Höhe oder Angemessenheit von Ausgleich, Abfindung, Zuzahlung und über sonstige Kompensationen nicht gestützt werden, wenn das Gesetz für Bewertungsrügen ein Spruchverfahren vor-

---

154 Zu den Einzelheiten vgl. aus dem umfangreichen Schrifttum u.a. *Hüffer/Koch*, § 243 AktG Rz. 69 ff.; *Noack/Zetzsche*, AG 2020, 265, 276 f.; *C. Schäfer*, NZG 2020, 481, 484 ff.; *Tröger*, BB 2020, 1091, 1097; *Simons/Hauser*, NZG 2020, 1406, 1407 ff.; *Götze/Roßkopf*, DB 2020, 768, 772.
155 *K. Schmidt* in Großkomm. AktG, 4. Aufl. 1996, § 243 AktG Rz. 35.
156 *Hüffer/Koch*, § 243 AktG Rz. 47a.
157 Vgl. z.B. BGH v. 19.4.1982 – II ZR 55/81, BGHZ 83, 319, 325 = AG 1982, 252 (Bezugsrechtsausschluss beim genehmigten Kapital); *K. Schmidt* in Großkomm. AktG, 4. Aufl. 1996, § 243 AktG Rz. 35.
158 BGH v. 18.12.2000 – II ZR 1/99, BGHZ 146, 179, 182 ff. = AG 2001, 301; BGH v. 29.1.2001 – II ZR 368/98, ZIP 2001, 412, 413 f. = AG 2001, 263; das Gericht stützt sich dabei auch auf ein *argumentum a fortiori*: „Wenn nicht einmal das gänzliche Fehlen eines Abfindungsangebotes, das ein vollständiges Informationsdefizit des Aktionärs zur Folge hat, die Anfechtbarkeit des Umwandlungsbeschlusses begründet, kann erst recht nicht eine Auskunftspflichtverletzung in Form des nur unvollständig oder mangelhaft begründeten und erläuterten Abfindungsangebots – als geringerer Mangel im Hinblick auf die Willensbildung des Aktionärs – die Anfechtungsklage eröffnen", vgl. BGHZ 146, 179, 186; siehe auch *Henze* in FS Hadding, 2004, S. 409, 421.
159 Vgl. aus dem umfangreichen Schrifttum z.B. (jeweils m.w.N.) *Hirte*, ZHR 167 (2003), 8, 25; *Henze*, ZIP 2002, 97, 106 f.; *Sinewe*, DB 2001, 690; *Wilsing/Kruse*, DB 2002, 1539; speziell zum Fall des Squeeze Out *E. Vetter*, AG 2002, 176, 189; *Krieger*, BB 2002, 53, 60.
160 Zu den Einzelheiten vgl. die Darstellungen in der 1. Aufl., § 37 Rz. 50.

sieht[161]. Dieser Vorschrift ist einerseits zugute zu halten, dass sie die früheren Unsicherheiten hinsichtlich des Anwendungsbereichs der skizzierten Rechtsprechung (Rz. 39.50) beseitigt. Andererseits bleibt nicht zu verkennen, dass die in § 243 Abs. 4 Satz 2 AktG enthaltene **Beschränkung auf „in der Hauptversammlung"** aufgetretene Informationsmängel neue Fragen aufwirft. So führt es nach dem Wortlaut der neuen Regelung zur Anfechtbarkeit z.B. eines Zustimmungsbeschlusses zum Abschluss eines Unternehmensvertrages (§ 293 Abs. 1 AktG), wenn der Unternehmensvertragsbericht entgegen § 293f Abs. 1 Nr. 3 AktG *im Vorfeld* der Hauptversammlung in den Geschäftsräumen der Gesellschaft nicht ausgelegt wurde, während die fehlende Zugänglichmachung desselben Berichts *in* der Hauptversammlung (§ 293g Abs. 1 AktG) nur im Spruchverfahren gerügt werden kann. Diese Differenzierung erscheint zumindest aus sich selbst heraus nicht unmittelbar verständlich und stellt nach zutreffendem Verständnis[162] auch eine **Einschränkung der durch den BGH entwickelten Rechtsprechung** (Rz. 39.50) und des noch im Referentenentwurf des UMAG enthaltenen Regelungsvorschlags dar, der die Beschränkung auf „in der Hauptversammlung" aufgetretene Mängel nicht kannte[163]. Das genannte Ergebnis in dieser Sachverhaltskonstellation vermeiden könnte allerdings eine einschränkende Auslegung des § 243 Abs. 4 Satz 2 AktG unter Hinweis auf eine Passage in der Begründung des RegE zum UMAG, nach der die neue Regelung nicht die **„Totalverweigerung von Informationen"** erfasse, bei der das Anfechtungsrecht vielmehr fortbestehen soll[164].

Auf die Verletzung der für börsennotierte Gesellschaften **aus den §§ 67a, 67b, 121 Abs. 4a und § 124a AktG resultierenden Übermittlungs- und Bekanntmachungspflichten** kann eine Anfechtungsklage nach der durch das ARUG eingeführten und durch das ARUG II modifizierten Ausnahmeregelung des § 243 Abs. 3 Nr. 2 AktG nicht gestützt werden. Diese Gesetzesverstöße können jedoch, soweit sie bestimmte[165] Vorgaben der §§ 67a, 67b, 121 Abs. 4a und § 124a AktG betreffen, als Ordnungswidrigkeiten gemäß § 405 Abs. 2a, 3a AktG mit Bußgeldern geahndet werden.

39.51a

Während der Hauptversammlung können die Informationsrechte der Aktionäre in anfechtungsbegründender Weise insbesondere dadurch verletzt werden, dass den Aktionären unter Verstoß gegen § 131 AktG auf ihr Verlangen keine oder lediglich unzureichende, unrichtige oder verspätete Auskünf-

39.52

---

161 RegE UMAG, BR-Drucks. 3/05, S. 54. Zur umstrittenen Frage der intertemporalen Anwendung der Vorschrift auf vor ihrem Inkrafttreten gefasste Hauptversammlungsbeschlüsse vgl. u.a. OLG Hamm v. 19.8.2005 – 8 W 20/05, ZIP 2006, 133, 134 = AG 2005, 854; *Schwab*, NZG 2007, 521, 523 ff.
162 Wie hier *Schwab*, NZG 2007, 521, 522; *Veil*, AG 2005, 567, 570; a.A. *Weißhaupt*, ZIP 2005, 1766, 1772; *Drescher* in BeckOGK AktG, Stand 1.6.2021, § 243 AktG Rz. 150 sowie *Noack/Zetzsche*, ZHR 170 (2006), 218, 242, mit der Begründung, der Wortlaut des § 243 Abs. 4 Satz 2 AktG lasse die Fälle einer mangelhaften Vorabberichterstattung ungeregelt, weshalb in diesen Fällen weiter auf die oben in Rz. 39.50 genannte Rechtsprechung zurückzugreifen sei. Dieses Verständnis lässt sich jedoch – was auch *Noack/Zetzsche* konzedieren – schwerlich mit den Gesetzesmaterialien in Einklang bringen; danach wurden Mängel bei der Vorabinformationen *bewusst* vom Anfechtungsausschluss ausgenommen, vgl. Begr. RegE UMAG, BR-Drucks. 3/05, S. 54.
163 RefE UMAG, Sonderbeil. NZG Heft 4/2004, S. 19; vgl. dazu auch *Schütz*, DB 2004, 419, 420 f.; *Seibert/Schütz*, ZIP 2004, 252, 256; krit. *DAV-Handelsrechtsausschuss*, NZG 2004, 555, 563, mit der Befürchtung, dass die Berichtspflichten des Vorstands mit dieser weitreichenden Regelung zu nicht einklagbaren leges imperfectae abgewertet werden.
164 Begr. RegE UMAG, BR-Drucks. 3/05, S. 54.
165 Aus der sich daraus ergebenden Sanktionslosigkeit von Verstößen gegen die in § 405 Abs. 2a AktG nicht genannten Anforderungen der §§ 67a und 67b AktG wird angesichts der Vorgaben in Art. 3b Abs. 2 ARRL II im Schrifttum die Notwendigkeit einer teleologischen Reduktion des in § 243 Abs. 3 Nr. 2 AktG enthaltenen Anfechtungsausschlusses für solche Konstellationen gefolgert, in denen die betroffene Gesellschaft (und nicht lediglich die Intermediäre) gegen die Vorgaben des § 67a AktG verstoßen, vgl. näher *Heidel* in Hirte/Heidel, Das neue AktR, § 243 AktG Rz. 12; zweifelnd *Hüffer/Koch*, § 243 AktG Rz. 44a.

te erteilt werden[166]. In seiner vor Inkrafttreten des UMAG geltenden Fassung stellte § 243 Abs. 4 AktG hinsichtlich dieser Gesetzesverletzung noch ausdrücklich klar, dass die Erklärung der Hauptversammlung oder einzelner Aktionäre, die Verweigerung der Auskunft habe ihre Beschlussfassung nicht beeinflusst, unerheblich bleibt. Die Vorschrift entband auf diese Weise das mit der Anfechtungsklage befasste Gericht von der Pflicht, diesem in den Fällen der Anfechtung wegen Auskunftspflichtverletzung besonders naheliegenden Einwand und einem entsprechenden Beweisangebot der beklagten Gesellschaft nachzugehen[167]. An diesen Grundsätzen hat der Gesetzgeber – wie die Gesetzesmaterialen zum UMAG ausdrücklich ausführen[168] – durch die Neufassung des § 243 Abs. 4 AktG (vgl. Rz. 39.46a) nichts ändern wollen. Die Regelung gibt damit weiterhin zu erkennen, dass der Gesetzgeber jedenfalls in den Fällen der Informationspflichtverletzung keine Kausalität des Mangels für das Beschlussergebnis i.S.d. früheren Rechtsprechung (vgl. Rz. 39.44 f.) fordert, sondern die bloße Relevanz des Fehlers ausreichen lässt[169] (vgl. näher Rz. 39.46). Soll eine Anfechtungsklage auf den Verstoß gegen § 131 AktG gestützt werden, so setzt dies nach heute h.M. schließlich auch **keine vorherige Durchführung des Auskunftserzwingungsverfahrens** nach § 132 AktG voraus[170].

39.53 Die letzte Fallgruppe der die Anfechtbarkeit begründenden Verfahrensfehler bilden die **Mängel bei der Feststellung des Abstimmungsergebnisses** gemäß § 130 Abs. 2 AktG. Ein solcher Mangel liegt beispielsweise vor, wenn die Stimmen eines Aktionärs mitgezählt werden, der für die konkrete Beschlussfassung einem Stimmverbot (§ 136 AktG) unterliegt[171] oder dessen Stimmrechte aus anderen Gründen (vgl. z.B. § 20 Abs. 7, § 21 Abs. 4 AktG, § 44 WpHG, § 59 WpÜG) ausgeschlossen sind[172], wenn es zu Zählfehlern kommt oder wenn der Versammlungsleiter von falschen Mehrheitserfordernissen ausgeht und daher zu Unrecht eine Beschlussfassung feststellt[173]. Auch die **Stimmabgabe** einzelner Aktionäre kann z.B. infolge einer Anfechtung wegen Irrtums unwirksam sein, so dass der festgestellte Beschluss die notwendige Mehrheit tatsächlich nicht erreicht[174]. Kann die Gesellschaft in den genannten Fällen im Anfechtungsprozess nachweisen, dass der Beschluss auch nach Abzug der fehlerhaft mitgezählten Stimmen zustande gekommen wäre, fehlt es jedoch an der **Relevanz** des Fehlers (Rz. 39.46) für das Beschlussergebnis[175].

c) Inhaltliche Fehler

39.54 Die Anfechtbarkeit eines Beschlusses kann weiter darauf beruhen, dass sein **Inhalt** das Gesetz oder die Satzung verletzt. Ein solcher Inhaltsfehler liegt vor, wenn sich der Mangel des Hauptversammlungs-

---

166 *K. Schmidt* in Großkomm. AktG, 4. Aufl. 1996, § 243 AktG Rz. 34; *Noack/Zetsche* in KölnKomm. AktG, 3. Aufl. 2018, § 243 AktG Rz. 110. Zum Inhalt des Anspruchs gemäß § 131 AktG vgl. Rz. 36.30 ff. sowie u.a. *Mutter*, Auskunftsansprüche des Aktionärs in der HV, 2002, S. 9 ff.
167 *Hüffer* in MünchKomm. AktG, 3. Aufl. 2011, § 243 AktG Rz. 118.
168 Vgl. RegE UMAG, BR-Drucks. 3/05, S. 53.
169 Vgl. bereits zu der vor Inkrafttreten des UMAG geltenden Gesetzesfassung *K. Schmidt* in Großkomm. AktG, 4. Aufl. 1996, § 243 AktG Rz. 36.
170 BGH v. 29.11.1982 – II ZR 88/81, BGHZ 86, 1, 3 = AG 1983, 75; *Hüffer/Koch*, § 132 AktG Rz. 2; *K. Schmidt* in Großkomm. AktG, 4. Aufl. 1996, § 243 AktG Rz. 34; a.A. etwa *Werner* in FS Heinsius, 1991, S. 911, 918 ff.
171 *Butzke*, HV, O Rz. 25; *K. Schmidt* in Großkomm. AktG, 4. Aufl. 1996, § 243 AktG Rz. 38.
172 BGH v. 24.4.2006 – II ZR 30/05, WM 2006, 1151, 1153 f. = AG 2006, 501 (dies gilt, wie der BGH in dieser Entscheidung ausführt, selbst im Extremfall eines „stimmlos" – d.h. ausschließlich aufgrund unwirksamer Stimmabgaben – gefassten und festgestellten Beschlusses, vgl. auch Rz. 39.7); aus dem Schrifttum vgl. etwa *C. Schäfer* in MünchKomm. AktG, 5. Aufl. 2021, § 243 AktG Rz. 41; *Gärtner* in Gärtner/Rose/Reul, Anfechtungs- und Nichtigkeitsgründe, 2. Teil B. Rz. 677 ff.
173 *Butzke*, HV, O Rz. 25; *K. Schmidt* in Großkomm. AktG, 4. Aufl. 1996, § 243 AktG Rz. 38.
174 BGH v. 14.7.1954 – II ZR 341/52, BGHZ 14, 264, 267 ff.
175 *Hüffer/Koch*, § 243 AktG Rz. 19; *K. Schmidt* in Großkomm. AktG, 4. Aufl. 1996, § 243 AktG Rz. 39; *Noack/Zetsche* in KölnKomm. AktG, 3. Aufl. 2018, § 243 AktG Rz. 76.

beschlusses nicht auf das Verfahren seines Zustandekommens, sondern auf das **Ergebnis** der Beschlussfassung, d.h. auf die durch ihn getroffene Regelung, bezieht[176].

aa) Verletzung von Einzelvorschriften

Ein Hauptversammlungsbeschluss kann eine Regelung schaffen, die **konkrete Einzelvorschriften des Gesetzes oder der Satzung** verletzt. Soweit darin nicht bereits ein Nichtigkeitsgrund i.S.d. § 241 Nr. 3 Var. 2 und 3 AktG liegt, begründet ein derartiger Inhaltsfehler die Anfechtbarkeit des Beschlusses. Nicht nur angesichts des weiten Anwendungsbereichs der genannten Nichtigkeitsnormen (vgl. dazu Rz. 39.20 f.), sondern auch mit Blick auf die für bestimmte Beschlüsse geltenden Sonderregeln der §§ 251, 254, 255 AktG (vgl. Rz. 39.147 ff.) ist die praktische Relevanz dieser Fallgruppe allerdings eher gering; beispielhaft ist in diesem Zusammenhang etwa an die Verletzung des § 222 Abs. 3 AktG durch fehlende Zweckfestsetzung bei der Kapitalherabsetzung zu denken[177]. Mit der Einführung des **§ 243 Abs. 3 Nr. 3 AktG** durch das BilReG[178] hat der Gesetzgeber schließlich entschieden, dass die Wahl des Abschlussprüfers nicht unter Berufung auf solche (Befangenheits-)Gründe angefochten werden kann, die die Einleitung eines Ersetzungsverfahrens nach § 318 Abs. 3 HGB rechtfertigen[179]. 39.55

bb) Verletzung von Generalklauseln

Inhaltliche Mängel des Hauptversammlungsbeschlusses können sich jedoch nicht nur aus dem Verstoß gegen konkrete Einzelvorschriften ergeben, sondern auch auf der Verletzung von gesetzlichen **Generalklauseln** beruhen; zu denken ist dabei insbesondere an Verstöße gegen die mitgliedschaftliche Treupflicht und gegen das Gleichbehandlungsgebot (§ 53a AktG)[180]. 39.56

Vor allem die Anfechtungsrelevanz einer Verletzung der auch im Verhältnis der Aktionäre untereinander[181] bestehenden **Treupflicht** eröffnet dem einzelnen Aktionär die Möglichkeit, die von der Hauptversammlung gefassten Beschlüsse einer gerichtlichen Angemessenheitsprüfung zu unterziehen[182]. Höchstrichterlich ist diese sog. **materielle Beschlusskontrolle** als Rechtsinstitut[183] spätestens seit der 39.57

---

176 *Hüffer/Koch*, § 243 AktG Rz. 20.
177 Weitere Beispiele u.a. bei *Noack/Zetzsche* in KölnKomm. AktG, 3. Aufl. 2018, § 243 AktG Rz. 42 ff.; *Drescher* in BeckOGK AktG, Stand 1.6.2021, § 243 AktG Rz. 159 ff.
178 Gesetz zur Einführung internationaler Rechnungslegungsstandards und der Sicherung der Qualität der Abschlussprüfung (Bilanzrechtsreformgesetz – BilReG) v. 4.12.2004, BGBl. I 2004, 3166. Das BilReG hatte diese Regelung ursprünglich in § 243 Abs. 3 Nr. 2 AktG eingefügt; die zwischenzeitliche Verschiebung beruht auf der späteren Ergänzung des § 243 Abs. 3 Nr. 1 AktG durch das ARUG (vgl. BGBl. I 2009, 2479).
179 Zuvor war diese Frage umstritten (vgl. u.a. *Hüffer* in MünchKomm. AktG, 2. Aufl. 2001, § 243 AktG Rz. 43); der BGH verneinte die Spezialität des Ersetzungsverfahrens, siehe BGH v. 25.11.2002 – II ZR 49/01, BGHZ 153, 32, 44 = AG 2003, 319 (m. umfangr. Nachw. des Streitstands). Wird die Wahl des Abschlussprüfers wegen anderer Gesetzesverletzungen angefochten, soll die während des anhängigen Anfechtungsklageverfahrens bestehende Rechtsunsicherheit nach einer Entscheidung des OLG Karlsruhe v. 27.10.2016 – 11 Wx 87/15, AG 2016, 42, dadurch überwunden werden können, dass das Registergericht den durch die Hauptversammlung gewählten Prüfer analog § 318 Abs. 4 Satz 2 AktG zugleich gerichtlich bestellt.
180 *K. Schmidt* in Großkomm. AktG, 4. Aufl. 1996, § 243 AktG Rz. 42; siehe auch Rz. 38.26 und 38.41.
181 Vgl. dazu aus der Rechtsprechung vor allem BGH v. 1.2.1988 – II ZR 75/87, BGHZ 103, 184, 194 f. = AG 1988, 135; siehe näher Rz. 38.38.
182 Zur Ableitung der materiellen Beschlusskontrolle aus der Treupflicht vgl. *C. Schäfer* in MünchKomm. AktG, 5. Aufl. 2021, § 243 AktG Rz. 53.
183 Zu dieser Einordnung vgl. *Hüffer/Koch*, § 243 AktG Rz. 22; zust. *K. Schmidt* in Großkomm. AktG, 4. Aufl. 1996, § 243 AktG Rz. 45.

"Kali + Salz-Entscheidung" des BGH[184] anerkannt. Ihr zugrunde liegt der Rechtsgedanke, dass die Aktionärsmehrheit bei der Ausübung ihrer Mehrheitsmacht auf die Interessen der Aktionärsminderheit Rücksicht zu nehmen[185] und deshalb den Maßstab der **Erforderlichkeit** und **Verhältnismäßigkeit** zu wahren hat[186]. Im Kern zielt dies auf die Lösung des „Mehrheits-Minderheits-Konflikts", der auf der in der Praxis vielfach zu beobachtenden Existenz eines Hauptaktionärs beruht: Weil dieser Aktionär seine individuellen Interessen aufgrund seiner Stimmenmehrheit im Rahmen der Beschlussfassung der Hauptversammlung stets durchzusetzen vermag, bietet das bloße Erreichen der Stimmenmehrheit – entgegen der dem Mehrheitsprinzip zugrundeliegenden gesetzlichen Anschauung – zumindest faktisch keine Gewähr für die „Richtigkeit" und Angemessenheit des gefassten Beschlusses[187]. Die materielle Beschlusskontrolle kann aber auch die **Interessen der Mehrheit** schützen; zu denken ist dabei vor allem an solche Konstellationen, in denen die Minderheit aufgrund des Erreichens eines bestimmten Minderheitenquorums oder infolge der Tatsache, dass der Hauptaktionär einem Stimmverbot unterliegt, die Beschlussergebnisse einseitig in ihrem Sinne gestalten kann[188].

39.58 Trotz der allgemeinen Zustimmung, die die Rechtsprechung im Rahmen der Entwicklung dieses Rechtsinstituts erfahren hat, sind viele Einzelfragen ungeklärt. Dies gilt vor allem für den **Anwendungsbereich** der materiellen Beschlusskontrolle, und zwar insbesondere für die Frage, ob auch solche **Grundlagenbeschlüsse** einer inhaltlichen Rechtfertigung bedürfen, die das Gesetz selbst ausdrücklich zulässt und dabei z.T. sogar besonderen, gerade dem Schutz der Minderheit dienenden Anforderungen unterwirft (was z.B. für die Zustimmungsbeschlüsse zu Unternehmensverträgen oder für strukturändernde Beschlüsse nach Umwandlungsgesetz gilt). Zustimmung verdient diejenige Auffassung, die diese Frage zwar einerseits im Grundsatz deshalb bejaht, weil gerade derartige Grundlagenbeschlüsse nicht von den Treubindungen der Aktionäre freigestellt werden können, die dabei aber andererseits solche Regelungen, in denen das Gesetz selbst die Zulässigkeit der Beschlussfassung statuiert und u.U. sogar weitere Schutzmechanismen zugunsten der Minderheit schafft, als **spezielle Vorschriften** ansieht, die sich gegen die Treupflicht als Generalklausel durchsetzen[189]. Dies führt keineswegs dazu, dass ein Treupflichtverstoß bei solchen, prinzipiell keiner Angemessenheitskontrolle unterliegenden Beschlüssen ausgeschlossen ist: Dieser kann sich vielmehr aus besonderen Missbrauchsumständen ergeben[190] oder insoweit vorliegen, als das gesetzgeberische Regelungskonzept im Einzelfall eine Anschauungslücke aufweist[191]. Auch ein Verstoß gegen das **Gleichbehandlungsgebot (§ 53a AktG)**, das bei Vorliegen gleicher Voraussetzungen die Gleichbehandlung aller Aktionäre verlangt und damit sachwidrige Differenzierungen verbietet[192], kann solchen Beschlüssen ungeachtet des fehlenden Erfordernisses einer sachlichen Rechtfertigung anhaften[193].

---

184 BGH v. 13.3.1978 – II ZR 142/76, BGHZ 71, 40, 44 ff. = AG 1978, 196; ein Überblick der Entwicklung der Rechtsprechung findet sich z.B. bei *C. Schäfer* in MünchKomm. AktG, 5. Aufl. 2021, § 243 AktG Rz. 50 f.
185 Vgl. schon BGH v. 5.6.1975 – II ZR 23/74, BGHZ 65, 15, 19 = AG 1976, 16; siehe auch BGH v. 1.2.1988 – II ZR 75/87, BGHZ 103, 184, 194 = AG 1988, 135.
186 *C. Schäfer* in MünchKomm. AktG, 5. Aufl. 2021, § 243 AktG Rz. 57.
187 Vgl. näher *C. Schäfer* in MünchKomm. AktG, 5. Aufl. 2021, § 243 AktG Rz. 48.
188 Vgl. BGH v. 20.3.1995 – II ZR 205/94, BGHZ 129, 136, 142 ff. = AG 1995, 368; *C. Schäfer* in MünchKomm. AktG, 5. Aufl. 2021, § 243 AktG Rz. 49; *Henze*, BB 1996, 489, 496.
189 So namentlich *C. Schäfer* in MünchKomm. AktG, 5. Aufl. 2021, § 243 AktG Rz. 63; vgl. auch OLG Düsseldorf v. 16.1.2003 – 6 U 60/02, AG 2003, 578, 579; *Drygala* in Lutter, § 13 UmwG Rz. 38 ff.; *K. Schmidt* in Großkomm. AktG, 4. Aufl. 1996, § 243 AktG Rz. 46; anders z.B. *Wiedemann*, ZGR 1980, 147, 156 f., der solche Beschlüsse generell der materiellen Beschlusskontrolle unterwerfen will.
190 *K. Schmidt* in Großkomm. AktG, 4. Aufl. 1996, § 243 AktG Rz. 48; *Austmann* in MünchHdb. AG, § 42 Rz. 71; zu einer solchen Fallgestaltung vgl. etwa BGH v. 1.2.1988 – II ZR 75/87, BGHZ 103, 184, 189, 194 = AG 1988, 135; siehe auch OLG Düsseldorf v. 22.11.2018 – I-6 AktG 1/18, AG 2019, 467, 471 (im konkreten Einzelfall verneint).
191 *Hüffer/Koch*, § 243 AktG Rz. 27.
192 *Reichert* in Beck'sches Hdb. AG, § 5 Rz. 275; vgl. näher Rz. 38.21 ff.
193 *Hüffer/Koch*, § 243 AktG Rz. 29; *Drygala* in Lutter, § 13 UmwG Rz. 40 f.

Besondere praktische Bedeutung hat die materielle Beschlusskontrolle vor diesem Hintergrund vor allem im Bereich des **Bezugsrechtsausschlusses** bei Kapitalmaßnahmen erlangt, der regelmäßig einen besonders schweren Eingriff in die Mitgliedschaft des Aktionärs bedeutet. Die im Verhältnis der Aktionäre untereinander bestehende **Treupflicht** konkretisiert sich auch hier in der Verpflichtung der Mehrheit, mit dem von ihr getragenen Beschluss in die mitgliedschaftliche Position der Minderheit nur insoweit einzugreifen, wie es im Interesse der Gesellschaft **erforderlich** und **angemessen** ist[194]. Der Bezugsrechtsausschluss muss also zur Erreichung des im Interesse der Gesellschaft liegenden Zwecks geeignet und das einzige oder den Zweck am besten fördernde und mildeste Mittel sein[195]; außerdem muss das Gesellschaftsinteresse höher zu bewerten sein als das Interesse der Aktionäre an der Wahrung ihrer Rechtsposition[196]. Für den **Bezugsrechtsausschluss bei Schaffung eines genehmigten Kapitals** hat der BGH in seiner „Siemens/Nold-Entscheidung" allerdings Erleichterungen insoweit anerkannt, als diese mit einem Bezugsrechtsausschluss versehene Kapitalmaßnahme lediglich im Interesse der Gesellschaft zu liegen hat, ohne dass die Geeignetheit, Erforderlichkeit und Verhältnismäßigkeit dieser Maßnahme schon im Zeitpunkt der Ermächtigung feststehen müssten[197]. Ob der BGH diese Einschränkungen seiner bisherigen Rechtsprechung auch auf andere Bereiche der materiellen Beschlusskontrolle erstrecken wird, bleibt abzuwarten. 39.59

Einstweilen frei. 39.60

cc) Insbesondere: Die unzulässige Verfolgung von Sondervorteilen (§ 243 Abs. 2 AktG)

§ 243 Abs. 2 AktG enthält einen generalklauselartigen Tatbestand, der die Anfechtbarkeit des Hauptversammlungsbeschlusses wegen der Verfolgung von Sondervorteilen durch einen Aktionär betrifft. Die Vorschrift entfaltet – wie ihr Wortlaut („auch") zeigt - trotz ihrer Spezialität **keine Sperrwirkung** gegenüber der Regelung des § 243 Abs. 1 AktG[198]; ihre **praktische Bedeutung** ist als eher gering einzuschätzen. Letzteres ist vor allem auf die Kodifizierung des Gleichbehandlungsgrundsatzes in § 53a AktG und die Anerkennung der mitgliedschaftlichen Treubindungen zurückzuführen[199], die sich im Anwendungsbereich des § 243 Abs. 2 AktG auswirken. 39.61

Tatbestandlich setzt § 243 Abs. 2 AktG zunächst eine **Ausübung des Stimmrechts durch einen Aktionär** voraus, mit der dieser für sich oder einen Dritten Sondervorteile erstrebt, und zwar zum **Schaden** der AG oder der anderen Aktionäre. Als **Sondervorteil** ist ohne Rücksicht auf die Art und Weise der Erlangung jedweder Vorteil anzusehen, soweit es im Rahmen einer Gesamtwürdigung als sachwidrige Bevorzugung erscheint, dem Aktionär oder dem Dritten den Vorteilserwerb zu gestatten oder den bereits vollzogenen Erwerb hinzunehmen[200]; häufig, aber nicht notwendig, wird es sich dabei um einen Vermögensvorteil handeln[201]. Auf welche **Art und Weise** der Vorteil erlangt wird, ist unerheblich. In Betracht kommt also nicht nur eine Zuwendung der Gesellschaft an den Aktionär, zu denken ist vielmehr auch an einen zugunsten des Aktionärs erfolgenden Verzicht der Gesellschaft auf eigene Er- 39.62

---

194 *C. Schäfer* in MünchKomm. AktG, 5. Aufl. 2021, § 243 AktG Rz. 58 ff.; *K. Schmidt* in Großkomm. AktG, 4. Aufl. 1996, § 243 AktG Rz. 45; *Heidel* in Heidel, § 243 AktG Rz. 35; *Reichert* in Beck'sches Hdb. AG, § 5 Rz. 273; siehe näher Rz. 38.38.
195 BGH v. 19.4.1982 – II ZR 55/81, BGHZ 83, 319, 321; vgl. auch Rz. 44.78 ff.
196 BGH v. 13.3.1978 – II ZR 142/76, BGHZ 71, 40, 46 = AG 1978, 196; BGH v. 19.4.1982 – II ZR 55/81, BGHZ 83, 319, 321.
197 BGH v. 23.6.1997 – II ZR 123/93, BGHZ 136, 133, 138 ff.; vgl. zusammenfassend *Henze* in FS Hadding, 2004, S. 409, 414 ff.
198 *K. Schmidt* in Großkomm. AktG, 4. Aufl. 1996, § 243 AktG Rz. 53.
199 *Hüffer* in FS Kropff, 1997, S. 127, 131; *K. Schmidt* in Großkomm. AktG, 4. Aufl. 1996, § 243 AktG Rz. 52; *Butzke*, HV, O Rz. 29.
200 *C. Schäfer* in MünchKomm. AktG, 5. Aufl. 2021, § 243 AktG Rz. 75; siehe auch BGH v. 23.2.2021 – II ZR 65/19, NZG 2021, 782 Rz. 87 = AG 2021, 468.
201 *K. Schmidt* in Großkomm. AktG, 4. Aufl. 1996, § 243 AktG Rz. 54.

werbschancen[202]. Die für die Annahme eines Sondervorteils notwendige **sachwidrige Bevorzugung** des Aktionärs ist anhand eines Fremdvergleichs zu beurteilen und liegt nach wohl h.M. vor, wenn der Vorteil nicht allen zufließt, die sich gegenüber der Gesellschaft in vergleichbarer Lage befinden[203]. Fehlt ein Vergleichsmarkt, kommt es im Rahmen dieser Bewertung auf die fiktive Gegenleistung an, die ein vernünftiger außenstehender Dritter zu zahlen bereit wäre[204]. **Subjektiv** setzt der Tatbestand des § 243 Abs. 2 Satz 1 AktG voraus, dass der Aktionär den Sondervorteil **zu erlangen sucht**. Erforderlich ist also zum einen das Bewusstsein des Aktionärs, dass die Beschlussfassung für ihn oder einen Dritten zu einem Sondervorteil führt. Zum anderen muss der Aktionär die Erlangung des Sondervorteils zumindest bedingt in seinem Willen aufgenommen haben[205]. Handelt für den Aktionär ein **Vertreter**, ist für die subjektiven Voraussetzungen auf § 166 BGB abzustellen[206].

39.63 Liegen die genannten tatbestandlichen Voraussetzungen des § 243 Abs. 2 Satz 1 AktG vor, ist eine Anfechtung wegen der Verfolgung von Sondervorteilen gemäß § 243 Abs. 2 Satz 2 AktG gleichwohl ausgeschlossen[207], wenn der Beschluss den anderen Aktionären einem **angemessenen Ausgleich** für ihren Schaden gewährt. Diese Regelung wird im Schrifttum nicht zu Unrecht als misslungen kritisiert, da sie den Schutz der Minderheit auf eine bloße Vermögenssicherung beschränkt und die Interessen der Gläubiger gänzlich außer Acht lässt[208]; jedenfalls eine Übertragung dieses Rechtsgedankens auf andere Fälle der Anfechtbarkeit ist daher mit der h.M. grundsätzlich[209] abzulehnen[210]. **Tatbestandlich** setzt § 243 Abs. 2 Satz 2 AktG voraus, dass die Ausgleichsregelung – in Betracht kommt z.B. eine Dividendengarantie nach dem Vorbild des § 304 AktG – angemessen ist und in den jeweiligen, den Sondervorteil gewährenden Beschluss aufgenommen wird[211]. Die bloße Ankündigung eines Ausgleichs genügt daher nicht[212]. Auch wenn der Wortlaut des § 243 Abs. 2 Satz 2 AktG dafür keine Anhaltspunkte gibt, greift der Anfechtungsausschluss nach zutreffender h.M. nicht ein, wenn zwar die Minderheit einen Ausgleich erhält, es aber bei einem **Schaden der Gesellschaft** verbleibt; etwas anderes kann allenfalls dann gelten, wenn der mit dieser teleologischen Reduktion bezweckte Schutz der Ge-

---

202 *Hüffer/Koch*, § 243 AktG Rz. 35; *Noack/Zetzsche* in KölnKomm. AktG, 3. Aufl. 2018, § 243 AktG Rz. 412.
203 *Austmann* in MünchHdb. AG, § 42 Rz. 63; *C. Schäfer* in MünchKomm. AktG, 5. Aufl. 2021, § 243 AktG Rz. 79; *v. Godin/Wilhelmi*, § 243 AktG Anm. 3; ähnlich *K. Schmidt* in Großkomm. AktG, 4. Aufl. 1996, § 243 AktG Rz. 55, der auf das Fehlen einer „wirtschaftlichen Rechtfertigung" abstellt; siehe auch OLG München v. 14.12.2011 – 7 AktG 3/11, AG 2012, 260, 261.
204 *Hüffer/Koch*, § 243 AktG Rz. 35; krit. *Noack/Zetzsche* in KölnKomm. AktG, 3. Aufl. 2018, § 243 AktG Rz. 419.
205 OLG Nürnberg v. 14.2.2018 – 12 AktG 1970/17, AG 2018, 406 Rz. 92; *Noack/Zetzsche* in KölnKomm. AktG, 3. Aufl. 2018, § 243 AktG Rz. 447; *Hüffer/Koch*, § 243 AktG Rz. 34.
206 Näher *Zöllner* in KölnKomm. AktG, 1. Aufl. 1985, § 243 AktG Rz. 222.
207 Nach h.M. beseitigt die Regelung die sich aus § 243 Abs. 2 Satz 1 AktG ergebende Rechtswidrigkeit, vgl. näher *K. Schmidt* in Großkomm. AktG, 4. Aufl. 1996, § 243 AktG Rz. 62; unberührt bleibt eine sich etwaig parallel aus § 243 Abs. 1 AktG ergebende Anfechtbarkeit.
208 *Hüffer* in FS Kropff, 1997, S. 127, 130; *K. Schmidt* in Großkomm. AktG, 4. Aufl. 1996, § 243 AktG Rz. 59; a.A. dezidert *Noack/Zetzsche* in KölnKomm. AktG, 3. Aufl. 2018, § 243 AktG Rz. 459 ff.
209 Nach im Vordringen befindlicher Auffassung gilt diese Unübertragbarkeit auch für Zustimmungsbeschlüsse zum Abschluss von Betriebspacht- und Betriebsüberlassungsverträgen, für die von der früher h.M. aufgrund der Sonderregelung des § 292 Abs. 3 Satz 2 AktG Besonderheiten erwogen wurden, vgl. näher mit Nachw. z.B. *Altmeppen* in MünchKomm. AktG, 5. Aufl. 2020, § 292 AktG Rz. 122; *Emmerich* in Emmerich/Habersack, Aktien- und GmbH-Konzernrecht, § 292 AktG Rz. 51a; *Hüffer/Koch*, § 292 AktG Rz. 30.
210 Eingehend *Hüffer* in FS Kropff, 1997, S. 127, 133 ff.; *K. Schmidt* in Großkomm. AktG, 4. Aufl. 1996, § 243 AktG Rz. 59; *Zöllner* in KölnKomm. AktG, 1. Aufl. 1985, § 243 AktG Rz. 241; a.A. *Mülbert*, Aktiengesellschaft, Unternehmensgruppe und Kapitalmarkt, 2. Aufl. 1996, S. 348; *Noack/Zetzsche* in KölnKomm. AktG, 3. Aufl. 2018, vor § 241 AktG Rz. 63 ff.
211 BGH v. 26.6.2012 – II ZR 30/11, AG 2012, 680, 681; *Hüffer/Koch*, § 243 AktG Rz. 38; *K. Schmidt* in Großkomm. AktG, 4. Aufl. 1996, § 243 AktG Rz. 60.
212 *K. Schmidt* in Großkomm. AktG, 4. Aufl. 1996, § 243 AktG Rz. 60.

sellschaftsgläubiger anderweitig – zu denken ist vor allem an konzernrechtliche Ausgleichsregelungen – gewährleistet ist[213].

5. Bestätigung anfechtbarer Beschlüsse (§ 244 AktG)

a) Wesen und Wirkung der Bestätigung

Zur Beseitigung der Rechtsunsicherheit, die sich aus der Existenz eines möglicherweise anfechtbaren Hauptversammlungsbeschlusses bis zum Ablauf der Anfechtungsfrist oder (nach Erhebung einer Anfechtungsklage) bis zum Abschluss des Anfechtungsrechtsstreits ergibt, kommt eine **Bestätigung** gemäß § 244 AktG in Betracht. Dabei handelt es sich um einen Beschluss der Hauptversammlung, mit dem diese den Ausgangsbeschluss trotz seiner Fehlerhaftigkeit als verbindliche Regelung der jeweiligen Gesellschaftsangelegenheit anerkennt[214]. Ein wirksamer Bestätigungsbeschluss bewirkt, dass – wie es in § 244 AktG heißt – „die Anfechtung ... nicht mehr geltend gemacht werden" kann. Trotz dieser prozessualen Formulierung, die das Gesetz auch in § 242 AktG verwendet, hat der Bestätigungsbeschluss nach h.M. **materiell-rechtliche Heilungswirkung**[215]. Im Gegensatz zur Heilung der Nichtigkeit nach § 242 AktG wirkt die Bestätigung anfechtbarer Beschlüsse jedoch nicht auf den Zeitpunkt der ersten Beschlussfassung zurück, sondern gilt nach h.M. nur *ex nunc*[216].

39.64

Heilungswirkung kann der Bestätigungsbeschluss nur dann entfalten, wenn er **seinerseits wirksam** gefasst worden ist. Verstößt die Hauptversammlung in ihrem Ausgangsbeschluss z.B. gegen das Verbot der Gewährung von Sondervorteilen (§ 243 Abs. 2 AktG), wird auch der Bestätigungsbeschluss in aller Regel an diesem Inhaltsfehler leiden und damit seinerseits anfechtbar sein[217]. Nicht zu verkennen bleibt jedoch, dass auch der anfechtbare Bestätigungsbeschluss endgültige Wirksamkeit erlangt, wenn er nicht innerhalb der Monatsfrist des § 246 Abs. 1 AktG mit der Anfechtungsklage angegriffen wird. Aus der Sicht des klagenden Aktionärs ist es also erforderlich, neben dem Ausgangsbeschluss auch den Bestätigungsbeschluss anzufechten (sog. **Doppelanfechtung**)[218]; dies kann auch im Wege der Erweiterung des im bereits anhängigen Klageverfahrens bezüglich des Ausgangsbeschlusses gestellten Antrags geschehen[219]. Vor diesem Hintergrund erscheint die Bestätigung eines anfechtbaren Hauptversammlungsbeschlusses aus der Perspektive der Gesellschaft praktisch vor allem dann erwägenswert,

39.65

---

213 Vgl. näher *Zöllner* in KölnKomm. AktG, 1. Aufl. 1985, § 243 AktG Rz. 242; *Hüffer/Koch*, § 243 AktG Rz. 40; *K. Schmidt* in Großkomm. AktG, 4. Aufl. 1996, § 243 AktG Rz. 60; a.A. *Noack/Zetzsche* in KölnKomm. AktG, 3. Aufl. 2018, § 243 AktG Rz. 487.

214 *Habersack/Schürnbrand* in FS Hadding, 2004, S. 391, 393; *K. Schmidt* in Großkomm. AktG, 4. Aufl. 1996, § 244 AktG Rz. 5.

215 BGH v. 15.12.2003 – II ZR 194/01, BB 2004, 346, 347 = AG 2004, 204; *Hüffer/Koch*, § 244 AktG Rz. 5; *K. Schmidt* in Großkomm. AktG, 4. Aufl. 1996, § 244 AktG Rz. 12 f.; a.A. *Zöllner*, AG 2004, 397, 402, der lediglich einen Wegfall des Rechtsschutzinteresses für die Anfechtungsklage annehmen will; ebenso bereits vor Einführung des § 244 AktG BGH v. 27.9.1956 – II ZR 144/55, BGHZ 21, 354, 356 (zur Wiederholung des Beschlusses).

216 BGH v. 15.12.2003 – II ZR 194/01, BB 2004, 346, 347 = AG 2004, 204; BGH v. 8.5.1972 – II ZR 96/70, NJW 1972, 1320, 1321; *K. Schmidt* in Großkomm. AktG, 4. Aufl. 1996, § 244 AktG Rz. 16; *Noack/Zetzsche* in KölnKomm. AktG, 3. Aufl. 2018, § 244 AktG Rz. 11; *Hüffer/Koch*, § 244 AktG Rz. 6; a.A. etwa BayObLG v. 19.8.1977 – BReg. 2 Z 52/76, NJW 1978, 1387.

217 OLG München v. 14.11.2012 – 7 AktG 2/12, ZIP 2012, 2439, 2442 = AG 2013, 173; *Habersack/Schürnbrand* in FS Hadding, 2004, S. 391, 394.

218 H.M., vgl. OLG Dresden v. 31.8.1999 – 13 U 1215/99, AG 2000, 43, 44; *Hüffer/Koch*, § 244 AktG Rz. 4; *K. Schmidt* in Großkomm. AktG, 4. Aufl. 1996, § 244 AktG Rz. 9; *Noack/Zetzsche* in KölnKomm. AktG, 3. Aufl. 2018, § 244 AktG Rz. 54; anders noch BGH v. 27.9.1956 – II ZR 144/55, BGHZ 21, 354, 358 („unverständliche Formalität"). Zur Problematik, dass dem Anfechtenden die Aktionärseigenschaft bei Beschlussfassung über die Bestätigung bereits fehlt, vgl. z.B. m.w.N. *C. Schäfer* in MünchKomm. AktG, 5. Aufl. 2021, § 244 AktG Rz. 8 f.

219 *Tielmann*, ZIP 2002, 1879, 1884; *Heidel* in Heidel, § 244 AktG Rz. 6.

wenn mit dem Bestätigungsbeschluss der zur Anfechtbarkeit führende Mangel des Ausgangsbeschlusses noch beseitigt werden kann. Dies wiederum kommt vor allem bei **Verfahrensmängeln** in Betracht, die sich im Rahmen der Bestätigung vermeiden lassen[220]. Ein Vorliegen der materiellen Voraussetzungen des Ausgangsbeschlusses auch im Zeitpunkt der Bestätigung ist demgegenüber nicht erforderlich[221]; ebenso wenig bedarf es einer Aktualisierung etwaig für den Ausgangsbeschluss vorgesehener Berichte[222] oder – wenn es um die Bestätigung einer Wahl von Mitgliedern des Aufsichtsrates geht – der vor dem Ausgangsbeschluss gemäß § 124 Abs. 3 Satz 4 AktG über die Kandidaten erteilten Informationen[223]. Das Prinzip der Doppelanfechtung kann in Extremfällen zu einer Kette von Bestätigungsbeschlüssen und dagegen gerichteten Anfechtungsklagen führen[224].

39.65a Umstritten ist, ob auch ein durch den Versammlungsleiter **fehlerhaft festgestellter Beschluss** lediglich unter einem Verfahrensmangel leidet und somit einer Bestätigung nach § 244 AktG zugänglich ist. Praktische Relevanz kommt dieser Frage vor allem in solchen Konstellationen zu, in denen ein (Minderheits-)Aktionär einen von dem Vorschlag der Verwaltung abweichenden Beschlussvorschlag unterbreitet und dieser von der Hauptversammlung nur deshalb mit der Mehrheit der abgegebenen Stimmen abgelehnt wird, weil der Versammlungsleiter die Stimmen des Mehrheitsaktionärs unrechtmäßigerweise mitberücksichtigt (z.B. weil verkannt wird, dass der Mehrheitsaktionär dem Stimmverbot aus § 142 Abs. 1 Satz 2 AktG unterliegt oder er seine Stimmrechte infolge eines Verstoßes gegen kapitalmarktrechtliche Mitteilungspflichten gemäß § 44 WpHG nicht ausüben kann). Verfügt der antragstellende (Minderheits-)Aktionär ohne Berücksichtigung dieser fehlerhaft mitgezählten Stimmen über die Stimmenmehrheit in der Hauptversammlung, wird er gegen den durch den Versammlungsleiter zu Unrecht festgestellten Ablehnungsbeschluss eine Anfechtungsklage erheben und diese mit dem **Antrag auf positive Feststellung** (vgl. Rz. 39.132) des von ihm beantragten Beschlusses verbinden. Die Frage, ob die beklagte Gesellschaft sowohl dieser Anfechtungsklage als auch der positiven Beschlussfeststellungsklage nachträglich den Boden entziehen kann, indem ihre Hauptversammlung den fehlerhaft festgestellten ablehnenden Beschluss gemäß § 244 AktG nachfolgend bestätigt, ist in der Rechtsprechung unterschiedlich beantwortet worden. Während verschiedene Instanzgerichte solche fehlerhaft festgestellten Beschlüsse mit z.T. divergierender Begründung als nicht der Beschlussbestätigung zugänglich ansahen[225], gelangte der **BGH** zu einer gegenteiligen Beurteilung: Der auf einem Zählfehler basierende Beschluss leide lediglich an einem Verfahrensmangel, der durch die Bestätigung gemäß § 244 AktG geheilt werden könne; daher verliere der Ablehnungsbeschluss mit der Bestandskraft des Bestätigungsbeschlusses nicht nur seine Anfechtbarkeit, vielmehr bestehe infolgedessen auch kein Raum für eine positive Feststellung des von dem (Minderheits-)Aktionär beantragten gegenteiligen

---

220 BGH v. 12.12.2005 – II ZR 253/03, ZIP 2006, 227, 228 = AG 2006, 158; *Austmann* in MünchHdb. AG, § 42 Rz. 77; *K. Schmidt* in Großkomm. AktG, 4. Aufl. 1996, § 244 AktG Rz. 6. Zur „prozesstaktischen Sinnhaftigkeit" einer Bestätigung auch bei Inhaltsmängeln vgl. *Grobecker/Kuhlmann*, NZG 2007, 1, 3 sowie (krit.) *Butzke* in FS Stilz, 2014, S. 83, 86.
221 BGH v. 15.12.2003 – II ZR 194/01, BB 2004, 346, 347 = AG 2004, 204; OLG Frankfurt v. 20.10.2010 – 23 U 121/08, WM 2011, 221, 230 = AG 2011, 36; vgl. näher und differenzierend bzgl. der Fälle einer nachträglichen Änderung der Sach- oder Rechtslage *Schwab* in K. Schmidt/Lutter, § 244 AktG Rz. 8 ff.
222 OLG Frankfurt v. 20.10.2010 – 23 U 121/08, AG 2011, 36, 42; *Hüffer/Koch*, § 244 AktG Rz. 2.
223 Vgl. LG Frankfurt a.M. v. 12.11.2013 – 3-05 O 151/13, AG 2014, 132, 133, das in einer Konstellation indessen davon ausgeht, dass in einer Art Fortwirkung des § 124 Abs. 3 Satz 1 AktG lediglich der Aufsichtsrat den Beschlussvorschlag zur Bestätigung unterbreiten darf.
224 Vgl. dazu den Sachverhalt der Entscheidung BGH v. 15.12.2003 – II ZR 194/01, BB 2004, 346 f. = AG 2004, 204 sowie zu den sich dann ergebenden Problemen *Zöllner*, AG 2004, 397; *Bokern*, AG 2005, 285; *Drescher* in BeckOGK AktG, Stand 1.6.2021, § 244 AktG Rz. 40 ff.
225 LG München I v. 17.10.2002 – 5 HK O 14610/02, DB 2003, 1268, 1269; OLG München v. 21.5.2003 – 7 U 5347/02, AG 2003, 645, 645; LG Köln v. 5.10.2007 – 82 O 114/06 (insoweit nicht abgedr. in AG 2008, 336).

Beschlusses[226]. Diese Argumentation erscheint indessen nicht zweifelsfrei[227]. Bedenken ergeben sich vor allem im Hinblick darauf, dass der Bestätigungsbeschluss die Anfechtbarkeit nach h.M. lediglich *ex nunc* entfallen lässt (vgl. Rz. 39.64) und der Anfechtungskläger somit – was der BGH gänzlich unerwähnt lässt – zumindest nach § 244 Satz 2 AktG eine gerichtliche Nichtigerklärung des ablehnenden Beschlusses für die Zeit bis zum Bestätigungsbeschluss erlangen kann (vgl. Rz. 39.69). Eine solche Nichtigerklärung schafft hingegen durchaus Raum für die von dem ursprünglichen Kläger erstrebte positive Feststellung des seinerseits beantragten Beschlusses (was zugleich das notwendige „rechtliche Interesse" an einer feststellenden Entscheidung nach § 244 Abs. 2 Satz 2 AktG begründen dürfte, vgl. noch Rz. 39.69). Soweit der von dem Anfechtungskläger erstrebte positive Beschluss deshalb festgestellt werden muss, besteht umgekehrt kein Raum für die nachfolgende Bestätigung eines inhaltlich gegenteiligen Ablehnungsbeschlusses, was zumindest für diese Konstellation für die Anfechtbarkeit des Bestätigungsbeschlusses spricht[228].

Von der Bestätigung abzugrenzen sind die **Wiederholung** und die **Neuvornahme** eines Beschlusses. Diese Maßnahmen unterscheiden sich von der Bestätigung vor allem darin, dass sie den Ausgangsbeschluss gerade nicht als verbindliche Regelung anerkennen, sondern diesen wegen seiner Fehlerhaftigkeit durch einen neuen Beschluss ersetzen wollen[229]. Die Wiederholung und die Neuvornahme des Beschlusses sind daher in erster Linie dann in Betracht zu ziehen, wenn es z.B. infolge der Nichtigkeit des Ausgangsbeschlusses an einem „Bestätigungsobjekt" fehlt[230]. 39.66

b) Prozessuales

Ist der Bestätigungsbeschluss wirksam und entfaltet er damit für den Ausgangsbeschluss materiell-rechtliche Heilungswirkung, führt dies zur Unbegründetheit einer gegen den Ausgangsbeschluss gerichteten, bereits anhängigen Anfechtungsklage. Abgesehen von dem sogleich darzustellenden **Sonderfall** des § 244 Satz 2 AktG (vgl. Rz. 39.69) kann der Anfechtungskläger eine Abweisung seiner Klage nur noch vermeiden, indem er die **Erledigung der Hauptsache** erklärt[231], der sich die beklagte Gesellschaft anschließen kann; das Gericht hat sodann gemäß § 91a ZPO über die Kosten des Rechtsstreits zu entscheiden[232]. Ist die beklagte Gesellschaft jedoch davon überzeugt, dass bereits der Ausgangsbeschluss unanfechtbar war, so bleibt aus ihrer Perspektive zu erwägen, sich der Erledigungserklärung nicht anzuschließen. Die Erledigungserklärung des Anfechtungsklägers bleibt dann einseitig, so dass das angerufene Gericht nach den allgemeinen zivilprozessualen Grundsätzen[233] zu prüfen hat, ob die 39.67

---

226 BGH v. 12.12.2005 – II ZR 253/03, ZIP 2006, 227, 228 = AG 2006, 158; ebenso OLG Stuttgart v. 10.11.2004 – 20 U 16/03, AG 2005, 125, 130.
227 Die Entscheidung des BGH ablehnend daher auch *Schwab* in K. Schmidt/Lutter, § 244 AktG Rz. 4; *Bozenhardt* in FS Mailänder, 2006, S. 301, 303 ff.; *Mimberg* in FS Hüffer, 2010, S. 663, 671 ff.; zust. dagegen u.a. *Bork*, EWIR 2006, 161; *Habersack/Schürnbrand* in FS Hadding, S. 391, 394; *Noack/Zetzsche* in KölnKomm. AktG, 3. Aufl. 2018, § 244 AktG Rz. 29.
228 Vgl. ausführlich *Mimberg* in FS Hüffer, 2010, S. 663, 671 ff.
229 OLG Frankfurt v. 20.10.2010 – 23 U 121/08, WM 2011, 221, 230 = AG 2011, 36; *Hüffer/Koch*, § 244 AktG Rz. 2a.
230 Nach allg. Meinung können nichtige Beschlüsse nicht bestätigt werden, vgl. z.B. BGH v. 15.12.2003 – II ZR 194/01, BB 2004, 346, 348 = AG 2004, 204; BGH v. 20.9.2004 – II ZR 288/02, BB 2004, 2482, 2483 = AG 2004, 673; *K. Schmidt* in Großkomm. AktG, 4. Aufl. 1996, § 244 AktG Rz. 28; *C. Schäfer* in MünchKomm. AktG, 5. Aufl. 2021, § 244 AktG Rz. 6.
231 Die Erledigung kann indessen nicht lediglich hilfsweise für den Fall erklärt werden, dass der auf die Nichtigerklärung des Ausgangsbeschlusses gerichtete Hauptantrag abgewiesen wird, vgl. BGH v. 8.2.2011 – II ZR 205/08, AG 2011, 335, 337.
232 *C. Schäfer* in MünchKomm. AktG, 5. Aufl. 2021, § 244 AktG Rz. 17; *K. Schmidt* in Großkomm. AktG, 4. Aufl. 1996, § 244 AktG Rz. 19; *Drescher* in BeckOGK AktG, Stand 1.6.2021, § 244 AktG Rz. 35.
233 Vgl. dazu etwa *Flockenhaus* in Musielak/Voit, 18. Aufl. 2021, § 91a ZPO Rz. 28 ff.

Anfechtungsklage ohne den späteren Bestätigungsbeschluss zulässig und begründet gewesen wäre[234]. Dies wiederum hat das Gericht (mit für den Kläger belastender Kostenfolge) vor allem dann zu verneinen, wenn der Ausgangsbeschluss – der Auffassung der betroffenen Gesellschaft entsprechend – nicht anfechtbar gewesen ist[235].

39.68 Das mit der Anfechtungsklage befasste **Revisionsgericht** hat den Rechtsstreit gemäß § 559 ZPO lediglich aufgrund des Parteivorbringens zu beurteilen, das aus dem Tatbestand des Berufungsurteils oder dem Sitzungsprotokoll ersichtlich ist. Jedenfalls nach dem Wortlaut dieser Norm kann somit eine erst **in der Revisionsinstanz eingetretene Bestätigung** des angefochtenen Hauptversammlungsbeschlusses von der betroffenen Gesellschaft nicht mehr geltend gemacht werden. Zu Recht wird diese Folge im Schrifttum als nicht hinnehmbar erachtet und für diese Konstellation eine **einschränkende Auslegung** der genannten Vorschriften vorgeschlagen[236], so dass die nachträglich eingetretene Bestätigung als entscheidungserhebliche Tatsache ausnahmsweise auch im Revisionsverfahren Berücksichtigung finden kann. Da § 529 ZPO auch das **Berufungsgericht** im Grundsatz an die Feststellungen des erstinstanzlichen Gerichts bindet, stellt sich dieses Problem in ähnlicher Weise für die **Geltendmachung der Bestätigung im Berufungsverfahren**. In der Regel sollte es der beklagten Gesellschaft jedoch gelingen, die nachträglich eingetretene Bestätigung nach § 529 Abs. 1 Nr. 2, § 531 Abs. 2 Nr. 3 ZPO in den Berufungsrechtsstreit einzuführen, wenn und soweit die in erster Instanz unterbliebene Geltendmachung der Bestätigung in diesen Fällen nicht auf einer Nachlässigkeit der beklagten Gesellschaft, sondern auf dem nachträglichen Eintritt dieser Tatsache beruht[237].

c) Nichtigerklärung für die Vergangenheit

39.69 Weil der anfechtbare Hauptversammlungsbeschluss trotz seines Mangels schwebend wirksam ist, solange er nicht durch das zuständige Gericht rechtskräftig für nichtig erklärt wird (Rz. 39.4), kann durch die lediglich *ex nunc* eintretende Heilungswirkung des Bestätigungsbeschlusses (Rz. 39.64) eine für den Anfechtungskläger unbefriedigende Situation entstehen: Infolge der wirksamen Bestätigung entfällt zwar der Anfechtungsgrund, so dass die ursprünglich erhobene Anfechtungsklage keinen Erfolg mehr haben kann (Rz. 39.67); an der deshalb zugleich unterbleibenden Feststellung der bis zum Bestätigungszeitpunkt weiterhin vorliegenden Mangelhaftigkeit des Ausgangsbeschlusses kann der Kläger jedoch ein **rechtliches Interesse** haben. Als Beispiel für eine derartige Konstellation wird etwa die fehlerhafte Herabsetzung eines statutarischen Mehrheitserfordernisses genannt, wenn in der Zeit zwischen diesem Ausgangsbeschluss und dem Bestätigungsbeschluss weitere Beschlüsse mit der geänderten Stimmenmehrheit gefasst wurden[238]. In solchen Fällen ermöglicht es deshalb § 244 Satz 2 AktG dem Anfechtungskläger, seine Klage mit dem geänderten Klageantrag aufrecht zu erhalten, das Gericht möge den Ausgangsbeschluss **für die Zeit von der Beschlussfassung bis zur Bestätigung** für

---

234 *C. Schäfer* in MünchKomm. AktG, 5. Aufl. 2021, § 244 AktG Rz. 18; *K. Schmidt* in Großkomm. AktG, 4. Aufl. 1996, § 244 AktG Rz. 19.
235 Vgl. *Hüffer/Koch*, § 244 AktG Rz. 8.
236 Vgl. näher (zu § 561 ZPO a.F.) *Zöllner* in FS Beusch, 1993, S. 973, 981; *C. Schäfer* in MünchKomm. AktG, 5. Aufl. 2021, § 244 AktG Rz. 24; a.A. u.a. *Heidel* in Heidel, § 244 AktG Rz. 9; zu den Voraussetzungen der Berücksichtigung nachträglich eingetretener Tatsachen im Revisionsverfahren im Allgemeinen vgl. etwa *Ball* in Musielak/Voit, 18. Aufl. 2021, § 559 ZPO Rz. 10.
237 Allg. zur Berücksichtigungsfähigkeit nachträglich entstandener Tatsachen im Berufungsverfahren vgl. etwa *Ball* in Musielak/Voit, 18. Aufl. 2021, § 531 ZPO Rz. 19.
238 *C. Schäfer* in MünchKomm. AktG, 5. Aufl. 2021, § 244 AktG Rz. 15; *Austmann* in MünchHdb. AG, § 42 Rz. 80; krit. *Butzke* in FS Stilz, 2014, S. 83, 93; *Nock/Zetzsche* in KölnKomm. AktG, 3. Aufl. 2018, § 244 AktG Rz. 115 ff.; sehr weitgehend LG München I v. 20.2.2020 – 5 HK O 7924/19, ZIP 2020, 2339, 2342. Das Interesse des Klägers an einer günstigen Kostenentscheidung des Gerichts genügt nicht, vgl. BGH v. 8.2.2011 – II ZR 206/08, NZG 2011, 506, 508.

nichtig erklären. Diese Klageänderung ist gemäß § 244 Satz 2 AktG ohne Rücksicht auf die Vorgaben der §§ 263, 264 ZPO zulässig[239].

III. Die Anfechtungsklage

Die Anfechtbarkeit eines Hauptversammlungsbeschlusses kann ausschließlich im Wege der Anfechtungsklage gemäß § 246 AktG geltend gemacht werden[240]. Da der Kläger die Nichtigerklärung des bis zur Rechtskraft des Urteils gültigen Hauptversammlungsbeschlusses und somit eine Änderung der materiellen Rechtslage begehrt, zählt die Anfechtungsklage zu den **Gestaltungsklagen**[241]; zu den sich daraus ergebenden Urteilswirkungen vgl. näher Rz. 39.127 ff. 39.70

1. Gerichtliche Zuständigkeit

Für die Anfechtungsklage sowohl sachlich als auch örtlich zuständig ist gemäß § 246 Abs. 3 Satz 1 AktG prinzipiell das Landgericht, in dessen Bezirk die Gesellschaft ihren Sitz i.S.d. § 5 AktG hat[242]; Ausnahmen gelten nur in denjenigen Bundesländern, in denen die Landesregierungen von der Ermächtigung des § 246 Abs. 3 Satz 3 i.V.m. § 148 Abs. 2 Sätze 3 und 4 AktG Gebrauch gemacht und die Zuständigkeit für die Bezirke mehrerer Landgerichte einem einzelnen Landgericht zugewiesen haben[243]. Dabei handelt es sich um eine **ausschließliche Zuständigkeit**, so dass ein anderes Gericht weder durch eine Gerichtsstandsvereinbarung nach § 38 ZPO noch durch rügeloses Verhandeln zur Hauptsache gemäß § 39 ZPO zuständig werden kann[244]. Innerhalb des Landgerichts ist der Rechtsstreit vor der **Kammer für Handelssachen** zu verhandeln, sofern eine solche bei dem zuständigen Landgericht gebildet ist (§ 246 Abs. 3 Satz 2 AktG); zur Begründung ihrer Zuständigkeit bedarf es also keines Antrages i.S.d. §§ 96, 98 GVG. 39.71

Ob für Streitigkeiten über Beschlussmängel die **Zuständigkeit eines Schiedsgerichts** vereinbart werden kann, war vor dem Hintergrund der im Jahre 1997 erfolgten Novellierung des Schiedsverfahrensrechts[245] im Schrifttum wieder verstärkt diskutiert worden[246]. Die wohl überwiegende Meinung begegnete der Schiedsfähigkeit der Anfechtungsklage indes auch nach Inkrafttreten des neuen Rechts 39.72

---

239 *C. Schäfer* in MünchKomm. AktG, 5. Aufl. 2021, § 244 AktG Rz. 16; anders *K. Schmidt* in Großkomm. AktG, 4. Aufl. 1996, § 244 AktG Rz. 24, der vom Vorliegen eines Falls der Klagebeschränkung i.S.d. § 264 Nr. 2 ZPO ausgeht.
240 *Hüffer/Koch*, § 243 AktG Rz. 58.
241 *Noack/Zetzsche* in KölnKomm. AktG, 3. Aufl. 2018, § 246 AktG Rz. 90; *Hüffer/Koch*, § 246 AktG Rz. 8.
242 Hat die Gesellschaft einen (ausnahmsweise zulässigen) Doppelsitz, ist streitig, ob dies zur Doppelzuständigkeit führt oder ob – was sich auf die Grundregel des § 17 Abs. 1 Satz 2 ZPO stützen lässt und zur Vermeidung mehrerer Gerichtsstände und sich ggf. widersprechender Entscheidungen vorzugswürdig erscheint – auf den tatsächlichen inländischen Verwaltungssitz der Gesellschaft abzustellen ist, vgl. Letzteres bejahend m.w.N. etwa *C. Schäfer* in MünchKomm. AktG, 5. Aufl. 2021, § 246 AktG Rz. 72; tendenziell auch *K. Schmidt* in Großkomm. AktG, 4. Aufl. 1996, § 246 AktG Rz. 63; a.A. KG v. 31.1.1996 – 23 U 3989/94, AG 1996, 421; LG Berlin v. 26.5.1994 – 104 O 19/94, AG 1995, 41, 42; *Tielmann*, WM 2007, 1686, 1686.
243 Vgl. z.B. für Nordrhein-Westfalen § 1 Nr. 9 KonzentrationsVO-GesR NW; danach liegt die Zuständigkeit je nach Sitz der beklagten Gesellschaft ausschließlich bei den Landgerichten Düsseldorf, Dortmund oder Köln.
244 *C. Schäfer* in MünchKomm. AktG, 5. Aufl. 2021, § 246 AktG Rz. 71.
245 Gesetz zur Neuregelung des Schiedsverfahrensrechts (Schiedsverfahrens-Neuregelungsgesetz – SchiedsVfG) v. 22.12.1997, BGBl. I 1997, 3224.
246 Siehe etwa *K. Schmidt*, ZHR 162 (1998), 265; *J. Vetter*, DB 2000, 705; *Lüke/Blenske*, ZGR 1998, 253; *Zöllner*, AG 2000, 145, 150; *Bender*, DB 1998, 1900; *Reichert* in FS Ulmer, 2003, S. 511.

mit Skepsis[247], wobei im Rahmen der Begründung zwischen **in der Satzung enthaltenen Schiedsklauseln** einerseits und **im Einzelfall geschlossenen Schiedsabreden** i.S.d. § 1029 ZPO andererseits differenziert wurde: Während erstere überwiegend als Verletzung des § 23 Abs. 5 AktG gewertet wurden[248], begegneten letztere insbesondere dem Problem der in § 248 Abs. 1 AktG niedergelegten *inter omnes*-Wirkung der klagestattgebenden Entscheidung[249], die sich nach einer älteren Entscheidung des BGH für das Schiedsverfahrensrecht nicht im Wege einer zulässigen richterlichen Rechtsfortbildung herleiten ließ[250]. Der Gesetzgeber des novellierten Schiedsverfahrensrechts sah sich trotzdem nicht gehindert, die Lösung gerade dieser Problematik ausdrücklich der Rechtsprechung zu überlassen[251].

39.72a Der BGH ist diesem „Auftrag" unter Aufgabe seines bisherigen Standpunkts **in einer das Recht der GmbH betreffenden Entscheidung aus dem Jahre 2009 nachgekommen** und hat bestimmte Anforderungen formuliert, bei deren individualvertraglicher Umsetzung unter sämtlichen Gesellschaftern eine solche *inter-omnes*-Wirkung anzuerkennen sei[252]. Diese Rechtsprechung ist prinzipiell auch auf **individualvertragliche Schiedsvereinbarungen im Recht der AG** übertragbar[253], wenngleich solche Abreden praktisch allenfalls unter den Aktionären einer kleinen AG, nicht aber bei börsennotierten Gesellschaften in Betracht kommen dürften. **In der Satzung der AG niedergelegte Schiedsklauseln** scheitern hingegen ungeachtet dieser Rechtsprechungsänderung weiterhin an § 23 Abs. 5 AktG[254] (vgl. Rz. 39.72).

2. Anfechtungsbefugnis (§ 245 AktG)

39.73 Zur Erhebung der Anfechtungsklage berechtigt sind nur die in § 245 AktG genannten Personen sowie der Vorstand der Gesellschaft als Organ. Die diesen Personen und dem Vorstand zustehende **Anfechtungsbefugnis** ist nach h.M. ein **subjektives Recht**, sie hat deshalb materiell-rechtlichen Charakter und ist mit einer Klagebefugnis im prozessrechtlichen Sinne nicht vergleichbar[255]. Fehlt dem Anfechtungskläger die Anfechtungsbefugnis, ist seine Klage deshalb nicht als unzulässig, sondern als unbegründet abzuweisen[256].

39.74 Die Anfechtungsbefugnis erlaubt den in § 245 AktG Genannten eine Kontrolle der Gesetz- und Satzungsmäßigkeit der von der Hauptversammlung gefassten Beschlüsse. Die Anfechtungsbefugnis ist da-

---

247 BGH v. 29.3.1996 – II ZR 124/95, BGHZ 132, 278, 289 f. = AG 1996, 318 (zur GmbH); *Semler* in MünchHdb. AG, 3. Aufl. 2007, § 41 Rz. 45; *Hüffer*, ZGR 2001, 833, 857; a.A. etwa *K. Schmidt* in Großkomm. AktG, 4. Aufl. 1996, § 246 AktG Rz. 121; *Zöllner*, AG 2000, 145, 150.
248 Vgl. etwa *K. Schmidt* in Großkomm. AktG, 4. Aufl. 1996, § 246 AktG Rz. 121; tendenziell auch BGH v. 29.3.1996 – II ZR 124/95, BGHZ 132, 278, 282 = AG 1996, 318 (zur GmbH); a.A. etwa *Lüke/Blenske*, ZGR 1998, 253, 257.
249 Gleiches gilt für die Nichtigkeitsklage aufgrund des § 249 Abs. 1 AktG.
250 BGH v. 29.3.1996 – II ZR 124/95, BGHZ 132, 278, 289 f. = AG 1996, 318.
251 „Diese Problematik soll ... nicht im bejahenden Sinne präjudiziert, sondern angesichts ihrer Vielschichtigkeit in tatsächlicher und rechtlicher Hinsicht weiterhin der Lösung durch die Rechtsprechung ... überlassen bleiben", vgl. BT-Drucks. 13/5274, S. 35.
252 Vgl. näher BGH v. 6.4.2009 – II ZR 255/08, DB 2009, 1171, 1172 f. = AG 2009, 496; zur Umsetzung dieser Vorgaben in der Kautelarpraxis vgl. etwa *Niemeyer/Häger*, BB 2014, 1737, 1738 ff.
253 *Drescher* in Henssler/Strohn, § 246 AktG Rz. 33; *Vatter* in BeckOGK AktG, Stand 1.6.2021, § 246 AktG Rz. 12; *Hüffer/Koch*, § 246 AktG Rz. 19; *Englisch* in Hölters, § 246 AktG Rz. 63.
254 *Vatter* in BeckOGK AktG, Stand 1.6.2021, § 246 AktG Rz. 12; *Hüffer/Koch*, § 246 AktG Rz. 18; a.A. *Schwab* in K. Schmidt/Lutter, § 246 AktG Rz. 48.
255 BGH v. 15.6.1992 – II ZR 173/91, AG 1992, 448, 449; *Noack/Zetzsche* in KölnKomm. AktG, 3. Aufl. 2018, § 245 AktG Rz. 4; *C. Schäfer* in MünchKomm. AktG, 5. Aufl. 2021, § 245 AktG Rz. 2 f.; a.A. *K. Schmidt* in Großkomm. AktG, 4. Aufl. 1996, § 245 AktG Rz. 6.
256 H.M., vgl. etwa *Noack/Zetzsche* in KölnKomm. AktG, 3. Aufl. 2018, § 245 AktG Rz. 4; *Hüffer/Koch*, § 245 AktG Rz. 2; a.A. namentlich *K. Schmidt* in Großkomm. AktG, 4. Aufl. 1996, § 245 AktG Rz. 75; *Schwab* in K. Schmidt/Lutter, § 245 AktG Rz. 2.

her als **Kontrollrecht** anzusehen, das aus der Perspektive der Aktionäre (§ 245 Nr. 1 bis 3 AktG) zu den **eigennützigen Verwaltungsrechten** zählt, während bei der Anfechtungsbefugnis des Vorstands (§ 245 Nr. 4 AktG) das Interesse der Gesellschaft an der Wahrung von Gesetz und Satzung im Vordergrund steht und diesem damit ein **fremdnütziges Verwaltungsrecht** verleiht[257]. Die Anfechtungsbefugnis der Organmitglieder (§ 245 Nr. 5 AktG) dient zwar ebenso der Gesetz- und Satzungsmäßigkeitskontrolle im Interesse der Gesellschaft, sie hat jedoch zugleich eine individualrechtliche Komponente, da sie es dem einzelnen Organmitglied ermöglicht, sich vor einer aus der Ausführung des rechtswidrigen Hauptversammlungsbeschlusses möglicherweise ergebenden persönlichen Haftung sowohl in zivil- als auch strafrechtlicher Hinsicht zu schützen[258].

a) Die Anfechtungsbefugnis der Aktionäre (§ 245 Nr. 1 bis 3 AktG)

aa) § 245 Nr. 1 AktG

Gemäß § 245 Nr. 1 AktG ist anfechtungsbefugt zunächst der in der Hauptversammlung **erschienene Aktionär** (vgl. zu diesem Tatbestandsmerkmal näher Rz. 39.79), wenn er seine Aktien schon vor der Bekanntmachung der Tagesordnung erworben hatte (vgl. Rz. 39.78) und gegen den anzufechtenden Beschluss Widerspruch zur Niederschrift (vgl. Rz. 39.80) erklärt hat: 39.75

Die **Aktionärseigenschaft** setzt die Innehabung mindestens einer Aktie voraus[259]. Ob die dem Anfechtenden zustehenden Aktien ein Stimmrecht gewähren, ist gleichgültig, so dass z.B. auch **stimmrechtslose Vorzugsaktien** die Anfechtungsbefugnis verleihen können und der gemäß § 136 AktG einem **Stimmverbot** unterliegende Aktionär ebenso anfechtungsbefugt sein kann[260]. Etwas anderes gilt aber, wenn nicht nur das Stimmrecht, sondern auch die sonstigen Verwaltungsrechte aus den Aktien zeitweilig nicht bestehen[261], wie dies etwa bei **Verletzung von Mitteilungspflichten** gemäß § 20 Abs. 7, § 21 Abs. 4 AktG und gemäß § 44 WpHG[262] oder bei **Verstoß gegen übernahmerechtliche Pflichten** gemäß § 59 WpÜG[263] der Fall sein kann. Auch aus **eigenen Aktien** steht der Gesellschaft keine Anfechtungsbefugnis zu (§ 71b AktG)[264]. Die **Girosammelverwahrung** der dem Aktionär gehörenden Aktien lässt seine individuelle Anfechtungsbefugnis dagegen unberührt[265]. 39.76

---

257 *C. Schäfer* in MünchKomm. AktG, 5. Aufl. 2021, § 245 AktG Rz. 7, 15.
258 *Hüffer/Koch*, § 245 AktG Rz. 4; *K. Schmidt* in Großkomm. AktG, 4. Aufl. 1996, § 245 AktG Rz. 38 f.
259 *Hüffer/Koch*, § 245 AktG Rz. 5.
260 *K. Schmidt* in Großkomm. AktG, 4. Aufl. 1996, § 245 AktG Rz. 13.
261 *C. Schäfer* in MünchKomm. AktG, 5. Aufl. 2021, § 245 Rz. 21.
262 Zu den nach § 20 Abs. 7, § 21 Abs. 4 AktG und nach § 44 WpHG im Falle der Meldepflichtverletzung ruhenden Verwaltungsrechten zählt auch die Anfechtungsbefugnis, vgl. zum ersteren etwa BGH v. 24.4.2006 – II ZR 30/05, WM 2006, 1151, 1152 = AG 2006, 501 (anders aber für die Anfechtungsbefugnis nach § 245 Nr. 3 AktG, falls die notwendige Mitteilung vor Ablauf der Anfechtungsfrist nachgeholt wird, vgl. BGH v. 20.4.2009 – II ZR 148/07, DB 2009, 1520, 1521 = AG 2009, 534; OLG Schleswig v. 31.5.2007 – 5 U 177/06, ZIP 2007, 2214, 2216 = AG 2008, 129); *Hüffer/Koch*, § 20 AktG Rz. 14, § 21 AktG Rz. 4; zum letzteren siehe z.B. BGH v. 22.9.2020 – II ZR 399/18, NZG 2020, 1349 Rz. 12 = AG 2020, 905; BGH v. 25.9.2018 – II ZR 190/17, ZIP 2018, 2214 Rz. 12 = AG 2019, 37; OLG Düsseldorf v. 22.11.2018 – I-6 AktG 1/18, AG 2019, 467, 469; *v. Hein* in Schwark/Zimmer, § 44 WpHG Rz. 14.
263 Die wohl h.M. im übernahmerechtlichen Schrifttum will insoweit generell zwischen der Anfechtungsbefugnis aus § 245 Nr. 1 und 2 AktG einerseits und aus § 245 Nr. 3 AktG andererseits differenzieren, weil letztere Vorschrift lediglich auf die Aktionärseigenschaft abstelle, die auch bei Eingreifen des § 59 WpÜG nicht entfalle, vgl. dazu etwa *Tschauner* in Angerer/Geibel/Süßmann, § 59 WpÜG Rz. 40 ff.; *Ehricke* in Ehricke/Ekkenga/Oechsler, § 59 WpÜG Rz. 16; *Kremer/Oesterhaus* in KölnKomm. WpÜG, § 59 WpÜG Rz. 53.
264 *K. Schmidt* in Großkomm. AktG, 4. Aufl. 1996, § 245 AktG Rz. 13; *Heidel* in Heidel, § 245 AktG Rz. 4.
265 *Austmann* in MünchHdb. AG, § 42 Rz. 88; *C. Schäfer* in MünchKomm. AktG, 5. Aufl. 2021, § 245 AktG Rz. 23.

39.77 Aktionär ist auch der **Treuhänder**, da es insoweit nicht auf die wirtschaftliche Zuordnung der Aktien, sondern auf die rechtliche Ausgestaltung des Verhältnisses zwischen Treugeber und Treuhänder ankommt[266]. Das Bestehen eines **Nießbrauchs- oder Pfandrechts** an den Aktien lässt die Anfechtungsbefugnis des Aktionärs grundsätzlich ebenso unberührt; Ausnahmen werden aber für den – vom bloßen Ertragsnießbrauch zu unterscheidenden – sog. **Anteilsnießbrauch** diskutiert[267]. Zur Anfechtungsbefugnis des sog. **Legitimationsaktionärs** vgl. Rz. 39.79.

39.78 Seit der Änderung des § 245 Nr. 1 AktG durch das UMAG muss die Aktionärseigenschaft prinzipiell[268] bereits im **Zeitpunkt** der Einberufung der Hauptversammlung vorliegen. Ein Gesamtrechtsnachfolger kann sich jedoch auf den zum maßgeblichen Zeitpunkt vorliegenden Aktienbesitz seines Rechtsvorgängers berufen[269]. Entgegen früher h.M.[270] lässt der **Verlust der Aktionärseigenschaft nach Eintritt der Rechtshängigkeit** die Anfechtungsbefugnis des Klägers nicht entfallen, solange der Kläger an der Fortführung des Rechtsstreits ein eigenes Interesse hat; vielmehr ist entsprechend § 265 ZPO auch in diesem Fall vom Fortbestehen der Anfechtungsbefugnis auszugehen[271]. Dies gilt nach – im Schrifttum allerdings nicht unbestrittener – höchstrichterlicher Rechtsprechung auch dann, wenn der Verlust der Aktionärsstellung nicht auf rechtsgeschäftlicher Grundlage beruht, sondern kraft Gesetzes im Wege des **Squeeze Out** erfolgt (§ 327e Abs. 3 AktG)[272]. Beschlüsse, die erst nach Wirksamwerden des Squeeze Out gefasst werden, können demgegenüber von ehemaligen Aktionären nicht unter Berufung auf eine Analogie zu § 265 Abs. 2 ZPO angefochten werden[273]. Etwas anderes gilt demgegenüber für die **Anfechtung des Squeeze-Out-Beschlusses selbst:** Um die betroffenen Aktionäre nicht rechtlos zu stellen, sieht der BGH die Anfechtungsbefugnis sogar dann als gegeben an, wenn die Klage erst nach dem Wirksamwerden des Squeeze Out (aber noch innerhalb der Klagefrist) erhoben wird[274].

39.79 **In der Hauptversammlung erschienen** i.S.d. § 245 Nr. 1 AktG sind diejenigen Aktionäre, die daran entweder persönlich teilnehmen oder sich durch einen gesetzlichen oder rechtsgeschäftlichen Vertreter vertreten lassen[275]. Im letzteren Fall ist ohne Belang, ob es sich um eine offene Stellvertretung i.S.d. §§ 164 ff. BGB oder um eine verdeckte Stellvertretung im Namen dessen, den es angeht (§ 135 Abs. 4 Satz 2, Abs. 8 AktG), handelt[276]. Schwieriger ist dagegen der Fall der **Legitimationszession** zu beur-

---

266 C. Schäfer in MünchKomm. AktG, 5. Aufl. 2021, § 245 AktG Rz. 30.
267 Vgl. dazu näher m.w.N. z.B. K. Schmidt in Großkomm. AktG, 4. Aufl. 1996, § 245 AktG Rz. 16; C. Schäfer in MünchKomm. AktG, 5. Aufl. 2021, § 245 AktG Rz. 32.
268 Str. ist, ob unter verfassungsrechtlichen Gesichtspunkten in bestimmten Konstellationen Ausnahmen anzuerkennen sind, vgl. dazu namentlich Schwab in K. Schmidt/Lutter, § 245 AktG Rz. 8, der mit Blick auf den grundgesetzlich verankerten Justizgewährungsanspruch eine teleologische Reduktion in denjenigen Fällen befürwortet, in denen der erst nach der Bekanntmachung hinzugetretene Aktionär die Verletzung eigener subjektiver Rechte geltend macht; mit ähnlichen Ansätzen siehe auch Heidel in Heidel, § 245 AktG Rz. 4.
269 Hüffer/Koch, § 245 AktG Rz. 7.
270 Vgl. BGH v. 25.2.1965 – II ZR 287/63, BGHZ 43, 261, 266; ausdrücklich in diesem Sinne LG Mainz v. 17.2.2004 – 10 HKO 79/97, BB 2004, 1132, 1133.
271 Noack/Zetzsche in KölnKomm. AktG, 3. Aufl. 2018, § 245 AktG Rz. 55; K. Schmidt in Großkomm. AktG, 4. Aufl. 1996, § 245 AktG Rz. 17; Hüffer/Koch, § 245 AktG Rz. 8; Heidel in Heidel, § 245 AktG Rz. 6; Heise/Dreier, BB 2004, 1126, 1127 ff.; zum GmbH-Recht ebenso BGH v. 25.2.1965 – II ZR 287/63, BGHZ 43, 261, 266; BGH v. 21.10.1968 – II ZR 181/66, NJW 1969, 133 = AG 1969, 83.
272 BGH v. 9.10.2006 – II ZR 46/05, DB 2006, 2566, 2567; OLG Frankfurt v. 17.11.2009 – 5 U 116/08, AG 2010, 679; Nietsch, NZG 2007, 451, 452 ff.; a.A. OLG Koblenz v. 27.1.2006 – 6 U 342/04, DB 2005, 1352; Bungert, BB 2005, 1345; Bungert, BB 2007, 57; krit. Hüffer/Koch, § 245 AktG Rz. 8a.
273 OLG München v. 3.3.2010 – 7 U 4744/09, AG 2010, 673, 674.
274 BGH v. 22.3.2011 – II ZR 229/09, AG 2011, 518; ebenso Schwab in K. Schmidt/Lutter, § 245 AktG Rz. 28; siehe auch BVerfG v. 9.12.2009 – 1 BvR 1542/06, ZIP 2010, 571, 573 = AG 2010, 160; a.A. Schnorbus in K. Schmidt/Lutter, § 327f AktG Rz. 3.
275 Englisch in Hölters, § 245 AktG Rz. 11.
276 Noack/Zetzsche in KölnKomm. AktG, 3. Aufl. 2018, § 245 AktG Rz. 63.

teilen, bei dem es sich gerade nicht um eine Stellvertretung, sondern um die Ermächtigung zur Ausübung des Stimmrechts im eigenen Namen (entsprechend § 185 BGB) handelt[277]: Die wohl h.M. stellt für die Anfechtungsbefugnis des erschienenen Legitimationsaktionärs zu Recht darauf ab, ob der Legitimationszedent den Legitimationsaktionär nicht nur zur Stimmrechtsausübung, sondern auch zur Anfechtung ermächtigt hat[278]; dabei wird jedoch unterschiedlich beurteilt, ob vom Bestehen einer derartigen Ermächtigung im Regelfall ausgegangen werden kann[279] oder ob diese vielmehr – was vorzugswürdig erscheint – einer Feststellung im Einzelfall bedarf[280]. Fehlt es an dieser Ermächtigung, kann sich der Legitimationszedent im Rahmen einer eigenen Anfechtungsklage jedoch auf das Erscheinen des Zessionars in der Hauptversammlung und auf dessen Widerspruchseinlegung berufen[281]. Bei Namensaktien dürfte die Anfechtungsbefugnis nach der Wertung des § 67 Abs. 2 AktG regelmäßig dem Legitimationsaktionär zuzuerkennen sein, solange dieser im Aktienregister eingetragen ist[282].

Die Anfechtungsbefugnis gemäß § 245 Nr. 1 AktG setzt des Weiteren voraus, dass der Aktionär oder derjenige, der für ihn in der Hauptversammlung erschienen ist, gegen den anzufechtenden Beschluss **Widerspruch zur Niederschrift** erklärt hat. Dafür reicht es aus, dass der Widersprechende zum Ausdruck bringt, er wende sich gegen die Gültigkeit des Beschlusses; die Verwendung bestimmter Begriffe, insbesondere des Wortes „Widerspruch", ist also ebenso wenig erforderlich wie eine Begründung[283]. Wird eine Begründung gleichwohl abgegeben, wirkt sie nicht präjudizierend, die spätere Anfechtungsklage kann daher auch auf andere Gesichtspunkte gestützt werden[284]. Ein **Stellvertreter des Aktionärs** muss bei Erhebung des Widerspruchs prinzipiell nicht notwendig explizit im Namen des Aktionärs handeln, da sich seine Vertreterstellung bereits aus dem Teilnehmerverzeichnis ergibt (§ 129 AktG)[285]; gleiches gilt für den **Legitimationsaktionär**, der die Identität des Legitimationszedenten also auch im Rahmen der Widerspruchseinlegung nicht offenlegen muss. Tritt der Widersprechende jedoch in der Hauptversammlung in unterschiedlicher Weise auf (z.B. nicht nur als Aktionär, sondern zugleich auch als Stellvertreter eines anderen Aktionärs) und ist die Zuordnung des Widerspruchs daher nicht gewährleistet, sollte zur Vermeidung von Auslegungsproblemen klargestellt werden, für wen die Widerspruchserhebung Wirkung entfalten soll[286]. Kein Widerspruch ist die bloße **Stimmabgabe gegen den Beschluss**; umgekehrt kann aber die **positive Stimmabgabe** für einen Beschlussantrag nach einer jüngeren Entscheidung des BGH den einzelnen Aktionär in bestimmten Konstellationen daran hindern, gegen den gefassten Beschluss später Klage zu erheben[287]. Zulässig sind auch **generelle Wider-**

39.80

---

277 *Hüffer/Koch*, § 245 AktG Rz. 11.
278 Vgl. (jeweils m.w.N. zur älteren Gegenauffassung, die eine eigene Anfechtungsbefugnis des Legitimationsaktionärs bejahte) z.B. OLG Stuttgart v. 23.7.2003 – 20 U 5/03, AG 2003, 588; *Austmann* in MünchHdb. AG, § 42 Rz. 88; *C. Schäfer* in MünchKomm. AktG, 5. Aufl. 2021, § 245 AktG Rz. 33; anders wiederum *Grunewald*, ZGR 2015, 347, 357, nach der selbst eine Ermächtigung zur Erhebung der Anfechtungsklage nicht in Betracht kommt; ebenso *Noack/Zetzsche* in KölnKomm. AktG, 3. Aufl. 2018, § 245 AktG Rz. 34.
279 Dies bejahend etwa *K. Schmidt* in Großkomm. AktG, 4. Aufl. 1996, § 245 AktG Rz. 15.
280 OLG Stuttgart v. 23.7.2003 – 20 U 5/03, AG 2003, 588; *C. Schäfer* in MünchKomm. AktG, 5. Aufl. 2021, § 245 AktG Rz. 33; vgl. auch LG München I v. 30.7.2009 – 5 HKO 16915/08, WM 2009, 1976, 1980 = AG 2010, 47.
281 KG v. 10.12.2009 – 23 AktG 1/09, NZG 2010, 224 = AG 2010, 166; *Hüffer/Koch*, § 245 AktG Rz. 12, 13.
282 *C. Schäfer* in MünchKomm. AktG, 5. Aufl. 2021, § 245 AktG Rz. 33; *Hüffer/Koch*, § 245 AktG Rz. 11.
283 OLG München v. 4.7.2018 – 7 U 131/18, AG 2019, 266, 269; LG München I v. 19.12.2019 – 5 HK O 12082/18, AG 2020, 448, 449; *Austmann* in MünchHdb. AG, § 42 Rz. 93; *Noack*, AG 1989, 78, 80; a.A. (für behebbare Verfahrensmängel) *Noack/Zetzsche* in KölnKomm. AktG, 3. Aufl. 2018, § 245 AktG Rz. 78.
284 *Noack*, AG 1989, 78, 81; *Hüffer/Koch*, § 245 AktG Rz. 14; *Englisch* in Hölters, § 245 AktG Rz. 12.
285 *Noack*, AG 1989, 78, 82.
286 Vgl. dazu auch OLG München v. 31.5.2000 – 7 U 1927/99, AG 2001, 482.
287 Vgl. näher BGH v. 21.6.2010 – II ZR 24/09, AG 2010, 632, 636 ff., wobei der BGH offenlässt, ob dies nur dann gilt, wenn der Aktionär dem Beschlussvorschlag in Kenntnis des Mangels zugestimmt hat,

sprüche, die sich (z.B. vor dem Hintergrund eines Einberufungsfehlers) gegen sämtliche Beschlüsse richten[288].

39.81 Die Erhebung des Widerspruchs ist **während der gesamten Dauer der Hauptversammlung** zulässig und kann daher so lange erfolgen, wie die Hauptversammlung noch nicht geschlossen ist. Entgegen einer in jüngerer Zeit auch in der instanzgerichtlichen Rechtsprechung vertretenen Auffassung[289] kann der Widerspruch somit auch schon **vor der jeweiligen Beschlussfassung und -verkündung** erklärt werden[290]. Unbeachtlich sind demgegenüber Widersprüche, die erst nach Beendigung der Versammlung erfolgen[291]. Dieses Prinzip darf freilich von der Gesellschaft nicht dadurch unterlaufen werden, dass die Hauptversammlung unvermittelt geschlossen wird; geschieht dies doch, so reicht es aus, wenn der Aktionär seinen Widerspruch alsbald gegenüber der Gesellschaft erklärt[292]. Der Widerspruch muss zwar nach dem Wortlaut des § 245 Nr. 1 AktG stets **zur Niederschrift** erklärt werden; für die Anfechtungsbefugnis kommt es aber nicht darauf an, dass der Notar oder der sonstige Protokollführer (§ 130 Abs. 1 Satz 3 AktG) den Widerspruch auch tatsächlich in die Niederschrift aufnimmt[293]. Dem Kläger steht es also frei, in anderer Form zu beweisen, dass er dem Beschluss widersprochen hat[294].

39.82 Nach inzwischen wohl überwiegender Meinung bedarf § 245 Nr. 1 AktG hinsichtlich des Widerspruchserfordernisses in solchen Fällen einer **tatbestandlichen Reduktion**, in denen der jeweilige **Anfechtungsgrund während der Hauptversammlung nicht erkennbar** geworden ist[295]. Für diese Auffassung spricht, dass das gesetzliche Widerspruchserfordernis auf dem Verbot widersprüchlichen Verhaltens beruht, der Aktionär also mit seinem Schweigen zu dem Beschluss seine Anfechtungsbefugnis verwirkt[296]: Denn wenn dem Aktionär der Mangel während des Laufs der Hauptversammlung unerkennbar geblieben ist, lässt sich ihm die unterbliebene Widerspruchseinlegung schwerlich als eine derartige Verwirkung entgegenhalten[297]. Entbehrlich ist der Widerspruch nach richtiger Auffassung auch dann, wenn der Aktionär nur **irrtümlich für einen Beschlussantrag gestimmt** und seine Stimmabgabe deshalb angefochten hat (§ 119 Abs. 1, § 142 Abs. 1 BGB), denn auch in solchen Fällen besteht für den Aktionär zur Erhebung eines Widerspruchs kein Anlass[298].

und ob die positive Stimmabgabe schon zur Unwirksamkeit des Widerspruchs oder zum Wegfall der Anfechtungsbefugnis aus „allgemeinen Gründen" führt; a.A. die bislang h.M. im Schrifttum, vgl. etwa *Vatter* in BeckOGK AktG, Stand 1.6.2021, § 245 AktG Rz. 27; *Englisch* in Hölters, § 245 AktG Rz. 13, nach denen eine positive Stimmabgabe den Aktionär jedenfalls nicht an der Erhebung eines wirksamen Widerspruchs hindert.
288 *Noack*, AG 1989, 78, 81; *Englisch* in Hölters, § 245 AktG Rz. 14.
289 Vgl. LG Frankfurt v. 21.12.2005 – 3/9 O 98/03, ZIP 2006, 335, 338 = AG 2006, 594, wonach ein wirksamer Widerspruch erst nach Verkündung des Beschlussergebnisses in Betracht kommt; ebenso *Kubis* in MünchKomm. AktG, 4. Aufl. 2018, § 130 AktG Rz. 9.
290 BGH v. 11.6.2007 – II ZR 152/06, DB 2007, 2472, 2473 = AG 2007, 863; OLG Jena v. 22.3.2006 – 6 U 968/05, DB 2006, 2281, 2283 = AG 2006, 417; *C. Schäfer* in MünchKomm. AktG, 5. Aufl. 2021, § 245 AktG Rz. 40; siehe auch *Priester*, EWiR 2005, 329, 330.
291 Vgl. LG Köln v. 24.5.1995 – 91 O 2/95, AG 1996, 37; siehe auch *Noack/Zetzsche* in KölnKomm. AktG, 3. Aufl. 2018, § 245 AktG Rz. 87.
292 *Noack*, AG 1989, 78, 81; *K. Schmidt* in Großkomm. AktG, 4. Aufl. 1996, § 245 AktG Rz. 22.
293 OLG Jena v. 30.7.2014 – 2 U 920/13, DB 2014, 2278, 2280; *Austmann* in MünchHdb. AG, § 42 Rz. 93; *C. Schäfer* in MünchKomm. AktG, 5. Aufl. 2021, § 245 AktG Rz. 39.
294 *Hüffer/Koch*, § 245 AktG Rz. 15; *Noack*, AG 1989, 78, 84.
295 *Noack/Zetzsche* in KölnKomm. AktG, 3. Aufl. 2018, § 245 AktG Rz. 85; *K. Schmidt* in Großkomm. AktG, 4. Aufl. 1996, § 245 AktG Rz. 19; *C. Schäfer* in MünchKomm. AktG, 5. Aufl. 2021, § 245 AktG Rz. 37; *Noack*, AG 1989, 78, 82; *Heidel* in Heidel, § 245 Rz. 8; a.A. *Austmann* in MünchHdb. AG, § 42 Rz. 94.
296 Vgl. dazu z.B. *Noack*, AG 1989, 78, 79.
297 *C. Schäfer* in MünchKomm. AktG, 5. Aufl. 2021, § 245 AktG Rz. 37; *Noack*, AG 1989, 78, 82.
298 *Noack*, AG 1989, 78, 82; *Hüffer/Koch*, § 245 AktG Rz. 16.

bb) § 245 Nr. 2 AktG

Auch in der Hauptversammlung **nicht erschienene Aktionäre** (zur Aktionärseigenschaft vgl. Rz. 39.76 ff.) sind gemäß § 245 Nr. 2 AktG anfechtungsbefugt, wenn sie entweder zu der Hauptversammlung zu Unrecht nicht zugelassen worden waren (vgl. Rz. 39.85) oder wenn die Hauptversammlung nicht ordnungsgemäß einberufen (siehe Rz. 39.86) oder der Gegenstand der Beschlussfassung nicht ordnungsgemäß bekannt gemacht worden ist (vgl. Rz. 39.87). Eine notwendige Vorbesitzzeit (vgl. Rz. 39.78) sieht die Vorschrift im Gegensatz zu § 245 Nr. 1 AktG nicht vor.

39.83

Nicht erschienen i.S.d. § 245 Nr. 2 AktG sind solche Aktionäre, die in der Hauptversammlung weder persönlich anwesend noch vertreten sind und deren Stimmrechte auch nicht durch einen Legitimationsaktionär wahrgenommen werden (vgl. dazu näher Rz. 39.79). Ein Aktionär, der lediglich an einem **Teil der Hauptversammlung** teilnimmt, fällt grundsätzlich nicht unter § 245 Nr. 2 AktG, sondern unter § 245 Nr. 1 AktG, da er während der gesamten Hauptversammlung Widerspruch erheben kann und eine Widerspruchseinlegung somit von ihm zu erwarten ist[299]. Eine Ausnahme von diesem Prinzip gilt aber zum einen dann, wenn der Aktionär die Hauptversammlung vorzeitig verlässt; dies allerdings allein hinsichtlich solcher Beschlüsse, die erst nach seinem Verlassen gefasst werden und die darüber hinaus auch **nicht ordnungsgemäß bekanntgemacht** worden waren (vgl. § 245 Nr. 2 Var. 3 AktG; andere Einberufungsfehler sind daher nicht ausreichend)[300]. Zum anderen gelten Ausnahmen in den Fällen des **Saalverweises**, wobei es darauf ankommt, ob diese Ordnungsmaßnahme berechtigterweise oder zu Unrecht ergriffen wurde[301]: Nur im letzteren Fall wird dem Aktionär nämlich die Gelegenheit, seinen Widerspruch nach eigenem Ermessen auch erst am Ende der Hauptversammlung zu erheben, zu Unrecht abgeschnitten, was wiederum für die Vergleichbarkeit mit einer „unberechtigten Nichtzulassung" und damit für eine analoge Anwendung des § 245 Nr. 2 Var. 1 AktG spricht[302]. Dem zulässigen Saalverweis fehlt dagegen gerade diese für die Vergleichbarkeit der Fälle erforderliche Unrechtmäßigkeit[303].

39.84

Eine **unberechtigte Nichtzulassung** i.S.d. § 245 Nr. 2 **Var. 1** AktG liegt vor, wenn der Aktionär oder sein Vertreter unter **Verletzung seines Teilnahmerechts** nicht zur Hauptversammlung zugelassen wird[304]. Das Teilnahmerecht besteht unabhängig vom Stimmrecht des Aktionärs, kann aber z.B. bei Verletzung konzern- oder kapitalmarktrechtlicher Mitteilungspflichten oder auch bei Verstoß gegen bestimmte übernahmerechtliche Pflichten ausgeschlossen sein (vgl. näher Rz. 39.76)[305]. Daneben kann das Teilnahmerecht z.B. deshalb fehlen, weil die Satzung nach § 123 Abs. 2 AktG ein Anmeldeerfordernis vorsieht und diese Teilnahmebedingung nicht oder nicht rechtzeitig erfüllt wurde.

39.85

Ein **Einberufungsfehler** i.S.d. § 245 Nr. 2 **Var. 2** AktG ist nach h.M. gegeben, wenn bei der Einberufung der Hauptversammlung die Vorgaben der §§ 121 bis 123 AktG oder der §§ 125 bis 127 AktG

39.86

---

299 Hüffer/Koch, § 245 AktG Rz. 17; Noack/Zetzsche in KölnKomm. AktG, 3. Aufl. 2018, § 245 AktG Rz. 96; K. Schmidt in Großkomm. AktG, 4. Aufl. 1996, § 245 AktG Rz. 24.
300 K. Schmidt in Großkomm. AktG, 4. Aufl. 1996, § 245 AktG Rz. 24; Noack/Zetzsche in KölnKomm. AktG, 3. Aufl. 2018, § 245 AktG Rz. 98; C. Schäfer in MünchKomm. AktG, 5. Aufl. 2021, § 245 AktG Rz. 43; Noack, AG 1989, 78, 81 f.
301 BGH v. 11.11.1965 – II ZR 122/63, BGHZ 44, 245, 250 f. = AG 1966, 28; OLG München v. 28.7.2010 – 7 AktG 2/10, WM 2010, 1859, 1860 = AG 2010, 842; C. Schäfer in MünchKomm. AktG, 5. Aufl. 2021, § 245 AktG Rz. 44.
302 C. Schäfer in MünchKomm. AktG, 5. Aufl. 2021, § 245 AktG Rz. 44; vgl. auch Noack/Zetzsche in KölnKomm. AktG, 3. Aufl. 2018, § 245 AktG Rz. 106.
303 BGH v. 11.11.1965 – II ZR 122/63, BGHZ 44, 245, 250 f. = AG 1966, 28; K. Schmidt in Großkomm. AktG, § 245 AktG Rz. 24; C. Schäfer in MünchKomm. AktG, 5. Aufl. 2021, § 245 AktG Rz. 44; Noack/Zetzsche in KölnKomm. AktG, 3. Aufl. 2018, § 245 AktG Rz. 105.
304 C. Schäfer in MünchKomm. AktG, 5. Aufl. 2021, § 245 AktG Rz. 45.
305 K. Schmidt in Großkomm. AktG, 4. Aufl. 1996, § 245 AktG Rz. 26; C. Schäfer in MünchKomm. AktG, 5. Aufl. 2021, § 245 AktG Rz. 45.

verletzt worden sind[306]. Nimmt der Aktionär hingegen trotz des Einberufungsfehlers an der Hauptversammlung teil, so ist er nur im Falle der Erhebung eines Widerspruchs (§ 245 Nr. 1 AktG) anfechtungsbefugt[307]. Zu beachten bleibt, dass einige der von § 245 Nr. 2 Var. 2 AktG erfassten Fälle sogar Nichtigkeitsgründe darstellen mit der Folge, dass es einer Anfechtung der in der fehlerhaft einberufenen Hauptversammlung gefassten Beschlüsse nicht bedarf[308].

39.87 Ein **Bekanntmachungsfehler** i.S.d. § 245 Nr. 2 Var. 3 AktG liegt bei Verstoß gegen die §§ 124 Abs. 1 bis 3 AktG vor[309]. Erscheint der Aktionär jedoch trotz des Bekanntmachungsfehlers in der Hauptversammlung, hat er dem Beschluss zu widersprechen, um sich seine Anfechtungsbefugnis zu erhalten[310]. Da nicht auszuschließen ist, dass der Aktionär durch den Bekanntmachungsfehler von der Teilnahme an der Hauptversammlung überhaupt abgehalten worden ist, ist ein Widerspruch unter den Voraussetzungen des § 245 Nr. 2 Var. 3 AktG auch hinsichtlich solcher Beschlüsse entbehrlich, deren Gegenstand korrekt bekannt gemacht worden ist[311].

cc) § 245 Nr. 3 AktG

39.88 Jeder Aktionär (zur Frage der Aktionärseigenschaft vgl. Rz. 39.76 ff.)[312] ist schließlich gemäß § 245 Nr. 3 AktG dann anfechtungsbefugt, wenn er seine Anfechtungsklage auf eine unzulässige **Verfolgung von Sondervorteilen** (§ 243 Abs. 2 AktG, vgl. dazu Rz. 39.61 ff.) stützt[313] und er seine Aktien schon vor Einberufung der Hauptversammlung erworben hatte (vgl. Rz. 39.78). Weitere Voraussetzungen, insbesondere die Anwesenheit in der Hauptversammlung oder die Erhebung eines Widerspruchs, bestehen in diesem Fall nicht[314].

b) Die Anfechtungsbefugnis des Vorstands (§ 245 Nr. 4 AktG)

39.89 Gemäß § 245 Nr. 4 AktG ist auch der Vorstand anfechtungsbefugt, und zwar ohne dass es weiterer Voraussetzungen – also insbesondere nicht der Erhebung eines Widerspruchs – bedarf. Nach herrschender Auffassung ist der Vorstand dabei als **Kollegialorgan** selbst anfechtungsbefugt und nimmt somit nicht lediglich ein Anfechtungsrecht der Gesellschaft wahr[315]. Besteht der Vorstand aus mehreren Personen, ist vor diesem Hintergrund ein Beschluss über die Einleitung des Anfechtungsrechts-

---

306 Vgl. *K. Schmidt* in Großkomm. AktG, 4. Aufl. 1996, § 245 AktG Rz. 27; *C. Schäfer* in MünchKomm. AktG, 5. Aufl. 2021, § 245 AktG Rz. 48; a.A. *Werner* in Großkomm. AktG, 4. Aufl. 1993, § 125 AktG Rz. 91 ff., der bestimmte Verstöße gegen § 125 AktG ausklammern will.
307 *Hüffer/Koch*, § 245 AktG Rz. 19.
308 *Noack/Zetzsche* in KölnKomm. AktG, 3. Aufl. 2018, § 245 AktG Rz. 111; *C. Schäfer* in MünchKomm. AktG, 5. Aufl. 2021, § 245 AktG Rz. 48.
309 *K. Schmidt* in Großkomm. AktG, 4. Aufl. 1996, § 245 AktG Rz. 28.
310 *Hüffer/Koch*, § 245 AktG Rz. 20.
311 *Hüffer/Koch*, § 245 AktG Rz. 20.
312 Unterliegt der Aktionär infolge einer unterlassenen Stimmrechtsmitteilung einem temporären Rechtsverlust gemäß § 20 Abs. 7 AktG, tangiert dies nach höchstrichterlicher Rechtsprechung nur die Anfechtungsbefugnis gemäß § 245 Nr. 1 und 2 AktG (vgl. Rz. 39.76), nicht aber diejenige gemäß § 245 Nr. 3 AktG, wenn die notwendige Mitteilung vor Ablauf der Anfechtungsfrist nachgeholt wird, vgl. BGH v. 2.4.2009 – II ZR 148/07, DB 2009, 1520, 1521 = AG 2009, 534; siehe auch *Hüffer/Koch*, § 245 AktG Rz. 21.
313 Im Schrifttum wird z.T. die analoge Anwendung der Regelung auch auf Verstöße gegen das Gleichbehandlungsgebot oder gegen die mitgliedschaftliche Treuepflicht erwogen, vgl. *K. Schmidt* in Großkomm. AktG, 4. Aufl. 1996, § 245 AktG Rz. 30; *Heidel* in Heidel, § 245 AktG Rz. 20; siehe auch *Noack/Zetzsche* in KölnKomm. AktG, 3. Aufl. 2018, § 245 AktG Rz. 123.
314 *C. Schäfer* in MünchKomm. AktG, 5. Aufl. 2021, § 245 AktG Rz. 50.
315 BGH v. 30.6.2015 – II ZR 142/14, NZG 2015, 1227 Rz. 45 = AG 2015, 822; *Hüffer/Koch*, § 245 AktG Rz. 36; *Heidel* in Heidel, § 245 AktG Rz. 21; *Noack/Zetzsche* in KölnKomm. AktG, 3. Aufl. 2018, § 245 AktG Rz. 124.

streits erforderlich[316]. Zumindest in Fällen, in denen der anfechtbare Beschluss schädliche Auswirkungen auf die Gesellschaft hat, ist eine **Pflicht** des Vorstands zur Anfechtung zu bejahen[317]. Die Anfechtungsbefugnis nach § 245 Nr. 4 AktG kommt dem Vorstand in seiner jeweiligen Zusammensetzung zu; auch ein nach Klageerhebung erfolgender Wechsel von Vorstandsmitgliedern bleibt daher unerheblich und stellt insbesondere keine Parteiänderung dar[318].

Im Falle der **Abwicklung** sind anstelle des Vorstands die Abwickler anfechtungsbefugt (§ 245 Nr. 4, § 264 Abs. 2, 268 AktG). Im **Insolvenzstadium** kommt die Anfechtungsbefugnis dem Insolvenzverwalter dagegen nach h.M. nur dann zu, wenn der anzufechtende Beschluss Auswirkungen auf die Insolvenzmasse hat[319]. In sonstigen Fällen – insbesondere bei Beschlüssen, die die Organisation der Gesellschaft betreffen – bleibt der Vorstand also auch im Insolvenzfall anfechtungsbefugt[320].

39.90

c) Die Anfechtungsbefugnis einzelner Organmitglieder (§ 245 Nr. 5 AktG)

Gemäß § 245 Nr. 5 AktG ist schließlich auch jedes einzelne Mitglied des Vorstands und des Aufsichtsrats anfechtungsbefugt, wenn durch die Ausführung des Beschlusses Mitglieder des Vorstands oder des Aufsichtsrats eine strafbare Handlung oder eine Ordnungswidrigkeit begehen oder sich ersatzpflichtig machen würden. Für die Anfechtungsbefugnis nach § 245 Nr. 5 AktG erforderlich und ausreichend ist, dass die Organmitgliedschaft **im Zeitpunkt der Klageerhebung**[321] besteht; dafür genügt gemäß § 94 AktG auch die stellvertretende Mitgliedschaft im Vorstand[322]. Zudem muss der angefochtene Beschluss der **Ausführung** bedürfen, was allerdings schon dann zu bejahen ist, wenn dieser der Eintragung in das Handelsregister bedarf[323]. Erforderlich ist des Weiteren, dass die **Ausführung des Beschlusses zu den in § 245 Nr. 5 AktG genannten Sanktionen führen kann**. Wie sich dem Wortlaut der Regelung entnehmen lässt, ist es aber unerheblich, ob gerade dem anfechtenden Organmitglied selbst diese Sanktionen drohen; die Verantwortlichkeit irgendeines Organmitgliedes reicht also aus[324].

39.91

d) Missbrauch der Anfechtungsbefugnis

aa) Ausgangslage

Die Anfechtungsbefugnis ist ein **Kontrollrecht** der Aktionäre, das der Gewährleistung rechtmäßiger Hauptversammlungsbeschlüsse dient und damit nicht nur im Interesse des einzelnen Aktionärs, sondern auch im Interesse der Gesellschaft und der übrigen Aktionäre steht[325]. Der einzelne Aktionär kann seine Anfechtungsbefugnis deshalb auch dann ausüben, wenn durch die rechtswidrige Beschlussfassung der Hauptversammlung keine konkrete Gefährdung oder Verletzung seiner Interessen eingetreten ist und ihn ein allenfalls allgemeines Interesse an der Herstellung rechtmäßiger Zustände bewegt[326].

39.92

---

316 *Noack/Zetzsche* in KölnKomm. AktG, 3. Aufl. 2018, § 245 AktG Rz. 141; *C. Schäfer* in MünchKomm. AktG, 5. Aufl. 2021, § 245 AktG Rz. 66.
317 *Hüffer/Koch*, § 245 AktG Rz. 36.
318 *Englisch* in Hölters, § 245 AktG Rz. 39; *C. Schäfer* in MünchKomm. AktG, 5. Aufl. 2021, § 245 AktG Rz. 66.
319 Vgl. u.a. BGH v. 21.4.2020 – II ZR 56/18, AG 2020, 540 Rz. 24; *Vatter* in BeckOGK AktG, Stand 1.6.2021, § 245 AktG Rz. 52; *Hüffer/Koch*, § 245 AktG Rz. 37; a.A. *K. Schmidt* in Großkomm. AktG, 4. Aufl. 1996, § 245 AktG Rz. 37.
320 *C. Schmidt* in MünchKomm. AktG, 5. Aufl. 2021, § 245 AktG Rz. 71.
321 *K. Schmidt* in Großkomm. AktG, 4. Aufl. 1996, § 245 AktG Rz. 40.
322 *C. Schäfer* in MünchKomm. AktG, 5. Aufl. 2021, § 245 AktG Rz. 73.
323 *Vatter* in BeckOGK AktG, Stand 1.6.2021, § 245 AktG Rz. 57; *Englisch* in Hölters, § 245 AktG Rz. 45.
324 *K. Schmidt* in Großkomm. AktG, 4. Aufl. 1996, § 245 AktG Rz. 42.
325 Vgl. z.B. *C. Schäfer* in MünchKomm. AktG, 5. Aufl. 2021, § 245 AktG Rz. 8; krit. *Noack/Zetzsche* in KölnKomm. AktG, 3. Aufl. 2018, § 245 AktG Rz. 76.
326 BGH v. 25.2.1965 – II ZR 287/63, BGHZ 43, 261, 265; *Schwab* in K. Schmidt/Lutter, § 243 AktG Rz. 2.

39.93 Angesichts dieser Kontrollfunktion ist im älteren Schrifttum die Frage aufgeworfen worden, ob es eine rechtsmissbräuchliche Ausübung der Anfechtungsbefugnis überhaupt geben kann[327]. Diese Frage ist – wie die Praxis zeigt[328] – schon deshalb zu bejahen, weil immer wieder einzelne Aktionäre ihre Anfechtungsbefugnis nicht als Kontrollrecht, sondern in **funktionswidriger Weise** dazu nutzen, gegenüber der Gesellschaft eigennützige Interessen durchzusetzen: Auch wenn es an einem institutionellem Missbrauch fehlt, kann also ein individueller Rechtsmissbrauch vorliegen[329]. Dabei stehen in der Praxis vor allem solche Fälle im Vordergrund, in denen sich einzelne „Berufskläger" systematisch den „Lästigkeitswert" ihrer Klage von den Gesellschaften abkaufen lassen. Die „**rechtsmissbräuchliche Anfechtungsklage**" ist daher in der Rechtsprechung und Schrifttum zu Recht seit langem anerkannt[330], wenngleich ihre tatbestandliche Erfassung bislang nicht abschließend gelungen ist[331].

bb) Tatbestand

39.94 Nach **der Rechtsprechung** ist der Kläger dem Einwand des individuellen Rechtsmissbrauchs (§ 242 BGB) vor allem dann ausgesetzt, wenn er die Anfechtungsklage mit dem Ziel erhebt, die verklagte Gesellschaft in grob eigennütziger Weise zu einer Leistung zu veranlassen, auf die er keinen Anspruch hat und billigerweise auch nicht erheben kann[332] (sog. „**Abkauffälle**"). In der Praxis wird diese Leistung zumeist kaschiert und kann dann beispielsweise in einem „Honorar" für angebliche Beratungsdienste oder in einer „Aufwandspauschale" liegen; in Betracht kommen aber auch andere Leistungen als Geldzahlungen, wie etwa die Aufnahme von Lieferbeziehungen[333]. Dabei macht es – wie der BGH zutreffend festgestellt hat[334] – für die Rechtsmissbräuchlichkeit keinen Unterschied, ob der Kläger schon bei Klageerhebung beabsichtigte, eine solche ihm nicht gebührende Sonderleistung zu fordern, oder ob er diesen Entschluss erst nachträglich gefasst hat. Stets erforderlich ist aber in dieser Konstellation die Unangemessenheit der Leistung. Sie beurteilt sich in erster Linie vor dem Hintergrund der dem Kläger durch den Beschluss entstandenen rechtlichen Nachteile und der ihm im Rahmen seines Rechtsstreits entstandenen Aufwendungen; die „Befriedungsfunktion" der Zahlung soll dabei auch vertretbare Pauschalierungen zugunsten des Klägers rechtfertigen[335]. Abseits dieser praktisch beson-

---

327 Vgl. – diese Frage verneinend – z.B. *Schilling* in Großkomm. AktG, 3. Aufl. 1973, § 243 AktG, Anm. 25; *Bokelmann*, BB 1972, 733 ff.
328 Die Feststellung in der Begründung zum RegE des AktG 1965, dass „wirklich missbräuchliche Anfechtungsklagen ... in den letzten Jahren nicht bekanntgeworden sind" (vgl. bei *Kropff*, Aktiengesetz, S. 333) ist damit – wenn sie schon seinerzeit überhaupt zutreffend war – heute jedenfalls überholt. Ein jüngerer Überblick über die Erscheinungsformen rechtsmissbräuchlicher Aktionärsklagen findet sich bei *Kiethe*, NZG 2004, 489 ff.; siehe auch die empirischen Studien von *Baums/Keinrath/Gajek*, ZIP 2007, 1629 ff.; *Bayer/Hoffmann/Sawada*, ZIP 2012, 897 ff. und *Bayer/Hoffmann*, ZIP 2013, 1193 ff.
329 BGH v. 22.5.1989 – II ZR 206/88, BGHZ 107, 296, 310 = AG 1989, 399; *Henze* in FS Hadding, 2004, S. 409, 411.
330 Vgl. etwa RGZ 146, 385, 395; BGH v. 23.11.1961 – II ZR 4/60, BGHZ 36, 121, 136 ff. = AG 1962, 51; BGH v. 22.5.1989 – II ZR 206/88, BGHZ 107, 296, 308 ff. = AG 1989, 399; *Hüffer/Koch*, § 245 AktG Rz. 22 ff.; *Noack/Zetzsche* in KölnKomm. AktG, 3. Aufl. 2018, § 245 AktG Rz. 161 ff.; *K. Schmidt* in Großkomm. AktG, 4. Aufl. 1996, § 245 AktG Rz. 47 ff.; *Butzke*, HV, O Rz. 17 f.; *Austmann* in MünchHdb. AG, § 42 Rz. 95; *Hirte*, BB 1988, 1469 ff. (jeweils mit umfangreichen weiteren Nachweisen).
331 Nicht zu Unrecht werden freilich Zweifel erhoben, ob eine tatbestandlich abschließende Erfassung überhaupt gelingen kann, vgl. m.w.N. *Hüffer/Koch*, § 245 AktG Rz. 27.
332 BGH v. 22.5.1989 – II ZR 206/88, BGHZ 107, 296, 311 = AG 1989, 399; BGH v. 18.12.1989 – II ZR 254/88, AG 1990, 259, 262; OLG München v. 4.7.2018 – 7 U 131/18, AG 2019, 266, 270; siehe auch *Henze*, Aktienrecht, Rz. 1091 ff.
333 *K. Schmidt* in Großkomm. AktG, 4. Aufl. 1996, § 245 AktG Rz. 56; *C. Schäfer* in MünchKomm. AktG, 5. Aufl. 2021, § 245 AktG Rz. 59; zu sonstigen Erscheinungsformen vgl. auch *Kiethe*, NZG 2004, 489, 490 f.
334 BGH v. 14.10.1991 – II ZR 249/90, NJW 1992, 569, 570 = AG 1992, 86.
335 So tendenziell *K. Schmidt* in Großkomm. AktG, 4. Aufl. 1996, § 245 AktG Rz. 57; ebenso wohl *C. Schäfer* in MünchKomm. AktG, 5. Aufl. 2021, § 245 AktG Rz. 59.

ders relevanten „Abkauffälle" handelt missbräuchlich aber z.B. auch derjenige Aktionär, der die Klage als **Druckmittel in einem Schadensersatzprozess** einsetzt[336] oder der die Gesellschaft mit der Klage **unter seinen Einfluss zu bringen und zu vernichten** beabsichtigt[337]. Wenngleich diese Aufzählung die praktisch wohl relevantesten Fälle erfasst, ist sie keineswegs abschließend.

Die **Darlegungs- und Beweislast** für die Rechtsmissbräuchlichkeit des klägerischen Handelns liegt nach allgemeinen prozessualen Grundsätzen bei der sich auf diesen Einwand berufenden Gesellschaft[338]. Im Rahmen der Beweiswürdigung wird es, da die Grundsätze des Anscheinsbeweises in Ermangelung von dafür notwendigen typischen Geschehensabläufen regelmäßig nicht greifen[339], vor allem um die **Bewertung von Indizien** gehen. Diese Bewertung hat zwar die gesetzliche Kontrollfunktion der Anfechtungsbefugnis (Rz. 39.92) zu beachten, so dass etwa der Umstand, dass der Kläger lediglich über eine einzelne Aktie verfügt, ohne Hinzutreten weiterer Umstände keineswegs den Rückschluss auf die Rechtsmissbräuchlichkeit seiner Klageerhebung erlaubt[340]. Entscheidend kommt es aber stets auf das durch den Richter im konkreten Sachzusammenhang zu würdigende Gesamtbild an[341]. Vor allem dem Vorhandensein mehrerer Indizien kann daher die Missbräuchlichkeit der Klageerhebung zu entnehmen sein. So lässt etwa auch die bloße Tatsache, dass der Kläger bereits in der Vergangenheit Abfindungssummen verlangt hat, nach höchstrichterlicher Rechtsprechung nicht notwendig auf einen Rechtsmissbrauch schließen[342], es sei denn, es besteht ein zeitlicher und sachlicher Zusammenhang mit der anhängigen Klage, der ein „professionelles", auf einem Gesamtkonzept basierendes Vorgehen nahelegt[343].

39.95

Ob die Rechtsmissbräuchlichkeit allein daraus gefolgert werden kann, dass der einen Hauptversammlungsbeschluss anfechtende Aktionär seine **Aktien erst nach Ankündigung der jeweiligen Beschlussfassung erworben** hat, war lange Zeit umstritten[344]. Der Gesetzgeber hat diese Frage mit der Änderung des § 245 Nr. 1 und Nr. 3 AktG durch das UMAG im bejahenden Sinne entschieden, indem die Anfechtungsbefugnis nunmehr von einem Erwerb der Aktien im Vorfeld der Einberufung abhängig gemacht wurde (siehe näher Rz. 39.78 und 39.88). Ob dieses Erfordernis für die in der Praxis auftretenden „Berufskläger" eine ernstzunehmende Hürde darstellt, wird wohl nicht zu Unrecht bezweifelt, denn insbesondere an den börsennotierten deutschen Gesellschaften ist diese Personengruppe in aller Regel mit zumindest einigen wenigen Aktien beteiligt[345].

39.96

---

336 OLG Frankfurt v. 22.12.1995 – 5 W 42 u. 43/95, AG 1996, 135, 136.
337 BGH v. 6.10.1960 – II ZR 150/58, BGHZ 33, 175, 186 = AG 1960, 329.
338 BGH v. 22.5.1989 – II ZR 206/88, BGHZ 107, 296, 312; OLG München v. 4.7.2018 – 7 U 131/18, AG 2019, 266, 270; *C. Schäfer* in MünchKomm. AktG, 5. Aufl. 2021, § 245 AktG Rz. 62; *Jäger*, Aktiengesellschaft, § 24 Rz. 185.
339 *Hüffer/Koch*, § 245 AktG Rz. 28; *K. Schmidt* in Großkomm. AktG, 4. Aufl. 1996, § 245 AktG Rz. 69.
340 *K. Schmidt* in Großkomm. AktG, 4. Aufl. 1996, § 245 AktG Rz. 68; zum Vorschlag, den Satzungsgeber *de lege ferenda* zur Einführung eines Mindestanteilsbesitzes als Voraussetzung für die Anfechtungsbefugnis zu ermächtigen, vgl. *Hüffer* in FS Brandner, 1996, S. 57, 58 ff.
341 KG v. 29.10.2010 – 14 U 96/09, AG 2011, 299, 300; *C. Schäfer* in MünchKomm. AktG, 5. Aufl. 2021, § 245 AktG Rz. 62; *Jäger*, Aktiengesellschaft, § 24 Rz. 186; *Wardenbach*, ZGR 1992, 563, 566; *Kiethe*, NZG 2004, 489, 493.
342 BGH v. 15.6.1992 – II ZR 173/91, AG 1992, 448, 449 f.; vgl. auch KG v. 29.10.2010 – 14 U 96/09, AG 2011, 299, 300 f.
343 BGH v. 22.5.1989 – II ZR 206/88, BGHZ 107, 296, 312 ff. = AG 1989, 399; siehe auch OLG Stuttgart v. 23.1.2001 – 20 U 54/01, AG 2003, 165, 166; *Wardenbach*, ZGR 1992, 563, 570.
344 Verneinend etwa OLG Köln v. 6.10.2003 – 18 W 35/03, BB 2003, 2307, 2308 = AG 2004, 39; *K. Schmidt* in Großkomm. AktG, 4. Aufl. 1996, § 245 AktG Rz. 71; a.A. z.B. *Wardenbach*, ZGR 1992, 563, 580 ff.; siehe auch – für einen Fall, in dem die Aktien erst nach der Beschlussfassung erworben worden waren – OLG Stuttgart v. 10.1.2001 – 20 U 91/99, NZG 2001, 277, 279 = AG 2001, 315.
345 Skeptisch u.a. auch *Koch*, ZGR 2006, 769, 796; *Fleischer*, NJW 2005, 3525, 3529; *Veil*, AG 2005, 567, 568.

cc) Rechtsfolgen

39.97 Die Rechtsmissbräuchlichkeit der Klageerhebung und der Klagefortführung (Rz. 39.94) hat zur Folge, dass der Kläger seine Anfechtungsbefugnis verwirkt. Weil die Anfechtungsbefugnis als subjektives Recht mit materiell-rechtlichem Charakter einzuordnen ist (vgl. näher Rz. 39.73), führt ihr Wegfall nicht zur Unzulässigkeit, sondern zur **Unbegründetheit** der Anfechtungsklage[346]. Zahlungen der Gesellschaft in den sog. „Abkauffällen" (vgl. Rz. 39.94) sind als unzulässige Einlagenrückgewähr i.S.d. § 57 AktG zu werten und daher gemäß § 62 AktG zurückzuerstatten; daneben können sich vor allem Bereicherungs- und Schadensersatzansprüche der Gesellschaft aus den §§ 812, 817, 823 ff. BGB ergeben[347] (vgl. noch Rz. 39.99). Wie die jüngere instanzgerichtliche Rechtsprechung zeigt, gewinnt insbesondere die Haftung des rechtsmissbräuchlich handelnden Anfechtungsklägers aus § 826 BGB an praktischer Bedeutung[348]. Werden Zahlungen in den „Abkauffällen" (vgl. Rz. 39.94) nicht zurückabgewickelt, unterliegen diese nach einer Entscheidung des FG Köln aus dem Jahr 2015 bei dem rechtsmissbräuchlich handelnden Kläger der Einkommensteuer und im Wiederholungsfall auch der Umsatzsteuer[349].

dd) Jüngere Entwicklungen bei der Bekämpfung missbräuchlicher Anfechtungsklagen und Reform des Beschlussmängelrechts

39.98 Ob die aufgezeigten, durch die Rechtsprechung entwickelten Lösungen geeignet sind, die Missbrauchsproblematik wirksam einzudämmen, ist im Schrifttum nicht zu Unrecht vielfach bezweifelt worden[350]. Einigen Vorschlägen, die dabei für eine Lösung *de lege ferenda* unterbreitet worden sind, hat sich auch die Regierungskommission Corporate Governance angeschlossen[351]; ihre gesetzliche Umsetzung erfolgte in Teilbereichen mit dem **UMAG**. Beispielhaft zu nennen sind die Ausweitung des Anwendungsbereichs des sog. Freigabeverfahrens durch § 246a AktG (vgl. dazu näher Rz. 39.183), die Beschränkung des in § 131 AktG niedergelegten Auskunftsrechts der Aktionäre (das durch extensive Nutzung immer wieder dazu angewandt wird, anfechtungsrelevante Fehler zu provozieren) sowie die Einschränkung der Anfechtungsbefugnis nach § 245 Nr. 1 und Nr. 3 AktG (vgl. näher Rz. 39.78 und 39.88).

39.99 Besondere Hervorhebung verdienen in diesem Zusammenhang auch die durch das UMAG eingeführten Regelungen der §§ 248a, 149 Abs. 2 und 3 AktG, die die **börsennotierten Gesellschaften** dazu verpflichten, jede **Beendigung des Anfechtungsprozesses** unverzüglich in den Gesellschaftsblättern bekannt zu machen[352]. Im Einzelnen sind danach die Art der Verfahrensbeendigung und „alle mit ihr

---

346 H.M., vgl. z.B. BGH v. 15.6.1992 – II ZR 173/91, AG 1992, 448, 449; *Hüffer/Koch*, § 245 AktG Rz. 30; *Henze*, Aktienrecht, Rz. 998; *Hirte*, BB 1988, 1469, 1474; a.A. etwa OLG Karlsruhe v. 11.6.1991 – 8 U 192/90, WM 1991, 1755, 1757; *K. Schmidt* in Großkomm. AktG, 4. Aufl. 1996, § 245 AktG Rz. 75.
347 Vgl. näher *K. Schmidt* in Großkomm. AktG, 4. Aufl. 1996, § 245 AktG Rz. 81 ff.; *Hirte*, BB 1988, 1469, 1473 f.
348 Vgl. OLG Frankfurt v. 13.1.2009 – 5 U 183/07, AG 2009, 200, 201 ff.; LG Frankfurt v. 2.10.2007 – 3–5 O 177/07, Der Konzern 2007, 760, 762 = AG 2007, 824; siehe auch OLG Hamburg v. 20.10.2010 – 11 U 127/09, AG 2011, 301, 302 f. (wo die Haftung im konkreten Einzelfall jedoch mit Blick auf den Schutzzweck der verletzten Treuepflicht verneint wird).
349 Vgl. FG Köln v. 11.6.2015 – 13 K 3023/13, NZG 2015, 1403, 1404 ff.; die Rechtswidrigkeit der Leistung hat das Finanzgericht dabei als nach § 40 AO unerheblich angesehen.
350 Überblick mit Nachweisen z.B. bei *Schütz*, DB 2004, 419; siehe auch *D. Schwintowski*, DB 2007, 2695 ff.; *Baums/Drinhausen*, ZIP 2008, 145 ff.; *J. Vetter*, AG 2008, 177 ff.; *Poelzig/Meixner*, AG 2008, 196 ff.
351 Vgl. näher *Baums*, Bericht der Regierungskommission Corporate Governance, Rz. 145 ff.
352 Werden mehrere Anfechtungsprozesse zur gleichzeitigen Verhandlung und Entscheidung gemäß § 246 Abs. 3 Satz 6 AktG verbunden und scheiden einzelne Kläger – z.B. durch Klagerücknahme – sukzessive aus dem Prozessrechtsverhältnis aus, so bedarf es prinzipiell in jedem Einzelfall einer gesonderten Bekanntmachung, es sei denn, mit dem jeweiligen Kläger werden keine Absprachen getroffen, vgl. näher *Meyer/Ulbrich*, NZG 2010, 246, 248; *Hüffer/Koch*, § 248a AktG Rz. 2; a.A. *Schnabl*, ZIP 2008, 1667.

im Zusammenhang stehenden Vereinbarungen einschließlich Nebenabreden im vollständigen Wortlaut sowie die Namen der Beteiligten" anzugeben und „etwaige Leistungen der Gesellschaft und ihr zurechenbare Leistungen Dritter ... gesondert zu beschreiben und hervorzuheben" (§ 149 Abs. 2 Satz 1 und 2 AktG). Der Gesetzgeber versprach sich von dieser **Bekanntmachungspflicht** eine „abschreckende Wirkung auf missbräuchliche Klagen"[353], die vor allem in den beschriebenen „Abkauffällen" (Rz. 39.94) nicht selten durch den Abschluss von Vergleichen beendet werden, in denen sich die Gesellschaft oder ein in ihrem Interesse handelnder Dritter zu einer Leistung gegen Rücknahme der Anfechtungsklage verpflichtet[354]. Die beabsichtigte Wirkung soll vor allem dadurch erzielt werden, dass die Erfüllung der Bekanntmachungspflicht zwar keine Gültigkeitsvoraussetzung für die jeweilige prozessbeendigende Verfahrenshandlung bildet, aber die Verpflichtung zur Erbringung der Leistung, die die Gesellschaft oder ein in ihrem Interesse handelnder Dritter in dem Vergleich übernommen hat, erst mit dieser Bekanntmachung wirksam wird (vgl. §§ 248a, 149 Abs. 2 Satz 3 und 4 AktG). Trotz Unwirksamkeit bewirkte Leistungen können – ungeachtet der Regelung des § 814 BGB[355] – zurückgefordert werden (§§ 248a, 149 Abs. 2 Satz 5 AktG).

Auch diese Neuerungen des UMAG vermochten indessen die Flut der von den „Berufsklägern" erhobenen Beschlussmängelklagen nicht im erhofften Umfang einzudämmen[356]. Das „Gesetz zur Umsetzung der Aktionärsrechterichtlinie (**ARUG**)" vom 30.7.2009[357] führte daher weitere Regelungen ein, die auf die Bekämpfung solcher Klagen zielen. Zu diesem Zweck sah das ARUG u.a. tiefgreifende Modifikationen des sog. Freigabeverfahrens vor, die nicht nur die Verkürzung des Instanzenzuges (vgl. Rz. 39.176), sondern auch die Kriterien der Freigabe betrafen (vgl. Rz. 39.179 ff.). Ergänzt wurde des Weiteren eine Befugnis der beklagten Gesellschaft, in die Beschlussmängelklage bereits vor deren Zustellung Einsicht zu nehmen (vgl. Rz. 39.117a), sowie die zwingende Erstreckung der von dem Kläger für die Beschlussmängelklage erteilten Prozessvollmacht auf seine Vertretung als Antragsgegner im Freigabeverfahren (vgl. Rz. 39.185).

39.99a

Ob der durch den Gesetzgeber eingeschlagene Weg, dem Problem der rechtsmissbräuchlichen Aktionärsklagen durch punktuelle Änderungen des aktienrechtlichen Anfechtungsrechts zu begegnen, ein auf Dauer geeignetes Mittel darstellt, wird im jüngeren Schrifttum zunehmend bezweifelt. Es mehren sich die Stimmen, die – insbesondere mit Blick auf die **Inkonsistenz** der dabei geschaffenen Rechtslage (vgl. dazu etwa Rz. 39.179d, 39.181) – für eine **grundlegende Reform des Beschlussmängelrechts** eintreten[358]; u.a. der aus Vertretern der Wissenschaft und Praxis zusammengesetzte Arbeitskreis Beschlussmängelrecht hat in diesem Zusammenhang bereits im Jahre 2008 konkrete Regelungsvorschläge vorgelegt[359]. Auf Initiative seines Rechtsausschusses hat der Bundestag von einer ursprünglich im Gesetzgebungsverfahren zur **Aktienrechtsnovelle 2012/2013** bzw. zum **VorstKoG** vorgeschlagenen neuerlichen „Einzelfallkorrektur" des § 249 AktG abgesehen, weil eine „Lösung mit weiterem Blick auf das gesamte Beschlussmängelrecht erwogen werden" soll[360]; an dieser Einschätzung hielt der Gesetz-

39.99b

---

353 Begr. RegE UMAG, BR-Drucks. 3/05, S. 50.
354 Vgl. dazu auch *Baums*, Bericht der Regierungskommission Corporate Governance, Rz. 145 ff.; *Baums/Keinath/Gajek*, ZIP 2007, 1629, 1643.
355 Begr. RegE UMAG, BR-Drucks. 3/05, S. 51.
356 Vgl. empirisch *Baums/Kienath/Gajek*, ZIP 2007, 1629.
357 BGBl. I 2009, S. 2479.
358 Vgl. u.a. *Hüffer/Koch*, § 245 AktG Rz. 31 ff.; *Fleischer*, AG 2012, 765, 775 ff.; *Habersack/Stilz*, ZGR 2010, 710, 723 ff.; *Arbeitskreis Beschlussmängelrecht*, AG 2008, 617, 617 ff.; *Bayer/Fiebelkorn*, ZIP 2012, 2181, 2187; *Bayer/Möller*, NZG 2018, 801, 803; *Harbarth*, AG 2018, 637, 638 ff.; *C. Schäfer* in MünchKomm. AktG, 5. Aufl. 2021, § 245 Rz. 10 ff.; a.A. *Seibert/Böttcher*, ZIP 2012, 12, 15.
359 Vgl. *Arbeitskreis Beschlussmängelrecht*, AG 2008, 617, 617 ff.; weitere konkrete Vorschläge aus jüngerer Zeit für eine Lösung de lege ferenda finden sich etwa bei *Bayer/Fiebelkorn*, ZIP 2012, 2181, 2187.
360 Vgl. Beschlussempfehlung BT-Rechtsausschuss, BT-Drucks. 17/14214, S. 24 (Das Gesetzgebungsverfahren wurde in der 17. Legislaturperiode nicht mehr abgeschlossen.).

geber im Rahmen der **Aktienrechtsnovelle 2016** explizit fest[361]. Die Frage der grundlegenden Reformbedürftigkeit des Beschlussmängelrechts stand schließlich auch im Fokus der Verhandlungen des 72. **Deutschen Juristentages** (2018), dessen wirtschaftsrechtliche Abteilung sie nach ausführlicher Diskussion[362] mit großer Mehrheit bejahte[363].

3. Streitgenossenschaft zwischen mehreren Anfechtungsklägern; Nebenintervention

39.100 Wird von mehreren nach § 245 AktG anfechtungsbefugten Personen Anfechtungsklage gegen denselben Hauptversammlungsbeschluss erhoben, stehen die Kläger gemäß § 62 Abs. 1 Var. 1 ZPO in **notwendiger Streitgenossenschaft**, denn wegen der sich auf jedermann erstreckenden Rechtskraftwirkung des Anfechtungsurteils (§ 248 Abs. 1 AktG) kann das Gericht den angefochtenen Hauptversammlungsbeschluss lediglich gegenüber allen Klägern einheitlich für nichtig erklären[364]. Dass z.B. die Versäumung der Klagefrist durch einzelne Kläger oder ihre fehlende Anfechtungsbefugnis zur Abweisung einzelner von mehreren Anfechtungsklägern erhobenen Klagen führen kann, steht dieser Einordnung nicht entgegen[365].

39.101 Die Aktionäre, der Vorstand und die einzelnen Vorstands- und Aufsichtsratsmitglieder können den Parteien des Anfechtungsrechtsstreit gemäß § 69 ZPO als **streitgenössische Nebenintervenienten** beitreten[366]; zugunsten des Vorstands besteht diese Möglichkeit nach h.M. allerdings grundsätzlich nur auf Klägerseite[367]. Für die Aktionäre erlangt die Möglichkeit zur Nebenintervention praktische Bedeutung vor allem dadurch, dass sie dem Anfechtungskläger nach herrschender Auffassung auch dann beitreten können, wenn ihnen eine **eigene Anfechtungsbefugnis** z.B. mangels Widerspruchserhebung fehlt oder sie die Anfechtungsfrist versäumt haben[368] (vgl. aber zu der davon zu unterscheidenden sog. „Nebeninterventionsfrist" noch Rz. 39.101a). Von praktischem Interesse ist zudem, dass die den angefochtenen Beschluss tragende Aktionärsmehrheit der Gesellschaft auf Beklagtenseite beitreten und auf diese Weise verhindern kann, dass der Vorstand und der Aufsichtsrat die Verteidigung des angefochtenen Beschlusses durch bestimmte Prozesshandlungen (z.B. durch ein Geständnis oder einen Rechtsmittelverzicht) aufgeben[369]. **Gesellschaftsfremden Dritten** fehlt demgegenüber in der Regel das gemäß § 66 ZPO für die Zulässigkeit der Nebenintervention erforderliche rechtliche Interesse am Prozesserfolg des Anfechtungsklägers oder der beklagten Gesellschaft. Ausnahmen können jedoch z.B. zu-

---

361 Begr. zur Beschlussempfehlung des Rechtsausschusses des Bundestages, BT-Drucks. 18/6681, S. 12; siehe auch *Harbarth/von Plettenberg*, AG 2016, 145, 155 f.
362 Vgl. u.a. *Koch*, Gutachten F zum 72. DJT, F 20 ff.; *Lieder*, NZG 2018, 1321, 1322 ff.; *Noack*, JZ 2018, 824 ff.; *C. Schäfer*, Der Konzern 2018, 413 ff.
363 Beschl. I.1. der wirtschaftsrechtlichen Abteilung des 72. DJT.
364 *K. Schmidt* in Großkomm. AktG, 4. Aufl. 1996, § 246 AktG Rz. 29.
365 *C. Schäfer* in MünchKomm. AktG, 5. Aufl. 2021, § 246 AktG Rz. 7; *K. Schmidt* in Großkomm. AktG, 4. Aufl. 1996, § 246 AktG Rz. 29.
366 Zur Interventionsbefugnis des besonderen Vertreters i.S.d. § 147 Abs. 2 AktG vgl. Rz. 42.26.
367 *K. Schmidt* in Großkomm. AktG, 4. Aufl. 1996, § 246 AktG Rz. 42; *Heidel* in Heidel, § 246 AktG Rz. 7; a.A. *Austmann*, ZHR 158 (1994), 495, 500. Ausnahmen können sich ergeben, wenn die Anfechtbarkeit im Rahmen einer positiven Beschlussfeststellungsklage einredeweise geltend gemacht werden soll, vgl. BGH v. 31.3.1980 – II ZR 54/78, BGHZ 76, 191, 201; *C. Schäfer* in MünchKomm. AktG, 5. Aufl. 2021, § 246 AktG Rz. 9.
368 BGH v. 26.5.2008 – II ZB 23/07, WM 2008, 1400, 1401 f. = AG 2008, 630; BGH v. 23.4.2007 – II ZB 29/05, DB 2007, 1744, 1745 = AG 2007, 629; *K. Schmidt* in Großkomm. AktG, 4. Aufl. 1996, § 246 AktG. Rz. 43; *Austmann*, ZHR 158 (1994), 495, 498; *Bayer* in FS Maier-Reimer, 2010, S. 1, 7; a.A. OLG Frankfurt v. 3.11.2005 – 5 W 46/05, AG 2006, 755, 756; *von Falkenhausen/Kocher*, ZIP 2004, 1179, 1180 ff.; *Waclawik*, WM 2004, 1361, 1365 ff.; *Meyer-Landrut/Pluskat*, BB 2007, 2533, 2534.
369 *C. Schäfer* in MünchKomm. AktG, 5. Aufl. 2021, § 246 AktG Rz. 8, 12; *Bayer* in FS Maier-Reimer, 2010, S. 1, 4; siehe anschaulich etwa BGH v. 30.6.2020 – II ZR 8/19, AG 2020, 744 Rz. 14.

gunsten des anderen Vertragsteils eines Unternehmensvertrages bestehen, wenn der Zustimmungsbeschluss zu diesem Unternehmensvertrag (§ 293 AktG) angefochten wird[370].

Da der Beitritt als Nebenintervenient lediglich geringen Aufwand bereitet[371], im Falle eines Klageerfolgs des unterstützten Anfechtungsklägers jedoch eine hohe Kostenerstattung verspricht[372], erfreute sich das zivilprozessuale Instrument der Nebenintervention in der Vergangenheit bei manchen Minderheitsaktionären besonderer Beliebtheit. Dies galt vor allem für die in der Praxis zu beobachtenden „Berufsnebenintervenienten", die sich systematisch und ausschließlich in der prozessualen Rolle des Streithelfers an laufenden Anfechtungsklageverfahren beteiligten, häufig jedoch ohne zum Prozessgeschehen in irgendeiner Weise beizutragen. Schon der Gesetzgeber des UMAG sah sich vor diesem Hintergrund veranlasst, die Nebenintervention von Aktionären durch die Einführung des § 246 Abs. 4 Satz 2 AktG zu beschränken. Diese Vorschrift statuiert eine **„Neninterventionsfrist"**, so dass die Beteiligung als Nebenintervenient seit Inkrafttreten des UMAG[373] nur noch innerhalb eines Monats nach der Bekanntmachung der Klage (vgl. dazu Rz. 39.118) in Betracht kommt[374]. Wie dem Wortlaut des § 246 Abs. 4 Satz 2 AktG zu entnehmen ist, gilt diese Frist jedoch nur für die „Beteiligung an der Klage" und somit lediglich für den **Streitbeitritt auf Klägerseite**, nicht dagegen für die Nebenintervention auf Seiten der beklagten Gesellschaft[375]. Die aufgrund der früheren Gesetzesformulierung umstrittene Frage, ob die **Nebeninterventionsfrist erst dann zu laufen beginnt**, wenn gemäß § 246 Abs. 4 Satz 1 AktG a.F. nicht nur die Klageerhebung, sondern auch der Termin zur mündlichen Verhandlung bekanntgemacht worden ist, hat durch die Aktienrechtsnovelle 2016 eine faktische Klärung erfahren: Denn nach dem nunmehr geltenden § 246 Abs. 4 Satz 1 AktG ist eine Bekanntmachung des Verhandlungstermins nicht länger erforderlich. 39.101a

Daneben hat die „Attraktivität" der Nebenintervention auch durch die jüngere höchstrichterliche Rechtsprechung erhebliche Einschränkungen erfahren. Zwar hat der BGH einerseits die Frage, ob der Nebenintervenient die ebenfalls durch das UMAG eingeführte **„Vorbesitzzeit"** i.S.d. § 245 Nr. 1 AktG (vgl. Rz. 39.78) ebenso wie der Kläger nachweisen muss, ungeachtet ihrer Bejahung in der Begründung zum RegE des UMAG[376] zunächst ausdrücklich offen gelassen[377]. Entgegen der bis dato wohl überwiegenden Rechtsprechung der Instanzgerichte[378] stellte der II. Zivilsenat allerdings andererseits fest, dass der in § 101 Abs. 1 ZPO geregelte **Grundsatz der Kostenparallelität in der vorliegenden Konstellation keine Anwendung findet** und über die Kosten des Nebenintervenienten somit eigenständig 39.101b

---

370 *K. Schmidt* in Großkomm. AktG, 4. Aufl. 1996, § 246 AktG Rz. 43; *C. Schäfer* in MünchKomm. AktG, 5. Aufl. 2021, § 246 AktG Rz. 10; siehe auch *Austmann*, ZHR 158 (1994), 495, 501 f.
371 Vgl. anschaulich z.B. *Waclawik*, DStR 2007, 1257, 1257.
372 Vgl. die empirischen Befunde von *Baums/Kienath/Gajek*, ZIP 2007, 1629, 1645 ff.
373 Eine rückwirkende Anwendung dieser Fristenregelung auf einen bereits vor Inkrafttreten des UMAG erklärten Streitbeitritt kommt indessen nicht in Betracht, vgl. BGH v. 23.4.2007 – II ZB 29/05, DB 2007, 1744, 1745 f. = AG 2007, 629; anders OLG Nürnberg v. 20.9.2006 – 12 U 3800/04, AG 2007, 295, 296.
374 Im Schrifttum sind an der Verfassungsmäßigkeit dieser Regelung Zweifel erhoben worden, vgl. *Schwab* in K. Schmidt/Lutter, § 246 AktG Rz. 38, die jedoch von der u.a. durch das OLG Frankfurt getragenen h.M. nicht geteilt werden, siehe OLG Frankfurt v. 22.3.2010 – 5 W 10/10, NZG 2010, 785, 786 = AG 2010, 558; *Wilsing/Ogorek*, NZG 2010, 1058, 1058 f.; *Goslar/von der Linden*, WM 2009, 492, 493.
375 BGH v. 15.6.2009 – II ZB 8/08, AG 2009, 624, 624; OLG Hamburg v. 4.4.2008 – 11 W 9/08, ZIP 2008, 2330, 2331; *C. Schäfer* in MünchKomm. AktG, 5. Aufl. 2021, § 246 AktG Rz. 81; *Bayer* in FS Maier-Reimer, 2010, S. 1, 7.
376 RegE UMAG, BR-Drucks. 3/05, S. 55.
377 BGH v. 23.4.2007 – II ZB 29/05, DB 2007, 1744, 1745 f. = AG 2007, 629; tendenziell verneinend wohl BGH v. 26.5.2008 – II ZB 23/07, WM 2008, 1400, 1401 = AG 2008, 630; siehe auch *Goslar/von der Linden*, WM 2009, 492, 497 ff.
378 Vgl. u.a. OLG Köln v. 27.4.2006 – 18 U 139/05, AG 2006, 590; weitere Nachw. bei *Waclawik*, DStR 2007, 1257.

nach den Vorgaben des § 101 Abs. 2, § 100 ZPO zu entscheiden ist[379]. Der Nebenintervenient kann daher mit einer Erstattung seiner außergerichtlichen Kosten prinzipiell nur noch bei Obsiegen des von ihm unterstützten Klägers rechnen, nicht länger jedoch in dem praktisch häufigen Fall, dass sich der von ihm unterstütze Kläger gegen Erstattung seiner Kosten vergleichsweise zur Rücknahme seiner Anfechtungsklage verpflichtet: Enthält ein solcher Vergleich nicht ausnahmsweise eine den Nebenintervenienten begünstigende Regelung über die Kostenlast, hat der Nebenintervenient seine Kosten also gemäß § 269 Abs. 3 Satz 2 ZPO selbst zu tragen[380]. Dasselbe gilt, wenn die Parteien in dieser Konstellation den Anfechtungsrechtsstreit unmittelbar durch einen Prozessvergleich im engeren Sinne beenden[381]. Anders ist die Rechtslage dagegen im Falle einer vergleichsweise vereinbarten Klagerücknahme, sofern der Nebenintervenient dem Rechtsstreit auf Seiten der beklagten Gesellschaft beigetreten war[382]; auch deshalb[383] erklären die „Berufsnebenintervenienten" ihren Streitbeitritt inzwischen häufig auf Beklagtenseite.

4. Die Gesellschaft als Beklagte

39.102 Nach § 246 Abs. 2 Satz 1 AktG ist die Anfechtungsklage **gegen die Gesellschaft** zu richten. Ausnahmen von diesem Grundsatz gelten in folgenden Konstellationen:

39.103 Befindet sich die Gesellschaft in **Insolvenz**, ist die Klage nach h.M. gegen den Insolvenzverwalter als Partei kraft Amtes zu richten, falls durch einen Erfolg der Anfechtungsklage die Aktivmasse gemindert oder die daraus zu berichtigenden Verbindlichkeiten erhöht würden; in allen anderen Fällen, d.h. bei „masseneutralen" und bei solchen Klagen, deren Erfolg die Aktivmasse sogar vermehren würde, bleibt die Gesellschaft richtige Beklagte[384].

39.104 Auch in den Fällen der Umwandlung der Gesellschaft ist zu differenzieren: Geht es um die **Anfechtung des Umwandlungsbeschlusses** und ist die Umwandlungsmaßnahme noch nicht in das Handelsregister eingetragen, ist die Anfechtungsklage gegen die Gesellschaft zu richten, deren Hauptversammlung den Umwandlungsbeschluss gefasst hat[385]. Nach Eintragung der **Verschmelzung** (§§ 2 ff. UmwG) kommt – wie § 28 UmwG klarstellt – als richtiger Beklagter wegen der Rechtswirkungen der § 20 Abs. 1 Nr. 2, § 36 UmwG, d.h. wegen des Erlöschens des übertragenden Rechtsträgers, nur noch der übernehmende bzw. der neue Rechtsträger in Betracht[386]; §§ 239 ff., 246 ff. ZPO finden nach h.M. entsprechende Anwendung, wenn die Klage bereits erhoben worden war[387]. Im Falle eines **Formwechsels** (§§ 190 ff.

---

379 BGH v. 18.6.2007 – II ZB 23/06, ZIP 2007, 1337, 1338 = AG 2007, 547; seitdem st. Rspr. vgl. zuletzt BGH v. 8.10.2019 – II ZR 94/17, AG 2020, 126 Rz. 12.
380 BGH v. 18.6.2007 – II ZB 23/06, ZIP 2007, 1337, 1338 = AG 2007, 547; zust. *Waclawik*, DStR 2007, 1257, 1259.
381 BGH v. 15.9.2014 – II ZB 22/13, AG 2014, 813, 814.
382 Vgl. BGH v. 28.4.2015 – II ZB 19/14, DB 2015, 1585, 1585 f.; BGH v. 15.6.2009 – II ZB 8/08, AG 2009, 624, 625; BGH v. 14.6.2010 – II ZB 15/09, NZG 2010, 1066, 1067 = AG 2010, 709; OLG Hamburg v. 4.4.2008 – 11 W 9/08, ZIP 2008, 2330, 2331.
383 Ein weiterer Grund dürfte darin liegen, dass die Nebeninterventionsfrist des § 246 Abs. 4 Satz 2 AktG beim Beitritt auf Beklagtenseite keiner Beachtung bedarf (vgl. Rz. 39.101a).
384 Vgl. u.a. BGH v. 21.4.2020 – II ZR 56/18, AG 2020, 540 Rz. 39; BGH v. 10.3.1960 – II ZR 56/59, BGHZ 32, 114, 121 = AG 1960, 279 (zur Genossenschaft); siehe auch BGH v. 19.7.2011 – II ZR 246/09, AG 2011, 786, 786; *C. Schäfer* in MünchKomm. AktG, 5. Aufl. 2021, § 246 AktG Rz. 49; a.A. *K. Schmidt* in Großkomm. AktG, 4. Aufl. 1996, § 246 AktG Rz. 34; *Heidel* in Heidel, § 246 AktG Rz. 44.
385 *C. Schäfer* in MünchKomm. AktG, 5. Aufl. 2021, § 246 AktG Rz. 51; *K. Schmidt* in Großkomm. AktG, 4. Aufl. 1996, § 246 AktG Rz. 36.
386 OLG Hamburg v. 16.4.2004 – 11 U 11/03, AG 2004, 619, 620; *C. Schäfer* in MünchKomm. AktG, 5. Aufl. 2021, § 246 AktG Rz. 51.
387 *C. Schäfer* in MünchKomm. AktG, 5. Aufl. 2021, § 246 AktG Rz. 51; a.A. *Hüßtege* in Thomas/Putzo, 42. Aufl. 2021, § 239 ZPO Rz. 3.

UmwG) bleibt dagegen die fortbestehende Gesellschaft in ihrer neuen Rechtsform auch nach Eintragung dieser Umwandlungsmaßnahme richtige Beklagte[388]. Auch bei der **Abspaltung** und der **Ausgliederung** (§ 123 Abs. 2, 3 UmwG) besteht die Gesellschaft, deren Hauptversammlung den Beschluss gefasst hat, fort; die Klage ist also auch nach Eintragung dieser Maßnahmen gegen diese Gesellschaft zu richten[389]. Die Eintragung der **Aufspaltung** (§ 123 Abs. 1 UmwG) führt demgegenüber zum Erlöschen der übertragenden Gesellschaft (§ 131 Abs. 1 Nr. 2 UmwG), so dass die Klage ab diesem Zeitpunkt gegen die übernehmenden Rechtsträger als notwendige Streitgenossen zu richten ist[390]. Angesichts der in den § 20 Abs. 2, § 131 Abs. 2, § 202 Abs. 3 UmwG statuierten Wirkungen der Eintragung der genannten Umwandlungsmaßnahmen in das Handelsregister kann das **Rechtsschutzbedürfnis** für die Anfechtungsklage in allen genannten Fällen zweifelhaft sein, sobald die Eintragung erfolgt ist; dass das Rechtsschutzbedürfnis indessen auch nach der Eintragung nicht notwendig fehlt, zeigt schon die in § 16 Abs. 3 Satz 10 UmwG (ggf. i.V.m. §§ 125, 198 Abs. 3 UmwG) enthaltene Schadensersatzregelung[391].

Die dargestellten Grundsätze zur Frage des richtigen Beklagten gelten auch dann, wenn sich die Anfechtungsklage nicht gegen den Umwandlungsbeschluss selbst, sondern gegen einen **anderen Beschluss** richtet, der noch vor Eintragung der Umwandlungsmaßnahme gefasst worden ist. Besondere Probleme wirft auch in solchen Fällen vor allem die Frage nach dem Bestehen des **Rechtsschutzbedürfnisses** auf; nach wohl überwiegender Auffassung ist dieses nur dann gegeben, wenn sich die Wirkung des in der untergegangenen Gesellschaft gefassten angefochtenen Beschlusses in dem neuen Rechtsträger fortsetzt[392].

39.105

Nach **Auflösung der Gesellschaft** (§§ 262 ff. AktG) ist richtige Beklagte die Abwicklungsgesellschaft; dies gilt auch dann, wenn sich die Anfechtungsklage gegen den Auflösungsbeschluss selbst richtet[393].

39.106

5. Die Vertretung der Gesellschaft als Beklagte (§ 246 Abs. 2 AktG)

Im Rahmen eines durch einen **Aktionär eingeleiteten Anfechtungsprozesses** wird die Gesellschaft gemäß § 246 Abs. 2 Satz 2 AktG grundsätzlich durch den Vorstand und den Aufsichtsrat vertreten (sog. „**Doppelvertretung**"). Diese Abweichung von dem in § 78 Abs. 1 AktG niedergelegten Prinzip soll verhindern, dass der Vorstand den angefochtenen Beschluss, der immerhin von der Mehrheit der Aktionäre getragen wird, nach eigenem Belieben im Zusammenwirken mit den Anfechtungsklägern beseitigt, indem er z.B. ein Anerkenntnis erklärt oder nachteilige Tatsachen (etwa auch durch Säumnis) zugesteht[394]. Abweichendes gilt wiederum in Sonderfällen: Ist die **Gesellschaft aufgelöst**, bleibt es zwar prinzipiell bei der Doppelvertretung; an die Stelle des Vorstands treten aber gemäß § 269 AktG die Abwickler[395]. Befindet sich die Gesellschaft in **Insolvenz** und ist der Insolvenzverwalter richtiger Beklagter (vgl. Rz. 39.103), so bedarf dieser demgegenüber keiner Mitwirkung durch den Aufsichts-

39.107

---

388 *K. Schmidt* in Großkomm. AktG, 4. Aufl. 1996, § 246 AktG Rz. 36; *C. Schäfer* in MünchKomm. AktG, 5. Aufl. 2021, § 246 AktG Rz. 52.
389 *K. Schmidt* in Großkomm. AktG, 4. Aufl. 1996, § 246 AktG Rz. 36.
390 *C. Schäfer* in MünchKomm. AktG, 5. Aufl. 2021, § 246 AktG Rz. 52; *K. Schmidt* in Großkomm. AktG, 4. Aufl. 1996, § 246 AktG Rz. 36.
391 *Marsch-Barner/Oppenhoff* in Kallmeyer, § 28 UmwG Rz. 3; *Grunewald* in Lutter, § 28 UmwG Rz. 3; *C. Schäfer* in MünchKomm. AktG, 5. Aufl. 2021, § 246 AktG Rz. 51.
392 Vgl. näher z.B. *C. Schäfer* in MünchKomm. AktG, 5. Aufl. 2021, § 246 AktG Rz. 53 f.; *Marsch-Barner/Oppenhoff* in Kallmeyer, § 28 UmwG Rz. 4. Siehe auch OLG Hamburg v. 16.4.2004 – 11 U 11/03, AG 2004, 619, 620 f.
393 BGH v. 14.12.1961 – II ZR 97/59, BGHZ 36, 207, 208 = AG 1962, 102 (zur GmbH); *C. Schäfer* in MünchKomm. AktG, 5. Aufl. 2021, § 246 AktG Rz. 48.
394 BGH v. 10.3.1960 – II ZR 56/59, BGHZ 32, 114, 117 = AG 1962, 279; *Hüffer/Koch*, § 246 AktG Rz. 30.
395 BGH v. 10.3.1960 – II ZR 56/59, BGHZ 32, 114, 117 = AG 1962, 279. Unschädlich ist nach dieser Entscheidung der Umstand, dass ein Abwickler in der Klageschrift als Vorstandsmitglied bezeichnet wird (S. 118).

rat³⁹⁶. Ist im Insolvenzfall dagegen die Gesellschaft richtige Beklagte (vgl. Rz. 39.103), bleibt es bei der Doppelvertretung durch den Vorstand und den Aufsichtsrat.

39.108 Keine „Doppelvertretung" findet dagegen statt, wenn die Anfechtungsklage durch den **Vorstand als Organ** oder durch ein **einzelnes Vorstandsmitglied** (§ 245 Nr. 4, 5 AktG) erhoben wird. Gemäß § 246 Abs. 2 Satz 3 AktG wird die Gesellschaft in diesem Fall vielmehr allein durch den Aufsichtsrat vertreten. Demgegenüber liegt die Vertretung der Gesellschaft allein beim Vorstand, wenn ein **Mitglied des Aufsichtsrats** (§ 245 Nr. 5 AktG) klagt. Erheben sowohl Mitglieder des Vorstands als auch des Aufsichtsrats Anfechtungsklage, so fehlt der Gesellschaft ein gesetzlicher Vertreter; in diesem Fall ist gemäß § 57 ZPO ein Prozesspfleger zu bestellen³⁹⁷, außerdem kann die Hauptversammlung analog § 147 Abs. 2 Satz 1 AktG einen besonderen Vertreter einsetzen³⁹⁸.

6. Anfechtungsfrist (§ 246 Abs. 1 AktG)

39.109 Gemäß § 246 Abs. 1 AktG ist die Anfechtungsklage innerhalb eines Monats „nach der Beschlussfassung" zu erheben (zur Geltendmachung der Klagegründe vgl. Rz. 39.113). Bei dieser **Anfechtungsfrist** handelt es sich nach allgemeiner Meinung um eine **materiell-rechtliche Präklusions- oder Ausschlussfrist**; eine verspätete Klage ist deshalb nicht als unzulässig, sondern als unbegründet abzuweisen³⁹⁹. Aus dem materiell-rechtlichen Charakter der Anfechtungsfrist ergibt sich ferner, dass die Vorschriften der ZPO über Fristen – und damit insbesondere auch über die Wiedereinsetzung in den vorigen Stand – unanwendbar sind⁴⁰⁰. Als materiell-rechtliche Präklusionsfrist ist die Anfechtungsfrist auch mit einer Verjährungsfrist nicht vergleichbar: Während die Versäumung letzterer lediglich auf die Einrede des Beklagten hin zu berücksichtigen ist, hat das Gericht die Versäumung der Anfechtungsfrist von Amts wegen zu beachten; auch eine Hemmung (§§ 203 ff. BGB) oder ein Neubeginn (§ 212 BGB) der Anfechtungsfrist kommen nicht in Betracht⁴⁰¹.

39.110 Die Berechnung der Anfechtungsfrist richtet sich nach den §§ 187 ff. BGB. Maßgeblich für den **Beginn** der Frist ist gemäß § 246 Abs. 1 AktG der Tag der Beschlussfassung, der aber bei ihrer Berechnung gemäß § 187 Abs. 1 BGB nicht mitgezählt wird⁴⁰². Erstreckt sich die Hauptversammlung, in der der anzufechtende Beschluss gefasst worden ist, ausnahmsweise über mehrere Tage, ist allerdings nach zutreffender, wenngleich nicht unbestrittener Auffassung für den Fristbeginn auf den letzten Tag der Hauptversammlung abzustellen⁴⁰³. Nur diese Auslegung berücksichtigt, dass der Widerspruch gegen den jeweiligen Hauptversammlungsbeschluss noch bis zum letzten Hauptversammlungstag erhoben werden kann⁴⁰⁴. Das **Ende** der Anfechtungsfrist fällt gemäß § 188 Abs. 2 BGB auf den Tag des Folge-

---

396 *Hüffer/Koch*, § 246 AktG Rz. 31; *Noack/Zetzsche* in KölnKomm. AktG, 3. Aufl. 2018, § 246 AktG Rz. 66, 83.
397 OLG Hamburg v. 6.2.2003 – 11 W 9/03, AG 2003, 519.
398 Vgl. näher etwa *Noack/Zetzsche* in KölnKomm. AktG, 3. Aufl. 2018, § 246 AktG Rz. 81; *C. Schäfer* in MünchKomm. AktG, 5. Aufl. 2021, § 246 AktG Rz. 67; *K. Schmidt* in Großkomm. AktG, 4. Aufl. 1996, § 246 AktG Rz. 38.
399 Vgl. etwa OLG Nürnberg v. 14.2.2018 – 12 AktG 1970/17, AG 2018, 406 Rz. 50; OLG Koblenz v. 27.6.2002 – 6 U 833/01, AG 2003, 522; *Hüffer/Koch*, § 246 AktG Rz. 20; *Noack/Zetzsche* in KölnKomm. AktG, 3. Aufl. 2018, § 246 AktG Rz. 18; vgl. auch *K. Schmidt* in Großkomm. AktG, 4. Aufl. 1996, § 246 AktG Rz. 13, der zu Recht darauf hinweist, dass die Klage u.U. aber noch als Nichtigkeitsklage Erfolg haben kann.
400 *Austmann* in MünchHdb. AG, § 42 Rz. 101; *Butzke*, HV, O Rz. 16.
401 *K. Schmidt* in Großkomm. AktG, 4. Aufl. 1996, § 246 AktG Rz. 14; *Noack/Zetzsche* in KölnKomm. AktG, 3. Aufl. 2018, § 246 AktG Rz. 19; *Butzke*, HV, O Rz. 16.
402 *Hüffer/Koch*, § 246 AktG Rz. 22.
403 *K. Schmidt* in Großkomm. AktG, 4. Aufl. 1996, § 246 AktG Rz. 16; *Noack/Zetzsche* in KölnKomm. AktG, 3. Aufl. 2018, § 246 AktG Rz. 22; a.A. *Henn*, AG 1989, 230, 232.
404 *K. Schmidt* in Großkomm. AktG, 4. Aufl. 1996, § 246 AktG Rz. 16.

monats, der durch seine Bezifferung dem (letzten) Tag der Hauptversammlung entspricht[405]; fehlt dieser Tag (wie etwa bei einer Beschlussfassung am 31. Januar), so endet die Frist nach § 188 Abs. 3 BGB mit Ablauf des letzten Tages dieses Monats. Auch § 193 BGB ist anzuwenden: Fällt das nach § 188 BGB berechnete Fristende auf einen Samstag, Sonntag oder staatlich allgemein anerkannten Feiertag, endet die Frist also erst mit Ablauf des nächsten Werktages[406].

Die Anfechtungsfrist des § 246 Abs. 1 AktG wird nur gewahrt, wenn die Anfechtungsklage bis zum letzten Tag der Frist erhoben wurde. Nach § 253 Abs. 1 ZPO setzt die **Erhebung** der Klage deren Zustellung an die Gesellschaft voraus, die dabei in aller Regel durch Vorstand und Aufsichtsrat vertreten wird (vgl. Rz. 39.107). Da der Kläger auf den Zeitpunkt der durch das Gericht zu veranlassenden Zustellung keinen Einfluss nehmen kann, genügt jedoch zur Wahrung der Anfechtungsfrist gemäß § 167 ZPO auch die rechtzeitige, d.h. innerhalb der Anfechtungsfrist erfolgende **Einreichung** der Klageschrift bei Gericht, sofern die nachfolgende Zustellung „demnächst" erfolgt. An letzterem fehlt es vor allem dann, wenn der Kläger die umgehende gerichtliche Zustellung durch sein eigenes Verhalten verhindert[407]. Als Beispiel dafür ist der in der Praxis nicht unbedeutende Fall zu nennen, dass die Zustellung an den Aufsichtsrat der Gesellschaft scheitert, weil in der Klageschrift kein Aufsichtsratsmitglied mit einer zustellungsfähigen Adresse bezeichnet wurde[408] (vgl. näher Rz. 39.115 ff.).

39.111

Die Erhebung der Klage bei einem sachlich oder örtlich **unzuständigen Gericht** ist nach h.M. für die Wahrung der Anfechtungsfrist unerheblich, wenn der Rechtsstreit – auch nach Ablauf der Anfechtungsfrist – gemäß § 281 ZPO an das zuständige Gericht verwiesen wird[409]. Ob auch die Beantragung von **Prozesskostenhilfe** die Anfechtungsfrist wahrt, wird unterschiedlich beurteilt. Die h.M.[410] verneint diese Frage vor allem mit Blick auf den engen Wortlaut des § 246 Abs. 1 AktG, wenngleich die rechtspolitische Fragwürdigkeit der sich daraus ergebenden Folgen dabei zumeist betont wird. Dieser Kritik ist beizutreten, denn durch die engen Vorgaben des § 246 Abs. 1 AktG wird ein bestehender Prozesskostenhilfeanspruch des Klägers zumindest faktisch erheblich ausgehöhlt. Selbst wenn bereits die gesetzlich vorgesehene Möglichkeit der Streitwertspaltung gemäß § 247 AktG die Berücksichtigung sozialer Gesichtspunkte zugunsten des Klägers erlaubt (vgl. dazu näher Rz. 39.126), verdient daher eine im Schrifttum entwickelte Lösung Zustimmung, die es dem Kläger durch eine teleologisch und verfassungsrechtlich begründete Fortbildung des § 246 Abs. 1 AktG i.V.m. § 167 ZPO ermöglichen will, vor der Klageerhebung das Ergebnis des Prozesskostenhilfeantrages abzuwarten[411].

39.112

---

405 *Butzke*, HV, O Rz. 16; *K. Schmidt* in Großkomm. AktG, 4. Aufl. 1996, § 246 AktG Rz. 16.
406 *Noack/Zetzsche* in KölnKomm. AktG, 3. Aufl. 2018, § 246 AktG Rz. 28; *Englisch* in Hölters, § 246 AktG Rz. 22.
407 *K. Schmidt* in Großkomm. AktG, 4. Aufl. 1996, § 246 AktG Rz. 17; *C. Schäfer* in MünchKomm. AktG, 5. Aufl. 2021, § 246 AktG Rz. 40.
408 Vgl. z.B. BGH v. 10.12.2019 – II ZR 281/18, WM 2020, 276; BGH v. 17.5.2019 – V ZR 34/18, NZG 2019, 138; BGH v. 8.2.2011 – II ZR 205/08, NZG 2011, 506, 507; BGH v. 16.2.2009 – II ZR 185/07, AG 2009, 285, 293; OLG München v. 4.7.2018 – 7 U 131/18, AG 2019, 266, 269; OLG Celle v. 4.9.2013 – 9 U 123/12, NZG 2014, 640; KG v. 11.2.2005 – 14 U 193/03, AG 2005, 583; OLG Frankfurt v. 13.12.1983 – 5 U 110/83, WM 1984, 209, 211 = AG 1984, 110 (wonach allerdings unwesentliche Verzögerungen noch hinnehmbar sein sollen); siehe auch OLG München v. 26.1.2014 – 26 AktG 3/13, AG 2014, 546, 547; aus dem Schrifttum vgl. m.w.N. *Austmann* in MünchHdb. AG, § 42 Rz. 100.
409 *K. Schmidt* in Großkomm. AktG, 4. Aufl. 1996, § 246 AktG Rz. 18; *Noack/Zetzsche* in KölnKomm. AktG, 3. Aufl. 2018, § 246 AktG Rz. 113; *Hüffer*, ZGR 2001, 833, 850; a.A. *Henn*, AG 1989, 230, 232; *Heuer*, AG 1989, 234, 236.
410 *K. Schmidt* in Großkomm. AktG, 4. Aufl. 1996, § 246 AktG Rz. 20; *C. Schäfer* in MünchKomm. AktG, 5. Aufl. 2021, § 246 AktG Rz. 42; a.A. *v. Godin/Wilhelmi*, 3. Aufl., § 246 AktG Anm. 2.
411 Vgl. dazu näher *K. Schmidt* in Großkomm. AktG, 4. Aufl. 1996, § 246 AktG Rz. 21 (bzgl. § 270 Abs. 3 ZPO a.F. als der Vorgängernorm des § 167 ZPO); zust. *C. Schäfer* in MünchKomm. AktG, 5. Aufl. 2021, § 246 AktG Rz. 43; *Heidel* in Heidel, § 246 AktG Rz. 29.

39.113 Obgleich § 246 Abs. 1 AktG für die Wahrung der Anfechtungsfrist ausdrücklich nur die Klageerhebung verlangt, ist nach in Rechtsprechung und Schrifttum vorherrschender Auffassung auch eine **Darlegung der Anfechtungsgründe** innerhalb der Anfechtungsfrist erforderlich[412]. Dabei genügt es, wenn innerhalb der Frist der der Klage zugrundeliegende tatsächliche **Lebenssachverhalt in seinem wesentlichen Kern** vorgetragen wird; einer rechtlichen Würdigung durch den Kläger bedarf es also nicht[413]. Solange der ursprünglich vorgetragene Lebenssachverhalt nicht ausgewechselt wird, bleiben auch nach Ablauf der Anfechtungsfrist Ergänzungen oder Berichtigungen des tatsächlichen Vortrags möglich[414]. Das „**Nachschieben**" **von Anfechtungsgründen**, also deren erstmalige Geltendmachung nach Ablauf der Anfechtungsfrist, ist damit jedoch ausgeschlossen[415]. **Nichtigkeitsgründe** können demgegenüber auch noch nach Ablauf der Anfechtungsfrist geltend gemacht werden[416].

39.114 Die Frage, **ob die Rechtsprechung an den unter Rz. 39.113 dargestellten Grundsätzen uneingeschränkt festhalten würde**, schien seit einer im Jahre 2002 ergangenen, den Streitgegenstand der Anfechtungs- und Nichtigkeitsklage betreffenden Entscheidung des BGH[417] kurzzeitig ungewiss: Während die bis dato h.M. den **Streitgegenstand** der Anfechtungsklage darin sah, dass der Kläger die Klärung der Nichtigkeit eines von ihm bezeichneten Hauptversammlungsbeschlusses aufgrund eines von ihm konkret vorgetragenen Sachverhalts begehrt[418], schloss sich der BGH in dieser Entscheidung dem von einer Gegenauffassung im Schrifttum vertretenen sog. „weiten" Streitgegenstandsbegriff an[419]. Danach liegt der Streitgegenstand in der umfassenden Klärung der Nichtigkeit des Beschlusses wegen aller – d.h. auch nicht zum Gegenstand des Prozessvortrages erhobener – Mängel[420]. Auf der Grundlage dieses Verständnisses stellt hingegen das „**Nachschieben" von Tatsachenbehauptungen** jedenfalls keine wegen des Ablaufs der Anfechtungsfrist regelmäßig unzulässige[421] Klageänderung mehr

---

412 BGH v. 23.2.2021 – II ZR 65/19, NZG 2021, 782 Rz. 96 = AG 2021, 468; BGH v. 14.3.2005 – II ZR 153/03, ZIP 2005, 708 = AG 2005, 395; BGH v. 9.11.1992 – II ZR 230/91, BGHZ 120, 141, 156 f. = AG 1993, 134; BGH v. 26.9.1994 – II ZR 236/93, NJW 1995, 260, 261 = AG 1995, 83; siehe auch OLG Düsseldorf v. 22.11.2018 – I-6 AktG 1/18, AG 2019, 467, 474; LG Frankfurt a.M. v. 26.2.2013 – 3-5 O 110/12, AG 2014, 55, 56 (wonach Klagevortrag, der sich nur aus einer Anlage der fristwahrend per Telefax eingereichten Klage ergibt, unbeachtlich bleibt, wenn diese Anlage lediglich der nach Fristablauf eingehenden Klageschrift, nicht aber dem Telefax beigefügt war); *Hüffer/Koch*, § 246 AktG Rz. 26; *K. Schmidt* in Großkomm. AktG, 4. Aufl. 1996, § 246 AktG Rz. 22 ff.; *Austmann* in MünchHdb. AG, § 42 Rz. 102; *Butzke*, HV, O Rz. 16; a.A. *Noack/Zetzsche* in KölnKomm. AktG, 3. Aufl. 2018, § 246 AktG Rz. 34.
413 „Da mihi facta, dabo tibi ius", vgl. BGH v. 23.5.1960 – II ZR 89/58, BGHZ 32, 318, 323; *C. Schäfer* in MünchKomm. AktG, 5. Aufl. 2021, § 246 AktG Rz. 44; *K. Schmidt* in Großkomm. AktG, 4. Aufl. 1996, § 246 AktG Rz. 23.
414 BGH v. 17.11.1986 – II ZR 96/86, NJW 1987, 780 = AG 1987, 157; *K. Schmidt* in Großkomm. AktG, 4. Aufl. 1996, § 246 AktG Rz. 23.
415 BGH v. 12.12.2005 – II ZR 253/03, ZIP 2006, 227, 229 = AG 2006, 158; BGH v. 9.11.1992 – II ZR 230/91, BGHZ 120, 141, 157 = AG 1993, 134; OLG München v. 16.5.2018 – 7 U 2752/17, AG 2018, 761, 762; *K. Schmidt* in Großkomm. AktG, 4. Aufl. 1996, § 246 AktG Rz. 24; *C. Schäfer* in MünchKomm. AktG, 5. Aufl. 2021, § 246 AktG Rz. 45; a.a. *Noack/Zetzsche* in KölnKomm. AktG, 3. Aufl. 2018, § 246 AktG Rz. 34 ff.
416 BGH v. 26.9.1994 – II ZR 236/93, AG 1995, 83, 84; *K. Schmidt* in Großkomm. AktG, 4. Aufl. 1996, § 246 AktG Rz. 13.
417 BGH v. 22.7.2002 – II ZR 286/01, BGHZ 152, 1 ff. = AG 2002, 677.
418 Vgl. etwa *K. Schmidt* in Großkomm. AktG, 4. Aufl. 1996, § 246 AktG Rz. 61; *Hüffer/Koch*, § 246 AktG Rz. 11; dem zugrunde liegt der prozessrechtlich herrschende „zweigliedrige Streitgegenstandsbegriff", vgl. dazu etwa *Becker-Eberhard* in MünchKomm. ZPO, 6. Aufl. 2020, vor § 253 ZPO Rz. 32 ff.
419 BGH v. 22.7.2002 – II ZR 286/01, BGHZ 152, 1, 4 ff. = AG 2002, 677; zust. *Heidel* in Heidel, § 246 AktG Rz. 20 f.
420 Vgl. namentlich *Zöllner* in KölnKomm. AktG, 1. Aufl. 1985, § 246 AktG Rz. 47; diesem folgend auch *Noack/Zetzsche* in KölnKomm. AktG, 3. Aufl. 2018, § 246 AktG Rz. 34.
421 Siehe dazu näher z.B. *K. Schmidt* in Großkomm. AktG, 4. Aufl. 1996, § 246 AktG Rz. 61.

dar[422]. Bereits in der genannten Entscheidung hatte der BGH indes die aufgezeigte Konsequenz für die Frage der Zulässigkeit eines „Nachschiebens" von Anfechtungsgründen jedenfalls nicht ausdrücklich gezogen; vielmehr war es dem Gericht im Gegenteil darum gegangen, den Schutz der betroffenen Gesellschaft vor der Erhebung immer neuer Nichtigkeitsklagen gegen denselben Hauptversammlungsbeschluss zu erhöhen[423]. Schon dieser Umstand sprach gegen die Absicht des Gerichts, das „Nachschieben" von Anfechtungsgründen nunmehr unbeschränkt zuzulassen. Der II. Zivilsenat hat dieses Verständnis nachfolgend ausdrücklich bestätigt und klargestellt, an den unter Rz. 39.113 dargestellten Grundsätzen weiterhin festzuhalten, weil andernfalls die „vom Gesetzgeber aus wohlerwogenen Gründen geschaffene Vorschrift des § 246 Abs. 1 AktG funktionslos" würde[424].

7. Zustellung der Anfechtungsklage

39.115 Bereits im Rahmen der Ausführungen zur Wahrung der Klagefrist (Rz. 39.111 ff.) wurde die besondere Bedeutung der rechtzeitigen **Klagezustellung** hervorgehoben; sie bereitet dem Kläger in der Praxis vor allem wegen der „Doppelvertretung" der Gesellschaft nicht selten Probleme. Da die Gesellschaft im Anfechtungsrechtsstreit regelmäßig sowohl durch den Vorstand als auch durch den Aufsichtsrat vertreten wird (Rz. 39.107), ist die Zustellung gemäß § 170 Abs. 1 ZPO an **beide Gesellschaftsorgane** zu bewirken[425]. Gemäß § 170 Abs. 3 ZPO reicht dafür allerdings die Zustellung an **jeweils ein Mitglied** dieser Organe aus; dies gilt selbst dann, wenn das Organ im Übrigen durch die Gesamtheit seiner Mitglieder vertreten wird[426]. Die Zustellung an einen Prokuristen kann demgegenüber – trotz § 49 Abs. 1 HGB und § 171 ZPO – die Zustellung an ein Vorstandsmitglied nicht ersetzen, weil § 246 Abs. 2 Satz 2 AktG im Rahmen des Anfechtungsprozesses gerade die Vertretung der Gesellschaft durch den Vorstand verlangt[427].

39.116 Die „Doppelvertretung" (Rz. 39.107) der Gesellschaft ist auch im Rahmen der **Art und Weise der Klagezustellung** zu berücksichtigen. Zwar gilt im Grundsatz, dass eine Zustellung an das Organmitglied an jedem Ort bewirkt werden kann (§ 177 ZPO); jedenfalls unter der Geschäftsadresse der Gesellschaft kommt jedoch eine **direkte Zustellung** an das jeweilige Organmitglied zumeist schon deshalb nicht in Betracht, weil dort die für die direkte Zustellung notwendige persönliche Begegnung zwischen Zusteller und Organmitglied den praktischen Ausnahmefall bilden dürfte. Für die sich deshalb regelmäßig stellende Frage nach der Zulässigkeit einer an diesem Ort erfolgenden **Ersatzzustellung** gemäß § 178 ZPO gilt es zwischen Vorstands- und Aufsichtsratsmitgliedern zu unterscheiden: Während die Ersatzzustellung an die **Vorstandsmitglieder** der Gesellschaft nach § 178 Abs. 1 Nr. 2 ZPO in den Geschäftsräumen der Gesellschaft an eine „dort beschäftigte Person" erfolgen kann[428], scheidet eine Ersatzzustellung an die Mitglieder des **Aufsichtsrats** in den Geschäftsräumen der Gesellschaft aus. Letzteres folgt zum einen daraus, dass sich die Mitglieder des Aufsichtsrats in den Geschäftsräumen der Gesell-

---

422 Vgl. zu dieser Konsequenz *Bork*, NZG 2002, 1094; *von Falkenhausen/Kocher*, ZIP 2003, 426, 427; *Schwab* in K. Schmidt/Lutter, § 246 AktG Rz. 4.
423 BGH v. 22.7.2002 – II ZR 286/01, BGHZ 152, 1, 6 = AG 2002, 677; diesen Aspekt zu Recht hervorhebend *von Falkenhausen/Kocher*, ZIP 2003, 426, 429.
424 BGH v. 14.3.2005 – II ZR 153/03, ZIP 2005, 706, 708 = AG 2005, 395; BGH v. 12.12.2005 – II ZR 253/03, ZIP 2006, 227, 229 = AG 2006, 158.
425 OLG Karlsruhe v. 26.4.2008 – 7 U 152/07, AG 208, 718, 718; *Hüffer/Koch*, § 246 AktG Rz. 32; ein Rückgriff auf § 170 Abs. 2 ZPO (Zustellung an den „Leiter") kommt für die aktienrechtliche Anfechtungsklage nicht in Betracht, vgl. *Tielmann*, ZIP 2002, 1879, 1882; a.A. *Noack/Zetzsche* in KölnKomm. AktG, 3. Aufl. 2018, § 246 AktG Rz. 119.
426 BGH v. 13.4.1992 – II ZR 105/91, NJW 1992, 2099 = AG 1992, 265; vgl. m.w.N. auch *C. Schäfer* in MünchKomm. AktG, 5. Aufl. 2021, § 246 AktG Rz. 59.
427 *C. Schäfer* in MünchKomm. AktG, 5. Aufl. 2021, § 246 AktG Rz. 59.
428 Mit Inkrafttreten des Zustellungsreformgesetzes v. 27.6.2001, BGBl. I 2001, 1206, ist auch die frühere Regelung des § 184 Abs. 2 ZPO a.F. entfallen, so dass eine Ersatzzustellung an die Mitglieder des Vorstands auch unter deren Privatanschrift möglich ist, vgl. *Tielmann*, ZIP 2002, 1879, 1882 f.

schaft üblicherweise nicht dauernd aufzuhalten pflegen. Zum anderen unterliefe die Möglichkeit einer Zustellung an eine in der Gesellschaft beschäftigte Person auch den Zweck der Doppelvertretung (Rz. 39.107)[429]. Bis zum Inkrafttreten des Zustellungsreformgesetzes[430] verblieb daher praktisch in aller Regel lediglich die Möglichkeit, dem jeweiligen Mitglied des Aufsichtsrats die Klage direkt unter seiner **Privatadresse** zuzustellen oder unter dieser Anschrift eine Ersatzzustellung gemäß § 178 Abs. 1 Nr. 1 ZPO zu veranlassen, z.B. an einen dort anwesenden Familienangehörigen. Um nicht die Versäumung der Anfechtungsfrist zu riskieren (vgl. Rz. 39.111), musste der Anfechtungskläger folglich in seiner Klage regelmäßig die zustellfähige Privatadresse mindestens eines Aufsichtsratsmitglieds angeben[431]. **Ersatzzustellungen in den Geschäftsräumen einer anderen Gesellschaft**, deren Vorstand das Aufsichtsratsmitglied parallel angehört, scheiterten demgegenüber an § 184 ZPO a.F., da eine Ersatzzustellung nach dieser Vorschrift voraussetzte, dass das Vorstandsmitglied in dieser Eigenschaft Zustellungsadressat ist[432]. Weil jedoch § 178 Abs. 1 Nr. 2 ZPO in der Fassung des Zustellungsreformgesetzes nicht länger an eine bestimmte Tätigkeit anknüpft, ist dieses Hindernis seit Inkrafttreten dieser Regelung entfallen und eine Ersatzzustellung somit nunmehr auch in den Geschäftsräumen einer anderen Gesellschaft möglich, deren Vorstand das Aufsichtsratsmitglied angehört[433]. Fehlt es an solchen anderweitig genutzten oder unterhaltenen Geschäftsräumen, verbleibt allerdings auch nach geltendem Recht regelmäßig nur die Möglichkeit einer (Ersatz-)Zustellung unter der Privatadresse des Aufsichtsratsmitglieds.

39.117 Die **Heilung eines Zustellungsmangels** kommt vor allem nach der allgemeinen Regelung des § 189 ZPO, d.h. im Fall eines anderweitigen Zugangs der Klageschrift, in Betracht, der allerdings innerhalb der Anfechtungsfrist (unter Einschluss des nach § 167 ZPO anzusetzenden Zeitraums) erfolgen muss[434]. Denkba sind auch der Verzicht und die rügelose Einlassung gemäß § 295 ZPO, die aber praktisch selten Bedeutung haben. Dies beruht vor allem darauf, dass der Verzicht auf die Rüge des Zustellungs-

---

429 BGH v. 22.5.1989 – II ZR 206/88, BGHZ 107, 296, 299 = AG 1989, 399 (ausdrücklich offenlassend allerdings BGH v. 16.2.2009 – II ZR 185/07, AG 2009, 285, 293); *Hüffer/Koch*, § 246 AktG Rz. 34; siehe auch *Heidel* in Heidel, § 246 AktG Rz. 26; a.A. OLG Celle v. 28.9.1988 – 9 U 78/87, AG 1989, 209, 210; *Schwab* in K. Schmidt/Lutter, § 246 AktG Rz. 25a.
430 Vgl. Fn. 428 zu Rz. 39.116.
431 Dieses Erfordernis kann sich in der Praxis auch nach Inkrafttreten des Zustellungsreformgesetzes weiterhin ergeben, insbesondere wenn kein Aufsichtsratsmitglied andere Geschäftsräume nutzt oder unterhält. Dabei ist zu beachten, dass seine Erfüllung dem klagenden Aktionär mitunter erhebliche Probleme bereiten kann. Denn die Privatadressen der Aufsichtsratsmitglieder werden von der Bekanntmachungspflicht des § 106 AktG nicht umfasst (anzugeben sind danach nur die Wohnorte, nicht die Adressen) und sind – gerade im Fall größerer börsennotierter Unternehmen – häufig auch nicht anderweitig öffentlich zugänglich. Ob die Gesellschaft auf Anfrage zur Auskunft verpflichtet ist und ob deren Verweigerung eine spätere Berufung der Gesellschaft auf eine verspätete oder fehlende Zustellung der Klage an den Aufsichtsrat ausschließt, ist bislang nicht abschließend diskutiert. Gegen die Einwendbarkeit eines widersprüchlichen Verhaltens spricht dabei jedenfalls der Grundsatz der „Doppelvertretung", denn die Auskunftsverweigerung wird regelmäßig vom Vorstand ausgehen; dieser kann aber nicht befugt sein, die gesetzliche Mitwirkungskompetenz des Aufsichtsrates durch sein Unterlassen auszuheben. Demgegenüber verweist *Westermann* (in FS Hadding, S. 707, 719) in diesem Zusammenhang auf die aus § 90 AktG resultierenden Informationspflichten des Vorstands gegenüber dem Aufsichtsrat, aus denen sich eine Pflicht zur Weitergabe der Klage an den Aufsichtsratsvorsitzenden ergebe, deren Verletzung durch den Vorstand nicht zum Nachteil des klagenden Aktionärs gereichen könne. Zur praktischen Lösung empfiehlt *Hüffer* (ZGR 2001, 833, 856) für den Fall, dass eine Bekanntgabe der Privatadressen unterbleiben soll, anfragenden Aktionären zumindest einen (anwaltlichen) Zustellungsbevollmächtigten zu nennen. Nach *Tielmann* (WM 2007, 1686, 1689) sollen zustellungsfähige Adressen jedenfalls auf Nachfrage der Aktionäre in der Hauptversammlung gemäß § 131 AktG mitzuteilen sein.
432 *Hüffer*, ZGR 2001, 833, 856; *Tielmann*, ZIP 2002, 1879, 1883.
433 *Tielmann*, ZIP 2002, 1879, 1883; *Hüffer/Koch*, § 246 AktG Rz. 34; *Heidel* in Heidel, § 246 AktG Rz. 26.
434 OLG Karlsruhe v. 26.3.2008 – 7 U 152/07, AG 2008, 718, 719; *Hüffer/Koch*, § 246 AktG Rz. 35; *Heidel* in Heidel, § 246 AktG Rz. 27.

mangels den Lauf der materiell-rechtlichen Anfechtungsfrist unberührt lässt; diese Frist ist indessen im Zeitpunkt des Rügeverzichts oder der rügelosen Einlassung regelmäßig bereits verstrichen[435].

Nach der mit dem ARUG eingeführten Vorschrift des § 246 Abs. 3 Satz 5 AktG kann die Gesellschaft nach Ablauf der Anfechtungsfrist eine **eingereichte Klage bereits vor deren Zustellung bei Gericht einsehen** und sich Abschriften davon erteilen lassen. Diese von der allgemeinen Regelung des § 299 ZPO abweichende Befugnis ermöglicht der Gesellschaft insbesondere die zeitnahe Vorbereitung eines Freigabeantrages (vgl. Rz. 39.171 ff.). 39.117a

8. Bekanntmachung der Anfechtungsklage (§ 246 Abs. 4 AktG)

Der Vorstand hat die **Erhebung der Anfechtungsklage**[436] gemäß § 246 Abs. 4 Satz 1 AktG unverzüglich in den Gesellschaftsblättern, gemäß § 25 AktG also im (elektronischen)[437] Bundesanzeiger, bekanntzumachen. Diese Verpflichtung bezweckt einerseits, den (übrigen) Aktionären Gelegenheit zur Nebenintervention zu geben (vgl. dazu Rz. 39.101), andererseits soll die Bekanntmachung die Öffentlichkeit davor warnen, in den dauernden Fortbestand des angegriffenen Hauptversammlungsbeschlusses zu vertrauen[438]. Ist die Beklagte **börsennotiert**, hat sie – insbesondere im Falle der Anfechtung von Strukturbeschlüssen – umgehend nach Klagezustellung zudem ihre Pflichten zur **Ad-hoc-Bekanntmachung** aus Art. 17 MAR zu prüfen. 39.118

9. Gang des Verfahrens; Dispositionsgrundsatz

Gemäß § 246 Abs. 3 Satz 4 AktG findet eine **mündliche Verhandlung** frühestens nach Ablauf der Anfechtungsfrist (§ 246 Abs. 1 AktG) statt; dies gilt auch für den frühen ersten Termin und das schriftliche Vorverfahren[439]. Die Vorschrift soll gewährleisten, dass das Gericht seiner gesetzlichen Verpflichtung, mehrere Anfechtungsprozesse zur gleichzeitigen Verhandlung und Entscheidung zu verbinden, schon vor der ersten mündlichen Verhandlung nachkommen kann[440]. Diese **Verpflichtung zur Prozessverbindung** folgt aus § 246 Abs. 3 Satz 6 AktG und bezweckt, einander widersprechende Entscheidungen über die Gültigkeit desselben Hauptversammlungsbeschlusses zu vermeiden[441]. Wenngleich § 246 Abs. 3 Satz 6 AktG dies nicht zum Ausdruck bringt, kommt es für die Verbindungspflicht des Gerichts deshalb darauf an, dass sich die Anfechtungsklagen auf **denselben Hauptversammlungsbeschluss** beziehen; gleichgültig ist demgegenüber, ob sich die Anfechtungsklagen auf identische Anfechtungsgründe stützen[442]. Vor diesem Hintergrund ist die Verbindungspflicht zwingend, so dass dem Gericht, anders als nach § 147 ZPO, keinerlei Ermessensspielraum zusteht. § 147 ZPO kommt demgegenüber zur Anwendung, wenn verschiedene Beschlüsse angefochten werden[443]. 39.119

---

435 *C. Schäfer* in MünchKomm. AktG, 5. Aufl. 2021, § 246 AktG Rz. 63.
436 Mit der Aktienrechtsnovelle 2016 wurde die bis dato bestehende Erstreckung der Bekanntmachungspflicht auf den anberaumten Termin zur mündlichen Verhandlung aufgehoben, was klarstellende Bedeutung auch für den Lauf der Nebeninterventionsfrist (Rz. 39.101a) hat.
437 Zur Streichung des ursprünglich in § 25 AktG enthaltenen Zusatzes „elektronisch" vgl. Fn. 27 zu Rz. 39.13.
438 *K. Schmidt* in Großkomm. AktG, 4. Aufl. 1996, § 246 AktG Rz. 48; *Hüffer/Koch*, § 246 AktG Rz. 40; *Noack/Zetzsche* in KölnKomm. AktG, 3. Aufl. 2018, § 246 AktG Rz. 236.
439 *Hüffer/Koch*, § 246 AktG Rz. 38.
440 *Noack/Zetzsche* in KölnKomm. AktG, 3. Aufl. 2018, § 246 AktG Rz. 176; *C. Schäfer* in MünchKomm. AktG, 5. Aufl. 2021, § 246 AktG Rz. 73.
441 *C. Schäfer* in MünchKomm. AktG, 5. Aufl. 2021, § 246 AktG Rz. 75.
442 *Noack/Zetzsche* in KölnKomm. AktG, 3. Aufl. 2018, § 246 AktG Rz. 178; *C. Schäfer* in MünchKomm. AktG, 5. Aufl. 2021, § 246 AktG Rz. 75; *K. Schmidt* in Großkomm. AktG, 4. Aufl. 1996, § 246 AktG Rz. 66.
443 *C. Schäfer* in MünchKomm. AktG, 5. Aufl. 2021, § 246 AktG Rz. 75; *Heidel* in Heidel, § 246 AktG Rz. 54.

39.120 Da für die Anfechtungsklage stets das Landgericht am Sitz der Gesellschaft zuständig ist (vgl. Rz. 39.71), führt die Verbindung der anhängigen Prozesse regelmäßig weder zu einer Auswechselung des zuständigen Gerichts noch des zuständigen Spruchkörpers. Seit Inkrafttreten des UMAG[444] gilt dies auch dann, wenn ein Anfechtungsprozess bei **der Kammer für Handelssachen** und ein anderer bei einer **Zivilkammer** des zuständigen Gerichts anhängig ist: Da die ausschließliche Zuständigkeit für beide Prozesse aufgrund der durch das UMAG eingeführten Vorschrift des § 246 Abs. 3 Satz 2 AktG unabhängig von einer entsprechenden Antragstellung eines Beteiligten (§ 96 Abs. 1, § 98 Abs. 1 GVG) bei der Kammer für Handelssachen liegt, ist auch der bei der Zivilkammer anhängige Prozess an die Kammer für Handelssachen zu verweisen[445] und mit dem dort bereits anhängigen Prozess zu verbinden.

39.121 Auch im Anfechtungsrechtsstreit gilt nach allgemeinem Zivilprozessrecht – das durch § 246 AktG insofern keine Modifikationen erfährt – der **Dispositionsgrundsatz**. Dies hat einerseits zur Folge, dass der Anfechtungskläger dem angefochtenen Hauptversammlungsbeschluss durch eigene Prozesshandlungen (z.B. durch eine Klagerücknahme als einziger Kläger) endgültige Bestandskraft verleihen kann[446]. Andererseits steht es nach h.M. auch der Verwaltung frei, die Verteidigung des angefochtenen Beschlusses durch prozessuale Maßnahmen, z.B. im Wege eines Geständnisses (§ 288 ZPO) oder eines Anerkenntnisses (§ 307 ZPO), aufzugeben[447]. Diese Befugnis wird, weil sie letztlich zu Lasten der den Beschluss tragenden Aktionsmehrheit wirkt, häufig als nicht unproblematisch erachtet; zum Teil werden aus diesen Bedenken auch Beschränkungen der Dispositionsmaxime hergeleitet[448]. Die Folgen der h.M. scheinen allerdings nicht zuletzt deshalb tragbar, weil das Prinzip der „Doppelvertretung" (Rz. 39.107) in aller Regel einen gewissen Schutz vor Missbräuchen bietet. Hinzu kommt, dass die den Beschluss tragende Mehrheit einen Aktionär aus ihrer Mitte veranlassen kann, der Gesellschaft in dem Rechtsstreit als Nebenintervenient beizutreten, um auf diese Weise Einfluss auf ihre Prozessführung zu erlangen (Rz. 39.101)[449].

39.122 Von der Dispositionsmaxime nicht erfasst ist demgegenüber die Gestaltungswirkung des Anfechtungsurteils. Ausgeschlossen ist daher die Bestätigung oder Vernichtung des Hauptversammlungsbeschlusses im Wege eines **Vergleichs**[450]. Etwas anderes gilt jedoch für den Abschluss eines – den Bestand des angefochtenen Beschlusses gerade nicht tangierenden – Vergleichs über die Rücknahme der Klage[451]. Liegt in seinem Abschluss ein „Abkauf der Anfechtung", ist dieser aber – im Gegensatz zu der als Prozesshandlung fortwirkenden Klagerücknahme – in aller Regel gemäß §§ 138 BGB, 134 BGB i.V.m.

---

444 Zur Rechtslage vor Inkrafttreten des UMAG vgl. mit umfangr. weiteren Nachw. 1. Aufl., § 37 Rz. 120.
445 *Vatter* in BeckOGK AktG, Stand 1.6.2021, § 246 AktG Rz. 43; siehe auch OLG München v. 14.9.2007 – 31 AR 211/07, AG 2007, 912, 913.
446 Vgl. näher zu den dem Kläger zustehenden Möglichkeiten der Prozessführung etwa *K. Schmidt* in Großkomm. AktG, 4. Aufl. 1996, § 246 AktG Rz. 68; *C. Schäfer* in MünchKomm. AktG, 5. Aufl. 2021, § 246 AktG Rz. 26.
447 OLG Düsseldorf v. 20.12.2018 – 6 U 215/16, AG 2019, 348, 351; LG Hannover v. 29.5.1992 – 23 O 64 u. 77/99, WM 1992, 1239, 1243 = AG 1993, 187; *C. Schäfer* in MünchKomm. AktG, 5. Aufl. 2021, § 246 AktG Rz. 28 f.; *Noack/Zetzsche* in KölnKomm. AktG, 3. Aufl. 2018, § 246 AktG Rz. 170; *Drescher* in Henssler/Strohn, § 246 AktG Rz. 44; *Austmann* in MünchHdb. AG, § 42 Rz. 120.
448 S. etwa *K. Schmidt* in Großkomm. AktG, 4. Aufl. 1996, § 246 AktG Rz. 75, 78; *Schwab* in K. Schmidt/Lutter, § 246 AktG Rz. 28; *Englisch* in Hölters, § 246 AktG Rz. 61; *Hüffer/Koch*, § 246 AktG Rz. 17; siehe auch *Vatter* in BeckOGK AktG, Stand 1.6.2021, § 246 AktG Rz. 56.
449 *C. Schäfer* in MünchKomm. AktG, 5. Aufl. 2021, § 246 AktG Rz. 29; siehe auch OLG Düsseldorf v. 20.12.2018 – 6 U 215/16, AG 2019, 348, 351; LG Hannover v. 29.5.1992 – 23 O 64 u. 77/99, WM 1992, 1239, 1243 = AG 1993, 187.
450 *Austmann* in MünchHdb. AG, § 42 Rz. 127; *C. Schäfer* in MünchKomm. AktG, 5. Aufl. 2021, § 246 AktG Rz. 30; *K. Schmidt* in Großkomm. AktG, 4. Aufl. 1995, § 246 AktG Rz. 74; *Heidel* in Heidel, § 246 AktG Rz. 37.
451 *C. Schäfer* in MünchKomm. AktG, 5. Aufl. 2021, § 246 AktG Rz. 30; *Heidel* in Heidel, § 246 AktG Rz. 37.

§ 57 AktG als nichtig anzusehen[452]. Zu den durch das UMAG eingeführten **Bekanntmachungspflichten börsennotierter Gesellschaften** bei Abschluss eines Vergleiches vgl. näher Rz. 39.99.

10. Streitwert und Kosten

Bemäße sich der Streitwert der Anfechtungsklage den allgemeinen zivilprozessualen Grundsätzen entsprechend nur nach dem Interesse des Klägers und somit vor allem anhand des Wertes des klägerischen Aktienbesitzes, so führte dies insbesondere in Fällen von Kleinstbeteiligungen zu unangemessenen Beträgen, die möglicherweise sogar missbräuchliche oder aussichtslose Klagen provozieren könnten[453]. Demgegenüber kann das alleinige Abstellen auf das Interesse der Gesellschaft an der Aufrechterhaltung des angegriffenen Beschlusses zu einem untragbaren Kostenrisiko für den anfechtenden Aktionär führen, das u.U. mit seinem grundrechtlich garantierten Anspruch auf Justizgewährung (Art. 2 Abs. 1, Art. 20 Abs. 3, Art. 103 GG) nicht zu vereinbaren ist. Das geltende Aktienrecht[454] ist bemüht, diesen Interessenwiderstreit durch Schaffung eines **Regelstreitwertes** aufzulösen, bei dessen Bemessung auf „alle Umstände" und insbesondere auf die Interessen sowohl des Klägers als auch der beklagten Gesellschaft abzustellen ist (§ 247 Abs. 1 AktG) und der ggf. zugunsten einer Partei noch vermindert werden kann (sog. Streitwertspaltung, § 247 Abs. 2 AktG, vgl. näher Rz. 39.126)[455].

39.123

Im Rahmen seiner nach § 247 Abs. 1 Satz 1 AktG bei der Streitwertbemessung anzustellenden **Ermessensentscheidung** hat das Gericht nicht nur die Bedeutung der Sache für beide Parteien zu berücksichtigen, sondern – wegen der Gestaltungswirkung des Anfechtungsurteils – auch die Bedeutung der Angelegenheit für die übrigen Aktionäre der Gesellschaft[456]. Das Interesse des anfechtenden Aktionärs entspricht seinem wirtschaftlichen Interesse an der Nichtigerklärung des Beschlusses[457] und wird grundsätzlich durch den Wert seines Aktienbesitzes, bei börsennotierten Gesellschaften durch den Kurswert der gehaltenen Aktien, begrenzt[458]. Aus Sicht der beklagten Gesellschaft wird – soweit ein solcher feststellbar ist – in der Regel der Vermögenswert der angegriffenen Maßnahme entscheidend sein, wobei der Betrag des Grundkapitals, die Bilanzsumme usw. Indizwirkung haben können[459]. Die **Gewichtung dieser beteiligten Interessen** ist durch § 247 AktG nicht vorgegeben, sondern bildet den Schwerpunkt der gerichtlichen Ermessensausübung[460]. Im Schrifttum vorzufindende

39.124

---

452 Vgl. näher *K. Schmidt* in Großkomm. AktG, 4. Aufl. 1996, § 246 AktG Rz. 69 f.; *C. Schäfer* in MünchKomm. AktG, 5. Aufl. 2021, § 246 AktG Rz. 27.
453 *C. Schäfer* in MünchKomm. AktG, 5. Aufl. 2021, § 247 AktG Rz. 3.
454 Dem voraus gingen Regelungen, die entweder einseitig die Interessen des Klägers in der Vordergrund stellten (so im Falle des vor Inkrafttreten des AktG 1937 geltenden HGB) oder aber einseitig die Interessen der beklagten Gesellschaft berücksichtigten (nämlich unter Geltung des § 199 Abs. 6 AktG 1937), vgl. dazu *K. Schmidt* in Großkomm. AktG, 4. Aufl. 1996, § 247 AktG Rz. 1; *Noack/Zetzsche* in KölnKomm. AktG, 3. Aufl. 2018, § 247 AktG Rz. 2 f.
455 Zu den mit Blick auf die Rechtsprechung des BVerfG gleichwohl noch verbleibenden Bedenken hinsichtlich der Verfassungsmäßigkeit der Norm vgl. m.w.N. etwa *C. Schäfer* in MünchKomm. AktG, 5. Aufl. 2021, § 247 AktG Rz. 4 f., der diese jedoch zu Recht als i.E. nicht durchgreifend wertet.
456 *Hüffer/Koch*, § 247 AktG Rz. 6; *K. Schmidt* in Großkomm. AktG, 4. Aufl. 1996, § 247 AktG Rz. 14.
457 OLG Rostock v. 31.1.2014 – 1 W 67/13, AG 2014, 166; *K. Schmidt* in Großkomm. AktG, 4. Aufl. 1996, § 247 AktG Rz. 15.
458 OLG Düsseldorf v. 31.8.2000 – 6 W 33/00, AG 2001, 267; *C. Schäfer* in MünchKomm. AktG, 5. Aufl. 2021, § 247 AktG Rz. 12; vgl. zu einem Ausnahmefall, in dem das Interesse über den Kurswert hinausging, OLG Frankfurt v. 24.1.1984 – 5 U 110/83, DB 1984, 869.
459 *K. Schmidt* in Großkomm. AktG, 4. Aufl. 1996, § 247 AktG Rz. 16.
460 *C. Schäfer* in MünchKomm. AktG, 5. Aufl. 2021, § 247 AktG Rz. 13; insoweit vorgeschlagene mathematische Methoden (vgl. dazu etwa LG Berlin v. 6.11.2000 – 99 O 83/99, AG 2001, 543, 544, sowie m.w.N. z.B. *K. Schmidt* in Großkomm. AktG, 4. Aufl. 1996, § 247 AktG Rz. 14; *Schwab* in K. Schmidt/Lutter, § 247 AktG Rz. 6) dürften zu einer Unterschreitung des richterlichen Ermessensspielraums führen und konnten sich bislang zu Recht nicht durchsetzen.

Kasuistiken[461] können daher für die konkrete Bemessung des Regelstreitwertes allenfalls Anhaltspunkte geben[462].

39.125 Durch § 247 Abs. 1 Satz 2 AktG wird der so ermittelte Regelstreitwert in doppelter Hinsicht **begrenzt:** Soweit nicht die Bedeutung der Sache für den Kläger höher zu bewerten ist, darf der Streitwert durch das Gericht nicht auf mehr als ein Zehntel des Grundkapitals der Gesellschaft, höchstens aber auf 500.000 Euro festgesetzt werden. Diese Begrenzung gilt für **jeden einzelnen Klageantrag**, so dass der Gesamtstreitwert (§ 5 ZPO) u.U. höher liegen kann[463].

39.126 Würde die wirtschaftliche Lage einer Partei durch die Belastung mit den Prozesskosten, die sich aus dem gemäß § 247 Abs. 1 AktG festgesetzten Streitwert ergeben, erheblich gefährdet, so kann das Gericht daneben gemäß § 247 Abs. 2 AktG die sog. **Streitwertspaltung** anordnen. Sie wirkt nur zugunsten der betroffenen Partei – in der Praxis wohl immer zugunsten des Anfechtungsklägers – und bedarf eines grundsätzlich vor der Verhandlung zur Hauptsache zu stellenden Antrages (§ 247 Abs. 3 Satz 2 AktG). In diesem sind die Umstände, die die erhebliche Gefährdung der wirtschaftlichen Lage begründen, glaubhaft zu machen (§ 247 Abs. 2 Satz 1 AktG). Obgleich § 247 Abs. 2 AktG keine Prüfung der Erfolgsaussichten der Klage verlangt, hat das Gericht eine Streitwertspaltung zu unterlassen, wenn sich ohne Verzögerung des Verfahrens feststellen lässt, dass die Anfechtungsklage mutwillig, rechtsmissbräuchlich oder aussichtslos ist[464]. Die Gewährung von **Prozesskostenhilfe** (§§ 114 ff. ZPO) und die Streitwertspaltung kommen prinzipiell auch nebeneinander in Betracht[465].

11. Wirkungen des Anfechtungsurteils

39.127 Das der Anfechtungsklage stattgebende Urteil ist ein **Gestaltungsurteil:** Mit Eintritt seiner formellen Rechtskraft[466] wird der bis dahin zwar anfechtbare, aber gleichwohl wirksame (vgl. Rz. 39.4) Hauptversammlungsbeschluss endgültig nichtig (siehe auch § 241 Nr. 5 AktG). Das klagestattgebende Urteil ändert damit die **materielle Rechtslage**, und zwar mit Rückwirkung[467] (vgl. noch Rz. 39.129) gegenüber jedermann[468].

39.128 Daneben erwächst das Anfechtungsurteil auch in **materielle Rechtskraft**; sie bewirkt nach allgemeinen prozessualen Grundsätzen eine inhaltliche Bindung des Gerichts und der Prozessparteien an die getroffene Entscheidung[469]. In § 248 Abs. 1 AktG ist – trotz der weiten Überschrift dieser Norm („Urteilswirkung") – nach h.M. nur die materielle Rechtskraft des klagestattgebenden Anfechtungsurteils

---

461 Siehe etwa *K. Schmidt* in Großkomm. AktG, 4. Aufl. 1996, § 246 AktG Rz. 17; *C. Schäfer* in MünchKomm. AktG, 5. Aufl. 2021, § 247 AktG Rz. 15; *Schwab* in K. Schmidt/Lutter, § 247 AktG Rz. 7 ff.
462 Dies zu Recht betonend *C. Schäfer* in MünchKomm. AktG, 5. Aufl. 2021, § 247 AktG Rz. 15.
463 OLG Rostock v. 31.1.2014 – 1 W 67/13, AG 2014, 166; *Hüffer/Koch*, § 247 AktG Rz. 9.
464 *Baums* in FS Lutter, 2000, S. 283, 296; *Austmann* in MünchHdb. AG, § 42 Rz. 133; *C. Schäfer* in MünchKomm. AktG, 5. Aufl. 2021, § 247 AktG Rz. 26; *Noack/Zetzsche* in KölnKomm. AktG, 3. Aufl. 2018, § 247 AktG Rz. 123.
465 OLG Frankfurt v. 30.1.1990 – 5 W 26/89, ZIP 1990, 268, 269 = AG 1990, 393; zum Verhältnis von Streitwertspaltung und Prozesskostenhilfe vgl. näher z.B. *K. Schmidt* in Großkomm. AktG, 4. Aufl. 1996, § 247 AktG Rz. 11; *C. Schäfer* in MünchKomm. AktG, 5. Aufl. 2021, § 247 AktG Rz. 27.
466 Gemeint ist die Unangreifbarkeit des Urteils, insbesondere infolge des Fehlens von Rechtsmitteln oder infolge des Verstreichenlassens von Rechtsmittelfristen.
467 *C. Schäfer* in MünchKomm. AktG, 5. Aufl. 2021, § 248 AktG Rz. 14; *K. Schmidt* in Großkomm. AktG, 4. Aufl. 1996, § 248 AktG Rz. 5; *Austmann* in MünchHdb. AG, § 42 Rz. 124; *Reichert* in Beck'sches Hdb. AG, § 5 Rz. 282; anders *Noack/Zetzsche* in KölnKomm. AktG, 3. Aufl. 2018, § 248 AktG Rz. 30 (lediglich Tatbestandswirkung für § 241 Nr. 5 AktG).
468 H.M., vgl. *C. Schäfer* in MünchKomm. AktG, 5. Aufl. 2021, § 248 AktG Rz. 13; *K. Schmidt* in Großkomm. AktG, 4. Aufl. 1996, § 248 AktG Rz. 4; insoweit zust. auch *Noack/Zetzsche* in KölnKomm. AktG, 3. Aufl. 2018, § 248 AktG Rz. 33; a.A. etwa *Schwab* in K. Schmidt/Lutter, § 248 AktG Rz. 5.
469 *Hüffer/Koch*, § 248 AktG Rz. 8.

angesprochen, d.h. nicht auch die ohnehin gegenüber jedermann bestehende Gestaltungswirkung der Entscheidung (Rz. 39.127)[470]. Dabei modifiziert § 248 Abs. 1 AktG die allgemeinen prozessualen Grundsätze insoweit, als die materielle Rechtskraft des Anfechtungsurteils nicht auf die Prozessparteien beschränkt bleibt, sondern sich auch auf die **übrigen Aktionäre** und auf die **Mitglieder des Vorstands und des Aufsichtsrats** erstreckt[471].

Die **Rückwirkung** des klagestattgebenden Anfechtungsurteils (Rz. 39.127) kann in Fällen, in denen der für nichtig erklärte Hauptversammlungsbeschluss zwischenzeitlich durchgeführt worden ist[472], Folgeprobleme für die **Wirksamkeit solcher Ausführungsmaßnahmen** aufwerfen. Im älteren Schrifttum wurden vor diesem Hintergrund sachliche und persönliche Beschränkungen der Rückwirkung des Anfechtungsurteils diskutiert, die von der heute h.M. jedoch zu Recht abgelehnt werden[473]. Diese durch den historischen Gesetzgeber bewusst[474] ungeregelt gebliebene Problematik ist nach allgemeinen Grundsätzen zu lösen:

39.129

Eher geringere Probleme bereitet die schlichte tatsächliche Durchführung des angefochtenen Beschlusses. So stellt etwa die Ausschüttung einer Dividende, die auf einem durch Anfechtungsurteil für **nichtig erklärten Gewinnverwendungsbeschluss** beruht, eine gesetzeswidrige Leistung i.S.d. § 62 AktG dar[475]. Bildet der für nichtig erklärte Hauptversammlungsbeschluss jedoch eine Wirksamkeitsvoraussetzung für die Ausführungsmaßnahme, wie etwa der Zustimmungsbeschluss im Falle des Abschlusses eines **Vermögensübertragungsvertrages** (§ 179a AktG), so ist auch diese Ausführungsmaßnahme unwirksam; ggf. zu ihrem Vollzug durchgeführte dingliche Verfügungen bleiben von der Nichtigerklärung zwar unberührt, sind aber mangels Rechtsgrundes nach den §§ 812 ff. BGB rückabzuwickeln[476]. Besonderheiten gelten, wenn das Ausführungsgeschäft den Regeln über die fehlerhafte Gesellschaft unterfällt, was etwa für **Kapitalerhöhungen** und **Beherrschungsverträge** (§ 291 Abs. 1 Satz 1 Var. 1 AktG) gilt: Solche Maßnahmen sind nach diesen Sonderregeln als bis zu dem Zeitpunkt wirksam zu behandeln, in dem das Anfechtungsurteil formelle Rechtskraft erlangt[477]. Eine auf einem für nichtig erklärten Beschluss der Hauptversammlung beruhende, bereits durchgeführte Kapitalerhöhung ist also bis zur Unangreifbarkeit des Anfechtungsurteils als wirksam zu erachten, bedarf jedoch danach der Rückabwicklung[478]. **Ausnahmen** können sich jedoch ergeben, wenn diese Maßnahmen Gegenstand eines **erfolgreichen Freigabeverfahrens** nach § 246a AktG (vgl. dazu Rz. 39.183) waren. Denn

39.130

---

470 Vgl. dazu z.B. *K. Schmidt* in Großkomm. AktG, 4. Aufl. 1996, § 248 AktG Rz. 13; *C. Schäfer* in MünchKomm. AktG, 5. Aufl. 2021, § 248 AktG Rz. 8.
471 *K. Schmidt* in Großkomm. AktG, 4. Aufl. 1996, § 248 AktG Rz. 13.
472 Die Frage, ob und unter welchen Umständen der Vorstand berechtigt ist, von der Durchführung eines lediglich schwebend wirksamen Beschlusses (vgl. Rz. 39.4) abzusehen, ist bislang nicht abschließend geklärt, vgl. m.w.N. eingehend *Noack*, DB 2014, 1851, 1852; *Hüffer/Koch*, § 243 AktG Rz. 50.
473 Vgl. etwa - mit umfangreichen Nachweisen zur Gegenauffassung aus dem älteren Schrifttum - *K. Schmidt* in Großkomm. AktG, 4. Aufl. 1996, § 248 AktG Rz. 5; *Hüffer/Koch*, § 248 AktG Rz. 7; krit. *C. Schäfer* in MünchKomm. AktG, 5. Aufl. 2021, § 248 AktG Rz. 15.
474 Vgl. die Wiedergabe der Gesetzesmaterialien bei *Schubert/Hommelhoff*, Hundert Jahre modernes Aktienrecht (ZGR-Sonderheft 4), 1985, S. 468 f.
475 Heute h.M., vgl. *Austmann* in MünchHdb. AG, § 42 Rz. 125; *K. Schmidt* in Großkomm. AktG, 4. Aufl. 1996, § 248 AktG Rz. 6; krit., aber i.E. ebenso *C. Schäfer* in MünchKomm. AktG, 5. Aufl. 2021, § 248 AktG Rz. 15.
476 *C. Schäfer* in MünchKomm. AktG, 5. Aufl. 2021, § 248 AktG Rz. 22; *Austmann* in MünchHdb. AG, § 42 Rz. 125.
477 Vgl. *Hüffer/Koch*, § 248 AktG Rz. 7a; *K. Schmidt* in Großkomm. AktG, 4. Aufl. 1996, § 248 AktG Rz. 7; *Austmann* in MünchHdb. AG, § 42 Rz. 125; anders *C. Schäfer* in MünchKomm. AktG, 5. Aufl. 2021, § 248 AktG Rz. 16.
478 Siehe näher *Kort*, ZGR 1994, 291, 314 ff.; *Zöllner/Winter*, ZHR 158 (1994), 59, 60 ff.; zu den Folgen der Nichtigkeit einer Kapitalerhöhung für nachfolgende Kapitalerhöhungen vgl. *Zöllner* in FS Hadding, 2004, S. 725 ff.

gemäß § 246a Abs. 4 Satz 2 AktG bleibt die Wirkung der Handelsregistereintragung dieser Maßnahmen in dieser Konstellation selbst von der späteren gerichtlichen Nichtigerklärung des zugrunde liegenden Hauptversammlungsbeschlusses unberührt; dem erfolgreichen Anfechtungskläger verbleiben dann allenfalls Schadensersatzansprüche gemäß § 246a Abs. 4 Satz 1 AktG. Entsprechendes gilt in den Fällen der Anfechtung von Beschlüssen über die **Verschmelzung**, die **Spaltung** oder den **Formwechsel**: Mängel der Verschmelzung, der Spaltung oder des Formwechsels – und damit auch eine rückwirkende Nichtigerklärung des gefassten Umwandlungsbeschlusses[479] – lassen die Wirkungen der jeweiligen Eintragung in das Handelsregister gemäß § 20 Abs. 2, § 131 Abs. 2, § 202 Abs. 3 UmwG unberührt[480]. Der auf dem Anfechtungsurteil beruhende nachträgliche Wegfall des erforderlichen Umwandlungsbeschlusses tangiert daher die Wirksamkeit der **in das Handelsregister eingetragenen Umwandlungsmaßnahme** nicht, die Mangelhaftigkeit des Beschlusses kann aber noch Schadensersatzansprüche begründen[481]. Denkbar ist schließlich auch, dass der nichtige Beschluss eine lediglich **im Innenverhältnis der Gesellschaft notwendige Maßnahme** darstellt, die das Vorstandshandeln in Gestalt der Ausführungsmaßnahme rechtfertigt. In Betracht kommen dabei vor allem Geschäftsführungsmaßnahmen, die der Vorstand der Hauptversammlung nach den sog. **Holzmüller/Gelatine-Grundsätzen**[482] zur Entscheidung vorlegt. Ihre Wirksamkeit im Außenverhältnis bleibt somit von dem nachträglichen Wegfall des Zustimmungsbeschlusses unberührt[483].

12. Einreichungs- und Veröffentlichungspflichten nach Verfahrensbeendigung

39.131   Der Vorstand hat das der Anfechtungsklage **stattgebende Urteil** gemäß § 248 Abs. 1 Satz 2 AktG unverzüglich nach Eintritt der formellen Rechtskraft[484] **zum Handelsregister einzureichen**. Das Registergericht trägt das Urteil gemäß § 248 Abs. 1 Satz 3 AktG in das Handelsregister ein, sofern auch der für nichtig erklärte Beschluss in das Handelsregister eingetragen war; Ausnahmen davon gelten allerdings, wenn der betroffene Beschluss Gegenstand eines erfolgreichen Freigabeverfahrens i.S.d. § 246a AktG war (vgl. § 242 Abs. 2 Satz 5 AktG sowie näher Rz. 39.188). Die Eintragung ist gemäß § 248 Abs. 1 Satz 4 AktG bekanntzumachen. **Erweiterte Einreichungspflichten** enthält § 248 Abs. 2 AktG für den Fall, dass der für nichtig erklärte Beschluss eine Satzungsänderung zum Inhalt hatte: Mit dem Urteil ist dann auch der Wortlaut der Satzung, wie er sich unter Berücksichtigung des Urteils und aller bisherigen Satzungsänderungen ergibt, mit einer Bescheinigung eines Notars über diese Tatsache zum Handelsregister einzureichen. Für **börsennotierte Gesellschaften** sehen schließlich die durch das UMAG eingeführten Vorschriften der §§ 248a, 149 Abs. 2 und 3 AktG eine Verpflichtung vor, jede Verfahrensbeendigung – also auch diejenige durch Urteil[485] – in den **Gesellschaftsblättern** bekanntzumachen, zu den Einzelheiten vgl. näher Rz. 39.99.

---

479 Vgl. beispielhaft zu § 20 UmwG *Leonard/Simon* in Semler/Stengel/Leonhard, § 20 UmwG Rz. 93.
480 Der Eintragung anfechtbarer Umwandlungsbeschlüsse in das Handelsregister soll zwar die bei Anmeldung der jeweiligen Umwandlungsmaßnahme nach § 16 Abs. 2 UmwG abzugebende sog. Negativerklärung entgegenwirken, sie kann aber die nachträgliche Nichtigerklärung des Beschlusses – wie etwa schon die Existenz des Freigabeverfahrens gemäß § 16 Abs. 3 UmwG zeigt – nicht zwingend verhindern.
481 Vgl. beispielhaft zu § 20 UmwG *Marsch-Barner/Oppenhoff* in Kallmeyer, § 20 UmwG Rz. 34.
482 Siehe BGH v. 25.2.1982 – II ZR 174/80, BGHZ 83, 122 sowie BGH v. 26.4.2004 – II ZR 155/02, NJW 2004, 1860 ff. = AG 2004, 384; ein Überblick über diese neuere Rechtsprechung findet sich u.a. bei *Hüffer/Koch*, § 119 AktG Rz. 16 ff.; *Fuhrmann*, AG 2004, 339; siehe näher auch Rz. 33.41 ff.
483 *C. Schäfer* in MünchKomm. AktG, 5. Aufl. 2021, § 248 AktG Rz. 24; *K. Schmidt* in Großkomm. AktG, 4. Aufl. 1996, § 248 AktG Rz. 6.
484 Diese Voraussetzung ergibt sich aus dem Zusammenhang mit Satz 1, vgl. *K. Schmidt* in Großkomm. AktG, 4. Aufl. 1996, § 248 AktG Rz. 21.
485 *C. Schäfer* in MünchKomm. AktG, 5. Aufl. 2021, § 248a AktG Rz. 3; a.A. *Göz* in Bürgers/Körber/Lieder, § 248a AktG Rz. 2.

13. „Positive Beschlussfeststellungsklage"

39.132 Im Falle negativer, den jeweiligen Antrag also ablehnender Beschlüsse der Hauptversammlung kann die Wirkung des Anfechtungsurteils hinter dem eigentlichen Rechtsschutzziel des Klägers zurückbleiben: Kam der **ablehnende Beschluss** beispielsweise nur deshalb zustande, weil der Leiter der Hauptversammlung die „Nein"-Stimmen eines einem Stimmverbot unterliegenden Aktionärs (§ 136 Abs. 1 AktG) mitgezählt hat, so hätte eine gegen diesen Beschluss gerichtete isolierte Anfechtungsklage nur **kassatorische Wirkung**; der (ohne die rechtswidrig mitgezählten Stimmen) eigentlich zustande gekommene positive Beschluss wäre indessen mit dieser gerichtlichen Entscheidung noch nicht in Kraft gesetzt. Zwar steht es dem Kläger frei, den entsprechenden Beschlussantrag in einer weiteren Hauptversammlung nochmals zu stellen, um so das gewollte positive Beschlussergebnis zu erreichen. Abgesehen von der dabei zu berücksichtigenden zeitlichen Komponente steht es jedoch keineswegs fest, dass die Hauptversammlung im Rahmen einer erneuten Abstimmung dasselbe Beschlussergebnis, nämlich die Annahme des Antrages, erzielt[486].

39.133 Die von der h.M. im Schrifttum[487] getragene Rechtsprechung[488] erlaubt es dem anfechtenden Aktionär deshalb, seine Anfechtungsklage mit dem Antrag auf gerichtliche Feststellung zu verbinden, dass der in der Hauptversammlung beantragte Beschluss mit einem bestimmten Inhalt zustande gekommen ist. Praktische Bedeutung hat diese sog. positive Beschlussfeststellungsklage gegen **rechtswidrige ablehnende Beschlüsse** nicht nur dann, wenn das ablehnende Ergebnis auf einer Abstimmung beruht, an der ein vom Stimmrecht ausgeschlossener Aktionär (§ 136 Abs. 1, § 142 Abs. 1 AktG) mitgewirkt hat[489]; auch die Nichtberücksichtigung eines zeitweiligen Verlustes der Stimmrechte aus den Aktien infolge einer Verletzung von bestimmten Mitteilungs- oder übernahmerechtlichen Pflichten (§§ 20 ff. AktG; §§ 33 ff. WpHG; § 59 WpÜG; siehe auch Rz. 39.76) ist als praktisch nicht unbedeutsames Beispiel zu nennen. Denkbar ist zudem, dass der ablehnende Beschluss lediglich deshalb zustande kommt, weil dieser durch den Leiter der Hauptversammlung aufgrund eines Zählfehlers zu Unrecht festgestellt und diese Feststellung gemäß § 130 Abs. 2 AktG in die Niederschrift aufgenommen wird, oder dass der Antrag abgelehnt wird, weil ein Aktionär rechtsmissbräuchlich dagegen stimmt[490].

39.134 Die positive Feststellungsklage kann eine Anfechtungsklage nicht ersetzen, sondern diese lediglich mit Blick auf das in bestimmten Konstellationen vorliegende Rechtsschutzdefizit ergänzen[491]. Ohne Anfechtung erlangt der negative Beschluss mit Ablauf der Anfechtungsfrist endgültige Wirksamkeit, so dass danach für eine Feststellung des tatsächlichen, positiven Beschlussergebnisses kein Raum besteht. Nicht zuletzt vor diesem Hintergrund wendet die h.M. in verfahrensrechtlicher Hinsicht auf die positive Beschlussfeststellungsklage die für die Anfechtungsklage geltenden Regeln weitgehend entsprechend an[492]. Die positive Beschlussfeststellungsklage ist daher nicht nur innerhalb der **Monatsfrist des § 246 Abs. 1 AktG** gegen die Gesellschaft zu erheben; der Kläger bedarf vielmehr auch der **Anfechtungs-**

---

486 *Zöllner*, ZGR 1982, 623, 625; *C. Schäfer* in MünchKomm. AktG, 5. Aufl. 2021, § 246 AktG Rz. 85.
487 *Zöllner*, ZGR 1982, 623, 625; *Noack/Zetzsche* in KölnKomm. AktG, 3. Aufl. 2018, § 248 AktG Rz. 44 ff.; *C. Schäfer* in MünchKomm. AktG, 5. Aufl. 2021, § 246 AktG Rz. 84 ff.; *K. Schmidt* in Großkomm. AktG, 2. Aufl. 2001, § 246 AktG Rz. 101; *Heidel* in Heidel, § 246 AktG Rz. 11; *Austmann* in MünchHdb. AG, § 42 Rz. 131 f.
488 BGH v. 13.3.1980 – II ZR 54/78, BGHZ 76, 191, 197 ff.; BGH v. 26.10.1983 – II ZR 87/83, BGHZ 88, 320, 329 f.; BGH v. 20.1.1985 – II ZR 73/85, BGHZ 97, 28, 30 f. = AG 1986, 256. Siehe instruktiv auch OLG Köln 9.3.2017 – 18 U 19/16, AG 2017, 351, 358 f. und 360 f.
489 Vgl. z.B. BGH v. 20.1.1985 – II ZR 73/85, BGHZ 97, 28 ff. = AG 1986, 256.
490 Vgl. BGH v. 26.10.1983 – II ZR 87/83, BGHZ 88, 320 ff.; *K. Schmidt* in Großkomm. AktG, 4. Aufl. 1996, § 246 AktG Rz. 102.
491 OLG Stuttgart v. 8.7.2015 – 20 U 2/14, AG 2016, 370, 371; *Zöllner*, ZGR 1982, 623, 625; *C. Schäfer* in MünchKomm. AktG, 5. Aufl. 2021, § 246 AktG Rz. 86.
492 *Noack/Zetzsche* in KölnKomm. AktG, 3. Aufl. 2018, § 248 AktG Rz. 47 ff.; *C. Schäfer* in MünchKomm. AktG, 5. Aufl. 2021, § 246 AktG Rz. 87; *K. Schmidt* in Großkomm. AktG, 4. Aufl. 1996, § 246 AktG Rz. 107; *Austmann* in MünchHdb. AG, § 42 Rz. 132.

befugnis i.S.d. § 245 AktG[493]. In den Fällen des § 245 Nr. 1 AktG reicht es allerdings für die Anfechtungsbefugnis aus, dass **Widerspruch** gegen den ablehnenden Beschluss erhoben worden ist, nicht erforderlich ist dagegen, dass der Aktionär auch die Niederschrift des positiven Beschlussergebnisses verlangt[494]. Für die **gerichtliche Zuständigkeit** ist § 246 Abs. 3 AktG analog heranzuziehen[495]. Auch § 246 Abs. 4 Satz 1 AktG findet entsprechende Anwendung: Der Vorstand hat also die Erhebung der positiven Beschlussfeststellungsklage ebenso **bekannt zu machen** wie die Erhebung der Anfechtungsklage, um anderen Aktionären Gelegenheit zur Nebenintervention zu geben[496]. Dies ist vor allem deshalb gerechtfertigt, weil das der positiven Beschlussfeststellungsklage stattgebende Urteil analog § 248 Abs. 1 Satz 1 AktG die gleiche **erweiterte Rechtskraft- und Gestaltungswirkung** entfaltet wie das Urteil im Anfechtungsprozess (vgl. Rz. 39.127 f.)[497].

IV. Die Nichtigkeitsklage

1. Überblick

39.135   Erheben Aktionäre, der Vorstand oder einzelne Mitglieder des Vorstands oder des Aufsichtsrats eine Klage auf **Feststellung der Nichtigkeit** eines Hauptversammlungsbeschlusses, so unterliegt diese Klage als sog. **Nichtigkeitsklage** gemäß § 249 AktG besonderen Anforderungen. Im Gegensatz zur Anfechtungsklage, die auf die gerichtliche Nichtigerklärung eines Hauptversammlungsbeschlusses gerichtet ist (Rz. 39.70), stellt die aktienrechtliche Nichtigkeitsklage also keine Gestaltungs-, sondern eine Feststellungsklage i.S.d. § 256 ZPO dar, für die allerdings spezifische aktienrechtliche Sonderregelungen gelten[498].

39.136   Aus der Einordnung der Nichtigkeitsklage als spezielle Form der Feststellungsklage folgt zunächst, dass dem in § 249 Abs. 1 Satz 1 AktG genannten Personenkreis zur gerichtlichen Feststellung der Nichtigkeit eines Hauptversammlungsbeschlusses nur die Nichtigkeitsklage, nicht aber die allgemeine Feststellungsklage zur Verfügung steht[499]. Die **allgemeine Feststellungsklage** i.S.d. § 256 ZPO kann jedoch mit dem Ziel einer gerichtlichen Feststellung der Nichtigkeit eines Hauptversammlungsbeschlusses **von dritten Personen** erhoben werden, die dem in § 249 Abs. 1 Satz 1 AktG genannten Personenkreis nicht angehören[500]. Nach allgemeinen zivilprozessualen Regeln bedarf es dazu hingegen eines besonderen **Feststellungsinteresses**[501], das dem in § 249 Abs. 1 Satz 1 AktG genannten Personenkreis für

---

493 *C. Schäfer* in MünchKomm. AktG, 5. Aufl. 2021, § 246 AktG Rz. 87; *K. Schmidt* in Großkomm. AktG, 4. Aufl. 1996, § 246 AktG Rz. 108.
494 BGH v. 13.3.1980 – II ZR 54/78, BGHZ 76, 191, 200 = AG 1980, 187.
495 *C. Schäfer* in MünchKomm. AktG, 5. Aufl. 2021, § 246 AktG Rz. 88.
496 *Austmann* in MünchHdb. AG, § 42 Rz. 132. Der Streitbeitritt gibt dem Nebenintervenienten insbesondere die Gelegenheit, eine aus seiner Sicht (auch) bestehende Anfechtbarkeit des erstrebten positiven Beschlusses geltend zu machen; eine etwaige Nichtigkeit hätte das mit der positiven Beschlussfeststellungsklage befasste Gericht demgegenüber bereits von Amts wegen zu berücksichtigen, vgl. anschaulich OLG Köln v. 14.6.2018 – 18 U 36/17, ZIP 2018, 2410, 2412.
497 BGH v. 13.3.1980 – II ZR 54/78, BGHZ 76, 191, 199 = AG 1980, 187; *K. Schmidt* in Großkomm. AktG, 4. Aufl. 1996, § 246 AktG Rz. 112; *C. Schäfer* in MünchKomm. AktG, 5. Aufl. 2021, § 246 AktG Rz. 88.
498 H.M., vgl. z.B. *Noack/Zetzsche* in KölnKomm. AktG, 3. Aufl. 2018, § 249 AktG Rz. 3; *Austmann* in MünchHdb. AG, § 42 Rz. 135, 137; *C. Schäfer* in MünchKomm. AktG, 5. Aufl. 2021, § 249 AktG Rz. 4; a.A. *K. Schmidt* in Großkomm. AktG, 4. Aufl. 1996, § 249 AktG Rz. 4 f.
499 BGH v. 23.2.1978 – II ZR 37/77, BGHZ 70, 384, 388 = AG 1978, 236 (zur Genossenschaft); OLG Düsseldorf v. 16.11.1967 – 6 U 280/66, AG 1968, 19, 22; *Austmann* in MünchHdb. AG, § 42 Rz. 135; *Hüffer/Koch*, § 249 AktG Rz. 2.
500 *Noack/Zetzsche* in KölnKomm. AktG, 3. Aufl. 2018, § 249 AktG Rz. 13, 30; *Austmann* in MünchHdb. AG, § 42 Rz. 135.
501 OLG Naumburg v. 6.2.1997 – 7 U 236/96, AG 1998, 430; *Hüffer/Koch*, § 249 AktG Rz. 12.

die Erhebung der Nichtigkeitsklage schon aufgrund der bestehenden Aktionärsstellung oder mit Blick auf die korporationsrechtliche Beziehung zwischen der Gesellschaft und ihren Organen und Organmitgliedern zusteht[502]. Auch das **allgemeine Rechtsschutzinteresse** ist bei dem in § 249 Abs. 1 Satz 1 AktG genannten Personenkreis regelmäßig gegeben[503]. Fehlen kann es allerdings vor allem im Falle **rechtsmissbräuchlich erhobener Nichtigkeitsklagen**[504]. Anders als bei der Anfechtungsklage (vgl. dazu Rz. 39.97) führt die Rechtsmissbräuchlichkeit der Erhebung einer Nichtigkeitsklage somit nicht zur Unbegründetheit, sondern zur Unzulässigkeit der Klage[505].

Ob die Nichtigkeitsklage gemäß § 249 Abs. 1 Satz 1 AktG auch auf Feststellung der **Unwirksamkeit** eines Beschlusses der Hauptversammlung erhoben werden kann, ist zweifelhaft. Zu bejahen ist dies jedenfalls für die im Eingangssatz des § 241 AktG genannten Fälle der endgültigen Beschlussunwirksamkeit, die das Gesetz selbst als Nichtigkeitsfälle apostrophiert (vgl. dazu Rz. 39.8)[506]. Für die übrigen Unwirksamkeitsfälle wird die Frage dagegen von der wohl überwiegenden Meinung zu Recht verneint[507]. Zur Feststellung der Unwirksamkeit eines Beschlusses der Hauptversammlung steht daher in diesen Fällen nur die allgemeine Feststellungsklage gemäß § 256 ZPO zur Verfügung.

39.137

Die Nichtigkeit eines Beschlusses der Hauptversammlung kann – wie § 249 Abs. 1 Satz 2 AktG jedenfalls mit Blick auf den in Satz 1 genannten Personenkreis klarstellt – nicht nur im Wege einer Klage, sondern auch **in anderer Weise von jedermann geltend gemacht** werden. Erhebt die Gesellschaft beispielsweise auf der Grundlage eines nichtigen Kapitalerhöhungsbeschlusses Zahlungsansprüche gegen die Zeichner junger Aktien, können sich die in Anspruch Genommenen gegen eine entsprechende Leistungsklage auch mit dem Einwand der Nichtigkeit des Beschlusses verteidigen[508].

39.138

2. Prozessparteien

Die Klage auf Feststellung der Nichtigkeit eines Hauptversammlungsbeschlusses kann zwar grundsätzlich von jedermann erhoben werden, der ein entsprechendes Feststellungsinteresse geltend machen kann (vgl. bereits Rz. 39.136); als Nichtigkeitsklage i.S.d. § 249 AktG unterliegt diese Feststellungsklage jedoch besonderen Voraussetzungen, falls sie von einem Aktionär, dem Vorstand oder einem Mitglied des Vorstands oder des Aufsichtsrats erhoben wird. Die **Zugehörigkeit zu dem in § 249 Abs. 1 Satz 1 AktG genannten Personenkreis** führt demgemäß nicht zu einer speziellen Klagebefugnis, sondern hat ihre Bedeutung vor allem darin, den tatbestandlichen Anwendungsbereich der Sonderregeln über die Nichtigkeitsklage zu eröffnen[509]. Diese Zugehörigkeit muss in jeder Phase des gerichtlichen Verfahrens gegeben sein, insbesondere also im Zeitpunkt der Klageerhebung und etwaiger sonstiger Prozesshandlungen sowie – für das Urteil – jedenfalls im Zeitpunkt der letzten mündlichen Verhandlung[510]; das Gericht hat ihr Vorliegen in jeder Lage des Verfahrens von Amts wegen zu prüfen[511]. Gleichgültig ist

39.139

---

502 *Butzke*, HV, O Rz. 31; *Hüffer/Koch*, § 249 AktG Rz. 11; *Noack/Zetzsche* in KölnKomm. AktG, 3. Aufl. 2018, § 249 AktG Rz. 7.
503 *Hüffer/Koch*, § 249 AktG Rz. 11.
504 *Hüffer/Koch*, § 249 AktG Rz. 11; *Butzke*, HV, O Rz. 31.
505 OLG Stuttgart v. 23.1.2002 – 20 U 54/01, AG 2003, 165; OLG Stuttgart v. 10.1.2001 – 20 U 91/99, AG 2001, 315, 316; OLG Frankfurt v. 19.2.1991 – 5 U 5/86, AG 1991, 208; *Hüffer/Koch*, § 249 AktG Rz. 11.
506 *C. Schäfer* in MünchKomm. AktG, 5. Aufl. 2021, § 249 AktG Rz. 34.
507 *Drescher* in Henssler/Strohn, § 249 AktG Rz. 2; *Austmann* in MünchHdb. AG, § 42 Rz. 136; *v. Godin/Wilhelmi*, § 249 AktG Anm. 1; a.A. *Noack/Zetzsche* in KölnKomm. AktG, 3. Aufl. 2018, § 249 AktG Rz. 62; *K. Schmidt* in Großkomm. AktG, 4. Aufl. 1996, § 249 AktG Rz. 9.
508 Beispiel nach *Hüffer/Koch*, § 249 AktG Rz. 19.
509 *Noack/Zetzsche* in KölnKomm. AktG, 3. Aufl. 2018, § 249 AktG Rz. 13; *Hüffer/Koch*, § 249 AktG Rz. 4.
510 *Hüffer/Koch*, § 249 AktG Rz. 5; vgl. auch OLG Stuttgart v. 10.1.2001 – 20 U 91/99, AG 2001, 35, 316; *K. Schmidt* in Großkomm. AktG, 4. Aufl. 1996, § 249 AktG Rz. 13.
511 *Hüffer/Koch*, § 249 AktG Rz. 5.

demgegenüber, ob der Kläger dem relevanten Personenkreis auch bereits am Tage der Beschlussfassung der Hauptversammlung angehörte[512].

39.140 Probleme bereiten vor diesem Hintergrund insbesondere Fälle **nachträglicher Veränderungen**, in denen die Zugehörigkeit zu dem in § 249 Abs. 1 Satz 1 AktG genannten Personenkreis erst während des laufenden Verfahrens eintritt oder wegfällt. Wird z.B. eine allgemeine Feststellungsklage gemäß § 256 ZPO von einer Person erhoben, die die Aktionärseigenschaft erst während des laufenden Rechtsstreits erwirbt, so führt dies nach überwiegender Auffassung zur nachträglichen Anwendbarkeit der Sonderregelungen für die Nichtigkeitsklage[513]. Insbesondere die Zustellung der Klage an den Aufsichtsrat muss demgemäß nachgeholt werden (§ 249 Abs. 1 Satz 1, § 246 Abs. 2 Satz 2 AktG). Unterbleibt sie, wird die nunmehr vorliegende Nichtigkeitsklage infolge der nicht ordnungsgemäßen Vertretung der Beklagten unzulässig[514]. Ebenso umstritten ist der umgekehrte Fall, in dem der die Nichtigkeitsklage erhebende Aktionär seine Aktionärseigenschaft während des laufenden Klageverfahrens verliert. Während die ältere Rechtsprechung zu der Annahme tendierte, der Kläger verliere in solchen Fällen zugleich sein Prozessführungsrecht[515], gehen Teile des Schrifttums davon aus, es sei ausreichend, dass die Zugehörigkeit zu dem in § 249 Abs. 1 Satz 1 AktG genannten Personenkreis zumindest bei Eintritt der Rechtshängigkeit vorlag, so dass die Klage als Nichtigkeitsklage fortgeführt werden könne[516]. Nach richtiger Auffassung ist dieser Fall jedoch nicht anders als der umgekehrte zu behandeln: Mit Wegfall der Zugehörigkeit zu dem in § 249 Abs. 1 Satz 1 AktG genannten Personenkreis entfallen auch die besonderen Voraussetzungen der Nichtigkeitsklage, so dass die bereits erhobene Klage als gewöhnliche Feststellungsklage fortzuführen ist[517]; zu prüfen bleibt dann aber insbesondere das Feststellungsinteresse (Rz. 39.136).

3. Sinngemäße Anwendung der Vorschriften über die Anfechtungsklage; Verbindung mehrerer Nichtigkeitsklagen

39.141 Da § 249 Abs. 1 Satz 1 AktG für die Nichtigkeitsklage die Geltung des § 246 Abs. 2 AktG anordnet, ist auch die Nichtigkeitsklage **gegen die Gesellschaft** zu richten, die dabei – anders als im Fall der von einem Dritten gegen sie erhobenen Feststellungsklage (§ 78 AktG) – prinzipiell von ihrem Vorstand und von ihrem Aufsichtsrat **vertreten** wird[518]; auf die unter Rz. 39.107 f. zur Anfechtungsklage dargestellten Grundsätze kann daher verwiesen werden.

39.142 Die **gerichtliche Zuständigkeit** für die Nichtigkeitsklage liegt gemäß § 249 Abs. 1 Satz 1 AktG i.V.m. § 246 Abs. 3 Satz 1 AktG bei dem Landgericht am Sitz der Gesellschaft (vgl. näher, insbesondere auch zu den Möglichkeiten der Zuständigkeitskonzentration, Rz. 39.71); ausschließlich zuständiger Spruchkörper ist – soweit bei dem jeweiligen Landgericht existent – gemäß § 249 Abs. 1 Satz 1 i.V.m. § 246 Abs. 3 Satz 2 AktG die Kammer für Handelssachen. Die durch das ARUG geschaffene Möglichkeit der beklagten Gesellschaft, Einsicht in die Beschlussmängelklage auch bereits vor deren Zustellung zu nehmen (vgl. näher Rz. 39.117a), erstreckt sich auch auf die Nichtigkeitsklage, vgl. § 249 Abs. 1 Satz 1

---

512 OLG Celle v. 7.9.1983 – 9 U 34/83, ZIP 1984, 594, 595 = AG 1984, 266; *K. Schmidt* in Großkomm. AktG, 4. Aufl. 1996, § 249 AktG Rz. 13.
513 *C. Schäfer* in MünchKomm. AktG, 5. Aufl. 2021, § 249 AktG Rz. 12; *Hüffer/Koch*, § 249 AktG Rz. 6; a.A. *K. Schmidt* in Großkomm. AktG, 4. Aufl. 1996, § 249 AktG Rz. 14.
514 *Hüffer/Koch*, § 249 AktG Rz. 6.
515 BGH v. 25.2.1965 – II ZR 287/63, BGHZ 43, 261, 266 f.
516 *K. Schmidt* in Großkomm. AktG, 4. Aufl. 1996, § 249 AktG Rz. 15; *Schwab* in K. Schmidt/Lutter, § 249 AktG Rz. 4; *Vatter* in BeckOGK AktG, Stand 1.6.2021, § 249 AktG Rz. 11; *Noack/Zetzsche* in Köln-Komm. AktG, 3. Aufl. 2018, § 249 AktG Rz. 20.
517 OLG München v. 8.7.2009 – 7 U 1777/08, AG 2009, 912, 913; *C. Schäfer* in MünchKomm. AktG, 5. Aufl. 2021, § 249 AktG Rz. 13; zur Genossenschaft vgl. auch BGH v. 23.10.1998 – LwZR 1/98, AG 1999, 180, 181.
518 *C. Schäfer* in MünchKomm. AktG, 5. Aufl. 2021, § 249 AktG Rz. 16, 19.

i.V.m. § 246 Abs. 3 Satz 5 AktG. Im Übrigen nimmt § 249 Abs. 1 Satz 1 AktG Bezug auf die Vorschriften über die **Bekanntmachung** der Anfechtungsklage in den Gesellschaftsblättern (§ 246 Abs. 4 AktG), über das **Freigabeverfahren** (§ 246a AktG) und über den **Streitwert** der Anfechtungsklage (§ 247 AktG); die Ausführungen in Rz. 39.118, 39.183 ff. und 39.123 ff. gelten damit für die Nichtigkeitsklage entsprechend.

Da § 249 Abs. 1 Satz 1 AktG nicht auch § 246 Abs. 1 AktG für anwendbar erklärt, unterliegt die Nichtigkeitsklage demgegenüber grundsätzlich **keinen besonderen Klagefristen**[519]. Ausnahmen bestehen jedoch für Nichtigkeitsklagen, die sich gegen bestimmte nach dem Umwandlungsgesetz gefasste Beschlüsse richten: Nach Ablauf der in § 14 Abs. 1 UmwG genannten Monatsfrist kann auch eine Nichtigkeitsklage weder gegen einen **Verschmelzungsbeschluss** noch gegen einen **Spaltungsbeschluss** (vgl. § 125 UmwG) oder gegen einen Beschluss über den **Formwechsel** der Gesellschaft (vgl. § 195 Abs. 1 UmwG) erhoben werden.

39.143

Der Referentenentwurf des UMAG hatte vorgesehen, diese Fristenregelung in einem § 249 Abs. 1 Satz 3 AktG-E auf Hauptversammlungsbeschlüsse auszudehnen, die eine **Voraussetzung für eine Umwandlungsmaßnahme** i.S.d. UmwG schaffen: Sofern die Nichtigkeit des Umwandlungsbeschlusses nicht mehr geltend gemacht werden kann, sollte dies auch für solche Hauptversammlungsbeschlüsse gelten; gedacht war dabei insbesondere an die **Umwandlungsmaßnahme begleitende Kapitalerhöhungsbeschlüsse**[520]. Aufgrund der schließlich Gesetz gewordenen Fassung des UMAG ordnet § 249 Abs. 1 Satz 3 AktG allerdings heute lediglich an, dass § 20 Abs. 2 UmwG für diese Hauptversammlungsbeschlüsse entsprechend gilt, sobald der Umwandlungsbeschluss in das Handelsregister eingetragen wurde. Ausweislich der Begründung des RegE zum UMAG[521] will auch diese Regelung „vermeiden, dass nach Ablauf der Anfechtungsfristen der § 14 Abs. 1 UmwG, § 246 Abs. 1 AktG Nichtigkeitsklage gegen den Annex-Beschluss erhoben wird"; dabei soll die Anordnung der entsprechenden Geltung des § 20 Abs. 2 UmwG die bisherige h.M. bestätigen, die mit einer Analogie zu dieser Vorschrift gearbeitet habe. Allerdings war dieser Analogie bis dato nur entnommen worden, dass auch die Fehlerhaftigkeit der Kapitalerhöhung die Eintragungswirkungen der Verschmelzung unbeeinflusst lässt; dies führt hingegen nicht notwendig zur Unzulässigkeit oder Unbegründetheit der Nichtigkeitsklage[522]. Entscheidend bliebe dafür nach allgemeinen Regeln vielmehr darauf abzustellen, ob der Kläger (weiterhin) ein Rechtsschutzbedürfnis für die Klage gegen den Kapitalerhöhungsbeschluss geltend machen kann (siehe Rz. 39.136). Ungeachtet dessen wird § 249 Abs. 1 Satz 3 AktG jedoch vor dem Hintergrund des in den Gesetzesmaterialien klar zum Ausdruck kommenden Regelungsziels dahingehend gedeutet, dass diese Vorschrift die Zulässigkeit einer gegen die genannten Annexbeschlüsse gerichteten Nichtigkeitsklage stets ausschließt, sobald die Nichtigkeit des Umwandlungsbeschlusses nicht mehr geltend gemacht werden kann[523].

39.143a

Zur weiteren Eindämmung rechtsmissbräuchlicher Aktionärsklagen sah der **Regierungsentwurf zur Aktienrechtsnovelle 2012/2013 bzw. zum VorstKoG** die Einführung einer **relativen Befristung** der Nichtigkeitsklage vor[524]. Falls die Erhebung einer Beschlussmängelklage gemäß § 246 Abs. 4 Satz 1 AktG bekannt gemacht worden ist (vgl. dazu Rz. 39.118, 39.142), sollte ein Aktionär nach einem neuen § 249 Abs. 3 AktG-E eine (weitere) Nichtigkeitsklage nur innerhalb eines Monats nach dieser Bekanntmachung erheben können. Der Entwurf zielte auf die sog. „nachgeschobene Nichtigkeitsklage" ab und nahm damit insbesondere solche Fälle in den Blick, in denen rechtsmissbräuchlich handelnde Kläger in der Phase zwischen ihrem Unterliegen im Freigabeverfahren (vgl. Rz. 39.171 ff.) und der

39.143b

---

519 *Butzke*, HV, O Rz. 36; *Austmann* in MünchHdb. AG, § 42 Rz. 141.
520 Vgl. Begr. RefE UMAG, Sonderbeil. NZG Heft 4/2004, S. 22.
521 Begr. RegE UMAG, BR-Drucks. 3/05, S. 63.
522 Siehe näher z.B. *Grunewald* in Lutter, § 20 UmwG Rz. 85.
523 *Hüffer/Koch*, § 249 AktG Rz. 19a; *Austmann* in MünchHdb. AG, § 42 Rz. 142; a.A. *Grunewald* in Lutter, § 20 UmwG Rz. 85.
524 Vgl. BT-Drucks. 17/8989, S. 8.

Eintragung des jeweiligen Beschlusses in das Handelsregister eine weitere – nach geltender Rechtslage nicht fristgebundene – Nichtigkeitsklage erheben, um ein neuerliches Freigabeverfahren zu provozieren und ihren „Lästigkeitswert" auf diese Weise zu erhöhen[525]. Auf Initiative des Rechtsausschusses des Bundestages war dieser Regelungsvorschlag allerdings letztlich bereits während des (in der 17. Legislaturperiode des Bundestages nicht mehr abgeschlossenen) Gesetzgebungsverfahrens fallengelassen worden, da eine Lösung des Problems „mit weiterem Blick auf das gesamte Beschlussmängelrecht erwogen werden" sollte[526]. Das in der 18. Legislaturperiode des Bundestages schließlich als **Aktienrechtsnovelle 2016** beschlossene Gesetz[527] sieht die erwogene relative Befristung dementsprechend mit identischer Begründung[528] nicht vor.

39.144 Gemäß § 249 Abs. 2 Satz 1 AktG sind **mehrere** wegen desselben Beschlusses anhängige **Nichtigkeitsprozesse** zur gleichzeitigen Verhandlung und Entscheidung zu verbinden. Diese Regelung soll – ebenso wie die für die Anfechtungsklage geltende Parallelvorschrift des § 246 Abs. 3 Satz 6 AktG – die Entstehung mehrerer einander widersprechender gerichtlicher Entscheidungen verhindern[529]. Für den Fall, dass wegen desselben Beschlusses **neben einem Nichtigkeits- ein Anfechtungsprozess anhängig** ist, sieht § 249 Abs. 2 Satz 2 AktG demgegenüber vor, dass beide Prozesse zur gleichzeitigen Verhandlung und Entscheidung verbunden werden „können". Wenngleich angesichts dieser Gesetzesformulierung keine zwingende gesetzliche Verpflichtung des Gerichts zur Verfahrensverbindung besteht[530], wird diese vor dem Hintergrund der Identität der Streitgegenstände (vgl. näher Rz. 39.146) im Schrifttum zu Recht als die einzig angemessene verfahrensleitende Entscheidung angesehen[531].

39.145 § 249 Abs. 1 Satz 1 AktG verweist für die **Wirkung des Nichtigkeitsurteils** auf die Regelung des § 248 Abs. 1 Satz 1 AktG. Mit Eintritt seiner Rechtskraft bindet das Urteil somit nicht nur die Prozessparteien, sondern gemäß § 248 Abs. 1 Satz 1 AktG auch alle Aktionäre und Organmitglieder. Jedenfalls im Ergebnis herrscht allerdings Einigkeit darüber, dass das die Nichtigkeit feststellende Urteil ebenso **für und gegen jedermann wirkt** wie das auf die Anfechtungsklage ergehende Gestaltungsurteil[532] (vgl. dazu Rz. 39.127). Diese Wirkung lässt sich – entgegen einer im Schrifttum vertretenen Ansicht – jedoch nicht schon einer entsprechenden Anwendung des § 248 Abs. 1 Satz 1 AktG entnehmen[533], da diese Norm (wie unter Rz. 39.128 dargelegt) lediglich die materielle Rechtskraft des Anfechtungsurteils betrifft. Vorzugswürdig erscheint die Gegenauffassung, die diese Wirkung aus einer rechtsfortbildenden Übertragung der für die Gestaltungswirkung des Anfechtungsurteils geltenden Grundsätze herleitet[534]. Die **Einreichungs- und Bekanntmachungspflichten** des Vorstands aus § 248 Abs. 1 Satz 2, Abs. 2 AktG (vgl. Rz. 39.131) sowie aus § 248a AktG (vgl. Rz. 39.131, 39.99) gelten auch für das Nichtigkeitsurteil (§ 249 Abs. 1 Satz 1 AktG). Einen Redaktionsfehler stellt schließlich die Nichterwähnung des § 243 Abs. 3 Nr. 2 AktG in § 249 Abs. 1 Satz 1 AktG dar; richtigerweise kann eine Nichtigkeits-

---

525 Begr. RegE Aktienrechtsnovelle 2012, BT-Drucks. 17/8989, S. 19; zur Problematik der „nachgeschobenen Nichtigkeitsklage" vgl. eingehend *Schockenhoff*, ZIP 2008, 1945, 1946 ff.
526 Begr. z. Beschlussempfehlung des Rechtsausschusses des Bundestages, BT-Drucks. 17/14214, S. 24.
527 Vgl. zum Ablauf des nach dem Diskontinuitätsprinzip unterbrochenen Gesetzgebungsverfahrens näher etwa *Harbarth/von Plettenberg*, AG 2016, 145, 145 f.
528 Vgl. Begr. zur Beschlussempfehlung des Rechtsausschusses des Bundestages, BT-Drucks. 18/6681, S. 12; siehe auch *Harbarth/von Plettenberg*, AG 2016, 145, 155 f.
529 *C. Schäfer* in MünchKomm. AktG, 5. Aufl. 2021, § 249 AktG Rz. 32.
530 A.A. z.B. *Noack/Zetzsche* in KölnKomm. AktG, 3. Aufl. 2018, § 249 AktG Rz. 68; siehe auch *K. Schmidt* in Großkomm. AktG, 4. Aufl. 1996, § 249 AktG Rz. 27.
531 *C. Schäfer* in MünchKomm. AktG, 5. Aufl. 2021, § 249 AktG Rz. 33.
532 *Noack/Zetzsche* in KölnKomm. AktG, 3. Aufl. 2018, § 249 AktG Rz. 49; *K. Schmidt* in Großkomm. AktG, 4. Aufl. 1996, § 249 AktG Rz. 31; *C. Schäfer* in MünchKomm. AktG, 5. Aufl. 2021, § 249 AktG Rz. 25; *Butzke*, HV, O Rz. 32.
533 So aber *Zöllner* in KölnKomm. AktG, 1. Aufl. 1985, § 249 AktG Rz. 4.
534 Vgl. näher *C. Schäfer* in MünchKomm. AktG, 5. Aufl. 2021, § 249 AktG Rz. 25.

klage daher ebenso wenig wie eine Anfechtungsklage auf Gründe gestützt werden, die ein **Ersetzungsverfahren nach § 318 Abs. 3 HGB** rechtfertigen[535].

4. Das Verhältnis von Anfechtungs- und Nichtigkeitsklage

Sowohl die Anfechtungs- als auch die Nichtigkeitsklage sind darauf gerichtet, die Frage der Nichtigkeit eines durch den Kläger bezeichneten Hauptversammlungsbeschlusses mit Wirkung für und gegen jedermann einer gerichtlichen Klärung zuzuführen (zur Frage des Streitgegenstands von Anfechtungs- und Nichtigkeitsklage vgl. auch Rz. 39.113 f.). Nach mittlerweile auch von der höchstrichterlichen Rechtsprechung geteilter Auffassung[536] verfolgen die Anfechtungs- und die Nichtigkeitsklage deshalb **dasselbe Rechtsschutzziel**[537]. Die praktisch bedeutsamste Folge dessen ist, dass das angerufene Gericht auch dann, wenn der Kläger lediglich die Nichtigkeitsklage erhebt, etwaige Anfechtungsgründe zu prüfen hat; gleiches gilt im umgekehrten Fall der Erhebung einer Anfechtungsklage für etwaige Nichtigkeitsgründe[538]. Eine an der älteren Rechtsprechung orientierte anwaltliche Praxis, die in erster Linie Antrag auf gerichtliche Feststellung der Nichtigkeit und nur hilfsweise auf gerichtliche Nichtigerklärung stellte, ist damit überholt. Werden Anfechtungsgründe jedoch erst nach **Ablauf der Anfechtungsfrist** des § 246 Abs. 1 AktG in den Nichtigkeitsprozess eingeführt, steht dies ihrer Berücksichtigung entgegen[539]; weil die Nichtigkeitsklage demgegenüber prinzipiell (vgl. näher Rz. 39.143 ff.) keinen besonderen Fristen unterliegt, gilt dies aber nicht auch umgekehrt für die Berücksichtigung von Nichtigkeitsgründen in Anfechtungsprozessen[540]. Das Gericht ist bei der Prüfung von Nichtigkeits- und Anfechtungsgründen auch an eine bestimmte **Reihenfolge** nicht gebunden. Nach dem Grundsatz der Prozessökonomie kann es sich wegen der **Identität der Streitgegenstände** im Rahmen einer klagestattgebenden Entscheidung vielmehr auf denjenigen Anfechtungs- oder Nichtigkeitsgrund stützen, der sich am leichtesten (d.h. insbesondere ohne Beweisaufnahme) nachweisen lässt[541].

39.146

V. Spezielle Nichtigkeits- und Anfechtungsgründe bei einzelnen Beschlussgegenständen und ihre gerichtliche Geltendmachung (§§ 250 bis 255 AktG)

Die §§ 250 bis 255 AktG enthalten **Sonderregelungen**, die die Anfechtbarkeit und Nichtigkeit bestimmter Beschlüsse der Hauptversammlung speziellen Vorgaben unterwerfen. Diese Sonderregelungen, die die allgemeinen gesetzlichen Vorschriften zum Teil einschränken, zum Teil aber auch erweitern, sollen im Folgenden lediglich im Rahmen eines kurzen Überblicks dargestellt werden. Die **Mängel des Jahresabschlusses** und des ihm ggf. **zugrundeliegenden Feststellungsbeschlusses** der Hauptversammlung werden an anderer Stelle (vgl. Rz. 57.100 ff.) gesondert behandelt.

39.147

---

535 *Englisch* in Hölters, § 249 AktG Rz. 22; zur Rechtsentwicklung vgl. ausführlich *Ebke* in MünchKomm. HGB, 4. Aufl. 2020, § 318 HGB Rz. 69 ff.
536 Vgl. z.B. BGH v. 17.2.1997 – II ZR 41/96, BGHZ 134, 364, 366 = AG 1997, 326; BGH v. 1.3.1999 – II ZR 305/97, NJW 1999, 1638 = AG 1999, 375. In diesen Entscheidungen gibt der BGH seine ältere Rechtsprechung, wonach die Anfechtungs- und die Nichtigkeitsklage unterschiedliche Rechtsschutzziele verfolgen sollten (vgl. z.B. BGH v. 23.5.1960 – II ZR 89/58, BGHZ 32, 318, 322), auf.
537 *C. Schäfer* in MünchKomm. AktG, 5. Aufl. 2021, § 246 AktG Rz. 21; *Noack/Zetzsche* in KölnKomm. AktG, 3. Aufl. 2018, § 246 AktG Rz. 6; *K. Schmidt* in Großkomm. AktG, 4. Aufl. 1996, § 249 AktG Rz. 21; *Austmann* in MünchHdb. AG, § 42 Rz. 137; *Henze*, Aktienrecht, Rz. 991.
538 BGH v. 1.3.1999 – II ZR 305/97, NJW 1999, 1638 = AG 1999, 375.
539 *C. Schäfer* in MünchKomm. AktG, 5. Aufl. 2021, § 246 AktG Rz. 45; siehe auch BGH v. 30.6.2015 – II ZR 142/14, NZG 2015, 1227 Rz. 43 = AG 2015, 822.
540 *K. Schmidt* in Großkomm. AktG, 4. Aufl. 1996, § 246 AktG Rz. 22.
541 *Hüffer/Koch*, § 246 AktG Rz. 13.

1. Wahlen zum Aufsichtsrat

a) Nichtigkeit der Wahl von Aufsichtsratsmitgliedern

39.148 Den Eingangsworten des § 250 Abs. 1 AktG ist zu entnehmen, dass von den allgemeinen Nichtigkeitsgründen des § 241 AktG auf die Wahl von Mitgliedern des Aufsichtsrats nur die dort in den Nummern 1, 2[542] und 5 genannten Regelungen Anwendung finden. Die damit bewirkte **Ausklammerung insbesondere der in § 241 Nr. 3 und 4 AktG enthaltenen Generalklauseln** dient vor allem der Rechtssicherheit und Rechtsklarheit[543], denen das Gesetz für die Wahl von Aufsichtsratsmitgliedern auf diese Weise nicht zu Unrecht besondere Bedeutung beimisst. Die Vorschrift des § 250 Abs. 1 AktG hat jedoch nicht nur eine die allgemeinen Nichtigkeitsregeln beschränkende Wirkung, sondern enthält auch spezielle **zusätzliche Nichtigkeitsgründe**, die der **Sicherung zwingender mitbestimmungsrechtlicher Vorgaben** dienen[544].

39.149 Gemäß § 250 Abs. 1 Nr. 1 AktG ist die Wahl eines Aufsichtsratsmitglieds nichtig, wenn die in den § 96 Abs. 4, § 97 Abs. 2 Satz 1, § 98 Abs. 4 AktG genannten Verfahrensregeln über die Feststellung derjenigen Vorschriften, nach denen sich der Aufsichtsrat zusammensetzt, verletzt sind. Die Regelung bezweckt damit den Schutz des sog. **Statusverfahrens** (siehe dazu näher Rz. 25.28 ff.), nicht dagegen die Einhaltung der materiellen Vorschriften über die Zusammensetzung des Aufsichtsrats[545]. Dies hat zur Folge, dass auch die Wahlen zu einem nach den materiellen gesetzlichen Vorgaben zutreffend zusammengesetzten Aufsichtsrats nichtig sind, wenn die die Zusammensetzung regelnden materiellen Vorschriften nicht unter Einhaltung der formellen Vorgaben des Statusverfahrens festgestellt worden waren[546].

39.150 Die Wahl eines Aufsichtsratsmitglieds ist gemäß § 250 Abs. 1 Nr. 2 AktG ferner dann nichtig, wenn die Hauptversammlung eine andere als die vorgeschlagene Person gewählt hat, obwohl sie gemäß §§ 6 und 8 des MontanMitbestG oder gemäß § 5 des MontanMitbestErgG[547] **an den Wahlvorschlag gebunden** war.

39.151 § 250 Abs. 1 Nr. 3 AktG enthält einen weiteren Nichtigkeitsgrund für den Fall, dass bei der Wahl die **gesetzliche Höchstzahl** der Aufsichtsratsmitglieder überschritten wird. Soweit sich diese Höchstzahl nicht aus speziellen mitbestimmungsrechtlichen Vorschriften ergibt (vgl. dazu Rz. 25.5 ff.), ist sie § 95 Satz 4 AktG zu entnehmen und beträgt z.B. bei Gesellschaften mit einem Grundkapital von bis zu 1,5 Mio. Euro neun Mitglieder. Hervorzuheben ist, dass nach dem eindeutigen Wortlaut des § 250 Abs. 1 Nr. 3 AktG nur die Überschreitung der „gesetzlichen" Höchstzahl zur Nichtigkeit der Wahl führt; allenfalls anfechtbar ist daher eine Wahl, die zwar die statutarischen Vorgaben für die Anzahl der Aufsichtsratsmitglieder, nicht aber die gesetzliche Höchstgrenze verletzt[548]. Die sich aus § 250 Abs. 1 Nr. 3 AktG ergebende Nichtigkeit erstreckt sich im Fall der **Listen-** oder **Globalwahl** auf die

---

542 Zur mangelnden Heilungsmöglichkeit fehlerhaft beurkundeter Aufsichtsratsbestellungen vgl. bereits Rz. 39.32 mit Fn. 85.
543 *Hüffer/Koch*, § 250 AktG Rz. 1; *K. Schmidt* in Großkomm. AktG, 4. Aufl. 1996, § 250 AktG Rz. 2.
544 *Hüffer/Koch*, § 250 AktG Rz. 1.
545 *K. Schmidt* in Großkomm. AktG, 4. Aufl. 1996, § 250 AktG Rz. 11; *Hüffer/Koch*, § 250 AktG Rz. 4; *Austmann* in MünchHdb. AG, § 42 Rz. 168; *Stilz/Schumann* in BeckOGK AktG, Stand 1.6.2021, § 250 AktG Rz. 12.
546 *Hüffer/Koch*, § 250 AktG Rz. 4; anders *Jannott/Gressinger*, BB 2013, 2120, 2122 ff., die zumindest die einer gemäß § 250 Abs. 1 Nr. 1 AktG nichtigen Aufsichtsratswahl *nachfolgenden Wahlen* auch dann nicht unter § 250 Abs. 1 Nr. 1 AktG subsumieren wollen, wenn es zu keiner Nachholung des Statusverfahrens gekommen ist.
547 Dies ergibt sich – trotz fehlender Nennung des § 5 MontanMitbestErgG in § 250 Abs. 1 Nr. 2 AktG – aus dem Verweis des § 5 Abs. 3 Satz 2 MontanMitbestErgG, vgl. dazu etwa *K. Schmidt* in Großkomm. AktG, 4. Aufl. 1996, § 250 AktG Rz. 16.
548 *Hüffer/Koch*, § 250 AktG Rz. 6; *Kiefner* in KölnKomm. AktG, 3. Aufl. 2014, § 250 AktG Rz. 33.

Wahl sämtlicher Mitglieder des Aufsichtsrats[549] (es sei denn, die Hauptversammlung trifft im Rahmen dieser Wahl ausnahmsweise eine bestimmte Priorisierung unter den Gewählten, so dass sich feststellen lässt, die Wahl welchen Mitglieds die Höchstgrenze verletzt hat[550]). Demgegenüber sind im Falle von **Einzelwahlen** alle Wahlen gültig, solange die gesetzliche Höchstzahl noch nicht erreicht ist; erst die nachfolgende (Einzel-)Wahl wird also von dem Nichtigkeitsgrund erfasst[551]. Greifen **mitbestimmungsrechtliche Regelungen** über die Zusammensetzung des Aufsichtsrats ein, so gelten diese Rechtsfolgen mit der Maßgabe, dass die (Einzel- oder Listen-)Wahl durch die Hauptversammlung nichtig ist, sobald die Zahl der von der Hauptversammlung zu wählenden Mitglieder des Aufsichtsrats überschritten wird[552].

Nichtig ist die Wahl eines Aufsichtsratsmitglieds gemäß § 250 Abs. 1 **Nr. 4** AktG auch dann, wenn die gewählte Person infolge des Vorliegens eines sich aus § 100 Abs. 1 und 2 AktG ergebenden **Bestellungshindernisses** nicht Aufsichtsratsmitglied sein kann. Dieser Fall ist beispielsweise dann gegeben, wenn eine beschränkt geschäftsfähige Person zum Aufsichtsratsmitglied gewählt wird (§ 100 Abs. 1 AktG) oder die Wahl in der Person des Betroffenen zur Überschreitung der regelmäßig zulässigen Höchstzahl von zehn Aufsichtsratsmandaten[553] führt (§ 100 Abs. 2 Nr. 1 AktG); weitere Hindernisse ergeben sich etwa aus der bestehenden Mitgliedschaft in dem Vertretungsorgan eines abhängigen Unternehmens (§ 100 Abs. 2 Nr. 2 AktG) oder wenn durch die Bestellung zum Aufsichtsrat Überkreuzverflechtungen entstünden (§ 100 Abs. 2 Nr. 3 AktG)[554]. Bei **börsennotierten Gesellschaften** unterliegen auch ehemalige Vorstandsmitglieder einem Bestellungshindernis, wenn ihre Wahl nicht auf Vorschlag eines qualifizierten Aktionärsquorums erfolgt und die durch das VorstAG[555] eingeführte zweijährige **Karenzzeit** unterschritten werden soll (§ 100 Abs. 2 Nr. 4 AktG). Darüber hinaus tritt – obgleich sich der Wortlaut des § 250 Abs. 1 Nr. 4 AktG auf diesen Fall nicht ausdrücklich erstreckt – die Nichtigkeit der Aufsichtsratswahl nach allgemeiner Meinung auch dann ein, wenn ein Vorstandsmitglied, ein Prokurist oder ein zum gesamten Geschäftsbetrieb ermächtigter Handlungsbevollmächtigter unter Verletzung des in § 105 Abs. 1 AktG niedergelegten Grundsatzes der Funktionentrennung zwischen Aufsichtsrat und Vorstand zum Mitglied des Aufsichtsrats gewählt wird[556]. Verstößt die Aufsichtsratswahl eines **Unternehmens von öffentlichem Interesse** i.S.d. § 316a HGB (d.h. einer kapitalmarktorientierten Gesellschaft i.S.d. § 264d HGB oder einer Gesellschaft, die zu den in §§ 316a Satz 2 Nr. 2 und 3 HGB genannten CRR-Instituten oder Versicherungsunternehmen zählt) wegen des Fehlens von **Finanzexperten** auf den Gebieten der Rechnungslegung und der Abschlussprüfung oder wegen mangelnder **Sektorenkenntnis** bei der Gesamtheit der Aufsichtsratsmitglieder gegen § 100 Abs. 5 AktG, führt dies demgegenüber nicht zur Nichtigkeit des Wahlbeschlusses; denn § 250 Abs. 1 Nr. 4 AktG erwähnt den Verstoß gegen diese Vorschrift nicht[557] und findet auch keine analoge Anwen-

39.152

---

549 *K. Schmidt* in Großkomm. AktG, 4. Aufl. 1996, § 250 AktG Rz. 18; *Stilz/Schumann* in BeckOGK AktG, Stand 1.6.2021, § 250 AktG Rz. 16; *Heidel* in Heidel, § 250 AktG Rz. 7.
550 *Koch* in MünchKomm. AktG, 5. Aufl. 2021, § 250 AktG Rz. 12; *Kiefner* in KölnKomm. AktG, 3. Aufl. 2014, § 250 AktG Rz. 40; offen *Stilz/Schumann* in BeckOGK AktG, Stand 1.6.2021, § 250 AktG Rz. 16.
551 LG Flensburg v. 7.4.2004 – 6 O 17/03, AG 2004, 623, 624; *K. Schmidt* in Großkomm. AktG, 4. Aufl. 1996, § 250 AktG Rz. 18; *Koch* in MünchKomm. AktG, 5. Aufl. 2021, § 250 AktG Rz. 12; *Kiefner* in KölnKomm. AktG, 3. Aufl. 2014, § 250 AktG Rz. 40.
552 Vgl. näher *K. Schmidt* in Großkomm. AktG, 4. Aufl. 1996, § 250 AktG Rz. 18; *Koch* in MünchKomm. AktG, 5. Aufl. 2021, § 250 AktG Rz. 12; *Kiefner* in KölnKomm. AktG, 3. Aufl. 2014, § 250 AktG Rz. 41.
553 Keine Nichtigkeit (jedoch Anfechtbarkeit) tritt demgegenüber ein, wenn die für Kreditinstitute in § 25d Abs. 3 und 3a KWG niedergelegten besonderen Höchstgrenzen für die Kumulierung von Aufsichtsratsmandaten verletzt werden, vgl. näher *Mimberg*, WM 2015, 1791, 1792.
554 Vgl. dazu näher Rz. 26.1 ff.
555 Gesetz zur Angemessenheit der Vorstandsvergütung (VorstAG) v. 31.7.2009, BGBl. I 2009, 2509.
556 Vgl. *Koch* in MünchKomm. AktG, 5. Aufl. 2021, § 250 AktG Rz. 20; *K. Schmidt* in Großkomm. AktG, 4. Aufl. 1996, § 250 AktG Rz. 25; *Kiefner* in KölnKomm. AktG, 3. Aufl. 2014, § 250 AktG Rz. 53; *Heidel* in Heidel, § 250 AktG Rz. 8.
557 Vgl. (zu § 100 Abs. 5 AktG a.F.) LG München I v. 26.2.2010 – 5 HKO 14083/09, AG 2010, 922, 924.

dung[558]. Nach richtiger, wenngleich nicht unbestrittener Auffassung lässt sich mit einer Verletzung des § 100 Abs. 5 AktG ebenso wenig die Anfechtbarkeit der Wahl begründen, weil dessen Vorgaben die Gesamtstruktur des Organs betreffen, so dass sich der Gesetzesverstoß prinzipiell nicht der Wahl eines bestimmten Aufsichtsratsmitglieds zuordnen lässt[559].

39.152a § 250 Abs. 1 **Nr. 5** AktG wiederholt[560] schließlich die bereits in § 96 Abs. 2 Satz 6 AktG enthaltene Anordnung der Nichtigkeit solcher Wahlbeschlüsse, die gegen die in § 96 Abs. 2 AktG verankerte **Geschlechterquote** für die Zusammensetzung des Aufsichtsrats börsennotierter und nach dem MitbestG, MontanMitbestG oder MitbestErgG mitbestimmter Gesellschaften verstoßen (vgl. dazu Rz. 25.23).

39.153 Für die sich auf der Rechtsfolgenseite anknüpfende Frage, welche **Auswirkungen** die Nichtigkeit der Aufsichtsratswahlen für die von den gewählten Mitgliedern gefassten **Aufsichtsratsbeschlüsse** hat, gilt es nach h.M. zu differenzieren: Erstreckt sich die Nichtigkeit auf die Wahlen sämtlicher Mitglieder, folgt daraus zugleich die Nichtigkeit der durch diesen Aufsichtsrat gefassten Beschlüsse[561]. Ist dagegen lediglich die Wahl einzelner Aufsichtsratsmitglieder nichtig, so sind die Beschlüsse des Aufsichtsrats wirksam, solange der Aufsichtsrat auch bei Nichtberücksichtigung der nichtig bestellten Mitglieder beschlussfähig war und die erforderliche Stimmenmehrheit auch ohne Beachtung der Stimmen der nichtig bestellten Aufsichtsratsmitglieder erreicht wurde[562]. Die bloße Mitwirkung von in nichtiger Weise bestellen Aufsichtsratsmitgliedern am Zustandekommen des Aufsichtsratsbeschlusses schadet somit nicht[563]. Da diese Grundsätze zu einschneidenden Auswirkungen für eine Vielzahl von Beschlüssen des Aufsichtsrats führen können, wenn sich die Nichtigkeit der Bestellung mehrerer Aufsichtsratsmitglieder erst nach längerer Zeit herausstellt, ist eine Gegenmeinung um die praktische **Abmilderung** ihrer Folgen bemüht: Zur Vermeidung von sonst drohenden Schwierigkeiten bei der Rückabwicklung solcher Aufsichtsratsbeschlüsse soll nach den Grundsätzen über die fehlerhafte Organbestellung sogar von einer wirksamen Stimmabgabe des betreffenden Aufsichtsratsmitglieds auszugehen sein; in den Blick genommen werden dabei allerdings vor allem diejenigen Fälle, in denen die Nichtigkeit der Bestellung durch ein späteres Anfechtungsurteil rechtsgestaltend angeordnet wird (siehe dazu näher Rz. 39.160), während es insbesondere in den Nichtigkeitsfällen des § 250 Abs. 1 AktG unter wertenden Gesichtspunkten regelmäßig bei den sich aus der h.M. ergebenden Rechtsfolgen bleiben soll[564]. Der

---

558 Vgl. *Habersack* in MünchKomm. AktG, 5. Aufl. 2019, § 100 AktG Rz. 75, der darauf hinweist, dass § 100 Abs. 5 AktG die Bestellung von Personen, die keine Finanzexperten sind, nicht per se ausschließt und somit ein anderer Fall als bei Missachtung des § 105 Abs. 1 AktG vorliege. Gleiches gilt für die Bestellung branchenfremder Personen, denn § 100 Abs. 5 AktG verlangt Sektorenkenntnis von den Mitgliedern des Aufsichtsrates lediglich „in ihrer Gesamtheit".
559 Vgl. eingehend und m.w.N. *Simons/Kalbfleisch*, AG 2020, 526, 533; *Koch* in MünchKomm. AktG, 5. Aufl. 2021, § 251 AktG Rz. 6; *Drygala* in K. Schmidt/Lutter, § 100 AktG Rz. 62; *Simons* in Hölters, § 100 AktG Rz. 53 ff., 70; *Austmann* in MünchHdb. AG, § 42 Rz. 179; a.A. – nämlich für die prinzipielle Anfechtbarkeit – *Habersack* in MünchKomm. AktG, 5. Aufl. 2019, § 100 AktG Rz. 75 f.; *Hoffmann-Becking* in MünchHdb. AG, § 30 Rz. 29 f.
560 Die gesetzliche Wiederholung erklärt sich aus der Formulierung des § 250 Abs. 1 AktG („nur dann nichtig, wenn"), die es allerdings nahegelegt hätte, den Wortlaut des § 250 Abs. 1 Nr. 5 AktG des Weiteren auf Wahlverstöße gegen § 96 Abs. 3 AktG zu erstrecken, vgl. *Hüffer/Koch*, § 250 AktG Rz. 11a.
561 *K. Schmidt* in Großkomm. AktG, 4. Aufl. 1996, § 250 AktG Rz. 31; *E. Vetter*, ZIP 2012, 701, 702.
562 BGH v. 19.2.2013 – II ZR 56/12, ZIP 2013, 720, 722 = AG 2013, 387; BGH v. 17.4.1967 – II ZR 157/64, BGHZ 47, 341, 346 = AG 1967, 233; *K. Schmidt* in Großkomm. AktG, 4. Aufl. 1996, § 250 AktG Rz. 31; *E. Vetter/van Laak*, ZIP 2008, 1806, 1808.
563 BGH v. 17.4.1967 – II ZR 157/64, BGHZ 47, 341, 345 f. = AG 1967, 233.
564 Vgl. – mit Unterschieden im Einzelnen – OLG Frankfurt v. 7.9.2010 – 5 U 197/09, AG 2011, 631, 635; OLG Frankfurt v. 20.10.2010 – 23 U 121/08, AG 2011, 36, 40; *Habersack* in MünchKomm. AktG, 4. Aufl. 2019, § 101 AktG Rz. 70 ff.; *Schürnbrand*, NZG 2008, 609, 610; *Happ* in FS Hüffer, 2010, S. 293, 305 ff.; *E. Vetter*, ZIP 2012, 701, 703 ff.; siehe auch *Rieckers*, AG 2013, 383, 385; *Kiefner/Seibel*, Konzern 2013, 310, 312 ff. Zusammenfassend zu den unterschiedlichen Lösungsvorschlägen vgl. u.a. *Kiefner* in KölnKomm. AktG, 3. Aufl. 2014, § 252 AktG Rz. 13 ff.

BGH hat sich demgegenüber auch für diese Anfechtbarkeitskonstellation **gegen eine Anwendung der Grundsätze über die fehlerhafte Organbestellung** ausgesprochen, weil diese mit dem Verweis in § 250 Abs. 1 AktG auf § 241 Nr. 5 AktG nicht in Einklang zu bringen sei: Denn danach seien Wahlbeschlüsse *ex tunc* nichtig, wenn die Anfechtungsklage Erfolg habe[565]. Soweit eine Rückabwicklung den berechtigten Interessen der Beteiligten widerspreche, sei dem vielmehr im Einzelfall zu begegnen; dies führe u.a. dazu, dass ein Beschlussvorschlag an die Hauptversammlung, der unter ursächlicher Mitwirkung solcher Mitglieder des Aufsichtsrates abgegeben wurde, deren Wahl nachfolgend für nichtig erklärt wird, nicht die Anfechtbarkeit des darauf basierenden Beschlusses der Hauptversammlung begründe[566].

b) Anfechtbarkeit der Wahl von Aufsichtsratsmitgliedern

Gesetzesverstöße, die nach den allgemeinen (vgl. Rz. 39.9 ff., 39.148) oder besonderen (vgl. Rz. 39.149 ff.) gesetzlichen Vorgaben nicht zur Nichtigkeit der Wahl von Aufsichtsratsmitgliedern führen, können allenfalls die Anfechtbarkeit der Aufsichtsratswahl begründen. Ebenso wie die allgemeine Regelung des § 243 Abs. 1 AktG nennt die für die Anfechtung der Wahl von Aufsichtsratsmitgliedern geltende spezielle Vorschrift des § 251 Abs. 1 Satz 1 AktG die **Verletzung des Gesetzes oder der Satzung** als Anfechtungsgrund (zum Verstoß gegen den DCGK im Rahmen der Aufsichtsratswahl vgl. Rz. 39.41a); auch die allgemeinen Regeln für Informationsrechtsverletzungen (§ 243 Abs. 4 AktG) und über die Bestätigung anfechtbarer Hauptversammlungsbeschlüsse (§ 244 AktG) werden in § 251 Abs. 1 Satz 3 AktG ausdrücklich für anwendbar erklärt. Daneben enthält Satz 2 dieser Norm einen speziellen **zusätzlichen Anfechtungsgrund:** Danach ist die Wahl eines Aufsichtsratsmitgliedes auch dann anfechtbar, wenn sie aufgrund eines die Hauptversammlung bindenden Vorschlags erfolgte, der seinerseits gesetzeswidrig, insbesondere unter Verletzung der §§ 6, 8 MontanMitbestG und § 5 Abs. 3 Satz 2 MontanMitbestErgG, zustande gekommen ist[567]; erforderlich ist dafür jedoch ein Verstoß gegen **wesentliche Vorschriften des Wahlrechts**[568].

39.154

Weil § 251 AktG keine parallele Vorschrift zu § 243 Abs. 2 AktG enthält, nimmt die h.M. zu Recht an, dass die Wahl eines Aufsichtsratsmitglieds nicht mit der Begründung angefochten werden kann, sie stelle einen durch die Stimmabgabe verfolgten **Sondervorteil** dar[569]. U.U. liegt in den in Betracht kommenden Fällen jedoch zugleich eine Treupflichtverletzung vor, die als Gesetzesverstoß nach § 251 Abs. 1 Satz 1 AktG anfechtbar ist[570]. Für einen Redaktionsfehler wird demgegenüber von jeher die Nichterwähnung des § 243 Abs. 3 Nr. 2 AktG in § 251 AktG gehalten, soweit diese den Verstoß gegen die Weiterleitungspflichten aus § 128 AktG a.F. betrifft[571]: Auf die **Verletzung der heute**[572] **aus den §§ 67a f. AktG resultierenden Weiterleitungspflichten** (vgl. Rz. 39.51a) kann eine Anfechtungsklage daher auch bei der Wahl von Aufsichtsratsmitgliedern nicht gestützt werden. Unter Wertungsgesichtspunkten muss

39.155

---

565 BGH v. 19.2.2013 – II ZR 56/12, ZIP 2013, 720, 722 = AG 2013, 387.
566 BGH v. 19.2.2013 – II ZR 56/12, ZIP 2013, 720, 722 = AG 2013, 387; siehe auch KG v. 9.12.2016 – 22 W 99/16, AG 2017, 277, 278.
567 Siehe auch *Hüffer/Koch*, § 251 AktG Rz. 3; *K. Schmidt* in Großkomm. AktG, 4. Aufl. 1996, § 251 AktG Rz. 9.
568 *K. Schmidt* in Großkomm. AktG, 4. Aufl. 1996, § 251 AktG Rz. 9; *Kiefner* in KölnKomm. AktG, 3. Aufl. 2014, § 251 AktG Rz. 6.
569 *K. Schmidt* in Großkomm. AktG, 4. Aufl. 1996, § 251 AktG Rz. 2, 12; *Hüffer/Koch*, § 251 AktG Rz. 5; *Heidel* in Heidel, § 251 AktG Rz. 6; *Kiefner* in KölnKomm. AktG, 3. Aufl. 2014, § 251 AktG Rz. 7; a.A. *Zöllner* in KölnKomm. AktG, 1. Aufl. 1985, § 251 AktG Rz. 2, 8 f.
570 Vgl. näher *Koch* in MünchKomm. AktG, 5. Aufl. 2021, § 251 AktG Rz. 13; *K. Schmidt* in Großkomm. AktG, 4. Aufl. 1996, § 251 AktG Rz. 12; nicht ausreichend ist dafür aber der Umstand, dass die Mehrheit den Aufsichtsrat mit Personen ihres Vertrauens besetzt.
571 *Austmann* in MünchHdb. AG, § 42 Rz. 177; *Hüffer/Koch*, § 251 AktG Rz. 6.
572 Die Änderung gilt seit dem Inkrafttreten des Gesetzes zur Umsetzung der zweiten Aktionärsrechterichtlinie (ARUG II) v. 12.12.2019, BGBl. I 2019, 2637, am 1.1.2020.

Gleiches bei Verletzung der sonstigen Vorschriften gelten, die das ARUG und das ARUG II dem Katalog der **Anfechtungsausschlüsse in § 243 Abs. 3 Nr. 1, Nr. 2 AktG** hinzugefügt haben[573].

c) Prozessuale Sonderregeln

39.156 Zur Geltendmachung der Anfechtbarkeit und Nichtigkeit einer Wahl von Mitgliedern des Aufsichtsrats stehen – ebenso wie bei sonstigen Beschlüssen – die **Anfechtungs- und die Nichtigkeitsklage** zur Verfügung. Beide Klagen werden aber zum Teil prozessualen Sonderregelungen unterworfen, die einer Erweiterung der prozessualen Durchsetzbarkeit der materiellen mitbestimmungsrechtlichen Regelungen dienen.

aa) Nichtigkeitsklage

39.157 Vor diesem Regelungshintergrund erklärt § 250 Abs. 2 AktG **zur Erhebung der Nichtigkeitsklage gegen die Wahl eines Aufsichtsratsmitglieds** vor allem den (Gesamt-, Konzern-)Betriebsrat, den (Gesamt-, Unternehmens-)Sprecherausschuss und bestimmte Gewerkschaften und deren Spitzenvertretungen für **parteifähig**. Diese Parteifähigkeit unterliegt keinen weiteren Einschränkungen; sie ist also insbesondere nicht auf solche Nichtigkeitsklagen beschränkt, mit denen die Nichtigkeit der Wahl eines Arbeitnehmervertreters oder auch nur die Verletzung mitbestimmungsrechtlicher Vorgaben geltend gemacht wird[574]. Während sich das erforderliche **Feststellungsinteresse** (§ 256 ZPO) bei Erhebung einer Nichtigkeitsklage durch einen Aktionär, durch den Vorstand oder durch ein Verwaltungsmitglied bereits aus der Stellung des jeweiligen Klägers zur Gesellschaft ergibt (vgl. näher Rz. 39.136), ist streitig, wie weit es im Falle der nach § 250 Abs. 2 AktG parteifähigen Organisationen reicht und ob es sich insbesondere auf die Wahlen von Arbeitnehmervertretern beschränkt. Richtigerweise ist davon auszugehen, dass den nach § 250 Abs. 2 AktG parteifähigen Organisationen ein Feststellungsinteresse mit Blick sowohl auf die Wahl von Aktionärs- als auch von Arbeitnehmervertretern zusteht, vorausgesetzt, dass es sich überhaupt um einen der Mitbestimmung unterliegenden Aufsichtsrat handelt[575]. Im Übrigen richtet sich das **Verfahren** nach den sachlich einschlägigen allgemeinen Regelungen über die Nichtigkeitsklage, die in § 250 Abs. 1 Satz 1 AktG im Einzelnen aufgezählt werden.

39.158 Das die **Nichtigkeit der Aufsichtsratswahl feststellende Urteil** entfaltet nicht nur zwischen den Prozessparteien **materielle Rechtskraft**, sondern gemäß § 252 Abs. 1 AktG darüber hinaus auch gegenüber sämtlichen Aktionären, den Mitgliedern des Vorstands und des Aufsichtsrats sowie gegenüber den Arbeitnehmern der Gesellschaft, den Arbeitnehmern anderer abhängiger Unternehmen, die an der Aufsichtsratswahl teilnehmen, und schließlich auch gegenüber den nach § 250 Abs. 2 AktG parteifähigen Organisationen. Ebenso wie in den Fällen des § 249 AktG (vgl. dazu Rz. 39.145) ist zudem rechtsfortbildend davon auszugehen, dass dem klagestattgebenden Nichtigkeitsurteil auch im Rahmen des § 252 Abs. 1 AktG **Bindungswirkung für und gegen jedermann** zukommt[576].

bb) Anfechtungsklage

39.159 Für die **Anfechtung der Wahl von Aufsichtsratsmitgliedern** wird die **Anfechtungsbefugnis** durch § 251 Abs. 2 Satz 1 AktG Sonderregelungen unterworfen: Sie bemisst sich zunächst lediglich nach den

---

573 *Simons* in Hölters, § 251 AktG Rz. 15, mit dem zutreffenden Hinweis, dass § 243 Abs. 3 Nr. 3 AktG für die Wahl des Aufsichtsrates keine praktische Bedeutung hat.
574 *Koch* in MünchKomm. AktG, 5. Aufl. 2021, § 250 AktG Rz. 34.
575 Vgl. – m. umfangr. Nachw. auch zu den beiden Gegenauffassungen, die ein Feststellungsinteresse entweder stets oder aber nur dann bejahen wollen, wenn es um die Geltendmachung der Nichtigkeit der Wahl von Arbeitnehmervertretern geht – *Koch* in MünchKomm. AktG, 5. Aufl. 2021, § 250 AktG Rz. 36 f.; *K. Schmidt* in Großkomm. AktG, 4. Aufl. 1996, § 250 AktG Rz. 37.
576 *Kiefner* in KölnKomm. AktG, 3. Aufl. 2014, § 252 AktG Rz. 4; *Hüffer/Koch*, § 252 AktG Rz. 6; *Heidel* in Heidel, § 252 AktG Rz. 4; i.E. auch *K. Schmidt* in Großkomm. AktG, 4. Aufl. 1996, § 251 AktG Rz. 4.

Vorgaben des § 245 Nr. 1, 2 und 4 AktG und lässt sich somit nicht aus Nr. 3 und 5 dieser Vorschrift herleiten. Anfechtungsbefugt sind daher nur Aktionäre der Gesellschaft unter den Voraussetzungen des § 245 Nr. 1 und 2 AktG sowie der Vorstand als Organ. § 251 Abs. 2 AktG bewirkt jedoch nicht nur diese Einschränkung der allgemeinen Regeln über die Anfechtungsbefugnis, sondern zugleich auch deren Erweiterung: Gemäß § 251 Abs. 2 Satz 2 AktG kann die **Wahl der in § 4 Abs. 1 Satz 2 lit. b MontanMitbestG genannten Arbeitnehmervertreter** auch von jedem Betriebsrat, von jeder in den Betrieben der Gesellschaft vertretenen Gewerkschaft und von deren Spitzenorganisationen angefochten werden[577]; in Analogie zu § 250 Abs. 2 AktG erstreckt sich diese besondere Anfechtungsbefugnis auch auf die in der Vorschrift nicht genannten Gesamtbetriebsräte[578]. Für die Wahl der Aktionärsvertreter im Aufsichtsrat i.S.d. § 4 Abs. 1 Satz 2 lit. a MontanMitbestG besteht diese besondere Anfechtungsbefugnis dagegen nicht[579]. Die **Wahl des in § 4 Abs. 1 Satz 2 lit. c MontanMitbestG genannten „neutralen" Mitglieds des Aufsichtsrats** kann gemäß § 251 Abs. 2 Satz 3 AktG „auch" von jedem Mitglied des Aufsichtsrats angefochten werden. Ob diese gesetzliche Formulierung die Klagebefugnis der in § 251 Abs. 2 Satz 2 AktG Genannten für diese Wahl ausschließt, ist umstritten. Richtigerweise ist die Frage zu verneinen, denn der Zweck der Regelung – die den materiellen Mitbestimmungsvorschriften zur Durchsetzung verhelfen soll – gebietet es, auch den in Satz 2 Genannten in diesem Fall eine entsprechende Anfechtungsbefugnis zuzuerkennen[580]. Für das **Verfahren** gelten die sachlich einschlägigen allgemeinen Vorschriften über die Anfechtungsklage; sie werden in § 250 Abs. 3 AktG im Einzelnen aufgeführt.

Das der **Anfechtungsklage** gegen die Wahl eines Aufsichtsratsmitglieds **stattgebende Urteil** ist – ebenso wie ein sonstiges klagestattgebendes Anfechtungsurteil – ein **Gestaltungsurteil** und wirkt deshalb für und gegen jedermann (vgl. Rz. 39.127). Auch für seine **Rückwirkung** gelten – entgegen einer im älteren Schrifttum vertretenen gegenteiligen Auffassung[581] – trotz der damit u.U. für die Beschlüsse und Maßnahmen des Aufsichtsrats verbundenen einschneidenden Folgen keine Ausnahmen[582] (vgl. dazu, insbesondere auch zu der nach Auffassung des BGH bestehenden Unanwendbarkeit der Grundsätze über die fehlerhafte Organbestellung, näher Rz. 39.153). Die Rückwirkung lässt sich nach h.M. auch nicht faktisch dadurch vermeiden, dass eine parallele[583] **gerichtliche Bestellung** derjenigen Mitglieder beantragt wird, deren Wahl angefochten ist[584]. § 252 Abs. 2 AktG enthält – ebenso wie die allgemeine

39.160

---

577 *K. Schmidt* in Großkomm. AktG, 4. Aufl. 1996, § 251 AktG Rz. 17; *Hüffer/Koch*, § 251 AktG Rz. 9.
578 *Göz* in Bürgers/Körber/Lieder, § 251 AktG Rz. 9; *K. Schmidt* in Großkomm. AktG, 4. Aufl. 1996, § 251 AktG Rz. 17; a.A. *Stilz/Schumann* in BeckOGK AktG, Stand 1.6.2021, § 251 AktG Rz. 18; *Hüffer/Koch*, § 251 AktG Rz. 9.
579 *K. Schmidt* in Großkomm. AktG, 4. Aufl. 1996, § 251 AktG Rz. 17.
580 *K. Schmidt* in Großkomm. AktG, 4. Aufl. 1996, § 251 AktG Rz. 18; *Hüffer/Koch*, § 251 AktG Rz. 9; a.A. etwa *v. Godin/Wilhelmi*, § 251 AktG Anm. 3.
581 Vgl. z.B. *v. Godin/Wilhelmi*, § 248 AktG Anm. 3.
582 BGH v. 19.2.2013 – II ZR 56/12, ZIP 2013, 720, 722 = AG 2013, 387; *Koch* in MünchKomm. AktG, 5. Aufl. 2021, § 252 AktG Rz. 10; *K. Schmidt* in Großkomm. AktG, 4. Aufl. 1996, § 252 AktG Rz. 12.
583 Etwas anderes gilt demgegenüber, wenn die betroffenen Mitglieder des Aufsichtsrates durch ihre Amtsniederlegung eine gerichtliche Ersatzbestellung gemäß § 104 AktG ermöglichen, vgl. *Arnold/Gayk*, DB 2013, 1830, 1836; *Schürnbrand*, NZG 2013, 481, 483.
584 OLG München v. 22.12.2020 – 31 Wx 436/20, NZG 2021, 235 Rz. 3 ff. = AG 2021, 199; OLG Köln v. 29.3.2007 – 2 Wx 4/07, AG 2007, 822, 823; *Hüffer/Koch*, § 252 AktG Rz. 8; *Marsch-Barner* in FS K. Schmidt, 2009, S. 1109, 1121; *Schürnbrand*, NZG 2013, 481, 483; a.A. *Brock*, NZG 2014, 641, 643 ff. Teile der Rechtsprechung und des Schrifttums wollen hingegen eine *aufschiebend auf den Fall der Nichtigerklärung der Aufsichtsratswahl bedingte* gerichtliche Bestellung anerkennen, vgl. LG München I v. 22.12.2005 – 5 HK O 9885/05, AG 2006, 762, 766; LG München I v. 9.6.2005 – 5 HK O 10154/05, DB 2005, 1617, 1618; *E. Vetter/van Laak*, ZIP 2008, 1806, 1810 ff.; *E. Vetter*, ZIP 2012, 701, 706; *Simons* in Hölters, § 252 AktG Rz. 9; a.A. auch insoweit OLG Köln v. 23.2.2011 – 2 Wx 41/11, NZG 2011, 508, 510 = AG 2011, 465; *Schürnbrand*, NZG 2013, 481, 483. Siehe auch *Schwab*, AG 2015, 195, 198, der für die Möglichkeit einer gerichtlichen Bestellung analog § 104 Abs. 2 AktG unter der *auflösenden Bedingung einer rechtskräftigen Klageabweisung* eintritt, was die gerichtliche Bestellung in dieser Kon-

Vorschrift des § 248 Abs. 1 Satz 1 AktG (vgl. Rz. 39.128) – eine Erweiterung der **materiellen Rechtskraft** des der Anfechtungsklage stattgebenden Urteils, die nach den Vorgaben dieser Norm nicht auf die Prozessparteien beschränkt bleibt, sondern sich auf alle Aktionäre, die Mitglieder des Vorstands und des Aufsichtsrats sowie auf die gemäß § 251 Abs. 2 Satz 1 AktG anfechtungsbefugten Betriebsräte, Gewerkschaften und Spitzenorganisationen erstreckt. Die Regelung des § 252 Abs. 2 Satz 2 AktG, die sich ihrem Wortlaut nach auf den Fall des § 251 Abs. 2 Satz 2 AktG bezieht, ist im Falle des § 251 Abs. 2 Satz 3 AktG (vgl. dazu Rz. 39.159) analog anzuwenden[585].

2. Beschlussfassung über die Verwendung des Bilanzgewinns

39.161 Auch hinsichtlich der Nichtigkeit und Anfechtbarkeit von Beschlüssen der Hauptversammlung über die Verwendung des Bilanzgewinns gelten **Sonderregelungen**, die in den §§ 253, 254 AktG verankert sind.

a) Nichtigkeit des Gewinnverwendungsbeschlusses

39.162 Die Nichtigkeit von Hauptversammlungsbeschlüssen über die Verwendung des Bilanzgewinns beurteilt sich nach § 253 AktG. „Nichtigkeit" (eigentlich: endgültige Unwirksamkeit[586], vgl. Rz. 39.8) tritt danach zunächst in den Fällen des **§ 173 Abs. 3 AktG** ein. Nach dieser Vorschrift wird ein Beschluss der Hauptversammlung über die Gewinnverwendung für den Fall, dass die Hauptversammlung den zugrundeliegenden prüfungspflichtigen Jahresabschluss geändert hat, nur dann wirksam, wenn aufgrund einer erneuten Prüfung auch hinsichtlich der Änderungen binnen zwei Wochen nach der Beschlussfassung ein uneingeschränkter Bestätigungsvermerk erteilt wird. Endgültige Unwirksamkeit[587] liegt auch in dem weiter in § 253 AktG genannten Fall des **§ 217 Abs. 2 AktG** vor: Danach wird der Gewinnverwendungsbeschluss „nichtig", wenn junge Aktien aus einer Kapitalerhöhung rückwirkend an der Gewinnverwendung teilnehmen sollen und der Kapitalerhöhungsbeschluss nicht binnen drei Monaten nach seiner Fassung in das Handelsregister eingetragen worden ist. Wie § 253 Abs. 1 Satz 1 AktG klarstellt, finden schließlich auch die **allgemeinen Nichtigkeitsgründe des § 241 AktG** Anwendung. Missachtet die Hauptversammlung beispielsweise im Rahmen ihrer Beschlussfassung über die Gewinnverwendung ihre sich aus § 174 Abs. 1 Satz 2 AktG ergebende Bindung an den festgestellten Jahresabschluss, liegt ein Nichtigkeitsfall gemäß § 241 Nr. 3 Var. 3 AktG vor[588].

39.163 § 253 Abs. 1 Satz 1 AktG hat schließlich auch eine die allgemeinen Nichtigkeitsvorschriften erweiternde Wirkung. Die Norm ordnet eine Nichtigkeit des Gewinnverwendungsbeschlusses auch für den Fall an, dass die **Feststellung des Jahresabschlusses**, auf dem der Gewinnverwendungsbeschluss beruht, ihrerseits nichtig ist (vgl. näher Rz. 57.101). Für diesen Fall sieht § 253 Abs. 1 Satz 2 AktG allerdings zugleich eine besondere **Heilungsmöglichkeit** vor: Die Nichtigkeit des Gewinnverwendungsbeschlusses, die sich aus der Nichtigkeit der Feststellung des zugrundeliegenden Jahresabschlusses ergibt, kann nicht mehr geltend gemacht werden, wenn die Feststellung des Jahresabschlusses geheilt ist; deren Heilung richtet sich wiederum vor allem nach § 256 Abs. 6 AktG.

39.164 Die Nichtigkeit des Beschlusses über die Gewinnverwendung hat insbesondere zur **Folge**, dass ein Anspruch der Aktionäre auf Zahlung einer Dividende nicht zur Entstehung gelangt. Eine Dividendenzah-

---

stellation in die Nähe eines Freigabeverfahrens (vgl. Rz. 39.171 ff.) rückt. Zu den sich unter rechtspolitischen Aspekten ergebenden gesetzgeberischen Gestaltungsmöglichkeiten vgl. *Florstedt*, NZG 2014, 681, 683 ff.; *Drygala/Gehling*, ZIP 2014, 1253, 1254 ff.
585 Vgl. *Hüffer/Koch*, § 252 AktG Rz. 7.
586 *K. Schmidt* in Großkomm. AktG, 4. Aufl. 1996, § 253 AktG Rz. 4; *Arnold* in KölnKomm. AktG, 3. Aufl. 2018, § 253 AktG Rz. 7.
587 *Arnold* in KölnKomm. AktG, 3. Aufl. 2018, § 253 AktG Rz. 10.
588 *Austmann* in MünchHdb. AG, § 42 Rz. 184; *Hüffer/Koch*, § 253 AktG Rz. 3.

lung hat also zu unterbleiben; ist sie bereits erfolgt, ist die gezahlte Dividende unter den Voraussetzungen des § 62 Abs. 1 AktG zurückzuerstatten[589].

b) Anfechtbarkeit des Gewinnverwendungsbeschlusses

Gemäß § 254 Abs. 1 AktG gilt für die Anfechtung des Beschlusses über die Verwendung des Bilanzgewinns zunächst die allgemeine Vorschrift des § 243 AktG, so dass auch dieser Beschluss wegen einer **Verletzung des Gesetzes oder der Satzung** anfechtbar ist. § 254 Abs. 1 AktG ergänzt diese allgemeinen Regelungen um einen speziellen Anfechtungsgrund, der die Minderheitsaktionäre vor einer **übermäßigen Bildung von Rücklagen und Gewinnvorträgen** schützen und damit in ihrem Interesse einer „Aushungerungspolitik der Mehrheit" entgegentreten will[590]. Der Gewinnverwendungsbeschluss ist danach anfechtbar, wenn folgende Voraussetzungen gegeben sind[591]: (1.) Die Gesamtgewinnverteilung an die Aktionäre muss den Wert von 4 % des im Handelsregister eingetragenen Grundkapitals der Gesellschaft unterschreiten; dabei ist für noch nicht eingeforderte Einlagen von der Grundkapitalziffer ein Abzug vorzunehmen. (2.) Das Unterschreiten dieses Mindestausschüttungsbetrages muss darauf beruhen, dass die Hauptversammlung Beträge in Gewinnrücklagen einstellt oder als Gewinn vorträgt, ohne dass diese Beträge schon durch das Gesetz oder durch die Satzung von der Verteilung unter die Aktionäre ausgeschlossen sind. Letzteres kann vor allem dann Bedeutung erlangen, wenn die Satzung die Hauptversammlung dazu verpflichtet, den Bilanzgewinn in bestimmte Rücklagen einzustellen, was nach h.M. zulässig ist[592]. (3.) Schließlich dürfen diese Rücklagenbildung oder dieser Gewinnvortrag bei vernünftiger kaufmännischer Beurteilung nicht erforderlich sein, um die Lebens- und Widerstandsfähigkeit der Gesellschaft für einen hinsichtlich der wirtschaftlichen und finanziellen Notwendigkeiten übersehbaren Zeitraum zu sichern[593]. Handelt es sich bei der betreffenden Gesellschaft um ein **Kreditinstitut**, kann eine Anfechtung nach § 254 AktG allerdings unter den in § 10 Abs. 5 Satz 1 KWG genannten Voraussetzungen prinzipiell ausgeschlossen sein.

39.165

In **prozessualer Hinsicht** gilt es zu beachten, dass zur Anfechtung des Gewinnverwendungsbeschlusses wegen übermäßiger Rücklagenbildung nach § 254 Abs. 2 Satz 3 AktG nur solche Aktionäre befugt sind, deren Anteile zusammen 5 % des Grundkapitals oder den anteiligen Betrag von 500.000 Euro erreichen. Die **Anfechtungsbefugnis** wird in diesem Zusammenhang somit ausnahmsweise zu einem Minderheitenrecht (vgl. Rz. 39.1). Prinzipiell müssen daneben auch die Voraussetzungen des § 245 Nr. 1 oder 2 AktG erfüllt sein[594]; dabei ist hingegen umstritten, ob es ausreicht, wenn diese zusätzlichen Voraussetzungen lediglich in der Person *eines* der das Quorum tragenden Aktionäre gegeben sind. Entgegen der wohl überwiegenden Meinung[595] ist diese Frage zu bejahen. Andernfalls wären die außenstehenden Aktionäre praktisch gezwungen, ihre Opposition bereits im Vorfeld der einberufenen Hauptversammlung, spätestens aber noch in deren Verlauf, zu organisieren, um das Erfordernis der

39.166

---

589 Vgl. näher z.B. *Koch* in MünchKomm. AktG, 5. Aufl. 2021, § 253 AktG Rz. 12.
590 *K. Schmidt* in Großkomm. AktG, 4. Aufl. 1996, § 254 AktG Rz. 1; *Heidel* in Heidel, § 254 AktG Rz. 1.
591 Wegen der Einzelheiten vgl. z.B. *K. Schmidt* in Großkomm. AktG, 4. Aufl. 1996, § 254 AktG Rz. 7 ff.; *Koch* in MünchKomm. AktG, 5. Aufl. 2021, § 254 AktG Rz. 10 ff.; *Schwab* in K. Schmidt/Lutter, § 254 AktG Rz. 3 ff. Zu einem praktischen Anwendungsfall der Regelung (allerdings vor Einführung des in dem dortigen Zusammenhang inzwischen einschlägigen § 10 Abs. 5 KWG) siehe exemplarisch LG Frankfurt a.M. v. 15.12.2016 – 3-05 O 154/16, juris Rz. 83 ff.
592 *Arnold* in KölnKomm. AktG, 3. Aufl. 2018, § 254 AktG Rz. 14; *K. Schmidt* in Großkomm. AktG, 4. Aufl. 1996, § 294 AktG Rz. 9; *Hüffer/Koch*, § 254 AktG Rz. 6; anders z.B. *Lutter* in KölnKomm. AktG, 2. Aufl. 1988, § 58 AktG Rz. 35.
593 Vgl. dazu näher etwa *Koch* in MünchKomm. AktG, 5. Aufl. 2021, § 254 AktG Rz. 14.
594 A.A. *Heidel* in Heidel, § 254 AktG Rz. 9.
595 *K. Schmidt* in Großkomm. AktG, 4. Aufl. 1996, § 254 AktG Rz. 12; *Arnold* in KölnKomm. AktG, 3. Aufl. 2018, § 254 AktG Rz. 22; *Stilz/Schumann* in BeckOGK AktG, Stand 1.6.2021, § 254 AktG Rz. 22.

gemeinsamen Widerspruchserhebung sicherzustellen; der bezweckte Minderheitenschutz würde dadurch aber zumindest faktisch weitestgehend vereitelt[596].

3. Beschlussfassung über eine Kapitalerhöhung gegen Einlagen

39.167 Für Beschlüsse der Hauptversammlung über die Kapitalerhöhung gegen Einlagen enthält § 255 Abs. 2 AktG einen besonderen Anfechtungsgrund, der die allgemeinen Anfechtungsregeln des § 243 AktG – wie § 255 Abs. 1 AktG klarstellt – ergänzt[597]. Die Vorschrift bezweckt den **Schutz der Aktionäre vor einer Verwässerung ihrer Beteiligungsrechte** im Falle einer Kapitalerhöhung unter Ausschluss des Bezugsrechts (und zwar auch des mittelbaren Bezugsrechts, vgl. § 255 Abs. 2 Satz 2 AktG)[598].

39.168 Das Eingreifen dieses besonderen Anfechtungsgrunds setzt gemäß § 255 Abs. 2 Satz 1 AktG voraus, dass sich der aus dem Erhöhungsbeschluss ergebende **Ausgabebetrag oder der Mindestbetrag**, unter dem die neuen Aktien nicht ausgegeben werden sollen, **unangemessen niedrig** ist. Im Rahmen der vor diesem Hintergrund anzustellenden Bewertung ist auf den wirklichen Wert des Unternehmens unter Berücksichtigung seiner stillen Reserven und des Geschäftswertes abzustellen[599]. Entscheidend kommt es dabei auf eine Gesamtbeurteilung an, so dass im Rahmen dieser Bewertung nach zutreffender Ansicht auch das Interesse der Gesellschaft am Eintritt des neuen Aktionärs Berücksichtigung finden kann[600]. Hinzunehmen sind des Weiteren angemessene Abschläge von dem auf diese Weise ermittelten Wert, wenn diese darauf zielen, Dritten einen Anreiz zur Zeichnung der jungen Aktien zu geben[601]. Ist ein **Börsenkurs vorhanden,** so spricht vor allem dann, wenn die Voraussetzungen des § 186 Abs. 3 Satz 4 AktG erfüllt sind, eine – widerlegliche – Vermutung dafür, dass dieser Kurs dem inneren Wert der Aktien entspricht[602]. Wurde ein **unangemessener Mindestbetrag** festgesetzt, bestimmt aber der dazu ermächtigte Vorstand später einen angemessenen Ausgabebetrag, ist eine Anfechtung in einschränkender Auslegung des § 255 Abs. 2 AktG ausgeschlossen[603].

39.169 Nach h.M. findet § 255 AktG, dessen Wortlaut auf Kapitalerhöhungen gegen Bareinlagen zugeschnitten ist, auf **Kapitalerhöhungen gegen Sacheinlagen** analoge Anwendung[604]. In diesen Fällen kommt es für das Angemessenheitsurteil maßgeblich auf den Wert der Sacheinlagen, im Rahmen einer Gesamtbeurteilung aber auch auf das Interesse der Gesellschaft an dem neuen Aktionär, an dessen Einlage sowie an dem gemeinsam verfolgten Unternehmenskonzept an[605].

---

596 *Koch* in MünchKomm. AktG, 5. Aufl. 2021, § 254 AktG Rz. 20; *Schwab* in K. Schmidt/Lutter, § 254 AktG Rz. 10.
597 Dies gilt auch im Verhältnis zu § 243 Abs. 2 AktG, da § 255 Abs. 2 AktG keine verdrängende Spezialregelung enthält, vgl. *Hüffer/Koch*, § 255 AktG Rz. 3.
598 *K. Schmidt* in Großkomm. AktG, 4. Aufl. 1996, § 255 AktG Rz. 1.
599 BGH v. 13.3.1978 – II ZR 142/76, BGHZ 71, 40, 51 = AG 1978, 196; OLG Frankfurt v. 1.7.1998 – 21 U 166/97, AG 1999, 231, 232 f.; *Hüffer/Koch*, § 255 AktG Rz. 5.
600 Offengelassen durch BGH v. 13.3.1978 – II ZR 142/76, BGHZ 71, 40, 51 = AG 1978, 196; wie hier *K. Schmidt* in Großkomm. AktG, 4. Aufl. 1996, § 255 AktG Rz. 12; *Koch* in MünchKomm. AktG, 5. Aufl. 2021, § 255 AktG Rz. 18.
601 *Koch* in MünchKomm. AktG, 5. Aufl. 2021, § 255 AktG Rz. 18; *K. Schmidt* in Großkomm. AktG, 4. Aufl. 1996, § 255 AktG Rz. 12; a.A. *Heidel* in Heidel, § 255 AktG Rz. 11 ff.
602 *Hüffer/Koch*, § 255 AktG Rz. 12 (nach h.M. wird § 255 AktG nicht im Wege der Spezialität durch § 186 Abs. 3 Satz 4 AktG verdrängt, vgl. mit weiteren Nachweisen auch zur Gegenauffassung z.B. *Hüffer/Koch*, § 186 AktG Rz. 39e, § 255 AktG Rz. 9); siehe auch *Kiefner/Seibel*, AG 2016, 301, 307.
603 Vgl. näher *K. Schmidt* in Großkomm. AktG, 4. Aufl. 1996, § 255 AktG Rz. 13; *Koch* in MünchKomm. AktG, 5. Aufl. 2021, § 255 AktG Rz. 19; eine zuvor erhobene Anfechtungsklage erledigt sich.
604 BGH v. 13.3.1978 – II ZR 142/76, BGHZ 71, 40, 50 = AG 1978, 196; *K. Schmidt* in Großkomm. AktG, 4. Aufl. 1996, § 255 AktG Rz. 5; *Arnold* in KölnKomm. AktG, 3. Aufl. 2018, § 255 AktG Rz. 15.
605 *Hüffer*, § 255 AktG Rz. 13; vgl. zu den sich in Sacheinlagefällen stellenden Bewertungsfragen ausführlich *Kiefner/Seibel*, AG 2016, 301, 310.

Analog anzuwenden ist § 255 Abs. 2 AktG darüber hinaus u.a.[606] dann, wenn der Kapitalerhöhungsbeschluss zwar nicht den Ausgabekurs, aber – wie z.B. in den Fällen des **§ 193 Abs. 2 Nr. 2 AktG** – die **Grundlagen festsetzt, nach denen dieser zu errechnen ist**: Ergibt sich auf dieser Basis ein unangemessen niedriger Ausgabebetrag, führt dies analog § 255 AktG ebenfalls zur Anfechtbarkeit des Kapitalerhöhungsbeschlusses[607]. **Setzt die Hauptversammlung im Fall des § 182 Abs. 3 AktG gar keinen Ausgabekurs fest** und sind die Aktien deshalb zum bestmöglichen Preis[608], mindestens aber zu pari auszugeben, hat dies analog § 255 Abs. 2 AktG die Anfechtbarkeit des Beschlusses zur Folge, wenn der Nennbetrag (bzw. – im Falle von Stückaktien – der anteilige Betrag am Grundkapital) unangemessen niedrig ist[609]. Enthält der Beschluss über die Schaffung eines **genehmigten Kapitals** (§ 202 AktG) Vorgaben für einen Ausgabe- oder einen Mindestausgabepreis, begründet auch dies seine Anfechtbarkeit analog § 255 Abs. 2 AktG, falls sich daraus ein unangemessen niedriger Betrag ergibt[610].

39.170

VI. Das Freigabeverfahren (§§ 246a, 319 Abs. 6, 327e Abs. 2 AktG, § 16 Abs. 3 UmwG)

1. Die „Blockadewirkung" der Klageerhebung

Eine Vielzahl von Beschlüssen der Hauptversammlung bedarf zur Wirksamkeit der **Eintragung in das Handelsregister**. Zu denken ist dabei nicht nur an Satzungsänderungen, Kapitalmaßnahmen und sonstige im Aktiengesetz geregelte Strukturänderungen (vgl. u.a. §§ 181, 184, 202 Abs. 2, § 294 AktG), sondern insbesondere auch an Maßnahmen nach dem UmwG, die ebenfalls erst mit ihrer letzten Eintragung in die Handelsregister der beteiligten Rechtsträger wirksam werden (vgl. z.B. § 20 Abs. 1 UmwG für die Verschmelzung oder § 202 Abs. 1 UmwG für den Formwechsel).

39.171

Abgesehen von den im Folgenden näher darzustellenden Sonderregelungen bestehen für das mit der Eintragung befasste Registergericht keine prinzipiellen gesetzlichen Verfahrensvorgaben für den Fall, dass gegen den eintragungsbedürftigen Hauptversammlungsbeschluss[611] eine Anfechtungsklage anhängig gemacht worden ist. Im Ausgangspunkt wird das Registergericht als berechtigt und verpflichtet angesehen, den zur Eintragung angemeldeten Beschluss oder die zur Eintragung angemeldete Maßnahme **in formeller und materieller Hinsicht zu prüfen**[612]. Gelangt es dabei zur Nichtigkeit des Beschlusses, hat die Eintragung zu unterbleiben[613]. Auch an ein rechtskräftiges, der Anfechtungsklage stattgebendes Gestaltungsurteil ist das Registergericht gebunden[614]. Solange ein solches Urteil aber fehlt, liegt es im Ermessen des Gerichts, die Eintragung trotz Anhängigkeit der Anfechtungsklage vorzunehmen oder nicht[615]. In der Praxis neigen die Registergerichte in dieser Konstellation zu einer **Aus-**

39.172

---

606 Zum Anwendungsbereich der Norm vgl. eingehend *Kiefner/Seibel*, AG 2016, 301, 302 ff.
607 *K. Schmidt* in Großkomm. AktG, 4. Aufl. 1996, § 255 AktG Rz. 4.
608 H.M., vgl. etwa *Hüffer/Koch*, § 182 AktG Rz. 25; *Heidel* in Heidel, § 255 AktG Rz. 43.
609 *K. Schmidt* in Großkomm. AktG, 4. Aufl. 1996, § 255 AktG Rz. 4.
610 *Koch* in MünchKomm. AktG, 5. Aufl. 2021, § 255 AktG Rz. 14; *K. Schmidt* in Großkomm. AktG, 4. Aufl. 1996, § 255 AktG Rz. 4.
611 Hier und im Folgenden umfasst ist jeweils auch die Klage gegen einen Hauptversammlungsbeschluss, der nicht selbst der Eintragung bedarf, sondern eine Wirksamkeitsvoraussetzung für eine eintragungsbedürftige Maßnahme bildet (wie etwa der Verschmelzungsbeschluss, der der Eintragung der Verschmelzung lediglich zugrunde liegt, vgl. § 19 Abs. 1 Satz 1 UmwG).
612 BGH v. 24.6.1982 – III ZR 19/81, BGHZ 84, 285, 287; *C. Schäfer* in MünchKomm. AktG, 5. Aufl. 2021, § 243 AktG Rz. 133; *K. Schmidt* in Großkomm. AktG, 4. Aufl. 1996, § 243 AktG Rz. 72.
613 *K. Schmidt* in Großkomm. AktG, 4. Aufl. 1996, § 241 AktG Rz. 22.
614 *Hüffer/Koch*, § 243 AktG Rz. 54.
615 *C. Schäfer* in MünchKomm. AktG, 5. Aufl. 2021, § 243 AktG Rz. 135; *K. Schmidt* in Großkomm. AktG, 4. Aufl. 1996, § 243 AktG Rz. 72.

setzung des Eintragungsverfahrens gemäß § 21 Abs. 1, § 381 FamFG, es sei denn, die Anfechtungsklage erscheint offensichtlich oder mit zumindest weit überwiegender Wahrscheinlichkeit unzulässig oder unbegründet[616]. Die Erhebung der Anfechtungsklage führt damit zu einer „**faktischen Registersperre**".

39.173 Im Fall der Eingliederung (§§ 319, 320 AktG), des Squeeze Out (§ 327a AktG) und der verschiedenen Strukturmaßnahmen nach dem UmwG (Verschmelzung, §§ 2 ff. UmwG; Spaltung, §§ 123 ff. UmwG; Formwechsel, §§ 198 ff. UmwG) verstärkt sich dieser Effekt, weil der Vorstand bei Anmeldung dieser Maßnahmen zur Eintragung in das Handelsregister eine sog. **Negativerklärung** abzugeben hat, ohne die das Registergericht die Eintragung nicht vornehmen darf (§ 319 Abs. 5, § 320 Abs. 1 Satz 3, § 327e Abs. 2 AktG, § 16 Abs. 2, §§ 125, 198 Abs. 3 UmwG). Das Fehlen dieser Negativerklärung – nämlich der Erklärung des Vorstands, dass eine Klage gegen die Wirksamkeit des Beschlusses nicht oder nicht fristgemäß erhoben oder rechtskräftig abgewiesen oder zurückgenommen worden ist – bewirkt also in solchen Fällen schon nach den gesetzlichen Vorgaben eine „**formale Registersperre**".

39.174 Angesichts dieser Blockadewirkungen liegt es auf der Hand, dass die Erhebung von Klagen gegen eintragungsbedürftige Hauptversammlungsbeschlüsse einem **rechtsmissbräuchlich handelnden Aktionär** ein weites Betätigungsfeld eröffnet. Dies folgt vor allem daraus, dass sich der „Lästigkeitswert" der Klage (vgl. Rz. 39.93) erhöht, je dringender die Gesellschaft auf eine rasche Durchführung der angemeldeten Maßnahme angewiesen ist. Zwar ist das Registergericht – außer in den Fällen, in denen das Gesetz eine „Negativerklärung" verlangt – zu der beschriebenen **Aussetzung des Eintragungsverfahrens keineswegs verpflichtet** (vgl. Rz. 39.172). Es wird daher sein Ermessen vor allem dann, wenn die erhobene Anfechtungsklage offensichtlich unzulässig oder unbegründet ist, dahingehend ausüben, die Eintragung der angemeldeten Maßnahme vorzunehmen und damit dem Interesse der Gesellschaft an einer baldigen Durchführung dieser Maßnahme zur Durchsetzung zu verhelfen[617]. Weil aber die Erfolgsaussichten der erhobenen Anfechtungsklage durch das Registergericht häufig nicht mit ausreichender Sicherheit beurteilt werden können[618], bilden solche Entscheidungen des Registergerichts die praktische Ausnahme.

39.175 In den Fällen der „formalen Registersperre" (Rz. 39.173) stellt das Gesetz vor diesem Hintergrund seit langem ein sog. **Freigabeverfahren** zur Verfügung, das es den betroffenen Gesellschaften erlaubt, unter bestimmten Voraussetzungen eine kurzfristige Durchsetzung der erforderlichen Registereintragung trotz Anhängigkeit einer Beschlussmängelklage zu erreichen (vgl. dazu näher Rz. 39.176 ff.). Der Anwendungsbereich dieses Verfahrens wurde durch das UMAG im Wege der Einführung des § 246a AktG erheblich erweitert und erstreckt sich inzwischen auch auf bestimmte Bereiche der „faktischen Registersperre" (zu den Einzelheiten vgl. Rz. 39.183 ff.). Diese Ergänzung zielte auf eine weitere Einschränkung des Missbrauchspotentials der Anfechtungsklage (vgl. Rz. 39.174) und setzte entsprechende Forderungen des 63. Deutschen Juristentages und der Regierungskommission Corporate Governance um[619]. Einzelne Besonderheiten, die ursprünglich nur das neue Freigabeverfahren des § 246a AktG auszeichneten, sind im Jahre 2007 auf die ursprünglich als Regelungsvorbilder fungierenden Freigabeverfahren der § 319 Abs. 5 AktG, § 16 Abs. 3 UmwG übertragen worden[620]. Mit dem ARUG

---

616 Siehe auch *Winter* in FS Ulmer, 2003, S. 699, 701.
617 Vgl. *C. Schäfer* in MünchKomm. AktG, 5. Aufl. 2021, § 243 AktG Rz. 135; *K. Schmidt* in Großkomm. AktG, 4. Aufl. 1996, § 243 AktG Rz. 72. Darin liegt auch kein Verstoß gegen die registergerichtlichen Befugnisse, weil sich eine Bindungswirkung lediglich aus einem der Anfechtungsklage stattgebenden rechtskräftigen Urteil ergibt, das jedoch in den in Rede stehenden Fällen (jedenfalls noch) nicht vorliegt, vgl. *Hüffer/Koch*, § 243 AktG Rz. 54.
618 *Winter* in FS Ulmer, 2003, S. 699, 701.
619 Vgl. Verhandlungen des 63. DJT, Bd. II/1, S. 76 f.; *Baums*, Bericht der Regierungskommission Corporate Governance, Rz. 153.
620 Dies gilt in erster Linie für die Vorgabe von „Bearbeitungsfristen" an die zuständigen Gerichte, vgl. Zweites Gesetz zur Änderung des Umwandlungsgesetzes vom 19.4.2007, BGBl. I 2007, 542 sowie die nachfolgenden Ausführungen im Text.

hat der Gesetzgeber diese Vereinheitlichung im Jahre 2009 weiter ausgebaut und insbesondere Angleichungen bei den materiellen Voraussetzungen der Freigabe vorgenommen (vgl. Rz. 39.179 ff.).

2. Die Überwindung der „formalen Registersperre" (§§ 319 Abs. 6, 327e Abs. 2 AktG, § 16 Abs. 3 UmwG)

a) Überblick

In den Konstellationen, in denen das Gesetz selbst für eine „formale Registersperre" sorgt, indem es im Rahmen der Anmeldung die Abgabe einer **Negativerklärung** verlangt (vgl. Rz. 39.173), sieht es zur Überwindung dieser Sperre in den § 319 Abs. 6, § 320 Abs. 1 Satz 3, § 327e Abs. 2 AktG, § 16 Abs. 3, §§ 125, 198 Abs. 3 UmwG ein besonderes gerichtliches **Freigabeverfahren** vor: Nach den genannten Vorschriften steht es der Abgabe einer Negativerklärung gleich, wenn das Oberlandesgericht nach Erhebung einer Klage gegen die Wirksamkeit des jeweiligen Hauptversammlungsbeschlusses auf Antrag der betroffenen Gesellschaft durch Beschluss festgestellt hat, dass die Erhebung der Klage der Eintragung nicht entgegensteht. Bei diesem Freigabeverfahren handelt es sich um ein **summarisches Eilverfahren** sui generis[621], das hinsichtlich der Voraussetzungen für eine Freigabe der Registereintragung nicht nur die dargestellte, durch die höchstrichterliche Rechtsprechung gedeckte[622] Praxis der Registergerichte (Rz. 39.172, 39.174) umsetzt, sondern eine Freigabe zusätzlich auch in anderen Konstellationen – etwa im Falle eines überwiegenden Eintragungsinteresses der betroffenen Gesellschaft – ermöglicht (vgl. näher Rz. 39.179 ff.). Zuständig für diese Freigabeentscheidung sind jedoch nicht die Register-, sondern die Prozessgerichte. Während dies in der Vergangenheit zur **Eingangszuständigkeit** des mit der Anfechtungsklage befassten Landgerichts führte[623], liegt diese seit Inkrafttreten des ARUG bei einem Senat des **Oberlandesgerichts**, in dessen Bezirk die Gesellschaft ihren Sitz hat (vgl. § 319 Abs. 6 Satz 7, § 320 Abs. 1 Satz 3, § 327e Abs. 2 AktG, § 16 Abs. 3 Satz 7, §§ 125, 198 Abs. 3 UmwG)[624].

39.176

b) Prozessuales

In dringenden Fällen kann der Freigabebeschluss **ohne mündliche Verhandlung** ergehen (§ 319 Abs. 6 Satz 4 AktG, § 16 Abs. 3 Satz 4 UmwG); die zur Begründung vorgebrachten Tatsachen sind lediglich glaubhaft zu machen (§ 319 Abs. 6 Satz 6 AktG, § 16 Abs. 3 Satz 6 UmwG). Nach dem Regelungsvorbild des § 246a AktG (vgl. dazu sogleich Rz. 39.185) sehen inzwischen auch die § 319 Abs. 6 Satz 5 AktG, § 16 Abs. 3 Satz 5 UmwG vor, dass der Beschluss des Prozessgerichts spätestens **drei Monate nach Antragstellung** ergehen soll. Diese Frist entfaltet für das Gericht insoweit Bindungswirkung, als Verzögerungen der Entscheidung durch einen gesonderten Beschluss zu begründen sind; dieser Beschluss ist allerdings unanfechtbar (§ 319 Abs. 6 Satz 5 AktG, § 16 Abs. 3 Satz 5 UmwG). Nach herrschender Auffassung obliegt die **Vertretung der antragstellenden Gesellschaft** im Freigabeverfahren gemäß den allgemeinen Regeln (§ 51 Abs. 1 ZPO i.V.m. § 78 Abs. 1 AktG) allein ihrem Vorstand; die analoge Anwendung des Doppelvertretungsprinzips (§ 246 Abs. 2 Satz 2 AktG) ist auch mit Blick auf dessen Schutzzweck nicht geboten[625]. Die seitens des Klägers im Hauptsacheverfahren erteilte Prozessvollmacht umfasst gemäß § 319 Abs. 6 Satz 2 AktG, § 16 Abs. 3 Satz 2 UmwG i.V.m. §§ 82, 83 Abs. 1

39.177

---

621 *Simon* in KölnKomm. UmwG, § 16 UmwG Rz. 46.
622 Vgl. zu § 345 AktG a.F. für den Fall der offensichtlichen Rechtsmissbräuchlichkeit BGH v. 2.7.1990 – II ZB 1/90, BGHZ 112, 9, 24 f. = AG 1990, 538.
623 Vgl. 2. Aufl., § 37 Rz. 176.
624 Zur Verfassungsmäßigkeit dieser Regelung vgl. KG v. 10.12.2009 – 23 AktG 1/09, AG 2010, 166, 167; *Hüffer/Koch*, § 319 AktG Rz. 17, § 246a AktG Rz. 10.
625 OLG Düsseldorf v. 22.11.2018 – I-6 AktG 1/18, AG 2019, 467, 468; OLG Nürnberg v. 27.9.2010 – 12 AktG 1218/10, ZIP 2010, 2498, 2498 = AG 2011, 179; OLG Frankfurt v. 19.6.2009 – 5 W 6/09, AG 2010, 212, 212 f.; OLG Hamm v. 17.3.2005 – 27 W 3/05, DB 2005, 1263, 1263 f. = AG 2005, 773; OLG Karlsruhe v. 7.12.2006 – 7 W 78/06, DB 2007, 331, 331 = AG 2007, 284; *Schwab* in K. Schmidt/Lutter, § 246a AktG Rz. 36; *Vatter* in BeckOGK AktG, Stand 1.6.2021, § 246a AktG Rz. 12; *Faßbender*, AG

und § 84 ZPO stets auch dessen Passivvertretung im Freigabeverfahren (vgl. zum Hintergrund dieser Regelung Rz. 39.185). Etwaige **Nebenintervenienten des Anfechtungsverfahrens** sind nach h.M. am Freigabeverfahren nicht per se zu beteiligen[626].

39.178   Die im Freigabeverfahren ergehende Entscheidung des Oberlandesgerichts ist **unanfechtbar** (§ 319 Abs. 6 Satz 9 AktG, § 16 Abs. 3 Satz 9 UmwG). Ändert sich die der rechtskräftigen ablehnenden Entscheidung zugrunde liegende Sachlage – z.B. infolge einer nachträglichen Bestätigung des angefochtenen Beschlusses – steht der Durchführung eines weiteren Freigabeverfahrens die materielle Rechtskraft der Erstentscheidung nicht entgegen[627].

c) Freigabevoraussetzungen

39.179   Der Erlass eines Freigabebeschlusses zur Überwindung der „formalen Registersperre" unterlag ursprünglich strengeren Voraussetzungen als der Erlass eines Freigabebeschlusses i.S.d. § 246a AktG[628]. Mit dem ARUG wurden die in § 319 Abs. 6 AktG, § 16 Abs. 3 UmwG geregelten Freigabevoraussetzungen hingegen denjenigen des § 246a AktG angeglichen und die Verfahren insoweit vereinheitlicht. Eine Freigabe kommt deshalb auch in den Fällen der „formalen Registersperre" in **drei Konstellationen** in Betracht:

aa) Unzulässige oder offensichtlich unbegründete Klage

39.179a   Das OLG kann seine Freigabeentscheidung zunächst darauf stützen, dass die Klage gegen die Wirksamkeit des Hauptversammlungsbeschlusses **unzulässig** oder **offensichtlich unbegründet** ist (§ 319 Abs. 6 Satz 3 Nr. 1 AktG bzw. § 16 Abs. 3 Satz 3 Nr. 1 UmwG). Nach der eindeutigen gesetzlichen Formulierung bedarf die Zulässigkeit der anhängigen Klage somit auch im summarischen Freigabeverfahren einer abschließenden gerichtlichen Prüfung, wenn die Freigabeentscheidung auf ihre Unzulässigkeit gestützt werden soll[629]. Umstritten ist demgegenüber, ob es für die Frage der „Offensichtlichkeit" der Unbegründetheit auf den notwendigen gerichtlichen Prüfungsaufwand[630] oder auf die Eindeutigkeit der Sach- und Rechtslage ankommt[631]. Überzeugend erscheint letztere – und inzwischen der h.M. ent-

---

2006, 872, 874; a.A. OLG Köln v. 14.12.2017 – 18 AktG 1/17, AG 2018, 126, 127 f.; OLG Düsseldorf v. 16.1.2004 – I-16 W 63/03, NZG 2004, 328, 328 = AG 2004, 207.

626 OLG Stuttgart v. 13.5.2005 – 20 W 9/05, AG 2005, 662, 663; OLG Düsseldorf v. 29.6.2005 – 15 W 38/05 AG 2005, 654, 654 f.; zu den Einzelheiten vgl. etwa *K. Schmidt* in Liber amicorum Happ, 2006, S. 259, 268 ff.; *Bayer* in FS Maier-Reimer, 2010, S. 1, 11 f.; a.A. *Schwab* in K. Schmidt/Lutter, § 246a AktG Rz. 40.

627 OLG München v. 14.11.2012 – 7 AktG 2/12, ZIP 2012, 2439, 2440 = AG 2013, 173; OLG Frankfurt v. 5.11.2007 – 5 W 22/07, BB 2008, 239, 240 = AG 2008, 176; *Schwab* in K. Schmidt/Lutter, § 246a AktG Rz. 47; *Rieckers*, BB 2008, 514, 515.

628 Wegen der Einzelheiten vgl. 2. Aufl., § 37 Rz. 179 ff.

629 *Decher* in Lutter, § 16 UmwG Rz. 48.

630 Vgl. etwa OLG Frankfurt v. 9.6.1997 – 10 W 11/97, AG 1997, 472, 473, das darauf abstellt, dass die Unbegründetheit „für das Prozessgericht ohne weiteres erkennbar ist, ... das Gericht also auf der Grundlage der unstreitigen (oder den entsprechend glaubhaft gemachten) Tatsachen ohne weitere sachliche Ermittlung und ohne schwierige rechtliche Überlegungen zu der Überzeugung kommt, dass die Klage zweifelsfrei unbegründet ist"; siehe auch LG Duisburg v. 4.2.1999 – 44 O 3/99, NZG 1999, 564; LG Freiburg v. 26.11.1997 – 11 T 1/96, AG 1998, 536, 537.

631 OLG Düsseldorf v. 22.11.2018 – I-6 AktG 1/18, AG 2019, 467, 469; OLG Nürnberg v. 14.2.2018 – 12 AktG 1970/17, AG 2018, 406 Rz. 44; OLG Düsseldorf v. 22.6.2017 – I-6 AktG 1/17, AG 2017, 900, 902; OLG München v. 26.1.2014 – 26 AktG 3/13, AG 2014, 546, 547; OLG Rostock v. 15.5.2013 – 1 AktG 1/13, AG 2013, 768, 769; OLG Stuttgart v. 2.12.2014 – 20 W 1/14, AG 2015, 163, 164; OLG Frankfurt v. 20.3.2012 – 5 AktG 4/11, AG 2012, 414, 415; OLG München v. 6.7.2011 – 7 AktG 1/11, WM 2011, 2287, 2289 = AG 2012, 45; OLG Frankfurt v. 10.2.2003 – 5 W 33/02, AG 2003, 573, 574; OLG Stuttgart v. 13.3.2002 – 20 W 32/01, AG 2003, 456; *Habersack* in Emmerich/Habersack, Aktien- und GmbH-

sprechende – Annahme, denn auch in einem summarischen Verfahren bleibt das Gericht prinzipiell verpflichtet, die maßgeblichen Rechtsfragen abschließend zu prüfen[632]. Allenfalls im tatsächlichen Bereich ist eine kursorische Prüfung insoweit zugelassen, als es gemäß § 319 Abs. 6 Satz 5 AktG, § 16 Abs. 3 Satz 5 UmwG einer Beweiserhebung nicht bedarf[633]. An der offensichtlichen Unbegründetheit fehlt es also, wenn nach sorgfältiger rechtlicher Würdigung des unstreitigen und des hinreichend glaubhaft gemachten Sachverhaltes sowohl der Erfolg als auch die Abweisung der Klage vertretbar erscheinen[634], was insbesondere darauf beruhen kann, dass Unsicherheiten im tatsächlichen Bereich bestehen, die eine umfangreiche Beweisaufnahme im Hauptverfahren erfordern[635].

bb) Kein fristgemäßer Nachweis einer Beteiligung von mindestens 1.000 Euro („Bagatellquorum")

Nach den mit dem ARUG neugeschaffenen Regelungen der § 319 Abs. 6 Satz 3 Nr. 2 AktG, § 16 Abs. 3 Satz 3 Nr. 2 UmwG ergeht ein Freigabebeschluss ferner dann, wenn der Kläger nicht binnen einer Woche nach Zustellung des Freigabeantrages durch Urkunden nachgewiesen hat, dass er seit Bekanntmachung der Einberufung der streitgegenständlichen Hauptversammlung einen „**anteiligen Betrag von mindestens 1.000 Euro**" hält (sog. „**Bagatellquorum**"). Dieser „anteilige Betrag" bemisst sich nicht nach einem etwaigen Börsenwert der Beteiligung, sondern ist bei Nennbetragsaktien anhand des Gesamtnennbetrages der von dem Kläger gehaltenen Aktien und im Falle von Stückaktien durch Multiplikation der Anzahl der von dem Kläger gehaltenen Aktien mit dem auf die einzelne Aktie entfallenden anteiligen Betrag des Grundkapitals (§ 8 Abs. 3 Satz 3 AktG) zu ermitteln[636]. Maßgeblich ist allein der auf den **einzelnen Aktionär** entfallende Betrag; eine Zusammenrechnung der von mehreren Klägern gehaltenen Beteiligungen erfolgt nicht[637]. Wie sich aus dem gesetzlichen Wortlaut („seit") ergibt, muss der notwendige Mindestanteilsbesitz bereits bei Bekanntmachung der Einberufung bestanden haben und – nach zutreffender, wenngleich nicht unbestrittener Auffassung – bis zum Zeitpunkt der Nachweiserbringung nach Zustellung des Freigabeantrages fortbestehen[638].

39.179b

Der erforderliche Nachweis kann nur durch **Urkunden** i.S.d. §§ 415 bis 418 ZPO geführt werden[639]. In der Praxis ist vor allem an die Vorlage einer auf den relevanten Zeitraum (Rz. 39.179b) bezogenen Depotbescheinigung oder – im Falle von Namensaktien – eines Auszugs aus dem Aktienregister zu

39.179c

Konzernrecht, § 319 AktG Rz. 35; *Schwanna* in Semler/Stengel/Leonhard, § 16 UmwG Rz. 31; *Austmann* in MünchHdb. AG, § 42 Rz. 148; *Decher* in Lutter, § 16 UmwG Rz. 50.
632 *Hüffer/Koch*, § 246a AktG Rz. 16; *Büchel* in Liber amicorum Happ, 2006, S. 1, 10; siehe auch Begr. RegE UMAG, BR-Drucks. 3/05, S. 60; krit. *Nietsch*, NZG 2018, 1334, 1337.
633 *Schwanna* in Semler/Stengel/Leonhard, § 16 UmwG Rz. 31.
634 *Hüffer/Koch*, § 246a AktG Rz. 16; *Habersack* in Emmerich/Habersack, Aktien- und GmbH-Konzernrecht, § 319 AktG Rz. 35.
635 *Habersack* in Emmerich/Habersack, Aktien- und GmbH-Konzernrecht, § 319 AktG Rz. 35.
636 OLG Frankfurt a.M. v. 13.2.2018 – 15 AktG 1/17, ZIP 2018, 1027, 1029; OLG Stuttgart v. 19.10.2009 – 20 AR (Freig) 1/09, AG 2010, 89, 90; OLG Hamburg v. 11.12.2009 – 11 AR 2/09, AG 2010, 214, 214; *Schwab* in K. Schmidt/Lutter, § 246a AktG Rz. 4; *Verse*, NZG 2009, 1127, 1129.
637 OLG Frankfurt a.M. v. 13.2.2018 – 15 AktG 1/17, ZIP 2018, 1027, 1029; OLG Frankfurt v. 30.3.2010 – 5 Sch 3/09, AG 2010, 508, 509; OLG München v. 6.7.2011 – 7 AktG 1/11, WM 2011, 2287, 2288 = AG 2012, 45; *Verse*, NZG 2009, 1127, 1129. Innerhalb nicht rechtsfähiger Rechtsgemeinschaften i.S.d. § 69 AktG – wie etwa der Erbengemeinschaft – genügt es allerdings, wenn die Mitberechtigten das Quorum gemeinschaftlich erfüllen, vgl. OLG Rostock v. 15.5.2013 – 1 AktG 1/13, AG 2013, 768, 769; zust. *Verse* in FS Stilz, 2014, S. 651, 657.
638 *Verse* in FS Stilz, 2014, S. 651, 659 f. (mit ausführlicher Darstellung des Streitstandes); *Hüffer/Koch*, § 246a AktG Rz. 20b; a.A. KG v. 2.2.2015 – 23 AktG 1/14, ZIP 2015, 974, 976 = AG 2015, 319 (nachgew. Besitz im Zeitpunkt der Bekanntmachung reicht aus); OLG Bamberg v. 9.12.2013 – 3 AktG 2/13, AG 2014, 372, 373 (nachgew. Besitz bis zur Zustellung des Freigabeantrages genügt).
639 *Englisch* in Hölters, § 246a AktG Rz. 25.

denken[640] (zu den Neuerungen, die die Parallelvorschrift des § 246a Abs. 2 Nr. 2 AktG in diesem Zusammenhang durch das ARUG-II erfahren hat, vgl. noch Rz. 38.186). Die **Wochenfrist** wird durch den rechtzeitigen Eingang des Nachweises beim OLG gewahrt[641]. Ob dafür die fristgerechte Übersendung einer (**Telefax- oder Scan-)Kopie** ausreicht, falls das Original des Nachweises unverzüglich nachgereicht wird, ist zwischen den zuständigen Oberlandesgerichten umstritten[642]; richtigerweise sollte die Frage indes bereits mit Blick auf die Kürze der gesetzlichen Frist bejaht werden[643]. Bei Fristversäumnis scheidet – da die Wochenfrist nicht zu den in § 233 ZPO genannten Fristen zählt – eine Wiedereinsetzung in den vorigen Stand aus[644]; auch eine gerichtliche Verlängerung der Frist kommt wegen ihres materiell-rechtlichen Charakters nicht in Betracht[645]. Umstritten ist des Weiteren, ob der **Nachweis ausnahmsweise entbehrlich** ist, wenn die Erfüllung des Quorums zwischen den Beteiligten des Freigabeverfahrens **unstreitig** bleibt[646]. Nicht nur der Wortlaut[647], sondern auch der Telos der in § 319 Abs. 6 Satz 3 Nr. 2 AktG, § 16 Abs. 3 Satz 3 Nr. 2 UmwG getroffenen Regelung sprechen für eine Verneinung dieser Frage. Denn im Regelfall lässt sich abschließend erst im Laufe des Freigabeverfahrens beurteilen, ob der Anteilsbesitz des Klägers unstreitig bleibt; die eine Beschleunigung des Verfahrens bezweckende[648] Wochenfrist drohte damit leerzulaufen[649].

---

640 OLG Nürnberg v. 25.7.2012 – 12 AktG 778/12, AG 2012, 758, 761. Allerdings kann sich der Aktionär auf einen rechtzeitig erfolgten Aktienerwerb auch dann berufen, wenn er (ungeachtet des erfolgten Erwerbs) bei Bekanntmachung der Einberufung noch nicht im Aktienregister eingetragen war, vgl. OLG München v. 10.4.2013 – 7 AktG 1/13, NZG 2013, 622, 623 = AG 2013, 527; *Verse* in FS Stilz, 2014, S. 651, 662 f.
641 OLG Frankfurt a.M. v. 13.2.2018 – 15 AktG 1/17, ZIP 2018, 1027, 1029; *Hüffer/Koch*, § 246a AktG Rz. 20f.
642 Bejahend OLG München v. 6.7.2011 – 7 AktG 1/11, ZIP 2011, 2199, 2200 = AG 2012, 45; a.A. OLG Frankfurt a.M. v. 13.2.2018 – 15 AktG 1/17, ZIP 2018, 1027, 1029; OLG Bamberg v. 9.12.2013 – 3 AktG 2/13, AG 2014, 372, 372 f.; OLG Frankfurt a.M. v. 30.3.2010 – 5 Sch 3/09, NZG 2010, 824, 826 = AG 2010, 508; offenlassend OLG Köln v. 13.1.2014 – 18 U 175/13, ZIP 2014, 263, 264.
643 *Verse* in FS Stilz, 2014, S. 651, 664; *Hüffer/Koch*, § 246a AktG Rz. 20c; *Drescher* in Henssler/Strohn, § 246a AktG Rz. 7; *Schwab* in K. Schmidt/Lutter, § 246a AktG Rz. 15; *Heidel* in Heidel, § 246a AktG Rz. 46.
644 OLG München v. 29.1.2019 – 7 AktG 2/18, ZIP 2020, 568, 569 = AG 2019, 525; OLG Nürnberg v. 27.9.2010 – 12 AktG 1218/10, ZIP 2010, 2498, 2500 = AG 2011, 179; *Drescher* in Henssler/Strohn, § 246a AktG Rz. 7.
645 OLG München v. 29.1.2019 – 7 AktG 2/18, ZIP 2020, 568, 569 = AG 2019, 525; OLG Nürnberg v. 27.9.2010 – 12 AktG 1218/10, ZIP 2010, 2498, 2500 = AG 2011, 179; *Hüffer/Koch*, § 246a AktG Rz. 20f; i.E. ebenso *Kraft*, NZG 2016, 1370, 1374, der der Nachweisfrist jedoch prozessualen Charakter zuweist.
646 Für Entbehrlichkeit eintretend OLG Frankfurt a.M. v. 13.2.2018 – 15 AktG 1/17, ZIP 2018, 1027, 1029; OLG Frankfurt v. 20.3.2012 – 5 AktG 4/11, AG 2012, 414, 414 f.; OLG Frankfurt v. 30.3.2010 – 5 Sch 3/09, AG 2010, 508, 509; *Drescher* in Henssler/Strohn, § 246a AktG Rz. 7a; *Noack/Zetzsche* in Köln-Komm. AktG, 3. Aufl. 2018, § 246a AktG Rz. 122; a.A. OLG München v. 29.1.2019 – 7 AktG 2/18, ZIP 2020, 568, 569 = AG 2019, 525; OLG Köln v. 14.12.2017 – 18 AktG 1/17, ZIP 2018, 1027, 1028 = AG 2018, 126; OLG Nürnberg v. 25.7.2012 – 12 AktG 778/12, AG 2012, 758, 759 ff. (unter Aufgabe von OLG Nürnberg v. 27.9.2010 – 12 AktG 1218/10, ZIP 2010, 2498, 2499 = AG 2011, 179); OLG Hamm v. 6.7.2011 – I-8 AktG 2/11, AG 2011, 826, 827; KG v. 16.12.2010 – 23 AktG 1/10, ZIP 2011, 172, 173 f. = AG 2011, 170; *Hüffer/Koch*, § 246a AktG Rz. 20e.
647 Vgl. OLG Nürnberg v. 25.7.2012 – 12 AktG 778/12, AG 2012, 758, 759, das zu Recht hervorhebt, der Wortlaut stelle nicht nur auf den „Bestand" des Quorums, sondern gerade auf dessen Nachweis ab.
648 Begr. RegE ARUG, BT-Drucks. 16/11642, S. 40.
649 OLG Hamm v. 6.7.2011 – I-8 AktG 2/11, AG 2011, 826, 827; OLG Nürnberg v. 25.7.2012 – 12 AktG 778/12, AG 2012, 758, 760; *Bayer* in FS Hoffmann-Becking, 2013, S. 91, 104 f.; vgl. auch *Verse* in FS Stilz, 2014, S. 651, 665, der im Hinblick darauf einen Nachweis ausnahmsweise dann für entbehrlich hält, falls das Quorum bereits innerhalb der Wochenfrist unstreitig wird.

Gelingt es dem Kläger nicht, den erforderlichen Nachweis rechtzeitig zu führen, bleiben die von ihm **vorgetragenen Anfechtungsgründe** im Rahmen des Freigabeverfahrens **außer Betracht**[650]. War er der einzige Kläger oder versäumen auch alle anderen Kläger – und damit sämtliche Antragsgegner – ihre Nachweispflicht, hat das OLG dem Freigabeantrag also ohne jede weitere Prüfung schon aus diesem Grund stattzugeben[651]. Dies gilt selbst dann, wenn das Gericht der Überzeugung ist, dass der mit der Anfechtungsklage gerügte Beschlussmangel offensichtlich vorliegt[652]. Nicht zuletzt vor diesem Hintergrund hat die Einführung des Bagatellquorums durch das ARUG im Schrifttum zum Teil vehemente **Kritik** erfahren[653]. In der Tat erscheint es wenig konsequent, wenn zwar für die Anfechtungsbefugnis nach § 245 AktG der Besitz einer einzelnen Aktie ausreicht (vgl. Rz. 39.76), die Klage eines Kleinaktionärs jedoch zumindest faktisch selbst dann weitgehend ausgehebelt werden kann (vgl. Rz. 39.182), wenn sich dieser auf einen offensichtlichen Beschlussmangel beruft. Gleichwohl haben die Instanzgerichte die Verfassungsmäßigkeit der in den § 319 Abs. 6 Satz 3 Nr. 2 AktG, § 16 Abs. 3 Satz 3 Nr. 2 UmwG getroffenen Regelung (sowie der in § 246a Abs. 2 Nr. 2 AktG enthaltenen Parallelregelung) bejaht[654].

39.179d

cc) Interessenabwägung

Gemäß § 319 Abs. 6 Satz 3 Nr. 3 AktG bzw. § 16 Abs. 3 Satz 3 Nr. 3 UmwG ergeht ein Freigabebeschluss schließlich dann, wenn „das alsbaldige Wirksamwerden des Hauptversammlungsbeschlusses **vorrangig** erscheint, weil die vom Antragsteller dargelegten **wesentlichen Nachteile für die Gesellschaft und ihre Aktionäre** nach freier Überzeugung des Gerichts **die Nachteile für den Antragsgegner überwiegen**, es sei denn, es liegt eine besondere Schwere des Rechtsverstoßes vor". Nach dieser gesetzlichen Formulierung hat das OLG eine **zweistufige Prüfung** vorzunehmen:

39.180

Auf der **ersten Stufe** sind die im Falle einer unterbleibenden Freigabe der antragstellenden Gesellschaft und ihren Aktionären drohenden wirtschaftlichen[655] Nachteile denjenigen Nachteilen gegenüberzustellen, die dem Antragsgegner – also dem Kläger im Hauptverfahren – im Falle eines alsbaldigen Wirksamwerdens des streitgegenständlichen Beschlusses drohen. Nach den Gesetzesmaterialien liegen „**wesentliche Nachteile**" auf Seiten der Gesellschaft und ihrer Aktionäre nicht nur bei „Insolvenzgefahr" oder in „ähnlich extremen Szenarien" vor, vielmehr seien „in die Abwägung ... alle nicht vernachlässigbaren wirtschaftlichen Nachteile einzubeziehen, auch die Kosten der Wiederholung einer Hauptversammlung, Zinseffekte etc."[656]. Die Rechtsprechung hat u.a. die Verschiebung eines geplan-

39.180a

---

650 OLG Rostock v. 15.5.2013 – 1 AktG 1/13, AG 2013, 768, 769; *Wilsing/Saß*, DB 2011, 919, 923; *Englisch* in Hölters, § 246a AktG Rz. 29; *Hüffer/Koch*, § 246a AktG Rz. 20f; offenlassend OLG München v. 4.11.2009 – 7 A 2/09, ZIP 2010, 84, 86 f = AG 2010, 140; OLG München v. 6.7.2011 – 7 AktG 1/11, ZIP 2011, 2199, 2200 = AG 2012, 45.
651 OLG Nürnberg v. 27.9.2010 – 12 AktG 1218/10, ZIP 2010, 2498, 2500 = AG 2011, 179.
652 In diesem Fall kann allerdings das *Registergericht* den Beschluss unter den in Rz. 39.172 genannten Aspekten prüfen und die Eintragung ggf. verweigern, vgl. KG v. 2.2.2015 – 23 AktG 1/14, ZIP 2015, 974, 975 = AG 2015, 319.
653 Vgl. u.a. *Verse* in FS Stilz, 2014, S. 651, 653 f.; *Schwab* in K. Schmidt/Lutter, § 246a AktG Rz. 6 ff.; *Ziemons* in K. Schmidt/Lutter, § 319 AktG Rz. 40; *Stilz/Habersack*, ZGR 2010, 711, 719; *Martens/Martens* in FS K. Schmidt, 2009, S. 1129, 1141; *Nietsch*, NZG 2018, 1334, 1340; siehe auch *Heidel* in Heidel, § 246a AktG Rz. 3. Die Notwendigkeit einer Neuausrichtung des Freigabeverfahrens in dieser Hinsicht thematisierte nicht zuletzt auch der 72. DJT, vgl. *Koch*, NJW-Beil. 2018, 50, 51 f.
654 OLG München v. 26.3.2015 – 23 AktG 1/15, AG 2015, 756, 758; KG v. 2.2.2015 – 23 AktG 1/14, ZIP 2015, 974, 975 = AG 2015, 319; OLG Stuttgart v. 19.10.2009 – 20 AR (Freig) 1/09, AG 2010, 89, 90; OLG Frankfurt v. 23.2.2010 – 5 Sch 2/09, AG 2010, 596, 597; OLG Hamburg v. 11.12.2009 – 11 AR 2/09, AG 2010, 214, 214; siehe auch *Bayer* in FS Hoffmann-Becking, 2013, S. 91, 104; *Verse* in FS Stilz, 2014, S. 651, 654 ff.
655 Vgl. Begr. RegE ARUG, BT-Drucks. 16/11642, S. 41.
656 Beschlussempfehlung BT-Rechtsausschuss, BT-Drucks. 16/13089, S. 42; instruktiv zur Genese der neugefassten Abwägungsklausel *Seibert* in FS Uwe H. Schneider, 2011, S. 1211, 1212 ff.; hinsichtlich der

ten Börsengangs, die Vereitelung besserer Finanzierungsbedingungen und ausbleibende Synergieeffekte als wesentliche Nachteile anerkannt[657]. Die ihr drohenden wesentlichen Nachteile hat die Antragstellerin darzulegen und glaubhaft zu machen[658]. Auf Seiten des Antragsgegners hat das OLG nur dessen eigene wirtschaftliche Interessen – also nicht auch diejenigen der Aktionärsgesamtheit – zu berücksichtigen[659]. Nach früherer Rechtslage war es umstritten, ob im Rahmen der Abwägung auch auf die **Erfolgsaussichten der Beschlussmängelklage** abzustellen ist[660]. Unter Geltung der durch das ARUG neugefassten Abwägungsklausel spricht für eine Verneinung dieser Frage, dass der in der Hauptsache geltend gemachte Beschlussmangel nach dem Wortlaut der § 319 Abs. 6 Satz 3 Nr. 3 AktG, § 16 Abs. 3 Satz 3 Nr. 3 UmwG eine wegen eines überwiegenden Interesses der antragstellenden Gesellschaft auf erster Stufe bereits gerechtfertigte Freigabe auf zweiter Stufe erst dann beschränkt, wenn dieser eine bestimmte Intensität erreicht (vgl. Rz. 39.180b). Es erschiene daher inkonsequent, die Erfolgsaussichten der Beschlussmängelklage zugleich im Rahmen der Interessenabwägung selbst zu berücksichtigen[661]. Lässt die Gesellschaft nach der Klagezustellung bis zur Erhebung des Freigabeantrages **längere Zeit verstreichen**, hat dies – obgleich das Freigabeverfahren als Eilverfahren ausgestaltet ist (vgl. Rz. 39.176) – nach wohl überwiegender Meinung nicht zur Folge, dass die Interessenabwägung notwendig zu ihren Lasten ausfällt[662].

39.180b Stellt das OLG ein Überwiegen der wesentlichen Nachteile auf Seiten der Gesellschaft fest, hat es auf der **zweiten Stufe** zu prüfen, ob die Rechtsverletzung, auf die sich der Kläger im Hauptsacheverfahren beruft, eine **besondere Schwere** erreicht. Der Gesetzgeber will mit dieser Formulierung nur diejenigen Fälle erfassen, „in denen es für die Rechtsordnung ‚unerträglich' wäre, den Beschluss ohne vertiefte Prüfung im Hauptsacheverfahren eintragen und umsetzen zu lassen"[663]. Dies wiederum komme bei einer „Verletzung elementarer Aktionärsrechte" in Betracht, die durch die Zuerkennung von Schadensersatz nicht angemessen kompensiert werde, wofür aber „keineswegs schon jeder Fall der Beschlussnichtigkeit" genüge; als Beispiele werden in den Gesetzesmaterialien die Beschlussfassung in einer „Geheimversammlung", absichtliche Verstöße gegen das Gleichbehandlungsgebot oder die Treuepflicht mit schweren Folgen und das Fehlen einer notariellen Beurkundung bei börsennotierten Gesellschaften angeführt[664]. Die Rechtsprechung hat Fehler in der Versammlungsleitung oder Verletzungen des Auskunftsrecht der Aktionäre[665] und sogar Verstöße gegen das Verbot des Rechtsmissbrauchs im Zuge

---

Kosten einer Wiederholung der Hauptversammlung zu Recht differenzierend *Bayer* in FS Hoffmann-Becking, 2013, S. 91, 110 f.
657 OLG Köln v. 14.12.2017 – 18 AktG 1/17, AG 2018, 126, 131; OLG Hamm v. 11.11.2013 – 8 AktG 1/13, ZIP 2014, 125, 126; OLG Hamm v. 16.5.2011 – I-8 AktG 1/11, AG 2011, 624, 625; OLG Saarbrücken v. 7.12.2010 – 4 AktG 476/10, AG 2011, 343, 346.
658 *Hüffer/Koch*, § 246a AktG Rz. 21; zur Frage des dabei ggf. notwendigen Schutzes etwaiger Geschäftsgeheimnisse, vgl. u.a. *Enders/Ruttmann*, ZIP 2010, 2280, 2284.
659 Beschlussempfehlung BT-Rechtsausschuss, BT-Drucks. 16/13089, S. 42; OLG Köln v. 14.12.2017 – 18 AktG 1/17, AG 2018, 126, 130; OLG Hamm v. 16.5.2011 – I-8 AktG 1/11, AG 2011, 624, 626.
660 Vgl. mit umfangreichen Nachweisen *Hüffer*, 10. Aufl. 2012, § 246a AktG Rz. 22.
661 Vgl. Beschlussempfehlung BT-Rechtsausschuss, BT-Drucks. 16/13089, S. 42; i.E. auch OLG Hamm v. 22.9.2010 – I-8 AktG 1/10, AG 2011, 136, 138; *Enders/Ruttmann*, ZIP 2010, 2280, 2282 f.; *Seibert* in FS Uwe H. Schneider, 2011, S. 1211, 1214; *Bayer* in FS Hoffmann-Becking, 2013, S. 91, 99.
662 OLG Nürnberg v. 14.2.2018 – 12 AktG 1970/17, AG 2018, 406 Rz. 39; OLG Frankfurt v. 30.3.2010 – 5 Sch 3/09, AG 2010, 508, 510; *Wilsing/Saß*, DB 2011, 919, 924; a.A. OLG München v. 4.11.2009 – 7 A 2/09, ZIP 2010, 84, 87 f. = AG 2010, 140, das in der Regel eine Antragstellung binnen „ca. drei Monaten" für erforderlich hält; siehe auch *Hüffer/Koch*, § 246a AktG Rz. 21 („zügig einzuleiten").
663 Beschlussempfehlung BT-Rechtsausschuss, BT-Drucks. 16/13089, S. 42.
664 Beschlussempfehlung BT-Rechtsausschuss, BT-Drucks. 16/13089, S. 42; vgl. zu weiteren Kriterien etwa *Enders/Ruttmann*, ZIP 2010, 2280, 2282.
665 OLG Düsseldorf v. 22.11.2018 – I-6 AktG 1/18, AG 2019, 467, 476; OLG Frankfurt v. 23.2.2010 – 5 Sch 2/09, AG 2010, 596, 597 f.; KG v. 6.12.2010 – 23 AktG 1/10, ZIP 2011, 172, 174 f. = AG 2011, 170.

eines umwandlungsrechtlichen Squeeze-Out[666] nicht als besonders schwere Rechtsverletzungen gewertet; etwas anderes gilt hingegen für die Verfolgung von Sondervorteilen, die Verletzung der verschmelzungsrechtlichen Wertäquivalenz[667], den Verstoß gegen die „grundlegenden Regelungen des Kapitalerhöhungsrechts"[668], den unberechtigten Ausschluss eines Aktionärs von der Hauptversammlung[669] oder die unzutreffende Wertung von Stimmabgaben als nichtig[670]. Die tatsächlichen Voraussetzungen für die Schwere des Rechtsverstoßes hat der Antragsgegner darzulegen und glaubhaft zu machen[671].

Ebenso wie die Einführung des sog. Bagatellquorums in den § 319 Abs. 6 Satz 3 Nr. 2 AktG, § 16 Abs. 3 Satz 3 Nr. 2 UmwG (vgl. dazu Rz. 39.179d) hat auch die durch das ARUG reformierte Interessenabwägungsklausel der § 319 Abs. 6 Satz 3 Nr. 3 AktG, § 16 Abs. 3 Satz 3 Nr. 3 UmwG im Schrifttum vielfach **Kritik** erfahren. Zu Recht wird darauf verwiesen, dass diese Klausel auf einen verdeckten (Teil-)Ausschluss des Anfechtungsrechts hinausläuft[672]: Denn im Falle der Durchführung des Freigabeverfahrens kann der Kläger eine gerichtliche Nichtigerklärung des mangelhaften Beschlusses bzw. die gerichtliche Feststellung seiner Nichtigkeit selbst dann nicht erreichen, wenn das OLG den geltend gemachten Beschlussmangel als offensichtlich gegeben ansieht, solange dieser Mangel nicht ausnahmsweise einen besonderen Schweregrad erreicht[673]. In seiner derzeitigen Form unterliegt das Beschlussmängelrecht des Aktiengesetzes damit offenen Wertungswidersprüchen[674]. 39.181

d) Auswirkungen auf die parallele Beschlussmängelklage

Das **anhängige Anfechtungsklageverfahren** bleibt von dem Freigabebeschluss grundsätzlich **unberührt**[675]. Erweist sich die Anfechtungsklage als begründet, führt dies gemäß § 319 Abs. 6 Satz 10 AktG, § 16 Abs. 3 Satz 10 UmwG aber lediglich zu einem verschuldensunabhängigen[676] **Schadensersatzanspruch** des Anfechtungsklägers, der sich gegen die im Freigabeverfahren obsiegende Gesellschaft richtet[677]. Inhaltlich erfasst dieser Anspruch den durch die Eintragung der Maßnahme und ihre Rechtswirkungen entstandenen Vermögensschaden[678]; gemäß § 319 Abs. 6 Satz 11 AktG, § 16 Abs. 3 Satz 11 UmwG kann jedoch eine Naturalrestitution nicht verlangt werden, soweit diese die Durchführung der Maßnahme rückgängig machen würde[679]. 39.182

---

666 Vgl. – allerdings unter Betonung der Besonderheiten des Einzelfalls – OLG Köln v. 14.12.2017 – 18 AktG 1/17, AG 2018, 126, 132; ablehnend *Florstedt*, ZIP 2018, 1661, 1668 f.
667 OLG Frankfurt v. 20.3.2012 – 5 AktG 4/11, AG 2012, 414, 417.
668 KG v. 18.5.2010 – 14 AktG 1/10, ZIP 2010, 1849, 1851 = AG 2010, 494.
669 OLG München v. 28.7.2010 – 7 AktG 2/10, WM 2010, 1859, 1861 = AG 2010, 842.
670 OLG München v. 26.1.2014 – 26 AktG 3/13, AG 2014, 546, 547.
671 Begr. RegE ARUG, BT-Drucks. 16/11642, S. 41; OLG Köln v. 14.12.2017 – 18 AktG 1/17, AG 2018, 126, 131; *C. Schäfer* in MünchKomm. AktG, 5. Aufl. 2021, § 246a AktG Rz. 28; *Seibert* in FS Uwe H. Schneider, 2011, S. 1211, 1215.
672 Vgl. u.a. *Habersack/Stilz*, ZGR 2010, 710, 714; *Verse*, NZG 2009, 1127, 1130; *Martens/Martens* in FS K. Schmidt, 2009, S. 1129, 1139; *Arbeitskreis Beschlussmängelrecht*, AG 2008, 617, 619; siehe eingehend auch *Koch*, Gutachten F z. 72. DJT, F 27 f.
673 Siehe u.a. *Habersack/Stilz*, ZGR 2010, 710, 719.
674 Vor diesem Hintergrund de lege ferenda für eine parallele Beschränkung des Anfechtungs- und Nichtigkeitsklagerechts eintretend *Verse*, NZG 2009, 1127, 1130 f.; siehe auch *Koch*, Gutachten F z. 72. DJT, F 20 ff.; *Arbeitskreis Beschlussmängelrecht*, AG 2008, 617, 619.
675 *Decher* in Lutter, § 16 UmwG Rz. 122.
676 *Hüffer/Koch*, § 246a AktG Rz. 26; *Schwanna* in Semler/Stengel/Leonhard, § 16 UmwG Rz. 49.
677 Wegen des Verweises in § 327e Abs. 2 AktG gilt dies auch in den Fällen des Squeeze Out, vgl. *H. Schmidt*, AG 2004, 299, 300 (m.w.N. auch zur Gegenauffassung).
678 *Schwanna* in Semler/Stengel/Leonhard, § 16 UmwG Rz. 50.
679 Dieser Schadensersatzanspruch wird häufig leerlaufen, weil der Anfechtungskläger den sich aus der Eintragung der Maßnahme ergebenden Schaden regelmäßig nicht substantiiert darlegen kann. Zumindest aber diejenigen Kosten, die dem Kläger in dem Freigabeverfahren als dort unterlegene Partei auferlegt worden sind, sollten dieser Regelung subsumiert werden (ebenso *Decher* in Lutter, § 16 UmwG

3. Die Überwindung der „faktischen Registersperre" (§ 246a AktG)

a) Überblick

39.183 Das UMAG hat den Anwendungsbereich des Freigabeverfahrens durch die Einführung des § 246a AktG erheblich erweitert. Auf Antrag der Gesellschaft kann das Oberlandesgericht auch feststellen, dass die Erhebung einer Klage „gegen einen Hauptversammlungsbeschluss über eine **Maßnahme der Kapitalbeschaffung, der Kapitalherabsetzung (§§ 182 bis 240)** oder einen **Unternehmensvertrag (§§ 291 bis 307)**" der Eintragung dieser Maßnahmen in das Handelsregister nicht entgegensteht und dass Mängel des Hauptversammlungsbeschlusses die Wirkung der Eintragung unberührt lassen. Weil diese Feststellung gegenüber dem Registergericht Bindungswirkung entfaltet (§ 246a Abs. 3 Satz 5 Halbsatz 1 AktG), führt sie einerseits zur Durchbrechung der „faktischen Registersperre". Andererseits wirkt die jeweilige Maßnahme mit ihrer aufgrund der gerichtlichen Freigabeentscheidung erfolgenden Handelsregistereintragung „für und gegen jedermann" (§ 246a Abs. 3 Satz 5 Halbsatz 2 AktG), so dass sie unabhängig von ihrer u.U. bestehenden Rechtswidrigkeit Bestandskraft erlangt (vgl. näher Rz. 39.188).

b) Anwendungsbereich

39.184 Die Anwendbarkeit des Freigabeverfahrens nach § 246a AktG erstreckt sich[680] auf sämtliche Beschlüsse, die nach den Vorschriften der §§ 182 bis 240 und 291 bis 307 AktG mit dem Ziel der **Kapitalbeschaffung**, der **Kapitalherabsetzung** oder bezüglich eines **Unternehmensvertrages** gefasst werden. Insbesondere auch Beschlussfassungen über solche Kapitalerhöhungen, die mit einem Bezugsrechtsausschluss verbunden sind, können daher Gegenstand des Freigabeverfahrens sein[681]; dies gilt gemäß § 255 Abs. 3 AktG vor allem, wenn die Klage sich auf den Anfechtungsgrund des § 255 Abs. 2 AktG stützt. Nach h.M. kann das Freigabeverfahren zulässigerweise selbst hinsichtlich eines **bereits in das Handelsregister eingetragenen Beschlusses** beantragt werden, um diesem zu dem sich aus § 246a Abs. 3 Satz 5 Halbsatz 2 AktG ergebenden besonderen Bestandsschutz zu verhelfen[682].

Rz. 127), denn andernfalls hätte der Kläger trotz zulässiger und begründeter Anfechtungsklage Kosten zu tragen, die ihm allein aufgrund eines überwiegenden Interesses der Gesellschaft bzw. wegen der Nichterfüllung des Bagatellquorums auferlegt worden sind. Die gesetzgeberische Annahme, die Interessen des Anfechtungsklägers seien in den Fällen der Freigabeentscheidung durch diesen Schadensersatzanspruch gewahrt (vgl. Begr. RegE UmwBerG, BT-Drucks. 12/6699, S. 89), erscheint vor diesem Hintergrund jedenfalls nicht zweifelsfrei. Zum Parallelproblem der Schadensdarlegung bei Geltendmachung von Amtshaftungsansprüchen wegen einer durch das Registergericht unter Verstoß gegen § 16 Abs. 2 Satz 2 UmwG vorzeitig verfügten Eintragung einer Umwandlung in das Handelsregister siehe auch OLG Hamm v. 25.4.2014 – 11 U 70/04, AG 2014, 861, 862.

680 Eine analoge Anwendung auf in der Vorschrift nicht genannte Hauptversammlungsbeschlüsse kommt nicht in Betracht, vgl. Veil, AG 2005, 567, 575. Allerdings erklärt § 20 Abs. 3 Satz 4 SchVG das Freigabeverfahren gemäß § 246a AktG bezüglich bestimmter Beschlüsse der Gläubigerversammlung nach dem Schuldverschreibungsgesetz für entsprechend anwendbar.

681 Veil, AG 2005, 567, 572 f.; siehe auch OLG Nürnberg v. 14.2.2018 – 12 AktG 1970/17, AG 2018, 406 Rz. 32 ff. Auch die Kapitalherabsetzung durch Einziehung von Aktien nach § 237 AktG unterliegt keinen Besonderheiten und ist daher vom Anwendungsbereich des § 246a AktG umfasst, vgl. OLG München v. 26.3.2015 – 23 AktG 1/15, AG 2015, 756, 757; dasselbe soll für die Ausgabe von Wandel- und Optionsanleihen als „Maßnahme der Kapitalbeschaffung" gelten, vgl. OLG Frankfurt v. 13.2.2018 – 5 AktG 1/17, AG 2018, 542, 543.

682 OLG Nürnberg v. 14.2.2018 – 12 AktG 1970/17, AG 2018, 406 Rz. 36; OLG Frankfurt a.M. v. 13.2.2018 – 15 AktG 1/17, ZIP 2018, 1027, 1029; OLG Bamberg v. 9.12.2013 – 3 AktG 2/13, AG 2014, 372; OLG Frankfurt v. 30.3.2010 – 5 Sch 3/09, AG 2010, 508, 508 ff.; OLG Frankfurt v. 21.7.2008 – 23 W 13/08, ZIP 2008, 1966 = AG 2008, 826; OLG Celle v. 27.11.2007 – 9 W 100/07, AG 2008, 217; LG München I v. 12.1.2006 – 5 HK O 24795/05, BB 2006, 459, 459; Begr. RegE UMAG, BR-Drucks. 3/05, S. 56 f.; Ihrig/Erwin, BB 2005, 1973, 1975 f.; Büchel in Liber amicorum Happ, 2006, S. 1, 6; Winter in Liber amicorum Happ, 2006, S. 363, 369; Hüffer/Koch, § 246a AktG Rz. 4; Faßbender, AG 2006, 872, 878; a.A. LG

c) Prozessuales

Auch das Freigabeverfahren des § 246a AktG ist als spezielles **Eilverfahren** ausgestaltet (vgl. Rz. 39.176)[683]. Seit Inkrafttreten des ARUG fällt es nicht mehr in die Zuständigkeit des für Hauptverfahren zuständigen Prozessgerichts, vielmehr liegt die **Eingangszuständigkeit** bei einem **Senat des Oberlandesgerichts**, in dessen Bezirk die AG ihren Sitz hat (§ 246a Abs. 1 Satz 3 AktG). Sein Beschluss ist gemäß § 246a Abs. 3 Satz 4 AktG **unanfechtbar**. Das OLG kann in dringenden Fällen auf eine mündliche Verhandlung verzichten (§ 246a Abs. 3 Satz 2 AktG); die Beteiligten haben ihr Vorbringen nach § 294 ZPO lediglich glaubhaft zu machen (§ 246a Abs. 3 Satz 3 AktG). Im Gegensatz zu den ursprünglichen gesetzlichen Regelungen der sonstigen Freigabeverfahren sah § 246a Abs. 3 Satz 6 Halbsatz 1 AktG von je her vor, dass die Entscheidung des Gerichts spätestens **drei Monate nach Antragstellung** ergehen soll[684]. Diese Zeitvorgabe beruht auf einer Empfehlung der Regierungskommission Corporate Governance[685] und ist für das OLG insofern bindend, als eine Fristüberschreitung in einem Zwischenbeschluss zu begründen ist; dieser Beschluss ist allerdings unanfechtbar (§ 246a Abs. 3 Satz 6 Halbsatz 2 AktG). Auch im Freigabeverfahren nach § 246a AktG obliegt die **Vertretung der antragstellenden Gesellschaft** allein ihrem Vorstand (vgl. Rz. 39.177). Für die **Vertretung des Antragsgegners** – also des Klägers im Hauptverfahren – erklärt § 246a Abs. 1 Satz 2 AktG die Vorschriften der §§ 82, 83 Abs. 1 und § 84 ZPO für entsprechend anwendbar. Diese mit dem ARUG eingeführte Regelung soll klarstellen[686], dass die im Hauptsacheverfahren seitens des Klägers erteilte **Prozessvollmacht** stets auch seine Passivvertretung im Freigabeverfahren umfasst. Hintergrund dieser Regelung ist, dass sich einzelne Anfechtungskläger in der Vergangenheit zur Erhebung ihrer Beschlussmängelklagen ausländischer Gesellschaften bedienten, die ihren in Deutschland ansässigen Prozessbevollmächtigten ausdrücklich nur für das Anfechtungsklageverfahren, nicht aber auch für das zugehörige Freigabeverfahren bevollmächtigten, um auf diese Weise eine zeitaufwendige Zustellung des Freigabeantrages im Ausland zu provozieren[687].

39.185

d) Freigabevoraussetzungen

Die materiellen Voraussetzungen für den Erlass des Freigabebeschlusses gemäß § 246a AktG sind seit Inkrafttreten des ARUG prinzipiell identisch mit denjenigen Voraussetzungen, unter denen auch die Freigabe zur Überwindung der „formalen Registersperre" gemäß § 319 Abs. 6 AktG, § 16 Abs. 3 UmwG zu ergehen hat; wegen der Einzelheiten ist daher im Ausgangspunkt zunächst auf die Ausführungen unter Rz. 39.179 ff. zu verweisen. Zusätzlich zu beachten bleibt jedoch, dass § 246a Abs. 2 Nr. 2 AktG (im Gegensatz zu den beiden genannten Parallelregelungen) im Jahre 2020 eine Ergänzung durch das **ARUG II** erfahren hat, nach der die Erreichung des sog. Bagatellquorums (vgl. Rz. 39.179b) auch durch „einen Nachweis nach § 67c Abs. 3 belegt" und damit durch Vorlage der in dieser Vorschrift geregelten sog. **Intermediärsbescheinigung** nachgewiesen werden kann. Weil der Intermediär seine Bescheinigung nach den Vorgaben des § 67c Abs. 3 AktG lediglich in Textform zu erteilen hat, dürfte sich dieser Änderung zumindest für das Freigabeverfahren nach § 246a AktG die gesetzgeberi-

39.186

Hannover v. 4.7.2007 – 23 O 88/07, AG 2007, 825, 826 f.; *Schütz*, NZG 2005, 5, 9; *Heidel* in Heidel, § 246a AktG Rz. 11.
683 Vgl. auch OLG Frankfurt v. 3.2.2020 – 5 AktG 1/19, ZIP 2020, 462, 463 = AG 2020, 398, das aus diesem Umstand zugleich die Unanwendbarkeit des § 269 Abs. 1 ZPO folgert, so dass der Freigabeantrag auch nach erfolgter mündlicher Verhandlung ohne Einwilligung der Antragsgegner zurückgenommen werden kann.
684 Das Vorbild für diese Regelung bildete offenbar § 36 Abs. 3 AsylVfG, vgl. Begr. RegE UMAG, BR-Drucks. 3/05, S. 59; *Seibert/Schütz*, ZIP 2003, 252, 257 (zum RefE UMAG).
685 *Baums*, Bericht der Regierungskommission Corporate Governance, Rz. 156.
686 Z.T. wurde die Vorschrift des § 82 ZPO von den Instanzgerichten schon vor dieser gesetzlichen Klarstellung auf das Freigabeverfahren angewandt, vgl. etwa LG Münster v. 27.6.2007 – 21 O 57/06, AG 2007, 377, 378.
687 Vgl. *Noack*, NZG 2008, 441, 446.

sche Wertung entnehmen lassen, dass das Quorum auch im Übrigen nicht nur durch Vorlage von Originalurkunden, sondern auch von (Telefax- oder Scan-)Kopien nachgewiesen werden kann[688] (vgl. zur parallelen Streitfrage bezüglich § 319 Abs. 6 AktG und § 16 Abs. 3 UmwG bereits Rz. 39.179c). Neue Zweifelsfragen wirft die Regelung allerdings insofern auf, als die Intermediärsbescheinigung einen lediglich stichtagsbezogenen Nachweis enthält (vgl. § 67c Abs. 3 AktG, Art. 5 i.V.m. Anh. Tabelle 4 B.1. der Durchführungsverordnung (EU) 2018/1212)[689]. In Teilen des Schrifttums ist daraus gefolgert worden, dass nunmehr stichtagsbezogene Belege zum Nachweis der Erreichung des Bagatellquorums i.S.d. § 246a Abs. 2 Nr. 2 AktG stets ausreichen[690]. Diese These erscheint hingegen keineswegs zweifelsfrei. Ungeachtet der Ergänzung des Verweises auf § 67c Abs. 3 AktG hat der Gesetzgeber des ARUG II *jedenfalls im Übrigen* an der bisherigen gesetzlichen Formulierung festgehalten, nach der der Kläger zu belegen hat, dass er die notwendige anteilige Beteiligung „seit der Bekanntmachung der Einberufung hält". In dieser Hinsicht knüpft die Vorschrift also weiterhin an die Innehabung der Beteiligung in einem spezifischen Zeitraum an (vgl. näher Rz. 39.179b). Da sich auch den Gesetzesmaterialien nichts dafür entnehmen lässt, dass der Gesetzgeber in dieser Hinsicht eine Änderung der Rechtslage beabsichtigte, dürften also die besseren Gründe für die Annahme sprechen, dass der notwendige Nachweis auch weiterhin nicht allein mit einer lediglich stichtagsbezogenen Bescheinigung i.S.d. § 67c Abs. 3 AktG geführt werden kann, so dass es nach wie vor eines zeitraumbezogenen Nachweises (und damit zumindest einer in dieser Hinsicht modifizierten Intermediärsbescheinigung) bedarf[691].

e) Bindungswirkung der Freigabeentscheidung; Auswirkungen auf die parallele Beschlussmängelklage

39.187 Erlässt das OLG die beantragte Freigabeentscheidung, ist das **Registergericht** gemäß § 246a Abs. 3 Satz 5 Halbsatz 1 AktG an diese Entscheidung **gebunden**; der Registerrichter darf die Eintragung der Maßnahme in das Handelsregister daher jedenfalls nicht mit Blick auf die im Freigabeverfahren entschiedenen Fragen verweigern[692]. Umgekehrt bleibt der Registerrichter aber auch ohne Freigabeentscheidung zur Eintragung berechtigt[693], so dass die Gesellschaft von einer Beantragung der Freigabeentscheidung auch absehen kann.

39.188 Mit der aufgrund[694] der gerichtlichen Freigabeentscheidung erfolgenden Eintragung der betreffenden Maßnahme in das Handelsregister erlangt diese **Bestandskraft** „für und gegen jedermann" (§ 246a Abs. 3 Satz 5 Halbsatz 2 AktG). Für die Wirksamkeit der Maßnahme ist es damit ohne Bedeutung, ob die in ihrer Anhängigkeit unberührt bleibende Beschlussmängelklage später Erfolg hat oder nicht[695]. Selbst im Erfolgsfall kann der Kläger lediglich die ihm durch die Eintragung entstandenen Schäden

---

688 *Hüffer/Koch*, § 246a AktG Rz. 20c; *Schatz* in Hirte/Heidel, Das neue AktR, § 246a AktG Rz. 5; *Drescher* in Henssler/Strohn, § 246a AktG Rz. 7; siehe auch Begr. zum RegE des ARUG II, BT-Drucks. 19/9739, S. 115 (Bereinigung einer „in der Rechtsprechung der Oberlandesgerichte ungeklärten Rechtslage, welche Anforderungen an die ‚Urkunde' zu stellen sind").
689 Vgl. näher *Schatz* in Hirte/Heidel, Das neue AktR, § 246a AktG Rz. 8; *Drescher* in Henssler/Strohn, § 246a AktG Rz. 6b.
690 *Drescher* in Henssler/Strohn, § 246a AktG Rz. 6b.
691 *Schatz* in Hirte/Heidel, Das neue AktR, § 246a AktG Rz. 8; i.E. ebenso *Hüffer/Koch*, § 246a AktG Rz. 20b; *Vatter* in BeckOGK AktG, Stand 1.6.2021, § 246a AktG Rz. 27.
692 Zur Reichweite dieser Bindungswirkung vgl. Begr. RegE, BR-Drucks. 3/05, S. 57, sowie *Schütz*, DB 2004, 419, 423 (zum RefE UMAG).
693 *Veil*, AG 2005, 567, 570.
694 Gleiches gilt für diejenigen Sonderfälle, in denen die Maßnahme bereits eingetragen war und der gerichtliche Freigabebeschluss der Eintragung nachfolgt (vgl. Rz. 39.184 a.E.), vgl. dazu eingehend *Ihrig/Erwin*, BB 2005, 1973, 1976.
695 *Schwab* in K. Schmidt/Lutter, § 246a AktG Rz. 55; *Hüffer/Koch*, § 246a AktG Rz. 11; *Göz* in Bürgers/Körber/Lieder, § 246a AktG Rz. 5; a.A. *C. Schäfer* in FS K. Schmidt, 2009, S. 1389, 1401.

ersetzt verlangen[696], dabei ist eine Naturalrestitution von vornherein ausgeschlossen (vgl. § 246a Abs. 4 Satz 2 Halbsatz 2 AktG sowie Rz. 39.182). Die Bestandskraft der Eintragung wird flankierend dadurch gewährleistet, dass das der Anfechtungs- oder der Nichtigkeitsklage später stattgebende Urteil – in Abweichung von dem in §§ 248 Abs. 1 Satz 3, 249 Abs. 1 AktG niedergelegten Prinzip (vgl. dazu Rz. 39.131) – gemäß § 242 Abs. 2 Satz 5 AktG nicht mehr in das Handelsregister eingetragen werden kann; des Weiteren scheidet auch eine Löschung von Amts wegen i.S.d. § 398 FamFG (vgl. dazu Rz. 39.25) nach dieser Regelung aus.

Einstweilen frei. 39.189–39.192

VII. Einstweiliger Rechtsschutz

Droht die Ausführung eines Hauptversammlungsbeschlusses, gegen den eine Anfechtungs- oder Nichtigkeitsklage erhoben wurde, so stehen dem Kläger zur einstweiligen Sicherung des erstrebten Prozesserfolgs die allgemeinen Möglichkeiten des einstweiligen Rechtsschutzes offen. Der Kläger kann also unter den Voraussetzungen der §§ 935 ff. ZPO bei dem Landgericht des Gesellschaftssitzes (§ 937 Abs. 1 ZPO, § 246 Abs. 3 Satz 1 AktG) eine einstweilige Verfügung insbesondere mit dem Ziel beantragen, dass das Gericht dem Vorstand die Anmeldung des mit der Beschlussmängelklage angegriffenen Beschlusses zur Eintragung in das Handelsregister vorläufig untersagt[697]. Der notwendige **Verfügungsanspruch** ist gegeben, wenn eine schlüssige Anfechtungs- oder Nichtigkeitsklage erhoben wurde[698]. Ein **Verfügungsgrund** liegt vor, wenn die von der Gesellschaft im Rahmen der Durchführung des Beschlusses geschaffenen Tatsachen nicht ohne spürbaren Nachteil für den Kläger beseitigt werden können[699]; bei eintragungsbedürftigen Beschlüssen bildet insbesondere die Anmeldung zum Handelsregister einen hinreichenden Verfügungsgrund[700]. Wird die Eintragung des Beschlusses in das Handelsregister durch einstweilige Verfügung untersagt, so entfaltet diese Entscheidung nach näherer Maßgabe des § 16 Abs. 2 HGB Bindungswirkung gegenüber dem Registergericht[701]. 39.193

In welchem **Verhältnis** das Verfahren des einstweiligen Rechtsschutzes **zu den gesetzlichen Freigabeverfahren** (vgl. Rz. 39.176 ff.) steht, ist bislang nicht abschließend geklärt. Die Frage ist vor allem deshalb von praktischem Interesse, weil die betroffenen Minderheitsaktionäre durch eine Entscheidung des BVerfG aus dem Jahre 2004 zu einer Durchsetzung der jeweiligen „Registersperre" im Wege des einstweiligen Rechtsschutzes angehalten werden[702]. Vieles spricht für die Annahme, dass beide Verfahren über einen identischen Streitgegenstand verfügen, was im Falle ihres Zusammentreffens die Frage nach der Zulässigkeit des zuletzt anhängig gemachten Verfahrens aufwirft[703]. Jedenfalls im praktischen Ergebnis dürften sich die besonderen Abwägungsgesichtspunkte des Freigabeverfahrens in dieser Konstellation auch im einstweiligen Verfügungsverfahren durchsetzen[704]. 39.194

---

696 Ob dieser Schadensersatzanspruch die Folgen der Bestandskraft stets kompensieren kann, wird vielfach bezweifelt, vgl. krit. etwa *Hüffer/Koch*, § 246a AktG Rz. 26; *Veil*, AG 2005, 567, 573; tendenziell a.A. OLG Düsseldorf v. 22.11.2018 – I-6 AktG 1/18, AG 2019, 467, 476.
697 BVerfG v. 13.10.2004 – 1 BvR 2303/00, WM 2004, 2354, 2354; *K. Schmidt* in Großkomm. AktG, 4. Aufl. 1996, § 243 AktG Rz. 72; *Hüffer/Koch*, § 243 AktG Rz. 67.
698 *Heinze*, ZGR 1979, 293, 304; *Hüffer/Koch*, § 243 AktG Rz. 68.
699 *C. Schäfer* in MünchKomm. AktG, 5. Aufl. 2021, § 243 AktG Rz. 154; *Heinze*, ZGR 1979, 293, 305.
700 *Heinze*, ZGR 1979, 293, 305; *Hüffer/Koch*, § 243 AktG Rz. 68.
701 *Damm*, ZHR 154 (1990), 413, 438.
702 BVerfG v. 13.10.2004 – 1 BvR 2303/00, WM 2004, 2354, 2354; siehe dazu krit. *Kort*, BB 2005, 1577, 1579.
703 Vgl. näher *C. Schäfer* in MünchKomm. AktG, 5. Aufl. 2021, § 246a AktG Rz. 39, § 243 AktG Rz. 156, nach dem das allgemeine Verfügungsverfahren durch das Freigabeverfahren kraft Spezialität verdrängt wird; siehe auch *Kort*, NZG 2007, 169, 171; *Hüffer/Koch*, § 246a AktG Rz. 27.
704 Siehe auch *Schwab* in K. Schmidt/Lutter, § 246a AktG Rz. 66, der dafür plädiert, beide Verfahren zur gemeinsamen Verhandlung und Entscheidung vor dem für das Freigabeverfahren allein zuständigen OLG zu verbinden, um diese einer einheitlichen Entscheidung zuzuführen.

§ 40
Spruchverfahren

I. Überblick	40.1	3. Beteiligung nichtantragstellender Personen	40.18
II. Anwendungsbereich	40.3	VI. Mündliche Verhandlung vor Gericht	40.20
III. Gerichtliche Zuständigkeit	40.5	1. Vorbereitung der mündlichen Verhandlung	40.20
IV. Antragsberechtigung	40.6	2. Durchführung der mündlichen Verhandlung	40.25
1. Unternehmensvertrag	40.8	VII. Beendigung des Verfahrens	40.29
2. Eingliederung und Squeeze Out	40.9	1. Entscheidung des Gerichts	40.29
3. Umwandlungsmaßnahmen	40.10	2. Antragsrücknahme; Erledigung	40.32
4. Gründung oder Sitzverlegung einer Europäischen Gesellschaft (SE)	40.11	3. Vergleich	40.33
5. Gründung einer Europäischen Genossenschaft (SCE)	40.12	VIII. Kosten	40.34
V. Antragstellung	40.13	1. Gerichtskosten	40.34
1. Antragsfrist	40.13	2. Außergerichtliche Kosten	40.35
2. Begründung des Antrags	40.16		

Schrifttum: *Bayer/Hoffmann*, Der gemeinsame Vertreter im Spruchverfahren, AG 2013, R79; *Büchel*, Neuordnung des Spruchverfahrens, NZG 2003, 793; *Bungert/Mennicke*, BB-Gesetzgebungsreport: Das Spruchverfahrensneuordnungsgesetz, BB 2003, 2021; *Deiß*, Die Vergütung der Verfahrensbevollmächtigten und des gemeinsamen Vertreters im Spruchverfahren, NZG 2013, 248; *Fleischer*, Unternehmensbewertung zwischen Tat- und Rechtsfrage – Der Stinnes-Beschluss des BGH zur Anwendung neuer Bewertungsstandards auf vergangene Bewertungsstichtage, AG 2016, 185; *Fritzsche/Dreier/Verfürth*, SpruchG, 2004; *Fuhrmann/Linnerz*, Zweifelsfragen des neuen Spruchverfahrens, Der Konzern 2004, 265; *Gotthardt/Krengel*, Reformbedürftigkeit des Spruchverfahrens, AG 2018, 875; *Halfmeier/Jacoby*, Zur Notwendigkeit eines Sachverständigenbeweises im Spruchverfahren, ZIP 2020, 203; *Hirte*, Informationsmängel und Spruchverfahren, ZHR 167 (2003), 8; *Kiefner/Kersjes*, Spruchverfahren und die Fortgeltung der ausschließlichen funktionellen Zuständigkeit der KfH unter dem FGG-Reformgesetz, NZG 2012, 244; *Lamb/Schluck-Amend*, Die Neuregelung des Spruchverfahrens durch das Spruchverfahrensneuordnungsgesetz, DB 2003, 1259; *Lechner/Schödel*, Aktienrechtsnovelle 2012/2013: Verkürzung des Spruchverfahrens auf eine Instanz?, AG 2013, R59; *Lutter/Bezzenberger*, Für eine Reform des Spruchverfahrens im Aktien- und Umwandlungsrecht, AG 2000, 433; *Meilicke/Heidel*, Das neue Spruchverfahren in der gerichtlichen Praxis, DB 2003, 2267; *M. Noack*, Erstattung außergerichtlicher Kosten des Antragsgegners im Spruchverfahren, NZG 2017, 653; *M. Noack*, Missbrauchsbekämpfung im Spruchverfahren durch Einführung eines qualifizierten Mehrheitsvergleichs, NZG 2014, 92; *Preuß*, Auswirkungen der FGG-Reform auf das Spruchverfahren, NZG 2009, 961; *Puszkajler/Sekera-Terplan*, Reform des Spruchverfahrens?, NZG 2015, 1055; *Puszkajler*, Diagnose und Therapie von aktienrechtlichen Spruchverfahren, ZIP 2003, 518; *J. Schmidt*, Das Abstellen auf den Börsenkurs bei der Ermittlung von Abfindung und Ausgleich, NZG 2020, 1361; *Simon*, SpruchG, 2007; *Sturm/Stottmann*, Der sachverständige Prüfer im Spruchverfahren und das Gehörsrecht der Beteiligten, NZG 2020, 974; *J. Vetter*, Ausweitung des Spruchverfahrens – Überlegungen de lege lata und de lege ferenda, ZHR 168 (2004), 8; *Wasmann*, Anforderungen an die Zulässigkeit eines Antrags nach den Spruchverfahrensgesetz und Auswirkungen der (Un-)Zulässigkeit, WM 2004, 819.

I. Überblick

40.1 In einigen Fällen strukturändernder Maßnahmen sowohl nach dem Aktiengesetz als auch nach dem Umwandlungsgesetz sind den außenstehenden Aktionären bestimmte Ausgleichs-, Abfindungs- oder

Zuzahlungsleistungen zu gewähren, die dem **Schutz ihrer vermögensrechtlichen Interessen** dienen. Verdeutlichen lässt sich dies am Beispiel des Beherrschungsvertrages i.S.d. § 291 Abs. 1 Satz 1 Var. 1 AktG: Zwar ist es zulässig, dass eine AG ihre Leitung durch den Abschluss eines solchen Vertrages einem anderen Unternehmen unterstellt, doch bedarf es dafür der Einhaltung bestimmter Voraussetzungen (vgl. §§ 293 ff. AktG). Dazu zählt einerseits vor allem das Erfordernis eines mit qualifizierter Stimmenmehrheit zu fassenden Zustimmungsbeschlusses der Hauptversammlung der beherrschten Gesellschaft (vgl. § 293 Abs. 1 Satz 1 AktG), dessen Zustandekommen allerdings im Regelfall, in dem der herrschende Vertragspartner über eben diese Stimmenmehrheit verfügt, keine Probleme bereitet. Der Unternehmensvertrag muss deshalb andererseits zum Schutz der außenstehenden Aktionäre auch bestimmte **Ausgleichs- und Abfindungsansprüche** vorsehen, die nach dem Wortlaut der zugrunde liegenden Regelungen jeweils „angemessen" auszugestalten sind (§ 304 Abs. 1 Satz 2, § 305 Abs. 1 AktG). Sind die außenstehenden Aktionäre der Auffassung, ihnen sei entgegen dieser gesetzlichen Vorgabe lediglich ein unangemessenes Barabfindungsangebot unterbreitet worden, ließe sich zur Geltendmachung dessen prinzipiell die Erhebung einer Anfechtungsklage gegen den Zustimmungsbeschluss der Hauptversammlung (§ 293 Abs. 1 AktG) erwägen. Eine solche Klageerhebung führte indessen – ihre Zulässigkeit unterstellt – regelmäßig zu einer faktischen Registersperre (vgl. Rz. 39.172), so dass der Beherrschungsvertrag mangels Registereintragung (§ 294 AktG) bis zum Abschluss des Anfechtungsklageverfahrens keine Wirksamkeit erlangte. Der Gesetzgeber hat sich deshalb[1] in diesem und in ähnlichen Fällen, in denen es um die **Bewertung** einer bestimmten Aktionären zu erbringenden Kompensationsleistung geht, zum **Ausschluss des Anfechtungsklagerechts** entschlossen (vgl. für das genannte Beispiel des Beherrschungsvertrags § 305 Abs. 5 Satz 1 AktG), zugleich aber ein spezielles gerichtliches **Spruchverfahren** eröffnet, in dem das zuständige Prozessgericht auf Antrag der betroffenen Aktionäre die angemessene Kompensationsleistung festsetzt (vgl. für das genannte Beispiel § 305 Abs. 5 Satz 2 AktG).

Bis 2003 waren die **Verfahrensregeln** für das Spruchverfahren weit verstreut vor allem in den Vorschriften der §§ 306, 99 AktG, §§ 305 ff. UmwG i.V.m. dem FGG enthalten[2]. Mit Wirkung zum 1.9.2003[3] hat das Spruchverfahren eine einheitliche Regelung im Spruchverfahrensgesetz (SpruchG)[4] erfahren. Wie schon nach früherem Recht handelt es sich auch bei dem Spruchverfahren nach dem SpruchG um ein so genanntes **Streitverfahren der freiwilligen Gerichtsbarkeit**[5], das jedoch vor dem Hintergrund der mit dem Spruchverfahrensgesetz beabsichtigten Verfahrensbeschleunigung[6] einer Vielzahl besonderer Regelungen unterliegt[7]. Während das SpruchG somit anfänglich auf den allgemeinen Vorschriften des FGG aufbaute, ist seit dem Inkrafttreten des **FamFG** am 1.9.2009 für die allgemeinen Verfahrensregeln auf die Vorgaben dieses Gesetzes[8] abzustellen (vgl. § 17 Abs. 1 SpruchG)[9].

40.2

---

1 Vgl. Begr. RegE des SpruchverfahrensneuordnungsG, BT-Drucks. 15/371, S. 11.
2 Zur Rechtsentwicklung vgl. etwa *Kubis* in MünchKomm. AktG, 5. Aufl. 2020, Vor § 1 SpruchG Rz. 1 ff.; *Klöcker/Wittgens* in K. Schmidt/Lutter, AktG, Einl. vor § 1 SpruchG Rz. 2 ff.; *Dreier* in Dreier/Fritzsche/Verfürth, SpruchG, Einl. Rz. 14 ff.
3 Überleitungsvorschriften für Verfahren, die zu diesem Zeitpunkt bereits liefen, enthält § 17 Abs. 2 SpruchG.
4 Gesetz über das gesellschaftsrechtliche Spruchverfahren (Spruchverfahrensgesetz – SpruchG) v. 12.6.2003, BGBl. I 2003, 838.
5 *Hüffer/Koch*, Anh. § 305 AktG, § 1 SpruchG Rz. 3; zu den Folgen siehe auch *Dreier* in Dreier/Fritzsche/Verfürth, SpruchG, Einl. Rz. 16 f.
6 In der Praxis zeichnen sich Spruchverfahren nicht selten durch ihre besondere Verfahrenslänge aus. So hat das BVerfG eine Verletzung des Grundrechts auf effektiven Rechtsschutz in zwei (allerdings vor Inkrafttreten des SpruchG eingeleiteten) Spruchverfahren bejaht, die in zweiter Instanz erst nach 20 bzw. 22 Jahren entschieden worden waren, vgl. BVerfG v. 17.11.2011 – 1 BvR 3155/09, NZG 2012, 345, 346 = AG 2012, 86 sowie BVerfG v. 2.12.2011 – 1 BvR 314/11, ZIP 2012, 177, 178.
7 Vgl. Begr. RegE des SpruchverfahrensneuordnungsG, BT-Drucks. 15/371, S. 11 f.
8 Allgemein zu den sich daraus ergebenden Neuerungen vgl. *Preuß*, NZG 2009, 961 ff.
9 Für ein vor dem 1.9.2009 in erster Instanz eingeleitetes Verfahren gelten die Vorgaben des FGG demgegenüber gemäß Art. 111 Abs. 1 FGG-ReformG übergangsweise fort, vgl. auch BGH v. 13.12.2011 – II ZB 12/11, AG 2012, 173; OLG München v. 25.2.2010 – 31 Wx 32/10, ZIP 2010, 495 = AG 2010, 717.

II. Anwendungsbereich

40.3 § 1 SpruchG beschreibt den Anwendungsbereich des Spruchverfahrens und nennt dabei die **gerichtliche Bestimmung**

- des Ausgleichs und der Abfindung für außenstehende Aktionäre bei **Beherrschungs- und Gewinnabführungsverträgen** (§§ 304, 305 AktG),

- der Abfindung von ausgeschiedenen Aktionären bei der **Eingliederung** (§ 320b AktG),

- der Barabfindung von Minderheitsaktionären, deren Aktien durch Beschluss der Hauptversammlung auf den Hauptaktionär übertragen worden sind (**Squeeze Out**, §§ 327a ff. AktG),

- der Zuzahlung an Anteilsinhaber oder der Barabfindung von Anteilsinhabern anlässlich der **Umwandlung** von Rechtsträgern (§§ 15, 34, 122h, 122i, 176 bis 181, 184, 186, 196 oder 212 UmwG),

- der Zuzahlung an Anteilsinhaber oder der Barabfindung von Anteilsinhabern bei der **Gründung oder Sitzverlegung einer SE** (§§ 6, 7, 9, 11 und 12 SEAG) und

- der Zuzahlung an Mitglieder bei der Gründung einer **Europäischen Genossenschaft** (§ 7 SCEAG).

40.4 Diese gesetzliche Aufzählung bezweckt lediglich eine Klarstellung[10] und darf deshalb nicht als abschließende Regelung des spruchverfahrensgesetzlichen Anwendungsbereichs verstanden werden[11]. Das Spruchverfahren findet vielmehr u.a.[12] auch Anwendung bei Streitigkeiten über den Ausgleich beim **Wegfall von Mehrstimmrechten** (vgl. § 5 Abs. 5 EGAktG)[13] sowie im Fall des **verschmelzungsrechtlichen Squeeze Out** (vgl. § 62 Abs. 5 Satz 8 UmwG i.V.m. § 327f AktG)[14]. Daneben ist das SpruchG in denjenigen Fällen anzuwenden, in denen das Spruchverfahren nach § 243 Abs. 4 Satz 2 AktG das Anfechtungsverfahren wegen **bewertungsbezogener Informationspflichtverletzungen** verdrängt (vgl. dazu Rz. 39.50 f.)[15]. **Nicht länger anwendbar** ist das SpruchG demgegenüber im Fall des **Delisting**, für den der BGH in seiner „Macroton-Entscheidung" aus dem Jahre 2002 zunächst im Wege richterlicher Rechtsfortbildung das Erfordernis eines Barabfindungsangebotes entwickelt hatte, dessen Höhe einer Überprüfung im Spruchverfahren nach dem SpruchG zugänglich war[16]: Nachdem das BVerfG der in Art. 14 GG verankerten Begründung dieser Rechtsfortbildung im Jahre 2012 den Boden entzogen hat[17], gab der BGH sie in der „Frosta-Entscheidung"[18] aus dem Jahre 2013 wieder auf

---

10 Begr. RegE des SpruchverfahrensneuordnungsG, BT-Drucks. 15/371, S. 12.
11 *Hüffer/Koch*, Anh. § 305 AktG, § 1 SpruchG Rz. 6; *Mennicke* in Lutter, UmwG, § 1 SpruchG Rz. 1; *Dreier* in Dreier/Fritzsche/Verfürth, § 1 SpruchG Rz. 35; *Lamb/Schluck-Amend*, DB 2003, 1259, 1260.
12 Zur umstrittenen Frage der Anwendbarkeit das SpruchG in den Fällen der so genannten übertragenden Auflösung vgl. m.w.N. *Dreier* in Dreier/Fritzsche/Verfürth, § 1 SpruchG Rz. 68 ff.; *Simon* in Simon, § 1 SpruchG Rz. 46 ff.; *Hüffer/Koch*, § 179a AktG Rz. 22. In den Fällen der Kapitalerhöhung mit Bezugsrechtsausschluss ist das Spruchverfahren mangels Regelungslücke nicht eröffnet, vgl. LG Mannheim v. 4.12.2006 – 23 AktE 24/04, NZG 2007 639, 640; zustimmend *Klöcker/Wittgens* in K. Schmidt/Lutter, AktG, § 1 SpruchG Rz. 25.
13 *Drescher* in BeckOGK AktG, Stand 1.6.2021, § 1 SpruchG Rz. 16; *Hüffer/Koch*, Anh. § 305 AktG, § 1 SpruchG Rz. 6.
14 *Hüffer/Koch*, Anh. § 305 AktG, § 1 SpruchG Rz. 6.
15 *Dreier* in Dreier/Fritzsche/Verfürth, § 1 SpruchG Rz. 63; *Klöcker/Wittgens* in K. Schmidt/Lutter, AktG, § 1 SpruchG Rz. 26 ff.; *Kubis* in MünchKomm. AktG, 5. Aufl. 2020, § 1 SpruchG Rz. 17; *Hüffer/Koch*, Anh. § 305 AktG, § 1 SpruchG Rz. 6.
16 BGH v. 25.11.2002 – II ZR 133/01, NJW 2003, 1032 ff. = AG 2003, 273.
17 Vgl. BVerfG v. 11.7.2012 – 1 BvR 3142/07, 1 BvR 1569/08, NJW 2012, 3081, 3083 = AG 2012, 557; dessen ungeachtet gelangte das BVerfG in dieser Entscheidung zu dem Ergebnis, dass weder die Rechtsfortbildung noch die Anwendung des SpruchG aus verfassungsrechtlicher Sicht zu beanstanden seien.
18 BGH v. 8.10.2013 – II ZB 26/12, NZG 2013, 1342, 1342 ff. = AG 2013, 877.

(zu den Einzelheiten siehe Rz. 63.2 u. 63.75). Auch auf der Basis der früheren Rechtsprechung des BGH bereits anhängige Spruchverfahren sind dadurch nach h.M. unstatthaft geworden, ohne dass sich ihrer dementsprechenden Verwerfung als unzulässig Gesichtspunkte des Vertrauensschutzes oder der Rechtssicherheit entgegenhalten lassen[19].

III. Gerichtliche Zuständigkeit

Nach § 2 Abs. 1 Satz 1 SpruchG liegt die **sachliche Zuständigkeit** für das Spruchverfahren ausschließlich bei den Landgerichten. Die im Rahmen der Beratungen über die Aktienrechtsnovelle 2012/2013 erwogene Verlagerung der Eingangszuständigkeit für das Spruchverfahren auf die Oberlandesgerichte unter gleichzeitiger Abschaffung des Instanzenzuges[20] ist schon während der weiteren (und letztlich in der 17. Legislaturperiode des Bundestages insgesamt nicht mehr abgeschlossenen) Gesetzgebungsverfahrens fallengelassen worden[21]. **Funktionell zuständig** ist – soweit bei dem jeweiligen Landgericht existent – die Kammer für Handelssachen (§ 95 Abs. 2 Nr. 2 i.V.m. § 71 Abs. 2 Nr. 4 lit. e GVG), deren Vorsitzendem in § 2 Abs. 2 SpruchG besondere Kompetenzen eingeräumt werden. Ob es sich dabei um eine ausschließliche funktionelle Zuständigkeit handelt oder die Kammer für Handelssachen erst auf Antrag der Beteiligten gem. §§ 96, 98, 101 GVG zuständig wird, ist seit Inkrafttreten des FGG-ReformG umstritten[22]. Die **örtliche Zuständigkeit** richtet sich gemäß § 2 Abs. 1 Satz 1 SpruchG ausschließlich nach dem Sitz des Rechtsträgers, dessen Anteilsinhaber antragsberechtigt sind[23]; in den aktienrechtlichen Spruchsachen i.S.d. § 1 Nr. 1 bis 3 SpruchG kommt es daher auf den Gesellschaftssitz nach § 5 AktG an[24]. Bei Ermittlung der örtlichen Zuständigkeit bleibt zu beachten, dass § 71 Abs. 4 GVG eine Verordnungsermächtigung zugunsten der Landesregierungen enthält, nach der die **Zuständigkeit für das Spruchverfahren** für die Bezirke mehrerer Landgerichte **bei einem Landgericht konzentriert** werden kann. Von dieser Ermächtigung ist in vielen Ländern Gebrauch gemacht worden[25].

40.5

---

19 BVerfG v. 5.11.2015 – 1 BvR 1667/15, AG 2016, 85, 86 ff.; OLG Düsseldorf v. 22.9.2014 – I-26 W 20/12 (AktE), AG 2015, 270, 271; OLG München v. 28.1.2015 – 31 Wx 292/14, BB 2015, 337, 337 ff. = AG 2015, 277; OLG Stuttgart v. 18.2.2015 – 20 W 8/14, AG 2015, 326, 328 ff.; OLG Stuttgart v. 17.3.2015 – 20 W 7/14, AG 2015, 321, 322 ff.; OLG Karlsruhe v. 12.3.2015 – 12a W 3/15, AG 2015, 366, 366 ff.; OLG Jena v. 20.3.2015 – 2 W 353/14, AG 2015, 450, 451; a.A. u.a. LG Stuttgart v. 20.10.2014 – 31 O 84/07 KfH AktG, AG 2014, 210, 210 ff. Siehe m.w.N. aus dem Schrifttum auch *Kubis* in MünchKomm. AktG, 5. Aufl. 2020, § 1 SpruchG Rz. 27.
20 Vgl. näher *Lochner/Schödel*, AG 2013, R59.
21 Vgl. Beschlussfassung und Bericht des Rechtsausschusses des Bundestages, BT-Drucks. 17/14214, S. 6 ff.
22 Während die wohl h.M. im Schrifttum eine ausschließliche funktionelle Zuständigkeit bejaht (vgl. m. umfangr.w.N. u.a. *Kiefner/Kersjes*, NZG 2012, 244, 245 ff.; *Theusinger/Deckers* in Bürgers/Körber/Lieder, § 2 SpruchG Rz. 7; *Kubis* in MünchKomm. AktG, 5. Aufl. 2020, § 2 SpruchG Rz. 6; *Emmerich* in Emmerich/Habersack, Aktien- und GmbH-Konzernrecht, § 2 SpruchG Rz. 9), hat sich das LG München I auf den gegenteiligen Standpunkt gestellt, vgl. LG München I v 25.11.2009 – 38 O 21051/09, NZG 2010, 520; ebenso *Simons* in Hölters, AktG, § 2 SpruchG Rz. 2; *Hüffer/Koch*, Anh. § 305 AktG, § 2 SpruchG Rz. 5 sowie Stellungnahme des Bundesrates zum Entwurf eines Gesetzes zur Änderung des Aktiengesetzes (Aktienrechtsnovelle 2012) v. 10.2.2012, BR-Drucks. 852/11 (Beschluss), S. 3 ff.
23 Das Spruchgesetz verwendet den rechtsformneutralen Begriff des „Rechtsträgers", weil in umwandlungsbedingten Spruchverfahren auch die Anteilsinhaber einer Gesellschaft antragsberechtigt sein können, die nicht die Rechtsform der Aktiengesellschaft hat.
24 *Hüffer/Koch*, Anh. § 305 AktG, § 2 SpruchG Rz. 3.
25 Vgl. die Nachweise bei *Drescher* in BeckOGK AktG, Stand 1.6.2021, § 2 SpruchG Rz. 7.

IV. Antragsberechtigung

40.6 Zur Antragstellung im Spruchverfahren sind nur die näher in § 3 SpruchG bestimmten Personen berechtigt. Die h.M. sieht die **Antragsberechtigung** als Zulässigkeitsvoraussetzung des Antrags an[26]. Diese Wertung erscheint indes nicht zweifelsfrei: Weil dem Aktionär die Antragsberechtigung im Spruchverfahren ebenso wie die Anfechtungsbefugnis i.S.d. § 245 AktG (vgl. dazu Rz. 39.73) aus seiner Mitgliedschaft in der betroffenen Gesellschaft erwächst und diese Antragsberechtigung ihm ein subjektives Recht auf richterliche Gestaltung der Kompensationsmaßnahme verleiht[27], bestehen gute Gründe für die Annahme, dass das Fehlen der Antragsberechtigung zur Unbegründetheit des Antrages führt[28]. Weil die Prüfung der Antragsberechtigung u.U. sogar eingehender Tatsachenfeststellungen bedarf (vgl. insbesondere Rz. 40.10), bewirkt die h.M. zudem eine deutlichen Ausweitung der Zulässigkeitsprüfung.

40.7 Im Einzelnen richtet sich die Antragsberechtigung gemäß § 3 SpruchG nach der **Art der Maßnahme**, deren Angemessenheit im Spruchverfahren geprüft werden soll:

1. Unternehmensvertrag

40.8 In den Fällen des **Ausgleichs und der Abfindung wegen eines Unternehmensvertrages** (§ 1 Nr. 1 SpruchG) ist jeder außenstehende Aktionär antragsberechtigt (§ 3 Satz 1 Nr. 1 SpruchG). Dabei genügt die Innehabung einer einzelnen Aktie[29]. „Außenstehend" ist jeder Aktionär der Gesellschaft mit Ausnahme des anderen Vertragsteils des Unternehmensvertrages sowie solcher Aktionäre, die aufgrund rechtlich fundierter wirtschaftlicher Verknüpfung mit dem anderen Vertragsteil von dem Vertragsabschluss in ähnlicher Weise profitieren wie dieser (beispielhaft lässt sich an den Alleingesellschafter des anderen Vertragsteils denken)[30]. Nach allgemeiner Meinung sind auch solche Aktionäre antragsberechtigt, die dem Vertrag im Rahmen der Beschlussfassung nach § 293 Abs. 1 AktG zugestimmt haben[31]. Maßgeblicher **Zeitpunkt** für die Aktionärsstellung ist gemäß § 3 Satz 2 SpruchG derjenige der Antragstellung. Welche Folgen sich für die Antragsbefugnis an eine Veräußerung der Aktie nach Antragstellung knüpfen, ist bislang nicht abschließend geklärt[32].

---

26 Für eine Wertung als Zulässigkeitsvoraussetzung eintretend z.B. *Kubis* in MünchKomm. AktG, 5. Aufl. 2020, § 3 SpruchG Rz. 25; *Klöcker/Wittgens* in K. Schmidt/Lutter, AktG, § 3 SpruchG Rz. 1; *Bungert/Mennicke*, BB 2003, 2021, 2026; *Lamb/Schluck-Amend*, DB 2003, 1259, 1261; *Antczak/Fritzsche* in Dreier/Fritzsche/Verfürth, § 3 SpruchG Rz. 3; *Wasmann*, WM 2004, 819, 821; zum alten Recht vgl. auch BayObLG v. 18.3.2002 – 3 Z BR 6/02, AG 2002, 559, 560, das aber zugleich von einer „materiell-rechtlichen Bedeutung" des Antrages spricht; a.A. (Begründetheitserfordernis) OLG Hamburg v. 11.9.2003 – 11 W 30/03, ZIP 2003, 2301 = AG 2003, 694; OLG Hamburg v. 14.6.2004 – 11 W 94/03, AG 2004, 622, 622 f.; OLG Stuttgart v. 22.5.2001 – 8 W 254/01, NZG 2001, 854, 856.
27 *Hüffer/Koch*, Anh. § 305 AktG, § 3 SpruchG Rz. 9; vgl. auch *Antczak/Fritzsche* in Dreier/Fritzsche/Verfürth, § 3 SpruchG Rz. 3 f.
28 I.E. ebenso OLG Hamburg v. 1.9.2003 – 11 W 30/03, ZIP 2003, 2301 = AG 2003, 694; OLG Stuttgart v. 22.5.2001 – 8 W 254/01, NZG 2001, 854, 856; siehe auch *Hüffer/Koch*, Anh. § 305 AktG, § 3 SpruchG Rz. 9.
29 *Antczak/Fritsche* in Dreier/Fritzsche/Verfürth, § 3 SpruchG Rz. 8; *Hüffer/Koch*, Anh. § 305 AktG, § 3 SpruchG Rz. 2.
30 Zu den Einzelheiten siehe etwa *van Rossum* in MünchKomm. AktG, 5. Aufl. 2020, § 304 AktG Rz. 27 ff.; *Hüffer/Koch*, § 304 AktG Rz. 2 f.; *Emmerich* in Emmerich/Habersack, Aktien- und GmbH-Konzernrecht, § 304 AktG Rz. 15 ff.
31 *Klöcker/Wittgens* in K. Schmidt/Lutter, AktG, § 3 SpruchG Rz. 5; *Antczak/Fritzsche* in Dreier/Fritzsche/Verfürth, § 3 SpruchG Rz. 11; *Hüffer/Koch*, Anh. § 305 AktG, § 3 SpruchG Rz. 2.
32 Vgl. mit erheblichen Abweichungen im Einzelnen und umfangreichen weiteren Nachweisen z.B. *Drescher* in BeckOGK AktG, Stand 1.6.2021, § 3 SpruchG Rz. 24 (Erwerber tritt in das Verfahren ein); *Wasmann* in KölnKomm. AktG, 3. Aufl. 2013, § 3 SpruchG Rz. 6 (Veräußerer bleibt antragsberechtigt); siehe

2. Eingliederung und Squeeze Out

In den Fällen der Abfindung wegen einer Eingliederung oder eines Squeeze Out (§ 1 Nr. 2 und 3 SpruchG) ist jeder einzelne ausgeschiedene Aktionär antragsberechtigt (§ 3 Satz 1 Nr. 2 SpruchG), der im Zeitpunkt der Eintragung der Eingliederung oder des Squeeze-Out-Beschlusses in das Handelsregister Aktionär der Gesellschaft war[33]. Nach wohl h.M. steht diesem Aktionär sein Gesamtrechtsnachfolger, nicht aber sein Einzelrechtsnachfolger gleich[34].

40.9

3. Umwandlungsmaßnahmen

Geht es um die Zuzahlung oder Barabfindung für Maßnahmen nach dem Umwandlungsgesetz (§ 1 Nr. 4 SpruchG), sind gemäß § 3 Satz 1 Nr. 3 SpruchG diejenigen Anteilsinhaber antragsberechtigt, die in den in § 1 Nr. 4 SpruchG aufgezählten Vorschriften des Umwandlungsgesetzes genannt werden. Soweit diese Vorschriften die Gewährung von **Barzuzahlungsansprüchen** betreffen, gelten die zu den unternehmensvertraglichen Abfindungs- und Ausgleichsansprüchen dargestellten Grundsätze (Rz. 40.8) entsprechend, so dass die Antragsberechtigung insbesondere nicht davon abhängt, dass der betreffende Aktionär gegen den Umwandlungsbeschluss Widerspruch zur Niederschrift eingelegt hat. Wenn demgegenüber die Entstehung eines umwandlungsrechtlichen **Abfindungsanspruchs** – wie in den Fällen des § 29 Abs. 1, §§ 122i, 125, 176 und 207 UmwG – voraussetzt, dass der betreffende Anteilsinhaber Widerspruch zur Niederschrift erklärt hat, gilt dies auch für die Antragsberechtigung im Spruchverfahren, sofern kein Fall des § 29 Abs. 2, § 122i Abs. 1 Satz 3, § 207 Abs. 2 UmwG vorliegt[35]. Dabei verdient Hervorhebung, dass die Einlegung eines Widerspruchs in diesen Fällen nach wohl h.M. nur dann in Betracht kommt, wenn der Widersprechende auch im Rahmen der Beschlussfassung gegen die Umwandlung gestimmt hat[36]. Gemäß § 3 Satz 2 SpruchG soll es für die Beurteilung der Antragsberechtigung auch in allen genannten Umwandlungsfällen auf den **Zeitpunkt** der Antragstellung ankommen. Dies vermag schon deshalb wenig zu überzeugen, weil z.B. im Falle der Verschmelzung einer AG die Aktionäre der übertragenden Gesellschaft ihre Aktionärsstellung im Zeitpunkt der Eintragung dieser Maßnahme in das Handelsregister verlieren (§ 20 Abs. 1 UmwG). § 3 Satz 2 SpruchG ist daher in diesen Fällen dahingehend auszulegen, dass es auf die Innehabung eines Anteils des übernehmenden oder des Rechtsträgers neuer Rechtsform sowie darauf ankommt, dass diese Mitgliedschaft im Zuge der Umwandlung für die Anteile des übertragenden Rechtsträgers gewährt worden ist[37].

40.10

4. Gründung oder Sitzverlegung einer Europäischen Gesellschaft (SE)

Betrifft das Spruchverfahren Ansprüche im Zusammenhang mit der Gründung oder Sitzverlegung einer SE (§ 1 Nr. 5 SpruchG)[38], sind alle in den § 6 Abs. 2, § 7 Abs. 1, § 9 Abs. 1, § 11 Abs. 1 und § 12 Abs. 1 SEAG genannten Anteilsinhaber antragsberechtigt (§ 3 Nr. 4 SpruchG). Soweit es nach diesen

40.11

---

auch *Leuering* in Simon, § 3 SpruchG Rz. 18 (der zwischen dem Verfahrensgegenstand der Abfindung und des Ausgleichs sowie danach unterscheiden will, ob die Ausgleichsleistung bereits geflossen ist).

33 *Büchel*, NZG 2003, 792, 794; *Hüffer/Koch*, Anh. § 305 AktG, § 3 SpruchG Rz. 3.
34 *Habersack* in Emmerich/Habersack, Aktien- und GmbH-Konzernrecht, § 320b AktG Rz. 17; *Hüffer/Koch*, Anh. § 305 AktG, § 3 SpruchG Rz. 3; *Klöcker/Wittgens* in K. Schmidt/Lutter, AktG, § 3 SpruchG Rz. 10; weitergehend (auch Einzelrechtsnachfolger) LG Dortmund v. 7.10.2004 – 20 O 4/04 AktE, AG 2005, 310.
35 *Antczak/Fritzsche* in Dreier/Fritzsche/Verfürth, § 3 SpruchG Rz. 12; *Klöcker/Wittgens* in K. Schmidt/Lutter, AktG, § 3 SpruchG Rz. 17; *Hüffer/Koch*, Anh. § 305 AktG, § 3 SpruchG Rz. 4.
36 *Hüffer/Koch*, Anh. § 305 AktG, § 3 SpruchG Rz. 4; *Kalss* in Semler/Stengel/Leonard, § 29 UmwG Rz. 22; *Kubis* in MünchKomm. AktG, 5. Aufl. 2020, § 3 SpruchG Rz. 6; a.A. *Marsch-Barner/Oppenhoff* in Kallmeyer, § 29 UmwG Rz. 13; *Wasmann* in KölnKomm. AktG, 3. Aufl. 2013, § 3 SpruchG Rz. 14; *Antczak/Fritzsche* in Dreier/Fritzsche/Verfürth, § 3 SpruchG Rz. 13, 60.
37 OLG München v. 26.7.2012 – 31 Wx 250/11, AG 2012, 749, 750; *Bungert/Mennicke*, BB 2003, 2021, 2025; *Mennicke* in Lutter, UmwG, § 3 SpruchG Rz. 6.
38 Vgl. auch Rz. 3.1 ff.

Vorschriften nicht um die Gewährung von Barzuzahlungsansprüchen, sondern um die Gewährung von Abfindungsansprüchen geht, ist allerdings ebenso wie in den in Rz. 40.10 genannten Konstellationen zusätzlich ein Widerspruch des betroffenen Aktionärs erforderlich[39]; Ausnahmen gelten nur in den Fällen der § 7 Abs. 1 Satz 5, § 9 Abs. 1 Satz 5, § 12 Abs. 1 Satz 5 SEAG. Maßgeblicher **Zeitpunkt** für die Aktionärsstellung ist gemäß § 3 Abs. 2 Satz 1 SpruchG wiederum der Zeitpunkt der Antragstellung. Sofern es um die Gründung einer SE durch Verschmelzung geht, ist diese gesetzliche Vorgabe ebenso wie bei der nationalen Verschmelzung zu interpretieren (vgl. dazu näher Rz. 40.10 a.E.)[40].

5. Gründung einer Europäischen Genossenschaft (SCE)

40.12 Bestehen gemäß § 7 Abs. 2 SCEAG Barzuzahlungsansprüche wegen Gründung einer Europäischen Genossenschaft (§ 1 Nr. 6 SpruchG), ist jedes Mitglied der übertragenden Genossenschaft antragsberechtigt (§ 3 Nr. 5 SpruchG).

V. Antragstellung

1. Antragsfrist

40.13 Gemäß § 4 Abs. 1 SpruchG kann die Antragstellung nur innerhalb einer Antragsfrist von **drei Monaten** seit dem Tag erfolgen, an dem die registergerichtliche Eintragung der jeweiligen Strukturmaßnahme bekannt gemacht worden ist. Nach h.M. handelt es sich dabei um eine materiell-rechtliche Ausschlussfrist, die zugleich eine verfahrensrechtliche Komponente aufweist („Doppelnatur")[41]. Die Versäumung der Frist hat deshalb die Unbegründetheit des Antrages zur Folge, der allerdings zugleich als unzulässig abgewiesen werden kann[42]; auch eine Wiedereinsetzung in den vorigen Stand kommt nach herrschender – in der Rechtsprechung allerdings bestrittener – Meinung nicht in Betracht[43].

40.14 Maßgeblich für den **Fristbeginn** ist gemäß § 4 Abs. 1 Satz 1 SpruchG der Tag, an dem die Eintragung der jeweiligen Maßnahme in das Handelsregister bekannt gemacht worden ist. Dies richtet sich in den Fällen des § 1 Nr. 1 bis 3 SpruchG nach § 10 HGB, während in den Fällen des § 1 Nr. 4 SpruchG hinsichtlich der rechtsbegründenden Eintragung auf die § 19 Abs. 3 Satz 2, § 201 Satz 2 UmwG abzustellen ist[44]. Ausnahmen bei der Fristberechnung gelten für die in § 1 Nr. 4 SpruchG genannten Fälle der §§ 122h und 122i UmwG sowie in den Konstellationen des § 1 Nr. 5 und 6 SpruchG, in denen sich der Fristbeginn u.U. nach dem Recht des fremden Sitzstaates richten kann.

40.15 Im Übrigen gelten für die **Fristberechnung** gemäß § 16 Abs. 2 FamFG die Vorgaben der § 222 ZPO, § 187 Abs. 1, § 188 Abs. 2 BGB. Die Frist endet somit gemäß § 222 Abs. 2 ZPO erst am nächsten Werktag, falls der nach § 188 Abs. 2 BGB berechnete Tag auf einen Sonntag, Sonnabend oder Feiertag fällt. Zur Fristwahrung genügt es, wenn die den Anforderungen des § 4 Abs. 2 SpruchG genügende Antragsschrift (vgl. näher Rz. 40.16), die nicht notwendig von einem Rechtsanwalt unterzeichnet sein muss (arg. § 12 Abs. 1 Satz 2 SpruchG), rechtzeitig bei dem Gericht eingeht; einer innerhalb der Frist

---

39 *Leuering* in Simon, § 3 SpruchG Rz. 41 ff.
40 *Leuering* in Simon, § 3 SpruchG Rz. 45.
41 *Hüffer/Koch*, Anh. § 305 AktG, § 4 SpruchG Rz. 2; *Klöcker/Wittgens* in K. Schmidt/Lutter, AktG, § 4 SpruchG Rz. 2; *Leuering* in Simon, § 4 SpruchG Rz. 20.
42 *Hüffer/Koch*, Anh. § 305 AktG, § 4 SpruchG Rz. 2; a.A. *Antczak/Fritzsche* in Dreier/Fritzsche/Verfürth, § 4 SpruchG Rz. 6; *Klöcker/Wittgens* in K. Schmidt/Lutter, AktG, § 4 SpruchG Rz. 2; *Wasmann*, WM 2004, 819, 822.
43 *Antczak/Fritzsche* in Dreier/Fritzsche/Verfürth, § 4 SpruchG Rz. 5; *Hüffer/Koch*, Anh. § 305 AktG, § 4 SpruchG Rz. 2; *Kubis* in MünchKomm. AktG, 5. Aufl. 2020, § 4 SpruchG Rz. 6; a.A. LG Dortmund v. 9.12.2004 – 20 O 99/04 AktG, AG 2005, 308, 309.
44 *Hüffer/Koch*, Anh. § 305 AktG, § 4 SpruchG Rz. 4.

erfolgenden Zustellung an die Gesellschaft bedarf es somit nicht. Nach h.M., die sich dabei auf die Regelung des § 4 Abs. 1 Satz 2 SpruchG berufen kann, reicht der **Eingang bei einem unzuständigen Gericht** zur Wahrung der Frist nicht aus[45]. Der BGH hat allerdings in einer Entscheidung aus dem Jahre 2006 zumindest für das bis zum Inkrafttreten des SpruchG anwendbare Spruchverfahrensrecht die analoge Anwendbarkeit des § 281 ZPO – mit dem Ergebnis der Fristwahrung auch in diesem Fall – festgestellt und die Parallelfrage für das geltende SpruchG ausdrücklich offen gelassen[46]. Anträge, die **vor Fristbeginn** gestellt werden, unterliegen nur dann der Abweisung, wenn im Zeitpunkt der Antragstellung auch die die jeweilige Kompensationsleistung auslösende Strukturmaßnahme selbst noch nicht in das Handelsregister eingetragen ist; nach dieser Eintragung muss der Antragsteller also den Zeitpunkt der Bekanntmachung des Registergerichts weder ermitteln noch abwarten[47].

2. Begründung des Antrags

Gemäß § 4 Abs. 2 SpruchG hat der Antragsteller seinen Antrag innerhalb der dreimonatigen Antragsfrist – d.h. nicht notwendig gleichzeitig mit Erhebung des Antrages[48] – zu begründen. Diese Begründung hat gemäß § 4 Abs. 2 Satz 2 Nr. 1 u. 2 SpruchG zunächst eine Bezeichnung des nach § 5 SpruchG zu bestimmenden **Antragsgegners** (Nr. 1)[49] sowie eine Darlegung der **Antragsberechtigung** i.S.d. § 3 SpruchG zu enthalten (Nr. 2). Die Darlegung der Antragsberechtigung setzt im Rahmen von Aktionärsanträgen nach – im Schrifttum allerdings vielfach bestrittener[50] – höchstrichterlicher Rechtsprechung noch nicht zwingend einen **Nachweis der Aktionärsstellung** voraus; ein solcher sei vielmehr erst dann zu erbringen, wenn die Darlegung der Aktionärsstellung von dem Antragsgegner bestritten wird[51]. Bei diesem Nachweis, der gemäß § 3 Satz 3 SpruchG ausschließlich „durch Urkunden" geführt

40.16

---

45 Vgl. etwa OLG Düsseldorf v. 17.12.2015 – I-26 W 22/14 [AktE], WM 2015, 1641, 1642 f. = AG 2016, 504; OLG Düsseldorf v. 4.4.2005 – I-19 W 2/05 AktE, NZG 2005, 719; OLG Frankfurt a.M. v. 4.5.2009 – 20 W 84/09, NZG 2009, 1225; *Hüffer/Koch*, Anh. § 305 AktG, § 4 SpruchG Rz. 5; *Wasmann* in KölnKomm. AktG, 3. Aufl. 2013, § 4 SpruchG Rz. 6; a.A. *Drescher* in BeckOGK AktG, Stand 1.6.2021, § 4 SpruchG Rz. 9; siehe auch OLG Karlsruhe v. 1.4.2015 – 12a W 7/15, Der Konzern 2015, 442, 445 = AG 2015, 549 (zum Rechtsstand vor Inkrafttreten des SpruchG).
46 BGH v. 13.3.2006 – II ZB 26/04, AG 2006, 414 = BB 1069, 1070 („... weil nicht sicher ist, dass nicht auch im Verfahren nach dem SpruchG ... § 281 ZPO entsprechend angewendet werden muss"); vgl. dazu eingehend *Mennicke*, BB 2006, 1242, 1243.
47 LG Frankfurt v. 10.3.2004 – 3-5 O 74/03, AG 2004, 392; *Antczak/Fritzsche* in Dreier/Fritzsche/Verfürth, § 4 SpruchG Rz. 7; *Kubis* in MünchKomm. AktG, 5. Aufl. 2020, § 4 SpruchG Rz. 7; *Leuering* in Simon, § 4 SpruchG Rz. 33; siehe auch zum früheren Recht BayObLG v. 18.3.2003 – 3 Z BR 6/02, ZIP 2002, 935, 939 = AG 2002, 559; LG Berlin v. 25.3.2003 – 102 O 19/03 AktG, NZG 2003, 930 f.; a.A. *Mennicke* in Lutter, UmwG, § 4 SpruchG Rz. 7; *Wasmann*, DB 2003, 1559.
48 *Hüffer/Koch*, Anh. § 305 AktG, § 4 SpruchG Rz. 9.
49 Eine unrichtige Bezeichnung des Antragsgegners führt nach h.M. zur Unzulässigkeit des Antrages, vgl. OLG Düsseldorf v. 4.7.2012 – I-26 W 11/11, NZG 2012, 1181, 1192; LG München I v. 28.4.2017 – 5 HK O 26513/11, AG 2017, 501, 502; *Hüffer/Koch*, Anh. § 305 AktG, § 4 SpruchG Rz. 7; a.A. (Unbegründetheit) *Mennicke* in Lutter, UmwG, § 4 SpruchG Rz. 11; *Kubis* in MünchKomm. AktG, 5. Aufl. 2020, § 4 SpruchG Rz. 13. Wird während des laufenden Spruchverfahrens über das Vermögen des Antragsgegners das Insolvenzverfahren eröffnet, hat dies nicht die Unterbrechung des Spruchverfahrens, sondern dessen Fortsetzung mit dem Insolvenzverwalter zur Folge, vgl. BGH v. 15.1.2019 – II ZB 2/16, NZG 2019, 470 Rz. 20 ff.; zur Kostenerstattung der Antragsteller in dieser Konstellation vgl. OLG Frankfurt v. 20.8.2018 – 21 W 136/17, AG 2019, 433, 433 f.
50 *Mennicke* in Lutter, UmwG, § 3 SpruchG Rz. 9, § 4 SpruchG Rz. 12; *Klöcker/Wittgens* in K. Schmidt/Lutter, AktG, § 4 SpruchG Rz. 20; *Wasmann* in KölnKomm. AktG, 3. Aufl. 2013, § 3 SpruchG Rz. 23; siehe auch KG v. 31.10.2007 – 2 W 14/06, ZIP 2007, 2352, 2355 = AG 2008, 295; LG Frankfurt v. 4.3.2005 – 3-5 O 73/04, AG 2005, 544.
51 BGH v. 25.6.2008 – II ZB 39/07, ZIP 2008, 1471, 1473 = AG 2008, 659; OLG Frankfurt v. 10.10.2005 – 20 W 226/05, DB 2005, 2626, 2626 f.; OLG Düsseldorf v. 13.10.2004 – 7 U 3722/04, NZG 2005, 895, 895; OLG Stuttgart v. 13.9.2004 – 20 W 13/04, BB 2004, 2151 ff. = AG 2005, 301; ebenso *Theusinger/*

werden kann, hat der Gesetzgeber an die Vorlage von effektiven Stücken oder des Depotauszuges eines Kreditinstituts gedacht[52]. Gemäß § 4 Abs. 2 Satz 2 Nr. 3 und 4 SpruchG sind in der Begründung ferner Angaben zur **Art der Strukturmaßnahme** und der vom Gericht zu bestimmenden Kompensation zu machen sowie schließlich konkrete Einwendungen gegen die Angemessenheit der Kompensation oder ggf. gegen den als Grundlage für die Kompensation ermittelten Unternehmenswert des Antragsgegners zu erheben (so genannte „**konkrete Bewertungsrüge**"[53], vgl. dazu näher Rz. 40.17). Lediglich ein **Sollerfordernis** enthält demgegenüber § 4 Abs. 2 Satz 4 SpruchG: Vor dem Hintergrund, dass diese Tatsache Bedeutung für die gerichtliche Gegenstandswertbestimmung erlangen kann (vgl. Rz. 40.36), soll sich aus dem Antrag auch die **Zahl der von dem Antragsteller gehaltenen Anteile** ergeben. Wird der Antrag innerhalb der Antragsfrist nicht oder mit Blick auf die dargestellten Vorgaben des § 4 Abs. 2 SpruchG nur unzureichend begründet, ist er als **unzulässig** zurückzuweisen[54].

40.17 Vor allem das gemäß § 4 Abs. 2 Nr. 4 SpruchG bestehende Erfordernis der **konkreten Bewertungsrüge** stellt eine erhebliche Abweichung vom früheren Recht dar, wonach das Spruchverfahren uneingeschränkt dem Amtsermittlungsgrundsatz unterlag und einen entsprechenden Begründungszwang nicht vorsah[55]. Welche Anforderungen im Einzelnen an diese Rüge zu stellen sind, lässt die gesetzliche Regelung offen. Zwar reicht es einerseits nicht aus, wenn sich der Antragsteller im Rahmen seiner Begründung lediglich auf pauschale und gänzlich unsubstantiierte Behauptungen beschränkt. Andererseits ist nicht zu verkennen, dass den Antragstellern zur Beurteilung der Angemessenheit der Kompensationsmaßnahme regelmäßig nur die in § 7 Abs. 3 SpruchG genannten Unterlagen vorliegen, so dass an die Bewertungsrüge keine überspannten Anforderungen gestellt werden dürfen[56]. Insbesondere der Nachweis eines konkreten höheren Unternehmenswertes ist also nicht zu verlangen[57]. Dem Antragsteller muss es dabei auch möglich sein, seinen Antrag z.B. auf die Behauptung eines unangemessenen Kapitalisierungszinssatzes zu stützen, selbst wenn gerade dieser Aspekt einen häufigen Streitpunkt im Rahmen der Unternehmensbewertung bildet[58]; eine unzureichende „formelhafte Standardrüge" lässt sich darin also – trotz gegenteiliger Stellungnahmen im Schrifttum[59] – jedenfalls solange nicht erblicken, wie diese Behauptung eine ernsthafte und substantiierte Auseinandersetzung mit den gemäß § 7 Abs. 3 SpruchG vorzulegenden Unterlagen erkennen lässt. Macht der Antragsteller glaubhaft, dass er bei Antragstellung aus Gründen, die er nicht zu vertreten hat, über diese Unterlagen nicht verfügt, kann die **Begründungsfrist** nach § 4 Abs. 2 Satz 2 Nr. 4 SpruchG angemessen **verlängert** werden, sofern der Antragsteller zugleich die Erteilung von Abschriften gemäß § 7 Abs. 3 SpruchG verlangt (§ 4 Abs. 2 Satz 2 Nr. 4 SpruchG).

Deckers in Bürgers/Körber/Lieder, AktG, § 3 SpruchG Rz. 17; Kubis in MünchKomm. AktG, 5. Aufl. 2020, § 4 SpruchG Rz. 15.
52 Begr. RegE Spruchverfahrensneuordnungsg, BT-Drucks. 15/371, S. 13; im Falle von Namensaktien bedarf es eines Auszuges aus dem Aktienregister oder der Vorlage einer schriftlichen Auskunft der Gesellschaft i.S.d. § 67 Abs. 6 AktG, vgl. LG Frankfurt v. 10.3.2005 – 3-5 O 325/04, DB 2005, 1449, 1450.
53 Begr. RegE Spruchverfahrensneuordnungsg, BT-Drucks. 15/371, S. 13.
54 Begr. RegE Spruchverfahrensneuordnungsg, BT-Drucks. 15/371, S. 13; Büchel, NZG 2003, 793, 795; Bungert/Mennicke, BB 2003, 2021, 2026; Hüffer/Koch, Anh. § 305 AktG, § 4 SpruchG Rz. 9.
55 Begr. RegE Spruchverfahrensneuordnungsg, BT-Drucks. 15/371, S. 13.
56 Begr. RegE Spruchverfahrensneuordnungsg, BT-Drucks. 15/371, S. 13; BGH v. 13.12.2011 – II ZB 12/11, AG 2012, 173, 176; OLG Frankfurt a.M. v. 6.3.2007 – 20 W 494/06, NZG 2007, 873, 874 = AG 2007, 448; KG v. 26.7.2012 – 2 W 44/12 SpruchG, AG 2012, 795, 795 f.; Mennicke in Lutter, UmwG, § 4 SpruchG Rz. 19; de lege ferenda für eine Erhöhung der inhaltlichen Anforderungen an die konkrete Bewertungsrüge eintretend Gotthardt/Krengel, AG 2018, 875, 878.
57 Antczak/Fritzsche in Dreier/Fritzsche/Verfürth, § 4 SpruchG Rz. 25.
58 Ebenso Hüffer/Koch, Anh. § 305 AktG, § 4 SpruchG Rz. 8; vgl. auch OLG Frankfurt a.M. v. 4.1.2006 – 20 W 203/05, NZG 2006, 674, 675 = AG 2006, 293.
59 Bungert/Mennicke, BB 2003, 2021, 2026; Fuhrmann/Linnerz, Der Konzern 2004, 265, 269; Wittgens, NZG 2007, 853, 854 f.

3. Beteiligung nichtantragstellender Personen

Antragsberechtigte Personen, die keinen eigenen Antrag auf Einleitung eines Spruchverfahrens stellen, bleiben an dem von anderen Anteilsinhabern eingeleiteten Spruchverfahren nicht gänzlich unbeteiligt. Weil die spätere rechtskräftige Entscheidung des Gerichts gemäß § 13 Satz 2 SpruchG Wirkung auch ihnen gegenüber entfaltet[60], hat das Gericht nach § 6 Abs. 1 SpruchG diesen Antragsberechtigten grundsätzlich zur Wahrung ihrer Rechte frühzeitig einen **gemeinsamen Vertreter** zu bestellen[61]. Dem gemeinsamen Vertreter kommt nach § 6 Abs. 1 Satz 1 SpruchG die Rechtsstellung eines gesetzlichen Vertreters derjenigen Antragsberechtigten zu, die keinen eigenen Antrag stellen. Seine Vertretungsmacht beschränkt sich indes auf das Verfahren, wie es von den Antragstellern durch ihre Anträge bestimmt wird, so dass der gemeinsame Vertreter im Namen der nicht selbst beteiligten Anteilsinhaber zwar Anträge stellen und Vergleiche schließen, diese Anteilsinhaber aber nicht rechtsgeschäftlich verpflichten kann[62] (zur umstr. Frage seiner Beschwerdebefugnis vgl. noch Rz. 40.29). Gemäß § 6 Abs. 3 SpruchG steht es dem gemeinsamen Vertreter frei, das Spruchverfahren „auch nach Rücknahme eines Antrags" fortzuführen; praktisch bedeutsamer ist freilich, dass dies auch gilt, wenn sämtliche verfahrenseinleitenden Anträge zurückgenommen werden[63]. Diese Regelung, die auch nach einer vergleichsweisen Erledigung anwendbar ist[64], soll es rechtsmissbräuchlich handelnden Aktionären erschweren, sich von der Gesellschaft den „Lästigkeitswert" ihrer Anträge abkaufen zu lassen[65]. Verletzt der gemeinsame Vertreter schuldhaft seine Pflichten, kommen Schadensersatzansprüche der von ihm vertretenen Anteilsinhaber in Betracht[66].

40.18

Ist an einer der in den §§ 6a, 6b und 6c SpruchG genannten Strukturmaßnahmen, die zum Gegenstand eines Spruchverfahrens gemacht worden ist, eine **ausländische Gesellschaft** beteiligt, können auch deren Anteilsinhaber nach diesen Vorschriften die Bestellung eines **gemeinsamen Vertreters** beantragen, sofern sie nicht selbst antragsberechtigt sind. Dessen Aufgabenkreis ist mit demjenigen eines gemeinsamen Vertreters i.S.d. § 6 SpruchG allerdings nicht vergleichbar, weil dieser gemeinsame Vertreter nicht auf die Erhöhung der ursprünglich festgesetzten Kompensationsleistung hinzuwirken, sondern diese vielmehr im Interesse der Anteilsinhaber der ausländischen Gesellschaft **zu verteidigen** hat[67].

40.19

---

60 *Dreier* in Dreier/Fritzsche/Verfürth, § 6 SpruchG Rz. 4; *Hüffer/Koch*, Anh. § 305, § 6 SpruchG Rz. 1; *Bayer/Hoffmann*, AG 2013, R79.
61 Zur Unanfechtbarkeit dieses Beschlusses vgl. OLG Frankfurt a.M. v. 14.7.2011 – 21 W 29/11, AG 2012, 42, 43. Die Vergütung des gemeinsamen Vertreters richtet sich nach § 6 Abs. 2 SpruchG, vgl. wegen der Einzelheiten etwa *Deiß*, NZG 2013, 248, 250 f.
62 *Kubis* in MünchKomm. AktG, 5. Aufl. 2020, § 6 SpruchG Rz. 13; *Dreier* in Dreier/Fritzsche/Verfürth, § 6 SpruchG Rz. 14; *Mennicke* in Lutter, UmwG, § 6 SpruchG Rz. 10; *Klöcker/Wittgens* in K. Schmidt/Lutter, AktG, § 6 SpruchG Rz. 21 f.; *Leuering* in Simon, § 6 SpruchG Rz. 31. Zur Erhebung einer Verfassungsbeschwerde, mit der die Verletzung der Grundrechte der außenstehenden Aktionäre gerügt werden soll, ist der gemeinsame Vertreter ebenso wenig befugt, vgl. BVerfG v. 30.5.2007 – 1 BvR 1267/06 u. 1280/06, AG 2007, 697, 698.
63 *Hüffer/Koch*, Anh. § 305 AktG, § 6 SpruchG Rz. 9; *Dreier* in Dreier/Fritzsche/Verfürth, § 6 SpruchG Rz. 17; *Wasmann* in KölnKomm. AktG, 3. Aufl. 2013, § 6 SpruchG Rz. 17.
64 *Hüffer/Koch*, Anh. § 305 AktG, § 6 SpruchG Rz. 9.
65 Begr. RegE SpruchverfahrensneuordnungsG, BT-Drucks. 15/371, S. 14; *Klöcker/Wittgens* in K. Schmidt/Lutter, AktG, § 6 SpruchG Rz. 23.
66 H.M., vgl. – mit Unterschieden in der dogmatischen Herleitung – u.a. *Kubis* in MünchKomm. AktG, 5. Aufl. 2020, § 6 SpruchG Rz. 15; *Hüffer/Koch*, Anh. § 305 AktG, § 6 SpruchG Rz. 6; zweifelnd *Wasmann* in KölnKomm. AktG, 3. Aufl. 2013, § 6 SpruchG Rz. 22. Auch in der höchstrichterlichen Rechtsprechung ist die Haftung des gemeinsamen Vertreters prinzipiell anerkannt, allerdings hat sie der BGH aufgrund des „weiten Ermessens" des gemeinsamen Vertreters als „praktisch kaum vorstellbar" bezeichnet, vgl. BGH v. 22.10.2013 – II ZB 4/13, NZG 2014, 33, 35 = AG 2014, 46.
67 Vgl. m.w.N. *Leuering* in Simon, §§ 6a-6c SpruchG Rz. 5.

VI. Mündliche Verhandlung vor Gericht

1. Vorbereitung der mündlichen Verhandlung

40.20 Gemäß § 7 Abs. 1 und 2 SpruchG hat das Gericht die Anträge der Antragsteller unverzüglich dem Antragsgegner sowie dem gemeinsamen Vertreter zuzustellen und dabei den Antragsgegner zu einer **schriftlichen Erwiderung** aufzufordern, in der insbesondere zur Höhe der jeweiligen Kompensationsmaßnahme Stellung zu nehmen ist (§ 7 Abs. 2 Satz 2 SpruchG). Für die Erwiderung hat das Gericht dem Antragsgegner eine **Frist** zu setzen, die gemäß § 7 Abs. 2 Satz 3 SpruchG mindestens einen und höchstens drei Monate betragen soll. Diese Erwiderungsfrist kann unter den Voraussetzungen der §§ 224, 225 ZPO, § 16 Abs. 2 FamFG verlängert werden, was aber nach Vorstellung des Gesetzgebers der Ausnahmefall bleiben soll[68]. Da die Zustellung der Anträge unverzüglich zu erfolgen hat, sollte die Frist schon bei Zustellung des ersten Antrags nach Möglichkeit so bemessen werden, dass auch noch auf später eingehende und zuzustellende Anträge innerhalb dieser Frist zusammenfassend erwidert werden kann[69]. Eine **Fristüberschreitung** des Antragsgegners kann zur Präklusion führen (§ 10 Abs. 1 Satz 1 SpruchG).

40.21 Der Antragsgegner ist nach Zustellung der Anträge zudem ohne besondere gerichtliche Aufforderung verpflichtet, die nach den gesetzlichen Vorschriften im Rahmen der jeweiligen Strukturmaßnahme erstellten **Berichte** und **Prüfungsberichte** bei Gericht einzureichen (§ 7 Abs. 3 Satz 1 und 2 SpruchG). Das Gericht kann dem Antragsgegner aufgeben, Abschriften dieser Unterlagen unverzüglich und kostenlos dem Antragsteller und dem gemeinsamen Vertreter zu erteilen, wenn diese das verlangen (§ 7 Abs. 3 Satz 3 SpruchG). Zur Durchsetzung dieser Verpflichtungen steht dem Gericht das Zwangsgeldverfahren zur Verfügung (vgl. § 7 Abs. 8 SpruchG i.V.m. § 35 FamFG).

40.22 Nach Eingang der Erwiderung des Antragsgegners i.S.d. § 7 Abs. 2 SpruchG ist diese den Antragstellern und dem gemeinsamen Vertreter zuzuleiten (§ 7 Abs. 4 SpruchG). Dabei hat das Gericht den Antragstellern und dem gemeinsamen Vertreter eine Frist von mindestens einem und höchstens drei Monaten zu setzen, binnen derer diese Beteiligten **gegen die Erwiderung des Antragsgegners** und **gegen die durch den Antragsgegner vorgelegten Berichte und Prüfungsberichte Einwendungen** vorbringen können. Die Überschreitung der – ebenfalls (vgl. Rz. 40.20) nach §§ 224, 225 ZPO, § 16 Abs. 2 FamFG verlängerbaren – Frist kann Präklusionsfolgen auslösen (§ 10 Abs. 1 Satz 1 SpruchG). Nach zutreffender h.M. gelten diese inhaltlichen Beschränkungen der zulässigen Einwendungen[70] trotz des Wortlauts der Regelung nicht für die **Replik** des gemeinsamen Vertreters (vgl. Rz. 40.18), weil dieser zu der jeweiligen Kompensationsleistung darin erstmals Stellung nimmt. Der gemeinsame Vertreter ist deshalb insbesondere nicht an die bereits durch die Antragsteller erhobenen Einwendungen gebunden, sondern kann im Interesse der von ihm vertretenen nicht antragstellenden Anteilsinhaber auch andere Einwendungen geltend machen[71].

---

68 Begr. RegE SpruchverfahrensneuordnungsG, BT-Drucks. 15/371, S. 14.
69 *Hüffer/Koch*, Anh. § 305 AktG, § 7 SpruchG Rz. 4. *Büchel*, NZG 2003, 793, 797 weist zutreffend darauf hin, dass es dagegen mit dem Gesetzeswortlaut nicht vereinbar wäre, wenn das Gericht die Antragsfrist zunächst abwarten und erst dann eine Erwiderungsfrist für alle Anträge setzen würde, ebenso *Koppensteiner* in KölnKomm. AktG, 3. Aufl. 2004, Anh. § 327f AktG Rz. 33; a.A. *Klöcker/Wittgens* in K. Schmidt/Lutter, AktG, § 7 SpruchG Rz. 6; *Winter* in Simon, § 7 SpruchG Rz. 15; *Bungert/Mennicke*, BB 2003, 2021, 2027.
70 Diese Beschränkungen können neues Vorbringen der Antragsteller noch in diesem Verfahrensstadium allerdings praktisch ohnehin kaum verhindern, vgl. näher *Winter* in Simon, § 7 SpruchG Rz. 31 f.; *Puszkajler* in KölnKomm. AktG, 3. Aufl. 2013, § 7 SpruchG Rz. 30.
71 *Büchel*, NZG 2003, 791, 798; *Hüffer/Koch*, Anh. § 305 AktG, § 7 SpruchG Rz. 6; *Verfürth/Schulenburg* in Dreier/Fritzsche/Verfürth, § 7 SpruchG Rz. 43; *Koppensteiner* in KölnKomm. AktG, 3. Aufl. 2004, Anh. § 327f AktG Rz. 36; a.A. *Mennicke* in Lutter, UmwG, § 6 SpruchG Rz. 10.

Gemäß § 7 Abs. 5 bis 7 SpruchG kann das Gericht weitere Maßnahmen zur **Vorbereitung der mündlichen Verhandlung** ergreifen. So kann den Beteiligten z.B. eine Ergänzung oder Erläuterung ihres schriftlichen Vorbringens oder die Vorlage von Aufzeichnungen aufgegeben oder ihnen eine Frist zur Erklärung über bestimmte klärungsbedürftige Punkte gesetzt werden (§ 7 Abs. 5 Satz 2 SpruchG). Das Gericht kann aber auch schon im Vorfeld der mündlichen Verhandlung gemäß § 7 Abs. 6 SpruchG eine Beweisaufnahme anordnen, die indes zumindest nach dem Wortlaut dieser Regelung nur der „Klärung von Vorfragen" dienen darf. Ob es vor diesem Hintergrund zulässig ist, die Beweiserhebung auch auf Hauptfragen zu erstrecken, ist bislang wenig geklärt[72]. Zwar lässt sich für eine Bejahung dieser Frage anführen, dass sich der Gesetzgeber mit § 7 Abs. 6 SpruchG an die Regelung des § 358a ZPO anlehnen wollte[73], die eine solche Beweisaufnahme zu Hauptfragen zulässt; da die Vorschrift des § 7 Abs. 6 SpruchG aber nach den Gesetzesmaterialien[74] darauf zielt, die Vorbereitung des eigentlichen Beweisbeschlusses zu erleichtern, dürfte mehr für ihre wortlautnahe Auslegung sprechen. Zur Klärung von Vorfragen lässt § 7 Abs. 6 SpruchG schließlich ausdrücklich auch die Einholung einer schriftlichen Stellungnahme des sachverständigen Prüfers (vgl. Rz. 40.25) zu.

40.23

Auf Verlangen der Antragsteller oder des Vorsitzenden hat der Antragsgegner gemäß § 7 Abs. 7 SpruchG dem Gericht oder einem von diesem bestellten Sachverständigen darüber hinaus sonstige **Unterlagen, die für die Entscheidung des Gerichts erheblich sind**, unverzüglich vorzulegen. Der Gesetzgeber hat dabei vor allem an durch den Antragsgegner in Auftrag gegebene interne Bewertungsgutachten und an vorbereitende Arbeitspapiere der beauftragten Wirtschaftsprüfer gedacht[75]. Bestehen auf Seiten des Antragsgegners wichtige **Geheimhaltungsinteressen**, die die Interessen der Antragsteller überwiegen, kann der Vorsitzende gemäß § 7 Abs. 7 Satz 2 SpruchG auf Antrag des Antragsgegners anordnen, dass diese Unterlagen den Antragstellern nicht zugänglich gemacht werden dürfen; zumindest nach den Gesetzesmaterialien soll dann auch das Gericht „konsequenterweise" nicht befugt sein, diese Unterlagen in seinem späteren Beschluss offenzulegen. Ob diese Regelung mit dem grundrechtlich garantierten Anspruch der Antragsteller auf Gewährung rechtlichen Gehörs (Art. 103 Abs. 1 GG) vereinbar ist, wird nicht zu Unrecht bezweifelt[76]. Zur **Durchsetzung** der sich aus § 7 Abs. 7 SpruchG ergebenden Vorlagepflichten steht dem Gericht das Zwangsgeldverfahren zur Verfügung (vgl. § 7 Abs. 8 SpruchG i.V.m. § 35 FamFG).

40.24

2. Durchführung der mündlichen Verhandlung

Gemäß § 8 Abs. 1 Satz 1 SpruchG soll das Gericht regelmäßig aufgrund einer – möglichst frühzeitig anzuberaumenden (§ 8 Abs. 1 Satz 2 SpruchG) – **mündlichen Verhandlung** entscheiden. Für diese Verhandlung soll auch das persönliche Erscheinen eines nach den jeweiligen gesetzlichen Vorgaben im Rahmen der Strukturmaßnahme bestellten **sachverständigen Prüfers** angeordnet werden, sofern das Gericht seine „Anhörung als sachverständigen Zeugen" nicht ausnahmsweise als entbehrlich erachtet (vgl. § 8 Abs. 2 Satz 1 SpruchG). Trotz dieser gesetzlichen Formulierung ist die Stellung des sachver-

40.25

---

72 Bejahend z.B. *Hüffer/Koch*, Anh. § 305 AktG, § 7 SpruchG Rz. 8; *Puszkajler* in KölnKomm. AktG, 3. Aufl. 2013, § 7 SpruchG Rz. 47; offen *Büchel*, NZG 2003, 791, 798; enger *Mennicke* in Lutter, UmwG, § 7 SpruchG Rz. 12; *Koppensteiner* in KölnKomm. AktG, 3. Aufl. 2004, Anh. § 327f AktG Rz. 39; *Klöcker/Wittgens* in K. Schmidt/Lutter, AktG, § 7 SpruchG Rz. 12; *Verfürth/Schulenburg* in Dreier/Fritzsche/Verfürth, § 7 SpruchG Rz. 61; *Winter* in Simon, § 7 SpruchG Rz. 49.
73 Begr. RegE SpruchverfahrensneuordnungsG, BT-Drucks. 15/371, S. 15.
74 Begr. RegE SpruchverfahrensneuordnungsG, BT-Drucks. 15/371, S. 15.
75 Begr. RegE SpruchverfahrensneuordnungsG, BT-Drucks. 15/371, S. 15; ob auch die Vorlage vorbereitender Arbeitspapiere verlangt werden kann, wird im Schrifttum z.T. deshalb bezweifelt, weil dem Antragsgegner gegenüber dem Wirtschaftsprüfer ein eigener Herausgabeanspruch vielfach nicht zustehen wird, vgl. m.w.N. *Mennicke* in Lutter, UmwG, § 7 SpruchG Rz. 14.
76 Siehe etwa *DAV-Handelsrechtsausschuss*, NZG 2003, 316, 319; *Meilicke/Heidel*, DB 2003, 2267, 2271; *Hüffer/Koch*, Anh. § 305 AktG, § 7 SpruchG Rz. 9; vgl. auch LG München I v. 28.4.2017 – 5 HK O 26513/11, AG 2017, 501, 503; a.A. *Mennicke* in Lutter, UmwG, § 7 SpruchG Rz. 22; *Koppensteiner* in KölnKomm. AktG, 3. Aufl. 2004, § 327f AktG Rz. 38.

ständigen Prüfers im Spruchverfahren bislang nicht abschließend geklärt. Als sachverständiger Zeuge i.S.d. § 414 ZPO kann er in aller Regel schon deshalb nicht angesehen werden, weil es dem Gericht üblicherweise nicht um seine persönlichen Wahrnehmungen, sondern um seine wertenden Feststellungen gehen wird, die aber nicht nur der konkrete Prüfer, sondern auch jeder andere Sachverständige zu treffen in der Lage ist[77]. Der Prüfer ist indessen auch kein gerichtlicher Sachverständiger i.S.d. §§ 402 ff. ZPO: Zwar wird er nach den jeweiligen gesetzlichen Vorgaben nicht mehr – wie es vor Inkrafttreten des Spruchverfahrensneuordnungsgesetzes zum Teil möglich war – durch den Vorstand der jeweiligen Gesellschaft, sondern durch das Gericht bestellt (vgl. z.B. § 293c Abs. 1 Satz 1 AktG). Diese Bestellung erfolgt jedoch weder aufgrund eines Beweisbeschlusses, noch wird den später antragsberechtigten Personen in diesem Verfahren rechtliches Gehör gewährt; daneben findet auch keine gerichtliche Leitung der Prüfungstätigkeit i.S.d. § 404a ZPO statt[78]. Zutreffend erscheint daher die im Schrifttum vertretene Annahme, dass das Gericht den Prüfer im Falle des § 8 Abs. 2 Satz 1 SpruchG im Rahmen einer „formlosen Amtsermittlung" i.S.d. § 26 FamFG anhört[79].

40.26 Häufig[80] wird der für die Bemessung der Kompensationsmaßnahme relevante Unternehmenswert auch nach der Anhörung des sachverständigen Prüfers (Rz. 40.25) zwischen den Beteiligten streitig bleiben. Soweit dann nicht ausnahmsweise die – eine gerichtliche Schätzung erlaubenden – § 287 Abs. 2 ZPO, § 738 Abs. 2 BGB weiterhelfen, weil nur noch Restfragen offen geblieben sind, deren abschließende Aufklärung einen unverhältnismäßigen Aufwand bedeutete[81], bedarf der Unternehmenswert also einer Feststellung im Rahmen einer **formellen Beweisaufnahme**[82]. Zumeist wird das Gericht dazu einen Sachverständigen bestellen[83]. Zwar soll als gerichtlich bestellter Sachverständiger nach den Gesetzesmaterialien „grundsätzlich" auch der bereits tätig gewordene sachverständige Prüfer in Betracht kommen; nicht zu verkennen ist jedoch, dass dieser Prüfer auf diese Weise zum „Obergutachter in eigener Sache"[84] würde und dass – wie auch die Begründung zum RegE des § 8 SpruchG feststellt – „in den meisten Fällen eine gewisse ‚Hemmschwelle' bestehen (dürfte), sich selbst zu korrigieren"[85]. Wenn-

---

77 *Büchel*, NZG 2003, 796, 802; *Sturm/Stottmann*, NZG 2020, 974, 975; *Hüffer/Koch*, Anh. § 305 AktG, § 8 SpruchG Rz. 4; *Koppensteiner* in KölnKomm. AktG, 3. Aufl. 2004, Anh. § 327f AktG Rz. 46; vgl. auch *Klöcker/Wittgens* in K. Schmidt/Lutter, AktG, § 8 SpruchG Rz. 6, die sich aber trotz dieser Bedenken i.E. am Wortlaut der Regelung orientieren wollen; a.A. *Verfürth/Schulenburg* in Dreier/Fritzsche/Verfürth, § 8 SpruchG Rz. 13.
78 *Büchel*, NZG 2003, 796, 801; siehe auch *Halfmeier/Jacoby*, ZIP 2020, 203, 206. Dementsprechend steht den später antragsberechtigten Personen auch keine Befugnis zu, den sachverständigen Prüfer wegen Befangenheit abzulehnen, vgl. u.a. OLG Düsseldorf v. 8.6.2020 – 26 W 7/20 (AktE), AG 2020, 673, 674; OLG München v. 20.3.2019 – 31 Wx 185/17, AG 2019, 659 Rz. 86.
79 *Hüffer/Koch*, Anh. § 305 AktG, § 8 SpruchG Rz. 4. Ähnlich i.E. *Mennicke* in Lutter, UmwG, § 8 SpruchG Rz. 6; siehe auch *Puszkajler* in KölnKomm. AktG, 3. Aufl. 2013, § 8 SpruchG Rz. 15 ff.; *Sturm/Stottmann*, NZG 2020, 974, 975.
80 Wohl eher in Ausnahmefällen wird sich das Gericht auf der Grundlage der Anhörung des sachverständigen Prüfers in der Lage sehen, im Rahmen seiner Beweiswürdigung eine abschließende Überzeugung zu den streitigen Punkten des Bewertungsgutachtens zu entwickeln; ein solches Vorgehen des Gerichts (zu dem die Praxis allerdings mit offenbar steigender Tendenz übergeht, vgl. *Puskajler/Sekera-Terplan*, NZG 2015, 1055, 1058) wird hingegen zu Recht als zulässig angesehen, vgl. OLG München v. 20.3.2019 – 31 Wx 185/17, AG 2019, 659, 662; OLG Stuttgart v. 27.7.2015 – 20 W 5/14, AG 2017, 493, 494; OLG Düsseldorf v. 17.12.2015 – I-26 W 22/14 [AktE], WM 2015, 1641, 1643 = AG 2016, 504; OLG Düsseldorf v. 11.5.2015 – I-26 W 2/13 [AktE], AG 2016, 573, 575; OLG Düsseldorf v. 20.11.2001 – 19 W 2/00, AG 2002, 398, 399; zust. m.w.N. *Hüffer/Koch*, Anh. § 305 AktG, § 8 SpruchG Rz. 4; krit. *Halfmeier/Jacoby*, ZIP 2020, 203, 205 ff.; *Sturm/Stottmann*, NZG 2020, 974, 977.
81 Vgl. dazu z.B. OLG Hamburg v. 31.7.2001 – 11 W 29/94, AG 2002, 406, 408; *Hüffer/Koch*, § 305 AktG Rz. 22 f.; siehe auch OLG Zweibrücken v. 2.10.2017 – 9 W 3/14, AG 2018, 200, 201 ff.
82 *Büchel*, NZG 2003, 796, 801.
83 Die isolierte Anfechtung dieses Beweisbeschlusses ist ausgeschlossen, vgl. OLG Düsseldorf v. 12.12.2012 – I-26 W 19/12 (AktE), AG 2013, 226, 227.
84 *Lutter/Bezzenberger*, AG 2000, 433, 439.
85 Begr. RegE SpruchverfahrensneuordnungsG, BT-Drucks. 15/371, S. 15.

gleich die Besonderheiten des Einzelfalls eine andere Wertung rechtfertigen können, sollte vor diesem Hintergrund zumindest im Regelfall eine Bestellung des Prüfers zum gerichtlichen Sachverständigen unterbleiben[86]. Die über lange Zeit auch unter den Obergerichten umstrittene Frage, ob sich der gerichtlich bestellte Sachverständige im Rahmen seiner Begutachtung auf **Bewertungsstandards** stützen darf, die erst nach dem Bewertungsstichtag der verfahrensgegenständlichen Strukturmaßnahme entwickelt wurden, hat der BGH inzwischen jedenfalls für solche Konstellationen bejaht, in denen die neue Berechnungsweise keine Reaktion auf nach dem Stichtag eingetretene und zuvor nicht angelegte wirtschaftliche oder rechtliche Veränderungen darstellt[87]. Bedeutung erlangt dies vor allem für die vom Institut der Wirtschaftsprüfer in Deutschland e.V. herausgegebenen und fortlaufend überarbeiteten „Grundsätze zur Durchführung von Unternehmensbewertungen" (IDW S1).

Die schließlich in § 8 Abs. 3 SpruchG angeordnete entsprechende Anwendung der §§ 138, 139 ZPO bewirkt – unter Zurückdrängung[88] des Amtsermittlungsgrundsatzes (§ 26 FamFG) – die Einführung des **Beibringungsgrundsatzes** in das Spruchverfahren[89]. Besonders bedeutsam ist dabei die Geltung des § 138 Abs. 3 ZPO; sie stellt klar, dass das Gericht im Spruchverfahren nicht zur Ermittlung solcher Tatsachen gezwungen ist, die unbestritten bleiben[90].   40.27

Hinsichtlich ihres tatsächlichen Vorbringens unterliegen alle Beteiligten gemäß § 9 SpruchG im Übrigen umfassenden **Verfahrensförderungspflichten**, die sich inhaltlich an die in § 282 ZPO geregelten Pflichten anlehnen. Eine Verletzung dieser Verfahrensförderungspflichten kann unter den Voraussetzungen des § 10 SpruchG die **Präklusion** zur Folge haben. Dabei lässt § 10 Abs. 2 SpruchG für eine schuldhafte Verspätung schon jede einfache Fahrlässigkeit ausreichen[91] und stellt somit im Gegensatz zu der weniger strengen Parallelregelung des § 296 Abs. 2 ZPO dafür nicht auf eine grobe Nachlässigkeit ab. Im Lichte des Art. 103 Abs. 1 GG hat das Gericht vor diesem Hintergrund an die Feststellung der Fahrlässigkeit hohe Anforderungen zu stellen[92]. Unter den Voraussetzungen des § 10 Abs. 4 SpruchG kann das Gericht auch **Zulässigkeitsrügen**, die der Antragsgegner gemäß § 9 Abs. 3 SpruchG innerhalb der ihm durch das Gericht zur Erwiderung auf den Antrag gemäß § 7 Abs. 2 SpruchG gesetzten Frist geltend zu machen hat, im Falle der Verspätung zurückweisen. Dies gilt jedoch nicht, falls diese Rügen von Amts wegen zu berücksichtigen sind, was im Spruchverfahren den Regelfall bildet[93].   40.28

---

86 *Lutter/Bezzenberger*, AG 2000, 433, 439; *Emmerich* in Emmerich/Habersack, Aktien- und GmbH-Konzernrecht, § 8 SpruchG Rz. 8; *Hüffer/Koch*, Anh. § 305 AktG, § 8 SpruchG Rz. 5; *Büchel*, NZG 2003, 796, 802; *Koppensteiner* in KölnKomm. AktG, 3. Aufl. 2004, Anh. § 327f AktG Rz. 46; siehe auch *Puszkajler*, AG 2003, 518, 521; *Puszkajler* in KölnKomm. AktG, 3. Aufl. 2013, § 8 SpruchG Rz. 19 ff.; *Sturm/Stottmann*, NZG 2020, 974, 976; a.A. *Fuhrmann/Linnerz*, Der Konzern 2004, 265, 270; tendenziell auch *Mennicke* in Lutter, UmwG, § 8 SpruchG Rz. 10.
87 BGH v. 29.9.2015 – II ZB 23/14, ZIP 2016, 110, 114 = AG 2016, 135; siehe nachfolgend auch OLG Düsseldorf v. 22.3.2018 – 26 W 18/14 (AktE), AG 2019, 732, 734; OLG Düsseldorf v. 14.12.2017 – I-26 W 8/15 (AktE), AG 2018, 399, 400 f.; OLG Düsseldorf v. 6.6.2016 – I-26 W 4/12 (AktE), AG 2017, 487, 488. Zu dem sich bis zur Entscheidung des BGH in Rechtsprechung und Literatur bietenden kontroversen Meinungsbild vgl. eingehend *Fleischer*, AG 2016, 185, 186 ff.
88 Vgl. dazu auch § 10 Abs. 3 SpruchG.
89 Vgl. ausführlich *Winter/Nießen*, NZG 2007, 13, 15 ff.; siehe auch *Klöcker/Wittgens* in K. Schmidt/Lutter, AktG, § 8 SpruchG Rz. 8; *Koppensteiner* in KölnKomm. AktG, 3. Aufl. 2004, Anh. § 327f AktG Rz. 26, 44.
90 Begr. RegE SpruchverfahrensneuordnungsG, BT-Drucks. 15/371, S. 15.
91 Begr. RegE SpruchverfahrensneuordnungsG, BT-Drucks. 15/371, S. 16.
92 *Bungert/Mennicke*, BB 2003, 2021, 2028; *Hüffer/Koch*, Anh. § 305 AktG, § 10 SpruchG Rz. 6; *Mennicke* in Lutter, UmwG, § 10 SpruchG Rz. 7; *Puszkajler* in KölnKomm. AktG, 3. Aufl. 2013, § 10 SpruchG Rz. 19.
93 Zu dem daher verbleibenden engen Anwendungsbereich der Regelung vgl. näher *Hüffer/Koch*, Anh. § 305 AktG, § 10 SpruchG Rz. 8; *Kubis* in MünchKomm. AktG, 5. Aufl. 2020, § 10 SpruchG Rz. 9; *Verfürth/Schulenburg* in Dreier/Fritzsche/Verfürth, § 10 SpruchG Rz. 52.

40.28a Gelangt das Gericht auf der Basis seiner regelmäßig stattfindenden Beweisaufnahme (vgl. Rz. 40.26) zu der Überzeugung, dass der für die Bemessung der Kompensationsmaßnahme ursprünglich angesetzte Unternehmenswert nicht dem „**wahren Wert**" des betreffenden Unternehmens[94] entspricht, hat es dem Antrag des Antragstellers grundsätzlich stattzugeben (vgl. Rz. 40.29). Allerdings erkennt die obergerichtliche Rechtsprechung in diesem Zusammenhang eine – ihrer Höhe nach noch nicht abschließend bestimmte – **Bagatellgrenze** an, deren Unterschreitung zur Unbegründetheit des Antrages führt[95]. Eine absolute Untergrenze – die auch nicht nur geringfügig unterschritten werden darf[96] – bildet dabei prinzipiell der sich aus dem **Börsenkurs**[97] der Aktien des betroffenen Unternehmens ergebende Wert der Beteiligung des antragstellenden Aktionärs[98] (vgl. näher auch Rz. 13.45 ff.); nach verschiedenen jüngeren instanzgerichtlichen Entscheidungen soll der Börsenkurs – jedenfalls im Einzelfall – auch als ausschließlicher Anknüpfungspunkt der gerichtlichen Wertermittlung in Betracht kommen[99]. In Squeeze-Out-Konstellationen kann der Barwert der nach einem bestehenden Unternehmensvertrag dem Minderheitsaktionär zu leistenden Ausgleichszahlungen eine weitere Untergrenze der Barabfindung bilden[100].

VII. Beendigung des Verfahrens

1. Entscheidung des Gerichts

40.29 Das Spruchverfahren vor dem Landgericht endet gemäß § 11 Abs. 1 SpruchG regelmäßig durch eine gerichtliche Entscheidung, die in Form eines mit Gründen versehenen **Beschlusses** ergeht. Darin setzt das Gericht, wenn es den Antrag des Antragstellers für begründet hält und diesem stattgibt (vgl. Rz. 40.28a), die zu erbringende Kompensationsleistung fest; etwaige Zinsen können, müssen aber nicht in den Tenor aufgenommen werden, da sie sich bereits aus der einschlägigen Norm ergeben (vgl. z.B. § 305 Abs. 3 Satz 3 AktG für die Verzinsung der Barabfindung beim Beherrschungs- oder Gewinnabführungsvertrag)[101]. Eine *reformatio in peius* ist prinzipiell ausgeschlossen[102]. Gegen den Beschluss

---

94 Vgl. zu dessen prinzipieller Maßgeblichkeit etwa BGH v. 29.9.2015 – II ZB 23/14, NZG 2016, 139 Rz. 42; *Emmerich* in Emmerich/Habersack, Aktien- und GmbH-Konzernrecht, § 305 AktG Rz. 37; *Hüffer/Koch*, § 305 AktG Rz. 23.
95 Vgl. u.a. OLG Frankfurt v. 26.1.2015 – 21 W 26/13, AG 2015, 504 Rz. 81 ff. (1 bis 2 %); OLG Düsseldorf v. 21.2.2019 – 26 W 4/18, AG 2019, 840 Rz. 77 (weniger als 2 %, ggf. auch mehr als 5 % bei Einzelfallprüfung); OLG Stuttgart v. 8.7.2011 – 20 W 14/08, AG 2011, 795, 800 (weniger als 5 %); OLG München v. 2.9.2019 – 31 Wx 358/16, AG 2020, 133, 138 (jenseits 5 % nur nach krit. Einzelfallabwägung).
96 OLG Karlsruhe v. 12.9.2017 – 12 W 1/17, ZIP 2018, 122, 123 ff.
97 Zur Ermittlung des relevanten Durchschnittskurses und seiner in Sonderfällen denkbaren Unmaßgeblichkeit vgl. ausf. und m.w.N. *Emmerich* in Emmerich/Habersack, Aktien- und GmbH-Konzernrecht, § 305 AktG Rz. 42 ff.; *van Rossum* in MünchKomm. AktG, 5. Aufl. 2020, § 305 AktG Rz. 94 ff.; *J. Schmidt*, NZG 2020, 1362, 1365 ff. Nach einer jüngeren Entscheidung des OLG Hamburg kommt bei Bestehen eines hinreichend liquiden Handels prinzipiell auch der Rückgriff auf Freiverkehrskurse in Betracht, vgl. OLG Hamburg v. 7.9.2020 – 13 W 122/20, NZG 2021, 29, 30 f.
98 BVerfG v. 27.4.1999 – 1 BvR 1613/94, NZG 1999, 931, 932 ff.; BGH v. 12.3.2001 – II ZB 15/00, NZG 2001, 603, 604 ff.
99 Vgl. u.a. OLG Frankfurt v. 3.9.2019 – 5 W 57/09, NZG 2010, 1141, 1142; OLG Frankfurt v. 5.12.2013 – 21 W 36/12, NZG 2014, 464, 465; OLG Stuttgart v. 17.7.2014 – 20 W 3/12, AG 2015, 580, 581; dezidiert auch LG Frankfurt v. 27.6.2019 – 3-05 O 38/18, NZG 2019, 989 Rz. 49 ff.; vgl. auch aus dem Schrifttum zust. (jeweils m.w.N.) u.a. *Hüffer/Koch*, § 305 AktG Rz. 37; *Krieger* in MünchHdb. AG, § 71 Rz. 39.
100 BGH v. 15.9.2020 – II ZB 6/20, AG 2020, 949 Rz. 18 ff.
101 OLG Düsseldorf v. 4.7.2012 – I-26 W 11/11 (AktE), NZG 2012, 1181, 1184 = AG 2012, 716; *Dreier* in Dreier/Fritzsche/Verfürth, § 11 SpruchG Rz. 15; a.A. *Mennicke* in Lutter, UmwG, § 11 SpruchG Rz. 2; *Klöcker/Wittgens* in K. Schmidt/Lutter, AktG, § 11 SpruchG Rz. 2.
102 *Kubis* in MünchKomm. AktG, 5. Aufl. 2020, § 11 SpruchG Rz. 6; *Mennicke* in Lutter, UmwG, § 11 SpruchG Rz. 2; *Simon* in Simon, § 11 SpruchG Rz. 5. Eine Ausnahme besteht nur im Fall des Spruch-

des Landgerichts[103] findet die **Beschwerde** statt (§ 12 Abs. 1 Satz 1 SpruchG), sofern der Wert des Beschwerdegegenstands 600 Euro übersteigt (§ 61 Abs. 1 FamFG)[104] oder das Landgericht die Beschwerde zulässt (§ 61 Abs. 2 FamFG); über diese entscheidet gemäß § 119 Abs. 1 Nr. 2 GVG das Oberlandesgericht[105]. Die Beschwerde eröffnet gemäß § 65 Abs. 3 FamFG eine weitere Tatsacheninstanz und ermöglicht den Beteiligten somit einen vollständig neuen Tatsachen- und Rechtsvortrag. Sie ist binnen einer **Frist** von einem Monat zu erheben (§ 63 Abs. 1 FamFG) und kann nur von einem Rechtsanwalt eingelegt werden (§ 12 Abs. 1 Satz 2 SpruchG). Die **Beschwerdebefugnis** richtet sich nach § 59 FamFG. Die lange Zeit umstrittene Frage, ob auch dem gemeinsamen Vertreter – falls er das Verfahren nicht ohnehin gemäß § 6 Abs. 3 SpruchG als „Quasi-Antragsteller" fortgeführt hat (vgl. Rz. 40.18) – eine von den Antragstellern unabhängige Beschwerdebefugnis zukommt, hat der BGH inzwischen verneint[106]. Gemäß § 65 Abs. 1 FamFG „soll" die Beschwerde mit einer **Begründung** versehen werden, zu deren Vorlage das Beschwerdegericht dem Beschwerdeführer gemäß § 65 Abs. 2 FamFG eine Frist einräumen kann; eine Verletzung dieser Sollvorgabe bleibt indessen für die Zulässigkeit der Beschwerde unerheblich[107]. Gegen die Entscheidung des Beschwerdegerichts ist, soweit von diesem zugelassen, die **Rechtsbeschwerde** nach § 70 FamFG gegeben, über die gemäß § 133 GVG der **BGH** befindet.

Die Entscheidung des Landgerichts wird mit Eintritt ihrer Rechtskraft wirksam (§ 13 Satz 1 SpruchG) 40.30 und entfaltet gemäß § 13 Satz 2 SpruchG **Wirkung**[108] „für und gegen alle", insbesondere also auch gegenüber denjenigen Anteilsinhabern, die die Kompensationsmaßnahme bereits angenommen haben (§ 13 Satz 2 SpruchG, so genannter „Abfindungsergänzungsanspruch"). Die rechtskräftige Entscheidung ist vor dem Hintergrund dieser allseitigen Wirkung nach näherer Maßgabe des § 14 SpruchG **bekannt zu machen**. Ist die Antragsgegnerin börsennotiert, sollte sie daneben ihre Pflichten zur **Ad-hoc-Bekanntmachung** aus Art. 17 MAR mit Rücksicht auf den konkreten Inhalt der gerichtlichen Entscheidung prüfen[109]; des Weiteren können sich für sie Zulassungsfolgepflichten aus den §§ 48 ff. WpHG ergeben.

---

verfahrens wegen Beseitigung von Mehrstimmrechten i.S.d. § 5 Abs. 4 EGAktG, in dem auch eine überhöhte Kompensationsleistung gerügt werden kann.
103 Bloße Zwischenverfügungen des Landgerichts sind demgegenüber nicht isoliert anfechtbar, vgl. OLG Düsseldorf v. 5.7.2018 – 26 W 12/18, AG 2019, 183, 184; zu den kostenrechtlichen Folgen einer vor diesem Hintergrund unstatthaften Beschwerde vgl. OLG Düsseldorf v. 8.11.2018 – 26 W 12/18 (AktE), AG 2019, 684.
104 H.M., vgl. etwa m.w.N. BGH v. 18.9.2018 – II ZB 15/17, AG 2019, 76 Rz. 9 ff.; OLG Stuttgart v. 20.8.2018 – 20 W 2/13, AG 2019, 262, 263; OLG Düsseldorf v. 26.9.2016 – I-26 W 3/16 (AktE), AG 2017, 121, 121 ff.; KG v. 28.7.2016 – 2 W 8/16 SpruchG, AG 2016, 790, 791; *Hüffer/Koch*, Anh. § 305 AktG, § 12 SpruchG Rz. 2; *Simons* in Hölters, AktG, § 12 SpruchG Rz. 6; a.A. (nämlich für die Unbeachtlichkeit des Beschwerdewertes eintretend) *Krenek* in Heidel, § 12 SpruchG Rz. 9.
105 Wegen der örtlichen Zuständigkeit des Beschwerdegerichts bleibt zu beachten, dass § 12 Abs. 2 SpruchG eine Ermächtigung der Landesregierungen zur Zuständigkeitskonzentration enthält, von der vielfach Gebrauch gemacht worden ist, vgl. die Nachweise bei *Drescher* in BeckOGK AktG, Stand 1.6.2021, § 12 SpruchG Rz. 6.
106 BGH v. 29.9.2015 – II ZB 23/14, ZIP 2016, 110, 112 (m. umfangr. Nachw. zum Streitstand) = AG 2016, 135; siehe auch OLG Frankfurt v. 20.7.2016 – 21 W 21/14, AG 2007, 832, 833; OLG Frankfurt a.M. v. 29.1.2016 – 21 W 70/15, AG 2016, 551, 552. Im Schrifttum hat diese höchstrichterliche Rechtsprechung vielfach Kritik erfahren, siehe u.a. *Hüffer/Koch*, Anh. § 305 AktG, § 12 SpruchG Rz. 3; *Fritzsche* in Dreier/Fritzsche/Verfürth, § 12 SpruchG Rz. 16.
107 OLG Düsseldorf v. 17.12.2015 – I-26 W 22/14 [AktE], WM 2015, 1641, 1642 = AG 2016, 504; OLG Karlsruhe v. 1.4.2015 – 12a W 7/15, Der Konzern 2015, 442, 445 = AG 2015, 549; *Sternal* in Keidel, § 65 FamFG Rz. 4; zweifelnd *Klöcker/Wittgens* in K. Schmidt/Lutter, AktG, § 12 SpruchG Rz. 17; siehe auch OLG Stuttgart v. 21.8.2018 – 20 W 2/13, AG 2019, 262 Rz. 50.
108 Zu den nach der jeweiligen Kompensationsmaßnahme unterschiedlichen Wirkungen der Entscheidung vgl. im Einzelnen z.B. *Hüffer/Koch*, Anh. § 305 AktG, § 13 SpruchG Rz. 3.
109 Siehe auch (zu § 15 WpHG a.F.) *Wilske* in KölnKomm. AktG, 3. Aufl. 2013, § 14 SpruchG Rz. 27 ff.; *Leuering* in Simon, § 14 SpruchG Rz. 23.

40.31 Da die gerichtliche Entscheidung im Spruchverfahren **keinen vollstreckungsfähigen Inhalt** hat, muss gegen den Anspruchsverpflichteten, falls er die geschuldete Kompensationsleistung nicht erbringen sollte, eine Leistungsklage erhoben werden[110]. Örtlich zuständig für diese Klage ist das erstinstanzlich im Spruchverfahren tätig gewordene Landgericht; die funktionelle Zuständigkeit liegt ausschließlich bei demjenigen Spruchkörper, der zuletzt inhaltlich mit den vorausgegangenen Spruchverfahren befasst war (vgl. § 16 SpruchG).

2. Antragsrücknahme; Erledigung

40.32 Das Spruchverfahren kann daneben auch durch Antragsrücknahme enden, sofern alle Anträge zurückgenommen werden (§ 22 Abs. 1 FamFG) und der gemeinsame Vertreter von seinem sich aus § 6 Abs. 3 SpruchG ergebenden Fortführungsrecht (vgl. Rz. 40.18) keinen Gebrauch macht[111]. Als verfahrensbeendigende Maßnahme kommt ferner eine durch die Beteiligten unter Einschluss des gemeinsamen Vertreters übereinstimmend erklärte Erledigung der Hauptsache – also eine „übereinstimmende Beendigung" i.S.d. § 22 Abs. 3 FamFG – in Betracht[112].

3. Vergleich

40.33 Nach § 11 Abs. 2 SpruchG soll das Gericht in jeder Lage des Verfahrens auf eine gütliche Einigung bedacht sein. Der **gerichtliche Vergleich** im Spruchverfahren, dessen Zulässigkeit nach früherem Recht von der wohl h.M. abgelehnt wurde[113], wird also durch das SpruchG ausdrücklich anerkannt. Gemäß § 11 Abs. 4 SpruchG kann sein Abschluss – entsprechend § 278 Abs. 6 ZPO – auch außerhalb der mündlichen Verhandlung durch schriftliche Annahme eines gerichtlichen Vergleichsvorschlages erfolgen. Um verfahrensbeendende Wirkung zu entfalten, bedarf der Vergleich der Zustimmung aller Beteiligten (§ 11 Abs. 2 Satz 2 SpruchG). Nach zutreffender, wenngleich nicht unbestrittener Auffassung ist demgegenüber für die Wirksamkeit des Vergleiches (trotz der beispielsweise in § 295 AktG geregelten Wirksamkeitsvoraussetzungen für die Änderung von Unternehmensverträgen) kein Zustimmungsbeschluss der Anteilseignerversammlung des Antragsgegners erforderlich[114].

40.33a Schließen lediglich einige der Antragsteller einen **Teilvergleich** und scheiden diese sodann durch Erledigungserklärung aus dem Spruchverfahren aus, ist das Verfahren mit den übrigen Antragstellern fortzusetzen. Richtigerweise darf das Gericht die vergleichsweise ausgehandelte Kompensationsleistung – selbst wenn der Teilvergleich von der Mehrheit der Antragsteller getragen wird – dann auch nicht als Grundlage für eine Schätzung der von ihm gegenüber den übrigen Antragstellern festzusetzenden Kompensationsleistung heranziehen, zumal dies auf eine Anerkennung des im Gesetzgebungsverfahren diskutierten, im SpruchG jedoch gerade nicht umgesetzten „(qualifizierten) Mehrheitsvergleichs" hinausliefe[115].

---

110 *Kubis* in MünchKomm. AktG, 5. Aufl. 2020, § 13 SpruchG Rz. 4.
111 *Klöcker/Wittgens* in K. Schmidt/Lutter, AktG, § 11 SpruchG Rz. 20; *Hüffer/Koch*, Anh. § 305 AktG, § 11 SpruchG Rz. 3; *Mennicke* in Lutter, UmwG, § 11 SpruchG Rz. 15.
112 *Klöcker/Wittgens* in K. Schmidt/Lutter, AktG, § 11 SpruchG Rz. 22 ff.; *Mennicke* in Lutter, UmwG, § 11 SpruchG Rz. 17. Abgesehen von der übereinstimmend erklärten Erledigung kommen Fälle der materiellen Erledigung in der Praxis nur selten vor, vgl. ausführlich z.B. *Puszkajler* in KölnKomm. AktG, 3. Aufl. 2013, § 11 SpruchG Rz. 42 ff.
113 Vgl. dazu zusammenfassend mit Nachweisen z.B. *Bungert/Mennicke*, BB 2003, 2021, 2030 f.
114 *Puszkajler* in KölnKomm. AktG, 3. Aufl. 2013, § 11 SpruchG Rz. 26; *Simon* in Simon, § 11 SpruchG Rz. 19; *Hüffer/Koch*, Anh. § 305 AktG, § 11 SpruchG Rz. 5; *Drescher* in BeckOGK AktG, Stand 1.6.2021, § 11 SpruchG Rz. 12; a.A. *Wälzholz* in Widmann/Mayer, Umwandlungsrecht, § 11 SpruchG Rz. 33; *L. Zimmer/Meese*, NZG 2004, 201, 203 f.
115 OLG Düsseldorf v. 8.8.2013 – I-26 W 17/12, AG 2013, 807, 809; OLG Frankfurt a.M. v. 21.5.2015 – 21 W 63/13, AG 2015, 547, 548; *Hüffer/Koch*, Anh. § 305 AktG, § 11 SpruchG Rz. 5; a.A. *Drescher* in BeckOGK AktG, Stand 1.6.2021, § 11 SpruchG Rz. 13; *M. Noack*, NZG 2014, 92, 93.

VIII. Kosten

1. Gerichtskosten

Die Gerichtskosten richten sich nach dem GNotKG[116] (vgl. § 1 Abs. 2 Nr. 5 GNotKG). Die Gebührenhöhe hängt von dem **Geschäftswert** ab, der nach § 74 Satz 1 Halbsatz 2 GNotKG mindestens 200.000 Euro und höchstens 7,5 Mio. Euro beträgt und den das Gericht gemäß § 79 Abs. 1 GNotKG von Amts wegen festzusetzen hat. Auszugehen ist dabei grundsätzlich von dem Verfahrenserfolg (§ 74 Satz 1 Halbsatz 1 GNotKG), der sich als Differenz zwischen der ursprünglich vorgesehenen und der durch das Gericht festgesetzten Kompensationsleistung pro Anteil multipliziert mit der Gesamtzahl der bei Ablauf der Antragsfrist (§ 74 Satz 2 GNotKG) von antragsberechtigten Anteilsinhabern gehaltenen Anteilen bestimmt[117]. Da diese Berechnung bei **erfolglosen Anträgen** ausscheidet, kommt zur Bestimmung ihres Geschäftswertes – entgegen der h.M.[118] – nur eine Ermessensausübung im Einzelfall in Betracht, die sich freilich innerhalb der gesetzlichen Mindest- und Höchstgrenzen zu bewegen hat[119]. **Schuldner** der Gerichtskosten ist grundsätzlich nur der Antragsgegner (§ 23 Nr. 14 Alt. 1 GNotKG); allerdings können auch den Antragstellern die Gerichtskosten ganz oder teilweise auferlegt werden, wenn dies der Billigkeit entspricht (§ 15 Abs. 1 SpruchG i.V.m. § 23 Nr. 14 Alt. 2 GNotKG; zur dann eintretenden gesamtschuldnerischen Haftung vgl. § 32 Abs. 1 GNotKG). Letzteres kommt nur in besonders außergewöhnlichen Fällen, z.B. bei eindeutig verspäteter Antragstellung, offensichtlich unzureichender Bewertungsrüge i.S.d. § 4 Abs. 2 Satz 2 Nr. 4 SpruchG oder bei rechtsmissbräuchlicher Verfahrenseinleitung in Betracht[120]. Zur Deckung der Auslagen des Gerichts ist in Spruchverfahren zwingend ein **Vorschuss** zu erheben (§ 14 Abs. 3 Satz 2 GNotKG).

40.34

2. Außergerichtliche Kosten

Hinsichtlich der außergerichtlichen Kosten der Antragsteller ist auf § 15 Abs. 2 SpruchG abzustellen. Danach sind auch die **außergerichtlichen Kosten der Antragsteller**, die zur zweckentsprechenden Erledigung der Angelegenheit notwendig waren, grundsätzlich von diesen selbst zu tragen, es sei denn, eine vollständige oder teilweise Erstattung durch den Antragsgegner entspricht der Billigkeit. Die Billigkeitsentscheidung hängt nach Vorstellung des Gesetzgebers **von dem Ausgang des Verfahrens**

40.35

---

116 Gesetz über Kosten der freiwilligen Gerichtsbarkeit für Gerichte und Notare, eingeführt durch Art. 1 des 2. Gesetzes zur Modernisierung des Kostenrechts (2. KostRMoG) v. 23.7.2013, BGBl. I 2013, 2586. Bis zum 31.7.2013 verwies § 15 Abs. 1 Satz 1 SpruchG a.F. auf die KostO, die durch Art. 45 des 2. KostR-MoG aufgehoben wurde; siehe auch die Übergangsvorschrift des § 136 GNotKG.
117 *Hüffer/Koch*, Anh. § 305 AktG, § 15 SpruchG Rz. 3; *Büchel*, NZG 2003, 796, 802; *Bungert/Mennicke*, BB 2003, 2021, 2029.
118 Vgl. etwa OLG Stuttgart v. 31.3.2004 – 20 W 4/04, Der Konzern 2004, 609, 610 = AG 2004, 390, das für den Fall eines unzulässigen Antrages jedes Ermessen des Gerichts verneint und stets nur auf den Mindestwert von 200.000 Euro abstellen will; ebenso KG v. 31.7.2018 – 2 W 21/18 SpruchG, AG 2019, 138, 139 f.; OLG Schleswig v. 27.8.2008 – 2 W 65/06, ZIP 2009, 438, 439 = AG 2009, 380; OLG Karlsruhe v. 1.4.2015 – 12a W 7/15, Der Konzern 2015, 442, 453 = AG 2015, 549; *Emmerich* in Emmerich/Habersack, Aktien- und GmbH-Konzernrecht, § 15 SpruchG Rz. 10; *Mennicke* in Lutter, UmwG, § 15 SpruchG Rz. 5; *Hörtnagl* in Schmitt/Hörtnagl, UmwG, UmwStG, 9. Aufl. 2020, § 15 SpruchG Rz. 8; *Winter* in Simon, § 15 SpruchG Rz. 34; *Drescher* in BeckOGK AktG, Stand 1.6.2021, § 15 SpruchG Rz. 8.
119 A.A. LG München I v. 29.3.2010 – 38 O 22024/09, Der Konzern 2010, 251, 253, das in Einzelfällen auch eine Unterschreitung des gesetzlichen Mindestwertes für zulässig hält.
120 BGH v. 13.12.2011 – II ZB 12/11, AG 2012, 173, 176; KG v. 31.7.2018 – 2 W 21/18 SpruchG, AG 2019, 138, 139; *Bungert/Mennicke*, BB 2003, 2021, 2030; *Klöcker/Wittgens* in K. Schmidt/Lutter, AktG, § 15 SpruchG Rz. 11; *Fritzsche* in Dreier/Fritzsche/Verfürth, § 15 SpruchG Rz. 24; *Kubis* in MünchKomm. AktG, 5. Aufl. 2020, § 15 SpruchG Rz. 17; *Mennicke* in Lutter, UmwG, § 15 SpruchG Rz. 10; *Hüffer/Koch*, Anh. § 305 AktG, § 15 SpruchG Rz. 4.

ab[121]: Werden die Kompensationsleistungen durch das Gericht nicht erhöht, soll dies für das Verbleiben der Kostenlast bei den Antragstellern sprechen, während sich ein Erfolg der Antragsteller für eine Billigkeitsentscheidung zu Lasten des Antragsgegners anführen lasse; auch eine Teilung soll – z.B. bei nur geringfügiger Erhöhung – in Betracht kommen[122]. Unklar und gesetzlich ungeregelt bleibt, wann eine Erhöhung als so erheblich zu werten ist, dass sie die Kostenbelastung des Antragsgegners rechtfertigt[123]. § 15 Abs. 2 SpruchG entfaltet indessen nach h.M. insoweit abschließende Wirkung, als den Antragstellern in keinem Fall auch **die außergerichtlichen Kosten der Antragsgegner**[124] auferlegt werden können[125].

40.36 Für die Berechnung der den Antragstellern ggf. zu erstattenden **Rechtsanwaltsgebühren**[126] gilt – sofern mehrere Antragsteller am Spruchverfahren beteiligt sind – gemäß § 31 RVG der so genannte gespaltene Geschäftswert. Deshalb entspricht der anzusetzende Gegenstandswert nicht dem für die Gerichtskosten maßgeblichen vollen Geschäftswert (Rz. 40.34), sondern lediglich einem Teil dieses Wertes. Die konkrete Höhe des Gegenstandswerts richtet sich dabei nach § 31 Abs. 1 Satz 1 RVG: Danach entspricht der maßgebliche Gegenstandswert dem Bruchteil des für die Gerichtskosten anzusetzenden Geschäftswerts, der sich aus dem Verhältnis der Anzahl der dem Auftraggeber[127] – im Zeitpunkt der Antragstellung (§ 31 Abs. 1 Satz 2 RVG) – zustehenden Anteile[128] zu der Gesamtzahl der Anteile aller Antragsteller ergibt[129]; gemäß § 31 Abs. 1 Satz 4 RVG sind jedoch mindestens 5.000 Euro anzusetzen. Wurde das Verfahren nur von einem einzelnen Antragsteller betrieben, ist für die Berechnung der Rechtsanwaltsgebühren auf den vollen Geschäftswert abzustellen[130].

---

121 Vgl. zu den Einzelheiten dieser Billigkeitsabwägung instruktiv OLG München v. 11.3.2020 – 31 Wx 34/17, AG 2020, 440, 445.
122 Begr. RegE SpruchverfahrensneuordnungsG, BT-Drucks. 15/371, S. 18.
123 Darauf zu Recht hinweisend *Bungert/Mennicke*, BB 2003, 2021, 2030. Nach *Emmerich* in Emmerich/Habersack, Aktien- und GmbH-KonzernR, § 15 SpruchG Rz. 18, stellt die gerichtliche Praxis auf eine Erhöhung um 15 bis 20 % ab.
124 Zu deren Bemessung vgl. etwa *Deiß*, NZG 2013, 248, 251.
125 BGH v. 13.12.2011 – II ZB 12/11, AG 2012, 173, 174; OLG Stuttgart v. 27.7.2015 – 20 W 5/14, AG 2017, 493, 497; *Meilicke/Heidel*, DB 2003, 2267, 2275; *Emmerich* in Emmerich/Habersack, Aktien- und GmbH-Konzernrecht, § 15 SpruchG Rz. 22; *Simons* in Hölters, AktG, § 15 SpruchG Rz. 19; a.A. (für die außergerichtlichen Kosten des Beschwerdeverfahrens) OLG München v. 13.12.2016 – 31 Wx 186/16, AG 2017, 203, 203 f.; OLG Hamburg v. 9.6.2005 – 11 W 30/05, AG 2005, 853; *M. Noack*, NZG 2017, 653, 654; *Rosskopf* in KölnKomm. AktG, 3. Aufl. 2013, § 15 SpruchG Rz. 59 ff.; differenzierend *Winter* in Simon, § 15 SpruchG Rz. 102 f.
126 Ein Antragsteller, der sich als Rechtsanwalt im Spruchverfahren selbst vertritt, hat i.d.R. keinen Erstattungsanspruch in Höhe der Gebühren eines Rechtsanwalts, vgl. BGH v. 28.1.2014 – II ZB 13/13, WM 2014, 467, 468 = AG 2014, 283.
127 Im Falle mehrerer Auftraggeber sind die sich danach für jeden einzelnen Auftraggeber ergebenden Geschäftswerte zu addieren, ohne dass zusätzliche Erhöhungsgebühren anfallen, vgl. OLG München v. 24.10.2018 – 31 Wx 305/18, ZIP 2019, 265, 266; ggf. ist dabei der Mindestgeschäftswert von 5.000 Euro mehrfach anzusetzen, vgl. OLG Karlsruhe v. 23.1.2020 – 12 W 16/19, AG 2020, 343, 344.
128 Enthält die Antragsbegründung entgegen dem Sollerfordernis des § 4 Abs. 2 Satz 4 SpruchG keine Angaben zur Anzahl der von dem Antragsteller gehaltenen Anteile, wird gem. § 31 Abs. 2 Satz 3 RVG vermutet, dass der Antragsteller lediglich einen Anteil besitzt. Dasselbe gilt, wenn das Gericht dem Antragsteller – wie in der Praxis nicht unüblich – nachträglich die Gelegenheit zur Stellungnahme hinsichtlich des Umfangs seiner Beteiligung gewährt und diese durch den Antragsteller nicht (fristgerecht) wahrgenommen wird, vgl. OLG Düsseldorf v. 27.4.2017 – I 26 W 25/12, AG 2017, 787, 789.
129 *Bungert/Mennicke*, BB 2003, 2021, 2030; *Hüffer/Koch*, Anh. § 305 AktG, § 15 SpruchG Rz. 7; *Kubis* in MünchKomm. AktG, 5. Aufl. 2020, § 15 SpruchG Rz. 24; *Deiß*, NZG 2013, 248, 250.
130 *Koppensteiner* in KölnKomm. AktG, 3. Aufl. 2004, Anh. § 327f AktG Rz. 53; *Fritzsche* in Dreier/Fritzsche/Verfürth, § 15 SpruchG Rz. 90; *Klöcker/Wittgens* in K. Schmidt/Lutter, AktG, § 15 SpruchG Rz. 24; *Büchel*, NZG 2003, 793, 803.

§ 41
Sonstige individuelle Klagerechte der Aktionäre

I. „Auskunftserzwingungsverfahren"
(§ 132 AktG) 41.1
1. Überblick 41.1
2. Gerichtliche Zuständigkeit; Antragstellung 41.3
3. Verfahren und Entscheidung des Gerichts 41.6
4. Auskunftserteilung; Vollstreckung der Entscheidung 41.9

II. Gerichtliche Entscheidung über die Zusammensetzung des Aufsichtsrates (§ 98 AktG); gerichtliche Bestellung eines Aufsichtsratsmitglieds
(§ 104 AktG) 41.11
III. Die „allgemeine Aktionärsklage" 41.12
IV. Schadensersatzklagen 41.15
V. Weitere individuelle Klagerechte 41.17

Schrifttum: *Cahn*, Ansprüche und Klagemöglichkeiten der Aktionäre wegen Pflichtverletzungen der Verwaltung beim genehmigten Kapital, ZHR 164 (2000), 113; *Drinkuth*, Rechtsschutz beim genehmigten Kapital, AG 2006, 142; *Götze/Roßkopf*, Die Hauptversammlung nach dem Gesetz zur Abmilderung der Folgen der COVID-19-Pandemie im Zivil-, Insolvenz- und Strafverfahrensrecht, DB 2020, 768; *Krämer/Kiefner*, Präventiver Rechtsschutz und Flexibilität beim genehmigten Kapital, ZIP 2006, 301; *Lüke*, Das Verhältnis von Auskunfts-, Anfechtungs- und Registerverfahren im Aktienrecht, ZGR 1990, 657; *Mutter/Kruchen*, Paukenschlag des Gesetzgebers: Virtuelle HV 4.0 ab dem 28.2.2021, AG 2021, 108; *Quack*, Unrichtige Auskünfte und das Erzwingungsverfahren des § 132 AktG, in FS Beusch, 1993, S. 663; *Raiser*, Das Recht der Gesellschafterklagen, ZHR 153 (1989), 1; *Paschos*, Berichtspflichten und Rechtsschutz bei der Ausübung eines genehmigten Kapitals, DB 2005, 2731; *Simons/Hauser*, Die virtuelle Hauptversammlung – Aktuelle Praxisfragen unter dem Regime der „Corona"-Gesetzgebung, NZG 2020, 488; *Waclawik*, Die Aktionärskontrolle des Verwaltungshandelns bei der Ausnutzung des genehmigten Kapitals der Aktiengesellschaft, ZIP 2006, 397; *Werner*, Fehlentwicklungen in aktienrechtlichen Auskunftsstreitigkeiten – Zugleich ein Beitrag über die Zulässigkeit negativer Feststellungsanträge im Auskunftserzwingungsverfahren, in FS Heinsius, 1991, S. 911; *Wilsing*, Berichtspflichten des Vorstands und Rechtsschutz der Aktionäre bei der Ausübung der Ermächtigung zum Bezugsrechtsausschuss im Rahmen eines genehmigten Kapitals – Anmerkung zu BGH ZIP 2005, 2205 (Mangusta/Commerzbank I) sowie BGH ZIP 2005, 2207 (Mangusta/Commerzbank II), ZGR 2006, 722; *Zöllner*, Die so genannten Gesellschafterklagen im Kapitalgesellschaftsrecht, ZGR 1988, 392.

I. „Auskunftserzwingungsverfahren" (§ 132 AktG)

1. Überblick

Gemäß § 131 AktG steht den Aktionären in der Hauptversammlung ein umfassendes Auskunftsrecht zu, dessen Inhalt und Schranken bereits bei Rz. 36.11 ff. dargestellt worden sind. Wird dieses Auskunftsrecht verletzt, indem der Vorstand eine nach § 131 AktG zu erteilende Auskunft verweigert oder diese nur unvollständig abgibt, steht dem einzelnen Aktionär gemäß § 132 AktG das sog. **Auskunftserzwingungsverfahren** zur Verfügung. Dieses Verfahren, das damit ebenso zum Kreis der Individualklagerechte zählt (vgl. Rz. 39.1 f.), dient der gerichtlichen Klärung der Frage, ob der Vorstand die gewünschte Auskunft nach den gesetzlichen Vorgaben zu geben hat; am Ende eines erfolgreichen Auskunftserzwingungsverfahrens steht damit die **Erteilung der zu Unrecht verweigerten Auskunft**[1]. 41.1

---
1 *Butzke*, HV, G Rz. 93.

41.2 Die unberechtigte Auskunftsverweigerung bildet daneben zugleich einen Anfechtungsgrund i.S.d. § 243 Abs. 1 AktG und kann damit auch die Erhebung einer **Anfechtungsklage** rechtfertigen (vgl. Rz. 39.49 ff.). Da die Anfechtungsklage jedoch selbst im Erfolgsfall nicht zur Erteilung der Information, sondern zur gerichtlichen Nichtigerklärung des angegriffenen Hauptversammlungsbeschlusses führt, handelt es sich nach zutreffender und heute herrschender Meinung bei dem Auskunftserzwingungsverfahren und der Anfechtungsklage um **zwei voneinander unabhängige gerichtliche Verfahren**[2]. Ein Aktionär, der seine Anfechtungsklage auf eine Auskunftspflichtverletzung stützen will, ist deshalb nicht verpflichtet, vorab oder parallel ein Auskunftserzwingungsverfahren gemäß § 132 AktG einzuleiten (vgl. näher mit Nachweisen Rz. 39.52). Davon zu unterscheiden ist die Frage, ob eine etwaige parallel nach § 132 AktG ergehende Entscheidung das mit dem Anfechtungsprozess befasste Gericht bindet. Zwar lässt sich für eine solche – von der früher wohl h.M. bejahte[3] – **Bindungswirkung** die andernfalls bestehende Gefahr einander widersprechender Entscheidungen anführen. Dem hat der BGH jedoch zu Recht entgegengehalten[4], dass eine solche Bindung des mit dem Anfechtungsprozess befassten Gerichts angesichts der erheblichen Einschränkung des Instanzenzugs im Auskunftserzwingungsverfahren (vgl. dazu näher, insbesondere hinsichtlich der Zulassungserfordernisse, Rz. 41.7) zu einer Verkürzung der Rechte des Anfechtungsklägers führte[5]. Zur Vermeidung einander widersprechender Entscheidungen verbleibt die Möglichkeit, das Anfechtungsverfahren gemäß § 148 ZPO auszusetzen; eine gerichtliche Verpflichtung dazu besteht aber wegen der Unabhängigkeit beider Verfahren nicht[6]. Auch eine laufende **Sonderprüfung** beschränkt weder das Auskunftsrecht nach § 131 Abs. 1 AktG noch das Antragsrecht aus § 132 AktG[7].

2. Gerichtliche Zuständigkeit; Antragstellung

41.3 Gemäß § 132 Abs. 3 Satz 1 i.V.m. § 99 Abs. 1 AktG ist das Auskunftserzwingungsverfahren den Regeln des FamFG unterworfen. Bezweckt ist damit vor allem die Beschleunigung des Rechtsschutzes, zu dessen Erlangung ohne dieses spezielle Verfahren nur die zivilprozessuale Leistungsklage zur Verfügung stünde[8]. Die **sachliche Zuständigkeit** für das Klageerzwingungsverfahren liegt gemäß § 132 Abs. 1 Satz 1 AktG bei den Landgerichten; **funktionell zuständig** ist – soweit bei dem jeweiligen Landgericht existent – die Kammer für Handelssachen (§ 71 Abs. 2 Nr. 4 lit. b, § 94, § 95 Abs. 2 Nr. 2 GVG). Diese entscheidet jedoch nur auf Antrag der Parteien (vgl. §§ 96, 98, 101 Abs. 2 GVG); unterbleibt ein solcher Antrag, wird das Verfahren vor der Zivilkammer verhandelt[9]. Die **örtliche Zuständigkeit** richtet sich gemäß § 132 Abs. 1 Satz 1 AktG grundsätzlich nach dem Sitz der Gesellschaft (§ 5 AktG); durch § 71 Abs. 4 GVG werden die Landesregierungen jedoch ermächtigt, die örtliche Zuständigkeit für die

---

[2] BGH v. 29.11.1982 – II ZR 88/81, BGHZ 86, 1, 3 ff. = AG 1983, 75; *Decher* in Großkomm. AktG, 5. Aufl. 2020, § 132 AktG Rz. 12; *Kubis* in MünchKomm. AktG, 4. Aufl. 2018, § 132 AktG Rz. 60; *Hüffer/Koch*, § 132 AktG Rz. 2; *Lüke*, ZGR 1990, 657, 659 ff.; *Spindler* in K. Schmidt/Lutter, § 132 AktG Rz. 44; a.A. z.B. *Werner* in FS Heinsius, 1991, S. 911, 918 ff.

[3] *K. Schmidt* in Großkomm. AktG, 4. Aufl. 1996, § 243 AktG Rz. 34; *Lüke*, ZGR 1990, 657, 660 f.; siehe auch OLG Stuttgart v. 7.5.1992 – 13 U 140/91, AG 1992, 459.

[4] BGH v. 16.2.2009 – II ZR 185/07, NJW 2009, 2207, 2212 = AG 2009, 285.

[5] *Kubis* in MünchKomm. AktG, 4. Aufl. 2018, § 132 AktG Rz. 61; *Decher* in Großkomm. AktG, 5. Aufl. 2020, § 132 AktG Rz. 13; *Spindler* in K. Schmidt/Lutter, § 132 AktG Rz. 45.

[6] *Decher* in Großkomm. AktG, 5. Aufl. 2020, § 132 AktG Rz. 14; *Kubis* in MünchKomm. AktG, 4. Aufl. 2018, § 132 AktG Rz. 62; *Hüffer/Koch*, § 132 AktG Rz. 2; *Butzke*, HV, G Rz. 93; krit. bzgl. der Anwendbarkeit des § 148 ZPO *Heidel* in Heidel, § 132 AktG Rz. 2.

[7] OLG Düsseldorf v. 8.6.2020 – 26 W 4/20, AG 2020, 796, 798.

[8] Vgl. näher z.B. *Decher* in Großkomm. AktG, 5. Aufl. 2020, § 132 AktG Rz. 1.

[9] Siehe auch Stellungnahme des Bundesrates zum Entwurf eines Gesetzes zur Änderung des Aktiengesetzes (Aktienrechtsnovelle 2012) v. 10.2.2012, BR-Drucks. 852/11 (Beschluss), S. 3 ff.; *Kubis* in MünchKomm. AktG, 4. Aufl. 2018, § 132 AktG Rz. 7; *Spindler* in K. Schmidt/Lutter, § 132 AktG Rz. 3; *Reger* in Bürgers/Körber/Lieder, § 132 AktG Rz. 2.

Bezirke mehrerer Landgerichte einem von diesen zu übertragen. Von dieser Verordnungsermächtigung zur **Verfahrenskonzentration** haben viele Länder Gebrauch gemacht[10].

Das Auskunftserzwingungsverfahren wird durch einen **Antrag** eingeleitet (§ 132 Abs. 1 Satz 1 AktG), dessen Inhalt keinen besonderen gesetzlichen Vorgaben unterliegt. Notwendig und ausreichend ist, dass der Antragsteller eine gerichtliche Entscheidung hinsichtlich seines Auskunftsrechts betreffend eine von ihm zu konkretisierende Information begehrt[11]. **Antragsberechtigt** ist gemäß § 132 Abs. 2 Satz 1 Var. 1 AktG *zum einen* jeder Aktionär[12], dem die in der Hauptversammlung von ihm[13] wirksam – ggf. auch im Wege der Online-Teilnahme i.S.d. § 118 Abs. 1 Satz 2 AktG[14] – verlangte Auskunft nicht erteilt worden ist. Nach wohl noch herrschender Meinung steht das Verfahren nach § 132 AktG dagegen nicht zur Verfügung, wenn der Aktionär die Auskunft zwar erhalten hat, diese aber für unrichtig hält; in solchen Fällen sollen vielmehr lediglich die Anfechtungsklage oder eine zivilrechtliche Leistungsklage erhoben werden können[15]. Die Gegenauffassung[16] hält dem zu Recht entgegen, dass in der Erteilung einer **unzutreffenden Auskunft** zugleich die Verweigerung der richtigen Auskunft liegt und beide Formen der Auskunftsvermeidung damit austauschbar sind; für die Antragsberechtigung ist daher die Erteilung einer unrichtigen Auskunft dem Unterlassen der gebotenen Auskunft gleichzustellen. Gemäß § 132 Abs. 2 Satz 1 Var. 2 AktG ist antragsberechtigt *zum anderen* jeder in der Hauptversammlung erschienene[17] Aktionär, wenn über den Tagesordnungspunkt, auf den sich die Frage bezog, Beschluss gefasst worden ist und er Widerspruch zur Niederschrift (§ 130 AktG) erklärt hat. Einem **Stellvertreter** des Aktionärs oder einem **Legitimationsaktionär** (vgl. Rz. 39.79) steht das Antragsrecht nach § 132 AktG nur dann zu, wenn die Vollmacht des Stellvertreters bzw. die Ermächtigung des Legi-

41.4

---

10 Es sind dies Baden-Württemberg (§ 13 Abs. 2 Nr. 3 ZuVOJu v. 20.11.1998, GBl. 1998, 680, zul. geändert durch VO v. 26.11.2020, GBl. 2020, S. 1099), Bayern (§ 14 GZVJu v. 11.6.2012, GVBl. 2012, 295, zul. geändert durch VO v. 24.11.2020, GVBl. 2020, 654), Hessen (§ 38 Nr. 1 lit. c) JuZuV v. 3.6.2013, GVBl. 2013, 386, zul. geändert durch Gesetz v. 8.10.2020, GVBl. 2020, S. 710), Niedersachsen (§ 2 Nr. 3 ZustVO-Justiz v. 18.12.2009, GVBl. 2009, 506, zul. geändert durch VO v. 12.2.2021, GVBl. 2021, S. 12), Nordrhein-Westfalen (§ 1 Nr. 7 KonzVO GesR v. 8.6.2010, GVBl. 2010, S. 350, zul. geändert durch VO v. 11.4.2011, GVBl. 2011, 230), Rheinland-Pfalz (§ 10 Abs. 2 VO v. 22.11.1985, GVBl. 1985, 267, zuletzt geändert durch VO v. 27.11.2019, GVBl. 2019, S. 345) und Sachsen (§ 10 Nr. 3 JOrgVO v. 7.3.2016, GVBl. 2016, 103, zul. geändert durch VO v. 2.12.2019, GVBl. 2020, S. 17).
11 *Decher* in Großkomm. AktG, 5. Aufl. 2020, § 132 AktG Rz. 35.
12 Mit dem Verlust der Aktionärsstellung endet somit auch die Antragsbefugnis, so dass ein zu diesem Zeitpunkt anhängiger Antrag gemäß § 132 AktG unzulässig wird, vgl. LG München I v. 26.8.2010 – 5 HKO 19003/09, AG 2011, 219, 219 f. Die Aktionärsstellung muss nach zutreffender h.M. – anders als in den Fällen des § 245 Nr. 1 AktG – nicht bereits vor Bekanntmachung der Tagesordnung erworben worden sein, vgl. *Poelzig* in BeckOGK AktG, Stand 1.2.2021, § 132 AktG Rz. 13; *Hüffer/Koch*, § 132 AktG Rz. 4a; a.A. *Decher* in Großkomm. AktG, 5. Aufl. 2020, § 132 Rz. 27.
13 Ein fremdes Auskunftsbegehren genügt nur, wenn der Aktionär es sich zu eigen gemacht hat, vgl. näher etwa KG v. 16.7.2009 – 23 W 69/08, WM 2010, 324, 327 = AG 2010, 254.
14 Vgl. dazu *Kersting* in KölnKomm. AktG, 3. Aufl. 2010, § 132 AktG Rz. 34; *Reger* in Bürgers/Körber/Lieder, § 132 AktG Rz. 3.
15 KG v. 16.7.2009 – 23 W 69/08, WM 2010, 324, 325; OLG Dresden v. 1.12.1998 – 7 W 426/98, AG 1999, 274, 276; LG Dortmund v. 1.10.1998 – 20 AktE 8/98, AG 1999, 133; LG Köln v. 2.4.1990 – 91 O 132/89, AG 1991, 38; aus dem Schrifttum vgl. z.B. *Zöllner* in KölnKomm. AktG, 1. Aufl. 1985, § 132 AktG Rz. 5; *Heidel* in Heidel, § 132 AktG Rz. 10; offenlassend BGH v. 14.1.2014 – II ZB 5/12, AG 2014, 402, 407.
16 LG München I v. 28.5.2010 – 5HK O 14307/07, AG 2010, 919, 920; *Kubis* in MünchKomm. AktG, 4. Aufl. 2018, § 132 AktG Rz. 16; *Decher* in Großkomm. AktG, 5. Aufl. 2020, § 132 AktG Rz. 10; *Hüffer/Koch*, § 132 AktG Rz. 4a; *Spindler* in K. Schmidt/Lutter, § 132 AktG Rz. 9; *Poelzig* in BeckOGK AktG, Stand 1.2.2021, § 132 AktG Rz. 17; *Kersting* in KölnKomm. AktG, 3. Aufl. 2010, § 132 AktG Rz. 6; *Drinhausen* in Hölters, § 132 AktG Rz. 5; *Herrler* in Grigoleit, § 132 AktG Rz. 6; *Hoffmann-Becking* in MünchHdb. AG, § 38 Rz. 60; *Butzke*, HV, G Rz. 95; *Quack* in FS Beusch, 1993, S. 663, 669 ff.
17 Gleichgültig ist, ob der Aktionär selbst erschienen ist oder sich vertreten ließ, vgl. näher z.B. *Kubis* in MünchKomm. AktG, 4. Aufl. 2018, § 132 AktG Rz. 15.

timationsaktionärs eine solche Antragstellung umfasst[18]. **Antragsgegner** ist die Gesellschaft, die anders als im Falle der Anfechtungs- und Nichtigkeitsklage (vgl. Rz. 39.107) durch den Vorstand allein vertreten wird (§ 78 AktG). Auch hinsichtlich solcher Fragen, die im Rahmen einer pandemiebedingt virtuell durchgeführten Hauptversammlung i.S.d. § 1 Abs. 2 **COVMG** gestellt werden, dürfte das Antragsrecht nach richtiger, wenngleich nicht unbestrittener Auffassung jedenfalls nicht von vornherein ausgeschlossen sein, was vor allem nach den Änderungen gilt, die § 1 Abs. 2 COVMG Ende 2020[19] erfahren hat[20].

41.5 Der Antrag ist gemäß § 132 Abs. 2 Satz 2 AktG binnen einer **Frist** von zwei Wochen nach der Hauptversammlung zu stellen, in der die Auskunft verweigert worden ist. Die Fristberechnung richtet sich nach den § 16 Abs. 2 FamFG, § 222 ZPO, die ihrerseits auf die § 187 Abs. 1, § 188 Abs. 2 BGB verweisen; eine Feiertagsregelung findet sich in § 222 Abs. 2 ZPO. Wie schon der Wortlaut des § 132 Abs. 2 AktG zeigt, beginnt die Antragsfrist auch im Falle einer mehrere Tage dauernden Hauptversammlung erst nach deren Schluss; unerheblich bleibt also, an welchem Tag die Auskunft verweigert wurde[21]. Bei der Antragsfrist handelt es sich um eine **materiell-rechtliche Ausschlussfrist**, so dass verspätete Anträge als unbegründet abzuweisen sind und eine Wiedereinsetzung in den vorigen Stand nicht in Betracht kommt[22]. Der Eingang der Antragsschrift bei einem unzuständigen Gericht wahrt die Frist[23].

3. Verfahren und Entscheidung des Gerichts

41.6 Im Rahmen des Auskunftserzwingungsverfahrens prüft das Gericht, ob die formellen und sachlichen Voraussetzungen für das Auskunftsbegehren erfüllt sind und ob die Auskunft vollständig und richtig (vgl. zu Letzterem aber Rz. 41.4) erteilt worden ist[24]. Gemäß § 26 FamFG hat das Gericht die zur Beurteilung dieser Aspekte notwendigen Tatsachen zwar von Amts wegen zu ermitteln; der **Amtsermittlungsgrundsatz** wird jedoch dadurch relativiert, dass die Beteiligten gemäß § 27 FamFG ihrerseits einer Pflicht zur **Verfahrensförderung** unterliegen und daher die jeweils für sie günstigen Tatsachen

---

18 *Hüffer/Koch*, § 132 AktG Rz. 5; *Decher* in Großkomm. AktG, 5. Aufl. 2020, § 132 AktG Rz. 22.
19 Vgl. dazu Artikel 11 des Gesetzes zur weiteren Verkürzung des Restschuldbefreiungsverfahrens und zur Anpassung pandemiebedingter Vorschriften im Gesellschafts-, Genossenschafts-, Vereins- und Stiftungsrecht sowie im Miet- und Pachtrecht v. 22.12.2020, BGBl. I, S. 3328.
20 Ebenso bereits für die ursprüngliche Fassung des COVMG *Hüffer/Koch*, § 132 AktG Rz. 5, wonach zumindest die Einhaltung der für die Beantwortung der Fragen in § 1 Abs. 2 Satz 2 COVMG a.F. enthaltenen Ermessensgrenzen der gerichtlichen Überprüfung im Auskunftserzwingungsverfahren unterliegt; enger *Simons/Hauser*, NZG 2020, 488, 499, nach denen das Antragsrecht in dieser Konstellation darüber hinaus voraussetzt, dass der Vorstand bei Verletzung der Ermessensgrenzen vorsätzlich i.S.d. § 1 Abs. 7 COVMG gehandelt hat; die Anwendbarkeit des § 132 AktG unter dem COVMG a.F. dagegen gänzlich ablehnend *Götze/Roßkopf*, DB 2020, 768, 771. Jedenfalls für die Ende 2020 geänderte Fassung des § 1 Abs. 2 Satz 2 COVMG, nach der dem Vorstand lediglich bezüglich des „Wie" der Auskunftserteilung ein Ermessensspielraum eingeräumt ist, dürfte sich neben der Einhaltung der Ermessensgrenzen vor allem auch die Richtigkeit der erteilten Auskünfte im Verfahren nach § 132 AktG überprüfen lassen, vgl. auch *Poelzig* in BeckOGK AktG, Stand 1.2.2021, § 131 AktG Rz. 303; a.A. Mutter/Kruchen, AG 2021, 108, Rz. 20.
21 *Decher* in Großkomm. AktG, 5. Aufl. 2020, § 132 AktG Rz. 30.
22 *Butzke*, HV, G Rz. 94; *Hüffer/Koch*, § 132 AktG Rz. 5.
23 BayObLG v. 4.4.2001 – 3 Z BR 70/00, NZG 2001, 608, 609 = AG 2002, 290; OLG Dresden v. 1.12.1998 – 7 W 426/98, AG 1999, 274, 275; *Hüffer/Koch*, § 132 AktG Rz. 5; *Kubis* in MünchKomm. AktG, 4. Aufl. 2018, § 132 AktG Rz. 18; *Decher* in Großkomm. AktG, 5. Aufl. 2020, § 132 AktG Rz. 32; *Spindler* in K. Schmidt/Lutter, § 132 AktG Rz. 11; a.A. *Zöllner* in KölnKomm. AktG, 1. Aufl. 1985, § 132 AktG Rz. 12; *Hoffmann-Becking* in MünchHdb. AG, § 38 Rz. 59.
24 *Spindler* in K. Schmidt/Lutter, § 132 AktG Rz. 18 ff.; vgl. beispielhaft – jew. mit ausführlicher Wertung – BGH v. 14.1.2014 – II ZB 5/12, AG 2014, 402, 403 ff.; OLG Düsseldorf v. 23.2.2015 – I-26 W 14/14, AG 2015, 431, 432 ff.; LG Frankfurt a.M. v. 16.2.2016 – 3-05 O 132/15, AG 2016, 758, 759 f.

vorzutragen haben[25]. Wenn die Beteiligten z.B. über den Bestand eines Auskunftsverweigerungsrechtes streiten[26], kann sich das Gericht also an die durch den Vorstand plausibel dargelegten sowie an etwaige gerichtsbekannte oder sonst offensichtliche Gründe halten; es ist demgegenüber grundsätzlich nicht verpflichtet, nach sonstigen, im Verfahren nicht dargelegten Auskunftsverweigerungsgründen zu suchen, falls die vorgetragenen Tatsachen nicht konkreten Anlass zu weiteren Ermittlungen geben[27]. Entsprechendes gilt umgekehrt hinsichtlich der für den Antragsteller günstigen Tatsachen. Das Auskunftserzwingungsverfahren bedarf nicht zwingend einer **mündlichen Verhandlung**[28]; führt das Gericht eine solche durch, findet sie nach wohl h.M. als nicht-öffentliche Verhandlung statt[29].

Das Landgericht entscheidet durch einen mit Gründen versehenen **Beschluss**, gegen den die – binnen Monatsfrist zu erhebende (§ 63 Abs. 1 FamFG) – **Beschwerde** zum OLG[30] eröffnet ist (§ 132 Abs. 3 Satz 1 i.V.m. § 99 Abs. 3 Satz 1 und 2 AktG), falls das Landgericht sie für zulässig erklärt hat (§ 132 Abs. 3 Satz 2 AktG)[31]. Diese Zulassung soll nur bei grundsätzlicher Bedeutung der Rechtssache, zur Fortbildung des Rechts oder zur Sicherung einer einheitlichen Rechtsprechung erfolgen (vgl. näher § 132 Abs. 3 Satz 3 AktG, § 70 Abs. 2 FamFG). Eine Nichtzulassungsbeschwerde ist grundsätzlich[32] nicht statthaft. Die Beschwerdeentscheidung ist mit der **Rechtsbeschwerde** zum BGH anfechtbar, sofern das OLG diese zugelassen hat (vgl. § 70 Abs. 1, § 71 FamFG); die Zulassungsgründe ergeben sich wiederum aus § 70 Abs. 2 FamFG. Auch die Rechtsbeschwerde ist binnen eines Monats einzulegen (§ 71 Abs. 1 FamFG). 41.7

Für die **Kosten** des Verfahrens gilt seit dem 1.8.2013 das GNotKG[33] (vgl. § 1 Abs. 2 Satz 1 GNotKG). Das Gericht hat den Geschäftswert gemäß § 79 Abs. 1 Satz 1 GNotKG von Amts wegen festzusetzen. 41.8

---

25 BGH v. 14.1.2014 – II ZB 5/12, AG 2014, 402, 403; KG v. 16.7.2009, 23 W 69/08, WM 2010, 324, 328; *Decher* in Großkomm. AktG, 5. Aufl. 2020, § 132 AktG Rz. 42; *Kubis* in MünchKomm. AktG, 4. Aufl. 2018, § 132 AktG Rz. 30, 32; *Hüffer/Koch*, § 132 AktG Rz. 7; *Spindler* in K. Schmidt/Lutter, § 132 AktG Rz. 17.
26 Vgl. zu dieser Konstellation z.B. BGH v. 14.1.2014 – II ZB 5/12, AG 2014, 402, 403 (mit dem Hinweis, dass es im Auskunftserzwingungsverfahren nicht darauf ankommt, ob sich die Gesellschaft bereits in der Hauptversammlung auf ein solches Auskunftsverweigerungsrecht berufen hat).
27 *Decher* in Großkomm. AktG, 5. Aufl. 2020, § 132 AktG Rz. 42 f.; *Spindler* in K. Schmidt/Lutter, § 132 AktG Rz. 17; *Hoffmann-Becking* in MünchHdb. AG, § 38 Rz. 61.
28 *Spindler* in K. Schmidt/Lutter, § 132 AktG Rz. 16; *Kersting* in KölnKomm. AktG, 3. Aufl. 2010, § 132 AktG Rz. 56; *Decher* in Großkomm. AktG, 5. Aufl. 2020, § 132 AktG Rz. 39.
29 *Hüffer/Koch*, § 132 AktG Rz. 6; *Poelzig* in BeckOGK AktG, Stand 1.2.2021, § 132 AktG Rz. 25; *Wachter* in Wachter, § 132 AktG Rz. 11; *Herrler* in Grigoleit, § 132 AktG Rz. 10; a.A. *Kersting* in KölnKomm. AktG, 3. Aufl. 2010, § 132 AktG Rz. 56; *Spindler* in K. Schmidt/Lutter, § 132 AktG Rz. 16; *Heidel* in Heidel, § 132 AktG Rz. 13.
30 Zu der auch hier bestehenden Möglichkeiten der Zuständigkeitskonzentration vgl. § 132 Abs. 3 Satz 1 i.V.m. § 99 Abs. 3 Satz 5 AktG; davon ist in vielen Bundesländern Gebrauch gemacht worden.
31 Erforderlich ist eine ausdrückliche Zulassung, so dass das gerichtliche Schweigen zur Frage der Zulassung mit der Nichtzulassung gleichzusetzen ist, vgl. OLG Düsseldorf v. 19.3.2003 – 16 W 67/02, AG 2003, 581; *Decher* in Großkomm. AktG, 5. Aufl. 2020, § 132 AktG Rz. 63. Eine unterbliebene Entscheidung über die Zulassung lässt sich auch im Wege der „Berichtigung einer offenbaren Unrichtigkeit" i.S.d. § 42 Abs. 1 FamFG nicht nachholen, vgl. OLG Düsseldorf v. 12.5.2014 – I-26 W 7/14, AG 2014, 755, 756.
32 Ausnahmen werden für den Fall der „greifbaren Gesetzeswidrigkeit" erwogen, vgl. OLG Koblenz v. 19.7.1995 – 6 W 274/95, ZIP 1995, 1336 = AG 1996, 34; ausf. zum Ganzen *Decher* in Großkomm. AktG, 5. Aufl. 2020, § 132 AktG Rz. 68 ff.; siehe auch *Kubis* in MünchKomm. AktG, 4. Aufl. 2018, § 132 AktG Rz. 39; *Spindler* in K. Schmidt/Lutter, § 132 AktG Rz. 23; *Kersting* in KölnKomm. AktG, 3. Aufl. 2010, § 132 AktG Rz. 88; *Poelzig* in BeckOGK AktG, Stand 1.2.2021, § 132 AktG Rz. 27.
33 Gesetz über Kosten der freiwilligen Gerichtsbarkeit für Gerichte und Notare, eingeführt durch Art. 1 des 2. Gesetzes zur Modernisierung des Kostenrechts (2. KostRMoG) v. 23.7.2013, BGBl. I 2013, 2586. Bis zum 31.7.2013 verwies § 132 Abs. 5 Satz 1 AktG a.F. auf die KostO, die durch Art. 45 des 2. KostR-MoG aufgehoben wurde; siehe auch die Übergangsvorschrift des § 136 GNotKG.

Für jede Instanz fallen grundsätzlich[34] zwischen zwei bis vier volle Gebühren an[35]. Welcher der Beteiligten die Kosten trägt, bestimmt das Gericht nach billigem Ermessen (§ 132 Abs. 5 AktG), wobei die Kosten in der Regel dem unterliegenden Teil aufzuerlegen sind[36]. Über die Erstattung der **außergerichtlichen Kosten** und ihre Höhe hat das Gericht nach § 132 Abs. 3, § 99 Abs. 1 AktG, § 80, § 81 Abs. 1 Satz 1 FamFG zu befinden[37], was ebenfalls zu einem Billigkeitsentscheid führt, der im Einzelfall von der nach § 132 Abs. 5 AktG zu treffenden Entscheidung abweichen kann[38]. Da sich die Verweisung in § 80 Satz 2 FamFG nicht auf die Vorschrift des § 91 Abs. 2 ZPO erstreckt, hat das Gericht im Einzelfall zu entscheiden, ob die Gebühren und Auslagen eines Rechtsanwalts zu erstatten sind[39].

4. Auskunftserteilung; Vollstreckung der Entscheidung

41.9 Ist die dem Antrag des Aktionärs stattgebende Entscheidung rechtskräftig geworden, muss der Vorstand die begehrte Auskunft gemäß § 132 Abs. 4 Satz 1 AktG „auch" außerhalb der Hauptversammlung erteilen. Vor dem Hintergrund dieser gesetzlichen Formulierung nimmt die allgemeine Meinung ein **Wahlrecht** des obsiegenden Aktionärs an, die jeweilige Auskunft entweder in der nächsten Hauptversammlung oder aber unverzüglich außerhalb der Hauptversammlung zu erhalten[40]. Den rechtskräftigen Beschluss hat der Vorstand darüber hinaus gemäß § 132 Abs. 3 Satz 1 i.V.m. § 99 Abs. 5 Satz 3 AktG unverzüglich **zum Handelsregister einzureichen**. Diese Regelung bezweckt, den anderen Aktionären die Wahrnehmung ihres Auskunftsrechts nach § 131 Abs. 4 AktG zu ermöglichen[41], denn nach § 9 HGB kann die zum Handelsregister eingereichte Entscheidung dort von jedermann eingesehen werden.

41.10 Die **Vollstreckung** der stattgebenden Entscheidung richtet sich nach den Vorschriften der ZPO (§ 132 Abs. 4 Satz 2 AktG). Da die Auskunftserteilung eine unvertretbare Handlung darstellt, ist § 888 ZPO einschlägig[42]. Der stattgebende Beschluss ist selbst Vollstreckungstitel i.S.d. § 794 Nr. 3 ZPO[43]; er wird – ohne die Möglichkeit einer vorläufigen Vollstreckung – erst mit Eintritt seiner Rechtskraft vollstreckbar (§ 132 Abs. 3 Satz 1 i.V.m. § 99 Abs. 5 Satz 1 AktG)[44].

---

34 Zu den Ausnahmen bei Rücknahme des Antrags, der Beschwerde oder der Rechtsbeschwerde vgl. Teil 1, Hauptabschn. 3, Abschn. 5 und 6 KV-GNotKG.
35 Vgl. Teil 1, Hauptabschn. 3, Abschn. 5 und 6 KV-GNotKG.
36 *Decher* in Großkomm. AktG, 5. Aufl. 2020, § 132 AktG Rz. 102; *Kubis* in MünchKomm. AktG, 4. Aufl. 2018, § 132 AktG Rz. 59; *Spindler* in K. Schmidt/Lutter, § 132 AktG Rz. 40. Ausnahmen können z.B. gelten, wenn die Gesellschaft die Gründe für das Vorliegen eines Auskunftsverweigerungsrechts ohne Not nicht bereits in der Hauptversammlung dargelegt hat oder wenn die jeweilige Auskunft während des Verfahrens nach § 132 AktG erteilt wird und die Parteien übereinstimmend die Erledigung erklären, vgl. näher (mit weiteren Einzelfällen) *Decher* in Großkomm. AktG, 5. Aufl. 2020, § 132 AktG Rz. 103; *Kubis* in MünchKomm. AktG, 2. Aufl. 2004, § 132 AktG Rz. 59.
37 BayObLG v. 4.4.2001 – 3 Z BR 70/00, NZG 2001, 608, 609 = AG 2002, 290; *Decher* in Großkomm. AktG, 5. Aufl. 2020, § 132 AktG Rz. 105; a.A. *Kubis* in MünchKomm. AktG, 4. Aufl. 2018, § 132 AktG Rz. 59, der auch insoweit für die Anwendbarkeit des § 132 Abs. 5 AktG eintritt.
38 OLG Düsseldorf v. 22.7.1986 – 19 W 2/86, ZIP 1986, 1557, 1559 = AG 1987, 21; *Decher* in Großkomm. AktG, 5. Aufl. 2020, § 132 AktG Rz. 105; *Herrler* in Grigoleit, § 132 AktG Rz. 14.
39 *Kersting* in KölnKomm. AktG, 3. Aufl. 2010, § 132 AktG Rz. 116; *Spindler* in K. Schmidt/Lutter, § 132 AktG Rz. 42.
40 *Decher* in Großkomm. AktG, 5. Aufl. 2020, § 132 AktG Rz. 87; *Kubis* in MünchKomm. AktG, 4. Aufl. 2018, § 132 AktG Rz. 49; *Butzke*, HV, G Rz. 99.
41 *Hüffer/Koch*, § 132 AktG Rz. 9; *Kubis* in MünchKomm. AktG, 4. Aufl. 2018, § 132 AktG Rz. 48.
42 *Decher* in Großkomm. AktG, 5. Aufl. 2020, § 132 AktG Rz. 91; *Hoffmann-Becking* in MünchHdb. AG, § 38 Rz. 63.
43 *Kubis* in MünchKomm. AktG, 4. Aufl. 2018, § 132 AktG Rz. 53.
44 *Hüffer/Koch*, § 132 AktG Rz. 9; *Decher* in Großkomm. AktG, 5. Aufl. 2020, § 132 AktG Rz. 90.

II. Gerichtliche Entscheidung über die Zusammensetzung des Aufsichtsrates (§ 98 AktG); gerichtliche Bestellung eines Aufsichtsratsmitglieds (§ 104 AktG)

Auch mit Blick auf die **Zusammensetzung des Aufsichtsrats** können die Aktionäre mittels individueller Antragsrechte gerichtliche Verfahren einleiten. Gemäß § 98 Abs. 2 Nr. 3 AktG ist jeder Aktionär zum einen berechtigt, eine Entscheidung des Landgerichts zu beantragen, wenn streitig oder ungewiss ist, nach welchen gesetzlichen Vorschriften der Aufsichtsrat zusammenzusetzen ist (§ 98 Abs. 1 Satz 1 AktG, sog. Statusverfahren). Zum anderen sind in § 104 AktG bestimmte Gründe genannt, die das Amtsgericht u.a. auch auf Antrag eines Aktionärs verpflichten, fehlende Aufsichtsratsmitglieder zu ergänzen. Diese gerichtlichen Verfahren werden im Einzelnen bei Rz. 25.28 ff. und Rz. 26.38 ff. dargestellt.

41.11

III. Die „allgemeine Aktionärsklage"

Die Mitgliedschaft des Aktionärs ist ein absolutes Recht, dessen Verletzung nach § 823 BGB nicht nur Schadensersatzansprüche auslösen kann (vgl. dazu Rz. 41.15), sondern das nach dem Grundgedanken des § 1004 BGB auch durch Unterlassungsansprüche geschützt ist[45]. Zur **Durchsetzung dieser negatorischen Ansprüche** hat der BGH erstmals in der „Holzmüller-Entscheidung" die sog. **allgemeine Aktionärsklage** anerkannt (bisweilen auch „Abwehrklage" genannt[46]), die auf Feststellung, Unterlassung oder Beseitigung eines solchen Eingriffs gerichtet ist[47]. Im Schrifttum hat diese Rechtsprechung zwar allgemeine Zustimmung erfahren[48]; bis heute ist allerdings nicht abschließend geklärt, wann ein relevanter Eingriff in das Mitgliedschaftsrecht des Aktionärs vorliegt, den der BGH in der „Holzmüller-Entscheidung" darin gegeben sah, dass der Vorstand durch die Behandlung von Grundlagenentscheidungen als Geschäftsführungsmaßnahmen eine ungeschriebene Mitwirkungskompetenz der Hauptversammlung und damit die Zuständigkeitsordnung der Gesellschaft verletzte[49]. Einigkeit besteht immerhin darin, dass ein solcher Eingriff in das Mitgliedschaftsrecht nicht schon in jedem rechtswidrigen Handeln der Verwaltung gesehen werden kann; ebenso wenig wie die Aktionäre dem Vorstand Weisungen hinsichtlich seiner Geschäftsführungstätigkeit erteilen können, steht ihnen also ein allgemeiner, gerichtlich durchsetzbarer Anspruch gegen die Gesellschaftsorgane auf Erfüllung ihrer Pflichten zu[50]. Die allgemeine Aktionärsklage verleiht dem Aktionär deshalb – wie der BGH hervorhebt – kein allgemeines „Ersatzaufsichtsrecht"[51].

41.12

In der jüngeren höchstrichterlichen Rechtsprechung hat die allgemeine Aktionärsklage Bedeutung vor allem für den **Rechtsschutz der Aktionäre bei Ausnutzung eines genehmigten Kapitals** erlangt. In seiner – freilich nicht unumstritten gebliebenen[52] – Entscheidung „Mangusta/Commerzbank II" sah

41.13

---

45 Vgl. etwa *K. Schmidt* in Großkomm. AktG, 4. Aufl. 1996, § 241 AktG Rz. 4.
46 Siehe etwa *Rieckers* in MünchHdb. AG, § 18 Rz. 5, 8. Diese Bezeichnung dient in erster Linie der Abgrenzung von der durch das UMAG eingeführten Aktionärsklage i.S.d. § 148 AktG (vgl. Rz. 42.49 f.).
47 BGH v. 25.2.1982 – II ZR 174/80, BGHZ 83, 122, 125 ff. u. 133 ff. = AG 1982, 158.
48 *Rieckers* in MünchHdb. AG, § 18 Rz. 8; *K. Schmidt* in Großkomm. AktG, 4. Aufl. 1996, § 241 AktG Rz. 5; *Heidel* in Heidel, § 246 AktG Rz. 62.
49 Vgl. zu dieser Frage etwa *Raiser*, ZHR 153 (1989), 1, 29 f.; *Zöllner*, ZGR 1988, 392, 425 ff.; *Rieckers* in MünchHdb. AG, § 18 Rz. 10; konkret zur Reichweite der in der Holzmüller-Entscheidung bejahten ungeschriebenen Mitwirkungsbefugnis für solche Grundlagenentscheidungen vgl. auch BGH v. 26.4.2004 – II ZR 155/02 – Gelatine, NJW 2004, 1860 ff. = AG 2004, 384.
50 *K. Schmidt* in Großkomm. AktG, 4. Aufl. 1996, § 241 AktG Rz. 5; *Rieckers* in MünchHdb. AG, § 18 Rz. 10; krit. *Heidel* in Heidel, § 246 AktG Rz. 61.
51 BGH v. 25.2.1982 – II ZR 174/80, BGHZ 83, 122, 135 = AG 1982, 158.
52 Der Entscheidung wird einerseits entgegengehalten, sie überdehne den notwendigen Aktionärsschutz, andererseits wird das mit ihr verfolgte Schutzkonzept noch als unzureichend erachtet, vgl. dazu im erst-

der BGH die klagende Minderheitsaktionärin als berechtigt an, die konkrete Ausübung eines genehmigten Kapitals im Wege der allgemeinen Aktionärsklage einer gerichtlichen Kontrolle zu unterziehen. Dabei ging das Gericht unter Hinweis auf bereits in der „Siemens/Nold"-Entscheidung[53] enthaltene Überlegungen ausdrücklich davon aus, dass ein Aktionär in seinen Mitgliedschaftsrechten beeinträchtigt sein könne, „wenn der Vorstand mit Zustimmung des Aufsichtsrates bei der Ausnutzung des genehmigten Kapitals mit Bezugsrechtsausschluss Entscheidungen trifft, die von den gesetzlichen Vorgaben und/oder dem Ermächtigungsbeschluss nicht gedeckt sind"; gegen diese Beeinträchtigung stehe dem Aktionär sowohl die (vorbeugende) Unterlassungsklage als auch die (allgemeine) Feststellungsklage zur Verfügung[54]. Als **(vorbeugende) Unterlassungsklage** dürfte die allgemeine Aktionärsklage in diesem Zusammenhang allerdings von eher geringer praktischer Bedeutung sein. Denn der einzelne Aktionär ist von der Ausübung des genehmigten Kapitals nach der mit der Entscheidung „Mangusta/Commerzbank I"[55] bestätigten Rechtsprechung des BGH erst in der nachfolgenden Hauptversammlung, nicht aber durch einen Vorstandsbericht im Vorfeld der Ausnutzung des genehmigten Kapitals zu unterrichten; daher wird die Kapitalerhöhung im Zeitpunkt der Kenntniserlangung des Aktionärs vielfach bereits in das Handelsregister eingetragen sein, so dass eine vorbeugende Unterlassungsklage infolge des Wirksamwerdens der Kapitalerhöhung (§ 203 Abs. 1, § 189 AktG) als unzulässig abzuweisen wäre. Zwar können sich Ausnahmen gerade bei börsennotierten Gesellschaften vor dem Hintergrund einer frühzeitig erfolgenden Ad-hoc-Veröffentlichung gemäß Art. 17 MAR ergeben[56]. Selbst in solchen Sondersituationen gilt es hingegen aus Sicht der Aktionäre bei der Geltendmachung von Unterlassungsansprüchen im Rahmen des einstweiligen Rechtsschutzes zu beachten, dass für den Fall eines späteren Unterliegens im Hauptsacheverfahren zumindest nach h.M.[57] eine verschuldensunabhängige Schadensersatzhaftung gemäß § 945 ZPO droht. Von größerer praktischer Relevanz dürfte vor diesem Hintergrund sein, dass dem Aktionär nach der Entscheidung „Mangusta/Commerzbank II" selbst nach erfolgter Eintragung der Kapitalerhöhung in das Handelsregister die Möglichkeit verbleibt, die Rechtmäßigkeit des Kapitalerhöhungsbeschlusses der Verwaltung im Wege der **allgemeinen Feststellungsklage** zu klären. Das notwendige Feststellungsinteresse resultiert nach Auffassung des BGH einerseits daraus, dass der Aktionär „begründete Aussicht" habe, die Gesellschaftsorgane werden aus einem die Nichtigkeit der Organbeschlüsse feststellenden Urteil „die notwendigen Folgerungen ziehen"; andererseits könne ein solches Feststellungsurteil nach Auffassung des Gerichts jedenfalls die Grundlage für die Geltendmachung von Schadensersatzansprüchen, für die Versagung der Entlastung der Organmitglieder oder für die Abberufung von Aufsichtsratsmitgliedern bilden[58].

41.14 Das Recht auf Erhebung der allgemeinen Aktionärsklage steht dem in seinem Mitgliedschaftsrecht verletzten **Aktionär** zu; sie ist gegen die **Gesellschaft** zu richten[59]. Zu Recht verlangt der BGH für die Zulässigkeit der allgemeinen Aktionärsklage, dass zur Wahrung der Rechte des Aktionärs „ebenso geeignete

---

genannten Sinne *Waclawik*, ZIP 2006, 397, 402 ff.; *Krämer/Kiefner*, ZIP 2006, 301, 304; *Paschos*, DB 2005, 2731, 2731; *Rieckers* in MünchHdb. AG, § 18 Rz. 9 sowie tendenziell auch *Wilsing*, ZGR 2006, 722, 733 f.; im letztgenannten Sinne *Veil* in K. Schmidt/Lutter, § 203 AktG Rz. 31 ff.; *Heidel* in Heidel, § 246 AktG Rz. 64.
53 BGH v. 23.6.1997 – II ZR 132/93, BGHZ 136, 133, 140 f. = AG 1997, 465.
54 BGH v. 10.10.2005 – II ZR 90/03, AG 2006, 38, 39 ff.
55 BGH v. 10.10.2005 – II ZR 148/03, AG 2006, 36, 37 f.
56 Vgl. dazu u.a. *Drinkuth*, AG 2006, 142, 143.
57 Vgl. u.a. *Cahn*, ZHR 164 (2000), 113, 118; *Wamser* in BeckOGK AktG, Stand 1.2.2021, § 203 AktG Rz. 117; *Waclawik*, ZIP 2006, 397, 404 (mit dem Hinweis, dass sich dieses Risiko durch Zwischenschaltung einer geringfügig kapitalisierten Kapitalgesellschaft als antragstellender Aktionärin minimieren ließe); a.A. *Hirte* in Großkomm. AktG, 4. Aufl. 2001, § 203 AktG Rz. 133, der eine Anwendung des § 945 ZPO in dieser Konstellation gänzlich ablehnt.
58 BGH v. 10.10.2005 – II ZR 90/03, AG 2006, 38, 40 f.; bestätigt durch BGH v. 10.7.2018 – II ZR 120/16, NZG 2018, 1019, Rz. 19.
59 BGH v. 10.10.2005 – II ZR 90/03, AG 2006, 38, 40; *K. Schmidt* in Großkomm. AktG, 4. Aufl. 1996, § 241 AktG Rz. 6.

aktienrechtliche Behelfe nicht zur Verfügung stehen oder nur auf schwierigen Umwegen zum Ziel führen könnten"[60]. Die Klage kann nur binnen einer angemessenen **Frist** („ohne unangemessene Verzögerung") erhoben werden, für deren Bemessung der BGH leitbildhaft auf § 246 AktG abstellen will[61]. Zur Bestimmung des **Streitwertes** wird im Schrifttum die analoge Anwendung des § 247 AktG erwogen[62]. Vorgeschlagen wird zudem, die **materielle Rechtskraft** des klagestattgebenden Urteils in Analogie zu den §§ 248, 249 AktG auf die anderen Aktionäre der Gesellschaft und ihre Organe zu erstrecken[63].

IV. Schadensersatzklagen

Anerkannt ist, dass der pflichtwidrige Eingriff eines **Dritten** in das Mitgliedschaftsrecht des Aktionärs auch deliktsrechtliche **Schadensersatzansprüche** gemäß **§ 823 Abs. 1 BGB** auslösen kann, zu deren Verfolgung der Aktionär selbst befugt ist[64]. Die Frage, ob dasselbe auch für entsprechende Eingriffe der übrigen **Aktionäre** oder der **Gesellschaftsorgane** gilt, ist umstritten, wird aber von der wohl herrschenden Meinung bejaht[65]. Voraussetzung für diese Haftung ist, dass dem Aktionär durch den Eingriff in sein Mitgliedschaftsrecht ein unmittelbarer Schaden entstanden ist; mittelbare Vermögensschäden, die darin begründet sind, dass ein in erster Linie das Gesellschaftsvermögen schädigendes Verhalten lediglich den Wert der von dem Aktionär gehaltenen Aktien vermindert, genügen also nicht[66].

41.15

Weitgehende Einigkeit besteht hingegen darüber, dass den Aktionären Schadensersatzansprüche auch nach **§ 823 Abs. 2 BGB** erwachsen können, wenn ein Vorstandsmitglied ein dem Schutz der Aktionäre dienendes Gesetz verletzt[67]. Als relevante Schutzgesetze werden etwa die §§ 399 (falsche Angaben) und 400 AktG (unrichtige Darstellung) angesehen[68], während vor allem die Schutzgesetzeigenschaft

41.16

---

60 BGH v. 25.2.1982 – II ZR 174/80, BGHZ 83, 122, 134 f. = AG 1982, 158; zust. *Rieckers* in MünchHdb. AG, § 18 Rz. 12.
61 BGH v. 25.2.1982 – II ZR 174/80, BGHZ 83, 122, 134 f. = AG 1982, 158; bestätigt durch BGH v. 7.5.2019 – II ZR 278/16, NZG 2019, 937 Rz. 17 ff.; offen gelassen in BGH v. 10.10.2005 – II ZR 90/03, AG 2006, 38, 41; BGH v. 10.7.2018 – II ZR 120/16, NZG 2018, 1019, Rz. 26; siehe auch *K. Schmidt* in Großkomm. AktG, 4. Aufl. 1996, § 241 AktG Rz. 6; *Waclawik*, ZIP 2006, 397, 405; *Drinkuth*, AG 2006, 142, 147.
62 *K. Schmidt* in Großkomm. AktG, 4. Aufl. 1996, § 241 AktG Rz. 6; *Cahn*, ZHR 146 (2000), 113, 117; *Waclawik*, ZIP 2006, 397, 405; *Rieckers* in MünchHdb. AG, § 18 Rz. 12; abl. *Drinkuth*, AG 2006, 142, 147.
63 *K. Schmidt* in Großkomm. AktG, 4. Aufl. 1996, § 241 AktG Rz. 6.
64 Vgl. (zum Vereinsrecht) BGH v. 12.3.1990 – II ZR 179/89, BGHZ 110, 323, 327, 334, sowie m.w.N. z.B. *Spindler* in MünchKomm. AktG, 5. Aufl. 2019, § 93 AktG Rz. 337.
65 Vgl. (zum Vereinsrecht) BGH v. 12.3.1990 – II ZR 179/89, BGHZ 110, 323; ebenso *Mertens/Cahn* in KölnKomm. AktG, 3. Aufl. 2010, § 93 AktG Rz. 210; *Hopt* in Großkomm. AktG, 5. Aufl. 2015, § 93 AktG Rz. 625; *Bayer*, NJW 2000, 2609, 2612; *Cahn*, ZHR 164 (2000), 113, 121; a.A. z.B. *Spindler* in MünchKomm. AktG, 5. Aufl. 2019, § 93 AktG Rz. 341 f.; *Rieckers* in MünchHdb. AG, § 18 Rz. 13; siehe auch bei Rz. 23.81 ff.
66 Vgl. nur *Hopt* in Großkomm. AktG, 5. Aufl. 2015, § 93 AktG Rz. 628; *Spindler* in MünchKomm. AktG, 5. Aufl. 2019, § 93 AktG Rz. 338.
67 Siehe bei Rz. 23.83 f. sowie *Hüffer/Koch*, § 93 AktG Rz. 61 ff.; *Spindler* in MünchKomm. AktG, 5. Aufl. 2019, § 93 AktG Rz. 343; *Hopt* in Großkomm. AktG, 5. Aufl. 2015, § 93 AktG Rz. 629; *Mertens/Cahn* in KölnKomm. AktG, 3. Aufl. 2010, § 93 AktG Rz. 209.
68 BGH v. 11.7.1988 – II ZR 243/87, BGHZ 105, 121, 124 = AG 1988, 331 (zu § 399 AktG); BGH v. 19.7.2004 – II ZR 402/02, WM 2004, 1721, 1723 = AG 2004, 546 (zu § 400 AktG); *Spindler* in MünchKomm. AktG, 5. Aufl. 2019, § 93 AktG Rz. 344; *Hopt* in Großkomm. AktG, § 93 AktG Rz. 630; *Hüffer/Koch*, § 93 AktG Rz. 61.

des § 266 StGB (Untreue) kontrovers beurteilt wird[69]. Weitere Ansprüche können sich zugunsten der Aktionäre auch aus **§ 826 BGB** ergeben[70]. Um eine Doppelhaftung zu vermeiden, kann der Aktionär jedoch in diesen Fällen eine Leistung an sich selbst nur dann verlangen, wenn ihm ein unmittelbarer Vermögensschaden entstanden ist; beschränkt sich der Schaden des Aktionärs dagegen auf die Entwertung seines Anteilsbesitzes infolge der durch dieselbe Handlung bewirkten Schädigung des Gesellschaftsvermögens, ist nach h.M. jedenfalls im Grundsatz auf Leistung an die AG zu klagen[71].

41.16a Die Grundsätze der sog. **Prospekthaftung** werden – ebenso wie die „Außenhaftung" des Vorstandes für **fehlerhafte Kapitalmarktinformationen** – an anderer Stelle (vgl. Rz. 10.391 ff. sowie Rz. 15.54) behandelt; Gleiches gilt für die jüngeren gesetzgeberischen Maßnahmen, die Durchsetzung entsprechender Ersatzansprüche im Wege der Einführung eines **gerichtlichen Kapitalanleger-Musterverfahrens** zu vereinfachen (vgl. Rz. 10.512 ff.).

V. Weitere individuelle Klagerechte

41.17 Weitere individuelle Klagerechte der Aktionäre ergeben sich in einigen gesetzlich geregelten Spezialfällen. **Beispielhaft** zu nennen ist das Recht jedes Aktionärs, eine **Klage auf Nichtigerklärung der Gesellschaft** i.S.d. § 275 Abs. 1 AktG zu erheben. Diese Gestaltungsklage, die auf die gerichtliche Nichtigerklärung der Gesellschaft zielt, kann gemäß § 275 Abs. 3 Satz 1 AktG nur binnen drei Jahren nach Eintragung der Gesellschaft erhoben werden. Hinsichtlich des Verfahrens und der Urteilswirkungen finden nach § 275 Abs. 4 Satz 1 AktG eine Vielzahl der für die Anfechtungsklage geltenden Vorschriften sinngemäße Anwendung[72].

41.18 Befindet sich die Gesellschaft in einem Abhängigkeitsverhältnis zu einem herrschenden Unternehmen, ohne dass dies auf einem Beherrschungsvertrag beruht (sog. **faktischer Konzern**), können ihre Aktionäre schließlich unter bestimmten Voraussetzungen gemäß § 315 Satz 1 AktG die gerichtliche **Bestellung eines Sonderprüfers** verlangen[73]. Darüber hinaus kann jeder Aktionär sowohl im **faktischen** als auch im **Vertragskonzern** nach § 309 Abs. 4 AktG die sich aus den §§ 309, 317, 318 AktG ergebenden **Ersatzansprüche der Gesellschaft** geltend machen[74].

---

69 Bejahend etwa OLG Celle v. 21.12.2005 – 9 U 100/05, GmbHR 2006, 377, 378 (zur GmbH); *Hölters* in Hölters, § 93 AktG Rz. 355; *Fleischer* in BeckOGK AktG, Stand 1.2.2021, § 93 AktG Rz. 390; *Hoffmann-Becking* in MünchHdb AG, § 26 Rz. 51; verneinend u.a. *Hopt* in Großkomm. AktG, 5. Aufl. 2015, § 93 AktG Rz. 633; *Hüffer/Koch*, § 93 AktG Rz. 61; *Spindler* in MünchKomm. AktG, 5. Aufl. 2019, § 93 AktG Rz. 345 f.
70 Vgl. z.B. BGH v. 19.7.2004 – II ZR 402/02, WM 2004, 1721, 1723 ff. = AG 2004, 546; BGH v. 19.7.2004 – II ZR 217/03, WM 2004, 1726, 1728 ff.; vgl. auch BGH v. 19.7.2004 – II ZR 218/03, WM 2004, 1731, 1734 = AG 2004, 543 sowie *Hopt* in Großkomm. AktG, 5. Aufl. 2015, § 93 AktG Rz. 634.
71 BGH v. 5.6.1975 – II ZR 23/74, BGHZ 65, 15, 21 = AG 1976, 16; BGH v. 20.3.1995 – II ZR 205/94, BGHZ 129, 136, 165 = AG 1995, 368; vgl. näher *Hopt* in Großkomm. AktG, 5. Aufl. 2015, § 93 AktG Rz. 643 ff.; *Hüffer/Koch*, § 93 AktG Rz. 63; *Hoffmann-Becking* in MünchHdb. AG, § 26 Rz. 53.
72 Wegen der Einzelheiten vgl. z.B. *Winnen* in KölnKomm. AktG, 3. Aufl. 2017, § 275 AktG Rz. 64 ff.; *Koch* in MünchKomm. AktG, 5. Aufl. 2021, § 275 AktG Rz. 38 ff.
73 Vgl. dazu näher etwa *Altmeppen* in MünchKomm. AktG, 5. Aufl. 2020, § 315 AktG Rz. 11 ff.; *Habersack* in Emmerich/Habersack, Aktien- und GmbH-Konzernrecht, § 315 AktG Rz. 5 ff.
74 Siehe näher z.B. *Emmerich* in Emmerich/Habersack, Aktien- und GmbH-Konzernrecht, § 309 AktG Rz. 49; *Altmeppen* in MünchKomm. AktG, 5. Aufl. 2020, § 309 AktG Rz. 124.

§ 42
Bestellung von Sonderprüfern und besonderen Vertretern, Klagezulassungsverfahren sowie sonstige Antragsrechte der Aktionärsminderheit

I. Übersicht	42.1	1. Überblick	42.29
II. Gerichtliche Bestellung von Sonderprüfern (§ 142 Abs. 2 AktG)	42.2	2. Voraussetzungen der Klagezulassung	42.32
1. Ausgangslage	42.2	a) Quorum	42.33
2. Formelle Voraussetzungen	42.6	b) Nachweis des rechtzeitigen Aktienerwerbs	42.35
3. Materielle Voraussetzungen	42.12	c) Nachweis der erfolglosen Aufforderung zur Klageerhebung	42.36
4. Gerichtliches Verfahren	42.14		
5. Rechtsstellung des bestellten Sonderprüfers	42.18	d) Verdacht auf Unredlichkeiten oder grobe Verletzungen des Gesetzes oder der Satzung	42.38
III. Gerichtliche Bestellung besonderer Vertreter zur Geltendmachung von Ersatzansprüchen (§ 147 Abs. 2 AktG)	42.20	e) Keine entgegenstehenden Gründe des Gesellschaftswohls	42.41
		3. Gerichtliches Verfahren	42.43
1. Ausgangslage	42.20	4. Rechtsverfolgung durch die Gesellschaft	42.46
2. Voraussetzungen und Verfahren	42.21	5. Haftungsklage der Aktionäre	42.49
3. Rechtsstellung des besonderen Vertreters	42.24	6. Urteils- und Vergleichswirkungen	42.54
IV. Das Klagezulassungsverfahren (§§ 148 f. AktG)	42.29	7. Verfahrenskosten	42.58

Schrifttum: *Bachmann,* Sonderprüfung trotz interner Ermittlung, ZIP 2018, 101; *Bayer/Hoffmann,* Hauptversammlungsbeschlüsse zu Sonderprüfungen 2011, AG 2012, R272; *Bayer/Hoffmann,* Das Aktionärsforum im Dornröschenschlaf, AG 2013, R61; *Bayer,* Anforderungen an die Geltendmachung von Ersatzansprüchen gegen den herrschenden Aktionär gem. § 147 AktG durch die Minderheit, AG 2016, 637; *Bernau,* Konzernrechtliche Ersatzansprüche als Gegenstand des Klageerzwingungsrechts nach § 147 Abs. 1 Satz 1 AktG, AG 2011, 894; *Binder,* Das Informationsstatut des besonderen Vertreters (§ 147 Abs. 2 AktG), ZHR 176 (2012), 380; *Bungert/Becker,* Bestellung eines besonderen Vertreters für die Geltendmachung konzernrechtlicher Ansprüche, DB 2020, 2058; *Bungert/Rothfuchs,* Vorbereitung und Durchführung der Sonderprüfung nach § 142 Abs. 2 AktG in der Praxis, DB 2011, 1677; *Fischer/Rowold,* Das Recht zur Bestimmung des Sonderprüfers, BB 2020, 1865; *Habersack,* Staatliche und halbstaatliche Eingriffe in die Unternehmensführung, Gutachten E, Verhandlungen des 69. DJT, 2012, Bd. I, S. 95; *Happ,* Vom besonderen Vertreter zur actio pro socio – Das Klagezulassungsverfahren des § 148 AktG auf dem Prüfstand, in FS H.P. Westermann, 2008, S. 971; *Harnos,* Informationsrechte des Sonderprüfers und ihre Durchsetzung, AG 2019, 824; *Hirte/Mock,* Abberufung des besonderen Vertreters durch den Alleinaktionär, BB 2010, 775; *Holle,* Aufarbeitung pflichtwidrigen Vorstandshandelns durch Aufsichtsrat und Aktionäre, ZHR 182 (2018), 569; *Hüffer,* Verwaltungskontrolle und Rechtsverfolgung durch Sonderprüfer und besondere Vertreter, ZHR 174 (2010), 642; *Humrich,* Die (vermeintlichen) Informationsrechte des besonderen Vertreters nach § 147 II AktG, NZG 2014, 441; *Jänig,* Die aktienrechtliche Sonderprüfung, 2. Aufl. 2008; *Kahnert,* Quo vadis § 148 AktG – Neukonzeption oder kontinuierliche Entwicklung?, AG 2013, 663; *Kamm,* Die aktienrechtliche Sonderprüfung gem. §§ 142 ff. AktG, 2014; *Kling,* Der besondere Vertreter im Aktienrecht, ZGR 2009, 190; *Kirschner,* Die Sonderprüfung in der Praxis, 2008; *Koch,* Das Gesetz zur Unternehmensintegrität und Modernisierung des Anfechtungsrechts (UMAG), ZGR 2006, 769; *Koch,* Die Pflichtenstellung des Aufsichtsrates nach der Zulassung der Aktionärsklage, in FS Hüffer, 2010, S. 447; *Kocher/Lönner,* Anforderungen an Bestimmtheit und Verdachtsmomente über die Bestellung eines besonderen Vertreters nach § 147 AktG – Zugleich Besprechung LG Köln v. 14.1.2016 – 91 O 31/15, ZIP 2016, 653; *Kuthe/Schäfer,* Anforderung an die Bestellung des besonderen

Vertreters und Berechtigung zur Geltendmachung konzernrechtlicher Haftungsansprüche, AG 2020, 741; *Linnerz*, Vom Anfechtungs- zum Haftungstourismus, NZG 2004, 307; *Lochner/Beneke*, Die Haftung des Besonderen Vertreters, ZIP 2020, 351; *Meilicke/Heidel*, UMAG: „Modernisierung" des Aktienrechts durch Beschränkung des Eigentumsschutzes der Aktionäre, DB 2004, 1479; *Mock*, Amtsniederlegung und Neubestellung des Sonderprüfers, AG 2020, 536; *Mock*, Das Klagezulassungsverfahren nach § 148 AktG – Totgesagte leben länger ..., AG 2019, 385; *Mock*, Die Durchsetzung der Rechte des Sonderprüfers, NZG 2019, 1161; *Mock*, Schutzinteressen der Aktiengesellschaft und ihrer Aktionäre bei der Sonderprüfung, ZIP 2018, 201; *Mock*, Informationsbeschaffung durch den besonderen Vertreter, ZHR 181 (2017), 688; *Mock*, Die Entdeckung des besonderen Vertreters, DB 2008, 393; *Mock*, Der besondere Vertreter zwischen gesetzlicher Vertretung, eigener Klagebefugnis und Nebenintervention, AG 2015, 652; *Mock*, Inhalt und Reichweite der Ersatzansprüche in den §§ 147 f. AktG, NZG 2015, 1013; *Mörsdorf*, Der besondere Vertreter nach § 147 Abs. 2 AktG in Konzernsachverhalten, ZHR 183 (2019), 695; *Nietsch*, Klageinitiative und besondere Vertretung in der Aktiengesellschaft, ZGR 2011, 589; *Paschos/Neumann*, Die Neuregelungen des UMAG im Bereich der Durchsetzung von Haftungsansprüchen der Aktiengesellschaft gegen Organmitglieder, DB 2005, 179; *Peltzer*, Das Zulassungsverfahren nach § 148 AktG wird von der Praxis nicht angenommen! Warum? Was nun?, in FS Uwe H. Schneider, 2011, S. 953; *Raiser*, Das Recht der Gesellschafterklagen, ZHR 153 (1989), 1; *Redenius-Hövermann/Henkel*, Eine empirische Bestandsaufnahme zur Aktionärsklage nach § 148 AktG, AG 2020, 349; *Reichert/Goette*, Handlungsmöglichkeiten im Umgang mit befangenen Sonderprüfern, NZG 2020, 887; *Roßkopf/Gayk*, Praxisrelevante Probleme im Zusammenhang mit dem besonderen Vertreter nach § 147 Abs. 2 AktG, DStR 2020, 2078; *Schatz*, Das Informationsrecht des besonderen Vertreters i.S.d. § 147 AktG im Spiegel der Rechtsprechung, in FS Grunewald, 2021, S. 961; *Uwe H. Schneider*, Der mühsame Weg der Durchsetzung der Organhaftung durch den besonderen Vertreter nach § 147 AktG, ZIP 2013, 1985; *Schmolke*, Die Aktionärsklage nach § 148 AktG, ZGR 2011, 398; *Schröer*, Geltendmachung von Ersatzansprüchen gegen Organmitglieder nach UMAG, ZIP 2005, 2081; *Seibert/Schütz*, Der Referentenentwurf eines Gesetzes zur Unternehmensintegrität und Modernisierung des Anfechtungsrechts – UMAG, ZIP 2004, 252; *Seibert*, UMAG – Zu den Begriffen „Unredlichkeit oder grobe Verletzung des Gesetzes oder der Satzung" in § 148 AktG und zu den Zusammenhängen zwischen §§ 93 und 148 AktG, in FS Priester, 2007, S. 763; *Seibt*, Die Reform des Verfolgungsrechts nach § 147 AktG und des Rechts der Sonderprüfung, WM 2004, 2137; *Spindler*, Gerichtliche Bestellung und Abänderung von Sonderprüfern in der AG, NZG 2020, 841; *Spindler*, Haftung und Aktionärsklage nach dem neuen UMAG, NZG 2005, 865; *Thümmel*, Organhaftung nach dem Referentenentwurf des Gesetzes zur Unternehmensintegrität und Modernisierung des Anfechtungsrechts (UMAG) – Neue Risiken für Manager?, DB 2004, 471; *Tielmann/Gahr*, Erstreckung des Stimmverbots der Verwaltungsorganmitglieder auf den beherrschenden Aktionär – Sippenhaft im Konzern?, AG 2016, 199; *Trölitzsch/Gunßer*, Grenzen der gerichtlichen Anordnung von Sonderprüfungen nach § 142 Abs. 2 AktG, AG 2008, 833; *Ulmer*, Die Aktionärsklage als Instrument zur Kontrolle des Vorstands- und Aufsichtsratshandelns, ZHR 163 (1999), 290; *Verhoeven*, Der Besondere Vertreter nach § 147 AktG: Erwacht ein schlafender Riese?, ZIP 2008, 245; *Westermann*, Der Besondere Vertreter im Aktienrecht, AG 2009, 237; *Wilsing/Neumann*, Die Neuregelung der aktienrechtlichen Sonderprüfungen nach dem Inkrafttreten des UMAG, DB 2006, 31; *Wilsing/von der Linden/Ogorek*, Gerichtliche Inhaltskontrolle von Sonderprüfungsberichten, NZG 2010, 729; *Wirth*, Der „besondere Vertreter" nach § 147 Abs. 2 AktG – Ein neuer Akteur auf der Bühne?, in FS Hüffer, 2010, S. 1129; *Ziemons* in Ziemons/Binnewies, Handbuch der Aktiengesellschaft, Loseblatt, 11. Abschnitt (Sonderprüfung und Geltendmachung von Ersatzansprüchen – Stand: Juli 2017).

I. Übersicht

42.1 Neben den in den §§ 38 bis 40 dargestellten Individualklagerechten normiert das Aktiengesetz auch sog. **Minderheitenrechte auf Einleitung gerichtlicher Verfahren**. Ihre Ausübbarkeit ist – wie im Einzelnen bereits in Rz. 39.1 dargestellt – davon abhängig, dass der jeweilige Antrag auf gerichtliche Entscheidung von einem oder mehreren Aktionären gestellt wird, die auf sich einen bestimmten Anteil des Grundkapitals vereinen (und ggf. weitere Voraussetzungen erfüllen). Beispielhaft zu nennen sind u.a. die Minderheitenrechte auf gerichtliche Abberufung eines entsandten Aufsichtsratsmitglieds (§ 103 Abs. 3 AktG), auf gerichtliche Bestellung von Sonderprüfern wegen des Verdachts einer Unterbewertung von Bilanzposten (§ 258 AktG)[1] oder auf gerichtliche Bestellung oder Abberufung der Abwickler (§ 265 Abs. 3 AktG). Die **größte praktische Bedeutung** im Bereich der Minderheitenrechte dürfte indessen den beiden Antragsrechten auf gerichtliche Bestellung von Sonderprüfern (§ 142 Abs. 2 AktG) und von besonderen Vertretern zur Geltendmachung von Ersatzansprüchen (§ 147 Abs. 2 AktG) sowie dem durch das UMAG eingeführten sog. Klagezulassungsverfahren (§§ 148 f. AktG) zukommen. Sie bilden daher den Gegenstand der folgenden Darstellungen.

II. Gerichtliche Bestellung von Sonderprüfern (§ 142 Abs. 2 AktG)

1. Ausgangslage

Gemäß § 142 Abs. 1 AktG kann die Hauptversammlung zur Prüfung von Vorgängen bei der Gründung oder bei der Geschäftsführung der Gesellschaft mit einfacher Stimmenmehrheit **Sonderprüfer** bestellen[2]. Diese Regelung soll es den Aktionären ermöglichen, die tatsächlichen Grundlagen für die Geltendmachung etwaiger Schadensersatzansprüche der Gesellschaft gegen ihre Gründer und gegen die Mitglieder ihrer Verwaltung zu ermitteln[3]. Daneben können Sonderprüfungen aber auch lediglich auf personelle Konsequenzen, etwa den Widerruf einer Organbestellung, gerichtet sein[4].

42.2

Nach dem Wortlaut von § 142 Abs. 1 AktG muss sich eine Sonderprüfung auf **bestimmte Vorgänge** beschränken; sie kann sich daher nicht auf den gesamten Gründungsvorgang oder auf bestimmte Zeiträume der Geschäftsführung beziehen[5]. Als **Vorgänge bei der Gründung** kommen sämtliche Vorgänge bis zur Eintragung der Gesellschaft sowie sämtliche Nachgründungsvorgänge (§ 52 AktG) in Betracht. **Vorgänge bei der Geschäftsführung** sind zum einen solche, die in den Verantwortungsbereich des Vorstands i.S.d. § 77 Abs. 1 AktG fallen, zum anderen aber auch jene, die die Tätigkeit des Aufsichtsrats in Geschäftsführungsfragen betreffen, wie etwa Vorgänge bei der Überwachung des Vorstands (§ 111 Abs. 1 AktG) oder bei der Ausübung von Zustimmungsvorbehalten (§ 111 Abs. 4 AktG)[6]. Als Beispiele für zulässige Prüfungsgegenstände werden in § 142 AktG schließlich ausdrücklich **Vorgänge bei der Kapitalbeschaffung und -herabsetzung** genannt. Diese Regelung erfasst – wie sich aus ihrem systematischen Zusammenhang ergibt – jedoch lediglich Vorgänge im Rahmen der die Kapitalmaßnahme vorbereitenden und ausführenden Tätigkeiten **der Verwaltungsorgane**, nicht dagegen den der jeweiligen Kapitalmaßnahme zugrunde liegenden Beschluss der Hauptversammlung[7]. Betrifft der Vorgang **Fragen der Unterbewertung im Jahresabschluss oder einer mangelhaften Berichterstattung**,

42.3

---

1 Siehe auch § 260 Abs. 1 AktG.
2 Zur praktischen Bedeutung der Sonderprüfung vgl. in rechtstatsächlicher Hinsicht *Bayer/Hoffmann*, AG 2012, R272; vor allem im Nachgang zur Finanzmarktkrise kam es zu einer vermehrten Beantragung von Sonderprüfungen, siehe mit umfangr. Nachw. u.a. *Spindler* in K. Schmidt/Lutter, § 142 AktG Rz. 7.
3 *Hüffer/Koch*, § 142 AktG Rz. 1; *Verse/Gaschler* in Großkomm. AktG, 5. Aufl. 2020, § 142 AktG Rz. 7.
4 *Spindler* in K. Schmidt/Lutter, § 142 AktG Rz. 2; *Hüffer/Koch*, § 142 AktG Rz. 2, 8.
5 OLG Hamburg v. 23.12.2010 – 11 U 185/09, ZIP 2011, 1209, 1211 = AG 2011, 677; LG München I v. 31.3.2008 – 5 HK O 20117/07, AG 2008, 720; *Mock* in BeckOGK AktG, Stand 1.6.2021, § 142 AktG Rz. 50; *Spindler* in K. Schmidt/Lutter, § 142 AktG Rz. 8.
6 OLG Düsseldorf v. 9.12.2009 – I-6 W 45/09, AG 2010, 126; LG München v. 14.7.2017 – 5 HK O 14714/16, AG 2018, 206, 207; *Jänig*, S. 210 ff. Zur Klärung *reiner Rechtsfragen* steht die Sonderprüfung nicht zur Verfügung, vgl. KG v. 5.1.2012 – 2 W 95/11, ZIP 2012, 672, 673 = AG 2012, 412.
7 *Hüffer/Koch*, § 142 AktG Rz. 7; *Mock* in BeckOGK AktG, Stand 1.6.2021, § 142 AktG Rz. 69; a.A. *Grigoleit/Rachlitz* in Grigoleit, § 142 AktG Rz. 39. Bezieht sich die Sonderprüfung auf eine Maßnahme der Kapitalbeschaffung oder -herabsetzung, wird eine weitere Konkretisierung des Sonderprüfungsauftrags wegen der beispielhaften gesetzlichen Nennung dieser Maßnahmen in § 142 AktG von einem Teil des Schrifttums für entbehrlich gehalten, vgl. etwa *Mock* in BeckOGK AktG, Stand 1.6.2021, § 142 AktG Rz. 69; *Jänig*, S. 238; a.A. *Spindler* in K. Schmidt/Lutter, § 142 AktG Rz. 20; *Arnold* in MünchKomm. AktG, 4. Aufl. 2018, § 142 AktG Rz. 27; *Hüffer/Koch*, § 142 AktG Rz. 7.

kommt eine Sonderprüfung nur nach der Spezialregelung des § 258 AktG in Betracht (§ 142 Abs. 3 AktG)[8]. Vorrangige Regelungen über die **Sonderprüfung im Konzern** sind schließlich auch in § 315 AktG enthalten; sie werden jedoch durch die allgemeinen Vorschriften der §§ 142 ff. AktG ergänzt[9].

42.4 Die Beschlussfassung über die Bestellung eines Sonderprüfers ist der Hauptversammlung nach den Vorgaben des § 124 AktG grundsätzlich als **Gegenstand der Tagesordnung** bekannt zu machen. Diejenigen Aktionäre, die die Bestellung eines Sonderprüfers erstreben, müssen daher u.U. gemäß § 122 Abs. 2 oder Abs. 3 AktG für eine Erweiterung der Tagesordnung Sorge tragen. Eine Ausnahme von dem Erfordernis einer gesonderten Bekanntmachung gilt jedoch dann, wenn die **Entlastung der Organmitglieder** auf der Tagesordnung steht und der zu prüfende Vorgang in den Entlastungszeitraum fällt[10]. Nach den zwingenden Vorgaben des § 142 Abs. 1 AktG bedarf der **Beschluss der Hauptversammlung** über die Bestellung eines Sonderprüfers lediglich **einfacher Stimmenmehrheit**; er muss die Person des Sonderprüfers namentlich benennen[11] und kann diese Benennung insbesondere nicht einem Dritten überlassen[12]. Im Rahmen der Beschlussfassung gelten für die Mitglieder der Verwaltungsorgane die **besonderen Stimmverbote** des § 142 Abs. 1 Satz 2 u. 3 AktG. Einen durch Beschluss der Hauptversammlung bestellten Sonderprüfer hat das Gericht auf Antrag eines bestimmten Aktionärsquorums zu ersetzen, wenn dieser nicht über die notwendigen Kenntnisse verfügt oder Bedenken bezüglich seiner Befangenheit oder gegen seine Zuverlässigkeit bestehen (§ 142 Abs. 4 AktG).

42.5 **Lehnt die Hauptversammlung die beantragte Bestellung von Sonderprüfern ab**, hat auf Antrag einer bestimmten Aktionärsminderheit unter den nachfolgend zu behandelnden Voraussetzungen **das Gericht** einen Sonderprüfer zu bestellen.

2. Formelle Voraussetzungen

42.6 Eine gerichtliche Bestellung von Sonderprüfern kommt gemäß § 142 Abs. 2 Satz 1 AktG nur dann in Betracht, wenn diese von Aktionären[13] beantragt wird, deren Anteile zusammen den **hundertsten Teil des Grundkapitals** oder **den anteiligen Betrag von 100.000 Euro** erreichen. Das geltende Recht stellt damit deutlich geringere Anforderungen an das notwendige Quorum als die ursprüngliche Fassung des § 142 Abs. 2 Satz 1 AktG, nach der eine Beteiligung von 10 % am Grundkapital oder ein anteiliger Betrag von 1 Mio. Euro bzw. 2 Mio. DM erforderlich war. Eingeführt wurde diese Vereinfachung durch das UMAG, dem ein entsprechender Vorschlag der Regierungskommission Corporate Governance[14] und Vorarbeiten des 63. Deutschen Juristentages[15] zugrunde lagen. Mit der Vereinfachung zielte der Gesetzgeber in erster Linie auf die Harmonisierung der Schwellenwerte des gerichtlichen Sonderprüfungsverfahren mit denen des gerichtlichen Klagezulassungsverfahrens nach § 148 AktG (vgl. Rz. 42.33)

---

8 *Hüffer/Koch*, § 142 AktG Rz. 26; *Wilsing/von der Linden* in Heidel, § 142 AktG Rz. 33; siehe auch LG Frankfurt/M. v. 23.2.2016 – 3-16 O 2/15, AG 2016, 511, 512.
9 *Spindler* in K. Schmidt/Lutter, § 142 AktG Rz. 3; *Hüffer/Koch*, § 142 AktG Rz. 1.
10 *Hüffer/Koch*, § 142 AktG Rz. 9.
11 *Spindler* in K. Schmidt/Lutter, § 142 AktG Rz. 26. Wenig geklärt ist bislang, was gilt, wenn der im Beschluss Benannte die Durchführung der Sonderprüfung später ablehnt: Während eine analoge Anwendung von § 142 Abs. 4 AktG in diesem Fall wohl einhellig abgelehnt wird (vgl. m.w.N. etwa *Verse/Gaschler*, Großkomm. AktG, 5. Aufl. 2020, § 142 AktG Rz. 310), tritt ein Teil des Schrifttums für die analoge Anwendbarkeit von § 318 Abs. 4 Satz 2 HGB ein (vgl. m.w.N. etwa *Mock*, AG 2020, 538 f.); andere Stimmen verweisen die Minderheit demgegenüber auch in dieser Konstellation auf § 142 Abs. 2 AktG (vgl. *Verse/Gaschler*, Großkomm. AktG, 5. Aufl. 2020, § 142 Rz. 310; *Hüffer/Koch*, § 142 AktG Rz. 10).
12 Ausführlich *Fischer/Rowold*, BB 2020, 1865, 1866 ff.
13 Zur – umstrittenen – Frage, ob daneben auch die Inhaber von Genussrechten, Wandelschuldverschreibungen oder Optionen als Antragsberechtigte in Betracht kommen, vgl. m.w.N. etwa *Mock* in BeckOGK AktG, Stand 1.6.2021, § 142 AktG Rz. 133.
14 Siehe *Baums*, Bericht der Regierungskommission Corporate Governance, Rz. 73, 144.
15 Verhandlungen des 63. DJT, Bd II/1, S. O 82; vorbereitet durch *Baums*, Verhandlungen des 63. DJT, S. F 247.

ab; zugleich dürfte die Herabsetzung des Quorums aber auch die praktische Bedeutung des Sonderprüfungsverfahrens erhöhen[16]. Das ebenfalls mit dem UMAG eingeführte **Aktionärsforum** des (elektronischen)[17] Bundesanzeigers (§ 127a AktG), das den Minderheitsaktionären nach der Konzeption des Gesetzgebers u.a. die Bildung dieses Quorums erleichtern soll[18], hat in der Praxis bislang wenig Bedeutung erlangt[19].

Sind Nennbetragsaktien ausgegeben (§ 8 Abs. 2 AktG), kommt es für die **Berechnung des Anteils am Grundkapital** i.S.d. Rz. 42.6 auf das Verhältnis des Nennbetrags der von den Minderheitsaktionären gehaltenen Aktien zum Grundkapital an; im Falle von Stückaktien (§ 8 Abs. 3 AktG) ist auf die Zahl der Aktien der Minderheitsaktionäre im Verhältnis zur Gesamtzahl aller ausgegebenen Aktien abzustellen (§ 8 Abs. 4 AktG)[20]. Der anteilige Betrag am Grundkapital ergibt sich bei Nennbetragsaktien aus ihrem Gesamtnennbetrag, während es bei Stückaktien auf die Multiplikation der Anzahl der von den Minderheitsaktionären gehaltenen Aktien mit dem auf die einzelne Aktie entfallenden anteiligen Betrag des Grundkapitals (§ 8 Abs. 3 Satz 3 AktG) ankommt[21]. Das Minderheitsverlangen ist **nicht an das Stimmrecht gekoppelt**, so dass stimmrechtslose Aktien sowohl für das Quorum als auch für das die Bezugsgröße bildende Grundkapital mitzuzählen sind[22]. Abweichendes gilt für die Berechnung des Quorums, falls nicht nur das Stimmrecht fehlt, sondern auch die sonstigen Verwaltungsrechte aus den jeweiligen Aktien zeitweilig nicht bestehen, wie dies bei Verletzung bestimmter Mitteilungspflichten (§ 20 Abs. 7 AktG, § 44 WpHG) oder bei Verstoß gegen übernahmerechtliche Pflichten (§ 59 WpÜG) in Betracht kommt[23]. 42.7

Gemäß § 142 Abs. 2 Satz 2 AktG haben die Antragsteller im Rahmen der Antragstellung nachzuweisen, dass sie seit mindestens drei Monaten vor dem Tag der Hauptversammlung, die die Bestellung des Sonderprüfers abgelehnt hat, Inhaber der das Quorum bildenden Aktien sind und dass sie diese Aktien bis zu der gerichtlichen Entscheidung über den Antrag halten werden. Zwar genügt für diesen **Berechtigungsnachweis** nach den Gesetzesmaterialien die Vorlage einer mit einem Sperrvermerk versehenen Bestätigung des depotführenden Kreditinstituts[24]. Da der Sperrvermerk jedoch keine dingliche Wirkung entfaltet, ist mit der h.M. im Regelfall[25] zusätzlich zu fordern, dass sich das Kreditinstitut gegenüber dem Gericht zur Anzeige etwaiger Verfügungen über die das Quorum bildenden Aktien verpflichtet[26]. Daneben kann der Berechtigungsnachweis prinzipiell auch durch die Vorlage einer Bescheinigung über eine Hinterlegung der Aktien geführt werden, die z.B. bei der Hinterlegungsstelle 42.8

---

16 *Wilsing/Neumann*, DB 2006, 31, 32; *Spindler* in K. Schmidt/Lutter, § 142 AktG Rz. 38.
17 Der ursprünglich in § 127a AktG enthaltene Zusatz „elektronisch" ist durch das Gesetz zur Änderung von Vorschriften über Verkündung und Bekanntmachungen sowie der Zivilprozessordnung, des Gesetzes betreffend die Einführung der Zivilprozessordnung und der Abgabenordnung vom 22.12.2011 (BGBl. I 2011, 3044) entfallen. Wegen der freien elektronischen Zugänglichkeit des amtlichen Teils des Bundesanzeigers seit dem 1.4.2012 wurde die Unterscheidung zwischen der elektronischen und der gedruckten Version des Bundesanzeigers aufgegeben.
18 Begr. RegE UMAG, BR-Drucks. 3/05, S. 28.
19 Vgl. *Bayer/Hoffmann*, AG 2013, R61.
20 *Verse/Gaschler* in Großkomm. AktG, 5. Aufl. 2020, § 142 AktG Rz. 165.
21 *Verse/Gaschler* in Großkomm. AktG, 5. Aufl. 2020, § 142 AktG Rz. 168; *Hüffer/Koch*, § 142 AktG Rz. 22.
22 *Butzke*, HV, M Rz. 14; *Hüffer/Koch*, § 142 AktG Rz. 22; *Arnold* in MünchKomm. AktG, 4. Aufl. 2018, § 142 AktG Rz. 61; *Rieckers/Vetter* in KölnKomm. AktG, 3. Aufl. 2015, § 142 AktG Rz. 231.
23 *Arnold* in MünchKomm. AktG, 4. Aufl. 2018, § 142 AktG Rz. 99; *Verse/Gaschler* in Großkomm. AktG, 5. Aufl. 2020, § 142 AktG Rz. 161; *Wilsing/von der Linden* in Heidel, § 142 AktG Rz. 30.
24 Begr. RegE UMAG, BR-Drucks. 3/05, S. 36.
25 Zum Sonderfall einer bestehenden Vinkulierung vgl. etwa OLG München v. 16.7.2007 – 31 Wx 29/07, AG 2008, 33, 35.
26 OLG München v. 16.7.2007 – 31 Wx 29/07, AG 2008, 33, 35; BayObLG v. 15.9.2004 – 3Z BR 145/04, AG 2005, 244, 245 f. (zu § 142 AktG a.F.); *Hüffer/Koch*, § 142 AktG Rz. 24; *Spindler* in K. Schmidt/Lutter, § 142 AktG Rz. 43.

des Gerichts oder bei der Gesellschaft selbst erfolgen kann. Ob diese Möglichkeit größere praktische Relevanz entfaltet, bleibt allerdings zweifelhaft: Denn der Aktionär müsste seine Aktien gewissermaßen vorsorglich drei Monate vor der ablehnenden Beschlussfassung der Hauptversammlung hinterlegt haben, um auf diesem Wege auch die gesetzlich notwendige Vorbesitzzeit nachweisen zu können[27]; darüber hinaus wird eine Hinterlegung gerade bei **börsennotierten Gesellschaften** vielfach am Fehlen von die Aktien verbriefenden Einzelurkunden (§ 10 Abs. 5 AktG) scheitern. Die **Berechnung der Vorbesitzzeit** richtet sich nach den §§ 186 ff. BGB; dabei sind die **Zurechnungsregeln** des § 70 AktG zu beachten[28]. Mit der Pflicht zum Nachweis der Vorbesitzzeit soll es rechtsmissbräuchlich handelnden Personen erschwert werden, Aktien lediglich zum Zwecke der Antragsstellung aufzukaufen (zum Problem der rechtsmissbräuchlichen Antragstellung vgl. auch Rz. 42.13). Der Antragsteller muss seine Aktionärsstellung jedoch nur bis zur rechtskräftigen Entscheidung über den Antrag, nicht aber während der nachfolgenden Sonderprüfung behalten[29].

42.9 § 142 Abs. 2 Satz 1 AktG setzt weiter voraus, dass die Hauptversammlung einen nach § 142 Abs. 1 AktG unterbreiteten **Antrag auf Bestellung von Sonderprüfern abgelehnt** hat. Dem steht es gleich, dass die Hauptversammlung die Beschlussfassung trotz zulässiger Antragsstellung unterlässt, diese also z.B. vertagt oder absetzt, oder ein bereits gefasster Beschluss über die Bestellung wieder aufgehoben wird[30]. Einer Ablehnung der Bestellung gleichzusetzen ist daneben grundsätzlich auch ein nichtiger oder für nichtig erklärter Beschluss der Hauptversammlung über die Bestellung eines Sonderprüfers[31]. Ausnahmen werden aber von einem Teil des Schrifttums für den Fall vertreten, dass nicht die Anordnung der Sonderprüfung, sondern lediglich ihre Durchführung durch den bestellten Sonderprüfer gesetzeswidrig ist, weil die Auswahl des Sonderprüfers die Vorgaben des § 143 Abs. 1 oder 2 AktG verletzt[32]; dann soll vielmehr § 318 Abs. 4 HGB zur analogen Anwendung gelangen[33]. Hat die Hauptversammlung gemäß § 142 Abs. 1 AktG lediglich einen vom Beschlussantrag der Aktionärsminderheit abweichenden Sonderprüfer bestellt, gelangt § 142 Abs. 2 AktG nach h.M. schließlich ebenso wenig zur Anwendung[34].

42.10 Die gerichtliche Bestellung von Sonderprüfern kommt zudem nur dann in Betracht, wenn die begehrte Sonderprüfung einen **Vorgang** betrifft, der nach § 142 Abs. 1 Satz 1 AktG Gegenstand einer von der Hauptversammlung angeordneten Sonderprüfung sein könnte. Es muss sich also um Vorgänge bei der Gründung oder der Geschäftsführung handeln (siehe dazu näher Rz. 42.3); Letztere dürfen – im Gegensatz zu Ersteren – zudem gemäß § 142 Abs. 2 Satz 1 AktG prinzipiell **nicht länger als fünf Jahre zurückliegen**, was einen Bezug zu der die Haftung der Organe betreffenden Verjährungsregelung des

---

27 Ob sich die Vorbesitzzeit – der früheren Rechtslage entsprechend – auch mittels einer eidesstattlichen Versicherung nachweisen lässt, ist streitig, vgl. bejahend etwa *Wilsing/Neumann*, DB 2006, 31, 33; a.A. *Spindler* in K. Schmidt/Lutter, § 142 AktG Rz. 44; *Hüffer/Koch*, § 142 AktG Rz. 23.
28 *Jänig*, S. 291; *Spindler* in K. Schmidt/Lutter, § 142 AktG Rz. 45.
29 *Spindler* in K. Schmidt/Lutter, § 142 AktG Rz. 42.
30 OLG Düsseldorf v. 9.12.2009 – I-6 W 45/09, AG 2010, 126; *Hüffer/Koch*, § 142 AktG Rz. 18; *Arnold* in MünchKomm. AktG, 4. Aufl. 2018, § 142 AktG Rz. 81; *Verse/Gaschler* in Großkomm. AktG, 5. Aufl. 2020, § 142 AktG Rz. 197; *Butzke*, HV, M Rz. 14; *Bungert* in MünchHdb. AG, § 43 Rz. 15.
31 *Arnold* in MünchKomm. AktG, 4. Aufl. 2018, § 142 AktG Rz. 81; *Verse/Gaschler* in Großkomm. AktG, 5. Aufl. 2020, § 142 AktG Rz. 198; *Wilsing/von der Linden* in Heidel, § 142 AktG Rz. 22.
32 Es ist umstritten, ob diese Gesetzesverletzung stets zur Nichtigkeit des Bestellungsbeschlusses führt oder lediglich dessen Anfechtbarkeit begründet (so dass es in dem in Rede stehenden Zusammenhang noch der Nichtigerklärung durch das Gericht bedürfte), vgl. dazu näher m.N. z.B. *Hüffer/Koch*, § 143 AktG Rz. 6.
33 *Schröer* in MünchKomm. 3. Aufl. 2013, § 142 AktG Rz. 60; *Bezzenberger* in Großkomm. AktG, 4. Aufl. 1999, § 142 AktG Rz. 54; a.A. *Hüffer/Koch*, § 142 AktG Rz. 18; *Butzke*, HV, M Rz. 14; *Spindler* in K. Schmidt/Lutter, § 142 AktG Rz. 49; *Mock* in BeckOGK AktG, Stand 1.6.2021, § 142 AktG Rz. 141; *Wilsing/von der Linden* in Heidel, § 142 AktG Rz. 22.
34 *Hüffer*, ZHR 174 (2010), 642, 652; *Rieckers/Vetter* in KölnKomm. AktG, 3. Aufl. 2015, § 142 AktG Rz. 261; *Holzborn/Jänig* in Bürgers/Körber/Lieder, § 142 AktG Rz. 13; *Hüffer/Koch*, § 142 AktG Rz. 18.

§ 93 Abs. 6 AktG herstellt[35]. Da seit Inkrafttreten des Restrukturierungsgesetzes[36] Organhaftungsansprüche bei solchen Gesellschaften, die zum Zeitpunkt der Pflichtverletzung **börsennotiert** waren, einer verlängerten Verjährung von zehn Jahren unterliegen (§ 93 Abs. 6 Var. 1 AktG), reicht es allerdings nach der parallel eingeführten Regelung des § 142 Abs. 2 Satz 1 Halbsatz 2 AktG im Falle solcher Gesellschaften aus, wenn der Vorgang **nicht über zehn Jahre zurückliegt**. Die Fristen sind vom Tage derjenigen Hauptversammlung an, die den ablehnenden Beschluss gefasst hat, zurückzurechnen; bei einem zeitlich gestreckten Vorgang ist es ausreichend, wenn dieser zumindest teilweise in den Fünf- bzw. Zehn-Jahres-Zeitraum fällt[37].

Die Antragstellung nach § 142 Abs. 2 AktG unterliegt – im Gegensatz zu derjenigen nach § 142 Abs. 4 AktG – keinen besonderen **Fristanforderungen**[38]. Gemäß § 25 FamFG ist der Antrag **schriftlich** oder zu Protokoll der Geschäftsstelle des zuständigen Landgerichts (Rz. 42.14) zu stellen.

42.11

3. Materielle Voraussetzungen

Das Gericht darf einen Sonderprüfer gemäß § 142 Abs. 2 Satz 1 AktG nur dann bestellen, wenn die Antragsteller Tatsachen behaupten, die den **Verdacht** rechtfertigen, dass es bei dem von dem Antrag betroffenen Vorgang zu **Unredlichkeiten oder groben Verletzungen des Gesetzes oder der Satzung** gekommen ist. Als Unredlichkeit ist jedes sittlich anstößige Verhalten anzusehen[39]; in der Praxis ist dabei z.B. an strafbare Handlungen oder an Verstöße gegen die organschaftliche Treuepflicht zu denken[40]. Dem Begriff der groben Verletzung des Gesetzes und der Satzung sind schuldhafte und hinsichtlich des Verschuldensumfangs oder des entstandenen Schadens besonders schwerwiegende Pflichtverletzungen zu subsumieren[41]; in Betracht kommen vor allem Verstöße gegen die in den §§ 93, 116 AktG normierten Sorgfaltsanforderungen. Ausreichend ist, dass die Antragsteller Tatsachen, die einen Verdacht auf solche Unredlichkeiten oder groben Verletzungen ergeben, **substantiiert behaupten**. Eines Beweises dieser Tatsachen oder auch nur ihrer Glaubhaftmachung bedarf es also nicht; allerdings genügen ebenso wenig bloße Unterstellungen oder Verdächtigungen[42]. Das Gericht kann dem Antrag nur stattgeben, wenn es nach Anhörung der Gesellschaft und des Aufsichtsrates (vgl. Rz. 42.14) sowie aufgrund von ggf. von Amts wegen eingeleiteten eigenen Ermittlungen (vgl. Rz. 42.14) zu der Über-

42.12

---

35 Vgl. RegBegr. z. AktG 1965 bei *Kropff*, AktG, S. 207; *Hüffer*, ZHR 174 (2010), 642, 654.
36 Vgl. Art. 6 des Gesetzes zur Restrukturierung und geordneten Abwicklung von Kreditinstituten, zur Errichtung eines Restrukturierungsfonds für Kreditinstitute und zur Verlängerung der Verjährungsfrist der aktienrechtlichen Organhaftung (Restrukturierungsgesetz) v. 9.12.2010, BGBl. I 2010, 1900.
37 OLG Düsseldorf v. 9.12.2009 – I-6 W 45/09, AG 2010, 126; *Hüffer/Koch*, § 142 AktG Rz. 19; *Wilsing/von der Linden* in Heidel, § 142 AktG Rz. 24.
38 *Bungert* in MünchHdb. AG, § 43 Rz. 15.
39 OLG Stuttgart v. 25.10.2018 – 20 W 6/18, WM 2019, 366, 369; OLG Düsseldorf v. 9.12.2009 – I-6 W 45/09, AG 2010, 126, 127; *Arnold* in MünchKomm. AktG, 4. Aufl. 2018, § 142 AktG Rz. 86; *Verse/Gaschler* in Großkomm. AktG, 5. Aufl. 2020, § 142 AktG Rz. 224; *Wilsing/von der Linden* in Heidel, § 142 AktG Rz. 27.
40 *Spindler* in K. Schmidt/Lutter, § 142 AktG Rz. 53.
41 Vgl. *Rieckers/Vetter* in KölnKomm. AktG, 3. Aufl. 2015, § 142 AktG Rz. 282 (mit umfangr. Kasuistik); *Arnold* in MünchKomm. AktG, 4. Aufl. 2018, § 142 AktG Rz. 87; siehe auch OLG Köln v. 20.2.2019 – 18 W 62/18, AG 2019, 695, 696; OLG Stuttgart v. 25.10.2018 – 20 W 6/18, WM 2019, 366, 370; LG München I v. 9.6.2016 – 17 HK O 6754/15, NZG 2016, 1342, 1345 = AG 2017, 84.
42 OLG Celle v. 8.11.2017 – 9 W 86/17, AG 2018, 42, 43; OLG Stuttgart v. 25.10.2018 – 20 W 6/18, WM 2019, 366, 370; OLG Düsseldorf v. 9.12.2009 – I-6 W 45/09, AG 2010, 126; OLG Frankfurt/M. v. 15.6.2011 – 21 W 18/11, ZIP 2011, 1764, 1765 = AG 2011, 755; LG München I v. 9.6.2016 – 17 HK O 6754/15, NZG 2016, 1342, 1344 = AG 2017, 84; *Hüffer*, ZHR 174 (2010), 642, 655; *Verse/Gaschler* in Großkomm. AktG, 5. Aufl. 2020, § 142 AktG Rz. 234; *Arnold* in MünchKomm. AktG, 4. Aufl. 2018, § 142 AktG Rz. 88; *Rieckers/Vetter* in KölnKomm. AktG, 3. Aufl. 2015, § 142 AktG Rz. 295; *Jänig*, S. 284.

zeugung gelangt, dass hinreichende Tatsachen vorliegen, die den Verdacht begründen[43]. Nach der in den Gesetzesmaterialien zum Ausdruck gekommenen Vorstellung des Gesetzgebers hat das Gericht vor der Zulassung der Sonderprüfung zudem in eine **Verhältnismäßigkeitsprüfung** einzutreten; so soll eine Sonderprüfung z.B. ausscheiden, wenn ihre Kosten oder ihre negativen Auswirkungen auf die Gesellschaft nicht in angemessenem Verhältnis zu dem durch das Fehlverhalten ausgelösten Schaden stehen[44]. Diese gesetzgeberische Auslegung, für die der Wortlaut des § 142 Abs. 2 AktG – im Gegensatz zu demjenigen des § 148 Abs. 1 Satz 2 Nr. 4 AktG – keine Anhaltspunkte bietet, ist in Teilen des Schrifttums zwar auf Ablehnung gestoßen[45]; sie wird jedoch von der inzwischen h.M. geteilt[46]. Nach Auffassung des OLG Celle kann die bereits erfolgte Einleitung **gesellschaftsinterner Ermittlungsmaßnahmen** die Unverhältnismäßigkeit einer parallel beantragten Sonderprüfung nicht begründen[47].

42.13 Auch das Antragsrecht auf gerichtliche Bestellung von Sonderprüfern kann **rechtsmissbräuchlich** genutzt werden, was insbesondere bei illoyaler, grob eigennütziger Rechtsausübung in Betracht kommt[48]. Zu denken ist vor allem an Konstellationen, in denen die Antragsteller beabsichtigen, sich den „Lästigkeitswert" ihres Antrags abkaufen zu lassen (vgl. auch Rz. 39.92 ff.).[49] Diesen Fällen entgegenzuwirken ist das Ziel der durch das UMAG eingeführten Regelung des § 142 Abs. 2 Satz 3 AktG. Nach dieser Vorschrift beanspruchen die in § 149 AktG normierten besonderen Bekanntmachungspflichten der börsennotierten AG entsprechende Geltung, wenn es zwischen dem Aktionär und der Gesellschaft zu Vereinbarungen über die Beendigung eines laufenden Antragsverfahrens oder über die Vermeidung von Sonderprüfungen kommt. Bejaht das Gericht eine Rechtsmissbräuchlichkeit des Antrages, ist dieser richtigerweise nicht als unzulässig, sondern als unbegründet abzuweisen[50].

4. Gerichtliches Verfahren

42.14 **Sachlich zuständig** für die Entscheidung über den Antrag sind die Landgerichte (§ 142 Abs. 5 Satz 3 AktG). Die **örtliche Zuständigkeit** richtet sich prinzipiell nach dem Sitz der Gesellschaft (§ 142 Abs. 5 Satz 3 AktG); Ausnahmen können sich jedoch mit Blick auf die Konzentrationsermächtigung des § 71

---

43 OLG Stuttgart v. 25.10.2018 – 20 W 6/18, WM 2019, 366, 370; OLG Düsseldorf v. 9.12.2009 – I-6 W 45/09, AG 2010, 126; OLG München v. 30.8.2010 – 31 Wx 24/10, AG 2010, 840, 841; OLG München v. 8.6.2011 – 31 Wx 81/10, AG 2011, 720.
44 RgEBegr. UMAG, BT-Drucks. 15/5092, S. 18.
45 Vgl. *Fleischer*, NJW 2005, 3525, 3527; *Spindler* in K. Schmidt/Lutter, § 142 AktG Rz. 52; *Ziemons* in Ziemons/Binnewies, Hdb. AG, Rz. I 11.53; *Holzborn/Jänig* in Bürgers/Körber/Lieder, § 142 AktG Rz. 15b.
46 OLG Celle v. 8.11.2017 – 9 W 86/17, AG 2018, 42, 43; OLG Stuttgart v. 25.10.2018 – 20 W 6/18, WM 2019, 366, 371; OLG Düsseldorf v. 9.12.2009 – I-6 W 45/09, AG 2010, 126; OLG München v. 25.3.2010 – 31 Wx 144/09, WM 2010, 1035, 1037 = AG 2010, 598; *Hüffer*, ZHR 174 (2010), 642, 665; *Mock* in BeckOGK AktG, Stand 1.6.2021, § 142 AktG Rz. 157; *Hüffer/Koch*, § 142 AktG Rz. 21; *Arnold* in Münch-Komm. AktG, 4. Aufl. 2018, § 142 AktG Rz. 89; *Trölitzsch/Gunßer*, AG 2008, 833, 837; *Bungert/Rothfuchs*, DB 2011, 1677, 1678; *Kamm*, S. 135.
47 OLG Celle v. 8.11.2017 – 9 W 86/17, AG 2018, 42, 44; zust. *Mock* in BeckOGK AktG, Stand 1.2.2021, § 142 AktG Rz. 164; i.E. auch *Grigoleit/Rachlitz* in Grigoleit, § 142 AktG Rz. 30; zweifelnd *Hüffer/Koch*, § 142 AktG Rz. 21; *Holle*, ZHR 182 (2018), 569, 591 ff.; *Verse/Gaschler* in Großkomm. AktG, 5. Aufl. 2020, § 142 AktG Rz. 245; *Bungert* in MünchHdb. AG, § 43 Rz. 7; krit., aber der Entscheidung des OLG Celle i.E. *de lege lata* zust. *Bachmann*, ZIP 2018, 101, 107. Das BVerfG hat der im Fall des OLG Celle betroffenen AG einstweiligen Rechtsschutz gegen die Durchführung der Sonderprüfung verweigert, vgl. BVerfG. v. 20.12.2017 – I BvR 2754/17, NZG 2018, 103, 104 ff.; zust. *Mock*, ZIP 2018, 201, 202 ff.
48 OLG Düsseldorf v. 9.12.2009 – I-6 W 45/09, AG 2010, 126, 126 f.; OLG München v. 25.3.2010 – 31 Wx 144/09, WM 2010, 1035, 1037; *Hüffer/Koch*, § 142 AktG Rz. 21; *Grigoleit/Rachlitz* in Grigoleit, § 142 AktG Rz. 27; *Wilsing/von der Linden* in Heidel, § 142 AktG Rz. 28; *Jänig*, S. 317; *Trölitzsch/Gunßer*, AG 2008, 833, 289.
49 Vgl. auch OLG Celle v. 8.11.2017 – 9 W 86/17, AG 2018, 42, 43.
50 *Hüffer/Koch*, § 142 AktG Rz. 21; *Hirte*, ZIP 1988, 953, 956; a.A. AG Düsseldorf v. 4.5.1988 – HR B 20461, ZIP 1988, 970.

Abs. 4 GVG aus dem jeweiligen Landesrecht ergeben. Innerhalb des zuständigen Landgerichts ist – soweit existent – die **Kammer für Handelssachen** zur Entscheidung des Antrages berufen (§ 71 Abs. 2 Nr. 4 lit. b, § 95 Abs. 2 Nr. 2 GVG), die aber nur auf Antrag der Parteien entscheidet (vgl. §§ 96, 98, 101 Abs. 2 GVG); unterbleibt ein solcher Antrag, wird das Verfahren nach zutreffender, wenngleich nicht unbestrittener Auffassung[51] vor der Zivilkammer verhandelt[52]. Da das Gericht im Verfahren nach dem FamFG tätig wird (§ 142 Abs. 8 AktG), gilt zwar der **Amtsermittlungsgrundsatz** (§ 26 FamFG); die Antragsteller sind jedoch zur Darlegung derjenigen Umstände verpflichtet, die die Bestellung der Sonderprüfer rechtfertigen[53]. Gemäß § 142 Abs. 5 Satz 1 AktG hat das Gericht außer den Beteiligten – d.h. außer den Antragstellern und der Gesellschaft, diese vertreten durch ihren Vorstand – auch den Aufsichtsrat anzuhören. Ob die Anhörung mündlich oder schriftlich erfolgt, liegt im Ermessen des Gerichts[54]. Das Gericht entscheidet durch einen mit Gründen zu versehenden **Beschluss** (§ 38 FamFG). Gibt das Gericht dem Antrag statt, so hat es den nach § 143 AktG auszuwählenden **Sonderprüfer** darin **zu bezeichnen** und die von ihm zu prüfenden Vorgänge zu benennen[55]. Nach herrschender, wenngleich in jüngerer Vergangenheit durch das LG Frankfurt/M.[56] bestrittener Auffassung ist das Gericht bei der Auswahl des Sonderprüfers nicht an den Vorschlag der Aktionärsminderheit gebunden[57]. Nimmt der im Beschluss bezeichnete Prüfer seine Bestellung nicht an oder entfällt diese später – etwa infolge Amtsniederlegung –, kann das Gericht seine Entscheidung nach wohl h.M. gemäß § 48 Abs. 1 FamFG nachträglich abändern und einen anderen Sonderprüfer bestellen[58].

Der nach § 142 Abs. 2 AktG ergehende gerichtliche Beschluss kann binnen einer Frist von einem Monat (§ 63 FamFG) mit der **Beschwerde** angefochten werden (§ 142 Abs. 5 Satz 2 AktG i.V.m. §§ 58 ff. FamFG)[59]. Zu deren Entscheidung ist gemäß § 119 Abs. 1 Nr. 2 GVG das **Oberlandesgericht** berufen. Aufschiebende Wirkung kommt der Beschwerde nur im Falle einer entsprechenden Anordnung des Beschwerdegerichts gem. § 64 Abs. 3 FamFG zu. Gegen die Entscheidung des Beschwerdegerichts ist, soweit von diesem zugelassen, die **Rechtsbeschwerde** nach § 70 FamFG eröffnet, über die gem. § 133 GVG der **BGH** befindet.   42.15

Bestellt das Gericht einen Sonderprüfer, hat die Gesellschaft die durch das Antragsverfahren entstandenen **Gerichtskosten** zu tragen (§ 146 AktG; u.U. können ihr Erstattungsforderungen zustehen, vgl. § 146 Satz 1 AktG sowie Rz. 42.19). Andernfalls sind Kostenschuldner regelmäßig die Antragsteller,   42.16

---

51 Wie hier *Hüffer/Koch*, § 142 AktG Rz. 31; *Mock* in BeckOGK AktG, Stand 1.6.2021, § 142 AktG Rz. 234; a.A. *Rieckers/Vetter* in KölnKomm. AktG, 3. Aufl. 2015, § 142 AktG Rz. 357; *Arnold* in MünchKomm. AktG, 4. Aufl. 2018, § 142 AktG Rz. 108.
52 Siehe auch Stellungnahme des Bundesrates zum Entwurf eines Gesetzes zur Änderung des Aktiengesetzes (Aktienrechtsnovelle 2012) v. 10.2.2012, BR-Drucks. 852/11 (Beschluss), S. 3 ff.
53 *Verse/Gaschler* in Großkomm. AktG, 5. Aufl. 2020, § 142 AktG Rz. 234; *Arnold* in MünchKomm. AktG, 4. Aufl. 2018, § 142 AktG Rz. 108.
54 *Arnold* in MünchKomm. AktG, 4. Aufl. 2018, § 142 AktG Rz. 108.
55 *Arnold* in MünchKomm. AktG, 4. Aufl. 2018, § 142 AktG Rz. 109.
56 LG Frankfurt/M. v. 23.2.2016 – 3-16 O 2/15, AG 2016, 511, 512; ebenso *Wilsing/von der Linden* in Heidel, § 142 AktG Rz. 22; *Spindler* in K. Schmidt/Lutter, § 142 AktG Rz. 61; *Arnold* in MünchKomm. AktG, 4. Aufl. 2018, § 142 AktG Rz. 85, 109.
57 *Verse/Gaschler* in Großkomm. AktG, 5. Aufl. 2020, § 142 AktG Rz. 257; *Mock* in BeckOGK AktG, Stand 1.6.2021, § 142 AktG Rz. 181; *Hirschmann* in Hölters, § 142 AktG Rz. 44.
58 OLG Celle v. 28.4.2020 – 9 W 69/19, AG 2020, 553, 553 f.; *Verse/Gaschler* in Großkomm. AktG, 5. Aufl. 2020, § 142 AktG Rz. 313; *Hüffer/Koch*, § 142 AktG Rz. 32, 34; a.A. (und stattdessen für die analoge Anwendung des § 318 Abs. 4 Satz 2 HGB eintretend) u.a. *Mock*, AG 2020, 536, 538 f.; *Arnold* in MünchKomm. AktG, 4. Aufl. 2018, § 142 AktG Rz. 124; die Austauschbarkeit des bestellten Sonderprüfers gänzlich ablehnend demgegenüber *Spindler*, NZG 2020, 841, 844 ff. Zu dem Fall, dass der *durch die Hauptversammlung* bestellte Sonderprüfer die Übernahme des Prüfungsauftrages ablehnt, vgl. bereits Rz. 42.4 mit Fn. 11.
59 Zum Übergangsrecht für vor dem 1.9.2009 (d.h. vor dem Inkrafttreten des FGG-ReformG) gestellte Anträge vgl. Art. 111 Abs. 1 FGG-ReformG sowie dazu BGH v. 1.3.2010 – II ZB 1/10, NZG 2010, 347, 348 = AG 2010, 244; OLG München v. 25.3.2010 – 31 Wx 144/09, WM 2011, 1035, 1036 = AG 2010, 598.

wenn das Gericht nicht ausnahmsweise von seiner gemäß § 81 FamFG gegebenen Befugnis Gebrauch macht, die Gerichtskosten aus Billigkeitsgründen ganz oder teilweise der Gesellschaft aufzuerlegen[60]. Die **außergerichtlichen Kosten** trägt jeder Beteiligte selbst, es sei denn, diese Kosten werden von einer abweichenden gerichtlichen Billigkeitsentscheidung umfasst[61]. Zu den **Kosten der Sonderprüfung** vgl. Rz. 42.19.

42.17 Gemäß § 142 Abs. 7 AktG hat das Gericht sowohl den Eingang eines Antrages gemäß § 142 Abs. 2 AktG als auch die ggf. erfolgte Bestellung eines Sonderprüfers der **Bundesanstalt für Finanzdienstleistungsaufsicht mitzuteilen**, falls die Gesellschaft Emittentin von zugelassenen Wertpapieren i.S.d. § 2 Abs. 1 WpHG (mit Ausnahme von Anteilen und Aktien an offenen Investmentvermögen i.S.d. § 1 Abs. 4 KAGB) ist und die Bundesrepublik Deutschland für die Gesellschaft den Herkunftsstaat i.S.d. § 2 Abs. 13 WpHG) bildet. Der Anwendungsbereich dieser Regelung beschränkt sich damit nicht auf börsennotierte Gesellschaften i.S.d. § 3 Abs. 2 AktG, sondern umfasst beispielsweise auch solche nicht börsennotierten Aktiengesellschaften, die Inhaberschuldverschreibungen ausgegeben haben, für die eine entsprechende Börsenzulassung besteht. Gesetzgeberischer Hintergrund der Mitteilungspflicht ist das sog. **Enforcement-Verfahren** nach den §§ 106 ff. WpHG (vgl. Rz. 58.87 ff.); die Mitteilung soll es der BaFin ermöglichen, auf die gesetzlich angeordnete (vgl. § 107 Abs. 3 WpHG) Vorrangigkeit eines von der Gesellschaft selbst anberaumten Sonderprüfungsverfahrens gegenüber dem Enforcement-Verfahren Rücksicht zu nehmen. Eine entsprechende Mitteilungspflicht obliegt demgemäß auch dem **Vorstand** der Gesellschaft gemäß § 142 Abs. 7 AktG, wenn bereits die Hauptversammlung einen positiven Beschluss über die Bestellung eines Sonderprüfers gefasst hat (vgl. Rz. 42.4).

5. Rechtsstellung des bestellten Sonderprüfers

42.18 **Die Rechte und Pflichten des bestellten Sonderprüfers** bestimmen sich in erster Linie nach § 145 AktG[62]. Dem Sonderprüfer stehen danach nicht nur Einsichtnahme- und Prüfungsrechte gegenüber dem Vorstand (§ 145 Abs. 1 AktG), sondern auch Auskunftsansprüche gegenüber den einzelnen Mitgliedern der Verwaltungsorgane zur Verfügung (§ 145 Abs. 2 AktG). Letztere können nur gegenüber den Mitgliedern des Vorstands im Zwangsgeldverfahren durchgesetzt werden (§ 407 Abs. 1 AktG); nach wohl h.M. sind die Auskunftsansprüche dagegen nicht einklagbar, und zwar weder gegenüber den Mitgliedern des Vorstands noch denjenigen des Aufsichtsrates[63]. Über das Ergebnis seiner Prüfung hat der Sonderprüfer gemäß § 145 Abs. 6 Satz 1 AktG einen schriftlichen **Bericht zu erstatten**, der es den Aktionären ermöglichen soll, sich ein eigenes Bild von den betreffenden Vorgängen zu verschaffen[64]. In den Bericht aufzunehmen sind gemäß § 145 Abs. 6 Satz 2 AktG prinzipiell auch solche Tatsachen, durch deren Bekanntwerden die Gesellschaft oder ein mit ihr verbundenes Unternehmen einen Nachteil erleiden kann. Ausnahmen davon können gemäß § 145 Abs. 4 AktG auf Antrag des Vorstands allein durch das Gericht zugelassen werden, wenn dies im Interesse der Gesellschaft geboten ist und keine überwiegenden Interessen an der Aufdeckung bestehen. Nach h.M. hat der Sonderprüfer dem Vorstand **vor der Einreichung seines Berichts zum Handelsregister** (§ 145 Abs. 6 Satz 3 AktG)

---

60 *Rieckers/Vetter* in KölnKomm. AktG, 3. Aufl. 2015, § 146 AktG Rz. 19; *Mock* in BeckOGK AktG, Stand 1.6.2021, § 146 AktG Rz. 7; anders *Spindler* in K. Schmidt/Lutter, § 146 AktG Rz. 5, der § 81 FamFG auch bei Ablehnung des Antrages für unanwendbar hält.
61 *Verse/Gaschler* in Großkomm. AktG, 5. Aufl. 2020, § 146 AktG Rz. 19 ff.; *Lochner* in Heidel, § 146 AktG Rz. 2.
62 Vgl. eingehend *Hüffer*, ZHR 174 (2010), 642, 663 ff.; *Bungert/Rothfuchs*, DB 2011, 1677, 1678 ff.
63 Vgl. (einen entsprechenden Verfügungsanspruch in einem Verfahren des einstweiligen Rechtsschutzes verneinend) OLG München v. 4.11.2019 – 7 W 118/19, AG 2020, 55; LG München I v. 10.9.2019 – 5 HK O 11537/19, AG 2019, 848, 849; ebenso u.a. *Grigoleit/Rachlitz* in Grigoleit, § 145 AktG Rz. 6; *Arnold* in MünchKomm. AktG, 4. Aufl. 2018, § 145 AktG Rz. 33; a.A. *Harnos*, AG 2019, 824, 825 ff.; *Mock*, NZG 2019, 1161, 1162; *Hüffer/Koch*, § 145 AktG Rz. 5a.
64 *Spindler* in K. Schmidt/Lutter, § 145 AktG Rz. 1.

Gelegenheit zu geben, diesen Antrag beim zuständigen Landgericht (§ 145 Abs. 5 AktG)[65] zu erheben[66]. Die gerichtliche Befugnis zur **Einschränkung des Berichtsinhalts** wurde durch das UMAG eingeführt und bildet ein Gegengewicht zur gleichzeitigen Herabsetzung des für die Antragstellung erforderlichen Quorums (Rz. 42.6)[67]. Nach den Gesetzesmaterialien[68] soll eine gerichtliche Einschränkung des Berichtsinhalts deshalb auch nur in Betracht kommen, wenn die Sonderprüfung auf ein **Minderheitsverlangen nach § 142 Abs. 2 AktG** zurückgeht, also nicht von der Hauptversammlung mehrheitlich beschlossen wurde[69]. Auf Verlangen hat der Vorstand schließlich jedem Aktionär eine Abschrift des Berichts zu erteilen, der zudem dem Aufsichtsrat vorzulegen und bei der Einberufung der nächsten Hauptversammlung als Gegenstand der Tagesordnung bekanntzumachen ist (§ 145 Abs. 6 Sätze 4 und 5 AktG).

Ist die Gesellschaft Emittentin von zugelassenen Wertpapieren i.S.d. § 2 Abs. 1 WpHG (mit Ausnahme von Anteilen und Aktien an offenen Investmentvermögen i.S.d. § 1 Abs. 4 KAGB) und bildet die Bundesrepublik Deutschland für die Gesellschaft den Herkunftsstaat i.S.d. § 2 Abs. 13 WpHG), ist der Prüfungsbericht gem. § 142 Abs. 7 AktG schließlich auch der **Bundesanstalt für Finanzdienstleistungsaufsicht** mitzuteilen (zur Informationspflicht betreffend die Antragstellung und die Bestellung des Sonderprüfers vgl. Rz. 42.17). In dieser Konstellation wird der Vorstand zudem regelmäßig zu prüfen haben, ob das Ergebnis der Sonderprüfung die Pflicht zur Veröffentlichung einer **Ad-hoc-Mitteilung** gem. Art. 17 MAR auslöst. Dies gilt vor allem dann, wenn der Sonderprüfer dem Vorstand vor Einreichung seines Berichts zum Handelsregister Gelegenheit zur Durchsicht des Berichtsinhalts mit Blick auf das Antragsrecht gem. § 145 Abs. 4 AktG gewährt (vgl. Rz. 42.18) und das Ergebnis der Sonderprüfung somit keine parallele Registerpublizität erlangt[70]. 42.18a

Die **Kosten der Sonderprüfung** hat gemäß § 146 Satz 1 AktG stets die Gesellschaft zu tragen. Dieser stehen jedoch gemäß § 146 Satz 2 AktG Kostenerstattungsansprüche gegen die Antragsteller zu, wenn diese die Bestellung des Sonderprüfers durch vorsätzlich oder grob fahrlässig unrichtigen Vortrag erwirkt haben. Daneben kommen Schadensersatzansprüche nach allgemeinem Recht – insbesondere gemäß § 826 BGB und wegen Verletzung der gesellschafterlichen Treuepflicht – in Betracht[71]. Zur Vermeidung von Wertungswidersprüchen ist dabei davon auszugehen, dass die in § 146 Satz 2 AktG geregelten besonderen Verschuldensanforderungen für parallele Ansprüche aus dem allgemeinen Recht entsprechende Geltung beanspruchen[72]. 42.19

---

65 Zu den Möglichkeiten der örtlichen Zuständigkeitskonzentration und der funktionalen Zuständigkeit der Kammer für Handelssachen vgl. Rz. 42.14.
66 Vgl. OLG Düsseldorf v. 26.11.2015 – I-3 Wx 134/14, AG 2016, 295, 297; *Wilsing/von der Linden/Ogorek*, NZG 2010, 729; *Holzborn/Jänig* in Bürgers/Körber/Lieder, § 145 AktG Rz. 12; *Rieckers/Vetter* in KölnKomm AktG, 3. Aufl. 2015, § 145 AktG Rz. 154; *Grigoleit/Rachlitz* in Grigoleit, § 145 AktG Rz. 12; *Reichert/Goette*, NZG 2020, 887; 892; a.A. *Kirschner*, S. 319; krit. auch *Kamm*, S. 330.
67 *Wilsing/Neumann*, DB 2006, 31, 34.
68 RegEBegr. UMAG, BT-Drucks. 15/5092, S. 19.
69 Krit. bzgl. dieser Beschränkung zu Recht *Spindler* in K. Schmidt/Lutter, § 145 AktG Rz. 30, mit dem Hinweis, dass sich der Interessenwiderstreit auch bei einer mehrheitlich beschlossenen Sonderprüfung ergeben kann; siehe auch *Ziemons* in Ziemons/Binnewies, Hdb. AG, Rz. I 11.87; *Grigoleit/Rachlitz* in Grigoleit, § 145 AktG Rz. 11.
70 *Rieckers/Vetter* in KölnKomm. AktG, 3. Aufl. 2015, § 145 AktG Rz. 166; *Mock* in BeckOGK AktG, Stand 1.2.2021, § 145 AktG Rz. 60.
71 *Mock* in BeckOGK AktG, Stand 1.6.2021, § 146 AktG Rz. 14 f.
72 *Spindler* in K. Schmidt/Lutter, § 146 AktG Rz. 17; *Mock* in BeckOGK AktG, Stand 1.6.2021, § 146 AktG Rz. 16; *Hüffer/Koch*, § 146 AktG Rz. 3; *Rieckers/Vetter* in KölnKomm. AktG, 3. Aufl. 2015, § 146 AktG Rz. 40.

III. Gerichtliche Bestellung besonderer Vertreter zur Geltendmachung von Ersatzansprüchen (§ 147 Abs. 2 AktG)

1. Ausgangslage

42.20 Stehen der Gesellschaft im Zusammenhang mit ihrer Gründung, wegen einer unzulässigen Einflussnahme i.S.d. § 117 AktG oder wegen einer pflichtwidrigen Geschäftsführung **Ersatzansprüche** gegen ihre Gründer, gegen die Mitglieder des Vorstands oder des Aufsichtsrats oder gegen andere Personen zu, sind diese Ansprüche gemäß § 147 Abs. 1 Satz 1 AktG geltend zu machen, wenn dies die Hauptversammlung mit einfacher Stimmenmehrheit beschließt. Dabei kann entweder schon die Hauptversammlung selbst[73] oder auf Verlangen einer bestimmten Aktionärsminderheit später auch das Gericht gemäß § 147 Abs. 2 AktG **besondere Vertreter** bestellen, die diese Ersatzansprüche der Gesellschaft geltend machen und im Rahmen dieser Funktion die ansonsten dafür zuständigen Organe, nämlich den Vorstand oder den Aufsichtsrat, verdrängen (vgl. Rz. 42.24). Ob als Ersatzansprüche i.S.d. § 147 Abs. 1 AktG auch die **konzernrechtlichen Ersatzansprüche** aus den §§ 309, 317 AktG in Betracht kommen, ist umstritten, jedoch mit der zutreffenden h.M. zu bejahen[74].

2. Voraussetzungen und Verfahren

42.21 Die **gerichtliche Bestellung** besonderer Vertreter nach § 147 Abs. 2 Satz 2 AktG setzt stets voraus, dass zunächst die Hauptversammlung nach § 147 Abs. 1 Satz 1 AktG beschlossen hat, einen nach Gegner und Lebenssachverhalt **hinreichend bestimmten**[75] Ersatzanspruch geltend zu machen[76]; einer zusätzlichen Glaubhaftmachung des betreffenden Anspruchs bedarf es also im Verfahren gemäß § 147 Abs. 2 Satz 2 AktG nicht[77]. Da die Aktionärsmehrheit in aller Regel schon diesen Hauptversamm-

---

73 Zur Widerruflichkeit dieses Bestellungsbeschlusses und den dabei geltenden Stimmverboten vgl. BGH v. 12.7.2011 – II ZR 58/10, AG 2011, 702, 703; OLG München v. 3.3.2010 – 7 U 4744/09, ZIP 2010, 725, 728 = AG 2010, 673; *Hirte/Mock*, BB 2010, 775, 776; *Nietsch*, ZGR 2011, 589, 627.
74 Vgl. BGH v. 30.6.2020 – II ZR 8/19, AG 2020, 744 Rz. 34; OLG Köln v. 9.3.2017 – 18 U 19/16, AG 2017, 351, 355; OLG München v. 27.8.2008 – 7 U 5678/07, AG 2008, 864, 866; *Altmeppen* in MünchKomm. AktG, 5. Aufl. 2020, § 317 AktG Rz. 61 ff.; *Hüffer/Koch*, § 147 AktG Rz. 3; *Rieckers/Vetter* in KölnKomm. AktG, 3. Aufl. 2015, § 147 AktG Rz. 142 ff.; siehe eingehend auch *Bernau*, AG 2011, 894, 897 ff.; *Müller*, Der Konzern 2006, 725, 729; *Nietsch*, ZGR 2011, 589, 598; *Roßkopf/Gayk*, DStR 2020, 2078, 2079; *Mörsdorf*, ZHR 183 (2019), 695, 700; a.A. etwa *Hirschmann* in Hölters, § 147 AktG Rz. 3; *Grigoleit/Rachlitz* in Grigoleit, § 147 AktG Rz. 7; *Kling*, ZGR 2009, 190, 202; *Kluthe/Schäfer*, AG 2020, 741, 744. Ausführlich zu den im Übrigen von §§ 147 f. AktG erfassten Ansprüchen *Mock*, NZG 2015, 1013; *Rieckers/Vetter* in KölnKomm. AktG, 3. Aufl. 2015, § 147 AktG Rz. 123 ff.; siehe auch OLG Karlsruhe v. 14.3.2018 – 11 U 35/17, AG 2018, 367, 372, wonach Erstattungsansprüche wegen Verstoßes gegen den Grundsatz der Kapitalerhaltung dem Begriff der Ersatzansprüche i.S.d. § 147 AktG nicht zu subsumieren sind.
75 Zu den Anforderungen an die inhaltliche Bestimmtheit dieses Beschlusses vgl. BGH v. 30.6.2020 – II ZR 8/19, AG 2020, 744 Rz. 24; OLG Düsseldorf v. 20.12.2018 – 6 U 215/16, AG 2019, 348, 354; OLG Karlsruhe v. 14.3.2018 – 11 U 35/17, AG 2018, 367, 369; OLG Köln v. 9.3.2017 – 18 U 19/16, AG 2017, 351, 354 f.; OLG München v. 27.8.2008 – 7 U 5678/07, AG 2008, 864, 867; OLG Stuttgart v. 25.11.2008 – 8 W 370/08, AG 2009, 169, 170; KG v. 25.8.2011 – 25 W 63/11, AG 2012, 256, 258; LG Köln v. 14.1.2016 – 91 O 31/15, AG 2016, 513; *Westermann*, AG 2009, 237, 239 f.; *Hüffer*, ZHR 174 (2010), 642, 666; *Kling*, ZGR 2009, 190, 194; *Kocher/Lönner*, ZIP 2016, 653, 654 ff.; *Bayer*, AG 2016, 637, 645 f.; *Roßkopf/Gayk*, DStR 2020, 2078, 2080.
76 *Hüffer/Koch*, § 147 AktG Rz. 19; *Mock* in BeckOGK AktG, Stand 1.6.2021, § 147 AktG Rz. 76; *Spindler* in K. Schmidt/Lutter, § 147 AktG Rz. 15.
77 BGH v. 30.6.2020 – II ZR 8/19, AG 2020, 744 Rz. 17; siehe auch OLG Köln v. 9.3.2017 – 18 U 19/16, AG 2017, 351, 354; krit. *Kuthe/Schäfer*, AG 2020, 741, 743; *Bungert/Becker*, DB 2020, 2058, 2061.

lungsbeschluss unterbinden kann[78], bleibt die praktische Bedeutung des Minderheitenrechts aus § 147 Abs. 2 Satz 2 AktG zwar prinzipiell eher beschränkt; sie ist aber vor allem in Konzernsachverhalten nicht zu unterschätzen[79] (vgl. näher Rz. 42.29). Erforderlich ist des Weiteren eine **Antragstellung** von Aktionären[80], deren Anteile zusammen 10 % des Grundkapitals oder den anteiligen Betrag von 1 Mio. Euro erreichen. Hinsichtlich der Berechnung dieses Quorums gelten die Ausführungen in Rz. 42.7 entsprechend; der Nachweis des Anteilsbesitzes kann insbesondere durch die Vorlage von Bescheinigungen der jeweiligen Depotbanken geführt werden[81]. Das Gericht hat besondere Vertreter schließlich nur dann zu bestellen, wenn dies „für eine gehörige Geltendmachung" der Ersatzansprüche „**zweckmäßig**" erscheint (§ 147 Abs. 2 Satz 2 AktG). Davon ist vor allem in solchen Konstellationen auszugehen, in denen objektive Anhaltspunkte dafür bestehen, dass die für die Rechtsverfolgung sonst zuständigen Gesellschaftsorgane oder der von der Hauptversammlung eingesetzte Vertreter die Interessen der Minderheit nicht ausreichend wahrnehmen werden[82]. Ein solches Indiz kann beispielsweise die bisherige Untätigkeit der zuständigen Organe bilden[83]. Die gerichtliche Bestellung hat aber auch dann zu erfolgen, wenn sich ein Anspruch gegen Mitglieder sowohl des Vorstands als auch des Aufsichtsrats richten könnte und deshalb ein Interessenkonflikt besteht[84]. In keinem Fall hat das Gericht dagegen die Erfolgsaussichten der Klage zu prüfen[85].

Sachlich zuständig für die Entscheidung über den Antrag ist das Amtsgericht (§ 23a GVG i.V.m. § 375 Nr. 3 FamFG). Dabei konzentriert § 376 Abs. 1 FamFG die sachliche Zuständigkeit allerdings auf diejenigen Amtsgerichte, in deren Bezirk ein Landgericht seinen Sitz hat; die Landesregierungen sind zudem gemäß § 376 Abs. 2 FamFG ermächtigt, abweichende Zuständigkeitsregelungen zu treffen. Die **örtliche Zuständigkeit** richtet sich prinzipiell nach dem Sitz der Gesellschaft (vgl. § 147 Abs. 2 Satz 2 i.V.m. § 14 AktG); wegen § 376 Abs. 1 FamFG ist insoweit allerdings der Bezirk des jeweiligen Landgerichts maßgeblich. Da das Gericht im Verfahren nach dem FamFG tätig wird, gilt der **Amtsermittlungsgrundsatz** (§ 26 FamFG). Das Amtsgericht entscheidet durch einen mit Gründen zu versehenden **Beschluss** (§ 38 FamFG). Seine Entscheidung kann binnen Monatsfrist (§ 63 FamFG) mit der **Beschwerde** angefochten werden (§ 147 Abs. 2 Satz 4 AktG i.V.m. §§ 58 ff. FamFG), zu deren Entscheidung gem. § 119 Abs. 1 Nr. 1 lit. b GVG i.V.m. § 23a Abs. 2 Nr. 4 GVG, § 375 Nr. 3 FamFG das **Oberlandesgericht** berufen ist. Gegen die Entscheidung des Beschwerdegerichts ist, soweit von diesem zugelassen, die **Rechtsbeschwerde** nach § 70 FamFG gegeben, über die gemäß § 133 GVG der **BGH** entscheidet.

42.22

Gibt das Gericht dem Antrag statt, bestellt es – ohne bei der Auswahl an die Vorschläge der Antragsteller gebunden zu sein[86] – einen oder mehrere Vertreter, die in dem Beschluss namentlich ebenso zu

42.23

---

78 *Mock* in BeckOGK AktG, Stand 1.6.2021, § 147 AktG Rz. 80; *Spindler* in K. Schmidt/Lutter, § 148 AktG Rz. 3; *Tielmann/Gahr*, AG 2016, 199, 200 ff.; *Bayer/Hoffmann*, AG 2018, 337, 337 f.; *Redenius-Hövermann/Henkel*, AG 2020, 349, 351.
79 Vgl. zu den Rechtstatsachen ausführlich *Bayer/Hoffmann*, AG 2018, 337, 338 ff.
80 Zu der bislang wenig geklärten Frage, ob auch die Inhaber von Genussrechten, Wandelschuldverschreibungen oder Optionsrechten als Antragsberechtigte in Betracht kommen, vgl. *Mock* in BeckOGK AktG, Stand 1.6.2021, § 147 AktG Rz. 90.
81 *Spindler* in K. Schmidt/Lutter, § 147 AktG Rz. 16.
82 *Hüffer*, ZHR 174 (2010), 642, 656; *Arnold* in MünchKomm. AktG, 4. Aufl. 2018, § 147 AktG Rz. 97.
83 *Schmolke* in Großkomm. AktG, 5. Aufl. 2021, § 147 AktG Rz. 283; *Arnold* in MünchKomm. AktG, 4. Aufl. 2018, § 147 AktG Rz. 97.
84 *Rieckers/Vetter* in KölnKomm. AktG, 3. Aufl. 2015, § 147 AktG Rz. 389; *Schmolke* in Großkomm. AktG, 5. Aufl. 2021, § 147 AktG Rz. 280 mit Rz. 231, 222; *Lochner* in Heidel, § 147 AktG Rz. 21.
85 *Arnold* in MünchKomm. AktG, 4. Aufl. 2018, § 147 AktG Rz. 97; *Rieckers/Vetter* in KölnKomm. AktG, 3. Aufl. 2015, § 147 AktG Rz. 386.
86 Vgl. KG v. 16.12.2011 – 25 W 92/11, AG 2012, 328, 328 f.; *Rieckers/Vetter* in KölnKomm. AktG, 3. Aufl. 2015, § 147 AktG Rz. 401, jeweils mit dem Hinweis, dass ein Abweichen von dem Vorschlag der Antragsteller nur erfolgen sollte, wenn besondere Gründe gegen die Bestellung des Vorgeschlagenen bestehen.

benennen sind wie die von diesen Vertretern zu betreibende Rechtsverfolgung[87]. Die **Gerichtskosten** sind in diesem Fall der Gesellschaft aufzuerlegen (§ 147 Abs. 2 Satz 3 AktG). Bleibt der Antrag erfolglos, sind die Gerichtskosten demgegenüber von den Antragstellern zu tragen (§ 22 GNotKG)[88]. **Außergerichtliche Kosten** sind nur zu erstatten, wenn das Gericht dies gemäß § 81 FamFG aus Billigkeitsgründen anordnet[89].

3. Rechtsstellung des besonderen Vertreters

42.24 Der besondere Vertreter hat die Rechtsstellung eines **gesetzlichen Vertreters** der Gesellschaft und fungiert nach herrschender, wenngleich auch durch die obergerichtliche Rechtsprechung[90] bestrittener Auffassung als eines ihrer **Organe**[91]. Nach den Grundsätzen der fehlerhaften Organbestellung können seine Rechtshandlungen daher auch dann wirksam bleiben, wenn sich seine Bestellung als unwirksam erweisen sollte[92]. Die Vertretungsmacht des besonderen Vertreters ist auf die Geltendmachung der im Beschluss der Hauptversammlung bezeichneten Ansprüche beschränkt; allerdings verdrängt sie für diesen Bereich die sonst gegebene Vertretungsmacht der übrigen Verwaltungsorgane[93]. Als Organ der Gesellschaft unterliegt der besondere Vertreter gegenüber der Gesellschaft den organschaftlichen Treue- und Sorgfaltspflichten[94], deren Verletzung seine Schadensersatzpflicht auslösen kann[95].

42.25 Die **Rechte und Pflichten** des gesetzlichen Vertreters bleiben in der gesetzlichen Regelung des § 147 AktG weitgehend offen; auch in Rechtsprechung und Schrifttum konnte ihre Reichweite bislang nicht abschließend geklärt werden. Die wohl h.M. geht davon aus, dass der besondere Vertreter zur Geltendmachung der im Beschluss der Hauptversammlung bezeichneten Ansprüche verpflichtet ist, ohne dass es auf seine Einschätzung der dafür bestehenden Erfolgsaussichten ankommt[96]. Gelangt der besondere Vertreter zu einer negativen **Erfolgsprognose**, kann er also nicht ohne Verletzung seiner Pflichten auf

---

87 *Schmolke* in Großkomm. AktG, 5. Aufl. 2021, § 147 AktG Rz. 308; *Arnold* in MünchKomm. AktG, 4. Aufl. 2018, § 147 AktG Rz. 99; *Hüffer*, ZHR 174 (2010), 642, 668.
88 *Spindler* in K. Schmidt/Lutter, § 147 AktG Rz. 19; *Rieckers/Vetter* in KölnKomm. AktG, 3. Aufl. 2015, § 147 AktG Rz. 421.
89 *Mock* in BeckOGK AktG, Stand 1.2.2021, § 147 AktG Rz. 99.
90 OLG München v. 28.11.2007 – 7 U 4498/07, ZIP 2008, 73, 79 = AG 2008, 172; zust. *Westermann*, AG 2009, 237, 247; siehe auch *Wirth* in FS Hüffer, 2010, S. 1129, 1144.
91 BGH v. 8.1.2019 – II ZR 94/17 – AG 2019, 682, 682 f.; BGH v. 27.9.2011 – II ZR 225/08, AG 2011, 875, 876; OLG Karlsruhe v. 14.3.2018 – 11 U 35/17, AG 2018, 367, 368; *Schmolke* in Großkomm. AktG, 5. Aufl. 2021, § 147 AktG Rz. 399; *Spindler* in K. Schmidt/Lutter, § 147 AktG Rz. 23; *Mock* in BeckOGK AktG, Stand 1.6.2021, § 147 AktG Rz. 129; *Mörsdorf*, ZHR 183 (2019), 695, 704; *Kling*, ZGR 2009, 190, 211 f.; zur Vertretungsmacht vgl. auch BGH v. 18.12.1980 – II ZR 140/79, NJW 1981, 1097, 1098.
92 BGH v. 8.1.2019 – II ZR 94/17, AG 2019, 682, 682 f.; LG Heidelberg v. 28.8.2019 – 12 O 8/19, AG 2019, 804, 808; *Grigoleit/Rachlitz* in Grigoleit, § 147 AktG Rz. 25; *Lochner/Beneke*, ZIP 2020, 351, 353 ff.
93 *Spindler* in K. Schmidt/Lutter, § 147 AktG Rz. 23; *Schmolke* in Großkomm. AktG, 5. Aufl. 2021, § 147 AktG Rz. 544, 550.
94 *Mock* in BeckOGK AktG, Stand 1.6.2021, § 147 AktG Rz. 130; *Rieckers/Vetter* in KölnKomm. AktG, 3. Aufl. 2015, § 147 AktG Rz. 532.
95 Umstritten ist, ob sich die Haftung des besonderen Vertreters dementsprechend in Analogie zu den §§ 93, 116 AktG nach den darin enthaltenen Sonderregeln (Verjährung, Beweislast etc.) beurteilt oder ob gerade wegen dieser – als unpassend empfundenen – Sonderregeln stattdessen auf die allgemeine Haftung aus § 280 Abs. 1 BGB i.V.m. dem der Tätigkeit des besonderen Vertreters zugrundeliegenden Geschäftsbesorgungsverhältnis zurückzugreifen ist, für Ersteres u.a. LG Heidelberg v. 28.8.2019 – 12 O 8/19, AG 2019, 804, 810; *Kling*, ZGR 2009, 190, 224 ff.; *Lochner/Beneke*, ZIP 2020, 351, 352; für Letzteres u.a. *Arnold* in MünchKomm. AktG, 4. Aufl. 2018, § 147 AktG Rz. 85; *Hüffer/Koch*, § 147 AktG Rz. 18.
96 *Schmolke* in Großkomm. AktG, 5. Aufl. 2021, § 147 AktG Rz. 539; *Mörsdorf*, ZHR 183 (2019), 695, 708; *Verhoeven*, ZIP 2008, 245, 246; *Hüffer*, ZHR 174 (2010), 642, 664; krit. *Westermann*, AG 2009, 237, 240 f.; a.A. *Arnold* in MünchKomm. AktG, 4. Aufl. 2018, § 147 AktG Rz. 65; *Mock* in BeckOGK AktG, Stand 1.6.2021, § 147 AktG Rz. 120 ff.; differenzierend nach dem Inhalt des jeweiligen Hauptversammlungsbeschlusses *Hüffer/Koch*, § 147 Rz. 14; *Uwe H. Schneider*, ZIP 2013, 1985, 1990.

die Anspruchsdurchsetzung verzichten, sondern muss die Hauptversammlung um eine Revision ihrer Entscheidung bitten; als *ultima ratio* verbleibt die Möglichkeit der Amtsniederlegung[97].

Zur Durchsetzung der von der Hauptversammlung bezeichneten Ersatzansprüche stehen dem besonderen Vertreter nach ganz h.M.[98] **Auskunfts- und Einsichtsrechte** gegenüber der Gesellschaft zu[99], die dieser notfalls auch im Wege des einstweiligen Rechtsschutzes geltend machen kann[100]. Die konkrete Reichweite dieser Rechte ist allerdings bislang wenig geklärt und auch unter den Instanzgerichten umstritten: Während dem besonderen Vertreter herkömmlich **im Rahmen seines Aufgabenkreises** ein umfassendes Informationsrecht zugebilligt wird, das letztlich nur unter einem Missbrauchsvorbehalt steht[101], hob vor allem das OLG München in einer Entscheidung aus dem Jahre 2007 darauf ab, dass das Gesetz dem besonderen Vertreter nicht dieselbe Position einräume wie einem Sonderprüfer; der besondere Vertreter habe daher nicht wie ein Sonderprüfer innerhalb der Gesellschaft „in alle Richtungen" zu ermitteln, vielmehr sei sein Auskunfts- und Einsichtsrecht lediglich eine „Annexkompetenz zu seiner Funktion, aus einem wenigstens im Kern bereits bekannten Sachverhalt Ansprüche geltend zu machen"[102]. Ob diesem Vergleich mit der Rechtsstellung des Sonderprüfers tatsächlich entscheidende Bedeutung zukommt, ist zwar schon durch das Reichsgericht bezweifelt worden; für die Reichweite des Auskunftsrechts stellte allerdings bereits dieses Gericht in ähnlicher Weise darauf ab, ob die Information „zur zweckentsprechenden Durchführung des Ersatzprozesses erforderlich ist"[103]. Dem besonderen Vertreter sind damit jedenfalls diejenigen Informationen zu gewähren, die er zur Erfüllung seiner Verpflichtung benötigt, den durch den Beschluss der Hauptversammlung konkretisierten Ersatzanspruch (vgl. Rz. 42.21) geltend zu machen[104]. Uneinigkeit herrscht schließlich auch hinsichtlich der – richtigerweise zu verneinenden – Fragen, ob der besondere Vertreter einen Anspruch auf ungehinderten Zugang zu den Räumlichkeiten der Gesellschaft hat und ob ihm Direktionsrechte

42.26

---

97 LG München v. 6.9.2007 – 5 HK O 12570/07, AG 2007, 756, 758; *Roßkopf/Gayk*, DStR 2020, 2078, 2082; *Wirth* in FS Hüffer, 2010, S. 1129, 1142; *Rieckers/Vetter* in KölnKomm. AktG, 3. Aufl. 2015, § 147 AktG Rz. 541.
98 A.A. *Humrich*, NZG 2014, 441, 446, der jegliche Informationsrechte des besonderen Vertreters verneint.
99 Grundlegend RG v. 4.11.1913 – Rep. II 297/13, RGZ 83, 248, 249 ff.
100 Dem steht nicht entgegen, dass es regelmäßig einer sog. Leistungsverfügung bedarf, vgl. OLG Köln v. 4.12.2015 – 18 U149/15, AG 2016, 254, 256; LG Duisburg v. 9.6.2016 – 22 O 50/16, AG 2016, 795, 796 f.; LG Heidelberg v. 4.12.2015 – 11 O 37/15, ZIP 2016, 471, 473; LG München v. 6.9.2007 – 5 HK O 12570/07, AG 2007, 756, 759; siehe auch *Verhoeven*, ZIP 2008, 245, 254; anders OLG München v. 28.11.2007 – 7 U 4498/07, ZIP 2008, 73, 77 = AG 2008, 172, das davon ausgeht, dass die Auskunfts- und Einsichtsrechte des besonderen Vertreters im Verfahren des einstweiligen Rechtsschutzes prinzipiell nur eingeschränkt durchgesetzt werden können.
101 OLG Köln v. 4.12.2015 – 18 U 149/15, AG 2016, 254, 25; LG Duisburg v. 9.6.2016 – 22 O 50/16, AG 2016, 795, 796 f.; LG München v. 6.9.2007 – 5 HK O 12570/07, AG 2007, 756, 757; *Schmolke* in Großkomm. AktG, 5. Aufl. 2021, § 147 AktG Rz. 434 ff.; *Mock* in BeckOGK AktG, Stand 1.6.2021, § 147 AktG Rz. 145; *Lochner* in Heidel, § 147 AktG Rz. 24; *Verhoeven*, ZIP 2008, 245, 247; *Nietsch*, ZGR 2011, 589, 617; *Ziemons* in Ziemons/Binnewies, Hdb. AG, Rz. I 11.219; siehe ausführlich zum Ganzen auch *Schatz* in FS Grunewald, S. 961, 962 ff.; *Mock*, ZHR 181 (2017), 688, 718 ff.
102 OLG München v. 28.11.2007 – 7 U 4498/07, ZIP 2008, 73, 77 = AG 2008, 172; zust. *Westermann*, AG 2009, 237, 246; *Binder*, ZHR 176 (2012), 380, 395; *Arnold* in MünchKomm. AktG, 4. Aufl. 2018, § 147 AktG Rz. 69 ff.; *Spindler* in K. Schmidt/Lutter, § 146 AktG Rz. 28, 30; *Rieckers/Vetter* in KölnKomm. AktG, 3. Aufl. 2015, § 147 AktG Rz. 620; *Roßkopf/Gayk*, DStR 2020, 2078, 2082; siehe auch OLG Düsseldorf v. 20.12.2018 – 6 U 215/16, AG 2019, 348, 356; OLG Köln v. 9.3.2017 – 18 U 19/16, AG 2017, 351, 354; LG Köln v. 14.1.2016 – 91 O 31/15, AG 2016, 513, 514; LG Heidelberg v. 4.12.2015 – 11 O 37/15, ZIP 2016, 471, 472 = AG 2016, 182; LG Heidelberg v. 6.4.2016 – 12 O 14/16, ZIP 2016, 1874, 1875 = AG 2016, 868; LG Duisburg v. 16.4.2013 – 22 O 12/13, ZIP 2013, 1379, 1380; krit. *Butzke*, HV, M Rz. 42; *Mock*, DB 2008, 393, 397; *Nietsch*, ZGR 2011, 589, 611 ff.
103 RG v. 4.11.1913 – Rep. II 297/13, RGZ 83, 248, 252.
104 *Rieckers/Vetter* in KölnKomm. AktG, 3. Aufl. 2015, § 147 AktG Rz. 620; *Hüffer/Koch*, § 147 AktG Rz. 15; *Mörsdorf*, ZHR 183 (2019), 695, 720.

gegenüber ihrer Belegschaft zustehen, die es ihm erlauben, sich die zur Anspruchsdurchsetzung notwendigen Informationen selbst, d.h. nicht nur unter Vermittlung des Vorstands, zu verschaffen[105]. Wird der Beschluss der Hauptversammlung über die Verfolgung von Ersatzansprüchen und über die Vertreterbestellung angefochten, kann der besondere Vertreter dem Rechtsstreit nach herrschender Auffassung auf Seiten der AG **als Nebenintervenient** beitreten[106].

42.27 Aufgrund des zwingend (vgl. Rz. 42.21) vorliegenden Beschlusses der Hauptversammlung über die Erhebung des jeweiligen Anspruchs „soll" dessen Geltendmachung gemäß § 147 Abs. 1 Satz 2 AktG binnen einer **Frist von sechs Monaten** seit der Beschlussfassung erfolgen. Diese Regelung gilt auch für den besonderen Vertreter[107]. Was unter dem Begriff der „Geltendmachung" zu verstehen ist, lässt das Gesetz offen; stets ausreichend ist jede Form der gerichtlichen Geltendmachung[108]. Versäumt der besondere Vertreter diese Frist, kann er sich schadensersatzpflichtig machen[109]; für die Wirksamkeit der von ihm zur Anspruchsdurchsetzung eingeleiteten Maßnahmen bleibt das Fristversäumnis dagegen ohne Folgen[110].

42.28 Der gerichtlich bestellte besondere Vertreter kann gemäß § 147 Abs. 2 Satz 5 AktG von der Gesellschaft den Ersatz seiner **Auslagen** und eine **Vergütung** verlangen[111]. Ihre konkrete Höhe wird gemäß § 147 Abs. 2 Satz 6 AktG durch das Gericht festgesetzt.

IV. Das Klagezulassungsverfahren (§§ 148 f. AktG)

1. Überblick

42.29 Da die gerichtliche Bestellung eines besonderen Vertreters i.S.d. § 147 Abs. 2 AktG stets voraussetzt, dass die Hauptversammlung zunächst mit einfacher Mehrheit die Geltendmachung von Ersatzansprüchen beschlossen hat, kann die Aktionärsminderheit die Bestellung eines besonderen Vertreters in aller Regel **nicht gegen den Willen der Aktionärsmehrheit** durchsetzen (vgl. dazu näher bereits Rz. 42.21); praktische Ausnahmen gelten regelmäßig nur in solchen Fällen, in denen sich der jeweilige Ersatzan-

---

105 Bejahend LG München v. 6.9.2007 – 5 HK O 12570/07, AG 2007, 756, 760; *Mock*, DB 2008, 393, 395; *Mock*, ZHR 181 (2017), 688, 722 f.; *Uwe H. Schneider*, ZIP 2013, 1985, 1987; verneinend OLG München v. 28.11.2007 – 7 U 4498/07, ZIP 2008, 73, 83 f. = AG 2008, 172; LG Heidelberg v. 4.12.2015 – 11 O 37/15, ZIP 2016, 471, 472 = AG 2016, 182; *Rieckers/Vetter* in KölnKomm. AktG, 3. Aufl. 2015, § 147 AktG Rz. 634 ff.; *Spindler* in K. Schmidt/Lutter, § 147 AktG Rz. 33a; *Roßkopf/Gayk*, DStR 2020, 2078, 2082; *Mörsdorf*, ZHR 183 (2019), 695, 721; *Hüffer*, ZHR 174 (2010), 642, 679; *Kling*, ZGR 2009, 190, 218; *Nietsch*, ZGR 2011, 589, 620.
106 BGH v. 28.4.2015 – II ZB 19/14, AG 2015, 564, 565; OLG Düsseldorf v. 20.12.2018 – 6 U 215/16, AG 2019, 348, 350; OLG Köln v. 9.3.2017 – 18 U 19/16, AG 2017, 351, 353; *Mock* in BeckOGK AktG, Stand 1.6.2021, § 147 AktG Rz. 127; *Hüffer/Koch*, § 147 AktG Rz. 17; *Mock*, AG 2015, 652, 656; a.A. OLG München v. 7.10.2008 – 7 W 1034/08, ZIP 2008, 2173, 2174 = AG 2009, 119; *Rieckers/Vetter* in KölnKomm. AktG, 3. Aufl. 2015, § 147 AktG Rz. 684.
107 OLG München v. 28.11.2007 – 7 U 4498/07, ZIP 2008, 73, 77 = AG 2008, 172; zweifelnd *Verhoeven*, ZIP 2008, 245, 250 (dortige Fn. 52).
108 *Hüffer/Koch*, § 147 AktG Rz. 9. Wird der Beschluss der Hauptversammlung über die Bestellung des besonderen Vertreters angefochten, so ist ein von dem besonderen Vertreter zur Geltendmachung der Forderung bereits eingeleiteter Prozess mangels Vorgreiflichkeit nicht gemäß § 148 ZPO auszusetzen, da sein Handeln unabhängig von dem Ausgang des Anfechtungsrechtsstreits nach der Lehre über die fehlerhafte Organbestellung wirksam bleibt, vgl. OLG München v. 21.10.2010 – 7 W 2040/10, AG 2011, 177, 178; siehe auch BGH v. 27.9.2011 – II ZR 225/07, AG 2011, 875, 876 sowie Rz. 42.24.
109 Vgl. dazu allgemein *Mock* in BeckOGK AktG, Stand 1.6.2021, § 147 AktG Rz. 133.
110 *Mock* in BeckOGK AktG, Stand 1.6.2021, § 147 AktG Rz. 63.
111 Zu den sich dabei in der praktischen Abwicklung ergebenden Problemen vgl. *Uwe H. Schneider*, ZIP 2013, 1985, 1989; *Roßkopf/Gayk*, DStR 2020, 2078, 2083 f.

spruch (auch) gegen einen Mehrheitsaktionär richtet, so dass zu seinen Lasten sowohl bei der Abstimmung über die Geltendmachung der Ersatzansprüche als auch bei der Beschlussfassung über die Bestellung des besonderen Vertreters das Stimmverbot des § 136 Abs. 1 Satz 1 Var. 3 AktG eingreift[112]. Zum Schutz der Aktionärsminderheit sah das Gesetz vor diesem Hintergrund bis zum Inkrafttreten des UMAG in § **147 Abs. 3 AktG a.F.** ein weiteres Antragsrecht vor, das der Minderheit eine (eingeschränkte) Erzwingung der Geltendmachung von Ersatzansprüchen auch gegen den Willen der Mehrheit erlaubte: Auf Antrag von Aktionären, deren Aktienbesitz entweder 5 % des Grundkapitals oder den anteiligen Betrag am Grundkapital von 500.000 Euro erreichte, hatte das Gericht nach dieser früheren Regelung unter bestimmten Voraussetzungen einen besonderen Vertreter zu bestellen, der die Ersatzansprüche der Gesellschaft allerdings nur dann geltend zu machen hatte, wenn die Rechtsverfolgung aufgrund seiner eigenen Wertung der Prozessaussichten hinreichende Aussicht auf Erfolg bot.

Die unterschiedlichen Regelungen des § 147 Abs. 1 AktG einerseits und dieses § 147 Abs. 3 AktG a.F. andererseits hatten im Schrifttum unter verschiedenen Aspekten vielfach **Kritik** erfahren[113]. Schon der 63. Deutsche Juristentag hatte sich daher für eine Reform des § 147 AktG a.F. ausgesprochen; seine Vorschläge sahen vor allem eine Herabsetzung des Quorums sowie die Einführung eines der Klageerhebung vorausgehenden „Zulassungsverfahrens" vor, das bei dem Prozessgericht zu führen sein sollte[114]. Die Regierungskommission Corporate Governance hat sich dem weitgehend angeschlossen[115]. Der **Gesetzgeber des UMAG** griff diese Vorschläge durch die Aufhebung des § 147 Abs. 3 und 4 AktG a.F. und die Einführung des in §§ 148 f. AktG geregelten **Klagezulassungsverfahrens** auf. 42.30

Nach der geltenden Vorschrift des § 148 Abs. 1 AktG kann eine bestimmte **Aktionärsminderheit** (vgl. Rz. 42.33) „die Zulassung beantragen, im eigenen Namen die in § 147 Abs. 1 Satz 1 AktG bezeichneten Ersatzansprüche der Gesellschaft [vgl. Rz. 42.20] geltend zu machen"[116]. Die **Klagebefugnis für den der Klagezulassung nachfolgenden Schadensersatzprozess** steht also heute den **Aktionären selbst**[117] zu. Die Minderheitsaktionäre haben die zugelassene Klage jedoch gemäß § 148 Abs. 4 Satz 2 AktG auf Leistung an die Gesellschaft zu richten und machen den Anspruch der Gesellschaft damit im Wege einer gesetzlichen Prozessstandschaft geltend[118]. Entgegen den Erwartungen bei seiner Einführung hat das Klagezulassungsverfahren **bislang kaum praktische Bedeutung** erlangt[119]. 42.31

2. Voraussetzungen der Klagezulassung

Gemäß § 148 Abs. 1 Satz 2 AktG lässt das Gericht die Klage nur unter bestimmten **Voraussetzungen** zu: 42.32

---

112 Vgl. dazu etwa den Sachverhalt von LG München v. 4.10.2007 – 5 HK O 12615/07, AG 2008, 92, sowie OLG München v. 27.8.2008 – 7 U 5678/07, AG 2008, 864, 865; *Nietsch*, ZGR 2011, 589, 603; siehe auch *Tielmann/Gahr*, AG 2016, 199, 200 ff.
113 Vgl. dazu näher die Ausführungen in der 1. Aufl., § 37 Rz. 248, sowie u.a. *Ulmer*, ZHR 163 (1999), 290, 292; *Baums*, AG 1997, Sonderheft, S. 27; *Lutter*, AG 1997, Sonderheft S. 52; *Wenger*, AG 1997, Sonderheft, S. 58; *Arnold* in MünchKomm. AktG, 4. Aufl. 2018, § 147 AktG Rz. 7 ff.
114 Verhandlungen des 63. DJT, Bd. II/1, S. O 79 ff.; vgl. auch das vorbereitende Gutachten von *Baums* in Verhandlungen des 63. DJT, Bd. I, S. F 239 ff. sowie zuvor bereits *Ulmer*, ZHR 163 (1999), 290, 329 ff.
115 *Baums*, Bericht der Regierungskommission Corporate Governance, Rz. 72 f.
116 Krit. zu dieser Absenkung des Quorums u.a. *Linnerz*, NZG 2004, 307, 309; *Seibt*, WM 2004, 2137, 2143; *DAV-Handelsrechtsausschuss*, NZG 2004, 555, 560.
117 Krit. dazu *DAV-Handelsrechtsausschuss*, NZG 2004, 555, 561; *Linnerz*, NZG 2004, 307, 310.
118 Begr. RegE UMAG, BR-Drucks. 3/05, S. 46.
119 Vgl. dazu eingehend *Redenius-Hövermann/Henkel*, AG 2020, 349, 353 ff.; *Mock*, AG 2019, 385, 385 f.; *Peltzer* in FS Uwe H. Schneider, 2011, S. 953, 954 ff.; *Schmolke*, ZGR 2011, 398, 402 f.; *Rieckers/Vetter* in KölnKomm. AktG, 3. Aufl. 2015, § 148 AktG Rz. 81 f. Zu den dadurch im Schrifttum ausgelösten Reformüberlegungen siehe zusammenfassend etwa *Mock* in BeckOGK AktG, Stand 1.6.2021, § 148 AktG Rz. 28; *Spindler* in K. Schmidt/Lutter, § 148 AktG Rz. 58 ff.

a) Quorum

42.33 Der Antrag auf Klagezulassung muss zunächst von Aktionären[120] getragen werden, deren Anteile zusammen[121] den einhundertsten Teil des Grundkapitals oder einen anteiligen Betrag von 100.000 Euro erreichen[122]. Dieses **Quorum** ist identisch mit dem in § 142 Abs. 2 Satz 1 AktG genannten, so dass die Ausführungen hinsichtlich seiner Berechnung unter Rz. 42.6 f. entsprechende Geltung beanspruchen. Nach dem klaren Wortlaut des § 148 Abs. 1 Satz 1 AktG reicht es aus, wenn das Quorum im **Zeitpunkt der Antragstellung** besteht; insbesondere während des nachfolgenden Klageverfahrens ist eine Fortdauer des Quorums somit entbehrlich[123].

42.34 Für die Antragstellung gilt Anwaltszwang (§ 78 Abs. 1 ZPO); besonderen Form- oder Fristanforderungen unterliegt der Antrag indessen nicht[124]. Bereits die Erhebung des Antrags auf Klagezulassung bewirkt gemäß § 148 Abs. 2 Satz 3 AktG **die Hemmung der Verjährung** des streitgegenständlichen Ersatzanspruchs, und zwar bis zur rechtskräftigen Abweisung des Klagezulassungsantrages oder bis zum Ablauf der Frist für die Klageerhebung (vgl. Rz. 42.50).

b) Nachweis des rechtzeitigen Aktienerwerbs

42.35 Die antragstellenden Aktionäre haben nachzuweisen, „dass sie die Aktien vor dem Zeitpunkt erworben haben, in dem sie oder im Falle einer Gesamtrechtsnachfolge ihre Rechtsvorgänger von den behaupteten Pflichtverstößen oder dem behaupteten Schaden auf Grund einer Veröffentlichung Kenntnis erlangen mussten" (§ 148 Abs. 1 Satz 2 Nr. 1 AktG). Nach den Gesetzesmaterialien ist bei diesem **Nachweis über den rechtzeitigen Aktienerwerb**, der missbräuchlichen Antragstellungen entgegenwirken soll, vor allem an die Vorlage von Depotauszügen oder von „Kaufunterlagen" zu denken[125]. Für die Bemessung der Vorbesitzzeit findet die allgemeine Zurechnungsregel des § 70 AktG Anwendung, die die Inhaberschaft einer Aktie unter bestimmten Umständen in die Vergangenheit verlängert[126]. Da es auf das „Kennenmüssen" ankommt, hat sich der Nachweis auf einen Zeitpunkt zu beziehen, in dem der beanstandete Pflichtverstoß oder Schaden noch nicht – wie es in den Gesetzesmaterialien heißt – „in Breitenmedien, der Wirtschaftspresse oder weit verbreiteten Online-Diensten" veröffentlicht war, es sei denn, die Minderheit weist nach, dass sie trotz der Veröffentlichung keine Kenntnis erlangen konnte[127]. **Fahrlässige Unkenntnis** der Minderheit schließt die Durchführung des Klagezulassungs-

---

120 Zur Frage, ob daneben auch die Inhaber von Genussrechten, Wandelschuldverschreibungen oder Optionsrechten als Antragsberechtigte in Betracht kommen, vgl. m.w.N. etwa *Mock* in BeckOGK AktG, Stand 1.6.2021, § 148 AktG Rz. 52.
121 Zu den denkbaren Formen des Zusammenwirkens der das Quorum tragenden Aktionäre vgl. etwa *Bezzenberger/Bezzenberger* in Großkomm. AktG, 5. Aufl. 2021, § 148 AktG Rz. 199 ff.
122 Krit. und *de lege ferenda* für einen Verzicht auf das Quorum eintretend *Kahnert*, AG 2013, 663, 665; siehe auch *Habersack*, Verhandlungen des 69. DJT, 2012, Bd. I, Gutachten E, S. 95, der sich noch weitergehend für die Ersetzung des Klagezulassungsverfahrens durch eine allgemeine aktienrechtliche *actio pro socio* ausspricht.
123 *Schröer*, ZIP 2005, 2081, 2083 f.; *Hüffer/Koch*, § 148 AktG Rz. 16; *Bungert* in MünchHdb. AG, § 43 Rz. 53; a.A. *Bezzenberger/Bezzenberger* in Großkomm. AktG, 5. Aufl. 2021, § 148 AktG Rz. 211 ff.
124 *Spindler* in K. Schmidt/Lutter, § 148 AktG Rz. 9.
125 Begr. RegE UMAG, BR-Drucks. 3/05, S. 43. *Schröer*, ZIP 2005, 2081, 2084, weist zutreffend darauf hin, dass sich der Nachweis vor dem Hintergrund des Regelungszwecks auch auf den Umstand beziehen muss, dass der jeweilige Aktienbesitz seit dem Erwerb vor Kenntniserlangung ununterbrochen bis zur Erhebung des Klagezulassungsantrags fortbestanden hat.
126 *Bezzenberger/Bezzenberger* in Großkomm. AktG, 5. Aufl. 2021, § 148 AktG Rz. 102; *Hüffer/Koch*, § 148 AktG Rz. 5.
127 Begr. RegE UMAG, BR-Drucks. 3/05, S. 43.

verfahrens somit aus; dabei ist hinsichtlich des Sorgfaltsmaßstabes auf die Informationsmöglichkeiten eines durchschnittlichen, verständigen Aktionärs abzustellen[128].

c) Nachweis der erfolglosen Aufforderung zur Klageerhebung

Die Antragsteller haben gemäß § 148 Abs. 1 Satz 2 Nr. 2 AktG zudem nachzuweisen, dass sie[129] die Gesellschaft unter Setzung einer angemessenen Frist vergeblich aufgefordert haben, selbst Klage zu erheben. Diese Regelung unterstreicht den subsidiären Charakter des Verfolgungsrechts[130] und erfordert den Nachweis einer **unmissverständlichen Aufforderung**[131], die im Falle der Verfolgung von gegen den Vorstand gerichteten Ansprüchen an den Aufsichtsrat und ansonsten an den Vorstand zu richten ist[132]. Dabei reicht allerdings der Zugang bei einem einzelnen Organmitglied entsprechend § 78 Abs. 2 Satz 2 AktG aus[133].

42.36

Nach den Gesetzesmaterialien beurteilt sich die **Angemessenheit der Frist** nach den „allgemeinen Regeln", was unter anderem bedeutet, dass eine Fristsetzung im Falle einer ernsthaften und endgültigen Erfüllungsverweigerung (§ 286 Abs. 2 Nr. 3 BGB) entbehrlich sei[134]; ebenso dürfte der Fall zu beurteilen sein, dass sich die Ansprüche sowohl gegen Mitglieder des Aufsichtsrates als auch des Vorstands richten[135]. Als jedenfalls angemessen sehen die Materialien eine Frist von zwei Monaten an[136].

42.37

d) Verdacht auf Unredlichkeiten oder grobe Verletzungen des Gesetzes oder der Satzung

Weitere Voraussetzung für die Zulassung der Klage ist das Vorliegen von Tatsachen, „die den Verdacht rechtfertigen, dass der Gesellschaft durch **Unredlichkeit oder grobe Verletzungen des Gesetzes oder der Satzung** ein Schaden entstanden ist" (§ 148 Abs. 1 Satz 2 Nr. 3 AktG). Dieses Erfordernis geht auf die früher in § 147 Abs. 3 AktG a.F. enthaltenen materiellen Voraussetzungen für die Bestellung eines besonderen Vertreters zurück, entspricht aber zugleich den Anforderungen des § 142 Abs. 2 Satz 1 AktG[137], so dass die diesbezüglichen Ausführungen in Rz. 42.12 entsprechende Geltung beanspru-

42.38

---

128 *Spindler*, NZG 2005, 865, 866; *Happ* in FS Westermann, 2008, S. 971, 982; differenzierend *Bezzenberger/Bezzenberger* in Großkomm. AktG, 5. Aufl. 2021, § 148 AktG Rz. 100; *Holzborn/Jänig* in Bürgers/Körber/Lieder, § 148 AktG Rz. 4.
129 Das Quorum muss also bereits bei Fristsetzung bestanden haben. Überdies folgert die inzwischen allg. M. aus der Verwendung des bestimmten Artikels im Gesetzeswortlaut, dass die fristsetzenden und die antragstellenden Aktionäre identisch sein müssen, vgl. *Spindler* in K. Schmidt/Lutter, § 148 AktG Rz. 21; *Hüffer/Koch*, § 148 AktG Rz. 6; *Rieckers/Vetter* in KölnKomm. AktG, 3. Aufl. 2015, § 148 AktG Rz. 269.
130 Vgl. zu dieser Zwecksetzung Begr. RegE UMAG, BR-Drucks. 3/05, S. 43.
131 *Spindler*, NZG 2005, 865, 866.
132 *Paschos/Neumann*, DB 2005, 1779, 1780; *Hüffer/Koch*, § 148 AktG Rz. 6; *Spindler* in K. Schmidt/Lutter, § 148 AktG Rz. 21; *Holzborn/Jänig* in Bürgers/Körber/Lieder, § 148 AktG Rz. 5; a.A. *Schröer*, ZIP 2005, 2081, 2084; *Bezzenberger/Bezzenberger* in Großkomm. AktG, 5. Aufl. 2021, § 148 AktG Rz. 114; *Rieckers/Vetter* in KölnKomm. AktG, 3. Aufl. 2015, § 148 AktG Rz. 272, nach denen die Aufforderung stets nur an die Gesellschaft zu richten ist.
133 Vgl. *Hüffer/Koch*, § 148 AktG Rz. 6, mit dem zutreffenden Hinweis, dass das unzuständige Organ, dem die Aufforderung fälschlich zugeht, zur Weiterleitung an das zuständige Organ verpflichtet ist und dass im Falle einer Verletzung dieser Pflicht eine zu Lasten der Gesellschaft wirkende Zugangsfiktion in Betracht kommt.
134 Begr. RegE UMAG, BR-Drucks. 3/05, S. 43; zust. *Hüffer/Koch*, § 148 AktG Rz. 7.
135 *Mock* in BeckOGK AktG, Stand 1.6.2021, § 148 AktG Rz. 77; *Spindler* in K. Schmidt/Lutter, § 148 AktG Rz. 22; a.A. *Bezzenberger/Bezzenberger* in Großkomm. AktG, 5. Aufl. 2021, § 148 AktG Rz. 122.
136 Begr. RegE UMAG, BR-Drucks. 3/05, S. 43; zust. *Schröer*, ZIP 2005, 2081, 2084; krit. *Hüffer/Koch*, § 148 AktG Rz. 7; *Happ* in FS Westermann, 2008, S. 971, 983.
137 Vgl. eingehend zu diesem Hintergrund und zur Auslegung dieser Tatbestandsmerkmale *Seibert* in FS Priester, 2007, S. 763, 765 ff.; *Happ* in FS Westermann, 2008, S. 971, 984.

chen. Nach der gesetzgeberischen Konzeption soll dieses Erfordernis zum Ausdruck bringen, dass das Gericht dem Klagezulassungsantrag nur bei Bestehen hinreichender Erfolgsaussichten stattgeben darf[138].

42.39 Dem eindeutigen Wortlaut der Vorschrift ist zu entnehmen, dass zwar jede Unredlichkeit[139], nicht aber eine nur **leichte Gesetzes- oder Satzungsverletzung** für die Begründetheit des Klagezulassungsantrages ausreicht[140]. Die Schwere des Gesetzes- oder Satzungsverstoßes kann sich dabei insbesondere aus dem Maß des Verschuldens, der Bedeutung der verletzten Norm oder den Folgen der jeweiligen Verletzung ergeben[141]. Anders als nach § 147 Abs. 3 AktG a.F. bedarf es auch nicht mehr eines „dringenden", sondern lediglich eines einfachen Verdachts; genügend ist also schon das Bestehen einer gewissen Wahrscheinlichkeit für das Vorliegen einer Unredlichkeit oder groben Gesetzes- oder Satzungsverletzung[142].

42.40 Uneinigkeit herrscht hinsichtlich der Frage, inwieweit die Antragsteller die verdachtsbegründenden Tatsachen **nachzuweisen** haben. Ein Teil des Schrifttums folgert aus dem Vergleich der Formulierungen von § 148 Abs. 1 Satz 2 Nr. 1 und Nr. 2 AktG einerseits und von § 148 Abs. 1 Satz 2 Nr. 3 AktG andererseits, dass den Minderheitsaktionären keinerlei Nachweispflichten obliegen, so dass sie nicht einmal zur Glaubhaftmachung[143] verpflichtet seien; vielmehr habe das Gericht die jeweiligen Umstände selbst aufzuklären[144]. Dem lässt sich mit der obergerichtlichen Rechtsprechung und einem anderen Teil des Schrifttums entgegenhalten, dass es sich bei dem Klagezulassungsverfahren nach der gesetzgeberischen Konzeption um ein solches der ZPO handelt (vgl. Rz. 42.43), so dass die Antragsteller den im Zivilprozess üblichen Darlegungs- und Beweislastregeln unterworfen sind[145]. Dabei verdient aber Hervorhebung, dass sich die Beweislast im Klagezulassungsverfahren auf die verdachtsbegründenden Tatsachen beschränkt; eines Beweises der anspruchsbegründenden Tatsachen bedarf es damit in diesem Stadium noch nicht[146].

e) Keine entgegenstehenden Gründe des Gesellschaftswohls

42.41 Eine Zulassung der Klage kommt schließlich gemäß § 148 Abs. 1 Satz 2 Nr. 4 AktG nicht in Betracht, wenn der Geltendmachung des Ersatzanspruchs „**überwiegende Gründe des Gesellschaftswohls**" entgegenstehen". Damit ist die durch den BGH in seiner „ARAG/Garmenbeck-Entscheidung" entwickelte Schranke angesprochen, nach der selbst im Falle positiver Erfolgsaussichten von der Anspruchsverfolgung gegenüber Organmitgliedern abgesehen werden kann, wenn „gewichtige Interessen und Belange

---

138 Begr. RegE UMAG, BR-Drucks. 3/05, S. 44.
139 Vgl. dazu auch LG München v. 29.3.2007 – 5 HK O 12931/06, AG 2007, 458, 459.
140 Zur Kritik an der Ausklammerung „leichter Rechtsverletzungen" vgl. etwa *Schmolke*, ZGR 2011, 398, 429.
141 *Rieckers/Vetter* in KölnKomm. AktG, 3. Aufl. 2015, § 148 AktG Rz. 311; *Spindler* in K. Schmidt/Lutter, § 148 AktG Rz. 26; strenger *Seibert* in FS Priester, 2007, S. 763, 768 f.
142 *Spindler* in K. Schmidt/Lutter, § 148 AktG Rz. 28.
143 Dafür aber eintretend *Seibert/Schütz*, ZIP 2004, 252, 253 (zum RefE UMAG).
144 *K. Schmidt*, NZG 2005, 796, 800; siehe auch *Mock* in BeckOGK AktG, Stand 1.6.2021, § 148 AktG Rz. 87; *Lochner* in Heidel, § 148 AktG Rz. 15.
145 Vgl. u.a. OLG Köln v. 19.10.2018 – 18 W 53/17, AG 2019, 395, 397; *Spindler* in K. Schmidt/Lutter, § 148 AktG Rz. 28; *Bungert* in MünchHdb. AG, § 43 Rz. 54; *Koch*, ZGR 2006, 769, 775; *Schröer*, ZIP 2005, 2081, 2085; *Paschos/Neumann*, DB 2005, 1779, 1780; *Happ* in FS Westermann, 2008, S. 971, 994; *Rieckers/Vetter* in KölnKomm. AktG, 3. Aufl. 2015, § 148 AktG Rz. 333; einschränkend *Holzborn/Jänig* in Bürgers/Körber/Lieder, § 148 AktG Rz. 8 („überwiegende Wahrscheinlichkeit", die ihrem Grad nach „dem der Glaubhaftmachung ähnelt").
146 OLG Köln v. 19.10.2018 – 18 W 53/17, AG 2019, 395, 397 („nicht bloß möglich, sondern wahrscheinlich"); *Schröer*, ZIP 2005, 2081, 2085; *Bezzenberger/Bezzenberger* in Großkomm. AktG, 5. Aufl. 2021, § 148 AktG Rz. 141 ff.

der Gesellschaft dafür sprechen, den ihr entstandenen Schaden ersatzlos hinzunehmen"[147]. Dies kommt vor allem in solchen Fällen in Betracht, in denen eine Rechtsverfolgung das Ansehen der Gesellschaft in der Öffentlichkeit schädigt[148] oder in denen ein unvertretbar hoher Aufwand für die Vorbereitung und Durchführung des Rechtsstreits besteht[149]. Die Gesetzesmaterialien nennen als Anwendungsbeispiele für die Regelung des § 148 Abs. 1 Satz 2 Nr. 4 AktG u.a. den Fall der Mehrfachklage[150] – also der drohenden identischen Klageerhebung durch mehrere Aktionäre – oder die Konstellation, dass die Beitreibung des geltend zu machenden Anspruchs infolge der Vermögensverhältnisse des Schuldners „völlig ausgeschlossen" ist; im letzteren Fall kommt nach Auffassung des Gesetzgebers auch eine **betragsmäßig beschränkte Klagezulassung** in Betracht[151]. Indem die Regelung im Gegensatz zu der erwähnten „ARAG/Garmenbeck-Entscheidung" des BGH nicht von „gewichtigen"[152], sondern von „überwiegenden" entgegenstehenden Gründen spricht, soll hervorgehoben werden, dass „im Normalfall eine Haftungsklage bei Vorliegen der Voraussetzungen der Nrn. 1 bis 3 zuzulassen ist"[153].

42.42 Hinsichtlich der Frage nach der **Darlegungs- und Beweislast** gelten wiederum die unter Rz. 42.40 dargelegten Aspekte. Nach den zivilprozessualen Grundsätzen über den Beweis negativer Tatsachen[154] dürfte der Beweis für das Fehlen entgegenstehender Gründe des Gesellschaftswohls aber insbesondere dann als geführt anzusehen sein, wenn die – gemäß § 148 Abs. 2 Satz 9 AktG zwingend beizuladende (vgl. Rz. 42.44) – Gesellschaft solche Gründe nicht selbst substantiiert vorträgt[155].

3. Gerichtliches Verfahren

42.43 **Zuständig** für die Entscheidung über den Antrag auf Klagezulassung ist gemäß § 148 Abs. 2 Satz 1 AktG prinzipiell dasjenige Landgericht, in dessen Bezirk die Gesellschaft ihren Sitz hat; Ausnahmen können sich jedoch mit Blick auf die Konzentrationsermächtigung des § 148 Abs. 2 Satz 3 AktG aus dem einschlägigen Landesrecht ergeben. Die funktionelle Zuständigkeit liegt bei der Kammer für Handelssachen, falls eine solche bei dem jeweiligen Landgericht gebildet ist (§ 148 Abs. 2 Satz 2 AktG). Im Gegensatz zum Verfahren nach § 147 Abs. 3 AktG a.F. unterliegt das Klagezulassungsverfahren nicht den Regeln der freiwilligen Gerichtsbarkeit, sondern denjenigen der **ZPO**[156]. Dies hat insbesondere zur Folge, dass das Verfahren dem **Beibringungsgrundsatz** unterworfen ist und dem Gericht damit keine Amtsermittlung i.S.d. § 26 FamFG obliegt[157]. Das Landgericht entscheidet durch einen **Beschluss** (§ 148 Abs. 2 Satz 1 AktG), der mit einer Begründung zu versehen ist (arg. § 148 Abs. 2 Satz 7 AktG) und der gemäß § 128 Abs. 4 ZPO **ohne mündliche Verhandlung** ergehen kann.

---

147 BGH v. 21.4.1997 – II ZR 175/95, BGHZ 135, 244, 255 = AG 1997, 377. Die Entscheidung betraf die Frage, ob der Aufsichtsrat unter Umständen berechtigt sein kann, von der Einleitung eines voraussichtlich erfolgreichen Schadensersatzprozesses gegen ein Vorstandsmitglied abzusehen, wenn im Einzelfall Gründe des Gesellschaftswohls gegen eine solche Rechtsverfolgung sprechen.
148 BGH v. 21.4.1997 – II ZR 175/95, BGHZ 135, 244, 255 = AG 1997, 377; differenzierend *Bezzenberger/Bezzenberger* in Großkomm. AktG, 5. Aufl. 2021, § 148 AktG Rz. 164; krit. *Happ* in FS Westermann, 2008, S. 971, 992.
149 *Arnold* in MünchKomm. AktG, 4. Aufl. 2018, § 148 AktG Rz. 47.
150 Vgl. dazu eingehend *Paschos/Neumann*, DB 2005, 1779, 1781.
151 Begr. RegE UMAG, BR-Drucks. 3/05, S. 45.
152 BGH v. 21.4.1997 – II ZR 175/95, BGHZ 135, 244, 255 = AG 1997, 377.
153 Begr. RegE UMAG, BR-Drucks. 3/05, S. 45.
154 Vgl. dazu *Greger* in Zöller, 33. Aufl. 2020, Vor § 284 ZPO Rz. 24; zur Anwendbarkeit dieser Grundsätze vgl. *Spindler* in K. Schmidt/Lutter, § 148 AktG Rz. 32.
155 Wie hier *Grigoleit/Rachlitz* in Grigoleit, § 148 AktG Rz. 17; weitergehend für eine Beweislastumkehr zu Lasten des Antragsgegners *Lochner* in Heidel, § 148 AktG Rz. 16; siehe auch *Happ* in FS Westermann, 2008, S. 971, 996 f.; *Bezzenberger/Bezzenberger* in Großkomm. AktG, 5. Aufl. 2021, § 148 AktG Rz. 165.
156 Begr. RegE UMAG, BR-Drucks. 3/05, S. 40; *Koch*, ZGR 2006, 769, 773; *Schröer*, ZIP 2005, 2081, 2086; *Happ* in FS Westermann, 2008, S. 971, 978 f.
157 *Hüffer/Koch*, § 148 AktG Rz. 10; *Spindler* in K. Schmidt/Lutter, § 148 AktG Rz. 14.

42.44 Wie sich aus der Regelung in § 148 Abs. 2 Sätze 6 und 9 AktG ergibt, kommt als Antragsgegner im Zulassungsverfahren nicht die Gesellschaft in Betracht. Sie ist am Klagezulassungsverfahren vielmehr nach dem Vorbild von §§ 65, 66 VwGO als **Beigeladene** zu beteiligten (§ 148 Abs. 2 Satz 9 AktG)[158] und kann in dieser Rolle – insbesondere mit Blick auf § 148 Abs. 1 Satz 2 Nr. 4 AktG – ergänzenden Sachvortrag in das Verfahren einbringen[159]; ob es für die Vornahme dieser und anderer Prozesshandlungen darüber hinaus ihres vorherigen expliziten **Beitritts als Nebenintervenientin** bedarf, wird im Schrifttum uneinheitlich beurteilt[160]. Richtiger **Antragsgegner** im Klagezulassungsverfahren ist vor diesem Hintergrund diejenige Person, gegen die sich der jeweilige Ersatzanspruch und damit der spätere Haftungsprozess richtet[161]. Das Gericht hat diesem Antragsgegner vor seiner Entscheidung Gelegenheit zur Stellungnahme zu geben (§ 148 Abs. 2 Satz 6 AktG).

42.45 Gegen die Zulassungsentscheidung ist gemäß § 148 Abs. 2 Satz 7 AktG die **sofortige Beschwerde** nach §§ 567 ff. ZPO statthaft. Die Rechtsbeschwerde i.S.d. §§ 574 ff. ZPO ist demgegenüber nach § 148 Abs. 2 Satz 8 AktG ausgeschlossen. Zu den **Kosten** des Verfahrens vgl. Rz. 42.58. **Börsennotierte Gesellschaften** haben die **rechtskräftige Klagezulassung** ebenso wie die Beendigung des Klagezulassungsverfahrens gemäß § 149 Abs. 1 AktG unverzüglich in den Gesellschaftsblättern bekannt zu machen (vgl. noch Rz. 42.53); daneben sollten sie ihre Pflichten zur **Ad-hoc-Bekanntmachung** aus Art. 17 MAR sowohl in diesem Stadium als auch **bereits bei Einleitung des Klagezulassungsverfahrens** prüfen[162].

4. Rechtsverfolgung durch die Gesellschaft

42.46 Gemäß § 148 Abs. 3 Satz 1 AktG ist die Gesellschaft jederzeit berechtigt[163], den von der Minderheit verfolgten, jedoch ihr zustehenden Anspruch **selbst geltend zu machen**. Ein anhängiges Klagezulassungs- oder Klageverfahren der Aktionärsminderheit wird, wie es in § 148 Abs. 3 Satz 1 AktG heißt, in diesem Fall „mit Klageerhebung durch die Gesellschaft unzulässig". Gegen diese gesetzliche Konzeption werden aus dem Blickwinkel des Zivilprozessrechts nicht zu Unrecht Einwände[164] erhoben: Da auch die unzulässige Klage der Minderheit weiterhin rechtshängig bleibt, steht ihre Rechtshängigkeit der in § 148 Abs. 3 Satz 1 AktG gerade zugelassenen Einleitung eines eigenen Klageverfahrens der Gesellschaft strenggenommen entgegen (vgl. § 261 Abs. 3 Nr. 1 ZPO); denn gemäß § 148 Abs. 5 Satz 1 AktG erstreckte sich die Rechtskraft eines von den Aktionären erstrittenen Urteils auch auf die Gesellschaft. Zum Teil wird § 148 Abs. 3 Satz 1 AktG daher als eine gegenüber § 261 Abs. 3 Nr. 1 ZPO vorrangige Spezialnorm angesehen[165]; zum Teil wird die Norm aber auch dahingehend gedeutet, dass sie schon von Gesetzes wegen die Rechtshängigkeit der von der Minderheit initiierten Klage beseitige[166]. Folgt man Ersterem, bedarf es also zur Vermeidung einer Klageabweisung wegen Unzulässigkeit einer verfahrensbeendenden Maßnahme der Minderheit. Die gerichtlichen und außergerichtlichen Kosten der Minderheit fallen in dieser Konstellation gemäß § 148 Abs. 6 Satz 4 AktG gleichwohl der Gesellschaft zur Last.

---

158 Zur Bedeutung der Beiladung vgl. näher u.a. *Happ* in FS Westermann, 2008, S. 971, 980.
159 Begr. RegE UMAG, BR-Drucks. 3/05, S. 46.
160 Vgl. (jeweils m.w.N.) *Rieckers/Vetter* in KölnKomm. AktG, 3. Aufl. 2015, § 148 AktG Rz. 417 ff., 444; *Hüffer/Koch*, § 148 AktG Rz. 12; *Mock* in BeckOGK AktG, Stand 1.2.2021, § 148 AktG Rz. 94; *Spindler* in K. Schmidt/Lutter, § 148 AktG Rz. 8; *Bungert* in MünchHdb. AG, § 43 Rz. 55.
161 *Mock* in BeckOGK AktG, Stand 1.6.2021, § 148 AktG Rz. 46; *Spindler* in K. Schmidt/Lutter, § 148 AktG Rz. 8; *Happ* in FS Westermann, 2008, S. 971, 978.
162 *Spindler* in K. Schmidt/Lutter, § 149 AktG Rz. 16; *Rieckers/Vetter* in KölnKomm. AktG, 3. Aufl. 2015, § 148 AktG Rz. 482 f.
163 Zur Frage, ob nach erfolgter Klagezulassung auch eine entsprechende Verpflichtung besteht, vgl. eingehend *Koch* in FS Hüffer, 2010, S. 447, 450 ff. (i.E. verneinend); siehe zudem nachfolgend Rz. 42.51.
164 *Bork*, ZIP 2005, 66, 66 f.; *Paschos/Neumann*, DB 2005, 1779, 1782.
165 *Bork*, ZIP 2005, 66, 67; *Rieckers/Vetter* in KölnKomm. AktG, 3. Aufl. 2015, § 148 AktG Rz. 485; siehe auch *Hüffer/Koch*, § 148 AktG Rz. 13.
166 *Paschos/Neumann*, DB 2005, 1779, 1782; *Spindler* in K. Schmidt/Lutter, § 148 AktG Rz. 38; *Lochner* in Heidel, § 148 AktG Rz. 23.

Leitet die Gesellschaft selbst ein Klageverfahren ein, sind die das Verfahren bislang betreibenden Aktionäre gemäß § 148 Abs. 3 Satz 3 AktG beizuladen. Diese **Beiladung** soll diesen Aktionären eine Kontrolle der Rechtsverfolgung durch die Gesellschaft ermöglichen[167]. Die bisherigen Ergebnisse des von der Minderheit geführten Prozesses entfalten gegenüber der Gesellschaft keine Wirkung; vor allem etwaige Beweisaufnahmen sind somit zu wiederholen[168]. Eine **Klagerücknahme durch die Gesellschaft** ist allerdings nur unter einschränkenden Voraussetzungen zulässig: § 148 Abs. 6 Satz 4 AktG verweist dafür auf die nach § 93 Abs. 4 Satz 3 und 4 AktG geltenden Beschränkungen, unter denen sich die Gesellschaft über die Ersatzansprüche vergleichen oder auf diese verzichten könnte, wobei jedoch die dreijährige Sperrfrist nicht einzuhalten ist.

42.47

Anstelle der Erhebung einer neuen Klage (Rz. 42.46) steht es der Gesellschaft gemäß § 148 Abs. 3 Satz 2 AktG auch frei, die **bereits anhängige Klage der Aktionärsminderheit in der jeweiligen Verfahrenslage zu übernehmen**. Dabei kommt es zu einem kraft Gesetzes zulässigen Parteiwechsel, der weder der Zustimmung des Beklagten noch der klagenden Aktionärsminderheit bedarf[169]. Letztere ist gemäß § 148 Abs. 3 Satz 3 AktG wiederum beizuladen (vgl. bereits Rz. 42.47); darüber hinaus gelten auch die Beschränkungen für eine Rücknahme der Klage (Rz. 42.47). Da es sich anders als in der in Rz. 42.46 geschilderten Konstellation um eine Übernahme des anhängigen Prozesses handelt, ist die Gesellschaft an dessen bisherige Ergebnisse sowie an die vorausgegangenen Verfahrenshandlungen der Aktionärsminderheit gebunden[170].

42.48

5. Haftungsklage der Aktionäre

Für den Fall einer dem Klagezulassungsantrag der Minderheit stattgebenden gerichtlichen Entscheidung sieht § 148 Abs. 4 Satz 1 AktG vor, dass „die Klage nur binnen drei Monaten nach Eintritt der Rechtskraft der Entscheidung" (vgl. näher Rz. 42.50) bei dem Gericht erhoben werden kann, das auch für die Entscheidung über den Zulassungsantrag berufen war (vgl. näher Rz. 42.52), sofern die Aktionäre die Gesellschaft nochmals unter Setzung einer angemessenen Frist vergeblich aufgefordert haben, selbst Klage zu erheben (vgl. näher Rz. 42.51). Durch den rechtskräftigen Zulassungsbeschluss erlangen die erfolgreichen Antragsteller somit die **Prozessführungsbefugnis**, den im Klagezulassungsverfahren streitgegenständlichen Anspruch im eigenen Namen geltend zu machen; dabei haben sie aber gemäß § 148 Abs. 4 Satz 2 AktG auf Leistung an die Gesellschaft zu klagen, so dass ein gesetzlich geregelter Fall der **Prozessstandschaft** in Gestalt einer **actio pro socio** vorliegt[171]. Die Frage, ob die Prozessführungsbefugnis jedem einzelnen im Zulassungsverfahren erfolgreichen Aktionär individuell zukommt (mit der Folge, dass die das Quorum bildenden Aktionäre nicht gemeinsam klagen müssen), wird im Schrifttum unterschiedlich beurteilt[172]. Bejaht man dies und erheben mehrere im Zulassungsverfahren erfolgreiche Aktionäre Klage, so sind die Klagen gemäß § 148 Abs. 4 Satz 4 AktG jedenfalls zwingend zur gleichzeitigen Verhandlung und Entscheidung zu verbinden. Aus dieser Norm ergibt sich zugleich, dass die Rechtshängigkeit der zuerst von Aktionärsseite erhobenen Klage nach der Vor-

42.49

---

167 Vgl. eingehend *Paschos/Neumann*, DB 2005, 1779, 1783 ff. Die Einzelheiten, insbesondere die Frage, ob die beigeladenen Aktionäre explizit vorab ihren Streitbeitritt erklären müssen, um Einfluss auf das Klageverfahren zu erlangen, sind umstr., vgl. *Rieckers/Vetter* in KölnKomm. AktG, 3. Aufl. 2015, § 148 AktG Rz. 512 ff.; *Hüffer/Koch*, § 148 AktG Rz. 13; *Holzborn/Jänig* in Bürgers/Körber/Lieder, § 148 AktG Rz. 14; *Mock* in BeckOGK AktG, Stand 1.6.2021, § 148 AktG Rz. 139.
168 Krit. vor diesem Hintergrund *Bork*, ZIP 2005, 66, 66 f.; *Spindler* in K. Schmidt/Lutter, § 148 AktG Rz. 38.
169 *Paschos/Neumann*, DB 2005, 1779, 1782; *Hüffer/Koch*, § 148 AktG Rz. 14.
170 *Hüffer/Koch*, § 148 AktG Rz. 14; *Spindler* in K. Schmidt/Lutter, § 148 AktG Rz. 39.
171 Begr. RegE UMAG, BR-Drucks. 3/05, S. 45; OLG Köln v. 19.10.2018 – 18 W 53/17, AG 2019, 395, 397; *Weiss/Buchner*, WM 2005, 162, 167.
172 Bejahend etwa *Schröer*, ZIP 2005, 2081, 2087; *Spindler* in K. Schmidt/Lutter, § 148 AktG Rz. 41; *Grigoleit/Rachlitz* in Grigoleit, § 148 AktG Rz. 24; verneinend u.a. *Lochner* in Heidel, § 148 AktG Rz. 4; *Mock* in BeckOGK AktG, Stand 1.6.2021, § 148 AktG Rz. 149; *Rieckers/Vetter* in MünchKomm. AktG, 3. Aufl. 2015, § 148 AktG Rz. 553.

stellung des Gesetzgebers weiteren Klagen anderer im Zulassungsverfahren erfolgreicher Aktionäre nicht entgegensteht[173].

42.50 Die in § 148 Abs. 4 Satz 1 AktG statuierte **Klagefrist** von drei Monaten beginnt mit Eintritt der Rechtskraft des Zulassungsbeschlusses[174]. Für die Fristberechnung gelten nach § 222 Abs. 1 ZPO die Vorschriften der §§ 187 ff. BGB. Endet die Frist an einem Sonnabend, Sonn- oder Feiertag, so reicht es aus, wenn die Klage bis zum darauf folgenden Werktag erhoben wird (§ 222 Abs. 2 ZPO). Die Klagefrist begrenzt die Klagebefugnis der im Zulassungsverfahren erfolgreichen Aktionäre in zeitlicher Hinsicht[175]; ihre Versäumung hat daher die **Unzulässigkeit** der erhobenen Klage zur Folge[176]. Zur **Wahrung der Klagefrist** bedarf es der Klageerhebung[177], die nach § 253 Abs. 1 ZPO durch Zustellung der Klageschrift erfolgt; unter den Voraussetzungen des § 167 ZPO reicht jedoch die fristgerechte Einreichung der Klageschrift bei Gericht aus. Da die Klagefrist des § 148 Abs. 4 Satz 1 AktG keine Notfrist i.S.d. § 224 Abs. 1 Satz 2 AktG darstellt und auch sonst nicht dem Anwendungsbereich des § 233 ZPO unterfällt, kommt eine Wiedereinsetzung in den vorigen Stand im Falle der Fristversäumung nicht in Betracht[178].

42.51 Neben der Einhaltung der Klagefrist setzt die Zulässigkeit der von den Aktionären zu erhebenden Klage gemäß § 148 Abs. 4 Satz 1 AktG weiter voraus, dass die Aktionäre die Gesellschaft nach Klagezulassung **nochmals unter Setzung einer angemessenen Frist vergeblich zur eigenen Klageerhebung aufgefordert** haben (vgl. schon Rz. 42.36). Da in der Praxis zu erwarten steht, dass die betroffenen Gesellschaften dieser Aufforderung angesichts der positiven Zulassungsentscheidung des Gerichts vielfach nachkommen werden[179], rückt dieses Tatbestandsmerkmal das zweistufige Klagezulassungsverfahren zumindest faktisch in die Nähe eines Klageerzwingungsverfahrens[180].

42.52 **Zuständig** für die Entscheidung über die Klage der Aktionäre ist ausschließlich[181] dasjenige Landgericht, das gemäß § 148 Abs. 2 AktG auch zur Entscheidung über den Klagezulassungsantrag berufen war (§ 148 Abs. 4 Satz 1 AktG). Dieser Gerichtsstand gilt auch für die Gesellschaft, falls diese eine eigene Klage erhebt (Rz. 42.46) oder die bereits anhängige Klage übernimmt (Rz. 42.48)[182]. Eine **Nebenintervention** anderer Aktionäre ist nach erfolgter Klagezulassung gemäß § 148 Abs. 4 Satz 3 AktG ausgeschlossen. Die Gesellschaft ist auch in diesem Stadium **beizuladen** (§ 148 Abs. 2 Satz 9 AktG).

42.53 § 149 Abs. 1 AktG sieht vor, dass eine **börsennotierte Gesellschaft** die **Beendigung des Klagezulassungsverfahrens und des Klageverfahrens** sowie – aber erst nach erfolgter Klagezulassung – **den Antrag auf Klagezulassung** unverzüglich in den Gesellschaftsblättern bekannt zu machen hat (zum Umfang der Bekanntmachung vgl. Rz. 39.99). Diese Bekanntmachung soll Rechtsmissbräuche verhindern und bildet eine Wirksamkeitsvoraussetzung für alle Leistungen der Gesellschaft sowie ihr zurechenbare Leistungen Dritter, die in einem etwaigen Vergleich vorgesehen sind (vgl. dazu näher bereits Rz. 39.99).

---

173 *Spindler*, NZG 2005, 865, 868.
174 Da der Beschluss des Beschwerdegerichts nicht notwendig förmlich zugestellt werden muss, kann schon dessen formlose Mitteilung die Klagefrist in Gang setzen, vgl. näher *Bezzenberger/Bezzenberger* in Großkomm. AktG, 5. Aufl. 2021, § 148 AktG Rz. 308.
175 Begr. RegE UMAG, BR-Drucks. 3/05, S. 46.
176 *Spindler* in K. Schmidt/Lutter, § 148 AktG Rz. 47.
177 *Mock* in BeckOGK AktG, Stand 1.6.2021, § 148 AktG Rz. 155; *Spindler* in K. Schmidt/Lutter, § 148 AktG Rz. 47.
178 *Spindler* in K. Schmidt/Lutter, § 148 AktG Rz. 47.
179 *Schröer*, ZIP 2005, 2081, 2086; *Paschos/Neumann*, DB 2005, 1779, 1781; *Koch*, ZGR 2006, 769, 777; anders *Grigoleit/Rachlitz* in Grigoleit, § 148 AktG Rz. 20.
180 Vgl. auch *Spindler* in K. Schmidt/Lutter, § 148 AktG Rz. 35.
181 *Rieckers/Vetter* in KölnKomm. AktG, 3. Aufl. 2015, § 148 AktG Rz. 588; *Hüffer/Koch*, § 148 AktG Rz. 17; *Lochner* in Heidel, § 148 AktG Rz. 28.
182 *Hüffer/Koch*, § 148 AktG Rz. 17; *Spindler* in K. Schmidt/Lutter, § 148 AktG Rz. 38.

6. Urteils- und Vergleichswirkungen

Das in dem Haftungsprozess ergehende **Urteil** „wirkt" nicht nur zwischen den Prozessparteien, sondern gemäß § 148 Abs. 5 Satz 1 AktG auch gegenüber der Gesellschaft und den übrigen Aktionären, und zwar unabhängig davon, ob das Gericht der Klage stattgibt oder diese abweist. Wie sich aus der Begründung des RegE zum UMAG ergibt, ist mit dieser Regelung eine Erweiterung der materiellen Rechtskraft der in dem Haftungsprozess ergehenden Entscheidung bezweckt[183]. Vor diesem Hintergrund erfasst die Norm auch solche Urteile, die auf eine eigenständige Klage der Gesellschaft (vgl. Rz. 42.46) oder nach Übernahme einer von den Aktionären erhobenen Klage durch die Gesellschaft (vgl. Rz. 42.48) ergehen[184].

42.54

Gemäß § 148 Abs. 5 Satz 2 AktG gilt die dargestellte Rechtskrafterstreckung mit bestimmten Modifikationen (vgl. Rz. 42.56) auch für einen etwaigen **Vergleich**, sofern dieser gemäß § 149 AktG bekannt zu machen ist. Letzteres ist zwar nur dann der Fall, wenn die beteiligte Gesellschaft zum einen **börsennotiert** ist und der Vergleich zum anderen auf **Verfahrensbeendigung** zielt; hinsichtlich der erstgenannten Voraussetzung dürfte es sich allerdings um ein Redaktionsversehen des Gesetzgebers handeln, so dass die Börsennotierung für die Vergleichswirkungen ohne Belang bleibt[185].

42.55

Beenden die Minderheitsaktionäre bereits **das Klagezulassungsverfahren durch Vergleich**, erstreckt sich die Rechtskraft des Vergleichs zwar auf die übrigen Aktionäre (arg. e§ 148 Abs. 5 Satz 2 Halbsatz 1 AktG), nicht aber auf die Gesellschaft (§ 148 Abs. 5 Satz 2 Halbsatz 2 AktG), so dass diese berechtigt bleibt, den streitgegenständlichen Anspruch selbst geltend zu machen[186]. Ein **Vergleich der Aktionäre im Klageverfahren** kommt, da diese einen Anspruch der Gesellschaft geltend machen, nur unter den einschränkenden Voraussetzungen des § 93 Abs. 4 Satz 3 und 4 AktG in Betracht[187]; nach wohl herrschender – wenngleich nicht überzeugender (vgl. dazu noch Rz. 42.57)[188] – Meinung soll dabei allerdings die Sperrfrist des § 93 Abs. 4 Satz 3 AktG keine Geltung beanspruchen, weil diese einer raschen Beendigung des Rechtsstreits entgegenstünde[189]. Da ein solcher Vergleich erst nach der Klagezulassung erfolgt, wirkt er sowohl für und gegen die übrigen Aktionäre als auch gegenüber der Gesellschaft (§ 148 Abs. 5 Satz 2 AktG).

42.56

Ein Vergleich der Gesellschaft zur Beendigung einer von ihr selbst erhobenen (Rz. 42.46) oder einer von ihr übernommenen (Rz. 42.48) Klage kommt wiederum (vgl. Rz. 42.56) nur unter den Voraussetzungen des § 93 Abs. 4 Satz 3 und 4 AktG in Betracht. Richtigerweise ist dabei auch die dort normierte Sperrfrist zu beachten, zumal der der Regelung des § 148 Abs. 6 Satz 4 AktG zugrundeliegende und von der gegenteiligen h.M.[190] angeführte Gedanke in diesem Zusammenhang gerade nicht einschlägig ist: Denn § 148 Abs. 6 Satz 4 AktG zielt darauf ab, der Gesellschaft bereits die bloße Rücknahme einer

42.57

---

183 Begr. RegE UMAG, BR-Drucks. 3/05, S. 47.
184 *Hüffer/Koch*, § 148 AktG Rz. 19; *Spindler* in K. Schmidt/Lutter, § 148 AktG Rz. 48.
185 *Bezzenberger/Bezzenberger* in Großkomm. AktG, 5. Aufl. 2021, § 148 AktG Rz. 335; *Spindler* in K. Schmidt/Lutter, § 148 AktG Rz. 49; *Holzborn/Jänig* in Bürgers/Körber/Lieder, § 148 AktG Rz. 20a.
186 *Spindler* in K. Schmidt/Lutter, § 148 AktG Rz. 50. Deshalb beanspruchen die Voraussetzungen des § 93 Abs. 4 Satz 3 und 4 AktG in dieser Konstellation auch keine Geltung, vgl. *Schröer*, ZIP 2005, 2081, 2086.
187 Vgl. *Spindler* in K. Schmidt/Lutter, § 148 AktG Rz. 51; *Lochner* in Heidel, § 148 AktG Rz. 38. *Paschos/Neumann*, DB 2005, 1779, 1785 verlangen zusätzlich die Zustimmung der Gesellschaft.
188 Ebenso *Rieckers/Vetter* in KölnKomm. AktG, 3. Aufl. 2015, § 148 AktG Rz. 601; *Holzborn/Jänig* in Bürgers/Körber/Lieder, § 148 AktG Rz. 20.
189 *Spindler* in K. Schmidt/Lutter, § 148 AktG Rz. 51; *Paschos/Neumann*, DB 2005, 1779, 1785; *Hüffer/Koch*, § 148 AktG Rz. 20.
190 *Paschos/Neumann*, DB 2005, 1779, 1785; *Spindler* in K. Schmidt/Lutter, § 148 AktG Rz. 52; *Bezzenberger/Bezzenberger* in Großkomm. AktG, 5. Aufl. 2021, § 148 AktG Rz. 295; *Hirschmann* in Hölters, § 148 AktG Rz. 33.

übernommenen oder nach erfolgter Klagezulassung selbst erhobenen Klage zu *erschweren*, obgleich diese lediglich prozessual wirkende Handlung den Fortbestand des Ersatzanspruchs (im Gegensatz zu einem Vergleich) nicht tangiert[191]. Der Vergleich bedarf hingegen keiner Zustimmung der nach § 148 Abs. 3 Satz 3 AktG beizuladenden Minderheitsaktionäre[192]. Genügt der Vergleich diesen Voraussetzungen, wirkt er gemäß § 148 Abs. 5 Satz 2 AktG auch für und gegen die übrigen Aktionäre[193].

7. Verfahrenskosten

42.58 Die **Kosten des Zulassungsverfahrens** haben gemäß § 148 Abs. 6 Satz 1 AktG die Antragsteller zu tragen, soweit ihr Antrag nach § 148 Abs. 1 Satz 1 AktG abgewiesen wird. Die Gesellschaft hat diese Kosten aber gemäß § 148 Abs. 6 Satz 2 AktG zu erstatten, falls die Abweisung auf entgegenstehenden Gründen des Gesellschaftswohls (§ 148 Abs. 1 Satz 2 Nr. 4 AktG) beruht, die die Gesellschaft den Antragstellern ohne Grund vor Antragstellung nicht mitgeteilt hat. Im Übrigen soll über die Kostentragung gemäß § 148 Abs. 6 Satz 3 AktG erst in dem im Haftungsprozess ergehenden Endurteil entschieden werden, was jedenfalls in solchen Fällen Probleme bereiten kann, in denen eine Haftungsklage trotz Zulassung nicht erhoben wird[194]. Der **Streitwert** des Zulassungsverfahrens bestimmt sich nach § 53 Abs. 1 Nr. 5 GKG[195]. Die **Kostenverteilung hinsichtlich des Haftungsprozesses** richtet sich nach den allgemeinen zivilprozessualen Grundsätzen, insbesondere also nach den §§ 91, 92 ZPO[196]. Wird ihre Haftungsklage abgewiesen, sind den Minderheitsaktionären also nicht nur die Kosten des Klageverfahrens, sondern vor dem Hintergrund des § 148 Abs. 6 Satz 3 AktG auch diejenigen ihres erfolgreichen Zulassungsverfahrens aufzuerlegen.

42.59 § 148 Abs. 6 Satz 5 AktG billigt den Aktionären jedoch im Fall der Abweisung der Haftungsklage sowohl hinsichtlich der ihnen bezüglich des Klagezulassungsverfahrens als auch des nachfolgenden Haftungsprozesses auferlegten Kosten einen **materiell-rechtlichen Erstattungsanspruch gegen die Gesellschaft** zu. Hintergrund dessen ist, dass die gerichtliche Zulassung der Klage im Antragsverfahren nach § 148 Abs. 1 AktG darauf hindeutet, dass die Klageerhebung im wohlverstandenen Interesse der Gesellschaft lag, was wiederum dafür spricht, die Gesellschaft auch mit dem Risiko des Prozessverlustes zu belasten[197]. Ausgeschlossen ist dieser materiell-rechtliche Erstattungsanspruch gemäß § 148 Abs. 6 Satz 5 Halbsatz 2 AktG allerdings dann, wenn die Aktionäre „die Zulassung durch vorsätzlich oder grob fahrlässig unrichtigen Vortrag erwirkt haben." Nach § 148 Abs. 5 Satz 6 AktG sind den

---

191 Vgl. näher *Rieckers/Vetter* in KölnKomm. AktG, 3. Aufl. 2015, § 148 AktG Rz. 529; wie hier auch *Mock* in BeckOGK AktG, Stand 1.6.2021, § 148 AktG Rz. 146; *Holzborn/Jänig* in Bürgers/Körber/Lieder, § 148 AktG Rz. 20a; *Arnold* in MünchKomm. AktG, 4. Aufl. 2018, § 148 AktG Rz. 81; *Zwissler* in Wachter, § 148 AktG Rz. 10.
192 *Paschos/Neumann*, DB 2005, 1779, 1884; *Spindler* in K. Schmidt/Lutter, § 148 AktG Rz. 52.
193 Ebenso *Hüffer/Koch*, § 148 AktG Rz. 21; *Hirschmann* in Hölters, § 148 AktG Rz. 33; *Spindler* in K. Schmidt/Lutter, § 148 AktG Rz. 52; anders *Mock* in BeckOGK AktG, Stand 1.6.2021, § 148 AktG Rz. 146, der die Vorschrift des § 148 Abs. 5 Satz 2 AktG für diesem Zusammenhang unanwendbar hält, dasselbe Ergebnis jedoch aus der Anspruchsinhaberschaft der Gesellschaft herleitet.
194 Da das jeweils zuständige Organ nach erfolgter Klagezulassung eine Pflicht zur Erhebung einer eigenen Klage hingegen jedenfalls dann trifft, wenn die Aktionärsminderheit die Klageerhebung trotz erstrittener Zulassung unterlässt (vgl. *Hüffer/Koch*, § 148 AktG Rz. 14), dürften diese Fälle in der Praxis allerdings selten vorkommen.
195 Vgl. zu den sich im Rahmen dieser Streitwertfestsetzung in der Praxis stellenden Fragen anschaulich OLG Köln v. 27.2.2019 – 18 W 53/17, AG 2019, 394.
196 Begr. RegE UMAG, BR-Drucks. 3/05, S. 48; *Spindler*, NZG 2005, 865, 869.
197 Begr. RegE UMAG, BR-Drucks. 3/05, S. 48; krit. *Linnerz*, NZG 2004, 307, 312 (zum RefE). *De lege ferenda* für eine verschärfende Regelung eintretend *Kahnert*, AG 2013, 663, 664, mit dem Hinweis, dass das aus der bestehenden Regelung resultierende Regress- und Insolvenzrisiko der Aktionärsminderheit die Effektivität des Aktionärsklageverfahrens gefährdet.

Aktionären dabei nur die Kosten eines einzelnen Bevollmächtigten zu erstatten, „soweit nicht ein weiterer Bevollmächtigter zur zweckentsprechenden Rechtsverfolgung unerlässlich war". Diese Regelung soll die klagenden Aktionäre dazu anhalten, nicht für jeden Antragsteller oder Streitgenossen einen eigenen Prozessbevollmächtigten zu bestellen und die Erstattung seiner Kosten zu verlangen[198].

---

198 Begr. RegE UMAG, BR-Drucks. 3/05, S. 49; krit. dazu *Meilicke/Heidel*, DB 2004, 1479, 1482 (zum RefE).

9. Kapitel
Kapitalmaßnahmen

§ 43
Die Erhöhung des Grundkapitals: Überblick

I. Formen der Kapitalerhöhung 43.1
II. Grundzüge der Emissionstechnik der Kapitalerhöhung der börsennotierten Aktiengesellschaft 43.2
III. Kapitalmarktrechtliche und sonstige Aspekte 43.8

I. Formen der Kapitalerhöhung

Das Grundkapital einer börsennotierten AG kann **effektiv** oder lediglich **nominell** erhöht werden. Die effektive Kapitalerhöhung erfolgt gegen Einlagen; die nominelle **Kapitalerhöhung aus Gesellschaftsmitteln** erfolgt ohne Einlagen durch Umwidmung von Eigenkapitalpositionen (Gewinn- oder Kapitalrücklagen) im Wege eines Passivtausches. Für die **effektive Grundkapitalerhöhung** kennt das Gesetz drei Formen: die ordentliche Kapitalerhöhung (§§ 182–191 AktG), die bedingte Kapitalerhöhung (§§ 192–201 AktG) und die Kapitalerhöhung aus genehmigtem Kapital (§§ 202–206 AktG)[1]. **Ordentliche Kapitalerhöhung** und **Kapitalerhöhung aus genehmigtem Kapital** sind vergleichbare Kapitalmaßnahmen insoweit, als sie auf die einmalige Zuführung von Einlagen gerichtet sind. Sie unterscheiden sich hinsichtlich der Kompetenzzuweisung: Bei der ordentlichen Kapitalerhöhung gegen Einlagen liegt die Zuständigkeit für die Entscheidung, das Kapital zu erhöhen, bei der Hauptversammlung. Demgegenüber wird im Rahmen des genehmigten Kapitals der Vorstand durch die Hauptversammlung ermächtigt, selbst die Entscheidung über die Erhöhung des Grundkapitals und damit die Ausnutzung der Ermächtigung – typischerweise unter Mitwirkung des Aufsichtsrats (vgl. § 202 Abs. 3 Satz 2 AktG) – zu treffen. Die **bedingte Kapitalerhöhung** erfolgt, soweit sie den rechtstatsächlich wichtigsten Zwecken (Gewährung von Umtausch- oder Bezugsansprüchen an Gläubiger von Wandelschuldverschreibungen bzw. Gewährung von Bezugsansprüchen für Organe bzw. Arbeitnehmer der Gesellschaft und verbundenen Unternehmen) dient, sukzessive jeweils nur insoweit, als von den eingeräumten Umtausch- oder Bezugsrechten Gebrauch gemacht wird.

43.1

II. Grundzüge der Emissionstechnik der Kapitalerhöhung der börsennotierten Aktiengesellschaft

Das **gesetzliche Leitbild** des AktG geht von der **ordentlichen Kapitalerhöhung** im Wege der unmittelbaren Zeichnung durch die Aktionäre als Regelfall aus[2]. Dem damit vorgegebenen Gesetzesaufbau,

43.2

---

[1] Die §§ 182 ff. AktG gelten auch für die Kapitalerhöhung einer Societas Europaea mit Sitz in Deutschland, vgl. Art. 5 der SE-Verordnung v. 8.10.2001.

[2] Nicht Gegenstand der folgenden Erläuterungen ist die sog. Investmentaktiengesellschaft (mit veränderlichem oder fixem Kapital) i.S.d. §§ 108–123 bzw. 140–148 Kapitalanlagegesetzbuch (KAGB), vgl. dazu *Hermanns*, ZIP 2004, 1297 ff.; *Baums/Kiem* in FS Hadding, 2004, S. 741 ff.; *Steck/Schmitz*, AG 2004, 658 ff.; *Pluskat*, WM 2005, 772 ff.; *Wallach*, Der Konzern 2007, 487 ff.; *Zetzsche*, AG 2013, 613 sowie Rz. 6.48.

bei dem im Zentrum die Vorschriften über die ordentliche Kapitalerhöhung stehen, folgt auch die nachstehende Darstellung. Das Gesetz verweist in weiten Teilen auf diese Vorschriften für den praktisch bedeutsameren[3] Fall der Kapitalerhöhung aus genehmigtem Kapital. Abweichend vom Gesetzesaufbau werden nachfolgend ordentliche Kapitalerhöhung und Kapitalerhöhung aus genehmigtem Kapital unmittelbar aufeinander folgend behandelt.

43.3 Die **Grundzüge der Kapitalerhöhung** der börsennotierten AG lassen sich wie folgt zusammenfassen: Die Kapitalerhöhung erfolgt regelmäßig aus **genehmigtem Kapital**. Im Gegensatz zur ordentlichen Kapitalerhöhung kann dabei die Verwaltung aufgrund der Ermächtigung der Hauptversammlung die Kapitalerhöhung schnell und flexibel umsetzen. Der organisatorische Aufwand (ggf. außerordentlichen) Hauptversammlung und insbesondere das mit einem Hauptversammlungsbeschluss verbundene Anfechtungsrisiko (vgl. hierzu Rz. 45.1) entfallen[4]. Nur gelegentlich, insbesondere bei hohem Kapitalbedarf, welcher die betraglichen Grenzen des genehmigten Kapitals sprengt, wird in der Praxis der Weg über eine ordentliche Kapitalerhöhung beschritten[5]. Neben diesen Fällen schmälert in der Praxis die in den letzten Jahren restriktivere Beratungslinie sog. Proxy Advisors (Stimmrechtsberater) zu dem maximalen Ermächtigungsvolumen (unter Bezugsrechtsausschluss) die Attraktivität des genehmigten Kapitals (siehe hierzu noch Rz. 45.1)[6]. Es können aber bei höherem Kapitalbedarf auch bezugsrechtsfreie und bezugsrechtspflichtige Tranchen einer Kapitalmaßnahme gemeinsam platziert werden (vgl. § 186 Abs. 3 Satz 1 AktG)[7]. Besteht keine Möglichkeit zum Bezugsrechtsausschluss, wird gelegentlich auf einen Bezugsrechtsverzicht eines Großaktionärs zurückgegriffen, um eine breite Platzierung und damit ausreichende Nachfrage von Investoren zu ermöglichen[8]. Das ist unproblematisch dort möglich, wo die Kapitalerhöhung so strukturiert werden kann, dass das Bezugsrecht keinen rechnerischen Wert hat (dazu noch Rz. 44.68) und der Großaktionär an dem Erhalt seiner Beteiligungsquote nicht interessiert ist. Eine **schwache Markt- und Unternehmensverfassung** kann aber auch eine bezugsrechtspflichtige Kapitalerhöhung veranlassen, wenn die jungen Aktien mit hohen Abschlägen begeben werden müssen, die bei Bezugsrechtsausschluss den Rahmen von § 186 Abs. 3 Satz 4 AktG bzw. § 255 Abs. 2 AktG überschreiten würden[9]; solche Sanierungskapitalerhöhungen waren in den Jahren 2003–2004 und sodann in den Jahren 2008–2010 zu beobachten[10]. Auch Barkapitalerhöhungen zur Finanzierung von Unternehmenserwerben werden bei entsprechendem Finanzierungsbedarf unter Einräumung eines

---

3 Vgl. *Schürnbrand* in MünchKomm. AktG, 5. Aufl. 2021, Vorbemerkung zu § 182 AktG Rz. 5; *Hüffer/Koch*, § 202 AktG Rz. 2; *Apfelbacher/Niggemann* in Hölters, § 202 AktG Rz. 26.
4 Siehe auch *Hüffer/Koch*, § 202 AktG Rz. 2; *Apfelbacher/Niggemann* in Hölters, § 202 AktG Rz. 26.
5 Z.B. die Kapitalerhöhung der Tele Columbus AG (2015), bei der das Grundkapital im Wege einer ordentlichen Kapitalerhöhung um 78,4 % erhöht wurde (bei zusätzlich genehmigtem Kapital in Höhe von 46,6 %) oder der Drillisch AG (2017), bei der das Grundkapital der Gesellschaft um 169 % erhöht wurde.
6 Siehe etwa ISS, Continental Europe, Proxy Voting Guidelines 2021, S. 17, demzufolge generell bei Kapitalerhöhungen eine Zustimmung daran geknüpft werden soll, dass die bezugsrechtsfreie Ausgabe 10 % des Grundkapitals nicht übersteigt; ferner Glass Lewis, Policy Guidelines Germany 2021, S. 19, wonach der betragliche Rahmen für Kapitalerhöhungen aus genehmigten Kapital unter Ausschluss des Bezugsrechts auf 20 % des Grundkapitals begrenzt werden sollte.
7 *Schürnbrand* in MünchKomm. AktG, 5. Aufl. 2021, § 186 AktG Rz. 157; so u.a. die Kapitalerhöhungen der Tele Columbus AG (2015), Deutsche Bank AG (2017), Carasan AG (2019), Sfc Energy AG (2019), Euromicron AG (2020) und der Windeln.de SE (2020).
8 So die Kapitalerhöhung der Sfc Energy AG (2019).
9 Siehe auch *Schlitt/Seiler*, WM 2003, 2175, 2176; relevant ist in diesem Zusammenhang auch die betragliche Begrenzung (10 %) gemäß § 186 Abs. 3 Satz 4 AktG.
10 So z.B. die Kapitalerhöhung der Allianz AG (2003), HeidelbergCement AG (2003), Münchener Rückversicherungs-Gesellschaft AG (2003), SGL Carbon AG (2004) sowie Karstadt Quelle AG (2004); danach z.B. der Premiere AG, Conergy AG, Infineon AG, HeidelbergCement AG, Heidelberger Druckmaschinen AG und Continental AG (2008–2010) sowie der Deutsche Bank AG (2014) und jüngst der Curasan AG (2019), MAX21 AG (2020) und Epigenomics AG (2021).

Bezugsrechts durchgeführt[11]. Eine Sonderform der Kapitalerhöhung (aus bedingtem) Kapital stellt die Emission einer Pflichtwandelanleihe dar, die nach Ablauf der Laufzeit unabhängig von der Kursentwicklung zur Wandlung in Aktienkapital führt und damit wirtschaftlich einer Aktienemission auf Termin ähnelt[12]. Ansonsten beinhaltet die Schaffung eines bedingten Kapitals regelmäßig nur die Absicherung von Bezugsansprüchen, ohne dass feststeht, ob diese ausgeübt werden.

Sowohl bei einem Bezugsrechtsausschluss, als auch bei einer bezugsrechtspflichtigen Kapitalerhöhung erfolgt die Zeichnung regelmäßig durch ein oder mehrere Kreditinstitute, wobei die Zeichnung hinsichtlich der bezugsrechtspflichtigen Kapitalerhöhung im Wege des **mittelbaren Bezugsrechts** durchgeführt wird[13]. Dasselbe gilt bei einigen Formen der **Sachkapitalerhöhung** gegen Einbringung von Aktien einer anderen Publikumsaktiengesellschaft, bei denen ein Kreditinstitut die Aktien der Aktionäre der Zielgesellschaft als Treuhänder – häufig im Rahmen eines Zwangsausschlusses der Aktionäre der Zielgesellschaft nach ausländischem Recht in Gestalt eines Scheme of Arrangement[14] bzw. Reverse Triangular Merger[15] – sammelt, einbringt und die gezeichneten jungen Aktien des Bieters auf die Aktionäre der anderen Zielgesellschaft überträgt[16] (vgl. auch noch Rz. 45.36). 43.4

Hinsichtlich der **Aktienemissions- und -platzierungstechnik** ist eine **Internationalisierung** festzustellen, die seit Beginn der 90er Jahre zu neuen Formen der Aktienemission geführt hat[17]. Dies ist zum einen dadurch verursacht, dass Aktienemissionen inzwischen regelmäßig nicht nur am deutschen Kapitalmarkt, sondern auch ausländischen Kapitalmärkten platziert werden[18]. Dies führt zur Anwendung verschiedener kapitalmarktrechtlicher Rechtssysteme, insbesondere bezüglich Fragen der Prospektpflicht, der Zulassung an ausländischen Börsen und der Anwendung verschiedener Prospekthaftungssysteme[19]. Die aktienrechtlichen Voraussetzungen bestimmen sich indes stets nach dem maßgeblichen deutschen Aktienrecht. Insofern hat jedoch die durch die Internationalisierung des Aktienemissionsgeschäftes bedingte Stärkung der Marktposition US-amerikanischer Kreditinstitute auch zu Entwicklungen bei der aktienrechtlichen Umsetzung und der Dokumentation von Kapitalmaßnahmen geführt[20]. 43.5

---

11 Etwa die der Linde AG (2006; Erwerb BOC), Merck KGaA (2007; Erwerb Serono), Kali & Salz AG (2009; Erwerb Morton Salt), Deutsche Bank AG (2010; Erwerb Postbank), Bayer AG (2018; Erwerb Monsanto). Bezugsrechtsfreie Kapitalerhöhungen gemäß § 186 Abs. 3 Satz 4 AktG demgegenüber bei der adidas AG (2005; Erwerb Reebok) und Bayer AG (2006; Erwerb Schering) und Delivery Hero SE (2020; Teil des Erwerbspreises für Woowa Brothers Corp.).
12 So die Pflichtwandelanleihe der Deutsche Telekom AG (2003) und dazu *Röder*, Finanz Betrieb 2003, 240; *Kleidt/Schiereck*, BKR 2004, 18 ff. Weitere Pflichtwandelanleihen wurden u.a. begeben durch die Lanxess AG (2004), VW AG (2012) sowie Bayer AG (2006 und 2016) und jüngst durch die schweizerische Peach Property Group AG (2020).
13 Durch Zwischenschaltung einer Emissionsbank oder eines Emissionskonsortiums wird die Durchführung der Kapitalerhöhung vereinfacht. Insbesondere verringert sich die Zahl der in doppelter Ausführung beizubringenden Zeichnungsscheine (vgl. § 185 Abs. 1 Satz 2 AktG), sodass nach Erbringung der Einlage die Kapitalerhöhung zum Handelsregister (unter Einhaltung der Voraussetzung des § 188 Abs. 3 Nr. 1 AktG) angemeldet und dann regelmäßig zeitnah eingetragen werden kann. Siehe hierzu auch *Hüffer/Koch*, § 185 AktG Rz. 8; *Apfelbacher/Niggemann* in Hölters, § 185 AktG Rz. 4, § 186 AktG Rz. 90.
14 So zum Beispiel im Rahmen der gescheiterten Übernahme der London Stock Exchange Group PLC durch die Deutsche Börse AG (2016).
15 So zum Beispiel im Rahmen der Fusion der damaligen Linde AG und Praxair Inc. (2016).
16 So etwa bei der Sachkapitalerhöhung der Deutsche Telekom AG (2001) (VoiceStream/Powertel), Aixtron AG (2005) (Genus Inc.) und Hypo Real Estate AG (2007) (DEPFA PLC).
17 Vgl. einführend *Hoffmann-Becking* in FS Lieberknecht, 1997, S. 25 ff.
18 Vgl. zu den hierdurch bedingten Veränderungen beim Aktienemissionsgeschäft *Groß* in Bosch/Groß, Emissionsgeschäft, Rz. 10/277.
19 Zur Entwicklung von kapitalmarktrechtlichen Kollisionsregeln bei grenzüberschreitenden Emissionen *Hopt/Wiedemann* in Großkomm. AktG, 4. Aufl. 2006, Einleitung A-D Rz. 690 ff.; siehe auch *Uwe H. Schneider*, AG 2001, 269, 272 ff.
20 Hierzu *Groß* in Bosch/Groß, Emissionsgeschäft, Rz. 10/277; *Technau*, AG 1998, 445 f.

43.6 Zumindest bei bezugsrechtsfreien Emissionen erfolgt die Aktienemission regelmäßig im Wege des **Bookbuildings** (zu Einzelheiten Rz. 8.30 f.)[21]. Die Zeichnung der jungen Aktien erfolgt erst gegen Ende der Bookbuilding-Periode und sodann zum geringsten Ausgabebetrag i.S.v. § 9 AktG. Die weiteren Bedingungen der Aktienausgabe, insbesondere der Platzierungspreis, werden erst in zeitlich engem Abstand zur Zeichnung der Aktien, Anmeldung der Kapitalerhöhung und Eintragung der Durchführung der Kapitalerhöhung im Handelsregister festgesetzt[22]. Kommt es, etwa aufgrund von Verwerfungen auf den Kapitalmärkten oder einer gravierenden Verschlechterung der Situation des Emittenten, nicht zur Preisfestsetzung oder wird wegen eines sog. Material Adverse Change (MAC) der Aktienübernahmevertrag (siehe Rz. 8.104 ff.) nach Preisfestsetzung gekündigt, ist aufgrund der vertraglichen Bestimmungen zwischen Gesellschaft und Emissionskonsortium der Zeichnungsschein zurückzugeben oder die Anmeldung der Kapitalerhöhung zurückzunehmen (vgl. Rz. 8.171). Ist die Durchführung der Kapitalerhöhung bereits eingetragen, bestimmt der Aktienübernahmevertrag, wie mit den entstandenen Aktienrechten zu verfahren ist.

43.7 Bei **Bezugsrechtsemissionen** erfolgt die Platzierung demgegenüber bislang noch häufig im Wege des sog. Festpreisverfahrens (siehe Rz. 8.26 f.)[23]. Dieses Verfahren beruht insbesondere auf der tradierten Auffassung, wonach bei einer Kapitalerhöhung mit Bezugsrecht der Aktionäre der Bezugspreis am Anfang der Bezugsrechtsperiode festgelegt werden müsse. Diese Auffassung war schon auf Grundlage des alten Rechts zweifelhaft[24]. Die Neufassung von § 186 Abs. 2 AktG gestattet seit 2002 die Festlegung des Bezugspreises kurz vor Ende der Bezugsfrist[25]. Sie hat in den letzten Jahren zu einer breiten Anwendung des Bookbuilding-Verfahrens auch bei Bezugsrechtsemissionen geführt (näher Rz. 44.55 f.). Und selbst bei einer Festlegung des Bezugspreises am Anfang der Bezugsrechtsperiode erfolgt auch in diesem Fall inzwischen die Zeichnung der jungen Aktien regelmäßig erst am Ende der Bezugsfrist und ebenfalls zum geringsten Ausgabebetrag.

III. Kapitalmarktrechtliche und sonstige Aspekte

43.8 Das Angebot von Aktien aus einer **effektiven Kapitalerhöhung** kann eine **Prospektpflicht** begründen (wohingegen die Aktien aus einer **Kapitalerhöhung aus Gesellschaftsmitteln** ohne Angebot zugewiesen werden und kraft Gesetz börsenzugelassen sind, vgl. Rz. 47.48). Mittlerweile ist geklärt, dass auch bei einer dem Bezugsrecht der Aktionäre unterliegenden Emission ein öffentliches Angebot von Wertpapieren im Sinne des Art. 2 lit. d ProspektVO[26] vorliegt[27]. Eine **Ausnahme von der Prospektpflicht** für das Angebot bzw. die Börsenzulassung ermöglichen Art. 1 Abs. 4 bzw. Abs. 5 ProspektVO in bestimmten Konstellationen (zum Zulassungsverfahren vgl. noch Rz. 9.11 ff.). In der Praxis ist – abgesehen

---

21 Dazu *Groß*, ZHR 162 (1998), 318 ff. (S. 339 zu den Besonderheiten bei einer Kapitalerhöhung einer bereits börsennotierten AG).
22 Zu den historisch börsenzulassungsrechtlich zu suchenden Gründen für die Zeichnung vor Preisfestsetzung siehe *Busch*, WM 2001, 1277. Inzwischen ist das Erfordernis der Veröffentlichung des Zulassungsantrages entfallen; gemäß § 50 BörsZulV i.d.F. des FRUG kann die Zulassung bereits einen Handelstag nach Einreichung des Zulassungsantrages erfolgen; die Einführung darf an dem der Veröffentlichung der Zulassung folgenden Werktag erfolgen (§ 52 BörsZulV). Das erlaubt eine noch spätere Zeichnung.
23 Zum Auktionsverfahren und kombinierten Preisermittlungsverfahren siehe Rz. 8.28 f. und Rz. 8.36 ff.
24 Vgl. *Scholz* in MünchHdb. AG, § 57 Rz. 112, sowie *Busch*, WM 2001, 1277 und ebd. Fn. 4.
25 Dazu *Busch*, AG 2002, 230, 234; *Schlitt/Seiler*, WM 2003, 2175, 2180 f.
26 Verordnung (EU) 2017/1129 des europäischen Parlaments und des Rates v. 14.6.2017 über den Prospekt, der beim öffentlichen Angebot von Wertpapieren oder bei deren Zulassung zum Handel an einem geregelten Markt zu veröffentlichen ist und zur Aufhebung der Richtlinie 2003/71/EG, ABl. EU Nr. L 168, 30.6.2017, S. 12.
27 Siehe dazu den Fachartikel der Bundesanstalt für Finanzdienstleistungsaufsicht v. 5.9.2012 zu Änderungen im Wertpapierprospekt, BaFinJournal 09/12, Seite 7; zum alten Recht siehe *Groß* in Groß, Kapitalmarktrecht, 6. Aufl. 2016, § 2 WpPG Rz. 18a.

von Fällen des **accelerated bookbuildings**[28] (dazu Rz. 7.91 und Rz. 45.23) – aber häufig allein für die Vermarktung der Aktien ein Prospekt sinnvoll, der dann die Voraussetzungen der ProspektVO zu erfüllen hat[29]. Für **Sekundäremissionen** hat der europäische Gesetzgeber mit Art. 14 ProspektVO[30] Emittenten die Möglichkeit einer **vereinfachten Offenlegung** eingeräumt[31]. Dies ermöglicht unter bestimmten Voraussetzungen die Reduzierung des Prospektinhalts auf Basis der Anhänge III und XII (für Dividendenwerte) sowie VIII und XVI (für Nichtdividendenwerte) der DelVO[32] (Art. 14 Abs. 3 ProspektVO i.V.m. Art. 4, 9, 13 und 17 DelVO). Voraussetzung dieser Regelung ist, dass die Aktien der AG mindestens während der letzten 18 Monate ununterbrochen zum Handel an einem geregelten Markt oder KMU-Wachstumsmarkt zugelassen waren. Die vereinfachte Offenlegung dient der erleichterten, schnelleren und kostengünstigeren Eigenmittelbeschaffung. Gerechtfertigt ist dies durch die kapitalmarktrechtlichen Transparenzfolgepflichten, die der AG ab der erstmaligen Stellung des Zulassungsantrags obliegen[33]. Unter anderem aufgrund des weitgehend ungeklärten Haftungsregimes in diesen Fällen – §§ 8 ff. WpPG wurden nicht an das vereinfachte Prospektregime angepasst[34] – haben sich Sekundäremission unter diesem vereinfachten Regime bislang in der Praxis nicht in breiterem Umfang durchsetzen können. Hinzu kommt, dass bei Aktienplatzierungen mit US-Bezug, welche nach Rule 144A Securities Act von 1933 erfolgen, abweichende Mindestanforderungen bestehen und ferner auch internationale Marktstandards und -erwartungen regelmäßig eine umfassende Offenlegung im Prospekt (er)fordern[35], die unter dem vereinfachten Offenlegungsregime[36] nicht erfüllt werden können[37].

Vorausgesetzt, die jungen Aktien sind mit gleicher Gewinnanteilberechtigung wie die alten Aktien ausgestattet und damit fungibel (dazu noch Rz. 44.15 und Rz. 45.31), können die jungen Aktien unter derselben Wertpapier-Kenn-Nummer bzw. **International Securities Identification Number (ISIN)** wie die alten Aktien an der Börse eingeführt werden. Ansonsten erfolgt eine separate Notiz. Die deutsche Prospekthaftung erstreckt sich auch auf Erwerbe in den ersten sechs Monaten nach Börseneinführung im Sekundärmarkt (Börsenhandel), § 9 Abs. 1 Satz 3 WpPG. Sind junge und alte Aktien fun- 43.9

---

28 Wie etwa die Vermarktung der Kapitalerhöhungen gemäß § 186 Abs. 3 Satz 4 AktG der KION GROUP AG (2016), Sfc Energy AG (2019), Varta AG (2019) und Vonovia SE (2020).
29 Zu den Haftungsrisiken eines prospektfreien accelerated bookbuilding siehe *Mannix*, The perils of accelerated dealmaking, IFLR März 2003, S. 3.
30 Zur Vorgängerregelung Art. 26a Erste Delegierte Verordnung (EU) 486/2012 der Kommission v. 30.3.2012 zur Änderung der Verordnung (EG) Nr. 809/2004 siehe *Berrar* in Berrar/Meyer/Müller/Schnorbus/Singhof/Wolf, WpPG und ProspektVO, Artikel 26a Verordnung (EG) Nr. 809/2004 Rz. 34 ff.
31 Vgl. ferner die EU-Verordnung zum EU-Wiederaufbauprospekt, Verordnung (EU) 2021/337 des Europäischen Parlaments und des Rates v. 16.2.2021, ABl. EU Nr. L 68 v. 26.2.2021, S. 1, die Emittenten die Rekapitalisierung auf den Finanzmärkten nach der COVID-19-Krise erleichtern soll. Der EU-Wiederaufbauprospekt ist für Kapitalerhöhungen von bis zu 150 % des ausstehenden Kapitals innerhalb eines Zeitraums von 12 Monaten verfügbar. Die seit 18.3.2021 geltende Regelung steht bis Ende 2022 zur Verfügung.
32 Delegierte Verordnung (EU) 2019/980 der Kommission v. 14.3.2019 zur Ergänzung der Verordnung (EU) 2017/1129 des Europäischen Parlaments und des Rates hinsichtlich der Aufmachung, des Inhalts, der Prüfung und der Billigung des Prospekts, der beim öffentlichen Angebot von Wertpapieren oder bei deren Zulassung zum Handel an einem geregelten Markt zu veröffentlichen ist, und zur Aufhebung der Verordnung (EG) Nr. 809/2004 der Kommission, ABl. EU Nr. L 166 v. 21.6.2019, S. 26.
33 Siehe insofern Erwägungsgrund 48 der ProspektVO.
34 Zum Haftungsmaßstab bei Bezugsrechtsemissionen nach dem neuen Prospektregime siehe *Berrar/Wiegel*, CFL 2012, 97, 105 f.
35 Siehe dazu *Berrar/Wiegel*, CFL 2012, 97, 107.
36 Dasselbe gilt auch in Bezug auf den EU-Wiederaufbauprospekt.
37 Nach der jüngeren Verwaltungspraxis der BaFin kann ein Wertpapierprospekt, der dem vereinfachten Regime unterliegt, nicht durch die Aufnahme zusätzlicher freiwilliger Angaben so „erweitert" werden, dass im Ergebnis doch eine umfassende oder weitgehend umfassende Offenlegung entsprechend dem „Standardregime" erfolgt.

gibel, kann aufgrund der fehlenden Unterscheidbarkeit eine Prospekthaftung bei gleicher ISIN auch für einen Erwerb von alten Aktien entstehen und damit die Prospekthaftung deutlich ausweiten[38]. Die Alternative der Einführung unter einer separaten ISIN für die jungen Aktien trotz Fungibilität ist börsenrechtlich zulässig[39], aber von Emittenten und Investoren wegen der unterschiedlichen Liquidität regelmäßig unerwünscht. Eine Einführung unter einer separaten ISIN ist aber zumindest dann dringend nahezulegen, wenn gegen den Hauptversammlungsbeschluss zur Kapitalerhöhung Anfechtungs- und/oder Nichtigkeitsklage erhoben wurde, aber gleichwohl die Eintragung der Durchführung im Handelsregister und eine Börseneinführung erfolgt (siehe noch Rz. 44.119).

43.10 Insbesondere seit der Umsetzung der Transparenzrichtlinie bzw. des Inkrafttretens der Marktmissbrauchsverordnung (MAR)[40] lösen Kapitalmaßnahmen eine **Reihe von Meldepflichten nach dem WpHG bzw. der MAR** aus (siehe dazu auch §§ 14–18). Geplante Kapitalmaßnahmen können zunächst eine **Insiderinformation** gemäß Art. 7 MAR darstellen und damit zur **Ad-hoc-Mitteilungspflicht** gemäß Art. 17 MAR führen. Dabei sind die Umstände des Einzelfalles (insbesondere die Höhe der Kapitalmaßnahme, die Situation der AG, etc.) entscheidend, aber grundsätzlich ist jede Form der Kapitalerhöhung potentiell eine Insiderinformation[41]. Die Mitteilungspflicht kann dabei auch bereits durch Zwischenschritte gem. Art. 7 Abs. 2 Satz 2, Abs. 3 MAR entstehen[42]. Zu differenzieren ist hier zwischen solchen Zwischenschritten, die an sich schon eine Insiderinformation darstellen, und Zwischenschritten, die ihre Kursrelevanz von dem zukünftigen Endereignis (in der Regel: die Durchführung der Kapitalmaßnahme) ableiten. Für jeden dieser Zwischenschritte ist dabei gesondert zu prüfen, ob es sich um eine mitteilungspflichtige Insiderinformation handelt. Bei der Bewertung von Zwischenschritten, die ihre insiderrechtliche Relevanz in erster Linie aus ihrer Bezogenheit auf ein zukünftiges Endereignis beziehen, geht die BaFin davon aus, dass ein Kursbeeinflussungspotenzial umso eher anzunehmen ist, je gewichtiger und wahrscheinlicher das Endereignis ist und eine Gesamtbetrachtung der eingetretenen und zukünftigen Umstände unter Berücksichtigung der jeweiligen Marktsituation nahelegt, dass ein verständiger Anleger bereits diesen Zwischenschritt für sich nutzen werde[43]. Im Rahmen von Kapitalmaßnahmen wird seitens der Literatur regelmäßig davon ausgegangen, dass erst der entsprechende Vorstandsbeschluss die notwenige überwiegende Eintrittswahrscheinlichkeit mit sich bringt[44]. Danach kann insbesondere ab dem Zeitraum der entsprechenden Gremienbeschlüsse bereits der Beschlussvorschlag einer ordentlichen Kapitalerhöhung[45] zur Hauptversammlung (wohl aber nicht der Vorschlag der Schaffung eines genehmigten Kapitals)[46], einer Kapitalerhöhung aus Gesellschaftsmitteln[47] wie auch eines bedingten Kapitals für einen Aktienoptionsplan eine Mitteilungspflicht begründen. Bei einer geplanten Ausnutzung eines genehmigten Kapitals bzw. der Ausnutzung einer Ermächtigung gemäß § 221 Abs. 2 AktG liegt eine Insiderinformation im Regelfall nicht schon mit dem Beginn der Projektarbeiten (Due Diligence, Beginn Prospekt- und Dokumentationserstellung, etc.) vor, weil diese Schritte regelmäßig reine Vorbereitungshandlungen darstellen und sich in der Regel erst sehr spät im Prozess entscheidet, ob es tatsächlich zu einer Durchführung der Kapitalmaßnah-

---

38 Vgl. dazu die RegBegr. zum Dritten Finanzmarktförderungsgesetz, BT-Drucks. 13/8933, S. 54, 77.
39 Vgl. *Groß* in Groß, Kapitalmarktrecht, § 9 WpPG Rz. 69.
40 Verordnung (EU) Nr. 596/2014 des Europäischen Parlaments und des Rates v. 16.4.2014, ABl. EU Nr. L 173 v. 12.6.2014, S. 1.
41 Vgl. den Emittentenleitfaden der Bundesanstalt für Finanzdienstleistungsaufsicht v. März 2020, Modul C Ziffer I.2.1.5.4.
42 Dies hat der EU-Gesetzgeber im Nachgang zur *Geltl*-Entscheidung des EuGH v. 28.6.2012 – C-19/11, kodifiziert.
43 Emittentenleitfaden der Bundesanstalt für Finanzdienstleistungsaufsicht v. März 2020, Modul C Ziffer I.2.1.4.3.
44 *Kumpan/Misterek* in Schwark/Zimmer, Art. 7 MAR Rz. 289; *Klöhn* in Klöhn, Art. 7 MAR Rz. 393.
45 Für eine Anknüpfung an den Vorstandsbeschluss *Scholz* in MünchHdb. AG, § 57 Rz. 205.
46 Abweichend wohl *Veil* in K. Schmidt/Lutter, § 202 AktG Rz. 23 (Beschluss des Vorstandes zur Schaffung des genehmigten Kapitals).
47 Anders *Simons* in Hölters, § 207 AktG Rz. 10a (keine bzw. seltene Kursrelevanz).

me kommt. Eine Insiderinformation wird deshalb regelmäßig erst mit Ausnutzungsbeschluss des Vorstandes (sowie ggf. dem Zustimmungsbeschluss des Aufsichtsrates hierzu) vorliegen[48]. Von Art. 11 MAR nunmehr detailliert geregelt ist in diesem Zusammenhang ein sog. „**Wallcrossing**"[49] von ausgewählten institutionellen Investoren, um die Marktakzeptanz der Kapitalmaßnahme abzuschätzen oder diese gar zu einem Zeichnungs-Committment oder einem sog. **Backstop** einzuladen. In der Praxis werden bei einem Wallcrossing die angesprochenen Investoren regelmäßig mit einem Handelsverbot jedenfalls dann belegt, wenn mehrere institutionelle Investoren gleichzeitig kurz vor der geplanten Durchführung der Kapitalmaßnahme angesprochen werden. Das Handelsverbot endet erst dann, wenn die Kapitalmaßnahme (mittels ad-hoc-Mitteilung) öffentlich bekannt gegeben wird oder sich die Kapitalmaßnahme später zerschlägt und dieses gegenüber den angesprochenen Investoren kommuniziert wird[50].

Kapitalmaßnahmen lösen weitere **Mitteilungspflichten gemäß § 49 Abs. 1 Satz 1 Nr. 2 WpHG** aus. Dabei ist zwischen der „Ankündigung der Ausgabe von neuen Aktien" und der „Beschlussfassung über Bezugsrechte" zu unterscheiden. Bei der ordentlichen Kapitalerhöhung besteht die Mitteilungspflicht über die Ankündigung der Ausgabe von neuen Aktien mit Fassung des Hauptversammlungsbeschlusses[51]. Die unmittelbar an die Beschlussfassung anknüpfende Veröffentlichung des Bezugsangebotes im Bundesanzeiger gemäß § 186 Abs. 5 Satz 2 AktG i.V.m § 25 AktG gilt indes sowohl für die Ankündigung der Ausgabe neuer Aktien als auch für die Beschlussfassung über Bezugsrechte als entsprechende Veröffentlichung, um dem Rechtsgedanken des § 49 Abs. 1 Satz 2 WpHG folgend gleich gelagerte Doppelveröffentlichungen zu vermeiden[52]. Wird hingegen das Bezugsrecht ausgeschlossen, sind sowohl Ankündigung als auch Bezugsrechtsausschluss unverzüglich mitteilungspflichtig. Auch beim bedingten Kapital knüpft die Veröffentlichungspflicht an die Beschlussfassung der Hauptversammlung an. Aufgrund der damit verbundenen Beschlussfassung über Bezugsrechte erwächst dem Emittenten eine gesonderte, zusätzliche Veröffentlichungspflicht im Hinblick auf die beschlossene Zweckbestimmung, der ebenfalls zum Zeitpunkt des Erhöhungsbeschlusses nachzukommen ist[53]. Im Rahmen einer Kapitalerhöhung unter Ausnutzung eines genehmigten Kapitals ist nach Auffassung der BaFin erst dann eine Veröffentlichung vorzunehmen, wenn die Neuemission tatsächlich bevorsteht, also zum Zeitpunkt des Ausnutzungsbeschlusses des Vorstandes (nach erforderlicher Zustimmung des Aufsichtsrates)[54]. Wird dabei das Bezugsrecht ausgeschlossen oder erfolgt nicht unverzüglich ein Bezugsangebot, entsteht eine separate Veröffentlichungspflicht für die Kapitalerhöhung (und ggf. des Ausschlusses), anderenfalls ist der Mitteilungspflicht mit Veröffentlichung des Angebots Genüge ge- 43.11

---

48 Für die Notwendigkeit eines Zustimmungsbeschlusses *Bayer* in MünchKomm. AktG, 5. Aufl. 2021, § 202 AktG Rz. 89; anders *Veil/Brüggemeier* in Hdb. MarktmissbrauchsR, § 10 Rz. 83 (Kapitalerhöhungsbeschluss der Hauptversammlung); wiederum anders *Veil* in K. Schmidt/Lutter, § 202 AktG Rz. 23 (Beschluss des Vorstandes zur Schaffung des genehmigten Kapitals).
49 Der Begriff bezeichnet die Übermittlung von Informationen vor der Ankündigung eines Geschäfts an einen oder mehrere potenzielle Anleger, um das Interesse von potenziellen Anlegern an einem möglichen Geschäft und dessen Bedingungen wie seinem Umfang und seiner preislichen Gestaltung abzuschätzen, Art. 11 Abs. 1 MAR.
50 Man denke an eine geplante Sanierungskapitalerhöhung, die sich mangels Interesse von Investoren im Rahmen der Marktsondierung zerschlägt und damit die Sanierung zusätzlich in Frage stellt. Zur Problematik des „Cleansing" auch *Seibt*, CFL 2011, 74, 87; *Zetzsche*, AG 2016, 610, 615; *Singhof*, ZBB 2017, 193, 205.
51 Emittentenleitfaden der Bundesanstalt für Finanzdienstleistungsaufsicht v. Oktober 2018, Modul B Ziffer II.3.3.2.2.
52 Emittentenleitfaden der Bundesanstalt für Finanzdienstleistungsaufsicht v. Oktober 2018, Modul B Ziffer II.3.3.2.2.
53 Emittentenleitfaden der Bundesanstalt für Finanzdienstleistungsaufsicht v. Oktober 2018, Modul B Ziffer II.3.3.2.3.
54 Emittentenleitfaden der Bundesanstalt für Finanzdienstleistungsaufsicht v. Oktober 2018, Modul B Ziffer II.3.3.2.4.

tan[55]. Ferner ist bei der Aktienausgabe sowie einer Kapitalherabsetzung die weitere Pflicht zur Veröffentlichung der Gesamtzahl der Stimmrechte gemäß **§ 41 WpHG** zu beachten.

43.12 Führt die Nichtbeteiligung eines Aktionärs an einer Kapitalerhöhung zu einem Unterschreiten der **Schwellen des § 33 Abs. 1 WpHG**, besteht eine **Mitteilungspflicht**[56]. Das gilt auch für die Verwässerung aufgrund der Ausgabe von Bezugsaktien infolge einer bedingten Kapitalerhöhung[57]. Ein Sonderproblem entsteht bei der Kapitalerhöhung mit Bezugsrecht aufgrund § 41 Abs. 1 WpHG, § 12 Abs. 3 WpAV, wonach für Zwecke der Berechnung des Stimmrechtsanteils die letzte Veröffentlichung des Emittenten gemäß § 41 WpHG zugrunde zu legen ist. Erfolgt die Kapitalerhöhung mit mittelbarem Bezugsrecht, also unter Einschaltung einer Bank, die zunächst die Aktien zeichnet und dann an die (Alt-)Aktionäre weiterreicht, ist in Bezug auf die Bank in Abhängigkeit vom zeitlichen Ablauf jenseits einer auf 5 % beschränkten Handelsbuchausnahme nach § 36 Abs. 1 Nr. 2 WpHG eine Befreiung gemäß § 36 Abs. 3 Nr. 1 WpHG denkbar (vgl. auch Rz. 8.60g)[58]. Der durch die Zeichnung und Eintragung der Kapitalerhöhung zunächst verwässerte Aktionär ist zu diesem Zeitpunkt durch § 12 Abs. 3 WpAV geschützt, denn er hat seine Beteiligung anhand der letzten Meldung gemäß § 41 Abs. 1 WpHG zu prüfen, so dass keine Änderung eintritt. Ein Problem entsteht – trotz vollem Mitziehen bei der Kapitalerhöhung – mit der Einbuchung der Bezugsaktien, denn auf Grundlage der (veralteten) Gesamtzahl der Stimmrechte ist nun eine Berührung oder Überschreitung von Meldeschwellen denkbar, die nicht der Realität entspricht[59]. Die BaFin sucht – zutreffenderweise – die Lösung in einer engen Auslegung des § 12 Abs. 3 WpAV, wonach jedenfalls bei Kenntnis von der Kapitalveränderung auf die tatsächliche Gesamtstimmrechtszahl abgestellt werden kann[60]. Eine vorsichtige, aber in der Praxis nicht gebotene und der Zielsetzung der Stimmrechtsmitteilungspflichten widerstreitende Lösung besteht in zwei Meldungen, wobei zunächst die Überschreitung unter Zusatz der real gleich gebliebenen Quote und sodann (nach aktualisierter Meldung gemäß § 41 Abs. 1 WpHG) die Unterschreitung unter Zusatz der (wiederum) gleich gebliebenen Quote gemeldet wird[61]. Die Verkürzung der Meldefrist gemäß § 41 Abs. 1 WpHG auf maximal zwei Handelstage seit 2016 hat das Problem für die ordentliche Kapitalerhöhung sowie die Kapitalerhöhung aus genehmigtem Kapital in der Praxis weitgehend entschärft.

43.13 Im Rahmen einer Kapitalerhöhung mit mittelbarem Bezugsrecht können eine oder mehrere begleitende Konsortialbanken für einen Übergangszeitraum Aktionär mit wesentlicher Beteiligung werden. Das MoMiG hat für **Gesellschafterdarlehen** in § 39 Abs. 1 Satz 1 Nr. 5 InsO und § 135 Abs. 1 InsO sehr pauschale und schematische Regeln über Nachrang und Anfechtbarkeit in der Insolvenz aufgestellt (vgl. dazu auch Rz. 8.123b). Dies führt in der Praxis dann zu einem Problem, wenn eine Konsortialbank vor der Kapitalerhöhung eine Fremdfinanzierung an die AG vergeben hat. Denn richtigerweise ist davon auszugehen, dass ein Gesellschafterdarlehen nicht zwingend voraussetzt, dass die Gesell-

---

55 Emittentenleitfaden der Bundesanstalt für Finanzdienstleistungsaufsicht v. Oktober 2018, Modul B Ziffer II.3.3.2.4.
56 *Nottmeier/Schäfer*, AG 1997, 87, 89; *Opitz* in Schäfer/Hamann, Kapitalmarktgesetze, § 21 WpHG Rz. 23; *Schlitt/Schäfer*, AG 2007, 227, 230.
57 *Hopt/Wiedemann* in Großkomm. AktG, 4. Aufl. 2006, § 200 AktG Rz. 24; *Burgard*, BB 1995, 2069, 2071 (zumindest mit der Publizität gemäß § 201 Abs. 1 AktG; das dürfte nach der Einführung von § 26a WpHG a.F. [bzw. § 41 WpHG i.d.F. des 2. FiMaNoG] zu spät sein).
58 Siehe *Meyer*, BB 2016, 771, 773 ff.; *Tautges*, WM 2017, 512, 516. Für Anwendbarkeit des § 23 Abs. 2 Nr. 1 WpHG a.F. (bzw. § 36 WpHG i.d.F. des 2. FiMaNoG) auch *Schlitt/Schäfer*, AG 2007, 227, 230; zur Befreiung von der Meldepflicht bei Bezugsrechtsemissionen gemäß § 23 Abs. 1 WpHG a.F. (bzw. § 36 WpHG i.d.F. des 2. FiMaNoG) vor Abänderung durch das TUG vgl. *Meyer* in Gedächtnisschrift Bosch, 2006, S. 133, 141.
59 Vgl. *Schnabel/Korff*, ZBB 2007, 179, 185; *Sven H. Schneider*, NZG 2009, 121, 122 und dort Fn. 15.
60 Vgl. Emittentenleitfaden v. Oktober 2018, Modul B Ziffer I.2.3.2.1; siehe auch *Schnabel/Korff*, ZBB 2007, 179, 185; *Veil* in K. Schmidt/Lutter, Anh. § 22 AktG: § 33 WpHG Rz. 13.
61 *Stephan*, Der Konzern 2016, 53, 54; zum alten Recht siehe auch *Schnabel/Korff*, ZBB 2007, 179, 185; *Sven H. Schneider*, NZG 2009, 121, 122.

schafterstellung schon bei Darlehenshingabe (oder „Stehenlassen") bestehen muss[62]. Die Fremdfinanzierung stellt sich folglich bei Überschreiten der 10 % Beteiligungsgrenze des § 39 Abs. 5 InsO als Gesellschafterdarlehen dar und ist nach den insolvenzrechtlichen Regelungen verhaftet. Diese Rechtsfolge wird nur dann vermieden, wenn man analog den Erwägungen zur Anwendbarkeit der Regeln über die verdeckte Sacheinlage auf den Bezugsrechtsmittler (Rz. 44.66) eine Verstrickung jedenfalls dann ablehnt, wenn die Treuhänderstellung der Konsortionalbank berücksichtigt wird[63]. Auch § 35 WpÜG (Pflichtangebot) ist bei der Strukturierung von Kapitalerhöhungen zu beachten. In der Praxis vermeiden die beteiligten Banken die vorgenannten Risiken durch eine Aufteilung der Zeichnung unter den Mitgliedern des Konsortiums, so dass jede einzelne Konsortialbank maximal eine Beteiligung von 10 % hält[64].

§ 44
Ordentliche Kapitalerhöhung gegen Einlagen

I. Überblick 44.1
II. Kapitalerhöhungsbeschluss 44.2
  1. Satzungsändernder Charakter 44.2
  2. Beschlusshindernisse 44.3
  3. Mehrheitserfordernisse 44.6
  4. Sonderbeschlüsse 44.8
  5. Beschlussinhalt 44.11
    a) Kapitalerhöhungsbetrag 44.11
    b) Art und Gattung 44.13
    c) Fristen und Gewinnberechtigung 44.14
    d) Ausgabebetrag 44.16
    e) Satzungstext 44.18
  6. Sachliche Rechtfertigung; Zustimmungspflichten 44.19
  7. Aufhebung und Änderung des Kapitalerhöhungsbeschlusses 44.20
  8. Kapitalerhöhung in der Sanierung, Insolvenz und Liquidation 44.21
III. Besonderheiten der Sachkapitalerhöhung 44.22
  1. Gegenstand der Sacheinlage 44.26
  2. Festsetzungen im Kapitalerhöhungsbeschluss, insbesondere Ausgabebetrag und Bilanzierung 44.27
  3. Werthaltigkeitsprüfung 44.33
  4. Erbringung der Sacheinlage 44.36
  5. Bareinlage- bzw. Differenzhaftung ... 44.38
  6. Gemischte Bar-/Sacheinlage 44.40

IV. Bezugsrecht 44.42
  1. Inhalt 44.42
    a) Bezugsberechtigte und Bezugsverhältnis 44.45
    b) Sonderrechtsfähigkeit 44.48
  2. Ausländische Aktionäre 44.50
  3. Bezugsrecht bei verschiedenen Gattungen 44.52
  4. Bekanntmachung, Bezugsfrist, Ausgabebetrag, Ausübung 44.53
    a) Bekanntmachung und Bezugsfrist 44.53
    b) Ausgabebetrag (Bezugspreis) ... 44.54
    c) Ausübung des Bezugsrechts 44.57
V. Mittelbares Bezugsrecht 44.58
  1. Vermittelndes Emissionsunternehmen 44.59
  2. Bezugsangebot 44.61
  3. Zeichnung 44.64
  4. Einzahlung und Einzahlungsbestätigung 44.65
  5. Bezugsrechtshandel 44.68
  6. Verwertung nicht bezogener Aktien . 44.71
VI. Bezugsrechtsausschluss 44.72
  1. Formelle Voraussetzungen 44.73
    a) Beschluss 44.73
    b) Bericht 44.74
    c) Begründung Ausgabebetrag 44.76

---

[62] Vgl. nur *Gehrlein*, BB 2008, 846, 850.
[63] Für eine nähere Darstellung des Problems *M. Otto*, WM 2010, 2013, 2023.
[64] Im Aktienübernahmevertrag wird das fehlende „acting in concert" vorsorglich verankert. Ein Problem gleichwohl annehmend *Herchen* in Happ/Groß/Möhrle/Vetter, Aktienrecht, Formular 12.03 Rz. 1.5.

2. Materielle Voraussetzungen 44.78
   a) Sachliche Rechtfertigung und
      rechtspolitische Diskussion 44.78
   b) Einzelfälle 44.80
3. Erleichterter Bezugsrechtsausschluss
   gemäß § 186 Abs. 3 Satz 4 AktG 44.86
   a) Prozentuale Begrenzung 44.87
   b) Marktnaher Ausgabebetrag 44.88
   c) Streuung 44.90
   d) Berichtspflichten und sachliche
      Rechtfertigung 44.91
4. Bezugsrechtsausschluss im Konzern . 44.92
5. Faktischer Bezugsrechtsausschluss .. 44.93
6. Fehlerhafter Bezugsrechtsausschluss . 44.94

VII. Zeichnung der Aktien 44.95
1. Abschluss 44.96
2. Form 44.97
3. Rechte und Pflichten aus der Zeichnung 44.100

VIII. Erbringung der Einlage 44.101

IX. Anmeldung und Eintragung im Handelsregister 44.105
1. Anmeldende, Inhalt der Anmeldung 44.106
2. Rücknahme der Anmeldung 44.109
3. Prüfung und Eintragung 44.110
4. Rechtsbehelfe gegen Eintragung bzw. Ablehnung der Eintragung ... 44.114
5. Ausgabe von Aktienurkunden 44.115

X. Fehlerhafte Kapitalerhöhung 44.117

XI. Verwässerungsschutz Dritter 44.120

Schrifttum: *Aha*, Vorbereitung des Zusammenschlusses im Wege der Kapitalerhöhung gegen Sacheinlage durch ein „Business Combination Agreement", BB 2001, 2225; *Angermayer*, Die Bewertungsprüfung von Sacheinlagen – Eine kritische Auseinandersetzung zum Problem des maßgeblichen Istwerts, WPg 1998, 914; *Bayer*, Transparenz und Wertprüfung beim Erwerb von Sacheinlagen durch genehmigtes Kapital, in FS Ulmer, 2003, S. 21; *G. Bezzenberger/T. Bezzenberger*, Rechtsschutzmittel der Aktionäre gegen Kapitalverwässerungen – Anfechtungsklage oder Spruchverfahren bei Verschmelzungen und Kapitalerhöhungen mit Bezugsrechtsausschluss, in FS W. Müller, 2001, S. 1; *T. Bezzenberger*, Das Bezugsrecht der Aktionäre und sein Ausschluss, ZIP 2002, 1917; *Busch*, Aktien- und börsenrechtliche Fragen von Force Majeure-Klauseln in Aktienübernahmeverträgen, WM 2001, 1277; *Busch*, Aktuelle Rechtsfragen zum Bezugsrecht und Bezugsrechtsausschluss bei Aktienemissionen, AG 2002, 230; *Busch*, Eigene Aktien in der Kapitalerhöhung, AG 2005, 429; *Cahn*, Die Anpassung der Satzung der Aktiengesellschaft an Kapitalerhöhungen, AG 2001, 181; *Florstedt*, Neue Wege zur Sanierung ohne Insolvenz, ZIP 2014, 1513; *Frese*, Kredite und verdeckte Sacheinlage – Zur Sondersituation von Emissionsbanken, AG 2001, 15; *Frey/Hirte*, Vorzugsaktionäre und Kapitalerhöhung, DB 1989, 2465; *Goette*, Zur Zuteilung der Aktien beim vereinfachten Bezugsrechtsausschluss nach § 186 III S. 4 AktG, ZRG 2012, 505; *C. Götze*, Keine Angabe des Ausgabebetrags im Zeichnungsschein bei Sachkapitalerhöhungen in der AG?, AG 2002, 76; *T. Götze*, Die Auswirkungen der Eröffnung eines Insolvenzverfahrens auf die Durchführung der zuvor beschlossenen Kapitalerhöhung, ZIP 2002, 2204; *Grooterhorst*, Praktische Probleme beim Erwerb einer Vorrats-AG, NZG 2001, 145; *Groß*, Der Inhalt des Bezugsrechts nach § 186 AktG, AG 1993, 449; *Groß*, Bezugsrechtsausschluss bei Barkapitalerhöhungen: Offene Fragen bei der Anwendung des neuen § 186 Abs. 3 Satz 4 AktG, DB 1994, 2431; *Groß*, Bookbuilding, ZHR 162 (1998), 318; *Hoffmann-Becking*, Neue Formen der Aktienemission, in FS Lieberknecht, 1997, S. 25; *Hoffmann-Becking*, Der Einbringungsvertrag zur Sacheinlage eines Unternehmens oder Unternehmensteils in die Kapitalgesellschaft, in FS Lutter, 2000, S. 453; *Hoffmann-Becking*, Ausgabebetrag bei Sacheinlagen, in FS Wiedemann, 2002, S. 999; *Ihrig/Wagner*, Volumengrenzen für Kapitalmaßnahmen der AG, NZG 2002, 657; *Kiefner/Seibel*, Reichweite und Grenze des Wertverwässerungsschutzes nach § 255 Abs. 2 AktG, AG 2016, 301; *Klaaßen/van Lier*, Auswirkungen nichtiger Kapitalerhöhungsbeschlüsse auf nachfolgende Kapitalmaßnahmen, NZG 2014, 1250; *R. Krause*, Atypische Kapitalerhöhungen im Aktienrecht, ZHR 181 (2017), 641; *Krieger*, Vorzugsaktie und Umstrukturierung, in FS Lutter, 2000, S. 497; *Lappe*, Gemischte Kapitalerhöhung und Bezugsrechtsausschluss in Restrukturierungsfällen, BB 2000, 313; *Leuering*, Die vereinfachte Sacheinlage von nicht-börsengehandelten Wertpapieren nach § 33a AktG, NZG 2016, 208; *Lieder*, Unternehmensrechtliche Implikationen der Corona-Gesetzgebung, ZIP 2020, 837; *Lutter/Friedewald*, Kapitalerhöhung, Eintragung im Handelsregister und Amtslöschung, ZIP 1986, 691; *Maier-Reimer*, Wert der Sacheinlage und Ausgabebetrag, in FS Bezzenberger, 2000, S. 253; *Marsch-Barner*, Die Erleichterung des Bezugsrechtsausschlusses nach § 186 Abs. 3 Satz 4 AktG, AG 1994, 532; *Martens*, Der Ausschluss des Bezugsrechts, ZIP 1992, 1677; *Martens*, Richterliche und gesetzliche Konkretisierungen des Bezugsrechtsausschlusses, ZIP 1994, 669; *Nolden/Heusel/Goette*, Das Wirtschaftsstabilisierungsfondsgesetz im aktienrechtlichen Kontext, DStR 2020, 800;

Priester, Kapitalaufbringung bei mittelbarem Bezugsrecht, in FS Brandner, 1996, S. 97; *Priester*, Kapitalaufbringungspflicht und Gestaltungsspielräume beim Agio, in FS Lutter, 2000, S. 617; *Priester*, Die nicht placierte Kapitalerhöhung, in FS Wiedemann, 2002, S. 1161; *Priester*, Neue Regelungen zur Nachgründung, DB 2001, 467; *C. Schäfer*, Zur Einbeziehung des Agios in die aktienrechtliche Kapitalaufbringung, in FS Stilz, 2014, S. 525; *Schilha/Guntermann*, Vereinfachter Bezugsrechtsausschluss durch den Vorstand – Grenzen und Rechtsschutzmöglichkeiten bei Kapitalerhöhungen aus genehmigtem Kapital, AG 2018, 883; *Schlitt/Seiler*, Aktuelle Rechtsfragen bei Bezugsrechtsemissionen, WM 2003, 2175; *Schnorbus/Plassmann*, Bilanzierung eines schuldrechtlichen Agios als andere Zuzahlung gem. § 272 Abs. 2 Nr. 4 HGB, ZIP 2016, 693; *Schüppen*, Die sukzessive Durchführung von ordentlichen Kapitalerhöhungen – Eine Gestaltung auf der Grenzlinie zum genehmigten Kapital, AG 2001, 125; *Schwark*, Der vereinfachte Bezugsrechtsausschluss – Zur Auslegung des § 186 Abs. 3 Satz 4 AktG, in FS Claussen, 1997, S. 357; *Sinewe*, Die Relevanz des Börsenkurses im Rahmen des § 255 II AktG, NZG 2002, 314; *Technau*, Rechtsfragen bei der Gestaltung von Übernahmeverträgen („Underwriting Agreements") im Zusammenhang mit Aktienemissionen, AG 1998, 445; *Trölitzsch*, Festlegung unterschiedlicher Ausgabekurse bei einem gekreuzten Bezugsrechtsausschluss, DB 1993, 1457; *Verse*, (Gemischte) Sacheinlagen, Differenzhaftung und Vergleich über Einlageforderungen, ZGR 2012, 875; *Volhard/Goldschmidt*, Nötige und unnötige Sonderbeschlüsse der Inhaber stimmrechtsloser Vorzugsaktien, in FS Lutter, 2000, S. 779; *Zöllner*, Gerechtigkeit bei der Kapitalerhöhung, AG 2002, 585.

I. Überblick

Die ordentliche Kapitalerhöhung gegen Einlagen ist die Grundform der Kapitalerhöhung, insbesondere verweist das Gesetz bei anderen Formen von Kapitalmaßnahmen wiederholt auf die §§ 182–191 AktG (vgl. insbesondere § 203 Abs. 1 AktG). Rechtstatsächlich ist die ordentliche Kapitalerhöhung bei der börsennotierten AG die **Ausnahme** – in der Praxis überwiegt die Kapitalerhöhung aufgrund eines **genehmigten Kapitals**. Bei der **Abgrenzung** der beiden Kapitalmaßnahmen sind zwei Schranken zu beachten: Erstens stehen der Gesellschaft alleine die aktienrechtlich vorgesehenen Formen der Kapitalerhöhung (numerus clausus) zur Verfügung. Zweitens muss eine ordentliche Kapitalerhöhung in einem gewissen zeitlichen Rahmen durchgeführt werden, um die Grenzen zum genehmigten Kapital nicht zu verwischen. Das ist bei einer Festübernahme regelmäßig unproblematisch. Anders liegt es demgegenüber bei einer nicht abgesicherten Höchstbetragskapitalerhöhung (Rz. 44.11). Regelmäßig wird ein Zeitraum von drei bis sechs Monaten zwischen Hauptversammlungsbeschluss und Durchführung (also Zeichnung und Anmeldung) für zulässig erachtet[1].

44.1

II. Kapitalerhöhungsbeschluss

1. Satzungsändernder Charakter

Der Beschluss der Hauptversammlung über die ordentliche Kapitalerhöhung – sog. Direktbeschluss – bekundet strenggenommen nur den Willen der Hauptversammlung zur Kapitalerhöhung[2]. Wirksam wird die Kapitalerhöhung erst mit der Eintragung ihrer Durchführung (§ 189 AktG). Das wird besonders deutlich im Fall der Höchstbetragskapitalerhöhung (Rz. 44.11), bei der zunächst gar keine **Änderung des Satzungstextes** erfolgen kann (sondern zweckmäßigerweise auf den Aufsichtsrat gemäß § 179 Abs. 1 Satz 2 AktG delegiert wird, Rz. 44.18). Nur dort wo – etwa aufgrund von Zusagen von Kreditinstituten – die volle Übernahme der Kapitalerhöhung bereits feststeht, können neben dem ma-

44.2

---

[1] Hans. OLG Hamburg v. 29.10.1999 – 11 U 71/99, AG 2000, 326, 328; *Herchen* in Happ/Groß/Möhrle/Vetter, Aktienrecht, Formular 12.01 Rz. 12.1; *Favoccia* in MünchVertragsHdb. GesR, Formular V 106 Anm. 7; *Schürnbrand/Verse* in MünchKomm. AktG, 5. Aufl. 2021, § 182 AktG Rz. 48.
[2] *Hüffer/Koch*, § 182 AktG Rz. 6; siehe auch *Ekkenga* in KölnKomm. AktG, 4. Aufl. 2020, § 182 AktG Rz. 25.

teriellen Kapitalerhöhungsbeschluss auch sofort die Satzungsänderungen beschlossen werden[3]. In diesen Fällen kann auch die Anmeldung des Kapitalerhöhungsbeschlusses (§ 184 AktG) mit der Anmeldung der Durchführung der Kapitalerhöhung (§ 189 AktG) zusammengefasst werden (zum Registerverfahren Rz. 44.105 ff.). Weil jedoch der Kapitalerhöhungsbeschluss eintragungspflichtig ist, die herrschende Auffassung durchweg allein dem Kapitalerhöhungsbeschluss satzungsändernden Charakter beimisst[4] und auch die Schaffung eines genehmigten Kapitals, bei dem die Durchführung ebenfalls noch nicht feststeht, satzungsändernden Charakter hat (§ 202 Abs. 2 AktG), sind auch im seltenen Fall der Höchstbetragskapitalerhöhung die §§ 179–181 AktG einzuhalten. Bei der **Einberufung der Hauptversammlung** ist dementsprechend stets der Beschlussvorschlag für die Kapitalerhöhung gemäß § 124 Abs. 2 Satz 2 AktG seinem vollen Wortlaut nach bekanntzumachen. Ausdrücklich bekanntzumachen sind ferner Sacheinlagen (§ 183 Abs. 1 Satz 2 AktG) sowie ein Bezugsrechtsausschluss (§ 186 Abs. 4 Satz 1 AktG).

2. Beschlusshindernisse

44.3 Ein Kapitalerhöhungsbeschluss soll gemäß § 182 Abs. 4 Satz 1 AktG nicht gefasst werden, solange **ausstehende Einlagen** auf das bisherige Grundkapital noch erlangt werden können. Das gilt sowohl bei Bar- wie auch bei der Sachkapitalerhöhung und sowohl bei ausstehenden Bar- wie auch Sacheinlagen. Erfasst werden damit unstreitig Geld- und Sacheinlagen, die entgegen § 36 Abs. 2 AktG und § 36a Abs. 1 AktG noch nicht geleistet worden sind sowie Ansprüche aus kaduzierten Aktien gemäß §§ 64, 65 AktG[5]. Nach teilweise vertretener Auffassung gehört hierzu auch der Fall des § 36a Abs. 2 AktG[6] (noch nicht erbrachte Sacheinlagen). Dies erscheint wegen des Schutzzweckes des § 182 Abs. 4 AktG, eine unnötige Kapitalerhöhung und deren Folgen für Gesellschaft und Aktionäre zu verhindern, jedenfalls dann zweifelhaft, wenn bei der Einbringung der Sacheinlage der Einleger bereits alle von seiner Seite notwendigen Rechtsakte bewirkt hat[7]. Auch Ansprüche gemäß §§ 57, 62 AktG gehören nach richtiger Auffassung nicht zu den rückständigen Einlagen[8]. Eine Ausnahme von diesem Subsidiaritätsgrundsatz gilt gemäß § 69 Abs. 1 Satz 1 UmwG u.a. für die Kapitalerhöhung im Rahmen einer Verschmelzung sowie gemäß § 182 Abs. 4 Satz 2 AktG für Versicherungsgesellschaften bei entsprechender Satzungsbestimmung, die auch parallel zum Kapitalerhöhungsbeschluss geschaffen werden kann. Obwohl der Gesellschaft aus eigenen Aktien gemäß § 71b AktG keine Einlagenansprüche entstehen, soll die Subsidiarität des § 182 Abs. 4 Satz 1 AktG nach einer teilweise vertretenen Auffassung einer Kapitalerhöhung auch in bestimmten Fällen im Zusammenhang mit dem Erwerb eigener Aktien entgegenstehen. Dabei wird eine Geltung der Subsidiarität zunächst für den gemäß § 71 Abs. 1 AktG unzulässigen Erwerb angenommen. So soll der Rückgewähranspruch nach § 57 Abs. 1, § 62 Abs. 1 Satz 1 AktG in Höhe des Erwerbspreises dem Anwendungsbereich des § 182 Abs. 4 Satz 1 AktG unterfallen[9]. Sollte der Erwerb der eigenen Aktien dagegen rechtmäßig sein, könne die Gesellschaft die Aktien veräußern

---

3 Vgl. *Hoffmann-Becking* in BeckFormularbuch, Formular X. 25 Anm. 3.
4 *Wiedemann* in Großkomm. AktG, 4. Aufl. 1995, § 184 AktG Rz. 18; *Witt*, AG 2000, 345, 349 (bereits Beschluss enthält materielle Satzungsänderung, Durchführung der Kapitalerhöhung betrifft nur „sprachliche Fassung" der Satzung, nicht aber deren Inhalt); vgl. aber auch *Heusel* in Semler/Volhard/Reichert, ArbeitsHdb. HV, § 20 Rz. 3 (Satzungsänderung tritt erst mit Eintragung der Durchführung der Kapitalerhöhung ein). Zum Fall des Abweichens der Beschlussfassung von der Einladung vgl. OLG Frankfurt a.M. v. 22.7.2004 – 5 W 18/03, DB 2004, 2361 = AG 2005, 167.
5 *Hüffer/Koch*, § 182 AktG Rz. 26.
6 *Hüffer/Koch*, § 182 AktG Rz. 26.
7 *Hoffmann-Becking* in FS Lutter, 2000, S. 453, 471 (zur Einbringung eines Unternehmens); siehe auch *S. Richter*, ZGR 2009, 721, 731 ff., wonach in diesem Fall nach § 36a Abs. 2 Satz 2 AktG mit Abschluss des Verpflichtungsgeschäfts die Sacheinlage erfüllt ist.
8 *Schürnbrand/Verse* in MünchKomm. AktG, 5. Aufl. 2021, § 182 AktG Rz. 78; *Servatius* in BeckOGK AktG, Stand 1.6.2021, § 182 AktG Rz. 74; *Scholz* in MünchHdb. AG, § 57 Rz. 3 m.w.N. auch zur Gegenauffassung.
9 *Veil* in K. Schmidt/Lutter, § 182 AktG Rz. 38; *Hüffer/Koch*, § 182 AktG Rz. 27.

und auf diese Weise neue Mittel freisetzen[10]. Dem ist nicht zu folgen.[11] Wie bereits zuvor dargestellt, steht der Rückgewähranspruch aus den § 57 Abs. 1, § 62 Abs. 1 Satz 1 AktG nach zutreffender Auffassung der Kapitalerhöhung nicht entgegen, kann also auch hier nicht ausschlaggebend sein. Aber auch in den Fällen eines rechtmäßigen Erwerbs der eigenen Aktien kann § 182 Abs. 4 Satz 1 AktG nicht (analog) herangezogen werden. Die mit den eigenen Aktien verfolgten Ziele können vielfältig sein, es besteht keine allgemeingültige Parallele zu rückständigen Einlagen. Ebenso gut könnte gefordert werden, die Gesellschaft müsse erst ein genehmigtes Kapital ausnutzen, bevor eine ordentliche Kapitalerhöhung beschlossen wird. Zudem trifft bereits § 71c AktG eine abschließende Regelung hinsichtlich der Rechtsfolgen eines Erwerbs eigener Aktien, sodass sich eine Anordnung weiterer Rechtsfolgen verbietet[12]. Das gilt erst recht dann, wenn die eigenen Aktien von einer Tochtergesellschaft gehalten werden. Zwar steht der AG ein Verschaffungsanspruch gemäß § 71d Satz 5 AktG zu. Sie hätte jedoch der Tochtergesellschaft den Gegenwert der Aktien zu erstatten. Damit würde bei einer Verwertung der Aktien wirtschaftlich der Erlös der Tochtergesellschaft, nicht der AG, zufließen.

Sofern noch ausstehende Einlagen nicht erlangbar sind, schließen diese die Durchführung der Kapitalerhöhung indes nicht aus[13]. Einlagen sind jedenfalls dann **nicht erlangbar**, wenn dieses endgültig feststeht (Insolvenz des Inferenten; Untergang der einzulegenden Sache). Auch eine nur vorübergehende Hinderung der Einlagerealisierung (vorübergehende Leistungshindernisse oder fehlende Fälligkeit) kann die Kapitalerhöhung nicht hindern[14]. Unschädlich sind ausstehende Einlagen ferner dann, wenn sie einen verhältnismäßig geringen Umfang haben (§ 182 Abs. 4 Satz 3 AktG). Dabei ist streitig, ob das Verhältnis der ausstehenden Einlagen zum Grundkapital, zur geplanten Kapitalerhöhung oder zu den geleisteten Einlagen maßgeblich ist[15]. Überwiegend werden bei einem Grundkapital bis zu 250.000 Euro ca. 5 %, bei höherem Grundkapital ca. 1 % für verhältnismäßig unerheblich gehalten[16]. Ein **Verstoß** gegen die reine Ordnungsvorschrift des § 182 Abs. 4 AktG führt weder zur Nichtigkeit noch auch nur zur Anfechtbarkeit des Beschlusses[17]. Allerdings besteht ein Eintragungshindernis, welches aufgrund der nach § 184 Abs. 1 AktG erforderlichen Angaben, die im Rahmen der direkten (nicht: analogen) Anwendung des § 182 Abs. 4 AktG gemäß § 399 Abs. 1 Nr. 4 AktG strafbewehrt sind, auch praktisch durchsetzbar ist. Wurde der Kapitalerhöhungsbeschluss eingetragen, soll nach einer eher zweifelhaften Auffassung das Registergericht gleichwohl verpflichtet sein, die Eintragung der

44.4

---

10 *Apfelbacher/Niggemann* in Hölters, § 182 AktG Rz. 69 (Analogie); *Veil* in K. Schmidt/Lutter, § 182 AktG Rz. 38; *Servatius* in BeckOGK AktG, Stand 1.6.2021, § 182 AktG Rz. 74.
11 So im Ergebnis auch *Scholz* in MünchHdb. AG, § 57 Rz. 4 und *Wiedemann* in Großkomm. AktG, 4. Aufl. 1995, § 182 AktG Rz. 85 und 86; beschränkt auf den Fall eines rechtmäßigen Erwerbs *Hüffer/Koch*, § 182 AktG Rz. 27.
12 *Schürnbrandt/Verse* in MünchKomm. AktG, 5. Aufl. 2021, § 182 AktG Rz. 79; *Ekkenga* in KölnKomm. AktG, 4. Aufl. 2020, § 182 AktG Rz. 73.
13 *Scholz* in MünchHdb. AG, § 57 Rz. 5.
14 *Servatius* in BeckOGK AktG, Stand 1.6.2021, § 182 AktG Rz. 75; *Scholz* in MünchHdb. AG, § 57 Rz. 5; *Hüffer/Koch*, § 182 AktG Rz. 27; *Schürnbrand/Verse* in MünchKomm. AktG, 5. Aufl. 2021, § 182 AktG Rz. 80; *Ekkenga* in KölnKomm. AktG, 4. Aufl. 2020, § 182 AktG Rz. 74; a.A. *Wiedemann* in Großkomm. AktG, 4. Aufl. 1995, § 182 AktG Rz. 82.
15 Für Ersteres *Scholz* in MünchHdb. AG, § 57 Rz. 6; *Wiedemann* in Großkomm. AktG, 4. Aufl. 1995, § 182 AktG Rz. 88; für Zweiteres *Servatius* in BeckOGK AktG, Stand 1.6.2021, § 182 AktG Rz. 76; *Schürnbrand/Verse* in MünchKomm. AktG, 5. Aufl. 2021, § 182 AktG Rz. 82; *Ekkenga* in KölnKomm. AktG, 4. Aufl. 2020, § 182 AktG Rz. 75; für letzteres *Hüffer/Koch*, § 182 AktG Rz. 28.
16 *Wiedemann* in Großkomm. AktG, 4. Aufl. 1995, § 182 AktG Rz. 88; *Scholz* in MünchHdb. AG, § 57 Rz. 6; *Hüffer/Koch*, § 182 AktG Rz. 28. Knüpft man stattdessen an die geplante Kapitalerhöhung als Referenz an, werden 10 % genannt, vgl. *Schürnbrand/Verse* in MünchKomm. AktG, 5. Aufl. 2021, § 182 AktG Rz. 83; großzügiger *Ekkenga* in KölnKomm. AktG, 4. Aufl. 2020, § 182 AktG Rz. 75: 10 %.
17 *Scholz* in MünchHdb. AG, § 57 Rz. 7; *Wiedemann* in Großkomm. AktG, 4. Aufl. 1995, § 182 AktG Rz. 91; *Ekkenga* in KölnKomm. AktG, 4. Aufl. 2020, § 182 AktG Rz. 78; für Anfechtbarkeit demgegenüber *Hüffer/Koch*, § 182 AktG Rz. 29; *Servatius* in BeckOGK AktG, Stand 1.6.2021, § 182 AktG Rz. 79; *Schürnbrand/Verse* in MünchKomm. AktG, 5. Aufl. 2021, § 182 AktG Rz. 86.

Durchführung der Kapitalerhöhung abzulehnen[18]. Richtigerweise ist die Eintragung des Kapitalerhöhungsbeschlusses allerdings bindend und Grundlage für die spätere Eintragung der Durchführung, so lange keine Amtslöschung der ersten Eintragung gemäß § 398 FamFG erfolgt ist. Eine dennoch erfolgte Eintragung der Durchführung der Kapitalerhöhung führt jedenfalls zur Wirksamkeit der Kapitalerhöhung, auch eine Amtslöschung nach § 398 FamFG kommt dann nicht mehr in Betracht.

44.5 Zweifelhaft ist, ob **vertragliche Verpflichtungen** der Gesellschaft einer Kapitalerhöhung entgegenstehen können. Aktienübernahmeverträge enthalten regelmäßig Marktschutzklauseln, in denen sich die Gesellschaft u.a. für einen Zeitraum von in der Regel 6–12 Monaten verpflichtet, der Hauptversammlung keine ordentliche Kapitalerhöhung vorzuschlagen bzw. ein genehmigtes Kapital nicht auszunutzen (vgl. Rz. 8.98). Hiergegen werden aktienrechtliche Bedenken erhoben[19]. Richtig ist, dass das Aktienrecht insofern keine selbstbeschränkenden Beschlüsse der Hauptversammlung vorsieht. Soweit sich indes der Vorstand für einen überschaubaren Zeitraum im Rahmen seiner eigenen Kompetenz (Beschlussvorschlagsrecht, Ausnutzung einer Ermächtigung) für die Gesellschaft einer derartigen Beschränkung unterwirft, wird man dieses für zulässig erachten müssen, soweit die Beschränkung im Interesse der Gesellschaft liegt und solange ein dringender Kapitalbedarf in diesem Zeitraum nicht eintritt[20]. Sofern vor diesem Hintergrund zulässig, verpflichten derartige Beschränkungen richtigerweise auch nicht nur den Vorstand in der personellen Zusammensetzung zum Zeitpunkt des Eingehens der Vereinbarung, sondern die AG als solche[21].

3. Mehrheitserfordernisse

44.6 Wie bei jedem Hauptversammlungsbeschluss muss zunächst die **einfache Stimmenmehrheit** gegeben sein, § 133 AktG. Gemäß § 182 Abs. 1 Satz 1 AktG bedarf der Kapitalerhöhungsbeschluss aber zusätzlich einer **Mehrheit** von mindestens **drei Vierteln des bei der Beschlussfassung vertretenen Grundkapitals**[22]. Dieses doppelte Erfordernis spielt bei der börsennotierten AG nur in Ausnahmefällen eine Rolle. So wirkt sich die praktische Bedeutung der Kumulation von Kapitalmehrheit und Stimmenmehrheit nur bei Aktien aus, deren Stimmengewicht nicht ihrem Nennbetrag oder bei Stückaktien ihrer Zahl entspricht. Dies ist nur noch bei noch verbliebenen, historisch begründeten Mehrstimmrechtsaktien sowie teileingezahlten Aktien gemäß § 134 Abs. 2 AktG der Fall. Für die Kapitalerhöhung in der SE existiert zwar eine Sonderregelung in Art. 59 Abs. 1 SE-VO, die eine Mehrheit von zwei Dritteln der abgegebenen Stimmen vorsieht. Die Anwendbarkeit dieser Vorschrift setzt dem Wortlaut nach jedoch voraus, dass das Sitzrecht keine „größere Mehrheit" vorsieht oder zulässt. Umstritten, allerdings herrschend ist in diesem Zusammenhang die Ansicht, die Dreiviertelkapitalmehrheit des § 182 Abs. 1 Satz 1 AktG sei in eine Dreiviertelstimmenmehrheit umzudeuten[23].

---

18 *Schürnbrand/Verse* in MünchKomm. AktG, 5. Aufl. 2021, § 182 AktG Rz. 87; *Hüffer/Koch*, § 182 AktG Rz. 30; *Ekkenga* in KölnKomm. AktG, 4. Aufl. 2020, § 182 AktG Rz. 79.
19 *Technau*, AG 1998, 445, 457; *Picot/Land*, DB 1999, 570, 573; *Wiedemann* in Großkomm. AktG, 4. Aufl. 1995, § 182 AktG Rz. 37; *Ekkenga* in KölnKomm. AktG, 4. Aufl. 2020, § 182 AktG Rz. 13.
20 Ähnlich *Scholz* in MünchHdb. AG, § 57 Rz. 14; *Fleischer*, WM 2002, 2305, 2314; *Bungert/Wansleben*, ZIP 2013, 1841 ff.; entsprechende Klauseln enthalten häufig die Einschränkung „soweit aktienrechtlich zulässig". Siehe auch *Groß* in Happ/Groß/Möhrle/Vetter, Aktienrecht, Formular 15.02 Rz. 21.3; *Ekkenga* in KölnKomm. AktG, 4. Aufl. 2020, § 182 AktG Rz. 14.
21 So aber *Kiem*, AG 2009, 301, 308.
22 Zur Abmilderung der wirtschaftlichen Auswirkungen der COVID-19 Pandemie gelten gemäß § 7 Abs. 2 Wirtschaftsstabilisierungsfondsgesetz (WStBG) Besonderheiten bei Rekapitalisierungsmaßnahmen nach §§ 7 bzw. 22 des Stabilisierungsfondsgesetzes (StFG), also bei staatlicher Beteiligung an Unternehmen etwa durch das Eingehen stiller Beteiligungen, den Erwerb von schuldrechtlichen Instrumenten oder von Unternehmensanteilen: Hier genügt die einfache Stimmenmehrheit, bestehende abweichende Satzungsregelungen bleiben unberücksichtigt.
23 So etwa *Apfelbacher/Niggemann* in Hölters, § 182 AktG Rz. 28 f.; siehe auch *Austmann* in MünchHdb. AG, § 86 Rz. 29; eine solche Umdeutung ablehnend *Bücker* in Habersack/Drinhausen, SE-Recht, 2. Aufl. 2016, Art. 57 SE-VO Rz. 26; *Oechsler* in MünchKomm. AktG, 5. Aufl. 2021, Art. 5 SE-VO Rz. 35.

Die **Satzung** kann die erforderliche Kapitalmehrheit erhöhen oder (bis zur einfachen Mehrheit) herabsetzen (§ 182 Abs. 1 Satz 2 AktG). Für die Ausgabe stimmrechtsloser Vorzugsaktien kann die qualifizierte Kapitalmehrheit dabei nur herauf, jedoch nicht herabgesetzt werden. Die Satzung kann auch noch zusätzliche Erfordernisse für die Beschlussfassung vorsehen (etwa eine Mindestpräsenz). Wie bei allen Beschlüssen, die eine abdingbare qualifizierte Kapitalmehrheit erfordern (neben § 182 Abs. 1 AktG siehe insbesondere § 179 Abs. 2, § 207 Abs. 2, § 221 Abs. 2 AktG), reicht zur Reduzierung auf die einfache **Kapitalmehrheit** eine pauschale Satzungsbestimmung, wonach Beschlüsse mit einfacher **Mehrheit der Stimmen** gefasst werden, nicht aus[24]. Allerdings erfasst entgegen einer teilweise vertretenen Meinung[25] eine für alle Beschlussgegenstände statuierte Herabsetzung der Kapitalmehrheit auch dann Kapitalerhöhungsbeschlüsse, wenn diese nicht ausdrücklich genannt werden[26]. Zwar ist der gegenteiligen Ansicht zuzugeben, dass sowohl der allgemeine Sprachgebrauch als auch die Gesetzessystematik Kapitalerhöhungen von einer herkömmlicher Satzungsänderung differenziert[27]. Dies ändert aber nichts an dem Umstand, dass Kapitalerhöhungen rechtstechnisch Unterfälle einer Satzungsänderung sind. Im Rahmen einer Auslegung entsprechender Satzungsbestimmungen ist daher davon auszugehen, dass auch Kapitalerhöhungen von dem Anwendungsbereich der Erleichterung erfasst sein sollen[28].

44.7

4. Sonderbeschlüsse

Sind **mehrere stimmberechtigte Aktiengattungen** vorhanden, so bedarf gemäß § 182 Abs. 2 Satz 1 AktG der Beschluss der Hauptversammlung über die Kapitalerhöhung der Zustimmung der Aktionäre jeder Gattung. Es sind also Sonderbeschlüsse für jede Aktiengattung erforderlich. Hat die betreffende AG **stimmrechtslose Vorzugsaktien** ausgegeben und ist das Stimmrecht zum Zeitpunkt der Hauptversammlung nicht aufgelebt, ist nach der ausdrücklichen Klarstellung in § 182 Abs. 2 Satz 1 AktG („mehrere Gattungen von *stimmberechtigten* Aktien") ein Sonderbeschluss der Vorzugsaktionäre nicht erforderlich. Vielmehr regelt sich die Erforderlichkeit eines Sonderbeschlusses ausschließlich nach § 141 Abs. 2 AktG als *lex specialis*[29] (§ 141 Abs. 1 AktG ist bei Kapitalerhöhungen nie einschlägig, weil er nur unmittelbare Eingriffe in den Vorzug erfasst[30]; und auch § 179 Abs. 3 AktG wird durch § 141 Abs. 2 AktG verdrängt[31]). Eines Sonderbeschlusses kann es daher bei einer Kapitalerhöhung durch **Ausgabe von Vorzugsaktien** bedürfen, denn insofern ist § 141 Abs. 2 AktG einschlägig. Ein Sonderbeschluss ist danach erforderlich, wenn die neuen Aktien den bereits ausgegebenen Vorzugsaktien bei der Verteilung des Gewinns oder des Liquidationserlöses vorgehen oder gleichstehen sollen. Das gilt allerdings nicht, wenn die Ausgabe weiterer Vorzugsaktien mit solchen Rechten (in der Satzung)[32] vor-

44.8

---

24 BGH v. 28.11.1974 – II ZR 176/72, NJW 1975, 212 = AG 1975, 16; BGH v. 29.6.1987 – II ZR 242/86, WM 1987, 1070 = AG 1987, 348; vgl. auch BGH v. 13.3.1980 – II ZR 54/78, BGHZ 76, 191 = AG 1980, 187; *Hüffer/Koch*, § 182 AktG Rz. 8; siehe auch den Formulierungsvorschlag von *Hoffmann-Becking* in BeckFormularbuch, Formular X. 10, § 14 Abs. 2 und dort Anm. 44 sowie bei *Favoccia* in MünchVertragsHdb. GesR, Formular V 27 § 24.
25 *Hüffer/Koch*, § 182 AktG Rz. 8.
26 *Ekkenga* in KölnKomm. AktG, 4. Aufl. 2020, § 182 AktG Rz. 6; *Scholz* in MünchHdb. AG, § 57 Rz. 17 m.w.N.; *Schürnbrand/Verse* in MünchKomm. AktG, 5. Aufl. 2021, § 182 AktG Rz. 27.
27 *Hüffer/Koch*, § 182 AktG Rz. 8.
28 *Schürnbrand/Verse* in MünchKomm. AktG, 5. Aufl. 2021, § 182 AktG Rz. 27; ähnlich auch BGH v. 13.3.1980 – II ZR 54/78, BGHZ 76, 191, 194 = NJW 1980, 1465, 1466.
29 *Bezzenberger/Bezzenberger* in Großkomm. AktG, 5. Aufl. 2020, § 141 AktG Rz. 30; *Volhard/Goldschmidt* in FS Lutter, 2000, S. 779, 797; *Frey/Hirte*, DB 1989, 2465, 2468.
30 *Volhard/Goldschmidt* in FS Lutter, 2000, S. 779, 782; *Brause*, Stimmrechtslose Vorzugsaktien bei Umwandlungen, 2002, S. 58.
31 *Volhard/Goldschmidt* in FS Lutter, 2000, S. 779, 799; *Münch*, DB 1993, 769, 772, jeweils m.w.N.
32 Zur Erforderlichkeit der Satzungsbestimmung siehe etwa *Bezzenberger/Bezzenberger* in Großkomm. AktG, 5. Aufl. 2020, § 141 AktG Rz. 32; zu einer entsprechenden Bestimmung siehe etwa das Muster bei *Hoffmann-Becking* in BeckFormularbuch, Formular X. 11 § 4 Abs. 3 und dort Fn. 4.

behalten war[33] und das Bezugsrecht der Aktionäre nicht ausgeschlossen wird[34]. Demgegenüber soll ein Sonderbeschluss stets dann erforderlich sein, wenn das Bezugsrecht der Vorzugsaktionäre auf die jungen (Stamm- oder Vorzugs-)Aktien ausgeschlossen wird[35]. Das erscheint in Bezug auf die Ausgabe von Stammaktien unter Bezugsrechtsausschluss wegen des Gegenschlusses zu dem allein die Ausgabe von Vorzugsaktien regelnden § 141 Abs. 2 AktG zweifelhaft (siehe auch Rz. 6.32).

44.9 Zumindest dann, wenn man der hier vertretenen Auffassung vom Gattungsbezugsrecht folgt und eine **verhältniswahrende** Kapitalerhöhung erfolgt, bedarf es in diesem Fall bei entsprechender Satzungsbestimmung mangels Bezugsrechtsausschlusses keines Sonderbeschlusses (zur Frage des Misch- bzw. Gattungsbezugsrechtes Rz. 44.52). Aber auch die Lehre vom Mischbezugsrecht führt bei Ausschluss des Bezugsrechts auf die jeweils andere Gattung nicht zum Erfordernis eines Sonderbeschlusses, weil das Bezugsrecht auf die neuen Vorzugsaktien gerade den Vorzugsaktionären eingeräumt wird und der Bezugsrechtsausschluss in Bezug auf die Stammaktien keines Sonderbeschlusses bedarf[36]. Keines Sonderbeschlusses bedarf es auch dann, wenn den Stamm- und Vorzugsaktionären **nur Stammaktien** zur Zeichnung angeboten werden[37]. Ein Sonderbeschluss soll demgegenüber nach einer teilweise vertretenen[38], jedoch zu Recht bestrittenen[39] Auffassung dann erforderlich sein, wenn für die stimmrechtslosen Vorzugsaktien gemäß § 140 Abs. 2 AktG das **Stimmrecht aufgelebt** ist. Die Vorzugsaktionäre stimmen nach dieser Auffassung dann einerseits beim Hauptversammlungsbeschluss (§ 182 Abs. 1 AktG) mit ab und müssen – ebenso wie die Stammaktionäre – zusätzlich einen Sonderbeschluss fassen (§ 182 Abs. 2 AktG).

44.10 Der Sonderbeschluss gemäß § 182 Abs. 2 AktG bedarf aufgrund der Bezugnahme auf § 182 Abs. 1 AktG ebenfalls der Dreiviertelmehrheit des bei der Beschlussfassung vertretenen Grundkapitals[40]. Der Sonderbeschluss folgt der allgemeinen Regel des § 138 AktG. Er tritt neben den Hauptversammlungsbeschluss, denn der Sonderbeschluss ist Zustimmungsbeschluss zum Hauptversammlungsbeschluss[41]. Solange der Sonderbeschluss nicht vorliegt, ist der Kapitalerhöhungsbeschluss schwebend unwirksam; steht fest, dass er verweigert wird, ist der Kapitalerhöhungsbeschluss endgültig unwirksam. In beiden Fällen liegt ein Eintragungshindernis vor. Wird die Kapitalerhöhung (Beschluss und Durchführung)

---

33 Was regelmäßig der Fall ist, vgl. die Nachweise bei *Brause*, Stimmrechtslose Vorzugsaktien bei Umwandlungen, 2002, S. 58 und ebenda Fn. 176.
34 Zur Besonderheit des Erfordernisses eines Sonderbeschlusses der stimmrechtslosen Vorzugsaktionäre der aufnehmenden Gesellschaft bei einer Verschmelzung siehe *Brause*, Stimmrechtslose Vorzugsaktien bei Umwandlungen, 2002, S. 62 f. m.w.N.
35 *Heusel* in Semler/Volhard/Reichert, ArbeitsHdb. HV, § 20 Rz. 22; a.A. wohl auch *Werner*, AG 1971, 69, 71 und 73.
36 *Volhard/Goldschmidt* in FS Lutter, 2000, S. 779, 793, Fn. 79; *Werner*, AG 1971, 69, 73; *Münch*, DB 1993, 769, 771 (Letzterer vom Standpunkt der Lehre vom Mischbezugsrecht ausgehend).
37 *Hüffer/Koch*, § 141 AktG Rz. 13; *Bezzenberger/Bezzenberger* in Großkomm. AktG, 5. Aufl. 2020, § 141 AktG Rz. 30; *Volhard/Goldschmidt* in FS Lutter, 2000, S. 779, 791.
38 *Marsch-Barner* in Bürgers/Körber, 4. Aufl. 2017, § 182 AktG Rz. 30; *Werner*, AG 1971, 69, 75; *Brause*, Stimmrechtslose Vorzugsaktien bei Umwandlungen, 2002, S. 69.
39 A.A. *Butzke*, Rz. 6.29; *Ekkenga* in KölnKomm. AktG, 4. Aufl. 2020, § 182 AktG Rz. 22; *Veil* in K. Schmidt/Lutter, § 182 AktG Rz. 33; *Hüffer/Koch*, § 182 AktG Rz. 19; *Arnold* in MünchKomm. AktG, 45 Aufl. 2021, § 141 AktG Rz. 20; *Volhard/Goldschmidt* in FS Lutter, 2000, S. 779, 797; *Bezzenberger/Bezzenberger* in Großkomm. AktG, 5. Aufl. 2020, § 141 AktG Rz. 45; *Frey/Hirte*, DB 1989, 2465, 2469; *Krauel/Weng*, AG 2003, 561, 562 f.; *Scholz* in MünchHdb. AG, § 57 Rz. 21; nunmehr auch *Schürnbrand/Verse* in MünchKomm. AktG, 5. Aufl. 2021, § 182 AktG Rz. 34 (anders noch *Peifer* in Vorauf. Rz. 24); *Lieder* in Bürgers/Körber/Lieder, § 182 AktG Rz. 38 (anders noch *Marsch-Barner* in 4. Aufl., vgl. Fn. 39).
40 Zwar wurde die für den Sonderbeschluss erforderliche Mehrheit nicht im Zuge des WStFG (siehe dazu schon unter Rz. 44.6) neu bzw. spezieller geregelt. Es erscheint indes aus teleologischen wie systematischen Gesichtspunkten überzeugend, die Privilegierung des § 7 Abs. 2 WStBG auch auf den Sonderbeschluss anzuwenden.
41 Dass dies offenbar nicht selbstverständlich ist, zeigt der Ausgliederungsfall des LG Hamburg v. 5.3.1996 – 402 O 167/95, AG 1996, 281 = EWiR 1996, 377 (*Timm*).

gleichwohl eingetragen, kann zwar der Sonderbeschluss noch nachgeholt werden, eine Heilung erfolgt aber ohne solches Nachholen analog § 242 Abs. 2 AktG erst nach Ablauf von drei Jahren[42].

5. Beschlussinhalt

a) Kapitalerhöhungsbetrag

Der notwendige **Inhalt des Kapitalerhöhungsbeschlusses**[43] ist in § 182 Abs. 3 AktG nur unvollkommen wiedergegeben. Unstreitig ist zunächst im Hinblick auf § 23 Abs. 3 Nr. 3 AktG, dass der Kapitalerhöhungsbetrag festgesetzt werden muss[44]. Möglich ist zum einen, dass der Erhöhungsbetrag genau bestimmt wird. Insofern ist es allgemeine Ansicht, dass dieser Betrag dann bei der Übernahme der Aktien erreicht werden muss, ansonsten kann die Durchführung der Kapitalerhöhung nicht eingetragen und damit nicht wirksam werden[45]. Dem ist mit der Überlegung zu folgen, dass bei unzureichenden Zeichnungen eine Durchführung der Kapitalerhöhung die Grenze zum genehmigten Kapital überschreiten würde[46]. Der Beschluss kann aber auch eine **Mindest- und Höchstgrenze** festlegen bzw. den endgültigen Erhöhungsbetrag davon abhängig machen, wie viele Aktien innerhalb der Zeichnungsfrist gezeichnet werden[47]. Um eine Vermischung mit dem Institut des genehmigten Kapitals zu vermeiden, bedarf der Beschluss in diesem Fall jedoch der Angabe eines Zeitraums für die Durchführung der Kapitalerhöhung (also des Zeitraums, innerhalb dessen Zeichnungen erfolgen können), und dieser Zeitraum ist zeitlich eng zu begrenzen[48]. Ein Zeitraum von etwa **sechs Monaten** wird allgemein für noch zulässig gehalten[49]. Dabei ist, sofern ein Freigabeverfahren durchgeführt wird, die hierfür erforderliche Zeit bei der Bemessung der Höchstfrist nicht mitzurechnen[50]. Innerhalb dieser Frist ist eine gestaffelte Anmeldung der Durchführung der Kapitalerhöhung in mehreren Teilschritten schon dann möglich, wenn ein entsprechender Vorbehalt in der ersten Anmeldung erfolge[51], jedenfalls aber dann, wenn der Beschluss der Hauptversammlung selbst die „Tranchierung" zulässt[52].

44.11

Bei der börsennotierten AG kann diese Thematik insbesondere dann eine Rolle spielen, wenn zum Zeitpunkt der Einladung zwar der Kapitalbedarf feststeht und dieser sowie ein Mindestbezugspreis ge-

44.12

---

42 *Hüffer/Koch*, § 182 AktG Rz. 21; *Scholz* in MünchHdb. AG, § 57 Rz. 22.
43 Muster etwa bei *Hoffmann-Becking* in BeckFormularbuch, Formular X. 25; *Herchen* in Happ/Groß/Möhrle/Vetter, Aktienrecht, Formular 12.01; *Favoccia* in MünchVertragsHdb. GesR, Formulare V 106 (Barkapitalerhöhung mit mittelbarem Bezugsrecht), 111 (Barkapitalerhöhung mit unmittelbarem Bezugsrecht), 114 (Barkapitalerhöhung unter Ausschluss des Bezugsrechts) und 115 (Sachkapitalerhöhung).
44 Vgl. *Wiedemann* in Großkomm. AktG, 4. Aufl. 1995, § 182 AktG Rz. 55; *Scholz* in MünchHdb. AG, § 57 Rz. 27. Zur Besonderheit eines Beschlusses mit der Formulierung „von" ... „um" ... „auf" bei wegen vorangegangenen nichtigen Kapitalerhöhungen unrichtiger Ausgangsgröße siehe *Klaaßen/van Lier*, NZG 2014, 1250 ff.; richtig daran ist, dass die Ausgangsgröße jedenfalls bei Einräumung eines Bezugsrechts keine Relevanz hat, sofern von der Nichtigkeit der vorangegangenen Kapitalerhöhung alle Aktionäre gleichmäßig betroffen sind.
45 Siehe nur *Wiedemann* in Großkomm. AktG, 4. Aufl. 1995, § 182 AktG Rz. 55.
46 *Priester* in FS Wiedemann, 2002, S. 1161, 1164.
47 *Scholz* in MünchHdb. AG, § 57 Rz. 27; *Wiedemann* in Großkomm. AktG, 4. Aufl. 1995, § 182 AktG Rz. 55.
48 *Hüffer/Koch*, § 182 AktG Rz. 14; *Wiedemann* in Großkomm. AktG, 4. Aufl. 1995, § 182 AktG Rz. 56; *Scholz* in MünchHdb. AG, § 57 Rz. 27; OLG Hamburg v. 29.10.1999 – 11 U 71/99 – Triton Belco, AG 2000, 326, 328; LG Hamburg v. 2.12.1993 – 405 O 162/93, AG 1995, 92, 93 m. Anm. *Bähr*. Abweichend *Albrecht/Lange*, BB 2010, 142 ff., die stets von der Pflicht zur unverzüglichen Durchführung ausgehen und deshalb Mindestfristen für entbehrlich halten.
49 *Schürnbrand/Verse* in MünchKomm. AktG, 5. Aufl. 2021, § 182 AktG Rz. 48; *Schüppen*, AG 2001, 125; OLG München v. 22.9.2009 – 31 Wx 110/09, AG 2010, 88 = DStR 2009, 2114.
50 Ähnlich *Schürnbrand/Verse* in MünchKomm. AktG, 5. Aufl. 2021, § 182 AktG Rz. 48 m.w.N.
51 Offengelassen bei OLG München v. 22.9.2009 – 31 Wx 110/09, AG 2010, 88 = DStR 2009, 2114.
52 So auch *Holzmann/Eichstädt*, DStR 2010, 277, 281; *Bücker*, NZG 2009, 1339, 1340 f.; a.A. aber *Priester*, NZG 2010, 81, 84 ff.; *Schürnbrand/Verse* in MünchKomm. AktG, 5. Aufl. 2021, § 182 AktG Rz. 47.

nannt wird, aber unsicher ist, ob das vorgeschlagene nominelle Kapitalerhöhungsvolumen ausreicht, den genannten Kapitalbedarf zu decken, sollte sich der Kursverlauf negativ entwickeln. Besteht noch ein genehmigtes Kapital, erscheint es unbedenklich, wenn die Verwaltung darauf hinweist, dass ggf. die ordentliche Kapitalerhöhung mit einer Kapitalerhöhung aus genehmigtem Kapital zusammengefasst wird. Zu nennen ist dann das alternative maximale Bezugsverhältnis[53]. Wo ein solcher alternativer Rückgriff nicht möglich ist, ist der Kapitalbedarf allein aus dem Direktbeschluss zu decken. Um die Grenze zum genehmigten Kapital nicht zu überschreiten, ist zwecks Begrenzung der Flexibilität der Verwaltung aber auch hier die Nennung des angestrebten Bruttoemissionserlöses geboten, der sich aus dem maximalen Kapitalerhöhungsvolumen bei Ansatz des Mindestbezugspreises ergibt[54]. Eine nicht durch mangelnde Zeichnungen verursachte von diesem Erlös abweichende Durchführung der Kapitalerhöhung bedarf dann einer gesteigerten Rechtfertigung und ist abgesehen von unbedeutenden Abweichungen nur ganz ausnahmsweise zulässig. Kann demgegenüber bei Durchführung der Kapitalerhöhung nach Beschlussfassung infolge positiver Marktentwicklungen ein über dem Mindestbezugspreis liegender Bezugspreis durchgesetzt werden, muss das nominelle Kapitalerhöhungsvolumen entsprechend reduziert werden.

b) Art und Gattung

44.13 Hinsichtlich der Form, Art und Gattung der Aktien ist zu unterscheiden[55]: Die Frage der Ausgabe von Nennbetrags- oder Stückaktien regelt sich nach der Satzung. Ist das Grundkapital in **Nennbetragsaktien** eingeteilt, ist der Nennbetrag der jungen Aktien anzugeben, sofern dieser nicht durch die Satzung zwingend im Sinne eines einheitlichen Nennbetrages vorgegeben ist[56]. Bei **Stückaktien** ist der anteilige Betrag am Grundkapital demgegenüber nicht anzugeben, weil er sich von selbst ergibt; anzugeben ist aber die Zahl der auszugebenden jungen Aktien. Bei Stückaktien muss sich gemäß § 182 Abs. 1 Satz 5 AktG die Zahl der jungen Aktien in demselben Verhältnis wie das Grundkapital erhöhen. Bezweckt ist damit, dass sich bei einer Kapitalerhöhung der Beteiligungsumfang der Altaktien nicht überproportional verschlechtert (vgl. dazu noch Rz. 45.30). Der Hauptversammlungsbeschluss muss ferner festlegen, ob Inhaber- oder Namensaktien auszugeben sind, sofern nicht die Satzung diesbezügliche Regelungen auch für junge Aktien enthält[57]. Ist das Grundkapital in verschiedene Gattungen eingeteilt oder soll eine neue Gattung geschaffen werden, sind die Gattungen der neuen Aktien und die Zahl der neuen Aktien jeder Gattung festzulegen.

c) Fristen und Gewinnberechtigung

44.14 Die **Festsetzung der Bezugsfrist** ist nicht im Rahmen des Hauptversammlungsbeschlusses erforderlich; sie ist aber notwendiger Inhalt der Bekanntmachung des Vorstands gemäß § 186 Abs. 2 bzw. Abs. 5 Satz 2 AktG[58]. Eine **Durchführungsfrist** oder die Festlegung der in § 185 Abs. 1 Nr. 4 AktG vorgesehenen **Verfallsfrist** gehört nicht zum zwingenden Inhalt des Beschlusses; hinsichtlich der Durchführungsfrist ist dies anders nur bei einer betraglich zunächst nicht konkretisierten Höchstbetragskapitalerhöhung (Rz. 44.11). Festzusetzen ist zweckmäßigerweise[59] die **Gewinnberechtigung**. In Satzungen börsennotierter Aktiengesellschaften findet sich regelmäßig eine Klausel, wonach bei einer Kapital-

---

53 Vgl. etwa die Kapitalerhöhung der Tele Columbus AG von 2015.
54 Vgl. hierzu auch *Seibt/Voigt*, AG 2009, 133, 137; ähnlich *Scholz* in MünchHdb. AG, § 57 Rz. 27; ergebnisoffen *Schlitt/Schäfer*, CFL 2011, 410, 412.
55 Vgl. hierzu *Hüffer/Koch*, § 182 AktG Rz. 13f; *Scholz* in MünchHdb. AG, § 57 Rz. 28.
56 *Herchen* in Happ/Groß/Möhrle/Vetter, Aktienrecht, Formular 12.01 Rz. 5.4; *Favoccia* in MünchVertragsHdb. GesR, Formular V 106 Anm. 12.
57 *Hüffer/Koch*, § 182 AktG Rz. 13.
58 *Hoffmann-Becking* in BeckFormularbuch, Formular X. 25 Anm. 10; *Favoccia* in MünchVertragsHdb. GesR, Formular V 106 Anm. 15.
59 Auch dies gehört aber zum fakultativen Beschlussinhalt, vgl. *Scholz* in MünchHdb. AG, § 57 Rz. 34; *Hüffer/Koch*, § 182 AktG Rz. 15.

erhöhung die Gewinnbeteiligung der neuen Aktien abweichend von § 60 Abs. 2 AktG bestimmt werden kann. Nach zutreffender Auffassung ist diese Klausel jedenfalls bei Einräumung eines Bezugsrechts überflüssig, weil der Beschluss über die ordentliche Kapitalerhöhung (zur Problematik beim genehmigten Kapital siehe Rz. 45.41) ohnehin eine Satzungsänderung beinhaltet[60].

Bei der Bestimmung der Gewinnberechtigung kann nach zutreffender, aber nicht unbestrittener Auffassung die Gewinnbeteiligung nicht nur rückwirkend für das **gesamte laufende**, sondern auch für **ein bereits abgelaufenes Geschäftsjahr** eingeräumt werden, sofern die Aktienausgabe erfolgt, bevor die Hauptversammlung über die Gewinnverwendung für dieses Geschäftsjahr entschieden hat[61]. Dies ermöglicht die Ausgabe ausstattungsgleicher Aktien auch in der Periode eines laufenden Geschäftsjahres vor der Hauptversammlung. Allerdings ergeben sich Komplikationen bei der Aufstellung des Jahresabschlusses und dem Gewinnverwendungsvorschlag, wenn hierbei eine noch nicht durchgeführte Kapitalerhöhung Berücksichtigung finden muss[62]. Die Möglichkeit zu einer rückwirkenden Gewinnbeteiligung besteht zwar auch bei einer Kapitalerhöhung mit Bezugsrechtsausschluss. Weil die Altaktionäre in einer solchen Konstellation jedoch keine Möglichkeit mehr haben, den mit der Beteiligung der Neuaktionäre am historischen Gewinn verbundenen Eingriff in ihre Gewinnquote durch Bezug neuer Aktien zu kompensieren, ist die rückwirkende Gewinnberechtigung dann im Rahmen der Prüfung der sachlichen Rechtfertigung zu berücksichtigen[63]. Bei einer Kapitalerhöhung gemäß § 186 Abs. 3 Satz 4 AktG reflektiert der Börsenpreis noch nicht ausgeschüttete Gewinne und aktuelle Dividendenerwartungen, so dass bei Einräumung einer den ausstehenden Aktien entsprechenden Gewinnberechtigung der maximal zulässige Abschlag (dazu Rz. 44.86 ff.) auf den aktuellen Börsenpreis vorzunehmen ist. Wird demgegenüber bei einer derartigen Kapitalerhöhung die Gewinnberechtigung abweichend festgesetzt, ist der bevorstehende „ex-Effekt" mindernd zu berücksichtigen, bevor die Abschlagsformel angewandt wird[64]. Fehlt es an einer Festsetzung der Gewinnberechtigung, ist wegen § 60 Abs. 2 Satz 3 AktG von einer nur zeitanteiligen Gewinnanteilsberechtigung auszugehen[65]. Dies führt zur Notwendigkeit der Börseneinführung der jungen Aktien unter einer separaten ISIN, bis die Gewinnberechtigung der jungen und der alten Aktien identisch geworden ist[66].

44.15

---

60 OLG Celle v. 28.9.1988 – 9 U 78/87, ZIP 1989, 511, 513 = AG 1989, 209; *Hüffer/Koch*, § 60 AktG Rz. 9; *Drygala* in KölnKomm. AktG, 4. Aufl. 2020, § 60 AktG Rz. 32; *Hoffmann-Becking* in MünchHdb. AG, § 47 Rz. 24; *Henze* in Großkomm. AktG, 4. Aufl. 2000, § 60 AktG Rz. 22; *Herchen* in Happ/Groß/Möhrle/Vetter, Aktienrecht, Formular 12.01 Rz. 7.2.
61 *Schürnbrand/Verse* in MünchKomm. AktG, 5. Aufl. 2021, § 182 AktG Rz. 75; *Bayer* in MünchKomm. AktG, 5. Aufl. 2019, § 60 AktG Rz. 30; *Drygala* in KölnKomm. AktG, 4. Aufl. 2020, § 60 AktG Rz. 47; *Hoffmann-Becking* in MünchHdb. AG, § 47 Rz. 25; *Hüffer/Koch*, § 60 AktG Rz. 10; *Simon*, AG 1960, 148, 150; *Wündisch*, AG 1960, 320; *Henze* in Großkomm. AktG, 4. Aufl. 2000, § 60 AktG Rz. 30; *Henssler/Glindemann*, ZIP 2012, 949, 951 f.; a.A. *Veil* in K. Schmidt/Lutter, § 182 AktG Rz. 25; wohl nur in Bezug auf das genehmigte Kapital ablehnend auch *Mertens* in FS Wiedemann, 2002, S. 1113, 1114 f.
62 Der Gewinnverwendungsbeschluss darf die Festsetzung der Gewinnberechtigung nicht unterlaufen, vgl. OLG Celle v. 28.9.1988 – 9 U 78/87, ZIP 1989, 511, 512 f. = AG 1989, 209.
63 *Bayer* in MünchKomm. AktG, 5 Aufl. 2019, § 60 Rz. 24; *Hüffer/Koch*, § 60 AktG Rz. 9; *Henze* in Großkomm. AktG, 4. Aufl. 2020, § 60 AktG Rz. 24; *Drygala* in KölnKomm. AktG, 4. Aufl. 2020, § 60 AktG Rz. 35; *Fleischer* in K. Schmidt/Lutter, § 60 AktG Rz. 17.
64 *Scholz* in MünchHdb. AG, § 57 Rz. 127; *Heusel* in Semler/Volhard/Reichert, ArbeitsHdb. HV, § 20 Rz. 69 (Fn. 87); *Schlitt/Schäfer*, AG 2005, 67, 70; *Groß*, DB 1994, 2431, 2435; *Marsch-Barner*, AG 1994, 532, 537.
65 *Wiedemann* in Großkomm. AktG, 4. Aufl. 1995, § 182 AktG Rz. 78; *Scholz* in MünchHdb. AG, § 57 Rz. 34.
66 Das ist unabhängig davon anzunehmen, ob man insofern von separaten Aktiengattungen ausgeht, vgl. zu dieser Frage oben (zutreffend verneinend) *Butzke*, Rz. 6.5a sowie *Hüffer/Koch*, § 11 AktG Rz. 8; *Singhof* in FS Hoffmann-Becking, 2013, S. 1163, 1180 f.; unterschiedliche Aktiengattungen annehmende *Ziemons* in K. Schmidt/Lutter, § 11 AktG Rz. 8.

d) Ausgabebetrag

44.16 Gemäß § 182 Abs. 3 AktG muss der Kapitalerhöhungsbeschluss den Ausgabebetrag nur dann im Sinne eines Mindestbetrages angeben, wenn die Aktien für einen höheren Betrag als den geringsten Ausgabebetrag ausgegeben werden sollen. Dementsprechend kann der Kapitalerhöhungsbeschluss den Ausgabebetrag offenlassen, wobei streitig ist, ob dann eine Ausgabe zum Nennbetrag erfolgen muss[67] oder der Beschluss eine Ermächtigung an den Vorstand zur Festsetzung unter Erreichung möglichst hoher Kurse bzw. bei Sacheinlagen eines für die Gesellschaft möglichst günstigen Austauschverhältnisses beinhaltet. Unabhängig von der Einräumung eines Bezugsrechts belastet eine Emission zu pari die Altaktionäre der AG in unzumutbarer Weise: So werden deren Anteile bei Bezugsrechtsausschluss verwässert, bei Einräumung eines Bezugsrechts sehen sie sich einem faktischen Bezugszwang ausgesetzt. Dementsprechend muss im Fehlen einer Festsetzung des Ausgabebetrages eine Ermächtigung an den Vorstand zur bestmöglichen Verwertung der Aktien gesehen werden[68]. Aus diesem Grund ist bei Nichtfestsetzung eines Ausgabebetrages der Hauptversammlungsbeschluss auch nicht automatisch analog § 255 Abs. 2 AktG anfechtbar[69].

44.17 Bei der börsennotierten AG entspricht der **Ausgabebetrag** sowohl bei einer (Bar-)Kapitalerhöhung mit (mittelbarem) Bezugsrecht wie bei einer Kapitalerhöhung unter Bezugsrechtsausschluss in aller Regel dem **Nennbetrag** bzw. dem **geringsten Ausgabebetrag**, weil die Zeichnung durch ein (oder mehrere) Kreditinstitut(e) des Bankenkonsortiums erfolgt[70]. Dieser Nennbetrag ist dann der Ausgabebetrag und der höhere Bezugspreis der „endgültige Ausgabebetrag" i.S.v. § 186 Abs. 5 Satz 2 AktG[71]. Bei Kapitalerhöhungen unter Ausschluss des Bezugsrechts gemäß § 186 Abs. 3 Satz 4 AktG entspricht der Ausgabebetrag ebenfalls dem Nennbetrag. Das Gesetz ist insofern nicht wörtlich zu nehmen: Unter Ausgabebetrag i.S.v. § 186 Abs. 3 Satz 4 AktG ist das von den Investoren für die Aktien zu leistende Entgelt zu verstehen[72]. Bei der Einbuchung des über den Ausgabebetrag hinaus erzielten Mehrerlöses ist zwischen dem korporativen und dem rein schuldrechtlichen **Agio** zu unterscheiden: Das **korporative Agio** ist bei der AG als Teil einer einheitlichen Kapitalmaßnahme (und nicht einer isolierten Zuzahlung) nach § 272 Abs. 2 Nr. 1 (nicht: Nr. 4) HGB in die Kapitalrücklage einzustellen[73]. Denn in Abgrenzung zu § 272 Abs. 2 Nr. 4 HGB ist die Anteilsausgabe ursächlich für die Leistung[74]. Dieses Verfahren kann auch bei einem direkten Bezugsrecht der Aktionäre angewandt werden, auch wenn dieser Fall bei der börsennotierten AG praktisch nicht relevant ist. Im Falle eines **rein schuldrechtlichen Agios** kann der Mehrerlös demgegenüber in die freie Kapitalrücklage nach § 272 Abs. 2 Nr. 4 HGB eingestellt werden[75]. Um diesen Fall von dem korporativen Agio klar abzugrenzen, sollte das

---

67 So generell *Hefermehl/Bungeroth* in G/H/E/K, 1989, § 182 AktG Rz. 72 ff.; für den Fall der Einräumung eines Bezugsrechts wohl auch *Wiedemann* in Großkomm. AktG, 4. Aufl. 1995, § 182 AktG Rz. 67 (nach den Umständen des Verfahrens); differenzierend auch *Scholz* in MünchHdb. AG, § 57 Rz. 31.
68 *Schürnbrand/Verse* in MünchKomm. AktG, 5. Aufl. 2021, § 182 AktG Rz. 72; *Ekkenga* in KölnKomm. AktG, 4. Aufl. 2020, § 182 AktG Rz. 43; auf den Bezugsrechtsausschluss beschränkend *K. Schmidt* in Großkomm. AktG, 4. Aufl. 1995, § 255 AktG Rz. 4.
69 So aber *Herchen* in Happ/Groß/Möhrle/Vetter, Aktienrecht, Formular 12.02 Rz. 8.5; wie hier *Schürnbrand/Verse* in MünchKomm. AktG, 5. Aufl. 2021, § 182 AktG Rz. 73.
70 Vgl. das Beispiel bei *Hoffmann-Becking* in BeckFormularbuch, Formular X. 25 Anm. 9 und *Favoccia* in MünchVertragsHdb. GesR, Formular V 106 Anm. 13 und 14.
71 Die Neufassung des § 186 Abs. 5 AktG durch das Transparenz- und Publizitätsgesetz wollte wegen einer ganz anderen Zielsetzung an dieser Unterscheidung ersichtlich nichts ändern.
72 *Hoffmann-Becking* in FS Lieberknecht, 1997, S. 25, 30.
73 BGH v. 6.12.2011 – II ZR 149/10, ZIP 2012, 73 = DB 2012, 41 = AG 2012, 87 Rz. 18; *Scholz* in MünchHdb. AG, § 57 Rz. 32.
74 Zu diesem Merkmal siehe *Mock* in KölnKomm. Rechnungslegungsrecht, 2011, § 272 HGB Rz. 163; WP Handbuch 2012 Bd. I, Kapitel F Rz. 365 m.w.N.
75 So OLG München v. 27.9.2006 – 7 U 1857/06 – Kirch Media, AG 2007, 292, 294; die Beschwerde gegen die Nichtzulassung der Revision wurde vom BGH zurückgewiesen, vgl. BGH v. 15.10.2007 – II ZR 249/06, WM 2007, 2381 = AG 2008, 122; so wohl nunmehr auch *Reiner* in MünchKomm. HGB, 4. Aufl. 2020,

Aufgeld im Kapitalerhöhungsbeschluss (sowie ggf. auch im Zeichnungsschein und Zeichnungsvertrag) klar als sonstige Zuzahlung in die Kapitalrücklage nach § 272 Abs. 2 Nr. 4 HGB identifiziert und von der Festsetzung des Ausgabebetrages gemäß § 182 Abs. 3 AktG unterschieden werden[76]. Bei der Sacheinlage ist keine unterschiedliche Behandlung geboten (siehe noch Rz. 44.31). An entsprechende Festsetzungen ist das Registergericht gebunden – Anlass zur Forderung der Vorlage der schuldrechtlichen Abreden besteht nicht[77].

e) Satzungstext

Neben den materiellen Kapitalerhöhungsbeschluss tritt die Beschlussfassung über die aufgrund der Kapitalerhöhung notwendig werdenden Anpassung des Satzungstextes. Die Beschlussfassung wird meist in einer Abstimmung zusammengefasst. Eine separate Beschlussfassung ist allerdings entbehrlich, wenn der Aufsichtsrat gemäß § 179 Abs. 1 Satz 2 AktG bereits in der Satzung ermächtigt ist oder im Kapitalerhöhungsbeschluss ermächtigt wird, die Fassung der Satzung an die mit Eintragung der Durchführung der Kapitalerhöhung eingetretene Änderung anzupassen[78]. Dies ist auch in der SE möglich[79]. Ein solches Verfahren kommt vor allem bei einer Höchstbetragskapitalerhöhung in Betracht, bei der zum Zeitpunkt der Beschlussfassung der Umfang der Durchführung der Kapitalerhöhung noch nicht feststeht[80].

44.18

6. Sachliche Rechtfertigung; Zustimmungspflichten

Der Kapitalerhöhungsbeschluss bedarf (anders als ein hiervon zu trennender Bezugsrechtsausschluss) **keiner sachlichen Rechtfertigung**, unterliegt aber der **allgemeinen Missbrauchskontrolle**. Erschwerungen der Erhaltung der Beteiligungsquote durch Festsetzung eines ungünstigen Bezugsverhältnisses (hohe Nennbeträge) oder eines überhöhten Ausgabebetrages können als **faktischer Bezugsrechtsausschluss** (dazu Rz. 44.93) zu werten sein, der den Kapitalerhöhungsbeschluss anfechtbar macht. Eine **Rechtspflicht**, dem Kapitalerhöhungsbeschluss **zuzustimmen**, besteht grundsätzlich nicht. Nur ganz ausnahmsweise kann sich aus der gesellschaftsrechtlichen **Treuepflicht** des (Mehrheits- oder Minder-

44.19

---

§ 272 HGB Rz. 103 (abw. von *Kropff* in Vorauf. 2013, dort Rz. 102); *Lahn* in FS Baums, 2017, S. 169, 177 ff.; *Schnorbus/Plassmann*, ZIP 2016, 693, 696 ff.; *Schürnbrand/Verse* in MünchKomm. AktG, 5. Aufl. 2021, § 182 AktG Rz. 64; *Hüffer/Koch*, § 182 AktG Rz. 22a; *Scholz* in MünchHdb. AG, § 57 Rz. 32 m.w.N.; siehe auch BGH v. 22.3.2010 – II ZR 12/08 – AdCoCom, NJW 2010, 1948, 1953 = AG 2010, 547.

76 Für eine ausdrückliche Vereinbarung *Schnorbus/Plassmann*, ZIP 2016, 693, 701; wohl auch *Reiner* in MünchKomm. HGB, 4. Aufl. 2020, § 272 HGB Rz. 103; auf eine objektive Betrachtungsweise abstellend dagegen *Mock* in KölnKomm. Rechnungslegungsrecht, 2011, § 272 HGB Rz. 163; *Baums* in FS Hommelhoff, 2012, S. 61, 85; wohl auch *Adler/Düring/Schmaltz*, 6. Aufl. 1995, § 272 HGB Rz. 90; *Singhof* in HdJ, Abt. III/2 Rz. 114. Für den Fall eines mittelbaren Bezugsrechts könnte eine entsprechende Klarstellung im Hauptversammlungsbeschluss wie folgt aussehen: „Ein bei der Platzierung der Aktien etwaig über den Ausgabebetrag hinaus erzielter Erlös, abzüglich vereinbarter Kosten, Gebühren und Provisionen, soll nach Maßgabe einer gesondert abzuschließenden schuldrechtlichen Platzierungsvereinbarung nach Platzierung der Aktien und endgültiger Handelsaufnahme von den Zeichnungsberechtigten an die Gesellschaft abgeführt werden. Die Festlegung des Ausgabebetrags von EUR 1,00 je neuer Aktie bleibt hiervon unberührt. Die Abführungsverpflichtung ist nach Platzierung der Aktien am Abwicklungstag durch Zahlung in die Kapitalrücklage der Gesellschaft gemäß § 272 Abs. 2 Nr. 4 HGB zu erfüllen. Es handelt sich nicht um ein korporatives Agio."

77 Zutreffend *Schorling/Vogel*, AG 2003, 86, 87 ff.; *Priester* in FS Röhricht, 2005, S. 467, 474; *Scholz* in MünchHdb. AG, § 57 Rz. 32, gegen LG München v. 20.12.2001 – 17 HK T 21699/01, AG 2003, 108 und BayObLG v. 27.2.2002 – 3 Z BR 35/02, AG 2002, 510; vgl. aber auch *Hüffer/Koch*, § 36a AktG Rz. 2a.

78 *Hüffer/Koch*, § 182 AktG Rz. 15; *Hoffmann-Becking* in BeckFormularbuch, Formular X. 25 Anm. 3; *Favoccia* in MünchVertragsHdb. GesR, Formular V 106 Anm. 3.

79 *Kiem* in KölnKomm. AktG, 4. Aufl. 2020, Art. 59 SE-VO Rz. 9.

80 *Heusel* in Semler/Volhard/Reichert, ArbeitsHdb. HV, § 20 Rz. 3.

heits-)Aktionärs eine Verpflichtung ergeben, dem Beschluss zuzustimmen bzw. als milderes Mittel sich der Stimme zumindest zu enthalten, soweit dieses zur Rettung der Gesellschaft erforderlich und dem betreffenden Aktionär zumutbar ist (zu einer vorgeschalteten Kapitalherabsetzung siehe noch Rz. 49.20)[81]. § 7 Abs. 7 WStBG (im Zuge der COVID-19 Pandemie an die Stelle des FMStBG getreten, siehe dazu schon Rz. 44.6) enthält insofern einen verallgemeinerungsfähigen Rechtsgedanken[82]. Unter dem Aspekt dieser Treuepflicht sind auch willkürlich geltend gemachte Widersprüche und Anfechtungsrechte gegen den Kapitalerhöhungsbeschluss zu bewerten. Eine Zeichnungspflicht ist demgegenüber in keinem Fall begründbar[83]. Das zum Personengesellschaftsrecht ergangene Urteil des BGH[84] über das Ausscheiden bei mangelnder Sanierungsbereitschaft, welches mit der plakativen Kurzformel „Sanieren oder Ausscheiden" zusammengefasst wurde[85], ist allerdings insofern auf die AG übertragbar, als in einer Sanierung der nicht zeichnungswillige Aktionär infolge einer der Kapitalerhöhung vorangehenden Kapitalherabsetzung auf Null seine Gesellschafterstellung verliert (vgl. dazu noch Rz. 49.13).

7. Aufhebung und Änderung des Kapitalerhöhungsbeschlusses

44.20 Hinsichtlich der Aufhebung oder Änderung des Kapitalerhöhungsbeschlusses ist zwischen dem Zeitraum bis zur **Eintragung des Beschlusses** (§ 184 AktG) und dem Zeitraum bis zur **Eintragung der Durchführung der Kapitalerhöhung** (§ 189 AktG) zu unterscheiden. Mit Eintragung des Kapitalerhöhungsbeschlusses wird dieser bindend. Bis dahin ist er mit einfacher Mehrheit **aufhebbar**[86]. Wird jedoch die Durchführung der Kapitalerhöhung nicht zeitgleich mit dem Beschluss angemeldet und eingetragen, ist auch nach Eintragung des Beschlusses bis zur Eintragung der Durchführung der Kapitalerhöhung eine Aufhebung möglich. Ausreichend ist auch hierfür nach überwiegender Auffassung ein Aufhebungsbeschluss mit einfacher Mehrheit[87]. **Änderungen** des Kapitalerhöhungsbeschlusses sind ebenfalls bis zur Eintragung der Durchführung der Kapitalerhöhung zulässig. Sie bedürfen jedoch in jedem Fall einer satzungsändernden Mehrheit[88].

8. Kapitalerhöhung in der Sanierung, Insolvenz und Liquidation

44.21 Zur Abwendung einer Insolvenz wird einer Sanierungskapitalerhöhung häufig eine vereinfachte Kapitalherabsetzung vorausgehen (dazu Rz. 50.1 ff.). Ein begleitender Schuldenschnitt oder eine Umwandlung von Schulden in Eigenkapital in Gestalt einer Sachkapitalerhöhung (dazu sogleich Rz. 44.22 ff.) sind typische Bestandteile einer Sanierung. Die aktienrechtlichen Probleme (Rechtfertigung der Kapitalherabsetzung (Rz. 49.12), Treuepflichten (Rz. 44.19), etwaiger Bezugsrechtsausschluss (Rz. 44.45), angemessener Wert der Sacheinlage (Rz. 44.25, 44.30 [dept equity swap], Rz. 44.76, 44.77), Gleichbehandlungsgrundsatz) sind nur begrenzt sanierungsspezifisch. Die Eigenheiten liegen im summarischen

---

81 *Wiedemann* in Großkomm. AktG, 4. Aufl. 1995, § 182 AktG Rz. 38; *Ekkenga* in KölnKomm. AktG, 4. Aufl. 2020, § 182 AktG Rz. 17; *Schürnbrand/Verse* in MünchKomm. AktG, 5. Aufl. 2021, § 182 AktG Rz. 12; *C. Schäfer* in FS Hommelhoff, 2012, S. 939, 947 ff.; siehe auch OLG München v. 16.1.2014 – 23 AktG 3/13, AG 2014, 546 = ZIP 2014, 472 = DB 2014, 943 (keine Zustimmungs- bzw. Enthaltungspflicht ohne Vorlage eines nachhaltigen Sanierungskonzepts bei Verlusthistorie); dazu auch *Seibt*, ZIP 2014, 1909, 1913.
82 Vgl. auch *Servatius* in BeckOGK AktG, Stand 1.6.2021, § 182 AktG Rz. 23; *Seibt*, ZIP 2014, 1909, 1911.
83 *Schürnbrand/Verse* in MünchKomm. AktG, 5. Aufl. 2021, § 182 AktG Rz. 13.
84 BGH v. 19.10.2009 – II ZR 240/08, GmbHR 2010, 32 = BB 2010, 10 = DB 2009, 2596.
85 *K. Schmidt*, JZ 2010, 125 ff.
86 *Hüffer/Koch*, § 182 AktG Rz. 16; *Scholz* in MünchHdb. AG, § 57 Rz. 93.
87 *Wiedemann* in Großkomm. AktG, 4. Aufl. 1995, § 184 AktG Rz. 30; *Scholz* in MünchHdb. AG, § 57 Rz. 93; *Hüffer/Koch*, § 182 AktG Rz. 16; *Schürnbrand/Verse* in MünchKomm. AktG, 5. Aufl. 2021, § 182 AktG Rz. 39; *Ekkenga* in KölnKomm. AktG, 4. Aufl. 2020, § 182 AktG Rz. 84; a.A. *Priester* in FS Wiedemann, 2002, S. 1161, 1166.
88 *Hüffer/Koch*, § 182 AktG Rz. 16; *Scholz* in MünchHdb. AG, § 57 Rz. 93; *Schürnbrand/Verse* in MünchKomm. AktG, 5. Aufl. 2021, § 182 AktG Rz. 41.

Freigabeverfahren gemäß § 246a AktG (dazu noch Rz. 44.25) und ggf. § 20 SchVG. Paradigmatisch sind insofern die – gerade im Hinblick auf den Gleichbehandlungsgrundsatz und etwaige Sondervorteile bemerkenswert „robusten" – Beschlüsse des OLG Köln im Rahmen der „freigaberechtlichen" Sanierung der SolarWorld AG[89]. Im Rahmen der Kapitalerhöhung in der Insolvenz ist zwischen verschiedenen Zeitpunkten zu unterscheiden: Ein **vor Eröffnung** des Insolvenzverfahrens gefasster Kapitalerhöhungsbeschluss wird durch die Eröffnung nicht automatisch hinfällig[90]. Die Hauptversammlung kann den Beschluss aber nach den zuvor dargestellten Regeln ändern oder aufheben[91]. Hierzu hat ihr der Vorstand[92], soweit im Eintragungsverfahren noch möglich, Gelegenheit zu geben. Auch die Zeichnung von Aktien wird nicht wirkungslos; allenfalls kann ein über die wirtschaftlichen Verhältnisse der Gesellschaft getäuschter Zeichner die Zeichnung bis zur Eintragung der Durchführung der Kapitalerhöhung anfechten und versuchen, diese Eintragung zu unterbinden[93]. Nach Eintragung der Durchführung der Kapitalerhöhung steht der Schutz des Zeichners demgegenüber hinter dem Schutz des Kapitals zurück[94]. Die **Eröffnung eines Insolvenzverfahrens** schließt die Möglichkeit der Beschlussfassung einer Kapitalerhöhung nicht aus[95], auch wenn die ihrer Aktienrechte nicht verlustig gehenden Aktionäre abseits von Treuepflichten zu einer solchen nicht gezwungen werden können[96]. Allerdings wird aus § 35 InsO (Neuvermögen fällt in Masse) verbreitet geschlossen, eine derartige Kapitalerhöhung sei uninteressant[97]. Die Kapitalerhöhung kann auch (dann regelmäßig mit vorangehender Kapitalherabsetzung) Bestandteil eines Insolvenzplans gemäß §§ 217 ff. InsO sein und auf diese Weise etwa Gläubigerverzichte oder Forderungseinbringungen motivieren[98]. Im Rahmen dessen erscheint es auch insolvenzrechtlich möglich, die neuen Mittel nicht zur Gläubigerbefriedigung, sondern zur Herstellung der Liquidität einzusetzen[99]. Zwar setzt eine Kapitalerhöhung kein Mitziehen (wohl aber eine Mitwirkung) der Altaktionäre voraus, namentlich dann, wenn Fremdkapital Dritter zwecks Sanierung in Eigenkapital umgewandelt werden soll[100]. Der Druck auf die Aktionäre konnte aber

---

89 OLG Köln v. 13.1.2014 – 18 U 175/13 und 174/13, ZIP 2014, 263, 268 und dazu kritisch *Florstedt*, ZIP 2014, 1513 f.; offener demgegenüber *Thole*, ZIP 2014, 2365, 2366 f.
90 BGH v. 7.11.1994 – II ZR 248/93, ZIP 1995, 28, 29 = AG 1995, 133 (zur GmbH) und dem folgend *Hüffer/Koch*, § 182 AktG Rz. 32; *Schürnbrand/Verse* in MünchKomm. AktG, 5. Aufl. 2021, § 182 AktG Rz. 93; *Götze*, ZIP 2002, 2204, 2206; *Stöber*, ZInsO 2012, 1811, 1813.
91 Abweichend *Müller*, ZGR 2004, 842, 848 f.; *Gundlach/Frenzel/Schmidt*, DStR 2006, 1048, 1049; *Stöber*, ZInsO 2012, 1811, 1815. Dagegen zutreffend *Kuntz*, DStR 2006, 519, 522; *Kuntz*, DStR 2006, 1050, 1051.
92 Nach wohl überwiegender Auffassung wird in Registersachen die Gesellschaft auch nach Eröffnung des Insolvenzverfahrens durch den Vorstand vertreten, vgl. *Götze*, ZIP 2002, 2204, 2208 m.w.N. Vgl. auch *Hirte* in Uhlenbruck, 15. Aufl. 2019, § 11 InsO Rz. 194 (Insolvenzverwalter darf im Fall der Beschlussfassung vor Eröffnung des Verfahrens nicht durch Anmeldung Rechtsverbindlichkeit des Beschlusses herbeiführen); *Noack*, ZIP 2002, 1873, 1874; *Kuntz*, DStR 2006, 519, 520 f. sowie BayObLG v. 17.3.2004 – 3 Z BR 046/04, DB 2004, 1255 = NZG 2004, 582 (zur GmbH); abweichend *Müller*, ZGR 2004, 842, 847; *Stöber*, ZInsO 2012, 1811, 1814.
93 *Hüffer/Koch*, § 185 AktG Rz. 28; *Götze*, ZIP 2002, 2204, 2208; siehe auch BGH v. 7.11.1994 – II ZR 248/93, ZIP 1995, 28, 29 = AG 1995, 133; KG v. 19.7.1999 – 23 U 3401/97, NZG 2000, 103, 104 (zur GmbH). Für ein Lösungsrecht gemäß § 313 Abs. 3 Satz 1 BGB *Kuntz*, DStR 2006, 519, 522 f. (dagegen *Stöber*, ZInsO 2012, 1811, 1816).
94 *Hüffer/Koch*, § 185 AktG Rz. 28; siehe auch KG v. 19.7.1999 – 23 U 3401/97, NZG 2000, 103, 104 (zur GmbH).
95 *Hirte* in Uhlenbruck, 15. Aufl. 2019, § 11 InsO Rz. 193; *Hüffer/Koch*, § 182 AktG Rz. 32; *Wiedemann* in Großkomm. AktG, 4. Aufl. 1995, § 182 AktG Rz. 96; *Scholz* in MünchHdb. AG, § 57 Rz. 10; a.A. OLG Hamm v. 19.3.1979 – 8 U 151/78, AG 1981, 53.
96 Vgl. *Uhlenbruck* in FS Lüer, 2008, S. 467, 468 f.
97 *Hüffer/Koch*, § 182 AktG Rz. 32a und 32b.
98 *Hüffer/Koch*, § 182 AktG Rz. 32b; *Hirte* in Uhlenbruck, 15. Aufl. 2019, § 11 InsO Rz. 193; *Müller*, ZGR 2004, 842, 844; *K. Schmidt*, AG 2006, 597, 604; siehe auch den Bericht über die Sanierung der Senator Entertainment AG bei *Rattunde* in VGR, Gesellschaftsrecht in der Diskussion 2006, 2007, S. 193, 196 ff.
99 Vgl. *Uhlenbruck* in FS Lüer, 2008, S. 467, 473 ff.
100 Vgl. dazu *Eidenmüller/Engert*, ZIP 2009, 541 ff.

schon bislang in Gestalt eines durch einen Kapitalschnitt samt nachfolgender Kapitalerhöhung bedingten Insolvenzplans nach § 249 InsO erhöht werden[101]. Die Altgesellschafter können als Beteiligte in den Insolvenzplan einbezogen werden, und Beschlüsse über Kapitalmaßnahmen können durch Zustimmung zum Insolvenzplan ersetzt werden, vgl. § 225a Abs. 1, § 254a Abs. 2 InsO[102]. Die Befugnis zur Anmeldung der Kapitalerhöhung zum Handelsregister ist kraft § 254a Abs. 2 InsO dem Insolvenzverwalter zugewiesen. Nach einer Kapitalherabsetzung auf Null ist bei der nachfolgenden Kapitalerhöhung ein Bezugsrechtsausschluss trotz zeichnungswilliger Altaktionäre unter spezifisch insolvenzrechtlichen Aspekten zulässig[103]. Ein noch vor **Auflösung** gefasster Kapitalerhöhungsbeschluss, der zum Zeitpunkt des Auflösungsbeschlusses noch nicht durchgeführt ist, soll durch den Auflösungsbeschluss „konkludent" aufgehoben sein[104]. Nach Fassung des Auflösungsbeschlusses kann eine Kapitalerhöhung – etwa zwecks Gläubigerbefriedigung – beschlossen werden[105]. Sie kann auch eine Fortsetzung (§ 274 AktG) vorbereiten.

III. Besonderheiten der Sachkapitalerhöhung

44.22 Das Kapitalgesellschaftsrecht sieht neben der Barkapitalerhöhung die Kapitalerhöhung gegen Sacheinlagen vor. Um eine Sacheinlage handelt es sich auch bei der **gemischten Einlage** (der Inferent bringt für die zu gewährenden Aktien neben Geld andere Vermögensgegenstände ein) wie auch bei der **gemischten Sacheinlage** (die AG gewährt für eine Sacheinlage neben Aktien auch eine Barvergütung, dazu noch Rz. 44.35)[106]. Beide Formen unterliegen den Regeln für Sacheinlagen. Nur bei der gemischten Sacheinlage ist streitig, ob dies auch für teilbare Geschäfte gilt (der Inferent erbringt die eine Sache gegen Gewährung von Aktien, die andere als Austauschgeschäft gegen Geld)[107].

44.23 Schwieriger werden die Dinge, wenn sich das Geschäft als eine Kombination von Barkapitalerhöhung und Sachübernahme darstellt, weil dem Kapitalerhöhungsrecht das Institut der Sachübernahme fremd ist. In seiner Lurgi-Entscheidung hat der BGH eine solche Konstellation als Fall der „**verschleierten gemischten Sacheinlage**" qualifiziert: Wenn die AG mit im Zuge einer Barkapitalerhöhung hinzutretenden Aktionären zeitgleich einen Werkvertrag abschließt, der die AG zur Abnahme einer Industrieanlage verpflichtet, sei der Anlagenvertrag bei vorabgesprochener Tilgung eines Teils der Werklohnforderung mit den Mitteln aus der Barkapitalerhöhung insgesamt den Regeln über die Sacheinlage zu unterwerfen und bei deren Nichtbeachtung nichtig und damit bereicherungsrechtlich rückabzuwickeln (vgl. aber nach dem ARUG nunmehr § 183 Abs. 2 i.V.m. § 27 Abs. 3 AktG)[108]. In einem ähnlich gelagerten Fall einer übertragenden Sanierung unter Beteiligung der insolventen Gesellschaft an der übernehmenden AG hat der BGH entschieden, dass auch die Beachtung der Nachgründungsvorschriften

---

101 *K. Schmidt*, JZ 2010, 125, 129; *Pleister/Kindler*, ZIP 2010, 503, 505 ff.; zur Planbedingung eines Gläubigerbeschlusses gemäß § 5 Abs. 3 SchVG siehe *Thole*, ZIP 2014, 2365, 2368; *Kessler/Rühle*, BB 2014, 907, 912.
102 Zu den „gesellschaftsrechtlich zulässigen" Regelungen im Insolvenzplan eingehend *Noack/Schneiders*, DB 2016, 1619 ff.
103 *Westpfahl* in Hopt/Seibt, Schuldverschreibungsrecht, Rz. 12.108; *Decher/Voland*, ZIP 2013, 103, 106; *Brünkmanns/Greif-Werner*, ZInsO 2015, 1585, 1590, jeweils m.w.N.; kritisch *K. Schmidt*, ZIP 2012, 2085, 2086; *Schäfer/Wüstemann*, ZIP 2014, 1757, 1767; *Simon/Merkelbach*, NZG 2012, 121, 125 f.; *Hüffer/Koch*, § 228 AktG Rz. 2b.
104 *Hüffer/Koch*, § 182 AktG Rz. 31; *Scholz* in MünchHdb. AG, § 57 Rz. 10 („wird [...] in aller Regel hinfällig"); *Wiedemann* in Großkomm. AktG, 4. Aufl. 1995, § 182 AktG Rz. 93.
105 *Hüffer/Koch*, § 182 AktG Rz. 31; *Wiedemann* in Großkomm. AktG, 4. Aufl. 1995, § 182 AktG Rz. 94.
106 Zur Terminologie *Hüffer/Koch*, § 183 AktG Rz. 2; *Herchen* in Happ/Groß/Möhrle/Vetter, Aktienrecht, Formular 12.02 Rz. 2.1; eingehend zur gemischten Sacheinlage *Habersack* in FS Konzen, 2006, S. 179, 180 ff.
107 Dazu *Scholz* in MünchHdb. AG, § 57 Rz. 83.
108 BGH v. 9.7.2007 – II ZR 62/06, AG 2007, 741, 743 ff.

eine verdeckte Sacheinlage nicht legitimiert[109] und der Umstand, dass die Bareinlage einschließlich Agio weniger als 1 % des Volumens des Anlagenvertrages ausmachte, an der Qualifizierung als verdeckte Sacheinlage nichts ändert[110]. Auch wenn ein solcher Vergleich Abgrenzungsschwierigkeiten aufwirft[111], bleibt zu diskutieren, ob bei unteilbaren Leistungen die Lösung nicht darin zu bestehen hat, als verdeckte Einlage den Teil der Werklohnforderung zu betrachten, welcher der Bareinlage (einschließlich Agio) betragsmäßig entspricht[112]. Allerdings ordnete § 183 Abs. 2 AktG a.F. (vor Inkrafttreten des ARUG) bei Verschleierung die Nichtigkeit der im Zusammenhang mit der Sacheinlage stehenden Rechtsgeschäfte an. Nach dem Inkrafttreten des ARUG ist davon auszugehen, dass die Regeln über die verdeckte Sacheinlage (§ 183 Abs. 2 i.V.m. § 27 Abs. 3 AktG) auch für die verdeckte gemischte Sacheinlage gelten. Die Bareinlage ist nicht wirksam erbracht, der Aktionär bleibt also zur Barleistung verpflichtet (§ 27 Abs. 3 Satz 1 AktG). Das Umsatzgeschäft bleibt nunmehr wirksam (§ 27 Abs. 3 Satz 2 AktG). Der Inferent kann also die an ihn geflossenen Mittel behalten, ist jedoch verpflichtet, einen für die Gesellschaft negativen Wertsaldo des Gesamtgeschäfts auszugleichen, weil insofern keine Anrechnung auf die Bareinlage erfolgt[113]; dabei bezieht sich die Differenzhaftung auf den Ausgabe-, nicht den Nennbetrag[114]. Die Beweislast für die Werthaltigkeit der Sacheinlage trägt der Inferent (§ 27 Abs. 3 Satz 5 AktG). Übersteigt der negative Wertsaldo aus dem parallelen Verkehrsgeschäft sogar die Höhe der Bareinlage und versagt deshalb die Anrechnung teilweise, besteht nach Auffassung des BGH ein ergänzender Anspruch aus §§ 57, 62 AktG[115]. Besondere Fragen stellen sich bei einer „verdeckt" gemischten Sacheinlage (Rz. 44.22), bei der zwar die Sacheinlage, nicht aber der Vergütungsanspruch aus einem Parallelgeschäft offengelegt wird. Hier wird zur Vermeidung einer unzutreffenden Verlautbarung des der Gesellschaft zugeführten Kapitals in der Satzung die überzeugendere Behandlung in der Wirksamkeit der Sacheinlagevereinbarung bei Unwirksamkeit der Vergütungsvereinbarung zu sehen sein[116].

Zu beachten ist im Übrigen, dass die Vorschriften über die **Nachgründung** (§ 52 AktG) nach überwiegender Auffassung auch auf die Kapitalerhöhung analog anwendbar sind, wenn eine Kapitalerhöhung gegen Sacheinlagen innerhalb von zwei Jahren nach Eintragung der Gesellschaft erfolgt[117]. Dabei ist die 10 %-Grenze anhand des Grundkapitals nach der Erhöhung und analog § 67 Satz 2 UmwG anhand des **Nennbetrages** der auszugebenden Aktien, nicht des Werts der Gegenleistung (also der Aktien), zu

---

109 BGH v. 18.2.2008 – II ZR 132/06, WM 2008, 784, 785 = AG 2008, 383 = BB 2008, 1026 m. Anm. *N. Krause*.
110 Sehr kritisch *Martens*, AG 2007, 732 ff.; siehe auch *Maier-Reimer* in FS Hoffmann-Becking, 2013, S. 755, 775 f.
111 Gegen *Martens* denn auch *Goette*, DStR 2007, 2264; *Schürnbrand/Verse* in MünchKomm. AktG, 5. Aufl. 2021, § 183 AktG Rz. 42, sowie BGH v. 18.2.2008 – II ZR 132/06, WM 2008, 784, 786 = AG 2008, 383.
112 So die Lösung von *Martens*, AG 2007, 732, 734 ff., allerdings auf das Nominalvolumen der Einlage (ohne Agio) beschränkt; dagegen aber *Habersack*, ZGR 2008, 48, 56; vgl. auch *Krolop*, NZG 2007, 577 f.
113 Vgl. die Beispiele bei *Stiller/Redeker*, ZIP 2010, 865, 867, 868; *Müller*, NZG 2011, 761, 763 ff.; *Koch*, ZHR 175 (2011), 55, 66; *Kleindiek*, ZGR 2011, 334, 344 f.; siehe auch *Bayer/J. Schmidt*, ZGR 2009, 805, 827 ff.
114 *Koch*, ZHR 175 (2011), 55, 64; *Maier-Reimer* in FS Hoffmann-Becking, 2013, S. 755, 764.
115 BGH v. 22.3.2010 – II ZR 12/08 – AdCoCom, BGHZ 185, 44, 48 = AG 2010, 547; *Müller*, NZG 2011, 761, 763; kritisch (Lösung über Differenzhaftung) *Kleindiek*, ZGR 2011, 334, 347 f.; *Scholz* in MünchHdb. AG, § 57 Rz. 84.
116 Eingehend *Pentz* in Liber amicorum M. Winter, 2011, S. 499 ff. m.w.N.; dem folgend *Maier-Reimer* in FS Hoffmann-Becking, 2013, S. 755, 767 ff.
117 *Priester* in Großkomm. AktG, 5. Aufl. 2016, § 52 AktG Rz. 23; *Arnold* in KölnKomm. AktG, 4. Aufl. 2020, § 52 AktG Rz. 9; *Schürnbrand/Verse* in MünchKomm. AktG, 5. Aufl. 2021, § 183 Rz. 38; *Scholz* in MünchHdb. AG, § 57 Rz. 64; *Pentz* in MünchKomm. AktG, 5. Aufl. 2019, § 52 AktG Rz. 70; *Grub/Fabian*, AG 2002, 614 ff.; OLG Oldenburg v. 20.6.2002 – 5 W 95/02, AG 2002, 620; ablehnend demgegenüber *Veil* in K. Schmidt/Lutter, § 183 AktG Rz. 7; *Ekkenga* in KölnKomm. AktG, 4. Aufl. 2020, § 183 AktG Rz. 14; *Mülbert*, AG 2003, 136 ff.

bemessen[118]. Nicht dem Gesetzeszweck entspricht indes die Auffassung, bei der Berechnung der maßgeblichen Beteiligungsquote des Aktionärs in Höhe von 10 % seien die infolge der Sachkapitalerhöhung hinzuerworbenen Aktien mit zu berücksichtigen[119]. Die Nachgründungsprüfung erstreckt sich nach richtiger Auffassung nur auf die Belegung des Nennbetrages[120], nicht auch darüber hinaus auf eine volle Angemessenheitsprüfung (siehe aber auch Rz. 44.35)[121]. Noch nicht geklärt ist die Frage, ab wann die Zwei-Jahres-Frist bei der sog. **Mantelverwendung** zu berechnen ist. Während die früher herrschende Ansicht strikt auf die Eintragung der neuen Satzungsbestimmungen abstellte[122], orientiert man sich mittlerweile an einem Urteil des BGH zur Verlustdeckungshaftung in der (Vor-)GmbH[123] und lässt die Frist richtigerweise mit in Erscheinung treten der wirtschaftlichen Neugründung, also entweder dem Zeitpunkt der Eintragung oder (bei unterbliebener Offenlegung) mit der Aufnahme der wirtschaftlichen Tätigkeit nach außen zu laufen beginnen[124].

44.25 Die **Sachkapitalerhöhung im Wege der ordentlichen Kapitalerhöhung** ist seit der Leitentscheidung „Siemens/Nold" zum genehmigten Kapital ein nur **ausnahmsweise** gewählter Weg. Die Gefahr einer Wertrüge gemäß § 255 Abs. 2 AktG mit Aussetzung der Eintragung gemäß § 21 Abs. 1 FamFG ist groß; selbst wenn eine Eintragung der Durchführung der Kapitalerhöhung erfolgt, schützt dies – vorbehaltlich eines Freigabeverfahrens – nicht vor späterer Rückabwicklung der Sachkapitalerhöhung bei erfolgreicher Anfechtungsklage (dazu Rz. 44.117). Allerdings eröffnet § 246a Abs. 2 Nr. 3 AktG die Möglichkeit, Wertrügen auch im Freigabeverfahren auszutragen und zu bewerten. Bei entsprechendem Vollzugsinteresse dürften nur evidente Bewertungsmängel eine „besondere Schwere des Rechtsverstoßes" begründen[125]. Bewertungsrügen sind dann in Form des Schadensersatzes gemäß § 246a Abs. 4 Satz 1 AktG geltend zu machen[126]. Weiterhin steht bei der Sachkapitalerhöhung im Wege der ordentlichen Kapitalerhöhung jedwede Abrede über die Sacheinlage, etwa in Gestalt eines Vorvertrages (z.B. eines Business Combination Agreement), unter dem Vorbehalt der Beschlussfassung der Hauptversammlung. Demgegenüber besteht für die Gegenpartei bei der Sachkapitalerhöhung im Rahmen eines genehmigten Kapitals erheblich höhere Transaktionssicherheit (zu der Frage, ob beim genehmigten Kapital die Verwaltung Bindungen über die Durchführung der Kapitalerhöhung eingehen kann, siehe Rz. 45.30).

1. Gegenstand der Sacheinlage

44.26 **Sacheinlagefähig** ist jeder Gegenstand, der einen feststellbaren Vermögenswert besitzt[127], das Kapitalerhöhungsrecht verweist insofern auf das allgemeine Gründungsrecht (§ 183 Abs. 1 Satz 1, § 27 Abs. 1

---

118 *Priester* in Großkomm. AktG, 5. Aufl. 2016, § 52 AktG Rz. 25; *Pentz* in MünchKomm. AktG, 5. Aufl. 2019, § 52 AktG Rz. 71; *Krieger* in FS Claussen, 1997, S. 223, 228; *Hüffer/Koch*, § 183 AktG Rz. 5.
119 Wie hier *Pentz* in MünchKomm. AktG, 5. Aufl. 2019, § 52 AktG Rz. 71; *Hüffer/Koch*, § 183 AktG Rz. 5; *Dormann/Fromholzer*, AG 2001, 242, 245; *Hartmann/Barcaba*, AG 2001, 437, 440; *Werner*, ZIP 2001, 1403, 1404; a.A. *Bayer* in K. Schmidt/Lutter, § 52 AktG Rz. 17; *Priester*, DB 2001, 467, 469.
120 *Krieger* in FS Claussen, 1997, S. 223, 227; *Hoffmann-Becking* in Hommelhoff/Lutter/Schmidt/Schön/Ulmer, Corporate Governance, 2002, S. 215, 216 m.w.N.
121 So aber *Pentz* in MünchKomm. AktG, 5. Aufl. 2019, § 52 AktG Rz. 71; ähnlich auch *Hüffer/Koch*, § 183 AktG Rz. 5 (dann aber keine Prüfung nach § 183 Abs. 3 AktG).
122 So etwa *Grooterhorst*, NZG 2001, 145, 147 und *Priester*, DB 2001, 467, 468.
123 BGH v. 6.3.2012 – II ZR 56/10, NZG 2012, 539.
124 *Priester* in Großkomm. AktG, 5. Aufl. 2016, § 52 AktG Rz. 50; *Pentz* in MünchKomm. AktG, 5. Aufl. 2019, § 23 AktG Rz. 114; *Holzapfel/Roschmann* in FS Bezzenberger, 2000, S. 163, 170.
125 Ausführlich *J. Vetter* in FS Maier-Reimer, 2010, S. 819, 824 ff.; *J. Vetter* in FS Uwe H. Schneider, 2011, S. 1371, 1377 ff.; dem folgend *Scholz* in MünchHdb. AG, § 57 Rz. 49.
126 Vgl. dazu *Busch*, NZG 2006, 81, 88 m.w.N. sowie *Bücker*, CFL 2010, 177, 182 f.; siehe zur vergleichbaren Regelung des § 16 Abs. 3 UmwG in Bezug auf die Aktionäre der übernehmenden Gesellschaft auch *Simon* in KölnKomm. UmwG, 2009, § 16 UmwG Rz. 100 ff.
127 *Wiedemann* in Großkomm. AktG, 4. Aufl. 1995, § 183 AktG Rz. 30 ff.; *Ekkenga* in KölnKomm. AktG, 3. Aufl. 2017, § 183 AktG Rz. 17 ff.

AktG)[128]. Dazu gehören neben Sachen und Sachgesamtheiten (Unternehmen), Forderungen und Mitgliedschaften nach heute ganz überwiegender Auffassung auch obligatorische Nutzungsrechte[129]. Nicht einlagefähig sind demgegenüber Dienstleistungen und eigene Aktien[130]; der Bezug von Dienstleistungen im zeitlichen Zusammenhang mit einer Barkapitalerhöhung ist dann auch keine verdeckte Sacheinlage[131]. Sacheinlage ist auch die Einlage von ausgeschütteten Gewinnen im Wege des sog. „Schütt-aus-Hol-zurück"-Verfahrens[132]. Jedoch kann das „Schütt-aus-Hol-zurück"-Verfahren unter Beachtung der Vorschriften über die Kapitalerhöhung aus Gesellschaftsmitteln durchgeführt werden[133]. Erforderlich ist dafür, dass dem Registergericht in entsprechender Anwendung des § 210 Abs. 1 Satz 1 AktG eine zeitnahe (Acht-Monats-Frist) testierte Bilanz vorgelegt wird, im Kapitalerhöhungsbeschluss das „Schütt-aus-Hol-zurück"-Verfahren offengelegt (§ 210 Abs. 4 AktG) und die Erklärung analog § 210 Abs. 1 Satz 2 AktG abgegeben wird[134]. Ansonsten gelten jedoch die Regeln der ordentlichen Kapitalerhöhung; nicht anwendbar sind insbesondere die §§ 212–220 AktG.

2. Festsetzungen im Kapitalerhöhungsbeschluss, insbesondere Ausgabebetrag und Bilanzierung

Gemäß § 183 Abs. 1 Satz 2 AktG ist die beabsichtigte Festsetzung von Sacheinlagen bei Einberufung der Hauptversammlung ausdrücklich mit der Tagesordnung der Hauptversammlung bekanntzumachen. Gegenstand der Bekanntmachung ist der notwendige Inhalt des Kapitalerhöhungsbeschlusses. Dieser Sachkapitalerhöhungsbeschluss – abweichend von § 27 AktG aber nicht der Satzungstext –[135] muss den **Gegenstand der Sacheinlage**[136], die **Person des Übernehmers**[137] und den **Nennbetrag**, bei **Stückaktien die Zahl** der zu gewährenden Aktien festsetzen. Fehlen die gemäß § 183 Abs. 1 AktG erforderlichen Angaben im Kapitalerhöhungsbeschluss, besteht ein Eintragungshindernis. Verträge und Rechtshandlungen zu ihrer Ausführung sind aber nicht mehr unwirksam (§ 183 Abs. 2 AktG i.V.m. § 27 Abs. 3 Satz 2 und 4 AktG). Diese Änderung wurde erst relativ spät im Gesetzgebungsver-

44.27

---

128 Zur Sacheinlagefähigkeit, insbesondere zur umstrittenen Voraussetzung der bilanziellen Aktivierungsfähigkeit, vgl. *Arnold* in KölnKomm. AktG, 4. Aufl. 2020, § 27 AktG Rz. 42 ff.; *Pentz* in MünchKomm. AktG, 5. Aufl. 2019, § 27 AktG Rz. 18 ff.; *Hüffer/Koch*, § 27 AktG Rz. 20 ff.
129 Vgl. etwa BGH v. 15.5.2000 – II ZR 359/98 – adidas, BGHZ 144, 290, 293 ff. = AG 2000, 475, 476 (zu Lizenzrechten).
130 *Ekkenga* in KölnKomm. AktG, 4. Aufl. 2020, § 183 AktG Rz. 48; BGH v. 20.9.2011 – II ZR 234/09, ZIP 2011, 2097, 2099 = AG 2011, 876.
131 BGH v. 23.10.2008 – II ZR 120/07 – Qivive, AG 2009, 368 ff.; BGH v. 1.2.2010 – II ZR 173/08 – Eurobike, DStR 2010, 560, 562 = AG 2010, 946.
132 *Lutter/Zöllner*, ZGR 1996, 164; *Wiedemann*, ZIP 1991, 1257, 1265; *Priester*, ZIP 1991, 345, 354 im Anschluss an das zum GmbH-Recht ergangene Urteil BGH v. 18.2.1991 – II ZR 104/90, BGHZ 113, 335, 339 f. = AG 1991, 230.
133 BGH v. 26.5.1997 – II ZR 69/96, BGHZ 135, 381, 385 = GmbHR 1997, 788 = ZIP 1997, 1337 = DB 1997, 1610 = DNotZ 1998, 149 (m. Anm. *Kopp*) = DStR 1997, 1254 (m. Anm. *Goette*) = JZ 1998, 199 (m. Anm. *Hirte*) = LM Nr. 5 zu § 57 GmbHG (m. Anm. *Sailer/Kübler*) = NJW 1997, 2514 = WiB 1997, 916 (m. Anm. *Rosengarten*) = WuB II C. § 57 GmbHG 1.97 (*Fleischer*), m. Anm. *O. Schutz*, EWiR 1998, 127 (zur GmbH); zur Anwendbarkeit dieser Urteilserwägungen auf die AG siehe *Hirte*, ZBB 1998, 286, 287; *Henze*, Aktienrecht, Rz. 204; *Hüffer/Koch*, § 188 AktG Rz. 3.
134 Vgl. *Henze*, Aktienrecht, Rz. 204.
135 Vgl. *Scholz* in MünchHdb. AG, § 57 Rz. 44 und den Beschlusstext bei *Hoffmann-Becking* in BeckFormularbuch, Formular X. 27 sowie bei *Favoccia* in MünchVertragsHdb. GesR, Formular V 115.
136 Dazu etwa *Schürnbrand/Verse* in MünchKomm. AktG, 5. Aufl. 2021, § 183 AktG Rz. 41; *Ekkenga* in KölnKomm. AktG, 4. Aufl. 2020, § 183 AktG Rz. 91; *Herchen* in Happ/Groß/Möhrle/Vetter, Aktienrecht, Formular 12.02 Rz. 8.3 sowie *Wieneke*, AG 2013, 437 ff.
137 Und zwar Name bzw. Firma sowie Wohnsitz bzw. Sitz, vgl. etwa *Herchen* in Happ/Groß/Möhrle/Vetter, Aktienrecht, Formular 12.02 Rz. 8.4; großzügiger *Scholz* in MünchHdb. AG, § 57 Rz. 43 und 44 m.w.N. (ausreichende Bestimmbarkeit).

fahren zum ARUG durch den Rechtsausschuss eingefügt[138]. Sie ist so zu verstehen, dass bei fehlender oder nicht ordnungsgemäßer Festsetzung der Sacheinlage jedenfalls nach Eintragung der Durchführung der Kapitalerhöhung eine Bareinlagepflicht besteht, aber auch bei einer fehlerhaften *offenen* Sacheinlage die erbrachte Sacheinlage angerechnet wird[139].

44.28 Ein den Nennbetrag bzw. den geringsten Ausgabebetrag übersteigender höherer **Ausgabebetrag** muss im Kapitalerhöhungsbeschluss nicht festgesetzt werden: Die Hauptversammlung kann dies tun, sie muss es aber nicht[140]. Nach herrschender Auffassung ist nämlich jenseits der in § 183 Abs. 1 AktG geforderten Angaben die Festsetzung eines Ausgabebetrages gar nicht erforderlich[141]. Jedoch ist bei einem Bezugsrechtsausschluss im Vorstandsbericht zum Ausgabebetrag bzw. dessen fehlender Festsetzung Stellung zu nehmen – entscheidend ist die Relation des Wertes der Sacheinlage zu dem Wert der auszugebenden Aktien (Rz. 44.31)[142]. Zum umgekehrten Fall – die Sacheinlage ist werthaltig, aber der Wert der neuen Aktien „mangelhaft" – siehe Rz. 44.36 a.E. Bei der Festlegung der Relation ist nicht zwingend ein Bewertungsstichtag in der Vergangenheit entscheidend. Denkbar sind vielmehr auch dynamische Formeln mit einer variablen Aktienanzahl[143].

44.29 Bei der Entscheidung über die Frage, ob ein höherer Ausgabebetrag festgesetzt werden soll, ist die **bilanzielle Behandlung** (sowie der Umfang der Werthaltigkeitsprüfung, Rz. 44.35) zu bedenken. Dabei sind folgende Komplexe auseinanderzuhalten: Erstens die Festsetzung oder Nichtfestsetzung eines den geringsten Ausgabebetrag übersteigenden Agios, welches den Umfang der Haftung des Inferenten bestimmt (dazu Rz. 44.39), nicht aber den Umfang der Aktivierung. Zweitens die Frage, ob der eingelegte Gegenstand – unabhängig vom Ausgabebetrag – mit seinem vollen Zeitwert zu bilanzieren ist[144] (siehe auch Rz. 44.32). Und drittens die Problematik im Rahmen der Bestimmung des Zeitwertes, ob wegen des anschaffungsähnlichen Vorgangs der Zeitwert der Einlage durch den Wert der Gegenleistung, mithin den Kurswert der jungen Aktien bestimmt wird (vgl. hierzu Rz. 44.31 f.).

44.30 Bei einem **über dem Nennbetrag festgesetzten Ausgabebetrag** kann die Differenz gemäß § 272 Abs. 2 Nr. 1 HGB in die Kapitalrücklage eingestellt werden, sofern der Ausgabebetrag durch den Zeitwert der Sacheinlage gedeckt ist. Es kann aber entgegen einer vor allem von Bilanzrechtlern vertretenen Auffassung[145] zumindest im HGB-Einzelabschluss (zur Bilanzierung von Unternehmenserwerben im Konzernabschluss und DRS 4 bzw. IFRS 3 sogleich Rz. 44.32) auch bei entsprechend reduzierter Aktivierung ein geringerer Betrag in die Kapitalrücklage eingestellt werden. Insbesondere ist trotz höherem Ausgabebetrag eine Buchwertfortführung möglich[146]. Warum dies nur im Anwendungsbereich des § 20

---

138 BT-Drucks. 16/13098, S. 23; siehe zur Entstehungsgeschichte auch *Hoffmann-Becking* in Liber amicorum M. Winter, 2011, S. 237, 240.
139 So auch *Hoffmann-Becking* in Liber amicorum M. Winter, 2011, S. 237, 249; *Schürnbrand/Verse* in MünchKomm. AktG, 5. Aufl. 2021, § 183 AktG Rz. 75; *Veil* in K. Schmidt/Lutter, § 183 AktG Rz. 17; *Habersack* in FS Maier-Reimer, 2010, S. 161, 162 und dort Fn. 9; *Hüffer/Koch*, § 183 AktG Rz. 13 und 14.
140 *Scholz* in MünchHdb. AG, § 57 Rz. 46; *Habersack* in FS Maier-Reimer, 2010, S. 161, 163.
141 *Schürnbrand/Verse* in MünchKomm. AktG, 5. Aufl. 2021, § 183 AktG Rz. 47; *Hüffer/Koch*, § 183 AktG Rz. 9; *Hoffmann-Becking* in BeckFormularbuch, Formular X. 27 und dort Anm. 5; *Favoccia* in MünchVertragsHdb. GesR, Formular V 115 Anm. 8; *Maier-Reimer* in FS Bezzenberger, 2000, S. 253, 260 ff.; a.A. *Wiedemann* in Großkomm. AktG, 4. Aufl. 1995, § 183 AktG Rz. 51; *Veil* in K. Schmidt/Lutter, § 183 AktG Rz. 15; *Ekkenga* in KölnKomm. AktG, 4. Aufl. 2020, § 183 AktG Rz. 99.
142 Siehe *Herchen* in Happ/Groß/Möhrle/Vetter, Aktienrecht, Formular 12.02 Rz. 7.4.
143 *Busch*, AG 2002, 145, 151; *Bücker*, CFL 2010, 177, 185; *Seibt*, CFL 2012, 313, 323 f.
144 Dazu ausführlich *Hoffmann-Becking* in MünchHdb. AG, § 4 Rz. 18 mit umfangreichen Nachweisen.
145 *Adler/Düring/Schmaltz*, 6. Aufl. 1995, § 255 HGB Rz. 96; *Singhof* in HdJ, Abt. III/2 Rz. 115; *Kropff* in MünchKomm. BilR, 2013, § 272 HGB Rz. 111; m.w.N.; unentschieden *Störk/Kliem/Meyer* in BeckBilkomm., 12. Aufl. 2020, § 272 HGB Rz. 174.
146 *Hoffmann-Becking* in FS Wiedemann, 2002, S. 999, 1009.

UmwStG zulässig sein soll[147], ist nicht ersichtlich. Ein solches Vorgehen kann sich dann anbieten, wenn trotz Buchwertfortführung eine Differenzhaftung des Sacheinlegers in Bezug auf den vollen Wert der Sacheinlage angestrebt wird. Umstritten ist die Behandlung der Einbringung einer gegen die AG selbst gerichteten **Forderung** („**debt-equity swap**"). Nachdem das Passivum der eingebrachten Forderung auch bei fehlender Vollwertigkeit in voller Höhe des Nennbetrages wegfällt, ist der Differenzbetrag vollständig in der Kapitalrücklage zu verbuchen[148] und führt – handelsrechtlich – nicht zu einer partiellen Gewinnrealisierung. Dass das Steuerrecht hier einer anderen Betrachtung folgt, ist bilanziell nicht maßgebend[149]. Auch das Argument, es könne nicht in sonstige Eigenkapitalposten verbucht werden, die nicht in Grundkapital wandelbar sind, ist wegen des Schutzes der Altaktionäre vor der Schaffung nicht werthaltig belegter Aktien nicht zwingend. Allerdings ist der praktische Unterschied regelmäßig gering – die Verrechnung vermeintlicher Gewinne mit vorgetragenen Verlusten erfolgt entweder unmittelbar in der Gewinn- und Verlustrechnung oder über den Umweg der Buchung in die Kapitalrücklage mit anschließender Verlustverrechnung gemäß § 150 AktG. Nicht zu folgen ist demgegenüber – auch im Hinblick auf den Schutz der Aktionäre vor Verwässerung – der Auffassung, der Nennbetrag der Forderung könne unabhängig von ihrer Werthaltigkeit vollständig dem Grundkapital zugeführt werden[150].

Umgekehrt ist auch bei **fehlender Festsetzung eines höheren Ausgabebetrages** eine den **Nennbetrag übersteigende Aktivierung** möglich: Die Gesellschaft kann die Sacheinlage mit dem Zeitwert oder einem geringeren bilanziellen Einbringungswert bis zur Untergrenze des dem Nennbetrag der auszugebenden Anteile entsprechenden Wertes ansetzen[151]. Sofern es sich dabei um ein sog. „stilles" Aufgeld handelt, ist die Differenz unstreitig in die Kapitalrücklage gemäß § 272 Abs. 2 Nr. 1 HGB einzustellen (zur ähnlichen Frage bei der Bareinlage siehe schon Rz. 44.17)[152]. Umstritten ist hingehen die bilanzielle Behandlung eines rein schuldrechtlich vereinbarten Agios[153]. Wollte man dieses mit einer

44.31

---

147 So aber *Pentz* in MünchKomm. AktG, 5. Aufl. 2019, § 27 AktG Rz. 39; beschränkt auf Unternehmenseinbringungen *Hüffer/Koch*, § 27 AktG Rz. 20; *Kropff* in MünchKomm. BilR, 2013, § 272 HGB Rz. 116; *Wiedemann* in Großkomm. AktG, 4. Aufl. 1995, § 183 AktG Rz. 55 (zumindest in den Fällen des § 20 UmwStG besteht Wahlrecht).
148 So auch *Maier-Reimer*, Gesellschaftsrecht in der Diskussion, 2011, S. 107, 139; *Schürnbrand/Verse* in MünchKomm. AktG, 5. Aufl. 2021, § 183 AktG Rz. 24.
149 Dies für möglich haltend aber *Ekkenga*, ZGR 2009, 581, 616 (anders aber wohl *Ekkenga*, DB 2012, 331, 334: Buchung des „Einbringungsertrages" in Rücklage gemäß § 272 Abs. 2 Nr. 4 HGB); für Gewinnrealisierung auch *Priester*, DB 2010, 1445, 1448 f.; das Argument, es sei „leicht einsehbar", dass der wertlose Teil kein Aufgeld darstelle, muss sich die Frage gefallen lassen, wie einsehbar eine Gewinnrealisierung für den wertlosen Teil ist. Insofern zutreffend *Cahn/Simon/Theiselmann*, CFL 2010, 238, 245. Eine Erfolgswirksamkeit in Bezug auf den wertlosen Teil ist allerdings nach IFRS (IFRIC 19) gegeben, siehe etwa *Heintges/Urbanczik*, DB 2010, 1469 ff.
150 So aber *Cahn/Simon/Theiselmann*, CFL 2010, 238 ff.; *Cahn/Simon/Theiselmann*, DB 2012, 501 ff.; *Schall* in Großkomm. AktG, 5. Aufl. 2016, § 27 AktG Rz. 185–186; dagegen *Priester*, DB 2010, 1445, 1448 f.; *Pentz* in MünchKomm. AktG, 5. Aufl. 2019, § 27 AktG Rz. 29; *Bayer* in K. Schmidt/Lutter, § 27 AktG Rz. 20; *Kleindiek* in FS Hommelhoff, 2012, S. 543, 551; *Wiedemann* in FS Hoffmann-Becking, 2013, S. 1387, 1393; *Schürnbrand/Verse* in MünchKomm. AktG, 5. Aufl. 2021, § 183 AktG Rz. 24; jedenfalls für den Fall der Überschuldung auch *Arnold* in FS Hoffmann-Becking, 2013, S. 29, 39 ff.
151 *Wiedemann* in Großkomm. AktG, 4. Aufl. 1995, § 183 AktG Rz. 54; *Maier-Reimer* in FS Bezzenberger, 2000, S. 253, 261; *Priester* in FS Lutter, 2000, S. 617, 628; *Hoffmann-Becking* in FS Wiedemann, 2002, S. 999, 1009; *Adler/Düring/Schmaltz*, 6. Aufl. 1995, § 255 HGB Rz. 97.
152 *Schnorbus/Plassmann*, ZIP 2016, 693, 696 m.w.N.
153 Wer mit einer Mindermeinung auf Grundlage des „Babcock"-Urteils (BGH v. 6.12.2011 – II ZR 149/10, ZIP 2012, 73, 75 = DB 2012, 41, 43 = AG 2012, 87) die Unzulässigkeit eines nur schuldrechtlich vereinbarten Agios herleitet (so *C. Schäfer* in FS Stilz, 2014, S. 525, 527 ff.; *C. Schäfer*, ZIP 2016, 953 ff.), gelangt zwanglos zu § 272 Abs. 2 Nr. 1 HGB, vgl. *C. Schäfer*, ZIP 2016, 953: „... erledigt sich naturgemäß auch das Bilanzierungsthema."; ausführlich dazu und dagegen *Schnorbus/Plassmann*, ZIP 2016, 693, 701 ff.

verbreiteten Auffassung[154] in die freien Rücklagen gemäß § 272 Abs. 2 Nr. 4 HGB verbuchen, bestünde aufgrund der inhärenten Bewertungsschwierigkeiten die Gefahr, dass ein Ausschüttungspotential geschaffen wird, dem nicht notwendig eine gesellschaftsrechtliche Werthaltigkeitskontrolle korrespondiert[155]. Daher ist auch das schuldrechtliche Agio gemäß § 272 Abs. 2 Nr. 1 HGB zu verbuchen[156]. Eine Nichtfestsetzung eines den geringsten Ausgabebetrag übersteigenden Ausgabebetrages ist auch bei Ausschluss des Bezugsrechts der Aktionäre möglich. Die Anfechtbarkeit des Kapitalerhöhungsbeschlusses analog § 255 Abs. 2 AktG bei Unangemessenheit (dazu noch Rz. 44.76 f.) ergibt sich unabhängig von der Frage der Festsetzung eines höheren Ausgabebetrages[157]: Entscheidend ist die Wertrelation zwischen dem (Gesamt-)Wert der jungen Aktien einerseits (die sich nicht zuletzt anhand des Börsenkurses bemisst)[158] und dem Wert der Sacheinlage andererseits[159]. Die Festsetzung eines den geringsten Ausgabebetrag übersteigenden Ausgabebetrages ist bei der börsennotierten AG für die Lösung dieses Problems unergiebig, weil der Börsenkurs für ausreichende Transparenz bei der Betrachtung der Wertrelationen sorgt[160].

44.32 Eine hiermit zusammenhängende Frage betrifft die **Bestimmung des maximal aktivierbaren Zeitwertes der Sacheinlage** in der Form eines **Unternehmens**. Zumindest für den **Konzernabschluss** bestimmt DRS 4 „Unternehmenserwerbe im Konzernabschluss" entsprechend den IFRS 3[161] die Anschaffungskosten „nach der Gegenleistung des erwerbenden Unternehmens" (Tz. 12), d.h. dem „beizulegenden Zeitwert der hingegebenen Anteile" (Tz. 13)[162]. Ob diese Bestimmung des Wertes der Sacheinlage mit dem (Börsen-)Wert der Aktien der übernehmenden AG auch im Einzelabschluss vollzogen wird, dürfte der AG zu überlassen sein, so lange sich die Behandlung nach HGB nicht derjenigen nach IFRS annähert[163]. Diese Bestimmung des Wertes der Einlage mit dem Wert der ausgegebenen Anteile der

---

154 Ausführlich insbesondere *Schnorbus/Plassmann*, ZIP 2016, 693, 696 ff.; siehe auch *Ekkenga* in KölnKomm. AktG, 4. Aufl. 2020, § 183 AktG Rz. 101; insgesamt für Nr. 4 *Cahn* in FS Baums, 2017, S. 169, 185.
155 Das insofern von *Schnorbus/Plassmann*, ZIP 2016, 693, 700 vorgebrachte Gegenargument, die Schutzbedürftigkeit der Gläubiger entfiele, wenn und weil das Aufgeld im Kapitalerhöhungsbeschluss ausdrücklich den freien Rücklagen zugewiesen wird, geht am Kern der Problematik vorbei. Zwar mag dadurch Publizität über den Ursprung der Mittel geschaffen werden. Die bestehenden Bewertungsschwierigkeiten und die Gefahr einer Ausschüttung tatsächlich nicht vorhandener Gelder ist damit aber in keiner Weise gebannt.
156 Ausführlich *Hoffmann-Becking* in MünchHdb. AG, § 4 Rz. 19; ebenso *Baums* in FS Hommelhoff, 2012, S. 61, 72, 85; nun auch *Scholz* in MünchHdb. AG, § 57 Rz. 50.
157 So auch *Schürnbrand/Verse* in MünchKomm. AktG, 5. Aufl. 2021, § 183 AktG Rz. 47.
158 *Henze*, Aktienrecht, Rz. 143; *G. Bezzenberger/T. Bezzenberger* in FS W. Müller, 2001, S. 1, 6; *Martens* in FS Bezzenberger, 2000, S. 267, 279; im Grundsatz auch *Decher* in FS Wiedemann, 2002, S. 787, 797 f.
159 Problematisch insofern OLG Frankfurt a.M. v. 1.7.1998 – 21 U 166/97, NZG 1999, 119, 121 = AG 1999, 231 (Bewertung der jungen Aktien sei in § 183 Abs. 1 AktG nicht vorgesehen, aus BGHZ 71, 40, 50 folge nichts anderes); abweichend aber etwa *Wiedemann* in Großkomm. AktG, 4. Aufl. 1995, § 183 AktG Rz. 69 (entweder zu Ausgabe- bzw. Mindestkurs oder zu Wert der Einlage); *Bayer*, ZHR 163 (1999), 505, 535; *Cahn*, ZHR 163 (1999), 554, 583; *G. Bezzenberger/T. Bezzenberger* in FS W. Müller, 2001, S. 1, 6; *Hoffmann-Becking* in FS Wiedemann, 2002, S. 999, 1004.
160 *Maier-Reimer* in FS Bezzenberger, 2000, S. 253, 263; *Priester* in FS Lutter, 2000, S. 617, 631; *Hoffmann-Becking* in FS Wiedemann, 2002, S. 999, 1004; *Baums* in FS Hommelhoff, 2012, S. 61, 69; *Verse*, ZGR 2012, 875, 884; a.A. aber z.B. *Wiedemann* in Großkomm. AktG, 4. Aufl. 1995, § 183 AktG Rz. 51.
161 Dazu *Senger/Brune* in Beck'sches IFRS-Handbuch, 6. Aufl. 2020, § 34 Rz. 195 ff.; *Gros*, FB 2005, 779 ff.
162 Dagegen kritisch IDW-Stellungnahme in WPg 2000, 615, 616 f., 620; WP-Handbuch 2008 Bd. II, Kapitel E Rz. 84. Zur Bewertung der Einlage mit dem Wert der eigenen Anteile und dem Bewertungsstichtag nach IAS und US-GAAP siehe auch *Fladt/Feige*, WPg 2003, 249, 251.
163 Strikter WP-Handbuch 2008 Bd. II, Kapitel E Rz. 84: Maßgeblich für Einzelabschluss ist allein Ausgabebetrag der neuen Aktien (Anschaffungskosten); Ansatz des Zeitwerts dieser Aktien führe zur Bildung von Kapitalrücklagen, die tatsächlich nicht vorhanden seien. Zur Frage, ob nicht entgegen DRS 4 auch im Konzernabschluss eine Buchwertfortführung möglich ist und welchen Einfluss diese auf das Testat hätte (keinen), siehe WP-Handbuch 2008 Bd. II, Kapitel E Rz. 91 a.E.

übernehmenden Gesellschaft wird mit dem Argument angegriffen, sie stelle die wirtschaftlichen Verhältnisse auf den Kopf, weil der Wert der Einlage den Ausgabebetrag bestimmen müsse und nicht umgekehrt der Ausgabekurs der Aktien den für die Sacheinlage maßgeblichen Wert[164]. Einer solchen Sichtweise ist aber jedenfalls bei Sacheinlagen unverbundener Dritter, bei denen das Austauschverhältnis frei ausgehandelt wird, und auch im Hinblick auf die Marktbewertung (Börsennotierung) der hingegebenen Anteile, nicht zu folgen[165].

3. Werthaltigkeitsprüfung

44.33 Bei der Kapitalerhöhung gegen Sacheinlagen ist gemäß § 183 Abs. 3 AktG grundsätzlich eine **Einlagenprüfung** durch einen gerichtlich zu bestellenden **Prüfer** erforderlich. Mit dem ARUG wurden für verschiedene Konstellationen, wie z.B. die Einlage von Wertpapieren[166] bzw. bereits sachverständig bewertete Vermögensgegenstände (siehe § 33a AktG), optionale Erleichterungen vorgesehen. Danach kann (nicht: muss) an die Stelle des Prüfers die Bewertung durch einen Sachverständigen treten[167] (bei Wertpapieren kann an den in § 33a Abs. 1 Nr. 1 AktG bezeichneten Durchschnittskurs angeknüpft werden). Verbunden hiermit ist allerdings eine zusätzliche Versicherung gegenüber dem Registergericht (§ 184 Abs. 1 Satz 3 AktG i.V.m. § 37a Abs. 2 AktG), eine Bekanntmachung gemäß § 183a Abs. 2 Satz 1 AktG und eine vierwöchige Registersperre nach § 183a Abs. 2 Satz 2 AktG. Zudem können Aktionäre, die 5 % des Kapitals halten, die Bestellung eines Prüfers verlangen (§ 183a Abs. 3 AktG). Vor diesem Hintergrund wird der vereinfachten Sachkapitalerhöhung ganz überwiegend keine große praktische Bedeutung beigemessen[168].

44.34 Den Prüfer bestellt auf Antrag der AG (vertreten durch den Vorstand) das für die Gesellschaft zuständige Registergericht. Die Bestellung des **Abschlussprüfers** der Gesellschaft ist zulässig[169], kann diesen in der börsennotierten AG jedoch gemäß § 319a Abs. 1 Nr. 3 HGB für die zukünftige Abschlussprüfung disqualifizieren[170]. Mangels unmittelbarem Eingriff in die Recht der Aktionäre steht diesen gegen den gerichtlichen Beschluss, mit dem der Prüfer bestellt wird, kein Beschwerderecht zu[171].

---

164 *Angermayer*, DB 1998, 145, 147; *Ballerstedt*, Kapital, Gewinn und Ausschüttung bei Kapitalgesellschaften, 1949, S. 71; ähnlich auch *Schulze-Osterloh*, ZGR 1993, 420, 430; *Wohlgemuth* in HdJ, Abt. I/9 Rz. 81.
165 Ausführlich *Hügel*, Verschmelzung und Einbringung, 1991, S. 233 ff. mit Ergebnis S. 241; zum ähnlichen Problem bei der Verschmelzung siehe auch *Moszka* in Semler/Stengel/Leonard, 5. Aufl. 2021, § 24 UmwG Rz. 34 ff.
166 Zu diesem Begriff *Servatius* in BeckOGK AktG, Stand 1.6.2021, § 183a AktG Rz. 8–12; *Leuering*, NZG 2016, 208, 209.
167 Zum begrenzten Prüfungsrechts des Registergerichts in solchen Fällen KG v. 12.10.2015 – 22 W 77/15, NZG 2016, 620, 621 = ZIP 2016, 162 = AG 2016, 180.
168 So auch *Schürnbrand/Verse* in MünchKomm. AktG, 5. Aufl. 2021, § 183a AktG Rz. 7.
169 Vgl. § 183 Abs. 3 Satz 2, § 33 Abs. 5, § 143 Abs. 2 AktG; der Abschlussprüfer kann Sonderprüfer sein, vgl. etwa *Rieckers/J. Vetter* in KölnKomm. AktG, 4. Aufl. 2020, § 143 AktG Rz. 50 m.w.N. Siehe auch *Semler* in FS Fleck, 1988, S. 331, 336 (Gründungsprüfung bei Formwechsel); *Engelmeyer*, WPg 1996, 732, 734 (Verschmelzungs- bzw. Spaltungsprüfung). Zum eigenständigen Ausschlusstatbestand der „Befangenheit" gemäß § 318 Abs. 3 HGB i.V.m. § 323 Abs. 1 HGB siehe BGH v. 25.11.2002 – II ZR 49/01 – HVB, DB 2003, 383 = ZIP 2003, 290 = AG 2003, 319.
170 Demgegenüber erfasst § 319 Abs. 3 Nr. 3d HGB diesen Fall nach herrschender Auffassung nicht, vgl. *Schürnbrand/Verse* in MünchKomm. AktG, 5. Aufl. 2021, § 183 AktG Rz. 81; *Gelhausen/Kuss*, NZG 2003, 424, 425; *Schmidt*, BB 2003, 779, 781; *Bormann* in MünchKomm. BilR, 2013, § 319 HGB Rz. 51; *Adler/Düring/Schmaltz*, 6. Aufl. 2001, § 319 HGB Rz. 130. Nach *Schmidt/Nagel* in BeckBilkomm., 12. Aufl. 2020, § 319 HGB Rz. 66, soll es sich regelmäßig um Prüfungs-, nicht Bewertungstätigkeit handeln, die „für sich betrachtet" keine Besorgnis der Befangenheit begründe.
171 OLG Frankfurt a.M. v. 26.5.2009 – 20 W 115/09, AG 2009, 550 f.; *Schürnbrand/Verse* in MünchKomm. AktG, 5. Aufl. 2021, § 183 AktG Rz. 80.

44.35 Jedenfalls dann, wenn die Ausgabe der Aktien zum Nennbetrag bzw. zum geringsten Ausgabebetrag erfolgt, beschränkt sich die Prüfung allein auf die Frage, ob der Wert der Sacheinlage diesen geringsten Ausgabebetrag erreicht. Umstritten ist der Umfang der Werthaltigkeitsprüfung dagegen in den Fällen, in denen ein **höherer Ausgabebetrag** festgesetzt wurde. Ein Teil des Schrifttums nimmt an, dass auch in diesen Fällen nur zu prüfen ist, ob der Wert der Sacheinlage den geringsten Ausgabebetrag erreicht[172]. Begründet wird dies mit dem Zweck der Werthaltigkeitsprüfung: Diese diene dem Gläubigerschutz und sei keine Relationsprüfung zum Schutz der Aktionäre. Dies entspricht allerdings nicht der herrschenden Lehre[173], und auch der BGH hat sich der Auffassung, die eine volle Werthaltigkeitsprüfung verlangt, angeschlossen[174]. Gemäß § 9 Abs. 2 AktG stellt das Agio nämlich einen Teil des Ausgabebetrages und somit der mitgliedschaftlichen Leistungspflicht der Aktionäre gemäß § 54 Abs. 1 AktG dar. Diesem Charakter als mitgliedschaftliche Leistungsverpflichtung würde es nicht entsprechen, eine nur auf den geringsten Ausgabebetrag begrenzte Werthaltigkeitsprüfung durchzuführen. Überdies wäre eine solche Beschränkung ein ungerechtfertigter Widerspruch zu der Bareinlagepflicht, die stets auch das Aufgeld umfasst. Dies zeigt sich auch an der Behandlung der verdeckten Sacheinlage: Ausweislich § 27 Abs. 3 Satz 3 AktG wird bei dieser der Wert der Sacheinlage in Verhältnis zu der Bareinlagepflicht gesetzt. Nachdem die Bareinlagepflicht aber stets das Agio umfasst, kommt es für die verdeckte Sacheinlage auf den tatsächlichen Ausgabebetrag an. Wollte man für die offene Sacheinlage nur den geringsten Ausgabebetrag zur Werthaltigkeitsprüfung heranziehen, ergäbe sich eine Ungleichbehandlung von verdeckter und offener Sacheinlage. Dem Inferenten ist es folglich nahe zulegen, auf die formelle Festsetzung eines Aufgeldes zu verzichten[175]. Handelt es sich um eine **gemischte Sacheinlage**, bei der die AG neben Aktien auch eine Barvergütung gewährt, hat das Werthaltigkeitsgutachten dies zu berücksichtigen. Es ist also darzulegen, dass die Belegung des Ausgabebetrages auch unter Berücksichtigung der Barvergütung gegeben ist[176].

4. Erbringung der Sacheinlage

44.36 Beinhaltet die Sachkapitalerhöhung eine verschmelzungsähnliche Zusammenführung zweier Unternehmen, werden die Eckdaten der Sachkapitalerhöhung in der Praxis im Vorfeld häufig in einem sog. **Business Combination Agreement** niedergelegt, das als **Vor- oder Grundvertrag** die Rechtsbeziehungen der Parteien festhalten soll[177]. Über die Einbringung der Sacheinlage selbst wird zwischen der Gesellschaft und dem Einleger ein separater **Einbringungsvertrag** geschlossen. Dieser konkretisiert die

---

172 *Lieder* in Bürgers/Körber/Lieder, 5. Aufl. 2021, § 183 AktG Rz. 27; *Herchen* in Happ/Groß/Möhrle/Vetter, Aktienrecht, Formular 12.06 Rz. 44.2.
173 *Hüffer/Koch*, § 183 AktG Rz. 16; *Schürnbrand/Verse* in MünchKomm. AktG, 5. Aufl. 2021, § 183 AktG Rz. 84; *Ekkenga* in KölnKomm. AktG, 4. Aufl. 2020, § 183 AktG Rz. 102 und 222 ff.; *Wiedemann* in Großkomm. AktG, 4. Aufl. 1995, § 183 AktG Rz. 82; *Hirte* in Großkomm. AktG, 4. Aufl. 2001, § 205 AktG Rz. 16; *Veil* in K. Schmidt/Lutter, § 183 AktG Rz. 26; *Priester* in FS Lutter, 2000, S. 617, 623; *Angermayer*, WPg 1998, 914 ff.; *Bayer* in FS P. Ulmer, 2003, S. 21, 37 ff.; *Bayer*, ZHR 168 (2004), 132, 161 f.; *Herchen* in Happ/Groß/Möhrle/Vetter, Aktienrecht, Formular 12.02 Rz. 13.4; *Hoffmann-Becking* in MünchHdb. AG, § 4 Rz. 38; *Scholz* in MünchHdb. AG, § 57 Rz. 51; *Baums* in FS Hommelhoff, 2012, S. 61, 69 f.
174 BGH v. 6.12.2011 – II ZR 149/10 – Babcock, ZIP 2012, 73, 75 = DB 2012, 41, 43 = AG 2012, 87 Rz. 17.
175 Vgl. insofern auch *Seibt*, CFL 2012, 313, 328 f. sowie *Heer*, ZIP 2012, 2325, 2328. Aus Sicht der Gesellschaft wäre ein solches Vorgehen dann problematisch, wenn bei der Bewertung des Einlagegegenstandes erhebliche Unsicherheiten bestehen (etwa beschränkter Zugang bei einem Unternehmenserwerb). Siehe dazu auch *Verse*, ZGR 2012, 874, 882 ff. Eine Differenzhaftung wohl auch für ein solches verdecktes, jedenfalls aber nur schuldrechtlich vereinbartes und nicht korporativ festgesetztes Agio annehmen aber *C. Schäfer* in FS Stilz, 2014, S. 525, 529 f.; *C. Schäfer*, ZIP 2016, 953 ff.
176 Anders gewendet: Der Wert der Sacheinlage muss den geringsten Ausgabebetrag zuzüglich der Barvergütung erreichen; siehe auch *R. Krause*, ZHR 181 (2017), 641, 656; *Koch*, ZHR 175 (2011), 55, 59; *Habersack* in FS Konzen, 2006, S. 179, 181 m.w.N.
177 Dazu *Aha*, BB 2001, 2225 ff.; vgl. auch *Wiedemann* in Großkomm. AktG, 4. Aufl. 1995, § 183 AktG Rz. 71 sowie zum Konflikt mit § 187 Abs. 1 AktG *Wieneke*, NZG 2004, 61, 62 f.

Sacheinlage und beinhaltet die schuldrechtliche Verpflichtung zur Erbringung der Sacheinlage sowie die dinglichen Übereignungserklärungen[178]. Der Abschluss eines solchen – schriftlich abzuschließenden[179] – Einbringungsvertrages erübrigt sich nur dann, wenn die Sacheinlage rechtlich so einfach gelagert ist, dass die Einzelheiten der Einbringungspflicht und die Erfüllung im Kapitalerhöhungsbeschluss selbst festgesetzt werden können. Die Verpflichtung des Sacheinlegers zur Erbringung der Einlage folgt dann aus dem separat abzuschließenden Zeichnungsvertrag (dazu Rz. 44.95 ff.). Insbesondere bei ausländischen Inferenten im Rahmen der Einbringung eines Unternehmens besteht häufig der Wunsch, **Gewährleistungen** der AG für den Wert der Gegenleistung (Aktien) zu erlangen bzw. weitere Aktien oder Geldzahlungen bei der Erreichung bestimmter Ertragsziele des eingebrachten Unternehmens zu erlangen. Solche Geldersatzansprüche bei Gewährleistungsverletzungen bzw. Gewährung zusätzlicher Anteile oder Geldzahlungen ohne weitere Einlageleistung sind *de lege lata* nur schwierig konstruierbar; am ehesten kommt für Zuzahlungsansprüche eine gemischte Sacheinlage (Rz. 44.22) in Betracht[180].

Erst mit Erbringung der Sacheinlage beginnt das volle **Stimmrecht** für die ausgegebenen Aktien (§ 134 Abs. 2 AktG) und, sofern nicht der Kapitalerhöhungsbeschluss eine abweichende Regelung enthält (§ 60 Abs. 3 AktG), die volle **Dividendenberechtigung**. Besteht der Gegenstand der Sacheinlage in einem Unternehmen und bestimmt der Einbringungsvertrag für Fälle fehlender Mitwirkungen Dritter bei der Übertragung bestimmter Vermögensgegenstände, dass sich Einbringender und Gesellschafter so stellen, als ob die Übertragung erfolgt wäre, ist die Sacheinlage mit Einbringung des Unternehmens als Gesamtheit bewirkt, selbst wenn einzelne Vermögensgegenstände noch nicht übertragen sind[181]. Zur Sacheinlage von Aktien anderer börsennotierter Unternehmen, die im Rahmen eines Umtauschangebots regelmäßig im Rahmen der Ausschöpfung eines genehmigten Kapitals erfolgt, siehe noch Rz. 45.36.

44.37

5. Bareinlage- bzw. Differenzhaftung

Die Kapitalerhöhung gegen Einlage begründet grundsätzlich eine Pflicht zur Bareinlage. § 183 AktG gestattet, diese Bareinlage durch eine Sacheinlage zu ersetzen – es handelt sich nach herrschender Auffassung insofern um eine **Leistung an Erfüllungs statt**[182]. Ist der Kapitalerhöhungsbeschluss **fehlerhaft**, enthält er etwa nicht die für eine Sacheinlage erforderlichen Festsetzungen (einschließlich des separaten Vergütungsanteils bei der gemischten Sacheinlage), ist der Beschluss nicht unwirksam. Bis zur Neufassung des § 183 Abs. 2 AktG durch das ARUG entstand mit Eintragung der Durchführung der Kapitalerhöhung eine Verpflichtung des Einlegers gemäß § 183 Abs. 2 Satz 2 und 3 AktG a.F., in Höhe des geringsten Ausgabebetrages oder eines etwa höher festgesetzten Ausgabebetrages eine **Bareinlage** zu leisten. Die Neufassung der Norm durch das ARUG, die in erster Linie die Nichtigkeit der Rechtsgeschäfte im Zusammenhang mit einer verdeckten Sacheinlage aufgibt, lässt eine Regelungslücke für die zwar offen, aber fehlerhaft beschlossene Sachkapitalerhöhung entstehen. Insofern wird

44.38

---

178 Dazu eingehend *Hoffmann-Becking* in FS Lutter, 2000, S. 453 ff.; siehe auch *Wiedemann* in Großkomm. AktG, 4. Aufl. 1995, § 183 AktG Rz. 73.
179 Relativierend aber *Schürnbrand/Verse* in MünchKomm. AktG, 5. Aufl. 2021, § 183 AktG Rz. 34; *Hüffer/Koch*, § 183 AktG Rz. 6; nur wenn die Sacheinlage (auch) aus Grundstücken bzw. GmbH-Geschäftsanteilen besteht, ergibt sich eine Beurkundungspflicht aus § 311b Abs. 1 BGB bzw. § 15 Abs. 4 GmbHG bzw. bei Beurkundung des Zeichnungsscheins (dazu Rz. 44.99) aus § 9 Abs. 1 Satz 2 BeurkG, vgl. *Mülbert*, AG 2003, 281, 282 f.
180 Zu Gewährleistungsansprüchen *Sieger/Hasselbach*, BB 2004, 60, 61 ff.; *Brandi*, NZG 2004, 600 ff.; *Schaefer/Grützediek*, NZG 2006, 204, 206 f.; offener *Wieneke*, NZG 2004, 61, 67 f.; *Krause* in Henze/Hoffmann-Becking, RWS-Forum, Gesellschaftsrecht 2003, S. 301, 317 ff.; *Scholz* in MünchHdb. AG, § 57 Rz. 54; *Winter* in FS Röhricht, 2005, S. 709, 721 ff.; vgl. auch *Schürnbrand/Verse* in MünchKomm. AktG, 5. Aufl. 2021, § 185 AktG Rz. 61; zu Geldzahlungen („contingent value rights") *Sustmann*, CFL 2011, 381, 390; zu „contingent shares" *Hoffmann-Becking* in Hommelhoff/Lutter/Schmidt/Schön/Ulmer, Corporate Governance, 2002, S. 215, 228 f.; *R. Krause*, ZHR 181 (2017), 641, 658 ff.
181 *Hoffmann-Becking* in FS Lutter, 2000, S. 453, 472; *S. Richter*, ZGR 2009, 721 ff.
182 Vgl. *Hüffer/Koch*, § 183 AktG Rz. 4; *Lutter* in FS Stiefel, 1987, S. 505, 510; *Hennerkes/Binge*, AG 1996, 119, 121.

man nunmehr von einem Fortbestehen der Bareinlageverpflichtung unter Anrechnung der geleisteten Sacheinlage ausgehen müssen (vgl. schon Rz. 44.27).

44.39 Erreicht der Wert der Sacheinlage nicht den **geringsten Ausgabebetrag** der Aktien, ist, sofern die Kapitalerhöhung durch Eintragung ihrer Durchführung wirksam geworden ist, die Differenz in bar zu leisten. Ist ein **höheres Aufgeld** festgesetzt, erstreckt sich die Differenzhaftung nach wohl herrschender und richtiger Auffassung auch auf dieses Aufgeld[183]. Im Hinblick auf § 54 Abs. 1 AktG und den Kapitalaufbringungsschutz ist von einer gesetzlichen – d.h. unabdingbaren – Verpflichtung auszugehen. Aus § 36a Abs. 2 Satz 3 AktG ergibt sich hinreichend deutlich, dass auch ein Aufgeld erfasst ist; das Aktienrecht unterscheidet sich insofern vom GmbH-Recht (vgl. § 9 Abs. 1 GmbHG). Stichtag für die Berechnung der Wertdifferenz ist das Datum der Anmeldung der Durchführung der Kapitalerhöhung[184]. Wurde eine Forderung im Rahmen eines **Insolvenzplans** in Eigenkapital gewandelt, ist unter den Voraussetzungen des § 254 Abs. 4 InsO der Differenzhaftungsanspruch ausgeschlossen. Eine Bareinlagepflicht besteht auch dann, wenn die Erbringung der Sacheinlage aufgrund Unwirksamkeit des Verpflichtungsgeschäftes oder Unmöglichkeit gestört wird[185]. Gleiches gilt für den Rücktritt, sofern man einen solchen bei Sacheinlageverpflichtungen überhaupt für möglich hält[186]. Auch hier setzt die Geldeinlagepflicht allerdings die Eintragung der Durchführung der Kapitalerhöhung im Handelsregister voraus. Vor Eintragung der Kapitalerhöhung können Fehler geheilt werden; es kann aber auch die Anmeldung zurückgenommen werden.

6. Gemischte Bar-/Sacheinlage

44.40 Eine börsennotierte AG verfügt heute regelmäßig über ein genehmigtes Kapital, welches u.a. eine Kapitalerhöhung gegen Sacheinlagen unter Bezugsrechtsausschluss gestattet. Wo dies nicht der Fall ist oder das genehmigte Kapital betraglich nicht ausreicht, kann sich aufgrund von Schwierigkeiten eines Bezugsrechtsausschlusses im Rahmen der ordentlichen Kapitalerhöhung bei geplanten Sacheinlagen die Notwendigkeit einer gemischten Bar-/Sacheinlage ergeben. Inhalt dieser Gestaltung ist eine einheitliche Kapitalerhöhung, bei der zum einen ein Aktionär oder Nichtaktionär zur Kapitalerhöhung gegen Sacheinlage zugelassen wird und parallel den übrigen Aktionären zwecks Quotenerhalt die Möglichkeit der Teilnahme an einer Barkapitalerhöhung eröffnet wird[187]. Dabei kann der Quotenerhalt häufig dann gewährleistet werden, wenn der Sacheinleger bereits an der Gesellschaft beteiligt ist. Wo dies nicht der Fall ist, kann nur ein Bezugsrechtsverzicht durch einen Großaktionär helfen[188]. Ein **Bezugsrechtsausschluss** ist bei diesem Verfahren nach zutreffender Auffassung nicht erforderlich, obwohl in der Praxis gelegentlich vorsorglich das Bezugsrecht ausgeschlossen wird[189]. Auch kann nach

---

183 So *Schürnbrand/Verse* in MünchKomm. AktG, 5. Aufl. 2021, § 183 AktG Rz. 92; *Hüffer/Koch*, § 183 AktG Rz. 21; *Scholz* in MünchHdb. AG, § 57 Rz. 61; *Wiedemann* in Großkomm. AktG, 4. Aufl. 1995, § 185 AktG Rz. 70; BGH v. 6.12.2011 – II ZR 149/10, DB 2012, 41, 42 = AG 2012, 87; *Verse*, ZGR 2012, 874, 879 f.; *Lieder* in Bürgers/Körber/Lieder, 5. Aufl. 2021, § 183 AktG Rz. 34. Eine Differenzhaftung selbst für ein verdecktes Agio annehmen *C. Schäfer*, FS Stilz, 2014, S. 525, 529 f.; dagegen etwa *Schürnbrand/Verse* in MünchKomm. AktG, 5. Aufl. 2021, § 183 AktG Rz. 7294.
184 *Hüffer/Koch*, § 183 AktG Rz. 21; *Scholz* in MünchHdb. AG, § 57 Rz. 62.
185 *Hüffer/Koch*, § 183 AktG Rz. 7.
186 Zu Leistungsstörungen etwa *Schürnbrand/Verse* in MünchKomm. AktG, 5 Aufl. 2021, § 183 AktG Rz. 36.
187 *Apfelbacher/Niggemann* in Hölters, § 183 AktG Rz. 17; Muster bei *Herchen* in Happ/Groß/Möhrle/Vetter, Aktienrecht, Formular 12.02 Rz. 4.3.
188 Vgl. insofern auch *Hennerkes/Binge*, AG 1996, 119, 122; *Maier-Reimer* in FS Bezzenberger, 2000, S. 253, 254.
189 OLG Stuttgart v. 20.12.2000 – 20 U 45/00, AG 2001, 200; *Hefermehl/Bungeroth* in G/H/E/K, 1989, § 183 AktG Rz. 35; *Scholz* in MünchHdb. AG, § 57 Rz. 120; *Krause* in Habersack/Mülbert/Schlitt, Unternehmensfinanzierung am Kapitalmarkt, § 6 Rz. 26 (dort auch zum vorsorglichen Ausschluss des Bezugsrechts); *Groß*, AG 1993, 449, 453 f.; *Hirte*, Bezugsrechtsausschluss und Konzernbildung, 1986, S. 81; *Lappe*, BB 2000, 313, 316 f.; *Heusel* in Semler/Volhard/Reichert, ArbeitsHdb. HV, § 21 Rz. 19.

zutreffender, wenn auch nicht unstreitiger Auffassung die Barkapitalerhöhung im Rahmen eines mittelbaren Bezugsrechts übernommen werden[190].

Allerdings besteht auch bei einer solchen Art der Kapitalerhöhung die Gefahr der Rüge der **fehlenden Werthaltigkeit der Sacheinlage**[191]. Anders als bei einem Bezugsrechtsausschluss spielt wegen des einheitlichen Bezugspreises der neuen Aktien der Ausgabebetrag dieser Aktien für sich genommen keine Rolle[192]. Gleichwohl kann eine Verwässerung der Beteiligung der die Bareinlage erbringenden Aktionäre dann eintreten, wenn der Wert der Sacheinlage den Bezugspreis der hierfür gewährten Aktien nicht deckt, also die Bareinlagen wertmäßig nicht mit den Sacheinlagen korrespondieren[193]. Weil nach der hier vertretenen Auffassung ein Bezugsrechtsausschluss nicht vorliegt, § 255 Abs. 2 AktG dementsprechend nicht eingreift, ist der Schutz der die Bareinlage erbringenden Aktionäre über § 53a AktG sowie § 243 Abs. 1, § 255 Abs. 1 AktG bzw. § 243 Abs. 2 AktG sicherzustellen[194].

44.41

IV. Bezugsrecht

1. Inhalt

Gemäß § 186 Abs. 1 AktG muss jedem Aktionär auf sein Verlangen ein seinem Anteil an dem bisherigen Grundkapital entsprechender Teil der neuen Aktien aus einer Kapitalerhöhung zugewiesen werden. Das damit angesprochene **Bezugsrecht** ist ein mitgliedschaftliches Grundrecht[195] und hat zweierlei Funktion: Es soll erstens dem Aktionär ermöglichen, seine **Beteiligungsquote** (u.a. seine Stimmrechtsquote) zu erhalten, die bei Zulassung Dritter zur Kapitalerhöhung absinken würde. Es soll zweitens einer **wirtschaftlichen Verwässerung** der Beteiligung des Aktionärs bei Ausgabe der jungen Aktien unter Wert vorbeugen. Die wirtschaftliche Verwässerung wird dann durch Ausübung oder Veräußerung des Bezugsrechts vermieden[196].

44.42

Beide Funktionen sind in die **Kritik** geraten. So wird darauf hingewiesen, dass bei Aktionären mit vernachlässigenswerter Beteiligungsgröße die Stimmrechtsmacht faktisch keine Rolle spiele und eine wirtschaftliche Verwässerung gerade durch die gesetzliche Anordnung des Bezugsrechts und der Bezugsfrist hervorgerufen werde, was ohne Bezugsrecht verhindert werden könnte[197]. Denn in der Bezugsfrist von mindestens zwei Wochen liege die Gewährung einer entsprechend lang laufenden Option

44.43

---

190 *Hüffer/Koch*, § 186 AktG Rz. 45; *Schürnbrand/Verse* in MünchKomm. AktG, 5. Aufl. 2021, § 186 AktG Rz. 171.
191 Dabei ist stets eine volle, also eine sich auf den tatsächlichen Ausgabebetrag der Aktien erstreckende Werthaltigkeitsprüfung vorzunehmen, siehe bereits Rz. 44.35.
192 Vgl. *Groß*, AG 1993, 449, 454.
193 *Aha*, BB 2001, 2225, 2226; *Herchen* in Happ/Groß/Möhrle/Vetter, Aktienrecht, Formular 12.02 Rz. 4.3.
194 *Lappe*, BB 2000, 313, 316; *Herchen* in Happ/Groß/Möhrle/Vetter, Aktienrecht, Formular 12.02 Rz. 4.3; a.A. (§ 255 Abs. 2 AktG ist jedenfalls analog anwendbar) OLG Jena v. 12.10.2006 – 6 W 452/06, AG 2007, 31 ff. = ZIP 2006, 1989, 1994 f.; *Apfelbacher/Niggemann* in Hölters, § 255 Rz. 6; *Schürnbrand/Verse* in MünchKomm. AktG, 5. Aufl. 2021, § 186 AktG Rz. 132; *Kiefner/Seibel*, AG 2016, 301, 302; *Scholz* in MünchHdb. AG, § 57 Rz. 47 m.w.N.
195 *Wiedemann* in Großkomm. AktG, 4. Aufl. 1995, § 186 AktG Rz. 13.
196 Wobei sich der rechnerische Wert des Bezugsrechts (ohne Berücksichtigung des Zeitwerts der mit dem Bezugsrecht verbundenen Option) aus der Formel Kurs der Altaktien minus Bezugskurs dividiert durch Bezugsverhältnis plus eins errechnet, vgl. *Wiedemann* in Großkomm. AktG, 4. Aufl. 1995, § 186 AktG Rz. 222; *Ekkenga* in KölnKomm. AktG, 4. Aufl. 2020, § 186 AktG Rz. 63; zu komplexeren Bewertungsmodellen *Röder*, FB 2006, 685 f. sowie *Röder/Walkshäusl*, CFB 2010, 504, 506 f.; zur Bewertung des Bezugsrechts bei verschiedenen Gattungen vgl. *Schieber/Schweizer*, CFB 2010, 100, 102 ff.
197 Vgl. insbesondere *Martens*, ZIP 1992, 1677 ff.; *Martens*, ZIP 1994, 669; *Heinsius* in FS Kellermann, 1991, S. 115 ff.; in ähnliche Richtung *Kübler/Mendelson/Mundheim*, AG 1990, 461 ff.; die reine Finanzanlage von Kleinaktionären betonend auch *Röhricht*, ZGR 1999, 445, 474 f.

zugunsten der Aktionäre und bei einem hard underwriting durch Banken eine entsprechend lang laufende Putoption der Gesellschaft. Dies führe gerade in volatilen Marktverhältnissen zu hohen Sicherheitsabschlägen von nicht selten 30–40 % auf den sog. „Theoretical Ex-Rights Price" (TERP), also den um den mathematischen Bezugsrechtsabschlag bereinigten Marktpreis[198]. Daneben wird geltend gemacht, das Bezugsrecht verhindere aufgrund des nicht prognostizierbaren Bezugsverhaltens der Altaktionäre die Platzierung der nicht bezogenen Aktien bei anderen Investoren[199]. Diese Kritik hat zum einen den Gesetzgeber auf den Plan gerufen (vgl. die Regelung in § 186 Abs. 3 Satz 4 AktG [näher Rz. 44.86 ff.] sowie § 186 Abs. 2 und Abs. 5 AktG [vgl. näher Rz. 44.54 f.]). Zum anderen hat die Rechtsprechung zum genehmigten Kapital durch die Entscheidung des BGH in Sachen Siemens/Nold eine Erleichterung des Bezugsrechtsausschlusses im Rahmen des genehmigten Kapitals herbeigeführt (vgl. näher Rz. 45.18 ff.)[200].

44.44 Das Bezugsrecht besteht kraft Gesetzes, und die Gesetzesregelung ist zwingend. Ein Bezugsrecht besteht nicht bei einer Kapitalerhöhung zum Zwecke der Verschmelzung oder Spaltung (§ 69 Abs. 1, § 142 Abs. 1 UmwG), weil es hier gerade um die Zulassung Dritter in die erweiterte oder die einen abgespaltenen Vermögensteil aufnehmende Gesellschaft geht. Ferner besteht das Bezugsrecht nicht bei der bedingten Kapitalerhöhung, weil hier entweder das Bezugsrecht vorgelagert ist (Wandelschuldverschreibungen i.S.v. § 221 AktG), ein verschmelzungsähnlicher Vorgang vorbereitet werden soll (§ 192 Abs. 2 Nr. 2 AktG) oder Arbeitnehmern bzw. Organen der Gesellschaft oder verbundenen Unternehmen Bezugsrechte zu Lasten der Altaktionäre zugewiesen werden sollen. Ausstrahlung entfaltet das auf die Ausgabe junger Aktien beschränkte Bezugsrecht demgegenüber auf gemäß § 71 Abs. 1 Nr. 8 AktG erworbene eigene Aktien der Gesellschaft (vgl. § 71 Abs. 1 Nr. 8 Satz 3 bis 5 AktG)[201].

a) Bezugsberechtigte und Bezugsverhältnis

44.45 Das **Bezugsverhältnis** ergibt sich aus dem Verhältnis des bestehenden Grundkapitals bzw. der Zahl der existierenden Aktien zum Kapitalerhöhungsbetrag bzw. der Zahl der jungen Aktien. Jede alte Aktie vermittelt ein Bezugsrecht; ist das Bezugsverhältnis etwa auf 10:1 festgesetzt, berechtigen 10 Bezugsrechte zum Erwerb einer neuen Aktie, bei 7:3 berechtigen sieben alte Aktien zum Bezug von drei neuen Aktien. Im zuletzt genannten Beispiel ist im Bezugsangebot klarzustellen, ob Bruchteile von Bezugsrechten handelbar sind oder nur der Bezug von drei Aktien oder einem Vielfachen davon möglich ist. Wer nämlich 10 Aktien hält, könnte ohne Bruchteilshandel nur 3 neue Aktien (und nicht 4 mit der Verwertung von 0,66 Bezugsrecht) beziehen. Zeitlich entscheidend für die Ermittlung des bestehenden Grundkapitals sind die Verhältnisse zum Ende des von der emittierenden Gesellschaft an die Clearstream Banking AG mitgeteilten Record Tags oder, falls kein solcher mitgeteilt wird, des Geschäftstags vor dem **ersten Tag der Bezugsfrist**, denn an diesem Tag werden die Altaktien „ex Bezugsrecht" gehandelt (sog. „Ex-Tag-1")[202]. Dabei kann sich die Notwendigkeit des Bezugsrechtsausschlusses für Spitzenbeträge ergeben, wenn ein glattes Bezugsverhältnis angestrebt wird (vgl. näher Rz. 44.81). Bei der Festlegung des Bezugsverhältnisses ist die Ausübung **ausstehender Optionsrechte**, die durch bedingtes Kapital gesichert sind, durch Abfrage des Umfangs der Ausübung dieser Rechte nach der letzten Anmeldung gemäß § 201 Abs. 1 AktG bei der jeweiligen Bezugsstelle (Optionsstelle) zu berücksichtigen; Wandelschuldverschreibungsbedingungen und auch physische Arbeitnehmeroptionspläne sehen aus diesem Grund in aller Regel den Ausschluss der Ausübung dieser Optionsrechte im Zeit-

---

198 Der „TERP" berechnet sich nach folgender Formel: ((Anzahl alte Aktien × Marktpreis) + (Anzahl neuer Aktien × Bezugspreis)): (Anzahl alte Aktien + Anzahl neue Aktien).
199 *T. Bezzenberger*, AG 2002, 1917, 1922. Das liegt darin begründet, dass sich viele institutionelle Investoren bei unsicherer Zuteilungsaussicht erst gar nicht mit der Emission beschäftigen.
200 BGH v. 23.6.1997 – II ZR 132/93, BGHZ 136, 133 = AG 1997, 465.
201 Vgl. zur Anwendung des Rechtsgedankens des § 186 Abs. 1 AktG auf eigene Aktien der Gesellschaft auch *Wiedemann* in Großkomm. AktG, 4. Aufl. 1995, § 186 AktG Rz. 46.
202 Siehe insofern Ziffer 2 des Handbuch Kompensation Corporate Action Transaction Management der Clearstream Banking AG.

raum zumindest zwischen Veröffentlichung des Bezugsangebotes und Ende der Bezugsfrist vor. Ggf. ist bei Beschlussvorbereitung und Beschlussfassung eine Höchstbetragskapitalerhöhung vorzusehen und sind bis kurz vor Beginn der Bezugsfrist noch ausgegebene Aktien bei der letztendlichen Festlegung des Kapitalerhöhungsbetrages und des Bezugsverhältnisses zu berücksichtigen[203].

Nach zutreffender und herrschender Meinung stehen der Gesellschaft aus **eigenen Aktien** keine Bezugsrechte zu (§ 71b AktG). Vielmehr wächst das Bezugsrecht nach dieser Auffassung bei den anderen Aktionären an[204]. Dies ist ebenfalls bei der Errechnung des Bezugsverhältnisses zu berücksichtigen. Im Zeitraum zwischen Kapitalerhöhungsbeschluss mit Festsetzung des Bezugsverhältnisses und Beginn der Bezugsfrist muss eine Wiederveräußerung der eigenen Aktien unterbleiben, weil diese zum Wiederaufleben des Bezugsrechts und damit zu einem retrospektiv falschen Bezugsverhältnis führen würde[205]. Anders ist dies nur dann, wenn die AG oder eine ihrer Tochtergesellschaften ein Kreditinstitut ist, welches über einen Handelsbestand von eigenen Aktien verfügt, für den die Anwachsung nicht eingreift. In Bezug auf Aktien der AG, die einem abhängigen oder im Mehrheitsbesitz der Gesellschaft stehenden Unternehmen oder einem für Rechnung eines solchen Unternehmens handelnden Dritten gehören, tritt ebenfalls Anwachsung ein[206]. Hinsichtlich Aktien, für die gemäß § 44 WpHG (bzw. § 20 Abs. 7 AktG) wegen **Rechtsverlustes** ein Bezugsrecht nicht besteht, tritt nach zutreffender und herrschender Auffassung keine Anwachsung, sondern Verwertungsbefugnis wie bei Nichtausübung des Bezugsrechts ein[207]. Das ist auch für Aktien anzunehmen, bei denen Rechtsverlust gemäß § 59 WpÜG besteht[208]. Besonderheiten der Bezugsberechtigung können sich bei **Belastungen** der Aktien aufgrund Nießbrauch, Pfandrecht sowie bei der Sicherungsübereignung ergeben[209]. Wird im Rahmen der Kapitalerhöhung mit (mittelbarem) Bezugsrecht den übernehmenden Konsortialbanken ein sog. **Greenshoe** eingeräumt, so errechnet sich das Bezugsverhältnis anhand der maximalen Kapitalerhöhung (unter Unterstellung der Ausübung des Greenshoes). Bei Nichtausübung des Greenshoes wurden den Aktionären dann mehr Aktien zum Bezug angeboten, als letztendlich in den Markt gelangten. Die Rechte der Aktionäre werden hierbei nicht tangiert[210].

44.46

---

203 *Hirte* in Großkomm. AktG, 4. Aufl. 2001, § 202 AktG Rz. 170 zur vergleichbaren Problematik beim genehmigten Kapital.
204 *Scholz* in MünchHdb. AG, § 57 Rz. 98; *Hüffer/Koch*, § 186 AktG Rz. 9; *Wiedemann* in Großkomm. AktG, 4. Aufl. 1995, § 186 AktG Rz. 65; *Schürnbrand/Verse* in MünchKomm. AktG, 5. Aufl. 2021, § 186 AktG Rz. 36. Diese Sichtweise ist gerade bei stark verwässernden Kapitalerhöhungen mit hohen Abschlägen wegen des Wertverlustes bei der die Aktien aktivierenden AG auch im Hinblick auf die gesetzgeberische Wertung des § 215 Abs. 1 AktG nicht zweifelsfrei. Besser vertretbar erscheint die Lösung, dass die Bezugsrechte bei der AG entstehen, diese sie zwar nicht ausüben, aber sie die Bezugsrechte oder doch zumindest die Aktien verwerten kann, vgl. *Busch*, AG 2005, 429, 430 ff.; dem folgend *Rieckers* in MünchHdb. AG, § 15 Rz. 56; *Servatius* in Wachter, § 71b AktG Rz. 2; wohl auch *Herfs* in Habersack/Mülbert/Schlitt, Unternehmensfinanzierung am Kapitalmarkt, § 5 Rz. 42 a.E.; ablehnend demgegenüber *Cahn* in BeckOGK AktG, Stand 1.6.2021, § 71b AktG Rz. 11 und *Arnold* in Habersack/Mülbert/Schlitt, Unternehmensfinanzierung am Kapitalmarkt, § 8 Rz. 70.
205 *Schlitt/Seiler*, WM 2003, 2175, 2177, die allerdings auf das Ende der Bezugsfrist abstellen; das erscheint wegen der Abtrennung des Nebenrechts zu Beginn der Bezugsfrist nicht zutreffend. Siehe auch *Herfs* in Habersack/Mülbert/Schlitt, Unternehmensfinanzierung am Kapitalmarkt, § 5 Rz. 42.
206 A.A. insofern *Lutter* in KölnKomm. AktG, 2. Aufl. 1989, § 186 AktG Rz. 19, der davon ausgeht, dass das Bezugsrecht zwar besteht, jedoch nicht ausgeübt, aber veräußert werden könne; für die Anwachsung nun aber auch *Ekkenga* in KölnKomm. AktG, 4. Aufl. 2020, § 186 AktG Rz. 29.
207 *Hüffer/Koch*, § 20 AktG Rz. 16; *Bayer* in MünchKomm. AktG, 5. Aufl. 2019, § 20 AktG Rz. 66; a.A. *Koppensteiner* in KölnKomm. AktG, 4. Aufl. 2020, § 20 AktG Rz. 70; wohl auch *Uwe H. Schneider* in Assmann/Uwe H. Schneider/Mülbert, Wertpapierhandelsrecht, § 44 WpHG Rz. 71.
208 *Kremer/Oesterhaus* in KölnKomm. WpÜG, 2010, § 59 WpÜG Rz. 66; zu den Rechtsfolgen bei Bezug durch den nichtberechtigten Rechtsverlustigen siehe *Schlitt* in MünchKomm. AktG, 5. Aufl. 2021, § 59 WpÜG Rz. 47.
209 Zu Einzelheiten *Wiedemann* in Großkomm. AktG, 4. Aufl. 1995, § 186 AktG Rz. 71–83; *Scholz* in MünchHdb. AG, § 57 Rz. 99.
210 Ausführlich *Busch*, AG 2002, 230, 235; dem folgend auch *Schlitt/Seiler*, WM 2003, 2175, 2182.

44.47 Die Aktionäre haben bis zur Grenze des **faktischen Bezugsrechtsausschlusses** (vgl. näher Rz. 44.69) keinen Anspruch auf Schaffung eines ihnen günstigen Bezugsrechtsverhältnisses etwa durch eine niedrige Festsetzung des Nennbetrages der jungen Aktien; eine Ausnahme kann sich bei einer signifikanten Kapitalherabsetzung mit anschließender Kapitalerhöhung ergeben (dazu noch Rz. 49.13)[211]. Das konkrete Bezugsrecht **entsteht** nach herrschender Auffassung aufgrund eines wirksam gefassten **Kapitalerhöhungsbeschlusses**[212]. Beim **genehmigten Kapital** entsteht das konkrete Bezugsrecht demgegenüber erst mit dem **Ausnutzungsbeschluss** der Verwaltung. Beim **mittelbaren Bezugsrecht** entsteht das Bezugsrecht weder mit dem Hauptversammlungsbeschluss noch mit dem Ausnutzungsbeschluss, weil rechtlich ein Bezugsrechtsausschluss vorliegt, auch wenn durch das Gesetz das Gegenteil fingiert wird. Das Bezugsrecht entsteht hier vielmehr durch Abschluss der **Vereinbarung**, die das **Bankenkonsortium** zur Übernahme und zum Bezugsangebot verpflichtet[213]. Hinzutreten muss aber in allen genannten Fällen die Veröffentlichung des Bezugsangebotes[214]. In allen drei Fällen steht das Bezugsrecht zudem unter der aufschiebenden **Bedingung** der Eintragung der Durchführung der Kapitalerhöhung[215]. Auch ist bei den börsennotierten AG zu berücksichtigen, dass die depotrechtliche Einbuchung der Bezugsrechte erst am Vorabend des ersten Tages der Bezugsfrist erfolgt (vgl. bereits bei Rz. 44.45).

b) Sonderrechtsfähigkeit

44.48 Zwar nicht das allgemeine Bezugsrecht selbst, aber der dem einzelnen Aktionär daraus konkret erwachsende Bezugsanspruch ist selbständig übertragbar (zum **Bezugsrechtshandel** Rz. 44.68 ff.), vererbbar, verpfändbar und pfändbar[216]. Bei **vinkulierten Namensaktien** erstreckt sich das Zustimmungserfordernis allerdings auch auf die Übertragung des Bezugsrechts, es sei denn, der Kapitalerhöhungsbeschluss sieht die freie Übertragbarkeit der Bezugsrechte (nicht notwendig auch der jungen Aktien) vor[217]. Keinem Zustimmungserfordernis unterliegt demgegenüber der originäre Erwerb der jungen Aktien aufgrund der Ausübung von Bezugsrechten aus Aktien, die bereits zu Beginn der Bezugsfrist wirksam erworben wurden. Dabei stellt die Veräußerung des Bezugsrechts der Sache nach eine Teilveräußerung des Aktienbestandes dar.

44.49 Der Aktionär kann auf sein Bezugsrecht gegenüber der AG **verzichten**[218]. Der Auffassung, wonach ein solcher Verzicht zur Anwachsung bei den übrigen Aktionären führe[219], ist nicht zuzustimmen. Entweder erfolgt der Verzicht, um etwa eine gemischte Bar-/Sacheinlage zu ermöglichen, zugunsten eines Dritten. Dann entspricht die Anwachsung nicht dem Willen der Beteiligten und des Dispositionsbefugten. Oder aber der Verzicht erfolgt, um eine breite Platzierung zu ermöglichen[220]. Auch dann ist

---

211 *J. Vetter*, AG 2000, 193, 196 und 206.
212 *Hüffer/Koch*, § 186 AktG Rz. 6; *Schürnbrand/Verse* in MünchKomm. AktG, 5. Aufl. 2021, § 186 AktG Rz. 25.
213 Vgl. *Servatius* in BeckOGK AktG, Stand 1.6.2021, § 186 AktG Rz. 79.1.
214 *Butzke* in Liber amicorum M. Winter, 2011, S. 59, 70 ff. und 74 f.; dem folgend auch *Hüffer/Koch*, § 186 AktG Rz. 6.
215 *Hüffer/Koch*, § 186 AktG Rz. 6.
216 *Wiedemann* in Großkomm. AktG, 4. Aufl. 1995, § 186 AktG Rz. 61; *Scholz* in MünchHdb. AG, § 57 Rz. 100.
217 *Scholz* in MünchHdb. AG, § 57 Rz. 100; *Wiedemann* in Großkomm. AktG, 4. Aufl. 1995, § 186 AktG Rz. 63; *Ekkenga* in KölnKomm. AktG, 4. Aufl. 2020, § 186 AktG Rz. 22.
218 Siehe nur *Scholz* in MünchHdb. AG, § 57 Rz. 102.
219 *Groß*, ZHR 162 (1998), 318, 333; a.A. *Schürnbrand/Verse* in MünchKomm. AktG, 5. Aufl. 2021, § 186 AktG Rz. 63; *Schlitt/Seiler/Singhof*, AG 2003, 254, 262 Fn. 103; *Singhof* in FS Uwe H. Schneider, 2011, S. 1261, 1283.
220 Dies war der Fall im Rahmen der Kapitalerhöhung der Deutsche Telekom AG von 1999, bei der die Bundesrepublik Deutschland und die Kreditanstalt für Wiederaufbau jeweils auf ihr Bezugsrecht verzichteten, um einen Großteil der Kapitalerhöhung zur Platzierung bei dritten Investoren zu ermöglichen.

die Annahme einer Anwachsung nicht gerechtfertigt[221]. Bei der heute in der Praxis etablierten und gemäß DepotG als rechtlicher Regelfall vorgesehenen Girosammelverwahrung erfolgt die Bezugsrechtsübertragung regelmäßig im Wege der bloßen Depotübertragung des betreffenden Bezugsrechts[222]. Bei Bezugsrechtsemissionen börsennotierter Aktiengesellschaften findet regelmäßig parallel zur Bezugsfrist ein **Bezugsrechtshandel** an der Börse statt, an der auch die Altaktien zum Handel zugelassen sind, sofern die AG einen solchen Bezugrechtshandel initiiert (näher dazu Rz. 44.68 ff.).

2. Ausländische Aktionäre

Besonderheiten können für **ausländische Aktionäre** gelten. So ist etwa unsicher, wann ein Angebot von jungen Aktien unter Einräumung eines Bezugsrechts unter ausländischem Recht als öffentliches Angebot zu charakterisieren ist. Mithin kann die Veröffentlichung eines Bezugsangebots im Ausland zur Prospektpflicht mit der Notwendigkeit der Erstellung eines Prospektes in der jeweiligen Landessprache, in den USA zu einer Registrierungspflicht bei der SEC führen[223]. Deshalb sehen z.B. ADR-Programme regelmäßig vor, dass die (mittelbaren) Bezugsrechte zumindest von Privatanlegern nicht ausübbar sind, sondern für Rechnung der Berechtigten verkauft werden[224]. 44.50

Darüber hinaus wird in der Praxis auch bei Aktionären in EU-Staaten außerhalb einer Notifizierung gemäß Art. 25 ProspektVO die Verbreitung des Bezugsangebots eingeschränkt – die technischen Richtlinien für die Depotbanken enthalten dann die Einschränkung, dass außerhalb der Bundesrepublik Deutschland das Bezugsangebot in bestimmten Staaten nur an institutionelle Investoren weitergeleitet werden darf und Bezugserklärungen von Personen, die nicht dieser Gruppe angehören, von den Depotbanken zurückzuweisen sind. Zumindest die Nichtverbreitung des Bezugsangebots im Ausland ist gesellschaftsrechtlich nicht als (faktischer) Bezugsrechtsausschluss zu werten[225], denn das Bezugsangebot wird, wie aktienrechtlich geboten, im Bundesanzeiger veröffentlicht und auch nicht ausgeschlossen, sondern nur in der Ausübung beschränkt. Es handelt sich mithin nur um eine kapitalmarktrechtlich vorgegebene Einschränkung der Verbreitung des Bezugsangebots jenseits der aktienrechtlich vorgegebenen Veröffentlichungspflicht[226]. Auch ein Verstoß gegen § 53a AktG liegt nicht vor. Abgesehen davon, dass die Verbreitung des Bezugsangebotes in das Ausland keine aktienrechtliche Pflicht ist, wäre eine Ungleichbehandlung jedenfalls sachlich gerechtfertigt. Nur wenn die Gesellschaft an einer Auslandsbörse zugelassen ist, kann sie aufgrund des lokal anwendbaren Börsenrechts gehalten sein, das Bezugsangebot auch im Ausland zu veröffentlichen, was eine lokale Prospektpflicht begründen kann. Allerdings besteht bei Nichtverbreiten des Bezugsangebotes die Möglichkeit, dass ausländische Aktionäre mangels Zugang das Bezugsrecht nicht ausüben. Weil die Verwahrkette regelmäßig vor der Clearstream Banking AG im deutschen Depotbankensystem endet, werden die entsprechenden Bezugsrechte bei Nichtausübung am letzten Tag der Bezugsfrist verkauft. 44.51

3. Bezugsrecht bei verschiedenen Gattungen

Umstritten ist die Einräumung des Bezugsrechts bei Vorhandensein verschiedener Aktiengattungen. Wenn die **jungen Aktien nur einer Gattung** angehören – auf welche die Aktionäre im Verhältnis der 44.52

---

221 Zustimmend *Scholz* in MünchHdb. AG, § 57 Rz. 102; vgl. zur parallelen Problematik des Dividendenverzichtes auch *Hohrbach*, AG 2001, 78, 83.
222 Vgl. hierzu *Scholze*, Das Konsortialgeschäft der deutschen Banken, 1. Halbband, S. 488.
223 Vgl. *Qureshi*, Rights issues: why US shareholders are not always welcome, IFLR Februar 2003, S. 37–38; *Aha*, AG 2002, 313, 325 f.
224 Vgl. *von Dryander* von Rosen/Seifert, Zugang zum US-Kapitalmarkt für deutsche Aktiengesellschaften, S. 81, 92 f.; *Zachert*, AG 1994, 207, 220 f.; *Aha*, AG 2002, 313, 326.
225 Dies prüfend aber etwa *Wiedemann* in Großkomm. AktG, 4. Aufl. 1995, § 186 AktG Rz. 181; wie hier *Scholz* in MünchHdb. AG, § 57 Rz. 113; *Vaupel/Reers*, AG 2010, 93, 97.
226 Vgl. zur parallelen Problematik des WpÜG auch *Noack/Holzborn* in Schwark/Zimmer, § 24 WpÜG Rz. 17; *Wackerbarth* in MünchKomm. AktG, 4. Aufl. 2017, § 24 WpÜG Rz. 23.

Gattungen ein Bezugsrecht haben –besteht keine rechtliche Pflicht, die Kapitalerhöhung durch eine die Gattungen verhältnismäßig berücksichtigende Ausgabe unterschiedlicher junger Aktien durchzuführen[227]. Werden demgegenüber **Aktien unterschiedlicher** Gattungen geschaffen, erstreckt sich das Bezugsrecht grundsätzlich auf den Bezug von Aktien jeder dieser Gattungen[228]. Fraglich ist, ob dies auch dann gilt, wenn die Gattungen der jungen Aktien den Gattungen der alten Aktien entsprechen. Die traditionelle Auffassung geht auch in diesem Fall vom sog. **Mischbezugsrecht** aus, und zwar selbst dann, wenn die Kapitalerhöhung für die verschiedenen Aktiengattungen verhältniswahrend erfolgt[229]. Eine im Vordringen befindliche Auffassung vom **Gattungsbezugsrecht** geht demgegenüber in diesem Fall davon aus, dass sich das Bezugsrecht von vornherein nur auf die den alten Aktien entsprechende Gattung der jungen Aktien bezieht[230]. Diese Auffassung kann sich auf die Parallelität zur Kapitalerhöhung aus Gesellschaftsmitteln stützen. Wegen § 216 Abs. 1 Satz 1 AktG ist nämlich davon auszugehen, dass die jungen Aktien getrennt nach Gattungen den alten Gattungen zuzuordnen sind, also die Stammaktionäre ausschließlich Stammaktien und die Vorzugsaktionäre ausschließlich Vorzugsaktien erhalten und eine andere Zuordnung unzulässig ist[231]. Weil die Frage nach wie vor streitig ist, sollte auch bei einer verhältniswahrenden Kapitalerhöhung vorsichtshalber das Bezugsrecht auf die jeweils andere Gattung ausgeschlossen werden (**gekreuzter Bezugsrechtsausschluss**), was sachlich gerechtfertigt ist[232]. Bei der Festlegung der Ausgabebeträge ist es eine sachlich gerechtfertigte Differenzierung, unterschiedliche Börsennotizen der Gattungen zu berücksichtigen[233]. Ist eine der beiden Gattungen nicht börsennotiert, stellen sich bei der Festsetzung des Ausgabebetrages für die jungen Aktien der nicht notierten Gattung im Hinblick auf § 255 Abs. 2 AktG bislang wenig ausgelotete Probleme[234]. Bei einer **nicht verhältniswahrenden Kapitalerhöhung** will die Lehre vom Gattungsbezugsrecht zunächst den unterproportionalen Teil der jungen Aktien der einen Gattung den Altaktionären dieser Gattung zuordnen und junge Aktien der anderen Gattung nur insoweit, wie die jungen Aktien derselben Gattung nicht ausreichen, um alle Bezugsrechte dieser Gattung zu befriedigen (**Gattungsbezugsrecht mit Spitzenausgleich**)[235]. Auch in diesem Fall empfiehlt sich vorsorglich ein gekreuzter Bezugsrechtausschluss. Sind **Vorzugsaktien** vorhanden, deren **Stimmrecht** gemäß § 140 Abs. 2 AktG **aufgelebt** ist, dürfte sich das Gattungsbezugsrecht auf die Ausgabe stimmberechtigter Vorzugsaktien

---

227 *Scholz* in MünchHdb. AG, § 57 Rz. 104; *Hüffer/Koch*, § 186 AktG Rz. 4.
228 *Scholz* in MünchHdb. AG, § 57 Rz. 104; *Hüffer/Koch*, § 186 AktG Rz. 4.
229 *Ekkenga* in KölnKomm. AktG, 4. Aufl. 2020, § 186 AktG Rz. 15; *Herchen* in Happ/Groß/Möhrle/Vetter, Aktienrecht, Formular 12.02 Rz. 6.3; vgl. auch *Rittig*, NZG 2012, 1292, 1293.
230 *Hüffer/Koch*, § 186 AktG Rz. 4; *Schürnbrand/Verse* in MünchKomm. AktG, 5. Aufl. 2021, § 186 AktG Rz. 50; *Lieder* in Bürgers/Körber/Lieder, 5. Aufl. 2021, § 186 AktG Rz. 12; *Heusel* in Semler/Volhard/Reichert, ArbeitsHdb. HV, § 20 Rz. 31; *Scholz* in MünchHdb. AG, § 57 Rz. 105.
231 *Hüffer/Koch*, § 186 AktG Rz. 2; *Hirte* in Großkomm. AktG, 4. Aufl. 1998, § 216 AktG Rz. 10 und 18; *Volhard/Goldschmidt* in FS Lutter, 2000, S. 779, 783 m.w.N.
232 *Ekkenga* in KölnKomm. AktG, 4. Aufl. 2020, § 186 AktG Rz. 97f; *Scholz* in MünchHdb. AG, § 57 Rz. 119d; LG Tübingen v. 15.11.1990 – 2 HO 116, 2 HO 174/89, ZIP 1991, 169, 171 = AG 1991, 406; LG München I v. 2.4.1992 – 5 HK O 8840/91, WM 1992, 1151, 1154 = AG 1993, 195.
233 *Trölitzsch*, DB 1993, 1457, 1458 f.; siehe auch *Frey/Hirte*, ZIP 1989, 2465, 2468; *G. Bezzenberger* in FS Quack, 1991, S. 153, 165; *Scheifele*, BB 1990, 497, 499; *Münch*, DB 1993, 769, 773.
234 Zu unterschiedlichen Bewertungen von Stamm- und Vorzugsaktien siehe *Jung/Wachtler*, AG 2001, 513 ff. und OLG Köln v. 20.9.2001 – 18 U 125/01 – Metro, ZIP 2001, 2049 = AG 2002, 244. Ein ähnliches Problem der Wertfeststellung einer nicht notierten Gattung stellt sich auch bei der Abschaffung von Mehrstimmrechtsaktien, vgl. dazu BayObLG v. 31.7.2002 – 3 Z BR 362/01 – Siemens, ZIP 2002, 1765 = AG 2003, 97 und dazu *Löwe/Thoß*, ZIP 2002, 2075.
235 *Frey/Hirte*, DB 1989, 2465, 2467 mit folgendem Beispiel: Das Grundkapital einer AG besteht zu 4 Mio. aus Stamm- und zu 2 Mio. aus Vorzugsaktien. Ausgegeben werden 600.000 junge Aktien, und zwar zu 50 % als Stamm- und zu 50 % als Vorzugsaktien. Nach der Lehre vom Gattungsbezugsrecht mit Spitzenausgleich sind hier die Stammaktien sowie weitere 100.000 Vorzugsaktien ausschließlich den Stammaktionären anzubieten, während die Vorzugsaktionäre ausschließlich (200.000) Vorzugsaktien erhalten, ohne dass es danach eines Bezugsrechtsausschlusses bedürfte.

(Rechtsgedanke des § 216 Abs. 1 AktG) mit der Maßgabe erstrecken, dass mit Nachzahlung des Vorzugs auf die alten Aktien auch das Stimmrecht der jungen Aktien erlischt.

4. Bekanntmachung, Bezugsfrist, Ausgabebetrag, Ausübung
a) Bekanntmachung und Bezugsfrist

Gemäß § 186 Abs. 2 AktG hat der Vorstand den **Ausgabebetrag** oder die **Grundlagen seiner Festlegung** und zugleich eine nach § 186 Abs. 1 AktG bestimmte **Frist** in den Gesellschaftsblättern bekanntzumachen. Die Bezugsfrist beläuft sich auf mindestens zwei Wochen. Sofern in der Bekanntmachung nichts Anderes bestimmt ist, beginnt die Frist mit der Bekanntgabe nach § 186 Abs. 2 AktG. In der Regel wird aber im Bezugsangebot eine hiervon abweichende Regelung getroffen, nämlich der (der Bekanntmachung folgende) Beginn der Bezugsfrist explizit bestimmt; damit ist für die Berechnung des Fristbeginns § 187 Abs. 2 BGB maßgeblich. Das Fristende berechnet sich nach § 188 Abs. 2 BGB. Beginnt also die Bezugsfrist an einem Dienstag, endet sie frühestens am Montag der übernächsten Woche. Bei der Verletzung der Bezugsfrist dürfte ein Eintragungshindernis bestehen; auch wären Aktionäre berechtigt, nach Ablauf der zu kurzen Frist bis zum Ablauf der Mindestfrist den Bezug zu verlangen. Allerdings besteht im Rahmen der Anmeldung der Durchführung der Kapitalerhöhung – anders als etwa im Rahmen von § 130 Abs. 3 und 5 AktG – keine Verpflichtung zur Einreichung von Belegexemplaren über die Veröffentlichung des Bezugsangebotes, so dass bei Veröffentlichungsverzögerungen bei dem Bundesanzeiger die Prüfungsmöglichkeit des Registergerichts beschränkt ist. Über den Wortlaut des § 186 Abs. 2 AktG hinaus ist ferner der Kapitalerhöhungsbeschluss mitzuteilen und es sind der **Erhöhungsbetrag** sowie das **Bezugsverhältnis** anzugeben[236].

44.53

b) Ausgabebetrag (Bezugspreis)

Hinsichtlich des im Bezugsangebot anzugebenden Ausgabebetrages erlaubt § 186 Abs. 2 AktG zu Beginn der Bezugsfrist die Veröffentlichung lediglich der „**Grundlagen der Festlegung**" des **Bezugspreises**. Dem Bedürfnis der Aktionäre, finanziell ausreichend disponieren zu können, kann durch Angabe eines maximalen Ausgabebetrages (Bezugskurses) im Bezugsangebot Rechnung getragen werden[237]. Die Festlegung und Veröffentlichung des Bezugspreises hat dann spätestens drei Tage vor Ablauf der Bezugsfrist zu erfolgen. Weil das Gesetz nicht auf Werktage abstellt, besteht eine gewisse Flexibilität: Endet etwa die Bezugsfrist an einem Montag, muss die Veröffentlichung des Bezugspreises über den Bundesanzeiger bzw. ein weiteres elektronisches Informationsmedium bis spätestens 24.00 Uhr des vorangehenden Freitag veröffentlicht sein.

44.54

Am Anfang der Bezugsfrist sind gemäß § 186 Abs. 2 Satz 1 AktG mindestens die **Grundlagen für die Festlegung des Bezugspreises** zu veröffentlichen. Diese Formulierung lehnt sich an § 193 Abs. 2 Nr. 3 AktG an, weicht aber dennoch leicht ab („Festlegung" gegenüber „errechnen"). Hierbei ist es möglich, auf einen Durchschnittspreis der Aktie während einer bestimmten Periode der Bezugsfrist abzustellen. Ebenso wie im Rahmen des § 186 Abs. 3 Satz 4 AktG (dazu Rz. 44.88) ist aber auch ein Abstellen auf den Kurs z.B. am Tag oder Vortag der Festlegung des Bezugspreises möglich. Soll – wie regelmäßig – von diesem **Durchschnitts- oder Stichtagskurs** ein **Abschlag** vorgenommen werden, genügt als „Grundlage für die Festlegung" die Veröffentlichung der Kriterien zur Festsetzung dieses Abschlages. Hierbei können auch diskretionäre Kriterien als Grundlage festgesetzt werden[238]. Ein Prospektnachtrag mit Widerrufsrecht (siehe Art. 23 Abs. 2 ProspektVO) im Zeitpunkt der Festlegung des Bezugs-

44.55

---

236 *Hüffer/Koch*, § 186 AktG Rz. 19; *Ekkenga* in KölnKomm. AktG, 4. Aufl. 2020, § 186 AktG Rz. 49; *Scholz* in MünchHdb. AG, § 57 Rz. 112.
237 Vgl. dazu Erwägungsgrund 55 der ProspektVO.
238 *Schlitt/Schäfer*, CFL 2011, 410, 412; für eine Angabe der Ermittlungsgrundlagen *Apfelbacher/Niggemann* in Hölters, § 186 AktG Rz. 19; jedenfalls für den Fall eines Bookbuildingverfahrens eine Pflicht zur Angabe von Preisspanne und Höchstbetrag ablehnend *Scholz* in MünchHdb. AG, § 57 Rz. 112 m.w.N.

preises wird dann vermieden, wenn die Angaben zu den „Grundlagen für die Festlegung" im Prospekt enthalten sind[239]. Mit dem Verfahren eines zunächst nicht fixierten Bezugspreises lässt sich eine Bezugsrechtsemission – im Wege des mittelbaren Bezugsrechts – auch in ein **Bookbuildingverfahren** einbetten. Aktionäre können ihre Bezugserklärungen limitieren und treten in Konkurrenz zu Drittinvestoren. Wird der Bezugspreis über einzelnen Limits festgesetzt, werden die betreffenden Aktien zur Verwertung frei. Unlimitierte Bezugserklärungen sind demgegenüber zu erfüllen.

44.56 Kombinierte Gestaltungen, die für die AG eine Teilhabe an einer positiven Marktentwicklung erlauben und dabei zugleich eine Absicherung nach unten bieten (z.B.: Bezugspreis ist der höhere der beiden Werte (a) Festpreis (mit Abschlag auf Marktpreis) bzw. (b) Marktpreis am viertletzten Tag der Bezugsfrist abzüglich Abschlag), sind rechtlich gestaltbar, wobei sich hierbei die komplexe Bewertung des Bezugsrechts bis zur Preisfixierung[240] sowie das schwer prognostizierbare Bezugsverhalten bis zu diesem Zeitpunkt negativ auswirken können[241]. Zu den Unsicherheiten trägt auch die herrschende Auffassung bei, wonach bei der Verwertung nicht bezogener Aktien eine Bindung an den Bezugspreis besteht (siehe Rz. 44.71). Bei Sanierungskapitalerhöhungen, wie sie insbesondere in den Jahren 2002–2004 und 2008–2011, aber auch seit Beginn der COVID-19 Pandemie vermehrt vorgekommen sind, wird in der Regel mit Beginn der Bezugsfrist der Bezugspreis fixiert, weil eine feste Übernahme zu einem festen Preis zu Beginn der Bezugsfrist Voraussetzung für den Gesamterfolg der Kapitalmaßnahme ist. Ferner werden bei Alternativgestaltungen eines zunächst offenen Preises Gegenspekulationen durch professionelle Marktteilnehmer, insbesondere Hedge Fonds, befürchtet. Auch bei Kapitalerhöhungen zur Finanzierung von Akquisitionsvorhaben besteht regelmäßig aufgrund des fixierten Kapitalbedarfs Zurückhaltung in Bezug auf die mit gestreckten Verfahren verbundene Übernahme eines Marktrisikos.

c) Ausübung des Bezugsrechts

44.57 Das Bezugsrecht wird durch eine sog. **Bezugserklärung** ausgeübt. Dies ist eine einseitige[242] empfangsbedürftige rechtsgeschäftsähnliche Erklärung[243] und bekundet die Absicht zum Abschluss eines Zeichnungsvertrages, ohne dass der Aktionär zur Zeichnung verpflichtet ist (ansonsten wäre § 185 AktG überflüssig)[244]. Allerdings kann ein grundloser Widerruf der Absichtserklärung zu Schadensersatz unter dem Gesichtspunkt der culpa in contrahendo verpflichten[245]. Beim mittelbaren Bezugsrecht ist die Bindungswirkung anders zu beurteilen (siehe Rz. 44.68). Aufgrund der Geltendmachung des Bezugsanspruchs kann die Gesellschaft diesen durch Abschluss eines formellen Zeichnungsvertrages erfüllen. Allerdings steht der Bezugsanspruch weiterhin unter der Voraussetzung der Eintragung der Durchführung der Kapitalerhöhung[246]; hierauf wird im Bezugsangebot regelmäßig hingewiesen. Die Aktionäre haben lediglich einen Anspruch darauf, im Falle der Durchführung der Kapitalerhöhung nach Maßgabe ihres Bezugsrechts beteiligt zu werden. Wird das Bezugsrecht während der Bezugsfrist **nicht ausgeübt**, ist der Bezugsanspruch **erloschen**[247]. Die Gesellschaft kann die nicht bezogenen Aktien Dritten zur Zeichnung anbieten, wobei sie an den Bezugspreis nach unten gebunden ist – will sie hiervon ab-

---

239 Siehe Art. 17 Abs. 1 lit. b) ProspektVO.
240 Vgl. dazu auch *Schlitt/Schäfer*, CFL 2011, 410, 413.
241 Vgl auch *Schäcker/Wohlgefahrt/Johannson* in Habersack/Mülbert/Schlitt, Unternehmensfinanzierung am Kapitalmarkt, § 2 Rz. 71.
242 Zur Anwendbarkeit des § 174 Satz 1 BGB auf die Bezugserklärung vgl. KG v. 4.11.2005 – 14 U 21/04, AG 2006, 201; *Scholz* in MünchHdb. AG, § 57 Rz. 106.
243 Siehe nur *Schürnbrand/Verse* in MünchKomm. AktG, 5. Aufl. 2021, § 186 AktG Rz. 53.
244 *Wiedemann* in Großkomm. AktG, 4. Aufl. 1995, § 186 AktG Rz. 89; *Ekkenga* in KölnKomm. AktG, 4. Aufl. 2020, § 186 AktG Rz. 40; *Scholz* in MünchHdb. AG, § 57 Rz. 106.
245 *Scholz* in MünchHdb. AG, § 57 Rz. 106; *Wiedemann* in Großkomm. AktG, 4. Aufl. 1995, § 186 AktG Rz. 89.
246 *Scholz* in MünchHdb. AG, § 57 Rz. 96; *Hüffer/Koch*, § 186 AktG Rz. 6.
247 *Wiedemann* in Großkomm. AktG, 4. Aufl. 1995, § 186 AktG Rz. 97; *Schürnbrand/Verse* in MünchKomm. AktG, 5. Aufl. 2021, § 186 AktG Rz. 63.

weichen, so muss sie nach zutreffender und herrschender Auffassung die jungen Aktien zunächst zu dem niedrigeren Kurs unter Beachtung des Gleichbehandlungsgrundsatzes abermals erst den bezugsberechtigten Aktionären anbieten (zum Vorgehen beim mittelbaren Bezugsrecht Rz. 44.71)[248].

V. Mittelbares Bezugsrecht

Neben der bezugsrechtsfreien Emission gemäß § 186 Abs. 3 Satz 4 AktG ist die Abwicklung einer Kapitalerhöhung im Wege des mittelbaren Bezugsrechts der **Regelfall** einer Kapitalerhöhung der börsennotierten AG. Dabei wird die Kapitalerhöhung durch eine Bank bzw. ein Bankenkonsortium übernommen und den Aktionären anschließend zum Bezug angeboten. Nur in **Ausnahmefällen**, namentlich sanierenden Kapitalerhöhungen, bei denen sich keine Banken zur Übernahme bereitfinden, kann auch eine Höchstbetragskapitalerhöhung unter Einräumung eines direkten Bezugsrechts[249] bei der börsennotierten AG in Betracht kommen. Um die Abwicklung des direkten Bezugsrechts zu erleichtern, kann auch in diesem Fall die Einschaltung eines Kreditinstituts als durch die Aktionäre ermächtigter Zeichner erfolgen[250]. Dabei dürfte sich eine Ermächtigung eher anbieten als eine Bevollmächtigung, um der Forderung des Nachweises der Vertretenen im Zeichnungsschein aus dem Weg zu gehen. Ein solches Vorgehen löst allerdings eine eigene Haftung des Zeichners als Inferent aus. Beim **mittelbaren Bezugsrecht** enthält § 186 Abs. 5 Satz 1 AktG die gesetzliche Fiktion, dass die Übernahme durch die in § 186 Abs. 5 Satz 1 AktG angesprochenen Unternehmen nicht als Ausschluss des Bezugsrechts anzusehen ist, wenn die so übernommenen Aktien den Aktionären zum Bezug angeboten werden. Diese Bevorzugung erklärt sich nach dem Willen des Gesetzgebers aus dem Umstand, dass aufgrund der Bankaufsicht die Rechte der Bezugsberechtigten ebenso sicher sind wie im Falle eines unmittelbar gegen die AG gerichteten gesetzlichen Bezugsrechts[251]. Gleichwohl gehört die Möglichkeit der Abwicklung einer Kapitalerhöhung im Wege des mittelbaren Bezugsrechts bei der ordentlichen Kapitalerhöhung (zum genehmigten Kapital Rz. 45.17) in den **Hauptversammlungsbeschluss**[252], ohne dass dort weitere Einzelheiten (wie etwa eine Bezeichnung eines Emissionsunternehmens) geregelt wer-

44.58

---

248 *Wiedemann* in Großkomm. AktG, 4. Aufl. 1995, § 186 AktG Rz. 97; *Seibt/Voigt*, AG 2009, 133, 138.
249 Aber auch bei fehlendem „hard underwriting" ist eine Abwicklung einer „bis zu"-Höchstbetragskapitalerhöhung im Wege des mittelbaren Bezugsrechts möglich – die Konsortialbanken übernehmen (zeichnen) die Aktien in dem Umfang, in dem Bezugserklärungen vorliegen; das Bezugsverhältnis richtet sich auch hier nach dem Höchstbetrag. Siehe dazu *Seibt*, Der Konzern 2009, 261, 264; *Seibt/Voigt*, AG 2009, 133, 136; *Schlitt/Schäfer*, CFL 2011, 410, 411; *Hüffer/Koch*, § 182 AktG Rz. 12; *Servatius* in Beck-OGK AktG, Stand 1.6.2021, § 182 AktG Rz. 55; *Veil* in K. Schmidt/Lutter, § 186 AktG Rz. 45.
250 Vgl. insofern das Bezugsangebot der Hamborner Reit AG vom Oktober 2020: Jeder Aktionär kann sein Bezugsrecht nur in der Weise ausüben, dass er innerhalb der Bezugsfrist […] über seine Depotbank während der üblichen Geschäftszeiten unter Verwendung des hierfür von den Depotbanken zur Verfügung gestellten Formblatts (die „Bezugs- und Abtretungserklärung") die COMMERZBANK Aktiengesellschaft, Kaiserstraße 16 (Kaiserplatz), 60311 Frankfurt am Main („COMMERZBANK") – als fremdnützige Treuhänderin unter Abtretung seiner Anteiligen Dividendenansprüche an die COMMERZBANK – beauftragt und ermächtigt, die Neuen Aktien, die er aufgrund seines Bezugsrechts beziehen möchte, im eigenen Namen, aber für seine Rechnung zu zeichnen und nach Zeichnung und Eintragung der Durchführung der Bezugsrechtskapitalerhöhung im Handelsregister die so bezogenen Neuen Aktien an Clearstream Banking AG, Mergenthalerallee 61, 65760 Eschborn (die „Clearstream") zugunsten des Wertpapierdepots des jeweiligen Aktionärs zu übertragen.
251 Vgl. die Wiedergabe des Ausschussberichtes bei *Hefermehl/Bungeroth* in G/H/E/K, 1989, § 186 AktG Rz. 159.
252 *Schürnbrand/Verse* in MünchKomm. AktG, 5. Aufl. 2021, § 186 AktG Rz. 170; *Scholz* in MünchHdb. AG, § 57 Rz. 148; *Hüffer/Koch*, § 186 AktG Rz. 45; *Heusel* in Semler/Volhard/Reichert, ArbeitsHdb. HV, § 20 Rz. 37; OLG Hamburg v. 29.10.1999 – 11 U 71/99, AG 2000, 326, 328; abweichend *Schlitt/Seiler/Singhof*, AG 2003, 254, 260 Fn. 86.

den müssten. Diese Einzelheiten können vielmehr der Verwaltung überlassen werden[253]. Es ist aber auch möglich, eine einheitliche Kapitalerhöhung teils mit direktem und teils mit mittelbarem Bezugsrecht abzuwickeln[254].

1. Vermittelndes Emissionsunternehmen

44.59 Wer zulässiger Vermittler des Bezugsrechts sein kann, ergibt sich aus § 186 Abs. 5 Satz 1 AktG. Umfasst sind hierbei neben den (**inländischen**) **Kreditinstituten** i.S.d. § 1 Abs. 1 KWG auch die in § 53 Abs. 1 Satz 1 KWG genannten inländischen **Zweigstellen** von Unternehmen mit Sitz im Ausland sowie die in § 53b Abs. 1 Satz 1 oder Abs. 7 KWG bezeichneten Unternehmen die Aktien im Rahmen eines mittelbaren Bezugsrechts übernehmen können. Entgegen einer vereinzelt gebliebenen Auffassung[255] sind auf Grundlage des geltenden Rechts inländische Finanzdienstleistungsinstitute und Finanzunternehmen i.S.v. § 1 Abs. 1a und 3 KWG nicht gleichzustellen, obwohl § 53b Abs. 7 KWG auch solche (ausländischen) Institute erfasst[256]. Aufgrund dieser Widersprüchlichkeit spricht – auch im Hinblick auf § 1 Abs. 1 Satz 2 Nr. 10 KWG – viel für die Annahme, dass die gemäß § 53b KWG tätigen ausländischen Institute im Inland Bankgeschäfte betreiben müssen, um sich für § 186 Abs. 5 AktG zu qualifizieren[257].

44.60 Sofern die Aktien von einem nicht durch § 186 Abs. 5 Satz 1 AktG Privilegierten mit der Verpflichtung übernommen werden, sie den Aktionären zum Bezug anzubieten, bedarf es eines Bezugsrechtsausschlusses. Derartige Konstellationen können in Sanierungsfällen auftreten, in denen die Aktien etwa vom **Großaktionär** übernommen werden[258]. Trotz Bezugsrechtsausschluss ist in diesen Fällen ein Bezugsangebot zu veröffentlichen (§ 186 Abs. 5 Satz 2 Halbs. 2 AktG). Eine sachliche Rechtfertigung wird in Sanierungsfällen häufig gegeben sein[259]. Keine sachliche Rechtfertigung ist demgegenüber anzunehmen, wenn der zeichnende Großaktionär die Aktien ohne die Verpflichtung zur anteiligen Weiterleitung zeichnet und der Bezugsrechtsausschluss mit „Eilbedürftigkeit" und „vermuteter fehlender Übernahmebereitschaft" der Minderheitsaktionäre begründet wird[260] (näher zum Bezugsrechtsausschluss Rz. 44.72 ff.).

2. Bezugsangebot

44.61 Das (oder: die) Emissionsunternehmen muss sich in einer Vereinbarung mit der Gesellschaft verpflichten, die Aktien den Aktionären entsprechend deren bisherigen Beteiligungen zu dem festgelegten Kurs zum Bezug anzubieten. Im Rahmen des **Übernahmevertrages** kann sich das Emissionsunternehmen verpflichten, auch die nicht bezogenen Aktien fest zu übernehmen (hard underwriting). Relevant wird dies unter anderem, wenn der Marktpreis der Aktien während der Bezugsfrist unter den Bezugspreis fällt. Es kann aber auch vereinbart werden, dass die nicht bezogenen Aktien für Rechnung der Gesellschaft verwertet werden (dazu noch Rz. 44.71). Der Übernahmevertrag ist ein **echter Vertrag zugunsten Dritter** i.S.v. § 328 Abs. 1 BGB, aufgrund dessen die Aktionäre einen eigenen Anspruch auf ein entsprechendes Bezugsangebot durch das Emissionsunternehmen erwerben[261]. In der Praxis

---

253 *Wiedemann* in Großkomm. AktG, 4. Aufl. 1995, § 186 AktG Rz. 198.
254 So auch *Scholz* in MünchHdb. AG, § 57 Rz. 147 m.w.N.
255 LG Düsseldorf v. 13.8.1998 – 31 O 104/97, AG 1999, 134.
256 Ablehnend de lege lata auch *Baums*, Bericht Regierungskommission, Rz. 219; *Scholz* in MünchHdb. AG, § 57 Rz. 148.
257 So zur vergleichbaren Vorschrift des § 54 Abs. 3 Satz 1 AktG *Götze* in MünchKomm. AktG, 5. Aufl. 2019, § 54 AktG Rz. 60 f.; siehe auch *Ekkenga* in KölnKomm. AktG, 4. Aufl. 2020, § 186 AktG Rz. 198; großzügiger *Apfelbacher/Niggemann* in Hölters, § 186 AktG Rz. 99.
258 Vgl. den Fall bei OLG Koblenz v. 12.3.1996 – 6 U 470/96, NZG 1998, 552, 553 = AG 1998, 429.
259 *Scholz* in MünchHdb. AG, § 57 Rz. 156.
260 OLG Celle v. 29.6.2001 – 9 U 89/01, NZG 2001, 1140 = AG 2002, 292.
261 BGH v. 22.4.1991 – II ZR 231/90, BGHZ 114, 203, 208 = AG 1991, 270; BGH v. 13.4.1992 – II ZR 277/90, BGHZ 118, 83, 96 = AG 1992, 312; BGH v. 5.4.1993 – II ZR 195/91, BGHZ 122, 180, 186.

stammt das Bezugsangebot häufig von der Gesellschaft, die hierin „ihre" Aktionäre bittet, ihr Bezugsrecht zur Vermeidung des Ausschlusses während der Bezugsfrist bei einer der im Bezugsangebot genannten Bezugsstellen auszuüben. In diesen Fällen ist das Bezugsangebot dahingehend auszulegen, dass entsprechend dem Wortlaut des § 186 Abs. 5 Satz 1 AktG das Bezugsangebot von dem vermittelnden Emissionsunternehmen stammt und lediglich die Bekanntmachung nach § 186 Abs. 5 Satz 2 AktG durch den Vorstand der Gesellschaft erfolgt[262]. Allerdings fällt die Verantwortung für den Inhalt des Bezugsangebotes, insbesondere die Festlegung der Bezugsfrist und der Bezugsbedingungen (Bezugspreis, Bezugsverhältnis), primär der AG zu[263]. Das vermittelnde Emissionsunternehmen trägt nur die Verantwortung für die ordentliche Erfüllung des Bezugsangebots[264] und ist zu einer Plausibilitätsprüfung etwa in Bezug auf die Ermittlung des Bezugsverhältnisses sowie der Einhaltung der sonstigen Kautelen des § 186 Abs. 5 AktG verpflichtet.

Zum **Zeitpunkt der Veröffentlichung des (mittelbaren) Bezugsangebotes** muss zum einen der **Kapitalerhöhungsbeschluss** gefasst sein (bei genehmigtem Kapital: der Ausnutzungsbeschluss der Verwaltung), und es müssen die den Vertrag zugunsten Dritter ergebenden **vertraglichen Vereinbarungen** zwischen Gesellschaft und vermittelndem Emissionsunternehmen getroffen werden, aus denen sich der Bezugsanspruch der Aktionäre ergibt[265]. Der Anspruch auf Veröffentlichung des Bezugsangebotes folgt dabei aus dem Vertrag zugunsten Dritter und das Bezugsrecht aus dem Bezugsangebot. Das Angebot zum Bezug setzt dabei nicht bereits die Existenz der Aktien voraus[266]. Zulässig ist es daher, das Bezugsangebot unter den **Vorbehalt** (aufschiebende Bedingung) der Durchführung und der Eintragung der Durchführung der Kapitalerhöhung zu stellen[267]. Denn das Bezugsrecht steht per se unter der Bedingung der Eintragung der Durchführung der Kapitalerhöhung (siehe schon Rz. 44.47). Eine solche Bedingung vereinfacht es, die Bezugsrechtsemission bei Marktverwerfungen während der Bezugsfrist ggf. abzubrechen. Erst mit der Eintragung der Durchführung der Kapitalerhöhung wird der Bezugsanspruch unbedingt[268]. Zu beachten ist, dass ein solcher Vorbehalt im Bezugsangebot in transparenter Weise offenzulegen ist. Hinzuweisen ist neben der Abbruchmöglichkeit auf zweierlei: Den Umstand, dass Bezugsrechtshandelsgeschäfte nicht zurückabgewickelt werden und der Erwerber solcher Rechte dementsprechend einen Verlust erleiden kann. Und zweitens, dass Bezugsrechte erfüllt werden, wenn die Eintragung der Durchführung der Kapitalerhöhung erfolgt ist.

44.62

Insbesondere bei Sanierungskapitalerhöhungen werden zuweilen noch vor der eigentlichen Bezugsperiode **Vorverträge** („Pre-underwriting Agreements") abgeschlossen, die dem Emittenten in einem frühen Stadium (z.B. der Veröffentlichung des Beschlussvorschlages für eine ordentliche Kapitalerhöhung) einen **Mindestbezugspreis** sichern sollen, der dem Markt kommuniziert wird. Die Rechtsfolgen einer solchen Garantie eines Mindestbezugspreises sind klar zu regeln: Sinkt der Aktienkurs bis zu Beginn der Bezugsfrist unter den garantierten Mindestpreis, ist ein Bezugsangebot zu diesem Preis un-

44.63

---

262 Vgl. insofern auch OLG Düsseldorf v. 24.3.2000 – 16 U 70/99 – Nordhäuser Tabakfabriken, ZIP 2000, 2025, 2027 = AG 2001, 51; OLG Karlsruhe v. 22.9.2000 – 10 U 38/00, AG 2002, 91, 92.
263 *Wiedemann* in Großkomm. AktG, 4. Aufl. 1995, § 186 AktG Rz. 217; OLG Karlsruhe v. 22.9.2000 – 10 U 38/00, AG 2002, 91; bedenklich daher *Hirte* in Großkomm. AktG, 4. Aufl. 2001, § 203 AktG Rz. 150.
264 Insoweit gilt Kaufrecht, vgl. *Hüffer/Koch*, § 186 AktG Rz. 51; OLG Karlsruhe v. 22.9.2000 – 10 U 38/00, AG 2002, 91, 92.
265 Abweichend *Schürnbrand/Verse* in MünchKomm. AktG, 5. Aufl. 2021, § 186 Rz. 174 (spätestens gleichzeitig mit dem Zeichnungsvertrag).
266 Ebenso *Schlitt/Seiler*, WM 2003, 2175, 2184; *Hüffer/Koch*, § 186 AktG Rz. 52.
267 *Scholze*, Das Konsortialgeschäft der deutschen Banken, 1. Halbband, S. 512. Das entspricht inzwischen ständiger Praxis.
268 Aber selbst nach Eintragung der Durchführung der Kapitalerhöhung ist noch ein Abbruch möglich, sofern die Bezugsansprüche von Aktionären, die an ihrer Ausübung festhalten wollen, erfüllt werden. Hinsichtlich der aufgrund von Nichtausübung von Bezugsrechten freiwerdenden Aktien ist ein Abbruch noch nach Ende der Bezugsfrist möglich, nämlich bis zu dem Zeitpunkt, zu dem diese Aktien bei Drittinvestoren platziert sind.

durchführbar und deshalb unter dem Aspekt des faktischen Bezugsrechtsausschlusses angreifbar. Eine Übernahme der Aktien durch die garantierenden Banken wäre unter dem Aspekt der Verletzung des Bezugsrechts unzulässig. Eine Verpflichtung der garantierenden Banken, die Aktien unter Tragung der Differenz zu einem geringeren Preis als dem Garantiepreis zum Bezug anzubieten, müsste ausdrücklich vereinbart werden, kann sich aber auch aus dem Zweck der Vereinbarung ergeben. Diese Konstellation unterscheidet sich von dem Fall, dass der Marktpreis erst während der Bezugsfrist unter den durch ein hard underwriting abgesicherten Bezugspreis fällt, denn dann wurde das Bezugsrecht gewahrt und nur nicht ausgeübt – die Übernahme der Aktien durch das Konsortium ist in diesem Fall aktienrechtlich unbedenklich.

3. Zeichnung

44.64 Durch wen die Zeichnung erfolgt, ergibt sich aus den vertraglichen Abreden zwischen Gesellschaft und Emissionskonsortium. Früherer Praxis entsprach es, dass die Zeichnungsscheine (dazu noch näher Rz. 44.97) durch den oder die Konsortialführer zugleich im Namen der übrigen Konsorten unterschrieben wurden. Nachdem der BGH bei einer solchen Konstellation die gesamtschuldnerische Haftung des Konsortiums als BGB-Gesellschaft angenommen hat[269], erfolgt heute entweder die Offenlegung der Quoten im Zeichnungsschein (offene Stellvertretung) oder es erfolgt die Zeichnung ohne solche Offenlegung allein durch eine (oder mehrere) Konsortialbank(en)[270]. Im letzteren Fall handelt die Bank in Bezug auf ihre eigenen Quote für eigene Rechnung, im Übrigen als Beauftragte (mittelbare Stellvertretung)[271] der anderen Konsortialbanken[272] (vgl. auch Rz. 8.118). Die Zeichnung erfolgt regelmäßig zum **geringsten Ausgabebetrag**. Der Übernahmevertrag enthält die Verpflichtung, die Differenz zwischen Bezugspreis und diesem geringsten Ausgabebetrag an die Gesellschaft abzuführen. Dieses Verfahren ist nach ganz überwiegender Auffassung zulässig (vgl. zu schuldrechtlichen Zuzahlungen bereits Rz. 44.17)[273]. Gleichwohl kann und muss die Differenz zwischen Bezugspreis und Zeichnungsbetrag in die Kapitalrücklage gemäß § 272 Abs. 2 Nr. 1 HGB eingestellt werden. Insofern besteht ein Unterschied zwischen dem „über den Nennbetrag hinaus" erzielten Betrag i.S.v. § 272 Abs. 2 Nr. 1 HGB und dem „Mehrbetrag" i.S.v. § 36a Abs. 1 AktG[274]. Wegen dieses Unterschiedes ist es trotz § 66 Abs. 1 Satz 2 AktG auch zulässig, wenn die Konsortialführer ihre Provisions- und Kostenersatzansprüche gegen diejenigen Zahlungsansprüche verrechnen, die den geringsten Ausgabebetrag übersteigen. Zu Form und Inhalt des Zeichnungsvertrages näher Rz. 44.97.

---

269 BGH v. 13.4.1992 – II ZR 277/90 – BuM, AG 1992, 312, 315; kritisch dagegen etwa *Groß*, AG 1993, 108, 116 f.; *Timm/Schöne*, ZGR 1994, 113 ff.
270 Vgl. auch Rz. 8.118–8.119 sowie *Herchen* in Happ/Groß/Möhrle/Vetter, Aktienrecht, Formular 12.03 Rz. 16.2; *Groß* in Happ/Groß/Möhrle/Vetter, Aktienrecht, Formular 15.02 Rz. 9.2; *Groß* in Bosch/Groß, Emissionsgeschäft, Rz. 10/316 a.E. sowie das Muster in Rz. 10/328; *Favoccia* in MünchVertragsHdb. GesR, Formular V 107.
271 Zur rechtlichen Konstruktion und Alternativgestaltungen des Innenverhältnisses der Konsorten (sog. „Kaufmodell") siehe *Groß* in Happ/Groß/Möhrle/Vetter, Aktienrecht, Formular 15.02 Rz. 10.
272 Übernahmeverträge sehen stets eine einzelschuldnerische Haftung der Konsorten beschränkt auf die jeweilige Quote vor; diese einzelschuldnerische Haftung wird in begrenztem Umfang häufig durch sog. „step up"-Klauseln durchbrochen, die bei Ausfall eines Konsorten beschränkt auf einen bestimmten Prozentsatz eine Ausfallhaftung der nicht vertragsbrüchigen Konsorten vorsehen, vgl. etwa das Muster von *Groß* in Bosch/Groß, Das Emissionsgeschäft, Rz. 10/324 und dort Ziffer XII. 4 Abs. 1.
273 *Hüffer/Koch*, § 186 AktG Rz. 48; *Schürnbrand/Verse* in MünchKomm. AktG, 5. Aufl. 2021, § 186 AktG Rz. 169; *Wiedemann* in Großkomm. AktG, 4. Aufl. 1995, § 186 AktG Rz. 202–203; *Hoffmann-Becking* in FS Lieberknecht, 1997, S. 25, 31 ff.; *Priester* in FS Brandner, 1996, S. 97, 110 ff.; *Priester* in FS Lutter, 2000, S. 617, 620 f.; *Becker*, NZG 2003, 510, 512, 515; a.A. *Schippel* in FS Steindorff, 1990, S. 249, 254; *Immenga* in FS Beusch, 1993, S. 413, 419.
274 Vgl. *Hüffer/Koch*, § 186 AktG Rz. 48; *Groß* in Bosch/Groß, Emissionsgeschäft, Rz. 10/295 a.E.; *Becker*, NZG 2003, 510, 516; *Wiedemann* in Großkomm. AktG, 4. Aufl. 1995, § 186 AktG Rz. 203; ausführlich auch *Wiedemann*, WM 1979, 990 ff. (abweichend zur handelsrechtlichen Verbuchung – § 272 Abs. 2 Nr. 4 HGB statt § 272 Abs. 2 Nr. 1 HGB – *Wagner*, DB 2004, 293, 297).

4. Einzahlung und Einzahlungsbestätigung

Aufgrund der Zeichnung muss die Einzahlung des Ausgabebetrages gemäß § 36a AktG erfolgen (dazu noch näher Rz. 44.101). Das entsprechende Kapitalerhöhungskonto der Gesellschaft wird regelmäßig bei der zeichnenden Konsortialbank selbst geführt. Diese zulässige Praxis ist allerdings nicht unumstritten[275]. Bei der Kapitalerhöhung einer Bank selbst muss demgegenüber das Sonderkonto bei einer Drittbank geführt werden; die gegenüber sich selbst ausgestellte Einzahlungsbetätigung wäre wirkungslos[276]. Die Einzahlung erfolgt im Wege der buchmäßigen Gutschrift, wobei sich allerdings die Passivposition Sichteinlagen der Konsortialbank erhöht. Die Konsortialbank belastet regelmäßig die anderen Konsorten auf sog. **Anteilskonten** und erhöht damit seine Aktivposition Forderungen. Dies setzt aber voraus, dass die Konsorten Gegenbuchungen auf das Konsortialanteilskonto vornehmen[277]. Der Vorstand der Gesellschaft handelt auch dann ordnungsgemäß, wenn er Zinsfreiheit des Sonderkontos vereinbart[278]. Über die Gutschrift erteilt der Konsortialführer die **Einzahlungsbestätigung** gemäß § 182 Abs. 2, § 36 Abs. 2, § 36a Abs. 1, § 37 AktG. Vgl. dazu und zum Merkmal der freien Verfügbarkeit noch Rz. 44.101 und Rz. 44.102.

44.65

Im Rahmen der Abwicklung einer Kapitalerhöhung im Wege des mittelbaren Bezugsrechts handelt das eingeschaltete Emissionsunternehmen grundsätzlich als **treuhänderische Abwicklungsstelle**. Deshalb gelten die Grundsätze der **verdeckten Sacheinlage** für das Emissionsunternehmen (wohl aber den die Aktien beziehenden Aktionär[279]) nicht, wenn die Mittel aus der Kapitalerhöhung benutzt werden, um Forderungen des Kreditinstitutes zu tilgen. Diese Privilegierung gilt dann auch für das Merkmal der freien Verfügbarkeit der Einlage (zur Überschneidung der beiden Komplexe verdeckte Sacheinlage und freie Verfügbarkeit Rz. 44.103). Denn wenn der BGH dank Privilegierung trotz Darlehenstilgung in Bezug auf die Einlage eine wirksame Erfüllung annimmt[280], bejaht er jedenfalls implizit auch die Leistung der Einlage zur freien Verfügung des Vorstands; fehlt es nämlich an der freien Verfügbarkeit, tritt keine Erfüllungswirkung ein[281]. Die Privilegierung gilt allerdings nach Auffassung des BGH nur so lange, wie das Emissionsunternehmen die Abwicklungsfunktion wahrnimmt, wozu auch noch die Verwertung nichtbezogener Aktien zählt, nicht mehr aber die Wahrnehmung der Rechte aus den Aktien oder der Erwerb im Wege des Selbsteintritts[282]. Die genaue **Reichweite dieser Privilegierung** ist immer noch ungeklärt. Offen ist insbesondere, wie Fälle des hard underwritings zu behandeln sind, in denen ggf. gerade nicht für Rechnung der Gesellschaft verwertet wird, sondern bei Nichtbezug der Aktien durch die Aktionäre (wegen Preisverfalls) die Aktien fest durch die Konsortialbanken über-

44.66

---

275 Für Zulässigkeit *Drygala* in KölnKomm. AktG, 4. Aufl. 2020, § 54 AktG Rz. 77; *Heinsius* in FS Fleck, 1988, S. 89 ff.; *Henze* in Großkomm. AktG, 4. Aufl. 2000, § 54 AktG Rz. 95; *Hüffer/Koch*, § 54 AktG Rz. 17; *Scholz* in MünchHdb. AG, § 57 Rz. 182; *Herchen* in Happ/Groß/Möhrle/Vetter, Aktienrecht, Formular 12.03 Rz. 18.1 (anders aber wohl *Herchen* in Happ/Groß/Möhrle/Vetter, Aktienrecht, Formular 12.01 Rz. 31.9 a.E.); so nun auch *Götze* in MünchKomm. AktG, 5. Aufl. 2019, § 54 AktG Rz. 65; skeptisch unter Verweis auf die Voraussetzungen des § 27 Abs. 4 AktG *Pentz* in MünchKomm. AktG, 5. Aufl. 2019, § 36 AktG Rz. 69.
276 Ebenso wohl *Frank A. Schäfer* in FS Hüffer, 2010, S. 877, 883.
277 Vgl. *Scholze*, Das Konsortialgeschäft der deutschen Banken, 1. Halbband, S. 522.
278 *Hoffmann-Becking* in FS Lieberknecht, 1997, S. 25, 34.
279 Vgl. BGH v. 1.2.2010 – II ZR 173/08 – Eurobike, ZIP 2010, 423, 424 f. = AG 2010, 246.
280 BGH v. 13.4.1992 – II ZR 277/90 – BuM, BGHZ 118, 83, 97; wenn die Privilegierung nicht auch für den Tatbestand der freien Verfügbarkeit Platz griffe, hätte der BGH durchscheinden können und nicht zurückverwiesen.
281 *Pentz* in MünchKomm. AktG, 5. Aufl. 2019, § 36 AktG Rz. 48; *Hüffer/Koch*, § 54 AktG Rz. 20.
282 BGH v. 13.4.1992 – II ZR 277/90, BGHZ 118, 83, 96 ff. = WM 1992, 1225 ff. = AG 1992, 312; BGH v. 5.4.1993 – II ZR 195/91, WM 1993, 944, 951; BGH v. 19.6.1995 – II ZR 29/94, WM 1995, 1409, 1410; *Lutter/Gehling*, WM 1989, 1445, 1447; *Frese*, AG 2001, 15 ff.; *Henze*, Aktienrecht, Rz. 179 ff.; *Singhof/Weber* in Habersack/Mülbert/Schlitt, Unternehmensfinanzierung am Kapitalmarkt, § 3 Rz. 64; *Herfs* in Habersack/Mülbert/Schlitt, Unternehmensfinanzierung am Kapitalmarkt, § 5 Rz. 84; kritisch *Wiedemann* in Großkomm. AktG, 4. Aufl. 1995, § 186 AktG Rz. 206.

nommen werden. Nicht final entschieden ist auch die Ausdehnung der Privilegierung auf bezugsrechtsfreie Platzierungen[283]. Zwar fungiert das eingeschaltete Emissionsunternehmen hierbei nicht als Abwicklungsstelle. Solange es jedoch selbst keine Rechte aus den Aktien wahrnimmt und auch kein Selbsteintritt stattfindet, erbringt das Emissionsunternehmen auch bei der bezugsrechtsfreien Kapitalerhöhung lediglich wertpapierabwicklungstechnische Leistungen. Folglich muss auch in diesem Fall die Privilegierung gelten.

44.67 Es ist davon auszugehen, dass der vom BGH genannte Erwerb im Wege des **'Selbsteintritts'** nur auf einen dauerhaften Erwerb bzw. die Realisierung eines über die Provision hinausgehenden Veräußerungserlöses abzielt, mithin auch Umplatzierungen im Wege des Erwerbs von Bezugsrechten, deren Weiterveräußerung oder Ausübung[284] und Weiterplatzierung bei Drittinvestoren privilegiert sind (zur Einschaltung von Kreditinstituten bei bezugsrechtsfreier Platzierung Rz. 44.66, 44.103)[285]. Verpflichten sich Konsortialbanken fest zur Übernahme einer Kapitalerhöhung im Wege des mittelbaren Bezugsrechts und scheitert der Bezug wider Erwarten während der Bezugsfrist wegen starken Preisverfalls, so erfüllen diese Banken ihre Treuhänderstellung nach überzeugender Auffassung mit Abführung des festvereinbarten Bezugspreises (**hard underwriting**). Steigt der Kurs später und können die Konsorten dann einen Veräußerungsgewinn realisieren, ändert dieses erst nach Zeichnung begründete Eigeninteresse an der Privilegierung nichts, denn das primäre Interesse richtet sich auf einen erfolgreichen Abschluss der Bezugsrechtsemission mit möglichst voller Ausübung der Bezugsrechte[286]. Warum hier der Verwertungsaspekt für Rechnung der Gesellschaft so stark in den Vordergrund gestellt wird, ist nicht ersichtlich, zumal bei dem hard underwriting mit Leistung des Bezugspreises bei anschließender Verwertung unterhalb des Bezugspreises eine Abführungspflicht nicht mehr besteht. Zudem geht die Treuhänderstellung, wenn man dem BGH insofern folgen würde, erst nach Ablauf der Bezugsfrist und damit in einem Zeitpunkt verloren, in dem die Zeichnung, Anmeldung und Durchführung der Kapitalerhöhung schon erfolgt sind. Die Umwidmung in eine Sacheinlage ist also gar nicht mehr möglich. Anders zu beurteilen ist die Sachlage aber dann, wenn das eingeschaltete Institut an der Gesellschaft schon vor der Kapitalerhöhung maßgeblich beteiligt ist und das eigene Bezugsrecht ausübt, es insofern also nicht zu einem **Mittelzufluss durch Dritte** kommt. Aufgrund der bestehenden Unsicherheiten sucht die Praxis nach Auswegen, etwa mittels Syndizierung des Kredits durch das zeichnende Institut bzw. Trennung der die Eigenkapitalmaßnahme begleitenden Banken und der Kreditbanken (vgl. auch Rz. 8.121). Das ist insbesondere bei **Kapitalmaßnahmen für Akquisitionsvorhaben** mit zwischengeschalteter Akquisitionsfremdfinanzierung in der Regel komplex. Denkbar ist auch der Verzicht auf Sondertilgungsklauseln in dem Kreditvertrag („Opt-out"), die unplanmäßige Tilgungen aus Kapitalbeschaffungsmaßnahmen vorsehen, und eine zeitliche Streckung der Regeltilgung. Kein praxisnaher Weg ist demgegenüber die Vereinbarung eines Zwangsaktienverkaufs durch die Konsortialbanken innerhalb eines zeitlich kurz befristeten Rahmens für den Fall der Realisierung des hard underwritings, um die Treuhänderstellung zu erhalten. Die hiermit zu befürchtenden Marktverwerfungen und auch

---

283 Dafür etwa *Siebert*, NZG 2006, 366, 367; *Schnorbus*, AG 2004, 113 ff.; *Parmentier*, ZInsO 2008, 9, 13 f.; dagegen *Ekkenga* in KölnKomm. AktG, 4. Aufl. 2020, § 183 AktG Rz. 188.
284 Obwohl beim mittelbaren Bezugsrecht hier Erwerber und Schuldner zusammenfallen, ist wegen des Interesses der Parteien und der Verbriefung von dem Fortbestand des Rechts auszugehen.
285 So zutreffend *Frese*, AG 2001, 15, 20 f.
286 Zutreffend *Groß*, AG 1993, 108, 115; wohl auch *Schnorbus*, AG 2004, 113, 116 (der aber den „Selbsteintritt" für schädlich hält); a.A. offenbar *Frese*, AG 2001, 15, 20; zur problematischen ex-post-Perspektive des BGH auch *Assmann/Sethe*, ZHR 158 (1994), 646, 657; zumindest missverständlich ist insofern der Leitsatz 3 bei BGH v. 13.4.1992 – II ZR 277/90, BGHZ 118, 83 = WM 1992, 1225 = AG 1992, 312, wonach ihr „die Stellung eines fremdnützigen Treuhänders zukommt, soweit alle Bezugsrechte ausgeübt werden"; siehe auch BGH v. 13.4.1992 – II ZR 277/90, BGHZ 118, 83 = WM 1992, 1225, 1230, li. Sp. = AG 1992, 312. Den Verwertungsaspekt sehr stark in den Vordergrund stellend auch *Henze*, Aktienrecht, Rz. 167–169. Auch *Parmentier*, ZInsO 2008, 9, 13, hält bei Realisierung des hard underwritings eine Abführung des Mehrerlöses (Differenz zwischen Bezugspreis und späterem Verwertungspreis) für erforderlich, um die Privilegierung zu erhalten.

die Verschärfung der Risikoposition des Bankenkonsortiums sind ökonomisch zu schwerwiegend. Seit Inkrafttreten der Anrechnungslösung gemäß § 27 Abs. 3 AktG (Rz. 44.23) kann es sich für die Mitglieder des Bankenkonsortiums aus Beweissicherungszwecken empfehlen, vorsorglich die Werthaltigkeit der Kreditforderungen durch Gutachten belegen zu lassen.

5. Bezugsrechtshandel

Das Bezugsangebot wird vom Aktionär angenommen (oder das Bezugsrecht veräußert); anders als die Bezugserklärung im Rahmen der Kapitalerhöhung gemäß § 186 Abs. 1 und 2 AktG ist diese einen Kaufvertrag begründende Annahme bindend, weil ein weiterer Zeichnungsvertrag nicht erforderlich ist[287]. Bei börsennotierten Publikumsgesellschaften wird das Bezugsrecht regelmäßig selbständig an den Börsen gehandelt, an denen auch die Altaktien der betreffenden Gesellschaft notiert sind. Das ist weder rechtlich noch praktisch ein Automatismus. **Aktienrechtlich** besteht nach herrschender Auffassung keine Pflicht der Gesellschaft, für einen börsenmäßigen Bezugsrechtshandel zu sorgen, und die Aktionäre haben nach herrschender Auffassung keinen Anspruch auf Eröffnung eines solchen[288]. Dieser Ansicht ist dann zuzustimmen, wenn das Bezugsverhältnis so gestaltet ist, dass der „durchschnittliche" Aktionär zur Ausübung des Bezugsrechts keine weiteren Bezugsrechte zukaufen muss bzw. die Emission so gestaltet ist, dass sich ein rechnerischer Bezugsrechtswert nicht ergibt.

44.68

Ist dies nicht der Fall, bedarf es im Hinblick auf den sog. **faktischen Bezugsrechtsausschluss** der Prüfung, ob nicht die Versagung der Eröffnung eines Bezugsrechtshandels dazu führt, dass es Aktionären insbesondere erschwert wird, Bezugsrechte zuzukaufen, um eine ganze Aktie beziehen zu können, und sie ferner auch praktische Schwierigkeiten haben, das nicht börsengehandelte Recht zu veräußern[289]. Rechtfertigen lässt sich die Nichteröffnung eines Bezugsrechtshandels insbesondere dann, wenn das Bezugsrecht mit hoher Wahrscheinlichkeit während der gesamten Bezugsfrist keinen rechnerischen Wert hat. Dies ist allerdings nur bei Bezugspreisen oberhalb des Börsenkurses denkbar – außerhalb von Fällen der Notiz unter pari mithin einer eigenen Fallgruppe des faktischen Bezugsrechtsausschlusses.

44.69

Auch **börsenrechtlich** erfolgt nicht automatisch die Aufnahme einer Notierung. Zwar ist eine separate Zulassung des Bezugsrechts zum Handel nicht erforderlich, weil das Bezugsrecht als Annex des Stammrechts automatisch zugelassen ist[290]. Jedoch ist eine separate **Börseneinführung** gemäß § 38 BörsG erforderlich[291]. Erfolgt eine Notierung des Bezugsrechts, erstreckt sich diese unter einer separaten ISIN

44.70

---

[287] *Hüffer/Koch*, § 186 AktG Rz. 51; *Ekkenga* in KölnKomm. AktG, 4. Aufl. 2020, § 186 AktG Rz. 250; *Wiedemann* in Großkomm. AktG, 4. Aufl. 1995, § 186 AktG Rz. 216; a.A. *Seibert*, NZG 2002, 608, 612.

[288] LG Hamburg v. 1.4.1999 – 415 O 34/99, AG 1999, 382 (allerdings für den Sonderfall, dass auch die zu beziehenden Aktien nicht zum Handel zugelassen werden sollten; die Frage des Rechts auf Eröffnung des Bezugsrechtshandels konnte die Berufungsentscheidung wegen Ablaufs der Bezugsfrist offen lassen, vgl. OLG Hamburg v. 8.4.1999 – 11 U 62/99, AG 1999, 519, 520); *Martens*, ZIP 1992, 1677, 1694; *Hüffer/Koch*, § 186 AktG Rz. 7; *Schlitt/Seiler/Singhof*, AG 2003, 254, 262 Fn. 106; abweichend *Wiedemann* in Großkomm. AktG, 4. Aufl. 1995, § 186 AktG Rz. 176, der dies als Fall des faktischen Bezugsrechtsausschlusses ansieht.

[289] So auch *Bader*, AG 2014, 472, 485 und dort Fn. 71; in diese Richtung auch *Herfs* in Habersack/Mülbert/Schlitt, Unternehmensfinanzierung am Kapitalmarkt, § 5 Rz. 107; unter dem Aspekt der Treuepflicht auch *Servatius* in BeckOGK AktG, Stand 1.6.2021, § 186 AktG Rz. 24; a.A. *Schürnbrand/Verse* in MünchKomm. AktG, 5. Aufl. 2021, § 186 AktG Rz. 31; *Scholz* in MünchHdb. AG, § 57 Rz. 101; *Vaupel/Reers*, AG 2010, 93, 97; *Hüffer/Koch*, § 186 AktG Rz. 7; wohl auch *Ekkenga* in KölnKomm. AktG, 4. Aufl. 2020, § 186 AktG Rz. 21.

[290] *Heidelbach* in Schwark/Zimmer, 5. Aufl. 2020, § 32 BörsG Rz. 16; *Ekkenga* in KölnKomm. AktG, 4. Aufl. 2020, § 186 AktG Rz. 21.

[291] Zwar ist insofern die Antragspflicht entfallen, aber doch eine Emittentenmitwirkung erforderlich, vgl. *Groß*, Kapitalmarktrecht, 7. Aufl. 2020, § 38 BörsG Rz. 4.

frühestens vom ersten bis zum **drittletzten Tag** der Bezugsfrist[292]. Die letzten beiden Börsenhandelstage bleiben für die Belieferung der am drittletzten Tag getätigten Bezugsrechtshandelsgeschäfte vorbehalten. Nach den Sonderbedingungen der Banken für Wertpapiergeschäfte werden in den Depots verbuchte Bezugsrechte am letzten Tag des Bezugsrechtshandels verkauft, wenn keine andere Weisung erfolgt. Am ersten Tag der Bezugsfrist wird die Notierung der Altaktien um den Wert des Bezugsrechts[293] „bereinigt", die Notierung erfolgt „ex Bezugsrecht". Zu Beginn der Bezugsfrist übermittelt der Konsortialführer, der typischerweise zugleich als Hauptbezugsstelle und Bezugsrechtsregulierer fungiert, in letzterer Funktion den anderen Konsortialbanken und Depotbanken über die Wertpapier-Mitteilungen Richtlinien über die technische Durchführung der Kapitalerhöhung[294]. Häufig wird auch die Möglichkeit eröffnet, Bruchteile von Bezugsrechten handeln zu können. Dies eröffnet eine erweiterte Bezugsmöglichkeit[295].

6. Verwertung nicht bezogener Aktien

44.71 Hinsichtlich **nicht ausgeübter** Bezugsrechte **verfällt** das Bezugsrecht. Gegenstand des Geschäftsbesorgungsvertrages zwischen Emittent und Emissionsunternehmen ist die Verwertung der nichtbezogenen Aktien: Diese werden – von Fällen der festen Übernahme (hard underwriting) abgesehen – für Rechnung des Emittenten und nach dessen Weisung verwertet. Hierbei ist Neutralität zu wahren[296]. Bei der Verwertung besteht nach herrschender Auffassung eine Bindung an den Bezugspreis nach unten: Soll unterhalb des Bezugspreises verwertet werden, bestehe eine Pflicht, die jungen Aktien zu dem niedrigeren Preis unter Beachtung des Gleichbehandlungsgrundsatzes zunächst abermals den bezugsberechtigten Aktionären anzubieten[297]. Dem ist nicht zu folgen, wenn der Nichtbezug – wie in der Regel – durch sinkende Börsenpreise bedingt ist. In diesem Fall ist es nicht begründbar, warum nach Nichtbezug ein neues Bezugsangebot folgen muss. Dementsprechend ist eine freie Verwertung jedenfalls dann gestattet, wenn die Berechnung des neuen Entgelts „ebenfalls nach den Festlegungen des Kapitalerhöhungsbeschlusses erfolgt"[298]. Problematisch ist demgegenüber eine Kapitalerhöhung mit Fixierung des Bezugspreises gegen Ende der Bezugsperiode mit nachfolgender Verwertung unterhalb des Bezugspreises, die nicht durch sinkende Börsenkurse in der Zeit zwischen Festsetzung des Bezugspreises und des Verwertungspreises zu rechtfertigen ist, zumal wenn auf Grund des gewählten Verfahrens signifikanter Nichtbezug vorliegt. Hier kann je nach Lage des Falles ein faktischer Bezugsrechtsausschluss bzw. ein indirektes Anheben der prozentualen Grenzen des § 186 Abs. 3 Satz 4 AktG vorliegen.

---

292 Vgl. § 72 Abs. 2 der BörsO der Frankfurter Wertpapierbörse.
293 Zur rechnerischen Ermittlung des Bezugsrechtswertes etwa *Wiedemann* in Großkomm. AktG, 4. Aufl. 1995, § 186 AktG Rz. 222. Zu Sonderproblemen der Berechnung des Bezugsrechtswerts bei teileingezahlten Aktien oder verschiedenen Aktiengattungen *Scholze*, Das Konsortialgeschäft der deutschen Banken, 1. Halbband, S. 493 m.w.N. Zur Abweichung der Börsennotiz zum rechnerischen Wert *Scholze*, Das Konsortialgeschäft der deutschen Banken, 1. Halbband, S. 495.
294 Beispiel bei *Scholze*, Das Konsortialgeschäft der deutschen Banken, 1. Halbband, S. 514 f.
295 Beispiel: Das Bezugsverhältnis betrage 7:3. Wer 10 Aktien hält, könnte bei fehlender Eröffnung eines Bruchteilshandels nur 3 neue Aktien beziehen, 3 Bezugsrechte würden verkauft (oder vier hinzuworben, um weitere drei Aktien beziehen zu können). Bei Bruchteilshandel könnte der Aktionär vier neue Aktien beziehen, 0,66 Bezugsrechte würden verkauft.
296 *Ekkenga* in KölnKomm. AktG, 4. Aufl. 2020, § 186 AktG Rz. 255.
297 So zur Verwertungsbefugnis der AG beim direkten Bezugsrecht *Wiedemann* in Großkomm. AktG, 4. Aufl. 1995, § 186 AktG Rz. 97; zum mittelbaren Bezugsrecht ebenso *Ekkenga* in KölnKomm. AktG, 4. Aufl. 2020, § 186 AktG Rz. 256; *Schürnbrand/Verse* in MünchKomm. AktG, 5. Aufl. 2021, § 186 AktG Rz. 64 und *Herchen* in Happ/Groß/Möhrle/Vetter, Aktienrecht, Formular 12.03 Rz. 26.3. Anders aber *Hüffer/Koch*, § 186 AktG Rz. 16: Verwertung zu bestmöglichen Kursen zulässig.
298 *Herchen* in Happ/Groß/Möhrle/Vetter, Aktienrecht, Formular 12.03 Rz. 26.3; ähnlich *Scholz* in MünchHdb. AG, § 57 Rz. 108 (vgl. aber auch *Scholz* in MünchHdb. AG, § 56 Rz. 153 zum mittelbaren Bezugsrecht); dabei sollte der „Kapitalerhöhungsbeschluss" auch den Ausnutzungsbeschluss beim genehmigten Kapital umfassen.

Wurden die Aktien demgegenüber im Wege des hard underwriting von den Konsortialbanken fest zum Bezugspreis übernommen, liegt das Risiko bei einem Fallen des Kurses unter den Bezugspreis bei den Banken – mit Überweisung des Bezugspreises an die Gesellschaft sind sie in der Verwertung frei. Dies ist auch kein Fall des faktischen Bezugsrechtsausschlusses, denn bei dessen Prüfung sind die Marktverhältnisse zu Beginn der Bezugsfrist maßgebend[299].

VI. Bezugsrechtsausschluss

Gemäß § 186 Abs. 3 AktG kann das Bezugsrecht ganz oder zum Teil im Beschluss über die Erhöhung des Grundkapitals ausgeschlossen werden. Rechtsprechung und Literatur sehen aber zu Recht im Bezugsrechtsausschluss einen schweren Eingriff in die Mitgliedschaft, weil zum einen die Beteiligungsquote gesenkt und zum anderen bei niedrig angesetzten Bezugspreisen mit dem Bezugsrechtsausschluss ein wirtschaftlicher Verwässerungseffekt für die Altaktionäre verbunden ist. Dementsprechend kann ein Bezugsrechtsausschluss nur unter bestimmten formellen und materiellen Voraussetzungen erfolgen.

44.72

1. Formelle Voraussetzungen

a) Beschluss

Gemäß § 186 Abs. 3 Satz 1 AktG kann der Ausschluss des Bezugsrechts nur im Kapitalerhöhungsbeschluss selbst erfolgen. Der Bezugsrechtsausschluss muss sich eindeutig aus dem Beschluss ergeben; die Beschlussfassung allein zu einer Sachkapitalerhöhung impliziert dies nicht ausreichend[300]. Es handelt sich um einen einheitlichen Beschluss. Anders als der Kapitalerhöhungsbeschluss mit Bezugsrecht bedarf der Beschluss über eine Kapitalerhöhung mit Bezugsrechtsausschluss zwingend einer Mehrheit von drei Vierteln des bei der Beschlussfassung vertretenen Grundkapitals, § 186 Abs. 3 Satz 2 AktG[301]. Abweichend von § 182 Abs. 1 Satz 2 AktG kann die Satzung nur eine größere Kapitalmehrheit und weitere Erfordernisse festsetzen. Dementsprechend muss der einheitliche Beschluss diesem Mehrheitserfordernis entsprechen, auch wenn die Satzung für eine Kapitalerhöhung ohne Bezugsrechtsausschluss eine geringere Mehrheit gestatten würde.

44.73

b) Bericht

Gemäß § 186 Abs. 4 Satz 1 AktG muss der Ausschluss des Bezugsrechts ausdrücklich und ordnungsgemäß **bekanntgemacht** werden. Deshalb muss sich zunächst aus der bekanntgegebenen Tagesordnung eindeutig und ausdrücklich ergeben, dass ein Bezugsrechtsausschluss geplant ist[302]. Es empfiehlt sich schon in der Überschrift des betreffenden Tagesordnungspunktes eine Hervorhebung. Der Vor-

44.74

---

299 A.A. offenbar *Heusel* in Semler/Volhard/Reichert, ArbeitsHdb. HV, § 20 Rz. 39.
300 OLG Stuttgart v. 20.12.2000 – 20 U 45/00, AG 2001, 200 (zum genehmigten Kapital); ausreichend dürfte allerdings die Nennung eines bestimmten Übernehmers der Sacheinlage sein, vgl. *Hüffer/Koch*, § 186 AktG Rz. 20.
301 Die im Rahmen COVID-19 Pandemie eingeführten Modifizierungen (siehe dazu schon Rz. 43.6) setzen diese erforderliche Mehrheit bei Rekapitalisierungsmaßnahmen zwingend herab. Gemäß § 7 Abs. 3 Satz 1 WStBG genügt eine Mehrheit von mindestens zwei Dritteln der abgegebenen Stimmen oder des vertretenen Grundkapitals, sofern der Beschluss über die Erhöhung des Grundkapitals im Zusammenhang mit einer Rekapitalisierung nach § 22 StFG steht. Die einfache Mehrheit genügt, wenn die Hälfte des Grundkapitals vertreten ist, § 7 Abs. 3 Satz 2 WStBG. In verfahrenstechnischer Hinsicht gelten für die Beschlussfassung ferner die Erleichterungen der elektronischen Stimmabgabe gemäß § 6 Abs. 1 WStBG i.V.m. § 1 COVMG.
302 Vgl. *Schürnbrand/Verse* in MünchKomm. AktG, 5. Aufl. 2021, § 186 AktG Rz. 79 m.w.N.

stand hat gemäß § 186 Abs. 4 Satz 2 AktG der Hauptversammlung einen schriftlichen Bericht über den Grund für den Bezugsrechtsausschluss zugänglich zu machen. Was das genau bedeutet, lässt sich dem Gesetz nicht eindeutig entnehmen. Unstreitig ist, dass der Bericht während der Hauptversammlung einsehbar sein muss[303]. Nach ganz herrschender Auffassung ist der Bericht aber entsprechend § 175 Abs. 2 Satz 1 AktG bereits zuvor von der Einberufung der Hauptversammlung an in den Geschäftsräumen der AG auszulegen oder über die Internetseite zugänglich zu machen (§ 175 Abs. 2 Satz 4 AktG), und es ist – sofern nicht § 175 Abs. 2 Satz 4 AktG (Unterlagen auf Internetseite) gegeben ist – entsprechend § 175 Abs. 2 Satz 2 AktG jedem Aktionär auf sein Verlangen eine Abschrift des Berichts zu übersenden[304]. Zumindest bei gänzlich unkritischen Fällen des Bezugsrechtsausschlusses dürfte bei Verletzung dieser Verfahrenspflicht jedoch mangels Kausalität keine Anfechtbarkeit des Beschlusses gegeben sein[305]. Nach überwiegender Auffassung ist zudem der Bericht mit der Einberufung der Hauptversammlung entsprechend § 124 Abs. 2 Satz 2 AktG in seinem **wesentlichen Inhalt bekanntzugeben**[306], wobei in der Praxis wegen der Abgrenzungsfragen häufig eine ungekürzte Bekanntmachung erfolgt.

44.75 Der Bericht an die Hauptversammlung soll diese in die Lage versetzen, die Interessen der Gesellschaft an einer Kapitalerhöhung mit Bezugsrechtsausschluss gegenüber anderen Alternativen zu bewerten, die Nachteile für die ausgeschlossenen Aktionäre zu erkennen und beides gegeneinander abzuwägen[307]. Der Bericht muss dementsprechend **alle entscheidungserheblichen Informationen** in der Weise enthalten, dass die Hauptversammlung in die Lage versetzt wird, sachgerecht über die Frage der Erforderlichkeit und Angemessenheit des Bezugsrechtsausschlusses zu befinden. Diese Berichtpflicht wurde durch die Rechtsprechung im Laufe der Jahre immer mehr **verschärft**[308]. Die auf das genehmigte Kapital zugeschnittene Entscheidung „Siemens/Nold" hat hieran nichts geändert. Bei der unmittelbaren Kapitalerhöhung muss der Bericht im Gegensatz zum Bezugsrechtsausschluss im Rahmen eines genehmigten Kapitals dementsprechend konkret und hinreichend detailliert zu der Frage Stellung nehmen, welchem Zweck die Kapitalerhöhung mit Bezugsrechtsausschluss dient, warum dieser Zweck im Interesse der Gesellschaft liegt und der Bezugsrechtsausschluss zur Zweckerreichung geeignet und erforderlich ist[309]. Weil regelmäßig die Zeichner feststehen dürften, sind diese zu benennen. Der Vorstand muss auch auf die Frage eingehen, warum nach seiner Auffassung die Abwägung der Interessen der Gesellschaft gegen die Interessen der Altaktionäre den Bezugsrechtsausschluss als angemessen erscheinen lässt. Ferner sollte auf die Frage eingegangen werden, ob das angestrebte Ziel mit milderen Mitteln erreicht werden kann[310].

---

303 *Hüffer/Koch*, § 186 AktG Rz. 23.
304 *Scholz* in MünchHdb. AG, § 57 Rz. 133; *Hüffer/Koch*, § 186 AktG Rz. 23; *Wiedemann* in Großkomm. AktG, 4. Aufl. 1995, § 186 AktG Rz. 120.
305 So zum Fall eines Ausschlusses des Bezugsrechts für Spitzenbeträge OLG Stuttgart v. 20.12.2000 – 20 U 45/00, AG 2001, 200, 201.
306 BGH v. 9.11.1992 – II ZR 230/91 – Bremer Bankverein, BGHZ 120, 141, 155 f. = AG 1993, 134 (zu § 221 Abs. 4 i.V.m. § 186 AktG); OLG Celle v. 29.6.2001 – 9 U 89/01, NZG 2001, 1140 = AG 2002, 292; *Ekkenga* in KölnKomm. AktG, 4. Aufl. 2020, § 186 AktG Rz. 181; *Schürnbrand/Verse* in MünchKomm. AktG, 5. Aufl. 2021, § 186 AktG Rz. 90; *Scholz* in MünchHdb. AG, § 57 Rz. 133; *Hüffer/Koch*, § 186 AktG Rz. 23; *Butzke*, HV, L Rz. 7.
307 So die Formulierung in BGH v. 19.4.1982 – II ZR 55/81 – Holzmann, BGHZ 83, 319, 326 = AG 1982, 252.
308 Vgl. *Martens*, ZIP 1992, 1677, 1681 ff.
309 *Scholz* in MünchHdb. AG, § 57 Rz. 132 und 136.
310 Aus der umfangreichen Kasuistik vgl. BGH v. 19.4.1982 – II ZR 55/81, BGHZ 83, 319, 326 = AG 1982, 252; LG Frankfurt a.M. v. 4.7.1984 – 3/3 O 111/83, AG 1984, 296, 299; OLG München v. 6.2.1991 – 7 U 4355/90, AG 1991, 210, 211; OLG Hamm v. 20.6.1988 – 8 U 329/87, AG 1989, 31, 32; OLG Frankfurt a.M. v. 17.9.1991 – 5 U 211/90, WM 1991, 2155, 2156 = AG 1992, 271; OLG München v. 24.3.1993 – 7 U 3550/92, WM 1993, 840, 845 = AG 1993, 283.

c) Begründung Ausgabebetrag

Gemäß § 186 Abs. 4 Satz 2 Halbs. 2 AktG ist ferner der vorgeschlagene Ausgabebetrag zu begründen. Erforderlich sind konkrete Angaben zu den Berechnungsgrundlagen und Bewertungskriterien, welche den Aktionären im Hinblick auf § 255 Abs. 2 AktG darzulegen sind. Möglich soll nach überwiegender Auffassung allerdings sein, auf die Festsetzung eines bestimmten Ausgabebetrages im Kapitalerhöhungsbeschluss zu verzichten. Dann sind Höchst- oder Mindestbeträge zu nennen und diese zu erläutern oder zu begründen, warum die Nichtfestsetzung eines Ausgabebetrages erforderlich ist[311]. Dabei ist in Rechnung zu stellen, dass die Festsetzung des Ausgabebetrages (wohl aber das nominelle Kapitalerhöhungsvolumen) bei einer Sachkapitalerhöhung für die Bestimmung der Verwässerung der Altaktionäre nicht der bestimmende Faktor ist (vgl. schon Rz. 44.31)[312]. Bei Festsetzung eines **unangemessen niedrigen Ausgabebetrages** ist der Kapitalerhöhungsbeschluss unter Ausschluss des Bezugsrechts gemäß § 255 Abs. 2 AktG **anfechtbar**[313]. 44.76

Die Beurteilung der Angemessenheit soll sich nach noch herrschender Auffassung nicht nach dem Börsenkurs der Gesellschaft, sondern nach dem „wahren" Unternehmenswert richten[314]. Dem ist nicht zuzustimmen. Bei der Barkapitalerhöhung spricht schon die gesetzgeberische Wertung des § 186 Abs. 3 Satz 4 AktG dafür, dass an den Börsenkurs anzuknüpfen ist[315]. Ferner gibt der Börsenkurs regelmäßig einen belastbaren und aktuellen Eindruck vom Marktwert des Unternehmens. Nur in Ausnahmefällen, in denen der Börsenkurs etwa aufgrund von Manipulationen oder außergewöhnlichen Marktlagen ein unrealistisches Bild zeichnet[316], sollte daher auf eine Unternehmensbewertung zurückgegriffen werden müssen[317]. 44.77

Auf die parallele Diskussion zur Maßgeblichkeit des Ertragswertverfahrens[318] bzw. der Börsenkurse[319] im Rahmen der nicht konzerninternen Verschmelzung ist ergänzend zu verweisen (siehe auch Rz. 13.33 ff.). Zu Wertrügen gemäß § 255 Abs. 2 AktG vorbeugenden Maßnahmen wie der Einholung sog. *fairness opinions* siehe noch Rz. 45.21.

---

311 *Scholz* in MünchHdb. AG, § 57 Rz. 137; *Hüffer/Koch*, § 186 AktG Rz. 24.
312 Zutreffend *Maier-Reimer* in FS Bezzenberger, 2000, S. 253, 264.
313 Einen Ausnahmefall bildet insofern erneut eine Rekapitalisierungsmaßnahme i.S.d. § 22 StFG: Als Reaktion auf die COVID-19 Pandemie steht es der Hauptversammlung nun kraft § 7 Abs. 3a WStBG offen, dem Fonds (ggf. auch Dritten, § 7e WStBG) neue Aktien zu einem geringeren Preis als dem Ausgabebetrag anzubieten. Dies gilt allerdings auch hier zum Schutze der bestehenden Aktionäre nur unter der Bedingung, dass sie diesen zuvor zum Ausgabebetrag angeboten wurden. Unter diesen Voraussetzungen ist eine § 255 Abs. 2 AktG entsprechende Anfechtung in diesen Fällen nicht möglich. Vgl. *Nolden/Heusel/Goette*, DStR 2020, 800, 802; *Servatius* in BeckOGK AktG, Stand 1.6.2021, § 186 AktG Rz. 51; beachte auch die in § 4 Abs. 4 WStBG eingeführte grundsätzliche Fiktion der Angemessenheit des Ausgabepreises bei Übereinstimmung mit dem Börsenkurs.
314 BGH v. 13.3.1978 – II ZR 142/76, BGHZ 71, 40, 51 = NJW 1978, 1316, 1318 („Kali & Salz"); *Hüffer/Koch*, § 255 AktG Rz. 5; *K. Schmidt* in Großkomm. AktG, 4. Aufl. 1995, § 255 AktG Rz. 12; wohl auch *Hoffmann-Becking* in FS Wiedemann, 2002, S. 999, 1004, der auf den „Wert des Gesellschaftsvermögens" vor der Kapitalerhöhung abstellt, um die Bewertungsrelation zu prüfen.
315 Angesichts der systematischen Trennung zwischen der prozentualen Grenze und der Anknüpfung an den Börsenpreis in zwei verschiedene Tatbestandsmerkmale ist dem Gesetz insoweit ein verallgemeinerungsfähiger Rechtsgedanke zu entnehmen. Die Anknüpfung an den Börsenpreis ist dementsprechend auch jenseits des prozentualen Grenzwerts von 10 % zulässig.
316 Vgl. nur die Kursexplosion der Aktie der GameStop Corp. im Januar 2021, die auf eine massenhafte Entscheidung von Kleinanlegern zum Short-Squeeze zulasten von mehreren Hedgefonds und deren Leerverkäufen zurückging.
317 So auch *Scholz* in MünchHdb. AG, § 57 Rz. 48; *Krieger* in MünchHdb. AG, § 71 Rz. 132; *Ehmann* in Grigoleit, § 255 AktG Rz. 6 (Börsenkurs als Ausgangspunkt und Untergrenze).
318 Dafür z.B. *Bungert*, BB 2001, 1163, 1166; *Wilm*, NZG 2000, 234, 237; *Paschos*, ZIP 2003, 1017, 1019 ff.
319 So etwa *E. Vetter*, AG 1999, 569, 572; *E. Vetter*, ZIP 2000, 561, 566; *Piltz*, ZGR 2001, 185, 206 ff.

2. Materielle Voraussetzungen

a) Sachliche Rechtfertigung und rechtspolitische Diskussion

44.78 Nach ganz herrschender Auffassung bedarf der Bezugsrechtsausschluss aufgrund der Schwere des Eingriffs in die Mitgliedschaft der sachlichen Rechtfertigung[320]. Dies wird überwiegend dahingehend verstanden, dass sachliche Rechtfertigung dann gegeben ist, wenn der Bezugsrechtsausschluss verhältnismäßig ist, also einen **Zweck** hat, der im **Interesse der Gesellschaft** liegt, und der Bezugsrechtsausschluss zur Erreichung dieses Zwecks **geeignet** und überdies **erforderlich** ist[321]. Zusätzlich bedarf es einer Angemessenheitsprüfung, bei der das Gesellschaftsinteresse an dem Ausschluss und die konkreten Nachteile für die bestehenden Aktionäre (insbesondere die Verminderung der Beteiligungsquote oder die Verwässerung des Anteilswerts) gegeneinander abzuwägen sind[322]. Das Gesellschaftsinteresse deckt sich mit dem Unternehmensinteresse bzw. dem Interesse der Gesamtheit der Aktionäre, nicht mit dem der einzelnen Mitglieder. Das Merkmal der Erforderlichkeit ist nicht im Sinne einer *ultima ratio* misszuverstehen[323]; zu prüfen ist jedoch, ob es kein anderes ebenso oder gar besser geeignetes Mittel gibt, den angestrebten Erfolg ohne Bezugsrechtsausschluss zu erreichen. Hierzu hat sich eine unten dargestellte, durch Rechtsprechung und Literatur entwickelte Kasuistik entwickelt.

44.79 Diese zunächst für die direkte Kapitalerhöhung durch die Leitentscheidung „Kali & Salz"[324] ausführlich begründete Rechtsprechung[325] des BGH, die alsbald in der Holzmann-Entscheidung[326] auf das genehmigte Kapital übertragen wurde, hat Ende der achtziger/Anfang der neunziger Jahre zu einer Flut von gegen Kapitalmaßnahmen gerichtete Anfechtungsklagen mit den Bezugsrechtsausschluss weiter erschwerenden Entscheidungen geführt[327]. 1989 konstatierte *Lutter*, dass sich an dem so entwickelten Standard in naher Zukunft nichts ändern würde[328]. Mag man dem für die ordentliche Kapitalerhöhung vielleicht noch zustimmen, so gab es doch seitdem folgende wesentliche Änderungen: Erstens den vereinfachten Bezugsrechtsausschluss gemäß § 186 Abs. 3 Satz 4 AktG. Zweitens die wesentlichen Lockerungen der Anforderungen an die Berichtspflichten zum Bezugsrechtsausschluss bei der Schaffung eines genehmigten Kapitals durch die Entscheidung des BGH in Sachen „Siemens/Nold". Und Drittens sind in der Praxis vermehrt bezugsrechtspflichtige Kapitalerhöhungen anzutreffen, bei denen von einer marktnahen Festsetzung des Bezugspreises erst gegen Ende der Bezugsfrist Gebrauch gemacht wird.

b) Einzelfälle

44.80 Obwohl gefordert wird, über den Bezugsrechtsausschluss müsse nicht im Wege des Fallvergleiches, sondern im Wege eines offenen Wertungsprozesses entschieden werden[329], kann sich die Praxis an **Fallgruppen** orientieren:

---

320 Grundlegend insofern BGH v. 13.3.1978 – II ZR 142/76, BGHZ 71, 40, 43 = AG 1978, 196 („Kali & Salz").
321 *Wiedemann* in Großkomm. AktG, 4. Aufl. 1995, § 186 AktG Rz. 134 ff.; *Hüffer/Koch*, § 186 AktG Rz. 25; *Scholz* in MünchHdb. AG, § 57 Rz. 115 ff.; kritisch demgegenüber *Mülbert*, Aktiengesellschaft, Unternehmensgruppe und Kapitalmarkt, 1995, S. 330 ff.; *Ekkenga*, AG 1994, 59, 65.
322 *Scholz* in MünchHdb. AG, § 57 Rz. 117; *Schürnbrand/Verse* in MünchKomm. AktG, 5. Aufl. 2021, § 186 Rz. 108; dort jeweils auch zur Frage, ob sich dabei ein überwiegendes oder nur ein angemessenes Verhältnis ergeben muss.
323 *Wiedemann* in Großkomm. AktG, 4. Aufl. 1995, § 186 AktG Rz. 144; kritisch auch *Martens*, ZIP 1992, 1677, 1693.
324 BGH v. 13.3.1978 – II ZR 142/76, BGHZ 71, 40, 43 = AG 1978, 196.
325 Zur Rechtsprechung vor „Kali & Salz" siehe die Nachweise bei *Zöllner*, AG 2002, 585, 586.
326 BGH v. 19.4.1982 – II ZR 55/81, BGHZ 83, 319, 325 f. = AG 1982, 252.
327 Ausführlicher Überblick bei *Martens*, ZIP 1992, 1677 ff. sowie *Schockenhoff*, AG 1994, 45, 46 f.
328 *Lutter* in KölnKomm. AktG, 2. Aufl. 1989, § 186 AktG Rz. 60.
329 *Martens*, ZIP 1994, 669, 670; wie hier aber *Schürnbrand/Verse* in MünchKomm. AktG, 5. Aufl. 2021, § 186 AktG Rz. 119.

Im Rahmen einer **Barkapitalerhöhung** lässt sich außerhalb von § 186 Abs. 3 Satz 4 AktG (dazu Rz. 44.86 ff.) ein Bezugsrechtsausschluss nur ausnahmsweise rechtfertigen. Für in der Literatur und Rechtsprechung weitgehend unproblematisch gehalten wird der in der Praxis regelmäßig relevante Ausschluss bei sog. **Spitzenbeträgen**[330]. Allerdings ist auch hier der Bezugsrechtsausschluss nur dann zulässig, wenn der Erhöhungsbetrag so gewählt werden kann, dass ein praktikables Bezugsrechtsverhältnis ermöglicht wird[331]. Die hierfür maßgeblichen Details bleiben meist im Dunkeln. Hat eine AG etwa ein Grundkapital von 140 Mio. Euro und will eine Kapitalerhöhung in Höhe von 15 Mio. Euro durchführen, betrüge das rechnerische Bezugsverhältnis 9,33:1[332]. Ein „glattes" Bezugsverhältnis beliefe sich auf 10:1 und eine Spitze von 1 Mio. Euro bliebe frei. Zu fragen ist hier, ob es nicht verhältnismäßiger ist, den Betrag der Kapitalerhöhung um die Spitze zu reduzieren. Das wird regelmäßig zu verneinen sein, wenn die Gesellschaft darlegen kann, dass ihr Kapitalbedarf dann nicht ausreichend befriedigt werden kann. Ein extremeres Beispiel bildet *Hirte* mit einer Kapitalerhöhung von 12 Mio. um 5 Mio. auf 17 Mio. Das Bezugsverhältnis beliefe sich rechnerisch auf 12:5. Weil dieses Verhältnis Kleinaktionären den Bezug erschwere, sei die Festsetzung eines Bezugsrechtsverhältnisses von 3:1 zulässig, obwohl die Spitze 1 Mio. und damit 20 % des Kapitalerhöhungsbetrages ausmacht[333]. Hier kommt es richtigerweise auf eine Abwägung an, die neben der Zusammensetzung des Aktionärkreises und dem tatsächlichen Kapitalbedarf u.a. auch mit einzubeziehen hat, dass der Einschnitt in Aktionärsrechte möglicherweise durch alternative Gestaltungen abgemildert werden kann[334]. Die **freibleibenden Spitzen** werden in der Praxis über die Börse verkauft oder auf andere Weise für Rechnung der Gesellschaft bestmöglich verwertet.

44.81

Das Aktiengesetz lässt an verschiedenen Stellen (§ 71 Abs. 1 Nr. 2, § 202 Abs. 4, § 204 Abs. 3 AktG) die Förderungswürdigkeit der **Ausgabe von Aktien an Arbeitnehmer** erkennen. Dementsprechend wird in Grenzen beim Bezugsrechtsausschluss zwecks Ermöglichung der Ausgabe von Arbeitnehmeraktien ein sachlicher Grund angenommen[335]. Bezüglich einer Kapitalerhöhung zwecks Absicherung von **Umtauschrechten aus Wandel- bzw. Optionsanleihen** wird verbreitet ein sachlicher Rechtfertigungsgrund angenommen, soweit nicht insofern wie regelmäßig ohnehin ein bedingtes Kapital bereitsteht[336]. Dem ist im Hinblick auf die vorangehende Kontrolle des Bezugsrechtsausschlusses im Rahmen von § 221 Abs. 4 AktG zuzustimmen. Besteht ein entsprechendes bedingtes Kapital, müssen die Inhaber von Wandel- und Optionsanleihen vor Ausübung der Rechte eine reine Quotenverschiebung hinnehmen[337]; ein Schutzbedürfnis besteht nur in Bezug auf die ökonomische Verwässerung des Wand-

44.82

---

330 BGH v. 19.4.1982 – II ZR 55/81, BGHZ 83, 319, 323 = AG 1982, 252; OLG Frankfurt a.M. v. 15.4.1986 – 3 U 191/84, AG 1986, 233, 234; OLG Stuttgart v. 20.12.2000 – 20 U 45/00, AG 2001, 200, 201; *Wiedemann* in Großkomm. AktG, 4. Aufl. 1995, § 186 AktG Rz. 155.
331 *Hüffer/Koch*, § 186 AktG Rz. 29.
332 Die Festsetzung eines gebrochenen Bezugsverhältnisses ist jedenfalls bei nur einer Dezimalstelle nach dem Komma möglich und auch börsentechnisch durch den Handel von Bruchteilen von Bezugsrechten abwickelbar, vgl. etwa die Barkapitalerhöhung der Deutsche Telekom AG vom Juni 1999 mit einem Bezugsverhältnis von 9,8:1, welches durch die selbst für Spitzenbeträge fehlende Möglichkeit zum Bezugsrechtsausschluss im genehmigten Kapital bei gleichzeitigem Wunsch größtmöglicher Kapitalschöpfung motiviert war. Allerdings wird die Abwicklung im Depotbankensystem (innerhalb jeder Depotbank erfolgt zunächst eine Regulierung von Bezugsrechtsbruchteilen) hierdurch erschwert.
333 *Hirte*, Bezugsrecht und Bezugsrechtsausschluss, S. 62–63.
334 Das Bezugsangebot kann auch den Handel von Bruchteilen von Bezugsrechten gestatten, so dass im gewählten Beispiel (Bezugsverhältnis von 12:5) ein Aktionär auch eine Aktie beziehen könnte und hierfür 2,4 Bezugsrechte benötigt. Hält der Aktionär in diesem Fall z.B. 10 Aktien, könnte er vier Aktien beziehen (10: 2,4 = 4,17), wofür er 9,6 Bezugsrechte benötigt ($4 \times 2,4$); 0,4 Bezugsrechte würden verkauft.
335 *Wiedemann* in Großkomm. AktG, 4. Aufl. 1995, § 186 AktG Rz. 156; *Ekkenga* in KölnKomm. AktG, 4. Aufl. 2020, § 186 AktG Rz. 96; *Hüffer/Koch*, § 186 AktG Rz. 29.
336 *Scholz* in MünchHdb. AG, § 57 Rz. 119b; *Hüffer/Koch*, § 186 AktG Rz. 30.
337 Zur europarechtlichen Nichtvereinbarkeit eines gesetzlichen Bezugsrechts auch der Gläubiger von Wandelanleihen mit der Richtlinie 77/91/EWG v. 13.12.1976 siehe EuGH v. 18.12.2008 – C-338/06, NZG 2009, 187 ff. = AG 2009, 283.

lungspreises durch einen niedrigeren Bezugspreis oder alternativ der Einräumung eines Bezugsrechts. Gerechtfertigt ist dementsprechend der Bezugsrechtsausschluss zwecks Sicherstellung eines **Verwässerungsschutzes** der Inhaber solcher Anleihen bei späteren Aktienausgaben – regelmäßig sehen die Anleihebedingungen insofern wahlweise eine Senkung des Bezugskurses, einen Barausgleich oder die Einräumung eines Bezugsrechts vor[338]. Die **erstmalige Börseneinführung** rechtfertigt nach überwiegender Auffassung einen Bezugsrechtsausschluss[339] insbesondere dann, wenn die jeweilige Börse für die Zulassung eine Kapitalerhöhung fordert. Hinsichtlich der bereits börsennotierten AG ist die sachliche Rechtfertigung eines Bezugsrechtsausschlusses ferner dann gegeben, wenn die **Einführung an einer Auslandsbörse** geplant ist, diese wegen der Möglichkeit des Erschließens weiterer Investorenkreise im Interesse der Gesellschaft liegt und die Einführung eine Kapitalerhöhung erfordert[340]. Die praktische Relevanz dieser Fallgruppe ist wegen des Trends zur Konzentration auf einen Handelsplatz begrenzt.

44.83 Unverändert praktische Bedeutung hat die Kapitalerhöhung unter Ausschluss des Bezugsrechts in **Sanierungsfällen**, bei denen häufig die Kapitalerhöhung einer Kapitalherabsetzung folgt (vgl. schon Rz. 44.8). Die Kapitalerhöhung kann einen teilweisen oder vollständigen Bezugsrechtsausschluss rechtfertigen, wenn keine weniger einschneidenden Maßnahmen möglich erscheinen. Dies ist etwa dann der Fall, wenn ein sanierungswilliger Partner den Sanierungsbeitrag von einer Beteiligung abhängig macht[341]. Der Bezugsrechtsausschluss ist aber sorgfältig zu begründen; die weitgehend begründungslose Zuweisung an den Großaktionär reicht nicht[342]. Im Rahmen der sanierenden Kapitalerhöhung stellen sich bei einer vorangegangenen Kapitalherabsetzung auf Null Probleme im Hinblick auf einen faktischen Bezugsrechtsausschluss dann, wenn der Betrag oder die Stückelung der Kapitalerhöhung so bemessen ist, dass sich Kleinaktionäre nur unter Schwierigkeiten oder gar nicht an der Kapitalerhöhung beteiligen können. Dies ist dann unter dem Gesichtspunkt der sachlichen Rechtfertigung zu prüfen[343]. Weitergehende Rechtfertigungsgründe sollen bei einem Bezugsrechtsausschluss im Rahmen eines **Insolvenzplans** bestehen (vgl. schon Rz. 44.21)[344]. Problematisch erscheint die Rechtfertigung einer Barkapitalerhöhung mit Bezugsrechtsausschluss mit dem Argument, eine Platzierung mit Bezugsrecht sei nicht absetzbar[345] (das wird vom Abschlag abhängen) bzw. eine Platzierung unter Bezugsrechtsausschluss ermögliche höhere Bezugspreise[346]. Die Gesellschaft ist hier zunächst auf den Weg gemäß § 186 Abs. 3 Satz 4 AktG und bei weitergehendem Kapitalbedarf auf eine bezugspflichtige Emis-

---

338 *Ekkenga* in KölnKomm. AktG, 4. Aufl. 2020, § 186 AktG Rz. 119; gegen eine generelle Entscheidung über die Zulässigkeit aber *Wiedemann* in Großkomm. AktG, 4. Aufl. 1995, § 186 AktG Rz. 158.
339 *Wiedemann* in Großkomm. AktG, 4. Aufl. 1995, § 186 AktG Rz. 159; *Hüffer/Koch*, § 186 AktG Rz. 31; *Scholz* in MünchHdb. AG, § 57 Rz. 119f.
340 BGH v. 7.3.1994 – II ZR 52/93 – Deutsche Bank, BGHZ 125, 239, 241 ff. = AG 1994, 276; *Bungert*, WM 1995, 1, 2 ff.; *Martens*, ZIP 1994, 669 f.; *Wiedemann* in Großkomm. AktG, 4. Aufl. 1995, § 186 AktG Rz. 160; *Hüffer/Koch*, § 186 AktG Rz. 31; *Scholz* in MünchHdb. AG, § 57 Rz. 119g.
341 BGH v. 19.4.1982 – II ZR 55/81 – Holzmann, NJW 1982, 2444, 2446 = AG 1982, 252; LG Heidelberg v. 16.3.1988 – O 6/88 KfH II, ZIP 1988, 1257 = AG 1989, 447; *Wiedemann* in Großkomm. AktG, 4. Aufl. 1995, § 186 AktG Rz. 166; *Hüffer/Koch*, § 186 AktG Rz. 31; *Scholz* in MünchHdb. AG, § 57 Rz. 119j.
342 LG Frankfurt a.M. v. 13.10.2003 – 3/1 O 50/03, DB 2003, 2541; OLG Schleswig v. 18.12.2003 – 5 U 30/03, AG 2004, 155, 158 f.
343 BGH v. 5.7.1999 – II ZR 126/98 – Hilgers, ZIP 1999, 1444 = AG 1999, 517 und dazu *Krieger*, ZGR 2000, 885, 897 ff. Siehe auch *Hüffer/Koch*, § 228 AktG Rz. 2a.
344 Siehe *Decher/Voland*, ZIP 2012, 103, 106 m.w.N. Kritisch demgegenüber *K. Schmidt*, ZIP 2012, 2085 ff. insbesondere 2086. Siehe auch *Hüffer/Koch*, § 228 AktG Rz. 2a.
345 OLG Celle v. 29.6.2001 – 9 U 89/01, NZG 2001, 1140, 1141 = AG 2002, 292 (Bezugsrechtsausschluss unzulässig, wenn er mit fehlender Übernahmebereitschaft der Aktionäre und Eilbedürftigkeit der Kapitalmaßnahme begründet wird).
346 Dafür aber *Scholz* in MünchHdb. AG, § 57 Rz. 119i; *Hefermehl/Bungeroth* in G/H/E/K, 1989, § 186 AktG Rz. 130; vgl. auch (obiter dicta) BGH v. 19.4.1982 – II ZR 55/81, NJW 1982, 2444, 2446 = AG 1982, 252; wie hier eher kritisch *Hüffer/Koch*, § 186 AktG Rz. 33; ähnlich *Schürnbrand/Verse* in MünchKomm. AktG, 5. Aufl. 2021, § 186 AktG Rz. 126 (konkrete Anhaltspunkte erforderlich).

sion zu verweisen³⁴⁷. Sachlich gerechtfertigt ist der sog. **gekreuzte Bezugsrechtsausschluss** bei verschiedenen Aktiengattungen. Erhöht eine Gesellschaft mit mehreren Aktiengattungen ihr Kapital und sieht der Kapitalerhöhungsbeschluss die Ausgabe von Aktien beider Gattungen vor, so hat nach wohl herrschender Auffassung jeder Aktionär Anspruch auf Aktien jeder Gattung entsprechend seiner Beteiligungshöhe (vgl. bereits Rz. 44.52)³⁴⁸. Selbst wenn dem zu folgen ist, liegt ein sachlicher Grund vor, das Bezugsrecht auf die jeweils andere Gattung auszuschließen, sofern das Verhältnis beider Gattungen gewahrt bleibt³⁴⁹.

Sowohl im Grundsatz wie auch in den Einzelheiten umstritten ist die Frage der Rechtfertigung des Bezugsrechtsausschlusses bei **Sacheinlagen**. Dabei ist der Einschätzung, die Lockerung der Berichtspflicht im Rahmen des Bezugsrechtsausschlusses beim genehmigten Kapital, bei der der BGH nun vom „wohlverstandenen Interesse der Gesellschaft" spricht, führe auch zu einer Lockerung der Inhaltskontrolle bei einem Bezugsrechtsausschluss im Rahmen der direkten Kapitalerhöhung (bzw. zu einer Lockerung der Verhaltenspflichten des Vorstandes beim Ausnutzungsbeschluss), mit Vorsicht zu begegnen. Späteren Äußerungen ist nämlich zu entnehmen, dass der BGH mit dem Terminus des wohlverstandenen Interesses der Gesellschaft keine Distanzierung von der Kali & Salz-Definition beabsichtigt hat³⁵⁰. Den danach erforderlichen sachlichen Grund hat bei der direkten Kapitalerhöhung die Hauptversammlung, beim genehmigten Kapital der Vorstand bei der Ausnutzung zu prüfen. 44.84

Vor diesem Hintergrund gilt: **Marktgängige Gegenstände** hat sich die Gesellschaft regelmäßig mit Barmitteln zu besorgen; dementsprechend ist zu prüfen, ob nicht die Finanzierung durch eine Barkapitalerhöhung in Betracht kommt³⁵¹. Selbst wenn dies nicht der Fall ist, sei die Möglichkeit einer kombinierten Bar-/Sachkapitaleinlage (zu dieser bereits Rz. 44.40 ff.) zu prüfen³⁵². Eine solche beinhaltet dann keinen Bezugsrechtsausschluss, wenn entweder der Sacheinleger bereits an der AG beteiligt ist oder ein Altaktionär zugunsten des Sacheinlegers auf sein Bezugsrecht verzichtet. Besondere Zurückhaltung ist nach der Literatur bei der Zulassung von Sacheinlagen geboten, die zu einer Konzernierung der Gesellschaft führen³⁵³; grundsätzlich gerechtfertigt ist demgegenüber der Erwerb einer unternehmerisch veranlassten **Mehrheitsbeteiligung** an einem anderen Unternehmen, der nur zu einer Minderheitsbeteiligung der Sacheinleger bei der AG führt³⁵⁴. Eine Ausstrahlung der Regelungen der § 69 Abs. 1 Satz 1 UmwG, § 192 Abs. 2 Nr. 2 AktG, bei denen ein identisches oder ähnliches Ergebnis im Rahmen einer bezugsrechtsfreien Kapitalerhöhung innerhalb einer Verschmelzung oder Unternehmenszusammenführung durch Ausnutzung eines bedingten Kapitals herbeigeführt werden könnte, 44.85

---

347 Ähnlich *Heusel* in Semler/Volhard/Reichert, ArbeitsHdb. HV, § 20 Rz. 65.
348 *Hüffer/Koch*, § 186 AktG Rz. 4; *Münch*, DB 1993, 769, 772 f.; a.A. *Wiedemann* in Großkomm. AktG, 4. Aufl. 1995, § 186 AktG Rz. 69 f.; *Scholz* in MünchHdb. AG, § 57 Rz. 119d (der jedoch aus Vorsichtsgründen zum gekreuzten Bezugsrechtsausschluss rät; ebenso *Ekkenga* in KölnKomm. AktG, 4. Aufl. 2020, § 186 AktG Rz. 16); *Groß*, AG 1993, 449, 452; *Frey/Hirte*, DB 1989, 2465, 2466; *G. Bezzenberger* in FS Quack, 1991, S. 153, 161.
349 LG München I v. 2.4.1992 – 5 HKO 8840/91, WM 1992, 1151, 1154 f. = AG 1993, 195; *Ekkenga* in KölnKomm. AktG, 4. Aufl. 2020, § 186 AktG Rz. 97; *Hüffer/Koch*, § 186 AktG Rz. 30; *Scholz* in MünchHdb. AG, § 57 Rz. 119d; siehe auch LG Tübingen v. 15.11.1990 – 2 HO 116, 2 HO 174/89, AG 1991, 406, 407 f.; zum unterschiedlichen Ausgabebetrag bei verschiedenen Gattungen *Trölitzsch*, DB 1993, 1457.
350 Vgl. *Röhricht* in Hommelhoff/Röhricht, GesR 1997, 1998, S. 191, 221; *Henze* in Großkomm. AktG, 4. Aufl. 2000, § 60 AktG Rz. 26; vgl. auch *Henze*, Aktienrecht, Rz. 1009.
351 *Wiedemann* in Großkomm. AktG, 4. Aufl. 1995, § 186 AktG Rz. 168; *Ekkenga* in KölnKomm. AktG, 4. Aufl. 2020, § 186 AktG Rz. 111.
352 *Wiedemann* in Großkomm. AktG, 4. Aufl. 1995, § 186 AktG Rz. 169; *Hüffer/Koch*, § 186 AktG Rz. 34; kritisch *Ekkenga* in KölnKomm. AktG, 4. Aufl. 2020, § 186 AktG Rz. 109.
353 *Wiedemann* in Großkomm. AktG, 4. Aufl. 1995, § 186 AktG Rz. 172; differenzierend *Ekkenga* in KölnKomm. AktG, 4. Aufl. 2020, § 186 AktG Rz. 80–82.
354 *Wiedemann* in Großkomm. AktG, 4. Aufl. 1995, § 186 AktG Rz. 173; weitergehend *Scholz* in MünchHdb. AG, § 57 Rz. 122.

wird überwiegend geleugnet[355], zumal umstritten ist, ob nicht auch der Verschmelzungsbeschluss seinerseits der sachlichen Rechtfertigung bedarf[356]. In geeigneten Fällen kommt aber statt der Sachkapitalerhöhung (mit der zusätzlich drohenden Wertrüge gemäß § 255 Abs. 2 AktG im Anfechtungsverfahren (Rz. 44.76 f.)) eine Verschmelzung mit dem Vorteil der Anwendbarkeit des Freigabeverfahrens gemäß § 16 Abs. 3 UmwG in Kombination mit einem Spruchverfahren in Betracht[357]. Bei der **Einbringung von Forderungen** wird zunächst danach unterschieden, ob der Inferent bereits Aktionär ist oder nicht. Ist der Inferent bereits Aktionär, kann die Einlage nur durch Sachkapitalerhöhung erfolgen, denn ansonsten läge eine verdeckte Sacheinlage vor. Jedoch sei auch hier die Möglichkeit einer gemischten Bar-/Sachkapitaleinlage zu prüfen[358]. Gehe es um unverbundene Gläubiger, sei regelmäßig eine Barkapitalerhöhung der weniger einschneidende Weg[359]. Diese Einschätzung hat sich im Rahmen der Finanzmarktkrise als Sanierungsbremse erwiesen, weil insbesondere im Lichte dieser Auffassung genehmigte Kapitalia einen „*debt-for-equity*"-Tausch regelmäßig nicht zulassen, weil sie den Bezugsrechtsausschluss an einen Unternehmenserwerb knüpfen.

3. Erleichterter Bezugsrechtsausschluss gemäß § 186 Abs. 3 Satz 4 AktG

44.86 Nach § 186 Abs. 3 Satz 4 AktG ist der Bezugsrechtsausschluss zulässig, wenn eine Kapitalerhöhung gegen **Bareinlage** erfolgt, diese **10 % des Grundkapitals** nicht übersteigt und der **Ausgabebetrag** den **Börsenkurs nicht wesentlich unterschreitet**. Die Regelung, die ihre Bedeutung im Wesentlichen im Bereich des genehmigten Kapitals hat, setzt die Börsennotierung der mit den jungen Aktien fungiblen alten Aktien voraus. Zweifelsfragen ergeben sich hinsichtlich dieses Kriteriums bei Gesellschaften mit **verschiedenen Aktiengattungen**, bei denen eine Gattung börsennotiert (z.B. Vorzugsaktien) ist, die andere Gattung (z.B. Stammaktien von Gründungsaktionären) hingegen nicht. Der Bezugsrechtsausschluss gemäß § 186 Abs. 3 Satz 4 AktG kann hier nur hinsichtlich der Vorzugsaktien erfolgen. Ein gesondertes Problem stellt sich in Bezug auf den gekreuzten Bezugsrechtsausschluss hinsichtlich des angemessenen Ausgabebetrages für die nicht börsennotierte Gattung (dazu schon Rz. 44.52).

a) Prozentuale Begrenzung

44.87 Hinsichtlich der 10 %-Grenze ist im Fall der (seltenen) unmittelbaren Kapitalerhöhung auf das zum Zeitpunkt der Beschlussfassung im Handelsregister eingetragene Grundkapital abzustellen[360]. Allerdings sollen Bezugsaktien, die aus bedingtem Kapital entstanden sind (§ 200 AktG), auch dann basiserhöhend zu berücksichtigen sein, wenn die Sammelanmeldung gemäß § 201 AktG noch nicht abgegeben wurde[361]. Folgt man dem, wird man vorsorglich geeignete Erklärungen der Bezugsstelle als Nachweis für die Anmeldung vorbereiten müssen, um gegenüber dem Registergericht die Ausgabe der Bezugsaktien nachweisen zu können. Einen zeitlichen Verbrauch der Möglichkeit eines erleichterten Bezugsrechtsausschlusses dergestalt, dass eine wiederholte Ausnutzung der 10 %-Grenze unzulässig wäre, gibt es

---

355 *Wiedemann* in Großkomm. AktG, 4. Aufl. 1995, § 186 AktG Rz. 173; offener demgegenüber *Ekkenga* in KölnKomm. AktG, 4. Aufl. 2020, § 186 AktG Rz. 80–82.
356 Dazu *Drygala* in Lutter, 6. Aufl. 2019, § 13 UmwG Rz. 38 ff. m.w.N.; offengelassen von OLG Frankfurt a.M. v. 10.2.2003 – 5 W 33/02, ZIP 2003, 1654, 1656 = AG 2003, 573.
357 OLG Frankfurt a.M. v. 10.2.2003 – 5 W 33/02, ZIP 2003, 1654, 1655 f. = AG 2003, 573. Daran hat auch das Freigabeverfahren gemäß § 246a AktG nur begrenzt etwas geändert, weil es nicht mit einem Spruchverfahren korrespondiert, also Wertrügen Gegenstand des Freigabeverfahrens sein können; siehe aber OLG Jena v. 12.10.2006 – 6 W 452/06, AG 2007, 31 ff.
358 *Wiedemann* in Großkomm. AktG, 4. Aufl. 1995, § 186 AktG Rz. 169.
359 *Wiedemann* in Großkomm. AktG, 4. Aufl. 1995, § 186 AktG Rz. 169; eher zur Sachkapitalerhöhung bzw. zur gemischten Kapitalerhöhung tendierend *Hüffer/Koch*, § 186 AktG Rz. 35; differenzierend *Ekkenga* in KölnKomm. AktG, 4. Aufl. 2020, § 186 AktG Rz. 116 f.
360 *Groß*, DB 1994, 2431, 2433; *Ihrig/Wagner*, NZG 2002, 657, 660.
361 *Hüffer/Koch*, § 186 AktG Rz. 39c; *Ihrig/Wagner*, NZG 2002, 657, 661; *Schürnbrand/Verse* in MünchKomm. AktG, 5. Aufl. 2021, § 186 AktG Rz. 139.

bis zur Grenze des Missbrauchs der Mehrheitsherrschaft nicht. Zumindest die **Beschlussfassung mit zwölf-Monats-Abstand** ist unbedenklich[362]. Unzulässig ist jedoch vorbehaltlich einer Anrechnungsklausel die Verbindung einer ordentlichen Kapitalerhöhung mit vereinfachtem Bezugsrechtsausschluss gemäß § 186 Abs. 3 Satz 4 AktG mit einer Schaffung eines (ebenfalls auf 10 % begrenzten) genehmigten Kapitals, welches ebenfalls einen erleichterten Bezugsrechtsausschluss beinhaltet[363]. Zum Bezugsrechtsausschluss gemäß § 186 Abs. 3 Satz 4 AktG im Rahmen eines genehmigten Kapitals siehe Rz. 45.22.

b) Marktnaher Ausgabebetrag

44.88 Der Ausgabebetrag darf den **Börsenkurs nicht wesentlich unterschreiten**. Börsenkurs ist zumindest jeder im regulierten Markt ermittelte Preis. Nach zutreffender und überwiegender Auffassung aber auch der im Freiverkehr[364] (arg. § 24 Abs. 1 Satz 2 BörsG) bzw. sogar der an einer Auslandsbörse[365] ermittelte Preis. Richtigerweise wird verbreitet ein Abstellen auf **Durchschnittspreise** einer Referenzperiode von wenigen Tagen vor der Preisfestsetzung für zulässig erachtet[366]. Daneben ist zutreffend, dass eine Heranziehung des Kursniveaus am **Stichtag** der Preisfestsetzung (die nach Zeichnung und sogar noch nach Eintragung der Durchführung der Kapitalerhöhung erfolgen kann) ebenso möglich ist[367]. Denn aufgrund der Volatilität der Aktienmärkte ist der die Stichtagsbetrachtung für unzulässig erachtenden Auffassung nicht zu folgen[368]. Ausweislich der Gesetzesbegründung zu § 186 Abs. 3 Satz 4 AktG ist die Abweichung zwischen Bezugspreis und Börsenkurs „anhand des minimierten Volatilitätsrisikos und einer sehr geringen Kaufpreisanreizmarge im Einzelfall zu bestimmen"[369]. Bei der Zugrundelegung des Kursniveaus am Tag der Preisfestsetzung ist in erster Linie auf den volumengewichteten Durchschnitt der Kurse an diesem Tag abzustellen. Bei stärkeren Kursbewegungen dürfte aber auch die stärkere Berücksichtigung noch zeitnäherer einzelner Kursfeststellungen zulässig sein. Im Einzelfall kann abhängig von der relativen Entwicklung des Aktienkurses der AG im Vergleich zur Entwicklung einer relevanten peer group und/oder der allgemeinen Entwicklung der Aktienmärkte ein Kursdruck auf die Aktie der AG am Tag der Preisfestsetzung den Betrachtungshorizont erweitern. Ebenso kann bei am Tag der Preisfestsetzung plötzlich stark steigenden Kursen eine Berücksichtigung einer längeren

---

362 Vgl. auch *Scholz* in MünchHdb. AG, § 57 Rz. 126.
363 *Ihrig/Wagner*, NZG 2002, 657, 662; a.A. *Groß*, DB 1994, 2431, 2432; *Scholz* in MünchHdb. AG, § 57 Rz. 126; nun auch *Schürnbrand/Verse* in MünchKomm. AktG, 5. Aufl. 2021, § 186 AktG Rz. 140.
364 *Henze*, Aktienrecht, Rz. 987; *Hüffer/Koch*, § 186 AktG Rz. 39b; *Scholz* in MünchHdb. AG, § 57 Rz. 127; *Groß*, DB 1994, 2431, 2433; *Marsch-Barner*, AG 1994, 532, 533; *Bungert*, WM 1995, 1, 16; a.A. *Wiedemann* in Großkomm. AktG, 4. Aufl. 1995, § 186 AktG Rz. 153.
365 *Scholz* in MünchHdb. AG, § 57 Rz. 127; *Groß*, DB 1994, 2431, 2433; *Marsch-Barner*, AG 1994, 532, 533; a.A. *Wiedemann* in Großkomm. AktG, 4. Aufl. 1995, § 186 AktG Rz. 153; einschränkend auf Notierung in EU- bzw. EWR-Staat auch *Hüffer/Koch*, § 186 AktG Rz. 39b. Richtig an der herrschenden Meinung ist, dass bei der Preisfestsetzung schon unter dem Aspekt der verschiedenen Zeitzonen bei paralleler Inlands- und Auslandsplatzierung etwa die Kurse in New York noch berücksichtigt werden können; die völlige Ausblendung der zeitlich vorgehenden Notiz am inländischen Haupthandelsplatz mit regelmäßig höherem Volumen lässt sich demgegenüber nicht rechtfertigen. Die inländische AG mit bloßer Auslandsnotiz ist eine Rarität; der Anwendbarkeit des § 186 Abs. 3 Satz 4 AktG sollte dies aber nicht entgegenstehen.
366 *Scholz* in MünchHdb. AG, § 57 Rz. 127; *Wiedemann* in Großkomm. AktG, 4. Aufl. 1995, § 186 AktG Rz. 153; *Apfelbacher/Niggemann* in Hölters, § 186 AktG Rz. 76.
367 *Scholz* in MünchHdb. AG, § 57 Rz. 127; *Schürnbrand/Verse* in MünchKomm. AktG, 5. Aufl. 2021, § 186 AktG Rz. 142; *Groß*, DB 1994, 2431, 2434; *Groß*, ZHR 162 (1998), 318, 337, 338; *Trapp*, AG 1997, 115, 120; *Marsch-Barner*, AG 1994, 532, 536 f.
368 Ähnlich *Groß*, ZHR 162 (1998), 318, 337, 338; *Trapp*, AG 1997, 115, 120; *Herchen* in Happ/Groß/Möhrle/Vetter, Aktienrecht, Formular 12.07 Rz. 13.1; *Schlitt/Schäfer*, AG 2005, 67, 71; *Ekkenga* in KölnKomm. AktG, 4. Aufl. 2020, § 186 AktG Rz. 160 f.; nun auch *Hüffer/Koch*, § 186 AktG Rz. 39d; *Schürnbrand/Verse* in MünchKomm. AktG, 5. Aufl. 2021, § 186 AktG Rz. 142.
369 Stellungnahme des Rechtsausschusses, BT-Drucks. 12/7848, S. 9.

Vorperiode geboten sein, um die Platzierung zu ermöglichen. Im Übrigen ist bei der Heranziehung des Basispreises die Gewinnberechtigung der jungen Aktien zu berücksichtigen.

44.89 Der Begriff des **nicht wesentlichen Unterschreitens** wird unterschiedlich beurteilt. Vielfach werden insoweit ein Regelabschlag von 3 % und einem Maximalabschlag von 5 % genannt[370]. Solch starre Grenzen verkennen allerdings, dass u.a. der konkreten Situation der AG, ihrem Eigenmittelbedarf, der Entwicklung ihres Aktienkurses sowie der allgemeinen Verfassung der Kapitalmärkte Rechnung getragen werden kann[371]. Vielmehr hängt die vom Gesetzgeber geforderte „geringe Kaufpreisanreizmarge" nicht alleine von dem Kursabschlag, sondern von einer Kombination des Abschlags mit der gewählten Methodik zur Bestimmung des Referenzpreises (Stichtagskurs oder Referenzperiode, vgl. Rz. 44.88) ab. Im Ergebnis ist der maximale Abschlag daher von einer Einzelfallbetrachtung der Gesamtumstände, einschließlich eines etwaigen Volatilitätsrisikos und der Lage der Gesellschaft und der Entwicklung und Liquidität ihrer Aktie abhängig zu machen. Maßgeblich für den Abschlag bei Aktienemissionen ist deshalb in allererster Linie der Kaufanreiz bzw. die Platzierbarkeit[372], wobei auch einzubeziehen ist, ob Investoren die Aktien in dem zu platzierenden Volumen ebenso gut über die Börse kaufen könnten oder nicht. Auch ein Blick auf die Praxis bestätigt, dass ein Maximalabschlag von 5 % nicht überzeugt: So sind nicht nur Abschläge in Höhe von etwa 3-5 %[373], sondern auch substantiell höhere Abschläge anzutreffen[374].

c) Streuung

44.90 Der vereinfachte Bezugsrechtsausschluss verlangt nach überzeugender Auffassung **keine breite Platzierung**[375]. Insbesondere ist gegen die unternehmerisch begründete Zulassung eines Einzelnen[376] oder die Platzierung allein bei einer größeren Anzahl von institutionellen Investoren nichts einzuwenden. Die Zuteilung an einen Mehrheitsaktionär kann insbesondere in Sanierungsfällen unternehmerisch gerechtfertigt sein[377].

d) Berichtspflichten und sachliche Rechtfertigung

44.91 Auch beim vereinfachten Bezugsrechtsausschluss gemäß § 186 Abs. 3 Satz 4 AktG bedarf es eines **Vorstandsberichts** gemäß § 186 Abs. 4 Satz 2 AktG. Ob die Berichtspflicht insofern wegen der vorgegebenen Abwägung des Gesetzgebers reduziert ist, wird unterschiedlich beurteilt[378]. Der Bericht sollte sich

---

370 *Hüffer/Koch*, § 186 AktG Rz. 39d m.w.N.; *Schürnbrand/Verse* in MünchKomm. AktG, 5. Aufl. 2021, § 186 AktG Rz. 143; vgl. auch Stellungnahme des Rechtsausschusses BT-Drucks. 12/7848, S. 9.
371 Vgl. auch *Krause* in Habersack/Mülbert/Schlitt, Unternehmensfinanzierung am Kapitalmarkt, § 6 Rz. 32a; *Schlitt/Schäfer*, AG 2005, 67, 70; *Seibt*, CFL 2011, 77, 79 f.; gegen starre Grenzen auch *Ekkenga* in KölnKomm. AktG, 4. Aufl. 2020, § 186 AktG Rz. 162.
372 Ähnlich *Krause* in Habersack/Mülbert/Schlitt, Unternehmensfinanzierung am Kapitalmarkt, § 6 Rz. 32a.
373 So aber *Hüffer/Koch*, § 186 AktG Rz. 39d.
374 Siehe beispielsweise die Kapitalerhöhungen der Vonovia SE 2014 und 2019, bei denen Abschläge von circa 8,4 % bzw. 7,7 % vorgenommen wurden.
375 *Scholz* in MünchHdb. AG, § 57 Rz. 129; *Niggemann/Apfelbacher* in Hölters, § 186 Rz. 80, 87; *Goette*, ZRG 2012, 505, 513 ff.; *Schilha/Guntermann*, AG 2018, 883, 886 f.; anders aber *Bayer* in MünchKomm. AktG, 5. Aufl. 2021, § 203 AktG Rz. 78 m.w.N.
376 Vgl. etwa die Beteiligung der Aabar Investments PJSC (Abu Dhabi) an der Daimler AG v. März 2009 unter gleichzeitiger Begründung einer strategischen Kooperation in bestimmten Sektoren.
377 *Bungert*, WM 1995, 1, 16; *Hirte*, ZIP 1994, 356, 358; a.A. *Ihrig* in Liber amicorum Happ, 2006, S. 109, 125.
378 Für reduzierte Berichtspflichten *Trapp*, AG 1997, 115, 120; *Hoffmann-Becking*, ZIP 1995, 1, 10; *Schwark* in FS Claussen, S. 357, 366 f.; zurückhaltender aber *Hüffer/Koch*, § 186 AktG Rz. 39f; *Hirte*, ZIP 1994, 361; *Ekkenga* in KölnKomm. AktG, 4. Aufl. 2020, § 186 AktG Rz. 186; zur Vorsicht mahnend auch *Herchen* in Happ/Groß/Möhrle/Vetter, Aktienrecht, Formular 12.07 Rz. 19.1.

auf die Erforderlichkeit der Kapitalerhöhung, den vorgesehenen Abschlag zum Börsenpreis und den Nennbetrag der Kapitalerhöhung erstrecken[379]. Hinsichtlich der sachlichen Rechtfertigung des Bezugsrechtsausschlusses ist grundsätzlich davon auszugehen, dass diese bei Erfüllung der gesetzlichen Voraussetzungen ohne Weiteres gegeben ist, eine Überprüfung der vom Gesetzgeber für maßgeblich erachteten Erwägungen (Zukaufsmöglichkeit über die Börse) im konkreten Einzelfall also nicht erforderlich ist[380]. Nur in Sonderfällen der gezielten Reduzierung der Beteiligungsquote eines Einzelaktionärs (womöglich unter Zuweisung des Paketes an einen anderen, Rz. 44.90) mag eine andere Einschätzung veranlasst sein und wäre die sachliche Rechtfertigung gesondert zu prüfen.

4. Bezugsrechtsausschluss im Konzern

Bei **Kapitalerhöhungen** in wesentlichen **Tochtergesellschaften** unter Ausschluss des Bezugsrechts der Obergesellschaft in signifikantem Ausmaß ist umstritten, ob der Vorstand der Obergesellschaft für die Beschlussfassung in der Hauptversammlung der Tochtergesellschaft der Zustimmung der Hauptversammlung der Obergesellschaft bedarf. Ausgangspunkt dieser Frage ist die Holzmüller[381]- bzw. Gelatine[382]-Rechtsprechung des BGH, die für bestimmte, grundlegende Entscheidungen eine Beteiligung der Hauptversammlung der Obergesellschaft vorsieht. Voraussetzung ist dabei stets ein schwerwiegender Eingriff in die Rechte und Interessen der Aktionäre (sog. „Mediatisierungseffekt"). Dabei hat der BGH insbesondere die Kapitalerhöhung in einer wesentlichen Tochtergesellschaft als zustimmungspflichtige Maßnahme identifiziert, und dies selbst im Falle einer vollständigen Ausübung des Bezugsrechts durch die Obergesellschaft[383]. Die herrschende Ansicht überträgt dies auch auf die Konstellation eines Bezugsrechtsausschlusses zulasten der Obergesellschaft[384]. Dabei wird allerdings verkannt, dass eine Nichtausübung des Bezugsrechts im Ergebnis zu einer Reduzierung der Beteiligung der Obergesellschaft an der Tochtergesellschaft führt und eine solche Reduzierung wirtschaftlich einer Teilveräußerung der Beteiligung an der Tochter gleichsteht[385]. Für die Veräußerung wesentlicher Beteiligungen hat der BGH jedoch entschieden, dass kein Mediatisierungsrisiko für die Aktionäre der Obergesellschaft besteht und daher auch keine ungeschriebene Hauptversammlungskompetenz auf Ebene der Obergesellschaft besteht[386]. Daher ist lediglich in Ausnahmefällen, in denen ein Mediatisierungsrisiko für die Aktionäre der Obergesellschaft entsteht, eine Hauptversammlungskompetenz anzunehmen[387].

44.92

5. Faktischer Bezugsrechtsausschluss

Von einem faktischen Bezugsrechtsausschluss spricht man, wenn den Aktionären zwar formal ein Bezugsrecht eingeräumt wird, dieses aber in der Ausübung **faktisch erschwert** oder **grundlos unattrak-**

44.93

---

379 *Scholz* in MünchHdb. AG, § 57 Rz. 138; siehe auch LG München I v. 27.11.1995 – 10 HKO 11200/95, WM 1996, 305, 307 = AG 1996, 138.
380 So aber *Zöllner*, AG 2002, 585, 592; ähnlich *Wiedemann* in Großkomm. AktG, 4. Aufl. 1995, § 186 AktG Rz. 150; *Hüffer/Koch*, § 186 AktG Rz. 39g; dagegen aber *Hoffmann-Becking*, ZIP 1995, 1, 10; *Hoffmann-Becking* in FS Lieberknecht, 1997, S. 25, 26 f.; *Schlitt/Seiler/Singhof*, AG 2003, 254, 259 Fn. 70; vgl. auch die Regierungsbegründung in BT-Drucks. 12/6721, S. 10 f.
381 BGH v. 25.2.1982 – II ZR 174/80, BGHZ 83, 122 = NJW 1982, 1703.
382 BGH v. 26.4.2004 – II ZR 155/02, BGHZ 159, 30 = NJW 2004, 1860.
383 BGH v. 25.2.1982 – II ZR 174/80, BGHZ 83, 122 = NJW 1982, 1703.
384 *Scholz* in MünchHdb. AG, § 57 Rz. 160; *Servatius* in BeckOGK AktG, Stand 19.10.2020, § 182 AktG Rz. 93; wohl auch *Hüffer/Koch*, § 186 AktG Rz. 56.
385 So auch *Schürnbrand/Verse* in MünchKomm. AktG, 5. Aufl. 2021, § 182 Rz. 102.
386 BGH v. 20.11.2006 – II ZR 226/05, NZG 2007, 234 („Stuttgarter Hofbräu"). Dies entspricht der heute herrschenden Lehre zu Teilveräußerungen, siehe nur *Hüffer/Koch*, § 119 Rz. 22; *Krieger* in MünchHdb. AG, § 70 Rz. 10.
387 Zu denken ist etwa an den Fall eines potentiellen Kontrollwechsels, um dem insofern qualitativ andersgearteten Risiko für die Aktionäre der Obergesellschaft Rechnung zu tragen. Hinzukommen muss selbstverständlich, dass die quantitativen Anforderungen der Holzmüller-/Gelantine-Rechtsprechung im Einzelfall in Bezug auf die Tochtergesellschaft erfüllt sind.

tiv gestaltet wird[388]. Hierzu reicht ein durch ein begrenztes Kapitalerhöhungsvolumen für Kleinaktionäre **ungünstiges Bezugsverhältnis** noch nicht aus. Anders kann es aber bei einer grundlosen Festsetzung hoher Nennbeträge liegen, wenn diese von den Nennbeträgen der alten Aktien abweichen[389]. Anders kann es auch bei der Verbindung einer Kapitalherabsetzung mit einer Kapitalerhöhung liegen (dazu Rz. 49.13). Auch ein **unangemessen hoher Ausgabebetrag** kann einen faktischen Bezugsrechtsausschluss darstellen und ist entsprechend den Regeln über den Bezugsrechtsausschluss in einem Bericht zu begründen[390]. Insofern wird gelegentlich auf einen Vergleich des Ausgabebetrages zum „wahren" Wert und zum Börsenkurs abgestellt. Übersteige der Ausgabebetrag zwar den Börsenkurs, nicht aber den „wahren" Wert, liege kein faktischer Bezugsrechtsausschluss vor, weil eine Vermögensverwässerung nicht stattfinde. Liege der Bezugspreis demgegenüber zwischen dem wirklichen Wert und einem höheren Börsenkurs, liege ebenfalls kein faktischer Bezugsrechtsausschluss vor[391]. Der Einschätzung zu letzterer Konstellation kann ohne Weiteres zugestimmt werden. Demgegenüber lässt sich eine Festsetzung des Bezugspreises über dem Börsenkurs (maßgeblich ist insofern die Marktlage kurz vor dem Beginn der Bezugsfrist) nur in Ausnahmefällen rechtfertigen[392]. Unbedenklich ist es demgegenüber, das Kursniveau vor Beginn der Bezugsfrist als Basis der Festsetzung des Bezugspreises zu nehmen, auch wenn der Börsenpreis während der Bezugsfrist von diesem Niveau deutlich abweicht. Die **Nichteröffnung eines börsenmäßigen Bezugsrechtshandels** stellt nach richtiger, aber nicht unumstrittener Auffassung grundsätzlich keine Fallgruppe des faktischen Bezugsrechtsausschlusses dar (dazu schon Rz. 44.68 f.)[393].

6. Fehlerhafter Bezugsrechtsausschluss

44.94 Der Bezugsrechtsausschluss ist **unwirksam**, wenn er gesondert und nicht wie von § 186 Abs. 3 Satz 1 AktG gefordert im Rahmen des Kapitalerhöhungsbeschlusses beschlossen wurde; der Kapitalerhöhungsbeschluss (ohne Bezugsrechtsausschluss) bleibt bestehen[394]. **Nichtigkeit** des Bezugsrechtsausschlusses wegen Verstoßes gegen § 241 Nr. 3 oder 4 AktG dürfte nur selten anzunehmen sein. Regelmäßig ist der fehlerhafte Bezugsrechtsausschluss nur **anfechtbar**. Dies ist z.B. der Fall, wenn der Ausschluss entgegen § 186 Abs. 4 Satz 1 AktG nicht ordnungsgemäß bekanntgemacht wurde, der Vorstandsbericht nicht den inhaltlichen Anforderungen des § 186 Abs. 4 Satz 2 AktG entsprach oder die materiellen Voraussetzungen des Bezugsrechtsausschlusses nicht vorliegen. Die Fehlerhaftigkeit des Be-

---

388 *Groß*, AG 1993, 449, 454 f.; *Wiedemann* in Großkomm. AktG, 4. Aufl. 1995, § 186 AktG Rz. 176 f.; *Ekkenga* in KölnKomm. AktG, 4. Aufl. 2020, § 186 AktG Rz. 121; *Hüffer/Koch*, § 186 AktG Rz. 43; *Scholz* in MünchHdb. AG, § 57 Rz. 140; LG Düsseldorf v. 13.8.1998 – 31 O 104/97 – Nordhäuser Tabakfabriken/AHAG, AG 1999, 134.
389 Sind die Nennbeträge der jungen Aktien mit den Nennbeträgen der Altaktien identisch, führt demgegenüber auch ein ungünstiges Bezugsverhältnis (wegen kleiner Kapitalerhöhung) nicht zum Verdikt eines faktischen Bezugsrechtsausschlusses oder eines Verstoßes gegen Treuepflichten, vgl. *J. Vetter*, AG 2000, 193, 196.
390 Zur praktischen Vorgehensweise in einem solchen Fall siehe *Herchen* in Happ/Groß/Möhrle/Vetter, Aktienrecht, Formular 12.01 Rz. 8.10.
391 *Groß*, AG 1993, 449, 455 f.; ähnlich *Wiedemann* in Großkomm. AktG, 4. Aufl. 1995, § 186 AktG Rz. 177.
392 Kritisch *Cahn*, ZHR 163 (1999), 554, 584; ein solcher (zwingender) Ausnahmefall ist die Börsennotiz unter (rechnerischem) Nennwert der Aktie. A.A. aber *Gehling*, ZIP 2011, 1699, 1700 ff. (ähnlich *Scholz* in MünchHdb. AG, § 57 Rz. 141; kritisch demgegenüber *Ekkenga* in KölnKomm. AktG, 4. Aufl. 2020, § 186 AktG Rz. 123) mit dem Argument, der Wertzuwachs bei hohem Bezugspreis komme den nicht bezugswilligen Aktionären anteilig zugute. Das ist bedenkenswert, wenn die Aufnahme der jungen Aktien gesichert ist und die Aktionäre ihre Beteiligungsquote im Sekundärmarkt auf den alten Stand erhöhen können. Auf einen 3-Monats-Durchschnittskurs mit einer „Bagatellgrenze" von 30 % (!) abstellend *Kocher/Feigen*, CFL 2013, 116, 120 ff.; dagegen auch *Hüffer/Koch*, § 186 AktG Rz. 43a.
393 So aber *Wiedemann* in Großkomm. AktG, 4. Aufl. 1995, § 186 AktG Rz. 176; wie hier *Ekkenga* in KölnKomm. AktG, 3. Aufl. 2017, § 186 AktG Rz. 122.
394 *Scholz* in MünchHdb. AG, § 57 Rz. 144 m.w.N.

zugsrechtsausschlusses führt regelmäßig zur Anfechtbarkeit des gesamten Kapitalerhöhungsbeschlusses. Weder kann unter Heranziehung des § 139 BGB der isolierte Kapitalerhöhungsbeschluss aufrechterhalten werden, noch kann der Bezugsrechtsausschluss isoliert angefochten werden[395].

VII. Zeichnung der Aktien

Durch den in § 185 AktG geregelten **Zeichnungsvertrag** entstehen die vertraglichen Rechte und Pflichten zwischen Zeichner und AG. Der Zeichnungsvertrag verpflichtet den Zeichner zur Erbringung seiner Einlage; auch nach Annahme der Zeichnung steht die Verpflichtung der AG zur Ausgabe entsprechender Aktien unter dem Vorbehalt, dass der Kapitalerhöhungsbeschluss vor der Anmeldung und Eintragung der Durchführung der Kapitalerhöhung in das Register nicht abgeändert oder aufgehoben wird (dazu noch Rz. 44.100). Schadensersatzansprüche des Zeichners lassen sich bei Abbruch der Kapitalerhöhung nur in Ausnahmefällen begründen[396]. Der Zeichnungsvertrag hat eine Doppelnatur und ist schuldrechtlicher wie korporationsrechtlicher Vertrag, auf die Regeln des BGB über gegenseitige Verträge keine Anwendung finden[397]. Bei der Sacheinlage tritt der Einbringungsvertrag neben den Zeichnungsvertrag und enthält über die Zeichnung hinausgehende Regelungen[398].   44.95

1. Abschluss

Der Zeichnungsvertrag kommt nach allgemeinen Regeln durch **Angebot und Annahme** zustande. Vertretung ist zulässig; eine Vollmacht bedarf keiner Form. Das Registergericht kann jedoch in Zweifelsfällen einen entsprechenden Nachweis (Vertretungsbescheinigung, Vollmacht) verlangen; bei Zeichnung durch Banken bestehen jedoch solche Zweifel wegen der Haftung aus § 179 BGB rechtlich nicht[399]. Regelmäßig bildet die Zeichnungserklärung den Antrag. Nur bei einem Bezugsrecht ergibt sich eine Verpflichtung der Gesellschaft zur Annahme. Die Annahmeerklärung durch die Gesellschaft kann auch konkludent erfolgen, und ein Zugang der Annahme ist regelmäßig nach § 151 BGB entbehrlich. **Tauglicher Zeichner** kann zunächst jede natürliche und juristische Person und Personengesellschaft sein. Auch die BGB-Gesellschaft[400] und nach nunmehr überwiegender Auffassung auch die Erbengemeinschaft und der nichtrechtsfähige Verein[401] sind zeichnungsfähig. Zeichnungsfähig sind auch ausländische juristische Personen; in diesen Fällen empfiehlt sich für das Registerverfahren hinsichtlich des Zeichnungsscheins die Einholung einer Vertretungsbescheinigung[402].   44.96

---

395 *Groß*, AG 1991, 201, 203 f.; *Hüffer/Koch*, § 186 AktG Rz. 42; OLG Oldenburg v. 17.3.1994 – 1 U 151/93, DB 1994, 929, 931 = AG 1994, 415; LG Braunschweig v. 24.4.1992 – 22 O 95/89, AG 1993, 194 f.; LG München I v. 2.4.1992 – 5 HKO 8840/91, AG 1993, 195 f.; LG München I v. 27.11.1995 – 10 HKO 11200/95, AG 1996, 138, 140; a.A. für Ausnahmefälle *Scholz* in MünchHdb. AG, § 57 Rz. 145; § 139 BGB heranziehend, aber auf dieser Grundlage von Nichtigkeit im Zweifel ausgehend, *Schürnbrand/Verse* in MünchKomm. AktG, 5. Aufl. 2021, § 186 AktG Rz. 165.
396 Dazu *Schürnbrand/Verse* in MünchKomm. AktG, 5. Aufl. 2021, § 185 AktG Rz. 46 f.; *Hüffer/Koch*, § 182 AktG Rz. 16.
397 Allgemeine Meinung; vgl. dazu etwa *Wiedemann* in Großkomm. AktG, 4. Aufl. 1995, § 185 AktG Rz. 29 und 30; *Schürnbrand/Verse* in MünchKomm. AktG, 5. Aufl. 2021, § 185 Rz. 44.
398 *Schürnbrand/Verse* in MünchKomm. AktG, 5. Aufl. 2021, § 183 AktG Rz. 31; *Hoffmann-Becking* in FS Lutter, 2000, S. 453, 460.
399 *Wiedemann* in Großkomm. AktG, 4. Aufl. 1995, § 185 AktG Rz. 28; dem folgend auch *Hüffer/Koch*, § 185 AktG Rz. 5; *Ekkenga* in KölnKomm. AktG, 4. Aufl. 2020, § 185 AktG Rz. 34.
400 Vgl. hierzu *Wiedemann* in Großkomm. AktG, 4. Aufl. 1995, § 186 AktG Rz. 204.
401 *Scholz* in MünchHdb. AG, § 57 Rz. 166; *Hüffer/Koch*, § 2 AktG Rz. 10 und 11.
402 Vgl. auch Rz. 8.119 sowie (zum GmbH-Recht) OLG Nürnberg v. 26.1.2015 – 12 W 46/15, ZIP 2015, 1630 ff.; siehe aber auch *Hüffer/Koch*, § 185 AktG Rz. 5 zur Zeichnung durch Banken.

2. Form

44.97 Die Zeichnung erfolgt in Form einer schriftlichen Erklärung, dem **Zeichnungsschein**. Der Zeichnungsschein bedarf der Schriftform und soll doppelt ausgestellt werden; ein Exemplar ist für den Verbleib bei der Gesellschaft, die weitere Ausfertigung für das Handelsregister bestimmt. Bezieht sich die aus dem Zeichnungsschein folgende Einlageverpflichtung allerdings auf Sacheinlagen in Form von Grundstücken oder GmbH-Geschäftsanteilen, besteht auch für den Zeichnungsschein Beurkundungspflicht gemäß § 311b Abs. 1 BGB, § 15 Abs. 4 Satz 1 GmbHG[403]. Den notwendigen Inhalt schreibt hinsichtlich der individuellen Angaben § 185 Abs. 1 Satz 1 AktG und hinsichtlich der allgemeinen Angaben § 185 Abs. 1 Satz 3 AktG vor. Der Zeichnungsschein hat danach neben den **individuellen Angaben** (Person des Zeichners, Anzahl und bei Nennbetragsaktien den Nennbetrag der gezeichneten Aktien pro Stück und insgesamt sowie bei mehreren Gattungen die Gattung der gezeichneten Aktien) folgende **allgemeine Angaben** zu enthalten:

– Den Tag, an dem die Erhöhung des Grundkapitals beschlossen worden ist. Das ist das Datum der den Kapitalerhöhungsbeschluss fassenden Hauptversammlung. Wird der Zeichnungsschein bereits vor Beschlussfassung ausgestellt, muss er das Datum der Beschlussfassung in zutreffender Weise prognostizieren.

– Bei einer **Barkapitalerhöhung** den Ausgabebetrag der Aktien, den Betrag der festgesetzten Einzahlungen sowie den Umfang der Nebenverpflichtungen. Ausgabebetrag ist der Betrag, der pro Aktie als Bareinlage zu leisten ist, also in der Regel der Nennbetrag bzw. der geringste Ausgabebetrag und nur ausnahmsweise ein höherer Ausgabebetrag (vgl. Rz. 44.17). Der Betrag der festgesetzten Einzahlungen ergibt sich aus dem Kapitalerhöhungsbeschluss; er beträgt bei einer Barkapitalerhöhung mindestens ein Viertel des geringsten Ausgabebetrages sowie in vollständiger Höhe ein etwaiges Aufgeld, § 36a Abs. 1, § 188 Abs. 2 Satz 1 AktG.

– Die bei einer **Kapitalerhöhung mit Sacheinlagen** vorgesehenen Festsetzungen und, wenn **mehrere Gattungen** ausgegeben werden, den Gesamtbetrag einer jeden Aktiengattung. Die Festsetzungen in Bezug auf die Sacheinlage ergeben sich aus § 183 Abs. 1 Satz 1 AktG; es sind namentlich der Gegenstand der Sacheinlage, die Person, von der die Gesellschaft den Gegenstand erwirbt, und der Nennbetrag der bei der Sacheinlage zu gewährenden Aktien. Bei gemischten Bar-/Sacheinlagen sind diese Angaben in alle Zeichnungsscheine (also auch die der Barzeichner) aufzunehmen[404]. Anzugeben ist nach wohl herrschender Auffassung auch bei Sacheinlagen der Ausgabebetrag je Aktie, um den Umfang der Differenzhaftung zu bestimmen[405]; dieser kann aber auf den geringsten Ausgabebetrag i.S.v. § 9 Abs. 1 AktG begrenzt werden und ist auf diesen zu begrenzen, wenn der Hauptversammlungsbeschluss einen Ausgabebetrag nicht festgesetzt hat[406].

– Den Zeitpunkt, an dem die Zeichnung unverbindlich wird, wenn nicht bis dahin die Durchführung der Erhöhung des Grundkapitals eingetragen ist. Eine solche Befristung, die für alle Zeichner gleich und kalendermäßig bestimmbar sein muss, ist rechtlich erforderlich, um den Zeichner nicht auf unabsehbare Zeit im Unklaren darüber zu lassen, ob es zur Durchführung der Kapitalerhöhung kommt[407]. Allerdings sind zu knappe Zeiträume zu vermeiden, weil einzelne Registergerichte dieses als „unzulässigen Druck" empfinden könnten. Wird die Kapitalerhöhung nicht innerhalb der Befristung durchgeführt, besteht ein Eintragungshindernis[408] und kommt es vorbehaltlich § 185 Abs. 3 AktG zu einer bereicherungsrechtlichen Rückabwicklung[409].

---

403 *Mülbert*, AG 2003, 281, 282 f.
404 *Wiedemann* in Großkomm. AktG, 4. Aufl. 1995, § 185 AktG Rz. 20; *Ekkenga* in KölnKomm. AktG, 4. Aufl. 2020, § 185 AktG Rz. 46; *Hüffer/Koch*, § 185 AktG Rz. 13.
405 *Götze*, AG 2002, 76, 78 f. m.w.N. A.A. wohl *Maier-Reimer* in FS Bezzenberger, 2000, S. 253, 260 f.
406 *Götze*, AG 2002, 76, 79 m.w.N.
407 OLG Frankfurt a.M. v. 4.4.2001 – 9 U 173/00, NZG 2001, 758; *Hüffer/Koch*, § 185 AktG Rz. 14.
408 OLG Stuttgart v. 18.4.2012 – 8 W 147/12, ZIP 2012, 921, 922 f. = AG 2012, 422.
409 Dazu OLG Düsseldorf v. 4.3.2010 – I-6 U 49/09, AG 2010, 878, 879.

Andere Vorbehalte als die zuletzt genannten sind gemäß § 185 Abs. 2 AktG unzulässig. Zulässig soll nach einem Urteil des LG Frankfurt am Main ein Widerrufsvorbehalt sein, wonach der Zeichner das Recht hat, seine Zeichnung innerhalb von zehn Tagen nach Absendung seines Zeichnungsscheins an die Gesellschaft zu **widerrufen**[410]. Diese Auffassung ist nicht unproblematisch, weil sich Beweisprobleme stellen. Das Registergericht wird in derartigen Fällen die Eintragung bis zum Ablauf der Frist zurückstellen müssen und im Übrigen die Versicherung verlangen müssen, dass der Gesellschaft kein Widerruf zugegangen ist[411]. Unberührt bleiben Abreden zwischen Zeichner und Gesellschaft außerhalb des Zeichnungsscheins. Zulässig sind insbesondere sog. Material Adverse Change-Klauseln zwischen Emissionskonsortium und Gesellschaft, wonach bei Eintritt von außergewöhnlichen Umständen nach Übergabe der Zeichnungsscheine, aber noch vor Anmeldung, der Zeichnungsschein zurückzugeben ist bzw. nach Anmeldung die Anmeldung zurückgezogen werden muss[412].

44.98

Auf die **Bedingungen im Zeichnungsschein** sind die §§ 158–162 BGB anwendbar. Allerdings kann eine treuwidrige Herbeiführung des Ausfalls der Bedingung die Eintragung der Durchführung der Kapitalerhöhung nicht im Wege der Fiktion bewirken, weil Rechtsbedingungen der Parteiautonomie entzogen sind[413]. Die Rechtsfolge einer treuwidrigen Beeinflussung des Eintragungsverfahrens ist vielmehr schadensersatzrechtlich zu lösen. Ist der Zeichnungsschein zeitlich befristet, wird er bei Nichteintragung bis zum Ablauf der Frist gemäß § 158 Abs. 2 BGB unwirksam. Wird die Durchführung der Kapitalerhöhung gleichwohl danach noch eingetragen und erfolgt Rechtsausübung bzw. Einlageleistung, tritt allerdings nach herrschender Auffassung Heilungswirkung gemäß § 185 Abs. 3 AktG ein[414]. Auch andere Mängel des Zeichnungsvertrages können unter den Voraussetzungen des § 185 Abs. 3 AktG nach Eintragung geheilt werden[415].

44.99

3. Rechte und Pflichten aus der Zeichnung

Mit Zustandekommen des Zeichnungsvertrags wird der Zeichner zur **Einlage** verpflichtet. Zur **Sicherung** kann der Zeichner die Bareinlage treuhänderisch auf ein Sonderkonto mit der Maßgabe überweisen, dass die Einlage zurück zu überweisen ist, wenn es nicht zur fristgerechten Eintragung der Durchführung der Kapitalerhöhung kommt (vgl. auch noch Rz. 44.101)[416]; Banken verfahren im Rahmen der eigenen Gutschrift und der Einzahlungsbestätigung gemäß § 37 AktG regelmäßig so. Die Zeichner der neuen Aktien haben nämlich nach herrschender Auffassung **keinen Anspruch auf die Durchführung der Kapitalerhöhung**[417]. Bis zur Eintragung der Durchführung der Kapitalerhöhung kann insbesondere der Hauptversammlungsbeschluss geändert oder auch aufgehoben werden. Allerdings sind

44.100

---

410 LG Frankfurt a.M. v. 26.2.1999 – 3-11 T 15/99, AG 1999, 472 m. zustimmender Anm. *Hornstein*; dem folgend auch *Hüffer/Koch*, § 185 AktG Rz. 15 a.E.; kritisch demgegenüber *Servatius* in BeckOGK AktG, Stand 1.6.2021, § 185 AktG Rz. 39.
411 Vgl. zur parallelen Problematik der Kündigung/Anfechtung der Zeichnung nach Eröffnung eines Insolvenzverfahrens auch *Götze*, ZIP 2002, 2204, 2209. Siehe nunmehr auch *Hüffer/Koch*, § 185 AktG Rz. 15 a.E. sowie *Schürnbrand/Verse* in MünchKomm. AktG, 5. Aufl. 2021, § 185 AktG Rz. 38.
412 Vgl. dazu *Busch*, WM 2001, 1277 f.
413 Vgl. den illustrativen Fall des OLG Hamm v. 19.3.1979 – 8 U 151/78, WM 1979, 1277 = AG 1981, 53; siehe auch BGH v. 11.1.1999 – II ZR 170/98, NJW 1999, 1252, 1253 = AG 1999, 230 (zur GmbH).
414 *Hüffer/Koch*, § 185 AktG Rz. 17; *Ekkenga* in KölnKomm. AktG, 4. Aufl. 2020, § 185 AktG Rz. 62; dabei ist allerdings die für die Anmeldung erforderliche Mindest-Einlageleistung unschädlich, zumal diese häufig ihrerseits unter Vorbehalt der Eintragung der Durchführung der Kapitalerhöhung erfolgt, vgl. *Scholz* in MünchHdb. AG, § 57 Rz. 198; *Ekkenga* in KölnKomm. AktG, 4. Aufl. 2020, § 185 AktG Rz. 64.
415 Ausführlich dazu *Schürnbrand*, AG 2014, 73 ff.
416 *Wiedemann* in Großkomm. AktG, 4. Aufl. 1995, § 185 AktG Rz. 76; *Hüffer/Koch*, § 36 AktG Rz. 7.
417 *Wiedemann* in Großkomm. AktG, 4. Aufl. 1995, § 185 AktG Rz. 35 und § 188 AktG Rz. 51; *Hüffer/Koch*, § 185 AktG Rz. 24; im Ergebnis zustimmend *Schürnbrand/Verse* in MünchKomm. AktG, 5. Aufl. 2021, § 185 Rz. 46.

gegenüber dem Zeichner die Grundsätze von Treu und Glauben einzuhalten – eine willkürliche Nichtanmeldung oder eine willkürliche Aufhebung des Kapitalerhöhungsbeschlusses im Rahmen einer laufenden Platzierung kann nicht nur gegenüber der Gesellschaft, sondern auch gegenüber den die Platzierung begleitenden Emissionsbanken eine Schadensersatzpflicht begründen[418].

VIII. Erbringung der Einlage

44.101 Aufgrund der Zeichnung der Aktien erfolgt die Leistung der Einlage. Zur **Sacheinlage** siehe Rz. 44.36 f. Als Mindesteinlage sind bei **Bareinlagen** gemäß § 188 Abs. 2, § 36a Abs. 1 AktG 25 % des Nennbetrages bzw. anteiligen Betrages am Grundkapital je Aktie sowie ein etwaig festgelegtes Aufgeld in voller Höhe zu leisten. Die Zahlung hat gemäß § 54 Abs. 3 AktG (abgesehen von der ebenso möglichen Übereignung gesetzlicher Zahlungsmittel) auf das Konto eines Kreditinstitutes bzw. eines anderen in dieser Norm bezeichneten Unternehmens zu erfolgen[419]. Ist das Kreditinstitut selbst Zeichner, kann die Einzahlung gleichwohl auf ein bei diesem geführten Konto erfolgen (siehe schon Rz. 44.64)[420]. Über die Einzahlung erteilt die gutschreibende Bank die **Einzahlungsbestätigung** gemäß § 188 Abs. 2, § 36 Abs. 2, § 36a Abs. 1, 37 AktG, für deren Richtigkeit sie verschuldensunabhängig gegenüber der AG haftet[421]. Zulässig ist aber in dieser Bestätigung der Vorbehalt, dass die Einzahlung vorbehaltlich der Eintragung der Durchführung der Kapitalerhöhung erfolgt[422]. Dabei kann nach richtiger und herrschender Auffassung dieser Vorbehalt auch durch eine Treuhandabrede begleitet werden[423].

44.102 Die Einzahlung muss zur **freien Verfügung des Vorstandes** erfolgen. Diese Voraussetzung ist dann gegeben, wenn die Einlage der Gesellschaft endgültig und ohne Beschränkungen und Vorbehalte seitens des Einlegers zugeflossen ist, der Vorstand also nach eigenem Ermessen über die Einlage verfügen kann[424]. Dass auch der Einlageschuldner in Bezug auf das Bankkonto verfügungsberechtigt ist, hindert nach Auffassung des BGH die freie Verfügbarkeit nicht, wenn diese Berechtigung schuldrechtlich gebunden ist, also der Einlageschuldner nicht frei zu seinen eigenen Gunsten verfügen kann[425]. Ferner ist es bei Fremdemissionen üblich, die Verfügung des Vorstandes über die auf das Sonderkonto erfolg-

---

418 *Schürnbrand/Verse* in MünchKomm. AktG, 5. Aufl. 2021, § 182 AktG Rz. 40; *Hüffer/Koch*, § 182 AktG Rz. 16; vgl. zum GmbH-Recht auch BGH v. 3.11.2015 – II ZR 13/14, NZG 2015, 1396 ff. und dazu *Bieder*, NZG 2016, 538 ff.
419 Zur Qualifizierung ausländischer Finanzdienstleistungsinstitute und Finanzunternehmen i.S.v. § 53b KWG siehe die zutreffende restriktive Auslegung von *Götze* in MünchKomm. AktG, 5. Aufl. 2019, § 54 AktG Rz. 60 f.
420 Für Zulässigkeit *Drygala* in KölnKomm. AktG, 4. Aufl. 2020, § 54 AktG Rz. 77; *Henze* in Großkomm. AktG, 4. Aufl. 2000, § 54 AktG Rz. 95; *Hüffer/Koch*, § 54 AktG Rz. 17; *Scholz* in MünchHdb. AG, § 57 Rz. 182; *Herchen* in Happ/Groß/Möhrle/Vetter, Aktienrecht, Formular 12.03 Rz. 18.1; so nun auch *Götze* in MünchKomm. AktG, 5. Aufl. 2019, § 54 AktG Rz. 65; skeptisch unter Verweis auf die Voraussetzungen des § 27 Abs. 4 AktG *Pentz* in MünchKomm. AktG, 5. Aufl. 2019, § 36 AktG Rz. 69.
421 Dazu BGH v. 13.7.1992 – II ZR 263/91, BGHZ 119, 177 = AG 1992, 443 = ZIP 1992, 1387; OLG München v. 16.11.2006 – 19 U 2754/06, ZIP 2007, 371, 373 = AG 2007, 789; *Butzke*, ZGR 1994, 94 ff.; *Röhricht* in FS Boujong, 1996, S. 457 ff.
422 Vgl. *Groß* in Bosch/Groß, Emissionsgeschäft, Rz. 10/317 a.E.; *Groß* in Happ/Groß/Möhrle/Vetter, Aktienrecht, Formular 15.02 Rz. 12.1; vgl. zur Einzahlung auf ein Notaranderkonto mit entsprechender Einschränkung auch *Herchen* in Happ/Groß/Möhrle/Vetter, Aktienrecht, Formular 12.01 Rz. 31.6.
423 Ausführlich *Lutter* in FS Heinsius, 1991, S. 497 ff.; ebenso *Hüffer/Koch*, § 36 AktG Rz. 7; a.A. *Pentz* in MünchKomm. AktG, 5. Aufl. 2019, § 36 AktG Rz. 50.
424 OLG Frankfurt a.M. v. 24.6.1991 – 11 U 18/91, AG 1991, 402, 403; OLG München v. 16.11.2006 – 19 U 2754/06, ZIP 2007, 371, 373 = AG 2007, 789; *Henze* in Großkomm. AktG, 4. Aufl. 2000, § 54 AktG Rz. 107; *K. Schmidt*, AG 1986, 106, 109.
425 BGH v. 7.1.2008 – II ZR 283/06, WM 2008, 483, 486 = AG 2008, 289.

te Einzahlung **vertraglich zu beschränken**: Dies wird teilweise[426] nur bis zum Zeitpunkt der Eintragung der Kapitalerhöhung, teilweise[427] dagegen bis zu deren endgültigen Abwicklung für zulässig erachtet. Zu folgen ist letzterer Auffassung, solange eine solche Vereinbarung nicht den effektiven Mittelzufluss an die AG in Frage stellt, also etwa auf eine Rückerstattung an den Inferenten ausgelegt ist. Denn dann gebietet es die Sicherung der effektiven Kapitalaufbringung nicht, die zeitliche Zulässigkeit einer vertraglichen Absprache zu begrenzen. Zudem ist ein schützenswertes Interesse des Inferenten an einer beschränkenden Abrede anzuerkennen: Im Falle eines Scheiterns der Kapitalerhöhung kann jener seinen bereicherungsrechtlichen Rückgewähranspruch gegen die AG durch Aufrechnung seiner Ansprüche aus dem Kontoverhältnis geltend machen[428]. Eine vertragliche Beschränkung der Verfügungsfreiheit des Vorstandes über die auf ein Sonderkonto gezahlte Einlage ist unter diesen Voraussetzungen folglich auch dann nicht zu beanstanden, wenn sich diese auf den Zeitraum bis zur Abwicklung der Kapitalerhöhung erstreckt. Die Einzahlung auf ein **debitorisches Konto** erfüllt die Voraussetzung der freien Verfügung nur dann, wenn mit der Einlage ein Debetsaldo zurückgeführt wird, der eine eingeräumte Kreditlinie nicht übersteigt, weil dann der Gesellschaft weiter potentielle Liquidität in Höhe des Einlagebetrages zur Verfügung steht[429]. Davon zu unterscheiden ist das **Abverfügen** durch den Vorstand nach der Einzahlung. Gemäß § 188 Abs. 2, § 36 Abs. 2, § 37 Abs. 1 Satz 2 AktG muss im Rahmen der Anmeldung versichert werden, dass auch im Zeitpunkt der Anmeldung der eingezahlte Betrag zur freien Verfügung des Vorstands steht. Unschädlich ist dabei die Befriedigung von Gesellschaftsgläubigern aus der Einlage noch vor Anmeldung, solange die Leistung zunächst auf ein Konto der Gesellschaft fließt und der befriedigte Gesellschaftsgläubiger nicht mit dem Einlageverpflichteten rechtlich oder wirtschaftlich identisch ist[430]. Dies hat nach Ansicht des BGH auch Rückwirkungen auf die **Anmeldung**: Hierin ist zu bestätigen, dass die Einlage erstens zur freien Verfügung des Vorstands eingezahlt wurde und zweitens nicht an den Einleger zurückgezahlt wurde[431]. Auch im Rahmen der Bankbestätigung gemäß § 37 Abs. 1 Satz 3 AktG ist dies ggf. zu berücksichtigen[432]. Anderes gilt nur in Fällen des § 27 Abs. 4 AktG.

Keine freie Verfügbarkeit besteht demgegenüber, wenn der Einlagebetrag sogleich nach Zahlung wieder an den Einleger zurückgewährt wird oder dahingehende Rückzahlungsvereinbarungen vorliegen[433]. Insofern bestehen Überschneidungen zum **Institut der verschleierten Sacheinlage**[434] (dazu schon Rz. 44.23). Besteht bereits bei Einzahlung eine Verwendungsabrede zur Tilgung einer Forderung des Inferenten, fehlt es sowohl an der freien Verfügbarkeit und liegt zugleich eine verdeckte Sacheinlage vor[435]. Liegt keine Verwendungsabrede vor, wird aber gleichwohl eine solche Forderung in zeitlichem Zusammenhang getilgt, ist zwar freie Verfügbarkeit zu bejahen. Jedoch liegt eine verdeckte Sach-

44.103

---

426 *Schürnbrand/Verse* in MünchKomm. AktG, 5. Aufl. 2021, § 188 AktG Rz. 25; *Niggemann* in Hölters, § 188 AktG Rz. 12.
427 *Scholz* in MünchHdb. AG, § 57 Rz. 182; noch weiter *Ekkenga* in KölnKomm. AktG, 4. Aufl. 2020, § 188 AktG Rz. 21 (keinerlei Relevanz vertraglicher Absprachen).
428 *Niggemann* in Hölters, § 188 AktG Rz. 12.
429 BGH v. 18.3.2002 – II ZR 363/00, ZIP 2002, 799, 800 = AG 2002, 456.
430 BGH v. 18.3.2002 – II ZR 363/00, ZIP 2002, 799, 801 = AG 2002, 456 und dazu *Kamanabrou*, NZG 2002, 702 ff.; *Henze*, BB 2002, 955 f.; *Heidinger*, GmbHR 2002, 1045 ff.; *Roth*, ZHR 167 (2003), 89, 98 ff.
431 *Roth*, ZHR 167 (2003), 89, 102; *Hüffer/Koch*, § 188 AktG Rz. 6.
432 Vgl. den Fall von OLG München v. 16.11.2006 – 19 U 2754/06, ZIP 2007, 371, 373 = AG 2007, 789, aufgehoben und zurückverwiesen von BGH v. 7.1.2008 – II ZR 283/06, WM 2008, 483 = AG 2008, 289.
433 Vgl. nur *Pentz* in MünchKomm. AktG, 5. Aufl. 2019, § 36 AktG Rz. 54; zur Gegenauffassung (Rückzahlung berührt nicht mehr die Kapitalaufbringung) vgl. etwa *Kleindiek* in FS H.P. Westermann, 2008, S. 1073, 1078 m.w.N.
434 *Rieckers* in MünchHdb. AG, § 16 Rz. 7.
435 *Arnold* in KölnKomm. AktG, 4. Aufl. 2020, § 36 AktG Rz. 41; *Pentz* in MünchKomm. AktG, 5. Aufl. 2019, § 36 AktG Rz. 54; für die GmbH siehe BGHZ 113, 335, 348 ff.; a.A. *K. Schmidt*, AG 1986, 106, 112 ff.; *Hommelhoff/Kleindiek*, ZIP 1987, 477, 488 ff.

einlage vor. Kein Fall der verdeckten Sacheinlage, wohl aber ein Fall der fehlenden freien Verfügbarkeit, sind demgegenüber Scheinzahlungen sowie Fälle des Hin- und Herzahlens ohne Tilgung einer bestehenden Forderung des Inferenten. Hierzu können auch Konstellationen zählen, in denen mangels Einlagefähigkeit (z.B. Dienstleistungen) keine verdeckte Sacheinlage vorliegen kann, aber gleichwohl Verwendungsabreden zugunsten des Inferenten bestehen[436]. Für das reine Hin- und Herzahlen sieht § 27 Abs. 4 AktG inzwischen eine Sonderregelung vor[437]. Der verschleierten Sacheinlage wurde die Nichtigkeitsfolge genommen und eine Anrechnungslösung gewählt[438]. An der Strafbarkeit nach § 399 Abs. 1 Nr. 4 AktG ändert das aber bei Nichtoffenlegung und entsprechendem Vorsatz nach herrschender Auffassung nichts, weil das Gesetz keine Erfüllungswirkung, sondern eine Anrechnungsmöglichkeit ab Eintragung vorsieht[439]. Problematisch ist insofern etwa die Kapitalerhöhung im Konzern bei Bestehen eines cash pools[440]. Ist das Konzernverrechnungskonto zu Lasten der Gesellschaft negativ, liegt eine verdeckte Sacheinlage vor; fließt die Einlage auf dieses Verrechnungskonto zurück, liegt ein Hin- und Herzahlen vor. Beim Hin- und Herzahlen ist Offenlegung gemäß § 27 Abs. 4 Satz 2 AktG erforderlich und die Werthaltigkeit des Rückgewährsanspruchs ist dem Registergericht nachzuweisen[441]. Auch ein zeitlicher und sachlicher Zusammenhang zwischen einer Dividendenzahlung und einer zeitlich kurz vorangehenden oder nachfolgenden Kapitalerhöhung kann den Vorwurf der verdeckten Sacheinlage begründen[442]; dem kann durch analoge Anwendung der Regeln über die Kapitalerhöhung aus Gesellschaftsmitteln begegnet werden (siehe schon Rz. 44.26). Problematisch kann auch die Übernahme durch ein Kreditinstitut sein, welches die Aktien bei Ausschluss des Bezugsrechts kurzfristig zwecks Umplatzierung übernimmt, sofern der so gewonnene Betrag zur Rückzahlung von Darlehensforderungen verwandt wird (zur parallelen Konstellation beim mittelbaren Bezugsrecht bereits Rz. 44.66). Nach herrschender und zutreffender Auffassung gilt jedoch auch bei einer bezugsrechtsfreien Platzierung die vom BGH[443] zum Fall des mittelbaren Bezugsrechts entwickelte Privilegierung von Kreditinstituten, die als fremdnützige Treuhänder agieren (siehe schon Rz. 44.66)[444]. Anders können die Dinge bei einer zuvor begründeten maßgeblichen Beteiligung des fraglichen Kreditinstituts an der emittierenden Gesellschaft liegen, sofern dieses das eigene Bezugsrecht ausübt, so dass es insofern an einem Drittmittelzufluss fehlt[445].

44.104 Eine Nähe zur Sacheinlage besteht auch bei einer **Voreinzahlung auf eine zukünftige Bareinlagepflicht**. Eine Notwendigkeit hierfür kann sich namentlich in Sanierungsfällen ergeben, in denen einerseits die Frist für die Insolvenzantragspflicht läuft, andererseits der Kapitalerhöhungsbeschluss zu spät

---

436 BGH v. 16.2.2009 – II ZR 120/07 – Qivive, BGHZ 38, 47; solche Verwendungsabreden lagen aber *in casu* nicht vor.
437 Dazu *Habersack*, AG 2009, 557, 560 ff.; *Hüffer/Koch*, § 27 AktG Rz. 49 ff.; *Schürnbrand/Verse* in MünchKomm. AktG, 5. Aufl. 2021, § 183 AktG Rz. 63.
438 Dazu *Maier-Reimer/Wenzel*, ZIP 2008, 1449 ff.; *Maier-Reimer/Wenzel*, ZIP 2009, 1185 ff.; *Ulmer*, ZIP 2009, 293 ff.; *Schürnbrand/Verse* in MünchKomm. AktG, 5. Aufl. 2021, § 183 AktG Rz. 56.
439 *Schürnbrand/Verse* in MünchKomm. AktG, 5. Aufl. 2021, § 183 AktG Rz. 57; *Bosse*, NZG 2009, 807; *Bayer/J. Schmidt*, ZGR 2009, 805, 828; *Wachter*, DStR 2010, 1240, 1244; zum GmbH-Recht auch *Pentz* in FS K. Schmidt, 2009, S. 1265, 1274; *Seibert* in FS Maier-Reimer, 2010, S. 673, 674 ff.; kritisch *Altmeppen*, ZIP 2009, 1545, 1548 ff. m.w.N.
440 Eingehend *Cahn*, ZHR 166 (2002), 278 ff.; *J. Vetter/Schwandtner*, Der Konzern 2006, 407, 415 ff.; *Altmeppen*, ZIP 2009, 1545; vgl. auch *Hüffer/Koch*, § 188 AktG Rz. 6a.
441 Dazu OLG München v. 17.2.2011 – 31 Wx 246/10, DB 2011, 581 = GmbHR 2011, 422 (zu § 8 Abs. 2, § 19 Abs. 5 GmbHG).
442 *Lutter/Zöllner*, ZGR 1996, 164; *Priester*, ZIP 1991, 345, 354, alle im Anschluss an das zum GmbH-Recht ergangene BGH-Urteil v. 18.2.1991 – II ZR 104/90, BGHZ 113, 335, 339 ff. = AG 1991, 230.
443 BGH v. 13.4.1992 – II ZR 277/90, BGHZ 118, 83, 96, 97 = AG 1992, 312.
444 *Frese*, AG 2001, 15, 22 f.; *Hein*, WM 1996, 1, 6; *Hoffmann-Becking* in FS Lieberknecht, 1997, S. 25, 35; *Schnorbus*, AG 2004, 113, 118 ff.; wohl auch *Scholz* in MünchHdb. AG, § 57 Rz. 157.
445 Auf die umfangreiche Kasuistik der Kommentarliteratur zu diesem Komplex ist im Übrigen zu verweisen, vgl. *Henze* in Großkomm. AktG, 4. Aufl. 2000, § 54 AktG Rz. 108 ff.; *Pentz* in MünchKomm. AktG, 5. Aufl. 2019, § 36 AktG Rz. 55 ff.

kommen kann. Im Hinblick auf § 235 Abs. 1 Satz 2 AktG (und auch auf § 194 Abs. 1 Satz 2 AktG) wie auch unter teleologischen Erwägungen wird einer solchen Voreinzahlung trotz Nähe zur Einlage eines Darlehensanspruches verbreitet Tilgungswirkung beigemessen, wenn sie zur Krisenbewältigung erforderlich ist, ein enger zeitlicher Zusammenhang zwischen Einlage und Beschlussfassung besteht, die Zahlung als Vorleistung gekennzeichnet, zum Zeitpunkt der Anmeldung noch wertmäßig vorhanden und im Rahmen des Kapitalerhöhungsbeschlusses und der Anmeldung der Durchführung der Kapitalerhöhung offengelegt wird, wobei das kritische Merkmal das nur wertmäßige, nicht mehr gegenständliche Vorhandensein der Einlageleistung ist[446].

IX. Anmeldung und Eintragung im Handelsregister

Das Gesetz unterstellt hinsichtlich des Registerverfahrens eine **gestufte Anmeldung**, wonach Anmeldung und Eintragung des Kapitalerhöhungsbeschlusses (vgl. insofern § 184 AktG) und Anmeldung und Eintragung der Durchführung der Kapitalerhöhung sowie der sich aus der Kapitalerhöhung ergebenden Satzungsänderung zu unterscheiden sind (letzteren Fall regelt § 188 AktG). Ein solches Vorgehen entspricht nicht durchweg der Praxis; vielmehr werden Anmeldung des Kapitalerhöhungsbeschlusses und Anmeldung der Durchführung der Kapitalerhöhung häufig **verbunden**, welches gemäß § 188 Abs. 4 AktG zulässig und auch kostenrechtlich günstiger[447] ist. Anders liegt es, wenn gegen den Kapitalerhöhungsbeschluss Widerspruch eingelegt wurde; hier werden die potentiellen Zeichner zumindest die Eintragung des Beschlusses abwarten. Sachlich zuständig ist wie in allen Registersachen das Amtsgericht als Registergericht (§ 8 HGB, § 376 Abs. 1 FamFG). Örtlich zuständig ist das Gericht am Sitz der Gesellschaft (vgl. insofern auch § 188 Abs. 3 AktG). Hinsichtlich der Ermittlung der örtlichen Zuständigkeit ist § 376 Abs. 1 FamFG zu beachten.

44.105

1. Anmeldende, Inhalt der Anmeldung

Anmeldeberechtigte sind gemäß § 184 Abs. 1 AktG bzw. § 188 Abs. 1 AktG der **Vorstand** und der **Vorsitzende des Aufsichtsrates** in gemeinschaftlicher Weise. Im Insolvenzverfahren ist demgegenüber im Hinblick auf die Frage der freien Verfügbarkeit wegen § 35 InsO die Mitwirkung des insofern verfügungsberechtigten Insolvenzverwalters erforderlich[448]; für Beschlüsse innerhalb eines Insolvenzplans siehe auch § 254a Abs. 2 Satz 3 InsO. Seitens des Vorstandes genügt dabei die Mitwirkung der Personen, die gemäß § 78 AktG bzw. der Satzung zur organschaftlichen Vertretung der Gesellschaft berufen sind[449]. Rechtsgeschäftliche Bevollmächtigung ist nicht möglich, weil sowohl im Rahmen des § 184 AktG als auch im Rahmen des § 188 AktG Erklärungen abzugeben sind, die gemäß § 399 Abs. 1

44.106

---

446 *Hüffer/Koch*, § 188 AktG Rz. 7 und 8; *Henze*, Aktienrecht, Rz. 223–232. Vgl. auch BGH v. 12.7.1982 – II ZR 175/81, ZIP 1982, 923, 928 f. = AG 1982, 278; BGH v. 11.11.1985 – II ZR 109/84, BGHZ 96, 231, 242 = AG 1986, 76; BGH v. 13.4.1992 – II ZR 277/90, BGHZ 118, 83, 89 f. = AG 1992, 312; BGH v. 7.11.1994 – II ZR 248/93, ZIP 1995, 28 = AG 1995, 133; BGH v. 15.3.2004 – II ZR 210/01, NZG 2004, 515 = GmbHR 2004, 736 und dazu *Sustmann*, NZG 2004, 760 ff. Die Voraussetzungen für eine Vorleistung definierend dann aber BGH v. 26.6.2006 – II ZR 43/05, ZIP 2006, 2214 ff. = GmbHR 2006, 1328; siehe auch BGH v. 10.7.2012 – II ZR 212/10, DB 2012, 2157, 2159 = GmbHR 2012, 1066. Zur Belehrungspflicht des den Kapitalerhöhungsbeschluss (bei einer GmbH) beurkundenden Notars vgl. BGH v. 24.4.2008 – III ZR 223/06, DB 2008, 1316 f. = AG 2008, 820. Eine Sondervorschrift für „vorherige Leistungen" enthält § 7 Abs. 4 FMStBG, vgl. dazu OLG Frankfurt a.M. v. 16.12.2014 – 5 U 24/14 – Commerzbank, AG 2015, 272, 275.
447 *Schürnbrand/Verse* in MünchKomm. AktG, 5. Aufl. 2019, § 182 AktG Rz. 106 m.w.N.
448 *Ekkenga* in KölnKomm. AktG, 4. Aufl. 2020, § 188 Rz. 7; *Schürnbrand/Verse* in MünchKomm. AktG, 5. Aufl. 2021, § 188 Rz. 11; *Hüffer/Koch*, § 188 AktG Rz. 2; *Rattunde* in VGR, Gesellschaftsrecht in der Diskussion 2006, 2007, S. 193, 203, 207.
449 *Wiedemann* in Großkomm. AktG, 4. Aufl. 1995, § 184 AktG Rz. 10 und § 188 AktG Rz. 50; *Schürnbrand/Verse* in MünchKomm. AktG, 5. Aufl. 2021, § 184 Rz. 10 und § 188 Rz. 10.

Nr. 4 AktG strafbewehrt sind[450]. Aus dem gleichen Grund ist entgegen der überwiegenden Auffassung selbst bei durch die Satzung angeordneter unechter Gesamtvertretung die Mitwirkung eines Prokuristen bei der Anmeldung nicht zulässig[451]. Neben dem Vorstand meldet der Aufsichtsratsvorsitzende an, im Fall seiner Verhinderung sein Stellvertreter (§ 107 Abs. 1 Satz 3 AktG). Auch der Aufsichtsratsvorsitzende kann sich bei der Anmeldung nicht vertreten lassen.

44.107 Vorstand und Aufsichtsratsvorsitzender sind der **AG gegenüber** zur Anmeldung **verpflichtet**. Auf der anderen Seite kann die Gesellschaft schuldrechtlich verpflichtet sein, die Anmeldung unter bestimmten Umständen zurückzunehmen, namentlich in Fällen eines Material Adverse Change (MAC)[452]. Gegen solche Abreden ist nichts einzuwenden, zumal eine Eintragung der Durchführung der Kapitalerhöhung ohne Durchführung der Platzierung zu einer signifikanten Verwässerung der Beteiligung der Altaktionäre führt, weil die jungen Aktien regelmäßig zum geringsten Ausgabebetrag gezeichnet wurden. Nach Eintragung der Durchführung der Kapitalerhöhung kann dies abgesehen von der in Einzelfällen denkbaren Kapitalherabsetzung nur durch ein Bezugsrecht auf diese Aktien zugunsten der Altaktionäre korrigiert werden[453]. Die Rücknahme der Anmeldung ist, sofern noch möglich, also für die Altaktionäre das weniger belastende Verfahren.

44.108 Der Anmeldung sind verschiedene, teils in § 184 AktG, teils in § 188 AktG aufgezählte **Unterlagen** bzw. **Erklärungen** beizufügen, namentlich

– die notarielle Niederschrift über die Hauptversammlung mit dem Kapitalerhöhungsbeschluss sowie die Niederschrift über etwa erforderliche Sonderbeschlüsse;
– bei Sacheinlagen der Einbringungsvertrag und von Ausnahmen abgesehen der Bericht über die Prüfung von Sacheinlagen gemäß § 183 Abs. 3 AktG; bei einer Sachkapitalerhöhung ohne gesonderte externe Werthaltigkeitsprüfung sind nach § 184 Abs. 2, § 37a Abs. 3 AktG die das externe Gutachten substituierenden Unterlagen einzureichen; zudem ist die gesonderte Versicherung nach § 184 Abs. 1 Satz 3 AktG abzugeben;
– die Erklärung, ob und ggf. welche Einlagen auf das bisherige Grundkapital noch nicht geleistet sind und warum sie nicht erlangt werden können (§ 184 Abs. 1 AktG). Diese Erklärung ist gemäß § 399 Abs. 1 Nr. 4 AktG strafbewehrt; bei Versicherungsgesellschaften ist diese Angabe nicht erforderlich, wenn die betreffende Satzung eine Kapitalerhöhung auch bei rückständigen Einlagen zulässt[454]. Bei Kapitalerhöhungen im Rahmen der Verschmelzung sind die Besonderheiten des § 69 UmwG zu beachten;
– die Zweitschrift des Zeichnungsscheins sowie das Verzeichnis der Zeichner[455];
– die Einzahlungsbestätigung gemäß § 37 Abs. 1 AktG oder ein anderer Nachweis über die Einzahlung[456];

---

450 *Hüffer/Koch*, § 184 AktG Rz. 3; *Lutter/Leinekugel*, ZIP 2000, 1225, 1230; *Ekkenga* in KölnKomm. AktG, 4. Aufl. 2020, § 184 AktG Rz. 19 sowie § 188 AktG Rz. 9.
451 *Ekkenga* in KölnKomm. AktG, 4. Aufl. 2020, § 188 AktG Rz. 6 (für Anmeldung der Durchführung); *Wiedemann* in Großkomm. AktG, 4. Aufl. 1995, § 184 AktG Rz. 11; a.A. *Hüffer/Koch*, § 184 AktG Rz. 3; *Ekkenga* in KölnKomm. AktG, 4. Aufl. 2020, § 184 AktG Rz. 11 (für Anmeldung des Kapitalerhöhungsbeschlusses); *Scholz* in MünchHdb. AG, § 57 Rz. 88; *Frey* in Großkomm. AktG, 4. Aufl. 2001, § 195 AktG Rz. 11; *Schürnbrand/Verse* in MünchKomm. AktG, 5. Aufl. 2021, § 184 AktG Rz. 10.
452 Vgl. *Busch*, WM 2001, 1277, 1278.
453 Vgl. *Busch*, WM 2001, 1277, 1279.
454 *Wiedemann* in Großkomm. AktG, 4. Aufl. 1995, § 184 AktG Rz. 18 m.w.N.
455 Zum Verzeichnis der Zeichner etwa *Wiedemann* in Großkomm. AktG, 4. Aufl. 1995, § 188 AktG Rz. 58.
456 Zu letzterem, bei der börsennotierten AG wohl theoretischen Fall, vgl. BayObLG v. 9.4.2002 – 3 Z BR 39/02, DB 2002, 1544 = AG 2002, 397.

- bei Barkapitalerhöhungen die Erklärung gemäß § 188 Abs. 2 Satz 1 i.V.m. § 37 Abs. 1 Satz 1 und 2 AktG, dass die eingeforderten Bareinlagen ordnungsgemäß an die Gesellschaft geleistet wurden und nicht an den Einleger zurückgezahlt worden sind[457];
- bei Sacheinlagen die Erklärung, dass die Sacheinlagen vollständig geleistet worden sind und ihr Wert dem geringsten Ausgabebetrag bzw. bei einem höheren Ausgabebetrag diesem höheren Wert entspricht (§ 188 Abs. 2 Satz 1 i.V.m. § 37 Abs. 1 Satz 1, § 36a Abs. 2 AktG);
- die Berechnung der durch die Ausgabe der neuen Aktien der Gesellschaft entstehenden Kosten. Zu diesen Kosten gehören neben Gerichts-, Notar- und Anwaltsgebühren z.B. auch Prospektdruckkosten, Gebühren für die Börsenzulassung und nach zutreffender Auffassung auch die Bankenprovisionen, wobei Schätzungen ausreichend sind und Belege nicht beigebracht werden müssen[458];
- den vollständigen Wortlaut der neugefassten Satzung mit der Bescheinigung des Notars gemäß § 181 Abs. 1 Satz 2 AktG.

2. Rücknahme der Anmeldung

Die Rücknahme der Anmeldung ist nach allgemeinen Grundsätzen bis zur Eintragung der Kapitalerhöhung bzw. Durchführung der Kapitalerhöhung möglich[459]. Ein Bedürfnis hierfür kann sich etwa ergeben, wenn sich herausstellt, dass die Kapitalerhöhung nicht ordnungsgemäß erfolgt ist oder wirtschaftlich nicht durchführbar ist. Eine Begründung der Rücknahme ist nicht erforderlich. Für die Rücknahme genügt es, dass die Anmeldung durch einen der Anmeldenden zurückgenommen wird[460].

3. Prüfung und Eintragung

Trotz Fehlens einer dem § 38 Abs. 1 AktG entsprechenden Norm entspricht es allgemeiner Auffassung, dass das Gericht die Anmeldung des Kapitalerhöhungsbeschlusses sowie die Anmeldung der Durchführung der Kapitalerhöhung in **formeller** und **materieller** Hinsicht zu **prüfen** hat. Dabei umfasst die formelle Prüfung insbesondere die Form der Anmeldung sowie die Vollständigkeit und Ordnungsmäßigkeit der beigefügten Unterlagen. Im Grundsatz kann das Registergericht von der Richtigkeit der Angaben und Unterlagen der Anmeldung ausgehen. Bei Zweifeln hat das Gericht nach § 26 FamFG von Amts wegen zu ermitteln und ggf. Beweis zu erheben. Ob im Registerverfahren alle Aktionäre „Beteiligte" i.S.v. § 7 FamFG sind, ist wegen des Erfordernisses der „unmittelbaren Betroffenheit" gemäß § 7 Abs. 2 Nr. 1 FamFG sehr zweifelhaft[461]. Hinsichtlich der materiell-rechtlichen Prüfung hat das Registergericht die Eintragung abzulehnen, wenn der Kapitalerhöhungsbeschluss gemäß § 241 AktG nichtig oder wegen Fehlens eines Sonderbeschlusses nach § 182 Abs. 2 AktG (schwebend) unwirksam ist. Das Verfahren richtet sich nach der Verordnung über die Einrichtung und Führung des Handelsregisters (Handelsregisterverordnung, HRV). Fehlen Unterlagen, kann das Registergericht durch Zwischenverfügung (§ 26 Satz 2 HRV) die Eintragung vorläufig zurückstellen und dann erst nach

---

457 Vgl. BGH v. 18.3.2002 – II ZR 363/00, BB 2002, 957 ff. = AG 2002, 456; *Henze*, BB 2002, 955, 956.
458 *Ekkenga* in KölnKomm. AktG, 4. Aufl. 2020, § 188 AktG Rz. 59; *Wiedemann* in Großkomm. AktG, 4. Aufl. 1995, § 188 AktG Rz. 60; siehe auch *Heinze*, ZIP 2011, 1848 ff. Zur Frage des Vorsteuerabzuges in Bezug auf Kosten, die der umsatzsteuerrechtlich steuerfreien Kapitalerhöhung zuzuordnen sind, vgl. FG Nürnberg v. 30.1.2001 – II 453/00, EWiR 2002, § 4 UStG 1/02, 457 (*Posegga*) und EuGH v. 26.5.2005 – C-465/03 – Kretztechnik, ZIP 2005, 1134 ff. = AG 2005, 577.
459 Zur Anmeldung bei der Gründung siehe etwa *Pentz* in MünchKomm. AktG, 5. Aufl. 2019, § 36 AktG Rz. 21.
460 *Hüffer/Koch*, § 184 AktG Rz. 2; *Schürnbrand* in MünchKomm. AktG, 4. Aufl. 2016, § 184 AktG Rz. 22; *Pfeiffer/Buchinger*, BB 2006, 2317, 2319; *Lieder* in Bürgers/Körber/Lieder, 5. Aufl. 2021, § 184 AktG Rz. 12; *Servatius* in BeckOGK AktG, Stand 1.6.2021, § 184 AktG Rz. 19 (jedenfalls Vorstand kann allein zurücknehmen).
461 Vgl. dazu *Krafka*, NZG 2009, 650, 653; *Nedden-Boeger*, FGPrax 2010, 1, 2 ff.; *Schürnbrand/Verse* in MünchKomm. AktG, 5. Aufl. 2021, § 184 AktG Rz. 50.

fruchtlosem Ablauf einer gesetzten Frist zurückweisen. Ist der Kapitalerhöhungsbeschluss „lediglich" **anfechtbar**, unterscheidet die zutreffende und herrschende Auffassung danach, ob Vorschriften verletzt sind, deren Einhaltung im Interesse Dritter liegt oder ob nur Interessen der gegenwärtigen Aktionäre berührt sind. Im letzteren Falle darf das Registergericht die Eintragung nicht ablehnen, sondern allenfalls bis zum Ablauf der Anfechtungsfrist oder bis zur Entscheidung der Anfechtungsklage aussetzen[462]. Die Gegenauffassung stellt bei der Beeinträchtigung von Individualinteressen auf die Schwere des Eingriffs ab[463].

44.111 Eine **anhängige Anfechtungsklage** wirkt sich auf die eigene Entscheidungszuständigkeit des Registergerichts nicht aus, bewirkt also nicht ohne Weiteres eine Registersperre: Das Registergericht kann den Beschluss jedenfalls dann eintragen, wenn es die Klage für offensichtlich unzulässig oder unbegründet hält[464]. Sind die Erfolgsaussichten der Anfechtungsklage ungewiss, muss das Registergericht das Interesse der Gesellschaft mit den Erfolgsaussichten der Klage abwägen und kann die Eintragung bis zur rechtskräftigen Entscheidung des Prozessgerichts gemäß §§ 381, 21 FamFG aussetzen. Das führte in der Vergangenheit häufig zu einer faktischen Registersperre[465]. Zwar ist unklar, welche praktische Relevanz das zur Vermeidung solcher Registersperren geschaffene[466] **Freigabeverfahren** hat. Zumindest seit dem ARUG ist jedoch ein klarer Trend an abnehmenden Beschlussmängelklagen zu beobachten[467]. Diese Entwicklung ist zumindest teilweise dem Freigabeverfahren als wesentlichem Bestandteil des gesetzgeberischen Vorgehens gegen missbräuchliche Anfechtungsklagen zuzuschreiben[468]. Die praktische Relevanz des **Freigabeverfahrens** gemäß § 246a AktG ist bei Kapitalerhöhungen dennoch weitgehend begrenzt[469]. Dies liegt auch daran, dass Kapitalerhöhungen durch Direktbeschluss häufig im Zusammenhang mit einer Sanierung stehen, welche aufgrund des Zeitdrucks die Durchführung eines Freigabeverfahrens häufig gar nicht zulässt.

44.112 Bei einer Kapitalerhöhung mit Sacheinlagen ist weiter zu prüfen, ob der **Wert der Sacheinlage** den geringsten Ausgabebetrag der Aktien erreicht. Die Frage, ob die Prüfung sich auch auf ein etwaiges Agio erstreckt, ist ebenso wie im Rahmen des Werthaltigkeitsgutachtens streitig[470] (vgl. bereits Rz. 44.35). Hinsichtlich des Bewertungszeitraumes ist davon auszugehen, dass das Registergericht berechtigt ist, den Zeitpunkt der eigenen Prüfung als relevanten Zeitpunkt zu erachten. Mögliche Wertminderungen sind daher frühzeitig zu berücksichtigen[471]. Zwar ist das Registergericht verpflichtet, sich aufgrund ei-

---

462 Vgl. *Ekkenga* in KölnKomm. AktG, 4. Aufl. 2020, § 184 AktG Rz. 22; *Hüffer/Koch*, § 184 AktG Rz. 6 sowie § 181 AktG Rz. 14.
463 *Wiedemann* in Großkomm. AktG, 4. Aufl. 1995, § 181 AktG Rz. 25 sowie § 184 AktG Rz. 22 und Rz. 25.
464 *K. Schmidt* in Großkomm. AktG, 4. Aufl. 1995, § 243 AktG Rz. 72; *Schäfer* in MünchKomm. AktG, 5. Aufl. 2021, § 243 AktG Rz. 135; *Hüffer/Koch*, § 181 AktG Rz. 17; *Wiedemann* in Großkomm. AktG, 4. Aufl. 1995, § 181 AktG Rz. 28; *Leuering* in Semler/Volhard/Reichert, ArbeitsHdb. HV, § 45 Rz. 103; BGH v. 2.7.1990 – II ZB 1/90, BGHZ 112, 9, 23 = AG 1990, 538 (Hypothekenbankschwestern – zur Verschmelzung vor UmwG).
465 *Timm*, ZGR 1996, 247, 262; *Schiessl*, AG 1999, 442, 444; *Winter* in FS P. Ulmer, 2003, S. 699, 701.
466 Siehe nur *Hüffer/Koch*, § 246a AktG Rz. 1.
467 Während 2009 noch 279 Beschlussmängelklagen erhoben worden sind, waren es 2018 nur noch 47 (gemessen an relevanten Veröffentlichungen im Bundesanzeiger), siehe *Bayer/Hoffmann*, AG 2019, R113 ff.
468 *Hüffer/Koch*, § 246a AktG Rz. 2.
469 Vgl. auch *Baums/Keinath/Gajek*, ZIP 2007, 1629, 1639 ff. Dies dürfte an der Bedeutung des schwierig angreifbaren genehmigten Kapitals liegen. Siehe aber den Sanierungsfall OLG Köln v. 13.1.2014 – 18 U 175/13 – SolarWorld, ZIP 2014, 263; ferner KG v. 6.12.2010 – 23 AktG 1/10, Der Konzern 2011, 128 ff. = AG 2011, 170.
470 Dafür *Hüffer/Koch*, § 188 AktG Rz. 21; *Scholz* in MünchHdb. AG, § 57 Rz. 91; *Schürnbrand/Verse* in MünchKomm. AktG, 5. Aufl. 2021, § 184 AktG Rz. 39 ff., jeweils m.w.N.
471 *Ekkenga* in KölnKomm. AktG, 4. Aufl. 2020, § 184 AktG Rz. 29; *Heusel* in Semler/Volhard/Reichert, ArbeitsHdb. HV, § 21 Rz. 13.

gener Prüfung ein Bild von der korrekten Bewertung der Sacheinlage zu machen. Andererseits ist aufgrund der Schwierigkeit der Sacheinlageprüfung regelmäßig nur eine Plausibilitätsprüfung erforderlich und ausreichend. Umstritten ist die Interpretation der Bagatellklausel in § 184 Abs. 3 Satz 1 AktG. Eine Meinung im Schrifttum lässt unter diese Norm nur Fälle fallen, bei denen wegen allgemeiner Bewertungsunsicherheiten nicht sicher ist, ob wirklich eine Wertunterdeckung vorliegt; steht die Unterdeckung hingegen fest, müsse die Eintragung auch dann abgelehnt werden, wenn die Unterdeckung gering ist[472]. Diese Auffassung lässt sich nur schwer mit dem Gesetzeswortlaut vereinbaren[473], zumal die Differenzhaftung des Einlegers für ausreichenden Schutz sorgt.

Mit **Eintragung des Kapitalerhöhungsbeschlusses** wird dieser bindend. Wird entgegen der Praxis die Anmeldung des Kapitalerhöhungsbeschlusses von der Anmeldung der Durchführung der Kapitalerhöhung getrennt, ist allerdings bis zur Eintragung der Durchführung der Kapitalerhöhung der Kapitalerhöhungsbeschluss aufhebbar, wobei die Mehrheitserfordernisse (einfache oder satzungsändernde Mehrheit) streitig sind (dazu bereits Rz. 44.20)[474]. Mit **Eintragung der Durchführung der Kapitalerhöhung** wird diese wirksam, das Grundkapital ist erhöht und die neuen Aktienrechte sind entstanden. Eine Einbuchung bei der Clearstream Banking AG, den Depotbanken oder die Ausgabe entsprechender Aktienurkunden ist für die Rechtsentstehung nicht erforderlich. Bei fehlerfreier Beschlussfassung und Anmeldung, aber fehlerhafter Eintragung (etwa unzutreffende Ziffer), gilt die beschlossene, übernommene und angemeldete Grundkapitalziffer – die Eintragung ist von Amts wegen zu berichtigen[475]. Erst die Eintragung der Durchführung der Kapitalerhöhung führt auch handelsrechtlich zur Erhöhung des Eigenkapitals. Sonderprobleme entstehen dann, wenn der Bilanzstichtag vor dem Datum der Eintragung der Durchführung liegt und bereits Einlagen geleistet wurden[476]. Anders liegt es nur bei Verbindung mit einer Kapitalherabsetzung unter den Voraussetzungen der §§ 234, 235 AktG (vgl. dazu Rz. 50.33 ff.). Erfolgt der Kapitalerhöhungsbeschluss im Rahmen einer Rekapitalisierungsmaßnahme gemäß §§ 7 bzw. 22 StFG (siehe hierzu bereits Rz. 44.6), so genügt gemäß § 7c Satz 2 WStBG für dessen Wirksamkeit – sofern der Beschluss bereits zur Eintragung in das Handelsregister angemeldet ist – die Veröffentlichung auf der Internetseite der Gesellschaft.

44.113

4. Rechtsbehelfe gegen Eintragung bzw. Ablehnung der Eintragung

Gegen die **Zurückweisung des Eintragungsantrages** kann die Gesellschaft – vertreten durch den Vorstand – Beschwerde gemäß § 58 FamFG einlegen[477], über die das Oberlandesgericht als Beschwerdegericht gemäß § 119 Abs. 1 Nr. 1b GVG entscheidet. Danach ist ggf. Rechtsbeschwerde zum BGH gemäß § 70 FamFG, § 133 GVG zulässig. Gemäß § 382 Abs. 4 Satz 2 FamFG gilt dies auch für die Fälle einer unvollständigen Anmeldung oder sonstigen von der Gesellschaft behebbaren Eintragungshindernissen. Für Zwischenverfügungen des Registergerichts, die nicht isoliert angreifbar sind, ist dagegen eine sofortige Beschwerde gemäß § 21 Abs. 2 FamFG i.V.m. §§ 567–572 ZPO einzulegen[478]. Hierzu zählt unter anderem die **Aussetzungsentscheidung** gemäß §§ 381, 21 Abs. 1 FamFG[479]. Auch über diese

44.114

---

472 *Scholz* in MünchHdb. AG, § 57 Rz. 91 (der sich insofern unrichtigerweise auf die Kommentierung von *Schürnbrand* in MünchKomm. AktG, 4. Aufl. 2016, § 184 AktG Rz. 32 bezieht); so nun auch *Schürnbrand/Verse* in MünchKomm. AktG, 5. Aufl. 2021, § 184 AktG Rz. 45.
473 Zutreffend noch *Schürnbrand* in MünchKomm. AktG, 4. Aufl. 2016, § 184 AktG Rz. 32.
474 Vgl. dazu *Wiedemann* in Großkomm. AktG, 4. Aufl. 1995, § 185 AktG Rz. 30; *Scholz* in MünchHdb. AG, § 57 Rz. 93; *Hüffer/Koch*, § 184 AktG Rz. 8.
475 *Priester*, BB 2002, 2613, 2615; siehe generell zur fehlerhaften Eintragung von Satzungsänderungen *Stein* in MünchKomm. AktG, 5. Aufl. 2021, § 181 AktG Rz. 90.
476 Dazu *Singhof* in HdJ, Abt. III/2 Rz. 86 m.w.N.
477 So etwa *Arnold* in MünchKomm. AktG, 5. Aufl. 2021, § 210 AktG Rz. 32; *Simons* in Hölters, § 210 AktG Rz. 19.
478 *Hüffer/Koch*, § 181 AktG Rz. 18.
479 OLG München v. 18.8.2011 – 31 Wx 300/11, FGPrax 2011, 250; anders *Arnold* in MünchKomm. AktG, 5. Aufl. 2021, § 210 AktG Rz. 32 (Aussetzungsentscheidung als Unterfall einer Zwischenverfügung).

entscheidet das Oberlandesgericht gemäß § 119 Abs. 1 Nr. 1b GVG mit möglicher Rechtsbeschwerde zum BGH, § 574 ZPO. Beschwerdebefugt ist stets nur die Gesellschaft; Aktionäre oder Dritte können keine Rechtmittel einlegen. Angesichts der mit der **Eintragung** erwachsenden Publizitätswirkung ist diese weder anfechtbar (§ 383 Abs. 3 FamFG), noch rechtsmittelfähig[480]. Möglich ist lediglich eine Anregung zur Einleitung eines Amtslöschungsverfahrens gemäß § 395 FamFG, deren Ablehnung wiederum gemäß § 58 FamFG mit der Beschwerde angegriffen werden kann[481]. Auch die **Fassungsbeschwerde** bzw. der Berichtigungsantrag zum Zwecke einer Korrektur unrichtiger und missverständlicher Eintragungen bleibt weiter möglich[482]. Ausweislich § 58 Abs. 1 FamFG ist die Beschwerde nur gegen Endentscheidungen statthaft; im Registerverfahren ist dies die Eintragung selbst (§ 382 Abs. 1 Satz 1 FamFG). Eine der Eintragung vorgelagerte Eintragungsverfügung kann folglich nicht angefochten werden, um die Eintragung zu verhindern[483]. Bei der Verletzung zwingender Gesetzesvorschriften, welche nicht verfahrensrechtlicher Natur sind, kommt eine Löschung nach § 398 FamFG in Betracht[484].

5. Ausgabe von Aktienurkunden

44.115 Die Ausgabe von Aktienurkunden (und Zwischenscheinen) **vor Eintragung der Durchführung der Kapitalerhöhung** ist durch § 191 Satz 1 AktG **untersagt**. Gleichwohl ausgegebene Urkunden sind **nichtig**. Ein gutgläubiger Erwerb von Aktienrechten ist ausgeschlossen[485]. Ein Verstoß gegen dieses Verbot beinhaltet eine **Ordnungswidrigkeit** (§ 405 Abs. 1 Nr. 2 AktG). Unter Ausgabe ist nicht die Herstellung der Urkunde, auch nicht deren Unterzeichnung, jedoch die Aushändigung an einen Dritten zur bestimmungsgemäßen Verwendung zu verstehen[486]. Selbst eine unsorgfältige Verwahrung einer Aktienurkunde, die zu einer verfrühten Ausgabe durch einen Dritten führt, kann eine Haftung gemäß § 191 Satz 3 AktG begründen[487].

44.116 Das Verbot gilt dann nicht, wenn in der Aushändigung noch keine Begebung liegt. So kann es zwecks rascher Abwicklung einer Kapitalerhöhung (frühestmögliche Eröffnung des Giroverkehrs) erstrebenswert sein, die Globalurkunde zu einem frühen Zeitpunkt der Clearstream Banking AG zu übermitteln. Wenn diese Übermittlung mit der Maßgabe erfolgt, dass eine Valutierung der Urkunde bestimmungsgemäß erst zu einem späteren Zeitpunkt erfolgen darf, liegt wertpapierrechtlich in der Übergabe der Urkunde noch kein Begebungsakt[488]. Jedoch ist im Hinblick auf die Nichtigkeitsfolge des § 191 AktG, die nur durch einen neuen Begebungsakt überwunden werden kann[489], und die Ordnungswidrigkei-

---

480 *Hüffer/Koch*, § 181 AktG Rz. 18; BGH v. 21.3.1988 – II ZB 69/87, BGHZ 104, 61, 63 = NJW 1988, 1840.
481 *Krafka* in MünchKomm. FamFG, 3. Aufl. 2019, § 383 FamFG Rz. 12; *Busch/Link* in MünchHdb. GesStr, 6. Aufl. 2020, § 42 Rz. 74.
482 Siehe die Regierungsbegründung in BT-Drucks. 16/6308, S. 286.
483 *Busch/Link* in MünchHdb. GesStr, 6. Aufl. 2020, § 42 Rz. 74; *Hüffer/Koch*, § 181 AktG Rz. 18 (mit Nachweisen zur veralteten Gegenansicht); so nun auch *Stein* in MünchKomm. AktG, 5. Aufl. 2021, § 181 AktG Rz. 64 (unter Abweichung von der zuvor noch vertretenen Gegenansicht); a.A. *Langenbucher* in K. Schmidt/Lutter, § 294 AktG Rz. 15 (Beschwerde gegen eine noch nicht vollzogene Eintragungsverfügung).
484 Vgl. zu diesem Verfahren OLG Frankfurt a.M. v. 29.10.2001 – 20 W 58/01 – Commerzbank, DB 2002, 86 = AG 2002, 352; *Wiedemann* in Großkomm. AktG, 4. Aufl. 1995, § 181 AktG Rz. 54 bis 65; *K. Schmidt* in Großkomm. AktG, 4. Aufl. 1995, § 241 AktG Rz. 79 ff.; *Lutter/Friedewald*, ZIP 1986, 691 (dort auch zur Antrags- und Beschwerdeberechtigung).
485 *Hüffer/Koch*, § 191 AktG Rz. 4.
486 Vgl. *Hüffer/Koch*, § 191 AktG Rz. 3; *Wiedemann* in Großkomm. AktG, 4. Aufl. 1995, § 191 AktG Rz. 6; vgl. auch den Fall BGH v. 19.10.1987 – II ZR 256/86, AG 1988, 76, 78 f.
487 BGH v. 12.5.1977 – II ZR 49/76 – Allgemeine Verkehrs-AG, AG 1977, 295 f.
488 Vgl. hierzu *Ekkenga* in KölnKomm. AktG, 4. Aufl. 2020, § 191 AktG Rz. 7 m.w.N.
489 *Ekkenga* in KölnKomm. AktG, 4. Aufl. 2020, § 191 AktG Rz. 9; *Wiedemann* in Großkomm. AktG, 4. Aufl. 1995, § 191 AktG Rz. 8; *Scholz* in MünchHdb. AG, § 57 Rz. 193; *Hüffer/Koch*, § 191 AktG Rz. 4.

tenproblematik ein solches Verfahren sorgfältig zu dokumentieren. Handelt es sich um Inhaberaktien, muss zudem gemäß § 10 Abs. 2 AktG vor Ausgabe der Inhaber-Globalurkunde der volle Ausgabebetrag geleistet sein. Ein Verstoß hiergegen beinhaltet ebenfalls eine Ordnungswidrigkeit (§ 405 Abs. 1 Nr. 1 AktG).

X. Fehlerhafte Kapitalerhöhung

Fehler der Kapitalerhöhung können verschiedene Ursachen haben. Sie können die **Zeichnung**, die **Anmeldung** oder den zugrundeliegenden **Beschluss** betreffen. Häufig führen sie zur Zurückweisung oder Aussetzung der Eintragung im Handelsregister. Hat die Kapitalerhöhung hingegen das Registerverfahren passiert, werden bestimmte Mängel wie z.B. die fehlerhafte Zeichnung (siehe insofern § 185 Abs. 3 AktG) geheilt[490]. Hingegen bleibt die Kapitalerhöhung unwirksam, wenn ein Kapitalerhöhungsbeschluss überhaupt fehlt oder wirksam angefochten bzw. im Zuge einer Nichtigkeitsklage die Nichtigkeit festgestellt worden ist. Gleiches gilt, wenn die Durchführung der Kapitalerhöhung nicht mit dem zugrundeliegenden Beschluss übereinstimmt. Praktische Bedeutung hat insofern vor allem die **Aufhebung eines Kapitalerhöhungsbeschlusses** im Zuge einer **Anfechtungsklage** in Fällen, in denen gleichwohl die Durchführung der Kapitalerhöhung im Handelsregister eingetragen wurde.

44.117

Heute herrschender Auffassung entspricht es, dass eine Kassation des Kapitalerhöhungsbeschlusses nach Eintragung der Durchführung der Kapitalerhöhung aufgrund der entsprechend anzuwendenden **Regeln über die fehlerhafte Gesellschaft** nur ex nunc wirkt. Zwischenzeitlich erfolgte Dividendenzahlungen, Jahresabschlüsse, die Ausübung von Stimmrechten und Anpassungen von Ausübungspreisen in Wandelschuldverschreibungen aufgrund der Kapitalerhöhung haben also Bestand[491]. Mit Rechtskraft des Anfechtungsurteils gilt die vorherige Grundkapitalziffer und ist das Urteil gemäß § 248 Abs. 1 Satz 3 AktG in das Handelsregister einzutragen, und dieses ist bekanntzumachen. Die Rückabwicklung zwischen Gesellschaft und den Zeichnern der Aktien erfolgt nach den Regeln der Einziehung von Aktien (siehe noch Rz. 51.37).

44.118

Bei der börsennotierten Publikumsgesellschaft liegt es im Interesse der AG[492] wie auch des begleitenden Bankenkonsortiums, dass die anfechtungsinfizierten Aktien in einer **separaten Globalurkunde** verbrieft und mit einer **separaten ISIN** versehen werden, um eine Identifizierung dieser Aktien bei rechtskräftiger Stattgabe der Anfechtungsklage zu ermöglichen[493]. Dies führt regelmäßig zu unterschiedlichen Preisfeststellungen. Ohne Vergabe einer separaten ISIN wird zwar überwiegend vertreten, ein gutgläubiger Erwerb sei aufgrund der fehlenden Abstraktheit des Wertpapiers Aktie nicht möglich[494], die praktischen Konsequenzen bleiben aber im Dunkeln. Soweit das Problem erörtert wird,

44.119

---

490 Zur Heilung sonstiger Mängel der Zeichnung vgl. *Wiedemann* in Großkomm. AktG, 4. Aufl. 1995, § 185 AktG Rz. 58 f.
491 *Scholz* in MünchHdb. AG, § 57 Rz. 199; *Schürnbrand/Verse* in MünchKomm. AktG, 5. Aufl. 2021, § 185 AktG Rz. 89; *Wiedemann* in Großkomm. AktG, 4. Aufl. 1995, § 189 AktG Rz. 25 ff.; *Hüffer/Koch*, § 185 Rz. 27 und § 248 AktG Rz. 7a; dem folgend auch OLG Köln v. 21.6.1999 – 2 Wx 17/99, AG 1999, 471, 472. Zu den Auswirkungen der Nichtigkeit auf nachfolgende Kapitalmaßnahmen siehe *Trendelenburg*, NZG 2003, 860 f. sowie *Zöllner* in FS Hadding, 2004, S. 725 f.
492 Und unter Haftungsgesichtspunkten analog § 191 Satz 3 AktG bzw. nach den Grundsätzen der culpa in contrahendo auch im Interesse des Vorstands; vgl. dazu *Zöllner*, AG 1993, 68, 76 f.; *Zöllner/Winter*, ZHR 158 (1994), 59, 76; *Kort*, ZGR 1994, 291, 317 f.
493 *Scholz* in MünchHdb. AG, § 57 Rz. 199; *Apfelbacher/Niggemann* in Hölters, § 189 AktG Rz. 15; *Winter* in FS P. Ulmer, 2003, S. 699, 706; kritisch im Hinblick auf die unterschiedliche Börsennotiz *Meyer-Panhuysen*, Die fehlerhafte Kapitalerhöhung, 2003, S. 146.
494 *Zöllner*, AG 1993, 68, 70 sowie *Krieger*, ZHR 158 (1994), 35, 48, jeweils m.w.N.

nimmt man an, alle Aktionäre hätten die Nichtigkeitsfolge anteilig zu tragen[495], soweit nicht eine Neuvornahme der Kapitalerhöhung durch den treuhänderisch handelnden Zeichner der für nichtig befundenen Kapitalerhöhung unter Einbringung der Abfindungsguthaben in Betracht kommt[496]. Beinhaltet die Kapitalerhöhung eine prospektpflichtige Börseneinführung, ist auf den Umstand der schwebenden Anfechtungsklage im **Prospekt** in prominenter Weise hinzuweisen[497].

XI. Verwässerungsschutz Dritter

44.120 Im Fall der Kapitalerhöhung aus Gesellschaftsmitteln bestimmt § 216 Abs. 3 AktG den wirtschaftlichen Schutz von Dritten, deren vertragliche Beziehungen mit der Gesellschaft von der Gewinnausschüttung der Gesellschaft, dem Nennbetrag oder Wert der Aktien oder des Grundkapitals oder sonst von den bisherigen Kapital- oder Gewinnverhältnissen abhängen. Für die **effektive Kapitalerhöhung** fehlt eine entsprechende Regelung, obwohl auch durch eine Kapitalerhöhung unter Zufuhr von Kapital Rechte Dritter verwässert werden können. So ist absehbar, dass bei einer Ausgabe von neuen Aktien unter deren Wert der Dividendensatz sinken wird[498]. Bei einer Ausgabe der neuen Aktien unter deren Wert werden ferner insbesondere Umtausch- bzw. Bezugsrechte aus Wandel- und Optionsanleihen in ihren Rechten beeinträchtigt. Die Anleihebedingungen von Wandel- und Optionsanleihen wie auch von Genussscheinen enthalten insofern allerdings regelmäßig Anpassungsbestimmungen (siehe dazu auch Rz. 46.51)[499].

44.121 Nach früher vorherrschender Auffassung sollten die Gläubiger ohne ausdrückliche vertragliche Regelung im Regelfall nicht vor einer Verwässerung ihrer Rechte durch eine Kapitalerhöhung geschützt sein; die Grenze bilden nach dieser Auffassung die Grundsätze über die Störung der Geschäftsgrundlage[500]. Eine Gegenauffassung will § 216 Abs. 3 AktG analog auch auf die effektive Kapitalerhöhung anwenden[501]. Zuzustimmen ist demgegenüber der vermittelnden und herrschenden Auffassung, die im Wege der Einzelfallbetrachtung eine ergänzende Vertragsauslegung unter Heranziehung des Rechtsgedankens des § 216 Abs. 3 AktG prüft[502]. Eine analoge Anwendung des § 216 Abs. 3 AktG erscheint insbesondere im Hinblick auf die Rechtsfolge (Anpassung kraft Gesetzes) zu starr[503]. Dabei erscheint eine Anpassung eher bei **Umtausch- bzw. Bezugsrechten**, deren Wert sich unmittelbar aus dem Börsenpreis der Aktien ableitet, als bei **gewinnbezogenen** Rechten geboten. Denn angesichts der Vielzahl der zu berücksichtigenden Faktoren (Kapitalmarktumfeld zum Zeitpunkt der Kapitalerhöhung, Kapitalbedarf, Einsatz der eingenommenen Mittel) kann anders als bei der Kapitalerhöhung aus Gesell-

---

495 Mangels separater ISIN so *Scholz* in MünchHdb. AG, § 57 Rz. 199; vgl. auch *Zöllner/Winter*, ZHR 158 (1994), 59, 94; *Meyer-Panhuysen*, Die fehlerhafte Kapitalerhöhung, 2003, S. 144 f. (§ 7 Abs. 2 DepotG analog).
496 *Zöllner/Winter*, ZHR 158 (1994), 59, 84 ff.; *Kort*, ZGR 1994, 291, 321 ff. (der allerdings Barkapitalerhöhung aufgrund Voreinzahlung für möglich hält; dem ist nicht zu folgen).
497 BGH v. 14.7.1998 – XI ZR 173/97 – Elsflether Werft, AG 1998, 520, 521.
498 *Scholz* in MünchHdb. AG, § 57 Rz. 195.
499 Eine entsprechende Praxisempfehlung aussprechend *Elser* in Heidel, § 189 AktG Rz. 16.
500 RG v. 18.11.1913 – Rep. II. 280/13, RGZ 83, 295, 298 f.; BGH v. 23.10.1958 – II ZR 4/57 – Harpen Bonds, BGHZ 28, 259, 277 = AG 1958, 293; so nach wie vor *Servatius* in BeckOGK AktG, Stand 1.6.2021, § 189 AktG Rz. 14.
501 *Apfelbacher/Niggemann* in Hölters, § 189 AktG Rz. 17; *Koppensteiner*, ZHR 139 (1975), 191, 197 f.
502 *Zöllner*, ZGR 1986, 288, 305; *Hüffer/Koch*, § 189 AktG Rz. 9; *Koch*, AG 2017, 6, 7 ff.; *Wiedemann* in Großkomm. AktG, 4. Aufl. 1995, § 189 AktG Rz. 17; *Scholz* in MünchHdb. AG, § 57 Rz. 196; *Herchen* in Happ/Groß/Möhrle/Vetter, Aktienrecht, Formular 12.04 Rz. 7.3; in diesem Sinne auch BAG v. 27.6.2018 – 10 AZR 295/17, BAGE 163, 160 Rz. 16 = ZIP 2018, 1969.
503 So wohl auch *Scholz* in MünchHdb. AG, § 57 Rz. 196.

schaftsmitteln eine Anpassung stets nur zu annäherungsweisen Lösungen kommen[504]. Bei Umtausch- bzw. Bezugsrechten kann demgegenüber rechnerisch exakt der Bezugspreis um den Bezugsrechtswert korrigiert werden (dazu noch Rz. 46.51).

§ 45
Genehmigtes Kapital

I. Überblick 45.1	2. Aufsichtsratsbeschluss 45.32
II. Ermächtigungsbeschluss 45.2	3. Preisfestsetzung 45.33
1. Mehrheitserfordernis 45.4	4. Besonderheiten bei Sachkapital-
2. Beschlussinhalt 45.7	erhöhung 45.34
a) Betrag 45.8	5. Berichtspflichten vor Durchführung
b) Laufzeit 45.10	der Kapitalerhöhung 45.38
c) Ausgabebetrag und Zwecksetzung 45.11	V. Durchführung der Kapitalerhöhung 45.39
d) Änderung der Satzungsfassung .. 45.13	1. Zeichnung 45.39
3. Anmeldung und Eintragung 45.14	2. Erbringung der Einlagen und Anpas-
III. Bezugsrecht und Bezugsrechtsaus-	sung der Satzung 45.40
schluss 45.16	3. Anmeldung und Eintragung der
1. Rechtfertigung des Bezugsrechtsaus-	Durchführung der Kapitalerhöhung .. 45.41
schlusses 45.18	4. Bericht an die Hauptversammlung ... 45.43
a) Allgemein 45.18	VI. Fehlerhafte Durchführung der
b) Erleichterter Ausschluss 45.22	Kapitalerhöhung 45.44
c) Accelerated Bookbuilding 45.23	1. Eintragungshindernisse 45.45
2. Berichtspflichten bei Hauptversamm-	2. Eintragung trotz Fehlerhaftigkeit 45.46
lung 45.24	VII. Genehmigtes Kapital und Greenshoe 45.48
IV. Ausnutzung der Ermächtigung 45.26	VIII. Arbeitnehmeraktien 45.50
1. Vorstandsbeschluss 45.30	

Schrifttum: *Bayer,* Materielle Schranken und Kontrollinstrumente beim Einsatz des genehmigten Kapitals mit Bezugsrechtsausschluss, ZHR 168 (2004), 132; *Bayer/Scholz,* Vertretung durch den Aufsichtsrat nach § 112 AktG und Rechtsirrtümer im Kernbereich des Aktienrechts, ZIP 2015, 1853; *Bosse,* Informationspflichten des Vorstands beim Bezugsrechtsausschluss im Rahmen des Beschlusses und der Ausnutzung eines genehmigten Kapitals, ZIP 2001, 104; *Buck-Heeb,* Die Plausibilitätsprüfung bei Vorliegen eines Rechtsrats – zur Enthaftung von Vorstand, Geschäftsführer und Aufsichtsrat, BB 2016, 1347; *Bungert,* Vorstandsbericht bei Bezugsrechtsausschluss bei Genehmigtem Kapital – Siemens/Nold in der Praxis, BB 2001, 742; *Bungert,* Ausnutzung eines genehmigten Kapitals mit Bezugsrechtsausschluss – Anmerkung zu den BGH-Urteilen Mangusta/Commerzbank I und II, BB 2005, 2757; *Busch,* Mangusta/Commerzbank – Rechtsschutz nach Ausnutzung eines genehmigten Kapitals, NZG 2006, 81; *Busch,* Refreshing the Shoe, in FS Hoffmann-Becking, 2013, S. 211; *Cahn,* Pflichten des Vorstandes beim genehmigten Kapital mit Bezugsrechtsausschluss, ZHR 163 (1999), 554; *Cahn,* Ansprüche und Klagemöglichkeiten der Aktionäre wegen Pflichtverletzungen der Verwaltung beim genehmigten Kapital, ZHR 164 (2000), 113; *Cannivé/Suerbaum,* Die Fairness Opinion bei Sachkapitalerhöhungen von Aktiengesellschaften: Rechtliche Anforderungen und Ausgestaltung nach

---

504 *Köhler,* AG 1985, 53; zur konkreten Durchführung der Anpassung anschaulich *Wiedemann* in Großkomm. AktG, 4. Aufl. 1995, § 189 AktG Rz. 17.

IDW S 8, AG 2011, 317; *Dautel*, Der Greenshoe – Wirtschaftliche Funktionsweise, zivilrechtliche Ausgestaltung und Besteuerung, DStR 2000, 891; *Ekkenga*, Das Organisationsrecht des genehmigten Kapitals, AG 2001, 567 (Teil I), AG 2001, 615 (Teil II); *Fleischer*, Vorstandshaftung und Vertrauen auf anwaltlichen Rat, NZG 2010, 121; *Fleischer*, Zur rechtlichen Bedeutung der Fairness Opinion im deutschen Aktien- und Übernahmerecht, ZIP 2011, 201; *Gubitz/Nikoleyczik*, Erwerb der Dresdner Bank durch die Commerzbank: Ein „Holzmüller"-Fall?, NZG 2010, 539; *Happ*, Genehmigtes Kapital und Beteiligungserwerb – Zu Informationsdefiziten, Rechtsschutzmöglichkeiten und Reformüberlegungen, in FS Ulmer, 2003, S. 175; *Heinsius*, Bezugsrechtsausschluss bei der Schaffung von Genehmigtem Kapital – Genehmigtes Kapital II, in FS Kellermann, 1991, S. 115; *Henze*, Schranken für den Bezugsrechtsausschluss – Rechtsprechung des BGH im Wandel?, ZHR 167 (2003), 1; *Krieger*, Vorstandsbericht vor Ausnutzung eines genehmigten Kapitals mit Bezugsrechtsausschluss?, in FS Wiedemann, 2002, S. 1081; *Lieder*, Unternehmensrechtliche Implikationen der Corona-Gesetzgebung, ZIP 2020, 837; *Meilicke/Heidel*, Die Pflicht des Vorstands der AG zur Unterrichtung der Aktionäre vor dem Bezugsrechtsausschluss beim genehmigten Kapital, DB 2000, 2358; *Mertens*, Zulässigkeit einer Ermächtigung des Vorstands, Aktien mit einem Gewinnbezugsrecht für das abgelaufene Geschäftsjahr auszugeben?, in FS Wiedemann, 2002, S. 1113; *Natterer*, Sachkontrolle und Berichtspflichten beim genehmigten Kapital – Nold/Siemens abermals auf dem Weg durch die Instanzen?, ZIP 2002, 1672; *Noack*, Gesellschaftsrechtliche Aspekte der Stabilisierung von Unternehmen der Realwirtschaft, DB 2020, 1328; *Nolden/Heusel/Goette*, Das Wirtschaftsstabilisierungsfondsgesetz im aktienrechtlichen Kontext, DStR 2020, 800; *Olmor/Dilek*, Corona-Gesellschaftsrecht – Rekapitalisierung von Gesellschaften in Zeiten der Pandemie, BB 2020, 1026; *Paefgen*, Justiziabilität des Verwaltungshandelns beim genehmigten Kapital, ZIP 2004, 145; *Pentz*, Genehmigtes Kapital, Belegschaftsaktien und Sacheinlagefähigkeit obligatorischer Nutzungsrechte – das adidas-Urteil des BGH, ZGR 2001, 901; *Pfeiffer/Buchinger*, Rücknahme von Handelsregisteranmeldungen bei gescheiterter Kapitalerhöhung einer Aktiengesellschaft, BB 2006, 2317, 2319; *Seibt/Voigt*, Kapitalerhöhungen zu Sanierungszwecken, AG 2009, 133; *Sinewe*, Die Berichtspflicht beim Ausschluss des Bezugsrechts, ZIP 2001, 403; *Trapp*, Erleichterter Bezugsrechtsausschluss nach § 186 Abs. 3 S. 4 AktG und Greenshoe, AG 1997, 115; *Volhard*, „Siemens/Nold": Die Quittung, AG 1998, 397; *Waclawik*, Die Aktionärskontrolle des Verwaltungshandelns bei der Ausnutzung des genehmigten Kapitals der Aktiengesellschaft, ZIP 2006, 397; *Weitzell*, Refreshing the shoe – Strafbare Marktmanipulation?, NZG 2017, 411; *Wilsing*, Berichtspflichten des Vorstands und Rechtsschutz der Aktionäre bei der Ausnutzung der Ermächtigung zum Bezugsrechtsausschluss im Rahmen eines genehmigten Kapitals, ZGR 2006, 722.

I. Überblick

45.1 Das genehmigte Kapital beinhaltet gemäß § 202 Abs. 1 und Abs. 2 Satz 1 AktG eine **Ermächtigung** des Vorstandes durch die Hauptversammlung, innerhalb einer Frist von bis zu fünf Jahren das Grundkapital durch Ausgabe neuer Aktien gegen Einlagen bis zu einem bestimmten Betrag zu erhöhen. In der Praxis der Publikums-AG spielt das genehmigte Kapital eine überragende Rolle (vgl. schon Rz. 43.3), weil es dem Vorstand die Möglichkeit einräumt, kurzfristig und ohne weiteren Hauptversammlungsbeschluss eine oder mehrere Kapitalerhöhungen durchzuführen[1]. Die **Siemens/Nold**-Entscheidung des BGH[2], in der das Erfordernis der konkreten Zweckbindung und -benennung gelockert wurde, hat dem genehmigten Kapital zusätzlichen Auftrieb gegeben[3]. Gegenläufig hat in den letzten Jahren das Bestreben großer institutioneller Investoren bzw. ihrer sog. Proxy Advisor (Stimmrechtsberater) gewirkt, den betraglichen Rahmen für Kapitalerhöhungen aus genehmigtem Kapital unter Ausschluss

---

1 Vgl. *Bayer* in MünchKomm. AktG, 5. Aufl. 2021, § 202 AktG Rz. 14–22; siehe auch *Roth*, ZBB 2001, 50, 51; *Ekkenga*, AG 2001, 567, 568.
2 BGH v. 23.6.1997 – II ZR 132/93 – Siemens/Nold, BGHZ 136, 133 = AG 1997, 465 = ZIP 1997, 1499 = EWiR 1997, 1013 (*Hirte*) = WuB II A. § 186 AktG 3.97 (*Heinsius*) = LM Nr. 9 zu § 186 AktG 1965 (*Schwark*); vgl. danach noch BGH v. 15.5.2000 – II ZR 359/98 – adidas, BGHZ 144, 290, 293 f. = AG 2000, 475.
3 Siehe die Angaben bei *Bayer*, ZHR 168 (2004), 132, 137 f.; vgl. auch *Henze*, ZHR 167 (2003), 1, 4, der von der Bedeutungslosigkeit der ordentlichen Kapitalerhöhung spricht.

des Bezugsrechts stark zu begrenzen[4]. In der Praxis wird das genehmigte Kapital sowohl zwecks Durchführung einer Kapitalerhöhung gegen Sacheinlage (insbesondere als Akquisitionswährung für einen Unternehmenserwerb), als auch zwecks Durchführung einer Barkapitalerhöhung verwandt. Schaffung und Ausnutzung der Ermächtigung unterfallen in zwei Stufen:

- Schaffung der Ermächtigung durch Satzungsänderung und Anmeldung der Satzungsänderung zum Handelsregister sowie Eintragung der Satzungsänderung.

- Beschluss des Vorstandes über die Ausnutzung des genehmigten Kapitals einschließlich Ausgabe der neuen Aktien, Zustimmungsbeschluss des Aufsichtsrates, Abschluss des oder der Zeichnungsverträge sowie Leistung der Einlage und Anmeldung der Durchführung der Kapitalerhöhung zum Handelsregister; erst mit der Eintragung der Durchführung der Kapitalerhöhung ist das Grundkapital erhöht und erfolgt die Ausgabe der jungen Aktien an die neuen Aktionäre.

II. Ermächtigungsbeschluss

Die Hauptversammlung kann den Vorstand entweder bereits in der Gründungssatzung (§ 202 Abs. 1 AktG) oder durch späteren satzungsändernden Beschluss (§ 202 Abs. 2 Satz 1 AktG) für höchstens fünf Jahre nach Eintragung der Gesellschaft bzw. der Satzungsänderung ermächtigen, das Grundkapital bis zu einem bestimmten Betrag – höchstens jedoch bis zur Hälfte des zur Zeit der Ermächtigung vorhandenen Grundkapitals (vgl. § 202 Abs. 3 Satz 1 AktG) – gegen Einlage zu erhöhen. Aufgrund dieser Ermächtigung wird noch kein Grundkapital geschaffen, es wird entgegen dem Gesetzeswortlaut genau genommen gar kein Kapital geschaffen, sondern nur eine begrenzte Ermächtigung zur Beschaffung von Grundkapital durch den Vorstand. Erst nach Eintragung der Durchführung der Kapitalerhöhung im Handelsregister ist das Grundkapital tatsächlich erhöht (vgl. § 203 Abs. 1 Satz 1, § 189 AktG). Bis zur Durchführung der Kapitalerhöhung ist das genehmigte Kapital gemäß § 160 Abs. 1 Nr. 4 AktG allein im **Anhang** zum Jahresabschluss anzugeben und ist die **Ermächtigung** im **Handelsregister einzutragen** (§§ 181, 39 Abs. 2 AktG). Die Ermächtigung begründet ein Recht, jedoch keine Verpflichtung des Vorstandes zur Durchführung der Kapitalerhöhung[5].

45.2

Fraglich ist, ob die Schaffung eines genehmigten Kapitals zulässig ist, wenn zum **Zeitpunkt der Einladung** die wesentlichen Parameter einer (Sach-)Kapitalerhöhung bereits feststehen (zur Ausnutzung der bereits geschaffenen Ermächtigung im zeitlichen Zusammenhang mit einer Hauptversammlung Rz. 45.28). Mit der Rechtsprechung und der wohl überwiegenden Auffassung ist eine **Subsidiarität des genehmigten Kapitals** zu verneinen. Befürchtete Schutzdefizite zulasten der Aktionäre lassen sich im Rahmen der Regelungen zum genehmigten Kapital berücksichtigen. Demgegenüber würde die Rechtsunsicherheit, die aus Abgrenzungsschwierigkeiten zwischen zulässigen und unzulässigen Ermächtigungsbeschlüssen resultieren würde, zu schwer wiegen. Dies gilt erst Recht in den Fällen, in denen die Durchführung bzw. die Einzelheiten der Kapitalerhöhung noch nicht sicher feststehen[6]. We-

45.3

---

4 Siehe etwa ISS, Continental Europe, Proxy Voting Guidelines 2021, S. 17, demzufolge generell bei Kapitalerhöhungen eine Zustimmung daran geknüpft werden soll, dass die bezugsrechtsfreie Ausgabe 10 % des Grundkapitals nicht übersteigt oder Glass Lewis, Policy Guidelines Germany 2021, S. 19, wonach der betragliche Rahmen für Kapitalerhöhungen aus genehmigten Kapital unter Ausschluss des Bezugsrechts auf 20 % des Grundkapitals begrenzt werden sollte.
5 *Hirte* in Großkomm. AktG, 4. Aufl. 2001, § 202 AktG Rz. 91; *Scholz* in MünchHdb. AG, § 59 Rz. 13; *Kuntz* in KölnKomm. AktG, 4. Aufl. 2020, § 202 AktG Rz. 28; *Hüffer/Koch*, § 202 AktG Rz. 6.
6 LG Heidelberg v. 26.6.2001 – 11 O 175/00, BB 2001, 1809, 1811 = AG 2002, 298; OLG Karlsruhe v. 28.8.2002 – 7 U 137/01 – MLP, NZG 2002, 959, 960 = AG 2003, 444; LG Kiel v. 22.5.2008 – 15 O 49/08, BeckRS 2008, 12662; *Bayer* in MünchKomm. AktG, 5. Aufl. 2021, § 202 AktG Rz. 82; *Bungert*, BB 2001, 1812; *Scholz* in MünchHdb. AG, § 59 Rz. 10; *Herchen* in Happ/Groß/Möhrle/Vetter, Aktienrecht, Formular 12.06 Rz. 23.1 und 23.2; a.A. *Pentz*, ZGR 2001, 901, 907 f. aufgrund der Treupflicht der Gesellschaft

nig überzeugend ist in diesem Zusammenhang jedoch das Argument, zum Zeitpunkt des Beschlusses der Hauptversammlung über die ordentliche Kapitalerhöhung könne der Einbringungsvertrag häufig noch nicht geschlossen werden, denn tatsächlich ist dieser gar nicht Beschlussvoraussetzung. Vielmehr lässt sich argumentieren, dass sich der gemäß § 183 Abs. 1 AktG zu benennende Inferent der Sacheinlage noch nicht benannt werden kann bzw. zwischen Beschluss und Umsetzung (Durchführung) z.B. aufgrund von Kartellvorbehalten noch ein längerer Zeitraum liegt. Zu berücksichtigen ist auch der Umstand, dass der Erwerber der jungen Aktien aus Gründen der Transaktionssicherheit (siehe schon Rz. 45.1) regelmäßig die Nutzung eines genehmigten Kapitals fordern wird[7]. Stehen demgegenüber zum Zeitpunkt der Schaffung des genehmigten Kapitals die wesentlichen Einzelheiten der Kapitalerhöhung bereits fest und besteht keine Geheimhaltungsbedürftigkeit, dürfte dies bei Bezugsrechtsausschluss zumindest zu erweiterten Berichtspflichten unter Einschluss der Prüfung gemäß § 255 Abs. 2 AktG und damit zu nur graduellen Unterschieden bei der Beschlusskontrolle führen[8].

1. Mehrheitserfordernis

45.4 Für die Schaffung des genehmigten Kapitals im Wege des satzungsändernden Beschlusses gelten die allgemeinen Regeln über Satzungsänderungen. Insbesondere ist die geplante Satzungsänderung ihrem vollen Wortlaut nach (§ 124 Abs. 2 Satz 3 Fall 1 AktG) in der Tagesordnung bekanntzugeben[9]. Soll das Bezugsrecht von der Hauptversammlung ausgeschlossen werden oder der Vorstand zum Ausschluss des Bezugsrechts ermächtigt werden, bedarf es einer gesonderten Ankündigung (§ 203 Abs. 1 Satz 2 bzw. § 203 Abs. 2 Satz 2 AktG i.V.m. § 186 Abs. 4 Satz 1 AktG). Soll die Ausgabe der Aktien gegen Sacheinlage zugelassen werden, so ist dies nach § 205 Abs. 1 AktG in die Ermächtigung aufzunehmen.

45.5 Ebenso wie bei der satzungsändernden ordentlichen Kapitalerhöhung (vgl. Rz. 44.6) bedarf der Beschluss einer **einfachen Stimmenmehrheit** und einer **Mehrheit von drei Vierteln** des bei der **Beschlussfassung vertretenen Grundkapitals**, § 133 Abs. 1, § 202 Abs. 2 Satz 2 AktG[10]. Die Satzung kann nur eine größere Kapitalmehrheit und weitere Erfordernisse bestimmen, § 202 Abs. 2 Satz 3 AktG. Sind mehrere Gattungen von Aktien vorhanden und sind diese stimmberechtigt, so bedarf es gemäß § 202 Abs. 2 Satz 4 i.V.m. § 182 Abs. 2 AktG Sonderbeschlüsse der Inhaber von Aktien dieser Gattungen. Ebenso wie bei der ordentlichen Kapitalerhöhung gilt das Erfordernis des **Sonderbeschlusses** nicht für Vorzugsaktionäre ohne Stimmrecht, es sei denn, die Sonderbestimmung des § 141 Abs. 2 AktG ist einschlägig. Der **Schutz der Vorzugsaktionäre** ergibt sich aus dem Zusammenspiel des § 204 Abs. 2 AktG mit § 141 Abs. 2 AktG: Ein Ermächtigungsbeschluss, der die Ausgabe im Rang vorgehender oder gleichberechtigter Vorzugsaktien erlaubt, bedarf dann eines Sonderbeschlusses gemäß § 141 Abs. 2 Satz 1 AktG, wenn erstens bei Schaffung des genehmigten Kapitals Vorzugsaktien vorhanden

---

gegenüber ihren Aktionären einen geringstmöglichen Eingriff in die Aktionärsrechte im Wege der ordentlichen Kapitalerhöhung verlangend; *Happ* in FS Ulmer, 2003, S. 175, 191.

7 *Krause* in Henze/Hoffmann-Becking, RWS-Forum, Gesellschaftsrecht 2003, S. 301, 308.
8 *Bungert*, BB 2001, 1812, 1813; *Bayer*, ZHR 168 (2004), 132, 164 f.; *Strauß*, AG 2010, 192, 197; *Leuering/ Rubner*, NJW-Spezial 2013, 15, 16; ähnlich auch OLG Karlsruhe v. 28.8.2002 – 7 U 137/01 – MLP, NZG 2002, 959, 965 = AG 2003, 444 für einen Fall, in dem davon auszugehen war, dass der Ausgabebetrag bereits im Ermächtigungsbeschluss enthalten war, jedoch der Bezugsrechtsausschluss erst durch die Verwaltungsorgane erfolgen sollte; vgl. auch LG Berlin v. 26.5.1994 – 104 O 19/94, WM 1994, 1246, 1248 ff. = AG 1995, 41 und LG München I v. 30.7.2009 – 5 HKO 16915/08, AG 2010, 47 ff. Eher ablehnend demgegenüber *Scholz* in MünchHdb. AG, § 59 Rz. 32.
9 *Hüffer/Koch*, § 202 AktG Rz. 8.
10 Zu den Mehrheitserfordernissen im Rahmen des Hauptversammlungsbeschlusses einer SE siehe bereits Rz. 44.6. Bei Rekapitalisierungsmaßnahmen nach dem StFG (zum Begriff vgl. Rz. 44.6 in Fn. 22) sind die Mehrheitserfordernisse gemäß § 7b Abs. 1 WStBG deutlich reduziert: So genügt für den Ermächtigungsbeschluss (§ 202 Abs. 2 AktG) in diesen Fällen bereits eine einfache Stimmenmehrheit, bestehende abweichende Satzungsregelungen bleiben dabei unberücksichtigt (zur ordentlichen Kapitalerhöhung vgl. Rz. 44.6, zum Sonderbeschluss vgl. Rz. 44.10). Auch gilt gemäß § 7b Abs. 1 Satz 3 WStBG die Kapitalgrenze des § 202 Abs. 3 Satz 1 AktG nicht. Daneben findet keine Anrechnung anderer Kapitalia statt.

sind und zweitens die Hauptversammlung entweder selbst das Bezugsrecht der Vorzugsaktionäre auf diese Aktien ausschließt oder den Vorstand hierzu ermächtigt[11].

Umstritten ist, was gilt, wenn zum Zeitpunkt der Schaffung der Ermächtigung **keine stimmrechtslosen Vorzugsaktien** vorhanden sind. Eindeutig ist, dass in diesem Fall kein Sonderbeschluss erforderlich ist, selbst wenn zwischen Schaffung der Ermächtigung und deren Ausnutzung Vorzugsaktien hinzukommen: Dem Ermächtigungsbeschluss können mangels Existenz die Vorzugsaktionäre nicht zustimmen. Der Ausnutzungsbeschluss des Vorstandes ist nicht zustimmungspflichtig und -fähig[12]. Davon zu trennen ist die Frage, ob nicht der Ermächtigungsbeschluss gemäß § 204 Abs. 2 AktG ausdrücklich die Ausgabe von Vorzugsaktien vorsehen muss, um eine ausreichende Evidenz zu schaffen. Das wird von einigen jedenfalls dann verneint, wenn das Bezugsrecht auf diese Aktien nicht ausgeschlossen wird[13]. Andere halten eine besondere Ermächtigung selbst dann für entbehrlich, wenn der Ermächtigungsbeschluss den Bezugsrechtsausschluss vorsieht oder gestattet; der zusätzlichen Beeinträchtigung der Rechte der Vorzugsaktionäre sei bei der Prüfung der sachlichen Rechtfertigung Rechnung zu tragen[14]. Wieder andere halten eine besondere Ermächtigung gemäß § 204 Abs. 2 AktG in dieser Konstellation für erforderlich, weil § 204 Abs. 2 AktG auch der Publizität der Rechtsverhältnisse diene[15]. Aber dieses Publizitätsproblem stellt sich – jedenfalls bei einem Bezugsrechtsausschluss – auch für Stammaktionäre. Weil § 204 Abs. 2 AktG nicht auf den Bezugsrechtsausschluss abstellt, andererseits der Wortlaut der Norm das Vorhandensein von Vorzugsaktien fordert, ist davon auszugehen, dass der Ermächtigungsbeschluss auch ohne zusätzliche Angaben die Ausgabe von Vorzugsaktien gestattet (siehe auch Rz. 6.35). Angesichts des breiten Spielraums, welcher der Verwaltung damit eingeräumt wird, ist allerdings zu fordern, dass bei einem Bezugsrechtsausschluss oder einer Ermächtigung hierzu der Vorstandsbericht gesondert auf diese Möglichkeit eingehen muss.

2. Beschlussinhalt

In der Praxis wird der Beschluss über die Schaffung des genehmigten Kapitals häufig zweigeteilt, nämlich einmal als eine von der Satzung losgelöste Ermächtigung („Der Vorstand *wird* ermächtigt, ...") und sodann als Satzungsergänzung („Der Vorstand *ist* ermächtigt, ..."). Notwendig ist diese Vorgehensweise nicht; ausreichend ist vielmehr der Beschluss über die Satzungsänderung[16].

a) Betrag

Die Ermächtigung muss den Nennbetrag des genehmigten Kapitals festlegen, d.h. den Höchstbetrag, bis zu dem der Vorstand zur Durchführung der Kapitalerhöhung ermächtigt werden soll. Diese Begrenzung ist in Ziffern, nicht in Prozentsätzen des Grundkapitals auszudrücken. Dieser Nennbetrag darf die **Hälfte des Grundkapitals**, das zur Zeit der Ermächtigung vorhanden ist, nicht überschreiten, vgl. § 202 Abs. 3 Satz 1 AktG. Für diesen Höchstbetrag sind andere bereits geschaffene genehmigte

---

11 *Volhard/Goldschmidt* in FS Lutter, 2000, S. 779, 795; *T. Bezzenberger*, Vorzugsaktien ohne Stimmrecht, 1991, S. 157; *Hüffer/Koch*, § 204 AktG Rz. 11.
12 *Volhard/Goldschmidt* in FS Lutter, 2000, S. 779, 795; *T. Bezzenberger*, Vorzugsaktien ohne Stimmrecht, 1991, S. 157.
13 *Hüffer/Koch*, § 204 AktG Rz. 11; weitergehend (genehmigtes Kapital muss Ausgabe von Vorzugsaktien gestatten und darf keinen Bezugsrechtsausschluss vorsehen) *Bayer* in MünchKomm. AktG, 5. Aufl. 2021, § 204 AktG Rz. 37.
14 *Scholz* in MünchHdb. AG, § 59 Rz. 50; *Apfelbacher/Niggemann* in Hölters, § 204 AktG Rz. 19; so wohl auch OLG Schleswig v. 27.5.2004 – 5 U 2/04, DB 2004, 1492, 1493 = AG 2005, 48.
15 *Arnold* in MünchKomm. AktG, 4. Aufl. 2018, § 141 AktG Rz. 27.
16 *Hoffmann-Becking/Berger* in BeckFormularbuch, Formular X. 32 und dort Anm. 4; ebenso *Herchen* in Happ/Groß/Möhrle/Vetter, Aktienrecht, Formular 12.06 Rz. 20.2; siehe auch die Formulierung bei *Favoccia* in MünchVertragsHdb. GesR, Formular V 122.

Kapitalia hinzuzurechnen, soweit sie noch nicht ausgenutzt sind[17]. Anders als beim bedingten Kapital (vgl. insofern § 192 Abs. 3 Satz 1 AktG; Rz. 46.18) kommt es hinsichtlich des Zeitpunktes der Berechnung der Begrenzung nicht auf den Zeitpunkt der Beschlussfassung, sondern auf den Zeitpunkt der Ermächtigung, genauer das **Wirksamwerden der Ermächtigung** (also die Eintragung der Satzungsänderung in das Handelsregister, vgl. § 181 Abs. 3 AktG) an[18]. Zeitgleich eingetragene Durchführungen von Kapitalerhöhungen (aber auch Kapitalherabsetzungen) zählen also mit, jedenfalls wenn die Eintragungsreihenfolge mit der Durchführung der Kapitalerhöhung beginnt und die Eintragung des genehmigten Kapitals folgt; darauf sollte ggf. in der Registeranmeldung hingewirkt werden. Wird der gesetzliche Höchstbetrag überschritten, ist der Beschluss gemäß § 241 Nr. 3 AktG nichtig[19]. Kommt es gleichwohl zur Eintragung, soll nach herrschender Auffassung Heilung gemäß § 242 Abs. 2 AktG mit der Folge eintreten, dass der gesetzliche Höchstbetrag gilt[20]. Jedoch tritt eine Heilung nicht ein, wenn eine betragliche Begrenzung des genehmigten Kapitals gänzlich fehlt[21].

45.9 **Spätere** (beschlossene, aber noch nicht eingetragene) **Kapitalherabsetzungen** führen nicht zur Unzulässigkeit der Ermächtigung, wenn aufgrund einer solchen Kapitalherabsetzung die 50 %-Grenze überschritten wird (siehe hierzu auch Rz. 49.26)[22]. Bedingtes und genehmigtes Kapital können nebeneinander stehen und jeweils die Hälfte des Grundkapitals erreichen[23]. Zusammengenommen kann daher die Hauptversammlung ein Kapitalerhöhungspotential in Höhe des gesamten zum Zeitpunkt der Beschlussfassung bzw. der Eintragung der Ermächtigung bestehenden Grundkapitals auf den Vorstand bzw. die dritten Bezugsberechtigten verlagern. Nicht in die Prozentgrenze einzurechnen sind eigene Aktien, die die Gesellschaft veräußern kann, obwohl insofern eine Nähe zum genehmigten Kapital besteht[24].

b) Laufzeit

45.10 Die Ermächtigung zur Kapitalerhöhung kann für einen Zeitraum von maximal **fünf Jahren** geschaffen werden, vgl. § 202 Abs. 1, 2 Satz 1 AktG. Die genaue Frist ist im Hauptversammlungsbeschluss festzulegen; ein bloßer Verweis auf das Gesetz oder eine unbestimmte Angabe wie „höchstens fünf Jahre" genügt nach herrschender Auffassung nicht[25]. Enthält der Beschluss keine oder eine zu lange Frist, ist er gemäß § 241 Nr. 3 AktG nichtig. Kommt es gleichwohl zur Eintragung, soll nach herrschender Auffassung eine Heilung gemäß § 242 Abs. 2 AktG möglich sein, wenn der Beschluss eine zu lange Frist vorsieht; es gelte dann die gesetzliche Höchstfrist[26]. Die Frist beginnt mit Eintragung der Gesellschaft bzw. bei Schaffung durch Satzungsänderung mit Eintragung der Satzungsänderung, nicht bereits mit

---

17 *Bayer* in MünchKomm. AktG, 5. Aufl. 2021, § 202 AktG Rz. 69.
18 *Hüffer/Koch*, § 202 AktG Rz. 14; *Bayer* in MünchKomm. AktG, 5. Aufl. 2021, § 202 AktG Rz. 66; *Scholz* in MünchHdb. AG, § 59 Rz. 17.
19 *Bayer* in MünchKomm. AktG, 5. Aufl. 2021, § 202 AktG Rz. 51.
20 *Hüffer/Koch*, § 202 AktG Rz. 14; *Scholz* in MünchHdb. AG, § 59 Rz. 17; *Kuntz* in KölnKomm. AktG, 4. Aufl. 2020, § 202 AktG Rz. 84.
21 *Hüffer/Koch*, § 202 AktG Rz. 12; *Kuntz* in KölnKomm. AktG, 4. Aufl. 2020, § 202 AktG Rz. 81.
22 *Hirte* in Großkomm. AktG, 4. Aufl. 2001, § 202 AktG Rz. 149; *Bayer* in MünchKomm. AktG, 5. Aufl. 2021, § 202 AktG Rz. 66; *Scholz* in MünchHdb. AG, § 59 Rz. 17.
23 *Scholz* in MünchHdb. AG, § 58 Rz. 23, § 59 Rz. 16; *Hüffer/Koch*, § 202 AktG Rz. 13.
24 *Reichert/Harbarth*, ZIP 2001, 1441, 1444 f.; *Ihrig/Wagner*, NZG 2002, 652, 658; *Scholz* in MünchHdb. AG, § 59 Rz. 16.
25 OLG Celle v. 2.8.1962 – 9 Wx 5/62, BB 1962, 975 = AG 1962, 347; *Kuntz* in KölnKomm. AktG, 4. Aufl. 2020, § 202 AktG Rz. 47; *Hirte* in Großkomm. AktG, 4. Aufl. 2001, § 202 AktG Rz. 143; *Rieder/Holzmann* in Grigoleit, § 202 AktG Rz. 13.
26 *Hüffer/Koch*, § 202 AktG Rz. 11; *Scholz* in MünchHdb. AG, § 59 Rz. 25; *Kuntz* in KölnKomm. AktG, 4. Aufl. 2020, § 202 AktG Rz. 57; an einer Möglichkeit der Heilung sowohl in Fällen der Überschreitung, als auch des Fehlens einer Frist zweifelnd *Bayer* in MünchKomm. AktG, 5. Aufl. 2021, § 202 AktG Rz. 58.

Beschlussfassung; dies ist auch mit Art. 68 Abs. 2 Satz 3 der die Richtlinie 2012/30/EU ablösenden Richtlinie (EU) 2017/1132[27] vereinbar[28]. Durch das Eintragungsverfahren kann es also zu einer Verlängerung der Frist gerechnet ab Datum der Beschlussfassung kommen, sofern der Beschluss zulässigerweise auf das Datum der Handelsregistereintragung abstellt. In der Praxis ist demgegenüber die Nennung eines genauen Datums üblich, welches hinsichtlich des Tages und des Monats dem jeweiligen Datum des Hauptversammlungsbeschlusses abzüglich eines Tages entspricht[29].

c) Ausgabebetrag und Zwecksetzung

Die Festsetzung eines **Ausgabebetrages** ist nicht erforderlich, sie wird üblicherweise dem Vorstand überlassen[30]. Der Ermächtigungsbeschluss kann eine konkrete **Zweckbestimmung** hinsichtlich des genehmigten Kapitals treffen[31]. Er kann zur Kapitalerhöhung gegen Bareinlage und/oder Sacheinlage oder nur zur Kapitalerhöhung gegen Bareinlage oder Sacheinlage ermächtigen und bei einer Kapitalerhöhung gegen Sacheinlage einen konkreten Zeichner bzw. eine konkrete Sacheinlage benennen, ohne dass dies im Regelfall naheliegen wird. Eine Zwecksetzung kann sich aus dem Vorstandsbericht gemäß § 203 Abs. 1 Satz 1, § 186 Abs. 4 Satz 2 AktG ergeben, weil der Hauptversammlungsbeschluss in Kenntnis dieses Berichts gefasst wird und die Begründung im Bericht deshalb in die Beschlussfassung aufgenommen wird[32]. Erledigt sich ein so festgesetzter Zweck später, kommt eine Umwidmung durch neuen Hauptversammlungsbeschluss in Betracht, ohne dass das Registerverfahren neu durchlaufen werden müsste, sofern der Zweck nur im Vorstandsbericht, nicht aber im Wortlaut des Ermächtigungsbeschlusses selbst enthalten war[33]. 45.11

Im Hinblick auf die Reduzierung des Anfechtungsrisikos ist in der Praxis eine Schaffung **mehrerer Ermächtigungen nebeneinander** verbreitet (genehmigtes Kapital I, II und ggf. III), vorausgesetzt, ihre Gesamtsumme macht nicht mehr als die Hälfte des bei der Ermächtigung vorhandenen Grundkapitals aus[34]. Das (am wenigsten anfechtungsträchtige) genehmigte Kapital I ermächtigt dann etwa zur Durchführung einer Kapitalerhöhung gegen Bareinlage mit Bezugsrecht der Aktionäre, das genehmigte Kapital II zur Durchführung einer Kapitalerhöhung unter Ausschluss des Bezugsrechts der Aktionäre gemäß § 186 Abs. 3 Satz 4 AktG und das genehmigte Kapital III zur Durchführung einer Kapitalerhöhung gegen Sacheinlage unter Ausschluss des Bezugsrechts. Der praktische Nutzen solcher differenzierenden Ermächtigungen wird jedoch durch § 186 Abs. 3 Satz 4 AktG und die Verringerung des Anfechtungsrisikos infolge von Siemens/Nold gemindert[35]. Daher wird heute häufig ein einheitliches genehmigtes Kapital mit der Maßgabe geschaffen, dass hinsichtlich einzelner Zwecke getrennte Höchstgrenzen vorgesehen werden. Zulässig ist auch die Schaffung eines genehmigten Kapitals ohne jede 45.12

---

27 Richtlinie (EU) 2017/1132 des Europäischen Parlaments und des Rates v. 14.6.2017 über bestimmte Aspekte des Gesellschaftsrechts.
28 Vgl. zur Richtlinienkonformität des § 202 Abs. 2 AktG mit den wortgleichen Vorgängervorschriften des Art. 68 Abs. 2 Satz 3 (EU) 2017/1132, Art. 29 Abs. 2 Satz 3 RL 2012/30/EU und Art. 25 Abs. 2 Satz 3 Richtlinie 77/91/EWG OLG Hamm v. 13.7.2009 – I-8 W 22/09, AG 2009, 791, 792 ff.
29 Zur genauen Berechnung der Fristen hinsichtlich ihres Beginns und ihres Endes vgl. *Hirte* in Großkomm. AktG, 4. Aufl. 2001, § 202 AktG Rz. 145 und 146.
30 *Heusel* in Semler/Volhard/Reichert, ArbeitsHdb. HV, § 22 Rz. 12.
31 Zu denkbaren Gestaltungen siehe *Bayer* in MünchKomm. AktG, 5. Aufl. 2021, § 202 AktG Rz. 77; *Ekkenga*, AG 2001, 615 ff.; eine Rechtspflicht zur Zweckbestimmung besteht aber nicht, vgl. KG v. 31.1.1996 – 23 U 3989/94, WM 1996, 1454, 1458 = AG 1996, 421; LG Berlin v. 26.5.1994 – 104 O 19/94, WM 1994, 1246, 1248 = AG 1995, 41.
32 So wohl auch *Hirte* in Großkomm. AktG, 4. Aufl. 2001, § 203 AktG Rz. 121 sowie BGH v. 23.6.1997 – II ZR 132/93, BGHZ 136, 133, 139 = AG 1997, 465; ablehnend demgegenüber *Ekkenga*, AG 2001, 567, 578.
33 *Cahn*, ZHR 163 (1999), 554, 567; *Ekkenga*, AG 2001, 567, 578.
34 Siehe etwa *Hüffer/Koch*, § 202 AktG Rz. 5.
35 *Bayer* in MünchKomm. AktG, 5. Aufl. 2021, § 202 AktG Rz. 78.

konkrete Zweckbestimmung und ohne Herausstellung einer Tranche etwa für einen erleichterten Bezugsrechtsausschluss gemäß § 186 Abs. 3 Satz 4 AktG[36].

d) Änderung der Satzungsfassung

45.13 Sofern nicht schon die bisherige Satzung den Aufsichtsrat gemäß § 179 Abs. 1 Satz 2 AktG zu **Fassungsänderungen** ermächtigt, ist eine solche Ermächtigung unbedingt in den Beschluss aufzunehmen, weil ansonsten die Eintragung der Durchführung der Kapitalerhöhung am Erfordernis der simultanen Anmeldung der Satzungsänderung scheitern kann (str. näher hierzu Rz. 45.40)[37].

3. Anmeldung und Eintragung

45.14 Das genehmigte Kapital und die damit verbundene Ermächtigung des Vorstandes beinhaltet eine **Satzungsänderung**, die zur Eintragung in das Handelsregister anzumelden ist. Die Anmeldung richtet sich nach § 181 AktG und kann mithin allein durch den Vorstand[38] erfolgen[39]; anders als bei der Anmeldung der Durchführung der Kapitalerhöhung ist eine Mitwirkung des Aufsichtsratsvorsitzenden nicht erforderlich[40]. Die Anmeldung und Eintragung dieser Satzungsänderung kann, trotz des Verweises von § 203 Abs. 1 AktG auf § 188 Abs. 4 AktG, nicht mit der Anmeldung und Eintragung der Durchführung der Kapitalerhöhung verbunden werden (siehe auch Rz. 45.40)[41]. Vielmehr ist der Vorstand zur unverzüglichen Anmeldung des satzungsändernden Ermächtigungsbeschlusses verpflichtet[42]. Der Anmeldung sind die in § 181 AktG genannten Anlagen beizufügen; dazu gehört auch der vollständige Wortlaut der neuen Satzung mit der Bescheinigung des Notars gemäß § 181 Abs. 1 Satz 2 AktG (zur umstrittenen Frage, ob dies auch für die Anmeldung der Durchführung der Kapitalerhöhung gilt, Rz. 45.40)[43]. Die Eintragung lautet: „Durch Beschluss der Hauptversammlung vom … ist der Vorstand ermächtigt worden, das Grundkapital bis zum … um einen Betrag von höchstens … durch Ausgabe neuer Aktien gegen Bar- oder Sacheinlagen zu erhöhen. Die Satzung ist entsprechend geändert in …"[44]. Die Ermächtigung zum Bezugsrechtsausschluss ist gemäß § 43 Nr. 6 lit. b) hh) HRV nicht notwendiger Bestandteil der Eintragung[45]. Wird allein die Schaffung eines genehmigten Kapitals ohne Angabe des Betrages und der Frist eingetragen, ist von einer wirksamen Satzungsänderung aus-

---

36 Vgl. die Muster bei *Hoffmann-Becking/Berger* in BeckFormularbuch, Formular X. 32 und dort Anm. 3 sowie bei *Favoccia* in MünchVertragsHdb. GesR, Formular V 122.
37 *Heusel* in Semler/Volhard/Reichert, ArbeitsHdb. HV, § 22 Rz. 14.
38 Zur (streitigen) Frage, ob dies auch bei Anordnung unechter Gesamtvertretung gilt, siehe *Bayer* in MünchKomm. AktG, 5. Aufl. 2021, § 202 AktG Rz. 49 m.w.N.
39 Zur Frage der formellen Anforderungen an die Rücknahme von Registeranmeldungen in Bezug auf den Kapitalerhöhungsbeschluss oder die Durchführung bei gescheiterten Kapitalerhöhungen *Pfeiffer/Buchinger*, BB 2006, 2317.
40 Muster bei *Hoffmann-Becking/Berger* in BeckFormularbuch, Formular X. 33; *Favoccia* in MünchVertragsHdb. GesR, Formular V. 123; die teilweise anzutreffenden stark verkürzten Anmeldungen bergen die Gefahr, dass auch die Eintragung zu verkürzt ist (zu deren Inhalt sogleich im Text). Vorzugswürdig (so nun auch *Hoffmann-Becking/Berger* in BeckFormularbuch, Formular X. 33, Anm. 2; anders aber *Favoccia* a.a.O.) erscheint auch bei der Anmeldung die volle Wiedergabe der Ermächtigung, obwohl nach herrschender Auffassung eine schlagwortartige Bezeichnung ausreicht (*Wiedemann* in Großkomm. AktG, 4. Aufl. 1995, § 181 AktG Rz. 13; *Hüffer/Koch*, § 181 AktG Rz. 6).
41 *Scholz* in MünchHdb. AG, § 59 Rz. 41; *Hüffer/Koch*, § 203 AktG Rz. 15.
42 *Bayer* in MünchKomm. AktG, 5. Aufl. 2021, § 202 AktG Rz. 49.
43 *Hoffmann-Becking/Berger* in BeckFormularbuch, Formular X. 33 und dort Anm. 3; *Hirte* in Großkomm. AktG, 4. Aufl. 2001, § 202 AktG Rz. 113 m.w.N.
44 Ähnlich *Krafka*, Registerrecht, 11. Aufl. 2019, Rz. 1482; *Hirte* in Großkomm. AktG, 4. Aufl. 2001, § 202 AktG Rz. 121.
45 Ein Hinweis auf die Möglichkeit des Bezugsrechtsausschlusses findet sich allerdings in dem Eintragungsvorschlag von *Krafka*, Registerrecht, 11. Aufl. 2019, Rz. 1482.

zugehen[46]. Wird die Befristung unzutreffend eingetragen (etwa drei statt fünf Jahre), ist dies durch Löschung und Neueintragung zu korrigieren[47].

Wie bei allen satzungsändernden Beschlüssen hat das **Registergericht** im Rahmen des Eintragungsverfahrens zu **prüfen**, ob die gesetz- und satzungsmäßigen Voraussetzungen für den Ermächtigungsbeschluss in förmlicher und sachlicher Hinsicht gegeben sind. Ist dies nicht der Fall, hat das Registergericht die Eintragung abzulehnen. Wurde gegen den Ermächtigungsbeschluss Anfechtungsklage erhoben, hat das Registergericht die Erfolgsaussichten der Klage eigenständig zu prüfen und aufgrund dieser Prüfung entweder die Satzungsänderung einzutragen oder das Eintragungsverfahren gemäß §§ 381, 21 Abs. 1 FamFG auszusetzen. Wird der Ermächtigungsbeschluss später im Rahmen des Anfechtungsverfahrens rechtskräftig aufgehoben, ist zwar nicht die Eintragung zu löschen, aber nach § 248 Abs. 1 Satz 3 AktG das Urteil einzutragen. Unabhängig davon kann aber aufgrund einer eigenständigen Prüfung des Registergerichts, etwa auf Anregung eines Aktionärs, in gravierenden Fällen auch eine Amtslöschung nach § 398 FamFG in Betracht kommen[48]. 45.15

III. Bezugsrecht und Bezugsrechtsausschluss

Auch beim genehmigten Kapital hat jeder Aktionär – im Fall der Durchführung der Kapitalerhöhung – ein Bezugsrecht, soweit dieses nicht ausgeschlossen wird. Zulässig und für die börsennotierte AG gerade typisch ist die Durchführung der (Bar-)Kapitalerhöhung aus genehmigtem Kapital im Wege des **mittelbaren Bezugsrechts** (Rz. 43.4) gemäß § 203 Abs. 1, § 186 Abs. 5 AktG. Während bei der ordentlichen Kapitalerhöhung das Bezugsrecht bereits mit der Beschlussfassung der Hauptversammlung entsteht, kommt es im Rahmen des genehmigten Kapitals für die **Entstehung** des konkreten **Bezugsrechts** auf Folgendes an: Entweder auf die Entscheidung des Vorstandes über die **Ausnutzung** des genehmigten Kapitals, also auf die Entscheidung zur Ausgabe junger Aktien[49], oder – sofern die Bedingungen der Aktienausgabe nicht bereits durch die Hauptversammlung festgelegt wurden und die im Ausnutzungsbeschluss des Vorstandes enthaltene Entscheidung der Zustimmung des Aufsichtsrates (vgl. § 204 Abs. 1 Satz 2 AktG) bedarf – auf diese Zustimmungsentscheidung[50]. Bei der Kapitalerhöhung mit mittelbarem Bezugsrecht setzt das Bezugsrecht eine Vereinbarung zwischen AG und den Kreditinstituten zugunsten der Aktionäre als berechtigte Dritte voraus. Hinzutreten muss in allen Fällen die Veröffentlichung des Bezugsangebotes. 45.16

Auch beim genehmigten Kapital ist der **Ausschluss des Bezugsrechts** ganz oder teilweise möglich. Dabei kann gemäß § 203 Abs. 1 Satz 1 AktG i.V.m. § 186 Abs. 3, Abs. 4 AktG bereits die **Hauptversammlung** im Rahmen des Ermächtigungsbeschlusses den Ausschluss des Bezugsrechts beschließen. Ebenso ist es gemäß § 203 Abs. 2 AktG möglich, dass der **Vorstand** zum Ausschluss des Bezugsrechts **ermächtigt** wird. Jedoch muss die Möglichkeit zum Bezugsrechtsausschluss im Beschluss deutlich zum Ausdruck kommen; eine Ermächtigung zur Sachkapitalerhöhung allein reicht hierfür nicht aus[51]. Auch gilt § 186 Abs. 3 Satz 1-3 AktG sinngemäß: Der Bezugsrechtsausschluss muss in den Ermächtigungsbeschluss aufgenommen werden und bedarf der Mehrheit gemäß § 186 Abs. 3 Satz 2 AktG, die mindestens drei Viertel des bei der Beschlussfassung vertretenen Grundkapitals umfasst, vgl. § 186 Abs. 3 Satz 2 AktG. Im Fall der Ermächtigung zum Bezugsrechtsausschluss folgt das gleiche Ergebnis aus § 203 Abs. 2 Satz 1 AktG (einheitlicher Beschluss) bzw. § 202 Abs. 2 Satz 2 und 3 AktG (Mehrheits- 45.17

---

46 Noch weitergehend *Priester*, BB 2002, 2613, 2615.
47 *Heinze*, AG 2011, 408, 410 f.
48 *Hirte* in Großkomm. AktG, 4. Aufl. 2001, § 202 AktG Rz. 124.
49 *Hirte* in Großkomm. AktG, 4. Aufl. 2001, § 203 AktG Rz. 17; *Hüffer/Koch*, § 203 AktG Rz. 7.
50 *Hirte* in Großkomm. AktG, 4. Aufl. 2001, § 203 AktG Rz. 17.
51 OLG Stuttgart v. 20.12.2000 – 20 U 45/00, AG 2001, 200.

erfordernis)[52]. Ferner gelten die Berichtspflichten gemäß § 186 Abs. 4 AktG (siehe noch Rz. 45.24 f.). Anders als bei der ordentlichen Kapitalerhöhung, bei der aufgrund der konkret bevorstehenden Maßnahme die Möglichkeit der Abwicklung über ein **mittelbares Bezugsrecht** zum notwendigen Inhalt des Hauptversammlungsbeschlusses zu zählen ist (vgl. Rz. 44.58), ist dies beim genehmigten Kapital nicht zu fordern. Der Grund hierfür ist, dass der Flexibilität und der Ermächtigung des Vorstandes, die Einzelheiten der Durchführung der Kapitalerhöhung aus genehmigtem Kapital später festzulegen, Vorrang einzuräumen ist. Ferner gilt das mittelbare Bezugsrecht nach dem Gesetz gerade nicht als Bezugsrechtsausschluss[53].

1. Rechtfertigung des Bezugsrechtsausschlusses

a) Allgemein

45.18 Die materiellen Voraussetzungen des Bezugsrechtsausschlusses haben durch die Entscheidungen des BGH in Sachen Siemens/Nold sowie Mangusta/Commerzbank eine weitere Klärung erfahren[54]. Festzuhalten ist zunächst, dass nach weit überwiegender und zutreffender Auffassung die in diesen Urteilen entwickelten Grundsätze sich nicht auf die Kapitalerhöhung gegen **Sacheinlage** beschränken, sondern sich auch auf das genehmigte Kapital gegen **Bareinlage** erstrecken[55].

45.19 Hinsichtlich der Anforderungen an die **sachliche Rechtfertigung** bei **Schaffung** bzw. **Ausnutzung** des genehmigten Kapitals mit Bezugsrechtsausschluss gelten im Grundsatz die allgemeinen, auf die ordentliche Kapitalerhöhung mit Bezugsrechtsausschluss anwendbaren Grundsätze (siehe auch Rz. 44.72)[56]. Beschließt die Hauptversammlung selbst über den Bezugsrechtsausschluss, hat sie bei der Prüfung der Rechtfertigung die regelmäßig nur abstrakt beschriebenen Tatsachen des Vorstandsberichts zugrunde zu legen. Bei Ausnutzung der Ermächtigung hat der Vorstand zu prüfen, ob der nunmehr bekannte vollständige Sachverhalt die Durchführung der Kapitalerhöhung im Gesellschaftsinteresse rechtfertigt[57]. Ermächtigt die Hauptversammlung den Vorstand zum Bezugsrechtsausschluss, gilt in Bezug auf den Hauptversammlungsbeschluss dasselbe. Bei der Ausnutzung der Ermächtigung hat der Vorstand zu prüfen, ob der Bezugsrechtsausschluss im Interesse der Gesellschaft gerechtfertigt ist. Bei der Annahme, mit der Siemens/Nold-Entscheidung seien Lockerungen der Anforderungen an die Ausnutzung der Ermächtigung zum Bezugsrechtsausschluss verbunden, ist Vorsicht geboten[58]. Auch bei der Prü-

---

52 Die im Rahmen der COVID-19 Pandemie eingeführten Modifizierungen (siehe dazu schon oben Rz. 45.5) setzen die erforderliche Mehrheit zwingend herab. Kraft Verweisung gemäß § 7b Abs. 2 WStBG auf § 7 Abs. 3 Satz 1 WStBG genügt eine Mehrheit von mindestens zwei Dritteln der abgegebenen Stimmen oder des vertretenen Grundkapitals, sofern der Beschluss im Zusammenhang mit einer Rekapitalisierung nach § 7 oder § 22 StFG (zum Begriff vgl. Rz. 44.6 in Fn. 22) steht. Die einfache Mehrheit genügt, wenn die Hälfte des Grundkapitals vertreten ist, § 7b Abs. 2 WStBG i.V.m. § 7 Abs. 3 Satz 2 WStBG.
53 Ebenso *Scholz* in MünchHdb. AG, § 59 Rz. 21 m.w.N.; a.A. *Seibt/Voigt*, AG 2009, 133, 143.
54 BGH v. 23.6.1997 – II ZR 132/93, BGHZ 136, 133 = AG 1997, 465; BGH v. 10.10.2005 – II ZR 148/03, BGHZ 164, 241 = AG 2006, 36; BGH v. 10.10.2005 – II ZR 90/03, BGHZ 164, 249 = AG 2006, 38.
55 So *Wamser* in BeckOGK AktG, Stand 1.6.2021, § 203 AktG Rz. 82; *Hirte* in Großkomm. AktG, 4. Aufl. 2001, § 203 AktG Rz. 67; *Bungert*, NJW 1998, 488, 490; *Bungert*, BB 2001, 742, 744; *Kindler*, ZGR 1998, 35, 64 f.; *Scholz* in MünchHdb. AG, § 59 Rz. 31; *Röhricht* in Hommelhoff/Röhricht, RWS-Forum Gesellschaftsrecht 1997, 1998, S. 191, 220; *Volhard*, AG 1998, 397, 403; *Henze*, ZHR 167 (2003), 1, 4; krit. *Lutter* in FS Zöllner, 1999, S. 363, 372 ff.; a.A. OLG Celle v. 29.6.2001 – 9 U 89/01 = NZG 2001, 1140.
56 Nach *Lieder*, ZIP 2020, 837, 850 f. findet im Rahmen von Rekapitalisierungsmaßnahmen eine materielle Beschlusskontrolle weder in Bezug auf den Ermächtigungsbeschluss, noch auf dessen Ausnutzung durch den Vorstand Anwendung.
57 *Henze*, Aktienrecht, Rz. 1004.
58 Vgl. etwa *Scholz* in MünchHdb. AG, § 59 Rz. 61; *Bayer* in MünchKomm. AktG, 5. Aufl. 2021, § 203 AktG Rz. 116; *Cahn*, ZHR 163 (1999), 554, 572 f.; *Hirte* in Großkomm. AktG, 4. Aufl. 2001, § 203 AktG Rz. 22 und 79; *Ekkenga*, AG 2001, 567, 569 und 575; eher in Richtung Auflockerung deutend demgegenüber *Kindler*, ZGR 1998, 35, 39 sowie *Hüffer/Koch*, § 203 AktG Rz. 11.

fung, ob der Bezugsrechtsausschluss im „wohlverstandenen Interesse der Gesellschaft" liegt, kann es durchaus darum gehen, dass ein dringendes Interesse der Gesellschaft vorhanden und zu erwarten ist, dass der Nutzen für die Gesellschaft die Nachteile für die vom Bezugsrecht ausgeschlossenen Aktionäre aufwiegen wird[59]. Weil bei Beschlussfassung der Hauptversammlung das Vorhaben aber nur abstrakt beschrieben werden kann und zu beschreiben ist, folgt hieraus eine zu diesem Zeitpunkt **beschränkte Kontrolldichte**.

Abweichend von der Situation vor Siemens/Nold erfolgt die Kontrolle der sachlichen Rechtfertigung nicht mehr in erster Linie im Registerverfahren bzw. in einem die Registereintragung zu verhindern suchenden Gerichtsverfahren, sondern – wie allgemein bei Geschäftsführungsmaßnahmen – im Wege der **Haftungsverantwortlichkeit des Vorstandes und des Aufsichtsrates** gemäß §§ 93, 116 AktG. Die materiellen Voraussetzungen des Bezugsrechtsausschlusses ändern sich dadurch wie bereits ausgeführt nicht (Rz. 45.19)[60]. Gegen den Ausnutzungsbeschluss des Vorstands bzw. den Zustimmungsbeschluss des Aufsichtsrats (Rz. 45.32) ist zwar eine Anfechtungsklage nicht zulässig[61]. Möglich sind aber **Unterlassungs- und Feststellungsansprüche**, die bezogen auf den Unterlassungsanspruch auch im Wege des einstweiligen Rechtsschutzes geltend gemacht werden können[62]. Allerdings ändert ein stattgebendes Feststellungsurteil nichts an der Wirksamkeit der ausgegebenen Aktienrechte (Rz. 45.47). Überschreitet der Vorstand die Grenzen der Ermächtigung oder schließt er unzulässiger Weise das Bezugsrecht aus, kommen Schadensersatzansprüche der Aktionäre gegen die Gesellschaft aus § 823 Abs. 1 BGB unter dem Aspekt der Verletzung des Mitgliedschaftsrechts bzw. gemäß § 823 Abs. 2 BGB i.V.m. § 186 Abs. 1 Satz 1 AktG in Betracht[63]. Die Gesellschaft kann dann wiederum unter den Voraussetzungen der §§ 93, 116 AktG Regress bei den Vorstands- bzw.- Aufsichtsratsmitgliedern Regress nehmen[64]. Nicht zu folgen ist der Auffassung des OLG Frankfurt am Main[65], wonach die Verletzung der Berichtspflicht nach Ausnutzung eines genehmigten Kapitals (dazu noch Rz. 45.43) zur Anfechtbarkeit des Beschlusses über die Schaffung eines *neuen* genehmigten Kapitals führt[66].

45.20

Angesichts der Möglichkeit einer nachträglichen Wertrüge (ob innerhalb einer Unterlassungs- bzw. Feststellungsklage oder gemäß § 255 Abs. 2 AktG (analog)) und der Gefahr einer organschaftlichen Haftung aus § 93 Abs. 2 AktG, hat der Vorstand im Rahmen des Ausnutzungsbeschlusses die **Angemessenheit** des Ausgabebetrages der jungen Aktien bzw. bei einer Sachkapitalerhöhung die **angemessene Wertrelation** zwischen dem Wert der jungen Aktien und dem Wert des Einlagegegenstands zu prüfen[67]. Bei dieser Prüfung ist regelmäßig eine Vielzahl von Faktoren in Rechnung zu stellen, na-

45.21

---

59 Vgl. insofern *Röhricht* in Hommelhoff/Röhricht, RWS-Forum Gesellschaftsrecht 1997, 1998, S. 191, 221 sowie *Henze* in Großkomm. AktG, 4. Aufl. 2000, § 60 AktG Rz. 26; abweichend *Henze*, ZHR 167 (2003), 1, 3 (Siemens/Nold-Formel beinhalte „sicherlich eine Abkehr von den strengen Voraussetzungen im Holzmann-Urteil").
60 *Krieger* in FS Wiedemann, 2002, S. 1081, 1084.
61 OLG Frankfurt a.M. v. 4.2.2003 – 5 U 63/01, ZIP 2003, 1198, 1199 f. = AG 2003, 276; BGH v. 10.10.2005 – II ZR 90/03, AG 2006, 38, 39; a.A. *Paefgen*, ZIP 2004, 145, 149 ff.
62 *Hoffmann-Becking*, ZHR 167 (2003), 357, 360; BGH v. 23.6.1997 – II ZR 132/93, BGHZ 136, 133, 140 f. = AG 1997, 465; OLG Frankfurt a.M. v. 4.2.2003 – 5 U 63/01, ZIP 2003, 1198 ff. = AG 2003, 276; BGH v. 10.10.2005 – II ZR 90/03, AG 2006, 38, 40 ff.; dazu und zum Aspekt der Subsidiarität der Feststellungsklage *Busch*, NZG 2006, 81, 85; *Bungert*, BB 2005, 2757, 2759; *Waclawik*, ZIP 2006, 397, 402 f.; *Drinkuth*, AG 2006, 142, 145.
63 Vgl. dazu *Hirte* in Großkomm. AktG, 4. Aufl. 2001, § 203 AktG Rz. 145–147; *Cahn*, ZHR 164 (2000), 114, 127 ff.; *Busch*, NZG 2006, 81, 87 f.
64 *Bayer* in MünchKomm. AktG, 5. Aufl. 2021, § 203 AktG Rz. 173.
65 OLG Frankfurt a.M. v. 5.7.2011 – 5 U 104/10, ZIP 2011, 1613, 1615 ff. = AG 2011, 713.
66 So auch *Born*, ZIP 2011, 1793, 1798 f.; *Schäfer*, CFL 2011, 399, 402; *Niggemann/Wansleben*, AG 2013, 269, 276 f.; *Hüffer/Koch*, § 203 AktG Rz. 37 a.E.; *Bayer* in MünchKomm. AktG, 5. Aufl. 2021, § 203 AktG Rz. 153.
67 BGH v. 23.6.1997 – II ZR 132/93, BGHZ 133, 133, 141 = NJW 1997, 2815, 2817 – Siemens/Nold m.w.N.; *Cannivé/Suerbaum*, AG 2011, 317, 320.

mentlich der Börsenpreis in relevanten Referenzzeiträumen und die Liquidität der Aktie, eine zumindest überschlägige alternative Ertragswertberechnung, Übernahmeprämien in vergleichbaren Situationen und die Bedeutung der Einlage für das eigene Unternehmen[68]. Ob und inwieweit sich der Vorstand hierbei auf Stellungnahmen zur finanziellen Angemessenheit der Bedingungen von Investmentbanken oder Wirtschaftsprüfern (sog. *fairness opinions*) verlassen darf, ist nicht abschließend geklärt[69]. Im Zusammenhang mit vom Vorstand eingeholten (externen) Rechtsrat ist mittlerweile unstreitig, dass eine sorgsame Plausibilitätsprüfung des Rechtsgutachtens eine Verschulden der einzelnen Vorstandsmitglieder und damit auch eine Haftung ausschließen kann[70]. Es ist nicht ersichtlich, warum diese Grundsätze und Erfordernisse nicht auch im Falle einer *fairness opinion* herangezogen werden können. Dabei sind insbesondere die in Rechtsprechung und Literatur entwickelten Grundsätze zu den Anforderungen einer solchen Plausibilitätsprüfung zu beachten[71]. Zu berücksichtigen ist in diesem Zusammenhang, dass bei Zulassung eines Dritten zu einer Sachkapitalerhöhung grundsätzlich bereits die Verhandlungssituation hinreichenden Anlass für die Annahme einer Richtigkeitsgewähr bietet[72] und der Vorstand dementsprechend nur dann gegen seine Pflichten verstößt, wenn er die Aktien für eine geringere als die höchste erzielbare Gegenleistung ausgibt, ohne dass dafür sachliche Gründe vorliegen[73].

b) Erleichterter Ausschluss

45.22 Der Bezugsrechtsausschluss gemäß § 186 Abs. 3 Satz 4 AktG (dazu schon Rz. 44.86 ff.) gilt auch im Rahmen des genehmigten Kapitals und hat hier seinen Hauptanwendungsbereich[74]. Problematisch ist dabei die Schaffung eines die 10 %-Grenze übersteigenden **genehmigten Kapitals** unter Beschränkung der Ausnutzung pro Einzelfall auf 10 %. Das OLG München hat in Bezug auf die Schaffung eines genehmigten Kapitals eine Gestaltung für unzulässig erachtet, wonach das genehmigte Kapital insgesamt knapp 50 % des bei Beschlussfassung bestehenden Grundkapitals betrug und bei Ausnutzung das Bezugsrecht der Aktionäre ausgeschlossen werden konnte, wenn die Kapitalerhöhung *jeweils* unter 10 % des Grundkapitals bleibt. Denn die Ermächtigung dürfe nicht weiter als die Kompetenz der Hauptver-

---

68 Zu der Frage nach dem Anknüpfungspunkt der Angemessenheit bei einer Barkapitalerhöhung siehe noch Rz. 45.35.
69 Insofern skeptisch LG München I v. 3.5.2001 – 5 HK O 23950/00 – DAB/SelfTrade, ZIP 2001, 1148, 1152; offener demgegenüber LG Heidelberg v. 26.6.2001 – 11 O 175/00, BB 2001, 1809, 1810 = AG 2002, 298; OLG Karlsruhe v. 28.8.2002 – 7 U 137/01 – MLP, NZG 2002, 959, 962 = AG 2003, 444; *Decher* in FS Wiedemann, 2002, S. 787, 795; *Decher* in Liber Amicorum M. Winter, 2011, S. 99 ff.; *Schiessl*, ZGR 2003, 814 ff.; die fortbestehende eigene Prüfungspflicht des Vorstands bei der Ausgabe von Wandelanleihen betonend *Schlitt/Seiler/Singhof*, AG 2003, 254, 260, sowie *Singhof*, ZHR 170 (2006), 673, 692; aus US-Sicht *Katz*, Takeover Law and Practice (PLI's Second Annual Institute of Securities Regulation in Europe), 2002, S. 989, 1032 ff. Vgl. auch Begründung zum RegE Gesetz zur Unternehmensintegrität und Modernisierung des Anfechtungsrechts (UMAG) zu § 93 AktG-E (BR-Drucks. 3/05 v. 7.1.2005, S. 21): „Keinesfalls zielt der Entwurf darauf, dass durch routinemäßiges Einholen von Sachverständigengutachten, Beratervoten oder externen Marktanalysen eine rein formale Absicherung stattfindet.".
70 Ausführlich zu Begründung und Anforderungen an den Vorstand *Buck-Heeb*, BB 2016, 1347 sowie *Fleischer*, NZG 2010, 121; siehe auch BGH v. 20.9.2011 – II ZR 234/09, ZIP 2011, 2097, 2099 Rz. 18, für den Fall einer Insolvenzantragsprüfung siehe BGH v. 14.5.2007 – II ZR 48/06, ZIP 2007, 1265, 1267 Rz. 18.
71 So auch *Fleischer*, ZIP 2011, 201, 208 ff.; genauer *Cannivé/Suerbaum*, AG 2011, 317, 320 f., die verlangen, dass sich „die Organmitglieder auch inhaltlich mit der Fairness Opinion beschäftigen, die Bewertungsschritte und wesentlichen Prämissen nachvollziehen und sich letztlich die Einschätzung des Erstellers der Fairness Opinion zu Eigen machen".
72 *Martens* in FS Bezzenberger, 2000, S. 267, 282; *Decher* in FS Wiedemann, 2002, S. 787, 798.
73 *Cahn*, ZHR 163 (1999), 554, 586.
74 Muster eines entsprechenden Ermächtigungsbeschlusses bei *Herchen* in Happ/Groß/Möhrle/Vetter, Aktienrecht, Formular 12.07 sowie bei *Favoccia* in MünchVertragsHdb. GesR, Formular V 122.

sammlung selbst gehen, die ihrerseits in *einem* Beschluss nur bis 10 % gehen könne[75]. Hinsichtlich der **Berechnung der 10 %-Grenze** ist beim genehmigten Kapital ausschließlich auf den Zeitpunkt des Ausnutzungsbeschlusses und nicht, wie teilweise vertreten wird[76], kumulativ auf den Zeitpunkt der Beschlussfassung der Hauptversammlung sowie des Ausnutzungsbeschlusses der Verwaltung abzustellen[77]. Dafür spricht insbesondere, dass es für die Auswirkungen des genehmigten Kapitals auf die rechtliche und wirtschaftliche Position der Aktionäre nicht auf die Schaffung, sondern erst die Ausnutzung des genehmigten Kapitals ankommt[78]. Denn der Einfluss der Altaktionäre, welcher durch die Begrenzung des erleichterten Bezugsrechtsausschlusses auf maximal 10 % geschützt werden soll, verändert sich erst mit der Durchführung der Kapitalerhöhung[79]. In der Konsequenz sind daher sowohl Kapitalanpassungen nach oben, als auch nach unten, zwischen der Beschlussfassung der Hauptversammlung über die Ermächtigung gemäß § 202 AktG und dem Ausnutzungsbeschluss des Vorstandes bei der Berechnung der 10 %-Grenze zu berücksichtigen[80]. Besteht parallel eine Ermächtigung zum Bezugsrechtsausschluss bei der Ausgabe von Wandelschuldverschreibungen gemäß § 221 Abs. 4 Satz 2, § 186 Abs. 3 Satz 4 AktG[81] oder werden solche Ermächtigungen parallel beschlossen, gilt die 10 %-Grenze insgesamt nur einmal. Die Ermächtigung zur jeweiligen Ausschöpfung von 10 % muss daher eine Anrechnungsklausel enthalten (siehe auch noch Rz. 46.19)[82]. Dasselbe gilt für eine parallel bestehende Ermächtigung zur Veräußerung eigener Aktien außerhalb der Börse unter Bezugsrechtsausschluss gemäß § 71 Abs. 1 Nr. 8 Satz 5 Halbs. 2, § 186 Abs. 3 Satz 4 AktG[83].

c) Accelerated Bookbuilding

Eine Sonderform der Platzierung einer Kapitalerhöhung unter Bezugsrechtsausschluss gemäß § 186 Abs. 3 Satz 4 AktG beinhaltet das sog. „**accelerated bookbuilding**" (Rz. 8.24 ff.), welches angesichts der Volatilität der Aktienmärkte eine beschleunigte – prospektfreie[84] – Platzierung von neuen Aktien aus einer Kapitalerhöhung (oder von bestehenden Aktien aus Aktionärsaltbesitz) innerhalb kurzer Frist (meistens ein Tag) bei institutionellen Investoren erlaubt (dazu auch Rz. 7.91). Gemäß § 50 BörsZulV kann die Zulassung bereits einen Handelstag nach Einreichung des Zulassungsantrages erfolgen.

---

75 OLG München v. 24.7.1996 – 7 U 6319/95, AG 1996, 518; eine solche Gestaltung auch ablehnend *Scholz* in MünchHdb. AG, § 59 Rz. 34 m.w.N. auch zur Gegenansicht.
76 Das Problem resultiert aus der einfachen Verweisung des § 203 Abs. 1 Satz 1 AktG auf § 186 AktG ohne klare Anknüpfung des maßgeblichen Zeitpunkts der prozentualen Begrenzung, wie sie § 202 Abs. 3 Satz 1 AktG und auch § 192 Abs. 3 Satz 1 AktG enthalten.
77 So auch *Scholz* in MünchHdb. AG, § 59 Rz. 34; *Groß*, DB 1994, 2431, 2432; *Herchen* in Happ/Groß/Möhrle/Vetter, Aktienrecht, Formular 12.07 Rz. 10.2; *Stöber* in Ekkenga, Hdb. AG Finanzierung, Kap. 5 Rz. 114; *Schlitt/Schäfer*, AG 2005, 67, 69; *Marsch-Barner*, AG 1994, 532, 534; *Seibt*, CFL 2011, 74, 78; a.A. (es ist kumulativ auf den Zeitpunkt der Beschlussfassung der Hauptversammlung und auf den Zeitpunkt des Ausnutzungsbeschlusses der Verwaltung abzustellen) *Veil* in K. Schmidt/Lutter, § 203 AktG Rz. 10; *Hüffer/Koch*, § 203 AktG Rz. 10a; *Ihrig/Wagner*, NZG 2002, 657, 660; *Krause* in Habersack/Mülbert/Schlitt, Unternehmensfinanzierung am Kapitalmarkt, Rz. 6.56; *Singhof*, ZHR 170 (2006), 673, 686; *Stucken* in Happ/Groß/Möhrle/Vetter, Aktienrecht, Formular 14.02 Rz. 10.2.
78 Siehe *Scholz* in MünchHdb. AG, § 59 Rz. 34; *Herchen* in Happ/Groß/Möhrle/Vetter, Aktienrecht, Formular 12.07 Rz. 10.2.
79 *Herchen* in Happ/Groß/Möhrle/Vetter, Aktienrecht, Formular 12.07 Rz. 10.2.
80 Nach der a.A. werden hingegen lediglich Kapitalherabsetzungen innerhalb dieses Zeitraumes bei der Berechnung der Grenze berücksichtigt, siehe dazu etwa *Ihrig/Wagner*, NZG 2002, 657, 660; *Hüffer/Koch*, § 203 AktG Rz. 10a.
81 Dazu *Busch*, AG 1999, 58, 59 ff.
82 *Busch*, AG 1999, 58, 62; *Ihrig/Wagner*, NZG 2002, 657, 662; *Schlitt/Seiler/Singhof*, AG 2003, 254, 259 Fn. 75; differenzierend *Herchen* in Happ/Groß/Möhrle/Vetter, Aktienrecht, Formular 12.07 Rz. 9.4.
83 *Reichert/Harbarth*, ZIP 2001, 1441, 1443 f.; *Ihrig/Wagner*, NZG 2002, 657, 662; *Singhof*, ZHR 170 (2006), 673, 686.
84 Die Zulassung erfolgt gemäß Art. 1 Abs. 4 lit. a) ProspektVO bei einem Wertpapierangebot ausschließlich gegenüber qualifizierten Anlegern prospektfrei.

Die Einführung darf an dem der Veröffentlichung der Zulassung folgenden Werktag erfolgen (§ 52 BörsZulV), vgl. auch Rz. 9.54 f.

2. Berichtspflichten bei Hauptversammlung

45.24 Der Beschlussvorschlag über den Bezugsrechtsausschluss ist gemäß § 186 Abs. 4 Satz 1 AktG in der Einberufung ausdrücklich und ordnungsgemäß bekanntzumachen. Das gilt auch dann, wenn der Vorstand zum Bezugsrechtsausschluss ermächtigt werden soll. Gemäß § 203 Abs. 2 Satz 2 bzw. § 203 Abs. 1 Satz 1 i.V.m. § 186 Abs. 4 Satz 2 AktG hat der Vorstand über den Bezugsrechtsausschluss bzw. die Ermächtigung hierzu zu **berichten**. Nach der Entscheidung des BGH in Sachen Siemens/Nold reicht es aus, wenn der Vorstandsbericht das Vorhaben, zu dessen Finanzierung die Kapitalerhöhung bestimmt ist, in **abstrakter Form** bezeichnet („allgemein umschrieben")[85]. Wird die Ermächtigung mit einer strategischen Neuausrichtung begründet, sollten allerdings über diese Neuausrichtung Einzelheiten in den Beschluss aufgenommen werden; zu floskelhafte Formulierungen sind zu vermeiden[86].

45.25 Strittig ist die Frage, ob der Umfang der Berichtspflicht mit dem **Volumen des genehmigten Kapitals** wächst. Diese Frage ist mangels entsprechender Differenzierung des Gesetzes und aufgrund ansonsten bestehender Rechtsunsicherheiten zu verneinen[87]. Ferner gilt, dass selbst wenn die Kapitalerhöhung der Finanzierung eines dem Vorstand bereits bekannten Vorhabens dienen soll, der Vorstand Einzelheiten dazu zumindest dann nicht zu berichten hat, wenn ein berechtigtes Interesse besteht, dieses Vorhaben noch nicht zur veröffentlichen[88]. Zur Berichtspflicht bei einem genehmigten Kapital mit erleichtertem Bezugsrechtsausschluss gemäß § 186 Abs. 3 Satz 4 AktG gelten die Erwägungen zur Berichtspflicht bei der ordentlichen Kapitalerhöhung entsprechend (siehe Rz. 44.91). Entsprechend der Rechtslage bei der ordentlichen Kapitalerhöhung ist eine Veröffentlichungs- bzw. Übersendungspflicht gemäß § 175 Abs. 2 AktG und eine Bekanntmachungspflicht des wesentlichen Inhalts des Berichts gemäß § 124 Abs. 2 Satz 2 AktG sowie eine Mitteilungspflicht gemäß §§ 125, 128 AktG anzunehmen[89].

IV. Ausnutzung der Ermächtigung

45.26 § 203 Abs. 1 Satz 2 AktG setzt im Rahmen des genehmigten Kapitals den Ermächtigungsbeschluss mit dem Hauptversammlungsbeschluss bei der ordentlichen Kapitalerhöhung gleich. Diese Regelung ist

---

85 BGH v. 23.6.1997 – II ZR 132/93, BGHZ 136, 133, 139 = AG 1997, 465. Zum seitdem typischen Inhalt des Berichts vgl. *Bungert*, BB 2001, 742 f.
86 LG München v. 25.1.2001 – 5 HK O 12702/00, DB 2001, 691, 692 = AG 2001, 319; OLG München v. 15.5.2002 – 7 U 2371/01 – MHM, DB 2002, 1765 = AG 2003, 451; enger *Bungert*, BB 2001, 742, 743; vgl. auch *Kirchner/Sailer*, NZG 2002, 305, 306; *Cahn*, ZHR 163 (1999), 554, 561; *Natterer*, ZIP 2002, 1672 ff.
87 So auch der BGH v. 21.11.2005 – II ZR 79/04, ZIP 2006, 368, 369, mit dem Hinweis auf die ansonsten bestehenden Rechtsunsicherheiten; LG Heidelberg v. 26.6.2001 – 11 O 175/00 KfH, AG 2002, 298; *Scholz* in MünchHdb. AG, § 59 Rz. 32; *Bungert*, BB 2001, 742, 743; a.A. unter Bezugnahme auf den erheblichen Vertrauensvorschuss für den Vorstand bei umfangreichen Kapitalerhöhungen LG München I v. 25.1.2001 – 5 HK O 12702/00, DB 2001, 691, 692 = AG 2001, 319; 320; OLG München v. 15.5.2002 – 7 U 2371/01 – MHM, ZIP 2002, 1580, 1583.
88 *Cahn*, ZHR 163 (1999), 554, 559 f.; *Ekkenga*, AG 2001, 615, 617; ähnlich *Bayer* in MünchKomm. AktG, 5. Aufl. 2021, § 203 AktG Rz. 151.
89 *Bosse*, ZIP 2001, 104, 105; LG Berlin v. 13.12.2004 – 101 O 124/04, DB 2005, 1320, 1321; *Bayer* in MünchKomm. AktG, 5. Aufl. 2021, § 203 AktG Rz. 88; a.A. *Sinewe*, ZIP 2001, 403, 404 f. (mit der wenig hilfreichen Begründung, der fehlende Informationsgehalt von Siemens/Nold-Berichten sei nicht zu der von § 124 Abs. 2 Satz 2 AktG angestrebten Vorprüfung geeignet S. 405).

unvollkommen, denn sachlich bilden Ermächtigung zur Kapitalerhöhung und die Entscheidung der Verwaltung zur Ausnutzung dieser Ermächtigung zusammen den Erhöhungsbeschluss, der Voraussetzung für die weitere Durchführung der Kapitalerhöhung ist[90]. Bei der Ausnutzung ist im Hinblick auf die Befristung des genehmigten Kapitals zu beachten, dass es in Bezug auf das **Fristende** nicht auf den Ausnutzungsbeschluss ankommt; vielmehr ist die Frist nur gewahrt, wenn bis zum Fristablauf die **Durchführung** der Kapitalerhöhung **eingetragen** ist[91]. Ein **Auflösungsbeschluss** gemäß § 262 Abs. 1 Nr. 2 AktG beinhaltet nach herrschender Auffassung konkludent die Aufhebung eines genehmigten Kapitals (jedoch kann auch nach Auflösungsbeschluss ein neues genehmigtes Kapital geschaffen werden)[92]. Mit Eröffnung des **Insolvenzverfahrens** erlischt die Ermächtigung; der Vorstand darf von ihr nicht mehr Gebrauch machen; jedoch kann die Hauptversammlung eine ordentliche Kapitalerhöhung beschließen (Rz. 44.21)[93].

Gemäß § 203 Abs. 3 Satz 1 AktG sollen neue Aktien aus genehmigtem Kapital nicht ausgegeben werden, solange ausstehende Einlagen auf das bisherige Grundkapital noch erlangt werden können. Es gilt insofern das zu § 182 Abs. 4 Satz 1 AktG Gesagte (vgl. Rz. 44.3 f.). Ausnahmen gelten auch hier für Versicherungsgesellschaften (§ 203 Abs. 3 Satz 2 AktG) sowie für Verschmelzungen und Auf- bzw. Abspaltungen (§ 69 Abs. 1, § 125 Satz 1 UmwG). Wird das genehmigte Kapital in mehreren Tranchen ausgenutzt, schaden – wie sich auch aus § 203 Abs. 3 Satz 4 AktG ergibt, – rückständige Einlagen aus der Ausnutzung früherer Tranchen derselben Ermächtigung nicht[94]. Zu **vertraglichen Verpflichtungen** der Gesellschaft, aus Marktschutzaspekten für einen bestimmten Zeitraum ein genehmigtes Kapital nicht auszunutzen, siehe Rz. 44.5.

45.27

Problematisch ist, ob es einen **Vorrang der ordentlichen Kapitalerhöhung** jedenfalls in Fällen gibt, in denen zum Zeitpunkt der Beschlussfassung die Maßnahme ebenso gut durch einen Direktbeschluss erreicht werden kann, insbesondere also dann, wenn der **Ausnutzungsbeschluss** in enge zeitliche Nähe zu der ordentlichen Hauptversammlung fällt. Eine solche Subsidiarität des genehmigten Kapitals gegenüber der ordentlichen Kapitalerhöhung ist abzulehnen, vgl. schon Rz. 45.3. Kritisch zu beurteilen ist jedoch in diesem Zusammenhang die Ausnutzung eines genehmigten Kapitals unter Bezugsrechtsausschluss bei Zuweisung der jungen Aktien an einen Mehrheitsaktionär[95]. Handelt es sich demgegenüber um eine dem Bezugsrecht unterliegende Kapitalerhöhung aus genehmigtem Kapital, ist ein deutlich großzügigerer Maßstab anzulegen. Ausreichend ist dann ein aktueller Kapitalbedarf, und zu berücksichtigen ist auch, dass Anfechtungsklagen gegen den Direktbeschluss der Hauptversammlung die Durchführung einer ordentlichen Kapitalerhöhung verzögern können[96].

45.28

Vereinzelt wird vertreten, bei besonders substantiellen (Sach-)Kapitalerhöhungen – beispielsweise bei der Ausnutzung bis nahe zur 50 %-Grenze oder der Herstellung eines fusionsähnlichen Zustandes – sei ein Rückgriff auf das genehmigte Kapital ohne gesonderten Zustimmungsbeschluss nach **Holzmüller/Gelatine-Grundsätzen** unzulässig[97]. Allerdings wird bereits im Rahmen der Holzmüller/Gelatine-

45.29

---

90 *Hirte* in Großkomm. AktG, 4. Aufl. 2001, § 203 AktG Rz. 12.
91 *Hüffer/Koch*, § 202 AktG Rz. 17; *Scholz* in MünchHdb. AG, § 59 Rz. 25; *Kuntz* in KölnKomm. AktG, 4. Aufl. 2020, § 202 AktG Rz. 51; *Heusel* in Semler/Volhard/Reichert, ArbeitsHdb. HV, § 22 Rz. 7.
92 *Apfelbacher/Niggemann* in Hölters, § 202 AktG Rz. 88.
93 *Hirte* in Großkomm. AktG, 4. Aufl. 2001, § 202 AktG Rz. 205; *Hirte* in Uhlenbruck, 15. Aufl. 2019, § 11 InsO Rz. 193; a.A. *Pleister/Kindler*, ZIP 2010, 503, 504.
94 *Hüffer/Koch*, § 203 AktG Rz. 41; *Scholz* in MünchHdb. AG, § 59 Rz. 47; *Kuntz* in KölnKomm. AktG, 4. Aufl. 2020, § 203 AktG Rz. 251.
95 Insofern stets einen Vorrang der ordentlichen Kapitalerhöhung annehmend *Bayer*, ZHR 168 (2004), 132, 169 f. und *Bayer* in MünchKomm. AktG, 5. Aufl. 2021, § 202 AktG Rz. 84; a.A. *Seibt/Voigt*, AG 2009, 133, 144; gegen eine generelle Unzulässigkeit aber *Wamser* in BeckOGK AktG, Stand 1.6.2021, § 203 AktG Rz. 85.
96 *Seibt/Voigt*, AG 2009, 133, 144.
97 *Happ* in FS Ulmer, 2003, S. 175, 184 f. m.w.N. Ähnlich *Bayer* in MünchKomm. AktG, 5. Aufl. 2021, § 202 AktG Rz. 57.

Diskussion ein Beteiligungserwerb (anders als eine Beteiligungsveräußerung) ganz überwiegend als eine Maßnahme qualifiziert, welche nicht der (ungeschriebenen) Beschlusskompetenz der Hauptversammlung unterfällt[98]. Auch ist mehr als zweifelhaft, warum die Ausnutzung einer Ermächtigung, welche explizit die Übernahme von Unternehmen im Wege der Sacheinlage gestattet, einer weiteren Zustimmung bedürfen soll. Und schließlich kollidieren die in den Gelatine-Urteilen[99] anklingenden Größenordnungen per se nicht mit der auf 50 % des Kapitals beschränkten Kapitalerhöhung aus genehmigtem Kapital[100].

1. Vorstandsbeschluss

45.30 Der Vorstand entscheidet durch Beschluss[101] und nach pflichtgemäßem Ermessen, ob und wann er von der Ermächtigung Gebrauch macht. Bis zur Eintragung der Durchführung der Kapitalerhöhung kann dieser Beschluss aufgehoben werden[102]. Ob dieses auch dann gilt, wenn sich der Vorstand zur Durchführung der Kapitalerhöhung – etwa in Aktienübernahmeverträgen oder Business Combination Agreements – vertraglich verpflichtet hat, ist umstritten[103]. § 187 Abs. 1 AktG steht der Zusicherung von Bezugsrechten auch dann nicht entgegen, wenn der Bezugsrechtsausschluss nicht bereits Bestandteil des Hauptversammlungsbeschlusses ist, sondern auf die Verwaltung delegiert wurde und im Rahmen des Ausnutzungsbeschlusses erfolgt[104]. Der Ausnutzungsbeschluss ist – ebenso wenig wie der Zustimmungsbeschluss des Aufsichtsrates – nicht im Wege der Anfechtungsklage angreifbar[105]. Kernstück des Beschlusses ist die Erhöhung des Grundkapitals[106]. Soweit nicht der Ermächtigungsbeschluss Einschränkungen enthält, obliegt dem Vorstand auch die Entscheidung über den **Umfang der Kapitalerhöhung** sowie, wenn der Ermächtigungsbeschluss dies vorsieht, die Entscheidung über den **Ausschluss des Bezugsrechts** der Aktionäre (§ 203 Abs. 2 Satz 1 AktG). Gleiches gilt für den **Inhalt der Aktienrechte** und die Bedingungen der Aktienausgabe (§ 204 Abs. 1 Satz 1 AktG). Enthält der Ermächtigungsbeschluss hierzu keine Regelungen, wird dem Vorstand ein sehr breiter Entscheidungsspielraum eingeräumt. Er entscheidet über die Stückelung der jungen Aktien, die Aktienart (Inhaber- oder Namensaktien) bzw. die Gattung (Stammaktien oder Vorzugsaktien). Weil der **Ausgabebetrag** im Ermächtigungsbeschluss regelmäßig offengelassen wird, entscheidet der Vorstand auch über dessen Festsetzung; bei Bezugsrechtsausschluss sind die Grenzen des § 255 Abs. 2 AktG bzw. des § 186 Abs. 3 Satz 4 AktG zu beachten. Nur hinsichtlich der Ausgabe von Vorzugsaktien enthält § 204 Abs. 2 AktG eine Begrenzung: Sind bereits Vorzugsaktien ohne Stimmrecht ausgegeben, können junge Vorzugsaktien, die den bereits ausgegebenen Aktien bei der Verteilung des Gewinns oder des Gesellschaftsvermögens vorgehen oder gleichstehen, nur ausgegeben werden, wenn der Ermächtigungsbeschluss dies vorsieht (Rz. 45.5). Bei **Stückaktien** muss sich gemäß § 202 Abs. 3 Satz 3 i.V.m. § 182 Abs. 1 Satz 5

---

98 *Timm*, ZIP 1993, 114, 117; *Ebenroth/Damm*, DB 1991, 1105, 1108; *Groß*, AG 1994, 266, 277; wohl auch *Mertens/Cahn* in KölnKomm. AktG, 4. Aufl. 2020, § 76 AktG Rz. 61–64; siehe zum Erwerb der Dresdner Bank durch die Commerzbank OLG Frankfurt a.M. v. 7.12.2010 – 5 U 29/10, AG 2011, 173 (die Nichtzulassungsbeschwerde wurde durch Beschluss des BGH v. 7.2.2012 – II ZR 253/10, WM 2012, 546 = AG 2012, 248, zurückgewiesen); *Gubitz/Nikoleyczik*, NZG 2010, 539.
99 BGH v. 26.4.2004 – II ZR 155/02 und II ZR 154/02, ZIP 2004, 993 und 1001.
100 A.A. *Bayer* in MünchKomm. AktG, 5. Aufl. 2021, § 202 AktG Rz. 57.
101 Dazu etwa *Hüffer/Koch*, § 202 AktG Rz. 20 sowie zum Beschluss über den Bezugsrechtsausschluss § 203 AktG Rz. 33.
102 *Hirte* in Großkomm. AktG, 4. Aufl. 2001, § 202 AktG Rz. 166, dort auch zu möglichen Schadensersatzansprüchen von Zeichnern.
103 *von Falkenhausen/Bruckner*, AG 2009, 732 ff.
104 *von Falkenhausen/Bruckner*, AG 2009, 732, 734; a.A. aber *Hüffer/Koch*, § 203 AktG Rz. 13; *Bayer* in MünchKomm. AktG, 5. Aufl. 2021, § 203 AktG Rz. 20; *Wamser* in BeckOGK AktG, Stand 1.6.2021, § 203 AktG Rz. 29.
105 OLG Frankfurt a.M. v. 4.2.2003 – 5 U 63/01, ZIP 2003, 1198, 1199 = AG 2003, 276.
106 Muster bei *Hoffmann-Becking/Berger* in BeckFormularbuch, Formular X. 34 und bei *Favoccia* in MünchVertragsHdb. GesR, Formular V 124.

AktG die Anzahl der jungen Aktien in demselben Verhältnis wie das Grundkapital erhöhen (siehe dazu schon Rz. 44.13). *Hirte* und ihm folgend *Bayer* meinen insofern, der Ausnutzungsbeschluss müsse unterjährig ausgegebene junge Aktien etwa aus bedingtem Kapital berücksichtigen[107]. Das ist nicht nachvollziehbar[108]. Eine andere Frage ist es, wie im gewählten Beispiel ein Bezugsverhältnis zu errechnen ist. Hier sind in der Tat junge Aktien zu berücksichtigen (vgl. schon Rz. 44.45)[109]. Beinhaltet die Kapitalerhöhung einen sog. Greenshoe (dazu Rz. 45.48) oder ist aus sonstigen Gründen eine Ausnutzung des genehmigten Kapitals in mehreren Tranchen gewünscht, kann ein einheitlicher, aber in der Durchführung gestufter Ausnutzungsbeschluss mit der Maßgabe gefasst werden, dass die Anmeldung der Durchführung der Kapitalerhöhung in Teilbeträgen erfolgt[110].

Umstritten ist die Frage der Festlegung der **Gewinnberechtigung**. Entsprechend der Rechtslage bei der direkten Kapitalerhöhung hält es die herrschende Auffassung für möglich, die jungen Aktien auch mit Gewinnanteilsberechtigung für ein **bereits abgelaufenes Geschäftsjahr** auszustatten, sofern über die Gewinnverwendung für dieses Geschäftsjahr zum Zeitpunkt der Aktienausgabe noch nicht beschlossen wurde[111]. Aus dem Fehlen einer § 217 Abs. 2 AktG entsprechenden Regelung wird von anderen geschlossen, die jungen Aktien könnten nur mit Gewinnanteilsberechtigung für das laufende Geschäftsjahr ausgestattet werden[112]. Eine weitere Auffassung will danach unterscheiden, ob das Bezugsrecht ausgeschlossen wird oder nicht[113]. Der Verweis auf § 217 Abs. 2 AktG trägt wenig[114]. § 204 Abs. 1 AktG enthält vorbehaltlich der Einschränkungen des § 204 Abs. 2 AktG eine weitreichende Kompetenzzuweisung, die den direkten Hauptversammlungsbeschluss ersetzt. Ebenso wie bei der direkten Kapitalerhöhung kann daher die Gewinnanteilsberechtigung für ein bereits abgelaufenes Geschäftsjahr eingeräumt werden, wenn über die Gewinnverwendung für dieses Geschäftsjahr zum Zeitpunkt der Aktienausgabe noch nicht Beschluss gefasst wurde. Das gilt auch dann, wenn das Bezugs-

45.31

---

107 *Hirte* in Großkomm. AktG, 4. Aufl. 2001, § 202 AktG Rz. 169 ff.; *Bayer* in MünchKomm. AktG, 5. Aufl. 2021, § 202 AktG Rz. 96.
108 Beispiel: Die Gesellschaft hat ein eingetragenes Grundkapital von 1.000 und ein genehmigtes Kapital von 500. Es soll eine Kapitalerhöhung gemäß § 186 Abs. 3 Satz 4 AktG um 100 durchgeführt werden. Aus unterjährig ausgeübten Optionen ist das Grundkapital um weitere 10 erhöht worden, was aber noch nicht registertechnisch nachvollzogen ist. Der rechnerische Nennwert ist 1. Der Ausnutzungsbeschluss sollte wie folgt lauten: „Das Grundkapital wird von 1.000 (vor aufgrund Aktienoptionen unterjährig ausgegebener Aktien) um 100 auf 1.100 durch die Ausgabe von 100 neuen Aktien erhöht." Kontrollüberlegung: Bei einer Erhöhung des Grundkapitals von 1.000 um 100 auf 1.100 unter Ausgabe von 100 Aktien erhöht sich das Grundkapital um 10 %, die Zahl der Aktien auch. Legt man das „reale" Grundkapital zugrunde, erhöht sich dieses von 1.010 auf 1.110 (9,9 %), die Zahl der Aktien ebenso. § 182 Abs. 1 Satz 5 AktG ist also hier wie da nicht verletzt. Mit unterjährig ausgegebenen Aktien hat das Problem schlicht nichts zu tun. Der Ausnutzungsbeschluss sollte wie dargelegt an das eingetragene Grundkapital anknüpfen, weil anderenfalls insbesondere die Anmeldung registerrechtlich „in der Luft" hängt. Die Gesellschaft kann nur nicht im gewählten Beispiel das Grundkapital um 100 erhöhen, aber dafür 200 Aktien ausgeben (die Verletzung von § 8 Abs. 3 AktG ausgeblendet).
109 Im gewählten Beispiel (vorstehende Fn.) betrüge das Bezugsverhältnis also nicht 10:1, sondern 10,1:1.
110 *Trapp*, AG 1997, 115, 122; *Groß* in Bosch/Groß, Emissionsgeschäft, Rz. 10/276; *Scholz* in MünchHdb. AG, § 59 Rz. 42; *Busch*, AG 2002, 230, 232.
111 *Kuntz* in KölnKomm. AktG, 4. Aufl. 2020, § 204 AktG Rz. 26; *Scholz* in MünchHdb. AG, § 59 Rz. 51; *Simon*, AG 1960, 148; *Wündisch*, AG 1960, 320; *Henze* in Großkomm. AktG, 4. Aufl. 2000, § 60 AktG Rz. 32; *Hoffmann-Becking/Berger* in BeckFormularbuch, Formular X. 32 Anm. 11; *Henssler/Glindemann*, ZIP 2012, 949, 951 f.; *Seibt*, CFL 2011, 74, 78; *Groß* in FS Hoffmann-Becking, 2013, S. 395 ff.; nun auch *Hüffer/Koch*, § 204 AktG Rz. 4; *Rieder/Holzmann* in Grigoleit, § 204 AktG Rz. 6.
112 *Mertens* in FS Wiedemann, 2002, S. 1113, 1114 f.; *Bayer* in MünchKomm. AktG, 5. Aufl. 2021, § 60 AktG Rz. 30 und 31; *Hirte* in Großkomm. AktG, 4. Aufl. 1998, § 217 AktG Rz. 15.
113 *Hirte* in Großkomm. AktG, 4. Aufl. 2001, § 204 AktG Rz. 9; *Veil* in K. Schmidt/Lutter, § 204 AktG Rz. 6; unklar *Bayer* in MünchKomm. AktG, 5. Aufl. 2021, § 204 AktG Rz. 10 (in § 60 Rz. 30 wird von diesem eine generelle Unzulässigkeit angenommen).
114 Ausführlicher *Krause* in Henze/Hoffmann-Becking, RWS-Forum Gesellschaftsrecht 2003, S. 301, 313 f.

recht auf die jungen Aktien ausgeschlossen wird[115]. Der Gewinnberechtigung ist bei der Berechnung des Ausgabebetrages Rechnung zu tragen, und zwar auch bei einem Ausschluss des Bezugsrechts gemäß § 186 Abs. 3 Satz 4 AktG[116]. Allerdings sollten die Ausnutzung der Ermächtigung und die Eintragung der Durchführung der Kapitalerhöhung in ausreichender zeitlicher Distanz zu der über die Gewinnverwendung beschließenden Hauptversammlung erfolgen, damit sie bei der Aufstellung des Jahresabschlusses und bei der Bekanntmachung des Gewinnverwendungsvorschlages bereits Berücksichtigung finden können.

2. Aufsichtsratsbeschluss

45.32 Gemäß § 202 Abs. 3 Satz 2 AktG „sollen" die jungen Aktien nur mit Zustimmung des Aufsichtsrates ausgegeben werden. Der damit angesprochene Zustimmungsbeschluss des Aufsichtsrates bezieht sich auf den Beschluss des Vorstandes, die Ermächtigung auszunutzen. Weil es sich um eine Sollbestimmung handelt, berührt ein Fehlen des Zustimmungsbeschlusses die Beschlussfassung und die weitere Durchführung der Kapitalerhöhung nicht[117]. Allerdings kann das Registergericht bei Kenntnis über das Fehlen des Zustimmungsbeschlusses die Eintragung der Durchführung der Kapitalerhöhung ablehnen[118]. Zudem muss der Aufsichtsratsvorsitzende bei der Anmeldung der Durchführung der Kapitalerhöhung mitwirken, vgl. § 203 Abs. 1 Satz 1 AktG i.V.m. § 188 Abs. 1 AktG. Davon abgesehen bedarf auch die Bestimmung des Vorstandes über den näheren **Inhalt der Aktienrechte** und die **Bedingungen der Aktienausgabe** (§ 204 Abs. 1 AktG) gemäß § 204 Abs. 1 Satz 2 AktG der Zustimmung des Aufsichtsrates; hier ist die Zustimmung des Aufsichtsrates Wirksamkeitsvoraussetzung des Vorstandsbeschlusses[119]. In der Praxis erfolgen aber Ausnutzungsbeschluss und die Festlegung des Inhalts der Aktienrechte und der Bedingungen der Aktienausgabe häufig in einem einheitlichen Vorstandsbeschluss und auch die Zustimmung in einem einheitlichen Aufsichtsratsbeschluss, so dass die Unterscheidung wenig praktische Relevanz hat. Die Zustimmung kann als vorherige Einwilligung oder als nachträgliche Genehmigung erteilt werden[120]. Weil die Ausnutzungsbeschlüsse hinsichtlich des genehmigten Kapitals häufig in einen engen Zeitplan eingebettet sind, kann sich die vorherige Einsetzung eines **Aufsichtsratsausschusses** empfehlen, um kurzfristige Handlungsfähigkeit des Aufsichtsrates zu gewährleisten[121]. Ist der Vorstand durch Hauptversammlungsbeschluss zum Bezugsrechtsausschluss ermächtigt, bedarf der Ausschluss des Bezugsrechts im Ausnutzungsbeschluss gemäß § 204 Abs. 1 Satz 2 Halbs. 2 AktG ebenfalls der Zustimmung des Aufsichtsrates; auch insofern ist Delegation an einen Aufsichtsratsausschuss zulässig[122]. Analog § 204 Abs. 1 Satz 2 AktG wird ein solcher Zustimmungsbeschluss vereinzelt auch dort gefordert, wo der Bezugsrechtsausschluss bereits durch die Hauptversammlung beschlossen wurde[123].

---

115 *Apfelbacher/Niggemann* in Hölters, § 204 AktG Rz. 5; *Scholz* in MünchHdb. AG, § 59 Rz. 51; i.E. einer rückwirkenden Gewinnbeteiligung bei Bezugsrechtsausschluss zustimmend *Hüffer/Koch*, § 204 AktG Rz. 4.
116 Siehe *Groß*, DB 1994, 2431, 2435; *Trapp*, AG 1997, 115, 119.
117 *Bayer* in MünchKomm. AktG, 5. Aufl. 2021, § 202 AktG Rz. 93; *Scholz* in MünchHdb. AG, § 59 Rz. 44.
118 *Hüffer/Koch*, § 202 AktG Rz. 22; *Scholz* in MünchHdb. AG, § 59 Rz. 44.
119 *Hüffer/Koch*, § 204 AktG Rz. 6.
120 *Hoffmann-Becking/Berger* in BeckFormularbuch, Formular X. 34 und dort Anm. 4; *Favoccia* in MünchVertragsHdb. GesR, Formular V 125 mit Anm. 2.
121 Zur Zulässigkeit der Delegation vgl. *Kuntz* in KölnKomm. AktG, 4. Aufl. 2020, § 204 AktG Rz. 52; *Hüffer/Koch*, § 202 AktG Rz. 21 und § 204 AktG Rz. 6; *Scholz* in MünchHdb. AG, § 59 Rz. 44.
122 *Hüffer/Koch*, § 204 AktG Rz. 7; *Kuntz* in KölnKomm. AktG, 4. Aufl. 2020, § 204 AktG Rz. 52.
123 *Scholz* in MünchHdb. AG, § 59 Rz. 64; *Bayer* in MünchKomm. AktG, 5. Aufl. 2021, § 204 Rz. 23; *Rieder/Holzmann* in Grigoleit, § 204 Rz. 8; wohl auch BGH v. 23.6.1997 – II ZR 132/93 – Siemens/Nold, BGHZ 136, 133, 140 = AG 1997, 465.

3. Preisfestsetzung

Die Barkapitalerhöhung aus genehmigtem Kapital in der börsennotierten AG wird zumindest dann, wenn das Bezugsrecht ausgeschlossen ist, häufig im Wege des Bookbuilding oder des accelerated bookbuilding vermarktet. Um eine schnelle Erfüllung der mit Investoren geschlossenen Kaufverträge mit zugelassenen Aktien zu ermöglichen, ist es insbesondere bei einem accelerated bookbuilding vor dem Hintergrund börsenzulassungsrechtlicher Bestimmungen unumgänglich, die Zeichnung und Ausgabe der Aktien vor dem Ende des Bookbuildings zu vollziehen[124]. Die Zeichnung der jungen Aktien durch den oder die Konsortialführer erfolgt dann zum geringsten Ausgabebetrag. Die zeitlich folgende **Festlegung des Platzierungspreises** erfolgt in einem separaten **Preisfestsetzungsvertrag**; diese Festlegung ist zu den Bedingungen der Aktienausgabe i.S.v. § 204 Abs. 1 AktG zu zählen und bedarf deshalb eines separaten Vorstandsbeschlusses sowie eines zusätzlichen Zustimmungsbeschlusses des Aufsichtsrates[125].

45.33

4. Besonderheiten bei Sachkapitalerhöhung

Gemäß § 205 Abs. 1 AktG kann eine Kapitalerhöhung aus einem genehmigten Kapital gegen Sacheinlagen nur dann erfolgen, wenn die Ermächtigung dies vorsieht[126]. Insofern ist es ausreichend, wenn die Ermächtigung **allgemein** die Ausgabe der Aktien gegen Sacheinlagen erlaubt; eine bestimmte Zweckbindung oder Benennung des Einlegers ist nicht erforderlich (wenn auch zulässig)[127]. Fehlt es hinsichtlich der **Einzelheiten der Sachkapitalerhöhung** an Festsetzungen in dem **Ermächtigungsbeschluss**, sind nach § 205 Abs. 2 AktG der Gegenstand der Sacheinlage, der Einleger und der Nennbetrag beziehungsweise die Zahl der bei der Sacheinlage zu gewährenden Aktien vom Vorstand im Rahmen des **Ausnutzungsbeschlusses** festzusetzen und in den Zeichnungsschein aufzunehmen[128]; hierbei soll der Vorstand die Entscheidung nur mit Zustimmung des Aufsichtsrates treffen.

45.34

Nur wenn der Beschluss über die Schaffung des genehmigten Kapitals Vorgaben in Bezug auf den Ausgabebetrag enthält, kommt eine Anfechtung gemäß § 255 Abs. 2 AktG in Betracht[129]. Aber auch ohne solche Vorgaben sind Vorstand und Aufsichtsrat bei Fassung des Ausnutzungs- bzw. Zustimmungsbeschlusses materiell-rechtlich an die Grenzen des § 255 Abs. 2 AktG gebunden[130]. Wenn die Sacheinlage aus börsennotierten Aktien besteht, ist bei der **Angemessenheitsprüfung** nicht auf die „wahren" bzw. „wirklichen" Werte anhand der Grundsätze über die Unternehmensbewertung, sondern auf den Börsenkurs abzustellen (dazu Rz. 44.77)[131]. In erster Linie auf die Börsenkurse kommt es auch bei der

45.35

---

124 Zum Hintergrund siehe *Busch*, WM 2001, 1277; abweichend *Hirte* in Großkomm. AktG, 4. Aufl. 2001, § 204 AktG Rz. 13, der Festlegung des „Ausgabebetrages" vor Eintragung der Durchführung der Kapitalerhöhung für notwendig hält.
125 *Hoffmann-Becking* in FS Lieberknecht, 1997, S. 25, 38; *Busch*, WM 2001, 1277, 1279; großzügiger (Beschluss über Preisbandbreite reicht aus) *Hirte* in Großkomm. AktG, 4. Aufl. 2001, § 204 AktG Rz. 13; *Schlitt/Seiler/Singhof*, AG 2003, 254, 265 Fn. 134; *Marsch-Barner*, AG 1994, 532, 537; *Scholz* in Münch-Hdb. AG, § 59 Rz. 49.
126 Im Rahmen von Rekapitalisierungsmaßnahmen (zum Begriff vgl. Rz. 44.6 in Fn. 22) stellt gemäß § 7b Abs. 1 Satz 4 i.V.m. § 7 Abs. 4 Satz 2 WStBG, § 194 Abs. 1 Satz 2 AktG die Verwendung junger Aktien zum Umtausch einer stillen Beteiligung keine Sacheinlage dar, vgl. hierzu auch *Nolden/Heusel/Goette*, DStR 2020, 800, 803.
127 *Hüffer/Koch*, § 205 AktG Rz. 3; *Scholz* in MünchHdb. AG, § 59 Rz. 53; *Hirte* in Großkomm. AktG, 4. Aufl. 2001, § 205 AktG Rz. 12.
128 Vgl. insofern auch OLG Karlsruhe v. 28.8.2002 – 7 U 137/01, NZG 2002, 959, 961 = AG 2003, 444; *Herchen* in Happ/Groß/Möhrle/Vetter, Aktienrecht, Formular 12.06 Rz. 37.2 – 37.4.
129 *Koch* in MünchKomm. AktG, 5. Aufl. 2021, § 255 AktG Rz. 14; *K. Schmidt* in Großkomm. AktG, 4. Aufl. 1995, § 255 AktG Rz. 4; *Groß*, ZIP 2002, 160, 164; *Busch*, AG 2002, 230, 232; *Sinewe*, NZG 2002, 314, 315; *Martens* in FS Bezzenberger, 2000, S. 267, 269.
130 *Hirte* in Großkomm. AktG, 4. Aufl. 2001, § 203 AktG Rz. 97; *Martens* in FS Bezzenberger, 2000, S. 267, 277; *Busch*, AG 2002, 230, 232.
131 So auch Scholz in MünchHdb. AG, § 57 Rz. 48; *Krieger* in MünchHdb. AG, § 71 Rz. 132; *Ehmann* in Grigoleit, § 255 AktG Rz. 6 (Börsenkurs als Ausgangspunkt und Untergrenze).

Bewertung der jungen Aktien der aufnehmenden AG an (vgl. schon Rz. 44.31)[132]. Bei Sachkapitalerhöhungen zwecks Erwerb eines anderen Unternehmens, dessen Vollzug etwa aus kartellrechtlichen Gründen oder aufgrund des Zeitraums für die Abwicklung eines Umtauschangebotes längere Zeit in Anspruch nimmt, kann das Austauschverhältnis zu einem frühen Zeitpunkt festgelegt werden[133]. Hieran ist der Vorstand bei Fassung des Ausnutzungsbeschlusses kurz vor Vollzug gebunden. In Bezug auf die Angemessenheitsprüfung ist insofern auf den früheren Zeitpunkt und nicht auf die Fassung des Ausnutzungsbeschlusses abzustellen[134]. Denkbar sind aber auch Alternativgestaltungen, etwa die Festlegung eines festen Wert- anstelle eines festen Umtauschverhältnisses[135] (vgl. auch schon Rz. 44.28).

45.36 Praktische Besonderheiten ergeben sich insbesondere bei einer **Sachkapitalerhöhung** zwecks Erwerb von Aktien einer inländischen oder ausländischen Publikumsgesellschaft im Wege eines **Umtauschangebotes**. Weil der Erfolg des Umtauschangebotes regelmäßig nicht verlässlich absehbar ist und eine ordentliche Kapitalerhöhung unter dem Risiko einer Anfechtungs- oder Nichtigkeitsklage steht, wird insofern regelmäßig ein genehmigtes Kapital herangezogen (bei der ordentlichen Kapitalerhöhung wäre an eine Höchstkapitalerhöhung zu denken)[136]. Der Ausnutzungsbeschluss wird erst dann gefasst, wenn die Akzeptanzquote des Angebotes feststeht (wobei die Zaunkönigregelung in § 16 Abs. 2 WpÜG einen weiteren Ausnutzungsbeschluss erfordern kann). Das Übernahmeangebot sollte unter die Bedingung der Eintragung der Durchführung der Kapitalerhöhung (und der Börsenzulassung der jungen Aktien) gestellt werden. § 18 Abs. 1 WpÜG steht dem nicht entgegen[137]. Die Einbringung der Aktien der Zielgesellschaft erfolgt durch eine beauftragte Bank[138], die als Umtauschagent treuhänderisch die Aktien der Zielgesellschaft von deren Aktionären übernimmt, im Rahmen eines einheitlichen Einbringungsvertrages auf die aufnehmende Aktiengesellschaft überträgt[139], die jungen Aktien dieser Gesellschaft zeichnet und diese wiederum auf die Aktionäre der Zielgesellschaft überträgt. Diese Bank trifft – in Bezug auf den Ausgabebetrag – die allgemeine Differenzhaftung des Sacheinlegers, von der sie durch die aufnehmende AG nicht freigestellt werden kann. Zu weit geht demgegenüber die Annahme, ein solches Institut gehöre zu den potentiell Ersatzpflichtigen im Fall eines unzulässigen Ausschlusses des Bezugsrechts[140], weil die Bank lediglich wertpapierabwicklungstechnische Leistungen bestimmungsgemäß erbringt.

45.37 § 205 Abs. 3 AktG enthält Sonderregeln über **Mängel der Sachkapitalerhöhung**. Sofern die nach § 205 Abs. 2 AktG erforderlichen Festsetzungen fehlen, sind Verträge über Sacheinlagen und die Rechtshandlungen zu ihrer Ausführung der Gesellschaft gegenüber nicht mehr unwirksam (§ 205 Abs. 3 Satz 1 AktG i.V.m. § 27 AktG). Bei einer im Registerverfahren nicht offen gelegten Sacheinlage ist aber im Fall ihrer Entdeckung die Eintragung abzulehnen. Bei einer verdeckten Sacheinlage (aber auch bei einer fehlerhaften offenen Sacheinlage) gilt die Anrechnungslösung des § 27 Abs. 3 AktG (dazu schon Rz. 44.27).

---

132 Kritisch aber *Hüffer/Koch*, § 255 AktG Rz. 11 und 13.
133 So war es etwa bei dem Unternehmenszusammenschluss der ZEAL Network SE und der Lotto24 AG in 2019 sowie dem Unternehmenszusammenschluss der Linde plc mit der Linde AG und der Praxair Inc. in 2018.
134 *Busch*, AG 2002, 145, 151; *Noack/Zetsche* in Schwark/Zimmer, § 31 WpÜG Rz. 52.
135 *Busch*, AG 2002, 145, 151 und dort Fn. 57; *Krause* in Henze/Hoffmann-Becking, RWS-Forum, Gesellschaftsrecht 2003, S. 301, 315 f.
136 Vgl. hierzu *Marsch-Barner* in Zschocke/Schuster, Bad Homburger Handbuch zum Übernahmerecht, Kapitel E Rz. 24 ff.; *J. Vetter* in FS Uwe H. Schneider, 2011, S. 1371, 1382 f.
137 *Noack/Holzborn* in Schwark/Zimmer, § 18 WpÜG Rz. 9; eingehender *Busch*, AG 2002, 145, 147, 148; ebenso *J. Vetter* in FS Uwe H. Schneider, 2011, S. 1371, 1390.
138 Vgl. insofern auch *Hüffer/Koch*, § 183 AktG Rz. 9.
139 In Betracht kommt auch eine Bevollmächtigung, die allerdings vielfältige Probleme im Registerverfahren mit sich bringen kann (Nachweis der Vollmachten, Aufnahme der Vollmachtgeber in das Verzeichnis der Zeichner).
140 In diese Richtung aber *Hirte* in Großkomm. AktG, 4. Aufl. 2001, § 203 AktG Rz. 150.

5. Berichtspflichten vor Durchführung der Kapitalerhöhung

Bereits in der Siemens/Nold-Entscheidung brachte der BGH hinreichend deutlich zum Ausdruck, dass der Vorstand aufgrund des „allein ihm bekannten" Sachverhalts „in eigener Verantwortung" von der ihm seitens der Hauptversammlung eingeräumten Ermächtigung Gebrauch machen kann[141]. Dass der Vorstand von der ihm erteilten Ermächtigung ordnungsgemäß Gebrauch macht, wird durch die Kontrolle durch den Aufsichtsrat, die Schadensersatzverpflichtung des Vorstandes und Aufsichtsrates[142] sowie die Verpflichtung, der nächsten ordentlichen Hauptversammlung der Gesellschaft zu berichten[143], ausreichend gewährleistet. Der BGH hat dies 2005 ausdrücklich klargestellt[144]. Daher genügt es, dass der Vorstand im Nachhinein (dazu Rz. 45.43) über die durchgeführte Kapitalerhöhung auf der nächsten ordentlichen Hauptversammlung Bericht erstattet, wobei die Berichtspflicht inhaltlich über die Angaben im Anhang des Jahresabschlusses (§ 160 Abs. 1 Nr. 3 AktG) hinausgeht[145]. Maßnahmen des **vorläufigen Rechtsschutzes** werden hierdurch nicht faktisch ausgeschlossen, weil unabhängig von den aktienrechtlichen Berichtspflichten die kapitalmarktrechtlichen Pflichten gemäß Art. 17 MAR zu beachten sind. Im Übrigen liegt bei Sachkapitalerhöhungen zwecks Unternehmensakquisitionen wegen kartellrechtlicher oder sonstiger behördlicher Genehmigungserfordernisse zwischen Bekanntwerden der Transaktion und Vollzug (samt Ausnutzungsbeschluss) ohnehin häufig ein längerer Zeitraum. Eine faktische Vorwegnahme der Hauptsache dürfte mit einer Unterlassungsverfügung nur in Ausnahmefällen verbunden sein[146]. Jedoch droht dem Antragsteller die Schadensersatzpflicht gemäß § 945 ZPO[147].

45.38

V. Durchführung der Kapitalerhöhung

1. Zeichnung

Im Anschluss an den Ausnutzungsbeschluss des Vorstandes sowie den Zustimmungsbeschluss des Aufsichtsrates erfolgt die Zeichnung der neuen Aktien, für die gemäß § 203 Abs. 1, § 185 AktG die Rege-

45.39

---

141 Vgl. *Ihrig*, WiB 1997, 1181, 1182; *Cahn*, ZHR 164 (2000), 113, 118; *Volhard*, AG 1998, 401, 402 f.; *Lutter*, JZ 1998, 50, 52; *Hirte*, EWiR 1997, 1013, 1014.
142 Vgl. dazu *Kirchner/Sailer*, NZG 2002, 305, 307 und ebenda in Fn. 24 m.w.N.
143 Dazu OLG Frankfurt a.M. v. 5.7.2011 – 5 U 104/10, ZIP 2011, 1613, 1615 ff. = AG 2011, 713 und unten Rz. 45.43.
144 BGH v. 10.10.2005 – II ZR 148/03 – Mangusta/Commerzbank, AG 2006, 38 = ZIP 2005, 2205 = BB 2005, 2767 = DB 2005, 2738 = NZG 2006, 20 und dazu *Busch*, NZG 2006, 81 ff.; *Bungert*, BB 2005, 2757 ff.; *Waclawik*, ZIP 2006, 397 ff.; *Wilsing*, ZGR 2006, 722 ff.
145 *Hüffer/Koch*, § 203 AktG Rz. 36 f.; *Scholz* in MünchHdb. AG, § 59 Rz. 63; *Kuntz* in KölnKomm. AktG, 4. Aufl. 2020, § 203 AktG Rz. 151; *Herchen* in Happ/Groß/Möhrle/Vetter, Aktienrecht, Formular 12.06 Rz. 40.1; *Henze*, Aktienrecht, Rz. 1011; *Krieger* in FS Wiedemann, 2002, S. 1081, 1087 ff.; *Marsch*, AG 1981, 211, 214; *Quack*, ZGR 1983, 257, 264; *Cahn*, ZHR 164 (2000), 113, 118; *Volhard*, AG 1998, 397, 402 f.; *Bungert*, NJW 1998, 488, 491; *Ihrig*, WiB 1997, 1181, 1182; *Natterer*, ZIP 2002, 1672, 1676; *Heinsius* in FS Kellermann, 1991, S. 115, 123 f.; *Bosse*, ZIP 2001, 104, 107; *Kirchner/Sailer*, NZG 2002, 305, 307; *Henze* in FS Hadding, 2004, S. 409, 416; a.A., mit Forderung nach einer schriftlichen Berichterstattung: *Bayer* in FS P. Ulmer, 2003, S. 21, 30; *Bayer*, ZHR 168 (2004), 132, 154 f.; *Lutter*, BB 1981, 861, 863; *Timm*, DB 1982, 211, 215 f.; *Kimpler*, DB 1994, 767, 768; *Hirte*, Bezugsrechtsausschluss und Konzernbildung, 1986, S. 120 ff.; *Hirte* in Großkomm. AktG, 4. Aufl. 2001, § 203 AktG Rz. 86; *Meilicke/Heidel*, DB 2000, 2358 ff.; *Paefgen*, ZIP 2004, 145, 152 ff.; vgl. nunmehr auch *Bayer* in MünchKomm. AktG, 5. Aufl. 2021, § 203 AktG Rz. 160, der die Aktionäre durch eine nachträgliche Berichterstattung nicht hinreichend geschützt sieht.
146 Siehe *Schlitt/Seiler*, ZHR 166 (2002), 544, 564 f., 576; *Bayer*, ZHR 168 (2004), 132, 158; zweifelnd aber *Cahn*, ZHR 163 (1999), 554, 574; vgl. auch OLG Frankfurt a.M. v. 12.12.2000 – 5 U 146/00 – Commerzbank, WM 2001, 206 = AG 2001, 268 zu Hilfsantrag in Ziffer 4.
147 A.A. (§ 945 ZPO wegen faktischem Ausschluss der Anfechtungsklage nicht anwendbar) *Hirte* in Großkomm. AktG, 4. Aufl. 2001, § 203 AktG Rz. 133; dagegen etwa *Bayer*, ZHR 168 (2004), 132, 158; *Cahn* in FS Ulmer, 2003, S. 21, 31 und dort Fn. 55 m.w.N.

lungen über die ordentliche Kapitalerhöhung entsprechend gelten (dazu Rz. 44.95 ff.)[148]. Als Datum der Kapitalerhöhung i.S.v. § 185 Abs. 1 Satz 3 Nr. 1 AktG ist im Zeichnungsschein der Tag anzugeben, an dem die Ermächtigung des Vorstandes in das Handelsregister eingetragen wurde (§ 203 Abs. 1 Satz 2 AktG). Die Angaben nach § 185 Abs. 1 Satz 3 Nr. 2 und 3 AktG beziehen sich auf den konkreten Teil des genehmigten Kapitals, hinsichtlich dessen die Ermächtigung ausgeübt wird. Hinsichtlich der **Befristung** gemäß § 185 Abs. 1 Satz 3 Nr. 4 AktG wird entsprechend der ordentlichen Kapitalerhöhung überwiegend angenommen, diesen Zeitpunkt bestimme entweder die Hauptversammlung im Ermächtigungsbeschluss, andernfalls der Vorstand mit Zustimmung des Aufsichtsrates[149]. Das entspricht nicht dem Gesetz und auch nicht der Praxis. Diese Sichtweise mag bei der ordentlichen Kapitalerhöhung sinnvoll sein, um bei der geschlossenen AG gleichlaufende Befristungen für alle Zeichner sicherzustellen. Die Übernahme der Kapitalerhöhung aus genehmigtem Kapital erfolgt regelmäßig über ein oder mehrere Kreditinstitute; diese legen den Zeitpunkt gemäß § 185 Abs. 1 Satz 3 Nr. 4 AktG im Einvernehmen mit der AG fest und sind hierzu auch rechtlich befugt[150]. Auch bei der Ausnutzung eines genehmigten Kapitals begründet der Zeichnungsvertrag keinen Anspruch auf Durchführung der Kapitalerhöhung, kann aber Grundlage von Schadensersatzansprüchen bei grundloser Nichtdurchführung sein (Rz. 44.100).

2. Erbringung der Einlagen und Anpassung der Satzung

45.40 Wie bei der ordentlichen Kapitalerhöhung sind aufgrund der Zeichnung die **Mindesteinlagen** einzufordern und zu leisten (§ 203 Abs. 1, § 188 Abs. 2, § 36 Abs. 2, § 36a AktG; dazu Rz. 44.101). Umstritten ist, ob im Rahmen der Durchführung der Kapitalerhöhung auch eine **Neufassung des Satzungswortlautes** vorgenommen und angemeldet werden muss. Die herrschende Auffassung nimmt insofern an, dass § 181 Abs. 1 Satz 2 AktG nicht durch die Regelung des § 188 AktG verdrängt wird[151]. § 181 AktG betreffe den in sich geschlossenen Regelungsgegenstand der Satzungsänderung und sei demnach auch ohne Verweisung durch die §§ 188, 203 AktG anwendbar[152]. Dies ist zwar nicht unbestritten[153], jedoch sollte dort, wo die Satzung keine Ermächtigung gemäß § 179 Abs. 1 Satz 2 AktG vorsieht, eine solche in den Beschluss über die Schaffung des genehmigten Kapitals aufgenommen werden, sodass die Anpassung durch den Aufsichtsrat vorgenommen und angemeldet werden kann; wo dies nicht geschieht, ist – sofern man in dem Ermächtigungsbeschluss der Hauptversammlung keinen konkludenten Beschluss[154] nach § 179 Abs. 1 Satz 2 AktG erkennen möchte – vor Eintragung der Durchführung der Kapitalerhöhung ein weiterer Hauptversammlungsbeschluss erforderlich.

---

148 Muster eines Zeichnungsscheins im Rahmen eines genehmigten Kapitals bei *Kuntz* in KölnKomm. AktG, 4. Aufl. 2020, § 203 AktG Rz. 14.
149 *Hüffer/Koch*, § 203 AktG Rz. 5; *Hirte* in Großkomm. AktG, 4. Aufl. 2001, § 203 AktG Rz. 14; *Kuntz* in KölnKomm. AktG, 4. Aufl. 2020, § 203 AktG Rz. 21.
150 Zustimmend *Scholz* in MünchHdb. AG, § 59 Rz. 67; *Rieder/Holzmann* in Grigoleit, § 293 AktG Rz. 6. Der Aktienübernahmevertrag enthält regelmäßig Absprachen über die Befristung, vgl. das Muster bei *Groß* in Bosch/Groß, Emissionsgeschäft, Rz. 10/326, Ziffer II.2.a).
151 *Hüffer/Koch*, § 203 AktG Rz. 15; *Scholz* in MünchHdb. AG, § 59 Rz. 70; *Hirte* in Großkomm. AktG, 4. Aufl. 2001, § 203 AktG Rz. 50; *Bayer* in MünchKomm. AktG, 5. Aufl. 2021, § 203 AktG Rz. 28.
152 *Wamser* in BeckOGK AktG, Stand 1.6.2021, § 203 AktG Rz. 39; *Bayer* in MünchKomm. AktG, 5. Aufl. 2021, § 203 AktG Rz. 28.
153 Eine gleichzeitige Anmeldung der Neufassung des Satzungswortlauts sei nicht erforderlich, weil nicht die Ausnutzung des genehmigten Kapitals, sondern die Eintragung der Erhöhung des Grundkapitals eine Satzungsänderung bewirke, so *Hirte* in Großkomm. AktG, 4. Aufl. 2001, § 203 AktG Rz. 38; auch verweisen die §§ 188, 203 AktG nicht auf § 181 AktG, *Wamser* in BeckOGK AktG, Stand 1.6.2021, § 203 AktG Rz. 39; *Cahn*, AG 2001, 181, 182.
154 So *Cahn*, AG 2001, 181, 185, der darauf hinweist, dass eine solche konkludente Ermächtigung des Aufsichtsrats einer Aufgabe des Erfordernisses nach § 179 Abs. 1 Satz 2 AktG gleichsteht.

3. Anmeldung und Eintragung der Durchführung der Kapitalerhöhung

Nach erfolgter Zeichnung und Leistung der Mindesteinlagen ist die Durchführung der Kapitalerhöhung vom Vorstand gemeinsam mit dem Vorsitzenden des Aufsichtsrates (im Fall seiner Verhinderung dessen Stellvertreter, § 107 Abs. 1 Satz 3 AktG) zur Eintragung in das Handelsregister anzumelden, vgl. § 188 Abs. 1 AktG. Handelt es sich um einen zweistufigen Beschluss des Vorstandes über einen festen Betrag einerseits und einen Höchstbetrag andererseits, welcher vor allem in Bezug auf den Greenshoe (dazu Rz. 45.48) relevant sein kann, und ist der Höchstbetrag noch nicht gezeichnet, erfolgt die Anmeldung der Durchführung der Kapitalerhöhung nur in Bezug auf den gezeichneten Festbetrag[155]. Der Anmeldung sind diejenigen Anlagen und Erklärungen beizufügen, die auch bei der Anmeldung der Durchführung der ordentlichen Kapitalerhöhung erforderlich sind (Rz. 44.108). Zweifelhaft ist, ob auch **schriftliche Unterlagen über die Beschlüsse von Vorstand und Aufsichtsrat** einzureichen sind, weil das Gesetz diesbezüglich keine Formvorschrift aufstellt und die Anmeldung durch die Vorstandsmitglieder in vertretungsberechtigter Anzahl sowie den Aufsichtsratsvorsitzenden die ordnungsgemäße Beschlussfassung indiziert. In der Praxis ist jedoch eine Beifügung der entsprechenden Beschlüsse bzw. Protokollnotizen dringend anzuraten[156]. Auch ist zum Nachweis der Änderung der Fassung der Satzung insoweit eine Vorlage des entsprechenden (Aufsichtsrats-)Beschlusses erforderlich[157].

45.41

Das **Registergericht** hat die durch Gesetz und Satzung vorgegebenen formellen und materiellen Voraussetzungen der Rechtmäßigkeit der Durchführung der Kapitalerhöhung **zu prüfen** und kann insofern Nachweise verlangen. Schwere Mängel ausgenommen (dazu Rz. 45.46), wird die Durchführung der Kapitalerhöhung mit Eintragung im Handelsregister wirksam, vgl. § 203 Abs. 1 Satz 1, § 189 AktG[158]. Nach erfolgter Eintragung und Leistung etwaiger noch ausstehender Einlagen auf den Nennbetrag (sofern bei Anmeldung nur die Mindesteinlage geleistet wurde) ist der Vorstand befugt, die neuen Aktienurkunden auszugeben.

45.42

4. Bericht an die Hauptversammlung

Entsprechend der BGH-Urteile Siemens/Nold und Mangusta/Commerzbank ist der Hauptversammlung, welche der Durchführung der Kapitalerhöhung nachfolgt, über die Ausnutzung des genehmigten Kapitals zu berichten[159]. Dies erfordert keinen gesonderten Tagesordnungspunkt, sondern kann Bestandteil des Berichts der Verwaltung über das abgelaufene Geschäftsjahr sein[160]. Zu der Berichtspflicht gehört auch eine kurze Begründung des Bezugsrechtsausschlusses[161]. Zu den Folgen der Verletzung der Berichtspflicht siehe schon Rz. 45.20 a.E. Daneben ist gemäß § 160 Abs. 1 Nr. 3 AktG im

45.43

---

155 Dies geschieht, sofern der Ausnutzungsbeschluss es vorsieht, dass bereits nach Zeichnung von Teilbeträgen die Durchführung der Kapitalerhöhung hinsichtlich des Teilbetrags angemeldet werden kann, siehe auch *Scholz* in MünchHdb. AG, § 59 Rz. 71.
156 *Hirte* in Großkomm. AktG, 4. Aufl. 2001, § 203 AktG Rz. 43; *Scholz* in MünchHdb. AG, § 59 Rz. 72; *Hüffer/Koch*, § 203 AktG Rz. 15; eine Rechtspflicht annehmend BayObLG v. 9.4.2002 – 3 Z BR 39/02, DB 2002, 1544 = AG 2002, 397, 398.
157 *Hoffmann-Becking/Berger* in BeckFormularbuch, Formular X. 35 und dort Anm. 10.
158 Beachte indes die Ausnahmeregelung in § 7c Satz 3 WStBG: Demnach wird die Kapitalerhöhung bereits mit Veröffentlichung des zum Handelsregister angemeldeten Durchführungsbeschlusses gemäß § 7c Sätze 1 und 6 WStBG auf der Internetseite der Gesellschaft, spätestens jedoch mit der Veröffentlichung im Bundesanzeiger wirksam.
159 BGH v. 10.10.2005 – II ZR 148/03 – Commerzbank/Mangusta I, BGHZ 164, 241, 244 = AG 2006, 36; BGH v. 23.6.1997 – II ZR 132/93 – Siemens/Nold, BGHZ 136, 133, 140 = AG 1997, 465; siehe auch § 5 Abs. 1 Satz 2 WStBG.
160 Vgl. *Scholz* in MünchHdb. AG, § 59 Rz. 63; *Born*, ZIP 2011, 1793, 1796; *Klie*, DStR 2013, 530, 531; *Niggemann/Wansleben*, AG 2013, 269, 273; weitergehend aber *Kossmann*, NZG 2012, 1129 ff.
161 Str., vgl. *Scholz* in MünchHdb. AG, § 59 Rz. 63 sowie *Hüffer/Koch*, § 203 AktG Rz. 37 jeweils m.w.N.

Anhang über die Ausgabe von Aktien aus genehmigtem Kapital im abgelaufenen Geschäftsjahr zu berichten.

VI. Fehlerhafte Durchführung der Kapitalerhöhung

45.44 Der Kapitalerhöhung aus genehmigtem Kapital können diverse Fehler anhaften. Diese Fehler können bei der Anmeldung zur Eintragung der Durchführung der Kapitalerhöhung im Rahmen des Prüfungsprozesses des Gerichts auffallen oder auch nicht; im letzteren Fall stellt sich die Frage, ob und in welchem Umfang eine Eintragung der Durchführung der Kapitalerhöhung Mängel heilt.

1. Eintragungshindernisse

45.45 Grundsätzlich bildet jeder Fehler der Kapitalerhöhung aus genehmigtem Kapital ein Eintragungshindernis. Dies gilt selbstverständlich für Fälle fehlender Ermächtigung oder einer Ermächtigung, die den gesetzlich vorgeschriebenen Rahmen betragsmäßig oder zeitlich überschreitet (siehe schon Rz. 45.7 ff.). Aber auch wenn der Vorstand die von der Hauptversammlung sonst vorgegebenen inhaltlichen Beschränkungen der Ermächtigung überschreitet, der in § 204 Abs. 1 Satz 2 AktG vorgeschriebene Aufsichtsratsbeschluss fehlt, die Beschlussfassung des Vorstandes fehlt oder mangelhaft ist, den Zeichnungsscheinen Mängel anhaften oder der Hauptversammlungsbeschluss etwa wegen unzureichender Berichterstattung angefochten ist, kann das Registergericht die Anmeldung beanstanden, aussetzen bzw. bei unheilbaren Mängeln ganz ablehnen[162].

2. Eintragung trotz Fehlerhaftigkeit

45.46 **Nach der Eintragung** der Durchführung einer mängelbehafteten Kapitalerhöhung aus genehmigtem Kapital ist nach **Art des Mangels** zu differenzieren: Fehlt eine Hauptversammlungsermächtigung oder ist diese wirksam (rechtskräftig) angefochten oder überschreitet der Ausnutzungsbeschluss den durch die Hauptversammlungsermächtigung vorgegebenen Rahmen in zeitlicher bzw. betragsmäßiger Weise, ist außerhalb des Bestandsschutzes gemäß § 246a Abs. 4 AktG i.V.m. § 242 Abs. 2 Satz 5 AktG (Freigabeverfahren) die Durchführung der Kapitalerhöhung unwirksam (d.h. die ausgegebenen Aktien verbriefen keine Mitgliedschaftsrechte)[163]. Dies ist auch registerrechtlich durch Löschung nachzuvollziehen. Für die Löschung der Eintragung der Durchführung der Kapitalerhöhung gilt § 398 FamFG analog[164] (nur bei gerichtlicher Nichtigkeitserklärung erfolgt der registergerichtliche Vollzug über § 248 Abs. 2 AktG). Allerdings gelten wie bei der ordentlichen Kapitalerhöhung auch hier die Regeln über die fehlerhafte Gesellschaft (vgl. Rz. 44.118)[165]. Ebenso kommt eine Amtslöschung nur unter erschwerten Voraussetzungen in Betracht; die Rüge der Verletzung einzelne Aktionäre schützender Rechtsvorschriften rechtfertigt eine Amtslöschung oder auch nur deren Beteiligung im Registerverfahren nicht[166].

45.47 Andere Mängel werden demgegenüber durch die **Eintragung** der Durchführung der Kapitalerhöhung **geheilt**. Dies gilt vor allem in Bezug auf Überschreitungen der Ermächtigung, hinsichtlich inhaltlicher Vorgaben der Hauptversammlung über den Inhalt der neuen Aktien bzw. die Ausgabebedingungen

---

162 *Hirte* in Großkomm. AktG, 4. Aufl. 2001, § 202 AktG Rz. 242; *Scholz* in MünchHdb. AG, § 59 Rz. 75 und 76.
163 *Hirte* in Großkomm. AktG, 4. Aufl. 2001, § 202 AktG Rz. 245; *Scholz* in MünchHdb. AG, § 59 Rz. 75; *Hüffer/Koch*, § 202 AktG Rz. 19; *Bayer* in MünchKomm. AktG, 5. Aufl. 2021, § 203 AktG Rz. 31.
164 OLG Frankfurt a.M. v. 29.10.2001 – 20 W 58/01, DB 2002, 86 = AG 2002, 352 m.w.N.; *Krafka* in MünchKomm. FamFG, 3. Aufl. 2019, § 398 FamFG Rz. 4.
165 *Hüffer/Koch*, § 202 AktG Rz. 19; *Scholz* in MünchHdb. AG, § 59 Rz. 75; *Bayer* in MünchKomm. AktG, 5. Aufl. 2021, § 203 AktG Rz. 31.
166 OLG Frankfurt a.M. v. 29.10.2001 – 20 W 58/01, DB 2002, 86 f. = AG 2002, 352.

und auch für Verletzungen des Bezugsrechts; werden etwa die Grenzen des § 186 Abs. 3 Satz 4 AktG in Bezug auf das nicht wesentliche Unterschreiten des Ausgabebetrages gegenüber dem Börsenkurs nicht eingehalten, ist die Kapitalerhöhung gleichwohl wirksam, wenn ihre Durchführung in das Handelsregister eingetragen wurde[167]. Gleiches gilt für Mängel des Vorstandsbeschlusses und das Fehlen der Zustimmung des Aufsichtsrates gemäß § 204 Abs. 1 Satz 2 AktG (hinsichtlich Letzterem geht ein Teil der Literatur ebenso wie bei § 202 Abs. 3 Satz 2 AktG aber gegen den Wortlaut des § 204 Abs. 1 Satz 2 AktG von einer bloßen Beschränkung der Geschäftsführungsbefugnis aus, während andere die Heilung eines Wirksamkeitsmangels durch Eintragung annehmen)[168]. Eine vereinzelt gebliebene Auffassung lässt entgegen der auch hier vertretenen Sichtweise (Rz. 45.30) gegen das Verwaltungshandeln (Ausnutzungsbeschluss) eine Anfechtungsklage zu und verneint insofern den durch Eintragung der Durchführung der Kapitalerhöhung entstehenden Bestandsschutz[169]; zur Begründung wird darauf verwiesen, auch bei der direkten Kapitalerhöhung sei der Hauptversammlungsbeschluss nach seiner Eintragung noch angreifbar. Das übersieht, dass der Ermächtigungsbeschluss (Schaffung des genehmigten Kapitals) bei Ausnutzung regelmäßig wegen Fristablaufs unanfechtbar ist. Auch die Stattgabe einer Feststellungsklage gegen den Ausnutzungsbeschluss führt nicht zur Unwirksamkeit der Aktienrechte; das ist nicht das Klageziel (Feststellung der Rechtswidrigkeit des Organhandelns als Geschäftsführungsmaßnahme). Auch ist die Wirkung des Feststellungsurteils nicht mit der kassatorischen Wirkung des Urteils über eine Anfechtungsklage vergleichbar[170].

VII. Genehmigtes Kapital und Greenshoe

Das Instrument des Greenshoes ist eine Entwicklung der Kapitalmarktpraxis im Zusammenhang mit der Platzierung von Aktien im Rahmen eines Bookbuilding-Prozesses[171]. Der Greenshoe ist eine ergänzende Kursstabilisierungsmaßnahme i.S.d. Art. 8 DelVO[172] und beinhaltet eine **Kombination aus Wertpapierleihe und Kaufoption**[173]. Stammt die Kaufoption von der Gesellschaft, wird sie regelmäßig aus genehmigtem Kapital bedient. Soweit im Hinblick auf § 255 Abs. 2, § 186 Abs. 3 Satz 4 AktG da-

45.48

---

167 Vgl. *Scholz* in MünchHdb. AG, § 59 Rz. 76; *Hüffer/Koch*, § 202 AktG Rz. 19; *Bayer* in MünchKomm. AktG, 5. Aufl. 2021, § 203 AktG Rz. 32.
168 *Scholz* in MünchHdb. AG, § 59 Rz. 76; *Hüffer/Koch*, § 204 AktG Rz. 8.
169 *Paefgen*, ZIP 2004, 145, 151.
170 So i.E. auch BGH v. 10.10.2005 – II ZR 90/03, BGHZ 164, 249, 257 = AG 2006, 38 ff.; *Lutter*, JZ 2007, 371, 372; *Scholz* in MünchHdb. AG, § 59 Rz. 65; *Wamser* in BeckOGK AktG, Stand 1.6.2021, § 202 AktG Rz. 127; *Hüffer/Koch*, § 203 AktG Rz. 39; *Bungert*, BB 2005, 2757, 2759; *Lieder* in Bürgers/Körber/Lieder, § 203 AktG Rz. 46; *Goette*, JbFSt 2006/2007, 286; a.A. *Schürnbrand*, ZHR 171 (2007), 731, 739 ff.
171 Vgl. hierzu *Dautel*, DStR 200, 891, 894; *Weitzell*, NZG 2017, 411, 413; *Hein*, WM 1996, 1, 6; *Hoffmann-Becking* in FS Lieberknecht, 1997, S. 25, 39; *Technau*, AG 1998, 445, 457; *Trapp*, AG 1997, 115, 121.
172 Delegierte Verordnung (EU) 2016/1052 v. 8.3.2016 zur Ergänzung der Verordnung (EU) Nr. 596/2014 des Europäischen Parlaments und des Rates durch technische Regulierungsstandards für die auf Rückkaufprogramme und Stabilisierungsmaßnahmen anwendbaren Bedingungen. Auf das Bestehen und die Umstände der Ausübung der Option muss bereits im Rahmen eines Wertpapierprospektes hingewiesen werden, vgl. Art. 6 Abs. 1 lit. e DelVO. Der Zeitraum für die Ausübung der Option und der Stabilisierungszeitraum (vgl. Art. 5 Abs. 1 DelVO i.V.m. Art. 5 Abs. 4 lit. a) MAR) müssen sich gemäß Art. 8 lit. e) DelVO decken. Die Option darf dabei 15 % des ursprünglichen Angebots nicht überschreiten, vgl. Art. 8 lit. d) DelVO. Zu den damit verbundenen kapitalmarktrechtlichen Fragen der Reichweite zulässiger Stabilisierungsmaßnahmen siehe eingehend *Feuring/Berrar* in Habersack/Mülbert/Schlitt, Unternehmensfinanzierung am Kapitalmarkt, Rz. 39.60 ff. und *Singhof* in Habersack/Mülbert/Schlitt, Handbuch der Kapitalmarktinformation, § 21 Rz. 17 ff.
173 Näher *Busch*, AG 2002, 230 f.; *Apfelbacher/Niggemann* in Hölters, § 203 AktG Rz. 53.

rauf hingewiesen wird, zum Zeitpunkt der Ausnutzung des Greenshoes (d.h. der Kaufoption) sei der Marktwert der Aktien höher als das hierfür an die Gesellschaft zu leistende Entgelt, ist dies zwar richtig (im umgekehrten Fall erfolgt gerade keine Ausübung der Kaufoption). Hinsichtlich der in § 255 Abs. 2, § 186 Abs. 3 Satz 4 AktG angesprochenen Angemessenheit bzw. unwesentlichen Unterschreitung des Börsenpreises ist aber auf die **letzte Entscheidung der Verwaltung** abzustellen, soweit der Zeitraum zwischen dieser und Verfristung der Option wie üblich überschaubar ist[174]. Die Ausnutzung des genehmigten Kapitals erfolgt aber sachgerechterweise sowohl für die Basis-Transaktion wie für die zusätzliche aufgrund einer Ausübung des Greenshoes erfolgende Durchführung der Kapitalerhöhung im Rahmen eines einheitlichen, gestuften Ausnutzungsbeschlusses[175]. Dementsprechend ist in Bezug auf § 255 Abs. 2, § 186 Abs. 3 Satz 4 AktG das Kursniveau zum Zeitpunkt des Ausnutzungsbeschlusses, nicht das zum Zeitpunkt der Ausübung der Option entscheidend[176]. Über die Ausübung der Option ist die Öffentlichkeit im Umfang des Art. 8 lit. f) DelVO unverzüglich zu unterrichten.

45.49 Ein kapitalmarktrechtliches Sonderproblem beinhaltet das sog. „**refreshing the shoe**" (siehe auch Rz. 8.82a): Hier kauft der Stabilisierungsmanager zwar zunächst Aktien zwecks Stabilisierung auf, übt die Greenshoeoption aber gleichwohl später aus, nachdem er bei inzwischen gestiegenem Kursniveau vor Ausübung der Option die zunächst zurückerworbenen Stücke wieder über den Markt veräußert hat[177]. Diese Praxis wirft Fragen der Reichweite zulässiger Stabilisierungsmaßnahmen[178] und ausreichender Kapitalmarkttransparenz auf und bedarf im Hinblick auf den Stabilisierungsgewinn auch der Klärung der Vereinbarkeit mit den vertraglichen Grundlagen des Greenshoes zwischen Stabilisierungsmanager und Aktionär bzw. der Aktiengesellschaft[179]. Hinsichtlich des Interesses des Stillhalters stellt sich in diesem Zusammenhang auch die Frage, zu welchen Kursen die Abgabe erworbener Aktien im Markt gestattet ist, mithin wie weit einerseits der Stabilisierungsmanager den Kurs wieder „drücken" darf bzw. wie lange er mit Abgaben von Aktien zwecks Maximierung von Stabilisierungsgewin-

---

174 *Apfelbacher/Niggemann* in Hölters, § 203 AktG Rz. 53; *Scholz* in MünchHdb. AG, § 59 Rz. 52; *Hirte* in Großkomm. AktG, 4. Aufl. 2001, § 203 AktG Rz. 94 a.E. sowie § 204 AktG Rz. 13 a.E.; *Hein*, WM 1996, 1, 7; *Hoffmann-Becking* in FS Lieberknecht, 1997, S. 25, 42 f.; *Technau*, AG 1998, 445, 458; *Groß* in Bosch/Groß, Emissionsgeschäft, Rz. 10/276; *Trapp*, AG 1997, 115, 122.
175 In Bezug auf den Greenshoe handelt es sich um einen „bis zu"-Ausnutzungsbeschluss, der nur im Fall der Ausübung des Greenshoes und der darauffolgenden Zeichnung zu einer Durchführung der Kapitalerhöhung führt. Vgl. zu diesem Verfahren *Groß* in Bosch/Groß, Emissionsgeschäft, Rz. 10/276.
176 Die zunächst abweichende Entscheidung KG v. 22.8.2001 – 23 U 6712/99, AG 2002, 243 = ZIP 2001, 2178 ff. ist abzulehnen; siehe danach aber KG v. 16.11.2006 – 23 U 55/03, ZIP 2007, 1660, 1662 ff.; wie hier *Groß*, ZIP 2002, 160 f.; *Busch*, AG 2002, 230 f.; *Sinewe*, DB 2002, 314 f.; *Meyer*, WM 2002, 1106 f.; *Heidelbach* in Schwark/Zimmer, § 37 BörsG Rz. 13; *Bayer* in MünchKomm. AktG, 5. Aufl. 2021, § 204 AktG Rz. 21; BGH v. 21.7.2008 – II ZR 1/07, ZIP 2009, 913, 914 = AG 2009, 446.
177 Siehe dazu *Busch* in FS Hoffmann-Becking, 2013, S. 211 ff.
178 *Weitzell*, NZG 2017, 411, 412 f.; dazu im Hinblick auf die EU-Verordnung 2273/2003 *Feuring/Berrar* in Habersack/Mülbert/Schlitt, Unternehmensfinanzierung am Kapitalmarkt, Rz. 39.59 ff.; *Singhof* in Habersack/Mülbert/Schlitt, Handbuch der Kapitalmarktinformation, § 22 Rz. 19; *Singhof/Weber* in Habersack/Mülbert/Schlitt, Unternehmensfinanzierung am Kapitalmarkt, Rz. 3.84 f.; *Fleischer* in Fuchs, § 20a WpHG Rz. 134 („begegnet Bedenken"); sehr kritisch auch *Mock* in KölnKomm. WpHG, 2. Aufl. 2014, § 20a WpHG Rz. 395 ff. (deutlich großzügiger die Vorauflage – *Mock/Stoll/Eufinger* in KölnKomm. WpHG, § 20a Anh. II – Art. 11 VO 2273/2003 Rz. 5–7).
179 Dem Stillhalter dürfte das Problem regelmäßig nicht geläufig sein, so dass eine Klarstellung erforderlich scheint, zumal sich das Stabilisierungsgewinnpotential des Konsortiums erhöht. Beispiel: Platzierungspreis = 24; Greenshoeoption umfasst 1.000 Aktien. Wird hier bei einer Stabilisierung zu 23 der Greenshoe nicht ausgeübt (sondern mit den zurückerworbenen Aktien das Wertpapierdarlehen zurückgeführt), beträgt der Stabilisierungsgewinn 1.000. Wartet der Stabilisierungsmanager ab und gelingt ihm eine Wiederveräußerung zu 25 und übt er den Greenshoe dann aus, hat sich der Stabilisierungsgewinn verdoppelt. Hier bedarf das Interesse des Stillhalters an einer Ausübung des Greenshoes der Klärung zwischen den Parteien.

nen warten darf[180]. Die Europäische Wertpapier- und Marktaufsichtsbehörde (ESMA) steht dieser Praxis kritisch gegenüber[181]. Dies schränkt den Anwendungsbereich deutlich ein[182].

VIII. Arbeitnehmeraktien

Gemäß § 204 Abs. 3 AktG können unter bestimmten Voraussetzungen aufgrund eines entsprechenden Ermächtigungsbeschlusses Aktien an Arbeitnehmer mit der Maßgabe ausgegeben werden, dass die auf sie zu leistende Einlage aus dem gemäß § 58 Abs. 2 AktG thesaurierbaren Jahresüberschuss gedeckt wird. Der Sache nach handelt es sich um eine Kapitalerhöhung aus Gesellschaftsmitteln[183]. Gleichwohl wird sie wie eine Barkapitalerhöhung durchgeführt (§ 204 Abs. 3 Satz 2 AktG), wobei die Einlagepflicht entfällt. In der Praxis hat diese Gestaltung keine Bedeutung; es überwiegen durch ein bedingtes Kapital unterlegte Aktienoptionspläne (dazu Rz. 46.12 f.) bzw. der Einsatz eigener Aktien oder die Einschaltung einer Bank in eine Barkapitalerhöhung[184].

45.50

§ 46
Bedingte Kapitalerhöhung

I. Wesen der bedingten Kapitalerhöhung 46.1	d) Bezugsberechtigte 46.23
II. Zwecke der bedingten Kapitalerhöhung 46.5	e) Ausgabebetrag 46.24
1. Wandelschuldverschreibungen 46.6	f) Aufteilung bei Aktienoptionsplänen, Erfolgsziele, Ausübungszeiträume 46.28
2. Vorbereitung von Unternehmenszusammenschlüssen 46.9	3. Berichtspflichten, sachliche Rechtfertigung und Angemessenheit des Ausgabebetrages 46.32
3. Aktienoptionspläne 46.12	
III. Beschlussfassung 46.14	4. Verbindung mit Beschluss gemäß § 221 AktG 46.36
1. Mehrheitserfordernisse 46.16	5. Fehlerhafte Beschlussfassung 46.37
2. Inhalt des Beschlusses 46.17	IV. Bedingtes Kapital und Sacheinlagen 46.39
a) Gesamtbetrag 46.18	1. Besonderheiten bei Wandelschuldverschreibungen 46.41
b) Inhalt der Aktienrechte 46.21	
c) Zweck 46.22	

---

180 *Weitzell*, NZG 2017, 411, 412 f.; nach *Singhof* in Habersack/Mülbert/Schlitt, Handbuch der Kapitalmarktinformation, § 21 Rz. 40, muss die Wiederabgabe „marktschonend" erfolgen und bleibe dem „aufmerksamen" Marktteilnehmer nicht verborgen.
181 Siehe ESMA/2015/1455 Final Report v. 28.9.2015 „Draft technical standards on the Market Abuse Regulation", Rz. 56 f.: Der Verkauf von Wertpapieren im Rahmen des „refreshing the Greenshoe" unterfällt ebenso wenig dem Safe Harbour des Art. 5 Abs. 1 MAR wie nachfolgende Wertpapierkäufe. Daraus folgt aber nicht zwingend, dass derartige Transaktionen gegen das Verbot der Marktmanipulation gemäß Art. 15 MAR verstoßen; vgl. auch BaFin Emittentenleitfaden Modul C v. 25.3.2020, IV.4. S. 85.
182 So *Brandt* in Kümpel/Mülbert/Früh/Seyfried, Bankrecht und Kapitalmarktrecht, Rz. 15.542.
183 *Hüffer/Koch*, § 204 AktG Rz. 12; *Kuntz* in KölnKomm. AktG, 4. Aufl. 2020, § 204 AktG Rz. 75.
184 *Hirte* in Großkomm. AktG, 4. Aufl. 2001, § 202 AktG Rz. 186; *Scholz* in MünchHdb. AG, § 59 Rz. 83; *Knepper*, ZGR 1985, 419, 434; *Klein/Braun*, BB 1986, 673, 676; *Richter/Gittermann*, AG 2004, 277 ff.; *Tollkühn*, NZG 2004, 594 ff.

2. Besonderheiten bei Verschmelzungen und Gewinnbeteiligungen 46.44
V. Anmeldung, Eintragung und Bekanntmachung des bedingten Kapitals 46.45
VI. Bezugsanspruch 46.48
   1. Inhalt des Bezugsanspruchs 46.49
   2. Schutz des Bezugsanspruchs 46.50

VII. Bezugserklärung und Aktienausgabe 46.53
   1. Bezugserklärung 46.53
   2. Ausgabe der Aktien 46.55
   3. Anmeldung und Eintragung der Durchführung der Kapitalerhöhung; Pflichten nach § 41 WpHG 46.58
   4. Börsenzulassung 46.61
VIII. Anpassung der Satzung 46.62

Schrifttum: *Ackermann/Suchan*, Repricing von Stock Options – aktienrechtliche Zulässigkeit und bilanzielle Behandlung, BB 2002, 1497; *Bader*, Contigent Convertible, Wandelanleihe und Pflichtwandelanleihe im Aktienrecht, AG 2014, 472; *Baums*, Aktienoptionen für Vorstandsmitglieder, in FS Claussen, 1997, S. 3; *Bungert/Hentzen*, Kapitalerhöhung zur Durchführung von Verschmelzung oder Abspaltung bei parallelem Rückkauf eigener Aktien durch die übertragende Aktiengesellschaft, DB 1999, 2501; *Busch*, Bezugsrecht und Bezugsrechtsausschluss bei Wandel- und Optionsanleihen, AG 1999, 58; *von Einem/Götze*, Die Verwendung wirtschaftlicher Erfolgsziele in Aktienoptionsprogrammen, AG 2002, 72; *Esterer/Härteis*, Die Bilanzierung von Stock Options in der Handels- und Steuerbilanz, DB 1999, 2073; *Florstedt*, Die umgekehrte Wandelschuldverschreibung, ZHR 180 (2016), 152; *Herzig/Lochmann*, Steuerbilanz und Betriebsausgabenabzug bei Stock Options, WPg 2002, 325; *Hoffmann-Becking*, Gestaltungsmöglichkeiten bei Anreizsystemen, NZG 1999, 797; *Houben*, Die Gestaltung des Pflichtangebots unter dem Aspekt des Minderheitenschutzes und der effizienten Allokation der Unternehmenskontrolle, WM 2000 (Heft 38), 1873; *Kessler/Sauter*, Handbuch Stock Options, 2003; *Keul/Semmer*, Das zulässige Gesamtvolumen von Aktienoptionsplänen, DB 2002, 2255; *Knoll*, Der Wert von Bezugsrechten und die materielle Rechtfertigung des Bezugsrechtsausschlusses bei Wandelschuldverschreibungen, ZIP 1998, 413; *Knoll*, Kumulative Nutzung von bedingtem Kapital und Aktienrückkauf zur Bedienung von Aktienoptionsprogrammen – sind 10 % nicht genug?, ZIP 2002, 1382; *Kropp*, Aktienoptionen statt finanzielle Gewinnbeteiligung: Wann und in welcher Höhe werden sie aufwandswirksam?, DStR 2002, 1960; *Lieder*, Unternehmensrechtliche Implikationen der Corona-Gesetzgebung, ZIP 2020, 837; *Maier-Reimer*, Verbesserung des Umtauschverhältnisses in Spruchverfahren, ZHR 164 (2000), 563; *Maier-Reimer*, Bedingtes Kapital für Wandelanleihen, in Gedächtnisschrift Bosch, 2006, S. 85; *Marsch-Barner*, Nochmals: Umgehung der Sacheinlagevorschriften durch Wandelschuldverschreibungen und Wandelgenußrechte?, DB 1995, 1497; *Maul*, Zur Unzulässigkeit der Festsetzung lediglich eines Mindestausgabebetrages im Rahmen des § 193 II Nr. 3 AktG, NZG 2000, 679; *Meilicke*, Umgehung der Sacheinlagevorschriften durch Wandelschuldverschreibungen und Wandelgenußrechte?, DB 1995, 1061; *Mutter*, Darf's ein bißchen mehr sein? – Überlegungen zum zulässigen Gesamtvolumen von Aktienoptionsprogrammen nach dem KonTraG, ZIP 2002, 295; *Naumann*, Zur Bilanzierung von Stock Options, DB 1998, 1429; *Pellens/Crasselt*, Bilanzierung von Stock Options, DB 1998, 217; *Noack*, Gesellschaftsrechtliche Aspekte der Stabilisierung von Unternehmen der Realwirtschaft, DB 2020, 1328; *Nolden/Heusel/Goette*, Das Wirtschaftsstabilisierungsfondsgesetz im aktienrechtlichen Kontext, DStR 2020, 800; *Olmor/Dilek*, Corona-Gesellschaftsrecht – Rekapitalisierung von Gesellschaften in Zeiten der Pandemie, BB 2020, 1026; *Roß/Pommerening*, Angabepflichten zu Aktienoptionsplänen im Anhang und Lagebericht, WPg 2002, 371; *Roth/Schoneweg*, Emission selbständiger Aktienoptionen durch die Gesellschaft – Zur aktienrechtlichen Zulässigkeit der Begebung so genannter naked warrants –, WM 2002, 677; *Rozijn*, „Wandelanleihe mit Wandlungspflicht" – eine deutsche equity note?, ZBB 1998, 77; *Schlitt/Löschner*, Abgetrennte Optionsrechte und Naked Warrants, BKR 2002, 150; *Schlitt/Schäfer*, Alte und neue Fragen im Zusammenhang mit 10 %-Kapitalerhöhungen, AG 2005, 67; *Schlitt/Seiler/Singhof*, Rechtsfragen und Gestaltungsmöglichkeiten bei Wandelschuldverschreibungen, AG 2003, 254; *Schröer/Rogall*, Möglichkeiten der Besteuerung von Mitarbeiter-Aktienoptionen, WPg 2002, 344; *Schumann*, Optionsanleihen, 1990; *Singhof*, Der „erleichterte" Bezugsrechtsausschluss im Rahmen von § 221 AktG, ZHR 170 (2006), 673; *Singhof*, Ausgabe von Aktien aus bedingtem Kapital, in FS Hoffmann-Becking, 2013, S. 1163; *Vater*, Bilanzielle und körperschaftsteuerliche Behandlung von Stock Options, DB 2000, 2177; *E. Volhard*, Das Bezugsrecht und sein Ausschluss bei Optionsanleihen der Aktiengesellschaft und ausländischer Finanzierungstöchter, 1995; *Walter*, Bilanzierung von Aktienoptionsplänen in Handels- und Steuerbilanz – einheitliche Behandlung unabhängig von der Art der Unterlegung, DStR 2006, 1101; *Weiß*, Aktienoptionspläne für Führungskräfte, 1999; *Weiß*, Aktienoptionsprogramme nach dem KonTraG, WM 1999, 353; *Werhan*, Wandelschuldverschreibungen nach der Aktienrechtsnovelle 2016, GWR 2016, 133; *Wieneke*, Rückerwerb und Wiederveräußerung von Wandelschuldverschreibungen durch die emittierende Gesellschaft, WM 2013, 1540; *Wohlfarth/Brause*, Die Emission kursorientierter Wertpapiere auf eigene Aktien, WM 1997, 397; *Wulff*, Aktienoptionen für das Management, 2000; *Zöllter-Petzoldt/Höhling*, Die Annahme von Aktienoptionen als Directors' Dealings, NZG 2018, 687.

I. Wesen der bedingten Kapitalerhöhung

Die bedingte Kapitalerhöhung geht auf Anregungen in den 20er Jahren zurück und wurde erstmals 1937 in das Aktiengesetz aufgenommen[1]. Sie sollte insbesondere die Sicherung von Bezugsrechten aus Wandelschuldverschreibungen ermöglichen, ohne dass hierzu auf – unerwünschte – Vorratsaktien zurückgegriffen werden müsste. Die bedingte Kapitalerhöhung erlaubt die **sukzessive Ausgabe** von **Aktienrechten** über einen theoretisch unbegrenzten Zeitraum **ohne** die Hürde einer weiteren **registergerichtlichen Durchführungskontrolle** und dient dem **Zweck, Dritten Bezugsansprüche** auf **neue Aktien** einzuräumen. Dabei handelt es sich bei dem Begriff „bedingt" nur um eine vereinfachende und unpräzise Zusammenfassung des Wesens der bedingten Kapitalerhöhung: Der Erhöhungsbeschluss und in der Regel auch der Bezugsanspruch sind unbedingt. Bedingt ist allein die Durchführung der Kapitalerhöhung[2].

Die bedingte Kapitalerhöhung ist nur für die in § 192 Abs. 2 AktG aufgezählten Zwecke zulässig (zur Analogieproblematik Rz. 46.5). **Rechtstatsächlich** dient das bedingte Kapital hauptsächlich der Einräumung von Umtausch- bzw. Bezugsansprüchen an die Gläubiger von **Wandelschuldverschreibungen** i.S.d. § 221 AktG bzw. der Einräumung von solchen Rechten an Vorstandsmitglieder und Arbeitnehmer im Rahmen von **Aktienoptionsplänen**[3]. Die jeweiligen Beschlussinhalte variieren zwischen beiden Anwendungszwecken deutlich[4]. Demgegenüber spielt die **Vorbereitung von Unternehmenszusammenschlüssen** abgesehen von der Bereitstellung von Aktien als Abfindung beim Abschluss von Beherrschungs- und Gewinnabführungsverträgen eine untergeordnete Rolle[5]. Wie bei der ordentlichen Kapitalerhöhung und der Kapitalerhöhung aus genehmigtem Kapital kommt es bei der Durchführung der Kapitalerhöhung aus bedingtem Kapital häufig zur Einschaltung eines Bankenkonsortiums (siehe schon Rz. 43.4). So werden bei Wandelschuldverschreibungen diese zuvor durch ein Bankenkonsortium übernommen und dient eine Bank als Bezugsstelle bei der Ausübung der Bezugsansprüche. Auch bei der Abwicklung von Aktienoptionsplänen werden häufig Kreditinstitute eingeschaltet.

Die bedingte Kapitalerhöhung erlebt seit Ende der 90er Jahre eine **Renaissance**. Zunächst wurden seit 1998 durch die Neufassung von § 192 Abs. 2 Nr. 3 AktG Aktienoptionspläne in größerem Umfang als bis dahin ermöglicht. Allerdings erfolgte in den letzten Jahren insbesondere im Hinblick auf die Diskussion zur erfolgswirksamen Verbuchung (dazu Rz. 46.12) und aus Gründen mangelnder Transparenz ein Umschwung hin zu virtuellen Aktienoptionsplänen und anderen Formen variabler Vergü-

---

1 Zur Gesetzesgeschichte vgl. *Frey* in Großkomm. AktG, 4. Aufl. 2001, Rz. 31–32 vor §§ 192–201 AktG.
2 Vgl. *Hüffer/Koch*, § 192 AktG Rz. 2; *Fuchs* in MünchKomm. AktG, 5. Aufl. 2021, § 192 AktG Rz. 1.
3 Vgl. *Frey* in Großkomm. AktG, 4. Aufl. 2001, Rz. 34–35 vor §§ 192–201 AktG; *Fuchs* in MünchKomm. AktG, 5. Aufl. 2021, § 192 AktG Rz. 6; *Scholz* in MünchHdb. AG, § 58 Rz. 3.
4 Vgl. die Muster bei *Herchen* in Happ/Groß/Möhrle/Vetter, Aktienrecht, Formular 12.04; *Favoccia* in MünchVertragsHdb. GesR, Formular V 118 und bei *Herchen* in Happ/Groß/Möhrle/Vetter, Aktienrecht, Formular 12.05.
5 *Frey* in Großkomm. AktG, 4. Aufl. 2001, Rz. 36 vor §§ 192–201 AktG; in Bezug auf Beherrschungs- und Gewinnabführungsverträge siehe *Fuchs* in MünchKomm. AktG, 5. Aufl. 2021, § 192 AktG Rz. 6; *Scholz* in MünchHdb. AG, § 58 Rz. 3; *Hüffer/Koch*, § 305 AktG Rz. 14; vgl. zur Nachbesserung des Umtauschverhältnisses bei Verschmelzungen durch Bezugsaktien aufgrund eines bedingten Kapitals auch *Maier-Reimer*, ZHR 164 (2000), 563, 581 ff.

tung mit langfristiger Anreizwirkung[6]. Ferner wurden seit Ende der 90er Jahre verstärkt Ermächtigungsbeschlüsse einschließlich Schaffung entsprechender bedingter Kapitalia für Wandelschuldverschreibungen unter Ausschluss des Bezugsrechts analog § 186 Abs. 3 Satz 4 AktG geschaffen[7]. Die Wandelschuldverschreibungen werden in der Regel im Wege des accelerated bookbuilding institutionellen Investoren angeboten (und häufig prospektfrei zum Börsenhandel zugelassen und eingeführt). Entsprechend hat das bedingte Kapital das genehmigte Kapital vor allem im Rahmen der Bedienung von Wandel- und Optionsanleihen weitestgehend verdrängt[8]. Dies ist insbesondere auf die konzeptionellen Vorteile des bedingten Kapitals zurückzuführen. Das bedingte Kapital kennt keine zeitliche Begrenzung wie sie für die Ermächtigung im Rahmen des genehmigten Kapitals gilt (vgl. § 202 Abs. 1, 2 AktG)[9]. Weiterhin sieht das bedingte Kapital ein Bezugsrecht der Altaktionäre nicht vor (der Kreis der Bezugsberechtigten ergibt sich vielmehr aus dem Zweck des jeweiligen bedingten Kapitals)[10]. Von praktischer Bedeutung ist auch, dass eine bedingte Kapitalerhöhung gemäß § 200 AktG bereits mit Ausgabe der Aktien wirksam ist, so dass eine registerrechtliche Durchführungskontrolle im Zusammenhang mit dem Wirksamwerden der Kapitalerhöhung – im Gegensatz zur ordentlichen Kapitalerhöhung oder zum genehmigtem Kapital – nicht stattfindet[11]. Vielmehr ist die spätere Registereintragung deklaratorisch[12]. Das Grundkapital der AG erhöht sich somit außerhalb der Satzung und des Handelsregisters[13]. Die Nachteile der bedingten Kapitalerhöhung liegen darin begründet, dass § 192 Abs. 2 AktG eine strenge Zweckbeschränkung vorsieht. Zudem müssen Zweck und Ausgabekurs durch die Hauptversammlung festgelegt werden (vgl. § 193 Abs. 2 Nr. 1, 3 AktG), was zu einer ungewollten Publizität unternehmerischer Vorhaben führen kann[14].

46.4 Die bedingte Kapitalerhöhung vollzieht sich bis zur Ausgabe der Aktienrechte in **vier Stufen:**

– Zunächst erfolgt der Beschluss der Hauptversammlung über die bedingte Kapitalerhöhung und dessen Anmeldung und Eintragung sowie – zumeist nachfolgend – die Einräumung der Bezugs- bzw. Umtauschrechte durch Vorstand und Aufsichtsrat.

– Zu gegebener Zeit und in der Regel über einen längeren Zeitraum erfolgt die Abgabe einer Bezugserklärung durch die Berechtigten und die volle Leistung des Gegenwertes gefolgt von der Ausgabe der Bezugsaktien wodurch die bedingte Kapitalerhöhung wirksam wird.

– Der registergerichtliche Vollzug der Durchführung der Kapitalerhöhung erfolgt jährlich innerhalb eines Monats nach Ablauf des Geschäftsjahres durch eine Sammelanmeldung und Eintragung.

– Nach Ablauf der Bezugsfrist bzw. Ausübung aller Bezugsrechte erfolgt die Anpassung des Satzungswortlauts und die Einreichung einer angepassten Satzung.

---

6 Vgl. auch *Scholz* in MünchHdb. AG, § 64 Rz. 101; *Fuchs* in MünchKomm. AktG, 5. Aufl. 2021, § 192 AktG Rz. 70.
7 Zur Anwendbarkeit des § 186 Abs. 3 Satz 4 AktG auf Wandelschuldverschreibungen vgl. *Busch*, AG 1999, 58 ff.; dem folgend *Raiser/Veil*, Recht der Kapitalgesellschaften, § 17 Rz. 16; *Butzke*, HV, L Rz. 26; *Scholz* in MünchHdb. AG, § 64 Rz. 33–36; *Schlitt/Seiler/Singhof*, AG 2003, 254, 259; *Singhof*, ZHR 170 (2006), 673 ff.; *Kerber*, Eigenkapitalverwandte Finanzierungsinstrumente, 2002, S. 49; *Habersack* in MünchKomm. AktG, 5. Aufl. 2021, § 221 AktG Rz. 191; *Herchen* in Happ/Groß/Möhrle/Vetter, Aktienrecht, Formular 12.04 Rz. 11.1 ff.; OLG München v. 1.6.2006 – 23 U 5917/05, AG 2007, 37, 39; *Kniehase*, AG 2006, 180, 183; eine Anwendbarkeit des § 186 Abs. 3 Satz 4 AktG im Ansatz bejahend *Hüffer/Koch*, § 221 AktG Rz. 43a; ablehnend *Hirte* in Großkomm. AktG, 4. Aufl. 2012, § 221 AktG Rz. 146; zur Forderung einer gesetzlichen Klarstellung siehe auch Stellungnahme des Deutschen Anwaltvereins zu den Gesetzgebungsvorschlägen der Regierungskommission Corporate Governance, Sonderbeilage zu NZG Heft 9/2003, S. 23 (Ziffer 17).
8 *Fuchs* in MünchKomm. AktG, 5. Aufl. 2021, § 192 AktG Rz. 6.
9 *Fuchs* in MünchKomm. AktG, 5. Aufl. 2021, § 192 AktG Rz. 5.
10 *Hüffer/Koch*, § 192 AktG Rz. 3; *Fuchs* in MünchKomm. AktG, 5. Aufl. 2021, § 192 AktG Rz. 5.
11 *Fuchs* in MünchKomm. AktG, 5. Aufl. 2021, § 200 AktG Rz. 2.
12 *Scholz* in MünchHdb. AG, § 58 Rz. 93; *Fuchs* in MünchKomm. AktG, 5. Aufl. 2021, § 200 AktG Rz. 1.
13 *Hüffer/Koch*, § 200 AktG Rz. 1; *Fuchs* in MünchKomm. AktG, 5. Aufl. 2021, § 200 AktG Rz. 1.
14 *Scholz* in MünchHdb. AG, § 58 Rz. 3; *Hüffer/Koch*, § 192 AktG Rz. 14.

II. Zwecke der bedingten Kapitalerhöhung

Gemäß § 192 Abs. 2 AktG „soll" die bedingte Kapitalerhöhung nur zu den in § 192 Abs. 2 Nr. 1 bis 3 AktG aufgeführten Zwecken beschlossen werden. Was dies genau bedeutet, ist streitig. So heißt es verbreitet, die Aufzählung des § 192 Abs. 2 AktG sei „grundsätzlich" abschließend, weil die bedingte Kapitalerhöhung einen faktischen Bezugsrechtsausschluss bewirke, der den Anforderungen des § 186 Abs. 3, 4 AktG nicht entsprechen müsse[15]. Andere formulieren, es könne jedenfalls kraft Analogie keine Nr. 4 geben[16]. Bei allen Unterschieden in der Formulierung herrscht über folgendes weitgehend Einigkeit: Hinsichtlich jeder der in § 192 Abs. 2 AktG aufgeführten Zwecke ist eine **Analogie** möglich, wenn der betreffende Zweck einem der in der Norm genannten Zwecke in Inhalt und Auswirkungen weitgehend entspricht[17]. Bei der Prüfung der Analogiefähigkeit ist aber zu berücksichtigen, dass auf die durch das bedingte Kapital gesicherten Bezugsaktien kein Bezugsrecht der Altaktionäre besteht. Liegt ein nicht analogiefähiger Zweck vor, kann der Registerrichter die Eintragung des bedingten Kapitals ablehnen. Zugleich ist der Beschluss auch anfechtbar (§ 243 Abs. 1 AktG), aber nicht nichtig[18]. Auch wenn nicht oder nicht fristgerecht angefochten wird, behält das Registergericht seine Prüfungskompetenz. Wenn gleichwohl eingetragen wird, ist eine Amtslöschung gemäß § 398 FamFG unzulässig[19]. Im Rahmen von Rekapitalisierungsmaßnahmen (zum Begriff vgl. Rz. 44.6 in Fn. 22) erweitert § 7a Abs. 1 Satz 1 WStBG die möglichen Zwecke der bedingten Kapitalerhöhung. Ein bedingtes Kapital kann demnach auch zur Gewährung von Umtausch- und Bezugsrechten an den – zur Bekämpfung der Folgen der COVID-19 Pandemie durch das WStFG geschaffenen – Wirtschaftsstabilisierungsfonds als stillen Gesellschafter beschlossen werden[20].

1. Wandelschuldverschreibungen

Als Wandelschuldverschreibungen i.S.v. § 192 Abs. 2 Nr. 1 AktG definiert § 221 Abs. 1 Satz 1 AktG Schuldverschreibungen, bei denen den Gläubigern (und seit der Aktienrechtsnovelle 2016 der Gesellschaft[21]) ein Umtausch- oder Bezugsrecht auf Aktien eingeräumt wird (dazu näher Rz. 53.2 ff.). Durchgesetzt hat sich die Unterscheidung in Optionsanleihen und Wandelanleihen[22]. Bei der **Optionsanleihe** erhält der Gläubiger das Recht, unter Leistung einer Gegenleistung junge Aktien zu beziehen, ohne dass dies etwas am Bestand des Gläubigerrechts ändert (in der Praxis gibt es jedoch auch Anleihen mit Anrechnungsmöglichkeit). Häufig ist dieses Bezugsrecht separat verbrieft und handelbar. Demgegenüber erfolgt bei einer **Wandelanleihe** ein Umtausch (genauer: Ersetzungsbefugnis): Der Berechtigte wandelt seinen Rückzahlungsanspruch in eine Beteiligung. Verbreitet ist bei Wandelschuldverschreibungen, dass die Schuldverschreibung von einer **ausländischen Tochtergesellschaft** begeben wird, aber das Wandlungsrecht zum Bezug von Aktien der Muttergesellschaft berechtigt[23]. Hierdurch kann die Kapitalertragsteuer gemäß § 43 Abs. 1 Nr. 2 EStG vermieden werden, welches unter praktischen Gesichtspunkten (keine Doppelbesteuerungsabkommen; Länge des Steuererstattungsverfahrens) für aus-

---

15 Vgl. etwa *Hüffer/Koch*, § 192 AktG Rz. 8; *Scholz* in MünchHdb. AG, § 58 Rz. 16; *Rieckers* in BeckOGK AktG, Stand 1.6.2021, § 192 Rz. 26.
16 So *Frey* in Großkomm. AktG, 4. Aufl. 2001, § 192 AktG Rz. 49.
17 *Apfelbacher/Niggemann* in Hölters, § 192 AktG Rz. 22; *Hüffer/Koch*, § 192 AktG Rz. 8; *Fuchs* in MünchKomm. AktG, 5. Aufl. 2021, § 192 AktG Rz. 37.
18 *Frey* in Großkomm. AktG, 4. Aufl. 2001, § 192 AktG Rz. 49; *Hüffer/Koch*, § 192 AktG Rz. 8; für die Nichtigkeit hingegen *Drygala/Staake* in KölnKomm. AktG, 4. Aufl. 2020, § 192 AktG Rz. 62.
19 Eine bloße Anfechtbarkeit genügt i.R.d. § 398 FamFG nicht vgl. *Hüffer/Koch*, § 192 AktG Rz. 8; *Krafka* in MünchKomm. FamFG, 3. Aufl. 2019, § 398 FamFG Rz. 8.
20 *Lieder*, ZIP 2020, 837, 849; *Nolden/Heusel/Goette*, DStR 2020, 800, 803.
21 Gesetz zur Änderung des Aktiengesetzes v. 22.12.2015, BGBl. I 2015, 2565; ausführlich hierzu *Wehrhahn*, GWR 2016, 133.
22 Zur Unterscheidung siehe etwa *Hüffer/Koch*, § 221 AktG Rz. 3.
23 Vgl. hierzu und zu den denkbaren Gestaltungsmöglichkeiten *Habersack* in MünchKomm. AktG, 5. Aufl. 2021, § 221 Rz. 41 ff.; *Hüffer/Koch*, § 192 AktG Rz. 11.

ländische Zeichner vorteilhaft ist[24]. Ausreichend ist insofern ein Konzernverhältnis[25], wobei in der Praxis regelmäßig ein vollständiger Anteilsbesitz vorliegt. Erforderlich ist aber auch hier ein Hauptversammlungsbeschluss bei der AG. Deren Aktionären steht das Bezugsrecht auf die Wandelschuldverschreibung analog § 221 Abs. 4 AktG zu[26]. Zulässig ist auch die Schaffung eines bedingten Kapitals zwecks Sicherung von Wandlungs- bzw. Bezugsrechten für **Wandel- oder Optionsgenussrechte**[27].

46.7 Zu den Wandelschuldverschreibungen i.S.v. § 192 Abs. 2 Nr. 1 AktG zählen auch Anleihen, die neben einem Bezugsrecht (oder statt eines Bezugsrechts) des Gläubigers unter bestimmten Umständen eine **Bezugspflicht** vorsehen (sog. **Pflichtwandelanleihen** oder „mandatory convertible bonds"). Hierzu zählen auch bedingte Pflichtwandelanleihen („contingent convertible" oder „**CoCo**" **bonds**)[28], denn auch bei der Anknüpfung der Wandlung an ein objektives Ereignis (z.B. drohende Insolvenz bzw. Unterschreiten einer bestimmten Kernkapitalquote) kann dies unter ein Umtauschrecht subsumiert werden[29]. Die Zulässigkeit von Pflichtwandelanleihen war zwar in der Vergangenheit nicht unstreitig, rechtfertigte sich aber schon bislang jedenfalls dann, wenn neben der Bezugspflicht auch ein Bezugsrecht besteht[30]. Die Aktienrechtsnovelle 2016 hat dies durch die Änderung in § 192 Abs. 1 AktG („Umtausch- oder Bezugsrecht ... das die Gesellschaft hat oder ...") sowie in § 192 Abs. 2 Nr. 1 AktG und § 221 Abs. 1 AktG klargestellt. Die Möglichkeit der Wandlungspflicht gehört aber in den Hauptversammlungsbeschluss[31]. Zur Abgrenzung eines von § 192 Abs. 2, § 221 Abs. 1 AktG möglicherweise nicht erfassten verbrieften Terminkaufvertrages (zur Problematik von nackten Optionen sogleich Rz. 46.8) sollte diese Form der Wandelanleihe aber für bestimmte Fälle (z.B. Insolvenz) Rückzahlungsansprüche des Anleihegläubigers enthalten[32]. Das erscheint auch für die Sicherstellung der Anwendbarkeit des § 194 Abs. 1 Satz 2

---

24 Zwar tritt im Hinblick auf die niedrige Verzinsung von Wandelschuldverschreibungen dieser Aspekt mehr und mehr zurück. Jedoch haben bestimmte Investoren (Hedge Fonds) ihren Sitz häufig in Ländern ohne Doppelbesteuerungsabkommen mit Deutschland. Siehe auch *Schiessl* in Ekkenga, Hdb. AG Finanzierung, Kap 3 Rz. 105.
25 Vgl. *Habersack* in MünchKomm. AktG, 5. Aufl. 2021, § 221 AktG Rz. 42 f.; *Hüffer/Koch*, § 192 AktG Rz. 12.
26 *Frey* in Großkomm. AktG, 4. Aufl. 2001, § 192 AktG Rz. 75; *Hüffer/Koch*, § 192 AktG Rz. 12; *Martens* in FS Stimpel, 1985, S. 621, 622 ff.; *Fuchs* in MünchKomm. AktG, 5. Aufl. 2021, § 192 AktG Rz. 54; *Scholz* in MünchHdb. AG, § 64 Rz. 65; zur Möglichkeit des Rückerwerbs von Wandelanleihen durch die emittierende Gesellschaft siehe *Wieneke*, WM 2013, 1540.
27 *Drygala/Staake* in KölnKomm. AktG, 4. Aufl. 2020, § 192 AktG Rz. 71; *Hüffer/Koch*, § 192 AktG Rz. 10; *Frey* in Großkomm. AktG, 4. Aufl. 2001, § 192 AktG Rz. 62.
28 Zum bankaufsichtsrechtlichen Hintergrund (Capital Requirement Regulation, CRR) siehe einführend *Florstedt* in KölnKomm. AktG, 4. Aufl. 2020, § 221 AktG Rz. 395 ff. m.w.N.; *Apfelbacher/Niggemann* in Hölters, § 192 AktG Rz. 25b; Musterbedingungen für solche Anleihen finden sich unter http://bankenverband.de/service/musterbedingungen-fuer-instrumente-kernkapital
29 *Apfelbacher/Niggemann* in Hölters, § 192 AktG Rz. 25; *Singhof* in FS Hoffmann-Becking, 2013, S. 1163, 1166; *Haag/Peters*, WM 2015, 2303, 2304 ff.; wohl auch *Florstedt*, ZHR 180 (2016) 152, 173.
30 Wie hier *Schlitt/Seiler/Singhof*, AG 2003, 254, 266; *Rozijn*, ZBB 1998, 77, 89–91; *Scholz* in MünchHdb. AG, § 64 Rz. 54; *Rieckers* in BeckOGK AktG, Stand 1.6.2021, § 192 AktG Rz. 36; a.A. *Frey* in Großkomm. AktG, 4. Aufl. 2001, § 192 AktG Rz. 84.
31 So auch *Heusel* in Semler/Volhard/Reichert, ArbeitsHdb. HV, § 23 Rz. 38; *Ziemons* in Ziemons/Binnewies, Handbuch Aktiengesellschaft, Rz. 5.1127; a.A. *Schlitt/Seiler/Singhof*, AG 2003, 254, 267; *Habersack* in MünchKomm. AktG, 5. Aufl. 2021, § 221 AktG Rz. 155; *Scholz* in MünchHdb. AG, § 64 Rz. 54; *Seiler* in BeckOGK AktG, Stand 1.6.2021, § 221 AktG Rz. 163; *Habersack* in FS Nobbe, 2009, S. 539, 550 (auch fehlende ausdrückliche Ermächtigung sollte nicht entgegenstehen). Weil Pflichtwandelanleihen regelmäßig spezieller Mechanismen bei der Wandlungspreis bei Pflichtwandlung bedürfen, werden herkömmliche Ermächtigungsbeschlüsse schon aus diesem Grund keine taugliche Grundlage sein, wenn sie die Besonderheiten der Pflichtwandlung nicht berücksichtigen.
32 So auch *Schlitt/Seiler/Singhof*, AG 2003, 254, 266; *Rozijn*, ZBB 1998, 77, 82; *Seiler* in BeckOGK AktG, Stand 1.6.2021, § 221 AktG Rz. 162; *Rieckers* in BeckOGK AktG, Stand 1.6.2021, § 192 AktG Rz. 36; *Apfelbacher/Niggemann* in Hölters, § 192 AktG Rz. 25; a.A. *Apfelbacher/Kopp*, CFL 2011, 21, 27 und auf Grundlage des VorstKoG auch *Singhof* in FS Hoffmann-Becking, 2013, S. 1163, 1176; zur Pflichtwandel-

AktG geboten[33]. Problematisch ist allein das Erfordernis der **Bezugserklärung** gemäß § 198 AktG bei Pflichtwandlung. Hieran hat auch die Aktienrechtsnovelle 2016 nichts geändert. Insofern empfiehlt sich die Aufnahme einer **Ermächtigung der Optionsstelle** in den Anleihebedingungen zur Abgabe dieser Erklärung bei Vorliegen der Voraussetzungen der Pflichtwandlung[34]. Mit der Aufgabe der Höchstgrenzen des bedingten Kapitals (dazu Rz. 46.18) für Fälle der Abwendung einer Insolvenz bzw. die Sektorenausnahme für dem Bankenaufsichtsrecht unterliegende Kredit- und Finanzdienstleistungsinstitute (vgl. § 192 Abs. 3 Satz 3 und 4 AktG) ging die Aktienrechtsnovelle allerdings über technische Korrekturvorschriften deutlich hinaus und rückt wegen der möglichen erheblichen Verwässerung der Stimmrechte existierender Aktionäre namentlich das **Bezugsrecht** und die **Zulässigkeit eines Bezugsrechtsausschlusses** mehr in den Blick, als dies in der Vergangenheit der Fall war. Hierbei ist zu berücksichtigen, dass der Wandlungspreis im Fall einer Pflichtwandelanleihe möglicherweise bis auf den gesetzlichen Mindestnennbetrag (minimaler anteiliger Betrag pro Stückaktie) gemäß § 8 Abs. 2 Satz 1 AktG sinkt[35] und verbunden mit erheblichen Beträgen des bereitstehenden bedingten Kapitals zu signifikanten Aktienanteilen im Falle der Wandlung führen kann[36]. Für Wandelschuldverschreibungen, die entsprechend § 186 Abs. 3 Satz 4 AktG (vgl. § 221 Abs. 4 Satz 1 AktG) unter Ausschluss des Bezugsrechts begeben werden, gilt unverändert dessen Begrenzung auf 10 % des Grundkapitals, und auch die zusätzlichen Bewertungsschwierigkeiten für „CoCo"-Anleihen sollten durch die Einbettung der Emission in ein Bookbuildingverfahren (dazu auch Rz. 53.56 a.E.) zwecks Ermittlung eines dem Börsenpreis äquivalenten Marktpreises überwindbar sein[37]. Jenseits dessen soll für das betraglich unbegrenzte bedingte Kapital gemäß § 192 Abs. 3 Satz 3 und 4 AktG ausweislich der Begründung des Regierungsentwurfs der Aktienrechtsnovelle 2016 der Bezugsrechtsausschluss „in der Regel" gerechtfertigt sein[38], aber zu einer gesetzlichen Regelung sah sich der Gesetzgeber nicht veranlasst. Daraus ist zu folgern, dass für die genannten Sonderfälle der Bezugsrechtsausschluss nur bei Rechtsmissbrauch unzulässig ist[39].

Sehr umstritten ist die Zulässigkeit der Sicherung von Bezugsrechten für sog. „**nackte**" Optionen – also Optionsrechte, die nicht mit einer Anleihe verbunden sind – („naked warrants"), soweit diese nicht gemäß § 192 Abs. 2 Nr. 3 AktG an Arbeitnehmer und Mitglieder der Geschäftsführung ausgegeben

46.8

---

anleihe der Deutsche Telekom vom Februar 2003 siehe auch *Röder*, FB 2003, 240 und *Kleidt/Schiereck*, BKR 2004, 18 ff.

33 Bei einem reinen Terminkaufvertrag läge eine Vorleistung auf die zukünftige Einlageverbindlichkeit vor, die außerhalb von § 194 Abs. 1 Satz 2 AktG bzw. bei Sanierungsfällen nicht zulässig ist, vgl. *Seiler* in BeckOGK AktG, Stand 1.6.2021, § 221 AktG Rz. 162 a.E.

34 Entgegen *Scholz* in MünchHdb. AG, § 64 Rz. 54 ist deshalb der Bezug derartiger Anleihen nicht an das Formerfordernis des § 198 AktG gebunden; wie hier *Singhof* in FS Hoffmann-Becking, 2013, S. 1163, 1170. Zweifelhaft kann allerdings sein, ob die Ermächtigungserklärung in den Anleihebedingungen bei Inhaberschuldverschreibungen auch den Rechtsnachfolger bindet. Wer hier nicht doch bei Wandlung infolge Wandlungspflicht eine Bezugserklärung fordern will, wird über die Wandlungsstelle eine Benachrichtigung der Depotbanken (und damit deren Kunden) von der bevorstehenden Pflichtwandlung vorsehen, aufgrund der dann die Wandlungsstelle die formelle Bezugserklärung gemäß § 198 AktG kraft nochmaliger (stillschweigender) Ermächtigung abgibt. Siehe hierzu auch *Singhof* in FS Hoffmann-Becking, 2013, S. 1163, 1167, 1168; *Rieckers* in BeckOGK AktG, Stand 1.6.2021, § 198 AktG Rz. 23.

35 Zur Akzeptanz einer Pflichtwandelanleihe zwecks Sanierung bzw. Abwendung des Unterschreitens einer bestimmten Kernkapitalquote gehört es, dass der Wandlungspreis im Krisenfall sinkt (sich dem dann vorherrschenden Börsenpreis annähert) und dementsprechend die zu liefernde Aktienzahl steigt. Siehe etwa *Haag/Peters*, WM 2015, 2303, 2307; *Florstedt*, ZHR 180 (2016), 152, 182 (letzterer stellt allerdings selbst diesen Mindestnennbetrag rechtspolitisch in Frage).

36 Vgl. die Beispiele bei *Florstedt*, ZHR 180 (2016), 152, 157 und dort Fn. 18.

37 So auch *Bader*, AG 2014, 472, 487; *Florstedt*, ZHR 180 (2016), 152, 181; *Florstedt* in KölnKomm. AktG, 4. Aufl. 2020, § 221 AktG Rz. 261.

38 Siehe BT-Drucks. 18/4349, S. 29 („gerade in den von den neuen Sondertatbeständen (...) erfassten Fällen wird eine sachliche Rechtfertigung in der Regel gegeben sein.").

39 Vgl. auch *Florstedt*, ZHR 180 (2016), 152, 176.

werden. Der überwiegende Teil der Literatur hält die Schaffung eines bedingten Kapitals für derartige Aktienoptionsrechte ohne Anleihekomponente für zulässig[40]. Demgegenüber wird insbesondere seit der Änderung des § 192 Abs. 2 Nr. 3 AktG, der in erweitertem Umfang die Sicherung selbständiger Bezugsrechte erlaubt, der Gegenschluss gezogen, außerhalb dieses Zweckes seien Erweiterungen nicht zulässig[41]. Die Praxis der Registergerichte ist unterschiedlich[42]. Dieser die Zulässigkeit verneinenden Auffassung ist nicht zu folgen. Sie provoziert zu Umgehungsgestaltungen (Anleihekomponente mit geringem Umfang)[43] und überzeugt schon für bestimmte Zwecke wie etwa den sog. **Greenshoe**, der ansonsten über ein genehmigtes Kapital zu sichern ist, nicht[44]. Insbesondere ist auch nicht ersichtlich, warum der Handel mit losgelösten Optionsrechten nach der Begebung als Optionsanleihe möglich ist, die isolierte Schaffung eines Optionsrechts aber ausscheiden muss[45], zumal § 192 Abs. 4 AktG einen besseren Schutz der Bezugsberechtigten bewirkt, weil ein genehmigtes Kapital vor Eintragung der Durchführung der Kapitalerhöhung aufgehoben werden kann. Dementsprechend ist auch die Sicherung des Rechts der **Umwandlung von Komplementärkapitalanteilen** in Aktien bei einer KGaA durch ein bedingtes Kapital analog § 192 Abs. 2 Nr. 1 AktG als zulässig zu erachten[46].

2. Vorbereitung von Unternehmenszusammenschlüssen

46.9 Der in § 192 Abs. 2 Nr. 2 AktG angesprochene **Zusammenschluss mehrerer Unternehmen** schließt verschiedene Gestaltungen ein. Nach herrschender Auffassung ist jeder Unternehmenszusammenschluss, zu dessen Durchführung Aktien der Gesellschaft zur Verfügung zu stellen sind, ausreichend[47]. Dem ist für solche Gestaltungen zu folgen, in denen neben dem Beschluss nach § 193 AktG ein weiterer Beschluss über den betreffenden Zusammenschluss notwendig ist, der zur Notwendigkeit eines Bezugsrechtsausschlusses führt. Zurückhaltend sollte demgegenüber die Substitution eines genehmigten Kapitals beurteilt werden, für das hinsichtlich eines Bezugsrechtsausschlusses besondere, wenn auch reduzierte Berichtspflichten gelten, die auf ein bedingtes Kapital grundsätzlich nicht anwendbar sind

---

40 *Hüffer/Koch*, § 221 AktG Rz. 75; *Habersack* in MünchKomm. AktG, 5. Aufl. 2021, § 221 AktG Rz. 37; *Fuchs* in MünchKomm. AktG, 5. Aufl. 2021, § 192 AktG Rz. 50; *Rieckers* in BeckOGK AktG, Stand 1.6.2021, § 192 AktG Rz. 39; *Steiner*, WM 1990, 1776; *Fuchs*, AG 1995, 433, 445 ff.; *Wohlfahrt/Brause*, WM 1997, 397, 398; *Roth/Schoneweg*, WM 2002, 677, 681 f.; *Scholz* in MünchHdb. AG, 5. Aufl. 2020, § 58 Rz. 9 sowie § 64 Rz. 53; *Schlitt/Löschner*, BKR 2002, 150, 156 f.; *Gätsch/Theusinger*, WM 2005, 1256, 1262 f.
41 So *Frey* in Großkomm. AktG, 4. Aufl. 2001, § 192 AktG Rz. 65 f.; *Martens* in FS Stimpel, 1985, S. 621, 629; *Martens* in FS Ulmer, 2003, S. 399, 410 und dort Fn. 47; vgl. die Nachweise bei *Fuchs* in MünchKomm. AktG, 5. Aufl. 2021, § 192 AktG Rz. 50, dort Fn. 109.
42 Vgl. *Roth/Schoneweg*, WM 2002, 677, 680; vgl. auch OLG Stuttgart v. 16.1.2002 – 8 W 517/01, ZIP 2002, 1807, mit der eine Zurückweisungsentscheidung des Registergerichts mit der – problematischen – Begründung bestätigt wird, das Registergericht dürfe bei neuen Finanzierungsinstrumenten in seinen Prüfungspflichten und Prüfungsmöglichkeiten nicht überfordert werden (dagegen kritisch *Klöhn*, ZIP 2003, 420 ff.); LG Braunschweig v. 11.3.1998 – 22 O 234/97, NZG 1998, 387, 388.
43 Vgl. dazu *Frey* in Großkomm. AktG, 4. Aufl. 2001, § 192 AktG Rz. 70, 71.
44 Zum Einsatz des bedingten Kapitals beim Greenshoe vgl. etwa *Roth/Schoneweg*, WM 2002, 677; zur Parallelität zwischen genehmigtem Kapital und bedingtem Kapital in Bezug auf dieses Instrument *Busch*, AG 2002, 230, 233.
45 Vgl. *Hüffer/Koch*, § 221 AktG Rz. 75, *Habersack* in MünchKomm. AktG, 5. Aufl. 2021, § 221 AktG Rz. 37.
46 Dafür *Herfs* in MünchHdb. AG, § 80 Rz. 16; *Scholz* in MünchHdb. AG, § 58 Rz. 16; *Perlitt* in MünchKomm. AktG, 5. Aufl. 2020, § 278 AktG Rz. 390; *Sethe* in Großkomm. AktG, 5. Aufl. 2021, § 278 Rz. 190; a.A. *Frey* in Großkomm. AktG, 4. Aufl. 2001, § 192 AktG Rz. 64–68; *Krug*, AG 2000, 510, 514.
47 Ausgenommen soll die Verschmelzung durch Neugründung sein, vgl. *Drygala/Staake* in KölnKomm. AktG, 4. Aufl. 2020, § 192 AktG Rz. 93 in Fn. 123; *Hüffer/Koch*, § 192 AktG Rz. 14. Das erscheint jedenfalls für die Gewährung gleichwertiger Rechte gemäß § 23 UmwG zweifelhaft. Siehe dazu auch noch Rz. 46.14

(dazu noch Rz. 46.32 ff.). Auch ist in Rechnung zu stellen, dass sich die Schaffung eines bedingten Kapitals stets auf einen **konkreten Zusammenschluss** beziehen muss[48].

Im Einzelnen gilt: Das bedingte Kapital kann der Absicherung der Verpflichtung zur Abfindung in Aktien im Rahmen des Abschlusses eines **Beherrschungs- und Gewinnabführungsvertrages** (§ 305 Abs. 2 Nr. 1 und 2 AktG) dienen[49]. Eine bedingte Kapitalerhöhung kann auch zur Durchführung einer **Eingliederung**[50] sowie einer **Verschmelzung**[51] genutzt werden. Aufgrund der Erforderlichkeit der Konkretisierung des Zwecks im Rahmen des Hauptversammlungsbeschlusses gemäß § 193 Abs. 2 Nr. 1 AktG – und damit einhergehender Publizität[52] – dürfte jedoch die Schaffung eines bedingten Kapitals weit im **Vorfeld einer Verschmelzung** unpraktisch sein. Zudem ist die Begrenzung des Nennbetrages des bedingten Kapitals gemäß § 192 Abs. 3 AktG häufig hinderlich. 46.10

Praktikabel kann demgegenüber ein bedingtes Kapital sein, um bei der übertragenden Gesellschaft bestehende **Umtausch- oder Bezugsrechte in Aktien** abzusichern, für die bei Wandlung vor Verschmelzung Aktien des übertragenden Rechtsträgers bzw. danach gemäß § 23 UmwG gleichwertige Rechte in dem übernehmenden Rechtsträger zu gewähren sind. Zwar steht bei der Verschmelzung häufig das Umtauschverhältnis frühzeitig fest. Dies gilt jedoch gerade nicht für Wandelschuldverschreibungen des übertragenden Rechtsträgers, bei dem bis zur Wirksamkeit der Verschmelzung unklar sein kann, inwieweit bereits gewandelt wurde. Soweit noch nicht gewandelt wurde, sind vergleichbare Rechte einzuräumen. Dementsprechend kann das bedingte Kapital kumulativ der Absicherung der weiter ausstehenden Umtausch- oder Bezugsrechte und der Gegenleistung (Aktien der übernehmenden Gesellschaft) für die durch Ausübung dieser Rechte zwischen dem Verschmelzungsbeschluss und dem Wirksamwerden der Verschmelzung beim übertragenden Rechtsträger eventuell neu entstandenen Anteile dienen[53]. Auf § 193 Abs. 2 Nr. 1 AktG lässt sich auch die Begründung von Bezugsrechten zugunsten der Gläubiger einer Umtauschanleihe der übertragenden Gesellschaft, die zum Umtausch in (existierende) Aktien der übernehmenden Gesellschaft berechtigen, stützen. Einsetzbar ist das bedingte Kapital auch bei der **Abspaltung**[54]. 46.11

3. Aktienoptionspläne

§ 192 Abs. 2 Nr. 3 AktG sieht den Einsatz eines bedingten Kapitals zwecks Sicherung von Bezugsrechten an Arbeitnehmer und Mitglieder der Geschäftsführung der Gesellschaft oder eines verbundenen Unternehmens vor (dazu auch Rz. 55.21 ff.). Die damit angesprochenen (physischen) **Aktienoptionspläne** („stock option plans")[55] sollen die Interessen von Geschäftsführern, Mitarbeitern und Aktionä- 46.12

---

48 *Frey* in Großkomm. AktG, 4. Aufl. 2001, § 192 AktG Rz. 86 und § 193 AktG Rz. 23–25; *Hüffer/Koch* AktG, § 192 AktG Rz. 14.
49 *Hüffer/Koch*, § 305 AktG Rz. 15; *Scholz* in MünchHdb. AG, § 58 Rz. 10; Muster bei *Hoffmann-Becking/Berger* in BeckFormularbuch, Formular X. 30.
50 OLG München v. 17.3.1993 – 7 U 5382/92, WM 1993, 1285, 1288 = AG 1993, 430; LG Berlin v. 13.11.1995 – 99 O 126/95, AG 1996, 230, 232; *Scholz* in MünchHdb. AG, § 58 Rz. 10; *Kowalski*, AG 2000, 555.
51 *Grunewald* in Lutter, § 69 UmwG Rz. 25.
52 *Grunewald* in Lutter, § 69 UmwG Rz. 25.
53 Vgl. *Marsch-Barner/Oppenhoff* in Kallmeyer, § 69 UmwG Rz. 16; *Rieckers* in BeckOGK AktG, Stand 1.6.2021, § 192 AktG Rz. 46; *Fuchs* in MünchKomm. AktG, 5. Aufl. 2021, § 192 AktG Rz. 61.
54 *Engelmeyer*, Die Spaltung von Aktiengesellschaften nach dem neuen Umwandlungsrecht, 1995, S. 227–229; *Bungert/Hentzen*, DB 1999, 2501, 2502; *Rieckers* in BeckOGK AktG, Stand 1.6.2021, § 192 AktG Rz. 46.
55 Davon abzugrenzen sind virtuelle Aktienoptionspläne, welche den Arbeitnehmer oder Mitglieder der Geschäftsführung schuldrechtliche Ansprüche in Abhängigkeit vom Börsenkurs einräumen. Anstatt auf die Lieferung von Aktien sind virtuelle Optionspläne auf einen Barausgleich gerichtet, wobei je nach Ausgestaltung sowohl positive als auch negative Entwicklungen berücksichtigt werden. Als ein Vorteil virtueller Optionspläne lässt sich insbesondere der Verzicht auf die (äußere) Verwässerung der

ren annähern, aber gegenüber virtuellen Aktienoptionsplänen auch Liquidität sparen[56]. Ergebnisbelastungen durch Personalaufwendungen können physische Aktienoptionspläne hingegen grundsätzlich nicht (mehr) vermeiden. So regelt IFRS 2 die erfolgswirksame Bilanzierung der aktienbasierten Vergütungsinstrumente als Personalaufwand (Personalaufwand an Kapitalrücklage)[57]. Und auch nach HGB wird die bilanzielle Behandlung zunehmend uneinheitlich bewertet. Die Befürworter einer erfolgsneutralen Behandlung von physischen Aktienoptionsplänen führen mit Blick auf das aktienrechtliche Trennungsprinzip an, dass sich die Vermögensverlagerung aufgrund des eintretenden Verwässerungseffekts lediglich auf der Ebene zwischen Altgesellschafter und Optionsberechtigtem abspiele, für die AG selbst daher kein Aufwand entstehe und mangels Zuwendung in das Eigenkapital auch keine Zuführung zur Kapitalrücklage gemäß § 272 Abs. 2 Nr. 3, 4 HGB erfolge[58]. Richtigerweise sind gewährte Optionen als Teil des Arbeitsentgeltes für vergangene bzw. zukünftig zu erbringende Arbeitsleistungen zu betrachten, welche somit als Personalaufwand zu erfassen sind, und dies entweder mit entsprechend sofortiger (bei vergangener Arbeitsleistung) oder mit ratierlicher (bei zukünftiger Arbeitsleistung) Dotierung der Kapitalrücklage[59]. Vertreter einer dritten Ansicht befürworten ebenfalls eine bilanzielle Berücksichtigung und fordern, dass die Bildung einer Rückstellung für ungewisse Verbindlichkeiten aufgrund eines Erfüllungsrückstandes der AG zu erfolgen habe[60].

46.13 **Arbeitnehmer** i.S.d. § 192 Abs. 2 Nr. 3 AktG sind alle zum Zeitpunkt der Beschlussfassung Beschäftigten einschließlich der Auszubildenden und der leitenden Angestellten. Mitglieder der Geschäftsführung sind die Mitglieder des gesetzlichen Vertretungsorgans, also die Mitglieder des Vorstandes. Bei verbundenen Unternehmen ist auf die vergleichbare Funktion abzustellen. **Aufsichtsratsmitglieder** fallen **nicht** unter Nr. 3. Das gilt auch für Aufsichtsratsmitglieder verbundener Unternehmen[61] sowie für Beiräte und Verwaltungsräte[62]. Ob insofern die Begebung von Wandelschuldverschreibungen unter Ausschluss des Bezugsrechts der Aktionäre in Verbindung mit der Schaffung eines bedingten Kapitals zulässig bleibt, hat der BGH mit gewissen Zweifeln offengelassen[63]. Der Gesetzgeber hat danach die Frage abschlägig gelöst (§ 221 Abs. 4 Satz 2 i.V.m. § 193 Abs. 2 Nr. 4, § 192 Abs. 2 Nr. 3 AktG)[64]. Der

---

mitgliedschaftlichen Rechte der Aktionäre anführen, weil keine tatsächlichen Aktien ausgegeben werden und der Barausgleich aus der Geschäftskasse erfolgt. Siehe dazu etwa *Spindler* in MünchKomm. AktG, 5. Aufl. 2019, § 87 AktG Rz. 117; *Hüffer/Koch*, § 87 AktG Rz. 42.

56 Vgl. Nachweise bei *Frey* in Großkomm. AktG, 4. Aufl. 2001, § 192 AktG Rz. 93; eine rechtstatsächliche Aufarbeitung der Motive und Ausgestaltungen von Aktienoptionsplänen liefert *Käpplinger*, Inhaltskontrolle von Aktienoptionsplänen, 2003, S. 18–63.

57 Dies gilt für alle physischen Aktienoptionen, welche nach dem Stichtag 7.11.2002 gewährt und noch nicht ausgeübt worden sind; siehe *Rieckers* in BeckOGK AktG, Stand 1.6.2021, § 192 AktG Rz. 88; *Kessler/Freisleben* in MünchKomm. Bilanzrecht, 2013, § 275 HGB Rz. 119; zu den Einzelheiten siehe *Ramscheid* in Beck'sches IFRS-Handbuch, § 24 Rz. 12 ff.

58 So z.B. BFH v. 25.8.2010 – I R 103/09, DStR 2010, 2453, 2354 f.; *Kessler/Freisleben* in MünchKomm. Bilanzrecht, 2013, § 275 HGB Rz. 117; *Rieckers* in BeckOGK AktG, Stand 1.6.2021, § 192 AktG Rz. 86; *Thouet* in Handbuch der AG-Finanzierung, Kapitel 6 Rz. 345; *Naumann*, DB 1998, 1428, 1430; *Vater*; DB 2000, 2177, 2178 ff.

59 Dabei kann auch auf die aufwandswirksame Bilanzierung ähnlicher Entgeltformen zurückgegriffen werden, vgl. etwa *Kropff* in MünchKomm. Bilanzrecht, 2013, § 272 HGB, Rz. 131; *Störk/Kliem/Meyer* in Beck'scher Bilanz-Kommentar, 12. Aufl. 2020, § 272 HGB Rz. 505; *Pellens/Crasselt*, DB 1998, 217, 223; *Ersterer/Härteis*, DB 1999, 2073, 2075 f.

60 Die Option selbst stelle zwar kein Arbeitsentgelt dar, dafür aber der innere Wert der Option im Ausübungszeitpunkt, sodass die Erfüllung (Vergütung) erst im Nachhinein erfolge, womit sich der Erfüllungsrückstand begründen lässt, siehe dazu *Walter*, DStR 2006, 1101, 1104 f.; *Kropp*, DStR 2002, 1960, 1961.

61 *Hüffer/Koch*, § 192 AktG Rz. 21; *Frey* in Großkomm. AktG, 4. Aufl. 2001, § 192 AktG Rz. 97.

62 *Hüffer/Koch*, § 192 AktG Rz. 20.

63 BGH v. 16.2.2004 – II ZR 316/02, AG 2004, 265, 266 und dazu *Richter*, BB 2004, 949, 956. Krit. *Fuchs* in MünchKomm. AktG, 5. Aufl. 2021, § 192 AktG Rz. 94 ff.; *Hüffer/Koch*, § 113 AktG Rz. 15.

64 Vgl. auch *Henze*, BB 2005, 165, 172; *Scholz* in MünchHdb. AG, § 58 Rz. 11 f.

Begriff des verbundenen Unternehmens ist entsprechend § 15 AktG zu beurteilen. Der Problematik, dass Arbeitnehmer von Tochtergesellschaften hierdurch in bedenklicher Weise auf das Interesse der Muttergesellschaft gedrängt werden können, ist dadurch zu begegnen, dass die Erfolgsziele auf den Erfolg der Tochtergesellschaft abstellen[65].

III. Beschlussfassung

Aus der unterschiedlichen Formulierung von § 192 Abs. 1 AktG („Die Hauptversammlung kann eine Erhöhung des Grundkapitals beschließen ...") und § 202 Abs. 1 AktG („Die Satzung kann den Vorstand für höchstens 5 Jahre ... ermächtigen ...") wird überwiegend geschlossen, dass ein bedingtes Kapital in der Gründungssatzung noch nicht geschaffen werden kann[66]. Dem ist jedenfalls für Umstrukturierungen börsennotierter Unternehmen (z.B. Gewährung gleichwertiger Rechte gemäß § 23 UmwG bei Verschmelzung durch Neugründung, Formwechsel einer KGaA) nicht zu folgen, und auch ansonsten ist diese Auffassung zu stark am Wortlaut orientiert[67]. Es wird in diesem Zusammenhang gelegentlich bezweifelt, ob der bloße Erhöhungsbeschluss überhaupt einer **Satzungsänderung** bedarf, wobei verbreitet eine wenig überzeugende Abgrenzung zum „Satzungstext" erfolgt[68]. Häufig wird demgegenüber – ähnlich wie beim genehmigten Kapital – dem Erhöhungsbeschluss zusätzlich noch eine weitgehend wortgleiche Satzungsänderung zur Seite gestellt, während andere empfehlen, sich gerade auf den Inhalt der Satzungsänderung zu beschränken[69]. Wegen der Satzungsänderung ist bei der **Einladung zur Hauptversammlung** der **volle Beschlusstext** gemäß § 124 Abs. 2 Satz 3 AktG bekanntzumachen[70]. Das bedingte Kapital wird damit ähnlich behandelt wie das durch Satzungsänderung (§ 202 Abs. 2 AktG) geschaffene genehmigte Kapital. Bei beiden Maßnahmen ändert sich die Grundkapitalziffer erst mit späterer Durchführung der Kapitalerhöhung (bei bedingtem Kapital: Ausgabe der Bezugsaktien).

46.14

Für die Schaffung eines bedingten Kapitals im Rahmen eines **Aktienoptionsplans** sieht § 192 Abs. 2 Nr. 3 AktG alternativ einen **Zustimmungs- oder Ermächtigungsbeschluss** vor. Diese Formulierung ist unglücklich, weil das bedingte Kapital in beiden Fällen geschaffen wird[71]. Gemeint ist die Umsetzung des Aktienoptionsplans, der im Fall des Zustimmungsbeschlusses bereits fixiert, beim Ermächtigungsbeschluss demgegenüber noch flexibel ist (siehe noch Rz. 46.28). Es liegt insofern ähnlich wie beim

46.15

---

65 Abweichend *Rieckers* in BeckOGK AktG, Stand 1.6.2021, § 192 AktG Rz. 76 (keine tochterspezifischen Erfolgsziele erforderlich); wie hier *Hüffer/Koch*, § 192 AktG Rz. 20; *Fuchs* in MünchKomm. AktG, 5. Aufl. 2021, § 192 AktG Rz. 90. Ausführlich zu Konzernsachverhalten *Scholz* in MünchHdb. AG, § 64 Rz. 106; *Herchen* in Happ/Groß/Möhrle/Vetter, Aktienrecht, Formular 12.05 Rz. 3.3–3.7.
66 *Drygala/Staake* in KölnKomm. AktG, 4. Aufl. 2020, § 192 AktG Rz. 18; *Fuchs* in MünchKomm. AktG, 5. Aufl. 2021, § 192 AktG Rz. 22; *Maier-Reimer*, ZHR 164 (2000), 563, 582; *Hüffer/Koch*, § 192 AktG Rz. 7; a.A. *Scholz* in MünchHdb. AG, § 58 Rz. 25; *Frey* in Großkomm. AktG, 4. Aufl. 2001, § 192 AktG Rz. 24.
67 Vgl. *Rieder/Holzmann* in Grigoleit, § 192 AktG Rz. 10.
68 Zweifelnd *Butzke*, HV, L Rz. 32 (Aufnahme des bedingten Kapitals in den Satzungstext „wohl nicht zwingend erforderlich"); verneinend *Frey* in Großkomm. AktG, 4. Aufl. 2001, Rz. 23 vor §§ 192–201 AktG und § 195 AktG Rz. 27; *Hüffer/Koch*, § 192 AktG Rz. 5 (Erhöhungsbeschluss führt (erst) mit Ausgabe der Bezugsaktien zur Satzungsänderung, Änderung des Satzungstextes vorher nicht notwendig); eine Satzungsänderung demgegenüber annehmend *Herchen* in Happ/Groß/Möhrle/Vetter, Aktienrecht, Formular 12.05 Rz. 8.1; *Wiedemann* in Großkomm. AktG, 4. Aufl. 1995, § 179 AktG Rz. 107; *Fuchs* in MünchKomm. AktG, 5. Aufl. 2021, § 192 AktG Rz. 21.
69 Im letzteren Sinne *Hoffmann-Becking/Berger* in BeckFormularbuch, Formular X. 30 und dort Anm. 4.
70 Von diesem Bekanntmachungserfordernis ausgehend auch *Hüffer/Koch*, § 192 AktG Rz. 7; *Butzke*, HV, L Rz. 32; abweichend *Frey* in Großkomm. AktG, 4. Aufl. 2001, Rz. 29 vor §§ 192–201 AktG: nur wesentlicher Inhalt.
71 *Hüffer/Koch*, § 192 AktG Rz. 22.

Zusammenspiel von § 192 Abs. 1 AktG mit § 221 Abs. 1 AktG (Zustimmungsbeschluss) bzw. § 221 Abs. 2 AktG (Ermächtigungsbeschluss)[72]. Ausstehende Einlagen stehen der Schaffung eines bedingten Kapitals und auch der Ausgabe von Bezugsaktien nicht entgegen – § 182 Abs. 4 AktG ist nicht anwendbar[73].

1. Mehrheitserfordernisse

46.16   Der Hauptversammlungsbeschluss bedarf einer **Mehrheit von drei Vierteln** des bei der **Beschlussfassung vertretenen Grundkapitals** (§ 193 Abs. 1 Satz 1 AktG) und daneben der einfachen Stimmenmehrheit. Gemäß § 193 Abs. 1 Satz 2 AktG kann die **Satzung** eine **größere Kapitalmehrheit** und weitere Erfordernisse bestimmen. Zur Frage der sachlichen Rechtfertigung des Hauptversammlungsbeschlusses sowie Berichtspflichten vgl. Rz. 46.32 ff. Bestehen mehrere Gattungen stimmberechtigter Aktien, müssen die Aktionäre jeder dieser Gattungen der Kapitalerhöhung durch **Sonderbeschluss** zustimmen. Inhaber von **stimmrechtslosen Vorzugsaktien** müssen nur dann einen Sonderbeschluss fassen, wenn im Rahmen des bedingten Kapitals neue Vorzugsaktien mit gleichstehenden oder vorrangigen Vorzugsrechten ausgegeben werden sollen (§ 141 Abs. 2 AktG). Zwar ist das Bezugsrecht kraft Gesetzes ausgeschlossen, so dass strenggenommen das zweite Tatbestandsmerkmal des § 141 Abs. 2 Satz 2 AktG fehlt. Jedoch erfordert der Zweck des § 141 Abs. 2 AktG einen Sonderbeschluss zumindest dann, wenn das bedingte Kapital die Ausgabe von Vorzugsaktien ermöglicht, deren Rechte den vorhandenen Vorzugsaktien vorgehen oder gleichstehen und ein vorgelagertes Bezugsrecht (§ 221 AktG) nicht oder nicht ausschließlich besteht[74]. Zu den Mehrheitserfordernissen im Rahmen des Hauptversammlungsbeschlusses einer SE siehe bereits Rz. 44.6. Bei Rekapitalisierungsmaßnahmen nach dem StFG (zum Begriff vgl. Rz. 44.6 in Fn. 22) sind die Mehrheitserfordernisse gemäß § 7a Abs. 1 Satz 2 WStBG deutlich reduziert: So genügt für den Erhöhungsbeschluss (§ 193 Abs. 1 AktG) in diesen Fällen bereits eine einfache Stimmenmehrheit, bestehende abweichende Satzungsregelungen bleiben dabei unberücksichtigt, § 7a Abs. 1 Satz 7 i.V.m. § 7 Abs. 2 Satz 2 WStBG (zur ordentlichen Kapitalerhöhung vgl. Rz. 44.6, zum Sonderbeschluss vgl. Rz. 44.10)[75]. Auch gilt gemäß § 7a Abs. 1 Satz 3 Halbs. 1 WStBG die Kapitalgrenze des § 192 Abs. 3 Satz 1 AktG nicht[76]. Daneben findet keine Anrechnung auf sonstige Kapitalia statt, vgl. § 7a Abs. 1 Satz 3 Halbs. 2 WStBG[77].

2. Inhalt des Beschlusses

46.17   § 193 Abs. 2 AktG gibt den Inhalt des Beschlusses nur unvollkommen wieder.

a) Gesamtbetrag

46.18   Zu den allgemeinen Erfordernissen des Kapitalerhöhungsbeschlusses gehört es zunächst, den Gesamtbetrag des bedingten Kapitals festzulegen. Dieser Nennbetrag des bedingten Kapitals darf gemäß § 192 Abs. 3 Satz 1 AktG grundsätzlich höchstens 50 % des Grundkapitals betragen. Ausgenommen von dieser Grenze sind gemäß § 192 Abs. 3 Satz 3 AktG zum einen bedingte Kapitalerhöhungen gemäß § 192 Abs. 2 Nr. 1 AktG für die Absicherung von Wandelschuldverschreibungen, die nur zu dem Zweck der

---

72 Vgl. *Wulff*, Aktienoptionen für das Management, S. 65 f.; *Frey* in Großkomm. AktG, 4. Aufl. 2001, § 192 AktG Rz. 111.
73 *Hüffer/Koch*, § 192 AktG Rz. 7; *Scholz* in MünchHdb. AG, § 58 Rz. 17; *Fuchs* in MünchKomm. AktG, 5. Aufl. 2021, § 192 AktG Rz. 4.
74 Vgl. *Scholz* in MünchHdb. AG, § 58 Rz. 27; *Volhard/Goldschmidt* in FS Lutter, 2000, S. 779, 793; *Frey* in Großkomm. AktG, 4. Aufl. 2001, § 192 AktG Rz. 115 und § 193 AktG Rz. 12; *Arnold* in MünchKomm. AktG, 4. Aufl. 2018, § 141 AktG Rz. 29.
75 *Lieder*, ZIP 2020, 837, 849; *Olmor/Dilek*, BB 2020, 1026; *Noack*, DB 2020, 1328; *Nolden/Heusel/Goette*, DStR 2020, 800, 803.
76 *Lieder*, ZIP 2020, 837, 849; *Nolden/Heusel/Goette*, DStR 2020, 800, 803.
77 *Lieder*, ZIP 2020, 837, 849; *Nolden/Heusel/Goette*, DStR 2020, 800, 803.

Ermöglichung eines Umtausches im Falle einer drohenden Zahlungsunfähigkeit oder zum Zweck der Abwendung einer Überschuldung einen Umtausch ermöglichen (**Sanierungsausnahme**) sowie zum anderen ein bedingtes Kapital im Rahmen der **bankaufsichtsrechtlichen Sektorausnahme** wie in § 192 Abs. 3 Satz 4 AktG bestimmt. Insofern verzichtet das Gesetz auf jegliche Höchstgrenzen, und auch eine Anrechnung auf bedingte Kapitalia mit Höchstgrenzen erfolgt nicht. Die Schaffung eines entsprechenden bedingten Kapitals samt Beschluss gemäß § 221 Abs. 1 bzw. Abs. 2 AktG (zur Verbindung der Beschlüsse Rz. 46.36) muss sich eng an die Zwecksetzung des Gesetzes halten. Das wird bei der Sektorausnahme wegen der bankaufsichtsrechtlichen Vorgaben weder für einen Beschluss gemäß § 221 Abs. 1 AktG noch für einen Ermächtigungsbeschluss gemäß § 221 Abs. 2 AktG schwerfallen. Gleiches gilt für eine anlassbezogene Beschlussfassung sonstiger Unternehmen im Rahmen einer Sanierung. Schwieriger ist insofern die Formulierung eines Ermächtigungsbeschlusses ohne konkreten Anlass. Teilweise wird offenbar bereits für die Beschlussfassung die Vorlage eines hinreichend konkreten Sanierungskonzepts gefordert[78]. Dies würde einen nicht anlassbezogenen Ermächtigungsbeschluss ausschließen und ist weder mit dem Wortlaut noch der Regelungsintention des Gesetzgebers vereinbar. Schädlich für die Privilegierung solcher Pflichtwandelanleihen ist es, wenn neben einem Wandlungsrecht der Gesellschaft auch ein solches des Gläubigers besteht[79]. Der Nennbetrag eines bedingten Kapitals gemäß **§ 192 Abs. 2 Nr. 3 AktG** ist auf höchstens 10 % des Grundkapitals begrenzt (§ 192 Abs. 3 Satz 1 AktG). Bei der Berechnung der 10 %-Grenze ist zu berücksichtigen, dass Ermächtigungen zum Rückkauf eigener Aktien zwecks Bedienung von Aktienoptionsprogrammen (§ 71 Abs. 1 Nr. 8 Satz 5 AktG i.V.m. § 193 Abs. 2 Nr. 4 AktG) mindernd zu berücksichtigen sind[80]. Nicht auf die 10 %-Grenze des § 192 Abs. 3 Satz 1 AktG anzurechnen sind genehmigte Kapitalien unter der Möglichkeit des Bezugsrechtsausschlusses gemäß § 186 Abs. 3 Satz 4 AktG, weil die jeweiligen Kapitalgrenzen in keinem innerem Zusammenhang stehen[81] (zur Anrechnung bei Wandelschuldverschreibungen unter Bezugsrechtsausschluss sogleich). Noch ausstehende bedingte Kapitalia sind unter Berücksichtigung von Ausübungen von Bezugsrechten mitzurechnen[82]. Anders als beim genehmigten Kapital (vgl. hierzu Rz. 45.8) ist das zum **Zeitpunkt der Beschlussfassung** über die Kapitalerhöhung im Handelsregister eingetragene Grundkapital maßgeblich. Die Grenze kann also nicht durch eine gleichzeitige Beschlussfassung über eine ordentliche Kapitalerhöhung faktisch erhöht werden. Umgekehrt ist auch dann an das (noch) vorhandene Grundkapital anzuknüpfen, wenn auf derselben Hauptversammlung eine Kapitalherabsetzung beschlossen wird[83].

Zwecks Einräumung größtmöglicher Flexibilität kann es Gesellschaften darauf ankommen, sowohl ein **genehmigtes Kapital** mit der Möglichkeit des Bezugsrechtsausschlusses gemäß § 186 Abs. 3 Satz 4 AktG als auch eine **Ermächtigung zur Begebung von Wandelschuldverschreibungen** unter **Ausschluss des Bezugsrechts** entsprechend § 186 Abs. 3 Satz 4 AktG (§ 221 Abs. 4 Satz 2 AktG) zu schaffen. In solchen Fällen darf die **10 %-Grenze** des § 186 Abs. 3 Satz 4 AktG **zusammengerechnet**

46.19

---

78 *Fuchs* in MünchKomm. AktG, 5. Aufl. 2021, § 192 AktG Rz. 151a.
79 So auch *Söhner*, ZIP 2016, 151, 154; *Fuchs* in MünchKomm. AktG, 5. Aufl. 2021, § 192 AktG Rz. 151d a.E.; *Fest* in Hopt/Seibt, Schuldverschreibungsrecht, § 221 AktG Rz. 147; *Lieder* in Bürgers/Körber/Lieder, § 192 AktG Rz. 32; wohl auch *Ihrig/Wandt*, BB 2016, 6, 16; nach § 192 Abs. 3 Satz 3 und Satz 4 differenzierend *Florstedt* in KölnKomm. AktG, 4. Aufl. 2020, § 221 AktG Rz. 306.
80 Vorsichtig bejahend auch *Hoffmann-Becking*, NZG 1999, 797, 804; dezidiert für Anrechnung *Knoll*, ZIP 2002, 1382 f.; *Keul/Semmer*, DB 2002, 2255 f.; *Scholz* in MünchHdb. AG, § 64 Rz. 104; *Frey* in Großkomm. AktG, 4. Aufl. 2001, § 192 AktG Rz. 140; *Fuchs* in MünchKomm. AktG, 5. Aufl. 2021, § 192 AktG Rz. 149; *Rieckers* in BeckOGK AktG, Stand 1.6.2021, § 192 AktG Rz. 101; *Lutter/Drygala* in KölnKomm. AktG, 4. Aufl. 2020, § 71 AktG Rz. 191; *Käpplinger*, Inhaltskontrolle von Aktienoptionsplänen, 2003, S. 143; nun auch *Hüffer/Koch*, § 192 AktG Rz. 24; differenzierend *Ihrig/Wagner*, NZG 2002, 657, 663; ablehnend *Mutter*, ZIP 2002, 295 f.
81 *Ihrig/Wagner*, NZG 2002, 657, 654.
82 *Frey* in Großkomm. AktG, 4. Aufl. 2001, § 192 AktG Rz. 135.
83 Für wortlautgetreue Auslegung auch *Weiler*, NZG 2009, 46, 47 f.; *Hüffer/Koch*, § 192 AktG Rz. 23; *Rieckers* in BeckOGK AktG, Stand 1.6.2021, § 192 AktG Rz. 101.

nicht überschritten werden[84]. Das gilt neben der Ermächtigung zur Ausgabe von Wandelschuldverschreibungen auch für die Veräußerung eigener Aktien außerhalb der Börse unter Ermächtigung zum Bezugsrechtsausschluss gemäß § 71 Abs. 1 Nr. 8 Satz 5 AktG i.V.m. § 186 Abs. 3 Satz 4 AktG[85]. Unproblematisch ist die Schaffung eines genehmigten Kapitals unter Ausschluss des Bezugsrechts etwa in Höhe von 5 % des bestehenden Grundkapitals bei gleichzeitiger Ermächtigung zur Begebung von Wandlungsrechten auf Aktien unter Ausschluss des Bezugsrechts mit einem Nennbetrag/anteiligen Betrag am Grundkapital von ebenfalls 5 %. Zulässig und flexibler ist auch eine Ermächtigung in Höhe von jeweils 10 % mit der Einschränkung in der Beschlussfassung, dass während der Laufzeit der beiden Ermächtigungen nur Ausnutzungen unter Ausschluss des Bezugsrechts in Höhe von zusammengenommen 10 % des Grundkapitals erfolgen dürfen[86]. Wird dann das genehmigte Kapital unter Ausschluss des Bezugsrechts voll ausgenutzt, kann die Wandelschuldverschreibung unter Ausschluss des Bezugsrechts nicht mehr begeben werden, solange keine neue Ermächtigung eingeholt wird. Beide Ermächtigungen sind für Zwecke der Ausnutzung der 10 %-Grenze unter Ausschluss des Bezugsrechts als Einheit zu betrachten. Dabei sollte diese Begrenzung in den Ermächtigungsbeschluss aufgenommen werden. Auch wenn dies nicht geschehen ist und sowohl genehmigtes wie bedingtes Kapital das Registerverfahren passiert haben, hat der Vorstand bei der Ausnutzung der Ermächtigung die genannten kumulativen Grenzen zu beachten.

46.20 Fraglich ist, ob nicht auch eine Gestaltung zulässig ist, die nicht an die Laufzeit der Ermächtigung, sondern an eine **andere Referenzperiode** anknüpft. Das OLG München hat in Bezug auf die Schaffung eines genehmigten Kapitals eine Gestaltung für unzulässig erachtet, wonach das genehmigte Kapital insgesamt knapp 50 % des bei Beschlussfassung bestehenden Grundkapitals beträgt und bei Ausnutzung das Bezugsrecht der Aktionäre ausgeschlossen werden kann, wenn die Kapitalerhöhung *jeweils* unter 10 % des Grundkapitals bleibt[87]. Denn die Ermächtigung dürfe nicht weiter als die Kompetenz der Hauptversammlung selbst gehen, die ihrerseits in *einem* Beschluss nur bis 10 % gehen könne (siehe Rz. 45.22)[88]. Diese Argumentation mag zwar eine Anrechnung unterschiedlicher Emissionsvolumina rechtfertigen[89]. Von der Anrechnung selbst ist jedoch die Frage nach dem relevanten Zeitraum zu unterscheiden. Dabei wird meist undifferenziert aus dem Beschluss des OLG München gefolgert, die Anrechnung müsse über den gesamten Ermächtigungszeitraum erfolgen[90]. Bei genauerem Hinsehen ist aber ein anderes Ergebnis geboten: Der von dem OLG München anvisierte Aktionärsschutz geht nicht so weit, als dass die gesamte Laufzeit der Ermächtigung erfasst wäre. Zu beachten ist nämlich, dass die Hauptversammlung ebenso gut mehrfach hintereinander eine bezugsrechtsfreie Emission beschließen oder die ursprüngliche Ermächtigung durch einen neuen Beschluss aufheben könnte[91]. Solange die Grenze von 10 % nicht in dem Zeitrahmen zwischen zwei Hauptversammlungen überschritten wird, ist auch die Kompetenz der Hauptversammlung nicht überschritten. Im Ergebnis ist für die Anrechnung mithin auf die Ausübungen zwischen zwei Hauptversammlungen abzustellen[92]. Angesichts der nach wie vor nicht höchstrichterlich geklärten Rechtslage ist dennoch empfehlenswert,

---

84 *Busch*, AG 1999, 58, 62; *Singhof*, ZHR 170 (2006), 673, 686; *Seiler* in BeckOGK AktG, Stand 1.6.2021, § 221 AktG Rz. 121; vgl. auch *Marsch-Barner*, AG 1994, 532, 539 und *Herchen* in Happ/Groß/Möhrle/Vetter, Aktienrecht, Formular 12.04 Rz. 12.2.
85 *Reichert/Harbarth*, ZIP 2001, 1441, 1443; *Ihrig/Wagner*, NZG 2002, 657, 662 Fn. 57; *Singhof*, ZHR 170 (2006), 673, 686; *Schlitt/Seiler/Singhof*, AG 2003, 254, 259 Fn. 75.
86 Vgl. den Formulierungsvorschlag von *Ihrig/Wagner*, NZG 2002, 657, 660.
87 OLG München v. 24.7.1996 – 7 U 6319/95, AG 1996, 518; gegen eine solche Gestaltung auch *Scholz* in MünchHdb. AG, § 59 Rz. 34 m.w.N. auch zur Gegenansicht.
88 OLG München v. 24.7.1996 – 7 U 6319/95, AG 1996, 518; kritisch gegenüber diesem Urteil *Schwark* in FS Claussen, 1997, S. 357, 377 f.
89 Dagegen aber etwa *Krause* in Unternehmensfinanzierung am Kapitalmarkt, § 6 Rz. 58.
90 *Apfelbacher/Niggemann* in Hölters, § 186 AktG Rz. 84; *Ihrig/Wagner*, NZG 2002, 657, 662.
91 Vgl. *Scholz* in MünchHdb. AG, § 59 Rz. 34.
92 So im Ergebnis auch *Seiler* in BeckOGK AktG, Stand 1.6.2021, § 221 AktG Rz. 121; *Happ* in Happ/Groß/Möhrle/Vetter, Aktienrecht, Formular 12.07 Rz. 9.4; *Scholz* in MünchHdb. AG, § 59 Rz. 34; *Schlitt/Schäfer*, AG 2005, 67, 70.

eine detaillierte Anrechnungsklausel für die gesamte Laufzeit in den Hauptversammlungsbeschluss aufzunehmen[93].

b) Inhalt der Aktienrechte

Der Kapitalerhöhungsbeschluss hat ferner die **Nennbeträge** der neuen Aktien bzw. bei Stückaktien die **Zahl** und die Festlegung zu enthalten, ob **Inhaber- oder Namensaktien** ausgegeben werden sollen. Wird die Ausgabe unterschiedlicher Aktiengattungen zugelassen bzw. bestehen bereits verschiedene Aktiengattungen, muss der Gesamtnennbetrag und der Nennbetrag (bei Stückaktien die Zahl) für jede einzelne Aktiengattung getrennt festgesetzt werden[94]. Auch die **Dividendenberechtigung** ist zumindest dann festzulegen, wenn eine von § 60 Abs. 2 Satz 3 AktG abweichende Dividendenberechtigung beabsichtigt ist. Häufig ist insofern eine Bestimmung, wonach die Bezugsaktien für das gesamte Geschäftsjahr dividendenberechtigt sein sollen, in dem sie ausgegeben werden[95]. Dies ist unter praktischen Aspekten problematisch, weil bei Ausgabe der Aktien im Zeitraum ab Beginn des Geschäftsjahres bis zur Hauptversammlung, die über die Gewinnverwendung beschließt, dann alte und junge Aktien unter einer jeweils unterschiedlichen Wertpapier-Kenn-Nummer zu notieren sind (die bereits ausstehenden Aktien sind in diesem Zeitraum noch für das bereits abgelaufene Geschäftsjahr dividendenberechtigt)[96]. In der Praxis kann dem entweder durch Ausübungssperren in diesem Zeitraum begegnet werden, oder die jungen Aktien werden mit einer Gewinnberechtigung auch für das bereits abgelaufene Geschäftsjahr ausgestattet[97]. Dies ist in den Beschluss über die Schaffung des bedingten Kapitals aufzunehmen.

46.21

c) Zweck

In dem Beschluss der Hauptversammlung ist der Zweck der bedingten Kapitalerhöhung festzulegen. Hinsichtlich der Ausgabe von Wandelschuldverschreibungen kann auf die parallel beschlossene Ermächtigung zur Ausgabe dieser Schuldverschreibungen gemäß § 221 Abs. 2 AktG summarisch verwiesen werden[98]. Bei der Ausgabe von Mitarbeiteraktien reicht hinsichtlich des Zwecks die Wiedergabe der Zwecksetzung gemäß § 192 Abs. 2 Nr. 3 AktG, denn insofern sind gemäß § 193 Abs. 2 Nr. 2 bis 4 AktG weitere Angaben erforderlich. Bei der Vorbereitung eines **Unternehmenszusammenschlusses** sind die **beteiligten Unternehmen** zu **bezeichnen** und die Art des beabsichtigten Zusammenschlusses im Rahmen des Möglichen darzulegen[99].

46.22

d) Bezugsberechtigte

Gemäß § 193 Abs. 2 Nr. 2 AktG ist weiter der Kreis der Bezugsberechtigten (bei reinen Pflichtwandelanleihen strenggenommen der Bezugsverpflichteten) anzugeben. Eine namentliche Benennung ist nicht

46.23

---

93 Siehe etwa das Muster bei *Groß* in Happ/Groß/Möhrle/Vetter, Aktienrecht, Formular 12.04 lit. a) ff) und Rz. 12.2; *Scholz* in MünchHdb. AG, 5. Aufl. 2020, § 64 Rz. 36.
94 *Frey* in Großkomm. AktG, 4. Aufl. 2001, § 193 AktG Rz. 16; *Hüffer/Koch*, § 193 AktG Rz. 4.
95 *Frey* in Großkomm. AktG, 4. Aufl. 2001, § 193 AktG Rz. 18; *Rieckers* in BeckOGK AktG, Stand 1.6.2021, § 193 AktG Rz. 9.
96 Das ist unabhängig davon anzunehmen, ob man insofern aktienrechtlich von separaten Aktiengattungen ausgeht, vgl. zu dieser Frage (zutreffend verneinend) *Butzke*, Rz. 6.5a, sowie *Singhof* in FS Hoffmann-Becking, 2013, S. 1163, 1180; a.A. *Ziemons* in K. Schmidt/Lutter, § 11 AktG Rz. 8.
97 So auch *Singhof* in FS Hoffmann-Becking, 2013, S. 1163, 1181; *Rieckers* in BeckOGK AktG, Stand 1.6.2021, § 193 AktG Rz. 9; *Herchen* in Happ/Groß/Möhrle/Vetter, Aktienrecht, Formular 12.04 Rz. 17.2; vgl. auch zur Rechtslage beim genehmigten Kapital Rz. 45.31.
98 Zu Einzelheiten vgl. *Frey* in Großkomm. AktG, 4. Aufl. 2001, § 193 AktG Rz. 22; vgl. auch *Scholz* in MünchHdb. AG, § 58 Rz. 32.
99 Vgl. mit Unterschieden im Einzelnen *Scholz* in MünchHdb. AG, § 58 Rz. 32; *Frey* in Großkomm. AktG, 4. Aufl. 2001, § 193 AktG Rz. 23–25; *Hüffer/Koch*, § 193 AktG Rz. 5.

erforderlich („Kreis"). Erforderlich ist jedoch eine eindeutige Bestimmbarkeit der Bezugsberechtigten[100]. Das sind bei Wandel- und Optionsanleihen die Inhaber der gemäß § 193 Abs. 2 Nr. 1 AktG anzugebenden Wandelschuldverschreibung, bei Unternehmenszusammenschlüssen die Aktionäre der konkret zu bezeichnenden Gesellschaft und bei Aktienoptionsplänen die einzelnen in § 192 Abs. 2 Nr. 3 AktG genannten Gruppen (zu Letzteren noch Rz. 46.28)[101]. Eine später erforderlich werdende Änderung des Kreises der Bezugsberechtigten kann nur durch einen neuen Beschluss unter Aufhebung oder Erweiterung des ursprünglichen Beschlusses erfolgen[102].

e) Ausgabebetrag

46.24　Anzugeben ist gemäß § 193 Abs. 2 Nr. 3 AktG der Ausgabebetrag oder die Grundlagen, nach denen dieser Betrag errechnet wird. Bei der Sicherung von Options- bzw. Wandelanleihen durch ein bedingtes Kapital finden sich die entsprechenden Festsetzungen häufig in dem Ermächtigungsbeschluss gemäß § 221 Abs. 2 AktG. Weil der Beschluss der Hauptversammlung über die Schaffung des bedingten Kapitals hierauf regelmäßig Bezug nimmt, ist diese Praxis unbedenklich, jedenfalls sofern bei der Inbezugnahme der Options- bzw. Wandlungspreis explizit genannt wird[103]. Ausgabebetrag ist bei Bezugsrechten der sog. Basisbetrag, also der Preis, zu dem die Aktie ausgegeben werden soll und der vom Bezugsberechtigten zu leisten ist. Das ist bei Wandelschuldverschreibungen der Wandlungs- bzw. Optionspreis, der bei einer Optionsanleihe in bar zu leisten ist bzw. gegen den bei einer Wandelschuldverschreibung der Nennbetrag der Wandelschuldverschreibung verrechnet wird. Dabei ist – abstrakt – das Umtauschverhältnis anzugeben, welches sich aus der Division des Nennbetrages (oder eines unter dem Nennbetrag liegenden Ausgabebetrages der Schuldverschreibung) durch den festgesetzten Wandlungspreis ergibt. Bei Aktienoptionsplänen ist ebenfalls der Basispreis anzugeben. Verwendung finden hier die Ausgabe-, Festpreis- bzw. Abschlagsmethode[104]. Bei der **Vorbereitung eines Unternehmenszusammenschlusses** ist das Umtauschverhältnis und damit der Ausgabebetrag anhand von abstrakten Berechnungsfaktoren, insbesondere bestimmter an einem Stichtag geltender Börsenkurse, zu bestimmen[105].

46.25　Sowohl bei Wandelschuldverschreibungen als auch bei Aktienoptionen liegt die Ausgabe der jeweiligen Bezugsrechte regelmäßig in der Zukunft. Insbesondere handelt es sich bei dem Beschluss über die Ausgabe von Wandelschuldverschreibungen i.S.d. § 221 AktG regelmäßig nicht um einen direkten Beschluss der Hauptversammlung, sondern um eine Ermächtigung an den Vorstand über die Ausgabe (§ 221 Abs. 2 AktG). In diesen Fällen kann angesichts der ungewissen Wertentwicklung der Aktien ein genauer Ausgabebetrag nicht festgelegt werden. Ausreichend ist nach § 193 Abs. 2 Nr. 3 AktG aber auch die **Festlegung der Grundlagen**, nach denen der Ausgabebetrag errechnet wird. Daher wird in der Regel lediglich ein Mindestausgabebetrag durch die Hauptversammlung beschlossen und die Festlegung des endgültigen Ausgabebetrags dem Vorstand überlassen[106]. Typischerweise wird bei **Wandelschuldverschreibungen** eine Formulierung gewählt, wonach der Wandlungs- bzw. Bezugspreis einen

---

100　Vgl. statt aller *Fuchs* in MünchKomm. AktG, 5. Aufl. 2021, § 193 AktG Rz. 11.
101　Dazu *Heusel* in Semler/Volhard/Reichert, ArbeitsHdb. HV, § 23 Rz. 10; *Frey* in Großkomm. AktG, 4. Aufl. 2001, § 193 AktG Rz. 27–35; *Herchen* in Happ/Groß/Möhrle/Vetter, Aktienrecht, Formular 12.05 Rz. 4.1 f.
102　OLG Schleswig v. 22.6.2001 – 5 U 8/00, WM 2002, 859, 860 = AG 2003, 48.
103　Vgl. hierzu das Muster zu den Beschlüssen der Hauptversammlung über die Ausgabe von Wandelschuldverschreibungen und über eine bedingte Kapitalerhöhung zur Gewährung von Umtauschrechten an Gläubiger der Wandelschuldverschreibungen nach §§ 221, 192 ff. AktG bei *Hoffmann-Becking/Berger* in BeckFormularbuch, Formular X. 38.
104　Vgl. *Mertens/Cahn* in KölnKomm. AktG, 4. Aufl. 2020, § 87 AktG Rz. 51; *Scholz* in MünchHdb. AG, § 64 Rz. 108, jeweils m.w.N.
105　*Frey* in Großkomm. AktG, 4. Aufl. 2001, § 193 AktG Rz. 52; *Scholz* in MünchHdb. AG, § 58 Rz. 39; *Hüffer/Koch*, § 193 AktG Rz. 6a.
106　Vgl. *Fuchs* in MünchKomm. AktG, 5. Aufl. 2021, § 193 AktG Rz. 13; *Scholz* in MünchHdb. AG, § 58 Rz. 36; *Rieckers* in BeckOGK AktG, Stand 1.6.2021, § 192 AktG Rz. 17.

bestimmten Prozentsatz (z.B. 80 %)[107] des Durchschnittswertes des Aktienkurses der Gesellschaft in einem bestimmten Zeitraum (z.B. 10 Börsentage) vor dem Tag der Beschlussfassung durch den Vorstand über die Begebung der Wandelschuldverschreibung bzw. der Ausgabe der Bezugsrechte nicht unterschreiten darf. Ein solches Vorgehen ist bei Ermächtigungsbeschlüssen i.S.v. § 221 Abs. 2 bzw. § 192 Abs. 2 Nr. 3 AktG quasi zwingend, und die Kritik an dieser Vorgehensweise – auch durch einige Instanzgerichte[108] – ist unbegründet[109]. Die Fokussierung der abweichenden Auffassung auf den Mindestausgabebetrag der Aktien verkennt insbesondere, dass dieser nur einer unter mehreren Faktoren ist, welche den Ausgabewert der Wandelschuldverschreibungen und damit bei Bezugsrechtsausschluss gemäß § 186 Abs. 3 Satz 4 AktG den potentiellen Verwässerungseffekt für die Aktionäre bestimmen. Aus dem Blick geraten damit die eigentlichen Probleme der bezugsrechtsfreien Begebung von Wandelschuldverschreibungen, insbesondere, dass bei der Anwendung des § 186 Abs. 3 Satz 4 AktG die für Aktien für unschädlich gehaltene Differenz zum Börsenpreis (siehe Rz. 44.86 ff.) bei Wandelschuldverschreibungen zu hoch dimensioniert wäre[110]. Die die hier vertretene Auffassung bestätigende gesetzliche Klarstellung durch das ARUG in § 193 Abs. 2 Nr. 3 AktG wurde Mitte Mai 2009 durch die kurz zuvor verkündeten Urteile des BGH in Sachen Continental AG und Arcandor AG[111] „überholt". Bei Pflichtwandelanleihen ist die Festlegung des Wandlungs- bzw. Bezugspreises komplexer, weil ihre Wandlung auch in einer Krisensituation möglich ist und häufig deren Abwendung dient. Hier kann der Wandlungs- bzw. Bezugspreis deutlich unter dem Börsenpreis bei Begebung der Wandelschuldverschreibung liegen, verbreitet sind insofern minimale bzw. maximale Wandlungspreise mit einem entsprechend variablen Wandlungsverhältnis unter Anknüpfung an den bei Wandlung vorherrschenden Börsenpreis[112].

Bei **Aktienoptionsprogrammen** wird zunehmend der Ausgabebetrag am Börsenpreis bei Optionsausübung orientiert und von diesem Börsenkurs ein Abschlag bestimmt (bei Abstellen auf den Börsenpreis bei Optionseinräumung wird statt dessen auf den zu diesem Zeitpunkt maßgeblichen Börsenpreis ein Aufschlag erhoben)[113]. Ebenso zum Beschlussgegenstand (ggf. durch Verweisung auf den Beschluss gemäß § 221 AktG) gehören Modifizierungen des Ausgabebetrages aufgrund von **Verwässe-** 46.26

---

107 Vgl. insofern explizit *Drygala/Staake* in KölnKomm. AktG, 4. Aufl. 2020, § 193 AktG Rz. 58; *Hüffer/Koch*, § 193 AktG Rz. 6b; in der Vergangenheit wurden aber auch deutlich niedrigere Prozentsätze festgelegt. So etwa bei der Allianz SE 2018 (50 %) und der Münchener Rückversicherungs-Gesellschaft AG 2020 (50 %).
108 Vgl. OLG Hamm v. 19.3.2008 – I-8 U 115/07, ZIP 2008, 923 f. = AG 2008, 506, OLG Celle v. 7.11.2007 – 9 U 57/07, ZIP 2008, 926 f. = AG 2008, 85 und KG v. 3.8.2007 – 14 U 72/06, AG 2008, 85 ff. sowie die weiteren Nachweise bei *Pluskat*, DB 2008, 975 und dort Fn. 4.
109 Ablehnend *Frey* in Großkomm. AktG, 4. Aufl. 2001, § 193 AktG Rz. 51 (vgl. aber auch § 193 AktG Rz. 40), und *Maul*, NZG 2000, 679 ff. sowie die Berufungsurteile gemäß vorstehender Fn. Wie hier demgegenüber *Spiering/Grabbe*, AG 2004, 91 ff.; *Herchen* in Happ/Groß/Möhrle/Vetter, Aktienrecht, Formular 12.04 Rz. 17.1; *Favoccia* in MünchVertragsHdb. GesR, Formular V 118 mit Anm. 11; *Hüffer/Koch*, § 193 AktG Rz. 6b; *Rieckers* in BeckOGK AktG, Stand 1.6.2021, § 193 AktG Rz. 17; *Fuchs* in MünchKomm. AktG, 5. Aufl. 2021, § 193 AktG Rz. 14; *Scholz* in MünchHdb. AG, § 58 Rz. 36; *Maier-Reimer* in Gedächtnisschrift Bosch, 2006, S. 85, 94 ff.; *Umbeck*, AG 2008, 67 ff.; *Angerer/Pläster*, NZG 2008, 326, 328 f.; BGH v. 18.5.2009 – II ZR 262/07, BGHZ 181, 144 = NZG 2009; wohl auch *Veil* in K. Schmidt/Lutter, § 193 AktG Rz. 10. Der von *Maul*, NZG 2000, 679 ff. angestellte Vergleich zur ordentlichen Kapitalerhöhung, bei der aus den Registerakten der tatsächliche Ausgabebetrag ersichtlich sei, trägt schon deshalb nicht, weil die Prämisse falsch ist: Die Zeichnung erfolgt regelmäßig nur zum geringsten Ausgabebetrag, so dass das Registergericht den höheren Platzierungspreis nicht zur Kenntnis bekommt.
110 Zutreffend *Butzke*, HV, L Rz. 26 und dort Fn. 60; *Singhof*, ZHR 170 (2006), 673, 694; *Seiler* in BeckOGK AktG, Stand 1.6.2021, § 221 AktG Rz. 113; a.A. *Schlitt/Seiler/Singhof*, AG 2003, 254, 259.
111 BGH v. 18.5.2009 – II ZR 262/07 – Conti, ZIP 2009, 1566 = AG 2009, 625 f.; BGH v. 18.5.2009 – II ZR 124/08 – Arcandor, ZIP 2009, 1624.
112 Vgl. *Fest* in Hopt/Seibt, Schuldverschreibungsrecht, § 221 AktG Rz. 191; *Bader*, AG 2014, 472, 481.
113 *Friedrichsen*, Aktienoptionsprogramme für Führungskräfte, 2000, S. 176.

rungsfällen (Kapitalmaßnahmen, außerordentliche Dividenden) bzw. anderen die Anleihegläubiger beeinträchtigenden Ereignissen (dazu noch Rz. 46.50 ff.). Hierbei ist allerdings eine beispielhafte Aufzählung ausreichend und detaillierte Einzelregelungen sind nicht notwendig, sondern können der Verwaltung überlassen werden.

46.27 Ebenso wie bei der Erweiterung des Kreises der Bezugsberechtigten bedarf eine spätere Änderung des Ausgabebetrages (Basispreises) im Wege des sog. „**Repricing**" (insbesondere nachträgliche Herabsetzung des Ausübungspreises bereits ausgegebener Aktienoptionen als Reaktion auf eine unerwartet negative Kursentwicklung[114]) eines neuen Hauptversammlungsbeschlusses. Auch eine Ermächtigung der Verwaltung zum Repricing bereits im Ursprungsbeschluss ist regelmäßig außerhalb der üblichen Verwässerungsschutzklauseln bei Kapitalerhöhungen, Sonderdividenden, etc. unzulässig[115]. Demgegenüber kommt es zu einem unechten Repricing dann, wenn die Bezugsrechte in mehreren Tranchen bei – zulässiger – Aktualisierung des Ausgabebetrages an das bei Ausgabe der Optionen vorherrschende Marktniveau ausgegeben werden[116]. Ist demgegenüber die Anzahl der autorisierten Bezugsrechte erschöpft, bleibt nur die Schaffung eines neuen bedingten Kapitals mit aktualisiertem Basispreis („canceling and reissuing")[117]. Ggf. müssen wegen § 192 Abs. 4 AktG bei Kollision mit der 10 %-Grenze des § 192 Abs. 3 Satz 1 AktG die Berechtigten auf ihre Bezugsrechte verzichten, um die Aufhebung des bedingten Kapitals unter Schaffung eines **neuen** bedingten Kapitals zu ermöglichen[118]. Unzulässig ist der Vorschlag, die Optionsberechtigten könnten auf ihre Bezugsrechte verzichten, wodurch der erneute Zugriff auf das **bestehende** bedingte Kapital ermöglicht werde[119]. Kein Fall des Repricing ist ein Rückkauf von Optionsrechten durch die Gesellschaft oder einen durch diese vermittelten Dritten, sofern dabei nur der Zeitwert des Rechts vergütet wird[120].

f) Aufteilung bei Aktienoptionsplänen, Erfolgsziele, Ausübungszeiträume

46.28 Bei Beschlüssen nach § 192 Abs. 2 Nr. 3 AktG (Aktienoptionspläne) muss der Beschluss **Einzelheiten des Aktienoptionsplanes** festlegen (§ 193 Abs. 2 Nr. 4 AktG; dazu auch Rz. 55.21 ff.). Das gilt gemäß § 221 Abs. 4 Satz 2 AktG seit der Neufassung durch das UMAG[121] auch für die Gewährung von Wandelschuldverschreibungen gemäß § 192 Abs. 2 Nr. 1 AktG an Arbeitnehmer oder Mitglieder der Geschäftsführung. Dies kann im Wege des **Zustimmungs**- oder des **Ermächtigungsbeschlusses** geschehen. Bei Zustimmungsbeschlüssen ist eine zeitnahe Durchführung des Optionsplanes geplant, der konkrete Angaben zu den nachstehenden Bestimmungen erfordert. Bei Ermächtigungsbeschlüssen überlässt die Hauptversammlung der Verwaltung die Bestimmung des Ob und Wann der Durchführung des Plans, wobei abstraktere Angaben ausreichen[122]. Anders als bei anderen Ermächtigungs-

---

114 *Rieckers* in BeckOGK AktG, Stand 1.6.2021, § 193 AktG Rz. 22; vgl. zu der Empfehlung G.8 des DCGK in seiner Fassung v. 16.12.2019 *Kießling* in JIG, DCGK, 2020, Empfehlung G.8 Rz. 3 ff.
115 *Rieckers* in BeckOGK AktG, Stand 1.6.2021, § 193 AktG Rz. 22.; *Fuchs* in MünchKomm. AktG, 5. Aufl. 2021, § 192 AktG Rz. 73; *Herchen* in Happ/Groß/Möhrle/Vetter, Aktienrecht, Formular 12.05 Rz. 22.2; *Friedrichsen*, Aktienoptionsprogramme für Führungskräfte, 2000, S. 179 f., 181; *Käpplinger*, Inhaltskontrolle von Aktienoptionsplänen, 2003, S. 100, 101 m.w.N.; *Käpplinger/Käpplinger*, WM 2004, 712, 713, 714; *Scholz* in MünchHdb. AG, § 64 Rz. 113.
116 Vgl. *Ackermann/Suchan*, BB 2002, 1497, 1500.
117 Vgl. *Rieckers* in BeckOGK AktG, Stand 1.6.2021, § 193 AktG Rz. 22.
118 *Hüffer/Koch*, § 192 AktG Rz. 26; *Ackermann/Suchan*, BB 2002, 1497, 1501.
119 Dies für grundsätzlich zulässig haltend aber *Ackermann/Suchan*, BB 2002, 1497, 1501.
120 Ebenso *Käpplinger/Käpplinger*, WM 2004, 712, 718; a.A. offenbar *Schwark* in Hommelhoff/Lutter/Schmidt/Schön/Ulmer, Corporate Governance, Gemeinschaftssymposium der ZHR/ZGR, ZHR Sonderheft 2002, S. 75, 97.
121 Gesetz zur Unternehmensintegrität und Modernisierung des Anfechtungsrechts (UMAG) v. 22.9.2005, BGBl. I, Nr. 60, S. 2802.
122 *Friedrichsen*, Aktienoptionsprogramme für Führungskräfte, 2000, S. 79, 80; vgl. auch *Hüffer/Koch*, § 192 AktG Rz. 22.

beschlüssen (§§ 202, 221 Abs. 2 AktG) sieht § 192 Abs. 2 Nr. 3 AktG keinen **zeitlichen Höchstrahmen** vor. Ob das mit Art. 25 Abs. 2 Satz 3 der Kapitalrichtlinie vereinbar ist, wird vereinzelt bezweifelt[123]. In der Praxis wird die Ermächtigung häufig auf fünf Jahre begrenzt. Festzulegen ist die **Aufteilung** auf die in § 192 Abs. 2 Nr. 3 AktG genannten **Gruppen**. Dabei ist zunächst die Aufteilung auf Geschäftsführer und Arbeitnehmer festzulegen. Ferner sollte nach Geschäftsführern und Arbeitnehmern der AG und solchen der Tochtergesellschaften unterschieden werden[124]. Es ist aber auch eine weitere Aufschlüsselung zulässig.

§ 193 Abs. 2 Nr. 4 AktG fordert ein **Erfolgsziel**. Mit diesem unspezifischen Begriff sind mehrere Fragen verbunden. Fraglich ist zunächst, ob das Erfolgsziel Bedingung (oder Ausübungsverbot) für die Einräumung oder die Ausübung der Bezugsrechte ist. Zu Recht wird überwiegend auf die Ausübung abgestellt[125]. Was Erfolgsziel sein kann, ist ebenfalls umstritten. Unstreitig kann an Positionen der Gewinn- und Verlustrechnung der AG bzw. einer ihrer Tochtergesellschaften (für deren Arbeitnehmer und Geschäftsführer) angeknüpft werden[126]. Trotz der schwierigeren Fassbarkeit[127] können im Einzelfall auch strategische Erfolgsziele definiert werden, etwa in einer Sanierungssituation eine erfolgreiche Refinanzierung[128]. Möglich ist auch ein Abstellen auf die Aktienrendite der Gesellschaft im Vergleich zu einem Zeitraum in der Vergangenheit oder zu einer anderen Vergleichsgröße (z.B. Durchschnittsrendite von Anleihen)[129]. Rechtlich zulässig ist auch eine Anknüpfung an die Aktienperformance durch **absolute Kurshürden** (Aktie muss um X % steigen)[130], empfehlenswert erscheint in der Praxis jedoch eine Anknüpfung an **relative Kurshürden** (Aktie muss um mehr als X % im Vergleich zu einem möglichst branchennahen Index steigen; hier ist die Gefahr von Zufallsgewinnen oder -verlusten geringer)[131]. Ebenso kann ein **fester Ausgabebetrag** allein **für sich genommen** ein Erfolgsziel darstellen, wenn dieser Ausgabebetrag nur ausreichend über dem Aktienwert zum Zeitpunkt der Einräu-

46.29

---

123 *Wulff*, Aktienoptionen für das Management, S. 70; *Frey* in Großkomm. AktG, 4. Aufl. 2001, § 192 AktG Rz. 113. Eine zeitliche Begrenzung auf fünf Jahre analog § 202 Abs. 1, § 221 Abs. 2 AktG – unabhängig von der europarechtlichen Frage – nimmt *Fuchs* in MünchKomm. AktG, 5. Aufl. 2021, § 192 AktG Rz. 101 an; ähnlich wohl *Mertens/Cahn* in KölnKomm. AktG, 4. Aufl. 2020, § 87 AktG Rz. 63.
124 *Fuchs* in MünchKomm. AktG, 5. Aufl. 2021, § 193 AktG Rz. 21 (mindestens vier Gruppen); *Frey* in Großkomm. AktG, 4. Aufl. 2001, § 193 AktG Rz. 59; *Kessler/Suchan* in Kessler/Sauter, Handbuch Stock Options, 2003, S. 57 Rz. 143; *Herchen* in Happ/Groß/Möhrle/Vetter, Aktienrecht, Formular 12.05 Rz. 4.2; siehe aber auch OLG Koblenz v. 16.5.2002 – 6 U 211/01, ZIP 2002, 1845, 1846 = AG 2003, 453 (genaue Aufteilung auf Geschäftsführung der AG und Geschäftsführung verbundener Unternehmen nicht zwingend erforderlich).
125 Vgl. *Heusel* in Semler/Volhard/Reichert, ArbeitsHdb. HV, § 24 Rz. 22; *Scholz* in MünchHdb. AG, § 64 Rz. 110; unklar *Frey* in Großkomm. AktG, 4. Aufl. 2001, § 193 AktG Rz. 62 (zwar sei rechtlich bedingt die Einräumung, „wirtschaftlich" aber die Ausübbarkeit).
126 *Frey* in Großkomm. AktG, 4. Aufl. 2001, § 193 AktG Rz. 67; zu geeigneten Erfolgszielen auch *Fuchs* in MünchKomm. AktG, 5. Aufl. 2021, § 193 AktG Rz. 24.
127 *Mertens/Cahn* in KölnKomm. AktG, 4. Aufl. 2020, § 87 AktG Rz. 55.
128 Vgl. auch die Beispiele von *Fuchs* in MünchKomm. AktG, 5. Aufl. 2021, § 193 AktG Rz. 24 („erfolgreiche Platzierung einer Kapitalerhöhung oder ein gelungener Börsengang").
129 *Wulff*, Aktienoptionen für das Management, S. 82 m.w.N.
130 Dies – auch im Hinblick auf die Begründung des Regierungsentwurfs – für zulässig erachtend OLG Stuttgart v. 13.6.2001 – 20 U 75/00, AG 2001, 540, 541; *Frey* in Großkomm. AktG, 4. Aufl. 2001, § 193 AktG Rz. 54; *Kessler/Suchan* in Kessler/Sauter, Handbuch Stock Options, 2003, S. 58 Rz. 145; *Scholz* in MünchHdb. AG, § 64 Rz. 112; *Hüffer/Koch*, § 193 AktG Rz. 9a; kritisch aber weite Teile des Schrifttums, vgl. etwa *Feddersen*, ZHR 161 (1997), 269, 271 f.; *Hüffer*, ZHR 161 (1997), 214, 235 f.; *Friedrichsen*, Aktienoptionsprogramme für Führungskräfte, 2000, S. 150/151; *Käpplinger*, Inhaltskontrolle von Aktienoptionsplänen, 2003, S. 112/113.
131 Einen rechtstatsächlichen Überblick über die in der Praxis gebräuchlichen Erfolgsziele geben *Feddersen/Pohl*, AG 2001, 26, 31 f. sowie *Käpplinger*, Inhaltskontrolle von Aktienoptionsplänen, 2003, S. 45–49; *Fuchs* in MünchKomm. AktG, 5. Aufl. 2021, § 193 AktG Rz. 25.

mung des Bezugsrechts liegt[132]. Das Ansteigen des Kurses ist dann zwar nicht rechtliche, aber doch wirtschaftliche Bedingung für die Ausgabe der Aktien, denn bei Notiz unterhalb des Ausgabebetrages ergibt die Ausübung wirtschaftlich keinen Sinn[133]. Problematisch erscheint die Auffassung des OLG Koblenz, ein Erfolgsziel könne auch eine Steigerung des Aktienkurses über den weit unter dem Marktpreis angesetzten Ausübungspreis umfassen, obwohl der Börsenkurs bei Ausübung des Bezugsanspruches immer noch unter dem Kurs bei Einräumung des Anspruches liegt[134]. Empfehlung G.7 des **Deutschen Corporate Governance Kodex (DCGK)**[135], welche fordert, dass sich die Leistungskriterien variabler Vergütungsbestandteile – neben operativen – vor allem an strategischen Zielsetzungen orientieren sollen, dürfte absolute Kurssteigerungsziele nicht ausschließen. Allerdings ist gemäß § 87 Abs. 1 Satz 3 Halbs. 2 AktG der Aufsichtsrat gehalten, für außerordentliche Entwicklungen eine Begrenzungsmöglichkeit zu vereinbaren[136]. Am ehesten eignen sich hierzu absolute Betragsgrenzen für Optionsgewinne[137].

46.30 Bei **Vorstandsmitglieder begünstigenden Aktienoptionsplänen** sind neben den Vorgaben des § 193 Abs. 2 Nr. 4 AktG (namentlich dem Erfolgsziel) auch die aktienrechtlichen Grenzen der §§ 87 f. AktG zu beachten. Bei börsennotierten Gesellschaften hat der Aufsichtsrat zu berücksichtigen, dass die Vergütungsstruktur auf eine nachhaltige und langfristige Entwicklung der Gesellschaft ausgerichtet sein muss, vgl. § 87 Abs. 1 Satz 2 AktG. Ferner bedarf es gemäß § 87a AktG für die börsennotierte AG eines – vom Aufsichtsrat aufgestellten – klaren und verständlichen, abstrakten Systems der Vorstandsvergütung. Zwar ist die Hauptversammlung nicht unmittelbar an die Maßstäbe des § 87 Abs. 1 AktG gebunden und deshalb ist der Beschluss insofern auch nicht der Inhaltskontrolle unterworfen[138]. Weil andererseits der Aufsichtsrat die Umsetzung eines von der Hauptversammlung gebilligten Optionsplans kaum unter Berufung auf §§ 87 f. AktG verweigern wird (und womöglich nicht verweigern darf)[139], ist der Aufsichtsrat gehalten, bereits bei der Beschlussvorbereitung ggf. korrigierend einzugreifen[140]. Auch

---

132 *Friedrichsen*, Aktienoptionsprogramme für Führungskräfte, 2000, S. 146; *Mertens/Cahn* in KölnKomm. AktG, 3. Aufl. 2010, § 87 AktG Rz. 57. Ob die Festsetzung eines Basispreises unter dem aktuellen Kurswert der Bezugsaktie zum Zeitpunkt der Optionseinräumung liegen darf, so dass die Option von Anfang an – stark – „im Geld" liegt, ist streitig, vgl. (zweifelnd) *Hoffmann-Becking*, NZG 1999, 797, 803; bejahend, wenn auch auf Ausnahmefälle beschränkt, *Frey* in Großkomm. AktG, 4. Aufl. 2001, § 193 AktG Rz. 55 und Rz. 64, sowie OLG Koblenz v. 16.5.2002 – 6 U 211/01, ZIP 2002, 1845, 1847 f. = AG 2003, 453.
133 *von Einem/Götze*, AG 2002, 72, 73 f. m.w.N.; kritisch demgegenüber *Frey* in Großkomm. AktG, 4. Aufl. 2001, § 193 AktG Rz. 64.
134 OLG Koblenz v. 16.5.2002 – 6 U 211/01, AG 2003, 453, 454 f. = ZIP 2002, 1845, 1847 f. Der Beschluss vom Mai 2000 sah einen Ausübungspreis von 60 % des Kassakurses v. 30.12.1999 und Ausübung ab 2002 vor, sofern sich der Kassakurs bei Ausübung gegenüber dem Ausübungspreis im Durchschnitt der abgelaufenen Jahre um mindestens 10 % pro Jahr seit Festsetzung des Ausübungspreises gesteigert hat. Kritisch etwa *Rieckers* in BeckOGK AktG, Stand 1.6.2021, § 193 AktG Rz. 32 sowie *Mertens/Cahn* in KölnKomm. AktG, 3. Aufl. 2010, § 87 AktG Rz. 52 („allenfalls in Ausnahmefällen zulässig"); ähnlich *Scholz* in MünchHdb. AG, § 64 Rz. 112.
135 Empfehlungen der Regierungskommission „Deutscher Corporate Governance Kodex" in der Fassung v. 16.12.2019, veröffentlicht im Bundesanzeiger am 20.5.2020.
136 Vgl. auch die Empfehlung G.11 des DCGK in seiner Fassung v. 16.12.2019.
137 *Mertens/Cahn* in KölnKomm. AktG, 4. Aufl. 2020, § 87 AktG Rz. 53.
138 *Hoffmann-Becking*, NZG 1999, 797, 802; *Scholz* in MünchHdb. AG, § 64 Rz. 111; *Rieckers* in BeckOGK AktG, Stand 1.6.2021, § 193 AktG Rz. 33.
139 *Hoffmann-Becking*, NZG 1999, 797, 803; *Scholz* in MünchHdb. AG, § 64 Rz. 111; *Rieckers* in BeckOGK AktG, Stand 1.6.2021, § 193 AktG Rz. 33; für Kontrollrecht und Kontrollpflicht demgegenüber *Mertens/Cahn* in KölnKomm. AktG, 4. Aufl. 2020, § 87 AktG Rz. 44.
140 *Lutter*, ZIP 2003, 737, 742; zweifelnd aber *Hoffmann-Becking*, NZG 1999, 797, 802 Fn. 30, und *Rieckers* in BeckOGK AktG, Stand 1.6.2021, § 193 AktG Rz. 33.

bleibt im Rahmen der Beschlussumsetzung regelmäßig Spielraum für die angemessene Begrenzung der Vergütung[141].

Festzulegen sind ferner die **Erwerbszeiträume**. Dies sind die Zeiträume, in denen die Bezugsrechte ausgegeben werden. Anzugeben sind ebenfalls die **Ausübungszeiträume**, also die Zeiträume, in denen der AG die Bezugserklärungen zugehen müssen[142]. Hierbei sind **insiderrechtliche Aspekte** (vgl. Art. 8 und Art. 19 Abs. 1 und 11 MAR, Eigengeschäfte von Führungskräften sog. „Directors' Dealings" oder auch „Managers' Transactions") in Rechnung zu stellen[143]. Es empfiehlt sich dabei, auf die Zeiträume nach Vorlage eines Geschäfts- oder Zwischenberichts oder entsprechender Vorveröffentlichungen („trading windows") abzustellen (siehe dazu auch Rz. 14.57 f.). Die ebenfalls in den Beschluss aufzunehmende **Wartezeit** für die erstmalige Ausübung (Bezugserklärung) beträgt gemäß § 193 Abs. 2 Nr. 4 AktG mindestens vier Jahre.

3. Berichtspflichten, sachliche Rechtfertigung und Angemessenheit des Ausgabebetrages

Bei der bedingten Kapitalerhöhung besteht **kein gesetzliches Bezugsrecht** der Aktionäre der Gesellschaft. Das ist bei der Sicherung von Bezugsrechten aus Wandel- und Optionsanleihen unproblematisch, weil hier das gesetzliche Bezugsrecht der Aktionäre in Bezug auf die Schuldverschreibung geschützt ist (§ 221 Abs. 4 AktG). Demgegenüber kommt es bei Aktienoptionsplänen[144] und Unternehmenszusammenschlüssen zu einer Zulassung Dritter unter Reduzierung der Beteiligungsquote der Altaktionäre. Dies wirft drei Fragen auf: Bedarf ein entsprechender Hauptversammlungsbeschluss (Schaffung des bedingten Kapitals) der sachlichen Rechtfertigung? Besteht dann auch eine entsprechende Berichtspflicht analog § 186 Abs. 4 Satz 2 AktG? Erfolgt zusätzlich eine Angemessenheitsprüfung analog § 255 Abs. 2 AktG? Diese Fragen sind je nach Zweck des bedingten Kapitals unterschiedlich zu beantworten:

Für **Aktienoptionspläne** kann nach herrschender und zutreffender Auffassung ein bedingtes Kapital ohne besondere sachliche Rechtfertigung geschaffen werden, weil nach der Wertung des § 192 Abs. 2 Nr. 3 AktG der Beschluss der Hauptversammlung die Rechtfertigung bereits in sich trägt[145]. Auch ein Vorstandsbericht gemäß § 186 Abs. 4 Satz 2 AktG erübrigt sich damit[146]. Diese Einschätzung ent-

---

141 Siehe auch *Dreher* in Henze/Hoffmann-Becking, RWS-Forum, Gesellschaftsrecht 2003, S. 203, 218; *Fuchs* in MünchKomm. AktG, 5. Aufl. 2021, § 192 AktG Rz. 103.
142 Vgl. *Fuchs* in MünchKomm. AktG, 5. Aufl. 2021, § 193 AktG Rz. 35; a.A. (nicht zwingend) *Herchen* in Happ/Groß/Möhrle/Vetter, Aktienrecht, Formular 12.05 Rz. 6.2.
143 Ausführlich hierzu *Zöllter-Petzoldt/Höhling*, NZG 2018, 687.
144 Einen eigenständigen Ansatz verfolgt insofern *Fuchs*, DB 1997, 661, 664 f., der meint, bei Aktienoptionsplänen sei auch § 221 Abs. 3 AktG einschlägig, mithin sei ein Bezugsrechtsausschluss gemäß § 221 Abs. 4 AktG erforderlich.
145 *Hüffer/Koch*, § 192 AktG Rz. 18; *Aha*, BB 1997, 2225; *Weiß*, WM 1999, 353, 359 f.; *Hoffmann-Becking*, NZG 1999, 797, 802; *Scholz* in MünchHdb. AG, § 58 Rz. 19; *Rieckers* in BeckOGK AktG, Stand 1.6.2021, § 192 AktG Rz. 18; a.A. *Frey* in Großkomm. AktG, 4. Aufl. 2001, § 192 AktG Rz. 125, 126; *Fuchs* in MünchKomm. AktG, 5. Aufl. 2021, § 192 AktG Rz. 106 f.; *Wulff*, Aktienoptionen für das Management, 2000, S. 119 ff.
146 OLG Stuttgart v. 13.6.2001 – 20 U 75/00, AG 2001, 540, 543 = NZG 2001, 1089 (die Revision wurde gemäß BGH v. 4.3.2002 – II ZR 204/01 nicht angenommen); *Scholz* in MünchHdb. AG, § 58 Rz. 20; *Herchen* in Happ/Groß/Möhrle/Vetter, Aktienrecht, Formular 12.05 Rz. 10.1; *Rieckers* in BeckOGK AktG, Stand 1.6.2021, § 192 AktG Rz. 18; *Friedrichsen*, Aktienoptionsprogramme für Führungskräfte, 2000, S. 100 ff. (der jedoch (S. 104/105) eine erweiterte Begründungspflicht in richtlinienkonformer Auslegung der § 124 Abs. 3 Satz 1, § 192 Abs. 2 Nr. 3, § 193 Abs. 2 AktG vertritt); *Weiß*, WM 1999, 353, 360 (allerdings mit kritischer Würdigung). Für eine Berichtspflicht demgegenüber *Zeidler*, NZG 1998, 789, 797; *Wulff*, Aktienoptionen für das Management, 2000, S. 119; *Fuchs* in MünchKomm. AktG, 5. Aufl. 2021, § 192 AktG Rz. 112–114.

spricht der Historie der Gesetzesentstehung, denn die Problematik war im Rahmen der Diskussion des KonTraG streitig[147], und deshalb fehlt es an einer Regelungslücke[148]. Deshalb bedarf es nach – zutreffender, aber nicht unumstrittener – Auffassung der Rechtsprechung bei der Einberufung der Hauptversammlung auch nicht der Angabe von **Werten des Optionsplans**, zumal sich der Wert der einzelnen Option erst nach deren Ausgabe zuverlässig ermitteln lässt, der Aktienoptionsplan aber regelmäßig erst eine Ermächtigung zur Ausgabe beinhaltet[149]. Auch kann eine Angemessenheitsprüfung beim Merkmal des „Erfolgsziels" erfolgen. Eine solche Angemessenheitsprüfung wurde auch vor der Zulassung von nackten Optionen für Arbeitnehmer, bei denen Bezugsrechte auf den Erwerb von Aktien nur auf dem Umweg über die Ausgabe und Zeichnung einer Wandelanleihe nach § 221 AktG gewährt werden konnten, von der Rechtsprechung durchgeführt[150]. Im Rahmen der **Bekanntmachung des Beschlussvorschlages** sind jedoch wesentliche Parameter des Optionsplanes mitzuteilen. Darüber hinaus empfiehlt sich in der Bekanntmachung eine **weitergehende Erläuterung** des Planes[151]. Von dieser Erläuterungspflicht geht auch die Regierungsbegründung zum KonTraG aus[152]. In Bezug auf den Vorstand und Aufsichtsrat einer börsennotierten Gesellschaft besteht im Übrigen eine Pflicht zur Erstellung eines Vergütungsberichts für jedes Geschäftsjahr gemäß § 162 Abs. 1 AktG[153]; sowie in Bezug auf Vorstandsmitglieder im Anhang gemäß § 285 Nr. 9 lit. a, § 314 Abs. 1, Nr. 6 lit. a HGB.

46.34 Bei **Unternehmenszusammenschlüssen** ist darauf abzustellen, ob dieser Unternehmenszusammenschluss ohnehin einer gesonderten Zustimmung der Anteilseigner mit Berichtspflicht bedarf, welches etwa bei der Verschmelzung, der Spaltung, der Eingliederung und auch dem Abschluss von Unternehmensverträgen der Fall ist[154]. Damit ist eine ausreichende Beschlusskontrolle gesichert. Anders liegt es in den seltenen Fällen, in denen eine ordentliche Sachkapitalerhöhung über ein bedingtes Kapital bewerkstelligt werden soll. In diesem Fall ist die sachliche Rechtfertigung für den Erhöhungsbeschluss zu prüfen, und es bedarf eines Vorstandsberichtes analog § 186 Abs. 4 Satz 2 AktG[155].

46.35 Hinzu tritt in den Fällen des § 192 Abs. 2 Nr. 2 und Nr. 3 AktG die **Angemessenheitsprüfung** gemäß § 255 Abs. 2 AktG, sofern diese nicht im Fall des Unternehmenszusammenschlusses durch umwandlungsrechtliche bzw. spezielle aktienrechtliche Vorschriften gewährleistet ist. Dies entspricht zumindest für bestimmte Fälle des § 192 Abs. 2 Nr. 3 AktG der herrschenden Auffassung[156]. Allerdings sind bei

---

147 Vgl. *Wulff*, Aktienoptionen für das Management, 2000, S. 96 f.; siehe auch Stellungnahme *DAV Handelsrechtsausschuss*, ZIP 1997, 163, 173 (Anm. 115).
148 *Frey* in Großkomm. AktG, 4. Aufl. 2001, § 192 AktG Rz. 120 (allerdings beschränkt auf die Berichtspflicht).
149 OLG Stuttgart v. 13.6.2001 – 20 U 75/00, AG 2001, 540, 543 (die Revision wurde gemäß BGH v. 4.3.2002 – II ZR 204/01 nicht angenommen); unentschieden *Weiß*, WM 1999, 353, 356; für Erforderlichkeit der Wertdarlegung *Baums* in FS Claussen, 1997, S. 3, 42; *Lutter*, ZIP 2003, 737, 740 und dort Fn. 24 sowie 742; *Käpplinger*, Inhaltskontrolle von Aktienoptionsplänen, 2003, S. 102/103.
150 Vgl. OLG Stuttgart v. 12.8.1998 – 20 U 111/97, ZIP 1998, 1482, 1499 = AG 1998, 529; OLG Braunschweig v. 29.7.1998 – 3 U 75/98, WM 1998, 1929, 1933 = AG 1999, 84.
151 *Friedrichsen*, Aktienoptionsprogramme für Führungskräfte, 2000, S. 104, 105, der dies als Rechtspflicht begreift; eine entsprechende Empfehlung aussprechend *Scholz* in MünchHdb. AG, § 58 Rz. 20; ähnlich *Weiß*, WM 1999, 353, 360; *Kessler/Suchan* in Kessler/Sauter, Handbuch Stock Options, 2003, S. 62 Rz. 157; *Herchen* in Happ/Groß/Möhrle/Vetter, Aktienrecht, Formular 12.05 Rz. 10.2.
152 Begr. RegE KonTraG, abgedruckt bei *Ernst/Seibert/Stuckert*, KonTraG u.a., 1998, S. 81.
153 Vgl. hierzu auch die Erläuterungen zu Grundsatz 25 des DCGK in der Fassung v. 16.9.2019 von *Johannsen-Roth/Kießling* in JIG, DCGK, 2020, Grundsatz 25 Rz. 1 ff.
154 Vgl. *Scholz* in MünchHdb. AG, § 58 Rz. 19; *Fuchs* in MünchKomm. AktG, 5. Aufl. 2021, § 192 AktG Rz. 34.
155 *Rieckers* in BeckOGK AktG, Stand 1.6.2021, § 192 AktG Rz. 18; *Frey* in Großkomm. AktG, 4. Aufl. 2001, § 192 AktG Rz. 123.
156 Vgl. *Hüffer/Koch*, § 255 AktG Rz. 17; *K. Schmidt* in Großkomm. AktG, 4. Aufl. 1995, § 255 AktG Rz. 4; *Koch* in MünchKomm. AktG, 5. Aufl. 2021, § 255 AktG Rz. 13; *Scholz* in MünchHdb. AG, § 58 Rz. 22; *Mertens/Cahn* in KölnKomm. AktG, 4. Aufl. 2020, § 87 AktG Rz. 48; *Fuchs* in MünchKomm. AktG,

Aktienoptionsprogrammen auch der Aspekt der Anreizfunktion und die ersparten Personalaufwendungen in Rechnung zu stellen. Bei Wandelschuldverschreibungen, die dem Bezugsrecht der Aktionäre unterliegen, ist eine Angemessenheitsprüfung entbehrlich[157], ansonsten erfolgt die Kontrolle analog § 186 Abs. 3 Satz 4 AktG[158] bzw. § 255 Abs. 2 AktG[159].

4. Verbindung mit Beschluss gemäß § 221 AktG

Dient das bedingte Kapital der Sicherung von Bezugsrechten aus **Wandelschuldverschreibungen**, werden die Beschlüsse gemäß §§ 192, 221 AktG regelmäßig auf derselben Hauptversammlung zur Abstimmung gestellt[160]. Rechtlich erforderlich ist dies allerdings nicht. Vielmehr gilt: Der Beschluss zur Ausgabe der Wandelschuldverschreibung (oder zur Ermächtigung zur Ausgabe) kann der Schaffung des bedingten Kapitals vorangehen. Sogar die Begebung der Wandelschuldverschreibung kann ohne vorherige Schaffung eines bedingten Kapitals erfolgen. Allerdings besteht wegen § 193 Abs. 1 Satz 3, § 187 Abs. 2 AktG der Gesellschaft gegenüber dann kein Optionsrecht auf junge Aktien (die Gesellschaft kann das Optionsrecht aber aus eigenen Aktien oder bei Dritten liegenden Aktien der AG sichern)[161]. Umgekehrt kann die Schaffung eines bedingten Kapitals dem Beschluss nach § 221 AktG vorangehen. Als Zweck ist dann die Sicherung von Bezugsrechten für künftig auszugebende Wandelschuldverschreibungen aufzunehmen. Dieser Beschluss ist aufschiebend zu bedingen bzw. von der Auflage an den Vorstand abhängig zu machen, das bedingte Kapital erst dann zur Eintragung anzumelden, wenn der Beschluss gemäß § 221 AktG gefasst wurde[162].

46.36

5. Fehlerhafte Beschlussfassung

Ein Verstoß gegen § 192 Abs. 3 Satz 1 AktG (betragliche Grenzen des bedingten Kapitals) führt zur **Nichtigkeit** des Beschlusses[163]. Gleiches gilt, wenn der Beschluss keinen Zweck festsetzt bzw. die anderen nach § 193 Abs. 2 AktG erforderlichen Festlegungen (wie z.B. die Angabe des Ausgabebetrages bzw. die Grundlagen seiner Errechnung) gänzlich fehlen[164]. Die Festsetzung eines nach § 192 Abs. 2 AktG unzulässigen Zwecks bzw. inhaltliche Verstöße gegen § 193 Abs. 2 AktG führen demgegenüber nur zur **Anfechtbarkeit**[165]. Das gilt insbesondere auch für fehlerhafte Erfolgsziele gemäß § 193 Abs. 2

46.37

---

5. Aufl. 2021, § 193 AktG Rz. 16; *Kiefner/Seibel*, AG 2016, 301, 303; ablehnend *Käpplinger*, Inhaltskontrolle von Aktienoptionsplänen, 2003, S. 144/145, der § 193 Abs. 2 Nr. 4 AktG für die speziellere Norm hält.
157 *Scholz* in MünchHdb. AG, § 58 Rz. 22; *Hüffer/Koch*, § 193 AktG Rz. 6a.
158 Dazu *Busch*, AG 1999, 58 ff.
159 Ebenso wohl auch *Hüffer/Koch*, § 193 AktG Rz. 6a.
160 *Frey* in Großkomm. AktG, 4. Aufl. 2001, § 192 AktG Rz. 55; *Hüffer/Koch*, § 192 AktG Rz. 13 und § 221 AktG Rz. 60; Muster bei *Hoffmann-Becking/Berger* in BeckFormularbuch, Formular X. 38, bei *Herchen* in Happ/Groß/Möhrle/Vetter, Aktienrecht, Formular 12.04 und bei *Favoccia* in MünchVertragsHdb. GesR, Formular V 118.
161 Zu diesen Wandelschuldverschreibungen siehe *Busch*, AG 1999, 58, 62 ff. Dass bei dieser Konstellation keinerlei Primäransprüche des Optionsberechtigten bestehen, wird hier entgegen *Scholz* in MünchHdb. AG, § 64 Rz. 45 nicht vertreten.
162 *Hüffer/Koch*, § 192 AktG Rz. 13; *Lieder* in Bürgers/Körber/Lieder, § 192 AktG Rz. 14.
163 *Frey* in Großkomm. AktG, 4. Aufl. 2001, § 192 AktG Rz. 143; *Scholz* in MünchHdb. AG, § 58 Rz. 43; OLG München v. 14.9.2011 – 31 Wx 360/11, AG 2011, 44 f. = ZIP 2011, 2007, 2008 f.
164 *Frey* in Großkomm. AktG, 4. Aufl. 2001, § 192 AktG Rz. 128; anhand der verschieden Verstöße differenzierend *Scholz* in MünchHdb. AG, § 58 Rz. 43; *Kessler/Suchan* in Kessler/Sauter, Handbuch Stock Options, 2003, S. 64 Rz. 162; auch *Hüffer/Koch*, § 193 AktG Rz. 10, der aber wohl § 193 Abs. 2 Nr. 4 AktG selbst bei gänzlichem Fehlen von Einzelheiten von der Nichtigkeitsfolge ausnimmt und eine Anfechtbarkeit vorsieht.
165 *Frey* in Großkomm. AktG, 4. Aufl. 2001, § 192 AktG Rz. 129, 130 und § 193 AktG Rz. 80; *Fuchs* in MünchKomm. AktG, 5. Aufl. 2021, § 192 AktG Rz. 41.

Nr. 4 AktG und auch für zu vage Angaben über den Ausgabebetrag bzw. die Grundlagen seiner Errechnung gemäß § 193 Abs. 2 Nr. 3 AktG.

46.38 Hält sich eine Wandelschuldverschreibung nicht in den Grenzen der Beschlussfassung gemäß § 221 AktG bzw. dem Rahmen des bedingten Kapitals gemäß § 193 AktG, führt dies zu folgender Beurteilung: Die **Begebung der Wandelanleihe** ist wirksam, weil § 221 AktG nur die Geschäftsführungsbefugnis des Vorstands, nicht aber seine Vertretungsbefugnis begrenzt. Deshalb führt vorbehaltlich eines offenkundigen Missbrauchs der Vertretungsmacht selbst die Ausgabe einer Wandelschuldverschreibung ohne Hauptversammlungsbeschluss nicht zur Unwirksamkeit der Wandelschuldverschreibung[166]. Überschreitet die Wandelschuldverschreibung den sachlichen (nicht: betraglichen) Rahmen des bedingten Kapitals einschließlich der häufigen Verweisung des Beschlusses über das bedingte Kapital auf den Ermächtigungsbeschluss gemäß § 221 AktG, führt dies auch nicht zur Nichtigkeit der **Aktienrechte** nach Ausübung des Wandlungsrechts. Ein Verstoß gegen § 199 Abs. 1 AktG, wonach die Aktien nur in Erfüllung des im Beschluss über die bedingte Kapitalerhöhung festgesetzten Zwecks ausgegeben werden dürfen, führt nämlich ebenfalls nur zur Überschreitung der Geschäftsführungsbefugnis (vgl. auch § 93 Abs. 3 Nr. 9 AktG) und deshalb nicht zur Unwirksamkeit der Aktienrechte[167]. Entsprechendes gilt, wenn ein bedingtes Kapital, welches für einen bestimmten **Unternehmenszusammenschluss** geschaffen wurde, zweckwidrig für einen anderen Zweck verwandt wird[168].

IV. Bedingtes Kapital und Sacheinlagen

46.39 Mit Ausnahme von Aktienoptionsplänen beinhaltet eine bedingte Kapitalerhöhung regelmäßig eine Sacheinlage. Das Gesetz fingiert allerdings in § 194 Abs. 1 Satz 2 AktG, dass der Umtausch von **Wandelschuldverschreibungen** gegen Bezugsaktien nicht als Sacheinlage gilt (dazu Rz. 46.41)[169]. Abgesehen von dieser Fiktion ist die beabsichtigte Festsetzung von Sacheinlagen bei Einberufung der Hauptversammlung unter Angabe des Gegenstandes der Sacheinlage, der Person des Einlegers und des Nennbetrages (bei Stückaktien der Zahl) der zu gewährenden Aktien ausdrücklich **bekanntzumachen** (§ 194 Abs. 1 Satz 3 AktG). Im Kapitalerhöhungsbeschluss sind der Gegenstand der Einlage, die Person des Sacheinlegers und der Nennbetrag bzw. die Zahl der zu gewährenden Aktien festzusetzen, vgl. § 194 Abs. 1 Satz 1 AktG. Es ist allerdings keine namentliche Angabe erforderlich, sondern es genügt die Festsetzung von Merkmalen, die den Sacheinleger bestimmbar machen[170]. Auch die Festsetzung eines Wertes der Sacheinlage ist nach herrschender Auffassung nicht erforderlich[171]. Es reichen die Angaben gemäß § 193 Abs. 2 Nr. 3 AktG. Noch großzügiger ist zu verfahren, wenn es um eine Ermächtigung zur **Ausgabe von Wandelschuldverschreibungen gegen Sacheinlage** gemäß § 221 Abs. 2 AktG geht,

---

166 *Hirte* in Großkomm. AktG, 4. Aufl. 2012, § 221 AktG Rz. 100 und 103; *Florstedt* in KölnKomm. AktG, 4. Aufl. 2020, § 221 AktG Rz. 202; *Hüffer/Koch*, § 221 AktG Rz. 52; OLG Frankfurt am Main v. 6.11.2012 – 5 U 154/11, AG 2013, 132, 133.
167 *Drygala/Staake* in KölnKomm. AktG, 4. Aufl. 2020, § 199 AktG Rz. 60; *Fuchs* in MünchKomm. AktG, 5. Aufl. 2021, § 199 AktG Rz. 32 f.; *Hüffer/Koch* § 199 AktG Rz. 8; *Scholz* in MünchHdb. AG, § 58 Rz. 82; *Frey* in Großkomm. AktG, 4. Aufl. 2001, § 199 AktG Rz. 68.
168 *Scholz* in MünchHdb. AG, § 58 Rz. 82.
169 Im Rahmen von Rekapitalisierungsmaßnahmen nach dem StFG (zum Begriff vgl. Rz. 44.6 in Fn. 22) gilt gemäß § 7a Abs. 1 Satz 4 WStBG i.V.m. § 194 Abs. 1 Satz 2 AktG auch der Umtausch einer stillen Beteiligung des Wirtschaftsstabilisierungsfonds in Aktien nicht als Sacheinlage, vgl. hierzu *Nolden/Heusel/Goette*, DStR 2020, 800, 803 m.w.N.
170 *Drygala/Staake* in KölnKomm. AktG, 4. Aufl. 2020, § 194 AktG Rz. 40; *Fuchs* in MünchKomm. AktG, 5. Aufl. 2021, § 194 AktG Rz. 18; *Hüffer/Koch*, § 194 AktG Rz. 6; *Rieckers* in BeckOGK AktG, Stand 1.6.2021, § 194 AktG Rz. 21; *Frey* in Großkomm. AktG, 4. Aufl. 2001, § 194 AktG Rz. 96.
171 *Frey* in Großkomm. AktG, 4. Aufl. 2001, § 194 AktG Rz. 97 und dort Fn. 139; *Hüffer/Koch*, § 194 AktG Rz. 6; *Rieckers* in BeckOGK AktG, Stand 1.6.2021, § 194 AktG Rz. 20; abweichend *Drygala/Staake* in KölnKomm. AktG, 4. Aufl. 2020, § 194 AktG Rz. 39.

bei der die Angaben nach § 194 AktG zum Zeitpunkt der Beschlussfassung noch gar nicht feststehen können. Im Rahmen der Anmeldung ist dann auch § 195 Abs. 2 Nr. 1 AktG nicht anzuwenden[172].

Ferner hat auch bei der bedingten Kapitalerhöhung mit Sacheinlage grundsätzlich eine **Prüfung** stattzufinden (zu Ausnahmen vgl. § 194 Abs. 5 i.V.m. § 183a AktG). Diese bezieht sich gemäß § 194 Abs. 4 Satz 2 i.V.m. § 34 Abs. 1 Nr. 2 AktG auf die Belegung des geringsten Ausgabebetrages der Aktien (§ 9 AktG). Problematisch ist sowohl bei der Wertkontrolle des externen Prüfers wie auch bei der registergerichtlichen Wertkontrolle der Umstand, dass zwischen Anmeldung der bedingten Kapitalerhöhung und Bezugserklärung ein längerer Zeitraum vergehen kann. Die Frage wird bei Unternehmenszusammenschlüssen kaum eine Rolle spielen, kann aber bei Wandelschuldverschreibungen mit Verlustbeteiligung relevant werden, bei denen die Privilegierung des § 194 Abs. 1 Satz 2 AktG zweifelhaft ist (Rz. 46.43). Als Korrektiv wird eine Prüfungspflicht des Vorstandes vor Ausgabe der Aktien im Rahmen des § 199 Abs. 1 AktG empfohlen[173]. Einer registergerichtlichen Kontrolle ist diese allerdings verschlossen. Im Rahmen des Umtausches von Anteilen bei einem **Unternehmenszusammenschluss** wird eine separate Werthaltigkeitsprüfung zumindest in Verschmelzungs- und Abspaltungsfällen durch § 69 UmwG erübrigt (Rz. 46.44)[174]. Dasselbe soll aufgrund der vorgelagerten Prüfungspflicht für Fälle der Sicherung von Abfindungsansprüchen bei Unternehmensverträgen und der Eingliederung gelten[175]. Bei einer Ermächtigung zur Ausgabe von Wandelschuldverschreibungen gegen Sacheinlage (siehe Rz. 46.39) hat die Sacheinlageprüfung anlässlich der Ausgabe der Wandelschuldverschreibungen stattzufinden (siehe auch noch Rz. 46.41)[176].

1. Besonderheiten bei Wandelschuldverschreibungen

Bei Wandelschuldverschreibungen gilt gemäß § 194 Abs. 1 Satz 2 AktG der Umtausch der Wandelschuldverschreibung nicht als Sacheinlage. Das gilt auch für Pflichtwandelanleihen, obwohl bei Wandlung anders als bei herkömmlichen Wandelanleihen bei Umtausch die Werthaltigkeit der Forderung regelmäßig in Frage stehen wird[177]. Der Privilegierung liegt der **Gedanke der Voreinzahlung einer Bareinlage** zugrunde, sodass diese nur dann greift, wenn die Wandelschuldverschreibungen gegen Zahlung eines Geldbetrages ausgegeben wurden[178]. Werden Wandelschuldverschreibungen gegen Sacheinlagen ausgegeben (z.B. Umwandlung von Forderungen), greift § 194 Abs. 1 Satz 2 AktG nicht ein und die Regeln über die Einbringung von Sacheinlagen sind zu befolgen, und zwar zum Zeitpunkt der Umwandlung der Forderung in eine Wandelschuldverschreibung[179]. Dabei dürfte die Werthaltigkeitsprüfung an den Wandlungspreis anzuknüpfen sein, denn dieser ist der „Ausgabebetrag" i.S.v. § 193 Abs. 2 Nr. 3 AktG. Wurde die Wandelschuldverschreibung gegen Barleistung begeben, bezieht sich diese Privilegierung allein auf den Nennbetrag der umzuwandelnden Anleihe, nicht aber auf aufgelaufene Zin-

---

172 *Schnorbus/Trapp*, ZGR 2010, 1023, 1029 ff.; *Schwartzkopff/Hoppe*, NZG 2014, 378 ff.; *Hüffer/Koch*, § 194 AktG Rz. 6; *Fuchs* in MünchKomm. AktG, 5. Aufl. 2021, § 194 AktG Rz. 18; OLG München v. 19.9.2013 – 31 Wx 312/13, ZIP 2013, 1913, 1914.
173 *Frey* in Großkomm. AktG, 4. Aufl. 2001, § 194 AktG Rz. 107.
174 *Grunewald* in Lutter, § 69 UmwG Rz. 25; *Marsch-Barner* in Kallmeyer, § 69 UmwG Rz. 15; *Frey* in Großkomm. AktG, 4. Aufl. 2001, § 194 AktG Rz. 85.
175 *Frey* in Großkomm. AktG, 4. Aufl. 2001, § 194 AktG Rz. 87.
176 *Schwartzkopff/Hoppe*, NZG 2014, 378, 379; *Fuchs* in MünchKomm. AktG, 5. Aufl. 2021, § 195 AktG Rz. 13a; *Scholz* in MünchHdb. AG, § 58 Rz. 46; *Hüffer/Koch*, § 194 AktG Rz. 9, jeweils m.w.N.
177 Dagegen aber *Drygala*, WM 2011, 1637, 1642 und *Bayer*, AG 2012, 141, 151.
178 *Schumann*, Optionsanleihen, 1990, S. 66; *Drygala/Staake* in KölnKomm. AktG, 4. Aufl. 2020, § 194 AktG Rz. 14; *Fuchs* in MünchKomm. AktG, 5. Aufl. 2021, § 194 AktG Rz. 8.
179 *Drygala/Staake* in KölnKomm. AktG, 4. Aufl. 2020, § 194 AktG Rz. 14; *Marsch-Barner*, DB 1995, 1497; *Rieckers* in BeckOGK AktG, Stand 1.6.2021, § 194 AktG Rz. 7; *Seiler* in BeckOGK AktG, Stand 1.6.2021, § 221 AktG Rz. 15; *Apfelbacher/Niggemann* in Hölters, § 194 AktG Rz. 15; *Hüffer/Koch*, § 194 AktG Rz. 9; *Jaspers* in Ekkenga, Hdb. AG Finanzierung, Kap. 6 Rz. 177; *Stadler*, NZI 2003, 579, 584; *Drinhausen/Keinath*, BB 2011, 1736, 1741; *Schnorbus/Trapp*, ZGR 2010, 1023, 1042; *Kopp/Metzner*, AG 2012, 856, 864; *Scholz* in MünchHdb. AG, § 58 Rz. 46.

sen („payment in kind-Anleihe")[180]. Ein unter dem Nennbetrag liegender Ausgabebetrag (disagio) ist demgegenüber – in den Grenzen des § 199 Abs. 2 AktG – unschädlich[181]. Problematisch ist die Erstreckung der Privilegierung auf einen den Nennbetrag übersteigenden Rückzahlungsbetrag, weil dieser eine Zinskomponente beinhaltet. Einerseits lässt sich argumentieren, es könne keinen Unterschied machen, ob die Wandelanleihe mit einem unter dem Nennbetrag liegenden Ausgabebetrag ausgegeben wird (hier greift § 194 Abs. 1 Satz 2 AktG, solange die Grenzen des § 199 Abs. 2 AktG eingehalten werden), oder die Wandelanleihe zum Nennbetrag = Ausgabebetrag mit einem höheren Rückzahlungsbetrag begeben wird. Auf der anderen Seite sollte § 199 Abs. 2 AktG restriktiv angewandt werden, weil die Norm den Gedanken der Vorleistung der Bareinlage teilweise aufgibt und die Einlage aufgelaufener Zinsen auch in Gestalt eines aufgezinsten Rückzahlungsbetrages der Sache nach Sacheinlage ist. Zweifelhaft ist die Privilegierung auch, sofern die Wandelschuldverschreibung nicht auf Euro lautet, denn es macht einen Unterschied, ob eine auf Euro lautende Einlagepflicht in wertentsprechender Fremdwährung erfüllt wird oder die Verbindlichkeit selbst auf Fremdwährung lautet[182]. Möglich ist aber die Begebung einer Optionsanleihe ohne Anrechnungsmöglichkeit. Ein Sacheinlageproblem stellt sich dann nicht.

46.42 Die Privilegierung des § 194 Abs. 1 Satz 2 AktG gilt zunächst für klassische Wandelanleihen, bei denen die Schuldverschreibung von der AG selbst begeben wurde und der Rückzahlungsanspruch im Wege einer Ersetzungsbefugnis in Aktien gewandelt wird. Schwieriger liegen die Dinge, wenn die zugrunde liegende Schuldverschreibung nicht von der AG, sondern von einer **Tochtergesellschaft** begeben wurde. Überwiegender Auffassung entspricht es, dass die Privilegierung des § 194 Abs. 1 Satz 2 AktG dann anwendbar ist, wenn bei der Gestaltung der Wandelschuldverschreibung ein Zustand geschaffen wird, der weitgehend der Begebung durch die AG selbst entspricht. Erforderlich ist danach, dass die emittierende Tochtergesellschaft die eingenommenen Gelder im Wege eines Darlehens an die Mutter-AG weiterleitet, die Tochtergesellschaft die Darlehensforderung anteilig an die Anleihegläubiger abtritt und bei Wandlung eben diese Darlehensforderung auf die AG übertragen wird (und damit durch Konfusion erlischt)[183]. Der Zusammenhalt von Schuldverschreibung und Darlehensforderung lässt sich quasi-dinglich durch entsprechende Anleihebedingungen gewährleisten[184].

46.43 Wandelgenussrechte unterfallen grundsätzlich auch der Privilegierung des § 194 Abs. 1 Satz 2 AktG[185]. Umstritten ist jedoch, ob das auch für solche mit **Verlustteilnahme** gilt (vgl. auch Rz. 53.8d). Eine Verlustteilnahme sehen insbesondere Genussrechte nach § 10 Abs. 4 bzw. 5 KWG vor. Diese Frage wurde

---

180 Ebenso *Schlitt/Seiler/Singhof*, AG 2003, 254 Fn. 4 a.E.; *Lieder* in Bürgers/Körber/Lieder, § 194 AktG Rz. 4; *Schlitt/Schäfer*, CFL 2010, 252, 258; *Rieckers* in BeckOGK AktG, Stand 1.6.2021, § 194 AktG Rz. 8.
181 Zu letzterem Aspekt siehe *Schumann*, Optionsanleihen, 1990, S. 67, 68 und dort Fn. 75; das ist insofern nicht unproblematisch, als die Rechtfertigung der Privilegierung – Vorleistung der Bareinlage – in Bezug auf das Disagio aufgegeben wird; *Fuchs* in MünchKomm. AktG, 5. Aufl. 2021, § 199 AktG Rz. 29 f.
182 *Bader*, AG 2014, 472, 476 und dort Fn 18; a.A. aber etwa *Hüffer/Koch*, § 194 AktG Rz. 4; *Rieckers* in BeckOGK AktG, Stand 1.6.2021, § 194 AktG Rz. 11; *Scholz* in MünchHdb. AG, § 64 Rz. 23; *v. Dryander/Niggemann* in Hölters, § 194 AktG Rz. 13.
183 *Schumann*, Optionsanleihen, 1990, S. 71 ff.; *Habersack* in MünchKomm. AktG, 5. Aufl. 2021, § 221 AktG Rz. 235; grundsätzlich zustimmend auch *Drygala/Staake* in KölnKomm. AktG, 4. Aufl. 2020, § 194 AktG Rz. 18-19; *Frey* in Großkomm. AktG, 4. Aufl. 2001, § 194 AktG Rz. 36–37, der jedoch weniger komplizierte Gestaltungen (Zahlung des Anleihegläubigers an Tochtergesellschaft auf Weisung der AG, die damit gleichwohl Einlage erhalte) anregt, von denen jedoch vor einer gerichtlichen Klärung zu warnen ist. *Habersack* in MünchKomm. AktG, 5. Aufl. 2021, § 221 AktG Rz. 236 schlägt als Rechtsgrundlage der Weiterleitung der Mittel durch die Tochter an die AG einen Geschäftsbesorgungsvertrag vor, welches die Abtretung erübrige.
184 Dazu *Schlitt/Seiler/Singhof*, AG 2003, 254, 264 f.
185 *Veil* in K. Schmidt/Lutter, § 194 AktG Rz. 5; *Hüffer/Koch*, § 194 AktG Rz. 4b; *Rieder/Holzmann* in Grigoleit, § 194 AktG Rz. 6.

früher ganz überwiegend verneint[186]. Ein beachtlicher Teil der Literatur lässt die Verlustbeteiligung bei Wandlung jedoch gänzlich unberücksichtigt und begründet dies damit, dass die Vorschrift des § 194 Abs. 1 Satz 2 AktG einen Wertverlust gerade in Kauf nehme[187]. Richtigerweise besteht ein gewichtiger Unterschied zwischen mangelnder Werthaltigkeit und gesunkenem Nennbetrag der zu ersetzenden Forderung, und deshalb ist das Wandlungsverhältnis an den abgeschriebenen Nennbetrag nach unten anzupassen[188]. Daneben stellt sich auch die Frage, ob eine bloße **Nachrangabrede** zum Verlust der Privilegierung des § 194 Abs. 1 Satz 2 AktG führt. Das wird nach heute ganz herrschender Auffassung abgelehnt[189]. Die praktische Relevanz dieser Frage dürfte jedoch zu vernachlässigen sein, denn sobald sich die Nachrangabrede materialisiert, wird die Wandlung regelmäßig unattraktiv sein (anders liegt es aber bei einer Wandelschuldverschreibung mit Wandlungspflicht). Zu denken ist an eine auflösende Bedingung dahingehend, dass die Nachrangabrede im Fall der Wandlung entfällt[190]. In Rechnung zu stellen ist auch, dass die ursprünglich durch Zahlung entstandene Forderung durch den Nachrang nicht in ihrem Bestand in Frage gestellt ist, welches für die Anwendbarkeit von § 194 Abs. 1 Satz 2 AktG spricht.

2. Besonderheiten bei Verschmelzungen und Gewinnbeteiligungen

Für Sachkapitalerhöhungen im Zusammenhang mit Verschmelzungen enthält § 69 UmwG eine Reihe von Privilegierungen. Eine separate Werthaltigkeitsprüfung ist hier entbehrlich. Diese Norm gilt auch für Verschmelzungen, bei denen die neuen Aktienrechte aus bedingtem Kapital stammen[191]. Privilegierungen – nämlich in Bezug auf die Festsetzungen im Beschlussinhalt, nicht aber in Bezug auf die weiter erforderliche Werthaltigkeitsprüfung – enthält schließlich § 194 Abs. 3 AktG für bestimmte Gewinnbeteiligungen. Das sind Auszahlungsansprüche, deren Höhe vom Gewinn oder Umsatz der Gesellschaft beeinflusst werden. Umfasst sind Umsatzbeteiligungen, Leistungsprämien oder Gratifikationen[192]. Gerechtfertigt erscheint aber auch die Erstreckung der Privilegierung auf nicht erfolgsabhängi-

46.44

---

186 *Veil* in K. Schmidt/Lutter, § 194 AktG Rz. 5; *Harrer/Janssen/Halbig*, FB 2005, 1, 3; *Drygala*, WM 2011, 1637, 1642; *Bayer*, AG 2012, 141, 151; *Hüffer/Koch*, § 194 AktG Rz. 4b.
187 *Frey* in Großkomm. AktG, 4. Aufl. 2001, § 194 AktG Rz. 78 ff.; *Hüffer/Koch*, § 194 AktG Rz. 4b; *Rieder/Holzmann* in Grigoleit, § 194 Rz. 6; *Veil* in K. Schmidt/Lutter, § 194 AktG Rz. 5; *Rieckers* in BeckOGK AktG, Stand 1.6.2021, § 194 Rz. 13; *Habersack* in MünchKomm. AktG, 5. Aufl. 2021, § 221 AktG Rz. 244; *Gleske/Ströbele*, CFL 2012, 49, 56; *Fest* in Hopt/Seibt, Schuldverschreibungsrecht, § 221 AktG Rz. 125; *Florstedt* in KölnKomm. AktG, 4. Aufl. 2020, § 221 AktG Rz. 390; unter dem Aspekt der Krisenabwehr auch *Marsch-Barner* in Bürgers/Körber, 4. Aufl. 2017, § 194 AktG Rz. 4a; *Drygala/Staake* in KölnKomm. AktG, 4. Aufl. 2020, § 194 Rz. 24.
188 *Fuchs* in MünchKomm. AktG, 5. Aufl. 2021, § 194 AktG Rz. 13; *Singhof* in FS Hoffmann-Becking, 2013, S. 1163, 1179; *Hirte* in Großkomm. AktG, 4. Aufl. 2012, § 221 AktG Rz. 216; *Scholz* in MünchHdb. AG, § 58 Rz. 49; nunmehr auch *Lieder* in Bürgers/Körber/Lieder, § 182 AktG Rz. 8 (anders *Marsch-Barner* in 4. Aufl., vgl. Fn. 187).
189 Eine Nachrangabrede generell für unschädlich haltend *Frey* in Großkomm. AktG, 4. Aufl. 2001, § 194 AktG Rz. 78; *Habersack* in MünchKomm. AktG, 5. Aufl. 2021, § 221 AktG Rz. 244; *Rieckers* in BeckOGK AktG, Stand 1.6.2021, § 194 AktG Rz. 14; *Hüffer/Koch*, § 194 AktG Rz. 4b; *Apfelbacher/Kopp*, CFL 2011, 21, 28; *Scholz* in MünchHdb. AG, § 58 Rz. 49; *Bader*, AG 2014, 472, 483; für den Wegfall, wenn der Nachrang durch eine Krise aktuell geworden ist *Karollus* in G/H/E/K, 1994, § 221 AktG Rz. 167.
190 Vgl. § 2 Abs. 2 der Anleihebedingungen der 4,25 % 1 Mrd. Euro Wandelschuldverschreibungen der Infineon Technologies Holding B. V. von 2002/2007 (wandelbar in Aktien der Infineon Technologies AG): „Die in § 2(1) geregelte Nachrangigkeit ist auflösend bedingt durch die Ausübung des Wandlungsrechts (§ 7) und endet mit Wirkung zum Ausgabetag (§ 8(4)) um 24.00 Uhr. Die Nachrangigkeit darf die Ausübung des Wandlungsrechts (§ 7) auf der Grundlage des § 194 Abs. 1 S. 2 AktG nicht beeinträchtigen." Gegen diese Konstruktion *v. Dryander/Niggemann* in Hölters, § 194 AktG Rz. 12 („gekünstelt und formalistisch").
191 *Grunewald* in Lutter, § 69 UmwG Rz. 25 m.w.N.
192 *Frey* in Großkomm. AktG, 4. Aufl. 2001, § 194 AktG Rz. 89; *Fuchs* in MünchKomm. AktG, 5. Aufl. 2021, § 194 AktG Rz. 16; *Scholz* in MünchHdb. AG, § 58 Rz. 15.

ge Arbeitnehmerforderungen, jedenfalls sofern es um Gehälter geht[193]. Entgegen des Wortlauts des § 194 Abs. 3 AktG sind alle in § 192 Abs. 2 Nr. 3 AktG genannten Personenkreise privilegiert[194]. Ausnahmen von der Prüfungspflicht ergeben sich schließlich aus § 194 Abs. 5 i.V.m. § 183a AktG (Wertpapiere bzw. durch Sachverständige bewertete Sacheinlagen).

V. Anmeldung, Eintragung und Bekanntmachung des bedingten Kapitals

46.45 Der **Beschluss über die bedingte Kapitalerhöhung** ist nach § 195 Abs. 1 AktG zur Eintragung in das Handelsregister anzumelden. Aufgrund der sich erst sukzessive vollziehenden Durchführung der Kapitalerhöhung kann anders als bei der ordentlichen Kapitalerhöhung nicht zugleich eine Anmeldung der Durchführung der Kapitalerhöhung erfolgen. Die Anmeldung erfolgt durch **Vorstandsmitglieder** in vertretungsberechtigter Zahl sowie den **Aufsichtsratsvorsitzenden**. Weil anders als bei der ordentlichen Kapitalerhöhung Angaben gemäß § 399 Abs. 1 Nr. 4 AktG regelmäßig nicht einschlägig sind, wird gemischte Gesamtvertretung bei entsprechender Satzungsbestimmung für zulässig gehalten[195]. Weil es sich nicht um Änderungen i.S.d. § 39 AktG handelt, genügt nach § 181 Abs. 2 AktG die Bezugnahme auf die der Anmeldung beigefügten Unterlagen. Üblich ist jedoch die Formulierung, die auch der Eintragung entspricht („Die Hauptversammlung vom … hat die bedingte Erhöhung des Grundkapitals um bis zu … Euro beschlossen.")[196].

46.46 Der Anmeldung sind die in § 195 Abs. 2 AktG bezeichneten **Unterlagen** beizufügen. Einzureichen ist aber daneben auch eine beglaubigte Abschrift der über den Hauptversammlungs- bzw. Sonderversammlungsbeschluss gefertigten Niederschrift[197]. Hinsichtlich der in § 195 Abs. 2 Nr. 1 AktG angesprochenen Verträge über Sacheinlagen sind Einbringungsverträge regelmäßig noch nicht geschlossen. Insofern sind je nach Art des Zusammenschlusses verschiedene Dokumente vorzulegen[198].

46.47 Das Registergericht hat vor Eintragung von Amts wegen zu prüfen, ob die Anmeldung ordnungsgemäß ist und ob der Beschluss formell und inhaltlich Gesetz und Satzung entspricht. Wird ein bestehendes bedingtes Kapital durch ein neues bedingtes Kapital ersetzt, ist bei der Anmeldung wegen § 192 Abs. 4 AktG zu versichern, dass keine Bezugsrechte mehr ausstehen, die durch das aufgehobene bedingte Kapital gesichert sind[199]. Ob mit der Anmeldung auch die **Neufassung des Satzungswortlautes** unter Beifügung einer vollständigen Satzungsfassung (§ 181 Abs. 1 Satz 2 AktG) anzumelden ist, erscheint wegen des Gegenschlusses zu § 202 Abs. 2 AktG zweifelhaft (siehe schon Rz. 46.14)[200].

---

193 *Frey* in Großkomm. AktG, 4. Aufl. 2001, § 194 AktG Rz. 90.
194 *Rieckers* in BeckOGK AktG, Stand 1.6.2021, § 194 AktG Rz. 19; wohl auch *Hüffer/Koch*, § 194 AktG Rz. 5 (Norm knüpft an § 192 Abs. 2 Nr. 3 AktG an); enger *Fuchs* in MünchKomm. AktG, 5. Aufl. 2021, § 194 AktG Rz. 17; *Frey* in Großkomm. AktG, 4. Aufl. 2001, § 194 AktG Rz. 89 und 91 (zwar Arbeitnehmer und leitende Angestellte von Tochterunternehmen, nicht aber Geschäftsführer).
195 *Frey* in Großkomm. AktG, 4. Aufl. 2001, § 195 AktG Rz. 11; *Fuchs* in MünchKomm. AktG, 5. Aufl. 2021, § 195 AktG Rz. 8.
196 Muster etwa bei *Hoffmann-Becking/Berger* in BeckFormularbuch, Formular X. 31, und bei *Favoccia* in MünchVertragsHdb. GesR, Formular V 119.
197 *Frey* in Großkomm. AktG, 4. Aufl. 2001, § 195 AktG Rz. 26; *Drygala/Staake* in KölnKomm. AktG, 4. Aufl. 2020, § 195 AktG Rz. 26; *Hüffer/Koch*, § 195 AktG Rz. 4.
198 Siehe *Frey* in Großkomm. AktG, 4. Aufl. 2001, § 195 AktG Rz. 29–32.
199 *Frey* in Großkomm. AktG, 4. Aufl. 2001, § 195 AktG Rz. 40.
200 Verneinend *Scholz* in MünchHdb. AG, § 58 Rz. 58; *Drygala/Staake* in KölnKomm. AktG, 4. Aufl. 2020, § 195 AktG Rz. 27; differenzierend *Frey* in Großkomm. AktG, 4. Aufl. 2001, § 195 AktG Rz. 27 (Änderung des Satzungstextes nicht notwendig, aber „sinnvoll und üblich"; dann sei auch gemäß § 181 Abs. 1 Satz 2 AktG zu verfahren); vgl. aber auch *Hoffmann-Becking/Berger* in BeckFormularbuch, wo der

VI. Bezugsanspruch

Auf junge Aktien aus einem bedingten Kapital haben die Altaktionäre **kein gesetzliches Bezugsrecht**. Der Kreis der Bezugsberechtigten ergibt sich in diesem Fall vielmehr aus dem im Kapitalerhöhungsbeschluss bestimmten Zweck[201]. Der Bezugsanspruch ist ein Anspruch gegen die AG auf Mitwirkung beim Abschluss eines Zeichnungsvertrages. Er entsteht aufgrund eines **gesonderten Vertrages** zwischen dem Berechtigten und der Gesellschaft[202]. Bei Wandelschuldverschreibungen liegt diese rechtsgeschäftliche Vereinbarung in der Begebung und Übernahme der Wandelschuldverschreibung mit ihren Anleihebedingungen. Bei Arbeitnehmer-Aktienoptionsrechten werden entsprechende Regelungen häufig in sog. Optionsbedingungen[203] formuliert und Einzelverträge mit den Arbeitnehmern abgeschlossen. Dabei wird die Gesellschaft durch den Vorstand vertreten, sofern nicht die Gewährung von Aktienoptionen an Vorstandsmitglieder in Frage steht. Hier liegt die Kompetenz beim Aufsichtsrat[204]. Bei Unternehmenszusammenschlüssen kann eine rechtsgeschäftliche Vereinbarung existieren. Bei Sicherung von gesetzlichen Ansprüchen (etwa bei Eingliederungen gemäß § 320b AktG bzw. bei Unternehmensverträgen, § 305 Abs. 1 und Abs. 2 AktG) entsteht der Bezugsanspruch entweder aufgrund Gesetzes (Eingliederung) oder aufgrund des Unternehmensvertrages, der insofern berechtigender Vertrag zugunsten Dritter ist.

46.48

1. Inhalt des Bezugsanspruchs

Gemäß **§ 197 Satz 2 AktG entsteht** ein Anspruch des Bezugsberechtigten **frühestens** mit **Eintragung des Kapitalerhöhungsbeschlusses** in das Handelsregister. Zuvor eingeräumte Bezugsrechte sind nicht nichtig. Sie sind nicht einmal schwebend unwirksam, sondern stehen nur unter dem Vorbehalt (aufschiebende Bedingung, § 158 Abs. 1 BGB) der Eintragung eines entsprechenden Kapitalerhöhungsbeschlusses[205]. Ein solcher Vorbehalt besteht aber nicht bei jedweder Einräumung von Bezugsrechten, insbesondere sofern Wandelschuldverschreibungen in Frage stehen. So kann sich eine Wandelschuldverschreibung nach Wahl der Gesellschaft auf den Bezug von jungen Aktien, von existierenden Aktien oder auf einen Barausgleich für die Differenz zwischen Bezugskurs und Börsennotiz zum Zeitpunkt der Ausübung des Bezugsrechts beziehen. Es besteht dann ein unbedingter Bezugs- bzw. Barausgleichsanspruch. Erfüllt die Gesellschaft diesen nicht, bestehen entsprechende Schadensersatzansprüche[206]. Ob ohne ausdrückliche Regelung in der vertraglichen Grundlage des Bezugsanspruches die Gesellschaft zur Lieferung existierender (statt junger) Aktien berechtigt ist, ist durch Auslegung zu ermitteln und wegen § 187 Abs. 2 AktG eher zweifelhaft[207].

46.49

Beschluss allein als Satzungsänderung beschlossen wird (Formular X. 30) und auch so angemeldet wird (Formular X. 31); siehe ferner *Favoccia* in MünchVertragsHdb. GesR, Formulare V 118 und 119.

201 *Scholz* in MünchHdb. AG, § 58 Rz. 59.
202 *Frey* in Großkomm. AktG, 4. Aufl. 2001, § 197 AktG Rz. 38; *Scholz* in MünchHdb. AG, § 58 Rz. 59; *Drygala/Staake* in KölnKomm. AktG, 4. Aufl. 2020, § 197 AktG Rz. 36.
203 Muster bei *Kessler/Sauter*, Handbuch Stock Options, 2003, S. 421 ff., 444 ff.
204 *Frey* in Großkomm. AktG, 4. Aufl. 2001, § 192 AktG Rz. 31.
205 *Drygala/Staake* in KölnKomm. AktG, 4. Aufl. 2020, § 197 AktG Rz. 39; *Frey* in Großkomm. AktG, 4. Aufl. 2001, § 197 AktG Rz. 39; *Fuchs* in MünchKomm. AktG, 5. Aufl. 2021, § 197 AktG Rz. 20; *Hüffer/Koch*, § 197 AktG Rz. 5; *Scholz* in MünchHdb. AG, § 58 Rz. 60.
206 *Frey* in Großkomm. AktG, 4. Aufl. 2001, § 197 AktG Rz. 40; vgl. auch *Fuchs* in MünchKomm. AktG, 5. Aufl. 2021, § 197 AktG Rz. 21 (Disponibilität der Art und Weise der Bedienung der vertraglichen Bezugsrechte durch Vereinbarung zwischen der AG und dem Berechtigten); *Apfelbacher/Niggemann* in Hölters, § 197 AktG Rz. 14.
207 *Frey* in Großkomm. AktG, 4. Aufl. 2001, § 197 AktG Rz. 39–40; offener *Scholz* in MünchHdb. AG, § 58 Rz. 61; gar keine Ansprüche annehmend *Schlitt/Seiler/Singhof*, AG 2003, 254, 257.

2. Schutz des Bezugsanspruchs

46.50 Durch ein bedingtes Kapital gesicherte Bezugsansprüche sind in verschiedener Hinsicht gegen **Beeinträchtigungen** geschützt. Nach Eintragung des bedingten Kapitals[208] sind gemäß § 192 Abs. 4 AktG **Aufhebungsbeschlüsse** nichtig, es sei denn, alle Berechtigten haben auf ihre Rechte verzichtet, dem Beschluss zugestimmt oder die Rechte sind auf andere Weise (z.B. Laufzeit) erloschen[209]. Dieses ist dem Registergericht bei der Anmeldung des Aufhebungsbeschlusses in geeigneter Weise nachzuweisen[210]. Bei der **Umwandlung** der Gesellschaft sind dem Bezugsberechtigten gemäß § 23, § 36 Abs. 1, § 125, § 204 UmwG gleichwertige Rechte in dem übernehmenden Rechtsträger (gemäß § 133 Abs. 2 Satz 2 UmwG bei Abspaltung wahlweise des übertragenden Rechtsträgers[211]) zu gewähren. Angesichts der Vielzahl denkbarer Gestaltungen erscheint zweifelhaft, ob sich insofern § 23 UmwG verdrängende vertragliche Abreden, namentlich die Gewährung zusätzlicher Aktien des übernehmenden Rechtsträgers empfehlen. Praktikabel erscheint aber eine Behandlung als (Sach-)Dividende unter Anpassung des Wandlungspreises nach unten[212]. Bei der **Vermögensübertragung** besteht ein Anspruch auf Barabfindung gemäß § 176 Abs. 2 Satz 4, § 177 bis 179 UmwG. Gleichwertige Rechte sind nach herrschender Meinung auch bei der **Eingliederung** zu gewähren[213]. Fraglich ist, ob bei Abschluss eines **Unternehmensvertrages** durch die emittierende Gesellschaft als abhängiges Unternehmen Rechtsschutz analog § 305 Abs. 2 AktG zu gewähren ist[214]. Richtigerweise dürfte die Berechtigung gemäß §§ 304, 305 AktG erst nach Wandlung eingreifen[215]. Bei einem **Squeeze Out** (Ausschluss von Minderheitsaktionären gemäß §§ 327a ff. AktG) sind die § 327a Abs. 1, § 327e Abs. 3 AktG analog anzuwenden. Die Bezugsberechtigten haben Anspruch auf eine angemessene Barabfindung zumindest dann, wenn sich die Optionsrechte auf weniger als 5 % des Grundkapitals der in Mehrheitsbesitz stehenden Gesellschaft beziehen (oberhalb dieser Grenze ist streitig, ob ein Barabfindungsanspruch besteht)[216].

46.51 Eine **Auflösung** der AG lässt das bedingte Kapital bis zur Abwicklung unberührt. Der Schutz der Bezugsberechtigten ist durch § 272 AktG gewährleistet[217]. Auch die **Insolvenz** lässt nach richtiger Auffas-

---

208 Vor Eintragung ist ein Aufhebungsbeschluss möglich, vgl. nur *Frey* in Großkomm. AktG, 4. Aufl. 2001, § 192 AktG Rz. 148 und 149; *Scholz* in MünchHdb. AG, § 58 Rz. 62.
209 *Scholz* in MünchHdb. AG, § 58 Rz. 62; *Drygala/Staake* in KölnKomm. AktG, 4. Aufl. 2020, § 192 AktG Rz. 189; *Frey* in Großkomm. AktG, 4. Aufl. 2001, § 192 AktG Rz. 150 und 151.
210 *Frey* in Großkomm. AktG, 4. Aufl. 2001, § 192 AktG Rz. 152 (eidesstattliche Versicherung von Vorstand und Aufsichtsrat).
211 Dazu *v. Dryander/Niggemann* in Hölters, § 192 AktG Rz. 70.
212 *Seiler* in BeckOGK AktG, Stand 1.6.2021, § 221 AktG Rz. 169.
213 BGH v. 2.2.1998 – II ZR 117/97 – Siemens/Nixdorf, AG 1998, 283, 284; *Frey* in Großkomm. AktG, 4. Aufl. 2001, § 192 AktG Rz. 161; *Scholz* in MünchHdb. AG, § 58 Rz. 64; *Hüffer/Koch*, § 320b AktG Rz. 4.
214 Dafür *Habersack* in MünchKomm. AktG, 5. Aufl. 2021, § 221 AktG Rz. 319.
215 Zur Abfindungsberechtigung junger Aktien bei Kapitalerhöhungen nach Abschluss von Unternehmensverträgen siehe *Emmerich* in Emmerich/Habersack, Aktien- und GmbH-Konzernrecht, 9. Aufl. 2019, § 305 AktG Rz. 20; *Stephan* in K. Schmidt/Lutter, § 305 AktG Rz. 19; BGH v. 8.5.2006 – II ZR 27/05, AG 2006, 543, 544; vgl. auch LG München I v. 11.6.1997 – 15 HKO 11066/96, AG 1998, 147, 149.
216 *Hirte* in Großkomm. AktG, 4. Aufl. 2012, § 221 AktG Rz. 189; *Hüffer/Koch*, § 327b AktG Rz. 3; *Koppensteiner* in KölnKomm. AktG, 4. Aufl. 2020, § 327e AktG Rz. 17; *Vossius*, ZIP 2002, 511, 512 f.; *Sieger/Hasselbach*, ZGR 2002, 120, 158; *Wilsing/Kruse*, ZIP 2002, 1465, 1468 f.; *Krieger*, BB 2002, 53, 61; *Schlitt/Seiler/Singhof*, AG 2003, 254, 268; *Fleischer*, ZGR 2002, 757, 776; differenzierend *Grunewald*, ZIP 2002, 18; zur Berechnung des Anspruchs *Austmann* in MünchHdb. AG, § 75 Rz. 114; für die Ersetzung der Bezugsrechte durch Barabfindungsansprüche auch oberhalb der 5 %-Grenze etwa *Schnorbus* in K. Schmidt/Lutter, § 327b AktG Rz. 14; *Austmann* in MünchHdb. AG, § 75 Rz. 114 mit dem Argument, dass den Bezugsrechtsinhabern ansonsten das Recht zustünde, die Gesellschaft nach dem Minderheitsausschluss wieder zu einer Publikumsgesellschaft zu machen; dagegen jedoch *Habersack* in Emmerich/Habersack, Aktien- und GmbH-Konzernrecht, 9 Aufl. 2019, § 327b AktG Rz. 7.
217 BGH v. 23.5.1957 – II ZR 250/55, BGHZ 24, 279, 286 = AG 1957, 207; *Frey* in Großkomm. AktG, 4. Aufl. 2001, § 192 AktG Rz. 158; vgl. auch *Scholz* in MünchHdb. AG, § 58 Rz. 64.

sung den Bezugsanspruch unberührt. § 103 InsO ist nicht anwendbar[218], und auch § 104 InsO passt für diesen Fall nicht[219]. Allerdings führt eine Reduzierung der Zahlungsansprüche im Rahmen eines Insolvenzplans auch zu einer entsprechenden Reduzierung des Umtauschrechts[220]. Bei **Kapitalerhöhungen aus Gesellschaftsmitteln** erhöht sich gemäß § 218 Satz 1 AktG das bedingte Kapital kraft Gesetzes im gleichen Verhältnis wie das Grundkapital. Der Wandlungspreis wird für diesen Fall bei der Variante der Ausgabe neuer Aktien in den Anleihebedingungen entsprechend reduziert. Bei ordentlichen **Kapitalerhöhungen** bzw. Kapitalerhöhungen aus genehmigtem Kapital ist bei Einräumung eines Bezugsrechts mit entsprechendem Verwässerungspotential der Verwässerungsschutz nur bei vertraglichen Abreden (Optionsbedingungen) zu gewähren. Entsprechende Regeln sehen wahlweise eine Reduzierung des Wandlungspreises bei Erhöhung der Anzahl der zu liefernden Aktien (analog § 216 Abs. 3 AktG. Dann muss aber das bedingte Kapital, das sich bei der ordentlichen Kapitalerhöhung nicht automatisch miterhöht, ausreichend dimensioniert sein), die Gewährung eines Bezugsrechts unter Bezugsrechtsausschluss der Aktionäre (dazu Rz. 44.82) oder einen Barausgleich[221] vor. Kein Verwässerungsschutz ist demgegenüber bei einer Kapitalerhöhung gemäß § 186 Abs. 3 Satz 4 AktG geboten. Den eng begrenzten Verwässerungseffekt müssen die Wandelgläubiger wie die Aktionäre hinnehmen.

Optionsbedingungen sehen entsprechenden Schutz regelmäßig auch bei **ungewöhnlichen Dividendenzahlungen** (teilweise sogar für jedwede Dividendenzahlung) vor. Denn von Dividendenzahlungen profitieren nur die gegenwärtigen Aktionäre, nicht aber die Anleihegläubiger, denen vielmehr eine Thesaurierung der Gewinne wirtschaftlich entgegenkommen kommen würde. Ein Verwässerungsschutz ist dabei insbesondere dort geboten, wo die Gewinnausschüttung aus Rücklagen erfolgt, die vor Begebung der Wandelschuldverschreibung gebildet wurden. Aber auch für gewöhnliche Dividenden kann sich fehlender Verwässerungsschutz in höheren Zinserwartungen der potentiellen Investoren von Wandelschuldverschreibungen niederschlagen. Fehlen solche Regelungen, ist streitig, ob Sonderdividenden im Wege ergänzender Vertragsauslegung in Form einer Anpassung des Bezugspreises zu korrigieren sind[222]. **Kapitalherabsetzungen** lassen das bedingte Kapital unberührt. Allerdings soll sich die Einführung einer (angeordneten oder gestatteten) Zwangseinziehung auch auf solche Aktien erstrecken, hinsichtlich derer die Zwangseinziehung zwar nach Schaffung des bedingten Kapitals und Begründung des Bezugsanspruches, aber noch vor Abgabe der Bezugserklärung gemäß § 198 AktG durch Satzungsänderung angeordnet bzw. gestattet wurde[223]. Diese Auffassung ist wegen § 192 Abs. 4 AktG sehr zweifelhaft (siehe noch Rz. 51.3). Verwässerungsschutzbestimmungen sind primär für den Fall der Zusammenlegung von Aktien sowie für den Fall der Kapitalherabsetzung zwecks Kapitalrückzahlungen erforderlich, weil die Vorschriften über die Kapitalherabsetzung anders als für die Kapitalerhöhung aus Gesellschaftsmitteln keine eigenen Regeln beinhalten (vgl. dazu Rz. 49.29). Moderne Optionsbedingungen sehen wegen des Verlustes an Handelsliquidität und Volatilität Anpassungen (alternativ oder kumulativ: Kündigungsrechte) inzwischen auch für **Übernahmen** der emittierenden

46.52

---

218 *Frey* in Großkomm. AktG, 4. Aufl. 2001, § 198 AktG Rz. 19; *Schanz*, CFL 2012, 26, 27; *Cymutta/Hess* in KölnKomm. InsO, 2017, § 103 InsO Rz. 169; zum Vergleichsverfahren vor InsO siehe auch OLG Stuttgart v. 1.3.1995 – 9 U 175/94, AG 1995, 329, 330 f.
219 Dazu *Bader*, AG 2014, 472, 480 und dort Fn. 36; *Möhlenkamp/Harder*, ZIP 2016, 1093, 1097; *Florstedt*, ZHR 180 (2016), 152, 172.
220 OLG Stuttgart v. 1.3.1995 – 9 U 175/94, AG 1995, 329, 331 (zum gerichtlich bestätigten Vergleich nach altem Recht).
221 Dessen rechtliche Unbedenklichkeit im Hinblick auf die Kapitalaufbringung/-bindung hinterfragend aber wohl *Frey* in Großkomm. AktG, 4. Aufl. 2001, § 192 AktG Rz. 160.
222 Dafür unter Heranziehung des Rechtsgedankens des § 216 Abs. 3 AktG *Schumann*, Optionsanleihen, 1990, S. 177 f.; *Kallrath*, Die Inhaltskontrolle der Wertpapierbedingungen, 1991, S. 164 ff.; *Frey* in Großkomm. AktG, 4. Aufl. 2001, § 192 AktG Rz. 160; richtigerweise siehe auch *Habersack* in MünchKomm. AktG, 5. Aufl. 2021, § 221 AktG Rz. 286 (nur bei offensichtlichen Missbrauchsfällen); kritisch *Loos*, DB 1960, 515, 516.
223 *Ekkenga/Schirrmacher* in KölnKomm. AktG, 3. Aufl. 2020, § 237 AktG Rz. 31; *Marsch-Barner/Maul* in BeckOGK AktG, Stand 1.6.2021, § 237 AktG Rz. 8; *Hüffer/Koch*, § 237 AktG Rz. 6; vgl. auch *Oechsler* in MünchKomm. AktG, 5. Aufl. 2021, § 237 AktG Rz. 19 f.

AG vor[224]. Ohne solche dürfte kein Schutz der Anleihegläubiger bestehen (eine Verpflichtung nach WpÜG, ein Übernahmeangebot auch an die Inhaber von Optionsrechten zu adressieren, besteht nach ganz herrschender Auffassung nicht[225]). Gegen solche Klauseln unter dem Aspekt des Schädigungsverbots (§ 93 AktG) erhobene Bedenken[226] sind fernliegend. Ohne entsprechenden Schutz der Wandelanleihegläubiger wären die Konditionen der Anleihe (insbesondere Zinssatz) für die AG ungünstiger oder die Anleihe wäre überhaupt nicht platzierbar. Hier wie bei allen anderen Verwässerungsschutzbestimmungen ist bei Erhöhung der Anzahl der zu liefernden jungen Aktien wegen Herabsetzung des Wandlungspreises bzw. Erhöhung des Wandlungsverhältnisses die Grenze des bedingten Kapitals bzw. ggf. die Grenze des § 186 Abs. 3 Satz 4 AktG zu beachten[227]. Wo diese Grenzen womöglich überschritten werden, sind Alternativlösungen (Barzahlung, Lieferung existierender Aktien[228]) vorzusehen. Dasselbe Thema stellt sich auch bei einer sog. „soft mandatory"-Wandlung, bei der der Emittent am Ende der Laufzeit die Wahl hat, den Nominalwert der Anleihe in Aktien zurückzuzahlen, womit der Wandlungspreis auf einen Mittelwert in einem Referenzzeitraum kurz vor Endfälligkeit sinkt. Hier ist absehbar, dass bei einer ungünstigen Aktienpreisentwicklung der Aktiengewährung Grenzen gesetzt sind. Etwaige Barausgleichsansprüche dürften bei der AG handelsrechtlich von der Wandlungsprämie abzuziehen sein, sind also aufwandsneutral gegen die Kapitalrücklage zu buchen.

VII. Bezugserklärung und Aktienausgabe

1. Bezugserklärung

46.53 Gemäß § 198 Abs. 1 Satz 1 AktG wird das Bezugsrecht durch schriftliche Erklärung ausgeübt. Gemäß § 198 Abs. 2 Satz 1 AktG hat diese Bezugserklärung „die gleiche Wirkung" wie eine Zeichnungserklärung. Sie muss deshalb die in § 198 Abs. 1 Satz 3 AktG genannten Angaben enthalten[229]. Bei Aktienoptionsplänen wie auch bei Wandelschuldverschreibungen wird die Bezugserklärung in der Praxis durch eine **Optionsstelle** zentralisiert[230]. Die Optionsberechtigten reichen – häufig über ihre Depotbanken – Ausübungserklärungen bei der Optionsstelle ein, die nicht zwingend den Anforderungen des § 198 AktG entsprechen müssen[231] und auch nicht als Bezugserklärungen i.S.v. § 198 AktG behandelt werden, weil sonst aus den Handelsregisterakten ersichtlich wäre, wer wie viele Optionen ausgeübt hat. Die eigentliche Bezugserklärung wird vielmehr durch die Optionsstelle abgegeben, denn

---

224 *Schlitt/Seiler/Singhof*, AG 2003, 254, 267; *Zahn/Lemke*, BKR 2002, 527, 532.
225 *Schlitt* in MünchKomm. AktG, 5. Aufl. 2021, § 35 WpÜG Rz. 203; *Krause/Pötzsch* in Assmann/Pötzsch/Schneider, 3. Aufl. 2020, § 35 WpÜG Rz. 223; *Ekkenga/Hofschroer*, DStR 2002, 768, 771; *Schüppen*, WPg 2001, 958, 961; kritisch *Houben*, WM 2000, 1873, 1879.
226 Vgl. *von Falkenhausen/von Klitzing*, ZIP 2006, 1513 ff.
227 So auch *Singhof*, ZHR 170 (2006), 673, 676 f.; *Seiler* in BeckOGK AktG, Stand 1.6.2021, § 221 AktG Rz. 123.
228 Allerdings stellt sich bei der Verwendung eigener (zurückgekaufter) Aktien die Frage der Ermächtigung gemäß § 71 Abs. 1 Nr. 8 Satz 5 AktG sowie der Rechtfertigung des Bezugsrechtsausschlusses. Unterstand die Wandelanleihe dem Bezugsrecht der Aktionäre oder wurde dies analog § 186 Abs. 3 Satz 4 AktG ausgeschlossen, ist eine sachliche Rechtfertigung auch dann zu bejahen, wenn die Aktien zu einem Bezugskurs geliefert werden, der den Börsenkurs unterschreitet, denn der Verwässerungseffekt wäre bei der Lieferung junger Aktien derselbe. Allerdings stellen sich im Rahmen von § 186 Abs. 3 Satz 4 AktG Anrechnungsprobleme bei der 10 %-Grenze. Zu der hiermit verwandten Frage, ob § 221 AktG auch Wandelanleihen erfasst, die durch existierende eigene Aktien des Emittenten unterlegt sind, siehe Rz. 53.16 f. sowie OLG Frankfurt a.M. v. 6.11.2012 – 5 U 154/11, AG 2013, 132, 136, *Habersack* in FS Nobbe, 2009, S. 539, 553 ff. und *Broichhausen*, NZG 2012, 86 ff.
229 Dazu etwa *Fuchs* in MünchKomm. AktG, 5. Aufl. 2021, § 198 AktG Rz. 9 ff.; Muster bei *Favoccia* in MünchVertragsHdb. GesR, Formular V 120.
230 *Hüffer/Koch*, § 198 AktG Rz. 2.
231 Ebenso *Singhof* in FS Hoffmann-Becking, 2013, S. 1163, 1169.

hierbei ist Vertretung und nach richtiger Ansicht auch mittelbare Stellvertretung zulässig[232]. Hierzu wird die Optionsstelle in den Anleihebedingungen bzw. den Ausübungsformularen ermächtigt (zur Problematik bei der Pflichtwandelanleihe siehe schon Rz. 46.7)[233]. Die zentrale Optionsstelle schreibt insofern eine Sammelbezugserklärung fort, die im Rahmen der Anmeldung gemäß § 201 AktG spätestens am Jahresende beim Handelsregister eingereicht wird[234].

Die Bezugserklärung ist eine **Willenserklärung** und unterliegt deshalb zumindest bis zur Ausgabe der Bezugsaktien den allgemeinen Regeln über Willenserklärungen[235]. Ebenso wie bei der Eintragung der ordentlichen Kapitalerhöhung nach Zeichnung ist jedoch auch im Rahmen der bedingten Kapitalerhöhung im Interesse des Verkehrsschutzes nach Ausgabe der Bezugsaktien eine Berufung auf Mängel der Willenserklärung beschränkt. Dem Verkehrsschutz gehen ab diesem Zeitpunkt nur Fälle der Geschäftsunfähigkeit, der beschränkten Geschäftsfähigkeit und das völlige Fehlen einer Willenserklärung wegen Fälschung oder physischem Zwang vor[236]. Selbst in diesem Fall ist eine Berufung auf den Mangel aber dann gemäß § 198 Abs. 3 AktG ausgeschlossen, wenn der Berechtigte in zurechenbarer Weise die Bezugsaktie entgegennimmt (dazu sogleich)[237]. Die Bezugserklärung kann auch aus anderen Gründen nichtig sein, namentlich der fehlenden Schriftform, der Irrtumsanfechtung, unzureichenden Angaben nach § 198 Abs. 1 AktG oder unzulässigen Beschränkungen der Verpflichtung des Erklärenden gemäß § 198 Abs. 2 Satz 2 AktG. Ähnlich der Regelung in § 185 Abs. 3 AktG sieht § 198 Abs. 3 AktG eine **Heilung** vor. Dabei ist umstritten, ob für die Heilung die Entgegennahme der Aktienurkunde ausreicht[238] oder ob erst eine weitere Handlung (wie etwa die Ausübung von Stimmrechten oder die Annahme von Dividenden) diese Rechtsfolge herbeiführt[239]. Dem Wortlaut des § 198 Abs. 3 AktG entspricht zwar die zweitgenannte Auffassung. Auf der anderen Seite gibt es keine gewichtigen Gründe, die Frage anders als bei § 185 AktG zu beantworten. Ferner ist die Annahme der Aktienurkunde (im Rahmen der heutigen Wertpapiersammelverwahrung: die widerspruchslose Hinnahme der Einbuchung im Depot) ausreichendes Evidenzkriterium, die Berufung auf die Nichtigkeit zu versagen.

46.54

2. Ausgabe der Aktien

Vor Eintragung des Beschlusses über die bedingte Kapitalerhöhung können gemäß § 197 Satz 1 AktG Aktien nicht ausgegeben werden[240]. Es gelten insofern die gleichen Grundsätze wie bei § 191 AktG (Rz. 44.115). Gemäß § 200 AktG ist das Grundkapital mit der Ausgabe der Bezugsaktien erhöht. Was mit „Ausgabe" gemeint ist, wird nicht ohne Weiteres deutlich. Im Anschluss an eine Formulierung von *Lutter* ist insofern eine **„formalisierte Evidenz"** erforderlich, so dass mit der herrschenden Meinung eine **Verbriefung der Aktienrechte** und eine **Begebung der Urkunde** erforderlich ist[241]. Hieran

46.55

---

232 Vgl. zur Zulässigkeit der Vertretung *Frey* in Großkomm. AktG, 4. Aufl. 2001, § 198 AktG Rz. 10 und dort Fn. 37.
233 *Groß* in Bosch/Groß, Emissionsgeschäft, Rz. 10/303; *Rozijn*, ZBB 1998, 77, 82; siehe insofern das Muster der Ausübungserklärung bei *Schumann*, Optionsanleihen, 1990, S. 298 und die Sammelbezugserklärung S. 299.
234 *Singhof* in FS Hoffmann-Becking, 2013, S. 1163, 1174, 1175.
235 *Fuchs* in MünchKomm. AktG, 5. Aufl. 2021, § 198 AktG Rz. 4.
236 *Scholz* in MünchHdb. AG, § 58 Rz. 75; *Frey* in Großkomm. AktG, 4. Aufl. 2001, § 198 AktG Rz. 58.
237 *Frey* in Großkomm. AktG, 4. Aufl. 2001, § 198 AktG Rz. 58.
238 So *Drygala/Staake* in KölnKomm. AktG, 4. Aufl. 2020, § 198 AktG Rz. 63; *Frey* in Großkomm. AktG, 4. Aufl. 2001, § 198 AktG Rz. 51.
239 So *Fuchs* in MünchKomm. AktG, 5. Aufl. 2021, § 198 AktG Rz. 37 und 38; *Apfelbacher/Niggemann* in Hölters, § 198 AktG Rz. 23; *Scholz* in MünchHdb. AG, § 58 Rz. 76; *Rieckers* in BeckOGK AktG, Stand 1.6.2021, § 198 AktG Rz. 32.
240 Zu beachten ist jedoch die Ausnahme des § 7c Satz 2 WStBG: Demnach kann eine Ausgabe ohne Verstoß gegen § 197 AktG bereits vor Eintragung in das Handelsregister wirksam erfolgen, die Kapitalerhöhung also früher gemäß § 200 AktG wirksam werden, vgl. *Olmor/Dilek*, BB 2020, 1026, 1029.
241 *Lutter* in KölnKomm AktG, 2. Aufl. 1989, § 199 AktG Rz. 3; *Frey* in Großkomm. AktG, 4. Aufl. 2001, § 199 AktG Rz. 14; *Hüffer/Koch*, § 199 AktG Rz. 2; a.A. *Staake*, AG 2017, 188, 191 f.

ändert auch § 10 Abs. 5 AktG nichts, der es erlaubt, den Anspruch des Aktionärs auf Verbriefung seines Anteils auszuschließen. Erforderlich ist nämlich auch im Rahmen von § 10 Abs. 5 AktG eine Verbriefung überhaupt, also die Ausstellung und Begebung einer Globalurkunde. Wegen der sukzessiven Entstehung der Mitgliedschaftsrechte verwendet die Praxis bei Wandelschuldverschreibungen und Aktienoptionsplänen insofern **„bis zu"-Globalurkunden**, die nach und nach valutiert werden. Die genaue Anzahl der aktuell verbrieften Mitgliedschaften ergibt sich aus den Büchern der Clearstream Banking AG[242]. Wird das bedingte Kapital im Rahmen einer Verschmelzung zugunsten der Aktionäre der übertragenden Gesellschaft eingesetzt, erfolgt die Ausgabe an einen Treuhänder und wird mit Eintragung der Verschmelzung wirksam[243]. Erfolgt bei der Eingliederung die Abfindung in Form von Aktien der Obergesellschaft, verbriefen die Aktien der eingegliederten AG mit der Eintragung diesen Anspruch (§ 320a Satz 2 AktG). Die Obergesellschaft liefert die jungen Aktien gegen Abgabe dieser Urkunden.

46.56   Die Aktienausgabe darf nicht vor der **vollen Leistung des Gegenwertes** erfolgen, § 199 Abs. 1 AktG. **Sacheinlagen** sind vollständig zu bewirken[244]. Für **Barleistungen** gelten – auch in Bezug auf die Vorleistung bei Wandelschuldverschreibungen – die § 36 Abs. 2, § 54 Abs. 3, § 188 Abs. 2 Satz 2 AktG entsprechend[245]. Verstöße gegen § 199 Abs. 1 AktG führen nicht zur Unwirksamkeit der Aktienausgabe. Der Bezugsberechtigte bleibt einlagepflichtig[246]. Jedoch liegt eine Ordnungswidrigkeit (§ 405 Abs. 1 Nr. 1 AktG) vor. Ebenso besteht Schadensersatzpflicht gemäß § 93 Abs. 3 Nr. 9 AktG.

46.57   In bestimmten Fällen untersagt § 199 Abs. 2 Satz 1 AktG die Aktienausgabe gegen Wandelschuldverschreibungen. Diese Norm soll das Verbot der **Unter-pari-Emission** sichern (§ 9 Abs. 1 AktG). Ihre praktische Bedeutung ist gering. Gedacht ist beispielsweise an folgenden Fall: Eine AG mit Aktien im Nennwert von jeweils 100 Euro gibt Wandelschuldverschreibungen mit einem Nennwert von jeweils 100 Euro zum Ausgabebetrag von 95 Euro aus, wobei jede Wandelschuldverschreibung in eine Aktie umtauschbar ist. Das gewählte Beispiel macht bereits deutlich, dass die Frage nur dann relevant sein kann, wenn der Wandlungspreis pro Aktie unter deren Nennwert liegt, was kaum je der Fall ist. In diesem Fall gestattet das Gesetz die Aktienausgabe nur dann, wenn die Differenz zwischen dem Ausgabebetrag der Schuldverschreibungen und dem Nennwert der Aktien bereits durch Abschreibung gedeckt ist (die AG kann das Agio entweder sofort insgesamt zu Lasten des Ergebnisses buchen oder als Rechnungsabgrenzungsposten aktivieren und danach planmäßig abschreiben). Ebenso ist eine Aktienausgabe möglich, wenn die Differenz entweder durch Zuzahlung des Umtauschberechtigten oder aus einer anderen Gewinnrücklage (§ 266 Abs. 3 A III 4 HGB) ausgeglichen wird[247]. § 199 Abs. 2 AktG knüpft an den Ausgabebetrag der Anleihe, nicht an deren Nennbetrag an. Hat also im oben gewählten Beispiel die Anleihe einen Nennbetrag von 95 Euro, wird aber zu 100 Euro ausgegeben, greift § 199 Abs. 2 AktG nicht[248]. Einen Sonderfall, nämlich den Umtausch von Wandelschuldverschreibungen, die teils mit Disagio, teils mit Agio ausgegeben worden sind, behandelt § 199 Abs. 2 Satz 2 AktG: In diesem Fall ist die Ausgabe von Bezugsaktien zulässig, wenn sich aufgrund der Gesamtsaldierung eine Deckung von Ausgabebetrag der Schuldverschreibung und Gesamtnennbetrag der Bezugsaktien ergibt.

---

242 Zu den Einzelheiten *Frey* in Großkomm. AktG, 4. Aufl. 2001, § 199 AktG Rz. 19 und 20; *Singhof* in FS Hoffmann-Becking, 2013, S. 1163, 1164.
243 *Frey* in Großkomm. AktG, 4. Aufl. 2001, § 200 AktG Rz. 15.
244 *Frey* in Großkomm. AktG, 4. Aufl. 2001, § 199 AktG Rz. 34; *Hüffer/Koch*, § 199 AktG Rz. 7.
245 *Scholz* in MünchHdb. AG, 5. Aufl. 2020, § 58 Rz. 83; *Fuchs* in MünchKomm. AktG, 5. Aufl. 2021, § 199 AktG Rz. 13, 14; *Hüffer/Koch*, § 199 AktG Rz. 7; a.A. *Frey* in Großkomm. AktG, 4. Aufl. 2001, § 199 AktG Rz. 35–37.
246 *Hüffer/Koch*, § 199 AktG Rz. 14; *Apfelbacher/Niggemann* in Hölters, § 199 AktG Rz. 22.
247 Vgl. *Frey* in Großkomm. AktG, 4. Aufl. 2001, § 199 AktG Rz. 40–64; *Scholz* in MünchHdb. AG, § 58 Rz. 88 und 89.
248 *Hüffer/Koch*, § 199 AktG Rz. 10.

3. Anmeldung und Eintragung der Durchführung der Kapitalerhöhung; Pflichten nach § 41 WpHG

Gemäß § 201 Abs. 1 AktG hat der Vorstand mindestens innerhalb **eines Monats nach Ablauf des Geschäftsjahres** zur Eintragung in das Handelsregister anzumelden, wenn im abgelaufenen Geschäftsjahr Bezugsaktien ausgegeben worden sind. Seit der Aktienrechtsnovelle 2016 ist klargestellt, dass auch eine (mehrmalige) unterjährige Anmeldung zulässig ist[249]. Anmeldeverpflichtet und anmeldeberechtigt ist der Vorstand in vertretungsberechtigter Zahl. Eine gemischte Gesamtvertretung ist nach herrschender Auffassung nach § 78 Abs. 3 AktG möglich, wenn die Satzung es vorsieht[250]. Eine Mitwirkung des Aufsichtsratsvorsitzenden ist nicht erforderlich. Dies erklärt sich aus dem deklaratorischen Charakter der Eintragung. Neben dieser aktienrechtlichen Pflicht muss die börsennotierte AG aber auch § 41 Abs. 2 WpHG beachten und den Stand an Wandlungserklärungen daher auch im laufenden Geschäftsjahr am Ende eines jeden Monats bei der zentralen Optionsstelle abfragen. 46.58

Der Anmeldung sind verschiedene in § 201 Abs. 2 AktG genannte **Unterlagen** beizufügen. Bei den Bezugserklärungen kann es sich um Sammelbezugserklärungen der Optionsstelle handeln, sofern sich die Erhöhung des Grundkapitals aus Wandlungen von Wandelschuldverschreibungen bzw. von Arbeitnehmeroptionen ergibt[251]. Auch in dem nach § 201 Abs. 2 AktG ebenfalls beizufügenden Verzeichnis der Personen, die das Bezugsrecht ausgeübt haben, kann insofern die Optionsstelle genannt werden. Weiterhin hat der Vorstand nach § 201 Abs. 3 AktG zu **erklären**, ob die Voraussetzungen des § 199 Abs. 1 AktG beachtet wurden (Ausgabe der Bezugsaktien nur in Erfüllung des im Beschluss über die bedingte Kapitalerhöhung festgesetzten Zwecks und nicht vor der vollen Leistung des Gegenwertes). Falsche oder unvollständige Angaben können zur Strafbarkeit gemäß § 399 Abs. 1 Nr. 4 Fall 4 AktG (Ausgabe von Bezugsaktien) führen. Steht die Durchführung der Kapitalerhöhung aus bedingtem Kapital im Zusammenhang mit einer Verschmelzung, soll die Erklärung überflüssig sein, weil es sich insofern um keine Ausgabe i.S.v. § 200 AktG handelt[252]. 46.59

Bei der Prüfung der Eintragungsvoraussetzungen besteht nur ein **begrenztes Prüfungsrecht** des Registergerichtes. Insbesondere hindern Verstöße gegen § 199 Abs. 1 AktG nicht die wirksame Ausgabe der Aktienrechte[253]. Auch bei Verstoß gegen § 199 Abs. 1 AktG ist also die Durchführung der Kapitalerhöhung einzutragen[254]. Der **Inhalt der Eintragung** ist in § 43 Nr. 3, Nr. 6 HRV geregelt. Zunächst ist in Spalte 3 die neue Höhe des Grundkapitals einzutragen. In Spalte 6 geht die Eintragung zweckmäßigerweise dahin, dass aufgrund der bedingten Erhöhung des Grundkapitals in dem am 31.12. des betreffenden Geschäftsjahres endenden Geschäftsjahr bzw. unterjährig bis zum entsprechend gewählten Stichtag Bezugsaktien in dem zu beziffernden Nennbetrag ausgegeben worden sind und das Grundkapital nunmehr X beträgt[255]. 46.60

---

249 Zur Zulässigkeit unterjähriger Anmeldungen schon vor Inkrafttreten der Aktienrechtsnovelle 2016 *Scholz* in MünchHdb. AG, § 58 Rz. 95; *Jaspers* in Ekkenga, Hdb. AG Finanzierung, Kap. 6 Rz. 302.
250 *Drygala/Staake* in KölnKomm. AktG, 4. Aufl. 2020, § 201 AktG Rz. 8; *Frey* in Großkomm. AktG, 4. Aufl. 2001, § 201 AktG Rz. 11; *Fuchs* in MünchKomm. AktG, 5. Aufl. 2021, § 201 AktG Rz. 7.
251 *Rieckers* in BeckOGK AktG, Stand 1.6.2021, § 201 AktG Rz. 11.
252 *Apfelbacher/Niggemann* in Hölters, § 201 AktG Rz. 14; *Frey* in Großkomm. AktG, 4. Aufl. 2001, § 201 AktG Rz. 29.
253 *Drygala/Staake* in KölnKomm. AktG, 4. Aufl. 2020, § 201 AktG Rz. 42; *Fuchs* in MünchKomm. AktG, 5. Aufl. 2021, § 201 AktG Rz. 19; *Hüffer/Koch*, § 201 AktG Rz. 7; *Frey* in Großkomm. AktG, 4. Aufl. 2001, § 201 AktG Rz. 13.
254 *Frey* in Großkomm. AktG, 4. Aufl. 2001, § 201 AktG Rz. 33; *Fuchs* in MünchKomm. AktG, 5. Aufl. 2021, § 201 AktG Rz. 19; *Hüffer/Koch*, § 201 AktG Rz. 7.
255 Zu Einzelheiten *Frey* in Großkomm. AktG, 4. Aufl. 2001, § 201 AktG Rz. 38; *Krafka*, Registerrecht, 11. Aufl. 2019, Rz. 1521.

4. Börsenzulassung

46.61 Die aus einem bedingten Kapital stammenden jungen Aktien sind zur Börse zuzulassen (vgl. die Zulassungsfolgepflicht gemäß § 69 BörsZulV). Art. 1 Abs. 5 UAbs. 1 lit. b) ProspektVO ermöglicht unter den dortigen Voraussetzungen eine prospektfreie Zulassung. Sofern die Voraussetzungen dieses oder eines anderen Befreiungstatbestandes nicht gegeben sind, erfordert die Börsenzulassung der aus einem bedingten Kapital stammenden jungen Aktien die Erstellung eines Wertpapierprospektes. Der Zulassungsantrag wird häufig mit der Zulassung von Wandelschuldverschreibungen kombiniert (oder bei deren Auslandsnotierung isoliert gestellt), weil ausnahmsweise beim bedingten Kapital auch noch nicht existente Aktien zugelassen werden können[256]. Im Anschluss an die Zulassung zum Börsenhandel wird hinsichtlich der jungen Aktien, einschließlich der noch zukünftig unter dem bedingten Kapital entstehender, also noch nicht existenter Aktien, die vorfristige Lieferbarkeit seitens der Börse erklärt. Diese Erklärung tritt an die Stelle der ansonsten erforderlichen Einführung der jungen Aktien in den Handel. Mit Erklärung der vorfristigen Lieferbarkeit endet die Gültigkeit eines gegebenenfalls erforderlichen Wertpapierprospektes und damit zugleich die korrespondierende Pflicht zur Erstellung eines Wertpapierprospekt-Nachtrages (vgl. Art. 21 Abs. 8 ProspektVO). Bei Aktienoptionsplänen oder Aktien in Bezug auf Wandelschuldverschreibungen, die nicht im Inland zugelassen werden sollen (sondern z.B. in Luxemburg), ist in Bezug auf die jungen Aktien ein eigenes Zulassungsverfahren zu durchlaufen, welches unter den Voraussetzungen von Art. 1 Abs. 5 UAbs. 1 lit. b), UAbs. 2 ProspektVO aber ebenfalls prospektfrei erfolgen kann.

VIII. Anpassung der Satzung

46.62 Zwar wird bereits mit der Ausgabe von Bezugsaktien der Satzungstext in Bezug auf das Grundkapital unrichtig. Eine Anpassung der Satzung und die Einreichung der Neufassung der Satzung mit der angepassten Grundkapitalziffer ist jedoch nicht jährlich, sondern erst im Zusammenhang mit der **letzten Anmeldung** nach § 201 AktG im Hinblick auf das konkrete in Frage stehende bedingte Kapital (also erst mit Ablauf der Bezugsfrist, mit Ausübung aller Bezugsrechte oder mit Aufhebung des verbleibenden bedingten Kapitals) durchzuführen[257]. Bei entsprechender Ermächtigung gemäß § 179 Abs. 1 Satz 2 AktG kann die Anpassung der Satzung auch durch den Aufsichtsrat erfolgen.

§ 47
Kapitalerhöhung aus Gesellschaftsmitteln

I. Einführung 47.1	2. Beschlussinhalt 47.4
1. Rechtlicher und wirtschaftlicher Charakter 47.1	III. Beschlussvoraussetzungen 47.7
	1. Zugrunde gelegte Bilanz 47.7
2. Verbindung mit anderen Kapitalmaßnahmen 47.2	a) Jahresbilanz 47.7
	b) Sonderbilanz 47.9
II. Kapitalerhöhungsbeschluss 47.3	c) Verstöße 47.15
1. Mehrheitserfordernis 47.3	2. Umwandlungsfähige Rücklagen ... 47.16

---

256 Vgl. *Groß*, Kapitalmarktrecht, §§ 1–12 BörsZulV Rz. 21. Es handelt sich um einen „bis zu"-Zulassungsbeschluss.
257 *Frey* in Großkomm. AktG, 4. Aufl. 2001, § 201 AktG Rz. 19 sowie § 200 AktG Rz. 22; *Hüffer/Koch*, § 201 AktG Rz. 5; *Drygala/Staake* in KölnKomm. AktG, 4. Aufl. 2020, § 201 AktG Rz. 35.

3. Abzug von Verlust bzw. Verlustvortrag .. 47.19
4. Rechtsfolge von Verstößen 47.20
IV. **Anmeldung und Eintragung** 47.21
1. Anmeldung 47.21
2. Eintragung 47.24
V. **Zuordnung der neuen Aktien** 47.27
1. Verhältnismäßige Zuordnung 47.28
2. Teilrechte 47.30
3. Teileingezahlte Aktien 47.32
   a) Nennbetragserhöhung 47.33
   b) Gewinnbeteiligung 47.35
   c) Stimmrecht 47.36
   d) Liquidationserlös 47.37
4. Zuordnung bei verschiedenen Aktiengattungen 47.38

   a) Verhältniswahrende Zuordnung .. 47.38
   b) Anpassung von Gewinnvorzügen . 47.40
VI. **Auswirkungen auf Dritte** 47.41
1. Vorstandstantiemen 47.42
2. Aufsichtsratsvergütungen 47.43
3. Wandel- und Optionsanleihen sowie ähnliche Rechte 47.44
4. Ansprüche nach § 304 Abs. 2 AktG ... 47.46
VII. **Wertpapierrechtlicher Vollzug der Kapitalerhöhung aus Gesellschaftsmitteln** 47.47
1. Börsenzulassung 47.48
2. Ausgabe der Aktienrechte 47.49
3. Verkauf nicht abgeholter Aktien 47.50

Schrifttum: *Börner*, Verbindung von Kapitalerhöhung aus Gesellschaftsmitteln und Kapitalerhöhung gegen Bareinlagen bei Aktiengesellschaften, DB 1988, 1254; *Fett/Spiering*, Typische Probleme bei der Kapitalerhöhung aus Gesellschaftsmitteln, NZG 2002, 358; *Gebhardt/Entrup/Heiden*, Kursreaktionen auf Kapitalerhöhungen aus Gesellschaftsmitteln, ZBB 1994, 308; *Hirte/Butters*, Die Kapitalerhöhung aus Gesellschaftsmitteln in den europäischen Aktienrechten: Anregungen für Auslegung und Reform des deutschen Rechts, ZBB 1998, 286; *Hüffer*, § 216 Abs. 3 AktG: Sondernorm oder allgemeiner Rechtsgedanke?, in FS Bezzenberger, 2000, S. 191; *IDW* Stellungnahme: Entwurf eines Gesetzes zur weiteren Reform des Aktien- und Bilanzrechts, zu Transparenz und Publizität (Transparenz- und Publizitätsgesetz), WPg 2002, 146; *IDW*-Prüfungshinweis: Prüfung von Jahres- und Zwischenbilanzen bei Kapitalerhöhungen aus Gesellschaftsmitteln (IDW PH 9.400.6), WPg 2004, 535; *Korsten*, Kapitalerhöhung aus Gesellschaftsmitteln bei unrichtigem Jahresabschluss, AG 2006, 321; *Milde-Büttcher*, Mehrstimmrechte bei Kapitalerhöhungen aus AG-Gesellschaftsmitteln – Opfer der heißen Nadel des Gesetzgebers?, BB 1999, 1073; *Priester*, Die neuen Anteilsrechte bei Kapitalerhöhung aus Gesellschaftsmitteln, GmbHR 1980, 236; *Stein*, Technische Durchführung einer Kapitalerhöhung aus Gesellschaftsmitteln bei Aktiengesellschaften, WM 1960, 242; *Than*, Rechtliche und praktische Fragen der Kapitalerhöhung aus Gesellschaftsmitteln bei einer Aktiengesellschaft, in WM-Festgabe Heinsius, WM Sonderheft 1991, S. 54; *Weiss*, Kombinierte Kapitalerhöhung aus Gesellschaftsmitteln mit nachfolgender ordentlicher Kapitalherabsetzung, BB 2005, 2697.

I. Einführung

1. Rechtlicher und wirtschaftlicher Charakter

Die Kapitalerhöhung aus Gesellschaftsmitteln beinhaltet einen **bilanziellen Passivtausch** ohne Mittelzufluss: In Form von Rücklagen gebildetes Eigenkapital der Gesellschaft wird in gebundenes Grundkapital umgewandelt, womit sich die Zusammensetzung des Eigenkapitals ändert. In den Worten des BFH kommt es zu einer wirtschaftlichen Abspaltung der in den existierenden Aktien verkörperten Substanz[1]. An der Börse erfolgt dementsprechend mit Wirksamwerden der Kapitalerhöhung eine „ex Gratisaktien"-Notierung, sofern das Grundkapital unter Ausgabe neuer Aktien erhöht wird. Aufgrund der Erhöhung des Grundkapitals handelt es sich um eine **echte Kapitalerhöhung**: Auch wenn keine Einlagen geleistet werden, wird ausschüttungsfähiges Kapital zu gebundenem Grundkapital[2]. Wirt-

47.1

---

[1] BFH v. 25.2.2009 – IX R 26/08, DStR 2009, 1423, 1425 = AG 2009, 744.
[2] *Hirte* in Großkomm. AktG, 4. Aufl. 1998, § 207 AktG Rz. 32; *Hüffer/Koch*, § 207 AktG Rz. 3.

schaftlich kann die Kapitalerhöhung verschiedenen unternehmenspolitischen Zwecken dienen, die teilweise durch **psychologische Aspekte auf dem Kapitalmarkt** geprägt sein können. So führt die Kapitalerhöhung aus Gesellschaftsmitteln bei Ausgabe weiterer Aktien zu einer Verminderung des Börsenpreises je Aktie. Die Aktie wird dadurch – wie bei einem Aktiensplit (Erhöhung der Zahl der Aktien unter Herabsetzung des auf die einzelne Aktie entfallenden anteiligen Betrages des Grundkapitals)[3] – „leichter", was die Attraktivität bei Kleinaktionären und damit die Handelbarkeit der Aktie erhöhen mag. Deshalb gehen häufig mit der Ankündigung von Kapitalerhöhungen aus Gesellschaftsmitteln positive Kursreaktionen einher[4], so dass die Information, dass eine Kapitalerhöhung aus Gesellschaftsmitteln erfolgen soll, auch eine **Insiderinformation** gemäß Art. 7 MAR darstellen kann[5]. Auf der anderen Seite führt die Kapitalerhöhung aus Gesellschaftsmitteln zu einer Erhöhung des mit Dividende zu bedienenden Kapitals, ohne dass der Gesellschaft neue Mittel, mit denen diese Dividende erwirtschaftet werden könnte, zufließen. Bei konstantem Ausschüttungsvolumen kommt es dann zu einer prozentualen Senkung der Dividende[6]. An die Stelle der Kapitalerhöhung aus Gesellschaftsmitteln tritt deshalb gelegentlich die Kapitalerhöhung im Wege des Schütt-aus-Hol-zurück-Verfahrens (dabei erfolgt entweder unmittelbar nach der Dividendenausschüttung die Wiedereinlage der ausgeschütteten Beträge oder diese werden stehengelassen)[7], weil durch diese die Zahl der auszugebenden Aktien durch Festsetzung eines nicht dem Grundkapital zufließenden Agios verringert werden kann[8]. Hierbei sind die Rechtsregeln der Kapitalerhöhung aus Gesellschaftsmitteln analog anzuwenden (Rz. 44.26)[9]. Verbreitet wurde die Kapitalerhöhung aus Gesellschaftsmitteln auch im Zusammenhang mit der Umstellung des Grundkapitals auf den Euro verwendet; § 4 EGAktG enthält diesbezüglich verschiedene Erleichterungsregeln.

2. Verbindung mit anderen Kapitalmaßnahmen

47.2   Eine Kapitalerhöhung aus Gesellschaftsmitteln kann **nicht** in einem **einheitlichen Beschluss** mit anderen Kapitalmaßnahmen zu einer einheitlichen Maßnahme zusammengefasst werden. Das gilt für die Verbindung mit einer effektiven Kapitalerhöhung[10] ebenso wie für die Verbindung mit einer vereinfachten Kapitalherabsetzung[11]. Vielmehr sind die einzelnen Kapitalmaßnahmen in ausreichend transparenter Weise auseinanderzuhalten[12]. Zulässig ist es demgegenüber, auf einer Hauptversammlung verschiedene Beschlüsse über Kapitalmaßnahmen zu treffen, wobei der Vorstand hinsichtlich der Reihenfolge der Anmeldung entsprechend angewiesen werden sollte. Ohne solche Anweisung ist die Reihenfolge der Beschlussfassung entscheidend[13]. Dementsprechend kann eine effektive Kapitalerhöhung mit einer Kapitalerhöhung aus Gesellschaftsmitteln verbunden werden[14]; insofern steht der Kapital-

---

3 *Seiler* in BeckOGK AktG, Stand 1.6.2021, § 221 Rz. 222.
4 Vgl. *Gebhardt/Entrup/Heiden*, ZBB 1994, 308 ff.
5 *Hirte* in Großkomm. AktG, 4. Aufl. 1998, § 207 AktG Rz. 164; *Herchen* in Happ/Groß/Möhrle/Vetter, Aktienrecht, Formular 12.08 Rz. 3.2; vgl. auch allgemein BaFin Emittentenleitfaden Modul C, Stand 25.3.2020, I.2.1.5.4.
6 *Hüffer/Koch*, § 207 AktG Rz. 4; auch eine Änderung einer kontinuierlichen Dividendenpolitik kann eine Insiderinformation i.S.d. Art. 7 MAR darstellen, vgl. BaFin Emittentenleitfaden Modul C, Stand 25.3.2020, I.2.1.5.3.
7 *Scholz* in MünchHdb. AG, § 60 Rz. 8; zu den Voraussetzungen der Durchführung vgl. *Scholz* in MünchHdb. AG, § 57 Rz. 80.
8 Vgl. insofern auch *Hüffer* in FS Bezzenberger, 2000, S. 191, 206 (kein automatischer Aktienzuwachs wie gemäß § 212 AktG).
9 Vgl. *Henze*, Aktienrecht, Rz. 204.
10 *Börner*, DB 1988, 1254; *Hirte* in Großkomm. AktG, 4. Aufl. 1998, § 207 AktG Rz. 143; *Scholz* in MünchHdb. AG, § 60 Rz. 5.
11 Vgl. insofern OLG Frankfurt a.M. v. 15.3.2001 – 20 W 147/00, AG 2001, 359; *Scholz* in MünchHdb. AG, § 60 Rz. 6 a.E.
12 Vgl. die Beispiele bei *Arnold* in MünchKomm. AktG, 5. Aufl. 2021, § 207 AktG Rz. 35 ff.
13 *Hirte* in Großkomm. AktG, 4. Aufl. 1998, § 207 AktG Rz. 148.
14 *Hirte* in Großkomm. AktG, 4. Aufl. 1998, § 207 AktG Rz. 149–152.

erhöhung aus Gesellschaftsmitteln nicht entgegen, dass die vorgelagerte effektive Kapitalerhöhung eine geringe nominelle Komponente und eine hohe Rücklagendotierung aufweist, die nun Grundlage der nominellen Kapitalerhöhung sein soll (vgl. aber noch Rz. 47.24)[15]. Ferner kann auch eine Hauptversammlung eine Kapitalerhöhung aus Gesellschaftsmitteln sowie eine Kapitalherabsetzung beschließen (vgl. dazu auch noch Rz. 49.3 a.E.). Praktisch dürfte dies vor allem dann werden, wenn die Gesellschaft eigene Aktien hält, die eingezogen werden sollen (sofern dies nicht schon gemäß § 71 Abs. 1 Nr. 8 Satz 6 AktG möglich ist) oder durch eine Erhöhung aus Gesellschaftsmitteln mit anschließender ordentlicher Kapitalherabsetzung eine Ausschüttung an die Aktionäre ermöglicht, die sonst durch § 150 AktG gesperrt wäre[16]. Nicht zulässig ist demgegenüber die Verbindung einer Kapitalerhöhung aus Gesellschaftsmitteln mit einer vereinfachten Kapitalherabsetzung, denn § 229 Abs. 2 AktG schreibt hierfür als Erfordernis die Auflösung aller derjenigen Rücklagen vor, die für eine Kapitalerhöhung aus Gesellschaftsmitteln allein zur Verfügung stehen[17]. Zulässig ist aber die Verbindung mit einer Kapitalherabsetzung durch Einziehung eigener Aktien im vereinfachten Verfahren gemäß § 237 Abs. 3 Nr. 2 AktG, etwa um einen „glatten" Kapitalerhöhungsbetrag zu erreichen[18].

II. Kapitalerhöhungsbeschluss

1. Mehrheitserfordernis

Die Kapitalerhöhung aus Gesellschaftsmitteln ist eine Satzungsänderung. Der Beschlussvorschlag ist deshalb bei der Einladung gemäß § 124 Abs. 2 Satz 3 AktG seinem vollen Wortlaut nach bekanntzumachen. Hinsichtlich des Kapitalerhöhungsbeschlusses[19] verweist § 207 Abs. 2 Satz 1 auf § 182 Abs. 1 AktG. Der Beschluss bedarf mithin (neben der einfachen Stimmenmehrheit) einer Mehrheit von mindestens **drei Vierteln des vertretenen Grundkapitals**, soweit nicht die Satzung eine andere Mehrheit bestimmt (zu dem Mehrheitserfordernis bei einer SE sowie der Herabsenkung der Beschlussmehrheit durch das WStBG siehe bereits Rz. 44.6 und Rz. 45.5)[20]. Die Satzung kann eine höhere oder niedrigere Kapitalmehrheit bestimmen; bei der Kapitalerhöhung aus Gesellschaftsmitteln findet jedoch § 182 Abs. 1 Satz 2 Halbs. 2 AktG, wonach bei der Ausgabe von Vorzugsaktien ohne Stimmrecht nur eine größere Kapitalmehrheit bestimmt werden kann, keine Anwendung. Denn insoweit sieht § 216 Abs. 1 AktG ausreichenden Schutz der Vorzugsaktionäre vor[21]. Sieht die Satzung allgemein für Kapitalerhöhungen besondere Mehrheitserfordernisse oder andere Erfordernisse vor, gelten diese Regelungen im Zweifel auch für die Kapitalerhöhung aus Gesellschaftsmitteln[22]. **Sonderbeschlüsse** nach Aktiengattungen (§ 182 Abs. 2 AktG) sieht das Gesetz nicht vor, weil nach § 216 AktG das Verhältnis verschiedener Aktiengattungen zueinander nicht berührt werden darf. Das gilt auch dann, wenn im Rahmen

47.3

---

15 Vgl. OLG Hamm v. 22.1.2008 – 15 W 247/07, AG 2008, 713.
16 Vgl. zu zweiten Konstellation *Hennrichs/Pöschke* in MünchKomm. AktG, 4. Aufl. 2018, § 150 AktG Rz. 24 und 34a.
17 *Zetzsche* in KölnKomm. AktG, 4. Aufl. 2020, § 207 Rz. 126; *Hirte* in Großkomm. AktG, 4. Aufl. 1998, § 207 AktG Rz. 153; *Scholz* in MünchHdb. AG, § 60 Rz. 6 a.E.
18 Vgl. das Beispiel bei *Than* in WM-Festgabe für Heinsius, WM Sonderheft 1991, S. 54, 57.
19 Muster bei *Hoffmann-Becking/Berger* in BeckFormularbuch, Formular X. 36 und bei *Favoccia* in MünchVertragsHdb. GesR, Formular V 127.
20 Eine Ausnahme ergab sich für Kapitalerhöhungen aus Gesellschaftsmitteln im Zusammenhang mit der Umstellung des Grundkapitals auf den Euro, insofern sieht § 4 Abs. 2 Satz 1 EGAktG die einfache Mehrheit des bei der Beschlussfassung vertretenen Kapitals vor.
21 *Hirte* in Großkomm. AktG, 4. Aufl. 1998, § 207 AktG Rz. 112; *Hüffer/Koch*, § 207 AktG Rz. 9; *Zetsche* in KölnKomm. AktG, 4. Aufl. 2020, § 207 AktG Rz. 47; *Scholz* in MünchHdb. AG, § 60 Rz. 11.
22 *Hüffer/Koch*, § 207 AktG Rz. 10; *Zetsche* in KölnKomm. AktG, 4. Aufl. 2020, § 207 AktG Rz. 53; *Hirte* in Großkomm. AktG, 4. Aufl. 1998, § 207 AktG Rz. 109; *Witt*, AG 2000, 345, 352; vgl. aber noch Rz. 47.38 für den Fall, dass nicht gattungsgleiche Aktien gewährt werden sollen.

der Kapitalerhöhung Gewinnvorzugsrechte herabgesetzt werden müssen (dazu Rz. 47.40), weil materiell nicht in derartige Rechte eingegriffen wird. Der Beschluss unterliegt **keinen sachlichen Schranken**, es besteht insbesondere keine Rechtspflicht der Gesellschaft (oder des Mehrheitsaktionärs), die Kapitalerhöhung so zu dimensionieren, dass möglichst ein glattes Bezugsverhältnis und wenig Teilrechte entstehen (Rz. 47.31).

2. Beschlussinhalt

47.4 Der Kapitalerhöhungsbeschluss muss zunächst den exakten **Erhöhungsbetrag** (zur Problematik der Berücksichtigung von Wandlungsrechten Rz. 47.29) angeben, also die Angabe enthalten, in welcher Höhe das Grundkapital aus Rücklagen erhöht wird[23]. Nicht anzugeben ist das Erhöhungsverhältnis, welches sich zwingend aus § 212 AktG ergibt[24]. Bei **Stückaktien** ist anzugeben, ob die Kapitalerhöhung durch **Ausgabe neuer Aktien** oder ohne solche Ausgabe durch **Erhöhung des auf eine Aktie entfallenden anteiligen Betrages am Grundkapital** erfolgt. Bei **Nennbetragsaktien** kann die Kapitalerhöhung aus Gesellschaftsmitteln grundsätzlich **nur** durch Ausgabe neuer Aktien erfolgen (vgl. § 207 Abs. 2 Satz 1, § 182 Abs. 1 Satz 4 AktG; zur Behandlung teileingezahlter Aktien Rz. 47.33). Daraus wird überwiegend gefolgert, dass insofern keine Angaben zum Ausführungsmodus im Beschluss enthalten sein müssen[25]. Aufgrund dieser Ausnahme ist aus praktischer Sicht generell eine Angabe zur Art der Erhöhung empfehlenswert[26]. Anzugeben ist ferner, welche **Bilanz** dem Beschluss zugrunde gelegt wird. Auch ist festzulegen, welche der umwandlungsfähigen **Rücklagen** genau in Grundkapital umgewandelt werden sollen. Dabei sind die umzuwandelnden Beträge aus der Kapitalrücklage beziehungsweise die Unterposition der Gewinnrücklage zu bezeichnen[27]. Enthält der Beschluss nicht den Mindestinhalt, ist er **nichtig**[28].

47.5 Zum fakultativen Inhalt des Kapitalerhöhungsbeschlusses gehören Angaben zur **Gewinnberechtigung**. Gemäß § 217 Abs. 2 Satz 1 AktG kann insofern der Beschluss bestimmen, dass die neuen Aktien bereits am Gewinn des letzten vor der Beschlussfassung über die Kapitalerhöhung abgelaufenen Geschäftsjahres teilnehmen. Ohne solche Bestimmung nehmen die neuen Aktien am Gewinn desjenigen Geschäftsjahres teil, in dem die Erhöhung des Grundkapitals beschlossen worden ist (vgl. § 217 Abs. 1 AktG)[29]. Bei der Einräumung eines Gewinnbeteiligungsrechts für ein bereits abgeschlossenes Geschäftsjahr ist die Erhöhung des Grundkapitals zu beschließen, **bevor** über die Verwendung des Bilanzgewinns des letzten vor der Beschlussfassung abgelaufenen Geschäftsjahres Beschluss gefasst wird (vgl. § 217 Abs. 2 Satz 2 AktG). Bis zur Eintragung der Durchführung der Kapitalerhöhung wird der Gewinnverwendungsbeschluss nicht wirksam (§ 217 Abs. 2 Satz 3 AktG). Auch muss im Fall der rückwirkenden Gewinnberechtigung der Kapitalerhöhungsbeschluss gemäß § 217 Abs. 2 Satz 4 AktG binnen drei Monaten nach Beschlussfassung in das Handelsregister eingetragen worden sein; anderenfalls sind Kapitalerhöhungsbeschluss und Gewinnverwendungsbeschluss nichtig. Allerdings tritt bei gegen den Kapitalerhöhungsbeschluss gerichteter Anfechtungs- bzw. Nichtigkeitsklage Hemmung gemäß § 217 Abs. 2 Satz 5 AktG ein.

---

23 *Arnold* in MünchKomm. AktG, 5. Aufl. 2021, § 207 AktG Rz. 16; abweichend OLG Karlsruhe v. 7.12.2006 – 7 W 78/06, AG 2007, 284, 285 = DB 2007, 331, 332 f., wonach auch das Erhöhungsverhältnis ausreicht. Das fügt sich nicht in das Kapitalerhöhungsrecht ein.
24 Zu der Folge der fehlerhaften fakultativen Angabe des Erhöhungsverhältnisses im Erhöhungsbeschluss vgl. *Arnold* in MünchKomm. AktG, 5. Aufl. 2021, § 207 AktG Rz. 19.
25 *Hirte* in Großkomm. AktG, 4. Aufl. 1998, § 207 AktG Rz. 128; *Scholz* in MünchHdb. AG, § 60 Rz. 15.
26 Ähnlich *Scholz* in MünchHdb. AG, § 60 Rz. 15.
27 *Hirte* in Großkomm. AktG, 4. Aufl. 1998, § 207 AktG Rz. 122; *Hüffer/Koch*, § 207 AktG Rz. 12a.
28 BayObLG v. 9.4.2002 – 3 Z BR 39/02, AG 2002, 397, 398; *Scholz* in MünchHdb. AG, § 60 Rz. 20; relativierend *Hüffer/Koch*, § 207 AktG Rz. 17.
29 Zu anderen Gestaltungen im Beschluss *Hirte* in Großkomm. AktG, 4. Aufl. 1998, § 217 AktG Rz. 31.

Ferner sollte der Beschluss neben dem materiellen Kapitalerhöhungsbeschluss auch eine **Anpassung der Satzung** enthalten[30], sofern nicht eine Übertragung an den Aufsichtsrat gemäß § 179 Abs. 1 Satz 2 AktG erfolgt[31]. Mit der Kapitalerhöhung aus Gesellschaftsmitteln werden häufig auch andere Satzungsbestimmungen unrichtig, namentlich die Höhe eines bedingten Kapitals (§ 218 AktG) und wegen § 216 AktG die Berechnung von Vorzügen. Aus Transparenzgründen sollte die Hauptversammlung derartige Satzungsänderungen mit in den Kapitalerhöhungsbeschluss aufnehmen. Jedoch kann insofern auch eine Übertragung an den Aufsichtsrat gemäß § 179 Abs. 1 Satz 2 AktG erfolgen[32].

47.6

III. Beschlussvoraussetzungen

1. Zugrunde gelegte Bilanz

a) Jahresbilanz

Gemäß § 209 Abs. 1 AktG kann dem Kapitalerhöhungsbeschluss die letzte Jahresbilanz (Einzelabschluss der AG) zugrunde gelegt werden. Voraussetzung hierfür ist, dass die Bilanz geprüft, festgestellt und mit einem uneingeschränkten Bestätigungsvermerk versehen wurde und ihr Stichtag höchstens **acht Monate** vor der Anmeldung des Beschlusses zur Eintragung in das Handelsregister liegt. Kleine Kapitalgesellschaften (Aktiengesellschaften), die gemäß § 316 Abs. 1, § 267 Abs. 1 HGB nicht prüfungspflichtig sind, können eine Kapitalerhöhung aus Gesellschaftsmitteln nur dann durchführen, wenn eine Prüfung der Bilanz nach Maßgabe der §§ 316 ff. HGB durchgeführt wurde und die Bilanz nicht gemäß § 266 Abs. 1 Satz 3 HGB in nur verkürzter, die Identifizierung der umwandlungsfähigen Rücklagen erschwerender Form aufgestellt wurde[33]. Die Fristberechnung in Bezug auf die acht Monate erfolgt gemäß § 187 Abs. 1 BGB (Fristbeginn) bzw. § 188 Abs. 2 BGB (Fristende). Für die reguläre Jahresbilanz bei einem Geschäftsjahr, das dem Kalenderjahr entspricht, hat dementsprechend die Anmeldung bis spätestens zum 31.8. des Folgejahres zu erfolgen. Umstritten ist die Fristberechnung bei Monaten mit weniger als 31 Tagen. So wird etwa bei einer Bilanz mit Stichtag 28.2. von einigen eine spätest mögliche Anmeldung bis zum 28.10.[34], von anderen bis zum 31.10.[35] angenommen. Das letztgenannte Datum ist das richtige Fristende. Dies folgt aus § 188 Abs. 3 BGB aufgrund der Rückrechnung vom Tag der Anmeldung an.

47.7

Eine – auch nur geringe – **Überschreitung der Frist** berechtigt und verpflichtet das Registergericht zur Ablehnung des Eintragungsantrages (vgl. § 210 Abs. 2 AktG)[36]. Gleiches gilt nach herrschender Mei-

47.8

---

30 *Hoffmann-Becking/Berger* in BeckFormularbuch, Formular X. 36 und dort Anm. 9 sowie *Favoccia* in MünchVertragsHdb. GesR, Formulare V 127 und 128. Der Anmeldung des Kapitalerhöhungsbeschlusses zum Handelsregister ist ein vollständiger neuer Satzungswortlaut beizufügen, vgl. *Arnold* in MünchKomm. AktG, 5. Aufl. 2021, § 210 AktG Rz. 15.
31 Eine Delegation hält allerdings *Hirte* in Großkomm. AktG, 4. Aufl. 1998, § 210 AktG Rz. 19 für unzulässig.
32 *Scholz* in MünchHdb. AG, § 60 Rz. 17; *Hüffer/Koch*, § 216 AktG Rz. 4; *Hirte* in Großkomm. AktG, 4. Aufl. 1998, § 216 AktG Rz. 29 und § 218 AktG Rz. 15 (anders aber § 207 AktG Rz. 135 a.E.); *Arnold* in MünchKomm. AktG, 5. Aufl. 2021, § 218 AktG Rz. 7; *Butzke*, HV, L Rz. 39 und dort Fn. 98; *Zetzsche* in KölnKomm. AktG, 4. Aufl. 2020, § 216 AktG Rz. 24.
33 Ebenso *Zetzsche* in KölnKomm. AktG, 4. Aufl. 2020, § 209 AktG Rz. 11; *Scholz* in MünchHdb. AG, § 60 Rz. 29; *Hüffer/Koch*, § 209 AktG Rz. 3 a.E.; a.A. in Bezug auf die Frage der verkürzten Bilanz *Hirte* in Großkomm. AktG, 4. Aufl. 1998, § 209 AktG Rz. 14 sowie *Arnold* in MünchKomm. AktG, 5. Aufl. 2021, § 209 AktG Rz. 7.
34 So zu § 17 Abs. 2 Satz 4 UmwG OLG Köln v. 22.6.1998 – 2 Wx 34/98, GmbHR 1998, 1085.
35 So zu vergleichbaren Bestimmungen des UmwG *Schwanna* in Semler/Stengel, 4. Aufl. 2017, § 17 UmwG Rz. 17; *Maier-Reimer/Seulen* in Semler/Stengel, § 154 UmwG Rz. 7.
36 *Hirte* in Großkomm. AktG, 4. Aufl. 1998, § 209 AktG Rz. 28; *Arnold* in MünchKomm. AktG, 5. Aufl. 2021, § 209 AktG Rz. 22; *Zetzsche* in KölnKomm. AktG, 4. Aufl. 2020, § 209 AktG Rz. 24; *Scholz* in MünchHdb. AG, § 60 Rz. 30.

nung auch dann, wenn zwar der Stichtag bei der Anmeldung in die Acht-Monats-Frist fällt, die **Anmeldung** jedoch zunächst **nicht ordnungsgemäß** ist und eine Zwischenverfügung ergeht. Die herrschende Meinung stellt bei der Prüfung der Frist auf die Behebung des Mangels ab, weil die Acht-Monats-Frist bezwecke, dem Registergericht eine zeitnahe Prüfung zu ermöglichen[37]. Dem ist jedenfalls bei Fehlern, denen kurzfristig abgeholfen wird und die das Bearbeitungsverfahren nicht nennenswert verzögern, nicht zu folgen, weil ansonsten der Schutzzweck des § 210 Abs. 1 AktG überdehnt wird[38].

b) Sonderbilanz

47.9 In der Regel wird bei einer Kapitalerhöhung aus Gesellschaftsmitteln die letzte Jahresbilanz Grundlage des Erhöhungsbeschlusses. Das Gesetz gestattet aber auch die Zugrundelegung einer **Zwischenbilanz** (§ 209 Abs. 2 AktG). Das kann namentlich dann erforderlich sein, wenn die letzte Bilanz wegen Überschreitens der Acht-Monats-Frist nicht mehr herangezogen werden kann und die Gesellschaft mit der Kapitalerhöhung aus Gesellschaftsmitteln nicht bis zur Feststellung der folgenden Jahresbilanz abwarten will. Betroffen ist insofern der Zeitraum zwischen Verstreichen der Acht-Monats-Frist und der Feststellung des Jahresabschlusses für das (abgelaufene) Geschäftsjahr[39].

47.10 Wenn der Jahresabschluss für das letzte vor der Beschlussfassung über die Kapitalerhöhung abgelaufene Geschäftsjahr noch nicht festgestellt ist, ist die Sonderbilanz aus der Jahresbilanz des vorletzten Geschäftsjahres heraus zu entwickeln. Um zu vermeiden, dass die zwecks Bilanzaufstellung zu erstellende Gewinn- und Verlustrechnung (sogleich Rz. 47.12) einen Zeitraum von mehr als 12 Monaten umfasst, sollte die Bilanz auf einen Stichtag des vergangenen Geschäftsjahres aufgestellt werden. Die Acht-Monats-Frist lässt sich auch in diesem Fall einhalten[40]. Im Rahmen der Anmeldung gemäß § 210 Abs. 1 AktG ist als „letzte" Jahresbilanz die letzte festgestellte Bilanz, also die des vorletzten Geschäftsjahres vor Beschlussfassung vorzulegen.

47.11 Eine Zwischenbilanz kann nicht dazu dienen, zwischenzeitlich angefallene Gewinne den Rücklagen zuzuweisen, um so eine Kapitalerhöhung aus Gesellschaftsmitteln zu ermöglichen; denn die umzuwandelnden Rücklagen müssen gemäß § 208 Abs. 1 Satz 1 AktG sowohl in der Zwischenbilanz als auch in der letzten Jahresbilanz ausgewiesen sein. Möglich ist demgegenüber die Verrechnung eines zwischenzeitlich angefallenen Gewinns mit einem in der letzten Jahresbilanz ausgewiesenen Verlust, welcher der Kapitalerhöhung aus Gesellschaftsmitteln wegen § 208 Abs. 2 Satz 1 AktG entgegenstand[41].

---

37 *Arnold* in MünchKomm. AktG, 5. Aufl. 2021, § 209 AktG Rz. 21; *Hirte* in Großkomm. AktG, 4. Aufl. 1998, § 209 AktG Rz. 28; a.A. *Fock/Wüsthoff* in BeckOGK AktG, Stand 1.6.2021, § 209 AktG Rz. 15; *Scholz* in MünchHdb. AG, § 60 Rz. 30; *Hüffer/Koch*, § 209 AktG Rz. 5.

38 *Fock/Wüsthoff* in BeckOGK AktG, Stand 1.6.2021, § 209 AktG Rz. 15; *Scholz* in MünchHdb. AG, § 60 Rz. 30. Vgl. zur ähnlichen Problematik des Verschmelzungsrechts auch *Decher* in Lutter, § 17 UmwG Rz. 13; LG Frankfurt a.M. v. 30.1.1998 – 3-11 T 85/97, GmbHR 1998, 379, 380; a.A. AG Duisburg v. 4.1.1996 – 23 HRB 4942, 5935, GmbHR 1996, 372.

39 Allerdings untersagte in der Vergangenheit § 207 Abs. 3 AktG für die ersten Monate eines Geschäftsjahres eine Kapitalerhöhung aus Gesellschaftsmitteln, weil nach dieser – durch das Gesetz zur weiteren Reform des Aktien- und Bilanzrechts, zu Transparenz und Publizität (Transparenz- und Publizitätsgesetz), BGBl. I 2002, 2681, 2683 aufgehobenen – Norm eine Erhöhung erst dann beschlossen werden konnte, nachdem der Jahresabschluss für das letzte vor der Beschlussfassung über die Kapitalerhöhung abgelaufene Geschäftsjahr festgestellt war.

40 Dem folgend auch *Scholz* in MünchHdb. AG, § 60 Rz. 33. Bsp.: Angestrebt ist die Anmeldung einer Kapitalerhöhung aus Gesellschaftsmitteln zum 1.3.2021, einem Datum, zu dem der Abschluss für das letzte Geschäftsjahr (Kalenderjahr) noch nicht festgestellt ist. Hier kann der Zwischenabschluss zum 30.9.2020 aufgestellt und aus dem Abschluss per 31.12.2019 ausgehend entwickelt werden.

41 *Hirte* in Großkomm. AktG, 4. Aufl. 1998, § 209 AktG Rz. 33; *Zetsche* in KölnKomm. AktG, 4. Aufl. 2020, § 209 AktG Rz. 36.

Die **Zwischenbilanz** muss bezüglich **Ansatz, Gliederung und Bewertung** den §§ 150, 152 AktG, **47.12**
§§ 242–256a, 264–274a HGB entsprechen (§ 209 Abs. 2 Satz 1 AktG). Sonderregeln für Kreditinstitute bzw. Versicherungsunternehmen sind auch bei der Aufstellung der Sonderbilanz zu beachten[42]. Die Zwischenbilanz ist aus der letzten Jahresbilanz heraus zu entwickeln und hat die seitdem eingetretenen Entwicklungen zu reflektieren, also insbesondere einen seit dem Stichtag der letzten Jahresbilanz angefallenen Gewinn oder Verlust auszuweisen. Zwar ist auch hier der Nachweis einer Gewinn- und Verlustrechnung ebenso wenig wie ein Anhang und ein Lagebericht erforderlich; deren Aufstellung ist aber als interner Vorgang für die Aufstellung der Zwischenbilanz geboten[43]. Einer besonderen Feststellung der Zwischenbilanz entsprechend §§ 172, 173 AktG bedarf es nicht. Man wird jedoch eine Prüfung der Zwischenbilanz durch den Aufsichtsrat analog § 171 Abs. 1 AktG und eine zumindest konkludente (im Erhöhungsbeschluss enthaltene) Billigung durch diesen für erforderlich halten müssen, weil die Zwischenbilanz umwandlungsfähige Rücklagen mitbestimmt[44].

Die Zwischenbilanz ist durch einen **Abschlussprüfer** daraufhin zu prüfen, ob sie den Voraussetzungen **47.13**
des § 209 Abs. 3 Satz 1 AktG entspricht. Die Prüfung erfolgt durch denjenigen Prüfer, der für die Prüfung des letzten Jahresabschlusses bestellt worden ist, sofern nicht die Hauptversammlung (bei Versicherungsgesellschaften der Aufsichtsrat) unter Beachtung von § 319 HGB einen besonderen Prüfer wählt (§ 209 Abs. 4 Satz 1 AktG). Kleine Kapitalgesellschaften i.S.d. § 267 Abs. 1 HGB bedürfen aber auch hier der Prüfung durch einen Wirtschaftsprüfer i.S.d. § 319 Abs. 1 HGB[45]. Für die Prüfung gelten die in § 209 Abs. 4 Satz 2 AktG genannten Vorschriften über die Prüfung des Jahresabschlusses entsprechend. Die Zwischenbilanz muss gemäß § 209 Abs. 3 Satz 2 AktG mit einem uneingeschränkten Bestätigungsvermerk versehen sein, der gemäß § 209 Abs. 4 Satz 2 AktG i.V.m. § 322 Abs. 7 HGB vom Abschlussprüfer unter Angabe von Ort und Tag zu unterzeichnen ist. Obwohl § 209 Abs. 4 Satz 2 AktG nicht auf § 322 Abs. 1–6a HGB verweist, besteht Einigkeit darüber, dass sich der Bestätigungsvermerk auch bei einer Zwischenbilanz möglichst eng an den Wortlaut des gesetzlichen Bestätigungsvermerkes anzulehnen hat[46].

Gemäß § 209 Abs. 6 AktG i.V.m. § 175 Abs. 2 Satz 1 AktG ist bei der Zugrundelegung einer **Zwischen-** **47.14**
bilanz diese von der Einberufung der Hauptversammlung an, die über die Erhöhung des Grundkapitals beschließen soll, in den Geschäftsräumen der Gesellschaft den Aktionären zugänglich zu machen, sofern diese nicht auf der Internetseite zugänglich gemacht ist. Das gilt in analoger Anwendung des § 175 Abs. 2 AktG auch für die **Jahresbilanz**, wenn ausnahmsweise die Hauptversammlung, die über die Kapitalerhöhung aus Gesellschaftsmitteln beschließt, der ordentlichen Hauptversammlung, die den Jahresabschluss entgegennimmt und über die Verwendung des Bilanzgewinns beschließt, erst nach-

---

42 *Arnold* in MünchKomm. AktG, 5. Aufl. 2021, § 209 AktG Rz. 27; *Fock/Wüsthoff* in BeckOGK AktG, Stand 1.6.2021, § 209 AktG Rz. 20.
43 Vgl. *Hüffer/Koch*, § 209 AktG Rz. 7 (Erhöhungsbilanz muss Bilanzergebnis enthalten); *Scholz* in MünchHdb. AG, 5. Aufl. 2020, § 60 Rz. 33 (Ausweis Ergebnis bis zum Stichtag erforderlich). Abweichend IDW-Prüfungshinweis 9.400.6 unter Ziffer 9 in WPg 2004, 535, 536: keine Gewinn- und Verlustrechnung erforderlich; Prüfung der Aufwendungen und Erträge kann auf das Maß beschränkt werden, „das zur Feststellung der Gesetzesmäßigkeit der Wertansätze und der Gliederung in der Bilanz erforderlich ist". Das ist wegen der Notwendigkeit der Ermittlung des vorhandenen Eigenkapitals jedoch abzulehnen.
44 *Hüffer/Koch*, § 209 AktG Rz. 11; *Fock/Wüsthoff* in BeckOGK AktG, Stand 1.6.2021, § 209 AktG Rz. 22; *Hirte* in Großkomm. AktG, 4. Aufl. 1998, § 209 AktG Rz. 37; gegen das Erfordernis einer ausdrücklichen Billigung *Scholz* in MünchHdb. AG, § 60 Rz. 37.
45 *Hüffer/Koch*, § 209 AktG Rz. 9; *Arnold* in MünchKomm. AktG, 5. Aufl. 2021, § 209 AktG Rz. 31; abweichend *Zetzsche* in KölnKomm. AktG, 4. Aufl. 2020, § 209 AktG Rz. 43.
46 *Herchen* in Happ/Groß/Möhrle/Vetter, Aktienrecht, Formular 12.08 Rz. 8.1; *Hirte* in Großkomm. AktG, 4. Aufl. 1998, § 209 AktG Rz. 44; AG Duisburg v. 31.12.1993 – 23 HRB 3193, DB 1994, 466, 467 = GmbHR 1994, 712 (zum GmbHG); vgl. auch WP-Handbuch 2000 Bd. I Rz. Q 1116 sowie IDW-Prüfungshinweis 9.400.6 in WPg 2004, 535, 536.

folgt[47]. Darüber hinaus ist nach § 175 Abs. 2 Satz 2 AktG jedem Aktionär auf Verlangen eine Abschrift der ausgelegten Bilanz zu erteilen, sofern nicht diese wiederum auf der Internetseite zugänglich gemacht ist. Eine Offenlegung nach § 325 HGB ist demgegenüber nicht erforderlich. Die ausgelegte Zwischenbilanz muss auch noch nicht geprüft und mit dem Bestätigungsvermerk versehen sein, jedoch ist erforderlich, dass bei fehlender Prüfung die ausgelegte Bilanz später nicht mehr geändert wird, so dass eine vorherige Prüfung und Testat in der Praxis sinnvoll erscheinen[48].

c) Verstöße

47.15 Ein **Beschluss** über die Kapitalerhöhung aus Gesellschaftsmitteln ist gemäß § 241 Nr. 3 AktG **nichtig**, wenn ihm eine nicht geprüfte, eine nicht festgestellte oder eine nicht mit einem uneingeschränkten Bestätigungsvermerk versehene Bilanz zugrunde liegt. Das gilt auch dann, wenn die Kapitalerhöhung nur einen ganz geringfügigen Betrag umfasst[49]. Demgegenüber führt ein Verstoß gegen die Auslegungspflicht gemäß § 209 Abs. 6, § 175 Abs. 2 Satz 1 AktG lediglich zur Anfechtbarkeit des Kapitalerhöhungsbeschlusses. Die Nichteinhaltung der Acht-Monats-Frist ist Eintragungshindernis; erfolgt gleichwohl eine Eintragung, wird die Kapitalerhöhung wirksam[50].

2. Umwandlungsfähige Rücklagen

47.16 Die Kapitalerhöhung aus Gesellschaftsmitteln erfolgt durch die Umwandlung der Kapitalrücklage bzw. von Gewinnrücklagen. Die **Kapitalrücklage** ist der Gliederungsposten gemäß § 266 Abs. 3 A II HGB, der gemäß § 272 Abs. 2 HGB dotiert wird. **Gewinnrücklagen** sind die in § 266 Abs. 3 A III HGB benannten Rücklagen. Die umzuwandelnden Gewinnrücklagen müssen entweder in der zugrunde gelegten Jahres- bzw. zusätzlich der Zwischenbilanz oder der entsprechende Betrag muss im letzten Beschluss über die Verwendung des Jahresüberschusses oder des Bilanzgewinns als Zuführung zu diesen Rücklagen ausgewiesen sein. Wird der Jahresabschluss wie üblich gemäß § 268 Abs. 1 Satz 1 HGB unter Berücksichtigung der vollständigen oder teilweisen Verwendung des Jahresergebnisses aufgestellt, können die im Rahmen dieser Verwendung erfolgten Zuführungen des **Jahresüberschusses** zu den Gewinnrücklagen bei der Umwandlung berücksichtigt werden. Gleiches gilt aber auch für den verbleibenden **Bilanzgewinn**, soweit er aufgrund eines entsprechenden Verwendungsbeschlusses gemäß § 58 Abs. 3 AktG den umwandlungsfähigen Rücklagen zugewiesen wird. Sollen die neuen Aktien aus der Kapitalerhöhung aus Gesellschaftsmitteln allerdings mit Gewinnberechtigung für ein bereits abgelaufenes Geschäftsjahr ausgestattet werden, ist der Gewinnverwendungsbeschluss gemäß § 217 Abs. 2 Satz 2 AktG erst nach dem Kapitalerhöhungsbeschluss zu fassen (dazu Rz. 47.5), was einer vorherigen Zuführung zu Rücklagen zwecks deren Umwandlung entgegensteht[51]. Wird dem Kapitalerhöhungsbeschluss eine Zwischenbilanz zugrunde gelegt, sollte diese Zwischenbilanz den vorangegangenen Gewinnverwendungsbeschluss (Zuführungsbeschluss) bilanziell vollzogen haben[52].

47.17 Die Umwandlung von Rücklagen ist **betragsmäßig beschränkt**. Die Kapitalrücklage, die gesetzliche Rücklage (§ 266 Abs. 3 A III 1 HGB) und die Zuführungen zu diesen Rücklagen im Gewinnverwendungsbeschluss können gemäß § 208 Abs. 1 Satz 2 AktG nur insoweit zu einer Kapitalerhöhung aus Gesellschaftsmitteln herangezogen werden, als sie **gemeinsam** den zehnten oder einen in der Sat-

---

47 *Hüffer/Koch*, § 209 AktG Rz. 2; *Arnold* in MünchKomm. AktG, 5. Aufl. 2021, § 209 AktG Rz. 24; *Fock/Wüsthoff* in BeckOGK AktG, Stand 1.6.2021, § 209 AktG Rz. 16; *Herchen* in Happ/Groß/Möhrle/Vetter, Aktienrecht, Formular 12.08 Rz. 3.1.
48 *Hirte* in Großkomm. AktG, 4. Aufl. 1998, § 209 AktG Rz. 47; *Scholz* in MünchHdb. AG, § 60 Rz. 36.
49 BayObLG v. 9.4.2002 – 3 Z BR 39/02, AG 2002, 397, 398.
50 *Hirte* in Großkomm. AktG, 4. Aufl. 1998, § 209 AktG Rz. 54; *Zetzsche* in KölnKomm. AktG, 4. Aufl. 2020, § 209 AktG Rz. 32; *Scholz* in MünchHdb. AG, § 60 Rz. 38; *Hüffer/Koch*, § 209 AktG Rz. 14.
51 *Hirte* in Großkomm. AktG, 4. Aufl. 1998, § 208 AktG Rz. 36 und § 217 AktG Rz. 21.
52 *Hüffer/Koch*, § 208 AktG Rz. 5.

zung[53] festgelegten höheren Anteil des Grundkapitals übersteigen. Die genannten Positionen müssen also bei Vollzug der Kapitalerhöhung aus Gesellschaftsmitteln in dieser Höhe bestehen bleiben. Bei der Berechnung dieser 10 %-Grenze ist gemäß § 208 Abs. 1 Satz 2 AktG das **bisherige**, nicht das erhöhte Grundkapital maßgebend. Wird die Grenze voll ausgeschöpft, besteht allerdings danach die Zuführungspflicht gemäß § 150 Abs. 2 AktG. Daher mag es sich empfehlen, die Kapitalerhöhung so zu dimensionieren, dass die 10 %-Grenze auch unter Berücksichtigung der Kapitalerhöhung gewahrt ist. Die prozentuale Verwendungsbeschränkung erfasst hinsichtlich der Kapitalrücklage nur die Kapitalrücklage gemäß § 272 Abs. 2 Nr. 1–3 HGB, nicht auch die Kapitalrücklage gemäß § 272 Abs. 2 Nr. 4 HGB, weil diese Kapitalrücklage nicht den Verwendungsbeschränkungen gemäß § 150 Abs. 3 und 4 AktG unterliegt[54]. Die Kapitalrücklage nach § 272 Abs. 2 Nr. 4 HGB kann also ohne Beachtung der Schranken des § 208 Abs. 1 Satz 2 AktG in Grundkapital umgewandelt werden[55]. Andere Gewinnrücklagen (§ 266 Abs. 3 A III 4 HGB) und deren Zuführungen können in voller Höhe umgewandelt werden.

Gänzlich **umwandlungsunfähig** sind demgegenüber **zweckbestimmte Gewinnrücklagen** (§ 208 Abs. 2 Satz 2 AktG), soweit die Kapitalerhöhung ihrer Zweckbestimmung widerspricht. Deshalb war die nach früherem Recht vorgeschriebene **Rücklage für eigene Anteile** nicht umwandlungsfähig, solange sie nicht aufgelöst werden konnte[56]. Nach ihrer Abschaffung durch das BilMoG[57] ist diese Wertung im Zusammenhang mit der Bildung der „fiktiven" Rücklage gemäß § 71 Abs. 2 Satz 2 AktG zu berücksichtigen[58]. Nicht umwandlungsfähig sind ferner die **Sonderrücklagen** gemäß § 199 Abs. 2, § 218 Satz 2 AktG. Im Übrigen wird hinsichtlich der Zweckbindung häufig darauf abgestellt, ob die Rücklage für aktivierungsfähige Aufwendungen erfolgt ist (dann steht die Zweckbindung der Umwandlung nicht entgegen) oder aber die Rücklage zukünftigen Aufwendungen dient, die vermögensmindernd sind[59]. Insofern wird etwa eine Rücklage für Ersatzbeschaffungen für umwandlungsfähig gehalten[60]. Die Zweckbestimmung ist durch denjenigen aufhebbar, der sie geschaffen hat[61]. Handelt es sich um eine satzungsmäßige Zweckbestimmung, ist insofern ein satzungsändernder Beschluss erforderlich, wobei es ausreicht, dass dieser (vorab) in derselben Hauptversammlung gefasst wird, in der auch über die Kapitalerhöhung beschlossen wird[62].

47.18

3. Abzug von Verlust bzw. Verlustvortrag

Gemäß § 208 Abs. 2 Satz 1 AktG können Rücklagen nicht in Grundkapital umgewandelt werden, soweit in der dem Beschluss zugrunde gelegten Bilanz ein Verlust einschließlich eines Verlustvortrages ausgewiesen ist. Wird dem Beschluss eine Zwischenbilanz zugrunde gelegt, kommt es darauf an, ob

47.19

---

53 Zur parallelen Änderung der Satzung im Rahmen des Kapitalerhöhungsbeschlusses siehe *Hirte* in Großkomm. AktG, 4. Aufl. 1998, § 208 AktG Rz. 20; *Arnold* in MünchKomm. AktG, 5. Aufl. 2021, § 208 AktG Rz. 25.
54 *Arnold* in MünchKomm. AktG, 5. Aufl. 2021, § 208 AktG Rz. 21.
55 *Hirte* in Großkomm. AktG, 4. Aufl. 1998, § 208 AktG Rz. 16; *Scholz* in MünchHdb. AG, § 60 Rz. 45; *Arnold* in MünchKomm. AktG, 5. Aufl. 2021, § 208 AktG Rz. 22.
56 § 266 Abs. 3 A III 2 HGB a.F.; allgemeine Meinung: *Hirte* in Großkomm. AktG, 4. Aufl. 1998, § 208 AktG Rz. 40; *Arnold* in MünchKomm. AktG, 5. Aufl. 2021, § 208 AktG Rz. 16; *Zetzsche* in KölnKomm. AktG, 4. Aufl. 2020, § 208 AktG Rz. 12; *Hüffer/Koch*, § 208 AktG Rz. 4.
57 Gesetz zur Modernisierung des Bilanzrechts v. 25.5.2009, BGBl. 1102.
58 *Arnold* in MünchKomm. AktG, 5. Aufl. 2021, § 208 AktG Rz. 16.
59 *Hüffer/Koch*, § 208 AktG Rz. 8; *Arnold* in MünchKomm. AktG, 5. Aufl. 2021, § 208 AktG Rz. 35; *Zetzsche* in KölnKomm. AktG, 4. Aufl. 2020, § 208 AktG Rz. 56; *Scholz* in MünchHdb. AG, § 60 Rz. 47.
60 *Scholz* in MünchHdb. AG, § 60 Rz. 47; *Hirte* in Großkomm. AktG, 4. Aufl. 1998, § 208 AktG Rz. 50.
61 *Hirte* in Großkomm. AktG, 4. Aufl. 1998, § 208 AktG Rz. 47.
62 *Hüffer/Koch*, § 208 AktG Rz. 9; *Hirte* in Großkomm. AktG, 4. Aufl. 1998, § 208 AktG Rz. 46; *Scholz* in MünchHdb. AG, § 60 Rz. 47; *Zetzsche* in KölnKomm. AktG, 4. Aufl. 2020, § 208 AktG Rz. 63; a.A. *Veil* in K. Schmidt/Lutter, § 208 AktG Rz. 9.

der Verlust in dieser Zwischenbilanz ausgewiesen ist[63]. Die Norm erfordert keine Verlustausbuchung, sondern in Höhe des Verlustes sind die umwandlungsfähigen Rücklagen nicht einsetzbar[64]. Verluste können jedoch nicht mit nicht umwandlungsfähigen Rücklagen verrechnet werden, um die umwandlungsfähigen Rücklagen zu schonen[65].

4. Rechtsfolge von Verstößen

47.20 Weil § 208 AktG überwiegend dem Gläubigerschutz dient, führen Verstöße grundsätzlich zur **Nichtigkeit** des Beschlusses (§ 241 Nr. 3 AktG)[66]. Auch die Eintragung hat keine heilende Wirkung (Rz. 47.26). Demgegenüber führt ein Verstoß gegen § 208 Abs. 2 Satz 2 AktG nur zur Anfechtbarkeit des Beschlusses[67]. Insofern besteht bei Verstoß gegen satzungsmäßige Beschränkungen von Rücklagen ein Eintragungshindernis (Rz. 47.25). Ein Sonderproblem stellt sich, wenn sich infolge späterer Änderung des Jahresabschlusses das Nichtvorhandensein von in Grundkapital umgewandelten Rücklagen herausstellt[68]. Dies ist kein Fall einer durch Kapitalherabsetzung zu revidierenden fehlerhaften Kapitalerhöhung[69].

IV. Anmeldung und Eintragung

1. Anmeldung

47.21 Der Kapitalerhöhungsbeschluss ist gemäß § 210 Abs. 1, § 207 Abs. 2 Halbs 1, § 184 Abs. 1 AktG durch den **Vorstand** (Vorstandsmitglieder in vertretungsberechtigter Zahl) sowie den **Vorsitzenden des Aufsichtsrates** zur Eintragung in das Handelsregister anzumelden[70]. Insofern gelten die allgemeinen Regeln für Kapitalerhöhungen. Allerdings ist anders als bei der ordentlichen Kapitalerhöhung bereits mit Eintragung des Kapitalerhöhungsbeschlusses die Kapitalerhöhung bewirkt (§ 211 AktG). Der weiteren Eintragung der Durchführung bedarf es nicht. Deshalb ist der Beschluss auch nur bis zu seiner Eintragung änderbar bzw. aufhebbar. Ebenso wie bei der ordentlichen Kapitalerhöhung wird bei der Anmeldung unechte Gesamtvertretung überwiegend für unzulässig gehalten[71]. Dem ist im Hinblick auf die Versicherung gemäß § 210 Abs. 1 Satz 2 AktG (die gemäß § 399 Abs. 2 AktG strafbewehrt ist) zuzustimmen.

47.22 Anzumelden sind ggf. auch durch die Kapitalerhöhung **ansonsten veränderte Satzungsbestimmungen**, namentlich die Erhöhung eines bedingten Kapitals (§ 218 AktG)[72]. Der Anmeldung ist eine notarielle Niederschrift über die Hauptversammlung, die die Kapitalerhöhung beschlossen hat, beizufügen und ggf. auch der Gewinnverwendungsbeschluss gemäß § 174 AktG, sofern darin Zuführungen zu Rücklagen ausgewiesen sind, die umgewandelt wurden. Beizufügen ist ferner die **Neufassung der Sat-**

---

63 *Hirte* in Großkomm. AktG, 4. Aufl. 1998, § 208 AktG Rz. 31; *Arnold* in MünchKomm. AktG, 5. Aufl. 2021, § 208 AktG Rz. 28.
64 *Hüffer/Koch*, § 208 AktG Rz. 7; *Hirte* in Großkomm. AktG, 4. Aufl. 1998, § 208 AktG Rz. 23.
65 *Scholz* in MünchHdb. AG, § 60 Rz. 46; *Arnold* in MünchKomm. AktG, 5. Aufl. 2021, § 208 AktG Rz. 32; *Hüffer/Koch*, § 208 AktG Rz. 7.
66 *Arnold* in MünchKomm. AktG, 5. Aufl. 2021, § 208 AktG Rz. 37.
67 *Hirte* in Großkomm. AktG, 4. Aufl. 1998, § 208 AktG Rz. 55; *Arnold* in MünchKomm. AktG, 5. Aufl. 2021, § 208 AktG Rz. 39.
68 Dazu *Korsten*, AG 2006, 321 ff. m.w.N.
69 *Stadler* in Bürgers/Körber/Lieder, § 211 AktG Rz. 6 m.w.N.
70 Muster bei *Hoffmann-Becking/Berger* in BeckFormularbuch, Formular X. 37 und bei *Favoccia* in Münch-VertragsHdb. GesR, Formular V 128.
71 *Hüffer/Koch*, § 210 AktG Rz. 2 i.V.m. § 207 AktG Rz. 19; *Arnold* in MünchKomm. AktG, 5. Aufl. 2021, § 207 AktG Rz. 27; *Hirte* in Großkomm. AktG, 4. Aufl. 1998, § 210 AktG Rz. 9, jeweils m.w.N.
72 Dazu *Hirte* in Großkomm. AktG, 4. Aufl. 1998, § 218 AktG Rz. 12.

zung mit der Bescheinigung des Notars nach § 181 Abs. 1 Satz 2 AktG sowie die der Kapitalerhöhung zugrunde gelegten **Bilanz** nebst uneingeschränktem Bestätigungsvermerk des Prüfers. Nur wenn diese Bilanz bereits eingereicht wurde, bedarf es keiner nochmaligen Einreichung. Wurde dem Beschluss gemäß § 209 Abs. 2 AktG eine Zwischenbilanz zugrunde gelegt, ist neben dieser Zwischenbilanz auch die letzte Jahresbilanz einzureichen. Wird der auf Grundlage einer Zwischenbilanz gefasste Beschluss zu einem Zeitpunkt angemeldet, in dem die Jahresbilanz des letzten abgelaufenen Geschäftsjahres noch nicht festgestellt ist, genügt die Einreichung der Jahresbilanz des vorletzten Geschäftsjahres (siehe schon Rz. 47.10)[73].

Gemäß § 210 Abs. 1 Satz 2 AktG haben die Anmeldenden dem Registergericht gegenüber die **Erklärung** abzugeben, dass nach ihrer Kenntnis seit dem Stichtag der zugrunde gelegten Bilanz bis zum Tag der Anmeldung **keine Vermögensminderung** eingetreten ist, welche der Kapitalerhöhung entgegenstünde, wenn sie am Tag der Anmeldung beschlossen worden wäre. Gemeint ist, dass seit dem Stichtag der zugrunde gelegten Bilanz bis zum Tag der Anmeldung keine Verluste aufgetreten sind, welche der Kapitalerhöhung entgegenstünden, wenn der Tag der Anmeldung der Stichtag dieser Bilanz wäre[74]. Die wahrheitswidrige Erklärung ist strafbewehrt (§ 399 Abs. 2 AktG) und kann bei Unrichtigkeit zu Schadensersatzansprüchen nicht nur der Gesellschaft, sondern auch von Gesellschaftsgläubigern führen, weil § 399 Abs. 2 AktG nach herrschender Auffassung Schutzgesetz i.S.d. § 823 Abs. 2 BGB ist[75]. Deshalb obliegt den Anmeldenden bis zum Stichtag der Anmeldung eine Prüfungspflicht in Bezug auf die Rechnungslegung, um Verluste rechtzeitig feststellen zu können. Heranzuziehen ist insofern das interne Reporting bzw. Controlling.

47.23

2. Eintragung

Das Registergericht **überprüft** anhand der Anmeldung und der beigefügten Unterlagen, ob die gesetzlichen und satzungsmäßigen Voraussetzungen für die Kapitalerhöhung aus Gesellschaftsmitteln in förmlicher und sachlicher Hinsicht gegeben sind. Zu prüfen ist die Einhaltung der gesetzlichen Anforderungen an die zugrunde gelegte Bilanz und die Einhaltung der Acht-Monats-Frist. Nicht zu prüfen ist gemäß § 210 Abs. 3 AktG, ob die Bilanz den handelsrechtlichen Vorschriften entspricht. Eine Ausnahme wird man bei einer kurz zuvor erfolgten wesentlichen Sachkapitalerhöhung unter Bildung einer erheblichen Kapitalrücklage ohne Festsetzung eines geprüften Aufgelds zulassen müssen[76]. Zu prüfen ist ferner, ob die zur Umwandlung vorgesehenen Beträge in der zugrunde gelegten Bilanz als Rücklagen ausgewiesen sind und ob sie umwandlungsfähig sind. Streitig ist, ob das Registergericht auch die Frage zu prüfen hat, ob der Umwandlung eine Zweckbindung gemäß § 208 Abs. 2 Satz 2 AktG entgegensteht (zur Frage eines Eintragungshindernisses sogleich Rz. 47.25)[77]. Eine Prüfungspflicht ist bei satzungsmäßigen Zweckbindungen gegeben. Zu prüfen ist schließlich das Vorliegen der Erklärung nach § 210 Abs. 1 Satz 2 AktG.

47.24

Ist der Kapitalerhöhungsbeschluss nichtig, ist die Eintragung abzulehnen. Dasselbe gilt bei einem Verstoß gegen die satzungsmäßige Zweckbindung, weil § 208 Abs. 2 Satz 2 AktG in diesem Fall auch öffentlichen Interessen dient[78]. Bei **Anfechtbarkeit** des Beschlusses, aber Unterbleiben einer Anfech-

47.25

---

73 Ebenso *Scholz* in MünchHdb. AG, § 60 Rz. 50.
74 *Arnold* in MünchKomm. AktG, 5. Aufl. 2021, § 210 AktG Rz. 8.
75 *Arnold* in MünchKomm. AktG, 5. Aufl. 2021, § 210 AktG Rz. 10; *Hüffer/Koch*, § 210 AktG Rz. 4; *Hirte* in Großkomm. AktG, 4. Aufl. 1998, § 210 AktG Rz. 26.
76 OLG Hamm v. 22.1.2008 – 15 W 246/07, AG 2008, 713, 714 f. – zwar keine Umgehung der Sacheinlageprüfung, aber volle Werthaltigkeitsprüfung im Rahmen der Eintragung der Kapitalerhöhung aus Gesellschaftsmitteln.
77 Für ein Prüfungsrecht *Hüffer/Koch*, § 208 AktG Rz. 6 und § 210 AktG Rz. 6; *Hirte* in Großkomm. AktG, 4. Aufl. 1998, § 208 AktG Rz. 56; *Arnold* in MünchKomm. AktG, 5. Aufl. 2021, § 210 AktG Rz. 22; ein Prüfungsrecht verneinend demgegenüber *Scholz* in MünchHdb. AG, 5. Aufl. 2020, § 60 Rz. 52.
78 Für ein Prüfungsrecht des Registerrichters und somit ein Eintragungshindernis auch etwa *Arnold* in MünchKomm. AktG, 5. Aufl. 2021, § 208 AktG Rz. 39; *Rieder/Holzmann* in Grigoleit, § 208 AktG Rz. 10;

tungs- (oder Nichtigkeits-)klage, ist das Registergericht grundsätzlich zur Eintragung verpflichtet, weil regelmäßig nur Interessen der Aktionäre untereinander berührt werden. Ist Klage erhoben worden, entscheidet das Registergericht unter Abwägung der Erfolgsaussichten der Klage und des Interesses der AG an baldiger Eintragung über die Aussetzung des Eintragungsverfahrens gemäß § 21 Abs. 1 FamFG. Eine Aussetzung der Eintragung führt nicht zur Überschreitung der Acht-Monats-Frist des § 209 Abs. 1 bzw. § 209 Abs. 2 Satz 2 AktG, weil es insoweit auf die Anmeldung des Beschlusses ankommt[79].

47.26 Im Rahmen der **Eintragung** ist anzugeben, dass es sich um eine Kapitalerhöhung aus Gesellschaftsmitteln handelt (§ 210 Abs. 4 AktG). Mit der Eintragung des Kapitalerhöhungsbeschlusses wird die Kapitalerhöhung wirksam, d.h. die Aktienrechte bzw. Teilrechte sind entstanden. Bei fehlerhaften Eintragungen ist zu unterscheiden: Handelt es sich um einen nichtigen Kapitalerhöhungsbeschluss, hat die Eintragung zunächst keine heilende Wirkung; eine Ausnahme bildet nur der Fall der fehlenden Beurkundung des Beschlusses gemäß § 242 Abs. 1 AktG[80]. Eine Heilung tritt gemäß § 242 Abs. 2 AktG erst nach Ablauf von drei Jahren ab Eintragung ein. Das Recht zur Amtslöschung gemäß § 398 FamFG bleibt jedoch unberührt[81]. Ein anfechtbarer Kapitalerhöhungsbeschluss wird mit Eintragung wirksam. Wird später Anfechtungsklage erhoben und wird dieser rechtskräftig stattgegeben, wird die Kapitalerhöhung unwirksam[82].

V. Zuordnung der neuen Aktien

47.27 Die Kapitalerhöhung aus Gesellschaftsmitteln führt bei Nennbetragsaktien notwendig, bei Stückaktien fakultativ zur Ausgabe neuer Aktien. Mit der Eintragung des Erhöhungsbeschlusses entstehen die neuen Mitgliedschaftsrechte unmittelbar bei den Altaktionären, ohne dass insoweit Weiteres erforderlich wäre. Eine Einlageverpflichtung der Aktionäre besteht nicht.

1. Verhältnismäßige Zuordnung

47.28 Die neuen Aktien stehen den bisherigen Aktionären im **Verhältnis ihrer Anteile am bisherigen Grundkapital** zu (§ 212 Satz 1 AktG). Auch eigene Aktien nehmen gemäß § 215 Abs. 1 AktG an der Kapitalerhöhung teil. Selbst die § 44 WpHG, § 59 WpÜG (Rechtsverlust) ändern an der Zuordnung nichts[83]. Diese Rechtsfolge ist zwingend. Ein abweichender Beschluss ist gemäß § 212 Satz 2 AktG **nichtig**, und zwar auch dann, wenn es sich nur um geringfügige Abweichungen zur Vermeidung von Spitzen (Aktienteilrechte) handelt[84]. Das soll auch im Fall eines ausdrücklichen Verzichts eines einzelnen Aktionärs auf die Zuordnung junger Aktien auf einen kleinen Teil seines Altbestandes zwecks Vermeidung von

---

Simons in Hölters, § 208 AktG Rz. 24; *Hüffer/Koch*, § 208 AktG Rz. 11; *Hirte* in Großkomm. AktG, 4. Aufl. 1998, § 210 AktG Rz. 34; a.A. *Lieder* in Bürgers/Körber/Lieder, § 210 AktG Rz. 9; *Scholz* in MünchHdb. AG, § 60 Rz. 53 nach denen ohne Prüfungspflicht auch ein Eintragungshindernis nicht besteht.
79 *Hüffer/Koch*, § 210 AktG Rz. 7; *Arnold* in MünchKomm. AktG, 5. Aufl. 2021, § 210 AktG Rz. 30.
80 *Scholz* in MünchHdb. AG, § 60 Rz. 57; *Hirte* in Großkomm. AktG, 4. Aufl. 1998, § 210 AktG Rz. 40.
81 *Hirte* in Großkomm. AktG, 4. Aufl. 1998, § 210 AktG Rz. 41; *Scholz* in MünchHdb, § 60 Rz. 57; *Fett/Spiering*, NZG 2002, 358, 360.
82 Zur Rückabwicklung *Hirte* in Großkomm. AktG, 4. Aufl. 1998, § 210 AktG Rz. 43.
83 *Hüffer* in FS Boujong, 1996, S. 277, 285; *Hüffer/Koch*, § 20 AktG Rz. 16; *Kremer/Oesterhaus* in KölnKomm. WpÜG, 2010, § 59 WpÜG Rz. 70 ff.; *Schlitt* in MünchKomm. AktG, 5. Aufl. 2021, § 59 WpÜG Rz. 34 m.w.N.; a.A. *Bayer* in MünchKomm. AktG, 5. Aufl. 2019, § 20 AktG Rz. 69.
84 *Arnold* in MünchKomm. AktG, 5. Aufl. 2021, § 212 AktG Rz. 12; *Hüffer/Koch*, § 212 AktG Rz. 3; *Zetzsche* in KölnKomm. AktG, 4. Aufl. 2020, § 212 AktG Rz. 19; *Scholz* in MünchHdb. AG, § 60 Rz. 24; *Hirte* in Großkomm. AktG, 4. Aufl. 1998, § 212 AktG Rz. 15; *Herchen* in Happ/Groß/Möhrle/Vetter, Aktienrecht, Formular 12.08 Rz. 11.5.

Spitzen gelten[85]. Bestehen an den Aktien **Rechte Dritter**, erstrecken sich diese Rechte auch auf die neuen Aktien[86]. Handelt es sich bei dem Aktionär um einen zur Bilanzierung Verpflichteten, trifft § 220 AktG Sonderregelungen für den **Bilanzansatz**. Ziel dieser Norm ist es, einen sachlich nicht gerechtfertigten Gewinnausweis im Zusammenhang mit einer Kapitalerhöhung aus Gesellschaftsmitteln zu verhindern. Deshalb werden bei Ausgabe neuer Aktien die bisherigen Anschaffungskosten auf die erhöhte Zahl der Aktien verteilt. Das gilt auch für Teilrechte. Nur wenn der bilanzierungspflichtige Aktionär weitere Teilrechte hinzuerwirbt, um auf volle Aktien zu kommen, gilt der hierfür entrichtete Kaufpreis als erhöhende Anschaffungskosten[87].

Ein Sonderproblem stellt sich hinsichtlich sukzessive auszugebender **Aktien**, insbesondere solchen **aus bedingtem Kapital**. Diese sollten schon bei der Beschlussvorbereitung und der Dimensionierung der Kapitalerhöhung berücksichtigt werden. Für eine gewisse Abhilfe sorgen insofern Bestimmungen in Anleihebedingungen, die Wandlungen für einen bestimmten Zeitraum vor und nach Hauptversammlungen untersagen. In der Praxis wird regelmäßig bei der Beschlussvorbereitung der Stand der Aktienausgabe kurz vor der Einberufung mit dem Hinweis einer späteren Aktualisierung zugrunde gelegt; in der Hauptversammlung kann der Erhöhungsbeschluss dann angepasst werden. In Konstellationen, in denen selbst zwischen Erhöhungsbeschluss der Hauptversammlung und Eintragung der Kapitalerhöhung die Ausgabe von Aktien aus bedingtem Kapital zu besorgen ist, kann der Kapitalerhöhungsbetrag formelhaft mit Bezug an das zum Zeitpunkt der Eintragung bestehende Grundkapital umschrieben werden[88]. 47.29

2. Teilrechte

Im Regelfall wird eine Kapitalerhöhung aus Gesellschaftsmitteln durch Ausgabe neuer Aktien vollzogen. In diesem Fall werden häufig auf den bisherigen Anteil einzelner Aktionäre am Grundkapital nicht nur ein oder mehrere vollständige neue Anteilsrechte entfallen, sondern nur ein Teil eines neuen Anteilsrechts. Diesen Anteil bezeichnet § 213 Abs. 1 AktG als Teilrecht, welches selbständig veräußerlich und vererblich ist. Bei vinkulierten Namensaktien (§ 68 Abs. 2 AktG) erstreckt sich die Vinkulierung auch auf die Teilrechte. Insofern bestehen jedoch erweiterte Zustimmungspflichten in Bezug auf die Veräußerung[89]. 47.30

In der Literatur wird vertreten, dass die Gesellschaft gehalten sei, die **Kapitalerhöhung** so zu **dimensionieren**, dass möglichst **keine Teilrechte** entstehen[90]. Dieser Auffassung ist für die börsennotierte Aktiengesellschaft in dieser Allgemeinheit nicht zuzustimmen[91]. In der Praxis wird die Gesellschaft bereits selbst wegen des mit Teilrechten verbundenen administrativen Aufwandes die Kapitalerhöhung 47.31

---

85 OLG Dresden v. 9.2.2001 – 15 W 129/01, DB 2001, 584 mit kritischer Anm. *Steiner* = AG 2001, 532; kritisch auch *Veil* in K. Schmidt/Lutter, § 212 AktG Rz. 2 unter Hinweis auf nichtverhältniswahrende Umwandlungsmaßnahmen. Das Ergebnis des OLG Dresden lässt sich kaum mit dem Aktionärsschutz begründen. Es kann aber das ansonsten unklare Schicksal des auf die „verzichteten" Aktien entfallenden Betrages bei der passiven Umwidmung herangezogen werden. Bei einem solchen Verzicht weicht der in Grundkapital umgewandelte Betrag nämlich vom beschlossenen Zuordnungsverhältnis ab. Ähnlich wohl auch *Fett/Spiering*, NZG 2002, 358, 364; sehr kritisch demgegenüber *Steiner*, DB 2001, 585 f.
86 *Scholz* in MünchHdb. AG, § 60 Rz. 60; *Hüffer/Koch*, § 212 AktG Rz. 2 und § 216 AktG Rz. 16 m.w.N.
87 *Hirte* in Großkomm. AktG, 4. Aufl. 1998, § 220 AktG Rz. 14 m.w.N.
88 Stellungnahme DAV, ZIP 1998, 358, 359 Rz. 21; siehe auch *Hirte* in Großkomm. AktG, 4. Aufl. 1998, § 211 AktG Rz. 18 und den Formulierungsvorschlag von *Herchen* in Happ/Groß/Möhrle/Vetter, Aktienrecht, Formular 12.08 Rz. 14.2; zum Problem auch *Hüffer* in FS Lüer, 2008, S. 395 ff. und *Hüffer/Koch*, § 207 AktG Rz. 12.
89 *Hirte* in Großkomm. AktG, 4. Aufl. 1998, § 213 AktG Rz. 11.
90 *Hirte* in Großkomm. AktG, 4. Aufl. 1998, § 207 AktG Rz. 113; *Scholz* in MünchHdb. AG, § 60 Rz. 64 m.w.N.
91 Ähnlich *Hüffer/Koch*, § 213 AktG Rz. 1; *Scholz* in MünchHdb. AG, § 60 Rz. 64; *J. Vetter*, AG 2000, 193, 197 f.

in der Regel so dimensionieren, dass Teilrechte wo möglich verhindert werden. Ferner darf die Dimensionierung der Kapitalerhöhung auch immer gerade nicht darauf abzielen, den Bezug ganzer neuer Aktien zu verhindern. Lassen sich Teilrechte hingegen nicht vermeiden, ist der Aufwand für den Aktionär, Teilrechte entweder zu veräußern oder in einem Umfang zuzukaufen, welcher die Zusammenlegung zu einer ganzen Aktie ermöglicht, gering. Daher ist es überzogen, der Gesellschaft den Kapitalerhöhungsbetrag vorzuschreiben bzw. sie zur Wahl abweichender Aktiennennbeträge zu verpflichten oder gar auf eine Umstellung auf Stückaktien oder eine vorangehende effektive Kapitalerhöhung bzw. Kapitalherabsetzung[92] zwecks Vermeidung von Teilrechten zu verweisen[93]. Eine Verpflichtung der Verwaltung, einen Teilrechtehandel zu organisieren[94], wird zwar von einigen wegen des Umkehrschlusses zu § 266 Abs. 3 Satz 2 UmwG verneint[95]. Zumindest genauso gut lässt sich aber eine analoge Anwendung des § 266 Abs. 3 Satz 2 UmwG begründen[96]. Bei der börsennotierten AG sind im Übrigen ohnehin auch die Teilrechte girosammelverwahrfähig, und es erfolgt eine Teilrechteregulierung über die Depotbanken[97]. Die mit einem Teilrecht zusammenhängenden Rechte wie z.B. das **Stimmrecht**, der **Dividendenanspruch** und auch das **Bezugsrecht** können nicht selbständig ausgeübt werden (§ 213 Abs. 2 AktG). Die Rechtsausübung ist erst dann möglich, wenn entweder mehrere Teilrechte, die zusammen eine volle Aktie ergeben, in der Hand eines Aktionärs etwa durch Zuerwerb vereinigt werden, oder wenn sich mehrere Berechtigte zur Ausübung ihrer Teilrechte zusammenschließen (vgl. § 213 Abs. 2 AktG)[98].

3. Teileingezahlte Aktien

47.32 Besonderheiten ergeben sich bei teileingezahlten Aktien im Hinblick auf die **Art der Durchführung** der Kapitalerhöhung, die **Gewinnbeteiligung**, das **Stimmrecht** und den **Anteil am Liquidationserlös**. Dies ist durch die § 60 Abs. 2, § 184 Abs. 1, § 271 Abs. 3 AktG begründet. § 216 Abs. 2 AktG enthält insofern Sondervorschriften, die jedoch teilweise durch den allgemeinen Grundsatz des § 216 Abs. 1 AktG zu korrigieren sind. Im Einzelnen gilt:

a) Nennbetragserhöhung

47.33 Teileingezahlte Aktien nehmen gemäß § 215 Abs. 2 Satz 1 AktG uneingeschränkt entsprechend ihrem Anteil am Grundkapital an der Kapitalerhöhung aus Gesellschaftsmitteln teil. Jedoch kann insofern die Kapitalerhöhung nur durch **Erhöhung der Nennbeträge** bzw. bei **Stückaktien nur durch einfache Erhöhung des Grundkapitals** erfolgen; eine Ausgabe neuer Aktien ist gemäß § 215 Abs. 2 Satz 2 AktG untersagt. Bezweckt ist damit der Erhalt der Zugriffsmöglichkeit der Gesellschaft auf den vollen Wert der Aktien im Wege der Kaduzierung[99]. Ausgeschlossen ist es daher auch, den Erhöhungsbetrag zur Verrechnung mit der offenen Einlageforderung zu benutzen. Diese Grundsätze dürften auch in den Fällen gelten, die § 134 Abs. 2 Satz 2 AktG anspricht. Sind neben teileingezahlten auch volleingezahlte Nennbetragsaktien vorhanden, hat die Hauptversammlung ein Wahlrecht: Gemäß § 215 Abs. 2

---

92 Vgl. auch die Vorgehensvarianten bei *Than* in WM-Festgabe für Heinsius, WM Sonderheft 1991, S. 54, 56 ff.
93 So aber *Hirte* in Großkomm. AktG, 4. Aufl. 1998, § 207 AktG Rz. 114.
94 Was in der Praxis häufig geschieht, vgl. *J. Vetter*, AG 2000, 193, 198, Fn. 40.
95 *Fett/Spiering*, NZG 2002, 358, 364; *Arnold* in MünchKomm. AktG, 5. Aufl. 2021, § 213 AktG Rz. 16 a.E.
96 In diese Richtung *Hirte* in Großkomm. AktG, 4. Aufl. 1998, § 213 AktG Rz. 14 („legislatorischer Ausdruck eines Prinzips"); ebenso *Scholz* in MünchHdb. AG, § 60 Rz. 64.
97 *Binder* in Langenbucher/Bliesener/Spindler, Bankrechts-Kommentar, 3. Aufl. 2020, § 5 DepotG Rz. 17; *Stein*, WM 1960, 242, 244, 246 f.; *Stein*, WM 1962, 754 f.
98 Dies führt nach herrschender Auffassung zur Bildung einer Gesellschaft bürgerlichen Rechts, vgl. *Hüffer/Koch*, § 213 AktG Rz. 4; *Arnold* in MünchKomm. AktG, 5. Aufl. 2021, § 213 Rz. 21; *Zetzsche* in KölnKomm. AktG, 4. Aufl. 2020, § 213 AktG Rz. 11.
99 *Hirte* in Großkomm. AktG, 4. Aufl. 1998, § 215 AktG Rz. 14–16.

Satz 3 AktG kann sie entweder bei den **volleingezahlten Nennbetragsaktien** den Nennbetrag erhöhen oder die Ausgabe neuer Aktien beschließen. Bei Stückaktien gestattet das Gesetz insofern nur die Erhöhung des auf eine Stückaktie entfallenden anteiligen Betrages am Grundkapital durch isolierte Erhöhung des Grundkapitals[100]. Für die teileingezahlten Aktien bleibt es bei der Anhebung der (rechnerischen) Nennbeträge[101].

Zulässig ist auch eine **Mischung** dergestalt, dass im Hinblick auf eine volleingezahlte Aktie ein Teil des Erhöhungsbetrages für eine Nennbetragserhöhung benutzt wird und bezüglich des Restbetrages eine Ausgabe neuer Aktien erfolgt[102]. Der Kapitalerhöhungsbeschluss muss die Art der Umsetzung der Kapitalerhöhung aus Gesellschaftsmitteln aber genau bezeichnen. Wird die Kapitalerhöhung durch **Erhöhung des Nennbetrages von Aktien** durchgeführt, muss der Kapitalerhöhungsbetrag insgesamt so dimensioniert werden, dass nach der Nennbetragserhöhung keine freien Beträge verbleiben (§ 215 Abs. 2 Satz 4 AktG). Der erhöhte Nennbetrag aller Aktien muss auf volle Euro lauten, und es dürfen keine Spitzenbeträge verbleiben. Ein entgegenstehender Beschluss ist gemäß § 212 Satz 2 AktG nichtig[103]. Reicht das Kapitalerhöhungsvolumen nicht aus, um diese Vorgaben zu erfüllen, bleibt nur der Weg der parallelen Umstellung auf Stückaktien.

b) Gewinnbeteiligung

Gemäß § 60 Abs. 2 AktG geht im Hinblick auf die Gewinnbeteiligung bei **teileingezahlten** Aktien die gesetzliche Auslegungsregel dahin, dass die Aktionäre zunächst aus dem verteilbaren Gewinn vorweg einen Betrag von 4 % der geleisteten Einlage erhalten. Dies vollzieht § 216 Abs. 2 Satz 1 AktG nach, solange der verteilungsfähige Gewinn den Betrag von 4 % der insgesamt geleisteten Einlagen nicht überschreitet[104]. Übersteigt demgegenüber der insgesamt verteilbare Gewinn den Betrag von 4 % der insgesamt geleisteten Einlagen, führt die Regelung des § 216 Abs. 2 Satz 1 AktG wegen der überproportionalen absoluten Höhe des auf die volleingezahlten Aktien entfallenden Gewinnvorabs zu einer Benachteiligung der teileingezahlten Aktien, welches anhand folgenden Beispiels demonstriert wird: Hat die Gesellschaft ein Grundkapital von 100 Mio. Euro, eingeteilt in 20 Mio. Aktien mit einem Nennbetrag von 5 Euro je Aktie, von denen 50 % zur Hälfte eingezahlt sind und der Rest volleingezahlt ist, ergibt sich bei einem verteilungsfähigen Gewinn von 10 Mio. Euro und einer Kapitalerhöhung aus Gesellschaftsmitteln im Verhältnis 10:1 aufgrund der Regelung des § 216 Abs. 2 Satz 1 AktG folgendes Bild: Auf die volleingezahlten Aktien entfiel bislang ein Gewinnvorab von 0,2 Euro und auf die teileingezahlten Aktien ein Gewinnvorab von 0,1 Euro. Beide Beträge sind im Verhältnis der Kapitalerhöhung aus Gesellschaftsmitteln zu erhöhen, also jeweils um 10 % entsprechend nunmehr 0,22 Euro bzw. 0,11 Euro. Vor der Kapitalerhöhung aus Gesellschaftsmitteln würde auf die volleingezahlten Aktien ein Gewinnvorab von 2 Mio. Euro und auf die teileingezahlten Aktien ein Gewinnvorab von 1 Mio. Euro entfallen. Die verbleibenden 7 Mio. Euro würden hälftig auf beide Arten von Aktien entfallen, insgesamt würden also auf die volleingezahlten Aktien ein Betrag von 5,5 Mio. Euro und auf die teileingezahlten Aktien ein Betrag von 4,5 Mio. Euro entfallen. Nehme man in diesem Beispiel § 216 Abs. 2 Satz 1 AktG wörtlich, würde aufgrund der Kapitalerhöhung aus Gesellschaftsmitteln auf die volleingezahlten Aktien nunmehr ein Betrag von 2,2 Mio. Euro + 3,35 Mio. Euro entsprechend 5,55 Mio. Euro entfallen, während für die teileingezahlten Aktien ein Betrag von 1,1 Mio. Euro + 3,35 Mio. Euro entsprechend 4,45 Mio. Euro übrig bliebe. Dieses Ergebnis ist entgegen § 60 Abs. 2 AktG dadurch zu korrigieren, dass der Gewinnvorab auf einen Betrag von weniger als 4 % der insgesamt geleisteten Einlagen abgesenkt wird[105].

---

100 *Hirte* in Großkomm. AktG, 4. Aufl. 1998, § 215 AktG Rz. 22.
101 *Hüffer/Koch*, § 215 AktG Rz. 5.
102 *Hirte* in Großkomm. AktG, 4. Aufl. 1998, § 215 AktG Rz. 20; *Scholz* in MünchHdb. AG, § 60 Rz. 67.
103 *Hüffer/Koch*, § 215 AktG Rz. 6; *Arnold* in MünchKomm. AktG, 5. Aufl. 2021, § 215 Rz. 17.
104 Vgl. insofern das Rechenbeispiel bei *Hirte* in Großkomm. AktG, 4. Aufl. 1998, § 216 AktG Rz. 35.
105 *Hirte* in Großkomm. AktG, 4. Aufl. 1998, § 216 AktG Rz. 38–39; *Arnold* in MünchKomm. AktG, 5. Aufl. 2021, § 216 AktG Rz. 35 und 36; *Scholz* in MünchHdb. AG, § 60 Rz. 85.

c) Stimmrecht

47.36 Ähnliche Probleme ergeben sich hinsichtlich des **Stimmrechts** teileingezahlter Aktien. Nach der gesetzlichen Auslegungsregel des § 134 Abs. 2 Satz 1 AktG beginnt zwar das Stimmrecht erst mit der vollständigen Leistung der Einlage (in diesem Fall ändert sich durch die Kapitalerhöhung aus Gesellschaftsmitteln nichts). Weicht die Satzung aber von dieser Auslegungsregel ab, ist wie folgt zu verfahren: Ist in der Satzung etwa bestimmt, dass mit Zahlung der gesetzlichen Mindesteinlage eine Stimme und mit Zahlung von weiteren 25 % eine zweite Stimme verbunden ist, hätte im vorstehenden Beispiel der Aktionär der teileingezahlten Aktie zwei Stimmen und der Aktionär der volleingezahlten Aktie vier Stimmen. Erhöht die Gesellschaft ihr Grundkapital im Verhältnis 10:1, so führt § 216 Abs. 2 Satz 1 AktG dazu, dass der Aktionär der teileingezahlten Aktie nunmehr über 2,2 Stimmrechte je Aktie (zur Behandlung von Bruchteilen von Stimmen siehe § 134 Abs. 2 Satz 5 AktG), der Aktionär der volleingezahlten Aktie ein Stimmrecht von 4,4 Stimmen pro Aktie verfügt. Insgesamt stehen den Aktionären der teileingezahlten Aktien mithin 22 Mio. Stimmen und den Aktionären der volleingezahlten Aktien 44 Mio. Stimmen zu. Das Stimmrecht erhöht sich also jeweils um den Prozentsatz, um den sich das Grundkapital erhöht[106].

d) Liquidationserlös

47.37 Hinsichtlich der Beteiligung am Liquidationserlös ordnet § 271 Abs. 3 AktG an, dass im Fall der Liquidation zunächst die auf das Grundkapital geleisteten Einlagen erstattet werden, wenn diese nicht auf alle Aktien in demselben Verhältnis geleistet sind. Das gilt auch nach einer Kapitalerhöhung aus Gesellschaftsmitteln mit der Maßgabe, dass der auf die einzelne Aktie entfallende Erhöhungsbetrag als volleingezahlt gilt (§ 216 Abs. 2 Satz 3 AktG). Ein etwaiger Überschuss ist nach dem Verhältnis der Anteile am Grundkapital zu verteilen.

4. Zuordnung bei verschiedenen Aktiengattungen

a) Verhältniswahrende Zuordnung

47.38 Gemäß § 216 Abs. 1 AktG wird durch die Kapitalerhöhung aus Gesellschaftsmitteln das Verhältnis der mit den Aktien verbundenen Rechte zueinander nicht berührt. Diesem Grundsatz ist dadurch Rechnung zu tragen, dass die Aktionäre bei Ausgabe neuer Aktien junge Aktien erhalten, die ebenso ausgestattet sind wie ihre alten Aktien. Bei **Vorzugsaktien**, deren **Stimmrecht** gemäß § 140 Abs. 2 AktG **aufgelebt** ist, dürfte dies zur Notwendigkeit der Ausgabe von stimmberechtigten Vorzugsaktien mit der Maßgabe führen, dass das Stimmrecht der jungen Aktien mit Nachzahlung des Vorzugs auf die Altaktien erlischt. Umstritten ist, ob im Zuge einer Kapitalerhöhung aus Gesellschaftsmitteln **Aktien einer anderen Art oder Gattung** ausgegeben werden können. Die wohl überwiegende Auffassung hält dies für unzulässig[107]. Zweck des § 216 Abs. 1 AktG sei es, die Rechte der einzelnen Aktionäre zu wahren und Verschiebungen in ihrem Verhältnis zueinander zu verhindern. Die Gegenauffassung[108] hält demgegenüber die Ausgabe von Aktien anderer Gattung dann für zulässig, wenn sie nicht zu einer Beeinträchtigung der vorhandenen Beteiligungen führt, weil so der von der herrschenden Auffassung angeführte Zweck des § 216 Abs. 1 AktG nicht berührt ist. Dies sei etwa dann gegeben, wenn das bisherige Grundkapital aus Stammaktien besteht und an die Inhaber dieser Stammaktien stimmrechtslose Vorzugsaktien ausgegeben werden. Dem ist mit der Maßgabe zu folgen, dass in diesem Fall eine etwaige satzungsmäßige Herabsetzung der Mehrheitserfordernisse für die Kapitalerhöhung aus Gesell-

---

106 Vgl. dazu *Zetzsche* in KölnKomm. AktG, 4. Aufl. 2020, § 216 AktG Rz. 38; *Arnold* in MünchKomm. AktG, 5. Aufl. 2021, § 216 AktG Rz. 28; *Hüffer/Koch*, § 216 AktG Rz. 8.
107 *Hüffer/Koch*, § 216 AktG Rz. 2; *Arnold* in MünchKomm. AktG, 5. Aufl. 2021, § 216 AktG Rz. 5 und 8; *Hirte* in Großkomm. AktG, 4. Aufl. 1998, § 216 AktG Rz. 14–16; *Fock/Wüsthoff* in BeckOGK AktG, Stand 1.6.2021, § 216 AktG Rz. 3; *Eckardt*, BB 1967, 99 ff.; *Than* in WM-Festgabe für Heinsius, WM Sonderheft 1991, S. 54, 61.
108 *Scholz* in MünchHdb. AG, § 60 Rz. 74.

schaftsmitteln wegen § 182 Abs. 1 Satz 2 AktG nicht gilt: Erforderlich ist in diesem Fall auch bei satzungsmäßiger Reduzierung des Mehrheitserfordernisses eine Dreiviertelmehrheit des bei der Beschlussfassung vertretenen Grundkapitals[109]. Nicht zulässig ist demgegenüber ohne die Zustimmung jedes betroffenen Aktionärs die erstmalige Ausgabe vinkulierter Namensaktien[110].

Ansonsten sind bei Vorhandensein verschiedener Gattungen die jungen Aktien **verhältnismäßig auf die bisherigen Gattungen aufzuteilen**. Das gilt uneingeschränkt dort, wo sich die unterschiedlichen Rechte an der Beteiligung am Grundkapital bemessen, namentlich bei Mehrstimmrechtsaktien. Zwar sind diese wegen § 5 Abs. 1 EGAktG zum 1.7.2003 weggefallen. Jedoch ist insofern ein Fortgeltungsbeschluss der Hauptversammlung möglich. Aus § 216 Abs. 1 AktG folgt, dass bei noch vorhandenen Mehrstimmrechtsaktien die Ausgabe neuer Mehrstimmrechtsaktien bei einer Kapitalerhöhung aus Gesellschaftsmitteln abweichend von § 12 Abs. 2 AktG zulässig ist. Erfolgt etwa eine Kapitalerhöhung aus Gesellschaftsmitteln im Verhältnis 1:1, verdoppeln sich sowohl die Stimmen der Stamm- als auch diejenigen der Mehrstimmrechtsaktionäre. 47.39

b) Anpassung von Gewinnvorzügen

Komplizierter ist die Rechtslage, wenn sich die verschiedenen Aktiengattungen in Rechten unterscheiden, die sich nicht nach dem Verhältnis des Anteils am Grundkapital bestimmen. Angesprochen sind in erster Linie **Vorzugsaktien**, die mit einem bestimmten **Gewinnvorrecht** ausgestattet sind, welches etwa darin besteht, dass die Vorzugsaktionäre vorab einen bestimmten Anteil des Gesamtgewinns erhalten, wobei sich dieser Vorabanteil aus dem Nennbetrag ihrer Aktien bzw. dem anteiligen Betrag am Grundkapital errechnet (z.B. Vorausdividende von 5 % bezogen auf den Nennbetrag). Würde hier ohne Anpassung des Vorzugs im Verhältnis der bisherigen Anteile der beiden Gattungen am Grundkapital zugeordnet, würde sich in absoluten Zahlen berechnet der Anteil der Vorzugsaktionäre am Gesamtgewinn zu Lasten der Stammaktionäre erhöhen[111]. In solchen Fällen ist der Gewinnvorzug der alten Vorzugsaktien so zu ermäßigen, dass er zusammen mit dem entsprechend zu bemessenden Gewinnvorzug der neuen Vorzugsaktien denselben Gewinnvoraus wie vor der Kapitalerhöhung ergibt[112]. Diese Rechtsfolge tritt kraft Gesetzes ein. Eines Sonderbeschlusses der Vorzugsaktionäre bedarf es nicht. Die Satzungskorrektur erfolgt entweder durch separaten Beschluss gemäß § 181 Abs. 1 Satz 2 AktG oder bei entsprechender Ermächtigung durch Aufsichtsratsbeschluss gemäß § 179 Abs. 1 Satz 2 AktG[113]. Soll der Vorzug entgegen der gesetzlichen Regelung unangetastet bleiben, bedarf es einer ausdrücklichen Regelung im Beschluss[114]. 47.40

VI. Auswirkungen auf Dritte

Gemäß § 216 Abs. 3 AktG wird der **wirtschaftliche Inhalt vertraglicher Beziehungen** der Gesellschaft zu Dritten, die von der Gewinnausschüttung der Gesellschaft oder in sonstiger Weise von den 47.41

---

109 So auch *Scholz* in MünchHdb. AG, § 60 Rz. 74.
110 Allgemeine Auffassung: *Arnold* in MünchKomm. AktG, 5. Aufl. 2021, § 216 AktG Rz. 7; *Hirte* in Großkomm. AktG, 4. Aufl. 1998, § 216 AktG Rz. 16; *Scholz* in MünchHdb. AG, § 60 Rz. 74.
111 Vgl. das Rechenbeispiel bei *Hirte* in Großkomm. AktG, 4. Aufl. 1998, § 216 AktG Rz. 20 sowie das Rechenbeispiel von *Scholz* in MünchHdb. AG, § 60 Rz. 77.
112 Vgl. wiederum das Rechenbeispiel von *Hirte* in Großkomm. AktG, 4. Aufl. 1998, § 216 AktG Rz. 22 sowie den praktischen Fall bei OLG Stuttgart v. 11.2.1992 – 10 U 313/90 – Hugo Boss, AG 1993, 94.
113 Trotz der Komplexität der Anpassung handelt es sich um einen mathematischen Vorgang und damit um eine bloße Anpassung der Fassung, vgl. *Hirte* in Großkomm. AktG, 4. Aufl. 1998, § 216 AktG Rz. 29; *Fett/Spiering*, NZG 2002, 358, 366 m.w.N.; *Than* in WM-Festgabe für Heinsius, WM Sonderheft 1991, S. 54, 61, empfiehlt insofern vorherige Abstimmung mit dem Registergericht. Siehe auch *Herchen* in Happ/Groß/Möhrle/Vetter, Aktienrecht, Formular 12.08 Rz. 10.2.
114 Vgl. das Beispiel bei *Than* in WM-Festgabe für Heinsius, WM Sonderheft 1991, S. 54, 61, Fn. 53.

bisherigen Kapital- und Gewinnverhältnissen abhängen, durch die Kapitalerhöhung aus Gesellschaftsmitteln nicht berührt. Rechtsfolge ist eine gesetzliche Umgestaltung des Vertrages. Die Norm zielt auf die Problematik ab, dass im Zuge einer Kapitalerhöhung aus Gesellschaftsmitteln häufig der **nominelle Dividendensatz** (nicht die Gesamtdividende in absoluten Zahlen) absinkt. Nicht Gegenstand der Norm sind Beziehungen eines **Aktionärs** zu Dritten, namentlich Sicherungsrechte an den Aktien. Insofern wird allgemein von einer Erstreckung der Sicherungsrechte auf die neu entstehenden Aktien ausgegangen[115]. § 216 Abs. 3 AktG zielt vor allem auf folgende Fälle ab:

1. Vorstandstantiemen

47.42 Erhalten Vorstandsmitglieder einen Anteil am Jahresgewinn, ändert sich durch die Kapitalerhöhung aus Gesellschaftsmitteln nichts. Das gilt auch dann, wenn ausnahmsweise die Kapitalerhöhung zukünftig zur Rücklagendotierung zwingt[116]. Anderes gilt, wenn sich die Gewinnbeteiligung der Mitglieder des Vorstandes[117] an der an die Aktionäre ausgeschütteten **Dividende orientiert**, etwa dergestalt, dass dem Vorstandsmitglied für je 1 % (gemessen am Grundkapital) ausgeschütteter Dividende ein zahlenmäßig bestimmter Betrag zugesagt wird[118]. § 216 Abs. 3 AktG führt insofern zu einer Anpassung dahingehend, dass die Tantieme bezogen auf den genannten Prozentsatz um das Verhältnis der Kapitalerhöhung erhöht wird. Weil diese Anpassungspflicht gemäß § 216 Abs. 3 Satz 1 AktG kraft Gesetzes eintritt, bleiben die konkreten Umstände der Gesellschaft regelmäßig unberücksichtigt. Dieses ist insbesondere dann problematisch, wenn die Gesellschaft auch nach der Kapitalerhöhung aus Gesellschaftsmitteln eine Dividendenkontinuität anstrebt, welche im Markt häufig erwartet wird[119]. Zwar partizipieren hieran auch die Aktionäre, jedoch erfolgt die Ausschüttung ohne Erlangung neuer Mittel möglicherweise aus der ihnen zuzurechnenden Unternehmenssubstanz. Insofern empfiehlt es sich, ggf. abweichende Regelungen in den Vorstandsanstellungsverträgen aufzunehmen[120].

2. Aufsichtsratsvergütungen

47.43 Auch bei Aufsichtsratsmitgliedern kann die Satzung vorsehen, dass sich die Aufsichtsratsvergütung an der Höhe der ausgeschütteten Dividende oder am Bilanzgewinn[121] orientiert. Bei einer Anknüpfung

---

115 Vgl. *Scholz* in MünchHdb. AG, § 60 Rz. 60.
116 *Hirte* in Großkomm. AktG, 4. Aufl. 1998, § 216 AktG Rz. 65.
117 Zu entsprechenden Anpassungen von Gewinnbeteiligungen vgl. auch LAG Nürnberg v. 26.7.2004 – 9 (7) Sa 154/03, AG 2005, 213.
118 *Arnold* in MünchKomm. AktG, 5. Aufl. 2021, § 216 AktG Rz. 52.
119 Vgl. aus rechtstatsächlicher Sicht *Gebhardt/Entrup/Heiden*, ZBB 1994, 308, 313 f. Zu der hiermit verbundenen rechtlichen Problematik auch *Than* in WM-Festgabe für Heinsius, WM Sonderheft 1991, S. 54, 60; *Hirte* in Großkomm. AktG, 4. Aufl. 1998, § 216 AktG Rz. 69; *Hüffer* in FS Bezzenberger, 2000, S. 191, 209.
120 Ohne solche wird man annehmen müssen, dass auch Gläubiger mit dividendenbezogenen Rechten an der Dividendensteigerung teilhaben, ausführlich *Hüffer* in FS Bezzenberger, 2000, S. 191, 197 ff.
121 Vor der Novelle des § 113 Abs. 3 AktG n.F. ging § 113 Abs. 3 AktG a.F. als speziellere Norm § 216 Abs. 3 Satz 1 AktG vor. Es erhöhte sich nach der zwingenden Vorschrift des § 113 Abs. 3 Satz 1 AktG a.F. der von diesem Bilanzgewinn abzuziehende Betrag in Höhe von mindestens 4 % der auf den geringsten Ausgabebetrag geleisteten Einlagen insofern, als für diese Relation nunmehr das erhöhte Grundkapital maßgeblich war. Eine Auffassung führte hierzu an, dass mit § 113 Abs. 3 AktG a.F. in erster Linie eine Vorabverzinsung der tatsächlich geleisteten Einlagen bezweckt sei, deren Umfang sich bei der Kapitalerhöhung aus Gesellschaftsmitteln nicht erhöhe, und überdies durch einen erhöhten Abzug eine Benachteiligung von Aufsichtsratsmitgliedern gegenüber sonstigen Dritten eintrete. Diesen durchaus plausiblen Argumenten stand jedoch die Erwägung entgegen, dass für zukünftig hinzutretende Aufsichtsratsmitglieder bei der Anwendung des § 113 Abs. 3 AktG a.F. in jedem Fall das erhöhte Grundkapital zugrunde zu legen sei, so dass Ungleichbehandlungen vorgezeichnet waren. Ggf. aufgrund des Vorrangs des § 113 Abs. 3 AktG a.F. eintretende Ungerechtigkeiten seien durch eine parallel zu beschließende Satzungsänderung im Hinblick auf die Tantiemeregelung zu korrigieren. Nach ersatzloser

an die **ausgeschüttete Dividende** ist wie bei der Anpassung der Vorstandstantieme zu verfahren[122]. Jedenfalls für die zum Zeitpunkt des Wirksamwerdens der Kapitalerhöhung aus Gesellschaftsmitteln im Amt befindlichen Aufsichtsratsmitglieder wird die Satzung insofern unrichtig[123]. Dasselbe gilt nach richtiger Auffassung auch für **zukünftig hinzutretende Aufsichtsratsmitglieder**[124].

3. Wandel- und Optionsanleihen sowie ähnliche Rechte

Die Kapitalerhöhung aus Gesellschaftsmitteln berührt auch den wirtschaftlichen Inhalt von Wandel- und Optionsanleihen, Genussrechten, Gewinnschuldverschreibungen und Optionsrechten, die nicht durch ein bedingtes Kapital gesichert sind. Insofern gilt Folgendes: Wandel- und Optionsanleihen i.S.d. § 221 AktG beziehen sich nach Eintragung der Kapitalerhöhung aus Gesellschaftsmitteln, sofern diese durch die Ausgabe neuer Aktien erfolgt, auf das Recht zum Erwerb einer **erhöhten Anzahl von Aktien**, ohne dass sich der Bezugspreis – bezogen auf die Gesamtzahl der Aktien! –[125]ändert[126]. Dies kann dazu führen, dass ein Berechtigter aus einer Schuldverschreibung einen krummen Bezugsanspruch hat, sofern dies nicht auch schon vor der Kapitalerhöhung aus Gesellschaftsmitteln der Fall war. Anleihebedingungen regeln diesen Fall regelmäßig dahingehend, dass vorrangig die Gesamtzahl aller durch einen Wandlungsberechtigten mit mehreren Wandelschuldverschreibungen beziehbaren Bruchteile zu ganzen Aktien addiert und noch verbleibende Bruchteile in bar ausgeglichen werden. Um die zusätzlich erforderlichen Aktien zu sichern, bestimmt § 218 Satz 1 AktG, dass sich das bedingte Kapital im gleichen Verhältnis wie das Grundkapital erhöht (zur Problematik der Sonderrücklage sogleich Rz. 47.45). Ggf. kann dies auch zu einem „krummen" bedingten Kapital führen[127]. In den Schutzbereich der § 216 Abs. 3, § 218 Satz 1 AktG sind auch **Optionsrechte** im Rahmen von **Aktienoptionsplänen** gemäß § 192 Abs. 2 Nr. 3 AktG einzubeziehen[128]. Sofern **Genussscheine** bzw. **Gewinnschuldverschreibungen** an die Höhe des Bilanzgewinns bzw. des Dividendensatzes anknüpfen, bewirkt § 216 Abs. 3 Satz 1 AktG eine entsprechende Anpassung ähnlich wie bei Vorstandstantiemen (vgl. hierzu Rz. 47.42)[129]. Nur bei Optionsscheinen, die nicht durch ein bedingtes Kapital gesichert sind, sondern einen Barausgleich beinhalten, ist der Optionspreis zu ermäßigen.

47.44

Ein Sonderproblem stellt sich, wenn der aufgrund der Kapitalerhöhung aus Gesellschaftsmitteln erhöhte Nennbetrag der beziehbaren Aktien nicht durch den Ausgabebetrag der Wandelschuldverschreibung gedeckt ist, weil dann eine **Unter-pari-Ausgabe** droht. Bei börsennotierten Unternehmen spielt dies regelmäßig keine Rolle, weil der Bezugskurs in der Regel weit über dem Nennbetrag liegt, so dass auch nach der Kapitalerhöhung aus Gesellschaftsmitteln der Nennbetrag (anteiliger Betrag am Grundkapital) der beziehbaren Aktien weit unter dem Ausgabebetrag der Wandelschuldverschreibung

47.45

Streichung des § 113 Abs. 3 AktG a.F. haben sich diese Fragen jedoch erledigt. Vgl. *Hüffer/Koch*, § 216 AktG Rz. 12; *Fock/Wüsthoff* in BeckOGK AktG, Stand 1.6.2021, § 216 Rz. 24 sowie zur alten Rechtslage *Fock/Wüsthoff* in BeckOGK AktG, Stand 1.6.2021, § 216 Rz. 24.1.

122 *Arnold* in MünchKomm. AktG, 5. Aufl. 2021, § 216 AktG Rz. 54; *Hüffer/Koch*, § 216 AktG Rz. 13; *Hirte* in Großkomm. AktG, 4. Aufl. 1998, § 216 AktG Rz. 71.
123 *Hirte* in Großkomm. AktG, 4. Aufl. 1998, § 216 AktG Rz. 73.
124 Eine Satzungsanpassung kraft Gesetzes ebenso insofern annehmend *Than* in WM-Festgabe für Heinsius, WM Sonderheft 1991, S. 54, 60; *Arnold* in MünchKomm. AktG, 5. Aufl. 2021, § 216 AktG Rz. 56; abweichend *Hirte* in Großkomm. AktG, 4. Aufl. 1998, § 216 AktG Rz. 72.
125 *Hüffer/Koch*, § 216 AktG Rz. 14.
126 Bezog sich eine Wandelschuldverschreibung im Nennbetrag von 1.000 Euro auf den Bezug von 10 Aktien zum Bezugspreis von 100 Euro und erfolgt eine Kapitalerhöhung aus Gesellschaftsmitteln im Verhältnis 1:1, kann er nunmehr Lieferung von 20 Aktien verlangen, womit sich der Bezugspreis pro Aktie halbiert.
127 *Than* in WM-Festgabe für Heinsius, WM Sonderheft 1991, S. 54, 59.
128 *Fett/Spiering*, NZG 2002, 358, 367.
129 Siehe *Zetzsche* in KölnKomm. AktG, 4. Aufl. 2020, § 216 AktG Rz. 67 f.; *Arnold* in MünchKomm. AktG, 5. Aufl. 2021, § 216 AktG Rz. 63 und 65.

liegt[130]. Im Übrigen sorgen Verwässerungsschutzbestimmungen gerade für eine Anpassung des Bezugspreises pro Aktie (Rz. 47.44). Wo dies ausnahmsweise einmal nicht der Fall ist, etwa bei der Emission von Wandelschuldverschreibungen notleidender Gesellschaften, deren Aktienkurs/Bezugskurs nahe dem Nennwert liegt, schreibt § 218 Satz 2 AktG die Bildung einer Sonderrücklage vor[131]. Die Buchung der Rücklage erfolgt im Zeitpunkt des Kapitalerhöhungsbeschlusses, der Ausweis folgt spätestens in dem diesem Beschluss folgenden nächsten Jahresabschluss[132].

4. Ansprüche nach § 304 Abs. 2 AktG

47.46 **Variable Ausgleichsansprüche** infolge von Unternehmensverträgen gegen die eine Kapitalerhöhung aus Gesellschaftsmitteln durchführende **herrschende** Gesellschaft, die sich an der Dividende dieser Gesellschaft orientieren, werden ebenfalls (nach oben) angepasst[133]. Führt die **abhängige** Gesellschaft eine Kapitalerhöhung aus Gesellschaftsmitteln durch und gibt dabei neue Aktien aus, ist die insgesamt gleichbleibende (feste oder variable) Ausgleichszahlung im Verhältnis der neuen zu den alten Aktien (nach unten) anzupassen[134].

VII. Wertpapierrechtlicher Vollzug der Kapitalerhöhung aus Gesellschaftsmitteln

47.47 Die Kapitalerhöhung aus Gesellschaftsmitteln wird mit Eintragung im Handelsregister wirksam und es entstehen die neuen Anteilsrechte (vgl. § 211 AktG). Erfolgt die Kapitalerhöhung aus Gesellschaftsmitteln durch **Erhöhung des Nennbetrages**, kann die Gesellschaft die bisherigen, unrichtig gewordenen Aktienurkunden berichtigen bzw. gegen neue Urkunden austauschen. In diesem Fall wird sie die Aktionäre zur Einreichung der alten Aktienurkunden auffordern. Ein Erzwingungsrecht besteht aber wegen § 73 Abs. 1 Satz 2 AktG nicht[135]. Bei der Ausgabe neuer Aktien kann der Aktionär die Ausstellung einer Aktienurkunde verlangen, soweit nicht der Anspruch auf Verbriefung gemäß § 10 Abs. 5 AktG ausgeschlossen ist. In letzterem Fall – für die börsennotierte AG vorbehaltlich noch umlaufender effektiver Stücke der Regelfall – erfolgt die Einlieferung einer Globalurkunde bei der Clearstream Banking AG. Zur **technischen Abwicklung** der Kapitalerhöhung aus Gesellschaftsmitteln einschließlich der Zusammenführung der Teilrechte bedienen sich börsennotierte Gesellschaften regelmäßig einer oder mehrerer Banken[136].

---

130 Siehe auch *Hüffer/Koch*, § 218 AktG Rz. 5; *Arnold* in MünchKomm. AktG, 5. Aufl. 2021, § 218 AktG Rz. 24 f.
131 Bsp.: Eine Wandelschuldverschreibung mit einem Ausgabebetrag von 100 Euro kann in eine Aktie mit einem Nennbetrag von 100 Euro gewandelt werden. Erfolgt eine Kapitalerhöhung aus Gesellschaftsmitteln im Verhältnis 1:1, ist eine Rücklage von 50 Euro zu bilden; siehe hierzu die Beispiele bei *Hüffer/Koch*, § 218 AktG Rz. 5, *Arnold* in MünchKomm. AktG, 5. Aufl. 2021, § 218 AktG Rz. 24 und *Scholz* in MünchHdb. AG, § 60 Rz. 93.
132 *Hirte* in Großkomm. AktG, 4. Aufl. 1998, § 218 AktG Rz. 23; *Arnold* in MünchKomm. AktG, 5. Aufl. 2021, § 218 AktG Rz. 19 f.; *Scholz* in MünchHdb. AG, § 60 Rz. 93; *Zetzsche* in KölnKomm. AktG, 4. Aufl. 2020, § 218 AktG Rz. 16.
133 *Arnold* in MünchKomm. AktG, 5. Aufl. 2021, § 216 AktG Rz. 67; *Emmerich* in Emmerich/Habersack, Aktien- und GmbH-Konzernrecht, 9. Aufl. 2019, § 304 AktG Rz. 71; vgl. auch BVerfG v. 8.9.1999 – 1 BvR 301/89, AG 2000, 40, 41; *E. Vetter*, ZIP 2000, 561, 566.
134 *Arnold* in MünchKomm. AktG, 5. Aufl. 2021, § 216 AktG Rz. 67; *Emmerich* in Emmerich/Habersack, Aktien- und GmbH-Konzernrecht, 9. Aufl. 2019, § 304 AktG Rz. 72; *Stephan* in K. Schmidt/Lutter, § 304 AktG Rz. 120.
135 *Hirte* in Großkomm. AktG, 4. Aufl. 1998, § 214 AktG Rz. 22.
136 Vgl. *Groß* in Bosch/Groß, Emissionsgeschäft, Rz. 10/304 und das Muster in Rz. 10/327.

1. Börsenzulassung

Für neue Aktien aus einer Kapitalerhöhung aus Gesellschaftsmitteln von Gesellschaften, deren Aktien zum Handel im **regulierten Markt** an einer deutschen Wertpapierbörse zugelassen sind, bedarf es gemäß § 33 Abs. 4 EGAktG **keines gesonderten Zulassungsverfahrens**[137]. Die Vorschrift des § 32 Abs. 3 Nr. 2 BörsG i.V.m. Art. 1 Abs. 5 lit. g) ProspektVO zur Befreiung (unter bestimmten Voraussetzungen) von der Pflicht zur Veröffentlichung eines Wertpapierprospekts als Voraussetzung für die Börsenzulassung ist daher in diesem Fall überflüssig[138].

47.48

2. Ausgabe der Aktienrechte

Wird die Kapitalerhöhung durch **Ausgabe neuer Aktien** ausgeführt, hat der Vorstand der Gesellschaft gemäß § 214 Abs. 1 Satz 1 AktG die Aktionäre unverzüglich nach der Eintragung des Erhöhungsbeschlusses aufzufordern, die neuen Aktien abzuholen. Praktische Bedeutung hat das nur für effektive Stücke, die nicht girosammelverwahrt sind (ansonsten erfolgt automatische Einbuchung). Diese Aufforderung[139] ist in den Gesellschaftsblättern bekanntzumachen und bei börsennotierten Gesellschaften auch gemäß § 67a AktG zu übermitteln. In der Bekanntmachung ist darauf hinzuweisen, dass die Gesellschaft berechtigt ist, nach dreimaliger Androhung solche Aktien für Rechnung der Beteiligten **zu verkaufen**, welche nicht innerhalb eines Jahres seit der Bekanntmachung der Aufforderung abgeholt werden[140]. In dieser Bekanntmachung sind daneben Ort und Zeit anzugeben, wo, ab wann und unter welchem Nachweis die neuen Aktien abgeholt werden können[141]. Diese Frist ist bei börsennotierten Aktiengesellschaften insofern von Bedeutung, als die alten Aktien vom **ersten Tag der Abholfrist** an „**ex Berichtigungsaktien**" gehandelt werden[142].

47.49

3. Verkauf nicht abgeholter Aktien

Unter bestimmten Umständen kann die Gesellschaft nichtabgeholte (neue) Aktien aus der Kapitalerhöhung aus Gesellschaftsmitteln **verkaufen**. Auch ein solcher Verkauf ist nur denkbar, wenn noch effektive Stücke im Umlauf sind. Voraussetzung hierfür ist die **Aufforderung** zur Abholung, die **Androhung** des Verkaufs nach Ablauf eines Jahres seit Bekanntmachung und ihre **zweimalige Wiederholung** in Abständen von mindestens einem Monat und der **Ablauf eines Jahres** seit der letzten Verkaufsandrohung. Die letzte Androhung muss vor Ablauf von 18 Monaten seit der Bekanntmachung der Aufforderung zur Abholung der Aktien erfolgen (§ 214 Abs. 2 Satz 3 AktG). Das Verfahren des Verkaufs regelt § 214 Abs. 2 und 3 AktG i.V.m. § 226 Abs. 3 Satz 2-6 AktG. Der **Veräußerungserlös** ist den Berechtigten auszuzahlen bzw. unter den Voraussetzungen des § 372 BGB zu hinterlegen[143]

47.50

---

137 *Scholz* in MünchHdb. AG, § 60 Rz. 102; a.A. *Hirte* in Großkomm. AktG, 4. Aufl. 1998, § 207 AktG Rz. 161.
138 *Groß* in Groß Kapitalmarktrecht, 7. Aufl. 2020, VerkProspektG Art. 1 Rz. 56.
139 Muster bei *Favoccia* in MünchVertragsHdb. GesR, Formular V 129 und bei *Herchen* in Happ/Groß/Möhrle/Vetter, Aktienrecht, Formular 12.08d).
140 Die Gesetzesformulierung ist ungenau, weil die Gesellschaft gemäß § 214 Abs. 3 AktG nur solche Aktien verkaufen darf, die nach Ablauf eines Jahres seit der letzten Bekanntmachung der *Androhung* und vor dem tatsächlichen Verkauf nicht abgeholt werden. Es bestehen keine Bedenken, den Hinweis in der ersten Bekanntmachung insofern zu korrigieren, vgl. *Hirte* in Großkomm. AktG, 4. Aufl. 1998, § 214 AktG Rz. 13.
141 *Hirte* in Großkomm. AktG, 4. Aufl. 1998, § 214 AktG Rz. 14.
142 Zu den Kurszusätzen siehe das Beispiel bei *Kumpan* in Schwark/Zimmer, 5. Aufl. 2020, § 24 BörsG Rz. 20; vgl. auch *Stein*, WM 1960, 242, 246.
143 *Scholz* in MünchHdb. AG, § 60 Rz. 99. Siehe auch den Fall des OLG Karlsruhe v. 6.2.2014 – 12 U 118/13, AG 2014, 543, in dem die hinterlegende Gesellschaft nicht auf das Recht zur Rücknahme verzichtete und nach Kraftloserklärung sieben Jahre nach Hinterlegung die Rücknahme reklamierte. Zur Hinterlegung gemäß § 226 AktG eingehend *Schockenhoff/Mann*, NZG 2014, 561 ff.

(§ 226 Abs. 3 Satz 6 AktG). Das gesamte Verfahren des § 214 AktG ist auch auf Teilrechte i.S.v. § 213 AktG anwendbar. Allerdings kann der Anspruch auf Ausstellung einer Aktienurkunde nur ausgeübt werden, wenn der betreffende Aktionär die Teilrechte in vollen Aktien vereinigt hat bzw. ein Zusammenschluss von Rechtsinhabern gemäß § 213 Abs. 2 AktG stattgefunden hat. Werden diese Voraussetzungen nicht innerhalb der Frist des § 214 AktG geschaffen, mithin die entsprechenden Aktienrechte nicht abgeholt bzw. zugeteilt, sind die Aktien (nicht: die Teilrechte) zu veräußern. Der Erlös steht den Teilrechtsinhabern nach dem Verhältnis ihrer Teilrechte zu[144].

§ 48
Maßnahmen der Kapitalherabsetzung: Überblick

I. Formen der Kapitalherabsetzung 48.1
II. Kapitalmarkt- und sonstige rechtliche Aspekte 48.6

I. Formen der Kapitalherabsetzung

48.1 Die §§ 222–240 AktG sehen drei **Formen** der Kapitalherabsetzung vor, die sich sowohl hinsichtlich ihres Zweckes als auch der Durchführung teilweise decken. Die **ordentliche** (§§ 222–228 AktG) und die **vereinfachte** (§§ 223–236 AktG) Kapitalherabsetzung decken sich hinsichtlich des **Verfahrens** (Herabsetzung der Nennbeträge, Zusammenlegung von Aktien bzw. bei Stückaktien bloße Reduzierung des Kapitals). Sie unterscheiden sich aber hinsichtlich ihrer **Zwecke** und hinsichtlich des **Gläubigerschutzes** (insbesondere des Erfordernisses einer Sicherheitsleistung) und unterliegen deshalb unterschiedlichen Voraussetzungen. Die **Kapitalherabsetzung durch Einziehung** (§§ 237–239 AktG) stellt einen **besonderen Verfahrensweg** dar, der nicht alle Aktien gleichmäßig berührt, sondern zum Untergang einzelner Aktien führt. Das Verfahren kann dem Ausschluss einzelner Aktionäre oder der Vernichtung einer Aktiengattung (**Zwangseinziehung**), aber auch der Einziehung von durch die AG erworbenen **eigenen Aktien** und damit der Freisetzung von Kapital dienen. Bei diesem Verfahren sind grundsätzlich die Regeln der ordentlichen Kapitalherabsetzung zu beachten. Für bestimmte Fälle gestattet § 237 Abs. 3–5 AktG jedoch ein **vereinfachtes Einziehungsverfahren**, welches indes mit Ausnahme des Dispenses vom Gläubigerschutz gemäß § 225 AktG mit der vereinfachten Kapitalherabsetzung nichts zu tun hat.

---

144 Dies folgt aus einer direkten, so *Arnold* in MünchKomm. AktG, 5. Aufl. 2021, § 214 AktG Rz. 35 ff. m.w.N., oder einer entsprechenden Anwendung des § 214 AktG, so *Rieder/Holzmann* in Grigoleit, § 214 AktG Rz. 17 m.w.N. und *Hüffer/Koch*, § 214 AktG Rz. 13.

Überblicksmäßig ergibt sich folgendes Bild: 48.2

Ordentliche Kapitalherabsetzung	Vereinfachte Kapitalherabsetzung	Kapitalherabsetzung durch Einziehung
Zweck		
– Ausgleich von Verlusten – Rücklagenzuführung – Ausschüttung an Aktionäre – Befreiung von Einlageverbindlichkeit	– Ausgleich von Verlusten – Rücklagenzuführung – Ausschüttung an Aktionäre – Bilanzieller Nachvollzug Abspaltung	– Ausgleich von Verlusten – Ausschluss von Aktionären – Beseitigung einer Aktiengattung – Rückzahlung von gebundenem Kapital durch Erwerb und Einziehung eigener Aktien
Verfahren		
	– Herabsetzung Nennbeträge – Herabsetzung Kapital (Stückaktien) – Zusammenlegung von Aktien	**Zwangseinziehung** bzw. **Einziehung nach Erwerb** durch – Ordentliches Einziehungsverfahren – Vereinfachtes Einziehungsverfahren

Bei der ordentlichen Kapitalherabsetzung erfolgt eine effektive Reduzierung der Grundkapitalziffer, weshalb sie auch als effektive Kapitalherabsetzung bezeichnet wird. Demgegenüber erfolgt bei der vereinfachten Kapitalherabsetzung – jedenfalls sofern ihr Hauptzweck in dem Ausgleich von Verlusten liegt – alleine eine nominelle Anpassung des Grundkapitals an die tatsächlichen bilanziellen Verhältnisse der Gesellschaft[1]. **Rechtstatsächlich** hat in erster Linie die **vereinfachte Kapitalherabsetzung** zum Ausgleich von Verlusten praktische Bedeutung. Sie ist die häufigste Form der Kapitalherabsetzung[2]. Dies ist nicht zuletzt darauf zurückzuführen, dass die **ordentliche Kapitalherabsetzung** aufgrund des Erfordernisses der Sicherheitsleistung (§ 225 AktG) unpraktisch und damit in ihrer Umsetzung nicht für jeden Zweck geeignet ist[3]. 48.3

Einstweilen frei. 48.4

Die **Kapitalherabsetzung durch Einziehung** zwecks Ausschluss einzelner Aktionäre dürfte in der börsennotierten AG eine Rarität sein[4]. Allerdings wird sie im Zusammenhang mit REIT-Aktiengesellschaf- 48.5

---

1 Diesem Umstand ist auch die geläufige Bezeichnung als „Buchsanierung" geschuldet, vgl. nur *Ekkenga/Schirrmacher* in KölnKomm. AktG, 4. Aufl. 2020, § 229 AktG Rz. 4.
2 *Ekkenga/Schirrmacher* in KölnKomm. AktG, 4. Aufl. 2020, § 229 AktG Rz. 4; *Veil* in K. Schmidt/Lutter, § 229 AktG Rz. 1. Im Übrigen wird sie als Mittel zur Rückabwicklung einer wegen Eintritts einer *force majeure* nach Eintragung der Durchführung „abgebrochenen" Kapitalerhöhung diskutiert, vgl. *Busch*, WM 2001, 1277, 1278 und dort Fn. 18.
3 Eingehend zur praktischen Bedeutung der ordentlichen bzw. effektiven Kapitalherabsetzung etwa *Oechsler* in MünchKomm. AktG, 5. Aufl. 2021, § 222 AktG Rz. 2 ff.
4 Zur rechtstatsächlichen Verbreitung von Zwangseinziehungsklauseln in AG-Satzungen siehe auch *Bayer/Hoffmann*, AG 2007, R420. Zu einem praktischen Fall in einer personalistischen AG siehe OLG München v. 17.3.2016 – 23 U 3572/15, AG 2017, 441 ff.

ten (Real Estate Investment Trust) diskutiert, um die Steuerprivilegierung zu erhalten[5]. Verbreiteter ist dieses Verfahren bei der Einziehung durch die AG erworbener Aktien (§ 237 AktG i.V.m. § 71 Abs. 1 Nr. 6 AktG)[6]. Häufig erfolgt der Erwerb eigener Aktien aber auch zwecks späterem Wiederkauf gemäß § 71 Abs. 1 Nr. 8 AktG, wenn die endgültige Vernichtung der Aktienrechte und das damit verbundene Signal, die freigesetzten Mittel würden nicht mehr unternehmerisch benötigt, gescheut wird[7]. Praktisch relevant ist daneben das **gesonderte Verfahren** der Einziehung eigener Aktien nach Erwerb aufgrund einer **Ermächtigung gemäß § 71 Abs. 1 Nr. 8 Satz 6 AktG** (dazu Rz. 51.2). Die Kapitalherabsetzung durch Einziehung wird schließlich als Mittel der Rückabwicklung fehlerhafter Kapitalerhöhungen vorgeschlagen (dazu noch Rz. 51.37)[8]. Diskutiert wird die Kapitalherabsetzung durch Einziehung von Aktien im Wege der Zwangseinziehung einer Aktiengattung auch als Mittel der Rückabwicklung sog. Tracking Stocks (Geschäftsbereich- oder Spartenaktien)[9] (zu diesen Rz. 6.43 ff.), ohne dass diese Aktiengattung bislang nennenswerte praktische Relevanz entfalten konnte[10].

II. Kapitalmarkt- und sonstige rechtliche Aspekte

48.6 Eine Kapitalherabsetzung erfordert **keine erneute Börsenzulassung**, selbst wenn es zu einer wertpapierrechtlichen Neuverbriefung kommt. Anders liegt es nur bei einer Herabsetzung auf Null in Verbindung mit einer Kapitalerhöhung (dann in Bezug auf die jungen Aktien; näher Rz. 49.50)[11]. Der Beschlussvorschlag einer ordentlichen wie einer vereinfachten Kapitalherabsetzung dürfte regelmäßig eine **Insiderinformation** darstellen und zur **Ad-hoc-Pflicht** gemäß Art. 17 MAR führen[12].

48.7 Durch eine Kapitalherabsetzung können **Meldepflichten in Bezug auf Beteiligungsquoten** ausgelöst werden. Zwar verändern sich infolge einer ordentlichen bzw. vereinfachten Kapitalherabsetzung die Beteiligungsquoten der Altaktionäre grundsätzlich nicht. Aber schon eine Spitzenverwertung kann zur Berührung von Schwellenwerten führen. Die Kombination einer Kapitalherabsetzung auf Null mit einer Kapitalerhöhung führt aufgrund des vollständigen Erlöschens der Börsenzulassung der Altaktien zur originären Meldepflicht gemäß § 33 Abs. 2 WpHG[13]. Die Meldepflicht aus § 33 Abs. 1 WpHG kann hingegen eintreten im Fall der **Kapitalherabsetzung durch Einziehung**, von der einzelne Aktionäre oder Aktiengattungen isoliert betroffen sein können und bei deren Vollzug dementsprechend die Beteiligungsquoten der nicht betroffenen Aktionäre steigen können. Dies gilt auch für eine Einziehung nach Erwerb von Aktien durch die Gesellschaft[14]. Das Schrifttum zum WpHG sowie die BaFin neh-

---

5 *Kollmorgen/Hoppe/Feldhaus*, BB 2007, 1345, 1350; *Schroeder*, AG 2007, 531, 538 f.
6 Vgl. z.B. das im Bundesanzeiger veröffentlichte Erwerbsangebot der GBS Software AG v. 16.4.2018; zu diesem Zwecke allerdings aus praktischen Erwägungen ein Vorgehen über § 71 Abs. 1 Nr. 8 Satz 6 AktG präferierend *Kallweit/Simons*, AG 2014, 352.
7 *Huber* in FS Kropff, 1997, S. 101, 109.
8 *Zöllner/Winter*, ZHR 158 (1994), 59 ff.; *Kort*, ZGR 1994, 291, 312 ff.; *Huber* in FS Claussen, 1997, S. 147 ff.
9 Siehe etwa *Scholz* in MünchHdb. AG, § 63 Rz. 2; *Cichy/Heins*, AG 2010, 181, 190.
10 So auch *Sailer-Coceani* in MünchHdb. AG, § 13 Rz. 10 und *Hüffer/Koch*, § 11 AktG Rz. 4; als wohl immer noch einzige börsennotierte AG hat die Hamburger Hafen und Logistik AG Spartenaktien eingeführt. Skeptisch gegenüber diesem Instrument *Hoffmann-Becking* in Hommelhoff/Lutter/Schmidt/Schön/Ulmer, Corporate Governance, Gemeinschaftssymposium der ZHR/ZGR, ZHR Sonderheft 2002, S. 215, 232 f.
11 Siehe insoweit nur *Scholz* in MünchHdb. AG, § 61 Rz. 84.
12 Vgl. allgemein zur Ad-hoc-Pflicht im Zusammenhang mit Kapitalmaßnahmen Emittentenleitfaden vom März 2020, Modul C Ziffer I.2.1.5.4; zur alten Gesetzeslage *Sethe*, ZIP 2010, 1825, 1826.
13 *Scholz* in MünchHdb. AG, § 61 Rz. 85; *Sethe* in Großkomm. AktG, 4. Aufl. 2011, vor § 222 AktG Rz. 54 m.w.N.
14 Zwar wird die AG nicht selbst mitteilungspflichtig, die von ihr gehaltenen Aktien sind jedoch bis zur Einziehung trotz § 71b AktG bei der Berechnung der Stimmrechte im Nenner miteinzubeziehen, vgl. den Emittentenleitfaden vom Oktober 2018, Modul B Ziffer I.2.3.2.2. Bei einer AG mit 5 Mio. Aktien,

men zu Recht an, dass trotz Passivität des betroffenen Aktionärs durch eine solche Maßnahme eine **Meldepflicht gemäß § 33 Abs. 1 WpHG** durch eine Schwellenberührung „in sonstiger Weise" begründet werden kann[15]. Übernahmerechtlich wird in solchen Fällen bei Überschreitung der Grenze des § 35 WpÜG ebenfalls grundsätzlich die Verpflichtung zur **Abgabe eines Pflichtangebotes** angenommen; insofern liegt jedoch ein **Befreiungstatbestand** gemäß § 9 Abs. 1 Nr. 5 WpÜG-AngVO vor[16]. Bei der **Einziehung eigener Aktien** hat die **AG** schließlich die **Meldepflicht** gemäß § 49 Abs. 1 Satz 1 Nr. 2 WpHG (Beschlussfassung über ein Einziehungsrecht)[17] sowie bei Unterschreiten der Meldegrenzen gemäß § 40 Abs. 1 Satz 2 WpHG zu beachten. Bei jedweder Einziehung und Zusammenlegung ist auch die Meldepflicht gemäß § 41 WpHG zu beachten.

Zweifelhaft ist, ob durch eine Kapitalherabsetzung die Notwendigkeit eines **Statusverfahrens** entstehen kann, wenn z.B. die Schwellenwerte des § 95 AktG berührt werden und der Aufsichtsrat nach der neuen Grundkapitalziffer übersetzt ist. Das wird zum Teil mit dem Argument verneint, es liege kein Wechsel des Mitbestimmungsstatus vor[18]. Dies ist indes nicht zwingend eine Voraussetzung für ein Statusverfahren. Auch bei einer schwellenrelevanten Veränderung innerhalb desselben Mitbestimmungsstatuts dient ein Statusverfahren dem Zweck, die rechtmäßige Zusammensetzung des Aufsichtsrats festzustellen[19]. Insofern gilt, dass es zu einer Änderung in den „maßgebenden gesetzlichen Vorschriften" i.S.d. § 97 Abs. 1 Satz 1 AktG kommt, wenn durch die Kapitalherabsetzung der Aufsichtsrat beispielsweise übersetzt ist[20]. 48.8

§ 49
Ordentliche Kapitalherabsetzung

I. Inhalt und Zweck der ordentlichen Kapitalherabsetzung 49.1	c) Art der Durchführung 49.9
II. Kapitalherabsetzungsbeschluss 49.4	d) Änderung des Satzungswortlautes . 49.10
1. Formelle Voraussetzungen 49.4	3. Materielle Voraussetzungen 49.11
2. Beschlussinhalt 49.6	a) Sachliche Rechtfertigung 49.11
a) Herabsetzungsbetrag 49.6	b) Gleichbehandlung 49.14
b) Zweck der Herabsetzung 49.8	c) Kapitalherabsetzung in der Insolvenz und in der Liquidation 49.15

---

von denen 500.000 Aktien selbst gehalten werden, hat der Aktionär mit 1 Mio. Aktien dementsprechend eine Stimmrechtsquote von 20 % (1 Mio. geteilt durch 5 Mio.).

15 Emittentenleitfaden vom Oktober 2018, Modul B Ziffer I.2.3.4.1.3; *v. Hein* in Schwark/Zimmer, § 33 WpHG Rz. 31; zur alten Gesetzeslage *Sethe*, ZIP 2010, 1825, 1828.
16 *Noack/Zetsche* in Schwark/Zimmer, § 35 WpÜG Rz. 5; *Schlitt* in MünchKomm. AktG, 5. Aufl. 2021, § 35 WpÜG Rz. 91.
17 Dies im Zeitpunkt des Einziehungsbeschlusses durch den Vorstand, vgl. Emittentenleitfaden vom Oktober 2018, Modul B Ziffer II.3.3.2.5.
18 *Habersack* in MünchKomm. AktG, 5. Aufl. 2019, § 97 AktG Rz. 14 sowie § 95 AktG Rz. 21; differenzierend aber *Drygala* in K. Schmidt/Lutter, § 95 AktG Rz. 12 und 14 und *Hüffer/Koch*, § 95 AktG Rz. 5 (Statusverfahren nur bei mitbestimmter AG); spezifischer *Spindler* in BeckOGK AktG, Stand 1.6.2021, § 97 AktG Rz. 17 sowie § 95 AktG Rz. 21 (Statusverfahren nur bei nach DrittelbG und MontanMitbestG bzw. MontanMitvestErgG mitbestimmter AG) und *Hopt/Roth* in Großkomm. AktG, 5. Aufl. 2018, § 95 AktG Rz. 106 (Statusverfahren nur bei nach DrittelbG mitbestimmter AG).
19 *Drygala* in K. Schmidt/Lutter, § 97 AktG Rz. 5; *Hoffmann-Becking* in MünchHdb. AG, § 28 Rz. 60; *Oetker*, ZHR 1985, 575, 576.
20 Vgl. *Oetker*, ZHR 1985, 575, 581.

4. Stimmpflichten	49.16	1. Sicherheitsleistung	49.34
5. Aufhebung und Änderung des Kapitalherabsetzungsbeschlusses	49.17	a) Anspruchsberechtigte	49.34
		b) Art und Weise der Sicherheitsleistung	49.38
6. Fehlerhafter Beschluss	49.18	c) Ausschlussfrist	49.39
III. **Anmeldung und Wirksamwerden der Kapitalherabsetzung**	49.19	2. Sperrfrist	49.40
1. Anmeldung	49.20	V. **Wertpapierrechtliche Abwicklung der Kapitalherabsetzung**	49.44
a) Inhalt	49.20	1. Herabsetzung des Nennbetrages	49.45
b) Anmeldende	49.21	2. Zusammenlegung	49.47
c) Beizufügende Unterlagen	49.22	a) Aufforderung zur Zusammenlegung	49.47
2. Registerkontrolle, Eintragung, Bekanntmachung	49.23	b) Kraftloserklärung und Verwertung nicht eingereichter Aktien	49.48
3. Wirksamwerden der Kapitalherabsetzung	49.26	VI. **Börsenrechtlicher Vollzug der Kapitalherabsetzung**	49.50
a) Auswirkung auf Mitgliedschaftsrechte	49.27	1. Neuzulassung	49.50
b) Auswirkungen auf Rechte Dritter	49.28	2. Notizumstellung	49.51
c) Schutz von ausscheidenden Aktionären	49.32	VII. **Anmeldung der Durchführung der Kapitalherabsetzung**	49.52
IV. **Gläubigerschutz**	49.33		

Schrifttum: *Beuthien*, Wofür ist bei einer Kapitalherabsetzung Sicherheit zu leisten?, GmbHR 2016, 729; *Bork*, Mitgliedschaftsrechte unbekannter Aktionäre während des Zusammenlegungsverfahrens nach § 226 AktG, in FS Claussen, 1997, S. 49; *Flume*, Die Rechtsprechung des II. Zivilsenats des BGH zur Treupflicht des GmbH-Gesellschafters und des Aktionärs, ZIP 1995, 161; *Geißler*, Rechtliche und unternehmenspolitische Aspekte der vereinfachten Kapitalherabsetzung bei der AG, NZG 2000, 719; *Gotthardt*, Sicherheitsleistung für Forderungen pensionsberechtigter Arbeitnehmer bei Kapitalherabsetzung, BB 1990, 2419; *Hirte*, Genussschein und Kapitalherabsetzung ZIP 1991, 1461; *Hirte*, Genüsse zum Versüßen vereinfachter Kapitalherabsetzungen, in FS Claussen, 1997, S. 115; *Hirte*, Gesellschaftsrechtliche Voraussetzungen eines Kapitalschnitts, ZInsO 1999, 616; *Jaeger*, Sicherheitsleistung für Ansprüche aus Dauerschuldverhältnissen bei Kapitalherabsetzung, Verschmelzung und Beendigung eines Unternehmensvertrages, DB 1996, 1069; *Krieger*, Sicherheitsleistung für Versorgungsrechte?, in FS Nirk, 1992, S. 551; *Krieger*, Beschlusskontrolle bei Kapitalherabsetzungen, ZGR 2000, 885; *Kümpel*, Die Kapitalherabsetzung im Börsenrecht und Depotgeschäft, WM 1980, 694; *Lieder*, Unternehmensrechtliche Implikationen der Corona-Gesetzgebung, ZIP 2020, 837; *Marsch-Barner*, Treupflicht und Sanierung, ZIP 1996, 853; *Natterer*, Materielle Kontrolle von Kapitalherabsetzungsbeschlüssen? Die Sachsenmilch-Rechtsprechung, AG 2001, 629; *Noack*, Gesellschaftsrechtliche Aspekte der Stabilisierung von Unternehmen der Realwirtschaft, DB 2020, 1328; *Nolden/Heusel/Goette*, Das Wirtschaftsstabilisierungsfondsgesetz im aktienrechtlichen Kontext, DStR 2020, 800; *Olmor/Dilek*, Corona-Gesellschaftsrecht – Rekapitalisierung von Gesellschaften in Zeiten der Pandemie, BB 2020, 1026; *Priester*, Kapitalschutz bei der übertragenden Gesellschaft in Spaltungsfällen, in FS Schippel, 1996, S. 487; *Rittner*, Die Sicherheitsleistung bei der ordentlichen Kapitalherabsetzung, in FS Oppenhoff, 1985, S. 317; *K. Schmidt*, Die sanierende Kapitalerhöhung im Recht der Aktiengesellschaft, GmbH und Personengesellschaft, ZGR 1982, 519; *Schockenhoff/Mann*, Die Hinterlegung im Aktienrecht am Beispiel des § 226 III 6 AktG, NZG 2014, 561; *Schröer*, Sicherheitsleistung für Ansprüche aus Dauerschuldverhältnissen, DB 1999, 317; *Terbrack*, Kapitalherabsetzende Maßnahmen bei Aktiengesellschaften, RNotZ 2003, 89; *Vollmer/Lorch*, Der Schutz des aktienähnlichen Genusskapitals bei Kapitalveränderung, ZBB 1992, 44; *Wenger*, Der Fall Girmes – ein Stück aus dem Tollhaus, ZIP 1993, 321; *Wiedemann/Küpper*, Die Rechte des Pensions-Sicherungs-Vereins als Träger der Insolvenzsicherung vor einem Konkursverfahren und bei einer Kapitalherabsetzung, in FS Pleyer, 1986, S. 445; *Wirth*, Vereinfachte Kapitalherabsetzung zur Unternehmenssanierung, DB 1996, 867.

I. Inhalt und Zweck der ordentlichen Kapitalherabsetzung

Die Kapitalherabsetzung beinhaltet eine Reduzierung des in der Satzung festgesetzten und in der Bilanz ausgewiesenen Grundkapitals. Diese Reduzierung des Grundkapitals kann mit einem Passivtausch einhergehen, sofern der freigesetzte Betrag der Kapitalrücklage oder der Gewinnrücklage zugeführt wird. Die Kapitalherabsetzung zwecks Ausgleich von Verlusten führt ebenfalls nicht zu einer Bilanzverkürzung, weil der auszubuchende Verlustvortrag bilanziell vom Eigenkapital abzusetzen ist und der Ertrag aus der Kapitalerhöhung, der gemäß § 240 AktG in der Gewinn- und Verlustrechnung auszuweisen ist, zu einer Erhöhung des Bilanzergebnisses führt, gegen den der Verlustvortrag bei der Ergebnisverwendung verrechnet werden kann. Zu einer Bilanzverkürzung führt demgegenüber die Kapitalherabsetzung zwecks Ausschüttung bzw. die Kapitalherabsetzung im Zuge einer Abspaltung, weil mit ihr der Abgang von Aktiva verbunden ist (siehe dazu noch Rz. 49.6).

49.1

Die Kapitalherabsetzung erfolgt bei **Nennbetragsaktien** grundsätzlich durch die **Herabsetzung der Aktiennennbeträge** (§ 222 Abs. 4 Satz 1 AktG), bei **Stückaktien** demgegenüber durch die bloße Herabsetzung der Grundkapitalziffer, womit sich der auf die Stückaktie entfallende anteilige Betrag am Grundkapital reduziert. Nur **subsidiär** ist eine Kapitalherabsetzung durch **Zusammenlegung von Aktien** gestattet, die sowohl bei Nennbetrags- als auch bei Stückaktien erforderlich werden kann. Eine solche Zusammenlegung ist nur dann zulässig, soweit bei der Herabsetzung des Nennbetrages der Aktien der gesetzliche Mindestnennbetrag bzw. der gemäß § 8 Abs. 3 Satz 3 AktG auf die einzelne Stückaktie entfallende Mindestbetrag von 1 Euro des Grundkapitals unterschritten würde (§ 222 Abs. 4 Satz 2 AktG). Diese Subsidiarität der Kapitalherabsetzung durch Zusammenlegung dient dem Schutz der Kleinaktionäre[1]. Ggf. sind beide Durchführungswege zu verbinden: Hat etwa die Gesellschaft Nennbetragsaktien mit einem Nennbetrag von jeweils 2 Euro ausgegeben und ist eine Kapitalherabsetzung im Verhältnis 4:1 geplant, sind die Aktien zunächst auf den Mindestnennbetrag von 1 Euro herabzusetzen, bevor die Zusammenlegung im Verhältnis 2:1 erfolgen kann[2]. Bei **Stückaktien** erfolgt die Kapitalherabsetzung in diesem Beispiel allein durch Zusammenlegung im Verhältnis 2:1; auf die verbleibenden Aktien entfällt ein anteiliger Betrag vom Grundkapital in Höhe von 1 Euro je Aktie. Hat die Gesellschaft Nennbetragsaktien mit **unterschiedlichen Nennbeträgen** ausgegeben, kann differenziert werden: Beträgt z.B. das Grundkapital 1 Mio. Euro, unterteilt in 125.000 Aktien mit einem Nennbetrag von 4 Euro und 500.000 Aktien mit einem Nennbetrag von 1 Euro und ist eine Kapitalherabsetzung um 500.000 Euro geplant, ist der Nennbetrag der Aktien im Nennbetrag von 4 Euro auf 2 Euro herabzusetzen und die Aktien im Nennbetrag von 1 Euro sind im Verhältnis 2:1 zusammenzulegen[3].

49.2

Zweck der ordentlichen Kapitalherabsetzung kann eine Rückzahlung an Aktionäre (§ 222 Abs. 3 AktG) (auch in der Form der Sachausschüttung), Befreiung der Aktionäre von rückständigen Einlagen, Zuführungen zur Kapitalrücklage, Herstellung eines „glatten" Grundkapitals sowie die Verrechnung mit Bilanzverlusten sein. Die Kapitalherabsetzung zwecks Ausbuchung bzw. Ausgleich von Verlusten und die – seltenere – Kapitalherabsetzung zwecks Rücklagendotierung werden wegen des Erfordernisses der Sicherheitsleistung (§ 225 Abs. 1 Satz 1 AktG) regelmäßig im Wege der vereinfachten Kapitalherabsetzung durchgeführt. Dient die Kapitalherabsetzung als Teilliquidation der Rückzahlung an die Aktionäre, kann durch sie nicht auf die Kapitalrücklage zugegriffen werden, weil die Kapitalherabsetzung an das Grundkapital anknüpft und auch die Verwendungssperre des § 150 Abs. 3 und 4 AktG greift. Soll auch die Kapitalrücklage den Aktionären zugänglich gemacht werden, wäre zunächst eine Kapitalerhöhung aus Gesellschaftsmitteln durchzuführen, an die sich eine ordentliche Kapitalherabsetzung anschließen könnte[4].

49.3

---

1 *Ekkenga* in KölnKomm. AktG, 4. Aufl. 2020, § 222 AktG Rz. 52 f.; vgl. auch RG v. 19.5.1925 – II B. 10/25, RGZ 111, 26, 29 zu § 11 der Verordnung über Goldbilanzen v. 28.12.1923.
2 Vgl. *Hüffer/Koch*, § 222 AktG Rz. 23; *Ekkenga* in KölnKomm. AktG, 4. Aufl. 2020, § 222 AktG Rz. 48 f.
3 Vgl. auch *Stucken* in Happ/Groß/Möhrle/Vetter, Aktienrecht, Formular 14.01 Rz. 1.7.
4 Vgl. dazu (auch zur Verbindung der Beschlüsse) *Weiss*, BB 2005, 2697 ff.

II. Kapitalherabsetzungsbeschluss

1. Formelle Voraussetzungen

49.4 Die Kapitalherabsetzung ist Satzungsänderung, deshalb ist gemäß § 124 Abs. 2 Satz 3 AktG bei Einberufung der Hauptversammlung der Vorschlag für den Kapitalherabsetzungsbeschluss seinem Wortlaut nach bekanntzumachen. Gemäß § 222 Abs. 1 Satz 1 AktG bedarf der Beschluss[5] über eine Kapitalherabsetzung einer **Mehrheit von mindestens drei Vierteln** des bei der Beschlussfassung vertretenen Grundkapitals. Die Satzung kann nur eine größere Kapitalmehrheit und weitere Erfordernisse bestimmen. Wie bei allen Satzungsänderungen bedarf der Beschluss daneben der **einfachen Stimmenmehrheit** gemäß § 133 Abs. 1 AktG. Sofern eine Satzungsbestimmung auf eine größere Kapitalmehrheit abzielen soll, muss sie spezifisch den Fall der Kapitalherabsetzung umfassen; eine Bestimmung, die allgemein für Satzungsänderungen eine höhere Mehrheit bestimmt, reicht im Zweifel nicht[6]. Zu den Mehrheitserfordernissen bzgl. des Hauptversammlungsbeschlusses einer SE siehe bereits Rz. 44.6. Bei Rekapitalisierungsmaßnahmen gemäß § 7 bzw. § 22 StFG (zum Begriff vgl. Rz. 44.6 in Fn. 22) sind die Mehrheitserfordernisse gemäß § 7 Abs. 6 Satz 1 i.V.m. § 7 Abs. 3 Satz 1 oder 2 WStBG deutlich reduziert: So genügt für den Herabsetzungsbeschluss (§ 222 Abs. 1 AktG) in diesen Fällen bereits eine Mehrheit, die mindestens zwei Drittel der abgegebenen Stimmen oder des vertretenen Grundkapitals umfasst (§ 7 Abs. 3 Satz 1 WStBG) oder eine einfache Stimmenmehrheit, wenn die Hälfte des Grundkapitals vertreten ist (§ 7 Abs. 3 Satz 2 WStBG). Bestehende abweichende Satzungsregelungen bleiben dabei unberücksichtigt, § 7 Abs. 6 Satz 2 i.V.m. § 7 Abs. 2 Satz 2 WStBG (zur ordentlichen Kapitalerhöhung vgl. Rz. 44.6, zum Sonderbeschluss vgl. Rz. 44.10)[7].

49.5 Eines **Sonderbeschlusses** bedarf es, wenn mehrere Aktiengattungen von stimmberechtigten Aktien vorhanden sind. Stimmrechtslose Vorzugsaktien zählen hierzu nicht (selbst bei Aufleben des Stimmrechts)[8]. Das gilt nach herrschender Auffassung auch dann, wenn eine Herabsetzung des Nennbetrages der Vorzugsaktien oder deren Zusammenlegung erfolgt, deren Gewinnvorzug in einem an ihrem Nennbetrag orientierten Festbetrag besteht, obwohl der absolut auf die Vorzugsaktionäre entfallende Vorzugsbetrag hierdurch reduziert wird[9]. Das ist allerdings nicht unbestritten; nach anderer Auffassung umfasst § 141 Abs. 1 AktG auch solche mittelbaren Beeinträchtigungen des Vorzuges[10].

2. Beschlussinhalt

a) Herabsetzungsbetrag

49.6 Im Beschluss muss der **Umfang der Kapitalherabsetzung** in bestimmbarer Weise festgesetzt sein. Ausreichend ist die Angabe des Herabsetzungsbetrages bzw. die Nennung des alten und des neuen Grund-

---

5 Muster bei *Favoccia* in MünchVertragsHdb. GesR, Formular V 131 und bei *Stucken* in Happ/Groß/Möhrle/Vetter, Aktienrecht, Formular 14.01.
6 Vgl. *Oechsler* in MünchKomm. AktG, 5. Aufl. 2021, § 222 AktG Rz. 16; *Hüffer/Koch*, § 222 AktG Rz. 10; abweichend wohl *Ekkenga* in KölnKomm. AktG, 4. Aufl. 2020, § 222 AktG Rz. 6 f.
7 *Lieder*, ZIP 2020, 837, 849; *Olmor/Dilek*, BB 2020, 1026; *Noack*, DB 2020, 1328; *Nolden/Heusel/Goette*, DStR 2020, 800, 803.
8 Vgl. Rz. 6.29; *Stucken* in Happ/Groß/Möhrle/Vetter, Aktienrecht, Formular 14.01 Rz. 11.4; *Marsch-Barner/Maul* in BeckOGK AktG, Stand 1.6.2021, § 222 AktG Rz. 33.
9 OLG Frankfurt a.M. v. 23.12.1992 – 21 U 143/91 – co op, DB 1993, 272, 273; *Scholz* in MünchHdb. AG, § 61 Rz. 24; *Arnold* in MünchKomm. AktG, 4. Aufl. 2018, § 141 AktG Rz. 11; *Hüffer/Koch*, § 141 AktG Rz. 9; *G. Bezzenberger* in Großkomm. AktG, 5. Aufl. 2020, § 141 AktG Rz. 24; *Sethe* in Großkomm. AktG, 4. Aufl. 2011, § 222 AktG Rz. 38; *Volhard/Goldschmidt* in FS Lutter, 2000, S. 779, 785 f.; *Stucken* in Happ/Groß/Möhrle/Vetter, Aktienrecht, Formular 14.01 Rz. 11.4.
10 *Ekkenga* in KölnKomm. AktG, 4. Aufl. 2020, § 222 AktG Rz. 30 m.w.N. und Ausführungen zum Meinungsstand in Rz. 29; *Frey/Hirte*, DB 1989, 2465, 2469.

kapitals bzw. die Angabe von beidem[11]. Zulässig ist nach heute herrschender Auffassung auch eine **Kapitalherabsetzung auf Null** (hierzu noch Rz. 49.50), wenn das Grundkapital sogleich wieder erhöht wird; § 228 Abs. 1 AktG ist auf diese Konstellation anzuwenden[12]. Diese Art der Kombination ist typisch im Falle einer Sanierung im Wege der vereinfachten Kapitalherabsetzung. Gemäß § 228 Abs. 1 AktG darf nur der Mindestnennbetrag gemäß § 7 AktG unterschritten werden. Die Mindestbeträge je Aktie gemäß § 8 Abs. 2 Satz 1 und Abs. 3 Satz 3 AktG sind – außer bei der Herabsetzung des Grundkapitals auf Null – einzuhalten[13]. Nach ganz überwiegender Auffassung ist auch die Angabe eines **Höchstbetrages** zulässig, sofern der Beschluss zu keinem eigenen Ermessen der Verwaltung führt[14]. Dies kann sich etwa dann anbieten, wenn die genaue Höhe der Unterbilanz noch nicht feststeht und eine Einstellung des Unterschiedsbetrages bei zu hoch angenommenen Verlusten in die Kapitalrücklage (vgl. § 232 AktG) unerwünscht ist[15]. In diesem Fall sollte der Beschluss ergänzende Angaben über die Höhe des angenommenen Verlustes und die Anweisung an die Verwaltung enthalten, die Kapitalherabsetzung in Abhängigkeit von der Höhe dieses Verlustes zu vollziehen[16].

Besonderheiten gelten bei einer Kapitalherabsetzung **unter den gesetzlichen Mindestbetrag** gemäß § 7 AktG. Gemäß § 228 Abs. 1 AktG ist hier eine Verbindung mit einer Barkapitalerhöhung erforderlich, deren Beschluss und Durchführung zugleich mit der Anmeldung der Kapitalherabsetzung zum Register anzumelden sind. Erforderlich ist gemäß § 228 Abs. 1 Satz 2 AktG ferner eine Eintragung der Kapitalherabsetzung (nicht: deren Durchführung) sowie des Kapitalerhöhungsbeschlusses **und** der Durchführung der Kapitalerhöhung innerhalb einer Frist von sechs Monaten seit Beschlussfassung. Der Lauf dieser Frist wird allerdings durch Anfechtungsverfahren gehemmt (§ 228 Abs. 2 Satz 2 AktG). Auch dieses Verfahren hat praktische Relevanz allein bei der vereinfachten Kapitalherabsetzung[17]. 49.7

b) Zweck der Herabsetzung

Gemäß § 222 Abs. 3 AktG ist im Kapitalherabsetzungsbeschluss der Zweck der Kapitalherabsetzung anzugeben. Insofern ist die Angabe folgender Zwecke ausreichend, aber auch notwendig: „Rückzahlung an die Aktionäre", „Befreiung der Aktionäre von rückständigen Einlagen", „Zuführung in die Rücklage", „Ausgleich von Wertminderungen", „Deckung von Verlusten", „Durchführung der Abspaltung"[18]. Verfolgt die Kapitalherabsetzung mehrere Zwecke, sind diese sämtlich anzugeben und ist auch die Reihenfolge festzulegen. 49.8

c) Art der Durchführung

Gemäß § 222 Abs. 4 Satz 3 AktG muss der Beschluss die Art der Herabsetzung angeben. Bei der **Herabsetzung der Nennbeträge** ist insofern ausreichend, dass die abstrakte Angabe „durch Herabsetzung des Nennbetrages" erfolgt, ohne dass der Herabsetzungsbetrag pro Aktie zu nennen wäre; dieser 49.9

---

11 *Oechsler* in MünchKomm. AktG, 5. Aufl. 2021, § 222 AktG Rz. 19.
12 BGH v. 5.10.1992 – II ZR 172/91 – Klöckner, BGHZ 119, 305, 319 f. = AG 1993, 125; BGH v. 5.7.1999 – II ZR 126/98 – Hilgers, BGHZ 142, 167 = ZIP 1999, 1444 = NZG 1999, 1158 m. Anm. *Rottnauer* = AG 1999, 517; *Krieger*, ZGR 2000, 885, 897; *Oechsler* in MünchKomm. AktG, 5. Aufl. 2021, § 222 AktG Rz. 21 und § 228 Rz. 3 ff.
13 *Scholz* in MünchHdb. AG, § 61 Rz. 11.
14 *Oechsler* in MünchKomm. AktG, 5. Aufl. 2021, § 222 AktG Rz. 20; *Hüffer/Koch*, § 222 AktG Rz. 12; *Scholz* in MünchHdb. AG, § 61 Rz. 27.
15 Vgl. *Scholz* in MünchHdb. AG, § 61 Rz. 27; *Hüffer/Koch*, § 222 AktG Rz. 12; *Ekkenga* in KölnKomm. AktG, 4. Aufl. 2020, § 222 AktG Rz. 14; *Veil* in K. Schmidt/Lutter, § 222 AktG Rz. 10.
16 *Hüffer/Koch*, § 222 AktG Rz. 12.
17 *Scholz* in MünchHdb. AG, § 61 Rz. 10.
18 Vgl. *Scholz* in MünchHdb. AG, § 61 Rz. 29; *Oechsler* in MünchKomm. AktG, 5. Aufl. 2021, § 222 AktG Rz. 39; *Ekkenga* in KölnKomm. AktG, 4. Aufl. 2020, § 222 AktG Rz. 34 ff.

ergibt sich nämlich zwingend aus dem Verhältnis des Grundkapitals vor Herabsetzung zum Grundkapital nach Herabsetzung und ist auch bei Vorhandensein verschiedener Aktiennennbeträge errechenbar[19]. Erfolgt die Kapitalherabsetzung neben der Nennbetragsherabsetzung durch die **Zusammenlegung von Aktien**, ist jedenfalls dann die Angabe des neuen Nennbetrages zweckmäßig und ist im Übrigen der Umstand der Zusammenlegung und das Zusammenlegungsverhältnis anzugeben[20]. Erfolgt bei Stückaktien die Kapitalherabsetzung ohne Zusammenlegung, dürfte es zweckmäßig sein, nachrichtlich die Angabe des nunmehr reduzierten anteiligen Betrages am Grundkapital pro Stückaktie im Beschluss zu nennen. Bei paralleler oder isolierter Zusammenlegung von Stückaktien ist wiederum das Zusammenlegungsverhältnis anzugeben. Die Angabe der weiteren Einzelheiten der Durchführung der Kapitalherabsetzung (etwa die Bestimmung einer Frist für die Einreichung der alten Aktien, die Berichtigung bzw. Vernichtung der alten Aktienurkunden) sind nicht erforderlich. Ihre Regelung obliegt dem Vorstand[21].

d) Änderung des Satzungswortlautes

49.10 Die Kapitalherabsetzung ist zugleich auch eine **Satzungsänderung**[22]. Der geänderte Satzungswortlaut muss nicht zwingend mit beschlossen werden, weil auch eine Delegation an den Aufsichtsrat als Fassungsänderung möglich ist, dann aber in der Satzung oder im Kapitalherabsetzungsbeschluss auch vorgesehen sein muss (vgl. § 179 Abs. 1 Satz 2 AktG). Die Annahme, der Beschluss über die Kapitalherabsetzung beinhalte selbst die Änderung der Satzungsbestimmung über das Grundkapital[23], erscheint zu weitgehend, weil zum einen unklar ist, wie die redaktionelle Anpassung der Satzung unter Beachtung der Angaben der § 23 Abs. 3 Nr. 3 und Nr. 4 AktG erfolgen soll und zum anderen die Möglichkeit zur Ermächtigung des Aufsichtsrats gemäß § 179 Abs. 1 Satz 2 AktG überflüssig wäre[24].

3. Materielle Voraussetzungen

a) Sachliche Rechtfertigung

49.11 Nach ganz überwiegender Meinung im Schrifttum und der Rechtsprechung des BGH ist für den Beschluss über eine Kapitalherabsetzung wegen des in § 222 Abs. 4 AktG angeordneten **Stufenverhältnisses** ein besonderer sachlicher Grund bzw. eine sachliche Rechtfertigung nicht erforderlich[25]. Dem ist uneingeschränkt dann zu folgen, wenn die Kapitalherabsetzung durch Herabsetzung der Nennbeträge erfolgt[26]. Ist wegen des Erfordernisses des Mindestnennbetrages eine **Zusammenlegung** notwendig, ist eine sachliche Rechtfertigung zumindest dann nicht erforderlich, wenn das Zusammenlegungsverhältnis so gewählt ist, dass nach Lage der Dinge jeder erwerbswillige Aktionär ggf. seine Spitzen

---

19 Vgl. *Hüffer/Koch*, § 222 AktG Rz. 13; *Oechsler* in MünchKomm. AktG, 5. Aufl. 2021, § 222 AktG Rz. 19.
20 *Hüffer/Koch*, § 222 AktG Rz. 13.
21 Vgl. *Scholz* in MünchHdb. AG, § 61 Rz. 28; *Hüffer/Koch*, § 222 AktG Rz. 13.
22 *Hüffer/Koch*, § 222 AktG Rz. 6.
23 Dies für erwägenswert haltend *Scholz* in MünchHdb. AG, § 61 Rz. 32.
24 *Hüffer/Koch*, § 222 AktG Rz. 6; *Terbrack*, RNotZ 2003, 89, 91; *Stucken* in Happ/Groß/Möhrle/Vetter, Aktienrecht, Formular 14.01 Rz. 9.1.
25 BGH v. 9.2.1998 – II ZR 278/96 – Sachsenmilch, BGHZ 138, 71 = AG 1998, 284 = ZIP 1998, 692 = BB 1998, 911 m. Anm. *Thümmel* = NZG 1998, 422 m. Anm. *Mennicke* (549) = LM Nr. 3 zu § 222 AktG 1965 (*Heidenhain*); OLG Schleswig v. 18.12.2003 – 5 U 30/03, AG 2004, 155, 156 = DB 2004, 1416; *Hüffer/Koch*, § 222 AktG Rz. 14; *Oechsler* in MünchKomm. AktG, 5. Aufl. 2021, § 222 AktG Rz. 25; *Scholz* in MünchHdb. AG, § 61 Rz. 15; *Wirth*, DB 1996, 867, 871; *Fabis*, MittRhNotK 1999, 169, 178; *Henze* in FS Hadding, 2004, S. 409, 416 f.; im Grundsatz auch *Krieger*, ZGR 2000, 885, 887 f.; nun auch *Ekkenga* in KölnKomm. AktG, 4. Aufl. 2020, § 222 AktG Rz. 69.
26 Vgl. insofern auch LG Hannover v. 9.3.1995 – 21 O 84/94, AG 1995, 285, 287 = WM 1995, 2098, 2101; zu einer solchen Differenzierung auch *Scholz* in MünchHdb. AG, § 61 Rz. 15.

durch Hinzuerwerb zu einer vollen Aktie aufstocken kann[27]. In diesen Fällen wird der Vorstand ergänzend zu prüfen haben, ob nicht die Kapitalherabsetzung mit einem Wechsel in die Stückaktie verbunden wird, um die Entstehung von Spitzen zu vermeiden[28].

Ist demgegenüber eine gravierende Kapitalherabsetzung zwecks Sanierung unter einer Zusammenlegung geplant und ist parallel nicht eine Kapitalerhöhung unter Beteiligung der Altaktionäre vorgesehen, ist die sachliche Rechtfertigung dafür zu prüfen, warum nicht zugleich eine Kapitalerhöhung erfolgt, die eine Herausdrängung von Aktionären aus der Gesellschaft verhindert (vgl. auch schon Rz. 44.21)[29]. Das gilt auch dann, wenn mit hinreichender Sicherheit feststeht, dass eine Kapitalerhöhung nicht erfolgreich durchgeführt werden kann und ein Drittinvestor zum Erwerb der Aktienmehrheit nur unter der Voraussetzung des Ausscheidens von Minderheitsaktionären bereit ist. Dieser Konstellation ist nicht durch die Annahme, die Kapitalherabsetzung bedürfe keiner sachlichen Rechtfertigung, sondern ggf. durch die Bejahung eben dieser sachlichen Rechtfertigung des Beschlusses Rechnung zu tragen[30]. Nicht zu übersehen ist, dass diese Auffassung sanierende Kapitalmaßnahmen erschweren kann[31]. In der Praxis ist allerdings der Unterschied zu der eine bloße Missbrauchskontrolle annehmenden Auffassung sachlich gering, sofern an die sachliche Rechtfertigung jedenfalls in Sanierungsfällen keine besonders hohen Anforderungen gestellt werden[32]. Wird der Beschluss unter Berufung auf materielle Beschlusskontrolle angefochten, ist das Registergericht zur Eintragung nicht verpflichtet, sondern kann die Eintragung bis zum Abschluss des Anfechtungsverfahrens aussetzen[33]. Hierbei hat es aber die Sanierung und die drohende Beeinträchtigung innerhalb der Entscheidung über die Aussetzung in Erwägung zu ziehen[34]. Zur Problematik eingetragener Kapitalherabsetzungen bei erfolgreicher Anfechtung Rz. 49.25.

49.12

---

27 *Scholz* in MünchHdb. AG, § 61 Rz. 24; *Krieger*, ZGR 2000, 885, 893 f.; auch hier sachliche Rechtfertigung fordernd aber *Natterer*, AG 2001, 629, 633 ff.
28 Dafür *Butzke*, HV, L Rz. 34 und dort Fn. 80.
29 *Sethe* in Großkomm. AktG, 4. Aufl. 2011, § 222 AktG Rz. 29; *Hüffer/Koch*, § 222 AktG Rz. 14; *Krieger*, ZGR 2000, 885, 895 f.; *Geißler*, NZG 2002, 719, 724; *Natterer*, AG 2001, 629, 633 ff.; in diese Richtung auch *Thümmel*, BGH v. 9.2.1998 – II ZR 278/96, BB 1998, 911, 912; vgl. auch LG München I v. 19.1.1995 – 5 HK O 12980/94, ZIP 1995, 1013 f. (Nichtigkeit einer Kapitalherabsetzung zwecks Herausdrängen der Minderheitsaktionäre mit begleitender Sachkapitalerhöhung zugunsten des Mehrheitsaktionärs unter Bezugsrechtsausschluss); a.A. BGH v. 9.2.1998 – II ZR 278/96 – Sachsenmilch, BGHZ 138, 71, 78 = AG 1998, 284.
30 Der BGH hat im Fall Sachsenmilch in der Sache eine Inhaltskontrolle durchgeführt, die er zunächst für nicht erforderlich erklärt hat, vgl. *Hirte*, ZInsO 1999, 616, 618; *Krieger*, ZGR 2000, 885, 896; *Thümmel*, BGH v. 9.2.1998 – II ZR 278/96, AG 1998, 284 = BB 1998, 911, 912 („Im Grunde nimmt der BGH an dieser Stelle gerade die Abwägung vor, die er zunächst als unnötig abgelehnt hat."); siehe auch *Henze*, Aktienrecht, Rz. 1032: „Der Bundesgerichtshof brauchte diese Frage [scl.: sachliche Rechtfertigung bei sanierender Kapitalherabsetzung bei fehlender Verbindung mit einer Kapitalerhöhung ohne Beseitigung der Überschuldung] nicht zu entscheiden, weil sich solche Gründe aus dem Vortrag der Parteien ergaben".
31 Das ist das nach *Heidenhain*, LM Nr. 3 zu § 222 AktG 1965 entscheidend gegen eine materielle Beschlusskontrolle sprechende Argument; generell ein Rechtfertigungserfordernis ablehnend unter Hinweis auf eine Missbrauchskontrolle und eine Prüfung anhand des Gleichbehandlungsgrundsatzes auch *Scholz* in MünchHdb. AG, § 61 Rz. 15.
32 Der Unterschied zur Missbrauchskontrolle liegt im Wesentlichen in der Berichtspflicht analog § 186 Abs. 4 AktG. Vgl. insofern auch *Henze*, BB 2001, 53, 59: „Unter dem Eindruck des Hilgers-Urteils kann jedoch die Prognose gewagt werden, dass der BGH bei erfolgversprechender Sanierung im Interesse der Minderheitsaktionäre die im Schrifttum geforderte sachliche Rechtfertigung in Form der Treupflicht der Mehrheit gegenüber der Minderheit bejahen würde."
33 *Oechsler* in MünchKomm. AktG, 5. Aufl. 2021, § 223 AktG Rz. 6; diesbezüglich ein pflichtgemäßes Ermessen des Registerrichters annehmend *Ekkenga* in KölnKomm. AktG, 4. Aufl. 2020, § 223 AktG Rz. 11.
34 Vgl. *Ekkenga* in KölnKomm. AktG, 4. Aufl. 2020, § 223 AktG Rz. 11, nach dem auch ausnahmsweise eine sofortige Eintragung erfolgen kann.

49.13 Kein eigentliches Problem der Kapitalherabsetzung, sondern vielmehr eines einer **anschließenden Kapitalerhöhung** (zu dieser Verbindung Rz. 50.17) unmittelbar nach Vollzug einer sanierenden Kapitalherabsetzung stellt das Problem der sachgerechten Wahl der **Aktienstückelung** bei Wiedererhöhung des Grundkapitals dar. Zulässig ist zunächst eine Kapitalherabsetzung auf Null, wenn das Grundkapital sogleich wieder erhöht wird (dazu schon Rz. 49.6)[35]. Die nachfolgende Kapitalerhöhung untersteht dem Bezugsrecht der Altaktionäre, soweit dies nicht wirksam ausgeschlossen ist[36]. An den Bezugsrechtsausschluss sind wegen des Ausschlusscharakters strenge Maßstäbe anzulegen; die Annahme einer Zustimmungspflicht sämtlicher Aktionäre[37] ist jedoch zu weitgehend[38]. Bei der Wahl der Aktiennennbeträge im Rahmen dieser Kapitalerhöhung ist ein **möglichst niedriger Nennbetrag**, im Zweifel der Mindestnennbetrag (bzw. bei Stückaktien der Mindestbetrag gemäß § 8 Abs. 3 Satz 3 AktG), zu wählen, um allen Aktionären nach Möglichkeit den Verbleib in der Gesellschaft zu eröffnen. Das folgt nach Auffassung des BGH aus der Treuepflicht des Mehrheitsaktionärs[39], nach anderer Auffassung demgegenüber bereits aus dem Gesetzeszweck des § 222 Abs. 4 AktG[40].

b) Gleichbehandlung

49.14 Der Kapitalherabsetzungsbeschluss darf nicht gegen den Grundsatz der Gleichbehandlung (§ 53a AktG) verstoßen[41]. Dementsprechend ist es nicht zulässig, bei der Kapitalherabsetzung einzelne Aktiengattungen zu bevorzugen bzw. nur den Nennbetrag bestimmter Aktien herabzusetzen, die etwa durch vorherige Auslosung bestimmt wurden. Eine Abweichung zum Nachteil einzelner Aktionäre ist nur dann zulässig, wenn alle betroffenen Aktionäre dem zustimmen[42]. Ferner wird vertreten, auch eine Satzungsbestimmung könne eine Auswahl bestimmter betroffener Aktien bzw. eine Auslosung vorsehen[43]. Diese Auffassung erscheint sehr zweifelhaft, weil sie die ordentliche Kapitalherabsetzung mit der besonderen Durchführungsform der Kapitalherabsetzung durch Einziehung vermischt. Vielmehr ist – ebenso wie bei der Kapitalerhöhung aus Gesellschaftsmitteln[44] – mit der ordentlichen Kapitalherabsetzung zwingend eine gleichmäßige Behandlung aller Aktien verbunden.

---

35 BGH v. 5.10.1992 – II ZR 172/91 – Klöckner, BGHZ 119, 305, 319 f. = AG 1993, 125; BGH v. 5.7.1999 – II ZR 126/98 – Hilgers, BGHZ 142, 167 = ZIP 1999, 1444 = NZG 1999, 1158 m. Anm. *Rottnauer* = AG 1999, 517; *Ekkenga* in KölnKomm. AktG, 4. Aufl. 2020, § 228 AktG Rz. 8.
36 Entgegen *Natterer*, Kapitalveränderung der Aktiengesellschaft, Bezugsrecht und sachlicher Grund, 2000, S. 302 f. führt die Kapitalherabsetzung auf Null unter Zusammenlegung zumindest dann nicht zum Verlust des Bezugsrechts, wenn in derselben Hauptversammlung eine Kapitalerhöhung beschlossen, sofort durchgeführt und gemäß § 228 Abs. 2 AktG gemeinsam angemeldet und eingetragen wird, vgl. näher *Krieger*, ZGR 2000, 885, 898 f., *Priester*, DNotZ 2003, 592, 595, und *Ekkenga* in KölnKomm. AktG, 4. Aufl. 2020, § 228 AktG Rz. 20.
37 So aber *Priester*, DNotZ 2003, 592, 600.
38 Der Bezugsrechtsausschluss richtet sich nach den allgemeinen Erfordernissen, vgl. *Oechsler* in MünchKomm. AktG, 5. Aufl. 2021, § 228 AktG Rz. 5.
39 BGH v. 5.7.1999 – II ZR 126/98, BGHZ 142, 167 = ZIP 1999, 1444, 1445 = AG 1999, 517.
40 *Krieger*, ZGR 2000, 885, 903; vgl. auch *J. Vetter*, AG 2000, 193, 196 und 206; *Oechsler* in MünchKomm. AktG, 5. Aufl. 2021, § 228 AktG Rz. 5 erkennt in der Entscheidung des BGH v. 5.7.1999 – II ZR 126/98, BGHZ 142, 167 = ZIP 1999, 1444, 1445 = AG 1999, 517 eine „spiegelbildliche Anwendung des Rechtsgedankens" aus § 222 Abs. 4 Satz 2 AktG.
41 *Oechsler* in MünchKomm. AktG, 5. Aufl. 2021, § 222 AktG Rz. 26; *Hüffer/Koch*, § 222 AktG Rz. 15.
42 *Scholz* in MünchHdb. AG, § 61 Rz. 18; *Hüffer/Koch*, § 222 AktG Rz. 15.
43 *Scholz* in MünchHdb. AG, § 61 Rz. 18; ähnlich *Sethe* in Großkomm. AktG, 4. Aufl. 2011, § 222 AktG Rz. 31 ff.
44 Vgl. insofern OLG Dresden v. 9.2.2001 – 15 W 129/01, DB 2001, 584 = AG 2001, 532.

c) Kapitalherabsetzung in der Insolvenz und in der Liquidation

Eine (ordentliche oder vereinfachte) Kapitalherabsetzung kann auch nach Eröffnung des Insolvenzverfahrens beschlossen werden. Eine gleichzeitige Kapitalerhöhung ist rechtlich nicht erforderlich[45]; allerdings stellt sich die Frage der sachlichen Rechtfertigung des Herabsetzungsbeschlusses. In der Liquidation wird eine Kapitalherabsetzung ebenfalls für zulässig erachtet, sofern die Grenzen des § 272 AktG neben § 225 AktG beachtet werden[46]. 49.15

4. Stimmpflichten

Umstritten ist, ob Minderheitsaktionäre verpflichtet sein können, für einen Kapitalherabsetzungsbeschluss zu stimmen (oder sich zumindest zu enthalten). Dies hat der BGH im Fall einer **sanierenden Kapitalerhöhung** unter dem Aspekt der **Treuepflicht** des über eine Sperrminorität verfügenden Minderheitsaktionärs gegenüber den Mitaktionären angenommen; dem Minderheitsaktionär sei es nicht erlaubt, eine „sinnvolle und mehrheitlich angestrebte Sanierung einschließlich einer zum Sanierungskonzept gehörenden Kapitalherabsetzung aus eigennützigen Gründen zu verhindern"[47]. Diesem Grundsatz – bei dessen Verletzung Schadensersatzpflichten drohen – ist zuzustimmen, wobei offen bleiben kann, ob diese Voraussetzungen im Fall Girmes gegeben waren[48]. Zu Kapitalmaßnahmen im Rahmen eines Insolvenzplans siehe schon Rz. 44.21. 49.16

5. Aufhebung und Änderung des Kapitalherabsetzungsbeschlusses

Eine Änderung des Kapitalherabsetzungsbeschlusses vor Eintragung erfordert einen Änderungsbeschluss, welcher der Mehrheit des Ausgangsbeschlusses bedarf[49]. Demgegenüber kann der Kapitalherabsetzungsbeschluss durch einen nur einfache Mehrheit erfordernden Hauptversammlungsbeschluss aufgehoben werden, denn damit ist lediglich eine Bestätigung der ursprünglichen Satzung verbunden[50]. Nach Eintragung des Kapitalherabsetzungsbeschlusses ist wegen der Wirkung des § 224 AktG 49.17

---

45 BGH v. 9.2.1998 – II ZR 278/96 – Sachsenmilch, BGHZ 138, 71 = AG 1998, 284 = ZIP 1998, 692; *Henze*, Aktienrecht, Rz. 1034; *Scholz* in MünchHdb. AG, § 61 Rz. 19; *Hüffer/Koch*, § 222 AktG Rz. 24; *Wirth*, DB 1996, 867, 869; *Ekkenga* in KölnKomm. AktG, 4. Aufl. 2020, § 222 AktG Rz. 71.
46 *Scholz* in MünchHdb. AG, § 61 Rz. 19; *Hüffer/Koch*, § 222 AktG Rz. 24; vgl. auch *Ekkenga* in KölnKomm. AktG, 4. Aufl. 2020, § 222 AktG Rz. 70, der hierin ein Scheinproblem erkennt.
47 BGH v. 20.3.1995 – II ZR 205/94 – Girmes, BGHZ 129, 136 = AG 1995, 368 = ZIP 1995, 819 m. Anm. *Müller*, ZIP 1995, 1415; siehe auch *C. Schäfer* in FS Hommelhoff, 2012, S. 939 ff.; *Ekkenga* in KölnKomm. AktG, 4. Aufl. 2020, § 222 AktG Rz. 8 f.; *Sethe* in Großkomm. AktG, 4. Aufl. 2011, § 222 AktG Rz. 63; *Oechsler* in MünchKomm. AktG, 5. Aufl. 2021, § 222 AktG Rz. 27; *Seibt*, ZIP 2014, 1909, 1912 ff.; OLG München v. 16.1.2014 – 23 AktG 3/13, ZIP 2014, 472, 474 = AG 2014, 546 (in diesem Freigabeverfahren wurde eine Zustimmungs- bzw. Enthaltungspflicht jedoch mangels Sanierungskonzept verneint).
48 Sehr kritisch *Wenger*, ZIP 1993, 321, 323 ff.; *Flume*, ZIP 1996, 161, 165; an einer Verletzung der Treuepflicht im konkreten Fall zweifelnd auch *K. Schmidt*, GesR, § 20 IV 3, S. 594; *Jilg*, Die Treuepflicht des Aktionärs, 1996, S. 116; siehe aber demgegenüber *Marsch-Barner*, ZIP 1996, 853 ff. Sachlich mag sowohl der Standpunkt der Minderheitsaktionäre (schonendere Kapitalherabsetzung) wie der der Gläubiger (höhere Kapitalherabsetzung) angreifbar gewesen sein; weil das Sanierungspaket zum Zeitpunkt des Beschlusses aber schon geschnürt war und die Gläubiger nicht auf der Hauptversammlung präsent waren, spricht viel für die Annahme, dass die Minderheit gehalten war, sich nicht gegen die sie wirtschaftlich nicht treffende höhere Kapitalherabsetzung zu stellen.
49 *Oechsler* in MünchKomm. AktG, 5. Aufl. 2021, § 222 AktG Rz. 28; *Hüffer/Koch*, § 222 AktG Rz. 16; *Scholz* in MünchHdb. AG, § 61 Rz. 45.
50 *Hüffer/Koch*, § 222 AktG Rz. 16; *Oechsler* in MünchKomm. AktG, 5. Aufl. 2021, § 222 AktG Rz. 28; *Scholz* in MünchHdb. AG, § 61 Rz. 45; *Ekkenga* in KölnKomm. AktG, 4. Aufl. 2020, § 222 AktG Rz. 26; *Favoccia* in MünchVertragsHdb. GesR, Formular V 131 Anm. 13; a.A. *Stucken* in Happ/Groß/Möhrle/Vetter, Aktienrecht, Formular 14.01 Rz. 10.2 (auch hier qualifizierte Mehrheit erforderlich).

(Wirksamwerden der Kapitalherabsetzung) eine Aufhebung oder Änderung des Beschlusses nicht mehr möglich.

6. Fehlerhafter Beschluss

49.18 Solange ein ggf. nach § 222 Abs. 2 AktG erforderlicher **Sonderbeschluss fehlt**, ist der Kapitalherabsetzungsbeschluss schwebend unwirksam. Steht fest, dass ein solcher Sonderbeschluss nicht erreichbar ist, ist der Kapitalherabsetzungsbeschluss unwirksam[51]. Führt die Kapitalherabsetzung zu einem Verstoß gegen § 7 AktG, ist außerhalb des Falles von § 228 AktG (Verbindung mit Kapitalerhöhung) der Beschluss nichtig. Das gilt auch für Verstöße gegen § 8 Abs. 2 Satz 1 AktG[52]. Der Beschluss ist anfechtbar, wenn er den **Zweck** der Kapitalherabsetzung nicht nennt[53], dieser nicht erreichbar ist[54] oder die Kapitalherabsetzung etwa wegen fehlender Verluste nicht erforderlich ist (wobei im letzten Fall Kenntnis oder grob fahrlässige Unkenntnis der Verwaltung erforderlich ist). Zur Anfechtbarkeit führt auch das Fehlen der Angabe der **Art** der Kapitalherabsetzung im Beschluss[55] sowie ein Verstoß gegen das **Subsidiaritätsprinzip** des § 222 Abs. 4 Satz 2 AktG[56].

III. Anmeldung und Wirksamwerden der Kapitalherabsetzung

49.19 Gemäß § 223 AktG ist der Beschluss über die Kapitalherabsetzung zur Eintragung in das Handelsregister anzumelden. Gemäß § 224 AktG ist mit der Eintragung des Beschlusses über die Herabsetzung des Grundkapitals das Grundkapital herabgesetzt. Zusätzlich ist nach § 227 Abs. 1 AktG auch noch die Durchführung der Kapitalherabsetzung zur Eintragung in das Handelsregister anzumelden. Diese Eintragung der Durchführung der Kapitalerhöhung hat, wie § 224 AktG zeigt, nur nachrichtlichen Charakter (dazu Rz. 49.52).

1. Anmeldung

a) Inhalt

49.20 § 223 AktG sieht die Anmeldung[57] des **Herabsetzungsbeschlusses** vor. Diese Gesetzesformulierung ist insofern ungenau, als anders als bei der ordentlichen Kapitalerhöhung, die zu ihrer Wirksamkeit noch der Anmeldung und Eintragung der Durchführung der Kapitalerhöhung bedarf, die Kapitalherabsetzung mit Eintragung des Kapitalherabsetzungsbeschlusses wirksam wird (§ 224 AktG)[58]. Gleichwohl beinhaltet die Anmeldung gemäß § 223 AktG die Erklärung, dass die Hauptversammlung die Herabsetzung des Grundkapitals um einen zu beziffernden Betrag beschlossen hat. Beinhaltet der Kapitalherabsetzungsbeschluss einen Höchstbetrag, ist die Eintragung, damit aber auch die Anmeldung, davon abhängig, dass der endgültige Betrag der Herabsetzung feststeht[59].

---

51 *Hüffer/Koch*, § 222 AktG Rz. 17.
52 *Hüffer/Koch*, § 222 AktG Rz. 17.
53 *Ekkenga* in KölnKomm. AktG, 4. Aufl. 2020, § 222 AktG Rz. 65.
54 LG Hannover v. 9.3.1995 – 21 O 84/94, AG 1995, 285, 286; *Hüffer/Koch*, § 222 AktG Rz. 17.
55 *Ekkenga* in KölnKomm. AktG, 4. Aufl. 2020, § 222 AktG Rz. 65; *Oechsler* in MünchKomm. AktG, 5. Aufl. 2021, § 222 AktG Rz. 52 m.w.N.
56 RG v. 19.5.1925 – II B. 10/25, RGZ 111, 26, 28; *Ekkenga* in KölnKomm. AktG, 4. Aufl. 2020, § 222 AktG Rz. 65.
57 Muster bei *Favoccia* in MünchVertragsHdb. GesR, Formular V 132 und bei *Stucken* in Happ/Groß/Möhrle/Vetter, Aktienrecht, Formular 14.01c).
58 Vgl. zu dieser Ungenauigkeit *Ekkenga* in KölnKomm. AktG, 4. Aufl. 2020, § 223 AktG Rz. 2.
59 *Ekkenga* in KölnKomm. AktG, 4. Aufl. 2020, § 223 AktG Rz. 4; *Oechsler* in MünchKomm. AktG, 5. Aufl. 2021, § 223 AktG Rz. 9; *Marsch-Barner/Maul* in BeckOGK AktG, Stand 1.6.2021, § 223 AktG Rz. 7; *Veil* in K. Schmidt/Lutter, § 223 AktG Rz. 4; *Hüffer/Koch*, § 223 AktG Rz. 2.

b) Anmeldende

Die Anmeldung erfolgt durch den **Vorstand** und den **Aufsichtsratsvorsitzenden** (vgl. § 223 AktG). Es genügt die Mitwirkung einer vertretungsberechtigten Zahl von Vorstandsmitgliedern. Bei unechter Gesamtvertretung gemäß § 78 Abs. 3 AktG ist die Mitwirkung von Prokuristen zulässig[60], weil anders als bei der ordentlichen Kapitalerhöhung keine strafrechtlich relevanten Angaben gemacht werden müssen. Daher ist nach zutreffender, herrschender Auffassung auch eine rechtsgeschäftliche Bevollmächtigung Dritter unter Beachtung der Form des § 12 Abs. 1 HGB zulässig[61].

49.21

c) Beizufügende Unterlagen

Der Anmeldung sind die notariellen Beschlussprotokolle über die Kapitalherabsetzung und etwaige Sonderbeschlüsse sowie die Neufassung des Satzungswortlautes mit der Bescheinigung des Notars nach § 181 Abs. 1 Satz 2 AktG beizufügen.

49.22

2. Registerkontrolle, Eintragung, Bekanntmachung

Das Registergericht hat das ordnungsgemäße Zustandekommen des Kapitalherabsetzungsbeschlusses und im Übrigen die Form der Anmeldung sowie die Vollständigkeit und Ordnungsgemäßheit der beizufügenden Unterlagen zu prüfen. Gegenstand der Prüfung sind namentlich die Mehrheitserfordernisse, das Vorliegen etwaig notwendiger Sonderbeschlüsse und die Bestimmtheit des Herabsetzungsbetrages. **Anfechtungsgründe** darf das Registergericht im Rahmen einer Eintragungsverweigerung nur berücksichtigen, wenn durch diese Drittinteressen und nicht allein die Interessen der Aktionäre betroffen sind[62]. Zu den nur die Aktionäre, nicht aber Drittinteressen berührenden Anfechtungsgründen gehören namentlich Verstöße gegen den Grundsatz der Gleichbehandlung aller Aktionäre (§ 53a AktG) und gegen den Grundsatz der Subsidiarität der Zusammenlegung gegenüber der bloßen Herabsetzung des Nennbetrages (§ 222 Abs. 4 Satz 2 AktG)[63]. Bei nur die Aktionäre schützenden Anfechtungsgründen kann das Registergericht das Eintragungsverfahren aber bei erhobener Anfechtungsklage bis zum Ausgang des Anfechtungsverfahrens aussetzen.

49.23

Die **Eintragung** des Kapitalerhöhungsbeschlusses beinhaltet die Rötung der alten Grundkapitalziffer und Eintragung des neuen Grundkapitals. Die Eintragung der Kapitalherabsetzung ist gemäß § 10 HGB **bekanntzumachen**. Im Rahmen der Bekanntmachung ist gemäß § 225 Abs. 1 Satz 2 AktG auf das **Recht der Gläubiger auf Sicherheitsleistung hinzuweisen**.

49.24

Wurde die Kapitalherabsetzung eingetragen, aber danach der Beschluss durch Anfechtungsurteil kassiert, stellen sich bislang nicht eingehend diskutierte Fragen der **Bestandskraft fehlerhafter Kapitalherabsetzungen**[64]. Bei der börsennotierten AG stellen sich insofern insbesondere bei der Kapitalherabsetzung zwecks Ausschüttung kaum lösbare Probleme. Hier – wie ebenfalls bei einer sanierenden Kapitalherabsetzung mit anschließender Kapitalerhöhung – sprechen praktische Argumente für die Annahme einer Bestandskraft auch für die Zukunft[65]. Die traditionelle Auffassung spricht sich dem-

49.25

---

60 *Ekkenga* in KölnKomm. AktG, 4. Aufl. 2020, § 223 AktG Rz. 3.
61 *Oechsler* in MünchKomm. AktG, 5. Aufl. 2021, § 223 AktG Rz. 2; *Hüffer/Koch*, § 223 AktG Rz. 3; *Ekkenga* in KölnKomm. AktG, 4. Aufl. 2020, § 223 AktG Rz. 3; *Terbrack*, RNotZ 2003, 89, 96.
62 *Ekkenga* in KölnKomm. AktG, 4. Aufl. 2020, § 223 AktG Rz. 10; *Oechsler* in MünchKomm. AktG, 5. Aufl. 2021, § 223 AktG Rz. 6; *Hüffer/Koch*, § 223 AktG Rz. 5; *Marsch-Barner/Maul* in BeckOGK AktG, Stand 1.6.2021, § 223 AktG Rz. 8; *Veil* in K. Schmidt/Lutter AktG, § 223 AktG Rz. 5.
63 *Scholz* in MünchHdb. AG, § 61 Rz. 33; *Ekkenga* in KölnKomm. AktG, 4. Aufl. 2020, § 223 AktG Rz. 65; *Hüffer/Koch*, § 222 AktG Rz. 17 a.E.
64 Vgl. aber *Krieger*, ZHR 158 (1994), 35, 52 f.; *Scholz* in MünchHdb. AG, § 61 Rz. 47.
65 In diese Richtung tendierend *Krieger*, ZHR 158 (1994), 35, 53; so auch *Scholz* in MünchHdb. AG, § 61 Rz. 47; zu den praktischen Schwierigkeiten der Rückabwicklung *Haberstock/Greitemann* in Hölters, § 224 AktG Rz. 16.

gegenüber für den Fall der ordentlichen Kapitalherabsetzung für eine Pflicht der Gesellschaft zur Wiederaufstockung des Kapitals mit entsprechenden Zeichnungspflichten der Aktionäre aus, die gemäß § 894 ZPO durchzusetzen seien[66]. Das setzt Identifizierbarkeit der Aktionäre voraus und ist bei der börsennotierten AG evident unmöglich. Eine Ausnahme soll für die vereinfachte Kapitalherabsetzung gelten, weil diese nicht zu Auszahlungen des Gesellschaftsvermögens führt[67]. § 246a AktG sieht auch für die Kapitalherabsetzung ein Freigabeverfahren sowie einen Bestandsschutz für fehlerhafte Beschlüsse vor.

3. Wirksamwerden der Kapitalherabsetzung

49.26 Mit der Eintragung des Kapitalherabsetzungsbeschlusses ist das Grundkapital herabgesetzt (§ 224 AktG). Für Kapitalherabsetzungen zwecks Rekapitalisierung gemäß § 7 bzw. § 22 StFG (zum Begriff vgl. Rz. 44.6 in Fn. 22) gilt § 7c WStBG, wonach der zur Eintragung angemeldete Herabsetzungsbeschluss bereits mit Veröffentlichung auf der Internetseite der Gesellschaft wirksam ist[68]. Anders als bei der vereinfachten Kapitalherabsetzung ist es nicht möglich, der Kapitalherabsetzung Rückwirkung beizumessen. Ein **bedingtes** oder **genehmigtes Kapital** wird durch die Herabsetzung **nicht berührt**. Das gilt auch dann, wenn aufgrund der Kapitalherabsetzung nachträglich Höchstbeträge wie die in § 192 Abs. 3, § 202 Abs. 3 AktG bestimmten überschritten werden (siehe zum genehmigten Kapital Rz. 45.9 und zum bedingten Kapital Rz. 46.18). Bei einem zum Zeitpunkt der Kapitalherabsetzung bereits bestehenden genehmigten Kapital gemäß § 186 Abs. 3 Satz 4 AktG ist allerdings bei der **Ausnutzung der Ermächtigung** die aufgrund des neuen Grundkapitals zu berechnende Höchstgrenze durch die Verwaltung zu beachten (vgl. schon Rz. 45.22)[69]. Auch ist bei der Schaffung eines neuen genehmigten Kapitals wie auch eines bedingten Kapitals hinsichtlich der Höchstgrenzen das herabgesetzte Kapital zugrunde zu legen. Die neue Grundkapitalziffer gilt mit Eintragung der Kapitalherabsetzung für die Berechnung von Minderheitenquoren (z.B. § 147 Abs. 2 AktG), für die Höchstzahl der Aufsichtsratsmitglieder (§ 95 AktG; siehe schon Rz. 48.8) und die Bemessung der gesetzlichen Rücklage (§ 150 Abs. 2 AktG).

a) Auswirkung auf Mitgliedschaftsrechte

49.27 Erfolgt die Kapitalherabsetzung durch Herabsetzung des Nennbetrages der Aktie, wird diese Herabsetzung des Nennbetrages mit der Eintragung wirksam. Aktienurkunden verbriefen nur noch den herabgesetzten Betrag[70]. Erfolgt die Kapitalherabsetzung durch Zusammenlegung von Aktien, gilt dasselbe. Werden Aktien z.B. im Verhältnis 2:1 zusammengelegt, kann ein Aktionär, der über zwei Aktienurkunden verfügt, bis zum Umtausch in neue Aktienurkunden die Mitgliedschaftsrechte für eine Aktie ausüben. Problematisch ist demgegenüber die Behandlung von **Bruchteilsrechten** (im soeben gewählten Beispiel hält ein Aktionär nur eine Aktie, nach der Kapitalherabsetzung also nur noch eine halbe). Fraglich ist insofern, ob bis zum Abschluss des Zusammenlegungsverfahrens (Verwertung der Spitze oder Zukauf) Aktienrechte wie insbesondere das Stimmrecht ausgeübt werden können. Für die Kapitalerhöhung aus Gesellschaftsmitteln enthält § 213 Abs. 2 AktG in Bezug auf Teilrechte eine Spezialregelung (vgl. Rz. 47.30 f.). Demgegenüber nimmt die wohl herrschende Meinung bei der Kapitalherabsetzung an, dass zunächst der Aktionär alle Mitgliedschaftsrechte in Bezug auf die halbe Aktie

---

66 *Schäfer*, Die Lehre vom fehlerhaften Verband, 2002, S. 449; ähnlich *Kort*, Bestandsschutz fehlerhafter Strukturänderungen im Kapitalgesellschaftsrecht, 1998, S. 245 ff., der einen „Wiederaufbau" des Kapitals durch Kapitalerhöhung durch Leistung der „ermittelbaren" Aktionäre fordert.
67 *Schäfer*, Die Lehre vom fehlerhaften Verband, 2002, S. 451 f.
68 *Lieder*, ZIP 2020, 837, 850.
69 Vgl. *Ihrig/Wagner*, NZG 2002, 657, 660 und die Nachweise Rz. 45.22; a.A. *Marsch-Barner/Maul* in Beck-OGK AktG, Stand 1.6.2021, § 224 AktG Rz. 11; *Scholz* in MünchHdb. AG, § 59 Rz. 34; *Ekkenga* in Köln-Komm. AktG, 4. Aufl. 2020, § 222 AktG Rz. 20, der dies wohl nur für die Schaffung eines zukünftigen genehmigten Kapitals annimmt.
70 *Oechsler* in MünchKomm. AktG, 5. Aufl. 2021, § 224 AktG Rz. 16; *Hüffer/Koch*, § 224 AktG Rz. 4.

einschließlich des Stimmrechtes ausüben kann[71], wobei von einem Bruchteilsstimmrecht auszugehen ist[72]. Andere billigen zwar anteilige Vermögensrechte, nicht jedoch das Stimmrecht und auch nicht das Anfechtungsrecht zu[73]. Erst wenn die Gesellschaft die Spitzenbeträge zusammengelegt hat, sind die Mitgliedschaftsrechte allein der vollen Aktie zuzuordnen. Die bloße Kraftloserklärung gemäß § 226 Abs. 2 AktG bewirkt demgegenüber allein das Ende der wertpapiermäßigen Verbriefung des fortbestehenden Mitgliedschaftsrechts[74].

b) Auswirkungen auf Rechte Dritter

Bei **schuldrechtlichen Rechten** Dritter, die vom Dividendensatz der Gesellschaft abhängig sind bzw. ein Umtauschrecht in Aktien der Gesellschaft beinhalten, kann eine Kapitalherabsetzung zu einer Störung des angestrebten Äquivalenzverhältnisses führen, wie dies auch bei der Kapitalerhöhung aus Gesellschaftsmitteln (mit umgekehrten Vorzeichen) zu beobachten ist. 49.28

Bei **Wandelschuldverschreibungen** ist zunächst eine vertragliche Regelung in den Anleihebedingungen zu berücksichtigen. Ansonsten ist streitig, ob eine Anpassung kraft gesetzlicher Analogie bzw. im Wege der ergänzenden Vertragsauslegung zu erfolgen hat[75]. Das Problem besteht darin, dass es – wohl aufgrund der Vielgestaltigkeit der Kapitalherabsetzung – an einer den § 216 Abs. 3 AktG und § 218 AktG (hierzu Rz. 47.41 ff.) vergleichbaren Regelung fehlt. Eine sachgerechte vertragliche Regelung wird folgendes berücksichtigen: Erfolgt die **Kapitalherabsetzung zwecks Rückzahlung von Kapital**, liegt der Sache nach eine außerordentliche Dividende vor, die in Anleihebedingungen typischerweise durch Reduzierung des Wandlungspreises um den „ex-Effekt" berücksichtigt wird. Dient die Kapitalherabsetzung der Dotierung der Rücklage oder der Ausbuchung von Verlusten, ist nach dem **Verfahren der Kapitalherabsetzung** zu unterscheiden und zu berücksichtigen, dass es ggf. der Anpassung des Wandlungspreises und/oder der Änderung des Bezugsanspruches in Bezug auf die Anzahl bzw. den Nennbetrag der zu liefernden Aktien bedarf: Bei einer **Kapitalherabsetzung durch Herabsetzung des Nennbetrages** bzw. des anteiligen Betrages am Grundkapital ändert sich am Wert der Aktien nichts. Um jedoch einer überproportionalen Beteiligung der Anleihegläubiger im Fall der Wandlung zu begegnen, ist analog der Regelung des § 218 AktG der Nennbetrag der bei Wandlung zu liefernden Aktien linear zu reduzieren, obwohl der Umfang des bedingten Kapitals mangels einer § 218 AktG vergleichbaren Regelung unverändert bleibt[76]. Erfolgt die **Kapitalherabsetzung durch Zusammenlegung**, steigt der wirtschaftliche Wert der verbleibenden Altaktien; dies ist durch Erhöhung des Wandlungspreises unter Reduzierung der Anzahl der zu liefernden Aktien zu berücksichtigen. Keine Anpassung ist demgegenüber bei einer Einziehung eigener Aktien nach Rückkauf gemäß § 71 Abs. 1 Nr. 8 Satz 6 AktG bzw. gemäß § 237 Abs. 3 Nr. 2 AktG veranlasst, weil sich das reduzierte Vermögen auf weniger Aktien verteilt. Einen Sonderfall stellt die durch § 237 Abs. 3 Nr. 3 AktG ermöglichte **Einzie-** 49.29

---

71 *Butzke*, HV, E Rz. 16; *Scholz* in MünchHdb. AG, § 61 Rz. 43; *Hüffer/Koch*, § 224 AktG Rz. 6; für den Fall einer Restgesellschaft auch OLG Hamburg v. 11.1.1991 – 11 U 125/90, AG 1991, 242, 243 = ZIP 1991, 305, 307; BGH v. 30.9.1991 – II ZR 47/91, AG 1992, 27, 28 = ZIP 1991, 1423, 1426.
72 Für anteiliges Stimmrecht explizit *Bork* in FS Claussen, 1997, S. 49, 56; siehe auch BGH v. 30.9.1991 – II ZR 47/91, ZIP 1991, 1423, 1426 = AG 1992, 27.
73 *Ekkenga* in KölnKomm. AktG, 4. Aufl. 2020, § 224 AktG Rz. 18 f., der eine Ausübung der Teilrechte bis zu deren Zusammenlegung nach § 213 Abs. 2 AktG analog ausschließen möchte („weniger als eine Stimme gibt es nicht"); *Oechsler* in MünchKomm. AktG, 5. Aufl. 2021, § 226 AktG Rz. 11.
74 *Hüffer/Koch*, § 226 AktG Rz. 12.
75 Für Gesamtanalogie zu § 216 Abs. 3 AktG *Ekkenga* in KölnKomm. AktG, 4. Aufl. 2020, § 224 AktG Rz. 24; *Habersack* in MünchKomm. AktG, 5. Aufl. 2021, § 221 AktG Rz. 309 (ergänzende Vertragsauslegung); *H. Meilicke*, BB 1963, 500 f.; differenzierend *Oechsler* in MünchKomm. AktG, 5. Aufl. 2021, § 224 AktG Rz. 25; ablehnend demgegenüber *A. Hueck*, DB 1963, 1347, 1348 f.; *Hüffer* in FS Bezzenberger, 2000, S. 191, 206.
76 Es sei denn, der Beschluss über die Kapitalherabsetzung wird um einen Beschluss über die Reduzierung des bedingten Kapitals ergänzt, wobei § 192 Abs. 4 AktG zu beachten ist, vgl. das Muster bei *Stucken* in Happ/Groß/Möhrle/Vetter, Aktienrecht, Formular 14.02 und dazu Rz. 10.3.

hung von **Stückaktien ohne Kapitalherabsetzung** dar. Dies ist der Sache nach ein „reverse stock split", der in Abhängigkeit von dem damit einhergehenden Aktivabgang (Rückkauf) den Wert der Altaktien erhöht und dann ebenfalls durch Erhöhung des Wandlungspreises unter Reduzierung der Anzahl der zu liefernden Bezugsaktien zu berücksichtigen ist.

49.30 Bei **Dividendengarantien**, die sich nach einem Prozentsatz vom Grundkapital bemessen, ist zunächst durch ergänzende Vertragsauslegung zu ermitteln, ob eine Vertragsanpassung gerechtfertigt ist[77]. Weil die Dividendengarantie gerade Verlustszenarien vorbeugen soll, ist im Zweifel davon auszugehen, dass eine Berechnung weiterhin aufgrund der alten Grundkapitalziffer erfolgen muss[78]. Anderes soll allerdings dann gelten, wenn die Kapitalherabsetzung zu einer Ausschüttung von bisher gebundenem Vermögen an die Aktionäre führt, ohne dass deutlich wird, warum dieser verstärkte Einsatz des Kapitals (statt Investitionen in operative Geschäfte) zu einer abweichenden Behandlung führen soll[79]. In Bezug auf **Ausgleichsansprüche gemäß § 304 AktG** ist hinsichtlich der ordentlichen Kapitalherabsetzung die Anpassung bei einer Kapitalherabsetzung des **herrschenden Vertragsteils** in Bezug auf den variablen Ausgleich streitig[80]. Bei der Kapitalherabsetzung der **abhängigen Gesellschaft** ist nach herrschender Auffassung bei Bezwecken eines Verlustausgleichs unter Zusammenlegung eine Anpassung des Ausgleichs *pro Aktie* nach oben (bei gleich bleibendem absolutem Ausgleich), bei Bezwecken der Rückzahlung nach unten geboten[81].

49.31 Sehr umstritten ist die Auswirkung einer Kapitalherabsetzung auf **Genussrechte**. Bei einer Kapitalherabsetzung zwecks Ausschüttung an die Aktionäre kann hinsichtlich einer Garantieverzinsung auf die obigen Ausführungen verwiesen werden. Schwieriger liegen die Dinge bei einer Kapitalherabsetzung zwecks Ausgleichs von Verlusten in Bezug auf eigenkapitalähnliche Genussrechte, die ihrerseits eine **Verlustteilnahme** vorsehen. Der BGH hat in der Klöckner-Entscheidung bei einer Kapitalherabsetzung zwecks Ausgleich von sich im Nachhinein als überhöht erweisenden Verlusten einen Anspruch auf Auszahlung des durch die Rückstellungsauflösung anteilig auf das Genusskapital entfallenden Betrages und bei endgültigen Verlusten einen Schadensersatzanspruch gegen die Gesellschaft dann angenommen, wenn die Verluste durch eine Geschäftstätigkeit entstanden sind, die dem in der Satzung festgelegten Unternehmensgegenstand nicht entsprach oder die kaufmännisch schlechthin unseriös war[82]. Der vom BGH angenommene Auszahlungsanspruch ist problematisch und statt dessen in Genussrechtsbedingungen durch Wiederauffüllungsklauseln zu ersetzen[83]. Ein Schadensersatzanspruch bei sich als endgültig erweisenden Verlusten ist im Hinblick auf den Eigenkapitalcharakter der Genussrechte vor allem bei Kreditinstituten und Versicherungsunternehmen bedenklich[84].

---

77 *Hüffer/Koch*, § 224 AktG Rz. 12; *Scholz* in MünchHdb. AG, 5. Aufl. 2020, § 61 Rz. 44.
78 *Ekkenga* in KölnKomm. AktG, 4. Aufl. 2020, § 224 AktG Rz. 30; *Hüffer/Koch*, § 224 AktG Rz. 12; nach dem Ziel der Kapitalherabsetzung differenzierend *Scholz* in MünchHdb. AG, § 61 Rz. 44.
79 *Ekkenga* in KölnKomm. AktG, 4. Aufl. 2020, § 224 AktG Rz. 30; a.A. *Scholz* in MünchHdb. AG, § 61 Rz. 44.
80 *Krieger* in MünchHdb. AG, § 71 Rz. 104; *Emmerich* in Emmerich/Habersack, Aktien- und GmbH-Konzernrecht, § 304 AktG Rz. 73; *Marsch-Barner/Maul* in BeckOGK AktG, Stand 1.6.2021, § 224 AktG Rz. 15; *Ekkenga* in KölnKomm. AktG, 4. Aufl. 2020, § 224 AktG Rz. 30.
81 *Krieger* in MünchHdb. AG, § 71 Rz. 106; *Stephan* in K. Schmidt/Lutter, § 304 AktG Rz. 122 und 123; *Ekkenga* in KölnKomm. AktG, 4. Aufl. 2020, § 224 AktG Rz. 31; eine Anpassung des festen Ausgleichs ablehnend aber *Veil/Preisser* in BeckOGK AktG, Stand 1.6.2021, § 304 AktG Rz. 82; *Hüffer/Koch*, § 304 AktG Rz. 19.
82 BGH v. 5.10.1992 – II ZR 172/91 – Klöckner, BGHZ 119, 305, 319 f. = AG 1993, 125 m. Anm. *Claussen* = WM 1992, 1902 = ZIP 1992, 1542 = LM Nr. 2 zu § 221 AktG 1965 (*Heidenhain*); *Ekkenga* in KölnKomm. AktG, 4. Aufl. 2020, § 224 AktG Rz. 28.
83 Vgl. *Busch*, AG 1994, 93, 101 f.
84 Eingehend *Busch*, AG 1993, 163 f. m.w.N.; dem folgend *Mülbert* in FS Hüffer, 2010, S. 679, 676 f.; *Bracht*, WM 2012, 585 ff.; *Kokemoor*, WM 2009, 1637, 1642; dagegen *Henze*, Aktienrecht, Rz. 1151 (Kritik an Entscheidung kann bei wertender Betrachtung nicht als gerechtfertigt angesehen werden); *Habersack*,

c) Schutz von ausscheidenden Aktionären

Eine weitere in diesem Zusammenhang stehende Problematik betrifft den **Schutz von Altaktionären** bei einer Kapitalherabsetzung zwecks Ausgleich von vermeintlichen Verlusten, die sich später als ganz oder teilweise nicht existent erweisen, im Falle einer sich unmittelbar anschließenden Kapitalerhöhung unter Ausschluss des Bezugsrechts der Aktionäre. Hier führt eine spätere Rückstellungsauflösung bzw. ein außerordentlicher Ertrag zwar im Fall der vereinfachten Kapitalherabsetzung zur Pflicht einer Dotierung der Kapitalrücklage gemäß § 232 AktG. Daran partizipieren aber die möglicherweise im Zuge der Kapitalherabsetzung vollständig aus der Gesellschaft ausgeschiedenen Aktionäre gar nicht mehr oder nicht in angemessener Weise. Diesbezüglich wird eine Korrektur durch Ausgabe von Genussrechten an die Altaktionäre diskutiert, ohne dass eine entsprechende Rechtspflicht bereits ausreichend ausgelotet ist[85]. Dementsprechend ist in solchen Konstellationen die sachliche Rechtfertigung des Bezugsrechtsausschlusses sorgfältig zu prüfen.

49.32

IV. Gläubigerschutz

Aufgrund der Vielzahl der mit einer ordentlichen Kapitalherabsetzung ermöglichten Zwecke, die insbesondere zur Rückzahlung von gebundenem Kapital an die Aktionäre oder zur Kapitallockerung durch Zuführung von Grundkapital in Rücklagen führen kann, trifft § 225 AktG Regelungen zum Schutz der Gläubiger. Diese Gläubigerschutzbestimmung gilt **nicht** im Fall der **vereinfachten Kapitalherabsetzung**, weil § 229 Abs. 3 AktG nicht auf § 225 AktG verweist. Auch für den Sonderfall der Kapitalherabsetzung durch Einziehung von Aktien sieht § 237 Abs. 3 AktG in bestimmten Fällen eine Ausnahme vom Gebot der Sicherheitsleistung vor. **Weitgehend inhaltsgleiche Gläubigerschutzbestimmungen** wie die in § 225 AktG finden sich in § 303 AktG für den Fall der Beendigung eines Beherrschungs- und Gewinnabführungsvertrages und in § 321 AktG für den Fall der Begründung einer Eingliederung. Ähnliche, wenn auch weniger strenge Gläubigerschutzvorschriften sieht das Verschmelzungsrecht (§ 22 UmwG) vor, wobei diese Bestimmung für Spaltungen, Vermögensübertragungen und den Formwechsel in den meisten Fällen entsprechend gilt (vgl. §§ 125, 176–179, 204 UmwG). Bei aller Ähnlichkeit der Sachverhalte und Rechtsfolgen ist in Rechnung zu stellen, dass sich der Anspruch bei der Kapitalherabsetzung gegen die AG richtet, während bei der Beendigung von Unternehmensverträgen und z.B. der Spaltung die Haftung eines Dritten in Rede steht und zudem die Gesellschaft dort in einen werbenden Zustand mit Kapitalschutz entlassen wird.

49.33

1. Sicherheitsleistung
a) Anspruchsberechtigte

Anspruchsberechtigt auf Sicherheitsleistung sind Gläubiger, deren **Forderungen** gegen die AG **begründet** worden sind, bevor die Eintragung des Beschlusses bekannt gemacht worden ist (vgl. § 225 Abs. 1 Satz 1 AktG). Forderungen sind jedenfalls schuldrechtliche Ansprüche jeder Art, die auf Vertrag oder Gesetz beruhen[86]. Die Forderung muss nicht unbedingt auf die Leistung von Geld gerichtet sein; vielmehr berechtigt auch ein Verschaffungsanspruch etwa auf Eigentum und nach überwiegender Auffassung auch ein Unterlassungsanspruch zur Sicherheitsleistung[87]. Dingliche Ansprüche wie Nießbrauch, Hypothek sind demgegenüber nicht „Forderungen", wohl aber dinglich gesicherte Ansprüche;

49.34

AG 2009, 801, 806; nunmehr auch BGH v. 29.4.2014 – II ZR 395/12, ZIP 2014, 1166, 1170 f. = AG 2014, 705.
85 Vgl. *Hirte* in FS Claussen, 1997, S. 115, 122 f.
86 *Ekkenga* in KölnKomm. AktG, 4. Aufl. 2020, § 225 AktG Rz. 10; *Oechsler* in MünchKomm. AktG, 5. Aufl. 2021, § 225 AktG Rz. 5; *Scholz* in MünchHdb. AG, § 61 Rz. 50.
87 *Hüffer/Koch*, § 225 AktG Rz. 2; a.A. als bilanzunwirksame Schwebeposition nicht § 225 Abs. 1 Satz 1 AktG unterfallend *Ekkenga* in KölnKomm. AktG, 4. Aufl. 2020, § 225 AktG Rz. 10.

die Einbeziehung anderer dinglicher Ansprüche wie solcher aus § 985 BGB, §§ 987 ff. BGB und § 1004 BGB[88] ist umstritten (vgl. diesbezüglich auch Rz. 49.37)[89]. Die Forderung muss **vor Bekanntmachung** der Eintragung des Kapitalherabsetzungsbeschlusses **begründet** sein. Fälligkeit ist für den Anspruch auf Sicherheitsleistung nicht erforderlich, sondern nach § 225 Abs. 1 Satz 1 letzter Halbsatz AktG gerade schädlich, sofern keine Einrede entgegensteht („... soweit sie nicht Befriedigung verlangen können"). Auch auflösend bedingte Forderungen berechtigen zur Sicherheitsleistung ebenso wie sog. betagte Ansprüche. Auch eine unter einer aufschiebenden Bedingung stehende Forderung berechtigt grundsätzlich zum Anspruch auf Sicherheitsleistung, sofern nicht der Bedingungseintritt so ungewiss ist, dass ein anerkennenswertes Schutzbedürfnis nicht besteht[90]. Deshalb hat auch der Inhaber einer unverfallbaren Anwartschaft gemäß § 1 BetrAVG einen Anspruch auf Sicherheitsleistung[91]. Bei **Dauerschuldverhältnissen** ist in Bezug auf den maßgeblichen Entstehungszeitpunkt der Vertragsschluss, nicht die Fälligkeit von Einzelansprüchen entscheidend. Allerdings sind **Einzelansprüche** nur dann zu sichern, wenn sie **hinreichend konkretisiert** sind, d.h. ohne weiteres Zutun der Partei in vorbestimmter Höhe entstehen, wie dies etwa bei fortlaufenden Mietzinszahlungen und auch ungesicherten Pensionsansprüchen der Fall ist. Analog § 160 HGB wird insofern allerdings eine „Enthaftung" diskutiert, wonach das Sicherungsinteresse des Gläubigers nur für Ansprüche entsteht, die innerhalb eines Zeitraumes von fünf Jahren nach Bekanntmachung der Eintragung des Kapitalherabsetzungsbeschlusses entstehen[92].

49.35 Ein Anspruch auf Sicherheitsleistung ist ausgeschlossen, wenn der Gläubiger nach dem Inhalt des Schuldverhältnisses bereits **Befriedigung** verlangen kann (§ 225 Abs. 1 Satz 1 letzter Halbsatz AktG). Voraussetzung hierfür ist, dass der Anspruch fällig ist und ihm keine Einreden entgegenstehen. Dann ist – im Unterschied z.B. zu § 303 AktG – der Schutz ausreichend durch das Rückzahlungsverbot gemäß § 225 Abs. 2 AktG gewährleistet. Ferner ist ein Anspruch auf Sicherheitsleistung gemäß § 7 Abs. 6 Satz 4 WStBG im Rahmen einer Rekapitalisierungsmaßnahme gemäß § 7 bzw. § 22 StFG (zum Begriff vgl. Rz. 44.6 in Fn. 22) ausgeschlossen, wenn zu diesem Zweck ein Kapitalschnitt (dazu noch Rz. 49.50) erfolgt, infolgedessen das Grundkapital wieder auf den ursprünglichen Betrag aufgefüllt wird[93]. Fällig und damit nicht zu sichern sind auch bereits verjährte Ansprüche[94]. Wenn demgegenüber die Forderung erst während der Ausschlussfrist fällig wird, hat der Gläubiger bis zur Fälligkeit Anspruch auf Sicherheitsleistung, danach entfällt dieser Anspruch[95]. Demgegenüber kann eine bereits geleistete Sicherheit nicht zurückgefordert werden, wenn nachträglich Fälligkeit eintritt, sondern erst mit Erfüllung der gesicherten Forderung. Keine Sicherheit zu leisten ist gemäß § 225 Abs. 1 Satz 3 AktG auch Gläubigern, die im Fall der Insolvenz ein Recht auf vorzugsweise **Befriedigung aus einer Deckungs-**

---

88 Vgl. zu § 303 AktG *Stephan* in K. Schmidt/Lutter, § 303 AktG Rz. 6 m.w.N.
89 *Ekkenga* in KölnKomm. AktG, 4. Aufl. 2020, § 225 AktG Rz. 10, der obligatorische Ansprüche aus Eigentum erfassen will.
90 Auf die Wahrscheinlichkeit des Bedingungseintritts abstellend *Oechsler* in MünchKomm. AktG, 5. Aufl. 2021, § 225 AktG Rz. 8 m.w.N. zur Gegenauffassung; *Scholz* in MünchHdb. AG, § 61 Rz. 50; *Wiedemann/Küpper* in FS Pleyer, 1986, S. 445, 451; für die Sicherbarkeit aufschiebend bedingter Forderungen auf die Wahrscheinlichkeit des Bedingungseintritts verzichtend *Ekkenga* in KölnKomm. AktG, 4. Aufl. 2020, § 225 AktG Rz. 22, dem zufolge die Wahrscheinlichkeit des Bedingungseintritts bei der Bemessung des Sicherungsanspruches zu berücksichtigen sei; zu § 22 UmwG *Seulen* in Semler/Stengel/Leonard, 5. Aufl. 2021, § 22 UmwG Rz. 11.
91 BAG v. 30.7.1996 – 3 AZR 397/95, DB 1997, 531, 532 f. = NJW 1997, 1526 = AG 1997, 268; *Hüffer/Koch*, § 225 AktG Rz. 3.
92 *Jäger*, DB 1996, 1069, 1070; *Hüffer/Koch*, § 225 AktG Rz. 4; *Scholz* in MünchHdb. AG, § 61 Rz. 50; zu § 303 AktG so auch BGH v. 7.10.2014 – II ZR 361/13, ZIP 2014, 2282 ff. = AG 2014, 855; siehe auch BGH v. 18.3.1996 – II ZR 299/94, ZIP 1996, 705, 706 = AG 1996, 321 (Sicherheitsleistung bei 30jährigem Mietvertrag nur für den dreifachen Jahresmietzins); kritisch *Seulen* in Semler/Stengel/Leonard, 5. Aufl. 2021, § 22 UmwG Rz. 46; *Th. Schröer*, DB 1999, 317, 322.
93 *Nolden/Heusel/Goette*, DStR 2020, 800, 803.
94 *Oechsler* in MünchKomm. AktG, 5. Aufl. 2021, § 225 AktG Rz. 13.
95 *Hüffer/Koch*, § 225 AktG Rz. 9; *Scholz* in MünchHdb. AG, § 61 Rz. 51.

masse haben, die nach gesetzlicher Vorschrift zu ihrem Schutz errichtet und staatlich überwacht ist. Dazu zählen die Pfandbriefgläubiger der Pfandbriefbanken und die Versicherungsgläubiger in Bezug auf Lebensversicherungen und bestimmte Kranken- bzw. Pflegeversicherungen (§ 30 Pfandbriefgesetz, §§ 125, 128, 315 VAG). Die Empfänger laufender Versorgungsleistungen und die Inhaber unverfallbarer Versorgungsanwartschaften einer betrieblichen Altersversorgung haben nach heute herrschender Auffassung analog § 225 Abs. 1 Satz 3 AktG keinen Anspruch auf Sicherheitsleistung, soweit die gesetzliche Insolvenzsicherung gemäß § 7 BetrAVG reicht[96]. Aufgrund der gesetzlichen Basissicherung für die Kunden von Kreditinstituten gemäß § 3 Abs. 1 und § 4 EAEG wird eine ausreichende Deckungsmasse i.S.v. § 225 Abs. 1 Satz 3 AktG auch für diesen Fall behauptet[97].

Allerdings stellt sich dann die Frage, ob der **Pensionssicherungsverein** selbst sicherungsberechtigt ist, weil der Verein gemäß § 9 BetrAVG bei Realisierung der Insolvenzgefahr Inhaber der Forderung bzw. des Anwartschaftsrechtes wird. Nach ganz überwiegender Auffassung besteht ein solches Sicherungsrecht bei allen Strukturmaßnahmen, die zur Sicherheitsleistung berechtigen, nicht, weil die aufschiebende Bedingung, unter der der Regressanspruch steht, noch nicht hinreichend konkret sei, um einen Besicherungsanspruch entstehen zu lassen[98]. Diese Auffassung ist für den Fall der Kapitalherabsetzung zwecks Ausschüttung von Mitteln an die Aktionäre nicht unproblematisch, weil die Versagung der Sicherheitsleistung sowohl für die Versorgungsberechtigten wie auch für den Pensionssicherungsverein selbst eine zusätzliche Risikobelastung bedeuten. Sie lässt sich aber dadurch rechtfertigen, dass der Pensionssicherungsverein hinsichtlich des Sicherheitsverlangens der Versorgungsberechtigten selbst keine Einflussmöglichkeit hätte und der Pensionssicherungsverein vor einer Gefahrerhöhung nach dem Vorbild des § 23 VVG nicht geschützt ist[99]. Fällen des bewussten „asset stripping" (Zerschlagung eines Unternehmens durch die Veräußerung von Betriebsvermögen) mit deutlicher Verschlechterung der Kreditwürdigkeit der Gesellschaft wird man – auch im Lichte der Diskussion über die (Nicht-)Belegung von Pensionsverbindlichkeiten mit separierten Vermögensgegenständen – allerdings mit der Annahme, dass der Regressanspruch gemäß § 9 BetrAVG doch hinreichend wahrscheinlich ist, begegnen müssen. 49.36

Keinen Anspruch hat auch der Gläubiger, der **bereits** eine den Erfordernissen des § 232 Abs. 1 BGB entsprechende **Sicherheit hält**. Problematischer ist der Fall, in dem der Gläubiger zwar gesichert ist, die betreffende Sicherheit den strengen Voraussetzungen des § 232 Abs. 1 BGB nicht gerecht wird, andererseits die Sicherheit jedoch eindeutig ausreicht. Die herrschende Auffassung verneint insofern den Anspruch auf Sicherheitsleistung[100], während andere das Recht auf § 232 Abs. 1 BGB entsprechenden Sicherheiten gegen Rückgabe der alten Sicherheiten zubilligen[101]. Letztere Auffassung vermag 49.37

---

96 BAG v. 30.7.1996 – 3 AZR 397/95, DB 1997, 531, 532 = AG 1997, 268 (allerdings zum Fall der Umwandlung einer GmbH in eine AG); *Marsch-Barner/Maul* in BeckOGK AktG, Stand 1.6.2021, § 225 AktG Rz. 18; *Sethe* in Großkomm. AktG, 4. Aufl. 2011, § 225 AktG Rz. 44; *Ekkenga* in KölnKomm. AktG, 4. Aufl. 2020, § 225 AktG Rz. 50; *Scholz* in MünchHdb. AG, § 61 Rz. 52; *Krieger* in FS Nirk, 1992, S. 551, 558; ausführlich zum Streitstand *Oechsler* in MünchKomm. AktG, 5. Aufl. 2021, § 225 AktG Rz. 28 m.w.N.; *Gotthardt*, BB 1990, 2419, 2421; *Hüffer/Koch*, § 225 AktG Rz. 10; ablehnend *Wiedemann/Küpper* in FS Pleyer, 1986, S. 445, 452.
97 *Sethe* in Großkomm. AktG, 4. Aufl. 2011, § 225 AktG Rz. 46 und 47.
98 *Ekkenga* in KölnKomm. AktG, 4. Aufl. 2020, § 225 AktG Rz. 50; *Scholz* in MünchHdb. AG, § 61 Rz. 52; *Krieger* in FS Nirk, 1992, S. 551, 564 f.; *Gotthardt*, BB 1990, 2419, 2420; vgl. auch *Oechsler* in MünchKomm. AktG, 5. Aufl. 2021, § 225 AktG Rz. 29 der eine Rückausnahme zulässt, wenn die Insolvenzreife im Zeitraum des § 225 Abs. 2 Satz 1 AktG eingetreten ist; siehe auch zu § 22 UmwG *Seulen* in Semler/Stengel/Leonard*, 5. Aufl. 2021, § 22 UmwG Rz. 75; a.A. aber *Wiedemann/Küpper* in FS Pleyer, 1986, S. 445, 456 f.
99 *Krieger* in FS Nirk, 1992, S. 551, 568.
100 *Scholz* in MünchHdb. AG, § 61 Rz. 54; *Oechsler* in MünchKomm. AktG, 5. Aufl. 2021, § 225 AktG Rz. 26; *Sethe* in Großkomm. AktG, 4. Aufl. 2011, § 225 AktG Rz. 49.
101 *Hüffer/Koch*, § 225 AktG Rz. 11; *Sethe* in Großkomm. AktG, 4. Aufl. 2011, § 225 AktG Rz. 49; *Ekkenga* in KölnKomm. AktG, 4. Aufl. 2020, § 225 AktG Rz. 52.

unter dem Aspekt der unzulässigen Rechtsausübung, den Sicherungszweck der alten Sicherheit gerade vor der Insolvenz und der unbilligen Erschwerung einer Kapitalherabsetzung nicht zu überzeugen[102].

b) Art und Weise der Sicherheitsleistung

49.38 Dem Gläubiger steht ein klagbarer Anspruch auf Leistung einer Sicherheit zu. Die Art und Weise der Sicherheitsleistung bestimmt sich nach den §§ 232 ff. BGB. Bei Forderungen, deren Existenz oder Höhe bestritten wird, ist diese Vorfrage der Hauptforderung ggf. im gerichtlichen Verfahren über die Leistung einer Sicherheit inzident zu prüfen. Allerdings ist dann für die Prozesslaufzeit die Sperrwirkung des § 225 Abs. 2 Satz 1 AktG anzunehmen, weil anderenfalls bei stattgebendem Urteil Rückzahlungsansprüche gegen die Aktionäre entstünden[103]. In Bezug auf die **Höhe der Sicherheitsleistung** wird überwiegend angenommen, dass – ausgenommen Dauerschuldverhältnisse (vgl. Rz. 49.34) – die Sicherheit den Nennwert der Forderung vollständig abdecken müsse[104].

c) Ausschlussfrist

49.39 Der Sicherungsanspruch verfällt, wenn sich der Gläubiger nicht binnen einer Ausschlussfrist **von sechs Monaten** seit Bekanntmachung der Eintragung des Kapitalherabsetzungsbeschlusses in das Handelsregister mit dem Verlangen auf Sicherheitsleistung bei der Gesellschaft meldet. Diese Frist kann im Kapitalherabsetzungsbeschluss verlängert, nicht aber verkürzt werden[105]. Die Fristberechnung richtet sich nach den §§ 187 ff. BGB: der Fristbeginn ist gemäß § 187 Abs. 1 BGB der Beginn des Tages nach der Veröffentlichung gemäß § 10 HGB. Das Fristende bestimmt sich nach § 188 Abs. 2 BGB. Die Frist beginnt auch dann zu laufen, wenn in der Bekanntmachung gemäß § 225 Abs. 1 Satz 2 AktG die Gläubiger durch das Registergericht nicht auf das Recht zur Sicherheitsleistung hingewiesen wurden. Hierbei entstehende Schutzlücken sind durch Amtshaftungsansprüche zu füllen[106]. Die Geltendmachung des Anspruchs kann vor Fristbeginn erfolgen, der Anspruch ist aber erst nach Bekanntmachung zu erfüllen.

2. Sperrfrist

49.40 Besteht der Zweck der Kapitalherabsetzung in einer Rückzahlung von Mitteln an die Aktionäre, entsteht mit Eintragung des Herabsetzungsbeschlusses ein befristeter und bedingter Zahlungsanspruch der Aktionäre. Der Anspruch ist durch den Ablauf des Sperrhalbjahres befristet und durch die Befriedigung bzw. Sicherstellung der Gesellschaftsgläubiger bedingt[107]. Besteht der Zweck der Kapitalherabsetzung in dem Erlass von Einlageverpflichtungen, entsteht der Anspruch auf Abschluss des Erlassvertrages. Dessen Wirksamkeit ist aber gleichfalls durch die Voraussetzungen des § 225 Abs. 2 Satz 2 AktG beschränkt.

49.41 Gemäß § 225 Abs. 2 Satz 1 AktG dürfen aufgrund der Herabsetzung des Grundkapitals **Zahlungen an die Aktionäre** erst geleistet werden, wenn seit Bekanntmachung der Eintragung der Kapitalherabsetzung sechs Monate verstrichen sind und außerdem allen Gläubigern, die sich innerhalb der Frist mit dem Anspruch auf Befriedigung oder Sicherheitsleistung gemeldet haben, Befriedigung oder Sicher-

---

102 A.A. *Hüffer/Koch*, § 225 AktG Rz. 11; *Sethe* in Großkomm. AktG, 4. Aufl. 2011, § 225 AktG Rz. 49.
103 Vgl. auch *Ekkenga*, Der Konzern 2007, 413, 415.
104 *Marsch-Barner/Maul* in BeckOGK AktG, Stand 1.6.2021, § 225 AktG Rz. 21; sehr kritisch dagegen *Beuthien*, GmbHR 2016, 729 ff. (verhältnismäßige Verteilung in Höhe des Herabsetzungsbetrages auf die Gläubiger); dem zustimmend nun *Oechsler* in MünchKomm. AktG, 5. Aufl. 2021, § 225 AktG Rz. 4a.
105 *Oechsler* in MünchKomm. AktG, 5. Aufl. 2021, § 225 AktG Rz. 16 und 17; *Hüffer/Koch*, § 225 AktG Rz. 7; *Scholz* in MünchHdb. AG, § 61 Rz. 56.
106 *Hüffer/Koch*, § 225 AktG Rz. 7 und 14; *Oechsler* in MünchKomm. AktG, 5. Aufl. 2021, § 225 AktG Rz. 19; *Scholz* in MünchHdb. AG, § 61 Rz. 56.
107 *Hüffer/Koch*, § 224 AktG Rz. 7; *Ekkenga* in KölnKomm. AktG, 4. Aufl. 2020, § 224 AktG Rz. 21.

heit gewährt worden ist. Das Verbot ist also in doppelter Weise ausgestaltet: Es besteht absolut für sechs Monate ab Bekanntmachung und danach so lange, bis die Gläubiger, die sich rechtzeitig gemeldet haben, befriedigt oder sichergestellt sind.

Verboten sind Zahlungen **„aufgrund der Herabsetzung des Grundkapitals"** (§ 225 Abs. 2 Satz 1 AktG). Gemeint ist damit eine Ausschüttung derjenigen Mittel, die aus der Kapitalerhöhung freigeworden sind und die nach § 240 Satz 1 AktG auszuweisen sind. Dabei gilt das – weit auszulegende – Verbot auch dann, wenn diese Mittel zunächst in eine Gewinnrücklage eingestellt werden und die Gewinnrücklage später wieder aufgelöst wird[108]. Ebenso ist die Auszahlung einer Dividende unzulässig, die erst durch Ausbuchung eines Verlustes durch eine sanierende Kapitalherabsetzung ermöglicht wurde[109]. Hat die betreffende Gesellschaft hingegen unabhängig von dem Ertrag aus der Kapitalherabsetzung bzw. der Auflösung einer Rücklage, die mit diesem Betrag dotiert wurde, bereits zuvor einen Bilanzgewinn ausgewiesen, kann dieser ausgeschüttet werden[110]. Die Auszahlungssperre gilt auch im Falle der **Abspaltung**[111]. Jedoch wird in der Praxis insofern regelmäßig das Verfahren der vereinfachten Kapitalherabsetzung gewählt werden, wie dies § 145 Satz 1 UmwG im Wege der Rechtsfolgenverweisung[112] gestattet (es gilt dann § 233 AktG, siehe Rz. 50.13).

49.42

Leistungen, die entgegen § 225 Abs. 2 AktG empfangen wurden, sind analog § 62 AktG an die Gesellschaft zurückzugewähren[113]. Daneben haften Vorstand und Aufsichtsrat gegenüber der Gesellschaft gemäß § 93 Abs. 2, § 116 Satz 1 AktG und nach herrschender Auffassung auch unmittelbar gegenüber den Gläubigern gemäß § 823 Abs. 2 BGB i.V.m. § 225 AktG auf Schadensersatz und Unterlassung[114]. Dient die Kapitalherabsetzung der **Befreiung von Einlagepflichten**, wird der Erlass der Einlageverpflichtung erst mit Ablauf des Sperrhalbjahres und Befriedigung bzw. Sicherung der sich meldenden Gläubiger wirksam (§ 225 Abs. 2 Satz 2 AktG); ein bereits geschlossener Erlassvertrag ist bis zu diesem Zeitpunkt schwebend unwirksam[115]. Keinen Verstoß gegen § 225 Abs. 2 AktG beinhaltet die Auskehrung des Erlöses von gemäß § 226 AktG verwerteten Aktien[116].

49.43

V. Wertpapierrechtliche Abwicklung der Kapitalherabsetzung

Die wertpapierrechtliche Umsetzung der Kapitalherabsetzung unterscheidet sich einerseits dadurch, ob Stückaktien oder Nennbetragsaktien betroffen sind, und andererseits im Hinblick darauf, ob die Kapitalherabsetzung nur durch eine Herabsetzung des Nennbetrages oder durch Zusammenlegung von Nennbetragsaktien bzw. Stückaktien erfolgt. Erfolgt die Kapitalherabsetzung bei Gesellschaften mit Stückaktien durch bloße Reduzierung der Grundkapitalziffer ohne Zusammenlegung, sind weitere Abwicklungsmaßnahmen nicht erforderlich, weil mit Eintragung der Kapitalherabsetzung das Grundkapital herabgesetzt und der auf die einzelne Aktie entfallende anteilige Betrag des Grundkapitals entsprechend verringert ist. Erfolgt bei Gesellschaften mit Nennbetragsaktien die Herabsetzung sowohl

49.44

---

108 *Oechsler* in MünchKomm. AktG, 5. Aufl. 2021, § 225 AktG Rz. 32; *Ekkenga* in KölnKomm. AktG, 4. Aufl. 2020, § 225 AktG Rz. 60.
109 *Oechsler* in MünchKomm. AktG, 5. Aufl. 2021, § 225 AktG Rz. 32; *Ekkenga* in KölnKomm. AktG, 4. Aufl. 2020, § 225 AktG Rz. 60; *Hüffer/Koch*, § 225 AktG Rz. 15; *Scholz* in MünchHdb. AG, § 61 Rz. 57.
110 *Ekkenga* in KölnKomm. AktG, 4. Aufl. 2020, § 225 AktG Rz. 60.
111 *Oechsler* in MünchKomm. AktG, 5. Aufl. 2021, § 225 AktG Rz. 34; *Hüffer/Koch*, § 225 AktG Rz. 15; *Ekkenga* in KölnKomm. AktG, 4. Aufl. 2020, § 225 AktG Rz. 60 und 72.
112 *Priester* in FS Schippel, 1996, S. 487, 491 f.
113 *Hüffer/Koch*, § 225 AktG Rz. 15; *Oechsler* in MünchKomm. AktG, 5. Aufl. 2021, § 225 AktG Rz. 37.
114 *Ekkenga* in KölnKomm. AktG, 4. Aufl. 2020, § 225 AktG Rz. 81; *Oechsler* in MünchKomm. AktG, 5. Aufl. 2021, § 225 AktG Rz. 37; *Hüffer/Koch*, § 225 AktG Rz. 18.
115 *Hüffer/Koch*, § 225 AktG Rz. 16; *Scholz* in MünchHdb. AG, § 61 Rz. 59.
116 *Ekkenga* in KölnKomm. AktG, 4. Aufl. 2020, § 225 AktG Rz. 32.

durch Herabsetzung des Nennbetrages wie auch durch Zusammenlegung, kann das **Verfahren gemäß § 73 AktG (Herabsetzung)** mit dem **Verfahren nach § 226 AktG (Zusammenlegung)** verbunden werden[117]. Sofern – wie bei der börsennotierten AG regelmäßig der Fall – Aktionäre ihre Aktien bei einer Bank verwahren lassen, werden sie von ihren Depotbanken über die Aufforderung benachrichtigt und hinsichtlich einer Spitzenregulierung um Weisung gebeten[118].

1. Herabsetzung des Nennbetrages

49.45 Wird die Kapitalherabsetzung einer Gesellschaft mit Nennbetragsaktien durch Herabsetzung des Nennbetrages durchgeführt, ist der Nennbetrag der einzelnen Aktie mit dem Wirksamwerden der Kapitalerhöhung herabgesetzt. Dadurch werden die **Aktienurkunden** – ebenso wie etwa bei der Umstellung von Inhaber- auf Namensaktien oder einem Übergang von Nennbetrags- zu Stückaktien – **unrichtig**. Das Verfahren der Korrektur dieser Unrichtigkeit richtet sich nach § 73 AktG einschließlich der Verweisung auf § 64 Abs. 2 AktG. Die Durchführung dieses Verfahrens steht im Ermessen des Vorstandes. Das Verfahren spielt keine Rolle, wenn der Anspruch auf Einzelverbriefung der Aktionäre ausgeschlossen ist und keine Aktienurkunden außer der beim deutschen Zentralverwahrer – Clearstream Banking AG – verwahrten Globalurkunde mehr umlaufen. Sind demgegenüber Aktienurkunden bei Aktionären vorhanden, wird die Gesellschaft regelmäßig die Aktionäre durch **Veröffentlichung aufrufen**, die unrichtigen Aktienurkunden **einzureichen**. Verfügt die Gesellschaft inzwischen über eine Satzungsklausel, die den Einzelverbriefungsanspruch der Aktionäre ausschließt, wird sie im Gegenzug Depotgutschrift, unterlegt durch eine bei Clearstream Banking AG hinterlegte – den neuen Nennbetrag reflektierende – Globalaktie, andernfalls den Umtausch in neue Aktienurkunden anbieten.

49.46 Werden Aktien trotz Aufforderung nicht zur Berichtigung oder zum Umtausch eingereicht, kann die Gesellschaft diese Aktienurkunden mit Genehmigung des Registergerichtes für **kraftlos** erklären, wobei die Regeln der Kaduzierung (dreimalige Aufforderung in den Gesellschaftsblättern mit Fristsetzung) gemäß § 64 Abs. 2 AktG einzuhalten sind (vgl. § 73 Abs. 2 Satz 2 AktG). Mit Kraftloserklärung werden die Aktienurkunden unwirksam, ohne dass dies die Mitgliedschaft und ihre Zuordnung berührt. Das Mitgliedschaftsrecht ist nunmehr nicht mehr wertpapierrechtlich verkörpert. Die Aktienurkunde dient dann nur noch der Legitimation gegenüber der Gesellschaft zum Empfang einer neuen Urkunde. Die neuen Urkunden sind an die Berechtigten auszugeben bzw. unter den Voraussetzungen des § 372 BGB zu hinterlegen[119]. Ein **hinterlegungsrechtliches Sonderproblem** tritt ein, wenn die Gesellschaft mittlerweile über eine Satzungsklausel verfügt, wonach der Verbriefungsanspruch gemäß § 10 Abs. 5 AktG ausgeschlossen ist. Der Wortlaut des § 73 Abs. 3 AktG scheint darauf hinzudeuten, dass in diesem Fall eine Hinterlegung ausgeschlossen ist bzw. doch die Verbriefung in Einzelurkunden erfordert[120]. Festzustellen ist demgegenüber, dass auch eine Satzungsklausel gemäß § 10 Abs. 5 AktG nichts daran ändert, dass die Aktienrechte wertpapiermäßig in einer Globalurkunde verbrieft sind, es sich also nicht um Wertrechte handelt. Einzelne Hinterlegungsstellen verfügen dementsprechend über die Landesjustizkassen bei Teilnehmern am Wertpapierclearing (typischerweise Landesbanken) über Depotkonten, auf die ein Anteil am Sammelbestand der Clearstream Banking AG gutgeschrieben und damit die Hinterlegung bewirkt werden kann[121].

---

117 Vgl. das Muster der Aufforderung bei *Stucken* in Happ/Groß/Möhrle/Vetter, Aktienrecht, Formular 14.01f) und dort Rz. 18.1.
118 Siehe hierzu etwa *Einsele* in MünchKomm. HGB, 4. Aufl. 2019, Depotgeschäft Rz. 181; *Kümpel*, WM 1980, 694, 707 f.; siehe auch die Sonderbedingungen für Wertpapiergeschäfte.
119 Vgl. zum Verfahren *Lutter/Drygala* in KölnKomm. AktG, 4. Aufl. 2020, § 73 AktG Rz. 4 f., 28–31.
120 So in der Tat *Hüffer/Koch*, § 73 AktG Rz. 8; *Seibert*, DB 1999, 267, 268; für die Verschmelzung auch *Diekmann* in Semler/Stengel/Leonard, 5. Aufl. 2021, § 72 UmwG Rz. 9; dagegen zutreffend *Ganzer/Borsch*, AG 2003, 269, 270 f.; dem folgend auch *Scholz* in MünchHdb. AG, § 61 Rz. 63.
121 Vgl. auch *Ganzer/Borsch*, AG 2003, 269, 271 zu entsprechenden landesrechtlichen Ausführungsvorschriften zur Hinterlegungsordnung.

2. Zusammenlegung

a) Aufforderung zur Zusammenlegung

Erfolgt die Kapitalherabsetzung durch Zusammenlegung von Nennbetrags- oder Stückaktien, ist diese durchzuführen. Allein diesen Fall regelt § 226 AktG. Die Aktionäre haben gegen die Gesellschaft einen **Anspruch auf Durchführung des Zusammenlegungsverfahrens**[122]. Auch hier fordert die Gesellschaft die Aktionäre zur Einreichung ihrer Aktienurkunden zwecks Berichtigung oder Austausch der Urkunden (entweder durch Depotgutschrift oder durch Ausgabe neuer Aktienurkunden) auf. Unproblematisch ist insofern der Fall, dass ein Aktionär eine zum Erwerb eines oder mehrerer neuen Mitgliedschaftsrechte erforderliche Aktienanzahl vorlegt. Die Aktien, die trotz Aufforderung nicht bei der Gesellschaft eingereicht werden, kann die Gesellschaft gemäß § 226 Abs. 1 Satz 1 AktG nach Abschluss des Verfahrens gemäß § 64 Abs. 2 AktG (vgl. insofern § 226 Abs. 2 AktG) für kraftlos erklären. Gleiches gilt gemäß § 226 Abs. 1 Satz 2 AktG für eingereichte Aktien, welche die zum Ersatz durch neue Aktien nötige Zahl nicht erreichen und die der Gesellschaft gleichwohl nicht zur Verwertung für Rechnung der Beteiligten zur Verfügung gestellt sind (sogleich Rz. 49.48). Aktionäre, welche nicht über die für die Zusammenlegung erforderliche Zahl von Aktien verfügen, können die Aktien zum Zwecke der Verwertung einreichen. Reichen Aktionäre die Aktienurkunden ein und ergeben sich Spitzen, beinhaltet die Einreichung konkludent die Einräumung der Verwertungsbefugnis[123]. In der Praxis erfolgt diese **Spitzenregulierung** durch die Depotbanken, die aufgrund der Sonderbedingungen für Wertpapiergeschäfte gehalten sind, ihre Depotkunden entsprechend zu informieren und diese aufzufordern, sich darüber zu erklären, ob sie ihre Aktienspitzen veräußern oder zur Aufstockung auf ein Vollrecht weitere Aktienspitzen erwerben wollen. Bei der Verwertung von freiwillig überlassenen Spitzen ist die Gesellschaft nicht an das Verfahren gemäß § 226 Abs. 3 AktG gebunden (§ 226 Abs. 1 Satz 2 AktG); sie kann diese daher auch freihändig veräußern[124].

49.47

b) Kraftloserklärung und Verwertung nicht eingereichter Aktien

Soweit Aktionäre ihre alten Aktien nicht einreichen bzw. die Spitzen nicht zur Verwertung überlassen, erfolgt die **Kraftloserklärung**. Das Verfahren richtet sich nach § 226 Abs. 2 i.V.m. § 64 Abs. 2 AktG, es ist also auch hier die **Setzung einer Frist**, die dreimalige **Androhung** und das **Abwarten einer Nachfrist** erforderlich. Nach der sodann gemäß § 226 Abs. 2 Satz 3 AktG in den Gesellschaftsblättern zu veröffentlichenden[125] Kraftloserklärung stehen die nun unverbrieften Aktienrechte bzw. Teilrechte nach wie vor den Berechtigten und nicht etwa der AG zu. Die neuen Aktien, die anstelle der für kraftlos erklärten Aktien ausgegeben werden, hat die Gesellschaft nach Maßgabe des § 226 Abs. 3 AktG **unverzüglich** für Rechnung der Beteiligten zu **verwerten**. Allerdings können Aktionäre bis zur Verwertung noch die Übertragung neuer Aktien verlangen, wenn sie nunmehr die erforderliche Zahl alter Aktienrechte liefern. Denn die Einreichungsfrist ist keine Ausschlussfrist[126]. Das Verfahren der Zusammenlegung unterscheidet sich vom Verfahren der Nennbetragsberichtigung, weil im letzteren Fall die Aktien nach Kraftloserklärung grundsätzlich dem Berechtigten auszuhändigen sind bzw. nach § 372 BGB zu hinterlegen sind.

49.48

Der **Gestattung der Verwertung** und **Hinterlegung des Erlöses** liegt die Überlegung zugrunde, dass infolge der Zusammenlegung von Aktien Rechtsgemeinschaften untereinander unabgestimmter Aktionäre entstehen, die umgehend aufzulösen sind[127]. Eine schuldhafte Verzögerung der Verwertung

49.49

---

122 *Scholz* in MünchHdb. AG, § 61 Rz. 65; *Hüffer/Koch*, § 226 AktG Rz. 6.
123 *Scholz* in MünchHdb. AG, § 61 Rz. 69; *Hüffer/Koch*, § 226 AktG Rz. 8.
124 *Ekkenga* in KölnKomm. AktG, 4. Aufl. 2020, § 226 AktG Rz. 14; *Hüffer/Koch*, § 226 AktG Rz. 5.
125 Zu einem Fall, in dem diese Veröffentlichung versäumt wurde, vgl. BGH v. 28.1.2002 – II ZR 259/00, BB 2002, 537 = AG 2002, 618.
126 *Ekkenga* in KölnKomm. AktG, 4. Aufl. 2020, § 226 AktG Rz. 25; *Marsch-Barner/Maul* in BeckOGK AktG, Stand 1.6.2021, § 226 AktG Rz. 18.
127 *Ekkenga* in KölnKomm. AktG, 4. Aufl. 2020, § 226 AktG Rz. 14; *Bork* in FS Claussen, 1997, S. 49, 52.

kann bei Kursverlusten Schadensersatzpflicht der Gesellschaft begründen[128]. Die Verwertung erfolgt zum Börsenpreis bzw. bei Fehlen eines solchen durch Versteigerung (§ 226 Abs. 3 Satz 1 AktG). **Börsenpreis** ist gemäß § 24 Abs. 1 BörsG ein an der Börse während der Börsenzeit festgestellter Preis. Die Versteigerung ist mithin für die börsennotierte AG nicht relevant. Der Erlös aus der Gesamtheit der verwerteten Aktien ist den Beteiligten nach dem Verhältnis ihrer Beteiligungen auszuzahlen. Hierzu müssen sich die betreffenden Aktionäre legitimieren, und zwar in erster Linie durch Vorlage der alten Aktienurkunden. Sind Berechtigte unbekannt oder befinden sie sich in Annahmeverzug, ist die Gesellschaft verpflichtet, den **Erlös** gemäß § 226 Abs. 3 Satz 6 AktG, § 372 BGB **zu hinterlegen**. Ein Verzicht auf die Rücknahme gemäß § 376 Abs. 1 Nr. 2 BGB ist dabei nicht erforderlich[129].

VI. Börsenrechtlicher Vollzug der Kapitalherabsetzung

1. Neuzulassung

49.50 Eine Kapitalherabsetzung führt nicht dazu, dass es der Durchführung eines börsenrechtlichen **Zulassungsverfahrens** bedarf[130]. Dies gilt auch und gerade in Bezug auf die Kapitalherabsetzung zwecks Sanierung, weil die sanierende Kapitalherabsetzung nur einen bilanziellen Vollzug der Änderung tatsächlicher Gegebenheiten beinhaltet[131]. Anders ist hingegen die Kapitalherabsetzung auf Null (Kapitalschnitt) mit anschließender Kapitalerhöhung zu behandeln. Aufgrund der Kapitalherabsetzung auf Null endet die Börsennotierung durch Erledigung gemäß § 43 Abs. 2 VwVfG. Hierdurch wird ein neuer Antrag auf Zulassung der durch die anschließende Kapitalerhöhung geschaffenen Aktien – sofern eine weitere Börsennotierung erwünscht ist – erforderlich[132]. Eine Antragspflicht gemäß § 40 BörsG, § 69 BörsZulV besteht allerdings nicht, weil nach dem Kapitalschnitt keine zugelassenen Aktien der Emittentin mehr bestehen[133]. Erfolgt keine Zulassung der durch die Kapitalerhöhung geschaffenen Aktien, handelt es sich bei dem Kapitalschnitt um einen Fall des „kalten" Delisting („cold delisting")[134]. Etwaige Abfindungsansprüche der Aktionäre als Ausgleich für die Einschränkung der Handelbarkeit, welche in Übertragung der Macrotron-Entscheidung des BGH[135] für Fälle des „kalten" Delisting befürwortet wurden[136], sind abzulehnen. Durch die Entscheidung des BVerfG[137] wurde der Macrotron-Entscheidung und damit deren Übertragung auf Fälle des „kalten" Delisting die Grundlage entzogen[138]. Ansonsten richtet sich das Verfahren der Aussetzung bzw. Einstellung der Börsennotierung bzw. des Widerrufes der Zulassung ausschließlich nach § 39 BörsG, ohne dass der Umstand einer Kapitalherabsetzung zwecks Sanierung relevant ist. Ferner besteht neben Meldepflichten[139] ggf. auch eine Prospektpflicht hinsichtlich der durch die Kapitalerhöhung geschaffenen Aktien[140].

---

128 *Hüffer/Koch*, § 226 AktG Rz. 14.
129 *Schockenhoff/Mann*, NZG 2014, 561, 562 ff.; *Oechsler* in MünchKomm. AktG, 5. Aufl. 2021, § 226 AktG Rz. 30a; *Scholz* in MünchHdb. AG, § 61 Rz. 73; *Hüffer/Koch*, § 226 AktG Rz. 16; *Ekkenga* in KölnKomm. AktG, 4. Aufl. 2020, § 226 AktG Rz. 33.
130 *Scholz* in MünchHdb. AG, § 61 Rz. 79.
131 Vgl. auch *Kümpel*, WM 1980, 694, 697 f.
132 *Scholz* in MünchHdb. AG, § 61 Rz. 84; *Ekkenga* in KölnKomm. AktG, 4. Aufl. 2020, § 228 AktG Rz. 13.
133 *Scholz* in MünchHdb. AG, § 61 Rz. 84; *Pleister/Kindler*, ZIP 2010, 503, 507 sowie *Reger/Stenzel*, NZG 2009, 1210, 1213.
134 *Scholz* in MünchHdb. AG, § 61 Rz. 86; *Ekkenga* in KölnKomm. AktG, 4. Aufl. 2020, § 226 AktG Rz. 13.
135 Ausführlich hierzu *Reger/Stenzel*, NZG 2009, 1210, 1213.
136 BGH v. 25.11.2002 – II ZR 133/01, BGHZ 153, 47 = AG 2003, 273.
137 BVerfG v. 11.7.2012 – 1 BvR 3142/07, 1569/08, BVerfGE 132, 99 = AG 2012, 557.
138 *Ekkenga* in KölnKomm. AktG, 4. Aufl. 2020, § 226 AktG Rz. 13; *Scholz* in MünchHdb. AG, § 61 Rz. 85.
139 *Ekkenga* in KölnKomm. AktG, 4. Aufl. 2020, § 226 AktG Rz. 13; *Scholz* in MünchHdb. AG, § 61 Rz. 86.
140 Vgl. hierzu *Scholz* in MünchHdb. AG, § 61 Rz. 84 und § 57 Rz. 202 f.

2. Notizumstellung

Erforderlich ist demgegenüber jedoch eine Umstellung der Börsennotierung, sofern die Kapitalherabsetzung durch Zusammenlegung von Aktien erfolgt, weil der auf die einzelne Aktie entfallende Wert der Gesellschaft hierdurch steigt[141]. 49.51

VII. Anmeldung der Durchführung der Kapitalherabsetzung

Aufgrund der weitreichenden Rechtswirkung der Eintragung des Kapitalherabsetzungsbeschlusses gemäß § 224 AktG hat die Eintragung der Durchführung der Kapitalherabsetzung gemäß § 227 AktG nur nachrichtlichen Charakter. Diese Anmeldung ist allein durch den Vorstand ohne Mitwirkungspflicht des Aufsichtsratsvorsitzenden vorzunehmen. Unterlagen sind der Anmeldung nicht beizufügen[142]. 49.52

Die Anmeldung ist erst zulässig, wenn die **Durchführung der Kapitalherabsetzung** erfolgt ist. Dies ist bei einer Kapitalherabsetzung durch Herabsetzung des Nennbetrages (§ 222 Abs. 4 Satz 1 AktG) bereits mit Eintragung des Kapitalherabsetzungsbeschlusses der Fall, so dass bei dieser Art der Durchführung die Anmeldung des Kapitalherabsetzungsbeschlusses mit der Anmeldung der Durchführung verbunden werden kann (vgl. § 227 Abs. 2 AktG)[143]. Gleiches gilt bei einer Herabsetzung des Grundkapitals, welches in Stückaktien eingeteilt ist, soweit hierbei keine Zusammenlegung von Aktien erfolgt. Bei einer solchen Verbindung der Anmeldungen ist folglich in der Praxis die Mitwirkung des Aufsichtsratsvorsitzenden erforderlich[144], sofern die Anmeldungen nicht getrennt werden. Erfolgt die Kapitalherabsetzung durch **Zusammenlegung** von Aktien, muss zunächst das Zusammenlegungsverfahren abgeschlossen sein. Hierzu gehören die Einreichung der alten Aktien bzw. deren Kraftloserklärung sowie die Entscheidung über die Zusammenlegung der Aktien. Die weiteren Umsetzungsmaßnahmen wie der Austausch der Aktienurkunden, die Berichtigung der alten Aktienurkunden, die Ausgabe an die Berechtigten, die Verwertung nach § 226 Abs. 3 AktG und auch der Ablauf der Sperrfrist gemäß § 225 Abs. 2 AktG gehören nicht zur Durchführung der Kapitalerhöhung[145]. 49.53

Das Registergericht hat zu prüfen, ob die Durchführungsmaßnahmen rechtmäßig erfolgt sind. Weil die materiellen Festsetzungen auch über die Durchführung regelmäßig bereits im Kapitalherabsetzungsbeschluss festgelegt und damit im Rahmen der Anmeldung des Beschlusses gemäß § 223 AktG geprüft werden, ist der Prüfungsumfang im Zusammenhang mit der Anmeldung der Durchführung gering. Dort, wo entsprechende Festlegungen im Kapitalherabsetzungsbeschluss fehlen, wird das Registergericht prüfen, ob § 8 AktG beachtet ist und die Summe aller Nennbeträge dem herabgesetzten Grundkapital entsprechen bzw. ob auf eine Stückaktie zumindest der Mindestausgabebetrag entfällt. Die Eintragung lautet: „Die am ... beschlossene Herabsetzung des Grundkapitals ist durchgeführt." 49.54

---

141 *Scholz* in MünchHdb. AG, § 61 Rz. 79; *Reger/Stenzel*, NZG 2009, 1210, 1213.
142 *Hüffer/Koch*, § 227 AktG Rz. 4.
143 *Oechsler* in MünchKomm. AktG, 5. Aufl. 2021, § 227 AktG Rz. 7; *Scholz* in MünchHdb. AG, § 61 Rz. 76; *Ekkenga* in KölnKomm. AktG, 4. Aufl. 2020, § 227 AktG Rz. 7.
144 *Ekkenga* in KölnKomm. AktG, 4. Aufl. 2020, § 227 AktG Rz. 7.
145 *Oechsler* in MünchKomm. AktG, 5. Aufl. 2021, § 227 AktG Rz. 3; *Hüffer/Koch*, § 227 AktG Rz. 2 und 3; *Ekkenga* in KölnKomm. AktG, 4. Aufl. 2020, § 227 AktG Rz. 3 und 4.

§ 50
Vereinfachte Kapitalherabsetzung

I. Zweck und Besonderheiten der vereinfachten Kapitalherabsetzung 50.1
II. Voraussetzungen 50.4
  1. Zulässige Zwecke 50.4
  2. Erschöpfung bestimmter Eigenkapitalposten 50.8
  3. Begrenzung der Kapitalherabsetzung zwecks Rücklagendotierung 50.11
  4. Kapitalherabsetzung in Zusammenhang mit Abspaltung 50.13
III. Beachtung des Verfahrens der ordentlichen Kapitalerhöhung 50.14
  1. Beschlussfassung 50.15
  2. Anmeldung, Eintragung und wertpapierrechtlicher Vollzug 50.16
IV. Verbindung mit Kapitalerhöhung bzw. freiwilligen Zuzahlungen 50.17
  1. Kapitalerhöhung 50.17
  2. Freiwillige Zuzahlungen 50.18
V. Verwendung der herabgesetzten Eigenkapitalposten 50.19
VI. Rücklagendotierung bei zu hoch angenommenen Verlusten 50.21
VII. Thesaurierungsgebot 50.25
  1. Rücklagenauffüllung 50.25
  2. Beschränkung der Gewinnausschüttung 50.27
VIII. Rückbeziehung 50.28
  1. Rückbeziehung der Kapitalherabsetzung 50.29
  2. Rückbeziehung einer gleichzeitigen Kapitalerhöhung 50.33
IX. Bekanntmachung des Jahresabschlusses 50.37

Schrifttum: *Fabis*, Vereinfachte Kapitalherabsetzung bei AG und GmbH, MittRhNotK 1999, 169; *Flume*, Die Rechtsprechung des II. Zivilsenats des BGH zur Treupflicht des GmbH-Gesellschafters und des Aktionärs, ZIP 1995, 161; *Geißler*, Rechtliche und unternehmenspolitische Aspekte der vereinfachten Kapitalherabsetzung bei der AG, NZG 2000, 719; *Hirte*, Genüsse zum Versüßen vereinfachter Kapitalherabsetzungen, in FS Claussen, 1197, S. 115; *Lutter*, Das Girmes-Urteil, JZ 1995, 1053; *Marsch-Barner*, Treupflicht und Sanierung, ZIP 1996, 853; *K. Schmidt*, Die Umwandlung einer GmbH in eine AG zu Kapitaländerungszwecken, AG 1985, 150; *Terbrack*, Kapitalherabsetzende Maßnahmen bei Aktiengesellschaften, RNotZ 2003, 90; *Wenger*, Der Fall Girmes – ein Stück aus dem Tollhaus, ZIP 1993, 321; *Wirth*, Vereinfachte Kapitalherabsetzung zur Unternehmenssanierung, DB 1996, 867.

I. Zweck und Besonderheiten der vereinfachten Kapitalherabsetzung

50.1 Die vereinfachte Kapitalherabsetzung – die nach wie vor häufigste Form der Kapitalherabsetzung[1] – dient (neben der praktisch wenig relevanten Dotierung der Kapitalrücklage) dem Verlustausgleich und damit einer buchmäßigen Sanierung der Gesellschaft. Sie geht häufig mit einer Verlustanzeige gemäß § 92 Abs. 1 AktG einher. Weil sie nicht zu einer Liquiditätszufuhr führt, wird sie regelmäßig mit einer effektiven Kapitalerhöhung verbunden und ist häufig gerade deren Voraussetzung.

50.2 Letzterer Aspekt wird verbreitet dahingehend formuliert, dass – neben der Aufhebung einer eventuellen Ausschüttungssperre – die aufgelaufenen Verluste von den Altaktionären und nur von ihnen getragen werden müssen. Ihre „schlechten" Aktien dürften nicht auf Kosten der Zeichner der „guten" neu-

---
[1] *Ekkenga/Schirrmacher* in KölnKomm. AktG, 4. Aufl. 2020, § 229 AktG Rz. 4; *Veil* in K. Schmidt/Lutter, § 229 AktG Rz. 1.

en Aktien aufgewertet werden[2]. Diese Sichtweise erscheint – zumindest in Bezug auf die börsennotierte AG – zu sehr einer **Buchwertbetrachtung und -bewertung** verhaftet. So kann der Börsenwert auch bei einer Unterbilanz trotz des dann bilanziell ganz oder teilweise verlorenen Grundkapitals über dessen Nennbetrag liegen[3]. Dass bilanzielle Betrachtung und Wert der Aktien nicht zwingend zusammenhängen, zeigt sich auch an einem Punkt, welcher einer vereinfachten Kapitalherabsetzung entgegenstehen kann: Der Marktpreis der Aktien liegt zwar unter oder nahe am Nennwert und steht damit einer Kapitalerhöhung ohne vorangegangene Kapitalherabsetzung entgegen, der Einzelabschluss weist aber nicht in einem Umfang Verluste aus, der die nach § 229 Abs. 2 AktG erforderliche Auflösung der Kapitalrücklage gestattet.

Liegt hingegen der **Wert** der neuen Aktien, wie er nicht zuletzt in der Börsennotierung zum Ausdruck kommt, **unter ihrem Nennbetrag** bzw. bei Stückaktien dem anteiligen Betrag am Grundkapital, werden sich Neuzeichner zu einer Zeichnung zu diesem Nennwert bzw. anteiligen Betrag am Grundkapital nur dann finden, wenn dieser Zustand beseitigt ist, weil ansonsten die Zeichner „überzahlen"[4]. Hier ist durch eine **Reduktion des Nennbetrages** für eine **Anpassung an den „tatsächlichen Wert"** bzw. durch eine **Zusammenlegung** für eine Verteilung des Wertes der Gesellschaft auf weniger Aktien und damit deren **Aufwertung** zu sorgen. Dies erlaubt die Platzierung von neuen Aktien zu höheren Werten (geringster Ausgabebetrag oder gar ein Agio). Darüber hinaus dient die vereinfachte Kapitalherabsetzung der **Wiederherstellung der Dividendenfähigkeit** der Gesellschaft, denn ohne Ausbuchung der Verluste wären diese rechnungslegungsrechtlich mit Jahresüberschüssen zu verrechnen, bevor eine Dividendenzahlung erfolgen kann[5].

50.3

II. Voraussetzungen

1. Zulässige Zwecke

Gemäß § 229 Abs. 1 Satz 1 AktG ist eine vereinfachte Kapitalherabsetzung nur dann zulässig, wenn sie dazu dienen soll, entweder **Wertminderungen auszugleichen** bzw. sonstige Verluste zu decken oder **Beträge in die Kapitalrücklage einzustellen**.

50.4

Praktische Relevanz hat vor allem die vereinfachte Kapitalherabsetzung zum Zwecke der Wertminderung bzw. Verlustdeckung. Insofern wird die Anknüpfung an Wertminderungen zu Recht als „untechnisch" oder „veraltet" bezeichnet[6]. Wertminderungen sind nämlich Ursache für Abschreibungen (vgl. z.B. § 253 Abs. 3 Satz 3 HGB), die eine der Ursachen für einen Verlust (Jahresfehlbetrag) sein können. Dem Begriff der Wertminderung als ein Beispiel der Ursache eines Verlustes kommt deshalb keine eigenständige Bedeutung zu[7]. Denn es ist gleichgültig, ob der Verlust auf einer Wertminderung von Gegenständen des Anlage- oder Umlaufvermögens, auf Drohverlustrückstellungen oder etwa die Bildung einer Rückstellung bzw. Einbuchung einer Verbindlichkeit beruht.

50.5

---

2 *K. Schmidt*, GesR, § 29 III.1, S. 898; *Wirth*, DB 1996, 867, 868 (alte Aktien müssten „durch eine Kapitalherabsetzung ihrem wirtschaftlichen Wert angepasst werden").
3 So schon *Wenger*, ZIP 1993, 321, 323 ff. zum Fall Girmes.
4 Die Neuzeichner mögen allerdings das Argument der „Überzahlung" und die Notwendigkeit einer Kapitalherabsetzung auch bei Börsennotiz über pari mit börsenpsychologischen Kursübertreibungen zu begründen versuchen.
5 So wohl auch *Scholz* in MünchHdb. AG, § 62 Rz. 2; kritisch gegenüber diesem Argument unter dem Aspekt der steuerlichen Belastung der Ausschüttung aber *Wenger*, ZIP 1993, 321, 324.
6 *Oechsler* in MünchKomm. AktG, 5. Aufl. 2021, § 229 AktG Rz. 20; *Ekkenga/Schirrmacher* in KölnKomm. AktG, 4. Aufl. 2020, § 229 AktG Rz. 10.
7 Siehe etwa *Hüffer/Koch*, § 229 AktG Rz. 7; *Scholz* in MünchHdb. AG, § 62 Rz. 7.

50.6 Verbreitet wird die Kapitalherabsetzung mit der Notwendigkeit der Ausbuchung einer **Unterbilanz** begründet[8], wobei andererseits betont wird, eine Unterbilanz sei nicht notwendige Voraussetzung einer vereinfachten Kapitalherabsetzung[9]. Insofern ist zunächst terminologisch[10] festzuhalten, dass unter einer Unterbilanz eine Unterdeckung des gezeichneten Kapitals zu verstehen ist, also in der Handelsbilanz die Summe aus Jahresfehlbetrag zuzüglich Verlustvortrag abzüglich eines Gewinnvortrags und zuzüglich unterjähriger bis zur Prüfung der Notwendigkeit einer Kapitalherabsetzung anfallender Verluste die Summe der Kapital- und Gewinnrücklagen übersteigt. Anders formuliert erreicht das auf der Passivseite ausgewiesene Eigenkapital nicht mehr den Betrag des gezeichneten Kapitals[11]. Wie § 229 Abs. 2 AktG zeigt, ist eine so verstandene Unterbilanz nicht Voraussetzung einer vereinfachten Kapitalherabsetzung, weil in geringem Umfang ein Restbestand von Rücklagen vor Durchführung der Kapitalherabsetzung zulässig ist. Rechtstatsächlich ist jedoch eine Unterbilanz typischer Anwendungsfall einer vereinfachten Kapitalherabsetzung[12]. Wie sich aus § 232 AktG ergibt, darf bei einer Kapitalherabsetzung zwecks Verlustausbuchung der Herabsetzungsbetrag den Verlust nach Abzug der aufzulösenden Rücklagen nicht übersteigen[13].

50.7 Der Verlust kann sich aus der letzten Jahresbilanz ergeben. Aber auch eine ausgeglichene Jahresbilanz hindert die Kapitalherabsetzung nicht, wenn unterjährig Verluste eintreten. Diese sind durch eine zeitnahe **Zwischenbilanz** nach den formellen und materiellen Regeln der Jahresbilanz zu ermitteln, ohne dass diese Zwischenbilanz geprüft, testiert oder festgestellt sein muss[14]. Der so festgestellte Verlust muss aufgrund einer gewissenhaften Prognose des Vorstandes im Zeitpunkt der Beschlussvorbereitung und auch noch bei Beschlussfassung dauerhaft sein. Daran fehlt es, wenn absehbar ist, dass die Verluste in der nahen Zukunft durch Gewinne ausgeglichen werden können[15]. Insofern besteht zwar ein gewisser Beurteilungsspielraum, andererseits aber auch die Möglichkeit einer Plausibilitätskontrolle im Rahmen einer gerichtlichen Überprüfung des Beschlusses[16], die zum Schutz der Altaktionäre erforderlich ist, die möglicherweise an einer sich anschließenden Kapitalerhöhung und damit an zukünftigen Rücklagenzuführungen gemäß § 232 AktG nicht partizipieren (zu diesem Schutzproblem bereits Rz. 49.12). Dementsprechend ist der Kapitalherabsetzungsbeschluss anfechtbar, wenn die Prognoseentscheidung der Verwaltung unvertretbar oder gar willkürlich ist[17]. Im Rahmen der Beschlussfassung über die vereinfachte Kapitalherabsetzung erstrecken sich die Auskunftsansprüche der Aktionäre in der Hauptversammlung (§ 131 Abs. 1 Satz 1 AktG) auch auf Fragen zu den anlassgebenden Verlusten,

---

8 Vgl. *Hüffer/Koch*, § 229 AktG Rz. 2 m.w.N.
9 *Hüffer/Koch*, § 229 AktG Rz. 7; *Oechsler* in MünchKomm. AktG, 5. Aufl. 2021, § 229 AktG Rz. 21.
10 Vgl. zum schillernden Begriff der Unterbilanz *Busch*, AG 1995, 555, 557.
11 Vgl. *Wirth*, DB 1996, 867, 869; *Marsch-Barner/Maul* in BeckOGK AktG, Stand 1.6.2021, § 229 AktG Rz. 8; *Oechsler* in MünchKomm. AktG, 5. Aufl. 2021, § 229 AktG Rz. 21; abweichend *Hüffer/Koch*, § 229 AktG Rz. 7 (Aktiva minus Verbindlichkeiten minus Rückstellungen decken Eigenkapital nicht mehr); das ist – wenn man ein nicht durch Verlustvortrag korrigiertes Eigenkapital zugrunde legt – bereits bei einem normalen Bilanzverlust der Fall und deckt sich nicht mit der Notwendigkeit der vorherigen Auflösung bestimmter Rücklagen gemäß § 229 Abs. 2 AktG, so wohl auch *Ekkenga/Schirrmacher* in KölnKomm. AktG, 4. Aufl. 2020, § 229 AktG Rz. 6.
12 *Wirth*, DB 1996, 867, 869; *Oechsler* in MünchKomm. AktG, 5. Aufl. 2021, § 229 AktG Rz. 21.
13 *Marsch-Barner/Maul* in BeckOGK AktG, Stand 1.6.2021, § 229 AktG Rz. 23; *Oechsler* in MünchKomm. AktG, 5. Aufl. 2021, § 229 AktG Rz. 11.
14 *Scholz* in MünchHdb. AG, § 62 Rz. 8; *Hüffer/Koch*, § 229 AktG Rz. 7; *Wirth*, DB 1996, 867, 868; noch weiter (ausreichend ist „Plausibilitätskontrolle") OLG Schleswig v. 18.12.2003 – 5 U 30/03, AG 2004, 155, 157 = DB 2004, 1416.
15 *Wirth*, DB 1996, 867, 868; *Scholz* in MünchHdb. AG, § 62 Rz. 8; *Hüffer/Koch*, § 229 AktG Rz. 8; OLG Frankfurt a.M. v. 10.5.1988 – 5 U 285/86, AG 1989, 207 m. zustimmender Anm. *Stützle* in WuB II A. § 229 AktG 1.90.
16 Vgl. insofern BGH v. 9.2.1998 – II ZR 278/96 – Sachsenmilch, BGHZ 138, 71 = ZIP 1998, 692, 694 = AG 1998, 284; *Oechsler* in MünchKomm. AktG, 5. Aufl. 2021, § 229 AktG Rz. 22.
17 *Ekkenga/Schirrmacher* in KölnKomm. AktG, 4. Aufl. 2020, § 229 AktG Rz. 8; *Marsch-Barner/Maul* in BeckOGK AktG, Stand 1.6.2021, § 229 AktG Rz. 7.

der Zwischenbilanz und der Prognoseentscheidung. Überdies ist durch den Vorstand schon bei der Einberufung der Hauptversammlung ein Bericht zu veröffentlichen, der grundlegende Informationen zu diesen Themen enthält[18]. Zwar ist eine solche Berichtspflicht im Vorfeld nicht ausdrücklich im Gesetz geregelt, sie ist jedoch Ausdruck der mitgliedschaftlichen Informationsrechte der Aktionäre[19]. Angesichts der strengen Zweckbindung der vereinfachten Kapitalherabsetzung ist über die Vorfeldinformation sicherzustellen, dass sich die Aktionäre mit genügend Vorlaufzeit ein belastbares Bild machen können. Gegen die Annahme einer Berichtspflicht spricht nicht etwa, dass die Aktionäre vor „schweren Eingriffen in die Mitgliedschaftsrechte, die allein bei der Zusammenlegung von Aktien (§ 222 Abs. 4 Satz 2 AktG) drohen, durch die Subsidiarität dieser Maßnahmen hinreichend geschützt" seien[20]. Eine solche Betrachtung konzentriert sich einseitig auf den Schutz der Beteiligungsrechte und berücksichtigt gerade nicht den Schutz der mitgliedschaftlichen Informations- und Prüfungsrechte.

2. Erschöpfung bestimmter Eigenkapitalposten

Zum Zwecke des Schutzes der Aktionäre (vgl. insbesondere die Dividendensperre des § 233 Abs. 2 Satz 1 AktG, aber auch die Beteiligung an zukünftigen Gewinnen) wie auch der Gläubiger (Ausschluss von „gewinnschonenden" Kapitalherabsetzungen) ordnet § 229 Abs. 2 AktG die vorherige Erschöpfung bestimmter eine Mindestreserve übersteigender Eigenkapitalposten an. Ein Verstoß hiergegen macht den Beschluss anfechtbar und kann auch die Zurückweisung der Eintragung rechtfertigen[21]. Dem liegt ein Konzept der Hierarchie der Eigenkapitalkomponenten zugrunde. Es ist nach dem Zweck der Kapitalherabsetzung zu differenzieren und zudem sind umwandlungsrechtliche Besonderheiten in Rechnung zu stellen (zu Letzteren Rz. 50.13). Die vereinfachte Kapitalherabsetzung zwecks Dotierung der Rücklage setzt die Auflösung bzw. Umdotierung aller Gewinnrücklagen voraus (Rz. 50.12). Die vereinfachte Kapitalherabsetzung zwecks Deckung von Verlusten setzt voraus, dass die **gesetzliche Rücklage** und die **Kapitalrücklage** vorweg insoweit aufgelöst werden, als diese zusammen 10 % des sich nach der Herabsetzung ergebenden Grundkapitals übersteigen. Auch für den Fall, dass die vereinfachte Kapitalherabsetzung mit einer gleichzeitigen Wiedererhöhung des Grundkapitals verbunden ist, bleibt für die Berechnung der 10 %-Grenze das Grundkapital nach Herabsetzung, aber vor Wiedererhöhung maßgeblich. Anderes gilt, wenn das Grundkapital unter den gemäß § 7 AktG bestimmten Mindestnennbetrag herabgesetzt wird, welches gemäß § 228 AktG zulässig ist. Nach überwiegender Auffassung gilt dann als das der Berechnung zugrunde liegende Grundkapital das gesetzliche Mindestkapital, nicht das infolge der Kapitalherabsetzung noch niedrigere Kapital[22]. Der Begriff der gesetzlichen Rücklage knüpft an § 150 Abs. 1 und 2 Alt. 1 AktG, der Begriff der Kapitalrücklage an § 272 Abs. 2 HGB an. Soweit die gesetzliche Rücklage und die Kapitalrücklage gemeinsam die Summe von 10 % des nach der Herabsetzung verbleibenden Grundkapitals nicht überschreiten, hat die AG ein Wahlrecht, ob sie die Rücklagen nach § 150 Abs. 3 Nr. 1 AktG zur Deckung eines Jahresfehlbetrages auflöst oder ob sie den Weg einer Kapitalherabsetzung beschreitet.

---

18 Dagegen aber *Scholz* in MünchHdb. AG, § 62 Rz. 18; *Terbrack*, RNotZ 2003, 90, 94; mangels gesetzlicher Grundlage ebenfalls ablehnend *Oechsler* in MünchKomm. AktG, 5. Aufl. 2021, § 229 AktG Rz. 25.
19 Diese umfassen das Recht auf die Veröffentlichung von Dokumenten, welche für die Hauptversammlung relevant sind (Rechtsgedanke des § 175 Abs. 2 AktG). Hierdurch sollen die Aktionäre befähigt werden, sich sachgerecht auf den Gebrauch seiner Rechte in der Hauptversammlung vorzubereiten. Siehe hierzu nur *Hennrichs/Pöschke* in MünchKomm. AktG, 4. Aufl. 2018, § 175 AktG Rz. 23. Ähnliches gilt für die Berichtspflicht gemäß § 186 Abs. 4 Satz 2 AktG, die nicht allein dem Informationszweck, sondern auch der nachträglichen gerichtlichen Kontrolle des Bezugsrechtsausschlusses dient.
20 *Terbrack*, RNotZ 2003, 90, 94.
21 *Hüffer/Koch*, § 229 AktG Rz. 12 und 20; *Oechsler* in MünchKomm. AktG, 5. Aufl. 2021, § 229 AktG Rz. 47; *Scholz* in MünchHdb. AG, § 62 Rz. 20.
22 *Hüffer/Koch*, § 229 AktG Rz. 13; *Oechsler* in MünchKomm. AktG, 5. Aufl. 2021, § 229 AktG Rz. 36; *Scholz* in MünchHdb. AG, § 62 Rz. 16; *Ekkenga/Schirrmacher* in KölnKomm. AktG, 4. Aufl. 2020, § 229 AktG Rz. 30.

50.9 Vorweg aufzulösen sind nach § 229 Abs. 2 Satz 1 AktG aber auch die **Gewinnrücklagen**. Dieser Begriff knüpft an die Bilanzposten gemäß § 266 Abs. 3 A III HGB an und seine Verwendung im Rahmen von § 229 Abs. 2 AktG ist aufgrund eines Redaktionsversehens missglückt: so gehört zu den Gewinnrücklagen i.S.d. HGB auch die **gesetzliche Rücklage** (vgl. § 266 Abs. 3 A III Nr. 1 HGB); diese ist nach § 229 Abs. 2 Satz 1 AktG aber gerade nicht vollständig, sondern nur in Grenzen aufzulösen. Auflösungspflichtig sind demgegenüber in jedem Fall die **anderen Gewinnrücklagen** i.S.d. § 266 Abs. 3 A III Nr. 4 HGB und nach ganz herrschender Auffassung trotz des missverständlichen Wortlautes des § 231 Satz 1 AktG auch die **satzungsmäßigen Rücklagen** gemäß § 266 Abs. 3 A III Nr. 3 HGB[23]. Mit dem Verlust zu verrechnen ist auch ein etwaiger **Gewinnvortrag** (§ 229 Abs. 2 Satz 2 AktG). Nicht aufzulösen sind sog. **stille Reserven**. Das folgt schon aus allgemeinem Rechnungslegungsrecht: Die Ermittlung des Verlustes erfolgt zwar ggf. anhand einer Sonderbilanz, die aber in der Kontinuität der Jahresabschlüsse steht, also nicht eine Bewertung zu „wahren" Werten gestattet[24]. Allenfalls dann, wenn das Bilanzrecht Zuschreibungen gestattet, können solche berücksichtigt werden, ohne dass insofern eine Rechtspflicht der Verwaltung anzunehmen ist. Auch eine Auflösung eines etwaig beibehaltenen **Sonderpostens mit Rücklagenanteil** fordert das Gesetz nicht[25].

50.10 Die Beseitigung dieses Gewinnvortrages erfolgt, wie auch die Auflösung der Rücklagen, technisch durch **Buchungen** in der der Prüfung der Kapitalherabsetzung dienenden (Zwischen-)Bilanz. Die Erstellung eines förmlichen Abschlusses, aus dem sich die Auflösung der Rücklagen ergibt, ist nicht erforderlich[26]. Vielmehr reicht der spätere Ausweis in dem Jahresabschluss für das Geschäftsjahr, in dem der Beschluss über die Kapitalherabsetzung gefasst und eingetragen wurde. Auch eines Hauptversammlungsbeschlusses bedarf es insofern nicht. Etwas anderes gilt nur für satzungsmäßige Rücklagen, deren Auflösung gesellschaftsrechtlich einem Hauptversammlungsbeschluss vorbehalten ist. Hier ist der Beschluss über die vereinfachte Kapitalherabsetzung mit einem entsprechenden Beschluss der Hauptversammlung über die Rücklagenauflösung zu verbinden[27]. Nach herrschender Auffassung soll dieses Erfordernis eines gesonderten Hauptversammlungsbeschlusses auch für die Verrechnung eines **Gewinnvortrages** gelten[28].

3. Begrenzung der Kapitalherabsetzung zwecks Rücklagendotierung

50.11 Die vereinfachte Kapitalherabsetzung zur **Einstellung von Beträgen in die Kapitalrücklage** setzt nach allgemeiner Auffassung nicht das Bestehen von konkreten Verlusten oder auch nur Verlusterwartungen voraus; ausreichend ist die allgemeine Vorsorge vor Verlusten und die Verbesserung der Bilanzoptik[29]. Dem Gläubigerschutz dient insofern § 230 AktG, der eine strenge Verwendungskontrolle vorsieht und insofern die Kapitalbindung gemäß § 150 Abs. 3 und Abs. 4 AktG ergänzt (siehe noch

---

23 *Scholz* in MünchHdb. AG, § 62 Rz. 11; *Oechsler* in MünchKomm. AktG, 5. Aufl. 2021, § 229 AktG Rz. 40; *Hüffer/Koch*, § 229 AktG Rz. 14; *Ekkenga/Schirrmacher* in KölnKomm. AktG, 4. Aufl. 2020, § 229 AktG Rz. 32.
24 So im Ergebnis auch *Ekkenga/Schirrmacher* in KölnKomm. AktG, 4. Aufl. 2020, § 229 AktG Rz. 31; *Oechsler* in MünchKomm. AktG, 5. Aufl. 2021, § 229 AktG Rz. 45.
25 *Scholz* in MünchHdb. AG, § 62 Rz. 11; *Oechsler* in MünchKomm. AktG, 5. Aufl. 2021, § 229 AktG Rz. 46; für den Sonderfall des Sonderpostens für allgemeine Bankrisiken i.S.d. § 340g HGB abweichend *Ekkenga/Schirrmacher* in KölnKomm. AktG, 4. Aufl. 2020, § 229 AktG Rz. 37.
26 *Scholz* in MünchHdb. AG, § 62 Rz. 13; *Marsch-Barner/Maul* in BeckOGK AktG, Stand 1.6.2021, § 229 AktG Rz. 20.
27 *Hüffer/Koch*, § 229 AktG Rz. 12; *Oechsler* in MünchKomm. AktG, 5. Aufl. 2021, § 229 AktG Rz. 43.
28 *Scholz* in MünchHdb. AG, § 62 Rz. 13; *Sethe* in Großkomm. AktG, 4. Aufl. 2011, § 229 AktG Rz. 45; *Hüffer/Koch*, § 229 AktG Rz. 12 und 15; in diesem Sinne wohl auch *Ekkenga/Schirrmacher* in KölnKomm. AktG, 4. Aufl. 2020, § 229 AktG Rz. 41.
29 *Hüffer/Koch*, § 229 AktG Rz. 9; *Oechsler* in MünchKomm. AktG, 5. Aufl. 2021, § 229 AktG Rz. 26 („Präventionsmaßnahme"); *Scholz* in MünchHdb. AG, § 62 Rz. 9; *Ekkenga/Schirrmacher* in KölnKomm. AktG, 4. Aufl. 2020, § 229 AktG Rz. 9.

Rz. 50.19)[30]. Außerdem hat eine Kapitalherabsetzung zwecks Dotierung der Kapitalrücklage die **Grenzen des § 231 AktG** zu beachten.

Zunächst setzt auch diese Art der Kapitalherabsetzung gemäß § 229 Abs. 2 AktG die **Auflösung aller Gewinnrücklagen** und deren Umdotierung in die gesetzliche Rücklage voraus[31]. Das ergibt sich aus § 229 Abs. 2 Satz 1 AktG und wird durch § 231 Satz 1 AktG wiederholt. § 231 AktG beinhaltet weitere Beschränkungen der vereinfachten Kapitalherabsetzung zwecks Dotierung der Rücklage. Bestehen bereits eine gesetzliche Rücklage und eine Kapitalrücklage in Höhe von mehr als 10 % des (hypothetisch zu bestimmenden) herabgesetzten Grundkapitals, ist das Verfahren von vornherein unzulässig[32]. § 231 AktG ergänzt den Schutz der Aktionäre für den praktisch bedeutsameren Fall, in dem diese Rücklagen in den in § 229 Abs. 2 AktG genannten Grenzen vor der Kapitalherabsetzung noch nicht oder nicht mehr vorhanden sind. Dann darf die der Kapitalherabsetzung vorrangige Umbuchung von Gewinnrücklagen in die gesetzliche Rücklage und die Umbuchung vom Grundkapital in die Kapitalrücklage (Kapitalherabsetzung) nicht dazu führen, dass die Summe aus gesetzlicher Rücklage und Kapitalrücklage nach dieser Umbuchung mehr als 10 % des (hypothetisch zu bestimmenden) Grundkapitals nach der Kapitalherabsetzung beträgt. Bei einer gänzlich rücklagenfreien AG erfolgt die Ermittlung des maximalen Herabsetzungsbetrages und damit des neuen Grundkapitals nach der Formel GKneu = (GKalt × 10) dividiert durch 11[33]. Beträgt das Grundkapital vor der Herabsetzung 2 Mio. Euro bei einer gesetzlichen Rücklage von 50.000 Euro und einer Kapitalrücklage von 50.000 Euro, kann eine Kapitalherabsetzung zwecks Rücklagendotierung um rund 90.000 Euro erfolgen; die Summe der Rücklagen beträgt dann 190.000 Euro bei einem Grundkapital nach Herabsetzung von 1,91 Mio. Euro[34]. Bei einer Kapitalherabsetzung unter den gesetzlichen Mindestbetrag gemäß § 7 AktG ist der Mindestbetrag in der Gleichung als GKalt zugrunde zu legen. Wird auf derselben Hauptversammlung, die über die Kapitalherabsetzung beschließt, eine Kapitalerhöhung beschlossen, die ein Agio vorsieht, bleiben gemäß § 231 Satz 3 AktG diese Zahlungen bei der Berechnung der Rücklagen außer Betracht[35]. Ein Verstoß gegen § 231 AktG führt zur Anfechtbarkeit des Hauptversammlungsbeschlusses, nicht aber zu einem Eintragungshindernis ohne Anfechtung[36]. Ein gegen § 231 AktG verstoßender Jahresabschluss soll gemäß § 256 Abs. 1 Nr. 4 AktG nichtig sein, sofern nicht gemäß § 232 AktG analog korrigiert wird[37].

4. Kapitalherabsetzung in Zusammenhang mit Abspaltung

Eine **umwandlungsrechtliche Besonderheit** beinhaltet die vereinfachte Kapitalherabsetzung im Zuge einer Abspaltung. Die Abspaltung von Aktiva kann trotz der gleichzeitigen Übertragung von Passiva das bilanzielle Eigenkapital reduzieren (Abgang von Nettovermögen – Spaltungsverlust). In diesem

---

30 *Oechsler* in MünchKomm. AktG, 5. Aufl. 2021, § 230 AktG Rz. 1, meint, § 230 AktG „ersetze" § 150 Abs. 3 und 4 AktG (und auch § 57 AktG). Tatsächlich ergibt sich die Vermögensbindung schon aus allgemeinen Grundsätzen (Rz. 50.19); insofern ist davon auszugehen, dass die Zuführung zur Kapitalrücklage gemäß § 272 Abs. 2 Ziffer 1–3 HGB mit der Folge des Schutzes dieser Rücklage gemäß § 150 Abs. 3 und Abs. 4 AktG erfolgen muss, also keine Zuführung in die Kapitalrücklage gemäß § 272 Abs. 2 Nr. 4 HGB erfolgen kann, wodurch der Schutz gemäß § 150 Abs. 3 und Abs. 4 AktG nicht mehr gewährleistet wäre.
31 *Marsch-Barner/Maul* in BeckOGK AktG, Stand 1.6.2021, § 229 AktG Rz. 11.
32 *Ekkenga/Schirrmacher* in KölnKomm. AktG, 4. Aufl. 2020, § 229 AktG Rz. 28.
33 *Adler/Düring/Schmaltz*, 6. Aufl. 1997, § 231 AktG Rz. 15.
34 Vgl. auch die Formel bei *Adler/Düring/Schmaltz*, 6. Aufl. 1997, § 231 AktG Rz. 20: GK neu = (GK alt + vorhandene Rücklagen) × 10 dividiert durch 11.
35 *Hüffer/Koch*, § 231 AktG Rz. 6; *Oechsler* in MünchKomm. AktG, 5. Aufl. 2021, § 231 AktG Rz. 8; *Ekkenga/Schirrmacher* in KölnKomm. AktG, 4. Aufl. 2020, § 231 AktG Rz. 7.
36 *Hüffer/Koch*, § 231 AktG Rz. 7.
37 *Adler/Düring/Schmaltz*, 6. Aufl. 1997, § 231 AktG Rz. 24 für den Fall der Dotierung der Gewinn- statt der Kapitalrücklage, also einer Konstellation, die mit § 231 AktG unmittelbar gar nichts zu tun hat.

Zusammenhang ist die Kapitalherabsetzung in vereinfachter Form auch dann zulässig, wenn sie nicht dem Verlustausgleich oder der Rücklagendotierung dient, denn § 145 Satz 1 UmwG enthält eine bloße Rechtsfolgenverweisung[38]. Jedoch muss die Kapitalherabsetzung gemäß § 145 Satz 1 UmwG für die Durchführung der Abspaltung „erforderlich" sein. Sie setzt deshalb jedenfalls voraus, dass die Abspaltung primär durch die Auflösung von freien Rücklagen bei der übertragenden Gesellschaft kompensiert wird und auch eine Bildung ausschüttbaren Eigenkapitals bei der übernehmenden Gesellschaft vermieden wird[39]. Nach richtiger und heute weit überwiegender Auffassung ist aber auch die Auflösung gesetzlich gebundener Rücklagen i.S.v. § 150 AktG bzw. § 272 Abs. 2 Nr. 1 bis 3 HGB zulässig und notwendig[40], bevor eine Kapitalherabsetzung „erforderlich" ist. § 150 Abs. 3 und 4 AktG stehen dem nicht entgegen, weil der Spaltungsverlust trotz der unterschiedlichen Herkunft des Verlusts (Abstammung aus der Gesellschaftersphäre ohne betriebliche Veranlassung) als „Fehlbetrag" analog § 150 AktG verstanden werden kann. Ausschlaggebend ist ferner, dass § 145 UmwG seinem Normzweck nach die spaltungsbedingte vereinfachte Kapitalherabsetzung erleichtern möchte[41]. Wollte man eine Auflösung der gebundenen Rücklagen nicht zulassen, wäre die spaltungsbedingte vereinfachte Kapitalherabsetzung allerdings aufwändiger als eine vereinfachte Kapitalherabsetzung nach allgemeinen Vorschriften. Zwar verträgt sich eine zwischengeschaltete Kapitalerhöhung aus Gesellschaftsmitteln zwecks Eröffnung der Möglichkeit einer anschließenden Kapitalherabsetzung[42] besser mit § 150 Abs. 3 und 4 AktG, wäre aber unnötig kompliziert[43]. Nicht richtig erscheint die Auffassung, die spaltungsbedingte vereinfachte Kapitalherabsetzung führe mangels Verlustsituation und Sanierungsfunktion nicht zu einer Ausschüttungssperre gemäß § 233 Abs. 1 und 2 AktG[44]. Denn auch die Kapitalherabsetzung zwecks Dotierung der Rücklage setzt keine Verlustsituation voraus.

III. Beachtung des Verfahrens der ordentlichen Kapitalerhöhung

50.14 Das Verfahren der vereinfachten Kapitalherabsetzung richtet sich mit Ausnahme bestimmter Normen gemäß § 229 Abs. 3 AktG grundsätzlich nach den §§ 222 ff. AktG.

1. Beschlussfassung

50.15 Erforderlich ist auch bei der vereinfachten Kapitalherabsetzung ein Hauptversammlungsbeschluss[45] mit einer Mehrheit von mindestens drei Vierteln des vertretenen Grundkapitals sowie ggf. ein Sonderbeschluss. Geht die vereinfachte Kapitalherabsetzung mit einer Zusammenlegung von Aktien einher und schließt sich ihr nicht eine unmittelbar folgende Kapitalerhöhung an, bedarf der Beschluss der sachlichen Rechtfertigung, siehe Rz. 49.12. Auch für den Inhalt des Hauptversammlungsbeschlusses

---

38 Eingehend *Priester* in FS Schippel, 1996, S. 487 ff.; dem folgend z.B. *Schwab* in Lutter, § 145 UmwG Rz. 8; *Diekmann* in Semler/Stengel/Leonard, 5. Aufl. 2021, § 145 UmwG Rz. 9.
39 *Schwab* in Lutter, § 145 UmwG Rz. 9 f. und Rz. 15 f.
40 A.A. *Schwab* in Lutter, § 145 UmwG Rz. 18; *Simon* in KölnKomm. UmwG, § 145 UmwG Rz. 3; wie hier aber *Hörtnagl* in Schmitt/Hörtnagl, 9. Aufl. 2020, § 145 UmwG Rz. 4; *Adler/Düring/Schmaltz*, 6. Aufl. 1997, § 272 HGB Rz. 52; *Bula/Thees* in Sagasser/Bula/Brünger, Umwandlungen, 5. Aufl. 2017, § 19 Rz. 53; nun auch *Diekmann* in Semler/Stengel/Leonard, 5. Aufl. 2021, § 145 UmwG Rz. 5b.
41 *Brellochs* in BeckOGK UmwG, Stand 1.4.2021, § 145 UmwG Rz. 13; *Diekmann* in Semler/Stengel/Leonard, 5. Aufl. 2021, § 145 UmwG Rz. 6.
42 Dafür *Ihrig* in FS K. Schmidt, 2009, S.779, 790; wohl auch *Schwab* in Lutter, § 145 UmwG Rz. 18.
43 So i.E. auch *Zeidler*, WPg 2004, 324, 328; *Groß*, NZG 2010, 770, 771.
44 So *Priester* in FS Schippel, 1996, S. 487, 500; wie hier a.A. *Diekmann* in Semler/Stengel/Leonard, 5. Aufl. 2021, § 145 UmwG Rz. 13; *Schwab* in Lutter, § 145 UmwG Rz. 25.
45 Muster bei *Hoffmann-Becking/Berger* in BeckFormularbuch, Formular X. 39, *Favoccia* in MünchVertragsHdb. GesR, Formular V 136 und *Stucken* in Happ/Groß/Möhrle/Vetter, Aktienrecht, Formular 14.02.

gelten die gleichen Grundsätze wie bei der ordentlichen Kapitalherabsetzung. Allerdings ist hinsichtlich der Zwecksetzung die vereinfachte Kapitalherabsetzung auf die in § 229 Abs. 1 AktG genannten Zwecke begrenzt. Daher muss in der Beschlussfassung deutlich zum **Ausdruck** kommen, dass es sich um eine **vereinfachte Kapitalherabsetzung** handelt, und welchem Zweck sie dient[46]. Der Beschluss muss den Herabsetzungsbetrag beinhalten; dient er der Verlustausbuchung, muss bei der Betragsberechnung die vorherige Verlustkürzung durch Rücklagenauflösung gemäß § 229 Abs. 2 AktG berücksichtigt werden. Wird dies nicht beachtet, ist der Beschluss anfechtbar und es besteht ein Eintragungshindernis[47]. Irrtümlich angenommene Verluste berechtigen demgegenüber nicht zur Anfechtung. Der Gläubigerschutz wird insofern durch § 232 AktG bewirkt, es sei denn, bei gewissenhafter Prüfung hätte sich schon zum Zeitpunkt der Beschlussfassung die zu negative Einschätzung ergeben (siehe schon Rz. 50.7)[48]. Bezweckt der Kapitalherabsetzungsbeschluss eine Einstellung in die Kapitalrücklage, ist § 231 Satz 1 AktG zu beachten (Rz. 50.12).

2. Anmeldung, Eintragung und wertpapierrechtlicher Vollzug

Die weitere **Abwicklung** der vereinfachten Kapitalherabsetzung erfolgt wie bei der ordentlichen Kapitalherabsetzung (siehe dazu Rz. 49.19 ff.). Der Kapitalherabsetzungsbeschluss ist durch den Vorstand und den Vorsitzenden des Aufsichtsrats zur Eintragung in das Handelsregister anzumelden[49]. Der Kapitalherabsetzungsbeschluss unterliegt der Prüfung durch das Registergericht. Bei einer Kapitalherabsetzung zwecks Verlustausgleich hat das Registergericht im Wege der Plausibilitätsprüfung zu untersuchen, ob ein Verlust in Höhe des Herabsetzungsbetrages einer vertretbaren kaufmännischen Prognose entspricht; es kann insofern die Vorlage der Zwischenbilanz und Auskünfte verlangen[50]. Dient die Kapitalherabsetzung der Dotierung der Kapitalrücklage, hat das Registergericht neben § 229 Abs. 2 AktG auch die Verwendungsgrenzen des § 231 AktG zu prüfen. Wird der Beschluss aber trotz Verstoßes gegen § 231 AktG nicht angefochten, kann das Registergericht eintragen[51]. Mit Eintragung wird die Kapitalherabsetzung wirksam. Das Verfahren für den wertpapierrechtlichen Vollzug der Herabsetzung der Aktiennennbeträge bzw. die Zusammenlegung der Aktien richtet sich ebenfalls nach denselben Grundsätzen wie bei der ordentlichen Kapitalherabsetzung (dazu Rz. 49.44 ff.). In ihrer Anwendbarkeit **ausgenommen** ist jedoch gemäß § 229 Abs. 3 AktG die **Gläubigerschutzbestimmung des § 225 AktG**, namentlich also das Recht der Gläubiger auf Sicherheitsleistung. Allerdings gelten für die vereinfachte Kapitalherabsetzung besondere Gläubigerschutzvorschriften, die zukünftige Gewinnausschüttungen einschränken (dazu Rz. 50.25 ff.).

50.16

IV. Verbindung mit Kapitalerhöhung bzw. freiwilligen Zuzahlungen

1. Kapitalerhöhung

Vereinfachte Kapitalherabsetzung und Kapitalerhöhung können in einer Hauptversammlung als Paket beschlossen werden, in Fällen des § 228 AktG (Unterschreitung des Mindestgrundkapitals) müssen sie

50.17

---

46 *Oechsler* in MünchKomm. AktG, 5. Aufl. 2021, § 229 AktG Rz. 13 ff., 17; *Ekkenga/Schirrmacher* in KölnKomm. AktG, 4. Aufl. 2020, § 229 AktG Rz. 18 und 19; *Hüffer/Koch*, § 229 AktG Rz. 10; zur Erforderlichkeit der Nennung des Zwecks ausführlich OLG Hamm v. 15.11.2010 – I-15 W 191/10, ZIP 2011, 568, 569 = GmbHR 2011, 256.
47 *Oechsler* in MünchKomm. AktG, 5. Aufl. 2021, § 229 AktG Rz. 11.
48 *Scholz* in MünchHdb. AG, § 62 Rz. 20; *Hüffer/Koch*, § 229 AktG Rz. 23.
49 Muster bei *Hoffmann-Becking/Berger* in BeckFormularbuch, Formular X. 40 und bei *Favoccia* in Münch-VertragsHdb. GesR, Formular V 137.
50 *Hüffer/Koch*, § 229 AktG Rz. 20; *Ekkenga/Schirrmacher* in KölnKomm. AktG, 4. Aufl. 2020, § 229 AktG Rz. 47.
51 *Hüffer/Koch*, § 231 AktG Rz. 7.

es. Eine solche Verbindung[52] ist in Sanierungsfällen regelmäßig erforderlich, weil die nominelle Kapitalherabsetzung nur zur Ausbuchung der Verluste, nicht aber zur Zufuhr von Kapital führt. Neben den Regeln über die vereinfachte Kapitalherabsetzung gelten für die Kapitalerhöhung dann die anwendbaren Kapitalerhöhungsvorschriften. Dabei folgt der Kapitalerhöhungsbeschluss dem Kapitalherabsetzungsbeschluss, und hinsichtlich der Anmeldung der Kapitalmaßnahmen steht an erster Stelle die Anmeldung des Kapitalherabsetzungsbeschlusses, sodann folgt die Anmeldung des Kapitalerhöhungsbeschlusses und am Ende die Anmeldung der Durchführung der Kapitalerhöhung. Soll, was regelmäßig angestrebt wird, auch die Kapitalerhöhung **rückwirkend** im Jahresabschluss berücksichtigt werden, sollen der Beschluss über die Kapitalerhöhung und die Durchführung der Kapitalerhöhung gemäß § 235 Abs. 2 Satz 3 AktG nur zusammen in das Handelsregister eingetragen werden. Erforderlich ist also gemäß § 235 Abs. 1 AktG eine Beschlussfassung in derselben Hauptversammlung und wegen der dreimonatigen Frist des § 235 Abs. 2 Satz 1 AktG eine rasche Durchführung der Kapitalerhöhung.

2. Freiwillige Zuzahlungen

50.18 Nach herrschender Auffassung ist auch die **Verbindung** einer Kapitalherabsetzung mit freiwilligen Zuzahlungen der Aktionäre zulässig, die zur Einstellung der Zuzahlung in die Kapitalrücklage führen und damit ebenso die Sanierung der Gesellschaft bewirken können. Dabei wird es weiter für zulässig erachtet, dass die Kapitalherabsetzung die nicht zuzahlenden Aktionäre stärker trifft als die Zuzahlenden, sofern nur die Gleichbehandlung gewahrt bleibt und Zuzahlung und geringere Beteiligung an der Kapitalherabsetzung in einem angemessenen Verhältnis stehen[53]. Dagegen wird geltend gemacht, die Zuzahlung sei nur Substitut für eine Kapitalherabsetzung mit anschließender Kapitalerhöhung und beeinträchtige den nicht zuzahlungswilligen Aktionär, der anderenfalls sein Bezugsrecht veräußern könne[54]. Ist aber das Verhältnis von Zuzahlungsbefugnis und damit verbundenem Vorteil ausgewogen, kann der Aktionär seine Aktien ganz oder teilweise veräußern und damit denjenigen wirtschaftlichen Wert realisieren, den anderenfalls das Bezugsrecht verkörpert.

V. Verwendung der herabgesetzten Eigenkapitalposten

50.19 § 230 AktG regelt die **Verwendung der Beträge**, die aus der Auflösung der Kapital- oder Gewinnrücklagen und aus der Kapitalherabsetzung selbst gewonnen worden sind, und verbietet deren Auszahlung oder die Verwendung der Beträge zwecks Befreiung von der Einlagepflicht. Die Verwendungsbegrenzung ist weitgehend selbstverständlich, weil sich die Vermögensbindung insofern aus allgemeinem Rechnungslegungsrecht und bei irrtümlich angenommenen Verlusten aus § 232 AktG ergibt: Dient die vereinfachte Kapitalherabsetzung der Ausbuchung von Verlusten und sind solche vorhanden, wird der freiwerdende Betrag nicht gegen eine andere Rücklage gebucht, sondern geht in die Gewinn- und Verlustrechnung im Rahmen der Fortentwicklung des Jahresergebnisses zum Bilanzergebnis ein (vgl. § 240 Satz 1 AktG). Er gleicht dort den auszubuchenden Jahresfehlbetrag aus und kann dementsprechend nicht zur Ausschüttung gelangen. Wurde demgegenüber von einem Verlust ausgegangen (und

---

52 Muster bei *Favoccia* in MünchVertragsHdb. GesR, Formular V 136 und bei *Stucken* in Happ/Groß/Möhrle/Vetter, Aktienrecht, Formular 14.03; vgl. auch den GmbH-rechtlichen Fall des LG Kiel v. 18.1.2013 – 16 O 4/12, GmbHR 2013, 363 ff.
53 *Oechsler* in MünchKomm. AktG, 5. Aufl. 2021, § 222 AktG Rz. 29; *Hüffer/Koch*, § 222 AktG Rz. 5; vgl. auch den Formulierungsvorschlag bei *Stucken* in Happ/Groß/Möhrle/Vetter, Aktienrecht, Formular 14.02 Rz. 6.2 (Abwendung der Zusammenlegung durch Zuzahlung).
54 Zu dieser Ansicht vgl. *Ekkenga* in KölnKomm. AktG, 4. Aufl. 2020, § 222 AktG Rz. 25 sowie *Lutter* in KölnKomm. AktG, 2. Aufl. 1993, § 222 AktG Rz. 33.

auch entsprechend gebucht), der sich später als ganz oder teilweise nicht existent erwies, ist die positive Differenz nach § 232 AktG in die Kapitalrücklage einzustellen und unterliegt dann der Kapitalbindung gemäß § 150 Abs. 3 und 4 AktG[55]. Wurde der freiwerdende Betrag in andere Gewinnrücklagen eingestellt, ist der betreffende Jahresabschluss nichtig[56].

Dient die Kapitalherabsetzung der **Einstellung in die Kapitalrücklage**, ist der freigewordene Betrag gemäß § 240 Satz 1 AktG in der Gewinn- und Verlustrechnung auszuweisen, und zugleich ist als Korrekturposten der Einstellungsbetrag gemäß § 240 Satz 2 AktG als „Einstellung in die Kapitalrücklage nach den Vorschriften über die vereinfachte Kapitalherabsetzung" auszuweisen[57]. Die Einstellung erfolgt als gesonderter Posten zwischen den Positionen gemäß § 158 Abs. 1 Nr. 3 und 4 AktG[58]. Die vorherige Rücklagenauflösung gemäß § 229 Abs. 2 AktG ist – auch in Bezug auf die Kapitalrücklage – gemäß § 158 Abs. 1 AktG auszuweisen[59]. Hinsichtlich des der Kapitalrücklage zugebuchten Betrages ist wie bei § 232 AktG von einer Kapitalbindung gemäß § 150 Abs. 3 und 4 AktG auszugehen, so dass auch bei diesem Zweck der Kapitalherabsetzung § 230 AktG nur Selbstverständliches regelt[60].   50.20

VI. Rücklagendotierung bei zu hoch angenommenen Verlusten

Erfolgt die vereinfachte Kapitalherabsetzung zur Abdeckung von Verlusten, kann sich nachträglich ergeben, dass die Kapitalherabsetzung nicht erforderlich gewesen wäre, weil entweder Verluste in der angenommenen Höhe nicht eingetreten oder bereits anderweitig ausgeglichen waren. Auf diese Weise **freiwerdende Beträge** sind gemäß § 232 AktG in die **Kapitalrücklage** einzustellen, und zwar unabhängig von der Höhe der gesetzlichen Rücklage und der Kapitalrücklage[61]. Entscheidend sind insofern allein die Verhältnisse im Zeitpunkt der Beschlussfassung, nicht die im Zeitpunkt der Bilanzaufstellung. Sind bis zum Zeitpunkt der Bilanzaufstellung die zum Zeitpunkt der Beschlussfassung angenommenen Verluste nicht eingetreten bzw. waren sie zum Zeitpunkt der Beschlussfassung bereits ausgeglichen, so ist der Unterschiedsbetrag der Kapitalrücklage zuzuführen. Das gilt auch, wenn für den Verlust rechnungslegungsrechtlich zu Recht zunächst eine Rückstellung gebildet wurde, die später wieder aufgelöst werden kann[62]. **Spätere Gewinne** beseitigen einen tatsächlich entstandenen Verlust demgegenüber nicht, sondern dieser Gewinn ist nach allgemeinen Regeln verwendbar, ohne dass eine Pflicht zur Rücklagendotierung besteht. Umgekehrt besteht eine Pflicht zur Rücklagendotierung auch dann, wenn **später anfallende** Verluste zu einem Jahresfehlbetrag führen. Die Rücklagendotierung kann also zu einem Bilanzverlust führen oder ihn erhöhen[63]. Dem steht nicht entgegen, dass dann die   50.21

---

55 Zu welchen Teilen der Kapitalrücklage i.S.d. § 272 Abs. 2 HGB Zuführungsbeträge nach § 232 AktG gehören, ist dem Gesetz nicht zu entnehmen; es muss aber davon ausgegangen werden, dass es sich nicht um eine Zuzahlung i.S.d. § 272 Abs. 2 Nr. 4 HGB handelt, vgl. *Adler/Düring/Schmaltz*, 6. Aufl. 1997, § 232 AktG Rz. 19 sowie *Hirte* in Großkomm. AktG, 4. Aufl. 1998, § 208 AktG Rz. 17 m.w.N., vgl. auch *Marsch-Barner/Maul* in BeckOGK AktG, Stand 1.6.2021, § 230 AktG Rz. 4.
56 *Ekkenga/Schirrmacher* in KölnKomm. AktG, 4. Aufl. 2020, § 230 AktG Rz. 17; *Hüffer/Koch*, § 230 AktG Rz. 4.
57 Hierzu *Hüffer/Koch*, § 240 AktG Rz. 4; *Singhof* in HdJ, Abt. III/2 Rz. 100.
58 *Adler/Düring/Schmaltz*, 6. Aufl. 1997, § 158 AktG Rz. 26; *Hüffer/Koch*, § 240 AktG Rz. 4; *Singhof* in HdJ, Abt. III/2 Rz. 100.
59 *Adler/Düring/Schmaltz*, 6. Aufl. 1997, § 158 AktG Rz. 9; *Singhof* in HdJ, Abt. III/2 Rz. 101.
60 Anders *Oechsler* in MünchKomm. AktG, 5. Aufl. 2021, § 230 AktG Rz. 1, der meint, § 150 AktG werde durch § 230 AktG „ersetzt".
61 *Scholz* in MünchHdb. AG, § 62 Rz. 25; *Hüffer/Koch*, § 232 AktG Rz. 6; *Marsch-Barner/Maul* in BeckOGK AktG, Stand 1.6.2021, § 232 AktG Rz. 3.
62 BGH v. 5.10.1992 – II ZR 172/91, BGHZ 119, 305, 321 = AG 1993, 125; *Hüffer/Koch*, § 232 AktG Rz. 8.
63 *Adler/Düring/Schmaltz*, 6. Aufl. 1997, § 232 AktG Rz. 13 ff.; *Hüffer/Koch*, § 232 AktG Rz. 4; *Scholz* in MünchHdb. AG, § 62 Rz. 27.

Kapitalrücklage ihrerseits wieder zur Verlustdeckung durch Entnahme herangezogen werden kann, denn dies begrenzt in Folgejahren die Möglichkeit der Gewinnausschüttung, begünstigt also den Gläubigerschutz[64]. Zweifelhaft ist die Behandlung des Ausgleichs von **individuellen Verlusten** innerhalb der maßgeblichen Betrachtungsperiode. Wurde z.B. eine Forderung gegen X abgewertet, die sich im Nachhinein als werthaltig erweist, stellt sich aber gleichzeitig heraus, dass die Forderung gegen Y, die zum Zeitpunkt der Beschlussfassung als werthaltig charakterisiert wurde, ausfällt, ist nach dem Grundsatz der wertaufhellenden Tatsachen zu verfahren: Die Verrechnung ohne Dotierung der Kapitalrücklage ist zulässig, wenn der Umstand der fehlenden Werthaltigkeit der Forderung gegen Y bereits zum Zeitpunkt der Beschlussfassung bestand[65].

50.22 Der gemäß § 232 AktG in die Kapitalrücklage einzustellende Betrag ist der „**Unterschiedsbetrag**", d.h. nicht der Unterschied zwischen angenommenem und tatsächlich angefallenem Verlust, sondern nur der aus der Kapitalherabsetzung zu Unrecht gewonnene Betrag[66]. War also bei einem angenommenen Verlust von 100.000 Euro das Grundkapital nur in Höhe von 50.000 Euro herabgesetzt worden und ergibt sich später, dass gar kein Verlust vorlag, besteht eine Zuführungspflicht gemäß § 232 AktG nur für 50.000 Euro.

50.23 Die irrtümliche Verlustannahme muss sich gemäß § 232 AktG bei der Aufstellung des Jahresabschlusses für das beim Beschluss über die vereinfachte Kapitalherabsetzung laufende Geschäftsjahr oder für eines der beiden folgenden Geschäftsjahre ergeben. Die Einstellung in die Kapitalrücklage ist nur in der Bilanz auszuweisen, bei deren Aufstellung sich die Verpflichtung ergeben hat; frühere Bilanzen sind nicht zu ändern[67]. § 232 AktG gilt **analog**, wenn der Herabsetzungsbetrag **bewusst höher** als zur Verlustdeckung zulässig gewählt wurde, auch wenn der entsprechende Kapitalherabsetzungsbeschluss nicht angefochten und eingetragen wurde[68]. Die Norm gilt ferner nach herrschender Auffassung analog für Fälle der **Kapitalherabsetzung zwecks Dotierung der Kapitalrücklage**, wenn der Herabsetzungsbetrag höher als nach § 231 AktG zulässig festgesetzt wurde[69]. Dieses zunächst eigentümlich erscheinende Ergebnis (Herstellung eines Zustandes, der durch § 231 Satz 1 AktG eigentlich untersagt ist), sei durch die Herstellung der Kapitalbindung als einzig praktikable Lösung gerechtfertigt, weil die Alternative einer Kapitalerhöhung aus Gesellschaftsmitteln positive Stimmpflichten voraussetzen würde und nicht durchsetzbar sei. Dem ist mit der Überlegung zu folgen, dass das nach § 231 AktG untersagte, aber materiell nun nicht anders lösbare Ergebnis nur mit der Analogie einer das Ergebnis tragenden Norm zu begründen ist.

50.24 Bei einem **Verstoß** gegen § 232 AktG ist der **Jahresabschluss** gemäß § 256 Abs. 1 und Nr. 4 AktG **nichtig**[70]. Ebenso nichtig ist ein **Gewinnverwendungsbeschluss**, der auf dem nichtigen Jahresabschluss beruht, § 253 Abs. 1 Satz 1 AktG.

---

64 Vgl. näher das Beispiel von *Adler/Düring/Schmaltz*, 6. Aufl. 1997, § 232 AktG Rz. 14 und 15.
65 *Adler/Düring/Schmaltz*, 6. Aufl. 1997, § 232 AktG Rz. 10; a.A. (Bilanzergebnis insgesamt ist stets maßgebend, so dass auch stets verrechnet werden kann) *Hüffer/Koch*, § 232 AktG Rz. 3; *Scholz* in MünchHdb. AG, § 62 Rz. 26; *Marsch-Barner/Maul* in BeckOGK AktG, Stand 1.6.2021, § 232 AktG Rz. 4; *Sethe* in Großkomm. AktG, 4. Aufl. 2011, § 232 AktG Rz. 5.
66 Vgl. *Adler/Düring/Schmaltz*, 6. Aufl. 1997, § 232 AktG Rz. 16.
67 *Hüffer/Koch*, § 232 AktG Rz. 5; *Scholz* in MünchHdb. AG, § 62 Rz. 28.
68 Ganz h.M., vgl. *Oechsler* in MünchKomm. AktG, 5. Aufl. 2021, § 232 AktG Rz. 10; *Hüffer/Koch*, § 232 AktG Rz. 8; *Marsch-Barner/Maul* in BeckOGK AktG, Stand 1.6.2021, § 232 AktG Rz. 10; *Scholz* in MünchHdb. AG, § 62 Rz. 29; *Veil* in K. Schmidt/Lutter AktG, § 232 AktG Rz. 6.
69 *Hüffer/Koch*, § 232 AktG Rz. 8; *Oechsler* in MünchKomm. AktG, 5. Aufl. 2021, § 231 AktG Rz. 10; *Scholz* in MünchHdb. AG, § 62 Rz. 29.
70 *Hüffer/Koch*, § 232 AktG Rz. 7; *Oechsler* in MünchKomm. AktG, 5. Aufl. 2021, § 232 AktG Rz. 14.

VII. Thesaurierungsgebot

1. Rücklagenauffüllung

Gemäß § 233 Abs. 1 Satz 1 AktG darf nach Wirksamwerden einer vereinfachten Kapitalherabsetzung die Gesellschaft **Gewinne erst dann ausschütten**, wenn die **Kapitalrücklage** und die **gesetzliche Rücklage** zusammen **10 % des Grundkapitals** erreicht haben. Dabei ist der Begriff der Kapitalrücklage nicht streng i.S.d. § 272 Abs. 2 HGB zu verstehen, denn nicht mitzurechnen ist die Kapitalrücklage gemäß § 272 Abs. 2 Nr. 4 HGB[71]. Bemessungsgrundlage für die erforderliche Quote ist die nach dem Kapitalherabsetzungsbeschluss verbleibende Grundkapitalziffer. Eine gleichzeitig beschlossene und durchgeführte Kapitalerhöhung wird ebenso wenig wie später folgende Kapitalerhöhungen berücksichtigt. Wurde das Kapital unter den gesetzlichen Mindestnennbetrag herabgesetzt, gilt gemäß § 233 Abs. 1 Satz 2 AktG dieser Mindestnennbetrag als Bemessungsgrundlage. Die Ausschüttungssperre gilt mit Wirksamwerden der Kapitalherabsetzung bis zur Erreichung der Quote („erreicht haben"). Eine spätere Unterdeckung wegen Folgeverlusten führt nicht zum Wiederaufleben der Ausschüttungssperre[72]. § 233 AktG führt nicht zu einer Pflicht der Dotierung des gesetzlichen Reservefonds. Gewinne können vorgetragen oder zugunsten der anderen Gewinnrücklagen gebucht werden, solange nur die Ausschüttungssperre beachtet wird[73]. Zu beachten ist aber die Zuführungspflicht gemäß § 150 Abs. 2 AktG.

50.25

Von dem Verbot des § 233 Abs. 1 AktG werden nach herrschender Auffassung auch durch **Gewinnabführungsverträge** vereinbarte Gewinnabführungen erfasst[74]. Dem ist entgegenzuhalten, dass der Gläubigerschutz hier konzernrechtlich durch den Anspruch auf Verlustdeckung gemäß § 302 AktG und vor allem die Pflicht zur Rücklagendotierung gemäß § 300 Nr. 1 AktG ausreichend sichergestellt erscheint[75]. Nicht verboten sind demgegenüber jedenfalls Zahlungen aufgrund von **Genussrechten, stillen Gesellschaften** sowie **Teilgewinnabführungsverträgen** und **Gewinngemeinschaften**, auch wenn der andere Vertragsteil Aktionär ist, weil es sich insofern um Verträge mit einem ausgeglichenen Verhältnis von Leistung und Gegenleistung handelt[76]. Nicht untersagt sind schließlich auch Zahlungen auf Dividendengarantien gemäß § 304 Abs. 2 Satz 2 AktG[77].

50.26

2. Beschränkung der Gewinnausschüttung

Auch nach der durch § 233 Abs. 1 AktG erforderlichen Rücklagendotierung ist für einen bestimmten Zeitraum nur eine **Dividendenausschüttung** zulässig, die **4 % des Grundkapitals je Geschäftsjahr** nicht übersteigen darf (§ 233 Abs. 2 Satz 1 AktG). Dieser Zeitraum umfasst das Geschäftsjahr der Beschlussfassung sowie die beiden der Beschlussfassung folgenden Geschäftsjahre. Eine Rückbeziehung der Kapitalherabsetzung ändert an der Maßgeblichkeit dieses Zeitraums nichts. Maßgeblich ist die Grundkapitalziffer zum Zeitpunkt der Fassung des jeweiligen Gewinnverwendungsbeschlusses[78]. Der

50.27

---

71 *Hüffer/Koch*, § 233 AktG Rz. 4; *Oechsler* in MünchKomm. AktG, 5. Aufl. 2021, § 233 AktG Rz. 7; *Scholz* in MünchHdb. AG, § 62 Rz. 31.
72 *Hüffer/Koch*, § 233 AktG Rz. 5; *Oechsler* in MünchKomm. AktG, 5. Aufl. 2021, § 233 AktG Rz. 11.
73 *Ekkenga/Schirrmacher* in KölnKomm. AktG, 4. Aufl. 2020, § 233 AktG Rz. 10; *Scholz* in MünchHdb. AG, § 62 Rz. 31.
74 *Hüffer/Koch*, § 233 AktG Rz. 3; *Marsch-Barner/Maul* in BeckOGK AktG, Stand 1.6.2021, § 233 Rz. 3; *Sethe* in Großkomm. AktG, 4. Aufl. 2011, § 233 AktG Rz. 5.
75 Ablehnend auch *Scholz* in MünchHdb. AG, § 62 Rz. 32, sowie *Oechsler* in MünchKomm. AktG, 5. Aufl. 2021, § 233 AktG Rz. 6.
76 *Oechsler* in MünchKomm. AktG, 5. Aufl. 2021, § 233 AktG Rz. 5; *Hüffer/Koch*, § 233 AktG Rz. 3; *Scholz* in MünchHdb. AG, § 62 Rz. 32.
77 *Scholz* in MünchHdb. AG, § 62 Rz. 32; *Hüffer/Koch*, § 233 AktG Rz. 3; *Ekkenga/Schirrmacher* in KölnKomm. AktG, 4. Aufl. 2020, § 233 Rz. 4.
78 *Hüffer/Koch*, § 233 AktG Rz. 6; *Oechsler* in MünchKomm. AktG, 5. Aufl. 2021, § 233 AktG Rz. 13; *Ekkenga/Schirrmacher* in KölnKomm. AktG, 4. Aufl. 2020, § 233 Rz. 11.

Höchstbetrag von 4 % ist ein Durchschnittswert; nicht entscheidend ist, wie er sich auf einzelne Aktien (Stamm- und Vorzugsaktien) verteilt[79]. Die Einschränkung der Dividendenausschüttung besteht erst mit Wirksamkeit der Kapitalherabsetzung, also mit Eintragung des Beschlusses. Ein etwaig zuvor gefasster Gewinnverwendungsbeschluss kann noch vollzogen werden, selbst wenn er – welches nur für den Fall der Kapitalherabsetzung zwecks Rücklagendotierung praktisch sein dürfte – erst nach der Kapitalherabsetzung beschlossen wurde[80]. Ist demgegenüber eine vor der Kapitalherabsetzung beschlossene Gewinnverwendung zum Zeitpunkt der Eintragung noch nicht vollzogen worden (ein bei der börsennotierten AG eher theoretischer Fall), tritt rechtsgestaltende Sperrwirkung ein[81]. Diese Ausschüttungssperre des § 233 Abs. 2 Satz 1 AktG kann durch **Sicherheitsleistung** abgewendet werden. Es gelten insofern die gleichen Regeln wie bei der Gläubigersicherung im Rahmen der ordentlichen Kapitalherabsetzung gemäß § 225 AktG (Rz. 49.33 ff.). Besonderheiten ergeben sich nur im Hinblick auf den Fristlauf: gemäß § 233 Abs. 2 Satz 2 AktG beginnt der Lauf der sechsmonatigen Meldefrist mit dem Tag der Bekanntmachung des Jahresabschlusses, aufgrund dessen die Gewinnverteilung beschlossen ist. Die Benachrichtigung der Gläubiger erfolgt statt durch besondere Bekanntmachung im Rahmen der Bekanntmachung des Jahresabschlusses (§ 233 Abs. 2 Satz 4 AktG).

VIII. Rückbeziehung

50.28 §§ 234 und 235 AktG gestatten es unter bestimmten Voraussetzungen, eine Kapitalherabsetzung bilanziell auf den Jahresabschluss des bereits abgelaufenen Geschäftsjahres rückzubeziehen. Dies ermöglicht, eine sogleich durchgeführte Kapitalerhöhung gegen Bareinlage rückwirkend bilanziell zu berücksichtigen. Beide Normen **durchbrechen** damit das **Stichtagsprinzip** des § 252 Abs. 1 Nr. 3 HGB und sollen Sanierungen dadurch fördern, dass in zeitlichen Grenzen die Feststellung von Jahresabschlüssen mit förmlichem Verlustausweis, welche die Kreditfähigkeit schädigen könnten, vermieden werden kann.

1. Rückbeziehung der Kapitalherabsetzung

50.29 § 234 Abs. 1 AktG gestattet den **Ausweis der Kapitalherabsetzung** sowie der in diesem Zusammenhang vorangegangenen **Rücklagenauflösung** in dem Jahresabschluss für das letzte vor der Beschlussfassung über die Kapitalherabsetzung abgelaufene Geschäftsjahr. Nach mittlerweile wohl einhelliger Auffassung besteht diese Möglichkeit der Rückbeziehung auch dann, wenn die Gesellschaft in diesem vorangegangenen Geschäftsjahr eine andere Rechtsform besaß, sofern es sich um eine Kapitalgesellschaft handelte[82]. Die Möglichkeit der Rückbeziehung besteht auch dann, wenn der auszubuchende Verlust erst im laufenden Geschäftsjahr entstanden ist[83].

50.30 Die Rückbeziehung erfordert, dass die **Hauptversammlung** über die **Feststellung des Jahresabschlusses beschließt**. Wurde der Jahresabschluss bereits durch Vorstand und Aufsichtsrat gemäß § 172 Abs. 1 AktG festgestellt, ist bis zur Einberufung der Hauptversammlung gemäß § 175 Abs. 4 AktG die Aufhebung dieser Feststellung und damit die Zuweisung zur Hauptversammlung noch möglich[84]. Das

---

79 *Hüffer/Koch*, § 233 AktG Rz. 6; *Veil* in K. Schmidt/Lutter, § 233 AktG Rz. 7.
80 *Scholz* in MünchHdb. AG, § 62 Rz. 35; *Oechsler* in MünchKomm. AktG, 5. Aufl. 2021, § 233 AktG Rz. 15.
81 *Scholz* in MünchHdb. AG, § 62 Rz. 35; *Hüffer/Koch*, § 233 AktG Rz. 7.
82 Das entspricht zumindest für die Rechtsform der GmbH allgemeiner Auffassung, vgl. grundlegend *K. Schmidt*, AG 1985, 150, 156 f. und seitdem *Hüffer/Koch*, § 234 AktG Rz. 2; *Oechsler* in MünchKomm. AktG, 5. Aufl. 2021, § 234 AktG Rz. 4; *Scholz* in MünchHdb. AG, § 62 Rz. 38. Spätestens mit der Einfügung von § 58e GmbHG dürfte dies nicht mehr ernsthaft streitig sein.
83 *Marsch-Barner/Maul* in BeckOGK AktG, Stand 1.6.2021, § 234 AktG Rz. 5.
84 *Scholz* in MünchHdb. AG, § 62 Rz. 39 m.w.N.; nunmehr auch *Ekkenga/Schirrmacher* in KölnKomm. AktG, 4. Aufl. 2020, § 234 AktG Rz. 6.

Verfahren der Zuweisung der Feststellungskompetenz gemäß § 234 Abs. 2 Satz 1 AktG tritt neben das Verfahren gemäß § 173 Abs. 1 AktG. Möglich sind danach folgende Handlungsalternativen: (1) Vorstand und Aufsichtsrat können sich gegen eine Rückwirkung entscheiden und den Abschluss selbst feststellen. Eine Rückbeziehung scheidet dann aus. Allerdings kann die Hauptversammlung gemäß § 83 Abs. 1 Satz 1 AktG die Feststellung des Jahresabschlusses auch ohne Vorlage gemäß § 173 Abs. 1 AktG an sich ziehen[85]. (2) Vorstand und Aufsichtsrat können aber auch nach § 173 Abs. 1 AktG vorgehen und die Feststellung des Jahresabschlusses der Hauptversammlung überlassen. Diese ist dann bei der Entscheidung über die Rückwirkung frei (wurde der Abschlussentwurf unter Rückbeziehung aufgestellt und weicht die Hauptversammlung hiervon ab, ist gemäß § 173 Abs. 3 AktG zu verfahren). (3) Legt der Vorstand ohne Vorlagebeschluss gemäß § 173 Abs. 1 AktG den Entwurf eines Jahresabschlusses gemäß § 234 Abs. 2 AktG der Hauptversammlung vor, kann diese dann den Jahresabschluss nur mit Rückwirkung beschließen. Folgt sie dem Entwurf nicht, so kann der Jahresabschluss nicht durch die Hauptversammlung festgestellt werden, weil einerseits kein Beschluss gemäß § 173 Abs. 1 Satz 1 AktG vorliegt, andererseits § 234 Abs. 2 AktG diese Konstellation nicht abdeckt[86].

Gemäß § 234 Abs. 2 Satz 2 AktG soll die **Feststellung des Jahresabschlusses** zugleich mit der Beschlussfassung über die Kapitalherabsetzung erfolgen. *Zugleich* bedeutet im Rahmen derselben Hauptversammlung. Weil es sich um eine Sollvorschrift handelt, ist ein abweichendes Vorgehen zulässig. Insbesondere kann die Hauptversammlung zunächst die Kapitalherabsetzung beschließen und den Jahresabschluss später feststellen[87]. In diesem Fall fordert allerdings das LG Frankfurt am Main, dass in der Hauptversammlung zumindest die Vorlage desjenigen Vorjahresabschlusses erfolgen muss, in dem rückwirkend die Kapitalveränderung ausgewiesen werden soll, damit die Aktionäre den Eigenkapitalverlust hinreichend überprüfen können[88]. Zwar ist auch eine solche Vorlagepflicht im Vorfeld nicht ausdrücklich gesetzlich geregelt, jedoch wiederum Ausdruck der mitgliedschaftlichen Informationsrechte der Aktionäre (vgl. hierzu bereits Rz. 50.7). Darüber hinaus ist der Feststellungsbeschluss gemäß § 234 Abs. 3 AktG innerhalb von drei Monaten nach Eintragung des Kapitalherabsetzungsbeschlusses zu fassen. Wird demgegenüber zunächst der Jahresabschluss und erst nachfolgend die Kapitalherabsetzung beschlossen, ist der Feststellungsbeschluss über den Jahresabschluss aufschiebend bedingt durch die spätere Eintragung der Kapitalherabsetzung[89]. Ein **Bestätigungsvermerk**, der eine im Abschluss bereits ausgewiesene, aber noch nicht im Register eingetragene Kapitalherabsetzung berücksichtigen soll, ist ebenfalls zu bedingen[90].

50.31

Gemäß § 234 Abs. 3 Satz 1 AktG sind der Beschluss über die vereinfachte Kapitalherabsetzung[91] sowie der Beschluss über die Feststellung des Jahresabschlusses nichtig, wenn der Beschluss über die Kapitalherabsetzung nicht binnen drei Monaten nach der Beschlussfassung in das Handelsregister **eingetragen** worden ist. Die Frist beginnt mit dem Tag der Beschlussfassung und endet mit der Eintragung (fristgerechte Anmeldung reicht nicht). Allerdings ist der Lauf der Drei-Monats-Frist gehemmt, solange eine Anfechtungs- oder Nichtigkeitsklage anhängig ist (§ 234 Abs. 3 Satz 2 AktG).

50.32

---

85 *Hüffer/Koch*, § 234 AktG Rz. 5; *Scholz* in MünchHdb. AG, § 62 Rz. 39.
86 *Hüffer/Koch*, § 234 AktG Rz. 5; *Oechsler* in MünchKomm. AktG, 5. Aufl. 2021, § 234 AktG Rz. 8; *Ekkenga/Schirrmacher* in KölnKomm. AktG, 4. Aufl. 2020, § 234 AktG Rz. 8.
87 *Ekkenga/Schirrmacher* in KölnKomm. AktG, 4. Aufl. 2020, § 234 AktG Rz. 12; *Scholz* in MünchHdb. AG, § 62 Rz. 40; *Hüffer/Koch*, § 234 AktG Rz. 6.
88 LG Frankfurt a.M. v. 13.10.2003 – 3/1 O 50/03, DB 2003, 2541, 2542; dagegen *Scholz* in MünchHdb. AG, § 62 Rz. 40; *Sethe* in Großkomm. AktG, 4. Aufl. 2011, § 234 AktG Rz. 13; *Marsch-Barner/Maul* in BeckOGK AktG, Stand 1.6.2021, § 234 AktG Rz. 10.
89 *Ekkenga/Schirrmacher* in KölnKomm. AktG, 4. Aufl. 2020, § 234 AktG Rz. 13; *Scholz* in MünchHdb. AG, § 62 Rz. 40; *Oechsler* in MünchKomm. AktG, 5. Aufl. 2021, § 234 AktG Rz. 13.
90 Siehe *Schmidt/Küster/Bernhardt* in BeckBilKomm., § 322 HGB Rz. 265–270.
91 Es sei denn, der Beschluss lässt unmissverständlich zum Ausdruck kommen, dass die Kapitalherabsetzung auch ohne Rückwirkung Bestand haben soll, vgl. *Hüffer/Koch*, § 234 AktG Rz. 9 m.w.N.

2. Rückbeziehung einer gleichzeitigen Kapitalerhöhung

50.33 Ergänzend zu § 234 AktG gestattet § 235 AktG die **bilanzielle Rückwirkung** einer gleichzeitig beschlossenen Kapitalerhöhung und bezweckt damit ebenso die Erleichterung von Sanierungsbemühungen. Auch dies gilt nach wohl allgemeiner Auffassung selbst dann, wenn die Gesellschaft im vorangegangenen Geschäftsjahr eine Kapitalgesellschaft anderer Rechtsform war[92]. Im Rahmen der Rückbeziehung sind auf der Passivseite die Grundkapitalziffer und ggf. (Agio) die Kapitalrücklage zu erhöhen. Auf der Aktivseite geht die Rückwirkung nicht so weit, bereits die Einzahlung durch Erhöhung des Bilanzpostens gemäß § 266 Abs. 2 B IV HGB zu berücksichtigen, auszuweisen sind vielmehr die Einlagenforderungen[93]. Diese Rückbeziehung setzt voraus, dass über Kapitalherabsetzung und Kapitalerhöhung in **einer Hauptversammlung** („zugleich") beschlossen wird und ferner die zugleich beschlossene Kapitalherabsetzung nach § 234 AktG zurückwirkt. Es ist also möglich, beide Kapitalmaßnahmen rückzubeziehen oder nur die Kapitalherabsetzung, nicht aber isoliert die Kapitalerhöhung. Voraussetzung ist ferner eine **ordentliche Kapitalerhöhung gegen Bareinlage**. Eine bedingte Kapitalerhöhung, die Schaffung eines genehmigten Kapitals, eine Kapitalerhöhung aus Gesellschaftsmitteln und auch eine Sachkapitalerhöhung genügen hierfür nicht. Für die Rückbeziehung der Kapitalerhöhung ist ein bestimmtes Volumen der parallelen Kapitalherabsetzung nicht erforderlich[94].

50.34 Voraussetzung ist außerdem, dass zum Zeitpunkt des Kapitalerhöhungsbeschlusses die neuen Aktien schon **gezeichnet** sind (§ 235 Abs. 1 Satz 2 AktG). Insofern ist es aus Sicht eines Zeichners unabdingbar, dass die Zeichnungsscheine unter die Bedingung der Eintragung der Durchführung der Kapitalerhöhung gestellt werden[95]. Das Gesetz geht aber noch weiter, indem es zum Zeitpunkt der Beschlussfassung voraussetzt, dass bereits zuvor die **Einzahlung** erfolgt, die gemäß § 188 Abs. 2 AktG für die Anmeldung der Durchführung der Kapitalerhöhung bewirkt sein muss. Erforderlich ist also, dass mindestens 25 % des geringsten Ausgabebetrages und das gesamte Agio einzuzahlen sind. Es handelt sich um einen gesetzlichen Fall einer Voreinlage auf die künftige Einlagenschuld[96]. Gemäß § 235 Abs. 1 Satz 3 AktG sind dem der Hauptversammlung beurkundenden **Notar** Zeichnung und Einlage **nachzuweisen**, der dies im Protokoll vermerken wird[97].

50.35 Liegen die Voraussetzungen des § 235 Abs. 1 Satz 1 und Satz 2 AktG nicht vor und wird gleichwohl eine Rückwirkung beschlossen und durch Feststellung des Jahresabschlusses vollzogen, sind der Feststellungsbeschluss gemäß § 241 Nr. 3 AktG und der Jahresabschluss gemäß § 256 Abs. 1 Nr. 1 AktG nichtig[98]. Ein Verstoß gegen § 235 Abs. 1 Satz 3 AktG (Nachweis) ist demgegenüber für die Wirksamkeit des Beschlusses und des Jahresabschlusses unschädlich[99]. Wird der Kapitalerhöhungsbeschluss nicht gefasst, steht dem Zeichner ein Rückforderungsanspruch gemäß §§ 812 ff. BGB jedenfalls für den Fall zu, dass die Zeichnung unter der Bedingung der Eintragung der Durchführung der Kapital-

---

92 *Göthel* in Lutter, § 247 UmwG Rz. 17; bei vorheriger Rechtsform der GmbH *Hüffer/Koch*, § 235 AktG Rz. 4; undifferenziert *Scholz* in MünchHdb. AG, § 62 Rz. 42 m.w.N.
93 *Hüffer/Koch*, § 235 AktG Rz. 2; *Scholz* in MünchHdb. AG, § 62 Rz. 42; *Singhof* in HdJ, Abt. III/2 Rz. 103.
94 Vgl. den Sachverhalt in BGH v. 12.7.1982 – II ZR 175/81 – BuM, WM 1982, 862 = AG 1982, 278 (Kapitalherabsetzung von 25 Mio. DM um 125.000 DM unter Erhöhung um 62,5 Mio. DM).
95 Für eine Bedingung im Hinblick auf die wirksame Beschlussfassung etwa *Scholz* in MünchHdb. AG, § 62 Rz. 43; *Hüffer/Koch*, § 235 AktG Rz. 5 und *Ekkenga/Schirrmacher* in KölnKomm. AktG, 4. Aufl. 2020, § 235 AktG Rz. 8 wobei unklar ist, ob damit eine *implizite* Bedingung gemeint ist. Ein Vorbehalt im Hinblick auf die Beschlussfassung erscheint allerdings als § 185 Abs. 4 AktG problematisch, denn § 185 Abs. 1 Nr. 4 AktG knüpft allein an die Eintragung der Durchführung an.
96 *Ekkenga/Schirrmacher* in KölnKomm. AktG, 4. Aufl. 2020, § 235 AktG Rz. 9.
97 Vgl. *Stucken* in Happ/Groß/Möhrle/Vetter, Aktienrecht, Formular 14.03 Rz. 9.1 und *Marsch-Barner/Maul* in BeckOGK AktG, Stand 1.6.2021, § 235 AktG Rz. 12.
98 *Hüffer/Koch*, § 235 AktG Rz. 9; *Oechsler* in MünchKomm. AktG, 5. Aufl. 2021, § 235 AktG Rz. 13; *Scholz* in MünchHdb. AG, § 62 Rz. 45.
99 *Hüffer/Koch*, § 235 AktG Rz. 8; *Scholz* in MünchHdb. AG, § 62 Rz. 45.

erhöhung gestellt wurde[100]. Weil dieser Anspruch in der Insolvenz nicht bevorrechtigt ist, setzt das Verfahren eine gewisse Risikobereitschaft der Beteiligten voraus (vgl. aber zur Möglichkeit der treuhänderischen Zahlung Rz. 44.101).

Für die Rückbeziehung ist gemäß § 235 Abs. 2 AktG schließlich erforderlich, dass (1) der Kapitalherabsetzungsbeschluss, (2) der Kapitalerhöhungsbeschluss und (3) die Durchführung der Kapitalerhöhung binnen drei Monaten nach Beschlussfassung im **Handelsregister eingetragen** werden (Anfechtungsklagen wirken fristhemmend). Bei Fristüberschreitung sind sämtliche Beschlüsse nichtig (§ 235 Abs. 2 Satz 1 AktG). Trägt das Registergericht nach Fristablauf gleichwohl ein, ist Heilung gemäß § 242 Abs. 3 AktG möglich. Diese bezieht sich dann auch auf den Jahresabschluss[101]. Die beiden Beschlüsse und die Durchführung sollen nur zusammen in das Handelsregister eingetragen werden (§ 235 Abs. 2 Satz 3 AktG); die Anmeldung der Beschlüsse und auch der Durchführung der Kapitalerhöhung sollte dementsprechend ebenfalls im Rahmen einer Anmeldung erfolgen[102].

50.36

IX. Bekanntmachung des Jahresabschlusses

Gemäß § 236 AktG darf im Fall der Rückbeziehung einer Kapitalherabsetzung gemäß § 234 AktG bzw. einer Kapitalerhöhung gemäß § 235 AktG der Jahresabschluss erst bekanntgemacht werden, wenn die Kapitalherabsetzung bzw. bei gleichzeitiger Rückbeziehung einer Kapitalerhöhung auch diese durch Eintragung im Handelsregister wirksam geworden sind. Diese Regelung beugt einer Täuschung der Gläubiger und künftiger Anleger vor potentiell nichtigen Abschlüssen (im Fall der Nichteintragung innerhalb der Drei-Monats-Frist) vor. Dabei ist § 236 AktG **Schutzgesetz** i.S.d. § 823 Abs. 2 BGB[103]. Allerdings dürfte insofern ein Pflichtwidrigkeitszusammenhang erforderlich sein, der eine Schadensersatzpflicht ausschließt, wenn zwar vorzeitig offengelegt wird, jedoch die Eintragung der Kapitalmaßnahmen fristgerecht erfolgt[104].

50.37

§ 51
Kapitalherabsetzung durch Einziehung von Aktien

I. Formen der Kapitalherabsetzung durch Einziehung 51.1	3. Ausschluss aus wichtigem Grund 51.12
1. Zwangseinziehung 51.3	**II. Einziehungsverfahren** 51.13
a) Angeordnete Zwangseinziehung ... 51.4	1. Ordentliches Einziehungsverfahren ... 51.14
b) Gestattete Zwangseinziehung 51.8	a) Einziehungsbeschluss 51.14
c) Einziehungsentgelt 51.9	b) Gläubigerschutz 51.16
2. Einziehung von Aktien nach Erwerb ... 51.11	2. Vereinfachtes Einziehungsverfahren ... 51.17
	a) Voraussetzungen 51.18

---

100 Für implizite Bedingung der wirksamen Beschlussfassung vgl. *Hüffer/Koch*, § 235 AktG Rz. 5; *Ekkenga/Schirrmacher* in KölnKomm. AktG, 4. Aufl. 2020, § 235 AktG Rz. 8.
101 *Hüffer/Koch*, § 235 AktG Rz. 11; *Schäfer* in MünchKomm. AktG, 5. Aufl. 2021, § 242 AktG Rz. 27.
102 Muster bei *Favoccia* in MünchVertragsHdb. GesR, Formular V 137 und bei *Stucken* in Happ/Groß/Möhrle/Vetter, Aktienrecht, Formular 14.03e).
103 *Oechsler/Bachner* in MünchKomm. AktG, 5. Aufl. 2021, § 236 AktG Rz. 3; *Hüffer/Koch*, § 236 AktG Rz. 3.
104 Zutreffend *Oechsler/Bachner* in MünchKomm. AktG, 5. Aufl. 2021, § 236 AktG Rz. 3.

b) Beschlussinhalt 51.24
c) Mehrheitserfordernis 51.25
d) Rücklagendotierung 51.26
III. Anmeldung und Eintragung 51.30
IV. Einziehungshandlung 51.33
V. Anmeldung und Eintragung der Durchführung der Kapitalherabsetzung 51.34
VI. Einziehung von Aktien aus vernichteten Kapitalerhöhungen 51.37

Schrifttum: *Becker*, Der Ausschluss aus der Aktiengesellschaft, ZGR 1986, 383; *T. Bezzenberger*, Erwerb eigener Aktien durch die AG, 2002; *Grunewald*, Der Ausschluss aus Gesellschaft und Verein, 1987; *Reichert/Harbarth*, Veräußerung und Einziehung eigener Aktien, ZIP 2001, 1441; *Kallweit/Simons*, Aktienrückkauf zum Zweck der Einziehung und Kapitalherabsetzung, AG 2014, 352; *Reinisch*, Der Ausschluss von Aktionären aus der Aktiengesellschaft, 1992; *Terbrack*, Kapitalherabsetzung ohne Herabsetzung des Grundkapitals? – Zur Wiedereinführung der Amortisation im Aktienrecht, DNotZ 2003, 734; *Tielmann*, Die Einziehung von Stückaktien ohne Kapitalherabsetzung, DStR 2003, 1796; *Wieneke/Förl*, Die Einziehung eigener Aktien nach § 237 Abs. 3 Nr. 3 AktG – Eine Lockerung des Grundsatzes der Vermögensbindung?, AG 2005, 189; *Zätzsch*, Eingefrorene Aktien in der Rechnungslegung: HGB versus AktG und Europarecht – Auswirkungen im Steuerrecht, in FS W. Müller, 2001, S. 773.

I. Formen der Kapitalherabsetzung durch Einziehung

51.1 Aus § 237 AktG ergibt sich folgende Ausdifferenzierung der Kapitalherabsetzung durch Einziehung: Hinsichtlich der **Art** ist zunächst zwischen der sog. **Zwangseinziehung** und der **Einziehung von durch die AG erworbenen Aktien** zu unterscheiden. Dabei lässt sich die Zwangseinziehung weiter nach **angeordneter Zwangseinziehung** und **gestatteter Zwangseinziehung** differenzieren. Hinsichtlich des **Verfahrens** können sowohl die Zwangseinziehung wie auch die Einziehung erworbener Aktien im Wege des **ordentlichen Einziehungsverfahrens** und bei Vorliegen bestimmter Voraussetzungen durch ein **vereinfachtes Einziehungsverfahren** erfolgen. Bei der börsennotierten AG kommt vor allem der Einziehung von erworbenen eigenen Aktien praktische Bedeutung zu. Bei ausreichenden Gewinnrücklagen erlaubt § 237 Abs. 3 Nr. 2 AktG den Rückkauf und die Einziehung von Aktien ohne die prozentuale Beschränkung des § 71 Abs. 2 Satz 1 AktG und ohne das Erfordernis der Sicherheitsleistung gemäß § 225 AktG. Diskutiert wird unter anderem die Einziehung nach Erwerb im Zusammenhang mit der **Umwandlung von Vorzugsaktien** in Stammaktien, wenn ein Umtauschverhältnis von 1:1 nach Lage der Dinge nicht durchführbar ist. Vorgeschlagen wird etwa ein Angebot der Gesellschaft, fünf Vorzugsaktien gegen vier Stammaktien mit der Maßgabe umzuwandeln, dass eine Vorzugsaktie eingezogen und im Übrigen eine Wandlung in Stammaktien erfolgt[1]. Alternativ wird auch ein Rückkauf (möglichst) aller Vorzugsaktien mit nachfolgender Einziehung und eine anschließende Barkapitalerhöhung unter Ausschluss des Bezugsrechts der Stammaktionäre erwogen[2].

51.2 Einen **gesonderten Fall** der Einziehung eigener Aktien sieht § **71 Abs. 1 Nr. 8 Satz 6 AktG** im Rahmen der Ermächtigung seitens der Hauptversammlung zum Erwerb eigener Aktien vor: Der Vorstand kann demnach ermächtigt werden, die erworbenen Aktien ohne weiteren Hauptversammlungsbeschluss einzuziehen (dazu auch Rz. 52.26).[3] Ausreichend für die Einziehung ist dann ein Vorstandsbeschluss[4]. Ausweislich der Regierungsbegründung zum KonTraG ist die Durchführung gemäß § 239

---
1 *Wirth/Arnold*, ZGR 2002, 859, 890 ff.
2 *Senger/Vogelmann*, AG 2002, 193, 199 f.; *Wirth/Arnold*, ZGR 2002, 859, 863 f.
3 Siehe das Muster bei *Favoccia* in MünchVertragsHdb. GesR, Formular V 48.
4 Muster bei *Stucken* in Happ/Groß/Möhrle/Vetter, Aktienrecht, Formular 14.07c); kritisch dagegen aus europarechtlicher Sicht *Habersack* in FS Lutter, 2000, S. 1329, 1345.

AktG zum Handelsregister anzumelden[5]. Anwendbar sind darüber hinaus auch § 237 Abs. 5 AktG (Bilanzausweis nach vorläufiger Bilanzierung gemäß § 272 Abs. 1a Satz 1 und 2 HGB, dazu noch Rz. 51.26)[6] und § 240 AktG. Weil gemäß § 71 Abs. 2 Satz 2 AktG bereits der Erwerb der eigenen Aktien die Verrechnungsmöglichkeit mit freien Rücklagen erfordert, ist aufgrund § 237 Abs. 4 AktG eine zusätzliche Drei-Viertel-Mehrheit für den Beschluss gemäß § 71 Abs. 1 Nr. 8 AktG nicht erforderlich[7]. Streitig ist, ob auch **§ 237 Abs. 3 AktG** Anwendung findet und sich die Kapitalerhaltung damit auch auf die Einziehung erstrecken muss. Die herrschende Auffassung nimmt an, dass insofern ausreichender Schutz durch § 71 Abs. 2 AktG gewährleistet ist[8]. Diese Frage hängt auch mit der Bilanzierung eigener Aktien nach Erwerb und vor Einziehung zusammen (Rz. 51.26). Allerdings beinhaltet § 71 Abs. 1 Nr. 8 Satz 6 AktG eine Regelungslücke hinsichtlich der von § 71 Abs. 2 Satz 2 AktG allein für den *Erwerb* vorgeschriebenen Kapitalerhaltung. Würde man die Anwendbarkeit des § 237 Abs. 3 Nr. 2 AktG verneinen und die Kapitalerhaltung nicht auch auf die *Einziehung* erstrecken, liefe der Gesetzeszweck des § 71 Abs. 2 Satz 2 AktG letzten Endes leer, zumal die Prüfung der Rücklagenverfügbarkeit bei Erwerb zunächst rein hypothetisch erfolgt und bei Einziehung durch eine echte Verrechnung ergänzt wird[9]. Dementsprechend ist entgegen der herrschenden Meinung eine Anwendbarkeit von § 237 Abs. 3 Nr. 2 AktG zu fordern.

1. Zwangseinziehung

Eine Zwangseinziehung ist nur zulässig, wenn sie in der ursprünglichen Satzung oder durch Satzungsänderung **vor Übernahme oder Zeichnung** der Aktien **angeordnet** oder **zugelassen** ist. Danach können Gründungsaktien nur eingezogen werden, wenn dies bereits in der Gründungssatzung vorgesehen war. Später ausgegebene Aktien können eingezogen werden, wenn dies vor Übernahme bzw. Zeichnung durch Satzungsänderung vorgesehen wurde. Dabei umfasst der Begriff der Zeichnung die Zeichnung gemäß § 185 Abs. 1 AktG. Der Begriff der Übernahme zielt auf andere Formen der originären (also nicht abgeleiteten) Übernahme von Mitgliedschaftsrechten. Umstritten ist die Behandlung von **Aktien aus einer Kapitalerhöhung aus Gesellschaftsmitteln.** Die wohl überwiegende Auffassung in der Literatur stellt insofern auf die Satzungsbestimmung bei Durchführung der Kapitalerhöhung aus Gesellschaftsmitteln ab und gestattet die Einziehung der neuen Aktien, wenn zu diesem Zeitpunkt eine Ermächtigungsbestimmung geschaffen wurde[10]. Demgegenüber will eine andere Auffassung darauf abstellen, ob die Satzungsbestimmung bereits zum Zeitpunkt der Zeichnung der „Ausgangsaktien" geschaffen wurde[11]. Zwar spricht für letztere Auffassung zunächst der rein nominelle Charakter der Kapitalerhöhung aus Gesellschaftsmitteln. Allerdings handelt es sich auch bei einer Kapitalerhöhung aus Gesellschaftsmitteln um eine echte Kapitalerhöhung (vgl. Rz. 47.1) und ferner kann ein berechtigtes Interesse an der Einziehung gerade der im Wege einer solchen Kapitalerhöhung ausgegebenen Aktien bestehen[12]. Richtigerweise ist deshalb darauf abzustellen, ob zum Zeitpunkt der Beschlussfassung über die Kapitalerhöhung aus Gesellschaftsmitteln die Anordnung bzw. Gestattung bereits

51.3

---

5 Begr. RegE KonTraG, ZIP 1997, 2059, 2060.
6 Für Anwendbarkeit von § 237 Abs. 5 AktG auch *T. Bezzenberger* in K. Schmidt/Lutter, § 71 AktG Rz. 28.
7 A.A. *Terbrack*, RNotZ 2003, 89, 112; wie hier *Rieckers* in MünchHdb. AG, § 15 Rz. 20; *Kallweit/Simons*, AG 2014, 352, 355; *T. Bezzenberger* in K. Schmidt/Lutter, § 71 AktG Rz. 27.
8 So OLG München v. 8.5.2012 – 31 Wx 155/12, DB 2012, 1198, 1199 = AG 2012, 563; *Rieckers* in MünchHdb. AG, § 15 Rz. 26; *Scholz* in MünchHdb. AG, § 63 Rz. 27 und 37; *Kallweit/Simons*, AG 2014, 352, 354; *Wieneke* in Bürgers/Körber/Lieder, 5. Aufl. 2021, § 71 AktG Rz. 44; *T. Bezzenberger* in K. Schmidt/Lutter, § 71 AktG Rz. 28; wohl auch *Hüffer/Koch*, § 237 AktG Rz. 34a; a.A. noch *Rieckers*, ZIP 2009, 700, 705 (vor BilMoG); *Oechsler* in MünchKomm. AktG, 5. Aufl. 2021, § 71 AktG Rz. 312 sowie § 237 AktG Rz. 91a.
9 Vgl. nur *Oechsler* in MünchKomm. AktG, 5. Aufl. 2019, § 71 AktG Rz. 312.
10 So *Hüffer/Koch*, § 237 AktG Rz. 6; *Oechsler* in MünchKomm. AktG, 5. Aufl. 2021, § 237 AktG Rz. 21.
11 *Ekkenga/Schirrmacher* in KölnKomm. AktG, 4. Aufl. 2020, § 237 AktG Rz. 32.
12 *Oechsler* in MünchKomm. AktG, 5. Aufl. 2021, § 237 AktG Rz. 21.

wirksam beschlossen wurde[13]. Bei **Aktien, die aus bedingtem Kapital stammen**, ist nach herrschender Auffassung das Datum der Bezugserklärung gemäß § 198 AktG entscheidend[14]. Diese Sichtweise ist im Hinblick auf § 192 Abs. 4 AktG abzulehnen[15]. Stattdessen ist auf die Ausgabe der Bezugsrechte abzustellen[16]. Zulässig ist nach allgemeiner Auffassung auch eine Ermächtigung zur Zwangseinziehung durch Satzungsänderung nach Übernahme bzw. Zeichnung, wenn alle betroffenen Aktionäre[17] dem zustimmen.

a) Angeordnete Zwangseinziehung

51.4 Eine Zwangseinziehung ist angeordnet, wenn die Satzung **vorgibt**, dass unter bestimmten Voraussetzungen Aktien eingezogen werden müssen. In diesem Fall bedarf es bei der Durchführung der Zwangseinziehung keines weiteren Hauptversammlungsbeschlusses – an seine Stelle tritt die Entscheidung des Vorstandes über die Einziehung (§ 237 Abs. 6 AktG). Hierzu müssen nach allgemeiner Auffassung die Voraussetzungen der Einziehung so konkret bestimmt sein, dass für die Verwaltung kein eigener Entscheidungsspielraum verbleibt[18]. Das betrifft insbesondere die Höhe des Einziehungsentgeltes und den Zeitpunkt der Einziehung bzw. eines Zeitraumes. Die angeordnete Zwangseinziehung dürfte bei der börsennotierten Aktiengesellschaft eine Rarität sein. Soweit sie den Ausschluss bestimmter Aktionäre aus Gründen anordnet, die in deren Person liegen (wichtiger Grund), ist eine solche Satzungsbestimmung bei der personalistisch strukturierten AG – in der Form der gestatteten Zwangseinziehung – hinnehmbar[19], bei der börsennotierten AG demgegenüber kaum je erforderlich. Extremfälle sind über den **Ausschluss von Aktionären aus wichtigem Grund** zu lösen (dazu noch Rz. 51.12)[20]. Auch diesbezüglich sind kaum Fälle denkbar, in denen der Verbleib eines Aktionärs den anderen Aktionären einer Publikums-AG unzumutbar ist[21]. Zulässig erscheint eine Zwangseinziehungsregelung für die REIT-AG zwecks Erhalt ihrer Steuerprivilegierung; sie dürfte vorzugsweise über eine angeordnete Zwangseinziehung zu lösen sein[22].

---

13 *Scholz* in MünchHdb. AG, § 63 Rz. 8 (zeitgleiche Beschlussfassung möglich); ähnlich *Sethe* in Großkomm. AktG, 4. Aufl. 2011, § 237 AktG Rz. 37, der zusätzlich eine gestaffelte Eintragung fordert.
14 *Hüffer/Koch*, § 237 AktG Rz. 6; *Veil* in K. Schmidt/Lutter, § 237 AktG Rz. 10; *Ekkenga/Schirrmacher* in KölnKomm. AktG, 4. Aufl. 2020, § 237 AktG Rz. 32; *Oechsler* in MünchKomm. AktG, 5. Aufl. 2021, § 237 AktG Rz. 20; *Marsch-Barner/Maul* in BeckOGK AktG, Stand 1.6.2021, § 237 AktG Rz. 8.
15 Unbedenklich im Hinblick auf § 192 Abs. 4 AktG ist zwar die Umstellung von Nennbetrags- auf Stückaktie (vgl. etwa *Heider* in MünchKomm. AktG, 5. Aufl. 2019, § 6 AktG Rz. 91), wohl auch die Umstellung von Inhaber- auf Namensaktien, nicht aber die „Umstellung" von nicht einziehbaren Aktien in einziehbare Aktien.
16 Ebenso *Sethe* in Großkomm. AktG, 4. Aufl. 2011, § 237 AktG Rz. 36; *Scholz* in MünchHdb. AG, § 63 Rz. 8.
17 *Hüffer/Koch*, § 237 AktG Rz. 8; *Oechsler* in MünchKomm. AktG, 5. Aufl. 2021, § 237 AktG Rz. 24 (unter dem Vorbehalt, dass der Aktionär zu dieser Zustimmung nur bei ausreichendem Schutz von Gläubigern dinglicher Rechte an der betreffenden Aktie berechtigt ist); *Ekkenga/Schirrmacher* in KölnKomm. AktG, 4. Aufl. 2020, § 237 AktG Rz. 34.
18 *Scholz* in MünchHdb. AG, § 63 Rz. 9; *Oechsler* in MünchKomm. AktG, 5. Aufl. 2021, § 237 AktG Rz. 28; *Hüffer/Koch*, § 237 AktG Rz. 10.
19 *Oechsler* in MünchKomm. AktG, 5. Aufl. 2021, § 237 AktG Rz. 32, 43 und 52 ff.; *Scholz* in MünchHdb. AG, § 63 Rz. 10 (der hierfür auch die angeordnete Zwangseinziehung für zulässig erachtet). Zu einer gestatteten Zwangseinziehung in einer personalistischen AG siehe OLG München v. 17.3.2016 – 23 U 3572/15, AG 2017, 441 ff.
20 Dazu *Becker*, ZGR 1986, 383 ff.; *Ekkenga/Schirrmacher* in KölnKomm. AktG, 4. Aufl. 2020, § 237 AktG Rz. 145 ff.; *Scholz* in MünchHdb. AG, § 63 Rz. 56.
21 *Scholz* in MünchHdb. AG, § 63 Rz. 56.
22 *Schroeder*, AG 2007, 531, 539 f.

51.5 Diskutiert wird die angeordnete (aber auch die gestattete)[23] Zwangseinziehung im Zusammenhang mit der Rückgängigmachung der Einführung von **Tracking Stocks**[24]. Ein der angeordneten Zwangseinziehung nahekommendes, rechtstechnisch aber eher an die Kaduzierung angelehntes Konzept enthält das Luftverkehrsnachweissicherungsgesetz[25], welches in Bezug auf börsennotierte Aktiengesellschaften mit Sitz in der Bundesrepublik Deutschland, die ein Luftfahrtunternehmen betreiben, zum Ziel hat sicherzustellen, dass bestimmte (europarechtliche) Anforderungen bezüglich der Beteiligungs- und Beherrschungsverhältnisse eingehalten werden können. Insofern sieht dieses Gesetz vor, dass im Fall des Erwerbs der Mehrheit der Stimmrechte oder einer beherrschenden Beteiligung durch solche Aktionäre, deren Aktienbesitz der Erfüllung der Anforderungen für die Aufrechterhaltung der luftverkehrsrechtlichen Befugnisse entgegensteht, die betreffenden Aktionäre unter bestimmten Voraussetzungen aufgefordert werden können, ihre Aktien an Dritte zu übertragen. Wird dem nicht Folge geleistet, kann der Vorstand die von den betreffenden Aktionären gehaltenen Aktien mit der Wirkung für verlustig erklären, dass die betreffenden Aktionäre ihre Inhaberrechte an den Aktien verlieren und die Inhaberschaft auf die Bundesrepublik Deutschland oder eine speziell dafür zu bestimmende staatliche Stelle übergeht. Hierdurch wird eine Belastung der Gesellschaft durch das Einziehungsentgelt vermieden.

51.6 Diskutiert wird die angeordnete Zwangseinziehung auch für Fälle des Erwerbs von **vinkulierten Namensaktien**, zu der die **Zustimmung** gemäß § 68 Abs. 2 AktG **versagt** wurde[26]. Praktische Bedeutung wird dem kaum zukommen, weil zum einen die börsennotierte AG im Hinblick auf den Fortbestand ihrer Börsenzulassung von dem Zustimmungsvorbehalt nur in Ausnahmefällen Gebrauch machen wird und zum anderen zumindest ein Erwerb über die Börse durch die Clearstream Banking AG auch bei fehlender Zustimmung beliefert wird (jedoch kein Eintrag im Aktienbuch erfolgt). Der Erwerber kann also trotz fehlender Zustimmung weiterveräußern, denn hierzu ist er von seinem Veräußerer stillschweigend ermächtigt[27]. Ferner kann eine angeordnete Zwangseinziehung die Einziehung aller einer Aktiengattung angehörenden Stücke zu einem festen Termin vorsehen. Keine praktische Relevanz für die börsennotierte AG dürfte demgegenüber die – zulässige – Anordnung der Zwangseinziehung für den Fall der Pfändung von Aktien oder die Eröffnung des Insolvenzverfahrens über das Vermögen eines Aktionärs haben. Nicht zulässig ist eine angeordnete Zwangseinziehung mit dem Inhalt, dass alle oder ein Teil der eigenen Aktien der AG einzuziehen sind. Dies wird meistens mit dem Bestimmtheitsgebot und einem unzulässigen Ermessensspielraum der Verwaltung hinsichtlich der entscheidenden Bedingung (Erwerb eigener Aktien) begründet[28], ergibt sich aber bereits aus der vom Gesetz vorgesehenen strengen Alternativität der Zwangseinziehung einerseits und der Einziehung nach Erwerb andererseits.

51.7 Der Beschluss über die Anordnung der Zwangseinziehung bedarf nach herrschender Auffassung **keiner sachlichen Rechtfertigung**, weil sie nur für solche Mitgliedschaftsrechte gilt, die nach der Festset-

---

23 Aufgrund des Erfordernisses, die Einziehungsgründe bei der angeordneten Zwangseinziehung in der Satzung so konkret zu bestimmen, dass der Verwaltung kein Entscheidungsspielraum mehr verbleibt, dürfte die angeordnete Zwangseinziehung regelmäßig untauglich sein. Denn die Notwendigkeit der Einziehung bei Einführung der Aktiengattung wird sich kaum abschätzen lassen. Vgl. zu einem Fall einziehbarer Vorzugsaktien (Reichelbräu AG) auch *Siebel*, ZHR 161 (1997), 628, 659.
24 *Sieger/Hasselbach*, AG 2001, 391, 397 f.; *Fuchs*, ZGR 2003, 167, 212 ff.; vgl. auch das Muster von *Stucken* in Happ/Groß/Möhrle/Vetter, Aktienrecht, Formular 14.06 (Hauptversammlungsbeschluss über Einziehung aller Vorzugsaktien nach gestatteter Zwangseinziehung).
25 Gesetz zur Sicherung des Nachweises der Eigentümerstellung und der Kontrolle von Luftfahrtunternehmen für die Aufrechterhaltung der Luftverkehrsbetriebsgenehmigung und der Luftverkehrsrechte (Luftverkehrsnachweissicherungsgesetz – LuftNaSiG) v. 5.6.1997, BGBl. I 1997, 1322 f.
26 *Ekkenga/Schirrmacher* in KölnKomm. AktG, 4. Aufl. 2020, § 237 AktG Rz. 44; *Hüffer/Koch*, § 237 AktG Rz. 12.
27 *T. Bezzenberger* in K. Schmidt/Lutter, § 68 AktG Rz. 23.
28 *Ekkenga/Schirrmacher* in KölnKomm. AktG, 4. Aufl. 2020, § 237 AktG Rz. 39; *Oechsler* in MünchKomm. AktG, 5. Aufl. 2021, § 237 AktG Rz. 30; *Hüffer/Koch*, § 237 AktG Rz. 13.

zung der Anordnung entstanden und von den Aktionären mithin freiwillig unter dieser Einschränkung erworben wurden[29].

b) Gestattete Zwangseinziehung

51.8 Im Gegensatz zur Anordnung der Einziehung räumt die Gestattung der Zwangseinziehung der **Hauptversammlung** ein Entscheidungsrecht im Einzelfall ein, so dass die Durchführung der Einführung anders als bei der angeordneten Zwangseinziehung eines weiteren Hauptversammlungsbeschlusses bedarf. Eine entsprechende Satzungsbestimmung kann deshalb neben der Regelung der Voraussetzungen der Zwangseinziehung diese auch unbestimmt ohne Nennung von Einziehungsgründen in das Ermessen der Hauptversammlung stellen[30]. Allerdings bedarf bei der gestatteten Zwangseinziehung der eigentliche Einziehungsbeschluss der sachlichen Rechtfertigung[31]. Fehlt eine Gestattung gänzlich, ist der Einziehungsbeschluss nichtig[32]. Wird die Gestattung überschritten, ist der Einziehungsbeschluss anfechtbar[33].

c) Einziehungsentgelt

51.9 § 237 Abs. 2 Satz 3 AktG regelt nur am Rande die Frage des Entgeltes für die eingezogenen Aktien und ordnet insofern Gläubigerschutz gemäß § 225 Abs. 2 AktG an. Zwar steht dem durch Einziehung betroffenen Aktionär grundsätzlich schon aus Art. 14 Abs. 1 GG ein Anspruch auf Abfindung zu[34]. Im Einzelnen ist allerdings nach dem Zweck der Kapitalherabsetzung durch Einziehung zu differenzieren: Erfolgt diese zwecks Verlustausgleich durch eine alle Aktionäre gleichmäßig treffende Einziehung, ist grundsätzlich gar kein Entgelt zu zahlen[35]. Gleiches gilt, wenn die Kapitalherabsetzung einer **Kapitalrückzahlung** dient, denn dann erfolgt eine Rückzahlung des Nominalbetrages der Aktien und die Frage eines zusätzlichen Entgeltes stellt sich wiederum nicht, wenn alle Aktionäre gleichmäßig betroffen sind[36].

51.10 Dient die Einziehung demgegenüber dem Ausschluss von Aktionären bzw. der Beseitigung einer Aktiengattung, gelten die für Abfindungsfälle (§ 305 Abs. 3 Satz 2, § 320b Abs. 1, § 327b Abs. 1 AktG)

---

29 *Oechsler* in MünchKomm. AktG, 5. Aufl. 2021, § 237 AktG Rz. 40; *Ekkenga/Schirrmacher* in KölnKomm. AktG, 4. Aufl. 2020, § 237 AktG Rz. 41; *Scholz* in MünchHdb. AG, § 63 Rz. 11.
30 *Oechsler* in MünchKomm. AktG, 5. Aufl. 2021, § 237 AktG Rz. 42; *Ekkenga/Schirrmacher* in KölnKomm. AktG, 4. Aufl. 2020, § 237 AktG Rz. 27; *Hüffer/Koch*, § 237 AktG Rz. 15; *Scholz* in MünchHdb. AG, § 63 Rz. 12; a.A. *Grunewald*, Der Ausschluss aus Gesellschaft und Verein, 1987, S. 232 f.
31 *Sethe* in Großkomm. AktG, 4. Aufl. 2011, § 237 AktG Rz. 61; *Hüffer/Koch*, § 237 AktG Rz. 16; *Oechsler* in MünchKomm. AktG, 5. Aufl. 2021, § 237 AktG Rz. 45; *Ekkenga/Schirrmacher* in KölnKomm. AktG, 4. Aufl. 2020, § 237 AktG Rz. 54; a.A. *Scholz* in MünchHdb. AG, § 63 Rz. 14.
32 *Hüffer/Koch*, § 237 AktG Rz. 42; *Oechsler* in MünchKomm. AktG, 5. Aufl. 2021, § 237 AktG Rz. 25; so nun auch *Ekkenga/Schirrmacher* in KölnKomm. AktG, 4. Aufl. 2020, § 237 AktG Rz. 139.
33 *Hüffer/Koch*, § 237 AktG Rz. 42; *Oechsler* in MünchKomm. AktG, 5. Aufl. 2021, § 237 AktG Rz. 25; *Scholz* in MünchHdb. AG, § 63 Rz. 32.
34 Vgl. nur *Marsch-Barner/Maul* in BeckOGK AktG, Stand 1.6.2021, § 237 AktG Rz. 16.
35 *Scholz* in MünchHdb. AG, § 63 Rz. 19; vgl. auch *Ekkenga/Schirrmacher* in KölnKomm. AktG, 4. Aufl. 2020, § 237 AktG Rz. 69, der für den Fall, dass diese Art der Kapitalherabsetzung zur ungleichmäßigen Behandlung von Aktionären führt, weil Kleinaktionäre ggf. ihre Beteiligung ganz verlieren, wiederum die allgemeinen Regeln über das Einziehungsentgelt zur Anwendung kommen lassen möchte; siehe hierzu auch *Sethe* in Großkomm. AktG, 4. Aufl. 2011, § 237 AktG Rz. 67. Im Ergebnis ist richtigerweise auf die Umstände im Einzelfall abzustellen, einschließlich dem Vorhandensein etwaiger „milderer" Alternativen.
36 Vgl. aber *Lutter* in KölnKomm. AktG, 2. Aufl. 1993, § 237 AktG Rz. 59, der für den Fall, dass eine solche Kapitalherabsetzung zum vollständigen Ausscheiden von Kleinaktionären führt, diese Lösung wegen des Verlustes der Beteiligung an den verbleibenden Rücklagen und am Wert des Unternehmens für unbefriedigend hält. Auch in einer solchen Konstellation ist richtigerweise wiederum auf eine Gesamtabwägung aller Umstände im Einzelfall abzustellen.

entwickelten Grundsätze[37]. Bei der börsennotierten AG ist hierbei grundsätzlich der Börsenkurs als Untergrenze zu beachten[38]. Ebenso wie bei der ordentlichen Kapitalherabsetzung ist es zulässig, als Entgelt nicht eine Geldzahlung, sondern eine **Realabfindung** festzusetzen[39]. Dabei ist es wohl zulässig, die Leistung des Entgeltes bilanziell zu Buchwerten zu vollziehen[40]. Auf diesem Weg lassen sich z.B. sog. Tracking Stocks in Aktien der betreffenden Tochtergesellschaft umwandeln[41]. Allerdings ist diese Realabfindung bislang rechtlich ungesichert. § 237 Abs. 2 Satz 3 AktG spricht von der „Zahlung" eines „Entgelts". Lässt man die Realabfindung zu, erhöht sich wegen des damit verringerten Abflusses an (bilanziellem) Aktivvermögen die Einsatzmöglichkeit einer vereinfachten Einziehung gemäß § 237 Abs. 3–5 AktG. Die Zahlung eines **Einziehungsentgeltes oberhalb des Nominalwertes der Aktien** kann nur im vereinfachten Einziehungsverfahren gemäß § 237 Abs. 3 Nr. 2 AktG erfolgen, weil § 225 Abs. 2 AktG die Vermögensbindung nur in Bezug auf den Buchgewinn aus der Kapitalherabsetzung, mithin den Abgang des nominellen Grundkapitals aufhebt (vgl. noch Rz. 51.16)[42].

2. Einziehung von Aktien nach Erwerb

Die Einziehung von eigenen Aktien nach Erwerb ist immer zulässig, bedarf aber – außerhalb einer Ermächtigung gemäß § 71 Abs. 1 Nr. 8 Satz 6 AktG – eines eigenen Hauptversammlungsbeschlusses. Möglich ist ein gezielter Erwerb zum Zwecke der Einziehung gemäß § 71 Abs. 1 Nr. 6 AktG (für den die **10 %-Grenze** des § 71 Abs. 2 Satz 1 AktG nicht gilt, weil diese Regelung nicht auf § 71 Abs. 1 Nr. 6 AktG verweist). In diesem Fall muss der Hauptversammlungsbeschluss gemäß § 237 Abs. 2 oder Abs. 4 AktG vor dem Erwerb gefasst werden[43], wobei deutlich werden muss, dass der Beschluss über die Kapitalherabsetzung erst nach dem Erwerb eigener Aktien wirksam werden soll. Ferner muss der Hauptversammlungsbeschluss Regelungen dazu enthalten, was geschehen soll, wenn dieser Erwerb ganz

51.11

---

37 *Oechsler* in MünchKomm. AktG, 5. Aufl. 2021, § 237 AktG Rz. 64; *Ekkenga/Schirrmacher* in KölnKomm. AktG, 4. Aufl. 2020, § 237 AktG Rz. 71; *Sethe* in Großkomm. AktG, 4. Aufl. 2011, § 237 AktG Rz. 69; siehe auch *Scholz* in MünchHdb. AG, § 63 Rz. 20; ähnlich auch *Stucken* in Happ/Groß/Möhrle/Vetter, Aktienrecht, Formular 14.06 Rz. 5.
38 *Marsch-Barner/Maul* in BeckOGK AktG, Stand 1.6.2021, § 237 AktG Rz. 17 m.w.N.; für die Krise jedoch einschränkend *Oechsler* in MünchKomm. AktG, 5. Aufl. 2021, § 237 AktG Rz. 64.
39 *Hoffmann-Becking* in Hommelhoff/Lutter/Schmidt/Schön/Ulmer, Corporate Governance, Gemeinschaftssymposium der ZHR/ZGR, ZHR Sonderheft 2002, S. 215, 221; *Sieger/Hasselbach*, AG 2002, 391, 399; zur Realabfindung bei der ordentlichen Kapitalherabsetzung siehe auch *Hüffer/Koch*, § 222 AktG Rz. 20; *Ekkenga/Schirrmacher* in KölnKomm. AktG, 4. Aufl. 2020, § 237 AktG Rz. 72.
40 Zur parallelen Problematik der Sachdividende und auch der Abspaltung siehe *Hoffmann-Becking* in Hommelhoff/Lutter/Schmidt/Schön/Ulmer, Corporate Governance, Gemeinschaftssymposium der ZHR/ZGR, ZHR Sonderheft 2002, S. 215, 222 f.; *Leinekugel*, Die Sachdividende im deutschen und europäischen Aktienrecht, 2001, S. 150 ff.; *Bayer* in MünchKomm. AktG, 5. Aufl. 2019, § 58 AktG Rz. 130–131; *Lutter/Leinekugel/Rödder*, ZGR 2002, 204, 212; a.A. *Hasselbach/Wicke*, NZG 2001, 599, 601; *Ihrig/Wagner*, BB 2002, 789, 796; *Orth*, WPg 2004, 777, 784; für die börsennotierte AG auf den Verkehrswert abstellend *Ekkenga/Schirrmacher* in KölnKomm. AktG, 4. Aufl. 2020, § 237 AktG Rz. 72.
41 Die Leistung eigener Aktien der AG aus bedingtem oder genehmigten Kapital dürfte an der Laufzeit des genehmigten Kapitals (§ 202 Abs. 1 AktG) bzw. dem numerus clausus des § 192 Abs. 2 AktG scheitern. Im Übrigen wären die Tracking Stocks nicht einlagefähig; die Begebung junger Aktien würde also eine zusätzliche Barleistung und somit Mitwirkung der Tracking Stock-Aktionäre erfordern.
42 *Sethe* in Großkomm. AktG, 4. Aufl. 2011, § 237 AktG Rz. 76 und 81 a.E.; *Ekkenga/Schirrmacher* in KölnKomm. AktG, 4. Aufl. 2020, § 237 AktG Rz. 75; *Lutter* in FS Röhricht, 2005, S. 369, 373 und 378; *Oechsler* in MünchKomm. AktG, 5. Aufl. 2021, § 237 AktG Rz. 70; *Marsch-Barner/Maul* in BeckOGK AktG, Stand 1.6.2021, § 237 AktG Rz. 17; *Haberstock/Greitemann* in Hölters, § 237 AktG Rz. 51; ebenso *Stucken/Tielmann* in Happ/Groß/Möhrle/Vetter, Aktienrecht, Formular 14.04 Rz. 5.1.
43 *Scholz* in MünchHdb. AG, § 63 Rz. 26; *Oechsler* in MünchKomm. AktG, 5. Aufl. 2019, § 71 AktG Rz. 192.

oder teilweise nicht vollzogen wird[44]. Bei dieser Art des Verfahrens ist allerdings zu beachten, dass dann die Zahlung des Erwerbspreises nur unter den Einschränkungen des § 225 Abs. 2 AktG erfolgen darf[45], sofern nicht der – nach richtiger Auffassung mögliche – Weg über die **vereinfachte Kapitalherabsetzung** unter den Voraussetzungen des § 237 Abs. 3–5 AktG beschritten wird[46]. Bei der Zahlung eines Entgelts über pari ist im letzteren Fall eine Einhaltung von § 237 Abs. 3 Nr. 2 AktG verpflichtend (dazu schon Rz. 51.10 und noch Rz. 51.16)[47]. Ein ähnliches Verfahren beinhaltet der Erwerb eigener Aktien gemäß § 71 Abs. 1 Nr. 8 AktG, bei dem der Ermächtigungsbeschluss eine Ermächtigung des Vorstandes zur Einziehung ohne weiteren Hauptversammlungsbeschluss gemäß § 71 Abs. 1 Nr. 8 Satz 6 AktG vorsieht (dazu schon Rz. 51.2). Deshalb umfasst das Verfahren gemäß § 237 Abs. 3 Nr. 2 AktG auch den Fall, dass zum Zeitpunkt der Beschlussfassung die Aktien der Gesellschaft noch nicht gehören, sondern erst noch erworben werden sollen[48].

3. Ausschluss aus wichtigem Grund

51.12 Nach herrschender Auffassung schließt § 237 AktG den Ausschluss von Aktionären auch ohne entsprechende Satzungsregelung nicht aus[49]. In der börsennotierten AG ist die Möglichkeit eines Ausschlusses von Aktionären für den Fall, dass zwar die Satzung eine Zwangseinziehung nicht gestattet, in der Person des Aktionärs jedoch ein wichtiger Grund besteht, allerdings nur in sehr engen Grenzen möglich[50]. Erforderlich ist ein wichtiger Grund (der wohl nur bei maßgeblich beteiligten Aktionären denkbar ist), ein Hauptversammlungsbeschluss mit qualifizierter Mehrheit und ein gerichtliches Ausschlussurteil. Der Auszuschließende hat Anspruch auf volle Abfindung seiner Beteiligung. Mit Wirksamwerden des Ausschlusses, d.h. sobald der betroffene Aktionär die in dem Ausschlussurteil bestimmte Abfindung erhält, gehen die Aktien auf die Gesellschaft über. Nach herrschender Auffassung kann § 71 Abs. 1 Nr. 1 AktG diesen Erwerb rechtfertigen[51]. Mit Blick auf die Erforderlichkeit einer vollen Abfindung des auszuschließenden Aktionärs und die Beschränkungen, die für den Erwerb eigener Aktien gelten (siehe insbesondere § 71 Abs. 2 AktG), ist alternativ an eine Übertragung an einen erwerbsbereiten Dritten zu denken.

II. Einziehungsverfahren

51.13 Sowohl die Zwangseinziehung wie auch die Einziehung eigener Aktien können im ordentlichen oder vereinfachten Einziehungsverfahren erfolgen.

---

44 *Ekkenga/Schirrmacher* in KölnKomm. AktG, 4. Aufl. 2020, § 237 AktG Rz. 88; *Hüffer/Koch*, § 237 AktG Rz. 21; *Oechsler* in MünchKomm. AktG, 5. Aufl. 2021, § 237 AktG Rz. 74.
45 *Stucken* in Happ/Groß/Möhrle/Vetter, Aktienrecht, Formular 14.04 Rz. 5.2 (allerdings behandelt das Muster eine Kapitalherabsetzung durch Einziehung nach den Vorschriften über die ordentliche Kapitalherabsetzung); *Favoccia* in MünchVertragsHdb. GesR, Formular V 138 Anm. 11; wie hier *Scholz* in MünchHdb. AG, § 63 Rz. 26.
46 So auch *Marsch-Barner/Maul* in BeckOGK AktG, Stand 1.6.2021, § 237 AktG Rz. 21; *Scholz* in MünchHdb. AG, § 63 Rz. 26.
47 Vgl. *Ekkenga/Schirrmacher* in KölnKomm. AktG, 4. Aufl. 2020, § 237 AktG Rz. 75 m.w.N.
48 *Scholz* in MünchHdb. AG, § 63 Rz. 26 und 35; siehe auch das Muster bei *Favoccia* in MünchVertragsHdb. GesR, Formular V 138 und bei *Stucken* in Happ/Groß/Möhrle/Vetter, Aktienrecht, Formular 14.05.
49 *Ekkenga/Schirrmacher* in KölnKomm. AktG, 4. Aufl. 2020, § 237 AktG Rz. 57 ff. m.w.N.
50 Gegen eine solche Möglichkeit *Oechsler* in MünchKomm. AktG, 5. Aufl. 2021, § 237 AktG Rz. 56 f. unter Aufgabe der früheren Auffassung; eng auch *Scholz* in MünchHdb. AG, § 63 Rz. 56 (wird bei Publikumsgesellschaft kaum je der Fall sein können).
51 *Scholz* in MünchHdb. AG, § 63 Rz. 58; siehe auch *Oechsler* in MünchKomm. AktG, 5. Aufl. 2021, § 237 AktG Rz. 60.

1. Ordentliches Einziehungsverfahren

a) Einziehungsbeschluss

§ 237 Abs. 2 Satz 1 AktG regelt die Anwendung der Vorschriften über die ordentliche Kapitalherabsetzung auch für die Kapitalherabsetzung durch Einziehung. Die Einziehung bedarf deshalb mit Ausnahme der angeordneten Zwangseinziehung sowie der Einziehung aufgrund Ermächtigungsbeschlusses gemäß § 71 Abs. 1 Nr. 8 Satz 6 AktG eines Einziehungsbeschlusses der Hauptversammlung gemäß § 222 Abs. 1 AktG[52]. Hierbei dürfen der oder die Inhaber der einzuziehenden Aktien mitstimmen, es sei denn, es handelt sich um eigene Aktien der Gesellschaft (vgl. § 71b AktG)[53] oder um eine gestattete Zwangseinziehung bei einem in der Person des betreffenden Aktionärs liegenden wichtigen Grund[54] (wobei letzterer Fall für die börsennotierte AG kaum praktische Relevanz haben dürfte, vgl. bereits Rz. 51.12). Problematisch ist die Behandlung von **nicht stimmberechtigten Vorzugsaktien**. Eine unbesehene Übernahme der Rechtsregeln der ordentlichen Kapitalherabsetzung (Rz. 49.5) erscheint hier wegen der unterschiedlichen Betroffenheit der Aktien verfehlt. Handelt es sich um eine Einziehung im Rahmen einer angeordneten Zwangseinziehung, bedarf die Einziehungsentscheidung des Vorstandes keines weiteren Hauptversammlungsbeschlusses, also auch keines Sonderbeschlusses, weil der Schutz im Rahmen der vorgelagerten Ermächtigung sichergestellt ist[55]. Erfolgt die Zwangseinziehung in der Form der gestatteten Zwangseinziehung, bedarf demgegenüber der Hauptversammlungsbeschluss über die Ausübung der Gestattung der Einziehung von Vorzugsaktien eines Zustimmungsbeschlusses der Vorzugsaktionäre gemäß § 141 Abs. 1 AktG[56]. Fraglich ist, ob es eines Sonderbeschlusses auch bedarf, wenn die (vereinfachte) Einziehung dem Einzug von Vorzugsaktien dient, die die Gesellschaft noch erwerben will. In diesem Fall ist der Schutz durch die Entscheidung der betreffenden Aktionäre, ihre Aktien zu verkaufen, ausreichend gewährleistet[57].

51.14

Inhaltlich muss der Beschluss angeben, dass das Grundkapital durch **Einziehung** von Aktien herabgesetzt wird. Die **Höhe** des Herabsetzungsbetrages ist in bestimmbarer Weise festzulegen und der **Zweck** der Herabsetzung ist zu nennen. Anzugeben ist auch, ob eine **Zwangseinziehung** oder eine Kapitalherabsetzung durch **Einziehung eigener Aktien** beschlossen wird.

51.15

b) Gläubigerschutz

Auch bei der Kapitalherabsetzung durch Einziehung von Aktien sind die Gläubigerschutzbestimmungen der ordentlichen Kapitalherabsetzung zu beachten, wobei sich geringfügige Modifikationen ergeben. Grundsätzlich ist den Gläubigern der Gesellschaft gemäß § 237 Abs. 2 Satz 1 i.V.m. § 225 AktG **Sicherheit zu leisten**. Weiterhin gilt auch das Auszahlungsverbot des § 225 Abs. 2 AktG. Das Auszah-

51.16

---

52 Muster eines Einziehungsbeschlusses nach gestatteter Zwangseinziehung bei *Favoccia* in MünchVertragsHdb. GesR, Formular V 138 und bei *Stucken* in Happ/Groß/Möhrle/Vetter, Aktienrecht, Formular 14.06.
53 *Oechsler* in MünchKomm. AktG, 5. Aufl. 2021, § 237 AktG Rz. 79; *Hüffer/Koch*, § 237 AktG Rz. 23a.
54 Vgl. einerseits (für Stimmverbot) *Scholz* in MünchHdb. AG, § 63 Rz. 29; *Ekkenga/Schirrmacher* in KölnKomm. AktG, 4. Aufl. 2020, § 237 AktG Rz. 96; andererseits (gegen Stimmverbot) *Hüffer/Koch*, § 237 AktG Rz. 23a; *Oechsler* in MünchKomm. AktG, 5. Aufl. 2021, § 237 AktG Rz. 79; *Sethe* in Großkomm. AktG, 4. Aufl. 2011, § 237 AktG Rz. 87.
55 *Volhard/Goldschmidt* in FS Lutter, 2000, S. 779, 787; *Arnold* in MünchKomm. AktG, 4. Aufl. 2018, § 141 AktG Rz. 14.
56 *Hüffer/Koch*, § 141 AktG Rz. 5; *Hüffer/Koch*, § 237 AktG Rz. 35 (zur vereinfachten Einziehung); *Oechsler* in MünchKomm. AktG, 5. Aufl. 2021, § 237 AktG Rz. 104 (zur vereinfachten Einziehung); *Volhard/Goldschmidt* in FS Lutter, 2000, S. 779, 788; *Stucken* in Happ/Groß/Möhrle/Vetter, Aktienrecht, Formular 14.06 Rz. 6.2; a.A. *Scholz* in MünchHdb. AG, § 63 Rz. 29 (Parallele zum Squeeze Out).
57 Zutreffend *Stucken* in Happ/Groß/Möhrle/Vetter, Aktienrecht, Formular 14.05 Rz. 8.2; *Hillebrandt/Schremper*, BB 2001, 533, 537; *Marsch-Barner/Maul* in BeckOGK AktG, Stand 1.6.2021, § 237 AktG Rz. 24.

lungsverbot erstreckt sich gemäß § 237 Abs. 2 Satz 3 AktG auch auf die **Zahlung des Entgelts**, welches die Gesellschaft bei einem **Erwerb eigener Aktien** zum Zwecke der Einziehung zu zahlen hat. Vor Zahlung ist also der Ablauf der Sperrfrist abzuwarten. Daher kann die Kapitalherabsetzung durch ordentliche Einziehung nicht im Zusammenhang mit einem Aktienrückkauf über die Börse stehen, weil hier der Grundsatz Zahlung gegen Lieferung gilt[58]. Dies gilt allerdings nach herrschender und zutreffender Auffassung nur für Entgelte solcher Aktienerwerbe, die gerade im Zusammenhang mit dem Beschluss über die Kapitalherabsetzung durch Einziehung stehen (siehe § 71 Abs. 1 Nr. 6 AktG). Hat die Gesellschaft eigene Aktien gemäß § 71 Abs. 1 Nr. 8 AktG zunächst nicht zum Zwecke der Einziehung erworben, gilt das gesonderte Gläubigerschutzverfahren des § 71 Abs. 2 AktG[59]. Gleiches gilt auch für den Erwerb eigener Aktien außerhalb des Falles des § 71 Abs. 1 Nr. 6 AktG[60]. Der systematische Vergleich zwischen § 71 Abs. 2 AktG, § 272 Abs. 1a Satz 2 HGB und § 237 Abs. 2 Satz 3 AktG ergibt, dass § 237 Abs. 2 Satz 3 AktG nur einen **Erwerb zu oder unter pari** gemäß § 71 Abs. 1 Nr. 6 AktG im Blick hat, der gemäß § 72 Abs. 2 AktG nicht zwingend aus freien Rücklagen zu bedienen ist und deshalb Gläubigerschutz gemäß § 225 Abs. 2 AktG erfordert. § 225 Abs. 2 AktG adressiert jedoch als Bestandteil der Normen über die ordentliche Kapitalherabsetzung nicht die Möglichkeit des Abgangs von Aktiva über pari. In den Fällen des **Erwerbs über pari** kann daher nach einem Erwerb eigener Aktien in allen Fällen des § 71 Abs. 1 AktG eine Kapitalherabsetzung nur im vereinfachten Einziehungsverfahren erfolgen (vgl. bereits Rz. 51.10).

2. Vereinfachtes Einziehungsverfahren

51.17 In bestimmten Fällen gestattet das Gesetz ein vereinfachtes Einziehungsverfahren. Dieses ist von der vereinfachten Kapitalherabsetzung i.S.d. §§ 229 ff. AktG zu unterscheiden. Beide Institute haben – abgesehen vom **Dispens des Gläubigerschutzes** gemäß § 225 AktG – nichts miteinander gemein.

a) Voraussetzungen

51.18 Gemäß § 237 Abs. 2 AktG brauchen die Vorschriften über die ordentliche Kapitalherabsetzung – und damit namentlich die Gläubigerschutzvorschrift des § 225 AktG – nicht befolgt zu werden, wenn Aktien, auf die der Ausgabebetrag voll geleistet ist, der Gesellschaft **unentgeltlich zur Verfügung** gestellt oder zu **Lasten des Bilanzgewinns** oder einer anderen diesen Zweck umfassenden **Gewinnrücklage** eingezogen werden können bzw. die Einziehung von **Stückaktien ohne Kapitalherabsetzung** durch Erhöhung des auf die verbleibenden Aktien entfallenden anteiligen Anteils am Grundkapital erfolgt. Das vereinfachte Einziehungsverfahren ist sowohl bei der Zwangseinziehung als auch bei der Einziehung eigener Aktien anwendbar (zur Problematik der Anwendbarkeit des § 237 Abs. 3 AktG bei Erwerben gemäß § 71 Abs. 1 Nr. 8 Satz 6 AktG schon Rz. 51.2)[61]. Im Einzelnen gilt insofern:

51.19 Zulässig ist zunächst der Einzug von Aktien im vereinfachten Verfahren, die der Gesellschaft **unentgeltlich** zur Verfügung gestellt worden sind. Das ist dann anzunehmen, wenn die Gesellschaft für die Aktien keinerlei Gegenleistung erbracht oder zu erbringen hat. Selbst wenn die Gesellschaft die Aktien ursprünglich mit Anschaffungskosten unter Nennwert erworben hat und nach einer in der Literatur vertretenen Auffassung (dazu noch Rz. 51.26 a.E.) für die Differenz zum Nennwert eine gebundene

---

58 Siehe auch *Zätzsch* in FS W. Müller, 2001, S. 773, 778.
59 *Scholz* in MünchHdb. AG, § 63 Rz. 35.
60 *Ekkenga/Schirrmacher* in KölnKomm. AktG, 4. Aufl. 2020, § 237 AktG Rz. 108; *Hüffer/Koch*, § 237 AktG Rz. 28.
61 *Hüffer/Koch*, § 237 AktG Rz. 30; *Marsch-Barner/Maul* in BeckOGK AktG, Stand 1.6.2021, § 237 AktG Rz. 27; a.A. aber *Scholz* in MünchHdb. AG, § 63 Rz. 27 und 37 unter Berufung auf OLG München v. 8.5.2012 – 31 Wx 155/12, DB 2012, 1198, 1199 = AG 2012, 563. Zur steuerrechtlichen Behandlung des verbleibenden Beteiligungsansatzes in umgekehrt analoger Anwendung von § 220 AktG vgl. BFH v. 10.8.2005 – VIII R 26/03, BB 2005, 2517 f. = AG 2005, 888.

Rücklage gebildet hat[62], ändert dies doch nichts daran, dass mit der Einziehung der so erworbenen Aktien keine wirtschaftliche Belastung der Gesellschaft einhergeht. Zulässig ist daneben auch die Einziehung von Aktien zu Lasten des **Bilanzgewinns oder einer anderen Gewinnrücklage** (§ 237 Abs. 3 Nr. 2 AktG). Dabei steht der Bilanzgewinn nur insoweit zur Verfügung, als über ihn nicht bereits anderweitig disponiert wurde, etwa durch einen Ausschüttungsbeschluss oder einen Gewinnabführungsvertrag[63]. Ein Verlustvortrag ist von den Rücklagen gedanklich abzusetzen. Diese stehen nur nach diesem Abzug zur Einziehung zur Verfügung. Andere Gewinnrücklagen ergeben sich aus der Bilanz gemäß § 266 Abs. 3 A III Nr. 4 HGB. Hierzu ist – ebenso wie im Fall des § 229 Abs. 2 Satz 1 AktG – auch die satzungsmäßige Rücklage zu zählen, sofern sie nicht anderen Zwecken gewidmet ist. Weil § 272 Abs. 1b Satz 2 HGB i.d.F. des BilMoG inzwischen von der Verrechnung mit „frei verfügbaren Rücklagen" spricht, um auch den Zugriff auf die Rücklage gemäß § 272 Abs. 2 Nr. 4 HGB zu erlauben, ist § 237 Abs. 3 Nr. 2 AktG ebenso zu interpretieren[64]. Dementsprechend kann auch auf gemäß § 268 Abs. 8 HGB gesperrte Rücklagen nicht zurückgegriffen werden[65].

Problematisch ist die Frage, aufgrund **welchen Abschlusses** die Feststellung erfolgt, ob die Einziehung zu Lasten des Bilanzgewinns oder einer anderen Gewinnrücklage erfolgen kann. Dies betrifft insbesondere die Frage, ob – ebenso wie bei der vereinfachten Kapitalherabsetzung – die Aufstellung einer Zwischenbilanz erforderlich ist. Erfolgt in einem Hauptversammlungsbeschluss sowohl die Ermächtigung zum Erwerb wie auch zu der nachfolgenden Einziehung, muss sich der Vorstand zum Zeitpunkt der Beschlussfassung wie vor allem auch zum Zeitpunkt des Erwerbs die Überzeugung verschaffen, dass die betreffenden Posten noch vorhanden sind[66]. Die Aufstellung eines Zwischenabschlusses ist dabei dann nicht erforderlich[67], wenn sich der Vorstand aus dem internen Reporting (Controlling), etwa Monatsberichten, die erforderliche Überzeugung verschaffen kann (wie dies auch im Rahmen von § 210 AktG erforderlich ist). Wurden die Aktien bereits erworben, ist die entsprechende Prognoseentscheidung zum Zeitpunkt des Hauptversammlungsbeschlusses zu treffen. Stehen zum Zeitpunkt der Bilanzaufstellung nach Erwerb und Einziehung entgegen der Erwartung andere Gewinnrücklagen nicht mehr in ausreichendem Maße zur Verfügung, ist das über pari liegende Entgelt aufwandwirksam zu verbuchen und in Bezug auf den Nennbetrag gleichwohl die Bildung der Kapitalrücklage gemäß § 237 Abs. 5 AktG bei Reduzierung des Grundkapitals geboten, selbst wenn dies zu einem Bilanzverlust führt oder einen solchen erhöht[68]. 51.20

---

62 Dafür namentlich *Kropff*, ZIP 2009, 1135, 1141; *Kropff* in MünchKomm. BilR, 2013, § 272 HGB Rz. 55; *Kessler/Suchan* in FS Hommelhoff, 2012, S. 509, 520 f.; dagegen aber etwa *Mock* in KölnKomm. Rechnungslegungsrecht, § 272 HGB Rz. 85 sowie *Oechsler* in MünchKomm. AktG, 5. Aufl. 2021, § 237 AktG Rz. 77a („Buchgewinn ..., den die AG frei verwenden kann").
63 *Ekkenga/Schirrmacher* in KölnKomm. AktG, 4. Aufl. 2020, § 237 AktG Rz. 131; die Berücksichtigung eines Gewinnabführungsvertrages ist insofern überflüssig, weil der abzuführende Betrag in der Gewinn- und Verlustrechnung noch vor dem Posten Jahresüberschuss bzw. Jahresfehlbetrag ausgewiesen wird (vgl. etwa *Schmidt/Kliem* in BeckBilkomm., § 277 HGB Rz. 23).
64 Ebenso OLG München v. 8.5.2012 – 31 Wx 155/12, Der Konzern 2012, 347, 348 = AG 2012, 563; *Marsch-Barner/Maul* in BeckOGK AktG, Stand 1.6.2021, § 237 AktG Rz. 31; *Hüffer/Koch*, § 237 AktG Rz. 34; *Kallweit/Simons*, AG 2014, 352, 354.
65 *Kropff* in FS Hüffer, 2010, S. 539, 548; *Hüffer/Koch*, § 237 AktG Rz. 34.
66 Ein ähnliches Problem stellte sich früher bei Erwerb eigener Aktien hinsichtlich der Prognoseentscheidung hinsichtlich der Bildbarkeit der Rücklage gemäß § 72 Abs. 2 Satz 2 AktG, § 272 Abs. 4 HGB; vgl. dazu *Lutter/Drygala* in KölnKomm. AktG, 4. Aufl. 2020, § 71 AktG Rz. 216; *Oechsler* in MünchKomm. AktG, 5. Aufl. 2019, § 71 AktG Rz. 350.
67 *Kessler/Suchan*, BB 2000, 2529, 2530; *Scholz* in MünchHdb. AG, § 63 Rz. 40.
68 *Adler/Düring/Schmaltz*, 6. Aufl. 2001 (Ergänzungsband), § 272 HGB Rz. 21; so zum vergleichbaren Fall der Bildung der Rücklage für eigene Anteile auch *T. Bezzenberger*, Erwerb eigener Aktien durch die AG, 2002, Rz. 122 und dort Fn. 244 m.w.N.

51.21 Schließlich gestattet § 237 Abs. 3 Nr. 3 AktG auch den **Einzug von Stückaktien ohne Herabsetzung des Kapitals**. Diese auf einen Vorschlag der Regierungskommission „Corporate Governance"[69] zurück zu führende Norm passt nicht in die Regelungen über die Kapitalherabsetzung (welches durch die Ergänzung der Überschrift des Dritten Unterabschnitts um „Ausnahme für Stückaktien" zu korrigieren versucht wurde)[70]. Die Regelung zielt auf einen sog. „reverse stock split" ab[71], bei dem kein Einziehungsentgelt gezahlt wird, sondern der nur die Reduzierung der umlaufenden Stücke anstrebt, um damit – spiegelbildlich zur Kapitalerhöhung aus Gesellschaftsmitteln – den Wert pro Aktie zu erhöhen. Weil § 237 Abs. 3 AktG nur von den Vorschriften der ordentlichen Kapitalherabsetzung befreit, bleibt der Grundsatz des § 237 Abs. 1 AktG – die Einziehung erfolgt zwangsweise oder nach Erwerb – auch für diesen Fall bestehen.

51.22 In der Form der **Zwangseinziehung** wird die Regelung des § 237 Abs. 3 Nr. 3 AktG kaum praktisch werden, weil hiervon nur Aktien betroffen sein können, die nach Schaffung einer entsprechenden Satzungsregel entstehen[72]. Der **Einzug nach „Erwerb"** setzt die Mitwirkung der betroffenen Aktionäre voraus und führt zu einem bei einem „reverse stock split" typischerweise unerwünschten Geldabfluss. Unklar ist insofern auch die mit der herrschenden Meinung zu bejahende Anwendbarkeit von § 237 Abs. 3 Nr. 2 AktG[73] (Einziehungsentgelt kann nur aus freien Mitteln geleistet werden) und der bilanzielle Nachvollzug des Aktivabgangs ohne Veränderung des Grundkapitals[74]. Der Sache nach liegt ein **Problem der Neustückelung** vor, welches Nennbetrags- und Stückaktien gleichermaßen betrifft. Dabei ist die herrschende Lehre wegen der Reduzierung der Liquidität der Aktie der Auffassung, dass – anders als bei der Teilung von Aktien – eine Zusammenlegung der Zustimmung aller Aktionäre und nicht nur eines satzungsändernden Beschlusses bedarf[75]. Hiervon macht § 273 Abs. 3 Nr. 3 AktG für Stückaktien eine Ausnahme und gestattet die Zusammenlegung durch Einziehung aufgrund eines Hauptversammlungsbeschlusses mit einfacher Mehrheit (§ 237 Abs. 4 Satz 2 AktG). Im Übrigen passt § 237 Abs. 4 AktG auf diesen Fall insgesamt nicht (siehe noch Rz. 51.24), wie u.a. Satz 4 (anzugeben ist der Zweck der Kapitalherabsetzung) zeigt[76].

51.23 Denkbar ist eine Einziehung ohne Kapitalherabsetzung auch in dem gesonderten Fall des § 71 Abs. 1 Nr. 8 Satz 6 AktG[77]. In diesem Fall kann bereits der Ermächtigungsbeschluss gemäß § 71 Abs. 1 Nr. 8 Satz 6 AktG, ggf. wahlweise, die Ermächtigung an den Vorstand enthalten, die erworbenen Aktien im

---

69 *Baums*, Bericht Regierungskommission, Rz. 234; vgl. auch *T. Bezzenberger*, Erwerb eigener Aktien durch die AG, 2002, Rz. 115 ff.
70 Siehe *Seibert*, NZG 2002, 608, 612.
71 Vgl. *Seibert*, NZG 2002, 608, 612.
72 Vgl. aber *Terbrack*, DNotZ 2003, 734, 740 f. mit Vorschlägen für die Gründungssatzung.
73 Vgl. nur *Oechsler* in MünchKomm. AktG, 5. Aufl. 2021, § 237 AktG Rz. 110c.
74 Richtigerweise ist der gesamte Erwerbspreis ausschließlich gegen die freien Rücklagen zu buchen, vgl. *T. Bezzenberger*, Erwerb eigener Aktien durch die AG, 2002, Rz. 116 und dort Fn. 234; *Stucken* in Happ/Groß/Möhrle/Vetter, Aktienrecht, Formular 14.08 Rz. 1.3 a.E.; *Wieneke/Förl*, AG 2005, 189, 195; *Rieckers*, ZIP 2009, 700, 702; *Lutter* in FS Röhricht, 2005, S. 369, 374, 375; *Marsch-Barner/Maul* in Beck-OGK AktG, Stand 1.6.2021, § 237 AktG Rz. 33; *Veil* in K. Schmidt/Lutter, § 273 AktG Rz. 42.
75 Für Zustimmungserfordernis etwa *Heider* in MünchKomm. AktG, 5. Aufl. 2019, § 8 AktG Rz. 55; *Ekkenga/Schirrmacher* in KölnKomm. AktG, 4. Aufl. 2020, § 226 AktG Rz. 125; a.A. aber etwa *Mock* in Großkomm. AktG, 5. Aufl. 2017, § 8 AktG Rz. 107; dem folgend wohl auch *Ziemons* in K. Schmidt/Lutter, § 8 AktG Rz. 32.
76 Zu den redaktionellen Ungenauigkeiten siehe auch *Stucken* in Happ/Groß/Möhrle/Vetter, Aktienrecht, Formular 14.08 Rz. 6.1.
77 Muster bei *Stucken* in Happ/Groß/Möhrle/Vetter, Aktienrecht, Formular 14.08. In jedem Fall – und zwar auch bei Erwerben gemäß § 71 Abs. 1 Nr. 6 AktG – muss der Erwerb von Aktien zur Einziehung ohne Kapitalherabsetzung gemäß § 237 Abs. 3 Nr. 3 AktG aus freien Rücklagen bedient werden; *Lutter* in FS Röhricht, 2005, S. 369, 375; *Stucken* in Happ/Groß/Möhrle/Vetter, Aktienrecht, Formular 14.08 Rz. 1.3; *Scholz* in MünchHdb. AG, § 63 Rz. 52.

Wege der Kapitalherabsetzung oder gemäß § 237 Abs. 3 Nr. 3 AktG einzuziehen. Eines weiteren Hauptversammlungsbeschlusses für die Einziehungshandlung bedarf es dann nicht[78].

b) Beschlussinhalt

Auch im Rahmen des vereinfachten Verfahrens bedarf die Kapitalherabsetzung eines **Einziehungsbeschlusses** (§ 237 Abs. 4 Satz 1 AktG). Nur im Fall der angeordneten Zwangseinziehung erfolgt die Einziehungsentscheidung durch den Vorstand (§ 237 Abs. 6 AktG). Den Fall des § 237 Abs. 3 Nr. 3 AktG (Einziehung von Stückaktien ohne Kapitalherabsetzung) regelt § 237 Abs. 4 Satz 1 AktG, der sich allein mit der „Kapitalherabsetzung" befasst, nicht, obwohl § 237 Abs. 3 Nr. 3 AktG auf einen „Beschluss der Hauptversammlung" Bezug nimmt, ohne dass deutlich wird, um welchen Beschluss es sich handelt (siehe zum Mehrheitserfordernis noch Rz. 51.25)[79]. 51.24

c) Mehrheitserfordernis

Im vereinfachten Einziehungsverfahren reicht für den Einziehungsbeschluss die **einfache Mehrheit der abgegebenen Stimmen** (§ 237 Abs. 4 Satz 2 AktG). Dies bestimmt sich nach § 133 Abs. 1 AktG (Mehrheit der abgegebenen Stimmen). Es ist die einzige Form der Satzungsänderung, die nicht zugleich einer Kapitalmehrheit bedarf. Allerdings kann die Satzung eine größere Mehrheit und weitere Erfordernisse bestimmen. Die einfache Mehrheit genügt auch für die Anpassung der Satzung bzw. die Ermächtigung des Aufsichtsrates zur Fassungsänderung gemäß § 179 Abs. 1 Satz 2 AktG[80]. Sind mehrere Gattungen **stimmberechtigter** Aktien vorhanden, bedarf es nach herrschender Auffassung wegen der mangelnden Differenzierung in § 237 Abs. 4 Satz 1 AktG, der nicht auch auf § 222 Abs. 2 AktG verweist, keines Sonderbeschlusses[81]. Für nicht stimmberechtigte Vorzugsaktien gelten dieselben Erwägungen wie bei der regulären Zwangseinziehung (Rz. 51.14)[82]. 51.25

d) Rücklagendotierung

Der **bilanzielle Vollzug** der Einziehung im vereinfachten Verfahren nach HGB ist teilweise (für den Fall der Einziehung eigener Aktien nach Erwerb) in § 272 HGB, im Übrigen in §§ 237 Abs. 5, 240 AktG geregelt. Beide Regelungskomplexe sind nicht optimal aufeinander abgestimmt[83]. Zudem hat das BilMoG mit dem Wechsel zum Nettoausweisprinzip für den Erwerb eigener Aktien zu einer (wohl ungewollten) Kapitallockerung geführt[84] (die allerdings für sog. eingefrorene Aktien[85], d.h. Aktien, die erklärtermaßen allein zwecks Einziehung erworben wurden, schon seit Inkrafttreten des KonTraG 1998 bestand[86]). Das liegt darin begründet, dass bei *Erwerb* ein über pari liegender Kaufpreis in Höhe des Nennwertes vom Grundkapital abzusetzen ist und die Differenz mit dem Bilanzgewinn oder freien Rücklagen zu verrechnen ist. Demgegenüber war zuvor bei Erwerb in Höhe des gesamten Kaufpreises 51.26

---

78 *Favoccia* in MünchVertragsHdb. GesR, Formular V 48 Ziffer 2e); *Stucken* in Happ/Groß/Möhrle/Vetter, Aktienrecht, Formular 14.08 Rz. 6.2; *Tielmann*, DStR 2003, 1796, 1798; *Kallweit/Simons*, AG 2014, 352, 354.
79 Für die Notwendigkeit eines Hauptversammlungsbeschlusses *Stucken* in Happ/Groß/Möhrle/Vetter, Aktienrecht, Formular 14.08 Rz. 6.1; *Hüffer/Koch*, § 237 AktG Rz. 34a; *Veil* in K. Schmidt/Lutter, § 237 AktG Rz. 43; *Sethe* in Großkomm. AktG, 4. Aufl. 2011, § 237 AktG Rz. 111.
80 *Scholz* in MünchHdb. AG, § 63 Rz. 42; *Hüffer/Koch*, § 237 AktG Rz. 35.
81 *Oechsler* in MünchKomm. AktG, 5. Aufl. 2021, § 237 AktG Rz. 103; *Hüffer/Koch*, § 237 AktG Rz. 35; *Scholz* in MünchHdb. AG, § 63 Rz. 42; *Ekkenga/Schirrmacher* in KölnKomm. AktG, 4. Aufl. 2020, § 237 AktG Rz. 119.
82 *Oechsler* in MünchKomm. AktG, 5. Aufl. 2021, § 237 AktG Rz. 104.
83 *Kropff* in MünchKomm. BilR, 2013, § 272 HGB Rz. 89.
84 Vgl. einstweilen *Verse* in Gesellschaftsrecht in der Diskussion 2009, S. 67, 80 ff.
85 Der Begriff entstammt der Begründung für den Regierungsentwurf zum KonTraG, siehe ZIP 1997, 2100; siehe dazu auch *Zätzsch* in FS W. Müller, 2001, S. 772: „neues aktienrechtliches Gefriergut".
86 Vgl. etwa *Gelhausen* in FS Baetge, 2007, S. 187, 211.

eine gebundene Rücklage für eigene Anteile zu bilden, und damit bestand in Höhe des gesamten Kaufpreises eine Ausschüttungssperre. Im Einzelnen gilt: Der **Ausweis des Erwerbs** erfolgt durch eine **Bilanzverkürzung**, weil zwecks Einziehung erworbene Aktien nicht bei gleichzeitiger Bildung einer Rücklage für eigene Aktien zu aktivieren sind[87]. Der auf die erworbenen Aktien entfallende anteilige Betrag des Grundkapitals ist gemäß § 272 Abs. 1a Satz 1 und 2 HGB offen vom Grundkapital abzusetzen[88] und die anderen Gewinnrücklagen sind um die Differenz zwischen Erwerbspreis und diesem Betrag zu kürzen[89]. Weil im Falle eines Erwerbs, bei dem die Einziehung noch offen ist bzw. die Einziehung am Bilanzstichtag noch nicht vollzogen ist, die Gewinnrücklagen nach dem nun geltenden Nettoausweisprinzip (mangels Aktivierung unter Bildung einer gebundenen Rücklage für eigene Aktien) höher stehen bleiben als nach dem früheren Bruttoausweisprinzip, ist dies nach manchen Stimmen bereits bei Erwerb durch eine Dotierung einer gebundenen Rücklage um den Nennwert[90] zu korrigieren, nach anderer Meinung in einer Anhangangabe, dass in dieser Höhe eine Ausschüttungssperre (analog § 268 Abs. 8 HGB) besteht[91]. Richtig ist letzterer Ansatz (sogleich Rz. 51.27). Erfolgt die **Einziehung ohne Kapitalherabsetzung** (§ 237 Abs. 3 Nr. 3 AktG), ist der (ursprüngliche) Kaufpreis allein mit den anderen Gewinnrücklagen zu verrechnen (siehe schon Rz. 51.22)[92]. Diese Verrechnung ist in der Verlängerungsrechnung des § 158 Abs. 1 Satz 1 AktG auszuweisen[93]. Stehen wider Erwarten keine Gewinnrücklagen zur Verfügung, hat die Verrechnung unter Inkaufnahme eines Bilanzverlustes zu erfolgen[94]. Erfolgt ein Erwerb unter Nennwert, ist die Differenz zum Nennwert in die Kapitalrücklage einzustellen, um eine Ausschüttungssperre zu bewirken[95].

51.27 Weil **nach der Einziehung** der auf die eingezogenen Aktien entfallende Betrag des Grundkapitals gemäß § 237 Abs. 5 AktG in die **Kapitalrücklage** einzustellen ist, andererseits § 272 Abs. 1a Satz 1 HGB die offene Absetzung vom Grundkapital bereits nach Erwerb vorsieht, ist dieser Normenkonflikt nach einigen Stimmen wie vorstehend beschrieben (Rz. 51.26) durch sofortige Dotierung der Kapitalrücklage nach Erwerb zu korrigieren, wenn zwischen Erwerb und Einziehung ein Bilanzstichtag liegt. Richtigerweise sind zum Erwerbszeitpunkt nach § 272 Abs. 1a Satz 2 HGB die anderen Gewinnrücklagen zunächst nur um die Differenz zwischen Erwerbspreis und Nennbetrag der Aktien (letzterer wird vom Grundkapital offen abgesetzt)[96] zu kürzen und die Gewinnrücklagen nach Vollzug der Einziehung

---

87 *Klingberg*, BB 1998, 1575, 1576; *Günther/Muche/White*, WPg 1998, 574, 576; *Adler/Düring/Schmaltz*, 6. Aufl. 2001 (Ergänzungsband), § 272 HGB Rz. 27; vgl. zu § 71 Abs. 1 Nr. 8 AktG auch *van Aerssen*, WM 2000, 391, 394.
88 Das bedeutet die Einfügung einer zweiten Spalte und die Bildung eines korrigierten Grundkapitals, hinsichtlich dessen die Terminologie schwankt („begebenes" bzw. „belegtes" Grundkapital, vgl. *T. Bezzenberger*, Erwerb eigener Aktien durch die AG, 2002, Rz. 107 m.w.N.); vgl. auch die Darstellungsweise bei *Kessler/Suchan*, BB 2000, 2529, 2535.
89 Ebenso *Marsch-Barner/Maul* in BeckOGK AktG, Stand 1.6.2021, § 237 AktG Rz. 38.
90 *T. Bezzenberger* in K. Schmidt/Lutter, § 71 AktG Rz. 60.
91 *Verse* in Gesellschaftsrecht in der Diskussion 2009, S. 67, 86; *Kessler/Suchan* in FS Hommelhoff, 2012, S. 509, 524; *Reiner* in MünchKomm. HGB, 4. Aufl. 2020, § 272 HGB Rz. 36; *Kropff* in MünchKomm. BilR, 2013, § 272 HGB Rz. 57; ähnlich *Oser/Kropp*, Der Konzern 2012, 185, 187, die die Ausschüttungssperre aus § 57 AktG unter Anknüpfung an das satzungsmäßige Grundkapital ohne Abzug eigener Aktien herleiten.
92 *Rieckers*, ZIP 2009, 700, 702.
93 *Adler/Düring/Schmaltz*, 6. Aufl. 2001 (Ergänzungsband), § 272 HGB Rz. 15.
94 *Gelhausen* in FS Baetge, 2007, S. 193, 205.
95 *Kropff*, ZIP 2009, 1137, 1141; vgl. auch *Kropff* in FS Hüffer, 2010, S. 539, 547 und dort Fn. 44; dem folgend *Kessler/Suchan* in FS Hommelhoff, 2012, S. 509, 520 f.; a.A. *Oechsler* in MünchKomm. AktG, 5. Aufl. 2021, § 237 AktG Rz. 77a; *Stucken* in Happ/Groß/Möhrle/Vetter, Aktienrecht, Formular 14.04 Rz. 5.1.; *Haberstock/Greitemann* in Hölters, § 237 AktG Rz. 55 und *Hüffer/Koch*, § 237 AktG Rz. 19 (Buchgewinn nach Belieben verwendbar).
96 Eine Ausnahme bildet die Einziehung von Stückaktien ohne Kapitalherabsetzung gemäß § 237 Abs. 3 Nr. 3 AktG, hier ist der Erwerbspreis insgesamt gegen die Rücklagen zu buchen, vgl. schon Rz. 51.22 und 51.26 sowie *Stucken* in Happ/Groß/Möhrle/Vetter, Aktienrecht, Formular 14.08 Rz. 1.3.

weiter um den zuvor offen abgesetzten Nennbetrag zugunsten der Erhöhung der Kapitalrücklage zu kürzen[97]. Im Ergebnis werden damit nach Einziehung die Gewinnrücklagen um den gesamten Erwerbspreis gekürzt, das Grundkapital um den Nennbetrag gekürzt und die Kapitalrücklage um den Nennbetrag erhöht[98]. Liegt zwischen Erwerb und Einziehung ein Bilanzstichtag, ist das Eigenkapital damit bei Erwerb anders und mit geringerer Kapitalbindung zusammengesetzt als nach Vollzug der Einziehung. Diese Ungereimtheit ist durch das Gesetz vorgegeben und wegen § 256 Abs. 1 Nr. 4 AktG wohl vorsichtshalber hinzunehmen; es empfiehlt sich aber jedenfalls eine Anhangsangabe[99].

Die so gebildete Kapitalrücklage kann nur gemäß § 150 Abs. 3 und 4 AktG verwandt werden, weil es sich nicht um eine Kapitalrücklage gemäß § 272 Abs. 2 Nr. 4 HGB (sondern Nr. 1) handelt[100]. Sie kann jedoch der **Verrechnung von Verlusten** und damit Sanierungszwecken dienen. Gleichwohl ist nach nunmehr herrschender Auffassung § 233 AktG nicht analog anzuwenden[101]. Die dagegen geltend gemachten Bedenken einer Erleichterung einer Gewinnausschüttung[102] sind zwar wichtig, können aber im Hinblick auf die eindeutige Gesetzeslage und dem Umstand, dass die Problematik dem Gesetzgeber von 1965 bekannt war, nicht überzeugen. 51.28

In der **Gewinn- und Verlustrechnung** ist nach herrschender Auffassung der Ertrag aus der Kapitalherabsetzung (also der Nennbetrag der eingezogenen Aktien) gemäß § 240 Satz 1 AktG auszuweisen. Deshalb muss – obwohl § 240 Satz 2 AktG diesen Fall nicht ausdrücklich regelt – dann als Korrekturposten die Einstellung in die Kapitalrücklage (§ 237 Abs. 5 AktG) ebenfalls gemäß § 158 Abs. 1 Satz 1 AktG ausgewiesen werden, obwohl sie nicht in dieses Gliederungsschema passt[103]. 51.29

III. Anmeldung und Eintragung

Anders als bei der ordentlichen Kapitalherabsetzung und der vereinfachten Kapitalherabsetzung, bei denen die Kapitalherabsetzung bereits mit Eintragung des Kapitalherabsetzungsbeschlusses wirksam wird, erfordert das Wirksamwerden der Kapitalherabsetzung durch Einziehung einen **doppelten Tatbestand**. Aus § 238 Satz 1 AktG ergibt sich, dass das Wirksamwerden der Kapitalherabsetzung sowohl die **Einziehung** (dazu Rz. 51.33) wie auch die **Eintragung des Beschlusses** voraussetzt. Das wird damit begründet, dass sich die Kapitalherabsetzung durch Einziehung gegen einzelne Aktionäre richtet[104]. Daraus folgt: der Beschluss der Hauptversammlung in Bezug auf die gestattete Zwangsein- 51.30

---

97 Ebenso *Marsch-Barner/Maul* in BeckOGK AktG, Stand 1.6.2021, § 237 AktG Rz. 38.
98 *Adler/Düring/Schmaltz*, 6. Aufl. 2001 (Ergänzungsband), § 272 HGB Rz. 27; *Escher-Weingart/Kübler*, ZHR 162 (1998), 537, 544; *Kessler/Suchan*, BB 2000, 2529, 2535; *Gelhausen* in FS Baetge, 2007, S. 193, 211; *Kropff*, ZIP 2009, 1137, 1141 und dort Fn. 49; *Kropff* in FS Hüffer, 2010, S. 539, 550; *Singhof* in HdJ, Abt. III/2 Rz. 108.
99 *Reiner* in MünchKomm. HGB, 4. Aufl. 2020, § 272 HGB Rz. 36; zu gefrorenen Aktien nach KonTraG bereits *Gelhausen* in FS Baetge, 2007, 187, 211; auf eine Anhangsangabe verzichtend wohl *Singhof* in HdJ, Abt. III/2 Rz. 163 a.E.
100 *Förschle/Kropp/Schönberger* in Deubert/Förschle/Störk, Sonderbilanzen, 6. Aufl. 2021, Kapitel E Rz. 57; *Gelhausen* in FS Baetge, 2007, S. 193, 199; *Stucken* in Happ/Groß/Möhrle/Vetter, Aktienrecht, Formular 14.05 Rz. 6.1; *Mylich*, ZHR 181 (2017), 87, 96.
101 *Hüffer/Koch*, § 237 AktG Rz. 39; *Marsch-Barner/Maul* in BeckOGK AktG, Stand 1.6.2021, § 237 AktG Rz. 39; *Scholz* in MünchHdb. AG, § 63 Rz. 44; *Ekkenga/Schirrmacher* in KölnKomm. AktG, 4. Aufl. 2020, § 237 AktG Rz. 123; *Terbrack*, RNotZ 2003, 115; a.A. *Oechsler* in MünchKomm. AktG, 5. Aufl. 2021, § 237 AktG Rz. 109.
102 *Oechsler* in MünchKomm. AktG, 5. Aufl. 2021, § 237 AktG Rz. 109.
103 *Adler/Düring/Schmaltz*, 6. Aufl. 1997, § 158 AktG Rz. 27; *Hüffer/Koch*, § 240 AktG Rz. 5.
104 *Hüffer/Koch*, § 238 AktG Rz. 1; *Ekkenga/Schirrmacher* in KölnKomm. AktG, 4. Aufl. 2020, § 238 AktG Rz. 2.

ziehung bzw. die Einziehung nach Erwerb gemäß § 237 Abs. 1 i.V.m. § 222 Abs. 1 AktG (ordentliches Einziehungsverfahren) bzw. der Beschluss gemäß § 237 Abs. 4 Satz 1 AktG (gestattete Zwangseinziehung bzw. Einziehung nach Erwerb im Wege des vereinfachten Einziehungsverfahrens) ist zur Eintragung in das Handelsregister anzumelden (§ 237 Abs. 2 Satz 1 i.V.m. § 223 AktG [ordentliches Einziehungsverfahren] bzw. § 237 Abs. 4 Satz 5 AktG [vereinfachtes Einziehungsverfahren]). Für diese Anmeldung, Eintragung und Bekanntmachung gelten die Regeln der ordentlichen Kapitalherabsetzung.

51.31 **Keine gesonderte Anmeldung und Eintragung** erfolgt bei der **angeordneten** Zwangseinziehung. Vielmehr ist hier nur die Anmeldung der Durchführung der Kapitalherabsetzung erforderlich. Hier tritt an die Stelle des Hauptversammlungsbeschlusses der Einziehungsbeschluss des Vorstandes, der nach heute herrschender Auffassung nicht anmelde- und eintragungsfähig ist (ebenso wenig wird im Verfahren des § 71 Abs. 1 Nr. 8 AktG der Einziehungsbeschluss des Vorstandes gemäß § 71 Abs. 1 Nr. 8 Satz 6 AktG in das Handelsregister eingetragen)[105]. In diesem Fall wird die Kapitalherabsetzung mit dem Einziehungsbeschluss und der Einziehungshandlung wirksam, und die Publizität gegenüber dem Rechtsverkehr erfolgt durch Anmeldung und Eintragung der Durchführung der Kapitalherabsetzung gemäß § 239 AktG (Rz. 51.34). Konsequenterweise beginnt dann bei einer angeordneten Zwangseinziehung im ordentlichen Einziehungsverfahren die Sperrfrist gemäß § 225 Abs. 2 AktG erst mit Bekanntmachung der durchgeführten Kapitalherabsetzung[106].

51.32 Die **Anmeldung** der mit der Kapitalherabsetzung einhergehenden **formellen Satzungsänderung** ist erst mit Wirksamwerden der Kapitalherabsetzung, also nach erfolgter Einziehungshandlung, erforderlich[107] und durchführbar, wobei Delegation an den Aufsichtsrat gemäß § 179 Abs. 1 Satz 2 AktG möglich ist.

IV. Einziehungshandlung

51.33 Gemäß § 238 Satz 3 AktG bedarf es zur Einziehung einer Handlung der Gesellschaft, die auf Vernichtung der Rechte aus bestimmten Aktien gerichtet ist. Diese Einziehungshandlung ist Sache des Vorstandes[108]. Die Einziehungshandlung ist eine – empfangsbedürftige – Willenserklärung der Gesellschaft gegenüber dem Inhaber der einzuziehenden Aktien[109]. Sie muss die Aktien konkret bezeichnen und dem Empfänger zugehen oder in den Gesellschaftsblättern veröffentlicht werden. Nicht zur Einziehungshandlung gehört die Vernichtung der betreffenden Aktienurkunden. Vielmehr geht bereits mit Wirksamwerden der Erklärung das Mitgliedschaftsrecht unter. Die Aktienurkunde verbrieft nunmehr nur noch den Zahlungsanspruch auf Leistung des Entgeltes[110]. Entbehrlich ist der Zugang bei der Einziehung von eigenen Aktien der AG nach Erwerb. Hier erfolgt die Einziehung durch interne Dokumentation der Vernichtung der Aktienurkunden bzw. Einlieferung einer neuen Globalurkunde

---

105 *Hüffer/Koch*, § 237 AktG Rz. 41; *Ekkenga/Schirrmacher* in KölnKomm. AktG, 4. Aufl. 2020, § 237 AktG Rz. 138; *Oechsler* in MünchKomm. AktG, 5. Aufl. 2021, § 237 AktG Rz. 115 m.w.N. auch zur Gegenansicht.
106 *Scholz* in MünchHdb. AG, § 63 Rz. 46; *Ekkenga/Schirrmacher* in KölnKomm. AktG, 4. Aufl. 2020, § 237 AktG Rz. 138; *Oechsler* in MünchKomm. AktG, 5. Aufl. 2021, § 237 AktG Rz. 115; *Hüffer/Koch*, § 237 AktG Rz. 41.
107 Dazu *Hüffer/Koch*, § 237 AktG Rz. 3 und § 239 AktG Rz. 1.
108 *Hüffer/Koch*, § 238 AktG Rz. 7; *Scholz* in MünchHdb. AG, § 63 Rz. 47; *Ekkenga/Schirrmacher* in KölnKomm. AktG, 4. Aufl. 2020, § 238 AktG Rz. 9; *Oechsler* in MünchKomm. AktG, 5. Aufl. 2021, § 238 AktG Rz. 5.
109 Muster bei *Stucken* in Happ/Groß/Möhrle/Vetter, Aktienrecht, Formular 14.06f).
110 *Hüffer/Koch*, § 238 AktG Rz. 5; *Scholz* in MünchHdb. AG, § 63 Rz. 49.

bei der Clearstream Banking AG. Reichen von der Einziehung betroffene Aktionäre ihre Aktienurkunden nicht ein, können diese gemäß § 73 AktG für kraftlos erklärt werden[111].

V. Anmeldung und Eintragung der Durchführung der Kapitalherabsetzung

Gemäß § 239 Abs. 1 AktG ist abschließend die Durchführung der Herabsetzung des Grundkapitals zur Eintragung in das Handelsregister anzumelden. Ebenso wie bei der ordentlichen und vereinfachten Kapitalherabsetzung (§ 227 AktG) hat diese Anmeldung und auch die Eintragung der Durchführung nur nachrichtlichen Charakter[112]. Zuständig ist der Vorstand in vertretungsberechtigter Anzahl. Die Mitwirkung des Aufsichtsratsvorsitzenden ist nicht erforderlich. Die Kapitalherabsetzung ist durchgeführt, sobald der Kapitalherabsetzungsbeschluss in das Handelsregister eingetragen und die Einziehungshandlungen vorgenommen sind (bei der angeordneten Zwangseinziehung ist die Kapitalherabsetzung mit Einziehungsbeschluss des Vorstandes und Einziehungshandlung durchgeführt). Nicht mehr zur Einziehungshandlung zählend und damit nicht Voraussetzung für die Anmeldung und Eintragung der Durchführung der Kapitalherabsetzung ist die Einreichung der Aktienurkunden bzw. das Verfahren der Kraftloserklärung gemäß § 73 AktG[113].

51.34

Gemäß § 239 Abs. 2 AktG kann die **Anmeldung der Durchführung** mit der **Anmeldung des Kapitalherabsetzungsbeschlusses** verbunden werden, sofern es sich nicht um eine angeordnete Zwangseinziehung handelt. Die früher vertretene These, bei einer Einziehung von noch zu erwerbenden Aktien der AG sei erforderlich, dass zunächst der Kapitalherabsetzungsbeschluss in das Handelsregister eingetragen wird[114], ist mit der herrschenden Meinung mangels Anhaltspunkt im Gesetz abzulehnen[115].

51.35

Eine **Rückbeziehung** der Kapitalherabsetzung durch Einziehung von Aktien analog § 234 AktG ist nach ganz herrschender Auffassung nicht zulässig[116]. **Depotrechtlich** ist die Einziehung bei globalverbrieften Aktien durch Einlieferung einer neuen, den geminderten Grundkapitalbetrag verbriefenden Globalurkunde bei der Clearstream Banking AG unter Aufforderung zur Entwertung der alten Globalurkunde nachzuvollziehen. Bei nicht sammelverwahrten effektiven Stücken ist – ausgenommen die Einziehung nach Erwerb eigener Anteile – das Verfahren gemäß § 73 AktG zu durchlaufen. Zum **handelsrechtlichen Ausweis** des Ertrages aus der Kapitalherabsetzung gemäß § 240 AktG bereits Rz. 51.29.

51.36

---

111 *Hüffer/Koch*, § 238 AktG Rz. 5; *Scholz* in MünchHdb. AG, § 63 Rz. 49; *Ekkenga/Schirrmacher* in KölnKomm. AktG, 4. Aufl. 2020, § 238 AktG Rz. 10; *Oechsler* in MünchKomm. AktG, 5. Aufl. 2021, § 238 AktG Rz. 8.
112 Vgl. auch OLG München v. 12.5.2016 – 23 U 3572/15, AG 2017, 441 Rz. 44.
113 *Oechsler* in MünchKomm. AktG, 5. Aufl. 2021, § 239 AktG Rz. 2; *Hüffer/Koch*, § 239 AktG Rz. 2; *Stucken* in Happ/Groß/Möhrle/Vetter, Aktienrecht, Formular 14.05 Rz. 11.1.
114 So *Lutter* in KölnKomm. AktG, 2. Aufl. 1998, § 239 Rz. 4; sympathisierend auch *Oechsler* in MünchKomm. AktG, 5. Aufl. 2021, § 239 AktG Rz. 7.
115 *Ekkenga/Schirrmacher* in KölnKomm. AktG, 4. Aufl. 2020, § 239 AktG Rz. 5; *Scholz* in MünchHdb. AG, § 63 Rz. 50; *Hüffer/Koch*, § 239 AktG Rz. 9; *Marsch-Barner/Maul* in BeckOGK AktG, Stand 1.6.2021, § 239 AktG Rz. 2; *Stucken* in Happ/Groß/Möhrle/Vetter, Aktienrecht, Formular 14.04 Rz. 10.3.
116 *Oechsler* in MünchKomm. AktG, 5. Aufl. 2021, § 238 AktG Rz. 9; *Hüffer/Koch*, § 238 AktG Rz. 6; *Scholz* in MünchHdb. AG, § 62 Rz. 48; *Ekkenga/Schirrmacher* in KölnKomm. AktG, 4. Aufl. 2020, § 238 AktG Rz. 6.

VI. Einziehung von Aktien aus vernichteten Kapitalerhöhungen

51.37 Wird eine durchgeführte und eingetragene Kapitalerhöhung durch rechtskräftiges Anfechtungsurteil für nichtig erklärt, gelten bis zur Rechtskraft des Urteils die Grundsätze über die fehlerhafte Gesellschaft (vgl. Rz. 44.118). Nach Eintritt der Rechtskraft ist eine Rückabwicklung erforderlich. Diese Beseitigung des rechtswidrigen Zustandes erfolgt nach herrschender Auffassung in Rechtsanalogie zu § 237 AktG. Sie ist dann möglich, wenn die aus der betreffenden Kapitalerhöhung stammenden jungen Aktien durch eine separate Wertpapier-Kenn-Nummer identifizierbar sind. Ansonsten wird angenommen, alle Aktionäre hätten die Nichtigkeitsfolgen anteilig zu tragen (vgl. bereits Rz. 44.119). Die Einziehung der Aktien bedarf keiner Anordnung oder Gestattung[117], sondern erfolgt durch Entscheidung des Vorstandes analog § 237 Abs. 6 AktG[118]. Die Gläubigerschutzvorschrift des § 225 AktG findet in Bezug auf die Sicherheitsleistung keine Anwendung, sofern der Erwerb aus freien Mitteln möglich ist[119]. Den Erwerbern der fehlerhaft entstandenen jungen Aktien bzw. bei Unermittelbarkeit den durch die Einziehung betroffenen Aktionären steht ein Anspruch auf Barabfindung zu, wobei der Börsenkurs der Aktien zugrunde gelegt werden kann[120]. Das gilt auch bei einer fehlerhaften Kapitalerhöhung mit Sacheinlage, weil der Einleger keinen Anspruch auf Rückgabe der Sacheinlage und die Gesellschaft kein entsprechendes Rückgaberecht hat[121]. Die Gesellschaft kann einen Sachkapitalerhöhungsbeschluss veranlassen, der die Einlage dieses Abfindungsanspruches vorsieht[122]. Ausgegebene Aktienurkunden sind gemäß § 73 AktG für kraftlos zu erklären.

§ 52
Erwerb und Veräußerung eigener Aktien

I. Eigene Aktien in der Kapitalverfassung der Aktiengesellschaft 52.1	**II. Verbot der Zeichnung eigener Aktien** 52.13
1. Entwicklung des Verbotes der Übernahme und des Erwerbs eigener Aktien 52.1	1. Grundsatz des Zeichnungsverbotes und Rechtsfolgen eines Verbotsverstoßes 52.13
2. Überblick über die Ausnahmen vom Erwerbsverbot 52.4	2. Umgehungsgeschäfte 52.16
3. Kritische Beurteilung der derzeitigen Rechtslage 52.12	**III. Ausgewählte Einzelfälle des zulässigen Erwerbs eigener Aktien** 52.20
	1. Hauptversammlungsermächtigung gemäß § 71 Abs. 1 Nr. 8 AktG 52.20

---

117 *Schäfer*, Die Lehre vom fehlerhaften Verband, 2002, S. 427; *Meyer-Panhuysen*, Die fehlerhafte Kapitalerhöhung, 2003, S. 112 f.
118 *Lutter* in FS Röhricht, 2005, S. 369, 376 f. m.w.N.
119 *Zöllner/Winter*, ZHR 158 (1994), 59, 69 (jedenfalls, wenn Voraussetzungen des § 237 Abs. 3 Nr. 2 AktG erfüllt sind); weitergehend *Huber* in FS Claussen, 1997, S. 147, 167 f.; *Schäfer*, Die Lehre vom fehlerhaften Verband, 2002, S. 437; *Meyer-Panhuysen*, Die fehlerhafte Kapitalerhöhung, 2003, S. 114 f.
120 *Huber* in FS Claussen, 1997, S. 147, 154; *Scholz* in MünchHdb. AG, § 57 Rz. 199; *Meyer-Panhuysen*, Die fehlerhafte Kapitalerhöhung, 2003, S. 120 f.; abweichend *Schäfer*, Die Lehre vom fehlerhaften Verband, 2002, S. 432 (ursprünglicher Ausgabebetrag zuzüglich zwischenzeitlicher Gewinne).
121 *Zöllner/Winter*, ZHR 158 (1994), 59, 64 f.; *Huber* in FS Claussen, 1997, S. 147, 154; *Hüffer/Koch*, § 248 AktG Rz. 7a.
122 *Zöllner/Winter*, ZHR 158 (1994), 59, 79 ff.; abweichend *Kort*, ZGR 1994, 291, 321 f., der insofern die Möglichkeit einer befreienden Voreinzahlung bejaht.

a) Kein Erfordernis einer Zweckvorgabe 52.21
b) Anforderungen an den Hauptversammlungsbeschluss 52.27
2. Einkaufskommission gemäß § 71 Abs. 1 Nr. 4 AktG und Wertpapierhandel durch Kredit- oder Finanzdienstleistungsinstitute oder Finanzunternehmen gemäß § 71 Abs. 1 Nr. 7 AktG 52.30
3. Erwerb zur Ausgabe als Belegschaftsaktien gemäß § 71 Abs. 1 Nr. 2 AktG . 52.36
IV. **Durchführung des Erwerbs und Rechtsfolgen von Verstößen gegen das Erwerbsverbot** 52.39
1. Erwerb 52.39
2. Rechtsfolgen von Verstößen 52.46
V. **Behandlung eigener Aktien** 52.49
1. Rechte und Pflichten aus eigenen Aktien 52.49
2. Bilanzielle Behandlung eigener Aktien 52.50

VI. **Veräußerung eigener Aktien** 52.52
VII. **Dritt- und Umgehungsgeschäfte, Inpfandnahme** 52.58
VIII. **Rechenschaftslegung (§ 71 Abs. 3 AktG)** 52.62
IX. **Kapitalmarktrechtliche Parameter bei Erwerb und Veräußerung eigener Aktien** 52.63
1. Keine Pflicht zur Information der BaFin; Bekanntmachung nach § 49 Abs. 1 Satz 1 Nr. 2 WpHG 52.63
2. Ad-hoc-Publizität bei Erwerb und Veräußerung 52.64
3. Mitteilungspflichten nach §§ 33 ff. WpHG (bis 2.1.2018: §§ 21 ff.) 52.66
4. Verbot von Insidergeschäften (Art. 14 MMVO); Verbot der Marktmanipulation (Art. 15 MMVO) 52.68
5. Eigene Aktien und WpÜG 52.69

Schrifttum: *Baums/Stöcker,* Rückerwerb eigener Aktien und WpÜG, in FS Wiedemann, 2002, S. 703; *Bayer,* Emittentenhaftung versus Kapitalerhaltung, WM 2013, 961; *Bayer/Hoffmann/Weinmann,* Kapitalmarktreaktionen bei Ankündigung des Rückerwerbs eigener Aktien über die Börse, ZGR 2007, 457; *Benckendorff,* Erwerb eigener Aktien im deutschen und US-amerikanischen Recht, 1998; *T. Bezzenberger,* Eigene Aktien und ihr Preis – auch beim Erwerb mit Hilfe von Kaufoptionen, ZHR 180 (2016), 8; *T. Bezzenberger,* Erwerb eigener Aktien durch die AG, 2002; *Binder,* Mittelbare Einbringung eigener Aktien als Sacheinlage und Informationsgrundlagen von Finanzierungsentscheidung in Vorstand und Aufsichtsrat – Zugleich Besprechung von BGH ZIP 2011, 2097 (ISION), ZGR 2012, 757; *Bosse,* Zulässigkeit des individuell ausgehandelten Rückkaufs eigener Aktien („Negotiated Repurchase") in Deutschland, NZG 2000, 16; *Breuninger/Müller,* Erwerb und Veräußerung eigener Anteile nach dem BilMoG – Steuerrechtliche Behandlung – Chaos perfekt?, GmbHR 2011, 10; *Broichhausen,* Mitwirkungskompetenz der Hauptversammlung bei der Ausgabe von Wandelschuldverschreibungen auf eigene Aktien, NZG 2012, 86; *Busch,* Eigene Aktien in der Kapitalerhöhung, AG 2005, 429; *Busch,* Eigene Aktien bei der Stimmrechtsmitteilung – Zähler, Nenner, Missstand, AG 2009, 425; *Butzke,* Gesetzliche Neuregelungen beim Erwerb eigener Aktien, WM 1995, 1389; *Cahn,* Die Auswirkungen der Richtlinie zur Änderung der Kapitalrichtlinie auf den Erwerb eigener Aktien, Der Konzern 2007, 385; *Cahn/Ostler,* Eigene Aktien und Wertpapierleihe, AG 2008, 221; *Deutsches Aktieninstitut (DAI),* Der Erwerb eigener Aktien in Deutschland, 1999; *Drinkuth,* Die Kapitalrichtlinie – Mindest- oder Höchstnorm?, 1998; *Drygala,* Finanzielle Unterstützung des Aktienerwerbs nach der Reform der Kapitalrichtlinie, Der Konzern 2007, 396; *Escher-Weingart/Kübler,* Erwerb eigener Aktien, ZHR 162 (1998), 537; *Fleischer/Schneider/Thaten,* Kapitalmarktrechtlicher Anlegerschutz versus aktienrechtliche Kapitalerhaltung – wie entscheidet der EuGH?, NZG 2012, 801; *Gätsch/Bracht,* Die Behandlung eigener Aktien im Rahmen der Mitteilungs- und Veröffentlichungspflichten nach §§ 21, 22 und 26a WpHG, AG 2011, 813; *Geber/zur Megede,* Aktienrückkauf – Theorie und Kapitalmarktpraxis unter Beachtung der „Safe-harbor-Verordnung" (EG Nr. 2273/2003), BB 2005, 1861; *Grüger,* Kurspflegemaßnahmen durch den Erwerb eigener Aktien – Verstoß gegen das Verbot der Marktmanipulation nach § 20a WpHG?, BKR 2010, 221; *Habersack,* Das Andienungs- und Erwerbsrecht bei Erwerb und Veräußerung eigener Anteile, ZIP 2004, 1121; *Habersack,* Die finanzielle Unterstützung des Aktienerwerbs – Überlegungen zu Zweck und Anwendungsbereich des § 71a Abs. 1 Satz 1 AktG, in FS Röhricht, 2005, S. 155; *Häller/Roggemann,* Publizitätspflichten beim Rückerwerb eigener Aktien zur Mitarbeitervergütung und Einziehung, NZG 2019, 1005; *Hampel,* Erwerb eigener Aktien und Unternehmenskontrolle, 1994; *Heer,* Unternehmensakquisitionen im Wege der Sachkapitalerhöhung – im Spannungsfeld zwischen Differenzhaftung und verbotenem Erwerb eigener Aktien, ZIP 2012, 2325; *Hirsch,* Der Erwerb eigener Aktien nach dem KonTraG, 2004; *Hitzer/Simon/Düchting*, Behandlung eigener Aktien der Zielgesellschaft bei öffentlichen Übernahmeangeboten – Rechtliche Vorgaben, Handlungsoptionen und -empfehlungen für den Vorstand der Zielgesellschaft, AG 2012, 237; *Johannsen-Roth*, Der Einsatz von Eigenkapitalderivaten beim Erwerb eigener Aktien nach § 71 Abs. 1 Nr. 8 AktG, ZIP 2011, 407; *Kallweit/Simons*, Aktienrückkauf zum Zweck der Einziehung und Kapitalherabsetzung, AG 2014, 352; *Kessler/Suchan*, Erwerb eigener Aktien und dessen handelsbilanzielle Behandlung, BB 2000, 2529; *Koch*, Der Erwerb eigener Aktien – kein Fall des WpÜG, NZG 2003, 61; *Kocher*, Sind Ermächtigungen der Hauptversammlung zur Verwendung eigener Aktien analog § 202 I AktG auf fünf Jahre befristet?, NZG 2010, 172; *Kort*, Pflichten von Vorstands- und Aufsichtsratsmitgliedern beim Erwerb eigener Aktien zwecks Vorstandsvergütung, NZG 2008, 823; *Kraft/Altvater*, Die zivilrechtliche, bilanzielle und steuerliche Behandlung des Rückkaufs eigener Aktien, NZG 1998, 448; *Krause*, Eigene Aktien bei Stimmrechtsmitteilung und Pflichtangebot, AG 2015, 553; *Leuering*, Der Rückerwerb eigener Aktien im Auktionsverfahren, AG 2007, 435; *Leyendecker-Langner*, (Un-)zulässigkeit von Aktienrückkaufprogrammen bei öffentlichen Übernahmen, BB 2013, 2051; *Martens*, Erwerb und Veräußerung eigener Aktien im Börsenhandel – Überlegungen de lege ferenda, AG 1996, 337; *Merkt/Mylich*, Einlage eigener Aktien und Rechtsrat durch den Aufsichtsrat – Zwei aktienrechtliche Fragen im Lichte der ISION-Entscheidung des BGH, NZG 2012, 525; *Mick*, Aktien- und bilanzsteuerrechtliche Implikationen beim Einsatz von Eigenkapitalderivaten beim Aktienrückkauf, DB 1999, 1201; *Möllers*, Konkrete Kausalität, Preiskausalität und uferlose Haftungsausdehnung – Comroad I–VIII, NZG 2008, 413; *Oechsler*, Das Finanzierungsverbot des § 71a Abs. 1 Satz 1 AktG bei Erwerb eigener Aktien – Schutzzweck und praktische Anwendung, ZIP 2006, 1661; *Oechsler*, Die Änderung der Kapitalrichtlinie und der Rückerwerb eigener Aktien, ZHR 170 (2006), 72; *Oechsler*, Die neue Kapitalgrenze beim Rückerwerb eigener Aktien (§ 71 Abs. 2 Satz 2 AktG), AG 2010, 105; *Oechsler*, Die Wertpapierleihe im Anwendungsbereich des § 71 AktG, AG 2010, 526; *Paefgen*, Eigenkapitalderivate bei Aktienrückkäufen und Management-Beteiligungsmodellen, AG 1999, 67; *Paefgen*, Die Gleichbehandlung beim Aktienrückerwerb im Schnittfeld von Gesellschafts- und Übernahmerecht, ZIP 2002, 1509; *Peltzer*, Die Neuregelung des Erwerbs eigener Aktien im Lichte der historischen Erfahrungen, WM 1998, 322; *Pluskat*, Rückerwerb eigener Aktien nach WpÜG – auch offiziell kein Anwendungsfall mehr, NZG 2006, 731; *Reichert/Harbarth*, Veräußerung und Einziehung eigener Aktien, ZIP 2001, 1441; *Richter/Gittermann*, Die Verknüpfung von Kapitalerhöhung und Rückerwerb eigener Aktien bei Mitarbeiteraktienprogrammen, AG 2004, 277; *Rieckers*, Ermächtigung des Vorstands zu Erwerb und Einziehung eigener Aktien, ZIP 2009, 700; *Saria*, Schranken beim Erwerb eigener Aktien nach § 71 Abs. 1 Nr. 8 AktG, NZG 2000, 458; *Schmid/Mühlhäuser*, Rechtsfragen des Einsatzes von Aktienderivaten beim Aktienrückkauf, AG 2001, 493; *Seibt/Bremkamp*, Erwerb eigener Aktien und Ad-hoc-Publizitätspflicht, AG 2008, 469; *Seidler/Thiere*, Einziehung eigener Aktien nach Erwerb – aktienrechtliche Einordnung, BB 2019, 2058; *Seidler/Thiere*, Erwerb und Einziehung eigener Aktien – bilanzielle Abbildung nach HGB und IFRS, BB 2019, 2091; *Singhof*, Zur finanziellen Unterstützung des Erwerbs eigener Aktien durch Kreditinstitute, NZG 2002, 745; *Singhof/Weber*, Neue kapitalmarktrechtliche Rahmenbedingungen für den Erwerb eigener Aktien, AG 2005, 549; *Umnuß/Ehle*, Aktienoptionsprogramme für Arbeitnehmer auf der Basis von § 71 Abs. 1 Nr. 2 AktG, BB 2002, 1042; *van Aerssen*, Erwerb eigener Aktien und Wertpapierhandelsgesetz: Neues von der Schnittstelle Gesellschaftsrecht/Kapitalmarktrecht, WM 2000, 391; *J. Vetter*, Die Gegenleistung für den Erwerb eigener Aktien bei Ausübung einer Call Option, AG 2003, 478; *Wagner*, Zur aktienrechtlichen Zulässigkeit von Share Matching-Plänen, BB 2010, 1739; *H.P. Westermann*, Kapitalschutz als Gestaltungsmöglichkeit, ZHR 172 (2008), 144; *Widder*, Masterpläne, Aktienrückkaufprogramme und das Spector-Urteil des EuGH bei M&A-Transaktionen, BB 2010, 515; *Wiese*, Erwerb eigener Aktien und Handel in eigenen Aktien, DB 1998, 609; *Wieneke/Förl*, Die Einziehung eigener Aktien nach § 237 Abs. 3 Nr. 3 AktG – Eine Lockerung des Grundsatzes der Vermögensbindung?, AG 2005, 189; *Wilsing/Siebmann*, Die Wiederveräußerung eigener Aktien außerhalb der Börse gemäß § 71 Abs. 1 Nr. 8 AktG – Auswirkungen der Mangusta/Commerzbank-Entscheidungen des BGH vom 10.10.2005 – II ZR 148/03 und II ZR 90/03, DB 2005 S. 2738 –, DB 2006, 881; *Winter*, Gesellschaftsrechtliche Schranken für „Wertgarantien" der AG auf eigene Aktien, in FS Röhricht, 2005, S. 709.

I. Eigene Aktien in der Kapitalverfassung der Aktiengesellschaft

1. Entwicklung des Verbotes der Übernahme und des Erwerbs eigener Aktien

Der Erwerb eigener Aktien durch die Aktiengesellschaft ist bereits seit langem Gegenstand gesetzlicher Regelungen[1]. So enthielt das **Aktiengesetz von 1870** zunächst ein **völliges Verbot** des Erwerbs eigener Aktien. Dieses wurde durch die Aktienrechtsreform von 1884 erheblich gelockert, so dass Aktienrückkäufe im Deutschen Reich zunehmende Verbreitung fanden. Einen **Höhepunkt** erreichten diese, als im Spätherbst 1929 die Aktienkurse weltweit auf ein Zehntel ihres Ausgangswertes vom Frühjahr 1929 zusammenbrachen. So hielt etwa die **Deutsche Bank und Diskonto-Gesellschaft** Ende 1931 bei einem Grundkapital von 285 Mio. RM eigene Aktien im Gesamtnennbetrag von 105 Mio. RM[2]. Im September 1931 wurde daher durch eine Notverordnung der Erwerb eigener Aktien praktisch wieder verboten, woran auch das Aktiengesetz 1937 wenig änderte[3]. Durch die Aktiengesetznovelle 1965 wurden die extrem engen Ausnahmetatbestände für den Rückerwerb eigener Aktien zwar ein wenig ausgeweitet, doch blieb es bei dem grundsätzlichen Verbot des Erwerbs eigener Aktien. 52.1

Bereits **1976** sah die **2. gesellschaftsrechtliche Richtlinie (Kapitalrichtlinie)**[4] vor, dass mit **Ermächtigung der Hauptversammlung**, die längstens 18 Monate gelten durfte, die Gesellschaft Aktien bis zu zehn Prozent ihres Grundkapitals zurückerwerben konnte. Da die Richtlinie jedoch strengere nationale Regelungen zuließ[5], verblieb es in Deutschland zunächst bei der seinerzeit bestehenden Regelung. Unter dem Eindruck der international wesentlich nachgiebigeren Regelungen, insbesondere in den USA, und dem dort stattfindenden Einsatz des Aktienrückkaufs zur Kursbeeinflussung, entschied sich der deutsche Gesetzgeber zur Wiedereinführung des Aktienrückkaufs in erweitertem Umfang zunächst durch das **2. Finanzmarktförderungsgesetz**[6] im Jahre **1994** und umfassend durch das **Gesetz zur Kontrolle und Transparenz im Unternehmensbereich**[7] im Jahre **1998**[8]. Die **2006** in Kraft getretene **Richtlinie zur Änderung der Kapitalrichtlinie**[9] erlaubte den Mitgliedstaaten, Kapitalschutzregelungen, insbesondere auch im Bereich des Erwerbs eigener Aktien, zu liberalisieren[10]. Der deutsche Gesetzgeber hat hiervon durch das Gesetz zur Umsetzung der Aktionärsrechterichtlinie (**ARUG**) vom 30.7.2009[11] Gebrauch gemacht und die Höchstdauer der Ermächtigung zum Erwerb eigener Aktien in § 71 Abs. 1 Nr. 7 und 8 AktG von bislang 18 Monaten auf nunmehr fünf Jahre verlängert[12]. Durch das Gesetz zur Modernisierung des Bilanzrechts (**BilMoG**) vom 25.5.2009[13] wurde die bilanzielle Behandlung eigener Aktien neu geregelt (dazu Rz. 52.50 f.). Bestimmungen zum Erwerb eigener Aktien durch die Gesell- 52.2

---

1 Ausf. Überblick bei *Cahn* in BeckOGK AktG, Stand 1.2.2021, § 71 AktG Rz. 22 ff.; *Oechsler* in MünchKomm. AktG, 5. Aufl. 2019, § 71 AktG Rz. 26 ff.
2 Zitiert nach *T. Bezzenberger*, Erwerb eigener Aktien, Rz. 25.
3 § 65 AktG 1937 ließ den Erwerb eigener Aktien im Wesentlichen nur zur Abwendung eines schweren Schadens von der Gesellschaft bis zu einer Grenze von zehn Prozent des Grundkapitals zu (vgl. im Einzelnen *Schlegelberger/Quassowski*, § 65 AktG 1937 Rz. 5 ff.).
4 2. Richtlinie zur Koordinierung des Gesellschaftsrechts v. 13.12.1976 (77/91/EWG), ABl. EG Nr. L 26, S. 1.
5 *Drinkuth*, Die Kapitalrichtlinie, S. 200 ff., 208 ff., 220 f.
6 BGBl. I 1994, 1749 ff.
7 BGBl. I 1998, 786 ff.; dazu *Zimmer*, NJW 1998, 3521 ff.
8 Vgl. zu der geschichtlichen Entwicklung umfassend *Hirsch*, Erwerb eigener Aktien, S. 3 ff.
9 Richtlinie zur Änderung der Kapitalrichtlinie v. 6.9.2006 (2006/68/EG), ABl. EU Nr. L 264, S. 32, aufgehoben durch Richtlinie 2012/30/EU v. 25.10.2012, ABl. EU Nr. L 315, S. 74, ber. ABl. EU Nr. L 161 v. 18.6.2016, S. 41.
10 Vgl. dazu *Cahn*, Der Konzern 2007, 385 ff.; *Drygala*, Der Konzern 2007, 396 ff.; *Oechsler*, ZHR 170 (2006), 72 ff.; *H.P. Westermann*, ZHR 172 (2008), 144, 155 ff.
11 BGBl. I 2009, 2479.
12 Vgl. dazu *Cahn* in BeckOGK AktG, Stand 1.2.2021, § 71 AktG Rz. 35.
13 BGBl. I 2009, 1102.

schaft enthalten nunmehr die Art. 59 ff. der Richtlinie EU 2017/1132 des Europäischen Parlaments und des Rates vom 14.6.2017[14].

52.3 Das heute im Aktiengesetz enthaltene Verbot des Erwerbs eigener Aktien hat zwei Ausprägungen, nämlich das **Verbot der Zeichnung eigener Aktien** in § 56 AktG und das **Verbot des Erwerbs eigener Aktien durch die Gesellschaft oder Dritte** (einschließlich ihrer Veräußerung oder Inpfandnahme) in den §§ 71 bis 71e AktG. § 56 Abs. 1 AktG untersagt es der Aktiengesellschaft, eigene Aktien zu zeichnen[15]. Dieses Verbot wird durch § 56 Abs. 2 AktG auf abhängige und in Mehrheitsbesitz stehende Unternehmen erstreckt. Hiermit verfolgt der Gesetzgeber die **Sicherung der realen Kapitalaufbringung**[16]. Das Verbot des Erwerbs eigener Aktien durch § 71 AktG soll den Rückfluss des Kapitals der Gesellschaft an die Aktionäre verhindern. Unstreitig dient daher das grundsätzliche Verbot des Rückerwerbs eigener Aktien dem **Grundsatz der Kapitalerhaltung**, auch wenn streitig ist, ob die Zahlung des Kaufpreises an die veräußernden Aktionäre als nach § 57 Abs. 1 Satz 2 AktG ausnahmsweise zulässige Einlagenrückgewähr[17] oder als neben der Dividendenausschüttung stehende weitere Form der Ausschüttung von Gesellschaftsvermögen an die Aktionäre zu verstehen ist[18]. Da der Gesellschaft durch Überlassung eigener Aktien real kein Vermögenswert zugeführt wird, können im Rahmen einer Kapitalerhöhung **eigene Aktien nicht als Sacheinlage eingebracht** werden[19]. Der Verzicht auf den Anspruch auf Rückerstattung von der Gesellschaft darlehensweise überlassenen eigenen Aktien steht dem Einbringen als Sacheinlage nach Auffassung des BGH jedenfalls dann gleich, wenn er in einem unmittelbaren zeitlichen Zusammenhang mit der Darlehensgewährung vereinbart wurde[20].

2. Überblick über die Ausnahmen vom Erwerbsverbot

52.4 Nach einigen kleineren Erweiterungen des Ausnahmetatbestandes enthielt § 71 Abs. 1 Satz 1 AktG bis 1994 ein **grundsätzliches Verbot** des Erwerbs eigener Aktien und sechs Ausnahmetatbestände hiervon[21]. Das Verbot wurde durchbrochen durch § 71 Abs. 1 Satz 1 Nr. 1 AktG a.F., „wenn der Erwerb notwendig ist, um einen schweren Schaden von der Gesellschaft abzuwenden". Weiter wurden als Ausnahmen durch die Nr. 2 bis 6 des § 71 Abs. 1 AktG a.F. zugelassen der Erwerb von Aktien, um

---

14 Dazu *Grigoleit/Rachlitz* in Grigoleit, § 71 AktG Rz. 3.
15 Dabei stellt jedoch § 215 AktG klar, dass eigene Aktien an einer Kapitalerhöhung aus Gesellschaftsmitteln teilnehmen.
16 Unstr., vgl. *Hüffer/Koch*, § 56 AktG Rz. 1; *Rieckers* in MünchHdb. AG, § 15 Rz. 1.
17 So die h.L., vgl. nur *Henze* in Großkomm. AktG, 4. Aufl. 2008, § 57 AktG Rz. 183; *Oechsler* in MünchKomm. AktG, 5. Aufl. 2019, § 71 AktG Rz. 21; *Hüffer/Koch*, § 57 AktG Rz. 20 und § 71 AktG Rz. 1; *Lutter/Drygala* in KölnKomm. AktG, 3. Aufl. 2009, § 71 AktG Rz. 16; *K. Schmidt*, Gesellschaftsrecht, § 29 II 2c; *Habersack*, Europäisches Gesellschaftsrecht, Rz. 183.
18 So unter Verweis auf die Kapitalrichtlinie *T. Bezzenberger*, Erwerb eigener Aktien, Rz. 66; *T. Bezzenberger* in K. Schmidt/Lutter, § 71 AktG Rz. 7; *Escher-Weingart/Kübler*, ZHR 162 (1998), 537, 548 f., 558; *Benckendorff*, Erwerb eigener Aktien, S. 85 f., 182; *Hampel*, Erwerb eigener Aktien, S. 73, 77, 80.
19 BGH v. 20.9.2011 – II ZR 234/09 – ISION, NZG 2011, 1271, 1272 = AG 2011, 876 f.; dazu *Merkt/Mylich*, NZG 2012, 525 ff.; *Binder*, ZGR 2012, 757 ff.
20 BGH v. 20.9.2011 – II ZR 234/09 – ISION, NZG 2011, 1271, 1272 = AG 2011, 876 f.
21 Grundsätzlich keinen Verstoß gegen das Verbot des Erwerbs eigener Aktien (§ 71 AktG) oder die aktienrechtlichen Kapitalerhaltungsgrundsätze (§ 57 AktG) stellen Schadensersatzleistungen der Gesellschaft wegen einer fehlerhaften Ad-hoc-Mitteilung dar (dazu BGH v. 9.5.2005 – II ZR 287/02 – EM.TV, ZIP 2005, 1270, 1272 f. = AG 2005, 609; bestätigend u.a. BGH v. 28.11.2005 – II ZR 80/04 – Comroad I, NZG 2007, 345 Rz. 3 = AG 2007, 322; BGH v. 26.6.2006 – II ZR 153/05 – Comroad III, NZG 2007, 269, 270 Rz. 9 = AG 2007, 169; BGH v. 4.6.2007 – II ZR 147/05 – Comroad IV, NZG 2007, 708, 709 Rz. 11 = AG 2007, 629; BGH v. 3.3.2008 – II ZR 310/06 – Comroad VIII, NZG 2008, 386 Rz. 8 = AG 2008, 377; vgl. auch *Möllers*, BB 2005, 1637 ff.; *Möllers*, NZG 2008, 413 ff.; *Zimmer/Grotheer* in Schwark/Zimmer, §§ 37b, 37c WpHG Rz. 11 ff. m.w.N.; zu diesen Fragen auch EUGH v. 19.12.2013 – C-174/12, EuZW 2014, 223 ff. = AG 2014, 444; vgl. *Fleischer/Schneider/Thaten*, NZG 2012, 801 ff.; *Bayer*, WM 2013, 961 ff.

sie den Arbeitnehmern der Gesellschaft anzubieten, um Aktionäre im Rahmen von § 305 Abs. 2 AktG a.F. bzw. § 320 Abs. 5 AktG a.F. abzufinden, wenn der Erwerb unentgeltlich geschieht oder die Gesellschaft hiermit eine Einkaufskommission durchführt, im Rahmen einer Gesamtrechtsnachfolge sowie aufgrund eines Beschlusses der Hauptversammlung zur Einziehung nach den Vorschriften über die Herabsetzung des Grundkapitals. **Diese Rechtslage änderte sich** erstmals bedeutend **1994** durch das 2. Finanzmarktförderungsgesetz, durch das als siebte Durchbrechung des grundsätzlich bestehenden Verbots Kredit- und Finanzdienstleistungsinstituten erlaubt wurde, aufgrund eines Beschlusses der Hauptversammlung zum Zwecke des Wertpapierhandels eigene Aktien zu erwerben, allerdings begrenzt auf fünf Prozent des Grundkapitals. Der eigentliche **Durchbruch** erfolgte **1998** mit der Einführung der achten Ausnahme durch das KonTraG. Nach § 71 Abs. 1 Nr. 8 AktG kann die Gesellschaft bis zu zehn Prozent des Grundkapitals an eigenen Aktien zurückerwerben aufgrund einer Ermächtigung der Hauptversammlung, die ursprünglich höchstens 18 Monate, seit dem ARUG vom 30.7.2009[22] höchstens fünf Jahre gelten darf und keinen Erwerbszweck vorsehen muss. Dadurch, dass ein zweckfreier Rückerwerb – wenn auch nur auf Grundlage einer Ermächtigung durch die Hauptversammlung – durchgeführt werden kann, ist letztlich das in § 71 Abs. 1 Satz 1 Halbsatz 1 AktG statuierte grundsätzliche Verbot faktisch aufgehoben worden. Es besteht nur noch eine rein betragsmäßige Begrenzung und ein Ausschluss des Zwecks des Rückerwerbs zum Handel mit den erworbenen Aktien[23]. Heute stellen sich die Voraussetzungen für einen Erwerb eigener Aktien durch die Aktiengesellschaft – in der Reihenfolge ihrer Bedeutung in der Praxis – wie folgt dar[24].

Nach § 71 Abs. 1 Nr. 8 AktG kann die Gesellschaft bis zu zehn Prozent des Grundkapitals an eigenen Aktien erwerben. **Voraussetzung** hierfür ist **eine Ermächtigung des Vorstandes durch** einen Beschluss der **Hauptversammlung**, der höchstens fünf Jahre gelten darf. Die Ermächtigung muss den niedrigsten und höchsten Gegenwert sowie innerhalb der Zehn-Prozent-Grenze den Anteil am Grundkapital festlegen. Sie muss aber keinen Zweck für den Rückerwerb angeben, dieser darf jedoch **nicht** zum **Zweck des Handels in eigenen Aktien** erfolgen (mit Ausnahme bei Kreditinstituten, dazu sogleich Rz. 52.6). Der Ermächtigungsbeschluss der Hauptversammlung kann den Vorstand auch ermächtigen, die zurückerworbenen Aktien ohne weiteren Hauptversammlungsbeschluss einzuziehen (§ 71 Abs. 1 Nr. 8 Satz 6 AktG)[25]. Der Erwerb ist nur zulässig, wenn auf die Aktien der Ausgabebetrag voll geleistet ist (§ 71 Abs. 2 Satz 3 AktG) und auf die nach § 71 Abs. 1 Nr. 1 bis 3, 7 und 8 AktG erworbenen Aktien zusammen mit anderen Aktien der Gesellschaft, die die Gesellschaft bereits erworben hat und noch besitzt, nicht mehr als zehn Prozent des Grundkapitals entfallen (§ 71 Abs. 2 Satz 1 AktG).

52.5

Eine Sonderregelung für **Kreditinstitute, Finanzdienstleistungsinstitute und Finanzunternehmen** sieht § 71 Abs. 1 Nr. 7 AktG vor. Diese dürfen aufgrund eines Beschlusses der Hauptversammlung bis zu fünf Prozent der Aktien ausdrücklich zum Zwecke des Wertpapierhandels erwerben. Auch diese Ermächtigung darf nur für höchstens fünf Jahre erteilt werden (vgl. ausführlich bei Rz. 52.30 ff.).

52.6

Nach § 71 Abs. 1 Nr. 2 AktG darf die Aktiengesellschaft eigene Aktien erwerben, wenn die Aktien Personen, die im **Arbeitsverhältnis** zu der Gesellschaft oder einem mit ihr verbundenen Unternehmen stehen oder standen, zum Erwerb angeboten werden sollen. Für diesen Erwerb von zukünftigen Belegschaftsaktien, der auch zu Gunsten von Betriebsrentnern oder Ruheständlern erfolgen darf, gilt die betragsmäßige Obergrenze von § 71 Abs. 2 Satz 1 AktG von zehn Prozent des Grundkapitals (unter Hinzurechnung der Aktien, die nach § 71 Abs. 1 Nr. 1, 3, 7 und 8 AktG erworben wurden). Sie dient

52.7

---

22 BGBl. I 2009, 2479.
23 Vgl. *T. Bezzenberger* in K. Schmidt/Lutter, § 71 AktG Rz. 13; *Hirsch*, Erwerb eigener Aktien, S. 31, 150 ff.; *Kraft/Altvater*, NZG 1998, 448, 449; vgl. jedoch Art. 5 MMVO („Handel mit eigenen Aktien im Rahmen von Rückkaufprogrammen") sowie dazu Rz. 52.21 f.
24 Tabellarischer Überblick über die verschiedenen Tatbestände des § 71 Abs. 1 AktG bei *T. Bezzenberger* in K. Schmidt/Lutter, § 71 AktG Rz. 15c.
25 Vgl. ausführlich bei Rz. 52.26.

der Förderung der Beteiligung der Arbeitnehmer am Produktivkapital im Rahmen von den unternehmensüblichen Sozialleistungen (vgl. ausführlich Rz. 52.36 ff.).

52.8 Nach § 71 Abs. 1 Nr. 4 AktG ist der unentgeltliche Erwerb eigener Aktien durch die Gesellschaft unbegrenzt zulässig. Hauptfall soll insofern die **Schenkung** zwecks Sanierung der AG darstellen, was nur in seltensten Fällen praktisch wird[26]. Daneben sieht § 71 Abs. 1 Nr. 4 AktG den Erwerb durch Kreditinstitute im Rahmen einer **Einkaufskommission** in unbeschränktem Maße vor, da es sich insoweit nur um einen „Durchgangserwerb" für die AG handelt.

52.9 Gleichfalls betragsmäßig unbeschränkt zulässig ist der Erwerb eigener Aktien nach § 71 Abs. 1 Nr. 5 AktG im Wege der **Gesamtrechtsnachfolge** und nach § 71 Abs. 1 Nr. 6 AktG aufgrund eines Beschlusses der Hauptversammlung **zur Einziehung** nach den Vorschriften über die Herabsetzung des Grundkapitals. Durch die Gesamtrechtsnachfolge werden im Wesentlichen die Erwerbe gemäß § 1922 BGB und der Verschmelzung nach § 20 Abs. 1 Nr. 1, § 73 UmwG erfasst sowie ein Vermögensübergang gemäß § 140 Abs. 1 Satz 2 HGB. Mit Ausnahme der Verschmelzungsfälle dürften die sonstigen Erwerbsberechtigungen kaum eine praktische Bedeutung besitzen.

52.10 Nach § 71 Abs. 1 Nr. 3 AktG ist der Erwerb eigener Aktien zulässig, um **Aktionäre** nach § 305 Abs. 2, § 320b AktG oder nach § 29 Abs. 1, § 125 Satz 1, § 207 Abs. 1 Satz 1 UmwG **abzufinden**. Hierdurch werden die Fälle erfasst, in denen Aktionären aufgrund des Abschlusses von Beherrschungs- und/oder Gewinnabführungsverträgen (§ 305 AktG) oder aufgrund einer Eingliederung (§ 320b AktG) eigene Aktien anzubieten sind, sowie die Fälle, in denen aufgrund einer Verschmelzung (§ 29 UmwG), einer Spaltung (§ 125 Satz 1 UmwG) oder eines Formwechsels (§ 207 Abs. 1 Satz 1 UmwG) die nach dem Wirksamwerden dieser Tatbestände unter bestimmten Voraussetzungen erforderliche Barabfindung gegen Erwerb der Aktien der ausscheidenswilligen Aktionäre (bei denen es sich dann um Aktien der erwerbenden Aktiengesellschaft handelt) gezahlt werden soll.

52.11 Schließlich darf die Aktiengesellschaft nach § 71 Abs. 1 Nr. 1 AktG eigene Aktien erwerben, „wenn der Erwerb notwendig ist, um einen schweren, unmittelbar bevorstehenden **Schaden** von der Gesellschaft **abzuwenden**". Als Schaden kommt jede unfreiwillige Vermögenseinbuße in Betracht; der Schaden muss der Gesellschaft selbst und nicht nur den Aktionären drohen, so dass drohende Kursverluste bezüglich der Aktien der Gesellschaft in der Regel nicht genügen[27]. Der drohende Schaden muss zwar nicht existenzgefährdend, jedoch unter Berücksichtigung von Größe und Ertragskraft der Gesellschaft zumindest beachtlich sein. Unmittelbar bevor steht ein Schaden nur, wenn er in überschaubarer Zukunft konkret zu erwarten ist. Die Fälle, in denen ein Schaden sinnvollerweise durch den Erwerb eigener Aktien abgewendet wird, werden selten sein. In der Literatur werden als Beispielsfälle angeführt der Aktienerwerb von einem Schuldner der AG, der sonst nicht leistungsfähig ist, oder ein gegen die AG geführter „gezielter Baisseangriff", der eine Gefährdung der Kreditwürdigkeit der AG zur Folge hat[28]. In Bezug auf den Baisseangriff ist dabei zu beachten, dass dieser als Verstoß gegen das Verbot der Marktmanipulation (Art. 15 MMVO) von der BaFin zu verfolgen ist, so dass nur Maßnahmen zur Angriffsabwehr, nicht aber die Angriffsverfolgung in der Hand der Gesellschaft liegen[29]. Als Grundlage für kontinuierliche Maßnahmen der Kurspflege bzw. der Liquiditätssicherung durch die Gesellschaft oder einen Dritten, dem die Gesellschaft eigene Aktien zur Verfügung stellt, genügt § 71 Abs. 1 Nr. 1 AktG nicht, da insoweit Art. 5 der Marktmissbrauchsverordnung[30] die Voraussetzungen für die

---

[26] Streitig ist, ob auch die Rückgewähr eigener Aktien an die Gesellschaft bei Beendigung eines Wertpapierdarlehens einen Fall des § 71 Abs. 1 Nr. 4 AktG darstellt: bejahend *Cahn/Ostler*, AG 2008, 221, 224; verneinend *Oechsler*, AG 2010, 526, 531.
[27] Vgl. *T. Bezzenberger* in K. Schmidt/Lutter, § 71 AktG Rz. 31; *Hüffer/Koch*, § 71 AktG Rz. 7; ausf. *Oechsler* in MünchKomm. AktG, 5. Aufl. 2019, § 71 AktG Rz. 113 ff.
[28] Vgl. *Oechsler* in MünchKomm. AktG, 5. Aufl. 2019, § 71 AktG Rz. 137.
[29] Vgl. *Rieckers* in MünchHdb. AG, § 15 Rz. 16.
[30] Verordnung (EU) Nr. 596/2014 v. 16.4.2014 (ABl. L 173, S. 1), zuletzt geändert durch Verordnung (EU) 2019/2115 v. 27.11.2019 (Abl. L 320, S. 1); vgl. auch Rz. 52.68.

Zulässigkeit von Rückkaufprogrammen und Kursstabilisierungsmaßnahmen regelt[31]. Ebenso wenig ist seit Erlass des WpÜG der Schutz vor Überfremdung oder die Abwehr eines feindlichen Übernahmeangebotes als Fall der zulässigen Schadensabwendung zu verstehen[32].

3. Kritische Beurteilung der derzeitigen Rechtslage

52.12
Der **Gesetzgeber hält** bisher an dem **grundsätzlichen Verbot** des Erwerbs eigener Aktien **fest**, auch wenn dieses faktisch bis zur Höhe der Grenze von zehn Prozent aufgegeben wurde[33]. Daran wird kritisiert, es sei konsequenter, das grundsätzliche Verbot aufzugeben und die Voraussetzungen, Umstände und Folgen eines Rückerwerbs zeitgemäß zu regeln und dabei insbesondere den durch den europäischen Gesetzgeber[34] geschaffenen Spielraum für Liberalisierungen auszuschöpfen[35]. Vorgeschlagen wird auch, den Erwerb eigener Aktien als eine entgeltliche Auseinandersetzung unter den Aktionären zu behandeln und deren kapitalmäßige Voraussetzungen und Folgen umfassend neu zu regeln[36]. Auch an der 2009 durch das BilMoG erfolgten Neuregelung der bilanziellen Behandlung der eigenen Aktien wird kritisiert, dass die handelsbilanziellen Regelungen nicht hinreichend mit denen des Aktiengesetzes abgestimmt seien (dazu im Einzelnen Rz. 52.50 f.)[37].

II. Verbot der Zeichnung eigener Aktien

1. Grundsatz des Zeichnungsverbotes und Rechtsfolgen eines Verbotsverstoßes

52.13
§ 56 Abs. 1 AktG verbietet es der Gesellschaft, **eigene Aktien zu zeichnen**. Dies ist Ausdruck des **Grundsatzes der realen Kapitalaufbringung**, weil eine Aktiengesellschaft nicht durch Leistung von Einlagen auf Aktien, die sie an sich selbst gezeichnet hat, ihr Kapital vermehren kann[38]. Erfasst werden sämtliche rechtsgeschäftlichen Erklärungen, die auf den originären (d.h. nicht abgeleiteten) Erwerb von Aktien, insbesondere im Rahmen von Kapitalerhöhungsmaßnahmen, zielen[39]. **Erfasst** werden daher die Übernahme von Aktien bei einer **regulären Kapitalerhöhung** gemäß § 185 AktG, bei der **Ausgabe von genehmigtem Kapital** gemäß § 203 Abs. 1 AktG, der **Bezug im Rahmen von bedingtem Kapital** gemäß § 198 Abs. 2 AktG sowie die nur schwer vorstellbare Übernahme von eigenen Aktien

---

31 Vgl. *Oechsler* in MünchKomm. AktG, 5. Aufl. 2019, § 71 AktG Rz. 384 ff.; *Grüger*, BKR 2010, 221, 224.
32 Vgl. *Oechsler* in MünchKomm. AktG, 5. Aufl. 2019, § 71 AktG Rz. 125 ff.; einschränkend *T. Bezzenberger* in K. Schmidt/Lutter, § 71 AktG Rz. 32 („in engen Ausnahmefällen gerechtfertigt"); vgl. ausführlich zur Behandlung eigener Aktien bei Übernahmeangeboten *Hitzer/Simon/Düchting*, AG 2012, 237 ff.
33 *Kraft/Altvater*, NZG 1998, 448, 449 gehen deshalb von einer grundsätzlichen Aufgabe aus; ebenso *Wastl*, DB 1997, 461, 462; wie hier wohl *Wiese*, DB 1998, 609; *Hirsch*, Erwerb eigener Aktien, S. 150 f.; *Hüffer/Koch*, § 71 AktG Rz. 3; *van Aerssen*, WM 2000, 391, 393.
34 Vgl. Richtlinie zur Änderung der Kapitalrichtlinie (2006/68/EG) v. 6.9.2006, die neu gefasst wurde durch Richtlinie 2012/30/EU v. 25.10.2012, die ihrerseits aufgehoben wurde durch Richtlinie EU 2017/1132 v. 14.6.2017, die Bestimmungen zum Erwerb eigener Aktien durch die Gesellschaft in Abschnitt 4 (Art. 59 ff.) ihres Kapitels IV (Kapitalerhaltung und -änderung) enthält.
35 Vgl. *Cahn* in BeckOGK AktG, Stand 1.2.2021, § 71 AktG Rz. 29 (insb. zur Kapitalrichtlinie 2012/30/EU) und Rz. 35 (zu europarechtlichen Bedenken bzgl. der bestehenden Regelungen); auch *Grigoleit/Rachlitz* in Grigoleit, § 71 AktG Rz. 3 („Von Umsetzungsspielräumen, die RL belässt, hat Deutschland tendenziell im Sinne einer Verbotsverschärfung Gebrauch gemacht.").
36 Vgl. zu diesen Ansätzen *T. Bezzenberger*, Erwerb eigener Aktien durch die AG, Rz. 179 ff.; *T. Bezzenberger* in K. Schmidt/Lutter, § 71 AktG Rz. 1 ff.
37 Vgl. *Oechsler*, AG 2010, 105, 110.
38 Vgl. BGH v. 9.12.1954 – II ZB 15/54, BGHZ 15, 391, 392 = NJW 1955, 222 (zur GmbH); *Hüffer*, NJW 1979, 1065, 1068; *Fleischer* in K. Schmidt/Lutter, § 56 AktG Rz. 1.
39 Vgl. *Hüffer/Koch*, § 56 AktG Rz. 3; *Drygala* in KölnKomm. AktG, 3. Aufl. 2011, § 56 AktG Rz. 6 f.

durch die Aktiengesellschaft im Rahmen ihrer **Gründung**[40]. Eine **Ausnahme** hiervon und von § 71b AktG sieht § 215 Abs. 1 AktG für eine **Kapitalerhöhung aus Gesellschaftsmitteln** i.S.d. §§ 207 ff. AktG vor, an der eigene Aktien teilnehmen. Zwar handelt es sich auch hierbei um eine echte Erhöhung des Grundkapitals. Jedoch wird der Gesellschaft durch diese kein neues Eigenkapital zugeführt, sondern lediglich das Verhältnis zwischen gezeichnetem Kapital und Rücklagen des unverändert bleibenden Eigenkapitals neu geordnet, so dass der Grundsatz der Kapitalaufbringung nicht berührt wird[41].

52.14 Eine verbotswidrige Zeichnung durch die AG führt zur **Nichtigkeit der Zeichnungs- oder Bezugserklärung** gemäß § 134 BGB[42]. Wird trotz Nichtigkeit die Durchführung der Kapitalerhöhung fälschlicherweise im Handelsregister eingetragen, tritt nach h.M.[43] eine **Heilung der nichtigen Zeichnungserklärungen** ein. Hierzu kann es nur kommen, wenn der Vorstand und der Vorsitzende des Aufsichtsrates die Durchführung der Kapitalerhöhung anmelden und der Registerrichter die Eintragung vornimmt. Im Falle einer grundsätzlich nichtigen, jedoch durch Eintragung wirksam gewordenen Zeichnung der Aktien sind die §§ 71b, 71c AktG direkt bzw. analog anzuwenden, so dass der Gesellschaft keine Mitgliedschaftsrechte aus eigenen Aktien zustehen (§ 71b AktG) und für diese eine **Pflicht zur Veräußerung** binnen Jahresfrist besteht (§ 71c AktG)[44]. Auch im Falle des originären Erwerbs eigener Aktien ist die Gesellschaft entsprechend § 160 Abs. 1 Nr. 1 und 2 AktG verpflichtet, im Anhang ihres Jahresabschlusses die danach erforderlichen Angaben zu den eigenen Aktien zu machen[45].

52.15 Weitere Rechtsfolge einer verbotswidrigen Zeichnung eigener Akten durch die Gesellschaft ist nach § 56 Abs. 4 Satz 1 AktG die **Haftung jedes Vorstandsmitgliedes** der Gesellschaft auf die volle Einlage[46]. Die gesetzliche Regelung ist **verschuldensabhängig** ausgestaltet, so dass § 56 Abs. 4 Satz 2 AktG es jedem Vorstandsmitglied ermöglicht nachzuweisen, dass es kein Verschulden trifft. Nach dem Wortlaut von § 56 Abs. 4 AktG soll „auch" jedes Vorstandsmitglied auf die gezeichnete volle Einlage haften. Dies ist wegen der Nichtigkeit der Zeichnung durch die Aktiengesellschaft nach § 134 BGB jedoch problematisch, da sie gerade nicht zur Erbringung der Einlage verpflichtet ist bzw. verpflichtet sein kann, sich also nichts selbst schuldet. Dieser Widerspruch ist dahingehend aufzulösen, dass sich das „auch" nur auf die Fälle der verbotswidrigen Zeichnung nach § 56 Abs. 2 AktG durch ein abhängiges oder in Mehrheitsbesitz stehendes Unternehmen bezieht (dazu sogleich Rz. 52.16 f.)[47]. Leisten die Vorstandsmitglieder die Einlage, haben sie einen Anspruch auf Herausgabe der eingezahlten Aktien gegen die AG oder – im Falle der Veräußerung der Aktien durch die Gesellschaft – auf Erstattung des Ver-

---

40 Unstr., vgl. *Hüffer/Koch*, § 56 AktG Rz. 3; *Drygala* in KölnKomm. AktG, 3. Aufl. 2011, § 56 AktG Rz. 6; zum internationalen Anwendungsbereich vgl. *Götze* in MünchKomm. AktG, 5. Aufl. 2019, § 56 AktG Rz. 8.
41 *Fleischer* in K. Schmidt/Lutter, § 56 AktG Rz. 8; *Hüffer/Koch*, § 56 AktG Rz. 3 und § 207 AktG Rz. 3 („keine Maßnahme der Kapitalbeschaffung").
42 Unstr., vgl. *Büdenbender*, DZWir 1998, 1; *Fleischer* in K. Schmidt/Lutter, § 56 AktG Rz. 9; *Götze* in MünchKomm. AktG, 5. Aufl. 2019, § 56 AktG Rz. 11 ff. (auch zur Bezugserklärung im Rahmen einer bedingten Kapitalerhöhung); *Henze* in Großkomm. AktG, 4. Aufl. 2008, § 56 AktG Rz. 7; *Hüffer/Koch*, § 56 AktG Rz. 4.
43 *Büdenbender*, DZWir 1998, 1; *Drygala* in KölnKomm. AktG, 3. Aufl. 2011, § 56 AktG Rz. 11 f.; *Fleischer* in K. Schmidt/Lutter, § 56 AktG Rz. 10 f.; *Götze* in MünchKomm. AktG, 5. Aufl. 2019, § 56 AktG Rz. 14 ff.; *Henze* in Großkomm. AktG, 4. Aufl. 2008, § 56 AktG Rz. 7; mit Bedenken auch *Hüffer/Koch*, § 56 AktG Rz. 5. Bei einer Kapitalerhöhung aus bedingtem Kapital wird vertreten, dass nicht erst die Registereintragung, sondern bereits die Ausgabe der Bezugsaktien (§ 200 AktG) zur Heilung führe (vgl. *Cahn/v. Spannenberg* in BeckOGK AktG, Stand 1.2.2021, § 56 AktG Rz. 18).
44 *Cahn/v. Spannenberg* in BeckOGK AktG, Stand 1.2.2021, § 56 AktG Rz. 19 ff.; *Fleischer* in K. Schmidt/Lutter, § 56 AktG Rz. 11; *Götze* in MünchKomm. AktG, 5. Aufl. 2019, § 56 AktG Rz. 17 f.; *Henze* in Großkomm. AktG, 4. Aufl. 2008, § 56 AktG Rz. 16; *Hüffer/Koch*, § 56 AktG Rz. 6.
45 Vgl. *Cahn/v. Spannenberg* in BeckOGK AktG, Stand 1.2.2021, § 56 AktG Rz. 21; *Götze* in MünchKomm. AktG, 5. Aufl. 2019, § 56 AktG Rz. 19; *Grigoleit/Rachlitz* in Grigoleit, § 56 AktG Rz. 5.
46 Vgl. *Drygala* in KölnKomm. AktG, 3. Aufl. 2011, § 56 AktG Rz. 35 ff.
47 *Hüffer/Koch*, § 56 AktG Rz. 17 m.w.N.

äußerungserlöses[48]. Eine Haftung der Vorstandsmitglieder ergibt sich darüber hinaus auch aus § 93 Abs. 3 Nr. 3 AktG, der die Vorstandsmitglieder gegenüber der Gesellschaft zum Schadensersatz verpflichtet, wenn „eigene Aktien der Gesellschaft oder einer anderen Gesellschaft gezeichnet, erworben, als Pfand genommen oder eingezogen werden"[49]. Insoweit kommt auch eine Haftung der Mitglieder des Aufsichtsrates nach § 116 AktG in Betracht[50].

2. Umgehungsgeschäfte

Zur Sicherung des Grundsatzes der realen Kapitalaufbringung ist nicht nur die Zeichnung eigener Aktien durch die Gesellschaft selbst untersagt, sondern aus Gründen des Umgehungsschutzes auch die Zeichnung durch ein von der Gesellschaft **abhängiges** oder in ihrem **Mehrheitsbesitz** stehendes **Unternehmen** (§ 56 Abs. 2 AktG). Die Frage der Abhängigkeit ist nach § 17 AktG und die Frage des Mehrheitsbesitzes nach § 16 AktG zu beurteilen[51]. Erfasst werden sowohl die Zeichnung junger Aktien im Rahmen einer Kapitalerhöhung gegen Einlagen gemäß § 185 AktG bzw. bei der Verwendung eines genehmigten Kapitals gemäß § 203 AktG als auch die Ausübung von Umtausch- und Bezugsrechten bei einer bedingten Kapitalerhöhung gemäß § 198 AktG. Wiederum nicht erfasst ist der Erwerb junger Aktien im Rahmen einer Kapitalerhöhung aus Gesellschaftsmitteln gemäß § 215 AktG.

52.16

Anders als bei der Zeichnung eigener Aktien durch die Gesellschaft selbst, führt die Zeichnung durch ein von der Gesellschaft abhängiges oder in ihrem Mehrheitsbesitz stehendes Unternehmen nach § 56 Abs. 2 Satz 2 AktG nicht zur Unwirksamkeit der Übernahme, so dass eine **wirksame Einlageverpflichtung** entsteht[52]. Erkennt das Registergericht jedoch den Verstoß gegen § 56 Abs. 2 AktG, so darf es die Kapitalerhöhung nach h.M. nicht eintragen[53]. Im Falle einer verbotswidrigen jedoch wirksamen Zeichnung durch ein abhängiges oder in Mehrheitsbesitz stehendes Unternehmen sind wiederum die §§ 71b bis 71d AktG analog anzuwenden[54] mit der Folge, dass dem verbotswidrig zeichnenden Unternehmen **keine Rechte aus den Aktien zustehen**, es aber verpflichtet ist, **die gezeichneten Aktien binnen Jahresfrist zu veräußern**. Für die herrschende bzw. mehrheitlich beteiligte Gesellschaft besteht darüber hinaus die **Berichtspflicht** nach § 160 Abs. 1 Nr. 1 AktG[55].

52.17

Wie bei der Zeichnung eigener Aktien durch die Gesellschaft selbst, führt auch eine Zeichnung durch ein von der Gesellschaft abhängiges oder in ihrem Mehrheitsbesitz stehendes Unternehmen nach § 56 Abs. 4 Satz 1 AktG zu einer **Haftung der Vorstandsmitglieder** der Gesellschaft auf die volle Einlage, es sei denn, das betreffende Vorstandsmitglied kann sich exkulpieren (vgl. dazu Rz. 52.15).

52.18

---

48 Vgl. *Cahn/v. Spannenberg* in BeckOGK AktG, Stand 1.2.2021, § 56 AktG Rz. 39 ff.; *Fleischer* in K. Schmidt/Lutter, § 56 AktG Rz. 30; *Götze* in MünchKomm. AktG, 5. Aufl. 2019, § 56 AktG Rz. 20 ff.; *Henze* in Großkomm. AktG, 4. Aufl. 2008, § 56 AktG Rz. 22; *Hüffer/Koch*, § 56 AktG Rz. 17.
49 Vgl. dazu *Büdenbender*, DZWir 1998, 57 f.; *Drygala* in KölnKomm. AktG, 3. Aufl. 2011, § 56 AktG Rz. 10; *Götze* in MünchKomm. AktG, 5. Aufl. 2019, § 56 AktG Rz. 21; *Henze* in Großkomm. AktG, 4. Aufl. 2008, § 56 AktG Rz. 46.
50 Vgl. *Drygala* in KölnKomm. AktG, 3. Aufl. 2011, § 56 AktG Rz. 10; *Götze* in MünchKomm. AktG, 5. Aufl. 2019, § 56 AktG Rz. 13.
51 Vgl. *Fleischer* in K. Schmidt/Lutter, § 56 AktG Rz. 13 ff.; *Götze* in MünchKomm. AktG, 5. Aufl. 2019, § 56 AktG Rz. 26 ff. (dort auch zur Abhängigkeit aufgrund von Beherrschungsvertrag und anderen Unternehmensverbindungen).
52 *Drygala* in KölnKomm. AktG, 3. Aufl. 2011, § 56 AktG Rz. 28; *Götze* in MünchKomm. AktG, 5. Aufl. 2019, § 56 AktG Rz. 37 ff.; *Henze* in Großkomm. AktG, 4. Aufl. 2008, § 56 AktG Rz. 35; *Hüffer/Koch*, § 56 AktG Rz. 10.
53 *Fleischer* in K. Schmidt/Lutter, § 56 AktG Rz. 17; *Hirte*, ZIP 1989, 1233, 1242; *Rieckers* in MünchHdb. AG, § 15 Rz. 4 m.w.N.; a.A. *Cahn/v. Spannenberg* in BeckOGK AktG, Stand 1.2.2021, § 56 AktG Rz. 35.
54 Unstr., vgl. nur *Hüffer/Koch*, § 56 AktG Rz. 11; *Drygala* in KölnKomm. AktG, 3. Aufl. 2011, § 56 AktG Rz. 31 ff.
55 Vgl. *Götze* in MünchKomm. AktG, 5. Aufl. 2019, § 56 AktG Rz. 38.

52.19 Die dem Umgehungsschutz dienenden Vorschriften werden ergänzt durch § 56 Abs. 3 AktG: Dieser untersagt die **Zeichnung von Aktien durch Dritte für Rechnung der AG** oder eines von ihr abhängigen oder in ihrem Mehrheitsbesitz stehenden Unternehmens. Für Rechnung heißt, dass die Übernahme der Aktien im eigenen Namen des Dritten erfolgt, das **wirtschaftliche Risiko** der Aktienübernahme aber die Gesellschaft selbst oder das von ihr abhängige Unternehmen trifft (mittelbare Stellvertretung)[56]. Erfolgt eine Aktienübernahme durch einen Dritten i.S.d. § 56 Abs. 3 AktG, so ist die **Übernahme wirksam** und der Dritte zur Leistung der nach § 54 AktG Einlage verpflichtet. Auch das **Rechtsverhältnis** zwischen dem Dritten und der AG bzw. dem von der AG abhängigen Unternehmen soll wirksam sein, jedoch stehen dem Dritten hieraus **keine Rechte** gegen die AG zu[57]. Insbesondere besteht kein Anspruch auf Aufwendungsersatz gemäß § 670 BGB. Die AG oder das in ihrer Abhängigkeit oder in ihrem Mehrheitsbesitz stehende Unternehmen kann jedoch Rechte aus dem Innenverhältnis geltend machen[58]. Nach § 56 Abs. 3 Satz 3 AktG stehen dem Dritten für die Dauer des Haltens der Aktie für fremde Rechnung **keine Mitgliedschaftsrechte** zu. Diese entstehen erst, wenn der Dritte die Aktien für eigene Rechnung übernommen hat. Die Übernahme für eigene Rechnung setzt voraus, dass das Innenverhältnis zwischen dem Dritten und der AG bzw. dem von der AG abhängigen oder in ihrem Mehrheitsbesitz stehenden Unternehmen beendet wird, sei es durch reguläre Kündigung oder im Rahmen eines Auflösungsvertrages[59].

III. Ausgewählte Einzelfälle des zulässigen Erwerbs eigener Aktien

1. Hauptversammlungsermächtigung gemäß § 71 Abs. 1 Nr. 8 AktG

52.20 Die am weitesten reichende **Ausnahme** vom grundsätzlichen Verbot des Erwerbs eigener Aktien findet sich in **§ 71 Abs. 1 Nr. 8 AktG**. Voraussetzung für einen Rückerwerb nach dieser Norm ist lediglich, dass die Hauptversammlung durch einen entsprechenden **Hauptversammlungsbeschluss** den Vorstand für einen Zeitraum von höchstens fünf Jahren zum **Erwerb eigener Aktien** in Höhe von höchstens zehn Prozent des Grundkapitals im Rahmen bestimmter Preisvorgaben **ermächtigt** hat[60]. In die-

---

56 Vgl. *Hüffer/Koch*, § 56 AktG Rz. 12; *Cahn/v. Spannenberg* in BeckOGK AktG, Stand 1.2.2021, § 56 AktG Rz. 42; *Drygala* in KölnKomm. AktG, 3. Aufl. 2011, § 56 AktG Rz. 43. Zu den bei der Einschaltung eines Bankenkonsortiums in eine Kapitalerhöhung im Zusammenhang mit § 56 Abs. 3 AktG bestehenden Rechtsproblemen vgl. *Cahn/v. Spannenberg* in BeckOGK AktG, Stand 1.2.2021, § 56 AktG Rz. 48 ff.; *Drygala* in KölnKomm. AktG, 3. Aufl. 2011, § 56 AktG Rz. 61 ff.; *Götze* in MünchKomm. AktG, 5. Aufl. 2019, § 56 AktG Rz. 59 ff.
57 *Drygala* in KölnKomm. AktG, 3. Aufl. 2011, § 56 AktG Rz. 66; *Fleischer* in K. Schmidt/Lutter, § 56 AktG Rz. 27; *Götze* in MünchKomm. AktG, 5. Aufl. 2019, § 56 AktG Rz. 65 f.; *Hüffer/Koch*, § 56 AktG Rz. 14 f. Dagegen halten *Cahn/v. Spannenberg* (in BeckOGK AktG, Stand 1.2.2021, § 56 AktG Rz. 56 ff.) das zwischen der AG und dem Dritten bestehende Rechtsverhältnis bei einer Art. 59 Abs. 2 der Richtlinie (EU) 2017/1132 (zuvor Art. 20 Abs. 2 der Richtlinie 2012/30/EU) entsprechenden Auslegung aus europarechtlichen Gründen für unwirksam. Anders als die h.M. auch *Grigoleit/Rachlitz* in Grigoleit, § 56 AktG Rz. 13 ff., die die interne Geschäftsbesorgungsabrede ipso jure für unwirksam halten.
58 Vgl. *Drygala* in KölnKomm. AktG, 3. Aufl. 2011, § 56 AktG Rz. 66 ff.; *Hüffer/Koch*, § 56 AktG Rz. 14. Zur Einordnung von Wertgarantien der AG auf eigene Aktien als Fall des § 56 Abs. 3 AktG vgl. *Winter* in FS Röhricht, 2005, S. 709 ff.
59 Vgl. *Drygala* in KölnKomm. AktG, 3. Aufl. 2011, § 56 AktG Rz. 79 ff.; *Fleischer* in K. Schmidt/Lutter, § 56 AktG Rz. 28; *Hüffer/Koch*, § 56 AktG Rz. 16.
60 Vgl. die Muster eines entsprechenden Tagesordnungspunktes der Hauptversammlungseinladung und des Vorstandsberichtes bei *Groß* in Happ/Groß/Möhrle/Vetter, Aktienrecht, Band II, 13.01. Neben den standardmäßig insbesondere bei börsennotierten Gesellschaften anzutreffenden Ermächtigungen zum Erwerb eigener Aktien nach § 71 Abs. 1 Nr. 8 AktG finden sich in jüngerer Zeit zunehmend Hauptversammlungsermächtigungen zum Einsatz von Derivaten (insbesondere Put- und Call-Optionen) zum Zwecke des Erwerbs eigener Aktien. Ob hierfür eine Hauptversammlungsermächtigung nach § 71 Abs. 1 Nr. 8 AktG erforderlich ist, ist streitig (vgl. dazu *Johannsen-Roth*, ZIP 2011, 407 ff.; *Groß* in

sem Umfang wird das grundsätzliche Verbot des Rückerwerbs eigener Aktien durch eine entsprechende Hauptversammlungsermächtigung faktisch außer Kraft gesetzt. Der Erwerb ist nur zulässig, wenn auf die Aktien der Ausgabebetrag voll geleistet ist (§ 71 Abs. 2 Satz 3 AktG). Auf die nach § 71 Abs. 1 Nr. 8 AktG erworbenen Aktien dürfen zusammen mit anderen Aktien der Gesellschaft, die die Gesellschaft bereits erworben hat und noch besitzt, nicht mehr als zehn Prozent des Grundkapitals entfallen (§ 71 Abs. 2 Satz 1 AktG). Die Rückkaufermächtigung nach § 71 Abs. 1 Nr. 8 AktG gehört, obwohl sie gleichermaßen auch für die nicht börsennotierte Gesellschaft gilt, zum Standardrepertoire insbesondere börsennotierter Aktiengesellschaften[61].

a) Kein Erfordernis einer Zweckvorgabe

Das Gesetz enthält in § 71 Abs. 1 Nr. 8 AktG weder selbst **Zweckvorgaben** für den Rückerwerb eigener Aktien noch fordert es, dass die Hauptversammlungsermächtigung solche Vorgaben macht[62]. Der Rückerwerb kann also mit Ausnahme des nach § 71 Abs. 1 Nr. 8 Satz 2 AktG **verbotenen Handels in eigenen Aktien** zu jedem zulässigen Zweck erfolgen[63]. Durch das Verbot des Handels in eigenen Aktien beabsichtigt der Gesetzgeber, Geschäfte der Gesellschaft in eigenen Aktien mit **spekulativem** oder **manipulativem Charakter** zu unterbinden[64]. Gemeint ist damit, dass die Gesellschaft einen Erwerb nicht mit von vornherein bestehender Gewinnerzielungsabsicht durch Wiederveräußerung der eigenen Aktien vornehmen und dadurch die in § 71 Abs. 1 Nr. 7 AktG vorgesehene Beschränkung der Erlaubnis zum Handel mit eigenen Aktien auf Kredit- und Finanzdienstleistungsinstitute sowie Finanzunternehmen unterlaufen soll[65]. 52.21

Nicht gleichbedeutend ist das Merkmal des Handels in eigenen Aktien in § 71 Abs. 1 Nr. 8 AktG mit dem entsprechenden Merkmal in Art. 5 MMVO[66]. Die bis zum 2.7.2017 in § 14 Abs. 2 und § 20a Abs. 3 WpHG a.F. unter Verweis auf die Vorschriften der Verordnung (EG) Nr. 2273/2003 zur Durchführung der Richtlinie 2003/6/EG[67] enthaltene Ausnahmeregelung stellt klar, dass ein **Handel mit eigenen Aktien im Rahmen von Rückkaufprogrammen und Stabilisierungsmaßnahmen** weder einen Verstoß gegen das Verbot von Insidergeschäften (Art. 14 MMVO) noch einen Verstoß gegen das Verbot der Marktmanipulation (Art. 15 MMVO) darstellt. Anknüpfend an die bisherige Normenlage schafft Art. 5 MMVO, wenn die Maßnahmen nach Maßgabe der dort und in der Delegierten Verord- 52.22

Happ/Groß/Möhrle/Vetter, Aktienrecht, Band II, 13.01 Rz. 24.1 ff.; *Oechsler* in MünchKomm. AktG, 5. Aufl. 2019, § 71 AktG Rz. 90 ff.).
61 Vgl. *Groß* in Happ/Groß/Möhrle/Vetter, Aktienrecht, Band II, 13.01 Rz. 1.1.
62 Vgl. *Groß* in Happ/Groß/Möhrle/Vetter, Aktienrecht, Band II, 13.01 Rz. 4.1 ff.; *Hüffer/Koch*, § 71 AktG Rz. 19f ff.; *Oechsler* in MünchKomm. AktG, 5. Aufl. 2019, § 71 AktG Rz. 222 f.
63 Vgl. *Hüffer/Koch*, § 71 AktG Rz. 19g; zum Rückkauf eigener Aktien zum Zwecke der Bedienung von Aktienoptionen vgl. sogleich Rz. 52.23 und Rz. 55.41 ff.; zu Problemen des Erwerbs eigener Aktien bei Rückabwicklung von Erwerbsvorgängen, bei denen Aktien der Gesellschaft als „Transaktionswährung" eingesetzt wurden, vgl. *Heer*, ZIP 2012, 2325 ff.
64 Vgl. Begr. RegE KonTraG, BT-Drucks. 13/9712, S. 13; ausführlich *Hirsch*, Erwerb eigener Aktien, S. 150 ff.; ausf. *Oechsler* in MünchKomm. AktG, 5. Aufl. 2019, § 71 AktG Rz. 229 ff.; *Hüffer/Koch*, § 71 AktG Rz. 19i.
65 *Wiese*, DB 1998, 609; *Hüffer/Koch*, § 71 AktG Rz. 19i m.w.N.; *Cahn* in BeckOGK AktG, Stand 1.2.2021, § 71 AktG Rz. 112 ff.; *T. Bezzenberger* in K. Schmidt/Lutter, § 71 AktG Rz. 18.
66 Verordnung (EU) Nr. 596/2014 des Europäischen Parlaments und des Rates v. 16.4.2014 über Marktmissbrauch (Marktmissbrauchsverordnung), ABl. EU Nr. L 173, S. 1, ber. 2016 Nr. L 287, S. 320 und 2016 Nr. L 348, S. 83, zuletzt geändert durch Art. 1 VO (EU) 2019/2115 v. 27.11.2019 (ABl. EU Nr. L 320, S. 1). Dazu ausführlich *Cahn* in BeckOGK AktG, Stand 1.2.2021, § 71 AktG Rz. 168 ff.; *Groß* in Happ/Groß/Möhrle/Vetter, Aktienrecht, Band II, 13.01 Rz. 30.1 ff.; *Zimmer/Bator* in Schwark/Zimmer, Art. 5 VO (EU) 596/2014 Rz. 1 ff.
67 ABl. EU Nr. L 336 v. 23.12.2003, S. 33 ff.

nung (EU) 2016/1052 vom 8.2.2016[68] genannten Voraussetzungen erfolgen, eine **Safe-Harbour-Regelung**. Die in diesem Rahmen erfolgenden Vorgaben sind wesentlich **enger** als die Ausprägungen des Verbots des Handels in eigenen Aktien durch § 71 Abs. 1 Nr. 8 Satz 2 AktG. So verlangt Art. 5 Abs. 2 MMVO, dass das Rückkaufprogramm nur dem Zweck dienen darf, das Kapital des Emittenten zu reduzieren oder Verpflichtungen aus Schuldtiteln, die in Beteiligungskapital umgewandelt werden können, oder aus Belegschaftsaktienprogrammen oder anderen Formen der Zuteilung von Aktien an Mitarbeiter oder Angehörige der Verwaltungs-, Leitungs- oder Aufsichtsorgane des Emittenten oder eines verbundenen Unternehmens zu erfüllen. Durch diese Beschränkung wird ersichtlich, dass Art. 5 Abs. 1, 2 MMVO zwar von einem Handel in eigenen Aktien spricht, jedoch den Rückerwerb ausschließlich zum Zwecke der Einziehung oder der Bedienung von Verpflichtungen der Gesellschaft zur Aktienausgabe aus Options- oder Wandelanleihen oder Mitarbeiterbeteiligungsprogrammen meint[69]. Der nach § 71 Abs. 1 Nr. 8 Satz 2 AktG unzulässige Handel in eigenen Akten ist „ein fortlaufender Kauf und Verkauf eigener Aktien und der Versuch, Trading-Gewinne zu machen"[70], der in dieser Form nur den in § 71 Abs. 1 Nr. 7 AktG genannten Normadressaten unter den dort genannten Voraussetzungen gestattet ist.

52.23 Fraglich ist, ob der **Zweck** der **Bedienung eines Aktienoptionsplanes** durch von der Gesellschaft zurückgekaufte Aktien Auswirkungen auf den Inhalt des Ermächtigungsbeschlusses hat. Teilweise wird vertreten, dass, wenn Aktienoptionen mit eigenen Aktien bedient werden sollen, der **Aktienoptionsplan zeitgleich** mit der Ermächtigung des Vorstandes zum Rückkauf beschlossen werden muss, da der Verweis von § 71 Abs. 1 Nr. 8 Satz 5 Halbsatz 2 AktG auf § 186 Abs. 3 Satz 1 AktG bedeute, dass durch die Zwecksetzung bereits die Veräußerung geregelt werde[71]. Demgegenüber verneint die wohl überwiegende Meinung[72] eine Erstreckung der später geplanten Veräußerung auf den Ermächtigungsbeschluss zum Erwerb eigener Aktien.

52.24 Auch wenn grundsätzlich keine Zweckvorgaben im Beschluss der Hauptversammlung erforderlich sind, so wird doch vertreten, dass ein Beschluss nach § 241 Nr. 3 AktG nichtig oder zumindest nach § 243 Abs. 1 AktG anfechtbar ist, wenn er **keinem denkbaren gesetzlich zulässigen Zweck** dienen kann und damit **willkürlich** ist[73]. Diese Auffassung ist allerdings nicht unumstritten[74].

52.25 Nach heute ganz h.M. muss der Hauptversammlungsbeschluss keinen Zweck für den Erwerb eigener Aktien angeben, er kann dies jedoch tun; die Ermächtigung des Vorstands zum Aktienrückerwerb ist dann entsprechend eingeschränkt[75]. Wenn die Hauptversammlung in der Rückkaufermächtigung kei-

---

68 ABl. EU Nr. L 173 v. 30.6.2016, S. 34. Die VO 2016/1052 wurde auf Grundlage von Art. 5 Abs. 6 MMVO von der Kommission zur Ergänzung der MMVO erlassen.
69 Vgl. *Zimmer/Bator* in Schwark/Zimmer, Art. 5 MMVO Rz. 2 f. und Rz. 51.68.
70 Vgl. Begr. RegE KonTraG, BT-Drucks. 13/9712, S. 13; *T. Bezzenberger* in K. Schmidt/Lutter, § 71 AktG Rz. 100 f.; *Hüffer/Koch*, § 71 AktG Rz. 19i.
71 So etwa *Claussen*, DB 1998, 177, 180; *Oechsler*, ZHR 170 (2006), 72, 80; *Oechsler* in MünchKomm. AktG, 5. Aufl. 2019, § 71 AktG Rz. 283; *Merkt* in Großkomm. AktG, 4. Aufl. 2008, § 71 AktG Rz. 288.
72 Vgl. LG Berlin v. 15.11.1999 – 99 O 83/99, AG 2000, 328, 329 = DB 2000, 765; *T. Bezzenberger* in K. Schmidt/Lutter, § 71 AktG Rz. 85 m.w.N.; *Lutter/Drygala* in KölnKomm. AktG, 3. Aufl. 2009, § 71 AktG Rz. 190.
73 So OLG München v. 28.1.2002 – 7 W 814/01, AG 2003, 163 = NZG 2002, 678; ebenso *Oechsler* in MünchKomm. AktG, 5. Aufl. 2019, § 71 AktG Rz. 207.
74 Vgl. *Cahn* in BeckOGK AktG, Stand 1.2.2021, § 71 AktG Rz. 95; *Hüffer/Koch*, § 71 AktG Rz. 19f. Ob die Begründung des OLG München (v. 28.1.2002 – 7 W 814/01, AG 2003, 163, Rz. 12: „... bestand zum Zeitpunkt der Beschlussfassung (...) keinerlei Aussicht, die bei Ausübung der Ermächtigung nach § 71 Abs. 2 Satz 2 AktG und § 272 Abs. 4 HGB erforderliche Rücklage zu bilden.") nach Änderung der handelsbilanziellen Vorschriften für eigene Anteile (dazu Rz. 52.50 f.) heute noch tragfähig ist, erscheint fraglich.
75 Begr. RegE KonTraG, BT-Drucks. 13/9712, S. 13; OLG Hamburg v. 30.12.2004 – 11 U 98/04, ZIP 2005, 1074, 1079 = AG 2005, 355; LG Berlin v. 15.11.1999 – 99 O 83/99, AG 2000, 328, 329 = NZG 2000, 944,

ne einschränkenden Zweckvorgaben vorgesehen hat, ist die **Festlegung des Rückerwerbszwecks Geschäftsführungsaufgabe** des Vorstandes[76].

Nach § 71 Abs. 1 Nr. 8 Satz 6 AktG kann die Hauptversammlung beschließen, dass der Vorstand nicht nur zum Erwerb eigener Aktien ermächtigt ist, sondern auch zu deren **Einziehung**, ohne dass ein weiterer Hauptversammlungsbeschluss nach § 222 AktG i.V.m. § 237 Abs. 2 Satz 1 AktG oder nach § 237 Abs. 4 Satz 1 AktG erforderlich ist[77]. Enthält der Hauptversammlungsbeschluss keine dahingehenden Vorgaben, so liegt es im **pflichtgemäßen Ermessen des Vorstandes**, ob und wann er von der ihm eingeräumten Einziehungsermächtigung Gebrauch macht. Streitig ist, ob auch für die Einziehung der zurückerworbenen Aktien eine zeitliche Beschränkung besteht, die in Anlehnung an § 202 AktG fünf Jahre betragen soll[78]. Unterlässt der Vorstand die Nutzung der Einziehungsermächtigung überhaupt, soll er verpflichtet sein, die zurückerworbenen Aktien den Aktionären wieder anzubieten[79]. Nach Auffassung der BaFin löst, wenn die Gesellschaft Emittentin von zugelassenen Aktien mit Sitz in Deutschland ist, zwar noch nicht die Schaffung der Einziehungsermächtigung nach § 71 Abs. 1 Nr. 8 Satz 6 AktG, wohl aber die darauf basierende Ausübung der Einziehungsbefugnis eine Veröffentlichungspflicht nach § 49 Abs. 1 Satz 1 Nr. 2 WpHG aus[80].

52.26

b) Anforderungen an den Hauptversammlungsbeschluss

Für den die Erwerbsermächtigung schaffenden Hauptversammlungsbeschluss genügt, wenn die Satzung keine höheren Mehrheiten oder weiteren Erfordernisse vorsieht, nach § 133 Abs. 1 AktG die **einfache Stimmenmehrheit**[81]; soll die Erwerbsermächtigung zugleich mit einer Veräußerungsermächtigung verbunden werden, die auch die nicht bezugsrechtswahrende Veräußerung ermöglicht, ist nach § 186 Abs. 3 Satz 2 AktG neben der einfachen Stimmenmehrheit eine Mehrheit von Dreivierteln des bei der Beschlussfassung vertretenen Grundkapitals erforderlich[82]. Der Beschluss ist nicht im **Handelsregister** einzutragen; zu sonstigen Informations- und Mitteilungspflichten siehe Rz. 52.63 ff. Der

52.27

945; *Kessler/Suchan*, BB 2000, 2529, 2531; *Kiem*, ZIP 2000, 209, 211; *Kindl*, DStR 1999, 1276, 1278; *T. Bezzenberger* in K. Schmidt/Lutter, § 71 AktG Rz. 23; *Cahn* in BeckOGK AktG, Stand 1.2.2021, § 71 AktG Rz. 97; *Hüffer/Koch*, § 71 AktG Rz. 19f; *Oechsler* in MünchKomm. AktG, 5. Aufl. 2019, § 71 AktG Rz. 223; *Groß* in Happ/Groß/Möhrle/Vetter, Aktienrecht, Band II, 13.01 Rz. 4.1 f.; *Rieckers* in MünchHdb. AG, § 15 Rz. 33; a.A. *Bosse*, NZG 2000, 923, 924; *Saria*, NZG 2000, 458, 462; offengelassen von OLG München v. 28.1.2002 – 7 W 814/01, NZG 2002, 678, 679 = AG 2003, 163.

76 Zu den möglichen Zweckbestimmungen vgl. ausführlich *Hirsch*, Erwerb eigener Aktien, S. 34 ff.; *Block* in Heidel, § 71 AktG Rz. 64.

77 Ausführlich zum Erwerb eigener Aktien zum Zwecke der Einziehung *Rieckers*, ZIP 2009, 700 ff.; ausf. zur aktienrechtlichen Einordnung der Einziehung eigener Aktien *Seidler/Thiere*, BB 2019, 2058 ff. und zur bilanziellen Abbildung von Erwerb und Einziehung eigener Aktien nach HGB und IFRS *Seidler/Thiere*, BB 2019, 2091 ff.

78 Dafür *Grigoleit/Rachlitz* in Grigoleit, § 71 AktG Rz. 134; *Hüffer/Koch*, § 71 AktG Rz. 19n; *Martens*, AG 1996, 337, 344; *Oechsler* in MünchKomm. AktG, 5. Aufl. 2019, § 71 AktG Rz. 311; *Lutter/Drygala* in KölnKomm. AktG, 3. Aufl. 2009, § 71 AktG Rz. 198; ablehnend *T. Bezzenberger* in K. Schmidt/Lutter, § 71 AktG Rz. 28; *Merkt* in Großkomm. AktG, 4. Aufl. 2008, § 71 AktG Rz. 298; *Kallweit/Simons*, AG 2014, 352, 356; *Kocher*, NZG 2010, 172 ff.; *Rieckers* in MünchHdb. AG, § 15 Rz. 46.

79 *Hüffer/Koch*, § 71 AktG Rz. 19n; *van Aerssen*, WM 2000, 391, 394; a.A. *Block* in Heidel, § 71 AktG Rz. 73.

80 Vgl. *BaFin*, Emittentenleitfaden, Modul B (Stand 30.10.2018), Teil II, Ziff. II.3.3.2.5, S. 59. Gleiches gilt für den Beschluss zur Wiederveräußerung eigener Aktien unter Ausschluss des Bezugsrechts nach § 71 Abs. 1 Nr. 8 Satz 5 AktG i.V.m. § 186 Abs. 3, 4 und § 193 Abs. 2 Nr. 4 AktG. Ausf. zu den beim Rückerwerb eigener Aktien zur Einziehung bestehenden Publizitätspflichten vgl. *Häller/Roggemann*, NZG 2019, 1005, 1007 ff.

81 Unstr., vgl. nur *T. Bezzenberger* in K. Schmidt/Lutter, § 71 AktG Rz. 17; *Cahn* in BeckOGK AktG, Stand 1.2.2021, § 71 AktG Rz. 111; *Oechsler* in MünchKomm. AktG, 5. Aufl. 2019, § 71 AktG Rz. 207.

82 *Groß* in Happ/Groß/Möhrle/Vetter, Aktienrecht, Band II, 13.01 Rz. 2.2; dazu ausf. Rz. 52.53 ff.

Beschluss der Hauptversammlung muss vorsehen, dass er für eine Dauer von höchstens **fünf Jahren Geltung** entfaltet, den niedrigsten und höchsten **Gegenwert** für Erwerbe festlegen und den **Anteil am Grundkapital**, der dabei **zehn Prozent** nicht übersteigen darf. Bei der Berechnung der Zehnprozentgrenze ist § 71 Abs. 2 Satz 1 AktG zu beachten.

52.28 Die durch das ARUG vom 30.7.2009[83] von 18 Monaten auf fünf Jahre verlängerte Höchstfrist muss wie beim genehmigten Kapital (§ 202 Abs. 2 AktG) bzw. bei Wandelschuldverschreibungen (§ 221 Abs. 2 Satz 1 AktG) im Beschluss festgesetzt und konkret, d.h. **datumsmäßig** oder unter Angabe einer Frist und des Fristbeginns, angegeben werden. Das Fehlen einer konkreten Frist oder das Überschreiten der gesetzlich vorgesehenen Höchstfrist führt zur **Beschlussnichtigkeit** nach § 241 Nr. 3 AktG[84]. Üblich sind „revolvierende" Ermächtigungen, d.h. der Hauptversammlung wird vor Auslaufen der bestehenden Ermächtigung eine neue Ermächtigung mit einer Laufzeit von fünf Jahren unter Aufhebung der bestehenden Ermächtigung zur Beschlussfassung vorgeschlagen[85]. Die Festlegung von **Unter- und Obergrenze des Gegenwertes** der einzelnen zurückerwerbbaren Aktie ist Wirksamkeitsvoraussetzung des Beschlusses[86]. Sie muss nicht betragsmäßig erfolgen. Es genügt grundsätzlich eine **relative Anbindung** an den Börsenkurs[87]. Dabei wird typischerweise der Durchschnittskurs während der letzten drei bis fünf Börsenhandelstage vor dem Erwerb zugrunde gelegt und die Grenzen mit zehn Prozent über bzw. unter dem so ermittelten Durchschnittskurs bestimmt, wenn ein Erwerb über die Börse erfolgt[88]. Bei anderen Erwerbsverfahren sind durchaus auch höhere Prozentsätze üblich[89]. Der Hauptversammlungsbeschluss muss daher eine Angabe der **Erwerbsmethode** enthalten, die die Grundlage für die Festsetzung der Grenzen bildet. Bei der Festlegung des Erwerbspreises ist zu beachten, dass dieser nicht unangemessen hoch über dem Marktpreis liegt, da § 57 Abs. 1 Satz 2 AktG nur den zulässigen Erwerb eigener Aktien vom **Verbot der Einlagenrückgewähr** ausnimmt[90] und steuerrechtlich eine **verdeckte Gewinnausschüttung** vorliegen kann. Besondere Grenzen sind bei der Einbeziehung von **Optionen** in die Erwerbsvorgänge zu berücksichtigen[91].

52.29 Die **Erwerbsschranke von höchstens zehn Prozent des Grundkapitals** bezieht sich auf das Volumen, zu dessen Erwerb der Vorstand durch den Hauptversammlungsbeschluss ermächtigt werden kann. Die Erwerbsschranke bezieht sich nur auf das Grundkapital und ermöglicht es daher der Hauptversammlung, die Ermächtigung zum Rückkauf auf einzelne Gattungen von Aktien zu beschränken.

2. Einkaufskommission gemäß § 71 Abs. 1 Nr. 4 AktG und Wertpapierhandel durch Kredit- oder Finanzdienstleistungsinstitute oder Finanzunternehmen gemäß § 71 Abs. 1 Nr. 7 AktG

52.30 Bis 1994 enthielt das AktG eine Ausnahme vom Verbot des Erwerbs eigener Aktien **für Kreditinstitute** lediglich für die Ausführung einer **Einkaufskommission** in § 71 Abs. 1 Nr. 4 AktG. Als Kreditinsti-

---

[83] BGBl. I 2009, 2479.
[84] Vgl. BGH v. 19.5.2015 – II ZR 176/14, NZG 2015, 867, 871 Rz. 36 = AG 2015, 633; *Hüffer/Koch*, § 71 AktG Rz. 19e; *Groß* in Happ/Groß/Möhrle/Vetter, Aktienrecht, Band II, 13.01 Rz. 5.1.
[85] Vgl. *T. Bezzenberger* in K. Schmidt/Lutter, § 71 AktG Rz. 19 f.; *Groß* in Happ/Groß/Möhrle/Vetter, Aktienrecht, Band II, 13.01 Rz. 5.1 m.w.N.
[86] Vgl. im Einzelnen *T. Bezzenberger* in K. Schmidt/Lutter, § 71 AktG Rz. 22 ff.
[87] Begr. RegE KonTraG, BT-Drucks. 13/9712, S. 13; *J. Vetter*, AG 2003, 478, 480; möglich ist auch die Festlegung eines bestimmten Betrages, z.B. des Nennbetrags der Aktie, vgl. OLG Jena v. 30.7.2014 – 2 U 920/13, AG 2015, 160, 161.
[88] Vgl. *Cahn* in BeckOGK AktG, Stand 1.2.2021, § 71 AktG Rz. 110; DAI (Hrsg.), Der Erwerb eigener Aktien in Deutschland, S. 11.
[89] DAI (Hrsg.), Der Erwerb eigener Aktien in Deutschland, S. 12; ausf. zu Fragen des Kaufpreises beim Erwerb eigener Aktien *T. Bezzenberger*, ZHR 180 (2016), 8, 11 ff. und in K. Schmidt/Lutter, § 71 AktG Rz. 22 ff., der sich bei einem Rückkauf über die Börse für den Börsenpreis als Obergrenze ausspricht.
[90] Vgl. *Groß* in Happ/Groß/Möhrle/Vetter, Aktienrecht, Band II, 13.01 Rz. 9.2.
[91] Vgl. dazu ausführlich *J. Vetter*, AG 2003, 478 ff.; *T. Bezzenberger*, ZHR 180 (2016), 8, 29 ff.

tute erfasst sind die in § 1 Abs. 1, § 2 Abs. 1 KWG genannten Institute. Einkaufskommission ist der gewerbsmäßige Kauf von Waren oder Wertpapieren für Rechnung eines anderen gemäß § 383 Abs. 1 HGB. Die Ausführung einer Einkaufskommission setzt voraus, dass der Kommissionsauftrag von dem Kunden wirksam erteilt ist, weshalb ein „**Vorkaufen**" durch Kreditinstitute nach dieser Ausnahmebestimmung nicht zulässig ist. Nimmt der Kommittent die Aktien nicht ab, bleibt der Erwerb zulässig; die Gesellschaft ist aber verpflichtet, die Aktien anderweitig zu veräußern[92]. Von dem Erwerbsverbot des § 71 Abs. 1 AktG wird grundsätzlich nur die Einkaufskommission, nicht aber die Verkaufskommission erfasst, weil bei Letzterer das Kreditinstitut typischerweise nicht das Eigentum an den zu veräußernden Wertpapieren erwirbt, sondern lediglich die Verfügungsbefugnis darüber erlangt[93]. Der sich hieran anknüpfende Streit, ob ein **Selbsteintritt** gemäß § 400 HGB möglich ist, ist durch die von Banken und Sparkassen regelmäßig verwendeten Bedingungen für Wertpapiergeschäfte (dort Ziff. 1 Abs. 2 Satz 1) obsolet geworden, da diese danach Kommissionsaufträge nur noch ohne Selbsteintritt ausführen[94].

Die bereichsbezogene Erlaubnis für Kreditinstitute zur Durchführung von Einkaufskommissionen wurde 1994 durch das 2. Finanzmarktförderungsgesetz in § 71 Abs. 1 Nr. 7 AktG dahingehend ergänzt, dass eine Aktiengesellschaft, die **Kreditinstitut, Finanzdienstleistungsinstitut oder Finanzunternehmen** ist, berechtigt ist, aufgrund eines Beschlusses der Hauptversammlung **eigene Aktien im Umfang von bis zu fünf Prozent ihres Grundkapitals zum Zwecke des Wertpapierhandels** zu erwerben. Durch die Einführung dieser weiteren Erlaubnis sollte es den genannten Finanzdienstleistungsunternehmen ermöglicht werden, fünf Prozent eigener Aktien als Handelsbestand vorzuhalten, um ihren Funktionen als Market Makern im börslichen wie außerbörslichen Geschäft sowie an den Terminbörsen auch hinsichtlich eigener Aktien nachzukommen und Risiken aus Derivategeschäften durch Geschäfte an der Wertpapierbörse abzusichern[95]. Die Ausnahme gilt für **Kreditinstitute** i.S.v. § 1 Abs. 1 KWG, **Finanzdienstleistungsinstitute** i.S.v. § 1 Abs. 1a KWG und **Finanzunternehmen** i.S.v. § 1 Abs. 3 KWG. Dabei sollen die Einschränkungen des § 2 KWG mit den Ausnahmen von der Eigenschaft als Kredit- bzw. Finanzdienstleistungsinstitut zu beachten sein; auch sollen sich Kreditinstitute, die nicht im Börsenhandel oder an den Terminbörsen tätig sind, nicht auf die Ausnahme berufen können[96].

52.31

Der **Begriff des Wertpapierhandels** ist in einem weiten Sinne zu verstehen[97]. Deshalb fällt darunter nicht nur der Kauf und Verkauf von eigenen Aktien, sondern auch die Durchführung von sog. **Wertpapierleihgeschäften** (Sachdarlehen i.S.v. § 607 BGB) sowie die Absicherung von Derivategeschäften in eigenen Aktien.

52.32

Der **Hauptversammlungsbeschluss** ergeht mit **einfacher Stimmenmehrheit**. Er muss ausdrücklich zum Handel in eigenen Aktien ermächtigen. Der **Handelsbestand** darf jeweils **fünf Prozent des Grundkapitals** am Ende jeden Handelstages nicht überschreiten. Das „Ende jeden Tages" in § 71 Abs. 1 Nr. 7 Satz 2 AktG bezieht sich auf 24:00 Uhr deutscher Zeit[98] und hat zur Folge, dass ein **Weiterreichen des Handelsbestandes** von der deutschen Muttergesellschaft an z.B. die amerikanische oder japanische Tochtergesellschaft nach Geschäftsschluss in Deutschland dazu führt, dass die Handelsabteilungen in den USA oder Japan per 24:00 Uhr deutscher Zeit sicherstellen müssen, dass der Handelsbestand fünf Prozent des Grundkapitals nicht übersteigt. Auch insoweit gilt die – zusätzliche – volumensmäßige

52.33

---

92 *Cahn* in BeckOGK AktG, Stand 1.2.2021, § 71 AktG Rz. 79; *Oechsler* in MünchKomm. AktG, 5. Aufl. 2019, § 71 AktG Rz. 180 ff. Dabei ist im Einzelnen streitig, ob sich die Veräußerungspflicht aus Abs. 1 oder Abs. 2 des § 71c AktG ergibt (vgl. *Oechsler* in MünchKomm. AktG, 5. Aufl. 2019, § 71 AktG Rz. 182).
93 *Oechsler* in MünchKomm. AktG, 5. Aufl. 2019, § 71 AktG Rz. 183.
94 Vgl. *F. Schäfer* in Assmann/Schütze/Buck-Heeb, Hdb. Kapitalanlagerecht, § 12 (Effektengeschäft) Rz. 8.
95 *T. Bezzenberger* in K. Schmidt/Lutter, § 71 AktG Rz. 49; *Oechsler* in MünchKomm. AktG, 5. Aufl. 2019, § 71 AktG Rz. 194, 197.
96 *Butzke*, WM 1995, 1389, 1391; *Oechsler* in MünchKomm. AktG, 5. Aufl. 2019, § 71 AktG Rz. 196 f.
97 Begr. RegE, BT-Drucks. 12/6679, S. 84; *Oechsler* in MünchKomm. AktG, 5. Aufl. 2019, § 71 AktG Rz. 197.
98 *Butzke*, WM 1995, 1389, 1391.

Begrenzung des § 71 Abs. 2 Satz 1 AktG. Dementsprechend sind sämtliche nach den Erlaubnistatbeständen des § 71 Abs. 1 Nr. 1 bis 3, 7 und 8 AktG erworbenen Aktien zusammenzurechnen und dürfen insgesamt zehn Prozent des Grundkapitals der Gesellschaft nicht überschreiten.

52.34 Weiter muss der Hauptversammlungsbeschluss nach § 71 Abs. 1 Nr. 7 Satz 2 Halbsatz 2 AktG den **höchsten und niedrigsten Gegenwert** für den Erwerb der Aktien angeben (vgl. dazu Rz. 52.28). Ebenso wie die Ermächtigung nach § 71 Abs. 1 Nr. 8 AktG darf auch diejenige nach § 71 Abs. 1 Nr. 7 AktG nur für eine **Höchstfrist von fünf Jahren** erteilt werden (§ 71 Abs. 1 Nr. 7 Satz 3 AktG).

52.35 Im Verhältnis zu der Ausnahmeregelung des § 71 Abs. 1 Nr. 8 AktG ist § 71 Abs. 1 Nr. 7 AktG die **speziellere Regelung**, da diese sich nur auf den Handel in eigenen Aktien von Gesellschaften, die Kreditinstitute, Finanzdienstleistungsinstitute und Finanzunternehmen sind, bezieht und für diese eine Verhaltensweise zulässt, die durch § 71 Abs. 1 Nr. 8 Satz 2 AktG ausdrücklich für unzulässig erklärt wird[99].

3. Erwerb zur Ausgabe als Belegschaftsaktien gemäß § 71 Abs. 1 Nr. 2 AktG

52.36 Anders als die Tatbestände des § 71 Abs. 1 Nr. 7 und Nr. 8 AktG erlaubt § 71 Abs. 1 Nr. 2 AktG den Erwerb von eigenen Aktien nicht erst aufgrund eines (Ermächtigungs-)Beschlusses der Hauptversammlung, sondern der **Vorstand** kann nach **eigenem Ermessen** Aktien der Gesellschaft zum **Zweck der Weitergabe an Arbeitnehmer** und Ruheständler erwerben. Voraussetzung ist somit lediglich, dass der Vorstand im Zeitpunkt des Erwerbs die **Absicht** besitzt, diese Aktien Personen, die im Arbeitsverhältnis zu der Gesellschaft oder einem mit ihr verbundenen Unternehmen stehen oder standen, zum Erwerb anzubieten. Nur Arbeitnehmer im arbeitsrechtlichen Sinne (§ 611a BGB), nicht aber Mitglieder von Gesellschaftsorganen oder Personen, die Tätigkeiten für die Gesellschaft auf anderer als arbeitsvertraglicher Grundlage erbringen, gehören zu den nach § 71 Abs. 1 Nr. 2 AktG Erwerbsberechtigten[100]. Die Weiterveräußerungsabsicht muss ernsthaft sein und ist im Regelfall durch einen entsprechenden Vorstandsbeschluss zu dokumentieren[101]. Da es sich für die Gesellschaft in dieser Situation lediglich um einen Durchgangserwerb handelt – ähnlich den Ausnahmetatbeständen in § 71 Abs. 1 Nr. 3 und Nr. 4 2. Alt. AktG –, hielt der Gesetzgeber diese Ausnahme für weniger problematisch. Ist für die Ausgabe als Belegschaftsaktien die **Zustimmung des Aufsichtsrates** nach § 111 Abs. 4 AktG notwendig, ist die erforderliche Ernsthaftigkeit der Absicht des Vorstandes nur bei Vorliegen der Aufsichtsratszustimmung zu bejahen[102].

52.37 Die zum Zwecke der Weitergabe als Belegschaftsaktien erworbenen Aktien sind nach § 71 Abs. 1 Satz 2 AktG **innerhalb eines Jahres** nach ihrem Erwerb **an die Arbeitnehmer auszugeben**. Bestand im Zeitpunkt des Erwerbs eine ernsthafte Absicht zur Weitergabe an die Arbeitnehmer, führt eine **spätere Unterlassung** der Ausgabe der Aktien an die Arbeitnehmer nicht dazu, dass der Erwerb eigener Aktien nachträglich unzulässig wird[103]. Für den Vorstand besteht dann eine **Veräußerungspflicht** ana-

---

99 Vgl. Begr. RegE, BT-Drucks. 13/9712, S. 13; *Oechsler* in MünchKomm. AktG, 5. Aufl. 2019, § 71 AktG Rz. 203.
100 Vgl. OLG Jena v. 30.7.2014 – 2 U 920/13, AG 2015, 160, 161; *T. Bezzenberger* in K. Schmidt/Lutter, § 71 AktG Rz. 33; *Hüffer/Koch*, § 71 AktG Rz. 12; *Lutter/Drygala* in KölnKomm. AktG, 3. Aufl. 2009, § 71 AktG Rz. 68 f.; zur „Renaissance" der Mitarbeiter-Kapitalbeteiligung auch durch Belegschaftsaktien vgl. *Sieg*, NZA 2015, 784 ff.; zu den beim Rückerwerb eigener Aktien zur Mitarbeitervergütung bestehenden Publizitätspflichten vgl. *Häller/Roggemann*, NZG 2019, 1005, 1007 ff.
101 *T. Bezzenberger* in K. Schmidt/Lutter, § 71 AktG Rz. 33; *Oechsler* in MünchKomm. AktG, 5. Aufl. 2019, § 71 AktG Rz. 155; strenger *Cahn* in BeckOGK AktG, Stand 1.2.2021, § 71 AktG Rz. 62 und *Hüffer/Koch*, § 71 AktG Rz. 13 (stets Vorstandsbeschluss).
102 Vgl. *Lutter/Drygala* in KölnKomm. AktG, 3. Aufl. 2009, § 71 AktG Rz. 69.
103 Unstr., vgl. *Lutter/Drygala* in KölnKomm. AktG, 3. Aufl. 2009, § 71 AktG Rz. 71; *Hüffer/Koch*, § 71 AktG Rz. 23.

log § 71c Abs. 1 AktG und bei pflichtwidrigem Verhalten ggf. eine Schadensersatzpflicht nach § 93 AktG[104].

Streitig ist, ob nach § 71 Abs. 1 Nr. 2 AktG zum Zweck der Weitergabe als Belegschaftsaktien erworbene eigene Aktien vom Vorstand auch dazu genutzt werden können, mit diesen **Aktienoptionsprogramme** für Arbeitnehmer oder Ruheständler zu unterlegen. Dies wird von Teilen des Schrifttums verneint[105], während andere die Möglichkeit der Bedienung von Aktienoptionsprogrammen auf Basis sowohl des § 71 Abs. 1 Nr. 8 AktG als auch des § 71 Abs. 1 Nr. 2 AktG anerkennen[106]. 52.38

IV. Durchführung des Erwerbs und Rechtsfolgen von Verstößen gegen das Erwerbsverbot

1. Erwerb

Das grundsätzliche Verbot des § 71 Abs. 1 AktG bezieht sich auf den abgeleiteten (derivativen) Erwerb schon bestehender Aktien durch die Gesellschaft; der originäre Erwerb neuer Aktien durch die Gesellschaft durch Aktienzeichnung im Rahmen der Gesellschaftsgründung oder einer Kapitalerhöhung ist in § 56 AktG geregelt und danach unzulässig[107]. Von dem grundsätzlichen Verbot des § 71 AktG erfasst werden sowohl der dingliche Eigentumserwerb an der Aktie als auch nach ganz h.M. das dem Erwerbsvorgang zugrunde liegende **schuldrechtliche Geschäft** (arg. § 71 Abs. 4 Satz 2 AktG)[108]. Streitig ist, ob der **Verkauf einer auf Lieferung von Aktien gerichteten Put-Option** durch die Gesellschaft als Stillhalterin gleichfalls als von dem Verbot erfasstes Rechtsgeschäft anzusehen ist[109]. Dies wird in der Literatur bejaht mit der Begründung, dass der Verkauf einer Put-Option dem Abschluss eines unstreitig von dem Verbot erfassten Vorvertrages ähnele und die Gesellschaft keinen Einfluss mehr auf den Eintritt der Verpflichtungswirkung habe[110]. Dem wird entgegengehalten, dass mit dem Verkauf einer Put-Option nicht notwendig auch ein Kaufvertrag zustande komme, weshalb diese Strukturierung nicht von § 71 AktG erfasst sein soll[111]. Zulässig ist der **Erwerb von Call-Optionen** auf eigene 52.39

---

104 Vgl. *Oechsler* in MünchKomm. AktG, 5. Aufl. 2019, § 71 AktG Rz. 365 f.
105 Vgl. *Hüffer/Koch*, § 71 AktG Rz. 12 („wohl nur durch Verkehrsgeschäft"); *Hüffer*, ZHR 161 (1997), 214, 220 f.; *T. Bezzenberger* in K. Schmidt/Lutter, § 71 AktG Rz. 35; *Weiß*, Aktienoptionspläne für Führungskräfte, S. 242.
106 So insb. *Umnuß/Ehle*, BB 2002, 1042, 1044; *Benckendorff*, Erwerb eigener Aktien, S. 64; *Cahn* in BeckOGK AktG, Stand 1.2.2021, § 71 AktG Rz. 65; *Lutter/Drygala* in KölnKomm. AktG, 3. Aufl. 2009, § 71 AktG Rz. 82. Vgl. auch *Oechsler* in MünchKomm. AktG, 5. Aufl. 2019, § 71 AktG Rz. 147, der wegen der kurzen Frist von einem Jahr, die die Gesellschaft eigene Aktien zum Zwecke der Weitergabe an die Belegschaft halten kann (vgl. § 71 Abs. 3 Satz 2 AktG), praktische Schwierigkeiten sieht. Zur Zulässigkeit der Unterlegung sog. Share-Matching-Pläne mit eigenen Aktien vgl. *Wagner*, BB 2010, 1739 ff. Zu den Fragen der Verknüpfung einer Kapitalerhöhung mit der Ausgabe eigener Aktien an Arbeitnehmer, wodurch diese der Gesellschaft mittelbar neues Kapital zuführen, vgl. *Richter/Gittermann*, AG 2004, 277 ff.
107 Zum Verbot der Zeichnung eigener Aktien vgl. Rz. 52.13 ff.
108 Vgl. *T. Bezzenberger* in K. Schmidt/Lutter, § 71 AktG Rz. 15a; *Cahn* in BeckOGK AktG, Stand 1.2.2021, § 71 AktG Rz. 39 ff.; *Hüffer/Koch*, § 71 AktG Rz. 4; *Lutter/Drygala* in KölnKomm. AktG, 3. Aufl. 2009, § 71 AktG Rz. 32; *Oechsler* in MünchKomm. AktG, 5. Aufl. 2019, § 71 AktG Rz. 74 ff.; a.A. *Mick*, DB 1999, 1201, 1202 f.; *Schmid/Mühlhäuser*, AG 2001, 493, 494.
109 Ausf. zu den verschiedenen im Zusammenhang mit dem Erwerb eigener Aktien bestehenden Derivategestaltungen vgl. *Cahn* in BeckOGK AktG, Stand 1.2.2021, § 71 AktG Rz. 187 ff.
110 So insb. *Paefgen*, AG 1999, 67, 73 f.; *Grigoleit/Rachlitz* in Grigoleit, § 71 AktG Rz. 52 ff.; *Hüffer/Koch*, § 71 AktG Rz. 4; *Oechsler* in MünchKomm. AktG, 5. Aufl. 2019, § 71 AktG Rz. 90.
111 So insb. *Mick*, DB 1999, 1201, 1203; einschränkend *Schmid/Mühlhäuser*, AG 2001, 493, 495 (nur bei Vereinbarung eines Barausgleichs).

Aktien durch die Gesellschaft, wenn diese wie im Regelfall keine verbindliche Erwerbsverpflichtung für die Gesellschaft beinhalten; die Ausübung einer solchen Call-Option ist hingegen nur bei Vorliegen der Voraussetzungen des § 71 AktG zulässig[112]. Auch der Erwerb von **Schuldverschreibungen** oder **Genussscheinen mit Wandlungs- oder Optionsrechten** auf eigene Aktien durch die Gesellschaft ist zulässig; allerdings ist es ihr untersagt, die aus den Derivaten oder Schuldverschreibungen resultierenden Optionen oder Wandlungsrechte auszuüben (Verbot der Zeichnung eigener Aktien, § 56 AktG). **Kursgarantien** unterfallen nicht dem Verbot nach § 71 AktG, da sie nicht auf den Erwerb eigener Aktien hinauslaufen und die Gesellschaft daher nur typischen Spekulationsrisiken, nicht jedoch den sonstigen mit dem Erwerb eigener Aktien verbundenen Gefahren ausgesetzt wird[113].

52.40 Liegt ein Erlaubnistatbestand zum Erwerb eigener Aktien nach § 71 Abs. 1 Nr. 1 bis 8 AktG vor, so hat der Vorstand bei der **Durchführung** des Erwerbs den **Grundsatz der Gleichbehandlung der Aktionäre (§ 53a AktG)** zu beachten[114]. Für den Erlaubnistatbestand des § 71 Abs. 1 Nr. 8 AktG sieht dessen Satz 3 das ausdrücklich vor. Letztlich wird damit jedoch nur eine Selbstverständlichkeit wiederholt, weil § 53a AktG auch für die übrigen nach § 71 Abs. 1 AktG zulässigen Erwerbe eigener Aktien Geltung entfaltet[115]. § 71 Abs. 1 Nr. 8 Satz 4 AktG stellt klar, dass ein **Erwerb** und eine **Veräußerung über die Börse** dem Gebot der Gleichbehandlung der Aktionäre nach § 53a AktG genügen. Hierbei handelt es sich jedoch nur um eine begrüßenswerte **Klarstellung** und nicht um eine Beschränkung dahingehend, dass nur ein Erwerb und eine Veräußerung über die Börse dem Gleichbehandlungsgebot entsprechen. Bei jeder der nachfolgend aufgeführten Erwerbsformen ist daher die Übereinstimmung mit § 53a AktG zu prüfen. Jedenfalls aber entfaltet die Klarstellung auch Geltung für die übrigen Ausnahmetatbestände, soweit sie auf diese sinnvoll anwendbar ist.

52.41 Neben dem Erwerb eigener Aktien über die Börse, bei dem der Grundsatz der Gleichbehandlung der Aktionäre (§ 53a AktG) immer als gewahrt gilt (§ 71 Abs. 1 Nr. 8 Satz 4 AktG), haben sich im Wesentlichen vier Verfahren etabliert[116]: (1) das **Festpreisangebot** (Fixed Price Tender Offer), bei dem die AG allen Aktionären den Erwerb zu einem festgelegten Preis anbietet und im Falle einer Überzeichnung durch die Aktionäre eine Repartierung entsprechend den Beteiligungsquoten erfolgt; (2) die sog. **Holländische Auktion** (Dutch Auction Tender Offer), bei der die AG einen Höchstpreis für den Rückerwerb benennt und die Aktionäre diesen oder einen niedrigeren Preis für ihre Aktien fordern mit der Folge, dass die AG mit dem Rückkauf der Aktien zu den niedrigsten von den Aktionären geforderten Preisen beginnt und den Rückkauf beendet, sobald die zur Verfügung stehende Quote ausgeschöpft ist; (3) die **Gewährung übertragbarer Andienungsrechte** (Transferable Put Rights), bei denen die Gesellschaft allen Aktionären entsprechend ihrer jeweiligen Beteiligungsquote an der Gesellschaft Put-Optionen auf die von der Gesellschaft zu erwerbenden Aktien gewährt und die Aktionäre berechtigt sind, die ihnen gewährten Put-Optionen während einer festgelegten Ausübungsfrist an der Börse zu veräußern; (4) der sog. **Pakethandel** (Negotiated Repurchase), bei dem die Gesellschaft die Aktien nur von einem oder wenigen Gesellschaftern auf der Basis eines ausgehandelten Kurses erwirbt. Auch ein sog. beschleunigter Aktienerwerb (Accelerated Share Repurchase), bei dem die Gesellschaft die Aktien

---

112 *T. Bezzenberger* in K. Schmidt/Lutter, § 71 AktG Rz. 92; *Grigoleit/Rachlitz* in Grigoleit, § 71 AktG Rz. 55; *Hüffer/Koch*, § 71 AktG Rz. 5; *Oechsler* in MünchKomm. AktG, 5. Aufl. 2019, § 71 AktG Rz. 91 f. (dort auch zu Optionen, die nicht auf die Lieferung von Aktien, sondern auf ein Cash-Settlement gerichtet sind).
113 *Oechsler* in MünchKomm. AktG, 5. Aufl. 2019, § 71 AktG Rz. 94 m.w.N.
114 *T. Bezzenberger* in K. Schmidt/Lutter, § 71 AktG Rz. 63; *Oechsler* in MünchKomm. AktG, 5. Aufl. 2019, § 71 AktG Rz. 105 f.
115 Unstr., vgl. *Hüffer/Koch*, § 71 AktG Rz. 19j; *T. Bezzenberger* in K. Schmidt/Lutter, § 71 AktG Rz. 63.
116 Vgl. zu den verschiedenen Erwerbsmöglichkeiten jeweils ausf. *T. Bezzenberger* in K. Schmidt/Lutter, § 71 AktG Rz. 65 ff.; *Cahn* in BeckOGK AktG, Stand 1.2.2021, § 71 AktG Rz. 124 ff.; *Grigoleit/Rachlitz* in Grigoleit, § 71 AktG Rz. 117 ff.; *Groß* in Happ/Groß/Möhrle/Vetter, Aktienrecht, Band II, 13.01 Rz. 8.1 f.; *Leuering*, AG 2007, 435 ff.; *Oechsler* in MünchKomm. AktG, 5. Aufl. 2019, § 71 AktG Rz. 241 ff.

von einer von ihr beauftragten Bank erwirbt, die sie sich zuvor unter Wahrung des Gleichbehandlungsgrundsatzes beschafft hat, soll zulässig sein[117].

Während im Laufe des Gesetzgebungsverfahrens zum KonTraG noch erörtert wurde, ob lediglich ein Erwerb eigener Aktien über die Börse dem absoluten Gleichbehandlungsgebot entspricht[118], zeigt die Möglichkeit des **öffentlichen Angebots zum Rückkauf eigener Aktien**, dass auch andere Formen als ein Rückkauf über die Börse eine Gleichbehandlung der Aktionäre gewährleisten. Soweit hiergegen eingewandt wird, dass ein öffentliches Angebot starken Druck auf die Aktionäre ausübe, sich innerhalb kurzer Zeit entscheiden zu müssen, und dadurch eine Ungleichbehandlung entstehe[119], vermag dies nicht zu überzeugen. Aus Sicht der AG behandelt diese ihrer Aktionäre bei einem öffentlichen Rückkaufangebot gleich, da es nicht zu ihren Aufgaben gehört, auf die Befindlichkeiten einzelner Aktionäre oder deren Entscheidungsfähigkeit einzugehen[120]. Der Streit, ob auf öffentliche Rückkaufangebote die Regelungen des WpÜG Anwendung finden[121], dürfte nach dem Schreiben der BaFin vom 9.8.2006, in dem die BaFin ihre bis dahin geltende gegenteilige Auffassung ausdrücklich aufgegeben hat, in dem Sinne entschieden sein, dass **die Bestimmungen des WpÜG keine Anwendung** finden[122].

52.42

Ebenso wie das Festpreisangebot verstößt auch die Holländische Auktion nicht gegen das **Gebot der Gleichbehandlung der Aktionäre (§ 53a AktG)**, soweit im Rahmen der Preisgruppe, in der nicht mehr alle Angebote der Aktionäre in vollem Umfange von der Gesellschaft bedient werden, eine Repartierung entsprechend der angebotenen Aktienquoten erfolgt[123]. Streitig ist jedoch vor dem Hintergrund des § 53a AktG die Zulässigkeit des Erwerbs eines **Aktienpakets** von einem Aktionär oder einer Gruppe von Aktionären auf der Basis einer individuellen Vereinbarung. Zum Teil wird diese Form des Rückkaufs eigener Aktien generell als mit § 53a AktG unvereinbar angesehen[124]. Dieser Meinung ist zuzugeben, dass ein Paketerwerb von einem oder einzelnen Aktionären eine offensichtliche formale Ungleichbehandlung der Aktionäre darstellt und die Gefahr der Einflussnahme des Vorstandes auf die Beteiligungsstruktur der Gesellschaft birgt. Andererseits nennt auch der Regierungsentwurf zum KonTraG den Aktienrückkauf von einzelnen Aktionären als eine „wertvolle Hilfe im Rahmen des Generationswechsels, um einvernehmlich die Anteile ausscheidenswilliger Aktionäre zu übernehmen oder Patt-Situationen im Anteilseignerkreis der verschiedenen Stämme aufzulösen"[125]. Hierauf aufbauend wird von einem Teil der Literatur argumentiert, dass ein Pakethandel zwar eine formale Ungleichbehandlung, jedoch keinen Verstoß gegen den Gleichbehandlungsgrundsatz darstelle, wenn sie sachlich

52.43

---

117 *Cahn* in BeckOGK AktG, Stand 1.2.2021, § 71 AktG Rz. 127; ausf. zum beschleunigten Aktienrückkauf *Neurath*, AG 2019, 634 ff.
118 Vgl. *Martens*, AG 1996, 337, 339 f.
119 Vgl. *Benckendorff*, Erwerb eigener Aktien, S. 244.
120 *Hirsch*, Erwerb eigener Aktien, S. 107, Fn. 482, bezeichnet öffentliche Erwerbsangebote sogar als den „gerechtesten Weg" für einen Rückkauf eigener Aktien, da sie mehr Transparenz als bei einem Erwerb über die Börse bieten.
121 Verneinend insb. *Angerer* in Angerer/Geibel/Süßmann, § 1 WpÜG Rz. 127; *Baums/Stöcker* in FS Wiedemann, 2002, S. 703, 704 ff.; *Berrar/Schnorbus*, ZGR 2003, 59, 72 ff.; *T. Bezzenberger* in K. Schmidt/Lutter, § 71 AktG Rz. 67; *Cahn* in BeckOGK AktG, Stand 1.2.2021, § 71 AktG Rz. 159 ff.; *Hirsch*, Erwerb eigener Aktien, S. 130 ff. *Hüffer/Koch*, § 71 AktG Rz. 19l; *Koch*, NZG 2003, 61, 64 ff. Bejahend *Hopt*, ZHR 166 (2002), 383, 393; *Lenz/Behnke*, BKR 2003, 43, 49; *Lenz/Linke*, AG 2002, 420, 421; ausführlich *Oechsler* in MünchKomm. AktG, 5. Aufl. 2019, § 71 AktG Rz. 247 ff.; *Paefgen*, ZIP 2002, 1509, 1513 f.
122 Vgl. BaFin v. 9.8.2006 „Rückerwerb eigener Aktien nach dem WpÜG" (geändert am 2.11.2017, abrufbar unter www.bafin.de); dazu *Pluskat*, NZG 2006, 731 ff.; *Cahn* in BeckOGK AktG, Stand 1.2.2021, § 71 AktG Rz. 159 ff.; ausf. zur Zulässigkeit von Aktienrückkaufprogrammen im Zusammenhang mit öffentlichen Übernahmen *Leyendecker-Langner*, BB 2013, 2051 ff.
123 *Hirsch*, Erwerb eigener Aktien, S. 106; *Oechsler* in MünchKomm. AktG, 5. Aufl. 2019, § 71 AktG Rz. 260; ausführlich *Leuering*, AG 2007, 435, 438 ff.
124 *von Rosen/Helm*, AG 1996, 434, 439; *Peltzer*, WM 1998, 322, 329; *Hampel*, Erwerb eigener Aktien, S. 7.
125 Begr. RegE, BT-Drucks. 13/9712, S. 14.

gerechtfertigt ist, was durch den Ermächtigungsbeschluss der Hauptversammlung und der Vorgabe des Preisrahmens unterstrichen werde[126]. Als hinreichende sachliche Gründe werden für Familiengesellschaften bzw. Gesellschaften mit überschaubarem Aktionärskreis die Wahrung eines homogenen Gesellschafterkreises genannt, die Ermöglichung eines Generationenwechsels, die Aufnahme eines ansonsten unverkäuflichen Aktienpaketes, dessen Präsenz ansonsten dem Ansehen der AG schaden würde, die Auflösung von Patt-Situationen und die Zustimmung aller Aktionäre[127]. Bei börsennotierten Aktiengesellschaften gebührt dem Grundsatz der Gleichbehandlung grundsätzlich Vorrang, so dass ein Pakethandel in Bezug auf eigene Aktien daher in aller Regel nicht in Betracht kommt[128].

52.44 Bei der Begebung von **Put-Optionen** an die Aktionäre liegt keine Ungleichbehandlung vor, wenn die Optionen entsprechend der Kapitalbeteiligung der Aktionäre ausgegeben werden[129].

52.45 Bei einem Rückerwerb eigener Aktien hat der Vorstand zudem die **Voraussetzungen des § 71 Abs. 2 AktG** zu beachten. Danach dürfen auf die zu den Zwecken nach § 71 Abs. 1 Nr. 1 bis 3, 7 und 8 AktG erworbenen Aktien zusammen mit anderen Aktien der Gesellschaft, die die Gesellschaft bereits erworben hat und noch besitzt, nicht mehr als **zehn Prozent des Grundkapitals** entfallen. Weiterhin setzt die Zulässigkeit dieses Erwerbs voraus, dass die Gesellschaft im Zeitpunkt des Erwerbs eine **Rücklage in Höhe der Aufwendungen für den Erwerb** bilden könnte, ohne das Grundkapital oder eine nach Gesetz oder Satzung zu bildende Rücklage zu mindern, die nicht zur Zahlung an die Aktionäre verwandt werden darf (vgl. dazu Rz. 52.50 f.). In den Fällen des § 71 Abs. 1 Nr. 1, 2, 4, 7 und 8 AktG ist der Erwerb nur zulässig, wenn auf die Aktien der **Ausgabebetrag voll geleistet** ist.

2. Rechtsfolgen von Verstößen

52.46 Erwirbt die AG eigene Aktien unter Verstoß gegen § 71 Abs. 1 oder Abs. 2 AktG, so ist der Erwerb nach § 71 Abs. 4 Satz 1 AktG **nicht unwirksam**[130]. Die AG erwirbt somit Eigentum an den Aktien. Nichtig ist jedoch nach § 71 Abs. 4 Satz 2 AktG das dem Erwerb zugrundeliegende **Kausalgeschäft**[131]. Daher stehen dem Aktionär gegenüber der Gesellschaft keine Erfüllungsansprüche zu. Da typischerweise bei Erwerbsgeschäften über Aktien „Lieferung gegen Zahlung" erfolgt, wird die AG im Falle ihres Eigentumserwerbs auch die Gegenleistung erbracht haben. In der **Zahlung des Erwerbspreises** liegt eine **verbotene Einlagenrückgewähr** nach § 57 AktG, die der veräußernde Aktionär gemäß § 62 Abs. 1 AktG zurück zu gewähren hat[132]. Der derart in Anspruch genommene Aktionär kann die Rückgewähr

---

126 *Benckendorff*, Erwerb eigener Aktien, S. 246; *T. Bezzenberger*, Erwerb eigener Aktien, S. 121; *T. Bezzenberger* in K. Schmidt/Lutter, § 71 AktG Rz. 70 ff.; *Cahn* in BeckOGK AktG, Stand 1.2.2021, § 71 AktG Rz. 128; *Hirsch*, Erwerb eigener Aktien, S. 108 ff.; *Lutter/Drygala* in KölnKomm. AktG, 3. Aufl. 2009, § 71 AktG Rz. 173 ff.; *Oechsler* in MünchKomm. AktG, 5. Aufl. 2019, § 71 AktG Rz. 262 ff.; jetzt auch *Hüffer/Koch*, § 71 AktG Rz. 19k (unter Aufgabe der bis zur 13. Aufl. 2018 vertretenen gegenteiligen Auffassung).
127 *Oechsler* in MünchKomm. AktG, 5. Aufl. 2019, § 71 AktG Rz. 264 f. (dort auch zum sog. „Greenmailing").
128 Vgl. OLG Hamburg v. 18.9.2009 – 11 U 183/07, AG 2010, 502, 506, Rz. 86; *T. Bezzenberger* in K. Schmidt/Lutter, § 71 AktG Rz. 70 ff.
129 *Mick*, DB 1999, 1201, 1205; *Hirsch*, Erwerb eigener Aktien, S. 110 f.
130 *Hüffer/Koch*, § 71 AktG Rz. 24.
131 Nicht anzuwenden ist die Nichtigkeitsfolge des § 71 Abs. 4 Satz 2 AktG in den Fällen der Zahlung einer Barabfindung durch die Gesellschaft für von dieser erworbene Aktien bei Verschmelzung (§ 29 Abs. 1 Satz 1 Halbsatz 2 UmwG) und Formwechsel (§ 207 Abs. 1 Satz 1 Halbsatz 2) (vgl. dazu *T. Bezzenberger* in K. Schmidt/Lutter, § 71 AktG Rz. 40 f., 71). Zu den sich aus der Einschaltung einer zentralen Gegenpartei im Aktienhandel im Zusammenhang mit dem unzulässigen Rückerwerb eigener Aktien ergebenden Fragen vgl. *Brass/Tiedemann*, ZBB 2007, 257 ff.; *Cahn* in BeckOGK AktG, Stand 1.2.2021, § 71 AktG Rz. 236. Zur Investmentgesellschaft mit veränderlichem Kapital vgl. § 116 Abs. 2 KAGB.
132 Ganz h.M., vgl. OLG Stuttgart v. 25.11.2009 – 20 U 5/09, WM 2010, 120, 125 = AG 2010, 133; *Hüffer/Koch*, § 71 AktG Rz. 24; *T. Bezzenberger* in K. Schmidt/Lutter, § 71 AktG Rz. 71 ff.; a.A. *Joost*, ZHR

der Aktien nur nach §§ 812 ff. BGB fordern, wobei eine Verknüpfung der beiden Rechtsverhältnisse durch **Zurückbehaltungsrechte** nach h.M. nicht stattfinden soll[133]. Soweit die Rückgewährpflicht der Gesellschaft nach § 812 Abs. 1 BGB mit der Verkaufspflicht nach § 71c Abs. 1 AktG kollidiert, bedeutet die Veräußerung in diesem Falle die Rückübertragung der Aktien gegen Rückgewähr des gezahlten Kaufpreises. Letzteres jedoch nicht nach § 818 Abs. 2 BGB, sondern nach §§ 62, 57 Abs. 1 Satz 1 AktG, ohne dass § 814 BGB Anwendung findet[134]. Ein unzulässiger Erwerb eigener Aktien kann **Schadensersatzverpflichtungen der insoweit verantwortlichen Vorstands- und Aufsichtsratsmitglieder** auslösen[135].

Nach § 71c Abs. 1 AktG muss die Gesellschaft die unter Verstoß gegen § 71 Abs. 1 oder Abs. 2 AktG erworbenen Aktien **innerhalb eines Jahres nach ihrem Erwerb veräußern**. War der Erwerb nach § 71 Abs. 1 AktG ursprünglich zulässig, entfallen aber auf die eigenen Aktien mehr als zehn Prozent des Grundkapitals, so muss die Gesellschaft den diesen Prozentsatz übersteigenden Teil der Aktien innerhalb von drei Jahren nach dem Erwerb der Aktien veräußern (§ 71c Abs. 2 AktG). 52.47

An diesen Rechtsfolgen ändert sich nichts, wenn ein Erwerb durch die Gesellschaft zunächst unzulässig war und die **Hauptversammlung nachträglich** einen **Beschluss fasst**, der den verbotswidrigen Erwerb sanktioniert. Eine **nachträgliche Heilung** kommt somit nicht in Betracht[136]. Dagegen wird ein noch nicht vom Vorstand genutzter Hauptversammlungsbeschluss nicht deshalb nichtig, weil eine nach seiner Fassung durchgeführte **Kapitalherabsetzung** zu einem Überschreiten der Fünfprozentgrenze gemäß § 71 Abs. 1 Nr. 7 Satz 2 AktG bzw. der Zehnprozentgrenze gemäß § 71 Abs. 2 Satz 1 AktG führt. Hier wird man davon auszugehen haben, dass der Hauptversammlungsbeschluss analog § 224 AktG mit der Eintragung des Kapitalherabsetzungsbeschlusses pro rata anzupassen ist[137]. 52.48

V. Behandlung eigener Aktien

1. Rechte und Pflichten aus eigenen Aktien

Nach § 71b AktG stehen der Gesellschaft aus eigenen Aktien **keine Rechte** zu. Dies bedeutet, dass die AG unabhängig davon, ob der Erwerb zulässig oder unzulässig war, aus den eigenen Aktien keine Mitgliedsrechte geltend machen kann, insbesondere also **keine Verwaltungsrechte** wie das Stimmrecht oder die Anfechtungsbefugnis und **keine Vermögensrechte** wie das Dividendenrecht, das Bezugsrecht oder das Recht auf Teilhabe am Abwicklungsüberschuss[138]. Eine Ausnahme stellt § 215 Abs. 1 AktG dar, nach dem eigene Aktien an einer Kapitalerhöhung aus Gesellschaftsmitteln teilnehmen. Veräußert 52.49

---

149 (1985), 419, 431; zu den Folgen eines Verstoßes gegen § 57 AktG (keine Nichtigkeit des Verpflichtungs- oder des Erfüllungsgeschäfts) jüngst BGH v. 12.3.2013 – II ZR 179/12, NZG 2013, 496, 497 Rz. 11 ff. = AG 2013, 431.
133 Vgl. *Lutter/Drygala* in KölnKomm. AktG, 3. Aufl. 2009, § 71 AktG Rz. 252; *Hüffer/Koch*, § 71 AktG Rz. 24; *Oechsler* in MünchKomm. AktG, 5. Aufl. 2019, § 71 AktG Rz. 372.
134 *Oechsler* in MünchKomm. AktG, 5. Aufl. 2019, § 71 AktG Rz. 374 und § 71c AktG Rz. 16 m.w.N.
135 Vgl. OLG Frankfurt/Main v. 15.2.2008 – 10 U 90/07, NZG 2008, 836 f. = AG 2008, 897; dazu *Kort*, NZG 2008, 823 ff.; auch OLG Stuttgart v. 25.11.2009 – 20 U 5/09, WM 2010, 120 = AG 2010, 133; OLG Hamburg v. 18.9.2009 – 11 U 183/07, AG 2010, 502, 506 f. Rz. 92 ff.; *T. Bezzenberger* in K. Schmidt/Lutter, § 71 AktG Rz. 74.
136 *Oechsler* in MünchKomm. AktG, 5. Aufl. 2019, § 71 AktG Rz. 207, 370.
137 Vgl. *Oechsler* in MünchKomm. AktG, 5. Aufl. 2019, § 71 AktG Rz. 200.
138 *T. Bezzenberger* in K. Schmidt/Lutter, § 71b AktG Rz. 3; *Cahn* in BeckOGK AktG, Stand 1.2.2021, § 71b AktG Rz. 9 ff.; *Grigoleit/Rachlitz* in Grigoleit, § 71b AktG Rz. 4 ff.; *Hüffer/Koch*, § 71b AktG Rz. 3 ff.; *Oechsler* in MünchKomm. AktG, 5. Aufl. 2019, § 71b AktG Rz. 8 ff.; BGH v. 30.1.1995 – II ZR 45/94, NJW 1995, 1027, 1028 (zur GmbH).

die AG die mit den ihr zum Zeitpunkt des Gewinnverwendungsbeschlusses gehörenden eigenen Aktien verbundenen Dividendenscheine, steht dem Erwerber hieraus kein Dividendenanspruch zu[139]. Grundsätzlich sollen die Gesellschaft aus eigenen Aktien auch **keine Pflichten** treffen[140]. Eine Ausnahme stellt § 40 Abs. 1 Satz 2 WpHG dar, der bestimmt, dass eine Gesellschaft, die Inlandsemittentin i.S.d. § 2 Abs. 14 WpHG ist, im Hinblick auf eigene Aktien **veröffentlichungspflichtig** ist, wenn sie eine der dort genannten Meldeschwellen erreicht, über- oder unterschreitet (vgl. im Einzelnen Rz. 52.66 f.).

2. Bilanzielle Behandlung eigener Aktien

52.50 Durch das **Gesetz zur Modernisierung des Bilanzrechts** (BilMoG) vom 25.5.2009[141] wurde die bilanzielle Behandlung eigener Anteile in § 272 Abs. 1a, 1b HGB mit Wirkung für die nach dem 31.12.2009 beginnenden Geschäftsjahre rechtsformübergreifend neu geregelt[142]. Die bis dahin für die AG geltende unterschiedliche Behandlung insbesondere von zum Zwecke der Einziehung (Nettoausweis auf der Passivseite) und zum Zwecke der Wiederveräußerung (Aktivierung zu Anschaffungskosten und Rücklagenbildung) erworbenen eigenen Aktien wurde im Interesse einer einheitlichen bilanziellen Behandlung eigener Anteile aufgegeben[143]. Im Falle des Erwerbs eigener Aktien erfolgt nach der Neuregelung unabhängig vom Erwerbsgrund **kein aktivischer Ausweis** der eigenen Aktien. Der Gesetzgeber sieht in dem Rückkauf eigener Anteile eine Auskehrung frei verfügbarer Rücklagen an die Anteilseigner, die allein auf der **Passivseite der Bilanz** abzubilden ist. Dies erfolgt nach § 272 Abs. 1a HGB dadurch, dass der Nennbetrag der erworbenen Anteile in der Vorspalte offen von dem Posten „Gezeichnetes Kapital" abzusetzen ist. Der Unterschiedsbetrag zwischen dem Nennbetrag der eigenen Anteile und ihren Anschaffungskosten ist mit den frei verfügbaren Rücklagen zu verrechnen. Anschaffungsnebenkosten stellen Aufwand dar. Nach § 71 Abs. 2 Satz 2 AktG ist der Erwerb eigener Aktien für die AG nur zulässig, wenn die Gesellschaft im Zeitpunkt des Erwerbs[144] eine **Rücklage in Höhe der Aufwendungen für den Erwerb** bilden könnte, ohne das Grundkapital oder eine nach Gesetz oder Satzung zu bildende Rücklage zu mindern, die nicht zur Zahlung an die Aktionäre verwandt werden darf[145]. Der Gesetzgeber hat in der Gesetzesbegründung klargestellt, dass die verwendbaren Rücklagen neben den Gewinnrücklagen auch die Kapitalrücklagen umfassen, sofern diese frei verfügbar sind, da auf diese

---

139 *Lutter/Drygala* in KölnKomm. AktG, 3. Aufl. 2009, § 71b AktG Rz. 13; *Oechsler* in MünchKomm. AktG, 5. Aufl. 2019, § 71b AktG Rz. 11; a.A. *Barz* in Großkomm. AktG, 3. Aufl. 1973, § 71 AktG a.F. Anm. 52.
140 Vgl. *Hüffer/Koch*, § 71b AktG Rz. 6; *Oechsler* in MünchKomm. AktG, 5. Aufl. 2019, § 71b AktG Rz. 15 f. (dort auch zu Nebenpflichten i.S.d. § 55 AktG).
141 BGBl. I 2009, 1102.
142 Vgl. Begr. RegE BilMoG, BT-Drucks. 16/10067, S. 65 f.
143 Vgl. Begr. RegE BilMoG, BT-Drucks. 16/10067, S. 65 f.; *T. Bezzenberger* in K. Schmidt/Lutter, § 71 AktG Rz. 56 ff. (Erwerb) und Rz. 88 f. (Wiederausgabe); *Cahn* in BeckOGK AktG, Stand 1.2.2021, § 71 AktG Rz. 224 ff. (zu § 71 Abs. 2 Satz 2 AktG) und Rz. 239 ff. (zur bilanziellen Behandlung bis 2009 und ab 2010); *Oechsler* in MünchKomm. AktG, 5. Aufl. 2019, § 71 AktG Rz. 398 ff.; *Müller/Reinke*, DStR 2015, 1127 ff. (speziell zur Behandlung im Konzernabschluss); ausf. zur aktienrechtlichen Einordnung der Einziehung eigener Aktien *Seidler/Thiere*, BB 2019, 2058 ff. und zur bilanziellen Abbildung von Erwerb und Einziehung eigener Aktien nach HGB und IFRS *Seidler/Thiere*, BB 2019, 2091 ff. Zur steuerrechtlichen Behandlung des Erwerbs eigener Anteile vgl. BMF-Schreiben v. 27.11.2013 – IV C 2 - S 2742/07/10009, BStBl. I 2013, 1615; dazu *Oechsler* in MünchKomm. AktG, 5. Aufl. 2019, § 71 AktG Rz. 403 m.w.N.; zuvor bereits *Breuninger/Müller*, GmbHR 2011, 10 ff.
144 Zum maßgeblichen Zeitpunkt vgl. OLG Stuttgart v. 25.11.2009 – 20 U 5/09, AG 2010, 133, 135; OLG Rostock v. 30.1.2013 – 1 U 75/11, NZG 2013, 543, 544 ff. = GmbHR 2013, 305 (zu § 33 Abs. 2 Satz 1 GmbHG); auch *T. Bezzenberger* in K. Schmidt/Lutter, § 71 AktG Rz. 59.
145 Zu Problemen unter dem Gesichtspunkt der Kapitalerhaltung, die sich aus einer unzureichenden Abstimmung der Regelungen des § 71 Abs. 2 Satz 2 AktG und des § 272 Abs. 1a HGB ergeben, vgl. *Oechsler*, AG 2010, 105 ff.; *Cahn* in BeckOGK AktG, Stand 1.2.2021, § 71 AktG Rz. 227.

Weise eine Ausschüttung zu Lasten des gebundenen Kapitals nicht möglich ist[146]. Beim Erwerb der eigenen Aktien zu beachten ist die **Berichtspflicht im Anhang** nach § 160 Abs. 1 Nr. 2 AktG.

Nach § 272 Abs. 1b HGB ist im Falle der **Veräußerung der eigenen Anteile** der gemäß § 272 Abs. 1a Satz 1 HGB vorgenommene Vorspaltenausweis rückgängig zu machen. Ein den Nennbetrag übersteigender Differenzbetrag aus dem Veräußerungserlös ist bis zur Höhe des mit den frei verfügbaren Rücklagen verrechneten Betrages wieder in die jeweiligen Rücklagen, ein darüber hinausgehender Differenzbetrag in die Kapitalrücklage gemäß § 272 Abs. 2 Nr. 1 HGB einzustellen. Wiederum stellen die Nebenkosten der Veräußerung Aufwand des Geschäftsjahrs dar. Wie beim Erwerb der eigenen Aktien ist auch bei ihrer Wiederveräußerung die **Berichtspflicht im Anhang** nach § 160 Abs. 1 Nr. 2 AktG zu beachten.

52.51

VI. Veräußerung eigener Aktien

Mit Ausnahme von § 71c AktG, der bereits eine Pflicht zur Veräußerung von unrechtmäßig erworbenen Aktien enthielt, sah das AktG bis zum KonTraG im Jahre 1998 keine Regelungen für den Verkauf unrechtmäßig oder rechtmäßig erworbener Aktien durch die Gesellschaft vor. Erstmals durch das KonTraG wurden in § 71 Abs. 1 Nr. 8 Satz 3 bis 5 AktG Regelungen für die Veräußerung von nach § 71 Abs. 1 Nr. 8 Satz 1 und 2 zulässigerweise erworbenen Aktien in das Gesetz eingefügt. Danach ist nicht nur auf den Erwerb, sondern auch auf die **Veräußerung** der erworbenen Aktien der **Grundsatz der Gleichbehandlung der Aktionäre (§ 53a AktG) anzuwenden** mit der Klarstellung, dass eine Veräußerung über die Börse den Anforderungen des § 53a AktG genügt[147]. Neben der Wiederveräußerung eigener Aktien kommen andere Nutzungsmöglichkeiten, etwa ihre Verwendung zu Bedienung von Mitarbeiteroptionen oder Wandelanleihen[148] oder auch ihre Einziehung[149], in Betracht[150].

52.52

Demgegenüber hat die Regelung des § 71 Abs. 1 Nr. 8 Satz 5 AktG, nach der die **Hauptversammlung** eine **andere Veräußerung** beschließen kann, mit dem Verweis auf § 186 Abs. 3, 4 und § 193 Abs. 2 Nr. 4 AktG Anlass zu umfangreichen Diskussionen gegeben. Nach der Regierungsbegründung zum KonTraG ist mit der „anderen Veräußerung" eine Wiederveräußerung der eigenen Aktien gemeint, die

52.53

---

146 Vgl. Begr. RegE, BT-Drucks. 16/10067, S. 66, 101; vgl. OLG München v. 8.5.2012 – 31 Wx 155/12, ZIP 2012, 1075, 1076 = AG 2012, 562 = EWiR 2012, 543 m. Anm. *Wachter* (Kapitalrücklage nach § 272 Abs. 2 Nr. 4 HGB als Rücklage i.S.v. § 72 Abs. 2 Satz 2 AktG).
147 Zur Verwendung eigener Aktien als Sachdividende i.S.d. § 58 Abs. 5 AktG vgl. *Drygala* in KölnKomm. AktG, 3. Aufl. 2011, § 58 AktG Rz. 164.
148 Zu den in diesem Fall bestehenden Mitwirkungsbefugnissen der Hauptversammlung vgl. *Broichhausen*, NZG 2012, 86 ff.
149 Eingezogen werden können eigene Aktien, die speziell zum Zwecke der Einziehung aufgrund eines entsprechenden Hauptversammlungsbeschlusses nach § 71 Abs. 1 Nr. 6 AktG oder aufgrund einer Ermächtigung nach § 71 Abs. 1 Nr. 8 AktG erworben worden sind, wobei die Einziehung im letztgenannten Fall ohne weiteren Beschluss der Hauptversammlung erfolgen kann, wenn die Ermächtigung dies vorsieht (§ 71 Abs. 1 Nr. 8 Satz 6 AktG). Zur Einziehung eigener Aktien nach § 237 Abs. 3 Nr. 3 AktG vgl. *Wieneke/Förl*, AG 2005, 189 ff.; zum Umfang der Prüfungspflicht des Registergerichts in diesem Falle vgl. OLG München v. 8.5.2012 – 31 Wx 155/12, ZIP 2012, 1075, 1076 = AG 2012, 563 = EWiR 2012, 543 m. Anm. *Wachter*. Zum Umgang mit eigenen Anteilen im Zusammenhang mit der Vorbereitung eines Börsengangs, insbesondere beim Formwechsel von GmbH in AG, vgl. *Schulz*, ZIP 2015, 510 ff.
150 Ausf. Überblick über verschiedene Nutzungsmöglichkeiten bei *Groß* in Happ/Groß/Möhrle/Vetter, Aktienrecht, Band II, 13.01 Rz. 12–22; zu den zulässigen Zwecken von unter die Safe-Harbour-Regelungen des Art. 5 MMVO fallenden Aktienrückkaufprogrammen vgl. Rz. 52.68.

abweichend vom Grundsatz der gleichmäßigen Zuteilung erfolgt[151]. Wirtschaftlich entspricht dies einem Bezugsrechtsausschluss im Falle der Begebung neuer Aktien. Dementsprechend ist streitig, ob den Aktionären bei Verkauf eigener Aktien durch die Gesellschaft grundsätzlich ein dem Bezugsrecht vergleichbares Vorerwerbsrecht zusteht und – soweit dies bejaht wird – unter welchen Voraussetzungen dessen Ausschluss möglich ist.

52.54 Von einer Mindermeinung wird formal argumentiert, dass eigene Aktien gerade keine jungen Aktien sind und es sich bei deren Veräußerung nicht um eine Kapitalerhöhung, sondern um ein Umsatzgeschäft handelt[152]. Demgegenüber geht die h.M. von der wirtschaftlichen Vergleichbarkeit der mit der Wiederveräußerung eigener Aktien und der Begebung junger Aktien verbundenen Verwässerungseffekte aus und bejaht daher im Falle einer nicht über die Börse erfolgenden Veräußerung der eigenen Aktien grundsätzlich ein dem Bezugsrecht bei Kapitalerhöhungen entsprechendes **Erwerbs- bzw. Andienungsrecht der Aktionäre**[153]. Es stellt sich dann die Frage, wie der Verweis in § 71 Abs. 1 Nr. 8 Satz 5 AktG auf § 186 Abs. 3, 4 AktG zu verstehen ist. Gemäß § 186 Abs. 3 Satz 4 AktG ist bei einer Kapitalerhöhung gegen Bareinlagen ein Ausschluss des Bezugsrechtes insbesondere dann zulässig, wenn die Kapitalerhöhung zehn Prozent des Grundkapitals nicht übersteigt, der Ausgabebetrag den Börsenpreis nicht wesentlich unterschreitet und der Bezugsrechtsausschluss auf einem mit qualifizierter Mehrheit gefassten Beschluss der Hauptversammlung beruht. Der Verweis auf § 186 Abs. 3 Satz 4 AktG hat damit die Funktion, **jede am Börsenkurs orientierte Veräußerung** zuzulassen, soweit die Voraussetzungen des § 186 Abs. 3, 4 AktG eingehalten werden, insbesondere ein mit einer Mehrheit von mindestens **drei Vierteln des bei der Beschlussfassung vertretenen Grundkapitals** gefasster Beschluss der Hauptversammlung vorliegt[154]; bei Nichtvorliegen der Voraussetzungen des § 186 Abs. 3 Satz 4 AktG ist eine gesonderte sachliche Rechtfertigung des Verstoßes gegen das Gleichbehandlungsgebot erforderlich[155]; dabei ist der das Bezugsrecht ausschließende Erhöhungsbeschluss anfechtbar, wenn der Ausgabebetrag der neuen Aktien unangemessen niedrig ist (§ 255 Abs. 2 AktG). Ein gesetzliches Zustimmungserfordernis des Aufsichtsrats ist in diesem Zusammenhang nicht zu bejahen, jedoch kann die Hauptversammlung den Vorstand bei der vom Gleichheitsgrundsatz abweichenden Veräußerung eigener Aktien an die Zustimmung des Aufsichtsrats binden[156].

52.55 Das bedeutet, dass ein Hauptversammlungsbeschluss, der zur Veräußerung eigener Aktien ermächtigt, ohne dass der Gleichbehandlungsgrundsatz gewahrt wird oder die speziellen Voraussetzungen des § 193 Abs. 2 Nr. 4 AktG vorliegen, die formellen und materiellen Anforderungen an einen Bezugsrechtsausschluss nach § 186 Abs. 3, 4 AktG erfüllen muss[157]. Da nach § 186 Abs. 3 Satz 1 AktG das Bezugsrecht nur im Beschluss über die Erhöhung des Grundkapitals ausgeschlossen werden kann, wird

---

151 Vgl. Begr. RegE KonTraG, BT-Drucks. 13/9712, S. 14. Ausführlich zur Wertpapierleihe mittels eigener Aktien vgl. *Cahn/Ostler*, AG 2008, 221 ff. und *Oechsler*, AG 2010, 526 ff.
152 So bereits *Hefermehl/Bungeroth* in G/H/E/K, 1984, § 71d AktG Rz. 18; *Benckendorff*, Erwerb eigener Aktien, S. 280 ff.
153 Vgl. OLG Stuttgart v. 25.10.2018 – 20 W 6/18, BeckRS 2018, 35625 Rz. 256 ff., 310 ff. = AG 2019, 527 ff.; *T. Bezzenberger* in K. Schmidt/Lutter, § 71 AktG Rz. 80 ff. m.w.N.; *Cahn* in BeckOGK AktG, Stand 1.2.2021, § 71 AktG Rz. 130 ff. (insb. Rz. 137: „ein im Verhältnis zum Bezugsrecht eingeschränktes Erwerbsrecht"); *Groß* in Happ/Groß/Möhrle/Vetter, Aktienrecht, Band II, 13.01 Rz. 12; *Hüffer/Koch*, § 71 AktG Rz. 19m; *Oechsler* in MünchKomm. AktG, 5. Aufl. 2019, § 71 AktG Rz. 267; *Habersack*, ZIP 2004, 1121, 1123 ff.; *Reichert/Harbarth*, ZIP 2001, 1441, 1442; *Rieckers* in MünchHdb. AG, § 15 Rz. 44; *Saria*, NZG 2000, 458, 461; *Wilsing/Siebmann*, DB 2006, 881, 882 f. Zur Behandlung eigener Aktien im Rahmen einer Kapitalerhöhung vgl. *Busch*, AG 2005, 429 ff.
154 DAV-Stellungnahme zum KonTraG, ZIP 1997, 163, 172.
155 *Wilsing/Siebmann*, DB 2006, 881, 883 ff.
156 Vgl. *Reichert/Harbarth*, ZIP 2001, 1441, 1445 f.; *Groß* in Happ/Groß/Möhrle/Vetter, Aktienrecht, Band II, 13.01 Rz. 3.2.
157 Vgl. ausf. OLG Stuttgart v. 25.10.2018 – 20 W 6/18, BeckRS 2018, 35625 Rz. 256 ff., 310 ff. = AG 2019, 527 ff.; *Groß* in Happ/Groß/Möhrle/Vetter, Aktienrecht, Band II, 13.01 Rz. 12.1 ff.

hieraus gefolgert, dass der **Beschluss über eine andere Art der Veräußerung** nur gemeinsam mit dem **Ermächtigungsbeschluss der Hauptversammlung** nach § 71 Abs. 1 Nr. 8 Satz 1 AktG gefasst werden kann[158]. Daran ist zutreffend, dass der Aktionär bei dem Beschluss über die Ermächtigung des Vorstandes zum Erwerb eigener Aktien davon ausgehen kann, dass eine spätere Veräußerung der eigenen Aktien über die Börse abgewickelt wird und er daher die Chance zum Rückerwerb hat, wenn keine andere Art der Veräußerung vorgesehen wird. Allerdings liegt nicht bereits in dem Erwerb, sondern erst in der anschließenden Wiederveräußerung der eigenen Aktien der mit der Kapitalerhöhung vergleichbare Tatbestand, so dass insoweit eine andere, das Bezugsrecht der Aktionäre nicht wahrende Art der Veräußerung auch nach dem Ermächtigungsbeschluss beschlossen werden kann, dann allerdings nur unter Wahrung der Voraussetzungen des § 183 Abs. 3, 4 AktG[159]. Dabei ist auch zu berücksichtigen, dass es im Ermessen der Hauptversammlung liegt, den Vorstand zu ermächtigen, über die Art der späteren Veräußerung und einen Bezugsrechtsausschluss – ähnlich wie bei einem genehmigten Kapital – zu entscheiden[160]. Zu beachten ist, dass nach Auffassung der BaFin der Beschluss der Hauptversammlung, der nach § 71 Abs. 1 Nr. 8 Satz 5 AktG i.V.m. § 186 Abs. 3, 4 und § 193 Abs. 2 Nr. 4 AktG zur Wiederveräußerung eigener Aktien ohne Einhaltung des Gleichbehandlungsgrundsatzes (§ 53a AktG) ermächtigt, wie ein Bezugsrechtsausschluss angesehen wird und daher nach § 49 Abs. 1 Satz 1 Nr. 2 WpHG (bis 2.1.2018: § 30b Abs. 1 Satz 1 Nr. 2) im Bundesanzeiger veröffentlichungspflichtig ist[161].

Auch das Verständnis des Verweises von § 71 Abs. 1 Nr. 8 Satz 5 AktG auf § 193 Abs. 2 Nr. 4 AktG ist streitig. Einigkeit besteht insoweit, dass diesem Verweis zu entnehmen ist, dass von der Gesellschaft im Rahmen von **Aktienoptionsplänen** an Vorstandsmitglieder und Mitarbeiter (nicht Aufsichtsratsmitglieder) gewährte Aktienoptionen aus eigenen Aktien bedient werden dürfen[162]. Streitig ist jedoch, ob die Tatbestände des § 186 Abs. 3, 4 AktG und des § 193 Abs. 2 Nr. 4 AktG in einem **Alternativverhältnis** zueinander stehen. Ein Teil der Literatur bejaht dies[163] mit der Begründung, dass auch bei einer „normalen" Aktienveräußerung beide Normen nicht kumulativ angewandt würden. Dem wird zu Recht entgegengehalten, dass auch bei einem auf bedingtem Kapital beruhenden Aktienoptionsprogramm beide Normen kumulativ anzuwenden seien, da dies dem historischen Willen des Gesetzgebers entspreche[164]. Erforderlich ist, dass der Ermächtigungsbeschluss der Hauptversammlung die die Anforderungen des § 193 Abs. 2 Nr. 4 AktG erfüllenden Einzelheiten des Aktienoptionsprogramms beinhaltet[165].

52.56

---

158 So insb. *Oechsler* in MünchKomm. AktG, 4. Aufl. 2016, § 71 AktG Rz. 256; *Lutter/Drygala* in KölnKomm. AktG, 3. Aufl. 2009, § 71 AktG Rz. 180.
159 *T. Bezzenberger* in K. Schmidt/Lutter, § 71 AktG Rz. 83 m.w.N.; *Groß* in Happ/Groß/Möhrle/Vetter, Aktienrecht, Band II, 13.01 Rz. 12.2.
160 So insb. *T. Bezzenberger*, Erwerb eigener Aktien, Rz. 154.
161 Vgl. *BaFin*, Emittentenleitfaden, Modul B (Stand 30.10.2018), Teil II, Ziff. II.3.3.2.5, S. 59; dazu *Groß* in Happ/Groß/Möhrle/Vetter, Aktienrecht, Band II, 13.01 Rz. 29.2; *Rieckers*, ZIP 2009, 700, 701 und 705.
162 Begr. RegE, BT-Drucks. 13/9712, S. 14; BGH v. 16.2.2004 – II ZR 316/02, BGHZ 158, 122 = AG 2004, 265; *T. Bezzenberger* in K. Schmidt/Lutter, § 71 AktG Rz. 85 f.; *Lutter/Drygala* in KölnKomm. AktG, 3. Aufl. 2009, § 71 AktG Rz. 187 ff.; zur Absicherung aktienbasierter Vergütungen an Vorstandsmitglieder mittels eigener Aktien vgl. *Kruchen*, AG 2014, 655 ff.
163 *Weiß*, WM 1999, 359, 362; *Hüffer/Koch*, § 71 AktG Rz. 19j.
164 *T. Bezzenberger* in K. Schmidt/Lutter, § 71 AktG Rz. 85; *Cahn* in BeckOGK AktG, Stand 1.2.2021, § 71 AktG Rz. 139 m. zahlr. w.N.; *Groß* in Happ/Groß/Möhrle/Vetter, Aktienrecht, Band II, 13.01 Rz. 12.7; *Oechsler* in MünchKomm. AktG, 5. Aufl. 2019, § 71 AktG Rz. 280 ff., insbesondere Rz. 283.
165 Vgl. *Groß* in Happ/Groß/Möhrle/Vetter, Aktienrecht, Band II, 13.01 Rz. 12.5 ff.; *Oechsler* in MünchKomm. AktG, 5. Aufl. 2019, § 71 AktG Rz. 283 ff. (dort auch jeweils zu der streitigen Frage, ob Rückerwerbsermächtigung und Verwendung der eigenen Aktien für ein Aktienoptionsprogramm in einer HV beschlossen werden müssen).

52.57 Bei einer Veräußerung von nach § 71 Abs. 1 Nr. 1 bis 7 AktG erworbenen Aktien stellt sich die Frage eines Bezugsrechts der Aktionäre im Falle einer Wiederveräußerung und den Anforderungen an seinen Ausschluss aufgrund des jeweils in den Bestimmungen vorgesehenen spezifischen Verwendungszweckes grundsätzlich nicht. In den Fällen des § 71 Abs. 1 Nr. 1, 5 AktG und eingeschränkt auch in § 71 Abs. 1 Nr. 7 AktG kann sich diese Frage jedoch stellen, wenn der ursprünglich mit dem Erwerb der eigenen Aktien verfolgte Zweck aufgegeben wird oder werden muss. In diesen Fällen wird § 186 Abs. 3, 4 AktG analog anzuwenden sein[166].

VII. Dritt- und Umgehungsgeschäfte, Inpfandnahme

52.58 Nach § 71a Abs. 1 Satz 1 AktG sind Rechtsgeschäfte nichtig, die die Gewährung eines Vorschusses oder eines Darlehens oder die Leistung einer Sicherheit durch die Aktiengesellschaft an einen anderen zum Zweck des Erwerbs von Aktien dieser Gesellschaft zum Gegenstand haben[167]. Ausgenommen hiervon sind nach § 71a Abs. 1 Satz 2 AktG laufende Geschäfte von Kreditinstituten oder Finanzdienstleistungsinstituten sowie die vorgenannten Maßnahmen der Gesellschaft, wenn der Erwerber der Aktien ein Arbeitnehmer der Gesellschaft oder eines mit ihr verbundenen Unternehmens ist[168] sowie nach § 71a Abs. 1 Satz 3 AktG Rechtsgeschäfte bei Bestehen eines Gewinnabführungs- oder Beherrschungsvertrages. Indem § 71a Abs. 1 Satz 1 AktG Finanzierungs- und Hilfsgeschäfte verbietet, mit denen es die Gesellschaft Dritten ermöglicht, Aktien an ihr zu erwerben, verfolgt die Norm neben dem Schutz vor Umgehung des § 71 AktG (insb. § 71a Abs. 2 AktG) auch einen eigenständigen Kapital- und Vermögensschutz (Verbot der Financial Assistance)[169]. Streitig ist dabei, ob nur der derivative Erwerb von Aktien oder auch ihr originärer Erwerb, d.h. die Zeichnung von Aktien bei Gründung oder Kapitalerhöhung, von § 71a AktG erfasst ist[170].

52.59 Nach § 71a Abs. 2 AktG sind **Rechtsgeschäfte** zwischen der Gesellschaft und einem **Dritten** nichtig, wenn diese dazu dienen, dass der Dritte Aktien der Gesellschaft für ihre Rechnung oder für Rechnung eines von ihr abhängigen oder in ihrem Mehrheitsbesitz stehenden Unternehmens erwerben soll und ein Erwerb durch die Gesellschaft gegen § 71 Abs. 1 oder 2 AktG verstoßen würde. Hierdurch werden

---

166 Vgl. *Hirsch*, Erwerb eigener Aktien, S. 181 f.
167 Vgl. BGH v. 12.9.2006 – XI ZR 296/05, ZIP 2006, 2119 ff. (Nichtigkeit eines Bankkredits zum Erwerb eigener Aktien bei unüblichen Bedingungen). Vgl. auch *Habersack* in FS Röhricht, 2005, S. 155 ff.; *Oechsler*, ZIP 2006, 1661 ff.; *Singhof*, NZG 2002, 745 ff. Zu den Auswirkungen der Änderung der Kapitalrichtlinie auf § 71a Abs. 1 AktG, insbesondere im Hinblick auf die Finanzierung von Leveraged Buy Outs (LBOs), vgl. *Drygala*, Der Konzern 2007, 396 ff. und *Freitag*, AG 2007, 157 ff. Die Anwendbarkeit des § 71a Abs. 1 Satz 1 AktG offenlassend OLG Düsseldorf v. 28.9.2006 – I-5 U 6/06 – Babcock Borsig/HDW, NZG 2007, 273 ff.; dazu *Kerber*, NZG 2007, 254 ff.
168 Vgl. ausf. zu den Voraussetzungen des § 71a Abs. 1 Satz 2 AktG im Zusammenhang mit einer Sicherheitsleistung der AG zum Zwecke des Erwerbs von Belegschaftsaktien jüngst BGH v. 10.1.2017 – II ZR 94/15, NZG 2017, 344, 346 Rz. 25 ff. = AG 2017, 233.
169 Vgl. *T. Bezzenberger* in K. Schmidt/Lutter, § 71a AktG Rz. 1; *Cahn* in BeckOGK AktG, Stand 1.2.2021, § 71a AktG Rz. 7 ff.; *Grigoleit/Rachlitz* in Grigoleit, § 71a AktG Rz. 1 ff.; *Hüffer/Koch*, § 71a AktG Rz. 1; *Oechsler* in MünchKomm. AktG, 5. Aufl. 2019, § 71a AktG Rz. 3 ff.; vgl. auch OLG München v. 19.2.2014 – 13 U 820/13, BeckRS 2014, 3988 (Drittschutz zugunsten der anderen Aktionäre).
170 Verneinend die wohl h.M., vgl. *T. Bezzenberger* in K. Schmidt/Lutter, § 71a AktG Rz. 43; *Lutter/Drygala* in KölnKomm. AktG, 3. Aufl. 2009, § 71a AktG Rz. 21; *Merkt* in Großkomm. AktG, 4. Aufl. 2008, § 71a AktG Rz. 44; *Oechsler* in MünchKomm. AktG, 5. Aufl. 2019, § 71a AktG Rz. 21; bejahend *Cahn/v. Spannenberg* in BeckOGK AktG, Stand 1.2.2021, § 56 AktG Rz. 14 f.; *Cahn* in BeckOGK AktG, Stand 1.2.2021, § 71a AktG Rz. 18 m.w.N.; *Grigoleit/Rachlitz* in Grigoleit, § 56 AktG Rz. 19 f. und § 71a AktG Rz. 2, 12; *Hüffer/Koch*, § 71a AktG Rz. 1; offengelassen in BGH v. 10.1.2017 – II ZR 94/15, NZG 2017, 344, 347 Rz. 31 = AG 2017, 233.

Geschäfte für nichtig erklärt, durch die § 71 AktG umgangen werden soll, insbesondere der Erwerb durch die Gesellschaft im Wege der **mittelbaren Stellvertretung**[171]. Die Nichtigkeit erstreckt sich nur auf das Innenverhältnis zwischen dem Dritten und der Gesellschaft, so dass der Dritte im **Außenverhältnis Aktionär** der AG bleibt[172]. Dabei geht § 71a Abs. 2 AktG von einer mittelbaren Stellvertretung des Dritten aus, da dieser „für Rechnung" der Gesellschaft oder eines von ihr abhängigen oder in ihrem Mehrheitsbesitz stehenden Unternehmens handeln soll.

Die Regelungen des § 71a Abs. 2 AktG **kollidieren** teilweise mit denen des § 71d AktG. Dessen Sätze 1 und 2 erstrecken das für die Gesellschaft grundsätzlich bestehende Verbot des Erwerbs eigener Aktien auf von der Gesellschaft abhängige oder in ihrem Mehrheitsbesitz stehende Unternehmen sowie auf Dritte, die im eigenen Namen, jedoch für Rechnung der Gesellschaft, ein von der Gesellschaft abhängiges oder ein in ihrem Mehrheitsbesitz stehendes Unternehmen handeln (mittelbare Stellvertretung). Danach soll es im Falle eines Verstoßes gegen § 71a Abs. 2 AktG wegen der Nichtigkeit das **Auftrags- oder Geschäftsbesorgungsverhältnisses** (Innenverhältnis) zwischen der Gesellschaft und dem Dritten an einer Grundlage für die von § 71d Satz 3 AktG vorgesehene Zusammenrechnung des Anteils des Dritten und der von der Gesellschaft selbst gehaltenen Aktien fehlen; auch sei nicht verständlich, wieso nach § 71d Satz 5 AktG der Dritte oder das Unternehmen der Gesellschaft auf ihr Verlangen das Eigentum an den Aktien zu verschaffen habe, wenn das Innenverhältnis bereits nach § 71a Abs. 2 AktG nichtig sei[173]. Lediglich bei Gültigkeit des Auftrags- oder Geschäftsbesorgungsverhältnisses zwischen der Gesellschaft bzw. dem von dieser abhängigen oder in ihrem Mehrheitsbesitz stehenden Unternehmen und dem Dritten sei § 71d AktG in vollem Umfang anwendbar[174]. In diesem Falle sind die Aktien der Gesellschaft nach § 71d Satz 3 AktG zuzurechnen und nach dessen Satz 4 die Vorstandspflichten des § 71 Abs. 3 AktG zu beachten. Daraus, dass § 71d Satz 4 AktG auch auf § 71 Abs. 4 AktG verweist, folgt, dass im Falle eines Verstoßes gegen § 71 Abs. 1, 2 AktG die entsprechenden Erwerbsgeschäfte wirksam sind, nicht jedoch das dazugehörige Kausalgeschäft, so dass **keine Erfüllungsansprüche** aus dem Geschäft bestehen[175]. Aus dem Verweis auf § 71b AktG folgt, dass ein von der Gesellschaft abhängiges oder in ihrem Mehrheitsbesitz stehendes Unternehmen aus den rechtswidrig erworbenen Aktien der Gesellschaft **keine Mitgliedschaftsrechte** herleiten kann. Nach § 71d Satz 5 und 6 AktG haben der Dritte oder das abhängige oder in Mehrheitsbesitz stehende Unternehmen der Gesellschaft auf deren Verlangen das Eigentum an den Aktien zu verschaffen gegen Erstattung des Gegenwertes, bei dem es sich nach wohl h.M. um den Verkehrswert im Zeitpunkt der Übertragung handeln soll[176]. 52.60

Durch § 71e Abs. 1 Satz 1 AktG wird dem Erwerb eigener Aktien nach § 71 AktG und den Umgehungsgeschäften nach § 71d AktG eine **Inpfandnahme eigener Aktien** durch die Gesellschaft gleichgestellt. Hiervon macht § 71e Abs. 1 Satz 2 AktG eine Ausnahme für Kreditinstitute im Rahmen ihrer laufenden Geschäfte bis zur Höhe von zehn Prozent des Grundkapitals. Nach § 71e Abs. 2 AktG macht ein Verstoß gegen § 71e Abs. 1 AktG das rechtsgeschäftlich begründete Pfandrecht an eigenen Aktien 52.61

---

171 Vgl. *T. Bezzenberger* in K. Schmidt/Lutter, § 71a AktG Rz. 48 ff.; *Cahn* in BeckOGK AktG, Stand 1.2.2021, § 71a AktG Rz. 65; *Grigoleit/Rachlitz* in Grigoleit, § 71a AktG Rz. 2, 12; *Hüffer/Koch*, § 71a AktG Rz. 40; *Oechsler* in MünchKomm. AktG, 5. Aufl. 2019, § 71a AktG Rz. 65 ff.
172 Unstr., vgl. nur *Hüffer/Koch*, § 71a AktG Rz. 9.
173 Vgl. *Hüffer/Koch*, § 71d AktG Rz. 8 ff.; *Lutter/Drygala* in KölnKomm. AktG, 3. Aufl. 2009, § 71d AktG Rz. 89 ff.
174 *Benckendorff*, Erwerb eigener Aktien, S. 262; *T. Bezzenberger* in K. Schmidt/Lutter, § 71d AktG Rz. 3; *Oechsler* in MünchKomm. AktG, 5. Aufl. 2019, § 71d AktG Rz. 3 f. und Rz. 13; *Hüffer/Koch*, § 71d AktG Rz. 11.
175 *T. Bezzenberger* in K. Schmidt/Lutter, § 71d AktG Rz. 30; *Cahn* in BeckOGK AktG, Stand 1.2.2021, § 71d AktG Rz. 53; LG Göttingen v. 6.1.1992 – 8 O 123/91, WM 1992, 1373, 1374.
176 *Hüffer/Koch*, § 71d AktG Rz. 20 ff. m.w.N.; *Cahn* in BeckOGK AktG, Stand 1.2.2021, § 71d AktG Rz. 61; *Lutter/Drygala* in KölnKomm. AktG, 3. Aufl. 2009, § 71d AktG Rz. 863; *Oechsler* in MünchKomm. AktG, 5. Aufl. 2019, § 71d AktG Rz. 63 ff.

nur dann unwirksam, wenn auf sie der Ausgabebetrag noch nicht voll geleistet ist. Nichtig ist hingegen im Falle des Verstoßes die dem Pfandrecht als schuldrechtlichem Geschäft zugrunde liegende Sicherungsabrede.

VIII. Rechenschaftslegung (§ 71 Abs. 3 AktG)

52.62 Für den in der Praxis wichtigsten Fall des Erwerbes eigener Aktien nach § 71 Abs. 1 Nr. 8 AktG sieht § 71 Abs. 3 Satz 1 AktG – ebenso wie für den Fall des § 71 Abs. 1 Nr. 1 AktG – vor, dass der Vorstand „die **nächste Hauptversammlung** über die Gründe und den Zweck des Erwerbs, über die Zahl der erworbenen Aktien und den auf sie entfallenden Betrag des Grundkapitals, über deren Anteil am Grundkapital sowie über den Gegenwert der Aktien **zu unterrichten**" hat. Da die Angaben über eigene Aktien zu den **Pflichtangaben des Anhanges** nach § 160 Abs. 1 Nr. 2 AktG gehören, bedarf es keiner besonderen Unterrichtung, wenn die nächste Hauptversammlung diejenige ist, der der Anhang im Rahmen des Jahresabschlusses der Gesellschaft (§ 175 AktG) zur Verfügung zu stellen ist, und die Angaben im Anhang den Anforderungen des § 71 Abs. 3 AktG entsprechen[177]. Börsennotierte Gesellschaften haben die Angaben nach § 160 Abs. 1 Nr. 2 AktG auch in den nach § 115 WpHG zu erstellenden Halbjahresfinanzbericht aufzunehmen[178].

IX. Kapitalmarktrechtliche Parameter bei Erwerb und Veräußerung eigener Aktien

1. Keine Pflicht zur Information der BaFin; Bekanntmachung nach § 49 Abs. 1 Satz 1 Nr. 2 WpHG

52.63 Die erst 1998 durch das KonTraG in § 71 Abs. 3 Satz 3 AktG a.F. eingeführte Pflicht der Gesellschaft, die Bundesanstalt für Finanzdienstleistungsaufsicht (BaFin) über die Erteilung einer Ermächtigung gemäß § 71 Abs. 1 Nr. 8 AktG zu unterrichten, wurde durch das ARUG mit Wirkung zum 1.9.2009 ersatzlos gestrichen. Nach Auffassung des Gesetzgebers hat die bloße Ermächtigung zum Rückkauf eigener Aktien keine erhebliche Kursrelevanz, so dass kein Bedürfnis besteht, die BaFin zu informieren[179]. Zu beachten ist allerdings, dass, wenn die Gesellschaft Emittent von zugelassenen Aktien ist, für den die Bundesrepublik Deutschland Herkunftsstaat ist, nach Auffassung der BaFin der Beschluss der Hauptversammlung, der nach § 71 Abs. 1 Nr. 8 Satz 5 AktG i.V.m. § 186 Abs. 3, 4 und § 193 Abs. 2 Nr. 4 AktG zur Wiederveräußerung eigener Aktien ohne Einhaltung des Gleichbehandlungsgrundsatzes (§ 53a AktG) ermächtigt, als Vereinbarung von Bezugsrechten und die Schaffung einer Einziehungsermächtigung nach § 71 Abs. 1 Nr. 8 Satz 6 AktG als Vereinbarung eines Einziehungsrechts ebenso wie die darauf basierende Ausübung der Einziehungsbefugnis nach § 49 Abs. 1 Satz 1 Nr. 2 WpHG (bis 2.1.2018: § 30b Abs. 1 Satz 1 Nr. 2) im Bundesanzeiger veröffentlichungspflichtig sind[180].

---

177 Begr. RegE ARUG, BT-Drucks. 16/11642, S. 25; *Hüffer/Koch*, § 71 AktG Rz. 22; *Groß* in Happ/Groß/Möhrle/Vetter, Aktienrecht, Band II, 13.01 Rz. 35.1.
178 Vgl. *Groß* in Happ/Groß/Möhrle/Vetter, Aktienrecht, Band II, 13.01 Rz. 35.1.
179 Begr. RegE KonTraG, BT-Drucks. 13/9712, S. 14.
180 Vgl. *BaFin*, Emittentenleitfaden, Modul B (Stand 30.10.2018), Teil II, Ziff. II.3.3.2.5, S. 59; dazu *Groß* in Happ/Groß/Möhrle/Vetter, Aktienrecht, Band II, 13.01 Rz. 29.2; *Rieckers*, ZIP 2009, 700, 701 und 705.

2. Ad-hoc-Publizität bei Erwerb und Veräußerung

Die **Beschlüsse des Vorstandes und des Aufsichtsrates**, der Hauptversammlung einer dem § 26 WpHG (bis 2.1.2018: § 15) unterfallenden Gesellschaft[181] die Schaffung einer Rückkaufermächtigung nach § 71 Abs. 1 Nr. 8 AktG zur Beschlussfassung vorzuschlagen, führt ebenso wie die **Beschlussfassung durch die Hauptversammlung** nach h.L. i.d.R. **nicht zu einer Ad-hoc-Publizitätspflicht**, da ihnen grundsätzlich keine erhebliche Kursrelevanz zukommt und es sich somit nicht um eine nach § 26 Abs. 1 WpHG (bis 2.1.2018: § 15 Abs. 1) veröffentlichungspflichtige Insiderinformation i.S.d. Art. 7 MMVO handelt[182]. Etwas anderes gilt für den **Beschluss des Vorstandes**, von einer nach § 71 Abs. 1 Nr. 8 Satz 1 AktG erteilten **Ermächtigung Gebrauch zu machen**. Dieser stellt bei entsprechendem Kursbeeinflussungspotential eine gemäß § 26 Abs. 1 WpHG (bis 2.1.2018: § 15 Abs. 1) veröffentlichungspflichtige Insiderinformation dar[183]. Dem Unternehmen obliegt daher die Pflicht, diesen Beschluss nach § 26 WpHG (bis 2.1.2018: § 15) unverzüglich zu veröffentlichen; eine Ersetzung der Mitteilung nach § 26 WpHG (bis 2.1.2018: § 15) durch die Veröffentlichung nach § 10 WpÜG kommt mit der hier vertretenen und mittlerweile auch von der BaFin geteilten Auffassung, dass auf Aktienrückkaufprogramme die Regelungen des WpÜG keine Anwendung finden (vgl. im Einzelnen Rz. 52.69), nicht in Betracht. In der Ad-hoc-Mitteilung sind anzugeben der wesentliche **Inhalt des Rückkaufbeschlusses** des Vorstandes einschl. Zeitpunkt bzw. Zeitspanne, Stückzahl und Preisspanne sowie der wesentliche Inhalt des Ermächtigungsbeschlusses, der die Grundlage für den Vorstandsbeschluss darstellt[184]. Nicht publizitätspflichtig ist hingegen die konkrete Durchführung eines Aktienrückkaufprogramms[185].

52.64

Der **Beschluss des Vorstandes, eigene Aktien wieder zu veräußern**, stellt als Gegenstück zu dem Vorstandsbeschluss über die Nutzung einer Rückkaufermächtigung eine ad-hoc-publizitätspflichtige Tatsache dar[186].

52.65

---

181 § 26 Abs. 1 WpHG (bis 2.1.2018: § 15 Abs. 1 WpHG) in der durch das Zweite Finanzmarktnovellierungsgesetz v. 23.6.2017 (BGBl. I 2017, 1693) geänderten Fassung gilt mit Wirkung ab 3.1.2018 für Inlandsemittenten, MTF-Emittenten und OTF-Emittenten, die gemäß Art. 17 Abs. 1, 7 oder 8 MMVO verpflichtet sind, Insiderinformationen zu veröffentlichen. MTF-Emittenten sind in § 2 Abs. 15 WpHG i.d.F. des 2. FiMaNoG, OTF-Emittenten in § 2 Abs. 16 WpHG i.d.F. des 2. FiMaNoG legaldefiniert. Bereits durch das 1. FiMaNoG v. 30.6.2016 (BGBl. I 2016, 1514) wurde der Anwendungsbereich der Ad-hoc-Publizitätspflicht auf Emittenten ausgedehnt, die die Einbeziehung ihrer Finanzinstrumente in den Freiverkehr beantragt oder genehmigt haben.
182 So ausdrücklich Begr. RegE ARUG, BT-Drucks. 16/11642, S. 25; *BaFin*, Emittentenleitfaden, Modul C (Stand 25.3.2020), Teil I, Ziff. I.2.1.5.4, S. 18; *Bosse*, ZIP 1999, 2047, 2048; *Cahn* in BeckOGK AktG, Stand 1.2.2021, § 71 AktG Rz. 162; *Groß* in Happ/Groß/Möhrle/Vetter, Aktienrecht, Band II, 13.01 Rz. 30.2; *Oechsler* in MünchKomm. AktG, 5. Aufl. 2019, § 71 AktG Rz. 392; *Schäfer* in Dreyling/Schäfer, Insiderrecht und Ad hoc-Publizität, Rz. 453; *Seibt/Bremkamp*, AG 2008, 469, 472 f.
183 Vgl. *BaFin*, Emittentenleitfaden, Modul C (Stand 25.3.2020), Teil I, Ziff. I.2.1.5.4, S. 18; *Kraft/Altvater*, NZG 1998, 448, 451; *Schockenhoff/Wagner*, AG 1999, 548; *Assmann* in Assmann/Uwe H. Schneider/Mülbert, WpHG, Art. 7 VO (EU) Nr. 596/2014 Rz. 95; *Cahn* in BeckOGK AktG, Stand 1.2.2021, § 71 AktG Rz. 164 f. (auch bei Erforderlichkeit der Aufsichtsratszustimmung); *Groß* in Happ/Groß/Möhrle/Vetter, Aktienrecht, Band II, 13.01 Rz. 30.2; *Oechsler* in MünchKomm. AktG, 5. Aufl. 2019, § 71 AktG Rz. 392 ff.; *Schäfer* in Dreyling/Schäfer, Insiderrecht und Ad hoc-Publizität, Rz. 456 f.; *Seibt/Bremkamp*, AG 2008, 469, 472 f. Vgl. Rechtstatsächliches zu den Reaktionen des Kapitalmarkts bei der Ankündigung des Rückerwerbs eigener Aktien bei *Bayer/Hoffmann/Weinmann*, ZGR 2007, 457 ff.
184 Muster bei *Groß* in Happ/Groß/Möhrle/Vetter, Aktienrecht, Band II, 13.01 unter 13.01 lit. d).
185 *Cahn* in BeckOGK AktG, Stand 1.2.2021, § 71 AktG Rz. 166; *Oechsler* in MünchKomm. AktG, 5. Aufl. 2019, § 71 AktG Rz. 394.
186 *T. Bezzenberger* in K. Schmidt/Lutter, § 71 AktG Rz. 103; *Seibt/Bremkamp*, AG 2008, 469, 473 f., 477 f.

3. Mitteilungspflichten nach §§ 33 ff. WpHG (bis 2.1.2018: §§ 21 ff.)

52.66 Nach § 40 Abs. 1 Satz 2 2. Halbs. WpHG (bis 2.1.2018: § 26 Abs. 1 Satz 2) hat ein Emittent, für den die Bundesrepublik Deutschland Herkunftsstaat ist[187] und der entweder selbst oder über eine in eigenem Namen, aber für seine Rechnung handelnde dritte Person durch Erwerb oder Veräußerung eigener Aktien oder in sonstige Weise die Schwellen von drei, fünf oder zehn Prozent erreicht, überschreitet oder unterschreitet, dies spätestens innerhalb von vier Tagen in einer Erklärung nach § 33 Abs. 1 Satz 1 WpHG (bis 2.1.2018: § 21 Abs. 1 Satz 1) i.V.m. der WpAIV zu veröffentlichen[188]; außerdem hat sie die Erklärung unverzüglich, jedoch nicht vor ihrer Veröffentlichung dem Unternehmensregister i.S.d. § 8b HGB zur Speicherung zu übermitteln. Ergänzt wird die vorstehende Regelung durch § 41 WpHG (bis 2.1.2018: § 26a), nach dem ein Inlandsemittent die Gesamtzahl der Stimmrechte am Ende eines jeden Kalendermonats, in dem es zu einer Zu- oder Abnahme von Stimmrechten gekommen ist, zu veröffentlichen und die Veröffentlichung gleichzeitig der BaFin mitzuteilen hat; dabei geht die BaFin davon aus, dass die von der Gesellschaft gehaltenen eigenen Aktien nicht von der Gesamtzahl der Stimmrechte abzuziehen sind[189].

52.67 Eine Klarstellung der Frage, ob der auf § 71b AktG beruhende Ausschluss des Stimmrechts für die Berechnung der **Gesamtzahl der Stimmrechte der Gesellschaft** (§ 41 WpHG; bis 2.1.2018: § 26a) und der **Stimmrechtsanteile der Aktionäre** (§§ 33, 34 WpHG; bis 2.1.2018: §§ 21, 22) beachtlich ist, ist durch den Gesetzgeber trotz entsprechender Anregungen aus der Praxis[190] nicht erfolgt. Aus Art. 9 Abs. 1 Satz 2 der Transparenzrichtlinie wird jedoch gefolgert, dass eine vorübergehende Aussetzung der Ausübbarkeit der Stimmrechte für die Berechnung keinen Einfluss haben soll[191]. Dies soll auch für den Stimmrechtsausschluss nach § 71b AktG gelten[192]. Nachdem diese Auffassung im Schrifttum zunehmender Kritik ausgesetzt war[193], hat die BaFin durch Schreiben vom 1.12.2014[194] ihre Verwaltungspraxis zur Stimmrechtszurechnung eigener Aktien über Tochterunternehmen geändert: Danach werden nunmehr einem Mutterunternehmen die von dem Tochterunternehmen in der Rechtsform der Aktiengesellschaft gehaltenen eigenen Aktien weder nach § 34 Abs. 1 Satz 1 Nr. 1 WpHG (bis 2.1.2018: § 22 Abs. 1 Satz 1 Nr. 1) noch nach § 30 Abs. 1 Satz 1 Nr. 1 WpÜG zugerechnet. Erfolgt nach dem Rückkauf der eigenen Aktien durch die Gesellschaft deren **Einziehung** gemäß § 71 Abs. 1 Nr. 6 bzw. Nr. 8 Satz 6 AktG, führt dies zu einer Herabsetzung des Grundkapitals der Gesellschaft und damit zu einer **Veränderung der Stimmrechtsanteile** der verbleibenden Aktionäre. Überschreitet ein

---

187 Für Inlandsemittenten gilt nach § 40 Abs. 1 Satz 2 1. Halbs. WpHG die Dreiprozentgrenze nicht.
188 Vgl. *Groß* in Happ/Groß/Möhrle/Vetter, Aktienrecht, Band II, 13.01 Rz. 33 (Erwerb) und Rz. 34 (Veräußerung) mit entsprechenden Mitteilungsmustern unter Buchst. g) und h).
189 Vgl. *BaFin*, Emittentenleitfaden, Modul B (Stand 30.10.2018), Teil I, Ziff. I.3.3.2, S. 53; auch *v. Hein* in Schwark/Zimmer, § 41 WpHG Rz. 3; *Bayer* in MünchKomm. AktG, 5. Aufl. 2019, Anh § 22 AktG: § 41 WpHG Rz. 1; krit. *Gätsch/Bracht*, AG 2011, 813, 816 f.
190 Stellungnahme des Handelsrechtsausschusses des DAV zum RegE des TUG, NZG 2006, 655, 656.
191 RL 2004/109/EG v. 15.12.2004, ABl. EU Nr. L 390 v. 31.12.2004, S. 47.
192 So die *BaFin*, Emittentenleitfaden, Modul B (Stand 30.10.2018), Teil I, Ziff. I.2.3.2.2, S. 12 (zu §§ 33–47 WpHG) und Ziff. I.3.3.2, S. 53 (zu § 41 WpHG); *Hirte* in KölnKomm. WpHG, § 21 WpHG Rz. 76; *Opitz* in Schäfer/Hamann, Kapitalmarktgesetze, § 21 WpHG Rz. 18; *Singhof* in Habersack/Mülbert/Schlitt, Hdb. Kapitalmarktinformation, 2. Aufl. 2013, § 21 Rz. 32 f.; *von Bülow* in KölnKomm. WpHG, § 22 WpHG Rz. 69, 187.
193 Keine Berücksichtigung in Zähler und Nenner: *Gätsch/Bracht*, AG 2011, 813, 815 ff.; *Schwark* in Schwark/Zimmer, 4. Aufl. 2010, § 21 WpHG Rz. 14; keine Berücksichtigung im Zähler, wohl aber im Nenner: vgl. *Busch*, AG 2009, 425 ff.; *Uwe H. Schneider* in Assmann/Uwe H. Schneider/Mülbert, § 33 WpHG Rz. 51 ff.; *Veil* in K. Schmidt/Lutter, Anh. § 22 AktG: § 33 WpHG Rz. 13a; *v. Hein* in Schwark/Zimmer, 5. Aufl. 2020, § 33 WpHG Rz. 22; *Widder/Kocher*, AG 2007, 13 ff.
194 BaFin v. 1.12.2014 „Keine Zurechnung von Stimmrechten aus eigenen Aktien eines Tochterunternehmens" (abrufbar unter www.bafin.de); dazu *Krause*, AG 2015, 553 ff.; jetzt auch *Petersen* in BeckOGK AktG, Stand 1.2.2021, § 22 AktG Anh. §§ 33–47 WpHG Rz. 79.

Aktionär daher nach Einziehung der Aktien die von § 33 WpHG (bis 2.1.2018: § 21) vorgegebenen Schwellen, hat er dies der AG und der BaFin unverzüglich mitzuteilen. Die Gesellschaft ihrerseits hat diese Information nach § 40 WpHG (bis 2.1.2018: § 26 Abs. 1 Satz 1) zu veröffentlichen und dem Unternehmensregister zur Speicherung zu übermitteln.

4. Verbot von Insidergeschäften (Art. 14 MMVO); Verbot der Marktmanipulation (Art. 15 MMVO)

Der Rückkauf eigener Aktien kann aus Sicht der Gesellschaft u.a. zu dem Zweck erfolgen, den Kurs der Aktie durch Verknappung des Angebotes bzw. Erhöhung der Nachfrage und die Signalwirkung einer Unterbewertung der Gesellschaft positiv zu beeinflussen[195]. Die Nachfrage nach Aktien durch die Gesellschaft selbst unterliegt anderen Parametern als die Nachfrage durch sonstige Käufer. Insbesondere kann der Erwerb eigener Aktien grundsätzlich kollidieren mit dem **Verbot der Marktmanipulation** nach Art. 15 MMVO sowie dem **Verbot von Insidergeschäften** nach Art. 14 MMVO[196]. Um die Möglichkeit eines legitimen Rückkaufs eigener Aktien durch börsennotierte Gesellschaften nicht zu gefährden, sieht Art. 5 MMVO sog. **Safe-Harbour-Regelungen** vor. Diese ursprünglich durch die Durchführungsverordnung zur Marktmissbrauchsrichtlinie (Verordnung (EG) Nr. 2273/2003 vom 22.12.2003[197]) vorgegebene und nunmehr durch Art. 5 MMVO übernommene Regelung stellt sicher, dass Aktienrückkäufe, die in den Anwendungsbereich des Art. 5 MMVO fallen und die in dessen Abs. 1 bis 3 sowie in Art. 2 bis 4 der Delegierten Verordnung (EU) 2016/1052 vorgegebenen Voraussetzungen beachten, keine Marktmanipulation darstellen (vgl. dazu im Einzelnen Rz. 14.94 ff.)[198]. Der Begriff des **Rückkaufprogramms** wird definiert durch Art. 3 Abs. 1 Nr. 17 MMVO und bezeichnet den Handel mit eigenen Aktien gemäß den Art. 21 bis 27 der Richtlinie 2012/30/EU a.F. (nunmehr Art. 60 bis 66 der Richtlinie (EU) 2017/1132). Art. 5 Abs. 2 MMVO beschränkt die im Rahmen des Safe-Harbours zulässigen Zwecke des Rückkaufs: Zulässig sind danach die Reduzierung des Kapitals des Emittenten (insbesondere durch Einziehung eigener Aktien), die Erfüllung von Verpflichtungen aus Schuldtiteln, die in Beteiligungskapital umgewandelt werden können (insbesondere Wandel- oder Optionsanleihen), oder die Erfüllung von aus Belegschaftsaktienprogrammen oder anderen Formen der Zuteilung von Aktien an Mitarbeiter oder Angehörige der Verwaltungs-, Leitungs- oder Aufsichtsorgane des Emittenten oder eines verbundenen Unternehmens (Aktienoptionsprogramme) entstehenden Verpflichtungen. Bei den nach Art. 5 Abs. 2 und 3 MMVO und Art. 2 bis 4 der Delegierten Verordnung 2016/1052 zu beachtenden Voraussetzungen handelt es sich dabei im Wesentlichen um Veröffentlichungsvorgaben sowie Handelsbedingungen und -beschränkungen. Aktienrückkaufprogramme, die diese Voraussetzungen beachten, unterfallen nicht den Verboten des Insiderhandels und der Marktmanipulation. Das bedeutet allerdings nicht, dass Aktienrückkaufprogramme, die die genannten Voraussetzungen nicht erfüllen, automatisch gegen das Insiderhandelsverbot oder das Verbot

52.68

---

195 Vgl. *T. Bezzenberger*, Erwerb eigener Aktien, Rz. 76 ff.; *T. Bezzenberger* in K. Schmidt/Lutter, § 71 AktG Rz. 102; *Hirsch*, Erwerb eigener Aktien, S. 48 ff.; *Mülbert* in Assmann/Uwe H. Schneider/Mülbert, WpHG, Art. 5 VO (EU) Nr. 596/2014 Rz. 22 ff.
196 Vgl. dazu bereits Rz. 52.11, Rz. 52.22 f. Ausführlich *Geber/zur Megede*, BB 2005, 1861 ff.; *Grüger*, BKR 2010, 221; *Singhof/Weber*, AG 2005, 549 ff.
197 ABl. EU Nr. L 336 v. 23.12.2003, S. 33.
198 Vgl. im Einzelnen *Geber/zur Megede*, BB 2005, 1861 ff.; *Singhof/Weber*, AG 2005, 549 ff.; *Widder*, BB 2010, 515, 517 f.; entsprechende Muster bei *Groß* in Happ/Groß/Möhrle/Vetter, Aktienrecht, Band II, 13.01 Rz. 31.1 ff. und 32.1 ff. sowie entsprechenden Bekanntmachungsmustern in lit. e) und lit. f); *Mülbert* in Assmann/Uwe H. Schneider/Mülbert, WpHG, Art. 5 VO (EU) Nr. 596/2014 Rz. 39 ff.; zu den Transparenzpflichten bei Aktienrückkäufen vgl. *Stüber*, ZIP 2015, 1374 ff. (Mitarbeiterbeteiligungsprogramme) sowie *Häller/Roggemann*, NZG 2019, 1005 ff. (Mitarbeitervergütung und Einziehung). Instruktiv zum Aktienrückkauf der börsennotierten belgischen Spector Photo Group N.V. EuGH v. 23.12.2009 – C-45/08, EuZW 2010, 227 ff. = AG 2010, 74 ff.; dazu *Cascante/Bingel*, NZG 2010, 161 ff.

der Marktmanipulation verstoßen; vielmehr ist in diesen Fällen das Vorliegen der Voraussetzungen der Art. 14, 15 MMVO jeweils im Einzelfall zu prüfen[199].

5. Eigene Aktien und WpÜG

52.69 Der früher bestehende Streit, ob auf **öffentliche Angebote zum Rückkauf eigener Aktien** die Regelungen des WpÜG Anwendung finden[200], ist nach dem Schreiben der BaFin vom 9.8.2006[201], in dem diese ihre bis dahin geltende gegenteilige Auffassung ausdrücklich aufgegeben hat, in dem Sinne entschieden, dass die Bestimmungen des WpÜG auf derartige Erwerbsangebote keine Anwendung finden[202].

52.70 Von der Verpflichtung zur **Abgabe eines Pflichtangebots** (§ 35 Abs. 2, § 14 Abs. 2 WpÜG) **ausgenommen** sind nach § 35 Abs. 2 Satz 3 WpÜG **eigene Aktien der Zielgesellschaft**, Aktien der Zielgesellschaft, die einem abhängigen oder im Mehrheitsbesitz stehenden Unternehmen der Zielgesellschaft gehören, und Aktien der Zielgesellschaft, die einem Dritten gehören, jedoch für Rechnung der Zielgesellschaft, eines abhängigen oder eines im Mehrheitsbesitz stehenden Unternehmens der Zielgesellschaft gehalten werden. Auch für **freiwillige Übernahmeangebote** gilt nach ganz h.M., dass diese sich nicht auf eigene Aktien der Zielgesellschaft erstrecken müssen[203]. Bei der Berechnung der **Kontrollschwelle** von mindestens 30 % der Stimmrechte an der Zielgesellschaft (§ 29 Abs. 2 WpÜG) sind nach Auffassung des Gesetzgebers von der Zielgesellschaft gehaltene eigene Aktien zu berücksichtigen, obwohl sie die Stimmrechte aus diesen nicht ausüben kann (§ 71b AktG)[204]. Im Schrifttum ist diese Frage allerdings nicht unumstritten[205]. Die BaFin hat durch Schreiben vom 1.12.2014[206] ihre Verwaltungspraxis jedenfalls zur Stimmrechtszurechnung eigener Aktien über Tochterunternehmen geändert: Danach werden nunmehr einem Mutterunternehmen die von dem Tochterunternehmen in der Rechtsform der Aktiengesellschaft gehaltenen eigenen Aktien nicht nach § 30 Abs. 1 Satz 1 Nr. 1 WpÜG zugerechnet.

---

199 Vgl. *T. Bezzenberger* in K. Schmidt/Lutter, § 71 AktG Rz. 103; *Mülbert* in Assmann/Uwe H. Schneider/Mülbert, WpHG, Art. 5 VO (EU) Nr. 596/2014 Rz. 108 ff.; *Zimmer/Bator* in Schwark/Zimmer, Art. 5 VO (EU) 596/2014 Rz. 26 ff.
200 Vgl. dazu *Baums/Stöcker* in FS Wiedemann, 2002, S. 703, 704 ff.; *Berrar/Schnorbus*, ZGR 2003, 59, 72 ff; *Koch*, NZG 2003, 61, 64 ff.; *Hirsch*, Erwerb eigener Aktien, S. 130 ff.; *Hopt*, ZHR 166 (2002), 383, 393; *Lenz/Behnke*, BKR 2003, 43, 49; *Lenz/Linke*, AG 2002, 420, 421; *Paefgen*, ZIP 2002, 1509, 1513 f.
201 BaFin v. 9.8.2006 „Rückerwerb eigener Aktien nach dem WpÜG" (geändert 2.11.2017, abrufbar unter www.bafin.de).
202 Vgl. *Angerer* in Angerer/Geibel/Süßmann, § 1 WpÜG Rz. 127; *T. Bezzenberger* in K. Schmidt/Lutter, § 71 AktG Rz. 67.; *Cahn* in BeckOGK AktG, Stand 1.2.2021, § 71 AktG Rz. 159 ff.; *Lutter/Drygala* in KölnKomm. AktG, 3. Aufl. 2009, § 71 AktG Rz. 266 ff.; *Pluskat*, NZG 2006, 731 ff.; differenzierend *Oechsler* in MünchKomm. AktG, 5. Aufl. 2019, § 71 AktG Rz. 247 ff.; ausf. zur Zulässigkeit von Aktienrückkaufprogrammen im Zusammenhang mit öffentlichen Übernahmen *Leyendecker-Langner*, BB 2013, 2051 ff.
203 *Hasselbach* in KölnKomm. WpÜG, § 32 WpÜG Rz. 9; *Noack/Zetzsche* in Schwark/Zimmer, § 32 WpÜG Rz. 11 m.w.N.; a.A. *Hitzer/Simon/Düchting*, AG 2012, 237, 242. Ausf. zur Zulässigkeit von Aktienrückkaufprogrammen im Zusammenhang mit öffentlichen Übernahmen *Leyendecker-Langner*, BB 2013, 2051 ff.
204 Vgl. Begr. RegE WpÜG, BT-Drucks. 14/7034, S. 53.
205 Vgl. Nachweise bei *Noack/Zetzsche* in Schwark/Zimmer, § 29 WpÜG Rz. 47 und *Wackerbarth* in MünchKomm. WpÜG, 4. Aufl. 2017, § 29 WpÜG Rz. 62.
206 BaFin v. 1.12.2014 „Keine Zurechnung von Stimmrechten aus eigenen Aktien eines Tochterunternehmens" (abrufbar unter www.bafin.de); dazu *Krause*, AG 2015, 553 ff.

§ 53
Wandel- und Optionsanleihen, Gewinnschuldverschreibungen und Genussrechte

I. Überblick 53.1
1. Formen der Fremd- und Eigenkapitalfinanzierung, Mischformen 53.1
2. Anwendungsbereich des § 221 AktG .. 53.2
   a) Kombinationsformen 53.3
   b) Spezielle Begebungsformen 53.4
   c) Spezielle Ausgestaltungen 53.7
      aa) Pflichtwandelanleihen 53.7
      bb) Umgekehrte Wandelanleihen (CoCo-Bonds), umgekehrte Optionsanleihen 53.8a
      cc) Anleihen mit Tilgungswahlrecht des Emittenten 53.9
      dd) Going-Public-Anleihen 53.10
      ee) Options- oder Wandelanleihen ohne oder nur mit untergeordneter Finanzierungsfunktion 53.11
      ff) Reine Optionsrechte (naked warrants); Aktien mit Optionsrechten 53.13
      gg) Options- oder Wandelanleihen auf von Dritten zur Verfügung gestellte Aktien 53.15
   d) Verwandte Instrumente 53.18
      aa) Umtauschanleihen 53.18
      bb) Aktienanleihen (reverse convertible bonds) 53.20
II. Wandelschuldverschreibungen (Wandel- und Optionsanleihen) 53.22
1. Begriffsbestimmung 53.22
2. Wirtschaftliche Hintergründe und Bedeutung 53.24
3. Rechtsnatur 53.26
   a) Rechtsnatur der Wandel- und Optionsanleihe 53.26
   b) Rechtsnatur des Wandlungsrechts . 53.27
   c) Rechtsnatur des Optionsrechts 53.28
4. Ausgabe von Wandel- und Optionsanleihen 53.29
   a) Mitwirkungskompetenz der Hauptversammlung 53.29
   b) Inhalt des Hauptversammlungsbeschlusses 53.31
      aa) Zustimmungsbeschluss/Ermächtigungsbeschluss 53.31
      bb) Zeitliche Grenzen des Ermächtigungsbeschlusses 53.32
      cc) Weiterer notwendiger Inhalt des Hauptversammlungsbeschlusses 53.34
      dd) Notwendiger Inhalt des Hauptversammlungsbeschlusses bei der Verbindung mit einem bedingten Kapital 53.35
      ee) Fakultativer Inhalt des Hauptversammlungsbeschlusses ... 53.36
   c) Mehrheitserfordernisse beim Hauptversammlungsbeschluss 53.40
   d) Bekanntmachung des Hauptversammlungsbeschlusses bei der Einberufung 53.41
   e) Fehlerhafte Hauptversammlungsbeschlüsse, Teilanfechtung, Bestandsschutz 53.42
   f) Entstehung von Wandel- und Optionsanleihen 53.44
   g) Hinterlegung beim Handelsregister und Bekanntmachung 53.45
5. Bezugsrecht und Bezugsrechtsausschluss der Aktionäre 53.47
   a) Gesetzliches Bezugsrecht der Aktionäre 53.47
   b) Formelle und materielle Voraussetzungen des Bezugsrechtsausschlusses 53.48
   c) Bezugsrechtsausschluss nach § 186 Abs. 3 Satz 4 AktG 53.54
   d) Mittelbares Bezugsrecht (§ 186 Abs. 5 AktG) 53.57
6. Sicherung der Umtausch- oder Bezugsrechte 53.59
7. Einlage auf die Aktien 53.61
   a) Optionsanleihen 53.61
   b) Wandelanleihen 53.64
III. Gewinnschuldverschreibungen 53.67
1. Begriffsbestimmung 53.67
2. Wirtschaftliche Bedeutung 53.68
3. Rechtsnatur 53.69
4. Ausgabe von Gewinnschuldverschreibungen 53.70
5. Bezugsrecht und Bezugsrechtsausschluss der Aktionäre 53.71
IV. Genussrechte 53.72
1. Begriffsbestimmung 53.72

2. Wirtschaftliche Bedeutung 53.73	5. Bezugsrecht und Bezugsrechtsaus-
3. Rechtsnatur 53.74	schluss der Aktionäre 53.76
4. Ausgabe von Genussrechten 53.75	

Schrifttum: *Apfelbacher/Kopp*, Pflichtwandelanleihen als sonstiges (hybrides) Kernkapital, CFL 2011, 21; *Bader*, Contingent Convertible, Wandelanleihe und Pflichtwandelanleihe im Aktienrecht, AG 2014, 472; *Böhringer/Mihm/Schaffelhuber/Seiler*, Contingent Convertible Bonds als regulatorisches Kernkapital, RdF 2011, 46; *Bosch/Groß*, Emissionsgeschäft, 2. Ausgabe 2000 (Sonderdruck aus Bankrecht und Bankpraxis); *Bungert/Wettich*, Kleine Aktienrechtsnovelle 2011 – Kritische Würdigung des Referentenentwurfs aus der Sicht der Praxis, ZIP 2011, 160; *Busch*, Schadenersatzansprüche von Genußrechtsinhabern als Eigenkapitalgebern?, AG 1993, 163; *Busch*, Bezugsrecht und Bezugsrechtsausschluss bei Wandel- und Optionsanleihen, AG 1999, 58; *Fest*, Kommentierung des § 221 AktG, in Hopt/Seibt, Schuldverschreibungsrecht, 2017, 533; *Friel*, Wandelanleihen mit Pflichtwandlung, 2000; *Fuchs*, Selbständige Optionsscheine als Finanzierungsinstrument der Aktiengesellschaft, AG 1995, 433; *Fuchs*, Aktienoptionen für Führungskräfte und bedingte Kapitalerhöhung, DB 1997, 661; *Gätsch/Theusinger*, Naked Warrants als zulässige Finanzierungsinstrumente für Aktiengesellschaften, WM 2005, 1256; *Groß*, Isolierte Anfechtung der Ermächtigung zum Bezugsrechtsausschluss bei der Begebung von Optionsanleihen, AG 1991, 201; *Groß*, Der Inhalt des Bezugsrechts, AG 1993, 449; *Groß*, Offene Fragen bei der Anwendung des neuen § 186 Abs. 3 Satz 4 AktG, DB 1994, 2431; *Habersack*, Anwendungsvoraussetzungen und -grenzen des § 221 AktG, dargestellt am Beispiel von Pflichtwandelanleihen, Aktienanleihen und „warrants", in FS Nobbe, 2009, S. 539; *Hirte*, Wandel- und Optionsanleihen in Europa, DB 2000, 1949; *Haisch/Danz*, Aktuelle Fragen der Besteuerung von Options- und Wandelanleihen, Anmerkungen zu den BFH-Urteilen vom 30.11.2005, I R 3/04 und I R 26/04 sowie vom 27.10.2005, IX R 15/05, DStZ 2006, 229; *Hirte*, Bezugsrechtsfragen bei Optionsanleihen, WM 1994, 371; *Hofmeister*, Der erleichterte Bezugsrechtsausschluss bei Wandelschuldverschreibungen, Gewinnschuldverschreibungen und Genussrechten, 2000; *Holland/Goslar*, Die Bedienung von Wandelanleihen aus genehmigtem Kapital, NZG 2006, 892; *Ihrig*, Geklärtes und Ungeklärtes zum Vereinfachten Bezugsrechtsausschluss nach § 186 Abs. 3 Satz 4 AktG, in Liber amicorum Happ, 2006, S. 109; *Klawitter*, Zum vereinfachten Bezugsrechtsausschluss gem. § 186 Abs. 3 Satz 4 AktG bei der Ausgabe von Wandel- oder Optionsschuldverschreibungen, AG 2005, 792; *Kleidt/Schiereck*, Mandatory Convertibles, BKR 2004, 18; *Kniehase*, Der vereinfachte Bezugsrechtsausschluss bei der Ausgabe von Wandel- und Optionsanleihen, AG 2006, 180; *Kuntz*, Die Zulässigkeit selbständiger Aktienoptionen („naked warrants"), AG 2004, 480; *Lutter*, Optionsanleihen ausländischer Tochtergesellschaften, AG 1972, 125; *Lutter/Hirte* (Hrsg.), Wandel- und Optionsanleihen in Deutschland und Europa, ZGR Sonderheft 16, 2000; *Maier-Reimer*, Bedingtes Kapital für Wandelanleihen, in Gedächtnisschrift Bosch, 2006, S. 85; *Marsch-Barner*, Die Erleichterung des Bezugsrechtsausschlusses nach § 186 Abs. 3 Satz 4 AktG, AG 1994, 532; *Marsch-Barner*, Nochmals: Umgehung der Sacheinlagevorschriften durch Wandelschuldverschreibungen und Wandelgenussrechte?, DB 1995, 1497; *Meilicke*, Umgehung der Sacheinlagevorschriften durch Wandelschuldverschreibungen und Wandelgenussrechte?, DB 1995, 1061; *Meisel/Bokeloh*, Handels- und steuerrechtliche Aspekte der indirekten Emission von Wandelanleihen beim Emittenten, CFL 2010, 35; *Nodoushani*, CoCo-Bonds in Deutschland – Die neue Wandelschuldverschreibung, ZBB 2011, 143; *Roth/Schoneweg*, Emission selbständiger Aktienoptionen durch die Gesellschaft – Zur aktienrechtlichen Zulässigkeit der Begebung so genannter naked warrants –, WM 2002, 677; *Rozijn*, „Wandelanleihe mit Wandlungspflicht" – eine deutsche equity note?, ZBB 1998, 77; *Schlitt/Brandi/Schröder/Gemmel/Ernst*, Aktuelle Entwicklungen bei Hybridanleihen, CFL 2011, 105; *Schlitt/Löschner*, Abgetrennte Optionsrechte und Naked Warrants, BKR 2002, 150; *Schlitt/Schäfer*, Wandel- und Optionsanleihen, CFL 2010, 252; *Schlitt/Seiler/Singhof*, Rechtsfragen und Gestaltungsmöglichkeiten bei Wandelschuldverschreibungen, AG 2003, 254; *Schnorbus/Trapp*, Die Ermächtigung des Vorstands zur Ausgabe von Wandelschuldverschreibungen gegen Sacheinlage, ZGR 2010, 1023; *Schumann*, Optionsanleihen, 1990; *Schwartzkopff/Hoppe*, Notwendiger Inhalt von Beschlüssen zur Schaffung bedingten Kapitals bei Ausgabe von Wandelschuldverschreibungen gegen Sacheinlagen, NZG 2014, 378; *Singhof*, Der „erleichterte" Bezugsrechtsausschluss im Rahmen von § 221 AktG, ZHR 170 (2006), 673; *Singhof*, Ausgabe von Aktien aus bedingtem Kapital, in FS Hoffmann-Becking, 2013, S. 1163; *Trapp/Schlitt/Becker*, Die CoMEN-Transaktion der Commerzbank und die Möglichkeit ihrer Umsetzung durch andere Emittenten, AG 2012, 57; *E. Volhard*, Das Bezugsrecht und sein Ausschluss bei Optionsanleihen der Aktiengesellschaft und ausländischer Finanzierungstöchter, 1995.

I. Überblick

1. Formen der Fremd- und Eigenkapitalfinanzierung, Mischformen

Neben den in den §§ 43 bis 45 näher erörterten Maßnahmen der Eigenkapitalfinanzierung stehen der Aktiengesellschaft, unabhängig von ihrer Rechtsform und ohne aktienrechtliche Besonderheiten, sämtliche Möglichkeiten der Fremdfinanzierung zur Verfügung. Quasi zwischen den klassischen Formen der Eigen- und Fremdkapitalfinanzierung hat die Praxis, deren Erfindungsreichtum bekanntlich keine Grenzen gesetzt sind, verschiedene Mischformen, sog. „equity linked notes", d.h. Fremdfinanzierungsinstrumente mit Eigenkapitalbezug[1] entwickelt. Das Gesetz hat für einige dieser Produkte (zum Anwendungsbereich des § 221 AktG vgl. sogleich Rz. 53.2 ff.) reagiert[2] und in § 221 AktG eine Regelung für Wandelschuldverschreibungen, Gewinnschuldverschreibungen und Genussrechte aufgenommen. § 221 AktG sichert durch die Anordnung von Mitwirkungserfordernissen der Hauptversammlung bei der Begebung dieser Finanzierungsinstrumente den **Schutz der Aktionäre** vor Eingriffen in ihre mitgliedschaftliche und vermögensrechtliche Position. Das Schutzbedürfnis der Aktionäre ergibt sich aus dem speziellen, diese Rechtspositionen der Aktionäre berührenden Inhalt dieser Finanzierungsinstrumente[3]: Wegen des damit für deren Inhaber begründeten Anspruchs auf Mitgliedschaftsrechte und des dadurch bedingten Risikos des Einflusses auf die Vermögens- und Stimmrechtsinteressen der Aktionäre bedürfen Wandel- und Optionsschuldverschreibungen gemäß § 221 AktG der Mitwirkung der Aktionäre. Gleiches gilt wegen der gewinnabhängigen Verzinsung und des dadurch bedingten Einflusses auf den „Gewinnanspruch" des Aktionärs für Gewinnschuldverschreibungen[4]. Gleiches gilt auch für Genussrechte[5], da sie definitionsgemäß[6] Vermögensrechte gewähren, wie sie typischerweise Aktionären zustehen und somit entsprechende Vermögensrechte der Aktionäre beeinträchtigen können. Im Bereich der **Wirtschaftsstabilisierung** wird § 221 AktG durch Sonderregelungen im Wirtschaftsstabilisierungsbeschleunigungsgesetz, §§ 8, 10 WStBG, und die Regeln über das bedingte Kapital in §§ 192 ff. AktG durch §§ 7a, 7e, 7f WStBG überlagert bzw. ersetzt[7].

53.1

2. Anwendungsbereich des § 221 AktG

§ 221 AktG regelt „Schuldverschreibungen, bei denen den Gläubigern oder der Gesellschaft[8] ein Umtausch- oder Bezugsrecht auf Aktien eingeräumt wird" und definiert diese als Wandelschuldverschrei-

53.2

---

1 Zum Eigenkapitalbezug bei Wandel- und Optionsanleihen vgl. nur *Habersack* in MünchKomm. AktG, 5. Aufl. 2021, § 221 AktG Rz. 1 und *Seiler* in BeckOGK AktG, Stand 1.6.2021, § 221 AktG Rz. 4; zum Eigenkapitalbezug bei Gewinnschuldverschreibungen und Genussrechten vgl. *Lutter* in KölnKomm. AktG, 2. Aufl. 1995, § 221 AktG Rz. 21, 446 f. („mitgliedschaftsähnliche Vermögensrechte").
2 Zur Einfügung des § 174 AktG 1937 als Reaktion auf die große praktische Bedeutung der bis dahin ungeregelten Wandelschuldverschreibungen und Genussrechte *Habersack* in MünchKomm. AktG, 5. Aufl. 2021, § 221 AktG Rz. 4.
3 BGH v. 26.9.1994 – II ZR 236/93, WM 1994, 2160, 2161 = AG 1995, 83; *Habersack* in MünchKomm. AktG, 5. Aufl. 2021, § 221 AktG Rz. 2 und Überblick Rz. 130; *Hüffer/Koch*, § 221 AktG Rz. 1; *Lutter* in KölnKomm. AktG, 2. Aufl. 1995, § 221 AktG Rz. 37; *Merkt* in K. Schmidt/Lutter, § 221 AktG Rz. 2; *Fest* in Hopt/Seibt, § 221 AktG Rz. 1 f., 488 ff.
4 *Merkt* in K. Schmidt/Lutter, § 221 AktG Rz. 9 f.; *Seiler* in BeckOGK AktG, Stand 1.6.2021, § 221 AktG Rz. 21.
5 BGH v. 26.9.1994 – II ZR 236/93, WM 1994, 2160, 2161 = AG 1995, 83; *Merkt* in K. Schmidt/Lutter, § 221 AktG Rz. 9.
6 *Lutter* in KölnKomm. AktG, 2. Aufl. 1995, § 221 AktG Rz. 21; ebenso *Seiler* in BeckOGK AktG, Stand 1.6.2021, § 221 AktG Rz. 26; *Scholz* in MünchHdb. AG, § 64 Rz. 69.
7 Siehe zu den Reglungen im Wirtschaftsstabilisierungsbeschleunigungsgesetz *Lieder* ZIP 2020, 837, 849f., sowie zu den insoweit durch das Wirtschaftsstabilisierungsbeschleunigungsgesetz nur marginal geänderten Regeln des früheren Finanzmarktstabilisierungsbeschleunigungsgesetzes die dazu ergangene Literatur.
8 Zur Einfügung der Wörter „oder der Gesellschaft" durch die Aktienrechtsnovelle 2016 vgl. Rz. 53.7.

bungen. Wandelschuldverschreibungen sind somit Schuldverschreibungen mit einem Umtauschrecht in Aktien, sog. Wandelschuldverschreibungen im engeren Sinne, aber auch Schuldverschreibungen mit einem davon unabhängigen Bezugs- oder Optionsrecht auf Aktien, sog. Optionsanleihen[9]. § 221 AktG regelt damit Wandelschuldverschreibungen im engeren Sinne und Optionsanleihen sowie Gewinnschuldverschreibungen und Genussrechte. In der Praxis haben sich zum einen verschiedene **Kombinationsformen** dieser geregelten Finanzierungsinstrumente, z.B. Wandel- und Optionsgenussrechte und Wandel- und Optionsgewinnschuldverschreibungen, zum anderen **spezielle Begebungsformen**, z.B. Options- und Wandelanleihen ausländischer (Finanzierungs-)Tochtergesellschaften mit Options- oder Wandlungsrecht in Aktien der deutschen Muttergesellschaft, des Weiteren spezielle **Ausgestaltungen**, z.B. Pflichtwandelanleihen, umgekehrte Wandelschuldverschreibungen oder CoCo-Bonds, Going-Public-Anleihen, Optionsrechte ohne Anleihen, und schließlich **verwandte Instrumente**, z.B. Umtauschanleihen, entwickelt, bei denen sich jeweils die Frage stellt, ob diese von § 221 AktG erfasst werden. Entscheidend für die Beantwortung dieser Frage ist, ob der Schutzzweck des § 221 AktG – Schutz der Aktionäre vor Instrumenten, welche ihre Vermögens- oder Herrschaftsinteressen beeinträchtigen können – die Anwendung der aktionärsschützenden Bestimmung des § 221 AktG fordert und damit gleichzeitig die interne Geschäftsführungsbefugnis des Vorstands einschränkt.

a) Kombinationsformen

53.3 Es ist in der Literatur wohl unstreitig, dass Wandel- und Optionsgenussrechte sowie Wandel- und Optionsgewinnschuldverschreibungen zulässig sind, von § 221 AktG erfasst werden, und die jeweiligen Wandel- oder Optionsrechte durch ein bedingtes Kapital gesichert werden können[10]. Eine Einschränkung auf Genussrechte mit Eigenkapitalcharakter ist dabei nicht gerechtfertigt[11] (zum Sonderproblem beim „Umtausch" von Wandelgenussrechten siehe bereits Rz. 46.43 sowie Rz. 53.8d).

b) Spezielle Begebungsformen

53.4 § 221 AktG betrifft nur den Fall, dass Wandel- oder Optionsanleihen Rechte zum Bezug der Aktien der emittierenden Gesellschaft einräumen. Soweit Rechte zum Bezug von Aktien einer dritten Gesellschaft begeben werden und diese dritte Gesellschaft nicht in die Emission eingebunden ist, greift § 221 AktG unstreitig nicht ein[12] (vgl. auch zu sog. Umtauschanleihen Rz. 53.18). Fraglich ist die Rechtslage dann, wenn die andere Gesellschaft, auf deren Aktien sich das Wandlungs- oder Optionsrecht bezieht, die **Erfüllung des Wandlungs- oder Optionsrechts sicherstellen** soll. Diese, insbesondere aus finanztechnischen und steuerlichen Gründen[13] gewählte Begebungsform (rückläufig in den letzten Jahren wegen

---

9 Vgl. nur *Merkt* in K. Schmidt/Lutter, § 221 AktG Rz. 15; *Scholz* in MünchHdb. AG, § 64 Rz. 5.
10 Vgl. nur *Frey* in Großkomm. AktG, 4. Aufl. 2001, § 192 AktG Rz. 61 f.; *Habersack* in MünchKomm. AktG, 5. Aufl. 2021, § 221 AktG Rz. 40; *Hüffer/Koch*, § 192 AktG Rz. 12 m.w.umfangr.N.; *Scholz* in MünchHdb. AG, § 64 Rz. 53; *Seiler* in BeckOGK AktG, Stand 1.6.2021, § 221 AktG Rz. 23; *Fest* in Hopt/Seibt, § 221 AktG Rz. 323, 483 ff.
11 Wie hier ausdrücklich *Habersack* in MünchKomm. AktG, 5. Aufl. 2021, § 221 AktG Rz. 40; *Karollus* in G/H/E/K, 1994, § 221 AktG Rz. 31; *Fest* in Hopt/Seibt, § 221 AktG Rz. 484; a.A. *Lutter* in KölnKomm. AktG, 2. Aufl. 1995, § 221 AktG Rz. 187 und *Schumann*, Optionsanleihen, S. 42 f.
12 Vgl. nur *Habersack* in MünchKomm. AktG, 5. Aufl. 2021, § 221 AktG Rz. 25; *Hüffer/Koch*, § 221 AktG Rz. 70 jew. m.w.N.; *Merkt* in K. Schmidt/Lutter, § 221 AktG Rz. 4 und 18, der insoweit von einer „Identitätskonzeption" spricht, den Fall der Begebung durch ausländische Tochtergesellschaften dabei aber nicht ausnimmt; ebenso *Fest* in Hopt/Seibt, § 221 AktG Rz. 31 ff.
13 *Seiler* in BeckOGK AktG, Stand 1.6.2021, § 221 AktG Rz. 13; *Scholz* in MünchHdb. AG, § 64 Rz. 61 Kapitalertragsteuer und Solidaritätszuschlag, mit dem Hinweis, dass hierdurch für die Gesellschaft aber auch höhere Kosten verbunden sind; *Hüffer/Koch*, § 192 AktG Rz. 11; *Lutter* in KölnKomm. AktG, 2. Aufl. 1995, § 221 AktG Rz. 166; *Fest* in Hopt/Seibt, § 221 AktG Rz. 34; *Schumann*, Optionsanleihen, S. 95 ff. Ausführliche Darstellung der bilanziellen und steuerlichen Aspekte bei *Meiisel/Bokeloh*, CFL 2010, 35, 37 f., 38 ff. Kurzer Überblick über die steuerlichen Gründe bei *Schlitt/Schäfer*, CFL 2010, 252, 253 f.

Wegfall bzw. Verringerung der steuerlichen Aspekte aufgrund des niedrigen Zinsniveaus) tritt insbesondere auf bei **Options- und Wandelanleihen**[14] ausländischer **Tochtergesellschaften**[15], die zum Bezug von Aktien der deutschen Muttergesellschaft berechtigen. Dabei kann das Options- oder Wandlungsrecht von der deutschen Muttergesellschaft **garantiert** werden, oder aber die deutsche Muttergesellschaft gewährt dem Gläubiger der Wandelanleihe bzw. Inhaber des Optionsrechts ein **unmittelbares Wandlungs- oder Optionsrecht** gegenüber sich selbst. Nach ganz überwiegender Auffassung[16] werden solche Gestaltungen durch analoge Anwendung des § 221 AktG von dieser Bestimmung erfasst. Entsprechend § 221 AktG sind derart begründete Options- bzw. Wandlungsrechte wirksam, ohne dass § 187 AktG dem entgegenstünde, da § 221 AktG diese Fallgestaltungen erfasst, und § 221 AktG der Regelung des § 187 AktG vorgeht[17]. Das von der Muttergesellschaft übernommene oder garantierte Wandlungs- oder Optionsrecht kann in entsprechender Anwendung des § 192 Abs. 2 Nr. 1 AktG durch ein bedingtes Kapital gesichert werden[18]. Ob die Garantie oder Begebung der Wandlungs- oder Optionsrechte durch die Muttergesellschaft und die Schaffung eines bedingten Kapitals nur zulässig sind, wenn zwischen den beteiligten Gesellschaften ein Konzernverhältnis und ein mittelbares oder unmittelbares Finanzierungsinteresse besteht, ist streitig, mit der wohl h.M.[19] aber zu verneinen. Dies ist deshalb so, weil § 221 AktG den Schutz der Aktionäre bezweckt und somit gerade dann anwendbar ist, wenn Umtausch- oder Bezugsrecht auf Aktien der Gesellschaft begründet werden sollen[20], ohne dass es auf zusätzliche Voraussetzungen ankommt.

---

14 In der Literatur wird diese Frage i.d.R. nur im Zusammenhang mit Optionsanleihen erörtert, vgl. nur *Hüffer/Koch*, § 221 AktG Rz. 71; ausführliche Erörterung auch von Drittemissionen von Wandelschuldverschreibungen aber bei *Habersack* in MünchKomm. AktG, 5. Aufl. 2021, § 221 AktG Rz. 43; *Seiler* in BeckOGK AktG, Stand 1.6.2021, § 221 AktG Rz. 13 ff.; *Fest* in Hopt/Seibt, § 221 AktG Rz. 33 ff. und *Karollus* in G/H/E/K, 1994, § 221 AktG Rz. 35, der aber meint, dies habe kaum praktische Bedeutung. In der Praxis waren bis vor wenigen Jahren jedoch sogar häufiger Wandelanleihen ausländischer (Finanzierungs-)Tochtergesellschaften mit Wandlungsrecht in Aktien der deutschen Muttergesellschaft anzutreffen, vgl. nur 1,375 % 2,5 Mrd. Euro Wandelschuldverschreibung 2003/2010 der Siemens Finance B.V.; 5 % 700 Mio. Euro Wandelschuldverschreibung 2003/2010 der Infineon Technologies Holding B.V. und 6,625 % 2,3 Mrd. Euro Pflichtwandelanleihe der Bayer Capital Corporation B.V. 2006/2009 und 5,625 % 4 Mrd. Euro Pflichtwandelanleihe der Bayer Capital Corporation B.V. 2016/2019. Zu den besonderen Erfordernissen im Hinblick auf die Einlage für die Aktien vgl. Rz. 53.65 i.V.m. Rz. 53.62 f.
15 Zu den insbesondere für die steuerliche Anerkennung dieser Konstruktion an die Tochtergesellschaft zu stellenden Anforderungen vgl. *Meisel/Bokeloh*, CFL 2010, 35, 40 ff. und kurz *Schlitt/Schäfer*, CFL 2010, 252, 254. Nach *Seiler* in BeckOGK AktG, Stand 1.6.2021, § 221 AktG Rz. 14 soll eine gesellschaftsrechtliche Beteiligung der AG an dem Emittenten sogar gänzlich verzichtbar sein, da der Schutzzweck des § 221 AktG auch in diesem Fall berührt sei.
16 Grundlegend *Lutter*, AG 1972, 125; ihm folgend die ganz überwiegende Ansicht, vgl. nur *Habersack* in MünchKomm. AktG, 5. Aufl. 2021, § 221 AktG Rz. 43; *Fest* in Hopt/Seibt, § 221 AktG Rz. 44 ff.
17 *Karollus* in G/H/E/K, 1994, § 221 AktG Rz. 28 und 130; *Hüffer/Koch*, § 194 AktG Rz. 4; *Lutter* in KölnKomm. AktG, 2. Aufl. 1995, § 221 AktG Rz. 151, 213; *Scholz* in MünchHdb. AG, § 64 Rz. 63; *Schumann*, Optionsanleihen, S. 173 f.; *Fuchs*, AG 1995, 433, 439 f.
18 Ganz h.M.: *Habersack* in MünchKomm. AktG, 5. Aufl. 2021, § 221 AktG Rz. 48; *Hüffer/Koch*, § 192 AktG Rz. 12; *Drygala/Staake* in KölnKomm. AktG, 3. Aufl. 2018, § 192 AktG Rz. 80; *Lutter* in KölnKomm. AktG, 2. Aufl. 1995, § 221 AktG Rz. 174 f.; *Scholz* in MünchHdb. AG, § 64 Rz. 63; *Fest* in Hopt/Seibt, § 221 AktG Rz. 48, jeweils m.w.N.
19 *Habersack* in MünchKomm AktG, 5. Aufl. 2021, § 221 AktG Rz. 48; *Lutter* in Köln Komm. AktG, 2. Aufl. 1995, § 221 AktG Rz. 175; *Florstedt* in KölnKomm. AktG, 3. Aufl. 2017, § 221 AktG Rz. 484; *Scholz* in MünchHdb. AG, § 64 Rz. 63 m.umfangr.N. für die Gegenauffassung; *Seiler* in BeckOGK AktG, Stand 1.6.2021, § 221 AktG Rz. 14.1; *Fest* in Hopt/Seibt, § 221 AktG Rz. 44, 49; a.A. vgl. nur *Hüffer/Koch*, § 221 AktG Rz. 74; *Drygala/Staake* in KölnKomm. AktG, 3. Aufl. 2018, § 192 AktG Rz. 80 m.w.N.
20 Wie hier *Habersack* in MünchKomm. AktG, 5. Aufl. 2021, § 221 AktG Rz. 48; *Hüffer/Koch*, § 221 AktG Rz. 71, anders dagegen für die bedingte Kapitalerhöhung bei der er ein Konzernverhältnis fordert, § 192 AktG Rz. 12; *Lutter* in KölnKomm. AktG, 2. Aufl. 1995, § 221 AktG Rz. 175; *Seiler* in BeckOGK AktG, Stand 1.6.2021, § 221 AktG Rz. 14.1; *Scholz* in MünchHdb. AG, § 64 Rz. 63.

53.5 Erforderlich ist demnach entsprechend § 221 Abs. 1 Satz 1 bzw. Abs. 2 Satz 1 AktG ein Beschluss der Hauptversammlung der garantierenden bzw. die Options- oder Wandlungsrechte gewährenden **Muttergesellschaft**[21] (vgl. hierzu näher Rz. 53.29 ff.). **Notwendiger Bestandteil dieses Hauptversammlungsbeschlusses** ist in diesem Fall auch die Ermächtigung zur Übernahme der Garantie bzw. Gewährung von Wandlungs- oder Optionsrechten für die von der Tochtergesellschaft begebene Wandel- oder Optionsanleihe[22].

53.6 Im Übrigen gilt auch § 221 Abs. 4 AktG[23], so dass den Aktionären der Muttergesellschaft ein **Bezugsrecht** auf die von der Tochtergesellschaft begebene Options- oder Wandelanleihe einzuräumen ist (zum Bezugsrecht und dessen Ausschluss vgl. näher Rz. 53.47 ff., für die hier vorliegende Fallgestaltung insbesondere Rz. 53.53).

c) Spezielle Ausgestaltungen
aa) Pflichtwandelanleihen

53.7 § 221 AktG erfasst Schuldverschreibungen, bei denen dem Gläubiger ein **Umtausch- oder Bezugsrecht** auf Aktien eingeräumt wird. In der Praxis sind aber auch bereits verschiedene Wandelanleihen begeben worden, bei denen die Anleihebedingungen neben dem während der Laufzeit der Wandelanleihe bestehenden Wandlungsrecht am Ende der Laufzeit eine **Wandlungspflicht**[24] vorsehen[25]. Die Pflichtwandlung wird dabei in der Regel so ausgestaltet, dass die Anleihebedingungen eine unwiderrufliche Ermächtigung der Anleihegläubiger an die Hauptwandlungsstelle enthalten, die Bezugserklärung nach § 198 AktG für sie abzugeben[26]. Nach der eher klarstellenden als rechtsändern-

---

21 *Hüffer/Koch*, § 221 AktG Rz. 72; *Karollus* in G/H/E/K, 1994, § 221 AktG Rz. 39; *Lutter* in KölnKomm. AktG, 2. Aufl. 1995, § 221 AktG Rz. 171 ff.; *Scholz* in MünchHdb. AG, § 64 Rz. 64; *Seiler* in BeckOGK AktG, Stand 1.6.2021, § 221 AktG Rz. 62; *Fest* in Hopt/Seibt, § 221 AktG Rz. 45; *Schumann*, Optionsanleihen, S. 159 ff.

22 *Hüffer/Koch*, § 221 AktG Rz. 72; *Karollus* in G/H/E/K, 1994, § 221 AktG Rz. 39; *Lutter* in KölnKomm. AktG, 2. Aufl. 1995, § 221 AktG Rz. 172; *Scholz* in MünchHdb. AG, § 64 Rz. 64; a.A. wohl *Seiler* in BeckOGK AktG, Stand 1.6.2021, § 221 AktG Rz. 62, der keine ausdrückliche Zulassung der Begebung über eine Tochtergesellschaft fordert und damit wohl auch nicht die ausdrückliche Zulassung der Garantie – bzw. der Options-/Wandlungsrechtsgewährung.

23 Vgl. nur *Hüffer/Koch*, § 221 AktG Rz. 73; *Scholz* in MünchHdb. AG, § 64 Rz. 65; *Fest* in Hopt/Seibt, § 221 AktG Rz. 46 jew. m.w.umfangr.N.

24 Erstmals in Deutschland emittiert 5,75 % 993 Mio. DM Pflichtwandelanleihe der Daimler Benz AG 1997/2002. Zur Pflichtwandelanleihe vgl. ausführlich *Friel*, Wandelanleihe mit Pflichtwandlung, 2000; *Rozijn*, ZBB 1998, 77 (zur 5,75 % 993 DM Mio. Pflichtwandelanleihe der Daimler Benz AG 1997/2002); *Röder*, Finanz Betrieb 2003, 240; *Kleidt/Schiereck*, BKR 2004, 18 (beide zur 6,5 % 2,28 Mrd. Euro Pflichtwandelanleihe der Deutsche Telekom International Finance B.V. 2003/2006); kurz auch *Frey* in Großkomm. AktG, 4. Aufl. 2001, § 192 AktG Rz. 84; *Schlitt/Seiler/Singhoff*, AG 2003, 254, 266 f.; vgl. auch Rz. 46.7. Zu den wirtschaftlichen Aspekten der Pflichtwandelanleihe vgl. ausführlich *Kleidt/Schiereck*, BKR 2004, 18. Zur Frage, ob es sich bei der Pflichtwandelanleihe um einen Zeichnungsvorvertrag handelt, auf den § 185 Abs. 1 AktG (insbes. § 185 Abs. 1 Satz 3 Nr. 4 AktG) Anwendung findet, vgl. differenzierend *Scholz* in MünchHdb. AG, § 64 Rz. 54 zwar Zeichnungsvorvertrag, aber § 185 Abs. 1 Satz 3 Nr. 4 AktG nicht anwendbar, da für den Anleger keine Ungewissheit über die endgültige Durchführung des Geschäfts bestehe. Zu verschiedenen AGB-rechtlichen Fragen bei Pflichtwandelanleihen vgl. ausführlich *Rozijn*, ZBB 1998, 77, 91 ff.

25 So z.B., soweit ersichtlich, erstmals nach § 9 der 5,75 % 993 Mio. DM Pflichtwandelanleihe der Daimler Benz AG 1997/2002 und § 6 der 6,625 % 2,3 Mrd. Euro Pflichtwandelanleihe der Bayer Capital Corporation B.V. 2006/2009; siehe auch 5,625 % 4 Mrd. Euro Pflichtwandelanleihe der Bayer Capital Corporation B.V. 2016/2019.

26 Dies im Sinne einer praktischen Durchsetzbarkeit der Wandlungspflicht präferierend *Rozijn*, ZBB 1998, 77, 82 und so auch in der Praxis, z.B. § 6 Abs. 6 (a) der 6,625 2,3 Mrd. Euro Pflichtwandelanleihe der Bayer Capital Corporation B.V. 2006/2009; für die Anwendung der Regeln des Zeichnungsvorvertrages

den[27] Ergänzung des § 192 Abs. 1 AktG durch die Worte „hat oder"[28], der Ersetzung der Worte „an Gläubigern von" durch „aufgrund von" in § 192 Abs. 2 Nr. 1 AktG und der Ergänzung des Begriffs „Gläubigern" durch die Worte „oder der Gesellschaft" in § 221 Abs. 1 Satz 1 AktG durch die Aktienrechtsnovelle 2016[29] erfasst der Wortlaut der einschlägigen Bestimmungen auch eine Anleihe mit Wandlungspflicht. Dies deshalb, weil, wenn die Gesellschaft ein Wandlungsrecht hat, dann bewirkt dies dasselbe wie die Wandlungspflicht des Vertragspartners[30]. Vom **Schutzgedanken** des § 221 AktG war und ist diese Vorschrift auf Pflichtwandelanleihen so oder so seit jeher anwendbar[31]. § 221 AktG dient dem Schutz der Aktionäre vor Eingriffen in die mitgliedschaftliche oder vermögensmäßige Struktur der Gesellschaft, die durch den Inhalt des Rechtsgeschäfts, hier bei einer Wandelschuldverschreibung durch den Anspruch auf Mitgliedschaft in Folge der Ausübung des Wandlungsrechts, erforderlich ist. Dieser Schutzbereich des § 221 AktG wird bei Wandelanleihen, die nicht nur ein Recht, sondern eine Pflicht zur Wandlung am Ende der Laufzeit vorsehen, noch eher berührt als bei herkömmlichen Wandelanleihen. Während nämlich bei Wandelanleihen mit Wandlungsrecht der Eingriff in die mitgliedschaftliche Struktur durch Ausgabe neuer Aktien in Folge der Ausübung des Wandlungsrechts nur möglich ist, erfolgt er bei Wandelanleihen mit Wandlungspflicht aufgrund der obligatorischen Wandlung am Ende der Laufzeit zwingend[32]. Findet § 221 AktG demnach auf die Pflichtwandelanleihe Anwendung, so verdrängt diese Bestimmung als **lex specialis** § 187 AktG, so dass dieser der Begebung von Pflichtwandelanleihen nicht entgegensteht. Eine Sicherung des Wandlungsrechts bzw. der Wandlungspflicht durch Schaffung eines **bedingten Kapitals** gemäß § 192 Abs. 2 Nr. 1 AktG war bereits vor und damit unabhängig von der Änderung des § 192 Abs. 2 AktG durch die Aktienrechtsnovelle 2016 zulässig[33]: Vom Standpunkt der Gesellschaft und ihrer Aktionäre aus betrachtet macht es keinen Unterschied, ob das bedingte Kapital Umtauschrechte sichern soll, oder aber dazu

---

in diesem Fall *Scholz* in MünchHdb. AG, § 64 Rz. 54 aber keine kurze Laufzeit erforderlich, da § 185 Abs. 1 Satz 3 Nr. 4 AktG nicht anwendbar; anderer Ansatz *Habersack* in MünchKomm. AktG, 5. Aufl. 2021, § 221 AktG Rz. 52: ein bei Zeichnung (gemeint ist wohl bei Erwerb der Anleihe) geschlossener Vorvertrag; ebenso *Habersack* in FS Nobbe, 2009, S. 539, 550. Ob dabei dann aber die Erfordernisse des § 198 Abs. 1 AktG eingehalten werden, erscheint fraglich. Wieder andere Ansätze bei *Florstedt* in KölnKomm. AktG, 3. Aufl. 2017, § 221 AktG Rz. 387. Zulässigkeit stehen auch nicht § 57 Abs. 2 AktG und § 185 Abs. 1 Satz 3 Nr. 4 AktG entgegen, *Fest* in Hopt/Seibt, § 221 AktG Rz. 161, 162.

27 So bereits Stellungnahme des Handelsrechtsausschusses des DAV zum Referentenentwurf für ein Gesetz zur Änderung des Aktienrechts, NZG 2011, 217, 220; ebenso auch *Bungert/Wettich*, ZIP 2011, 160, 163. Demgemäß spricht auch die Regierungsbegründung davon, das Wandlungsrecht des Schuldners sei „allgemein anerkannt" gewesen, Regierungsbegründung zur Aktienrechtsnovelle 2012, BT-Drucks. 17/8989, S. 17; ebenso *Habersack* in MünchKomm. AktG, 5. Aufl. 2021, § 221 AktG Rz. 5a, 52e.

28 Zur Verdeutlichung, § 192 Abs. 1 AktG lautet wie folgt, Ergänzung kursiv: Die Hauptversammlung kann eine Erhöhung des Grundkapitals beschließen, die nur so weit durchgeführt werden soll, wie von einem Umtausch- oder Bezugsrecht Gebrauch gemacht wird, das die Gesellschaft *hat oder* auf die neuen Aktien (Bezugsaktien) einräumt (bedingte Kapitalerhöhung).

29 Gesetz zur Änderung des Aktiengesetzes (Aktienrechtsnovelle 2016), BGBl. I 2015, 2565; dabei handelt es sich um das ursprünglich als Aktienrechtsnovelle 2012 gestartete Gesetzesvorhaben.

30 Auch die Regierungsbegründung zur Aktienrechtsnovelle 2012 verwendet die Begriffe Wandelschuldverschreibung mit Wandlungsrecht des Schuldners und Pflichtwandelanleihe synonym, Regierungsbegründung zur Aktienrechtsnovelle 2012, BT-Drucks. 17/8989, S. 17. Wie hier ausdrücklich *Hüffer/Koch*, § 221 AktG Rz. 56. Ausführlich zur Zulässigkeit der Pflichtwandelanleihe *Fest* in Hopt/Seibt, § 221 AktG Rz. 159 ff.

31 *Habersack* in MünchKomm. AktG, 5. Aufl. 2021, § 221 AktG Rz. 52; *Scholz* in MünchHdb. AG, § 64 Rz. 54; *Seiler* in BeckOGK AktG, Stand 1.6.2021, § 221 AktG Rz. 162; *Rozijn*, ZBB 1998, 78, 89; *Schlitt/Seiler/Singhof*, AG 2003, 254, 266 f.; *Habersack* in FS Nobbe, 2009, S. 539, 550; *Schlitt/Hemeling* in Unternehmensfinanzierung am Kapitalmarkt, § 12 Rz. 65; i.d.S. wohl auch *Schlitt/Brandi/Schröder/Gemmel/Ernst*, CFL 2011, 105, 128.

32 Wie hier *Rozijn*, ZBB 1998, 77, 89.

33 *Habersack* in MünchKomm. AktG, 5. Aufl. 2021, § 221 AktG Rz. 52; *Scholz* in MünchHdb. AG, § 64 Rz. 54; *Seiler* in BeckOGK AktG, Stand 1.6.2021, § 221 AktG Rz. 162; *Habersack* in FS Nobbe, 2009, S. 539, 550; *Fest* in Hopt/Seibt, § 221 AktG Rz. 160; *Rozijn*, ZBB 1998, 77, 89–91; *Schlitt/Seiler/Singhof*,

geschaffen wurde, die bei Eintritt der Wandlungspflicht sich ergebende Verpflichtung der Gesellschaft zur Lieferung von Aktien erfüllen zu können[34]. Die Änderung der § 192 Abs. 1 und 2 und § 221 Abs. 1 Satz 1 AktG durch die Aktienrechtsnovelle 2016 hat das Wandlungsrecht der Gesellschaft und damit – zumindest indirekt – die Zulässigkeit der Wandlungspflicht hier aber auch noch **klar gestellt**, ohne dass dies aber wirklich erforderlich war[35].

53.8 Erforderlich ist demnach entsprechend § 221 Abs. 1 Satz 1 bzw. Abs. 2 Satz 1 AktG ein Beschluss der Hauptversammlung des Emittenten zur Begebung der Pflichtwandelanleihe. Ob dieser **Beschluss der Hauptversammlung** mit einer Ermächtigung[36] zur Begebung einer solchermaßen ausgestalteten Wandelanleihe ausdrücklich vorsehen muss, dass die Anleihebedingungen auch eine Pflichtwandlung am Ende der Laufzeit enthalten können, ist streitig[37]. In der Praxis wird in der Regel eine ausdrückliche Ermächtigung vorgesehen[38]. Die Wandlungs- bzw. Optionspflicht (bei der Pflichtoptionsanleihe) ist nach § 307 Abs. 3 Satz 1 BGB der AGB-rechtlichen Inhaltskontrolle grundsätzlich entzogen[39].

bb) Umgekehrte Wandelanleihen (CoCo-Bonds), umgekehrte Optionsanleihen

53.8a Umgekehrte Wandelanleihen, so die Bezeichnung des Regierungsentwurfs des Gesetzes zur Änderung des Aktiengesetzes (Aktienrechtsnovelle 2012, umgesetzt in der Aktienrechtsnovelle 2016)[40] für die in-

---

AG 2003, 254, 266; *Schlitt/Brandi/Schröder/Gemmel/Ernst*, CFL 2011, 105, 129; a.A. *Frey* in Großkomm. AktG, 4. Aufl. 2001, § 192 AktG Rz. 84.

34 Ausführlicher mit dieser Begründung auch *Apfelbacher/Kopp*, CFL 2011, 21, 27 f.
35 Streitig war, ob die Pflichtwandelanleihe einen Rückzahlungsanspruch zumindest in bestimmten Fällen vorsehen müsse, dafür z.B. *Seiler* in BeckOGK AktG, Stand 1.6.2021, § 221 AktG Rz. 162: Abgrenzung zum von § 192 Abs. 2, § 221 Abs. 1 AktG nicht gedeckten Terminkauf. Der Ansicht, ohne Rückzahlungsanspruch sei unklar, was konkret bei Wandlung eingebracht werde, wurde entgegen gehalten, dass nicht der Rückzahlungsanspruch eingebracht werde, sondern der ursprünglich in bar geleistete Ausgabebetrag der Anleihe, der auf Grund der Gestaltungswirkung der Wandlungserklärung als Einlage auf den Zeichnungsvertrag gilt, vgl. Rz. 53.64, so z.B. ausdrücklich *Singhof*, FS Hoffmann-Becking, 2013, S. 1163, 1176. Ob die Gesetzesänderung hier etwas geändert hat, erscheint fraglich; ein Rückzahlungsanspruch erscheint allenfalls aus dem Blickwinkel der Anleihekomponente erforderlich.
36 Bei Direktbeschlüssen stellt sich die nachfolgend behandelte Frage nicht, da es dort um die Zustimmung zu einem konkreten Vorhaben geht, bei dem auch die Pflichtwandlung explizit erwähnt sein dürfte, wenn nicht und auch nicht ausgeschlossen, sondern offengelassen, dann ist dies Vorstandsentscheidung *Habersack* in MünchKomm. AktG, 5. Aufl. 2021, § 221 AktG Rz. 141.
37 Vgl. nur bejahend, Rz. 46.7, dagegen verneinend *Habersack* in MünchKomm. AktG, 5. Aufl. 2021, § 221 AktG Rz. 52f a.E. speziell zum Zustimmungsbeschluss Rz. 141, zum Ermächtigungsbeschluss Rz. 155, unklar Rz. 160, wenn dort behauptet wird, bei Ermächtigung der „Begebung einer Wandelanleihe mit Tauschrecht der Gläubiger" dürfe keine Pflichtwandelanleihe begeben werden (selbstverständlich wird die Beschreibung der Wandelanleihe im Ermächtigungsbeschluss auf ein Recht zur Wandlung hinweisen; entscheidend ist nur, ob ein solcher Ermächtigungsbeschluss auch die Begebung einer Wandelanleihe abdeckt, bei der neben dem Wandlungsrecht während der Laufzeit der Anleihe auch eine Wandlungspflicht oder ein Tilgungswahlrecht der Gesellschaft am Ende der Laufzeit vorgesehen ist.); sowie ebenfalls verneinend *Habersack* in FS Nobbe, 2009, S. 539, 550; *Scholz* in MünchHdb. AG, § 64 Rz. 54; *Hüffer/Koch*, § 221 AktG Rz. 54; *Seiler* in BeckOGK AktG, Stand 1.6.2021, § 221 AktG Rz. 163; *Fest* in Hopt/Seibt, § 221 AktG Rz. 168; *Friel*, Wandelanleihen mit Pflichtwandlung, 2000, S. 178; *Schlitt/Seiler/Singhof*, AG 2003, 254, 267; *Schlitt/Hemeling* in Unternehmensfinanzierung am Kapitalmarkt, § 12 Rz. 66. Die von *Schlitt/Seiler/Singhof* betonte aktienrechtliche Vorteilhaftigkeit spricht dafür, dass keine solche ausdrückliche Ermächtigung erforderlich ist. Aus „Gründen der Rechtssicherheit" halten *Böhriger/Mihm/Schaffelhuber/Seiler*, RdF 2011, 48, 50 die ausdrückliche Erlaubnis im Hauptversammlungsbeschluss für „vorzugswürdig".
38 Darauf weisen *Seiler* in BeckOGK AktG, Stand 1.6.2021, § 221 AktG Rz. 163 und *Schlitt/Seiler/Singhof*, AG 2003, 254, 267, Fn. 159 ausdrücklich hin.
39 *Habersack* in MünchKomm. AktG, 5. Aufl. 2021, § 221 AktG Rz. 52e a.E.; Rz. 54.8.
40 Regierungsentwurf eines Gesetzes zur Änderung des Aktiengesetzes, BT-Drucks. 17/8989, S. 17.

ternational CoCo-Bonds (contingent convertible bonds) genannten Finanzinstrumente, sind ein Kind der Finanzmarktkrise und wurden als Mittel zur Stärkung des **regulatorischen Eigenkapitals** von diesbezüglich regulierten Unternehmen wie z.b. zuerst Versicherungen und dann Kreditinstituten[41] entwickelt, sollen nach dem Willen des deutschen Gesetzgebers aber allgemein allen Unternehmen zur Verfügung stehen[42]. CoCo-Bonds ist trotz unterschiedlicher Ausgestaltung im Einzelnen gemein, dass es sich – im Wesentlichen bedingt durch regulatorische Anforderungen an die Eigenkapitalqualität der CoCo-Bonds – um **nachrangige Schuldverschreibungen** mit **längerer Laufzeit** handelt, die in Krisensituationen zwingend in Eigenkapitalinstrumente umgewandelt werden[43]. Bei umgekehrten Optionsanleihen handelt es sich um Optionsanleihen, bei denen (auch) die Gesellschaft das Recht hat, die Ausübung der Option herbeizuführen. Dabei wird sie – abgesehen von einer Gestaltung, bei der die Inzahlunggabe vereinbart wird – zwar nicht von der Anleiheverbindlichkeit entlastet. Jedoch kann sie durch Optionsausübung den Optionsscheininhaber zur Zahlung und zum Bezug von Aktien verpflichten und damit Eigenkapital schaffen[44].

Die einzelnen regulatorischen Anforderungen an CoCo-Bonds wie z.B.[45] **Verlustbeteiligung, Nachrangigkeit** und **Wandlungsrecht des Emittenten** bzw. der **Aufsichtsbehörde**, zu denen hier nur auf die diesbezügliche Fachliteratur[46] verwiesen werden kann, führen auch zu einer Reihe aktienrechtlicher Fragen. 53.8b

Die Änderungen der § 192 Abs. 1, Abs. 2 und Abs. 3 sowie des § 194 Abs. 1 und des § 221 Abs. 1 Satz 1 AktG[47] haben eher klarstellend als wirklich rechtsändernd[48] festgelegt, dass nicht nur der Gläubiger einer Wandelschuldverschreibung ein Wandlungsrecht haben kann, sondern auch die Gesellschaft (oder beide[49]), so dass aktienrechtlich insoweit keine Bedenken gegen CoCo-Bonds oder **umgekehrte Wandelschuldverschreibungen** bestehen[50], ebenso wenig wie bei **Pflichtwandelanleihen**[51]. Das Umtauschrecht der Gesellschaft begründet eine Ersetzungsbefugnis, nach der die Gesellschaft berechtigt ist, vom Anleihegläubiger den Abschluss eines Zeichnungsvertrages anstelle der Rückzahlung zu verlangen[52]. Das umgekehrte Optionsrecht führt zur Optionsausübung durch die Gesellschaft mit Wirkung für und gegen den Optionsinhaber[53]. 53.8c

Nach einer jüngeren, zwischenzeitlich wohl sogar überwiegenden Ansicht stehen auch weder die **Verlustbeteiligung** noch die **Nachrangabrede** der Anwendung des § 194 Abs. 1 Satz 2 AktG und damit 53.8d

---

41 Zur Entwicklung der CoCo-Bonds vgl. *Böhringer/Mihm/Schaffelhuber/Seiler*, RdF 2011, 48.
42 Regierungsentwurf eines Gesetzes zur Änderung des Aktiengesetzes, BT-Drucks. 17/8989, S. 17: „Besonders für Kredit- und Finanzdienstleistungsinstitute …", d.h. auch für andere Unternehmen als Kreditinstitute („besonders") ist die Gesetzesänderung gedacht, so auch *Nodoushani*, ZBB 2011, 143 noch zum Referentenentwurf, in dem dies noch deutlicher zum Ausdruck kam.
43 *Apfelbacher/Kopp*, CLF 2011, 21, 29; *Schlitt/Brandi/Schröder/Gemmel/Ernst*, CFL 2011, 105, 112.
44 *Habersack* in MünchKomm. AktG, 5. Aufl. 2021, § 221 AktG Rz. 52b.
45 Zu weiteren Aspekten vgl. nur *Böhringer/Mihm/Schaffelhuber/Seiler*, RdF 2011, 48, 50.
46 Einzelheiten zum Beispiel bei *Böhringer/Mihm/Schaffelhuber/Seiler*, RdF 2011, 48; *Apfelbacher/Kopp*, CLF 2011, 21, 29 f.; *Nodoushani*, ZBB 2011, 143, 148 ff.; welche Eigenmittel aufsichtsrechtlich anrechenbar sind, regelt Teil 2 der Capital Requirements Regulation, VO (EU) 575/2013.
47 Gesetz zur Änderung des Aktiengesetzes (Aktienrechtsnovelle 2016), BGBl. I 2015, 2565; dabei handelt es sich um die ursprünglich als Aktienrechtsnovelle 2012 gestartete Gesetzesvorhaben.
48 So auch Stellungnahme des Handelsrechtsausschusses des DAV zum Referentenentwurf für ein Gesetz zur Änderung des Aktiengesetzes, NZG 2011, 217, 220; ebenso *Bungert/Wettich*, ZIP 2011, 160, 163; *Apfelbacher/Kopp*, CLF 2011, 21, 30.
49 *Fest* in Hopt/Seibt, § 221 AktG Rz. 132.
50 *Hüffer/Koch*, § 221 AktG Rz. 5b; *Fest* in Hopt/Seibt, § 221 AktG Rz. 132 ff.
51 Mit gleicher Begründung bereits *Apfelbacher/Kopp*, CFL 2011, 21, 30; *Böhringer/Mihm/Schaffelhuber/Seiler*, RdF 2011, 48, 50.
52 *Fest* in Hopt/Seibt, § 221 AktG Rz. 137, zur AGB-rechtlichen Wirksamkeit Rz. 138.
53 *Habersack* in MünchKomm. AktG, 5. Aufl. 2021, § 221 AktG Rz. 52c.

der Möglichkeit, die umgekehrten Wandelschuldverschreibungen bzw. CoCo-Bonds ohne Sacheinlageprüfung zu wandeln, entgegen. Entscheidend ist, dass mit der Wandlungserklärung das ursprünglich auf die Anleihe Geleistete kraft Gestaltungswirkung der Wandlungserklärung als Einlage auf den Zeichnungsvertrag anzusehen ist (vgl. dazu Rz. 53.64 sowie Rz. 46.41 ff.). Damit gilt, wie die Begründung des Regierungsentwurfs zur Aktienrechtsnovelle 2012 (umgesetzt in der Aktienrechtsnovelle 2016) hervorhebt, „die **ursprüngliche Barzahlung des Anleihegläubigers als Einlage**. Es kommt nicht darauf an, ob die bisherige Geldforderung noch werthaltig ist."[54] – da nicht diese eingebracht wird, sondern die Leistung auf die Wandelschuldverschreibung als Vorleistung auf die Aktien gilt, die in Folge der Wandlung entstehen. Diese Leistung auf die Wandelschuldverschreibung wird aber bei CoCo-Bonds und umgekehrten Wandelschuldverschreibungen voll erbracht und damit erfüllt, ohne dass eine spätere Verlustteilnahme oder Nachrangigkeit diese Leistung beeinflussen könnte[55].

53.8e Die Frage, ob der Ermächtigungsbeschluss ausdrücklich zur Begebung einer „umgekehrten" Wandelschuldverschreibung bzw. eines CoCo-Bonds ermächtigen muss, ist nicht anders zu entscheiden als bei der Pflichtwandelanleihe und damit zu verneinen[56].

cc) Anleihen mit Tilgungswahlrecht des Emittenten

53.9 Für die Begebung von Anleihen, die ein **Tilgungswahlrecht des Emittenten** enthalten, nach dem dieser berechtigt ist, bei Fälligkeit der Anleihe statt Rückzahlung Aktien des Emittenten[57] zu liefern, gelten die Erwägungen zur Pflichtwandelanleihe und zu CoCo-Bonds entsprechend[58]. Erforderlich ist demnach auch hier ein Hauptversammlungsbeschluss nach § 221 Abs. 1 Satz 1 oder Abs. 2 Satz 1 AktG zur Begebung der Anleihe[59]. Den Aktionären des Emittenten steht ein entsprechendes Bezugsrecht auf die Anleihe zu. Im Ergebnis unterscheidet sich die Anleihe mit Tilgungswahlrecht des Emittenten rechtlich kaum von der umgekehrten Wandelschuldverschreibung bzw. den CoCo-Bonds, so dass die diesbezügliche Argumentation hier ebenfalls gilt, vgl. Rz. 53.8a ff.

dd) Going-Public-Anleihen

53.10 Going-Public-Anleihen unterscheiden sich von „normalen" Options- oder Wandelanleihen dadurch, dass sie kein unbedingtes, sondern nur ein – **aufschiebend** – **bedingtes Options- oder Wandlungsrecht** enthalten: Aufschiebende Bedingung ist der, in den Anleihebedingungen näher beschriebene „Gang an die Börse", d.h. die Zulassung der Aktien zum Handel an einer Börse. Da die Gesellschaft ab Eintritt der aufschiebenden Bedingung wie bei einer „normalen" Options- oder Wandelanleihe" gebunden ist, muss der Schutzbereich des § 221 AktG vorverlagert werden und erfasst bereits die Begebung der Going-

---

54 Regierungsentwurf eines Gesetzes zur Änderung des Aktiengesetzes, BT-Drucks. 17/8989, S. 19; darauf verweist auch *Fest* in Hopt/Seibt, § 221 AktG Rz. 149 ausdrücklich.
55 So ausdrücklich *Habersack* in Münch Komm. AktG, 5. Aufl. 2021, § 221 AktG Rz. 244; *Hüffer/Koch*, § 194 AktG Rz. 4; *Fest* in Hopt/Seibt, § 221 AktG Rz. 125 allgemein zur Nachrangigkeit, 152 zur Verlustbeteiligung und Nachrangigkeit bei CoCo-Bonds sowie allgemein zur Werthaltigkeit Rz. 148 ff.; *Apfelbacher/Kopp*, CLF 2011, 21, 28; *Bader*, AG 2014, 472, 482 f.; *Böhringer/Mihm/Schaffelhuber/Seiler*, RdF 2011, 48, 51; *Schlitt/Brandi/Schröder/Gemmel/Ernst*, CFL 2011, 105, 129, die darüber hinaus auch auf die Gesetzesänderung verweisen. A.A. *Merkt* in K. Schmidt/Lutter, § 221 AktG Rz. 28.
56 Wie hier *Fest* in Hopt/Seibt, § 221 AktG Rz. 142; zur Pflichtwandelanleihe Rz. 53.8, dort auch vorletzte Fn.
57 Das ist der entscheidende Unterschied zu den sog. Aktienanleihen, vgl. Rz. 53.20 f. Beispiel: § 5(d) der 0,40 % 550 Mio. Euro Wandelanleihe der LEG Immobilien AG 2020/2028.
58 *Habersack* in MünchKomm. AktG, 5. Aufl. 2021, § 221 AktG Rz. 52a; *Habersack* in FS Nobbe, 2009, S. 539, 551; *Scholz* in MünchHdb. AG, § 64 Rz. 54.
59 Auch hier stellt sich die Frage, ob der Ermächtigungsbeschluss ausdrücklich das Tilgungswahlrecht enthalten muss. Diese Frage ist nicht anders zu entscheiden als bei der Pflichtwandelanleihe und zu verneinen, vgl. Rz. 53.8 vorletzte Fn.

Public-Anleihe, so dass bereits hierfür ein entsprechender Beschluss der Hauptversammlung erforderlich ist[60]. Eine Sicherung der Options- oder Wandlungsrechte durch ein bedingtes Kapital nach § 192 Abs. 2 Nr. 1 AktG ist zulässig[61]. Findet der Börsengang innerhalb einer absehbaren Zeit nicht statt, sollen die Grundsätze über den Wegfall der Geschäftsgrundlage Anwendung finden und die Gesellschaft nach § 812 BGB zur Rückzahlung des Ausgabepreises verpflichtet sein[62]. Das dürfte aber bei entsprechend klaren anderslautenden Anleihebedingungen nicht zutreffend sein.

ee) Options- oder Wandelanleihen ohne oder nur mit untergeordneter Finanzierungsfunktion

Optionsanleihen mit Optionsrechten auf Aktien mit einem erheblich den Nominalbetrag der Optionsanleihe übersteigenden Kurswert wurden vor Änderung des § 193 Abs. 2 Nr. 3 AktG durch das KonTraG und als Versuch, hierdurch die Diskussion über die Zulässigkeit sog. **naked warrants** (vgl. dazu sogleich Rz. 53.13) zu vermeiden, häufiger zur Gewährung von **stock options** genutzt[63]. Sie sind aber auch für andere Zwecke einsetzbar. Die Zulässigkeit solcher Ausgestaltungen ist in der Literatur hauptsächlich im Zusammenhang mit der Frage, ob zur Sicherung der Optionsrechte ein bedingtes Kapital geschaffen werden könne, verschiedentlich in Frage gestellt worden[64]. Diejenigen, die naked warrants als von § 221 AktG erfasst ansehen und eine Sicherung des reinen Optionsrechts über ein bedingtes Kapital für zulässig halten[65], dürften damit auch die hier in Frage stehende besondere Ausgestaltung der Optionsanleihe im gleichen Sinne beurteilen.

53.11

Aus § 221 AktG ergibt sich nichts, das gegen die Zulässigkeit dieser Ausgestaltung sprechen würde. Eine Optionsanleihe liegt dann vor, wenn eine **Schuldverschreibung** einerseits und ein **Aktienbezugsrecht** andererseits kombiniert werden[66]. Dazu, in welcher Relation beide Elemente zueinander stehen müssen, sagt § 221 AktG nichts[67]. § 199 Abs. 2 Satz 1 AktG lässt eine Ausgabe von „Bezugsaktien" gegen Wandelschuldverschreibungen auch dann zu, wenn Wandelschuldverschreibungen mit einem Nennbetrag ausgegeben werden, der niedriger ist als das zur Sicherung der Wandlungsrechte bestehende be-

53.12

---

60 Wie hier *Seiler* in BeckOGK AktG, Stand 1.6.2021, § 221 AktG Rz. 156.
61 Vgl. hierzu ausführlich *Habersack* in MünchKomm. AktG, 5. Aufl. 2021, § 221 AktG Rz. 33; *Lutter* in KölnKomm. AktG, 2. Aufl. 1995, § 221 AktG Rz. 190; *Fest* in Hopt/Seibt, § 221 AktG Rz. 295 ff., 298.
62 AG München v. 13.11.2001 – 211 C 23358/01, NZG 2002, 342 für nackte Optionsscheine mit krit. Anm. *Mutter*, EWiR 1/02, 979.
63 Vgl. nur die Sachverhaltsschilderung bei *Claussen*, WM 1997, 1825, 1827; zustimmend, allerdings unter Hinweis darauf, dies sei wohl nicht die Intention des Gesetzgebers gewesen, *Martens*, AG Sonderheft 1997, 83, 87; uneingeschränkt zustimmend *Klahold*, Aktienoptionen als Vergütungselemente, 1999, S. 95 f.: „unzweifelhaft zulässig". Zur Frage der Zulässigkeit von Options- oder Wandelanleihen für stock options für Aufsichtsratsmitglieder vgl. Rz. 30.42 f.
64 *Frey* fordert im Hinblick auf die Abgrenzung von Optionsanleihen einerseits und naked warrants andererseits, der Ausgabepreis der Wandel- und Optionsanleihe müsse „den doppelten Wert der Aktie im Zeitpunkt der Ausgabe der Schuldverschreibung" übersteigen, in Großkomm. AktG, 4. Aufl. 2001, § 192 AktG Rz. 71. Auch andere Autoren vertreten zu § 192 Abs. 2 Nr. 1 AktG die Auffassung, die Options- oder Wandelanleihe müsse eine „genuine Finanzierungsfunktion" erfüllen, *Drygala/Staake* in KölnKomm. AktG, 3. Aufl. 2018, § 192 AktG Rz. 67, 76; *Martens*, AG 1989, 69, 72 f.; in diesem Sinne wohl auch *Fuchs*, DB 1997, 661, 663; ausdrücklich a.A. noch *Fuchs*, AG 1995, 433, 450.
65 Vgl. nur die umfangreichen Nachw. bei *Habersack* in MünchKomm. AktG, 5. Aufl. 2021, § 221 AktG Rz. 37 f. in Fn. 102 und 105; *Scholz* in MünchHdb. AG, § 64 Rz. 53 und sogleich Rz. 53.13.
66 *Habersack* in MünchKomm. AktG, 5. Aufl. 2021, § 221 AktG Rz. 31; *Lutter* in KölnKomm. AktG, 2. Aufl. 1995, § 187 AktG Rz. 12, 148.
67 Für diesbezügliche Freiheit *Hüffer/Koch*, § 221 AktG Rz. 18. So wird in der Literatur ausdrücklich die Auffassung vertreten, eine Optionsanleihe sei auch dann zulässig, wenn die Finanzierungsfunktion deutlich hinter der Optionskomponente zurückbleibe, *Karollus* in G/H/E/K, 1994, § 221 AktG Rz. 30; *Fuchs*, AG 1995, 433, 450; *Rosener* in FS Bezzenberger, 2000, S. 745, 753, Fn. 31, der ausdrücklich Optionsanleihen für zulässig erklärt, deren Nennwert nicht unerheblich unter dem Nennwert der optierbaren Aktien liegt.

dingte Kapital. Dies bedeutet, der Nennbetrag der Wandelschuldverschreibung kann – auch deutlich – unterhalb des Nennbetrages/anteiligen Betrages des Grundkapitals der beziehbaren Aktien liegen[68]. Wird dies aber gesetzlich ausdrücklich für den Fall der Wandelschuldverschreibung als zulässig angesehen, so folgt daraus zwingend, dass der Gesetzgeber bei Wandelschuldverschreibungen eben gerade **nicht** von einer **Dominanz der Finanzierungsfunktion** und einer bloßen **Hilfsfunktion der Wandlungskomponente** ausgegangen ist. Gilt das für Wandelschuldverschreibungen, so ist kein Grund dafür ersichtlich, dass dies nicht auch für Optionsanleihen zutreffend ist, da § 221 Abs. 1 AktG und §§ 192 ff. AktG, wenn dort von Wandelschuldverschreibung die Rede ist, Wandel- und Optionsanleihen im heute gebräuchlichen Wortsinn meinen.

ff) Reine Optionsrechte (naked warrants); Aktien mit Optionsrechten

53.13 Ob reine Optionsrechte (naked warrants), d.h. isolierte Optionsrechte auf neue Aktien ohne beigefügte Schuldverschreibung, aktienrechtlich jenseits der Spezialregelung für stock options in § 192 Abs. 2 Nr. 3 AktG, und, ob Aktien mit beigefügten Optionsrechten auf weitere neue Aktien aktienrechtlich zulässig sind[69], ist keine in erster Linie anhand des § 221 AktG zu beantwortende Frage. Der Wortlaut des § 221 Abs. 1 Satz 1 AktG erfasst sie jedenfalls nicht, da es sich in beiden Fällen nicht um Schuldverschreibungen handelt, bei denen dem Gläubiger ein Umtausch- oder Bezugsrecht auf Aktien eingeräumt wird. Jedoch wird verschiedentlich vertreten, bei reinen Optionsrechten würde es sich um **atypische Genussrechte** i.S.d. § 221 Abs. 3 AktG handeln[70]. Hält man naked warrants für zulässig[71], ist § 221 AktG aber entsprechend anwendbar. Dann aber ist auch zu ihrer Sicherung ein bedingtes Kapital als zulässig anzusehen[72].

53.14 Hält man die Begebung von Aktien mit weiteren Optionsrechten auf Aktien für zulässig[73], ist dagegen streitig, ob § 221 Abs. 1 AktG und damit ein gesonderter Beschluss der Hauptversammlung neben dem Kapitalerhöhungsbeschluss erforderlich ist[74].

---

68 *Hüffer/Koch*, § 199 AktG Rz. 10 ff.
69 Vgl. nur die Darstellung des Meinungsstands bei *Frey* in Großkomm. AktG, 4. Aufl. 2001, § 192 AktG Rz. 63 ff.; *Habersack* in MünchKomm. AktG, 5. Aufl. 2021, § 221 AktG Rz. 36 m.w.N. in Fn. 116 ff.; *Fest* in Hopt/Seibt, § 221 AktG Rz. 233 ff.; weitere Nachweise auch bei *Hüffer/Koch*, § 221 AktG Rz. 75 und *Scholz* in MünchHdb. AG, § 64 Rz. 53.
70 Vgl. nur *Habersack* in MünchKomm. AktG, 5. Aufl. 2021, § 221 AktG Rz. 37; *Seiler* in BeckOGK AktG, Stand 1.6.2021, § 221 AktG Rz. 44; *Kuntz*, AG 2004, 480, 483 m.w.N.; *Drygala/Staake* in KölnKomm. AktG, 3. Aufl. 2018, § 192 AktG Rz. 75; a.A. *Fest* in Hopt/Seibt, § 221 AktG Rz. 367.
71 Dafür *Habersack* in MünchKomm. AktG, 5. Aufl. 2021, § 221 AktG Rz. 37 f.; *Scholz* in MünchHdb. AG, § 64 Rz. 53; *Seiler* in BeckOGK AktG, Stand 1.6.2021, § 221 AktG Rz. 44; *Drygala/Staake* in KölnKomm. AktG, 3. Aufl. 2018, § 192 AktG Rz. 75; ausführlich *Fest* in Hopt/Seibt, § 221 AktG Rz. 233 ff.; *Gätsch/Theusinger*, WM 2005, 1256; *Kuntz*, AG 2004, 480, 483 ff.; *Steiner*, WM 1990, 1676, 1677; *Fuchs*, AG 1995, 433, 439 ff.; *Wohlfarth/Brause*, WM 1997, 397, 398 f.; dagegen OLG Stuttgart v. 16.1.2002 – 8 W 517/01, ZIP 2002, 1807; *Hüffer/Koch*, § 221 AktG Rz. 75; *Lutter* in KölnKomm. AktG, 2. Aufl. 1995, § 221 AktG Rz. 185; *Frey* in Großkomm. AktG, 4. Aufl. 2001, § 192 AktG Rz. 65 ff.; *Fuchs*, DB 1997, 661, 665 f.; *Hirte*, WM 1993, 2067, 2068; *Martens*, AG 1989, 69, 71 f.; *Schumann*, Optionsanleihen, S. 42 f.
72 Ebenso *Hüffer/Koch*, § 221 AktG Rz. 75, der jedoch völlig zu Recht darauf hinweist, dass „namentl. in Ermangelung jeder gerichtl. Bestätigung" diese Literaturansicht für die Praxis noch nicht hinreichend abgesichert ist; *Fest* in Hopt/Seibt, § 221 AktG Rz. 261; a.A. *Kuntz*, AG 2004, 480, 485.
73 Dafür *Frey* in Großkomm. AktG, 4. Aufl. 2001, § 192 AktG Rz. 81; *Hüffer/Koch*, § 221 AktG Rz. 76; *Habersack* in MünchKomm. AktG, 5. Aufl. 2021, § 221 AktG Rz. 39; *Scholz* in MünchHdb. AG, § 64 Rz. 53; *Fest* in Hopt/Seibt, § 221 AktG Rz. 276 ff.; *Martens*, AG 1989, 69, 71 ff.; *Steiner*, WM 1990, 1676, 1677; ablehnend *Lutter* in KölnKomm. AktG, 2. Aufl. 1995, § 221 AktG Rz. 186.
74 Dafür *Karollus* in G/H/E/K, 1994, § 221 AktG Rz. 30; *Fest* in Hopt/Seibt, § 221 AktG Rz. 283; dagegen *Frey* in Großkomm. AktG, 4. Aufl. 2001, § 192 AktG Rz. 81; *Hüffer/Koch*, § 221 AktG Rz. 75; *Scholz* in MünchHdb. AG, § 64 Rz. 53.

gg) Options- oder Wandelanleihen auf von Dritten zur Verfügung gestellte Aktien

Options- oder Wandelanleihen, bei denen sich das Options- oder Wandlungsrecht nicht auf junge, sondern auf **bereits existierende Aktien**[75] des Emittenten[76] bezieht, steht § 187 AktG nicht entgegen, da diese Vorschrift nach ihrem eindeutigen Wortlaut allein den Bezug „neuer Aktien" bzw. Zusicherungen „vor dem Beschluss über die Erhöhung des Grundkapitals" erfasst[77]. Options- oder Wandelanleihen, bei denen sich das Options- oder Wandlungsrecht zwar auf junge Aktien des Emittenten bezieht, nicht aber gegen den Emittenten, sondern einen Dritten richtet, der diese jungen Aktien erwirbt, steht § 187 AktG nicht entgegen, da das dort genannte „Recht auf Bezug neuer Aktien" gegen die Gesellschaft gerichtet sein muss, sonst greift § 187 AktG nicht ein[78]. Ob Options- oder Wandelschuldverschreibungen auf bereits existierende Aktien § 221 AktG unterfallen mit der Folge eines Beschlusserfordernisses der Hauptversammlung und eines Bezugsrechts der Aktionäre, wird in der Literatur vereinzelt bejaht[79], von insbesondere der neueren Literatur dagegen überwiegend verneint[80]. Die Frage, ob Options- oder Wandelschuldverschreibungen, bei denen das Options- oder Wandlungsrecht mit von einem **Dritten** zu liefernden, allerdings **jungen Aktien**, die durch eine andere Kapitalerhöhung geschaffen werden, § 221 AktG unterfällt, wurde auf Grund einer speziellen Emission diskutiert und im Ergebnis völlig zu Recht verneint[81].

53.15

Für die Beantwortung der Frage, ob § 221 AktG auf Options- oder Wandelanleihen mit Options- oder Wandlungsrecht auf bereits existierende Aktien anwendbar ist, führt weder der Wortlaut der Bestimmung noch eine systematische noch eine historische Auslegung zu einem eindeutigen Ergebnis[82]. Man wird unterscheiden müssen, je nachdem wie der Emittent die **Bezugs- oder Wandlungsrechte** auf die „eigenen" Aktien **sicherstellt**. Wenn und soweit der Emittent hierzu **nicht eigene Aktien** i.S.d. §§ 71 ff. AktG verwendet, sondern seinerseits Options- oder sonstige Rechte auf den Erwerb seiner **Aktien von dritter Seite** erhält, ohne dass er jemals – wirtschaftlicher – Eigentümer seiner Aktien

53.16

---

75 Vgl. hierzu ausführlich *Busch*, AG 1999, 58, 62 ff.; *Habersack* in FS Nobbe, 2009, S. 539, 553 ff. Dass es sich hierbei nicht um eine rein theoretische Frage handelt, belegen die von *Busch*, AG 1999, 58 in Fn. 4 und 5 aufgeführten Beispiele. Zu ergänzen wären noch die insbesondere von Tochtergesellschaften von Banken begebenen Optionsanleihen oder reinen Optionen auf Aktien der Muttergesellschaft, ohne dass die Muttergesellschaft eingebunden ist. Vielmehr verschaffen sich die Emittenten die Aktien von Dritten. Als weiteres Beispiel aus der Praxis ist die Begebung der bedingten Pflichtumtauschanleihe (CoMEN) durch die COMMERZBANK AG 2011 zu nennen, bei der sich das Wandlungsrecht und der Anspruch auf Aktienlieferung gegen den Finanzmarktstabilisierungsfonds richtete, nicht gegen den Emittenten. Näher dazu *Trapp/Schlitt/Becker*, AG 2012, 57, 59 ff.
76 Wenn es sich um Aktien dritter Unternehmen handelt, wobei diese keine Sicherung der Options- oder Wandlungsrechte übernehmen, handelt es sich um Umtauschanleihen, vgl. dazu Rz. 53.18.
77 *Habersack* in MünchKomm. AktG, 5. Aufl. 2021, § 221 AktG Rz. 24a; *Busch*, AG 1999, 58, 62 f.; *Scholz* in MünchHdb. AG, § 64 Rz. 57.
78 So im Fall der CoMEN, siehe *Trapp/Schlitt/Becker*, AG 2012, 57, 65.
79 *Schilling* in Großkomm. AktG, 3. Aufl. 1973, § 221 AktG Rz. 2; *Schumann*, Optionsanleihen, S. 23 mit Fn. 46.
80 *Hüffer/Koch*, § 221 AktG Rz. 5a; *Scholz* in MünchHdb. AG, § 64 Rz. 58; *Seiler* in BeckOGK AktG, Stand 1.6.2021, § 221 AktG Rz. 88; *Busch*, AG 1999, 58, 64 f.; *Merkt* in K. Schmidt/Lutter, § 221 AktG Rz. 16; *Butzke*, HV, L Rz. 23: „§ 221 AktG … erfasst zunächst Wandel- und Optionsschuldverschreibungen, bei denen … der Berechtigte … den Bezug von (neuen) Aktien der Gesellschaft vornehmen kann." Differenzierend wie hier *Habersack* in MünchKomm. AktG, 5. Aufl. 2021, § 221 AktG Rz. 24a und *Habersack* in FS Nobbe, 2009, S. 539, 553 ff. Aus der älteren Literatur bereits *Hoffmann*, AG 1973, 47, 52. Speziell zu den CoMEN *Trapp/Schlitt/Becker*, AG 2012, 57, 64.
81 Vgl. OLG Frankfurt v. 6.11.2012 – 5 U 154/11, ZIP 2013, 212, 216 f. = AG 2013, 132 und LG Frankfurt v. 15.11.2011 – 3-5 O 30/11, GWR 2012, 14; *Trapp/Schlitt/Becker*, AG 2012, 57, 64 f.; ebenso *Hüffer/Koch*, § 221 AktG Rz. 5a.
82 Vgl. im Einzelnen hierzu nur *Busch*, AG 1999, 58, 64.

wird[83], sprechen Sinn und Zweck des § 221 AktG gegen eine Anwendung des § 221 AktG auf Options- und Wandelschuldverschreibungen mit Options- bzw. Wandlungsrecht auf diese bereits existierende Aktien. § 221 AktG unterwirft die dort genannten Finanzierungsinstrumente deshalb der Kompetenz der Hauptversammlung und ordnet ein Bezugsrecht der Aktionäre an, weil diese Finanzierungsinstrumente einen Eingriff in den Wert der Beteiligung der Aktionäre und/oder ihre Beteiligungsquote begründen können. Wird eine Options- oder Wandelanleihe begeben und führt die Ausübung des Options- oder Wandlungsrechts dazu, dass neue Aktien begeben werden, so kann dies den Aktionär in zweierlei Weise treffen: Zum einen, weil die neue Aktie zu einem Preis unterhalb des „wahren" Wertes ausgegeben werden oder weil die Ausgabe neuer Aktien den Gewinnanteil des Aktionärs vermindern (Verwässerungseffekt), zum anderen, weil durch die neuen Aktien die Beteiligungsquote und dadurch die Stimmquote des Aktionärs verringert wird. Beides wird bei der Sicherung des Wandlungs- oder Optionsrechts durch bereits existierende Aktien dann nicht berührt, wenn die zur Sicherung des Wandlungs- oder Optionsrechts verwendeten Aktien nicht eigene Aktien (i.S.d. §§ 71 ff. AktG) der Gesellschaft sind. In diesem Fall werden keine neuen Aktien geschaffen, sondern nur „alte", **dividenden- und stimmberechtigte Aktien umplatziert**, so dass keine Verringerung des Gewinnanspruchs eintritt. Auch ansonsten tritt keine vermögensmäßige Verwässerung ein, jedenfalls dann nicht, wenn für die Options- oder Wandelanleihen ein ordnungsgemäßer Preis festgelegt wird, und die Gesellschaft sich hinsichtlich der Belieferung voll absichert[84]. Ebenso wenig tritt eine Verringerung der Beteiligungs- oder Stimmquote des Aktionärs ein[85]. Da, handelt es sich bei den zur Sicherung der Wandel- und Optionsrechte eingesetzten Aktien nicht um eigene Aktien i.S.d. §§ 71 ff. AktG des Emittenten, somit Sinn und Zweck des § 221 AktG seine Anwendung nicht erfordern, unterfallen solche Wandel- oder Optionsanleihen auf bereits existierende Aktien nicht § 221 AktG. Deshalb ist kein Beschluss der Hauptversammlung des Emittenten erforderlich, und auf solche Anleihen besteht auch kein Bezugsrecht der Aktionäre des Emittenten[86].

53.16a Die gleichen Argumente greifen auch, wenn es sich zwar um **junge Aktien** handelt, diese aber **von einem Dritten zur Verfügung gestellt** werden und sich das Options- oder Wandlungsrecht gegen diesen Dritten richtet. Soweit der Dritte diese Aktien zulässigerweise unter Bezugsrechtsausschluss erwirbt, liegt darin der, allerdings zulässige (unterstellt wurde ein „zulässigerweise unter Bezugsrechtsausschluss" erfolgter Erwerb der jungen Aktien), Verwässerungseffekt und eine Beeinträchtigung der Stimmrechtsquote. Jedoch führt nicht die Begebung der Options- oder Wandelschuldverschreibung diesen Verwässerungseffekt herbei, sondern der zulässigerweise unter Bezugsrechtsausschluss erfolgte Erwerb der Aktien durch den Dritten. Die vorherige, gleichzeitige oder spätere Begebung der Options- oder Wandelschuldverschreibung als solche beeinträchtigt weder den Gewinnanteil der Aktionäre noch ihre Stimmrechtsquote. Vielmehr handelt es sich allein um eine Umplatzierung von Aktien die nicht unter § 221 AktG fällt, da der Schutzzweck nicht berührt wird. § 221 AktG will nur Finanzierungsinstrumente erfassen, bei denen sich das „Umtausch- oder Bezugsrecht" gegen die Gesellschaft richtet oder im Fall der Drittbegebung (vgl. Rz. 53.4 ff.), von dieser gewährt oder garantiert wird, nicht aber, wenn es sich gegen Dritte richtet[87].

---

83 Zur möglichen Ausgestaltung vgl. näher *Busch*, AG 1999, 58, 65 f.; ihm folgend *Seiler* in BeckOGK AktG, Stand 1.6.2021, § 221 AktG Rz. 89; i.E. ebenso *Habersack* in FS Nobbe, 2009, S. 539, 555; *Fest* in Hopt/Seibt, § 221 AktG Rz. 30 a.E.
84 Vgl. hierzu im Einzelnen *Busch*, AG 1999, 58, 64 f.
85 Vgl. im Einzelnen hierzu *Busch*, AG 1999, 58, 65.
86 Wie hier *Habersack* in FS Nobbe, 2009, S. 539, 555; *Scholz* in MünchHdb. AG, § 64 Rz. 58; *Trapp/Schlitt/Becker*, AG 2012, 57, 64; *Hüffer/Koch*, § 221 AktG Rz. 5a; *Seiler* in BeckOGK AktG, Stand 1.6.2021, § 221 AktG Rz. 88.
87 Ausführlich hierzu OLG Frankfurt v. 6.11.2012 – 5 U 154/11, ZIP 2013, 2012, 216 f. = AG 2013, 132; *Trapp/Schlitt/Becker*, AG 2012, 57; *Schlitt/Hemeling* in Unternehmensfinanzierung am Kapitalmarkt, § 12 Rz. 42.

Anders ist dies allerdings dann, wenn es sich bei den zur Sicherung der Wandel- und Optionsrechte zur Verfügung stehenden Aktien um **eigene Aktien** i.S.d. §§ 71 ff. AktG des Emittenten handelt. Diese haben nach § 71b AktG weder ein Dividendenanspruch noch ein Stimmrecht. Beides würde aber wieder aufleben, wenn die Aktien in Ausübung des Wandlungs- oder Optionsrechts an die Inhaber der Optionsscheine oder Gläubiger der Wandelanleihe begeben werden. Dieses Wiederaufleben würde dann – unabhängig vom Ausgabepreis – jedenfalls zu einer entsprechenden Verwässerung des Gewinnanspruchs der bisherigen Aktionäre und zu einer Minderung der Stimmquote führen, so das in diesen Fällen auch Sinn und Zweck des § 221 AktG der Anwendung des § 221 AktG auf Wandel- oder Optionsanleihen auf existierende Aktien nicht entgegenstehen, sondern sie sogar fordern würde[88]. 53.17

d) Verwandte Instrumente
aa) Umtauschanleihen

Umtauschanleihen sind Schuldverschreibungen, bei denen den Gläubigern ein Umtausch- oder (eher selten) ein Bezugsrecht auf **Aktien einer dritten Gesellschaft** eingeräumt wird, wobei die dritte Gesellschaft nicht die Sicherstellung dieses Umtausch- oder Bezugsrechts übernimmt. Vielmehr hält der Emittent der Umtauschanleihe die zur Sicherung des Umtauschs- oder Bezugsrechts erforderlichen – existierenden und börsenzugelassenen – Aktien i.d.R. bereits. Ist bei der Options- oder Wandelanleihe auf von Dritten zur Verfügung gestellte Aktien Emittent der Anleihe auch die Gesellschaft, auf deren Aktien sich das Options- oder Wandlungsrecht bezieht, so begibt der Emittent einer Umtauschanleihe dagegen eine Anleihe, bei der sich das Options- oder Handlungsrecht auf das Mitgliedschaftsrecht, die Aktie, in einem anderen Unternehmen bezieht. Solche Umtauschanleihen werden häufiger eingesetzt, um sich möglichst unter Vermeidung negativer Auswirkungen auf den Kurs der Aktien von (Rand-)Beteiligungen an anderen Unternehmen zu trennen. Will der Emittent die endgültige Veräußerung dieser Beteiligung sicherstellen, kann die Umtauschanleihe auch als **Pflichtumtauschanleihe** ausgestaltet werden, oder dem Emittenten wird ein Wahlrecht eingeräumt, bei Fälligkeit der Umtauschanleihe entweder eine Rückzahlung in bar oder in Aktien zu bestimmen[89]. Umtauschanleihen werden unstreitig **nicht von § 221 AktG erfasst**[90], da § 221 AktG nur den Fall betrifft, dass Wandel- oder Optionsanleihen Rechte zum Umtausch bzw. Bezug von Aktien der emittierenden Gesellschaft einräumen. Deshalb ist weder ein Beschluss der Hauptversammlung des Emittenten zur Begebung der Umtauschanleihe erforderlich noch besteht ein Bezugsrecht der Aktionäre des Emittenten auf die Umtauschanleihe. 53.18

Der in der Literatur in diesem Zusammenhang gelegentlich anzutreffende Hinweis, bei der Veräußerung „wesentlicher" Unternehmensbeteiligungen im Wege einer Umtauschanleihe könne sich ein Erfordernis für einen Hauptversammlungsbeschluss nach den Grundsätzen des **Holzmüller-Urteils**[91] 53.19

---

88 Ebenso *Habersack* in MünchKomm. AktG, 5. Aufl. 2021, § 221 AktG Rz. 24a und für Pflichtwandelanleihen oder Wandelanleihen mit Wandlungsrecht der Gesellschaft (Ersetzungsbefugnis) Rz. 52a und *Habersack* in FS Nobbe, 2009, S. 539, 553; *Bader*, AG 2014, 472, 473, Fn. 7; *Fest* in Hopt/Seibt, § 221 AktG Rz. 30; a.A. *Seiler* in BeckOGK AktG, Stand 1.6.2021, § 221 AktG Rz. 63 für von der Gesellschaft selbst oder einem Dritten treuhänderisch gehaltene Aktien; *Scholz* in MünchHdb. AG, § 64 Rz. 57, der eine Anwendung des § 221 AktG auf diese Fallkonstellation ablehnt und den Schutz der Aktionäre über §§ 71 ff. AktG und den Gleichbehandlungsgrundsatz gewährleisten will; ebenso *Hüffer/Koch*, § 221 AktG Rz. 5a.
89 Zu Letzterem vgl. § 5 (d) der 0,75 % 5 Mrd. Euro Umtauschanleihe 2003/2008 der KfW auf Aktien der Deutsche Telekom AG und § 5 (d) der unverzinsten 500 Mio. Euro Umtauschanleihe 2015/2020 der Haniel Finance Deutschland GmbH auf Aktien der Metro AG.
90 *Habersack* in MünchKomm. AktG, 5. Aufl. 2021, § 221 AktG Rz. 25; *Scholz* in MünchHdb. AG, § 64 Rz. 59; *Lutter* in KölnKomm. AktG, 2. Aufl. 1995, § 221 AktG Rz. 100; *Merkt* in K. Schmidt/Lutter, § 221 AktG Rz. 17; *Seiler* in BeckOGK AktG, Stand 1.6.2021, § 221 AktG Rz. 207; *Fest* in Hopt/Seibt, § 221 AktG Rz. 32; *Busch*, AG 1999, 58; *Schlitt/Seiler/Singhof*, AG 2003, 254, 255.
91 BGH v. 25.2.1982 – II ZR 174/80, BGHZ 83, 122 – so z.B. *Habersack* in MünchKomm. AktG, 5. Aufl. 2021, § 221 AktG Rz. 46; *Schlitt/Seiler/Singhof*, AG 2003, 254, 255, Fn. 16.

bzw. auch ein Bezugsrecht der Aktionäre des Emittenten ergeben[92], ist für die Praxis weniger relevant und rechtlich auch – jedenfalls nach dem zwischenzeitlich erreichten Konkretisierungsgrad zur Holzmüller-Rechtsprechung – nicht (mehr) zutreffend. Die mangelnde Praxisrelevanz ergibt sich daraus, dass – soweit ersichtlich – Umtauschanleihen bislang nicht für „wesentliche" Unternehmensbeteiligungen, sondern tatsächlich nur für unternehmerische Randbereiche begeben wurden. Im Übrigen hat sich die Notwendigkeit eines Hauptversammlungsbeschlusses des Emittenten zur Begebung einer Umtauschanleihe nach den Grundsätzen des Holzmüller-Urteils seit den beiden **Gelatine-Urteilen des BGH**[93] und der weiteren Klarstellung u.a. durch einen Zurückweisungsbeschluss des BGH[94] erledigt. Davon ist nicht nur deshalb auszugehen, weil der BGH bereits in den Gelatine-Urteilen der hauptsächlich in der Literatur vertretenen extensiven, wenn nicht sogar exzessiven Ausweitung des Holzmüller-Urteils eine klare Absage erteilt und die bereits im Holzmüller-Urteil ausgesprochenen **Grenzen sog. ungeschriebener Hauptversammlungszuständigkeiten** nochmals verdeutlicht hat[95]. Darüber hinaus hat der BGH in einem späteren Zurückweisungsbeschluss ausdrücklich klargestellt, dass ein **Mediatisierungseffekt** bei einer **Beteiligungsveräußerung** nicht gegeben sei, so dass dabei keine ungeschriebene Hauptversammlungskompetenz bestehe[96]. Außerdem lässt sich der o.g. Hinweis auf ein Bezugsrecht der Aktionäre des Emittenten nicht mit dem Holzmüller-Urteil begründen, und das weder im Falle der Begebung von Wandelanleihen auf bestehende Aktien noch auf junge Aktien der „wesentlichen" Tochtergesellschaft[97]. Der BGH hat im Holzmüller-Urteil kein solches Bezugsrecht gefordert; vielmehr hat er nur einen Zustimmungsbeschluss der Hauptversammlung bei Kapitalmaßnahmen der durch Ausgliederung des betriebsnotwendigen – nahezu sämtlichen – Vermögens aus der Obergesellschaft entstehenden Tochtergesellschaft verlangt. Anlässlich dieses allein geforderten **Zustimmungsbeschlusses** könnten die Aktionäre der Obergesellschaft auch beschließen, das Bezugsrecht der Obergesellschaft als Aktionärin der Untergesellschaft auszuschließen und es stattdessen den Aktionären der Obergesellschaft einzuräumen[98]. Ein „automatisches" Bezugsrecht erwähnt der BGH nicht[99].

bb) Aktienanleihen (reverse convertible bonds)

53.20 Aktienanleihen sind Schuldverschreibungen, bei denen der Anleiheschuldner unter den in den Anleihebedingungen im Einzelnen festgelegten Voraussetzungen das Recht hat, anstelle der Rückzahlung des Anleihebetrages am Ende der Laufzeit **Aktien einer anderen Gesellschaft** zu liefern[100]. Aktienanleihen unterfallen nicht § 221 AktG[101]. Wirtschaftlich bieten Aktienanleihen eine i.d.R. deutlich über dem Marktzins liegende Verzinsung. Dies ist aber mit dem Risiko verbunden, dass bei Fälligkeit

---

92 So namentlich *Lutter* in KölnKomm. AktG, 2. Aufl. 1995, § 221 AktG Rz. 101.
93 BGH v. 26.4.2004 – II ZR 154/02, WM 2004, 1085 und BGH v. 26.4.2004 – II ZR 155/02, BGHZ 159, 30 = WM 2004, 1090 = AG 2004, 384.
94 BGH v. 20.11.2006 – II ZR 226/05, AG 2007, 203.
95 Vgl. nur die instruktive Übersicht bei *Habersack* in Emmerich/Habersack, Aktien- und GmbH-Konzernrecht, Vor § 311 AktG Rz. 33 ff. und die klare Analyse der Gelatine-Urteile bei *Bungert*, BB 2004, 1345, 1347: „Der BGH hat den in der Literatur diskutierten und in der untergerichtlichen Rechtsprechung festgehaltenen Größenordnungen für quantitative Kriterien fast vollständig eine Absage erteilt." „Daneben steht nun fest, dass zu den quantitativen, zwingend qualitative Faktoren hinzutreten müssen ... Insgesamt ist damit ein doppelter Wesentlichkeits-Test zu erfüllen."
96 BGH v. 20.11.2006 – II ZR 226/05, AG 2007, 203 m. klaren und deutlichen Anm. *von Falkenhausen*, ZIP 2007, 24 f.
97 Ebenso *Habersack* in MünchKomm. AktG, 5. Aufl. 2021, § 221 AktG Rz. 46, der allerdings bei Begebung einer Umtauschanleihe auf junge oder bereits existierende Aktien der Tochtergesellschaft „in entsprechender Anwendung des § 221 Abs. 4" AktG und damit gerade nicht aus Holzmüller ein solches Bezugsrecht annimmt.
98 BGH v. 25.2.1982 – II ZR 174/80, BGHZ 83, 122, 143 f.
99 Vgl. nur *Busch/Groß*, AG 2000, 503, 506.
100 Zu Aktienanleihen vgl. nur *Assmann*, ZIP 2001, 2061 ff. sowie den Fall des BGH v. 28.6.2005 – XI ZR 363/04, NJW 2005, 2917.
101 *Habersack* in MünchKomm. AktG, 5. Aufl. 2021, § 221 AktG Rz. 41.

der Anleihe nicht der Nominalbetrag zurückgezahlt wird, sondern eine bei Begebung bereits bestimmte Anzahl von Aktien einer anderen Gesellschaft. Liegt deren Wert bei Rückzahlung niedriger als der Nominalbetrag der Anleihe, führt dies zu einem Verlust des Anlegers[102]. Aktienanleihen unterscheiden sich von Anleihen mit Tilgungswahlrecht des Emittenten (siehe Rz. 53.9) dadurch, dass die Rückzahlung mit Aktien eines Dritten erfolgen kann, während bei Anleihen mit Tilgungswahlrecht Aktien des Emittenten geliefert werden. Darüber hinaus erhält wirtschaftlich bei Anleihen mit Tilgungsrecht der Anleger, wenn der Emittent Rückzahlung in seinen Aktien wählt, eine solche Anzahl Aktien, die zu bei Rückzahlung aktuellen Börsenkursen zumindest dem Rückzahlungsbetrag entspricht. Damit führt die Ausübung des Tilgungswahlrechts bei Anleihen mit Tilgungswahlrecht nicht zu einer wirtschaftlichen Benachteiligung des Anlegers, während dies bei Aktienanleihen zwingend der Fall ist, da eine Rückzahlung in Aktien nur erfolgt, wenn der Kurs der Aktie einen bestimmten Betrag unterschreitet und damit der Wert der zu liefernden Aktien unterhalb des Rückzahlungsbetrages liegt.

Insgesamt lassen sich damit die drei strukturell ähnlich gelagerten Instrumente **Pflichtwandelanleihe, Anleihen mit Tilgungswahlrecht** des Emittenten und **Aktienanleihe** wie folgt abgrenzen: Bei der Pflichtwandelanleihe und der Anleihe mit Tilgungswahlrecht des Emittenten sowie bei umgekehrten Wandelschuldverschreibungen bzw. CoCo-Bonds erfolgt eine **Wandlung in Aktien des Emittenten**[103], bei der Aktienanleihe erfolgt eine **Rückzahlung in Aktien Dritter** anstelle der primär geschuldeten Barzahlung. Bei der Pflichtwandelanleihe besteht weder für den Emittenten noch den Anleger ein Wahlrecht; alle bis zu einem bestimmten Tag nicht gewandelten Teilschuldverschreibungen werden in Aktien des Emittenten gewandelt; dagegen gibt es bei umgekehrten Wandelschuldverschreibungen bzw. CoCo-Bonds ein Wahlrecht zu Wandlung bzw. beim Eintritt bestimmter Ereignisse eine Pflichtwandlung. Wirtschaftlich enthalten Aktienanleihen ein Verlustrisiko, weil eine Rückzahlung in Aktien nur erfolgt, wenn deren Wert unterhalb des Barrückzahlungsbetrages liegt, während bei Anleihen mit Tilgungswahlrecht i.d.R. ein solches Verlustrisiko nicht besteht, weil sich die Anzahl der zu liefernden Aktien aus der Division des Rückzahlungsbetrages mit dem aktuellen Aktienkurs ergibt.

53.21

II. Wandelschuldverschreibungen (Wandel- und Optionsanleihen)

1. Begriffsbestimmung

Wandelschuldverschreibungen sind nach der Legaldefinition des § 221 Abs. 1 Satz 1 AktG Schuldverschreibungen, bei denen den Gläubigern **Umtausch- oder Bezugsrechte**[104] auf **neu** geschaffene[105] Aktien[106] eingeräumt werden. Trotz dieses Umtausch- oder Bezugsrechts und trotz bei wirtschaftlicher Betrachtung vorliegender Mischform von Eigen- und Fremdkapitalfinanzierung ist der Gläubiger der Wandelschuldverschreibung bis zur Wandlung bzw. Optionsausübung allein Gläubiger und hat keinerlei mitgliedschaftliche Rechte[107].

53.22

---

102 Näher hierzu *Assmann*, ZIP 2001, 2061, 2063.
103 Bei Begebung über ein Finanzierungsvehikel erfolgt die Wandlung in Aktien der das Wandlungsrecht garantierenden oder es selbst einräumenden (Mutter-)Gesellschaft, vgl. Rz. 53.4 ff.
104 Zur Frage, ob Wandelschuldverschreibungen mit Wandlungspflicht von § 221 AktG erfasst werden, vgl. Rz. 53.7.
105 Zu den Besonderheiten bei Wandel- und Optionsanleihen auf bereits bestehende Aktien vgl. Rz. 53.15 ff.
106 Soweit das Umtauschrecht auf Aktien dritter Gesellschaften – nicht der deutschen Muttergesellschaft einer ausländischen Finanzierungstochtergesellschaft, vgl. dazu Rz. 53.4 ff., sondern tatsächlich dritte Gesellschaften – gerichtet ist, sog. Umtauschanleihen (Exchangeables), gilt § 221 AktG nicht, vgl. näher Rz. 53.18.
107 Dies betont völlig zu Recht *Habersack* in MünchKomm. AktG, 5. Aufl. 2021, § 221 AktG Rz. 28; ebenso *Fest* in Hopt/Seibt, § 221 AktG Rz. 68.

53.23 § 221 Abs. 1 AktG spricht von Schuldverschreibungen und verwendet den Begriff im allgemeinen zivilrechtlichen Sinne der §§ 793 ff. BGB. Dabei kommt es jedoch nicht darauf an, ob es sich um eine **Inhaberschuldverschreibung** i.S.d. § 793 Abs. 1 BGB handelt, oder, ob die Schuldverschreibung an Order lautet[108]. Auch **Namensschuldverschreibungen** werden von § 221 AktG erfasst[109]. In der Praxis sind jedoch nahezu ausnahmslos Inhaberschuldverschreibungen anzutreffen[110]. Im allgemeinen Sprachgebrauch werden Schuldverschreibungen, bei denen den Gläubigern ein Umtauschrecht auf Aktien eingeräumt wird, als Wandelschuldverschreibungen im engeren Sinne oder Wandelanleihen (convertible bonds), Schuldverschreibungen, die ein Bezugsrecht auf Aktien gewähren, werden dagegen als Optionsschuldverschreibungen oder Optionsanleihen (bonds with warrants) bezeichnet[111] (zur Rechtsnatur der Wandelschuldverschreibung und des Wandlungsrechts einerseits und der Optionsanleihe und des Optionsrechts andererseits vgl. Rz. 53.26 ff.).

2. Wirtschaftliche Hintergründe und Bedeutung

53.24 Die Verbindung des Fremdkapitalinstruments, der Anleihe, mit einer Eigenkapitalkomponente, dem Wandlungs- oder Optionsrecht auf Aktien, führt in der Regel zu einem niedrigeren Zinssatz der Anleihe[112] und damit zu einer **für die Gesellschaft** günstigeren Fremdfinanzierung[113]. Der wirtschaftliche Vorteil **für die Anleger** liegt in der Verknüpfung einer gesicherten, regelmäßig festen Verzinsung bei Rückzahlbarkeit des Rückzahlungsbetrages mit dem spekulativen Element des späteren Erwerbs von Aktien zu einem bereits bei Begebung der Anleihe grundsätzlich festgesetzten Preis[114].

53.25 Während Optionsanleihen in den 80er-Jahren des vergangenen Jahrhunderts erheblich verbreitet waren[115], sind seit den 90er-Jahren des vergangenen Jahrhunderts hauptsächlich Wandelschuldverschrei-

---

108 *Hüffer/Koch*, § 221 AktG Rz. 3.
109 *Seiler* in BeckOGK AktG, Stand 1.6.2021, § 221 AktG Rz. 3.
110 I.d.R. wird bei dem Girosammelverwahrer, der Clearstream Banking AG, ein Register über die Inhaber der Teilschuldverschreibungen geführt, um hierdurch die Inhaberteilschuldverschreibungen nach US-amerikanischem Steuerrecht wie Namensschuldverschreibungen behandeln zu können.
111 *Hüffer/Koch*, § 221 AktG Rz. 3; *Karollus* in G/H/E/K, 1994, § 221 AktG Rz. 7 ff.; *Scholz* in MünchHdb. AG, § 64 Rz. 5; *Lutter* in KölnKomm. AktG, 2. Aufl. 1995, § 221 AktG Rz. 2; *Schlitt/Seiler/Singhof*, AG 2003, 254, 254 f.
112 Vgl. nur *Hüffer/Koch*, § 221 AktG Rz. 4 und *Fest* in Hopt/Seibt, § 221 AktG Rz. 71 jew.m.w.umfangr. N. In der Praxis finden sich auch andere Ausgestaltungen, die zum wirtschaftlich gleichen Ergebnis, der günstigen Fremdfinanzierung führen: Normal verzinste Anleihe, die jedoch mit einem höheren Aufgeld begeben wird; Nullcoupon-Anleihe, d.h. Anleihe ohne jährliche Zinsen, bei denen jedoch der Zins in Gestalt eines den Ausgabebetrag übersteigenden Rückzahlungsbetrages gewährt wird (zu vorstehenden Fallgestaltungen vgl. *Schlitt/Seiler/Singhof*, AG 2003, 254, 254 Fn. 4); zur Frage, ob bei Nullcoupon-Anleihen mit einem den Ausgabebetrag übersteigenden Rückzahlungsbetrag auch diese Differenz zwischen Rückzahlungs- und Ausgabebetrag von § 194 Abs. 1 Satz 2 AktG privilegiert wird, oder ob hierfür bei Wandlung die Regelung der Sachkapitalerhöhung anzuwenden sind, vgl. Rz. 46.41; in der Praxis sind auch Nullcoupon-Anleihen mit identischem Ausgabebetrag und Rückzahlungsbetrag anzutreffen, bei denen sich die „Verzinsung" aus dem günstigeren Wandlungspreis ergibt, so z.B. die 0 % 460 Mio. Euro Umtauschanleihe 2004/2007 der RWE AG auf Aktien der Heidelberger Druckmaschinen Aktiengesellschaft.
113 *Habersack* in MünchKomm. AktG, 5. Aufl. 2021, § 221 AktG Rz. 10; *Hüffer/Koch*, § 221 AktG Rz. 2; *Scholz* in MünchHdb. AG, § 64 Rz. 9; *Lutter* in KölnKomm. AktG, 2. Aufl. 1995, § 221 AktG Rz. 10, 19; *Schlitt/Seiler/Singhof*, AG 2003, 2004, 254; *Schumann*, Optionsanleihen, 1999, S. 12, 44, 88.
114 *Habersack* in MünchKomm. AktG, 5. Aufl. 2021, § 221 AktG Rz. 10; *Hüffer/Koch*, § 221 AktG Rz. 4; *Lutter* in KölnKomm. AktG, 2. Aufl. 1995, § 221 AktG Rz. 9 und 17; *Seiler* in BeckOGK AktG, Stand 1.6.2021, § 221 AktG Rz. 11.
115 Vgl. nur die Angaben bei *Habersack* in MünchKomm. AktG, 5. Aufl. 2021, § 221 AktG Rz. 9 und 12; *Lutter* in KölnKomm. AktG, 2. Aufl. 1995, § 221 AktG Rz. 11 und 20; *Schumann*, Optionsanleihen, S. 11 ff.; Zahlenangaben zum Emissionsvolumen bei *Schlede/Kley* in Busse von Colbe u.a., Bilanzierung von Optionsanleihen im Handelsrecht, S. 37 ff.

bungen anzutreffen. Die vor der Ermöglichung von stock options in § 192 Abs. 2 Nr. 3 AktG durch das KonTraG häufiger genutzte Lösung, solche stock options über Wandel- und Optionsanleihen zu gewähren, wird heute praktisch nicht mehr verwendet[116].

3. Rechtsnatur

a) Rechtsnatur der Wandel- und Optionsanleihe

Wandel- und Optionsanleihen sind echte Schuldverschreibungen (zur sich daraus ergebenden Anwendbarkeit des Schuldverschreibungsgesetzes vgl. Rz. 54.3a) und gewähren ausschließlich Gläubigerrechte. Auch das Wandlungs- oder Optionsrecht ist rein schuldrechtlicher, nicht mitgliedschaftsrechtlicher Natur[117].

53.26

b) Rechtsnatur des Wandlungsrechts

Auch wenn § 221 Abs. 1 AktG von einem Umtauschrecht des Gläubigers spricht, handelt es sich bei dem durch eine Wandelanleihe eingeräumten Recht nicht um einen Tauschvertrag i.S.d. § 480 BGB oder um eine Wahlschuld i.S.d. § 262 BGB, sondern um eine im BGB nicht geregelte **Ersetzungsbefugnis** (facultas alternativa)[118] als **Wahl- und Gestaltungsrecht**: Wahlrecht, statt der Anleihe den Bezug von Aktien zu wählen. Bei der Ausübung des Wahlrechts wird das Schuldverhältnis zwischen Anleihegläubiger und AG dergestalt geändert, dass die Anleihe als Rechtsverhältnis endet und ein auf Verschaffung des Mitgliedschaftsrechts gerichtetes Rechtsverhältnis begründet wird, noch nicht allerdings die Mitgliedschaft selbst. Es entsteht ein Anspruch auf Abschluss eines Zeichnungsvertrages, der durch die Umtauschererklärung ausgeübt wird. Die **Gestaltungserklärung** als Ausübung des Wahlrechts enthält zugleich die **Umtauschererklärung**[119], die wiederum wegen der zumeist eindeutigen Anleihebedingungen in der Regel als Annahme des Zeichnungsvertragsangebots der AG ausgelegt werden kann[120], mit der Folge, dass hierdurch der **Zeichnungsvertrag** zustande kommt[121]. Die ursprünglich auf die

53.27

---

116 So auch *Habersack* in MünchKomm. AktG, 5. Aufl. 2021, § 221 AktG Rz. 9. Dass Wandel- und Optionsanleihen zukünftig wieder für stock options speziell an Aufsichtsratsmitglieder verwendet werden, nachdem die Wege über § 192 Abs. 2 Nr. 3 AktG bzw. § 71 Abs. 1 Nr. 8 AktG aufgrund der Gesetzesgeschichte verschlossen sind, vgl. BGH v. 16.2.2004 – II ZR 316/02, WM 2004, 629, 630 = AG 2004, 265, 266, erscheint eher unwahrscheinlich. Dies nicht zuletzt deshalb, weil der BGH auch diesen Weg explizit als eher fraglich eingestuft hat. „Eher erscheint … fraglich, ob der – durch die Neuregelung zwar nicht generell abgeschnittene (vgl. BT-Drucks. 13/9712, S. 23) – Weg über § 221 AktG für Aktienoptionsprogramme zugunsten von Aufsichtsratsmitgliedern noch gangbar ist, nachdem die einschlägigen Neuregelungen einen gegenteiligen Willen des Gesetzes nahelegen." BGH v. 16.2.2004 – II ZR 316/02, WM 2004, 629, 631 = AG 2004, 265, 266; ebenso auch *Habersack* in MünchKomm. AktG, 5. Aufl. 2021, § 221 AktG Rz. 132; *Habersack*, ZGR 2004, 721, 728 ff.; vgl. auch Rz. 30.42 f.
117 Ausführlich *Habersack* in MünchKomm. AktG, 5. Aufl. 2021, § 221 AktG Rz. 27 f.; ebenso *Seiler* in BeckOGK AktG, Stand 1.6.2021, § 221 AktG Rz. 9; *Lutter* in KölnKomm. AktG, 2. Aufl. 1995, § 221 AktG Rz. 3, 92; *Merkt* in K. Schmidt/Lutter, § 221 AktG Rz. 19 ff. zum Wandlungsrecht und Rz. 29 zum Optionsrecht jew. m.w.umfangr.N.; *Habersack* in FS Nobbe, 2009, S. 539, 547.
118 Allg. M., vgl. nur OLG Stuttgart v. 1.3.1995 – 9 U 175/94, AG 1995, 329, 330; *Habersack* in MünchKomm. AktG, 5. Aufl. 2021, § 221 AktG Rz. 226; *Hüffer/Koch*, § 221 AktG Rz. 4; *Scholz* in MünchHdb. AG, § 64 Rz. 6; *Seiler* in BeckOGK AktG, Stand 1.6.2021, § 221 AktG Rz. 7.1; *Lutter* in KölnKomm. AktG, 2. Aufl. 1995, § 221 AktG Rz. 94; *Merkt* in K. Schmidt/Lutter, § 221 AktG Rz. 24; *Fest* in Hopt/Seibt, § 221 AktG Rz. 73; *Habersack* in FS Nobbe, 2009, S. 539, 548.
119 *Habersack* in MünchKomm. AktG, 5. Aufl. 2021, § 221 AktG Rz. 225; *Hüffer/Koch*, § 221 AktG Rz. 5; *Fest* in Hopt/Seibt, § 221 AktG Rz. 117.
120 *Habersack* in MünchKomm. AktG, 5. Aufl. 2021, § 221 AktG Rz. 225, 223; *Hüffer/Koch*, § 221 AktG Rz. 5; *Fest* in Hopt/Seibt, § 221 AktG Rz. 117 a.E.
121 Ausführlich hierzu *Karollus* in G/H/E/K, 1994, § 221 AktG Rz. 147 mit Verweis auf Rz. 141 ff., dort Rz. 143; wie hier auch *Hüffer/Koch*, § 221 AktG Rz. 5; *Merkt* in K. Schmidt/Lutter, § 221 AktG Rz. 25 *Fest* in Hopt/Seibt, § 221 AktG Rz. 117 a.E.

Anleihe geleistete Zahlung wird ex nunc[122], nach a.A. ex tunc[123] als Einlage auf die Aktie angesehen (vgl. näher Rz. 53.64).

c) Rechtsnatur des Optionsrechts

53.28 Das Optionsrecht gewährt das Recht, innerhalb eines festgelegten Zeitraums zu einem bestimmten Entgelt eine bestimmte Anzahl Aktien zu erwerben. Es ist auf Abschluss eines **Zeichnungsvertrages** mit der AG gerichtet[124] und wird durch die „Bezugserklärung" ausgeübt. Die Bezugserklärung enthält zwei Elemente, die Geltendmachung des Optionsrechts (Bezugsrecht) als Gestaltungsrecht und die auf Abschluss des Zeichnungsvertrages gerichtete Willenserklärung. Der Zeichnungsvertrag kommt wegen der zumeist eindeutigen Anleihebedingungen in der Regel bereits mit Zugang der Bezugserklärung bei der AG bzw. der Optionsstelle[125] zustande, da bereits die Anleihebedingungen das Vertragsangebot der AG enthalten[126]. Dieses wird durch die Bezugserklärung angenommen, so dass mit deren Zugang der Zeichnungsvertrag abgeschlossen ist[127] (zum Inhalt der sich daraus ergebenden Einlageverpflichtung vgl. näher Rz. 53.61 ff.).

4. Ausgabe von Wandel- und Optionsanleihen

a) Mitwirkungskompetenz der Hauptversammlung

53.29 § 221 Abs. 1 Satz 1 AktG beschränkt die Geschäftsführungskompetenz des Vorstands: Wandel- und Optionsanleihen dürfen nur aufgrund eines **Beschlusses der Hauptversammlung**[128] ausgegeben[129] werden. Ohne Hauptversammlungsbeschluss begebene Wandel- und Optionsanleihen begründen dennoch wirksame Verpflichtungen der Gesellschaft[130], da das Beschlusserfordernis nur das Innenverhältnis, die Geschäftsführungsbefugnis, nicht jedoch die Vertretungsbefugnis des Vorstands nach § 78 AktG einschränkt. Der Vorstand handelt aber bei der Begebung ohne Hauptversammlungsbeschluss pflichtwidrig und macht sich bei Vorliegen eines Schadens schadenersatzpflichtig; daneben haftet eventuell der Aufsichtsrat wegen der Zustimmung zur Begebung oder wegen Verletzung seiner Aufsichtspflichten[131].

---

122 *Habersack* in MünchKomm. AktG, 5. Aufl. 2021, § 221 AktG Rz. 227; *Scholz* in MünchHdb. AG, § 64 Rz. 6; *Fest* in Hopt/Seibt, § 221 AktG Rz. 124.
123 *Lutter* in KölnKomm. AktG, 2. Aufl. 1995, § 221 AktG Rz. 94, 138.
124 *Hüffer/Koch*, § 221 AktG Rz. 7; *Scholz* in MünchHdb. AG, § 64 Rz. 7.
125 Zur praktischen Abwicklung, d.h. zur Formalisierung der „Bezugsrechtserklärung", Einschaltung einer zentralen Options- bzw. Wandlungsstelle etc. vgl. *Groß* in Bosch/Groß, Rz. 10/303 sowie hier Rz. 46.59.
126 *Hüffer/Koch*, § 221 AktG Rz. 7 m.w.umfangr.N.; ebenso *Merkt* in K. Schmidt/Lutter, § 221 AktG Rz. 31.
127 Ausführlich *Karollus* in G/H/E/K, 1994, § 221 AktG Rz. 143; *Lutter* in KölnKomm. AktG, 2. Aufl. 1995, § 221 AktG Rz. 94, 137. Zu anderen rechtlichen Einordnungen des Optionsrechts vgl. Darstellung bei *Merkt* in K. Schmidt/Lutter, § 221 AktG Rz. 32: rechtsgeschäftliches Bezugsrecht, Gestaltungsrecht, durch dessen Ausübung der Zeichnungsvertrag zustande kommt.
128 Muster in Hoffmann-Becking/Rawert (Hrsg.), Beck'sches Formularbuch Bürgerliches, Handels- und Wirtschaftsrecht, 12. Aufl. 2016, Formular X. 38 und *Groß* in Happ/Groß/Möhrle/Vetter, Aktienrecht Bd. II, Muster 12.04.
129 Zur Strukturierung und zum Ablauf der Begebung von Wandel- und Optionsanleihen vgl. instruktiv *Scholz* in MünchHdb. AG, § 64 Rz. 11 ff.; *Groß* in Happ/Groß/Möhrle/Vetter, Aktienrecht Bd. II, Muster 12.04 Rz. 1.1.
130 Unstr. *Habersack* in MünchKomm. AktG, 5. Aufl. 2021, § 221 AktG Rz. 150; *Florstedt* in KölnKomm. AktG, 3. Aufl. 2017, § 221 AktG Rz. 178 und Rz. 202; *Hüffer/Koch*, § 221 AktG Rz. 52; *Karollus* in G/H/E/K, 1994, § 221 AktG Rz. 69 f.; *Lutter* in KölnKomm. AktG, 2. Aufl. 1995, § 221 AktG Rz. 114; *Fest* in Hopt/Seibt, § 221 AktG Rz. 767; *Hüffer*, ZHR 161 (1997), 214, 224 f.
131 *Habersack* in MünchKomm. AktG, 5. Aufl. 2021, § 221 AktG Rz. 151; *Hüffer/Koch*, § 221 AktG Rz. 52; *Lutter* in KölnKomm. AktG, 2. Aufl. 1995, § 221 AktG Rz. 114; *Fest* in Hopt/Seibt, § 221 AktG Rz. 767 a.E.

Die herrschende Meinung folgt aus dem Wortlaut des § 221 Abs. 1 Satz 1 AktG und im Gegenschluss aus § 93 Abs. 4 Satz 3 AktG[132], dass der Hauptversammlungsbeschluss nur in einer – vorherigen – Einwilligung oder Ermächtigung bestehen könne, eine nachträgliche Zustimmung (Genehmigung) zur Ausgabe von Wandel- und Optionsanleihen[133] führe dagegen nicht zu einer Enthaftung[134] (es geht, vgl. vorstehenden Absatz, nicht um die Wirksamkeit der Begebung, nicht um das „Können", sondern das „Dürfen"). Denkbar – und bereits in einem besonderen Fall praktiziert – ist die Begebung einer zunächst normalen Anleihe, für die das Beschlusserfordernis des § 221 Abs. 1 Satz 1 AktG nicht gilt, die mit entsprechender Beschlussfassung der Hauptversammlung (Zustimmungsbeschluss zur konkreten Anleiheemission) mit einem Wandlungs- oder Optionsrecht versehen wird und erst dann eine Wandel- oder Optionsanleihe darstellt[135].

53.30

b) Inhalt des Hauptversammlungsbeschlusses
aa) Zustimmungsbeschluss/Ermächtigungsbeschluss

Der nach § 221 Abs. 1 Satz 1 AktG erforderliche Beschluss der Hauptversammlung kann – in der Praxis eher selten anzutreffen – in der vorherigen (zur Irrelevanz einer – nachträglichen – Genehmigung vgl. Rz. 53.30) Zustimmung zu einem konkreten Begebungsvorhaben (**Zustimmungsbeschluss**) oder nach § 221 Abs. 2 Satz 1 AktG in einer auf höchstens fünf Jahre befristeten Ermächtigung des Vorstands zur Begebung (**Ermächtigungsbeschluss**) bestehen. Je nach Ausgestaltung des Zustimmungsbeschlusses kann dieser (nicht dagegen der Ermächtigungsbeschluss[136]) den Vorstand zur Begebung **verpflichten** mit der Folge, dass der Vorstand diesen Hauptversammlungsbeschluss nach § 83 Abs. 2 AktG grundsätzlich[137] zügig auszuführen hat[138]. Durch den Ermächtigungsbeschluss, der in der Praxis die Regel ist, wird der Vorstand dagegen zur Begebung der Wandel- und Optionsanleihen **ermächtigt**, mit der Folge dass es in seinem pflichtgemäßen Ermessen liegt, ob, wann und in welchem Umfang (jeweils innerhalb der Vorgaben der Ermächtigung) er hiervon, ggf. auch in mehreren Teilschritten, Gebrauch macht[139].

53.31

---

132 *Hüffer/Koch*, § 221 AktG Rz. 52; *Lutter* in KölnKomm. AktG, 2. Aufl. 1995, § 221 AktG Rz. 115; *Florstedt* in KölnKomm. AktG, 3. Aufl. 2017, § 221 AktG Rz. 203.
133 Davon zu unterscheiden ist die Schaffung des bedingten Kapitals. Diese kann vorher, gleichzeitig (Regelfall) oder nach der Beschlussfassung über die Begebung von Wandel- und Optionsanleihen erfolgend, vgl. nur *Florstedt* in KölnKomm. AktG, 3. Aufl. 2017, § 221 AktG Rz. 300.
134 *Habersack* in MünchKomm. AktG, 5. Aufl. 2021, § 221 AktG Rz. 151; *Hüffer/Koch*, § 221 AktG Rz. 52; *Florstedt* in KölnKomm. AktG, 3. Aufl. 2017, § 221 AktG Rz. 203; *Lutter* in KölnKomm. AktG, 2. Aufl. 1995, § 221 AktG Rz. 115.
135 Vgl. die 3 % 490 Mio. Euro Anleihe der EnBW International Finance B.V. 2001. Hier stellen sich dann jedoch eine ganze Reihe weiterer Fragen, z.B. die nach dem Bezugsrecht der Aktionäre und die nach den Erfordernissen der Bewertung der Rückzahlungsansprüche aus der ursprünglichen Anleihe, bejahendenfalls die nach dem Bewertungszeitpunkt, vgl. nur *Fest* in Hopt/Seibt, § 221 AktG Rz. 125.
136 Darauf weist *Habersack* in MünchKomm. AktG, 5. Aufl. 2021, § 221 AktG Rz. 133 zutreffend hin.
137 Zu den Einschränkungen vgl. *Habersack* in MünchKomm. AktG, 5. Aufl. 2021, § 221 AktG Rz. 135; *Hüffer/Koch*, § 221 AktG Rz. 9 (Pflicht ergebe sich aus § 119 Abs. 1 Nr. 7 AktG); *Lutter* in KölnKomm. AktG, 2. Aufl. 1995, § 221 AktG Rz. 39; *Florstedt* in KölnKomm. AktG, 3. Aufl. 2017, § 221 AktG Rz. 181. *Fest* in Hopt/Seibt, § 221 AktG Rz. 516, Pflicht folge nicht aus § 83 Abs. 2 AktG sondern daraus, dass Vorstand konkrete Beschlussfassung angestoßen habe; zur Einschränkung der Durchführungsfrist (Änderung wesentlicher Umstände) siehe Rz. 520 ff.
138 Wie hier *Hüffer/Koch*, § 221 AktG Rz. 9; *Karollus* in G/H/E/K, 1994, § 221 AktG Rz. 52; *Scholz* in MünchHdb. AG, § 64 Rz. 17; *Fest* in Hopt/Seibt, § 221 AktG Rz. 516; *Florstedt* in KölnKomm. AktG, 3. Aufl. 2017, § 221 AktG Rz. 185 lehnt eine Pflicht zum „unverzüglichen" Handeln ab, hält aber drei Monate für angemessen. Zur Frage, ob die Hauptversammlung auch ohne Antrag des Vorstands hierzu berechtigt ist, die Ausgabe einer konkreten Options- oder Wandelschuldverschreibung zu beschließen, *Fest* in Hopt/Seibt, § 221 AktG Rz. 494 (verneinend).
139 Unstr., vgl. nur *Habersack* in MünchKomm. AktG, 5. Aufl. 2021, § 221 AktG Rz. 153; *Hüffer/Koch*, § 221 AktG Rz. 9; *Lutter* in KölnKomm. AktG, 2. Aufl. 1995, § 221 AktG Rz. 79; *Seiler* in BeckOGK AktG, Stand 1.6.2021, § 221 AktG Rz. 65; *Fest* in Hopt/Seibt, § 221 AktG Rz. 527.

bb) Zeitliche Grenzen des Ermächtigungsbeschlusses

53.32 Beschränkt sich die Hauptversammlung auf eine Ermächtigung an den Vorstand, kann diese gemäß § 221 Abs. 2 Satz 1 AktG **höchstens für fünf Jahre** erteilt werden. Die Frist beginnt mit der Beschlussfassung[140]. Die Frist ist im Hauptversammlungsbeschluss konkret zu bestimmen, so dass eine Formulierung wie „höchstens fünf Jahre" oder eine bloße Verweisung auf § 221 Abs. 2 Satz 1 AktG nicht genügen[141]. Eine Ermächtigung ohne ordnungsgemäße Befristung ist nichtig[142].

53.33 Von der erforderlichen Befristung der Ermächtigung zur Begebung der Wandel- und Optionsanleihen zu unterscheiden ist die Frage der **Laufzeit** der – innerhalb der Ermächtigungsfrist – begebenen Wandel- oder Optionsanleihen. Hier kann der Hauptversammlungsbeschluss Vorgaben machen, er muss es aber nicht, da das Gesetz hierzu schweigt[143]. Auch das zur Sicherung der Wandlungs- und Optionsrechte ggf. geschaffene **bedingte Kapital**, vgl. § 192 Abs. 2 Nr. 1 AktG, bedarf **keiner** zeitlichen **Befristung**[144], anders dagegen ein zur Sicherung der Options- oder Wandlungsrechte geschaffenes genehmigtes Kapital, das wegen § 202 Abs. 1 Satz 1 AktG zwingend befristet ist und sich schon deshalb hier nicht anbietet[145] (zu anderen Fragen bei der Verwendung genehmigten Kapitals vgl. Rz. 53.60).

cc) Weiterer notwendiger Inhalt des Hauptversammlungsbeschlusses

53.34 In welchem Umfang der Hauptversammlungsbeschluss weitere Regelungen treffen kann bzw. muss, ist im Detail umstritten[146]. Zum **notwendigen Inhalt** des Hauptversammlungsbeschlusses[147] wird man Folgendes zählen müssen[148]: Beschluss muss, wenn es sich um einen Zustimmungsbeschluss handelt,

---

140 *Habersack* in MünchKomm. AktG, 5. Aufl. 2021, § 221 AktG Rz. 157; *Hüffer/Koch*, § 221 AktG Rz. 13; *Seiler* in BeckOGK AktG, Stand 1.6.2021, § 221 AktG Rz. 61; *Scholz* in MünchHdb. AG, § 64 Rz. 18; *Florstedt* in KölnKomm. AktG, 3. Aufl. 2017, § 221 AktG Rz. 217; *Fest* in Hopt/Seibt, § 221 AktG Rz. 536.
141 *Hüffer/Koch*, § 221 AktG Rz. 13; *Scholz* in MünchHdb. AG, § 64 Rz. 18; *Fest* in Hopt/Seibt, § 221 AktG Rz. 535.
142 Wie hier *Habersack* in MünchKomm. AktG, 5. Aufl. 2021, § 221 AktG Rz. 158; *Hüffer/Koch*, § 221 AktG Rz. 13; *Scholz* in MünchHdb. AG, § 64 Rz. 18; *Florstedt* in KölnKomm. AktG, 3. Aufl. 2017, § 221 AktG Rz. 218; *Fest* in Hopt/Seibt, § 221 AktG Rz. 537; a.A. *Karollus* in G/H/E/K, 1994, § 221 AktG Rz. 54, der die Ermächtigung auch unabhängig davon, ob sie überhaupt keine Befristung oder eine längere Frist als fünf Jahre enthält, auf die gesetzliche Höchstfrist begrenzen will; *Lutter* in KölnKomm. AktG, 2. Aufl. 1995, § 221 AktG Rz. 80, der eine Nichtigkeit ausdrücklich ablehnt und nur den Vorstand als verpflichtet ansieht, in einem engen zeitlichen Rahmen zu entscheiden; offen gelassen von BGH v. 26.9.1994 – II ZR 236/93, WM 1994, 2160, 2162 = AG 1995, 83, 84.
143 Wie hier *Hüffer/Koch*, § 221 AktG Rz. 10; *Seiler* in BeckOGK AktG, Stand 1.6.2021, § 221 AktG Rz. 64.
144 Ebenso *Hüffer/Koch*, § 221 AktG Rz. 10; *Seiler* in BeckOGK AktG, Stand 1.6.2021, § 221 AktG Rz. 64; i.d.S. wohl auch *Frey* in Großkomm. AktG, 4. Aufl. 2001, § 192 AktG Rz. 113, der nur für die Ermächtigung zur Begebung von Aktienoptionsprogrammen eine – richtlinienkonforme – Begrenzung auf fünf Jahre fordert, eine Ausübung innerhalb dieser Frist begebener Optionen aber auch danach nicht in Frage stellt.
145 *Lutter* in KölnKomm. AktG, 2. Aufl. 1995, § 221 AktG Rz. 99.
146 Vgl. nur Übersicht bei *Scholz* in MünchHdb. AG, § 64 Rz. 17 f. und *Seiler* in BeckOGK AktG, Stand 1.6.2021, § 221 AktG Rz. 64.
147 Rechtsfolge im Falle fehlender notwendiger Angaben ist die Anfechtbarkeit, vgl. *Habersack* in MünchKomm. AktG, 5. Aufl. 2021, § 221 AktG Rz. 141 für den Zustimmungsbeschluss, anders aber für den Ermächtigungsbeschluss in Rz. 155: Nichtigkeit nach § 241 Nr. 3 AktG; ebenso, Nichtigkeit beim Ermächtigungsbeschluss und Anfechtbarkeit beim Zustimmungsbeschluss *Fest* in Hopt/Seibt, § 221 AktG Rz. 514 zum Zustimmungsbeschluss und Rz. 533 zum Ermächtigungsbeschluss.
148 *Fest* in Hopt/Seibt, § 221 AktG Rz. 512 fordert darüber hinaus beim Zustimmungsbeschluss die Festlegung des Gegenstands des Umtausch- oder Bezugsrechts, namentlich die Gattung der Aktien, das

erkennen lassen, ob der Vorstand zur Durchführung des Beschlusses verpflichtet, oder nur ermächtigt ist[149]; sowohl beim Zustimmungs- als auch beim Ermächtigungsbeschluss ist anzugeben, um welche **Art der Anleihe**[150] (Wandel-, Optionsanleihe; Wandel- oder Optionsgenussrechte – dabei kann der Ermächtigungsbeschluss den Vorstand zur Auswahl aus mehreren dieser Alternativen oder auch zur tranchenweisen Emission gleicher oder verschiedener Art ermächtigen) es sich handeln soll; **Gesamtnennbetrag**[151] der Options- oder Wandelanleihe auch im Sinne eines Höchstbetrages[152], bei einem Ermächtigungsbeschluss ist eine **Befristung** anzugeben (siehe Rz. 53.32); (zum notwendigen Inhalt des Hauptversammlungsbeschlusses bei einer darin enthaltenen Regelung des **Bezugsrechtes** vgl. Rz. 53.48 f.; zur Frage, ob eine **Pflichtwandlung** ausdrücklich genannt sein muss, vgl. Rz. 53.8).

dd) Notwendiger Inhalt des Hauptversammlungsbeschlusses bei der Verbindung mit einem bedingten Kapital

Wird, wie es aus praktischen Gründen (siehe dazu Rz. 53.59 f.) und rechtlich unbedenklich[153] in nahezu allen Fällen geschieht, der Beschluss zur Ermächtigung zur Begebung der Wandel- oder Optionsanleihen mit einem die Wandel- oder Optionsrechte sichernden bedingten Kapital verbunden[154], dann bedarf der entsprechende **Beschlussteil** über die **bedingte Kapitalerhöhung** zwingend der generell für bedingte Kapitalerhöhungsbeschlüsse vorgeschriebenen Festsetzungen, insbesondere sind unverzichtbar: (i) die Festlegung des **Erhöhungsbetrages**, also des Nennbetrages des Bedingten Kapitals, (ii) die Bestimmung der **Nennbeträge** der neuen Aktien, bei **Stückaktien ihre Zahl**, sowie deren Art und Gattung, sofern die Satzung dies nicht bereits für künftige Aktien abschließend regelt[155], (iii) der **Zweck**

53.35

Umtausch- bzw. Bezugsverhältnis sowie den Ausgabebetrag bzw. Mindestausgabebetrag; dagegen sei dies bei einem Ermächtigungsbeschluss nicht erforderlich, Rz. 531.
149 *Hüffer/Koch*, § 221 AktG Rz. 10; *Scholz* in MünchHdb. AG, § 64 Rz. 17.
150 *Habersack* in MünchKomm. AktG, 5. Aufl. 2021, § 221 AktG Rz. 139 für den Zustimmungsbeschluss, Rz. 155 zum Ermächtigungsbeschluss; *Hüffer/Koch*, § 221 AktG Rz. 10; *Scholz* in MünchHdb. AG, § 64 Rz. 18.
151 *Habersack* in MünchKomm. AktG, 5. Aufl. 2021, § 221 AktG Rz. 139; *Hüffer/Koch*, § 221 AktG Rz. 10; *Florstedt* in KölnKomm. AktG, 3. Aufl. 2017, § 221 AktG Rz. 195; *Seiler* in BeckOGK AktG, Stand 1.6.2021, § 221 AktG Rz. 64; *Scholz* in MünchHdb. AG, § 64 Rz. 18. Zu unterscheiden vom Gesamtnennbetrag des zur Sicherung der Options- oder Wandlungsrechte gegebenenfalls geschaffenen bedingten Kapitals, dessen Angabe im Sinne eines Höchstbetrages beim Beschluss zur Schaffung des bedingten Kapitals zwingend ist, vgl. nur *Hüffer/Koch*, § 193 AktG Rz. 4.
152 *Habersack* in MünchKomm. AktG, 5. Aufl. 2021, § 221 AktG Rz. 139 für den Zustimmungsbeschluss, Rz. 155 zum Ermächtigungsbeschluss; *Florstedt* in KölnKomm. AktG, 3. Aufl. 2017, § 221 AktG Rz. 195; *Hüffer/Koch*, § 221 AktG Rz. 10; *Seiler* in BeckOGK AktG, Stand 1.6.2021, § 221 AktG Rz. 64; für Genussrechte wie hier BGH v. 26.9.1994 – II ZR 236/93, WM 1994, 2160, 2161 = AG 1995, 83 unter Verweis auf frühere, zwischenzeitlich aufgegebene andere Auffassung zu Wandelschuldverschreibungen.
153 Vgl. nur *Seiler* in BeckOGK AktG, Stand 1.6.2021, § 221 AktG Rz. 74 m.w.N.
154 Rechtlich erforderlich ist eine solche Verbindung nicht. Zulässig ist auch ein erst später, z.B. in der nächsten Hauptversammlung, beschlossenes bedingtes Kapital, vgl. nur *Hüffer/Koch*, § 221 AktG Rz. 60; *Habersack* in MünchKomm. AktG, 5. Aufl. 2021, § 221 AktG Rz. 218; *Seiler* in BeckOGK AktG, Stand 1.6.2021, § 221 AktG Rz. 74; *Scholz* in MünchHdb. AG, § 64 Rz. 45; *Fest* in Hopt/Seibt, § 221 AktG Rz. 86; *Drygala/Staake* in KölnKomm. AktG, 3. Aufl. 2018, § 192 AktG Rz. 83. Die Beschlussfassung zum bedingten Kapital kann aber auch derjenigen über die Wandel- und Optionsanleihen vorausgehen, vgl. nur *Hüffer/Koch*, § 221 AktG Rz. 60; *Habersack* in MünchKomm. AktG, 5. Aufl. 2021, § 221 AktG Rz. 218; *Florstedt* in KölnKomm. AktG, 3. Aufl. 2017, § 221 AktG Rz. 300; *Fest* in Hopt/Seibt, § 221 AktG Rz. 86; *Drygala/Staake* in KölnKomm. AktG, 3. Aufl. 2018, § 192 AktG Rz. 83; *Scholz* in MünchHdb. AG, § 64 Rz. 45.
155 So ausdrücklich BGH v. 18.5.2009 – II ZR 262/07, BGHZ 181, 144, 158 und Leitsatz b) = AG 2009, 625; *Scholz* in MünchHdb. AG, § 58 Rz. 31; *Seiler* in BeckOGK AktG, Stand 1.6.2021, § 221 AktG Rz. 74; *Fest* in Hopt/Seibt, § 221 AktG Rz. 88.

der bedingten Kapitalerhöhung, § 193 Abs. 2 Nr. 1 AktG[156], (iv) der **Kreis der Bezugsberechtigten**, § 193 Abs. 2 Nr. 2 AktG[157], sowie (v) seit der diesbezüglichen Klarstellung[158] durch das ARUG[159] der **Mindestausgabebetrag** oder die Grundlagen für die Festlegung des Ausgabebetrages oder des Mindestausgabebetrages der neuen Aktien, § 193 Abs. 2 Nr. 3 AktG[160], ggf. auch unter Verweis auf die Detailregelungen in dem zusammen beschlossenen Zustimmungs- oder Ermächtigungsbeschluss über die Options-/Wandelanleihen[161], Ermächtigung, Verwässerungsschutz zu gewähren[162], bei Ausgabe von Wandelanleihen/Genussrechten ferner das Verhältnis, zu dem (ggf. unter welchen baren Zuzahlungen) die Schuldverschreibungen gegen Aktien umzutauschen sind[163], bei Optionsanleihen/Genussrechten weiter das Bezugsverhältnis, zu welchem Kurs die neuen Aktien bezogen werden können (vgl. bereits Rz. 46.25). § 193 Abs. 2 Nr. 2 AktG fordert nur eine Beschreibung des **Kreises der Bezugsberechtigten**. Nicht erforderlich ist etwa deren namentliche Benennung. Ausreichend ist die hinreichend konkrete Be- bzw. Umschreibung des Kreises der Berechtigten, so dass eine Beschreibung ausreicht, welche auf die Ausübung von Wandlungs- oder Optionsrechten aus bestimmten Options- und/oder Wandelschuldverschreibungen verweist.

53.35a Sollen die Options- und/oder Wandelschuldverschreibungen (auch) gegen **Sacheinlage**[164] ausgegeben werden können, findet bei einer Ausgabe gegen Sacheinlage § 194 Abs. 1 Satz 2 AktG keine Anwendung[165] mit der Folge, dass **bei der Ausgabe**[166] **der Wandelschuldverschreibung** bereits die **Sacheinlageprüfung** erforderlich ist. Für den Hauptversammlungsbeschluss in der Form des Ermächtigungsbeschlusses zur Begebung der Options- und/oder Wandelschuldverschreibung bedeutet dies, dass § 195 Abs. 2 Nr. 1, § 194 Abs. 3 und § 195 Abs. 3 AktG nicht anwendbar bzw. erfüllbar sind[167]. Deshalb ist es nur erforderlich, generell zur Ausgabe gegen Sacheinlagen zu ermächtigen[168], wobei auch hier dies nicht

---

156 Nähere Einzelheiten bei *Fest* in Hopt/Seibt, § 221 AktG Rz. 89: Bezugnahme auf Zustimmungs- oder Ermächtigungsbeschluss für Options-/Wandelanleihe bzw. bei Beschlussfassung über das bedingte Kapital vor Beschlussfassung über Options- und Wandelanleihen Hinweis auf Umtausch- oder Bezugsrechte aus Options-/Wandelanleihen.
157 Nähere Einzelheiten bei *Fest* in Hopt/Seibt, § 221 AktG Rz. 90: Options- oder Umtauschberechtigte aus Options-/Wandelanleihen.
158 Der BGH hatte schon vor der gesetzlichen Änderung durch das ARUG auf der Grundlage der damaligen Formulierung die Festlegung allein eines Mindestausgabebetrages genügen lassen, BGH v. 18.5.2009 – II ZR 262/07, BGHZ 181, 144, 153 = AG 2009, 625. Insofern hat die Gesetzesänderung nur nachvollzogen (klargestellt, so auch *Habersack* in MünchKomm. AktG, 5. Aufl. 2021, § 221 AktG Rz. 217, Fn. 629; *Schlitt/Schäfer*, CLF 2010, 252), was vorher bereits galt.
159 BGBl. I 2009, 2479.
160 Kritisch zum Erfordernis der Angabe eines (Mindest-)Ausgabebetrages bei der Nutzung eines bedingten Kapitals zur Bedienung von Finanzierungsinstrumenten des § 221 AktG *Scholz* in MünchHdb. AG, § 64 Rz. 20.
161 *Fest* in Hopt/Seibt, § 221 AktG Rz. 91, 539.
162 *Scholz* in MünchHdb. AG, § 64 Rz. 46.
163 Näher zur Wandlung zum Nennbetrag bei Ausgabe unter pari *Scholz* in MünchHdb. AG, § 64 Rz. 19: vorbehaltlich § 9 Abs. 1 AktG zulässig, es gilt § 199 Abs. 2 AktG und auch § 194 Abs. 1 Satz 2 AktG.
164 Zur Frage, ob bei Begebung von Wandelschuldverschreibungen in einer anderen Währung als dem gesetzlichen Zahlungsmittel in Deutschland (derzeit Euro) das Privileg des § 194 Abs. 1 Satz 2 AktG gilt und wie diese Einlage zu behandeln ist, vgl. nur kurz *Scholz* in MünchHdb. AG, § 64 Rz. 23 m.w.N.
165 Unstr., vgl. nur OLG München v. 19.9.2013 – 31 Wx 312/13, NZG 2013, 1144, 1145 = AG 2013, 811; *Habersack* in MünchKomm. AktG, 5. Aufl. 2021, § 221 AktG Rz. 231; *Lutter* in KölnKomm. AktG, 2. Aufl. 1995, § 221 AktG Rz. 140; *Marsch-Barner*, DB 1995, 1497; *Schnorbus/Trapp*, ZGR 2010, 1023, 1034.
166 Vgl. näher Rz. 53.64 sowie *Schwarzkopff/Hoppe*, NZG 2014, 378, 379; *Schnorbus/Trapp*, ZGR 2010, 1023, 1043 ff.
167 So ausdrücklich OLG München v. 19.9.2013 – 31 Wx 312/13, NZG 2013, 1144, 1145 = AG 2013, 811; *Schwarzkopff/Hoppe*, NZG 2014, 378, 379.
168 *Scholz* in MünchHdb. AG, § 64 Rz. 18; ausführlich *Schnorbus/Trapp*, ZGR 2010, 1023, 1033 ff. und 1039 ff. Nach *Seiler* in BeckOGK AktG, Stand 1.6.2021, § 221 AktG Rz. 16 genügt eine gattungsmäßige Beschrei-

im Beschluss zum bedingten Kapital erfolgen muss, sondern eine entsprechende Regelung im Ermächtigungsbeschluss für die Options-/Wandelanleihe, auf die dann im Beschluss zum bedingten Kapital verwiesen werden kann, ausreicht[169]. Die Konkretisierung der Sacheinlage erfolgt dann analog § 205 AktG bzw. entsprechend § 194 AktG in dem eigentlichen Ausgabebeschluss des Vorstands[170] (ggf. mit Zustimmung des Aufsichtsrats).

ee) Fakultativer Inhalt des Hauptversammlungsbeschlusses

Ob und in welchem Umfang darüber hinaus auch **Angaben zu dem Umtausch- oder Bezugsverhältnis** erforderlich sind, hängt davon ab, ob es sich um einen Zustimmungs- oder einen Ermächtigungsbeschluss handelt[171]. Bei einem Ermächtigungsbeschluss sind solche Angaben nicht erforderlich, da das Gesetz sie nicht fordert. Aufgrund der in der Praxis in der Regel vorgenommenen Verbindung des Ermächtigungsbeschlusses zur Begebung von Wandel- und Optionsanleihen mit einem die Wandel- oder Optionsrechte sichernden bedingten Kapital und den dafür geltenden Anforderungen in § 193 Abs. 2 Nr. 3 AktG ist diese Frage in der Praxis wenig bedeutsam[172]: Im Regelfall enthalten die Ermächtigungsbeschlüsse zur Begebung der Wandel- und Optionsanleihe entsprechende Vorgaben, der Beschlussteil zur Schaffung des bedingten Kapitals verweist zulässigerweise, was ebenfalls durch die Änderung des § 193 Abs. 2 Nr. 3 AktG durch das ARUG klargestellt wurde, auf diese Angaben[173]. 53.36

Die **Dividendenberechtigung** der neuen Aktien ist jedenfalls dann im Hauptversammlungsbeschluss festzulegen, wenn eine von § 60 Abs. 2 Satz 3 AktG abweichende Dividendenberechtigung ermöglicht werden soll. Die entsprechende Regelung lautet häufig dahingehend, die neuen Aktien seien vom Beginn des Geschäftsjahres, in dem sie entstehen[174], gewinnberechtigt. Das führt dazu, dass vom Beginn des Geschäftsjahres bis zur Hauptversammlung, die über die Gewinnverteilung beschließt, Aktien mit unterschiedlicher Gewinnberechtigung entstehen können, die „alten" mit der Gewinnberechtigung für das abgelaufene und das laufende Geschäftsjahr und die Bezugsaktien mit Gewinnberechtigung allein für das laufende Geschäftsjahr. Das ist jedenfalls unpraktisch[175]. Will man das nicht durch längere 53.36a

---

bung der Einlagegegenstände und eine Bestimmbarkeit der Einleger. Enger wohl *Fest* in Hopt/Seibt, § 221 AktG Rz. 92.
169 Insoweit wie hier *Fest* in Hopt/Seibt, § 221 AktG Rz. 92.
170 *Hüffer/Koch*, § 194 AktG Rz. 6, 9; *Scholz* in MünchHdb. AG, § 58 Rz. 46; *Merkt* in K. Schmidt/Lutter, § 221 AktG Rz. 10; *Schnorbus/Trapp*, ZGR 2010, 1023, 1043.
171 Differenzierend *Habersack* in MünchKomm. AktG, 5. Aufl. 2021, § 221 AktG Rz. 140 für den Zustimmungsbeschluss i.S. der Koppelung an den Börsenkurs während einer bestimmten Referenzperiode oder der Angabe eines Mindestausgabebetrages bejahend, Rz. 155 für den Ermächtigungsbeschluss verneinend; ebenso *Hüffer/Koch*, § 221 AktG Rz. 11; im Grundsatz ebenso *Karollus* in G/H/E/K, 1994, § 221 AktG Rz. 60, der allerdings auch bei einem Ermächtigungsbeschluss eine gewisse Präzisierung fordert; auch für die nach § 193 Abs. 2 Nr. 3 AktG erforderlichen Angaben kritisch *Scholz* in MünchHdb. AG, § 64 Rz. 18 ff., insbes. Rz. 20.
172 Wie hier *Hüffer/Koch*, § 221 AktG Rz. 11.
173 Vgl. nur *Hüffer/Koch*, § 221 AktG Rz. 11; *Habersack* in MünchKomm. AktG, 5. Aufl. 2021, § 221 AktG Rz. 155; *Fest* in Hopt/Seibt, § 221 AktG Rz. 539; *Spiering/Grabbe*, AG 2004, 91. Auch das OLG München v. 19.9.2013 – 31 Wx 312/13, NZG 2013, 1144, 1145 = AG 2013, 811 prüft im Zusammenhang mit der Ermächtigung zur Begebung von Options- und Wandelschuldverschreibungen gegen auch Sacheinlagen, ob Angaben zum Mindestausgabebetrag enthalten sind.
174 Nach Eintragung des bedingten Kapitals, § 197 AktG, danach Ausübung des Options-/Wandlungsrechts und Abschluss des Begebungsvertrages entstehen die neuen Aktien mit ihrer Ausgabe, § 200 AktG.
175 Ob dieser Unterschied auch dazu führt, unterschiedliche Gattungen anzunehmen, ist streitig, verneinend *Hüffer/Koch*, § 11 AktG Rz. 8; Rz. 6.5a mit ausführlicher Darstellung auch der daraus resultierenden rechtlichen Fragen; *Singhof* in FS Hoffmann-Becking, 2013, S. 1163, 1180; a.A. *Ziemons* in K. Schmidt/Lutter, § 11 AktG Rz. 8.

Ausübungssperren für das Options- bzw. Wandlungsrecht vermeiden, müssten die Bezugsaktien mit einer **Gewinnanteilsberechtigung für das abgelaufene Geschäftsjahr** ausgestattet werden[176]. Dies sollte, anders als beim genehmigten Kapital[177], in dem Beschluss über die Schaffung des bedingten Kapitals aufgenommen werden[178].

53.37 Im Übrigen gehört sowohl beim Zustimmungsbeschluss und – in noch weiterem Umfang – beim Ermächtigungsbeschluss die weitere **Ausgestaltung der Options- oder Wandelanleihen** zum **fakultativen**, d.h. nicht notwendigen Inhalt des Beschlusses, die dem Vorstand als Geschäftsführungsmaßnahme überlassen bleiben kann[179]. Nachdem hier in der Vergangenheit die Tendenz zu beobachten war, im Hauptversammlungsbeschluss selbst immer detailliertere Regelungen zu treffen, ist man seit einigen Jahren zu Recht hier eher zurückhaltender[180]. Je detaillierter die Vorgaben der Hauptversammlung sind, desto geringer ist die gerade bei einem fünf Jahre laufenden Ermächtigungsbeschluss zwingend erforderliche Flexibilität, die ohne detaillierte Vorgaben für den Vorstand besteht.

53.38 Streitig ist auch, ob im Hauptversammlungsbeschluss[181] die Ausgabe der Wandel- und Optionsanleihen an die **Zustimmung des Aufsichtsrats** gebunden werden darf[182]. Eine Pflicht dazu besteht unstreitig nicht. § 221 AktG als solcher erfordert im Übrigen auch keine Zustimmung des Aufsichtsrats für die Begebung von Wandel- und Optionsanleihen[183].

53.39 Überschreitet der Vorstand bei der Begebung den von der Hauptversammlung vorgesehenen **Rahmen**, handelt er **pflichtwidrig**, ohne dass es insoweit darauf ankommt, ob es sich um den notwendigen oder nicht notwendigen Inhalt des Beschlusses handelt. Rechtsfolge ist – bei Vorliegen eines Schadens der Gesellschaft – eine Haftung nach § 93 Abs. 2 AktG[184], nicht jedoch etwa die Unwirksamkeit des begebenen Instruments, was sich allein daraus ergibt, dass selbst bei gänzlich fehlendem Hauptversammlungsbeschluss das begebene Instrument wirksam ist, vgl. Rz. 53.29.

---

176 So auch *Singhof* in FS Hoffmann-Becking, 2013, S. 1163, 1181; Rz. 46.21; allgemein zur Frage der rückwirkenden Gewinnanteilsberechtigung *Groß* in FS Hoffmann-Becking, 2013, S. 395, 397.
177 *Groß* in FS Hoffmann-Becking, 2013, S. 395, 408 f.
178 Rz. 46.21 a.E.
179 *Hüffer/Koch*, § 221 AktG Rz. 10; *Habersack* in MünchKomm. AktG, 5. Aufl. 2021, § 221 AktG Rz. 141 zum Zustimmungsbeschluss und Rz. 155 zum Hauptversammlungsbeschluss; *Seiler* in BeckOGK AktG, Stand 1.6.2021, § 221 AktG Rz. 64.
180 So auch *Schlitt/Schäfer*, CFL 2010, 252, 253.
181 Dass ein solches Zustimmungserfordernis durch die Satzung oder aber durch den Aufsichtsrat (§ 111 Abs. 4 Satz 2 AktG) begründet werden kann, ist dagegen offensichtlich. Dass es sich nicht generell oder aus einer entsprechenden Anwendung des § 204 Abs. 1 Satz 2 AktG ergibt, entspricht zumindest h.M. vgl. nur *Fest* in Hopt/Seibt, § 221 AktG Rz. 556; *Scholz* in MünchHdb. AG, § 64 Rz. 18.
182 Dafür mit „Blick auf §§ 202 Abs. 3 Satz 2, 204 Abs. 1 Satz 2" *Habersack* in MünchKomm. AktG, 5. Aufl. 2021, § 221 AktG Rz. 152; *Hüffer/Koch*, § 221 AktG Rz. 13; *Merkt* in K. Schmidt/Lutter, § 221 AktG Rz. 10; *Scholz* in MünchHdb. AG, § 64 Rz. 18; enger, nur bei einer Mehrheit von ¾ der abgegebenen Stimmen und des bei der Beschlussfassung vertretenen Grundkapitals *Fest* in Hopt/Seibt, § 221 AktG Rz. 560; jedenfalls wenn die Sanierungsprivilegien von § 192 Abs. 3 Satz 3, 4 AktG in Anspruch genommen werden können oder der Vorstand selbst bezugsberechtigt ist *Florstedt* in KölnKomm. AktG, 3. Aufl. 2017, § 221 AktG Rz. 210; zweifelnd, aber durch den – selbstverständlichen – Hinweis auf § 124 Abs. 2 Satz 2, § 179 AktG, i.E. wohl auch bejahend, *Karollus* in G/H/E/K, 1994, § 221 AktG Rz. 71; zweifelnd *Bergau*, AG 2006, 769, 772 ff., argumentum e contrario § 111 Abs. 4 Satz 2 AktG: Nur die Satzung oder der Aufsichtsrat könnten über das Gesetz hinausgehende Zustimmungserfordernisse begründen.
183 *Scholz* in MünchHdb. AG, § 64 Rz. 18. Zum Zustimmungserfordernis des Aufsichtsrats bei der Ausnutzung einer Ermächtigung zum Ausschluss des Bezugsrechts vgl. Rz. 53.49, ein solches lehnt *Scholz* in MünchHdb. AG, § 64 Rz. 18 ab.
184 *Habersack* in MünchKomm. AktG, 5. Aufl. 2021, § 221 AktG Rz. 151.

c) Mehrheitserfordernisse beim Hauptversammlungsbeschluss

Der Beschluss (Zustimmungs- oder Ermächtigungsbeschluss[185]) bedarf (neben der einfachen Stimmenmehrheit nach § 133 Abs. 1 AktG) gemäß § 221 Abs. 1 Satz 2 AktG einer **Mehrheit** von mindestens ¾ des bei der Beschlussfassung vertretenen Grundkapitals. Die Satzung kann spezifisch für den Fall des § 221 AktG[186] eine höhere Kapitalmehrheit und weitere Erfordernisse bestimmen oder eine geringere Kapitalmehrheit[187] genügen lassen, vgl. § 221 Abs. 1 Satz 2 AktG, doch muss mindestens eine Kapital- und Stimmenmehrheit verbleiben. Enthält, wie in der Regel, der Ermächtigungsbeschluss auch die Ermächtigung zum Bezugsrechtsausschluss und sei es auch nur für Spitzenbeträge, so verbleibt es wegen § 221 Abs. 4 AktG i.V.m. § 186 Abs. 3 AktG unabhängig von einer anderslautenden Satzungsbestimmung bei dem Erfordernis einer Mehrheit von mindestens ¾ des bei der Beschlussfassung vertretenen Grundkapitals[188] – neben der erforderlichen einfachen Stimmenmehrheit. Sind mehrere – **stimmberechtigte** – Aktiengattungen vorhanden, bedarf der Beschluss gemäß § 221 Abs. 1 Satz 4 AktG i.V.m. § 182 Abs. 2 AktG zu seiner Wirksamkeit der **Zustimmung der Aktionäre jeder Gattung**[189]. Wird der Beschluss gemäß § 221 AktG mit dem über die Schaffung eines bedingten Kapitals verbunden, bedarf er grundsätzlich der qualifizierten Kapitalmehrheit von ¾ des bei der Beschlussfassung vertretenen Grundkapitals und der einfachen Stimmenmehrheit, § 193 Abs. 1 Satz 1 AktG.

53.40

d) Bekanntmachung des Hauptversammlungsbeschlusses bei der Einberufung

Der Direkt- oder Ermächtigungsbeschluss zur Begebung der Options- oder Wandelanleihen enthält **keine Satzungsänderung**, so dass sein genauer Wortlaut nicht gemäß § 124 Abs. 2 Satz 2 AktG bei der Einberufung der Hauptversammlung bekannt zu machen ist. Es genügt die Bezeichnung des Beschlussgegenstandes und die Umschreibung, welchen Inhalt und welche Tragweite der Beschluss haben soll[190]. Anderes gilt für die in der Regel mit dem Direkt- oder Ermächtigungsbeschluss verbundene Beschlussfassung über die Schaffung eines **bedingten Kapitals** (vgl. dazu Rz. 46.14 ff.). Die Schaffung

53.41

---

185 *Fest* in Hopt/Seibt, § 221 AktG Rz. 498 mit dem zutreffenden Hinweis, dass § 221 Abs. 2 AktG nicht auf die Sätze 2 bis 4 des § 221 Abs. 1 AktG verweist, diese aber dennoch nach allgemeiner Meinung entsprechend anwendbar sind.
186 Eine generelle Regelung soll nach *Habersack* in MünchKomm. AktG, 5. Aufl. 2021, § 221 AktG Rz. 144 nicht ausreichen, selbst wenn sie sich speziell auf Kapitalmaßnahmen beziehen, es sei denn, für eine Erstreckung auf § 221 AktG lägen „objektive" Anhaltspunkte vor; ebenso *Fest* in Hopt/Seibt, § 221 AktG Rz. 503 jew.m.w.umfangr.N. auch für die a.A., ebenso auch *Hüffer/Koch*, § 221 AktG Rz. 14: die Satzungsregelung müsse explizit § 221 Abs. 1 AktG nennen, Regelung für reguläre Kapitalerhöhung reiche nicht aus.
187 *Fest* in Hopt/Seibt, § 221 AktG Rz. 504; wg. dem i.d.R. zusammen beschlossenen Bezugsrechtsausschluss/der Ermächtigung zum Bezugsrechtsausschluss praktisch irrelevant, *Seiler* in BeckOGK AktG, Stand 1.6.2021, § 221 Rz. 59; *Hüffer/Koch*, § 221 AktG Rz. 14.
188 Wie hier *Seiler* in BeckOGK AktG, Stand 1.6.2021, § 221 AktG Rz. 54; *Scholz* in MünchHdb. AG, § 64 Rz. 15.
189 Zu Vorstehendem vgl. nur *Hüffer/Koch*, § 221 AktG Rz. 16; *Scholz* in MünchHdb. AG, § 64 Rz. 15; *Lutter* in KölnKomm. AktG, 2. Aufl. 1995, § 221 AktG Rz. 41; *Fest* in Hopt/Seibt, § 221 AktG Rz. 499 (Wirksamkeitserfordernis). Zum Sonderbeschlusserfordernis der Vorzugsaktionäre *Habersack* in MünchKomm. AktG, 5. Aufl. 2021, § 221 AktG Rz. 145: Nur bei Options- oder Wandlungsrecht in Vorzugsaktien, sonst nicht; *Fest* in Hopt/Seibt, § 221 AktG Rz. 500 f. *Florstedt* in KölnKomm. AktG, 3. Aufl. 2017, § 221 AktG Rz. 200 fordert eine gesonderte Beschlussfassung der Vorzugsaktionäre nur zum bedingten bzw. genehmigten Kapital mit Vorzugsaktien bei entsprechendem Options- oder Wandlungsrecht, dagegen *Fest* in Hopt/Seibt, § 221 AktG Rz. 501, Zustimmungserfordernis für gesamten Beschluss.
190 *Habersack* in MünchKomm. AktG, 5. Aufl. 2021, § 221 AktG Rz. 142; *Lutter* in KölnKomm. AktG, 2. Aufl. 1995, § 187 AktG Rz. 42; *Florstedt* in KölnKomm. AktG, 3. Aufl. 2017, § 221 AktG Rz. 201 zum Zustimmungsbeschluss; eine präzisere Bekanntmachung fordernd *Karollus* in G/H/E/K, 1994, § 221 AktG Rz. 59.

eines bedingten Kapitals ist Satzungsänderung[191] und erfordert damit, dass in der Einladung gemäß § 124 Abs. 2 Satz 2 AktG der Wortlaut der vorgeschlagenen Satzungsänderung bekannt gemacht wird[192].

Die Praxis geht über die Anforderung hinaus und veröffentlicht in der Regel sehr detaillierte Ermächtigungsbeschlüsse[193], wovon jedoch im Hinblick auf die daraus resultierende Einschränkung der für eine Ermächtigung mit fünfjähriger Laufzeit erforderlichen Flexibilität eher abzuraten ist (vgl. dazu bereits Rz. 53.37).

e) Fehlerhafte Hauptversammlungsbeschlüsse, Teilanfechtung, Bestandsschutz

53.42 Bei Mängeln des Zustimmungs- oder Ermächtigungsbeschlusses gelten die allgemeinen Regeln der **§§ 241 ff. AktG**. Mängel des Beschlusses über den Bezugsrechtsausschluss (unmittelbarer Ausschluss oder Ermächtigung zum Bezugsrechtsausschluss) machen diesen **anfechtbar**. Fraglich ist allerdings, ob bei Mängeln des Beschlusses über den Bezugsrechtsausschluss zwingend der Zustimmungs- oder Ermächtigungsbeschluss nach § 221 Abs. 1 Satz 1 bzw. Abs. 2 Satz 1 AktG mit angefochten werden muss. Die Frage ist sowohl für die Gesellschaft als auch für den jeweiligen Anfechtungskläger von besonderer Bedeutung: Für die Gesellschaft gilt dies insofern, als bei einer Anfechtung nur der Ermächtigung zum Bezugsrechtsausschluss im Falle eines stattgebenden Urteils die Ermächtigung zur Begebung der Wandel- oder Optionsanleihen bestehen bleiben würde. Für den Anfechtungskläger gilt dies insofern als er auch bei materiell berechtigter Anfechtungsklage bei einem zu engen bzw. zu weit gefassten Klagantrag Gefahr läuft, kostenpflichtig vollständig bzw. teilweise abgewiesen zu werden[194].

53.43 Man wird unter Anwendung des **§ 139 BGB** wie folgt unterscheiden müssen[195]: Erfolgt der Bezugsrechtsausschluss unmittelbar im Beschluss der Hauptversammlung (Zustimmungs- oder Ermächtigungsbeschluss nach § 221 Abs. 1 Satz 1 bzw. Abs. 2 Satz 1 AktG) kommt in der Regel[196] nur eine **Gesamtanfechtung** des Beschlusses zur Anleihe und zum Bezugsrechtsausschluss in Betracht, es sei denn, der Bezugsrechtsausschluss beschränkt sich auf einzelne Emissionsalternativen. Enthält der Beschluss dagegen nur die Ermächtigung zum Bezugsrechtsausschluss (nur zulässig bei einem Ermächtigungsbeschluss nach § 221 Abs. 2 Satz 1 AktG, vgl. auch Rz. 53.48 f.) ist in der Regel[197] eine **Teilanfechtung** zulässig und zur Vermeidung einer teilweisen Klagabweisung erforderlich.

---

191 Zutreffend *Fuchs* in MünchKomm. AktG, 5. Aufl. 2021, § 192 AktG Rz. 21; *Florstedt* in KölnKomm. AktG, 3. Aufl. 2017, § 221 AktG Rz. 299; vgl. aber auch Darstellung des Meinungsstandes Rz. 46.14. Nach a.A. tritt die Änderung der Satzung erst mit Ausgabe der Bezugsaktien (dann Änderung der Grundkapitalziffer und Aktienzahl) ein, das bedingte Kapital als solches sei keine Satzungsänderung, *Hüffer/Koch*, § 192 AktG Rz. 5; *Rieckers* in BeckOGK AktG, Stand 1.2.2021, § 192 AktG Rz. 20; *Scholz* in MünchHdB. AG, § 58 Rz. 28, 58, 98. Dies würde bedeuten, dass sich aus der Satzung nicht entnehmen ließe, ob ein bedingtes Kapital besteht. In der Praxis enthalten Satzungen aber i.d.R. ein bedingtes Kapital.
192 Wie hier Rz. 46.14; *Hüffer/Koch*, § 192 AktG Rz. 7; abweichend *Frey* in Großkomm. AktG, vor §§ 192–201 AktG Rz. 29: Nur wesentlicher Inhalt.
193 Vgl. nur Muster bei *Groß* in Happ/Groß/Möhrle/Vetter, Aktienrecht Bd. II, Muster 12.04 lit. a) sowie die bei *Spiering/Grabbe*, AG 2004, 91, 92, Fn. 6 zitierten Beschlusstexte.
194 *Habersack* in MünchKomm. AktG, 5. Aufl. 2021, § 221 AktG Rz. 194 m.w.N. in Fn. 570–573; *Groß*, AG 1991, 201.
195 Vgl. im Folgenden nur *Habersack* in MünchKomm. AktG, 5. Aufl. 2021, § 221 AktG Rz. 195 f.; *Hüffer/Koch*, § 221 AktG Rz. 44 jew. m.w.umfangr.N.; teilweise noch abweichend *Groß*, AG 1991, 201, 203 ff. Zusammenfassung der Rechtsprechung zur vergleichbaren Frage beim genehmigten Kapital OLG Nürnberg v. 11.8.2021 – 12 U 1149/18, ZIP 2021, 1756, 1757.
196 *Fest* in Hopt/Seibt, § 221 AktG Rz. 730.
197 *Fest* in Hopt/Seibt, § 221 AktG Rz. 732.

Bei einer Anfechtung des Beschlusses nach § 221 AktG sollte jedenfalls dann ein **Freigabeverfahren** durchgeführt werden können, wenn dieser Beschluss mit der Beschlussfassung über ein bedingtes Kapital verbunden ist[198]. Ohne eine solche Verbindung greift § 246a Abs. 1 AktG zwar insoweit als er auf §§ 182 bis 240 AktG, damit auch auf § 221 AktG verweist, es fehlt jedoch die Voraussetzung der Eintragung des Beschlusses, da der Beschluss nach § 221 AktG weder eintragungsbedürftig noch eintragungsfähig ist, vgl. auch Rz. 53.45. Bei einem positiven Freigabebeschluss für das bedingte Kapital wird dieses bestandskräftig. Diese **Bestandskraft** erstreckt sich aufgrund der formalen und inhaltlichen Einheit des Beschlusses nach § 221 AktG und über das bedingte Kapital auch auf den Ausgabebeschluss nach § 221 AktG. Sinnvollerweise ist deshalb der Freigabeantrag nicht nur auf das bedingte Kapital zu beziehen, sondern auch auf den Ausgabebeschluss nach § 221 AktG[199].

53.43a

f) Entstehung von Wandel- und Optionsanleihen

Der Hauptversammlungsbeschluss verpflichtet bzw. ermächtigt den Vorstand lediglich, Wandel- oder Optionsanleihen zu begeben. Rechte und Pflichten aus Wandel- oder Optionsanleihen werden jedoch erst durch die nachfolgende **Ausgabe dieser Finanzierungsinstrumente** begründet. Hierzu bedarf es eines auf Einräumung des Rechts begründeten Vertrags zwischen der Gesellschaft und dem Erwerber der Schuldverschreibung. Ist das Recht, wie in der Regel, verbrieft, so handelt es sich hierbei um einen sog. **Begebungsvertrag** (Verpflichtungsvertrag mit Begründung der Rechte und Pflichten, und Verfügungsvertrag mit Übereignung der Urkunde an den Ersterwerber) zwischen der Gesellschaft und dem ersten Nehmer des Papiers[200]; entsprechendes gilt auch, wenn es sich bei der Schuldverschreibung um ein elektronische Wertpapier handelt, auch hier bedarf es eines Begebungsvertrages und als Ersatz für die Übereignung der Urkunde, der Eintragung im zentralen Register[201].

53.44

Dabei ist Folgendes zu bemerken[202]: Die **Wandel- oder Optionsanleihe entsteht bei Begebung**[203] unabhängig davon, ob (i) der nach § 221 AktG erforderliche Hauptversammlungsbeschluss vorliegt oder die konkrete Begebung deckt, weil das Beschlusserfordernis nur die Geschäftsführungsbefugnis im Innenverhältnis, nicht jedoch die Vertretungsbefugnis des Vorstands nach § 78 AktG einschränkt, vgl. Rz. 53.29, (ii) die Options- und/oder Umtauschrechte durch ein bedingtes oder genehmigtes Kapital gesichert sind, oder (iii) das Bezugsrecht der Aktionäre gewahrt wurde. Auch eine Verletzung der Publizitätserfordernisse der § 221 Abs. 2 Sätze 2 und 3 AktG berühren nicht die Wirksamkeit der Begebung.

53.44a

g) Hinterlegung beim Handelsregister und Bekanntmachung

Weder der Zustimmungs- noch der Ermächtigungsbeschluss werden in das Handelsregister eingetragen; sie sind **weder eintragungsbedürftig noch eintragungsfähig**[204]. Jedoch sind sowohl der Zustim-

53.45

---

198 Dafür dezidiert *Scholz* in MünchHdb. AG, § 64 Rz. 54; dagegen ebenso dezidiert *Fest* in Hopt/Seibt, § 221 AktG Rz. 553. Für eine Zulässigkeit des Freigabeverfahrens OLG Frankfurt a. M. v. 13.2.2018 – 5 AktG 1/17, BeckRS 2018, 9082; *Hüffer/Koch*, § 246a AktG Rz. 3; *Schwab* in K. Schmidt/Lutter, § 246a AktG Rz. 1.
199 Ausführlich *Scholz* in MünchHdb. AG, § 64 Rz. 24.
200 Vgl. nur zusammenfassend *Hüffer/Koch*, § 221 AktG Rz. 48; *Habersack* in MünchKomm. AktG, 5. Aufl. 2021, § 221 AktG Rz. 199 ff.; *Fest* in Hopt/Seibt, § 221 AktG Rz. 765; *Seiler* in BeckOGK AktG, Stand 1.6.2021, § 221 AktG Rz. 134; *Scholz* in MünchHdb. AG, § 64 Rz. 25.
201 Vgl. nur *Segna*, WM 2020, 2301, 2306.
202 Vgl. dazu nur *Habersack* in MünchKomm. AktG, 5. Aufl. 2021, § 221 AktG Rz. 200; *Fest* in Hopt/Seibt, § 221 AktG Rz. 767 und *Seiler* in BeckOGK AktG, Stand 1.6.2021, § 221 AktG Rz. 134.
203 Zur Verbriefung und kurz zur Entwicklung hin zu elektronischen Wertpapieren vgl. nur *Habersack* in MünchKomm. AktG, 5. Aufl. 2021, § 221 AktG Rz. 203f.
204 *Habersack* in MünchKomm. AktG, 5. Aufl. 2021, § 221 AktG Rz. 146; *Lutter* in KölnKomm. AktG, 2. Aufl. 1995, § 221 AktG Rz. 43; *Florstedt* in KölnKomm. AktG, 3. Aufl. 2017, § 221 AktG Rz. 211.

mungsbeschluss[205] als auch der Ermächtigungsbeschluss in Ausfertigung oder notariell beglaubigter Abschrift[206] vom Vorstand und vom Vorsitzenden des Aufsichtsrats gemäß § 221 Abs. 2 Satz 2 AktG beim **Handelsregister zu hinterlegen**[207]. Darüber hinaus ist gemäß § 221 Abs. 2 Satz 2 AktG eine schriftliche[208] Erklärung über die **Ausgabe von Wandelschuldverschreibungen** beim Handelsregister zu hinterlegen. Zuständig ist das Amtsgericht des Satzungssitzes[209].

53.46 Wie bei einer Registeranmeldung haben die Vorstandsmitglieder in **vertretungsberechtigter Zahl** zu handeln; ist in der Satzung unechte Gesamtvertretung nach § 78 Abs. 3 AktG vorgesehen, genügt diese[210]. Gemäß § 221 Abs. 2 Satz 3 AktG ist ein Hinweis auf den Beschluss und die Erklärung über die Ausgabe von Wandelschuldverschreibungen nach Maßgabe des § 25 AktG in den Gesellschaftsblättern (d.h. dem Bundesanzeiger) bekannt zu machen.

53.46a Darüber hinaus sind die Veröffentlichungs- und Mitteilungspflichten des Wertpapierhandelsgesetzes, §§ 49 ff. WpHG, zu prüfen und ggf. zu beachten. So haben Emittenten von zugelassenen Aktien, für welche die Bundesrepublik Deutschland der Herkunftsstaat ist, nach § 49 Abs. 1 Satz 1 Nr. 2 WpHG unverzüglich nach wirksamer Beschlussfassung der Hauptversammlung über das bedingte Kapital dieses zu veröffentlichen (Bundesanzeiger)[211]. Nach Begebung der Anleihe ist dies ebenfalls nach § 49 Abs. 1 Satz 1 Nr. 2 WpHG zu veröffentlichen; nach jeder Ausgabe der Bezugsaktien ist darüber hinaus eine Veröffentlichung nach § 41 Abs. 2 WpHG zum Ende des Monats der Ausgabe erforderlich.

5. Bezugsrecht und Bezugsrechtsausschluss der Aktionäre

a) Gesetzliches Bezugsrecht der Aktionäre

53.47 Wird das Bezugs- oder Wandlungsrecht der Inhaber von Optionsrechten oder Wandelanleihen ausgeübt, entstehen entsprechende Mitgliedschaftsrechte mit der Folge der Gefahr einer Verwässerung der Vermögensrechte der Aktionäre und der Verringerung ihrer Beteiligungsquoten. Zum **Schutz der Aktionäre** ordnet § 221 Abs. 4 Satz 1 AktG deshalb ein **gesetzliches Bezugsrecht** der Aktionäre bereits auf die Options- oder Wandelanleihe an, und das auch bei der Begebung der Options- oder Wandelanleihe durch eine Zweckgesellschaft, wenn sich das Options- oder Wandlungsrecht auf Aktien der Muttergesellschaft bezieht[212]. § 221 Abs. 4 Satz 2 AktG erklärt § 186 AktG für Beschlüsse der Hauptversammlung über Wandel- und Optionsanleihen und deren Begebung für „sinngemäß" anwendbar, wobei es sich hierbei um einen „dynamischen Verweis" handelt, d.h. es wird auf die jeweils geltende

---

205 § 221 Abs. 2 Satz 2 und 3 AktG gelten auch für den Zustimmungsbeschluss, vgl. nur *Hüffer/Koch*, § 221 AktG Rz. 20; *Habersack* in MünchKomm. AktG, 5. Aufl. 2021, § 221 AktG Rz. 148; *Florstedt* in KölnKomm. AktG, 3. Aufl. 2017, § 221 AktG Rz. 212; *Scholz* in MünchHdb. AG, § 64 Rz. 29.
206 *Habersack* in MünchKomm. AktG, 5. Aufl. 2021, § 221 AktG Rz. 146 zum Zustimmungsbeschluss und Rz. 159 zum Ermächtigungsbeschluss; *Hüffer/Koch*, § 221 AktG Rz. 20; *Scholz* in MünchHdb. AG, § 64 Rz. 29.
207 Es ist str., ob der Hauptversammlungsbeschluss bereits nach seiner Erteilung oder erst mit der Ausgabe der Wertpapiere zu hinterlegen und zu veröffentlichen ist, wie hier, bereits nach Beschlussfassung, *Karollus* in G/H/E/K, 1993, § 221 AktG Rz. 66; dagegen, erst nach Ausgabe *Fest* in Hopt/Seibt, § 221 AktG Rz. 552; *Scholz* in MünchHdb. AG, § 64 Rz. 29.
208 *Habersack* in MünchKomm. AktG, 5. Aufl. 2021, § 221 AktG Rz. 146; *Hüffer/Koch*, § 221 AktG Rz. 20; *Scholz* in MünchHdb. AG, § 64 Rz. 29. Zum Zweck des § 221 Abs. 2 AktG auch *Merkt* in K. Schmidt/Lutter, § 221 AktG Rz. 11: Information des Kapitalmarktes.
209 *Hüffer/Koch*, § 221 AktG Rz. 20.
210 *Hüffer/Koch*, § 221 AktG Rz. 20; *Scholz* in MünchHdb. AG, § 64 Rz. 29; *Fest* in Hopt/Seibt, § 221 AktG Rz. 551.
211 Emittentenleitfaden der BaFin, Modul B.II.3.32.3 und Tabelle unter II.3.34(4)(a).
212 Unstr. vgl. nur *Habersack* in MünchKomm. AktG, 5. Aufl. 2021, § 221 AktG Rz. 47 ff., 164; *Seiler* in BeckOGK AktG, Stand 1.6.2021, § 221 AktG Rz. 46.

Fassung verwiesen[213]. Der konkrete Bezugsanspruch entsteht bei einem Zustimmungsbeschluss zu einer konkreten Emission, der keiner weiteren Festlegung durch den Vorstand bedarf, bereits mit der Beschlussfassung der Hauptversammlung, ansonsten, insbesondere beim Ermächtigungsbeschluss, erst mit dem Beschluss des Vorstands (und Zustimmung des Aufsichtsrats), von der Ermächtigung in einer speziellen Weise Gebrauch zu machen[214].

b) Formelle und materielle Voraussetzungen des Bezugsrechtsausschlusses

53.48 Für den **Ausschluss des Bezugsrechts** gelten die gleichen **formellen** und **materiellen Voraussetzungen** wie bei der Kapitalerhöhung. **Formell** bedeutet dies bei einem **Zustimmungsbeschluss**, dass der Bezugsrechtsausschluss von der Hauptversammlung selbst und unmittelbar beschlossen werden muss[215], und, dass die entsprechende Beschlussfassung ordnungsgemäß nach § 124 Abs. 1, § 186 Abs. 4 Satz 1 AktG angekündigt werden muss und bekannt zu machen ist[216]. Außerdem hat der Vorstand der Hauptversammlung nach § 186 Abs. 4 Satz 2 AktG schriftlich vorweg[217] und mündlich in der Hauptversammlung über die Gründe für den Bezugsrechtsausschluss und den Ausgabebetrag (Gesamtheit der Anleihebedingungen, da nicht nur der Ausgabepreis der Anleihe, sondern ihre Verzinsung und Laufzeit sowie der Options- und Wandlungspreis entscheidend sind[218]) zu berichten.

53.49 Zulässig ist es aber auch, dass die Hauptversammlung bei einem **Ermächtigungsbeschluss** nicht selbst bereits das Bezugsrecht im Hauptversammlungsbeschluss ausschließt – das ist möglich, in der Praxis aber eher selten –, sondern – das ist die ganz überwiegende Praxis – den **Vorstand zum Bezugsrechtsausschluss ermächtigt**. Die Zulässigkeit einer solchen Ermächtigung ergibt sich zwar nicht unmittelbar aus § 221 AktG. Sie folgt jedoch aus einer entsprechenden Anwendung des § 203 Abs. 2 Satz 1 AktG[219]. Eine solche Ermächtigung kann entsprechend der insoweit für die Ermächtigung beim ge-

---

213 Unstr. *Habersack* in MünchKomm. AktG, 5. Aufl. 2021, § 221 AktG Rz. 190; *Hüffer/Koch*, § 221 AktG Rz. 43a; *Florstedt* in KölnKomm. AktG, 3. Aufl. 2017, § 221 AktG Rz. 224; *Fest* in Hopt/Seibt, § 221 AktG Rz. 562. So bereits *Groß*, DB 1994, 2431, 2435; *Singhof*, ZHR 170 (2006), 673, 680.
214 Vgl. nur *Hüffer/Koch*, § 221 AktG Rz. 38; *Fest* in Hopt/Seibt, § 221 AktG Rz. 575; ausführlich Butzke in GS M. Winter, 2011, 59, 75f.
215 *Habersack* in MünchKomm. AktG, 5. Aufl. 2021, § 221 AktG Rz. 172; *Scholz* in MünchHdb. AG, § 64 Rz. 31; *Lutter* in KölnKomm. AktG, 2. Aufl. 1995, § 221 AktG Rz. 88; *Florstedt* in KölnKomm. AktG, 3. Aufl. 2017, § 221 AktG Rz. 235; *Fest* in Hopt/Seibt, § 221 AktG Rz. 616; *Merkt* in K. Schmidt/Lutter, § 221 AktG Rz. 99. Eine Ermächtigung des Vorstands kommt im Zustimmungsbeschluss nicht in Betracht.
216 Ausführlich dazu vgl. nur *Fest* in Hopt/Seibt, § 221 AktG Rz. 623 ff.
217 Zwar soll eine vollständige Bekanntgabe des Berichts gemäß § 124 Abs. 2 Satz 2 Alt. 1 AktG in der Einladung zur Hauptversammlung nicht erforderlich sein und eine Bekanntgabe des wesentlichen Inhalts des Berichts gemäß § 124 Abs. 2 Satz 2 Alt. 2 AktG genügen, BGH v. 9.11.1992 – II ZR 230/91, BGHZ 120, 141, 155 f. Um hier eine spätere Diskussion darüber, was wesentlich i.S.d. § 124 Abs. 2 Satz 2 Alt. 2 AktG ist, zu vermeiden, empfiehlt sich in der Praxis, den Bericht insgesamt mit abzudrucken, so auch LG Heidelberg v. 26.6.2001 – 11 O 175/00, DB 2001, 1607, 1607 = AG 2002, 298.
218 *Schlitt/Hemeling* in Unternehmensfinanzierung am Kapitalmarkt, § 12 Rz. 19; *Seiler* in BeckOGK AktG, Stand 1.6.2021, § 221 AktG Rz. 51.
219 Wohl unstr., ausdrücklich wie hier BGH v. 18.5.2009 – II ZR 262/07, BGHZ 181, 144, Leitsatz c) = AG 2009, 625, unter Verweis auf BGH v. 11.6.2007 – II ZR 152/06, WM 2007, 2110 f. = AG 2007, 863 und BGH v. 21.11.2005 – II ZR 79/04, NZG 2006, 229, 230 = AG 2006, 246; so bereits OLG München v. 6.2.1991 – 7 U 4355/90, AG 1991, 210, 211; OLG München v. 11.8.1993 – 7 U 2529/93, AG 1994, 372, 373; LG München v. 3.5.1990 – 12 HKO 15563/89, AG 1991, 73. So bereits *Groß*, AG 1991, 201, 202 f., dort auch zur älteren Auffassung. *Habersack* in MünchKomm. AktG, 5. Aufl. 2021, § 221 AktG Rz. 173; *Merkt* in K. Schmidt/Lutter, § 221 AktG Rz. 97; *Hüffer/Koch*, § 221 AktG Rz. 39; *Scholz* in MünchHdb. AG, § 64 Rz. 32; *Seiler* in BeckOGK AktG, Stand 1.6.2021, § 221 AktG Rz. 91. Ebenso *Fest* in Hopt/Seibt, § 221 AktG Rz. 617, der aber eine gesetzliche Klarstellung für geboten hält.

nehmigten Kapital vertretenen h.M.[220] auch **nachträglich eingeräumt** werden, z.B. in der nächsten Hauptversammlung unter Ergänzung der ansonsten unveränderten Ermächtigung der vorangegangenen Hauptversammlung – und damit wegen des Ablaufs der Anfechtungsfrist für den ursprünglichen Hauptversammlungsbeschluss ohne diesen einem Anfechtungsrisiko auszusetzen. Nichts spricht gegen eine solche ergänzende nachträgliche, dann isoliert anfechtbare, Ermächtigung beim genehmigten Kapital, dementsprechend auch nichts gegen eine solche nachträgliche Ermächtigung zum Bezugsrechtsausschluss bei der Ermächtigung zur Begebung von Options- und/oder Wandelschuldverschreibungen[221].

Bei einer Ermächtigung zum Bezugsrechtsausschluss bedarf die Ausnutzung dann der **Zustimmung des Aufsichtsrats** entsprechend § 204 Abs. 1 Satz 2 Halbsatz 2 AktG[222]. Auch für den Ermächtigungsbeschluss und eine darin enthaltene Ermächtigung des Vorstands, das Bezugsrecht der Aktionäre auszuschließen, gelten die vorgenannten formellen Voraussetzungen d.h. ordnungsgemäße Ankündigung und **Bekanntmachung** sowie **Berichterstattung**[223].

53.50 Hinsichtlich des **Umfangs des Berichts** ist zwischen dem Zustimmungsbeschluss mit unmittelbarem Bezugsrechtsausschluss durch die Hauptversammlung einerseits und andererseits dem Ermächtigungsbeschluss mit unmittelbarem Bezugsrechtsausschluss oder der Ermächtigung zum Bezugsrechtsausschluss zu unterscheiden. Für die erste Fallgruppe gelten die strengen Berichtspflichten wie beim unmittelbaren Bezugsrechtsausschluss in einen Kapitalerhöhungsbeschluss[224] mit den für die Inhaltskontrolle erforderlichen Angaben[225]. Für die zweite Fallgruppe gelten seit der Siemens/Nold-Entscheidung des BGH[226] geringere Anforderungen[227]: Es ist ausreichend, wenn die Gründe für den Bezugsrechtsausschluss der Hauptversammlung „allgemein und in abstrakter Form bekannt gegeben" wer-

---

220 *Bayer* in MünchKomm. AktG, 5. Aufl. 2021, § 203 AktG Rz. 92 (zwar bejahend, aber kritisch); *Hirte* in Großkomm. AktG, 4. Aufl. 2001, § 203 AktG Rz. 58; *Hüffer/Koch*, § 203 AktG Rz. 40; *Lutter* in KölnKomm. AktG, 2. Aufl. 1995, § 203 Rz. 17; *Veil* in K. Schmidt/Lutter, § 203 AktG Rz. 27; *Lieder* in Bürgers/Körber/Lieder, § 203 AktG Rz. 33; *v. Dryander/Niggemann* in Hölters, § 203 AktG Rz. 43.
221 Enger wohl *Hüffer/Koch*, § 221 AktG Rz. 40 der einen direkten Ausschluss des Bezugsrechts oder eine Ermächtigung dazu nur im Beschluss mit der Ermächtigung zur Begebung von Options- und/oder Wandelschuldverschreibungen zulassen will.
222 *Habersack* in MünchKomm. AktG, 5. Aufl. 2021, § 221 AktG Rz. 197; *Merkt* in K. Schmidt/Lutter, § 221 AktG Rz. 99; *Fest* in Hopt/Seibt, § 221 AktG Rz. 741 und 618 a.A. dagegen in Rz. 556; a.A. *Scholz* in MünchHdb. AG, § 64 Rz. 18 m.w.N.
223 Nicht Zulässigkeitsvoraussetzung des Bezugsrechtsausschlusses aber Vorstandspflicht ist die nach Ausnutzung einer Ermächtigung zum Bezugsrechtsausschluss bestehende Berichtspflicht auf der nachfolgenden Hauptversammlung, vgl. nur *Seiler* in BeckOGK AktG, Stand 1.6.2021, § 221 AktG Rz. 127.
224 Überwiegende Ansicht, vgl. nur *Florstedt* in KölnKomm. AktG, 3. Aufl. 2017, § 221 AktG Rz. 300; *Hüffer/Koch*, § 221 AktG Rz. 41; a.A. *Scholz* in MünchHdb. AG, § 64 Rz. 18; *Fest* in Hopt/Seibt, § 221 AktG Rz. 556.
225 Ausführlich dazu *Habersack* in MünchKomm. AktG, 5. Aufl. 2021, § 221 AktG Rz. 177 ff., dort auch zu Recht mit dem Hinweis auf reduzierte Berichtsanforderungen bei „obligationsähnlichen" Genussrechten. *Florstedt* in KölnKomm. AktG, 3. Aufl. 2017, § 221 AktG Rz. 236, der bei den materiellen Anforderungen zu Recht ebenfalls nach den einzelnen Finanztiteln des § 221 AktG differenzieren will.
226 BGH v. 23.6.1997 – II ZR 132/93, BGHZ 136, 133, Leitsatz 1 (unter ausdrücklicher Aufgabe des Holzmann-Urteils, BGH v. 19.4.1982 – II ZR 55/81, BGHZ 83, 319) sowie S. 139 = AG 1997, 465, 466. Der BGH hat im Siemens/Nold-Urteil diese Aussage ausdrücklich auch für eine Ermächtigung des Vorstands zum Bezugsrechtsausschluss getroffen, obwohl nach Lage des Falles nur der durch die Hauptversammlung selbst beschlossene Bezugsrechtsausschluss in Frage stand.
227 So für die Ermächtigung zum Bezugsrechtsausschluss bei der Ausgabe von Wandelschuldverschreibungen i.S.d. § 221 AktG ausdrücklich BGH v. 21.11.2005 – II ZR 79/04, NZG 2006, 229, 230 = AG 2006, 246; ebenso bereits *Habersack* in MünchKomm. AktG, 5. Aufl. 2021, § 221 AktG Rz. 180 und ausdrücklich auch *Hüffer/Koch*, § 221 AktG Rz. 41; *Scholz* in MünchHdb. AG, § 64 Rz. 32; *Florstedt* in KölnKomm. AktG, 3. Aufl. 2017, § 221 AktG Rz. 266; *Seiler* in BeckOGK AktG, Stand 1.6.2021, § 221 AktG Rz. 93; *Fest* in Hopt/Seibt, § 221 AktG Rz. 698 f.

den[228]. Dass hierfür „floskelhafte Aneinanderreihungen von Allgemeinplätzen"[229] nicht ausreichen, versteht sich von selbst. Andererseits reicht es aber aus, dass die Zwecke der Ermächtigung zum Bezugsrechtsausschluss im Bericht allgemein umschrieben und in diesem Umfang der Hauptversammlung bekannt gegeben werden. Die konkrete Prüfung, ob der Bezugsrechtsausschluss sachlich gerechtfertigt ist, hat der Vorstand vorzunehmen, wenn er von der Ermächtigung Gebrauch macht[230]. Ob bei einer Ermächtigung zum Bezugsrechtsausschluss nach § 186 Abs. 3 Satz 4 AktG bei Options- und Wandelschuldverschreibungen der Bericht ausführlicher sein muss[231], ist fraglich. Für die Fragen, wann und wie der Bericht bekannt gemacht werden muss, gelten die allgemeinen Regeln: Veröffentlichung mit der Einberufung, Auslegung und Übersendung oder Zugänglichkeit über Internetseite, § 186 Abs. 4, § 175 Abs. 2 Satz 4 AktG[232].

Sowohl für den Beschluss der Hauptversammlung über den unmittelbaren Bezugsrechtsausschluss als auch für den entsprechenden Ermächtigungsbeschluss bedarf es im Übrigen neben der **einfachen Stimmenmehrheit** einer Mehrheit von mindestens ¾ **des bei der Beschlussfassung vertretenen Grundkapitals** soweit die Satzung nicht weitere Erfordernisse oder eine größere Kapitalmehrheit bestimmt[233]. 53.51

Materiell führt die „sinngemäße" Anwendung des § 186 AktG auch im Rahmen des § 221 AktG bei Instrumenten mit Options- oder Wandlungsrecht auf Aktien des Emittenten[234] dazu, dass für den Bezugsrechtsausschluss bzw. die Ermächtigung hierzu nach dem **bis zur Siemens/Nold-Entscheidung des BGH**[235] geltenden Stand von Rechtsprechung und Literatur folgende Voraussetzungen erfüllt sein mussten: Der Bezugsrechtsausschluss muss im Interesse der Gesellschaft liegen, er muss erforderlich und geeignet sein, das angestrebte Ziel zu erreichen, und letztendlich muss er verhältnismäßig im engeren Sinne sowie angemessen sein[236]. Insbesondere nach der ausdrücklichen Bezugnahme des BGH auf seine Siemens/Nold-Entscheidung in seinen beiden Hinweisbeschlüssen zur beabsichtigten Zurückweisung der Revision im Fall der Ermächtigung zum Bezugsrechtsausschluss bei Ausgabe von Wandelschuldverschreibungen[237] dürfte klargestellt sein, dass die Siemens/Nold-Entscheidung jedenfalls bei einem Ermächtigungsbeschluss[238] auch bei den Finanzierungsinstrumenten des § 221 AktG zu einer **Lockerung der Anforderungen** geführt hat. Damit ist auf Grund dieser Hinweisbeschlüsse höchstrichterlich entschieden, dass allein noch zu prüfen ist, ob die Ermächtigung zum Bezugsrechts- 53.52

---

228 BGH v. 23.6.1997 – II ZR 132/93, BGHZ 136, 133, Leitsatz 1 und S. 139 = AG 1997, 465, 466; bestätigt durch die „adidas"-Entscheidung, BGH v. 15.5.2000 – II ZR 359/98, BGHZ 144, 290, 294 f. = AG 2000, 475. *Habersack* in MünchKomm. AktG, 5. Aufl. 2021, § 221 AktG Rz. 180 hebt zu Recht hervor, dass mit diesen Urteilen „die in der Folge der Holzmann-Entscheidung des BGH ergangene instanzgerichtliche Rechtsprechung zu den Erfordernissen an den Vorstandsbericht in den Fällen des § 221 ... damit obsolet (ist)."
229 OLG München v. 15.5.2002 – 7 U 2371/01, ZIP 2002, 1580, 1582 f. = AG 2003, 451.
230 Leitsatz 2 des Beschlusses des BGH v. 21.11.2005 – II ZR 79/04, NZG 2006, 229 = AG 2006, 246.
231 So die Empfehlung von *Seiler* in BeckOGK AktG, Stand 1.6.2021, § 221 AktG Rz. 125; dagegen *Habersack* in MünchKomm. AktG, 5. Aufl. 2021, § 221 AktG Rz. 177; *Florstedt* in KölnKomm. AktG, 3. Aufl. 2017, § 221 AktG Rz. 267; *Hüffer/Koch*, § 186 AktG Rz. 39f.
232 Vgl. nur *Hüffer/Koch*, § 221 AktG Rz. 41.
233 Unstr., vgl. nur *Hüffer/Koch*, § 221 AktG Rz. 40; *Merkt* in K. Schmidt/Lutter, § 221 AktG Rz. 98; *Seiler* in BeckOGK AktG, Stand 1.6.2021, § 221 AktG Rz. 91.
234 Zu Recht weist *Hüffer/Koch*, § 221 AktG Rz. 42 darauf hin, dass hinsichtlich der Anforderungen an die Zulässigkeit des Bezugsrechtsausschlusses zwischen den verschiedenen Finanzierungsinstrumenten des § 221 AktG zu unterscheiden ist.
235 BGH v. 23.6.1997 – II ZR 132/93, BGHZ 136, 133 = AG 1997, 465.
236 Vgl. nur *Lutter* in KölnKomm. AktG, 2. Aufl. 1995, § 186 AktG Rz. 58 ff.; *Scholz* in MünchHdb. AG, § 57 Rz. 115 ff.
237 BGH v. 21.11.2005 – II ZR 79/04, NZG 2006, 229, 230 = AG 2006, 246 und BGH v. 11.6.2007 – II ZR 152/06, WM 2007, 2110 f. = AG 2007, 863.
238 Das gilt auch für einen Ermächtigungsbeschluss mit unmittelbarem Bezugsrechtsausschluss, vgl. *Habersack* in MünchKomm. AktG, 5. Aufl. 2021, § 221 AktG Rz. 180 m. Fn. 516.

ausschluss im „wohlverstandenen Interesse der Gesellschaft" liegt[239], während eine darüber hinausgehende Prüfung der Erforderlichkeit und Angemessenheit beim Ermächtigungsbeschluss nicht mehr, wohl aber bei dessen Ausnutzung, somit beim tatsächlichen Ausschluss des Bezugsrechts erforderlich ist[240]. Außerdem gelten die von Rechtsprechung und Literatur bereits vor der Siemens/Nold-Entscheidung diskutierten und – überwiegend – entschiedenen Fallgruppen (zu diesen Fallgruppen vgl. auch bereits Rz. 44.81 ff.), in denen der Bezugsrechtsausschluss bzw. die Ermächtigung dazu als zulässig angesehen wurden, weiterhin uneingeschränkt, so dass grundsätzlich ein Bezugsrechtsausschluss in den folgenden Fällen als zulässig angesehen werden kann: Ausschluss für **Spitzenbeträge**[241], für die **Ausgabe der Options- oder Wandelanleihen an Arbeitnehmer**[242], für die Aufrechterhaltung der Verhältnisse von verschiedenen **Aktiengattungen** zueinander[243], zur **Sanierung**[244], und zur Durchführung von **Verwässerungsschutz** bei bereits ausgegebenen Rechten[245].

53.53 Ob über diese Fallgruppe hinaus im Lichte von Siemens/Nold auch weitere Fälle eines zulässigen Bezugsrechtsausschlusses in Betracht kommen, ist jedoch nach wie vor nicht höchstrichterlich entschieden. Konkret für Wandel- und Optionsanleihen bedeutet dies, dass es sich derzeit nicht empfiehlt, den Bezugsrechtsausschluss bei der – jedenfalls in der Vergangenheit – viel diskutierten Fallgruppe[246] der

---

239 BGH v. 23.6.1997 – II ZR 132/93, BGHZ 136, 133, 140 = AG 1997, 465; ebenso ausdrücklich *Hüffer/Koch*, § 221 AktG Rz. 39; *Fest* in Hopt/Seibt, § 221 AktG Rz. 635; *Merkt* in K. Schmidt/Lutter, § 221 AktG Rz. 100. *Seiler* in BeckOGK AktG, Stand 1.6.2021, § 221 AktG Rz. 94 will allein die Erleichterung der Fremdkapitalaufnahme als Rechtfertigung ausreichen lassen, da das Interesse der Aktionäre an komplexen Produkten wie Options- und Wandelschuldverschreibungen gering sei; dagegen *Fest* in Hopt/Seibt, § 221 AktG Rz. 647.
240 BGH v. 11.6.2007 – II ZR 152/06, WM 2007, 2110 = AG 2007, 863: „Der regelmäßig auf künftige, noch unbestimmte Kapitalbeschaffungsmaßnahmen abzielende Ermächtigungsbeschluss bedarf seinerseits keiner sachlichen Rechtfertigung (vgl. nur BGHZ 136, 133, 138 ff. ...), die nur in Bezug auf eine konkrete Maßnahme sinnvoll beurteilt werden könnte (vgl. BGHZ 83, 319, 323 f.). Vielmehr hat die Hauptversammlung lediglich zu prüfen und darüber zu entscheiden, ob die ihr in allgemeiner Form von der Verwaltung vorgeschlagene Maßnahme bei abstrakter Beurteilung im Interesse der Gesellschaft liegt (BGHZ 136, 133, 138). Bedarf sonach der Ermächtigungsbeschluss keiner sachlichen Rechtfertigung, kommt es für ihn auch auf die von der Klägerin in Abrede gestellte Anwendbarkeit des § 186 Abs. 3 Satz 4 AktG nicht an, weil diese Vorschrift nur einen Spezialfall sachlicher Rechtfertigung eines Bezugsrechtsausschlusses normiert (vgl. *Schüppen* in Seibert/Kiem, Handbuch der kleinen AG, 4. Aufl. 2000, Rz. 888), die Zulässigkeit einer Ermächtigung des Vorstands zum Bezugsrechtsausschluss nach allgemeinen Grundsätzen aber nicht ausschließt."
241 *Lutter* in KölnKomm. AktG, 2. Aufl. 1995, § 221 AktG Rz. 62, wobei dies aber nur insoweit gelten soll, als es „Gründe für die Höhe des gewählten Nominalbetrages" gebe; ebenso *Florstedt* in KölnKomm. AktG, 3. Aufl. 2017, § 221 AktG Rz. 246; i.d.S. auch *Fest* in Hopt/Seibt, § 221 AktG Rz. 649. Allgemein zur Zulässigkeit und zum Umfang des Bezugsrechtsausschlusses für Spitzenbeträge *Groß*, AG 2021, 103.
242 *Lutter* in KölnKomm. AktG, 2. Aufl. 1995, § 221 AktG Rz. 63 mit dem einschränkenden Hinweis auf die engen Grenzen staatlicher Förderung; *Florstedt* in KölnKomm. AktG, 3. Aufl. 2017, § 221 AktG Rz. 247; eher weiter *Fest* in Hopt/Seibt, § 221 AktG Rz. 650.
243 *Lutter* in KölnKomm. AktG, 2. Aufl. 1995, § 221 AktG Rz. 64 und *Florstedt* in KölnKomm. AktG, 3. Aufl. 2017, § 221 AktG Rz. 249; *Fest* in Hopt/Seibt, § 221 AktG Rz. 660, wenn man denn mit der h.M. von einem „generellen" Bezugsrecht ausgeht, vgl. dagegen nur *Groß*, AG 1993, 449, 451 ff.
244 *Lutter* in KölnKomm. AktG, 2. Aufl. 1995, § 221 AktG Rz. 65; *Florstedt* in KölnKomm. AktG, 3. Aufl. 2017, § 221 AktG Rz. 250.
245 *Lutter* in KölnKomm. AktG, 2. Aufl. 1995, § 221 AktG Rz. 66; *Florstedt* in KölnKomm. AktG, 3. Aufl. 2017, § 221 AktG Rz. 251; *Habersack* in MünchKomm. AktG, 5. Aufl. 2021, § 221 AktG Rz. 189; *Fest* in Hopt/Seibt, § 221 AktG Rz. 652 ff.; str., a.A. *Wiedemann* in Großkomm. AktG, 4. Aufl. 1995, § 186 AktG Rz. 158; *Schumann*, Optionsanleihen, S. 183 ff.
246 Vgl. nur *Habersack* in MünchKomm. AktG, 5. Aufl. 2021, § 221 AktG Rz. 189 a.E. hält diese Fälle aufgrund der Änderung des § 186 Abs. 2 AktG durch das TransPuG und die Anwendbarkeit des § 186 Abs. 3 Satz 4 AktG nicht mehr für problematisch und meint damit wohl, dass ein Bezugsrechtsausschluss – jenseits des § 186 Abs. 3 Satz 4 AktG – hierfür nicht mehr erforderlich ist.

Auslandsemission von Wandel- und Optionsanleihen allein damit zu begründen, hierbei könnten „**bessere Preise**" erzielt werden[247].

c) Bezugsrechtsausschluss nach § 186 Abs. 3 Satz 4 AktG

Ob für die Ausgabe von Wandel- und Optionsanleihen die Möglichkeit des **erleichterten Bezugsrechtsausschluss** nach § 221 Abs. 4 Satz 2 AktG i.V.m. § 186 Abs. 3 Satz 4 AktG besteht, wird in der instanzgerichtlichen Rechtsprechung[248] und in der Literatur[249] bejaht, wobei man hier von der „heute ganz h.M." sprechen kann[250], und wurde in der **Praxis** auch mehrfach bereits ausgenutzt[251]. Eine entsprechende Ermächtigung zum Bezugsrechtsausschluss gehört seit Jahren beinahe zum **Standard**[252]. Der **BGH** hat diese Frage in einem Hinweisbeschluss in der Revision gegen ein Urteil des OLG München im Ergebnis entschieden. Er hat einen Hauptversammlungsbeschluss für „rechtlich unbedenklich" erklärt, „der den Vorstand zu einem Bezugsrechtsausschluss bei der Ausgabe von Wandelschuldver-

53.54

---

247 So dezidiert *Lutter* in KölnKomm. AktG, 2. Aufl. 1995, § 221 AktG Rz. 69 ff.; *Florstedt* in KölnKomm. AktG, 3. Aufl. 2017, § 221 AktG Rz. 245 Interesse an einer prospektfreien Emission, ein erhöhter Finanzierungsbedarf, ein erwartetes geringes Zeichnungsinteresse der Aktionäre, eine schwierige Kapitalmarktsituation, ein erstrebtes schnelles Platzierungsverfahren oder der Wunsch nach Zuteilung an institutionelle Investoren reiche nicht; a.A. *Seiler* in BeckOGK AktG, Stand 1.6.2021, § 221 AktG Rz. 94, der die Erleichterung der Fremdkapitalaufnahme als Rechtfertigung ausreichen lassen will, da das Interesse der Aktionäre an komplexen Produkten wie Options- und Wandelschuldverschreibungen gering sei. In diese Richtung auch *Fest* in Hopt/Seibt, § 221 AktG Rz. 648 für die Sanierung, wenn Platzierung bei einzelnen Investoren für Sanierung erforderlich und dabei höherer Preis erzielt werden kann.
248 Ausdrücklich bejahend OLG München v. 1.6.2006 – 23 U 5917/05, ZIP 2006, 1440, 1440 ff. = AG 2007, 37 und die Vorinstanz LG München v. 6.10.2005 – 5 HK O 15445/05, AG 2006, 169, 169; OLG Braunschweig v. 29.7.1998 – 3 U 75/98, WM 1998, 1929, 1931 = AG 1999, 84 (zum Stock-Options-Programm der VW AG); offengelassen dagegen von OLG Stuttgart v. 12.8.1998 – 20 U 111/97, NZG 1998, 822, 824 = AG 1998, 529 (Stock-Option-Programm DaimlerChrysler).
249 *Habersack* in MünchKomm. AktG, 5. Aufl. 2021, § 221 AktG Rz. 190 ff.; *Hüffer/Koch*, § 221 AktG Rz. 43a; *Scholz* in MünchHdb. AG, § 64 Rz. 33 ff.; *Seiler* in BeckOGK AktG, Stand 1.6.2021, § 221 AktG Rz. 96 ff.; *Fest* in Hopt/Seibt, § 221 AktG Rz. 672 ff.; *Florstedt* in KölnKomm. AktG, 3. Aufl. 2017, § 221 AktG Rz. 259 ff.; *Busch*, AG 1999, 58, 59 ff.; *Butzke*, HV, L Rz. 26, Fn. 60; *Groß*, DB 1994, 2431, 2435 ff.; *Hölters/Deilmann/Buchta*, Die „kleine" Aktiengesellschaft, 2. Aufl. 2002, S. 113, 114; *Hofmeister*, S. 87 ff.; *Kniehase*, AG 2006, 180 ff.; *Marsch-Barner*, AG 1994, 532, 539; *Raiser/Veil*, Recht der Kapitalgesellschaften, § 17 Rz. 16; *Schlitt/Hemeling* in Unternehmensfinanzierung am Kapitalmarkt, § 12 Rz. 49; *Schlitt/Seiler/Singhof*, AG 2003, 254, 259; *Singhof*, ZHR 170 (2006), 673, 680 ff. Der Handelsrechtsausschuss des DAV bezeichnet in seiner Stellungnahme zu den Gesetzgebungsvorschlägen der Regierungskommission Corporate Governance, BB 2003, Beilage Nr. 4, 1, 18, Rz. 17, diese Auffassung als die „im Schrifttum wohl herrschende".
250 So ausdrücklich *Hüffer/Koch*, § 221 AktG Rz. 43a; i.d.S. auch *Scholz* in MünchHdb. AG, § 64 Rz. 33: „inzwischen hM"; „wohl h.A." *Florstedt* in KölnKomm. AktG, 3. Aufl. 2017, § 221 AktG Rz. 258.
251 Erstmals, soweit ersichtlich, 2,3 Mrd. Euro 1 % Wandelschuldverschreibung 1999/2004 der Mannesmann Finance B.V.; 1,375 % 2,5 Mrd. Euro Wandelschuldverschreibung 2003/2010 der Siemens Finance B.V., 6,5 % 2,28 Mrd. Euro Wandelschuldverschreibung 2003/2006 der Deutsche Telekom International Finance B.V., 5 % 700 Mio. Euro Wandelschuldverschreibung 2003/2010 der Infineon Technologies Holding B.V.; sowie 1,05 % 1,5 Mrd. US-Dollar Optionsschuldverschreibung 2012/17 und 1,65 % 1,5 Mrd. US-Dollar Optionsschuldverschreibung 2012/19 jeweils der Siemens Financieringsmaatschappij N.V., weitere Beispiele bei *Seiler* in BeckOGK AktG, Stand 1.6.2021, § 221 AktG Rz. 97 Fn. 307. Siehe auch 5,625 % 4 Mrd. Euro Pflichtwandelanleihe der Bayer Capital Corporation B.V. 2016/2019; 0,40 % 550 Mio. Euro Wandelanleihe 2020/2028 der LEG Immobilien AG; 1 % 875 Mio. Euro Wandelanleihe 2020/2027 der Delivery Home SE; 0,75 % 150 Mio. Euro Wandelanleihe 2020/2026 der Dürr Aktiengesellschaft, 2 % 600 Mio. Euro Wandelanleihe 2020/2025 der Deutsche Lufthansa AG.
252 So z.B. Tagesordnungspunkt 12 der Hauptversammlung der Siemens Healthineers AG 2021; Tagesordnungspunkt 9 der Hauptversammlung der Vonovia SE 2021; Tagesordnungspunkt 10 der Hauptversammlung der RWE Aktiengesellschaft 2021.

schreibungen (§ 221 AktG) im Rahmen einer bedingten Kapitalerhöhung (§§ 192 ff. AktG) ermächtigt (§ 203 Abs. 2 Satz 1 AktG analog, vgl. Sen. Beschl. v. 21.11.2005 – II ZR 79/04, ZIP 2006, 368) und für den Fall eines Vorgehens in entsprechender Anwendung des § 186 Abs. 3 Satz 4 AktG bestimmte Voraussetzungen in Anlehnung an diese Vorschrift festlegt"[253]. Der BGH hat in dieser Entscheidung ausdrücklich auf seinem bereits mehrfach erwähnten Hinweisbeschluss zum Urteil des OLG Celle verwiesen[254]. Dagegen wurde und wird von einer anderen Auffassung in der rechtswissenschaftlichen Literatur[255] die Möglichkeit des Bezugsrechtsausschlusses[256] nach § 186 Abs. 3 Satz 4 AktG bei den Finanzierungsinstrumenten des § 221 AktG jedoch verneint.

53.55 Einigkeit besteht darin, dass aufgrund der **umfassenden Verweisung** in § 221 Abs. 4 Satz 2 AktG auch § 186 Abs. 3 Satz 4 AktG erfasst ist, auch wenn diese Verweisungsvorschrift neueren Datums ist als die Verweisungsnorm selbst[257]. Begründet werden die Bedenken deshalb auch in erster Linie mit **praktischen Erwägungen**: § 186 Abs. 3 Satz 4 AktG fordere die Vergleichbarkeit des Erwerbspreises der neuen Aktien mit dem Börsenpreis bereits notierter – identischer – Aktien. Angewendet auf Options- oder Wandelschuldverschreibungen bedeute dies, der Erwerbspreis der neuen Options- oder Wandelschuldverschreibungen müsse mit dem Börsenpreis bereits notierter – identischer – Options- oder Wandelschuldverschreibungen vergleichbar sein. Da neu begebene Options- oder Wandelschuldverschreibungen aber niemals identisch mit bereits begebenen Options- oder Wandelschuldverschreibungen sein könnten, scheide die Anwendbarkeit des § 186 Abs. 3 Satz 4 AktG praktisch aus[258]. Ebenso wird eingewandt, ungeschriebene Voraussetzung des Bezugsrechtsausschlusses nach § 186 Abs. 3 Satz 4 AktG sei die Möglichkeit der vom Bezugsrecht ausgeschlossenen Aktionäre, an der Börse Aktien[259], beim Bezugsrechtsausschluss auf Options- oder Wandelschuldverschreibungen eben diese an der Börse nachzukaufen, was jedoch mangels identischer Options- oder Wandelschuldverschreibungen, die an der Börse gehandelt würden, ausscheide[260].

---

253 BGH v. 11.6.2007 – II ZR 152/06, WM 2007, 2110, 1. LS = AG 2007, 863; *Florstedt* in KölnKomm. AktG, 3. Aufl. 2017, § 221 AktG Rz. 258 geht wohl auch davon aus, dass der BGH die Frage entschieden hat. Dagegen meinen *Seiler* in BeckOGK AktG, Stand 1.6.2021, § 221 AktG Rz. 98 und *Schlitt/Hemeling* in Unternehmensfinanzierung am Kapitalmarkt, § 12 Rz. 49 Fn. 2, der BGH habe in dem Hinweisbeschluss letztendlich die Anwendbarkeit des § 186 Abs. 3 Satz 4 AktG offen gelassen. Dies erscheint nicht zutreffend, da, beachtet man die Vorentscheidung, welche die Anwendbarkeit bejaht hat, und die Besonderheiten eines Hinweisbeschlusses, dieser nur i.S. einer Bejahung der Anwendbarkeit des § 186 Abs. 3 Satz 4 AktG verstanden werden kann.
254 BGH v. 21.11.2005 – II ZR 79/04, NZG 2006, 229 = AG 2006, 246.
255 *Lutter* in Nachtrag z. KölnKomm. 1994, § 186 AktG Rz. 39; *Lutter*, AG 1994, 429, 445; *Hüffer*, ZHR 161 (1997), 214, 226 f.; ausführlich auch *Klawitter*, AG 2006, 792; ähnlich der Bericht des Rechtsausschusses, abgedruckt bei *Seibert*, Die kleine AG, 1. Aufl. 1994, Rz. 369. Der früher für die ablehnende Auffassung zitierte *Hüffer*, 10. Aufl. 2012, § 221 AktG Rz. 43a hat diese Auffassung zwischenzeitlich aufgegeben und hält einen Bezugsrechtsausschluss nach § 186 Abs. 3 Satz 4 AktG auch bei Options- und Wandelschuldverschreibungen unter den nachfolgend dargestellten Voraussetzungen für zulässig, *Hüffer/Koch*, § 221 AktG Rz. 43a.
256 Es wird hier bewusst der Ausdruck der „Möglichkeit des Bezugsrechtsausschlusses" verwendet, da die Argumente dieser Auffassung weniger die Frage der rechtlichen Zulässigkeit, sondern der tatsächlichen Möglichkeit betreffen.
257 Stichwort: dynamischer Verweis, siehe bereits Rz. 53.47. *Habersack* in MünchKomm. AktG, 5. Aufl. 2021, § 221 AktG Rz. 190; *Hüffer/Koch*, § 221 AktG Rz. 43a; *Seiler* in BeckOGK AktG, Stand 1.6.2021, § 221 AktG Rz. 98 und Fn. 308. So bereits *Groß*, DB 1994, 2431, 2435; *Singhof*, ZHR 170 (2006), 673, 680.
258 Vgl. nur die Angaben bei *Scholz* in MünchHdb. AG, § 64 Rz. 33, Fn. 78.
259 Dagegen bereits ausführlich *Groß* in Happ/Groß/Möhrle/Vetter, Aktienrecht Bd. II, Muster 12.07 Anm. 9.2.
260 Zu Vorstehendem nur *Lutter* in KölnKomm AktG, 2. Aufl. 1995, Nachtrag § 186 AktG Rz. 39; *Hüffer*, ZHR 161 (1997), 214, 226 f.; *Klawitter*, AG 2005, 792, 797. Ausführlich und im Ergebnis nur eine Nachkaufmöglichkeit von Aktien auch beim Bezugsrechtsausschluss von Options- oder Wandelschuldver-

Diese Argumentation trifft jedoch nicht den Kern. § 186 Abs. 3 Satz 4 AktG fordert eine „sinngemäß (e)"[261] und damit nicht auf den Wortlaut beschränkte, sondern auf den Normzweck konzentrierte[262] Anwendung des § 186 AktG und damit auch des § 186 Abs. 3 Satz 4 AktG. Diesen Gesetzesbefehl kann man nur dann ignorieren, wenn es dafür zwingende Gründe gibt. Das ist aber bei einer sinngemäßen, den Zweck des Bezugsrechts und auch der speziellen Möglichkeit des Bezugsrechtsausschlusses nach § 186 Abs. 3 Satz 4 AktG berücksichtigenden Anwendung nicht der Fall. § 186 Abs. 3 Satz 4 AktG enthält die eindeutige Aussage des Gesetzgebers, dass **unbedeutende Beeinträchtigungen** der Vermögens- und Beteiligungsinteressen der Aktionäre im Interesse der Gesellschaft und damit auch der Aktionäre hinzunehmen sind[263]. Anders gewendet: Bei einem nur marginalen Wert des Bezugsrechts (§ 186 Abs. 3 Satz 4 AktG: „nicht wesentlich unterschreitet") ist die mögliche Beeinträchtigung der Vermögensinteressen, und bei einer nur marginalen Kapitalerhöhung (§ 186 Abs. 3 Satz 4 AktG: „... wenn die Kapitalerhöhung ... zehn vom Hundert des Grundkapitals nicht übersteigt ...") ist die mögliche Beeinträchtigung der Beteiligungsquote hinzunehmen. Konkret bedeutet damit die sinngemäße Anwendung des § 186 Abs. 3 Satz 4 AktG und der darin enthaltenen gesetzlichen Wertung Folgendes: Ein Bezugsrechtsausschluss nach § 186 Abs. 3 Satz 4 AktG bei Wandel- und Optionsanleihen (oder Kombinationsformen mit Gewinnschuldverschreibungen oder Genussrechten) ist zulässig, wenn folgende zwei Voraussetzungen erfüllt sind: Bezugsrechtswert nahe Null und maximales Kapitalerhöhungsvolumen bei Wandlung oder Optionsausübung von 10 %. Im Einzelnen: Sind die Gesamtkonditionen der Options- oder Wandelschuldverschreibung[264] zum Zeitpunkt der Platzierung[265] bzw. sind die Vorgaben des Ermächtigungsbeschlusses[266] so ausgestaltet, dass der **Bezugsrechtswert gegen Null**[267]

53.56

---

schreibungen fordernd OLG München v. 1.6.2006 – 23 U 5917/05, ZIP 2006, 1440, 1442 = AG 2007, 37.
261 *Singhof*, ZHR 170 (2006), 673, 681; dem folgend *Seiler* in BeckOGK AktG, Stand 1.6.2021, § 221 AktG Rz. 101; *Florstedt* in KölnKomm. AktG, 3. Aufl. 2017, § 221 AktG Rz. 224. Auch ausdrücklich auf die sinngemäße Anwendung verweisend *Florstedt* in KölnKomm. AktG, 3. Aufl. 2017, § 221 AktG Rz. 260.
262 So ausdrücklich neben den in vorstehender Fn. Zitierten auch *Hüffer/Koch*, § 221 AktG Rz. 43a; *Fest* in Hopt/Seibt, § 221 AktG Rz. 672.
263 So ausdrücklich die Begründung des Initiativentwurfs, abgedruckt bei *Seibert*, Die kleine AG, 1. Aufl. 1994, Rz. 361 ff. „Der Entwurf schlägt einen erleichterten Bezugsrechtsausschluss für den Fall vor, dass die Gründe, die zur Einführung des gesetzlichen Bezugsrechts geführt haben, nicht vorliegen, d.h. ein Schutzbedürfnis der Altaktionäre nicht gegeben ist. Das ist dann der Fall, wenn weder ein Einflussverlust noch eine Wertverwässerung drohen. Der Entwurf beschränkt den vereinfachten Bezugsrechtsausschluss daher auf Kapitalerhöhungen, die nicht mehr als 10 vom Hundert des Grundkapitals betragen. Das Gesetz unterstellt damit, dass in diesen Fällen stets ein Nachkauf zur Erhaltung der relativen Beteiligung über die Börse möglich ist. ... Die Gefahr des Kurswertverlustes (Wertverwässerung) besteht dann nicht, wenn die Ausgabe der jungen Aktien zumindest zum Börsenkurs erfolgt. ... Da wegen der Volatilität der Märkte auch bei einer Aktienausgabe innerhalb kürzester Frist Kursschwankungen nicht auszuschließen sind, ist ein Ausgabepreis, der den Börsenkurs nicht wesentlich unterschreitet, zuzulassen." Wie hier auch OLG München v. 1.6.2006 – 23 U 5917/05, ZIP 2006, 1440, 1440 f. = AG 2007, 37; gleiche Argumentation, „typisierte Interessenabwägung", bei *Fest* in Hopt/Seibt, § 221 AktG Rz. 672.
264 Entscheidend sind die Gesamtkonditionen, nicht allein der Wandlungspreis, vgl. nur *Habersack* in MünchKomm. AktG, 5. Aufl. 2021, § 221 AktG Rz. 191; *Seiler* in BeckOGK AktG, Stand 1.6.2021, § 221 AktG Rz. 102, ausführlich zu den einzelnen zu berücksichtigenden Komponenten Rz. 101; *Ihrig* in Liber amicorum Happ, 2006, S. 109, 123; *Maier-Reimer* in GS Bosch, 2006, S. 85, 92; *Singhof*, ZHR 170 (2006), 673, 687.
265 Zu Recht auf diesen Zeitpunkt abstellend *Seiler* in BeckOGK AktG, Stand 1.6.2021, § 221 AktG Rz. 109; *Ihrig* in Liber amicorum Happ, 2006, S. 109, 123.
266 Hier geht es ja zunächst einmal um die Anfechtbarkeit des Ermächtigungsbeschlusses. Eine solche scheidet wie beim genehmigten Kapital aus, wenn die Ermächtigung zum Bezugsrechtsausschluss sich im zulässigen Rahmen hält.
267 Ob hier die bei Kapitalerhöhungen als zulässig angesehene Abweichung von 3 % bis 5 % des Ausgabebetrages vom Börsenkurs – vgl. nur Ausschussbericht BT-Drucks. 12/7848, S. 16 – hier also eine Abweichung des Verkaufspreises der Anleihe vom theoretischen Börsenkurs einer Anleihe mit identischen

tendiert[268], ist auch hier eine Beeinträchtigung der Vermögensinteressen der Aktionäre allenfalls so marginal, dass sie nach § 186 Abs. 3 Satz 4 AktG hinzunehmen ist[269]. Stehen für die **Umtausch- und Bezugsrechte nur maximal 10 % des Grundkapitals**[270] zur Verfügung, ist die mögliche Beeinträchtigung der Beteiligungsinteressen der Aktionäre nach § 186 Abs. 3 Satz 4 AktG in gleicher Weise hinzunehmen wie bei einer „normalen" Kapitalerhöhung. Unter diesen Voraussetzungen, d.h., die Gesamtkonditionen der Anleihe sind so ausgestaltet, dass der Bezugsrechtswert gegen Null tendiert[271] und Umtausch- oder Bezugsrechte bestehen für maximal 10 % des Grundkapitals, und, da § 186 Abs. 3 Satz 4 AktG dies fordert, bei Ausgabe der Anleihen gegen Bareinlagen, steht deshalb der Anwendung des § 186 Abs. 3 Satz 4 AktG auch bei der Emission von Finanzierungsinstrumenten des § 221 AktG nichts entgegen[272].

Darüber hinaus nicht erforderlich ist etwa die Möglichkeit, die Wandel- oder Optionsanleihe über die Börse erwerben zu können. Selbst wenn man eine solche Nachkaufmöglichkeit zu Unrecht[273] als ungeschriebene[274] Voraussetzung für die Anwendung des § 186 Abs. 3 Satz 4 AktG annehmen woll-

---

Konditionen um nicht mehr als 3 % maximal aber 5 % zulässig ist, oder diese Abweichung geringer sein muss, ist streitig, für eine Orientierung an denselben Größen, 3–5 %, wohl *Fest* in Hopt/Seibt, § 221 AktG Rz. 679; *Schlitt/Seiler/Singhof*, AG 2003, 254, 259; dagegen eine Abweichung der Gesamtkonditionen der Wandel- oder Optionsanleihe vom Marktpreis von 3–5 % nach unten für „deutlich zu hoch dimensioniert" haltend *Butzke*, HV, L Rz. 26, Fn. 60; in diesem Sinne auch *Seiler* in BeckOGK AktG, Stand 1.6.2021, § 221 AktG Rz. 113 und 113.1 mit statistischen Angaben, der 1–3 % mit Ausnahmen im Einzelfall als Höchstgrenze annehmen will, in diese Richtung auch eher für 1–2 % maximal 3 % *Singhof*, ZHR 170 (2006), 673, 694.
268 *Florstedt* in KölnKomm. AktG, 3. Aufl. 2017, § 221 AktG Rz. 260 reichen hierzu mathematische Methoden nicht aus, entscheidend sei ein Bookbuilding-Verfahren, Rz. 261.
269 Wie hier auch *Fest* in Hopt/Seibt, § 221 AktG Rz. 672.
270 Zur 10 %-Kapitalgrenze, zum Zeitpunkt der Berechnung (Beschlussfassung der Hauptversammlung oder, wenn niedriger, Zeitpunkt der Ausnutzung), zur Anrechnung anderer Ermächtigungen und zur Frage, wie ein Überschreiten der 10 %-Grenze infolge von Verwässerungsschutzklauseln vermieden werden kann (Barausgleich), vgl. eingehend *Seiler* in BeckOGK AktG, Stand 1.6.2021, § 221 AktG Rz. 120 ff.; für Abstellen auf den Zeitpunkt der Ausnutzung der Ermächtigung *Scholz* in MünchHdb. AG, § 64 Rz. 36. Muster entsprechender Anrechnungsklausel bei *Groß* in Happ/Groß/Möhrle/Vetter, Aktienrecht Bd. II, Muster 12.04 m. Anm. 11. Zur Berücksichtigung auch des Verwässerungsschutzes *Seibt*, CFL 2010, 165, 168.
271 Zu den diversen dabei zu berücksichtigenden Parametern und zur Berechnung vgl. *Seiler* in BeckOGK AktG, Stand 1.6.2021, § 221 AktG Rz. 107 ff.
272 Vgl. nur BGH v. 11.6.2007 – II ZR 152/06, WM 2007, 2110, 1. LS = AG 2007, 863; OLG München v. 1.6.2006 – 23 U 5917/05, ZIP 2006, 1440, 1440 f. = AG 2007, 37; *Busch*, AG 1999, 58, 59 ff.; *Habersack* in MünchKomm. AktG, 5. Aufl. 2021, § 221 AktG Rz. 191; *Hüffer/Koch*, § 221 AktG Rz. 43a; *Seiler* in BeckOGK AktG, Stand 1.6.2021, § 221 AktG Rz. 103; *Maier-Reimer* in GS Bosch, 2006, S. 85, 90 ff.; *Singhof*, ZHR 170 (2006), 673, 680 ff.; *Hofmeister*, S. 84 f.; *Kniehase*, AG 2006, 180, 183 ff.; *Ihrig* in Liber amicorum Happ, 2006, S. 109, 122 f.; *Ihrig/Wagner*, NZG 2007, 657, 659 f.; *Schlitt/Seiler/Singhof*, AG 2003, 254, 259 f.; *Volhard*, AG 1998, 397, 399; in diesem Sinne auch die von der Regierungskommission Corporate Governance geforderte Anpassung; enger *Scholz* in MünchHdb. AG, § 64 Rz. 34 ff., der eine Möglichkeit des Zukaufs von Aktien über die Börse als Zulässigkeitsvoraussetzung ansieht; ebenso solche Zukunftsmöglichkeit als Zulässigkeitsvoraussetzung fordernd *Habersack* in MünchKomm. AktG, 5. Aufl. 2021, § 221 AktG Rz. 191.
273 Gegen diese Nachkaufmöglichkeit als ungeschriebene Voraussetzung bei Kapitalerhöhungen bereits ausführlich *Groß* in Happ/Groß/Möhrle/Vetter, Aktienrecht Bd. II, Muster 12.07 Rz. 9.2.
274 Dass der Wortlaut des § 186 Abs. 3 Satz 4 AktG für ein solches Erfordernis nichts hergibt, ist offensichtlich. Insofern zutreffend, wenn *Goette*, ZGR 2012, 505, 513 speziell die ungeschriebene Zukaufsmöglichkeit als Beispiel dafür sieht, „wie sehr man den Gesetzestext ‚beim Wort' nimmt oder mit Hilfe ungeschriebener Tatbestandsmerkmale versucht, das unerwünschte Ergebnis der Gesetzgebung ‚hinweg zu argumentieren'". Dass die Begründung des Gesetzentwurfs für kleine Aktiengesellschaften und zur

te[275], so würde hier ein Nachkauf von Aktien ausreichen, da nur diese, nicht aber die Wandel- und Optionsanleihen als solche, eine Beeinträchtigung der Vermögens- und Beteiligungsinteressen der Aktionäre bewirken[276]. Ebenso wenig erforderlich ist die breite Streuung der Wandel- und Optionsanleihe[277] oder die Bestätigung, dass die Konditionen der Wandel- oder Optionsanleihe einen Bezugsrechtswert nahe Null bewirken, durch einen sachverständigen Dritten, da diese Berechnung Aufgabe des Vorstands ist und dieser entscheidet, ob er eine solche Bestätigung für erforderlich erachtet[278]. Ebenso ist es Sache des Vorstands zu entscheiden, ob ein Bookbuilding durchgeführt werden soll, oder aber die Berechnung ausreicht; im Regelfall dürfte aber ein Bookbuilding zur Bestätigung des mathematischen Ergebnisses nicht nur sinnvoll, sondern ratsam sein[279] ggf. ersetzt es sogar eine mathematische Berechnung[280].

Deregulierung des Aktienrechts, BT-Drucks. 12/6721, S. 10, schreibt „Das Gesetz unterstellt damit, daß in diesen Fällen stets ein Nachkauf zur Erhaltung der relativen Beteiligung über die Börse möglich ist.", spiegelt sich im Gesetzestext nicht wider und ist deshalb nicht verbindlich. „Für die Rechtsanwendung verbindlich ist nämlich nicht die Absicht der Verfasser des Gesetzestextes, sondern der – insoweit eindeutige – Gesetzestext selbst." So in anderem Zusammenhang zu Recht *Fest* in Hopt/Seibt, § 221 AktG Rz. 671. Außerdem enthält dieser Hinweis eine bloße Annahme („unterstellt") und keinerlei Aussage dazu, ob dies eine Voraussetzung sein soll, wenn ja, welche Kriterien hierfür gelten sollen. Vielmehr geht die Aussage dahin, dass der Gesetzgeber gerade davon ausging, dass ein Nachkauf nicht immer möglich sei, sonst hätte er ihn nicht unterstellen müssen, so auch *Kocher/von Falkenhausen*, ZIP 2018, 1949, 1951.

275 So für Kapitalerhöhungen *Wiedemann* in Großkomm. AktG, 4. Aufl. 1995, § 186 AktG Rz. 150; *Lutter* in KölnKomm. AktG, 2. Aufl. 1995, Nachtrag zu § 186 AktG Rz. 4, 17; *Lutter*, AG 1994, 429, 442; dagegen bei Kapitalerhöhungen *Ekkenga* in KölnKomm. AktG, 3. Aufl. 2017, § 186 AktG Rz. 153; *Cahn*, ZHR 163 (1999), 554, 587f.; *Goette*, ZGR 2012, 505, 513; *Groß* in Happ/Groß/Möhrle/Vetter, Aktienrecht Bd. II, Muster 12.07 Rz. 9; *Ihrig* in Liber amicorum Happ, 2006, 109, 115 f.; *Ihrig/Wagner*, NZG 2002, 657; *Hoffmann-Becking* in FS Lieberknecht, 1997, S. 25, 26 f.; *Hoffmann-Becking*, ZIP 1995, 1, 9; *Schlitt/Schäfer*, AG 2005, 67, 67. Dafür im Rahmen des § 221 AktG, aber nicht auf diese, sondern auf die Aktien bezogen *Scholz* in MünchHdb. AG, § 64 Rz. 35; ebenso wohl *Florstedt* in KölnKomm. AktG, 3. Aufl. 2017, § 221 AktG Rz. 262; dagegen *Seiler* in BeckOGK AktG, Stand 1.6.2021, § 221 AktG Rz. 117 ff.
276 So OLG München v. 1.6.2006 – 23 U 5917/05, ZIP 2006, 1440, 1440 f. = AG 2007, 37. Ebenso auf den Erwerb nicht der Options- oder Wandelanleihe, sondern der Aktien abstellend, aber auch darauf hinweisend, dass eine solche Erwerbsmöglichkeit nicht Zulässigkeitsvoraussetzung des Bezugsrechtsausschlusses nach § 186 Abs. 3 Satz 4 AktG ist *Seiler* in BeckOGK AktG, Stand 1.6.2021, § 221 AktG Rz. 118 ff. der aber ebenfalls zu Recht darauf hinweist, dass von einer solchen Erwerbsmöglichkeit auszugehen ist und nicht mit einem Hinweis auf einen weniger liquiden Markt der safe harbour des § 186 Abs. 3 Satz 4 AktG wieder unsicher gemacht werden könne, dazu auch bereits *Groß* in Happ/Groß/Möhrle/Vetter, Aktienrecht Bd. II, Muster 12.07 Rz. 9.2. Ebenfalls allein eine Nachkaufmöglichkeit für die Aktien über die Börse fordernd *Scholz* in MünchHdb. AG, § 64 Rz. 35; *Habersack* in MünchKomm. AktG, 5. Aufl. 2021, § 221 AktG Rz. 191; ebenso wohl *Florstedt* in KölnKomm. AktG, 3. Aufl. 2017, § 221 AktG Rz. 262 und *Fest* in Hopt/Seibt, § 221 AktG Rz. 676.
277 *Seiler* in BeckOGK AktG, Stand 1.6.2021, § 221 AktG Rz. 119.
278 *Hüffer/Koch*, § 221 AktG Rz. 43a; *Habersack* in MünchKomm. AktG, 5. Aufl. 2021, § 221 AktG Rz. 191; *Seiler* in BeckOGK AktG, Stand 1.6.2021, § 221 AktG Rz. 124; *Schlitt/Schäfer*, CFL 2010, 252, 253; *Scholz* in MünchHdb. AG, § 64 Rz. 37; *Fest* in Hopt/Seibt, § 221 AktG Rz. 678. *Florstedt* in KölnKomm. AktG, 3. Aufl. 2017, § 221 AktG Rz. 261 hält eine solche Fairness Opinion weder für eine Voraussetzung noch für einen geeigneten Ersatz für eine marktliche Preisermittlung. Von Aussagen im Bericht zum Bezugsrechtsausschluss, eine solche Bestätigung ggf. einholen zu wollen, ist wegen einer daraus möglicherweise resultierenden Bindung abzusehen, vgl. auch *Schlitt/Schäfer*, CFL 2010, 252, 253.
279 I.d.S. auch *Seiler* in BeckOGK AktG, Stand 1.6.2021, § 221 AktG Rz. 114.
280 *Fest* in Hopt/Seibt, § 221 AktG Rz. 678.

d) Mittelbares Bezugsrecht (§ 186 Abs. 5 AktG)

53.57 Nach § 221 Abs. 4 Satz 2 AktG gilt § 186 AktG insgesamt, somit auch § 186 Abs. 5 AktG[281]. Für den unmittelbaren Kapitalerhöhungsbeschluss entspricht es allgemeiner Meinung, dass die Privilegierung des § 186 Abs. 5 AktG nur dann gilt, wenn das mittelbare Bezugsrecht, d.h. die Übernahme der neuen Aktien durch eines der in § 186 Abs. 5 AktG beschriebenen Unternehmen (oder ein aus solchen Unternehmen bestehendes Konsortium)[282], im Kapitalerhöhungsbeschluss selbst ausdrücklich genannt wird[283]. Beim genehmigten Kapital entspricht es dagegen ebenfalls allgemeiner Meinung, dass es keiner ausdrücklichen Regelung oder Ermächtigung zum mittelbaren Bezugsrecht bedarf. Vielmehr gehört das mittelbare Bezugsrecht zu den „Bedingungen der Aktienausgabe", die gemäß § 204 Abs. 1 AktG vom Vorstand mit Zustimmung des Aufsichtsrats bei Ausnutzung des genehmigten Kapitals festgelegt werden können[284].

53.58 Für das mittelbare Bezugsrecht bei Options- und Wandelschuldverschreibungen bedeutet dies Folgendes[285]: Ein **Zustimmungsbeschluss** für ein konkretes Emissionsvorhaben muss wie ein Direktbeschluss zur Kapitalerhöhung die **ausdrückliche Einräumung** des mittelbaren Bezugsrechts enthalten, eine Delegation auf den Vorstand ist unzulässig[286]. Ein **Ermächtigungsbeschluss** zur künftigen Begebung von Options- und Wandelschuldverschreibungen braucht hingegen ebenso wenig wie bei der Schaffung eines genehmigten Kapitals eine ausdrückliche Einräumung eines mittelbaren Bezugsrechts zu enthalten. Es ist Sache des Vorstands, dies bei Ausnutzung der Ermächtigung zu regeln[287].

6. Sicherung der Umtausch- oder Bezugsrechte

53.59 Wandel- oder Optionsanleihen gewähren dem jeweiligen Gläubiger das Recht auf Erwerb von Mitgliedschaftsrechten und begründen entsprechende Verpflichtungen des Emittenten. Um sicherzustellen, dass der Emittent seinen Verpflichtungen gegenüber den Wandel- und Optionsberechtigten nachkommen kann, wird die Ausgabe von Wandel- oder Optionsanleihen im Regelfall mit der Schaffung eines **bedingten Kapitals** verbunden (siehe dazu schon Rz. 53.35). Damit ist gewährleistet, dass der Vorstand jeweils im erforderlichen Umfang neue Aktien ausgeben kann und damit anderenfalls drohende Schadensersatzansprüche vermeidet.

---

281 Ausführlich zum mittelbaren Bezugsrecht *Fest* in Hopt/Seibt, § 221 AktG Rz. 593 ff., Rz. 607 dazu, dass sich das mittelbare Bezugsrecht auch auf einen Teil der Emission beschränken, für den anderen ausgeschlossen oder aber ein unmittelbares Bezugsrecht z.B. für den Großaktionär eingeräumt werden kann.
282 *Fest* in Hopt/Seibt, § 221 AktG Rz. 600.
283 OLG Hamburg v. 29.10.1999 – 11 U 71/99, AG 2000, 326, 328; *Hüffer/Koch*, § 186 AktG Rz. 45; *Lutter* in KölnKomm. AktG, 2. Aufl. 1995, § 186 AktG Rz. 104; Muster bei *Herchen* in Happ/Groß/Möhrle/Vetter, Aktienrecht Bd. II, Muster 12.03 unter lit. a) und Erläuterung in Rz. 4.1.
284 *Hirte* in Großkomm. AktG, 4. Aufl. 2001, § 204 AktG Rz. 69; *Hüffer/Koch*, § 204 AktG Rz. 5; *Lutter* in KölnKomm. AktG, 2. Aufl. 1995, § 204 AktG Rz. 8.
285 *Habersack* in MünchKomm. AktG, 5. Aufl. 2021, § 221 AktG Rz. 198; *Scholz* in MünchHdb. AG, § 64 Rz. 39.
286 *Hüffer/Koch*, § 221 AktG Rz. 45; *Habersack* in MünchKomm. AktG, 5. Aufl. 2021, § 221 AktG Rz. 198; *Lutter* in KölnKomm. AktG, 2. Aufl. 1993, § 221 AktG Rz. 52 mit Formulierungsvorschlag; *Florstedt* in KölnKomm. AktG, 3. Aufl. 2017, § 221 AktG Rz. 271; *Fest* in Hopt/Seibt, § 221 AktG Rz. 596; *Scholz* in MünchHdb. AG, § 64 Rz. 39.
287 Ebenso ausdrücklich *Habersack* in MünchKomm. AktG, 5. Aufl. 2021, § 221 AktG Rz. 198; *Hüffer/Koch*, § 221 AktG Rz. 45; *Scholz* in MünchHdb. AG, § 64 Rz. 39; *Florstedt* in KölnKomm. AktG, 3. Aufl. 2017, § 221 AktG Rz. 271; *Fest* in Hopt/Seibt, § 221 AktG Rz. 596; *Seiler* in BeckOGK AktG, Stand 1.6.2021, § 221 AktG Rz. 49 a.E., der jedoch „aus Gründen rechtlicher Vorsorge" eine Erwähnung im Ermächtigungsbeschluss empfiehlt; *Schlitt/Hemeling* in Unternehmensfinanzierung am Kapitalmarkt, § 12 Rz. 17. In der Praxis wird in letzter Zeit zunehmend das mittelbare Bezugsrecht ausdrücklich als Teil der Ermächtigung genannt.

53.60 Theoretisch können die für die Bedienung der Wandlungs- und Optionsrechte erforderlichen Aktien auch auf andere Weise zur Verfügung gestellt werden, z.B. durch ein **genehmigtes Kapital** mit (der Ermächtigung zum) Bezugsrechtsausschluss oder durch eine normale Kapitalerhöhung unter Bezugsrechtsausschluss und Übernahme aller Aktien durch einen Treuhänder für die Anleihegläubiger, oder durch Verwendung eigener Aktien. Solche Wege sind jedoch (mit Ausnahme der Verwendung eigener Aktien) **schwerfälliger**[288] und bieten den Anleihegläubigern im Vergleich zu **§ 192 Abs. 4 AktG** geringeren Schutz[289]. Fraglich ist bei der Verwendung genehmigten Kapitals[290] auch, ob bei Wandelschuldverschreibungen die Hingabe der Schuldverschreibung als Leistung auf die neuen Aktien als Sacheinlage anzusehen ist, oder ob § 194 Abs. 1 Satz 2 AktG, d.h. eine Bestimmung aus dem Unterabschnitt „Bedingte Kapitalerhöhung", hier entsprechend angewendet werden kann. In der Literatur – Rechtsprechung hierzu fehlt, soweit ersichtlich – wird eine solche entsprechende Anwendung des § 194 Abs. 1 Satz 2 AktG auch beim genehmigten Kapital von der wohl überwiegenden Ansicht vertreten[291], von anderen Stimmen dagegen abgelehnt[292]. Die besseren Argumente sprechen für eine entsprechende Anwendung des § 194 Abs. 1 Satz 2 AktG. Unabhängig davon, ob man dieser Vorschrift eine allgemeine Aussage entnehmen will, die Einbringung von Geldforderungen sei eine Bar- und keine Sacheinlage[293], ist jedenfalls nicht einzusehen, weshalb bei einer durch Barzahlung erworbenen Wandelschuldverschreibung der Vorgang des „Umtausches" dieser Wandelschuldverschreibung in Aktien beim genehmigten Kapital anders zu werten sein soll als beim bedingten Kapital.

7. Einlage auf die Aktien

a) Optionsanleihen

53.61 Mit Ausübung des Optionsrechts und Zugang der Bezugserklärung[294] kommt in aller Regel (vgl. Rz. 53.28) ein Zeichnungsvertrag zustande, aus dem sich die **Einlageverpflichtung** auf Zahlung des in den Anleihebedingungen näher bestimmten **Optionspreises**[295] ergibt. In aller Regel besteht die Einlageverpflichtung in der Verpflichtung zur Leistung einer Bareinlage.

---

288 Ausführlicher zu den Nachteilen auch *Habersack* in MünchKomm. AktG, 5. Aufl. 2021, § 221 AktG Rz. 219; *Seiler* in BeckOGK AktG, Stand 1.6.2021, § 221 AktG Rz. 77 ff. dort auch zu Recht auf die Problematik des Bezugsrechtsausschlusses bei Bedienung der Options- und Wandlungsrechte aus genehmigtem Kapital hinweisend Rz. 81 f.; *Fest* in Hopt/Seibt, § 221 AktG Rz. 101 ff.; wie hier *Hüffer/Koch*, § 221 AktG Rz. 59; *Scholz* in MünchHdb. AG, § 64 Rz. 44.
289 Vgl. näher dazu nur *Habersack* in MünchKomm. AktG, 5. Aufl. 2021, § 221 AktG Rz. 213 ff., 216 ff.; *Scholz* in MünchHdb. AG, § 64 Rz. 44; kritisch auch *Schnorbus/Trapp*, ZGR 2010, 1022, 1026 f.
290 Zu weiteren Problemen der Verwendung genehmigten Kapitals *Seiler* in BeckOGK AktG, Stand 1.6.2021, § 221 AktG Rz. 77 ff.; *Fest* in Hopt/Seibt, § 221 AktG Rz. 101 ff.; *Holland/Goslar*, NZG 2006, 892, 893 ff.
291 *Hirte* in Großkomm. AktG, 4. Aufl. 2001, § 205 AktG Rz. 9; *Hüffer/Koch*, § 194 AktG Rz. 4 und § 221 Rz. 60; *Seiler* in BeckOGK AktG, Stand 1.6.2021, § 221 AktG Rz. 83; *Fest* in Hopt/Seibt, § 221 AktG Rz. 131; *Holland/Goslar*, NZG 2006, 892, 895; für den Fall der Inzahlunggabe der Anleihe bei Optionsanleihen ebenfalls eine entsprechende Anwendung des § 194 Abs. 1 Satz 2 AktG annehmend, *Karollus* in G/H/E/K, 1994, § 221 AktG Rz. 158; *Schumann*, Optionsanleihen, S. 79 ff.
292 *Habersack* in MünchKomm. AktG, 5. Aufl. 2021, § 221 AktG Rz. 230 a.E.; *Hirte*, WM 1994, 321, 329; kurz und apodiktisch *Groh*, BB 1997, 2523, 2528; *Florstedt* in KölnKomm. AktG, 3. Aufl. 2017, § 221 AktG Rz. 307; *Maier-Reimer* in GS Bosch, 2006, S. 85, Fn. 3.
293 So *Karollus*, ZIP 1994, 589, 591 ff.; *Karollus* in G/H/E/K, 1994, § 221 AktG Rz. 151; a.A. die h.M. in Rspr., BGH v. 15.1.1990 – II ZR 164/88, BGHZ 110, 47, 61; BGH v. 13.4.1992 – II ZR 277/90, BGHZ 118, 83, 93 f.; und Lehre, vgl. nur Nachweise bei *Habersack* in MünchKomm. AktG, 5. Aufl. 2021, § 221 AktG Rz. 230.
294 Die Anleihebedingungen bestimmen in der Regel weitere Voraussetzungen, so die Verwendung der entsprechenden Formulare, Einreichung (gemeint ist Verbuchung über die Depotbank und bei Verwahrung bei Clearstream Banking AG über diese) und Eingang des Optionspreises.
295 Zu weiteren gesetzlichen Vorgaben, z.B. § 9 Abs. 1 AktG, bzw. dem Verbot von Teilleistungen aus § 199 Abs. 1 AktG vgl. kurz *Habersack* in MünchKomm. AktG, 5. Aufl. 2021, § 221 AktG Rz. 229; *Lutter* in KölnKomm. AktG, 2. Aufl. 1995, § 221 AktG Rz. 158.

53.62 Denkbar und bereits mehrfach praktiziert[296] ist aber auch ein Wahlrecht des Anleihegläubigers, bei Optionsausübung anstelle einer Barzahlung die Teilschuldverschreibungen zu übertragen und damit in Zahlung zu geben, **Optionsanleihe mit Inzahlunggabe** der Anleihe, oder aber die Teilschuldverschreibung fällig zu stellen und die Einlageforderung aus dem Zeichnungsvertrag mit dem Rückzahlungsanspruch aus der Teilschuldverschreibung zu verrechnen, **Optionsanleihe mit Verrechnung**[297]. Die rechtliche Würdigung der Möglichkeit der Inzahlunggabe ist in der Literatur unterschiedlich. Einig ist man sich darin, dass § 194 Abs. 1 Satz 2 AktG anwendbar ist, mit der Folge, dass die Inzahlunggabe der zunächst gegen Geld erworbenen[298] Optionsanleihe nicht als Sacheinlage anzusehen ist[299]. Einigkeit besteht auch insoweit, als § 199 Abs. 2, § 218 Satz 2 AktG angewendet werden[300]. Unterschiedlich gewertet wird dagegen, ob eine Optionsanleihe mit Inzahlunggaberecht rechtlich noch als Optionsanleihe[301] oder als Wandelschuldverschreibung[302] anzusehen ist, und, ob § 194 Abs. 1 Satz 2 AktG unmittelbar gilt und rein deklaratorische Bedeutung hat[303], oder, ob er nur entsprechend anzuwenden ist, und ihm konstitutive Bedeutung zukommt[304]. Die besseren Argumente sprechen dafür, dass auch bei der Möglichkeit der Inzahlunggabe die Optionsanleihe sich rechtlich nicht zur Wandelanleihe verändert, weil hier nur eine zusätzliche Zahlungsmöglichkeit – Inzahlunggabe – eröffnet wird, es aber weiterhin möglich bleibt, den Optionspreis bar zu bezahlen. Daraus folgt dann, dass § 194 Abs. 1 Satz 2 AktG nicht unmittelbar, sondern nur analog anwendbar ist, und ihm konstitutive Bedeutung zukommt. Bei der rechtlichen Würdigung der Optionsanleihe mit Verrechnung besteht überwiegend Einigkeit, dass § 194 Abs. 1 Satz 2 AktG nur entsprechend anwendbar ist, und ihm damit konstitutive Bedeutung zukommt[305]. Auch § 199 Abs. 2, § 218 Satz 2 AktG sind anwendbar[306].

53.63 Problematischer wird die Anwendung des § 194 Abs. 1 Satz 2 AktG bei **drittemittierten Optionsanleihen** mit Inzahlunggabemöglichkeit oder Verrechnung. Die Anwendung des § 194 Abs. 1 Satz 2 AktG scheidet jedenfalls im Falle der **eigennützigen Anleiheemission**, in dem der Anleiheemissionserlös der Tochtergesellschaft zukommt und dort verbleibt, aus[307]. Insofern kommt die Inzahlunggabe nur als Sacheinlage in Betracht, eine Verrechnung scheidet so oder so mangels Rückzahlungsanspruch gegen die Aktien emittierende Gesellschaft aus. Beim sog. **fremdnützigen Anleihemodell** bei dem die

---

296 Vgl. die bei *Lutter* in KölnKomm. AktG, 2. Aufl. 1995, § 221 AktG Rz. 159 genannten Beispiele sowie auch 4,125 % 1,2 Mrd. DM Optionsanleihe 1996/2003 der Daimler-Benz Capital (Luxembourg) AG.
297 Vgl. auch im Folgenden näher *Habersack* in MünchKomm. AktG, 5. Aufl. 2021, § 221 AktG Rz. 238; *Lutter* in KölnKomm. AktG, 2. Aufl. 1995, § 221 AktG Rz. 159 ff.; *Schumann*, Optionsanleihen, S. 63 ff., 67 ff.
298 Das ist Voraussetzung für die Anwendung des § 194 Abs. 1 Satz 2 AktG, vgl. sogleich Rz. 53.64.
299 So *Habersack* in MünchKomm. AktG, 5. Aufl. 2021, § 221 AktG Rz. 237; *Lutter* in KölnKomm. AktG, 2. Aufl. 1995, § 221 AktG Rz. 160; *Merkt* in K. Schmidt/Lutter, § 221 AktG Rz. 38; *Schumann*, Optionsanleihen, S. 70 f.
300 Vgl. nur *Habersack* in MünchKomm. AktG, 5. Aufl. 2021, § 221 AktG Rz. 237; *Lutter* in KölnKomm. AktG, 2. Aufl. 1995, § 221 AktG Rz. 165.
301 So *Habersack* in MünchKomm. AktG, 5. Aufl. 2021, § 221 AktG Rz. 237; *Schumann*, Optionsanleihen, S. 63 f. und i.E. auch *Merkt* in K. Schmidt/Lutter, § 221 AktG Rz. 32.
302 So *Lutter* in KölnKomm. AktG, 2. Aufl. 1995, § 221 AktG Rz. 160.
303 So *Lutter* in KölnKomm. AktG, 2. Aufl. 1995, § 221 AktG Rz. 161.
304 So *Habersack* in MünchKomm. AktG, 5. Aufl. 2021, § 221 AktG Rz. 237; *Schumann*, Optionsanleihen, S. 70 f.
305 *Habersack* in MünchKomm. AktG, 5. Aufl. 2021, § 221 AktG Rz. 238; *Lutter* in KölnKomm. AktG, 2. Aufl. 1995, § 221 AktG Rz. 162, der allerdings dieser Variante kritischer gegenüber steht als der Inzahlunggabe, vgl. insbesondere Rz. 161; *Schumann*, Optionsanleihen, S. 76 ff.; kritisch *Hirte*, WM 1994, 321, 329.
306 *Lutter* in KölnKomm. AktG, 2. Aufl. 1995, § 221 AktG Rz. 165.
307 Unstr., *Habersack* in MünchKomm. AktG, 5. Aufl. 2021, § 221 AktG Rz. 239 i.V.m. Rz. 234 für die Inzahlunggabe, Rz. 239 für die Verrechnung; *Lutter* in KölnKomm. AktG, 2. Aufl. 1995, § 221 AktG Rz. 163 f.; *Seiler* in BeckOGK AktG, Stand 1.6.2021, § 221 AktG Rz. 133; *Fest* in Hopt/Seibt, § 221 AktG Rz. 57.

Tochter im Rahmen eines Geschäftsbesorgungsverhältnisses die Anleihe auf Rechnung der Mutter aufnimmt und den Emissionserlös aufgrund der Herausgabepflicht des § 667 BGB an die Mutter weiterleitet, ist § 194 Abs. 1 Satz 2 AktG dagegen sowohl für die Inzahlunggabe[308] als auch die direkte Verrechnung ebenso anwendbar wie in dem Fall, in dem die Tochter die Anleihe zurückzahlt und dann der Anleihegläubiger diese Mittel auf die Einlageverpflichtung aus dem Zeichnungsvertrag gegenüber der Muttergesellschaft leistet[309]. Bei der in der Praxis überwiegenden Weiterleitung des Anleiheemissionserlöses durch die Tochter an die Mutter im Wege eines Darlehens (**Darlehensmodell**) kommt eine Anwendung des § 194 Abs. 1 Satz 2 AktG auf die Inzahlunggabe der Anleihe nur dann in Betracht, wenn der Darlehensrückzahlungsanspruch der Tochter gegen die Mutter an die Anleihegläubiger mit abgetreten wurde und bei Inzahlunggabe oder Verrechnung dieser Darlehensrückzahlungsanspruch auf die Mutter übergeht[310]. Entsprechend dem fremdnützigen Anleihemodell müsste gleiches auch gelten für die Abwicklung ohne Verrechnung, d.h. Rückzahlung der Anleihe durch die Tochter an die Anleihegläubiger und anschließende Bareinlage des Anleihegläubigers auf die Einlageverpflichtung aus dem Zeichnungsvertrag mit der Mutter bei dieser[311]. Insofern geht es wie bei dem fremdnützigen Anleihemodell darum, mittels der Anwendung des § 194 Abs. 1 Satz 2 AktG die Anwendung der Grundsätze über die verdeckte Sacheinlage zu vermeiden.

b) Wandelanleihen

Bei der Wandelanleihe führt die **Wandlungserklärung** in der Regel (vgl. Rz. 53.27) zum Abschluss des Zeichnungsvertrages, der wiederum die **Einlagepflicht** des Zeichners begründet. Das **ursprünglich auf die Anleihe Geleistete** gilt kraft der Gestaltungswirkung der Wandlungserklärung **als Einlage auf den Zeichnungsvertrag**[312] (vgl. hierzu und zum Folgenden bereits Rz. 46.41 ff.). Ob man diese Einlage auf die Anleihe mit Wirkung ex tunc oder ex nunc zur Einlage auf die zu erwerbenden Aktien umwidmet, wird zwar unterschiedlich beantwortet[313]. Entscheidend ist aber, dass diese „Umwidmung" auch von den Vertretern der Wirkung ex-nunc insofern zurück wirkt, als auf die ursprüngliche Einlage auf die Anleihe abgestellt wird[314]. War das auf die Anleihe Geleistete wie im Regelfall Bareinlage (zur Nichtberücksichtigung von Zinsen, zur Frage eines unter dem Nennbetrag liegenden Ausgabebetrages sowie zur Problematik eines den Nennbetrag übersteigenden Rückzahlungsbetrags vgl. Rz. 46.41), dann hat § 194 Abs. 1 Satz 2 AktG rein deklaratorische Bedeutung[315]. War das auf die Anleihe Geleistete dagegen Sacheinlage, so z.B. bei der Ausgabe der Anleihe gegen Einbringung von

53.64

---

308 *Habersack* in MünchKomm. AktG, 5. Aufl. 2021, § 221 AktG Rz. 237 i.V.m. Rz. 236.
309 *Habersack* in MünchKomm. AktG, 5. Aufl. 2021, § 221 AktG Rz. 240 f.; zweifelnd allerdings *Schumann*, Optionsanleihen, S. 79; *Seiler* in BeckOGK AktG, Stand 1.6.2021, § 221 AktG Rz. 133.
310 *Habersack* in MünchKomm. AktG, 5. Aufl. 2021, § 221 AktG Rz. 237 i.V.m. Rz. 235 für die Inzahlunggabe, Rz. 242 für die Verrechnung; *Seiler* in BeckOGK AktG, Stand 1.6.2021, § 221 AktG Rz. 133; *Fest* in Hopt/Seibt, § 221 AktG Rz. 65; a.A. *Schumann*, Optionsanleihen, S. 79.
311 *Habersack* in MünchKomm. AktG, 5. Aufl. 2021, § 221 AktG Rz. 241.
312 Unstreitig *Habersack* in MünchKomm. AktG, 5. Aufl. 2021, § 221 AktG Rz. 230; *Lutter* in KölnKomm. AktG, 2. Aufl. 1995, § 221 AktG Rz. 138; *Merkt* in K. Schmidt/Lutter, § 221 AktG Rz. 26.
313 Für Rechtsänderung *ex nunc*, *Habersack* in MünchKomm. AktG, 5. Aufl. 2021, § 221 AktG Rz. 227; *Merkt* in K. Schmidt/Lutter, § 221 AktG Rz. 26, 28; *Fest* in Hopt/Seibt, § 221 AktG Rz. 82 Rz. 124; *Scholz* in MünchHdb. AG, § 64 Rz. 6; für Rechtswirkung *ex tunc*, so *Lutter* in KölnKomm. AktG, 2. Aufl. 1995, § 221 AktG Rz. 138. Einer Änderung *ex tunc* steht entgegen, dass damit auch der Rechtsgrund für die auf die Anleihe gezahlten Zinsen entfallen würde, so ausdrücklich *Habersack* in MünchKomm. AktG, 5. Aufl. 2021, § 221 AktG Rz. 227; *Fest* in Hopt/Seibt, § 221 AktG Rz. 124.
314 Im Ergebnis wohl auch *Habersack* in MünchKomm. AktG, 5. Aufl. 2021, § 221 AktG Rz. 227 a.E. unter Verweis auf Rz. 229 ff., 244. Ausdrücklich für Rückwirkung *Seiler* in BeckOGK AktG, Stand 1.6.2021, § 221 AktG Rz. 7; nur mit „Wirkung für die Zukunft" dagegen *Merkt* in K. Schmidt/Lutter, § 221 AktG Rz. 28; *Fest* in Hopt/Seibt, § 221 AktG Rz. 124.
315 So ausdrücklich *Habersack* in MünchKomm. AktG, 5. Aufl. 2021, § 221 AktG Rz. 230 m.w.N. in Fn. 653.

Forderungen[316], sind die Regeln über die Sacheinlage zu beachten, ohne dass § 194 Abs. 1 Satz 2 AktG hieran etwas ändert[317]. Entscheidend ist die **Einlage auf die Wandelschuldverschreibung**, da diese qua Ausübung des Gestaltungsrechts zur Einlage auf die Aktien „umfunktioniert" wird[318]. War diese Einlage auf die Wandelschuldverschreibung Sacheinlage, bedeutet dies, dass die Sacheinlageregelungen des § 194 AktG, so die Verpflichtung zur entsprechenden Bekanntmachung nach § 194 Abs. 1 Satz 1 AktG und auch § 194 Abs. 4 AktG mit der darin angeordneten Sacheinlageprüfung, auf die Einlage auf die Wandelschuldverschreibung anzuwenden sind[319]. Zu prüfen ist damit die Werthaltigkeit der Sacheinlage auf die dafür begebenen Wandelschuldverschreibungen. Maßgeblich für die Bewertung ist demnach der Zeitpunkt der Einbringung der Sacheinlage auf die Wandelschuldverschreibung[320]. Eine nochmalige Werthaltigkeitsprüfung auf den Zeitpunkt der Umwandlung der Wandelschuldverschreibungen in Aktien ist dagegen nicht erforderlich[321]. Auch bei Wandelschuldverschreibungen, die gegen Bareinlagen ausgegeben werden, wird nicht geprüft, ob diese Bareinlagen im Zeitpunkt der Wandlung noch vorhanden sind[322].

53.65 Bei **Drittemissionen von Wandelanleihen** (Wandelanleihe wird von T begeben, M sichert oder gewährt das Wandlungsrecht) kann die Gestaltungswirkung nur dann dazu führen, dass die Leistung „auf die Anleihe" zur Leistung auf die Aktien umfunktioniert wird, wenn und soweit die Zahlung auf die Anleihe tatsächlich M zufließt. In der Literatur erörtert werden hier das sog. **fremdnützige Anleihemodell** und das **Darlehensmodell** (siehe zu beiden Rz. 53.63). In der Praxis wird, soweit ersichtlich, allein das Darlehensmodell verwendet, d.h. T leitet das auf die Anleihe Geleistete im Wege eines Darlehens an M weiter, T tritt die Darlehensforderungen jeweils anteilig an die Anleihegläubiger ab (in der Praxis an eine für die Anleihegläubiger handelnde Bank oder Wirtschaftsprüfungsgesellschaft) und bei Wandlung wird eben diese Darlehensforderung auf die emittierende Mutter übertragen, womit sie dann durch Konfusion erlischt[323]. Darlehensrückzahlungsanspruch und Schuldverschreibung werden

---

316 Vgl. die bei *Marsch-Barner*, DB 1995, 1497 aufgeführten Beispiele aus dem Jahre 1994; teilweise unzutreffende Beispiele dagegen bei *Meilicke*, DB 1995, 1061.
317 Unstr., *Habersack* in MünchKomm. AktG, 5. Aufl. 2021, § 221 AktG Rz. 231; *Lutter* in KölnKomm. AktG, 2. Aufl. 1995, § 221 AktG Rz. 140; *Marsch-Barner*, DB 1995, 1497; *Schnorbus/Trapp*, ZGR 2010, 1023, 1034. Ausdrücklich ebenso Regierungsbegründung zur Aktienrechtsnovelle 2012, BT-Drucks. 17/8989, S. 19.
318 *Habersack* in MünchKomm. AktG, 5. Aufl. 2021, § 221 AktG Rz. 226 spricht von „Causaänderung kraft Gestaltungsrechts".
319 Wie hier auch *Schnorbus/Trapp*, ZGR 2010, 1023, 1034 f.; i.d.S. auch Regierungsbegründung zur Aktienrechtsnovelle 2012, BT-Drucks. 17/8989, S. 19 und dann zur Aktienrechtsnovelle 2016, BT-Drucks. 18/4349, S. 29.
320 Ganz h.M., vgl. nur *Lutter* in KölnKomm. AktG, 2. Aufl. 1995, § 221 AktG Rz. 140; *Fest* in Hopt/Seibt, § 221 AktG Rz. 125; *Marsch-Barner*, DB 1995, 1497; *Merkt* in K. Schmidt/Lutter, § 221 AktG Rz. 28; *Seiler* in BeckOGK AktG, Stand 1.6.2021, § 221 AktG Rz. 10, 10.1; *Schnorbus/Trapp*, ZGR 2010, 1023, 1042. Instruktiv für die Änderung einer herkömmlichen Schuldverschreibung in eine Wandelschuldverschreibung, dort komme es auf den Zeitpunkt der Änderung der Schuldverschreibung in eine Wandelschuldverschreibung an, *Fest* in Hopt/Seibt, § 221 AktG Rz. 126.
321 So ausdrücklich *Marsch-Barner*, DB 1995, 1497; ebenso *Merkt* in K. Schmidt/Lutter, § 221 AktG Rz. 28.
322 Auf diesen Aspekt weist *Habersack* in MünchKomm. AktG, 5. Aufl. 2021, § 221 AktG Rz. 244 im Zusammenhang mit Genussrechten mit Verlustteilnahme ausdrücklich hin; *Schnorbus/Trapp*, ZGR 2010, 1023, 1043. Ausdrücklich ebenso Regierungsbegründung zur Aktienrechtsnovelle 2012, BT-Drucks. 17/8989, S. 19.
323 *Habersack* in MünchKomm. AktG, 5. Aufl. 2021, § 221 AktG Rz. 234 ff.; *Lutter* in KölnKomm. AktG, 2. Aufl. 1995, § 194 AktG Rz. 9–11; *Seiler* in BeckOGK AktG, Stand 1.6.2021, § 221 AktG Rz. 133; *Schumann*, Optionsanleihen, S. 71 ff.; *Schlitt/Seiler/Singhof*, AG 2003, 254, 264 f., dort speziell auch zur Frage der Sicherstellung des Zusammenhangs zwischen der Wandelschuldverschreibung und dem dazugehörigen Darlehensanspruch. A.A. *Karollus* in G/H/E/K, 1994, § 221 AktG Rz. 42 a.E. und Rz. 156 ff., der von der Darlehenskonstruktion abrät und allein das Geschäftsbesorgungsverhältnis als Rechtsgrund für die Weiterleitung des Anleihebetrages von T an M ausreichen lässt, § 667 BGB.

zwingend miteinander verbunden, jede Verfügung über die Schuldverschreibung führt zu einer entsprechenden Abtretung des Darlehensrückzahlungsanspruches. Sowohl beim fremdnützigen Anleihemodell als auch beim Darlehensmodell ist § 194 Abs. 1 Satz 2 AktG unmittelbar anwendbar[324] und verdrängt damit § 194 Abs. 1 Satz 1 und 3 AktG.

Zu Sonderproblemen bei Wandelanleihen mit Nachrangabrede und bei Wandelgenussrechten mit Verlustbeteiligung[325] vgl. bereits Rz. 53.8d und Rz. 46.43. 53.66

III. Gewinnschuldverschreibungen

1. Begriffsbestimmung

Gewinnschuldverschreibungen sind nach der Legaldefinition des § 221 Abs. 1 Satz 1 AktG „Schuldverschreibungen, bei denen die Rechte der Gläubiger mit Gewinnanteilen von Aktionären in Verbindung gebracht werden". Erfasst sind damit sowohl eine **gewinnorientierte** als auch eine **gewinnabhängige**[326] **Verzinsung**. Entscheidend ist, dass der Zinsanspruch[327] mit dem Gewinnanspruch der Aktionäre konkurriert[328]. Die Gesellschaft ist bei der inhaltlichen Ausgestaltung der Gewinnschuldverschreibungen frei[329]. Bezugsgröße „Gewinn" kann damit der Bilanzgewinn, der Jahresüberschuss, die Dividende, eine Gesamtkapitalrendite, jeweils bezogen auf die Gesellschaft, den Gesamtkonzern, aber auch eine Sparte sein[330]. Die Grenze für die Anwendung des § 221 AktG ist dort erreicht, wo eine Konkurrenz zum Gewinnanspruch der Aktionäre ausscheidet, so bei einer Verzinsung, die auf das wie auch immer definierte Ergebnis anderer – konzernunabhängiger – Gesellschaften abstellt[331]. Mischformen, wie Wandel- und Optionsgewinnschuldverschreibungen werden ebenfalls erfasst[332]. 53.67

2. Wirtschaftliche Bedeutung

In der Unternehmenspraxis haben Gewinnschuldverschreibungen **kaum Bedeutung**[333]. 53.68

---

324 Vgl. nur die in vorstehender Fn. aufgeführten Nachweise.
325 Vgl. dazu auch *Habersack* in MünchKomm. AktG, 5. Aufl. 2021, § 221 AktG Rz. 243 f. Nach zwischenzeitlich wohl h.M. bleibt es auch bei Finanzinstrumenten des § 221 AktG mit Verlustbeteiligung oder Nachrangabrede bei dem Betrag der ursprünglichen Einlage auf das Finanzinstrument, vgl. nur Reg-Begr. Aktienrechtsnovelle 2016, BT-Drucks. 18/4349, S. 29; *Fest* in Hopt/Seibt, § 221 AktG Rz. 125 m. w.umfangr.N.
326 *Habersack* in MünchKomm. AktG, 5. Aufl. 2021, § 221 AktG Rz. 54 mit detaillierter Erörterung unter Rz. 100, dort auch mit Nachweisen für a.A. in Fn. 294; *Merkt* in K. Schmidt/Lutter, § 221 AktG Rz. 41.
327 Der konkurrierende Zinsanspruch kann anstelle eines oder neben einen herkömmlichen Zinsanspruch treten, *Fest* in Hopt/Seibt, § 221 AktG Rz. 308.
328 *Habersack* in MünchKomm. AktG, 5. Aufl. 2021, § 221 AktG Rz. 54; wie hier auch *Seiler* in BeckOGK AktG, Stand 1.6.2021, § 221 AktG Rz. 21.
329 *Scholz* in MünchHdb. AG, § 64 Rz. 66; *Seiler* in BeckOGK AktG, Stand 1.6.2021, § 221 AktG Rz. 21.
330 *Habersack* in MünchKomm. AktG, 5. Aufl. 2021, § 221 AktG Rz. 56 m.w.umfangr.N.; *Merkt* in K. Schmidt/Lutter, § 221 AktG Rz. 42; wie hier auch *Seiler* in BeckOGK AktG, Stand 1.6.2021, § 221 AktG Rz. 21.
331 *Habersack* in MünchKomm. AktG, 5. Aufl. 2021, § 221 AktG Rz. 56; *Lutter* in KölnKomm. AktG, 2. Aufl. 1995, § 221 AktG Rz. 209; *Scholz* in MünchHdb. AG, § 64 Rz. 66; a.A. wohl *Karollus* in G/H/E/K, 1994, § 221 AktG Rz. 474.
332 Unstr., *Habersack* in MünchKomm. AktG, 5. Aufl. 2021, § 221 AktG Rz. 59; *Hüffer/Koch*, § 221 AktG Rz. 8; *Scholz* in MünchHdb. AG, § 64 Rz. 66; *Lutter* in KölnKomm. AktG, 2. Aufl. 1995, § 221 AktG Rz. 448. Siehe auch schon Rz. 53.3.
333 Zur Entwicklung und wirtschaftlichen Bedeutung vgl. nur *Habersack* in MünchKomm. AktG, § 221 AktG Rz. 18 f.; *Seiler* in BeckOGK AktG, Stand 1.6.2021, § 221 AktG Rz. 24.

3. Rechtsnatur

53.69 Gewinnschuldverschreibungen haben rein schuldrechtlichen und keinen mitgliedschaftlichen Charakter[334]. § 221 AktG geht den Regelungen zu Teilgewinnabführungsverträgen der §§ 292 ff. AktG als lex specialis vor[335].

4. Ausgabe von Gewinnschuldverschreibungen

53.70 Für die Ausgabe von Gewinnschuldverschreibungen gelten die gleichen Regeln wie für Wandel- und Optionsanleihen. Der Vorstand bedarf deshalb zur Ausgabe entweder eines **Zustimmungsbeschlusses** der Hauptversammlung gemäß § 221 Abs. 1 Satz 1 AktG oder eines **Ermächtigungsbeschlusses** der Hauptversammlung nach § 221 Abs. 2 Satz 1 AktG. § 221 Abs. 2 AktG ist insgesamt, d.h. nicht nur sein Satz 1, sondern auch die Hinterlegungs- und Bekanntmachungsbestimmungen in Satz 2 und 3, trotz des sich allein auf Wandelschuldverschreibungen beziehenden Wortlauts auf Gewinnschuldverschreibungen entsprechend anzuwenden[336].

5. Bezugsrecht und Bezugsrechtsausschluss der Aktionäre

53.71 Den Aktionären steht auf Gewinnschuldverschreibungen ein Bezugsrecht gemäß § 221 Abs. 4 AktG zu, das nach allgemeinen Grundsätzen ausgeschlossen werden kann. Wegen der näheren Einzelheiten vgl. Rz. 53.48 ff. Ob eine **sachliche Rechtfertigung** des Bezugsrechtsausschlusses allerdings erforderlich ist, hängt von der **Ausgestaltung der Gewinnschuldverschreibung** ab[337]. Eine rein **gewinnabhängige Verzinsung**, die bei einem nicht ausreichenden Bilanzgewinn entfällt oder verringert wird, beeinträchtigt den Dividendenanspruch der Aktionäre nicht, so dass bei Begebung solchermaßen ausgestalteter Gewinnschuldverschreibungen der Bezugsrechtsausschluss keiner sachlichen Rechtfertigung bedarf[338]. Enthalten die Gewinnschuldverschreibungen als Kombinationsform ein Options- oder Wandlungsrecht auf Aktien, so ist eine sachliche Rechtfertigung des Bezugsrechtsausschluss im gleichen Umfang erforderlich wie bei einem Bezugsrechtsausschluss bei Wandel- und Optionsanleihen[339].

IV. Genussrechte

1. Begriffsbestimmung

53.72 § 221 AktG enthält, anders als für Wandel- und Optionsanleihen sowie Gewinnschuldverschreibungen, **keine Definition für Genussrechte**. Zur Bestimmung des Anwendungsbereichs des § 221 AktG ist demnach eine Begriffsbestimmung anhand des Zwecks des § 221 AktG, die Vermögensinteressen[340]

---

334 *Habersack* in MünchKomm. AktG, 5. Aufl. 2021, § 221 AktG Rz. 57; *Hüffer/Koch*, § 221 AktG Rz. 8; *Seiler* in BeckOGK AktG, Stand 1.6.2021, § 221 AktG Rz. 21; *Lutter* in KölnKomm. AktG, 2. Aufl. 1995, § 221 AktG Rz. 450.
335 Vgl. nur *Fest* in Hopt/Seibt, § 221 AktG Rz. 325.
336 Vgl. nur *Habersack* in MünchKomm. AktG, 5. Aufl. 2021, § 221 AktG Rz. 53; *Groß*, AG 1991, 201, 202; *Merkt* in K. Schmidt/Lutter, § 221 AktG Rz. 40; *Hüffer/Koch*, § 221 AktG Rz. 20.
337 *Hüffer/Koch*, § 221 AktG Rz. 43 m.w.umfangr.N.
338 So für entsprechend ausgestaltete Genussrechte BGH v. 9.11.1992 – II ZR 230/91, BGHZ 120, 141, 154 = AG 1993, 134; ebenso *Seiler* in BeckOGK AktG, Stand 1.6.2021, § 221 AktG Rz. 22.
339 So für die insoweit ähnlich zu behandelnden Genussrechte BGH v. 9.11.1992 – II ZR 230/91, BGHZ 120, 141, 145 f. = AG 1993, 134; ebenso *Hüffer/Koch*, § 221 AktG Rz. 43; *Seiler* in BeckOGK AktG, Stand 1.6.2021, § 221 AktG Rz. 23.
340 Um Mitgliedschaftsrechte kann es nicht gehen, da Genussrechte als solche keine Mitgliedschaftsrechte einräumen, vgl. nur *Habersack* in MünchKomm. AktG, 5. Aufl. 2021, § 221 AktG Rz. 62; *Merkt* in K. Schmidt/Lutter, § 221 AktG Rz. 45.

der Aktionäre vor Beeinträchtigung durch Genussrechtsemissionen zu schützen[341], vorzunehmen. Hiervon ausgehend, lassen sich Genussrechte als **schuldrechtliche Ansprüche auf aktionärstypische Vermögensrechte** definieren[342]. Als solche aktionärstypischen Vermögensrechte kommen Beteiligungen am Gewinn und/oder Liquidationserlös der Gesellschaft, aber auch Dienstleistungen der Gesellschaft, die Benutzung ihrer Einrichtungen usw. in Betracht[343].

2. Wirtschaftliche Bedeutung

Nicht zuletzt die flexiblen Gestaltungsmöglichkeiten[344], aber auch spezielle gesetzliche Vorgaben, nach denen Genusskapital als haftendes Eigenkapital bzw. Eigenmittel angesehen werden können[345], haben dazu geführt, dass Genussrechte in der Vergangenheit eine nicht unerhebliche wirtschaftliche Bedeutung erlangen konnten[346]. 53.73

3. Rechtsnatur

Genussrechte gewähren rein **schuldrechtliche Ansprüche**, keine Mitgliedschaftsrechte[347]. Nach herrschender Meinung ist das auf Begründung von Genussrechten gerichtete Rechtsgeschäft ein Vertrag, der ein **Dauerschuldverhältnis** entstehen lässt[348]. Nach anderer Auffassung ist zwischen den einzelnen Genussrechtstypen zu unterscheiden; diese sind danach einzuordnen, welchen Tatbestand eines gesetzlichen geregelten Dauerschuldverhältnisses sie erfüllen[349]. 53.74

4. Ausgabe von Genussrechten

Für die Ausgabe von Genussrechten gelten die gleichen Regeln wie für Wandel- und Optionsanleihen. Gemäß § 221 Abs. 3 AktG, der auf § 221 Abs. 1 AktG verweist, bedarf der Vorstand somit vor Begebung von Genussrechten eines **Zustimmungsbeschlusses** der Hauptversammlung. Für die Beschlussfassung der Hauptversammlung gelten ebenfalls die gleichen Bestimmungen wie bei einer Beschlussfassung zur Ausgabe von Wandel- und Optionsanleihen sowie Gewinnschuldverschreibungen. Auch für die 53.75

---

341 *Habersack* in MünchKomm. AktG, 5. Aufl. 2021, § 221 AktG Rz. 62; *Hüffer/Koch*, § 221 AktG Rz. 23; *Scholz* in MünchHdb. AG, § 64 Rz. 69; *Lutter* in KölnKomm. AktG, 2. Aufl. 1995, § 221 AktG Rz. 198; *Seiler* in BeckOGK AktG, Stand 1.6.2021, § 221 AktG Rz. 26; *Busch*, AG 1994, 93, 95 f.
342 Vgl. nur *Habersack* in MünchKomm. AktG, 5. Aufl. 2021, § 221 AktG Rz. 64; *Scholz* in MünchHdb. AG, § 64 Rz. 69; *Seiler* in BeckOGK AktG, Stand 1.6.2021, § 221 AktG Rz. 26.
343 *Habersack* in MünchKomm. AktG, 5. Aufl. 2021, § 221 AktG Rz. 65; *Hüffer/Koch*, § 221 AktG Rz. 25 f.; *Scholz* in MünchHdb. AG, § 64 Rz. 69; *Lutter* in KölnKomm. AktG, 2. Aufl. 1995, § 221 AktG Rz. 199 ff. Streitig ist die Behandlung von Rechten, wie z.B. Zinsansprüchen, die unter dem Vorbehalt eines ausreichenden Gewinns der Gesellschaft stehen, vgl. hierzu, einen Genussrechtscharakter bejahend, BGH v. 9.11.1992 – II ZR 230/91, BGHZ 120, 141, 145 = AG 1993, 134; *Habersack* in MünchKomm. AktG, 5. Aufl. 2021, § 221 AktG Rz. 100; *Hüffer/Koch*, § 221 AktG Rz. 25b; *Busch*, AG 1994, 93, 95 f.; a.A. *Lutter* in KölnKomm. AktG, 2. Aufl. 1995, § 221 AktG Rz. 198, 217 f.; *Lutter*, ZGR 1993, 291, 303 ff.; *Gehling*, WM 1992, 1093, 1094 f.; *Scholz* in MünchHdb. AG, § 64 Rz. 69.
344 Zu den verschiedenen Gestaltungsmöglichkeiten und Erscheinungsformen vgl. ausführlich *Habersack* in MünchKomm. AktG, 5. Aufl. 2021, § 221 AktG Rz. 75 ff.
345 Vgl. *Fest* in Hopt/Seibt, § 221 AktG Rz. 422 f.
346 Vgl. nur die Angaben bei *Habersack* in MünchKomm. AktG, 5. Aufl. 2021, § 221 AktG Rz. 17.
347 BGH v. 5.10.1992 – II ZR 172/91, BGHZ 119, 305, 309 = AG 1993, 125; BGH v. 9.11.1992 – II ZR 230/91, BGHZ 120, 141 f., 146 = AG 1993, 134; *Habersack* in MünchKomm. AktG, 5. Aufl. 2021, § 221 AktG Rz. 86 m.w.umfangr.N. in Fn. 251; *Hüffer/Koch*, § 221 AktG Rz. 26; *Scholz* in MünchHdb. AG, § 64 Rz. 71; *Lutter* in KölnKomm. AktG, 2. Aufl. 1995, § 221 AktG Rz. 196 f.; *Seiler* in BeckOGK AktG, Stand 1.6.2021, § 221 AktG Rz. 28.
348 BGH v. 5.10.1992 – II ZR 172/91, BGHZ 119, 305, 330 = AG 1993, 125.
349 So ausdrücklich *Habersack* in MünchKomm. AktG, 5. Aufl. 2021, § 221 AktG Rz. 87; in diese Richtung auch *Hüffer/Koch*, § 221 AktG Rz. 27.

Ausgabe von Genussrechten findet trotz der fehlenden Verweisung auf § 221 Abs. 2 AktG in § 221 Abs. 3 AktG auch § 221 Abs. 2 AktG Anwendung, so dass auch eine **Ermächtigung der Hauptversammlung** zur Begebung von Genussrechten möglich ist[350].

5. Bezugsrecht und Bezugsrechtsausschluss der Aktionäre

53.76 Auch hierfür gelten grundsätzlich dieselben Regeln wie für das Bezugsrecht bzw. den Bezugsrechtsausschluss bei Wandel- und Optionsanleihen. Ob für einen Ausschluss des Bezugsrechts neben den in jedem Fall zu wahrenden formellen Erfordernissen (siehe Rz. 53.48 ff.) eine besondere **sachliche Rechtfertigung** erforderlich ist, hängt von der **konkreten Ausgestaltung des jeweiligen Genussrechts** ab, d.h. von der Intensität des Eingriffs in die vermögensmäßigen Rechte der Aktionäre[351]. Wenn und soweit obligationsähnlich ausgestaltete Genussrechte den Anspruch der Aktionäre auf verhältnismäßige Teilhabe am Gewinn und Liquidationserlös nicht beeinträchtigen, bedarf es keiner sachlichen Rechtfertigung des Bezugsrechtsausschlusses[352].

53.77 Auf der anderen Seite ist eine sachliche Rechtfertigung erforderlich, wenn das Genussrecht die Aktionärsrechte berührt, z.B. bei einer gewinnabhängigen Verzinsung oder einer Beteiligung am Liquidationserlös. Entsprechendes dürfte gelten, wenn das Genussrecht zu einem höheren als dem im Zeitpunkt der Ausgabe marktüblichen Zins verzinst[353] oder zu einem unangemessen niedrigen Kurs[354] ausgegeben werden soll. Enthalten die Genussrechte ein Options- oder Wandlungsrecht auf Aktien, so ist eine sachliche Rechtfertigung des Bezugsrechtsausschlusses im gleichen Umfang erforderlich wie bei einem Bezugsrechtsausschluss bei Wandel- und Optionsanleihen[355]. Ein **erleichterter Bezugsrechtsausschluss** nach § 186 Abs. 3 Satz 4 AktG kommt auch für Genussrechte unter den gleichen Voraussetzungen in Betracht wie für Wandel- und Optionsanleihen, wenn die Genussrechte ein Options- oder Wandlungsrecht auf Aktien gewähren[356].

§ 54
Anlegerschutz bei Wandel- und Optionsanleihen, Gewinnschuldverschreibungen und Genussrechten

I. Überblick	54.1	1. Anleihebedingungen als AGB	54.5
II. AGB-Recht	54.5	2. Ausgewählte Klauseln	54.8

---

350 BGH v. 26.9.1994 – II ZR 236/93, WM 1994, 2160, 2161 = AG 1995, 83; *Habersack* in MünchKomm. AktG, 5. Aufl. 2021, § 221 AktG Rz. 60, 149; *Scholz* in MünchHdb. AG, 2. Aufl. 1999, § 64 Rz. 80; *Groß*, AG 1991, 201, 202 f.
351 BGH v. 9.11.1992 – II ZR 230/91, BGHZ 120, 141, 146 = AG 1993, 134; *Hüffer/Koch*, § 221 AktG Rz. 43; *Karollus* in G/H/E/K, 1994, § 221 AktG Rz. 351; *Scholz* in MünchHdb. AG, § 64 Rz. 82; *Seiler* in BeckOGK AktG, Stand 1.6.2021, § 221 AktG Rz. 129.
352 BGH v. 9.11.1992 – II ZR 230/91, BGHZ 120, 141, 146 ff. = AG 1993, 134; *Scholz* in MünchHdb. AG, § 64 Rz. 82.
353 In diese Richtung wohl auch BGH v. 9.11.1992 – II ZR 230/91, BGHZ 120, 141, 148 = AG 1993, 134; *Seiler* in BeckOGK AktG, Stand 1.6.2021, § 221 AktG Rz. 130.
354 *Scholz* in MünchHdb. AG, § 64 Rz. 82 m.w.N. in Fn. 214; offengelassen von BGH v. 9.11.1992 – II ZR 230/91, BGHZ 120, 141, 148 = AG 1993, 134.
355 *Hüffer/Koch*, § 221 AktG Rz. 43; *Seiler* in BeckOGK AktG, Stand 1.6.2021, § 221 AktG Rz. 132.
356 *Scholz* in MünchHdb. AG, § 64 Rz. 82; *Seiler* in BeckOGK AktG, Stand 1.6.2021, § 221 AktG Rz. 132; *Marsch-Barner*, AG 1994, 532, 539; *Groß*, DB 1994, 2431, 2437.

III. Anlegerschutz im Einzelnen 54.11
1. Anlegerschutz bei unmittelbaren Beeinträchtigungen (insbesondere Mehrheitsbeschlüsse der Gläubiger) 54.11
2. Anlegerschutz bei mittelbaren Beeinträchtigungen 54.12
   a) Sorgfaltswidrige Geschäftsführung . 54.13
   b) Gewinnfeststellung und Gewinnverwendung 54.14
      aa) Gewinnschuldverschreibungen, Genussrechte 54.14
      bb) Wandel- und Optionsanleihen 54.15
   c) Kapitalmaßnahmen 54.16
   d) Sonstige Fälle 54.21

Schrifttum: *Ackermann/Suchan*, Repricing von Stock Options – aktienrechtliche Zulässigkeit und bilanzielle Behandlung, BB 2002, 1497; *Bosch/Groß*, Emissionsgeschäft, 2. Aufl. 2000 (Sonderdruck aus Bankrecht und Bankpraxis); *Ekkenga*, Wertpapierbedingungen als Gegenstand richterlicher AGB-Kontrolle?, ZHR 160 (1996), 59; *Hartwig-Jacob*, Die Vertragsbeziehungen und die Rechte der Anleger bei internationalen Anleiheemissionen, 2001; *Hopt*, Änderung von Anleihebedingungen – Schuldverschreibungsgesetz, § 796 BGB und AGBG, WM 1990, 1733; *Käpplinger/Käpplinger*, Möglichkeiten des Repricing von Aktienoptionsplänen, WM 2004, 712; *Klerx/Penzlin*, Schuldverschreibungsgesetz von 1899 – ein Jahrhundertfund?, BB 2004, 791; *Lutter/Drygala*, Die zweite Chance für Spekulanten? – Zur nachträglichen Korrektur der Konditionen von Optionsschuldverschreibungen, in FS Claussen, 1997, S. 261; *Masuch*, Anleihebedingungen und AGB-Gesetz, 2001; *Randow*, Anleihebedingungen und Anwendbarkeit des AGB-Gesetzes, ZBB 1994, 23; *Schumann*, Optionsanleihen, 1990; *Sethe*, Genußrechte: Rechtliche Rahmenbedingungen und Anlegerschutz, AG 1993, 293 (Teil I), AG 1993, 351 (Teil II); *Veranneman*, Schuldverschreibungsgesetz, 2. Aufl. 2016; *Wieneke*, Die Incentivierung der vorzeitigen Ausübung des Wandlungsrechts, WM 2017, 698; *Zöllner*, Die Anpassung dividendensatzbezogener Verpflichtungen von Kapitalgesellschaften bei effektiver Kapitalerhöhung, ZGR 1986, 288.

I. Überblick

§ 221 AktG schützt durch die Mitwirkungsbefugnis und das Bezugsrecht die Aktionäre des Emittenten (vgl. Rz. 53.1). Der **Schutz der Erwerber der Finanzierungsinstrumente** des § 221 AktG ist dagegen dort überhaupt nicht und ansonsten im Aktienrecht nur in § 216 Abs. 3 AktG für den dort behandelten Sonderfall der Kapitalerhöhung aus Gesellschaftsmitteln geregelt: Das Wandlungsverhältnis erhöht sich, so dass eine Wandelschuldverschreibung in entsprechend mehr Aktien gewandelt werden kann, bzw. das Optionsrecht berechtigt zum Bezug einer entsprechend höheren Zahl von Aktien. Außerdem erhöht sich gemäß § 218 AktG automatisch das bedingte Kapital in gleichem Umfang. Bei einer Sicherung des Wandlungs- bzw. Optionsrechts durch ein bedingtes Kapital ergibt sich außerdem aus § 192 Abs. 4 AktG ein Schutzmechanismus für dieses bedingte Kapital und damit für diese Absicherung der Wandlungs- und Optionsrechte. Ansonsten bestehen gesellschaftsrechtliche Schutzvorschriften hinsichtlich der Sicherung des Bezugs- und Umtauschrechts bei Options- oder Wandelschuldverschreibungen, das aber auch nur, wenn diese Sicherung über ein bedingtes Kapital erfolgt. Auch im Übrigen sind die gesellschaftsrechtlichen Schutzmechanismen eher rudimentär geregelt, so bei Umwandlungsfällen in § 23, § 36 Abs. 1, § 125, § 135, § 176 Abs. 2, § 204 UmwG[1].

Diese gesellschaftsrechtliche Zurückhaltung ist verständlich, vermitteln doch die Finanzierungsinstrumente des § 221 AktG als solche **keine gesellschaftsrechtliche Rechtsposition**[2]. Vielmehr handelt es sich um **rein schuldrechtliche Rechtsverhältnisse** zwischen den jeweiligen Anlegern und den Emittenten, ggf. zusätzlich dem das Umtausch- oder Bezugsrecht garantierenden oder selbst gewährenden Unternehmen (vgl. Rz. 53.26 für Wandel- und Optionsanleihen, Rz. 53.69 für Gewinnschuldverschrei-

---

1 Siehe dazu kurz *Florstedt* in KölnKomm. AktG, 3. Aufl. 2017, § 221 AktG Rz. 148, 378 und 630.
2 Mit derselben Begründung auch *Seiler* in BeckOGK AktG, Stand 19.10.2020, § 221 AktG Rz. 147.

bungen und Rz. 53.74 für Genussrechte). Die schuldrechtlich begründeten Rechte und Pflichten der Vertragsparteien sind in **Anleihebedingungen** geregelt. Während sich hier bei Options- und Wandelanleihen, die deutschem Recht unterliegen, zwischenzeitlich eine erhebliche Standardisierung feststellen lässt[3], sind die Genussrechtsbedingungen hauptsächlich bedingt durch die große Bandbreite der durch Genussrechte vermittelbaren Rechtspositionen sehr unterschiedlich[4].

54.3 Der **Anlegerschutz** wird auf Grund des schuldrechtlichen Charakters der Finanzierungsinstrumente des § 221 AktG damit im Wesentlichen nicht auf gesellschaftsrechtlicher, sondern schuldrechtlicher Grundlage gewährt[5]. Bei **unmittelbaren Beeinträchtigungen** der Rechte der Anleiheinhaber, d.h. Veränderungen der Anleihebedingungen als solche, greifen **allgemeine schuldrechtliche Grundsätze**, ergänzt um Vorschriften des **AGB-Rechts** sowie, soweit anwendbar (vgl. sogleich Rz. 54.3a f.), des **Gesetzes über Schuldverschreibungen aus Gesamtemissionen (SchVG) vom 31.7.2009**[6]. Darüber hinaus sind die im Hauptversammlungsbeschluss enthaltenen Grenzen bei der Änderung der Anleihebedingungen, z.B. der Änderung des Wandlungsverhältnisses, zu beachten (vgl. sogleich Rz. 54.11b). Für die in der Praxis ganz entscheidenden **mittelbaren Beeinträchtigungen** (Geschäftsführungsmaßnahmen, Kapitalmaßnahmen etc.) greifen dagegen allgemeine Grundsätze des Schuld- und Gesellschaftsrechts und im Wesentlichen die Schutzmechanismen der Anleihebedingungen. Für die Restrukturierung im Rahmen von Insolvenz- und Insolvenzplanverfahren gelten besondere Regelungen, für die hier nur auf die Spezialliteratur verwiesen werden kann[7].

54.3a Nach § 1 Abs. 1 SchVG gilt das Schuldverschreibungsgesetz für nach deutschem Recht begebene inhaltsgleiche Schuldverschreibungen aus Gesamtemissionen, die gesetzlich als Schuldverschreibungen definiert werden. Der **Anwendungsbereich des Schuldverschreibungsgesetzes**[8] ist im Einzelnen streitig. Höchstrichterlich entschieden ist jedoch, dass die Möglichkeit des sog. **Opt-in** nach § 24 Abs. 2 SchVG auch für vor Inkrafttreten des Schuldverschreibungsgesetzes am 5.8.2009 durch ausländische Tochtergesellschaften begebene sog. Altanleihen[9] besteht, auch wenn sie nicht dem Schuldverschreibungsgesetz von 1899 unterfielen. Voraussetzung ist allein, dass die Schuldverschreibung die Voraussetzungen des § 1 Abs. 1 SchVG erfüllt, d.h., dass es sich um eine (i) nach deutschem Recht begebene (ii) inhaltsgleiche Schuldverschreibung aus einer Gesamtemission handelt. Abgesehen davon fallen unstreitig von den Finanzierungsinstrumenten des § 221 AktG **Wandelanleihen** und **Gewinnschuldver-**

---

3 Die bei *Schumann*, Optionsanleihen, S. 259 ff. abgedruckten Beispiele für Anleihebedingungen geben nicht mehr den aktuellen Standard wieder; bessere Beispiele finden sich in den Prospekten für neu emittierte Anleihen. Zur Standardisierung ebenfalls *Habersack* in MünchKomm. AktG, 5. Aufl. 2021, § 221 AktG Rz. 254; *Seiler* in BeckOGK AktG, Stand 19.10.2020, § 221 AktG Rz. 147.
4 *Lutter* in KölnKomm. AktG, 2. Aufl. 1995, § 221 AktG Rz. 90; *Seiler* in BeckOGK AktG, Stand 19.10.2020, § 221 AktG Rz. 147.
5 Wie hier *Seiler* in BeckOGK AktG, Stand 19.10.2020, § 221 AktG Rz. 147.
6 BGBl. I 2009, 2512.
7 Ausführliche Darstellung bei *Westpfahl* in Hopt/Seibt, Kapitel 12.
8 So lehnt das LG Frankfurt v. 27.10.2011 – 3-5 O 60/11, NZG 2012, 23, eine Anwendung des Schuldverschreibungsgesetzes dann ab, wenn auch nur für eine untergeordnete, abgrenzbare Klausel anstelle des ansonsten generell geltenden deutschen Rechts ausländisches Recht vereinbart wurde, Stichwort: nach deutschem Recht begeben. Der BGH v. 1.7.2014 – II ZR 381/13, BGHZ 202, 7 = AG 2014, 784 hat diese Frage nicht entschieden. Gegen die Ansicht des LG Frankfurt *Bliesener/Schneider* in Langenbucher/Bliesener/Spindler, Bankrechts-Kommentar, 17. Kapitel, § 1 SchVG Rz. 4; *Scholz* in MünchHdb. AG, § 64 Rz. 28 jew.m.w.umfangr. Nachw.; *Oulds* in Veranneman, § 1 SchVG Rz. 14; *Artzinger-Bolten/Wöckener* in Hopt/Seibt, § 1 SchVG Rz. 58.
9 BGH v. 1.7.2014 – II ZR 381/13, BGHZ 202, 7 Rz. 9 f. = AG 2014, 784; bestätigt durch BGH v. 2.12.2014 – II ZB 2/14, WM 2015, 470 Rz. 17 f., inhaltsgleich BGH v. 2.12.2014 – II ZB 3/14, jew. Rz. 17 f.; ebenso auch die „praktisch einhellige Auffassung des Schrifttums", so *Bliesener/Schneider* in Langenbucher/Bliesener/Spindler, Bankrechts-Kommentar, 17. Kapitel, § 24 SchVG Rz. 5 f. m.w.N. in Fn. 11, 12, 13 gegen OLG Frankfurt v. 27.3.2012 – 5 AktG 3/11, AG 2012, 373 = ZIP 2012, 725; dagegen bereits ausführlich *Baums/Schmidtbleicher*, ZIP 2012, 204.

schreibungen sowie **Optionsanleihen** und **Kombinationsformen** wie Wandel- und Optionsgewinnschuldverschreibungen unter das Schuldverschreibungsgesetz[10], ebenso wie **Genussrechte**[11] und damit deren **Kombinationsformen** wie Wandel- und Optionsgenussrechte, nicht dagegen reine Optionsrechte oder „naked warrants"[12].

Im Anwendungsbereich des Schuldverschreibungsgesetzes ist es durch entsprechende Regelung in den Anleihebedingungen nach **§ 5 Abs. 1 Satz 1 SchVG** möglich, dass die Anleihebedingungen durch **Mehrheitsbeschluss der Gläubigerversammlung** geändert und damit unmittelbar die Rechte der Anleihegläubiger beeinflusst werden, ohne dass, anders als bei einem in den Anleihebedingungen enthaltenen Änderungsvorbehalt (vgl. Rz. 54.11), insoweit Schranken des AGB-Rechts zu beachten wären.

54.3b

Auf **kapitalmarktrechtliche Vorschriften** wird hier im Folgenden nicht weiter eingegangen. Zwar führen kapitalmarktrechtliche Vorschriften zu einem **Anlegerschutz durch Kapitalmarktrecht**, indem sie eine Markteinführungspublizität durch den als Voraussetzung der Zulassung oder eines öffentlichen Angebots zu erstellenden Wertpapierprospekt[13] anordnen. Ebenso führen kapitalmarktrechtliche Vorschriften zu weitergehenden Publizitätspflichten, die sich aus den Zulassungsfolgepflichten oder der Ad-hoc-Publizitätspflicht ergeben, sichern eine Gleichbehandlung der Anleihegläubiger (vgl. § 48 Abs. 1 Nr. 1 WpHG) und begründen weitergehende anlegerschützende Verpflichtungen des Emittenten. Bei diesem Anlegerschutz durch Kapitalmarktrecht handelt es sich jedoch um kein Spezifikum für die Finanzierungsinstrumente des § 221 AktG[14], sondern um allgemein geltende, sich aus einem öffentlichen Angebot oder der Börsenzulassung ergebende Regelungen. Deshalb sei diesbezüglich auf die kapitalmarktrechtliche Spezialliteratur verwiesen. Außerdem gelten die kapitalmarktrechtlichen Schutzmechanismen nur, wenn die Finanzierungsinstrumente des § 221 AktG tatsächlich zu einem **regulierten Markt** zugelassen oder, seit der Erweiterung des Anwendungsbereichs durch die Marktmissbrauchsverordnung[15], mit Zustimmung oder Mitwirkung des Emittenten in den Freiverkehr einbezogen werden. Das ist durchaus nicht mehr der Regelfall, da in der Praxis kaum noch eine Zulassung der Finanzierungsinstrumente des § 221 AktG zum regulierten Markt erfolgt und auch eine Einbeziehung in einen nicht regulierten Markt (Euro-MTF in Luxemburg oder Frankfurter Freiverkehr) häufiger unterbleibt.

54.4

---

10 *Bliesener/Schneider* in Langenbucher/Bliesener/Spindler, Bankrechts-Kommentar, 17. Kapitel, § 1 SchVG Rz. 65 f.; *Habersack* in MünchKomm. AktG, 5. Aufl. 2021, § 221 AktG Rz. 251; *Oulds* in Veranneman, § 1 SchVG Rz. 23; *Artzinger-Bolten/Wöckener* in Hopt/Seibt, § 1 SchVG Rz. 46, 46a, 48 jeweils i.V.m. Rz. 32.
11 *Bliesener/Schneider* in Langenbucher/Bliesener/Spindler, Bankrechts-Kommentar, 17. Kapitel, § 1 SchVG Rz. 65 f.; *Habersack* in MünchKomm. AktG, 5. Aufl. 2021, § 221 AktG Rz. 252; *Oulds* in Veranneman, § 1 SchVG Rz. 24; *Artzinger-Bolten/Wöckener* in Hopt/Seibt, § 1 SchVG Rz. 41 f. i.V.m. Rz. 32.
12 *Habersack* in MünchKomm. AktG, 5. Aufl. 2021, § 221 AktG Rz. 251.
13 Vgl. nur *Habersack* in MünchKomm. AktG, 5. Aufl. 2021, § 221 AktG Rz. 246. Rein tatsächlich wurde in der Vergangenheit allerdings die Mehrzahl selbst der von deutschen Aktiengesellschaften unmittelbar, d.h. ohne Einschaltung einer ausländischen Finanzierungstochtergesellschaft begebenen Wandel- und Optionsanleihen nicht in Deutschland, sondern in Luxemburg zum Börsenhandel zugelassen, dort im Übrigen i.d.R. in einem Marktsegment, das nicht als regulierter Markt im Sinne der europäischen Richtlinien angesehen wird. Seit einigen Jahren ist sogar zu beobachten, dass auf die Zulassung ganz verzichtet wird und die Wandelanleihe nur prospektfrei in den Freiverkehr einer deutschen Wertpapierbörse einbezogen wird.
14 Eine Besonderheit besteht allerdings darin, dass im Rahmen der Zulassung von Options- und Wandelanleihen bereits die – noch nicht existierenden – Aktien zur Sicherung der Wandelungs- bzw. Optionsrechte mit zuzulassen sind. Insoweit macht hier Art. 1 Abs. 5 lit. b) Verordnung (EU) 2017/1129 eine Ausnahme von dem ansonsten im deutschen Recht geltenden Grundsatz, dass nur existierende Aktien zum Handel an einer Börse zugelassen werden können, vgl. *Groß*, Kapitalmarktrecht, § 11 BörsZulV Rz. 1.
15 Verordnung (EU) 596/2014 des Europäischen Parlaments und des Rates v. 16.4.2014 über Marktmissbrauch (Marktmissbrauchsverordnung) und zur Aufhebung der Richtlinie 2003/6/EG des Europäischen Parlaments und des Rates über die Richtlinien 2003/124/EG, 2003/125/EG und 2004/72/EG der Kommission, ABl. EU Nr. L 173 v. 12.6.2014, S. 1.

II. AGB-Recht

1. Anleihebedingungen als AGB

54.5 Art, Inhalt und Umfang der durch Options- oder Wandel- oder Gewinnschuldverschreibungen oder Genussrechte im Einzelnen vermittelten Rechte sind nicht in § 221 AktG geregelt, sondern Gegenstand privatautonomer Gestaltung mit den Anleihebedingungen als Ergebnis. Es ist, jedenfalls bei der in der Praxis weitaus überwiegenden Fremdemission, d.h. der Platzierung der Anleihe über ein eingeschaltetes Bankenkonsortium, streitig[16], ob es sich bei den Anleihebedingungen um AGB handelt. Konkret ist fraglich, ob die Anleihebedingungen vorformulierte Bedingungen darstellen, die auch für eine Vielzahl von Verträgen, nämlich denjenigen mit den jeweiligen Anlegern, gelten sollen. Streitig ist dabei, ob das AGB-Recht, insbesondere die AGB-rechtliche Inhaltskontrolle, generell auf Anleihebedingungen anwendbar ist[17]. Begründet wird die eine Qualifizierung als AGB ablehnende Auffassung damit, in der Praxis würden die Emissionsbedingungen häufiger nicht vom Emittenten, sondern den Führer des Bankenkonsortiums stammen[18]. Jedenfalls aber würden die Anleihebedingungen in der Regel zwischen dem Emittenten und dem Führer des Emissionskonsortiums verhandelt werden, so dass sie nicht vom Emittenten „gestellt" würden[19]. Außerdem trete der Emittent mit den eigentlichen Anlegern überhaupt nicht in Kontakt, so dass diesem gegenüber keine AGB vorliegen könnten[20]. Der BGH hat in

---

16 Für den Fall der Eigenemission werden dagegen überwiegend die Voraussetzungen des Vorliegens von AGB bei Anleihebedingungen und damit der Anwendung des AGB-Rechts und der AGB-Inhaltskontrolle bejaht, vgl. nur *Masuch*, S. 61 ff.
17 Vgl. nur die Zusammenstellung der verschiedenen Auffassungen bei *Bliesener/Schneider* in Langenbucher/Bliesener/Spindler, Bankrechts-Kommentar, 17. Kapitel, § 3 SchVG Rz. 21 ff.; *Bosch* in Bosch/Groß, Rz. 10/159 ff.; *Habersack* in MünchKomm. AktG, 5. Aufl. 2021, § 221 AktG Rz. 255, Fn. 710; kurz *Florstedt* in KölnKomm. AktG, 3. Aufl. 2017, § 221 AktG Rz. 106 f.; *Masuch*, S. 117 ff.; *Hartwig-Jacob*, S. 210 ff. (Verhältnis Emittent/Konsortialbank[en]), S. 224 ff. (Verhältnis Emittent/Anleger).
18 *Ekkenga*, ZHR 160 (1996), 59 ff.; *Joussen*, WM 1995, 1861, 1866.
19 *Bungert*, DZWiR 1996, 185, 188; *Joussen*, WM 1995, 1861, 1866; *Kallrath*, Inhaltskontrolle der Wertpapierbedingungen, S. 59; *Randow*, ZBB 1994, 24, 26.
20 *Hartwig-Jacob*, S. 224, der allerdings dann über § 7 AGBG (jetzt: § 306a BGB) zur Anwendung der AGB-Inhaltskontrolle gelangt; *Randow*, ZBB 1994, 24, 30 f.; dagegen aber z.B. *Habersack* in MünchKomm. AktG, 5. Aufl. 2021, § 221 AktG Rz. 256, der einen solchen Kontakt auch nicht für erforderlich hält, da er nur darauf abstellt, dass die Anleihebedingungen gegenüber dem Ersterwerber gestellt werden; danach seien sie Inhaltsbestandteil des Wertpapiers und damit auch gegenüber jedem Folgeerwerber anwendbar, ohne dass es insoweit auf das Einverständnis des Erwerbers ankäme; ebenso BGH v. 28.6.2005 – XI ZR 363/04, BGHZ 163, 311, 315 f. = NJW 2005, 2917, 2917 f. und die Vorinstanz OLG Frankfurt v. 21.10.1993 – 16 U 198/92, WM 1993, 2089. Zur Einbeziehung vgl. ausführlich BGH v. 28.6.2005 – XI ZR 363/04, BGHZ 163, 311, 315 f. = NJW 2005, 2917, 2917 f. sowie nur *Habersack* in MünchKomm. AktG, 5. Aufl. 2021, § 221 AktG Rz. 256; bei Begebung von Urkunden erfolge die Einziehung unproblematisch dadurch, dass die Anleihebedingungen im Text der Urkunde enthalten seien. Bei dem heute nahezu ausschließlich anzutreffenden stückelosen Effektenverkehr erfolge die Einbeziehung durch Abdruck der Bedingungen im Emissions-(Verkaufs- oder Zulassungs-)prospekt. Problematisch dürfte dies allerdings sein bei einem in der Praxis durchaus auch anzutreffenden Verkauf vor Börsenzulassung und damit vor Prospekterstellung und -veröffentlichung auf der Grundlage nur einer ein- bzw. zweiseitigen Zusammenfassung der noch nicht finalisierten Anleihebedingungen. Der BGH (v. 28.6.2005 – XI ZR 363/04, BGHZ 163, 311, 315 f. = NJW 2005, 2917, 2918) erklärt in Übereinstimmung mit der „im Schrifttum ganz überwiegend vertretenen Auffassung" § 2 Abs. 1 AGBG (jetzt: § 305 Abs. 2 BGB) nicht für anwendbar, lässt bei Fremdemissionen ausreichen, dass die Anleihebedingungen Bestandteil des Übernahmevertrages zwischen Emittenten und Konsortialbank und damit des verbrieften Rechts würden und hält es bei Eigenemissionen für ausreichend, wenn gegenüber dem Ersterwerber eine konkludente Einbeziehungsvereinbarung getroffen wird, die dann auch gegenüber Nacherwerbern gilt. *Florstedt* in KölnKomm. AktG, 3. Aufl. 2017, § 221 AktG Rz. 106 bezeichnet es als „wohl h.L.", dass die Anleihebedingungen Teil des Begebungsvertrages würden.

der Entscheidung in Sachen **Klöckner-Genussscheine**[21] ohne jegliche nähere Problematisierung[22] Genussrechtsbedingungen als AGB qualifiziert und dies in einer späteren Entscheidung allgemein für Inhaberschuldverschreibungen ausdrücklich bestätigt[23]. In der Klöckner-Entscheidung hat er die Anleihebedingungen folgerichtig der Inhaltskontrolle des AGB-Gesetzes (jetzt §§ 305–310 BGB) unterworfen; die ganz herrschende[24] Meinung folgt dem[25]. Für die Praxis[26] folgt aus diesen klaren Entscheidungen des BGH, dass unabhängig von den Emissionsmodalitäten (Eigen- oder Fremdemission)[27] **Anleihebedingungen als AGB** zu qualifizieren sind, dass für Wandel- und Optionsanleihen die Bereichsausnahme des § 310 Abs. 4 Satz 1 BGB nicht greift, weil es sich dabei aufgrund des rein schuldrechtlichen Charakters nicht um Verträge auf dem Gebiet des Gesellschaftsrechts handelt[28] und somit die Anleihebedingungen jenseits der nicht anwendbaren Einbeziehungskontrolle[29] der **Inhaltskontrolle des AGB-Rechts** unterliegen. Ausgenommen hiervon ist allerdings das **Transparenzgebot** des § 307 Abs. 1 Satz 2 BGB, dass durch § 3 SchVG als lex specialis verdrängt wird[30]. Ebenfalls ausgenommen ist die Festlegung der Hauptleistungsinhalte, die diesbezüglichen Klauseln sind nach § 307 Abs. 3 BGB der Inhaltskontrolle entzogen. Siehe auch Rz. 54.8.

Dabei ist allerdings auf Folgendes hinzuweisen: Das **AGB-Recht** mit seinen im Wesentlichen auf **Warenlieferungs- und Dienstleistungsverträge** zugeschnittenen Vorschriften der §§ 305 ff. BGB passt für Emissionsbedingungen kaum[31]. Die §§ 793 ff. BGB enthalten hier kaum Vorgaben, die als Maßstab für den von § 307 Abs. 2 Nr. 1 BGB geforderten Vergleich mit dispositivem Recht gelten können[32]. Dies belegen nicht nur die **konstruktiven Schwierigkeiten** bei der Begründung des AGB-Charakters der Anleihe- und Genussrechtsbedingungen, deren Einbeziehung in das Verhältnis Emittent/Anleihegläubiger und der Argumentation hinsichtlich des einseitigen „Stellens" dieser Bedingungen durch den Emittenten trotz Aushandelns mit dem Führer des Bankenkonsortiums. Auch die in der Praxis nicht zuletzt aufgrund der in der Regel **langen Laufzeit** von Anleihen als notwendig erachteten Klauseln zur **Änderung der Emissionsbedingungen** im Sinne einer Anpassung an geänderte Verhältnisse, zu **Gläubigerversammlungen** und deren Befugnisse zur Änderung der Emissionsbedingungen mit Mehrheitsbeschluss sowie die Rechtswahlklauseln sind unter dem Blickwinkel des AGB-Rechts problematisch. Insofern ist es nicht verwunderlich, dass bereits seit langem eine gesetzliche Regelung gefordert wird, die diese Schwierigkeiten und damit die aus der Wahl deutschen Rechts resultierenden 54.6

---

21 BGH v. 5.10.1992 – II ZR 172/91, BGHZ 119, 305, 312 = AG 1993, 125.
22 Darauf weist *Bosch* in Bosch/Groß, Rz. 10/162 ausdrücklich hin; ebenso *Artzinger-Bolten/Wöckener* in Hopt/Seibt, § 3 SchVG Rz. 30.
23 BGH v. 28.6.2005 – XI ZR 363/04, BGHZ 163, 311, 315 f. = NJW 2005, 2917.
24 So wörtlich BGH v. 28.6.2005 – XI ZR 363/04, BGHZ 163, 311, 315 f. = NJW 2005, 2917; ebenso *Florstedt* in KölnKomm. AktG, 3. Aufl. 2017, § 221 AktG Rz. 106: „nach gefestigter h.A.".
25 Vgl. nur die umfangreichen Nachweise in der BGH-Entscheidung BGH v. 28.6.2005 – XI ZR 363/04, BGHZ 163, 311, 315 f. = NJW 2005, 2917, 2917.
26 So ausdrücklich auch *Bosch* in Bosch/Groß, Rz. 10/162 a.E. und *Seiler* in BeckOGK AktG, Stand 19.10.2020, § 221 AktG Rz. 182.
27 *Artzinger-Bolten/Wöckener* in Hopt/Seibt, § 3 SchVG Rz. 32 f.; *Florstedt* in KölnKomm. AktG, 3. Aufl. 2017, § 221 AktG Rz. 107.
28 *Florstedt* in KölnKomm. AktG, 3. Aufl. 2017, § 221 AktG Rz. 108.
29 *Artzinger-Bolten/Wöckener* in Hopt/Seibt, § 3 SchVG Rz. 36 ff.; *Florstedt* in KölnKomm. AktG, 3. Aufl. 2017, § 221 AktG Rz. 109; Fremdemission, folge aus § 310 Abs. 1 Satz 1 BGB; Eigenemission, ergebe sich aus Übernahmevertrag.
30 *Bliesener/Schneider* in Langenbucher/Bliesener/Spindler, Bankrechts-Kommentar, 17. Kapitel, § 3 SchVG Rz. 20; *Seiler* in BeckOGK AktG, Stand 19.10.2020, § 221 AktG Rz. 182 a.E.; *Habersack* in MünchKomm. AktG, 5. Aufl. 2021, § 221 AktG Rz. 260; *Florstedt* in KölnKomm. AktG, 3. Aufl. 2017, § 221 AktG Rz. 124.
31 Wie hier *Bliesener/Schneider* in Langenbucher/Bliesener/Spindler, Bankrechts-Kommentar, 17. Kapitel, § 3 SchVG Rz. 21; dieselbe Richtung auch *Florstedt* in KölnKomm. AktG, 3. Aufl. 2017, § 221 AktG Rz. 114.
32 *Florstedt* in KölnKomm. AktG, 3. Aufl. 2017, § 221 AktG Rz. 114.

Nachteile beseitigt, letztendlich auch, um auf diese Weise den Finanzplatz Deutschland zu stärken[33]. Das **Schuldverschreibungsgesetz** hat, anders als noch der Diskussionsentwurf[34], sich gegen eine eigenständige Neuregelung entschieden und es damit – zumindest indirekt – bei der **richterlichen Inhaltskontrolle belassen**.

54.7 Deshalb ist von der Anwendung des AGB-Rechts auszugehen mit verschiedenen Folgen für die Auslegung der Anleihe- und Genussrechtsbedingungen (**objektive Auslegung** primär anhand des **Wortlauts der Bedingungen** am Maßstab des **typischen** bzw. **sachkundigen Privatanlegers**[35]), für die bei ihnen vorzunehmende Inhaltskontrolle[36]. Hinsichtlich des Transparenzangebots gilt jedoch § 3 SchVG und damit als Maßstab der „Anleger, der hinsichtlich der jeweiligen Art von Schuldverschreibungen sachkundig ist"[37].

2. Ausgewählte Klauseln

54.8 Bei der hier nur ansatzweise und übersichtsartig möglichen[38] Darstellung ausgewählter Klauseln sind zunächst **kontrollfreie Klauseln** auszugrenzen. Nach § 307 Abs. 3 Satz 1 BGB sind mit der gesetzlichen Regelung übereinstimmende („deklaratorische") Klauseln und solche Regelungen, welche die Leistungs- und Preisbestimmung betreffen, der Inhaltskontrolle nach § 307 Abs. 1 und 2, §§ 308 f. BGB entzogen[39]; für sie gilt nur das Transparenzgebot des § 307 Abs. 1 Satz 2 BGB bzw. § 3 SchVG. Auch wenn die Abgrenzung der kontrollfreien Klausel von solchen, die der Inhaltskontrolle unterliegen, im Einzelfall schwierig ist[40], dürften folgende Bestimmungen der Inhaltskontrolle entzogen sein:

---

33 So bereits *Bosch* in Bosch/Groß, Rz. 10/167 a.E.
34 Vgl. dazu nur *Bliesener/Schneider* in Langenbucher/Bliesener/Spindler, Bankrechts-Kommentar, 17. Kapitel, § 3 SchVG Rz. 19.
35 Vgl. ausführlich *Masuch*, S. 83 f.; *Hartwig-Jacob*, S. 197; außerdem *Habersack* in MünchKomm. AktG, 5. Aufl. 2021, § 221 AktG Rz. 258 m.w.umfangr.N.; *Seiler* in BeckOGK AktG, Stand 19.10.2020, § 221 AktG Rz. 182.
36 Zu kontrollfreien Klauseln vgl. nur *Masuch*, S. 93 ff.; *Habersack* in MünchKomm. AktG, 5. Aufl. 2021, § 221 AktG Rz. 259; ausführlich zur Inhaltskontrolle typischer Klauseln in Anleihebedingungen *Masuch*, S. 179 ff.; *Hartwig-Jacob*, S. 245 ff.; zusammenfassend *Habersack* in MünchKomm. AktG, 5. Aufl. 2021, § 221 AktG Rz. 261 f.
37 So ausdrücklich *Habersack* in MünchKomm. AktG, 5. Aufl. 2021, § 221 AktG Rz. 258; *Seiler* in BeckOGK AktG, Stand 19.10.2020, § 221 AktG Rz. 182; *Florstedt* in KölnKomm. AktG, 3. Aufl. 2017, § 221 AktG Rz. 105, 124, der ausdrücklich feststellt, dass der „sachkundige Anleger" auch „finanzmathematische Formeln, insbesondere in Verwässerungsschutzklauseln" versteht. Fraglich ist deshalb, ob die aus dem Transparenzgebot der AGB-Regulierungen entwickelte Aussage von *Masuch*, S. 112 ff. noch gilt, die Anleihebedingungen müssten grundsätzlich in deutscher Sprache verfasst sein (S. 114), etwas anderes gelte nur dort, wo § 13 Abs. 1 Satz 2 BörsZulV (jetzt: § 21 WpPG) auch die Verwendung eines anderssprachigen Prospektes zulasse (vgl. dazu *Groß*, Kapitalmarktrecht, § 21 WpPG Rz. 3); dort seien dann in Übertragung dieser gesetzlichen Wertung auch anderssprachige Prospekte und damit Anleihebedingungen zulässig. In der Praxis werden sicherheitshalber die Bedingungen z.B. bei Wandel- und Umtauschanleihen i.d.R. zweisprachig auf Deutsch und Englisch erstellt. Mit dem Erfordernis von Deutsch als Prospektsprache lässt sich dieses Zweisprachlichkeitspostulat nicht (mehr) begründen, seit der Prospekt auch abgesehen von der Zusammenfassung allein in englischer Sprache abgefasst werden kann, § 21 Abs. 2 WpPG.
38 Alles andere würde den Umfang dieses Abschnitts sprengen, wie schon allein der Umfang der entsprechenden Erörterungen in der Spezialliteratur zeigt, vgl. nur *Masuch*, S. 179–269; vgl. auch die Übersicht bei *Seiler* in BeckOGK AktG, Stand 19.10.2020, § 221 AktG Rz. 183 ff.
39 *Artzinger-Bolten/Wöckener* in Hopt/Seibt, § 3 SchVG Rz. 50 ff.; *Habersack* in MünchKomm. AktG, 5. Aufl. 2021, § 221 AktG Rz. 259; für Genussrechte *Merkt* in K. Schmidt/Lutter, § 221 AktG Rz. 77.
40 Nach *Merkt* in K. Schmidt/Lutter, § 221 AktG Rz. 77, soll die Abgrenzung danach erfolgen, ob es sich um *essentialia negotii* handele, dann sei die Inhaltskontrolle ausgeschlossen, oder „um Klauseln, bezüglich derer eine fehlende Vereinbarung durch allgemeine Regeln oder in ergänzenden Vertragsauslegungen grundsätzlich ausgeglichen werden" könne.

Höhe des **Erwerbspreises** (Agio, Disagio, Verwendung als Einlage auf die Aktie), Höhe des **Rückzahlungsbetrages** (dessen Befristung oder Ausschluss oder Ersetzung durch z.B. Lieferung von Aktien)[41] und **Zinssatz, Laufzeit** und **Rückzahlungszeitpunkt**[42], **Options-** bzw. **Wandlungsgegenstand** und **Dividendenberechtigung, Optionspreis** bzw. **Wandlungsverhältnis**[43], **Rangrücktritt** und „Ob" der **Verlustbeteiligung**[44], **Wandlungspflicht** einschließlich pflichtauslösende Ereignisse und **Tilgungswahlrecht** des Emittenten[45].

Nach den Maßstäben der Inhaltskontrolle[46] werden folgende Klauseln **kritisch** betrachtet: **Änderungsvorbehalt** (vgl. dazu sogleich Rz. 54.11); **Zinsregelung** bei Verschiebung des Rückzahlungszeitpunkts, nach denen der Emittent Kapitalbeträge erst am nächsten Werktag zurückzuzahlen verpflichtet ist, wenn der Zahlungstermin kein Bankarbeitstag ist, ohne dass für die Verzögerung Zinsen zu zahlen sind[47]; **Verzugsfolgenregelung** im Sinne einer Begrenzung des **Verzugsschadens** oder der **Verzugsfrist**[48]; **Schuldnerersetzungsklauseln**[49]; ordentliche **Kündigungsrechte** des Emittenten ohne Mindestlaufzeit und ohne Prämienzahlung[50]; Klauseln, durch die das **außerordentliche Kündigungsrecht** der Gläubiger eingeschränkt wird[51]; **Bekanntmachungsklauseln**[52]. Dagegen werden folgende Klauseln als **unkritisch** angesehen: **Verbriefungsklauseln** einschließlich Ausschluss des Anspruchs auf Einzel-

54.9

---

41 *Fest* in Hopt/Seibt, § 221 AktG Rz. 75; *Merkt* in K. Schmidt/Lutter, § 221 AktG Rz. 77; *Florstedt* in KölnKomm. AktG, 3. Aufl. 2017, § 221 AktG Rz. 112.
42 *Fest* in Hopt/Seibt, § 221 AktG Rz. 75; *Merkt* in K. Schmidt/Lutter, § 221 AktG Rz. 77; *Florstedt* in KölnKomm. AktG, 3. Aufl. 2017, § 221 AktG Rz. 112.
43 Wie hier *Seiler* in BeckOGK AktG, Stand 19.10.2020, § 221 AktG Rz. 183; *Florstedt* in KölnKomm. AktG, 3. Aufl. 2017, § 221 AktG Rz. 103; ebenso – mit Ausnahme der Dividendenberechtigung – *Masuch*, S. 97 f.; *Habersack* in MünchKomm. AktG, 5. Aufl. 2021, § 221 AktG Rz. 259; *Fest* in Hopt/Seibt, § 221 AktG Rz. 76 speziell für Optionsanleihen Rz. 210 ff.: kontrollfrei seien Regelungen über die Rechtsnatur des Optionsrechts, die Berechtigung, die Art der Verbriefung, Abtrennbarkeit des Optionsrechts, Ausübungsformalia, Optionsfrist, Bezugsverhältnis, Gattung Aktien, Optionspreis.
44 *Habersack* in MünchKomm. AktG, 5. Aufl. 2021, § 221 AktG Rz. 259; *Seiler* in BeckOGK AktG, Stand 19.10.2020, § 221 AktG Rz. 183; *Scholz* in MünchHdb. AG, § 64 Rz. 27. Hierbei ist jedoch zu differenzieren: Das „Ob" der Verlustbeteiligung ist als Leistungsbestimmung kontrollfrei, so ausdrücklich BGH v. 5.10.1992 – II ZR 172/91, BGHZ 119, 305, 315 = AG 1993, 125; BGH v. 29.4.2014 – II ZR 395/12, ZIP 2014, 1166 (1169) = AG 2014, 705. Zur Verlustteilnahmeregelung als kontrollfreie Klausel auch OLG Frankfurt v. 15.7.2015 – 19 U 201/13, NZG 2016, 1027 Rz. 47. Das „Wie" der Verlustbeteiligung, die Modalitäten der Herabsetzung des Grund- bzw. Genusskapitals ist dagegen der Inhaltskontrolle unterworfen, vgl. nur die vorgenannten Entscheidungen sowie *Artzinger-Bolten/Wöckener* in Hopt/Seibt, § 3 SchVG Rz. 53 und *Habersack* in MünchKomm. AktG, 5. Aufl. 2021, § 221 AktG Rz. 259.
45 *Florstedt* in KölnKomm. AktG, 3. Aufl. 2017, § 221 AktG Rz. 112; *Habersack* in MünchKomm. AktG, 5. Aufl. 2021, § 221 AktG Rz. 259 a.E.
46 Zum Maßstab der Inhaltskontrolle (Transparenzgebot des § 3 SchVG und Prüfung einer unangemessenen Benachteiligung der Anleihegläubiger) vgl. *Habersack* in MünchKomm. AktG, 5. Aufl. 2021, § 221 AktG Rz. 260, dort auch im Einzelnen zum Vergleichsmaßstab für die unangemessene Benachteiligung, den §§ 793 ff. BGB und §§ 488 ff. BGB bzw. bei Genussrechten mit Verlustbeteiligung dem Recht der stillen Gesellschaft.
47 *Masuch*, S. 196 ff.
48 *Masuch*, S. 201 ff.
49 *Masuch*, S. 213 ff.; *Seiler* in BeckOGK AktG, Stand 19.10.2020, § 221 AktG Rz. 186; *Florstedt* in KölnKomm. AktG, 3. Aufl. 2017, § 221 AktG Rz. 122; a.A. kontrollfrei, da von § 5 Abs. 3 Satz 1 Nr. 9 SchVG gedeckt *Artzinger-Bolten/Wöckener* in Hopt/Seibt, § 3 SchVG Rz. 51.
50 *Masuch*, S. 222 ff.; vgl. auch *Florstedt* in KölnKomm. AktG, 3. Aufl. 2017, § 221 AktG Rz. 120.
51 *Masuch*, S. 233 ff.; *Seiler* in BeckOGK AktG, Stand 19.10.2020, § 221 AktG Rz. 187; *Florstedt* in KölnKomm. AktG, 3. Aufl. 2017, § 221 AktG Rz. 120.
52 Für Zulässigkeit, da keine Abweichung gegenüber § 49 Abs. 2 Nr. 2 WpHG, *Florstedt* in KölnKomm. AktG, 3. Aufl. 2017, § 221 AktG Rz. 115; dagegen *Masuch*, S. 243 ff.; *Seiler* in BeckOGK AktG, Stand 19.10.2020, § 221 AktG Rz. 188.

verbriefung[53]; Klauseln über die **Modalitäten der Zahlung**, in der Regel über Zahlstelle, einschließlich Klauseln, nach der eine Zahlung des Emittenten an die Girosammelverwahrung den Emittenten von seiner Verbindlichkeit aus der Schuldverschreibung befreit[54]; **Hinterlegungsklausel** nach 12 Monaten[55]; **Klauseln zur Vorlegungsfrist**[56]; außerordentliche **Kündigungsrechte** des Emittenten wegen Veränderung der Steuersituation[57]; **Wandlungspflicht**[58] bzw. **Wandlungsrecht** des Emittenten[59], wenn man diese nicht bereits wegen § 307 Abs. 3 Satz 1 BGB der Inhaltskontrolle entzieht[60].

54.10   Speziell für Wandel- und Optionsanleihen sind **Verwässerungsschutzklauseln**, die zwischenzeitlich sehr detailliert möglichst sämtliche Fälle der Verwässerung einzeln regeln und über eine Generalklausel darüber hinaus einen angemessenen Verwässerungsschutz gewährleisten sollen, auch nach der auf sie anwendbaren Inhaltskontrolle jedenfalls dann unbedenklich, wenn sie den Anlass der Anpassung so konkret wie möglich umschreiben, Richtlinien und Grenzen der Anpassung möglichst konkret angeben und einen angemessenen Anlegerschutz enthalten[61].

III. Anlegerschutz im Einzelnen

1. Anlegerschutz bei unmittelbaren Beeinträchtigungen (insbesondere Mehrheitsbeschlüsse der Gläubiger)

54.11   Eine **unmittelbare Beeinträchtigung** der Anleiheinhaber durch **Entzug** oder **Änderung** der in den **Anleihebedingungen enthaltenen Rechte** ist grundsätzlich nur mit Zustimmung der jeweiligen Anleiheinhaber möglich[62]. Eine gewisse Ausnahme hiervon enthält das Schuldverschreibungsgesetz, soweit in den Anleihebedingungen eine Änderung dieser Bedingungen durch Mehrheitsbeschluss vorgesehen ist (vgl. sogleich Rz. 54.11a). Eine weitere Ausnahme besteht dann, wenn der Emittent sich bereits bei

---

53 *Masuch*, S. 179 ff.
54 *Masuch*, S. 184 ff., der die letztgenannte Klausel – Erfüllungswirkung bei Leistung an Girosammelverwahrer – nicht der Inhaltskontrolle unterwirft (S. 187).
55 *Masuch*, S. 190 ff.
56 *Masuch*, S. 211 ff.
57 *Masuch*, S. 228 ff.; *Florstedt* in KölnKomm. AktG, 3. Aufl. 2017, § 221 AktG Rz. 121.
58 *Seiler* in BeckOGK AktG, Stand 19.10.2020, § 221 AktG Rz. 188.
59 *Fest* in Hopt/Seibt, § 221 AktG Rz. 138.
60 Siehe Rz. 53.8 a.E. sowie *Habersack* in MünchKomm. AktG, 5. Aufl. 2021, § 221 AktG Rz. 259 a.E.
61 *Habersack* in MünchKomm. AktG, 5. Aufl. 2021, § 221 AktG Rz. 266 bei Anpassungsklauseln für unmittelbare Beeinträchtigungen, Übersicht über Anpassungsklauseln bei mittelbaren Beeinträchtigungen in Gestalt von Kapitalmaßnahmen in Rz. 293 und ausführliche Darstellung für einzelne Klauseln in Rz. 294 ff.
62 *Habersack* in MünchKomm. AktG, 5. Aufl. 2021, § 221 AktG Rz. 267; *Seiler* in BeckOGK AktG, Stand 19.10.2020, § 221 AktG Rz. 148. Darüber hinaus sind bei einer solchen Änderung auch die Vorgaben des Hauptversammlungsbeschlusses, auf dem die Begebung der Anleihe oder Genussrechte beruht, zu beachten. Soll von diesen Vorgaben etwa bei einer Veränderung des Umtauschverhältnisses oder des Optionspreises später, z.B. aufgrund der Änderung der wirtschaftlichen Verhältnisse, abgewichen werden, bedarf es neben der Änderung der Anleihe- oder Genussrechtsbedingungen ggf. einer Änderung des entsprechenden Hauptversammlungsbeschlusses durch einen neuen Hauptversammlungsbeschluss. Vgl. näher dazu speziell für Optionsanleihen nur *Lutter/Drygala* in FS Claussen, 1997, S. 261 ff. mit dem bezeichnenden Titel „Die zweite Chance für Spekulanten? – Zur nachträglichen Korrektur der Konditionen von Optionsschuldverschreibungen" und *Wieneke*, WM 2017, 698, 701 ff. Allgemein vgl. *Habersack* in MünchKomm. AktG, 5. Aufl. 2021, § 221 AktG Rz. 268 f.; *Seiler* in BeckOGK AktG, Stand 19.10.2020, § 221 AktG Rz. 148. Speziell zu Aktienoptionsplänen bei denen die Frage der Anpassung der Optionsbedingungen häufiger relevant wurde und das Zusammenspiel mit dem entsprechenden Hauptversammlungsbeschluss wegen § 193 Abs. 2 Nr. 4 AktG von besonderer Bedeutung ist, vgl. *Scholz* in MünchHdb. AG, § 64 Rz. 113; *Ackermann/Suchan*, BB 2002, 1497 ff.; *Käpplinger/Käpplinger*, WM 2004, 712 ff.

Begebung der Anleihe in den Anleihe- oder Genussrechtsbedingungen[63] eine **Änderung der Anleihebedingungen** vorbehalten hat. Der von einer **Gleitklausel**[64] zu unterscheidende **Änderungsvorbehalt** unterliegt der **AGB-Inhaltskontrolle** nach § 307 Abs. 1 und 2, § 308 Nr. 4 BGB und ist demnach nur zulässig, soweit er notwendig ist und sowohl Anlass und Grenzen seiner Ausübung möglichst konkret angibt[65]. Ergänzt wird die Inhaltskontrolle durch die **Ausübungskontrolle** nach § 315 Abs. 3 Satz 1 BGB, d.h. die Ausübung muss nach billigem Ermessen erfolgen[66].

Das Schuldverschreibungsgesetz hat die Möglichkeit geschaffen, dass, wenn die Anleihebedingungen dies vorsehen, die Gläubiger derselben Anleihe durch **Mehrheitsbeschluss** Änderungen der Anleihebedingungen zustimmen und damit unmittelbar auch die wesentlichen Ausstattungsmerkmale der Anleihe ändern können, wie z.B. Fälligkeit, Zinshöhe und Zinsausfall, Höhe der Rückzahlung, Nachrang etc. (vgl. den nicht abschließenden[67] Katalog in § 5 Abs. 3 SchVG). Eine entsprechende Regelung in den Anleihebedingungen ist als reine Wiedergabe der gesetzlichen Regelung des § 5 Abs. 3 SchVG AGB-rechtlich unbedenklich, da kontrollfest[68]. Abweichend vom allgemeinen schuldrechtlichen Prinzip, dass die Änderung eines Vertrages der Zustimmung aller Vertragsparteien bedarf, **ersetzt** damit der Mehrheitsbeschluss der Gläubiger die **Zustimmung des einzelnen Anleihegläubigers** als Vertragspartner. Nicht ersetzt wird durch den Mehrheitsbeschluss die ebenfalls erforderliche **Zustimmung des Schuldners**.

54.11a

Die **Zustimmung des Schuldners** kann der **Vorstand** bei den Finanzinstrumenten des § 221 AktG zwar wirksam und bindend im Außenverhältnis erteilen, so wie er selbst ohne zugrundeliegenden Hauptversammlungsbeschluss wirksam ein Finanzierungsinstrument des § 221 AktG begeben kann (vgl. Rz. 53.29). Gleiches gilt auch für die Ausübung des Änderungsvorbehalts. Wenn und soweit der Hauptversammlungsbeschluss zur Begebung der Anleihe jedoch Vorgaben enthält, von denen durch die Änderung nach Mehrheitsbeschluss der Gläubiger oder durch Ausübung des Änderungsvorbehalts abgewichen werden soll, ist im Innenverhältnis für die Zustimmung des Schuldners ein entsprechender **Hauptversammlungsbeschluss**, der dieser Änderung zustimmt, erforderlich. Dies gilt insbesondere dann, wenn bei Wandel- und Optionsanleihen von Vorgaben des Hauptversammlungsbeschlusses hinsichtlich des Wandelungsverhältnisses oder des Optionspreises abgewichen werden soll. Sofern es sich bei dem Hauptversammlungsbeschluss um einen **Zustimmungsbeschluss** zu einer konkreten Emission handelt und demnach die Wandel- und Optionskonditionen zu dem notwendigen Bestandteil des Hauptversammlungsbeschlusses gehören (vgl. Rz. 53.35), ist auch für deren Änderung ein entsprechender Zustimmungsbeschluss der Hauptversammlung erforderlich[69]. Enthält ein **Ermächtigungsbeschluss**, was er kann, was aber nicht zwingend erforderlich ist (vgl. Rz. 53.36, 53.35), Vorgaben für die Wandel- und Optionsbedingungen und sind diese so konkret, dass durch die Änderung von diesen Vorgaben abgewichen werden soll, bedarf es auch hierfür eines neuen Hauptversamm-

54.11b

---

63 Ein Änderungsvorbehalt, etwa in der Satzung, reicht nicht, vgl. *Habersack* in MünchKomm. AktG, 5. Aufl. 2021, § 221 AktG Rz. 264; keine Einführung eines Änderungsvorbehalts im Wege der ergänzenden Vertragsauslegung, vgl. *Karollus* in G/H/E/K, 1994, § 221 AktG Rz. 379.
64 Bindung des Anleihe- oder Genussrechtsverhältnisses an bestimmte Bezugsgröße mit der Folge einer unmittelbaren und „automatischen" Änderung des Anleihe- oder Genussrechtsverhältnisses bei Änderung der Bezugsgröße, vgl. *Habersack* in MünchKomm. AktG, 5. Aufl. 2021, § 221 AktG Rz. 265. Beispiele: Zinsanpassungsklausel, aber auch Genusskapitalanpassung bei Grundkapitalanpassung, vgl. § 7 Abs. 1 der Klöckner-Genussrechtsbedingungen, BGH v. 5.10.1992 – II ZR 172/91, BGHZ 119, 305, 315 = AG 1993, 125. Soweit diese Klauseln nicht kontrollfrei, da die Hauptleistungspflicht bestimmen, sind, gelten die gleichen Kriterien wie für Änderungsklauseln, vgl. nur *Florstedt* in KölnKomm. AktG, 3. Aufl. 2017, § 221 AktG Rz. 117.
65 *Habersack* in MünchKomm. AktG, 5. Aufl. 2021, § 221 AktG Rz. 266; *Florstedt* in KölnKomm. AktG, 3. Aufl. 2017, § 221 AktG Rz. 116: Anleihegläubiger zumutbar, erforderlich, klar und kalkulierbar.
66 *Habersack* in MünchKomm. AktG, 5. Aufl. 2021, § 221 AktG Rz. 267.
67 *Florstedt* in KölnKomm. AktG, 3. Aufl. 2017, § 221 AktG Rz. 156.
68 *Artzinger-Bolten/Wöckener* in Hopt/Seibt, § 3 SchVG Rz. 51.
69 Ebenso *Habersack* in MünchKomm. AktG, 5. Aufl. 2021, § 221 AktG Rz. 269.

lungsbeschlusses[70]. Streitig ist, ob auch dann eine Zustimmung der Hauptversammlung erforderlich ist, wenn der ursprüngliche Hauptversammlungsbeschluss weiter gefasst ist und auch die geplante Änderung durch Mehrheitsbeschluss noch decken würde. Hier wird vertreten, der Vorstand habe bei Ausgabe der Anleihe von der Ermächtigung in einem bestimmten Sinne Gebrauch gemacht und dadurch die Ermächtigung ausgenutzt, so dass diese spätere Änderungen nicht mehr rechtfertigen würde – es sei denn, es sei eine ausdrückliche Änderungsermächtigung im Hauptversammlungsbeschluss enthalten gewesen[71]. Ein solcher „Verbrauch" der ursprünglichen, weiter gefassten und auch die Änderung noch abdeckenden Ermächtigung erscheint jedoch nicht zwingend; vielmehr haben die Aktionäre im ursprünglichen Hauptversammlungsbeschluss ausdrücklich zu mehr ermächtigt, so dass der Vorstand hiervon auch Gebrauch machen kann[72].

2. Anlegerschutz bei mittelbaren Beeinträchtigungen

54.12 Mittelbare Beeinträchtigung der Anleihe- oder Genussrechtsgläubiger betreffen nicht seine Rechtsposition als solche, sondern deren Wert. Dieser kann durch die verschiedensten Maßnahmen des Emittenten beeinträchtigt werden, z.B. durch die allgemeine, insbesondere aber auch durch sorgfaltswidrige **Geschäftsführung**, welche den Gewinn schmälert und damit die Ausschüttung auf Gewinnschuldverschreibungen, aber auch den Wert des Unternehmens und damit des Wandlungs- oder Optionsrechts bei Wandel- oder Optionsanleihen verringert. Entsprechendes gilt für **Kapitalmaßnahmen**, die den Wert der Options- oder Wandlungsrechte dadurch beeinflussen können, dass sich der Wert der Aktien, die bezogen oder in die gewandelt werden kann, verringert oder im Falle einer Kapitalherabsetzung erhöht. Auch **Ausschüttungen**, speziell **Dividendenzahlungen**, führen zu entsprechenden Wertminderungen.

a) Sorgfaltswidrige Geschäftsführung

54.13 In der **Klöckner-Entscheidung** hat der BGH für **Genussrechte mit Verlustteilnahme** entschieden, aus dem Genussrechtsvertrag ergäben sich **Schutz- und Sorgfaltspflichten** des Emittenten gegenüber den Genussrechtsinhabern, deren Inhalt in der Wahrung der Rechte des anderen Vertragsteils und der Rücksichtnahme auf seine wohlverstandenen Interessen bestehe und deren Verletzung zu Schadenersatz verpflichte[73]. Anspruchsgrundlage sei damit eine positive Vertragsverletzung des Genussrechtsvertrages, § 280 Abs. 1 BGB. In der Literatur sind diese Grundsätze vereinzelt auch auf nicht am Verlust der Gesellschaft teilnehmende Genussrechte[74] und darüber hinaus auch auf Wandel- und Opti-

---

70 *Habersack* in MünchKomm. AktG, 5. Aufl. 2021, § 221 AktG Rz. 269; *Lutter/Drygala* in FS Claussen, 1997, S. 261, 275; eher das Erfordernis eines Hauptversammlungsbeschlusses verneinend *Wieneke*, WM 2017, 698, 701 ff.
71 *Lutter/Drygala* in FS Claussen, 1997, S. 261, 276 ff.; auch ohne ausdrücklichen Änderungsvorbehalt eine Kompetenz des Vorstands zur nachträglichen Änderung der Anleihebedingungen annehmend *Scholz* in MünchHdb. AG, § 64 Rz. 23.
72 So auch *Habersack* in MünchKomm. AktG, 5. Aufl. 2021, § 221 AktG Rz. 269; *Scholz* in MünchHdb. AG, § 64 Rz. 23; *Wieneke*, WM 2017, 698, 702.
73 BGH v. 5.10.1992 – II ZR 172/91, BGHZ 119, 305, 330 f. = AG 1993, 125; bestätigt durch BGH v. 28.5.2013 – II ZR 67/12, AG 2013, 680 Rz. 35; BGH v. 29.4.2014 – II ZR 395/12, ZIP 2014, 1066 Rz. 32 ff. = AG 2014, 705; zustimmend *Habersack* in MünchKomm. AktG, 5. Aufl. 2021, § 221 AktG Rz. 273; *Hüffer/Koch*, § 221 AktG Rz. 65; *Scholz* in MünchHdb. AG, § 64 Rz. 85; *Lutter* in KölnKomm. AktG, 2. Aufl. 1995, § 221 AktG Rz. 355; *Lutter*, ZGR 1993, 291, 303 ff.; *Sethe*, AG 1993, 351, 360 ff.; ablehnend *Busch*, AG 1993, 163; kritisch auch *Florstedt* in KölnKomm. AktG, 3. Aufl. 2017, § 221 AktG Rz. 136 f. mit eigenem Vorschlag in Rz. 138: § 826 BGB – sittenwidrige vorsätzliche Schädigung, § 226 BGB – Rechtsmissbrauch, § 242 BGB normativer Zusammenhang von Verstoß gegen statutorische oder gesetzliche Verbote und spezifischem Leistungsinteresse.
74 So *Habersack* in MünchKomm. AktG, 5. Aufl. 2021, § 221 AktG Rz. 274; *Scholz* in MünchHdb. AG, § 64 Rz. 85 a.E.; *Lutter*, ZGR 1993, 291, 300, 302 wohl allgemein auch für Gewinnschuldverschreibungen; a.A. *Sethe*, AG 1993, 351, 368.

onsanleihen[75] übertragen worden[76]. Der BGH hat in der Klöckner-Entscheidung die Haftung allerdings ausdrücklich auf die Fälle begrenzt, in denen der Vorstand entweder den von der Satzung vorgegebenen Unternehmensgegenstand verlässt, oder Entscheidungen trifft, die „schlechthin nicht gerechtfertigt werden können und zu deren Durchführung ein verantwortungsbewusst denkender und handelnder Kaufmann zu keiner Zeit bereit wäre"[77] bzw. die von einem seriösen Kaufmann schlechterdings nicht durchgeführt würde[78].

b) Gewinnfeststellung und Gewinnverwendung
aa) Gewinnschuldverschreibungen, Genussrechte

Bei gewinnorientierter oder gewinnabhängiger Verzinsung von Genussrechten oder Gewinnschuldverschreibungen – oder entsprechender Kombinationen mit Options- oder Wandelanleihen, z.B. Optionsgewinnschuldverschreibungen – ergibt sich aus dem Vertragsverhältnis ein Anspruch des Anleihegläubigers auf **fehlerfreie Berechnung** der entsprechenden Bezugsgröße sowie auf **Vornahme jener Maßnahmen**, die zur Berechnung des gewinnorientierten oder gewinnabhängigen Anspruchs erforderlich sind, d.h. vor allem auf Feststellung des Jahresüberschusses und des Bilanzgewinns sowie ggf. auf Vornahme des Gewinnverwendungsbeschlusses[79]. Dagegen besteht kein Anspruch auf einen **bestimmten, angemessenen** oder **möglichst hohen Gewinn** und eine daraus folgende möglichst hohe Verzinsung. Von rechtsmissbräuchlichem Verhalten abgesehen, steht es dem Emittenten frei, sowohl Gestaltungsspielräume bei der Aufstellung des Jahresabschlusses auszunutzen als auch von Bilanzierungswahlrechten und Rücklagenbildungen Gebrauch zu machen[80].

54.14

bb) Wandel- und Optionsanleihen

Haben bei gewinnorientierter oder gewinnabhängiger Verzinsung die Inhaber von Gewinnschuldverschreibungen und Genussrechten ein Interesse an einem möglichst hohen und bei entsprechender Aus-

54.15

---

75 So ausdrücklich *Habersack* in MünchKomm. AktG, 5. Aufl. 2021, § 221 AktG Rz. 275.
76 Ob diese Übertragung auf Wandel- und Optionsanleihen überhaupt zutreffend ist, erscheint zweifelhaft, weil damit der Options- und Wandelanleihegläubiger mit Blickrichtung auf seine künftige Aktionärsstellung Rechte erhält, die aber gerade über diejenigen der Aktionäre hinausgehen. Ob, selbst wenn man diese Grundsätze auf Options- oder Wandelanleihegläubiger erstreckt, diese einen persönlichen Schadensersatzanspruch in Höhe der Wertdifferenz zwischen Aktienwert ohne und mit sorgfaltswidriger Geschäftsführung haben können, so ausdrücklich *Habersack* in MünchKomm. AktG, 5. Aufl. 2021, § 221 AktG Rz. 275, erscheint aus denselben Gründen zweifelhaft. Aktionäre könnten allenfalls auf Leistung an die Gesellschaft klagen, Schuldner wäre im Übrigen nicht die Gesellschaft, sondern der Vorstand. Kritisch insgesamt zu dem Haftungskonzept *Florstedt* in KölnKomm. AktG, 3. Aufl. 2017, § 221 AktG Rz. 136 ff. mit eigenem Ansatz in Rz. 138: Haftung nur bei absichtsvoller Schädigung, bei Rechtsmissbrauch und bei Verletzung statutarischer oder gesetzlicher Gebote.
77 BGH v. 5.10.1992 – II ZR 172/91, BGHZ 119, 305, 331 = AG 1993, 125. Ob diese Äußerung des BGH im Sinne eines Haftungsmaßstabes „grobe Fahrlässigkeit" (völlig unverantwortliche Geschäftsführung), oder ob sie praktisch im selben Sinne wie § 93 Abs. 1 AktG und dem auch darin eingeräumten unternehmerischen Ermessen verstanden werden kann, ist unklar, vgl. bejahend *Habersack* in MünchKomm. AktG, 5. Aufl. 2021, § 221 AktG Rz. 278, verneinend *Karollus* in G/H/E/K, 1994, § 221 AktG Rz. 386. Der BGH hat es jedenfalls abgelehnt, den Haftungsmaßstab des § 93 Abs. 1 AktG hier anzuwenden, BGH v. 5.10.1992 – II ZR 172/91, BGHZ 119, 305, 331 = AG 1993, 125. Für eine Beachtung des Ausnahmecharakters der Klöckner-Grundsätze und damit nur zurückhaltender Anerkennung eines qualifizierten Sorgfaltsverstoßes *Hüffer/Koch*, § 221 AktG Rz. 65a a.E.
78 BGH v. 29.4.2014 – II ZR 395/12, ZIP 2014, 1066 Rz. 22, 47 = AG 2014, 705.
79 *Habersack* in MünchKomm. AktG, 5. Aufl. 2021, § 221 AktG Rz. 281 ff.; *Hüffer/Koch*, § 221 AktG Rz. 65; *Lutter* in KölnKomm. AktG, 2. Aufl. 1995, § 221 AktG Rz. 357 ff.; *Florstedt* in KölnKomm. AktG, 3. Aufl. 2017, § 221 AktG Rz. 142 ff.; *Seiler* in BeckOGK AktG, Stand 19.10.2020, § 221 AktG Rz. 195.
80 *Habersack* in MünchKomm. AktG, 5. Aufl. 2021, § 221 AktG Rz. 283 m.w.umf.N.; *Lutter* in KölnKomm. AktG, 2. Aufl. 1995, § 221 AktG Rz. 361 ff.

gestaltung der Anleihebedingungen auch einem möglichst hohen ausgeschütteten Gewinn, ist die Interessenlage von Inhabern von Wandel- und Optionsanleihen hinsichtlich der Gewinnausschüttung gerade entgegengesetzt: Jede Ausschüttung vermindert das Gesellschaftsvermögen und damit den – künftigen – Anteil daran nach Ausübung des Wandlungs- oder Optionsrechts. Das gilt sowohl für vor Anleihebegebung erwirtschaftete Gewinne (auch Rücklagen und stille Reserven) als auch solche, die nach der Begebung der Anleihe erzielt werden. Die Inhaber von Options- und Wandelanleihen haben trotz ihrer anderslautenden Interessen kein Recht bzw. keinen Anspruch auf Gewinnthesaurierung oder auf Nicht-Auflösung oder -Ausschüttung von Rücklagen oder Reserven. Vielmehr sind **gesetzeskonforme Gewinn-/Rücklagen-/Reserveverwendungsmaßnahmen** hinzunehmen; allerdings besteht ein Schutz gemäß § 280 BGB (ggf. auch § 826 BGB) bei offensichtlichen Missbrauchsfällen[81]. Über diesen gesetzlichen Schutz hinaus gewähren die **Anleihebedingungen** bei Options- und Wandelanleihen in der Regel einen umfassenden Schutz in Gestalt einer entsprechenden Ermäßigung des Options- oder Wandlungspreises bei verschiedenen Formen der „Ausschüttung", sei es in Form von „außergewöhnlichen Dividenden", sei es in Form von Sachdividenden, ja selbst in Form von Aktienverkäufen[82] und sogar bis hin zur Anpassung bei jeglicher Dividende[83].

c) Kapitalmaßnahmen

54.16 Es ist unstreitig, dass Kapitalmaßnahmen oder die Begebung weiterer Options- oder Wandelanleihen den wirtschaftlichen Wert des Options- oder Wandlungsrechts positiv (**Kapitalherabsetzung**) oder negativ (**Kapitalerhöhung, Begebung weiterer Options- oder Wandelanleihen**) beeinflussen können. Ebenso unstreitig ist es aber auch, dass dem nicht durch ein generelles Verbot weiterer Kapitalmaßnahmen begegnet werden kann[84].

54.17 In Betracht kommt demnach nur eine Anpassung der Options- oder Wandlungsbedingungen. Das Gesetz enthält in **§ 216 Abs. 3 AktG** nur für die **Kapitalerhöhung aus Gesellschaftsmitteln** eine solche Anpassungsregelung: Erfolgt die Kapitalerhöhung aus Gesellschaftsmitteln unter Ausgabe neuer Aktien[85], erhöht sich bei Wandel- bzw. Optionsanleihen die Anzahl der Aktien, in die gewandelt werden kann, bzw. die bezogen werden können, und entsprechend verringert sich der Wandlungs- bzw. Optionspreis; das **bedingte Kapital** wird gemäß § 218 AktG qua Gesetzes erhöht. Bei Gewinnschuldverschreibungen und Genussrechten, deren Ausgestaltung durch die Kapitalerhöhung berührt werden[86], erfolgt ebenfalls eine Anpassung qua Gesetzes gemäß § 216 Abs. 3 AktG[87].

54.18 Dass jenseits der Kapitalerhöhung aus Gesellschaftsmitteln keine gesetzliche Regelung zur entsprechenden Anpassung besteht[88], kann entgegen der früher h.M. nicht dahingehend ausgelegt werden,

---

81 *Habersack* in MünchKomm. AktG, 5. Aufl. 2021, § 221 AktG Rz. 286; in die gleiche Richtung *Florstedt* in KölnKomm. AktG, 3. Aufl. 2017, § 221 AktG Rz. 142 ff.
82 Vgl. nur z.B. § 8 Abs. 1(d) der Anleihebedingungen der 6,625 % 2,3 Mrd. Euro Wandelschuldverschreibung 2006/2009 der Bayer Capital Corporation B.V.; vgl. auch *Seiler* in BeckOGK AktG, Stand 19.10.2020, § 221 AktG Rz. 168.
83 Vgl. nur z.B. § 11(e) der Anleihebedingungen der 5,625 % 4 Mrd. Euro Pflichtwandelanleihe 2016/2019 der Bayer Capital Corporation B.V.
84 *Habersack* in MünchKomm. AktG, 5. Aufl. 2021, § 221 AktG Rz. 288; *Lutter* in KölnKomm. AktG, 2. Aufl. 1995, § 221 AktG Rz. 126.
85 Das ist bei Nennbetragsaktien zwingend, bei Stückaktien kann jedoch eine solche Ausgabe neuer Aktien unterbleiben und nur der anteilige Betrag des Grundkapitals erhöht werden (vgl. § 207 Abs. 2 Satz 2 AktG). Im letztgenannten Fall bedarf es keiner Anpassung der Options- oder Wandlungsbedingungen. Nur das bedingte Kapital ist gemäß § 218 AktG entsprechend erhöht.
86 Beispiele dafür bei *Habersack* in MünchKomm. AktG, 5. Aufl. 2021, § 221 AktG Rz. 303; *Lutter* in KölnKomm. AktG, 2. Aufl. 1995, § 221 AktG Rz. 382.
87 *Habersack* in MünchKomm. AktG, 5. Aufl. 2021, § 221 AktG Rz. 304; *Lutter* in KölnKomm. AktG, 2. Aufl. 1995, § 221 AktG Rz. 381 ff.
88 Bei Umwandlungen siehe aber § 23, § 36 Abs. 1, § 125, § 135, § 176 Abs. 2, § 204 UmwG, siehe kurz *Florstedt* in KölnKomm. AktG, 3. Aufl. 2017, § 221 AktG Rz. 148, 378 und 630.

eine entsprechende Anpassung sei in anderen Fällen abzulehnen[89]. Die wohl h.M. geht im Gegenteil davon aus, dass im Wege der **ergänzenden Vertragsauslegung** eine **Anpassung der Wandel- und Optionskonditionen** bzw. **Genussrechtsbedingungen** erfolgen muss[90]. Bei Wandel- und Optionsanleihen erfolgt die Anpassung mittels einer **Veränderung des Wandlungs- oder Optionspreises**, durch eine **Ausgleichszahlung** des Emittenten oder durch eine **Anpassung des Umtausch- oder Bezugsverhältnisses** jeweils entsprechend der vermögensmäßigen Verwässerung, die infolge der entsprechenden Kapitalmaßnahme eingetreten ist. Die denkbaren weiteren Alternativen sind für den Anleihegläubiger wirtschaftlich weniger attraktiv: So führt die Einräumung eines verhältniswahrenden Bezugsrechts dazu, dass der Anleihegläubiger zusätzliche Mittel aufwenden muss oder aber das Risiko eingeht, das Bezugsrecht nicht zum wahren Wert veräußern zu können. Bei Genussrechten erfolgt eine entsprechende wertmäßige Kompensation in dem Umfang, in dem die vermögensmäßige Position der Genussrechtsinhaber durch die Kapitalmaßnahme beeinträchtigt wurde[91]. Streitig ist allerdings, ob dies nur für die Fälle von **Kapitalmaßnahmen** (Ausgabe von Aktien oder Wandel- und Optionsanleihen) **mit Bezugsrecht** der Aktionäre gilt[92], oder für alle Kapitalmaßnahmen, unabhängig davon, ob den Aktionären ein Bezugsrecht eingeräumt wird oder nicht[93]. Damit würden die Inhaber der Instrumente des § 221 AktG bessergestellt als die Aktionäre. Selbst wenn man dennoch Letzteres für zutreffend hält, muss man dem Rechtsgedanken des § 186 Abs. 3 Satz 4 AktG auch hier Rechnung tragen. Dies bedeutet: Erfolgt die Kapitalmaßnahme im oben beschriebenen Sinne unter Bezugsrechtsausschluss nach **§ 186 Abs. 3 Satz 4 AktG**, d.h. bei einer vermögensmäßig vernachlässigenswerten Verwässerung der Aktionäre, dann bedarf es auch **keiner Anpassung** der Options- oder Wandlungskonditionen[94].

In der Praxis wird der **Verwässerungsschutz in den Anleihebedingungen** von Options- und Wandelanleihen sehr detailliert geregelt, wobei in der Regel Kapitalerhöhungen aus Gesellschaftsmitteln[95], Aktiensplits, Bezugsrechtskapitalmaßnahmen und sonstigen Bezugsrechtsemissionen (einschließlich Veräußerung eigener Aktien) – nicht dagegen bei bezugsrechtsfreien Emissionen oder sonstigen, nicht an alle Aktionäre erfolgenden Ausschüttungen – jeweils differenzierten Anpassungen unterworfen werden, die jedoch ein gemeinsames Ziel haben: Der Anleger soll für den entsprechenden Wertverlust, den er anders als die Aktionäre erleidet, möglichst exakt entschädigt werden. 54.19

Aus den gleichen Gründen, aus denen bei Kapitalerhöhungen eine Anpassung der Options- oder Wandelungsbedingungen gefordert wurde, muss auch bei einer **Kapitalherabsetzung** im Wege der ergänzenden Vertragsauslegung eine entsprechende Anpassung vorgenommen werden[96]. 54.20

---

89 Wie hier *Habersack* in MünchKomm. AktG, 5. Aufl. 2021, § 221 AktG Rz. 289 f.; *Hüffer/Koch*, § 221 AktG Rz. 63; *Lutter* in KölnKomm. AktG, 2. Aufl. 1995, § 221 AktG Rz. 124; *Seiler* in BeckOGK AktG, Stand 19.10.2020, § 221 AktG Rz. 170.
90 *Habersack* in MünchKomm. AktG, 5. Aufl. 2021, § 221 AktG Rz. 291, 306 ff.; *Hüffer/Koch*, § 221 AktG Rz. 63, 67; *Scholz* in MünchHdb. AG, § 57 Rz. 195 ff. insbes. Fn. 754; *Zöllner*, ZGR 1986, 288, 304 f.; *Florstedt* in KölnKomm. AktG, 3. Aufl. 2017, § 221 AktG Rz. 149: ergänzende Auslegung und Anpassung nach § 313 BGB.
91 Näher *Habersack* in MünchKomm. AktG, 5. Aufl. 2021, § 221 AktG Rz. 307.
92 So wohl *Lutter* in KölnKomm. AktG, 2. Aufl. 1995, § 221 AktG Rz. 133 und *Scholz* in MünchHdb. AG, § 57 Rz. 197.
93 So *Habersack* in MünchKomm. AktG, 5. Aufl. 2021, § 221 AktG Rz. 291; im Grundsatz auch *Zöllner*, ZGR 1986, 288, 309; a.A. *Scholz* in MünchHdb. AG, § 57 Rz. 197.
94 Wie hier ausdrücklich *Habersack* in MünchKomm. AktG, 5. Aufl. 2021, § 221 AktG Rz. 291; *Seiler* in BeckOGK AktG, Stand 19.10.2020, § 221 AktG Rz. 170; *Scholz* in MünchHdb. AG, § 57 Rz. 197.
95 *Hüffer/Koch*, § 221 AktG Rz. 62 weist zu Recht darauf hin, dass diese Regelungen bei der Kapitalerhöhung aus Gesellschaftsmitteln häufig von § 216 Abs. 3 AktG abweichen, was zulässig sei, weil § 216 Abs. 3 AktG dispositiv ist.
96 Zu den Einzelheiten vgl. *Habersack* in MünchKomm. AktG, 5. Aufl. 2021, § 221 AktG Rz. 309 ff.; *Lutter* in KölnKomm. AktG, 2. Aufl. 1995, § 221 AktG Rz. 136, 399.

d) Sonstige Fälle

54.21 Auch sonstige gesellschaftsrechtliche Maßnahmen, an denen die Inhaber von Options- oder Wandelanleihen, Gewinnschuldverschreibungen und Genussrechten aufgrund ihres allein schuldrechtlichen Rechtsverhältnisses nicht teilhaben, können dennoch ihre Rechtsposition beeinflussen, so die **Auflösung der Gesellschaft**, ihre **Umwandlung**, die **Konzernierung** (Eingliederung und Squeeze-Out, Beherrschungs- und Gewinnabführungsvertrag), Delisting und **Übernahmen**[97]. Gerade für Letzteres besteht zwar kein gesetzlicher Schutz[98], aber häufiger enthalten die Options- oder Wandelanleihebedingungen hier Regelungen, die es den Inhabern der Options- oder Wandelanleihen nicht nur ermöglichen, entsprechend zu reagieren, sondern die auch eine Kompensation für einen entsprechenden Verlust begründen[99].

---

[97] Zum Verwässerungsschutz bei diesen Maßnahmen vgl. nur *Habersack* in MünchKomm. AktG, 5. Aufl. 2021, § 221 AktG Rz. 314 ff.; *Seiler* in BeckOGK AktG, Stand 19.10.2020, § 221 AktG Rz. 172.
[98] *Habersack* in MünchKomm. AktG, 5. Aufl. 2021, § 221 AktG Rz. 324.
[99] Vgl. z.B. § 15 der Anleihebedingungen der 1,375 % 2,5 Mrd. Euro Wandelschuldverschreibung 2003/2010 der Siemens Finance B.V.; § 8(b) der Anleihebedingungen der 5,625 % 4 Mrd. Euro Pflichtwandelanleihe 2016/2019 der Bayer Capital Corporation B.V.

10. Kapitel
Die Beteiligung von Mitarbeitern am Unternehmen

§ 55
Stock Options

I. Grundlagen	55.1
1. Begriff	55.3
2. Verbreitung	55.4
3. Arten	55.5
II. Zweck von Aktienoptionsplänen	55.7
III. Aktienrechtlicher Rahmen für Aktienoptionspläne	55.8
1. Entscheidung, Hauptversammlungsbeschluss und Aktienoptionsplan	55.8
2. Herkunft der Aktien	55.10
a) Genehmigtes Kapital	55.11
b) Bedingtes Kapital	55.12
c) Rückkauf eigener Aktien	55.14
aa) Erwerb über § 71 Abs. 1 Nr. 2 AktG	55.15
bb) Erwerb über § 71 Abs. 1 Nr. 8 AktG	55.16
d) Kombination verschiedener Modelle	55.18
IV. Inhaltliche Eckpunkte von Aktienoptionsplänen	55.19
1. Ausgestaltung von Aktienoptionsplänen auf der Basis genehmigten Kapitals	55.20
2. Ausgestaltung von Aktienoptionsplänen auf der Basis bedingten Kapitals	55.21
a) Kreis der Bezugsberechtigten (§ 193 Abs. 2 Nr. 2 AktG)	55.22
b) Festlegung des Ausgabebetrages (§ 193 Abs. 2 Nr. 3 AktG)	55.24
aa) Festpreismethode	55.25
bb) Ausgabemethode	55.26
cc) Abschlagsmethode	55.27
c) Aufteilung der Bezugsrechte (§ 193 Abs. 2 Nr. 4 AktG)	55.28
d) Wartezeit (§ 193 Abs. 2 Nr. 4 AktG)	55.29
e) Erfolgs- oder Kursziele (§ 193 Abs. 2 Nr. 4 AktG)	55.30
aa) Kurshürden	55.32
bb) Aufschlagshürden	55.34
cc) Gewinnhürden	55.35
dd) Umsatzhürden	55.36
ee) Ereignishürden	55.37
f) Erwerbszeiträume bzw. Ausgabefenster	55.39
g) Ausübungszeiträume und Optionsplanlaufzeit	55.40
3. Ausgestaltung von Aktienoptionsplänen auf der Basis des Rückkaufs eigener Aktien	55.41
a) Aktienrückkauf gemäß § 71 Abs. 1 Nr. 8 AktG	55.41
aa) Inhaltliche Anforderungen an den Veräußerungsbeschluss	55.42
bb) Kreis der Bezugsberechtigten	55.44
b) Aktienrückkauf gemäß § 71 Abs. 1 Nr. 2 AktG	55.46
4. Optionspläne mit Wandel- oder Optionsschuldverschreibungen (§ 221 AktG i.V.m. § 192 Abs. 2 Nr. 1 AktG, § 193 Abs. 2 Nr. 4 AktG)	55.48
5. Weitere Festlegungen	55.50
V. Repricing von Stock Options	55.51
1. Ausübungspreisanpassungen bei bereits gewährten Stock Options	55.52
a) Aktienrechtliche Maßgaben des Ausübungspreises	55.52
b) Besonderheiten für Pläne auf Basis eigener Aktien	55.54
2. Neuausgabe im Rahmen einer bestehenden Hauptversammlungsermächtigung	55.56
3. Erneute Beschlussfassung der Hauptversammlung	55.58
a) Einführung eines neuen Aktienoptionsplans	55.58
b) Aufhebung oder Änderung des bestehenden Aktienoptionsplans	55.59
VI. Arbeitsrechtliche Gesichtspunkte	55.62
1. Vergütungsbestandteil	55.63
a) Sonderleistung oder echter Entgeltbestandteil	55.64

b) Verhältnis der Aktienoptionen zum Festgehalt 55.65
2. Rechtsgrundlage der Ansprüche auf Aktienoptionen (Optionszusage) .. 55.66
   a) Individualvertragliche Zusage .. 55.67
   b) Betriebsvereinbarung/Sprecherausschussrichtlinie 55.68
   c) Tarifvertrag 55.69
   d) Betriebliche Übung 55.70
3. Gleichbehandlungsgrundsatz 55.71
4. Verfalls- und Rückübertragungsklauseln 55.73
5. Mitbestimmungsrechte des Betriebsrats 55.75
6. Betriebsübergang nach § 613a BGB 55.76
VII. Besonderheiten im Konzern 55.77
VIII. Besteuerung von Aktienoptionen .. 55.80
1. Grundlagen 55.80
2. Behandlung beim Arbeitnehmer .. 55.81
   a) Steuerpflichtiger Arbeitslohn aus Aktienoptionen 55.82
   b) Zeitpunkt der Besteuerung von Stock Options 55.83
   c) Höhe des zurechenbaren Einkommens 55.87
   d) Besteuerung des Veräußerungsgewinns aus erhaltenen Aktien . 55.89
   e) Besteuerung von Stock Options im internationalen Kontext 55.90
      aa) Vermeidung der Doppelbesteuerung nach deutschem Recht 55.91
      bb) Vermeidung der Doppelbesteuerung durch Doppelbesteuerungsabkommen 55.92
3. Behandlung beim Arbeitgeber 55.93
   a) Betriebsausgabenabzug des Arbeitgebers 55.93
   b) Einbehalt von Lohnsteuer 55.94
IX. Bilanzrechtliche Gesichtspunkte .. 55.96
1. Grundlagen 55.96
2. Bilanzierung von Stock Options in der deutschen Bilanzierungspraxis 55.97
   a) Ausgabe erworbener Anteile ... 55.98
   b) Ausgabe von durch Kapitalerhöhung erworbenen Anteilen 55.99
   c) Angaben im Anhang 55.103
3. Bilanzierung von Stock Options nach IFRS und US-GAAP 55.104
X. Kapitalmarktrechtliche Gesichtspunkte 55.106
1. Zulassung der ausgegebenen Aktien 55.107
   a) Regulierter Markt 55.108
   b) Befreiungsmöglichkeiten 55.109
2. Insiderhandelsverbot 55.110
3. Ad-hoc-Publizität 55.119
4. Meldepflicht gemäß Art. 19 MMVO 55.122

Schrifttum: *Achleitner/Wollmert* (Hrsg.), Stock Options, Finanzwirtschaft, Gesellschaftsrecht, Bilanzierung, Steuerrecht, Arbeitsrecht und Unternehmensbewertung, 2. Aufl. 2002; *Ackermann/Suchan*, Repricing von Stock Options – aktienrechtliche Zulässigkeit und bilanzielle Behandlung, BB 2002, 1497; *Adams*, Aktienoptionspläne und Vorstandsvergütungen, ZIP 2000, 1325; *Aha*, Ausgewählte Gestaltungsmöglichkeiten bei Aktienoptionsplänen, BB 1997, 2225; *Alvarez-Diez*, Are we using the wrong words – an analysis of executive stock option grants, CentEurJoperRes 2014, 237; *Babenko*, Money left on the table – analysis of participation in employee stock purchase plans, RevFinSt 2014, 12; *Bach*, Zum für den Deliktsgerichtsstand in grenzüberschreitenden Fällen maßgebenden Erfolgsort bei Aktienoptionsverträgen, NZG 2016, 794; *Bader*, Contingent Convertible, Wandelanleihe und Pflichtwandelanleihe im Aktienrecht, AG 2014, 472; *Baetge/Berndt/Bruns/Busse von Colbe/Coenenberg/Haller/Klausmann/Melching/Menn/Metze/Ordelheide/Schmid/Seeberg/Siepe/Stolberg/Telkamp/Weber/Wilhelm/v. Wysocki* (Arbeitskreis „Externe Unternehmensrechnung" der Schmalenbach-Gesellschaft), Behandlung „eigener Aktien" nach deutschem Recht und US-GAAP unter besonderer Berücksichtigung der Änderungen des KonTraG, DB 1998, 1673; *Bauer/Göpfer/von Steinrück*, Aktienoptionen bei Betriebsübergang, ZIP 2001, 1129; *Baums*, Aktienoptionen für Vorstandsmitglieder in FS Claussen, 1997, S. 3; *Bayer/Ernst*, Zulässigkeit der Vergabe von Aktienoptionen unter Ausschluss des Bezugsrechts der Aktionäre als Vergütung an Führungskräfte – „Wenger/Daimler-Benz", EWiR 1998, 1013; *Benecke*, Kollektivrechtliche Fragen der Flexibilisierung des Arbeitsentgelts, ArbuR 2015, 306; *Binnewies/Finke*, Steuerrechtliche Fragen bei Erwerb und Veräußerung von Beteiligungen am Unternehmen, AG 2016, 748; *Binnewies/Ruske*, Zur steuerlichen Behandlung der Überlassung von Aktienoptionsrechten an Arbeitnehmer, AG 2016, 853; *Blunk*, Mitarbeiterbeteiligung in der Unternehmenskrise, BB 2015, 437; *Bosse*, Mitarbeiterbeteiligung und Erwerb eigener Aktien, NZG 2001, 594; *Broer*, Arbeitsrechtliche Behandlung von Aktienoptionen als Vergütungsbestandteil, 2010; *Bundesanstalt für Finanzdienstleistungsaufsicht (BaFin)*, Emittentenleitfaden, Modul C, Stand 25.3.2020; *Bünning*, Entscheidend ist, ob die wesentlichen rechtlichen Voraussetzungen für die Optionsausübung am Bilanzstichtag bereits vorlagen, BB-Kommentar zur Entscheidung des FG Münster, 9 K 4169/10 K, F v. 1.10.2014, BB 2015, 1134; *Byers*, Die Höhe der Betriebsratsvergütung, NZA 2014, 65; *Casper*, Insiderverstöße bei Aktienoptionsprogrammen, WM 1999, 363; *Cirik*, Ausgestaltung von Aktienoptionsprogrammen in großen Kapitalgesellschaften, 2020; *Claussen*, Aktienoptionen – eine Bereicherung des Kapitalmarktrechts, WM 1997, 1825; *Cornelius*, Steuerliche Anerkennung von Verlusten aus Wertverfall von Aktienoptionen, Indexoptionen, EStB 2016, 172; *Cortez*, Arbeitnehmer-Incentivierung mittels Optionsrecht, AG 2015, R9; *Curdt/Weidmann*, Aktien- bzw. Optionsgewährung an Arbeitnehmer im Steuerrecht, BB 2012, 809; *Deutschmann*, Vergütungshalber gewährte Aktienoptionen im deutschen und US-amerikanischen Steuerrecht, 2000; *Dierks*, Selbständige Aktienoptionsscheine, 2000; *Diller/Schaller*, Mitbestimmungsrechte des Betriebsrats beim CTA, BB 2021, 1075; *Dittes*, Verluste aus Optionsgeschäften sind steuerlich auch dann anzuerkennen, wenn die Option bei Fälligkeit verfällt, Anmerkung zu BFH IX R 48/14 v. 12.1.2016, BB 2016, 865; *Dörner/Menold/Pfitzer/Oser*, Reform des Aktienrechts, der Rechnungslegung und der Prüfung, 2. Aufl. 2003; *Eberhartinger/Engelsing*, Zur steuerrechtlichen Behandlung von Aktienoptionen bei den optionsberechtigten Führungskräften, WPg 2001, 99; *v. Einem/Götze*, Die Verwendung wirtschaftlicher Erfolgsziele in Aktienoptionsprogrammen AG 2002, 72; *Eggert*, Aktienoptionen für Führungskräfte, 2004; *Egner/Wildner*, Besteuerung von Stock Options – Überbesteuerung oder Besteuerungslücke?, FR 2001, 62; *Ekkenga*, Mitbestimmung der Aktionäre über Erfolgsvergütungen für Arbeitnehmer, AG 2017, 89; *Esterer/Härteis*, Die Bilanzierung von Stock Options in der Handels- und Steuerbilanz, DB 1999, 2073; *Ettinger*, Stock-Options, Gesellschaftsrechtliche Rahmenbedingungen und einkommensteuerliche Behandlung von Aktienoptionen als Vergütungsbestandteil, 1999; *Feddersen*, Aktienoptionsprogramme aus kapitalmarktrechtlicher und steuerrechtlicher Sicht, ZHR 161 (1997), 269; *Feddersen/Pohl*, Die Praxis der Mitarbeiterbeteiligung seit Einführung des KonTraG, AG 2001, 26; *Fischer*, Zur Bedienung aktienbasierter Vergütungsmodelle für Aufsichtsräte mit rückerworbenen Aktien, ZIP 2003, 282; *Fischer*, Zulässigkeit und Grenzen des Betriebsausgabenabzugs der inländischen Tochtergesellschaft bei der Umsetzung internationaler Stock Option-Pläne in Deutschland, DB 2001, 1003; *Fischer*, Aktienoptionsprogramme, 2014; *Friedrichsen*, Aktienoptionsprogramme für Führungskräfte, 2000; *Fuchs*, Aktienoptionen für Führungskräfte und bedingte Kapitalerhöhung, DB 1997, 661; *Fuchs*, Grenzen für eine aktienkursorientierte Vergütung von Aufsichtsratsmitgliedern, WM 2004, 2233; *Geisler/Basler*, IFRS-Bilanzierung von Aktienoptions- und Managementbeteiligungsprogrammen, BB 2015, 107; *Geserich*, Die steuerliche Behandlung von Aktienüberlassungen und Aktienoptionen, DStR Beihefter 2014, zu Nr. 23, 53; *Geserich*, Aktienoptionen des Arbeitgebers als Arbeitslohn, HFR 2014, 694; *Götze*, Aktienoptionen für Vorstandsmitglieder und Aktionärsschutz, 2001; *Grimm/Walk*, Das Schicksal erfolgsbezogener Vergütungsformen beim Betriebsübergang, BB 2003, 577; *Günkel/Borseaux*, Steuerliche Abziehbarkeit der Kosten für die Ausgabe von Aktien im Rahmen von Aktienoptionsprogrammen im Konzern, FR 2003, 497; *Guski/Schneider*, Betriebliche Vermögensbeteiligung in der Bundesrepublik Deutschland, 1977; *Habersack*, Die erfolgsabhängige Vergütung des Aufsichtsrats und ihre Grenzen, ZGR 2004, 721; *Habersack*, Die Einbeziehung des Tochtervorstands in das Aktienoptionsprogramm der Mutter – ein Problem der §§ 311 ff. AktG in FS Raiser, 2005, S. 111; *Hagen*, Besteuerung von Aktienoptionen als Arbeitslohn bei einem unbeschränkt Steuerpflichtigen, FR 2001, 726; *Harrer* (Hrsg.), Mitarbeiterbeteiligungen und Stock-Options-Pläne, 2. Aufl. 2004; *Herrmann/Heuer/Raupach* (Hrsg.), Einkommensteuer- und Körperschaftsteuergesetz Kommentar, Loseblatt-Ausgabe, Stand: 276. Lfg. 2016; *Herzig*, Steuerliche und bilanzielle Probleme bei Stock Options und Stock Appreciation Rights, DB 1999, 1; *Hoff*, Aktienoptionen für Aufsichtsräte über § 71 Abs. 1 Nr. 8 AktG, WM 2003, 910; *Hoffmann-Becking*, Gestaltungsmöglichkeiten bei Anreizsystemen, NZG 1999, 797; *Hoffmann-Becking*, Rechtliche Anmerkungen zur Vorstands- und Aufsichtsratvergütung ZHR 2005, S. 155 – 180; *Hornung*, Virtuelle Mitarbeiterbeteiligungen – Leaver- und Vesting-Klauseln und das AGG, DB 2019, 1566; *Hüffer*, Aktienbezugsrechte als Bestandteil der Vergütung von Vorstandsmitgliedern und Mitarbeitern – gesellschaftsrechtliche Analyse, ZHR 161 (1997), 214; *Jehlin/Kaufhold*, Bericht zum 13. Münchner Unternehmenssteuerforum: „Die Besteuerung von Aktienoptionen", DStR Beihefter 2014, zu Nr. 23, 49; *John/Stachel*, Mitarbeiterbeteiligung konkret: Belegschaftsaktien, Aktienoptionen, Genussscheine und Zertifikate, BB 2009, 17; *Junker*, Klagen aus Aktienoptionsplänen – Gerichtsstand und anzuwendendes Recht, EuZa 2016, 281; *Käpplinger*, Inhaltskontrolle von Aktienoptionsplänen – Auf der Grundlage einer rechtstatsächlichen Untersuchung, 2003; *Käpplinger M./Käpplinger S.*, Die Möglichkeit des Repricings von Aktienoptionsplänen, WM 2004, 712; *Käshammer/Ramirez*, Zuflusszeitpunkt und wirtschaftliches Eigentum bei Mitarbeiterkapitalbeteiligungen – Fehlinterpretation des BFH-Urteils vom 30.6.2011?, DStR 2014, 1419; *Käshammer/Ramirez*, Zuflusszeitpunkt und wirtschaftliches Eigentum bei Mitarbeiterkapitalbeteiligungen, DStR 2014, 1419; *Kahlenberg*, Wirkungsweise von Rückfallklauseln bei minderbesteuerten Aktienoptionen,

IWB 2015, 617; *Kallmeyer*, Aktienoptionsprogramme für Führungskräfte im Konzern, AG 1999, 97; *Kallweit/Simons*, Aktienrückkauf zum Zweck der Einziehung und Kapitalherabsetzung, AG 2014, 352; *Kau/Leverenz*, Mitarbeiterbeteiligung und leistungsgerechte Vergütung durch Aktien-Options-Pläne, BB 1998, 2269; *Kaul/Kukat*, Aktienoptionspläne und Mitbestimmung des Betriebsrats, BB 1999, 2505; *Kessler/Sauter* (Hrsg.), Handbuch Stock Options: rechtliche, steuerliche und bilanzielle Darstellung von Stock-Options-Plänen, 2003; *Keul/Semmer*, Das zulässige Gesamtvolumen von Aktienoptionsplänen, DB 2002, 2255; *Kiethe*, Aktienoptionen für den Vorstand im Maßnahmenkatalog der Bundesregierung – ein Beitrag zur Überregulierung des Aktienrechts, WM 2004, 458; *Klahold*, Aktienoptionen als Vergütungselement, 1999; *Klöhn*, Ad-hoc-Publizität und Insiderverbot nach Lafonta, NZG 2015, 809; *Koch-Schulte*, Veräußerungsgewinne aus Managementbeteiligungen sind Einkünfte aus Kapitalvermögen, DB 2015, 2166; *Korn*, Vorstandsvergütung mit Aktienoptionen, 2000; *Kroschel*, Zum Zeitpunkt der Besteuerung von Arbeitnehmer-Aktienoptionen, BB 2000, 176; *Kruchen*, Risikoabsicherung aktienbasierter Vergütungen mit eigenen Aktien, AG 2014, 655; *Kühnberger/Kessler*, Stock option incentives – betriebswirtschaftliche und rechtliche Probleme eines anreizkompatiblen Vergütungssystems, AG 1999, 453; *Küting/Dürr*, IFRS 2 Share-based Payment – ein Schritt zur weltweiten Konvergenz?, WPg 2004, 609; *Kumpan*, Die neuen Regelungen zu Directors' Dealings in der Marktmissbrauchsverordnung, AG 2016, 446; *Kuntz*, Digitale Kommunikation mit Aktionären und Investoren – Chancen und Herausforderungen durch Blockchain, Soziale Medien und „Big Data", ZHR 2019, 190; *Kuntz*, Die Zulässigkeit selbständiger Aktienoptionen („naked warrants"), AG 2004, 480; *Land/Hallermayer*, Prospektpflicht und Informationsdokument nach WpPG bei Mitarbeiteraktienbeteiligungsprogrammen, DB 2014, 1001; *Lange*, Bilanzierung von Stock Options, WPg 2002, 354; *Legerlotz/Laber*, Arbeitsrechtliche Grundlagen bei betrieblichen Arbeitnehmerbeteiligungen durch Aktienoptionen und Belegschaftsaktien, DStR 1999, 1658; *Lembke*, Die Ausgestaltung von Aktienoptionsplänen in arbeitsrechtlicher Hinsicht, BB 2001, 1469; *Link/Kredig*, Grenzüberschreitende Arbeitnehmerbesteuerung bei Mitarbeiterbeteiligungsprogrammen, SAM 2015, 213; *Lochmann*, Betriebsausgabenabzug bei Stock Options für Vergütungszwecke, DB 2010, 2761; *Lörcher*, Aktienoptionen bei Strukturveränderungen der Arbeitgebergesellschaft, 2004; *Loritz*, Stock-Options und sonstige Mitarbeiterbeteiligungen aus arbeitsrechtlicher Sicht, ZTR 2002, 258; *Lotze*, Die insiderrechtliche Beurteilung von Aktienoptionsplänen, 2000; *Lüke*, Stock Options, 2004; *Lutter*, Aktienoptionen für Führungskräfte – de lege lata und de lege ferenda, ZIP 1997, 1; *Mäger*, Vergütung des Aufsichtsrats – welchen Spielraum gibt das Aktienrecht?, BB 1999, 1389; *Martens*, Stand und Entwicklungen im Recht der Stock Options in FS Ulmer, 2003, S. 399; *Maschmann*, Verarbeitung personenbezogener Entgeltdaten und neuer Datenschutz, BB 2019, 628; *Maul*, Zur Unzulässigkeit der Festsetzung lediglich eines Mindestausgabebetrages im Rahmen des § 193 II Nr. 3 AktG, NZG 2000, 679; *Mechlem/Melms*, Verfall- und Rückzahlungsklauseln bei Aktienoptionsplänen, DB 2000, 1614; *Michel*, Stock options in Deutschland – gesellschaftsrechtliche Anwendungsfragen zur Verknüpfung von pay und Performance vor dem Hintergrund internationaler Erfahrungen unter besonderer Berücksichtigung des US-amerikanischen Rechts, 1999; *Möslang*, Zielvorgaben in Anreizsystemen, 2017; *Mohr*, Zulässigkeit und Grenzen von Aktienoptionsprogrammen, 2001; *Mutter*, Darf's ein bisschen mehr sein? – Überlegungen zum zulässigen Gesamtvolumen von Aktienoptionsprogrammen nach dem KonTraG, ZIP 2002, 295; *Mutter/Mikus*, Das „Stuttgarter Modell" – Steueroptimierte Stock Option – Programme ohne Beschluss der Hauptversammlung, ZIP 2001, 1949; *Naumann*, Zur Bilanzierung von Stock Options, DB 1998, 1428; *Nehls/Sudmeyer*, Zum Schicksal von Aktienoptionen bei Betriebsübergang, ZIP 2002, 201; *Neyer*, Arbeitnehmer-Aktienoptionen: Betriebsausgabenabzug beim Arbeitgeber, BB 1999, 1142; *Oetker*, Hauptversammlungsautonomie und Mitbestimmung des Betriebsrats bei Aktienoptionsplänen in FS 50 Jahre BAG, 2004, S. 1017; *Oser/Kropp*, Eigene Anteile in Gesellschafts-, Bilanz- und Steuerrecht, Der Konzern, 2012, 185; *Paefgen*, Börsenpreisorientierte Vergütung und Überwachungsaufgaben des Aufsichtsrats, WM 2004, 1169; *Paulus*, Zur Unwirksamkeit einer § 104 InsO widersprechenden Nettingvereinbarung im Rahmen von Aktienoptionsgeschäften, ZIP 2016, 1233; *Pellens* (Hrsg.), Unternehmenswertorientierte Entlohnungssysteme, 1998; *Pellens/Krasselt*, Zur Bilanzierung von Stock Options, DB 1998, 1431; *Peterson*, Mitarbeiterkapitalbeteiligungsprogramme und 44-Euro-Freigrenze, AuA 2015, 300; *Pläster*, Eine Herabsetzung der Vorstandsbezüge gemäß § 87 Abs. 2 AktG begegnet zahlreichen Fallstricken, vor allem in der Insolvenz der AG, BB-Kommentar zur Entscheidung des OLG Stuttgart 20 U 3/13 v. 1.10.2014, BB 2015, 912; *Portner*, Sind handelbare Arbeitnehmer-Aktienoptionen stets bei Optionsausübung zu besteuern? – Schlussfolgerungen aus dem BFH-Urteil vom 20.11.2008, VI R 25/05, DStR 2010, 1316; *Portner*, Stichtag für die Ermittlung des geldwerten Vorteils aus der Gewährung von Aktienoptionen, BB 2014, 2523; *Pulz*, Personalbindung mit Aktienoptionen, BB 2004, 1107; *Rappaport*, Shareholder Value, 2. Aufl. 1999; *Reichert*, Reformbedarf im Aktienrecht, AG 2016, 677; *Richter/Gittermann*, Die Verknüpfung von Kapitalerhöhung und Rückerwerb eigener Aktien bei Mitarbeiteraktienprogrammen, AG 2004, 277; *Richter/Rogler*, Anteilsbasierte Mitarbeitervergütung gem. IFRS 2 – Ansatz und Bewertung echter und virtueller Aktienoptionen sowie sich daraus ergebende Auswirkungen auf Bilanzkennzahlen – Fallstudie, IRZ 2010, 333; *Röder/Göpfert*, Aktien statt Gehalt, BB 2001, 39; *Roß/Pommerening*, Angabepflichten zur Aktienoptionsplänen im Anhang und Lagebericht, WPg 2002, 371; *Roth/Schoneweg*, Emission selbständiger Aktienoptionen durch die Gesellschaft, WM 2002, 677; *Rothenburg*, Aktienoptionen in der Verschmelzung, 2009; *Schaefer*, Aktuelle Probleme der Mitarbeiterbeteiligung nach Inkrafttreten des KonTraG, NZG 1999, 531; *Schanz*, Börseneinführung – Handbuch für den Börsengang und die börsennotierte Gesellschaft, 4. Aufl. 2012; *Schanz*, Mitarbeiterbeteiligungsprogramme, NZA 2000, 626; *Schlitt/Löscher*, Abgetrennte Optionsrechte und Naked Warrants, BKR 2002, 150; *Uwe H. Schneider*, Aktienoptionen als Bestandteil der Vergütung von Vorstandsmitgliedern, ZIP 1996, 1769; *Scholz*, Stock Options in Deutschland und den U.S.A., 2001; *Scholz*, Aktienoptionen und Optionspläne beim grenzüberschreitenden Unternehmenserwerb, ZIP 2001, 1341; *Schulz*, Die Reform des Europäischen Prospektrechts – Eine Analyse der geplanten Prospektverordnung, WM 2016, 1417; *Seidensticker* Mitarbeiteraktienoptionsprogramme, 2019; *Semmer*, Repricing – Die nachträgliche Modifikation von Aktienoptionsplänen zugunsten des Managements, 2005; *Sigloch/Egner*, Bilanzierung von Aktienoptionen und ähnlichen Entlohnungsformen, BB 2000, 1878; *Söhner*, Praxis-Update: Marktmissbrauchsverordnung: Neue Leitlinien und alte Probleme, BB 2017, 259; *Spindler*, Die erfolgsabhängige Vergütung des Aufsichtsrats – Variable Vergütungsbestandteile im Spannungsfeld von Anreiz und Überwachungsfunktion in FS Stilz, 2014, S. 629; *Staake*, Der Verfall von Aktienoptionen bei Mitarbeiterbeteiligungsprogrammen, NJOZ 2010, 2494; *Stenzel*, Neue Regeln für die variable Vorstandsvergütung, BB 2020, 970; *Stiegel*, Aktienoptionen als Vergütungselement aus arbeitsrechtlicher Sicht, 2007; *Tappert*, Auswirkungen eines Betriebsübergangs auf Aktienoptionsrechte von Arbeitnehmern, NZA 2002, 1188; *Thomas*, Lohngegenstand und Zuflusszeitpunkt bei der Übertragung von Aktien, DStR 2015, 263; *Tollkühn*, Die Schaffung von Mitarbeiteraktien durch kombinierte Nutzung von genehmigtem Kapital und Erwerb eigener Aktien unter Einschaltung eines Kreditinstituts, NZG 2004, 594; *Thüsing*, ECLR – Auf der Suche nach dem iustum pretium der Vorstandstätigkeit, ZGR 2003, 457; *Umnuß/Ehle*, Aktienoptionsprogramme für Arbeitnehmer auf der Basis von § 71 Abs. 1 Nr. 2 AktG, BB 2002, 1042; *E. Vetter*, Stock Options für Aufsichtsräte – ein Widerspruch?, AG 2004, 234; *Waldhausen/Schüller*, Variable Vergütung von Vorständen und weiteren Führungskräften im AG-Konzern, AG 2009, 179; *Walter*, Bilanzierung von Aktienoptionsplänen in Handels- und Steuerbilanz – einheitliche Behandlung unabhängig von der Art der Unterlegung, DStR 2006, 1101; *Weiß*, Aktienoptionspläne für Führungskräfte, 1999; *Waschbusch/Sendel-Müller*, Einsatzmöglichkeiten der Mitarbeiterkapitalbeteiligung im Kontext des Unternehmenslebenszyklus, StB 2020, 361; *Waschbusch/Beyer/Sendel-Müller*, Erscheinungsformen und Verbreitung der Mitarbeiterbeteiligung in Deutschland, Teil I, StB 2020, 41, Teil II, StB 2020, 375; *Waschbusch/Sendel-Müller*, Mitarbeitererfolgsbeteiligung – Anmerkungen zur praktischen Ausgestaltung, StB 2020, 81; *Weiß*, Aktienoptionsprogramme nach dem KonTraG, WM 1999, 353; *Wendt*, Geldwerter Vorteil durch die verbilligte Überlassung von Aktien, EFG 2014, 1889; *Widder*, Insiderrisiken und Insider-Compliance bei Aktienoptionsprogrammen für Führungskräfte, WM 2010, 1882; *Wiechers*, Die Beteiligung von Aufsichtsratsmitgliedern am Unternehmenserfolg über die Ausgabe von Wandelschuldverschreibungen und die Bedienung von Aktienbezugsrechten, DB 2003, 595; *Wohlfahrt/Brause*, Die Emission kursorientierter Wertpapiere auf eigene Aktien, WM 1997, 397; *Wulff*, Aktienoptionen für das Management – deutsches und europäisches Recht, 2000; *v. Zehmen*, Vergütungssysteme für Vorstände auf dem Prüfstand, BB 2021, 628; *Zitzewitz*, Stock Options, 2003.

I. Grundlagen

Unter dem Begriff „Mitarbeiterbeteiligung" werden alle Arten einer Verknüpfung von Interessen der Mitarbeiter (einschließlich der Organmitglieder) mit den Interessen des Unternehmens zusammengefasst, unabhängig von einer Beteiligung im gesellschaftsrechtlichen Sinne. Hierbei sind **Mitarbeiterbeteiligungen ohne Kapitalbeteiligung, Mitarbeiterbeteiligungen mit Kapitalbeteiligung** und sonstige **immaterielle Beteiligungen zu unterscheiden**.

55.1

Das in der Praxis interessanteste Modell der Mitarbeiterbeteiligung am Kapital von börsennotierten Aktiengesellschaften sind die **Aktienoptionen (Stock Options)**, da bei fungiblen Aktien ohne sofortigen Kapitaleinsatz eine Beteiligung erreicht werden kann, der eine zusätzliche Hebelwirkung zu-

55.2

kommt[1]. Echte Aktienoptionsprogramme bedürfen eines in Aktien zerlegten Grundkapitals und sind daher nur bei einer Aktiengesellschaft (vgl. § 1 Abs. 2 AktG) oder einer KGaA (§ 278 Abs. 1 AktG) möglich[2].

1. Begriff

55.3 Die Aktienoption (Stock Option) enthält das Bezugsrecht (= die Option), eine bzw. mehrere Aktien, regelmäßig der ausgebenden Gesellschaft – denkbar wären auch Aktien einer Konzerngesellschaft – **zu im Voraus bestimmten Konditionen** (i.d.R. gegen Zahlung eines Ausübungspreises[3]) **zu einem späteren Zeitpunkt** (Ausübungszeitpunkt) zu erwerben[4]. Der Zeitraum zwischen Optionseinräumung und Ausübungszeitpunkt wird als Sperr- oder Wartefrist bezeichnet[5], nach deren Ablauf und regelmäßig nach dem Eintritt bestimmter Bedingungen (Erfolgsziele) diese ausgeübt werden können. Dabei hat der Mitarbeiter den Ausübungspreis gegen Lieferung der entsprechenden Zahl von Aktien zu zahlen. Anschließend ist es ihm möglich, einen Gewinn durch den Verkauf der Aktien zu realisieren, der in der Differenz zwischen dem Ausübungspreis und dem aktuellen Wert der Aktie (Börsenkurs) liegt, sofern diese positiv und die Option damit „im Geld" ist[6]. Teilweise gibt es einen automatisierten Verkauf mit Auszahlung der Differenz.

2. Verbreitung

55.4 Die Verbreitung von Mitarbeiterbeteiligungsprogrammen auf der Basis von Aktienoptionen ist nur schwer abschätzbar[7]. Zumindest aber ein Großteil der Unternehmen, die marktfähige Aktien haben, verfügt über ein entsprechendes Programm[8]. Zieht man davon diejenigen ab, die wegen geringen Streubesitzes oder geringer Liquidität nur eine eingeschränkte Marktfähigkeit haben, so dürfte die Zahl der für ein Aktienoptionsprogramm in Betracht kommenden Aktiengesellschaften bei weniger als der Hälfte aller notierten Aktiengesellschaften liegen[9]. Inwiefern aufgelegte Optionspläne umgesetzt werden, lässt sich dagegen nur sehr eingeschränkt abschätzen. In schwächeren Entwicklungsphasen können diese unattraktiv sein, in Haussephasen wird häufig Kritik, insbesondere an Manageroptionen, geübt.

3. Arten

55.5 Einerseits gibt es Aktienoptionsprogramme auf der Basis **echter** Eigenkapitalinstrumente mit unmittelbarem Einfluss auf die Kapitalstruktur des Unternehmens, andererseits Programme auf der Basis sog. **unechter** oder **virtueller** Eigenkapitalinstrumente ohne unmittelbaren Einfluss auf die Kapital-

---

1 Zwar ist die Gestaltungsfreiheit im AktG im Vergleich mit GmbH-Anteilen erheblich eingeschränkt. Z.B. können im Rahmen einer GmbH-Beteiligung die Rechte und Pflichten der einzelnen Gesellschaftergruppen trotz der Vorgaben des GmbHG entsprechend den Bedürfnissen viel flexibler im Gesellschaftsvertrag festgelegt werden. Jedoch stehen durch die Möglichkeit der Nutzung verschiedener Aktiengattungen (darunter stimmrechtsloser Vorzugsaktien) auch der AG verschiedene Gestaltungsmöglichkeiten offen.
2 *Käpplinger*, Aktienoptionspläne, S. 24.
3 Basispreis, engl. „exercise price"; vgl. *Küting/Dürr*, WPg 2004, 609, 610.
4 *Janssen* in Beck'sches Hdb. AG, § 24 Rz. 35; *Weber* in Achleitner/Wollmert, Stock Options, S. 28 f.
5 *Ettinger*, Stock-Options, S. 7; *Weber* in Achleitner/Wollmert, Stock Options, S. 28 f.
6 Sog. innerer Wert der Aktienoption; *Rothenburg*, Aktienoptionen in der Verschmelzung, 2009, S. 5.
7 Empirische Untersuchung bei *Sauter/Babel* in Kessler/Sauter, Hdb. Stock Options, Rz. 58 ff.
8 634 Unternehmen mit Sitz in Deutschland sind an der Frankfurter Wertpapierbörse gelistet, wovon jedoch nur 391 im regulierten (früher geregelten und amtlichen) Markt börsennotiert sind; Quelle: Deutsche Börse AG Kassamarktstatistik, Stand 1.11.2021. Hinzu treten deutsche Unternehmen, die nur an einer Regionalbörse am regulierten Markt börsennotiert sind.
9 *Käpplinger*, Aktienoptionspläne, S. 17.

struktur[10]. Zu den realen Plänen zählen nicht nur die reinen bzw. „nackten" Aktienoptionen (**naked warrants**[11] oder **stock options**), sondern auch Wandelschuldverschreibungen (**convertible bonds**)[12] und Optionsanleihen (**warrant bonds**)[13].

Vor der Gesetzesänderung vom 1.5.1998[14] waren Wandelschuldverschreibungen oder Optionsanleihen nach § 221 AktG als Träger der Optionen der meist gewählte Weg, Arbeitnehmer und Führungskräfte am Unternehmen einer Aktiengesellschaft zu beteiligen (vgl. Rz. 55.48; Rz. 56.10). Die Koppelung des benötigten Wandel- oder Optionsrechts mit einer Anleihe war erforderlich, da die Ausgabe reiner („nackter") Optionen auf der Grundlage des § 221 AktG nach der damals h.M.[15] unzulässig war. Mit der Einfügung des § 192 Abs. 2 Nr. 3 bzw. der Änderung des § 71 Abs. 1 Nr. 8 AktG ist diese ausdrücklich im Gesetz verankert[16]. Obgleich der Umweg über Wandelschuldverschreibungen bzw. Optionsanleihen als umständlich angesehen wurde[17], nehmen Aktienoptionspläne auf der Basis der Finanzierungsinstrumente nach § 221 AktG noch immer einen bedeutenden Platz ein, weil größere Gestaltungsspielräume eröffnet werden[18]. Ein weiterer Vorteil ist, dass bei der Ausgabe von Schuldverschreibungen dem Unternehmen sofort Kapital zugeführt wird. Während die Restriktion des § 192 Abs. 2 Nr. 3 AktG dabei keine Anwendung findet, wurden die Beschlussvoraussetzungen des § 193 Abs. 2 Nr. 4 AktG im Zuge der Reform des UMAG auch für Wandel- und Optionsanleihen in § 221 Abs. 4 Satz 2 AktG eingeführt (dazu Rz. 55.48).

55.6

II. Zweck von Aktienoptionsplänen

Mit einer Mitarbeiterbeteiligung können verschiedene Zwecke verfolgt werden, die sich auf die Art und Weise der konkreten Ausgestaltung der Mitarbeiterbeteiligung auswirken. Die Beweggründe für die Einführung von Optionsplänen sind vielfältig und können allgemein mit **Motivations-, Bindungs-, Wettbewerbs-, Signal-** sowie **Liquiditätseffekt**[19] umschrieben werden. Daneben gibt es auch **volkswirtschaftliche** bzw. **sozialpolitische** Gründe für die Einführung von Mitarbeiterbeteiligungen. Zunächst kann hinter der Einführung einer Mitarbeiterbeteiligung die Hoffnung des Unternehmens stehen, die Motivation und Leistung der Mitarbeiter nachhaltig zu steigern und diese langfristig an das Unternehmen zu binden. Der Identifikationsaspekt dürfte vor allem in Branchen eine Rolle spielen, in

55.7

---

10 *Umnuß/Ehle*, BB 2002, 1042, 1042; *Käpplinger*, Aktienoptionspläne, S. 20; zu Aktienoptionsprogrammen auf Basis unechter bzw. virtueller Eigenkapitalinstrumente Rz. 56.11 ff.
11 *Merkt* in K. Schmidt/Lutter, 4. Aufl. 2020, § 221 AktG Rz. 14.
12 *Wandelschuldverschreibungen* sind Schuldverschreibungen bzw. Anleihen, die – sofern die Umtauschvoraussetzungen vorliegen – gegen eine Aktie eingetauscht werden können (§ 221 Abs. 1 Satz 1 Halbs. 1 Alt. 1 AktG; *Merkt* in K. Schmidt/Lutter, 4. Aufl. 2020, § 221 AktG Rz. 15 ff.).
13 *Optionsschuldverschreibungen* sind ebenso wie Wandelschuldverschreibungen mit einer Schuldverschreibung bzw. einer Anleihe verknüpft, jedoch sind Schuldverschreibung und Bezugsrecht getrennt, so dass die Ausübung des Bezugsrechts neben die Rückzahlung der Anleihe tritt (*Hüffer/Koch*, § 221 AktG Rz. 6; *Habersack* in MünchKomm. AktG, 5. Aufl. 2021, § 221 AktG Rz. 12 ff.).
14 Gesetz zur Kontrolle und Transparenz im Unternehmensbereich (KonTraG), BGBl. I 1998, 786.
15 Statt vieler *Friedrichsen*, Aktienoptionsprogramme, S. 66; *Hüffer/Koch*, § 221 AktG Rz. 75; *Weiß*, Aktienoptionspläne, S. 158 Fn. 609 jeweils m.w.N. Allgemein zur Einordnung in § 221 AktG *Dierks*, Selbständige Aktienoptionsscheine, S. 83 ff.
16 Zu den Bezugsberechtigten von Aktienoptionen, die mit rückgekauften Aktien bedient werden, vgl. Rz. 55.44 ff.
17 Nur *Roschmann/Erwe* in Harrer, Mitarbeiterbeteiligungen, Rz. 183 („rechtlich komplex und wenig transparent"); *Lutter*, ZIP 1997, 1, 7 („ziemlich lästiger Umweg").
18 Vgl. auch *Käpplinger*, Aktienoptionspläne, S. 25.
19 *Käpplinger*, Aktienoptionspläne, S. 18 m.w.N.; *Schanz*, Börseneinführung, § 21 Rz. 3 ff.; allg. *Möslang*, Zielvorgaben in Anreizsystemen, Diss. Jur. 2017; vgl. zu Mitarbeiterbeteiligung in der Unternehmenskrise *Blunk*, BB 2015, 437 ff.

denen die Mitarbeiterfluktuation und -migration traditionell sehr hoch ist. Verstärkt wird die Bindung der Mitarbeiter dadurch, dass die Optionen typischerweise erst nach einer gewissen Sperrfrist ausgeübt werden dürfen und bei einer Beendigung des Dienst- oder Arbeitsverhältnisses ersatzlos verfallen[20]. Daneben soll, insbesondere bei Führungskräften, der Interessenkonflikt zwischen Aktionären und Management (Principal/Agent) gemildert werden[21]. Durch eine im internationalen Vergleich attraktive Entlohnung können zudem Fachleute und Top-Manager besser angeworben und an das so **wettbewerbsfähigere Unternehmen** gebunden werden. Weiteres Argument für die Mitarbeiterbeteiligung ist die Zuführung neuen Kapitals, was vor allem für junge oder sanierungsbedürftige Unternehmen eine Rolle spielt[22]. Dabei tritt der **Liquiditätseffekt** je nach Ausgestaltung des Plans früher oder später ein (z.B. bei der Emission von Schuldverschreibungen früher als bei „nackten" Optionen). Wenngleich sich die Unternehmen bei der Frage der Notwendigkeit von Mitarbeiterbeteiligungen vordringlich von betriebswirtschaftlichen Erwägungen leiten lassen, sprechen auch volkswirtschaftliche und sozialpolitische Gründe für derartige Programme. Aktienoptionspläne dienen auch der Vermögensbildung, da sie der „breiten Bevölkerung" ermöglichen, für Zwecke der Altersvorsorge und sonstige private Risikoabsicherung Vermögen anzusparen. Da sich meist nicht alle Ziele gleichzeitig verwirklichen lassen werden in der Praxis Prioritäten, etwa im Rahmen eines **Mischsystems**, gesetzt.

III. Aktienrechtlicher Rahmen für Aktienoptionspläne

1. Entscheidung, Hauptversammlungsbeschluss und Aktienoptionsplan

55.8 Im Rahmen der Entscheidung der Geschäftsleitung für die Ausgabe von Aktienoptionen, die regelmäßig nicht der Hauptversammlung vorzulegen ist (ausführlich Rz. 33.31 ff.), sind zu zahlreichen Punkten Überlegungen anzustellen.

55.9 Optionspläne, die über Kaufoptionen abgesichert werden, bei denen ein Dritter als Stillhalter fungiert[23], erfordern keinen Hauptversammlungsbeschluss. Demgegenüber ist bei Optionsprogrammen, die durch die Gesellschaft bedient werden (außer im Falle des § 71 Abs. 1 Nr. 2 AktG[24]), ein **Hauptversammlungsbeschluss herbeizuführen**, der bei einer bedingten Kapitalerhöhung mit einer Mehrheit von **drei Vierteln** des bei der Beschlussfassung vertretenen Kapitals und daneben einfacher Stimmenmehrheit zu fassen ist[25]. Dabei müssen die **wesentlichen Grundzüge des Aktienoptionsprogramms** festgelegt werden:

– **Wer** soll zum Bezug der Aktienoptionen berechtigt sein? (Vorstand, Führungskräfte, alle Mitarbeiter, Mitarbeiter verbundener Unternehmen etc.) – § 193 Abs. 2 Nr. 2 AktG;

– In welchem **Umfang** erhalten die Berechtigten die Aktienoptionen? (Aufteilung der Optionen auf Vorstand und die sonstigen Mitarbeiter; max. 10 % des Grundkapitals können im Rahmen des bedingten Kapital als Optionen ausgegeben werden) – § 193 Abs. 2 Nr. 4 AktG;

---

20 *Käpplinger*, Aktienoptionspläne, S. 19; zum Arbeitsrecht Rz. 55.62 ff.
21 *Rothenburg*, Aktienoptionen in der Verschmelzung, S. 7; *Käpplinger*, Aktienoptionspläne, S. 19; *Friederichsen*, Aktienoptionsprogramme, S. 30 f.
22 *Feddersen*, ZHR 161 (1997), 269, 273; *Friedrichsen*, Aktienoptionsprogramme, S. 32.
23 Vgl. hierzu näher *Friedrichsen*, Aktienoptionsprogramme, S. 11 f.; *Mutter/Mikus*, ZIP 2001, 1949 1950; *Seibert* in *Pellens*, Entlohnungssysteme, S. 33; *Weiß*, Aktienoptionspläne, S. 253; *Wulff*, Aktienoptionen, S. 16.
24 Str., vgl. *Käpplinger*, Aktienoptionspläne, S. 140, der im Hinblick auf ein einheitliches Schutzniveau auch im Fall des § 71 Abs. 1 Nr. 2 AktG einen Hauptversammlungsbeschluss fordert (ebenso *Bosse*, NZG 2001, 594, 596; *Claussen*, DB 1998, 177, 180).
25 Vgl. nur § 193 Abs. 1 Satz 1 AktG, dazu Rz. 46.16; dabei bedarf es keiner besonderen sachlichen Rechtfertigung und keines Vorstandsberichts, OLG Stuttgart v. 13.6.2001 – 20 U 75/00, AG 2001, 540, 543, vgl. Rz. 46.33; zur HV-Einladung Rz. 46.14, 46.33.

- Welche **Laufzeit** soll das Aktienoptionsprogramm insgesamt und welche Laufzeit sollen die einzelne Option haben? (Einmalige oder über mehrere Jahre verteilte Ausgabe von Optionen; Zeitdauer bis zum Verfall der Optionen) – § 193 Abs. 2 Nr. 3 AktG;
- Innerhalb welcher **Erwerbszeiträume** (Periode bis zum Erwerb, sog. „vesting period")[26] können die Optionen gewährt werden? – § 193 Abs. 2 Nr. 4 AktG;
- Wie hoch soll der **Ausübungspreis** sein bzw. wie soll er berechnet werden? (Je niedriger der Ausübungspreis ist, desto höher ist die Gewinnchance, aber auch die wertmäßige Verwässerung der Beteiligung der Altaktionäre) – § 193 Abs. 2 Nr. 3 AktG;
- Wie lange soll die **Wartefrist** bis zur Ausübung sein? (Mindestens 4 Jahre sind gesetzlich vorgeschrieben, Aufteilung in Tranchen denkbar) – § 193 Abs. 2 Nr. 4 AktG;
- Welche **Erfolgsziele** werden angesetzt, deren Erreichen die Ausübung erlaubt? (Die Ausgestaltung ist grundsätzlich frei, aber der Gesetzgeber geht von einem relativen Erfolgsziel zur Verhinderung von „windfall profits" aus) – § 193 Abs. 2 Nr. 4 AktG;
- Soll eine **Übertragung** der Aktienoptionen gestattet sein? (Bindungseffekt und Zeitpunkt der Versteuerung);
- Innerhalb welcher **Ausübungszeiträume** können die Aktienoptionen nach Ablauf der Wartefrist ausgeübt werden? (Hauptsächlich Verhinderung des Insiderhandels) – § 193 Abs. 2 Nr. 4 AktG.

Für Vorstandsmitglieder enthält der DCGK (von dem mittels Entsprechenserklärung nach § 161 AktG abgewichen werden kann, „Selektionsmodell")[27] detaillierte Regelungen über die Zusammensetzung der Vergütung. Sie soll sowohl fixe als auch variable Bestandteile umfassen, wobei die langfristigen (LTI) die kurzfristigen Bestandteile (STI) aus einer Ex-Ante Sicht überwiegen sollen (GS 23 G.6 DCGK). Als variable Vergütungskomponenten nennt der DCGK nicht ausdrücklich Aktienoptionen, eine „Aktienbasierung" i.S. einer Ableitung aus dem Aktienkurs genügt[28].

Wenn im Hauptversammlungsbeschluss die wesentlichen Grundzüge ohne weitere Einzelheiten festgelegt sind (Ermächtigungsbeschluss), müssen diese in einem detaillierten **Aktienoptionsplan** bestimmt werden (vgl. auch Rz. 55.19). Dazu gehören unter anderem der gesamte technische Ablauf der Gewährung und Ausübung der Optionen, Haltefristen (nach Erwerb der Aktien), Verwässerungsanpassung sowie die Regelungen über das Ausscheiden der Mitarbeiter aufgrund von Tod, Rente und Kündigung. Dieses Regelwerk enthält auch die Optionsbedingungen. Der Aktienoptionsplan fällt in die Beschlusszuständigkeit von Vorstand bzw. Aufsichtsrat (für Optionen des Vorstandes), wobei sich beide Organe nur innerhalb der Vorgaben des Hauptversammlungsbeschlusses bewegen dürfen. Angesichts sich oftmals rasch wandelnder wirtschaftlicher Rahmendaten können für eine entsprechende Flexibilität im Beschluss Bedingungen für Änderungen vorgegeben werden (zum Repricing Rz. 55.52 ff.). Daneben sind Vorstand bzw. Aufsichtsrat auch für die Zuteilung der Optionen verantwortlich, welche meist jährlich erfolgt.

2. Herkunft der Aktien

Die entscheidende aktienrechtliche Frage der Mitarbeiterbeteiligung bereits bei Strukturierung ist, aus welcher Quelle das beschlossene Aktienoptionsprogramm zur Ausgabe von Aktien an Mitarbeiter bedient wird[29].

55.10

---

26 Vgl. *Küting/Dürr*, WPg 2004, 609, 610.
27 *Hüffer/Koch*, § 161 AktG Rz. 17.
28 GS 23 G.6; hierzu Rz. 21.60 ff., zur Publizität Rz. 21.101 ff.; *Bachmann* in Kremer/Bachmann/Lutter/v. Werder, Deutscher Corporate Governance Kodex, DCGK G 23 Rz. 1 ff.; *v. Zehmen*, BB 2021, 628, 635, diese sind zu veröffentlichen nach dem VorstOG; § 285 Satz 1 Nr. 9a, § 314 Abs. 1 Nr. 6a HGB.
29 *Feddersen/Pohl*, AG 2001, 26, 27; *Umnuß/Ehle*, BB 2002, 1042.

a) Genehmigtes Kapital

55.11 Die Lieferverpflichtung eines Aktienoptionsprogramms kann zunächst im Wege des **genehmigten Kapitals nach §§ 202 ff. AktG** abgesichert werden. Bei Aktienoptionsprogrammen kommt dieser Variante der Belieferung nur eine untergeordnete Bedeutung zu[30], da sich eine Kapitalerhöhung unter Ausnutzung des genehmigten Kapitals in der Regel auf Grund der Vielzahl von berechtigten Mitarbeitern organisatorisch aufwendig gestaltet[31] und der Vorstand nicht teilnehmen kann. Der Unterschiedsbetrag zwischen Ausgabebetrag und Marktpreis kann steuerlich nicht verwertet werden[32].

b) Bedingtes Kapital

55.12 Die Bereitstellung der im Ausübungsfall notwendigen Aktien kann bereits bei der Auflegung des Optionsplans durch die Schaffung eines **bedingten Kapitals** gewährleistet werden[33]. § 192 Abs. 2 Nr. 3 AktG sieht vor, dass die Hauptversammlung zur Gewährung von Bezugsrechten an Arbeitnehmer und die Mitglieder der Geschäftsführung der Gesellschaft und verbundener Unternehmen im Wege des Zustimmungs- oder Ermächtigungsbeschlusses mit satzungsändernder Mehrheit (vgl. § 193 Abs. 1 Satz 1 AktG) eine Erhöhung des Grundkapitals beschließen kann, die nur insoweit eintritt, als von den eingeräumten Bezugsrechten Gebrauch gemacht wird. Eine Begünstigung des Aufsichtsrates über diese Vorschrift scheidet aus[34].

55.13 Die Bereitstellung eines bedingten Kapitals für Optionsprogramme eignet sich u.a. deswegen, weil für dessen Inanspruchnahme **keine Fünf-Jahres-Frist** wie beim genehmigten Kapital (§ 202 Abs. 2 AktG) gilt[35]. Allerdings besteht eine **Begrenzung der Kapitalerhöhung** auf maximal 10 % des bei Beschlussfassung bestehenden Grundkapitals. Daneben ist die Verwendung bedingten Kapitals zur Bedienung von Stock Options auch aus steuerlichen Gesichtspunkten ungünstig, weil es dabei zu keinen Betriebsausgaben auf Unternehmensseite kommt[36]. Vor allem wegen der einfachen technischen Abwicklung – die Aktien entstehen quasi automatisch (§ 200 AktG) – erweist sich die Bereitstellung der Aktien im Wege des bedingten Kapitals neben dem Rückkauf eigener Aktien als eine der attraktivsten Möglichkeiten, um einen Optionsplan zu bedienen.

c) Rückkauf eigener Aktien

55.14 Weiterhin können die zu liefernden Aktien von der Gesellschaft durch einen **Rückkauf ausstehender eigener Aktien** beschafft werden. Dies hat zwar den Vorteil, dass die dabei entstehenden Kosten wie Zinsen oder Kursverluste als Aufwand steuerlich geltend gemacht werden können[37]. Nachteilig ist insoweit aber, dass die Gesellschaft zunächst Liquidität aufwenden muss, um die Aktien zu erwerben. In

---

30 Vgl. Rz. 56.19, Rz. 55.21 und Rz. 45.1 ff. Die Untersuchung von *Käpplinger* (Aktienoptionspläne, S. 27) von 207 Aktienoptionsplänen ergab, dass lediglich neun Optionspläne das genehmigte Kapital in Anspruch nahmen; zur Zulässigkeit *Kuntz*, AG 2004, 480 ff.; *Roth/Schoneweg*, WM 2002, 677, 682.
31 Vgl. *Tollkühn*, NZG 2004, 594; z.B. Laufzeit von 5 Jahren (§ 202 Abs. 1 AktG), Rechte erst mit Eintragung (§ 203 Abs. 1, § 191 AktG). Vgl. *Schlitt/Löschner*, BKR 2002, 150, 152, 156.
32 Vgl. *Richter/Gittermann*, AG 2004, 277, 278.
33 *Schanz*, Börseneinführung, § 21 Rz. 25; *Roschmann/Erwe* in Harrer, Mitarbeiterbeteiligungen, Rz. 207; zum HV-Beschluss Rz. 46.28. Allgemein zur bedingten Kapitalerhöhung vgl. Rz. 46.1 ff.
34 *Schanz*, Börseneinführung, § 21 Rz. 25; *Wiechers*, DB 2003, 595; *Hoff*, WM 2003, 910, 911; *Hüffer/Koch*, § 192 AktG Rz. 21 m.w.N.; BGH v. 16.2.2004 – II ZR 316/02 – MobilCom, ZIP 2004, 613 = AG 2004, 265; vgl. auch Rz. 46.13.
35 *Schanz*, Börseneinführung, § 21 Rz. 25; *Weiß*, Aktienoptionspläne, S. 150 f.; *Roth/Schoneweg*, WM 2002, 677, 682.
36 *Knoll*, StB 2002, 88, 90 m.w.N.; zu den steuerlichen Aspekten siehe Rz. 55.80 ff.
37 *Seibert* in Pellens, Entlohnungssysteme, S. 28, 35; *Schanz*, Börseneinführung, § 21 Rz. 25; zu den steuerlichen Aspekten Rz. 55.80 ff.; *Richter/Gittermann*, AG 2004, 277, 278.

Höhe der Differenz zum Ausgabepreis entsteht eine Liquiditätsbelastung für die Gesellschaft[38]. Das Gesetz stellt der Gesellschaft mit § 71 Abs. 1 Nr. 8 und Nr. 2 AktG zwei selbstständig nebeneinander stehende[39] Rechtsgrundlagen zur Verfügung, die sich insb. dadurch unterscheiden, dass § 71 Abs. 1 Nr. 8 AktG einen Zustimmungs- bzw. Ermächtigungsbeschluss der Hauptversammlung erfordert, während ein solcher im Rahmen des § 71 Abs. 1 Nr. 2 AktG entbehrlich ist[40]. Ein weiterer Unterschied liegt darin, dass zu dem von § 71 Abs. 1 Nr. 2 AktG erfassten Personenkreis nur Arbeitnehmer, nicht hingegen Organmitglieder rechnen, während § 71 Abs. 1 Nr. 8 AktG beide Personengruppen gleichermaßen erfasst[41].

aa) Erwerb über § 71 Abs. 1 Nr. 2 AktG

Der § 71 Abs. 1 Nr. 2 AktG erlaubt den **Rückkauf bestehender Aktien**, sofern diese an Arbeitnehmer des Unternehmens oder verbundene Gesellschaften übertragen werden, als Geschäftsführungsmaßnahme, für die keine Zustimmung der Hauptversammlung erforderlich ist[42]. Die dabei erworbenen Aktien sind gemäß § 71 Abs. 3 Satz 2 AktG allerdings innerhalb eines Jahres nach Erwerb an die Berechtigten auszugeben. Sie müssen ferner voll eingezahlt sein und ihr Nennbetrag darf zusammen mit demjenigen der bereits im Besitz der Gesellschaft befindlichen Aktien 10 % des Grundkapitals nicht übersteigen.

55.15

bb) Erwerb über § 71 Abs. 1 Nr. 8 AktG

Beim Aktienrückkauf gemäß § 71 Abs. 1 Nr. 8 AktG kann die Hauptversammlung sowohl über die Ermächtigung zum Erwerb der Aktien (§ 71 Abs. 1 Nr. 8 Satz 1 AktG, sog. **Erwerbsbeschluss**), als auch über deren Weiterveräußerung (§ 71 Abs. 1 Nr. 8 Sätze 3 bis 5 AktG, sog. **Veräußerungsbeschluss**[43]) beschließen. Die Beschlüsse können miteinander verbunden werden, wobei für den Erwerbsbeschluss eine einfache Stimmenmehrheit (§ 133 Abs. 1 AktG) genügt, während für den Veräußerungsbeschluss eine Drei-Viertel-Kapitalmehrheit[44] erforderlich ist[45].

55.16

Gegenüber einem Erwerb nach § 71 Abs. 1 Nr. 2 AktG erweist sich ein **Erwerb über § 71 Abs. 1 Nr. 8 AktG** einerseits aufgrund des **größeren Personenkreises** (Arbeitnehmer oder Mitglieder der Geschäftsleitung; damit Eignung auch für Beteiligungsmodelle für den Vorstand, hingegen nicht für den Aufsichtsrat[46]) und andererseits aufgrund der Tatsache, dass für die nachfolgende Ausgabe bei der Aus-

55.17

---

38 Vgl. *Richter/Gittermann*, AG 2004, 277, 278; *Tollkühn*, NZG 2004, 594; *Roth/Schoneweg*, WM 2002, 677, 682.
39 H.M.; *Claussen*, DB 1998, 177, 180; *Ettinger*, Stock Options, S. 49 f.; *Friedrichsen*, Aktienoptionsprogramme, S. 60; *Feddersen/Pohl*, AG 2001, 26, 33; *Michel*, Stock Options, S. 45; *Portner*, DStR 1997, 786; *Uwe H. Schneider*, ZIP 1996, 1769, 1772; a.A. wohl *Seibert* in Pellens, Entlohnungssysteme, S. 29, 34; *Scholz*, ZIP 2001, 1341, 1347 f.
40 Bei Bedienung eines bestehenden Aktienoptionsplans, der § 193 Abs. 2 Nr. AktG entspricht, reicht ein Verweis auf den alten Ermächtigungsbeschluss, *Wieneke* in Bürgers/Körber/Lieder, § 71 AktG Rz. 42.
41 Vorstand, nicht aber Mitglieder des Aufsichtsrates, BGH v. 16.2.2004 – II ZR 316/02 – Mobilcom, BGHZ 158, 122 = AG 2004, 265, vgl. Rz. 55.44 ff.
42 Str., a.A. zumindest bei einer Anwendung auf Aktienoptionspläne *Bosse*, NZG 2001, 594, 596; *Claussen*, DB 1998, 177, 180; *Käpplinger*, Aktienoptionspläne, S. 140 f.
43 Zu inhaltlichen Anforderungen an den Veräußerungsbeschluss siehe Rz. 55.41 ff.; allg. Rz. 52.20, 52.27 ff.
44 § 71 Abs. 1 Nr. 8 Satz 5 AktG i.V.m. § 186 Abs. 3 Satz 2 AktG.
45 So LG Berlin v. 15.11.1999 – 99 O 83/99, NZG 2000, 944, 945 = AG 2000, 328, 329; *Käpplinger*, Aktienoptionspläne, S. 135; *Klahold*, Aktienoptionen, S. 256; *Wulff*, Aktienoptionen, S. 189.
46 Vgl. Rz. 55.44 f. Für Vorstandsmitglieder sieht der DCGK in GS 23, G.16, G.1 zwar nicht mehr explizit vor, dass ihre Vergütung sowohl fixe als auch variable Bestandteile enthalten soll. G.1 und G.5 ergeben jedoch im Kontext eine Verpflichtung zur dualen Ausgestaltung eines Vergütungssystems mit festen und variablen Vergütungsbestandteile, vgl. dazu *Bachmann* in Kremer/Bachmann/Lutter/v. Werder,

übung der Option **keine zeitliche Befristung** besteht und die Aktien demnach unbegrenzt gehalten werden können, als **vorteilhafter**. Inhaltlich ist im Hinblick auf den Erwerbsbeschluss lediglich zu beachten, dass die Höchstgrenze des Aktienrückerwerbs 10 % des Grundkapitals beträgt (vgl. § 71 Abs. 1 Nr. 8 Satz 1 AktG i.V.m. § 71 Abs. 2 Satz 1 AktG) und die Aktien innerhalb von fünf Jahren nach dem als Ermächtigungsgrundlage erforderlichen Hauptversammlungsbeschluss erworben sein müssen[47]. Nach § 71 Abs. 3 Satz 2 AktG sind die Aktien innerhalb eines Jahres nach Erwerb auch tatsächlich an die Arbeitnehmer auszugeben. Bei einem Verstoß besteht gemäß § 71c Abs. 1 AktG innerhalb eines Jahres eine **Veräußerungspflicht** des Vorstands[48]. Erfolgt die Veräußerung nicht innerhalb dieser Frist, sind die Aktien nach § 71c Abs. 3, § 237 AktG einzuziehen[49].

d) Kombination verschiedener Modelle

55.18 Wenngleich dem Rückkauf eigener Aktien sowie der Möglichkeit, Optionspläne über das bedingte Kapital abzusichern, die größere Bedeutung zukommt, können Optionspläne auch mit einer Kombination der oben beschriebenen Arten der Aktienbereitstellung operieren. So kann z.B. der Aktienrückkauf mit bedingtem[50] Kapital oder auch mit Wandelschuldverschreibungen[51] kombiniert werden. Auch sind Fälle bekannt, in denen das genehmigte Kapital mit anderen Arten der Aktienbereitstellung verbunden wird[52].

IV. Inhaltliche Eckpunkte von Aktienoptionsplänen

55.19 Bei der ebenfalls nach Bereitstellungsformen getrennten Betrachtung der **inhaltlichen Ausgestaltung** wird auf bereits beim zugrundeliegenden Hauptversammlungsbeschluss zu beachtende zwingende Punkte hingewiesen (Rz. 55.9, 55.16). Die Hauptversammlung kann die Einzelheiten im Rahmen eines Zustimmungsbeschlusses bestimmen. Ansonsten liegt deren Ausgestaltung bei einem Ermächtigungsbeschluss im Vorstands- bzw. Aufsichtsratsermessen[53].

1. Ausgestaltung von Aktienoptionsplänen auf der Basis genehmigten Kapitals

55.20 Neben den angesprochenen Nachteilen begegnet der Einsatz eines genehmigten Kapitals insbesondere dann Bedenken, wenn auch der Vorstand Teilnehmer des Optionsplans sein soll. Der Vorstand legt gemäß § 204 Abs. 1 AktG die Bedingungen der Aktienausgabe fest, soweit die Ermächtigung keine Be-

---

Deutscher Corporate Governance Kodex, DCGK GS 23, G.16. G.1 Rz. 11; *Veil* in K. Schmidt/Lutter, 4. Aufl. 2020, § 192 AktG Rz. 18 ff. und Rz. 21.
47 Die HV ist gemäß § 71 Abs. 3 Satz 1 AktG über die Gründe und den Zweck des Erwerbs, über die Zahl der erworbenen Aktien und den auf diese Aktien entfallenden Betrag des Grundkapitals, über den Anteil der erworbenen Aktien am Grundkapital sowie über deren Gegenwert zu unterrichten, § 71 Abs. 3 Satz 1 AktG; *Hüffer/Koch*, § 71 AktG Rz. 19e, 21. Diese kann unterbleiben, wenn die nächste Hauptversammlung diejenige ist, die den Anhang nach § 160 Abs. 1 Nr. 2 AktG mit den entsprechenden Angaben zum Erwerb eigener Aktien entgegennimmt. Entsprechen die Angaben im Anhang nicht vollumfänglich der Berichtspflicht des Vorstands, hat dieser die fehlenden Angaben von sich aus in der HV zu machen.
48 Ein Verstoß macht den Erwerb dinglich nicht unwirksam. Allerdings ist das schuldrechtliche Geschäft nichtig, soweit es einen gemäß § 71 Abs. 1 oder 2 AktG verbotenen Erwerb von Aktien zum Gegenstand hat. Der Erwerb ist als rechtsgrundlos nach Bereicherungsrecht abzuwickeln, *Hüffer/Koch*, § 71 AktG Rz. 24; vgl. Rz. 52.46 ff.
49 Vgl. *Wieneke* in Bürgers/Körber/Lieder, § 71c AktG Rz. 11.
50 Vgl. *Käpplinger*, Aktienoptionspläne, S. 26 m.w.N. in Fn. 81.
51 *Käpplinger*, Aktienoptionspläne, S. 26, vgl. auch Rz. 46.36.
52 Vgl. *Käpplinger*, Aktienoptionspläne, S. 27.
53 *Rieckers* in BeckOGK AktG, Stand 1.6.2021, § 193 AktG Rz. 42; als Zweck aus § 193 Abs. 2 Nr. 1 AktG ist die Aktienoptionsbedingung festzulegen.

stimmungen enthält. Wenn kein reiner Zustimmungsbeschluss der Hauptversammlung vorliegt ist er somit in der Lage, über die wesentlichen Bedingungen der an ihn auszugebenden Optionen zu befinden. Daher wird von Teilen der Literatur eine **Beteiligung des Vorstandes** an Optionsplänen, die über ein genehmigtes Kapital aufgelegt werden, als unzulässig erachtet[54]. Sachgerechter erscheint es jedoch, nicht von einer Unzulässigkeit der Optionsausgabe an Vorstandsmitglieder auszugehen, sondern vielmehr die **Schutzvorschriften**, die durch das **KonTraG** im Hinblick auf das bedingte Kapital in das Aktiengesetz aufgenommen wurden, auf das genehmigte Kapital zu **übertragen**. Dies ist möglich, da die §§ 202 ff. AktG keine optionsplanspezifischen Schutzvorschriften enthalten. In der Praxis bedeutet dies, dass eine entsprechende Ermächtigung des Vorstands durch die Hauptversammlung beispielsweise bereits Regelungen über den Kreis der Bezugsberechtigten (vgl. § 192 Abs. 2 Nr. 3 AktG) oder zur Festlegung des Ausgabebetrages (vgl. § 193 Abs. 2 Nr. 3 AktG) enthalten muss, um einer möglichen Interessenkollision vorzubeugen und damit auch den Vorstand in den Genuss eines Optionsplans auf der Basis eines genehmigten Kapitals kommen zu lassen.

2. Ausgestaltung von Aktienoptionsplänen auf der Basis bedingten Kapitals

55.21 Für die Ausgestaltung von Aktienoptionsplänen auf der Basis einer bedingten Kapitalerhöhung gemäß § 192 Abs. 1 AktG hat der Gesetzgeber in **§ 193 AktG Eckdaten** festgelegt, die sich in jedem Aktienoptionsplan finden müssen.

a) Kreis der Bezugsberechtigten (§ 193 Abs. 2 Nr. 2 AktG)

55.22 Gemäß § 193 Abs. 2 Nr. 2 AktG muss der Beschluss über die bedingte Kapitalerhöhung Angaben über die Aufteilung der Optionsrechte auf die Mitglieder der Geschäftsführung der Gesellschaft und die jeweiligen Arbeitnehmer enthalten[55]. Dabei ist eine namentliche Nennung der **Bezugsberechtigten** nicht erforderlich, jedoch muss feststellbar sein, wer zu diesem Kreis gehört[56]. Bei Vorstandsmitgliedern sind die Grenzen und Vorgaben des § 87 AktG und die Angaben des § 87a AktG zu beachten (vgl. detailliert Rz. 21.22 ff.), wobei die Hauptversammlung an diese Maßstäbe nicht gebunden ist[57].

Zudem gilt seit Umsetzung der ARRL II durch das ARUG II die Vorgabe, dass die Vergütung auf Basis eines der Hauptversammlung nach § 120a AktG vorgelegten – nicht notwendigerweise gebilligten – Vergütungssystems erfolgt, welches bei wesentlichen Änderungen, jedenfalls aber alle 4 Jahre erneut vorgelegt werden muss[58]. Im Nachgang ist anhand eines zu billigenden Vergütungsberichts über die Einhaltung zu berichten. Eine Abweichung ist nur in engen Grenzen, soweit im Vergütungssystem vorgesehen, möglich (§ 87 Abs. 2 Satz 2 AktG). Seit dem Geschäftsjahr 2006 sind diese als Teil der Bezüge i.S.d. VorstOG offenzulegen, § 285 Satz 1 Nr. 9 lit. a, § 314 Abs. 1 Nr. 6 lit. a HGB.

55.23 Während Mitglieder der Geschäftsführung und Arbeitnehmer auf allen Mitarbeiterstufen[59] unproblematisch als Berechtigte eines Optionsplanes, der über das bedingte Kapital abgesichert wird, in Betracht kommen, scheidet eine **Einbeziehung von Aufsichtsratsmitgliedern** aus[60]. Dasselbe gilt für Aufsichts-

---

54 *Baums* in FS Claussen, S. 3, 35; *Friedrichsen*, Aktienoptionsprogramme, S. 63; *Götze*, Aktienoptionen, S. 40 f.; *Wulff*, Aktienoptionen, S. 43; vgl. zum genehmigten Kapital Rz. 45.2 ff.
55 Allgemein zur Beschlussfassung über die bedingte Kapitalerhöhung vgl. Rz. 46.14 ff., 46.28 ff.
56 *Fuchs* in MünchKomm. AktG, 5. Aufl. 2021, § 193 AktG Rz. 11; *Friedrichsen*, Aktienoptionsprogramme, S. 76; *Hüffer/Koch*, § 193 AktG Rz. 5; *Klahold*, Aktienoptionen, S. 174; *Veil* in Schmidt/Lutter, 4. Aufl. 2020, § 193 AktG Rz. 7; *Wulff*, Aktienoptionen, S. 74.
57 Vgl. Rz. 46.30; *Rieckers* in BeckOGK AktG, Stand 1.6.2021, § 193 AktG Rz. 23.
58 *Spindler*, AG 2020, 61f.; *Stenzel*, BB 2020, 970, 971.
59 Vgl. *Friedrichsen*, Aktienoptionsprogramme, S. 39; *Hoffmann-Becking*, NZG 1999, 797, 803.
60 BGH v. 16.2.2004 – II ZR 316/02, AG 2004, 265; *Hoff*, WM 2003, 910, 911; *Deutschmann*, Aktienoptionen, S. 51, Fn. 154; *Ettinger*, Stock-Options, S. 66 f.; *Friedrichsen*, Aktienoptionsprogramme, S. 196; *Roschmann/Erwe* in Harrer, Mitarbeiterbeteiligungen, Rz. 187; *Hüffer/Koch*, § 192 AktG Rz. 21, § 193 AktG Rz. 7 m.w.N.; a.A. zur damaligen Rechtslage *Lutter* in FS Hadding, 2004, S. 561, 567 ff.

ratsmitglieder verbundener Unternehmen sowie Mitgliedern von Bei- oder Verwaltungsräten[61]. Ebenso wenig können gesellschafts- und konzernfremde Personen in den Kreis der Bezugsberechtigten eines Optionsplanes einbezogen werden. Insoweit wird die Aufzählung in § 192 Abs. 2 Nr. 3 AktG als abschließend angesehen[62].

b) Festlegung des Ausgabebetrages (§ 193 Abs. 2 Nr. 3 AktG)

55.24 Daneben gehört gemäß § 193 Abs. 2 Nr. 3 AktG insbesondere der **Ausübungspreis** („**Ausgabebetrag**" oder „**Basispreis**") je Aktie zu den Eckpunkten eines Aktienoptionsplans. Anstelle des Ausgabebetrages kann der Beschluss auch lediglich die Grundlagen enthalten, nach denen dieser Betrag errechnet wird[63]. Unterschiedlich ausgestalten lässt sich in einem Aktienoptionsplan die Frage der **Ermittlung des Ausübungspreises**. Jeder Ausübungspreis ist zulässig, der zumindest dem Nennbetrag bzw. anteiligen Betrag des Grundkapitals der auszugebenden Aktien entspricht[64]. Während in der Literatur[65] teilweise nur zwei Methoden der Basispreisbestimmung genannt werden – die **Ausgabe- und Abschlagsmethode** – ist die **Festpreismethode** ebenfalls möglich[66]. Nicht möglich ist ein Mindestpreis, der Raum für eine Vorstandsentscheidung lässt[67].

aa) Festpreismethode

55.25 Bei der Festpreismethode steht der Ausübungspreis je Aktie bereits zum Zeitpunkt des Hauptversammlungsbeschlusses fest und **verändert sich während der gesamten Laufzeit des Optionsplans nicht**[68]. Diese Methode ist unproblematisch mit § 193 Abs. 2 Nr. 3 AktG vereinbar, da der Basispreis in den Hauptversammlungsbeschluss aufgenommen werden kann[69]. Hierbei kann allerdings die künftige Börsenentwicklung nur unzureichend einbezogen werden.

bb) Ausgabemethode

55.26 Wird die Ausgabemethode eingesetzt, wird als Basispreis der Optionen der (**Durchschnitts-**)**Kurs** herangezogen, **zu dem die Unternehmensaktie an bestimmten Tagen des Ausgabejahres notiert**. Regelmäßig dient dabei der (künftige) Börsenkurs unmittelbar vor, nach oder bei der Ausgabe der Optionen als Grundlage für die Ermittlung des Basispreises. Denkbar ist auch festzulegen, dass der Börsenkurs am Tag der Verwaltungsentscheidung über die Optionsausgabe oder der Börsenkurs vor oder nach der Hauptversammlung des Ausgabejahres die relevanten Bezugsgrößen sein sollen. Dabei sollte die genaue Mittags- oder Schlussauktion oder der zeitlich letzte Kurs im Handel festgelegt werden, um die notwendige Bestimmtheit zu gewährleisten. Problematisch ist der „Schlusskurs" als Bezeichnung, der nicht mehr ermittelt wird; der Kurs einer Auktion ist bei weniger liquiden Werten schwierig, da oft kein Preis einer Auktion besteht, sondern bei Notierung im fortlaufenden Handel untertags. Zudem tritt bei weniger liquiden Werten, die nur durch Einsatz eines Market Maker (Designated Sponsors) in der Handelsart fortlaufender Handel gehalten werden, das Problem auf, dass die Kurse ggf. nur von Liquiditätsspendern stammen und damit nur wenig aussagekräftig sind. Hier sollte eine Periode gesetzt werden, um einen repräsentativen Durchschnittswert zu erlangen. Daneben kann auf den nach der Ausgabemethode ermittelten Basispreis noch ein Abschlag dergestalt vorgenommen wer-

---

61 *Hüffer/Koch*, § 192 AktG Rz. 20.
62 Vgl. *Ettinger*, Stock-Options, S. 68; *Hüffer/Koch*, § 192 AktG Rz. 8. Vgl. Rz. 46.13.
63 Vgl. RegE, BT-Drucks. 13/9712, S. 23.
64 *Ackermann/Suchan*, BB 2002, 1497, 1498.
65 So *Deutschmann*, Aktienoptionen, S. 62 sowie *Weiß*, Aktienoptionspläne, S. 118 f.
66 Ebenso *Käpplinger*, Aktienoptionspläne, S. 36.
67 Zu Wandelschuldverschreibungen OLG Celle v. 9.11.2007 – 9 U 57/07, AG 2008, 85; KG Berlin v. 3.8.2007 – 14 U 72/06, AG 2008, 85; krit. *Umbeck*, AG 2008, 67 ff.
68 Vgl. *Käpplinger*, Aktienoptionspläne, S. 36.
69 So auch *Friedrichsen*, Aktienoptionsprogramme, S. 170; *Götze*, Aktienoptionen, S. 111.

den, dass die Optionen mit ihrer Ausgabe bereits „im Geld" sind[70]. Umgekehrt kann aus bilanziellen Gründen ein Aufschlag vorgenommen werden, der den Optionspreis über den Börsenkurs bei der Ausgabe der Optionen anhebt („**Premium Model**")[71]. Obgleich der exakte Ausgabepreis zum Beschlusszeitpunkt noch unbekannt ist und folglich im Beschluss nicht angegeben werden kann, ist auch die Ausgabemethode mit § 193 Abs. 2 Nr. 3 AktG vereinbar, da die Vorschrift lediglich die Angabe der Berechnungsgrundlagen verlangt[72].

cc) Abschlagsmethode

Anders als bei den beiden erstgenannten Methoden bestimmt sich bei der Abschlagsmethode der Basispreis der Option nicht nach dem Börsenkurs des Ausgabejahres. Vielmehr wird der **Kurs am Tag der Optionsausübung** herangezogen, wobei von diesem Kurs noch ein zuvor definierter **dynamischer**[73] oder statischer[74] Abschlag vorgenommen wird. Abhängig davon, ob die Gesellschaft in ihrem Optionsplan ein Ausübungsfenster (vgl. ausführlich Rz. 55.39) vorsieht, kann zwischen den beiden Zeitpunkten eine Zeitspanne von zwei Wochen bis zu zwei Monaten liegen. Hierbei wird eine zu starke vermögensrechtliche Verwässerung der Anteile der Altaktionäre vermieden[75]. Darüber hinaus wird ein „Repricing" (Rz. 55.51 ff.) vermieden, da der Abschlag vom Börsenkurs erst zum Ausübungszeitpunkt vorgenommen wird, die Optionen also stets „im Geld" sind. Da statt der Angabe des konkreten Ausgabebetrages die Angabe der Berechnungsgrundlage ausreicht, ist auch ein formelhaft konkretisierter Ausgabebetrag im Kapitalerhöhungsbeschluss ausreichend[76].

55.27

c) Aufteilung der Bezugsrechte (§ 193 Abs. 2 Nr. 4 AktG)

Nach § 193 Abs. 2 Nr. 4 AktG muss der Hauptversammlungsbeschluss eine Aufteilung der Optionsrechte auf Mitglieder der Geschäftsführung und Arbeitnehmer vorsehen. Dabei wird – trotz des eindeutigen Wortlauts der Vorschrift – eine Aufteilung der Optionen auf zwei[77], drei[78] bzw. vier[79] Gruppen befürwortet. Wenngleich die Gesetzesbegründung für das letztgenannte Verständnis spricht[80], ist der Meinungsstreit nur von untergeordneter Bedeutung, da Einigkeit darüber besteht, dass **nicht zwin-**

55.28

---

70 Häufig 80 % vom Kurs, bzw. ein Abschlag von 20 %; Rz. 46.25; *Rieckers* in BeckOGK AktG, Stand 1.6.2021, § 193 AktG Rz. 16.
71 Zu Vorteilen bei US-GAAP Bilanzierung *Käpplinger*, Aktienoptionspläne, S. 37; zu bilanziellen Fragen Rz. 55.96 ff.
72 *Hüffer/Koch*, § 193 AktG Rz. 6b, zur Angabe eines Mindestpreises bei Flexibilität des Vorstands; Rz. 46.25 zum Streitstand; *Rieckers* in BeckOGK AktG, Stand 1.6.2021, § 193 AktG Rz. 16.
73 Beim *dynamischen Kursabschlag* hängt die Höhe des Abschlags vom Übertreffen („Outperformen") verschiedener Vergleichswerte ab; daher findet sich teilweise auch die Bezeichnung „*performanceabhängiger Abschlag*" (vgl. *Ackermann/Suchan*, BB 2002, 1497, 1498). Als Referenzgrößen können dabei beispielsweise Aktienindizes oder bestimmte Kursziele der eigenen Unternehmensaktie dienen (vgl. *Käpplinger*, Aktienoptionspläne, S. 38 m.w.N. in Fn. 182 und Fn. 183).
74 Bei der *statischen Kursabschlagsmethode* wird ein festgelegter Prozentsatz (z.B. 10 %) vom Kurs abgezogen.
75 Vgl. *Friedrichsen*, Aktienoptionsprogramme, S. 153.
76 Ebenso *Klahold*, Aktienoptionen, S. 175 f.
77 OLG Koblenz v. 16.5.2002 – 6 U 211/01, ZIP 2002, 1845, 1846 = AG 2003, 453: (1) Geschäftsführungsmitglieder und (2) Arbeitnehmer.
78 So u.a. OLG Stuttgart v. 13.6.2001 – 20 U 75/00 – DaimlerChrysler, ZIP 2001, 1367, 1370 = AG 2001, 540; *Hüffer/Koch*, § 193 AktG Rz. 9: (1) Vorstandsmitglieder AG, (2) Geschäftsführungsmitglieder verbundener Unternehmen und (3) Arbeitnehmer AG und der mit ihr verbundenen Unternehmen; *Rieckers* in BeckOGK AktG, Stand 1.6.2021, § 193 AktG Rz. 26; *Veil* in K. Schmidt/Lutter, 4. Aufl. 2020, § 193 AktG Rz. 12.
79 Vgl. *Weiß*, Aktienoptionspläne, S. 216; *Friedrichsen*, Aktienoptionsprogramme, S. 76 f.; *Scholz* in Münch-Hdb. AG, § 58 Rz. 40: (1), (2) wie zuvor (3) Arbeitnehmer AG und (4) verbundener Unternehmen.
80 Begr. RegE, BT-Drucks. 13/9712, S. 23.

gend **Optionen für alle Gruppen** vorgesehen werden müssen; im Zweifel sollten aber vier Gruppen gebildet werden. Vielmehr ist es zulässig, Optionen nur z.B. für die Arbeitnehmer auszugeben[81]. Zu beachten ist hierbei, dass einzelne Berechtigte zwei Gruppen unterfallen können (z.B. können Arbeitnehmer der Aktiengesellschaft zugleich Geschäftsführungsmitglieder eines verbundenen Unternehmens sein). Um in diesem Fall doppelte Bezüge zu vermeiden, sollte eine entsprechende Regelung im Hauptversammlungsbeschluss getroffen werden[82]. Übereinstimmend wird auch davon ausgegangen, dass die Angabe der Gruppenaufteilung hinreichend klar erfolgen muss, wobei eine **prozentuale Aufteilung** des bereitgestellten Gesamtvolumens auf einzelne Gruppen bzw. die Angabe der für jede Gruppe bereitgestellten Aktien als ausreichend angesehen wird[83]. Einzelne Gruppen können auch nicht berücksichtigt werden.

d) Wartezeit (§ 193 Abs. 2 Nr. 4 AktG)

55.29   Regelmäßig enthalten Optionspläne detaillierte Regelungen über **Sperrfristen** bzw. **Wartezeiten**. Diese Angaben müssen sich auch bereits in dem Kapitalerhöhungsbeschluss finden (§ 193 Abs. 2 Nr. 4 AktG). Darin ist festzuschreiben, ab welchem Zeitpunkt die Optionen **frühestens ausgeübt und in Aktien umgetauscht werden dürfen**. Indem eine sofortige Ausübung der Optionen unmittelbar nach Optionsgewährung ausgeschlossen wird, soll eine Unterminierung des Anreizeffektes der Optionen verhindert werden[84]. Die vom Gesetz in § 193 Abs. 2 Nr. 4 AktG geforderte **Mindestwartefrist beträgt vier Jahre**. Sperrfristen über fünf Jahren dürften arbeitsrechtliche Bedenken (§ 624 BGB) bei Verwendung einer Verfallklausel entgegenstehen[85]. Von der Wartefrist zu trennen ist eine mögliche weitere Haltefrist (für erworbene Aktien), die nicht auf die Wartefrist angerechnet wird[86].

e) Erfolgs- oder Kursziele (§ 193 Abs. 2 Nr. 4 AktG)

55.30   Die Ausübungshürden oder **Erfolgsziele** legen fest, welche Ziele erreicht sein müssen, damit die Optionen nach Ablauf der Sperrfrist ausgeübt werden können. Von der h.M. werden unter den „Erfolgszielen" i.S.d. § 193 Abs. 2 Nr. 4 AktG **alle (aufschiebenden) Bedingungen** verstanden, die erreicht sein müssen, damit die Optionen ausgeübt werden dürfen[87]. Teilweise wird dies als zu eng angesehen, da der Gesetzgeber mit dem Begriff „Erfolgsziel" deutlich gemacht habe, dass solches gerade nicht nur eine aufschiebende Bedingung darstellt, sondern einen Erfolg verkörpern muss[88]. Unter anderem deshalb wurde ein **dreigliedriger Erfolgszielbegriff** entwickelt, wonach Erfolgsziele alle Ausübungshürden im Sinne einer aufschiebenden Bedingung sind, die einen äquivalent-kausalen Zusammenhang zwischen Zielerreichung und Leistung der Optionsinhaber voraussetzen und die ihrer Höhe nach bei Optionseinlösung das Vorhandensein eines angemessenen, d.h. überwiegenden Gegenwertes für die Verwässerung der Mitgliedschaftsrechte sicherstellen[89]. Problematisch erscheint es, wenn Wirtschafts- oder Ertragssteigerung nicht Voraussetzung sein soll, wobei aber ein erstrebtes Ziel teilweise als ausreichend angesehen wird[90]. Allerdings werden mittlerweile auch schwer zu evaluierende nicht-finanzielle

---

81 Vgl. *Scholz* in MünchHdb. AG, § 58 Rz. 33; *Weiß*, WM 1999, 353, 356 f.
82 Dazu auch *Kessler/Suchan* in Kessler/Sauter, Hdb. Stock Options, Rz. 143.
83 *Schanz*, Börseneinführung, § 21 Rz. 26; *Vogel*, BB 2000, 937, 938; *Veil* in K. Schmidt/Lutter, § 193 AktG Rz. 15.
84 *Fuchs* in MünchKomm. AktG, 5. Aufl. 2020, § 193 AktG Rz. 20.
85 *von Dryander/Niggemann* in Hölters, § 193 AktG Rz. 35.
86 *Fuchs* in MünchKomm. AktG, 5. Aufl. 2020, § 193 AktG Rz. 20 und 21.
87 *Feddersen/Pohl*, AG 2001, 26, 31; *Friedrichsen*, Aktienoptionspläne, S. 144; *Götze*, Aktienoptionen, S. 112; *Weiß*, Aktienoptionspläne, S. 218; *Hüffer/Koch*, § 193 AktG Rz. 9; a.A. Bedingung für Ausübung *Rieckers* in BeckOGK AktG, Stand 1.6.2021, § 193 AktG Rz. 28 ff. m.w.N.
88 In diese Richtung LG München I v. 7.12.2000 – 5 HK O 14099/00 – AAFORTUNA, AG 2001, 376, 377.
89 *Käpplinger*, Aktienoptionspläne, S. 110.
90 So OLG Koblenz v. 16.5.2002 – 6 U 211/01, AG 2003, 453 im Hinblick auf fallende Kurse; *Rieckers* in BeckOGK AktG, Stand 1.6.2021, § 193 AktG Rz. 28 ff.

Ziele wie soziale (z.B. Mitarbeiterzufriedenheit) und ökologische Kriterien (z.B. Emissionsfreiheit), wenn auch nach ARUG II nicht zwingend, herangezogen[91].

Regelmäßig werden drei verschiedene Grundarten von Erfolgszielen bzw. Ausübungshürden unterschieden: externe und interne Ausübungshürden sowie Ereignishürden. Zu den **externen Ausübungshürden** zählen die Kurshürden (Rz. 55.32) sowie die US-GAAP motivierten Aufschlagshürden (Rz. 55.34), zu den **internen Ausübungshürden** rechnen die Gewinn- (Rz. 55.35) und die Umsatzhürden (Rz. 55.36). Eine eigene Kategorie bilden die sog. **Ereignishürden** (Rz. 55.37).

55.31

aa) Kurshürden

Innerhalb der Kurshürden kann zwischen absolut und relativ unterschieden werden. Bei den **absoluten Kurshürden**, die wiederum in **statische**[92] und **dynamische**[93] Hürden unterteilt werden können, darf die Option erst ausgeübt werden, wenn der Kurs der Aktie eine vorher definierte Kursschwelle erreicht bzw. überschritten hat. Die überwiegende Meinung sieht zwar die absoluten Kurshürden als mit § 193 Abs. 2 Nr. 4 AktG vereinbar an[94], doch werden in der Literatur zahlreiche Bedenken gegen den Einsatz dieser Kurshürden im Hinblick auf die Vorhersehbarkeit eines Kurses vorgebracht[95]. Im Hinblick auf das Fehlen höchstrichterlicher Rechtsprechung zu dieser Frage und den bestehenden Bedenken, sollte der Einsatz absoluter Kurshürden im Rahmen eines Aktienoptionsplans restriktiv gehandhabt werden, zumal sie der von GS 23 G.7 Satz 1 DCGK geforderten vorwiegenden strategischen Ausrichtung kaum entsprechen dürften.

55.32

Demgegenüber ist bei den **relativen Kurshürden** nicht die Kurssteigerung entscheidend, sondern allein, ob sich der **Aktienkurs im Vergleich zu einem Index in einem vorher bestimmten Verhältnis entwickelt** hat (Benchmark). Als Referenzindizes werden neben Branchenindizes oder individuellen Vergleichsgruppen von Aktien bestimmter Unternehmen Aktienindizes herangezogen[96], z.B. DAX, MDAX, SDAX etc. Relative Kurshürden sind als Erfolgsziele i.S.d. § 193 Abs. 2 Nr. 4 AktG einzustufen, und zwar unabhängig davon, ob man dem Erfolgszielbegriff der h.M. oder dem dreigliedrigen Erfolgszielbegriff folgt[97]. Problematisch kann die Umsetzung insbesondere bei jungen Unternehmen sein, bei denen kein vergleichbarer Branchenindex besteht[98].

55.33

bb) Aufschlagshürden

Die sog. **Aufschlagshürden** sind den absoluten Kurshürden angenähert, doch wird bei ihnen kein für die Optionsausübung zu erreichendes Kursziel gesetzt, sondern der nach der Ausgabemethode (siehe dazu Rz. 55.26) ermittelte **Basispreis um einen prozentualen Aufschlag erhöht**, so dass wirtschaftlich

55.34

---

91 Vgl. *Stenzel*, BB 2020, 970, 972.
92 Bei *statischen Kurshürden* ist die Höhe der Ausübungshürde während der Laufzeit der Option konstant. Die Kurssteigerung wird dabei entweder mit einem konkreten Wert angegeben oder mit Hilfe von Prozentsätzen festgesetzt.
93 Bei *dynamischen Kurshürden* ist die Kurshöhe während der gesamten Optionslaufzeit nicht konstant, sondern steigt jährlich um einen gewissen Prozentsatz an.
94 OLG Schleswig v. 18.9.2002 – 5 U 164/01 – MobilCom, AG 2003, 102, 103; Rz. 46.29; *Fuchs* in MünchKomm. AktG, 5. Aufl. 2020, § 193 AktG Rz. 23.
95 Vgl. zu den vorgebrachten Einwänden ausführlich *Käpplinger*, Aktienoptionspläne, S. 110 ff.
96 Vgl. *Kessler/Suchan* in Kessler/Sauter, Hdb. Stock Options, Rz. 145.
97 Dementsprechend erachtet auch die h.M. in der Literatur relative Kurshürden als vorzugswürdig gegenüber absoluten Kurshürden, vgl. nur *Baums* in FS Claussen, 1997, S. 3, 12; *Bayer/Ernst*, EWiR 1998, 1013, 1014; *Claussen*, WM 1997, 1825, 1827; *v. Einem/Pajunk* in Achleitner/Wollmert, Stock Options, S. 85, 105; *Götze*, Aktienoptionen, S. 79; *Korn*, Vorstandsvergütung, S. 62 f.; *Seibert* in Pellens, Entlohnungssysteme, S. 1, 15.
98 *Fuchs* in MünchKomm. AktG, 5. Aufl. 2020, § 193 AktG Rz. 25; Rieckers in BeckOGK AktG, Stand 1.9.2021, § 193 AktG Rz. 31; *Weiß*, WM 1999, 353, 358.

gesehen eine absolute Kurshürde vorliegt[99]. Hintergrund der Aufschlagshürden waren US-amerikanische Bilanzierungsregeln (US-GAAP), die es erlauben, Optionen mit Aufschlagshürden handelsbilanziell unter bestimmten Voraussetzungen als erfolgsneutral zu erfassen[100]. Der Einsatz von Aufschlagshürden erweist sich jedoch deshalb als problematisch, da auf der Basis des Erfolgszielbegriffes der h.M. die Zulässigkeit von Aufschlagshürden als Erfolgsziele i.S.d. § 193 Abs. 2 Nr. 4 AktG zu verneinen ist[101]. Dies insbesondere deshalb, weil Aufschlagshürden keine Bedingung vor Optionsausübung enthalten, und selbst dann ausgeübt werden kann, wenn die Aufschlagshürde noch nicht übersprungen ist, auch wenn dies wirtschaftlich wenig sinnvoll erscheint.

cc) Gewinnhürden

55.35   Eine interne Ausübungshürde stellen die **Gewinnhürden** dar, die als Ausübungsvoraussetzung der Optionen eine **Erhöhung** des Gewinns oder ähnlicher **Daten des Rechnungswesens** (z.B. EBIT, EBITDA) im Sinne von Renditezielen voraussetzen[102]. Ebenso wie bei den Kurshürden unterscheidet man auch bei den Gewinnhürden zwischen statischen und dynamischen Hürden. Sie sind – ebenso wie relative Kurshürden – als zulässige Erfolgsziele i.S.d. § 193 Abs. 2 Nr. 4 AktG anzusehen[103].

dd) Umsatzhürden

55.36   In der Praxis selten sind Umsatzhürden, die ebenso wie Gewinnhürden auf unternehmensinterne Rechnungsgrößen abstellen und zur Ausübung das Erreichen bestimmter Umsatzerlöse bzw. -renditen verlangen[104]. Auch Umsatzhürden dürften als mit § 193 Abs. 2 Nr. 4 AktG vereinbar anzusehen sein[105]. Zu einem anderen Ergebnis gelangen jedoch die Vertreter des dreigliedrigen Erfolgszielbegriffes, nach deren Ansicht Umsatzhürden keinen angemessenen Verwässerungsausgleich sicherstellen und demzufolge keine zulässigen Erfolgsziele i.S.d. § 193 Abs. 2 Nr. 4 AktG darstellen[106].

ee) Ereignishürden

55.37   Die Ereignishürden knüpfen die Optionsausübung, unabhängig vom Börsenkurs oder dem internen Rechnungswerk, an ein sonstiges Ereignis, beispielsweise an die Durchführung einer Acquisitions- oder Finanzierungstransaktion oder den künftigen Börsengang von Teilen des Unternehmens[107]. Auch solche Ereignishürden entsprechen dem Erfolgszielbegriff der h.M. und sind mit § 193 Abs. 2 Nr. 4 AktG vereinbar.

55.38   Wurden bisher insbesondere bei kleineren Aktiengesellschaften oft die Wertentwicklung von Aktienindizes oder das Erreichen bestimmter Kursziele als Vergleichsparameter herangezogen, so heißt es in der Empfehlung von GS 23 G.7 DCGK, dass sich die empfohlenen variablen Vergütungselemente „vor

---

99 Vgl. *Käpplinger*, Aktienoptionspläne, S. 52.
100 Näher dazu *Käpplinger*, Aktienoptionspläne, S. 120 ff.
101 Vgl. *v. Einem/Pajunk* in Achleitner/Wollmert, Stock Options, S. 85, 104 f.
102 Zu Beispielen vgl. *Käpplinger*, Aktienoptionspläne, S. 52 m.w.N.
103 Dafür spricht, dass der Rechtsausschuss des Bundestages den noch im Reg-E (BT-Drucks. 13/9712, S. 24) vorhandenen Begriff der „Kursziele" durch den der „Erfolgsziele" ersetzt hat, um damit Gewinnhürden erfassen zu können; BT-Drucks. 13/10038, S. 9 und S. 26; LG München I v. 7.12.2000 – 5 HK O 14099/00 – AAFORTUNA, ZIP 2001, 287, 288 = AG 2001, 376; *Götze*, Aktienoptionen, S. 75.
104 *Käpplinger*, Aktienoptionspläne, S. 54.
105 So LG München I v. 7.12.2000 – 5 HK O 14099/00 – AAFORTUNA, ZIP 2001, 287, 288 = AG 2001, 376.
106 *Käpplinger*, Aktienoptionspläne, S. 118.
107 So beispielsweise Optionspläne der AAFORTUNA Venture Capital & Management AG (BAnz. 2000, Nr. 99, S. 9783, 9785) oder der german networker Multimedia AG (BAnz. 1999, Nr. 136, S. 12146, 12147).

allem" auf strategische Ziele beziehen sollen, wobei die Abgrenzung von operativen Zielen im Einzelfall schwerfallen kann. Eine nachträgliche Änderung der Erfolgsziele oder der Vergleichsparameter ist auszuschließen (GS 23 G.8 DGCK). Bereits nach § 87 Abs. 1 Satz 3 AktG soll die Orientierung an der Nachhaltigkeit durch eine mehrjährige Bemessungsgrundlage erfolgen. Für außerordentliche Entwicklungen hat der Aufsichtsrat grundsätzlich regelmäßig eine Begrenzungsmöglichkeit (Cap) und nach GS 23 G.11 Satz 2 DCGK einen Claw Back zu vereinbaren, § 87a Abs. 1 Satz 2 Nr. 6 AktG fordert die Angabe solcher Rückforderungsmöglichkeiten. Dies bedeutet, dass der ausschließliche Bezug auf den Aktienkurs und der damit verbundene starre Automatismus der Empfehlung allein nicht genügt. Anspruchsvolle, relevante Vergleichsparameter bedürfen z.B. der Kombination mehrerer verschiedener und unternehmensindividueller Kenngrößen, die neben dem Aktienkurs auch unternehmensinterne Erfolgsindikatoren berücksichtigen. Bei der Festlegung ist die Hauptversammlung zwar nicht an den nur für den Aufsichtsrat geltenden § 87 AktG gebunden[108], jedoch ist in dessen Abs. 2 eine Bezugsherabsetzung durch den Aufsichtsrat bei einer Verschlechterung der Lage vorgesehen.

f) Erwerbszeiträume bzw. Ausgabefenster

Neben der Aufteilung der Bezugsrechte sind gemäß § 193 Abs. 2 Nr. 4 AktG die Erwerbszeiträume (Zeitraum bis zum Erwerb auch vesting period)[109] bereits im Hauptversammlungsbeschluss anzugeben[110], d.h. dass die Optionen nur zu den im Voraus festgelegten Zeiten ausgegeben werden. Der Sinn und Zweck solcher Ausgabefenster oder Erwerbszeiträume sind Schutz vor Insiderdelikten[111], Synchronisation im Hinblick auf Dividendenberechtigung und Bedeutung für die Festlegung des Basispreises der Optionen, wenn sich dieser nach dem Börsenpreis der Aktie am Ausgabetag der Option richtet. Differenziert wird weiterhin zwischen **festen** und **variablen** Ausgabefenstern, die beide § 193 Abs. 2 Nr. 4 AktG genügen. Bei Ersteren ist der Zeitpunkt der Optionsausgabe **kalendermäßig** von vornherein auf bestimmte Zeiten im Jahr festgelegt[112]. Bei Letzteren ist der Ausgabezeitraum **lediglich mittelbar fixiert** und steht nur abstrakt fest[113], der konkrete kalendermäßige Zeitpunkt ist erst dann bekannt, wenn auch der Termin des jeweiligen Ereignisses feststeht. Dabei schwankt in der Praxis die Dauer der Ausgabefenster zwischen zwei Wochen und sechs Monaten. Kurze Zeitspannen mit möglichst breiter Kapitalmarktinformation sind zu empfehlen[114].

g) Ausübungszeiträume und Optionsplanlaufzeit

Die Ausübungszeiträume – auch **Ausübungsfenster** genannt – geben die Zeiträume an, zu denen die Optionen (durch Zugang der Bezugserklärung) in Aktien eingetauscht werden dürfen[115], die gleichfalls der Festlegung im Hauptversammlungsbeschluss bedürfen. Aus praktischer Sicht sollten diese nicht unmittelbar mit dem Datum der Veröffentlichung von Unternehmenszahlen beginnen, um eine Ausübung frei von kurzfristigen Kursveränderungen im Zusammenhang mit den Publizitätsmaßnahmen zu gewährleisten[116]. Teile der Literatur sprechen sich dafür aus, dass der Hauptversammlungs-

---

108 Vgl. Rz. 46.30; *Rieckers* in BeckOGK AktG, Stand 1.6.2021, § 193 AktG Rz. 33.
109 *Küting/Dürr*, WPg 2004, 609, 610.
110 *Rieckers* in BeckOGK AktG, Stand 1.6.2021, § 193 AktG Rz. 35.
111 Vgl. *Feddersen*, ZHR 161 (1997), 269, 290; *Frey* in Großkomm. AktG, 4. Aufl. 2001, § 193 AktG Rz. 69; *Friedrichsen*, Aktienoptionsprogramme, S. 255 und Rz. 55.117 ff.
112 Z.B. Ausgabe der Optionen nur im Monat September.
113 Z.B. zwei Monate nach der Hauptversammlung.
114 *Fuchs* in MünchKomm. AktG, 5. Aufl. 2020, § 193 AktG Rz. 31.
115 *Friedrichsen*, Aktienoptionsprogramme, S. 180; *Roschmann/Erwe* in Harrer, Mitarbeiterbeteiligungen, Rz. 193; *Hüffer/Koch*, § 193 AktG Rz. 9b; *Käpplinger*, Aktienoptionspläne, S. 105; *Vogel*, BB 2000, 937, 939; *Weiß*, Aktienoptionspläne, S. 219.
116 *Kessler/Suchan* in Kessler/Sauter, Hdb. Stock Options, Rz. 151 mit Hinweis auf *Hoffmann-Becking*, NZG 1999, 804, der vom sog. „Wunderkerzen"-Effekt spricht.

beschluss zwingend auch die **Laufzeit der Optionen** bestimmen müsse[117]. Dies ist jedoch im Hinblick auf Wortlaut und Entstehungsgeschichte abzulehnen. Zweck des § 193 Abs. 2 Nr. 4 AktG ist es, durch eine abschließende Aufzählung des Pflichtinhaltes des Hauptversammlungsbeschlusses das Anfechtungsrisiko zu begrenzen[118].

3. Ausgestaltung von Aktienoptionsplänen auf der Basis des Rückkaufs eigener Aktien

a) Aktienrückkauf gemäß § 71 Abs. 1 Nr. 8 AktG

55.41 Nach den behandelten Anforderungen an den Erwerbsbeschluss (vgl. Rz. 55.15 ff., dazu auch Rz. 55.23 ff.) werden die inhaltlichen Aspekte des Veräußerungsbeschlusses einer näheren Analyse unterzogen.

aa) Inhaltliche Anforderungen an den Veräußerungsbeschluss

55.42 Der Inhalt des Veräußerungsbeschlusses wird maßgeblich durch den in § 71 Abs. 1 Nr. 8 Satz 5 AktG enthaltenen Verweis auf § 193 Abs. 2 Nr. 4 AktG bestimmt. Dementsprechend sind in dem Beschluss **Erfolgsziele, Erwerbs- und Ausübungszeiträume** sowie **Wartezeiten** für die erstmalige Ausübung festzulegen (zu § 193 Abs. 2 Nr. 4 AktG, Rz. 55.28). Die Angabe des Ausübungspreises erscheint entbehrlich, da lediglich auf § 193 Abs. 2 Nr. 4 AktG, nicht jedoch auf die übrigen Voraussetzungen eines Beschlusses nach den §§ 192, 193 AktG verwiesen ist[119].

55.43 Ein weiteres Problem ergibt sich aufgrund der Tatsache, dass die Vorschrift des § 71 Abs. 1 Nr. 8 Satz 5 AktG auch auf § 186 Abs. 3 und 4 AktG verweist. Damit wäre im Grundsatz beim Aktienrückkauf das **Bezugsrecht der Aktionäre** kraft gesetzlicher Anordnung auszuschließen, obgleich bei einem Aktienrückkauf an sich kein Bezugsrecht besteht. Von Teilen der Literatur wird der Verweis daher abgelehnt[120]. Nach a. A. ging der Gesetzgeber davon aus, dass „wirtschaftlich gesehen" auch bei einem Aktienrückkauf ein Bezugsrecht besteht, das bei einer Veräußerung der Aktien außerhalb der Börse ausgeschlossen werden muss[121]. Damit habe er sich bewusst dafür entschieden, zumindest den Veräußerungsbeschluss einer Beschlusskontrolle anhand der „Kali+Salz"-Rechtsprechung[122] zu unterwerfen. Es ist daher anzuraten, bei einer Veräußerung der rückerworbenen Aktien im Rahmen eines Optionsplans das (fiktive) Bezugsrecht der Aktionäre formell auszuschließen und einen Vorstandsbericht mit einer sachlichen Rechtfertigung des Ausschlusses zu erstellen[123].

---

117 *Weiß*, Aktienoptionspläne, S. 220 f.; *Weiß*, WM 1999, 353, 358.
118 Das Erfordernis der Laufzeitangabe fand sich zwar im RegE, eine über den eindeutigen Wortlaut hinausgehende Auslegung würde den Willen des Gesetzgebers, gerade diese Angabe nicht zwingend vorzuschreiben, ignorieren, a.A: *Fuchs* in MünchKomm. AktG, 5. Aufl. 2021, § 193 AktG Rz. 36; *Kessler/Suchan* in Kessler/Sauter, Hdb. Stock Options, Rz. 152; vgl. auch Rz. 46.28.
119 Neben dem Wortlaut spricht gegen eine Analogie zu § 193 Abs. 2 Nr. 3 AktG, dass der Gesetzgeber im Zuge des KonTraG auch die Vorschriften der §§ 192, 193 AktG neu gefasst und sich für eine begrenzte Verweisung entschieden hat. Er dürfte dabei davon ausgegangen sein, dass es für eine Angleichung des Sicherheitsniveaus beim Eigenerwerb von Aktien der Geltung des § 193 Abs. 2 Nr. 3 AktG nicht bedürfe.
120 So u.a. *Klahold*, Aktienoptionen, S. 256 f.; *Scholz* in MünchHdb. AG, § 58 Rz. 19, § 64 Rz. 126; *Seibert* in *Pellens*, Entlohnungssysteme, S. 29, 35; *Weiß*, WM 1999, 353, 362.
121 RegE, BT-Drucks. 13/9712, S. 1, 14; *Roth/Schoneweg*, WM 2002, 677, 682.
122 BGH v. 13.3.1978 – II ZR 142/76 – Kali + Salz, BGHZ 71, 40 ff. = AG 1978, 196.
123 *Götze*, Aktienoptionen, S. 171; *Hüffer/Koch*, § 71 AktG Rz. 19m; *Herzig*, DB 1999, 1, 8; *Kallmeyer*, AG 1999, 97, 101; *Kau/Leverenz*, BB 1998, 2269, 2274.

bb) Kreis der Bezugsberechtigten

Auch der Kreis der Bezugsberechtigten sollte im Hinblick auf ein einheitliches Schutzniveau in den **Veräußerungsbeschluss** aufgenommen werden, selbst wenn § 71 Abs. 1 Nr. 8 AktG nicht auf § 193 Abs. 2 Nr. 2 AktG verweist[124]. Nach h. M. kommen **nur Vorstände und Mitarbeiter** (auch von verbundenen Unternehmen) als Bezugsberechtigte eines Optionsplans, der mit rückgekauften Aktien bedient wird, in Betracht, **Mitglieder des Aufsichtsrates** dagegen nicht[125]. Der BGH sieht in dem Verweis des § 71 Abs. 1 Nr. 8 Satz 5 AktG eine Rechtsgrundverweisung mit der Folge, dass ein Veräußerungsbeschluss hinsichtlich der rückgekauften Aktien nur dann zulässig ist, wenn auch die Voraussetzungen des § 193 Abs. 2 Nr. 4 AktG (Bezugsberechtigte sind lediglich Vorstände und Mitarbeiter) eingehalten werden. Zudem stellt der BGH zutreffend fest, dass sich der Gesetzgeber den im Gesetzgebungsverfahren zum KonTraG geäußerten Bedenken gegen Aktienoptionen für Aufsichtsräte angeschlossen hat und diese daher vom Gesetzgeber nicht gewollt sind[126]. Danach gilt die Beschränkung des Kreises der Bezugsberechtigten durch § 193 Abs. 2 Nr. 4 AktG nach Auffassung des BGH kongruent zum Willen des Gesetzgebers auch im Rahmen des § 71 Abs. 1 Nr. 8 AktG.

55.44

Die Auffassung des BGH widerspricht auch nicht den Empfehlungen des DCGK, in dem bereits 2012 die Empfehlung zu variablen Vergütungsbestandteilen für Aufsichtsräte in Ziff. 5.4.6 DCGK a.F. aufgehoben wurde[127].

55.45

b) Aktienrückkauf gemäß § 71 Abs. 1 Nr. 2 AktG

Als Ermächtigung für den Rückerwerb eigener Aktien zur Bedienung eines Aktienoptionsplans kommt auch § 71 Abs. 1 Nr. 2 AktG in Betracht[128]. Diese ist bislang in der Praxis kaum zum Einsatz gekommen, was darauf zurückzuführen sein dürfte, dass der Aktienrückkauf auf solche Fälle beschränkt ist, bei denen die rückerworbenen Aktien **Arbeitnehmern** – zu denen auch leitende Angestellte gehören[129] –, nicht aber Organmitgliedern, angeboten werden[130].

55.46

Gegenüber § 71 Abs. 1 Nr. 8 AktG erweist sich die Norm als vorteilhaft, weil sie weder einen Hauptversammlungsbeschluss voraussetzt noch inhaltliche Anforderungen an Optionspläne aufstellt. Allerdings wird hierin teilweise ein Widerspruch zu dem vom KonTraG angestrebten einheitlichen Schutzniveau gesehen und gefordert, sowohl das Erfordernis eines Hauptversammlungsbeschlusses als auch die Schutznorm des § 193 Abs. 2 AktG auf einen optionsplanbezogenen Aktienrückkauf, der auf § 71 Abs. 1 Nr. 2 AktG gestützt wird, anzuwenden, um einen Gleichlauf mit der Absicherung eines Optionsplans über einen Aktienrückkauf nach § 71 Abs. 1 Nr. 8 AktG bzw. über das bedingte Kapital nach § 192 Abs. 2 Nr. 3 AktG zu erreichen[131].

55.47

---

124 Ebenso *Claussen*, DB 1998, 177, 180; *Götze*, Aktienoptionen, S. 123; *Kallmeyer*, AG 1999, 97, 101.
125 BGH v. 16.2.2004 – II ZR 316/02, AG 2004, 265; *Weiß*, WM 1999, 353, 361; *Habersack* in Münch-Komm. AktG, 5. Aufl. 2019, § 113 AktG Rz. 17; *Mohr*, Zulässigkeit und Grenzen von Aktienoptionsprogrammen, S. 103 ff.
126 BT-Drucks. 13/9712, S. 24; Stellungnahme des DAV zum Referentenentwurf zur Änderung des Aktiengesetzes (KonTraG), ZIP 1997, 163, 173 (Punkt 112).
127 Zu den Änderungen des DCGK 2012 *Weber*, NZG 2012, 1081 ff.
128 Wohl h.M., vgl. nur *Claussen*, DB 1998, 177, 180; *Ettinger*, Stock Options, S. 49 f.; *Friedrichsen*, Aktienoptionsprogramme, S. 60; *Feddersen/Pohl*, AG 2001, 26, 33; ausführlich *Käpplinger*, Aktienoptionspläne, S. 139 f.
129 *Bosse*, NZG 2001, 594, 596; *T. Bezzenberger* in K. Schmidt/Lutter, 4. Aufl. 2020, § 71 AktG Rz. 33; *Hüffer*, ZHR 161 (1997), 214, 220.
130 *Baums* in FS Claussen, 1997, S. 3, 33; *Bosse*, NZG 2001, 594, 596; *Friedrichsen*, Aktienoptionsprogramme, S. 60; *T. Bezzenberger* in K. Schmidt/Lutter, 4. Aufl. 2020, § 71 AktG Rz. 33; *Hüffer/Koch*, § 71 AktG Rz. 12; *Klahold*, Aktienoptionen, S. 189.
131 Z.B. *Bosse*, NZG 2001, 594, 596; *Claussen*, DB 1998, 177, 180; a.A. *Scholz*, ZIP 2001, 1341, 1348; vgl. auch Rz. 52.38.

4. Optionspläne mit Wandel- oder Optionsschuldverschreibungen (§ 221 AktG i.V.m. § 192 Abs. 2 Nr. 1 AktG, § 193 Abs. 2 Nr. 4 AktG)

55.48 Für Optionspläne, die mit Wandel- oder Optionsschuldverschreibungen durchgeführt werden, sieht das Gesetz in § 221 Abs. 4 Satz 2 AktG **die sinngemäße Anwendung der dargestellten optionsplanspezifischen Schutz- und Publizitätsvorschriften** des § 193 Abs. 2 Nr. 4 AktG vor.

55.49 Der Kreis der Bezugsberechtigten eines Aktienoptionsprogramms, das über Wandel- oder Optionsschuldverschreibungen (§ 221 AktG i.V.m. § 192 Abs. 2 Nr. 1 AktG) abgesichert werden soll, ist gemäß § 193 Abs. 2 Nr. 4 AktG **ausdrücklich auf Vorstände und Arbeitnehmer beschränkt.** Damit sind Aktienoptionsprogramme, unabhängig von der Frage aus welcher Quelle das beschlossene Aktienoptionsprogramm bedient wird, den gleichen Mindestanforderungen unterworfen[132].

5. Weitere Festlegungen

55.50 **Neben den zwingenden Festsetzungen** können die Hauptversammlung bzw. der Vorstand und Aufsichtsrat in den Optionsbedingungen eine Reihe weiterer Punkte festlegen[133]. Denkbar sind Mindesthaltefristen (für die bereits erworbenen Aktien), Bindungsfristen für Mitarbeiter, technische Durchführung, Zeichnung und Ausübung, Konten- bzw. Depoteinrichtung, Bankprovision, Anpassung bei Verwässerung, Übertragbarkeit, Verpfändbarkeit, Dividendenberechtigung, Ausscheidens-, Ruhestand- und Todesfallregelung sowie Kündigungsvorschriften[134].

V. Repricing von Stock Options

55.51 Unter „Repricing" wird die **Preisanpassung** im Wege der Veränderung des Ausübungspreises bereits ausgegebener Stock Options („echtes" Repricing) oder der Neuausgabe von Stock Options mit einem niedrigeren Ausübungspreis verstanden[135]. Die § 192 Abs. 2 Nr. 3, § 193 Abs. 2 AktG und § 71 Abs. 1 Nr. 8 AktG sowie eventuelle Vorgaben der Hauptversammlung enthalten hierfür die Mindestanforderungen.

1. Ausübungspreisanpassungen bei bereits gewährten Stock Options

a) Aktienrechtliche Maßgaben des Ausübungspreises

55.52 Bei Bereitstellung von Aktien mittels bedingter Kapitalerhöhung gemäß § 192 Abs. 2 Nr. 3, § 193 Abs. 2 AktG reicht es aus, im Hauptversammlungsbeschluss **genügend bestimmbare Angaben** zu machen[136], so dass der Ausübungspreis der Stock Options errechnet werden kann[137]. Regelmäßig werden jedoch Stock Options begeben, deren Ausübungspreis zum Zeitpunkt ihrer Gewährung feststeht[138]. Vereinbart die durch Vorstand oder Aufsichtsrat vertretene Gesellschaft mit den Mitarbeitern eine An-

---

132 Aktienoptionen für Aufsichtsräte über Schuldverschreibungen scheiden aus, *Bürgers*, NJW 2004, 3022, 3024; *Diekmann/Leuering*, NZG 2004, 249, 257; *Holzborn/Schwarz-Gondek*, BGHReport 2004, 741.
133 *Frey* in Großkomm. AktG, 4. Aufl. 2001, § 193 AktG Rz. 76; *Fuchs* in MünchKomm. AktG, 5. Aufl. 2021, § 193 AktG Rz. 37.
134 Vgl. Begr. RegE, BT-Drucks. 13/9712, S. 24.
135 Umfassend zum Repricing *M. Käpplinger/S. Käpplinger*, WM 2004, 712 ff. Zum Repricing bei bedingter Kapitalerhöhung siehe Rz. 46.27; krit. *Hoffmann-Becking*, NZG 1999, 798, 803.
136 RegE, BT-Drucks. 13/9712, S. 81.
137 RegE, BT-Drucks. 13/9712, S. 79 f.; *Hüffer/Koch*, § 193 AktG Rz. 6. Siehe Rz. 55.24. Die Bestimmung des Ausübungspreises anhand Börsenkurs bei Ausübung der Stock Options abzüglich eines performanceabhängigen Abschlages bietet jenes Ergebnis, das mit Repricing der Stock Options erreicht wird.
138 Festpreismethode oder Ausgabemethode, siehe Rz. 55.25 f.

passung des Ausübungspreises, überschreitet die Verwaltung in solchen Fällen ihre durch den Hauptversammlungsbeschluss gesetzte Ermächtigung. Einer Ermächtigung zur Anpassung des Ausübungspreises steht die aktienrechtliche Kompetenzordnung entgegen (Rz. 46.27)[139].

Zu berücksichtigen ist ferner die in GS 23 G.8 DCGK enthaltene Empfehlung, wonach eine nachträgliche Änderung der Zielwerte oder Vergleichsparameter ausgeschlossen sein soll, obwohl grundsätzlich eine Anpassung in Extremsituationen in Frage kommt (GS 23 G.11 Satz 1 DCGK), wenn dies in den Bedingungen vorgesehen ist[140]. Daneben fordert § 87a Abs. 1 Satz 2 Nr. 1 AktG zwingend betragsmäßige Höchstgrenzen im Sinne einer Maximalvergütung aller Vergütungsbestandteile insgesamt, dabei empfiehlt sich eine separate Angabe der Maximalvergütung variabler Bestandteile[141]. GS 23 G.1 DCGK empfiehlt darüber hinaus eine separate Angabe für jedes einzelne Vorstandsmitglied. Nötig ist eine betragsmäßige Bezifferung, wobei Gegenstand der Höchstgrenze nur der zugeflossene Betrag (§ 11 EstG) und damit bei Aktienoptionen nur der gewährte Betrag und nicht spätere Gewinne aus den Instrumenten sind. Es kann aber mit dem Vorstand eine Möglichkeit der Begrenzung für den Eintritt eines außergewöhnlichen Falls vereinbart werden. Zudem ist der Abfindungs-Cap und der Change of Control-Cap zu beachten, wonach die Bezüge (einschließlich Aktienoptionen) 200 % der Jahresvergütung eines Vorstandes nicht überschreiten sollten und die Karenzentschädigung eines nachvertraglichen Wettbewerbsverbots einzurechnen ist[142].

55.53

b) Besonderheiten für Pläne auf Basis eigener Aktien

Da die Ermächtigung zum **Erwerb eigener Aktien** gemäß § 71 Abs. 1 Nr. 8 Satz 5 AktG den Ausübungspreis der Stock Options nicht fixieren muss (siehe Rz. 55.46 f. und Rz. 52.27), bleibt hier Raum für **eine nachträgliche Anpassung des Ausübungspreises** durch Vereinbarung mit den Bezugsberechtigten. Denkbar erscheint es, im Hauptversammlungsbeschluss die Ermittlung des Ausübungspreises festzusetzen, und ergänzend für den Fall einer unvorhergesehenen Kursentwicklung eine Öffnungsklausel, verbunden mit einer Ermächtigung der Verwaltung, den Ausübungspreis entsprechend anzupassen, vorzusehen. Dem kann auch nicht entgegengehalten werden, § 57 AktG verbiete der Verwaltung einen solchen Rückerwerb eigener Aktien, da es sich um einen Fall des zulässigen Erwerbs handelt. Ein solcher liegt auch ohne abschließende Festsetzung des Ausübungspreises im Hauptversammlungsbeschluss vor[143]. Bei entsprechender Ausgestaltung der von der Hauptversammlung zu beschließenden Ermächtigung zum Erwerb eigener Aktien ist demnach eine nachträgliche Anpassung des Ausübungspreises an allgemeine Börsenentwicklungen möglich[144].

55.54

Einstweilen frei.

55.55

2. Neuausgabe im Rahmen einer bestehenden Hauptversammlungsermächtigung

Im Hinblick auf § 193 Abs. 2 Nr. 3 AktG bestehen keine Bedenken, **neue** Stock Options auszugeben. Die Ausgabe mehrerer Tranchen von Stock Options ist möglich.

55.56

---

139 *Friedrichsen*, Aktienoptionsprogramme, S. 180; *Hüffer/Koch*, § 193 AktG Rz. 7; *Rieckers* in BeckOGK AktG, Stand 1.6.2021, § 193 AktG Rz. 22; a.A. *Klahold*, Aktienoptionen, S. 42 f.; *Spindler* in MünchKomm. AktG, 5. Aufl. 2019, § 87 Rz. 115.
140 *Stenzel*, BB 2020, 970, 974.
141 *Stenzel*, BB 2020, 970, 971.
142 GS 23 G.13 DCGK sieht einen Cap von 200 % vor.
143 Von Bedeutung sind insb. die im Vorstandsbericht darzulegenden Eckdaten des Aktienoptionsplans, zu denen die Maßgaben des Ausübungspreises gehören; vgl. *Friedrichsen*, Aktienoptionsprogramme, S. 223; *Wulff*, Aktienoptionen, S. 191; *Weiß*, Aktienoptionspläne, S. 251; a.A. *Scholz* in MünchHdb. AG, § 64 Rz. 113 ff., der den Ausgabebetrag in der Verwendungsermächtigung in der Kompetenz der Hauptversammlung sieht.
144 *Ackermann/Suchan*, BB 2002, 1497, 1499 f.; a.A. *M. Häpplinger/S. Häpplinger*, WM 2004, 712, 714.

55.57 Fraglich ist der Fall des **Verzichts der Begünstigten auf die ausgegebenen Optionen** mit nachfolgender Ausgabe neuer Optionen auf Basis derselben Ermächtigung durch die Hauptversammlung. Dies kann sich anbieten, sollte der Gesellschaft im Hinblick auf die 10 %-Grenze des § 192 Abs. 3 AktG nicht genügend bedingtes Kapital zur Deckung der Bezugsrechte zur Verfügung stehen. Nach dem Wortlaut scheint ein solcher Weg gangbar. Die Bezugsrechte, von denen in § 192 Abs. 2 Nr. 3, § 193 AktG die Rede ist, entstehen nicht schon durch den Hauptversammlungsbeschluss, sondern erst mit deren Ausgabe, d.h. durch Vereinbarung zwischen Begünstigten und Gesellschaft[145]. Der Wortlaut des § 192 Abs. 3 AktG spricht nicht dagegen, da er lediglich eine Begrenzung zur Deckung der für die Stock Options notwendigen Aktien, nicht aber auch der Anzahl der ausgegebenen Bezugsrechte, d.h. der Stock Options, vorsieht[146]. Der Ermächtigungsbeschluss der Hauptversammlung kann dementsprechend zur Optionsausgabe ermächtigen, **ohne deren Anzahl zu benennen**. Allein das zur Deckung dienende bedingte Kapital unterliegt der Volumenbegrenzung. Bei entsprechender Ausgestaltung des Ermächtigungsbeschlusses ohne Höchstzahl von Optionen ist die erneute Ausgabe von Stock Options möglich.

3. Erneute Beschlussfassung der Hauptversammlung

a) Einführung eines neuen Aktienoptionsplans

55.58 Die erneute Auflage eines Aktienoptionsplans mittels Hauptversammlungsbeschluss ist grundsätzlich zulässig. Sollten das bisherige bereitgestellte bedingte Kapital und das durch erneute Kapitalerhöhung bereitgestellte Aktienvolumen die 10 %-Grenze überschreiten, ist vor der Beschlussfassung über die erneute Kapitalerhöhung eine Aufhebung des bisherigen bedingten Kapitals erforderlich (§ 192 Abs. 3 AktG).

b) Aufhebung oder Änderung des bestehenden Aktienoptionsplans

55.59 Der Aufhebung eines beschlossenen und eingetragenen[147] bedingten Kapitals steht zum Schutz der Inhaber der Stock Options grundsätzlich § 192 Abs. 4 AktG entgegen. Dementsprechend sind nur **Aufhebungsbeschlüsse** zulässig, wenn durch sie gesicherte Rechte nicht betroffen sind oder aber alle Optionsinhaber verzichtet haben[148].

55.60 Soll lediglich **der Ausübungspreis** dem niedrigeren Kursniveau **angepasst** werden, wird die Ausübung der Stock Options weder rechtlich noch wirtschaftlich erschwert, so dass § 192 Abs. 3 AktG nicht berührt ist. Es bedarf vor Beschlussfassung der Hauptversammlung nicht der Einwilligung der Inhaber der Stock Options[149]. Ein solches Repricing durch Anpassung des Ermächtigungsbeschlusses ist zulässig, da die für den Ausübungspreis zuständige Hauptversammlung in die Änderung des Ausübungspreises eingebunden ist.

55.61 Einzig § 193 Abs. 2 Nr. 4 AktG – insbesondere dessen Erfordernis einer **gesetzlichen Mindestwartezeit** von vier Jahren – könnte einem entsprechenden Vorgehen entgegenstehen. Es erscheint jedoch

---

145 *Hüffer/Koch*, § 192 AktG Rz. 24a.
146 *Hüffer/Koch*, § 192 AktG Rz. 16; A.A. wohl *Frey* in Großkomm. AktG, 4. Aufl. 2001, § 192 AktG Rz. 140, der jedoch nicht zwischen der Anzahl gewährter Stock Options und der Anzahl der durch das bedingte Kapital zu deckenden Stock Options trennt.
147 *Rieckers* in BeckOGK AktG, Stand 1.9.2021, § 192 AktG Rz. 99; *Hüffer/Koch*, § 192 AktG Rz. 27; *Ackermann/Suchan*, BB 2002, 1497, 1501 f.
148 *Drygala/Staake* in KölnKomm. AktG, 3. Aufl. 2018, § 192 AktG Rz. 189; *Rieckers* in BeckOGK AktG, Stand 1.9.2021, § 192 AktG Rz. 80.
149 *Frey* in Großkomm. AktG, 4. Aufl. 2001, § 192 Rz. 150; *Rieckers* in BeckOGK AktG, Stand 1.9.2021, § 192 AktG Rz. 60.

nicht erforderlich, einen erneuten Beginn der Wartezeit zu verlangen[150]. Die Mitarbeiter sind durch die ursprünglichen Optionsbedingungen, die insoweit keine Änderungen erfahren, zumindest vier Jahre an die Gesellschaft gebunden, bevor eine Ausübung möglich ist. Dem Gedanken langfristiger Verhaltenssteuerung dürfte daher Rechnung getragen sein.

VI. Arbeitsrechtliche Gesichtspunkte

Die Ausgabe von Aktienoptionen an Mitarbeiter wirft vielfältige arbeitsrechtliche Fragestellungen auf, zumal gesetzliche Regelungen fehlen[151].   55.62

1. Vergütungsbestandteil

Häufig wird ohne weiteres davon ausgegangen, dass Aktienoptionen eine **Vergütungsleistung** darstellen. Dies ist wegen der gesellschaftsrechtlichen Grundlagen eines Aktienoptionsplans nicht selbstverständlich[152]. Optionen gewähren einen **schuldrechtlichen** Anspruch darauf, eine **Gesellschafterstellung** zu erwerben[153]. Werden die Aktien zur Bedienung über eine Kapitalerhöhung beschafft, geht dies finanziell – der Wert des Unternehmens teilt sich auf mehr Aktien – zu Lasten der Aktionäre. Eine Vergütungsleistung wird aber üblicherweise vom Arbeitgeber getragen. So hat das BAG die Zuordnung der Ansprüche aus Aktienoptionen, die die ausländische Konzernmuttergesellschaft unmittelbar an Arbeitnehmer der deutschen Tochtergesellschaft gewährt hat, zu dem mit letzterer bestehenden Arbeitsvertrag abgelehnt[154]. Zur richtigen Einordnung gelangt man unter Berücksichtigung zweier Prämissen: (1) Die Aktienoptionen werden den Arbeitnehmern nicht von den Aktionären, sondern vom Arbeitgeber bzw. der Muttergesellschaft des Arbeitgebers zugesagt und gewährt, (2) es ist zwischen der dem Arbeitsrecht zuzuordnenden Mittelaufbringung und der Mittelverwendung zu trennen[155]. Die Zusage und Gewährung der Aktienoptionen betrifft die **Mittelaufbringung**. Sie stellt eine dem Arbeitsrecht zuzuordnende Vergütungsleistung in Form der Sachleistung dar[156]. Der Anspruch auf die Aktien aus der Option und der Erwerb der Aktien selbst gegen Bezahlung des Basispreises betrifft die **Mittelverwendung** und ist nicht dem Arbeitsrecht zuzuordnen. Zu beachten ist, dass Gegengeschäfte zur Risikominimierung durch den Berechtigten (Hedging) die Anreizfunktion untergra-   55.63

---

150 *v. Einem/Pajunk* in Achleitner/Wollmert, Stock Options, S. 85, 100 f., 110; *Ackermann/Suchan*, BB 2002, 1497, 1501 f.
151 Zusammenfassend *Baeck/Diller*, DB 1998, 416 ff.; *Kau/Leverenz*, BB 1998, 2269; *Kaul/Kukat*, BB 1999, 2505; *Legerlotz/Laber*, DStR 1999, 1660; *Schanz*, NZA 2000, 631 ff.; *Tepass/Lenzen* in Harrer, Mitarbeiterbeteiligungen, Rz. 417 ff.; *Röller/Thomas/Schlegel* in Küttner, Personalbuch 2021, Stichwort: Aktienoptionen m.w.N.; *Mohr/Bihn* in Kessler/Sauter, Hdb. Stock Options, Rz. 883 ff.; *Broer*, Arbeitsrechtliche Behandlung von Aktienoptionen.
152 *Röder/Göpfert*, BB 2001, 39.
153 Ist die Option auf den Erwerb neuer Aktien aus Kapitalerhöhung gerichtet, enthält sie entweder einen aufschiebend bedingten *Zeichnungsvertrag*, ein hierauf gerichtetes langfristig bindendes Angebot oder die einseitige Verpflichtung, ein solches Angebot zu unterbreiten (Vorvertrag). Ist die Option auf den Erwerb eigener Aktien gerichtet, ist sie entsprechend auf den Abschluss eines *Aktienkaufvertrags* gerichtet.
154 BAG v. 12.2.2003 – 10 AZR 299/02, NZA 2003, 487, 489 die generelle Frage offenlassend, ob oder in welcher Konstellation Ansprüche aus einem Aktienoptionsplan *des Arbeitgebers* Ansprüche aus dem Arbeitsverhältnis sind. Gegen Einordnung als Vergütungsleistung *Bauer/Göpfert/von Steinrück*, ZIP 2001, 1129; dafür *Gaul*, Das Arbeitsrecht der Betriebs- und Unternehmensspaltung, 2002, § 13 Rz. 42; *Tappert*, NZA 2002, 118; *Lembke*, BB 2001, 1469; *Neels/Sudmeyer*, ZIP 2002, 2001.
155 Vgl. *Loritz*, DB 1985, 531; *Loritz*, ZTR 2002, 258.
156 Vgl. *Krause* in MünchHdb. Arbeitsrecht, Bd. 1, 5. Aufl. 2021, § 65 Rz. 50 ff., 52 ff., 65 ff.; *Stiegel*, Aktienoptionen, S. 328.

ben. Daher können sie arbeitsvertraglich für Vorstände ausgeschlossen werden[157]. Teilweise wird für Vorstände ein Verstoß gegen die Loyalitätspflicht angenommen, wenn solche Geschäfte abgeschlossen werden[158].

a) Sonderleistung oder echter Entgeltbestandteil

55.64 Werden Aktienoptionen an die Mitarbeiter zur Schaffung besonderer Motivationsanreize und zur Vergütung der Betriebstreue in der Vergangenheit und/oder zur Bindung der Mitarbeiter an das Unternehmen gewährt, stehen die Aktienoptionen ähnlich wie andere nicht unmittelbar arbeitsleistungsbezogene Zuwendungen (Gratifikationen) nicht im Synallagma zur Arbeitsleistung und stellen eine **„freiwillige" Zusatzleistung** dar. Werden sie dagegen als **echte Entgeltbestandteile** anstelle eines Teils der Normalvergütung an die Mitarbeiter gewährt, sind sie wie das laufende Grundgehalt Gegenleistung für die zu erbringende Arbeitsleistung.

b) Verhältnis der Aktienoptionen zum Festgehalt

55.65 Soweit Aktienoptionen als echter Vergütungsbestandteil anstelle einer ansonsten marktüblichen Vergütung gezahlt werden, stellt sich die Frage, **bis zu welcher Grenze** es zulässig ist, mit Mitarbeitern eine **Vergütung durch Aktienoptionen** zu vereinbaren[159]. Ein tariflicher Mindestlohn oder eine tarifliche Jahressonderleistung darf dadurch jedenfalls nicht ersetzt werden, wenn dies nicht im Tarifvertrag vorgesehen ist. **Grundregel** ist, dass, soweit der Kernbereich des Arbeitsverhältnisses, d.h. das angemessene Verhältnis zwischen Leistung und Gegenleistung, nicht betroffen ist, die Ersetzung fester Gehaltsbestandteile durch erfolgsabhängige Komponenten, u.a. durch Aktienoptionen, zulässig ist. Je nach Position des Mitarbeiters und seiner Einflussmöglichkeiten auf die Höhe der erfolgsabhängigen Vergütung (bei Aktienoptionen auf die Kursentwicklung) werden unterschiedliche Grenzen genannt[160]. Die kritische Grenze liegt wohl bei 25 % der Gesamtvergütung[161].

2. Rechtsgrundlage der Ansprüche auf Aktienoptionen (Optionszusage)

55.66 Rechtsgrundlage für Ansprüche auf die Gewährung von Aktienoptionen ist eine Zusage (**Optionszusage**). Diese ist wie jede andere Vergütungsvereinbarung arbeitsrechtlicher Natur (s.o.). Sie kann auf **individualvertraglicher** oder auf **kollektivrechtlicher** Ebene erfolgen. Sie kann **ausdrücklich** oder **konkludent** erfolgen[162].

---

157 Vgl. *Rieckers* in BeckOGK AktG, Stand 1.6.2021, § 193 AktG Rz. 23.
158 *Kort* in Großkomm. AktG, 5. Aufl. 2014, § 87 AktG Rz. 241; *Spindler* in MünchKomm. AktG, 5. Aufl. 2019, § 87 AktG Rz. 115; a.A. *Thüsing*, ZGR 2003, 457, 499 ff.
159 *Röder/Göpfert*, BB 2001, 2002 ff.; Maßstab ist § 138 BGB, vgl. LAG Hamm v. 16.10.1989 – 19 (13) SA-1510/88, LAGE Nr. 4 zu § 138 BGB; vgl. *Hexel* in Moll, MünchAnwHdb. ArbR, 5. Aufl. 2021, § 20 Rz. 103 f. m.w.N.
160 15–20 % für Handelsvertreterprovisionen, z.B. BAG v. 15.11.1995 – 2 AZR 521/95, DB 1996, 1680; 40 % für Chefarzt, BAG v. 28.5.1997 – 5 AZR 126/96, DB 1997, 2620.
161 Ebenso *Rieble*, NZA 2000, Sonderbeilage 3, S. 39, *Krause* in MünchHdb. Arbeitsrecht, Bd. 1, 5. Aufl. 2021, § 65 Rz. 59; *Stiegel*, Aktienoptionen, S. 328.
162 Auch wenn, wie in der Praxis häufig, ohne vorherige schriftliche oder mündliche Zusage mit den Mitarbeitern ein Angebot zum Abschluss eines konkreten Optionsgewährungsvertrags übermittelt wird, gibt es hierfür eine Rechtsgrundlage in Form einer konkludent im Angebot enthaltenen Zusage. Nicht zu folgen ist deshalb dem BAG, wenn es meint, der Optionsgewährungsvertrag sei Rechtsgrundlage für die Optionsgewährung und es bedürfe keiner weiteren, vgl. BAG v. 12.2.2003 – 10 AZR 299/02, NZA 2003, 487, 490; *Baeck/Diller*, DB 1998, 1405, 1406; *Hexel* in Moll, MünchAnwHdb. ArbR, 5. Aufl. 2021, § 20 Rz. 99.

a) Individualvertragliche Zusage

Eine Optionszusage kann durch **Einzelvereinbarung** bereits mit Abschluss des Anstellungsvertrags in diesem oder später in einer Zusatzvereinbarung gegeben werden. Sie kann auch im Wege der **vertraglichen Einheitsregelung** oder der **Gesamtzusage** erfolgen, d.h. durch eine gleichlautende schriftliche oder formlose Mitteilung des Arbeitgebers an die Mitarbeiter, dass Aktienoptionen nach einem Plan gewährt werden. Soweit ein Aktienoptionsplan im Unternehmen noch nicht besteht oder aber die Hauptversammlung diesem noch nicht zugestimmt hat, sollte die Zusage nur aufschiebend bedingt erteilt werden. Diese sollte deshalb immer nur im Hinblick auf den konkreten Optionsplan verbindlich abgegeben werden[163].

55.67

b) Betriebsvereinbarung/Sprecherausschussrichtlinie

Die Zusage von Aktienoptionen kann in einer Betriebsvereinbarung erfolgen, § 88 Nr. 3 BetrVG. Soweit eine solche Betriebsvereinbarung Ansprüche der Arbeitnehmer auf Aktienoptionen regelt, ist sie freiwillig[164]. Die Betriebsvereinbarung **begründet unmittelbar Ansprüche der Arbeitnehmer**. Diese können durch Kündigung der Betriebsvereinbarung gegenüber allen Mitarbeitern beendet werden. Auch eine Betriebsvereinbarung sollte in ihrem Geltungsbereich aber von vornherein nur auf den konkret beschlossenen Aktienoptionsplan beschränkt sein. Eine Betriebsvereinbarung gilt **nicht für leitende Angestellte** gemäß § 5 Abs. 2 bis 4 BetrVG oder für **Organmitglieder**. Für leitende Angestellte kann ein Anspruch auf Optionen in einer Richtlinie gemäß § 28 SprAuG geregelt werden. Unmittelbare Ansprüche ergeben sich hieraus nur, wenn die unmittelbare und zwingende Geltung gemäß § 28 Abs. 2 SprAuG vereinbart wird.

55.68

c) Tarifvertrag

Da der Arbeitgeber in einem **Flächentarifvertrag** nicht zur Einführung eines Aktienoptionsprogramms gezwungen werden kann[165], ist die Begründung eines unmittelbaren Anspruchs auf Aktienoptionen im Flächentarifvertrag nicht möglich. Jedoch kann der Arbeitgeber sich in einem **Firmentarifvertrag** individuell zur Gewährung von Aktienoptionen verpflichten, auch hier gilt, dass dies nur soweit erfolgen sollte, wie die Hauptversammlung einem Optionsplan zugestimmt hat[166].

55.69

d) Betriebliche Übung

Grundsätzlich können Ansprüche von Arbeitnehmern durch betriebliche Übung begründet werden, d.h., wenn durch regelmäßige Wiederholung bestimmter, gleichförmiger Verhaltensweisen zu erkennen ist, das den Mitarbeitern eine Leistung oder Vergünstigung auf Dauer gewährt werden soll, also bei mindestens dreimaliger vorbehaltloser Gewährung einer *gleichartigen* oder *gleichwertigen* freiwilligen Leistung[167]. Bei der Gewährung von Aktienoptionen kommt das Entstehen einer betrieblichen Übung schon deshalb **nicht in Betracht**, weil wegen der zwingenden Beteiligung der Hauptversamm-

55.70

---

163 Problematisch ist dies, wenn die Option echter Gehaltsbestandteil sein soll. Möglicherweise können Arbeitnehmer dann Ansprüche aus § 612 BGB auf angemessene Vergütung geltend machen, wenn sie keine weiteren Optionen erhalten.
164 Zwar hat der Betriebsrat erzwingbare Mitbestimmungsrechte bei der Durchführung eines Aktienoptionsplans. Dies betrifft aber nicht das „Ob" der Gewährung der Optionen, siehe Rz. 55.75 ff.
165 Da es um die Aufnahme neuer Aktionäre geht, der die Hauptversammlung zustimmen muss, wäre eine solche Verpflichtung weder mit der Vereinigungsfreiheit und der Berufsfreiheit, noch mit der Hauptversammlungsautonomie zu vereinbaren und überstiege die Regelungszuständigkeit der Tarifvertragsparteien.
166 Tarifliche Regelungen über die Gewährung von Aktienoptionen sind bislang in der Praxis nicht bekannt.
167 St. Rspr. BAG; vgl. *Preis* in ErfurtKomm. ArbR, 21. Aufl. 2021, § 611a BGB Rz. 220d ff. m.w.N.

lung ein Bindungswille des Arbeitgebers nicht vorliegen wird, auf den die Arbeitnehmer vertrauen könnten. Zum anderen ist der Wert der Optionen entsprechend den Börsenkursen schwankend, und Optionen werden jeweils in unterschiedlicher Höhe und zu unterschiedlichen Konditionen ausgegeben, so dass es schon an einer Gleichwertigkeit der Leistungen fehlt. Um Rechtsunsicherheiten zu vermeiden, sollte die jeweilige Optionszusage mit einem ausdrücklichen **Freiwilligkeitsvorbehalt** versehen werden.

3. Gleichbehandlungsgrundsatz

55.71 Bei der Ausgabe von Aktienoptionen nach einheitlichen Regeln ist der arbeitsrechtliche Gleichbehandlungsgrundsatz zu beachten[168]. Ein Verstoß hat zur Folge, dass die übergangenen Arbeitnehmer Gleichbehandlung fordern, also **entsprechende Leistungen verlangen können**. Dies ist bei Aktienoptionsplänen besonders gravierend, da der von der Hauptversammlung beschlossene Dotierungsrahmen gesprengt werden kann.

55.72 Der Gleichbehandlungsgrundsatz ist betriebsübergreifend auf das ganze Unternehmen zu erstrecken[169]. Eine Ungleichbehandlung von **verschiedenen Betrieben im Unternehmen bzw. Konzern** ist möglich, wenn sie sachlich gerechtfertigt ist[170]. Eine konzernweite Anwendung des Gleichbehandlungsgrundsatzes wird bislang abgelehnt[171]. Es besteht auch keine Gleichbehandlungspflicht in **gemeinsamen Betrieben mehrerer Unternehmen**[172]. Die Differenzierung nach **Hierarchieebenen** ist, soweit nachvollziehbar abgegrenzt, zulässig. Die Abgrenzung innerhalb einer Hierarchieebene kann gerechtfertigt sein, wenn die Optionsvergaben an individuelle Leistungen geknüpft werden[173]. Wegen § 4 Abs. 1 Satz 1 TzBfG (absolutes Diskriminierungsverbot) und § 4 Abs. 1 Satz 2 TzBfG (pro rata-Grundsatz) müssen **Teilzeitbeschäftigten**, auch **Geringfügigbeschäftigten**, anteilig Aktienoptionen gewährt werden[174]. Eine Differenzierung nach der Dauer der Betriebszugehörigkeit (**Stichtagsregelung**) ist wenigstens dann zulässig, wenn mit den Aktienoptionen auch die Betriebstreue in der Vergangenheit vergütet werden soll[175]. Trotz des absoluten Diskriminierungsverbots in § 4 Abs. 2 TzBfG ist eine Ausnahme der **befristet Beschäftigten** sachlich gerechtfertigt, wenn als Zweck die Bindung der Mitarbeiter an das Unternehmen im Vordergrund steht. Das gilt jedenfalls dann, wenn die Befristungsdauer unterhalb der Wartefrist liegt[176]. Die Herausnahme von **Auszubildenden** aus dem Aktienoptionsplan

---

168 Dieser ist nur anwendbar, wenn der Arbeitgeber Leistungen nach bestimmten generalisierenden Regelungen gewährt, nicht dagegen bei individuell ausgehandelten Vertragsabreden, vgl. BAG v. 5.3.1980 – 5 AZR 881/78, DB 1980, 1650.
169 BAG v. 17.11.1998 – 1 AZR 147/98, BB 1999, 692.
170 Vgl. ArbG Düsseldorf v. 22.8.2005 – 7 Ca 2689/05 (zitiert nach juris), wo die unterschiedliche Behandlung von Ruheständlern nicht als Verstoß gegen das Gleichbehandlungsgebot angesehen wurde.
171 BAG v. 20.8.1986 – 4 AZR 272/85, DB 1987, 693; *Linck* in Schaub, Arbeitsrechts-Hdb., 18. Aufl. 2019, § 112 Rz. 11 und 15; BAG v. 25.4.1995 – 9 AZR 690/93, AP Nr. 130 zu § 242 BGB Gleichbehandlung = NZA 95, 1063, 1064.
172 BAG v. 9.11.1992 – 10 AZR 290/91, DB 1993, 843.
173 Die Differenzierung zwischen Arbeitern und Angestellten ist kein zulässiges Differenzierungskriterium, außer wenn der Arbeitgeber aus sachlichen Gründen Angestellte stärker an sein Unternehmen binden will als gewerbliche Arbeitnehmer; BAG v. 19.3.2003 – 10 AZR 365/02, NZA 2003, 724.
174 Eine Ausnahme, wenn die Arbeitszeit so gering ist, dass ein Optionsbruchteil gewährt werden muss, ist str.; *Baeck/Diller*, DB 1998, 1405, 1408; *Mohr/Bihn* in Kessler/Sauter, Hdb. Stock Options, Rz. 915; jedenfalls muss eine solche ausdrücklich vorgesehen sein.
175 Die Zulässigkeit von Stichtagsregelungen für die vergleichbare Materie der betrieblichen Altersversorgung ist anerkannt worden; BAG v. 6.6.1974 – 3 AZR 44/74, DB 1974, 1822. Soweit eine Stichtagsregelung vorgesehen ist, empfiehlt es sich, die Honorierung der Betriebstreue als Zweck der Gewährung von Aktienoptionen im Optionsplan bzw. in der Optionsvereinbarung festzuhalten.
176 Faktisch kann eine Herausnahme der befristet beschäftigten Arbeitnehmer auch über die Wartezeit in Verbindung mit den Verfallsklauseln erreicht werden.

ist zulässig, weil die Vergütungspflicht im Ausbildungsverhältnis lediglich Nebenpflicht ist[177]. Mitarbeiter in einem **ruhenden Arbeitsverhältnis**[178] oder **Mitarbeiter mit häufiger bzw. dauernder Erkrankung** können (teilweise) ausgenommen werden, wenn der Arbeitgeber mit der Auflage eines Aktienoptionsplans nicht ausschließlich die Betriebstreue honorieren will, sondern auch die Leistung. Eine Kürzung der Ansprüche für die Dauer des Ruhens des Arbeitsverhältnisses oder für die Überschreitung des Entgeltfortzahlungszeitraums muss aber im Aktienoptionsplan geregelt werden[179]. § 4a Entgeltfortzahlungsgesetz (EFZG) ist zu beachten.

4. Verfalls- und Rückübertragungsklauseln

Aktienoptionspläne enthalten i.d.R. **Verfalls- und Rückübertragungsklauseln**, die für den Fall der Beendigung des Arbeitsverhältnisses den Verfall der Optionen bzw. die Pflicht zur Rückgewähr der Aktien oder zur Rückzahlung des erzielten Ausübungsgewinns vorsehen[180]. Sie können gegen §§ 138, 242 BGB verstoßen oder eine unzulässige Kündigungserschwerung nach § 622 BGB darstellen[181]. Obwohl es sich bei den gewährten Optionen meist um Vergütung der Arbeit handelt, sind diese oft nicht arbeitsvertraglich geschuldet. Dann sind die arbeitsrechtlichen Grundsätze zur Rückforderung von Gratifikationen nicht zu übertragen und solche Verfallsklauseln können benutzt werden[182]. Unerheblich ist auch, ob die Beendigung des Arbeitsverhältnisses der Sphäre des Arbeitgebers oder des Arbeitnehmers zuzuordnen ist. So ist auch bei betriebsbedingter Kündigung eine Verfallsklausel möglich[183]. Möglich und häufig ist aber der Ausschluss der Übertragung von Aktienoptionen[184]. Bei arbeitsvertraglich geschuldeten Optionen gilt die Inhaltskontrolle von § 307 BGB, so dass der Verfall im Arbeitsvertrag vorzusehen ist. Bei der Abwägung ist den Zielen des Arbeitgebers ein hoher Wert beizumessen[185]. Auch die Höchstfrist von fünf Jahren aus § 624 BGB greift nicht. Bei einem Wettbewerbsverbot sind Optionen im Rahmen der Karenzentschädigung, unabhängig ob vom Unternehmen oder einem Dritten (Konzernunternehmen) stammten, zu berücksichtigen[186]. Bei fehlender Ausübung kann der Wert ermittelt werden oder der Ausübungstermin unter Zahlung von Abschlägen abgewartet werden, sofern dieser in die Karenzzeit fällt[187].

55.73

Hat der Arbeitnehmer die Option während des Ausübungszeitraums ausgeübt und scheidet er aus dem Arbeitsverhältnis aus, so sind in Aktienoptionsprogrammen oft **Rückübertragungspflichten** der Aktien oder die **Rückzahlung des erzielten Gewinns** vorgesehen. Da der Mitarbeiter die Gegenleis-

55.74

---

177 BAG v. 10.2.1981 – 6 ABR 86/78, AP, BetrVG 1972, § 5 Nr. 25 = DB 1981, 1935.
178 Elternzeit, Wehrdienst, Mutterschutz problematisch.
179 *Hexel* in Moll, MünchAnwHdb. ArbR, 5. Aufl. 2021, § 20 Rz. 116; *Baeck/Diller*, DB 1998, 1405, 1409; *Legerlotz/Laber*, DStR 1999, 1658, 1662.
180 Ausführlich *Mechlem/Melms*, DB 2000, 1614 ff.; *Pulz*, BB 2004, 1107, 1110 ff.
181 Bzw. ein indirektes Wettbewerbsverbot aufstellen (dann Unwirksamkeit gemäß § 75g HGB), vgl. *Lembke*, BB 2001, 1469, 1474.
182 BAG v. 26.9.2007 – 5 AZR 870/06, NZA 2008, 1063; LAG München v. 21.6.2007 – 2 Sa 1351/06 (zitiert nach juris), wo das LAG eine Verfallklausel, die an die Zugehörigkeit zum Unternehmen anknüpft, für zulässig angesehen hat; ArbG Düsseldorf v. 22.8.2005 – 7 Ca 2689/05 (zitiert nach juris), hält eine an entsprechende Sperrzeiten gekoppelte Verfallklausel von bis zu drei Jahren grundsätzlich für wirksam.
183 Verfallsklausel ist auflösende Bedingung i.S.v. § 158 BGB. Nach § 162 Abs. 2 BGB gilt Eintritt der auflösenden Bedingung als nicht erfolgt, wenn der Eintritt der Bedingung von der Partei, zu deren Vorteil er gereicht, wider Treu und Glauben herbeigeführt wird. Der Ausspruch einer fristlosen oder einer ordentlichen betriebsbedingten, verhaltensbedingten oder personenbedingten Kündigung ist aber ein gesetzlich verankertes Recht des Arbeitgebers und damit nicht treuwidrig, *Pulz*, BB 2004, 1107, 1113 m.w.N.
184 *Thüsing*, ZGR 2003, 457, 500 m.w.N.
185 *Starke*, NJOZ 2010, 2494, 2500.
186 Näher *Bauer/Diller*, Wettbewerbsverbote, 8. Aufl. 2019, § 9 Rz. 375, 396, 400, 417 ff., 421 ff.
187 *Busch*, BB 2000, 1296.

tung für die Optionen bereits erbracht und die Aktien zum vereinbarten Preis gekauft hat, sind Rückübertragungsklauseln als **unwirksam** anzusehen, wenn sie **keine Entschädigung** vorsehen[188]. Gleiches gilt für Klauseln, die die **Rückzahlung des Gewinns** vorsehen. Da es bei der Gewährung von Aktienoptionen gerade darum geht, die Mitarbeiter an der Unternehmenswertsteigerung zu beteiligen und ihnen nicht nur ein Mitspracherecht einzuräumen und über die Dividenden am Gewinn zu beteiligen[189], ist eine Rückübertragungsklausel problematisch, die den Arbeitnehmer verpflichtet, die Aktien zu denselben Konditionen, zu denen er sie erworben hat, zurückzuübertragen und den Ausübungsgewinn zurückzuzahlen. Denkbar wäre daher allenfalls eine Rückübertragungspflicht gegen Zahlung des aktuellen Börsenkurses, mindestens aber des Ausübungspreises, den der Mitarbeiter selbst gezahlt hat[190].

5. Mitbestimmungsrechte des Betriebsrats

55.75 Die Einführung und Ausgestaltung eines Aktienoptionsplans unterliegt nach § 87 Abs. 1 Nr. 10 BetrVG in bestimmten Grenzen der Mitbestimmung des Betriebsrats. Mitbestimmungsrechte bestehen aber nur insoweit, wie nicht die Hauptversammlung das Recht hat, die Einzelheiten des Aktienoptionsplans festzusetzen[191]. Der Betriebsrat hat **kein Initiativrecht**. Das Unternehmen kann daher grundsätzlich frei und ohne Mitbestimmung des Betriebsrats darüber entscheiden, ob überhaupt ein Aktienoptionsplan aufgelegt werden soll und in welchem Umfang und wie dieser bedient wird. Im Wesentlichen betrifft das Mitbestimmungsrecht des Betriebsrats die **Aufstellung der Verteilungskriterien** für den Gesamtdotierungsrahmen (*Verteilungsgerechtigkeit*). Mitbestimmungsrechte hat er auch bei **Verfahrensfragen** (Errichtung von Depots, Ausübungsformalitäten etc.). Bei Missachtung der Mitbestimmungsrechte hat der Betriebsrat einen Unterlassungsanspruch.

6. Betriebsübergang nach § 613a BGB

55.76 Als Anspruch aus dem Arbeitsverhältnis geht der **Anspruch aus einer Optionszusage** – soweit gegen den Arbeitgeber gerichtet – bei **Betriebsübergang** nach § 613a BGB auf den Erwerber über[192]. Da dieser häufig die Optionen nicht zur Verfügung stellen kann, weil das Unternehmen keine Aktiengesellschaft ist oder keinen Aktienoptionsplan hat, stellt sich die Frage, ob und welche Regelungen über den Betriebsübergang in einer Optionsvereinbarung bzw. in einem Aktienoptionsplan geregelt werden können und sollten[193]. Ein Verfall sämtlicher Ansprüche auf Optionen dürfte wegen Verstoßes gegen § 613a BGB unzulässig sein[194]. Auch eine Verzichtsregelung ist nur zulässig, wenn sie durch einen sachlichen Grund gerechtfertigt ist[195]. **Ansprüche auf Aktien** aus bereits gewährten Optionen beziehen sich weiterhin auf den Betriebsveräußerer. Sie gehen nicht auf den Erwerber über, denn Ansprü-

---

188 Ebenso *Mechlem/Melms*, DB 2000, 1614, 1615.
189 So aber OLG Celle v. 15.10.2003 – 9 U 124/03, GmbHR 2003, 1428 (unentgeltliche Rückübertragung von Gesellschaftsanteilen).
190 Andernfalls stellte dies eine unzulässige Verlustbeteiligung dar.
191 A.A. *Hexel* in Moll, MünchAnwHdb ArbR, 5. Aufl. 2021, § 20 Rz. 121; differenzierend *Schulz* in Moll, MünchAnwHdb ArbR, 5. Aufl. 2021, § 23 Rz. 103 ff.; *Kollmorgen*, BB 2007, 2756, 2759.
192 A.A. *Bauer/Göpfert/v. Steinau-Steinrück*, ZIP 2001, 1129, 1130, die die Gewährung der Optionen insgesamt als kauf-, aktien- oder gesellschaftsrechtlichen Vertrag verstehen, da es sich bei Mitarbeiteroptionen lediglich um „im Zusammenhang mit dem Arbeitsverhältnis" stehende Rechtsbeziehungen handele. Bei Betriebsübergang nicht ausübungsreife Optionen und Ansprüche auf zukünftige Begebung von Optionen sind übergangsfähig, wenn sie vom Arbeitgeber selbst zugesagt worden sind; *Schnitker/Grau*, BB 2002, 2497, 2498.
193 Vgl. hierzu *Schnitker/Grau*, BB 2002, 2497, 2500 ff.
194 Vgl. hierzu *Urban-Crell/Manger*, NJW 2004, 125, 127 f.
195 Vgl. BAG v. 18.8.1976 – 5 AZR 95/75, NJW 1977, 1168; BAG v. 17.1.1980 – 3 AZR 160/79, NJW 1980, 1124.

che aus den gewährten Optionen sind nicht arbeitsrechtlicher Natur[196]. Auch hier ist jedoch fraglich, ob Verfallsklauseln für den Fall des Betriebsübergangs zulässig sind. Jedenfalls dann, wenn die Wartezeit abgelaufen ist, wird man dies verneinen müssen. Denkbar ist aber die Verpflichtung, die Optionen im nächstfolgenden Ausübungsfenster auszuüben. Bei Betriebsübergang vor Erfüllung der Wartefrist, wird man im Hinblick auf den Zweck der Option eine Verfallsklausel für zulässig erachten können[197].

VII. Besonderheiten im Konzern

Weitere spezielle Probleme ergeben sich im Hinblick auf den Kreis der Bezugsberechtigten bei Optionsplänen im **Konzernverbund**. Nach § 192 Abs. 2 Nr. 3 AktG kommen als Bezugsberechtigte auch die Mitglieder der Geschäftsführung eines verbundenen Unternehmens bzw. deren Arbeitnehmer in Betracht. Dabei ist sowohl der Fall denkbar, dass die Mitglieder der Geschäftsführung und die Arbeitnehmer der Tochtergesellschaft an einem Aktienoptionsprogramm der Obergesellschaft teilnehmen, als auch der umgekehrte Fall, dass die genannten Personengruppen der Obergesellschaft an einem Optionsprogramm der Tochter partizipieren.

Durch den Aktienoptionsplan werden die Bezugsberechtigten tendenziell veranlasst, vorrangig zur Steigerung des Unternehmenswerts des verbundenen Unternehmens bzw. der Gruppe beizutragen. Dies kann zu **Interessenkollisionen** führen, da die Interessen der eigenen Gesellschaft nicht notwendigerweise deckungsgleich mit denen des verbundenen Unternehmens sind. Unproblematisch ist dies nur, wenn keine außenstehenden Gesellschafter an der eigenen Gesellschaft beteiligt sind oder ein Beherrschungsvertrag besteht. In den übrigen Fällen soll nach der Regierungsbegründung sorgfältig zu prüfen sein, ob eine einseitige Motivation der Organe und Führungskräfte der Tochter auf die Wertentwicklung bei der Mutter zu rechtfertigen ist[198]. Weitergehend äußern sich Stimmen in der Literatur, die einen solchen Aktienoptionsplan im Hinblick auf den Minderheitenschutz mit dem Argument, dass die §§ 311 ff. AktG zu deren Schutz nicht ausreichten, für unzulässig halten[199] oder zumindest die **Zustimmung der Minderheitsgesellschafter** fordern[200].

Im Hinblick auf **arbeitsrechtliche Besonderheiten im Konzern** hat das BAG entschieden, dass Aktienoptionen, die unmittelbar von der Konzernmuttergesellschaft an Arbeitnehmer der Tochtergesellschaft zugesagt und gewährt werden, **keine Ansprüche aus dem Arbeitsverhältnis** sind[201]. Dementsprechend gehen Ansprüche auf und aus Optionen beim Betriebsübergang nach § 613a BGB nicht auf den Erwerber über[202]. Mitbestimmungsrechte des Betriebsrats bestehen nicht[203]. Will man sich diese Konzernkonstellation zunutze machen, ist strengstens darauf zu achten, dass die (deutsche) Tochtergesellschaft soweit wie möglich aus der Zusage und Gewährung der Optionen herausgehalten wird, ins-

---

196 BAG v. 12.2.2003 – 10 AZR 299/02, NZA 2003, 487 ff. = AG 2003, 387; auch *Bauer/Göpfert/v. Steinau-Steinrück*, ZIP 2001, 1129, 1130; *Nehls/Sudmeyer*, ZIP 2002, 201, 204 ff.; a.A. *Lembke*, BB 2001, 1469, 1474; *Tappert*, NZA 2002, 1188, 1189; ggf. gehen sie gemäß § 23 UmwG auf den Erwerber über, *Grimm/Walk*, BB 2003, 577, 579; *Schnitker/Grau*, BB 2002, 2497, 2498; *Cohnen* in Moll, Münch-AnwHdb ArbR, 5. Aufl. 2021, § 54 Rz. 10.
197 So jedenfalls *Mechlem/Melms*, DB 2000, 1614, 1616.
198 Begr. RegE zu § 193 AktG n.F., BT-Drucks. 13/9712, S. 23 f.
199 *Baums*, AG-Sonderheft 1997, S. 26, 35 f.; *Hüffer/Koch*, § 192 AktG Rz. 20.
200 *Kallmeyer*, AG 1997, 97, 102 f., auch zur Frage des Gläubigerschutzes, der allerdings kein Hindernis darstellen soll.
201 BAG v. 12.2.2003 – 10 AZR 299/02, NZA 2003, 487 = AG 2003, 387; vgl. hierzu *Annuß/Lembke*, BB 2003, 2230.
202 *Schnitker/Grau*, BB 2002, 2497, 2499; *Urban-Crell/Manger*, NJW 2004, 125, 126; a.A. *Lipinski/Melms*, BB 2003, 150.
203 A.A. LAG Nürnberg v. 22.1.2002 – 6 TaBV 19/01, NZA-RR 2002, 247; so auch *Annuß/Lembke*, BB 2003, 2230, 2232.

besondere keinen Einfluss auf die Zuteilung der Optionen und die übrige Verwaltung des Optionsplans nimmt[204]. Ob und in welchen Fällen im internationalen Konzern deutsches Arbeitsrecht anzuwenden ist, ist bisher völlig offen[205]. Es sollte ggf. eine Gerichtsstandsvereinbarung getroffen werden.

VIII. Besteuerung von Aktienoptionen

1. Grundlagen

55.80 Das **Einkommensteuergesetz (EStG)** enthielt bisher keine speziellen Vorschriften zur Besteuerung von Stock Options, es galten die allgemeinen Regeln zur Besteuerung von Einkünften aus nichtselbständiger Arbeit. Nachdem sich der **BFH**[206] auf Grund kontroverser Diskussionen in Rechtsprechung und Literatur bezüglich der Besteuerung von Stock Options, die Arbeitnehmern im Rahmen des Dienstverhältnisses eingeräumt werden, in verschiedenen Fällen zur Besteuerung geäußert hat, und die **Finanzministerien der Länder** diesen Entscheidungen weitgehend folgen[207], haben sich Unklarheiten bzgl. der lohnsteuerlichen Erfassung des geldwerten Vorteils bei der unentgeltlichen bzw. verbilligten Gewährung von Stock Options an Mitarbeiter deutlich verringert. Eine wesentliche Neuerung bezüglich der Besteuerung von Vermögensbeteiligungen von Arbeitnehmern (vor allem von Startups) wurde jedoch im Jahr 2021 mit dem Fondstandortgesetz eingeführt (§ 19a EStG n.F.). In § 19a EStG n.F. ermöglicht der Gesetzgeber Arbeitnehmern von Kleinstunternehmen sowie kleinen und mittleren Unternehmen unter bestimmten Bedingungen auf Antrag, dass der geldwerte Vorteil aus einer Vermögensbeteiligung erst bei Veräußerung der nach Optionsausübung bezogenen Anteile (oder einem Ersatzereignis) zu versteuern ist. Die Besteuerung soll also zu einem Zeitpunkt erfolgen, zu welchem dem Arbeitnehmer im Idealfall ausreichend liquide Mittel zufließen, um die Steuer zu bezahlen. Aktienoptionen selbst sind zwar nicht als von § 19a EStG begünstigte Vermögensbeteiligungen zu qualifizieren, wohl aber die den Aktienoptionen zugrundeliegenden Aktien (vgl. § 2 Abs. 1 Nr. 1 a) 5. VermBG). Aufgrund verschiedener Rückausnahmen wird § 19a EStG n.F. bereits jetzt in der Praxis kritisiert. Aufgrund der Beschränkung des Anwendungsbereichs des § 19a EStG n.F. auf Arbeitgeber, die bei Ausgabe Kleinstunternehmen, kleine oder mittlere Unternehmen sind, wird § 19a EStG im Bereich der Aktienoptionen von geringerer Bedeutung sein.

2. Behandlung beim Arbeitnehmer

55.81 Arbeitnehmer sind nach § 1 LStDV Personen, die im öffentlichen oder privaten Dienst angestellt oder beschäftigt sind und aus diesem Dienstverhältnis heraus Arbeitslohn beziehen. Ein solches **abhängiges Dienstverhältnis** liegt vor, wenn die Betätigung unter der Arbeitgeberleitung steht und der Arbeitnehmer Weisungen unterliegt. Auch Organe von Kapitalgesellschaften (Vorstand einer Aktiengesellschaft,

---

204 Vgl. hierzu auch LAG Hamburg v. 13.12.2006 – 4 Sa 5/06, AE 2007, 226, wonach für die Einstandspflicht des Vertragsarbeitgebers besondere arbeitsvertragliche Verpflichtungen arbeitsvertraglich vereinbart sein müssen. Vgl. auch BAG v. 28.5.2008 – 10 AZR 351/07, ZIP 2008, 1390 = AG 2008, 632.
205 Vgl. hierzu LAG Düsseldorf v. 3.3.1998 – 3 Sa 1452/97, NZA 1999, 981 mit Anm. *Lingemann/Fischer*, NZA 2000, 119.
206 Z.B. BFH v. 18.12.2007 – VI R 62/05, BStBl. II 2008, 294 = FR 2008, 523; BFH v. 24.1.2001 – I R 100/98, BStBl. II 2001, 509 ff. = DB 2001, 1173 = AG 2001, 471 und BFH v. 24.1.2001 – I R 119/98, BStBl. II 2001, 512 ff. = DB 2001, 1176 = FR 2001, 743; insb. über Besteuerungszeitpunkt, Pflicht des Arbeitgebers zum Einbehalt und zur Abführung der Lohnsteuer sowie Zuordnung des Besteuerungsrechts in grenzüberschreitenden Fällen.
207 Vgl. FinMin Bayern, Schreiben v. 16.3.2009 – 34/32-S 2347-008-10 068/09; BMF, Schreiben v. 8.12.2009 – IV C 5-S 2347/09/10002, Dok. 2009/0810442, BStBl. I 2009, 1513 = FR 2010, 100; BMF, Lohnsteuer-Richtlinien 2015 vom 10.12.2007 (BStBl. I Sondernummer 1), in der Fassung der LStÄR 2011 vom 23.11.2010 (BStBl. I 2010, 1325), der LStÄR 2013 vom 8.7.2013 (BStBl. I 2013, 851) und der LStÄR 2015 vom 22.10.2014 (BStBl. I 2014, 1344), H 38.2.

Geschäftsführer einer GmbH) sind in vielen Fällen als Arbeitnehmer im Sinne des Einkommensteuerrechts zu qualifizieren.

a) Steuerpflichtiger Arbeitslohn aus Aktienoptionen

Im einkommensteuerrechtlichen Sinn sind solche Einnahmen als Arbeitslohn zu qualifizieren, die einem Arbeitnehmer als Gegenleistung für das Zurverfügungstellen seiner individuellen Arbeitskraft (i.R. seines Arbeitsverhältnisses) zufließen; unerheblich ist dabei, unter welcher Bezeichnung oder in welcher Form diese gewährt werden, siehe § 2 Abs. 1 Satz 2 LStDV[208]. Solche Einnahmen sind alle Güter, die in Geld oder Geldeswert bestehen. 55.82

b) Zeitpunkt der Besteuerung von Stock Options

Vorteile aus der Gewährung von Aktienoptionen im Rahmen eines Arbeitsverhältnisses sind den Einkünften aus nichtselbständiger Arbeit zuzurechnen[209]. Diese sind gemäß § 38a Abs. 1 Satz 3 i.V.m. § 11 Abs. 1 EStG zum **Zeitpunkt des Zuflusses** zu besteuern. Als Zuflusszeitpunkt gilt die Erlangung der wirtschaftlichen Verfügungsmacht[210]. Sowohl bei nicht handelbaren als auch bei handelbaren Aktienoptionen fließt dem Arbeitnehmer grundsätzlich erst dann ein geldwerter Vorteil zu, wenn er das wirtschaftliche Eigentum an den im Rahmen der Ausübung der Aktienoption unentgeltlich oder verbilligt überlassenen Aktien erlangt[211]. Dies ist in der Regel im Zeitpunkt der Einbuchung der Aktien im Depot des Arbeitgebers der Fall. Nach ständiger Rechtsprechung[212] stellt die **Einräumung von Aktienoptionen noch keinen Zufluss** eines geldwerten Vorteils dar[213]. Ausnahmsweise kann dem Arbeitnehmer ein geldwerter Vorteil aus der Einräumung einer Aktienoption bereits vor der Ausübung der Option zufließen, wenn er anderweitig über die Aktienoption verfügt, insbesondere durch Übertragung der Aktienoption an einen Dritten (z.B. auch an eine persönliche Holding-GmbH oder -UG (haftungsbeschränkt)) oder wenn Stillhalter der Aktienoption nicht der Arbeitgeber oder ein mit dem Arbeitgeber verbundenes Unternehmen, sondern ein Dritter ist[214]. 55.83

Durch die Übernahme der Aktien fließt der Vorteil aus der Gewährung von Stock Options in Höhe der Differenz zwischen dem Kurswert der Aktien zum Zuflusszeitpunkt und Übernahmepreis zu[215]. Nach § 3 Nr. 39 EStG ist der geldwerte Vorteil aus der unentgeltlichen oder verbilligten Überlassung 55.84

---

208 *Pflüger* in Herrmann/Heuer/Raupach, EStG/KStG, § 19 EStG, Rz. 100; BMF, Lohnsteuer-Richtlinien 2015 vom 10.12.2007 (BStBl. I Sondernummer 1), R 19.3.
209 *Pflüger* in Herrmann/Heuer/Raupach, EStG/KStG, Stand: 303. Update, Lfg. 6.2021, § 19 EStG Rz. 213 f.; BFH v. 19.7.1996 – VI R 19/96, BFH/NV 1997, 179; BFH v. 24.1.2001 – I R 100/98, BStBl. II 2001, 509; BFH v. 24.1.2001 – I R 119/98, BStBl. II 2001, 512; *Portner*, DStR 2001, 1331, 1332.
210 BFH v. 30.1.1975 – IV R 190/71, BStBl. II 1975, 776 ff.; BFH v. 26.7.1983 – VIII R 30/82, BStBl. II 1983, 755 f.; BFH v. 10.12.1985 – VIII R 15/83, BStBl. II 1986, 342 ff.; zum Zufluss bei verfügungsbeschränkten Aktien: BFH v. 30.6.2011 – VI R 37/09, BStBl. II 2011, 923 = AG 2011, 788; *Weidmann/Curdt*, BB 2012, 809 (811).
211 Vgl. BFH v. 20.11.2008 – VI R 25/05, BStBl. II 2009, 382; BFH v. 12.10.2006 – VI B 12/06, BFH/NV 2007, 40; BFH v. 20.6.2001 – VI R 105/99, BStBl. II 2001, 689; eine Änderung der Rechtsprechung hat in BFH v. 7.5.2014 – VI R 73/12, DStR 2014, 1328 nicht stattgefunden, zust. *Portner*, BB 2041, 2523; *Geserich*, HFR 2014, 694; *Thomas*, DStR 2015, 263.
212 Vgl. BFH v. 20.11.2008 – VI R 25/05, BStBl. II 2009, 382; BFH v. 12.10.2006 – VI B 12/06, BFH/NV 2007, 40; BFH v. 20.6.2001 – VI R 105/99, BStBl. II 2001, 689; eine Änderung der Rechtsprechung hat in BFH v. 7.5.2014 – VI R 73/12, DStR 2014, 1328 nicht stattgefunden, zust. *Portner*, BB 2041, 2523; *Geserich*, HFR 2014, 694; *Thomas*, DStR 2015, 263.
213 *Binnewies/Ruske*, AG 2016, 854.
214 Ausführlich hierzu *Portner*, DStR 2010, 1316; BFH v. 20.11.2008 – VI R 25/05, BStBl. II 2009, 382 = FR 2009, 625; *Weidmann/Curdt*, BB 2012, 809.
215 BFH v. 24.1.2001 – I R 100/98, BStBl. II 2001, 509 ff. = AG 2001, 471; BFH v. 24.1.2001 – I R 119/98, BStBl. II 2001, 512 ff. = FR 2001, 743.

einer Vermögensbeteiligung i.S.d. § 2 Abs. 1 Nr. 1 5. VermBG, den ein Arbeitnehmer im Rahmen eines Mitarbeiterbeteiligungsprogramms von seinem Arbeitgeber erhält bis zu einem Freibetrag von 1.440 Euro im Kalenderjahr steuerfrei, wenn mindestens das Mitarbeiterbeteiligungsprogramm allen Arbeitnehmern, die im Zeitpunkt der Bekanntgabe des Mitarbeiterbeteiligungsprogramms ein Jahr oder länger ununterbrochen in einem gegenwärtigen Dienstverhältnis zum Arbeitgeber stehen, offensteht. Nach dem Zuflusszeitpunkt wirken sich Kursveränderungen der Aktien grundsätzlich nur im Rahmen der Einkünfteermittlung gemäß § 20 Abs. 2 EStG oder ggf. § 17 EStG, also im Rahmen von regelmäßig niedriger besteuerten Kapital- oder Veräußerungseinkünften aus.

55.85 Sofern es sich bei der Einräumung des Optionsrechts um eine Vergütung für eine mehrjährige Tätigkeit handelt, kommt für steuerpflichtige geldwerte Vorteile aus der Ausübung der Aktienoptionsrechte die **Tarifbegünstigung des § 34 Abs. 1 i.V.m. Abs. 2 Nr. 4 EStG** in Betracht, wovon in der Regel auszugehen ist, wenn der Zeitraum zwischen der Gewährung und der Ausübung der Aktienoptionsrechte mehr als 12 Monate beträgt[216]. Versagt wird die Tarifermäßigung auch dann nicht, wenn der Arbeitnehmer auf Grund eines einheitlichen Optionsrechts die Aktien in mehr als zwei Kalenderjahren erwirbt[217].

55.86 Einstweilen frei.

c) Höhe des zurechenbaren Einkommens

55.87 Die **steuerliche Bemessungsgrundlage** ist abhängig vom Besteuerungszeitpunkt[218]. Im Regelfall der Besteuerung zum Zeitpunkt der Optionsausübung (**Endbesteuerung**) wird der **Ausübungsgewinn** besteuert. Die Bewertung der überlassenen Aktien richtet sich gemäß § 8 Abs. 2 Satz 1 EStG nach dem üblichen Endpreis am Abgabeort am Tag der Einbuchung der Aktien in das Depot des Arbeitnehmers[219]. Zur Bestimmung dieses Werts kann § 11 BewG herangezogen werden[220]. Der geldwerte Vorteil ist hiernach die Differenz zwischen dem Endpreis der Aktien am Verschaffungstag und den diesbezüglichen Erwerbsaufwendungen[221].

55.88 Einstweilen frei.

d) Besteuerung des Veräußerungsgewinns aus erhaltenen Aktien

55.89 Die Besteuerung eines Gewinns oder eines Verlusts aus der späteren Veräußerung der erlangten Aktien richtet sich regelmäßig nach den allgemeinen steuerlichen Vorschriften aus § 20 Abs. 2 EStG (sofern die Beteiligung des Arbeitnehmers an der Aktiengesellschaft innerhalb der letzten fünf Jahre vor Veräußerung weniger als 1 % des Kapitals betragen hat und kein anderer Sonderfall vorliegt). **Gewinne aus dem Verkauf** sind in diesen Fällen als **Einkünfte aus Kapitalvermögen** zu versteuern. Dabei findet regelmäßig ein begünstigter Steuersatz von 25 % (ggfs. zuzüglich Solidaritätszuschlag und Kirchensteuer) Anwendung. Verluste aus dem Verkauf von Kapitalanlagen können nur eingeschränkt mit Gewinnen aus anderen Einkunftsquellen verrechnet werden. Bei der Veräußerung von einer mindestens 1%igen Beteiligung und in bestimmten anderen Sonderfällen kommt statt des Abgeltungsteuer-

---

216 BFH v. 24.1.2001 – I R 100/98, BStBl. II, 509 = AG 2001, 471.
217 BFH v. 19.12.20016 – VI R 136/01, BStBl. II 2007, 456 = DB 2007, 499.
218 *Portner*, DStR 2001, 1334.
219 BFH v. 20.11.2008 – VI R 25/05, BStBl. II 2009, 382, eine Änderung der Rechtsprechung ergibt sich nicht aus BFH v. 7.5.2014 – VI R 73/12, BStBl. II 2014, 904 = DStR 2014, 1328; zust. auch ausführlich *Portner*, BB 2014, 2523; *Geserich*, HFR 2014, 694.
220 BFH v. 7.5.2014 – VI R 73/12, BStBl. II 2014, 904; *Geserich*, DStR 2018, 2304.
221 Durch das Gesetz zur steuerlichen Förderung der Mitarbeiterkapitalbeteiligung (Mitarbeiterkapitalbeteiligungsgesetz) ist § 19a a.F. EStG aufgehoben worden. Hinsichtlich der Bewertung von nicht handelbaren Optionen ist jedoch weiterhin vom gemeinen Wert auszugehen.

satzes der allgemeine Steuertarif zur Anwendung (bis 45 % ggfs. zuzüglich Solidaritätszuschlag und Kirchensteuer); allerdings sind 40 % des Gewinns steuerfrei (Teileinkünfteverfahren). Die Effektivbelastung wird dadurch auf max. 27 % (ggf. zzgl. Solidaritätszuschlag und Kirchensteuer) gesenkt.

e) Besteuerung von Stock Options im internationalen Kontext

Ein Problemfeld stellt das **Besteuerungsrecht in grenzüberschreitenden Fällen** dar, in denen ein Arbeitnehmer seine Tätigkeit im Rahmen seines Arbeitsverhältnisses während der Optionslaufzeit (zeitweise) im Ausland ausübt. Nach Ansicht der Verwaltung ist zur Aufteilung des Besteuerungsrechts nach Abkommensrecht nicht der Zeitpunkt des Zuflusses, sondern der Zeitraum der Erdienung („Vesting-Zeitraum") entscheidend[222]. War der Arbeitnehmer im Erdienungszeitraum (zeitweise) im Ausland tätig und hat das Ausland für diesen Zeitraum das Besteuerungsrecht, steht Deutschland auch hinsichtlich später erzielten Einkünften aus in diesem Zeitraum erdienten Aktienoptionen (teilweise) kein Besteuerungsrecht zu. Zur Bestimmung des Erdienungszeitraums ist zu prüfen, ob die Aktienoptionen einen Vergangenheits- oder einen Zukunftsbezug aufweisen[223]. Dabei nimmt die Finanzverwaltung an, dass handelbare Optionen als Lohn für die Vergangenheit dienen, während nicht handelbare für die Zukunft gewährt werden. Bei anteiliger Auslandsphase des Arbeitnehmers ist eine anteilige Berechnung vorzunehmen[224]. Wenn verschiedene Staaten vergleichbare Steuern für denselben Steuergegenstand und den gleichen Zeitraum von demselben steuerpflichtigen Arbeitnehmer erheben, kann hieraus eine Doppel- oder gar Mehrfachbesteuerung resultieren[225].

55.90

aa) Vermeidung der Doppelbesteuerung nach deutschem Recht

In § 34c Abs. 1 Satz 1 EStG ist durch Anrechnung der im Ausland auf ausländische Einkünfte gezahlten Steuern eine Vermeidung der **Doppelbesteuerung** vorgesehen[226]. Ausländische Einkünfte aus nichtselbständiger Arbeit sind dabei solche, die aus der Tätigkeit in einem ausländischen Staat stammen oder, ohne im Inland ausgeübt zu werden, in einem ausländischen Staat verwertet werden oder worden sind. Maßgebliches Kriterium für die Bestimmung ausländischer Einkünfte ist also, dass die Tätigkeit des Mitarbeiters im Ausland ausgeübt oder verwertet wurde[227]. Wird der Vorteil aus der Optionsgewährung von Deutschland und dem anderen beteiligten Staat übereinstimmend der Tätigkeit im Ausland zugeordnet, sollte eine Anrechnung der im Ausland gezahlten Steuern möglich sein[228], wobei die Steuerperioden des deutschen und des ausländischen Staates für die Anrechnung nach § 34c Abs. 1 Satz 3 EStG nicht identisch sein müssen[229].

55.91

bb) Vermeidung der Doppelbesteuerung durch Doppelbesteuerungsabkommen

Mit den meisten Industrienationen hat die Bundesrepublik Deutschland Doppelbesteuerungsabkommen abgeschlossen. Maßgeblich für die Besteuerung ist dabei das für den Tätigkeits- und Wohnsitz-

55.92

---

222 BMF, Schreiben v. 12.11.2014 – IV B 2-S 1300/08/10027, Dok. 2014/0971694, BStBl. I 2014, 1467 = DB 2014, 2864.
223 BMF, Schreiben v. 12.11.2014 – IV B 2-S 1300/08/10027, Dok. 2014/0971694, BStBl. I 2014, 1467 = DB 2014, 2864.
224 BMF, Schreiben v. 12.11.2014 – IV B 2-S 1300/08/10027, Dok. 2014/0971694, BStBl. I 2014, 1467 = DB 2014, 2864.; zust. *Binnewies/Ruske*, AG 2016, 856.
225 Einleitung des OECD-MA, Anm. 01; *Jacobs/Portner* in Dörner/Menold/Pfitzer/Oser, AktR, S. 316.
226 *Jacobs/Portner* in Dörner/Menold/Pfitzer/Oser, AktR, S. 316.
227 *Jacobs/Portner* in Dörner/Menold/Pfitzer/Oser, AktR, S. 316 f. m.w.N.
228 In diesem Zusammenhang wird auf das Urteil des FG Hessen v. 26.10.1990 – 2 K 2052/86, EFG 1991, 730 (auszugsweise Wiedergabe) verwiesen, in welchem entschieden wurde, dass Stock Options, die ein in Deutschland ansässiger Arbeitnehmer während einer Dienstreise nach Frankreich dort ausübte, nicht der in Frankreich während der Dienstreise ausgeübten Tätigkeit zuzuordnen waren.
229 *Jacobs/Portner* in Dörner/Menold/Pfitzer/Oser, AktR, S. 317 m.w.N.

staat einschlägige Abkommen. Da die Regelungen in den einzelnen Doppelbesteuerungsabkommen meist nur im Detail abweichen, wird nachfolgend auf das OECD-Musterabkommen abgestellt. Nach Auffassung der Finanzverwaltung hat die Zuweisung des Besteuerungsrechts an die beteiligten Staaten durch die Zuordnung des geldwerten Vorteils auf den gesamten Zeitraum zwischen Optionsgewährung und -ausübung zu erfolgen[230]. Nur der anteilige geldwerte Vorteil, für den Deutschland das Besteuerungsrecht hat, wird der inländischen Besteuerung unterworfen. Die Teile des durch Optionsausübung zugeflossenen geldwerten Vorteils, die steuerfrei bleiben, unterliegen ggf. dem Progressionsvorbehalt gemäß § 32b Abs. 1 Nr. 3 EStG. Trotz Anwendung von Doppelbesteuerungsabkommen kann es dennoch in grenzüberschreitenden Fällen zu **Doppel- oder Mehrfachbesteuerungen** kommen[231].

3. Behandlung beim Arbeitgeber

a) Betriebsausgabenabzug des Arbeitgebers

55.93 Die Ausgabe von Stock Options an Mitarbeiter aus einer bedingten Kapitalerhöhung heraus führt im Zeitpunkt der Einräumung der Optionsrechte nicht zu einem gewinnwirksamen Personalaufwand[232]. Diesbezüglich ist demnach auch keine gewinnmindernde Bildung von Rückstellungen möglich[233]. Nebenkosten bei der Ausgabe sind als **sonstiger Personalaufwand** in der Gewinn-und-Verlust-Rechnung zu erfassen (dazu auch Rz. 55.100 ff.).

Werden entgeltlich angeschaffte Optionen ausgegeben, so führt die Ausgabe in Höhe der Anschaffungskosten demgegenüber zu Personalaufwand.

b) Einbehalt von Lohnsteuer

55.94 Soweit der Arbeitnehmer bei Ausübung seiner Stock Options **Arbeitslohn** i.S.v. § 19 EStG erzielt, ist der inländische Arbeitgeber gemäß § 39b Abs. 2 EStG im Zeitpunkt des Zuflusses, also im Zeitpunkt der Optionsausübung, zum **Einbehalt der Lohnsteuer und gesetzlich entstehender Sozialversicherungsbeiträge** aus den Einkünften nichtselbständiger Arbeit verpflichtet und trägt nach §§ 41a, 42d EStG die Verantwortung für die Weiterleitung dieser Beträge an die Steuerbehörden.

55.95 Wenn Lohn von einem Dritten, wie etwa bei **Gewährung durch eine Konzernobergesellschaft** für eine Arbeitsleistung gezahlt wird, ist der Arbeitgeber gemäß § 38 Abs. 1 Satz 3 EStG dazu verpflichtet auch für den vom Dritten ausgezahlten Lohn **Lohnsteuer** einzubehalten, wenn der Arbeitgeber weiß oder erkennen kann, dass derartige Vergütungen erbracht werden. Eine diesbezügliche widerlegbare Vermutung ist nach § 38 Abs. 1 Satz 3 Halbs. 2 EStG insbesondere dann anzunehmen, wenn Arbeitgeber und Dritter verbundene Unternehmen im Sinne von § 15 des Aktiengesetzes sind.

---

230 BFH v. 24.1.2001 – I R 100/98, BStBl. II 2001, 509 = AG 2001, 471; BFH v. 24.1.2001 – I R 119/98, BStBl. II 2001, 512 = FR 2001, 743; FinMin Bayern, Schreiben v. 16.3.2009 – 34/32-S 2347-008-10 068/09; BMF, Schreiben v. 8.12.2009 – IV C 5-S 2347/09/10002, Dok. 2009/0810442, BStBl. I 2009, 1513 = FR 2010, 100; s. auch BMF, Schreiben v. 12.11.2014 – IV B 2-S 1300/08/10027, Dok. 2014/0971694, BStBl. I 2014, 1467 = DB 2014, 2864; BMF, Lohnsteuer-Richtlinien 2015 vom 10.12.2007 (BStBl. I Sondernummer 1), in der Fassung der LStÄR 2011 vom 23.11.2010 (BStBl. I 2010, 1325), der LStÄR 2013 vom 8.7.2013 (BStBl. I 2013, S. 851) und der LStÄR 2015 vom 22.10.2014 (BStBl. I 2014, 1344), H 38.2.
231 Vgl. ausführlich zur Problematik der Doppelbesteuerung bei Stock Options *Drüen* in Wassermeyer/Kaeser/Schwenke/Drüen, DBA, Stand: 153. Lfg., März 2021 (84. Aufl.), Vor Art. 6-22 OECD-MA Rz. 16; *Wassermeyer/Kaeser* in Wassermeyer/Kaeser/Schwenke/Drüen, DBA, Stand: 153. Lfg., März 2021 (84. Aufl.), Art. 15 OECD-MA Rz. 56 ff.; *Wassermeyer* in Wassermeyer/Kaeser/Schwenke/Drüen, DBA, Stand: 153. Lfg., März 2021 (84. Aufl.), Art. 11 OECD-MA Rz. 85 und Art. 13 OECD-MA Rz. 137; BMF, Schreiben v. 12.11.2014 – IV B 2-S 1300/08/10027, Dok. 2014/0971694, BStBl. I 2014, 1467 = DB 2014, 2864.
232 BFH v. 25.8.2010 – I R 103/09, BStBl. II 2011, 215 = AG 2011, 27.
233 BFH v. 15.3.2017 – I R 11/15, BStBl. II 2017, 1043.

Kann der Arbeitgeber die Lohnsteuer allerdings nicht aus dem Barlohn des Arbeitnehmers oder seinen sonstigen Bezügen einbehalten und stellt der Arbeitnehmer dem Arbeitgeber den notwendigen Betrag auch nach Aufforderung nicht zur Verfügung, kann der Arbeitgeber die Einbehaltspflicht erledigen und mögliche Lohnsteuerhaftung dadurch abwehren, dass er dem Betriebsstättenfinanzamt eine ordnungsmäßige Anzeige über diesen Umstand macht. Das Finanzamt wird die Lohnsteuer dann beim Arbeitnehmer erheben.

In der Praxis wird die Lohnsteuer bei börsennotierten Aktien oft dadurch finanziert, dass der Arbeitgeber einen Teil der geschuldeten Aktien nach Optionsausübung am Markt verwertet und die daraus erzielten Mittel zum Lohnsteuereinbehalt verwendet (Exercise and Sell). Viele Optionspläne enthalten hierzu die vertraglichen Ermächtigungen, und Dienstleister sorgen für möglichst effiziente Durchführung der Verkäufe zur Finanzierung der Lohnsteuer. Risiken liegen etwa in Preisschwankungen bei Auseinanderfallen des Besteuerungszeitpunkts und des Verwertungszeitpunkts. In diesem Fall können nichtrealisierte Werte der Steuer unterfallen.

IX. Bilanzrechtliche Gesichtspunkte

1. Grundlagen

Die bilanzielle Behandlung von Stock-Option-Plänen wird im deutschen Handelsrecht nicht ausdrücklich geregelt, was zu vielen kontroversen Beiträgen in der Literatur geführt hat[234]. Kernfrage bei der **Bilanzierung** ist, ob die Gewährung von Stock Options auf Gesellschafter- oder Gesellschaftsebene erfolgt[235] und darauf aufbauend, ob Stock-Option-Pläne erfolgswirksam als Personalausgaben zu erfassen sind[236]. Eine Reihe daraus resultierender Probleme sind die Höhe des zu erfassenden **Personalaufwands** (Bewertung), des **Bewertungszeitpunkts** sowie die Frage nach der ggf. **zeitlichen Verteilung** desselben[237]. Für das Unternehmen stellt sich die Frage, ob Aufwendungen, die durch die Optionsgewährung veranlasst sind, auch steuerrechtlich aufwandswirksam sind[238]. Darüber hinaus haben internationale Bilanzierungsstandards neben den nationalen Bilanzierungsvorschriften nach HGB zunehmende Bedeutung. Dieser Einfluss des HGB ist auch aus Sicht der Finanzverwaltung insbesondere beim Rückerwerb der Anteile durch den Arbeitgeber entscheidend[239].

55.96

2. Bilanzierung von Stock Options in der deutschen Bilanzierungspraxis

In aller Regel stellt die Gewährung von Stock Options im Zeitpunkt der Ausübung dieser eine Gegenleistung für die zukünftige Arbeitsleistung der Mitarbeiter im Unternehmen dar[240]. Ebenso stellt eine anderweitige Verwertung wie ein entgeltlicher Verzicht einen Zufluss dar[241]. Die Mitarbeiter erhalten

55.97

---

234 Auflistung u.a. bei *Lange*, WPg 2002, 354, und Literaturquellen zur Bilanzierung von Aktienoptionsplänen und ähnlichen Entgeltformen des DRSC, abrufbar unter http://www.drsc.de/service/bibliography/index.php?ixbib_do=index&ixbib_list=1.
235 Vgl. *Sigloch/Egner*, BB 2000, 1879.
236 *Zeimes/Thuy*, KoR 2003, 39; *Roß/Baumunk*, KoR 2003, 29, 30 f.; *Günkel/Bourseaux*, FR 2003, 497 ff.; *Fischer*, DB 2001, 1003 ff.; *Neyer*, BB 1999, 142 ff.
237 *Zeimes/Thuy*, KoR 2003, 39; *Roß/Baumunk*, KoR 2003, 29, 30 f.
238 *Günkel/Bourseaux*, FR 2003, 497 ff.; *Fischer*, DB 2001, 1003 ff.; *Neyer*, BB 1999, 142 ff.
239 BMF, Schreiben v. 27.11.2013 – IV C 2-S 2742/07/10009, Dok. 2013/1047768, BStBl. I 2013, 1615 = DStR 2013, 2700.
240 *Achleitner/Wichels* in Achleitner/Wollmert, Stock Options, S. 1 f.; *Esterer/Härteis*, DB 1999, 2073; *Walter*, DStR 2006, 1101.
241 BFH v. 20.11.2008 – VI R 25/05, BStBl. II 2009, 382 = FR 2009, 625; BMF, Schreiben v. 12.11.2014 – IV B 2-S 1300/08/10027, Dok. 2014/0971694, BStBl. I 2014, 1467 = DB 2014, 2864; FG Hamburg v. 5.4.2016 – 6 K 81/15 = DStRE 2017, 395, rkr.

dabei, wenn sie die Option ausüben, oftmals einen Vorteil in Höhe der Differenz zwischen dem mit ihnen vereinbarten günstigen Bezugspreis und dem bei der Ausübung der Option aktuellen Börsenkurs.

a) Ausgabe erworbener Anteile

55.98 Werden die Optionen durch Aktien bedient, die vorher vom Unternehmen am Markt erworben wurden, so handelt es sich bei dem Aufwand zum Erwerb der Aktien um Personalaufwand beim Unternehmen. Zukünftiger Aufwand diesbezüglich ist ggf. durch eine Rückstellung zu antizipieren. Das Unternehmen hat einen ergebniswirksamen Betrag zu erfassen, der der Differenz zwischen dem Buchwert der eigenen Anteile zum Zeitpunkt der Ausübung und dem vereinbarten Bezugskurs entspricht. Während der Laufzeit ist eine Rückstellung über den erwarteten Aufwand zeitanteilig zu bilden[242]. Sind die eigenen Anteile im Besitz des Unternehmens, ist als Rückstellung bereits (zeitanteilig) der bereits genannte Differenzbetrag anzusetzen. Anderenfalls ist die Höhe der Rückstellung nach dem Gesamtwert der Erwerbsrechte zu bemessen. In beiden Fällen sind Abschläge für das erwartete Ausscheiden von Mitarbeitern vorzunehmen[243].

b) Ausgabe von durch Kapitalerhöhung erworbenen Anteilen

55.99 Differenziert zu betrachten ist demgegenüber, wenn junge Aktien an Mitarbeiter ausgegeben werden. Die handelsrechtliche Literatur vertritt mittlerweile verstärkt die Ansicht, dass bei Ausgabe von Aktienoptionen an Mitarbeiter die Kapitalrücklage (§ 272 Abs. 2 Nr. 2 HGB) unmittelbar (im Fall von Aktienoptionen, die für bereits erbrachte Arbeitsleistung ausgegeben werden) oder ratierlich über den Erdienungszeitraum (im Fall von Aktienoptionen für noch zu erbringende Arbeitsleistung) zu erhöhen ist[244]. Gegenposten ist in beiden Fällen der Personalaufwand. Diese Ansicht wird vor allem damit begründet, dass die Mitarbeiter über den Erdienungszeitraum „quasi" der Gesellschaft den die Arbeitsleistung reflektierenden Wert der Aktienoption im Zusagezeitpunkt zuführen, um wie ein Käufer einer Aktienoption die Ausübung des Optionsrecht und damit die Möglichkeit einer zukünftigen Gesellschafterstellung zu erhalten. Zudem entspricht diese Auffassung in weiten Teilen der Behandlung von Aktienoptionen nach IFRS. IFRS 2 spricht sich für eine **aufwandswirksame bilanzielle Erfassung** in der Konzernbilanz zum Zeitpunkt der Optionsgewährung aus[245]. Teile der Literatur und auch die Finanzverwaltung[246] sprechen sich gegen eine **bilanzielle Erfassung von Aktienoptionen bei Ausgabe** aus, da dem Unternehmen durch die Vergabe von Aktienoptionen keinerlei Wertabflüsse entstünden, wenn die Optionen unentgeltlich emittiert werden. Zudem wird vorgebracht, dass durch die Erhöhung des Grundkapitals, unter Verzicht der Altaktionäre auf das Bezugsrecht, es lediglich zu einem **Kapitalverwässerungseffekt** auf der Ebene der Gesellschafter kommt[247]. Eine Vermögensbelastung der Gesellschaft, die zu Aufwand in der GuV führen könnte, träte infolge der Gewährung von Aktienoptio-

---

242 E-DRS 11 – Bilanzierung von Aktienoptionsplänen und ähnlichen Entgeltformen, Fassung vom 21.6.2001, 11.25, 11.26, abrufbar unter http://www.drsc.de/docs/drafts/11.html.
243 *Knorr/Wiederhold*, WPg 2003, 49, 56; *Vater*, DB 2000, 2177, 2182; für eine Vertiefung der Thematik der Behandlung „eigener Aktien" nach deutschem Recht vgl. *Baetge et al.*, DB 1998, 1674 ff.; *Oser/Kropp*, Der Konzern, 2012, 185.
244 *Winkeljohann/K. Hoffmann* in BeckBilkomm., § 272 HGB Rz. 505; IDW, WPH Edition, WP Handbuch, Kap. F Rz. 1291 f.
245 *Haarmann* in Achleitner/Wollmert, Stock Options, S. 124. Insb. *Pellens/Crasselt* befürworten eine Buchung gegen die Kapitalrücklage; *Pellens/Crasselt*, DB 1998, 217, 220; ebenso i.E. *Förschle/Hoffmann* in BeckBilkomm., § 272 HGB Rz. 506.
246 *Fuchs* in MünchKomm. AktG, 5. Aufl. 2021, § 192 AktG Rz. 131 ff. und 136 ff. m.w.N. zum Streitstand und Stellungnahme; vgl. auch *Rieckers* in BeckOGK AktG, Stand 1.9.2021, § 192 AktG Rz. 85; BMF, Schreiben v. 27.11.2013 – IV C 2-S 2742/07/10009, Dok. 2013/1047768, BStBl. I 2013, 1615 = DStR 2013, 2700.
247 So auch BFH v. 25.8.2010 – I R 103/09, BStBl. II 2011, 215 = AG 2011, 27 m.w.N.

nen nicht ein. Der dem Unternehmen zum Ausübungszeitpunkt zufließende Betrag ist nach dieser Auffassung auf das gezeichnete Kapital und die Kapitalrücklage aufzuteilen[248]. Eine bilanzielle Erfassung sei auch nicht notwendig, um eine vergleichbare Transparenz von Gesellschaften mit und solchen ohne Aktienoptionen herzustellen, da für diesen Zweck die Pflichtangaben des § 285 Nr. 9a HGB ausreichend seien[249].

Für steuerbilanzielle Zwecke ist nach der Rechtsprechung des Bundesfinanzhofs die Gewährung von Anteilsoptionen bis zu ihrer Ausübung bilanziell unbeachtlich[250]. Die Ausgabe von Anteilsoptionen im Rahmen eines Optionsplans, der mit einer bedingten Kapitalerhöhung verbunden ist, sei für das Unternehmen vielmehr erfolgsneutral. Die Ausgabe der Optionen wirke sich allein bei den Altgesellschaftern als sog. Verwässerung des Werts der bisher vorhandenen Aktien aus. Die Gesellschaft habe lediglich bei Ausübung der Anteilsoption den Ausgabepreis auf das gezeichnete Kapital und die Kapitalrücklage zu verteilen und entsprechende Zugänge zu erfassen. 55.100

Folgt man der mittlerweile wohl herrschenden Meinung (Erfassung der Anteilsoption im Personalaufwand sowie der Kapitalrücklage), ist für handelsbilanzielle Zwecke eine Bewertung der Anteilsoption erforderlich. Nach herrschender Meinung ist sie mit ihrem Zeitwert zum Zeitpunkt ihrer Gewährung zu bewerten[251]. Die vorrangig angewandte Bewertungsmethode zur Bewertung der Aktienoption ist dabei die Black-Scholes-Methode. Der Aufwand mindert das jährliche Unternehmensergebnis (nicht aber das Eigenkapital). Für steuerbilanzielle Zwecke führt nach herrschender Meinung erst die Ausübung der Anteilsoption durch die Mitarbeiter zu einer steuerbilanziellen Erfassung. Der von den Mitarbeitern zu zahlende Ausgabepreis ist dabei bis zur Höhe des Nennwerts der ausgegebenen Anteile dem gezeichneten Kapital zuzuschreiben. Der übersteigende Betrag ist als sog. Agio bei der ausgebenden Gesellschaft in die Kapitalrücklage einzustellen. Zu beachten ist, dass bei abweichender Behandlung der Aktienoptionen in der Handels- und Steuerbilanz aus der unterschiedlichen Bilanzierung latente Steuern resultieren, die in der Handelsbilanz zusätzlich zu erfassen sind. 55.101

Einstweilen frei. 55.102

c) Angaben im Anhang

Darüber hinaus sind erläuternde Angaben im Anhang vorgesehen[252]. 55.103

3. Bilanzierung von Stock Options nach IFRS und US-GAAP

Gemäß der sog. IAS-Verordnung 2002 sind kapitalmarktorientierte Unternehmen verpflichtet, einen Konzernabschluss nach IFRS aufzustellen. Die IAS/IFRS-Rechnungslegungsgrundsätze haben daher unmittelbar Einfluss auf die Bilanzierung von börsennotierten Kapitalgesellschaften in Deutschland. Die bilanzielle Behandlung von Stock Options ist in dem in 2004 vom IASB veröffentlichten IFRS 2 geregelt[253]. Gemäß IFRS 2 sind Aktienoptionen zwingend als Aufwand zu verbuchen. Dementsprechend müssen diese in dem Geschäftsjahr, in dem sie gewährt werden, bilanziert werden. Die Bewertung erfolgt zum jeweiligen Bewertungsstichtag mit dem Fair Value (Zeitwert). Dieser Wert muss nach 55.104

---

248 U.a. *Naumann*, DB 1998, 1428; *Rammert*, WPg 1998, 766; *Lange*, StuW 2001, 137, 146; teilweise auch *Förschle/Hoffmann* in BeckBilkomm., § 272 HGB Rz. 500.
249 *Hoffmann-Becking*, ZHR 2005, 169; *Fuchs* in MünchKomm. AktG, 5. Aufl. 2021, § 192 AktG Rz. 140; vgl. auch *Rieckers* in BeckOGK AktG, Stand 1.9.2021, § 192 AktG Rz. 59.
250 BFH v. 15.3.2017 – I R 11/15, BStBl. II 2017, 1043, DStR 1700.
251 *Winkeljohann/K. Hoffmann* in BeckBilkomm., § 272 HGB Rz. 506; IDW, WPH Edition, WP Handbuch, Kap. F Rz. 1293 ff.
252 DRS 17 enthält für Konzernabschlüsse eine Auflistung erforderlicher Angaben für die Konzernbilanz.
253 Vertiefend, insb. zu den IASB in IFRS 2 (*Share-based-Payment*), vgl. *Küting/Dürr*, WPg 2004, 609 ff. IFRS 2 wurde durch EG-VO Nr. 211/2005 der Kommission in EU-Recht übernommen.

einer der Optionspreismethoden ermittelt werden[254]. Nach IFRS 2 sind bei der **Optionspreisberechnung** jedenfalls der Bezugspreis der Option, deren Laufzeit bis zur Ausübung, der Aktienpreis, dessen Volatilität sowie ein risikoloser Zinssatz zu berücksichtigen; wurden während der Optionslaufzeit Dividenden ausgeschüttet, sind diese ebenfalls in die Berechnung einzubeziehen[255].

55.105 Zum Teil bilanzieren deutsche Unternehmen auch noch nach US-GAAP (z.B. bei Dual Listing), wobei die entsprechende Übergangsfrist zur Anerkennung in Europa 2007 abgelaufen ist. Grundlage für die Bilanzierung von Stock Options nach US-GAAP waren im Wesentlichen die vom **Accounting Principal Board** (APB) herausgegebene Opinion Nr. 25, das vom **FASB** 1995 herausgegebene Statement of Financial Accounting Standard (SFAS) Nr. 123 und **ARB** 43 Chapter 13 Section B[256]. Nach dem 2004 geänderten SFAS Nr. 123R sind aktienbasierte Vergütungsprogramme im Konzernabschluss aufwandswirksam zu erfassen.

X. Kapitalmarktrechtliche Gesichtspunkte

55.106 Neben den deutschen Vorschriften können bei Auslandsbezug zusätzlich wertpapieraufsichtsrechtliche Vorschriften anderer Länder, insbesondere aus dem angelsächsischen Raum, greifen[257].

1. Zulassung der ausgegebenen Aktien

55.107 Bei Aktienhandel an einem organisierten (regulierten) Markt, stellt sich im Gegensatz zum Freiverkehr, bei dem eine Gattungseinbeziehung vorgenommen wird, die Frage nach der Zulassung der neuen Aktien, sofern die Bereitstellung der Aktien im Wege der Kapitalerhöhung erfolgt. Neben der Frankfurter Wertpapierbörse (FWB) existieren in Deutschland weitere Regionalbörsen[258], die vor allem auf einzelne Marktsegmente spezialisiert sind[259]. Neu geschaffene Aktien entbehren der Zulassung, die für eine Handelbarkeit der Aktien, außer im Freiverkehr, jedoch erforderlich ist. Die § 40 Abs. 1 BörsG i.V.m. § 69 BörsZulV gebieten, dass für später ausgegebene Aktien innerhalb eines Jahres der Antrag zur Zulassung zum Handel gestellt werden muss, sofern freie Handelbarkeit vorliegt[260].

a) Regulierter Markt

55.108 Es gibt mit dem regulierten (früher amtlicher und geregelter) Markt einen organisierten Markt sowie den Freiverkehr. Die Zulassungsvoraussetzungen für den **regulierten Markt** sind gesetzlich (§§ 32 ff. BörsG, BörsZulV) festgelegt (vgl. Rz. 9.11 ff.). Im **Zulassungsverfahren** hat der Emittent unter Mitwirkung eines **Kreditinstitutes** oder eines Finanzdienstleistungsinstitutes (§ 32 Abs. 2 BörsG), neben der grundsätzlichen Prospektpflicht des öffentlichen Angebots aus Art. 3 Abs. 1, Art. 2 Abs. 1 d) und

---

254 *Küting/Dürr*, WPg 2004, 612.
255 *Eschbach*, WPg 2000, 1 ff., zur IFRS-Bilanzierung bei Unternehmenserwerb *Geisler/Basler*, BB 2015, 107 ff.
256 Vgl. *Küting/Dürr*, WPg 2004, 609, 617; *Oser/Vater* in Dörner/Menold/Pfitzer/Oser, AktR, S. 852. Die SFAS Nr. 123 soll die aus dem Jahr 1992 stammende Option Nr. 25 zwar grundsätzlich ersetzen, räumt den bilanzierenden Unternehmen allerdings ein Wahlrecht ein, weiterhin nach der Opinion Nr. 25 zu verfahren, SFAS Nr. 123, Tz. 1.
257 Zum Auslandsbezug von Aktienoptionsprogrammen *Kiesel/Grimm*, Personal 6/2003, 34 f.
258 In Berlin, Stuttgart, München, Hamburg-Hannover und Düsseldorf.
259 Da die FWB mit mehr als 90 % der Aktienumsätze den wichtigsten Börsenplatz Deutschlands darstellt, beziehen sich die nachfolgenden Ausführungen exemplarisch auf diese. Die Ausführungen gelten weitgehend auch für die Regionalbörsen.
260 Die teilweise Einschränkung der Handelbarkeit entbindet nach Auffassung der FWB meist nicht von der Pflicht.

der Zulassung aus Art. 3 Abs. 3 VO (EU) Nr. 1129/2017[261], einen Antrag bei der Börsengeschäftsführung einzureichen, welche die Entscheidung über die Zulassung trifft. Bei einer ordentlichen oder genehmigten Kapitalerhöhung ist für die Zulassung die Entstehung bei Eintragung in das Handelsregister entscheidend, bei bedingtem Kapital wird dabei die Ausgabe auf Basis des begründenden Hauptversammlungsbeschlusses zugrunde gelegt, so dass das gesamte bedingte Kapital bei Entstehung prospektiv zugelassen wird[262].

b) Befreiungsmöglichkeiten

Hinsichtlich der Zulassung von Aktien einer Kapitalerhöhung bestehen **Befreiungen** von der Prospektpflicht als Legalausnahme. Dies betrifft vor allem Art. 1 Abs. 4 i) und Abs. 5 h) VO (EU) Nr. 1129/2017 für die Ausgabe von Mitarbeiteraktien und Art. 1 Abs. 5 a) VO (EU) Nr. 1129/2017 bei Zulassung einer Erhöhung um weniger als 20 % der bereits an einem geregelten Markt zugelassenen Aktien[263]. Dies gilt für bedingtes Kapital erst ab Konkretisierung des Programms, also nach Ausgabe der Optionen und kurz (drei Monate) vor Beginn der Ausübungsphase. Auch im Falle der Ausnahme ist bei Ausgabe von Aktien im Rahmen einer Führungskräfte- und/oder Arbeitnehmerbeteiligung die Vorlage eines (Informations)Dokuments vorgesehen, das neben der Anzahlung den Wertpapiertyp, die Einzelheiten des Angebots und die Gründe der Mitarbeiterbeteiligung enthalten soll[264] und das im Umkehrschluss aus § 9 Abs. 4 WpPG nicht der Prospekthaftung unterliegt[265]. Daneben gibt es eine Bagatellgrenze aus Art. 1 Abs. 3 VO (EU) 1129/2017, die in Deutschland mittels Ausgabe eines BaFin gebilligten Wertpapierinformationsblatts auf bis 8 Mio. EUR innerhalb von 12 Monaten ausdehnen lässt (§§ 3 ff. WpPG).

55.109

2. Insiderhandelsverbot

Gemäß Art. 8, 14 MMVO sind sog. Insidergeschäfte untersagt. Solche tätigt derjenige, der unter Verwendung einer **Insiderinformation** gemäß Art. 7 MMVO Insiderpapiere erwirbt oder veräußert. Als Insider kommen insbesondere die Mitglieder der Geschäftsführung und/oder des Aufsichtsrats eines börsennotierten Unternehmens, eines mit diesem verbundenen Unternehmens oder derjenige, der aufgrund seines Berufs, seiner Tätigkeit oder seiner Aufgabe bestimmungsgemäß Kenntnis von Insiderinformationen hat, in Betracht[266]. Anders als früher sind aber nicht nur solche Primärinsider, sondern seit Geltung der MMVO 2016 auch zufällig oder unberechtigt in Besitz von Insiderinformationen kommende Personen von der Strafvorschrift erfasst. Bei Verstößen reicht der **Strafrahmen** nach § 119 Abs. 3 WpHG von einer Geldstrafe bis zu einer fünfjährigen Freiheitsstrafe. Dabei ist auch die Weitergabe und die Verleitung zur Nutzung von Insiderinformationen verboten, Art. 14 lit. b und c MMVO.

55.110

Bezogen auf Aktienoptionspläne bedeutet dies, dass die Begünstigten als Führungskräfte oder Mitarbeiter derjenigen Aktiengesellschaft, die den Aktienoptionsplan auflegt und die Aktien ausgibt, i.d.R.

55.111

---

261 Zur ähnlichen Vorgängerregelung §§ 3, 5 WpPG, *Holzborn/Mayston* in Holzborn, WpPG, 2. Aufl. 2014, § 3 Rz. 2 ff.; *Ebermann* in Holzborn, WpPG, § 9 Rz. 21 ff.
262 Vgl. zur Entstehung *Hüffer/Koch*, § 192 AktG Rz. 7 ff.; *Hüffer/Koch*, § 199 AktG Rz. 5; bedingtes Kapital: §§ 197, 199 AktG, wobei im letzteren Fall die Globalurkunde mit „bis zu"-Angabe eingereicht wird.
263 Bezogen auf Zahl, Kurswert oder Nennwert bzw. rechnerischen Nennwert.
264 Art. 1 Abs. 4 i) und Abs. 5 h), näher *Hallermeyer*, DB 2014, 1001 ff.
265 Zur Prospekthaftung *Holzborn/Foelsch*, NJW 2003, 932 ff.; *Wackerbarth* in Holzborn, WpPG, § 9-15 WpPG (früher 21-23 WpPG) (3. Aufl. im Erscheinen § 9 ff. WpPG); Rz. 25, 34 ff.; *Assmann* in Assmann/Schlitt/Kopp-Colomb, WpPG/VermAnlG, §§ 21–23 WpPG Rz. 25.
266 *Assmann* in Assmann/Uwe H. Schneider/Mülbert, Art. 8 VO Nr. 596/2014 Rz. 68; *Spoerr* in Assmann/Uwe H. Schneider/Mülbert, § 119 WpHG Rz. 102 ff.; *Assmann/Mülbert* in Assmann/Uwe H. Schneider/Mülbert, Art. 14 VO Nr. 596/2014 Rz. 5 ff.

aufgrund ihrer Funktion oder beruflichen Tätigkeit Kenntnis über Insiderinformationen in Bezug auf die zugrunde liegenden Aktien haben[267]. Für die „insiderrechtliche" Betrachtung weisen grundsätzlich nur solche Aktienoptionspläne Relevanz auf, die den Begünstigten des Plans als Insiderpapiere angedient werden, d.h. dass eine Option als Finanzinstrument i.S.d. Art. 2 Abs. 1, 3 Abs. 1 Nr. 1 MMVO, Art. 4 Abs. 1 Nr. 15 Anhang 1 Abschn. C MiFID II) dann ein Insiderpapier ist, wenn die Option selbst oder alternativ die zugrunde liegende Aktie, von deren Preis sie abhängt, an einem organisierten Markt oder an einem multilateralen Handelssystem MTF (und seit 18.1.2018 an einem organisierten Handelssystem OTF) zugelassen ist, womit eine zugestimmte Einbeziehung in den Freiverkehr erfasst ist[268]. Die Vorschriften sind ebenfalls anzuwenden, wenn die gewährten Optionen in diesem Sinne selbst zum Handel zugelassen sind[269]. Allerdings können auch Differenzgeschäfte und cash-settled options für Insidergeschäfte in Betracht kommen (vgl. Rz. 56.11 ff.).

55.112 In der Phase der **Vorbereitung** und der Beschlussfassung des Aktienoptionsplans kann mangels Erwerbs- oder Veräußerungsvorgangs, außer beim Erwerb von eigenen Aktien, noch kein insiderrechtlicher Tatbestand entstehen. Insofern entsteht in dieser Phase kein durchsetzbares Recht auf den Erwerb von Optionen oder der zugrunde liegenden Aktie. Zudem sind zu diesem Zeitpunkt regelmäßig noch keine Optionen oder Aktien vorhanden[270]. Die Aufsetzung des Programms selbst kann jedoch ggf. auch schon vor Beschlussfassung im Hinblick auf bestehende börsennotierte Aktien Insiderinformation sein.

55.113 Die **Optionsgewährung** selbst **kann zu einem Insiderhandel führen**, wenn Insiderinformation vorgelegen hat, die regelmäßig als Teilmotivation zur Teilnahme an einem Mitarbeiteroptionsprogramm gesehen wird[271]. Dies gilt umso mehr, als das aus dem EU-Recht Insiderrecht des WpHG, die durch die EU-Marktmissbrauchsverordnung verschärft wurde, mangels Differenzierung zwischen Sachenrecht und Schuldrecht in anderen EU-Staaten richtlinienkonform eher so auszulegen ist, dass bereits der Gewährungstatbestand einen Insiderhandel ermöglicht[272]. **Unschädlich** ist eine Teilnahme an einem Aktienoptionsprogramm, wenn sie ohne Beitrag bzw. Entscheidung des Begünstigten **allein auf einer dienst- oder arbeitsvertraglichen Regelung beruht**[273], dies kann also anders sein sobald der Empfänger Einfluss auf die Gewährung hat. Auch bei Bejahung des insiderrechtlichen Tatbestandes erscheint es jedoch nur in wenigen Fällen denkbar, dass bereits bei Gewährung der Option ein entsprechend strafbarer Erwerb vorliegt, da eine längere Wartefrist bis zur Ausübung der Option verstreichen muss. Dann erscheint aber gerade bei der schnelllebigen Börsenlandschaft nur schwer eine Infor-

---

267 Vgl. zum WpHG a.F. *Assmann* in Assmann/Uwe H. Schneider, 6. Aufl. 2012, § 13 WpHG Rz. 54 ff.; *Dierks*, Selbständige Aktienoptionsscheine, S. 227 ff.
268 *BaFin*, Emittentenleitfaden, Modul C, Stand 25.3.2020, I.3.2.1.2.8, S. 31; es reicht, wenn die Emittenten selbst bereits börsenzugelassen sind oder eine Notierung oder ein Antrag auf bzw. eine Ankündigung der Notierung hinsichtlich der auszugebenden Aktien existiert bzw. veröffentlicht ist. Die Veröffentlichung der Bedingung des Stock Option Plans stellt noch keine öffentliche Ankündigung in diesem Sinne dar; *Assmann* in Assmann/Uwe H. Schneider/Mülbert, § 12 WpHG Rz. 3 f.; a.A. *Loesche*, WM 1998, 1857.
269 Schon zum WpHG a.F.: BT-Drucks. 12/76679, S. 33 ff.; BaFin, Emittentenleitfaden, Modul C, Stand 25.3.2020, I.3.2.1.2.8, S. 31 und I.3.2.2.4, S. 35.
270 Anderes gilt, wenn ein Insider in Kenntnis eines noch nicht öffentlich bekannten Aktienoptionsplanes, etwa im Hinblick auf die damit verbundenen Kapitalmaßnahmen, Transaktionen mit bereits zum Handel zugelassenen Aktien der betroffenen Gesellschaft durchführt; *Dietborn* in Kessler/Sauter, Hdb. Stock Options, Rz. 828; *Fürhoff*, AG 1998, 84; *Lotze*, Insiderrechtliche Beurteilung von Aktienoptionsplänen, 2000, S. 30.
271 *Pananis* in MünchKomm. StGB, 3. Aufl. 2019, § 119 WpHG Rz. 214 mit Verweis auf BaFin, Emittentenleitfaden, Nov. 2013, III.2.2.1.2, S. 37.
272 So schon zum WpHG a.F. *Dietborn* in Kessler/Sauter, Hdb. Stock Options, Rz. 831 m.w.N.; *Assmann* in Assmann/Uwe H. Schneider/Mülbert, § 14 WpHG Rz. 174.
273 *Pananis* in MünchKomm. StGB, 3. Aufl. 2019, § 119 WpHG Rz. 214.

mation denkbar, die bei Gewährung der Option als Verwenden vorhandenen Insiderwissens in Betracht kommt.

Davon zu trennen ist die **Zuteilung der Option**. Während bei der Gewährung zunächst ein schuldrechtlicher Anspruch auf Zuteilung einer Option entsteht, ist die Zuteilung ein davon rechtlich getrennter Vorgang. Beides kann jedoch zusammenfallen. Trotzdem kann das **Insiderhandelsverbot dann wie bei Gewährung** eingreifen. Auch in diesen Fällen kann bei der Zuteilung der Optionen nur dann eine insiderrechtliche Relevanz bestehen, wenn der Begünstigte ein Wahlrecht z.B. hinsichtlich des Ausübungszeitraums besitzt und somit ggf. auf den von ihm zu entrichtenden Ausübungspreis Einfluss nehmen kann. Auch dann muss der Begünstigte wiederum Insiderwissen verwenden, um einen möglichst günstigen Ausübungspreis zu erreichen, wobei dies entsprechender Kenntnis zunächst vermutet wird[274]. Denkbar ist z.B. ein Insiderverstoß, wenn ein Wahlrecht zwischen der Zuteilung einer Option oder einer Geldzahlung vorliegt, und in Kenntnis einer Insiderinformation eine Optionszuteilung gewählt wird[275]. Unter Compliance- und Vertrauensschutzgesichtspunkten und unter Berücksichtigung der positiven Außenwirkung im Hinblick auf das Anlegervertrauen sollten Optionen nur dann zugeteilt werden, wenn diese Zuteilung als Automatismus ohne Einflussmöglichkeit des Begünstigten erfolgt[276]. Bei Führungspersonen kann in diesem Fall bereits bei Gewährung eine Meldepflicht nach Art. 19 MMVO greifen (vgl. Rz. 55.122).

55.114

Bei **Optionsausübung** ist ein **Verstoß gegen die Insidervorschriften möglich**. Zwar gelten diese Vorschriften nicht, wenn die auszugebenden Aktien noch nicht zum Börsenhandel (vgl. Rz. 55.111 regulierter Markt, Freiverkehr, MTF, OTF) zugelassen bzw. in diesen einbezogen sind, wobei bereits die Antragstellung oder die öffentliche Ankündigung der Zulassung ausreicht. Diese wird aber oftmals intendiert sein, um die jungen Aktien fungibel zu machen. Zudem liegt bei einer Bedienung mit bedingtem Kapital im regulierten Markt häufig bereits eine Börsenzulassung vor. Zudem gibt § 69 BörsZulV eine Maximalfrist von einem Jahr bis zur Zulassung im regulierten Markt an. Freiverkehrsaktien sind ohnehin als Gattung (d.h. mit allen Aktien) einbezogen. Sind die zu beziehenden Aktien bereits Insiderpapiere, ist nur noch maßgeblich, ob die Optionen unter Verwendung von Insiderkenntnissen ausgeübt worden sind. Es kann argumentiert werden, dass kein Verwenden vorliegt, da der Begünstigte die Option nur dann ausüben wird, wenn der Ausübungspreis unter dem aktuellen Börsenkurs liegt[277]. Zwar kann ein Verwenden von Insiderinformation auch bei mehreren Motiven vorliegen und vermutet werden, jedoch liegt bereits der Entschluss zu Verwendung im Vorhinein bei positivem Ergebnis im Sinne eines Masterplans vor[278]. Dann kann etwaiges Insiderwissen aber im Falle der Veräußerung bzw. auch im Falle des Behaltens der bezogenen Aktien verwendet werden. Gleiches gilt vom Bezug von Aktien aufgrund von Wandel- oder Optionsanleihen.

55.115

Dies gilt insbesondere, wenn der **Ausübungspreis** der Optionen **variabel** gestaltet ist und der Optionsinhaber einen Spielraum hinsichtlich der Ausübung hat. Dies betrifft etwa Pläne, bei denen der

55.116

---

[274] Vgl. EuGH v. 23.12.2009 – C-45/08 – Spector Photo Group, WM 2010, 65 = AG 2010, 74; EuGH v. 28.6.2012 – C-19/11 – Geltl/Daimler, NJW 2012, 2787 = AG 2012, 555; BGH v. 23.4.2013 – II ZB 7/09, AG 2013, 518; zum WpHG a.F. *Assmann* in Assmann/Uwe H. Schneider, 6. Aufl. 2012, § 14 WpHG Rz. 172 ff. und *Assmann* in Assmann/Uwe H. Schneider/Mülbert, Art. 8 VO Nr. 569/2014 Rz. 68 ff.; *Friederichsen*, Aktienoptionsprogramme, S. 253.
[275] *Friederichsen*, Aktienoptionsprogramme, S. 254; zweifelnd zum WpHG a.F. *Assmann* in Assmann/Uwe H. Schneider, 6. Aufl. 2012, § 14 WpHG Rz. 174 und *Assmann* in Assmann/Uwe H. Schneider/Mülbert, Art. 8 VO Nr. 569/2014 Rz. 70.
[276] BaFin, Emittentenleitfaden, Modul C, Stand 25.3.2020, II.3.9.1.1, S. 74; *Kühnberger/Keßler*, AG 1999, 461; *Casper*, WM 1999, 363.
[277] Vgl. *Pananis* in MünchKomm. StGB, § 119 WpHG Rz. 214; *Kruse* in Schwark/Zimmer, § 119 WpHG Rz. 46.
[278] Zum WpHG a.F. *Assmann* in Assmann/Uwe H. Schneider, 6. Aufl. 2012, § 14 WpHG Rz. 175 *und Assmann* in Assmann/Uwe H. Schneider/Mülbert, Art. 8 VO Nr. 569/2014 Rz. 71; differenzierend *Widder*, WM 2010, 1882, 1887 m.w.N.

Ausübungspreis in Abhängigkeit von der Erfüllung eines Erfolgsziels variiert. In diesem Fall kann der Begünstigte sich einen Vorteil in Form eines geringeren Ausübungspreises der Option verschaffen, wenn er die Ausübung der Optionen in Erwartung steigender Kurse nach dem Bekanntwerden von positiven Insiderinformationen vornimmt. Ein bloßes Unterlassen einer Transaktion wird den Tatbestand des Insiderhandelsverbots regelmäßig nicht erfüllen[279], eine Stornierung oder Änderung eines bestehenden Handelsauftrages kann jedoch nach Art. 8 Abs. 1 Satz 2 MMVO ein Insidergeschäft sein.

55.117 Die insiderrechtliche Relevanz tritt insbesondere ein, wenn eine **Veräußerung der bezogenen Aktien** erfolgt. Dies ist jedoch nicht speziell auf Aktienoptionspläne bezogen, sondern folgt aus der Tatsache, dass Aktien eines Unternehmens durch Personen veräußert werden, die aufgrund ihrer Stellung über besonderes Wissen verfügen. Führungspersonen sind zudem in den Handelsverbotszeiträumen („Closed Periods") 30 Tage vor Halbjahres- und Jahresberichtsbekanntmachung gemäß Art. 19 Abs. 11 MMVO nicht zum Handel berechtigt. Bei positiver Insiderinformation können die Grundsätze des Masterplans, also des Entschlusses unabhängig von Insiderinformationen oder ggf. von Face-to-Face-Geschäften, herangezogen werden, um ein Verwenden von Insiderinformation auszuschließen. Es gelten die allgemeinen Bestimmungen und Grundsätze[280]. Zur Abwendung insiderrechtlicher Probleme dienen an die Closed Periods angelehnte Zeitfenster zwischen Ausübung der Optionen und Veräußerung der Aktien, Ausübungs- und Verkaufsmechanismen ggf. über Dritte sowie Handelsfenster nach Berichtsterminen, ggf. auch Verbote bei aufgeschobener Ad-hoc-Mitteilung.

55.118 Im Falle der Bedienung des Aktienoptionsprogramms mittels **Erwerbs eigener** zugelassener **Aktien** sind Verstöße des Unternehmens gegen das Insiderhandelsverbot wegen Verwendung der Kenntnis über den bevorstehenden Rückkauf eigener Aktien ausgeschlossen. Es handelt sich dabei um die Umsetzung der unternehmerischen Entscheidung, die vom Insiderhandelsverbot des Art. 7, 8, 14 MMVO nicht erfasst wird[281]. Die Rückerwerbsentscheidung löst als Insiderinformation für Dritte eine Ad-hoc-Mitteilungspflicht gemäß Art. 17 Abs. 1 MMVO aus. Zudem sind die Vorgaben des Art. 5 MMVO einzuhalten. Nach Veröffentlichung der Ad-hoc-Mitteilung liegt keine Information im Sinne des Insiderrechts mehr vor. Dabei besteht die Problematik, dass durch den Rückkauf eigener Aktien ggf. auf das Erreichen einer börsenkursabhängigen Ausübungshürde für ein Aktienoptionsprogramm hingewirkt wird. Ein entsprechender Abstand zwischen dem Ende des Ermächtigungszeitraums zum Erwerb der eigenen Aktien und dem Ausübungszeitpunkt der Optionen verhindert dieses[282]. Im Falle der Zusammenfassung von Ermächtigung und Aktienoptionsplan in einem Hauptversammlungsbeschluss beträgt die Frist zwischen letztmaliger Möglichkeit zur Ausübung der Rückkaufsermächtigung und erstmals möglicher Ausübung der Option gemäß § 71 Abs. 1 Nr. 8 und § 193 Abs. 2 Nr. 4 AktG mindestens zweieinhalb Jahre, was ausreichend ist.

3. Ad-hoc-Publizität

55.119 Art. 17 MMVO schreibt börsenzugelassenen Emittenten die Veröffentlichung von Insiderinformationen i.S.v. Art. 7 MMVO vor[283]. Aktienoptionspläne können weitreichende Folgen für das Unterneh-

---

279 *Dietborn* in Kessler/Sauter, Hdb. Stock Options, Rz. 838 a.E.
280 *Sethe/Hellgardt* in Assmann/Uwe H. Schneider/Mülbert, Art. 19 VO Nr. 596/2014 Rz. 66 ff.; *Klöhn*, AG 2016, 423, 426 f.; zum WpHG a.F. *Assmann* in Assmann/Uwe H. Schneider, 6. Aufl. 2012, § 14 WpHG Rz. 177; BaFin, Emittentenleitfaden, Modul C, Stand 25.3.2020, I.4.2.5.2.2.1, S. 60; siehe auch Rz. 14.70.
281 Zum WpHG a.F. BT-Drucks. 12/6679, S. 47; *Assmann* in Assmann/Uwe H. Schneider, 6. Aufl. 2012, § 14 WpHG Rz. 35 ff.
282 RegE, BT-Drucks. 13/9712, S. 14.
283 Hierbei ist bei der Beurteilung auf den Umfang des Planes abzustellen. Zur Beurteilung, ob eine Information i.S.d. Art. 7 MMVO vorliegt, kommt es auf die Berücksichtigung durch einen verständigen Anleger, so dass Aktienoptionsprogramme, die mit den entsprechenden Kapitalmaßnahmen regelmäßig Niederschlag im Jahresabschluss und im Lagebericht finden, zumeist Insiderinformation sind.

men haben. Allgemein wird daher die Implementierung eines Aktienoptionsprogramms bei entsprechender Auswirkung vor allem bei Kapitalerhöhung i.d.R. als Insiderinformation mit erheblichem Kursbeeinflussungspotential i.S.v. § 7 Abs. 1 MMVO zu sehen sein[284].

Für die Entscheidung zur Einsetzung eines Aktienoptionsprogramms gilt bei der Aktiengesellschaft die Problematik des **mehrstufigen Entscheidungsprozesses**, da erst dann von einem abgesicherten Beschluss des Vorstandes auszugehen ist, wenn er vom Aufsichtsrat als Zustimmungsorgan genehmigt ist[285]. Dabei ist den aktienrechtlichen Kompetenzvorschriften nur insofern der Vorrang gegenüber Art. 7, 17 MMVO einzuräumen, als dass bei bereits mit vorliegendem Vorstandsbeschluss von einer hinreichend konkretisierenden Einführungsabsicht eines Aktienoptionsplans ausgegangen werden kann, jedoch eine Befreiung (Aufschub) von der Pflicht zur Ad-hoc-Veröffentlichung bei entsprechender Dokumentation (Art. 17 Abs. 4 MMVO, Art. 4 VO 2016/1055/EU) möglich ist (vgl. dazu Rz. 15.25 ff.).

55.120

Während der **Laufzeit eines Aktienoptionsprogramms** kommt eine Veröffentlichungspflicht einzelner Umsetzungsmaßnahmen nur insoweit in Betracht, als diese nicht bereits im Rahmen der Erstveröffentlichung bekannt gemacht worden sind. Dies ist etwa der Fall, wenn zur Bedienung der Optionen eigene Aktien am Markt erworben werden sollen. In diesem Zusammenhang gehen die BaFin und die h.M. von einer Veröffentlichungspflicht gemäß Art. 17 MMVO aus, sobald der Vorstandsbeschluss gefasst worden ist[286], denn das Fehlen eines Aufsichtsratsbeschlusses berechtigt nur in Einzelfällen zu einem begründeten Aufschub nach Art. 17 Abs. 4 MMVO. Sofern der Aufsichtsrat der Entscheidung des Vorstands im Erwerb eigener Aktien zustimmen muss, gilt das soeben Ausgeführte für den Aufsichtsrat entsprechend.

55.121

4. Meldepflicht gemäß Art. 19 MMVO

Gemäß Art. 19 MMVO besteht für Personen die Führungsaufgaben wahrnehmen, d.h. Mitglieder von Verwaltungs-, Leitungs- oder Aufsichtsorgan und denjenigen die bestimmungsgemäß Zugang zu Insiderinformationen haben (vgl. Art. 18 MMVO zu Personen auf Insiderlisten) und zu wesentlichen unternehmerischen Entscheidungen ermächtigt sind[287], sowie in enger Beziehung zu diesen stehenden Personen bei Geschäften in Aktien des Unternehmens eine **Meldepflicht**, wobei eine **Bagatellgrenze** von 20.000 Euro in einem Jahr freigestellt ist[288]. In enger Beziehung stehend bzw. eng verbunden sind, weitergehend als früher, nach Art. 3 Nr. 26 MMVO Ehe- und eingetragenen Lebenspartner, unterhaltsberechtigte Kinder und seit einem Jahr haushaltsangehörige Verwandte. Dies betrifft auch von diesen kontrollierte oder zu deren Gunsten gegründete juristische Personen, wie z.B. eine Holding GmbH. Die Ausnahme von der Meldepflicht für Vergütungsbestandteile ist in der MMVO nicht mehr enthalten, so dass Optionen als Derivate als Geschäfte von Führungskräften (Managers Transactions) unabhängig vom Einfluss auf die Gewährung regelmäßig meldepflichtig sind[289]. Abweichend von der

55.122

---

284 Insb. zur Kapitalerhöhung BaFin, Emittentenleitfaden, Modul C, Stand 25.3.2020, I.2.1.5.4, S. 17. Dabei tritt das Problem auf, wann nach Art. 17 MMVO veröffentlichungspflichtige Information sind und in welchem Umfang die Bedingungen zu veröffentlichen sind, zumal Zwischenschritte bereits als insiderrelevant in Frage kommen, vgl. Art. 7 Abs. 3 MMVO; EuGH v. 28.6.2012 – C-19/11 – Geltl/Daimler, NJW 2012, 2787 = AG 2012, 555.
285 Zum WpHG a.F. *Assmann* in Assmann/Uwe H. Schneider, 6. Aufl. 2012, § 15 WpHG Rz. 60 ff.; *Kiem/Gotthoff*, DB 1995, 1999 ff.; nach ESMA/2016/1130 ergibt sich jedoch nur ein knapper Aufschubzeitraum *Krämer/Kiefner*, AG 2016, 621 ff.
286 *Kumpan*, AG 2016, 446 ff.; BaFin, Emittentenleitfaden, Modul C, Stand 25.3.2020, I.3.4, S. 42.
287 Art. 3 Nr. 25 MMVO; zum § 15a WpHG a.F. *Holzborn/Israel*, WM 2004, 1948, 1953; *Küthe*, NZG 2004, 833, 886.
288 Art. 19 Abs. 8 MMVO; die nationale Behörde hat den Betrag nach Art. 19 Abs. 9 MMVO auf 20.000 Euro erhöht.
289 Vgl. *Hitzer/Wasmann*, DB 2016, 1483, 1485; BaFin, Emittentenleitfaden, Modul C, Stand 25.3.2020, II.3.91, S. 75.

früheren Rechtslage entsteht die Meldepflicht nicht nur zum Zeitpunkt der Ausübung einer Option, sondern nach Art. 10 Abs. 2 b) VO (EU) Nr. 2016/522 schon bei Annahme, also der Einräumung oder Gewährung der Option. Damit ist, wenn, wie regelmäßig, weitere Bedingungen zur Gewährung einer Aktienoption hinzutreten, jedoch nicht schon der Zeitpunkt des Abschlusses eines Dienstvertrages gemeint, sondern erst der Eintrittszeitpunkt der Bedingung, frühestens bei Gewährung[290]. Nur bei bedingungsloser Gewährung im Dienstvertrag kann bei Annahme desselben eine Meldepflicht eintreten, bei der üblichen Bedingungsabhängigkeit (z.B. von Erfolgszielen und Leistungskennzahlen, die nicht nur allein im Ermessen des Begünstigten stehen) erst bei Eintritt.

§ 56
Sonstige Mitarbeiterbeteiligungen

I. Zweck und Verbreitung von Modellen der Mitarbeiterbeteiligung	56.1
1. Zweck der Mitarbeiterbeteiligung	56.1
2. Verbreitung von Modellen der Mitarbeiterbeteiligung	56.2
II. Arten von Mitarbeiterbeteiligungen	56.3
1. Erfolgs- und gewinnabhängige Mitarbeiterbeteiligungen	56.4
a) Bonusmodelle	56.5
b) Darlehen, Genussrechte und Genussscheine, Schuldverschreibungen	56.7
c) Wirtschaftlich der Kapitalbeteiligung entsprechende Formen, Phantom Stocks, Stock Appreciation Rights	56.11
d) Inhaltliche Grenzen	56.13
2. Mitarbeiterbeteiligung am Kapital (außer Aktienoptionen)	56.16
a) Direkte Kapitalbeteiligung/Belegschaftsaktien	56.19
b) Indirekte Kapitalbeteiligung	56.23
c) Wandelschuldverschreibungen	56.24
d) Mittelbare Teilhabe am Unternehmen	56.25
III. Aktienrechtliche Gesichtspunkte	56.26
1. Erfolgs- und gewinnabhängige Mitarbeiterbeteiligung	56.26
a) Zuständigkeit Vereinbarung von Phantom Stocks/Stock Appreciation Rights	56.27
b) Vereinbarung von Phantom Stocks/Stock Appreciation Rights – Vorlagepflicht gegenüber der Hauptversammlung?	56.27a
2. Bedienung von Aktien bei direkter Kapitalbeteiligung der Mitarbeiter	56.28
3. Besonderheiten bei der Wandelschuldverschreibung	56.29
a) Hauptversammlungsbeschluss	56.29
b) Bezugsrecht	56.30
c) Kreis der möglichen Gläubiger	56.31
IV. Arbeitsrechtliche Gesichtspunkte	56.35
1. Vergütungsbestandteil bei erfolgsabhängigen Mitarbeiterbeteiligungen und Mitarbeiterbeteiligungen am Kapital	56.36
2. Rechtsgrundlagen	56.37
3. Gleichbehandlungsgrundsatz	56.38
4. Verfalls- und Rückzahlungs-/ Rückübertragungsklauseln	56.39
5. Mitbestimmungsrechte des Betriebsrats	56.40
6. Betriebsübergang	56.41
7. Arbeitsrechtliche Besonderheiten im Konzern	56.42
V. Steuerrechtliche und bilanzrechtliche Gesichtspunkte	56.43
1. Erfolgsbeteiligung	56.43
a) Phantom Stocks oder Stock Appreciation Rights	56.44
b) Arbeitnehmerdarlehen	56.47

---

290 ESMA Q&A on the MAR 70-145-111 v. 1.9.2017, 7.5 mit Kalkulationshinweis in 7.6.

c) Genussrechte und -scheine	56.49	aa) Atypische stille Beteiligung	56.59
d) Schuldverschreibungen	56.52	bb) Typische stille Beteiligung	56.60
2. Kapitalbeteiligung	56.54	VI. Kapitalmarktrechtliche Gesichts-	
a) Belegschaftsaktien	56.55	punkte	56.61
b) Stille Beteiligung	56.58		

Schrifttum: *Bily/Hoffmann-Remy*, Bonussysteme im Unternehmen, AuA 2016, 72; *Binnewies/Ruske*, Zur steuerlichen Behandlung der Überlassung von Aktienoptionsrechten an Arbeitnehmer, AG 2016, 853; *Birkner*, Mitarbeiterbeteiligung in Aktiengesellschaften, 2014; *Bundesministerium für Arbeit und Sozialordnung (BMAS)*, Mitarbeiterbeteiligung am Produktivvermögen, 2001; *Bürgers/Holzborn*, Haftungsrisiken der Organe einer Zielgesellschaft im Übernahmefall, insbesondere am Beispiel einer Abwehrkapitalerhöhung, ZIP 2003, 2273; *Casper*, Insiderverstöße bei Aktienoptionsprogrammen, WM 1999, 363; *Cirik*, Ausgestaltung von Aktienoptionsprogrammen in großen Kapitalgesellschaften, 2020; *Deutscher Standardisierungsrat (DRSC)*, Positionspapier Bilanzierung von Aktienoptionsplänen und ähnlichen Entlohnungsformen, 2000; *Diller*, Mitbestimmungsrechte des Betriebsrats beim CTA, BB 2021, 1075; *Drukarczyk/Schwetzler*, Staatliche Förderung von Mitarbeiterbeteiligungen und finanzielle Wirkungen, DB 1991, 1181; *Esser/Faltlhauser*, Beteiligungsmodelle, 1974; *Feddersen*, Aktienoptionsprogramme aus kapitalmarktrechtlicher und steuerrechtlicher Sicht, ZHR 161 (1997), 269; *Fleischer*, Directors Dealings, ZIP 2002, 1217; *Frey/Schmid*, Besteuerung von Exit-Boni im Kontext der neueren Rechtsprechung zu Managementbeteiligungen, DStR 2015, 1094; *Gelhausen/Hönsch*, Bilanzierung aktienkursabhängiger Entlohnungsformen, WPg 2001, 69; *Gesirich*, Die steuerliche Behandlung von Aktienüberlassungen und Aktienoptionen, Beihefter zu DStR 23/2014, 53; *Guski/Schneider*, Mitarbeiterbeteiligung (MAB), Handbuch für die Praxis, Loseblatt, Band 2, Stand Lfg. 30 (2004); *Haas/Pötschan*, Lohnsteuerliche Behandlung verschiedener Formen der Mitarbeiterbeteiligung, DStR 2000, 2018; *Häferer/Burger*, Restricted Stock Units und Aktienoptionen – Aktuelle Entwicklungen bei Mitarbeiterbeteiligungsprogrammen, NZA 2020, 143; *Hahne*, Virtuelle Mitarbeiterbeteiligung, 2016; *Harrer* (Hrsg.), Mitarbeiterbeteiligungen und Stock-Options-Pläne, 2. Aufl. 2004; *Heinhold*, Unternehmensbesteuerung, Band 1: Rechtsform, 1996; *Herzig/Lochmann*, Steuerbilanz und Betriebsausgabenabzug bei Stock Options, WPg 2002, 325; *Hoffmann-Becking*, Rechtliche Anmerkungen zur Vorstands- und Aufsichtsratsvergütung, ZHR 2005, 155; *Hoppe*, Zustimmungspflichten der Hauptversammlung bei der Ausgabe von Phantom Stocks und anderen virtuellen Beteiligungsformen, NZG 2018, 811; *Hornung*, Virtuelle Mitarbeiterbeteiligungen: Leaver- und Vesting-Klauseln und das AGG, DB 2019, 1566; *John/Stachel*, Mitarbeiterbeteiligung konkret: Belegschaftsaktien, Aktienoptionen, Genussscheine und Zertifikate, BB Special 1/2009, 17; *Käpplinger*, Inhaltskontrolle von Aktienoptionsplänen – Auf der Grundlage einer rechtstatsächlichen Untersuchung, 2003; *Kessler/Sauter* (Hrsg.), Handbuch Stock Options – Rechtliche, steuerliche und bilanzielle Darstellung von Stock-Option-Plänen, 2002; *Knoll*, Mitarbeiteroptionen über Wandelschuldverschreibungen: Wiederholt sich die Geschichte?, StB 2002, 88; *Küting/Erdmann/Dürr*, Ausprägungsformen von Mezzanine-Kapital in der Rechnungslegung nach IFRS – Teil II, DB 2008, 997; *Kuntz*, Digitale Kommunikation mit Aktionären und Investoren – Chancen und Herausforderungen durch Blockchain, Soziale Medien und „Big Data", ZHR 2019, 190; *Levedag*, Kapitalbeteiligungen von Arbeitnehmern zwischen Lohn und Einkünften aus Kapitalvermögen, RdF 2015, 144; *List*, Arbeitnehmerbeteiligung bei Personengesellschaften, 1985; *Löw/Glück*, Incentivepläne und ihre Terms & Conditions – AGB-Kontrolle bei Bonuszahlungen, DB 2015, 187; *Lowitzsch* (Hrsg.), Verbreitung der Mitarbeiterkapitalbeteiligung in Deutschland und Europa – Entwicklungsperspektiven, Studie im Auftrag des Bundesministeriums für Wirtschaft und Energie, 2020; *Mathieu*, European Federation of Employee Share Ownership, Annual Economic Survey 2019; *Maschmann*, Verarbeitung personenbezogener Entgeltdaten und neuer Datenschutz, BB 2019, 628; *Peltzer*, Steuer- und Rechtsfragen bei der Mitarbeiterbeteiligung und der Einräumung von Aktienoptionen (Stock Options), AG 1996, 307; *Pulte*, Betriebliche Vermögensbeteiligung – Steuer- und unternehmensmitbestimmungsrechtliche Probleme und Lösungsansätze, 1985; *Rödding*, Endlich: „Leaver-Regelungen" bei Management-Beteiligungsprogrammen führen nicht zu Einkünften aus nichtselbständiger Arbeit, DStR 2017, 437; *Schneider* in Bertelsmann Stiftung/Prognos GmbH (Hrsg.), Formen und Gestaltung einer Erfolgsbeteiligung: Mitarbeiter am Kapital beteiligen: Leitfaden für die Praxis, 1997; *Schönhaar*, Ausgestaltung von virtuellen Mitarbeiterbeteiligungsprogrammen, GWR 2017, 293; *Schutz*, Die Beteiligung der Arbeitnehmer am Produktivkapital und deren staatliche Förderung in der Bundesrepublik Deutschland, Frankreich und Großbritannien, 1993; *Schwetzler*, Mitarbeiterbeteiligung und Unternehmensfinanzierung, 1989; *Seibert/Schütz*, Der Referentenentwurf eines Gesetzes zur

Unternehmensintegrität und Modernisierung des Anfechtungsrechts – UMAG, ZIP 2004, 252; *Seidensticker*, Mitarbeiteraktienoptionsprogramme, 2019; *Sieg*, Renaissance der Mitarbeiter-Kapitalbeteiligung, NZA 2015, 784; *Stenzel*, Neue Regeln für die variable Vorstandsvergütung, BB 2020, 970; *Tollkühn*, Die Schaffung von Mitarbeiteraktien durch kombinierte Nutzung von genehmigtem Kapital und Erwerb eigener Aktien unter Einschaltung eines Kreditinstituts, NZG 2004, 594; *Waschbusch*, Einsatzmöglichkeiten der Mitarbeiterkapitalbeteiligung im Kontext des Unternehmenslebenszyklus, StB 2020, 361; *Waschbusch/Beyer/Sendel-Müller*, Erscheinungsformen und Verbreitung der Mitarbeiterbeteiligung in Deutschland – Teil I, StB 2019, 41; *Waschbusch/Beyer/Sendel-Müller*, Erscheinungsformen und Verbreitung der Mitarbeiterbeteiligung in Deutschland – Teil II, StB 2019, 375; *Waschbusch*, Mitarbeitererfolgsbeteiligung – Anmerkungen zur praktischen Ausgestaltung, StB 2020, 81; *Zimmermann*, Die Altersversorgung der Mitarbeiter – Eine steuerliche Wirkungsanalyse der langfristigen Mitarbeiter-Kapitalbeteiligung und der betrieblichen Altersversorgung, 1992. Siehe auch die Nachweise bei § 54.

I. Zweck und Verbreitung von Modellen der Mitarbeiterbeteiligung

1. Zweck der Mitarbeiterbeteiligung

56.1 Durch Beteiligung[1] der Mitarbeiter am Unternehmen wird die **Arbeitsmotivation** und der Einsatz der Mitarbeiter gestärkt und eine verstärkte **Integration in das Unternehmen** und Identifikation[2] mit **dem Unternehmensziel** des Arbeitgebers erreicht. Moderne Managementmethoden rücken den Aspekt der wertorientierten Unternehmensführung immer stärker in den Vordergrund[3]. Die Erfolgsorientierung des einzelnen Arbeitnehmers wird durch eine Steigerung der eigenen Vermögensvorteile durch wertorientierte Vergütungsmodelle erzielt. Betriebsbezogene Ziele sind eine **Verbesserung des Betriebsklimas** durch motivierte Mitarbeiter und als Folge ein niedriger Krankenstand, höhere Produktivität und Kreativität der Belegschaft[4]. Auch eine **verstärkte Bindung** an das Unternehmen wird oft genannt[5]. Daneben sind auch sozial- und gesellschaftspolitisch erwünschte Effekte wie die Steigerung der **Verteilungsgerechtigkeit** und eine **Vermögensbildung** des Arbeitnehmers[6] durch Mitarbeiterbeteiligung zu erreichen. Eine Beteiligung der Arbeitnehmer am Vermögen des Arbeitgebers führt daneben zu einer **Kumulierung von Arbeitsplatz- und Kapitalanlagerisiko** und zu einer **Behinderung des Arbeitsplatzwechsels**.

2. Verbreitung von Modellen der Mitarbeiterbeteiligung

56.2 Die Mitarbeiterbeteiligung, also Gewinn- oder Kapitalbeteiligung, spielt in Deutschland eine im internationalen Vergleich untergeordnete Rolle. Die Häufigkeit, mit welcher Unternehmen Mitarbeiterbeteiligungen ausgeben, korreliert u.a. mit der Unternehmensgröße. In Deutschland werden im EU-Vergleich unterdurchschnittlich viele Beteiligungen der Mitarbeiter gehalten. Dieser Wert sinkt nochmals um ca. die Hälfte, wenn Führungskräfte nicht als Mitarbeiter berücksichtigt werden[7]. 2005 boten lediglich ca. ⅓ der Unternehmen mit über 500 Beschäftigten und sogar nur 8 % der Unternehmen mit

---

1 Das Wort Beteiligung ist dabei nicht im rechtlichen Sinne zu sehen; es kommt bei der Mitarbeiterbeteiligung nicht darauf an, eine rechtliche Beteiligung an dem Unternehmen im Sinne einer Miteigentümerstellung zu erreichen. Vielmehr ist das Wort Beteiligung hier so zu verstehen, dass dem einzelnen Mitarbeiter eine von der Entwicklung oder dem Erfolg des Unternehmens abhängige Vermögenskomponente zusteht. Diese kann z.B. auch in Forderungen des Arbeitnehmers gegen den Arbeitgeber bestehen.
2 *Schanz*, Börseneinführung, § 21 Rz. 3 ff.; *Sieg*, NZA 2015, 784; *Richter/Gittermann*, AG 2004, 277.
3 *Pellens/Crasselt/Rockholtz* in Pellens, Entlohnungssysteme, S. 3.
4 *Schanz*, Börseneinführung, § 21 Rz. 3; *Sieg*, NZA 2015, 784.
5 *Pellens/Crasselt/Rockholtz* in Pellens, Entlohnungssysteme, S. 14.
6 *Peltzer*, AG 1996, 307, 308.
7 *Mathieu European Federation of Employee Share Ownership*, Annual Economic Survey 2019, S. 50, 52.

bis zu 49 Beschäftigten ihren Arbeitnehmern eine Beteiligung an[8], dies hat sich seitdem eher noch verringert[9]. Im Grundsatz sind Arbeitnehmerbeteiligungen bei gelisteten Unternehmen aus naheliegenden Gründen häufiger zu finden[10]. Seit 2006 hat sich der Anteil an Arbeitnehmern (inkl. Führungskräften) mit Unternehmensbeteiligung, beschleunigt seit 2011, nochmals verringert[11]. Die bedeutendste Art waren die **Belegschaftsaktie** und die so genannte „stille Beteiligung"[12]. Dieser Trend hatte sich durch die Hausse-Phase Ende der 1990er Jahre, von 2004 bis 2007 und seit 2010 verstärkt. In Baissephasen (z.B. 2000 bis 2003) sind Mitarbeiterbeteiligungen außerhalb der Gewährung von Aktien bzw. Optionen aufgrund einer negativen Entwicklung der Finanzmärkte wieder stärker in den Vordergrund getreten[13]. Auf Unternehmensseite werden verstärkt Boni oder von der Entwicklung der Finanzmärkte unabhängige, eher auf Unternehmensparameter ausgerichtete Beteiligungsmodelle angeboten. Weitere Einflussfaktoren sind der verschiedenen Änderungen unterworfene DCGK und die durch das ARUG II eingeführten Restriktionen und Angabepflichten für Vorstände.

II. Arten von Mitarbeiterbeteiligungen

Zu unterscheiden sind die **Beteiligungen am Erfolg** des Unternehmens und die **Beteiligungen am Kapital**[14] des Unternehmens.

56.3

1. Erfolgs- und gewinnabhängige Mitarbeiterbeteiligungen

Fehlt es an einer Kapitalbeteiligung des Mitarbeiters, ist seine Beziehung zum Unternehmen rein schuldrechtlicher Natur. Mitarbeiterbeteiligungen ohne Kapitalbeteiligung sind i.d.R. **Zuwendungen**, die zusätzlich zu Lohn und Gehalt gewährt und wegen ihrer Bindung an den Unternehmenserfolg als „Erfolgsbeteiligungen" bezeichnet werden[15]. Erfolgsfaktoren sind beispielsweise der in der Handels- oder Steuerbilanz ausgewiesene Gewinn, der Umsatz, die Wertschöpfung des Unternehmens oder Kosteneinsparungen[16]. Entsprechend der gewählten Berechnungsform wird von Gewinnbeteiligung[17], Ertragsbeteiligung oder Leistungsbeteiligung gesprochen. Solche Beteiligungsmodelle sind von der Rechtsform des Unternehmens unabhängig und auch bei der börsennotierten Aktiengesellschaft unproblematisch zulässig, dabei ist darauf zu achten, dass hinsichtlich einer Gewinnbeteiligung die Grenze zu einem Unternehmensvertrag nach §§ 292 ff. AktG nicht überschritten wird.

56.4

a) Bonusmodelle

Möglich und üblich sind Bonusmodelle, die einen gewissen **Teil der Arbeitsvergütung** erfolgsorientiert bestimmen. Üblich ist dabei zumindest die teilweise Bestimmung anhand des **Unternehmens-**

56.5

---

8 Mitteilung *Bundesverband Deutscher Banken* v. 30.9.2006, Mitarbeiterbeteiligung: Ungenutzte Potentiale.
9 *Sieg*, NZA 2015, 784, 785.
10 *Mathieu*, European Federation of Employee Share Ownership, Annual Economic Survey 2019, S. 113 ff.
11 *Mathieu*, European Federation of Employee Share Ownership, Annual Economic Survey 2019, S. 36 ff.
12 *Lowitzsch (Hrsg.)*, Verbreitung der Mitarbeiterkapitalbeteiligung in Deutschland und Europa, 2020, S. 77, 79, 175.
13 Zum abnehmenden Interesse an Aktienoptionsplänen nach negativer Kursentwicklung *Schanz*, Börseneinführung, § 21 Rz. 1.
14 *Schanz*, Börseneinführung, § 21 Rz. 8.
15 So *Schanz*, Börseneinführung, § 21 Rz. 8; diese Bezeichnung ist jedoch wenig trennscharf, da auch Mitarbeiterbeteiligungen mit Kapitalbeteiligung regelmäßig erfolgsabhängig ausgestaltet sind.
16 Vgl. *Schanz*, Börseneinführung, § 21 Rz. 8; *Janssen/Riehle* in Beck'sches Hdb. AG, § 24 Rz. 64; *Hoffmann-Becking*, ZHR 2005, 155 (164), eingehend zu wertorientierten Kennzahlen *Sauter/Babel* in Kessler/Sauter, Hdb. Stock Options, Rz. 21 f.
17 Hierzu *Ricken*, NZA 1999, 236 ff.

erfolges, während eine andere Variable die **persönliche Leistung des Arbeitnehmers** darstellt[18]. In der konkreten Ausgestaltung bestehen weitgehende Gestaltungsspielräume. Der Betrag des auszuzahlenden Bonus kann beispielsweise von der Leistung des Mitarbeiters, vom Ertrag des Unternehmens oder vom Gewinn[19] abhängen. Bei größeren Unternehmen und insbesondere bei Konzernen ist eine Berechnung des Bonus auch anhand des Ergebnisses von untergeordneten Einheiten möglich. Dies ist vorteilhaft, wenn eine Auswirkung des persönlichen Einsatzes des Mitarbeiters auf der übergeordneten Ebene keinen messbaren Einfluss hat.

56.6 Bei entsprechender Gestaltung bietet ein Bonusmodell eine große **Flexibilität** im Hinblick auf die wirtschaftliche Lage des Unternehmens. Sollte eine Krise des Arbeitgebers zu einem Liquiditätsengpass führen, kann ein Wegfall der Bonuszahlung die Folge sein und zu erheblichen Entlastungen bei den Personalkosten führen. Die Effekte sind umso größer, je höher der Anteil der Bonuszahlung am Gehalt der Arbeitnehmer ist. Bei der Ausgestaltung des Programms ist dabei unter rechtlichen Gesichtspunkten darauf zu achten, die Freiwilligkeit der Leistung jederzeit klarzustellen, um einen Anspruch des Arbeitnehmers aus betrieblicher Übung zu vermeiden (vgl. Rz. 55.70). Für Managementmitglieder gelten die Vorgaben der §§ 87 bzw. 87a AktG und des Vergütungssystems (§ 120a AktG) (vgl. Rz. 56.27).

b) Darlehen, Genussrechte und Genussscheine, Schuldverschreibungen

56.7 Daneben kann in gewissem Maße eine Erfolgsbeteiligung auch durch vom Arbeitnehmer an den Arbeitgeber vergebene **Darlehen** (§ 488 ff. BGB) erreicht werden. Bei der einfachen Variante gibt der Arbeitnehmer dem Arbeitgeber aus vorhandenen eigenen finanziellen Mitteln ein Darlehen. Dies hat dann beim Arbeitgeber zusätzlich einen Liquiditätszufluss zur Folge. Als Gegenleistung wird eine Verzinsung vereinbart. Dabei sind **feste Zinsen** genauso möglich wie eine **vom Erfolg des Unternehmens abhängige Verzinsung** (partiarisches Darlehen[20]). Nur bei Letzterem besteht eine durch die Mitarbeiterbeteiligung gewünschte Motivationswirkung.

56.8 Zwar kann die **Finanzierung der Darlehensvaluta** kann im Rahmen einer erfolgsbezogenen Prämie vom Arbeitgeber übernommen werden, etwa wenn der Mitarbeiter keine eigenen finanziellen Mittel zur Darlehensgewährung zur Verfügung hat. Dann entfällt natürlich der Liquiditätszufluss beim Arbeitgeber und vor allem fällt auch unmittelbar Lohnsteuer an. Darlehen von Mitarbeitern sind daneben auch wegen der Absicherungspflicht durch eine Bank oder Versicherungsgesellschaft dann unattraktiv, wenn diese gleichzeitig als **Anlageinstrument nach dem Vermögensbildungsgesetz** genutzt werden sollen.

56.9 Genussrechte und Genussscheine[21] geben dem Mitarbeiter in der typischen Ausgestaltung ebenfalls ein **Recht auf Beteiligung am Unternehmensgewinn**[22]. Von der wirtschaftlichen Auswirkung und Motivationswirkung sind typische Genussrechte einem partiarischen Darlehen angenähert. Eine Beteiligung an einer Substanzwertsteigerung des Unternehmens erfolgt grundsätzlich nicht[23]. Andere Gestal-

---

18 *Pellens/Crasselt/Rockholtz* in Pellens, Entlohnungssysteme, S. 7 f.
19 *von Rosen/Leven* in Harrer, Mitarbeiterbeteiligungen, Rz. 28.
20 Zur Einordung *Weidenkaff* in Palandt, 80. Aufl. 2021, Vor § 488 BGB Rz. 20; zur Abgrenzung gegenüber der stillen Gesellschaft *Fahse/Gesmann-Nuissl* in Ensthaler, 8. Aufl. 2015, § 230 HGB Rz. 69; *Mock* in Röhricht/Graf von Westphalen/Haas, 5. Aufl. 2019, § 230 HGB Rz. 48 ff.; *K. Schmidt*, GesR, § 62 II; *Sieg*, NZA 2015, 784, 785.
21 Genussscheine sind verbriefte Genussrechte, vgl. *Schwintowski* in Frodermann/Janott, Hdb. Aktienrecht, 9. Aufl. 2017, 6. Kap. Rz. 24; *Seiler* in BeckOGK AktG, Stand 1.6.2021, § 221 AktG Rz. 25 ff.; *Scholz* in MünchHdb. AG, § 64 Rz. 69 ff.
22 *Roschmann/Erwe* in Harrer, Mitarbeiterbeteiligungen, Rz. 148 f.; *Hüffer/Koch*, § 221 AktG Rz. 22 ff.
23 *Krüger/Nerius* in Kessler/Sauter, Hdb. Stock Options, Rz. 1366 ff.; *Ettinger*, Stock Options, S. 10; *Stadler* in Bürgers/Körber/Lieder, § 221 AktG Rz. 97 ff.

tungen sind möglich, so insbesondere eine Beteiligung am Liquidationserlös[24]. Vorteilhaft ist dagegen, dass bei einem Genussrecht eine Einlage möglich, allerdings nicht erforderlich ist. Damit kann die bei einem Darlehen zwingende Vorleistung des Arbeitnehmers[25] entfallen, was zu einer besseren Akzeptanz dieser Form der Mitarbeiterbeteiligung führt. Weiter positiv einzustufen ist die Möglichkeit, diese als Wertpapier auszugeben[26] und an der Börse zu handeln.

Vom Arbeitnehmer erworbene Schuldverschreibungen sind **verbriefte Darlehen** des Arbeitnehmers und sind solchen daher gleich zu behandeln. 56.10

c) Wirtschaftlich der Kapitalbeteiligung entsprechende Formen, Phantom Stocks, Stock Appreciation Rights

Eine der echten Beteiligung am Kapital der Gesellschaft vergleichbare, und dieser zwar nicht rechtlich, aber wirtschaftlich entsprechende Beteiligung kann durch Phantom Stocks oder Stock Appreciation Rights (SAR)[27] erreicht werden. Dogmatisch sind diese als rein schuldrechtliche Vereinbarungen zu sehen, die nur einen Teil des Gehaltes[28] des Begünstigten darstellen. **Phantom Stocks** bilden die wirtschaftlichen Konsequenzen einer direkten Beteiligung nach. So kann beispielsweise der einen festgelegten Basispreis übersteigende Kurs einer Aktie als Differenzbetrag zuzüglich der sonstigen aus der Aktionärsstellung resultierenden Vermögensvorteile, insbesondere Dividenden[29], Gegenstand der schuldrechtlichen Bonusvereinbarung sein. In der Ausgestaltung sind die Vertragsparteien relativ frei. Üblich sind Bedingungen, die Beteiligungsprogrammen weitgehend entsprechen[30]. Der Begünstigte enthält dementsprechend bei günstiger Entwicklung des Aktienkurses oder sonstigen aus der Aktie resultierenden Vermögensvorteilen einen Anspruch auf Zahlung eines bestimmten Geldbetrages als Gehaltsbestandteil. Im Ergebnis steht der Begünstigte dann wirtschaftlich so, als ob er die Aktie zu dem vereinbarten Basispreis gekauft hätte. Bei **Restricted Stock Units** handelt es sich ebenfalls um einen Zahlungsanspruch, dessen Wert vom Börsenkurs der Aktien der Gesellschaft abhängt, die Bedienung kann aber typischerweise auch in Aktien erfolgen. Bei der Ausgabe wird üblicherweise der Wert eines bestimmten Zahlungsanspruchs dadurch in eine Anzahl Restricted Stock Units umgerechnet, dass der Zahlungsanspruch durch den aktuellen Börsenkurs der Aktien der Gesellschaft geteilt wird. Über die Laufzeit des Restricted Stock Unit-Programms entwickelt sich der Wert der Restricted Stock Units dann abhängig vom Börsenkurs der Gesellschaft. Zur Bedienung von Restricted Stock Units in Aktien ist eine vorherige Ermächtigung im Rahmen eines genehmigten Kapitals erforderlich, wenn nicht eigene Aktien der Gesellschaft zur Bedienung vorhanden sind. **Stock Appreciation Rights** (virtuelle Optionen) entsprechen dagegen generell einem Optionsprogramm. Als Berechnungsbasis für die Höhe des Zahlungsanspruchs dient in diesem Fall grundsätzlich nur die Höhe der Kursdifferenz ohne die Berücksichtigung sonstiger Vermögensvorteile[31]. 56.11

Als besonderer Vorteil der virtuellen Kapitalbeteiligung bestehen daher **keine aus der Gesellschafterstellung resultierenden Rechte** der Begünstigten[32]. Dies gilt sowohl für den Zeitpunkt der Begrün- 56.12

---

24 *Ettinger*, Stock Options, S. 10; zu weiteren Möglichkeiten *Stadler* in Bürgers/Körber/Lieder, § 221 AktG Rz. 97 ff.
25 Auch bei Finanzierung durch den Arbeitgeber muss der Arbeitnehmer zunächst auf die Auszahlung der zugrundeliegenden Bonuszahlung verzichten.
26 *Roschmann/Erwe* in Harrer, Mitarbeiterbeteiligungen, Rz. 149.
27 Auch als virtuelle Aktien oder Optionen bezeichnet, vgl. *Pellens/Crasselt/Rockholtz* in Pellens, Entlohnungssysteme, S. 12 f.; *Roschmann/Erwe* in Harrer, Mitarbeiterbeteiligungen, Rz. 26, 141 f.; *Scholz* in MünchHdb. AG, § 58 Rz. 11.
28 *Kessler/Suchan* in Kessler/Sauter, Hdb. Stock Options, Rz. 684.
29 *Kessler/Suchan* in Kessler/Sauter, Hdb. Stock Options, Rz. 782.
30 *von Rosen/Leven* in Harrer, Mitarbeiterbeteiligungen, Rz. 26.
31 *Suchan/Baumunk* in Kessler/Sauter, Hdb. Stock Options, Rz. 681.
32 *Suchan/Baumunk* in Kessler/Sauter, Hdb. Stock Options, Rz. 680.

dung des Programms als auch für den Zeitpunkt der Ausübung der daraus resultierenden Rechte. Phantom Stocks sind zudem in der Handhabung einfacher als reale Aktien oder Aktienoptionsprogramme[33]. Bei Ausübung eines Anspruchs aus der Einräumung von Phantom Stocks oder Stock Appreciation Rights entsteht dagegen bei der Gesellschaft anders als bei realen Aktien oder Aktienoptionsplänen ein Liquiditätsabfluss[34]. Mangels Gesellschafterstellung kann auch die längerfristige Identifikationsfunktion der Mitarbeiterbeteiligung weniger stark ausgeprägt sein.

d) Inhaltliche Grenzen

56.13 Inhaltlich sind der **Ausgestaltung von Phantom Stocks** oder Stock Appreciation **Rights** zugunsten von Vorstandsmitgliedern Grenzen durch die aktienrechtlichen Maßgaben hinsichtlich der Vorstandsvergütung gesetzt. Ein entsprechender Vergütungsplan muss insbesondere gemäß § 87 Abs. 1 AktG angemessen sein[35] und die diesbezüglichen Vorgaben wie Rückforderungsmöglichkeit und Cap einhalten (siehe Rz. 55.22). Daneben sind die Angaben des § 87a AktG zu machen. Für virtuelle Optionsprogramme gegenüber Mitarbeitern ist der Vorstand gemäß § 93 Abs. 1 Satz 1 AktG verpflichtet, eine angemessene und der Sorgfalt eines ordentlichen Geschäftsleiters entsprechende Gestaltung zu wählen[36]. In beiden Fällen dürfen die resultierenden Zahlungsansprüche nicht zu einem Liquiditätsproblem der Gesellschaft führen. Es sind daher mindestens Vorkehrungen für einen unerwarteten Kursanstieg zu treffen, etwa durch Begrenzung der maximal möglichen Ansprüche der Höhe nach[37] oder durch eine ab einem gewissen Kursniveau verminderte Berücksichtigung des Kursanstiegs (degressiv)[38]. Zudem wird die Vier-Jahres-Frist bei Aktienoptionen teilweise übertragen[39].

56.14 Nach der Rechtsprechung des BGH[40] und seit dem Ausschluss von Aktienoptionen für Aufsichtsräte stellt sich die Frage, ob dies auch auf **Vergütungsformen für Aufsichtsräte zu beziehen** sind, die – wie Phantom Stocks – Aktienoptionen wirtschaftlich nachbilden. Die in den Gesetzgebungsverfahren zu KonTraG und UMAG geäußerten Bedenken[41], die der BGH aufgegriffen hat, beziehen sich generell auf eine am Aktienkurs orientierte Vergütung des Aufsichtsrats und bestehen unabhängig von der rechtlichen Konstruktion der variablen Vergütung[42].

56.15 Auch an dieser Stelle sind insoweit die Empfehlungen des Deutschen Corporate Governance Kodex zu berücksichtigen, welche auch für Phantom Stocks gelten. Hierbei sollen für alle variablen Vergütungsbestandteile Leistungskriterien festlegt werden, die finanzielle und nichtfinanzielle Kriterien enthalten und sich – neben operativen – vor allem an strategischen Zielsetzungen orientieren sollen (vgl. dazu Rz. 55.37 f.).

---

33 Dies gilt insbesondere für die aktienrechtlichen Voraussetzungen, dazu Rz. 55.8 ff.
34 *Suchan/Baumunk* in Kessler/Sauter, Hdb. Stock Options, Rz. 682.
35 *Bürgers* in Bürgers/Körber/Lieder, § 87 AktG Rz. 5 ff.
36 *Fleischer* in BeckOGK AktG, Stand 1.6.2021, § 93 AktG Rz. 55; *Spindler* in MünchKomm. AktG, 54. Aufl. 2019, § 93 AktG Rz. 21 ff.
37 Eine entsprechende Bestimmung könnte beispielsweise lauten: „Die maximal möglichen Ansprüche sind auf einen Betrag von Euro X pro Berechtigtem beschränkt."
38 Z.B. „Ein Kursanstieg ab einem gewissen Niveau kann nur noch zu einem Bruchteil einen schuldrechtlichen Zahlungsanspruch auslösen."
39 *Hoffmann-Becking/Krieger*, Leitfaden Vorstands-Vergütung, NZG 2009, Beilage zu Heft 26, 1, 3; a.A. *Hüffer/Koch*, § 87 AktG Rz. 30 m.w.N.
40 BGH v. 16.2.2004 – II ZR 316/02, NZG 2004, 376 = AG 2004, 265.
41 RefE KonTraG, ZIP 1996, 2129, 2137; RegE UMAG, BR-Drucks. 3/05, S. 51 f.; *Hüffer/Koch*, § 192 AktG Rz. 21.
42 Für die Zulässigkeit *Bürgers/Fischer* in Bürgers/Körber/Lieder, § 113 AktG Rz. 12; *Drygala* in Schmidt/Lutter, § 113 AktG Rz. 36 („keine zulässige Vergütungsform "); *Spindler* in BeckOGK AktG, Stand 1.6.2021, § 113 AktG Rz. 59 m.w.N. („generell unzulässig"), BGH v. 16.2.2004 – II ZR 316/02, NZG 2004, 376 = AG 2004, 265; *Hoppe*, NZG 2018, 811, 816; vgl. auch Rz. 30.43; a.A. *Habersack*, ZGR 2004, 721, 731 f.

2. Mitarbeiterbeteiligung am Kapital (außer Aktienoptionen)

Wird dem Mitarbeiter hingegen eine Mitarbeiterbeteiligung in Form einer **Kapitalbeteiligung** eingeräumt, entsteht eine gesellschaftsrechtliche Verbindung. Er erhält eine unmittelbare Beteiligung am Gewinn des Unternehmens. Die Verwirklichung des Shareholder-Value-Gedankens lässt sich in dieser Weise mit den Interessen der Mitarbeiter in Übereinstimmung bringen. Von Interesse ist dabei nicht nur das Dividendenrecht, sondern auch die erzielbaren Kursgewinne. 56.16

Im Gegenzug werden dem Arbeitnehmer durch die direkte Beteiligung an dem Unternehmen zwingend Rechte – beispielsweise **Kontrollrechte** – eingeräumt. Die Nachteile der Einräumung sind bei der börsennotierten Aktiengesellschaft im Normalfall wesentlich schwächer ausgeprägt als bei anderen Gesellschaftsformen[43]. Zudem erwirbt der Mitarbeiter auch **Mitwirkungsrechte**[44] sowie das Auskunftsrecht in der Hauptversammlung gemäß § 131 AktG[45]. Die Beteiligungsrechte sind im Falle börsennotierter Unternehmen allerdings auch durch den Erwerb von Aktien zu erlangen, so dass diesem Aspekt nur eine untergeordnete Bedeutung zukommt[46]. 56.17

Die Mitarbeiterbeteiligungen mit Kapitalbeteiligung können daneben aufgeteilt werden in **unmittelbare** und **mittelbare** Kapitalbeteiligungen, wobei danach unterschieden wird, ob der Mitarbeiter direkt am Unternehmen seines Arbeitgebers beteiligt ist, oder mit ihm nur über eine dazwischen geschaltete Beteiligungsgesellschaft verbunden ist[47]. 56.18

a) Direkte Kapitalbeteiligung/Belegschaftsaktien

Bei einer Aktiengesellschaft wird die direkte Beteiligung durch Ausgabe von **Belegschaftsaktien** erreicht. Der Arbeitgeber kann dem Arbeitnehmer aus dem Bestand eigener Aktien ein Kaufangebot zu Vorteilskonditionen machen. 56.19

Ferner können die Aktien im Rahmen einer Kapitalerhöhung ausgegeben werden. Neben einer bedingten Kapitalerhöhung nach §§ 192 ff. AktG oder dem Rückkauf eigener Aktien nach § 71 Abs. 1 Nr. 8 AktG[48] kommt für die Ausgabe von Belegschaftsaktien insbesondere eine Kapitalerhöhung durch **genehmigtes Kapital** nach §§ 202 ff. AktG in Betracht (vgl. ausführlich zum genehmigten Kapital Rz. 45.1 ff.). Bei dieser Form der Kapitalerhöhung existiert eine Ermächtigung des Vorstands durch die Hauptversammlung, eine Kapitalerhöhung bis zu einem bestimmten Nennbetrag durchzuführen. Eine solche Ermächtigung muss in der **Satzung** der Gesellschaft durch Beschluss der Hauptversammlung mit einer Mehrheit von drei Vierteln des bei der Beschlussfassung vertretenen Grundkapitals im

---

43 Auskunftsrecht bzw. Einsichtsrecht Kommanditist gemäß § 166 HGB oder GmbH-Gesellschafter gemäß § 51a GmbHG.
44 Z.B. Recht zur Einberufung einer Hauptversammlung i.d.R. ab Beteiligung von 5 % (§ 122 AktG). 5 % oder 500.000 Euro sind für ein Recht auf Bestimmung von Tagesordnungspunkten nötig (§ 122 Abs. 2 AktG). Ab einer Beteiligung von 1 % Anteil oder Euro 100.000 des Grundkapitals kann ein Sonderprüfer gerichtlich bestellt werden (*Holzborn/Jänig* in Bürgers/Körber/Lieder, § 142 AktG Rz. 16) und erst ab Besitz von 25 % der Stimmrechte kann ein Aktionär alleine gegen den Willen der Mehrheit Satzungsänderungen blockieren (*Holzborn* in BeckOGK AktG, Stand 1.6.2021, § 179 AktG Rz. 116 ff.). Bei Verstoß gegen Haftungsnormen ab 10 % oder 1 Mio. Euro Grundkapital besteht die Möglichkeit der Einsetzung eines Vertreters zur Geltendmachung von Schadensersatzansprüchen der Gesellschaft gegen Organe. Dies wird um ein Klagezulassungsverfahren ab 1 % Anteil oder 100.000 Euro Börsenwert ergänzt, (*Holzborn/Jänig* in Bürgers/Körber/Lieder, § 147 AktG Rz. 10 ff., § 148 AktG Rz. 3 ff.). Eine Beteiligung eines Mitarbeiters in dieser Höhe ist regelmäßig praxisfern. Ausführlich *Butzke*, HV, S. 234 ff.
45 *Reger* in Bürgers/Körber/Lieder, § 131 AktG Rz. 4 ff.; *Hüffer/Koch*, § 131 AktG Rz. 1 ff.
46 Der Entzug ist nur über einen Squeeze-Out möglich, dazu § 63.
47 Jedoch wird mit Letzterem kein Streueffekt erreicht, der z.B. für Indexaufnahme und -berechnung von Bedeutung ist. Die Deutsche Börse AG legt einen Anteil von maximal 5 % zur Zugehörigkeit zum Free Float zugrunde.
48 Vgl. zur bedingten Kapitalerhöhung bzw. zum Rückkauf eigener Aktien Rz. 55.12, 55.14.

plementiert werden[49], § 202 Abs. 2 Satz 2 AktG. Die Änderung der Satzung wird erst mit Eintragung in das Handelsregister wirksam[50]. Weiterhin darf der Nennbetrag des genehmigten Kapitals die Hälfte des Grundkapitals zur Zeit der Ermächtigung nicht übersteigen[51].

56.20 Schließlich ist auch die unentgeltliche Überlassung von Aktien und der Einlageleistung durch die Aktiengesellschaft denkbar. Gemäß § 202 Abs. 3 Satz 1 AktG kann die **Kapitalerhöhung** bei Ausgabe der Aktien an Arbeitnehmer **aus Gesellschaftsmitteln** erfolgen. Dies setzt zum einen voraus, dass der bestätigte Jahresabschluss einen nach § 58 Abs. 2 AktG in andere Gewinnrücklagen einstellbaren Gewinn ausweist. Die Einlageleistung kann dann aus diesem Teil des Jahresüberschusses gedeckt werden. Zum anderen muss der Vorstand zur Ausgabe neuer Aktien an die Mitarbeiter befugt sein[52]. In diesem Fall muss der Arbeitnehmer keine eigene Einlage aufbringen und hat kein Verlustrisiko[53] (§ 202 Abs. 4 AktG).

56.21 Das bei einer Kapitalerhöhung den Altaktionären gemäß § 203 Abs. 1 Satz 1, § 186 AktG einzuräumende **Bezugsrecht** kann gemäß § 186 Abs. 3 AktG **ganz oder teilweise** mit einer Mehrheit von drei Vierteln des bei der Beschlussfassung vertretenen Grundkapitals **ausgeschlossen** werden, wobei ein solcher Ausschluss bereits im Beschluss über die Kapitalerhöhung vorzusehen ist. Möglich ist auch, in der Ermächtigung ein Recht des Vorstands zum Ausschluss des Bezugsrechts gemäß § 203 Abs. 2 Satz 1 AktG vorzusehen. In jedem dieser Fälle ist ein schriftlicher Bericht des Vorstands über die Gründe für den Bezugsrechtsausschluss erforderlich (§ 186 Abs. 4 Satz 2 AktG). Außerdem muss der Aufsichtsrat der Ausgabe der Aktien zustimmen (§ 204 Abs. 1 Satz 2 AktG).

56.22 Die Ausgabe von Belegschaftsaktien aus genehmigtem Kapital begegnet gewissen praktischen Schwierigkeiten[54]. So entstehen die **Aktien erst mit Eintragung der Durchführung der Kapitalerhöhung** statt bereits mit Ausgabe der Aktien wie beim bedingten Kapital. Damit ist für jede Kapitalerhöhungstranche eine neue Handelsregistereintragung vorzunehmen. Diese Schwierigkeiten werden in der Praxis allerdings dadurch überwunden, dass die Aktien von einem Kreditinstitut gezeichnet werden, das die so entstandenen Aktien dann an die Gesellschaft zur Weitergabe an die Mitarbeiter überträgt. Die dabei nicht benötigten Aktien werden im Markt veräußert; der Mehrerlös wird an die Gesellschaft abgeführt.

b) Indirekte Kapitalbeteiligung

56.23 Eine indirekte Kapitalbeteiligung kann durch Einschaltung einer **Beteiligungsgesellschaft** erreicht werden. Der Arbeitnehmer wird nicht Gesellschafter des arbeitgebenden Unternehmens, sondern erhält Gesellschaftsanteile einer Beteiligungsgesellschaft. Diese hält wiederum Anteile am Arbeitgeber, so dass die wirtschaftliche Entwicklung deren Beteiligung, also des arbeitgebenden Unternehmens, entscheidend für den Wert des Beteiligungsunternehmens und den Wert der gesellschaftsrechtlichen Position des Mitarbeiters an letzterer ist. Infolge einer solchen Konstruktion können ähnliche Motivationseffekte wie bei einer direkten Beteiligung erzielt werden, ohne dass allerdings die aus einer direkten gesellschaftsrechtlichen Beteiligung resultierenden Probleme auftreten.

---

49 Die Satzung kann bezüglich der Mehrheitserfordernisse strengere Regelungen und/oder zusätzliche Anforderungen konstituieren. Die Satzung kann weiter vorsehen, dass die Schaffung des genehmigten Kapitals dazu dienen soll, neue Aktien an die Arbeitnehmer auszugeben, § 202 Abs. 4 AktG; *Lieder* in Bürgers/Körber/Lieder, § 202 AktG Rz. 10.
50 § 181 Abs. 3 AktG; *Holzborn* in BeckOGK AktG, Stand 1.6.2021, § 181 AktG Rz. 39 f.
51 Vgl. § 202 Abs. 3 Satz 1 AktG. Die endgültige Entscheidung über die Durchführung der Kapitalerhöhung obliegt dann dem Vorstand.
52 *Roschmann/Erwe* in Harrer, Mitarbeiterbeteiligungen, Rz. 157.
53 Nach *Roschmann/Erwe* in Harrer, Mitarbeiterbeteiligungen, Rz. 157 ist diese Form der Finanzierung von Belegschaftsaktien selten.
54 Vgl. *Tollkühn*, NZG 2004, 594.

c) Wandelschuldverschreibungen

Wandelschuldverschreibung als Sonderform der Schuldverschreibung (vgl. Rz. 56.7) gewährt bei der **Wandelschuldverschreibung**[55] der Arbeitnehmer dem Arbeitgeber ein – i.d.R. relativ niedrig – verzinstes Darlehen, erhält aber am Ende der Laufzeit das Recht[56], anstelle der Rückzahlung des Darlehens je nach Ausgestaltung die Lieferung von Aktien des Unternehmens zu verlangen. Die Anzahl der Aktien bestimmt sich dabei nach einem bei Ausgabe der Wandelschuldverschreibung festgelegten Kurs. Somit kann der Mitarbeiter bei geringer Verzinsung an Kurssteigerungen partizipieren, während sein Verlustrisiko durch das Wahlrecht, auch Rückzahlung der Darlehensvaluta zuzüglich der Zinsen verlangen zu können, ausgeschlossen ist. Gegenüber einem Aktien- oder Aktienoptionsprogramm, bei dem bei negativer Entwicklung des Aktienkurses gar keine positive Rendite zu erzielen ist, kann sich diese Variante gerade vor dem Hintergrund einer schlechten Situation an den Finanzmärkten als sehr attraktiv für den Mitarbeiter darstellen. Wandelschuldverschreibungen sind dabei in der **Wirkungsweise der Aktienoption** sehr angenähert. Denkbar sind dabei auch Schuldverschreibungen mit Aktienbezugsrechten in ähnlicher Gestaltung der Zertifikate, insbesondere mit Garantieschutz[57]. Die Verringerung der Anforderungen im Sanierungsfall dürfte bei Arbeitnehmern schon wegen des Volumens kaum eine Rolle spielen.

56.24

d) Mittelbare Teilhabe am Unternehmen

Der Arbeitgeber könnte zudem mit einem Arbeitnehmer eine stille Gesellschaft eingehen, d.h. eine nicht nach außen im Geschäftsverkehr auftretende **Innengesellschaft**[58], deren Ausgestaltung gemäß den weitgehend dispositiven Regelungen der §§ 230 bis 236 HGB, §§ 705 ff. BGB erfolgt. Wird die Innengesellschaft nicht mit dem Unternehmensträger selbst, sondern mit einem Gesellschafter geschlossen, kann sich die Beteiligung auch auf einen Gesellschaftsanteil, im Fall der Aktiengesellschaft auf eine von einem Gesellschafter gehaltene Anzahl von Aktien erstrecken[59]. Wegen des erhöhten administrativen Aufwands ist diese Form der Mitarbeiterbeteiligung jedoch nicht für eine größere Anzahl von Mitarbeitern geeignet[60].

56.25

III. Aktienrechtliche Gesichtspunkte

1. Erfolgs- und gewinnabhängige Mitarbeiterbeteiligung

Für die erfolgs- und gewinnabhängigen Mitarbeiterbeteiligungen kommen vorrangig die Aspekte der Vorstandsvergütung (Vergütungssystem § 120a AktG [dazu Rz. 55.22]), der Angemessenheit und Publizität (§§ 87, 87a AktG [dazu Rz. 55.22 und Rz. 55.53]) und der Autorisierung zum Tragen.

56.26

---

55 *Hüffer/Koch*, § 221 AktG Rz. 4 ff.; zur Wandelschuldverschreibung *Seiler* in BeckOGK AktG, Stand 1.6.2021, § 221 AktG Rz. 7; *Winner/Edelmann* in MünchKomm. AktG, 5. Aufl. 2021, § 194 AktG Rz. 33, siehe auch Rz. 55.6 und 55.48; vgl. auch *Stadler* in Bürgers/Körber/Lieder, § 221 AktG Rz. 47.
56 *Hüffer/Koch*, § 221 AktG Rz. 5; zu Gewinnschuldverschreibungen *Wentrup* in MünchHdb. AG, § 21 Rz. 73.
57 *John/Stachel*, BB Special 1/2009, 17, 20.
58 *K. Schmidt*, GesR, § 62 I.
59 *K. Schmidt*, GesR, § 63 I.
60 *Roschmann/Erwe* in Harrer, Mitarbeiterbeteiligungen, Rz. 147; vgl. *Sieg*, NZA 2015, 784, 785 mit Unterscheidung in direkt und indirekt.

a) Zuständigkeit Vereinbarung von Phantom Stocks/Stock Appreciation Rights

56.27 Die Einführung von Phantom Stocks oder Stock Appreciation Rights obliegt dem **Vorstand** einer Aktiengesellschaft, soweit die Berechtigten nicht selbst dem Vorstand angehören, für die der **Aufsichtsrat** (§ 87 AktG) zuständig ist.

b) Vereinbarung von Phantom Stocks/Stock Appreciation Rights – Vorlagepflicht gegenüber der Hauptversammlung?

56.27a Eine Vorlagepflicht gegenüber der Hauptversammlung **besteht nicht**[61]. Eine analoge Anwendung des § 221 Abs. 3 AktG auf virtuelle Aktien- oder Optionspläne ist abzulehnen. Zwar führen die aus der Ausübung der Rechte aus solchen Plänen resultierenden Zahlungen zu einer Verminderung des Vermögens der Gesellschaft und damit mittelbar der Aktionäre, ähnlich den Genussrechten. Dagegen ist anzuführen, dass jede mit einer Ausgabe verbundene Geschäftsführungsmaßnahme Auswirkungen auf das Vermögen der Gesellschaft hat. Diese sind aber aktienrechtlich grundsätzlich dem Vorstand zur Entscheidung zugewiesen. Denn bei einem virtuellen Optionsplan ist die Leistung der Mitarbeiter erfolgsabhängig vergütet und die Ausgaben sind bei der Gewinnermittlung zu berücksichtigen. Auch die Grundsätze der **„Holzmüller"-Doktrin** können nicht zu einer Vorlagepflicht führen, da kein Eingriff in den herrschaftsrechtlichen Bereich der Mitgliedschaftsrechte vorliegt[62]. Ein Teilgewinnabführungsvertrag liegt meist vor, ist aber in § 292 Abs. 2 AktG privilegiert.

2. Bedienung von Aktien bei direkter Kapitalbeteiligung der Mitarbeiter

56.28 Hinzu treten bei der direkten Kapitalbeteiligung der Mitarbeiter am Kapital die folgenden aktienrechtlichen Gesichtspunkte zur Schaffung der Aktien. Für eine börsennotierte Aktiengesellschaft stellt die direkte Kapitalbeteiligung der Mitarbeiter durch **Ausgabe von Belegschaftsaktien** die üblichste Form der Beteiligung dar. Die Beteiligung in Form von Aktien des arbeitgebenden Unternehmens kann rechtlich auf verschiedene Weise ermöglicht werden. Die an die Mitarbeiter auszugebenden Aktien können einem Bestand der Gesellschaft an eigenen Aktien entnommen werden, die Ausgabe kann auch mittels genehmigtem oder bedingtem Kapital geschehen[63], wobei Ersteres hierbei praxisüblich ist.

3. Besonderheiten bei der Wandelschuldverschreibung

a) Hauptversammlungsbeschluss

56.29 Die Ausgabe einer Wandelschuldverschreibung setzt nach § 221 Abs. 1 Satz 1 AktG einen Hauptversammlungsbeschluss voraus, der mit einer Mehrheit von drei Viertel des bei der Beschlussfassung vertretenen Grundkapitals gefasst werden muss[64]. Der Vorstand kann für höchstens fünf Jahre von der Hauptversammlung auch zur Ausgabe der Wandelschuldverschreibung **ermächtigt** werden (§ 221 Abs. 2 Satz 1 AktG, siehe Rz. 53.32).

---

61 LG München I v. 23.8.2007 – 5 HKO 10734/07, WM 2008, 81 = AG 2008, 133; *Scholz* in MünchHdb. AG, § 64 Rz. 130; *Kessler/Suchan* in Kessler/Sauter, Hdb. Stock Options, Rz. 686 m.w.N. in Fn. 9; a.A. *Frey* in Großkomm. AktG, § 192 AktG Rz. 108; zum Streitstand, *Fuchs* in MünchKomm. AktG, 5. Aufl. 2012, § 192 AktG Rz. 86.
62 *Käpplinger*, Aktienoptionspläne, S. 66 f.; zu den Grundsätzen *Hoffmann* in BeckOGK AktG, Stand 1.6.2021, § 119 AktG Rz. 27 ff.
63 § 181 Abs. 3 AktG; *Holzborn* in BeckOGK AktG, Stand 1.6.2021, § 181 AktG Rz. 39 f.; siehe auch Rz. 55.20 ff.
64 Sowohl ein geringeres als auch ein schärferes Mehrheitserfordernis sowie sonstige Voraussetzungen können durch die Satzung geregelt werden, vgl. § 221 Abs. 1 Satz 3 AktG; vgl. dazu *Frodermann/Becker* in Frodermann/Janott, Hdb. Aktienrecht, 9. Aufl. 2017, 5. Kap. Rz. 198 und *Göhmann* in Frodermann/Janott, Hdb. Aktienrecht, 9. Aufl. 2017, 9. Kap. Rz. 7; *Seiler* in Spindler/Stilz, § 221 AktG Rz. 54 ff.; vgl. auch Rz. 46.36.

b) Bezugsrecht

Durch Beschluss der Hauptversammlung ist den Aktionären ein **Bezugsrecht** nach § 221 Abs. 4, § 186 AktG einzuräumen. Gemäß § 186 Abs. 3 AktG kann dieses ganz oder teilweise ausgeschlossen werden. Analog § 203 Abs. 2 Satz 1 AktG kann die Hauptversammlung den Vorstand auch zum Bezugsrechtsausschluss ermächtigen[65]. Dieser Beschluss bedarf zwingend einer Mehrheit von mindestens drei Vierteln des bei der Beschlussfassung vertretenen Grundkapitals[66]. Der Ausschluss des Bezugsrechts ist im Übrigen in einem schriftlichen **Bericht des Vorstands** zu begründen (§ 186 Abs. 4 Satz 2 AktG analog).

56.30

c) Kreis der möglichen Gläubiger

§ 221 Abs. 4 Satz 2, § 186, § 193 Abs. 2 Nr. 4 AktG schränken den Kreis der möglichen Gläubiger von Wandelschuldverschreibungen ein[67], wonach der **Kreis der Bezugsberechtigten** auch hinsichtlich einer bedingten Kapitalerhöhung zum Umtausch von Wandelschuldverschreibungen nach § 192 Abs. 2 Nr. 1 oder 3, § 221 Abs. 1 AktG **auf Vorstände und Mitarbeiter beschränkt** ist. Deshalb können Wandelschuldverschreibungen nicht mehr dazu dienen, bedingtes Kapital zur Bedienung von Stock Options für Aufsichtsratsmitglieder bereitzustellen (vgl. dazu Rz. 30.42)[68].

56.31

Nach § 221 Abs. 3 AktG können Genussrechte ebenso wie Wandelschuldverschreibung nur auf Grund eines Beschlusses der Hauptversammlung ausgegeben werden. Genussscheine sind verbriefte Genussrechte. Die obigen Ausführungen gelten entsprechend.

56.32

Einstweilen frei.

56.33–56.34

IV. Arbeitsrechtliche Gesichtspunkte

Bei den sonstigen Mitarbeiterbeteiligungen treten weitgehend ähnliche Fragen wie bei den Aktienoptionen auf, so dass die Darstellung auf Besonderheiten beschränkt ist (siehe Rz. 55.62 ff.).

56.35

1. Vergütungsbestandteil bei erfolgsabhängigen Mitarbeiterbeteiligungen und Mitarbeiterbeteiligungen am Kapital

Soweit es sich bei der Mitarbeiterbeteiligung um eine **reine Erfolgsbeteiligung** (Bonus etc.) handelt, ist die Zuordnung zum Arbeitsrecht unproblematisch[69]. Eine außerhalb des Arbeitsverhältnisses liegende Rechtsbeziehung zwischen den Parteien wird nicht begründet[70]. Bei **Kapitalbeteiligungen** tritt neben die arbeitsrechtliche Zusage dagegen eine zivil- bzw. gesellschaftsrechtliche Rechtsbeziehung (Darlehensvertrag, Gesellschaftsvertrag, etc.). Hier ist die Trennung zwischen Mittelaufbringung (Mittel zur Bereitstellung der Darlehensvaluta, Einlage, Kaufpreis für die Aktien etc.) und der Mittelver-

56.36

---

65 OLG München v. 6.2.1991 – 7 U 4355/90, AG 1991, 210, 211 und OLG München v. 11.8.1993 – 7 U 2529/93, AG 1994, 372, 373; LG München I v. 3.5.1990 – 12 HKO 15563/89, AG 1991, 73; siehe im Übrigen Rz. 45.17 ff.
66 Satzung kann nach § 186 Abs. 3 Satz 3 AktG keine geringere, sondern nur größere Mehrheit bzw. weitere Erfordernisse vorsehen.
67 *Hüffer/Koch*, § 221 AktG Rz. 18, 42 ff.; *Holzborn* in BeckOGK AktG, Stand 1.6.2021, § 181 AktG Rz. 39, 40; *Rieckers* in BeckOGK AktG, Stand 1.6.2021, § 192 AktG Rz. 30 ff.
68 So schon vor Geltung des UMAG BGH v. 16.2.2004 – II ZR 316/02, NZG 2004, 376 = AG 2004, 265; *Bürgers*, NJW 2004, 3022 ff.; *Holzborn/Schwarz-Gondek*, BGHReport 2004, 741.
69 Zu den Besonderheiten im Konzern siehe Rz. 55.77 ff.
70 Zu diesen reinen Erfolgsbeteiligungen gehören auch die virtuellen Kapitalbeteiligungen (phantom stocks, phantom stock options etc.).

wendung (Vertrag über Erwerb der Aktien oder sonstiger Gesellschaftsbeteiligungen, Abschlüsse des Darlehensvertrags, etc.) zu berücksichtigen. Nur die Mittelaufbringung zählt zum Arbeitsrecht. Werden dem Arbeitnehmer bspw. die Aktien zu vergünstigten Konditionen überlassen, so stellt die Differenz zwischen Wert der Aktie und Kaufpreis die Vergütungsleistung dar.

2. Rechtsgrundlagen

56.37 Auch bei sonstigen Mitarbeiterbeteiligungen kommen wie bei Aktienoptionen individualvertragliche (Arbeitsvertrag, Gesamtzusage, arbeitsvertragliche Einheitsregelung) oder kollektivrechtliche (Betriebsvereinbarung, Sprecherausschussrichtlinie, Tarifvertrag) als Rechtsgrundlage in Betracht (siehe Rz. 55.66 ff.).

3. Gleichbehandlungsgrundsatz

56.38 Soweit der Arbeitgeber die Mitarbeiterbeteiligung nach bestimmten generalisierenden Regelungen gewährt, hat er den arbeitsrechtlichen Gleichbehandlungsgrundsatz zu beachten. Dies gilt nicht, wenn er die Mitarbeiterbeteiligung individuell aushandelt (bspw. individuelle Bonusvereinbarung mit einzelnen Mitarbeitern) (siehe Rz. 55.67 ff.).

4. Verfalls- und Rückzahlungs-/Rückübertragungsklauseln

56.39 Ob und inwieweit Klauseln zulässig sind, die vorsehen, dass der Mitarbeiter Ansprüche verliert, bereits gewährte Leistungen zurückgewähren, insbesondere Gesellschaftsbeteiligungen wieder zurückübertragen muss, bestimmt sich in erster Linie nach dem Zweck der Mitarbeiterbeteiligung. Entscheidend ist, **ob diese im Rahmen des Arbeitsvertrages geschuldet wird und ob der Mitarbeiter seine Gegenleistung bereits erbracht hat**. Soweit dies der Fall ist, wird ein entschädigungsloser Entzug der Leistung unwirksam sein. Ist die Rückübertragung von Aktien bei Ausscheiden vereinbart, ist zu berücksichtigen, ob der Zweck der Übertragung der Beteiligung allein darin bestand, den Mitarbeiter am Erfolg des Unternehmens teilhaben zu lassen und ihm Mitbestimmungsrechte einzuräumen, oder ob er auch an der Unternehmenswertsteigerung teilhaben sollte. Im ersten Fall ist es zulässig, in der Vereinbarung über die Mitarbeiterbeteiligung vorzusehen, dass der Mitarbeiter bei Beendigung des Anstellungsverhältnisses die Gesellschaftsbeteiligung zu denselben Konditionen, zu denen sie überlassen wurde, wieder zurück zu übertragen, unabhängig vom Verkehrswert, ggf. sogar unentgeltlich[71].

5. Mitbestimmungsrechte des Betriebsrats

56.40 Hinsichtlich der Mitbestimmung gilt der genannte Grundsatz (Rz. 55.75), dass Mitbestimmungsrechte des Betriebsrats insbesondere im Hinblick auf die Verteilungskriterien und auf Verfahrensvorschriften bestehen. Dagegen hat er kein Initiativrecht und kann deshalb vom Arbeitgeber nicht verlangen, dass dieser eine Mitarbeiterbeteiligung einführt.

6. Betriebsübergang

56.41 Auch bei einem Betriebsübergang gelten die für die Aktienoptionen dargestellten Grundsätze (Rz. 55.76), d.h. Ansprüche aus der Zusage einer Mitarbeiterbeteiligung gehen nach § 613a BGB auf den Erwerber über, nicht dagegen solche aus der aus der Mitarbeiterbeteiligung resultierenden zivilrechtlichen bzw. gesellschaftsrechtlichen Position der Arbeitnehmer. So gehen Ansprüche auf Bonuszahlungen über, nicht dagegen Ansprüche auf Rückzahlung eines Darlehens oder Ansprüche aus gewährten Aktien oder Aktienoptionen.

---

71 OLG Celle v. 15.10.2003 – 9 U 124/03, GmbHR 2003, 1428.

7. Arbeitsrechtliche Besonderheiten im Konzern

Bei den Besonderheiten im Konzern ist wiederum auf die Ausführungen zu Aktienoptionen zu verweisen. Im Hinblick auf die Rechtsprechung des BAG[72] stellt sich die Frage, inwieweit es möglich ist, durch die Einschaltung der Konzernmuttergesellschaft auch sonstige Formen der Mitarbeiterbeteiligung aus dem Arbeitsverhältnis herauszuhalten, z.B. indem Bonusleistungen unmittelbar von der Konzernmuttergesellschaft den Arbeitnehmern der Tochtergesellschaft zugesagt werden.

56.42

V. Steuerrechtliche und bilanzrechtliche Gesichtspunkte

1. Erfolgsbeteiligung

Im Rahmen einer Erfolgsbeteiligung erhalten Mitarbeiter über das vereinbarte Arbeitsentgelt hinaus einen Anteil am Erfolg des Arbeitgeberunternehmens. Dabei kann es sich um eine Leistungs-, Ertrags- oder Gewinnbeteiligung handeln. Leistungsbeteiligungen basieren insbesondere auf Produktionsmenge, Kostenersparnis und Produktivität. Als Bezugsgrundlage für Ertragsbeteiligungen dienen beispielsweise Umsatz, Wertschöpfung oder Nettoertrag. Von Relevanz für die Gewinnbeteiligung sind z.B. Bilanz-, Ausschüttungs- oder Substanzgewinn[73].

56.43

a) Phantom Stocks oder Stock Appreciation Rights

Bei Auszahlungen auf sog. Phantom Stocks (virtuelle Aktien) oder Stock Appreciation Rights (virtuelle Aktienoptionsrechten) handelt es sich um Geldvergütungen an die Mitarbeiter, die in Abhängigkeit eines Börsenkurses oder eines Erfolgsziels gezahlt werden. Somit handelt es sich um **Barlohnzahlungen**[74], die wie andere Barvergütungen bei Auszahlung der Lohnsteuer und, soweit die Beitragsbemessungsgrenzen nicht erreicht sind, der Sozialversicherung unterliegen.

56.44

Auf Unternehmensseite fällt in Höhe des ausgezahlten Betrags regelmäßig **steuerlich abziehbarer Aufwand** an. Denkbar ist, dass der Personalaufwand bereits in der Ansammlungsphase als Rückstellung bilanziell zu berücksichtigen ist. Die Höhe der Rückstellung bemisst sich dabei nach der voraussichtlichen Belastung aufgrund der Verhältnisse zum Bilanzstichtag. Bei virtuellen Beteiligungen, die ausschließlich von einem sog. Exit-Ereignis abhängen, ist jedoch zu beachten, dass Auszahlungen auf solche Beteiligungen teilweise als verdeckte Gewinnausschüttung angesehen werden, was u.a. dazu führt, dass der Aufwand des Unternehmens nach § 8 Abs. 3 Satz 2 KStG steuerlich nicht abziehbar ist. Begründet wird die Qualifizierung solcher Auszahlungen als verdeckte Gewinnausschüttung damit, dass ein Exit-Ereignis lediglich im Interesse der Gesellschafter stattfände, aber nicht im Interesse der Gesellschaft. Unseres Erachtens trifft diese Begründung nicht zu, da auch Exit basierte virtuelle Beteiligungen im Sinne der Gesellschaft sind. Sie haben – ebenso wie andere virtuelle Beteiligungen – das Potential, die Arbeitsmotivation und den Einsatz der Mitarbeiter zu stärken sowie das Betriebsklima zu verbessern. Steigt der Exit-Erlös für die Gesellschafter, liegt das regelmäßig an der Wertsteigerung des Unternehmens der Gesellschaft, so dass die Aussage, das Exit-Ereignis läge ausschließlich im Interesse der Gesellschafter unseres Erachtens zu kurz greift.

56.45

---

72 BAG v. 12.2.2003 – 10 AZR 299/02, NZA 2003, 487.
73 *Guski/Schneider*, Betriebliche Vermögensbeteiligung in der Bundesrepublik Deutschland, 1977, S. 84; *Schneider* in Bertelsmann Stiftung/Prognos GmbH, Formen und Gestaltung einer Erfolgsbeteiligung, S. 32 ff.; *Schwetzler*, Mitarbeiterbeteiligung und Unternehmensfinanzierung, S. 6 ff.
74 Ebenso *Gelhausen/Hönsch*, WPg 2001, 69, 71; *Pellens/Crasselt* in Pellens, Entlohnungssysteme, S. 134; *Schruff/Hasenburg*, BFuP 1999, 616, 629; Positionspapier Arbeitsgemeinschaft Stock Options des DRSC, 2000, Tz. 20; *Schönhaar*, GWR 2017, 293, 294.

Das Risiko einer möglichen Umqualifizierung der Exit-basierten Zahlung in eine verdeckte Gewinnausschüttung sollte in vielen Fällen dadurch zu vermeiden sein, dass die Verpflichtung zur Zahlung von allen oder einzelnen Gesellschaftern – unter Ausgleich zwischen den Gesellschaftern im Rahmen der Erzielung oder Verteilung der Exit-Erlöse – übernommen wird, bevor eine (bilanziell verursachte, die vGA potentiell auslösende) Belastung der Gesellschaft durch die Exit-basierte Zahlung eintritt. Eine solche Restrukturierung sollte zwingend steuerlich begleitet werden, da in diesem Feld weitere steuerliche Themen zu beachten sind (z.B.: mögliche unterschiedliche Behandlung von Gesellschaftern nach ihrer steuerlichen Ansässigkeit und/oder ihrer Rechtsnatur als natürliche oder juristische Person).

56.46 Beim Mitarbeiter sind solche Vergütungsinstrumente als **Einkünfte aus nichtselbständiger Arbeit** der Besteuerung zu unterwerfen. Zahlungen im Rahmen von Stock Appreciation Rights und Phantom Stocks werden beim Arbeitnehmer im **Zeitpunkt der Erlangung der wirtschaftlichen Verfügungsmacht** besteuert[75]. Sollte sich die Erdienung der Phantom Stocks oder Stock Appreciation Rights über mehr als zwölf Monate und auf mindestens zwei Veranlagungszeiträume erstrecken, kann der Mitarbeiter von der sog. Fünftel-Regelung des § 34 Abs. 1 EStG Gebrauch machen, welche dem Mitarbeiter, abhängig von der Höhe des zu versteuernden Einkommens des Mitarbeiters, einen Progressionsvorteil gewährt.

b) Arbeitnehmerdarlehen

56.47 Das Mitarbeiterdarlehen stellt eine **Beteiligung am Fremdkapital** dar[76]; Mitarbeiterdarlehen sind daher als Verbindlichkeit zu passivieren. Die gezahlten Zinsen mindern als Betriebsausgabe nach § 4 Abs. 4 EStG im Rahmen der allgemeinen Regeln den einkommen- bzw. körperschaftsteuerpflichtigen Gewinn. Für Zwecke der Gewerbesteuer sind die Zinsen gemäß § 8 Nr. 1 GewStG zu 25 % dem gewerbesteuerlichen Ergebnis hinzuzurechnen, wenn der Freibetrag für bestimmte Aufwendungen des Unternehmens in Höhe von 200.000 Euro im Erhebungszeitraum überschritten ist.

56.48 Auf Mitarbeiterebene gelten die empfangenen (festen oder erfolgsabhängigen) Zinsen nach § 20 Abs. 1 Nr. 4 oder 7 EStG als **Einkünfte aus Kapitalvermögen** und unterliegen im Zuflussjahr der Einkommensteuer, soweit deren Höhe fremdüblich ist. Gemäß § 20 Abs. 9 EStG ist ein Abzug der tatsächlichen Werbungskosten ausgeschlossen. Es wird aber ein pauschaler Sparer-Pauschbetrag von 801 Euro abgezogen. Die Auszahlung erfolgt bei fest verzinsten Darlehen in der Regel ohne Abzug von Kapitalertragsteuer. Im Falle eines partiarischen Darlehens muss der Arbeitgeber als Schuldner der Kapitalerträge jedoch nach § 43 Abs. 1 Satz 1 Nr. 3, § 43a Abs. 1 Satz 1 Nr. 1, § 44 Abs. 1 Satz 3 EStG Kapitalertragsteuer und zusätzlich ein Solidaritätszuschlag in Höhe von insgesamt 26,375 % (ggfs. zzgl. Kirchensteuer) einbehalten, sofern kein Freistellungsauftrag nach § 44a EStG vorliegt[77]. In der Regel hat die Kapitalertragsteuer abgeltende Wirkung gemäß § 44 Abs. 5 Satz 1 Halbs. 1 EStG. Sollte die Kapitalertragsteuer ausnahmsweise keine abgeltende Wirkung entfalten, kann die bezahlte Kapitalertragsteuer auf die Einkommensteuer nach § 36 Abs. 2 Nr. 2 EStG angerechnet werden. Ist die Verzinsung des Arbeitnehmerdarlehens nicht fremdüblich, unterliegt der über die Fremdüblichkeit hinausgehende Teil des Zinses der Lohnsteuer und, soweit die Beitragsbemessungsgrenzen nicht erreicht sind, der Sozialversicherung. Übernimmt der Arbeitgeber die Finanzierung der Darlehensvaluta, ist die Übernahme der Finanzierung bereits als Gewährung einkommensteuerpflichtigen Arbeitslohns zu qualifizie-

---

[75] *Jacobs/Portner* in Dörner/Menold/Pfitzer/Oser, AktR, S. 312; laut Finanzverwaltung der Zeitpunkt der Optionsausübung, BMF, Schreiben v. 12.11.2014 – IV B 2-S 1300/08/10027, Dok. 2014/0971694, BStBl. I 2014, 1467 = DB 2014, 2864; nach *Binnewies/Ruske*, AG 2016, 853 Zeitpunkt der wirtschaftlichen Verwertung der Option.
[76] Die gesetzlichen Grundlagen finden sich in den §§ 488 ff. BGB.
[77] Bundesministerium für Arbeit und Sozialordnung, Mitarbeiterbeteiligung am Produktivvermögen, 2001, S. 87; *Pulte*, Betriebliche Vermögensbeteiligung, 1985, S. 30 ff.

ren, die im Zeitpunkt der Übernahme der Finanzierung der Lohnsteuer und, soweit die Beitragsbemessungsgrenzen nicht erreicht sind, der Sozialversicherung unterliegen.

c) Genussrechte und -scheine

Bei **Genussrechten bzw. -scheinen** ist auf Gesellschaftsebene zu unterscheiden, ob sie für Ertragsteuerzwecke als Eigen- oder Fremdkapital qualifiziert werden. Gewinnausschüttungen auf Genussrechte oder -scheine, die eine Beteiligung am Gewinn und Liquidationserlös einer Kapitalgesellschaft einräumen, stellen danach im Regelfall keine Betriebsausgaben, sondern Gewinnverwendung dar[78]. Fehlt eines der beiden genannten Merkmale, so können die Ausschüttungen nach § 4 Abs. 4 EStG i.V.m. § 8 Abs. 1 KStG als Betriebsausgaben abgezogen werden[79]. 56.49

Bei den Mitarbeitern führt eine unentgeltliche oder verbilligte Einräumung des Genussrechts bzw. -scheins zu einem lohnsteuerbaren geldwerten Vorteil[80]. Einnahmen aus den Genussrechten oder -scheinen selbst sollten grundsätzlich, unabhängig von der Behandlung auf Ebene der Kapitalgesellschaft, im Jahr des Zuflusses als **Einkünfte aus Kapitalvermögen** zu qualifizieren sein (§ 20 EStG). Wenn mit den Genussrechten ein Recht am Gewinn und Liquidationserlös verbunden ist, gehören die Ausschüttungen zu den Einkünften nach § 20 Abs. 1 Nr. 1 EStG, sonst zu § 20 Abs. 1 Nr. 7 EStG[81]. Nach § 43 Abs. 1 Satz 1 Nr. 1 oder 2 EStG i.V.m. § 43a Abs. 1 Satz 1 Nr. 1, § 44 Abs. 1 Satz 3 EStG ist der Arbeitgeber verpflichtet, Kapitalertragsteuer einzubehalten. 56.50

Anders hat der BFH entschieden, wenn die vom Arbeitgeber ausgegebenen Genussrechte nur dadurch verwertet werden können, dass der Arbeitnehmer sie nach Ablauf der Laufzeit an diesen veräußert. Hier sah der BFH eine Besteuerung in Form der Einkünfte aus nichtselbständiger Arbeit gegeben (§ 19 Abs. 1 Satz 1 Nr. 1 EStG)[82]. In der Praxis führte diese Entscheidung zu großer Aufregung, da die Finanzverwaltung vielfach die Auffassung vertrat, dass sog. Bad-Leaver-Klauseln – Klauseln, die den Rückerwerb von Mitarbeiterbeteiligungen im Fall des (verhaltensbedingten) Ausscheidens des Mitarbeiters regeln – nicht nur im speziellen Fall der Genussrechte zwingend die Einordnung zu Einkünften aus nichtselbstständiger Art zur Folge hätten, sondern auch in anderen Fällen der Managementbeteiligungen[83]. Dieser Auffassung widersprach der BFH in einer allseits antizipierten Entscheidung und verwies auf die Eigenheiten des Urteils aus 2013[84]. Diese Urteile zeigen, dass auch bei Bad-Leaver-Klauseln im Rahmen von Genussrechten weiterhin **nicht automatisch ein Lohn i.S.v. § 19 EStG** vorliegt. Dies ist nur in speziellen Konstellationen möglich, in denen die **Einkünfte dann – abweichend von den Grundsätzen der BFH-Entscheidung von 2016 – nicht dem § 20 EStG** zuzuordnen wären[85]. 56.50a

Falls die Gewinnausschüttungen als **Betriebsausgabe** den Gewinn gemindert haben, besteht bezüglich der **Gewerbesteuer** nach § 8 Nr. 1 GewStG die Pflicht zur 25%igen Hinzurechnung, soweit der Freibetrag für bestimmte Aufwendungen des Unternehmens in Höhe von 200.000 Euro im Erhebungszeitraum überschritten ist[86]. 56.51

---

78 *Leitermeier*, Steuerliche Fragen für die Unternehmen, in *Guski/Schneider*, Mitarbeiter-Beteiligung (MAB), S. 7100/13 f. Str. ist allerdings, ob bereits eine Beteiligung am Liquidationserlös vorliegt, wenn das Genussrechtskapital vor Liquidation nicht zurückverlangt werden kann.
79 A.A. OFD Rheinland v. 14.12.2011, Kurzinformation KSt Nr. 56/2011, BB 2012, 250.
80 BFH v. 10.3.2010 – VI R 36/08, BFH/NV 2010, 1432.
81 *Leitermeier*, Steuerliche Fragen für die Mitarbeiter, in Guski/Schneider, Mitarbeiter-Beteiligung (MAB), S. 7200/10 f.
82 BFH v. 5.11.2013 – VIII R 20/11, BStBl. II 2014, 275 = DStR 2014, 258.
83 *Rödding*, DStR 2017, 437.
84 BFH v. 4.10.2016 – IX R 43/15, DStR 2017, 247.
85 So auch *Rödding*, DStR 2017, 437; *Frey/Schmid*, DStR 2015, 1094; *Levedag*, RdF 2015, 144.
86 R8.1 Abs. 1 GewStR.

d) Schuldverschreibungen

56.52 Bei Wandelanleihen bestehen viele Gestaltungsmöglichkeiten. So kann etwa lediglich eine Wandlungsmöglichkeit oder eine Umwandlungspflicht in Aktien des Unternehmens bestehen. Die steuerliche Beurteilung erfolgt daher im Einzelfall. Gibt das Unternehmen Schuldverschreibungen an Mitarbeiter aus, so liegt darin zunächst kein steuerpflichtiger Vorteil für den Mitarbeiter, es sei denn, der Arbeitgeber erlässt dem Arbeitnehmer ganz oder teilweise den für die Wandelanleihe zu zahlenden Betrag[87]. Die Wandlung löst regelmäßig ebenfalls – da keine Realisation des Werts der Wandelanleihe erfolgt – keine Steuer aus[88]. Ein **steuerpflichtiger Zufluss** entsteht erst dann, wenn bei **Ausübung des Wandlungsrechts** durch den Mitarbeiter ein Vermögensvorteil in Höhe der Differenz zwischen dem Marktpreis der gewährten Aktien und dem Börsenkurs zum Zeitpunkt der Wandlung besteht[89].

56.53 Wandelschuldverschreibungen bestehen aus zwei Bestandteilen. Sie beinhalten eine Anleihe und ein Wandlungsrecht. Die bei Begebung der Wandelanleihe erhaltenen Beträge sind in Handels- und Steuerbilanz des Unternehmens zu aktivieren. Die Verbindlichkeit aus der Wandelanleihe ist bis zu einer möglichen Wandlung zum Nennwert zu passivieren. Ein im Rahmen der Ausgabe erzielter Mehrerlös ist nach § 272 Abs. 2 Nr. 2 HGB in die Kapitalrücklage einzustellen[90]. Auf Seiten des Unternehmens entsteht aus der Ausgabe und Wandlung der Wandelschuldverschreibung – bei Einzahlung/Übernahme des fairen Werts durch den Arbeitnehmer – **kein Personalaufwand**. Das Wandlungsrecht verhält sich in weiteren Bilanz- und Steuerfragen parallel zu den Aktienoptionsrechten[91].

2. Kapitalbeteiligung

56.54 Im weiteren Sinne sind unter dem Begriff „Mitarbeiter-Kapitalbeteiligung" sowohl gesellschaftsrechtliche als auch vertragliche Beteiligungsverhältnisse zu verstehen[92], so dass Beteiligungsformen am Eigen- oder Fremdkapital in Betracht kommen[93].

a) Belegschaftsaktien

56.55 Erhält ein **Arbeitnehmer** oder ein Dritter[94] aufgrund seines Dienstverhältnisses unentgeltlich oder verbilligt Aktien des Unternehmens, so ist in Höhe der Differenz des Börsenwerts und des Bezugspreises Arbeitslohn für den Mitarbeiter gegeben[95]. Der Arbeitslohn ist steuerfrei, solange er nicht höher

---

87 Auch wenn das Unternehmen im Gegenzug für die Gewährung der Wandelschuldverschreibung (zu ihrer Finanzierung) ein Darlehen an den Mitarbeiter gewährt, handelt es sich nicht um Arbeitslohn, wenn aufgrund der tatsächlichen Gestaltung der Verhältnisse damit zu rechnen ist, dass das Mitarbeiterdarlehen auch tatsächlich zurückgezahlt werden muss.
88 Siehe BMF-Schreiben betreffend Zweifelsfragen im Zusammenhang mit der Besteuerung von Wandelschuldverschreibungen v. 30.4.2018 – IV C 6-S 2133/09/10001:006, FR 2018, 907.
89 BFH v. 23.6.2005 – VI R 124/99, BStBl. II 2005, 766 = DStR 2005, 1394; *Haas*, DStR 2000, 2018, 2020.
90 *Rödding* in Lüdicke/Sistermann, Unternehmenssteuerrecht, 2018, § 3 Rz. 116.
91 *Geserich*, Beihefter zu DStR zu 23/2014, 53; zur steuerlichen Behandlung bei Ausübung der Optionsrechte durch Mitarbeiter siehe Rz. 55.97 ff.
92 *List*, Arbeitnehmerbeteiligung bei Personengesellschaften, S. 13; *Schwetzler*, Mitarbeiterbeteiligung und Unternehmensfinanzierung, S. 12; *Zimmermann*, Die Altersversorgung der Mitarbeiter, S. 1 ff.
93 Auch besteht die Möglichkeit einer Kombination von Erfolgs- und Kapitalbeteiligung durch ganze oder teilweise Einbehaltung einer Erfolgsbeteiligung und weiteren Verwendung zur Kapitalbeteiligung (laboristische Kapitalbeteiligung bzw. investive Erfolgsbeteiligung; *Esser/Falthauser*, Beteiligungsmodelle, S. 20 ff.; vgl. *Schwetzler*, Mitarbeiterbeteiligung und Unternehmensfinanzierung, S. 12 f.).
94 Voraussetzungen s. BFH v. 7.5.2014 – VI R 73/12, BStBl. II 2014, 904 = DStR 2014, 1328 = AG 2014, 625.
95 Bundesministerium für Arbeit und Sozialordnung, Mitarbeiterbeteiligung am Produktivvermögen, 2001, S. 86.

als 1.440 Euro im Jahr beträgt (§ 3 Nr. 39 EStG) und die Vermögensbeteiligung allen langfristig beschäftigten Arbeitnehmern offensteht, die im Zeitpunkt der Bekanntgabe des Angebots ein Jahr oder länger ununterbrochen in einem gegenwärtigen Arbeitsverhältnisses zum Unternehmen stehen. Als Wert der **Belegschaftsaktie** ist der gemeine Wert zum Zeitpunkt der Verschaffung der Verfügungsmacht anzusetzen.

Der über den Freibetrag hinausgehende Vorteil des Steuerpflichtigen aus der Überlassung unterliegt in vollem Umfang der **Lohnsteuer** und der Sozialversicherung. Die Frage, ob es sich hier um begünstigt besteuerten Arbeitslohn für mehrere Jahre handelt, hängt von der vertraglichen Ausgestaltung der Überlassung ab[96]. **Gewinne aus der Veräußerung** von Belegschaftsaktien sind beim Mitarbeiter **in der Regel** als Kapitaleinkünfte zu qualifizieren und damit im Rahmen der Abgeltungsteuer nach § 20 Abs. 2 i.V.m. § 32d EStG zu versteuern. In einer Entscheidung des BFH lässt dieser offen, ob die Veräußerung von Managementbeteiligungen zu Einkünften aus nichtselbständiger Arbeit führen kann, wenn der Arbeitnehmer sie nicht zum gemeinen Wert erworben hat[97]. Unseres Erachtens sollte der Gewinn aus einer Veräußerung von Anteilen, die ein Mitarbeiter verbilligt von seinem Arbeitgeber erworben hat, nicht zu den Einkünften aus nichtselbständiger Arbeit zählen. Der geldwerte Vorteil aus der verbilligten Überlassung der Anteile unterlag bereits der Lohnsteuer, wodurch steuerlich kein relevanter Unterschied zu dem Fall gegeben sein sollte, in dem der Mitarbeiter die Anteile aus versteuertem Arbeitslohn zum gemeinen Wert erwirbt („Hin- und Herzahlung"). Auch die Gesetzesbegründung zur Neufassung des § 19a EStG im Rahmen des Fondsstandortgesetzes deutet darauf hin, dass die verbilligte Ausgabe von Gesellschaftsanteilen das Ergebnis aus der späteren Veräußerung nicht als lohnsteuerpflichtig infiziert[98].

56.56

Auf **Unternehmensseite** liegt bei Ausgabe von Belegschaftsaktien **Personalaufwand** vor, soweit die an Mitarbeiter ausgegebenen Aktien vom Unternehmen selbst erworben wurden[99]. Aufwendungen des Unternehmens, die bei der Ausgabe von Belegschaftsaktien entstehen, können regelmäßig als **Betriebsausgaben** abgezogen werden[100].

56.57

b) Stille Beteiligung

Soweit die Einlage vom Arbeitnehmer aus seinem Gehalt aufgebracht werden soll, muss sie aus dem **bereits versteuerten Arbeitslohn** bezahlt werden. Stille Beteiligungen werden hinsichtlich der Zugehörigkeit zum Eigen- oder Fremdkapital eines Unternehmens als **Mischform** angesehen[101]. Bei der **Besteuerung der Gewinnanteile** aus einer stillen Beteiligung muss daher unterschieden werden, ob es sich um eine typische oder atypische stille Gesellschaft handelt.

56.58

aa) Atypische stille Beteiligung

Bei einer sogenannten atypischen stillen Beteiligung weichen die Rechte des Gesellschafters weit von der gesetzlichen Struktur ab. In diesem Fall wird die atypisch stille Beteiligung nach § 15 Abs. 1 Satz 1 Nr. 2 EStG ertragsteuerrechtlich als so genannte **Mitunternehmerschaft** qualifiziert. Um eine atypische stille Gesellschaft als Mitunternehmerschaft zu qualifizieren, bedarf es der Einräumung eines

56.59

---

96 BFH v. 18.12.2007 – VI R 62/05, BStBl. II 2008, 294 = FR 2008, 523.
97 BFH v. 4.10.2016 – IX R 43/15, BStBl. II 2017, 790.
98 BT-Drucks. 19/27631, S. 109.
99 Zu neu ausgegebenen Aktien wird auf die Ausführungen in Rz. 55.93 verwiesen.
100 Vgl. BMF, Schreiben v. 27.11.2013 – IV C 2-S 2742/07/10009, Dok. 2013/1047768, BStBl. I 2013, 1615 = DStR 2013, 2700.
101 *Drechsler*, Formen der Kapitalbeteiligung, in Guski/Schneider, Mitarbeiter-Beteiligung (MAB), S. 6110/3–4.

Mindestmaßes an Mitunternehmerrisiko[102] und Mitunternehmerinitiative[103] beim Mitarbeiter[104]. Steuerlich ergeben sich folgende Besonderheiten aus der atypischen stillen Beteiligung. Die Ausschüttungen an die stillen Gesellschafter dürfen den Unternehmensgewinn nicht mindern und stellen beim Arbeitnehmer Einkünfte aus Gewerbebetrieb nach § 15 Abs. 1 Satz 1 Nr. 2 EStG dar[105]. Gewerbesteuerlich erfolgt bei den Gewinnanteilen des stillen Gesellschafters eine 25%ige Hinzurechnung nach § 8 Nr. 1 lit. c GewStG, soweit der Freibetrag für bestimmte Aufwendungen des Unternehmens in Höhe von 200.000 Euro im Erhebungszeitraum überschritten ist.

bb) Typische stille Beteiligung

56.60 Eine typische stille Gesellschaft liegt vor, wenn sich diese vertraglichen Regelungen weitestgehend an den gesetzlichen Vorgaben orientiert. Sie stellt **steuerlich Fremdkapital** für das Unternehmen dar. Gewinnanteile können in dem Jahr, in dem der Gewinn entsteht, als Betriebsausgaben abgezogen werden. Sofern Verluste nicht vertraglich ausgeschlossen sind, mindern diese die Gesellschaftereinlagen. Die Erträge aus der stillen Beteiligung sind nach § 20 Abs. 1 Nr. 4 EStG für den Mitarbeiter Einkünfte aus Kapitalvermögen. Diese unterliegen im Jahr des Zuflusses nach § 11 Abs. 1 EStG der Einkommensteuer. Nach § 43 Abs. 1 Satz 1 Nr. 3 EStG i.V.m. § 43 Abs. 1 Satz 1 Nr. 1, § 44 Abs. 1 Satz 3 EStG ist der Arbeitgeber verpflichtet, **Kapitalertragsteuer** einzubehalten[106]. Strittig ist die Behandlung eventuell entstehender Verluste[107].

VI. Kapitalmarktrechtliche Gesichtspunkte

56.61 Eine **Börsenzulassung** für erfolgs- oder gewinnabhängige nicht kapitalbeteiligende Mitarbeiterprogramme scheidet generell aus. Für die Zulassung von Belegschaftsaktien oder anderen Wertpapieren wie Genussscheinen ist auf die Ausführungen zur Börsenzulassung von zur Bedienung von Aktienoptionen ausgegebenen Aktien zu verweisen (siehe Rz. 55.107 und 9.11 ff.).

56.62 Mitarbeiterbeteiligungen **außerhalb von aktienangebundenen Kapitalbeteiligungen** (erfolgs- oder gewinnabhängige Beteiligungen) bei börsennotierten Unternehmen sind insiderrechtlich für die Begünstigten in aller Regel irrelevant. Diese Instrumente der Mitarbeiterbeteiligung sind nicht auf den Erwerb oder Veräußerung von Aktien des Unternehmens gerichtet. Diese können regelmäßig als nicht handel- und nicht abtretbare Instrumente nicht als Finanzinstrumente angesehen werden. Damit fehlt es meist an einem Tatbestandsmerkmal für das Insiderhandelsverbot nach Art. 8 MMVO[108], es sei denn, der erweiterte Anwendungsbereich der notierten Finanzinstrumente i.S.v. Art. 2 MMVO ist be-

---

102 Mitunternehmerrisiko wird durch eine Gewinn- bzw. Verlustbeteiligung bzw. durch die Beteiligung an den stillen Reserven, einschließlich eines etwaigen Geschäftswerts, erreicht (H 15.8 Abs. 1 EStR 2012, Stichwort „Mitunternehmerinitiative", „Mitunternehmerrisiko"). Bei Vorliegen einer solchen Beteiligung reichen als Mitunternehmerinitiative bereits die gesetzlichen Kontrollrechte eines stillen Gesellschafters nach § 233 HGB zur Annahme einer atypischen stillen Gesellschaft aus, *Schmidt*, 40. Aufl. 2021, § 20 EStG Rz. 90.
103 Mitunternehmerinitiative bedeutet die Teilhabe an unternehmerischen Entscheidungen, wobei bereits an die Stimm-, Kontroll- und Widerspruchsrechte angenäherte Rechte eines Kommanditisten ausreichen.
104 Eine entsprechend stärkere Ausprägung bei einem Merkmal kann einen Mangel bei dem anderen ausgleichen, *Heinhold*, Unternehmensbesteuerung, Band 1, 1996, S. 141 f.
105 *Pulte*, Betriebliche Vermögensbeteiligung, 1985, S. 53.
106 Vgl. *Heinhold*, Unternehmensbesteuerung, Band 1, 1996, S. 153 f.
107 Vgl. *Schmidt*, 40. Aufl. 2021, § 20 EStG Rz. 90 ff.
108 *Kumpan/Schmidt* in Schwark/Zimmer, Art. 19 VO (EU) 596/2014 Rz. 273 ff., *Casper*, WM 1999, 369; *Feddersen*, ZHR 163 (1997), 285; vgl. BaFin, Emittentenleitfaden, Stand 25.3.2020, Modul C, II.3.7 S. 73, II.3.9.1.1. S. 74.

troffen. Dies kann dann gelten, wenn Wertsteigerungsrechte in bar oder zum entsprechenden Wert mit bereits zugelassenen Aktien abgegolten werden[109]. Ein Verwenden von Insiderwissen beim Erwerb der Aktien zur Erzielung wirtschaftlicher Vorteile kommt nur dann in Frage, wenn es sich dabei um Finanzinstrumente, deren Kurs oder Wert von einem anderen Finanzinstrument abhängig sind, handelt (Art. 2 Abs. 1 lit. d MMVO). Eine insiderrechtliche Behandlung kommt zwar in Betracht, da etwa Differenzkontrakte, unabhängig vom Ausgleich, genannt werden, jedoch regelmäßig nicht für Phantom Stocks, Stock Appreciation Rights, Restricted Stock Units etc. bei Management- und Mitarbeitervergütung[110].

Insiderrechtlich gilt für Mitarbeiterbeteiligungen am Kapital wie Belegschaftsaktien oder andere **zuzulassende Wertpapiere** bei Annahme und Ausgabe dasselbe wie für Aktien aufgrund von Aktienoptionen (siehe Rz. 55.110 ff.).

Die **Mitteilungspflichten** gemäß Art. 19 MMVO greifen bei an einem organisierten Markt zugelassenen oder im Freiverkehr mit Zustimmung notierten Wertpapieren ein (siehe Rz. 55.119 ff., 16.3).

---

109 Vgl. Art. 10 Nr. 2 d) und e) VO (EU) 2016/522.
110 BaFin, Emittentenleitfaden, Stand 25.3.2020, Modul C, II.3.7 S. 73, II.3.9.1.1. S. 74.

11. Kapitel
Rechnungslegung, Prüfung und Publizität

§ 57
Jahresabschluss

I. Bedeutung und Zwecke des Jahresabschlusses 57.1	cc) Bedeutung der Generalnorm 57.82
1. Informationsfunktion 57.1	2. Jüngere Entwicklungen in der handelsrechtlichen Rechnungslegung ... 57.86
2. Ausschüttungsbemessung und Kapitalerhaltung 57.5	a) EU-Verordnung zur Anwendung der IAS/IFRS 57.86
3. Selbstinformation 57.9	b) Modernisierungsrichtlinie zur Beseitigung von Diskrepanzen zwischen EU-Bilanzrecht und den IAS/IFRS 57.88
4. Gläubigerschutz 57.12	
II. Verantwortlichkeit des Vorstands ... 57.14	
1. Pflicht zur Buchführung 57.14	
2. Pflicht zur Aufstellung eines Jahresabschlusses 57.16	c) Bilanzrechtsreformgesetz 57.89
	d) Bilanzrechtsmodernisierungsgesetz 57.91
3. Pflicht zur Abgabe eines „Bilanzeids" 57.21	
4. Pflicht zur Unterzeichnung des Jahresabschlusses 57.26	e) EU-Rechnungslegungsrichtlinie . 57.93
	f) Gesetz für die gleichberechtigte Teilhabe von Frauen und Männern an Führungspositionen in der Privatwirtschaft und im öffentlichen Dienst 57.95
5. Pflicht zur Vorlage des Jahresabschlusses und des Lageberichts an den Aufsichtsrat 57.30	
III. Verantwortlichkeit des Aufsichtsrats . 57.33	
1. Prüfungspflicht 57.33	g) Bilanzrichtlinie-Umsetzungsgesetz – BilRuG 57.96
2. Berichtspflicht 57.37	
3. Feststellung des Jahresabschlusses ... 57.41	h) Gesetz zur Umsetzung der Wohnimmobilienkreditrichtlinie und zur Änderung handelsrechtlicher Vorschriften 57.98
IV. Für den Inhalt maßgebliche Normen 57.44	
1. HGB/AktG 57.44	
a) Entstehung des geltenden Bilanzrechts 57.44	i) CSR-Richtlinie-Umsetzungsgesetz 57.99
	V. Änderung des Jahresabschlusses 57.100
b) Struktur des geltenden Bilanzrechts 57.47	1. Notwendigkeit zur Änderung (Berichtigung) fehlerhafter Jahresabschlüsse 57.100
c) Informationsinstrumente börsennotierter Aktiengesellschaften ... 57.50	
aa) Bilanz, Gewinn- und Verlustrechnung und Anhang 57.50	a) Nichtige Jahresabschlüsse 57.100
	aa) Nichtigkeitsgründe 57.100
bb) Lagebericht 57.56	bb) Rechtsfolgen 57.101
d) Auslegungsbedürftigkeit des Bilanzrechts 57.71	cc) Heilung der Nichtigkeit 57.104
	dd) Beseitigung der Nichtigkeit . 57.107
aa) Bedeutung der Rechtsprechung, der Wissenschaft, des Berufsstands der Wirtschaftsprüfer und des DRSC 57.71	b) Fehlerhafte, aber nicht nichtige Jahresabschlüsse 57.109
	2. Erlaubnis zur Änderung fehlerfreier Abschlüsse 57.110
	a) Voraussetzungen 57.110
bb) Bedeutung der Grundsätze ordnungsmäßiger Buchführung 57.76	b) Änderungen vor und nach Feststellung 57.113

Rabenhorst | 2011

aa) Feststellung durch Vorstand und Aufsichtsrat	57.113	cc) Erneute Beschlussfassung	57.118
bb) Feststellung durch Hauptversammlung	57.117	3. Durchführung der Änderung	57.119
		4. Nachtragsprüfung	57.123

Schrifttum: *Baetge/Kirsch/Thiele*, Bilanzen, 16. Aufl. 2021; *Ballwieser*, Abschreibung, in Leffson/Rückle/Großfeld (Hrsg.), Handwörterbuch unbestimmter Rechtsbegriffe im Bilanzrecht des HGB, 1986, S. 29–38; *Balthasar*, Die Bestandskraft handelsrechtlicher Jahresabschlüsse, 1999; *Beisse*, Gläubigerschutz – Grundprinzip des deutschen Bilanzrechts, in Beisse/Lutter/Närger (Hrsg.), FS Beusch, 1993, S. 77–98; *Beisse*, Zehn Jahre „True and fair view", in Ballwieser/Moxter/Nonnenmacher (Hrsg.), Rechnungslegung – warum und wie, FS Clemm, 1996, S. 27–58; *Casper*, Die Heilung nichtiger Beschlüsse im Kapitalgesellschaftsrecht, 1998; *Castan et al.* (Hrsg.), Beck'sches Handbuch der Rechnungslegung (Loseblatt); *Coenenberg/Haller/Schultze*, Jahresabschluss und Jahresabschlussanalyse – Betriebswirtschaftliche, handelsrechtliche, steuerrechtliche und internationale Grundsätze – HGB, IAS/IFRS, US-GAAP, DRS, 26. Aufl. 2020; *Federmann*, Bilanzierung nach Handelsrecht, Steuerrecht und IAS/IFRS, 13. Aufl. 2018; *Großfeld*, Generalnorm (ein den tatsächlichen Verhältnissen entsprechendes Bild der Vermögens-Finanz- und Ertragslage), in Leffson/Rückle/Großfeld (Hrsg.), Handwörterbuch unbestimmter Rechtsbegriffe im Bilanzrecht des HGB, 1986, S. 192–204; *Hennrichs/Pöschke*, Die Pflicht des Aufsichtsrats zur Prüfung des „CSR-Berichts", NZG 2017, 121; *Herzig*, IAS/IFRS und steuerliche Gewinnermittlung – Kurzbericht –, 2004; *Hoffmann/Preu*, Der Aufsichtsrat, 5. Aufl. 2003; *Kajüter*, Nichtfinanzielle Berichterstattung nach dem CSR-Richtlinie-Umsetzungsgesetz, DB 2017, 617; *Klein*, Unternehmenssteuerung auf Basis der International Accounting Standards – ein Beitrag zur Konvergenz von internem und externem Rechnungswesen, 1999; *Küting/Weber* (Hrsg.), Handbuch der Rechnungslegung, Einzelabschluss: Kommentar zur Bilanzierung und Prüfung, 5. Aufl. (Loseblatt); *Lanfermann*, Prüfung der CSR-Berichterstattung durch den Aufsichtsrat, BB 2016, 747; *Larenz/Canaris*, Methodenlehre der Rechtswissenschaft, 3. Aufl. 1995; *Leffson/Rückle/Großfeld* (Hrsg.), Handwörterbuch unbestimmter Rechtsbegriffe im Bilanzrecht des HGB, 1986; *Lutter/Krieger/Verse*, Rechte und Pflichten des Aufsichtsrats, 7. Aufl. 2020; *Moxter*, Zum Verhältnis von handelsrechtlichen Grundsätzen ordnungsmäßiger Bilanzierung und True-and-fair-view-Gebot bei Kapitalgesellschaften, in Förschle/Kaiser/Moxter (Hrsg.), Rechenschaftslegung im Wandel, FS Budde, 1995, S. 419–430; *Moxter*, Grundsätze ordnungsmäßiger Rechnungslegung, 2003; *Müller*, Rechtsfolgen unzulässiger Änderungen von festgestellten Jahresabschlüssen, in Förschle/Kaiser/Moxter (Hrsg.), Rechenschaftslegung im Wandel, FS Budde, 1995, S. 431–443; *Pacioli*, Summa de Arithmetica, Geometria, Proportioni et Proportionalita, 1494; *Rellermeyer*, Aufsichtsratsausschüsse, 1986; *Rüdinger*, Regelungsschärfe bei Rückstellungen: Normkonkretisierung und Anwendungsermessen nach GoB, IAS/IFRS und US-GAAP, 2004; *Scheffler*, Neue EU-Bilanzrichtlinie veröffentlicht, AG 2013, R228; *Schulze-Osterloh*, Das Ende des subjektiven Fehlerbegriffs bei der Anwendung von Bilanzrecht, BB 2013, 1131; *Semler*, Leitung und Überwachung der Aktiengesellschaft, 2. Aufl. 1996; *Steinbeck*, Überwachungspflicht und Einwirkungsmöglichkeiten des Aufsichtsrats in der Aktiengesellschaft, 1992; *Tipke*, Auslegung unbestimmter Rechtsbegriffe, in Leffson/Rückle/Großfeld (Hrsg.), Handwörterbuch unbestimmter Rechtsbegriffe im Bilanzrecht des HGB, 1986, S. 1–11; *Ulmer* (Hrsg.), Großkommentar HGB-Bilanzrecht: Rechnungslegung, Abschlussprüfung, Publizität, 2002; *Winnefeld*, Bilanz-Handbuch, 5. Aufl. 2015; *WP-Handbuch 2021*, Wirtschaftsprüfung und Rechnungslegung, 17. Aufl. 2021; *Yoshida*, Methode und Aufgabe der Ermittlung der Grundsätze ordnungsmäßiger Buchführung, in Baetge/Moxter/Schneider (Hrsg.), Bilanzfragen, FS Leffson, 1976, S. 49–64.

I. Bedeutung und Zwecke des Jahresabschlusses

1. Informationsfunktion

57.1 Die Informationsfunktion des Jahresabschlusses ist Ausdruck des **Rechenschaftsgedankens**, wie er im deutschen Rechtskreis bereits grundlegend in § 666 BGB zum Ausdruck kommt. Aufgabe des von der Unternehmensleitung zu erstellenden Jahresabschlusses ist es, den kapitalgebenden Gesellschaftern (aber auch den Gläubigern) Rechenschaft über die Verwendung der zu Verfügung gestellten Mittel abzulegen[1]. „Von Interesse sind hier vor allem Informationen über das Schuldendeckungspotential des Unternehmens sowie über die Höhe des erwirtschafteten Jahreserfolges, der grundsätzlich den Umfang eines möglichen Entzugs von Vermögen – etwa in Form von Ausschüttungen an die Eigentümer – determiniert."[2]

In der **Generalnorm** für Kapitalgesellschaften (§ 264 Abs. 2 HGB) wird gefordert, dass der Jahresabschluss unter Beachtung der Grundsätze ordnungsmäßiger Buchführung ein den tatsächlichen Verhältnissen entsprechendes Bild der Vermögens-, Finanz- und Ertragslage zu vermitteln hat (siehe dazu auch Rz. 57.82 ff.). In dieser Regelung kommt die Informationsaufgabe des Jahresabschlusses besonders deutlich zum Ausdruck[3]. 57.2

Unabhängig von der Tatsache, dass der Jahresabschluss viele Interessenten hat, ist das HGB nicht auf die Interessen aller Beteiligten hin konzipiert worden. Vielmehr dient der Jahresabschluss vordringlich der Information der **Gläubiger**[4]. Auf die Informationsbedürfnisse von aktuellen oder potenziellen Gesellschaftern, Arbeitnehmern, Kunden oder Lieferanten ist der Jahresabschluss dagegen grundsätzlich nicht zugeschnitten. Sie gehören eher zu den Nutznießern der primär für Gläubiger bereitgestellten Informationen. Einen Zuschnitt auf sämtliche „Stakeholder", wie es in der angelsächsisch geprägten Rechnungslegung[5] postuliert wird[6], lässt sich in der handelsrechtlichen Rechnungslegungstradition nicht nachweisen. Allerdings gibt es auch die Auffassung, dass der Jahresabschluss die Aufgabe hat, sämtlichen „am Unternehmen Beteiligten (Eignern, Kreditgebern, Arbeitnehmern, Kunden, Lieferanten) Informationen bereitzustellen, die diesen eine Abschätzung von Ausmaß und Sicherheitsgrad der zu erwartenden Zielrealisation ihrer Beteiligung am Unternehmen" ermöglicht[7]. Eine Dominanz der Interessen bestimmter Adressaten oder Adressatengruppen wird verneint; stattdessen sei vom Gesetzgeber ein Interessenausgleich zwischen den verschiedenen am Jahresabschluss interessierten Gruppen intendiert[8]. 57.3

Aus Sicht des Gesetzgebers dient der Jahresabschluss auch der **Sicherung des Rechtsverkehrs**, was allen am Wirtschaftsleben teilnehmenden Personen zugutekommt. Der Kaufmann ist deshalb gehalten (**Dokumentationszweck**), sämtliche Geschäftsvorfälle in der Buchführung und im Jahresabschluss zu dokumentieren (§§ 238 f., 257 HGB)[9]. Im Rechtsstreit haben die Handelsbücher i.w.S. folgerichtig Beweiskraft (§§ 258 f. HGB)[10]. Freilich kommt auch hier wieder die Dominanz der Gläubigerinteressen zum Vorschein, denn die Handelsbücher dienen gerade in der wirtschaftlichen Krise eines Unterneh- 57.4

---

1 *Baetge/Kirsch/Thiele*, Bilanzen, S. 95 ff.
2 *Baetge/Kirsch/Thiele*, Bilanzen, S. 98 ff.
3 *Coenenberg/Haller/Schulze*, Jahresabschluss und Jahresabschlussanalyse, S. 19.
4 Zutreffend *Hüffer* in Ulmer, Großkomm. HGB-Bilanzrecht, § 238 HGB Rz. 3.
5 Die externe Rechnungslegung nach US GAAP zielt auf die Versorgung von Marktteilnehmern mit entscheidungsrelevanten Informationen ab; *Coenenberg/Haller/Schulze*, Jahresabschluss und Jahresabschlussanalyse, S. 25. So heißt es im Statement of Financial Accounting Concepts No. 1 „Objectives of Financial Reporting by Business Enterprises" (CON 1.9): „Financial Reporting ... is intended to provide information that is useful in making business and economic decisions ...". Dabei wird unterstellt, dass Informationen, die für Investoren nützlich sind, auch für alle anderen Interessenten nützlich sein sollten (CON 1.30 und 1.32). Trotz dieses vorgeblichen Pluralismus dominiert in der internationalen Rechnungslegungspraxis freilich die Information des Kapitalmarkts (Investoren, Emittenten); zutreffend *Federmann*, Bilanzierung nach Handelsrecht, Steuerrecht und IAS/IFRS, S. 52 Abb. 9.
6 Ähnlich auch im IASB Framework, Rz. 12: „The objective of financial statements is to provide information about the financial position, performance and changes in financial position of an entity that is *useful to a wide range of users* in making economic decisions" (Hervorhebung des Verf.).
7 *Coenenberg/Haller/Schulze*, Jahresabschluss und Jahresabschlussanalyse, S. 25.
8 *Baetge/Kirsch/Thiele*, Bilanzen, S. 103 f.
9 *Hüffer* in Ulmer, Großkomm. HGB-Bilanzrecht, § 238 HGB Rz. 2 f.
10 Zu den Ursprüngen im französischen Recht siehe auch *Hüffer* in Ulmer, Großkomm. HGB-Bilanzrecht, § 238 HGB Rz. 6.

mens zur Beweissicherung, um in diesen Situationen gläubigerschädigendes Verhalten aufdecken zu können.

2. Ausschüttungsbemessung und Kapitalerhaltung

57.5 Der Jahresabschluss dient auch der **Gewinnermittlung**. Die handelsrechtliche Gewinnermittlung bildet die Grundlage für die Bemessung ergebnisabhängiger Einkommenszahlungen, wie Dividenden- und Erfolgsbeteiligungen (**Ausschüttungsbemessungszweck**)[11].

57.6 Der Jahresabschluss soll dem Kaufmann indes nicht nur die Größe benennen, über die er disponieren darf, sondern durch die Art der Ermittlung des Gewinns und dessen Dispositionsmöglichkeiten auch eine Antwort auf die Frage geben, wie viel oder wie wenig Kapital er dem Unternehmen entziehen kann. Diesem Informationsaspekt des Jahresabschlusses entspricht der Jahresabschlusszweck der **Kapitalerhaltung**[12].

57.7 Allerdings folgt das deutsche Bilanzrecht nur dem Grundsatz der **nominalen Kapitalerhaltung**. Eine reale Kapitalerhaltung oder gar eine Substanzerhaltungskonzeption wird vom Gesetzgeber nicht verfolgt[13]. Für diese Entscheidung des Gesetzgebers spricht vor allem die Objektivität[14].

57.8 Aufgrund der Haftungsbeschränkung der Aktiengesellschaft erfordert andererseits auch der Gläubigerschutzgedanke eine Begrenzung der an die Aktionäre auszuschüttenden Beträge, um dadurch die **Erhaltung eines Mindesthaftungsvermögens** zu sichern. Diesem Gedanken wird im deutschen Bilanzrecht durch verschiedene Ausschüttungssperrvorschriften Rechnung getragen[15]. Besondere Bedeutung kommt dabei dem in § 253 Abs. 1 HGB kodifizierten Anschaffungskostenprinzip sowie den in den § 253 Abs. 6, § 268 Abs. 8 HGB normierten Ausschüttungssperren zu. § 253 Abs. 6 HGB betrifft die Anwendung des zehnjährigen Durchschnittszinssatzes im Rahmen der Abzinsung von Rückstellungen für Altersversorgungsverpflichtungen und § 268 Abs. 8 HGB die Aktivierung von selbst geschaffenen immateriellen Vermögensgegenständen, die Aktivierung von latenten Steuern und die Aktivierung von sog. Planvermögen.

3. Selbstinformation

57.9 Das Selbstinformationsbedürfnis der Kaufleute bildete den Ursprung für die Schaffung gesetzlicher Vorschriften zur **Buchhaltung und Bilanzierung**[16]. Frühe Weltunternehmen, wie beispielsweise das der Fugger im 16. Jahrhundert, waren ohne ein solches Steuerungsinstrument nicht zu führen[17]. Die heute übliche doppelte Buchführung (Doppik) wurde sogar schon im Jahr 1494 erstmals umfassend dargestellt[18].

57.10 Die Selbstinformation des Kaufmanns soll diesen zudem vor falschen Dispositionen bewahren und somit nach Möglichkeit verhindern, dass er in Insolvenzgefahr gerät. Insoweit gibt es einen engen Zu-

---

11 *Coenenberg/Haller/Schulze*, Jahresabschluss und Jahresabschlussanalyse, S. 19 f.; *Moxter* in FS Goerdeler, 1987, S. 368.
12 *Baetge/Kirsch/Thiele*, Bilanzen, S. 98 ff.
13 Zu den verschiedenen Theorien der Gewinnermittlung sei auf die ausführliche Darstellung bei *Coenenberg/Haller/Schulze*, Jahresabschluss und Jahresabschlussanalyse, S. 1263 ff., verwiesen.
14 *Baetge/Kirsch/Thiele*, Bilanzen, S. 101.
15 Siehe die beispielhafte Aufzählung bei *Coenenberg/Haller/Schulze*, Jahresabschluss und Jahresabschlussanalyse, S. 20.
16 *Moxter*, Grundsätze ordnungsgemäßer Rechnungslegung, S. 4 f.
17 *Coenenberg/Haller/Schulze*, Jahresabschluss und Jahresabschlussanalyse, S. 10, die darauf hinweisen, dass die Fugger bereits im Jahre 1511 erstmals einen Jahresabschluss erstellten.
18 *Pacioli*, Summa de Arithmetica, Geometria, Proportioni et Proportionalita, 1494.

sammenhang zwischen dem Selbstinformationszweck und dem Gläubigerschutz. Schlagwortartig wird deshalb auch vom **Gläubigerschutz durch Selbstkontrolle** des Kaufmanns gesprochen[19].

Im Zuge der Internationalisierung der Rechnungslegung wird immer häufiger die Frage aufgeworfen, ob bzw. inwieweit die in Deutschland tradierte **Trennung zwischen interner und externer Rechnungslegung**, d.h. vor allem zwischen Kostenrechnung und Jahresabschluss, noch zeitgemäß ist. So eignen sich die US Generally Accepted Accounting Principles (US GAAP) sowie die International Accounting Standards/International Financial Reporting Standards (IAS/IFRS) durchaus auch für die Wahrnehmung einiger Aufgaben, die in Deutschland traditionell dem internen Rechnungswesen zugewiesen werden[20]. Mit einer stärker entscheidungsorientierten Rechnungslegung geht freilich ein Zurückdrängen des Gläubigerschutzes einher.

57.11

4. Gläubigerschutz

Mit dem Aktiengesetz von 1937 kam die nahezu vollständige Unterstellung der aktienrechtlichen Bilanzierungsvorschriften unter das **Prinzip der Gläubigersicherung**[21]. Die begrenzte Haftung der Aktiengesellschaften wurde durch zwei zusätzliche Gläubigerschutzmaßnahmen flankiert: Begrenzung der Ausschüttung an die Aktionäre sowie Pflicht zur öffentlichen Rechnungslegung[22]. Die Dominanz des Gläubigerschutzes geht entwicklungsgeschichtlich allerdings schon auf den früheren französischen Einfluss auf das deutsche Bilanzrecht[23] zurück, was in der Folge der Weltwirtschaftskrise nur noch zu weiteren Verschärfungen durch das bereits erwähnte Aktiengesetz von 1937 führte[24]. Das Prinzip der Gläubigersicherung prägt das Bilanzrecht auch noch heute, d.h. nach Umsetzung der Vierten gesellschaftsrechtlichen Richtlinie der EU durch das Bilanzrichtliniengesetz (vgl. Rz. 57.44).

57.12

Allerdings wurde durch das Aktiengesetz von 1965 auch dem **Schutz der (Minderheits-)Aktionäre** verstärkt Rechnung getragen; dies zeigt sich u.a. an den Gewinnverwendungsregelungen im Rahmen der Feststellung des Jahresabschlusses (§ 58 Abs. 1, 2 AktG) und an der Beschlussfassung der Hauptversammlung über die Verwendung des Bilanzgewinns (§ 58 Abs. 3 AktG)[25].

57.13

II. Verantwortlichkeit des Vorstands

1. Pflicht zur Buchführung

§ 238 Abs. 1 Satz 1 HGB verpflichtet jeden Kaufmann, Bücher zu führen und in diesen seine Handelsgeschäfte und die Lage seines Vermögens nach den Grundsätzen ordnungsmäßiger Buchführung ersichtlich zu machen. Diese, die Aktiengesellschaft als Kaufmann nach § 6 Abs. 1 HGB i.V.m. § 3 Abs. 1 AktG treffende Verpflichtung hat der Vorstand als für die Geschäftsführung zuständiges Organ zu erfüllen[26]. Die Bedeutung der §§ 91, 94 AktG, wonach der Vorstand dafür Sorge zu tragen hat, dass die

57.14

---

19 *Hüffer* in Ulmer, Großkomm. HGB-Bilanzrecht, § 238 HGB Rz. 2 m.w.N.
20 *Küting/Lorson*, WPg 1998, 490 f. m.w.N. Zum Thema auch *Klein*, Unternehmenssteuerung auf Basis der International Accounting Standards, S. 27 ff. m.w.N.
21 *Coenenberg/Haller/Schulze*, Jahresabschluss und Jahresabschlussanalyse, S. 10 f.
22 *Coenenberg/Haller/Schulze*, Jahresabschluss und Jahresabschlussanalyse, S. 10 f.
23 Ordonnance de Commerce von 1673 sowie Code de Commerce von 1807 beeinflussten insbesondere das ADHGB von 1861; siehe dazu auch *Hüffer* in Ulmer, Großkomm. HGB-Bilanzrecht, § 238 HGB Rz. 6.
24 *Coenenberg/Haller/Schulze*, Jahresabschluss und Jahresabschlussanalyse, S. 10 f.
25 Zu weiteren (aktien- und handelsrechtlichen) Normen, die dem Gedanken des Minderheitenschutzes Rechnung tragen, siehe *Coenenberg/Haller/Schulze*, Jahresabschluss und Jahresabschlussanalyse, S. 20 f.
26 *Hüffer/Koch*, § 91 AktG Rz. 2; dazu auch *Hoffmann-Becking* in MünchHdb. AG, § 25 Rz. 67 ff. sowie Rz. 128 ff. Allgemein zur Leitungsverantwortung des Vorstands einer Aktiengesellschaft *Semler*, Leitung und Überwachung der Aktiengesellschaft.

erforderlichen Handelsbücher geführt werden, besteht dagegen darin, dessen Gesamtverantwortung für die Erfüllung der **öffentlich-rechtlichen Buchführungspflicht** klarzustellen[27]. Wird die Buchführung einem Vorstandsmitglied als Aufgabe zugewiesen, trifft die übrigen Vorstandsmitglieder deshalb, ebenso wie bei der Buchführung durch einen externen Dienstleister, eine Überwachungspflicht[28].

57.15 Darüber hinaus trifft den Vorstand neben der Buchführungspflicht auch die **öffentlich-rechtliche Pflicht zur Aufbewahrung** (§ 238 Abs. 2 HGB).

2. Pflicht zur Aufstellung eines Jahresabschlusses

57.16 Nach § 242 Abs. 1 Satz 1 HGB hat der Kaufmann zu Beginn seines Handelsgewerbes und für den Schluss eines jeden Geschäftsjahrs einen das Verhältnis seines Vermögens und seiner Schulden darstellenden **Abschluss (Eröffnungsbilanz, Bilanz)** aufzustellen (siehe auch Rz. 57.50). Darüber hinaus verpflichtet § 242 Abs. 2 HGB den Kaufmann, für den Schluss eines jeden Geschäftsjahrs eine Gegenüberstellung der Aufwendungen und Erträge des Geschäftsjahrs (Gewinn- und Verlustrechnung) aufzustellen (siehe auch Rz. 57.50).

57.17 In § 242 Abs. 3 HGB wird der Begriff **Jahresabschluss** definiert. Er setzt sich grundsätzlich aus den zwei Komponenten Bilanz sowie Gewinn- und Verlustrechnung zusammen. Zu beachten ist jedoch, dass § 264 HGB an Kapitalgesellschaften zusätzliche Anforderungen stellt. § 264 Abs. 1 Satz 1 HGB verpflichtet die gesetzlichen Vertreter einer Kapitalgesellschaft, den Jahresabschluss (§ 242 HGB) um einen Anhang zu erweitern, der mit der Bilanz und der Gewinn- und Verlustrechnung eine Einheit bildet, sowie einen Lagebericht aufzustellen. Folglich setzt sich der Jahresabschluss einer Kapitalgesellschaft grundsätzlich aus drei Komponenten zusammen: der Bilanz, der Gewinn- und Verlustrechnung und dem Anhang. Kapitalmarktorientierte Kapitalgesellschaften, die nicht zur Aufstellung eines Konzernabschlusses verpflichtet sind, haben den Jahresabschluss nach § 264 Abs. 1 HGB darüber hinaus verpflichtend um eine Kapitalflussrechnung und einen Eigenkapitalspiegel zu erweitern; die Erweiterung um eine Segmentberichterstattung kann auf freiwilliger Basis erfolgen. Der Lagebericht ist dagegen nicht Teil des Jahresabschlusses[29]. Die Verpflichtung zur Aufstellung eines Lageberichts trifft im Übrigen nur große und mittelgroße Kapitalgesellschaften (§ 264 Abs. 1, Sätze 1, 3, § 267 Abs. 1 HGB). Da die kapitalmarktorientierte Aktiengesellschaft qua Gesetz als große Kapitalgesellschaft gilt (§ 267 Abs. 3 Satz 2, § 264d HGB), ist sie zur Aufstellung eines Lageberichts verpflichtet[30].

57.18 Der Jahresabschluss und der Lagebericht sind von den gesetzlichen Vertretern großer und mittelgroßer Kapitalgesellschaft (§ 267 HGB) in den ersten drei Monaten des Geschäftsjahrs für das vergangene Geschäftsjahr aufzustellen (§ 264 Abs. 1 Satz 2 HGB). Die **Aufstellungsfrist** des § 264 Abs. 1 Satz 3 HGB ist zwingend und kann nicht durch Satzung, Gesellschaftsvertrag oder Gesellschafterbeschluss verlängert werden[31]. Es knüpfen grundsätzlich keine unmittelbaren Rechtsfolgen an eine Überschreitung der Aufstellungsfristen an. Die gesetzlichen Vertreter, die der Verpflichtung zur Aufstellung des Jahresabschlusses nicht fristgemäß nachkommen, verletzen in der Regel ihre Sorgfaltspflichten als ordentliche und gewissenhafte Geschäftsleiter nach § 93 Abs. 1 AktG, so dass sich hieraus Schadensersatzansprüche ergeben können (§ 93 Abs. 2 AktG). Das Bundesamt für Justiz verhängt zudem bei pflichtwidrigem Unterlassen der rechtzeitigen Offenlegung Ordnungsgelder; das Ordnungsgeldverfahren kann sowohl gegen die gesetzlichen Vertreter als auch gegen die Gesellschaft geführt werden (§ 335 HGB, siehe dazu auch § 61).

---

27 *Hüffer/Koch*, § 91 AktG Rz. 2.
28 *Kraft* in MünchHdb. AG, § 25 Rz. 128 ff.
29 ADS, 6. Aufl. 1997, § 264 HGB Rz. 18.
30 Siehe dazu auch *Hoffmann/Preu*, Der Aufsichtsrat, Rz. 249.1.
31 *Störk/Schellhorn* in BeckBilkomm., § 264 HGB Rz. 17. Ob eine Fristverkürzung zulässig ist, ist umstritten. Zum Streitstand ADS, 6. Aufl. 1997, § 264 HGB Rz. 33 m.w.N. einerseits und *Störk/Schellhorn* in BeckBilkomm., § 264 HGB Rz. 17 m.w.N. andererseits.

Die **Aufstellungspflicht** trifft nach § 264 Abs. 1 Satz 1 HGB die gesetzlichen Vertreter der Kapitalgesellschaft. Dies sind bei einer Aktiengesellschaft die Vorstandsmitglieder (§ 77 Abs. 1 AktG), im Liquidationsstadium die Liquidatoren (§§ 269, 270 AktG) und im Fall der Insolvenz der Insolvenzverwalter (§ 155 InsO)[32]. 57.19

Nach dem Wortlaut des § 264 Abs. 1 Satz 1 HGB hat die Aufstellung des Jahresabschlusses durch die gesetzlichen Vertreter zu erfolgen[33]. Somit sind **sämtliche Vorstandsmitglieder der Aktiengesellschaft** zur Aufstellung verpflichtet[34]. Eine abweichende Regelung im Gesellschaftsvertrag oder in der Satzung ist nicht zulässig, da die Verpflichtung zur Aufstellung des Jahresabschlusses öffentlich-rechtlicher Art ist[35]. Selbstverständlich kann die Aufstellung des Jahresabschlusses im Innenverhältnis einem oder mehreren Vorstandsmitgliedern, Angestellten oder externen Dienstleistern übertragen werden, was den Vorstand aber nicht von seiner Verantwortung befreit[36]. Aus der Sicht der Vorstandsmitglieder handelt es sich bei der Aufstellung des Jahresabschlusses um eine Geschäftsführungsmaßnahme, die diese in eigener Verantwortung wahrnehmen, so dass sie insoweit Weisungen der Gesellschafter grundsätzlich nicht unterworfen sind[37]. 57.20

3. Pflicht zur Abgabe eines „Bilanzeids"

Nach § 264 Abs. 2 Satz 3 HGB haben die Mitglieder des vertretungsberechtigten Organs einer Kapitalgesellschaft, die Inlandsemittent i.S.d. § 2 Abs. 14 WpHG und keine Kapitalgesellschaft i.S.d. § 327a HGB ist, bei der Unterzeichnung des Jahresabschlusses schriftlich, in einer dem Jahresabschluss beizufügenden Erklärung, zu versichern, dass nach bestem Wissen der Jahresabschluss ein den tatsächlichen Verhältnissen entsprechendes Bild der Vermögens-, Finanz- und Ertragslage unter Beachtung der Grundsätze ordnungsmäßiger Buchführung vermittelt oder der Anhang zusätzliche Angaben für den Fall enthält, dass der Jahresabschluss ein solches Bild nicht vermittelt. In Anlehnung an die Regelung in Section 302 des US-amerikanischen Sarbanes-Oxley Act wird diese Versicherung auch als **Bilanzeid** bezeichnet[38]. § 289 Abs. 1 Satz 5 HGB enthält eine entsprechende Regelung für den Lagebericht (vgl. Rz. 57.56); § 297 Abs. 2 Satz 4 HGB und § 315 Abs. 1 Satz 5 HGB schreiben die Abgabe eines Bilanzeids zum Konzernabschluss und Konzernlagebericht vor. Der Bilanzeid zielt als Erklärung zum gesetzlichen Jahresabschluss darauf, dass die zu seiner Abgabe verpflichteten Personen „die Verhältnisse des Unternehmens in den Finanzberichten richtig darstellen"[39] und damit der Informationsfunktion des Jahresabschlusses nachkommen. Fehlt der Bilanzeid, so sieht das HGB keine Rechtsfolgen 57.21

---

32 Zwar sind die Vorstandsmitglieder einer Aktiengesellschaft deren organschaftliche und nicht deren gesetzliche Vertreter (so aber *Mertens/Cahn* in KölnKomm. AktG, 3. Aufl. 2010, § 78 AktG Rz. 7), jedoch kommt ihnen nach § 26 Abs. 2 Satz 1 BGB die Stellung gesetzlicher Vertreter zu, so dass der Unterschied zwischen gesetzlicher und organschaftlicher Vertretung hier vernachlässigt werden kann; *Hüffer/Koch*, § 78 AktG Rz. 3.
33 *Störk/Schellhorn* in BeckBilkomm., § 264 HGB Rz. 12; ADS, 6. Aufl. 1997, § 264 HGB Rz. 19 f.
34 *Störk/Schellhorn* in BeckBilkomm., § 264 HGB Rz. 12; ADS, 6. Aufl. 1997, § 264 HGB Rz. 19 f.
35 ADS, 6. Aufl. 1997, § 264 HGB Rz. 20.
36 ADS, 6. Aufl. 1997, § 264 HGB Rz. 20. Insoweit gelten die Ausführungen zur Buchführungspflicht entsprechend (siehe Rz. 57.14).
37 ADS, 6. Aufl. 1997, § 264 HGB Rz. 25. Etwas anderes gilt – in den Grenzen der Gesetze und der GoB – lediglich dann, wenn die betreffende Aktiengesellschaft unter einem Beherrschungsvertrag steht (§ 308 Abs. 2 AktG) oder in eine andere Aktiengesellschaft eingegliedert ist (§ 323 Abs. 1, § 308 Abs. 2 AktG).
38 Hierauf verweist die Begründung der Bundesregierung zum Entwurf des Transparenzrichtlinie-Umsetzungsgesetzes, BT-Drucks. 16/2498, S. 55. § 264 Abs. 2 Satz 3 HGB setzt die Vorgabe des Art. 4 Abs. 2 lit. c der EU-Transparenzrichtlinie (Richtlinie 2004/109/EG des Europäischen Parlaments und des Rates v. 15.12.2004, ABl. EU Nr. L 390 v. 31.12.2004, S. 38) um.
39 Begründung der Bundesregierung zum Entwurf des Transparenzrichtlinie-Umsetzungsgesetzes, BT-Drucks. 16/2498, S. 28.

vor[40]. Gemäß § 331a HGB wird allein die vorsätzliche[41] unrichtige Versicherung strafrechtlich sanktioniert[42].

57.22 Gemäß § 264 Abs. 2 Satz 3 HGB sind nur Kapitalgesellschaften betroffen, die **Inlandsemittenten** i.S.d. § 2 Abs. 14 WpHG sind und einen Jahresabschluss nach den §§ 238 ff. und 264 ff. HGB aufstellen müssen[43]. Gemäß der Definition des § 2 Abs. 14 WpHG sind Inlandsemittenten Emittenten, für die die Bundesrepublik Deutschland der Herkunftsstaat ist, mit Ausnahme solcher Emittenten, deren Wertpapiere nicht im Inland, sondern lediglich in einem anderen Mitgliedstaat der EU oder einem anderen Vertragsstaat des Abkommens über den Europäischen Wirtschaftsraum zugelassen sind, soweit sie in diesem anderen Staat Veröffentlichungs- und Mitteilungspflichten nach Maßgabe der Transparenzrichtlinie[44] unterliegen (§ 2 Abs. 14 Nr. 1 WpHG, und Emittenten, für die nicht die Bundesrepublik Deutschland, sondern ein anderer Mitgliedstaat der EU oder ein anderer Vertragsstaat des Abkommens über den Europäischen Wirtschaftsraum der Herkunftsstaat ist, deren Wertpapiere aber nur im Inland zum Handel an einem organisierten Markt zugelassen sind (§ 2 Abs. 14 Nr. 2 WpHG. Wer zu den Emittenten gehört, für die die Bundesrepublik Deutschland der Herkunftsstaat ist, bestimmt sich dabei nach § 2 Abs. 13 WpHG. Zusammenfassend ist festzuhalten, dass die Verpflichtung zur Abgabe des Bilanzeids Inlandsemittenten nach § 2 Abs. 14 Nr. 1 i.V.m. Abs. 13 Nr. 1 lit. a WpHG und damit insbesondere Aktiengesellschaften trifft, deren Aktien zum Handel an einem organisierten Markt im Inland oder einem anderen Staat der EU oder einem anderen Vertragsstaat des Abkommens über den Europäischen Wirtschaftsraum zugelassen sind. Ausgenommen sind jedoch Aktiengesellschaften, deren Aktien i.S.d. § 2 Abs. 14 Nr. 1 WpHG nur in einem anderen Staat der EU oder einem anderen Vertragsstaat des Abkommens über den Europäischen Wirtschaftsraum zugelassen sind, und die in diesem Staat den Veröffentlichungs- und Mitteilungspflichten der Transparenzrichtlinie unterliegen. Gemäß § 264 Abs. 2 Satz 3 HGB sind von der Verpflichtung zur Abgabe eines Bilanzeids Kapitalgesellschaften i.S.d. § 327a HGB befreit. Hierunter fallen Gesellschaften, die ausschließlich zum Handel an einem organisierten Markt zugelassene Schuldtitel mit einer Mindeststückelung von 50.000 Euro begeben.

57.23 Der Bilanzeid ist durch die Mitglieder des vertretungsberechtigten Organs der Kapitalgesellschaft (§ 264 Abs. 2 Satz 3 HGB) und daher durch die zur Aufstellung des Jahresabschlusses verpflichteten Personen abzugeben. Damit ist bei der Aktiengesellschaft wiederum der Vorstand in seiner Gesamtheit betroffen (vgl. Rz. 57.20). **Alle Mitglieder des Vorstands** sind höchstpersönlich zur schriftlichen Versicherung **nach bestem Wissen** verpflichtet[45]. Denn sie haben sich entsprechend der in § 93 Abs. 1 AktG verankerten allgemeinen Sorgfaltspflicht „grundsätzlich zu bemühen, ein möglichst vollständiges Wissen hinsichtlich der vorgeschriebenen Rechnungslegungsangaben zu erhalten"[46]. Vorstands-

---

40 Die Nichtabgabe des Bilanzeids kann jedoch als Ordnungswidrigkeit nach § 120 Abs. 2 Nr. 15, Abs. 24 WpHG mit einer Geldbuße bis zu 500.000 Euro geahndet werden.
41 Beschlussempfehlung und Bericht des Finanzausschusses (7. Ausschuss) zum TUG, BT-Drucks. 16/3644, S. 80 f.
42 *Hönsch*, ZCG 2006, 119 führt zudem aus: „Die Strafbarkeit nach § 331 HGB kann i.V.m. § 823 Abs. 2 BGB zudem zu einer zivilrechtlichen Haftung führen, da § 331 HGB als Schutzgesetz i.S.d. § 823 Abs. 2 BGB eingestuft wird".
43 Ausländische Unternehmen sind daher nicht von dieser gesetzlichen Vorschrift betroffen, auch wenn ihre Finanzinstrumente in Deutschland an einem organisierten Markt zugelassen sind und sie Inlandsemittenten sind. Vgl. hierzu jedoch die Vorschriften der § 114 Abs. 2 Nr. 3 und § 115 Abs. 2 Nr. 3 WpHG für Jahres- und Halbjahresfinanzberichte.
44 Richtlinie 2004/109/EG des Europäischen Parlaments und des Rates v. 15.12.2004, ABl. EU Nr. L 390 v. 31.12.2004, S. 38.
45 *Hönsch*, ZCG 2006, 117. Die für eine Unterzeichnung des Jahresabschlusses durch alle Vorstandsmitglieder angeführten Gründe (*ADS*, 6. Aufl. 1998, § 245 HGB Rz. 12 und 13a) lassen sich hier übertragen.
46 Beschlussempfehlung und Bericht des Finanzausschusses (7. Ausschuss) zum TUG, BT-Drucks. 16/3644, S. 80 f.

mitglieder, die ihre Pflichten verletzen, können sich nach § 93 Abs. 2 AktG gegenüber der Aktiengesellschaft schadensersatzpflichtig machen.

Der inhaltliche Mindestumfang des **Bilanzeids** ist grundsätzlich durch den Wortlaut des § 264 Abs. 2 Satz 3 HGB festgelegt. Da § 289 Abs. 1 Satz 5 HGB eine entsprechende Versicherung zum Lagebericht enthält, erscheint es sinnvoll, beide Erklärungen zusammenzufassen. Ausgehend von dem Wortlaut in DRS 20, Rz. K235 für den Konzernabschluss und Konzernlagebericht wird sich für den Bilanzeid folgender Wortlaut anbieten: „Wir versichern nach bestem Wissen, dass gemäß den anzuwendenden Rechnungslegungsgrundsätzen der Jahresabschluss ein den tatsächlichen Verhältnissen entsprechendes Bild der Vermögens-, Finanz- und Ertragslage der Gesellschaft vermittelt und im Lagebericht der Geschäftsverlauf einschließlich des Geschäftsergebnisses und die Lage der Gesellschaft so dargestellt sind, dass ein den tatsächlichen Verhältnissen entsprechendes Bild vermittelt wird, sowie die wesentlichen Chancen und Risiken der voraussichtlichen Entwicklung der Gesellschaft beschrieben sind."[47]

57.24

Gemäß § 264 Abs. 2 Satz 3 HGB hat die Versicherung bei der Unterzeichnung des Jahresabschlusses schriftlich zu erfolgen. Da der **Bilanzeid damit keinen Bestandteil des Jahresabschlusses** darstellt, ist er in einem gesonderten, dem Jahresabschluss beizufügenden Dokument abzugeben.

57.25

4. Pflicht zur Unterzeichnung des Jahresabschlusses

§ 245 Satz 1 HGB verpflichtet den Kaufmann, den Jahresabschluss unter Angabe des Datums zu unterzeichnen. Die **Pflicht zur Unterzeichnung des Jahresabschlusses ist als Bestandteil der Buchführungs- und Bilanzierungspflichten ebenfalls öffentlich-rechtlicher Natur**[48]. Fehlt die erforderliche Unterzeichnung des Jahresabschlusses, so liegt der Ordnungswidrigkeitstatbestand des § 334 Abs. 1 Nr. 1 lit. a HGB vor. Sofern gegen die Aufstellung des Jahresabschlusses ansonsten keine Beanstandungen anzubringen sind, ergeben sich grundsätzlich keine weiteren Rechtsfolgen[49]. Insbesondere führt die fehlende Unterzeichnung des Jahresabschlusses nicht zu dessen Nichtigkeit[50].

57.26

Der **Umfang der Unterzeichnungspflicht** bezieht sich nach § 245 Satz 1 HGB auf den Jahresabschluss als Ganzes. Zu unterzeichnen sind folglich die Bilanz, die Gewinn- und Verlustrechnung und der Anhang. Zweckmäßigerweise werden die einzelnen Teile des Jahresabschlusses regelmäßig derart miteinander verbunden, dass eine nachträgliche Trennung ersichtlich wird. In diesem Fall wird eine Unterschrift unter dem Anhang als ausreichend angesehen[51]. Anderenfalls muss jeder Bestandteil des Jahresabschlusses unterschrieben werden[52]. Obwohl es an einer gesetzlichen Verpflichtung zur Unterzeichnung des Lageberichts fehlt, wird zunehmend in Frage gestellt, ob eine Nichtunterzeichnung vor dem Hintergrund der steigenden Bedeutung des Lageberichts noch vertretbar ist[53].

57.27

---

47 Durch den Verweis in § 264 Abs. 2 Satz 3 HGB auf Satz 1 wird auf die Grundsätze ordnungsmäßiger Buchführung Bezug genommen, so dass das den tatsächlichen Verhältnissen entsprechende Bild der Vermögens-, Finanz- und Ertragslage auch im Rahmen des Bilanzeids kein *overriding principle* darstellt, vgl. auch unten Rz. 57.82 ff.
48 *Hüffer* in Ulmer, Großkomm. HGB-Bilanzrecht, § 245 HGB Rz. 2. Umstritten ist, ob der Unterzeichnung des Jahresabschlusses auch eine zivilrechtliche Bedeutung zukommt. Zum Diskussionsstand im Einzelnen: ADS, 6. Aufl. 1998, § 245 HGB Rz. 15.
49 ADS, 6. Aufl. 1998, § 245 HGB Rz. 16.
50 OLG Karlsruhe v. 22.11.1986 – 15 U 78/84, WM 1987, 536 = AG 1989, 35; OLG Frankfurt am Main v. 10.5.1988 – 5 U 285/86, BB 1989, 395 = AG 1989, 207.
51 ADS, 6. Aufl. 1998, § 245 HGB Rz. 6.
52 ADS, 6. Aufl. 1998, § 245 HGB Rz. 6 m.w.N. Der Jahresabschluss ist nach § 245 Satz 1 HGB unter Angabe des Datums zu unterzeichnen. Die Datumsangabe muss Tag, Monat und Jahr enthalten.
53 *Störk/Schellhorn* in BeckBilkomm., § 264 HGB Rz. 16.

57.28 Die Unterzeichnung hat bei der Aktiengesellschaft durch alle Mitglieder des Vorstands zu erfolgen[54]. Dies ergibt sich daraus, dass die Buchführungs- und Rechnungslegungspflicht allen Vorstandsmitgliedern (§§ 91, 94 AktG) einer Aktiengesellschaft zur Gesamtverantwortung zugewiesen ist[55]. Bei der Liquidation einer Aktiengesellschaft unterzeichnen die Liquidatoren, in der Insolvenz der Insolvenzverwalter[56]. Eine **Vertretung bei der Unterzeichnung** kommt nicht in Betracht, da die Unterzeichnung eine höchstpersönliche Pflicht ist[57].

57.29 Umstritten ist der **Zeitpunkt der Unterzeichnung** des Jahresabschlusses. Dieser Streit resultiert daraus, dass das Verfahren der Aufstellung und der Feststellung des Jahresabschlusses mehrere Stadien umfasst und somit sowohl eine Unterzeichnung des aufgestellten Jahresabschlusses als auch des festgestellten Jahresabschlusses möglich wäre[58]. Maßgebend ist in erster Linie, dass der Jahresabschluss in seiner endgültigen Fassung unterschrieben wird, so dass nach ganz überwiegender Meinung die Unterzeichnung des festgestellten Jahresabschlusses als ausreichend angesehen wird[59].

5. Pflicht zur Vorlage des Jahresabschlusses und des Lageberichts an den Aufsichtsrat

57.30 § 170 Abs. 1 Satz 1 AktG verpflichtet den Vorstand, den Jahresabschluss und den Lagebericht unverzüglich nach ihrer Aufstellung dem Aufsichtsrat vorzulegen (**Vorlagepflicht des Vorstands**)[60]. Vorzulegen sind zudem, soweit der Lagebericht nicht um die nichtfinanzielle Erklärung erweitert wird (dazu auch unter Rz. 57.99), der gesonderte nichtfinanzielle Bericht (§ 289b HGB) und der gesonderte nichtfinanzielle Konzernbericht (§ 315b HGB), sofern sie zu diesem Zeitpunkt schon erstellt wurden (§ 170 Abs. 1 Satz 2 AktG). Zugleich hat der Vorstand dem Aufsichtsrat den Vorschlag vorzulegen, den er der Hauptversammlung für die Verwendung des Bilanzgewinns machen will (§ 170 Abs. 2 Satz 1 AktG)[61].

---

54 *Hüffer* in Ulmer, Großkomm. HGB-Bilanzrecht, § 245 HGB Rz. 16.
55 *ADS*, 6. Aufl. 1998, § 245 HGB Rz. 12. Streitig ist, ob der Jahresabschluss auch von denjenigen Vorstandsmitgliedern unterzeichnet werden muss, die mit dessen Inhalt nicht einverstanden sind. Dies bejahend *ADS*, 6. Aufl. 1998, § 245 HGB Rz. 12; *Hennrichs* in Ulmer, Großkomm. HGB-Bilanzrecht, § 245 HGB Rz. 26. Ablehnend *Hentschel* in Castan et al., Beck'sches Handbuch der Rechnungslegung, B 101 Rz. 34.
56 *ADS*, 6. Aufl. 1998, § 245 HGB Rz. 12.
57 *ADS*, 6. Aufl. 1998, § 245 HGB Rz. 13a. Etwas anderes gilt nur bei Verhinderung durch höhere Gewalt oder sonstigen zwingenden Gründen. Zu beachten ist auch, dass Personen, die im Zeitpunkt der Unterzeichnung des Jahresabschlusses nicht mehr in der Funktion als Vorstände der Aktiengesellschaft tätig sind, den Abschluss ebenso wenig zu unterzeichnen brauchen wie Personen, die erst nach dem Zeitpunkt, in dem die Unterschrift zu leisten ist, Vorstände der Aktiengesellschaft geworden sind. So auch *Störk/Schellhorn* in BeckBilkomm., § 245 HGB Rz. 2.
58 *Störk/Schellhorn* in BeckBilkomm., § 245 HGB Rz. 3; *ADS*, 6. Aufl. 1998, § 245 HGB Rz. 7 f., beide mit weiteren Nachweisen zum Streitstand.
59 BGH v. 28.1.1985 – II ZR 79/84, WM 1985, 569 = GmbHR 1985, 256; *ADS*, 6. Aufl. 1998, § 245 HGB Rz. 8; *Störk/Schellhorn* in BeckBilkomm., § 245 HGB Rz. 3.
60 *Hüffer/Koch*, § 170 AktG Rz. 1; *ADS*, 6. Aufl. 1997, § 170 AktG Rz. 3. Die Vorlage des Prüfungsberichts durch die Abschlussprüfer erfolgt demgegenüber nicht mehr über den Vorstand der Aktiengesellschaft, sondern unmittelbar gegenüber dem Aufsichtsrat (§ 321 Abs. 5 Satz 2 HGB); *Grottel/H. Hoffmann* in BeckBilkomm., vor § 325 HGB Rz. 1; *Poll* in Küting/Weber, Handbuch der Rechnungslegung, Einzelabschluss: Kommentar zur Bilanzierung und Prüfung, § 170 AktG Rz. 2.
61 *Grottel/H. Hoffmann* in BeckBilkomm., vor § 325 HGB Rz. 2; *Poll* in Küting/Weber, Handbuch der Rechnungslegung, Einzelabschluss: Kommentar zur Bilanzierung und Prüfung, § 170 AktG Rz. 5. Zur Gliederung des Gewinnverwendungsvorschlags *ADS*, 6. Aufl. 1997, § 170 AktG Rz. 24 ff.; *Poll* in Küting/Weber, Handbuch der Rechnungslegung, Einzelabschluss: Kommentar zur Bilanzierung und Prüfung, § 170 AktG Rz. 6 ff.; *Grottel/H. Hoffmann* in BeckBilkomm., vor § 325 HGB Rz. 3 ff.

Die Vorlage muss unverzüglich erfolgen, d.h. der Vorstand muss die Unterlagen, sobald sie ihm komplett zur Verfügung stehen, ohne schuldhaftes Zögern (§ 121 Abs. 1 BGB) dem Aufsichtsrat zuleiten[62].

Die Vorlagepflicht trifft den **Vorstand der Aktiengesellschaft in seiner Gesamtheit** (§ 77 AktG), auch wenn sie regelmäßig durch das zuständige Vorstandsmitglied oder den Vorstandsvorsitzenden erfüllt wird[63]. Die Erfüllung der Vorlagepflicht kann durch das Registergericht im Wege des Zwangsgeldverfahrens durchgesetzt werden (§ 407 Abs. 1 AktG). Außerdem kann sich der Vorstand bei Nichterfüllung der Vorlagepflicht nach § 93 Abs. 2 AktG gegenüber der Aktiengesellschaft schadensersatzpflichtig machen bzw. setzt er sich dem Risiko einer Abberufung aus wichtigem Grund aus (§ 84 Abs. 3 AktG)[64].

57.31

Die Vorlagepflicht besteht gegenüber dem **Aufsichtsrat in seiner Gesamtheit**, da die Prüfung der vorgelegten Unterlagen nach § 171 AktG eine gemeinschaftliche Aufgabe ist. Soweit sich aus der Geschäftsordnung des Aufsichtsrats nichts anderes ergibt, erfolgt die Vorlage (Aushändigung) – entsprechend § 90 AktG – gegenüber dem Aufsichtsratsvorsitzenden bzw. im Falle der Verhinderung gegenüber dessen Stellvertreter, der den gesamten Aufsichtsrat über die Vorlage in Kenntnis setzt[65]. Insoweit kommt dem Aufsichtsratsvorsitzenden die Stellung eines „Organs" des Aufsichtsrats zu (Umkehrschluss aus § 107 Abs. 1 Satz 3 AktG)[66]. Denkbar ist auch die Vorlage (Aushändigung) an den Prüfungsausschuss, der die Entscheidung des gesamten Aufsichtsrats vorbereitet (§ 170 Abs. 3 Satz 2 AktG)[67]. In diesem Fall ist den nicht dem Ausschuss angehörenden Mitgliedern des Aufsichtsrats zwar das Recht auf Aushändigung der vorgelegten Unterlagen seitens des Vorstands entzogen, nicht jedoch das Recht auf Kenntnisnahme[68].

57.32

III. Verantwortlichkeit des Aufsichtsrats

1. Prüfungspflicht

Nach § 171 Abs. 1 Satz 1 AktG hat der Aufsichtsrat den Jahresabschluss, den Lagebericht und den Vorschlag für die Verwendung des Bilanzgewinns zu prüfen. § 171 Abs. 1 Satz 1 AktG stellt somit eine Konkretisierung der in § 111 Abs. 1 AktG normierten **allgemeinen Überwachungspflicht** des Aufsichts-

57.33

---

62 *ADS*, 6. Aufl. 1997, § 170 AktG Rz. 9; *Hüffer/Koch*, § 170 AktG Rz. 3. Umfasst sind von der unverzüglichen Vorlagepflicht jedoch nur der Jahresabschluss und Lagebericht in ihrer endgültigen Fassung, nicht aber eine vorläufige Fassung, die etwa zu Prüfungsbeginn besteht (so auch *ADS*, 6. Aufl. 2001, § 170 AktG n.F. Rz. 15; *Grottel/H. Hoffmann* in BeckBilkomm., vor § 325 HGB Rz. 2).
63 *ADS*, 6. Aufl. 2001, § 170 AktG Rz. 10; *Hüffer/Koch*, § 170 AktG Rz. 3; *Poll* in Küting/Weber, Handbuch der Rechnungslegung, Einzelabschluss: Kommentar zur Bilanzierung und Prüfung, § 170 AktG Rz. 3.
64 *ADS*, 6. Aufl. 1997, § 170 AktG Rz. 10; *Hüffer/Koch*, § 170 AktG Rz. 3.
65 *Poll* in Küting/Weber, Handbuch der Rechnungslegung, Einzelabschluss: Kommentar zur Bilanzierung und Prüfung, § 170 AktG Rz. 4; *Hüffer/Koch*, § 170 AktG Rz. 4; *ADS*, 6. Aufl. 1997, § 170 AktG Rz. 8.
66 *Grottel/H. Hoffmann* in BeckBilkomm., vor § 325 HGB Rz. 2. Streitig ist, ob der Vorstand, soweit gesellschaftsinterne Regelungen (Geschäftsordnung, Aufsichtsratsbeschlüsse) nicht bestehen, statt an den Aufsichtsratsvorsitzenden auch an alle Aufsichtsratsmitglieder vorlegen darf. Teilweise wird dies mit dem Hinweis auf § 90 Abs. 3 Satz 2 AktG verneint, wonach das einzelne Aufsichtsratsmitglied nur einen Bericht an den Aufsichtsrat (als Gremium) verlangen kann (so z.B. *Grottel/H. Hoffmann* in BeckBilkomm., vor § 325 HGB Rz. 2). Demgegenüber wird die Vorlage gegenüber allen Aufsichtsratsmitgliedern nach anderer Auffassung (so u.a. *Hüffer/Koch*, § 170 AktG Rz. 4), vorbehaltlich anderweitiger Bestimmungen des Aufsichtsrats, als grundsätzlich unbedenklich eingestuft.
67 *Poll* in Küting/Weber, Handbuch der Rechnungslegung, Einzelabschluss: Kommentar zur Bilanzierung und Prüfung, § 170 AktG Rz. 4; *ADS*, 6. Aufl. 2001, § 170 AktG n.F. Rz. 30.
68 *ADS*, 6. Aufl. 2001, § 170 AktG n.F. Rz. 30.

rats dar[69]. Ergänzend steht dem Aufsichtsrat das Einsichts- und Prüfungsrecht nach § 111 Abs. 2 AktG zur Seite[70]. Die Regelung berechtigt den Aufsichtsrat, auf sämtliche Unterlagen, insbesondere auch die Buchführung der Gesellschaft, zurückzugreifen[71]. Die Prüfungspflicht besteht auch für den gesonderten nichtfinanziellen Bericht (§ 289b HGB) und den gesonderten nichtfinanziellen Konzernbericht (§ 315b HGB), sofern sie zu diesem Zeitpunkt schon erstellt wurden (§ 171 Abs. 1 Satz 2 AktG).

57.34 Die Prüfungspflicht obliegt nach dem Wortlaut der Norm dem gesamten Aufsichtsrat. Jedes einzelne Aufsichtsratsmitglied ist folglich zur Prüfung verpflichtet[72]. Die **Prüfungspflicht** kann – was sich bereits aus § 111 Abs. 6 AktG ergibt – nicht mit befreiender Wirkung auf ein bestimmtes Mitglied, einen Ausschuss oder einen externen Sachverständigen übertragen werden[73]. Vielmehr muss sich das einzelne Aufsichtsratsmitglied auf Grund eigener Prüfung selbst ein Urteil bilden[74].

57.35 Dem steht nicht entgegen, dass der Gesamtaufsichtsrat einen **Prüfungsausschuss** bildet oder einen sachverständigen Dritten beauftragt, um die eigene Prüfung vorzubereiten[75]. Ebenso kann die Vorbereitung der eigenen Prüfung den unabhängigen Mitgliedern mit Sachverstand auf den Gebieten der Rechnungslegung und Abschlussprüfung übertragen werden, die nach § 100 Abs. 5 AktG in den Aufsichtsrat zu wählen sind bzw. bei Einrichtung eines Prüfungsausschusses diesem angehören müssen. Gegen die Bildung eines Prüfungsausschusses können keine Einwände erhoben werden, wenn die Voraussetzungen des § 107 Abs. 3 AktG eingehalten werden[76]. Nach § 107 Abs. 3 Satz 1 AktG kann der Aufsichtsrat aus seiner Mitte einen oder mehrere Ausschüsse bestellen, um Verhandlungen und Beschlüsse vorzubereiten oder die Ausführung von Beschlüssen zu überwachen. Gemäß § 107 Abs. 3 Satz 2 AktG hat der Aufsichtsrat insbesondere die Möglichkeit, einen Prüfungsausschuss zu bestellen, der sich mit der Überwachung des Rechnungslegungsprozesses, der Wirksamkeit des internen Kontrollsystems, des Risikomanagementsystems und des internen Revisionssystems sowie der Abschlussprüfung, hier insbesondere der Auswahl und der Unabhängigkeit des Abschlussprüfers, der Qualität der Abschlussprüfung und der vom Abschlussprüfer zusätzlich erbrachten Leistungen, befasst. Die Aufgaben nach § 171 AktG können einem Ausschuss jedoch nicht an Stelle des Aufsichtsrats zur Beschlussfassung übertragen werden.

57.36 Der **Prüfungsmaßstab**, den der Aufsichtsrat bei der Prüfung der Vorstandsvorlagen zugrunde zu legen hat, wird in § 171 AktG nicht festgelegt. Aus einem Vergleich mit § 317 HGB, der den Gegenstand und Umfang der Abschlussprüfung durch den Abschlussprüfer umschreibt, muss jedoch, auch unter Berücksichtigung von § 111 AktG, von einer uneingeschränkten Prüfungspflicht des Aufsichtsrats aus-

---

69 *Poll* in Küting/Weber, Handbuch der Rechnungslegung, Einzelabschluss: Kommentar zur Bilanzierung und Prüfung., § 171 AktG Rz. 1. Allgemein zur Überwachungsaufgabe des Aufsichtsrats *Semler*, Leitung und Überwachung der Aktiengesellschaft.
70 ADS, 6. Aufl. 1997, § 171 AktG Rz. 5; *Hüffer/Koch*, § 171 AktG Rz. 2.
71 ADS, 6. Aufl. 1997, § 171 AktG Rz. 5; *Hüffer/Koch*, § 171 AktG Rz. 2.
72 *Hüffer/Koch*, § 171 AktG Rz. 9.
73 BGH v. 15.11.1982 – II ZR 27/82, BGHZ 85, 295 = AG 1983, 133; *Grottel/H. Hoffmann* in BeckBilkomm., vor § 325 HGB Rz. 20. Zu beachten ist im Übrigen, dass nach Auffassung des BGH (BGH v. 15.11.1982 – II ZR 27/82 – Hertie, BGHZ 85, 295 = AG 1983, 133) die Einschaltung eines externen Sachverständigen durch ein *einzelnes* Aufsichtsratsmitglied nur dann zulässig ist, wenn die im Aufsichtsrat gebotenen Beratungsmöglichkeiten entweder nicht ausreichen oder pflichtwidrig verweigert werden.
74 *Grottel/H. Hoffmann* in BeckBilkomm., vor § 325 HGB Rz. 20.
75 ADS, 6. Aufl. 1997, § 171 AktG Rz. 8. Allgemein zur Bildung von Aufsichtsratsausschüssen auch *Rellermeyer*, Aufsichtsratsausschüsse, sowie *Lutter/Krieger/Verse*, Rechte und Pflichten des Aufsichtsrats, Rz. 739 ff. Der Deutsche Corporate Governance Kodex empfiehlt in D.3 sogar ausdrücklich die Bildung eines Prüfungsausschusses (sog. „Audit Committee") gebildet werden, der sich mit Fragen der Rechnungslegung befasst. *Hoffmann/Preu*, Der Aufsichtsrat, Rz. 251; *Kort* in Großkomm. AktG, 4. Aufl. 2003, vor § 76 AktG Rz. 44; *Theisen*, Grundsätze einer ordnungsgemäßen Information des Aufsichtsrates, S. 73.
76 ADS, 6. Aufl. 1997, § 171 AktG Rz. 16.

gegangen werden, die sie sich auf die Rechtmäßigkeit, Zweckmäßigkeit und Ordnungsmäßigkeit der Rechnungslegung des Vorstands bezieht[77]. Mit der Ausdehnung der nichtfinanziellen Berichterstattung im Wege des Gesetzes zur Stärkung der nichtfinanziellen Berichterstattung der Unternehmen in ihren Lage- und Konzernlageberichten (CSR-Richtlinie-Umsetzungsgesetz) vom 11.4.2017[78] (vgl. dazu auch Rz. 57.60 und Rz. 57.99) wurde von der Praxis die kontrovers diskutierte Frage aufgeworfen, ob der durch den Aufsichtsrat auf die finanziellen Informationen anzuwendende Prüfungsmaßstab in der gleichen Weise auch für die nichtfinanziellen Informationen gilt.[79]

2. Berichtspflicht

§ 171 Abs. 2 Satz 1 AktG normiert die **Berichtspflicht des Aufsichtsrats gegenüber der Hauptversammlung**[80]. Sie obliegt dem Aufsichtsrat als Kollektivorgan[81]. Der Bericht des Aufsichtsrats hat schriftlich zu erfolgen und ist durch den Aufsichtsratsvorsitzenden oder im Fall seiner Verhinderung von seinem Stellvertreter zu unterzeichnen[82]. Die Berichtspflicht kann zwar nicht mit befreiender Wirkung auf einen Prüfungsausschuss übertragen werden, jedoch kann ein solcher Ausschuss vorbereitend tätig werden[83]. 57.37

In dem Bericht hat der Aufsichtsrat über das **Ergebnis der Prüfung** des Jahresabschlusses, des Lageberichts und des Gewinnverwendungsvorschlags sowie ggf. des gesonderten nichtfinanziellen Berichts zu berichten[84]. Ist der Jahresabschluss durch einen Abschlussprüfer zu prüfen, hat der Aufsichtsrat ferner zu dem Ergebnis der Prüfung des Jahresabschlusses durch den Abschlussprüfer Stellung zu nehmen (§ 171 Abs. 2 Satz 3 AktG). Hierbei dürfte wohl grundsätzlich davon ausgegangen werden, dass, soweit der Bestätigungsvermerk uneingeschränkt erteilt wurde, lediglich kurz auf die zustimmende Kenntnisnahme durch den Aufsichtsrat hingewiesen wird[85]. Demgegenüber ist eine ausführliche Stellungnahme des Aufsichtsrats in jedem Fall erforderlich, wenn der Bestätigungsvermerk eingeschränkt oder versagt wurde oder der Aufsichtsrat wesentliche Feststellungen des Abschlussprüfers nicht teilt[86]. Weiter ist in dem Bericht im Wege eines detaillierten Eingehens auf Einzelmaßnahmen mitzuteilen, in welcher Art und in welchem Umfang der Aufsichtsrat die Geschäftsführung der Gesellschaft während des Geschäftsjahrs geprüft hat (§ 171 Abs. 2 Satz 2 AktG)[87]. Von anderer Seite wird vertreten, es sei 57.38

---

77 ADS, 6. Aufl. 1997, § 171 AktG Rz. 17; Hüffer/Koch, § 171 AktG Rz. 3; Hoffmann/Preu, Der Aufsichtsrat, Rz. 313 ff.; allgemein Steinbeck, Überwachungspflicht und Einwirkungsmöglichkeiten des Aufsichtsrats in der Aktiengesellschaft, S. 84 ff.
78 BGBl. I 2017, 802.
79 Die Anwendung des für die finanziellen Informationen geltenden Prüfungsmaßstabes befürwortend Kajüter, DB 2017, 624; so wohl auch Lanfermann, BB 2016, 750; lediglich eine Plausibilitätskontrolle befürwortend Hennrichs/Pöschke, NZG 2017, 121 ff.
80 Poll in Küting/Weber, Handbuch der Rechnungslegung, Einzelabschluss: Kommentar zur Bilanzierung und Prüfung, § 171 AktG Rz. 21.
81 ADS, 6. Aufl. 1997, § 171 AktG Rz. 63.
82 ADS, 6. Aufl. 1997, § 171 AktG Rz. 62; Grottel/H. Hoffmann in BeckBilkomm., vor § 325 HGB Rz. 27; zur Unterzeichnung des Berichts des Aufsichtsrats an die Hauptversammlung: BGH v. 21.6.2010 – II ZR 24/09, AG 2010, 632.
83 Grottel/H. Hoffmann in BeckBilkomm., vor § 325 HGB Rz. 27; ADS, 6. Aufl. 1997, § 171 AktG Rz. 63.
84 Grottel/H. Hoffmann in BeckBilkomm., vor § 325 HGB Rz. 28; Poll in Küting/Weber, Handbuch der Rechnungslegung, Einzelabschluss: Kommentar zur Bilanzierung und Prüfung, § 171 AktG Rz. 22.
85 Poll in Küting/Weber, Handbuch der Rechnungslegung, Einzelabschluss: Kommentar zur Bilanzierung und Prüfung, § 171 AktG Rz. 27; Grottel/H. Hoffmann in BeckBilkomm., vor § 325 HGB Rz. 29; ADS, 6. Aufl. 1997, § 171 AktG Rz. 71.
86 Grottel/H. Hoffmann in BeckBilkomm., vor § 325 HGB Rz. 29.
87 Poll in Küting/Weber, Handbuch der Rechnungslegung, Einzelabschluss: Kommentar zur Bilanzierung und Prüfung, § 171 AktG Rz. 23; Grottel/H. Hoffmann in BeckBilkomm., vor § 325 HGB Rz. 28; krit. zu formelhaften Wendungen auch Theisen, BB 1988, 707. Zu den inhaltlichen Anforderungen an den Bericht des Aufsichtsrats vgl. OLG Stuttgart v. 15.3.2006 – 20 U 25/05, AG 2006, 379.

grundsätzlich die formelhafte Wendung ausreichend, nach welcher der Aufsichtsrat versichert, den Vorstand aufgrund der Vorstandsberichte und gemeinsamer Sitzungen mit dem Vorstand laufend überwacht zu haben[88]. Darüber hinaus ist bei börsennotierten Gesellschaften neben der Zahl der Sitzungen des Aufsichtsrats auch anzugeben, welche Ausschüsse gebildet worden sind und wie häufig die Ausschüsse getagt haben (§ 171 Abs. 2 Satz 2 AktG). Am Schluss des Berichts hat der Aufsichtsrat zu erklären, ob nach dem abschließenden Ergebnis der Prüfung Einwendungen zu erheben sind und ob er den vom Vorstand aufgestellten Jahresabschluss billigt (§ 171 Abs. 2 Satz 4 AktG).

57.39 Der Aufsichtsrat hat keine unmittelbare Möglichkeit, **Änderungen an den Vorstandsvorlagen** vorzunehmen oder diese zu ergänzen[89]. Er kann jedoch zusammen mit dem Vorstand eine einvernehmliche Änderung des Jahresabschlusses herbeiführen, die vor der Feststellung des Jahresabschlusses grundsätzlich ohne Einschränkungen möglich ist[90]. Kann eine Einigung zwischen dem Vorstand und dem Aufsichtsrat nicht erzielt werden, so muss der Aufsichtsrat seine abweichende Meinung an die Hauptversammlung berichten[91].

57.40 Nach § 171 Abs. 3 Satz 1 AktG hat der Aufsichtsrat den Bericht innerhalb einer **Frist von einem Monat**, nachdem ihm die Vorlagen zugegangen sind, dem Vorstand zuzuleiten. Wird der Bericht dem Vorstand nicht innerhalb dieser Frist zugeleitet, hat der Vorstand dem Aufsichtsrat unverzüglich eine Nachfrist von nicht mehr als einem Monat zu setzen (§ 171 Abs. 3 Satz 2 AktG). Ist der Bericht dem Vorstand nicht vor Ablauf der Nachfrist zugeleitet worden, gilt der Jahresabschluss als vom Aufsichtsrat *nicht* gebilligt (§ 171 Abs. 3 Satz 3 AktG)[92]. Der Vorstand einer Aktiengesellschaft kann zur Bestimmung der Nachfrist durch das Registergericht mittels Androhung eines Zwangsgelds angehalten werden (§ 407 Abs. 1 AktG). Die Möglichkeit eine Erzwingung der Vorlage besteht dagegen gegenüber dem Aufsichtsrat nicht[93]. Infolge der Fiktion einer nicht erfolgten Billigung gemäß § 171 Abs. 3 Satz 3 AktG kommt auch einer Klage der Aktiengesellschaft gegen den Aufsichtsrat keine praktische Bedeutung zu[94].

3. Feststellung des Jahresabschlusses

57.41 Das Aktiengesetz eröffnet für die Feststellung des Jahresabschlusses **unterschiedliche Varianten**. Welche Feststellungsvariante zum Einsatz kommt, entscheidet letztendlich immer der Aufsichtsrat. Er kann

---

88 *Hüffer/Koch*, § 171 AktG Rz. 13 m.w.N.
89 *ADS*, 6. Aufl. 1997, § 171 AktG Rz. 43.
90 *ADS*, 6. Aufl. 1997, § 171 AktG Rz. 43.
91 *ADS*, 6. Aufl. 1997, § 171 AktG Rz. 43.
92 Auch nach dem fruchtlosen Verstreichen der Nachfrist bleibt der Aufsichtsrat zur Berichterstattung verpflichtet. Streitig ist in diesem Zusammenhang, ob es bei der Feststellungskompetenz der Hauptversammlung bleibt, wenn eine Billigung des Jahresabschlusses nach Ablauf der Nachfrist, aber vor Einberufung der Hauptversammlung, noch durch den Aufsichtsrat erfolgt (*ADS*, 6. Aufl. 1997, § 171 AktG Rz. 87 m.w.N.).
93 *ADS*, 6. Aufl. 1997, § 171 AktG Rz. 91; *Grottel/H. Hoffmann* in BeckBilkomm., vor § 325 HGB Rz. 35; *Poll* in Küting/Weber, Handbuch der Rechnungslegung, Einzelabschluss: Kommentar zur Bilanzierung und Prüfung, § 171 AktG Rz. 38.
94 *Grottel/H. Hoffmann* in BeckBilkomm., vor § 325 HGB Rz. 36; *ADS*, 6. Aufl. 1997, § 171 AktG Rz. 91; *Poll* in Küting/Weber, Handbuch der Rechnungslegung, Einzelabschluss: Kommentar zur Bilanzierung und Prüfung, § 171 AktG Rz. 38. Zu beachten ist, dass die Verletzung der Prüfungs- und Berichtspflichten durch den Aufsichtsrat zu einer Schadensersatzverpflichtung des Aufsichtsrats oder eines seiner Mitglieder nach den §§ 116, 111, 93 AktG führen kann, wenn der Aktiengesellschaft aus der Pflichtverletzung ein Schaden entstanden ist. Weiter kann die Pflichtverletzung einen Grund für die Versagung der Entlastung (§ 120 AktG) des Aufsichtsrats darstellen. Stellt der Aufsichtsrat die Verhältnisse der Gesellschaft im Bericht unrichtig dar oder verschleiert er diese, besteht die Möglichkeit, dass er sich nach § 400 AktG strafbar macht. *Poll* in Küting/Weber, Handbuch der Rechnungslegung, Einzelabschluss: Kommentar zur Bilanzierung und Prüfung, § 171 AktG Rz. 38; *Grottel/H. Hoffmann* in BeckBilkomm., vor § 325 HGB Rz. 36.

– was grundsätzlich der Normalfall (gesetzliches Leitbild) ist – am Schluss seines Berichts erklären, dass nach dem abschließenden Ergebnis seiner Prüfung Einwendungen nicht zu erheben sind und der vom Vorstand aufgestellte Jahresabschluss gebilligt wird (§ 172 Satz 1, § 171 Abs. 2 Satz 4 AktG)[95]. Mit der Erklärung der Billigung ist der Jahresabschluss festgestellt[96]. Weiter besteht die Möglichkeit, dass sich der Aufsichtsrat und der Vorstand dahingehend einigen, dass (auch) die Hauptversammlung den Jahresabschluss feststellt (§ 172 Satz 1, § 173 Abs. 1 Satz 1 AktG)[97]. Zu beachten ist, dass die Beschlüsse des Aufsichtsrats und des Vorstands in den Bericht des Aufsichtsrats an die Hauptversammlung aufzunehmen sind (§ 172 Satz 2 AktG)[98]. In diesem Fall billigt der Aufsichtsrat zwar den Jahresabschluss, jedoch kommt Feststellungswirkung allein dem Hauptversammlungsbeschluss zu[99]. Billigt der Aufsichtsrat den Jahresabschluss nicht, wird dieser ebenfalls durch die Hauptversammlung festgestellt (§ 173 Abs. 1 Satz 1 AktG). Darüber hinaus stellt die Hauptversammlung den Jahresabschluss auch dann fest, wenn der Aufsichtsrat dem Vorstand der Aktiengesellschaft seinen Bericht nicht innerhalb der Nachfrist zuleitet, denn in diesem Fall gilt der Jahresabschluss als durch den Aufsichtsrat nicht gebilligt (§ 171 Abs. 3 Satz 3 AktG; siehe auch Rz. 57.40).

Die Billigung (Feststellung) des Jahresabschlusses einer Aktiengesellschaft durch den gesamten Aufsichtsrat erfolgt im Wege eines **Beschlusses** (§ 107 Abs. 3, § 108 Abs. 1 AktG)[100]. Dies geschieht regelmäßig in der Bilanzsitzung bzw. kann, unter den Voraussetzungen des § 108 Abs. 4 AktG, auch außerhalb der Sitzung erfolgen[101]. 57.42

Mit der Feststellung wird der Jahresabschluss in der festgestellten Form einschließlich etwaiger bilanzpolitischer Maßnahmen rechtswirksam und verbindlich (**Bestandskraft oder Bindungswirkung des festgestellten Jahresabschlusses**)[102]. Die Hauptversammlung ist hinsichtlich des noch zu fassenden Gewinnverwendungsbeschlusses an den festgestellten Jahresabschluss gebunden, d.h. auf den ausgewiesenen Bilanzgewinn beschränkt[103]. Es gelangt ein einklagbarer mitgliedschaftlicher Anspruch der Aktionäre auf Herbeiführung eines Gewinnverwendungsbeschlusses zur Entstehung[104]. 57.43

---

95 *Hoffmann/Preu*, Der Aufsichtsrat, Rz. 315.
96 *Grottel/H. Hoffmann* in BeckBilkomm., vor § 325 HGB Rz. 30.
97 Unklar ist hier, ob die Billigung in diesem Fall ausnahmsweise auch durch einen Bilanzprüfungs- und Rechnungslegungsausschuss erfolgen darf, weil § 107 Abs. 3 Satz 2 AktG diesen Fall nicht aufführt (so auch *Hüffer/Koch*, § 172 AktG Rz. 7).
98 Gemeint sind hier die Beschlüsse, mit denen Vorstand und Aufsichtsrat die Zuständigkeit der Hauptversammlung begründen, den durch den Aufsichtsrat gebilligten Jahresabschluss festzustellen. Die Billigung des Aufsichtsrats selbst wird nämlich bereits durch § 171 Abs. 2 Satz 4 AktG Bestandteil des Berichts (so auch *Hüffer/Koch*, § 172 AktG Rz. 8).
99 *Hüffer/Koch*, § 172 AktG Rz. 7, spricht hier von einer Feststellung durch die Hauptversammlung trotz Billigung durch den Aufsichtsrat.
100 *Hüffer/Koch*, § 172 AktG Rz. 4; *Grottel/H. Hoffmann* in BeckBilkomm., vor § 325 HGB Rz. 72.
101 *Grottel/H. Hoffmann* in BeckBilkomm., vor § 325 HGB Rz. 72. Umstritten ist, ob der Aufsichtsrat die Billigung von der Erfüllung bestimmter Auflagen abhängig machen kann. Dies wird teilweise unter Hinweis auf die dadurch entstehende erhebliche Rechtsunsicherheit und die Tatsache, dass das Aktienrecht eine abschließende Regelung hinsichtlich der Entscheidungsmöglichkeiten des Aufsichtsrats getroffen habe, grundsätzlich verneint; vgl. etwa *Hüffer/Koch*, § 172 AktG Rz. 4 m.w.N.; *Poll* in Küting/Weber, Handbuch der Rechnungslegung, Einzelabschluss: Kommentar zur Bilanzierung und Prüfung, § 172 AktG Rz. 3. Lediglich ausnahmsweise soll nach anderer Ansicht zumindest dann eine Beschlussfassung unter Auflagen zulässig sein, wenn der Aufsichtsrat seine Änderungswünsche im Bericht in einer Art und Weise konkretisiert hat, dass auch der ungeübte Bilanzleser unter den Aktionären erkennen kann, ob die Änderung vorgenommen worden sind; *ADS*, 6. Aufl. 1997, § 172 AktG Rz. 18.
102 *Hüffer/Koch*, § 172 AktG Rz. 5; *Poll* in Küting/Weber, Handbuch der Rechnungslegung, Einzelabschluss: Kommentar zur Bilanzierung und Prüfung, § 172 AktG Rz. 4.
103 *Poll* in Küting/Weber, Handbuch der Rechnungslegung, Einzelabschluss: Kommentar zur Bilanzierung und Prüfung, § 172 AktG Rz. 4; *Hüffer/Koch*, § 172 AktG Rz. 5.
104 *Poll* in Küting/Weber, Handbuch der Rechnungslegung, Einzelabschluss: Kommentar zur Bilanzierung und Prüfung, § 172 AktG Rz. 4. Davon zu trennen ist der Dividendenzahlungsanspruch, der rechtlich

IV. Für den Inhalt maßgebliche Normen

1. HGB/AktG

a) Entstehung des geltenden Bilanzrechts

57.44 Das für Kapitalgesellschaften gegenwärtig relevante deutsche Bilanzrecht geht im Wesentlichen auf die **Umsetzung von europäischen Richtlinien** zurück. Eine Richtlinie ist als Rechtsakt der Gemeinschaft zu charakterisieren, der für den Mitgliedstaat, an den er sich richtet, hinsichtlich des zu erreichenden Ziels verbindlich ist, den innerstaatlichen Stellen jedoch die Wahl der Form und der Mittel überlässt. Anders als Verordnungen sind Richtlinien folglich grundsätzlich als zweistufiger Rechtsakt konzipiert. Da sich die Richtlinien an die Mitgliedstaaten wenden, bedürfen sie der Umsetzung in nationales Recht.

57.45 Für das Bilanzrecht kam dabei der Umsetzung der am 25.7.1978 vom Rat der Europäischen Gemeinschaften verabschiedeten Vierten gesellschaftsrechtlichen Richtlinie der EU durch das **Bilanzrichtlinien-Gesetz** (Gesetz zur Durchführung der Vierten, Siebenten und Achten Richtlinie des Rates der Europäischen Gemeinschaften zur Koordinierung des Gesellschaftsrechts (Bilanzrichtlinien-Gesetz – BiRiLiG) vom 19.12.1985)[105] herausragende Bedeutung zu. Weitere – im Zusammenhang mit börsennotierten Aktiengesellschaften relevante – Gesetze, die europäische Richtlinien mit Schwerpunkt auf Fragen der Rechnungslegung in deutsches Recht umsetzen, waren das **Bankbilanzrichtlinie-Gesetz** vom 30.11.1990[106] und das **Versicherungsbilanzrichtlinie-Gesetz** vom 24.6.1994[107].

57.46 Sämtliche hier erwähnten Richtlinien stützen sich auf Art. 44 Abs. 2 lit. g des EG-Vertrags (vormals Art. 54 Abs. 3 lit. g des EWG-Vertrags und heute Art. 50 AEUV), der die Harmonisierung der Schutzbestimmungen der Mitgliedstaaten im Interesse der Gesellschaften und Dritter, insbesondere der Gläubiger, zum Ziel hat[108]. Die mittels der Richtlinien **angestrebte Rechtsangleichung** (= Harmonisierung) bedeutet indes nicht Rechtsvereinheitlichung[109]. Es wäre auch verfehlt zu glauben, die Harmonisierung führe zur Entstehung eines einheitlichen und eigenständigen europäischen Unternehmensrechts. Vielmehr ist die EU lediglich bestrebt, mittels der Richtlinien zum europäischen Unternehmensrecht ein in den wesentlichen Punkten angeglichenes nationales Recht zu forcieren[110].

Der **Kompromisscharakter** der für das Bilanzrecht maßgebenden Richtlinien kommt dadurch zum Ausdruck, dass in den Richtlinien eine Vielzahl unterschiedlich ausgestalteter Wahlrechte statuiert wird[111].

---

erst mit der Beschlussfassung der Hauptversammlung über die Verwendung des Bilanzgewinns zur Entstehung gelangt.

105 BGBl. I 1985, 2355 ff., setzte die Bilanzrichtlinie v. 25.7.1978 (ABl. EG Nr. L 222 v. 25.7.1978, S. 11 ff.), die Konzernbilanzrichtlinie v. 13.6.1983 (ABl. EG Nr. L 193 v. 18.7.1983, S. 1 ff.) und die Bilanzprüferrichtlinie v. 10.4.1984 (ABl. EG Nr. L 126 v. 12.5.1984, S. 20 ff.) in deutsches Recht um.
106 BGBl. I 1990, 2570 ff.; setzte die Bankbilanzrichtlinie v. 8.12.1986 (ABl. EG Nr. L 372 v. 31.12.1986, S. 1 ff.) in deutsches Recht um.
107 BGBl. I 1994, 1377 ff.; setzte die Versicherungsbilanzrichtlinie v. 31.12.1991 (ABl. EG Nr. L 347 v. 31.12.1986, S. 7 ff.) in deutsches Recht um.
108 *Bank* in Küting/Weber, Handbuch der Rechnungslegung, Einzelabschluss: Kommentar zur Bilanzierung und Prüfung, Kapitel 1 Rz. 1.
109 *Brönner*, BFuP 1981, 501.
110 *Bank* in Küting/Weber, Handbuch der Rechnungslegung, Einzelabschluss: Kommentar zur Bilanzierung und Prüfung, Kapitel 1 Rz. 20.
111 Zu einer Systematisierung der Wahlrechte vgl. *Kirchner/Schwartze*, WPg 1985, 398 f. Kritisch *Berndt/Hommel*, BFuP 2005, 412 zur Vierten gesellschaftsrechtlichen Richtlinie der EU als Resultat eines politischen, von Kompromissen geprägten Einigungsprozesses. Es scheint, dass all jene Punkte, bei denen die Mitgliedstaaten keine Einigung erzielen konnten, das Problem durch die Einführung von Wahlrechten und einer additiven Harmonisierung gelöst wurde.

b) Struktur des geltenden Bilanzrechts

Der Gesetzgeber nahm das Bilanzrichtlinien-Gesetz zum Anlass, die Rechnungslegungsvorschriften für alle Rechtsformen im neuen **Dritten Buch des HGB** (§§ 238–342e HGB) zusammenzufassen[112]. Das Dritte Buch enthält somit die Rechnungslegungsvorschriften für Einzelkaufleute und Personenhandelsgesellschaften (und zwar auch soweit sie dem PublG unterliegen; § 5 PublG), Kapitalgesellschaften und Genossenschaften; es enthält im Übrigen auch ergänzende Vorschriften für Unternehmen bestimmter Geschäftszweige (Kreditinstitute bzw. Versicherungsunternehmen)[113].

57.47

Der Aufbau des Dritten Buchs folgt dem Prinzip, **vom Allgemeinen zum Speziellen** voranzuschreiten. So enthalten die **§§ 238–263 HGB**, die den ersten Abschnitt des Dritten Buchs bilden, die Vorschriften für **alle Kaufleute**, während der zweite Abschnitt (**§§ 264–335b HGB**) nur noch die ergänzenden, d.h. weitergehenden, Normen für **Kapitalgesellschaften** (Aktiengesellschaften, Kommanditgesellschaften auf Aktien und Gesellschaften mit beschränkter Haftung) **sowie bestimmte Personenhandelsgesellschaften**, bei denen nicht mindestens ein Vollhafter unmittelbar oder mittelbar eine natürliche Person ist, umfasst. In **§ 264d HGB** werden darüber hinaus **kapitalmarktorientierte Kapitalgesellschaften** als zusätzliche Gruppe von Unternehmen definiert, die bestimmten zusätzlichen Anforderungen unterliegen. Die Kapitalmarktorientierung einer Kapitalgesellschaft ist dann gegeben, wenn sie einen organisierten Markt i.S.d. § 2 Abs. 11 WpHG durch von ihr ausgegebene Wertpapiere i.S.d. § 2 Abs. 1 Satz 1 WpHG in Anspruch nimmt oder die Zulassung solcher Wertpapiere beantragt hat. Schließlich werden in § 316a Satz 2 HGB **Unternehmen von öffentlichen Interesse** definiert, zu denen neben den kapitalmarktorientierten Unternehmen i.S.d. § 264d HGB bestimmte CRR-Kreditinstitute und Versicherungsunternehmen zählen. Der dritte Abschnitt (**§§ 336–339 HGB**) widmet sich den ergänzenden Vorschriften für **eingetragene Genossenschaften** und der vierte Abschnitt (**§§ 340–340o und §§ 341–341y HGB**) den ergänzenden Vorschriften für Unternehmen bestimmter Geschäftszweige (**Kreditinstitute und Finanzdienstleistungsinstitute** bzw. **Versicherungsunternehmen und Pensionsfonds sowie bestimmte Unternehmen des Rohstoffsektors**). Der fünfte Abschnitt (§§ 342, 342a HGB) enthält keine unmittelbar rechnungslegungsbezogenen Normen, sondern die Rechtsgrundlagen für ein „Privates Rechnungslegungsgremium" bzw. einen „Rechnungslegungsbeirat". Der sechste Abschnitt (§§ 342b–342e HGB) enthält die Rechtsgrundlagen für eine Prüfstelle für Rechnungslegung zur Prüfung von Verstößen gegen Rechnungslegungsvorschriften (Enforcement, siehe dazu auch Rz. 58.95 ff.).

57.48

Speziell für **Aktiengesellschaften** sind zudem § 150 AktG (Gesetzliche Rücklage, Kapitalrücklage), § 152 AktG (Vorschriften zur Bilanz), § 158 AktG (Vorschriften zur Gewinn- und Verlustrechnung), § 160 AktG (Vorschriften zum Anhang) und § 161 AktG (Erklärung zum Deutschen Corporate Governance Kodex) zu beachten.

57.49

c) Informationsinstrumente börsennotierter Aktiengesellschaften
aa) Bilanz, Gewinn- und Verlustrechnung und Anhang

Die gesetzlichen Vertreter einer börsennotierten Aktiengesellschaft haben in den ersten drei Monaten des Geschäftsjahrs einen Jahresabschluss und einen Lagebericht aufzustellen (§ 264 Abs. 1 Satz 2 HGB). Der Jahresabschluss besteht aus der Bilanz, der Gewinn- und Verlustrechnung und dem Anhang sowie – im Falle einer kapitalmarktorientierten Kapitalgesellschaft, die nicht zur Aufstellung eines Konzernabschlusses verpflichtet ist – einer Kapitalflussrechnung, einem Eigenkapitalspiegel und fakultativ einer Segmentberichterstattung (§ 264 Abs. 1 Satz 2 HGB i.V.m. § 242 HGB).

57.50

Die **Bilanz** stellt das Verhältnis des Vermögens und der Schulden des Bilanzierenden dar (§ 242 Abs. 1 Satz 1 HGB). Die **Gewinn- und Verlustrechnung** ist eine Gegenüberstellung der Aufwendungen und

57.51

---

112 *Coenenberg/Haller/Schulze*, Jahresabschluss und Jahresabschlussanalyse, S. 25.
113 *Coenenberg/Haller/Schulze*, Jahresabschluss und Jahresabschlussanalyse, S. 25.

Erträge des Geschäftsjahrs (§ 242 Abs. 2 HGB). Der **Anhang** hat „die Aufgabe, die durch die anderen Jahresabschlusselemente vermittelten Informationen näher zu erläutern, zu ergänzen, zu korrigieren bzw. die Bilanz oder die [... Gewinn- und Verlustrechnung] von bestimmten Aufgaben zu entlasten"[114]. Der Anhang ist den beiden anderen Jahresabschlusselementen gleichwertig[115].

57.52 Der Jahresabschluss erfüllt mit der **Informationsfunktion** und der **Ausschüttungsbemessung** zwei wesentliche Aufgaben. Die Informationsfunktion wird durch § 264 Abs. 2 Satz 1 HGB geprägt, gemäß dem der Jahresabschluss einer Kapitalgesellschaft unter Beachtung der GoB ein den tatsächlichen Verhältnissen entsprechendes Bild der Vermögens-, Finanz- und Ertragslage zu vermitteln hat. Die Bedeutung des Anhangs liegt insbesondere darin, abweichend zur Bilanz oder Gewinn- und Verlustrechnung, diesem durch § 264 Abs. 2 Satz 1 HGB normierten Einblicksgebot durch zusätzliche Informationen Rechnung zu tragen. Davon abgekoppelt wird die Ausschüttungsbemessungsfunktion durch den Inhalt der Bilanz und Gewinn- und Verlustrechnung, die von den GoB „regiert"[116] werden, bestimmt. Diese, als **„Abkopplungsthese"** bezeichnete Auffassung, wurde insbesondere von *Moxter* geprägt[117].

57.53 Hinsichtlich der im Anhang zu gebenden Informationen unterscheidet das HGB zwischen **Pflichtangaben sowie Wahlpflichtangaben**, die wahlweise in der Bilanz/GuV oder im Anhang aufzunehmen sind. Zu den Inhalten des Anhangs gehören insbesondere Angaben zu den Bilanzierungs- und Bewertungsmethoden, Erläuterungen zur Bilanz und zur Gewinn- und Verlustrechnung. Die Pflichtangaben sind insbesondere in den § 284 und § 285 HGB kodifiziert. Wahlpflichtangaben finden sich z.B. in § 268 HGB[118].

57.54 **Für börsennotierte Gesellschaften bestehen zudem die folgenden zusätzlichen Pflichtangaben**: Gemäß § 285 Nr. 10 HGB haben börsennotierte Gesellschaften im Anhang neben der Angabe aller Organmitglieder mit Namen und ausgeübtem Beruf auch die Mitgliedschaften in weiteren Aufsichtsräten und anderen Kontrollgremien i.S.d. § 125 Abs. 1 Satz 5 AktG anzugeben. § 285 Nr. 11b HGB, der § 285 Nr. 11 HGB ergänzt, schreibt vor, dass der Anhang börsennotierter Gesellschaften nicht nur Angaben über Beteiligungsgesellschaften enthalten muss, wenn ein Anteilsbesitz von 20 % oder mehr besteht, sondern zusätzlich alle Beteiligungen an großen Kapitalgesellschaften mit mehr als 5 % der Stimmrechte anzugeben sind. Zudem fordert § 285 Nr. 16 HGB die Angabe, dass die nach § 161 AktG vorgeschriebene Erklärung zum Deutschen Corporate Governance Kodex abgegeben und wo sie öffentlich zugänglich gemacht worden ist. Bisher von börsennotierten Aktiengesellschaften auf individualisierter Basis in den Anhang aufzunehmende Angaben zur Vergütung der Vorstandsmitglieder sind nunmehr in einem gesonderten Vergütungsbericht nach § 162 AktG zu machen.

57.55 Einstweilen frei.

---

[114] *Baetge/Kirsch/Thiele*, Bilanzen, S. 701 m.w.N.
[115] Zur Bedeutung des Anhangs *Hinz* in Castan et al., Beck'sches Handbuch der Rechnungslegung, B 100 Rz. 62 ff.
[116] So *Beisse* in FS Beusch, 1993, S. 93.
[117] *Moxter*, ZIP 1987, 610; *Moxter* in FS Budde, 1995, S. 427; *Beisse* in FS Clemm, 1997, S. 45 f.; *Schön*, ZHR 161 (1997), 152 f.; *Hommel/Schmidt/Wüstemann*, WPg-Sonderheft 2004, S. 93; *ADS*, 6. Aufl. 1997, § 264 HGB Rz. 88. A.A. EuGH v. 27.6.1996 – C-234/94, Waltraud Tomberger gegen Gebrüder von Wettern GmbH, Sammlung des Gerichtshofes und des Gerichts erster Instanz, S. I-3145 ff.; *Hüttemann* in Ulmer, Großkomm. HGB-Bilanzrecht, § 264 HGB Rz. 26, aufgrund des in der EuGH-Entscheidung betonten Grundsatzes der Bilanzwahrheit, der nach Ansicht des EuGH alle Teile des Jahresabschusses – Bilanz, GuV und Anhang – gleichermaßen betrifft.
[118] Eine detaillierte Aufstellung aller Pflicht- und Wahlpflichtangaben liefern *Baetge/Kirsch/Thiele*, Bilanzen, S. 696 ff.

bb) Lagebericht

Auf der Basis des Bilanzrechtsreformgesetzes, das die Vorgaben der sog. Modernisierungsrichtlinie der EU umgesetzt hat, wurde § 289 HGB neu gefasst[119] und durch das Übernahmerichtlinie-Umsetzungsgesetz[120] sowie das Vorstandsvergütungs-Offenlegungsgesetz[121] inhaltlich um zusätzliche Angabepflichten erweitert. Weitere Angabepflichten wurden durch das BilMoG in § 289 HGB eingefügt. Zuletzt wurde der Lagebericht durch das CSR-Richtlinie-Umsetzungsgesetz um die sog. nichtfinanzielle Erklärung ergänzt (siehe auch Rz. 57.64 f.)[122]. Alternativ können die entsprechenden Angaben in einem gesonderten nichtfinanziellen Bericht nach § 289b Abs. 3 HGB gemacht, der zusammen mit dem Lagebericht offengelegt oder auf der Internetseite der Gesellschaft mit einem entsprechenden Hinweis im Lagebericht veröffentlicht wird. Intendiert sind die **Verbesserung des Informationsgehaltes** von Lageberichten und deren Vergleichbarkeit sowie die Einbeziehung von ökologischen und sozialen Bezügen der Geschäftstätigkeit[123]. § 289 HGB weist den folgenden Regelungsgehalt auf:

57.56

Im **Lagebericht** sind der **Geschäftsverlauf einschließlich des Geschäftsergebnisses** und die **Lage der Kapitalgesellschaft** nach § 289 Abs. 1 Satz 1 HGB so darzustellen, dass ein den tatsächlichen Verhältnissen entsprechendes Bild vermittelt wird. Er hat gemäß § 289 Abs. 1 Satz 2 HGB eine ausgewogene und umfassende, dem Umfang und der Komplexität der Geschäftstätigkeit entsprechende Analyse des Geschäftsverlaufs und der Lage der Gesellschaft zu enthalten. In die Analyse sind die für die Geschäftstätigkeit bedeutsamsten **finanziellen Leistungsindikatoren** einzubeziehen und unter Bezugnahme auf die im Jahresabschluss ausgewiesenen Beträge und Angaben zu erläutern (§ 289 Abs. 1 Satz 3 HGB). Ferner ist im Lagebericht die **voraussichtliche Entwicklung** mit ihren **wesentlichen Chancen und Risiken** zu beurteilen und zu erläutern; zugrunde liegende Annahmen sind anzugeben (§ 289 Abs. 1 Satz 4 HGB).

57.57

Der Lagebericht muss auch über **Risikomanagementziele und -methoden** (§ 289 Abs. 2 Nr. 1a HGB), über **Preisänderungs-, Ausfall- und Liquiditätsrisiken und Risiken aus Zahlungsstromschwankungen aus Finanzinstrumenten** (§ 289 Abs. 2 Nr. 1b HGB), über den Bereich **Forschung und Entwicklung** (§ 289 Abs. 2 Nr. 2 HGB) sowie über bestehende **Zweigniederlassungen** der Gesellschaft (§ 289 Abs. 2 Nr. 3 HGB) zu berichten. Die nach § 289 Abs. 2 Nr. 1 HGB a.F. erforderliche Berichterstattung über Vorgänge von besonderer Bedeutung, die nach dem Schluss des Geschäftsjahres eingetreten sind, wurde mit dem BilRuG in den § 285 Nr. 33 HGB verlagert und hat demzufolge nunmehr im Anhang zu erfolgen[124].

57.58

Große Kapitalgesellschaften haben zudem **nichtfinanzielle Leistungsindikatoren**, u.a. Informationen über Umwelt- und Arbeitnehmerbelange, zu erläutern, soweit dies für das Verständnis des Geschäftsverlaufs oder die Lage der Gesellschaft von Bedeutung ist (§ 289 Abs. 3 HGB). Dabei ist u.a. an die Entwicklung des Kundenstamms und Sponsoring zu denken[125].

57.59

---

119 Dazu auch *Kajüter*, BB 2004, 427; *Lange*, ZIP 2004, 981.
120 Gesetz zur Umsetzung der Richtlinie 2004/25/EG des Europäischen Parlaments und des Rates v. 21.4.2004 betreffend Übernahmeangebote, BGBl. I 2006, 1426.
121 Gesetz über die Offenlegung der Vorstandsvergütungen (Vorstandsvergütungs-Offenlegungsgesetz – VorstOG), BGBl. I 2005, 2437.
122 Gesetz zur Stärkung der nichtfinanziellen Berichterstattung der Unternehmen in ihren Lage- und Konzernlageberichten (CSR-Richtlinie-Umsetzungsgesetz), BGBl. I 2017, 802.
123 So auch Erwägungsgrund 9 der Modernisierungsrichtlinie, ABl. EU Nr. L 178 v. 17.7.2003, S. 17.
124 Gesetz zur Umsetzung der Richtlinie 2013/34/EU des Europäischen Parlaments und des Rates v. 26.6.2013 über den Jahresabschluss, den konsolidierten Abschluss und damit verbundene Berichte von Unternehmen bestimmter Rechtsformen und zur Änderung der Richtlinie 2006/43/EG des Europäischen Parlaments und des Rates und zur Aufhebung der Richtlinien 78/660/EWG und 83/349/EWG des Rates (Bilanzrichtlinie-Umsetzungsgesetz – BilRuG) v. 17.6.2015, BGBl. I 2015, 1245.
125 *Meyer*, DStR 2004, 972.

In § 289 Abs. 4 HGB ist für kapitalmarktorientierte Gesellschaften die Verpflichtung vorgesehen, im Lagebericht die wesentlichen Merkmale des **internen Kontroll- und des internen Risikomanagementsystems** im Hinblick auf den Rechnungslegungsprozess zu beschreiben.

57.60 Mit dem CSR-Richtlinie-Umsetzungsgesetz (dazu auch unter Rz. 57.99) wurde der bisherige § 289 Abs. 4 HGB a.F. inhaltlich unverändert in den § 289a HGB verschoben. Die Vorschrift enthält für Aktiengesellschaften, die einen organisierten Markt i.S.d. § 2 Abs. 7 WpÜG durch von ihnen ausgegebene stimmberechtigte Aktien in Anspruch nehmen (§ 289a Satz 1 HGB), eine durch das **Übernahmerichtlinie-Umsetzungsgesetz** eingefügte zusätzliche **Erweiterung der Anforderungen an die Lageberichterstattung**[126]. Danach hat die Berichterstattung auch bestimmte übernahmerelevante Informationen eines Unternehmens zu umfassen, unabhängig davon, ob ein Übernahmeangebot vorliegt oder zu erwarten ist. Die mit diesen zusätzlichen Offenlegungspflichten bezweckte Steigerung der Transparenz dient dazu, potentiellen Bietern die Struktur der Zielgesellschaft, ihre möglichen Verteidigungsmechanismen zur Abwehr (feindlicher) Übernahmeangebote sowie bestehende Übernahmehindernisse zu verdeutlichen[127], um darauf basierend ihre Investitionsentscheidung treffen zu können[128].

Einige der in § 289a HGB aufgeführten Angaben können **sowohl im Anhang als auch im Lagebericht** gemacht werden. Soweit die Angaben im Anhang gemacht worden sind, ist gemäß § 289a Satz 2 HGB im Lagebericht auf die Angaben im Anhang zu verweisen.

57.61 Die bisher von börsennotierten Aktiengesellschaften im Lagebericht darzustellenden Grundzüge des Vergütungssystems der Gesellschaft für die in § 285 Nr. 9 HGB genannten Gesamtbezüge mit dem Ziel einer höheren Transparenz hinsichtlich des Vergütungssystems sind nunmehr ebenfalls Bestandteil des gesonderten Vergütungsberichts nach § 162 AktG (siehe auch Rz. 57.54).

57.62 § 176 Abs. 1 Satz 1 AktG verpflichtet den Vorstand, bei börsennotierten Aktiengesellschaften einen **erläuternden Bericht** zu den Angaben nach § 289a sowie § 315a HGB der Hauptversammlung zugänglich zu machen.

57.63 Die **Aufgaben** des Lageberichts bestehen primär in der Verdichtung der Jahresabschlussinformationen und in der zeitlichen und sachlichen Ergänzung des Jahresabschlusses[129], wobei im Zeitablauf die Verpflichtung zu ergänzenden Angaben ohne unmittelbaren Bezug zum Jahresabschluss fortlaufend ausgeweitet wurde. „Die Verdichtungsaufgabe des Lageberichts kommt in der Zusammenfassung der im Jahresabschluss abgebildeten Vermögens-, Finanz- und Ertragslage zur (Gesamt-)Lage des Unternehmens zum Ausdruck. Die Ergänzungsaufgabe wird einerseits zeitlich durch die Einbeziehung von Prognosen in den Lagebericht und andererseits sachlich durch die Berichterstattung über die gesamte Lage des Unternehmens, die etwa auch die Personal- und Absatzlage umfasst, deutlich."[130]

---

126 Der Deutsche Standardisierungsrat (DSR) hat mit dem DRS 15a „Übernahmerechtliche Angaben und Erläuterungen im Konzernlagebericht" auf die neuen Angabepflichten im (Konzern-)Lagebericht reagiert. Nicht betroffen durch die Offenlegungspflicht sind „Unternehmen, die einen organisierten Markt lediglich mit Schuldverschreibungen oder Genussscheinen in Anspruch nehmen". „Unter den Wertpapierbegriff der Übernahmerichtlinie fallen ebenfalls nicht Derivate, Pfandbriefe und Anleihen." So *Baetge/Brüggemann/Haenelt*, BB 2007, 1888.

127 *Baetge/Brüggemann/Haenelt*, BB 2007, 1888: „Denn solche Übernahmehindernisse können einen wesentlichen Einfluss auf die Entscheidung des potentiellen Bieters haben, ein Übernahmeangebot abzugeben, respektive darauf, die Erfolgschancen des eigenen Übernahmeangebots abzuschätzen". *Lanfermann/Maul*, BB 2004, 1517–1518; *Maul/Muffat-Jeandet*, AG 2004, 308.

128 Begründung der Bundesregierung zum Entwurf eines Gesetzes zur Umsetzung der Richtlinie 2004/25/EG des Europäischen Parlaments und des Rates v. 21.4.2004 betreffend Übernahmeangebote (Übernahmerichtlinie-Umsetzungsgesetz), BT-Drucks. 16/1003, S. 15 und S. 24.

129 *Baetge/Kirsch/Thiele*, Bilanzen, S. 741.

130 *Baetge/Kirsch/Thiele*, Bilanzen, S. 741 f.

Die Vorschriften zur Lageberichterstattung wurden durch das CSR-Richtlinie-Umsetzungsgesetz mit den §§ 289b bis e HGB um detailliertere **Spezialvorschriften für die sog. nichtfinanzielle Erklärung bzw. den sog. gesonderten nichtfinanziellen Bericht** ergänzt. Diese Vorschriften betreffen aber nur Kapitalgesellschaften, die die Voraussetzungen des § 267 Abs. 3 Satz 1 HGB erfüllen, i.S.d. § 264d HGB kapitalmarktorientiert sind und im Jahresdurchschnitt mehr als 500 Arbeitnehmer beschäftigen (§ 289b Abs. 1 Satz 1 HGB). Die nichtfinanzielle Erklärung ist in den Lagebericht aufzunehmen (§ 289b Abs. 1 HGB), die alternativ zulässige sog. gesonderte nichtfinanzielle Berichterstattung erfolgt außerhalb des Lageberichts (§ 289b Abs. 3 HGB). Inhalt sowohl der nichtfinanziellen Erklärung als auch des nichtfinanziellen gesonderten Berichts ist eine Beschreibung des Geschäftsmodells (§ 289c Abs. 1 HGB). Darüber hinaus ist zumindest auf Umweltbelange, Arbeitnehmerbelange, Sozialbelange, die Achtung der Menschenrechte und die Bekämpfung von Korruption und Bestechung einzugehen (§ 289c Abs. 2 HGB). Zu den vorhergehenden Aspekten sind jeweils Angaben zu machen, die für das Verständnis des Geschäftsverlaufs, des Geschäftsergebnisses, die Lage der Kapitalgesellschaft sowie die Auswirkungen ihrer Tätigkeit auf die genannten Aspekte erforderlich sind (§ 289b Abs. 3 HGB). 57.64

Diese Angaben umfassen 57.65

- eine Beschreibung der verfolgten Konzepte und von deren Ergebnissen (§ 289b Abs. 3 Nr. 1, 2 HGB);
- die wesentlichen Risiken, die mit der eigenen Geschäftstätigkeit verknüpft sind und die sehr wahrscheinlich schwerwiegenden negativen Auswirkungen auf die Aspekte nach § 289c Abs. 2 HGB sowie die Handhabung dieser Risiken (§ 289c Abs. 3 Nr. 3 HGB);
- die wesentlichen Risiken, die mit den Geschäftsbeziehungen, ihren Produkten und Dienstleistungen verknüpft sind und die sehr wahrscheinlich schwerwiegenden negativen Auswirkungen auf die Aspekte nach § 289c Abs. 2 HGB sowie die Handhabung dieser Risiken (§ 289b Abs. 3 Nr. 4 HGB);
- die bedeutsamsten nichtfinanziellen Leistungsindikatoren, die für die Geschäftstätigkeit von Bedeutung sind (§ 289b Abs. 3 Nr. 5 HGB) und,
- soweit es für das Verständnis erforderlich ist, Hinweise auf im Jahresabschluss ausgewiesene Beträge und zusätzliche Erläuterungen dazu (§ 289b Abs. 3 Nr. 6 HGB).

Die **Prüfung durch den Abschlussprüfer** beschränkt sich – ohne eine weitergehende Beauftragung zur inhaltlichen Prüfung – darauf, ob die nichtfinanzielle Erklärung oder der gesonderte nichtfinanzielle Bericht vorgelegt wurden, ohne dass eine inhaltliche Prüfung der Angaben vorgeschrieben wäre (§ 317 Abs. 2 Satz 4 HGB). 57.66

Durch das BilMoG wurde für börsennotierte Aktiengesellschaften sowie Aktiengesellschaften, die ausschließlich andere Wertpapiere als Aktien an einem organisierten Markt i.S.d. § 2 Abs. 11 WpHG ausgegeben haben und deren ausgegebene Aktien auf eigene Veranlassung über ein multilaterales Handelssystem i.S.d. § 2 Abs. 8 Satz 1 Nr. 8 WpHG (z.B. Freiverkehr) gehandelt werden, geregelt, dass sie eine **Erklärung zur Unternehmensführung** abzugeben haben. Die vormals in § 289a HGB a.F. enthaltene Vorschrift wurde mit dem CSR-Richtlinie-Umsetzungsgesetz in den § 289f HGB verschoben. Diese Erklärung kann entweder in einen gesonderten Abschnitt des Lageberichts aufgenommen oder auf der Internetseite der Gesellschaft öffentlich zugänglich gemacht werden. Wird diese Erklärung in den Lagebericht aufgenommen, ist die Prüfung der Angaben nach § 289f Abs. 2 und 5 HGB sowie § 315d HGB darauf zu beschränken, ob die Angaben gemacht wurden (§ 317 Abs. 2 Satz 6 HGB). 57.67

Die Erklärung zur Unternehmensführung hat nach der Vorgabe des **§ 289f Abs. 2 HGB** zu enthalten: 57.68

- die Erklärung gemäß § 161 AktG (Entsprechungserklärung);
- eine Bezugnahme auf die Internetseite der Gesellschaft, auf der der Vergütungsbericht über das letzte Geschäftsjahr und der Vermerk des Abschlussprüfers gemäß § 162 AktG, das geltende Vergütungssystem nach § 87a AktG und der letzte Vergütungsbeschluss nach § 113 Abs. 3 AktG zugänglich gemacht werden;

- relevante Angaben zu Unternehmensführungspraktiken, die über die gesetzlichen Anforderungen hinaus angewandt werden, nebst Hinweis, wo sie öffentlich zugänglich sind;
- eine Beschreibung der Arbeitsweise von Vorstand und Aufsichtsrat sowie der Zusammensetzung und Arbeitsweise von deren Ausschüssen, wobei ein Verweis auf Informationen auf der Internetseite der Gesellschaft möglich ist;
- bei börsennotierten Aktiengesellschaften die Festlegungen nach § 76 Abs. 4 AktG und § 111 Abs. 5 AktG und die Angabe, ob die festgelegten Zielgrößen während des Bezugszeitraums erreicht worden sind, und wenn nicht, Angaben zu den Gründen;
- die Angabe, ob die Gesellschaft bei der Besetzung des Aufsichtsrats mit Frauen und Männern jeweils Mindestanteile im Bezugszeitraum eingehalten hat, und wenn nicht, Angaben zu den Gründen, sofern es sich um eine börsennotierte Aktiengesellschaft handelt, die auf Grund von § 96 Abs. 2 und 3 AktG Mindestanteile einzuhalten hat oder sofern es sich um eine börsennotierte Europäische Gesellschaft (SE) handelt, die auf Grund von § 17 Abs. 2 SE-Ausführungsgesetz oder § 24 Abs. 3 SE-Ausführungsgesetz Mindestanteile einzuhalten hat;
- bei Aktiengesellschaften i.S.d. § 289f Abs. 1 HGB, die nach § 267 Abs. 3 Satz 1, Abs. 4 und 5 HGB große Kapitalgesellschaften sind, eine Beschreibung des Diversitätskonzepts, das im Hinblick auf die Zusammensetzung des vertretungsberechtigten Organs und des Aufsichtsrats in Bezug auf die Aspekte wie beispielsweise Alter, Geschlecht, Bildungs- oder Berufshintergrund verfolgt wird, sowie die Ziele dieses Diversitätskonzepts, die Art und Weise seiner Umsetzung und die im Geschäftsjahr erreichten Ergebnisse. Verfolgt eine Gesellschaft kein Diversitätskonzept, hat sie dies in der Erklärung zur Unternehmensführung ebenfalls zu erläutern (§ 289f Abs. 5 HGB).

Die Entsprechenserklärung ist im **Wortlaut** wiederzugeben; ein Verweis auf die Verfügbarkeit der Erklärung an anderer Stelle reicht nicht aus. Die Angabe der relevanten **Unternehmensführungspraktiken** kann in zweifacher Hinsicht begrenzt werden: Zum einen ist eine Wiedergabe der Unternehmensführungspraktiken insoweit nicht erforderlich, wie sie unmittelbar auf gesetzliche Vorschriften zurückzuführen sind. Zum anderen ist durch die Bezugnahme auf die Relevanz klargestellt, dass sich die Angabepflicht nur auf solche Praktiken erstreckt, denen eine Bedeutung für das Unternehmen als Ganzes zukommt. Sofern diese Praktiken in einem Kodex oder einem ähnlichen Regelwerk niedergelegt sind, ist anzugeben, wo diese öffentlich zugänglich sind. Auch für die Beschreibung der Arbeitsweise von Vorstand und Aufsichtsrat bzw. von deren Ausschüssen (einschließlich deren Zusammensetzung) ist keine Wiederholung der gesetzlichen Vorgaben erforderlich, sondern lediglich Angaben zu unternehmensspezifischen Regelungen. Ein Verweis auf Informationen auf der Internetseite der Gesellschaft ist möglich.

57.69 Das HGB sieht für kleine und mittelgroße Kapitalgesellschaften (§ 267 Abs. 1 und 2 HGB) Erleichterungen bei der Aufstellung der Bilanz, GuV und des Anhangs vor; auf die Aufstellung eines Lageberichts können kleine Kapitalgesellschaften ganz verzichten (§ 264 Abs. 1 Satz 3 HGB). Weitergehende Erleichterungen bestehen für kleine Kapitalgesellschaften, die als Kleinstkapitalgesellschaften i.S.d. § 267a HGB zu klassifizieren sind. Besondere Bedeutung gewinnt hier, dass Unternehmen, deren einziger Zweck darin besteht, Beteiligungen an anderen Unternehmen zu erwerben sowie die Verwaltung und Verwertung dieser Beteiligungen wahrzunehmen, ohne dass sie unmittelbar oder mittelbar in die Verwaltung dieser Unternehmen eingreifen, wobei die Ausübung der ihnen als Aktionär oder Gesellschafter zustehenden Rechte außer Betracht bleibt, keine Kleinstkapitalgesellschaften sind (§ 267a Abs. 3 Nr. 3 HGB). Kapitalgesellschaften, die einen organisierten Markt i.S.d. § 2 Abs. 11 WpHG durch von ihnen ausgegebene Wertpapiere i.S.d. § 2 Abs. 1 Satz 1 WpHG in Anspruch nehmen oder die Zulassung zum Handel an einem organisierten Markt beantragt haben, mithin auch **börsennotierte Aktiengesellschaften, gelten stets als groß** (§ 267 Abs. 3 Satz 2 HGB), so dass für sie die Vorschriften zur Rechnungslegung immer vollumfänglich greifen.

57.70 Die Mitglieder des vertretungsberechtigten Organs einer Kapitalgesellschaft i.S.d. § 264 Abs. 2 Satz 3 HGB haben zu versichern, dass nach bestem Wissen im Lagebericht der Geschäftsverlauf einschließlich des Geschäftsergebnisses und die Lage der Kapitalgesellschaft so dargestellt sind, dass ein den **tatsächlichen Verhältnissen entsprechendes Bild** vermittelt wird und dass die wesentlichen Chancen und Risiken i.S.d. § 289 Abs. 1 Satz 4 HGB beschrieben sind (siehe Rz. 57.21 ff.).

d) Auslegungsbedürftigkeit des Bilanzrechts

aa) Bedeutung der Rechtsprechung, der Wissenschaft, des Berufsstands der Wirtschaftsprüfer und des DRSC

Sowohl die Praxis als auch das Studium der einschlägigen Standardkommentare lässt erkennen, dass der Auslegung durch die Rechtsprechung, der Wissenschaft und durch den Berufsstand der Wirtschaftsprüfer erheblicher Einfluss bei der Meinungsbildung zukommt. 57.71

Für das Bilanzrecht ist die ordentliche Gerichtsbarkeit zuständig, d.h. als höchste deutsche Instanz der **BGH**. Bei der Auslegung des Bilanzrechts kann es für die Gerichte der Mitgliedstaaten aufgrund der Verankerung im Gemeinschaftsrecht durchaus geboten sein, dem **EuGH** eine Frage zur Vorabentscheidung vorzulegen. Auch im Lichte derartiger Entscheidungen können sich Literaturauffassungen bestätigen bzw. in Frage stellen lassen[131]. 57.72

Eine nicht zu unterschätzende faktische Bedeutung hat zudem die Finanzrechtsprechung, also in letzter Instanz der **BFH**. Dies liegt vornehmlich daran, dass die Finanzgerichte wesentlich häufiger als die ordentlichen Gerichte mit bilanzrechtlichen Fragen befasst sind und somit die Gelegenheit haben, GoB herauszuarbeiten. Ob auch die Finanzgerichte verpflichtet sind, dem EuGH ggf. Fragen zur Vorabentscheidung vorzulegen, ist umstritten[132]. Dies dürfte u.E. aber durch die Bedeutung der handelsrechtlichen GoB auch im Steuerbilanzrecht (Maßgeblichkeitsgrundsatz[133]; § 5 Abs. 1 Satz 1 EStG) zu bejahen sein, sofern die in Bezug genommenen handelsrechtlichen Regelungen auf europäischen Richtlinien beruhen[134]. Der **EuGH** selbst hat bei Vorlagen durch die Finanzgerichte und damit mit seiner Zuständigkeit bei Fragen des nationalen Bilanzsteuerrechts offenbar keine Bedenken[135] und führte im Hinblick auf eine umfangreiche Vorlage des FG Hamburg[136] aus: „Auch wenn die Fragen ... die nationale steuerrechtliche Lage betreffen und auf den ersten Blick offenbar nichts mit dem Gemeinschaftsrecht zu tun haben, beziehen sich die Probleme der Auslegung dieses Rechts, ..., im Wesentlichen auf das nach der Vierten Richtlinie verlangte Rechnungslegungskonzept, ...". Sofern allerdings spezielle steuerliche Ansatz- oder Bewertungsvorschriften bestehen, bleibt es auch im Lichte der EuGH-Entscheidung dabei, dass hierdurch die handelsrechtlichen Bestimmungen des HGB und der Bilanzrichtlinie verdrängt werden[137]. 57.73

---

131 Bekannt geworden ist die sog. Tomberger-Entscheidung, in der es um die Vereinbarkeit der vom BGH anerkannten phasengleichen Gewinnvereinnahmung (BGH v. 3.11.1975 – ZR II 67/73, WM 1976, 12 = AG 1976, 40 ff.) mit europäischen Gemeinschaftsrecht ging (EuGH v. 27.6.1996 – C-234/94 – Waltraud Tomberger/Gebrüder von der Wettern GmbH, ZIP 1996, 1168 ff. = WM 1996, 1263 ff. = AG 1996, 417 ff.). Zu den Folgerungen aus der darauf basierenden Entscheidung des BGH (v. 12.1.1998 – II ZR 82/93, DB 1998, 567 ff. = AG 1998, 280 ff.) siehe auch *IDW*, Fachnachrichten 1998, 179 f.
132 Zum bisherigen Streitstand siehe die umfangreichen Nachweise aus dem Schrifttum und der Rechtsprechung bei *Weber-Grellet* in Schmidt, § 5 EStG Rz. 3, sowie in dem Beitrag von *Schütz*, DB 2003, 689.
133 Dazu *Weber-Grellet* in Schmidt, § 5 EStG Rz. 26 ff.
134 Bei rein steuerlichen Vorschriften (z.B. § 6 EStG) oder, soweit nicht Kapitalgesellschaften betroffen sind, verneint der BFH – wohl zutreffend – eine Vorlagepflicht; BFH v. 15.7.1998 – I R 24/96, BStBl. II 1998, 728 ff.
135 EuGH v. 7.1.2003 – C-306/99, Banque internationale pour l'Afrique occidentale SA (BIAO)/FA für Großunternehmen in Hamburg, DStR 2003, 67, interessanterweise abweichend von den Schlussanträgen des Generalanwalts *Jacobs*. Siehe dazu auch *Bärenz*, DStR 2003, 492 ff.; *Schütz*, DB 2003, 688 ff. Eine Vorlagepflicht abl. *Weber-Grellet*, DStR 2003, 69.
136 FG Hamburg v. 22.4.1999 – II 23/97, DStRE 2000, 171 = FR 1999, 1311.
137 *Schütz*, DB 2003, 689.

57.74 Hinsichtlich ihrer faktischen Einflussnahme sind auch die Wissenschaft[138] und der Berufsstand der Wirtschaftsprüfer zu nennen[139]. Letzteres geschieht zumeist über das **Institut der Wirtschaftsprüfer e.V.** mit Sitz in Düsseldorf (**IDW**). Das IDW veröffentlicht Stellungnahmen zur Rechnungslegung. Das IDW versteht sich als Qualitätsgemeinschaft[140]. Durch die freiwillige Mitgliedschaft[141] verpflichten sich die Mitglieder, freiwillig Normen, die teilweise über die gesetzlichen Anforderungen für die Berufsausübung hinausgehen, zu erfüllen. Zu dieser – in der Satzung des IDW festgeschriebenen Selbstverpflichtung[142] – gehört auch, dass die Mitglieder im Rahmen ihrer Eigenverantwortlichkeit die von den Fachausschüssen abgegebenen IDW Stellungnahmen zur Rechnungslegung, welche die Berufsauffassung der Wirtschaftsprüfer zu fachlichen Fragen der Rechnungslegung darlegen, beachten[143]. Wirtschaftsprüfer haben deshalb sorgfältig zu prüfen, ob die in einem IDW RS aufgestellten Grundsätze bei ihrer Tätigkeit und in dem von ihnen zu beurteilenden Fall anzuwenden sind. Die Wirtschaftsprüfer sind mithin gehalten, diese (und ihre Vorläufer; das sind die von den Fachausschüssen des IDW verabschiedeten Stellungnahmen[144]) zu beachten, da ihnen ansonsten bei Regressfällen, in einem Verfahren der Berufsaufsicht oder in einem Strafverfahren Nachteile drohen[145]. Ferner gibt das IDW Rechnungslegungshinweise heraus, deren Anwendung ebenfalls empfohlen wird, obgleich ihnen (aufgrund eines anderen Verabschiedungsverfahrens) nicht die gleiche Bindungswirkung zukommt[146]. Der Wissenschaft und dem Berufsstand der Wirtschaftsprüfer kommt indessen keine Normsetzungskompetenz zu. Sie können jedoch den Rechtsfindungsprozess erheblich befruchten[147].

57.75 Schließlich ist an dieser Stelle auch das **Deutsche Rechnungslegungs Standards Committee e.V. (DRSC)** zu erwähnen, das als privates Rechnungslegungsgremium durch Vertrag vom Bundesministerium der Justiz anerkannt wurde und in Einklang mit § 342 HGB insbesondere der Entwicklung von Standards zur Anwendung der Grundsätze über die Konzernrechnungslegung dienen soll. In Bezug auf den Jahresabschluss besitzt das DRSC keine Normsetzungskompetenz[148]. Im Schrifttum ist indessen ebenfalls die Auffassung zu finden, dass die weiter zu entwickelnden Grundsätze über die Konzernrechnungslegung über § 297 Abs. 2 HGB auch die im Rahmen der Aufstellung von Konzernabschlüssen zu beachtenden allgemeinen Grundsätze ordnungsmäßiger Buchführung umfassen, so dass den verabschiedeten Deutschen Rechnungslegungsstandards (DRS) auch eine Ausstrahlungswirkung auf die Grundsätze ordnungsmäßiger Buchführung für den Jahresabschluss zukommen können[149] (siehe auch Rz. 58.43 ff.).

bb) Bedeutung der Grundsätze ordnungsmäßiger Buchführung

57.76 Die **Auslegungsbedürftigkeit des Bilanzrechts** rührt auch daher, dass es auf eine Vielzahl unbestimmter Rechtsbegriffe zurückgreift[150]. Als unbestimmte Rechtsbegriffe werden nicht die einfach mehrdeu-

---

138 *Moxter*, Grundsätze ordnungsgemäßer Rechnungslegung, S. 11–12.
139 Gl.A. *Hüffer* in Ulmer, Großkomm. HGB-Bilanzrecht, § 238 HGB Rz. 45.
140 *WP-Handbuch* 2021, A Rz. 618.
141 Dem IDW gehören etwa 81 % der Wirtschaftsprüfer Deutschlands als ordentliche Mitglieder an; siehe *WP-Handbuch* 2021, A Rz. 622.
142 § 4 Ziff. 8 bis 12 der Satzung des IDW e.V. (Stand: November 2017).
143 *WP-Handbuch* 2021, A Rz. 623, 630; siehe § 4 Ziff. 9 der Satzung des IDW e.V. (Stand: November 2017).
144 IDW PS 201 Fn. 11 und 13.
145 IDW PS 201 Rz. 13.
146 IDW PS 201 Rz. 14.
147 *Moxter*, Grundsätze ordnungsgemäßer Rechnungslegung, S. 11 ff.
148 *Moxter*, Grundsätze ordnungsgemäßer Rechnungslegung, S. 11 ff.
149 *Schmidt/Holland* in BeckBilkomm, § 342 HGB Rz. 9. So wird z.B. in DRS 20.2 (Konzernlagebericht) eine entsprechende Anwendung des Standards auf den Lagebericht gemäß § 289 HGB empfohlen.
150 *Tipke* in Leffson/Rückle/Großfeld, Handwörterbuch unbestimmter Rechtsbegriffe im Bilanzrecht des HGB, S. 2. Beispiele finden sich bei *Ballwieser* in Leffson/Rückle/Großfeld, Handwörterbuch unbestimmter Rechtsbegriffe im Bilanzrecht des HGB, S. 29 ff.

tigen Begriffe bezeichnet, sondern solche Begriffe, die „in vager Weise" unbestimmt sind[151]. Die Verwendung unbestimmter Rechtsbegriffe hat den Vorteil, dass die Rechtsanwendung flexibel auf die Vielzahl unterschiedlicher, vor allem sich aber permanent ändernder Sachverhalte reagieren kann. Diesem Vorteil steht die aus der Offenheit und Vagheit der Begriffe zwangsläufig resultierende Beeinträchtigung der Rechtssicherheit gegenüber[152].

Der bedeutendste dieser Ausdrücke ist für das Bilanzrecht der **Begriff der Grundsätze ordnungsmäßiger Buchführung (GoB)**[153]. Das HGB nimmt an verschiedenen Stellen (§ 238 Abs. 1 Satz 1, § 243 Abs. 1, § 264 Abs. 2 Satz 1) auf sie Bezug. Der Verweis auf die GoB bedeutet indes nicht, dass das Gesetz insoweit lückenhaft wäre[154]. Eine Lücke läge vielmehr nur dann vor, wenn es sich um eine „planwidrige Unvollständigkeit" handeln würde[155].

57.77

Die GoB weisen die genannten **Vor- und Nachteile aller unbestimmten Rechtsbegriffe** auf. Wegen des gesetzlichen Verweises auf die GoB „vermied der Gesetzgeber die Kodifizierung einer Vielzahl von ausführlichen und konkreten Einzelregelungen und trug somit zu einer höheren Praktikabilität des Gesetzes bei, übertrug dabei jedoch gleichzeitig die rechtliche Entscheidung vieler Einzelfälle auf die Rechtsprechung", welche die GoB zu interpretieren hat. Darüber hinaus wird mit Hilfe der GoB die Entwicklung der Rechnungslegungsvorschriften und ihre Anpassung an sich ändernde Erkenntnisse und die praktische Übung nicht durch starre gesetzliche Formulierungen behindert[156]. Es versteht sich von selbst, dass es folglich keine materiell-rechtliche Bilanzierungsfrage gibt, die nicht aus dem GoB-System beantwortet werden kann[157].

57.78

Nach heutigem Verständnis bilden GoB **Rechtsnormen**[158]. Sie unterscheiden sich somit von bloßen fachtechnischen Normen, die aus Tatsachenfeststellungen mit Bezug auf die kaufmännische Verkehrsauffassung abgeleitet werden. Nur in dieser Eigenschaft als Rechtsnormen besitzen die GoB bei gerichtlichen Auseinandersetzungen zwingende Geltung, so dass sich ihr Inhalt letztlich durch die zur Gesetzesauslegung legitimierte höchstrichterliche Rechtsprechung bestimmt[159].

57.79

Bei der Frage, wie GoB abzuleiten sind, stehen sich drei Auffassungen gegenüber[160]. Bei der induktiven Methode wird aus den Ansichten ordentlicher und ehrenwerter Kaufleute auf die GoB geschlossen[161]. Bei der deduktiven Methode erfolgt die Gewinnung der GoB aus den Zwecken des Jahresabschlusses. Hierbei werden zwei Ansätze für die Deduktion unterschieden[162]: Im Rahmen der betriebswirtschaftlich deduktiven Methode werden GoB aus einem betriebswirtschaftlichen Zwecksystem ab-

57.80

---

151 *Tipke* in Leffson/Rückle/Großfeld, Handwörterbuch unbestimmter Rechtsbegriffe im Bilanzrecht des HGB, S. 1.
152 *Tipke* in Leffson/Rückle/Großfeld, Handwörterbuch unbestimmter Rechtsbegriffe im Bilanzrecht des HGB, S. 1.
153 BVerfG v. 10.9.1961 – 2 BvL 1/59, BVerfGE 13, 161.
154 *Baetge/Kirsch/Thiele*, Bilanzen, S. 105.
155 *Larenz/Canaris*, Methodenlehre der Rechtswissenschaft, S. 194.
156 Zu den GoB auch *Coenenberg/Haller/Schulze*, Jahresabschluss und Jahresabschlussanalyse, S. 38 ff.
157 *Winnefeld*, Bilanz-Handbuch, Abschn. D Rz. 1 m.w.N.
158 BVerfG v. 10.9.1961 – 2 BvL 1/59, BVerfGE 13, 161; BFH v. 12.5.1966 – IV 472/60, BFHE 86, 119 = FR 1966, 438; BFH v. 31.5.1967 – I 208/63, BFHE 89, 191 = FR 1968, 217; *Coenenberg/Haller/Schulze*, Jahresabschluss und Jahresabschlussanalyse, S. 46 f.; *Döllerer*, BB 1959, 1217; *Moxter*, Grundsätze ordnungsmäßiger Rechnungslegung, S. 9; vgl. zur Diskussion um die Rechtsnatur der GoB auch ADS, 6. Aufl. 1997, § 243 HGB Rz. 3 ff.
159 *Rüdinger*, Regelungsschärfe bei Rückstellungen: Normkonkretisierung und Anwendungsermessen nach GoB, IAS/IFRS und US-GAAP, S. 7 f. m.w.N.
160 Dazu *Hüffer* in Ulmer, Großkomm. HGB-Bilanzrecht, § 238 HGB Rz. 36.
161 *Schmalenbach*, ZfbF 1933, 225.
162 *Baetge/Kirsch/Thiele* in Küting/Weber, Handbuch der Rechnungslegung, Einzelabschluss: Kommentar zur Bilanzierung und Prüfung, Kapitel 4 Rz. 12.

geleitet[163]. Die Herleitung von GoB nach der handelsrechtlich deduktiven Methode geht bei der Ableitung der GoB von den Zwecken des handelsrechtlichen Jahresabschlusses aus[164]. Als problematisch erweist sich die handelsrechtliche deduktive GoB-Ermittlung jedoch deswegen, weil dem geltenden Handelsbilanzrecht, also dem Gesetz, kein expliziter und widerspruchsfreier Sinn und Zweck zu entnehmen ist[165]. Die handelsrechtliche deduktive Methode stellte lange Zeit die im Schrifttum überwiegend befürwortete Methode zur Ermittlung von GoB dar, doch die **hermeneutische Methode** wird zunehmend als eine sinnvolle Vorgehensweise bei der Gewinnung und Interpretation von GoB angesehen[166]. Die Hermeneutik stellt die in der Rechtswissenschaft herangezogene Methode zur Auslegung von Rechtsnormen dar. Im Rahmen ihrer Anwendung sind insbesondere die folgenden Kernelemente heranzuziehen: Wortlaut und Wortsinn der gesetzlichen Vorschriften, Bedeutungszusammenhang der gesetzlichen Vorschriften, Entstehungsgeschichte der gesetzlichen Vorschriften, Gesetzesmaterialien und Ansichten des Gesetzgebers, objektiv-teleologische Gesichtspunkte sowie Verfassungskonformität[167].

57.81 Zu den **kodifizierten GoB** gehören[168]:

- Grundsatz der Klarheit und Übersichtlichkeit (§ 238 Abs. 1 Satz 2, § 243 Abs. 2 HGB); Saldierungsverbot (§ 246 Abs. 2 HGB);
- Grundsatz der Einzelbewertung (§ 252 Abs. 1 Nr. 3 HGB);
- Grundsatz der Richtigkeit und Willkürfreiheit (§ 239 Abs. 2 HGB);
- Grundsatz der Vollständigkeit (§ 239 Abs. 2, § 246 Abs. 1 HGB);
- Grundsatz der Bilanzidentität (§ 252 Abs. 1 Nr. 1 HGB);
- Grundsatz der Vorsicht (§ 252 Abs. 1 Nr. 4 HGB);
- Realisationsprinzip (§ 252 Abs. 1 Nr. 4 HGB);
- Imparitätsprinzip (§ 252 Abs. 1 Nr. 4 HGB);
- Grundsatz der Periodenabgrenzung (§ 252 Abs. 1 Nr. 5 HGB);
- Grundsatz der Fortführung der Unternehmenstätigkeit (§ 252 Abs. 1 Nr. 2 HGB);
- Grundsatz der Stetigkeit Ansatzmethoden (§ 246 Abs. 3 HGB) und der Bewertungsmethoden (§ 252 Abs. 1 Nr. 6 HGB);
- Anschaffungskostenprinzip (§ 253 Abs. 1 HGB);
- Niederstwertprinzip (§ 253 Abs. 3 und 4 HGB).

cc) Bedeutung der Generalnorm

57.82 Die Vorschriften des HGB über den Jahresabschluss der Kapitalgesellschaften und bestimmter Personenhandelsgesellschaften enthalten in § 264 Abs. 2 Satz 1 HGB eine **Generalnorm**. Diese lautet: „Der Jahresabschluss der Kapitalgesellschaft hat unter Beachtung der Grundsätze ordnungsmäßiger Buch-

---

163 *Yoshida* in FS Leffson, 1976, S. 58.
164 *Baetge/Kirsch/Thiele*, Bilanzen, S. 107.
165 *Baetge/Kirsch/Thiele*, Bilanzen, S. 107 f.
166 *ADS*, 6. Aufl. 1997, § 243 HGB Rz. 20.
167 Hierzu ausführlich, auch zur Kritik *Baetge/Kirsch/Thiele* in Küting/Weber, Handbuch der Rechnungslegung, Einzelabschluss: Kommentar zur Bilanzierung und Prüfung, Kapitel 4 Rz. 18 ff.; *Baetge/Kirsch/Thiele*, Bilanzen, S. 109 ff.
168 *Coenenberg/Haller/Schulze*, Jahresabschluss und Jahresabschlussanalyse, S. 46–48.

führung ein den tatsächlichen Verhältnissen entsprechendes Bild der Vermögens-, Finanz- und Ertragslage der Kapitalgesellschaft zu vermitteln."

Die Vorschrift beruht auf Art. 2 der Bilanzrichtlinie, wobei die Richtlinie allerdings die Bezugnahme auf die (handelsrechtlichen) GoB nicht aufweist[169]. Das Einblicksgebot wird durch den Hinweis auf die GoB also relativiert[170]. Inhalt und Umfang des Jahresabschlusses ergeben sich folglich in erster Linie aus den Einzelvorschriften[171]. Die Generalnorm ist deshalb nur heranzuziehen, wenn **Zweifel bei der Auslegung und Anwendung entstehen oder Lücken zu schließen** sind[172]. Insbesondere soll die Generalnorm verhindern, dass trotz Beachtung der Einzelnormen, die gegebenen Darstellungsmittel derart genutzt werden, dass sie im Zeitablauf Entwicklungstendenzen verbergen oder sogar umkehren[173].

57.83

Die Generalnorm kann demgegenüber Einzelvorschriften nicht außer Kraft setzen[174]. Zwar hat es durchaus Stimmen gegeben, die sich für ein sog. **„Overriding Principle"** angelsächsischer Prägung ausgesprochen haben[175], diese Auffassung hat sich aber zutreffender Weise nicht durchgesetzt. Anhänger eines Overriding Principle verkennen, dass es im deutschen Bilanzrecht aufgrund der gebotenen Auslegung von Rechtsnormen, wozu beispielsweise auch die Auslegung nach dem Sinn und Zweck (teleologische Auslegung) gehört, eines korrigierenden Eingriffs einer Generalnorm grundsätzlich nicht bedarf. In Ländern angelsächsischer Rechtstradition mit ihren zahlreichen Einzelfallregelungen, bei denen die Auslegung am Wortlaut dominiert („literal rule"), bedarf es demgegenüber einer Korrekturnorm, um sinnwidrigen Ergebnissen vorzubeugen[176].

57.84

Im Übrigen besteht bei sachgerechter Anwendung der Einzelvorschriften regelmäßig auch gar kein Bedarf für ein „true and fair override". Was nämlich „true and fair" ist, kann sich nur vor dem Hintergrund der (länderspezifischen) Jahresabschlusszwecke erhellen. Deshalb ist die gesetzliche Anforderung zur Vermittlung eines den tatsächlichen Verhältnissen entsprechenden Bilds dahingehend zu interpretieren, dass es lediglich um ein **unter normativen Gesichtspunkten angemessenes Bild** gehen kann, denn „was ist schon „tatsächlich" an Rechtsverhältnissen, die sich nur im Denken und in der Sprache vollziehen?"[177]

57.85

2. Jüngere Entwicklungen in der handelsrechtlichen Rechnungslegung

a) EU-Verordnung zur Anwendung der IAS/IFRS

Art. 5 der EU-Verordnung vom 19.7.2002[178] enthält Mitgliedstaatenwahlrechte, nach denen die Möglichkeit besteht, die IAS/IFRS für den Einzelabschluss zuzulassen oder vorzuschreiben (siehe auch Rz. 58.21).

57.86

---

169 *Hinz* in Castan et al., Beck'sches Handbuch der Rechnungslegung, B 106 Rz. 3.
170 *Hinz* in Castan et al., Beck'sches Handbuch der Rechnungslegung, B 106 Rz. 38.
171 BT-Drucks. 10/317, S. 76.
172 *ADS*, 6. Aufl. 1997, § 264 HGB Rz. 59 m.w.N.; *WP-Handbuch* 2021, F Rz. 25.
173 *ADS*, 6. Aufl. 1997, § 264 HGB Rz. 99 i.V.m. Rz. 59 m.w.N.; *Hinz* in Castan et al., Beck'sches Handbuch der Rechnungslegung, B 106 Rz. 50.
174 *Hinz* in Castan et al., Beck'sches Handbuch der Rechnungslegung, B 106 Rz. 4.
175 Siehe die Nachweise bei *ADS*, 6. Aufl. 1997, § 264 HGB Rz. 59, sowie *Hinz* in Castan et al., Beck'sches Handbuch der Rechnungslegung, B 106 Rz. 39.
176 Gl.A. *Beine*, WPg 1996, 469 f.
177 *Großfeld* in Leffson/Rückle/Großfeld, Handwörterbuch unbestimmter Rechtsbegriffe im Bilanzrecht des HGB, S. 199.
178 Verordnung (EG) Nr. 1606/2002 des Europäischen Parlaments und des Rates v. 19.7.2002 betreffend die Anwendung internationaler Rechnungslegungsstandards, ABl. EG Nr. L 243 v. 11.9.2002, S. 1 ff.

57.87 Die Anwendung der IAS/IFRS im handelsrechtlichen Jahresabschluss stößt im Schrifttum auf eine geteilte Meinung[179]. Die ablehnende Haltung ist vor dem Hintergrund zu sehen, dass bei den IAS/IFRS der Informationszweck dominiert, während die HGB-Rechnungslegung neben der Information/Rechenschaft auch dem Gläubigerschutz und der Kapitalerhaltung dient. Hinzu kommt, dass der Jahresabschluss die Grundlage der Ausschüttungsbemessung bildet und über die Maßgeblichkeit mit der steuerlichen Gewinnermittlung verknüpft ist (siehe Rz. 57.5 ff.)[180]. Der **deutsche Gesetzgeber hat das Mitgliedstaatenwahlrecht dergestalt** ausgeübt, dass ein IFRS-Einzelabschluss auf freiwilliger Basis aufgestellt werden kann, um zu einer Informationsverbesserung zu gelangen, ohne dass dieser IFRS-Einzelabschluss den Jahresabschluss nach HGB ersetzt.

b) Modernisierungsrichtlinie zur Beseitigung von Diskrepanzen zwischen EU-Bilanzrecht und den IAS/IFRS

57.88 Am 18.6.2003 wurde die Richtlinie zur Änderung der EU-Rechnungslegungsrichtlinien, die sog. Modernisierungsrichtlinie[181], durch die EU verabschiedet. Die Änderungen ermöglichen es den Mitgliedstaaten, welche die (unmittelbare) Anwendung der IAS/IFRS nicht schon auf der Grundlage der EU-Verordnung Nr. 1606/2002 vom 19.7.2002 allen ihrem Recht unterliegenden Unternehmen gestatten, eine **IAS/IFRS-kompatible Rechnungslegung** auch für jene von der erwähnten EU-Verordnung nicht betroffenen Unternehmen auf der Grundlage der in nationales Recht umgesetzten Vierten, Siebten, Bank- und Versicherungsrichtlinie (siehe dazu Rz. 57.45 f.), also mittelbar, zu erreichen. Werden die Möglichkeiten dieser Richtlinie in den Mitgliedstaaten vollumfänglich genutzt, besteht mithin zwischen dem jeweiligen nationalen, EU-konformen Bilanzrecht und den Abschlüssen, die in direkter Anwendung der IAS/IFRS erstellt werden, grundsätzlich kein Unterschied mehr[182]. Die Umsetzung der Modernisierungsrichtlinie in deutsches Recht erfolgte durch das Bilanzrechtsreformgesetz.

c) Bilanzrechtsreformgesetz

57.89 Das am 9.12.2004 in Kraft getretene Bilanzrechtsreformgesetz hat seine thematischen Schwerpunkte in den Bereichen des Bilanzrechts und der Abschlussprüfung[183]. Im bilanzrechtlichen Teil geht es vornehmlich um eine Anpassung des nationalen Bilanzrechts an die EU-Verordnung zur **Anwendung der IAS/IFRS**, die Modernisierungsrichtlinie zur Beseitigung von Diskrepanzen zwischen EU-Bilanzrecht und den IAS/IFRS, die Schwellenwertrichtlinie[184] und die Fair-Value-Richtlinie[185].

57.90 Unverändert besteht weiterhin die Verpflichtung, einen Einzelabschluss unter Anwendung des HGB zu erstellen. Einzig für die Offenlegung nach § 325 HGB wurde ein Wahlrecht zwischen HGB oder IAS/IFRS eingeräumt.

---

179 Siehe z.B. *Kahle*, WPg 2003, 274. Dagegen spricht sich für die Anwendung der IAS/IFRS auch im Einzelabschluss u.a. der *Arbeitskreis Externe Unternehmensrechnung der Schmalenbach-Gesellschaft*, DB 2001, 161 aus. Zu den Vorteilen einer Anwendung der IAS/IFRS im Einzelabschluss *Herzig*, IAS/IFRS und steuerliche Gewinnermittlung, S. 34–35.
180 *Kirsch*, WPg 2003, 276.
181 Richtlinie 2003/51/EG des Europäischen Parlaments und des Rates v. 18.6.2003 zur Änderung der Richtlinien 78/660/EWG, 83/349/EWG, 86/635/EWG und 91/674/EWG des Rates über den Jahresabschluss und den konsolidierten Abschluss von Gesellschaften bestimmter Rechtsformen, von Banken und anderen Finanzinstituten sowie von Versicherungsunternehmen, ABl. EU Nr. L 178 v. 17.7.2003, S. 16.
182 *Meyer*, DStR 2003, 850.
183 BGBl. I 2004, 3176; *Meyer*, DStR 2004, 971, zu den Auswirkungen des Bilanzrechtsreformgesetzes in der Fassung des Regierungsentwurfs.
184 Richtlinie 2003/38/EG des Rates v. 13.5.2003, ABl. EU Nr. L 120 v. 15.5.2003, S. 22.
185 Richtlinie 2001/65/EG des Europäischen Parlaments und des Rates v. 27.9.2001, ABl. EG Nr. L 283 v. 27.10.2001, S. 28.

d) Bilanzrechtsmodernisierungsgesetz

Das am 28.5.2009 im Bundesgesetzblatt veröffentlichte und hinsichtlich der Mehrzahl der geänderten Vorschriften für Geschäftsjahre nach dem 31.12.2009 anzuwendende Bilanzrechtsmodernisierungsgesetz (BilMoG)[186] verfolgt den Zweck, das deutsche HGB-Bilanzrecht weiterzuentwickeln und europarechtliche Vorgaben in deutsches Recht umzusetzen. Mit den Änderungen der handelsrechtlichen Vorschriften wird einerseits eine Deregulierung und Kostensenkung insbesondere für kleine und mittelständische Unternehmen und andererseits eine **Weiterentwicklung des HGB-Bilanzrechts** zu einer vollwertigen, aber kostengünstigeren und einfacheren Alternative zu den internationalen Rechnungslegungsstandards angestrebt. Begründet wird diese Konzeption damit, dass die IAS/IFRS insbesondere der Informationsfunktion kapitalmarktorientierter Unternehmen dienen, während die weit überwiegende Anzahl der rechnungslegungspflichtigen deutschen Unternehmen den Kapitalmarkt nicht in Anspruch nimmt. 57.91

Die wesentlichen **Neuerungen** für den Jahresabschluss bestanden in der Möglichkeit der Aktivierung selbstgeschaffener immaterieller Vermögensgegenstände des Anlagevermögens (§ 248 Abs. 2 Satz 1 HGB), der Bewertung der Rückstellungen zu ihrem (künftigen) Erfüllungsbetrag verbunden mit einer Abzinsung (§ 253 Abs. 1 Satz 2, Abs. 2 HGB), der Ermöglichung der Bildung von Bewertungseinheiten (§ 254 HGB), dem Übergang von der gewinn- und verlustrechnungsbasierten zur bilanzbasierten Berechnung der latenten Steuern (§ 274 HGB) sowie der Möglichkeit der Bildung von Deckungsvermögen für Altersversorgungsverpflichtungen oder andere vergleichbare langfristig fällige Verpflichtungen (§ 246 Abs. 2 Satz 2 HGB). Zudem wurde der Grundsatz der umgekehrten Maßgeblichkeit aufgegeben (§ 5 Abs. 1 EStG), durch den steuerliche Wertansätze Eingang in die Handelsbilanz fanden. 57.92

e) EU-Rechnungslegungsrichtlinie

Am 29.6.2013 wurde im Amtsblatt der EU die **Richtlinie 2013/34/EU**[187] veröffentlicht, die die Richtlinien zum Jahresabschluss (4. Richtlinie) und zum Konzernabschluss (7. Richtlinie) ersetzt und von den Mitgliedstaaten bis zum 20.7.2015 in nationales Recht umzusetzen war. Der sich aus der Richtlinie für das deutsche Recht ergebende Anpassungsbedarf wurde vom BMJ als überschaubar angesehen[188]. 57.93

Wesentliche **Änderungen** durch die Rechnungslegungsrichtlinie mit Bedeutung für den Jahresabschluss sind: 57.94

– explizite Einführung des Grundsatzes der Wesentlichkeit;

– Verankerung des Grundsatzes „Substance over form";

– Einführung eines Mitgliedstaatenwahlrechts zur Erhöhung der Schwellenwerte für kleine Kapitalgesellschaften;

– Formulierung eines Mindestkatalogs von Anhangangaben bei kleinen Kapitalgesellschaften, der um umfangreiche Angaben für mittelgroße und große Gesellschaften ergänzt wird;

– Abschaffung der Prüfungspflicht für kleine Kapitalgesellschaften[189];

– Einführung einer Berichterstattungspflicht für Unternehmen im Rohstoffsektor zu an staatliche Stellen in Drittländern geleisteten Zahlungen.

---

[186] BGBl. I 2009, 1102.
[187] Richtlinie 2013/34/EU des Europäischen Parlaments und des Rates v. 26.6.2013, ABl. EU Nr. L 182 v. 29.6.2013, S. 19.
[188] Pressemitteilung des BMJ v. 11.4.2013, http://www.bmj.de/SharedDocs/Pressemitteilungen/DE/2013/20130411-Buerokratieabbau_bei_der_Rechnungslegung_und_Transparenz_im_Rohstoffsektor.html?nn=1468684; so auch *Scheffler*, AG 2013, R228, R230.
[189] Ohne Bedeutung in Deutschland, da bereits bisher aufgrund eines Mitgliedstaatenwahlrechts keine Prüfungspflicht für kleine Kapitalgesellschaften bestand.

f) Gesetz für die gleichberechtigte Teilhabe von Frauen und Männern an Führungspositionen in der Privatwirtschaft und im öffentlichen Dienst

57.95 Mit dem Gesetz für die gleichberechtigte Teilhabe von Frauen und Männern in Führungspositionen in der Privatwirtschaft und im öffentlichen Dienst vom 24.4.2015[190] wurde die Erklärung zur Unternehmensführung nach § 289a HGB um Angaben bezüglich der Festlegung der sog. **„Frauenquote"** nach den § 76 Abs. 4, § 96 Abs. 2 und 3, § 111 Abs. 5 AktG ergänzt (§ 289f Abs. 2 Nr. 4 und 5, Abs. 4 HGB).

g) Bilanzrichtlinie-Umsetzungsgesetz – BilRuG

57.96 Am 22.7.2015 wurde das Bilanzrichtlinie-Umsetzungsgesetz (BilRuG) im Bundesgesetzblatt veröffentlicht[191]. Mit dem Gesetz wurden die vorstehend dargestellten Änderungen der Rechnungslegungsrichtlinie, die eine **weitergehende Harmonisierung** des europäischen Rechtsrahmens für die Rechnungslegung darstellen, in deutsches Recht umgesetzt. Gleichzeitig wurden die Unternehmen der Rohstoffindustrie und der Primärwaldforstwirtschaft stärkeren Transparenzanforderungen hinsichtlich ihrer Zahlungen an staatliche Stellen unterworfen (sog. Zahlungsbericht nach den §§ 341q ff. HGB), um so Korruption einzudämmen.

57.97 Die **wesentlichen Änderungen**, die für die Rechnungslegung aus dem Bilanzrichtlinie-Umsetzungsgesetz resultieren, bestehen in einer Neufassung der Umsatzerlösdefinition (§ 277 HGB), weitergehenden Erleichterungen zur Inanspruchnahme der Befreiung nach § 264 Abs. 3, § 264b HGB für Tochterkapitalgesellschaften, einer Kürzung und teilweisen Neufassung der Gliederung der Gewinn- und Verlustrechnung (§ 275 HGB) und der Aufnahme weiterer Anhangangaben (§ 285 Nr. 30 bis 34 HGB).

h) Gesetz zur Umsetzung der Wohnimmobilienkreditrichtlinie und zur Änderung handelsrechtlicher Vorschriften

57.98 Mit dem am 16.3.2016 veröffentlichten Gesetz zur Umsetzung der Wohnimmobilienkreditrichtlinie und zur Änderung handelsrechtlicher Vorschriften wurden die handelsrechtlichen Vorschriften zur **Rückstellungsabzinsung** geändert[192]. Danach dürfen Rückstellungen für Altersversorgungsverpflichtungen mit dem ihrer Restlaufzeit entsprechenden durchschnittlichen Marktzinssatz, der sich aus den vergangenen zehn Geschäftsjahren ergibt, abgezinst werden. Mit dem Gesetz, das der schon länger andauernden Niedrigzinsphase Rechnung tragen soll, wird den Unternehmen ermöglicht, ihren Aufwand für Altersversorgungsverpflichtungen über einen längeren Zeitraum zu strecken. Bisher hatte die Abzinsung mit einem durchschnittlichen Marktzinssatz zu erfolgen, der sich aus den vergangenen sieben Geschäftsjahren ergab.

i) CSR-Richtlinie-Umsetzungsgesetz

57.99 Das Gesetz zur Stärkung der nichtfinanziellen Berichterstattung der Unternehmen in ihren Lage- und Konzernlageberichten (CSR-Richtlinie-Umsetzungsgesetz) vom 11.4.2017[193] zieht eine Umgliederung und Erweiterung der Vorschriften zur Lageberichterstattung nach sich und setzt damit die Richtlinie 2014/95/EU des Europäischen Parlaments und des Rates vom 22.10.2014 zur Änderung der Richtlinie 2013/34/EU im Hinblick auf die **Angabe nichtfinanzieller und die Diversität betreffende Informa-**

---

190 BGBl. I 2015, 642.
191 Gesetz zur Umsetzung der Richtlinie 2013/34/EU des Europäischen Parlaments und des Rates v. 26.6.2013 über den Jahresabschluss, den konsolidierten Abschluss und damit verbundene Berichte von Unternehmen bestimmter Rechtsformen und zur Änderung der Richtlinie 2006/43/EG des Europäischen Parlaments und des Rates und zur Aufhebung der Richtlinien 78/660/EWG und 83/349/EWG des Rates (Bilanzrichtlinie-Umsetzungsgesetz – BilRuG) v. 17.6.2015, BGBl. I 2015, 1245.
192 BGBl. I 2016, 396.
193 BGBl. I 2017, 802.

tionen durch bestimmte große Unternehmen und Gruppen – die sog. CSR-Richtlinie – um[194]. Gegenstand des Gesetzes (dazu schon unter Rz. 57.60) ist insbesondere die Berichterstattung über nichtfinanzielle Aspekte (§§ 289b ff. HGB). Der Gesetzgeber geht davon aus, dass Unternehmen heute zunehmend nicht mehr nur nach Finanzdaten bewertet und befragt werden. Sog. nichtfinanzielle Informationen zu Themen wie die Achtung der Menschenrechte, Umweltbelange oder soziale Belange bilden vielmehr einen immer wichtiger werdenden Bereich der Unternehmenskommunikation, dem das Gesetz Rechnung tragen will. Gleichzeitig sind nichtfinanzielle Faktoren schon heute wichtige unternehmensinterne Entscheidungsfaktoren, etwa wenn es um die Risikobetrachtung geht.

V. Änderung des Jahresabschlusses

1. Notwendigkeit zur Änderung (Berichtigung) fehlerhafter Jahresabschlüsse

a) Nichtige Jahresabschlüsse

aa) Nichtigkeitsgründe

Das Aktiengesetz benennt in § 173 Abs. 3, § 234 Abs. 3, § 235 Abs. 2 und § 256 AktG abschließend Sachverhalte, die zwingend die Nichtigkeit des Jahresabschlusses nach sich ziehen, d.h. zur Unwirksamkeit des Feststellungsbeschlusses führen. 57.100

bb) Rechtsfolgen

Bei gerichtlich festgestellter Nichtigkeit ist der Jahresabschluss insgesamt rechtlich bedeutungslos; eine Teilnichtigkeit gibt es nicht[195]. Folgerichtig ist auch ein an den nichtigen Jahresabschluss anknüpfender **Gewinnverwendungsbeschluss nichtig** (§ 253 Abs. 1 Satz 1 AktG). Soweit die Nichtigkeit nicht offensichtlich ist, beispielsweise wenn der prüfungspflichtige Jahresabschluss ungeprüft festgestellt worden ist, erfordert die Bejahung der Nichtigkeit ein rechtskräftiges Feststellungsurteil. 57.101

Grundsätzlich führt die Nichtigkeit dazu, dass der **Jahresabschluss erneut aufgestellt** (und festgestellt) werden muss. Ob bzw. unter welchen Umständen die Heilung durch Zeitablauf (§ 256 Abs. 6 AktG) bei einem nichtigen Jahresabschluss abgewartet werden darf und dadurch die Neuaufstellung und -feststellung entbehrlich wird, ist unter Gesellschaftsrechtlern umstritten (siehe dazu Rz. 57.106)[196]. 57.102

Schließlich ergeben sich auch Konsequenzen für bereits erfolgte **Entlastungsbeschlüsse der Hauptversammlung** nach § 120 AktG, denn diese sind dann nach § 243 Abs. 1 AktG zumindest anfechtbar[197]. 57.103

cc) Heilung der Nichtigkeit

Die für das Bilanzrecht zentrale Nichtigkeitsvorschrift des § 256 AktG sieht in Abs. 6 Fristen vor, nach deren Ablauf die Nichtigkeit nicht mehr geltend gemacht werden kann. Damit trägt der Gesetzgeber dem Umstand Rechnung, dass auch ein Bedürfnis nach Rechtssicherheit besteht[198]. 57.104

Die **Frist** beträgt **sechs Monate** (§ 256 Abs. 6 Satz 1 AktG) bei Fehlen der Prüferbefähigung, bei Verstößen gegen die Rücklagenregelung des Gesetzes oder der Satzung und bei Verfahrensfehlern der zur Feststellung berufenen Gesellschaftsorgane, soweit sie überhaupt zur Nichtigkeit führen (§ 256 Abs. 1 57.105

---

194 ABl. EU Nr. L 330 v. 15.11.2014, S. 1 und ABl. EU Nr. L 369 v. 24.12.2014, S. 79.
195 *Balthasar*, Die Bestandskraft handelsrechtlicher Jahresabschlüsse, S. 215.
196 Dazu *Balthasar*, Die Bestandskraft handelsrechtlicher Jahresabschlüsse, S. 219 ff.
197 So *Balthasar*, Die Bestandskraft handelsrechtlicher Jahresabschlüsse, S. 218.
198 *Casper*, Die Heilung nichtiger Beschlüsse im Kapitalgesellschaftsrecht, S. 67 f. m.w.N.

Nr. 3 und 4, Abs. 2, Abs. 3 Nr. 1 und 2 AktG). Die Frist beträgt **drei Jahre** (ebenfalls § 256 Abs. 6 Satz 1 AktG) bei Verletzung gläubigerschützender Vorschriften, namentlich bei Gliederungsverstößen und Bewertungsfehlern (§ 256 Abs. 1 Nr. 1, Abs. 4 und 5 AktG). Die Frist beginnt mit der Bekanntmachung des Jahresabschlusses und der weiteren Unterlagen im Bundesanzeiger (für ab dem 1.1.2022 beginnende Geschäftsjahre: durch die das Unternehmensregister führende Stelle). Bei Anhängigkeit einer Nichtigkeitsklage können sich die vorgenannten Fristen verlängern (§ 256 Abs. 6 Satz 2 AktG)[199]. Im Falle des § 256 Abs. 1 Nr. 2 AktG, also der unterlassenen Pflichtprüfung, ist die Nichtigkeit unheilbar. Dies liegt darin begründet, dass bei einer Heilungsmöglichkeit der Prüfungszwang durch bloßen Fristablauf beseitigt werden könnte[200].

57.106 Unterschiedliche Auffassungen[201] werden zu der Frage vertreten, ob bzw. unter welchen Umständen die Unternehmensleitung den Ablauf einer Heilungsfrist bewusst abwarten darf. Die Ansichten reichen von der prinzipiellen Ablehnung eines solchen Warterechts[202] bis zur Ansicht, dass ein generelles Recht zum Abwarten nur dann ausgeschlossen sein sollte, wenn sich der Fehler auch in künftigen Jahresabschlüssen auswirkt oder die Nichtigkeit durch Feststellungsklage (§ 256 Abs. 7 AktG i.V.m. § 249 AktG) geltend gemacht wird[203].

dd) Beseitigung der Nichtigkeit

57.107 Bei der Frage, ob fehlerhafte Jahresabschlüsse berichtigt werden müssen, ist zu differenzieren. Ist der **Mangel durch Zeitablauf geheilt** (siehe Rz. 57.104) und kann er deshalb nicht mehr geltend gemacht werden (§ 256 Abs. 6 AktG), wird die Unrichtigkeit durch die Rechtsordnung hingenommen; eine Ersetzung dieses Abschlusses durch einen fehlerfreien ist dann nicht erforderlich[204].

57.108 Ist die **Heilung noch nicht eingetreten**, wenn das Aufstellungsorgan von dem Mangel Kenntnis erhält, kann auf die Ersetzung jedenfalls dann verzichtet werden, wenn es sich um einen formalen Mangel handelt, der nach § 256 Abs. 6 AktG in sechs Monaten verjährt. Bei anderen Mängeln ist nach Art und Schwere des Verstoßes und dessen Folgewirkungen zu entscheiden. Insbesondere dann, wenn die Aktionäre die Dividende in gutem Glauben bezogen haben und deshalb eine Rückforderung ausgeschlossen ist (§ 62 Abs. 1 Satz 2 AktG), dürfte regelmäßig eine Korrektur in laufender Rechnung ausreichen[205]. In diesem Zusammenhang ist auch das Informationsbedürfnis der Adressaten des Jahresabschlusses zu beachten. Wenn die Feststellung sowie die Offenlegung des aktuellen Abschlusses, in welchem die Unrichtigkeiten korrigiert werden, kurzfristig zu erwarten sind und im Vergleich zu einer Rückwärtsänderung die durch die Änderung bedingten Informationen den Adressaten nicht wesentlich später bekannt werden, wird eine Korrektur in laufender Rechnung grundsätzlich ausreichen; eine Pflicht zur Rückwärtsberichtigung besteht in diesen Fällen nur, wenn dies aufgrund materieller Folgewirkungen erforderlich ist[206].

---

199 Dazu *Koch* in MünchKomm. AktG, 5. Aufl. 2021, § 256 AktG Rz. 64. ff.
200 *ADS*, 6. Aufl. 1997, § 256 AktG Rz. 15, mit zutreffendem Hinweis darauf, dass deshalb die Differenzierung zwischen der Nichtigkeit nach § 256 Abs. 1 Nr. 2 AktG (keine Heilungsmöglichkeit) und Nr. 3 AktG (Heilungsmöglichkeit) wenig sinnvoll erscheint.
201 Einen ausführlichen Überblick zum Meinungsstand, mit zahlreichen Verweisen auf das Schrifttum, findet sich bei *Balthasar*, Die Bestandskraft handelsrechtlicher Jahresabschlüsse, S. 219 f.
202 U.a. *Balthasar*, Die Bestandskraft handelsrechtlicher Jahresabschlüsse, S. 220 ff.
203 So z.B. *ADS*, 6. Aufl. 1997, § 256 AktG Rz. 90 („Der Vorstand hat insoweit einen Beurteilungsspielraum."). Enger aber wohl unter § 172 AktG Rz. 39: Abwägung nach Art und Schwere des Verstoßes und dessen Folgewirkungen; Abwarten mithin nur bei einem „weniger bedeutsamen Nichtigkeitsgrund" statthaft.
204 IDW RS HFA 6 Rz. 15.
205 IDW RS HFA 6 Rz. 16.
206 IDW RS HFA 6 Rz. 17.

b) Fehlerhafte, aber nicht nichtige Jahresabschlüsse

Von den vorstehenden Fällen, bei denen ein Mangel des Jahresabschlusses die Rechtsfolge der Nichtigkeit nach sich zieht (§ 256 Abs. 1–5 AktG), sind jene Mängel zu unterscheiden, die zwar den Jahresabschluss ebenfalls fehlerhaft machen, die Rechtswirkung der Nichtigkeit aber – aufgrund des abschließenden Charakters der gesetzlichen Aufzählung der Nichtigkeitsgründe – nicht zur Folge haben. Derartige Mängel, die nicht zur Nichtigkeit führen, können grundsätzlich immer (noch) **in laufender Rechnung** korrigiert werden. Die Rückwärtsberichtigung des betroffenen Jahresabschlusses ist zulässig, aber nicht geboten. Eine Pflicht zur **Rückwärtsberichtigung** besteht ausnahmsweise dann, wenn der fehlerhafte (aber nicht nichtige) Jahresabschluss kein den tatsächlichen Verhältnissen entsprechendes Bild der Vermögens-, Finanz- und Ertragslage vermittelt und eine zeitnahe Richtigstellung des Bilds nicht durch die Korrektur im laufenden Jahresabschluss erreicht werden kann[207]. Allerdings beschränkt sich die Pflicht zur Rückwärtsberichtigung auf wesentliche Mängel: „Die öffentlich-rechtlichen Funktionen des Jahresabschlusses erfordern keine Berichtigung unwesentlicher Ungenauigkeiten im handelsrechtlichen Jahresabschluss. Die bei der Vermögens- und Haftungsbestimmung erforderliche Rechtssicherheit gebietet im Gegenteil sogar, Berichtigungen möglichst nur auf wesentliche Abweichungen zu begrenzen."[208]

57.109

2. Erlaubnis zur Änderung fehlerfreier Abschlüsse
a) Voraussetzungen

Auch die – dann selbstverständlich freiwillige – Änderung fehlerfreier Abschlüsse ist möglich. Dies allerdings – anders als bei fehlerhaften oder gar nichtigen Jahresabschlüssen – nur in Ausnahmefällen und unter restriktiven Voraussetzungen[209]. Grundsätzlich ist von der Bindungswirkung des festgestellten Jahresabschlusses auszugehen[210].

57.110

Zu bedenken ist, dass ein bilanzrechtlich fehlerfreier Abschluss selbst dann vorliegt, wenn offensichtlich ein Gesetzesverstoß vorliegt (**objektive Fehlerhaftigkeit des Jahresabschlusses**), der Kaufmann diesen aber bis zum Zeitpunkt der Feststellung selbst bei pflichtgemäßer und gewissenhafter Prüfung nicht hätte erkennen können (**subjektiver Fehlerbegriff**)[211]. Ob dieser subjektive Fehlerbegriff auch für die im Hinblick auf das materielle Bilanzrecht zentrale Nichtigkeitsnorm des § 256 Abs. 5 Satz 1 Nr. 1 AktG (Nichtigkeit wegen Überbewertung) einschlägig ist oder die Erkennbarkeit des Fehlers hierbei keine Rolle spielt, wird im gesellschaftsrechtlichen Schrifttum kontrovers diskutiert[212]. Soweit der subjektive Fehlerbegriff hinsichtlich bilanzieller *Rechtsfragen* von der höchstrichterlichen steuerlichen Rechtsprechung aufgegeben wurde[213], hat dies keine Auswirkung auf den Fehlerbegriff bei der Beurteilung von *Sachverhaltsfragen*[214]. Handelsrechtlich wird auch bei der Beurteilung bilanzieller Rechtsfragen weiterhin gelten, dass spätere wertaufhellende Erkenntnisse den festgestellten Abschluss nicht fehlerhaft machen[215].

57.111

Die freiwillige Änderung eines (zumindest subjektiv) fehlerfreien Jahresabschlusses kommt nur dann in Betracht, wenn **gewichtige rechtliche, wirtschaftliche oder steuerrechtliche Gründe** vorliegen[216].

57.112

---

207 IDW RS HFA 6 Rz. 21.
208 *Balthasar*, Die Bestandskraft handelsrechtlicher Jahresabschlüsse, S. 136.
209 IDW RS HFA 6 Rz. 7, 9 ff.
210 IDW RS HFA 6 Rz. 6.
211 IDW RS HFA 6 Rz. 14. Siehe auch *Balthasar*, Die Bestandskraft handelsrechtlicher Jahresabschlüsse, S. 129 ff. m.w.N.
212 Ausführlich dazu *Balthasar*, Die Bestandskraft handelsrechtlicher Jahresabschlüsse, S. 196 ff.
213 BFH v. 31.1.2013 – GrS 1/10, GmbHR 2013, 547 = BB 2013, 1006.
214 *Schulze-Osterloh*, BB 2013, 1132.
215 IDW RS HFA 6 Rz. 14.
216 IDW RS HFA 6 Rz. 9.

Sie ist von vornherein ausgeschlossen, wenn hierdurch Rechte Dritter beeinträchtigt würden, es sei denn, deren Einverständnis würde eingeholt. Insbesondere dürfen bei Kapitalgesellschaften durch einen ordnungsgemäßen Gewinnverwendungsbeschluss (bei der AG: § 174 Abs. 2 Nr. 2 AktG) entstandene Gewinnansprüche ohne Einwilligung der Betroffenen nicht beseitigt oder geschmälert werden, sofern die Betroffenen nicht zuvor auf ihr Recht ganz oder in der erforderlichen Höhe verzichtet haben[217].

b) Änderungen vor und nach Feststellung

aa) Feststellung durch Vorstand und Aufsichtsrat

57.113 Vor Feststellung des Jahresabschlusses durch Vorstand und Aufsichtsrat (§ 172 AktG) kann der aufgestellte Jahresabschluss jederzeit noch einmal geändert werden. Nach Vorlage des Prüfungsberichts ist allerdings auch in dieser Phase bereits eine Nachtragsprüfung erforderlich[218].

57.114 Auch nach der Feststellung kann der Jahresabschluss u.U. noch unbeschränkt geändert werden. Dies ist dann der Fall, wenn die **Einberufung der Hauptversammlung noch nicht bekannt gemacht** ist[219]. Teilweise wird auch auf den Zeitpunkt der Unterzeichnung des Jahresabschlusses durch den Vorstand abgestellt[220].

57.115 **Nach der Einberufung, aber noch vor dem Abhalten der Hauptversammlung** kommt eine Änderung des Jahresabschlusses nur noch bei Vorliegen gewichtiger rechtlicher, wirtschaftlicher oder steuerrechtlicher Gründe in Betracht[221].

57.116 Folgerichtig ist erst recht **nach erfolgter Hauptversammlung** eine Abänderung des Jahresabschlusses nur unter den vorstehend genannten engen Restriktionen möglich[222].

bb) Feststellung durch Hauptversammlung

57.117 Wird der Jahresabschluss durch die Hauptversammlung festgestellt (§ 173 AktG), sind Änderungen **bis zum Abhalten dieser Hauptversammlung auch ohne wichtigen Grund uneingeschränkt zulässig**[223]. Da jedoch neben der Nachtragsprüfung nach § 316 Abs. 3 HGB (siehe dazu Rz. 57.123) auch der Aufsichtsrat erneut prüfen müsste, werden derartige Änderungen nur in Ausnahmefällen auftreten[224].

cc) Erneute Beschlussfassung

57.118 War der Jahresabschluss bereits festgestellt, bedarf es einer erneuten Vorlage und Beschlussfassung[225].

3. Durchführung der Änderung

57.119 Änderungen einzelner Posten des Jahresabschlusses bedingen **entsprechende Änderungen bei allen korrespondierenden Posten**, die von der Änderung betroffen sind[226]. Bei einem nichtigen Jahresab-

---

217 IDW RS HFA 6 Rz. 10.
218 IDW RS HFA 6 Rz. 3 f.
219 ADS, 6. Aufl. 1997, § 172 AktG Rz. 47. Zu eng deshalb IDW RS HFA 6 Rz. 7.
220 Müller in FS Budde, 1995, S. 433.
221 IDW RS HFA 6 Rz. 7 und Rz. 9; ADS, 6. Aufl. 1997, § 172 AktG Rz. 58 f.
222 Dazu ADS, 6. Aufl. 1997, § 172 AktG Rz. 49 ff. m.w.N.
223 ADS, 6. Aufl. 1997, § 172 AktG Rz. 60.
224 Zutreffend ADS, 6. Aufl. 1997, § 172 AktG Rz. 60.
225 IDW RS HFA 6 Rz. 32.
226 IDW RS HFA 6 Rz. 28.

schluss führt die spätere Aufstellung eines fehlerfreien Jahresabschlusses allerdings grundsätzlich dazu, dass die Unternehmensführung nicht nur die Posten des Jahresabschlusses zu ändern hat, die zu dessen Nichtigkeit geführt haben, sondern im Falle besserer Erkenntnis oder Wertaufhellung auch zwischenzeitliche Änderungen bei allen sonstigen Bilanz- und Erfolgsposten zu berücksichtigen sind; das gilt auch für die Aufstellung des Anhangs und Lageberichts[227].

Wird ein Jahresabschluss geändert, der mehrere Geschäftsjahre zurückliegt, müssen im Übrigen ggf. **alle folgenden Jahresabschlüsse ebenfalls geändert werden**, und zwar unabhängig davon, ob diese bereits festgestellt sind[228].

Ist die Änderung des Jahresabschlusses **ergebnisneutral**, kann regelmäßig darauf verzichtet werden, alle übrigen Posten auf der Grundlage der im Zeitpunkt der Bilanzänderung bestehenden Erkenntnisse (Wertaufhellung) neu zu überprüfen. Dies gilt auch bei der Ersetzung nichtiger Jahresabschlüsse für die Posten, die nicht von dem Nichtigkeitsgrund betroffen sind und bei denen sich keine Folgeänderungen ergeben[229].

Sofern die Änderung eines Bilanzpostens indes eine **Erhöhung des Jahresergebnisses** zur Folge hat, sind dem Aufstellungsorgan bekannt gewordene aufhellende Ereignisse, die sich gegenläufig auswirken, zu berücksichtigen[230]. Die Pflicht zur Berücksichtigung solcher gegenläufiger Ergebniseffekte besteht im Übrigen unabhängig davon, ob die Änderung vor oder nach Feststellung des Jahresabschlusses erfolgt[231].

4. Nachtragsprüfung

Nach § 316 Abs. 3 Satz 1 HGB ist es erforderlich, einen nach Vorlage des Prüfungsberichts (§ 321 HGB) geänderten Jahresabschluss einer **erneuten Prüfung durch den Abschlussprüfer** zu unterziehen. Über das Ergebnis der Prüfung ist zu berichten und der Bestätigungsvermerk entsprechend zu ergänzen (§ 316 Abs. 3 Satz 2 HGB). Ob die Veränderung des ursprünglichen Jahresabschlusses durch eine Fehlerberichtigung oder freiwillig veranlasst wurde, hat auf die Notwendigkeit zur Einleitung einer Nachtragsprüfung keinen Einfluss.

Der Abschlussprüfer hat zwar bei jeder Änderung alle Unterlagen erneut zu prüfen, dies jedoch nur „soweit die Änderung inhaltlich reicht". Das bedeutet, dass die Änderung auf ihre Zulässigkeit zu prüfen ist, mithin festzustellen ist, ob aufgrund dieser Änderung auch Änderungen an anderen Stellen erforderlich sind und schließlich, ob auch nach Durchführung der Änderung das durch die Generalnorm (siehe dazu Rz. 57.82 ff.) normierte Einblicksgebot gewahrt ist[232]. Zu weitergehenden Prüfungen ist der Abschlussprüfer weder verpflichtet noch berechtigt[233]. Werden dem Abschlussprüfer indes bei Durchführung der Nachtragsprüfung andere Tatsachen bekannt, die – hätte er sie vorher gekannt – sein bisheriges Prüfungsurteil beeinflusst hätten, muss er die Unternehmensleitung zu weiteren Änderungen des Jahresabschlusses veranlassen[234].

---

227 *ADS*, 6. Aufl. 1997, § 256 AktG Rz. 92.
228 IDW RS HFA 6 Rz. 27.
229 IDW RS HFA 6 Rz. 29.
230 IDW RS HFA 6 Rz. 29.
231 IDW PS 203 n.F. Rz. 20.
232 *Schmidt/Küster/Bernhardt* in BeckBilkomm, § 316 HGB Rz. 27.
233 *ADS*, 6. Aufl. 2000, § 316 HGB Rz. 67 m.w.N.
234 *Schmidt/Küster/Bernhardt* in BeckBilkomm, § 316 HGB Rz. 27.

§ 58
Konzernabschluss

I. Bedeutung und Zwecke des Konzernabschlusses nach IFRS 58.1
II. Verantwortlichkeit des Vorstands ... 58.6
  1. Pflicht zur Aufstellung eines Konzernabschlusses und eines Konzernlageberichts 58.6
  2. Pflicht zur Abgabe eines „Bilanzeids" 58.11
  3. Pflicht zur Unterzeichnung des Konzernabschlusses 58.12
  4. Pflicht zur Vorlage des Konzernabschlusses und des Konzernlageberichts an den Aufsichtsrat 58.13
III. Verantwortlichkeit des Aufsichtsrats . 58.14
  1. Prüfungspflicht 58.14
  2. Berichtspflicht 58.15
  3. Billigung des Konzernabschlusses ... 58.16
IV. Für den Inhalt maßgebende Normen . 58.18
  1. EU-Recht 58.18
    a) Umsetzung der EU-Strategie zur Einführung der IFRS 58.18
    b) EU-Rechnungslegungsrichtlinie ... 58.22
    c) Kapitalmarktorientierte Unternehmen 58.23
    d) Endorsementverfahren 58.26
    e) SEC-Listing 58.32
  2. HGB 58.35
  3. Deutsches Rechnungslegungs Standards Committee e.V. (DRSC) 58.41
  4. IDW Stellungnahmen zur Rechnungslegung und Rechnungslegungshinweise 58.45

V. Rechnungslegung nach IFRS 58.48
  1. Konzeptionelle Grundlagen 58.48
  2. Erstellung von Konzernabschlüssen nach IFRS 58.53
    a) Konsolidierungskreis 58.53
      aa) Beherrschung 58.53
      bb) Einbeziehungswahlrechte und -verbote 58.57
      cc) Investmentgesellschaften als beherrschendes Mutterunternehmen 58.59
    b) Grundsatz der Einheitlichkeit ... 58.61
    c) Konsolidierung 58.66
    d) Assoziierte Unternehmen und Joint Ventures 58.68
  3. Weitere Bestandteile des Konzernabschlusses 58.77
    a) Eigenkapitalveränderungsrechnung 58.77
    b) Kapitalflussrechnung 58.79
    c) Konzernanhang (einschl. Segmentberichterstattung) und sonstige Informationen 58.81
    d) Konzernlagebericht 58.85
VI. Enforcement 58.87
  1. Rechtslage bis zum 31.12.2021 – zweistufiges Enforcement-Verfahren . 58.88
  2. Rechtslage ab dem 1.1.2022 – Einstufiges Enforcement-Verfahren .. 58.98

Schrifttum: *ADS*, Rechnungslegung und Prüfung der Unternehmen, 6. Aufl. 1995 ff.; *ADS*, Rechnungslegung nach internationalen Standards (Loseblatt); *Baetge/Wollmert/Kirsch/Oser/Bischof* (Hrsg.), Rechnungslegung nach IFRS, 2. Aufl. (Loseblatt); *Baetge/Kirsch/Thiele*, Konzernbilanzen, 13. Aufl. 2019; *Baums* (Hrsg.), Bericht der Regierungskommission Corporate Governance, 2001; *Beck's sches IFRS-Handbuch*, Kommentierung der IFRS/IAS, 6. Aufl. 2020; *Busse von Colbe/Ordelheide/Gebhardt/Pellens*, Konzernabschlüsse, Rechnungslegung nach betriebswirtschaftlichen Grundsätzen sowie nach Vorschriften des HGB und der IAS/IFRS, 9. Aufl. 2010; *Gelhausen/Fey/Kämpfer*, Rechnungslegung und Prüfung nach dem Bilanzrechtsmodernisierungsgesetz, 2009; *Heuser/Theile* (Hrsg.), IFRS-Handbuch, Einzel- und Konzernabschluss, 6. Aufl. 2019; *Hirte*, Das Transparenz- und Publizitätsgesetz, 2003; *Hommel/Wüstemann*, Synopse der Rechnungslegung nach HGB und IFRS, Eine qualitative Gegenüberstellung, 2006; *Kliem/Kosma/Optenkamp*, Das einstufige Enforcement nach dem Gesetz zur Stärkung der Finanzmarktintegrität, DB 2021, 1518; *KPMG*, International Financial Reporting Standards, 4. Aufl. 2007; *Küting/Weber* (Hrsg.), Handbuch der Rechnungslegung, Einzelabschluss: Kommentar zur Bilanzierung und Prüfung, 5. Aufl. (Loseblatt), 30. Aktualisierung 2020; *Moxter*, Grundsätze ordnungsgemäßer Rechnungslegung, 2003; *Pellens/Fülbier/Gassen/Sellhorn*, Internationale Rechnungslegung, 10. Aufl. 2017; *Scheffler*, Neue EU-Bilanzrichtlinie veröffentlicht, AG 2013, R228; *WP-Handbuch 2021*, Wirtschaftsprüfung und Rechnungslegung, 17. Aufl. 2021; *Zülch/Beyhs/Hoffmann/ Krauß*, Enforcement-Guide, Wegweiser für das DPR-Verfahren, 2. Aufl. 2014.

I. Bedeutung und Zwecke des Konzernabschlusses nach IFRS

Nach der sog. „IAS-Verordnung" der EU[1] sind kapitalmarktorientierte Unternehmen verpflichtet, ihre Konzernabschlüsse für Geschäftsjahre, die ab dem 1.1.2005 beginnen, nach den International Financial Reporting Standards (IFRS) aufzustellen. Die Anwendung der IFRS im Sinne der „IAS-Verordnung" setzt neben der Pflicht zur Erstellung eines konsolidierten Abschlusses die Kapitalmarktorientierung voraus. Die Frage, ob ein konsolidierter Abschluss zu erstellen ist, bestimmt sich auf Ebene des nationalen Rechts und nicht im Rahmen der IFRS[2] (ausführlich Rz. 58.36). Soweit in einem ersten Schritt geklärt ist, dass nach den handelsrechtlichen Vorschriften ein konsolidierter Abschluss zu erstellen ist, ist im zweiten Schritt zu klären, ob das betreffende Unternehmen kapitalmarktorientiert ist oder nicht (ausführlich Rz. 58.24 f.). Allein im Fall der Kapitalmarktorientierung – diese liegt bei Börsennotierung i.S.d. § 3 Abs. 2 AktG vor – besteht eine Verpflichtung zur Aufstellung eines konsolidierten Abschlusses nach den IFRS. Die weiteren Fragestellungen der Konzernrechnungslegung, insbesondere zum konkreten Konsolidierungskreis, zur Konsolidierung sowie Bilanzierung und Bewertung sind nach IFRS zu klären (ausführlich Rz. 58.53 ff.). § 315e HGB ergänzt die unmittelbar geltende „IAS-Verordnung" und bestimmt in Abs. 1 die Normen des HGB, die zusätzlich zu den IFRS zu beachten sind.

58.1

Der Konzernabschluss nach IFRS hat **keine unmittelbare Steuerbemessungs- oder Ausschüttungsbemessungsfunktion**, sondern verfolgt ausschließlich einen Informationszweck[3].

58.2

Im Konzernabschluss wird die **Vermögens-, Finanz- und Ertragslage** des Mutterunternehmens und seiner Tochterunternehmen durch Konsolidierung der Einzelabschlüsse so dargestellt, als ob es sich – ohne Rücksicht auf die tatsächlichen rechtlichen Strukturen – wirtschaftlich um ein einziges Unternehmen handeln würde[4]. Die Notwendigkeit der Erstellung von Konzernabschlüssen wird – ähnlich wie im deutschen Handelsrecht – aus der Überlegung abgeleitet, dass die Summe der Einzelabschlüsse der Konzernunternehmen im Vergleich zum konsolidierten Konzernabschluss deutlich weniger aussagekräftig ist, weil sie die aus Sicht der wirtschaftlichen Einheit notwendigen Konsolidierungsmaßnahmen zur Eliminierung konzerninterner Verflechtungen nicht enthält[5].

58.3

---

1 Verordnung (EG) Nr. 1606/2002 des Europäischen Parlaments und des Rates v. 19.7.2002 betreffend die Anwendung internationaler Rechnungslegungsstandards, ABl. EG Nr. L 243 v. 11.9.2002, S. 1. Im Folgenden wird ausschließlich der Begriff „IFRS" als aktueller Oberbegriff des Normenwerkes verwendet. Auf die *IFRS for SMEs* wird nicht eingegangen; dazu etwa *Stibi* in Busse von Colbe/Crasselt/Pellens, Lexikon des Rechnungswesens, S. 360 ff.
2 *Europäische Kommission*, Kommentare zu bestimmten Artikeln der Verordnung (EG) Nr. 1606/2002 des Europäischen Parlaments und des Rates v. 19.7.2002 betreffend die Anwendung internationaler Rechnungslegungsstandards und zur Vierten Richtlinie 78/660/EWG des Rates v. 25.7.1978 sowie zur Siebenten Richtlinie 83/349/EWG des Rates v. 13.6.1983 über Rechnungslegung, S. 7; *Grottel/Kreher* in BeckBilkomm., § 315e HGB Rz. 3 und 5.
3 *Baetge/Kirsch/Thiele*, Konzernbilanzen, S. 41 ff.; *Baetge/Hayn/Ströher* in Baetge/Wollmert/Kirsch/Oser/Bischof, Rechnungslegung nach IFRS, Teil B, IFRS 10 Rz. 13.
4 Das IASB hat im Rahmen der Überarbeitung der IFRS die sog. „Einheitstheorie" als konzeptionellen „Unterbau" der Konzernrechnungslegung anerkannt. Gleichwohl enthalten die IFRS auch interessentheoretisch geprägte Elemente; ausführlich dazu *Baetge/Hayn/Ströher* in Baetge/Wollmert/Kirsch/Oser/Bischof, Rechnungslegung nach IFRS, Teil B, IFRS 10 Rz. 11 ff.
5 *Baetge/Hayn/Ströher* in Baetge/Wollmert/Kirsch/Oser/Bischof, Rechnungslegung nach IFRS, Teil B, IFRS 10 Rz. 11.

58.4 Als **Adressaten** des Konzernabschlusses sind gemäß dem „Rahmenkonzept" („Conceptual Framework") der IFRS (CF 1.2 ff.) vornehmlich aktuelle und potentielle Eigen- und Fremd-Kapitalgeber anzusehen, obwohl die Abschlüsse auch die Informationsbedürfnisse von weitergehenden Gruppen (z.B. Regulatoren und die Öffentlichkeit) befriedigen können (CF 1.10, IAS 1.9). Trotz des weiten Kreises möglicher Interessenten kommt einem IFRS-(Konzern-)Abschluss damit vor allem eine **kapitalmarktorientierte Informationsfunktion** zu, d.h. die publizierten Informationen bzw. die zugrundeliegenden Vorschriften orientieren sich stark am Informationsbedürfnis der (Eigen-)Kapitalgeber[6]. Man kann allerdings davon ausgehen, dass sich die Informationsbedürfnisse der übrigen Interessentengruppen mit solchen Informationen ebenfalls befriedigen lassen. Nach CF 1.4 dienen (Konzern-)Abschlüsse weiterhin dazu, Informationen über die von der Unternehmensleitung erbrachten Leistungen hinsichtlich der Unternehmensressourcen zu liefern; mithin wird hier auch eine **Rechenschaftsfunktion** deutlich[7].

58.5 Nach § 171 Abs. 2 Satz 5 i.V.m. Satz 4 AktG ist der Konzernabschluss ebenfalls vom Aufsichtsrat zu billigen. Mit dem Erfordernis der förmlichen Billigung wird zugleich eine intensivere Prüfung des Konzernabschlusses als zentrales Informationsinstrument durch den Aufsichtsrat angestrebt[8]. Damit ist der Konzernabschluss (nach IFRS) auch ein wichtiges Instrument zur Überwachung des Unternehmens durch den Aufsichtsrat (siehe auch Rz. 58.15 f.).

II. Verantwortlichkeit des Vorstands

1. Pflicht zur Aufstellung eines Konzernabschlusses und eines Konzernlageberichts

58.6 Die Pflicht zur Aufstellung eines Konzernabschlusses und Lageberichtes knüpft nach § 290 Abs. 1 HGB an die Möglichkeit an, bei einem anderen Unternehmen (Tochterunternehmen), einen beherrschenden Einfluss ausüben zu können. Die wichtigsten Konstellationen eines solchen Mutter-Tochter-Verhältnisses werden in § 290 Abs. 2 HGB definiert (siehe ausführlich auch Rz. 58.37 f.). Handelt es sich bei dem Mutterunternehmen um eine (börsennotierte) Aktiengesellschaft, trifft die Aufstellungspflicht den Vorstand[9]. Im Übrigen kann hinsichtlich der Frage, wer im Einzelnen zur Aufstellung verpflichtet ist, auf die Ausführungen zum Jahresabschluss verwiesen werden (siehe dazu Rz. 57.16 ff.).

58.7 Der Konzernabschluss und der Konzernlagebericht sind grundsätzlich in den ersten **fünf Monaten des Konzerngeschäftsjahrs** für das vergangene Konzerngeschäftsjahr aufzustellen (§ 290 Abs. 1 Satz 1 HGB). Für kapitalmarktorientierte Mutterunternehmen verkürzt sich dieser Zeitraum allerdings regelmäßig auf **vier Monate** (§ 290 Abs. 1 Satz 2 HGB). Die gesetzlichen Vertreter, die der Aufstellung des Konzernabschlusses nicht fristgemäß nachkommen, verletzen in der Regel ihre Sorgfaltspflichten als ordentliche und gewissenhafte Geschäftsleiter nach § 93 Abs. 1 AktG, so dass sich hieraus Schadensersatzansprüche ergeben können (§ 93 Abs. 2 AktG).

58.8 Der Konzernabschluss nach IFRS hat grundsätzlich folgende Bestandteile zu umfassen: eine **Konzernbilanz**, eine **Konzern-(Gesamt-)Ergebnisrechnung**, eine **Eigenkapitalveränderungsrechnung**, eine **Kapitalflussrechnung** und einen **Anhang**, zu dem auch die **Segmentberichterstattung** gehört (IAS 1.10), jeweils einschließlich Vergleichsinformationen hinsichtlich der vorangegangenen Periode. Deutsche Unternehmen, die nach § 315e HGB einen IFRS-Konzernabschluss aufstellen, haben den Abschluss gemäß § 315e Abs. 1 HGB um einen nach handelsrechtlichen Vorgaben aufgestellten **Konzernlage-**

---

6 *Baetge/Hayn/Ströher* in Baetge/Wollmert/Kirsch/Oser/Bischof, Rechnungslegung nach IFRS, Teil B, IFRS 10 Rz. 13.
7 *ADS*, Rechnungslegung nach internationalen Standards, Abschn. 1 Rz. 43.
8 Begründung der Bundesregierung zum TransPuG, BR-Drucks. 109/02 v. 8.2.2002, S. 53; ebenso *Ihrig/Wagner*, BB 2002, 796 und *Götz*, NZG 2002, 604.
9 *ADS*, 6. Aufl. 1996, Vorbemerkungen zu §§ 290–315 HGB Rz. 73.

bericht zu ergänzen. Zu den Details der weiteren Bestandteile des Konzernabschlusses und zum Konzernlagebericht siehe Rz. 58.77 ff.

Gemäß IAS 1.10 hat der Konzernabschluss über die in Rz. 58.8 aufgeführten Bestandteile hinaus auch eine **Eröffnungsbilanz** der frühesten Vergleichsperiode zu enthalten, wenn (neue) Bilanzierungsmethoden retrospektiv angewendet werden, Korrekturen des Ansatzes, der Bewertung oder des Ausweises von Abschlussposten retrospektiv durchzuführen sind oder Abschlussposten umgegliedert wurden.   58.9

Hinsichtlich der **Ergebnisrechnung** definiert IAS 1.7 das Gesamtergebnis (*total comprehensive income*) als Veränderung des Eigenkapitals innerhalb einer Berichtsperiode aufgrund von Geschäftsvorfällen oder sonstigen Sachverhalten, die nicht auf Transaktionen mit Anteilseignern, die in ihrer Eigenschaft als Anteilseigner handeln, beruhen. Es enthält zum einen das Periodenergebnis (*profit or loss*) aus der „klassischen" Gewinn- und Verlustrechnung (GuV) und zum anderen das sog. *other comprehensive income* (sonstige Ergebnis), bei dem es sich um sämtliche ergebnisneutrale Eigenkapitalveränderungen einer Periode handelt, die nicht aus Transaktionen mit Eigenkapitalgebern resultieren. Gemäß IAS 1.10A können beide Komponenten auch in zwei (aufeinanderfolgenden) Statements getrennt dargestellt werden.   58.10

2. Pflicht zur Abgabe eines „Bilanzeids"

Gemäß § 297 Abs. 2 Satz 4 HGB haben die Mitglieder des vertretungsberechtigten Organs eines Mutterunternehmens, das Inlandsemittent i.S.d. § 2 Abs. 14 WpHG und keine Kapitalgesellschaft i.S.d. § 327a HGB ist, in einer dem Jahresabschluss beizufügenden schriftlichen Erklärung zu versichern, dass nach bestem Wissen der Konzernabschluss ein den tatsächlichen Verhältnissen entsprechendes Bild der Vermögens-, Finanz- und Ertragslage unter Beachtung der Grundsätze ordnungsmäßiger Buchführung vermittelt oder der Konzernanhang zusätzliche Angaben[10] für den Fall enthält, dass der Konzernabschluss ein solches Bild nicht vermittelt („**Bilanzeid**"). § 315 Abs. 1 Satz 5 HGB enthält eine entsprechende Regelung für den Konzernlagebericht. Hinsichtlich der Fragen, welche Unternehmen unter die Vorschrift des § 297 Abs. 2 Satz 4 HGB fallen, wer zur Abgabe eines Bilanzeids verpflichtet ist und wie sich der Mindestinhalt bestimmt, kann auf die Ausführungen zum Jahresabschluss verwiesen werden (siehe dazu Rz. 57.21 ff.). § 315e Abs. 1 HGB stellt durch den Verweis auf § 297 Abs. 2 Satz 4 HGB zudem klar, dass die Pflicht zur Abgabe des Bilanzeids zum Konzernabschluss auch die gesetzlichen Vertreter eines Mutterunternehmens betrifft, das den Konzernabschluss nach den IFRS aufstellt. „Ein dahingehender Bilanzeid umfasst in der Regel die Erklärung, dass der Konzernabschluss unter Beachtung der in § 315a Abs. 1 [jetzt § 315e] HGB genannten internationalen Rechnungslegungsstandards und Vorschriften ein den tatsächlichen Verhältnissen entsprechendes Bild der Vermögens-, Finanz- und Ertragslage des Konzerns vermittelt."[11]   58.11

3. Pflicht zur Unterzeichnung des Konzernabschlusses

Der Konzernabschluss ist, ebenso wie der Jahresabschluss, durch alle gesetzlichen Vertreter der Aktiengesellschaft – also den gesamten Vorstand – unter Angabe des Datums zu unterzeichnen, und zwar zweckmäßigerweise am Ende des Konzernanhangs (§ 298 Abs. 1 HGB i.V.m. § 245 HGB)[12]. Bei einer Zusammenfassung des Konzernanhangs mit dem Anhang zum Jahresabschluss des Mutterunternehmens ist es ausreichend und üblich, wenn nur einmal **unterschrieben** wird[13]. Eine Verpflichtung zur Unterzeichnung des Konzernlageberichts besteht nicht.   58.12

---

10 Zu Besonderheiten in der Formulierung bei IFRS-Abschlüssen aufgrund abweichender Bedeutung des Anhangs *Störk/Rimmelspacher* in BeckBilkomm., § 297 HGB Rz. 188.
11 Begr. RegE zum Entwurf des Transparenzrichtlinie-Umsetzungsgesetzes, BT-Drucks. 16/2498, S. 55.
12 *Störk/Deubert* in BeckBilkomm., § 298 HGB Rz. 14; ADS, 6. Aufl. 1996, § 245 HGB Rz. 3 und § 298 HGB Rz. 61 f.
13 *Störk/Deubert* in BeckBilkomm., § 298 HGB Rz. 14; *Störk/Schellhorn* in BeckBilkomm., § 245 HGB Rz. 4; *Erle*, WPg 1987, 643.

4. Pflicht zur Vorlage des Konzernabschlusses und des Konzernlageberichts an den Aufsichtsrat

58.13 In § 170 Abs. 1 Satz 2 AktG wird unter Bezugnahme auf § 170 Abs. 1 Satz 1 AktG die Verpflichtung des Vorstands statuiert, den Konzernabschluss und den Konzernlagebericht **unverzüglich** – ohne schuldhaftes Zögern (§ 121 Abs. 1 Satz 2 BGB) – nach ihrer Aufstellung dem Aufsichtsrat des Mutterunternehmens **vorzulegen**[14]. Das Gleiche gilt für den gesonderten nichtfinanziellen Konzernbericht, sofern er erstellt wurde (§ 170 Abs. 1 Satz 3 AktG). Der Eingang des Prüfungsberichts des Abschlussprüfers ist nicht abzuwarten[15]. Auch kann die Vorlage des Konzernabschlusses durch das Registergericht im Wege des Zwangsgeldverfahrens durchgesetzt werden, da § 407 Abs. 1 AktG auf § 170 Abs. 1 AktG verweist. Im Übrigen gelten die Ausführungen zur Vorlage des Jahresabschlusses grundsätzlich entsprechend (siehe dazu Rz. 57.30 ff.).

III. Verantwortlichkeit des Aufsichtsrats

1. Prüfungspflicht

58.14 Nach § 171 Abs. 1 Satz 1 und 4 AktG hat der Aufsichtsrat des Mutterunternehmens den Konzernabschluss und den Konzernlagebericht sowie den gesonderten nichtfinanziellen Konzernbericht, soweit er erstellt wurde, zu prüfen[16]. Auch der Konzernabschluss und der Konzernlagebericht sind, entsprechend den für die Prüfung des Jahresabschlusses aufgestellten Grundsätzen (**Prüfungsmaßstab**), auf ihre Rechtmäßigkeit und auf ihre Zweckmäßigkeit hin zu überprüfen[17]. Hinsichtlich der Rechtmäßigkeit hat sich der Prüfungsumfang an den für den Abschlussprüfer in § 317 Abs. 3 HGB normierten Vorgaben zu orientieren, während sich die Zweckmäßigkeitsprüfung in erster Linie auf die Konzernbilanzpolitik einschließlich der Ausübung eventueller Einbeziehungswahlrechte beim Konsolidierungskreis erstreckt[18]. Im Hinblick auf den gesonderten nichtfinanziellen Konzernbericht bleibt der § 317 Abs. 2 Satz 4 HGB jedoch unbeachtlich. Im Übrigen gelten die Ausführungen zum Jahresabschluss grundsätzlich entsprechend (siehe dazu Rz. 57.33 ff.).

2. Berichtspflicht

58.15 § 171 Abs. 2 Satz 1-4 AktG schreibt dem Aufsichtsrat vor, dass er der Hauptversammlung über das Ergebnis der Prüfung (des Jahresabschlusses) **schriftlich zu berichten** hat. Dies gilt analog für den Konzernabschluss (§ 171 Abs. 2 Satz 5 AktG). Daraus ergibt sich, dass der Aufsichtsrat auch zu dem Ergebnis der Prüfung des vom Vorstand aufgestellten Konzernabschlusses Stellung zu nehmen hat.

---

14 *Hirte*, Das Transparenz- und Publizitätsgesetz, Rz. 68. Vorlagepflichtig sind im Übrigen auch eventuelle Teilkonzernabschlüsse; ADS, 6. Aufl. 1997, § 337 AktG Rz. 11 f.
15 *Poll* in Küting/Weber, Handbuch der Rechnungslegung, Einzelabschluss: Kommentar zur Bilanzierung und Prüfung, § 170 AktG Rz. 3. Dies ergibt sich aus § 321 Abs. 5 Satz 2 HGB, wonach der Abschlussprüfer dem Aufsichtsrat den Prüfungsbericht vorzulegen hat, soweit dieser ihn beauftragt hat. Dies ist hinsichtlich des Konzernabschlusses nach § 111 Abs. 2 Satz 3 AktG regelmäßig der Fall.
16 ADS, 6. Aufl. 1997, § 171 AktG n.F. Rz. 2.
17 ADS, 6. Aufl. 1997, § 171 AktG n.F. Rz. 3.
18 ADS, 6. Aufl. 1997, § 171 AktG n.F. Rz. 3. Dies gilt nach den durch das Transparenz- und Publizitätsgesetz eingeführten Regelungen umso mehr, denn in der Regierungsbegründung zum Entwurf (Begr. RegE zu § 171 AktG n.F., BT-Drucks. 14/8769, abgedruckt in NZG 2002, 225) wurde bereits deutlich zum Ausdruck gebracht, dass der Zweck der Neuregelungen darin bestand, der zunehmenden Bedeutung des Konzernabschlusses und des Konzernlageberichts als zentrale Informationsinstrumente Rechnung zu tragen.

Die somit statuierte förmliche Befassung des Aufsichtsrats mit dem Konzernabschluss zielt auf eine intensivere Prüfung dieses Informationsinstruments auch durch den Aufsichtsrat[19].

3. Billigung des Konzernabschlusses

Hinsichtlich der Billigung des Konzernabschlusses kommen **unterschiedliche Varianten** in Betracht. Der Aufsichtsrat kann den vom Vorstand aufgestellten Konzernabschluss durch eine entsprechende Erklärung am Schluss seines Berichts (Regelfall) billigen (§ 171 Abs. 2 Satz 5 i.V.m. Satz 4 AktG). Im Ausnahmefall kommt ggf. die gesetzliche Fiktion des § 171 Abs. 3 Satz 3 AktG zur Anwendung. Der Aufsichtsrat hat den Bericht innerhalb eines Monats, nachdem ihm die Vorlagen zugegangen sind, dem Vorstand zuzuleiten (§ 171 Abs. 3 Satz 1 AktG). Wird der Bericht dem Vorstand nicht innerhalb dieser Frist zugeleitet, hat der Vorstand dem Aufsichtsrat unverzüglich eine weitere Frist von nicht mehr als einem Monat zu setzen (§ 171 Abs. 3 Satz 2 AktG). Wird der Bericht dem Vorstand nicht vor Ablauf der weiteren Frist zugeleitet, gilt der Konzernabschluss gemäß § 171 Abs. 3 Satz 3 AktG als vom Aufsichtsrat *nicht* gebilligt. Kommt es nicht zur Billigung des Konzernabschlusses durch den Aufsichtsrat, so entscheidet darüber die Hauptversammlung der Aktiengesellschaft nach § 173 Abs. 1 Satz 2, § 175 Abs. 3 Satz 1 AktG. Demgegenüber ist eine gemeinsame Entscheidung von Aufsichtsrat und Vorstand, den Konzernabschluss der Hauptversammlung zur Billigung vorzulegen, wie dies § 173 Abs. 1 Satz 1 AktG für die Feststellung des Jahresabschlusses ermöglicht, für den Konzernabschluss nicht vorgesehen[20].

58.16

Ungeklärt ist der **Rechtscharakter der Billigung** des Konzernabschlusses durch den Aufsichtsrat oder die Hauptversammlung der Aktiengesellschaft, was sich insbesondere auch auf die vom Gesetzgeber – bewusst – offen gelassene Frage auswirkt, welche Rechtsfolgen der fehlenden Billigung zukommen[21]. In der Begründung des Regierungsentwurfs zu § 173 Abs. 1 Satz 2 AktG heißt es: „Von Vorschriften über die Rechtsfolgen fehlender Billigung sieht der Entwurf ab, da dem Konzernabschluss im Unterschied zum Einzelabschluss keine rechtsbegründenden und -begrenzenden Wirkungen, insbesondere hinsichtlich der Ergebnisverwendung, zukommen. Eine der Informationsfunktion des Konzernabschlusses entsprechende Sanktion liegt (...) darin, dass mit dem nach § 325 Abs. 3 Satz 1 HGB-E (...) offenzulegenden Bericht des Aufsichtsrats über den Konzernabschluss ggf. auch das Fehlen der Billigung des Aufsichtsrats öffentlich gemacht wird."[22]

58.17

IV. Für den Inhalt maßgebende Normen

1. EU-Recht

a) Umsetzung der EU-Strategie zur Einführung der IFRS

Der Rat der Europäischen Gemeinschaften hat am 13.6.1983 die **7. EG-Richtlinie**[23] erlassen mit dem Ziel, die nationalen Vorschriften über den konsolidierten Abschluss zu koordinieren, um auf diesem Weg die Vergleichbarkeit und Gleichwertigkeit der in den Mitgliedstaaten der EG veröffentlichten In-

58.18

---

19 *Hirte*, Das Transparenz- und Publizitätsgesetz, Rz. 69 m.w.N.
20 *Hirte*, Das Transparenz- und Publizitätsgesetz, Rz. 70; *Schüppen*, ZIP 2002, 1275.
21 *Hirte*, Das Transparenz- und Publizitätsgesetz, Rz. 71; *Ihrig/Wagner*, BB 2002, 796; *Pfitzer/Oser/Orth*, DB 2002, 163; Stellungnahme des IDW zum Entwurf eines Transparenz- und Publizitätsgesetz, *IDW*, Fachnachrichten 2002, 69. Das Erfordernis der Billigung des Konzernabschlusses beruht auf einer Empfehlung der Regierungskommission Corporate Governance; *Baums*, Bericht der Regierungskommission Corporate Governance, Rz. 274.
22 Begr. RegE zu § 173 Abs. 1 Satz 2 AktG n.F., BT-Drucks. 14/8769, abgedruckt in NZG 2002, 226.
23 Siebente Richtlinie 83/349/EWG v. 13.6.1983, ABl. EG Nr. L 193 v. 18.7.1983, S. 1.

formationen herzustellen. Zusammen mit der 4. Richtlinie zum Jahresabschluss[24] und anderen EG-Richtlinien bildeten die Vorschriften (wenn auch zwischenzeitlich mehrfach geändert) die Grundlage der Rechnungslegung in der EU (zur Weiterentwicklung auf EU-Ebene vgl. Rz. 58.22). Die innerhalb der EU bestehenden nationalen Rechnungslegungsunterschiede sind auf die zahlreichen Optionen der Richtlinie(n), Auslegungsunterschiede und auf das unterschiedliche Niveau bei der Umsetzung von Rechnungslegungsvorschriften zurückzuführen. So hat sich z.B. bei der damaligen Umsetzung der 7. EG-Richtlinie in nationales Recht der deutsche Gesetzgeber weitestgehend von dem Gedanken leiten lassen, die Mitgliedstaatenwahlrechte soweit möglich in der Weise auszuüben, dass die bisherigen Regelungen aufrechterhalten werden konnten, um den Unternehmen eine „flexible Gestaltung" ihrer Konzernrechnungslegung zu ermöglichen[25].

58.19 Mit ihrer bereits im Juni 2000 veröffentlichten **Rechnungslegungsstrategie** verfolgt die EU-Kommission (darüber hinaus) das Ziel, ein einheitliches, international anerkanntes Rechnungslegungssystem in Europa zu etablieren, um die Vergleichbarkeit und Transparenz von (Jahres-)Abschlüssen zu verbessern[26]. Daneben sollen mit der Entscheidung für die IFRS die Abschlüsse europäischer Unternehmen auf den internationalen Kapitalmärkten ohne Auflagen anerkannt und der freie Kapitalverkehr im Binnenmarkt sowie die Wettbewerbsfähigkeit europäischer Unternehmen gestärkt werden.

58.20 Mit der **IAS-Verordnung der EU vom 19.7.2002**[27] wurde die inhaltliche Ausgestaltung der EU-Rechnungslegungsstrategie festgelegt. Danach mussten die Mitgliedstaaten der EU dafür Rechnung tragen, dass kapitalmarktorientierte Unternehmen, einschließlich Banken und Versicherungen, für Geschäftsjahre ab dem 1.1.2005 zumindest ihren Konzernabschluss nach internationalen Vorschriften aufstellen (Art. 4 der IAS-Verordnung). Internationale Vorschriften sind diejenigen der IFRS einschließlich zugehöriger Interpretationen, die in EU-Recht übernommen werden (Art. 3 Abs. 1 i.V.m. Art. 6 Abs. 2 der IAS-Verordnung; regelmäßig als „*Endorsement*" bezeichnet; siehe Rz. 58.26 ff.). Daneben wurde den Mitgliedstaaten ein **Wahlrecht** eingeräumt, den Anwendungsbereich auch auf die Konzernabschlüsse nicht-kapitalmarktorientierter Unternehmen auszudehnen (Art. 5 der IAS-Verordnung). Gleiches gilt auch für den Einzelabschluss aller Unternehmen (siehe Rz. 58.35).

58.21 Ergänzend hierzu hat die EU am 18.6.2003 die sog. **Modernisierungsrichtlinie**[28] **zur Anpassung der 4. und 7. EG-Richtlinie** an die IFRS verabschiedet, da die internationalen Standards gemäß Art. 2 der IAS-Verordnung nur dann übernommen werden können, wenn sie der jeweiligen Generalnorm der 4. und der 7. EG-Richtlinie nicht zuwiderlaufen[29]. Mit der Reform wurde, neben der Beseitigung bestehender Unstimmigkeiten zwischen den Richtlinien und den IFRS, die Möglichkeit einer entsprechenden Abschlusserstellung auch für diejenigen Unternehmen eröffnet, die ihren (konsolidierten) Abschluss nicht nach der IAS-Verordnung erstellen. Darüber hinaus wurde ein Rechnungslegungsrahmen geschaffen, der den Anforderungen der Praxis entsprechen soll und der flexibel genug ist, den künftigen Entwicklungen der IFRS Rechnung zu tragen. Inwieweit dies tatsächlich erreichbar war bzw. ist, kann hier dahingestellt bleiben.

---

24 Vierte Richtlinie 78/660/EWG v. 25.7.1978, ABl. EG Nr. L 222 v. 14.8.1978, S. 11.
25 *ADS*, 6. Aufl. 1996, Vorbemerkungen zu §§ 290–315 HGB Rz. 11.
26 *Europäische Kommission*, Mitteilung der Kommission an den Rat und das Europäische Parlament – Rechnungslegungsstrategie der EU: Künftiges Vorgehen, KOM (2000) 359 v. 13.6.2000.
27 Verordnung (EG) Nr. 1606/2002 des Europäischen Parlaments und des Rates v. 19.7.2002 betreffend die Anwendung internationaler Rechnungslegungsstandards, ABl. EG Nr. L 243 v. 11.9.2002, S. 1.
28 Siehe Richtlinie 2003/51/EG des Europäischen Parlaments und des Rates v. 18.6.2003 zur Änderung der Richtlinien 78/660/EWG, 83/349/EWG, 86/635/EWG und 91/674/EWG über den Jahresabschluss und den konsolidierten Abschluss von Gesellschaften bestimmter Rechtsformen, von Banken und anderen Finanzinstituten sowie von Versicherungsunternehmen, ABl. EU Nr. L 178 v. 17.7.2003, S. 16; mit einer ausführlichen Diskussion der Modernisierungsrichtlinie *Böcking/Herold/Wiederhold*, Der Konzern 2003, 394 ff.
29 So auch *Kirsch/Dohrn/Wirth*, WPg 2002, 1219.

b) EU-Rechnungslegungsrichtlinie

Am 29.6.2013 wurde im Amtsblatt der EU die **Richtlinie 2013/34/EU**[30] veröffentlicht, die die Richtlinien zum Jahresabschluss (4. Richtlinie) und zum Konzernabschluss (7. Richtlinie) ersetzt und von den Mitgliedstaaten bis zum 20.7.2015 in nationales Recht umzusetzen ist. Dies ist mit BilRUG vom 17.7.2015[31] geschehen. Zu Änderungen im Einzelnen vgl. Rz. 57.94.

58.22

c) Kapitalmarktorientierte Unternehmen

Kapitalmarktorientierte Unternehmen i.S.v. **Art. 4 der IAS-Verordnung** sind solche, von denen Wertpapiere am jeweiligen Abschlussstichtag in einem beliebigen EU-Mitgliedstaat zum **Handel in einem geregelten Markt** zugelassen sind. Hinsichtlich der Definition eines geregelten Marktes verweist die IAS-Verordnung auf Art. 1 Abs. 13 der Richtlinie 93/22/EWG über Wertpapierdienstleistungen[32]. Die Richtlinie 93/22/EWG wurde jedoch mit Wirkung zum 1.11.2007 aufgehoben[33]. Bezugnahmen auf die Richtlinie 93/22/EWG gelten als Bezugnahmen auf die Richtlinie 2014/65/EU[34]. Dementsprechend bestimmt sich nun der Begriff des geregelten Marktes nach Art. 4 Abs. 1 Nr. 21 der Richtlinie 2014/65/EU als ein von einem Marktbetreiber betriebenes und/oder verwaltetes multilaterales System, das die Interessen einer Vielzahl Dritter am Kauf und Verkauf von Finanzinstrumenten innerhalb des Systems und nach seinen nichtdiskretionären Regeln in einer Weise zusammenführt oder das Zusammenführen fördert, die zu einem Vertrag in Bezug auf Finanzinstrumente führt, die gemäß den Regeln und/oder den Systemen des Marktes zum Handel zugelassen wurden, sowie eine Zulassung erhalten hat und ordnungsgemäß und gemäß den Bestimmungen des Titels III der Richtlinie 2014/65/EU funktioniert. Nach Art. 56 der Richtlinie 2014/65/EU hat jeder Mitgliedstaat ein Verzeichnis der geregelten Märkte zu erstellen[35]. Daneben ist die EU-Kommission verpflichtet, mindestens einmal jährlich die Verzeichnisse der geregelten Märkte und deren aktualisierte Fassungen zu veröffentlichen.

58.23

Der Begriff des Wertpapiers ist in Art. 4 der IAS-Verordnung nicht bestimmt. Hier kann jedoch auch auf Art. 4 Nr. 44 der Richtlinie 2014/65/EU zurückgegriffen werden, in dem **übertragbare Wertpapiere** als Wertpapiere definiert werden, die auf dem Kapitalmarkt gehandelt werden können – mit Ausnahme von Zahlungsinstrumenten – wie Aktien und andere Anteile an Kapitalgesellschaften, Personengesellschaften oder anderen Rechtspersönlichkeiten, soweit die Aktien vergleichbar sind, sowie Aktienzertifikate, Schuldverschreibungen oder andere verbriefte Schuldtitel einschließlich Zertifikaten (Hinterlegungsscheinen) für solche Wertpapiere sowie alle sonstigen Wertpapiere, die zum Kauf oder Verkauf solcher Wertpapiere berechtigen oder zu einer Barzahlung führen, die anhand von übertragbaren Wertpapieren, Währungen, Zinssätzen oder -erträgen, Waren oder anderen Indizes oder Messgrößen bestimmt wird.

58.24

---

30 Richtlinie 2013/34/EU des Europäischen Parlaments und des Rates v. 26.6.2013, ABl. EU Nr. L 182 v. 29.6.2013, S. 19.
31 BGBl. I 2015, 1245.
32 Richtlinie 93/22/EWG des Rates v. 10.5.1993 über Wertpapierdienstleistungen, ABl. EG Nr. L 141 v. 11.6.1993, S. 27.
33 Richtlinie 2006/31/EG des Europäischen Parlaments und des Rates v. 5.4.2006 zur Änderung der Richtlinie 2004/39/EG über Märkte für Finanzinstrumente in Bezug auf bestimmte Fristen, ABl. EU Nr. L 114 v. 27.4.2006, S. 60: Änderung des Art. 69.
34 Art. 94 der Richtlinie 2014/65/EU des Europäischen Parlaments und des Rates v. 15.5.2014 über Märkte für Finanzinstrumente sowie zur Änderung der Richtlinien 2002/92/EG und 2011/61/EU, ABl. EU Nr. L 173 v. 12.6.2014, S. 173.
35 Der terminologische Unterschied zwischen geregeltem Markt und organisiertem Markt hat jedoch keine inhaltliche Unterscheidung zur Folge. In Deutschland fällt unter den organisierten Markt insbesondere der regulierte Markt (früher amtlicher Markt und geregelter Markt), nicht jedoch der Freiverkehr; IDW, *WP-Handbuch 2021*, Wirtschaftsprüfung und Rechnungslegung, J Rz. 4 f.

58.25 Der deutsche Gesetzgeber hat den Begriff des kapitalmarktorientierten Unternehmens in § 264d HGB eigenständig definiert. Danach liegt eine Kapitalmarktorientierung bei einer Inanspruchnahme eines organisierten Marktes i.S.d. § 2 Abs. 11 WpHG durch die Ausgabe von Wertpapieren i.S.d. § 2 Abs. 1 WpHG vor. Weitergehend liegt eine Kapitalmarktorientierung bereits dann vor, wenn die Zulassung entsprechender Wertpapiere zum Handel an einem organisierten Markt beantragt wurde. An diesen Antrag zur Zulassung knüpft auch die **Verpflichtung zur Aufstellung eines Konzernabschlusses nach den IFRS**, wie sie in der EU anzuwenden sind, an (§ 315e Abs. 2 HGB), durch die der Kreis der verpflichteten Unternehmen gegenüber Art. 4 der IAS-Verordnung erweitert wird.

d) Endorsementverfahren

58.26 Die Übernahme und in diesem Sinne Anerkennung eines IFRS oder einer Interpretation als einheitlicher europäischer Standard für kapitalmarktorientierte Unternehmen setzt gemäß Art. 3 Abs. 2 der IAS-Verordnung voraus, dass der internationale Rechnungslegungsstandard die Grundanforderungen der 4. und 7. EU-Richtlinie respektive der EU-Rechnungslegungsrichtlinie erfüllt, d.h., dass seine Anwendung zur Vermittlung eines den tatsächlichen Verhältnissen entsprechenden Bilds der Vermögens-, Finanz- und Ertragslage eines Unternehmens führt, dass er dem öffentlichen Interesse entspricht und die grundlegenden Kriterien im Hinblick auf die Informationsqualität (Verständlichkeit, Erheblichkeit, Verlässlichkeit, Vergleichbarkeit) erfüllt. Hierzu sieht Art. 3 Abs. 1 i.V.m. Art. 6 Abs. 2 der IAS-Verordnung einen **Anerkennungsmechanismus** (Endorsementverfahren) vor[36]. Dieses Verfahren soll den Prozess überwachen und eine hinreichende Einflussnahme der EU auf die Standard-Setting-Prozesse des IASB gewährleisten, hat aber aufgrund der zeitlichen Verzögerung zwischen Verabschiedung eines IFRS durch das IASB und der endgültigen europäischen Anerkennung ggf. erhebliche praktische Schwierigkeiten zur Folge.[37] Das Endorsementverfahren vollzieht sich auf einer **Regelungsebene** und einer **Sachverständigenebene**[38].

58.27 Die **Regelungsebene** richtete sich nach dem in Art. 5a festgelegten „**Regelungsverfahren mit Kontrolle**"[39]. Unter Vorsitz der europäischen Kommission befindet ein Regelungsausschuss (das Accounting Regulatory Committee – ARC), der sich aus Vertretern der Mitgliedstaaten zusammensetzt, über den Entwurf der Kommission für die Übernahme eines internationalen Rechnungslegungsstandards. Der Regelungsausschuss gibt unter Berücksichtigung des fachlichen Rats der Sachverständigenebene seine Stellungnahme über die Annahme oder Ablehnung des internationalen Rechnungslegungsstandards ab. Stimmt danach der Regelungsausschuss dem Kommissionsvorschlag zu, so hat die Kommission ihren Entwurf dem Europäischen Parlament und dem Rat zur Kontrolle vorzulegen. Wird der Entwurf innerhalb einer Frist von drei Monaten vom Europäischen Parlament oder Rat mit (qualifizierter) Mehrheit abgelehnt, kann die Kommission einen geänderten Entwurf neu einbringen (was allerdings kaum praktische Relevanz haben dürfte). Haben sich nach Ablauf der Frist weder das Europäische Parlament noch der Rat gegen den Entwurf ausgesprochen, so wird er von der Kommission als Gesetzesmaßnahme erlassen (Art. 5a Abs. 3 Komitologie-Beschluss).[40]

58.28 Der Entscheidungsprozess des Regelungsausschusses wird von der **Sachverständigenebene** unterstützt. Dies ist zunächst eine privatwirtschaftlich organisierte Expertengruppe, die **European Financial Reporting Advisory Group (EFRAG)**[41]. Die beteiligten europäischen Dachverbände sind insbesondere Accountancy Europe, BUSINESSEUROPE, European Banking Federation u.v.m. Die EFRAG gibt (nach Auswertung von Stellungnahmen der interessierten Öffentlichkeit) neben der inhaltlichen Stel-

---

36 Der jeweilige aktuelle Stand des Anerkennungsverfahrens kann abgerufen werden unter www.efrag.org.
37 *Pellens/Fülbier/Gassen/Sellhorn*, Internationale Rechnungslegung, S. 79 ff.; *Theile* in Heuser/Theile, IFRS-Handbuch, Rz. 3.11 ff.
38 *Göthel*, DB 2001, 2059.
39 Ausführlich dazu *Buchheim/Knorr/Schmidt*, KoR 2008, 334 ff.
40 Zu weiteren Details des Verfahrens vgl. *Inwinkl*, WPg 2007, 292 ff.
41 Zu Einzelheiten www.efrag.org.

lungnahme eine Empfehlung zur Annahme an die Kommission ab, die dann unter den Mitgliedstaatenvertretern im Rahmen eines Hearing diskutiert wird. Letztlich entscheidet die Kommission über die Einleitung des Endorsementverfahrens bezüglich des betreffenden IFRS. Dabei stützt sich die Kommission auf die **Standards Advice Review Group (SARG)** als **Prüfgruppe** für Standardübernahmeempfehlungen, die innerhalb von vier Wochen eine Stellungnahme gegenüber der Kommission zu der Übernahmeempfehlung der EFRAG abzugeben hat.

Einstweilen frei. 58.29–58.31

e) SEC-Listing

Seit 2007 akzeptiert die SEC für die **Zulassung** an der New Yorker Börse für ausländische Unternehmen auch einen IFRS-Abschluss. Ein US-GAAP-Abschluss bzw. eine entsprechende Überleitungsrechnung sind seitdem nicht mehr erforderlich. Voraussetzung ist allerdings, dass die vom IASB verabschiedeten IFRS beachtet werden. Die im Rahmen des europäischen Endorsement anerkannten IFRS wirken also nur dann befreiend, wenn sie mit den vom IASB verabschiedeten IFRS vollständig übereinstimmen. 58.32

Zudem diskutiert die SEC seit längerem, ob und ab wann auch **US-Unternehmen** einen IFRS-Abschluss für Kapitalmarktzwecke aufstellen dürfen. Dazu hat die SEC einen Anspruchskatalog bzw. Zeitplan formuliert, die aus ihrer Sicht vor einer Anerkennung erfüllt sein müssen. Geplant war, dass die IFRS in drei Phasen von 2014 bis 2016 in den USA verpflichtend anzuwenden sein sollten, wenn bis 2011 gewisse Meilensteine erreicht worden wären. Aufgrund der zu erwartenden Umstellungskosten und der Sorge der SEC, die Kontrolle über die US-amerikanischen Rechnungslegungsstandards zu verlieren, ist mit einer entsprechenden Entscheidung der SEC nicht mehr zu rechnen. 58.33

Im September 2002 haben das FASB und das IASB beschlossen, im Rahmen des **Konvergenzprojekts** diskutierte Bilanzierungsregeln zu vereinheitlichen. Daneben wollten die Gremien die Aufnahme neuer Regulierungsvorhaben stärker miteinander koordinieren. Das Projekt wird derzeit jedoch nicht weiterverfolgt. 58.34

2. HGB

Der durch das **Bilanzrechtsreformgesetz**[42] eingefügte damalige § 315a HGB (jetzt § 315e HGB) bildet zusammen mit der IAS-Verordnung den Rechtsrahmen für die Konzernrechnungslegung nach IFRS in Deutschland. Danach besteht seit dem 1.1.2005 für alle kapitalmarktorientierten Konzerne grundsätzlich die Verpflichtung, einen Konzernabschluss nach den IFRS zu erstellen. In § 315e HGB wurde außerdem festgelegt, dass für ein Mutterunternehmen, das einen **Konzernabschluss nach IFRS** aufzustellen hat, die § 313 Abs. 2 und 3 sowie § 314 Abs. 1 Nr. 4, 6, 8, 9 und Abs. 3 HGB verpflichtend anzuwenden sind. Infolgedessen sind diejenigen Anhangangaben des HGB, die einheitlich über die Angaben nach internationalen Vorschriften hinausgehen, verpflichtend auch im IFRS-Konzernabschluss zu machen (siehe auch Rz. 58.84). Im Übrigen sind die §§ 244, 245 HGB betreffend Sprache, Währung und Unterzeichnung, § 316 Abs. 2 HGB zur Prüfungspflicht und § 325 HGB zur Offenlegung zu beachten. Weiterhin verpflichtend ist zudem die Aufstellung eines Konzernlageberichts (§ 315 HGB) sowie die Abgabe eines Bilanzeids (§ 297 Abs. 2 Satz 4 HGB, siehe auch Rz. 58.11). Zudem hat der Gesetzgeber die Option der IAS-Verordnung, die IFRS auch für nicht-kapitalmarktorientierte Konzerne zuzulassen, an die deutschen Unternehmen weitergegeben (jetzt § 315e Abs. 3 HGB), so dass diese wahlweise einen befreienden IFRS-Konzernabschluss aufstellen dürfen. Die Inanspruchnahme dieser Option in der Praxis hält sich indes in Grenzen[43]. Hinsichtlich des Jahresabschlusses sind die IFRS nur 58.35

---

42 BGBl. I 2004, 3166.
43 Z.B. *von Keitz/Stibi/Klaholz*, KoR 2011, Beil. 1, 7.

für Zwecke der Offenlegung zulässig (§ 325 Abs. 2a HGB). Für Zwecke der Ausschüttungsbemessung und Besteuerung hält der Gesetzgeber einen HGB-Abschluss bisher für unverzichtbar.

58.36 Voraussetzung für die Pflicht zur Aufstellung eines Konzernabschlusses nach internationalen Normen gemäß § 315e HGB ist, dass zunächst die **Pflicht zur Aufstellung eines Konzernabschlusses gemäß den §§ 290 bis 293 HGB** gegeben ist[44]. So stellt die EU-Kommission klar: „Da sich die IAS-Verordnung lediglich auf konsolidierte Abschlüsse bezieht, wird sie nur dann wirksam, wenn diese konsolidierten Abschlüsse von anderer Seite gefordert werden. Die Klärung der Frage, ob eine Gesellschaft zur Erstellung eines konsolidierten Abschlusses verpflichtet ist oder nicht, wird nach wie vor durch Bezugnahme auf das einzelstaatliche Recht erfolgen, das infolge der Siebenten Richtlinie erlassen wurde."[45]

58.37 Zentrale Vorschrift für die handelsrechtliche Konzernrechnungslegungspflicht ist § 290 HGB. Die Norm wurde durch das BilMoG vollständig überarbeitet. Die früheren parallelen Konzepte – Einheitliche Leitung und „Control" – wurden durch das **Konzept der möglichen Beherrschung** ersetzt. Ein die Konzernrechnungslegungspflicht auslösendes Mutter-Tochter-Verhältnis liegt danach dann vor, wenn ein Unternehmen auf ein anderes Unternehmen einen beherrschenden Einfluss ausüben kann (§ 290 Abs. 1 HGB). In § 290 Abs. 2 HGB werden die folgenden wesentlichen Konstellationen genannt, die zwingend zu einem beherrschenden Einfluss führen[46]:

1. Mehrheit der Stimmrechte;
2. Mehrheitliche Besetzungs-/Abberufungsrechte hinsichtlich der entscheidenden Gesellschaftsorgane;
3. Bestimmung der Geschäfts- und Finanzpolitik aufgrund Vertrag oder Satzung;
4. Mehrheit der Chancen/Risiken bei einer Zweckgesellschaft.

Die Konstellationen 1 bis 3 entsprechen im Wesentlichen dem bisherigen Control-Konzept. Die Regelung zu den Zweckgesellschaften wurde im Hinblick auf die Erfahrungen aus der Finanzmarktkrise und entsprechende internationale Normen (IFRS 10, vormals SIC-12; siehe auch Rz. 58.56) eingeführt.

58.38 Unverändert geblieben sind die Einbeziehungswahlrechte in § 296 HGB. Explizit aufgenommen wurde allerdings § 290 Abs. 5 HGB, wonach die Konzernrechnungslegungspflicht entfällt, wenn alle Tochterunternehmen aufgrund der Anwendung von § 296 HGB nicht in den Konzernabschluss einbezogen werden müssen. Das Einbeziehungsverbot des § 295 HGB wurde bereits durch das Bilanzrechtsreformgesetz[47] ersatzlos aufgehoben, da das Verbot der Einbeziehung von Tochterunternehmen bei erheblich unterschiedlicher Tätigkeit nicht den internationalen Rechnungslegungsnormen entspricht und die Aussagefähigkeit des Konzernabschlusses beeinträchtigt.

58.39 In den §§ 291 und 292 HGB sind Befreiungsvorschriften enthalten, die regeln, wann ein Tochterunternehmen, das gleichzeitig Mutterunternehmen ist, von der Verpflichtung freigestellt wird, für seinen Teilbereich des Konzerns einen Teilkonzernabschluss und -lagebericht aufstellen zu müssen. Aufgrund der Vorgabe durch die **Modernisierungsrichtlinie** wurde § 291 Abs. 3 Nr. 1 HGB dahingehend angepasst, dass die in § 291 HGB geregelte Befreiung von einer kapitalmarktorientierten Teilkonzernmutter

---

44 *WP-Handbuch 2021*, Wirtschaftsprüfung und Rechnungslegung, J Rz. 36.
45 *Europäische Kommission*, Kommentare zu bestimmten Artikeln der Verordnung (EG) Nr. 1606/2002 des Europäischen Parlaments und des Rates v. 19.7.2002 betreffend die Anwendung internationaler Rechnungslegungsstandards und zur Vierten Richtlinie 78/660/EWG des Rates v. 25.7.1978 sowie zur Siebenten Richtlinie 83/349/EWG des Rates v. 13.6.1983 über Rechnungslegung, S. 7.
46 Ausführlich dazu DRS 19.
47 BGBl. I 2004, 3168.

nicht mehr in Anspruch genommen werden kann. Damit soll erreicht werden, dass sich Investoren unmittelbar ein Bild von der Situation des Teilkonzerns machen können, an dessen Spitze die Wertpapieremittentin steht. In § 293 HGB sind die Vorschriften zur größenabhängigen Befreiung kodifiziert.

Neben den genannten Vorschriften wurden durch das BilMoG folgende wesentliche Änderungen der materiellen handelsrechtlichen Konzernrechnungslegungsvorschriften[48] umgesetzt: 58.40

- In § 308a HGB wird erstmals eine konkrete Vorschrift zu Umrechnung von **Abschlüssen in Fremdwährung** aufgenommen. Dabei wird die modifizierte Stichtagskursmethode vorgeschrieben.

- Die Interessenzusammenführungsmethode (praktisch ohne Bedeutung) wurde gestrichen. Die **Kapitalkonsolidierung** ist zwingend nach der Erwerbsmethode durchzuführen. Dabei ist eine vollständige Neubewertung zum (objektiven) Zeitwert notwendig (§ 301 Abs. 1 HGB). Die Buchwertmethode ist nicht mehr zulässig.

- Die Kapitalkonsolidierung ist zwingend auf den **Zeitpunkt** vorzunehmen, zu dem das Unternehmen Tochterunternehmen geworden ist. Ausnahmen bestehen lediglich bei erstmaliger Aufstellung eines Konzernabschlusses und bisher nicht einbezogenen Tochterunternehmen (§ 301 Abs. 2 HGB). Die bisherigen Wahlrechte wurden gestrichen. Zudem wurde ein „**Korrekturfenster**" von 12 Monaten zur Fixierung der Erstkonsolidierung eingeführt.

- Der **Geschäfts- oder Firmenwert** ist zwingend zu aktivieren und planmäßig über seine Nutzungsdauer abzuschreiben (§ 309 Abs. 1 i.V.m. § 246 Abs. 1 Satz 4 HGB). Die Wahlrechte (insbesondere die Verrechnung mit den Rücklagen) wurden gestrichen.

- Aufgrund der Einführung des bilanzorientierten Konzeptes ist eine umfassende Würdigung **latenter Steuern** erforderlich (§ 306 HGB).

Am 22.7.2015 wurde das Bilanzrichtlinien-Umsetzungsgesetz (BilRuG) im Bundesgesetzblatt veröffentlicht[49]. Mit dem damaligen § 315 Abs. 5 HGB a.F. – heute § 315d HGB – wurde u.a. die Konzernerklärung zur Unternehmensführung nach § 289f HGB auch für den Konzern vorgesehen, soweit das betreffende Mutterunternehmen die Tatbestandsvoraussetzungen des § 289f Abs. 1 HGB erfüllt. Bei dem Mutterunternehmen muss es sich demgemäß um eine börsennotierte Aktiengesellschaft oder eine Aktiengesellschaft handeln, die ausschließlich andere Wertpapiere als Aktien zum Handel an einem organisierten Markt i.S.d. § 2 Abs. 11 WpHG ausgegeben hat und deren Aktien auf eigene Veranlassung über ein multilaterales Handelssystem i.S.d. § 2 Abs. 8 Satz 1 Nr. 8 WpHG gehandelt werden. Damit gelangen die Angaben zur sog. Frauenquote in diesem Fall auch in den Konzernabschluss. 58.40a

Das Gesetz zur Stärkung der nichtfinanziellen Berichterstattung der Unternehmen in ihren Lage- und Konzernlageberichten (CSR-Richtlinien-Umsetzungsgesetz) vom 11.4.2017[50] zieht eine Umgliederung und Erweiterung der Vorschriften zur Lageberichterstattung nach sich und setzt damit die Richtlinie 2014/95/EU des Europäischen Parlaments und des Rates vom 22.10.2014 zur Änderung der Richtlinie 2013/34/EU im Hinblick auf die Angabe nichtfinanzieller und die Diversität betreffender Informationen durch bestimmte große Unternehmen und Gruppen – die sog. CSR-Richtlinie – um[51]. Gegen- 58.40b

---

48 Zu allen Änderungen umfassend z.B. *Gelhausen/Fey/Kämpfer*, Rechnungslegung und Prüfung nach dem Bilanzrechtsmodernisierungsgesetz, S. 463 ff.
49 Gesetz zur Umsetzung der Richtlinie 2013/34/EU des Europäischen Parlaments und des Rates v. 26.6.2013 über den Jahresabschluss, den konsolidierten Abschluss und damit verbundene Berichte von Unternehmen bestimmter Rechtsformen und zur Änderung der Richtlinie 2006/43/EG des Europäischen Parlaments und des Rates und zur Aufhebung der Richtlinien 78/660/EWG und 83/349/EWG des Rates (Bilanzrichtlinie-Umsetzungsgesetz – BilRuG) v. 17.7.2015, BGBl. I 2015, 1245.
50 BGBl. I 2017, 802.
51 ABl. EU Nr. L 330 v. 15.11.2014, S. 1 und ABl. EU Nr. L 369 v. 24.12.2014, S. 79.

stand des Gesetzes (dazu schon unter Rz. 57.99) ist insbesondere die Berichterstattung über nichtfinanzielle Aspekte (§§ 289b ff. HGB). Wichtigste Neuerung ist die Einfügung der §§ 315b und c HGB betreffend die Pflicht zur Abgabe der nichtfinanziellen Konzernerklärung. Zudem sind auf der Grundlage eines delegierten Rechtsakts i.S.d. Art. 8 Abs. 4 der EU-VO 2020/852 vom 18.6.2020 (EU-Taxonomie-VO) erstmals für das Geschäftsjahr 2021 durch Unternehmen, die eine nichtfinanzielle Konzernerklärung abzugeben haben, erweiterte Angaben zu machen. Dazu sind nach Art. 8 Abs. 2 EU-Taxonomie-VO zu bestimmten Posten der jeweilige Anteil anzugeben, der als „ökologisch nachhaltig" einzustufen ist.

3. Deutsches Rechnungslegungs Standards Committee e.V. (DRSC)

58.41 Gemäß § 342 Abs. 1 HGB kann das Bundesministerium der Justiz eine privatrechtlich organisierte Einrichtung (**privates Rechnungslegungsgremium**) durch Vertrag anerkennen und ihm folgende Aufgabe übertragen: Entwicklung von Empfehlungen zur Anwendung der Grundsätze über die Konzernrechnungslegung, Beratung des Bundesministeriums der Justiz bei Gesetzgebungsvorhaben zu Rechnungslegungsvorschriften, Vertretung der Bundesrepublik Deutschland in internationalen Standardisierungsgremien sowie die Verabschiedung von Interpretationen der internationalen Normen gemäß § 315e Abs. 1 HGB.

58.42 Das **DRSC – Deutsches Rechnungslegungsstandards Committee e.V.** – wurde als ein solches privates Rechnungslegungsgremium am 17.3.1998 gegründet und mit dem Standardisierungsvertrag vom 3.9.1998 vom Bundesministerium der Justiz anerkannt. Das zentrale Gremium des DRSC, dem die Entwicklung der Grundsätze für eine ordnungsgemäße Konzernrechnungslegung oblag, war der Deutsche Standardisierungsrat (**DSR**). Er verabschiedete die Standards unter der Bezeichnung Deutsche Rechnungslegungs Standards (**DRS**). Das DRSC hat den Standardisierungsvertrag allerdings zum 31.12.2010 gekündigt. Nach umfassenden Diskussionen wurde im Juli 2011 von der Mitgliederversammlung eine neue Konzeption beschlossen. Die wesentliche Facharbeit wird künftig von zwei Fachausschüssen (FA) – dem IFRS-FA und dem HGB-FA – geleistet. Im Dezember 2011 hat das Bundesministerium der Justiz das neu formierte DRSC vertraglich anerkannt.[52] Die bis dahin verabschiedeten DRS bleiben allerdings (unter Berücksichtigung zwischenzeitlich vorgenommener Änderungen) in Kraft.

58.43 Entsprechend § 342 Abs. 1 HGB kommt den DRS zunächst der Charakter von Empfehlungen zu. Um verbindlich zu werden, müssen die Standards vom Bundesministerium der Justiz bekannt gemacht werden. Denn gemäß § 342 Abs. 2 HGB wird die Beachtung der **die Konzernrechnungsregelung betreffenden Grundsätze ordnungsmäßiger Buchführung** vermutet, soweit vom Bundesministerium der Justiz bekannt gemachte Empfehlungen des DSR beachtet worden sind. In der Folge hat der Berufsstand der Wirtschaftsprüfer die Standards grundsätzlich zu berücksichtigen[53]. Zu beachten ist jedoch, dass die DRS trotz ihrer Bekanntmachung keine Gesetzeskraft erlangen, da die Normsetzungsbefugnis gemäß Art. 20 Abs. 2 Satz 1 und Art. 70 GG allein dem Gesetzgeber zukommt[54].

58.44 Weil die DRS nur für den Konzernabschluss nach HGB Gültigkeit besitzen, finden die Standards auf einen IFRS-Konzernabschluss keine Anwendung, da hier direkt die IFRS anzuwenden sind[55]. Jedoch muss zu einem IFRS-Konzernabschluss nach Art. 4 der IAS-Verordnung bzw. § 315e HGB ein Konzernlagebericht erstellt werden, der die handelsrechtlichen Vorschriften zu erfüllen hat. In diesem Rahmen sind die Standards des DSR zum Konzernlagebericht zu beachten (siehe auch Rz. 58.86)[56].

---

52 Zu weiteren Einzelheiten sowie zum Arbeitsprogramm *www.drsc.de*.
53 Ausführlich IDW PS 201 Rz. 12; *ADS*, 6. Aufl. 2000, § 317 HGB Rz. 133.
54 *Schmidt/Holland* in BeckBilkomm., § 342 HGB Rz. 18 m.w.N.
55 *Schmidt/Holland* in BeckBilkomm., § 342 HGB Rz. 9.
56 *WP-Handbuch 2021*, Wirtschaftsprüfung und Rechnungslegung, J Rz. 44 ff.

4. IDW Stellungnahmen zur Rechnungslegung und Rechnungslegungshinweise

Dem Berufsstand der Wirtschaftsprüfer kommt keine Normsetzungskompetenz zu. Er kann jedoch den Rechtsfindungsprozess erheblich befruchten[57]. So hat das Institut der Wirtschaftsprüfer e.V. (IDW) u.a. die Aufgabe, im Rahmen seiner Facharbeit Grundsatzfragen im nationalen und internationalen Bereich aus allen Tätigkeitsgebieten der Wirtschaftsprüfung zu behandeln. Die nationale Facharbeit dient der einheitlichen und fachgerechten Berufsausübung. Fachliche Zweifelsfragen von grundsätzlicher Bedeutung und die Herausgabe von **fachlichen Verlautbarungen** (insbesondere IDW Stellungnahmen zur Rechnungslegung [IDW RS]) stehen im Vordergrund. Die von den Fachausschüssen des IDW verabschiedeten fachlichen Verlautbarungen legen die Auffassung des Wirtschaftsprüferberufs zu Fragen dar, die seine Tätigkeitsgebiete betreffen, insbesondere die Prüfung und Bilanzierung, oder tragen zu deren Entwicklung bei[58].

58.45

Die **Bedeutung** der fachlichen Verlautbarungen des IDW kommt u.a. im IDW PS 201 „Rechnungslegungs- und Prüfungsgrundsätze für die Abschlussprüfung" zum Ausdruck. Danach hat der Abschlussprüfer „sorgfältig zu prüfen, ob die IDW Stellungnahmen zur Rechnungslegung in der von ihm durchzuführenden Prüfung zu beachten sind. Eine vertretbare Abweichung von den IDW Stellungnahmen zur Rechnungslegung im Einzelfall ist schriftlich und an geeigneter Stelle (z.B. im Prüfungsbericht) darzustellen und ausführlich zu begründen"[59]. Eine Nichtbeachtung ohne Vorliegen gewichtiger Gründe kann „ggf. in Regressfällen, in einem Verfahren der Berufsaufsicht oder in einem Strafverfahren zum Nachteil des Abschlussprüfers ausgelegt werden"[60].

58.46

„IDW Rechnungslegungshinweise [IDW RH] stellen die Auffassung der mit den jeweiligen Fragen befassten Ausschüsse des IDW zu Rechnungslegungsfragen dar. Diese Verlautbarungen werden in Fachgremien des IDW erarbeitet […] und geben den Berufsangehörigen eine Orientierung über die Auslegung von Rechnungslegungsgrundsätzen"[61]. IDW RH haben nicht den gleichen Grad der Verbindlichkeit wie IDW RS, da sie nicht in einem öffentlichen Verfahren verabschiedet werden. Gleichwohl wird ihre Anwendung empfohlen[62].

58.47

V. Rechnungslegung nach IFRS

1. Konzeptionelle Grundlagen

Art. 2 der IAS-Verordnung konkretisiert den Begriff der für die Konzernrechnungslegung anzuwendenden **internationalen Rechnungslegungsstandards:** Sie umfassen danach die vom International Accounting Standards Board (IASB) verabschiedeten IFRS, die vom International Accounting Standards Committee (IASC), dem Vorgänger des IASB, erlassenen IAS[63] und die damit verbundenen Auslegungen durch das Standing Interpretations Committee (SIC-Interpretations) bzw. das, das SIC ersetzende, IFRS Interpretations Committee[64] (IFRIC-Interpretations), spätere Änderungen dieser Standards und damit verbundene Auslegungen sowie künftige Standards und damit verbundene Auslegungen. Das Rahmenkonzept (Conceptual Framework), in dem grundlegende Ziele und Grundsätze sowie allgemeine Ansatz- und Bewertungskriterien festgelegt sind, stellt per Definition keinen IFRS dar (CF. Pur-

58.48

---

57 *Moxter*, Grundsätze ordnungsgemäßer Rechnungslegung, S. 11 ff.
58 IDW PS 201 Rz. 13.
59 IDW PS 201 Rz. 13.
60 IDW PS 201 Rz. 13.
61 IDW PS 201 Rz. 14.
62 IDW PS 201 Rz. 14.
63 Die IAS behalten ihre Bezeichnung und – soweit nichts anderes entschieden wurde – ihre Gültigkeit.
64 Heute IFRS IC. Von 2001 bis 2009 trug es die Bezeichnung International Financial Reporting Interpretation Committee.

pose and status) und wird aus diesem Grund auch nicht von der EU übernommen[65]. Gleichwohl erkennt die EU die Bedeutung des Rahmenkonzepts bei der Lösung von Rechnungslegungsfragen an[66].

58.49 Das **IASB** „ist als fachliches Entscheidungsgremium ein mit Rechnungslegungsspezialisten aus verschiedenen Ländern besetztes, privatrechtliches Rechnungslegungsgremium"[67] und verfolgt vor allem das Ziel, einheitliche, qualitativ hochwertige, verständliche und durchsetzbare globale Rechnungslegungsnormen zu entwickeln und deren konsequente Anwendung und Umsetzung weltweit zu fördern[68]. Die vom IASB im Rahmen eines Standardisierungsprozesses (due process[69]) erlassenen IFRS stellen damit im Gegensatz zu den handelsrechtlichen GoB keine Rechtsnormen, sondern **Fachnormen** dar. Infolge des Endorsementverfahrens hat sich die Rechtsnatur der IFRS für ihre Anwender in der EU jedoch gewandelt[70]. Denn mit der gemäß Art. 3 Abs. 4 der IAS-Verordnung vorzunehmenden Veröffentlichung der übernommenen IFRS als Kommissionsverordnung werden sie unmittelbar geltendes Recht in den Mitgliedstaaten der EU[71]. Festzuhalten ist indessen, dass IAS 1.16 fordert, grundsätzlich sämtliche Anforderungen aller Standards und Interpretationen zu beachten, um einen Abschluss als mit den IFRS übereinstimmend bezeichnen zu können. Wurde ein Standard oder eine Interpretation nicht bzw. noch nicht im Rahmen des Endorsementverfahrens übernommen, so wird dieser Grundsatz durchbrochen[72].

58.50 Jeder IFRS behandelt einen abgegrenzten Bereich der Rechnungslegung[73]. Der **Regelungsinhalt** orientiert sich überwiegend an Normen zur Vermögens- bzw. Gewinnermittlung sowie an anderen informationellen Elementen[74]. So regeln einzelne IFRS den Ansatz und die Bewertung von Bilanzposten, z.B. von Vorräten (IAS 2), Sachanlagen (IAS 16), Rückstellungen (IAS 37), immateriellen Vermögenswerten (IAS 38), Finanzinstrumenten (IAS 39/IFRS 9) und als Finanzinvestitionen gehaltenen Immobilien (IAS 40), sowie mittelbar die Erfassung entsprechender Erträge und Aufwendungen in der Gewinn- und Verlustrechnung. Die Orientierung an anderen informationellen Berichtselementen ist z.B. zu erkennen in IAS 1 (Darstellung des Abschlusses), IAS 7 (Kapitalflussrechnungen) oder IFRS 8 (Segmentberichterstattung). Es existieren zurzeit 25 IAS sowie 16 IFRS, wobei aber zum gegenwärtigen Zeitpunkt IFRS 17 noch nicht zwingend anzuwenden ist.

Bei bestehenden **Regelungslücken** hat das Management des Unternehmens gemäß IAS 8.10 geeignete Bilanzierungs- und Bewertungsmethoden zu entwickeln, die sich als entscheidungsnützlich für die Ab-

---

65 *Hauck/Prinz*, Der Konzern 2005, 636. Das Rahmenkonzept befindet sich derzeit in einem umfassenden Prozess der Überarbeitung. Zum aktuellen Stand www.ifrs.org.
66 *Europäische Kommission*, Kommentare zu bestimmten Artikeln der Verordnung (EG) Nr. 1606/2002 des Europäischen Parlaments und des Rates v. 19.7.2002 betreffend die Anwendung internationaler Rechnungslegungsstandards und zur Vierten Richtlinie 78/660/EWG des Rates v. 25.7.1978 sowie zur Siebenten Richtlinie 83/349/EWG des Rates v. 13.6.1983 über Rechnungslegung, S. 6; *WP-Handbuch 2021*, Wirtschaftsprüfung und Rechnungslegung, K Rz. 15 ff.
67 *ADS*, Rechnungslegung nach internationalen Standards, Abschn. 1 Rz. 1. Einen Überblick über die Entwicklung, Zielsetzung und Organisation des IASB geben *Alvarez/Kleekämper/Kuhlewind* in Baetge/Wollmert/Kirsch/Oser/Bischof, Rechnungslegung nach IFRS, Teil A, Kapitel I Rz. 20 ff.; *Pellens/Fülbier/Gassen/Sellhorn*, Internationale Rechnungslegung, S. 86 ff.
68 IASB, Preface to IFRSs, Rz. 6.
69 Dazu statt vieler *Alvarez/Kleekämper/Kuhlewind* in Baetge/Wollmert/Kirsch/Oser/Bischof, Rechnungslegung nach IFRS, Teil A, Kapitel I Rz. 80 ff.; *Pellens/Fülbier/Gassen/Sellhorn*, Internationale Rechnungslegung, S. 65 f.
70 *WP-Handbuch 2021*, Wirtschaftsprüfung und Rechnungslegung, K Rz. 7.
71 *WP-Handbuch 2021*, Wirtschaftsprüfung und Rechnungslegung, K Rz. 7; *Hauck/Prinz*, Der Konzern 2005, 636.
72 *Kierzek/Wüstemann* in Hommel/Wüstemann, Synopse der Rechnungslegung nach HGB und IFRS, S. 10.
73 *KPMG*, International Financial Reporting Standards, S. 4.
74 *Kierzek/Wüstemann* in Hommel/Wüstemann, Synopse der Rechnungslegung nach HGB und IFRS, S. 10.

schlussadressaten erweisen und den im Rahmenkonzept festgelegten qualitativen Grundsätzen, wie Zuverlässigkeit oder Vollständigkeit, genügen müssen. Im Rahmen der Ableitung entsprechender Bilanzierungsvorschriften sollen zunächst Standards und Interpretationen herangezogen werden, die ähnliche oder verwandte Fragestellungen behandeln (IAS 8.11a), bevor dann auf die im Rahmenkonzept festgelegten Definitionen sowie Ansatz- und Bewertungsgrundsätze zurückgegriffen werden soll (IAS 8.11b). Gemäß IAS 8.12 kann zusätzlich ein Rückgriff auf aktuelle Verlautbarungen anderer Standardsetter mit ähnlichem Framework (z.B. US-GAAP), auf Fachliteratur und anerkannte Branchenpraktiken erfolgen, soweit diese nicht mit den in IAS 8.11 genannten Quellen konfligieren.

Die **Auslegung** der einzelnen Standards lag bisher allein im Zuständigkeitsbereich von IASB bzw. IFRIC/IFRS IC[75]. Infolge der Übernahme der IFRS in europäisches Recht wird jedoch künftig auch der Europäische Gerichtshof in Zusammenarbeit mit den nationalen Gerichten über die Interpretation der IFRS zu entscheiden haben[76], soweit entsprechende Streitfälle anhängig werden. 58.51

Einstweilen frei. 58.52

2. Erstellung von Konzernabschlüssen nach IFRS
a) Konsolidierungskreis
aa) Beherrschung

Die Grundsätze der IFRS-Konzernrechnungslegung sind **in mehreren Standards** geregelt, die für alle Unternehmen – unabhängig von Größe, Rechtsform und Branche – Gültigkeit besitzen, so insbesondere in IFRS 10 (Konzernabschlüsse), IAS 28 (Anteile an assoziierten Unternehmen), IFRS 11 (Gemeinsame Vereinbarungen) und IFRS 3 (Unternehmenszusammenschlüsse). IFRS 12 (Angaben zu Anteilen an anderen Unternehmen) ergänzt diese Standards, da er die Angabepflichten zu konsolidierten Unternehmen und Beteiligungen, aber auch zu nicht konsolidierten Unternehmen, enthält. Zudem sind bei der Aufstellung von Konzernabschlüssen u.a. IAS 12 zu latenten Steuern, IAS 21 zur Währungsumrechnung und IAS 29 zur Hochinflationsrechnungslegung zu beachten. Die Konzernrechnungslegung baut weitgehend auf der Einheitstheorie auf. Danach sind die Konzernunternehmen im Konzernabschluss so darzustellen, als ob es sich bei den einbezogenen Unternehmen insgesamt um ein einziges Unternehmen handelt (IFRS 10.19)[77]. 58.53

Besteht für ein Mutterunternehmen (§ 290 HGB) die Pflicht (oder das Wahlrecht) zur Aufstellung eines Konzernabschlusses gemäß § 315e HGB, bestimmt sich die Frage, welche Tochterunternehmen in den Konzern einzubeziehen sind, nach IFRS 10. Der Konzernabschluss muss **grundsätzlich sämtliche Tochterunternehmen** enthalten (IFRS 10.4). Dennoch kann in Ausnahmefällen auf der Grundlage allgemeiner Wesentlichkeits- und/oder Wirtschaftlichkeitserwägungen auf die Einbeziehung von Tochterunternehmen verzichtet werden[78]. Wesentlichkeits- und Wirtschaftlichkeitserwägungen stehen aber auch hinter den in § 296 Abs. 1 Nr. 2 und Abs. 2 HGB kodifizierten Konsolidierungswahlrechten[79], so dass eine Konsolidierung von Tochterunternehmen im IFRS-Konzernabschluss ggf. in ähnlichen Fällen unterbleiben kann, in denen durch entsprechende Ausübung der Konsolidierungswahlrechte des § 296 HGB auch im HGB-Konzernabschluss auf eine Konsolidierung verzichtet wird[80]. Tochterunter- 58.54

---

75 ADS, Rechnungslegung nach internationalen Standards, Abschn. 1 Rz. 12 f.
76 Hauck/Prinz, Der Konzern 2005, 637 f.; Schön, BB 2004, 763 ff.; Berndt/Hommel, BFuP 2005, 407 f. und 413 f.
77 WP-Handbuch 2021, Wirtschaftsprüfung und Rechnungslegung, K Rz. 260.
78 Brune in Beck-IFRS-HB., § 32 Rz. 9.
79 ADS, 6. Aufl. 1996, § 296 HGB Rz. 16 und 30; Störk/Deubert in BeckBilkomm., § 296 HGB Rz. 1.
80 Baetge/Hayn/Ströher in Baetge/Wollmert/Kirsch/Oser/Bischof, Rechnungslegung nach IFRS, Teil B, IFRS 10 Rz. 219.

nehmen, die ausschließlich zum Zwecke der Weiterveräußerung erworben wurden, sind (im Gegensatz zu § 296 Abs. 1 Nr. 3 HGB) zu konsolidieren und bei Vorliegen der Voraussetzungen ergänzend nach IFRS 5 als „aufgegebener Geschäftsbereich" zu behandeln.

58.55 Die Identifikation eines Tochterunternehmens basiert auf dem Begriff der **Beherrschung** (control)[81]. Beherrschung liegt vor, wenn ein Investor Entscheidungsmacht hinsichtlich der wesentlichen Geschäftsaktivitäten besitzt, positiven oder negativen variablen „Rückflüssen" aus der Geschäftstätigkeit ausgesetzt ist und seine Entscheidungsmacht einsetzen kann, um diese Rückflüsse zu beeinflussen (IFRS 10.7). Auf diese Definition gestützt, enthält der Standard im Folgenden umfassende Regelungen zur Identifikation der relevanten Konsolidierungseinheit, der relevanten Geschäftsaktivitäten und Prozesse, der diesbezüglichen Entscheidungsgewalt, der Variabilität der Rückflüsse sowie der Verbindung von Entscheidungsgewalt und Rückflüssen. IFRS 10 verlangt im Ergebnis eine umfassende wirtschaftliche Betrachtungsweise gestützt auf zahlreiche Indikatoren. Im Anhang B des Standards sind umfangreiche Anwendungsleitlinien und Beispiele für die Bestimmung von Beherrschung enthalten.

58.56 IFRS 10.11 macht deutlich, dass die Entscheidungsmacht ausschließlich auf **Rechten** basieren kann. Dabei wird zum einen zwischen Konstellationen unterschieden, in denen Stimmrechte für die Ausübung der Entscheidungsmacht relevant sind, und Konstellationen, in denen dies nicht der Fall ist. Eine explizite Unterscheidung in „normale" Unternehmen und Zweckgesellschaften sieht IFRS 10 nicht vor. Hinsichtlich der Stimmrechte sind auch potentielle Stimmrechte zu berücksichtigen, allerdings ist deren wirtschaftliche Substanz intensiv zu würdigen. Adressiert werden auch die Beherrschung aufgrund bloßer Präsenzmehrheiten und „andere Verträge", die (ggf. in Kombination mit Stimmrechten) eine Beherrschung auslösen können. Letzteres verlangt z.B. eine intensivere Beurteilung integrierter Fertigungsprozesse oder anderer ökonomischer Verflechtungen. In Fällen, in denen die Stimmrechte nicht relevant sind (z.B. bei Zweckgesellschaften), ist auf Zweck und Design der „Einheit", eine ggf. bestehende „praktische" Beherrschungsmöglichkeit, „spezifische" Beziehungen zu der „Einheit" und die Variabilität der Rückflüsse abzustellen. Eine Beherrschung *allein* aufgrund der Partizipation an der Mehrheit der Chancen und Risiken sieht IFRS 10 indes nicht vor. Für nicht einbezogene Zweckgesellschaften sieht IFRS 12 umfassende Anhangangaben vor.

bb) Einbeziehungswahlrechte und -verbote

58.57 IFRS 10 gewährt grundsätzlich **keine Einbeziehungswahlrechte** (siehe auch Rz. 58.54). Ein Tochterunternehmen darf nicht von der Konsolidierung ausgeschlossen werden, weil sich die Geschäftstätigkeit dieses Tochterunternehmens von der Geschäftstätigkeit anderer Unternehmen des Konzerns unterscheidet[82].

58.58 Ein Einbeziehungsverbot kommt allerdings zum Tragen, wenn das Mutterunternehmen keine Beherrschung i.S.d. IFRS 10.6 über das Tochterunternehmen mehr ausübt, z.B. aufgrund der Veräußerung von Anteilen. Der **Verlust der Beherrschung** kann gemäß IFRS 10.BCZ180 auch ohne Veränderung der Eigentumsverhältnisse erfolgen, wenn das Tochterunternehmen z.B. der Kontrolle von Behörden, staatlichen Stellen oder Gerichten unterzogen wird oder aufgrund vertraglicher Vereinbarungen. In solchen Fällen ist eine erfolgswirksame Entkonsolidierung gemäß IFRS 10.B98 f. und ggf. ein Übergang auf eine andere Einbeziehungsmethode notwendig (dazu Rz. 58.68 ff.), falls ein Investment zurückbehalten wurde. Soweit Anteilstransaktionen hinsichtlich Tochterunternehmen zu keinem Beherrschungsverlust führen, sind die entsprechenden Effekte als Transaktion zwischen den Eigenkapitalgebern (erfolgsneutral) im Eigenkapital abzubilden (IFRS 10.B96).

---

81 Ausführlich dazu z.B. *Böckem/Stibi/Zoeger*, KoR 2011, 399 ff.
82 *Brune* in Beck-IFRS-HB, § 32 Rz. 7.

cc) Investmentgesellschaften als beherrschendes Mutterunternehmen

Bei Kapitalbeteiligungsgesellschaften, Venture-Capital-Organisationen, Fonds und ähnlichen Strukturen, die häufig eine reine Investitionsabsicht verfolgen, die sich z.B. in kurzen Haltezeiten der Beteiligungen und einer klaren Exit-Orientierung ausdrücken, ist in der Vergangenheit eine Konsolidierungspflicht als nicht entscheidungsnützlich festgestellt worden. Auch das IASB ist hier zu dem Ergebnis gekommen, dass eine Bewertung der betreffenden Beteiligungen erfolgswirksam zum Zeitwert dem Geschäftsmodell von Kapitalbeteiligungsgesellschaften eher entspricht. Daher sieht IFRS 10.31 für Mutterunternehmen, die als Investmentgesellschaften zu klassifizieren sind (IFRS 10.27), eine Befreiung von der Konsolidierungspflicht für die von ihr beherrschten Beteiligungen vor. Die Beteiligungen sind in diesem Fall zum beizulegenden Zeitwert gem. IFRS 9 zu bewerten. Es handelt sich dabei um eine eng abgegrenzte Ausnahmeregelung, die nur auf das Verhältnis der Investmentgesellschaft zu ihren Beteiligungen in Tochterunternehmen beschränkt ist. Investmentgesellschaften können daher auch konsolidierungspflichtige Tochterunternehmen aufweisen.

58.59

Bei solchen Investmentgesellschaften handelt es sich gemäß IFRS 10.27 um Unternehmen, die von einem oder mehreren Investoren Mittel zu dem Zweck erhalten, für diese Investoren Investmentdienstleistungen zu erbringen, die erhaltenen finanziellen Mittel zur Erzielung von Wertsteigerungen oder von Anlageerträgen oder beidem investieren und die Ertragskraft der Beteiligungen im Wesentlichen auf Basis des beizulegenden Zeitwerts bewerten und beurteilen. Da diese Voraussetzungen kumulativ zu erfüllen sind, ist der Kreis der als Investmentgesellschaften einzustufenden Mutterunternehmen relativ eng abgegrenzt[83].

58.60

b) Grundsatz der Einheitlichkeit

In den Konzernabschluss sind neben dem Mutterunternehmen alle inländischen und ausländischen Tochterunternehmen einzubeziehen. Würden jedoch die auf der Grundlage nationaler Ansatz- und Bewertungsvorschriften und in fremder Währung erstellten Einzelabschlüsse der Konzernunternehmen ohne Modifikationen zusammengefasst, wären Aussagefähigkeit und Informationsfunktion des Konzernabschlusses nicht gegeben[84]. Aus diesem Grund ist dem Grundsatz der Einheitlichkeit Rechnung zu tragen, nach dem die Abschlüsse auf einen einheitlichen **Stichtag**, in einheitlicher **Währung** und nach einheitlichen **Rechnungslegungsgrundsätzen** aufzustellen sind.

58.61

Die Jahresabschlüsse der einzubeziehenden Unternehmen sind auf einen einheitlichen Stichtag aufzustellen, wobei der **Stichtag des Mutterunternehmens** maßgebend ist (IFRS 10.B92). Dieser ist damit auch der Stichtag des Konzernabschlusses. Weichen die Abschlussstichtage der Tochterunternehmen von diesem Stichtag ab, sind grundsätzlich Zwischenabschlüsse notwendig. Erweist sich die Erstellung von Zwischenabschlüssen indessen als nicht praktikabel, sind für bedeutende Geschäftsvorfälle zwischen dem Stichtag des Tochterunternehmens und dem Stichtag des Mutterunternehmens Anpassungen durch nachträgliche Korrekturbuchungen vorzunehmen. Der Unterschied zwischen den Abschlussstichtagen darf allerdings nicht mehr als drei Monate betragen (IFRS 10.B93). Andernfalls sind Zwischenabschlüsse zwingend erforderlich.

58.62

Zum Zweck der Konsolidierung müssen die Finanzinformationen aller Tochterunternehmen einheitlich auf Grundlage der IFRS erstellt werden. Konzernweit sind damit auch **einheitliche Bilanzierungs- und Bewertungsmethoden** anzuwenden. Diese werden üblicherweise in einer „Konzernbilanzierungsrichtlinie" für alle Tochterunternehmen festgelegt. Weichen die Bilanzierungs- und Bewertungsgrundsätze bei einem Tochterunternehmen von den konzerneinheitlichen Bilanzierungs- und Bewertungsmethoden nach IFRS ab (was aufgrund abweichender nationaler Regelungen sehr häufig der Fall ist), sind entsprechende Anpassungsbuchungen im Abschluss des Tochterunternehmens vorzunehmen

58.63

---

83 Ausführlich zur Einstufung als Investmentgesellschaft z.B. *Brune* in Beck-IFRS-HB, § 32 Rz. 19 ff.
84 *Havermann* in FS Döllerer, 1988, S. 185 f.

(IFRS 10.B87). Dies geschieht regelmäßig durch die Überleitung des lokalen Abschlusses (Handelsbilanz I – HB I) auf eine sog. „HB II".

58.64 Bei der **Währungsumrechnung** ist gemäß IAS 21 das **Konzept der funktionalen Währung** anzuwenden. IAS 21 umfasst dabei drei zentrale Regelungsbereiche: die Umrechnung von Geschäftsvorfällen in Fremdwährung in die funktionale Währung des Jahresabschlusses, die Umrechnung der funktionalen Währungen ausländischer Abschlüsse in die Konzernwährung sowie ggf. deren Umrechnung in eine von der funktionalen Währung des Mutterunternehmens abweichende Darstellungswährung zum Zwecke der Konzernrechnungslegung.

Ein Unternehmen bewertet seine Vermögenswerte, seine Schulden, sein Eigenkapital sowie seine Erträge und Aufwendungen in seiner funktionalen Währung. Die funktionale Währung eines Unternehmens ist die Währung des primären wirtschaftlichen Umfelds, in dem das Unternehmen tätig ist (IAS 21.8). Sie spiegelt damit den wirtschaftlichen Gehalt der für das Unternehmen wesentlichen Geschäftsvorfälle, Ereignisse und Umstände am besten wider (IAS 21.13). Eine „Fremdwährung" ist daher jede von der funktionalen Währung eines Unternehmens abweichende Währung (IAS 21.8). Grundsätzlich hat jede Einheit eines Konzerns ihre eigene funktionale Währung[85]. Die Darstellungswährung ist demgegenüber die Währung, in der der Abschluss veröffentlicht wird (IAS 21.8). Da der Konzernabschluss gemäß § 315e HGB i.V.m. § 244 HGB in Euro aufzustellen ist, ist die Darstellungswährung hier nicht frei wählbar[86].

58.65 Unterscheidet sich die funktionale Währung der in den Konzernabschluss einzubeziehenden Unternehmen von der Konzerndarstellungswährung, ist die Fremdwährungsumrechnung nach der sog. **modifizierten Stichtagskursmethode** vorzunehmen (sofern nicht IAS 29 zur Hochinflationsrechnungslegung zu beachten ist): Vermögenswerte und Schulden werden mit dem Stichtagskurs (IAS 21.39(a)) umgerechnet. Dies umfasst auch aus Unternehmenserwerben resultierende Geschäfts- oder Firmenwerte und aufgedeckte stille Reserven und Lasten, die als Anpassungen der Buchwerte der Vermögenswerte bzw. Schulden des betreffenden Unternehmens erfasst werden (IAS 21.47). Erträge und Aufwendungen werden mit dem Wechselkurs des Transaktionstages oder aus Vereinfachungsgründen mit einem angemessenen Durchschnittskurs (IAS 21.39(b) und 21.40) umgerechnet. Sämtliche resultierenden Umrechnungsdifferenzen sind erfolgsneutral im Eigenkapital zu erfassen (IAS 21.39(c) und 21.41).

c) Konsolidierung

58.66 Die Einzelabschlüsse der Tochterunternehmen werden im Wege der **Vollkonsolidierung** in den Konzernabschluss einbezogen. Vermögenswerte, Eigenkapital und Schulden sowie Aufwendungen und Erträge der Tochterunternehmen sind dazu zunächst durch Addition vollständig zum sog. „Summenabschluss" (häufig auch nur als „Summenbilanz" bezeichnet) zusammenzufassen (IFRS 10.B86(a)). Im Anschluss an die Bildung des Summenabschlusses sind bestimmte Anpassungen vorzunehmen: Der Buchwert der Beteiligung ist mit dem anteiligen Eigenkapital des Tochterunternehmens aufzurechnen (**Kapitalkonsolidierung**); dabei entstehende Unterschiedsbeträge sind nach IFRS 3 zu behandeln (IFRS 10.B86(b)). Anteile ggf. vorhandener anderer (nicht-kontrollierender) Gesellschafter sind gemäß IFRS 10.22 separat zu erfassen. Konzerninterne Forderungen und Verbindlichkeiten, Aufwendungen und Erträge und aus konzerninternen Transaktionen resultierende Zwischenergebnisse sind vollständig zu eliminieren (IFRS 10.B86 (c)): **Schuldenkonsolidierung, Zwischenergebniseliminierung, Aufwands- und Ertragskonsolidierung**)[87].

---

85 Die Bestimmung der funktionalen Währung erfolgt gemäß der in IAS 21.9 ff. festgelegten Grundsätze.
86 *Holzwarth/Wendlandt* in Baetge/Wollmert/Kirsch/Oser/Bischof, Rechnungslegung nach IFRS, Teil B, IAS 21 Rz. 41.
87 Weitergehende Ausführungen zur Kapital-, Schulden-, Aufwands- und Ertragskonsolidierung sowie zur Zwischenergebniseliminierung geben *Baetge/Hayn/Ströher* in Baetge/Wollmert/Kirsch/Oser/Bischof, Rechnungslegung nach IFRS, Teil B, IFRS 10 Rz. 248 ff. und IFRS 3 Rz. 94 ff.; *Baetge/Kirsch/Thiele*, Konzernbilanzen, S. 183 ff.; *Busse von Colbe/Ordelheide/Gebhardt/Pellens*, Konzernabschlüsse, S. 193 ff.;

Einstweilen frei. 58.67

d) Assoziierte Unternehmen und Joint Ventures

Assoziierte Unternehmen sind Unternehmen, auf die der Anteilseigner maßgeblichen Einfluss ausüben kann. Maßgeblicher Einfluss bedeutet dabei die Möglichkeit, an finanz- und geschäftspolitischen Entscheidungsprozessen mitzuwirken, ohne diese beherrschen zu können (IAS 28.2). Er wird widerlegbar angenommen, wenn das Unternehmen über mindestens 20 % der Stimmrechte verfügt. Bei einem Anteil von weniger als 20 % wird davon ausgegangen, dass kein maßgeblicher Einfluss vorliegt, falls dieser nicht eindeutig nachgewiesen werden kann (IAS 28.6). IAS 28.7 enthält einige Indikatoren, die auf maßgeblichen Einfluss hindeuten, z.B. die Vertretung in den Gesellschaftsorganen oder der Austausch von Führungspersonal. Bei der Beurteilung des maßgeblichen Einflusses sind auch potenzielle Stimmrechte sowohl des Anteilsinhabers als auch Dritter zu berücksichtigen (IAS 28.8). 58.68

Joint Arrangements (gemeinsame Vereinbarungen) i.S.v. IFRS 11 umfassen gemeinschaftlich geführte Tätigkeiten und gemeinschaftlich geführte Unternehmen (IFRS 11.6). Ein Joint Arrangement ist grundsätzlich jede vertragliche Vereinbarung von zwei oder mehr Parteien, auf deren Grundlage eine wirtschaftliche Aktivität unter gemeinschaftlicher Führung unternommen wird (IFRS 11.7). Dabei setzt die Definition von gemeinschaftlicher Führung auf dem Beherrschungsbegriff des IFRS 10 auf (IFRS 11.9). Joint Arrangements sind in die Untergruppen „Joint Operations" und „Joint Ventures" zu klassifizieren. Ein Joint Venture liegt dann vor, wenn die beteiligten Parteien Ansprüche hinsichtlich des anteiligen Reinvermögens des Joint Arrangement haben (IFRS 11.16). Bei einer Joint Operation bestehen dagegen unmittelbare (anteilige) Ansprüche hinsichtlich der Vermögenswerte und Verpflichtungen hinsichtlich der Schulden (IFRS 11.15). Die Klassifizierung basiert dabei auf einer breiten wirtschaftlichen Betrachtungsweise, eine reine formale, z.B. lediglich auf die Rechtsform abstellende Beurteilung, ist nicht ausreichend. In der Rechtsform einer Kapital- oder Personenhandelsgesellschaft betriebene Joint Arrangements dürften gleichwohl häufig als Joint Ventures zu klassifizieren sein[88]. 58.69

Für die Abschlüsse der Gemeinschaftsunternehmen und der assoziierten Unternehmen gelten hinsichtlich der Stichtage und der Einheitlichkeit der Bilanzierungs- und Bewertungsmethoden grundsätzlich die gleichen Anforderungen wie für Tochterunternehmen (IAS 28.26 f., IFRS 11.B33A und 11.24; siehe Rz. 58.61 ff.). 58.70

Anteile an assoziierten Unternehmen sind im Konzernabschluss grundsätzlich nach der **Equity-Methode** zu bewerten (IAS 28.16). Vermögenswerte, Eigenkapital, Schulden sowie die Aufwendungen und Erträge eines assoziierten Unternehmens sind dabei nicht in den Konzernabschluss einzubeziehen. In der Bilanz des Anteilseigners wird die Beteiligung zu Anschaffungskosten zuzüglich des Anteils an den Periodenergebnissen nach dem Erwerb und anderen Änderungen im Reinvermögen erfasst (IAS 28.10). Die Anschaffungskosten schließen einen aus dem Erwerb resultierenden Geschäfts- oder Firmenwert mit ein (IAS 28.32). Der gesamte Buchwert ist nach den Regeln des IAS 36 auf Wertminderung zu testen (IAS 28.42). Anteile an assoziierten Unternehmen, die zum Zweck der Weiterveräußerung gehalten werden, sind bei Erfüllen der Voraussetzungen nach IFRS 5 zu bilanzieren (IAS 28.15). 58.71

Auch bei der Equity-Methode hat eine **Zwischenerfolgseliminierung** (siehe Rz. 58.66) im Umfang der Beteiligungsquote des Anteilseigners zu erfolgen, unabhängig davon, ob es sich um Transaktionen vom assoziierten Unternehmen zu einem anderen Konzernunternehmen (up stream) oder umgekehrt (down stream) handelt (IAS 28.28). Eine über die Eliminierung von Zwischenergebnissen hinaus- 58.72

Pellens/Fülbier/Gassen/Sellhorn, Internationale Rechnungslegung, S. 851 ff.; *WP-Handbuch 2021*, Wirtschaftsprüfung und Rechnungslegung, K Rz. 269.
88 Dazu und zu möglichen Sonderfällen *Fuchs/Stibi*, BB 2011, 1451 ff.

gehende Eliminierung von Forderungs- und Verbindlichkeitssalden oder anderen Aufwendungen und Erträgen ist grundsätzlich nicht vorzunehmen.[89]

58.73 Die **Bilanzierung** von Joint Arrangements ist abhängig von der Klassifizierung geregelt. Während bei einer Joint Operation die anteiligen Vermögens- und Erfolgsgrößen in den Abschluss zu übernehmen sind (IFRS 11.20), ist bei einem Joint Venture die Equity-Methode gemäß IAS 28 anzuwenden (IFRS 11.24). Die Quotenkonsolidierung ist in solchen Fällen nicht zulässig. Anteile an gemeinschaftlich geführten Unternehmen, die zum Zweck der Weiterveräußerung gehalten werden, sind bei Erfüllen der Voraussetzungen nach IFRS 5 zu bilanzieren (IAS 28.15).

58.74 Investmentgesellschaften (vgl. Rz. 58.59) dürfen ihre Gemeinschaftsunternehmen und assoziierten Unternehmen weiterhin wahlweise ergebniswirksam zum beizulegenden Zeitwert oder unter Anwendung der Equity-Methode gemäß IAS 28 bewerten (IFRS 10.B85L(b))[90].

58.75–58.76 Einstweilen frei.

3. Weitere Bestandteile des Konzernabschlusses

a) Eigenkapitalveränderungsrechnung

58.77 Nach IFRS müssen Unternehmen als gesonderten Bestandteil des Abschlusses eine Aufstellung der Veränderung des Eigenkapitals (**Eigenkapitalspiegel**) bereitstellen (IAS 1.10(c)). Darin sind mindestens aufzunehmen (IAS 1.106):

– das Gesamtergebnis der Periode, aufgeteilt in den Ergebnisanteil des Mutterunternehmens und der anderen Gesellschafter;

– für jeden Bestandteil des Eigenkapitals die Effekte aus der rückwirkenden Änderung von Bilanzierungsmethoden oder der Änderung des Abschlusses (Restatement), und

– für jeden Bestandteil des Eigenkapitals eine Überleitung des Eröffnungsbilanzwertes auf den Stichtagswert, wobei die Änderungen resultierend aus dem Jahresergebnis (GuV), dem sonstigen Ergebnis und den Transaktionen mit den Gesellschaftern in deren Funktion als Gesellschafter separat darzustellen sind. Die Gesellschaftertransaktionen sind dabei ggf. weiter zu untergliedern.

58.78 Zusätzlich müssen entweder in dieser Aufstellung oder im Anhang angegeben werden (IAS 1.106A f.):

– eine differenzierte Darstellung des sonstigen Ergebnisses je Komponente des Eigenkapitals, und

– Ausschüttungen an die Anteilseigner und die Ausschüttung je Anteil.

Ein **Beispiel** für einen Eigenkapitalspiegel nach diesen Grundsätzen enthält IAS 1. IG Part I.

b) Kapitalflussrechnung

58.79 Gemäß IAS 1.10(d) ist zwingend eine Kapitalflussrechnung aufzustellen. Der Inhalt der Kapitalflussrechnung richtet sich nach IAS 7 (IAS 1.111). Die Aufstellung einer Kapitalflussrechnung gemäß IAS 7 zielt darauf, Informationen über die detaillierten Zahlungsströme (Cashflows) der Gesellschaft in der Periode der Berichterstattung zu vermitteln, indem die **Veränderung des Finanzmittelbestandes** durch die Zu- und Abflüsse liquider Mittel (Mittelherkunft, Mittelverwendung) dargestellt wird. Der Sinn und Zweck der Aufstellung einer Kapitalflussrechnung wird daher auch darin gesehen, dass Indikatoren über die Höhe, den Zeitpunkt sowie die Wahrscheinlichkeit des Eintritts künftiger Cashflows ge-

---

89 Zu Sonderfällen *Pellens/Fülbier/Gassen/Sellhorn*, Internationale Rechnungslegung, S. 949 ff.
90 *Baetge/Hayn/Ströher* in Baetge/Wollmert/Kirsch/Oser/Bischof, Rechnungslegung nach IFRS, Teil B, IFRS 10 Rz. 228.

liefert werden (IAS 7.5). Dies hilft auch bei der Einschätzung durch die Adressaten, inwieweit das Unternehmen künftig seine Tätigkeit fortführen, Zahlungsverpflichtungen nachkommen und Ausschüttungen an seine Anteilseigner erbringen kann (IAS 7.3 f.).

Der Finanzmittelbestand umfasst sowohl unmittelbare Zahlungsmittel wie den Kassenbestand und Sichteinlagen als auch kurzfristige, hochliquide und jederzeit umwandelbare Zahlungsmitteläquivalente (IAS 7.6 f.). In der Kapitalflussrechnung werden die Bereiche **betriebliche Tätigkeit, Investitionstätigkeit und Finanzierungstätigkeit** unterschieden (IAS 7.10). Die Cashflows aus der betrieblichen Geschäftstätigkeit, die z.B. Zahlungseingänge aus dem Verkauf von Gütern bzw. der Erbringung von Dienstleistungen, Auszahlungen an Lieferanten oder Lohn- und Gehaltszahlungen umfassen (IAS 7.14), können nach der direkten oder indirekten Methode ermittelt werden (IAS 7.18). Bei der (zumeist angewendeten) indirekten Methode werden die Zahlungsströme aus der Korrektur des Jahresergebnisses u.a. um nicht zahlungswirksame Effekte ermittelt (IAS 7.20). Cashflows aus der Investitionstätigkeit umfassen z.B. Auszahlungen für den Erwerb und Zahlungseingänge aus dem Verkauf von Sachanlagen, immateriellen und sonstigen langfristigen Vermögenswerten (IAS 7.16). Beispiele für Cashflows, die die Finanzierungstätigkeit betreffen, sind Zahlungseingänge aus der Ausgabe von Eigenkapitalinstrumenten oder Kapitalrückzahlungen an Anteilseigner (IAS 7.17). Für die Darstellung der Zahlungsströme aus Investitions- und Finanzierungstätigkeit ist nur die direkte Methode zulässig (IAS 7.21). Unrealisierte Gewinne bzw. Verluste aus Wechselkursänderungen stellen keine Cashflows dar. Jedoch ist ihr Einfluss auf den Finanzmittelbestand gesondert, d.h. außerhalb der drei Bereiche, darzustellen (IAS 7.28). Ein **Beispiel** für eine Kapitalflussrechnung nach diesen Grundsätzen findet sich in IAS 7 IE.

58.80

c) Konzernanhang (einschl. Segmentberichterstattung) und sonstige Informationen

Der Anhang umfasst gemäß IAS 1.10(e) eine Zusammenfassung der maßgeblichen **Bilanzierungs- und Bewertungsmethoden** sowie sonstige Erläuterungen. Er hat mindestens die folgenden Angaben zu enthalten:

58.81

– Informationen über die Grundlagen der Aufstellung des Abschlusses und die angewandten Bilanzierungs- und Bewertungsmethoden (IAS 1.112(a));

– die von den einzelnen IFRS verlangten Informationen, sofern sie in keinem anderen Bestandteil des Abschlusses ausgewiesen sind (IAS 1.112(b)); und

– zusätzliche Informationen, die nicht in anderen Abschlussbestandteilen dargestellt werden, die aber für das Verständnis der anderen Abschlussbestandteile erforderlich sind (IAS 1.112(c)).

Zudem ist im Anhang die Erklärung über die Übereinstimmung des Abschlusses mit allen IFRS darzustellen (IAS 1.16). Des Weiteren sind auch die Ermessensentscheidungen des Managements im Rahmen der Festlegung der Bilanzierungs- und Bewertungsmethoden, die einen wesentlichen Einfluss auf die Jahresabschlussposten aufweisen (IAS 1.122), bedeutsame zukunftsbezogene Annahmen und Schätzunsicherheiten bei der Bewertung von Vermögenswerten und Schulden (IAS 1.125 ff.) sowie Angaben zum Kapital (IAS 1.134 ff.) in den Anhang aufzunehmen. In IAS 1 selbst sowie in den übrigen Standards und Interpretationen finden sich zahlreiche weitere verpflichtende Anhangangaben.

Die **Segmentberichterstattung** ist ebenfalls Teil des Anhangs. Konzerne zeichnen sich regelmäßig durch die Herstellung und den Verkauf unterschiedlichster Produkte und Dienstleistungen in mehreren Geschäftsfeldern und verschiedenen geographischen Regionen aus. Als Resultat bestimmen unterschiedliche Risiken, Rentabilitäten und Zukunftsaussichten die wirtschaftliche Lage des Konzerns. Die mittels des Abschlusses zur Verfügung gestellten Daten sind indessen regelmäßig aggregiert und verbergen somit möglicherweise die Risiken und Chancen der einzelnen operativen Tätigkeiten eines Unternehmens, weil sich positive und negative Entwicklungen gegenseitig aufheben. Die Zielsetzung einer Segmentberichterstattung besteht daher darin, zusätzliche disaggregierte Segmentinformationen

58.82

bereitzustellen, um den Abschlussadressaten eine bessere Prognose der künftigen Entwicklung des Unternehmens zu ermöglichen[91].

Die Erstellung der Segmentberichterstattung ist ausführlich in IFRS 8 geregelt. Der Standard enthält detaillierte Regelungen zur Bestimmung der operativen Geschäftssegmente bzw. der berichtspflichtigen Segmente. Hinsichtlich der darzustellenden Detailinformationen folgt der Standard dem sog. „Management-Approach", wonach sehr stark auf das interne Reporting des Konzerns abgestellt wird. Allerdings sind zusätzlich auch Überleitungen auf die Größen des Konzernabschlusses aufzunehmen. Darüber hinaus sieht IFRS 8 weitere Informationspflichten vor. Zur Aufstellung einer Segmentberichterstattung sind nur kapitalmarktorientierte Unternehmen verpflichtet (IFRS 8.2). **Beispielhafte Darstellungen** sind in IFRS 8. IG3 ff. enthalten[92].

58.83 Ebenfalls nur kapitalmarktorientierte Unternehmen treffen die in IAS 33 geregelten Bestimmungen zum **Ergebnis je Aktie**, während die nach IAS 24 notwendigen Angaben über **Beziehungen zu nahestehenden Unternehmen und Personen** alle Unternehmen betreffen.

58.84 Gemäß § 315e Abs. 1 HGB sind über die Regelungen in den IFRS hinaus auch die folgenden **Vorschriften des HGB** zum Inhalt des Konzernanhangs zu beachten:

- Anteilsliste des Konzerns (§ 313 Abs. 2 f. HGB);
- Durchschnittliche Zahl der Arbeitnehmer sowie der Personalaufwand (§ 314 Abs. 1 Nr. 4 HGB);
- Organbezüge und -beziehungen (§ 314 Abs. 1 Nr. 6, Abs. 2 Satz 2 HGB);
- Abgabe der Erklärung nach § 161 AktG zum Corporate Governance Kodex (§ 314 Abs. 1 Nr. 8 HGB);
- Angaben zum Honorar des Konzernabschlussprüfers (§ 314 Abs. 1 Nr. 9 HGB).

d) Konzernlagebericht

58.85 Die IFRS schreiben keinen Konzernlagebericht oder ein vergleichbares Berichtsinstrument vor. Gemäß IAS 1.13 f. besteht jedoch die Möglichkeit, freiwillig einen **Bericht über die Unternehmenslage** durch das Management (sowie ggf. sonstige weitergehende Berichte außerhalb der IFRS-Finanzberichterstattung) zu erstellen und zu veröffentlichen. Hinsichtlich der Berichterstattung über die Unternehmenslage durch das Management hat das IASB Ende 2010 den Anwendungshinweis „Management Commentary" herausgegeben. Dabei handelt es sich indes nicht um eine verbindliche Regelung innerhalb der IFRS. Im Mai 2021 hat das IASB einen Entwurf „Management Commentary" veröffentlicht, in dem ein umfassendes Rahmenwerk für die Erstellung von Management Commentary vorgeschlagen wird, das an die Stelle des bisherigen Anwendungshinweises treten soll.

58.85a Indessen ist nach § 315e Abs. 1 HGB i.V.m. § 315 HGB ein IFRS-Konzernabschluss zwingend um einen nach handelsrechtlichen Regelungen aufgestellten Konzernlagebericht zu ergänzen. Die Bestimmungen in § 315 HGB entsprechen im Wesentlichen den Regelungen in § 289 HGB zum Lagebericht für Kapitalgesellschaften, so dass auf diese Ausführungen verwiesen werden kann (siehe Rz. 57.56 ff.). Kapitalmarktorientierte Mutterunternehmen haben indes zusätzlich die wesentlichen Merkmale des internen Kontroll- und Risikomanagementsystems im Hinblick auf den Konzernrechnungslegungsprozess darzustellen (§ 315 Abs. 2 Nr. 5 HGB). Dies gilt auch, sofern lediglich einbezogene Tochterunternehmen kapitalmarktorientiert sind. Ergänzt wird die Lageberichterstattung durch die nichtfinanzielle Konzernerklärung (§§ 315b, c HGB) sowie die Konzernerklärung zur Unternehmensführung (§ 315d HGB).

---

91 *ADS*, Rechnungslegung nach internationalen Standards, Abschn. 28 Rz. 15.
92 Ausführlich zur Segmentberichterstattung z.B. *Leippe* in Heuser/Theile, IFRS-Handbuch, Rz. 49.1 ff.

Die Anforderungen an die Konzernlageberichterstattung werden durch DRS 20 Konzernlagebericht konkretisiert. 58.86

VI. Enforcement

1. Rechtslage bis zum 31.12.2021 – zweistufiges Enforcement-Verfahren

Das **deutsche System der Durchsetzung** einer regelkonformen Finanzberichterstattung eines Unternehmens ist durch unternehmensinterne und -externe Aufsichts- und Prüfungselemente gekennzeichnet. Als Reaktion auf zahlreiche Bilanzskandale in der Vergangenheit entwickelte sich unter den deutschen Rechnungslegungsexperten und in politischen Kreisen rasch ein Konsens, die Stabilität des Kapitalmarkts und das Vertrauen in den Finanzplatz Deutschland durch ein zusätzliches Enforcement-Verfahren zu stärken[93]. 58.87

Das Enforcement dient allgemein der **Überwachung der Ordnungsmäßigkeit der Rechnungslegung**. Die Enforcement-Instanz ist eine außerhalb des Unternehmens stehende, nicht mit dem gesetzlichen Abschlussprüfer identische, neutrale Stelle. Durch das Enforcement soll erreicht werden, dass eine fehlerhafte oder irreführende Rechnungslegung bereits vorbeugend im Rahmen der Abschlusserstellung verhindert wird. Sollten die veröffentlichten Abschlüsse dennoch fehlerhaft oder wahrheitswidrig sein, solle dies aufgedeckt, korrigiert und sanktioniert werden[94]. 58.88

Die Diskussion um die **Organisationsform** ist (international) von der Kontroverse geprägt, ob es sich bei einer solchen Einrichtung um eine privatwirtschaftliche oder öffentlich-rechtliche Einrichtung oder um eine Kombination aus beidem handeln soll[95]. Generell werden in diesem Zusammenhang das privatwirtschaftliche Financial Reporting Review Panel (FRRP) Großbritanniens und die US-amerikanische Börsenaufsichtsbehörde Securities Exchange Commission (SEC) als idealisierte Beispiele genannt. Ebenso zu diskutieren ist, inwieweit eine rein nationale oder europäische Lösung umgesetzt werden soll[96]. 58.89

Der deutsche Gesetzgeber hat mit dem Gesetz zur Kontrolle von Unternehmensabschlüssen (Bilanzkontrollgesetz – BilKoG)[97] zunächst die Rechtsgrundlagen für ein **zweistufiges, nationales Enforcement-Verfahren** geschaffen und sich somit für eine Kombination aus privater und staatlicher Instanz entschieden[98]. Auf der **1. Stufe** prüft ein gemäß § 342b HGB durch Vertrag anerkanntes, privatrechtliches und unabhängig besetztes Gremium (dies ist die **Deutsche Prüfstelle für Rechnungslegung DPR e. V.**) die zuletzt festgestellten Jahres- bzw. Konzernabschlüsse, die Lageberichte bzw. Konzernlageberichte sowie den zuletzt veröffentlichten verkürzten Abschluss und den dazugehörigen Zwischenlagebericht in- und ausländischer Unternehmen – einschließlich Kredit- und Finanzdienstleistungsinstituten sowie Versicherungsunternehmen – deren Wertpapiere i.S.d. § 2 Abs. 1 Satz 1 WpHG an einer inländischen Börse im regulierten Markt zugelassen worden sind. Falls das Unternehmen nicht kooperiert oder einen von der Prüfstelle festgestellten Fehler nicht anerkennt oder wenn erhebliche Zweifel an der Richtigkeit des Prüfungsergebnisses der Prüfstelle oder an der ordnungsgemäßen Durchführung der Prüfung durch die Prüfstelle bestehen, kann auf der **2. Stufe** die Bundesanstalt für Finanzdienstleistungsaufsicht (BaFin) insbesondere sowohl die Prüfung als auch die Veröffentlichung des Bilanzierungsfehlers mit hoheitlichen Mitteln durchsetzen (§§ 106 ff. WpHG). 58.90

---

93 *Naumann/Tielmann*, WPg 2001, 1454.
94 **IDW**, Diskussionspapier der FEE: Enforcement of IFRS within Europe, S. 2.
95 *Mandler*, KoR 2003, 343 ff., 349.
96 Dazu *Zülch/Beyhs/Hoffmann/Krauß*, Enforcement-Guide, S. 1 ff.; S. 18 ff.
97 BGBl. I 2004, 3408. Das Bilanzkontrollgesetz ist am 21.12.2004 in Kraft getreten.
98 **BMJ**, Begründung der Bundesregierung zum Entwurf eines Gesetzes zur Kontrolle von Unternehmensabschlüssen, S. 19 f.

58.91 Das Verfahren beruht damit grundsätzlich auf dem Prinzip der Selbstregulierung der Märkte. Denn die Prüfung auf der 1. Stufe basiert auf einer **freiwilligen Zusammenarbeit** der Unternehmen mit der Prüfstelle. Die Prüfstelle soll den Unternehmen auf „Augenhöhe" begegnen, um bestehende Unregelmäßigkeiten in der Rechnungslegung nicht hoheitlich, sondern möglichst einvernehmlich zwischen Unternehmen und Prüfstelle aufzudecken[99]. Verweigert das Unternehmen seine Mitwirkung, so ist die Prüfstelle verpflichtet, hierüber der BaFin Bericht zu erstatten, die daraufhin ein eigenes Prüfverfahren eröffnen wird. Dieser Ansatz ermöglicht somit einen Rückgriff auf verwaltungsrechtliche Kompetenzen; der Staat soll allerdings nur im Ausnahmefall hoheitlich eingreifen. Dadurch wird ein flexibles und effektives Enforcement gewährleistet.

58.92 Die **Enforcement-Prüfung** erstreckt sich auf die Einhaltung der gesetzlichen Vorschriften einschließlich der Grundsätze ordnungsmäßiger Buchführung und der sonstigen durch Gesetz zugelassenen Rechnungslegungsstandards (§ 342b Abs. 2 Satz 1 HGB). Hierzu gehören insbesondere auch die IFRS gemäß § 315e Abs. 1 HGB. Eine Prüfung des Risikomanagementsystems (§ 317 Abs. 4 HGB) ist nicht vorgesehen[100].

58.93 Die Prüfstelle ist sowohl **reaktiv als auch proaktiv** tätig, d.h., die Abschlüsse der kapitalmarktorientierten Unternehmen werden bei Verdacht einer Manipulation bzw. Unrichtigkeit der Rechnungslegung, auf Verlangen der BaFin oder auch ohne besonderen Anlass durch Stichproben auf ihre Ordnungsmäßigkeit überprüft (§ 342b Abs. 2 Satz 3 HGB). Konkrete Anhaltspunkte für einen Verstoß gegen Rechnungslegungsvorschriften können sich beispielsweise durch Hinweise von Anteilseignern oder Fremdkapitalgebern oder durch Medienberichte ergeben. Bloße Vermutungen oder Hypothesen reichen nicht aus[101]. Der Umfang der Enforcement-Prüfung ist grundsätzlich auf die Bereiche beschränkt, hinsichtlich derer Anhaltspunkte für Fehler bestehen. Gleichwohl sind Prüfstelle und BaFin nicht gehindert, den Prüfungsumfang zu erweitern, sollte sich im Verfahrensverlauf weiterer Prüfungsbedarf ergeben[102].

58.94 Hat die Prüfstelle ihre (nach den in den Verfahrensregelungen festzulegenden Grundsätzen[103]) vorgenommene Prüfung beendet, teilt sie sowohl dem Unternehmen als auch der BaFin das Prüfergebnis mit (§ 342b Abs. 5 und 6 HGB). Ergibt die Prüfung, dass die Rechnungslegung fehlerhaft ist, stellt die BaFin den Fehler fest (§ 109 WpHG). Das Enforcement in Deutschland ist ausschließlich auf die **Information des Kapitalmarkts** ausgerichtet. Eine Fehlerkorrektur der Rechnungslegung wird weder auf der ersten noch auf der zweiten Stufe veranlasst[104]. Die Veröffentlichung des Fehlers durch das Unternehmen (§ 109 Abs. 2 WpHG) wird als ausreichende Sanktion angesehen. Die Korrektur des Fehlers richtet sich dann nach den Anforderungen der Rechnungslegungsvorschriften[105].

58.95 Das Enforcement-Verfahren ist nach der **Fehleranerkennung** (1. Stufe) bzw. **-feststellung** (2. Stufe) mit der Veröffentlichung (§ 109 Abs. 2 Satz 4 WpHG) des Fehlers nebst der wesentlichen Begründung im Bundesanzeiger sowie entweder in einem überregionalen Börsenpflichtblatt oder in einem elektronisch betriebenen Informationsverbreitungssystem abgeschlossen. Auf Antrag des Unternehmens kann die BaFin von einer Anordnung zur Veröffentlichung absehen, wenn diese geeignet ist, den berechtigten Interessen des Unternehmens zu schaden (§ 109 Abs. 2 Satz 3 WpHG). Die Fehlerkorrektur im geprüften Abschluss oder in laufender Rechnung, auf die besonders der Abschlussprüfer zu achten hat, ergibt sich aus den gesellschafts- und bilanzrechtlichen Vorschriften. Auch ist sichergestellt, dass

---

99 *BMJ*, Begründung der Bundesregierung zum Entwurf eines Gesetzes zur Kontrolle von Unternehmensabschlüssen, S. 21.
100 Zum sachlichen Prüfungsgegenstand ausführlich *Grottel* in BeckBilkomm., § 342b HGB Rz. 20 ff.
101 *Grottel* in BeckBilkomm., § 342b HGB Rz. 46.
102 *Ernst*, BB 2004, 937.
103 Einsehbar unter www.frep.info.
104 *BMJ*, Begründung der Bundesregierung zum Entwurf eines Gesetzes zur Kontrolle von Unternehmensabschlüssen, S. 37.
105 *Grottel* in BeckBilkomm., § 342b HGB Rz. 90 ff.

die Anerkennung bzw. Feststellung eines Bilanzfehlers im Enforcement-Verfahren keine unmittelbaren gesellschaftsrechtlichen Auswirkungen hat, vor allem nicht die unmittelbare Nichtigkeit des Jahresabschlusses nach sich zieht und damit per se z.B. den getroffenen Gewinnverwendungsbeschluss in Frage stellt[106]. Gleichwohl kann eine Klage auf Nichtigkeit des Abschlusses gemäß § 256 AktG aber auf eine Fehlerfeststellung von Prüfstelle oder BaFin gestützt werden[107].

Die **Kosten des Enforcement-Verfahrens** werden durch die Erhebung einer Umlage bei den kapitalmarktorientierten Unternehmen finanziert. Im Einzelnen ist das Verfahren in § 342d HGB geregelt[108]. 58.96

Im November 2009 hat die Prüfstelle beschlossen, **fallbezogene Voranfragen** (sog. „Pre-Clearance") zuzulassen. Die der Prüfung unterliegenden Unternehmen können der DPR also konkrete Fragen zu Klärung vorlegen. Dem sind ein Lösungsvorschlag sowie eine Stellungnahme des Abschlussprüfers beizufügen. Nimmt die DPR die Frage an, wird dem anfragenden Unternehmen die Auffassung der DPR mitgeteilt. Die Mitteilung ist allerdings für ein ggf. später erfolgendes Prüfungsverfahren nicht verbindlich[109]. Die Prüfstelle veröffentlicht über ihre Tätigkeit regelmäßig zusammenfassende Berichte und teilt auch ihre **Prüfungsschwerpunkte** regelmäßig mit[110]. 58.97

2. Rechtslage ab dem 1.1.2022 – Einstufiges Enforcement-Verfahren

Durch das Gesetz zur Stärkung der Finanzmarktintegrität (FISG)[111] wird das bisherige zweistufige Enforcement-Verfahren mit Wirkung zum 31.12.2021 zugunsten eines bei der BaFin angesiedelten einstufigen Verfahrens abgeschafft. Damit sollen sowohl die Komplexität des Bilanzkontrollsystems reduziert als auch die **Schlagkraft des Enforcements erhöht** werden[112]. Der Kreis der dem Enforcement unterworfenen Unternehmen bleibt unverändert (Unternehmen, für die als Emittenten von zugelassenen Wertpapieren die Bundesrepublik Deutschland der Herkunftsstaat ist, § 106 WpHG), während der zeitliche Anwendungsbereich für anlassbezogene Prüfungen auf die Berichterstattung für die letzten drei Geschäftsjahre ausgedehnt wurde[113]. Ebenso unverändert bleiben die Prüfungsgegenstände: Neben den Jahres- und Konzernabschlüssen und den zugehörigen Lageberichten kann sich Prüfung der BaFin auch auf verkürzte Zwischenabschlüsse und Zwischenlageberichte sowie ggf. (Konzern-)Zahlungsberichte beziehen, wobei verkürzte Zwischenabschlüsse, Zwischenlageberichte und (Konzern-)Zahlungsberichte nur Gegenstand einer anlassbezogenen Prüfung sein können (§ 107 Abs. 1 Satz 8 HGB). 58.98

Die zukünftige **Einstufigkeit** führt zu einer Straffung des Verfahrens. Es entfällt nicht nur die bisher neben der Stichprobenprüfung und der Anlassprüfung vorgesehene Prüfung auf Verlangen der BaFin. Auch die Freiwilligkeit der Mitwirkung, die bisher Merkmal bei einer durch die DPR durchgeführte Prüfung war, ist zukünftig nicht mehr gegeben[114]. Eine weitere Neuerung ist die in § 107 Abs. 1 Satz 6 WpHG i.d.F. des FISG eröffnete Möglichkeit zur Bekanntmachung einer eingeleiteten Prüfung durch die BaFin unter Nennung des betroffenen Unternehmens und des Grunds für die Anordnung, sofern ein öffentliches Interesse besteht. Ferner wird – wiederum bei Vorliegen eines öffentlichen Interesses – durch § 107 Abs. 8 WpHG i.d.F. des FISG die Möglichkeit zur Bekanntmachung der wesentlichen Verfahrensschritte und der im Laufe des Verfahrens gewonnenen Erkenntnisse eröffnet. Praktische Bedeu- 58.99

---

106 *Mattheus/Schwab*, BB 2004, 1099 ff.
107 Umfassend dazu *Grottel* in BeckBilkomm., § 342b HGB Rz. 95 ff.
108 Dazu *Zülch/Beyhs/Hoffmann/Krauß*, Enforcement-Guide, S. 15.
109 Ausführlich *Zülch/Beyhs/Hoffmann/Krauß*, Enforcement-Guide, S. 49 f.
110 Abrufbar unter www.frep.info. Zum typischen Ablauf eines Prüfungsverfahrens durch die DPR ausführlich *Zülch/Beyhs/Hoffmann/Krauß*, Enforcement-Guide, S. 157 ff. Zu weiteren rechtlichen Einzelfragen sei auf die einschlägigen Kommentierungen verwiesen.
111 BGBl. I 2021, 1534.
112 *Kliem/Kosma/Optenkamp*, DB 2021, 1518.
113 *Kliem/Kosma/Optenkamp*, DB 2021, 1518.
114 *Kliem/Kosma/Optenkamp*, DB 2021, 1519.

tung wird diese Publizität der Prüfung/des Fortgangs der Prüfung durch die BaFin bei anlassbezogenen Prüfungen haben, wobei nicht bei jeder anlassbezogenen Prüfung gleichzeitig von einem öffentlichen Interesse auszugehen sein wird[115].

58.100 Um das Enforcement zu stärken, werden der **BaFin weitergehende Befugnisse** bei der Durchführung der Prüfung eingeräumt. Zukünftig kann die BaFin im Rahmen einer Prüfung auf der Grundlage des § 107 Abs. 7 WpHG i.d.F. des FISG auf richterliche Anordnung (außer bei Gefahr im Verzug) Durchsuchungen von Wohn- und Geschäftsräumen durchführen und Gegenstände beschlagnahmen. Die Befugnisse zum Verlangen von Auskünften, zur Vorlage von Unterlagen und sonstigen Daten und die Überlassung von Kopien, die bisher gegenüber den Organen und Beschäftigten des Unternehmens sowie dessen Abschlussprüfer bestanden, werden nunmehr bei anlassbezogenen Prüfungen auf jedermann ausgedehnt, wenn dies für den Zweck der Prüfung erforderlich ist (§ 107 Abs. 5 Satz 4 WpHG i.d.F. des FISG).

58.101 Während bisher nach Abschluss des Verfahrens eine etwaige **Fehlerfeststellung** durch das betroffene Unternehmen zu veröffentlichen war, wird die **Veröffentlichung** zukünftig unmittelbar **durch die BaFin** erfolgen, sofern ein öffentliches Interesse an der Bekanntmachung besteht (§ 109 Abs. 2 WpHG i.d.F. des FISG). Ergeben sich keine Beanstandungen und wurde zuvor die Prüfung bekannt gemacht, erfolgt ebenfalls eine Veröffentlichung dahingehend, dass sich keine Beanstandungen ergeben haben (§ 109 Abs. 3 WpHG i.d.F. des FISG). Sofern ein Unternehmen mit der Fehlerfeststellung nicht einverstanden ist, besteht zunächst die Möglichkeit des **Widerspruchs bei der BaFin**, dem bei fehlendem Erfolg des Widerspruchs eine **Beschwerde** nach § 113 WpHG **beim OLG Frankfurt** am Main folgen kann.

58.102 Da die BaFin von der DPR begonnene, aber noch nicht abgeschlossene Verfahren, ab dem 1.1.2022 fortführen wird, ist mit § 141 WpHG i.d.F. des FISG eine **Übergangsvorschrift** geschaffen worden. Danach hat die DPR die ihr vorliegenden Unterlagen unverzüglich nach dem 31.12.2021 an die BaFin zu übermitteln, die auf dieser Grundlage die Prüfung auf der Grundlage der ab dem 1.1.2022 geltenden gesetzlichen Vorschriften fortführt. Darüber hinaus hat die BaFin nach § 114 Abs. 3 WpHG ein Einsichtsrecht – vorbehaltlich der Zustimmung des betroffenen Unternehmens oder einem überwiegenden öffentlichem Interesse an der Einsichtnahme oder der Übermittlung – in bei der DPR vorliegende Unterlagen zu Prüfungen, die bis zum 31.12.2021 abgeschlossen wurden.

§ 59
Unterjährige Finanzberichterstattung

I. Bedeutung und Zwecke der unterjährigen Finanzberichterstattung 59.1
II. Verantwortlichkeit des Vorstands 59.10
III. Verantwortlichkeit des Aufsichtsrats . 59.12
IV. Maßgebliche Vorschriften 59.15
  1. Vorschriften des WpHG zur unterjährigen Finanzberichterstattung 59.15
    a) Allgemeines 59.15
    b) Vorschriften zur Halbjahresfinanzberichterstattung 59.17
    c) Zwischenmitteilungen 59.26
  2. Vorschriften der Börsenordnungen (BörsO) 59.28
  3. Praxis der Quartalsberichterstattung nach neuem Recht 59.31
  4. Vorschriften des DRS 16 zur Zwischenberichterstattung 59.33
  5. Internationale Regelungen zur Zwischenberichterstattung 59.40

---

115 *Kliem/Kosma/Optenkamp*, DB 2021, 1519.

| a) Regelungen zur Periodenabgrenzung 59.40
| b) Vergleichszahlen 59.45
| c) Regelungen zum Konsolidierungskreis 59.47
| V. **Änderung von Zwischenabschlüssen** . 59.48

Schrifttum: *Alvarez/Wotschofsky*, Zwischenberichterstattung nach Börsenrecht, DRS, IAS und US-GAAP, 2. Aufl. 2003; *Alvarez/Wotschofsky*, Stärkung der Corporate Governance durch Einführung einer Review-Pflicht für Quartalsabschlüsse?, KoR 2001, 116; *Ammedick/Strieder*, Zwischenberichterstattung börsennotierter Gesellschaften, 2002; *Arbeitskreis „Externe und interne Überwachung der Unternehmung" der Schmalenbach-Gesellschaft für Betriebswirtschaft*, Prüfungsausschüsse in deutschen Aktiengesellschaften, DB 2000, 2281; *Baetge/Wollmert/Kirsch/Oser/Bischof* (Hrsg.), Rechnungslegung nach IFRS (Loseblatt); *Böckem/Rabenhorst*, Praxis der Quartalsberichterstattung der DAX 30-Unternehmen nach neuem Recht, BB 2016, 1578; *Böckem/Rabenhorst*, Änderungen bei der Quartalsberichterstattung in Deutschland, IRZ 2016, 89; *Nebel/Weber/Vaagt*, Praxis und Determinanten der novellierten Quartalsberichterstattung im DAX, MDAX, SDAX und TecDAX, KOR 2017, 164; *Pellens et al*, Quartalsbericht oder Quartalsmitteilung?, DB 2017, 1; *Rabenhorst/Wiechens*, Praxis der Halbjahresfinanzberichterstattung der DAX 30-Unternehmen, DB 2009, 521.

I. Bedeutung und Zwecke der unterjährigen Finanzberichterstattung

Die unterjährige Finanzberichterstattung ist heute neben dem Jahresabschluss ein **zentrales Informationsinstrument an internationalen Kapitalmärkten**. Zielsetzung ist, dem Investor neben der jährlichen Informationsgewähr in Form des Jahresabschlusses/Konzernabschlusses **unterjährig** ein im Vergleich zum Jahresabschluss deutlich reduziertes, doch **in seiner Struktur vergleichbares Informationsinstrument** anzubieten. Die gelegentlich auch als Zwischenabschlüsse bezeichneten Verlautbarungen erfüllen insofern die intendierte Informationsfunktion nur im Kontext der umfassenden Jahresberichterstattung[1]. Die Bedeutung der unterjährigen Finanzberichterstattung ist mit dem Inkrafttreten des Transparenzrichtlinie-Umsetzungsgesetzes (TUG)[2] nochmals deutlich gestiegen. Dem stehen Bedenken gegenüber, dass der mit der Veröffentlichung von Zwischenmitteilungen verbundene Verwaltungsaufwand zum einen eine Bürde für kleinere und mittlere Emittenten darstellt, deren Wertpapiere zum Handel an geregelten Märkten zugelassen sind, zum anderen Anreize zugunsten kurzfristiger Ergebnisse und zuungusten langfristiger Investitionen geschaffen werden[3], was zu einem Wegfall der *gesetzlich* vorgeschriebenen Quartalsberichterstattung geführt hat (vgl. Rz. 59.26).

59.1

Grundsätzlich kann die Zwischenberichterstattung nach dem **integrativen Ansatz** (integral approach), dem **eigenständigen Ansatz** (discrete approach) oder einer **Kombination** (combination view) der bei-

59.2

---

1 Zu einer umfassenden Analyse der Zielsetzungen, die mit der unterjährigen Berichterstattung verfolgt werden können *Alvarez/Wotschofsky*, Zwischenberichterstattung nach Börsenrecht, DRS, IAS und US-GAAP, S. 99 ff.
2 Gesetz zur Umsetzung der Richtlinie 2004/109/EG des Europäischen Parlaments und des Rates v. 15.12.2004 zur Harmonisierung der Transparenzanforderungen in Bezug auf Informationen über Emittenten, deren Wertpapiere zum Handel auf einem geregelten Markt zugelassen sind, und zur Änderung der Richtlinie 2001/34/EG (Transparenzrichtlinie-Umsetzungsgesetz – TUG), BGBl. I 2007, 10 ff.
3 Richtlinie 2013/50/EU des Europäischen Parlaments und des Rates v. 22.10.2013 zur Änderung der Richtlinie 2004/109/EG des Europäischen Parlaments und des Rates zur Harmonisierung der Transparenzanforderungen in Bezug auf Informationen über Emittenten, deren Wertpapiere zum Handel auf einem geregelten Markt zugelassen sind, der Richtlinie 2003/71/EG des Europäischen Parlaments und des Rates betreffend den Prospekt, der beim öffentlichen Angebot von Wertpapieren oder bei deren Zulassung zum Handel zu veröffentlichen ist, sowie der Richtlinie 2007/14/EG der Kommission mit Durchführungsbestimmungen zu bestimmten Vorschriften der Richtlinie 2004/109/EG, Erwägungsgrund (4), ABl. EU Nr. L 294/13.

den Ansätze erfolgen[4]. Der integrative Ansatz betont die **zukunftsgerichtete, extrapolative Ausrichtung** der Zwischenberichterstattung. Der Zwischenbericht soll insbesondere in Bezug auf die Gewinnprognose für das laufende Geschäftsjahr Aufschluss über den Grad der Zielerreichung zum Zwischenberichtsstichtag geben. Idealerweise soll in den Zwischenberichtszeiträumen die – bezogen auf die im Rahmen der Ergebnisprognose (earnings forecast) signalisierte Jahreserwartung – durchschnittliche Entwicklung des Unternehmens resp. des Konzerns während des Berichtsjahrs abgebildet werden. Der Zwischenbericht wird damit als integrierter Teilbericht einer übergreifenden Rechnungsperiode verstanden. Um diese Abbildungsziele zu erreichen, wird vielfach von den allgemeinen Periodisierungsgrundsätzen der Rechnungslegung abgewichen; die Zwischenberichterstattung erfolgt somit nach gesonderten, an der Zielsetzung der Ergebnisglättung orientierten Rechnungslegungsgrundsätzen. Saisonale und außerordentliche Ergebnisbestandteile werden nach diesem Ansatz weitgehend über die Zwischenberichtsperioden verteilt, die Ergebnisentwicklung im Geschäftsjahresverlauf mithin verstetigt.

59.3 Die **Befürworter** des integrativen Ansatzes heben hervor, dass ein Zwischenbericht kein durch Saisoneinflüsse verzerrtes Bild wiedergeben solle und die Prognoseeignung nur durch die dargestellte Verstetigung erreicht werde. **Kritiker** dieses lange Zeit international, insb. in den USA, vorherrschenden Ansatzes wandten sich insbesondere gegen die starke Ermessenbehaftung der in Zwischenabschlüssen veröffentlichten Informationen durch **earnings management**. Vor dem Hintergrund der auf diese Weise konterkarierten Informationsfunktion der Zwischenberichterstattung entstand der eigenständige Ansatz.

59.4 Nach dem **eigenständigen Ansatz** wird mit der Zwischenberichterstattung in einer vergangenheitsorientierten Sichtweise eine **update-Funktion**[5] im Hinblick auf die Information des vorangegangenen Jahresabschlusses verfolgt: aufbauend auf dem vorangegangenen Jahresabschluss soll im Zwischenbericht über die zwischen Abschlussstichtag und dem Ende des Zwischenberichtzeitraums eingetretene Entwicklung berichtet werden. Der Zwischenbericht wird dabei als verkürzter, gleichwohl eigenständiger Abschluss für die unterjährige Berichtsperiode verstanden.

59.5 Grundsätzlich kommen im Zwischenbericht nach dem eigenständigen Ansatz die **gleichen Bilanzierungs- und Bewertungsgrundsätze** zur Anwendung wie im Jahresabschluss. Insbesondere sind Abweichungen von den grundlegenden Periodisierungsprinzipien nicht vereinbar mit dem eigenständigen Ansatz der Zwischenberichterstattung: Erträge dürfen demnach nur dann ausgewiesen werden, wenn sie auch zu einem Jahresabschlussstichtag realisiert worden wären; Rückstellungen dürfen zum Zwischenberichtsstichtag nur zum Ansatz kommen, wenn auch an einem Jahresabschlussstichtag ein Rückstellungsansatz geboten wäre. In der skizzierten Betrachtungsweise ist bspw. die Verteilung von Aufwendungen, die erst zum Geschäftsjahresende erwartet werden oder eine einzelne Zwischenberichtsperiode in besonderem Maße belasten, auf die unterjährigen Berichtsperioden nicht zulässig. Der Ansatz wendet sich damit gegen die unterjährige Ergebnisglättung. Spezielle Rechnungslegungsvorschriften sind in Zusammenhang mit der eigenständigen Sichtweise der Zwischenberichterstattung im Grundsatz nicht erforderlich; soweit sie dennoch formuliert werden, dienen sie im Wesentlichen der Vereinfachung.

59.6 Für den eigenständigen Ansatz spricht, dass die Kenntnis der saisonalen Einflüsse dazu beiträgt, die Entwicklung während des Geschäftsjahrs besser zu verstehen. **Wendepunkte in der Vermögens-, Finanz- und Ertragslage** eines Unternehmens werden durch den eigenständigen Ansatz zeitnah abgebildet, ohne durch die Verstetigung der Ergebnisentwicklung verschleiert zu werden. Zudem impliziert

---

4 Zu den Methoden der unterjährigen Erfolgsermittlung siehe grundsätzlich *Alvarez/Wotschofsky*, Zwischenberichterstattung nach DRS, IAS und US-GAAP, S. 99 ff.
5 So wird in IAS 34.6 explizit festgestellt: „The interim financial report is intended to provide an update on the latest complete set of annual financial statements." Zur Konzeption der Zwischenberichterstattung nach IAS 34 vgl. auch Rz. 59.40 ff.

die Maßgeblichkeit der für den Jahresabschluss geltenden Rechnungslegungsgrundsätze eine **gewünschte Ermessensbeschränkung** der bilanzierenden Unternehmen. Die skizzierten Zielsetzungen der Zwischenberichterstattung wurden lange Zeit kontrovers diskutiert. Seit längerer Zeit herrscht **international Konsens** zugunsten des vergangenheitsorientierten, eigenständigen Ansatzes der Zwischenberichterstattung.

Gegenstand kontroverser Diskussionen ist neben der Konzeption der Zwischenberichterstattung auch die **Häufigkeit der unterjährigen Berichterstattung.** An internationalen Kapitalmärkten herrscht die quartalsweise Berichterstattung vor. 59.7

Kritiker betonen demgegenüber die Gefahren immer kürzer werdender Berichtsintervalle für die **Ausrichtung der Unternehmensführung:** so besteht die Gefahr, erfolgsmindernde Einschnitte aufgrund von langfristigen Strategien zurückzustellen, um kurzfristige Ergebnisziele zu erreichen. Die Orientierung an kurzfristigen Unternehmenszielen konterkariert so die nachhaltige Sicherung der Erwerbsquellen und gefährdet in der Tendenz den Fortbestand des Unternehmens. 59.8

Gelegentlich wird aber auch der **Informationsnutzen** einer vierteljährlichen Berichterstattung für Investoren gerade im Hinblick auf saisonale Einflussfaktoren, die nach der eigenständigen Konzeption der Zwischenberichterstattung auf die unterjährige Berichterstattung durchschlagen, grundsätzlich angezweifelt. Ein sinnvoll interpretierbares Verhältnis zwischen Jahresabschluss- und Zwischenberichtsdaten werde bei zyklischem Geschäftsverlauf vielmehr nur im Rahmen einer halbjährlichen Berichterstattung, die saisonale Einflüsse relativiert, erreicht. 59.9

II. Verantwortlichkeit des Vorstands

Als Instrument der externen Rechnungslegung sind Halbjahresfinanzberichte (vgl. Rz. 59.17 ff.) und – für im Prime Standard notierte Gesellschaften – Quartalsmitteilungen (vgl. Rz. 59.31 f.) unter der eigenverantwortlichen **Leitung des Vorstands** aufzustellen[6]. Soweit eine gesetzliche Verpflichtung zu dessen Aufstellung besteht, ist der Vorstand dafür als Kollektivgremium verantwortlich[7]. Dies kommt im Fall von Halbjahresfinanzberichten insbesondere auch dadurch zum Ausdruck, dass diese als Pflichtbestandteil eine den Vorgaben der § 264 Abs. 2 Satz 3, § 289 Abs. 1 Satz 5 HGB entsprechende Erklärung der Mitglieder des vertretungsberechtigten Organs („Bilanzeid") enthalten muss, die von allen Mitgliedern des Vorstands abzugeben ist (§ 115 Abs. 2 Nr. 3 WpHG). Gleichwohl wird in der Praxis häufig die tatsächliche Erstellung der entsprechenden Unterlagen vorrangig im Einflussbereich des für Finanzangelegenheiten zuständigen Vorstandsmitglieds erfolgen, ohne dass dadurch die Gesamtverantwortung des Vorstands geschmälert würde. 59.10

Im Gegensatz zum (handelsrechtlichen) Jahresabschluss besteht kein gesetzlicher Zwang, dass Halbjahresfinanzberichte oder Quartalsmitteilungen von allen im Amt befindlichen Mitgliedern des Vorstands zu **unterzeichnen** sind[8]. Eine analoge Anwendung des § 245 HGB soll nach Ansicht des Schrifttums nicht in Betracht kommen, da keine planwidrige Regelungslücke besteht; es dürfte gleichwohl ratsam sein, diese Unterlagen zu unterzeichnen, da dieser Vorgang die Glaubwürdigkeit verbessern und von den Kapitalmarktteilnehmern als vertrauensbildende Maßnahme gewertet werden kann[9]. Mangels einer gesetzlichen Vorschrift liegt es im Ermessen des Unternehmens, ob eine Unterzeichnung durch 59.11

---

[6] *Ammedick/Strieder*, Zwischenberichterstattung börsennotierter Gesellschaften, Rz. 23.
[7] Jeweils bezogen auf die jährliche Rechnungslegung: *ADS*, 6. Aufl. 1997, § 264 HGB Rz. 20; *Störk/Schellhorn* in BeckBilkomm., § 264 HGB Rz. 12. Mangels anderweitiger gesetzlicher Regelung gilt dies für die unterjährige Finanzberichterstattung in gleicher Weise.
[8] *Ammedick/Strieder*, Zwischenberichterstattung börsennotierter Gesellschaften, Rz. 21.
[9] *Ammedick/Strieder*, Zwischenberichterstattung börsennotierter Gesellschaften, Rz. 22; *Strieder*, BB 2001, 1999.

den Gesamtvorstand oder lediglich in vertretungsberechtigter Form, etwa durch den Vorstandsvorsitzenden und den Finanzvorstand, vorgenommen wird. Im Fall von Halbjahresfinanzberichten stellt die Unterzeichnung der den Vorgaben der § 264 Abs. 2 Satz 3, § 289 Abs. 1 Satz 5 HGB entsprechenden Erklärung der Mitglieder des vertretungsberechtigten Organs („Bilanzeid") keine Unterzeichnung des Zwischenabschlusses dar, weil es sich um einen eigenständigen Bestandteil des Halbjahresfinanzberichts neben verkürztem Abschluss und Zwischenlagebericht handelt. Jedoch erhalten die veröffentlichten Finanzinformationen durch diese Unterschriftsleistung ein besonderes Gewicht.

III. Verantwortlichkeit des Aufsichtsrats

59.12 Einen gesetzlichen Zwang zur **Vorlage bzw. Prüfung** der unterjährigen Finanzberichterstattung an bzw. durch den Aufsichtsrat gibt es nicht. Trotzdem werden diese Finanzinformationen als Bestandteil der obligatorischen Quartalsberichterstattung[10] des Vorstands nach § 90 Abs. 1 Satz 1 Nr. 3 i.V.m. § 90 Abs. 2 Nr. 3 AktG an den Aufsichtsrat angesehen[11]. Insbesondere durch die gesetzliche Verankerung der Halbjahresfinanzberichterstattung in § 115 WpHG (vgl. Rz. 59.15 ff.) ist es gängige Praxis, dass sich der Aufsichtsrat im Rahmen seiner Überwachungstätigkeit mit den Halbjahresfinanzberichten und einer etwaigen Quartalsberichterstattung auseinandersetzt. Eine vollständige Abdeckung der Berichtserfordernisse des Vorstands an den Aufsichtsrat dürften die Zwischenberichte indes nicht leisten, da diese z.B. üblicherweise keine detaillierten Planungsrechnungen oder produktbezogenes Zahlenmaterial enthalten[12].

59.13 Die unterjährige Finanzberichterstattung kann in den Katalog der **zustimmungspflichtigen Geschäfte** nach § 111 Abs. 4 Satz 2 AktG aufgenommen werden und damit einer faktischen Prüfungspflicht durch den Aufsichtsrat unterstellt werden[13]. Unabhängig davon ist eine Analyse von Halbjahresfinanzberichten und einer etwaigen Quartalsberichterstattung vor ihrer Veröffentlichung durch den Prüfungsausschuss des Aufsichtsrats wünschenswert[14].

59.14 Eine **Feststellung** von Halbjahresfinanzberichten und etwaigen Quartalsberichterstattungen durch Billigung des Aufsichtsrats, wie entsprechend für Jahresabschlüsse nach § 172 Satz 1 AktG, ist gesetzlich **nicht vorgeschrieben**.

IV. Maßgebliche Vorschriften

1. Vorschriften des WpHG zur unterjährigen Finanzberichterstattung

a) Allgemeines

59.15 § 115 WpHG regelt die unterjährige Finanzberichterstattung. Durch das Gesetz zur Umsetzung der Transparenzrichtlinie-Änderungsrichtlinie[15] wurde die unterjährige Finanzberichterstattung dahinge-

---

10 Zur Quartalsberichterstattung siehe *Hüffer/Koch*, § 90 AktG Rz. 9.
11 *Alvarez/Wotschofsky*, KoR 2001, 123; *Ammedick/Striedler*, Zwischenberichterstattung börsennotierter Gesellschaften, Rz. 664.
12 *Ammedick/Striedler*, Zwischenberichterstattung börsennotierter Gesellschaften, Rz. 664. Nach § 90 Abs. 1 Nr. 3 AktG ist der Vorstand verpflichtet, dem Aufsichtsrat detaillierte Planungsrechnungen und produktbezogenes Zahlenmaterial vorzulegen; vgl. *Hüffer/Koch*, § 90 AktG Rz. 6 m.w.N.
13 *Ammedick/Striedler*, Zwischenberichterstattung börsennotierter Gesellschaften, Rz. 666.
14 Arbeitskreis „Externe und interne Überwachung der Unternehmung" der Schmalenbach-Gesellschaft für Betriebswirtschaft, DB 2000, 2281, 2283 Rz. 27; *Ammedick/Striedler*, Zwischenberichterstattung börsennotierter Gesellschaften, Rz. 23.
15 BGBl. I 2015, 2029.

hend reformiert, dass eine vormals verpflichtende Quartalsberichterstattung auf der Grundlage des § 37x WpHG a.F. nicht länger erforderlich ist.

Von den Vorschriften zur Finanzberichterstattung nach den Vorschriften des WpHG sind alle Unternehmen betroffen, die als **Inlandsemittent** Wertpapiere begeben haben. Inlandsemittenten nach § 2 Abs. 14 WpHG sind einerseits diejenigen Unternehmen, für die die Bundesrepublik Deutschland der Herkunftsstaat ist, es sei denn, dass deren Wertpapiere nicht im Inland, sondern nur in einem anderen EU-Staat oder einem EWR-Vertragsstaat zugelassen sind und dort Veröffentlichungs- und Mitteilungspflichten unterliegen. Andererseits sind davon Unternehmen betroffen, die ihren Sitz in einem anderen EU-Staat oder einem EWR-Vertragsstaat haben, deren Wertpapiere aber nur im Inland zum Handel an einem organisierten Markt zugelassen sind.

59.16

b) Vorschriften zur Halbjahresfinanzberichterstattung

Die Verpflichtung von Inlandsemittenten, die Wertpapiere begeben haben, einen Halbjahresfinanzbericht zu erstellen und diesen unverzüglich, spätestens drei Monate nach Ablauf des ersten Halbjahrs der Öffentlichkeit zur Verfügung zu stellen, ergibt sich aus § 115 WpHG. Der Halbjahresfinanzbericht hat mindestens einen **verkürzten Abschluss**, einen **Zwischenlagebericht** und eine den Vorgaben der § 264 Abs. 2 Satz 3, § 289 Abs. 1 Satz 5 HGB entsprechende Erklärung („**Bilanzeid**") zu enthalten. Nach § 117 Nr. 2 WpHG haben die Mitglieder des vertretungsberechtigten Organs einen Halbjahresfinanzbericht für das Mutterunternehmen und die Gesamtheit der einzubeziehenden Tochterunternehmen zu erstellen, wenn das Mutterunternehmen zur Aufstellung eines Konzernabschlusses und eines Konzernlageberichts verpflichtet ist.

59.17

Auf den verkürzten Abschluss als Bestandteil des Halbjahresfinanzberichts sind nach § 115 Abs. 3 Satz 2 WpHG die **für den Jahresabschluss geltenden Rechnungslegungsgrundsätze** anzuwenden. Somit erfolgt die Aufstellung des verkürzten Abschlusses in den Fällen, in denen keine Konzernrechnungslegungspflicht besteht, nach deutschen handelsrechtlichen Vorschriften, wenn nicht ein IFRS-Einzelabschluss nach § 325 Abs. 2a HGB offen gelegt wird. Ist das Mutterunternehmen zur Aufstellung eines Konzernabschlusses verpflichtet, ist der Halbjahresfinanzbericht für das Mutterunternehmen und die Gesamtheit der einzubeziehenden Tochterunternehmen zu erstellen, wobei hierbei IAS 34 die Grundlage für die Aufstellung des verkürzten Abschlusses darstellt.

59.18

Nach der gesetzlichen Vorgabe in § 115 Abs. 4 WpHG hat der Zwischenlagebericht mindestens zu enthalten:

- eine Darstellung der wichtigen Ereignisse des Berichtszeitraums für das Unternehmen und ihre Auswirkungen auf den verkürzten Abschluss;
- eine Beschreibung der wesentlichen Chancen und Risiken für die dem Berichtszeitraum folgenden sechs Monate des Geschäftsjahres;
- die Angabe der wesentlichen Geschäfte des Emittenten mit nahe stehenden Personen, sofern diese Angabe nicht im Anhang des Halbjahresfinanzberichts gemacht wird (nur bei Unternehmen, die als Inlandsemittent Aktien begeben haben).

59.19

Der Gesetzgeber hat den Unternehmen ein **Wahlrecht** eingeräumt, ob sie den verkürzten Abschluss und den Zwischenlagebericht als Bestandteile des Halbjahresfinanzberichts einer **prüferischen Durchsicht** durch einen Abschlussprüfer unterziehen lassen. Weitere zusammen mit dem verkürzten Abschluss und dem Zwischenlagebericht im Halbjahresfinanzbericht veröffentlichte Informationen sind nicht Gegenstand einer solchen prüferischen Durchsicht. Bei der Entscheidung über die Durchführung einer prüferischen Durchsicht werden sich der Aufsichtsrat und der Vorstand regelmäßig abstimmen. Grundsätzlich ist es auch möglich, eine Abschlussprüfung nach § 317 HGB des verkürzten Abschlusses und des Zwischenlageberichts als Bestandteil des Halbjahresfinanzberichts durchführen zu lassen, wobei eine solche Vollprüfung von unterjährigen Finanzinformationen aber einen seltenen

59.20

Ausnahmefall darstellen wird. Werden eine prüferische Durchsicht oder eine Prüfung beauftragt, gelten die Regelungen zu den Vorlagepflichten der Mitglieder des vertretungsberechtigten Organs, zum Auskunftsrecht und zur Verantwortlichkeit des Abschlussprüfers bei Jahresabschlussprüfungen (§§ 320, 323 HGB) entsprechend. Für den Fall, dass eine prüferische Durchsicht oder eine Prüfung stattgefunden haben, ist die **Bescheinigung**/der **Bestätigungsvermerk** bzw. **Versagungsvermerk** mit dem Halbjahresfinanzbericht zu veröffentlichen.

59.21 Auf die **Bestellung des Prüfers** zur Durchführung einer prüferischen Durchsicht (oder auch zur Durchführung einer Prüfung nach § 317 HGB) eines verkürzten Abschlusses und eines Zwischenlageberichts sind die Vorschriften über die Bestellung des Abschlussprüfers entsprechend anzuwenden. Damit erfolgt die Wahl des Prüfers durch die Hauptversammlung; der Aufsichtsrat hat einen entsprechenden Beschlussvorschlag zu unterbreiten. Der Prüfungsauftrag wird durch den Aufsichtsrat erteilt.

59.22 Mit den Vorschriften im WpHG hat der deutsche Gesetzgeber erstmals Regelungen geschaffen, die die **prüferische Durchsicht von Abschlüssen** betrifft. Die deutschen Grundsätze zur Durchführung von prüferischen Durchsichten sind vom Institut der Wirtschaftsprüfer in einem Prüfungsstandard (IDW PS 900) niedergelegt worden. Danach ist eine prüferische Durchsicht keine Abschlussprüfung, sondern vielmehr eine **kritische Würdigung** des Abschlusses und ggf. des Lageberichts auf der Grundlage einer **Plausibilitätsbeurteilung**. Ziel der prüferischen Durchsicht ist, dass der Abschlussprüfer mit einer gewissen Sicherheit ausschließen kann, dass der Abschluss und ggf. der Lagebericht in wesentlichen Belangen nicht in Übereinstimmung mit den angewandten Rechnungslegungsgrundsätzen erstellt worden ist. Anders als bei einer Jahresabschlussprüfung stützt der Wirtschaftsprüfer sein Urteil im Wesentlichen auf Befragungen von Mitarbeitern des Unternehmens und analytischen Beurteilungen, so dass eine prüferische Durchsicht nicht die durch eine Abschlussprüfung erreichbare Sicherheit bietet.

59.23 Die Durchführung einer prüferischen Durchsicht des verkürzten Abschlusses und des Zwischenlageberichts hat sich zumindest bei den DAX 30-Unternehmen in relativ kurzer Zeit als „**Best Practice**" etabliert. Die überwiegende Mehrzahl der im DAX 30 gelisteten Unternehmen lässt eine solche freiwillige prüferische Durchsicht durchführen[16].

59.24 Der Halbjahresfinanzbericht ist spätestens drei Monate nach Ablauf des Berichtszeitraums der Öffentlichkeit zur Verfügung zu stellen (§ 115 Abs. 1 Satz 1 WpHG).

59.25 Die Halbjahresfinanzberichte unterliegen dem **Enforcement** der DPR bzw. der BaFin. Jedoch beschränkt sich das Prüfungsrecht der DPR auf **anlassbezogene Prüfungen**. Anders als bei der Überprüfung von Jahresabschlüssen ist eine stichprobenartige Überprüfung ohne besonderen Anlass im Gesetz nicht vorgesehen (zu Einzelheiten des Enforcement-Verfahrens vgl. vgl. Rz. 58.87 ff.).

c) Zwischenmitteilungen

59.26 Die durch § 37x WpHG a.F. für Inlandsemittenten, die Aktien begeben, eingeführte Verpflichtung, der Öffentlichkeit eine **Zwischenmitteilung oder** einen **Quartalsfinanzbericht** zur Verfügung zu stellen, ist durch das das Gesetz zur Umsetzung der Transparenzrichtlinie-Änderungsrichtlinie vom 20.11.2015 **ersatzlos gestrichen** worden. Zur Verpflichtung von im Prime Standard gelisteten Unternehmen zur Veröffentlichung von Quartalsmitteilungen aufgrund der BörsO vgl. Rz. 59.31 f.

59.27 Die Möglichkeit der Erstellung **freiwilliger unterjähriger Quartalsberichterstattungen** bleibt den Unternehmen unbenommen. Sofern diese Quartalsberichterstattungen aus einem verkürztem Abschluss und einem Zwischenlagebericht bestehen, die den für Halbjahresfinanzberichte in § 115 Abs. 3 und 4 WpHG geltenden Anforderungen entsprechen, können sie einer Prüfung oder einer prüferischen Durchsicht unterzogen werden, für die dann die Vorschriften für eine prüferische Durchsicht eines

---

16 *Rabenhorst/Wiechens*, DB 2009, 525.

verkürzten Abschlusses und eines Zwischenlageberichts nach § 115 Abs. 5 WpHG gelten. Damit ist der Prüfer von der Hauptversammlung zu wählen und durch den Aufsichtsrat zu beauftragen, das Ergebnis der Prüfung/prüferischen Durchsicht mit dem Quartalsfinanzbericht zu veröffentlichen bzw. bei einer Nichtdurchführung einer Prüfung/prüferischen Durchsicht darauf im Halbjahresfinanzbericht hinzuweisen.

2. Vorschriften der Börsenordnungen (BörsO)

Durch die in § 115 WpHG detailliert geregelte Halbjahresfinanzberichterstattung haben die eigenständigen Vorschriften der BörsO zu Zulassungsfolgepflichten nur geringe Bedeutung, da der wesentliche Umfang der Berichterstattungspflichten unmittelbar im WpHG geregelt ist. Die Definition von Handelssegmenten erfolgt dabei auf **öffentlich-rechtlicher Basis** durch die **BörsO** der betreffenden Regionalbörse. Die BörsO FWB nimmt für im Prime Standard zugelassene Unternehmen in § 51 unmittelbar Bezug auf die Vorschriften des WpHG.

59.28

Anders als nach der gesetzlichen Neuregelung der unterjährigen Finanzberichterstattung, die eine verpflichtende Quartalsberichterstattung nicht länger vorsieht, ist jedoch für im Prime Standard vertretene Unternehmen ausgeschlossen, lediglich Halbjahresfinanzberichte zu veröffentlichen. Vielmehr ist nach § 53 BörsO FWB die Veröffentlichung (zumindest) von Quartalsmitteilungen vorgeschrieben. Damit werden die Erleichterungen bei der unterjährigen Finanzberichterstattung, die durch die Änderungen der Vorschriften im WpHG eingeräumt werden, für im Prime Standard gelistete Unternehmen nur partiell wirksam. Zwar ist nunmehr für im Prime Standard gelistete Unternehmen nicht länger ein Quartalsfinanzbericht erforderlich, der bisher über die gesetzlich vorgeschriebene Zwischenmitteilung hinaus verlangt wurde. Allerdings ist stattdessen eine **Quartalsmitteilung** zu erstellen, deren Inhalt in § 53 Abs. 2 und 3 BörsO näher umrissen ist.

59.29

Die **inhaltlichen Anforderungen** an die nach § 53 BörsO erforderliche Quartalsmitteilung sind an diejenigen an die Zwischenmitteilung nach § 37x WpHG a.F. angelehnt. Danach haben die Informationen über den Mitteilungszeitraum die Beurteilung zu ermöglichen, wie sich die Geschäftstätigkeit in diesem Zeitraum entwickelt hat. Dies schließt eine Erläuterung der wesentlichen Ereignisse und Geschäfte sowie ihre Auswirkungen auf die Finanzlage ein. Daneben sind die Finanzlage und das Geschäftsergebnis im Mitteilungszeitraum zu erläutern. Ferner sind wesentliche Veränderungen – soweit einschlägig – gegenüber den im letzten Konzernlagebericht bzw. Zwischenlagebericht abgegebenen Prognosen und sonstigen Aussagen zur voraussichtlichen Entwicklung zu berichten.

59.30

3. Praxis der Quartalsberichterstattung nach neuem Recht

Mit dem Wegfall der gesetzlichen Verpflichtung zur Quartalsberichterstattung ergeben sich **zusätzliche Handlungsspielräume** bei der Ausgestaltung der Quartalsberichterstattung. Dabei reicht die Bandbreite für im Prime Standard notierte Aktiengesellschaften von einer rein verbalen Darstellung in einer Quartalsmitteilung über einen IAS 34-konformen Zwischenabschluss bis hin zu einem Quartalsfinanzbericht, der sich an den Anforderungen an einen Halbjahresfinanzbericht ausrichtet. Untersuchungen[17] zur Praxis der Quartalsberichterstattung nach neuem Recht lassen einen Trend in Richtung von Quartalsmitteilungen erkennen, wobei die Ausgestaltung aufgrund des geringen Determinierungsgrads der Neuregelung durch die BörsO die Möglichkeit bietet, das **Informationsportfolio adressatengerecht auszudifferenzieren**[18].

59.31

Ein Entscheidungskriterium, ob von der Möglichkeit einer Quartalsmitteilung anstelle eines Quartalsfinanzberichts Gebrauch gemacht werden soll, ist die Frage, ob eine prüferische Durchsicht durch einen Prüfer vorgesehen ist. Aufgrund der rudimentären Anforderungen an **Quartalsmitteilungen** stel-

59.32

---

17 Böckem/Rabenhorst, BB 2016, 1578; Nebel/Weber/Vaagt, KOR 2017, 164; Pellens et al, DB 2017, 1.
18 Böckem/Rabenhorst, BB 2016, 1581.

len diese **kein geeignetes Sollobjekt** für eine prüferische Durchsicht dar[19]. Auch wenn die Quartalsmitteilung als solche einer prüferischen Durchsicht nicht zugänglich ist, besteht zumindest die Möglichkeit, in einer Quartalsmitteilung nach Rechnungslegungsgrundsätzen erstellte Finanzaufstellungen (z.B. eine Bilanz oder eine Gewinn- und Verlustrechnung) einer prüferischen Durchsicht zu unterziehen[20]. Hierbei ist allerdings zu beachten, dass eine solche prüferische Durchsicht lediglich für interne Zwecke – insbesondere zur Unterrichtung des Aufsichtsrats – erfolgen wird, da es an einer gesetzlichen Regelung zur Haftungsbeschränkung fehlt, wie sie bei einer prüferischen Durchsicht von verkürzten Abschlüssen und Zwischenlageberichten als Bestandteil von Halbjahresfinanzberichten besteht. Aus diesem Grund wird der Wirtschaftsprüfer der Verwendung der Ergebnisse seiner prüferischen Durchsicht für öffentliche Zwecke nicht zustimmen[21].

4. Vorschriften des DRS 16 zur Zwischenberichterstattung

59.33 Mit dem DRS 16 zur Halbjahresfinanzberichterstattung werden die Rahmenbedingungen zur Halbjahresfinanzberichterstattung konkretisiert. Nachdem eine Quartalsberichterstattung in Form eines Quartalsfinanzberichts oder einer Zwischenmitteilung *gesetzlich* (wohl aber nach der BörsO, vgl. Rz. 59.28 ff.) nicht länger vorgeschrieben ist, beschränkt sich der DRS 16 nunmehr auf Regeln zu den Bestandteilen der Halbjahresfinanzberichterstattung (Halbjahresabschluss, Zwischenlagebericht, Versicherung der Mitglieder des vertretungsberechtigten Organs).

59.34 Da diejenigen Unternehmen, die zu einer Halbjahresfinanzberichterstattung auf konsolidierter Basis verpflichtet sind, unmittelbar IAS 34 anzuwenden haben, ist der **Anwendungsbereich von DRS 16** insoweit **begrenzt**. Soweit in DRS 16.15 bis 33 Regeln zu den Mindestbestandteilen eines Zwischenabschlusses, zum Konsolidierungskreis, zur Bilanzierung und Bewertung und zum verkürzten Anhang im Zwischenabschluss enthalten sind, haben diese für Unternehmen, die einen Zwischenabschluss nach IAS 34 aufstellen, keine Bedeutung. Hingegen sind die Regeln in DRS 16 zum Zwischenlagebericht und zur Versicherung der Mitglieder des vertretungsberechtigten Organs für alle zur Halbjahresfinanzberichterstattung verpflichteten Unternehmen einschlägig.

59.35 Darüber hinaus wird in DRS 16.9 die entsprechende Anwendung des Standards auf Halbjahresfinanzberichterstattungen von Unternehmen empfohlen,

– die nicht zur Erstellung eines Konzernabschlusses und Konzernlageberichts verpflichtet sind und demzufolge auch die Halbjahresfinanzberichterstattung nicht in konsolidierter Form erstellen oder,

– eine Halbjahresfinanzberichterstattung freiwillig erstellen.

59.36 Sofern ein Unternehmen über den Halbjahresfinanzbericht hinaus zusätzliche unterjährige Finanzinformationen veröffentlicht, die einen den Anforderungen des § 115 Abs. 2 Nr. 1 und 2 WpHG entsprechenden verkürzten Abschluss und einen Zwischenlagebericht nach § 115 Abs. 3 und 4 WpHG erstellt, sind die Regeln des DRS 16 nicht unmittelbar anwendbar, da der Standard nur Regeln für eine nach dem WpHG verpflichtende Halbjahresfinanzberichterstattung vorgibt. Gleichwohl liegt auch in diesen Fällen eine entsprechende Anwendung der Regeln des DRS 16 nahe, soweit bei der Erstellung des Zwischenabschlusses nicht IAS 34 vorrangig zu beachten ist.

59.37 DRS 16.37 legt fest, dass für den Zwischenlagebericht die allgemeinen Grundsätze der Konzernlageberichterstattung nach DRS 20 vor dem Hintergrund der Zielsetzung der Zwischenberichterstattung Anwendung finden. Für die **Gliederung des Zwischenlageberichts** wird empfohlen, sich an der Gliederung des letzten Konzernlageberichts zu orientieren. Ferner regelt DRS 16 die nähere Ausgestaltung der einzelnen Berichtsteile.

---

19 *Böckem/Rabenhorst*, IRZ 2016, 93.
20 *Böckem/Rabenhorst*, BB 2016, 1582.
21 *Böckem/Rabenhorst*, BB 2016, 1582.

Nachdem der Inhalt der von den Mitgliedern des vertretungsberechtigten Organs abzugebenden Erklärung („Bilanzeid") im Gesetz lediglich umschrieben ist, enthält DRS 16.56 eine Vorgabe zur Formulierung dieser als **„Versicherung der gesetzlichen Vertreter"** zu bezeichnenden Erklärung. Demnach ist die Erklärung wie folgt zu formulieren:

59.38

„Wir versichern nach bestem Wissen, dass gemäß den anzuwendenden Rechnungslegungsgrundsätzen für die Halbjahresfinanzberichterstattung der Konzernhalbjahresabschluss ein den tatsächlichen Verhältnissen entsprechendes Bild der Vermögens-, Finanz- und Ertragslage des Konzerns vermittelt und im Konzernzwischenlagebericht der Geschäftsverlauf einschließlich des Geschäftsergebnisses und die Lage des Konzerns so dargestellt sind, dass ein den tatsächlichen Verhältnissen entsprechendes Bild vermittelt wird, sowie die wesentlichen Chancen und Risiken der voraussichtlichen Entwicklung des Konzerns im verbleibenden Geschäftsjahr beschrieben sind."

Da nach dem WpHG in der geltenden Fassung keine Quartalsberichterstattung mehr vorgesehen ist, enthält der geänderte DRS 16 keine Regeln für die Zwischenmitteilung der Geschäftsführung mehr. Die in § 53 BörsO FWB für im Prime Standard gelistete Unternehmen vorgeschriebene Quartalsmitteilung ist in ihrer Ausgestaltung der Zwischenmitteilung nach § 37x WpHG a.F. nachgebildet. Insoweit kann zur Konkretisierung der Anforderungen in § 53 Abs. 2 und 3 BörsO FWB auf die Regeln in DRS 16.61 bis 69 in der zwischenzeitlich aufgehobenen Fassung zurückgegriffen werden. Nach DRS 16.66 a.F. sind als **wesentliche Ereignisse** für Zwecke der Zwischenmitteilung solche internen und externen Ereignisse zu verstehen, die auch für eine Zwischenlageberichterstattung relevant wären. Eine Quantifizierung der Auswirkungen dieser Ereignisse auf die Ertrags-, Finanz- und Vermögenslage ist jedoch nicht erforderlich (DRS 16.67 a.F.). Die Beschreibung der Ertrags-, Finanz- und Vermögenslage soll allgemein die **Entwicklung aufzeigen**; auf **bestandsgefährdende Risiken** ist insoweit einzugehen, als sich gegenüber dem letzten Konzernlagebericht eine Veränderung der Risikosituation durch neue Risiken oder den Wegfall berichteter Risiken ergeben hat.

59.39

5. Internationale Regelungen zur Zwischenberichterstattung

a) Regelungen zur Periodenabgrenzung

Im Zwischenabschluss sind nach IAS 34.28[22] entsprechend dem eigenständigen Ansatz der Zwischenberichterstattung[23] die **gleichen Bilanzierungs- und Bewertungsmethoden** anzuwenden wie im Jahresabschluss. Eine Ausnahme betrifft Änderungen der Bilanzierungs- und Bewertungsmethoden, die nach dem Stichtag des letzten Jahresabschlusses vorgenommen wurden.

59.40

Bewertungsprozesse sollen auf den Zeitraum vom Geschäftsjahresbeginn bis zum Zwischenabschlussstichtag (year-to-date) bezogen werden (IAS 34.29). Bei der unterjährigen Bewertung für aufeinanderfolgende year-to-date-Perioden wird es regelmäßig zur Anpassung von Schätzungen kommen, die den in früheren Zwischenberichtsperioden des aktuellen Geschäftsjahrs berichteten Werten zu Grunde lagen[24].

59.41

Statt die Vorperiodenwerte retrospektiv anzupassen, sollen die auf Grund der **Änderung der Schätzgrundlagen** notwendigen Anpassungen der Zwischenberichtsperiode zugerechnet werden, in denen sich die Schätzgrundlagen ändern (IAS 34.36). Sind die Effekte wesentlich, ist gemäß IAS 34.16 (d) und IAS 34.26 26 darüber zu berichten.

59.42

---

22 Zu einer grundlegenden Kommentierung des IAS 34 *Baetge/Rolvering/Graupe/Höfer* in Baetge/Wollmert/Kirsch/Oser/Bischof, Rechnungslegung nach IFRS, Kommentierung zu IAS 34.
23 Zur Zielsetzung des IAS 34 *Alvarez/Wotschofsky*, Zwischenberichterstattung nach Börsenrecht, DRS, IAS und US-GAAP, S. 58 f.
24 Siehe zu Beispielen IAS 34.30.

59.43 Werden **Erträge nicht gleichmäßig** über das Geschäftsjahr, sondern vielmehr saisonal, konjunkturell schwankend oder nur gelegentlich erzielt, dürfen sie am Zwischenberichtsstichtag nur dann realisiert werden, wenn sie die Realisierungsgrundsätze des IAS 18[25] erfüllen (IAS 34.37). Eine Glättung über die Zwischenberichtsperiode darf nicht erfolgen (IAS 34.38).

59.44 **Aufwendungen, die während des Geschäftsjahrs unregelmäßig anfallen,** sind für Zwecke der Zwischenberichterstattung ausschließlich dann vorzuziehen oder abzugrenzen, wenn sie auch am Ende des Geschäftsjahrs vorgezogen oder abgegrenzt werden würden (IAS 34.39)[26]. Grundsätzlich greifen auch für die Zwischenberichtsperiode die Rückstellungsgrundsätze nach IAS 37.

b) Vergleichszahlen

59.45 Nach IAS 1.36 sind **Vergleichsinformationen** hinsichtlich der vorangegangenen Periode für alle quantitativen Informationen anzugeben. Vergleichsinformationen sind in die verbalen und beschreibenden Informationen einzubeziehen, wenn es für das Verständnis des Abschlusses der laufenden Periode von Bedeutung ist. IAS 34.20 bestimmt, dass den Pflichtbestandteilen des Zwischenberichts nach IAS 34.8 die folgenden Vergleichszahlen gegenübergestellt werden sollen:

- der Bilanz zum Zwischenberichtsstichtag die Bilanz zum Stichtag des vorangegangenen Geschäftsjahrs;
- der GuV für der Zwischenberichtsperiode sowie den Zeitraum vom Geschäftsjahresbeginn bis zum Zwischenabschlussstichtag (year-to-date) die GuV der beiden entsprechenden Vorjahreszeiträume;
- der Eigenkapitalveränderungsrechnung für den Zeitraum vom Geschäftsjahresbeginn bis zum Zwischenabschlussstichtag (year-to-date) die Eigenkapitalveränderungsrechnung des entsprechenden Vorjahreszeitraums;
- der Kapitalflussrechnung für den Zeitraum vom Geschäftsjahresbeginn bis zum Zwischenabschlussstichtag (year-to-date) die Kapitalflussrechnung des entsprechenden Vorjahreszeitraums[27].

59.46 Bei **saisonal schwankendem Geschäftsverlauf** wird sich die abgebildete Geschäftsentwicklung in den einzelnen Berichtsperioden regelmäßig deutlich unterscheiden. In diesen Fällen empfiehlt IAS 34.21, zusätzlich Finanzinformationen über die vorangegangene zwölfmonatige Berichtsperiode, die am Stichtag der Zwischenberichtsperiode endet, sowie entsprechende Vergleichsinformationen zu veröffentlichen. Für den Quartalsbericht für das dritte Quartal 2021 (Stichtag 30.9.2021) würde dies bedeuten, zusätzlich Zahlenangaben für den Berichtszeitraum 1.10.2020 bis 30.9.2021 sowie als Vergleichswerte Zahlenangaben für den Berichtszeitraum 1.10.2019 bis 30.9.2020 zu veröffentlichen.

c) Regelungen zum Konsolidierungskreis

59.47 Da der **Zwischenabschluss** die unterjährige Geschäftsentwicklung seit dem letzten Jahresabschluss aufzeigen soll, ist es erforderlich, dass der Zwischenabschluss immer dann, wenn der letzte Jahresabschluss als Konzernabschluss aufgestellt wurde, auch auf konsolidierter Basis aufgestellt wird (IAS 34.14).

---

25 Zu den Kriterien der Ertragsrealisierung nach IFRS 15 siehe grundsätzlich *Wüstemann/Wüstemann/Jendreck* in Baetge/Wollmert/Kirsch/Oser/Bischof (Hrsg.), Rechnungslegung nach IFRS, Kommentierung des FRS 15.
26 Zu Beispielen siehe IAS 34, Appendix B.
27 IAS 34, Appendix A zu Beispielen anzugebender Vergleichswerte in Abhängigkeit von Geschäftsjahr und betrachtetem Quartalsstichtag.

V. Änderung von Zwischenabschlüssen

Zwischenabschlüsse besitzen keine Ausschüttungsbemessungsfunktion, sondern dienen der bloßen Informationsvermittlung[28]. Aufgrund der Tatsache, dass weder eine Feststellung bzw. Billigung erfolgt noch der Zwischenabschluss einer gesetzlichen Prüfungspflicht unterliegt, dürften **bis zur Veröffentlichung** des Zwischenabschlusses Änderungen jederzeit, gleich aus welchem Anlass, möglich sein, sofern ein solcher Zwischenabschluss einer prüferischen Durchsicht unterzogen wird.

59.48

Inwieweit eine nachträgliche Änderung von Zwischenabschlüssen **nach deren Veröffentlichung** möglich (bei fehlerfreien Zwischenabschlüssen) oder sogar geboten wäre (bei fehlerhaften Zwischenabschlüssen), wurde im Schrifttum bislang nur am Rande diskutiert[29].

59.49

IAS 34.43 statuiert Regelungen zur Anpassung (restatement) von Vergleichsinformationen über bereits abgelaufene Zwischenberichtsperioden. Nach IAS 8.42 sind wesentliche Fehler vorangegangener Geschäftsjahre **retrospektiv** in dem ersten, nach Entdeckung des Fehlers veröffentlichten Abschluss respektive Zwischenbericht zu korrigieren, indem die entsprechenden Vergleichszahlen korrigiert werden (IAS 8.42 (a)). In dem Fall, in dem der Fehler vor Beginn der frühesten veröffentlichten Vergleichsperiode auftrat, sind die Eröffnungsbilanzwerte der frühesten veröffentlichten Vergleichsperiode anzupassen (IAS 8.42 (b)). Im deutschen Rechtskreis bestehen keine Bestimmungen, die eine rückwirkende Änderung (amendment) von fehlerhaften Zwischenabschlüssen erfordern würden.

59.50

Ob bereits veröffentlichte, **fehlerfreie Zwischenabschlüsse** nachträglich freiwillig geändert werden können, wurde im Schrifttum bislang offenbar nicht diskutiert. Es dürfte zu bezweifeln sein, ob einer freiwilligen Änderung eines fehlerfreien Zwischenabschlusses überhaupt eine praktische Relevanz beizumessen ist. Für eine geringe Bedeutung in der Praxis mag sprechen, dass der Zwischenabschluss ausschließlich der Information dient und nach relativ kurzer Zeit bereits ein neuer, aktuellerer Zwischenbericht veröffentlicht wird, so dass das Interesse an einer freiwilligen Änderung vergangener fehlerfreier Zwischenabschlüsse wohl eher gering ausfallen dürfte. Inwieweit eine Änderung von fehlerfreien Zwischenabschlüssen überhaupt zulässig ist, braucht deshalb aufgrund der fehlenden praktischen Bedeutung nicht weiter problematisiert zu werden[30].

59.51

§ 60
Prüfung

I. Prüfung des Jahresabschlusses	60.1	2. Prüfungspflichten	60.12
1. Aufgaben der Abschlussprüfung	60.1	a) Gesetzliche Prüfungspflichten	60.12
a) Funktionen der Abschlussprüfung	60.1	b) Gegenstand der Abschlussprüfung	60.18
b) Erkenntnismöglichkeiten der Abschlussprüfung	60.5	c) Verwendung von Prüfungsergebnissen Dritter	60.27
c) Abschlussprüfung und Corporate Governance	60.8	3. Bestellung des Abschlussprüfers	60.29
d) EU-Abschlussprüferreform	60.8a	a) Wahl des Abschlussprüfers	60.30
e) Rechtsfolgen	60.9	b) Erteilung und Annahme des Prüfungsauftrags	60.41

---

28 Ammedick/Striedler, Zwischenberichterstattung börsennotierter Gesellschaften, Rz. 7.
29 Ammedick/Striedler, Zwischenberichterstattung börsennotierter Gesellschaften, Rz. 418 ff.
30 Zur Zulässigkeit der Änderung von fehlerfreien Jahresabschlüssen siehe IDW RS HFA 6 Rz. 10 ff.; siehe auch Rz. 57.110 ff.

c) Widerruf des Prüfungsauftrags .. 60.50
d) Sonderfälle des § 318 HGB 60.54
  aa) Bestellung des Konzern-
      abschlussprüfers 60.54
  bb) Gerichtliche Ersetzung 60.55
  cc) Gerichtliche Bestellung 60.61
  dd) Kündigung des Prüfungsauf-
      trags 60.67
e) Besonderheiten der Bestellung ... 60.70
  aa) Nachtragsprüfungen 60.70
  bb) Gemeinschaftsprüfungen ... 60.71
4. Prüfungsergebnis 60.76
  a) Bestätigungsvermerk 60.76
    aa) Bedeutung des Bestätigungs-
        vermerks 60.76
    bb) Inhalt und Bestandteile des
        Bestätigungsvermerks 60.85
    cc) Zusätzliche Anforderungen
        an den Bestätigungsvermerk
        bei der Prüfung von Unter-
        nehmen von öffentlichem
        Interesse 60.107
    dd) Widerruf des Bestätigungs-
        vermerks 60.115
  b) Prüfungsbericht 60.123
    aa) Rechtlicher Charakter und
        Aufgaben des Prüfungs-
        berichts 60.123
    bb) Inhalt des Prüfungsberichts . 60.125
    cc) Zusätzliche Anforderungen
        an den Prüfungsbericht bei
        der Prüfung von Unterneh-
        men von öffentlichem Inte-
        resse 60.151
    dd) Unterzeichnung und Vorlage
        des Prüfungsberichts 60.157
    ee) Berichterstattung im Prü-
        fungsbericht bei Konzern-
        abschlussprüfungen 60.159
    ff) Berichterstattung im Prü-
        fungsbericht bei Nachtrags-
        prüfungen 60.162
    gg) Sanktionen 60.168
  c) Kommunikation mit dem Auf-
     sichtsrat 60.170
    aa) Vorabberichterstattung an
        den Aufsichtsrat während
        der Prüfungsdurchführung . 60.170
  bb) Teilnahme an der Bilanz-
      sitzung 60.177
  cc) Grundsätze der mündlichen
      Berichterstattung des Ab-
      schlussprüfers 60.191
5. Verantwortlichkeit des Abschlussprüfers 60.201
  a) Pflichten 60.201
    aa) Pflicht zur gewissenhaften
        und unparteiischen Prü-
        fung 60.203
    bb) Pflicht zur Verschwiegen-
        heit 60.208
  b) Haftung 60.219
  c) Haftungsbegrenzung 60.229
    aa) Gesetzliche Haftungsober-
        grenze 60.229
    bb) Vertragliche Haftungsver-
        einbarungen 60.234
    cc) Erweiterung des Prüfungs-
        auftrags 60.237
  d) Dritthaftung 60.239
    aa) § 323 HGB 60.239
    bb) Vertragliche Ansprüche ... 60.241
    cc) Deliktische Ansprüche 60.244
  e) Straf- und berufsrechtliche Fol-
     gen von Pflichtverletzungen ... 60.246
    aa) Strafrechtliche Folgen von
        Pflichtverletzungen 60.246
    bb) Berufsrechtliche Folgen von
        Pflichtverletzungen 60.253
II. Besonderheiten bei der Prüfung des
    Konzernabschlusses 60.256
  1. Prüfungspflicht 60.256
  2. Gegenstand der Konzernabschluss-
     prüfung 60.260
  3. Verwertung der Prüfungsergebnisse
     anderer Abschlussprüfer 60.264
  4. Prüfungsanweisungen des Kon-
     zernabschlussprüfers (Audit
     Instructions) 60.265
III. Prüfung oder prüferische Durch-
     sicht von Zwischenabschlüssen
     und Zwischenlageberichten 60.271
IV. Prüfung des Abhängigkeitsberichts . 60.272

Schrifttum: *Baetge/Linßen*, Beurteilung der wirtschaftlichen Lage durch den Abschlussprüfer und Darstellung des Urteils im Prüfungsbericht und Bestätigungsvermerk, BFuP 1999, 369; *Baums*, Die Empfehlungen der Regierungskommission Corporate Governance, WPg Sonderheft 2001, 6; *Bischof/Oser*, Zweifelsfragen zur Teilnahmepflicht des Abschlussprüfers an der Bilanzsitzung des Aufsichtsrats – Zugleich ein Plädoyer für eine obligatorische Teilnahme, WPg 1998, 539; *Blöink/Kumm*, AReG-RefE: neue Pflichten zur Verbesserung der Qualität und Steigerung der Aussagekraft der Abschlussprüfung, BB 2015, 1067; *Böcking/Orth*, Kann das „Gesetz zur Kontrolle und Transparenz im Unternehmensbereich (KonTraG)" einen Beitrag zur Verringerung der Erwartungslücke leisten?, WPg 1998, 351; *Dörner*, Zusammenarbeit von Aufsichtsrat und Wirtschaftsprüfer im Lichte des KonTraG, DB 2000, 101; *Elkart/Naumann*, Zur Fortentwicklung der Grundsätze für die Erteilung von Bestätigungsvermerken bei Abschlussprüfungen nach § 322 HGB (Teil 1), WPg 1995, 357; *von Falkenhausen/Kocher*, Erneute Bestellung desselben Abschlussprüfers durch das Registergericht, ZIP 2005, 602; *Forster*, Zur Teilnahme des Abschlussprüfers an der Bilanzsitzung des Aufsichtsrats und zur Berichterstattung in der Sitzung, in Matschke et al. (Hrsg.), Unternehmensberatung und Wirtschaftsprüfung, FS Sieben, 1998, S. 375–386; *Gelhausen*, Aufsichtsrat und Abschlussprüfer – eine Zweckgemeinschaft, BFuP 1999, 390; *Gelhausen/Hönsch*, Deutscher Corporate Governance Kodex und Abschlussprüfung, AG 2002, 529; *Hoffmann/Knieriem*, Falsche Berichterstattung des Abschlussprüfers, BB 2002, 2275; *Hommelhoff*, Die neue Position des Abschlussprüfers im Kraftfeld der aktienrechtlichen Organverfassung (Teil II), BB 1998, 2625; *IDW*, Zur Durchführung von Gemeinschaftsprüfungen (Joint Audit) (IDW PS 208), WPg 1999, 707, WPg 2011, Supplement 1; *IDW*, Ziele und allgemeine Grundsätze der Durchführung von Abschlussprüfungen (IDW PS 200), WPg 2000, 706, WPg 2015, Supplement 3; *IDW*, Beauftragung des Abschlussprüfers (IDW PS 220), WPg 2001, 895, 2009, Supplement 4; *IDW*, Interne Revision und Abschlussprüfung (IDW PS 321), WPg 2002, 686, WPg 2010, Supplement 4; *IDW*, Besondere Grundsätze für die Durchführung von Konzernabschlussprüfungen (einschließlich der Verwertung der Tätigkeit von Teilbereichsprüfern) (IDW PS 320 n.F.), WPg 2012, Supplement 2; *IDW*, Zur Aufdeckung von Unregelmäßigkeiten im Rahmen der Abschlussprüfung (IDW PS 210), WPg 2013, Supplement 1; *IDW*, Wesentlichkeit im Rahmen der Abschlussprüfung (IDW PS 250 n.F.), WPg 2013, Supplement 1; *IDW*, Verwertung der Arbeit von Sachverständigen (IDW PS 322 n.F.), WPg 2013, Supplement 3; *IDW*, Bildung eines Prüfungsurteils und Erteilung eines Bestätigungsvermerks (IDW PS 400 n.F.), IDW Life 2018, 29; *IDW*, Mitteilung besonders wichtiger Prüfungssachverhalte im Bestätigungsvermerk (IDW PS 401), IDW Life 2018, 87; *IDW*, Grundsätze ordnungsmäßiger Erstellung von Prüfungsberichten (IDW PS 450 n.F.), IDW Life 2018, 145); *IDW*, Grundsätze für die Kommunikation mit den für die Überwachung Verantwortlichen (IDW EPS 470 n.F.), IDW Life 2018, 173; *IDW*, Modifizierungen des Prüfungsvermerks im Bestätigungsvermerk (IDW PS 405), IDW Life 2018, 101; *IDW*, Hinweise im Bestätigungsvermerk (IDW PS 406), IDW Life 2018, 130; *IDW*, EU-Regulierung der Abschlussprüfung – IDW Positionspapier zu Inhalten und Zweifelsfragen der EU-Verordnung und der Abschlussprüferrichtlinie (Sechste Auflage mit Stand: 30.6.2021, https://www.idw.de/blob/131250/222aa107 581168f8ee017625b701bbfc/down-positionspapier-zweifelsfragen-6-auflage-data.pdf; *IDW/F.A.Z.-Institut*, Wirtschaftsprüfung und Corporate Governance, 2002; *Knappstein*, Berichterstattung über key audit matters, DB 2017, 1792; *Küting/Weber* (Hrsg.), Handbuch der Rechnungslegung, Einzelabschluss: Kommentar zur Bilanzierung und Prüfung, 5. Aufl. (Loseblatt); *Lutter*, Der doppelte Wirtschaftsprüfer, in Bierich/Hommelhoff/Kropff (Hrsg.), Unternehmen und Unternehmensführung im Recht, FS Semler, 1993, S. 835–852; *Mai*, Rechtsverhältnis zwischen Abschlussprüfer und prüfungspflichtiger Kapitalgesellschaft, 1993; *Marsch-Barner*, Zur Anfechtung der Wahl des Abschlussprüfers wegen Verletzung von Informationsrechten, in FS Hommelhoff, 2012, S. 691; *Müller*, Grenzen und Begrenzbarkeit der vertragsrechtlichen Dritthaftung für Prüfungsergebnisse des Abschlussprüfers, in Moxter et al. (Hrsg.), Rechnungslegung – Entwicklungen bei der Bilanzierung und Prüfung von Kapitalgesellschaften, FS Forster, 1992, S. 451–469; *Naumann/Tielmann*, Die Anwendung der IAS im Kontext der deutschen Corporate Governance, WPg 2001, 1445; *Neuling*, Die Teilnahmepflicht des Abschlussprüfers an Bilanzsitzungen des Aufsichtsrats im Aktienrecht, BB 2003, 1445; *Orth/Oser/Philippsen/Sultana*, ARUG II: Zum neuen aktienrechtlichen Vergütungsbericht und sonstigen Änderungen im HGB, DB 2019, 2814; *Quick*, Kritische Würdigung der geplanten wesentlichen Änderungen bei handelsrechtlichen Jahresabschlussprüfungen nach dem RegE eines Gesetzes zur Stärkung der Finanzmarktintegrität, DB 2021, 125; *Scheffler*, Die Berichterstattung des Abschlussprüfers aus der Sicht des Aufsichtsrates, WPg 2002, 1289; *Schindler/Rabenhorst*, Auswirkungen des KonTraG auf die Abschlussprüfung, BB 1998, 1886 und 1939; *Schmidt*, Der Beruf des Wirtschaftsprüfers – quo vadis?, WPg 1998, 319; *Schnicke*, Stichwort „Konzernabschlussprüfung, Organisation der", in Ballwieser/Coenenberg/v. Wysocki (Hrsg.), Handwörterbuch der Rechnungslegung und Prüfung, 3. Aufl. 2002, Sp. 1360–1371; *Schüppen*, Aktuelle Fragen der Wirtschaftsprüfer-Haftung, DB 1998, 1317; *Stolberg/Zieger*, Neuerungen beim Prüfungsbericht und beim Bestätigungsvermerk nach §§ 321 f. HGB, in Lachnit/Freidank (Hrsg.), Investororientierte Unternehmenspublizität – Neue Entwicklungen von Rechnungslegung, Prüfung und Jahresabschlussanalyse, 2000, 434–464; *Theile*, Neuregelungen bei der GmbH durch das Transparenz- und Publizitätsgesetz – TransPuG: Zu den Konsequenzen für den Konzernabschluss und die Abschlussprüfung, GmbHR 2002, 231; *Theisen*, Vergabe und Konkretisierung des WP-Prüfungsauftrags durch den Aufsichtsrat, DB 1999, 341; *Weber*, Jahresabschlussprüfung im Zeichen rückläufiger Konjunktur, WPg 1993, 729; *Westerfelhaus*, Stärkere Kooperation von Aufsichtsrat und Abschlußprüfer, DB 1998, 2078; *Wiedmann/Böcking/Gros*, Bilanzrecht, 4. Aufl. 2019; *WP-Handbuch 2021*, Wirtschaftsprüfung und Rechnungslegung, 17. Aufl. 2021; *Ziemons*, Erteilung des Prüfungsauftrages an den Abschlussprüfer einer Aktiengesellschaft durch einen Aufsichtsratsausschuss?, DB 2000, 77.

I. Prüfung des Jahresabschlusses

1. Aufgaben der Abschlussprüfung

a) Funktionen der Abschlussprüfung

60.1 Die Prüfung des Jahresabschlusses der **börsennotierten AG** durch einen Abschlussprüfer ist in den §§ 316 ff. HGB geregelt; sie dient dem Schutz der Gesellschafter, der Gläubiger und der Öffentlichkeit[1].

60.2 Ein besonderes Ziel der Abschlussprüfung besteht darin, die Verlässlichkeit der in Jahresabschluss und Lagebericht enthaltenen Informationen zu bestätigen und insoweit deren Glaubhaftigkeit zu erhöhen; dabei schließt die Verlässlichkeit von Informationen auch deren Ordnungsmäßigkeit ein, also die Feststellung, ob in Bezug auf Jahresabschluss und Lagebericht die gesetzlichen Vorschriften und sie ergänzende Bestimmungen der Satzung eingehalten sind[2]. Diese Feststellung wird auch als die **Kontrollfunktion** der Abschlussprüfung bezeichnet. Im Rahmen der Kontrollfunktion informiert der Abschlussprüfer die Abschlussadressaten somit darüber, ob und inwieweit die Rechnungslegung den maßgeblichen Rechnungslegungsgrundsätzen entspricht. Diese erhalten dadurch Anhaltspunkte, inwieweit sie sich bei ihren unterschiedlichen Entscheidungen auf den ihnen vorliegenden Abschluss stützen können[3].

60.3 Daneben ist die Abschlussprüfung aber auch darauf ausgerichtet, Vorstand und Aufsichtsrat der AG unabhängig und sachverständig näher über die Rechnungslegung zu informieren und damit zum einen den Aufsichtsrat bei seiner Überwachungsverpflichtung gegenüber dem Vorstand (§ 111 Abs. 1 AktG) zu unterstützen. Zum anderen erstreckt sich die Unterstützungsfunktion auch auf die Überwachung des Rechnungslegungsprozesses, der Wirksamkeit des internen Kontrollsystems, des Risikomanagementsystems und des internen Revisionssystems (§ 107 Abs. 3 AktG) durch den Aufsichtsrat, was vor allem mit Hilfe des Prüfungsberichts, aber auch durch die laufende Kommunikation mit Aufsichtsrat bzw. dem Prüfungsausschuss geschieht (**Informationsfunktion**)[4].

60.4 Neben der Kontroll- und der Informationsfunktion erfüllt die Abschlussprüfung gegenüber den Adressaten des Jahresabschlusses auch eine **Beglaubigungsfunktion**, indem nach dem abschließenden Ergebnis der Prüfung entweder ein uneingeschränkter, ein eingeschränkter Bestätigungsvermerk oder ein Versagungsvermerk erteilt wird[5].

b) Erkenntnismöglichkeiten der Abschlussprüfung

60.5 Die Adressaten von Prüfungsbericht und Bestätigungsvermerk – insbesondere der Aufsichtsrat – müssen sich, wenn sie die dort dokumentierten Ergebnisse der Abschlussprüfung ihren Entscheidungen zugrunde legen, stets sowohl der Grenzen der Aussagefähigkeit von Jahresabschluss und Lagebericht als auch der Erkenntnismöglichkeiten einer Jahresabschlussprüfung bewusst sein[6]. So können die Adressaten beispielsweise nicht davon ausgehen, dass die Abschlussprüfung eine Gewähr für die zukünf-

---

1 *ADS*, 6. Aufl. 2000, § 316 HGB Rz. 5 ff., 16.
2 IDW PS 200 Rz. 8; *ADS*, 6. Aufl. 2000, § 316 HGB Rz. 18.
3 *IDW/F.A.Z.-Institut*, Wirtschaftsprüfung und Corporate Governance, 27.
4 *ADS*, 6. Aufl. 2000, § 316 HGB Rz. 19 ff.
5 *ADS*, 6. Aufl. 2000, § 316 HGB Rz. 22.
6 IDW PS 200 Rz. 8.

tige Lebensfähigkeit des Unternehmens oder die Effektivität und die Wirtschaftlichkeit der Geschäftsführung darstellt. Der Gesetzgeber hat dies durch die Einfügung eines Abs. 4a in § 317 HGB klargestellt, indem eine dahingehende Negativabgrenzung vorgenommen wird, dass sich die Prüfung – soweit nichts anderes bestimmt ist – nicht auf die Zusicherung des Fortbestands des geprüften Unternehmens oder die Wirksamkeit und Wirtschaftlichkeit der Geschäftsführung erstreckt. Darüber hinaus besteht bei jeder Abschlussprüfung aufgrund der ihr innewohnenden begrenzten Erkenntnis- und Feststellungsmöglichkeiten ein unvermeidbares Risiko der Nichtaufdeckung von wesentlichen Falschaussagen[7].

Die Ergebnisse der Abschlussprüfung konkretisieren sich in den sog. **Prüfungsaussagen** des Abschlussprüfers, die im **Prüfungsbericht** und/oder im **Bestätigungsvermerk** getroffen werden[8]:

– Stellungnahme des Abschlussprüfers zur Lagebeurteilung der gesetzlichen Vertreter, insbesondere auch zur Beurteilung des Fortbestandes und der künftigen Entwicklung des der Kapitalgesellschaft unter Berücksichtigung des Lageberichts (§ 321 Abs. 1 Satz 2 HGB)[9];

– Bericht über bei der Prüfung festgestellte Unrichtigkeiten oder Verstöße gegen gesetzliche Vorschriften, bestandsgefährdende oder entwicklungsbeeinträchtigende Tatsachen sowie Tatsachen, die schwerwiegende Verstöße von gesetzlichen Vertretern oder Arbeitnehmern gegen Gesetz, Gesellschaftsvertrag oder Satzung erkennen lassen (§ 321 Abs. 1 Satz 3 HGB);

– Feststellung, ob Buchführung, weitere geprüfte Unterlagen, Jahres-/Konzernabschluss und Lage-/Konzernlagebericht den gesetzlichen Vorschriften und ergänzenden Bestimmungen der Satzung entsprechen, wobei auch über solche Beanstandungen zu berichten ist, die zwar nicht zur Einschränkung oder Versagung des Bestätigungsvermerks geführt haben, aber für die Überwachung des Vorstands und der Geschäftsführung von Bedeutung sind (§ 321 Abs. 2 Satz 1 und 2 HGB). Hierzu gehört auch die Darstellung, ob der Lage-/Konzernlagebericht mit dem Jahres-/Konzernabschluss und den bei der Prüfung gewonnenen Erkenntnissen in Einklang steht, die gesetzlichen Vorschriften zur Aufstellung des Lageberichts beachtet worden sind und der Lage-/Konzernlagebericht insgesamt eine zutreffende Vorstellung von der Lage der Kapitalgesellschaft/des Konzerns vermittelt und ob dort die Chancen und Risiken der künftigen Entwicklung zutreffend dargestellt sind;

– Aussage, ob der Abschluss insgesamt unter Beachtung der Grundsätze ordnungsmäßiger Buchführung oder sonstiger maßgeblicher Rechnungslegungsgrundsätze ein den tatsächlichen Verhältnissen entsprechendes Bild der Vermögens-, Finanz- und Ertragslage der Kapitalgesellschaft/des Konzerns vermittelt. Dazu ist auch auf wesentliche Bewertungsgrundlagen und den Einfluss von Änderungen in den Bewertungsgrundlagen einschließlich der Ausübung von Bilanzierungs- und Bewertungswahlrechten und der Ausnutzung von Ermessensspielräumen sowie sachverhaltsgestaltenden Maßnahmen insgesamt auf die Darstellung der Vermögens-, Finanz- und Ertragslage einzugehen (§ 321 Abs. 2 Satz 3 und 4 HGB);

– Darstellung, ob die gesetzlichen Vertreter die verlangten Aufklärungen und Nachweise erbracht haben (§ 321 Abs. 2 Satz 6 HGB);

– Erklärung zur Unabhängigkeit des Abschlussprüfers (§ 321 Abs. 4a HGB);

---

7 IDW PS 200 Rz. 24 ff.
8 Zu den zusätzlichen Berichterstattungspflichten in Prüfungsbericht und Bestätigungsvermerk bei der Prüfung von Unternehmen von öffentlichem Interesse vgl. Rz. 60.107 ff. und Rz. 60.151 ff.
9 Diese Stellungnahme zur Beurteilung des Fortbestands und der künftigen Entwicklung ist nicht zu verwechseln mit der durch eine Abschlussprüfung gerade nicht zu gewährleistende Zusicherung des Fortbestandes der geprüften Kapitalgesellschaft, sondern hat lediglich die Beurteilung der durch die gesetzlichen Vertreter getroffenen Aussagen im Lagebericht zum Gegenstand.

- Zusammenfassung und allgemeinverständliche sowie problemorientierte Beurteilung des Prüfungsergebnisses (§ 322 Abs. 1 Satz 1 und 2, Abs. 2 Satz 1 und 2 HGB);
- Erklärung, ob die Prüfung zu Einwendungen geführt hat bzw. der Abschlussprüfer nicht in der Lage ist, ein Prüfungsurteil abzugeben und ob der Jahres-/Konzernabschluss aufgrund der bei der Prüfung gewonnenen Erkenntnisse unter Beachtung der Grundsätze ordnungsmäßiger Buchführung oder sonstiger maßgeblicher Rechnungslegungsgrundsätze ein den tatsächlichen Verhältnissen entsprechendes Bild der Vermögens-, Finanz- und Ertragslage vermittelt (§ 322 Abs. 3 Satz 1, Abs. 4 Satz 1, Abs. 5 Satz 1 HGB);
- Eingehen auf bestandsgefährdende Risiken (§ 322 Abs. 2 Satz 3 HGB);
- Aussage, ob der Lage-/Konzernlagebericht mit dem Jahresabschluss und ggf. mit dem nach internationalen Rechnungslegungsstandards aufgestellten Einzelabschluss (§ 325 Abs. 2a HGB) oder mit dem Konzernabschluss in Einklang steht, die gesetzlichen Vorschriften zur Aufstellung des Lageberichts beachtet worden sind und insgesamt eine zutreffende Vorstellung von der Lage vermittelt und ob die Chancen und Risiken der künftigen Entwicklung zutreffend dargestellt sind (§ 322 Abs. 6 HGB).

60.6a Der in § 322 Abs. 1a HGB vorgeschriebenen Anwendung der von der Europäischen Kommission angenommenen internationalen Prüfungsstandards (ISA) bei der Erstellung des Bestätigungsvermerks kommt keine praktische Bedeutung mehr zu, da einerseits die Annahme der Standards durch die Europäische Kommission noch aussteht, andererseits in den Mitgliedstaaten der EU die ISA ohnehin nahezu ausnahmslos die verbindlich anzuwendenden Prüfungsstandards darstellen. So hat auch das IDW nunmehr die ISA nicht mehr nur in IDW PS transformiert, sondern als ISA [DE] unter Ergänzung deutscher Besonderheiten übernommen. Sie sind anwendbar für nach dem 15.12.2021 beginnende Geschäftsjahre mit der Ausnahme von Rumpfgeschäftsjahren, die vor dem 31.12.2022 enden. Eine frühere Anwendung ist zulässig.

60.7 Diese vom Abschlussprüfer zu treffenden Prüfungsaussagen machen deutlich, dass die Jahresabschlussprüfung nicht nur als eine vergangenheitsorientierte Ordnungsmäßigkeitsprüfung verstanden wird. Dies stünde auch im Gegensatz zu der Tatsache, dass die Kapitalmärkte heute eine Rechnungslegung erwarten, die als Grundlage für wirtschaftliche Entscheidungen von Investoren geeignet ist. Diese Anforderungen führen einerseits zu einer stärker **prognoseorientierten** Rechnungslegung. Andererseits ergibt sich auch die Notwendigkeit, unternehmensspezifische Risiken mit einem potenziellen Einfluss auf die zukünftige Ertragslage transparent zu machen. Über die Ordnungsmäßigkeitsprüfung hinaus wird daher vom Abschlussprüfer auch die Prüfung von Geschäftsprozessen und von aus diesen sowie aus dem Unternehmensumfeld resultierenden Risiken gefordert[10].

c) Abschlussprüfung und Corporate Governance

60.8 Die Abschlussprüfung stellt in Erfüllung ihrer Funktionen auch einen wichtigen Bestandteil der **Corporate Governance** dar. Corporate Governance betrifft im Wesentlichen die Funktionsweise der Leitungsorgane eines Unternehmens, deren Zusammenarbeit und die Kontrolle ihres Verhaltens durch Marktkräfte, durch institutionelle und regulatorische Vorkehrungen[11]. Die Abschlussprüfung erfüllt hierbei zwei wichtige Aufgaben. Einerseits kommt ihr eine **Garantenfunktion** hinsichtlich der öffentlichen Rechnungslegung zu, indem sie durch den Bestätigungsvermerk des Abschlussprüfers über die Vertrauenswürdigkeit der mit der Rechnungslegung vermittelten Informationen informiert[12]. Im Rahmen dieser Garantenfunktion muss der Abschlussprüfer prüfen, ob die Vermögens-, Finanz- und Ertragslage im Jahresabschluss gemäß den zugrunde liegenden Rechnungslegungsvorschriften dargestellt

---

10 *Schmidt*, WPg 1998, 319.
11 *Baums*, WPg-Sonderheft 2001, 7.
12 So auch *Naumann/Tielmann*, WPg 2001, 1449.

ist (§ 317 Abs. 1 HGB) und der Lagebericht eine zutreffende Vorstellung von der Lage der Kapitalgesellschaft vermittelt (§ 317 Abs. 2 Satz 1 HGB). Andererseits hat der Abschlussprüfer den **Aufsichtsrat** bei der Überwachung der Geschäftsführung zu **unterstützen**. Demzufolge sieht der DCGK in Abschn. D.9 vor, dass der Aufsichtsrat vereinbaren soll, dass der Abschlussprüfer über alle für die Aufgaben des Aufsichtsrats wesentlichen Feststellungen und Vorkommnisse unverzüglich berichtet, die bei der Durchführung der Abschlussprüfung zu seiner Kenntnis gelangen. Insofern trägt die Abschlussprüfung bei kapitalmarktorientierten Unternehmen auch dazu bei, den Anleger- und Funktionsschutz des Kapitalmarkts und damit eine wirksame Unternehmensüberwachung durch diesen sicherzustellen[13].

d) EU-Abschlussprüferreform

Am 27.5.2014 wurden die **Abschlussprüferverordnung**[14] (EU-APrVO) zur Abschlussprüfung von Unternehmen von öffentlichem Interesse (sog. Public Interest Entities – PIE) und die geänderte **Abschlussprüferrichtlinie**[15] (AP-RiLi) im Amtsblatt der EU veröffentlicht. Sowohl die AP-RiLi als auch die EU-APrVO sind am 16.6.2014 in Kraft getreten, wobei die Richtlinie von den EU-Mitgliedstaaten bis zum 17.6.2016 in nationales Recht umgesetzt werden musste. Die EU-APrVO ist ebenfalls seit dem 17.6.2016 unmittelbar geltendes Recht. In Deutschland wurden die Vorgaben der AP-RiLi durch das **Abschlussprüfungsreformgesetz**[16] (AReG) in deutsches Recht transformiert und die in der EU-APrVO enthaltenen Mitgliedstaatenwahlrechte ausgeübt. Aufsichtsrechtliche und berufsrechtliche Regelungen wurden durch das **Abschlussprüferaufsichtsreformgesetz**[17] (APAReG) umgesetzt. Abgesehen von einzelnen Übergangsregelungen sind das AReG und das APAReG am 17.6.2016 in Kraft getreten.

60.8a

In den Anwendungsbereich fallen Abschlussprüfungen bei **Unternehmen von öffentlichem Interesse**. Nach der Definition in Art. 2 Nr. 13 AP-RiLi sind das Unternehmen, die unter das Recht eines Mitgliedstaats fallen und deren übertragbare Wertpapiere zum Handel auf einem geregelten Markt eines Mitgliedstaats zugelassen sind, bestimmte Kreditinstitute und Versicherungsunternehmen sowie Unternehmen, die von Mitgliedstaaten als Unternehmen von öffentlichem Interesse bestimmt werden. Der deutsche Gesetzgeber hat von der Möglichkeit, den Kreis der Unternehmen von öffentlichem Interesse eigenständig zu erweitern, keinen Gebrauch gemacht und kapitalmarktorientierte Unternehmen wie folgt definiert (§ 316a HGB)[18]:

60.8b

- Unternehmen, die **kapitalmarktorientiert** i.S.d. § 264d HGB sind;

- **CRR-Kreditinstitute** i.S.d. § 1 Abs. 3d Satz 1 KWG, mit Ausnahme der in § 2 Abs. 1 Nr. 1 und 2 KWG und in Art. 2 Abs. 5 Nr. 5 der Richtlinie 2013/36/EU des Europäischen Parlaments und des

---

13 *Naumann/Tielmann*, WPg 2001, 1449.
14 Verordnung (EU) Nr. 537/2014 des Europäischen Parlaments und des Rates v. 16.4.2014 über spezifische Anforderungen an die Abschlussprüfung bei Unternehmen von öffentlichem Interesse und zur Aufhebung des Beschlusses 2005/909/EG der Kommission, ABl. EU Nr. L 158 v. 27.5.2014, 77, Berichtigung, ABl. EU Nr. L 170 v. 11.6.2016, S. 66.
15 Richtlinie 2014/56/EU des Europäischen Parlaments und des Rates v. 16.4.2014 zur Änderung der Richtlinie 2006/43/EG über Abschlussprüfungen von Jahresabschlüssen und konsolidierten Abschlüssen, ABl. EU Nr. L 158 v. 27.5.2014, S. 196.
16 Gesetz zur Umsetzung der prüfungsbezogenen Regelungen der Richtlinie 2014/56/EU sowie zur Ausführung der entsprechenden Vorgaben der Verordnung (EU) Nr. 537/2014 im Hinblick auf die Abschlussprüfung bei Unternehmen von öffentlichem Interesse (Abschlussprüfungsreformgesetz – AReG) v. 10.5.2016, BGBl. I 2016, 1142.
17 Gesetz zur Umsetzung der aufsichts- und berufsrechtlichen Regelungen der Richtlinie 2014/56/EU sowie zur Ausführung der entsprechenden Vorgaben der Verordnung (EU) Nr. 537/2014 im Hinblick auf die Abschlussprüfung bei Unternehmen von öffentlichem Interesse (Abschlussprüferaufsichtsreformgesetz – APAReG) v. 31.3.2016, BGBl. I 2016, 518.
18 Die ursprünglich in § 319a Abs. 1 Satz 1 HGB enthaltene Definition von Unternehmen von öffentlichem Interesse ist mit der Aufhebung des § 319a HGB in § 316a HGB verlagert worden.

Rates vom 26.6.2013 über den Zugang zur Tätigkeit von Kreditinstituten und die Beaufsichtigung von Kreditinstituten und Wertpapierfirmen, zur Änderung der Richtlinie 2002/87/EG und zur Aufhebung der Richtlinien 2006/48/EG und 2006/49/EG (ABl. L 176 vom 27.6.2013, S. 338; L 208 vom 2.8.2013, S. 73; L 20 vom 25.1.2017, S. 1; L 203 vom 26.6.2020, S. 95), die zuletzt durch die Richtlinie (EU) 2019/2034 (ABl. L 314 vom 5.12.2019, S. 64) geändert worden ist, genannten Institute;

- **Versicherungsunternehmen** i.S.d. Art. 2 Abs. 1 der Richtlinie 91/674/EWG.

Gesetzliche Abschlussprüfungen von börsennotierten AG unterliegen damit ausnahmslos den sich aus der EU-APrVO ergebenden Anforderungen.

60.8c Da die Regelungen der **EU-APrVO unmittelbar anwendbar** sind und auch keiner Auslegung durch den nationalen Gesetzgeber zugänglich sind[19], ergibt sich die Situation, dass die Regelungen zur Abschlussprüfung nicht mehr abschließend deutschen Gesetzen zu entnehmen sind, sondern die EU-APrVO zusätzliche bei der Prüfung von Unternehmen von öffentlichem Interesse zu beachtende Anforderungen enthält.

60.8d Die Regelungen der **EU-APrVO** erstrecken sich im Wesentlichen auf die folgenden **Bereiche**[20]:

- Inkrafttreten;
- Geltung; Anwendungsbereich;
- Externe Rotation;
- Nichtprüfungsleistungen;
- Bestellung des Abschlussprüfers;
- Prüfungsbericht;
- Transparenzbericht;
- Übergabeakte;
- Umgang mit Unregelmäßigkeiten;
- ISA-Anwendung;
- Berufsaufsicht.

60.8e Die **AP-RiLi** enthält in nationales Recht umzusetzende Vorgaben zu den folgenden **Bereichen**[21]:

- Begriffsbestimmungen;
- Zulassung, Fortbildung und gegenseitige Anerkennung;
- Registrierung;
- Berufsgrundsätze, Unabhängigkeit, Unparteilichkeit, Verschwiegenheit und Berufsgeheimnis;
- Prüfungsstandards und Bestätigungsvermerk;
- Qualitätskontrolle;
- Untersuchungen und Sanktionen;

---

19 *Blöink/Kumm*, BB 2015, 1070.
20 Vgl. im Einzelnen die Übersicht in IDW, IDW Positionspapier zu Inhalten und Zweifelsfragen der EU-Verordnung und der Abschlussprüferrichtlinie, S. 8 f.
21 Vgl. im Einzelnen die Übersicht in IDW, IDW Positionspapier zu Inhalten und Zweifelsfragen der EU-Verordnung und der Abschlussprüferrichtlinie, S. 9 f.

- Öffentliche Aufsicht und gegenseitige Anerkennung;
- Bestellung und Abberufung;
- Prüfungsausschluss;
- Internationale Aspekte;
- Wechsel zum Unternehmen.

e) Rechtsfolgen

Hat bei einem prüfungspflichtigen Jahresabschluss **keine Abschlussprüfung stattgefunden**, dann kann gemäß § 316 Abs. 1 Satz 2 HGB der Jahresabschluss **nicht festgestellt** werden. Auch eine wirksame Offenlegung ist in diesem Fall nicht möglich. Ist nämlich der Jahresabschluss trotz Prüfungspflicht nicht geprüft oder ist die Prüfung noch nicht abgeschlossen, dann ist er rechtlich nicht existent[22]. Insofern ist die nach den §§ 316 ff. HGB durchgeführte Abschlussprüfung zwingende Voraussetzung dafür, dass Vorstand und Aufsichtsrat (§ 172 AktG) bzw. die Hauptversammlung (§ 173 AktG) den Jahresabschluss feststellen können. Die Abschlussprüfung muss „stattgefunden" haben, muss also vor der Feststellung beendet sein. Dies ist dann der Fall, wenn die vom Abschlussprüfer für erforderlich gehaltenen Prüfungshandlungen durchgeführt sind und der Prüfungsbericht vorgelegt worden ist[23]. Die Vorlage des Prüfungsberichts, der gemäß § 322 Abs. 7 Satz 2 HGB auch den Bestätigungsvermerk oder den Vermerk über dessen Versagung zu enthalten hat, stellt somit das Ende der Abschlussprüfung dar. Dies ergibt sich auch aus der Vorschrift des § 316 Abs. 3 Satz 1 HGB, wonach bei Änderungen von Jahresabschluss oder Lagebericht nach Vorlage des Prüfungsberichts die Prüfungspflicht wieder auflebt.

60.9

Ein festgestellter Jahresabschluss, der trotz gesetzlicher Prüfungspflicht nicht geprüft ist, ist nach § 256 Abs. 1 Nr. 2 AktG **nichtig**. Die Nichtigkeit kann auch nicht nach § 256 Abs. 6 AktG geheilt werden. Eine Beseitigung der Nichtigkeit durch Nachholung der Prüfung und erneute Feststellung ist jedoch möglich[24].

60.10

Ein **Konzernabschluss** muss nicht festgestellt werden und ist daher auch ohne Prüfung rechtlich existent[25]. Allerdings sieht § 171 Abs. 2 Satz 5 AktG vor, dass der Aufsichtsrat in seinem Bericht an die Hauptversammlung erklärt, ob nach dem abschließenden Ergebnis seiner Prüfung Einwendungen zu erheben sind und ob er den vom Vorstand aufgestellten Konzernabschluss billigt (vgl. auch Rz. 60.258 ff.)[26].

60.11

2. Prüfungspflichten

a) Gesetzliche Prüfungspflichten

Nach § 316 Abs. 1 Satz 1 HGB sind der **Jahresabschluss** und der **Lagebericht** von Kapitalgesellschaften durch einen Abschlussprüfer zu prüfen. Ebenfalls prüfungspflichtig ist ein Einzelabschluss, der nach den in § 315e Abs. 1 HGB bezeichneten internationalen Rechnungslegungsstandards aufgestellt worden ist und anstelle des Jahresabschlusses nach § 325 Abs. 2a HGB offen gelegt wird (§ 324a Abs. 1 HGB)[27]. Kapitalgesellschaften, die einen organisierten Markt i.S.d. § 2 Abs. 11 WpHG (General Standard, Prime Standard, aber nicht Freiverkehr) durch von ihnen ausgegebene Wertpapiere i.S.d. § 2

60.12

---

22 *Schmidt/Küster/Bernhardt* in BeckBilkomm., § 316 HGB Rz. 10.
23 ADS, 6. Aufl. 2000, § 316 HGB Rz. 48 m.w.N.
24 ADS, 6. Aufl. 1997, § 256 AktG Rz. 91.
25 ADS, 6. Aufl. 2000, § 316 HGB Rz. 57.
26 BT-Drucks. 14/8769, S. 27.
27 *Schmidt/Küster/Bernhardt* in BeckBilkomm., § 316 HGB Rz. 1.

Abs. 1 Satz 1 WpHG in Anspruch nehmen oder die Zulassung zum Handel an einem organisierten Markt beantragt haben, gelten **stets als große Kapitalgesellschaften**, so dass börsennotierte AG ausnahmslos der Prüfungspflicht unterliegen. Die Prüfungspflicht für den **Konzernabschluss** sowie den **Konzernlagebericht** ist in § 316 Abs. 2 HGB gesondert geregelt (vgl. dazu die Ausführungen unter Rz. 60.256 ff.).

60.13 Werden der Jahresabschluss oder der Lagebericht nach Vorlage des Prüfungsberichts geändert, verpflichtet § 316 Abs. 3 Satz 1 HGB den Abschlussprüfer zu einer erneuten Prüfung dieser Unterlagen, soweit es die Änderung erfordert (sog. **Nachtragsprüfung**). Über das Ergebnis dieser Prüfung ist schriftlich zu berichten und der Bestätigungsvermerk ist entsprechend zu ergänzen (§ 316 Abs. 3 Satz 2 HGB). Eine Änderung des Jahresabschlusses oder Lageberichts liegt immer dann vor, wenn Inhalt (z.B. Änderung der Bewertung von Aktiv- und Passivposten) oder Form (z.B. Änderungen von Postenbezeichnungen oder der Aufgliederung bzw. Zusammenfassung von Posten) von Jahresabschluss bzw. Lagebericht geändert werden[28].

60.14 Insbesondere die folgenden Sachverhalte können zu einer Änderung von Abschlüssen und damit zu einer Nachtragsprüfung führen:
– das Vorliegen gewichtiger rechtlicher, wirtschaftlicher oder steuerrechtlicher Gründe einschließlich des Bekanntwerdens von wertaufhellenden Tatsachen bei einem fehlerfreien Abschluss (IDW RS HFA 6 Rz. 9),
– die Berichtigung von Fehlern (IDW RS HFA 6 Rz. 14).

60.15 Wenn auf Beschluss des Vorstands und des Aufsichtsrats die Feststellung des Jahresabschlusses der Hauptversammlung überlassen wird, werden im Fall einer Änderung des Abschlusses durch die Hauptversammlung die Beschlüsse über die Feststellung und über die Gewinnverwendung nach § 173 Abs. 3 AktG erst wirksam, wenn hinsichtlich der Änderungen innerhalb von zwei Wochen seit der Beschlussfassung ein uneingeschränkter Bestätigungsvermerk aufgrund der erneuten Prüfung nach § 316 Abs. 3 HGB erteilt worden ist; anderenfalls werden die Beschlüsse nichtig[29].

60.16 Nach § 316 Abs. 3 Satz 1 HGB ist im Rahmen der Nachtragsprüfung eine erneute Prüfung der entsprechenden Unterlagen durchzuführen, *soweit* es die Änderung erfordert. Das bedeutet, dass sich die Prüfung einerseits auf die Änderung selbst, andererseits aber auch auf notwendige Folgeänderungen, die diese Änderung nach sich zieht, erstreckt[30]. Zu einer weitergehenden Prüfung im Rahmen der Nachtragsprüfung ist der Abschlussprüfer weder berechtigt noch verpflichtet; eine Ausnahme gilt nur dann, wenn er Grund zu der Annahme hat, dass ursprünglich einmal getroffene Prüfungsfeststellungen auf Grund von wertaufhellenden Ereignissen nicht mehr zutreffen[31].

60.17 Die Vorschrift des § 316 Abs. 1 Satz 2 HGB ist auf § 316 Abs. 3 HGB sinngemäß anzuwenden, d.h. der Jahresabschluss in der geänderten Fassung kann ohne Nachtragsprüfung **nicht festgestellt** werden[32].

b) Gegenstand der Abschlussprüfung

60.18 Nach § 316 Abs. 1 Satz 1 HGB sind in die Abschlussprüfung der **Jahresabschluss** (bestehend aus Bilanz, Gewinn- und Verlustrechnung sowie Anhang) und der **Lagebericht** einzubeziehen. Hat der Vor-

---

28 *ADS*, 6. Aufl. 2000, § 316 HGB Rz. 65.
29 *Hüffer/Koch*, § 173 AktG Rz. 8.
30 *ADS*, 6. Aufl. 2000, § 316 HGB Rz. 67; *Baetge/Fischer/Sickmann* in Küting/Weber, Handbuch der Rechnungslegung, Einzelabschluss: Kommentar zur Bilanzierung und Prüfung, § 316 HGB Rz. 19.
31 *ADS*, 6. Aufl. 2000, § 316 HGB Rz. 67; *Schmidt/Küster/Bernhardt* in BeckBilkomm., § 316 HGB Rz. 27; IDW PS 203 Rz. 19.
32 *ADS*, 6. Aufl. 2000, § 316 HGB Rz. 76; *Baumbach/Hopt*, § 316 HGB Rz. 4; *Ebke* in MünchKomm. HGB, 4. Aufl. 2020, § 316 HGB Rz. 22.

stand der Gesellschaft nach § 312 AktG einen Bericht über die Beziehungen zu verbundenen Unternehmen (sog. Abhängigkeitsbericht) aufzustellen, dann ist auch die sog. **Schlusserklärung zum Abhängigkeitsbericht** nach § 312 Abs. 3 AktG Gegenstand der Abschlussprüfung, da diese gemäß § 312 Abs. 3 Satz 3 AktG auch in den Lagebericht aufgenommen werden muss (zum Abhängigkeitsbericht vgl. auch 2. Aufl., § 58 Rz. 333 ff.). Damit ist jedoch der Prüfungsgegenstand der Abschlussprüfung noch nicht abschließend bestimmt. In die Prüfung des Jahresabschlusses ist auch die **Buchführung** einzubeziehen (§ 317 Abs. 1 Satz 1 HGB). Außerdem sind die **Kostenrechnung**, soweit sie die Grundlage für Ansatz und Bewertung der einzelnen Bilanzposten bildet, sowie das rechnungslegungsbezogene **interne Kontrollsystem**, dessen Prüfung unabdingbare Voraussetzung für die Festlegung von Art, zeitlicher Abfolge und Umfang der Prüfungshandlungen des Abschlussprüfers ist, Gegenstand der Abschlussprüfung[33]. **Außerbuchhalterische Bereiche** (dabei handelt es sich im Wesentlichen um Rechtsgrundlagen und Rechtsbeziehungen des Unternehmens) sind ebenfalls in die Abschlussprüfung einzubeziehen, da von ihnen häufig Wirkungen ausgehen, die sich in der Buchhaltung niederschlagen; beispielsweise bestehen Verbindungen zwischen den Rechtsgrundlagen der Gesellschaft und den Bilanzposten Kapital und Rücklagen oder den Rechtsbeziehungen der Gesellschaft und den Rückstellungen (z.B. durch Risiken aus Liefer- und Abnahmeverträgen, Lasten aufgrund von Rekultivierungsverpflichtungen oder Maßnahmen gegen Luftverschmutzung etc.)[34].

Bei der Abschlussprüfung von Kapitalgesellschaften, die als Inlandsemittent (§ 2 Abs. 14 WpHG) Wertpapiere (§ 2 Abs. 1 WpHG) begeben und keine Kapitalgesellschaften i.S.d. § 327a HGB sind, erstreckt sich die Abschlussprüfung darüber hinaus auch auf die Beurteilung, ob die für Offenlegungszwecke erstellte Wiedergabe des Jahres-/Konzernabschluss und des (Konzern-) Lageberichts den Vorgaben des § 328 Abs. 1 HGB entspricht, also zutreffend im ESEF-Format (European Single Electronic Format) erstellt wurde (§ 317 Abs. 3a HGB). Über das Ergebnis dieser Prüfung ist in einem gesonderten Abschnitt des Bestätigungsvermerks zu berichten, so dass diese Prüfung bis zum Ende der Abschlussprüfung abgeschlossen sein muss. 60.18a

Bei der **börsennotierten AG** ist darüber hinaus im Rahmen der Abschlussprüfung das sog. **Risikofrüherkennungssystem** zu beurteilen. Den Vorstand trifft nach § 91 Abs. 2 AktG die Verpflichtung, geeignete Maßnahmen zu treffen, insbesondere ein Überwachungssystem einzurichten, damit den Fortbestand der Gesellschaft gefährdende Entwicklungen früh erkannt werden (Risikofrüherkennungssystem). Nach § 317 Abs. 4 HGB hat der Abschlussprüfer zu beurteilen, ob der Vorstand diese ihm obliegenden Maßnahmen in einer geeigneten Form getroffen hat und ob das danach einzurichtende Überwachungssystem seine Aufgaben erfüllen kann. Im Rahmen seiner Berichterstattung im Prüfungsbericht muss der Abschlussprüfer auch darauf eingehen, ob Maßnahmen zur Verbesserung des Risikofrüherkennungssystems erforderlich sind (§ 321 Abs. 4 Satz 2 HGB). 60.19

Im Hinblick auf die Abschlussprüfung ist zwischen dem Risikofrüherkennungssystem und einem umfassenden **Risikomanagementsystem** zu unterscheiden. Während das Risikofrüherkennungssystem auf die rechtzeitige Erfassung von fortbestandsgefährdenden Risiken und die Weiterleitung der entsprechenden Informationen an die zuständigen Entscheidungsträger ausgerichtet ist, umfasst ein Risikomanagementsystem darüber hinaus auch die Reaktionen des Vorstands auf erfasste und kommunizierte Risiken. Obwohl nach § 317 Abs. 4 HGB ausschließlich das Risikofrüherkennungssystem Prüfungsgegenstand ist, relativiert sich diese Trennung in der Praxis regelmäßig, da es beispielsweise bei der Prüfung der Risiken der künftigen Entwicklung im Lagebericht auch darauf ankommt, ob identifizierte Risiken durch entsprechende Gegenmaßnahmen reduziert oder eliminiert wurden. 60.20

Eine weitere Besonderheit hinsichtlich des Prüfungsgegenstands ergibt sich für die **börsennotierte AG** aus § 161 AktG. Nach § 161 Abs. 1 Satz 1 AktG müssen der Vorstand und der Aufsichtsrat von börsennotierten AG jährlich erklären, dass den Bestimmungen des Deutschen Corporate Governance Ko- 60.21

---

33 *ADS*, 6. Aufl. 2000, § 317 HGB Rz. 16.
34 *WP-Handbuch 2021*, Wirtschaftsprüfung und Rechnungslegung, Abschn. L Rz. 7.

dexes entsprochen wurde oder wird bzw. welche Empfehlungen nicht angewendet wurden oder werden (sog. **Entsprechenserklärung**, Prinzip des „comply or explain"). Diese Erklärung ist auf der Internetseite der Gesellschaft dauerhaft zugänglich zu machen (§ 161 Satz 2 AktG). Im Anhang des Jahresabschlusses und ggf. des Konzernabschlusses der börsennotierten AG muss angegeben werden, dass die vorgeschriebene Erklärung abgegeben und öffentlich zugänglich gemacht worden ist (§ 285 Nr. 16 HGB bzw. § 314 Abs. 1 Nr. 8 HGB).

60.22 Die **Anhangangabe zu der Entsprechenserklärung** ist damit auch Prüfungsgegenstand im Rahmen der Abschlussprüfung. Die Prüfung durch den Abschlussprüfer ist allerdings im Wesentlichen formaler Natur; sie beschränkt sich auf die Feststellung, ob die Anhangangabe überhaupt vorhanden ist und ob die dort gemachte Aussage, dass die Erklärung abgegeben und den Aktionären zugänglich gemacht worden ist, zutrifft[35].

60.23 Ferner ist die Erklärung nach § 161 AktG auch in die **Erklärung zur Unternehmensführung** nach § 289f HGB aufzunehmen. Diese Erklärungspflicht umfasst neben der Entsprechenserklärung relevante Angaben zu Unternehmensführungspraktiken, die über die gesetzlichen Anforderungen hinaus angewandt werden, nebst Hinweis, wo sie öffentlich zugänglich sind, sowie eine Beschreibung der Arbeitsweise von Vorstand und Aufsichtsrat sowie der Zusammensetzung und Arbeitsweise von deren Ausschüssen. Diese Erklärung ist von börsennotierten AG abzugeben sowie von AG, die ausschließlich andere Wertpapiere als Aktien zum Handel an einem organisierten Markt i.S.d. § 2 Abs. 11 WpHG ausgegeben haben und deren ausgegebene Aktien über ein multilaterales Handelssystem, etwa über den Freiverkehr, gehandelt werden. Diese Erklärung ist selbst dann nicht Gegenstand der Abschlussprüfung (§ 317 Abs. 2 Satz 3 HGB), wenn sie als gesonderter Abschnitt in den Lagebericht aufgenommen wird. Ebenso verhält es sich mit der/dem nach den Vorgaben der §§ 289b bis 289e HGB zu erstellenden **nichtfinanziellen Erklärung/gesonderten nichtfinanziellen Bericht**, bei denen sich die Prüfungspflicht des Abschlussprüfers nach § 317 Abs. 2 Satz 4 HGB auf die Vorlage dieser Dokumente beschränkt, jedoch keine inhaltliche Prüfung einschließt. Auch der **Vergütungsbericht** gemäß § 162 AktG unterliegt lediglich einer formellen Prüfung durch den Abschlussprüfer, die sich darauf erstreckt, ob die Angaben nach § 162 Abs. 1 und 2 AktG gemacht wurden[36]. Die Erklärung zur Unternehmensführung hat auch eine Bezugnahme auf die Internetseite der Gesellschaft zu enthalten, auf der der Vergütungsbericht über das letzte Geschäftsjahr und der Vermerk des Abschlussprüfers gemäß § 162 AktG, das geltende Vergütungssystem nach § 87a AktG und der letzte Vergütungsbeschluss nach § 113 Abs. 3 AktG zugänglich gemacht werden.

60.24 Aus der Bestimmung des Prüfungsgegenstandes in den §§ 316 und 317 HGB ergibt sich, dass die Jahresabschlussprüfung mit Ausnahme der Beurteilung des Risikofrüherkennungssystems grundsätzlich **keine Prüfung der Geschäftsführung**, also der Zweckmäßigkeit und Richtigkeit unternehmerischer Entscheidungen und der Wirtschaftlichkeit oder Rentabilität des Geschäftsbetriebs beinhaltet; sie bezieht sich ebenfalls nicht auf die Wahrnehmung der Aufsichts- und Überwachungspflichten durch den Aufsichtsrat[37].

60.25 Die Abschlussprüfung ist auch nicht auf die systematische Aufdeckung von **Unterschlagungen** ausgerichtet. Dafür wäre ein besonderer Prüfungsansatz erforderlich, der sich von der Vorgehensweise bei einer Abschlussprüfung unterscheidet und i.d.R. eine vollständige Prüfung der zu dem betroffenen Prüfungsgebiet gehörenden Geschäftsvorfälle und Bestände sowie eine detektivische Beurteilung der vorgelegten Unterlagen umfasst[38]. Ein solches Vorgehen ist im Rahmen der Abschlussprüfung allein schon aus Zeitgründen nicht möglich[39].

---

35 *Gelhausen/Hönsch*, AG 2002, 529, 533; BT-Drucks. 14/8769, S. 25.
36 *Orth/Oser/Philippsen/Sultana*, DB 2019, 2818.
37 *ADS*, 6. Aufl. 2000, § 316 HGB Rz. 38.
38 IDW PS 210 Rz. 15.
39 *ADS*, 6. Aufl. 2000, § 316 HGB Rz. 39.

Informationen, die **nicht Bestandteil des Jahresabschlusses und des Lageberichts** sind, aber mit diesen **zusammen veröffentlicht** und damit einem unbestimmten Personenkreis zur Verfügung gestellt werden (z.B. durch das Einbinden von Jahresabschluss und Lagebericht in einen Geschäftsbericht, der auch anderweitige Unternehmensinformationen enthält), unterliegen nicht der Abschlussprüfung[40]. Gleichwohl muss der Abschlussprüfer diese zusätzlichen Informationen **kritisch lesen und würdigen**; denn Unstimmigkeiten zwischen diesen Informationen und dem geprüften Jahresabschluss oder Lagebericht können die Glaubhaftigkeit von Jahresabschluss und Lagebericht in Frage stellen. Unstimmigkeiten liegen dann vor, wenn zusätzliche Informationen in Widerspruch zu in den Jahresabschluss oder Lagebericht eingegangenen Informationen stehen; bei wesentlichen Unstimmigkeiten muss der Abschlussprüfer feststellen, ob der Jahresabschluss, der Lagebericht oder die zusätzliche Information unrichtig ist, um entsprechende weitere Maßnahmen treffen zu können[41]. Durch den ISA [DE] 720 (Revised) ergibt sich für den Abschlussprüfer die Verpflichtung, solche zusätzlichen Informationen zu lesen und zu würdigen.

60.26

c) Verwendung von Prüfungsergebnissen Dritter

Der Abschlussprüfer hat nach dem **Grundsatz der Eigenverantwortlichkeit** sein Urteil selbst zu bilden und seine Entscheidungen selbst zu treffen (§ 12 BS WP/vBP), er kann aber unter bestimmten Voraussetzungen Prüfungsergebnisse und Untersuchungen Dritter eigenverantwortlich **verwerten**[42]. Bei der Frage nach Art und Umfang der Verwertung sind neben der sachlichen Kompetenz und beruflichen Qualifikation des Dritten auch persönliche Voraussetzungen wie Kompetenz, Fähigkeiten und Objektivität sowie die Eignung der Tätigkeit des Dritten als Prüfungsnachweis für die relevante Aussage beurteilen[43].

60.27

Eine Verwendung der Arbeiten von Dritten kommt in folgenden Fällen in Betracht:

60.28

– Verwertung der Arbeit eines anderen externen Prüfers[44],
– Verwertung der Arbeit der Internen Revision[45],
– Verwertung der Arbeit von Sachverständigen (Personen, Unternehmen oder sonstige Einrichtungen, soweit sie in Bereichen außerhalb der Rechnungslegung oder Abschlussprüfung über spezielle Fähigkeiten, Kenntnisse und Erfahrungen verfügen und in dieser Eigenschaft tätig werden, z.B. Versicherungsmathematiker, Ingenieure, EDV-Spezialisten)[46].

3. Bestellung des Abschlussprüfers

Die Bestellung des Abschlussprüfers wird in § 318 HGB geregelt. Diese Vorschrift enthält einen komplexen Regelungsmechanismus, der unterschiedliche Möglichkeiten für die Bestellung eröffnet.

60.29

a) Wahl des Abschlussprüfers

Die Bestellung des Abschlussprüfers ist die Grundlage für dessen Tätigwerden. Die für die Bestellung erforderlichen Verfahrensschritte sind **Wahl, Auftragserteilung und Annahme des Prüfungsauftrags**. Der Abschlussprüfer für die gesetzliche Jahresabschlussprüfung wird nach § 318 Abs. 1 Satz 1 HGB **von**

60.30

---

40 IDW PS 202 Rz. 1.
41 IDW PS 202 Rz. 7 f. bzw. 14 ff.
42 *WP-Handbuch 2021*, Wirtschaftsprüfung und Rechnungslegung, Abschn. L Rz. 463.
43 Z.B. IDW PS 300 n.F. Rz. 9 für den Fall der Verwertung der Tätigkeit eines Sachverständigen der gesetzlichen Vertreter.
44 IDW PS 320 n.F.
45 IDW PS 321 Rz. 11 ff.
46 IDW PS 322; IDW PS 300 n.F. Rz. 9, A 31 bis A 44.

den Gesellschaftern gewählt, bei der AG also von der Hauptversammlung. Der Aufsichtsrat hat dann unverzüglich (ohne schuldhaftes Zögern, § 121 Abs. 1 BGB) nach der Wahl den **Prüfungsauftrag zu erteilen** (§ 318 Abs. 1 Satz 4 HGB). Mit der **Annahme des Prüfungsauftrags** erhält der gewählte Prüfer den Status des gesetzlichen Abschlussprüfers. Voraussetzung ist allerdings, dass die in den §§ 319 bis 319b HGB gestellten Anforderungen an die Person des Abschlussprüfers erfüllt sind (vgl. Rz. 60.34 ff.).

60.31 Wird entgegen der Vorschrift des § 318 Abs. 1 HGB von dem zuständigen Wahlorgan kein Abschlussprüfer gewählt, so hat dies **keine Sanktionen** gegen das Wahlorgan zur Folge[47]. Um die Bestellung eines Abschlussprüfers zu sichern, ist in § 318 Abs. 4 HGB das Verfahren der gerichtlichen Bestellung vorgesehen (vgl. dazu Rz. 60.61 ff.). Eine indirekte Sanktion, die zu einer rechtzeitigen Bestellung des Abschlussprüfers führen dürfte, stellt die Regelung des § 316 Abs. 1 Satz 2 HGB dar, wonach der Jahresabschluss nur nach erfolgter Prüfung festgestellt werden kann, was wiederum Voraussetzung für die Gewinnausschüttung ist (§§ 58, 174 AktG)[48].

60.32 In § 119 Abs. 1 Nr. 4 AktG ist für die AG zwingend vorgeschrieben, dass der Abschlussprüfer **von der Hauptversammlung** gewählt werden muss. Der **Aufsichtsrat** schlägt der Hauptversammlung einen Abschlussprüfer zur Wahl vor (§ 124 Abs. 3 AktG). Das Recht, Vorschläge zur Beschlussfassung zur Wahl des Abschlussprüfers zu machen, steht dabei **grundsätzlich** dem Aufsichtsrat zu, der sich dabei im Fall von Unternehmen von öffentlichem Interesse auf die Empfehlung des Prüfungsausschusses zu stützen hat (§ 124 Abs. 3 Satz 2 AktG). Der Vorschlag hat insofern diskriminierungsfrei zu erfolgen, als Vereinbarungen, die den Kreis der potentiellen Abschlussprüfer auf bestimmte Kategorien oder Listen von Prüfern beschränken, nichtig sind (§ 318 Abs. 1a HGB). Die Hauptversammlung ist zwar nicht an diesen Vorschlag gebunden, wird ihm in der Praxis allerdings idR. zustimmen[49]. Sie kann auch eigene Vorschläge zur Wahl des Abschlussprüfers machen (§§ 127, 126 AktG)[50]. Der Abschlussprüfer soll nach § 318 Abs. 1 Satz 3 HGB jeweils **vor Ablauf des Geschäftsjahrs** gewählt werden, auf das sich seine Prüfungstätigkeit erstreckt. Die frühzeitige Wahl soll gewährleisten, dass für die Planung, Vorbereitung und Durchführung der Abschlussprüfung ausreichend Zeit zur Verfügung steht. So soll beispielsweise die Teilnahme an der zum Abschlussstichtag stattfindenden Inventur sowie die Durchführung von Vor- bzw. Zwischenprüfungen vor dem Abschlussstichtag möglich sein[51].

60.33 Für die Bestellung des gesetzlichen Abschlussprüfers bei **Unternehmen von öffentlichem Interesse** enthält Art. 16 Abs. 3 EU-APrVO weitergehende Vorschriften, die bei der Auswahl des Abschlussprüfers zu beachten sind. Sofern ein bestehendes Prüfungsmandat nicht lediglich erneuert, sondern die Bestellung eines neuen Abschlussprüfers eingeleitet wird, hat dies in Form eines **diskriminierungsfreien Ausschreibungsverfahrens** zu erfolgen, zu dem das Unternehmen beliebige Abschlussprüfer zur Teilnahme auffordern kann (Art. 16 Abs. 3 Buchst. a EU-APrVO), die auf der Grundlage von Ausschreibungsunterlagen Angebote abgeben können. Auf der Grundlage von in den Ausschreibungsunterlagen festgelegten Auswahlkriterien erstellt das Unternehmen einen Bericht über die im Auswahlverfahren gezogenen Schlussfolgerungen, der nach Validierung durch den Prüfungsausschuss die Grundlage für dessen Empfehlung an den Aufsichtsrat ist. Dabei hat diese Empfehlung mindestens zwei Vorschläge und die Präferenz des Prüfungsausschusses für einen der vorgeschlagenen Abschlussprüfer zu enthalten. Nach Art. 16 Abs. 3 Buchst. f EU-APrVO muss das geprüfte Unternehmen auf Verlangen gegenüber der Abschlussprüferaufsichtskommission auf Verlangen zum Nachweis in der Lage sein, dass das Auswahlverfahren in fairer Weise durchgeführt wurde.

60.34 Nach Art. 17 Abs. 1 EU-APrVO ist grundsätzlich eine **Höchstlaufzeit von zehn Jahren** vorgesehen. Danach hat eine sog. externe Rotation zu erfolgen, so dass nach dieser Höchstlaufzeit der bisherige

---

47 *ADS*, 6. Aufl. 2000, § 318 HGB Rz. 462.
48 *ADS*, 6. Aufl. 2000, § 318 HGB Rz. 466.
49 *ADS*, 6. Aufl. 2000, § 318 HGB Rz. 107.
50 *Ebke* in MünchKomm. HGB, 4. Aufl. 2020, § 318 HGB Rz. 5.
51 *Wiedmann/Böcking/Gros*, § 318 HGB Rz. 8; *Schmidt/Heinz* in BeckBilkomm., § 318 HGB Rz. 20.

Abschlussprüfer und Mitglieder aus dessen Netzwerk für einen Zeitraum von vier Jahren bei dem betreffenden Unternehmen von öffentlichem Interesse keine Abschlussprüfungen mehr durchführen darf (Art. 17 Abs. 3 EU-APrVO). Auf der Grundlage der eingeräumten Mitgliedstaatenrechte hatte der deutsche Gesetzgeber zunächst eine **Verlängerungsoption** auf 20 Jahre vorgesehen, wenn der Wahl des Abschlussprüfers für das elfte Jahr **Auswahl- und Vorschlagsverfahren** vorausgeht (§ 318 Abs. 1a Satz 1 HGB a.F.). Auf der gleichen Grundlage wurde in § 318 Abs. 1a Satz 2 HGB a.F. eine Verlängerung auf 24 Jahre eingeräumt, sofern mehrere Abschlussprüfer zur gemeinsamen Prüfungsdurchführung (**Joint Audit**) bestellt werden. Beide Verlängerungsoptionen kamen lediglich bei der Prüfung von kapitalmarktorientierten Unternehmen zum Tragen, die keine Kreditinstitute oder Versicherungen sind (§ 340k Abs. 1 Satz 1, § 341k Abs. 1 Satz 1 HGB jeweils a.F.). Durch das Gesetz zur Stärkung der Finanzmarktintegrität (FISG)[52] wurden diese auf dem Mitgliedstaatenwahlrecht beruhenden Verlängerungsoptionen gestrichen, so dass nunmehr bei Unternehmen von öffentlichem Interesse ausnahmslos nach zehn Jahren ein Wechsel des Abschlussprüfers erfolgen muss.[53]

Die externe Rotation tritt damit bei der Prüfung von Unternehmen von öffentlichem Interesse neben die **interne Rotation**. Darunter wird die in Art. 17 Abs. 7 Unterabs. 1 Satz 1 EU-APrVO enthaltene Anforderung verstanden, wonach die verantwortlichen Prüfungspartner ihre Teilnahme an der Abschlussprüfung spätestens sieben Jahre nach dem Datum ihrer Bestellung beenden müssen und erst nach einer Cooling off-Phase von drei Jahren wieder an der Abschlussprüfung mitwirken können. Durch das FISG hat der deutsche Gesetzgeber den Zeitraum für die Beteiligung an der Prüfung auf fünf Jahre reduziert (§ 43 Abs. 6 Satz 2 WPO). 60.34a

§ 318 Abs. 1 Satz 3 HGB ist als Soll-Vorschrift ausgestaltet, so dass auch eine Wahl nach dem Abschlussstichtag nicht ausgeschlossen ist, wenngleich die gesetzlichen Vertreter aufgrund von § 318 Abs. 4 Satz 3 HGB verpflichtet sind, nach Ablauf des Geschäftsjahres einen Antrag auf Bestellung eines Abschlussprüfers zu stellen, sofern bis zum Ende des Geschäftsjahrs keine Wahl erfolgt ist[54]. Grundsätzlich ist aber die Wahl des Abschlussprüfers **auch nach Ablauf des Geschäftsjahrs** noch zulässig, solange keine gerichtliche Bestellung erfolgt ist. Der Antrag auf gerichtliche Bestellung schließt nämlich die Wahl durch das zuständige Wahlorgan nicht aus; erst eine nach der gerichtlichen Bestellung vorgenommene Wahl ist unwirksam, da mit der rechtskräftigen Bestellung des Abschlussprüfers durch das Gericht die Wahlbefugnis des zuständigen Wahlorgans erlischt[55]. Zu Einzelheiten der gerichtlichen Bestellung vgl. Rz. 60.61 ff. 60.35

Den für die Wahl zum Abschlussprüfer **in Frage kommenden Personenkreis** regeln die §§ 319, 319b HGB. Nach § 319 Abs. 1 HGB können nur Wirtschaftsprüfer und Wirtschaftsprüfungsgesellschaften Abschlussprüfer sein; in Ausnahmefällen (bei mittelgroßen GmbH oder mittelgroßen Personenhandelsgesellschaften i.S.d. § 264a Abs. 1 HGB) können auch vereidigte Buchprüfer und Buchprüfungsgesellschaften Abschlussprüfer sein. Außerdem müssen die Abschlussprüfer sich einer Qualitätskontrolle nach § 57a WPO unterziehen. Bei der AG kommen allein schon aufgrund der Rechtsform nur Wirtschaftsprüfer und Wirtschaftsprüfungsgesellschaften als Abschlussprüfer in Frage. 60.36

In § 319 Abs. 2 HGB wird der zentrale **Grundsatz zur Unabhängigkeit** des Abschlussprüfers festgelegt. Danach darf ein Wirtschaftsprüfer oder vereidigter Buchprüfer nicht Abschlussprüfer sein, wenn während des Geschäftsjahres, für dessen Schluss der zu prüfende Jahresabschluss aufgestellt wird, oder während der Abschlussprüfung Gründe vorliegen, nach denen die Besorgnis der Befangenheit besteht. Dies können insbesondere Beziehungen geschäftlicher, finanzieller oder persönlicher Art sein, die in § 319 Abs. 3 HGB und in § 319b HGB konkretisiert werden. Die Ausschlussgründe für Wirtschaftsprüfer gelten nach dem Gesetzeswortlaut nicht nur dann, wenn der Abschlussprüfer selbst die Tat- 60.37

---

52 BGBl. I 2021, 1534.
53 *Quick*, DB 2021, 125 ff., auch zu den positiven und negativen Effekten einer externen Pflichtrotation.
54 *Schmidt/Heinz* in BeckBilkomm., § 318 HGB Rz. 21.
55 ADS, 6. Aufl. 2000, § 318 HGB Rz. 405; *Schmidt/Heinz* in BeckBilkomm., § 318 HGB Rz. 22.

bestandsvoraussetzungen erfüllt, sondern auch, wenn dies für eine Person gilt, mit der er seinen Beruf gemeinsam ausübt (sog. **Sozietätsklausel**)[56] oder für ein verbundenes Unternehmen oder einer anderen in § 319 Abs. 4 HGB genannten Person. Vergleichbares gilt nach § 319b HGB, wenn Ausschlussgründe bei Abschlussprüfern vorliegen, die einem Netzwerk angehören. Die Ausschlusstatbestände enthalten die unwiderlegbare Vermutung, dass ein Abschlussprüfer bei ihrer Erfüllung nicht beruflich unabhängig und unbefangen ist[57]. Da die Vorschrift verschuldensunabhängig ist, muss der Abschlussprüfer vor der Annahme eines Prüfungsauftrags prüfen, ob ein gesetzlicher Ausschlusstatbestand vorliegt. Die Ausschlussgründe für Wirtschaftsprüfer gelten nach dem Gesetzeswortlaut nicht nur dann, wenn der Abschlussprüfer selbst die Tatbestandsvoraussetzungen erfüllt, sondern auch, wenn dies für eine Person gilt, mit der er seinen Beruf gemeinsam ausübt (sog. **Sozietätsklausel**)[58]. Die Vorschrift des § 319a Abs. 1 HGB enthielt ergänzend besondere Ausschlussgründe bei Unternehmen von öffentlichem Interesse, soweit es sich um Nichtprüfungsleistungen handelt, bei denen vom Mitgliedstaatenwahlrecht Gebrauch gemacht wurde, die im Grundsatz verbotenen Nichtprüfungsleistungen unter bestimmten Voraussetzungen zuzulassen. Durch das Gesetz zur Stärkung der Finanzmarktintegrität (FISG)[59] wurde das bisher vom deutschen Gesetzgeber genutzte Mitgliedstaatenwahlrecht zur Zulassung von bestimmten Steuerberatungs- und Bewertungsleistungen aufgehoben, so dass nunmehr das umfassende Verbot von solchen Leistungen auch in Deutschland gilt[60].

60.38 Die Liste der verbotenen Nichtprüfungsleistungen nach Art. 5 EU-APrVO umfasst folgende Leistungen:

- bestimmte Steuerberatungsleistungen;
- Managementleistungen;
- Buchhaltung und Abschlusserstellung;
- Lohn- und Gehaltsabrechnung;
- Gestaltung und Umsetzung interner Kontroll- oder Risikomanagementverfahren, die bei der Erstellung und/oder Kontrolle von Finanzinformationen oder Finanzinformationstechnologiesystemen zum Einsatz kommen;
- Bewertungsleistungen;
- bestimmte juristische Leistungen;
- Leistungen im Zusammenhang mit der internen Revision des geprüften Unternehmens;
- bestimmte Leistungen im Zusammenhang mit der Finanzierung, der Kapitalstruktur und -ausstattung sowie der Anlagestrategie des geprüften Unternehmens;
- Werbung für, Handel mit oder Zeichnung von Aktien des geprüften Unternehmens;
- bestimmte Personaldienstleistungen.

60.39 Ist eine Person zum Abschlussprüfer bestellt worden, die nicht als Wirtschaftsprüfer oder Wirtschaftsprüfungsgesellschaft zugelassen ist und damit nicht die Voraussetzung von § 319 Abs. 1 HGB erfüllt, so sind der Wahlbeschluss der Hauptversammlung und damit der Bestellungsakt **nichtig**. Dies ergibt sich für die AG aus § 241 Nr. 3 AktG, denn bei § 319 HGB handelt es sich um eine Vorschrift, die im öffentlichen Interesse erlassen ist[61]. Nach § 256 Abs. 1 Nr. 3 AktG ist im Falle der Durchführung der

---

56 *Schmidt/Nagel* in BeckBilkomm., § 319 HGB Rz. 31.
57 *Schmidt/Nagel* in BeckBilkomm., § 319 HGB Rz. 2.
58 *Schmidt/Nagel* in BeckBilkomm., § 319 HGB Rz. 31.
59 BGBl. I 2021,. 1534.
60 *Quick*, DB 2021, 127 f.
61 ADS, 6. Aufl. 2000, § 319 HGB Rz. 243 f.; *Schmidt/Nagel* in BeckBilkomm., § 319 HGB Rz. 92; *Hüffer/Koch*, § 241 AktG Rz. 19.

Abschlussprüfung dann aber auch der Jahresabschluss nichtig, da er von Personen geprüft wurde, die nicht zum Abschlussprüfer bestellt sind. Ein Verstoß gegen die Regelungen des § 319 Abs. 2 bis 5 HGB und Art. 4 und 5 EU-APrVO führt dagegen nicht zur Nichtigkeit des Jahresabschlusses, da diese Vorschriften von § 256 Abs. 1 Nr. 3 AktG nicht erfasst werden; stattdessen ist der Verstoß als Ordnungswidrigkeit nach § 334 Abs. 2 HGB mit Bußgeld bedroht. Dies wird damit begründet, dass in diesem Fall die Nichtigkeitsfolge unverhältnismäßig und daher unangemessen wäre, weil das Vorliegen von solchen Ausschlussgründen der Einflusssphäre der zu prüfenden Gesellschaft weitgehend entzogen und für sie auch nur schwer erkennbar ist[62].

Die Vorschriften des § 318 HGB zur Bestellung des Abschlussprüfers gelten auch für die Jahres- und Konzernabschlussprüfung von **Kredit- und Finanzdienstleistungsinstituten** sowie von **Versicherungsunternehmen**. Ferner ist von diesen Unternehmen der Abschlussprüfer der BaFin (§ 28 Abs. 1 KWG, § 36 VAG) und im Fall von Kredit- und Finanzdienstleistungsinstituten zusätzlich der Bundesbank anzuzeigen, die die Bestellung eines anderen Abschlussprüfers verlangen können.

60.40

b) Erteilung und Annahme des Prüfungsauftrags

Das zuständige Organ hat nach § 318 Abs. 1 Satz 4 HGB **unverzüglich** den Prüfungsauftrag zu erteilen. Dies erfolgt durch den Abschluss eines Vertrages über die Durchführung der Prüfung. Der **Prüfungsauftrag** kommt durch eine schuldrechtliche Vereinbarung zwischen Gesellschaft und Abschlussprüfer zustande, wobei die Gesellschaft durch das nach Gesetz oder Gesellschaftsvertrag hinsichtlich der Auftragserteilung vertretungsberechtigte Organ handelt[63]. Bei der AG ist dies der Aufsichtsrat (§ 111 Abs. 2 Satz 3 AktG). Die unverzügliche Auftragserteilung liegt einerseits im Interesse der Gesellschaft, da der Abschlussprüfer dann rechtzeitig mit der Prüfungsplanung und -durchführung beginnen sowie Vor- bzw. Zwischenprüfungen vornehmen kann, andererseits aber auch im öffentlichen Interesse, weil so eine zügige Durchführung des Prüfungs-, Feststellungs- und Offenlegungsverfahrens gewährleistet ist[64].

60.41

Die Ansiedlung der Kompetenz zur Auftragserteilung beim Aufsichtsrat unterstreicht sowohl die Unterstützungsfunktion des Abschlussprüfers für den Aufsichtsrat bei der Bewältigung seiner Überwachungstätigkeit als auch die Unabhängigkeit des Abschlussprüfers vom Vorstand[65].

60.42

Die im Rahmen der Auftragserteilung erforderlichen **Beschlüsse**, also insbesondere die Formulierung und Erteilung des Prüfungsauftrags, fasst der Aufsichtsrat als **Gesamtorgan**[66]. Diese Aufgabe kann auch nicht an einen Aufsichtsrats-Ausschuss (Prüfungsausschuss) überwiesen werden[67]. Die Übertragung von vorbereitenden Arbeiten zur Auftragserteilung, wie z.B. Verhandlungen über das Honorar und die personelle Ausgestaltung des Prüfungsauftrags, an einen Prüfungsausschuss ist dagegen möglich[68].

60.43

Der **Aufsichtsratsvorsitzende** als Vertreter des Aufsichtsrats gemäß § 107 Abs. 1 Satz 1 AktG vertritt die zu prüfende Gesellschaft beim Vertragsabschluss und der Auftragserteilung[69]. Der Prüfungsauftrag ist daher auch zwingend vom Aufsichtsratsvorsitzenden bzw. bei Verhinderung durch einen seiner Stellvertreter zu unterzeichnen. Es kann davon ausgegangen werden, dass die Unterzeichnung allein durch den Aufsichtsratsvorsitzenden vorgenommen werden kann, der gewissermaßen der „geborene Erklä-

60.44

---

62 BT-Drucks. 10/317, S. 96, 101, 106; BT-Drucks. 10/4268, S. 127; *ADS*, 6. Aufl. 2000, § 319 HGB Rz. 250; *Lutter* in FS Semler, 1993, S. 837 ff.
63 IDW PS 220 Rz. 5.
64 *ADS*, 6. Aufl. 2000, § 318 HGB Rz. 140.
65 BT-Drucks. 13/9712, S. 16.
66 *Theisen*, DB 1999, 341, 344.
67 *Ziemons*, DB 2000, 77, 81; *Dörner*, DB 2000, 101; *Theisen*, DB 1999, 345.
68 *Theisen*, DB 1999, 341, 345.
69 *Theisen*, DB 1999, 341, 343.

rungsvertreter" des Aufsichtsrats ist[70]. Aufgrund von § 111 Abs. 5 AktG kann diese Aufgabe auch nicht im Innenverhältnis delegiert werden[71].

60.45 Vor der Auftragsannahme hat der Abschlussprüfer in jedem Fall zu prüfen, ob der Prüfungsauftrag nach den Berufspflichten angenommen werden darf und ob die für eine sachgerechte Prüfungsdurchführung erforderlichen besonderen Kenntnisse und Erfahrungen vorliegen[72]. Liegt beispielsweise einer der Ausschlusstatbestände der §§ 319, 319b HGB vor, dann muss der Abschlussprüfer den Prüfungsauftrag **ablehnen**; in diesem Fall kann ein anderer Prüfer gewählt werden oder der Antrag auf gerichtliche Bestellung eines Abschlussprüfers nach § 318 Abs. 4 HGB (vgl. Rz. 60.61 ff.) gestellt werden[73].

60.46 Die Erklärung über die Auftragsannahme durch den Abschlussprüfer sollte vor Beginn der Prüfungshandlungen aus Nachweisgründen **schriftlich** erfolgen[74]. Mit der Annahme des Prüfungsauftrags durch den Abschlussprüfer entsteht ein **schuldrechtlicher Prüfungsvertrag**, der einen Geschäftsbesorgungsvertrag nach § 675 BGB darstellt, auf den ein Teil der Vorschriften über den Auftrag entsprechend anzuwenden ist[75]. Die Geschäftsbesorgung enthält dabei sowohl Elemente des Dienstvertrags (Erbringung der Prüfungsleistung) als auch Elemente des Werkvertrags (Erstattung des Prüfungsberichts); insofern stellt der Prüfungsvertrag einen typengemischten Vertrag besonderer Art dar[76].

60.47 Obwohl sich im Fall der gesetzlichen Abschlussprüfung wesentliche Inhalte für den Auftrag bereits aus dem Gesetz ergeben, ist ein **Auftragsbestätigungsschreiben**, das die Festlegungen zu Ziel und Umfang der Abschlussprüfung, zu den Pflichten des Abschlussprüfers gegenüber dem Auftraggeber und zur Form der Berichterstattung enthält, zur Verdeutlichung des Prüfungsauftrags und zur Vermeidung von Missverständnissen und falschen Erwartungen beim Auftraggeber sinnvoll[77]. Vertragsrechtlich kann das Auftragsbestätigungsschreiben entweder der Dokumentation von getroffenen Vereinbarungen dienen oder lediglich eine Willenserklärung zum Vertragsabschluss (Antrag oder Annahme) darstellen bzw. dokumentieren. Das Auftragsbestätigungsschreiben ist an das zuständige Organ zu richten, bei der AG also an den Aufsichtsrat.

60.48 Will der Abschlussprüfer den Prüfungsauftrag **nicht annehmen**, so hat er dies gegenüber dem Auftraggeber unverzüglich zu erklären, um aus einer schuldhaften Verzögerung dieser Erklärung resultierende Schadensersatzansprüche zu vermeiden (§ 51 WPO).

60.49 Einstweilen frei.

c) Widerruf des Prüfungsauftrags

60.50 Nach § 318 Abs. 1 Satz 5 HGB kann der Prüfungsauftrag **durch die Gesellschaft** nur **widerrufen** werden, wenn nach § 318 Abs. 3 HGB aus einem in der Person des Abschlussprüfers liegenden Grund vom Gericht ein anderer Abschlussprüfer bestellt worden ist.

60.51 Mit Ausnahme einer **Kündigung aus wichtigem Grund** nach § 318 Abs. 6 HGB (vgl. Rz. 60.67 ff.) entfällt somit für die Vertragsparteien die Möglichkeit einer ordentlichen Kündigung oder einvernehmlichen Aufhebung des Prüfungsvertrags.

---

70 *Schindler/Rabenhorst*, BB 1998, 1886, 1887; *Mertens/Cahn* in KölnKomm. AktG, 3. Aufl. 2013, § 107 AktG Rz. 51.
71 *Theisen*, DB 1999, 341, 343.
72 IDW PS 220 Rz. 11; IDW, WPg 1995, 824 ff.
73 ADS, 6. Aufl. 2000, § 318 HGB Rz. 198.
74 IDW PS 220 Rz. 6.
75 ADS, 6. Aufl. 2000, § 318 HGB Rz. 191.
76 ADS, 6. Aufl. 2000, § 318 HGB Rz. 192.
77 IDW PS 220 Rz. 13, 14 sowie zum Inhalt des Auftragsbestätigungsschreibens IDW PS 220, Rz. 18 ff.

Der Widerruf setzt eine **gerichtliche Entscheidung** nach § 318 Abs. 3 HGB voraus, durch die ein anderer Abschlussprüfer bestellt worden ist. Vor dem Widerruf muss daher die formelle Rechtskraft der gerichtlichen Entscheidung abgewartet werden, da gegen die Entscheidung des Gerichts die sofortige Beschwerde und darauf die sofortige weitere Beschwerde zulässig sind[78]. 60.52

Der Widerruf wird durch die gesetzlichen Vertreter oder sonstige Vertreter der Gesellschaft **erklärt**. Bei Auftragserteilung durch den Aufsichtsrat kann auch dieser den Widerruf erklären; eine ausschließliche Vertretungsmacht des Aufsichtsrats für diese eher technische Handlung dürfte im Hinblick auf Sinn und Zweck der Auftragserteilung nach § 111 Abs. 2 Satz 3 AktG nicht gegeben sein, so dass auch in diesem Fall die gesetzlichen oder sonstigen Vertreter den Widerruf erklären können[79]. Der Widerruf muss dem Abschlussprüfer zugehen. 60.53

d) Sonderfälle des § 318 HGB

aa) Bestellung des Konzernabschlussprüfers

Als Abschlussprüfer des Konzernabschlusses gilt, sofern **kein anderer** Abschlussprüfer bestellt ist, der **Abschlussprüfer des Mutterunternehmens** als bestellt (§ 318 Abs. 2 Satz 1 HGB). Diese Fiktion gilt nicht nur bei der Bestellung des Abschlussprüfers durch die Gesellschaft, sondern auch bei der gerichtlichen Bestellung nach § 318 Abs. 4 HGB[80]. Für die Identität der Abschlussprüfer von Jahresabschluss des Mutterunternehmens und Konzernabschluss spricht, dass dieser die Verhältnisse des Mutterunternehmens und häufig auch die Verhältnisse der wichtigsten Konzernunternehmen kennt; andererseits ist aber auch denkbar, dass die Kapazität des Abschlussprüfers des Mutterunternehmens nicht für die Konzernabschlussprüfung ausreicht[81]. Die Fiktion ist daher **nicht zwingend**, sondern es kann auch ein besonderer Konzernabschlussprüfer gewählt werden. 60.54

bb) Gerichtliche Ersetzung

Das Gericht hat nach § 318 Abs. 3 Satz 1 Nr. 1 HGB auf Antrag einen anderen Abschlussprüfer zu bestellen, wenn dies aus einem **in der Person** des gewählten Prüfers liegenden Grund erforderlich erscheint. Einen solchen Grund stellt insbesondere die **Besorgnis der Befangenheit** (§ 319 Abs. 2 bis 5 HGB, § 319b HGB) dar. Das Ersetzungsverfahren nach § 318 Abs. 3 HGB gilt nur für die **gesetzliche Pflichtprüfung**, nicht für durch Satzung vorgeschriebene oder sonstige freiwillige Prüfungen[82]. Weitere Antragsgründe für eine gerichtliche Ersetzung bei der Prüfung von Unternehmen von öffentlichem Interesse sind Verstöße gegen Vorschriften der EU-APrVO bei der Bestellung des Abschlussprüfers oder die Vorschriften zur Laufzeit des Prüfungsmandats (§ 318 Abs. 3 Satz 1 Nr. 2 HGB). 60.55

Antragsberechtigt sind nach § 318 Abs. 3 Satz 1 HGB die gesetzlichen Vertreter, der Aufsichtsrat und die Gesellschafter; bei der AG müssen dazu jedoch die Anteile dieser Aktionäre zusammen 5 % des gezeichneten Kapitals oder einen Börsenwert von 500.000 Euro erreichen. Die Aktionäre sind außerdem nur dann zur Antragstellung berechtigt, wenn sie bei der Beschlussfassung gegen die Wahl des Prüfers Widerspruch erklärt haben und seit mindestens drei Monaten vor dem Tag der Wahl des Abschlussprüfers Inhaber der Aktien sind (§ 318 Abs. 3 Satz 2 Halbsatz 2, Satz 4 HGB). Zur Glaubhaftmachung des dreimonatigen Aktienbesitzes genügt nach § 318 Abs. 3 Satz 5 HGB eine eidesstattliche Versicherung vor einem Notar. Unterliegt die Gesellschaft einer staatlichen **Aufsicht**, dann kann nach § 318 Abs. 3 Satz 6 HGB auch die Aufsichtsbehörde den Antrag stellen. Diese Regelung bezieht sich insbesondere auf Nicht-Kapitalgesellschaften, die beispielsweise als Unternehmen in der Rechtsform 60.56

---

78 *ADS*, 6. Aufl. 2000, § 318 HGB Rz. 265, 382.
79 *ADS*, 6. Aufl. 2000, § 318 HGB Rz. 265 f.
80 *ADS*, 6. Aufl. 2000, § 318 HGB Rz. 286, 291.
81 *ADS*, 6. Aufl. 2000, § 318 HGB Rz. 285.
82 *ADS*, 6. Aufl. 2000, § 318 HGB Rz. 316 f.

einer Körperschaft, Anstalt oder Stiftung des öffentlichen Rechts oder eines Vereins oder einer Stiftung des privaten Rechts einer staatlichen Aufsicht nach Bundes- oder Landesrecht unterliegen[83]; für ein entsprechendes Antragsrecht der Bundesanstalt für Finanzdienstleistungsaufsicht (BaFin) dürfte dagegen aufgrund ihrer im Vergleich hierzu weitergehenden speziellen Befugnisse (z.B. § 28 Abs. 1, 2 KWG, § 36 VAG) kein Raum sein.

60.57 Durch das Ersetzungsverfahren können Bedenken gegen einen Prüfer in einem schnellen und einfachen Verfahren der freiwilligen Gerichtsbarkeit geltend gemacht und sichergestellt werden, dass die Abschlussprüfung durch einen geeigneten Prüfer durchgeführt wird[84]. Das Gericht hat dabei rechtliches Gehör zu gewähren, das allen Verfahrensbeteiligten (Antragsteller, zu prüfende Gesellschaft und gewählter Abschlussprüfer) zusteht[85].

60.58 Das Ersetzungsverfahren besteht aus der **Abberufung** des gewählten Prüfers und der **Bestellung** eines anderen Prüfers durch das Gericht, das dabei den Vorschlägen der Antragsteller und der anderen Beteiligten folgen kann[86].

60.59 Nach § 318 Abs. 3 Satz 2 HGB ist der Antrag auf gerichtliche Ersetzung des Abschlussprüfers binnen **zwei Wochen** seit dem Tag der Wahl des Abschlussprüfers zu stellen. Im Falle einer Fristversäumung sind eine Wiedereinsetzung in den vorigen Stand, eine Unterbrechung oder eine Hemmung der Frist nicht möglich, da es sich um eine zwingende Ausschlussfrist handelt[87]. So bewirken beispielsweise spätere Erkenntnisse über die materiellen Antragsvoraussetzungen oder späteres bekannt werden der Wahl keine Hemmung des Fristablaufs oder des Fristbeginns[88]. Wenn die Ersetzungsgründe jedoch erst nach der Wahl eintreten oder erkennbar werden, beginnt die Zwei-Wochen-Frist entsprechend später (§ 318 Abs. 3 Satz 3 HGB).

60.60 Gegen die Entscheidung des Gerichts ist nach § 318 Abs. 3 Satz 8 HGB die sofortige Beschwerde nach den Bestimmungen des FamFG zulässig[89].

cc) **Gerichtliche Bestellung**

60.61 Das gerichtliche Bestellungsverfahren nach § 318 Abs. 4 HGB zielt im Unterschied zum gerichtlichen Ersetzungsverfahren nicht darauf ab, die Bestellung des Abschlussprüfers durch die Gesellschaft zu überprüfen und ggf. zu korrigieren, sondern soll die rechtzeitige Durchführung der Abschlussprüfung sichern, wenn die Wahl des Abschlussprüfers nicht zum Erfolg geführt hat[90].

60.62 In § 318 Abs. 4 Satz 1 HGB wird festgelegt, dass das Gericht **auf Antrag** der gesetzlichen Vertreter, des Aufsichtsrats oder eines Gesellschafters den Abschlussprüfer zu bestellen hat, wenn dieser **bis zum Ablauf des Geschäftsjahrs** nicht gewählt worden ist. Das gleiche gilt, wenn ein gewählter Abschlussprüfer die Annahme des Prüfungsauftrags abgelehnt hat, weggefallen oder am rechtzeitigen Abschluss der Prüfung verhindert ist und ein anderer Abschlussprüfer nicht gewählt worden ist (§ 318 Abs. 4 Satz 2 HGB). Die gesetzlichen Vertreter sind nach § 318 Abs. 4 Satz 3 HGB zur Antragstellung ver-

---

83 *Schmidt/Heinz* in BeckBilkomm., § 318 HGB Rz. 73.
84 *ADS*, 6. Aufl. 2000, § 318 HGB Rz. 315.
85 *Wiedmann/Böcking/Gros*, § 318 HGB Rz. 17.
86 *Schmidt/Heinz* in BeckBilkomm., § 318 HGB Rz. 82.
87 *Schmidt/Heinz* in BeckBilkomm., § 318 HGB Rz. 80.
88 *ADS*, 6. Aufl. 2000, § 318 HGB Rz. 340; *Schmidt/Heinz* in BeckBilkomm., § 318 HGB Rz. 80; *Baetge/Thiele* in Küting/Weber, Handbuch der Rechnungslegung, Einzelabschluss: Kommentar zur Bilanzierung und Prüfung, § 318 HGB Rz. 95.
89 *Schmidt/Heinz* in BeckBilkomm., § 318 HGB Rz. 82.
90 *Wiedmann/Böcking/Gros*, § 318 HGB Rz. 22.

pflichtet. Verletzen sie diese Pflicht, sind sie nach § 93 Abs. 2 Satz 1 AktG gegenüber der Gesellschaft schadensersatzpflichtig.

Von praktischer Bedeutung ist die gerichtliche Bestellung auch in Fällen, in denen die Wahl des Abschlussprüfers angefochten und für nichtig erklärt wird. Selbst wenn die Rechtskraft einer dahingehenden gerichtlichen Entscheidung noch aussteht, kann es angezeigt sein, durch die die **Bestellung im gerichtlichen Verfahren** als „vorbeugende Maßnahme"[91] eine wirksame Bestellung des Abschlussprüfers zu gewährleisten[92]. Dabei kann der gerichtlich bestellte Abschlussprüfer der gleiche sein wie derjenige, dessen Wahl durch die Hauptversammlung angefochten wurde. Damit wird die Wiederholung des angefochtenen Wahlbeschlusses durch eine außerordentliche Hauptversammlung zumindest in den Fällen entbehrlich, in denen die gerichtliche Bestellung in einem Zeitraum erfolgt, der noch eine fristgerechte Abschlussprüfung erlaubt. 60.62a

Zum nachträglichen **Wegfall** des gewählten Abschlussprüfers kommt es bei Tod des Prüfers, bei eintretender Geschäftsunfähigkeit oder Verlust der Bestellung als Wirtschaftsprüfer oder bei Kündigung des Prüfungsauftrags nach § 318 Abs. 6 HGB[93]. Nach dem Gesetzeswortlaut in § 318 Abs. 4 Satz 1 HGB kann der Antrag bei **fehlender Wahl** erst nach Ablauf des Geschäftsjahrs gestellt werden, und zwar auch dann, wenn abzusehen ist, dass der Wahlbeschluss vor Ablauf des Geschäftsjahrs nicht mehr zustande kommen wird und damit im Interesse einer ordnungsgemäßen Durchführung der Abschlussprüfung eigentlich eine möglichst zeitnahe Antragstellung sinnvoll wäre[94]. Dies gilt aufgrund des Verweises in § 318 Abs. 4 Satz 2 HGB auch für die weiteren Antragsgründe[95]. 60.63

Eine **nicht rechtzeitige Beendigung** der Prüfung kann sich aus Krankheit, Zeit- oder Mitarbeitermangel oder einem anderweitigen Ausfall des Abschlussprüfers ergeben. Dabei stellen jedoch solche Umstände, die durch den Einsatz zusätzlicher geeigneter Mitarbeiter ausgeglichen werden können, keinen Grund i.S.v. § 318 Abs. 4 Satz 2 HGB dar[96]. 60.64

Gegen die Entscheidung des Gerichts kann nach § 318 Abs. 4 Satz 4 HGB sofortige Beschwerde eingelegt werden. Gegen die Beschwerdeentscheidung ist dann die sofortige weitere Beschwerde zulässig. Die Bestellung des Abschlussprüfers durch das Gericht kann aber nach § 318 Abs. 4 Satz 4 Halbsatz 2 HGB nicht mehr angefochten werden. 60.65

Der vom Gericht bestellte Abschlussprüfer hat nach § 318 Abs. 5 Satz 1 HGB Anspruch auf **Ersatz angemessener barer Auslagen** und auf **Vergütung seiner Tätigkeit**. Obwohl der Wortlaut von § 318 Abs. 5 Satz 2 HGB dies nahe legt, ist die Festsetzung der Vergütung und der Auslagen durch das Gericht nicht zwingend erforderlich; der gerichtlich bestellte Abschlussprüfer und die Gesellschaft können hierüber auch Vereinbarungen treffen (Grundsatz der Vertragsfreiheit)[97]. Setzt das zuständige Amtsgericht Vergütung und Auslagen fest, dann ist gegen die Entscheidung des Gerichts innerhalb von zwei Wochen ab Bekanntmachung des Beschlusses die sofortige Beschwerde zulässig (§§ 58 ff. FamFG), die weitere Beschwerde ist ausgeschlossen (§ 318 Abs. 5 Satz 3, 4 HGB). Nach § 318 Abs. 5 Satz 4 HGB steht dem Abschlussprüfer aus der rechtskräftigen Entscheidung ein Zwangsvollstreckungstitel nach der Zivilprozessordnung zu. 60.66

---

91 *Habersack/Schürnbrand* in Staub, 5. Aufl. 2010, § 318 HGB Rz. 72.
92 Für eine analoge Anwendung des § 318 Abs. 4 HGB in diesen Fällen: *von Falkenhausen/Kocher*, ZIP 2005, 602; *Habersack/Schürnbrand* in Staub, 5. Aufl. 2010, § 318 HGB Rz. 72; *Merkt* in Baumbach/Hopt, 40. Aufl. 2021, § 318 HGB Rz. 16; *Marsch-Barner* in FS Hommelhoff, 2012, S. 691, 694 f.
93 ADS, 6. Aufl. 2000, § 318 HGB Rz. 409; *Schmidt/Heinz* in BeckBilkomm., § 318 HGB Rz. 113.
94 ADS, 6. Aufl. 2000, § 318 HGB Rz. 401; *Baetge/Thiele* in Küting/Weber, Handbuch der Rechnungslegung, Einzelabschluss: Kommentar zur Bilanzierung und Prüfung, § 318 HGB Rz. 128.
95 *Wiedmann/Böcking/Gros*, § 318 HGB Rz. 23.
96 *Schmidt/Heinz* in BeckBilkomm., § 318 HGB Rz. 114.
97 ADS, 6. Aufl. 2000, § 318 HGB Rz. 430; *Schmidt/Heinz* in BeckBilkomm., § 318 HGB Rz. 121.

dd) Kündigung des Prüfungsauftrags

60.67 Eine Kündigung des vom Abschlussprüfer angenommenen Prüfungsauftrags kann durch die Gesellschaft überhaupt nicht und vom Abschlussprüfer nach § 318 Abs. 6 Satz 1 HGB nur **aus wichtigem Grund** vorgenommen werden. Diese Bestimmung bezweckt zum einen, die Unabhängigkeit des Abschlussprüfers gegenüber der zu prüfenden Gesellschaft zu stärken und zum anderen, der öffentlich-rechtlichen Funktion der Abschlussprüfung Rechnung zu tragen[98]. Daher ist das Vorliegen eines wichtigen Grundes nach einem strengen Maßstab zu beurteilen. Die Voraussetzungen für eine Kündigung können beispielsweise bei der Aufdeckung von Verstößen der gesetzlichen Vertreter, die sich wesentlich auf die Ordnungsmäßigkeit des Abschlusses auswirken, gegeben sein (z.B. wegen Täuschung des Abschlussprüfers, fehlender Vertrauensgrundlage)[99]. Nicht als wichtiger Grund sind nach § 318 Abs. 6 Satz 2 HGB Meinungsverschiedenheiten über den Inhalt des Bestätigungsvermerks, seine Einschränkung oder Versagung anzusehen. Auch die Verweigerung der von der zu prüfenden Gesellschaft nach § 320 Abs. 2 HGB zu erbringenden Aufklärungen und Nachweise stellt keinen eine Kündigung rechtfertigenden wichtigen Grund dar. Hierin ist vielmehr ein Prüfungshemmnis zu sehen, das zur Erklärung der Nichtabgabe eines Prüfungsurteils führt, wenn die Auswirkungen des Prüfungshemmnisses nicht nur wesentlich, sondern auch umfassend sein könnten[100].

60.68 Der Abschlussprüfer muss die Kündigung gegenüber der Gesellschaft, im Falle der AG gegenüber dem Aufsichtsrat, **erklären** und nach § 318 Abs. 6 Satz 3 HGB schriftlich **begründen**. Letzteres dient der Offenlegung und damit der Nachprüfbarkeit der Kündigungsgründe[101]. Da das Gesetz das Formerfordernis ausdrücklich nur für die Begründung der Kündigung vorsieht, nicht aber für die Kündigung selbst, wird die Kündigung bei einer Verletzung des Schriftformerfordernisses nicht unwirksam[102]; die Verletzung führt lediglich zu einer Schadensersatzpflicht[103]. Mit der Kündigung endet nicht nur der schuldrechtliche Prüfungsvertrag, sondern auch die Stellung des Prüfers als gesetzlicher Abschlussprüfer[104].

60.69 Der Abschlussprüfer hat nach der erklärten Kündigung nach § 318 Abs. 6 Satz 4 HGB über das Ergebnis seiner bisherigen Prüfung **zu berichten**, wobei für den Bericht die Vorschrift des § 321 HGB zum Prüfungsbericht entsprechend anzuwenden ist. Der Prüfungsbericht muss also schriftlich erstattet, unterzeichnet und dem Aufsichtsrat vorgelegt werden. Grundsätzlich haben die gesetzlichen Vertreter bei der Kündigung des Prüfungsauftrags durch den Abschlussprüfer nach § 318 Abs. 7 Satz 1 HGB diese dem Aufsichtsrat und der nächsten Hauptversammlung mitzuteilen; außerdem müssen sie den Bericht des bisherigen Abschlussprüfers dem Aufsichtsrat vorlegen, wobei jedes Aufsichtsratsmitglied das Recht zur Kenntnisnahme hat (§ 318 Abs. 7 Satz 2, 3 HGB). Nach § 318 Abs. 7 Satz 4 HGB ist der Bericht auch jedem Aufsichtsratsmitglied oder, soweit der Aufsichtsrat dies beschlossen hat, den Mitgliedern eines Ausschusses auszuhändigen. Da bei der AG der Prüfungsauftrag vom Aufsichtsrat erteilt wird, obliegen diese Pflichten einschließlich der Unterrichtung der gesetzlichen Vertreter dem Aufsichtsrat (§ 318 Abs. 7 Satz 5 HGB). Zudem besteht eine Unterrichtungspflicht gegenüber der Wirtschaftsprüferkammer im Fall der Kündigung oder des Widerrufs des Prüfungsauftrags (§ 318 Abs. 8 HGB).

e) Besonderheiten der Bestellung

aa) Nachtragsprüfungen

60.70 Der ursprüngliche Prüfungsauftrag für die Jahresabschlussprüfung erstreckt sich dem Grunde nach auch auf eine Nachtragsprüfung gemäß § 316 Abs. 3 HGB, so dass es hierzu **keiner erneuten Bestel-**

---

98 ADS, 6. Aufl. 2000, § 318 HGB Rz. 433; *Schmidt/Heinz* in BeckBilkomm., § 318 HGB Rz. 130.
99 IDW PS 210 Rz. 65.
100 IDW PS 405 Rz. 12.
101 ADS, 6. Aufl. 2000, § 318 HGB Rz. 445.
102 ADS, 6. Aufl. 2000, § 318 HGB Rz. 445.
103 BGH v. 18.6.1984 – II ZR 221/83, NJW 1984, 2689.
104 ADS, 6. Aufl. 2000, § 318 HGB Rz. 446.

lung des Abschlussprüfers bedarf[105]. Ergänzende Vereinbarungen sind nur dann zu treffen, wenn dies wegen veränderter Umstände erforderlich ist (z.B. für Einzelheiten der Prüfungsdurchführung oder zur Anpassung der Vergütung)[106].

bb) Gemeinschaftsprüfungen

Die Bestellung **mehrerer Personen** zum gesetzlichen Abschlussprüfer ist möglich. Die Formulierung von § 316 Abs. 1 Satz 1 HGB sieht zwar vor, dass der Jahresabschluss und der Lagebericht durch „einen Abschlussprüfer" zu prüfen sind, nach dem Bericht des Rechtsausschusses zu § 316 HGB reicht es aber aus, die Prüfung durch einen Abschlussprüfer vorzuschreiben; die Prüfung durch mehrere Abschlussprüfer sei dann ohne weiteres zulässig[107]. Diese führen dann ihre Prüfung jeweils eigenverantwortlich durch, sind aber **gemeinsam** der Abschlussprüfer i.S.d. gesetzlichen Vorschriften (**Gemeinschaftsprüfer**)[108]. Insofern trägt jeder dieser Abschlussprüfer die volle Verantwortung für die ganze Prüfung und das Prüfungsergebnis[109]. Im Wahlbeschluss müssen diese Personen eindeutig bezeichnet sein. Die Erteilung des Prüfungsauftrags durch den Aufsichtsrat muss ohne eigenes Auswahlermessen möglich sein; überlässt der Wahlbeschluss dem Aufsichtsrat die Auswahl des Abschlussprüfers unter den gewählten Personen, so ist er unwirksam[110]. Ebenfalls unzulässig ist die Wahl mehrerer Personen zum Abschlussprüfer mit der Maßgabe, dass später bestimmt werden kann, wer von diesen der gesetzliche Abschlussprüfer ist, oder die Wahl mehrerer Personen zum gesetzlichen Abschlussprüfer mit der Maßgabe, dass jeder nur ein bestimmtes Teilgebiet des Abschlusses prüfen soll[111]. 60.71

Die gesetzlichen und ggf. satzungsmäßigen Erfordernisse an die Person des Prüfers müssen bei einer Gemeinschaftsprüfung **von allen gewählten Prüfern** erfüllt werden[112]. Sie müssen also insbesondere die persönlichen Voraussetzungen des § 319 Abs. 1 HGB erfüllen und dürfen nicht nach § 319 Abs. 2 bis 5 HGB und § 319b HGB von der Abschlussprüfung ausgeschlossen sein. 60.72

Eine Gemeinschaftsprüfung liegt auch dann vor, wenn eine **Sozietät** zum Abschlussprüfer gewählt wird[113]. Dabei handelt es sich unzweifelhaft um die Beauftragung mehrerer Abschlussprüfer; außerdem bekunden die Sozien mit dem Zusammenschluss zu einer Sozietät ihren Willen zur gemeinschaftlichen Entgegennahme und Durchführung der Aufträge[114]. In diesem Fall sind alle Wirtschaftsprüfer, die zum Zeitpunkt der Wahl der Sozietät als Partner angehören, Gemeinschaftsprüfer. Sollen nur bestimmte Wirtschaftsprüfer-Sozien als Prüfer gewählt werden, muss der Wahlbeschluss dies eindeutig festlegen. Im Wahlbeschluss sollte auch für den Fall des Ausscheidens eines oder mehrerer Sozien geregelt werden, ob die Abschlussprüfung durch die verbleibenden Sozien allein weitergeführt werden soll oder ob für die ausgeschiedenen Sozien nach § 318 Abs. 4 HGB wegen des Wegfallens eine Ersatzbestellung vorgenommen werden muss. Bei Fehlen einer solchen Regelung ist der Wahlbeschluss entsprechend auszulegen: sollten die einzelnen Wirtschaftsprüfer erkennbar in ihrer Eigenschaft als Mitglieder der Sozietät zu Gemeinschaftsprüfern gewählt werden, kann im Zweifel davon ausgegangen werden, dass die verbleibenden Wirtschaftsprüfer die Prüfung alleine fortführen, wurden dagegen einzelne, namentlich bezeichnete Personen aus der Sozietät zum Abschlussprüfer gewählt, kann im Zwei- 60.73

---

105 IDW PS 220 Rz. 17.
106 IDW PS 220 Rz. 17.
107 BT-Drucks. 10/4268, S. 117.
108 IDW PS 208 Rz. 4.
109 IDW PS 208 Rz. 14; ADS, 6. Aufl. 2000, § 318 HGB Rz. 67.
110 IDW PS 208 Rz. 5.
111 IDW PS 208 Rz. 5.
112 ADS, 6. Aufl. 2000, § 318 HGB Rz. 70.
113 IDW PS 208 Rz. 7 ff.
114 BGH v. 19.1.1995 – III ZR 107/94, NJW 1995, 1841.

fel vom Wegfall eines ausgeschiedenen Wirtschaftsprüfers i.S.d. § 318 Abs. 4 Satz 2 HGB ausgegangen werden, mit der Folge, dass ein Ersatzprüfer zu bestellen ist[115].

60.74 Treten nach der Wahl einer Sozietät weitere Wirtschaftsprüfer in diese ein, so werden sie **nicht Abschlussprüfer**. Der BGH geht zwar für die Auftragserteilung an eine Anwaltssozietät im Zweifel von einer Mandatserstreckung auch auf neu eintretende Sozietätsmitglieder aus[116]. Dies kann aber für die Bestellung des Abschlussprüfers nicht gelten, da nach § 318 HGB nur die Bestellung bestimmter, durch das Wahlorgan zu benennender Personen zulässig ist[117].

60.75 Besitzen eine oder mehrere der als Gemeinschaftsprüfer gewählten Personen **nicht** die nach § 319 Abs. 1 HGB erforderliche **Qualifikation** (Wirtschaftsprüfer oder Wirtschaftsprüfungsgesellschaften bzw. in bestimmten Fällen auch vereidigte Buchprüfer oder Buchprüfungsgesellschaften), dann ist der Wahlbeschluss insgesamt **nichtig**, sofern die gewählten Personen ihren Beruf gemeinsam i.S.d. § 319 Abs. 3 HGB ausüben[118], d.h. gleichgerichtete wirtschaftliche Interessen verfolgen und gemeinsam nach außen auftreten, z.B. als Sozietät[119]. Ansonsten ist davon auszugehen, dass nur die Wahl des betroffenen Prüfers nichtig ist mit der Folge, dass ein Ersatzprüfer zu bestellen ist, sofern im Wahlbeschluss nicht bestimmt ist, dass bei Wegfall eines Prüfers die Prüfung durch die übrigen ausreicht. Eine solche Bestimmung ist zulässig[120].

4. Prüfungsergebnis

a) Bestätigungsvermerk

aa) Bedeutung des Bestätigungsvermerks

60.76 Die Grundlagen des Bestätigungsvermerks für den Jahres- und den Konzernabschluss sind in § 322 HGB geregelt. Darüber hinaus gelten bei der Prüfung von Unternehmen von öffentlichem Interesse die sich aus Art. 10 EU-APrVO ergebenden Anforderungen an den Bestätigungsvermerk unmittelbar, so dass die Anforderungen an den Bestätigungsvermerk nicht mehr abschließend aus § 322 HGB entnommen werden können (zu den sich daraus ergebenden Anforderungen vgl. Rz. 60.107 ff.). Die Ausgestaltung des Bestätigungsvermerks im Einzelnen richtet sich nach den berufsständischen Verlautbarungen, die in den IDW Prüfungsstandards:

- Bildung eines Prüfungsurteils und Erteilung eines Bestätigungsvermerks (IDW PS 400 n.F.),
- Mitteilung besonders wichtiger Prüfungssachverhalte im Bestätigungsvermerk (IDW PS 401),
- Modifizierungen des Prüfungsurteils im Bestätigungsvermerk (IDW PS 405) und
- Hinweise im Bestätigungsvermerk (IDW PS 406)

niedergelegt sind. Die Vorschrift des § 322 HGB gilt für die **gesetzliche Pflichtprüfung** von Jahres- und Konzernabschlüssen.

60.77 Im Bestätigungsvermerk bringt der Abschlussprüfer das auf der Grundlage seiner pflichtgemäßen und nach geltenden Berufsgrundsätzen durchgeführten Prüfung gebildete **Gesamturteil** zum Ausdruck. Der Bestätigungsvermerk fasst das Ergebnis zum Jahres- bzw. Konzernabschluss zusammen und muss neben einer Beschreibung von Gegenstand, Art und Umfang der Prüfung auch die Angabe der ange-

---

115 ADS, 6. Aufl. 2000, § 318 HGB Rz. 79.
116 BGH v. 5.11.1993 – V ZR 1/93, NJW 1994, 257 = MDR 1994, 308.
117 ADS, 6. Aufl. 2000, § 318 HGB Rz. 81; IDW PS 208 Rz. 8.
118 IDW PS 208 Rz. 11.
119 ADS, 6. Aufl. 2000, § 319 HGB Rz. 58.
120 ADS, 6. Aufl. 2000, § 319 HGB Rz. 58; *Baetge/Theile* in Küting/Weber, Handbuch der Rechnungslegung, Einzelabschluss: Kommentar zur Bilanzierung und Prüfung, § 318 HGB Rz. 45.

wandten Rechnungslegungs- und Prüfungsgrundsätze und eine Beurteilung des Prüfungsergebnisses enthalten (§ 322 Abs. 1 Satz 1, 2 HGB). Er richtet sich nicht nur an die geprüfte Kapitalgesellschaft, sondern insbesondere auch an die Kapitaleigner, potenzielle Aktienerwerber, Gesellschafter, Gläubiger, andere Marktpartner, Arbeitnehmer sowie die interessierte Öffentlichkeit[121] und ist daher nach § 325 Abs. 1 Satz 2 HGB auch Gegenstand der durch die Gesellschaft offen zu legenden Unterlagen.

Der Bestätigungsvermerk beinhaltet eine Beurteilung der Übereinstimmung von Buchführung, Jahresabschluss und Lagebericht mit den für das geprüfte Unternehmen jeweils geltenden Vorschriften und damit u.a. auch eine Beurteilung, ob die wirtschaftliche Lage sowie die Risiken der künftigen Entwicklung im Jahresabschluss und im Lagebericht unter Berücksichtigung der entsprechenden Vorschriften zutreffend abgebildet wurden. Er stellt jedoch keine unmittelbare Beurteilung der wirtschaftlichen Lage und der Geschäftsführung des geprüften Unternehmens als solche dar, liefert also kein „**Gesundheitstestat**" für das Unternehmen[122]. 60.78

Nach § 322 Abs. 2 Satz 2 HGB soll die Beurteilung des Prüfungsergebnisses allgemeinverständlich und problemorientiert erfolgen. Während die **Allgemeinverständlichkeit** auf die Adressaten des Bestätigungsvermerks abstellt, bei denen ein Grundverständnis für die Rechnungslegung und die Rechnungslegungsvorschriften vorausgesetzt wird, ist mit der Forderung nach einer **problemorientierten Darstellung** insbesondere die Darstellung von bestandsgefährdenden Risiken gemeint[123]. 60.79

Hat die Abschlussprüfung nicht zu Einwendungen des Abschlussprüfers geführt, so hat er einen **uneingeschränkten** Bestätigungsvermerk zu erteilen. Sind jedoch Einwendungen zu erheben oder liegt ein Prüfungshemmnis vor, so ist der Bestätigungsvermerk nach § 322 Abs. 4, 5 HGB in Abhängigkeit der Reichweite der Beeinträchtigung entweder **einzuschränken**, zu **versagen** oder die Nichtabgabe des Prüfungsurteils zu erklären (vgl. ausführlich Rz. 60.90 ff.). 60.80

Die **rechtliche Bedeutung** des Bestätigungs- bzw. Versagungsvermerks ist insbesondere darin zu sehen, dass bei prüfungspflichtigen Unternehmen neben dem Abschluss der Prüfung und dem Vorliegen des Prüfungsberichts die Erteilung des Bestätigungs- bzw. Versagungsvermerks Voraussetzung für die Feststellung des Jahresabschlusses und damit auch für die Wirksamkeit des Gewinnverwendungsbeschlusses ist[124]. Während eine Einschränkung des Bestätigungsvermerks oder eine Versagung somit keine unmittelbare Wirkung für die Feststellung und den Gewinnverwendungsbeschluss hat, können sich Einschränkung oder Versagung aber bei der Entlastung der Gesellschaftsorgane (z.B. §§ 93, 116, 120 AktG) auswirken[125]. 60.81

Sofern die entsprechenden Voraussetzungen dafür erfüllt sind, hat die Gesellschaft einen **Rechtsanspruch** auf die Erteilung eines Bestätigungsvermerks oder eines Versagungsvermerks[126]. Anderenfalls kann die Beendigung der Abschlussprüfung als Voraussetzung für die Feststellung des Jahresabschlusses nicht dokumentiert werden[127]. Der Anspruch kann in Form einer Leistungsklage durchgesetzt werden[128]. 60.82

---

121 *WP-Handbuch 2021*, Wirtschaftsprüfung und Rechnungslegung, Abschn. M Rz. 749; *Ebke* in MünchKomm. HGB, 4. Aufl. 2020, § 322 HGB Rz. 2.
122 *ADS*, 6. Aufl. 2000, § 322 HGB Rz. 24; *Baetge/Linßen*, BFuP 1999, 369, 373.
123 *ADS*, 6. Aufl. 2000, § 322 HGB Rz. 93 f.
124 *Schmidt/Küster/Bernhardt* in BeckBilkomm., § 322 HGB Rz. 13.
125 *Schmidt/Küster/Bernhardt* in BeckBilkomm., § 322 HGB Rz. 13, 16; *Ebke* in MünchKomm. HGB, 4. Aufl. 2020, § 322 HGB Rz. 3.
126 *ADS*, 6. Aufl. 2000, § 322 HGB Rz. 355 ff.; *Schmidt/Küster/Bernhardt* in BeckBilkomm., § 322 HGB Rz. 17.
127 *Wiedmann/Böcking/Gros*, § 322 HGB Rz. 7; *Elkart/Naumann*, WPg 1995, 357, 359.
128 *ADS*, 6. Aufl. 2000, § 322 HGB Rz. 355; *Mai*, Rechtsverhältnis zwischen Abschlussprüfer und prüfungspflichtiger Kapitalgesellschaft, 134.

60.83 Der Bestätigungsvermerk bzw. der Versagungsvermerk ist vom Abschlussprüfer unter Angabe von Ort der Niederlassung des Abschlussprüfers und Tag zu **unterzeichnen** (§ 322 Abs. 7 Satz 1 HGB) und zu **siegeln** (§ 48 Abs. 1 Satz 1 WPO). Die Unterzeichnung muss durch den zum Abschlussprüfer bestellten Berufsangehörigen **eigenhändig** erfolgen (§ 126 BGB), eine Vertretung durch einen anderen Berufsangehörigen ist nicht zulässig[129]. Ist eine Wirtschaftsprüfungsgesellschaft zum Abschlussprüfer bestellt, muss die Unterzeichnung durch vertretungsberechtigte Personen erfolgen, die gleichzeitig Wirtschaftsprüfer (bzw. vereidigte Buchprüfer, soweit gesetzlich zulässig) sind (§ 32 WPO)[130], wobei der auftragsverantwortliche Wirtschaftsprüfer einer der Unterzeichner sein muss (§ 44 BS WP/vBP). Sind mehrere Abschlussprüfer bestellt, die die Prüfung gemeinsam durchführen (Joint Audit), soll eine einheitliche Beurteilung des Prüfungsergebnisses erfolgen; bei einer abweichenden Beurteilung sind die Gründe darzulegen und die Beurteilung jeweils in einem gesonderten Absatz vorzunehmen (§ 322 Abs. 6a HGB).

60.84 Der dem Bestätigungsvermerk beizufügende **Ort** ist derjenige der beruflichen Niederlassung des Abschlussprüfers, bei einer Wirtschaftsprüfungsgesellschaft deren Sitz bzw. der Sitz der Niederlassung[131]. Mit der **Datierung** wird auch das formelle Ende der Abschlussprüfung dokumentiert. Aus diesem Grund sollte die Unterzeichnung zeitnah zum Abschluss der Prüfung, üblicherweise am Tag der Schlussbesprechung, erfolgen[132].

bb) Inhalt und Bestandteile des Bestätigungsvermerks

60.85 Obwohl § 322 HGB die Möglichkeit eröffnet, den Bestätigungsvermerk als Bestätigungsbericht auszugestalten, erscheint eine völlig freie Formulierung des Bestätigungsvermerks nicht sachgerecht. Auf diese Weise würde die Qualität des Bestätigungsvermerks einerseits von der Formulierungskunst des Abschlussprüfers abhängig gemacht und andererseits die Wahrscheinlichkeit erhöht, dass von dem geprüften Unternehmen Einfluss auf den materiellen Inhalt des Bestätigungsvermerks genommen wird[133]. Der IDW Prüfungsstandard: Grundsätze für die ordnungsmäßige Erteilung von Bestätigungsvermerken bei Abschlussprüfungen (IDW PS 400 n.F.) sieht daher Standardformulierungen für die verschiedenen Bestandteile des Bestätigungsvermerks vor[134]. Dieser in der Vergangenheit uneingeschränkt geltende Grundsatz findet in der Zukunft in der Mitteilung der besonders wichtigen Prüfungssachverhalte (vgl. Rz. 60.107 ff.) seine Grenze, die zwingend eine individuelle Formulierung erfordern, die sich einer Standardisierung entzieht.

60.86 Der Bestätigungsvermerk bei einem Unternehmen von öffentlichem Interesse besteht aus folgenden **Grundbestandteilen**[135]:

- Überschrift,
- Empfänger,
- Vermerk über die Prüfung des Abschlusses,
- Sonstige gesetzliche und andere rechtliche Anforderungen,
- Übrige Angaben gemäß Art. 10 EU-APrVO,
- ggf. Hinweis zur Hervorhebung eines Sachverhalts,

---

129 *ADS*, 6. Aufl. 2000, § 322 HGB Rz. 335.
130 *WP-Handbuch 2021*, Wirtschaftsprüfung und Rechnungslegung, Abschn. M Rz. 966.
131 *ADS*, 6. Aufl. 2000, § 322 HGB Rz. 344.
132 *ADS*, 6. Aufl. 2000, § 322 HGB Rz. 346; *Schmidt/Küster/Bernhardt* in BeckBilkomm., § 322 HGB Rz. 110.
133 *Schindler/Rabenhorst*, BB 1998, 1939, 1941; *Böcking/Orth*, WPg 1998, 352.
134 IDW PS 400 n.F. Anhang.
135 IDW PS 400 n.F. Rz. 17.

- ggf. Hinweis auf einen sonstigen Sachverhalt,
- ggf. Hinweis zur Nachtragsprüfung,
- Name des verantwortlichen Wirtschaftsprüfers,
- Ort der Niederlassung des Abschlussprüfers
- Datum und Unterschrift.

Darüber hinaus ist bei bei der Abschlussprüfung von Kapitalgesellschaften, die als Inlandsemittent (§ 2 Abs. 14 WpHG) Wertpapiere (§ 2 Abs. 1 WpHG) begeben und keine Kapitalgesellschaften i.S.d. § 327a HGB sind, in einem gesonderten Abschnitt des Bestätigungsvermerks über das Ergebnis der Prüfung der für Offenlegungszwecke erstellten Wiedergabe des Jahres-/Konzernabschlusses und des (Konzern-) Lageberichts im ESEF-Format (European Single Electronic Format) zu berichten (§ 322 Abs. 1 Satz 4 HGB). 60.86a

Vermerke mit positiver Gesamtaussage sind mit der **Überschrift „Bestätigungsvermerk des unabhängigen Abschlussprüfers"** zu bezeichnen, während nach § 322 Abs. 4 Satz 2 HGB der Vermerk bei einer Versagung nicht als Bestätigungsvermerk bezeichnet werden darf. In diesem Fall ist in der Überschrift die Bezeichnung **„Versagungsvermerk des unabhängigen Abschlussprüfers"** zu verwenden[136]. Durch die Bezugnahme auf den Abschlussprüfer in der Überschrift wird verdeutlicht, dass der Bestätigungsvermerk durch einen unabhängigen, dem Berufseid verpflichteten Prüfer erteilt wurde, Verwechslungen mit anderen Vermerken werden damit ausgeschlossen. 60.87

Bei der gesetzlichen Jahresabschlussprüfung wird der **Bestätigungsvermerk an das geprüfte Unternehmen gerichtet**; eine Adressierung an die Organe oder Anteilseigner des Unternehmens ist nicht sachgerecht[137]. 60.88

Der Vermerk über die Prüfung des Abschlusses wird mit dem Prüfungsurteil zum Abschluss eingeleitet[138]. Entgegen der früheren Praxis steht nunmehr das Urteil in einem mit „Prüfungsurteil zum Abschluss" bezeichneten Abschnitt am Anfang des Bestätigungsvermerks, was aufgrund des umfangreicheren Wortlauts des Bestätigungsvermerks, insbesondere in den Fällen, in denen die Berichterstattung die Mitteilung besonders wichtiger Prüfungssachverhalte umfasst, den Adressaten eine schnelle Orientierung über das Ergebnis der Prüfung ermöglicht. Dieser Abschnitt beginnt mit einer Beschreibung des **Gegenstands der Prüfung** (§ 322 Abs. 1 Satz 2 HGB), wobei eine Beschränkung auf die notwendigsten Angaben erfolgen sollte[139]. An dieser Stelle zu nennen ist als Prüfungsgegenstand der Jahresabschluss; außerdem sind das geprüfte Unternehmen sowie das dem Jahresabschluss und Lagebericht zugrunde liegende Geschäftsjahr zu bezeichnen. 60.89

Die Voraussetzungen für eine **uneingeschränkt positive Gesamtaussage** und damit für ein uneingeschränktes Prüfungsurteil sind gegeben, wenn der Abschlussprüfer **keine Einwendungen** (wesentliche Beanstandungen gegen den Jahresabschluss, die bis zum Ende der Prüfung nicht behoben werden) zu erheben hat und keine wesentlichen und umfassenden **Prüfungshemmnisse** (bestimmte abgrenzbare oder nicht abgrenzbare Teile der Rechnungslegung können nicht mit hinreichender Sicherheit beurteilt werden) vorliegen Mit dem uneingeschränkten Prüfungsurteil trifft der Abschlussprüfer somit die Aussage, dass die Prüfung zu keinen Einwendungen geführt hat, der Jahresabschluss unter Beachtung der Grundsätze ordnungsmäßiger Buchführung oder sonstiger maßgeblicher Rechnungslegungsgrundsätze ein den tatsächlichen Verhältnissen entsprechendes Bild der Vermögens-, Finanz- und Ertragslage der Gesellschaft vermittelt[140]. 60.90

---

136 IDW PS 400 n.F. Rz. 20.
137 IDW PS 400 n.F. Rz. 33, A19.
138 IDW PS 400 n.F. Rz. 34.
139 Schindler/Rabenhorst, BB 1998, 1939, 1942.
140 IDW PS 400 n.F. Rz. 36.

60.91 In seinem aufgrund pflichtgemäßer Prüfung getroffenen **Prüfungsurteil** stellt der Abschlussprüfer fest, ob das geprüfte Unternehmen die maßgeblichen Rechnungslegungsgrundsätze (alle für die Rechnungslegung geltenden gesetzlichen Vorschriften einschließlich der Grundsätze ordnungsmäßiger Buchführung sowie bei der AG ggf. einschlägige Bestimmungen der Satzung und entsprechende Hauptversammlungsbeschlüsse, ggf. auch internationale oder andere nationale Rechnungslegungsgrundsätze) beachtet hat.

60.92 Sachverhaltsabhängig ist das Prüfungsurteil entweder in Form einer uneingeschränkt positiven Gesamtaussage (uneingeschränkter Bestätigungsvermerk), einer eingeschränkt positiven Gesamtaussage (eingeschränkter Bestätigungsvermerk), einer nicht positiven Gesamtaussage (Versagungsvermerk) oder einer Erklärung der Nichtabgabe eines Prüfungsurteils abzugeben.

60.93 Hat der Abschlussprüfer Einwendungen gegen abgrenzbare Teile des Jahresabschlusses zu erheben oder können abgrenzbare Teile des Prüfungsgegenstands aufgrund von Prüfungshemmnissen nicht abschließend beurteilt werden, ist aber zu den wesentlichen Teilen der Rechnungslegung trotzdem noch ein Positivbefund möglich, muss er im Rahmen eines eingeschränkten Bestätigungsvermerks eine **eingeschränkt positive Gesamtaussage** treffen[141]. Die Beanstandung oder der nicht beurteilbare Bereich muss **wesentlich** sein und der entsprechende Mangel oder das Prüfungshemmnis muss zum Zeitpunkt des Abschlusses der Prüfung noch vorliegen. Wesentlichkeit liegt vor, wenn damit zu rechnen ist, dass die festgestellten Mängel oder die nicht hinreichend sichere Beurteilbarkeit abgrenzbarer Teile der Rechnungslegung wegen ihrer relativen Bedeutung zu einer unzutreffenden Beurteilung der Rechnungslegung führen können.

60.94 Liegen den Einwendungen Sachverhalte zugrunde, die zur **Nichtigkeit** des Jahresabschlusses nach § 256 AktG führen könnten, ist abzuwägen, ob eine Einschränkung ausreicht oder ob eine Versagung des Bestätigungsvermerks erforderlich ist; eine unmittelbare Verknüpfung zwischen einer möglichen Nichtigkeit und einer Einschränkung bzw. Versagung des Bestätigungsvermerks besteht allerdings nicht, denn der Grund für die Einschränkung oder Versagung ist nicht die mögliche Nichtigkeit, sondern der Mangel in der Rechnungslegung[142]. Wenn die Folge der Nichtigkeit für den Abschlussprüfer nicht eindeutig feststeht (die Entscheidung hierüber trifft letztlich das Gericht), ist ggf. auch die Erteilung eines uneingeschränkten Bestätigungsvermerks möglich; insoweit besteht keine unmittelbare Verknüpfung zwischen der Einschränkung/der Versagung oder Erklärung der Nichtabgabe eines Prüfungsurteils und der Nichtigkeit[143].

60.95 In einem auf das Prüfungsurteil folgenden Abschnitt „Grundlage für das Prüfungsurteil zum Jahresabschluss" ist darzulegen, dass die Prüfung nach in Übereinstimmung mit § 317 HGB unter Beachtung der vom IDW festgestellten deutschen Grundsätze ordnungsmäßiger Abschlussprüfung durchgeführt wurde. Ferner ist an dieser Stelle auf den Abschnitt hinzuweisen, in dem Verantwortung des Abschlussprüfers weiter beschrieben wird, und die Aussage zu treffen, dass die erlangten Prüfungsnachweise ausreichend und angemessen sind, um als Grundlage für das Prüfungsurteil zu dienen. Schließlich ist die Unabhängigkeit in Übereinstimmung mit den deutschen handelsrechtlichen und berufsrechtlichen Vorschriften und die Einhaltung der sonstigen deutschen Berufspflichten zu erklären[144].

60.96 Nach § 322 Abs. 2 Satz 2 HGB ist auf **Risiken**, die den **Fortbestand der Kapitalgesellschaft** gefährden, gesondert einzugehen. Hierzu ist es ausreichend, wenn der Abschlussprüfer in einem gesonderten Abschnitt des Bestätigungsvermerks im Anschluss an das Prüfungsurteil auf die Art des Risikos (z.B. Bedrohung des Fortbestands der Kapitalgesellschaft aufgrund angespannter Liquidität) und dessen Dar-

---

141 IDW PS 405 Rz. 9.
142 *Schmidt/Küster/Bernhardt* in BeckBilkomm., § 322 HGB Rz. 179; *WP-Handbuch 2021*, Wirtschaftsprüfung und Rechnungslegung, Abschn. M Rz. 1140 ff.
143 *Hell/Küster* in Küting/Weber, Handbuch der Rechnungslegung, Einzelabschluss: Kommentar zur Bilanzierung und Prüfung, § 322 HGB Rz. 39.
144 IDW PS 400 n.F. Rz. 40 f.

stellung im Lagebericht **hinweist**[145]. Dadurch wird der Bestätigungsvermerk **nicht eingeschränkt**. Die Adressaten des Bestätigungsvermerks sollen über eine eventuelle Bestandsgefährdung des Unternehmens unterrichtet werden, auch wenn dieser im Rahmen der Rechnungslegung angemessen Rechnung getragen wurde[146].

Ferner ist im Bestätigungsvermerk eine **Abgrenzung der Verantwortlichkeiten** vorzunehmen. In einem Abschnitt „Verantwortung der gesetzlichen Vertreter und des Aufsichtsorgans" wird die Verantwortung der gesetzlichen Vertreter für die Aufstellung des Abschlusses und die Beurteilung der Fähigkeit zur Unternehmensfortführung[147] sowie die Verantwortung des Aufsichtsorgans für die Überwachung des Rechnungslegungsprozesses dargestellt[148]. Die Ausführungen zur Verantwortung des Abschlussprüfers müssen die folgenden Aspekte abdecken[149]: 60.97

– Zielsetzung der Abschlussprüfung (Erlangung einer hinreichenden Sicherheit, ob der Abschluss frei von wesentlichen falschen Angaben ist, und die Erteilung eines Vermerks mit einem Prüfungsurteil zum Abschluss);
– Erklärung, dass hinreichende Sicherheit ein hohes Maß an Sicherheit ist, aber keine Garantie für einen fehlerfreien Abschluss darstellt;
– Erklärung, dass falsche Angaben aus Verstößen oder Unrichtigkeiten resultieren können;
– Erklärung, dass die Abschlussprüfung in Übereinstimmung mit § 317 HGB unter Beachtung der vom IDW festgestellten deutschen Grundsätze ordnungsmäßiger Abschlussprüfung durchgeführt wurde;
– Beschreibung der Abschlussprüfung (Risikobeurteilung, Gewinnung eines Verständnisses über das für die Abschlussprüfung relevante IKS, Beurteilung der von den gesetzlichen Vertretern angewandten Rechnungslegungsmethoden sowie die Vertretbarkeit von geschätzten Werten und damit zusammenhängenden Angaben, Schlussfolgerung über die Angemessenheit der Annahme der Unternehmensfortführung);
– Bei Konzernabschlussprüfungen: Erklärung der Verantwortung für die Einholung ausreichender und angemessener Prüfungsnachweise, um ein Prüfungsurteil zum Konzernabschluss abzugeben, Verantwortung für die Anleitung, Überwachung und Durchführung der Konzernabschlussprüfung, alleinige Verantwortung für das Prüfungsurteil;
– Erklärung, dass der Abschlussprüfer den geplanten Umfang und die Zeitplanung der Prüfung sowie bedeutsame Prüfungsfeststellungen mit dem Aufsichtsorgan erörtert.

Bisher wurde das Urteil über die Prüfung des Lageberichts gemeinsam mit dem Urteil über die Prüfung des Jahresabschlusses abgegeben („Nach meiner/unserer Beurteilung aufgrund der bei der Prüfung gewonnenen Erkenntnisse entspricht der Jahresabschluss den gesetzlichen Vorschriften [und den ergänzenden Bestimmungen des Gesellschaftsvertrags/der Satzung] und vermittelt unter Beachtung der Grundsätze ordnungsmäßiger Buchführung ein den tatsächlichen Verhältnissen entsprechendes Bild der Vermögens-, Finanz- und Ertragslage der Gesellschaft. Der Lagebericht steht in Einklang mit dem Jahresabschluss, vermittelt insgesamt ein zutreffendes Bild von der Lage der Gesellschaft und stellt die Chancen und Risiken der zukünftigen Entwicklung zutreffend dar."). Nach dem PS 400 n.F. ist nunmehr vorgesehen, dass innerhalb des Bestätigungsvermerks der Vermerk über die Prüfung des Abschlusses und der **Vermerk über die Prüfung des Lageberichts** nebeneinander stehen und jeder für sich identisch aufgebaut sind (Prüfungsurteil, Grundlage für das Prüfungsurteil, ggf. wesentliche 60.98

---

145 IDW PS 400 n.F. Rz. 42.
146 *WP-Handbuch 2021*, Wirtschaftsprüfung und Rechnungslegung, Abschn. M Rz. 848.
147 IDW PS 400 n.F. Rz. 47.
148 IDW PS 400 n.F. Rz. 48.
149 IDW PS 400 n.F. Rz. 51–54.

Unsicherheit im Zusammenhang mit der Fortführung der Unternehmenstätigkeit, Verantwortung für den Abschluss/den Lagebericht, Verantwortung des Prüfers)[150].

60.99–60.102 Einstweilen frei.

60.103 Im Falle der **Nachtragsprüfung** (vgl. Rz. 60.13 ff.) ist der Bestätigungsvermerk nach § 316 Abs. 3 Satz 2 Halbsatz 2 HGB entsprechend zu ergänzen. Der erteilte Bestätigungsvermerk bleibt jedoch grundsätzlich wirksam.

60.104 Kann nach der Nachtragsprüfung der ursprünglich erteilte uneingeschränkte Bestätigungsvermerk **inhaltlich unverändert** aufrecht erhalten werden, ist nach den Grundsätzen des IDW PS 406 auf die Nachtragsprüfung hinzuweisen[151]. Werden durch die Änderungen von Jahres- bzw. Konzernabschluss oder Lage- bzw. Konzernlagebericht **ursprüngliche Mängel des Abschlusses beseitigt oder neue Mängel begründet**, muss das Prüfungsurteil neu formuliert und in einem gesonderten Absatz auf die Änderung hingewiesen werden[152]. Allein aus technischen Gründen ist daher wegen der Aufnahme der Ergänzungen in den Wortlaut des Bestätigungsvermerks eine **Neuausfertigung** des gesamten Bestätigungsvermerks erforderlich[153].

60.105 Der Bestätigungsvermerk ist im Falle der Nachtragsprüfung sowohl mit dem Datum der Beendigung der ursprünglichen Jahresabschlussprüfung als auch mit dem Datum der Beendigung der Nachtragsprüfung (**Doppeldatum**) zu unterzeichnen[154].

60.106 Der Bestätigungsvermerk zum **Konzernabschluss** deckt inhaltlich neben der Ordnungsmäßigkeit des **Konzernabschlusses** und des **Konzernlageberichts** auch die ordnungsmäßige **Konsolidierung** ab.

cc) Zusätzliche Anforderungen an den Bestätigungsvermerk bei der Prüfung von Unternehmen von öffentlichem Interesse

60.107 In Art. 10 Abs. 2 EU-APrVO wird eine Reihe von Einzelangaben vorgeschrieben, die im Bestätigungsvermerk bei der Prüfung von Unternehmen von öffentlichem Interesse zu machen sind. Damit soll die Aussagekraft des Bestätigungsvermerks für die Abschlussadressaten erhöht werden. Schwerpunkt der Neuerungen ist die **„Mitteilung besonders wichtiger Prüfungssachverhalte"**[155] (*„key audit matters"*) bzw. in der Terminologie von Art. 10 Abs. 2 Buchst. b EU-APrVO die „Beschreibung der bedeutsamsten beurteilten Risiken wesentlicher falscher Darstellungen, einschließlich der beurteilten Risiken wesentlicher falscher Darstellungen aufgrund von Betrug". Die sich insoweit zusätzlich aus der EU-APrVO ergebenden Anforderungen an die Berichterstattung im Bestätigungsvermerk entsprechen im Wesentlichen denjenigen aus dem ISA 701 „Communicating Key Audit Matters in the Independent Auditor's Report" (Stand: Januar 2015), der ebenfalls zusätzliche Berichtspflichten im Bestätigungsvermerk von kapitalmarktnotierten Unternehmen vorsieht.

60.108 Welche Sachverhalte im Bestätigungsvermerk als besonders wichtige Prüfungssachverhalte zu betrachten sind, lässt sich in einem dreistufigen **Auswahlprozess** ermitteln[156]. Damit es sich um einen besonders wichtigen Prüfungssachverhalt handelt, muss es zunächst ein Sachverhalt sein, der Gegenstand der Erörterungen mit dem Aufsichtsorgan war. Ausgehend von der Pflicht des Abschlussprüfers, mit dem Aufsichtsorgan die für die Prüfung bedeutsamen Sachverhalte zu erörtern, ist es nicht vorstellbar, dass sich die Berichterstattung im Bestätigungsvermerk auf einen Sachverhalt erstreckt, der zuvor nicht

---

150 IDW PS 400 n.F. Anlage: Beispiele für Bestätigungsvermerke.
151 IDW PS 400 n.F. Rz. 84.
152 IDW PS 400 n.F. Rz. 83.
153 *ADS*, 6. Aufl. 2000, § 322 HGB Rz. 378.
154 IDW PS 400 n.F. Rz. 85.
155 IDW PS 401 n.F. Rz. 9.
156 IDW PS 400 n.F. Rz. 11.

Gegenstand der Kommunikation mit dem Aufsichtsorgan war. Aus dieser Grundgesamtheit sind in einem zweiten Schritt die Sachverhalte zu bestimmen, die eine besondere Befassung bei der Prüfung des Abschlusses erforderten. Schließlich sind in einem letzten Schritt aus diesen zweifach eingegrenzten Sachverhalten die bedeutsamsten Sachverhalte auszuwählen.

Bei der Darstellung der besonders wichtigen Prüfungssachverhalte muss der Abschlussprüfer unter Hinweis auf etwaige zugehörige Angaben im Abschluss den Grund für die Auswahl als besonders wichtiger Prüfungssachverhalt, die Behandlung bei der Abschlussprüfung, einschließlich der Reaktion und ggf. wichtige Feststellungen zu diesem Sachverhalt angeben[157]. 60.109

Da das Konzept der besonders wichtigen Prüfungssachverhalte als Bestandteil des Bestätigungsvermerks eine Neuerung in der Berichterstattung darstellt, ist es von besonderer Bedeutung, eine dahingehende Abgrenzung vorzunehmen, welche Aufgabe diese Berichterstattung nicht hat. Weder kann diese Mitteilung eine Modifizierung des Prüfungsurteils oder einen Bestandsgefährdungshinweis ersetzen, noch kann sie an die Stelle fehlender Abschlussangaben treten. Schließlich wird dadurch auch **kein Prüfungsurteil zu einzelnen Sachverhalten** abgegeben; es bleibt dabei, dass der Bestätigungsvermerk ein Gesamturteil über den Abschluss und den Lagebericht darstellt[158]. 60.110

Weitere nach der EU-APrVO in den Bestätigungsvermerk **aufzunehmende Angaben** betreffen die folgenden Bereiche: 60.111

- Nennung der EU-APrVO bei den bei der Prüfung beachteten Vorschriften;
- Erklärung der Abgabe einer Unabhängigkeitserklärung;
- Erklärung, dass keine unzulässigen Nichtprüfungsleistungen erbracht wurden und die Unabhängigkeit gewahrt wurde;
- Erklärung, dass die besonders wichtigen Prüfungssachverhalte aus den mit dem Aufsichtsorgan erörterten Sachverhalten ausgewählt wurden.

Soweit nach Art. 10 Abs. 2 EU-APrVO erforderliche Angaben nicht bereits in anderen Abschnitten des Bestätigungsvermerks enthalten sind, werden diese im Bestätigungsvermerk innerhalb des Abschnitts „Sonstige rechtliche und gesetzliche Anforderungen" in einem gesonderten Abschnitt unter der Überschrift „**Übrige Angaben nach Art. 10 EU-APrVO**" gemacht[159]. Dies betrifft im Einzelnen die 60.112

- Angabe des Organs, dass den Abschlussprüfer bestellt hat, also im Fall der AG die Hauptversammlung, die den Abschlussprüfer wählt und der Aufsichtsrat, der den Prüfungsauftrag erteilt[160],
- Angabe des Datums der Bestellung des Abschlussprüfers und der gesamten ununterbrochenen Mandatsdauer,
- Bestätigung des Einklangs des Prüfungsurteils mit dem Prüfungsbericht,
- Angabe von durch den Abschlussprüfer zusätzlich erbrachten Leistungen, die im Abschluss oder Lagebericht nicht angegeben wurden.

Die ebenfalls von Art. 10 Abs. 2 EU-APrVO geforderten Angaben zu den bedeutsamsten beurteilten Risiken wesentlicher falscher Darstellungen, der Eignung der Abschlussprüfung zur Aufdeckung von Unregelmäßigkeiten, einschließlich Betrug, und die Erklärung, dass keine verbotenen Nichtprüfungs- 60.113

---

157 IDW PS 401 n.F. Rz. 16.
158 IDW PS 401 n.F. Rz. 4. Zu ersten Erfahrungen mit der Berichterstattung über besonders wichtige Prüfungssachverhalte vgl. *Knappstein*, DB 2017, 1792.
159 IDW PS 400 n.F. Rz. 69.
160 IDW PS 400 n.F. Rz. A 64.

leistungen erbracht wurden, sind bereits im „Vermerk zur Prüfung des Abschlusses" enthalten und müssen deshalb nicht nochmals in den gesonderten Abschnitt aufgenommen werden[161].

60.114 Einstweilen frei.

dd) Widerruf des Bestätigungsvermerks

60.115 Der Abschlussprüfer ist grundsätzlich zum Widerruf des Bestätigungsvermerks verpflichtet, wenn er erkennt, dass die Voraussetzungen für die Erteilung nicht vorgelegen haben und die Gesellschaft nicht bereit ist, den geprüften Abschluss zu ändern und diejenigen, die von dem geprüften Abschluss Kenntnis erlangt haben, zu informieren[162]. Mangels einer gesetzlichen Regelung vollzieht sich der Widerruf nach allgemeinen Rechtsgrundsätzen.

60.116 Ein Widerruf ist **zulässig**, wenn gesicherte Erkenntnisse über neue Tatsachen vorliegen, wenn der Abschlussprüfer von der Gesellschaft getäuscht worden ist oder wenn der Abschlussprüfer Tatsachen unrichtig gewertet oder übersehen hat[163]. Bei Vorliegen der Voraussetzungen ist der Widerruf in das **pflichtgemäße Ermessen** des Abschlussprüfers gestellt; er ist i.d.R. nicht erforderlich, wenn der durch das Prüfungsergebnis vermittelte falsche Eindruck auf andere Weise korrigiert wird (z.B. offene Korrektur der Mängel in einem Folgeabschluss unter Berücksichtigung der gebotenen Ausweis- und Erläuterungspflichten)[164].

60.117 Ab dem Zeitpunkt des Widerrufs darf das geprüfte Unternehmen den bisherigen Bestätigungsvermerk sowie den Prüfungsbericht **nicht mehr verwenden**[165]. Ist der Bestätigungsvermerk nach der Feststellung des Jahresabschlusses widerrufen worden, so wird diese dadurch nicht unwirksam; erfolgt der Widerruf vor Feststellung des Jahresabschlusses, ist wegen des fehlenden Bestätigungsvermerks die Abschlussprüfung nicht beendet und damit bis zur Erteilung eines neuen Bestätigungsvermerks ein wirksamer Beschluss nicht möglich[166].

60.118 Der Abschlussprüfer hat den Widerruf zu **begründen** und **schriftlich** an den Auftraggeber zu richten; außerdem kann es in seinem Interesse geboten sein, Aufsichtsgremien, ggf. den BAnz und andere Personen, die von dem Bestätigungsvermerk Kenntnis haben dürften, zu unterrichten, sofern das Unternehmen seinerseits dieser Informationspflicht nicht nachkommt[167]. Wurde der Bestätigungsvermerk bereits nach §§ 325 ff. HGB offen gelegt, dann muss der Abschlussprüfer von der Gesellschaft eine entsprechende Offenlegung seines Widerrufs verlangen bzw. kann dies im Falle einer Ablehnung durch die Gesellschaft selbst tun[168].

60.119 Der Abschlussprüfer **haftet** für die Erteilung eines unrichtigen Bestätigungsvermerks zunächst **nach Maßgabe von § 323 HGB** (vgl. dazu Rz. 60.219 ff.).

---

161 IDW PS 400 n.F. Rz. A67.
162 IDW PS 400 n.F. Rz. 86.
163 *Schmidt/Küster/Bernhardt* in BeckBilkomm., § 322 HGB Rz. 257; *WP-Handbuch 2021*, Wirtschaftsprüfung und Rechnungslegung, Abschn. N Rz. 58 ff.; KG Berlin v. 19.9.2000 – 2 W 5362/00, WPg 2001, 619 = AG 2001, 187.
164 *Schmidt/Küster/Bernhardt* in BeckBilkomm., § 322 HGB Rz. 258; IDW PS 400 n.F. Rz. 86; *WP-Handbuch 2021*, Wirtschaftsprüfung und Rechnungslegung, Abschn. N Rz. 64 ff.; *Wiedmann/Böcking/Gros*, § 322 HGB Rz. 38.
165 *Schmidt/Küster/Bernhardt* in BeckBilkomm., § 322 HGB Rz. 261; *WP-Handbuch 2021*, Wirtschaftsprüfung und Rechnungslegung, Abschn. N Rz. 74.
166 *Schmidt/Küster/Bernhardt* in BeckBilkomm., § 322 HGB Rz. 261 f.
167 *WP-Handbuch 2021*, Wirtschaftsprüfung und Rechnungslegung, Abschn. N Rz. 75.
168 *WP-Handbuch 2021*, Wirtschaftsprüfung und Rechnungslegung, Abschn. N Rz. 76.; *ADS*, 6. Aufl. 2000, § 322 HGB Rz. 370 f.

Nach § 332 HGB können der Abschlussprüfer oder seine Gehilfen mit Freiheitsstrafe oder mit Geldstrafe bestraft werden, wenn sie einen **inhaltlich unrichtigen** Bestätigungsvermerk erteilen. Die Freiheitsstrafe beträgt bis zu drei Jahren (§ 332 Abs. 1 HGB), bei einer besonders schwerwiegenden Tat (Handeln gegen Entgelt oder in Bereicherungs- oder Schädigungsabsicht) bis zu fünf Jahren (§ 332 Abs. 2 Satz 1 HGB). Der gleiche Strafrahmen ist nach § 332 Abs. 2 Satz 2 HGB für die Erteilung eines unrichtigen Bestätigungsvermerks bei der Prüfung eines Unternehmens von öffentlichem Interesse vorgesehen. Dabei genügt bedingter Vorsatz, also das Erkennen der Gefahr der Erteilung eines inhaltlich unrichtigen Bestätigungsvermerks und deren billigendes in Kauf nehmen[169]. Für den Fall eines leichtfertigen Handelns in den Fällen des § 332 Abs. 2 Satz 2 HGB wird der Strafrahmen im Fall einer Prüfung eines Unternehmens von öffentlichem Interesse mit Freiheitsstrafe bis zu zwei Jahren oder Geldstrafe festgelegt (§ 332 Abs. 3 HGB).

60.120

Ein uneingeschränkt erteilter Bestätigungsvermerk ist dann **inhaltlich unrichtig**, wenn er nach dem Ergebnis der pflichtgemäßen Prüfung eingeschränkt oder versagt hätte werden müssen bzw. auch im umgekehrten Fall, wenn er in eingeschränkter Form erteilt wurde, obwohl nach dem abschließenden Ergebnis der Abschlussprüfung keine Einwendungen zu erheben und damit die Voraussetzungen für einen uneingeschränkten Bestätigungsvermerk erfüllt waren. Für die inhaltliche Unrichtigkeit des erteilten Bestätigungsvermerks ist allerdings erforderlich, dass das Ergebnis der Abschlussprüfung, wie es sich **für den Abschlussprüfer** darstellte, dem erteilten Bestätigungsvermerk nicht entspricht; erkennt der Abschlussprüfer aufgrund seiner Feststellungen nicht, dass der erteilte Bestätigungsvermerk objektiv unrichtig ist, dann liegt keine inhaltliche Unrichtigkeit vor[170]. Eine inhaltliche Unrichtigkeit liegt ebenfalls nicht vor, wenn der Bestätigungsvermerk zu Unrecht versagt worden ist, da in diesem Fall nach § 322 Abs. 4 Satz 2 HGB kein Bestätigungs- sondern ein Versagungsvermerk erteilt worden ist[171].

60.121

Einstweilen frei.

60.122

b) Prüfungsbericht

aa) Rechtlicher Charakter und Aufgaben des Prüfungsberichts

Der Abschlussprüfer hat nach § 321 Abs. 1 Satz 1 HGB über Art und Umfang sowie über das Ergebnis der gesetzlichen Pflichtprüfung **schriftlich** zu berichten. Ähnlich wie die Vorschriften zum Bestätigungsvermerk (vgl. Rz. 60.107 ff.) sind auch die gesetzlichen Regelungen zum Prüfungsbericht bei Unternehmen von öffentlichem Interesse durch die unmittelbar anwendbare EU-APrVO überlagert[172]. Der deutsche Gesetzgeber hat dem dadurch Rechnung getragen, dass in § 316a Satz 1 HGB klargestellt wird, dass die Vorschriften in §§ 316 bis 324a HGB, nur insoweit anwendbar sind, als nicht die EU-APrVO unmittelbar anzuwenden ist. Da bei der AG der Prüfungsauftrag vom Aufsichtsrat erteilt wird, ist dieser auch Empfänger des Prüfungsberichts (§ 321 Abs. 5 Satz 2 HGB). Mit der Vorlage des unterzeichneten Prüfungsberichts an den Aufsichtsrat der AG ist die Prüfung nachweislich beendet[173]. Erst danach können der Jahresabschluss und der Konzernabschluss nach § 316 Abs. 1 Satz 2 und Abs. 2 Satz 2 HGB festgestellt bzw. gebilligt werden[174].

60.123

Neben der Erfüllung der **Informationsfunktion** i.S.v. § 321 Abs. 1 Satz 1 HGB **unterstützt** der Prüfungsbericht den Aufsichtsrat bei der Wahrnehmung seines allgemeinen Überwachungsauftrages ge-

60.124

---

169 Grottel/H. Hoffmann in BeckBilkomm., § 332 HGB Rz. 41; Hoffmann/Knierim, BB 2002, 2277.
170 Grottel/H. Hoffmann in BeckBilkomm., § 332 HGB Rz. 27.
171 Grottel/H. Hoffmann in BeckBilkomm., § 332 HGB Rz. 28; Klinger in MünchKomm. HGB, 4. Aufl. 2020, § 332 HGB Rz. 30.
172 WP-Handbuch 2021, Wirtschaftsprüfung und Rechnungslegung, Abschn. M Rz. 3.
173 ADS, 6. Aufl. 2000, § 321 HGB Rz. 30; Schmidt/Deicke in BeckBilkomm., § 321 HGB Rz. 10; WP-Handbuch 2021, Wirtschaftsprüfung und Rechnungslegung, Abschn. M Rz. 18.
174 ADS, 6. Aufl. 2000, § 321 HGB Rz. 31; Schmidt/Deicke in BeckBilkomm., § 321 HGB Rz. 10.

mäß § 111 Abs. 1 AktG[175]. Der Prüfungsbericht dient auch als Nachweis für die gesetzlichen Vertreter, dass sie ihrer Pflicht zur ordnungsgemäßen Führung der Bücher unter Beachtung der gesetzlichen Vorschriften bei der Rechnungslegung nachgekommen sind[176]. Nach § 321a HGB schließlich besteht im Falle der Eröffnung des Insolvenzverfahrens oder der Abweisung der Verfahrenseröffnung mangels Masse eine Verpflichtung zur Einsichtgewährung in die Prüfungsberichte der letzten drei Geschäftsjahre gegenüber Gläubigern oder Gesellschaftern.

bb) Inhalt des Prüfungsberichts

60.125 Inhalt und Aufbau des Prüfungsberichts werden im **Gesetz** nicht abschließend geregelt. Jedoch enthält § 321 HGB einzelne **Gliederungsvorgaben** („Vorweg"-Stellungnahme des Abschlussprüfers nach § 321 Abs. 1 Satz 2 HGB, Hauptteil nach § 321 Abs. 2 Satz 1 HGB, Besonderer Abschnitt nach § 321 Abs. 3 HGB sowie Besonderer Teil nach § 321 Abs. 4 Satz 1 HGB)[177]. Die Ausgestaltung des Prüfungsberichts im Einzelnen liegt in der Verantwortung des Abschlussprüfers, der sich dabei an den berufsständischen Verlautbarungen des IDW orientiert.

60.126 Der IDW Prüfungsstandard: Grundsätze ordnungsmäßiger Berichterstattung bei Abschlussprüfungen (IDW PS 450 n.F.)[178] empfiehlt folgende Gliederung für den Prüfungsbericht:

– Prüfungsauftrag,

– Grundsätzliche Feststellungen,

– Gegenstand, Art und Umfang der Prüfung,

– Feststellungen und Erläuterungen zur Rechnungslegung,

– Feststellungen zum Risikofrüherkennungssystem,

– Feststellungen aus Erweiterungen des Prüfungsauftrags,

– Wiedergabe des Bestätigungsvermerks.

60.127 Der Prüfungsbericht muss einleitend **Angaben zum Prüfungsauftrag** enthalten: Firma des geprüften Unternehmens, Abschlussstichtag, bei Rumpfgeschäftsjahren das geprüfte Geschäftsjahr, und einen Hinweis darauf, dass es sich um eine Abschlussprüfung handelt[179]. Außerdem sind Angaben zur Wahl und zur Beauftragung des Abschlussprüfers zu machen[180].

60.128 Der Abschlussprüfer hat im Prüfungsbericht vorweg zur **Beurteilung der Lage des Unternehmens oder Konzerns durch die gesetzlichen Vertreter** Stellung zu nehmen und dabei insbesondere auf die Beurteilung des Fortbestandes und der künftigen Entwicklung einzugehen (§ 321 Abs. 1 Satz 2 HGB). Dieser Verpflichtung kommt der Abschlussprüfer nach, indem er die für die Empfänger des Prüfungsberichts wesentlichen Daten und Angaben aus dem Jahresabschluss und dem Lagebericht hervorhebt, erläutert und beurteilt[181]. Die Berichterstattung muss so abgefasst sein, dass sie den Berichtsadressaten als Grundlage für die eigene Einschätzung der Lagebeurteilung dienen kann[182]. Hierzu können vertie-

---

175 *WP-Handbuch 2021*, Wirtschaftsprüfung und Rechnungslegung, Abschn. M Rz. 43.
176 *ADS*, 6. Aufl. 2000, § 321 HGB Rz. 32 ff.; *WP-Handbuch 2021*, Wirtschaftsprüfung und Rechnungslegung, Abschn. M Rz. 56.
177 *Schmidt/Deicke* in BeckBilkomm., § 321 HGB Rz. 13.
178 IDW PS 450 n.F. Rz. 12.
179 IDW PS 450 n.F. Rz. 22.
180 IDW PS 450 n.F. Rz. 23; IDW PS 220 Rz. 4.
181 IDW PS 450 n.F. Rz. 28; *ADS*, 6. Aufl. 2000, § 321 HGB Rz. 57; *Stolberg/Zieger*, Neuerungen beim Prüfungsbericht und beim Bestätigungsvermerk nach §§ 321 f. HGB, 434, 440.
182 IDW PS 450 n.F. Rz. 29.

fende Erläuterungen und die Angabe von Ursachen zu den einzelnen Entwicklungen, die über rein verbale Ausführungen hinausgehen können, sowie eine kritische Würdigung der zugrunde gelegten Annahmen gehören, nicht aber eigene Prognoserechnungen des Abschlussprüfers[183].

Da der Gesetzgeber insbesondere die **Stellungnahme zum Fortbestand der Kapitalgesellschaft** hervorhebt, muss der Abschlussprüfer hierzu besondere Feststellungen treffen. Das ist auch dann erforderlich, wenn eine entsprechende Beurteilung durch die gesetzlichen Vertreter nicht ausdrücklich, sondern nur implizit (z.B. bei den Ausführungen im Lagebericht zur künftigen Entwicklung) erfolgt, da die gesamte Bilanzierung und Bewertung maßgeblich von der durch den Abschlussprüfer zu verifizierenden Fortbestandsprämisse abhängt. 60.129

Der Abschlussprüfer hat nach § 321 Abs. 1 Satz 3 HGB über bei der Durchführung der Prüfung festgestellte Tatsachen zu berichten, die den Bestand der geprüften Kapitalgesellschaft gefährden oder seine Entwicklung wesentlich beeinträchtigen können. Solche **entwicklungsbeeinträchtigenden oder bestandsgefährdenden Tatsachen** sind bereits dann zu nennen, wenn sie eine Entwicklungsbeeinträchtigung oder eine Gefährdung der Fortführung der Unternehmenstätigkeit ernsthaft zur Folge haben können, nicht erst dann, wenn die Entwicklung der geprüften Kapitalgesellschaft bereits wesentlich beeinträchtigt oder sein Bestand konkret gefährdet ist[184]. Als Beispiele für **bestandsgefährdende** Tatsachen können häufige Liquiditätsengpässe, drohender Abzug von Fremdkapital ohne Ersatzaussichten, erhebliche laufende Verluste oder nachhaltige Preisveränderungen im Beschaffungs- oder Absatzbereich, für **entwicklungsbeeinträchtigende** Tatsachen eine voraussichtlich länger anhaltende Dividendenlosigkeit oder die notwendige Stilllegung oder Veräußerung von Teilbetrieben genannt werden[185]. 60.130

Der Abschlussprüfer genügt der Berichtspflicht, wenn bei festgestellten berichtspflichtigen Tatsachen die betreffenden Sachverhalte geschildert und die sich daraus möglicherweise ergebenden wesentlichen Konsequenzen aufgezeigt werden. Sofern die Berichterstattung zukünftige Sachverhalte oder Entwicklungen betrifft, ist auf ggf. bestehende Beurteilungsrisiken einzugehen[186]. Diese Darstellung bezweckt, den Aufsichtsrat über eine ernsthaft negative Unternehmensentwicklung möglichst frühzeitig zu informieren und ggf. zu veranlassen, dass rechtzeitig Anpassungsmaßnahmen zur Abwendung einer Unternehmenskrise eingeleitet werden[187]. 60.131

Die Berichtspflicht besteht unabhängig davon, ob die Tatsachen den Berichtsadressaten bereits bekannt sind, auf sie im Lagebericht hingewiesen worden ist oder ob ihre nicht angemessene Berücksichtigung bzw. Darstellung im Jahresabschluss oder im Lagebericht zu einer Einschränkung des Bestätigungsvermerks geführt hat. Sie bezieht sich auch auf festgestellte Tatsachen, die nach dem Abschlussstichtag begründet wurden[188]. 60.132

Der Abschlussprüfer hat gemäß § 321 Abs. 1 Satz 3 HGB über bei der Durchführung der Abschlussprüfung festgestellte **Unrichtigkeiten oder Verstöße gegen gesetzliche Vorschriften** sowie über Tatsachen zu berichten, die **schwerwiegende Verstöße** von gesetzlichen Vertretern oder von Arbeitnehmern gegen Gesetz, Gesellschaftsvertrag oder Satzung erkennen lassen. Aus dem Wortlaut „erkennen lassen" ergibt sich, dass bereits solche Tatsachen berichtspflichtig sind, die einen substanziellen Hinweis auf schwerwiegende Verstöße enthalten, ohne dass der Abschlussprüfer eine abschließende rechtliche Würdigung zu treffen hat[189]. 60.133

---

[183] *ADS*, 6. Aufl. 2000, § 321 HGB Rz. 57; IDW PS 450 n.F. Rz. 29.
[184] *ADS*, 6. Aufl. 2000, § 321 HGB Rz. 76; IDW PS 450 n.F. Rz. 36.
[185] *ADS*, 6. Aufl. 2000, § 321 Rz. 75 ff.; *Schmidt/Deicke* in BeckBilkomm., § 321 HGB Rz. 34 ff.
[186] IDW PS 450 n.F. Rz. 40.
[187] *WP-Handbuch 2021*, Wirtschaftsprüfung und Rechnungslegung, Abschn. M Rz. 235.
[188] IDW PS 450 n.F. Rz. 38.
[189] IDW PS 450 n.F. Rz. 42; *Schmidt/Deicke* in BeckBilkomm., § 321 HGB Rz. 63.

60.134 **Unrichtigkeiten** resultieren aus unbewussten Fehlern in der Buchführung, im Jahresabschluss und im Lagebericht[190]. Sie entstehen durch Irrtümer, Unkenntnis sowie unbeabsichtigte falsche Anwendung von Rechnungslegungsvorschriften. **Verstöße** sind falsche Angaben im Jahresabschluss und im Lagebericht, die auf einem beabsichtigten Verstoß gegen gesetzliche Vorschriften beruhen; sie umfassen auch Täuschungen und Vermögensschädigungen[191].

60.135 Über Verstöße und Unrichtigkeiten im Jahresabschluss und Lagebericht, die im Laufe der Prüfung behoben wurden, ist grundsätzlich nicht zu berichten, es sei denn, diese sind für die Wahrnehmung der **Überwachungsfunktion der Aufsichtsgremien** wesentlich[192].

60.136 Berichtspflichtig sind ferner erkennbare **schwerwiegende Verstöße** der gesetzlichen Vertreter oder der Arbeitnehmer gegen Gesetz, Gesellschaftsvertrag oder Satzung, soweit sich diese **nicht** unmittelbar auf die **Rechnungslegung** beziehen[193]. Diese Verstöße müssen Gesetze betreffen, die das Unternehmen oder ihre Organe als solche verpflichten. Verstöße gegen Gesellschaftsvertrag oder Satzung sind insbesondere Überschreitungen des Unternehmensgegenstandes oder die Vornahme von Geschäften ohne die erforderliche Genehmigung des Aufsichtsrats[194]. Kriterien für schwerwiegende Verstöße sind vor allem das für die Gesellschaft damit verbundene Risiko, die Bedeutung der verletzten Rechtsnorm sowie der Grad des Vertrauensbruchs, dessen Kenntnis Bedenken gegen die Eignung der gesetzlichen Vertreter oder der Arbeitnehmer begründen könnte[195].

60.137 **Gegenstand, Art und Umfang** der Abschlussprüfung sind gemäß § 321 Abs. 3 HGB in einem besonderen Abschnitt des Prüfungsberichts zu erläutern. Dabei ist auch auf die angewandten Rechnungslegungs- und Prüfungsgrundsätze einzugehen (§ 321 Abs. 3 Satz 2 HGB).

60.138 Als **Gegenstand** der Abschlussprüfung sind die Buchführung, der Jahresabschluss, der Lagebericht sowie bei der **börsennotierten AG** das nach § 91 Abs. 2 AktG einzurichtende Risikofrüherkennungssystem anzugeben. Die angewandten Rechnungslegungsgrundsätze sind ebenfalls hier anzugeben. Ist der Gegenstand der Prüfung beispielsweise aufgrund von wirtschaftszweigspezifischen gesetzlichen Regelungen (z.B. § 29 KWG, § 35 VAG) oder besonderer Beauftragung gegenüber § 317 HGB **erweitert** worden, ist hierauf im Prüfungsbericht einzugehen[196].

60.139 Im Rahmen der Erläuterung von **Art und Umfang** der Prüfung hat der Abschlussprüfer die Grundsätze zu nennen, nach denen die Prüfung durchgeführt wurde.

60.140 Die Beschreibung des **Prüfungsumfangs** muss so ausführlich sein, dass es dem Aufsichtsgremium möglich ist, Konsequenzen für die eigene Überwachungsaufgabe zu ziehen[197]. Zu den berichtspflichtigen Prüfungsinhalten gehören insbesondere die zugrunde gelegte Prüfungsstrategie, die Prüfungsschwerpunkte, die Auswirkungen der Prüfung des rechnungslegungsbezogenen internen Kontrollsystems auf den Umfang der aussagebezogenen Prüfungshandlungen sowie die Zielsetzung und die Verwendung stichprobengestützter Prüfungsverfahren[198]. Zur Darstellung der Prüfungsdurchführung gehört auch

---

190 IDW PS 210 Rz. 7.
191 IDW PS 210 Rz. 7.
192 IDW PS 450 n.F. Rz. 47.
193 IDW PS 450 n.F. Rz. 48; *WP-Handbuch 2021*, Wirtschaftsprüfung und Rechnungslegung, Abschn. M Rz. 253.
194 *ADS*, 6. Aufl. 2000, § 321 HGB Rz. 85; *WP-Handbuch 2021*, Wirtschaftsprüfung und Rechnungslegung, Abschn. M Rz. 264.
195 IDW PS 450 Rz. 49 n.F.; *WP-Handbuch 2021*, Wirtschaftsprüfung und Rechnungslegung, Abschn. M Rz. 265.
196 *ADS*, 6. Aufl. 2000, § 321 HGB Rz. 131; IDW PS 450 n.F. Rz. 54.
197 IDW PS 450 n.F. Rz. 56.
198 *ADS*, 6. Aufl. 2000, § 321 HGB Rz. 133; IDW PS 450 n.F. Rz. 57.

die Angabe nach § 321 Abs. 2 Satz 6 HGB, ob die gesetzlichen Vertreter die vom Abschlussprüfer verlangten Aufklärungen und Nachweise (§ 320 HGB) erbracht haben[199].

Im Hauptteil des Prüfungsberichts ist nach § 321 Abs. 2 Satz 1 HGB **festzustellen**[200], ob die **Buchführung** und die **weiteren geprüften Unterlagen** (z.B. Kostenrechnung, Unterlagen zum internen Kontrollsystem), der **Jahresabschluss** und der **Lagebericht** den gesetzlichen Vorschriften sowie den ergänzenden Bestimmungen des Gesellschaftsvertrages oder der Satzung entsprechen. Hierbei ist gemäß § 321 Abs. 2 Satz 2 HGB auch über solche Beanstandungen zu berichten, die nicht zur Einschränkung oder Versagung des Bestätigungsvermerks geführt haben, soweit dies für die **Überwachung** der Geschäftsführung und der geprüften Kapitalgesellschaft von Bedeutung ist.

60.141

Nach § 321 Abs. 2 Satz 3 HGB hat der Abschlussprüfer darauf einzugehen, ob der Abschluss insgesamt – d.h. als **Gesamtaussage** des Jahresabschlusses, wie sie sich aus dem Zusammenwirken von Bilanz, GuV und Anhang ergibt – unter Beachtung der Grundsätze ordnungsmäßiger Buchführung oder sonstiger maßgeblicher Rechnungslegungsgrundsätze ein den tatsächlichen Verhältnissen entsprechendes Bild der Vermögens-, Finanz- und Ertragslage der Kapitalgesellschaft vermittelt.

60.142

Im Zusammenhang mit der Feststellung zur Gesamtaussage des Jahresabschlusses sind in den Prüfungsbericht weitere Erläuterungen aufzunehmen, die zum Verständnis der Gesamtaussage erforderlich sind. In diesem Rahmen hat der Abschlussprüfer auf die **wesentlichen Bewertungsgrundlagen** sowie den Einfluss, den Änderungen in den Bewertungsgrundlagen (einschließlich der Änderungen der Ausübung von Bilanzierungs- und Bewertungswahlrechten und der Ausnutzung von **Ermessensspielräumen**) und sachverhaltsgestaltende Maßnahmen insgesamt auf die Gesamtaussage haben, einzugehen (§ 321 Abs. 2 Satz 4 HGB)[201].

60.143

Unter **Bewertungsgrundlagen** werden die Bilanzierungs- und Bewertungsmethoden sowie die für die Bewertung von Vermögensgegenständen und Schulden maßgeblichen Faktoren (Parameter, Annahmen und die Ausübung von Ermessensspielräumen) subsumiert[202]. **Ermessensspielräume** basieren auf unsicheren Erwartungen bei der Bestimmung von Schätzgrößen und den zugrunde liegenden Annahmen (z.B. künftige Auslastung des Unternehmens, Nutzungsdauern)[203]. Erläutert werden müssen nur die wesentlichen Bewertungsgrundlagen; Hinweise sind insbesondere im Falle erheblicher Spielräume sowie bei Feststellungen, dass einzelne Bilanzierungsentscheidungen zwar zulässig, jedoch zielgerichtet und einseitig zur Beeinflussung der Gesamtaussage getroffen wurden, erforderlich[204].

60.144

Im Rahmen der Berichterstattung über **Änderungen in den Bewertungsgrundlagen** ist nicht nur auf die Änderung von Bilanzierungs- und Bewertungswahlrechten (z.B. geänderter Umfang der Herstellungskosten), sondern auch auf die Änderung wertbestimmender Faktoren, insbesondere Änderungen in der Ausnutzung von Ermessensspielräumen einzugehen[205]. Zu berichten hat der Abschlussprüfer vor allem über die einseitige und zielgerichtete Ausnutzung von Ermessensspielräumen (z.B. tendenziell niedriges Ansetzen von Rückstellungen bei schlechter wirtschaftlicher Entwicklung)[206].

60.145

Im Rahmen der Auswirkungen von **sachverhaltsgestaltenden Maßnahmen** auf die Darstellung der Vermögens-, Finanz- und Ertragslage ist auf die Maßnahmen einzugehen, die von der üblichen Gestal-

60.146

---

199 ADS, 6. Aufl. 2000, § 321 HGB Rz. 105; IDW PS 450 n.F. Rz. 59.
200 Schmidt/Deicke in BeckBilkomm., § 321 HGB Rz. 74.
201 IDW PS 450 n.F. Rz. 74.
202 IDW PS 450 Rz. 78; nach Schmidt/Deicke in BeckBilkomm., § 321 HGB Rz. 105 sind hierunter auch übergeordnete Bewertungsgrundsätze zu verstehen, wie z.B. das Going-Concern-, Einzelbewertungs-, Vorsichts-, Realisations-, Wertaufhellungs- und Stetigkeitsprinzip.
203 IDW PS 450 n.F. Rz. 81–83.
204 IDW PS 450 n.F. Rz. 84 und 85.
205 IDW PS 450 n.F. Rz. 90.
206 IDW PS 450 n.F. Rz. 90.

tung, wie sie nach Einschätzung des Abschlussprüfers den Erwartungen der Abschlussadressaten entspricht, abweichen und sich die Abweichung auf die Gesamtaussage des Jahresabschlusses wesentlich auswirkt[207]. Zu den sachverhaltsgestaltenden Maßnahmen gehören z.B. Forderungsverkäufe im Rahmen von asset backed securities-Transaktionen, sale and lease back-Transaktionen, der Einsatz von special purpose entities (z.B. Leasingobjektgesellschaften) oder barter-Transaktionen (Tauschumsätze)[208].

60.147 Bei der Jahresabschlussprüfung der **börsennotierten AG** i.S.v. § 3 Abs. 2 AktG ist gemäß § 321 Abs. 4 Satz 1 HGB das Ergebnis der nach § 317 Abs. 4 HGB durchgeführten Prüfung des **Risikofrüherkennungssystems** im Prüfungsbericht darzustellen. Es ist auszuführen, ob der Vorstand die ihm nach § 91 Abs. 2 AktG obliegenden Maßnahmen getroffen, insbesondere ein Überwachungssystem in geeigneter Form eingerichtet hat, damit bestandsgefährdende Entwicklungen früh erkannt werden, und ob das Überwachungssystem seine Aufgabe erfüllen kann[209]. Nach § 321 Abs. 4 Satz 2 HGB ist auch darauf einzugehen, ob Maßnahmen erforderlich sind, um das Risikofrüherkennungssystem zu verbessern. **Nicht erforderlich** ist eine Darstellung von konkreten Verbesserungsmaßnahmen[210].

60.148 Hat der Vorstand kein Risikofrüherkennungssystem eingerichtet, so ist an dieser Stelle darauf einzugehen und ein entsprechender Hinweis auf wesentliche Verstöße gegen § 91 Abs. 2 AktG in die Berichterstattung nach § 321 Abs. 1 Satz 3 HGB (vgl. Rz. 60.133 ff.) aufzunehmen[211].

60.149 Der **Bestätigungs- oder Versagungsvermerk** ist gemäß § 322 Abs. 7 Satz 2 HGB auch in den Prüfungsbericht aufzunehmen. Der unter Angabe von Ort, Datum und Namen des unterzeichnenden Wirtschaftsprüfers **wiedergegebene** Vermerk ist im Prüfungsbericht nicht gesondert zu unterzeichnen[212].

60.150 Ferner ist der Abschlussprüfer dazu verpflichtet, in einem besonderen Abschnitt des Prüfungsberichts seine Unabhängigkeit zu erklären (§ 321 Abs. 4a HGB). Damit soll gewährleistet werden, dass der Abschlussprüfer seine Unabhängigkeit während der gesamten Dauer seiner Prüfung sicherstellt und dies auch überwacht.

cc) Zusätzliche Anforderungen an den Prüfungsbericht bei der Prüfung von Unternehmen von öffentlichem Interesse

60.151 Während in Deutschland ein Prüfungsbericht bereits in der Vergangenheit durch § 321 HGB für alle gesetzlichen Abschlussprüfungen gesetzlich vorgeschrieben war, war in anderen EU-Mitgliedstaaten die Berichterstattung häufig auf den Bestätigungsvermerk beschränkt. Durch Art. 11 der EU-APrVO wird für die Prüfung von Unternehmen von öffentlichem Interesse nunmehr ein **„Zusätzlicher Bericht an den Prüfungsausschuss"** vorgeschrieben. Dieser an den deutschen Prüfungsbericht nach § 321 HGB angelehnte schriftliche Bericht ist dem Prüfungsausschuss nicht später als der Bestätigungsvermerk vorzulegen (Art. 11 Abs. 1 EU-APrVO).

60.152 Da sich die Inhalte des Berichts nach Art. 11 EU-APrVO mit denjenigen des Prüfungsberichts nach § 321 HGB überschneiden, wäre es nicht sachgerecht, zwei Berichtsinstrumente mit ähnlichem Inhalt nebeneinander vorzuschreiben. Demzufolge ist im Fall der Prüfung von Unternehmen von öffentlichem Interesse der zusätzliche Bericht an den Prüfungsausschuss „der Prüfungsbericht", der um An-

---

207 IDW PS 450 n.F. Rz. 94.
208 IDW PS 450 n.F. Rz. 95; *Schmidt/Deicke* in BeckBilkomm., § 321 HGB Rz. 107 mit weiteren Beispielen.
209 *Stolberg/Zieger*, Neuerungen beim Prüfungsbericht und beim Bestätigungsvermerk nach §§ 321 f. HGB, 435, 451; WP-Handbuch 2021, Wirtschaftsprüfung und Rechnungslegung, Abschn. M Rz. 454.
210 ADS, 6. Aufl. 2000, § 321 HGB Rz. 136; IDW PS 450 n.F. Rz. 106; ausführlich *Schmidt/Deicke* in Beck-Bilkomm., § 321 HGB Rz. 135 ff.
211 IDW PS 450 n.F. Rz. 106.
212 IDW PS 450 n.F. Rz. 109.

gaben nach § 321 HGB erweitert wird[213]. Damit gehen die Anforderungen an den Prüfungsbericht bei der Prüfung von Unternehmen von öffentlichem Interesse über diejenigen bei anderen gesetzlichen Abschlussprüfungen hinaus. Das IDW hat dem im Entwurf einer Neufassung des IDW Prüfungsstandards: Grundsätze ordnungsmäßiger Erstellung von Prüfungsberichten (IDW PS 450 n.F.) dadurch Rechnung getragen, dass an den entsprechenden Stellen des Standardentwurfs die relevanten Anforderungen aus Art. 11 EU-APrVO wiedergegeben werden und die in Art. 11 Abs. 2 Buchst. a bis p EU-APrVO aufgeführten Angaben durch mit P gekennzeichnete Tz. erläutert werden[214].

Der nach Art. 11 Abs. 2 Buchst. a bis p EU-APrVO zu erstattende Bericht hat neben einer Erläuterung der Ergebnisse der durchgeführten Abschlussprüfung zumindest Folgendes zu enthalten: 60.153

– Erklärung über die Unabhängigkeit;
– Angabe der an der Prüfung beteiligten Prüfungspartner;
– Hinweis auf Durchführung bestimmter Tätigkeiten durch nicht demselben angehörige Prüfungsgesellschaften oder Arbeiten externer Sachverständigen sowie die erhaltene Bestätigung zur Unabhängigkeit dieser Prüfungsgesellschaften oder Sachverständigen;
– Beschreibung der Art, der Häufigkeit und des Umfangs der Kommunikation mit dem Prüfungsausschuss, dem Unternehmensleitungsorgan und dem Aufsichtsorgan;
– Beschreibung des Umfangs und des Zeitplans der Prüfung;
– Feststellungen aus Erweiterungen des Prüfungsauftrags;
– Beschreibung der Aufgabenverteilung im Fall eines Joint Audits;
– Beschreibung der verwendeten Methode (aussagebezogene Prüfungshandlungen und Systemprüfung) bei der Prüfung der Bilanzposten;
– Darlegung der quantitativen Wesentlichkeitsgrenze;
– Angabe und Erläuterung von Einschätzungen zu Ereignissen und Gegebenheiten, die erhebliche Zweifel an der Unternehmensfortführung aufwerfen können, sowie die Angabe und Erläuterung von Einschätzungen, ob diese Ereignisse und Gegebenheiten eine wesentliche Unsicherheit darstellen; ferner eine Zusammenfassung von unterstützenden Maßnahmen, die bei der Beurteilung der Unternehmensfortführung berücksichtigt wurden;
– Angabe von bedeutsamen Mängeln im rechnungslegungsbezogenen Internen Kontrollsystem;
– Angabe und Einschätzung der bei den Abschlussposten angewandten Bewertungsmethoden einschließlich etwaiger Auswirkungen von Methodenänderungen;
– Erläuterung des Konsolidierungskreises bei Konzernabschlüssen und der Ausschlusskriterien für nichtkonsolidierte Unternehmen sowie die Angabe, dass die angewandten Kriterien im Einklang mit den Rechnungslegungsregeln stehen;
– Angabe von Prüfungsarbeiten von Prüfern aus einem Drittland, die nicht demselben Netzwerk wie der Konzernprüfer angehören;
– Angabe, ob das geprüfte Unternehmen alle erlangten Erläuterungen und Unterlagen geliefert hat;
– Angaben über etwaige bedeutsame Schwierigkeiten bei der Abschlussprüfung, sich aus der Abschlussprüfung ergebende bedeutsame Sachverhalte, über die mit dem Management kommuniziert wurde und etwaige sonstige für die Aufsicht über den Rechnungslegungsprozess bedeutsame Sachverhalte.

Einstweilen frei. 60.154–60.156

---
213 IDW PS 450 n.F. Rz. P 3/2.
214 IDW PS 450 n.F. Rz. P 10/1.

dd) Unterzeichnung und Vorlage des Prüfungsberichts

60.157 Der Prüfungsbericht ist von dem beauftragten Abschlussprüfer unter Angabe des Datums eigenhändig zu **unterzeichnen** (§ 321 Abs. 5 HGB) und zu **siegeln** (§ 48 Abs. 1 Satz 1 WPO).

60.158 Der unterzeichnete Prüfungsbericht ist bei der AG dem Aufsichtsrat und gleichzeitig einem eingerichteten Prüfungsausschuss vorzulegen, da er gemäß § 111 Abs. 2 Satz 3 AktG den Prüfungsauftrag erteilt hat; dem Vorstand ist vor der Zuleitung an den Aufsichtsrat Gegebenheit zur Stellungnahme zu geben (§ 321 Abs. 5 Satz 2 HGB). Der Abschlussprüfer genügt der Vorlagepflicht durch die Zuleitung des Prüfungsberichts an den Aufsichtsratsvorsitzenden, der diesen an die übrigen Aufsichtsratsmitglieder weiterleitet. In Abstimmung mit dem Aufsichtsratsvorsitzenden sollte auch dem Vorstand ein endgültiges Exemplar des Prüfungsberichts zugeleitet werden[215].

ee) Berichterstattung im Prüfungsbericht bei Konzernabschlussprüfungen

60.159 Über die **Konzernabschlussprüfung** ist grundsätzlich unabhängig von der Berichterstattung über die Prüfung des Jahresabschlusses des Mutterunternehmens **selbstständig** zu berichten[216]. Wird der Konzernabschluss zusammen mit dem Jahresabschluss des Mutterunternehmens oder mit einem von diesem nach internationalen Rechnungslegungsstandards aufgestellten Einzelabschluss bekannt gemacht, dann können nach § 325 Abs. 3a HGB die Vermerke des Abschlussprüfers (§ 322 HGB) zusammengefasst werden. Sofern von diesem Wahlrecht Gebrauch gemacht wird, können der Prüfungsbericht zum Jahresabschluss des Mutterunternehmens und der Prüfungsbericht zum Konzernabschluss ebenfalls zusammengefasst werden.

60.160 Die **Aufgaben** des Konzernprüfungsberichts entsprechen weitgehend denen des Prüfungsberichts über die Jahresabschlussprüfung; er dient der unabhängigen und sachverständigen Unterrichtung des Aufsichtsrats über die Prüfung der Konzernrechnungslegung.

60.161 Die Regelungen für den Prüfungsbericht zum Konzernabschluss finden sich wie die Vorschriften für den Prüfungsbericht zum Jahresabschluss in § 321 HGB, so dass die hierzu dargestellten Grundsätze, soweit dem nicht Besonderheiten des Konzernabschlusses entgegenstehen, auch für den Konzern-Prüfungsbericht sinngemäß gelten. So sind beispielsweise zusätzliche Angaben über die **Konsolidierung** und die **Prüfung der in den Konzernabschluss einbezogenen Tochtergesellschaften** erforderlich.

ff) Berichterstattung im Prüfungsbericht bei Nachtragsprüfungen

60.162 Über das Ergebnis der **Nachtragsprüfung** (vgl. Rz. 60.13 ff.) ist nach § 316 Abs. 3 Satz 2 HGB zu berichten. Der eigenständige **Nachtragsprüfungsbericht** hat zwingend einen Hinweis zu enthalten, dass der ursprünglich erstattete Prüfungsbericht und der Nachtragsprüfungsbericht **nur gemeinsam** verwendet werden dürfen[217]. Der Nachtragsprüfungsbericht bezieht sich ausschließlich auf vorgenommene Änderungen[218]. Die vorgenommenen Änderungen sind darzulegen und Art und Umfang der Nachtragsprüfung zu erläutern[219]. Die Vorschriften zur Nachtragsprüfung gelten entsprechend für die für Zwecke der Offenlegung zu erstellenden ESEF-Unterlagen (siehe Rz. 61.22a ff.).

---

215 *ADS*, 6. Aufl. 2000, § 321 HGB Rz. 170 ff.; IDW PS 450 n.F. Rz. 117.
216 IDW PS 450 n.F. Rz. 118.
217 *WP-Handbuch 2021*, Wirtschaftsprüfung und Rechnungslegung, Abschn. N Rz. 33.
218 IDW PS 450 n.F. Rz. 145.
219 IDW PS 450 n.F. Rz. 147; *WP-Handbuch 2021*, Wirtschaftsprüfung und Rechnungslegung, Abschn. N Rz. 35.

60.163 Der Nachtragsprüfungsbericht hat einleitend Angaben zum **Auftrag** zu enthalten, wobei Hinweise auf die Wahl des Nachtragsprüfers entfallen, da die Nachtragsprüfung zwingend durch den gewählten Abschlussprüfer durchzuführen ist[220].

60.164 Im Nachtragsprüfungsbericht ist festzustellen, ob die vorgenommenen Änderungen den gesetzlichen Vorschriften und den ergänzenden Bestimmungen des Gesellschaftsvertrages oder der Satzung entsprechen und ob der Abschluss insgesamt nach Vornahme der Änderungen unter Beachtung der Grundsätze ordnungsmäßiger Buchführung oder sonstiger maßgeblicher Rechnungslegungsgrundsätze ein den tatsächlichen Verhältnissen entsprechendes Bild der Vermögens-, Finanz- und Ertragslage vermittelt (§ 321 Abs. 2 Satz 3 HGB)[221].

60.165–60.167 Einstweilen frei.

gg) Sanktionen

60.168 Auch für die Verletzung der Berichtspflichten des § 321 HGB ist § 323 HGB zu beachten (vgl. Rz. 60.219 ff.). Berufsrechtlich können Maßnahmen nach den § 68 WPO in Betracht kommen[222].

60.169 Nach § 332 HGB kann eine **unrichtige Berichterstattung** über das Prüfungsergebnis oder das **Verschweigen erheblicher Umstände** im Prüfungsbericht mit Freiheitsstrafe bis zu drei bzw. fünf Jahren (im Fall der Leichtfertigkeit bei Unternehmen von öffentlichem Interesse: bis zu zwei Jahren oder mit Geldstrafe) oder mit Geldstrafe geahndet werden (vgl. dazu auch die entsprechenden Ausführungen zum Bestätigungsvermerk, Rz. 60.120). Der Prüfungsbericht ist jedoch nur dann inhaltlich unrichtig, wenn er nicht mit den vom Abschlussprüfer im Rahmen seiner Prüfung gemachten tatsächlichen Feststellungen übereinstimmt[223]. Das Verschweigen eines erheblichen Umstands kann dann angenommen werden, wenn ein sachkundiger Dritter bei Kenntnis des nicht berichteten Umstands zu einer anderen Beurteilung der Vermögens-, Finanz- und Ertragslage der Gesellschaft gekommen wäre[224]. Diese Tatbestände werden in gleicher Weise auch durch § 403 AktG unter Strafe gestellt.

c) Kommunikation mit dem Aufsichtsrat

aa) Vorabberichterstattung an den Aufsichtsrat während der Prüfungsdurchführung

60.170 Eine mündliche Vorabberichterstattung des Abschlussprüfers an den Aufsichtsrat während der laufenden Prüfungsdurchführung ist gesetzlich nicht vorgesehen. Eine Berichterstattungspflicht kann sich jedoch aus der Treuepflicht[225] des Abschlussprüfers ergeben. Zudem ist in dem IDW PS 470 n.F.: Grundsätze für die Kommunikation des Abschlussprüfers mit dem Aufsichtsorgan sowohl vorgesehen, dass sich die **Kommunikation nicht auf die Berichterstattung nach Beendigung der Prüfung beschränkt**, als auch dass die Kommunikation über eine einseitige Berichterstattung hinausgeht, um die Kenntnisse und Erwartungen des Aufsichtsrats bei der Prüfung berücksichtigen zu können. Schließlich empfiehlt auch der Deutsche Corporate Governance Kodex dem Aufsichtsrat, mit dem Abschlussprüfer zu vereinbaren, dass dieser den Aufsichtsrat über alle für die Aufgaben des Aufsichtsrats wesentlichen Feststellungen und Vorkommnisse unverzüglich unterrichtet, die bei der Durchführung der Abschlussprüfung zu seiner Kenntnis gelangen[226]. Dies kann in Abhängigkeit des Einzelfalls bei der Aufdeckung von wesentlichen falschen Darstellungen in der Rechnungslegung angezeigt sein. Ebenso

---

220 IDW PS 450 n.F. Rz. 146.
221 IDW PS 450 n.F. Rz. 148.
222 *Schmidt/Deicke* in BeckBilkomm., § 321 HGB Rz. 270.
223 *Hoffmann/Knierim*, BB 2002, 2275, 2276.
224 *Hoffmann/Knierim*, BB 2002, 2275, 2276; *Wiedmann/Böcking/Gros*, § 332 HGB Rz. 9.
225 Zu den Grundsätzen BGH v. 15.12.1954 – II ZR 322/53, DB 1955, 117 f.; *Gelhausen*, BFuP 1999, 390, 396.
226 Deutscher Corporate Governance Kodex, Empfehlung D.9.

60.170 wird der Abschlussprüfer über einen begründeten Verdacht von Verstößen berichten, die unter Mitwirkung der gesetzlichen Vertreter oder von Mitarbeitern, denen eine bedeutende Rolle im internen Kontrollsystem zukommt oder anderen Personen, deren Verstöße eine wesentliche Auswirkung auf den Abschluss oder den Lagebericht haben können, begangen wurden[227].

60.171 Die Vorabberichterstattung kann in Form eines **schriftlichen Vorabberichts** oder in einer **mündlichen Vorabunterrichtung** erfolgen. Im Allgemeinen wird davon ausgegangen werden müssen, dass bei einer Berichterstattung in Schriftform (ggf. auch in Briefform) den Anmerkungen des Abschlussprüfers größeres Gewicht beigelegt wird[228].

60.172 Eine Berichtspflicht ist unter dem Gesichtspunkt **vertraglicher Treuepflichten** insbesondere in den Fällen geboten, in denen eine gesetzliche Redepflicht des Abschlussprüfers nach § 321 Abs. 1 Satz 3 HGB besteht und die aufgrund besonderer Eilbedürftigkeit eine unverzügliche Unterrichtung des Aufsichtsrats erfordern[229]. Dies kann bei schwerwiegenden Verstößen der gesetzlichen Vertreter oder Arbeitnehmer gegen gesetzliche Vorschriften oder die Satzung sowie bei einer krisenhaften wirtschaftlichen Entwicklung der Gesellschaft gegeben sein. In diesen Fällen ist zwar auch im Prüfungsbericht die Berichtspflicht auszuüben. Regelmäßig werden jedoch dringende Maßnahmen durch den Aufsichtsrat veranlasst werden müssen, so dass eine Vorabberichterstattung noch vor Vorlage des Prüfungsberichts erforderlich sein wird.

60.173 Für die Vorabberichterstattung gelten die allgemeinen Grundsätze für die mündliche Berichterstattung an den Aufsichtsrat (vgl. Rz. 60.198 ff.). Die mündliche Berichterstattung kann die gebotene Darstellung im Prüfungsbericht nicht ersetzen. Daher sind die Berichtsthemen auch zum Inhalt der späteren Berichterstattung im schriftlichen Prüfungsbericht nach § 321 HGB zu machen. Die in der Vorabberichterstattung getroffenen Aussagen dürfen **nicht im Widerspruch** zu den späteren Ausführungen im Prüfungsbericht oder in der mündlichen Berichterstattung in der Bilanzsitzung des Aufsichtsrats stehen.

60.174 Soweit eine mündliche Vorabberichterstattung erfolgt, genügt die Unterrichtung des Vorsitzenden des Aufsichtsrats.

60.175 Es besteht kein allgemeines Informationsrecht einzelner Aufsichtsratsmitglieder gegenüber dem Abschlussprüfer. Diesem ist es sogar aufgrund seiner **Verschwiegenheitspflicht** untersagt, Einzelauskünfte zu erteilen[230]. Dagegen besteht keine Verschwiegenheitsverpflichtung gegenüber dem Gesamtaufsichtsrat oder einem von diesem beauftragten Ausschuss[231]. Über die Ausgestaltung der Kommunikation hinsichtlich Form, Zeitpunkt und erwartetem Inhalt hat sich der Abschlussprüfer mit dem Aufsichtsrat zu verständigen[232]. Die Kommunikation mit dem Aufsichtsrat umfasst dabei folgende Sachverhalte[233]:

– Einschätzung des Abschlussprüfers zu bedeutenden qualitativen Rechnungslegungspraktiken des Unternehmens;
– während der Prüfung aufgetretene bedeutsame Probleme;
– bedeutsame aus der Prüfung resultierende Sachverhalte, die mit dem Management besprochen wurden oder Gegenstand des Schriftverkehrs mit dem Management waren;

---

227 IDW PS 210 Rz. 62.
228 *WP-Handbuch 2021*, Wirtschaftsprüfung und Rechnungslegung, Abschn. M Rz. 125.
229 *ADS*, 6. Aufl. 2000, § 321 HGB Rz. 88; *Weber*, WPg 1993, 729, 739; *Gelhausen*, BFuP 1999, 390, 396; IDW PS 450 n.F. Rz. 41.
230 *ADS*, 6. Aufl. 2000, § 321 HGB Rz. 45; *Gelhausen*, BFuP 1999, 390, 399.
231 *Gelhausen*, BFuP 1999, 390, 399.
232 IDW PS 470 n.F. Rz. 25.
233 IDW PS 470 n.F. Rz. 21.

– vom Abschlussprüfer angeforderte schriftliche Erklärungen;

– sonstige aus der Prüfung resultierende Sachverhalte, die der Abschlussprüfer nach pflichtgemäßem Ermessen als bedeutsam für die Aufsicht über den Rechnungslegungsprozess erachtet.

Nach Beendigung der Prüfung und vor der Bilanzsitzung des Aufsichtsrats können in einem **Vorgespräch** zwischen dem Vorsitzenden des Aufsichtsrats bzw. des Prüfungsausschusses und dem Abschlussprüfer vorab die Feststellungen aus dem Prüfungsbericht und der Ablauf der Bilanzsitzung besprochen werden. Der Vorsitzende des Aufsichtsrats bzw. des Prüfungsausschusses sollte hierbei auch Wünsche für eine vertiefende Darstellung in der Bilanzsitzung äußern[234].

60.176

bb) Teilnahme an der Bilanzsitzung

Ist der Jahres- oder Konzernabschluss durch einen Abschlussprüfer zu prüfen, so hat dieser an den Verhandlungen des Aufsichtsrats oder eines Ausschusses über diese Vorlagen teilzunehmen und über die wesentlichen Ergebnisse seiner Prüfung zu berichten (§ 171 Abs. 1 Satz 2 AktG). Die obligatorische Teilnahme an der Bilanzsitzung dient der angestrebten Verbesserung der Zusammenarbeit zwischen dem Abschlussprüfer und dem Aufsichts- und Kontrollorgan.

60.177

Mit der Teilnahme an der Bilanzsitzung soll der Abschlussprüfer dem Aufsichtsrat bei dessen Prüfung des Jahres- und Konzernabschlusses sowie des Lage- und Konzernlageberichts gemäß § 171 Abs. 1 AktG als **unabhängige sachverständige Auskunftsperson** zur Verfügung stehen und damit den Aufsichtsrat bei der Überwachung der Geschäftsführung gemäß § 111 Abs. 1 AktG unterstützen. Die Berichterstattung des Abschlussprüfers in der Bilanzsitzung dient der Erläuterung von Sachverhalten im Zusammenhang mit der vom Vorstand vorgelegten Rechnungslegung und deren Prüfung. Sie trägt dazu bei, dass die Darstellung der wirtschaftlichen Lage der Kapitalgesellschaft bzw. des Konzerns, einzelner Geschäftsfelder und besonderer Risiken kritisch gewürdigt werden kann. Darüber hinaus kann der Aufsichtsrat der Berichterstattung des Abschlussprüfers Hinweise entnehmen, worauf der Aufsichtsrat seine eigene Prüfungs- und Überwachungsaufgabe schwerpunktmäßig ausrichten sollte. Durch das BilMoG wurde die Berichterstattungspflicht des Abschlussprüfers in der Bilanzsitzung des Aufsichtsrats bzw. des Prüfungsausschusses konkretisiert. Nach § 171 AktG hat sich die Berichterstattung des Abschlussprüfers über die Ergebnisse seiner Prüfung insbesondere auch auf wesentliche Schwächen des Kontroll- und des internen Risikomanagementsystems bezogen auf den Rechnungslegungsprozess zu erstrecken. Darüber hinaus hat der Abschlussprüfer auch über Umstände zu informieren, die seine Befangenheit besorgen lassen, und über Leistungen, die er zusätzlich zu den Abschlussprüfungsleistungen erbracht hat.

60.178

Die **Teilnahme des Abschlussprüfers** an der Bilanzsitzung gehört auch zu den aus dem **Prüfungsvertrag** resultierenden Pflichten des Abschlussprüfers. Die Gesellschaft kann zwar auf Teilnahme des Abschlussprüfers klagen, diesen Anspruch jedoch nicht vollstrecken[235]. Verletzt der Abschlussprüfer trotz ordnungsgemäßer Einladung schuldhaft die Teilnahmepflicht, kann die Gesellschaft gegenüber dem Abschlussprüfer Ersatz des ihr daraus entstandenen Schadens verlangen (§ 280 BGB).

60.179

Die Teilnahme **setzt voraus**, dass der Abschlussprüfer ordnungsgemäß zur Bilanzsitzung eingeladen wurde[236]. Die Teilnahmepflicht des Abschlussprüfers besteht ausnahmsweise dann nicht, wenn eine ordnungsgemäße Einladung nicht erfolgt ist. Setzt der Aufsichtsrat die Bilanzsitzung auf einen für den Abschlussprüfer unzumutbaren Zeitpunkt fest oder hält er eine angemessene Einladungsfrist nicht ein, ist der Abschlussprüfer ebenfalls nicht zur Teilnahme verpflichtet.

60.180

---

234 *ADS*, Ergänzungsband zur 6. Aufl. 2001, § 171 AktG n.F. Rz. 37.
235 Ausführlich *ADS*, 6. Aufl. 1997, § 171 AktG Rz. 52.
236 *Scheffler*, WPg 2002, 1300.

60.181 Unabhängig von der Frage der Zulässigkeit eines Ausschlusses des Abschlussprüfers von der Bilanzsitzung ist der Abschlussprüfer jedenfalls nicht mehr zum Erscheinen verpflichtet, wenn der Aufsichtsratsvorsitzende ihm mitteilt, dass er **nicht teilnehmen soll**. Eine Pflicht zum Schadensersatz besteht dann nicht. Auch hat der Abschlussprüfer nicht die Gründe für seinen Ausschluss zu erforschen[237].

60.182 Häufig wird die Beratung des Gesamtaufsichtsrats durch die Beratung eines **Aufsichtsratsausschusses** (Bilanz- oder Prüfungsausschuss/Audit Committee) vorbereitet. Das Gesetz sieht alternativ die Teilnahme des Abschlussprüfers an der **Bilanzsitzung** des Gesamtaufsichtsrats oder eines Ausschusses vor. Der Aufsichtsrat hat somit ein **Dispositionsrecht** zu bestimmen, ob der Abschlussprüfer an der Sitzung des Gesamtaufsichtsrats, an der Sitzung des Bilanz- oder Prüfungsausschusses oder an den Sitzungen beider Gremien teilnehmen soll.

60.183 Wird die Teilnahme an beiden Sitzungen gewünscht, ist der Abschlussprüfer zur Teilnahme an beiden Sitzungen verpflichtet[238]. In diesem Fall wird in der Regel der Detaillierungsgrad der Berichterstattung in Abstimmung mit dem Gesamtaufsichtsrat abgestuft. Inhaltlich muss sich die Berichterstattung im Ausschuss mit der im Plenum decken. Der Bericht im Ausschuss wird allerdings i.d.R. ausführlicher ausfallen.

60.184 Soll der Abschlussprüfer nur an der Sitzung des Ausschusses teilnehmen, bedarf es hierzu eines **Beschlusses des Plenums**[239]. Das Aufsichtsratsplenum kann sich mit dem Bericht seines eigenen Bilanz- oder Prüfungsausschusses ohne die mündliche Berichterstattung des Abschlussprüfers begnügen[240]. Der Ausschuss ist gegenüber dem Plenum berichtspflichtig[241]. Es kann insbesondere bei Gesellschaften mit einem sehr großen Aufsichtsrat sachgerecht sein, wenn der Abschlussprüfer eine eingehende Diskussion mit den besonders sachkundigen Mitgliedern des Aufsichtsrats in einem Bilanz- oder Prüfungsausschuss führt und anschließend durch den Ausschuss über das Ergebnis der Diskussionen im Plenum berichtet wird[242]. Durch eine Teilnahme an der Bilanzsitzung des Ausschusses, den der Aufsichtsrat für die vertiefende Beschäftigung mit dem Jahresabschluss und zur Vorbereitung der Feststellung des Jahresabschlusses durch das Plenum eingerichtet hat, soll erreicht werden, dass sich dieses Gremium bei seinen Beratungen in besonderem Maße auf die Erkenntnisse des Abschlussprüfers stützen kann[243].

60.185 § 171 Abs. 1 Satz 2 AktG verlangt die **Teilnahme des bestellten Abschlussprüfers**. In der Bilanzsitzung des Aufsichtsrats müssen daher die Prüfer persönlich teilnehmen, welche die Abschlussprüfung und ihre Durchführung zu verantworten und den Bestätigungsvermerk oder den Vermerk über seine Versagung sowie den Prüfungsbericht unterzeichnet haben[244]. Ist eine Wirtschaftsprüfungsgesellschaft zum Abschlussprüfer bestellt worden, dann sollte der für die Prüfung verantwortliche Wirtschaftsprüfer persönlich teilnehmen, um sachkundig Fragen beantworten und über die wesentlichen Ergebnisse der Prüfung berichten zu können[245]. Die Wirtschaftsprüfungsgesellschaft muss hingegen nicht immer durch ein Mitglied des geschäftsführenden Organs vertreten sein[246]. Es kann auch sinnvoll sein, dass ggf. Gehilfen des Abschlussprüfers (§ 323 Abs. 1 Satz 1 HGB) zugezogen werden, um auf ihre speziellen Kenntnisse aus der Prüfung zurückgreifen zu können[247].

---

237 *ADS*, Ergänzungsband zur 6. Aufl. 2001, § 171 AktG n.F. Rz. 20.
238 *Grottel/H. Hoffmann* in BeckBilkomm., § 332 HGB Rz. 41.
239 *ADS*, Ergänzungsband zur 6. Aufl. 2001, § 171 AktG n.F. Rz. 24.
240 *Dörner*, DB 2000, 101, 103.
241 *Westerfelhaus*, DB 1998, 2078, 2079.
242 *Ziemons*, DB 2000, 77, 79.
243 *ADS*, Ergänzungsband zur 6. Aufl. 2001, § 171 AktG n.F. Rz. 22 f.
244 *Hommelhoff*, BB 1998, 2625, 2627; *ADS*, 6. Aufl. 1997, § 171 AktG Rz. 55; *Neuling*, BB 2003, 167.
245 *Forster* in FS Sieben, 1998, S. 379.
246 *ADS*, 6. Aufl. 1997, § 171 AktG Rz. 55.
247 *Forster* in FS Sieben, 1998, S. 379; *ADS*, 6. Aufl. 1997, § 171 AktG Rz. 55.

Sind **mehrere Prüfer** gemeinschaftlich oder einzeln zu Abschlussprüfern bestellt, so gilt die Verpflichtung für jeden Prüfer. Der Aufsichtsrat hat **kein Dispositionsrecht** nur einen der Prüfer einzuladen[248]. Es erscheint wesentlich, dass jeder Prüfer in Anwesenheit des anderen Prüfers berichtet. Gerade in den Fällen, in denen die Prüfer zu unterschiedlichen Ergebnissen kommen, kann sich der Aufsichtsrat dadurch seine eigene Meinung bilden.

60.186

Kommt der Aufsichtsrat seinen Pflichten zur ordnungsgemäßen Einladung des Abschlussprüfers zur Bilanzsitzung oder zur Anhörung des Vortrags des Abschlussprüfers nicht nach, begeht er eine **Pflichtverletzung** i.S.d. § 116 i.V.m. § 93 AktG. Er ist damit gegenenfalls gegenüber der Gesellschaft schadensersatzpflichtig. Eine Exkulpation des Aufsichtsrats unter Hinweis auf seinen Beschluss, den Abschlussprüfer von der Teilnahmepflicht zu dispensieren, scheitert an der Nichtigkeit dieses Beschlusses[249]. Der Abschlussprüfer ist in diesen Fällen verpflichtet, den Aufsichtsratsvorsitzenden auf die möglichen Folgen einer Pflichtverletzung hinzuweisen. Im Prüfungsbericht, in der Regel des Folgejahres, ist über diesen Gesetzesverstoß entsprechend zu berichten (§ 321 Abs. 1 Satz 3 HGB).

60.187

Die Nichtteilnahme oder der unzulässige Ausschluss der Teilnahme des Abschlussprüfers hat **keine Nichtigkeit** der Feststellung des Jahresabschlusses durch den Aufsichtsrat zur Folge[250]. Eine Nichtigkeit nach § 256 Abs. 2 AktG, wonach ein festgestellter Jahresabschluss nichtig ist, wenn der Vorstand oder Aufsichtsrat bei seiner Feststellung nicht ordnungsgemäß mitgewirkt haben, kommt nicht in Betracht. Eine mangelhafte Mitwirkung des Aufsichtsrats ist in diesem Fall nicht ersichtlich[251].

60.188

Der Anwendungsbereich des § 171 Abs. 1 Satz 2 AktG erfasst neben der AG auch die KGaA und die SE.

60.189

Nach **§ 314 Abs. 4 AktG** hat der Abschlussprüfer auch an den Verhandlungen des Aufsichtsrats über den Bericht über die Beziehungen zu verbundenen Unternehmen (**Abhängigkeitsbericht**) **teilzunehmen** und über die wesentlichen Ergebnisse seiner Prüfung **zu berichten**. Regelmäßig werden diese Verhandlungen mit den Verhandlungen des Aufsichtsrats über die Vorlagen nach § 170 AktG zusammenfallen. Die Ausführungen unter Rz. 60.177 ff. gelten entsprechend.

60.190

cc) Grundsätze der mündlichen Berichterstattung des Abschlussprüfers

Über das Ergebnis seiner Prüfung hat der Abschlussprüfer bereits schriftlich in seinem nach § 321 HGB zu erstattenden **Prüfungsbericht**, ggf. auch im Rahmen einer schriftlichen oder mündlichen Vorabberichterstattung berichtet. Jedes Aufsichtsratsmitglied hat nach § 170 Abs. 3 Satz 1 AktG das Recht von dem Prüfungsbericht in Vorbereitung auf die Bilanzsitzung Kenntnis zu nehmen. Der Prüfungsbericht ist das zentrale Element der Berichterstattung des Abschlussprüfers an den Aufsichtsrat. Die mündliche Berichterstattung des Abschlussprüfers an den Aufsichtsrat kann die gebotene Berichterstattung im Prüfungsbericht nicht ersetzen und darf daher nicht im Widerspruch zu Ausführungen im Prüfungsbericht stehen.

60.191

Die mündliche Berichterstattung in der Bilanzsitzung soll die Ausführungen des Prüfungsberichts nicht in vollem Umfang wiederholen. Vielmehr ist aus dem Gesetzeswortlaut zu entnehmen, dass die Berichterstattung die **wesentlichen Ergebnisse** der Prüfung zum Gegenstand haben und diese vertiefend erläutern soll. Der Abschlussprüfer hat auch auf ggf. bei der Beauftragung durch den Aufsichtsrat vereinbarte besondere Berichtspflichten einzugehen, soweit hier nicht bereits die Berichterstattung im Prüfungsbericht ausreichend ist. Die Berichterstattung kann sowohl positive wie negative Sachverhalte

60.192

---

248 Zur Lage vor KonTraG *Forster* in FS Sieben, 1998, S. 379.
249 *Bischof/Oser*, WPg 1998, 539, 543.
250 *Schindler/Rabenhorst*, BB 1998, 1886, 1889; ADS, Ergänzungsband zur 6. Aufl. 2001, § 171 AktG n.F. Rz. 21.
251 ADS, 6. Aufl. 1997, § 256 AktG Rz. 57.

beinhalten. Sie sollte auf die wirtschaftliche Lage des Unternehmens und auf bemerkenswerte Geschäftsvorfälle eingehen[252].

60.193 Der Berufsstand der Wirtschaftsprüfer hat im IDW PS 470 n.F.: Grundsätze für die Kommunikation des Abschlussprüfers mit dem Aufsichtsorgan niedergelegt, die neben der laufenden Kommunikation, insbesondere auch die mündliche Berichterstattung an den Aufsichtsrat nach Beendigung der Abschlussprüfung umfassen.

60.194 Eine bestimmte **Form** ist für die Berichterstattung gegenüber dem Aufsichtsrat nicht vorgeschrieben. Im Gegensatz zum Prüfungsbericht ist ein mündlicher Bericht ausreichend. Zur Unterstützung der Ausführungen bietet sich an, diese mit Hilfe einer Präsentation mit graphischen Darstellungen und Tabellen zu verdeutlichen[253].

60.195 Der Abschlussprüfer sollte zu seiner eigenen Absicherung in seinem Vortrag deutlich machen, dass er davon ausgeht, dass die Mitglieder des Aufsichtsrats den Prüfungsbericht zur Kenntnis genommen haben.

60.196 Im Rahmen der mündlichen Berichterstattung werden nach den Vorgaben des IDW folgende **Sachverhalte** Gegenstand der Kommunikation mit dem Aufsichtsorgan sein[254]:

- Verantwortung des Abschlussprüfers;
- Geplanter Umfang und geplanter zeitlicher Ablauf der Abschlussprüfung;
- Bedeutsame Feststellungen aus der Abschlussprüfung;
- Unabhängigkeit des Abschlussprüfers.

Darüber hinaus besteht bei der Prüfung von Unternehmen von öffentlichem Interesse nach Art. 6 Abs. 2 Buchst. b EU-APrVO das Erfordernis, dass der Abschlussprüfer mit dem Prüfungsausschuss Gefahren in Bezug auf die Unabhängigkeit sowie und zur Verminderung dieser Gefahren angewendeten Schutzmaßnahmen erörtert.

60.197 Der Abschlussprüfer ist nicht verpflichtet, in einem **Management Letter** dargestellte Sachverhalte in der mündlichen Berichterstattung an den Aufsichtsrat vorzutragen. Der Management Letter wird an den Vorstand adressiert; wenn jedoch der Aufsichtsrat seinerseits danach fragt, wird der Abschlussprüfer den Management Letter auch dem Aufsichtsrat zugänglich machen.

60.198 Die Teilnahme an der Bilanzsitzung dient auch dazu, dass die einzelnen Mitglieder des Aufsichtsrats **Fragen** an den Abschlussprüfer richten und **Erläuterungen** zu einzelnen Sachverhalten erbeten können[255]. Der Abschlussprüfer ist zur wahrheitsgemäßen, vollständigen und gewissenhaften Beantwortung der an ihn gerichteten Fragen zu einzelnen Punkten der Vorlagen und des Prüfungsberichts sowie zur Erteilung fachlicher Auskünfte verpflichtet. Frageberechtigt ist jedes einzelne Mitglied des Aufsichtsrats. Der Abschlussprüfer kann sich im Rahmen der Bilanzsitzung nicht auf seine Verpflichtung zur Verschwiegenheit berufen[256].

60.199 Fragen des Aufsichtsrats, die über die Ausführungen im Prüfungsbericht hinausgehen, aber noch mit der Beauftragung zusammenhängen (z.B. die Höhe des Prüfungshonorars oder die Unabhängigkeit des Abschlussprüfers) hat der Abschlussprüfer zu beantworten. Die Beantwortung von Fragen, die den Prü-

---

252 *Forster* in FS Sieben, 1998, S. 381.
253 *Gelhausen*, BFuP 1999, 390, 404.
254 IDW PS 470 Rz. 19 ff.
255 *Gelhausen*, BFuP 1999, 390, 405.
256 *Forster* in FS Sieben, 1998, S. 380; *Gelhausen*, BFuP 1999, 390, 405; *ADS*, Ergänzungsband zur 6. Aufl. 2001, § 171 AktG n.F. Rz. 33.

fungsumfang des Abschlussprüfers überschreiten, wie bspw. Fragen zur Ordnungsmäßigkeit der Geschäftsführung, kann der Abschlussprüfer dagegen ablehnen.

Der Abschlussprüfer haftet bei schuldhafter Verletzung seiner Pflichten gemäß § 323 HGB[257]. 60.200

5. Verantwortlichkeit des Abschlussprüfers

a) Pflichten

Die Pflichten, die der Abschlussprüfer, seine Gehilfen und die bei der Prüfung mitwirkenden gesetzlichen Vertreter einer Prüfungsgesellschaft bei einer gesetzlichen Pflichtprüfung zu beachten haben, werden durch § 323 HGB geregelt. Dabei handelt es sich im Einzelnen um die Pflichten zur **gewissenhaften und unparteiischen Prüfung** sowie zur **Verschwiegenheit**[258]. 60.201

§ 323 HGB gilt grundsätzlich nicht bei **freiwilligen Abschlussprüfungen**. 60.202

aa) Pflicht zur gewissenhaften und unparteiischen Prüfung

Eine **gewissenhafte** Prüfung erfordert, dass sie nach bestem Wissen und Gewissen so durchgeführt wird, dass das Ziel der Abschlussprüfung erreicht wird[259]. Aus den gesetzlichen Regelungen (§ 317 HGB, § 43 Abs. 1 Satz 1 WPO) ergeben sich nur allgemeine Grundsätze, was unter einer gewissenhaften Prüfung zu verstehen ist. Zur weiteren Konkretisierung der Anforderungen ist daher auf den Sinn und Zweck einer Abschlussprüfung abzustellen, wobei auch die Auffassung des Berufsstands der Wirtschaftsprüfer zu beachten ist[260]. 60.203

Gemäß § 43 Abs. 1 Satz 1 WPO hat der Wirtschaftsprüfer seinen Beruf gewissenhaft auszuüben. Die Grundsätze dazu werden insbesondere durch §§ 4 bis 9 der Berufssatzung WP/vBP näher bestimmt. Danach sind Wirtschaftsprüfer bei der Durchführung ihrer Aufgaben an das Gesetz gebunden und haben die für die Berufsausübung geltenden Bestimmungen sowie die fachlichen Regeln zu beachten (§ 4 Abs. 1 Berufssatzung WP/vBP). Wirtschaftsprüfer dürfen Leistungen nur anbieten und Aufträge nur übernehmen, wenn sie dafür über die erforderliche Sachkunde (z.B. in Bezug auf Branche oder angewandte Rechnungslegungsstandards) und die zur Bearbeitung nötige Zeit verfügen (§ 4 Abs. 2 Berufssatzung WP/vBP). Im Rahmen einer sachgerechten Gesamtplanung aller Aufträge sind die Voraussetzungen zu schaffen, dass die übernommenen und erwarteten Aufträge ordnungsgemäß durchgeführt und zeitgerecht abgewickelt werden können (§ 4 Abs. 3 Berufssatzung WP/vBP). 60.204

Eine **nähere Konkretisierung** hat das Institut der Wirtschaftsprüfer in Deutschland (IDW) im Rahmen von Prüfungsstandards und Prüfungshinweisen vorgenommen. Mit den Prüfungsstandards ist bereits bisher eine weitgehende Umsetzung der International Standards on Auditing (ISA) erfolgt. 60.205

---

257 *ADS*, Ergänzungsband zur 6. Aufl., § 171 AktG n.F. Rz. 46.
258 § 323 HGB findet nicht nur auf gesetzliche Abschlussprüfungen Anwendung; im Einzelnen *ADS*, 6. Aufl. 2000, § 323 HGB Rz. 6: sinngemäß auch für andere gesetzlich vorgeschriebene Prüfungen, etwa Gründungs-, Sonder-, Vertrags- und Eingliederungsprüfungen, bei der Nachgründungsprüfung (§ 52 AktG), bei der Prüfung der einer Kapitalerhöhung aus Gesellschaftsmitteln zugrunde gelegten Bilanz (§ 209 Abs. 4 Satz 2 AktG) und bei Prüfungen nach dem UmwG (z.B. bei Verschmelzungen – § 11 Abs. 2 UmwG; bei Spaltungen – § 125 i.V.m. § 11 Abs. 2 UmwG; bei Vermögensübertragungen – § 176 Abs. 1, § 177 Abs. 1, § 178 Abs. 1, § 180 Abs. 1, § 184 Abs. 1, § 186 Abs. 1, § 188 Abs. 1, § 189 Abs. 1 jeweils i.V.m. § 11 Abs. 2 UmwG, kraft ausdrücklicher Verweisung bei der prüferischen Durchsicht von Halbjahres-/Quartalsfinanzberichten (§ 115 Abs. 5 und 7 WpHG).
259 *ADS*, 6. Aufl. 2000, § 323 HGB Rz. 21; *Wiedmann/Böcking/Gros*, § 323 HGB Rz. 5.
260 *ADS*, 6. Aufl. 2000, § 323 HGB Rz. 21; *Wiedmann/Böcking/Gros*, § 323 HGB Rz. 5.

60.206 Eine unmittelbare Bindungswirkung der ISA für den einzelnen Abschlussprüfer besteht nicht. Zwar ist in § 317 Abs. 5 HGB bereits die Anwendung der ISA vorgesehen, sobald sie von der EU übernommen werden. Der Zeitpunkt dieser Übernahme auf europäischer Ebene ist noch nicht absehbar, wobei in nahezu allen Mitgliedstaaten der EU bereits die ISA angewendet werden. Mittlerweile ist auch in Deutschland durch das IDW eine Übernahme der ISA in Form der ISA [DE] erfolgt, die ergänzende Textziffern zur Berücksichtigung von Besonderheiten des deutschen Rechtsraums enthalten. Die verpflichtende erstmaligen Anwendung ist für Zeiträume vorgeschrieben, die am oder nach dem 15.12.2021 beginnen, mit Ausnahme von Rumpfgeschäftsjahren, die vor dem 31.12.2022 enden, wobei eine freiwillige vorzeitige Anwendung zugelassen ist.

60.207 Die Abschlussprüfung erfolgt nach der gesetzlichen Intention nicht im Interesse einzelner Gruppen (Vorstand, Aufsichtsrat, Belegschaft, Anteilseigner), sondern vielmehr im Interesse des Unternehmens, der Allgemeinheit und der Gläubiger des Unternehmens. Dies erfordert, dass der Abschlussprüfer bei der Prüfung **unparteiisch** sein muss (§ 43 Abs. 1 Satz 2 WPO). Der Abschlussprüfer darf nur seinem eigenen Urteil folgen (Grundsatz der **Eigenverantwortlichkeit**; § 43 Abs. 1 Satz 1 WPO, § 12 Berufssatzung WP/vBP) und dabei ausschließlich sachliche Argumente gelten lassen[261]. Dies setzt seine **Unabhängigkeit** und seine **Unbefangenheit** voraus (§ 43 Abs. 1 Satz 1 WPO)[262]. Die Unparteilichkeit des Abschlussprüfers wird nicht dadurch beeinträchtigt, dass er im Rahmen der Auftragserteilung durch den Aufsichtsrat mit diesem besondere Prüfungsschwerpunkte vereinbart oder wenn er seiner vertraglichen Pflicht[263] genügt und den Aufsichtsrat über den Fortgang der Prüfung unterrichtet[264].

bb) Pflicht zur Verschwiegenheit

60.208 § 323 Abs. 1 Satz 1 HGB legt dem Abschlussprüfer die unter Strafandrohung gestellte Pflicht zur Verschwiegenheit auf. Die Verschwiegenheitspflicht umfasst alles, was dem Abschlussprüfer im Zusammenhang mit der Durchführung der Prüfung oder in sonstiger Weise bei Ausübung seiner Tätigkeit bekannt geworden ist[265]. Sie gilt über das Vertragsverhältnis hinaus[266].

60.209 Sachverhalte, die allgemein bekannt sind, öffentlich bekannt gemacht worden sind oder jedermann ohne weiteres zugänglich sind, unterliegen dagegen nicht der Verschwiegenheitspflicht[267].

60.210 Der Abschlussprüfer, seine Gehilfen und die bei der Prüfung mitwirkenden gesetzlichen Vertreter einer Prüfungsgesellschaft haben über alle Geheimnisse, insbesondere Betriebs- und Geschäftsgeheimnisse der Gesellschaft, eines Tochterunternehmens oder eines assoziierten Unternehmens Schweigen zu bewahren, die sie im Zusammenhang mit der Durchführung der Prüfung erlangt haben[268].

60.211 Ist eine Prüfungsgesellschaft zum Abschlussprüfer bestellt, so gilt die Verpflichtung zur Verschwiegenheit ausdrücklich auch gegenüber dem Aufsichtsrat und den Mitgliedern des Aufsichtsrats der Prüfungsgesellschaft (§ 323 Abs. 3 HGB).

60.212 **Ausnahmen** von der Verschwiegenheitspflicht bestehen im Rahmen der **Redepflicht** bzw. des sog. **Rederechts**.

---

261 *ADS*, 6. Aufl. 2000, § 323 HGB Rz. 29, *Wiedmann/Böcking/Gros*, § 323 HGB Rz. 7.
262 *ADS*, 6. Aufl. 2000, § 323 HGB Rz. 29, *Wiedmann/Böcking/Gros*, § 323 HGB Rz. 7.
263 Dies gilt auch, wenn die vertragliche Verpflichtung – etwa der Empfehlung des Deutschen Corporate Governance Kodex folgend – über die gesetzlichen Informationspflichten hinausgeht.
264 So auch *ADS*, 6. Aufl. 2000, § 323 HGB Rz. 29.
265 Zum allgemeinen berufsrechtlichen Grundsatz auch § 43 Abs. 1 Satz 1 WPO und §§ 10, 11 Berufssatzung WP/vBP.
266 *Schmidt/Feldmüller* in BeckBilkomm., § 323 HGB Rz. 31.
267 *ADS*, 6. Aufl. 2000, § 323 HGB Rz. 36; *Schmidt/Feldmüller* in BeckBilkomm., § 323 HGB Rz. 32.
268 *Wiedmann/Böcking/Gros*, § 323 HGB Rz. 8.

60.213 Der Abschlussprüfer unterliegt in den Fällen nicht der Verschwiegenheit, in denen er gesetzlich **verpflichtet** ist, über den Gegenstand seiner Verschwiegenheitspflicht zu sprechen[269]. Eine **gesetzliche Durchbrechung** findet sich in § 320 Abs. 3 Satz 2 HGB im Rahmen der Konzernabschlussprüfung. Danach hat der Konzernabschlussprüfer Einsichts- und Auskunftsrechte gegenüber dem Abschlussprüfer von Mutter- und der Tochterunternehmen. Die betroffenen Abschlussprüfer dürfen Einsicht gewähren und Auskünfte erteilen bzw. sind dazu verpflichtet[270], ohne dass es dazu einer formalen Entbindung von der Verschwiegenheitspflicht bedarf. Auch im Fall des **Verdachts der Geldwäsche** wird der Grundsatz der Verschwiegenheit durch die in § 43 Abs. 1 GwG vorgeschriebene Anzeigepflicht gegenüber der Zentralstelle für Finanztransaktionsuntersuchungen durchbrochen. Weiterhin bestehen auf der Grundlage von Art. 7 Unterabs. 2 EU-APrVO bei der Prüfung von Unternehmen von öffentlichen Interesse Mitteilungspflichten an die BaFin bei der Vermutung von Unregelmäßigkeiten, die vom Unternehmen nicht untersucht werden (§ 323 Abs. 5 HGB), sowie beim Verdacht einer Straftat oder Ordnungswidrigkeit auch an die für die Verfolgung jeweils zuständige Behörde. Bei der Prüfung von Versicherungsunternehmen und Kreditinstituten existierten bereits bislang entsprechende Meldepflichten bei Gesetzesverstößen an die Deutsche Bundesbank bzw. die BaFin (z.B. nach § 29 Abs. 3 KWG, § 35 Abs. 4 VAG).

60.214 Die Verschwiegenheitspflicht wird gemäß § 57b WPO auch für die Teilnahme an der externen Qualitätskontrolle (§ 57a WPO) eingeschränkt. Diese Einschränkung ist notwendig, um die wirksame Durchführung von Abschlussprüfungen, aber auch die auftragsunabhängige Qualitätssicherung beurteilen zu können. Als Folge sind jedoch auch die Prüfer für die Qualitätskontrolle, ihre Gehilfen, die Mitglieder des Qualitätskontrollbeirats und die Bediensteten der Wirtschaftsprüferkammer ihrerseits uneingeschränkt gemäß § 57b Abs. 1 WPO zur Verschwiegenheit verpflichtet[271].

Eine weitere Einschränkung findet sich in § 62 Abs. 3 Satz 1 WPO. Danach kann der Wirtschaftsprüfer, der zur Durchführung gesetzlich vorgeschriebener Abschlussprüfungen befugt ist, die Auskunft und die Vorlage von Unterlagen gegenüber der Wirtschaftsprüferkammer nicht unter Berufung auf die Pflicht zur Wahrung der Verschwiegenheit verweigern, wenn die Auskunft und die Vorlage von Unterlagen im Zusammenhang mit der Prüfung eines der gesetzlichen Pflicht zur Abschlussprüfung unterliegenden Unternehmens steht. Die erlangten Informationen dürfen nur für die Ermittlungen in Berufsaufsichts- und Beschwerdesachen verwendet werden (§ 62 Abs. 5 WPO). Gemäß § 64 WPO haben die Mitglieder des Vorstands, des Beirats, der Abteilungen und der Ausschüsse der Wirtschaftsprüferkammer auch nach ihrem Ausscheiden aus dem Amt Verschwiegenheit gegenüber jedermann zu wahren. In gleicher Weise sind Beamte und Angestellte, die in der Abschlussprüferaufsichtsstelle tätig sind, sowie Mitglieder des bei ihr eingerichteten Fachbeirats und sonstige von ihr Beauftragte zur Verschwiegenheit verpflichtet (§ 66b WPO).

60.215 Eine **Rederecht** besteht einerseits in den Fällen, in denen der Abschlussprüfer von seiner Verschwiegenheit entbunden wird, andererseits in Ausübung des allgemeinen Rechtsgrundsatzes zur Wahrnehmung berechtigter Interessen, wie er in §§ 34, 193 StGB zum Ausdruck kommt.

60.216 Die Pflicht zur Verschwiegenheit entfällt, wenn der Wirtschaftsprüfer wirksam von ihr **entbunden** worden ist. Die Entbindung von der Verschwiegenheitspflicht erfolgt durch ausdrückliche Erklärung gegenüber dem Abschlussprüfer. Liegt eine solche Entbindung vor, ist der Wirtschaftsprüfer zur Offenbarung befugt. Erfolgt die Entbindung im Rahmen eines gerichtlichen Verfahrens, so muss der Wirtschaftsprüfer aussagen (§ 53 Abs. 2 StPO, § 385 Abs. 2 ZPO, § 102 Abs. 3 AO)[272]. Ein Zeugnisverweigerungsrecht aus persönlichen Gründen bleibt davon unberührt[273]. Die Entbindung von der Ver-

---

269 *Wiedmann/Böcking/Gros*, § 323 HGB Rz. 9.
270 *WP-Handbuch 2021*, Wirtschaftsprüfung und Rechnungslegung, Abschn. A Rz. 190.
271 *Schmidt/Feldmüller* in BeckBilkomm., § 323 HGB Rz. 39.
272 *WP-Handbuch 2021*, Wirtschaftsprüfung und Rechnungslegung, Abschn. A Rz. 199.
273 *WP-Handbuch 2021*, Wirtschaftsprüfung und Rechnungslegung, Abschn. A Rz. 199 f.; *ADS*, 6. Aufl. 2000, § 323 HGB Rz. 56.

schwiegenheitspflicht kann wirksam nur durch denjenigen erfolgen, der von ihr geschützt werden soll; dies ist i.d.R der Auftraggeber. Bei AG entscheidet der Vorstand als das zur Geschäftsführung befugte Organ über die Entbindung von der Verschwiegenheitspflicht, obwohl der Aufsichtsrat den Vertrag über die Durchführung der Jahresabschlussprüfung mit dem Abschlussprüfer schließt[274].

60.217 Ein Recht kann sich auch aus der Wahrnehmung berechtigter eigener Interessen ergeben. Dies kann z.B. bei der Einklagung von Honoraren, in Regress- oder Strafverfahren gegen den Wirtschaftsprüfer oder bei berufsrechtlichen Verfahren möglich sein. In diesen Fällen darf die Offenbarung nur in dem zur Wahrung der berechtigten Interessen notwendigen Umfang erfolgen[275].

60.218 Der Abschlussprüfer bleibt aber stets verpflichtet, die Interessen des geprüften Unternehmens an der Geheimhaltung zu berücksichtigen. Er hat daher seine Angaben auf das zur Erreichung seiner prozessualen Ziele notwendige Maß zu beschränken.

b) Haftung

60.219 Abschlussprüfer, Gehilfen und die bei der Prüfung mitwirkenden gesetzlichen Vertreter einer Prüfungsgesellschaft haften bei vorsätzlicher oder fahrlässiger Pflichtverletzung der Kapitalgesellschaft und, wenn verbundene Unternehmen geschädigt worden ist, auch diesem zum Ersatz des daraus entstehenden Schadens (§ 323 Abs. 1 Satz 3 HGB). Mehrere Personen haften als **Gesamtschuldner**. Ansprüche aus § 323 HGB stehen grundsätzlich nur der geprüften Kapitalgesellschaft bzw. dem verbundenen Unternehmen zu.

60.220 Werden **mehrere Abschlussprüfer** zur gemeinsamen Prüfung gewählt, so erlangen sie jeweils die rechtliche Stellung als gesetzlicher Abschlussprüfer. Aufgrund der gemeinsamen Verantwortung haften die Abschlussprüfer gemeinschaftlich, auch wenn nur ein Abschlussprüfer schuldhaft gehandelt hat[276]. Handeln alle fahrlässig, haftet jeder bis zur maßgeblichen Haftungshöchstsumme. Bei vorsätzlichem Zuwiderhandeln des einen ist die Haftung des anderen auf die maßgebliche Haftungshöchstsumme begrenzt.

60.221 Bei einer **Prüfersozietät** richtet sich die Haftung nach der erfolgten Beauftragung. Ist nur ein Wirtschaftsprüfer aus der Sozietät mit der Abschlussprüfung beauftragt worden, haftet nur der beauftragte Sozius. Eine Haftung der übrigen Sozien kommt in Betracht, wenn sie für den bestellten Sozius als Prüfungsgehilfen gehandelt haben. In den Fällen, in denen die Sozietät zum Abschlussprüfer gewählt wurde, handelt es sich um die Beauftragung mehrerer Abschlussprüfer[277]. Es gelten daher die vorstehend aufgeführten Grundsätze.

60.222 **Voraussetzungen** für einen Schadensersatzanspruch gemäß § 323 HGB sind[278]:

1. vorsätzliche oder fahrlässige Pflichtverletzung,

2. Eintritt eines Schadens bei der geprüften Gesellschaft und/oder einem verbundenen Unternehmen,

3. ursächlicher Zusammenhang zwischen Pflichtverletzung und Schadenseintritt (**Kausalität**).

60.223 Ein **besonderer gesetzlicher Haftungstatbestand** wird durch § 51 Satz 2 WPO geregelt. Danach haftet der Wirtschaftsprüfer auch für Schäden, die durch eine **nicht rechtzeitige Ablehnung** eines Auftrags entstehen (vgl. Rz. 60.48).

---

274 ADS, 6. Aufl. 2000, § 323 HGB Rz. 32.
275 WP-Handbuch 2021, Wirtschaftsprüfung und Rechnungslegung, Abschn. A Rz. 203.
276 ADS, 6. Aufl. 2000, § 323 HGB Rz. 162.
277 ADS, 6. Aufl. 2000, § 323 HGB Rz. 163.
278 ADS, 6. Aufl. 2000, § 323 HGB Rz. 76.

Die Schadensersatzpflicht tritt bei Verletzung der „Pflichten" ein. Der Begriff **Pflichten** umfasst die Pflicht zur gewissenhaften und unparteiischen Prüfung, die Verschwiegenheitspflicht und das Verbot der unbefugten Verwertung von Geschäfts- und Betriebsgeheimnissen[279]. 60.224

Als ein durch eine Pflichtverletzung des Abschlussprüfers entstehender **Schaden** kommt nur ein Vermögensschaden der geprüften Gesellschaft in Betracht. Hierzu können auch Folgeschäden, z.B. Kündigung eines Kredits zählen[280]. Maßgebend zur Bestimmung eines Schadens sind die allgemeinen Regeln der §§ 249 ff. BGB. 60.225

Die Schadensersatzpflicht tritt nur dann ein, wenn zwischen der festgestellten Pflichtverletzung und dem Schadenseintritt ein **ursächlicher Zusammenhang** besteht. Nach den allgemeinen Grundsätzen des Zivilrechts kommt es dabei nicht auf die subjektive Vorhersehbarkeit an, sondern darauf, ob nach der Lebenserfahrung mit dem Eintritt des Schadens zu rechnen war; gänzlich unwahrscheinliche Schadensfolgen werden also nicht berücksichtigt[281]. 60.226

Im Regressprozess trifft die **Darlegungs- und Beweislast** für eine Pflichtverletzung den Anspruchssteller[282]; dies ist in der Regel die geprüfte Gesellschaft. Den Abschlussprüfer trifft dagegen die Beweislast für alle anspruchsverneinenden und anspruchshemmenden Umstände; er hat auch die Einrede der Verjährung zu erheben[283]. 60.227

Eine Ersatzpflicht gegenüber **verbundenen Unternehmen** setzt voraus, dass der Abschlussprüfer eine unmittelbare Pflicht gegenüber einem mit der geprüften Gesellschaft verbundenen Unternehmen verletzt hat. Eine solche Pflicht besteht für den Abschluss aufgrund der durch § 320 HGB eingeräumten Auskunfts- bzw. Vorlagerechte sowie einer Verletzung der Verschwiegenheitspflicht oder des Verwertungsverbots aus bei Gelegenheit der Prüfungstätigkeit erlangten Kenntnissen[284]. 60.228

c) Haftungsbegrenzung
aa) Gesetzliche Haftungsobergrenze

Bei der Prüfung von Unternehmen von öffentlichem Interesse nach § 316a Satz 2 Nr. 1 HGB (kapitalmarktorientierte Unternehmen) gilt eine Haftungshöchstgrenze von 16 Mio. Euro, bei nicht kapitalmarktorientierten Kreditinstituten und Versicherungen, die Unternehmen von öffentlichem Interesse i.S.d. § 316a Satz 2 Nr. 2 oder 3 HGB sind von 4 Mio Euro für jede Prüfung gemäß § 323 Abs. 2 Satz 2 Nr. 1 und 2 HGB. Demgegenüber beschränkt sich die Ersatzpflicht für alle **übrigen gesetzlich vorgeschriebenen** Abschlussprüfungen auf 1,5 Mio. Euro gemäß § 323 Abs. 2 Satz 1 Nr. 3 HGB. Im Umfang der Haftungshöchstgrenze hat sich der Abschlussprüfer gemäß § 54 Abs. 1 Satz 2 WPO mindestens zu versichern. Mit der Versicherungspflicht soll gewährleistet werden, dass im Schadensfall die Beträge für das geprüfte Unternehmen wirklich zur Verfügung stehen. 60.229

Die Haftungshöchstgrenzen gelten für **jede einzelne** Abschlussprüfung, nicht für jeden Fehler oder jede schuldhaft handelnde Person. Wird ein Fehler mehrere Jahre hintereinander fortgeführt und ist dieser jeweils für die Entstehung eines neuen Schadens ursächlich, so gilt für jede Prüfung die Haftungshöchstgrenze. Da die Prüfung des Jahresabschlusses eines Mutterunternehmens und ihres Konzernabschlusses zwei getrennte Pflichtprüfungen darstellen, kann bei einem fahrlässigen Prüfungsfeh- 60.230

---

279 *Schmidt/Feldmüller* in BeckBilkomm., § 323 HGB Rz. 101; *Kuhner/Päßler* in Küting//Weber, Handbuch der Rechnungslegung, Einzelabschluss: Kommentar zur Bilanzierung und Prüfung, § 323 HGB Rz. 2.
280 ADS, 6. Aufl. 2000, § 323 HGB Rz. 98.
281 ADS, 6. Aufl. 2000, § 323 HGB Rz. 98; *Schmidt/Feldmüller* in BeckBilkomm., § 323 HGB Rz. 109; *Grüneberg* in Palandt, Vorbem. § 249 BGB Rz. 58 ff.
282 *Schmidt/Feldmüller* in BeckBilkomm., § 323 HGB Rz. 106.
283 ADS, 6. Aufl. 2000, § 323 HGB Rz. 105.
284 ADS, 6. Aufl. 2000, § 323 HGB Rz. 154.

ler, der sich sowohl auf den Jahresabschluss als auch auf den Konzernabschluss auswirkt, der Anspruch im Rahmen der Höchstgrenzen für die Prüfung des Jahresabschlusses und des Konzernabschlusses geltend gemacht werden.

60.231 Die Haftungsbegrenzung gilt nur bei Fahrlässigkeit, im Fall der Prüfung kapitalmarktorientierter Unternehmen von öffentlichem Interesse jedoch nicht bei grober Fahrlässigkeit (§ 323 Abs. 2 Satz 2 HGB). Bei **Vorsatz oder wissentlicher Pflichtverletzung** haften der Abschlussprüfer oder seine Gehilfen unbeschränkt. Handelt der gesetzliche Vertreter und/oder der Prüfungsgehilfe vorsätzlich, muss sich die Wirtschaftsprüfungsgesellschaft als Abschlussprüfer auch dies grundsätzlich zurechnen lassen[285]. Im Falle einer vorsätzlichen Pflichtverletzung durch den Prüfungsgehilfen haftet dieser unbeschränkt, während der Abschlussprüfer beschränkt in Höhe der maßgeblichen Haftungshöchstsumme haftet[286].

60.232 Liegt ein mitwirkendes Verschulden von Organen oder Angestellten der geprüften Gesellschaft vor, das dieser nach §§ 31, 278 BGB zuzurechnen ist, führt dies nach § 254 BGB zu einer Minderung oder einem Wegfall der Ersatzpflicht des Prüfers[287].

60.233 Die Begrenzung der Ersatzpflicht auf den jeweils gesetzlich maßgeblichen Höchstbetrag gilt auch gegenüber **verbundenen Unternehmen**.

bb) Vertragliche Haftungsvereinbarungen

60.234 Durch § 323 Abs. 4 HGB ist festgelegt, dass die Ersatzpflicht **weder ausgeschlossen noch beschränkt** werden kann. Abweichende individualvertragliche Vereinbarungen sind gesetzeswidrig und damit nach § 134 BGB nichtig.

60.235 Eine Erweiterung der Haftung ist demgegenüber gesetzlich nicht ausgeschlossen. Eine solche Vereinbarung würde jedoch bei einer Pflichtprüfung gegen die in § 18 Berufssatzung WP/vBP niedergelegte Berufsauffassung der Wirtschaftsprüfer verstoßen, wonach eine gesetzliche Haftungsbegrenzung nicht abbedungen werden darf, da eine Haftungserweiterung zu einer berufswidrigen unlauteren Konkurrenz und Bevorzugung wirtschaftlich stärkerer Abschlussprüfer führen könnte[288].

60.236 Haftungsvereinbarungen werden demgegenüber bei **freiwilligen Abschlussprüfungen** berufsüblich getroffen, wobei regelmäßig die in den Allgemeinen Auftragsbedingungen für Wirtschaftsprüfer und Wirtschaftsprüfungsgesellschaften vorgesehene Haftungsbeschränkung auf 4 Mio. Euro zur Anwendung gelangt.

cc) Erweiterung des Prüfungsauftrags

60.237 § 323 HGB gilt für die jeweilige gesetzlich vorgesehene Prüfungsaufgabe. Werden Gegenstand und Umfang der Prüfung durch **Sonderregelungen** (z.B. § 53 HGrG) erweitert, gilt die Haftungsbeschränkung für Abschlussprüfer und Prüfungsgehilfen auch hierfür[289]. Dies gilt auch für mit dem Aufsichtsrat im Rahmen der Auftragserteilung getroffene Vereinbarungen zur Festlegung besonderer **Prüfungsschwerpunkte**.

60.238 **Beratungen** im Zusammenhang mit Pflichtprüfungsaufträgen werden wegen des Sachzusammenhangs in die Haftungsbegrenzung einbezogen[290]. Eine Erweiterung des Prüfungsauftrags ohne gesetz-

---

285 *Schmidt/Feldmüller* in BeckBilkomm., § 323 HGB Rz. 131.
286 ADS, 6. Aufl. 2000, § 323 HGB Rz. 131; *Schmidt/Feldmüller* in BeckBilkomm., § 323 HGB Rz. 132.
287 ADS, 6. Aufl. 2000, § 323 HGB Rz. 134.
288 ADS, 6. Aufl. 2000, § 323 HGB Rz. 147; *Schmidt/Feldmüller* in BeckBilkomm., § 323 HGB Rz. 136.
289 ADS, 6. Aufl. 2000, § 323 HGB Rz. 149.
290 ADS, 6. Aufl. 2000, § 323 HGB Rz. 149.

liche Grundlage oder weitergehende Beauftragungen (z.B. in Steuer- oder Organisationsfragen) sind rechtlich von der Abschlussprüfung zu trennen[291]. Die Regelungen über die Haftungsbegrenzung finden daher keine Anwendung. Wird die Erweiterung des Auftrags zusammen mit der Abschlussprüfung erteilt, wird eine konkludente Bezugnahme auf die Haftungsbegrenzung gesehen, ohne dass es auf eine ausdrückliche Haftungsbeschränkung ankäme. Da es sich allerdings um gesonderte Aufträge handelt, treten die Haftungssummen kumulativ nebeneinander.

d) Dritthaftung

aa) § 323 HGB

Dritte (insbesondere Aktionäre und Gesellschaftsgläubiger) gehören mit Ausnahme der mit der geprüften Kapitalgesellschaft verbundenen Unternehmen nicht zum Kreis der Ersatzberechtigten nach § 323 HGB. Sie können aus § 323 HGB direkt keine Ansprüche gegen den Abschlussprüfer geltend machen[292]. Ihnen stehen somit bei Pflichtverletzungen des Abschlussprüfers eindeutig keine Ansprüche aus § 323 HGB gegenüber diesem zu[293].

60.239

Allerdings hat der BGH in seiner Entscheidung vom 2.4.1998[294] die Dritthaftung des Abschlussprüfers bejaht und insbesondere betont, dass § 323 HGB keine Sperrwirkung dahingehend entfaltet, dass eine Dritthaftung überhaupt nicht in Frage kommt. Jedoch können Dritte weiterhin keine Ansprüche unmittelbar aus § 323 HGB herleiten[295]. Einschlägige Anspruchsgrundlagen können eigene vertragliche Ansprüche des Dritten aus einem Auskunftsvertrag, nach dem Rechtsinstitut des Vertrages mit Schutzwirkung zugunsten Dritter, aus rechtsgeschäftlichen oder rechtsgeschäftsähnlichen Verhältnissen nach § 311 BGB oder deliktische Ansprüche sein[296]. Hinsichtlich einer etwaigen vertraglichen Dritthaftung berücksichtigt der BGH allerdings die gesetzgeberische Intention, das Haftungsrisiko des Abschlussprüfers grundsätzlich zu begrenzen, und nimmt auf die **Haftungsbeschränkung** des § 323 HGB Bezug[297].

60.240

bb) Vertragliche Ansprüche

Der BGH billigt unter bestimmten Voraussetzungen Personen, die nicht selbst Vertragspartei sind, eigene Ersatzansprüche zu, sofern die Voraussetzungen des **Vertrages mit Schutzwirkung Dritter** erfüllt sind. Dies ist der Fall, wenn die Vertragsparteien bei der Auftragserteilung oder auch zu einem späteren Zeitpunkt davon übereinstimmend ausgehen, dass die Prüfung auch im Interesse eines bestimmten Dritten durchgeführt wird und das Ergebnis diesem Dritten, der auf die Sachkunde des Abschlussprüfers vertraut, als Entscheidungsgrundlage dienen soll[298]. Eine Haftung aus einem Vertrag mit Schutzwirkung zugunsten Dritter ist **ausgeschlossen**, wenn nach dem Wortlaut der Auskunft keine Haftung übernommen werden soll oder wenn eine Haftung gegenüber Dritten aufgrund ausdrücklicher Erklärung (etwa den Allgemeinen Auftragsbedingungen für Wirtschaftsprüfer und Wirtschaftsprüfungsgesellschaften) nicht übernommen werden soll. Zudem führt der BGH unter Hinweis auf die **Haftungsbeschränkung** des § 323 HGB in diesem Zusammenhang aus, dass die Einbeziehung einer unbekannten Vielzahl von Gläubigern, Gesellschaftern oder Anteilserwerbern in den Schutzbereich

60.241

---

291 *ADS*, 6. Aufl. 2000, § 323 HGB Rz. 151.
292 BGH v. 6.4.2006 – III ZR 256/04, AG 2006, 453 = WM 2006, 1052 ff. = BB 2006, 1441 ff.; BGH v. 2.4.1998 – III ZR 245/96, WPg 1998, 647 ff. = AG 1998, 424 ff.
293 *Schüppen*, DB 1998, 1317, 1318; *Müller* in FS Forster, 1992, S. 459.
294 BGH v. 2.4.1998 – III ZR 245/96, WPg 1998, 647 ff. = AG 1998, 424 ff.
295 BGH v. 6.5.2006 – III ZR 256/04, AG 2006, 453 ff. = WM 2006, 1052 ff.
296 *Schüppen*, DB 1998, 1317, 1318.
297 BGH v. 2.4.1998 – III ZR 245/96, WPg 1998, 647 ff. = AG 1998, 424 ff.; zur weiteren Tendenz in der Rechtsprechung vgl. zusammenfassend *Schmidt/Feldmüller* in BeckBilkomm., § 323 HGB Rz. 192f. m.w.N.
298 BGH v. 2.4.1998 – III ZR 245/96, WPg 1998, 648 = AG 1998, 424 ff.

des Prüfungsauftrags nicht in Betracht komme, da das Haftungsrisiko des Abschlussprüfers angemessen zu begrenzen sei[299].

60.242 Der Tendenz in der neueren Rechtsprechung des BGH entspricht es, das Bestehen eines **Auskunftsvertrages** nur in den Fällen anzunehmen, in denen der Abschlussprüfer auf Verlangen (auch) des Dritten hinzugezogen wird und unter Berufung auf seine Sachkunde und Prüfungstätigkeit unter Entbindung von der Verschwiegenheitspflicht Erklärungen oder Zusicherungen unmittelbar gegenüber dem Dritten abgibt[300]. Mittelbare Kontakte reichen für ein Auskunftsverhältnis somit nicht aus. Die Annahme eines unmittelbaren Auskunftsvertrags zwischen Abschlussprüfer und Dritten hat zur Konsequenz, dass eine Haftungsbegrenzung nicht ohne weiteres auch gegenüber dem Dritten gilt. Vielmehr ist konsequenterweise eine gesonderte Vereinbarung zum Haftungsausschluss oder zur Haftungsbegrenzung erforderlich[301].

60.243 Eine Form der vertraglichen Dritthaftung ist in § 311 Abs. 3 BGB kodifiziert. Sie umfasst Pflichten aus vorvertraglichen Schuldverhältnissen gegenüber Dritten für in Anspruch genommenes Vertrauen (**Sachwalterhaftung**). Diese wird für den Abschlussprüfer regelmäßig kaum in Frage kommen; es sei denn, dass dieser die Richtigkeit von Informationen unter Hinweis auf seine Person und seine Tätigkeit garantiert[302]. Eine Dritthaftung kommt danach nur in den Fällen in Betracht, in denen der Abschlussprüfer als Person für sich selbst Vertrauen in Anspruch nimmt und nicht nur in seiner Funktion als Zugehöriger eine Berufsgruppe[303].

cc) Deliktische Ansprüche

60.244 Die Anwendung der bürgerlich-rechtlichen Bestimmungen der Haftung aus **unerlaubten Handlungen** bei Pflichtverletzungen aus der gesetzlichen Abschlussprüfung wird durch § 323 HGB nicht ausgeschlossen[304]. Schadensfolge einer solchen Pflichtverletzung ist aber in aller Regel die Schädigung des Vermögens eines Dritten, so dass als Anspruchsgrundlagen nur die § 823 Abs. 2, §§ 824 und 826 BGB in Betracht kommen.

60.245 Einstweilen frei.

e) Straf- und berufsrechtliche Folgen von Pflichtverletzungen

aa) Strafrechtliche Folgen von Pflichtverletzungen

60.246 Die strafrechtliche Verantwortung einer schuldhaften Verletzung des Abschlussprüfers oder der Gehilfen eines Abschlussprüfers ist in §§ 332, 333 HGB **festgelegt**. Strafbar macht sich nach § 332 HGB, wer als **Abschlussprüfer oder Gehilfe eines Abschlussprüfers**

- über das Ergebnis der Prüfung eines Jahresabschlusses, eines Einzelabschlusses nach § 325 Abs. 2a HGB, eines Lageberichts, eines Konzernabschlusses einer Kapitalgesellschaft oder eines Zwischenabschlusses nach § 340a Abs. 3 HGB oder eines Konzernzwischenabschlusses gemäß § 340i Abs. 4 HGB **unrichtig berichtet**,

- im Prüfungsbericht (§ 321 HGB) erhebliche Umstände **verschweigt** oder

- einen inhaltlich **unrichtigen Bestätigungsvermerk** (§ 322 HGB) erteilt.

---

299 BGH v. 2.4.1998 – III ZR 245/96, WPg 1998, 649 = AG 1998, 424 ff.
300 *Schmidt/Feldmüller* in BeckBilkomm., § 323 HGB Rz. 210 f.
301 *Schmidt/Feldmüller* in BeckBilkomm., § 323 HGB Rz. 212.
302 *Schmidt/Feldmüller* in BeckBilkomm., § 323 HGB Rz. 222.
303 *Schmidt/Feldmüller* in BeckBilkomm., § 323 HGB Rz. 227 m.w.N.
304 ADS, 6. Aufl. 2000, § 323 HGB Rz. 179; *Baumbach/Hopt*, § 323 HGB Rz. 8.

Weiterhin sind nach § 333 HGB strafbewehrt 60.247

- die **Verletzung der Verschwiegenheitspflicht** und

- die **unbefugte Offenbarung** bzw. **Verwertung** von Betriebs- und Geschäftsgeheimnissen.

Ist der Abschlussprüfer eine **natürliche Person**, ist er unmittelbar betroffen[305]. Bei einer **Prüfungsgesellschaft** trifft die Verantwortung deren gesetzliche Vertreter, die im Rahmen ihrer Zuständigkeit bei der Abschlussprüfung mitgewirkt und die den Prüfungsbericht bzw. den Bestätigungsvermerk oder den Vermerk über seine Versagung unterzeichnet haben. Die Strafbarkeit betrifft auch die gesetzlichen Vertreter, die trotz Kenntnis einer strafbewehrten Berichterstattung nicht alles in ihrer Macht Stehende unternommen haben, um die Abgabe dieses Prüfungsberichts zu verhindern, selbst wenn sie im Rahmen ihrer Zuständigkeit nicht für die Durchführung der Abschlussprüfung verantwortlich zeichnen[306]. 60.248

Bei **Prüfungsgehilfen** ist wie folgt zu unterscheiden: 60.249

- Den Straftatbeständen des § 332 HGB unterliegen nur die „qualifizierten" Prüfungsgehilfen, nicht dagegen Prüfungsgehilfen mit untergeordneten Tätigkeiten. Zur Strafbarkeit ist es nämlich erforderlich, dass diese die Berichterstattung oder die Erteilung des Bestätigungsvermerks durch ein Tun, Dulden oder Unterlassen im konkreten Fall beeinflusst haben, so dass ein unrichtiger Prüfungsbericht oder Bestätigungsvermerk erteilt worden ist[307].

- Den Straftatbeständen des § 333 HGB unterliegen demgegenüber alle Prüfungsgehilfen (auch Mitarbeiter aus den Sekretariaten, Schreib- und Berichtsabteilungen), sofern Sie gegen ihre Geheimhaltungspflicht oder das Verwertungsverbot verstoßen haben[308].

Die gesetzlichen Strafvorschriften sanktionieren **vorsätzliches Handeln**, wobei bedingter Vorsatz ausreichend ist. Fahrlässiges Handeln ist dagegen nicht strafbar (§ 15 StGB). Ein Vergehen nach §§ 332, 333 HGB ist nur strafbar, wenn es vollendet wurde. Der Versuch ist nicht strafbar (§ 23 Abs. 1, § 12 Abs. 1 StGB)[309]. Lediglich bei der Prüfung von Unternehmen von öffentlichem Interesse ist eine Verletzung der Berichtspflicht auch bei leichtfertigem Handeln mit einer Freiheitsstrafe bis zu zwei Jahren oder Geldstrafe belegt (§ 332 Abs. 3 HGB). 60.250

Die Strafverfolgung erfolgt bei Verletzung der Verschwiegenheitspflicht und bei unbefugter Verwertung von Betriebs- und Geschäftsgeheimnissen nur auf Antrag der Kapitalgesellschaft (§ 333 Abs. 3 HGB), bei der Verletzung von Berichtspflichten von Amts wegen. 60.251

Liegt eine Verletzung der Verschwiegenheitspflicht vor und ist ein Strafantrag gemäß § 333 Abs. 3 HGB gestellt, kann eine Freiheitsstrafe bis zu einem Jahr oder eine Geldstrafe verhängt werden. Die Geldstrafe wird nach dem allgemeinen im Strafrecht geltenden Tagessatzsystem verhängt (§ 40 StGB). Handelt der Täter gegen Entgelt oder in der Absicht, sich oder einen anderen zu bereichern oder einen anderen zu schädigen (**qualifizierte Tatbestände**), so kann eine Freiheitsstrafe bis zu zwei Jahren oder eine Geldbuße verhängt werden (§ 333 Abs. 2 Satz 1 HGB). Gleiches gilt, wenn der Täter ein Betriebs- und Geschäftsgeheimnis unbefugt verwertet (§ 333 Abs. 2 Satz 2 HGB). 60.252

bb) Berufsrechtliche Folgen von Pflichtverletzungen

Die Berufsaufsicht obliegt der Wirtschaftsprüferkammer. Sie ermittelt gemäß § 61a WPO, soweit konkrete Anhaltspunkte für einen Verstoß gegen Berufspflichten vorliegen. Bei Berufsangehörigen bzw. 60.253

---

305 *Grottel/H. Hoffmann* in BeckBilkomm., § 332 HGB Rz. 32.
306 *Grottel/H. Hoffmann* in BeckBilkomm., § 332 HGB Rz. 33 f.
307 *Grottel/H. Hoffmann* in BeckBilkomm., § 332 HGB Rz. 36.
308 *Grottel/H. Hoffmann* in BeckBilkomm., § 333 HGB Rz. 16.
309 *Grottel/H. Hoffmann* in BeckBilkomm., § 332 HGB Rz. 40, § 333 HGB Rz. 18.

Wirtschaftsprüfungsgesellschaften, die gesetzlich vorgeschriebene Abschlussprüfungen bei Unternehmen von öffentlichem Interesse nach § 316a Satz 2 HGB durchgeführt haben, liegt die Zuständigkeit für Ermittlungen

- bei stichprobenartigen Inspektionen ohne besonderen Anlass,
- sich daraus oder aus sonstigen Umständen ergebende konkrete Anhaltspunkte für Berufspflichtverstöße bei diesen Prüfungen und
- aufgrund von Mitteilungen der DPR

bei der Abschlussprüferaufsichtsstelle (APAS).

Eine schuldhafte Verletzung der Berufspflichten kann eine berufsaufsichtliche Maßnahme zur Folge haben. Als **berufsaufsichtliche Maßnahmen** kommen in Betracht (§ 68 Abs. 1 WPO):

- Rüge,
- Geldbuße bis 500.000 Euro, bei einer berufsaufsichtlichen Maßnahme gegen eine Wirtschaftsprüfungsgesellschaft bis zu einer Million Euro,
- Verbot, auf bestimmte Tätigkeitsgebieten für die Dauer von einem bis zu fünf Jahren tätig zu werden,
- Verbot, bei Unternehmen von öffentlichem Interesse nach § 316a Satz 1 HGB für die Dauer von einem bis zu drei Jahren tätig zu werden,
- Berufsverbot von einem bis zu fünf Jahren,
- Ausschließung aus dem Beruf und
- Feststellung, dass der Bestätigungsvermerk nicht die Anforderungen des § 322 HGB und, soweit Unternehmen von öffentlichem Interesse nach § 316a Satz 1 HGB betroffen sind, des Art. 10 EU-APrVO erfüllt.

60.254 Gegen eine berufsaufsichtliche Maßnahme kann Einspruch erhoben werden; wird dieser Einspruch zurückgewiesen, kann eine berufsgerichtlichen Entscheidung beantragt werden (§ 71a WPO). Das berufsgerichtliche Verfahren wird gemäß § 85 WPO dadurch eingeleitet, dass der Berufsträger den Antrag nach § 71a WPO schriftlich beim Landgericht einreicht.

60.255 Die **Verfolgung** einer Pflichtverletzung verjährt in fünf Jahren; dies gilt nicht, sofern auf ein Verbot, auf bestimmten Tätigkeitsgebieten für die Dauer von einem Jahr bis zu fünf Jahren tätig zu werden, ein Verbot, bei Unternehmen von öffentlichem Interesse nach § 316a Satz 1 HGB für die Dauer von einem bis zu drei Jahren tätig zu werden, ein Berufsverbot von einem bis zu fünf Jahren oder eine Ausschließung aus dem Beruf erkannt werden kann (§ 70 Abs. 1 WPO); in diesen Fällen tritt keine Verjährung ein.

II. Besonderheiten bei der Prüfung des Konzernabschlusses

1. Prüfungspflicht

60.256 Sind **Mutterunternehmen** zur Aufstellung eines Konzernabschlusses und eines Konzernlageberichts verpflichtet, so sind diese nach § 316 Abs. 2 Satz 1 HGB durch einen Abschlussprüfer zu prüfen.

Dagegen sind **freiwillig** aufgestellte Konzernabschlüsse und Konzernlageberichte nicht prüfungspflichtig[310]. Sollen freiwillig aufgestellte Konzernabschlüsse und Konzernlageberichte allerdings nach § 291 HGB oder § 292 HGB befreiende Wirkung haben, so **muss** eine Prüfung dieser Abschlüsse durchgeführt werden (§ 291 Abs. 2 Satz 1 Nr. 2 HGB, § 292 Abs. 2 HGB). Dabei ist zu beachten, dass bei freiwilligen Prüfungen ein Bestätigungsvermerk i.S.v. § 322 HGB nur erteilt werden darf, wenn die Prüfung nach Art und Umfang einer Pflichtprüfung entspricht[311]. Hinsichtlich der Befreiungsmöglichkeit des § 291 HGB ist für die **börsennotierte AG** die Regelung des § 291 Abs. 3 Satz 1 Nr. 1 HGB von Bedeutung. Danach kann die Befreiung von der Konzernabschlusspflicht trotz Vorliegens der in § 291 Abs. 2 HGB genannten Voraussetzungen **nicht** in Anspruch genommen werden, wenn von dem zu befreienden Mutterunternehmen ausgegebene Wertpapiere am Abschlussstichtag in einem Mitgliedstaat der Europäischen Union oder in einem anderen Vertragsstaat des Abkommens über den Europäischen Wirtschaftsraum zum Handel an einem organisierten Markt zugelassen sind.

60.257

Zwar besteht kein Erfordernis der Feststellung des Konzernabschlusses, da er nicht Grundlage für die Ergebnisverwendung ist, sondern lediglich Informationszwecken dient; gleichwohl ist eine Billigung ohne vorherige Prüfung nicht möglich[312]. Im schriftlichen Bericht des Aufsichtsrats an die Hauptversammlung hat der Aufsichtsrat – ebenso wie für den Jahresabschluss – auch für den Konzernabschluss zu erklären, ob er den vom Vorstand aufgestellten Konzernabschluss billigt (§ 171 Abs. 2 Satz 5 AktG). Sofern der Aufsichtsrat den Konzernabschluss nicht gebilligt hat, geht die Kompetenz zur Billigung nach § 173 Abs. 1 Satz 2 AktG auf die Hauptversammlung über.

60.258

Da dem Konzernabschluss neben der Informationsfunktion keine weitere Funktion zukommt, die etwa die Rechte der Aktionäre berühren würde, ist eine möglicherweise nicht erfolgte Billigung **nicht sanktionsbewehrt**. Trotzdem dürfte eine fehlende Billigung nicht völlig folgenlos sein. Der Aufsichtsrat hat in dem Bericht über das Ergebnis seiner Prüfung des Jahres- und des Konzernabschlusses oder eines nach internationalen Rechnungslegungsstandards (§ 315d Abs. 1 HGB) aufgestellten Einzelabschlusses auch auf deren Billigung einzugehen (§ 171 Abs. 2 Satz 4, 5, Abs. 4 AktG). Dieser Bericht des Aufsichtsrats ist zusammen mit dem Konzernabschluss und dem Konzernlagebericht nach § 325 Abs. 1 Satz 3 i.V.m. Abs. 3 HGB offen zu legen. Auf diese Weise wird die nicht erfolgte Billigung **öffentlich** und kann eine Signalfunktion für die Kapitalmarktteilnehmer entfalten. Da die offen zu legenden Unterlagen im Fall einer gesetzlichen Pflichtprüfung auch den Bestätigungsvermerk umfassen, ist ohne Prüfung auch die Erfüllung der Offenlegungspflichten nicht möglich[313].

60.259

2. Gegenstand der Konzernabschlussprüfung

Prüfungsgegenstand sind stets der **Konzernabschluss** und der **Konzernlagebericht**. Der Konzernabschluss besteht gemäß § 297 Abs. 1 Satz 1 HGB aus der **Konzernbilanz**, der **Konzern-Gewinn- und Verlustrechnung**, dem **Konzernanhang**, der **Kapitalflussrechnung** und dem **Eigenkapitalspiegel**. Er kann um eine **Segmentberichterstattung** erweitert werden (§ 297 Abs. 1 Satz 2 HGB). Im Fall von börsennotierten AG, die nach § 315e Abs. 1 HGB einen Konzernabschluss nach den IFRS, wie sie in der EU anzuwenden sind, aufzustellen haben, erstreckt sich die Verpflichtung auf die entsprechenden, nach IAS 1.10 geforderten Abschlussbestandteile (Bilanz, Gesamtergebnisrechnung, Eigenkapitalveränderungsrechnung, Kapitalflussrechnung, Anhang).

60.260

Die Prüfung des **Konzernabschlusses** hat nach § 317 Abs. 1 Satz 2 HGB das **Ziel** festzustellen, ob die gesetzlichen Vorschriften und sie ergänzende Bestimmungen in Satzung oder Gesellschaftsvertrag beachtet worden sind. Dazu gehört insbesondere auch die Einhaltung der Vorschriften über den Konso-

60.261

---

310 *ADS*, 6. Aufl. 2000, § 316 HGB Rz. 56; *Schmidt/Küster/Bernhardt* in BeckBilkomm., § 316 HGB Rz. 20.
311 IDW PS 400 n.F. Rz. 3.
312 *Schmidt/Küster/Bernhardt* in BeckBilkomm., § 316 HGB Rz. 21.
313 *Theile*, GmbHR 2002, 231, 234; *Schmidt/Küster/Bernhardt* in BeckBilkomm., § 316 HGB Rz. 21.

lidierungskreis und die vorgeschriebenen **Konsolidierungsmethoden**[314]. Bei der Prüfung eines nach den Vorschriften des HGB aufgestellten Konzernabschlusses muss auch die Einhaltung der vom Deutschen Standardisierungsrat (DSR) herausgegebenen und vom BMJ bekannt gegebenen Deutschen Rechnungslegungsstandards (DRS) geprüft werden[315], soweit nicht durch diese gesetzlich vorgegebene Wahlrechte eingeschränkt werden. Im letzteren Fall begründet die von einem DRS abweichende Ausübung des Wahlrechts zwar keine Einwendung gegen die Ordnungsmäßigkeit des Konzernabschlusses, begründet aber eine Berichtspflicht im Prüfungsbericht[316]. Für nach den IFRS, wie sie in der EU anzuwenden sind, aufgestellte Konzernabschlüsse ist die Prüfung der Einhaltung der DRS nur insoweit von Bedeutung, als sie Teile der Rechnungslegung betreffen, die nicht durch die IFRS geregelt sind, wie etwa die Aufstellung des Konzernlageberichts. Entsprechend der Prüfung des Jahresabschlusses müssen auch bei der Konzernabschlussprüfung Unrichtigkeiten und Verstöße gegen die gesetzlichen Vorschriften und Bestimmungen von Satzung bzw. Gesellschaftsvertrag festgestellt werden, wenn sich diese wesentlich auf die Darstellung der Vermögens-, Finanz- und Ertragslage des Konzerns auswirken und wenn sie bei gewissenhafter Berufsausübung erkannt werden können (§ 317 Abs. 1 Satz 3 HGB). Für den **Konzernlagebericht** ist festzustellen, ob der Konzernlagebericht mit dem Konzernabschluss und mit den bei der Prüfung gewonnenen Erkenntnissen des Konzernabschlussprüfers in Einklang steht, die gesetzlichen Vorschriften zur Aufstellung des Konzernlageberichts beachtet worden sind und insgesamt eine zutreffende Vorstellung von der Lage des Konzerns vermittelt wird, wozu auch die zutreffende Darstellung der Chancen und Risiken der künftigen Entwicklung zählt (§ 317 Abs. 2 Satz 1, 2 HGB).

60.262 Die Konzernabschlussprüfung hat sich jedoch nach § 317 Abs. 3 Satz 1 HGB auch auf die **im Konzernabschluss zusammengefassten Jahresabschlüsse** sowie die **konsolidierungsbedingten Anpassungen** zu erstrecken. Unter konsolidierungsbedingten Anpassungen sind dabei neben Konsolidierungsmaßnahmen auch Änderungen in der Handelsbilanz II zur Vereinheitlichung von Bilanzansatz und Bewertung im Konzernabschluss zu verstehen[317]. Da die **Beachtung** der gesetzlich vorgeschriebenen Konsolidierungsmethoden bereits nach § 317 Abs. 1 Satz 2 HGB zu prüfen ist, erstreckt sich die Prüfung der konsolidierungsbedingten Anpassungen nach § 317 Abs. 3 Satz 1 HGB nur auf deren **organisatorische und technische Durchführung**[318].

60.263 Die im Konzernabschluss zusammengefassten Jahresabschlüsse sind nach § 317 Abs. 3 Satz 1 HGB in entsprechender Anwendung von § 317 Abs. 1 HGB zu prüfen, d.h. darauf, ob die gesetzlichen Vorschriften und sie ergänzende Bestimmungen der Satzung bzw. des Gesellschaftsvertrages beachtet worden sind. Während der Konzernabschlussprüfer in der Vergangenheit von dieser Prüfungspflicht befreit war, wenn die einbezogenen Jahresabschlüsse bereits einer Prüfung unterlegen hatten, wurden durch das BilMoG die Möglichkeiten der Verwertung der Arbeit anderer externer Prüfer neu geregelt: An die Stelle der Übernahme von Prüfungsergebnissen eines anderen externen Prüfers bei der Prüfung eines Konzernabschlusses tritt nun die Verpflichtung zur Überprüfung der Arbeit eines anderen externen Prüfers und zur Dokumentation dieser Überprüfung (§ 317 Abs. 3 Satz 2 HGB). Die volle Verantwortung für die Prüfung des Konzernabschlusses verbleibt bei dem Konzernabschlussprüfer; Verwertung von Prüfungsergebnissen anderer Abschlussprüfer hat keinen Einfluss auf die Verantwortung des Konzernabschlussprüfers[319]. Er muss sich daher durch geeignete Maßnahmen davon überzeugen, dass die Tätigkeit der anderen Abschlussprüfer geeignet ist, damit er als Konzernabschlussprüfer zu einem eigenverantwortlichen Urteil gelangen kann[320].

---

314 ADS, 6. Aufl. 2000, § 317 HGB Rz. 124 ff.
315 Schmidt/Almeling in BeckBilkomm., § 317 HGB Rz. 31; ADS, 6. Aufl. 2000, § 317 HGB Rz. 133.
316 IDW PS 450 n.F. Rz. 134.
317 BR-Drucks. 872/97, S. 72.
318 ADS, 6. Aufl. 2000, § 317 HGB Rz. 204.
319 Anders hingegen in den USA, wo im Bestätigungsvermerk auf die Prüfung durch einen anderen Abschlussprüfer hingewiesen wird; vgl. AICPA, AU-C § 600.28 ff.
320 IDW PS 320 n.F. Rz. 39.

3. Verwertung der Prüfungsergebnisse anderer Abschlussprüfer

Der Konzernabschlussprüfer muss die Konzernabschlussprüfung in eigener Verantwortung planen und durchführen, die Prüfungsaussagen treffen und das Prüfungsurteil fällen. Dieser Verpflichtung steht es jedoch nicht entgegen, wenn der Konzernabschlussprüfer die Arbeit eines anderen externen Prüfers eigenverantwortlich **nutzt**[321]. Die Frage einer Nutzung von Prüfungsergebnissen anderer Abschlussprüfer stellt sich vor allem dann, wenn in den Konzernabschluss einbezogene Tochtergesellschaften nicht vom Konzernabschlussprüfer, sondern von anderen in- oder ausländischen Prüfern geprüft worden sind.

60.264

4. Prüfungsanweisungen des Konzernabschlussprüfers (Audit Instructions)

Bei einer Konzernabschlussprüfung ist es unerlässlich, dass der Konzernabschlussprüfer den für die Prüfung von Teilkonzernabschlüssen und Jahresabschlüssen einbezogener Tochtergesellschaften verantwortlichen Abschlussprüfern (Teilbereichsprüfern), deren Arbeit verwertet werden soll, klare und detaillierte **Prüfungsanweisungen** (Audit Instructions) für die Zusammenarbeit erteilt[322]. Im Einzelnen müssen die Prüfungsanweisungen u.a. folgende Inhalte abdecken[323]:

60.265

– Art der durchzuführenden Tätigkeiten und zum Umfang der geplanten Verwertung der Teilbereichsprüfer;

– Form und Inhalt der Kommunikation des Teilbereichsprüfers mit dem Konzernprüfungsteam;

– Aufforderung zur Bestätigung der Zusammenarbeit;

– zu beachtende Berufspflichten, insbesondere Unabhängigkeitsanforderungen;

– Wesentlichkeiten für die Prüfung des Teilbereichs und Nichtaufgriffsgrenzen für den Konzernabschluss;

– festgestellte bedeutsame Risiken wesentlicher falscher Angaben im Konzernabschluss;

– eine vom Konzernmanagement angefertigte Aufstellung nahestehender Personen des Konzerns;

– Berichterstattung über die Ergebnisse der vom Konzernprüfungsteam durchgeführten Prüfung konzernweiter Kontrollen.

Insgesamt ist festzustellen, dass sich die **Anforderungen an den Konzernabschlussprüfer erhöht** haben: So ist die Übernahme der Ergebnisse der Prüfung von in den Konzernabschluss einbezogenen Jahresabschlüssen, die durch einen anderen Abschlussprüfer geprüft wurden, nicht mehr möglich. Vielmehr muss der Konzernabschlussprüfer jetzt aufgrund der Änderung des § 317 Abs. 3 Satz 2 HGB die Arbeit des anderen Abschlussprüfers überprüfen und dies dokumentieren. Zudem haben sich die berufsständischen Anforderungen dahingehend verschärft, dass sowohl in dem IDW Prüfungsstandard: Besondere Grundsätze bei der Durchführung von Konzernabschlussprüfungen einschließlich der Verwertung der Tätigkeit von Teilbereichsprüfern (IDW PS 320 n.F.) als auch in dem ISA [DE] 600 Besondere Überlegungen zu Konzernabschlussprüfungen (einschließlich der Tätigkeit von Teilbereichsprüfungen] die Gesamtverantwortung des Konzernabschlussprüfers hervorgehoben wird. Dies erfordert eine angemessene Einbindung des Konzernabschlussprüfers in die Arbeit von Prüfern von bedeutsamen Teilbereichen, die verbunden ist mit einem erhöhten Aufwand.

60.266

Einstweilen frei.

60.267–60.270

---

321 IDW PS 320 n.F. Rz. 5, 11.
322 *Schnicke* in Ballwieser/Coenenberg/v. Wysocki, Handwörterbuch der Rechnungslegung und Prüfung, Sp. 1368.
323 IDW PS 320 n.F. Rz. 37; ausführlich dazu auch Anlage 5 zu ISA [DE] 600.

III. Prüfung oder prüferische Durchsicht von Zwischenabschlüssen und Zwischenlageberichten

60.271 Hinsichtlich der Prüfung oder prüferischen Durchsicht von Zwischenabschlüssen und Zwischenlageberichten wird auf § 59 (Unterjährige Finanzberichterstattung) verwiesen.

IV. Prüfung des Abhängigkeitsberichts

60.272 Zur Prüfung des Abhängigkeitsberichts vgl. 2. Aufl., § 58 Rz. 333 ff.

§ 61
Publizität

I. Offenlegungspflichten und -fristen für Jahresabschluss und Konzernabschluss 61.1	
1. Handelsrechtliche Bestimmungen . . 61.1	
a) Verantwortlichkeit 61.1	
b) Durchführung der Offenlegung . . 61.3	
aa) Jahresabschluss 61.3	
bb) IFRS-Einzelabschluss 61.16	
cc) Konzernabschluss 61.18	
c) Fristen 61.21	
d) Format der Offenlegung 61.22a	
2. Vorschriften des WpHG und börsenrechtliche Bestimmungen 61.23	
a) Jährliche Publizitätspflichten nach dem WpHG 61.23	

b) Ergänzende Publizitätspflichten nach den Börsenordnungen 61.25	
aa) General Standard 61.25	
bb) Prime Standard 61.26	
II. Unterjährige Publizitätspflichten nach WpHG und Börsenordnung . . 61.27	
III. Weitere veröffentlichungspflichtige Unterlagen 61.28	
1. Erklärung zur Unternehmensführung 61.28	
2. CSR-Berichterstattung 61.30	
3. Vergütungsbericht 61.32	

Schrifttum: *Gelhausen/Hönsch*, Deutscher Corporate Governance Kodex und Abschlussprüfung, AG 2002, 529; *Küting/Weber* (Hrsg.), Handbuch der Rechnungslegung, Einzelabschluss: Kommentar zur Bilanzierung und Prüfung, 5. Aufl. (Loseblatt); *Noack* (Hrsg.), Das neue Gesetz über elektronische Handels- und Unternehmensregister – EHUG, 2007; *Ruhnke/Schmidt*, Erstellung und Prüfung von ESF-Jahresfinanzberichten, WPg 2021, 275, *Schlauß*, Ein Jahr Erfahrung mit den neuen Jahresabschluss-Publizitätspflichten, DB 2008, 2821; *Wenzel*, Ordnungsgeldverfahren nach § 335 HGB wegen unterlassener Offenlegung von Jahresabschlüssen, BB 2008, 769.

I. Offenlegungspflichten und -fristen für Jahresabschluss und Konzernabschluss

1. Handelsrechtliche Bestimmungen

a) Verantwortlichkeit

Die **Verantwortung** für die Durchführung der **Offenlegung** liegt nach § 325 Abs. 1 Satz 1 HGB (bezogen auf den Jahresabschluss) bzw. § 325 Abs. 3 HGB (bezogen auf den Konzernabschluss) bei den Mitgliedern des vertretungsberechtigten Organs der offenlegungspflichtigen Kapitalgesellschaft. Damit ist bei (börsennotierten) AG nach § 78 Abs. 1 AktG der **Vorstand** als Vertretungsorgan verantwortlich[1].   61.1

Die Offenlegung ist dabei eine Obliegenheit des Vorstands als Kollegium[2]. In der Praxis fällt die Durchführung der Offenlegung üblicherweise nicht in den **Zuständigkeitsbereich** des gesamten Vorstands, sondern eines einzelnen Vorstandsmitglieds. Gleichwohl ändert dies nichts an der Verpflichtung der übrigen Vorstandsmitglieder, eine ordnungsgemäße und fristgerechte Offenlegung herbeizuführen[3].   61.2

b) Durchführung der Offenlegung

aa) Jahresabschluss

Gemäß § 325 Abs. 4 Satz 1 HGB hat eine kapitalmarktorientierte Kapitalgesellschaft i.S.d. § 264d HGB die offen zu legenden Unterlagen **innerhalb von vier Monaten** beim Betreiber des Bundesanzeigers **elektronisch einzureichen**[4] bzw. für ab dem 1.1.2022 beginnende Geschäftsjahre an die das Unternehmensregister führende Stelle elektronisch zu übermitteln. Ausgenommen von dieser gegenüber anderen Gesellschaften verkürzten Offenlegungsfrist sind lediglich Kapitalgesellschaften i.S.v. § 327a HGB, die ausschließlich zum Handel an einem organisierten Markt zugelassene Schuldtitel i.S.v. § 2 Abs. 1 Satz 1 Nr. 3 WpHG mit einer Mindeststückelung von 50.000 Euro oder dem am Ausgabetag entsprechenden Gegenwert in einer anderen Währung begeben haben. Für diese Gesellschaften verbleibt es bei der auch für andere, nicht unter die Vorschrift des § 325 Abs. 4 Satz 1 HGB fallende Gesellschaften geltenden Offenlegungsfrist von zwölf Monaten. Nach § 325 Abs. 2 HGB haben die Mitglieder des vertretungsberechtigten Organs unverzüglich nach der Einreichung die Bekanntmachung im Bundesanzeiger zu veranlassen. Für ab dem 1.1.2022 beginnende Geschäftsjahre, für die die offenlegungspflichtigen Unterlagen an die das Unternehmensregister führende Stelle zu übermitteln sind, entfällt eine gesonderte Veranlassung der Bekanntmachung.   61.3

§ 325 Abs. 1 HGB enthält eine **abschließende Aufzählung der offen zu legenden Unterlagen** zum Jahresabschluss. Nach § 325 Abs. 1 Satz 1 HGB hat eine börsennotierte AG folgende Unterlagen offen zu legen[5]:   61.4

– den Jahresabschluss, bestehend aus Bilanz, Gewinn- und Verlustrechnung und Anhang;

– den Lagebericht;

– die Erklärungen nach § 264 Abs. 2 Satz 3 und § 289 Abs. 1 Satz 5 HGB („Bilanzeid" und „Lageberichtseid");

– den Bestätigungs- oder Versagungsvermerk der Abschlussprüfer;

---

1 *Groß/Hütten* in Küting/Weber, Handbuch der Rechnungslegung, Einzelabschluss: Kommentar zur Bilanzierung und Prüfung, § 325 HGB Rz. 10.
2 ADS, 6. Aufl. 2000, § 325 HGB Rz. 16.
3 *Groß/Hütten* in Küting/Weber, Handbuch der Rechnungslegung, Einzelabschluss: Kommentar zur Bilanzierung und Prüfung, § 325 HGB Rz. 11.
4 *Schlauß*, DB 2008, 2821, 2823.
5 *Grottel* in BeckBilKomm., § 325 HGB Rz. 6.

- den Bericht des Aufsichtsrats;
- den Beschluss über die Gewinnverwendung durch die Hauptversammlung, sofern im Jahresabschluss nur der Vorschlag für die Ergebnisverwendung enthalten ist;
- eine Entsprechenserklärung zum Deutschen Corporate Governance Kodex (§ 161 AktG).

61.5 Nicht vom Wortlaut des § 325 Abs. 1 Satz 1 HGB erfasst wird die von den Mitgliedern des vertretungsberechtigten Organs nach § 264 Abs. 2 Satz 3 HGB und § 289 Abs. 1 Satz 5 HGB abzugebende Erklärung (**"Bilanzeid"**). Dabei handelt es sich offensichtlich um eine Regelungslücke: Mit der Regelung des § 114 Abs. 1 Satz 1 WpHG sollte eine zusätzliche Veröffentlichungspflicht für einen Jahresfinanzbericht vermieden werden, sofern die Bestandteile des Jahresfinanzberichts bereits nach handelsrechtlichen Offenlegungsvorschriften zu publizieren sind. Somit ist auch der "Bilanzeid" offen zu legen, wenn nicht die Offenlegung eines gesonderten Jahresfinanzberichts nach den Vorschriften des WpHG erfolgen soll[6]. Im Gesetz zur Umsetzung der Digitalisierungsrichtlinie (DiRUG)[7] ist die Regelungslücke durch eine entsprechende redaktionelle Anpassung beseitigt, indem nunmehr die von den Mitgliedern des vertretungsberechtigten Organs nach § 264 Abs. 2 Satz 3 HGB und § 289 Abs. 1 Satz 5 HGB abzugebende Erklärung ausdrücklich genannt wird.

61.6 Zusätzlich sind nach § 325 Abs. 1b Satz 1 HGB etwaige **Änderungen** des Jahresabschlusses und daraus resultierende etwaige Änderungen des Bestätigungs- oder Versagungsvermerks aufgrund einer Nachtragsprüfung offen zu legen.

61.7 Zu den nicht im Bundesanzeiger bekannt zu machenden Unterlagen i.S.d. § 325 Abs. 1 HGB gehören die öffentlich beglaubigte Abschrift der **Niederschrift über die Hauptversammlung** und ihrer Anlagen (§ 130 AktG)[8]. Diese Dokumente sind jedoch gemäß § 130 Abs. 5 AktG beim Handelsregister in elektronischer Form einzureichen.

61.8 Es ist der vollständige Jahresabschluss offen zu legen, also die Bilanz, Gewinn- und Verlustrechnung und der Anhang. Damit ist nach § 285 Nr. 11, 11a und 11b HGB auch die **Aufstellung des Anteilsbesitzes** als Bestandteil des Anhangs im Rahmen der Offenlegung im Bundesanzeiger zu publizieren (für ab dem 1.1.2022 beginnende Geschäftsjahre: an die das Unternehmensregister führende Stelle elektronisch zu übermitteln). Kapitalmarktorientierte Kapitalgesellschaften, die nicht zur Aufstellung eines Konzernabschlusses verpflichtet sind, haben den Jahresabschluss aufgrund von § 264 Abs. 1 Satz 2 HGB zudem um eine Kapitalflussrechnung und einen Eigenkapitalspiegel zu erweitern und können optional den Jahresabschluss um eine Segmentberichterstattung erweitern.

61.9 Börsennotierte AG sind nach § 264 Abs. 1 Satz 1 HGB als große Kapitalgesellschaften stets zur Aufstellung eines **Lageberichts** und damit zu dessen Offenlegung verpflichtet. Zur Notwendigkeit der erneuten Offenlegung bei Änderungen des Lageberichts gelten die Ausführungen der Rz. 61.6 entsprechend.

61.10 Nach § 316 Abs. 1 Satz 1 HGB i.V.m. § 267 Abs. 3 Satz 2 HGB ist eine kapitalmarktorientierte Kapitalgesellschaft als große Kapitalgesellschaft nach § 316 HGB verpflichtet, den Jahresabschluss und den Lagebericht durch einen Abschlussprüfer prüfen zu lassen. Damit besteht stets eine Verpflichtung zur Offenlegung des **Bestätigungs- oder Versagungsvermerks**.

61.11 Im Falle einer **Nachtragsprüfung** nach § 316 Abs. 3 Satz 1 HGB ist der modifizierte Bestätigungs- oder Versagungsvermerk erneut offen zu legen (siehe auch Rz. 60.103 ff.)[9]. Sollte der Abschlussprüfer nach der Offenlegung den Bestätigungs- oder Versagungsvermerk widerrufen, ist auch der dem **Widerruf**

---

6 *Grottel* in BeckBilkomm., § 325 HGB Rz. 6.
7 BGBl. I 2021, 3338.
8 *Grottel* in BeckBilkomm., § 325 HGB Rz. 7; *Groß/Hütten* in Küting/Weber, Handbuch der Rechnungslegung, Einzelabschluss: Kommentar zur Bilanzierung und Prüfung, § 325 HGB Rz. 29.
9 *ADS*, 6. Aufl. 2000, § 325 HGB Rz. 85.

nachfolgende neue Bestätigungs- bzw. Versagungsvermerk offen zu legen[10]. Die Vorschriften zur Nachtragsprüfung gelten entsprechend für die für Zwecke der Offenlegung zu erstellenden ESEF-Unterlagen (siehe Rz. 61.22a ff.).

Nach § 171 Abs. 2 Satz 1 AktG hat der Aufsichtsrat über das Ergebnis seiner Prüfung schriftlich an die Hauptversammlung zu berichten. Auch dieser **Bericht des Aufsichtsrats** ist offen zu legen[11]. 61.12

Nach § 170 Abs. 2 Satz 1 AktG hat der Vorstand dem Aufsichtsrat den Vorschlag vorzulegen, den er der Hauptversammlung für die Verwendung des Bilanzgewinns machen will. Aufgrund dieser gesetzlichen Verpflichtung zur Erstellung eines **Ergebnisverwendungsvorschlags** ist eine (börsennotierte) AG auch stets zur Offenlegung des Ergebnisverwendungsvorschlags verpflichtet[12]. Eine eigenständige Offenlegungspflicht des Ergebnisverwendungsvorschlags ist nach § 325 Abs. 1b Satz 1 HGB indes nicht länger vorgesehen, da der Vorschlag für die Verwendung des Ergebnisses gemäß § 285 Nr. 34 HGB mittlerweile eine notwendige Anhangangabe ist. Aufgrund der Tatsache, dass die Hauptversammlung über die Verwendung des Bilanzgewinns nach § 174 Abs. 1 Satz 1 AktG zu beschließen hat, ist der **Ergebnisverwendungsbeschluss** bei einer börsennotierten AG stets offen zu legen, da der Inhalt des Beschlusses aus dem Jahresabschluss selbst nicht ersichtlich ist[13]. 61.13

Nach § 161 AktG haben der Vorstand und Aufsichtsrat einer börsennotierten AG jährlich zu erklären, dass den Empfehlungen der „Regierungskommission Deutscher Corporate Governance Kodex" entsprochen wurde und wird oder welche Empfehlungen nicht angewendet wurden oder werden. Diese **Entsprechenserklärung**[14] ist nach § 325 Abs. 1 Nr. 2 HGB zusammen mit den übrigen Unterlagen offen zu legen. 61.14

Sofern der **Jahresabschluss** nach Beendigung der Abschlussprüfung im Zuge des Feststellungsverfahrens oder nach erfolgter Feststellung **geändert** wird, richtet sich der Einfluss der jeweiligen Änderung auf die Offenlegung nach dem Zeitpunkt, in dem die Änderung erfolgt ist. Dabei sind folgende Fälle zu unterscheiden: 61.15

- Für den Fall, dass die betreffende Änderung des Jahresabschlusses erfolgt, bevor eine Offenlegung des unveränderten Jahresabschlusses erfolgt ist, ist allein der geänderte Jahresabschluss offen zu legen[15].
- Erfolgt die Änderung des Jahresabschlusses nach Veröffentlichung im Handelsregister, ist nach § 325 Abs. 1b Satz 1 HGB der geänderte Jahresabschluss erneut offen zu legen. Dies gilt auch dann, falls zwischen erstmaliger Offenlegung des unveränderten Jahresabschlusses und der Änderung ein längerer Zeitraum liegt.

bb) IFRS-Einzelabschluss

Gemäß § 325 Abs. 2a HGB kann an Stelle des handelsrechtlichen Jahresabschlusses ein nach den in § 315e Abs. 1 HGB bezeichneten internationalen Rechnungslegungsstandards aufgestellter Einzelabschluss treten. Dabei ist zu beachten, dass § 243 Abs. 2, § 244, § 245, § 257, § 264 Abs. 1a, 2 Satz 3, § 285 Nr. 7, 8 Buchstabe b, Nr. 9 bis 11a, 14 bis 17 sowie § 286 Abs. 1 und 3 Anwendung finden. Der 61.16

---

10 ADS, 6. Aufl. 2000, § 325 HGB Rz. 88.
11 Groß/Hütten in Küting/Weber, Handbuch der Rechnungslegung, Einzelabschluss: Kommentar zur Bilanzierung und Prüfung, § 325 HGB Rz. 48.
12 ADS, 6. Aufl. 2000, § 325 HGB Rz. 47.
13 ADS, 6. Aufl. 2000, § 325 HGB Rz. 53.
14 Zu den einzelnen Anforderungen an die Entsprechenserklärung siehe Gelhausen/Hönsch, AG 2002, 529, 532 ff.
15 Groß/Hütten in Küting/Weber, Handbuch der Rechnungslegung, Einzelabschluss: Kommentar zur Bilanzierung und Prüfung, § 325 HGB Rz. 37.

Lagebericht ist nach § 289 HGB aufzustellen und muss im erforderlichen Umfang auf den nach internationalen Rechnungslegungsstandards aufgestellten Einzelabschluss Bezug nehmen. Der Bestätigungs- oder Versagungsvermerk der Abschlussprüfer hat sich auf den nach internationalen Rechnungslegungsstandards aufgestellten Einzelabschluss und den Lagebericht zu beziehen und ist ebenso Gegenstand der Offenlegung wie der Ergebnisverwendungsvorschlag und ggf. -beschluss unter Angabe des Jahresüberschusses oder Jahresfehlbetrags.

61.17 Die Aufstellung und Offenlegung eines solchen nach IFRS aufgestellten Einzelabschlusses kann insbesondere für solche börsennotierten AG eine Alternative sein, die mangels Konzernstruktur keinen IFRS-Konzernabschluss aufstellen (müssen), aber dennoch Finanzinformationen auf der Grundlage der IFRS zur Verfügung stellen wollen. Zu beachten ist, dass es sich bei einem IFRS-Einzelabschluss lediglich um einen zusätzlichen Abschluss für Offenlegungszwecke handelt; die Verpflichtung zur Aufstellung und Offenlegung eines Jahresabschlusses nach den Vorschriften der §§ 238 bis 263 HGB bleibt davon unberührt[16].

cc) Konzernabschluss

61.18 Von einer **börsennotierten AG** sind folgende Unterlagen offen zu legen[17]:

- der gemäß § 315e Abs. 1 HGB nach IFRS aufgestellte Konzernabschluss, bestehend aus Bilanz, Gesamtergebnisrechnung (Gewinn- und Verlustrechnung und sonstiges Ergebnis), Eigenkapitalveränderungsrechnung, Kapitalflussrechnung und Anhang, der die maßgeblichen Bilanzierungs- und Bewertungsmethoden zusammenfasst und sonstige Erläuterungen sowie die in § 315e Abs. 1 HGB genannten weiteren Angaben enthält;

- den Konzernlagebericht;

- Konzernversicherungen nach § 297 Abs. 2 Satz 4 und § 315 Abs. 1 Satz 6 HGB („Bilanzeid" und „Lageberichtseid");

- der Bestätigungs- oder Versagungsvermerk des Abschlussprüfers;

- der Bericht des Aufsichtsrats;

- den Beschluss über die Ergebnisverwendung des Mutterunternehmens, sofern der Konzernanhang lediglich einen Vorschlag für die Ergebnisverwendung des Mutterunternehmens enthält.

61.19 Der Konzernabschluss unterliegt keiner Feststellungspflicht durch die Gesellschaftsorgane, so dass die Offenlegung der entsprechenden Unterlagen hinsichtlich der Feststellung entfällt[18]. Nach § 171 Abs. 2 Satz 5 AktG hat der Aufsichtsrat den Konzernabschluss allerdings zu billigen; diese Billigung ist im offen zu legenden **Bericht des Aufsichtsrats** zu erklären[19].

61.20 Sämtliche **Änderungen** des Konzernabschlusses nach Vorliegen des Prüfungsberichts sind beim Betreiber des Bundesanzeigers einzureichen und im Bundesanzeiger bekannt machen zu lassen (für ab dem 1.1.2022 beginnende Geschäftsjahre: an die das Unternehmensregister führende Stelle elektronisch zu übermitteln). Die Ausführungen zur Bekanntmachung von Änderungen des Jahresabschlusses gelten entsprechend (siehe Rz. 61.15).

---

16 *Maul/Seidler* in Noack, Das neue Gesetz über elektronische Handels- und Unternehmensregister – EHUG, S. 148 f.
17 *Grottel* in BeckBilkomm., § 325 HGB Rz. 80.
18 *Grottel* in BeckBilkomm., § 325 HGB Rz. 82.
19 *Grottel* in BeckBilkomm., § 325 HGB Rz. 82.

c) Fristen

Im Hinblick auf die Einhaltung der Offenlegungsfrist von vier Monaten für den Jahres- und Konzernabschluss ist bei kapitalmarktorientierten AG i.S.d. § 264d HGB nach § 325 Abs. 4 HGB auf den **Einreichungszeitpunkt** der Unterlagen beim Betreiber des Bundesanzeigers (für ab dem 1.1.2022 beginnende Geschäftsjahre: bei der das Unternehmensregister führenden Stelle) abzustellen. Nach der Einreichung haben die Mitglieder des vertretungsberechtigten Organs die Unterlagen unverzüglich im Bundesanzeiger bekannt machen zu lassen. Für ab dem 1.1.2022 beginnende Geschäftsjahre, für die die offenlegungspflichtigen Unterlagen an die das Unternehmensregister führende Stelle zu übermitteln sind, entfällt eine gesonderte Veranlassung der Bekanntmachung. Die Offenlegungsfrist von vier Monaten ist damit deutlich kürzer als die in § 175 Abs. 1 Satz 2 AktG für die Abhaltung der Hauptversammlung vorgesehene Frist von acht Monaten nach Ende des Geschäftsjahres.

61.21

Eine anhängige **Anfechtungs- oder Nichtigkeitsklage** rechtfertigt im Übrigen nicht die Aufschiebung der Offenlegung bis zur Entscheidung des Rechtsstreits, selbst wenn der Vorstand die Klage für aussichtsreich hält[20]. Ein Hinweis auf die anhängige Klage ist im Rahmen der Offenlegung grundsätzlich nicht erforderlich[21].

61.22

d) Format der Offenlegung

Kapitalgesellschaften, die als Inlandsemittent (§ 2 Abs. 14 WpHG) Wertpapiere (§ 2 Abs. 1 WpHG) begeben und keine Kapitalgesellschaften i.S.d. § 327a HGB sind, unterliegen hinsichtlich der Offenlegung der ESEF-Verordnung[22] und sind damit verpflichtet, die Rechnungslegungsunterlagen (Jahresabschluss, Einzelabschluss nach § 325 Abs. 2a HGB, [Konzern-] Lagebericht, [Konzern-] Bilanzeide) für ab dem 1.1.2020 beginnende Geschäftsjahre in einem elektronischen Berichtsformat (European Single Electronic Format – ESEF) zu erstellen und offen zu legen. Die ESEF-Verordnung ist unmittelbar anwendbar und bedarf insofern keiner Transformation in nationales Recht, so dass durch das Gesetz zur weiteren Umsetzung der Transparenzrichtlinie-Änderungsrichtlinie im Hinblick auf ein einheitliches elektronisches Format für Jahresfinanzberichte vom 12.8.2020[23] nur die konkrete Ausgestaltung geregelt wird. Der Umfang der offenlegungspflichtigen Unterlagen sowie die Offenlegungsfrist von vier Monaten bleiben unverändert.

61.22a

Die offenlegungspflichtigen ESEF-Unterlagen sind im XHTML-Format zu erstellen, wobei der IFRS-Konzernabschluss zusätzlich mit der Inline XBRL-Technologie auszuzeichnen ist („Tagging"), um eine Maschinenlesbarkeit zu erreichen. Derzeit erstreckt sich das Tagging auf die Angaben in den primären Rechenwerken (Konzernbilanz, Konzerngewinn- und Verlustrechnung und sonstiges Ergebnis, Kapitalflussrechnung, Eigenkapitalveränderungsrechnung) sowie zehn ausgewählte Anhangangaben. Für ab dem 1.1.2022 beginnende Geschäftsjahre wird das Tagging auf 244 Anhangangaben ausgeweitet[24].

61.22b

Die Erstellung der ESEF-Unterlagen erfolgt ausschließlich für Offenlegungszwecke, so dass etwa die Feststellung/Billigung des Jahres- bzw. Konzernabschlusses weiterhin auf der Grundlage der Abschlussunterlagen im „herkömmlichen" Format erfolgt. Durch die Anforderung, dass die ESEF-Unterlagen

61.22c

---

20 *Grottel* in BeckBilkomm., § 325 HGB Rz. 53.
21 *Grottel* in BeckBilkomm., § 325 HGB Rz. 53.
22 Delegierte Verordnung (EU) 2018/815 der Kommission v. 17.12.2018 zur Ergänzung der Richtlinie 2004/109/EG des Europäischen Parlaments und des Rates im Hinblick auf technische Regulierungsstandards für die Spezifikation eines einheitlichen elektronischen Berichtsformats, ABl. EU Nr. L 143 v. 29.5.2019, S. 1; Berichtigung der Delegierten Verordnung (EU) 2018/815 der Kommission v. 17.12.2018 zur Ergänzung der Richtlinie 2004/109/EG des Europäischen Parlaments und des Rates im Hinblick auf technische Regulierungsstandards für die Spezifikation eines einheitlichen elektronischen Berichtsformats, ABl. EU Nr. L 145 v. 4.6.2019, S. 85.
23 BGBl. I 2020, 1874.
24 *Ruhnke/Schmidt*, WPg 2021, 275.

durch den Abschlussprüfer auf die Übereinstimmung mit den Anforderungen des § 328 Abs. 1 HGB zu prüfen sind (§ 317 Abs. 3b HGB) und der Abschlussprüfer in einem gesonderten Abschnitt des Bestätigungsvermerks über das Ergebnis der Prüfung zu berichten hat (§ 322 Abs. 1 Satz 4 HGB), müssen die ESEF-Unterlagen bis zum Ende der Abschlussprüfung vorliegen bzw. bei späterer Fertigstellung der ESEF-Unterlagen eine darauf bezogene Nachtragsprüfung durchgeführt werden.

2. Vorschriften des WpHG und börsenrechtliche Bestimmungen
a) Jährliche Publizitätspflichten nach dem WpHG

61.23 Nach § 114 WpHG haben Unternehmen, die als Inlandsemittenten Wertpapiere begeben, einen **Jahresfinanzbericht** aufzustellen und diesen innerhalb von vier Monaten nach Ablauf des Geschäftsjahres der Öffentlichkeit zur Verfügung zu stellen. Dieser Jahresfinanzbericht hat mindestens den geprüften Jahresabschluss, den Lagebericht und eine Erklärung nach § 264 Abs. 2 Satz 3, § 289 Abs. 1 Satz 5 HGB („Bilanzeid") zu enthalten (§ 114 Abs. 2 WpHG). Ist das Unternehmen als Mutterunternehmen dazu verpflichtet, einen Konzernabschluss und einen Konzernlagebericht aufzustellen, ist der Jahresfinanzbericht um einen geprüften Konzernabschluss, einen Konzernlagebericht und einen „Bilanzeid" bezogen auf den Konzernabschluss und Konzernlagebericht zu erweitern (§ 117 Nr. 1 WpHG). Diese originären Publizitätspflichten nach den Vorschriften des WpHG greifen jedoch nur ein, wenn das Unternehmen nicht bereits nach handelsrechtlichen Vorschriften offenlegungspflichtig ist, so dass damit für **inländische börsennotierte AG keine Erweiterung der gesetzlichen Anforderungen** verbunden ist[25].

61.24 Selbst wenn nach den Vorschriften keine eigenständige Verpflichtung zur Aufstellung und Veröffentlichung eines Jahresfinanzberichts besteht, bestehen jedoch für Unternehmen, die als Inlandsemittent Wertpapiere begeben, die folgenden zusätzlichen Pflichten nach § 114 Abs. 1 WpHG:

– Veröffentlichung einer Bekanntmachung, ab welchem Zeitpunkt und unter welcher Internetadresse die offen zu legenden Unterlagen öffentlich zugänglich sind;

– gleichzeitige Mitteilung der Bekanntmachung an die BaFin;

– unverzügliche Übermittlung der Bekanntmachung an das Unternehmensregister zur Speicherung.

Eine eigenständige Übermittlung der Rechnungslegungsunterlagen an das Unternehmensregister zur Speicherung ist nicht erforderlich, da börsennotierte AG die Offenlegungsverpflichtungen nach § 325 HGB zu erfüllen haben und die entsprechenden Daten bereits durch den Betreiber des Bundesanzeigers an das Unternehmensregister zur Einstellung in das Unternehmensregister übermittelt werden (§ 8b Abs. 3 Nr. 1 HGB).

b) Ergänzende Publizitätspflichten nach den Börsenordnungen
aa) General Standard

61.25 Für im zum regulierten Markt im General Standard zugelassene Unternehmen bestehen keine Zulassungsfolgepflichten, die über die im HGB und im WpHG verankerten Publizitätspflichten hinausgehen.

bb) Prime Standard

61.26 Für Emittenten, deren Wertpapiere zum Prime Standard des regulierten Marktes zugelassen sind, gelten im Vergleich zu den Bestimmungen des General Standard des regulierten Marktes punktuell **er-**

---

25 *Maul/Seidler* in Noack, Das neue Gesetz über elektronische Handels- und Unternehmensregister – EHUG, S. 154.

weiterte **Publizitätspflichten**. Im Einzelnen unterscheiden sich die Anforderungen in folgenden Punkten von den Publizitätspflichten nach HGB und WpHG (§ 51 BörsO für die Frankfurter Wertpapierbörse [Stand: 28.6.2021]):

- Abfassung des Jahresfinanzberichts in deutscher und englischer Sprache (Ausnahme: Emittenten mit Sitz im Ausland können den Jahresfinanzbericht ausschließlich in englischer Sprache abfassen);
- Übermittlung des Jahresfinanzberichts in elektronischer Form an die Geschäftsführung der Frankfurter Wertpapierbörse spätestens vier Monate nach Ablauf eines jeden Geschäftsjahres.

II. Unterjährige Publizitätspflichten nach WpHG und Börsenordnung

Zu unterjährigen Publizitätspflichten vgl. § 59. 61.27

III. Weitere veröffentlichungspflichtige Unterlagen

1. Erklärung zur Unternehmensführung

Nach § 289f HGB haben börsennotierte Aktiengesellschaften und bestimmte weitere Aktiengesellschaften eine **Erklärung zur Unternehmensführung** abzugeben, die einen gesonderten Abschnitt im **Lagebericht** bildet. Alternativ dazu kann diese Erklärung zur Unternehmensführung auch auf der **Internetseite** der Gesellschaft zugänglich gemacht werden (§ 289f Abs. 1 Satz 2 HGB). Eine Verpflichtung zur Abgabe einer Konzernerklärung zur Unternehmensführung besteht nach § 315d HGB für Mutterunternehmen, die börsennotierte Aktiengesellschaftenn oder bestimmte weitere Aktiengesellschaften sind. 61.28

Sofern die Erklärung zur Unternehmensführung in einem gesonderten Abschnitt des Lageberichts abgegeben wird, gelten die **Offenlegungsfristen** des Lageberichts, so dass die Offenlegung innerhalb von vier Monaten nach Ende des Geschäftsjahres zu erfolgen hat (vgl. Rz. 61.3). Da bei der alternativen Veröffentlichungsmöglichkeit auf der Internetseite der Gesellschaft im Lagebericht eine Bezugnahme aufzunehmen ist, welche die Angabe der Internetseite enthält, muss in diesem Fall bereits bei der Aufstellung des Lageberichts eine Veröffentlichung der Erklärung zur Unternehmensführung erfolgt sein, da andernfalls der Verweis ins Leere führen würde. 61.29

2. CSR-Berichterstattung

Große Kapitalgesellschaften i.S.d. § 264d HGB, die kapitalmarktorientiert sind und im Jahresdurchschnitt mehr als 500 Arbeitnehmer beschäftigen, haben eine **nichtfinanzielle Erklärung bzw. einen nichtfinanziellen Bericht** zu erstellen und zu veröffentlichen (vgl. zu Einzelheiten Rz. 57.64 ff.). 61.30

Von der gewählten **Veröffentlichungsform** hängt auch der Zeitpunkt ab, zu dem die nichtfinanzielle Erklärung bzw. der nichtfinanzielle Bericht offen zu legen bzw. zu veröffentlichen sind. Sofern die nichtfinanzielle Erklärung einen gesonderten Abschnitt im Lagebericht bildet oder die entsprechenden Angaben vollumfänglich in den Lagebericht integriert sind (§ 289b Abs. 1 HGB), gilt für die nichtfinanzielle Erklärung die viermonatige Offenlegungsfrist. Ebenso greift diese Offenlegungsfrist ein, wenn ein gesonderter nichtfinanzieller Bericht (außerhalb des Lageberichts) erstellt und gemeinsam mit dem Lagebericht offen gelegt wird (§ 289b Abs. 3 Nr. 2 Buchst. a HGB) oder auf der Internetseite der Gesellschaft veröffentlicht und auf diese Veröffentlichung im Lagebericht Bezug genommen wird (§ 289b Abs. 3 Nr. 2 Buchst. b HGB). 61.31

3. Vergütungsbericht

61.32 Unabhängig von der handelsrechtlichen Rechnungslegung haben börsennotierten Gesellschaften jährlich einen Vergütungsbericht nach § 162 AktG zu erstellen, in den individualisierte Angaben zur Vergütung von gegenwärtigen oder früheren Mitgliedern des Vorstands und des Aufsichtsrats aufzunehmen sind. Dieser Vergütungsbericht ist gemeinsam mit dem Vermerk des Abschlussprüfers über die (formelle) Prüfung zehn Jahre lang auf der Internetseite der Gesellschaft kostenfrei öffentlich zugänglich zu machen (§ 162 Abs. 4 AktG).

12. Kapitel
Öffentliche Übernahmen

§ 62
Öffentliche Übernahme börsennotierter Unternehmen

I. Einführung	62.1
1. Rechtliche Entwicklung	62.1
2. Empirischer Überblick	62.2
a) Zeitraum vom 1.1.2002 bis 30.6.2021	62.2
b) Entwicklung seit dem 1.1.2019	62.15a
3. Regelungsgegenstand, Anwendungsbereich und Grundsätze des WpÜG	62.16
a) Regelungsgegenstand	62.16
b) Anwendungsbereich des WpÜG	62.18
c) Öffentliche Erwerbsangebote	62.24
d) Ziele und Grundsätze des WpÜG	62.28
II. Ablauf öffentlicher Erwerbsangebote	62.34
1. Überblick	62.34
2. Vorbereitungsphase	62.40
a) Insiderrecht	62.41
aa) Insiderhandelsverbot	62.41
bb) Ad-hoc-Mitteilungspflicht durch die Zielgesellschaft	62.52a
b) Ausschluss von Aktionären bei grenzüberschreitenden Angeboten	62.52b
c) Angebotsentscheidung	62.53
aa) Allgemeines	62.53
bb) Zeitpunkt der Veröffentlichung	62.55
cc) Inhalt der Veröffentlichung	62.63
dd) Veröffentlichung der Angebotsentscheidung	62.65
ee) Verhältnis zur Ad-hoc-Publizität	62.66
ff) Abbruch des Angebots nach Veröffentlichung der Angebotsentscheidung	62.68
d) Vorerwerbe, Beteiligungsaufbau	62.71
aa) Allgemein	62.71
bb) Mitteilungspflichten beim Beteiligungsaufbau	62.72
e) Mit dem Bieter gemeinsam handelnde Personen	62.78
3. Angebotsphase – Angebotsunterlage	62.81
a) Überblick	62.81
aa) Bedeutung und Rechtsnatur der Angebotsunterlage	62.81
bb) Verbindlichkeit	62.82
cc) Inhaltliche Grundsätze	62.83
dd) Prüfung, Gestattung oder Untersagung der Angebotsunterlage	62.86
ee) Haftung für fehlerhafte Angebotsunterlagen	62.88
b) Angebotsbedingungen	62.90
aa) Grundsätze	62.90
bb) Einzelne Angebotsbedingungen	62.98
c) Kommunikationspflichten	62.115
d) Folgen unzulässiger Bedingungen	62.116
4. Annahmephase – Überblick	62.119
a) Annahmefristen	62.119
aa) Regelfrist	62.120
bb) Gesetzliche Verlängerung der Annahmefrist	62.123
b) Wasserstandsmeldungen – Angaben nach § 23 WpÜG	62.132
aa) Allgemeines	62.132
bb) Wasserstandsmeldungen nach § 23 Abs. 1 WpÜG	62.133
cc) Bekanntmachung nach § 23 Abs. 2 WpÜG	62.135
5. Angebotsänderung und konkurrierende Angebote	62.136
a) Angebotsänderung	62.136
aa) Zeitlicher Rahmen	62.136
bb) Inhaltlicher Rahmen	62.137
cc) Verfahren, Veröffentlichung der Angebotsänderung	62.138
dd) Folgen der Änderung	62.139
ee) Alternativangebote	62.141
b) Konkurrierende Angebote	62.142
aa) Allgemeines	62.142
bb) Rechtsfolgen des konkurrierenden Angebots	62.143
c) Annahmefristen und Rücktrittsrechte bei Angebotsänderungen im Rahmen konkurrierender Angebote	62.146
aa) Überblick	62.146
bb) Beispielsfälle	62.147
d) Faktische Angebotsänderung durch Parallelerwerb	62.149

aa) Überblick 62.149
bb) Analoge Anwendung des
§ 21 WpÜG? 62.150
6. **Pflichten der Verwaltungsorgane der Zielgesellschaft** 62.152
a) Allgemeines 62.152
b) Stellungnahme nach § 27 WpÜG 62.153
aa) Überblick 62.153
bb) Stellungnahme der Verwaltung 62.154
cc) Inhalt der Stellungnahme ... 62.156
dd) Veröffentlichung und Kommunikation der Stellungnahme 62.164
ee) Rechtsfolgen von Verstößen gegen § 27 WpÜG 62.166
c) Pflicht zur Bietergleichbehandlung? 62.171
d) Break Fees 62.172
aa) Überblick 62.172
bb) Zulässigkeit von Break-Fee-Vereinbarungen 62.173
cc) Angemessenheit der Break Fee 62.178
e) Hinwirken auf einen möglichst hohen Angebotspreis? 62.179
III. **Übernahme- und Pflichtangebote** ... 62.182
1. Überblick 62.182
a) Begriffsbestimmungen 62.182
b) Besondere Vorschriften für Übernahme- und Pflichtangebote 62.185
2. Kontrolle 62.190
a) Kontrollbegriff 62.190
b) Berechnung der Stimmrechte 62.191
aa) Allgemeines 62.191
bb) Einzelfälle 62.192
c) Zurechnung von Stimmrechten .. 62.201
d) Acting in Concert 62.204
aa) Überblick 62.204
bb) Verhaltensabstimmung 62.206
cc) Gegenstand der Verhaltensabstimmung 62.207
dd) Shareholder Activism 62.210a
ee) Über Einzelfälle hinausgehende Beständigkeit 62.211
ff) Darlegungs- und Beweislast . 62.212
e) Fallbeispiele 62.215
3. Pflichtangebote 62.220
a) Überblick 62.220
aa) Allgemeines 62.220
bb) Kontrollerlangung 62.226
cc) Entbehrlichkeit des Pflichtangebots gemäß § 35 Abs. 3 WpÜG 62.229

b) Nichtberücksichtigung von Stimmrechten nach § 36 WpÜG . 62.230
aa) Allgemeines 62.230
bb) Verhältnis zu § 37 WpÜG .. 62.233
cc) Verfahren 62.234
c) Befreiung von der Abgabe des Pflichtangebots 62.236
aa) Überblick 62.236
bb) Befreiung wegen Sanierung der Zielgesellschaft 62.238
cc) Verfahren 62.243
4. **Gegenleistung bei Übernahme- und Pflichtangeboten** 62.248
a) Überblick 62.248
b) Angemessenheit 62.249
aa) Grundsätze nach § 31 WpÜG 62.249
bb) Angemessenheit aufgrund von Vorerwerben 62.255
cc) Angemessenheit aufgrund des durchschnittlichen Börsenkurses 62.260
c) Art der Gegenleistung 62.266
aa) Allgemeines 62.266
bb) Liquide Aktien 62.268
cc) Obligatorische Geldleistung 62.270
dd) Erhöhung der Gegenleistung 62.275
d) Erwerbsoptionen 62.280
aa) Tatbestand des § 31 Abs. 6 WpÜG 62.280
bb) Bemessung der Gegenleistung 62.281
e) Durchsetzung und Sanktionen .. 62.282
5. **Verteidigungsmaßnahmen gegen feindliche Übernahmeangebote** 62.283
a) Überblick 62.283
aa) Begriff und Bedeutung 62.283
bb) Verteidigungsmaßnahmen . 62.284
cc) Maßgebliche Rechtsgrundlagen 62.285
b) Aktienrechtliche Grundsätze 62.293
c) Vorbeugende Maßnahmen 62.298
aa) Allgemeines 62.298
bb) Einzelne Maßnahmen 62.300
cc) Zusammenfassende Bewertung 62.319
d) Abwehrmaßnahmen während des Übernahmeverfahrens 62.320
aa) Tatbestand des § 33 WpÜG . 62.320
bb) Ausnahmen vom Verhinderungsverbot 62.324
e) Rechtsfolgen bei unzulässigen Verteidigungsmaßnahmen 62.335
aa) Ordnungswidrigkeit und Bußgeld 62.335

bb) Schadensersatz 62.336	V. **Rechtsschutz** 62.352
cc) Unterlassung 62.338	1. **Überblick** 62.352
IV. **Übernahmerechtlicher Squeeze out und Andienungsrecht** 62.339	2. **Verwaltungsrechtlicher Rechtsschutz** 62.353
1. **Überblick** 62.339	a) Allgemeines 62.353
2. **Einzelfragen zum übernahmerechtlichen Squeeze out** 62.341	b) Rechtsschutz Dritter 62.356
a) Verhältnis zum aktienrechtlichen Squeeze out gemäß §§ 327a ff. AktG sowie zum umwandlungsrechtlichen Squeeze out gemäß § 62 Abs. 5 UmwG 62.341	aa) Allgemeines 62.356
	bb) Voraussetzungen des Rechtsschutzes Dritter im Verwaltungsverfahren 62.357
	3. **Zivilrechtlicher Rechtsschutz** 62.360
	a) Überblick 62.360
b) 95 %-Schwelle 62.342	b) Bestehen zivilrechtlich durchsetzbarer Ansprüche 62.361
c) Abfindung 62.343	aa) Angemessene Gegenleistung 62.361
aa) Art der Abfindung 62.343	bb) Zinsen 62.363
bb) Höhe der Abfindung 62.344	cc) Schadensersatz 62.364
d) Verfahren 62.348	dd) Sonstiges 62.365
aa) Antrag 62.348	4. **Darlegungs- und Beweislast** 62.366
bb) Entscheidung des Landgerichts 62.349	a) Verwaltungs- und Bußgeldverfahren 62.366
cc) Rechtsbehelfe 62.350	b) Zivilprozess 62.367
dd) Rechtskraft und Folgen 62.351	

Schrifttum: *Austmann*, Der verschmelzungsrechtliche Squeeze-out nach dem 3. UmwÄndG 2011, NZG 2011, 684; *Bachmann*, Der Grundsatz der Gleichbehandlung im Kapitalmarktrecht, ZHR 170 (2006), 144; *Bachmann*, Konkurrierende Angebote, in Mülbert/Kiem/Wittig (Hrsg.), 10 Jahre WpÜG, 2011, S. 191; *Bachmann*, Vorstandspflichten bei freundlichen Übernahmeangeboten, in Veil (Hrsg.), Übernahmerecht in Praxis und Wissenschaft, 2009, S. 109; *Boucsein/Schmiady*, Aktuelle Entwicklungen bei der Durchführung von Übernahmeangeboten nach dem Wertpapiererwerbs- und Übernahmegesetz (WpÜG), AG 2016, 597; *Brandi/Nartowska/Kiefer*, Abfindungsvereinbarung als Nacherwerb iSv § 31 V, VI WpÜG, NZG 2021, 226; *Bungert/Wettich*, Der neue verschmelzungsspezifische Squeeze-out nach § 62 Abs. 5 UmwG n.F., DB 2013, 1500; *von Bülow*, Acting in Concert: Anwendungsprobleme des neuen Zurechnungstatbestands, in Veil (Hrsg.), Übernahmerecht in Praxis und Wissenschaft, 2009, S. 137; *von Bülow*, 10 Jahre WpÜG – eine kritische Bestandsaufnahme, in Mülbert/Kiem/Wittig (Hrsg.), 10 Jahre WpÜG, 2011, S. 9; *Busch*, Bedingungen in Übernahmeangeboten, AG 2002, 145; *Cahn*, Verwaltungsbefugnisse der Bundesanstalt für Finanzdienstleistungsaufsicht im Übernahmerecht und Rechtsschutz Betroffener, ZHR 167 (2003), 315; *Cascante*, „12 Years a Rave?" – Schlüsseltransaktionen im deutschen Übernahmerecht von 2002 bis 2013, in FS Gerhard Wegen, 2015, S. 175; *Cascante/Tyrolt*, 10 Jahre WpÜG – Reformbedarf im Übernahmerecht?, AG 2012, 97; *Deilmann*, Aktienrechtlicher versus übernahmerechtlicher Squeeze-out, NZG 2007, 721; *Diekmann*, Änderung des Umwandlungsgesetzes, NZG 2010, 489; *Drinkuth*, Pflichten der Verwaltungsorgane der Zielgesellschaft bei öffentlichen Erwerbsangeboten, in Veil/Drinkuth, Reformbedarf im Übernahmerecht, 2005, S. 52; *Drinkuth*, Informationspflichten bei Ermächtigungsbeschlüssen nach § 33 WpÜG, AG 2005, 597; *Drinkuth*, Gegen den Gleichlauf des Acting in concert nach § 22 WpHG und § 30 WpÜG, ZIP 2008, 676; *von Falkenhausen*, Unternehmensprophylaxe – Die Pflichten des Vorstands der Zielgesellschaft, NZG 2007, 97; *von Falkenhausen*, Gleichbehandlung der Bieter?, in Veil (Hrsg.), Übernahmerecht in Praxis und Wissenschaft, 2009, S. 93; *von Fiedl*, Die Haftung des Vorstands für eine fehlerhafte Stellungnahme gemäß § 27 WpÜG, NZG 2004, 448; *Fleischer*, Konkurrenzangebote und Due Diligence, ZIP 2002, 651; *Fleischer/Kalss*, Das neue Wertpapiererwerbs- und Übernahmegesetz, 2002; *Fleischer*, Zulässigkeit und Grenzen von Break-Fee-Vereinbarungen im Aktien- und Kapitalmarktrecht, AG 2009, 345; *Fleischer/Schmolke*, Zum Sondervotum einzelner Vorstands- oder Aufsichtsratsmitglieder bei Stellungnahmen nach § 27 WpÜG, DB 2007, 95; *Hasselbach/Stepper*, Entwicklung des Übernahmerechts 2020, BB 2021, 771; *Hasselbach/Wirtz*, Die Verwendung von MAC-Klauseln in Angeboten nach dem WpÜG, BB 2005, 842; *Hopt*, Grundsatz- und Praxisprobleme nach dem Wertpapiererwerbs- und Übernahmegesetz, ZHR 166 (2002), 383; *Hopt*, MAC-Klauseln im Finanz- und Übernahmerecht, in FS K. Schmidt, 2009, S. 681; *Jabornegg/Strasser* (Hrsg.), Großkommentar zum Aktienrecht, Band 2, §§ 70–273, 5. Aufl. 2010; *Johannsen-Roth/Goslar*, Rechtliche Rahmenbedingungen für Übernahmeprämien bei Misch- und Tauschangeboten im Lichte von § 255 Abs. 2 Satz 1 AktG und § 57 AktG, AG 2007, 573; *Johannsen-Roth/Illert*, Paketerwerbe und öffentliche Übernahmeangebote im Lichte des neuen übernahmerechtlichen Squeeze out nach § 39a WpÜG, ZIP 2006, 2157; *Kiesewetter/Klepsch*, Befreiung vom Pflichtangebot beim Erwerb zur Sanierung, BB 2007, 1403; *Kopp/Ramsauer* (Hrsg.), Verwaltungsverfahrensgesetz, 17. Aufl. 2016; *Krause*, Die „kalte" Übernahme, in FS Uwe H. Schneider, 2011, S. 669; *Krüger/Rauscher* (Hrsg.), Münchener Kommentar zur Zivilprozessordnung, Band 1, §§ 1–354, 5. Aufl. 2016; *Merkt*, Der Nacherwerb beim Squeeze-out und beim Sell-out (§§ 39a, 39c WpÜG), in FS Uwe H. Schneider, 2011, S. 811; *Mülbert/Kiem/Wittig* (Hrsg.), 10 Jahre WpÜG, Entwicklungsstand – Praktische Erfahrungen – Reformbedarf – Perspektiven, 2011; *Ott*, Der übernahmerechtliche Squeeze-out gemäß §§ 39a f. WpÜG, WM 2008, 384; *Oppenhoff/Horcher*, Rechtsentwicklungen im Übernahmerecht 2016, DB, Beilage 6/2016, 25; *Paschos/Fleischer* (Hrsg.), Handbuch Übernahmerecht nach dem WpÜG, 2017; *Paul*, Sechs Jahre Übernahmerecht – Erfahrungen der Gerichtspraxis, in Veil (Hrsg.), Übernahmerecht in Praxis und Wissenschaft, 2009, S. 43. ff.; *Pohlmann*, Rechtsschutz der Aktionäre der Zielgesellschaft im Wertpapiererwerbs- und Übernahmeverfahren, ZGR 2007, 1; *Rothenfußer/Friese-Dormann/Rieger*, Rechtsprobleme konkurrierender Übernahmeangebote nach dem WpÜG, AG 2007, 137; *Schiessl*, Pflicht zur Gleichbehandlung konkurrierender Übernahmeinteressenten, in FS Hopt, 2010, S. 2455 ff.; *Schiessl*, Wertpapierhandelsrecht bei öffentlichen Übernahmen, in 25 Jahre WpHG, 2019, S. 171 ff.; *Schnorbus*, Drittklagen im Übernahmeverfahren – Grundlagen zum Verwaltungsrechtsschutz im WpÜG, ZHR 166 (2002), 73; *Schockenhoff/Wagner*, Zum Begriff des „acting in concert" – Das Verhältnis zwischen den §§ 2 V und 30 II WpÜG und die Auswirkungen der geplanten Änderungen durch das Risikobegrenzungsgesetz, NZG 2008, 361; *Schockenhoff/Lumpp*, Der verschmelzungsrechtliche Squeeze out in der Praxis, ZIP 2013, 749; *Seibt*, Beck'sches Formularbuch Mergers & Acquisitions, 3. Aufl. 2018; *Seibt*, Verhaltenspflichten und Handlungsoptionen der Leitungs- und Aufsichtsorgane in Übernahmesituationen, in Mülbert/Kiem/Wittig, 10 Jahre WpÜG, 2011, S. 148 ff.; *Seibt/Heiser*, Analyse des Übernahmerichtlinie-Umsetzungsgesetzes, AG 2006, 310; *Seiler/Rath*, Voraussetzungen des übernahmerechtlichen Squeeze-out – 95 % Anteilsbesitz bis zum Ende der (weiteren) Annahmefrist, AG 2013, 252; *Simon*, Zur Herleitung zivilrechtlicher Ansprüche aus §§ 35 und 38 WpÜG, NZG 2005, 541; *Strunk/Linke*, Erfahrungen mit dem Übernahmerecht aus Sicht der Bundesanstalt für Finanzdienstleistungsaufsicht, in Veil/Drinkuth, Reformbedarf im Übernahmerecht, 2005, S. 1; *Strunk/Salomon/Holst*, Aktuelle Entwicklungen im Übernahmerecht, in Veil (Hrsg.), Übernahmerecht in Praxis und Wissenschaft, 2009, S. 1; *Veil*, Die Übernahmerichtlinie und ihre Auswirkungen auf das nationale Übernahmerecht, in Veil/Drinkuth, Reformbedarf im Übernahmerecht, 2005, S. 83; *Widder*, Erwerb einer Kontrollbeteiligung – Widerruf einer Befreiung vom Pflichtangebot wegen Sanierungsabsicht nach erfolgreicher Sanierung der Zielgesellschaft?, DB 2004, 1875; *Winner*, Unternehmensbewertung im Übernahmerecht, in Fleischer/Hüttemann (Hrsg.), Rechtshandbuch Unternehmensbewertung, 2015, S. 660.

I. Einführung

1. Rechtliche Entwicklung

62.1 Mit dem Gesetz zur Regelung von öffentlichen Angeboten zum Erwerb von Wertpapieren und von Unternehmensübernahmen vom 20.12.2001 (WpÜG)[1] sind öffentliche Übernahmen von börsennotierten Aktiengesellschaften seit dem 1.1.2002 gesetzlich geregelt[2]. Nach Inkrafttreten des WpÜG hat es verschiedene Gesetzesänderungen gegeben. Die wichtigste erfolgte durch Umsetzung der EU-Übernahmerichtlinie[3] mit dem Übernahmerichtlinie-Umsetzungsgesetz[4]. Geändert wurden neben den Vorschriften zur Anwendbarkeit des Gesetzes insbesondere der Referenzzeitraum für den Mindestpreis beeinflussende Vorerwerbe, das Erfordernis der Veröffentlichung etwaiger Übernahmehindernisse im Lage- oder Konzernlagebericht der Zielgesellschaft sowie das sog. Optionsmodell hinsichtlich der strik-

---

1 BGBl. I 2001, 3822 ff. Das WpÜG ist am 1.1.2002 in Kraft getreten.
2 Zur Vorgeschichte des WpÜG vgl. 1. Aufl., § 57 Rz. 3 ff.
3 ABl. EU Nr. L 142 v. 21.4.2004, S. 12.
4 BGBl. I 2006, 1426 ff.; hierzu auch *Diekmann*, NJW 2007, 17 ff.; *von Bülow* in Mülbert/Kiem/Wittig, 10 Jahre WpÜG, 2011, S. 9, 10 ff.

ten Anwendung des Behinderungsverbots; außerdem wurde der übernahmerechtliche Squeeze out (dazu Rz. 62.339 ff.) eingeführt. Eine weitere Änderung erfolgte im Jahr 2008 durch das Gesetz zur Begrenzung der mit Finanzinvestitionen verbundenen Risiken (Risikobegrenzungsgesetz)[5], mit dem insbesondere der Zurechnungstatbestand des § 30 Abs. 2 WpÜG (*acting in concert*) erheblich erweitert wurde. Nunmehr begründet unter bestimmten Voraussetzungen neben der Koordinierung über die Ausübung von Stimmrechten auch die Verhaltensabstimmung im Vorfeld oder außerhalb einer Hauptversammlung der Zielgesellschaft eine Zurechnung der Stimmrechte (dazu Rz. 62.204 ff.). Die durch das Anlegerschutz- und Funktionsverbesserungsgesetz (AnsFuG)[6] zum 1.2.2012 eingeführten erweiterten Mitteilungspflichten nach den §§ 25, 25a WpHG a.F., mit denen die Transparenz beim Beteiligungsaufbau im Vorfeld von Angeboten deutlich ausgeweitet worden (dazu näher Rz. 62.71 ff.), sind durch das Gesetz zur Umsetzung des Transparenzrichtlinie-Änderungsgesetzes[7] wieder aufgehoben und neu gefasst worden. Die Unterscheidung zwischen Instrumenten und sonstigen Instrumenten wurde aufgegeben. Maßgeblich sind nunmehr nur noch Bestandsveränderungen in Aktien (hierfür gilt § 33 WpHG [bis 2.1.2018: § 21]) und Instrumenten (§ 38 WpHG [bis 2.1.2018: § 25]). Die sog. Marktmissbrauchsverordnung[8] (MMVO) hat zwar erheblichen Einfluss auf das Kapitalmarktrecht, insbesondere das Insiderrecht, berührt das WpÜG aber nur am Rande. Nennenswert ist Art. 11 Abs. 2 MMVO, der sich mit Marktsondierungen (sog. *wall-crossing*[9]) in Übernahmesituationen befasst[10]. Durch das Gesetz zur Umsetzung der Änderungsrichtlinie zur Vierten EU-Geldwäscherichtlinie vom 12.12.2019[11] wurde § 26 WpÜG dahin gehend geändert, dass nunmehr nicht nur dem Bieter selbst, sondern auch mit ihm gemeinsam handelnden Personen die Veröffentlichung eines weiteren Übernahmeangebots innerhalb der Sperrfrist untersagt ist. Auslöser dieser Gesetzesänderung war insbesondere das zweite Übernahmeangebot eines zur ams-Gruppe gehörenden Tochterunternehmens an die Aktionäre der OSRAM Licht AG innerhalb eines halben Jahres[12]. Schließlich wurden im Rahmen der COVID-19 Pandemie verschiedene übernahmerechtliche Erleichterungen eingeführt für Stabilisierungsmaßnahmen, u.a. Ausnahmen vom *acting in concert* sowie die Befreiung vom Pflichtangebot[13].

2. Empirischer Überblick

a) Zeitraum vom 1.1.2002 bis 30.6.2021

Seit Inkrafttreten des WpÜG am 1.1.2002 bis einschließlich zum 30.6.2021 wurden insgesamt 553 **Erwerbsangebote** veröffentlicht[14]. Darunter waren 286 Übernahmeangebote, 165 Pflichtangebote, und 81[15] einfache Erwerbsangebote. Hinzu kamen seit 2016 insgesamt 21 Erwerbsangebote im Zusammen-

62.2

---

5 BGBl. I 2008, 1666.
6 Gesetz zur Stärkung des Anlegerschutzes und Verbesserung der Funktionsfähigkeit des Kapitalmarkts, BGBl. I 2011, 538 ff.
7 BGBl. I 2015, 2029.
8 Verordnung (EU) Nr. 596/2014 v. 16.4.2014.
9 Dazu (allerdings noch zum alten Recht vor Inkrafttreten der Marktmissbrauchsverordnung) *Thaeter* in FS Wegen, 2015, S. 325 ff.
10 Siehe dazu auch ESMA, MAR-Leitlinien, Aufschub der Offenlegung von Insiderinformationen, 20.10.2016, ESMA 2016, 1478, S. 4 f. sowie *Zetzsche*, AG 2016, 610, 612 ff.
11 BGBl. I, S. 2606.
12 Siehe dazu auch BaFin, Jahresbericht 2019, S. 107. In ihrer bisherigen Verwaltungspraxis hat die BaFin die Sperrfrist nur auf denselben Bieter angewendet, nicht aber auf verbundene Unternehmen; siehe etwa BaFin, Jahresbericht 2018, S. 147 in Bezug auf Angebote an Aktionäre der Biofrontera AG durch die Deutsche Balaton AG und ihre 100%ige Tochtergesellschaft Deutsche Balaton Biotech AG.
13 Dazu auch *Hasselbach/Stepper*, BB 2021, 771, 774 f.
14 Diese Zahl ergibt sich aus der von der BaFin auf ihrer Internetseite (www.bafin.de) veröffentlichten Datenbank.
15 Unter den 126 Pflichtangeboten sowie 59 einfachen Erwerbsangeboten waren jeweils zwei kombinierte Angebote, d.h. Pflichtangebote (einzelner Bieter) und einfache Erwerbsangebote (anderer Bieter) in einem.

hang mit einem Delisting (§ 39 Abs. 2 Nr. 1 BörsG). In den meisten Fällen (517) wurde den Aktionären der Zielgesellschaft ein Barangebot unterbreitet, in nur 23 Fällen ein Tauschangebot und in zehn Fällen ein gemischtes Angebot, davon allein fünf im Jahr 2015. Diese Tauschangebote oder gemischten Angebote im Jahr 2015 richteten sich an Unternehmen der Immobilienwirtschaft (darunter war u.a. das gescheiterte Übernahmeangebot der Vonovia SE an die Aktionäre der Deutsche Wohnen AG)[16].

62.3 Gemessen an den veröffentlichten Angebotsentscheidungen wurden über 97 % der eingereichten Angebotsunterlagen durch die **BaFin** gestattet. In aller Regel gelingt es den Bietern, die Angebotsunterlage bis zum Ablauf der Prüfungsfrist – teilweise nach Erledigung von seitens der BaFin aufgegebener Korrekturen – zu veröffentlichen, so dass die Untersagung eines Angebots die Ausnahme ist[17]. Die wenigen Untersagungen waren zum Teil darauf gestützt, dass der Bieter nach Veröffentlichung der Angebotsentscheidung die Angebotsunterlage nicht oder nicht fristgemäß bei der BaFin eingereicht hatte[18]. In einigen Fällen beruht die Untersagungsverfügung darauf, dass die nach § 13 Abs. 1 Satz 2 WpÜG erforderliche Finanzierungsbestätigung entweder fehlte oder nicht von einem unabhängigen Wertpapierdienstleistungsunternehmen erteilt wurde. Auch das Verschweigen eines höheren Vorerwerbspreises sowie die Nichtbeseitigung von Mängeln in der Angebotsunterlage während des Genehmigungsverfahrens führten zur Angebotsuntersagung. In zwei Fällen hat die BaFin Tauschangebote untersagt, weil sie die als Gegenleistung angebotenen Aktien als nicht „liquide" im Sinne von § 31 Abs. 2 Satz 1 WpÜG angesehen hat[19].

62.4 Von den Zielgesellschaften gehörten acht zu den sog. DAX-30-Unternehmen. Die durchschnittliche Marktkapitalisierung[20] der **Zielgesellschaften** lag im Berichtszeitraum bei etwa EUR 800 Mio. Dieser Wert ist getrieben von recht wenigen großvolumigen Übernahmen. Am häufigsten bewegte sich die Marktkapitalisierung der Zielgesellschaften zwischen 10 Mio. Euro und 200 Mio. Euro (bei über der Hälfte der Angebote).

62.5 Die Mehrzahl der Bieter aller bis zum 30.6.2021 veröffentlichten Übernahmeangebote kommt aus Deutschland[21], wobei sich das Verhältnis zwischen Bietern aus Deutschland und dem Ausland zunehmend angleicht. Im Zeitraum vom 1.1.2020 bis 30.6.2021 kamen 17 Bieter aus Deutschland und 15 aus dem Ausland. Trotz einiger spektakulärer Übernahmeverfahren im Jahr 2016 wie das der KUKA Aktiengesellschaft durch Midea und das inzwischen gescheiterte Übernahmeangebot der Aixtron SE durch den chinesischen Investor Zhengdong Lui über die Grand Chip Investment GmbH, ist die Anzahl chinesischer Bieter bislang gering[22]. Überwiegend handelte es sich bei den Bietern um strategische Investoren. Im Zeitraum vom 1.1.2020 bis 30.6.2021 wurden 19 der insgesamt veröffentlichten Angebote

---

16 Siehe dazu auch BaFin, Jahresbericht 2015, S. 247 f. Mit der am 23.6.2021 veröffentlichten Angebotsunterlage hat die Vonovia SE erneut ein Übernahmeangebot an die Aktionäre der Deutsche Wohnen SE unterbreitet und dieses Mal eine Gegenleistung in bar angeboten.
17 *Boucsein/Schmiady*, AG 2016, 597.
18 Zur Frage, ob der Bieter verpflichtet ist, nach Veröffentlichung der Angebotsentscheidung eine Angebotsunterlage bei der BaFin einzureichen, Rz. 62.68 ff. Der bislang bekannteste Fall betrifft die Angebotsentscheidung der Merck Vierte Allgemeine Beteiligungsgesellschaft mbH in Bezug auf die Aktien der Schering AG, der keine Angebotsunterlage folgte, so dass die BaFin ein Angebot am 29.3.2006 untersagte.
19 Übernahmeangebot der Heidelberger Beteiligungs AG an die Aktionäre der Biofrontera AG v. 28.2.2020 (dazu auch BaFin, Jahresbericht 2020, S. 102) sowie Übernahmeangebote der 4basebio AG an die Aktionäre der KROMI Logistik AG v. 23.2.2021; vgl. dazu auch OLG Frankfurt am Main v. 11.1.2021 – WpÜG 1/20, AG 2021, 356, 358 ff.
20 Für die Zwecke dieser empirischen Übersicht entspricht die Marktkapitalisierung einer Zielgesellschaft der Anzahl aller von ihr ausgegebenen Aktien multipliziert mit ihrem gewichteten Durchschnittskurs gemäß § 5 WpÜG-AngVO.
21 Dabei wird nicht auf die unmittelbare Bietergesellschaft, sondern deren Mutterunternehmen abgestellt.
22 Zu Rechtsfragen im Zusammenhang mit Übernahmeangeboten von durch chinesische Staatskonzerne kontrollierte Bieter, siehe *Hippeli*, AG 2014, 267 ff.

von strategischen Investoren und 13 von Finanzinvestoren oder Beteiligungsgesellschaften abgegeben. Bemerkenswert ist, dass seit Inkrafttreten von § 62 Abs. 5 UmwG mit der Möglichkeit des umwandlungsrechtlichen Squeeze out die Anzahl von Bietern in der Rechtsform der AG, KGaA und SE zugenommen hat[23].

Bei den bislang 286 Übernahmeangeboten lag der sog. **Free Float**[24] der Aktien der Zielgesellschaft zwischen 100 % und 5,2 %; im Durchschnitt waren es rund 40 %[25].

62.6

Hinsichtlich der Preisgestaltung wurde bei **Bar-Übernahmeangeboten** im Durchschnitt ein **Aufgeld** (*premium*) gegenüber dem gesetzlichen Mindestpreis[26] von etwa 22 % geboten. Mit die höchsten Aufgelder wurden im Jahr 2008 gezahlt, als bei 20 Übernahmeangeboten das durchschnittliche *premium* gegenüber dem gesetzlichen Mindestpreis bei 39,80 % lag. Diesen Wert übertroffen haben die Aufgelder, die im Jahr 2012 gezahlt wurden, als bei 12 von 16 abgegebenen Übernahmeangeboten das durchschnittlich geleistete *premium* bei 43,38 % lag. Das im Durchschnitt niedrigste Aufgeld mit 4,75 % wurde im Jahr 2002 gewährt. Mit 5,97 % fiel das durchschnittliche Aufgeld im Jahr 2010 bei 19 Übernahmeangeboten ebenfalls niedrig aus. Im Zeitraum vom 1.1.2019 bis zum 30.6.2021 wurden bei insgesamt 34 Übernahmeangeboten im Durchschnitt *premiums* von 18,90 % angeboten, wobei das durchschnittliche *premium* im Jahr 2019 bei 12,71 %, im Jahr 2020 bei 26,35 % und im ersten Halbjahr 2021 bei 20,5 % lag. Bei diesen Zahlen ist zu berücksichtigen, dass einige Übernahmeangebote deshalb kein *premium* vorsehen, weil sie dazu dienten, Pflichtangeboten zuvorzukommen, indem vor Vollzug eines Kontrollerwerbs ein freiwilliges Übernahmeangebot unterbreitet wurde. Dem vergleichbar ist das sog. *low balling*, mit dem der Bieter eine Beteiligungsposition von knapp unter 30 % aufbaut, um dann ein Übernahmeangebot nur zum gesetzlichen Mindestangebotspreis abzugeben, mit dem lediglich erreicht werden soll, die Kontrolle zu erreichen, um dann über § 35 Abs. 3 WpÜG (dazu Rz. 62.229 ff.) von der Abgabe eines Pflichtangebots befreit zu sein[27].

62.7

Bei den **Pflichtangeboten** fällt das Bild unterschiedlich und auch überraschend aus. Zwar ist dort die Zahl der Angebote, bei denen kein *premium* angeboten wurde, deutlich höher als bei sonstigen Angeboten. Das betrifft Fälle des *low balling* oder sonstige Konstellationen, in denen der Bieter kein Interesse daran hat, seinen Anteil durch das Pflichtangebot wesentlich zu erhöhen. Es gibt aber auch einige Pflichtangebote, die Aufgelder vorsehen, welche mindestens denen bei Übernahmeangeboten entsprechen[28]. In letzter Zeit, d.h. im Zeitraum vom 1.1.2019 bis zum 30.6.2021 ist jedoch abgesehen von einer Ausnahme bei keinem Pflichtangebot ein *premium* angeboten worden.

62.8

Über 70 % der Übernahmeangebote enthielten **Angebotsbedingungen**. Am häufigsten waren **Kartellvorbehalte** (fusionskontrollrechtliche Freigabe), Mindestannahmeschwellen, das Ausbleiben von Material Adverse Events (entweder Insolvenz oder eine negative Ad hoc-Mitteilung) sowie das Ausbleiben von Kapitalmaßnahmen. An Bedeutung gewonnen haben Bedingungen im Zusammenhang mit **au-

62.9

---

23 *Goslar/Witte* in Paschos/Fleischer, Handbuch Übernahmerecht nach dem WpÜG, § 4 Rz. 4.
24 Unter dem *free float* wird hier die Anzahl der Aktien verstanden, die sich nicht im Besitz von mit mehr als 3 % beteiligten Aktionären befindet.
25 Nur 25 Angebotsunterlagen enthielten detaillierte Angaben zum Streubesitz der Aktien der Zielgesellschaft. Die Angaben in Bezug auf den free float beschränken sich auf diese Fälle.
26 Für die Ermittlung des Aufgelds wird der Angebotspreis mit dem gewichteten Durchschnittskurs gemäß § 5 WpÜG-AngVO herangezogen.
27 Das *low balling* wurde u.a. praktiziert bei der Übernahme der Postbank durch die Deutsche Bank sowie der Übernahme von HOCHTIEF durch ACS; dazu *Seibt*, CFL 2011, 213, 217. Ebenso hatte Porsche nach Erreichen der Kontrollschwelle bei Volkswagen im anschließenden Übernahmeangebot nur den gesetzlichen Mindestpreis angeboten. Siehe auch *Seiler* in Assmann/Pötzsch/Uwe H. Schneider, § 21 WpÜG Rz. 22; *Wackerbarth* in MünchKomm. AktG, 5. Aufl. 2021, § 31 WpÜG Rz. 19.
28 Die Elector GmbH hat in ihrem Pflichtangebot an die Aktionäre der Clere AG v. 10.5.2016 sogar ein *premium* von über 970 % angeboten! Im Pflichtangebot v. 21.9.2020 der BluGreen Company Ltd. an die Aktionäre der S&O Beteiligungs AG wurde ein *premium* von knapp 243 % angeboten.

ßenwirtschaftlichen Bestimmungen. Vermehrt findet sich als Vollzugsbedingung die Erteilung einer Unbedenklichkeitsbescheinigung oder das Ausbleiben eines Prüfverfahrens nach der Außenwirtschaftsverordnung (AWV). Diese Tendenz wird sich durch die verschärfende Änderung der AWV voraussichtlich fortsetzen[29]. Soweit Zielgesellschaften Tochterunternehmen oder wesentliche Vermögensgegenstände (z.B. angemeldete Patente) in den USA besitzen oder Vertragsbeziehungen mit Regierungsstellen der USA unterhalten (insbesondere mit dem Verteidigungsministerium) kommt als Bedingung auch die Nichteinleitung eines Prüfungsverfahrens bzw. die Bescheinigung der Unbedenklichkeit nach den Regelungen für das Committee on Foreign Investments in the United States (**CFIUS**) als Angebotsbedingung in Betracht. Dass das CFIUS-Verfahren auch die Übernahme von deutschen Zielgesellschaften betreffen kann, haben die Angebote für Aixtron (Untersagung durch den damaligen Präsidenten *Obama*) und KUKA (Veräußerung des Systems US-Aerospace Bereichs) gezeigt[30].

Die **Mindestannahmeschwelle** lag meistens bei 75 % bzw. zwischen 50 % und unter 75 %. Bislang sahen vier Übernahmeangebote eine Mindestannahmeschwelle von 95 % vor. Seit dem Jahr 2006, als erstmals konkurrierende Angebote aufkamen, wurde anfangs vereinzelt auch das Ausbleiben von konkurrierenden Angeboten als Bedingung aufgenommen[31]. Vermehrt ist auch das Nichtvorliegen sog. Compliance-Verstöße als Vollzugsbedingung anzutreffen.

62.10 In der Mehrzahl der Fälle gingen den Angeboten Vereinbarungen über **Vorerwerbe** zum Zweck der sog. **Deal Protection**[32] voraus. Meistens wurde dabei mit einem mehrheitlich oder wesentlich an der Zielgesellschaft beteiligten Aktionär ein schuldrechtlicher Erwerbsvertrag geschlossen, der unter der aufschiebenden Bedingung des Vollzugs des Angebots stand. In einigen Fällen wurde der Vorerwerb allerdings bereits vor Durchführung des Angebots dinglich vollzogen.

Zu beobachten ist der Trend, dass entweder Wettbewerber des Bieters oder vermehrt Hedge Funds bei Übernahmeangeboten, die Mindestannahmeschwellen vorsehen, Aktien der Zielgesellschaft erwerben, um den Erfolg des Übernahmeangebots zu vereiteln[33]. Übernahmerechtlich ist die Verhinderung eines Angebots durch Beteiligungsaufbau eines Dritten nicht zu beanstanden[34].

62.11 Die Mehrheit der Übernahmeangebote (rd. 54,1 %) sah eine **Annahmefrist** von vier Wochen vor und lag nur in wenigen Ausnahmefällen (unter 1 %) bei zehn Wochen. Bei Pflichtangeboten betrug die vom Bieter bestimmte Annahmefrist in knapp 85 % der Fälle vier Wochen[35].

62.12 Die vom Vorstand und Aufsichtsrat nach § 27 WpÜG zu veröffentlichenden **Stellungnahmen** wurden in rund 95 % der Fälle gemeinsam und nur in knapp 5 % der Fälle getrennt abgegeben. In ungefähr 75 % der Fälle waren die Stellungnahmen positiv hinsichtlich des Angebots als solchem und der An-

---

29 Siehe dazu Art. 3 des Ersten Gesetzes zur Änderung des Außenwirtschaftsgesetzes und anderer Gesetze v. 10.7.2020, BGBl. 2020 I, S. 1637; dazu auch *Niestedt/Kunigk*, NJW 2020, 2504.
30 Zum CFIUS-Verfahren *Heinrich/Jalinous*, AG 2017, 526; *Seibt/Kulenkamp*, ZIP 2017, 1345.
31 Die in den Jahren 2006 und 2007 veröffentlichten Übernahmeangebote enthielten in insgesamt elf Fällen eine solche Bedingung. Im Zeitraum zwischen dem 1.7.2008 und dem 30.6.2013 sahen fünf Übernahmeangebote eine entsprechende Bedingung vor. Statistische Angaben zu Angebotsbedingungen bis Ende Juli 2019 bei *Krause/Favoccia* in Assmann/Pötzsch/Uwe H. Schneider, § 18 WpÜG Rz. 127. Zuletzt enthielt das Angebot der Quebec B.V. an die Aktionäre der Qiagen N.V. v. 18.5.2020 eine derartige Angebotsbedingung.
32 Dazu *Seibt*, CFL 2013, 145, 151 ff.
33 So etwa der Beteiligungsaufbau bei der RHÖN-KLINIKUM Aktiengesellschaft durch den Asklepios, einen Wettbewerber des zum Fresenius-Konzern gehörenden Bieters (Mindestannahmeschwell 90 % plus eine Aktie), während z.B. zu Paul Singer gehörende Investment Funds (insbesondere Elliott) ein größeres Aktienpaket erworben haben, um den Erfolg des unter einer Mindestannahmeschwelle von 75 % stehenden Übernahmeangebots von General Electric an die Aktionäre der SLM Solutions Group AG zu vereiteln.
34 BaFin, Jahresbericht 2012, S. 198.
35 Vgl. auch *Goslar/Witte* in Paschos/Fleischer, Handbuch Übernahmerecht nach dem WpÜG, § 4 Rz. 5.

gemessenheit der Gegenleistung, während sich knapp 10 % der Stellungnahmen insgesamt negativ äußerten. In den verbleibenden Fällen waren die Stellungnahmen positiv gegenüber dem Angebot, aber kritisch hinsichtlich der Gegenleistung. Etwa 75 % der Stellungnahmen enthielten eine Handlungsempfehlung; in rund 55 % der Fälle lautete die Empfehlung auf Annahme, in etwa 20 % der Fälle auf Nichtannahme des Angebots. Immerhin enthielt rund ein Viertel aller Stellungnahmen keine Handlungsempfehlung. In nur sehr wenigen Fällen wichen die Stellungnahmen des Vorstands von denen des Aufsichtsrats ab. Noch seltener wurden abweichende Meinungen innerhalb eines Organs (sog. *split boards*) veröffentlicht[36]. Inzwischen ist es nahezu bei allen Angeboten üblich, eine **Fairness Opinion** einzuholen; in einigen wenigen Fällen eine **Inadequacy Opinion**[37]. Gesonderte Stellungnahmen des Betriebsrats wurden nur in wenigen Fällen abgegeben[38].

In 60 Fällen[39] kam es zu **Angebotsänderungen während der Annahmefrist**. Am häufigsten wurde dabei die Mindestannahmeschwelle reduziert oder auf sie ganz verzichtet. Bei 14 Angebotsverfahren hat der Bieter den Angebotspreis erhöht. In einigen Fällen hatte der Bieter während der Annahmefristen Aktien zu einem höheren Preis erworben (Parallelerwerb nach § 31 Abs. 4 WpÜG) und damit eine Erhöhung des Angebotspreises ohne Angebotsänderung bewirkt[40]. 62.13

In bislang drei Fällen wurden konkurrierende Übernahmeangebote abgegeben[41], in einem Fall wurde ein konkurrierendes einfaches Erwerbsangebot abgegeben[42]. Darüber hinaus war die Biofrontera AG Zielgesellschaft von konkurrierenden Teilangeboten im Jahr 2019[43].

Feindliche Übernahmeangebote (zum Begriff Rz. 62.283) hat es unter der Geltung des WpÜG nur wenige gegeben[44]. Etwas häufiger anzutreffen waren sog. *unsolicited offers*, d.h. mit dem Vorstand der Zielgesellschaft nicht abgestimmte oder diesem angekündigte Übernahmeangebote[45]. Unter Geltung 62.14

---

36 Zur Frage, ob abweichende Meinungen veröffentlicht werden dürfen oder gar müssen, Rz. 62.155.
37 *Meyer-Sparenberg/Jäckle* in Beck'sches M&A-Handbuch, § 58 Rz. 87 ff.
38 *Hippeli/Hofmann*, NZG 2014, 850, 851; *Seibt*, CFL 2011, 213, 236.
39 Darunter sind sieben Fälle, in denen das Angebot jeweils zweimal geändert wurde.
40 Bewusst geschah dies wohl beim konkurrierenden Übernahmeangebot für die Aktien der Techem AG durch die von Macquarie eingesetzte Bietergesellschaft, die nach dem konkurrierenden Angebot der Bietergesellschaft von BC Partners von einer Angebotsänderung absah und stattdessen Aktien an der Börse zu einem höheren Preis erwarb und dies sofort bekannt machte. Zur Frage, ob in solchen Fällen die Regeln des § 22 WpÜG entsprechend gelten sollen, siehe Rz. 62.150 f.
41 Das erste konkurrierende Übernahmeangebot wurde für die Aktien der Techem AG von Heat Beteiligungs III GmbH (BC Partners) und das zweite von Suzlon Windenergie für REpower Systems AG abgegeben. Im Fall Schering hatte Merck zwar eine Angebotsentscheidung zur Abgabe eines konkurrierenden Übernahmeangebots veröffentlicht, dann aber kein Angebot abgegeben. Das dritte konkurrierende Übernahmeangebot wurde am 3.9.2019 von der Opal BidCo GmbH (ams-Gruppe) an die Aktionäre der OSRAM Licht AG abgegeben; dazu auch BaFin, Jahresbericht 2019, S. 107.
42 Erwerbsangebot der Deutsche Balaton Aktiengesellschaft an die Aktionäre der Allerthal-Werke Aktiengesellschaft v. 23.8.2012.
43 Einfaches Teil-Erwerbsangebot der Mahuro Deutschland GmbH v. 27.5.2019 und einfaches Teil-Erwerbsangebot der Deutsche Balaton AG v. 4.7.2019.
44 Zu den prominentesten feindlichen Übernahmen der letzten Jahre gehörten diejenige von ACS an die Aktionäre der Hochtief AG (vgl. dazu BaFin, Jahresbericht 2010, S. 222 ff.) sowie der Vonovia SE an die Aktionäre der Deutsche Wohnen AG (hierzu BaFin, Jahresbericht 2015, S. 247 f.). Der Versuch des kanadischen Unternehmens Potash Corporation of Saskatchewan Inc., die K+S AG zu übernehmen, war bereits gescheitert, bevor eine Angebotsunterlage veröffentlicht wurde; siehe hierzu auch *Gaul*, AG 2016, 484; vgl. auch *Rowoldt/Starke*, Corporate Finance 2014, 209, 218.
45 Vgl. die Angebotsentscheidung der Schaeffler KG in Bezug auf die Aktien der Continental Aktiengesellschaft, die am 15.7.2008 veröffentlicht wurde, nachdem der Vorstand der Zielgesellschaft im Rahmen eines Vorgesprächs eine Beteiligung des Bieters von über 20 % abgelehnt haben soll; vgl. FAZ v. 16.7.2008, Nr. 164, S. 13. Ablehnend standen auch die Verwaltungen der HOCHTIEF Aktiengesellschaft dem Übernahmeangebot von ACS v. 1.12.2010 sowie der Demag Cranes AG dem Übernahmeangebot von Terex v. 19.5.2011 gegenüber.

des WpÜG wurden – soweit bekannt – lediglich bei einem Übernahmeangebot Abwehrmaßnahmen getroffen. Hierbei handelte es sich um die Erhöhung des Grundkapitals bei der HOCHTIEF AG aus genehmigtem Kapital im Dezember 2010 um knapp 10 % während des Übernahmeangebots von der spanischen ACS, durch die sich die Qatar Holding LLC, Doha, mit rund 9 % beteiligte. Das Übernahmeangebot wurde gleichwohl vollzogen. In nur einem Fall wurde bislang ein sog. Vorratsbeschluss gemäß § 33 Abs. 2 WpÜG gefasst[46].

62.15 **Gerichtliche Verfahren** in Bezug auf öffentliche Erwerbsangebote sind bislang eher selten geblieben. Die wenigen Entscheidungen des sog. Übernahmesenats des OLG Frankfurt am Main (§ 67 WpÜG) betrafen nach Inkrafttreten des WpÜG vor allem die Frage nach dem Drittschutz gegenüber Verfügungen der BaFin[47]. Daneben waren in verschiedenen Fällen die ordentlichen Zivilgerichte mit Fragen des WpÜG befasst. Dabei ging es in einigen Fällen um die Auslegung des § 30 Abs. 2 WpÜG (*acting in concert*). Zu beobachten ist eine steigende Zahl von Verfahren, welche die Anfechtung von Hauptversammlungsbeschlüssen wegen Berücksichtigung einzelner nach § 59 WpÜG vom Stimmrecht ausgeschlossener Aktionäre betreffen. Daneben befassten sich die Gerichte mit Fragen der Haftung nach § 12 WpÜG; in einem Fall befasste sich das Landgericht München mit den Voraussetzungen eines Vorratsbeschlusses gemäß § 33 Abs. 2 Satz 1 WpÜG[48]. Erwähnenswert sind zudem vier Entscheidungen des BGH zum Übernahmerecht. Im sog. WMF-Urteil vom September 2006 befasste sich der BGH mit der Reichweite des *acting in concert*[49]. Im Dezember 2012 entschied der BGH, bis zu welchem Zeitpunkt ein Bieter bei vorausgegangenem Übernahmeangebot die 95 %-Schwelle für den übernahmerechtlichen Squeeze out erreicht haben muss[50]. Im Juni 2013 entschied sich der BGH gegen zivilrechtliche Ansprüche bei unterlassenem Pflichtangebot, d.h. den Aktionären soll im Fall eines unterlassenen Pflichtangebots weder ein Anspruch gegen den Kontrollinhaber auf Zahlung einer Gegenleistung gegen Übernahme ihrer Aktien noch auf Zinsen nach § 38 WpÜG zustehen[51]. Eine weitere **grundlegende** höchstrichterliche **Entscheidung** betraf die Übernahme der **Postbank AG** durch die Deutsche Bank AG[52]. In diesem Urteil hat der BGH folgende und zum Teil umstrittene[53] grundlegende Aussagen zum Übernahmerecht getroffen: (i) Wenn die im Übernahme- oder Pflichtangebot angebotene Gegenleistung nicht nach § 31 WpÜG, §§ 3 ff. WpÜG-AngVO angemessen ist, stehe dem Aktionär, der das Angebot angenommen hat, ein unmittelbarer Anspruch aus § 31 Abs. 1 WpÜG auf eine zusätzliche Zahlung zu[54]. (ii) Ein preisrelevanter Vor-, Parallel- oder Nacherwerb liege nicht vor, wenn eine Vereinbarung über den Erwerb von Aktien vor Beginn des Vorerwerbszeitraums abgeschlossen und mehr als ein Jahr nach Ablauf des Nacherwerbszeitraums vollzogen wird[55]. Es reiche nicht aus, wenn sich der Zeitraum des der Vereinbarung zugrundeliegenden Schuldverhältnisses mit dem Vor-, Parallel- und/oder Nacherwerbszeitraum überschneide. (iii) Komme der Bieter seiner Pflicht zur Veröffentlichung eines Pflichtangebots nicht rechtzeitig nach, werde der Vorerwerbszeitraum verlängert auf den Zeitpunkt der tatsächlichen Kontrollerlangung. (iv) Schließlich hat der BGH klarge-

---

46 Dieser von den Aktionären der IM International Media AG gefasste Beschluss wurde von einem Minderheitsaktionär wegen der Verletzung von Informationspflichten erfolgreich angefochten.
47 Vgl. etwa OLG Frankfurt am Main v. 27.5.2003 – WpÜG 2/03 – ProSiebenSat1 – Befreiung vom Pflichtangebot, ZIP 2003, 1251 ff.; OLG Frankfurt am Main v. 27.5.2003 – WpÜG 4/03 – Wella – Preisgestaltung für Stammaktien und Vorzugsaktien, AG 2003, 513.
48 LG München I v. 23.12.2004 – 5HK O 15081/04, AG 2005, 261 f.; dazu Drinkuth, AG 2005, 597 ff.; *Grunewald*, EWiR 2005, 139 f.
49 BGH v. 18.9.2006 – II ZR 137/05 – WMF, AG 2006, 883.
50 BGH v. 18.12.2012 – II ZR 198/11, AG 2013, 262 = NZG 2013, 223; dazu Rz. 62.342.
51 BGH v. 11.6.2013 – II ZR 80/12 – BKN International AG, AG 2013, 634 = ZIP 2013, 1565; dazu *Heusel*, AG 2014, 232; bestätigt durch BGH v. 29.7.2014 – II ZR 353/12 – Deutsche Bank/Postbank, AG 2014, 662; dazu Rz. 62.362 f.
52 BGH v. 29.7.2014 – II ZR 353/12, AG 2014, 662. Dem Urteil liegt eine Klage der Zeitschrift Effecten-Spiegel gegen die Deutsche Bank auf Zahlung einer höheren Gegenleistung zugrunde.
53 Siehe etwa die kritische Urteilsanalyse bei *Krause*, AG 2014, 833.
54 BGH v. 29.7.2014 – II ZR 353/12, AG 2014, 662, 664.
55 BGH v. 29.7.2014 – II ZR 353/12, AG 2014, 662, 665.

stellt, dass für eine Stimmrechtszurechnung nach § 30 Abs. 1 Satz 1 Nr. 5 WpÜG (Erwerbsoption) ein bloß schuldrechtlicher Anspruch auf Übertragung der Aktien nicht ausreiche[56]. Eine weitere grundlegende, wenn auch sehr umstrittene Entscheidung hat der WpÜG-Senat des OLG Frankfurt/Main getroffen und dabei sehr strenge Maßstäbe an das Erfordernis der „Liquidität" von als Gegenleistung angebotenen Aktien gestellt[57]. Damit geht das OLG Frankfurt/Main nicht nur deutlich über die zuvor von der BaFin angelegten Anforderungen hinaus. Die Entscheidung führt im Ergebnis dazu, dass wegen des Erfordernisses eines Streubesitzes von 500 Mio. Euro nur noch ein Bruchteil der börsennotierten Aktiengesellschaft in der Lage sein werden, Aktien als Gegenleistung anzubieten[58].

b) Entwicklung seit dem 1.1.2019

Anzahl der Angebote: Im Zeitraum vom 1.1.2019 bis zum 30.6.2021 wurden insgesamt 60 Angebotsunterlagen veröffentlicht; darunter waren 34 Übernahmeangebote, 10 Pflichtangebote, drei einfache Erwerbsangebote und 13 Delisting-Angebote.

62.15a

Art und Herkunft der Bieter: 35 der Bieter waren strategische Investoren (etwa 58 %) und 25 Finanzinvestoren oder Beteiligungsgesellschaften. Von den Bietern kam die Mehrzahl (35) aus dem Ausland[59]. Sieben der Bieter waren an einem organisierten Markt börsennotiert. Davon war ein deutscher Bieter (Vonovia SE) im DAX 30 vertreten, ein spanischer Bieter (Acciona SA) in einem vergleichbaren Index sowie ein weiterer Bieter (Aroundtown SA) im M-DAX.

Art der Gegenleistung: 54 Barangeboten standen fünf Tauschangebote (u.a. für TLG Immobilien AG, ADO Properties SA, ZEAL Network SE) sowie ein kombiniertes Bar- und Tauschangebot (Biofrontera) gegenüber.

Aufgeld: 25 von 34 **Übernahmeangeboten** sahen Aufgelder (*premiums*) vor; dabei waren Aufgelder zwischen 20 % und 30 % (acht Fälle) am häufigsten, gefolgt von Aufgeldern zwischen 30 % und 40 % (sechs Fälle). In drei Fällen lagen die *premiums* zwischen 50 % und 100 %. Fünf Übernahmeangebote sahen nur ein Aufgeld von unter 5 % vor. In nur einem **Pflichtangebot** wurde ein *premium* angeboten.

Due Diligence: Der Trend der Durchführung einer zumindest zeitlich oder inhaltlich beschränkten Due Diligence-Prüfung durch die Bieter vor Abgabe von Übernahmeangeboten bleibt weiterhin bestehen (18 von 34 Fällen bzw. knapp 53 %); in lediglich einem Fall wurde auch im Rahmen eines Delisting-Angebots eine Due Diligence-Prüfung durchgeführt.

Transaktionsvolumen[60]: Im Zeitraum vom 1.1.2019 bis zum 30.6.2021 hatten die 60 öffentlichen Angebote ein kumuliertes Transaktionsvolumen von rund 70 Mrd. Euro; das entspricht einem jahresdurchschnittlichen Transaktionsvolumen von etwa 28 Mrd. Euro und einem durchschnittlichen Transaktionsvolumen von etwa 1,17 Mrd. Euro. Im ersten Halbjahr **2021** stach mit einem Transaktionsvolumen von rund 17,8 Mrd. Euro das Übernahmeangebot von Vonovia SE für Deutsche Wohnen SE hervor. Immerhin erreichte das Delisting-Angebot von ams für OSRAM Licht AG noch ein Transaktionsvolumen von ca. 1,65 Mrd. Im Jahr **2020** wurde ein Transaktionsvolumen von 1 Mrd. Euro übertroffen von den Angeboten für ADO Properties SA (rd. 1,1 Mrd. Euro), RIB Software SE (ca. 1,6 Mrd. Euro), RHÖN Klinikum Aktiengesellschaft (etwa 2 Mrd. Euro), MVV Energie AG (rd. 1,78 Mrd. Eu-

---

56 BGH v. 29.7.2014 – II ZR 353/12, AG 2014, 662, 668.
57 OLG Frankfurt am Main v. 11.1.2021 – WpÜG 1/20, AG 2021, 356, 361 f.; dazu *Brandi/Kiefer*, ZIP 2021, 1382; *Kuthe/Hübner*, AG 2021, 352.
58 *Brandi/Kiefer*, ZIP 2021, 1382, 1384 m.w.N. in Fn. 25.
59 Bei der Feststellung des Herkunftslandes eines Bieters wurde jeweils auf die Muttergesellschaft abgestellt und nicht auf eine als reines Erwerbsvehikel dienende deutsche Bietergesellschaft.
60 Unter dem Transaktionsvolumen wird die maximal vom Bieter im Rahmen eines Angebots zu zahlende Gegenleistung verstanden, d.h. sämtliche vom Angebot umfassten Aktien (abzüglich der vom Bieter oder mit ihm nach § 15 AktG verbundenen Unternehmen bereits gehaltenen Aktien) multipliziert mit dem Angebotspreis.

ro), QIAGEN N.V. (knapp 10 Mrd. Euro), Rocket Internet SE (ca. 1,29 Mrd. Euro), METRO AG (knapp 3 Mrd. Euro) und Siltronic AG (etwa 3,75 Mrd. Euro). Im Jahr **2019** wurden fünf Angebote mit einem Transaktionsvolumen von über 1 Mrd. Euro abgegeben für Scout24 AG (4,7 Mrd. Euro), Axel Springer SE (6,8 Mrd. Euro), METRO AG (5,8 Mrd. Euro) sowie mehrfach für die OSRAM Licht AG (zwischen 3,39 Mrd. Euro bis 3,97 Mrd. Euro) und die TLG Immobilien AG (rd. 2,8 Mrd. Euro).

Annahmefristen: In über 71 % der Übernahmeangebote und 100 % der Pflichtangebote lag die Annahmefrist bei vier bis fünf Wochen. Zwischen sechs und zehn Wochen lang war die Annahmefrist bei Übernahmeangeboten in 11 Fällen (ca. 32 %).

Vollzugsbedingungen: 30 von 34 Übernahmeangeboten (etwa 88 %) sahen Vollzugsbedingungen vor. Am häufigsten waren fusionskontrollrechtliche Vorbehalte (22), gefolgt von Mindestannahmeschwellen (19), dem Ausbleiben von Kapitalmaßnahmen (16), *MAC*-Bedingungen (13), der Erteilung sonstiger behördlicher Freigaben (13, davon 9 bzgl. AWV sowie teilweise auch dem CFIUS-Verfahren)[61], dem Ausbleiben von Insolvenztatbeständen (neun), von konkurrierenden Angeboten (drei) und von Compliance-Verstößen (zwei).

3. Regelungsgegenstand, Anwendungsbereich und Grundsätze des WpÜG
a) Regelungsgegenstand

62.16 Das **WpÜG** regelt in erster Linie den Ablauf von öffentlichen Angeboten auf den Erwerb von Aktien, die an einem organisierten Markt zum Börsenhandel zugelassen sind (kurz auch: Angebote). Es enthält Bestimmungen, die für alle Arten von Angeboten gelten (§§ 1 bis 28 sowie §§ 40 bis 68 WpÜG) sowie Spezialbestimmungen für Übernahmeangebote (§§ 29 bis 34 und §§ 39a ff. WpÜG) und Pflichtangebote (§§ 29 bis 39c WpÜG). Ergänzt wird das WpÜG durch verschiedene Rechtsverordnungen. Von Bedeutung ist insbesondere die WpÜG-Angebotsverordnung (WpÜG-AngVO), die neben dem konkreten Inhalt der Angebotsunterlage, Bestimmungen zur Ermittlung des für Übernahme- und Pflichtangebote vorgeschriebenen Mindestpreises sowie zu den Voraussetzungen für die Befreiung von Pflichtangeboten enthält.

62.17 Die Aufsicht über die Einhaltung der Regeln für Angebote wird von der mit hoheitlichen Befugnissen ausgestatteten Bundesanstalt für Finanzdienstleistungsaufsicht (**BaFin**) geführt. Die BaFin ist insbesondere zuständig für die Billigung der nach § 14 WpÜG zu veröffentlichen Angebotsunterlage, die das eigentliche Angebot verkörpert. Daneben hat die BaFin aufgrund von diversen Spezialvorschriften des Gesetzes sowie des die allgemeine Missstandsaufsicht regelnden § 4 WpÜG umfangreiche Kompetenzen zum Erlass von Verwaltungsakten einschließlich der Ausübung von Ermittlungsbefugnissen sowie der Verhängung von Bußgeldern.

b) Anwendungsbereich des WpÜG

62.18 Nach § 1 WpÜG gilt das Gesetz für öffentliche Angebote zum Erwerb von Wertpapieren, die von einer Zielgesellschaft ausgegeben und an einem organisierten Markt[62] zum Börsenhandel zugelassen sind. Die hier erwähnten Tatbestandsmerkmale sind in § 2 WpÜG definiert. Der Anwendungsbereich des WpÜG ist durch Umsetzung der Übernahmerichtlinie für Übernahme- und Pflichtangebote geändert worden. Uneingeschränkt anwendbar ist das WpÜG auf einfache Angebote zum Erwerb von am orga-

---

61 Vgl. etwa Ziffer 12.2 der Angebotsunterlage von Global Wafers für die Übernahme der Siltronic AG v. 21.12.2020 mit außenwirtschaftlichen Freigaben nach den Regelungen in Deutschland (AWV), USA (CFIUS) und dem vereinigten Königreich.
62 Das sind in Deutschland im Wesentlichen die beiden Segmente an der Frankfurter Wertpapierbörse General Standard und Prime Standard. Daneben gibt es an den Regionalbörsen Börsenzulassungen im regulierten Markt.

nisierten Markt notierten Aktien an einer AG, KGaA oder SE mit Sitz in Deutschland[63]. Umgekehrt gilt das WpÜG nicht für einfache Erwerbsangebote von Aktien einer Zielgesellschaft, die ihren Sitz nicht in Deutschland hat[64]. Maßgeblich für die Anwendbarkeit des WpÜG für Übernahme- und Pflichtangebote sind zwei Anknüpfungspunkte – der **Sitz der Zielgesellschaft** sowie der **Ort der Börsenzulassung**. Für die Feststellung des Sitzes ist auf den in der Satzung oder den gesellschaftsvertraglichen Statuten normierten **statutarischen Sitz** abzustellen[65].

Zielgesellschaft mit Sitz und Börsennotierung im Inland. Uneingeschränkt anwendbar ist das Gesetz gemäß § 1 Abs. 1 i.V.m. § 2 Abs. 3 Nr. 1 WpÜG auf öffentliche Angebote in Bezug auf Zielgesellschaften, die ihren Sitz in Deutschland haben und deren Wertpapiere ausschließlich dort an einem regulierten Markt zum Börsenhandel zugelassen sind. Darunter fallen nur die Rechtsformen der AG (einschließlich REIT-Aktiengesellschaften)[66], der SE und der KGaA. 62.19

Zielgesellschaft mit Sitz im Inland und Börsennotierung im EWR-Ausland. Sind die Wertpapiere der inländischen Zielgesellschaft lediglich im EWR-Ausland an einem organisierten Markt zugelassen, sind gemäß § 1 Abs. 2 WpÜG i.V.m. § 1 WpÜG-AnwendbarkeitsVO[67] nur die §§ 1–9, § 29 und §§ 30, 33, 33a–33d und §§ 34, 35 Abs. 1 Satz 4 und § 35 Abs. 2 Satz 2 und 3, § 35 Abs. 3, §§ 36–39c sowie §§ 40–68 anwendbar[68]. 62.20

Zielgesellschaft mit Sitz im EWR-Ausland und (Nur-)Börsennotierung im Inland. Handelt es sich um eine Zielgesellschaft gemäß § 1 Abs. 3 Nr. 2 WpÜG – d.h. eine Zielgesellschaft, die ihren Sitz nicht in Deutschland, sondern einem anderen Staat des Europäischen Wirtschaftsraums hat und deren Wertpapiere nur am deutschen regulierten Markt zum Börsenhandel zugelassen sind – gelten die in § 1 Abs. 3 Satz WpÜG genannten Anwendungsbereiche sowie die in § 2 WpÜG-AnwendbarkeitsVO bezeichneten Bestimmungen des WpÜG nur, wenn es sich um ein europäisches Angebot (zum Begriff Rz. 62.26) nach § 2 Abs. 1a WpÜG handelt (vgl. § 1 Abs. 3 WpÜG)[69]. 62.21

Zielgesellschaft mit Sitz im EWR-Ausland und Erst-Börsenzulassung im Inland. Ist der Sitz der Zielgesellschaft nicht in Deutschland, sondern in einem anderen Staat des Europäischen Wirtschaftsraums und wurden ihre Wertpapiere zuerst im deutschen regulierten Markt und später an einem anderen organisierten Markt außerhalb des Sitzstaates zum Börsenhandel zugelassen, sind die in § 2 WpÜG-AnwendbarkeitsVO genannten Vorschriften des WpÜG nach § 1 Abs. 3 Satz 1 Nr. 2 lit. b aa WpÜG anzuwenden. 62.22

Zielgesellschaft mit Sitz im Inland und zeitgleicher Börsenzulassung im Inland und EWR-Ausland. Wurden die Aktien einer solchen Zielgesellschaft gleichzeitig in Deutschland und an einem an- 62.23

---

63 *Schüppen* in FrankfurtKomm. WpÜG, § 1 WpÜG Rz. 2.
64 *Versteegen* in KölnKomm. WpÜG, § 1 WpÜG Rz. 4.
65 So die h.M.; vgl. *Baums/Hecker* in Baums/Thoma, § 2 WpÜG Rz. 88; *Graßl* in Paschos/Fleischer, Handbuch Übernahmerecht nach dem WpÜG, § 5 Rz. 50; *Kiesewetter*, RIW 2006, 518, 519 ff.; *Pötzsch/Favoccia* in Assmann/Pötzsch/Uwe H. Schneider, § 2 WpÜG Rz. 69; *Santelmann* in Steinmeyer, § 1 WpÜG Rz. 34; *Schüppen* in FrankfurtKomm. WpÜG, § 2 WpÜG Rz. 35; *Versteegen* in KölnKomm. WpÜG, § 2 WpÜG Rz. 112; a.A. *Angerer* in Angerer/Geibel/Süßmann, § 1 WpÜG Rz. 51; *Oechsler* in Ehricke/Ekkenga/Oechsler, § 1 WpÜG Rz. 5 f.
66 *Graßl* in Paschos/Fleischer, Handbuch Übernahmerecht nach dem WpÜG, § 5 Rz. 49.
67 Verordnung über die Anwendbarkeit von Vorschriften betreffend Angebote im Sinne des § 1 Abs. 2 und 3 des Wertpapiererwerbs- und Übernahmegesetzes v. 17.7.2006, BGBl. I 2006, 1698.
68 Nach *Santelmann* in Steinmeyer, § 1 WpÜG Rz. 38 ff. soll § 1 WpÜG-AnwendbarkeitsVO nicht abschließend sein. Dem steht allerdings der Wortlaut des § 1 Abs. 2 WpÜG („nur anzuwenden, soweit") ebenso entgegen wie die Formulierungen in § 1 Abs. 4 WpÜG sowie § 1 WpÜG-AnwendbarkeitsVO.
69 Vgl. BaFin, Jahresbericht 2012, S. 198 mit Bezugnahme auf die Angebotsentscheidung der Andrem Power S.C.A. v. 22.2.2012 bezüglich der 3W Power S.A., die ihren Sitz in Luxemburg hat, deren Aktien aber ausschließlich in Deutschland zum Börsenhandel zugelassen waren. Die BaFin bejahte gemäß § 1 Abs. 3 Satz 3 WpÜG daher ihre Zuständigkeit für die Prüfung der Angebotsunterlage.

deren organisierten Markt außerhalb des Sitzstaates zugelassen, sind die in § 1 Abs. 3 Satz 1 Nr. 2 lit. b bb WpÜG-AnwendbarkeitsVO genannten Normen nur anwendbar, wenn sich die Zielgesellschaft – z.B. bei der Billigung ihres Wertpapierprospekts – für die BaFin als zuständige Aufsichtsbehörde entschieden hat.

c) Öffentliche Erwerbsangebote

62.24 **Angebotsarten.** Das WpÜG ist auf alle öffentlichen Wertpapiererwerbsangebote anwendbar. Davon umfasst sind Übernahmeangebote, Pflichtangebote und einfache Erwerbsangebote. **Übernahmeangebote** zielen auf den erstmaligen Erwerb der Kontrolle über die Zielgesellschaft, d.h. gemäß § 29 Abs. 2 WpÜG auf das Halten von mindestens 30 % der Stimmrechte, und müssen sich an alle außen stehenden Aktionäre richten (§ 32 WpÜG). **Pflichtangebote** sind Übernahmeangebote, die nach § 35 Abs. 2 WpÜG abgeben muss, wer nach Inkrafttreten des WpÜG die Kontrolle über die Zielgesellschaft erlangt hat. **Einfache Erwerbsangebote** sind öffentliche Angebote, die sich entweder nicht auf die Erlangung der Kontrolle richten oder von einem Bieter abgegeben werden, der bereits die Kontrolle an der Zielgesellschaft erlangt hat und seine Beteiligung aufstocken[70] möchte. Auch nur auf den Erwerb von Vorzugsaktien gerichtete Angebote fallen hierunter, weil mit ihnen keine Kontrolle angestrebt wird. Für einfache Erwerbsangebote gelten nicht die Abschnitte 4, 5 und 5a des Gesetzes. Insbesondere finden hier die Bestimmungen über den Mindestpreis keine Anwendung. Einen Sonderfall bilden die sog. **Delisting-Angebote** nach § 39 Abs. 2 Satz 3 Nr. 1, Abs. 3 BörsG. Sie sind in der Regel nicht auf den Erwerb der erstmaligen Kontrolle gerichtet und werden meistens von Bietern abgegeben, die bereits aufgrund eines vorausgegangenen Übernahmeangebots die Kontrolle über die Zielgesellschaft erlangt haben[71]. Für sie gelten die in § 39 Abs. 3 BörsG bestimmten Besonderheiten. Sie sind bedingungsfeindlich, und es gelten die Mindestpreisregeln des § 31 WpÜG, jedoch mit der Besonderheit, dass für den gewichteten Börsenkurs ein sechsmonatiger Referenzzeitraum gilt.

62.25 Das WpÜG gilt nur für **öffentliche** Erwerbsangebote, d.h. an eine unbestimmte Vielzahl von Angebotsadressaten nach gleichen Bedingungen gerichtete Angebote[72]. Auf Aktienkäufe über die Börse oder Paketerwerbe ist das WpÜG nicht anwendbar.

62.26 **Europäisches Angebot.** Mit Umsetzung der Übernahmerichtlinie wurde das sog. europäische Angebot gemäß § 2 Abs. 1a WpÜG eingeführt. Hierbei handelt es sich um ein Angebot zum Erwerb von Wertpapieren einer Gesellschaft, die ihren Sitz nicht in Deutschland, sondern in einem anderen Staat des Europäischen Wirtschaftsraums hat, welches in diesem Staat als Übernahme- oder Pflichtangebot i.S.v. Art. 2 Abs. 1 lit. a der Übernahmerichtlinie angesehen wird[73].

62.27 **Erwerb eigener Aktien.** Nach Inkrafttreten des WpÜG war umstritten, ob auch für öffentliche Angebote einer Zielgesellschaft zur Umsetzung von Aktienrückkaufprogrammen die Bestimmungen des

---

70 Die Abgrenzung zwischen Übernahmeangeboten und sog. einfachen Erwerbsangeboten ist u.a. von Bedeutung beim übernahmerechtlichen Squeeze out gemäß §§ 39a ff. WpÜG, der nicht im Falle von Aufstockungsangeboten anwendbar ist; vgl. dazu Rz. 62.344 sowie *Santelmann* in Steinmeyer, § 39a WpÜG Rz. 10.

71 So etwa das Angebot der ams Offer GmbH an die Aktionäre der OSRAM Licht AG v. 21.5.2021. Etwas anders lag der Fall beim Delisting-Angebot der Rocket Internet SE an ihre eigenen Aktionäre vom 1.10.2020. Die Gesellschaft war einerseits zum Rückerwerb eigener Aktien von bis zu 10 % ermächtigt und hatte andererseits mit Großaktionären Nichtannahmevereinbarungen abgeschlossen. Siehe dazu auch VGH Kassel v. 22.2.2021 – 6 B 2656/20, BKR 2021, 436 und § 63.

72 Zum Begriff näher *Fleischer*, ZIP 2001, 1653 ff.; *Noack/Holzborn* in Schwark/Zimmer, § 1 WpÜG Rz. 2 sowie § 2 WpÜG Rz. 7; *Oechsler* in Ehricke/Ekkenga/Oechsler, § 2 WpÜG Rz. 1 ff.; *Schüppen* in FrankfurtKomm. WpÜG, § 2 WpÜG Rz. 10; vgl. auch 1. Aufl., § 57 Rz. 21 ff.

73 Vgl. dazu näher *Versteegen* in KölnKomm. WpÜG, § 2 WpÜG Rz. 76 ff. sowie *Assmann/Favoccia* in Assmann/Pötzsch/Uwe H. Schneider, § 2 WpÜG Rz. 43 ff.

WpÜG – freilich nur für einfache Erwerbsangebote – gelten sollen[74]. Die BaFin hatte dies zunächst grundsätzlich bejaht, so dass seitdem vier Angebotsunterlagen für den Erwerb eigener Aktien veröffentlicht wurden[75]. Inzwischen hat die BaFin ihre Praxis zu Recht aufgegeben[76]. Auf öffentliche Angebote zum Erwerb eigener Aktien ist das WpÜG nicht anwendbar.

d) Ziele und Grundsätze des WpÜG

§ 3 WpÜG stellt **allgemeine Grundsätze** auf, die für die Anwendung und Auslegung des Gesetzes von Bedeutung sind und weitgehend ihre besondere Ausprägung in den Spezialbestimmungen finden. 62.28

Gleichbehandlung. § 3 Abs. 1 WpÜG schreibt vor, dass die Inhaber von Wertpapieren der Zielgesellschaft gleicher Gattung gleich zu behandeln sind[77]. Besondere Bedeutung hat diese Bestimmung bei den für Übernahme- und Pflichtangeboten geltenden Preisbestimmungen (§ 31 WpÜG und §§ 3 ff. WpÜG-AngVO). Aus der Beschränkung der Gleichbehandlungspflicht auf Inhaber von Wertpapieren der gleichen Gattung folgt aber auch, dass z.B. die Preisgestaltung für Stammaktien einerseits und stimmrechtslose Vorzugsaktien andererseits unterschiedlich sein darf[78]. 62.29

Transparenz. § 3 Abs. 2 WpÜG verlangt Transparenz durch Information. Der Gesetzgeber geht von einem Wertpapierinhaber aus, der seine Entscheidung wohlüberlegt auf der Grundlage umfassender Informationen trifft. Eine besondere Ausprägung findet dieser Grundsatz in der Pflicht zur Veröffentlichung der Angebotsentscheidung nach § 10 WpÜG, der Angebotsunterlage gemäß § 14 i.V.m. § 11 WpÜG, der Stellungnahme von Vorstand und Aufsichtsrat zum Angebot (§ 27 WpÜG), der laufenden Mitteilungen über den Stand der Annahmeerklärungen und Anzahl der Stimmrechte des Bieters (sog. Wasserstandsmeldungen) nach § 23 WpÜG sowie über Aktienerwerbe außerhalb der Börse nach Vollzug des Übernahme- oder Pflichtangebots (sog. Nacherwerbe) gemäß § 23 Abs. 2 WpÜG. 62.30

Interessenwahrung der Zielgesellschaft. § 3 Abs. 3 WpÜG verpflichtet die Verwaltungsorgane der Zielgesellschaft, ihr Handeln (auch) während des Angebotsverfahrens am Interesse der Zielgesellschaft auszurichten. Damit wird im Wesentlichen bestätigt, dass die aktienrechtlichen Sorgfaltsmaßstäbe nach den §§ 76, 93 und 116 AktG auch während eines Angebotsverfahrens gelten (vgl. dazu Rz. 20.30 sowie Rz. 23.12 ff.). 62.31

Beschleunigung. Nach § 3 Abs. 4 WpÜG sind der Bieter und die Zielgesellschaft verpflichtet, das Angebotsverfahren rasch durchzuführen. Dadurch soll im Interesse der Zielgesellschaft vermieden werden, dass diese nicht unangemessen lange durch das Angebotsverfahren beeinträchtigt wird. Seine Ausprägung findet dieser Grundsatz etwa in der Bestimmung der Annahmefristen nach § 16 Abs. 1 WpÜG sowie in der Verpflichtung, die Angebotsunterlage bei der BaFin innerhalb von vier Wochen nach Veröffentlichung der Angebotsentscheidung einzureichen. 62.32

---

74 Dazu näher 1. Aufl., § 57 Rz. 30 ff. m.w.N.
75 Vgl. die Nachweise bei *Pluskat*, NZG 2006, 731.
76 Schreiben der Bafin v. 9.8.2006; dazu *Pluskat*, NZG 2006, 731 ff.
77 Zur Frage einer möglichen Verpflichtung des Vorstands zur Gleichbehandlung verschiedener Bieter Rz. 62.171.
78 *Baums/Hecker* in Baums/Thoma, § 3 WpÜG Rz. 20; *Habersack*, ZIP 2003, 1123, 1125 ff.; *Kremer/Oesterhaus* in KölnKomm. WpÜG, Anh. zu § 31 WpÜG, § 3 WpÜG-AngVO Rz. 10; vgl. auch OLG Frankfurt am Main v. 27.5.2003 – WpÜG 2/03 – Wella, ZIP 2003, 1251 = AG 2003, 515. Siehe auch BaFin, Jahresbericht 2014, S. 234 f.; wo eine ungleiche Behandlung in § 4 WpÜG-AngVO von Aktien einerseits und sonstigen Wertpapieren andererseits als mit dem Gleichbehandlungsgrundsatz ausdrücklich für vereinbar erklärt wird. Dementsprechend wurde auch das Übernahmeangebot der EP Global Commerce VI GmbH v. 10.7.2019 an die Aktionäre der METRO AG, das für Stammaktien ein *premium* von rd. 10 %, für Vorzugsaktien aber nur von etwa 6,6 % vorsah, von der BaFin nicht beanstandet.

62.33 **Verbot von Marktverzerrungen.** § 3 Abs. 5 WpÜG dient der Klarstellung, dass auch während des Angebotsverfahrens das Verbot der Marktverzerrungen uneingeschränkt gilt. Dieses Verbot richtet sich nicht nur an den Bieter und die Zielgesellschaft, sondern an sämtliche an einem Angebotsverfahren Beteiligte[79]. Hinsichtlich des Begriffs und Tatbestands der Marktverzerrung kann weiterhin auf § 20a WpHG a.F. zurückgegriffen werden[80].

II. Ablauf öffentlicher Erwerbsangebote

1. Überblick

62.34 Der Ablauf öffentlicher Erwerbsangebote lässt sich grob einteilen in eine Vorbereitungsphase, eine Angebotsphase, eine Annahmephase und eine Abwicklungsphase.

62.35 Die **Vorbereitungsphase** (siehe dazu ausführlich Rz. 62.40 ff.) beginnt mit den strategischen Überlegungen des Bieters, ein öffentliches Erwerbsangebot abzugeben, hat dann die entsprechenden Vorbereitungshandlungen zum Inhalt und endet mit der Veröffentlichung der Angebotsentscheidung gemäß § 10 WpÜG. Mit der Angebotsentscheidung ist der zeitliche Anwendungsbereich des WpÜG eröffnet. Relevant ist dies vor allem für Übernahme- und Pflichtangebote. Zum einen hat dies Bedeutung für den Mindestpreis. Nach § 31 Abs. 3 WpÜG muss der Bieter allen Aktionären eine Gegenleistung in Euro anbieten, wenn er innerhalb von drei Monaten bis zur Veröffentlichung der Angebotsentscheidung mindestens 5 % der Aktien der Zielgesellschaft gegen eine Geldleistung erworben hat. Außerdem endet der für die Bestimmung des Mindestpreises maßgebliche Referenzzeitraum zur Ermittlung des gewichteten Durchschnittskurses nach § 5 Abs. 1 WpÜG-AngVO mit Veröffentlichung der Angebotsentscheidung. Zum anderen hat dies Bedeutung für etwaige Vereitelungsmaßnahmen durch den Vorstand der Zielgesellschaft. Ab der Veröffentlichung nach § 10 Abs. 1 WpÜG gilt § 33 WpÜG[81].

62.36 Die **Angebotsphase** (siehe dazu ausführlich Rz. 62.81 ff.) beginnt nach Veröffentlichung der Angebotsentscheidung mit der Vorbereitung der Angebotsunterlage. Nach Billigung der Angebotsunterlage durch die BaFin und anschließender Veröffentlichung beginnt mit der **Annahmephase** (siehe dazu ausführlich Rz. 62.119 ff.) das eigentliche Angebotsverfahren bis zum Ablauf der – ggf. verlängerten – Annahmefrist. Das Ende der Angebotsphase tritt mit Veröffentlichung des Angebotsergebnisses durch den Bieter gemäß § 23 Abs. 1 Satz 1 WpÜG ein. In diesem Zeitraum müssen Vorstand und Aufsichtsrat der Zielgesellschaft eine Stellungnahme nach § 27 WpÜG veröffentlichen. Der Vorstand der Zielgesellschaft kann während der Angebotsphase eine Hauptversammlung einberufen, was unter den Voraussetzungen des § 16 Abs. 3 WpÜG zur Verlängerung der Annahmefrist auf zehn Wochen führt (vgl. dazu Rz. 34.111 ff.) Dritte können während der Angebotsphase ein konkurrierendes Angebot abgeben. Der Bieter hat spätestens bis zum Ablauf eines Werktages vor dem Ende der Annahmefrist die Möglichkeit sein Angebot im Sinne einer Verbesserung zu ändern[82]. Ferner kann der Vorstand der Zielgesellschaft unter den Voraussetzungen von § 33 Abs. 1 Satz 2 und Abs. 2 Satz 1 WpÜG Maßnahmen zur Vereitelung des Angebots ergreifen.

62.37 Nach dem Ende der Annahmefrist und der entsprechenden Veröffentlichung des Angebotsergebnisses durch den Bieter gemäß § 23 Abs. 1 Satz 1 WpÜG erfolgt die **Abwicklung** des Angebots. Diese ist vor allem geprägt durch die Übereignung der Aktien und die Erfüllung der Gegenleistung. Der Vollzug

---

79 *Schmolke* in Paschos/Fleischer, Handbuch Übernahmerecht nach dem WpÜG, § 6 Rz. 118.
80 *Kiesewetter* in Paschos/Fleischer, Handbuch Übernahmerecht nach dem WpÜG, § 8 Rz. 45.
81 Umstritten ist, ob der § 33 WpÜG bereits mit Kenntnis des Vorstands von der Angebotsentscheidung gelten soll (zum Meinungsstand siehe Rz. 62.177 sowie *Hirte* in KölnKomm. WpÜG, § 33 WpÜG Rz. 32 ff. und *Röh* in FrankfurtKomm. WpÜG, § 33 WpÜG Rz. 37).
82 Zur Berechnung der Frist des § 21 Abs. 1 WpÜG *Busch*, ZIP 2003, 102 ff.

des Angebots setzt allerdings stets voraus, dass sämtliche Vollzugsbedingungen eingetreten sind, insbesondere eine ggf. erforderliche fusionskontrollrechtliche Freigabe erteilt wurde[83].

Mit dem Vollzug des Angebots ist das Angebotsverfahren abgeschlossen. Dem schließen sich häufig **Strukturmaßnahmen** an, um die Zielgesellschaft in das Unternehmen des Bieters zu integrieren. Falls der Bieter die Durchführung eines sog. übernahmerechtlichen *Squeeze out* (§§ 39a ff. WpÜG) beabsichtigt, bleibt das WpÜG insoweit auch nach Vollzug des Übernahmeangebots anwendbar. 62.38

Die folgende Graphik gibt einen Überblick über den zeitlichen Ablauf eines Angebotsverfahrens: 62.39

Zeit- und Maßnahmenplan für ein freundliches freiwilliges öffentliches Übernahmeangebot aus der Perspektive der Bieterin

Zeitpunkt	Tage	Datum	Maßnahme	Anmerkung
VAE – 21		1.6.2021	Beginn der Vorbereitungsmaßnahmen	
		ab 1.6.2021	– Ansprache VZG und/oder Großaktionäre der ZG	Befugte Weitergabe nach Art. 10 Abs. 1 MMVO (vgl. Rz. 14.91)
			– Mandatierung der Berater	
			– Vertraulichkeitsvereinbarungen	
			– Beginn DD	
			– Finanzierung	
			– Aufschiebungsbeschluss durch VZG[84]	Art. 17 Abs. 4 MMVO
	21	ab 21.6.2021	– Vorbereitung AE/Präsentation für Geschäftsleitung von B	
			– Ergebnisse DD	
			– Transaktionsstruktur	
			– Finanzierungszusage	
	22	22.6.2021	– Beschluss der Geschäftsleitung von B	
VAE	22	22.6.2021	– Veröffentlichung der AE	§ 10 Abs. 1 Satz 1 WpÜG
			– Unterrichtung der BaFin	
			– Unterrichtung der Börsen	
			– Unterrichtung VZG	
VAE + 1	23	ab 23.6.2021	Erstellung AU	
VAE + 21	43	13.7.2021	Besprechung einzelner Punkte der AU mit der BaFin	
VAE + 26	49	19.7.2021	Erhalt des Entwurfs der FB	

---

83 Zu den sog. Angebotsbedingungen Rz. 62.90 ff.
84 Zur Notwendigkeit eines Aufschiebungsbeschlusses Rz. 62.52a.

Zeitpunkt	Tage	Datum	Maßnahme	Anmerkung
VAE + 28	50	20.7.2021	Fertigstellung der AU	
			– Unterzeichnung der AU	
			– Original der FB	
ÜAU, max. VAE + 28	50	20.7.2021	Übermittlung der AU an die BaFin	§ 14 Abs. 1 Satz 1 WpÜG; bei grenzüberschreitenden Angeboten oder erforderlichen Kapitalmaßnahmen ist eine Verlängerung auf acht Wochen möglich, § 14 Abs. 1 Satz 3 WpÜG
ÜAU + 6 WT	57	28.7.2021	Besprechung mit der BaFin	
ÜAU + 8 WT	59	30.7.2021	Übermittlung geänderter AU	
ÜAU + 10 WT[85]	634	4.8.2021	Gestattung AU durch die BaFin	
VAU, unverzüglich nach Gestattung durch BaFin	65	5.8.2021	Veröffentlichung der AU	
			– Bekanntgabe im Internet und Bundesanzeiger	§ 14 Abs. 3 Satz 1 WpÜG
			– Weiterleitung der AU an ZG	§ 14 Abs. 4 Satz 1 WpÜG
			– Übermittlung der AU an Betriebsrat/Arbeitnehmer des B	§ 14 Abs. 4 Satz 3 WpÜG
VAU + 1	66	6.8.2021	Beginn der AF	§ 16 Abs. 1 Satz 1 WpÜG
VAU + 10 WT[86]	80	20.8.2021	Stellungnahme V/AR der ZG	§ 27 WpÜG
ab VAU bis VAU + 21	73	13.8.2021	Wöchentliche Wasserstandsmeldungen	§ 23 Abs. 1 Satz 1 Nr. 1 WpÜG
	80	20.8.2021		
	87	27.8.2021		
ab VAU + 22	88–94	28.8.2021 bis einschließlich 3.9.2021	Tägliche Wasserstandsmeldungen	§ 23 Abs. 1 Satz 1 Nr. 1 WpÜG
VAU + 28	94	3.9.2021	Ende der AF	

---

[85] Die BaFin ist bei der Prüfung der Angebotsunterlage in zeitlicher Hinsicht durch § 14 Abs. 2 Satz 1 Alt. 2 WpÜG gebunden: Der Bieter hat die Angebotsunterlage zu veröffentlichen, wenn seit dem Eingang der Angebotsunterlage bei der BaFin zehn Tage verstrichen sind, ohne dass diese das Angebot untersagt hat. Nach § 14 Abs. 2 Satz 3 WpÜG kann die Frist um fünf Werktage verlängert werden, wenn die Angebotsunterlage unvollständig ist oder den Vorschriften des WpÜG oder einer aufgrund des WpÜG erlassenen Rechtsverordnung widerspricht.

[86] Nach der Verwaltungspraxis der BaFin hat die Veröffentlichung unverzüglich zu erfolgen, ohne dass Regelfristen genannt werden. In der Literatur wird hingen eine Regelobergrenze von zwei Wochen für angemessen gehalten; vgl. statt vieler *Krause/Pötzsch* in Assmann/Pötzsch/Uwe H. Schneider, § 27 WpÜG Rz. 125.

Zeitpunkt	Tage	Datum	Maßnahme	Anmerkung
Ende AF + 2 BAT	99	8.9.2021	Ablauf der Umbuchungsfrist	
Ende AF + 5 WT[87]	105	13.9.2021	Veröffentlichung des vorläufigen AErg.	§ 23 Abs. 1 Satz 1 Nr. 2 WpÜG
VvAErg.	105	13.9.2021	Beginn der WAF	§ 16 Abs. 2 Satz 1 WpÜG
VvAErg. + 14	112	20.9.2021	Ende der WAF	§ 16 Abs. 2 Satz 1 WpÜG
Ende WAF + 1 BAT	113	21.9.2021	Ablauf der weiteren Umbuchungsfrist	
Ende der WAF + 5 WT[88]	120	28.9.2021	Veröffentlichung des endgültigen AErg.	§ 23 Abs. 1 Satz 1 Nr. 3 WpÜG
Ende WAF + 32 Tage	152	28.10.2021	Bedingungseintritt: Kartellfreigabe	
VBE, unverzüglich nach BE[89]	153	29.10.2021	Veröffentlichung des Bedingungseintritts	
VBE + 5/6 BAT	163	8.11.2021	Übertragung der zum Verkauf eingereichten Aktien von der X-Bank als zentraler Abwicklungsstelle an die B Zug um Zug gegen Zahlung des Angebotspreises auf das Konto der jeweils depotführenden Bank[90]	

Legende:

AE: Angebotsentscheidung
AF: Annahmefrist
AR: Aufsichtsrat
AU: Angebotsunterlage
B: Bieter
BAT: Bankarbeitstag/Bankarbeitstage
BE: Bedingungseintritt
DD: Due Diligence
FB: Finanzierungsbestätigung
KT: Kalendertag/Kalendertage

ÜAU: Übermittlung der AU an die BaFin
VAU: Tag der Veröffentlichung der AU
VvAErg: Tag der Veröffentlichung des vorläufigen Angebotsergebnisses
VBE: Veröffentlichung des Bedingungseintritts
VZG: Vorstand der ZG
WAF: Weitere Annahmefrist
WT: Werktag/Werktage
ZG: Zielgesellschaft

---

87 Nach *Assmann* in Assmann/Pötzsch/Uwe H. Schneider, § 23 WpÜG Rz. 26 hat die Veröffentlichung innerhalb von fünf Werktagen nach Ablauf der Annahmefrist zu erfolgen; vgl. aber ebenda in Fn. 1 die Verweise auf andere Stimmen in der Literatur, wonach eine Veröffentlichung spätestens nach fünf *Börsen*tagen zu erfolgen hat, die ggf. auf ein anschließendes Wochenende zu erstrecken seien.
88 Hier gilt das zu § 23 Abs. 1 Satz 1 Nr. 2 WpÜG Gesagte, siehe vorherige Fn.
89 Zur Verpflichtung des Bieters zur unverzüglichen Bekanntgabe des Bedingungseintritts in Analogie zu den Informations- und Veröffentlichungspflichten des WpÜG vgl. *Hasselbach* in KölnKomm. WpÜG, § 18 WpÜG Rz. 94.
90 Mit der Zahlung des Angebotspreises auf das Konto der jeweils depotführenden Bank hat die Bieterin ihre Verpflichtung zur Zahlung des Angebotspreises regelmäßig erfüllt, vgl. z.B. die Angebotsunterlage der SAPARDIS S.A. zum Erwerb der Aktien an der PUMA AG. Bei entsprechender Ausgestaltung des Übernahmeangebots obliegt die Gutschrift des Angebotspreises beim Verkäufer dann der depotführenden Bank.

2. Vorbereitungsphase

62.40 Neben den vielfältigen strategischen Überlegungen[91] stellen sich im Rahmen der Vorbereitungsphase als rechtliche Themen unter anderem insiderrechtliche Fragen, etwaige Mitteilungspflichten, der Zeitpunkt der Angebotsentscheidung sowie die Gestaltung und Auswirkungen von Vorerwerben.

a) Insiderrecht

aa) Insiderhandelsverbot

62.41 Die Aktien der Zielgesellschaft sind Finanzinstrumente und unterliegen daher dem **Insiderhandelsverbot** gemäß Art. 14 MMVO. Danach ist es verboten, unter Nutzung von Insiderinformationen Aktien der Zielgesellschaft zu erwerben oder zu veräußern.

62.42 Solange die **Angebotsentscheidung noch nicht veröffentlicht** ist, kann bereits der Umstand, dass der Bieter die Abgabe eines öffentlichen Angebots beabsichtigt, eine Insiderinformation auf Ebene der Zielgesellschaft darstellen, wenn nur die Abgabe eines öffentlichen Angebots vernünftiger Weise zu erwarten ist (Art. 7 Abs. 2 MMVO)[92]. Ist der Bieter selbst Emittent im Sinne des WpHG, begründet seine Übernahmeabsicht unter diesen Voraussetzungen ebenfalls eine Insiderinformation in Bezug auf seine Aktien[93].

62.43 Planungen des Bieters, ein öffentliches Erwerbsangebot abzugeben, stellen eine Insiderinformation bezüglich der Zielgesellschaft dar und begründen für den Bieter das Verbot, diese Information an Dritte weiterzugeben. Einem Insiderhandelsverbot unterliegt der Bieter selbst insoweit allerdings nicht, weil es sich um eine selbst geschaffene Insiderinformation handelt. Das Verwenden **selbst geschaffener Insiderinformationen** fiel nicht unter den Tatbestand des § 13 Abs. 1 WpHG a.F.[94]. Daran dürfte sich unter der MMVO jedenfalls für den Entschluss des Bieters, Aktien aufgrund eines Angebots zu erwerben, nichts geändert haben, wie sich aus deren Erwägungsgrund 31 sowie Art. 9 Abs. 5 MMVO ergibt (Rz. 14.81)[95]. Dritte, d.h. insbesondere Mitarbeiter und Berater des Bieters sowie der Zielgesellschaft, dürfen allerdings die Kenntnis von einem möglicherweise bevorstehenden öffentlichen Angebot nicht verwenden, um Geschäfte mit Aktien oder Finanzinstrumenten der Zielgesellschaft zu tätigen[96].

62.44 Schwieriger ist die Rechtslage zu beurteilen, wenn der Bieter vor Veröffentlichung der Angebotsunterlage Insiderinformationen über die Zielgesellschaft, z.B. im Rahmen einer **Due Diligence-Prüfung** (dazu auch Rz. 14.85 ff.), erlangt hat. Jedenfalls bei freundlichen Übernahmeangeboten ist es nicht unüblich, dass dem Bieter im Vorfeld vertrauliche Informationen über die Zielgesellschaft zur Verfügung gestellt werden[97]. Da jede Zielgesellschaft nach Art. 17 Abs. 1 MMVO verpflichtet ist, Insiderinformationen so bald wie möglich zu veröffentlichen, ist grundsätzlich nicht davon auszugehen, dass in dem im Rahmen einer Due Diligence-Prüfung eingerichteten Datenraum Insiderinformationen enthalten sind. Denkbar ist das indessen bei Planzahlen, die dem Bieter für eine Unternehmensbewertung der Zielgesellschaft übermittelt werden[98], sowie Informationen, die Rückschlüsse über Margen erlauben;

---

91 Hierzu 1. Aufl., § 58 Rz. 2 ff.
92 *Kiesewetter* in Paschos/Fleischer, Handbuch Übernahmerecht nach dem WpÜG, § 8 Rz. 107 m.w.N.; *Schiessl* in FS 25 Jahre WpHG, 2019, S. 171, 173.
93 Zum Verhältnis von § 10 WpÜG und § 15 WpHG a.F. i.V.m. Art. 17 MMVO Rz. 62.66 f. sowie 14.89.
94 *Assmann* in Assmann/Uwe H. Schneider, 6. Aufl. 2012, § 14 WpHG Rz. 31 u. 138; *Hopt* in FS Goette, 2011, S. 179, 187, unter Berufung auf Erwägungsgrund 30 der Marktmissbrauchsrichtlinie; *Pawlik* in KölnKomm. WpHG, § 14 WpHG Rz. 22.
95 *Klöhn* in Klöhn, Marktmissbrauchsverordnung, 2018, Art. 9 MMVO Rz. 129 ff.; *Schiessl* in FS 25 Jahre WpHG, 2019, S. 171, 173.
96 *Assmann*, ZGR 2002, 697, 704.
97 Zur Häufigkeit von Due Diligence-Prüfungen im Vorfeld von öffentlichen Angeboten siehe Rz. 62.15a.
98 Unternehmensplanungen sind allerdings nur dann als Insiderinformationen anzusehen, wenn mit hinreichender Wahrscheinlichkeit davon ausgegangen werden kann, dass die geplanten Ziele auch tatsäch-

auch kann die Gesamtheit der in einem Datenraum vorhandenen Informationen über die Zielgesellschaft gegenüber den allgemein zugänglichen Informationen eine Insiderinformation darstellen.

Die **Offenlegung** von Insiderinformationen **durch die Zielgesellschaft** im Rahmen einer Due Diligence-Prüfung kann unter den Voraussetzungen des Art. 9 Abs. 4 MMVO zulässig sein[99]. Art. 11 Abs. 1 und 2 sowie Erwägungsgrund 35 der MMVO beschreiben Fälle von Marktsondierungen. Art. 11 Abs. 2 MMVO bezieht sich zwar auf Übernahmeangebote, spricht aber von der Offenlegung von Insiderinformationen durch den Bieter. **Aus Sicht des Bieters** ist die Auslegung des Begriffs „**Nutzung**" von Bedeutung. Lässt man dabei die Vornahme eines Wertpapiergeschäfts in Kenntnis der Insiderinformation genügen[100], fällt auch der Erwerb von Aktien der Zielgesellschaft aufgrund eines öffentlichen Angebots nach Durchführung einer Due Diligence-Prüfung, in der dem Bieter Insiderinformationen offengelegt wurden, unter das Insiderhandelsverbot. Die BaFin hatte sich unter Geltung von § 14 WpHG a.F. im Emittentenleitfaden ähnlich geäußert, verlangt aber zusätzlich, dass die Kenntnis von der Insiderinformation in die Kaufentscheidung *einfließt*[101]. Auch daran dürfte sich unter MMVO ausweislich ihrer Erwägungsgründe 25 und 31 grundsätzlich nichts geändert haben[102]. 62.45

Vor Inkrafttreten der MMVO stellte Erwägungsgrund 29 der Marktmissbrauchsrichtlinie[103] folgendes klar: „Der Zugang zu Insider-Informationen über eine andere Gesellschaft und die Verwendung dieser Informationen bei einem öffentlichen Übernahmeangebot mit dem Ziel, die Kontrolle über dieses Unternehmen zu erwerben oder einen Zusammenschluss mit ihm vorzuschlagen, sollten als solche nicht als Insider-Geschäfte gelten." Danach darf der Bieter sogar im Rahmen einer Due Diligence-Prüfung erlangte Insiderinformationen in seine Kaufentscheidung einfließen lassen, ohne gegen Art. 14 MMVO zu verstoßen, wenn er lediglich seinen unabhängig von etwaigen Insiderinformationen gefassten Beschluss zur Abgabe eines Angebots im Sinne eines **Gesamtplans** fortsetzt[104]. Auch wenn die Marktmissbrauchsrichtlinie gemäß Erwägungsgrund 3 der MMVO durch die MMVO ersetzt werden sollte, dürfte sich daran im Grundsatz nichts geändert haben. Hervorzuheben ist allerdings, dass diese Erwägungen für Übernahmeangebote gelten, aber nicht ohne weiteres auf einfache Erwerbsangebote oder Paketerwerbe übertragbar sind (siehe auch Rz. 14.85 f.). **Paketerwerbe** werden allerdings in der Regel *face to face* abgewickelt. Leitet dabei der Verkäufer Insiderinformationen an den Käufer weiter, wird hierdruch die Integrität des Kapitalmarkts nicht berührt, so dass dann kein Verstoß gegen das Insiderhandelsverbot vorliegt[105]. 62.46

Die BaFin folgt bislang diesem Ansatz im Ergebnis, und zwar sowohl bei einfachen Erwerbsangeboten und nicht auf die Kontrollerlangung gerichteten Paketkäufen als auch bei Übernahmeangeboten[106]. Generell ist zu beachten, dass die Erhöhung des Erwerbsvolumens gegenüber der ursprünglichen Ab- 62.47

---

lich erreicht werden. Das dürfte grds. nur bei einem Planungshorizont von sechs bis zwölf Monaten anzunehmen sein; vgl. *Reichert/Ott* in FS Hopt, 2010, S. 2385 ff.
99 *Klöhn*, Marktmissbrauchsverordnung, 2018, Art. 9 Rz. 121; *Schiessl*, FS 25 Jahre WpHG, 2019, S. 171, 172.
100 So Erwägungsgrund 24 der MMVO; unter Geltung von § 14 WpHG a.F. grundsätzlich *Pawlik* in KölnKomm. WpHG, § 14 WpHG Rz. 25, der diese Regel allerdings im Wege einer richtlinienkonformen teleologischen Reduktion nicht bei Übernahmeangeboten und Paketerwerben anwenden will (§ 14 WpHG Rz. 29 ff.); ähnlich *Claussen/Florian*, AG 2005, 745, 751. Siehe auch EuGH v. 23.12.2009 – C-45/08, AG 2010, 74 und hierzu Rz. 14.43 f.
101 BaFin, Emittentenleitfaden 2020, Ziff. I.4.2.5.
102 *Kiesewetter* in Paschos/Fleischer, Handbuch Übernahmerecht nach dem WpÜG, § 8 Rz. 17. Siehe auch Erwägungsgrund 6 der Verordnung (EU) 2019/2115 v. 27.11.2019, ABl. EU L 320 v. 11.12.2019.
103 ABl. EU Nr. L 96 v. 12.4.2003, S. 16, 18.
104 *Hopt* in FS Goette, 2011, S. 179, 187; *Schiessl* in FS 25 Jahre WpHG, 2019, S. 171, 174 f.; vgl. auch *Hasselbach* in KölnKomm. WpÜG, § 35 WpÜG Rz. 238.
105 *Kiesewetter* in Paschos/Fleischer, Handbuch Übernahmerecht nach dem WpÜG, § 8 Rz. 127 ff.; *Schiessl* in FS 25 Jahre WpHG, 2019, S. 171, 175 f.
106 BaFin, Emittentenleitfaden 2020, Ziff. I.4.2.5.2.1.5.

sicht (*alongside-purchase*) oder die Erhöhung des Angebotspreises nach Kenntniserlangung von Insiderinformationen als „Nutzung" zu qualifizieren und damit verboten ist[107].

62.48 Eine unzulässige Nutzung von Insiderinformationen kann auch darin liegen, dass der Bieter nach Kenntniserlangung eine **Angebotsänderung** vornimmt, z.B. die Mindestannahmeschwelle reduziert oder den Angebotspreis erhöht[108]. Hat der Bieter indessen die Insiderinformationen vor Veröffentlichung der Angebotsunterlage erlangt und ändert er später das Angebot, verwendet er dann keine Informationen, von denen die Erwerbsabsicht unabhängig von den Insiderinformationen begründet wurde und der Bieter innerhalb seines Gesamtplans handelt[109].

62.49 Als **Ergebnis** ist somit festzuhalten: Hat der Bieter vor Veröffentlichung der Angebotsunterlage im Wege einer Due Diligence-Prüfung Kenntnis von Insiderinformationen der Zielgesellschaft erlangt, ist er an der Durchführung des Angebots dann nicht gehindert, wenn seine Erwerbsabsicht vor Erlangung dieser Kenntnisse begründet wurde[110].

62.50 Nutzt der Bieter indessen Insiderinformationen, soll er ein öffentliches Angebot erst abgeben dürfen, wenn die **Zielgesellschaft** die Insiderinformationen im Rahmen einer **Ad-hoc-Mitteilung** veröffentlicht hat[111]. In diesem Fall ist der Bieter von der Mitwirkung der Zielgesellschaft abhängig. Fraglich ist somit, ob die Zielgesellschaft verpflichtet ist, eine Veröffentlichung nach Art. 17 Abs. 1 MMVO vorzunehmen. Die Berufung auf § 33 Abs. 1 Satz 1 WpÜG hilft dem Bieter nicht, wenn sich der Vorstand auf die Ausnahme gemäß § 33 Abs. 1 Satz 2 Alt. 1 WpÜG mit dem Argument beruft, dass er eine Ad-hoc-Mitteilung unabhängig vom Übernahmeangebot nicht veröffentlicht hätte[112]. Daher sollte dem Bieter die Möglichkeit gegeben werden, die ihm bekannten **Insiderinformationen in der Angebotsunterlage** zu veröffentlichen[113]. Der Bieter sollte sich daher in der regelmäßig vor Beginn einer Due Diligence-Prüfung zu vereinbarenden Vertraulichkeitsvereinbarung das Recht vorbehalten, etwaige Insiderinformationen auch in der Angebotsunterlage veröffentlichen zu dürfen.

62.51 Eine vergleichbare Problematik kann sich für den Bieter auch nach Durchführung eines sog. **dual-track**-Verfahrens[114] stellen. Dabei wird meistens ein Auktionsverfahren für die Veräußerung der Anteile der Zielgesellschaft durchgeführt, während gleichzeitig die Börseneinführung der Aktien vorbereitet wird. Welcher Weg dann letztlich zu Ende geführt wird, hängt davon ab, welche Exit-Möglichkeit den Eigentümern der Gesellschaft die höchste Bewertung verspricht. Während des Auktionsprozesses für den *trade sale* werden den Kaufinteressenten im Rahmen der Due Diligence wiederum vertrauliche Informationen zur Verfügung gestellt. Diese stellen vor dem Antrag auf erstmalige Zulassung der Aktien zum Börsenhandel der Gesellschaft noch keine Insiderinformationen dar, weil es der Zielgesell-

---

107 Vgl. Erwägungsgrund 25 Satz 2 der MMVO; BaFin, Emittentenleitfaden 2020, Ziff. I.1.4.2.5.2.2.1, S. 60 f.; *Bank*, NZG 2012, 1337, 1341; *Hasselbach* in KölnKomm. WpÜG, § 35 WpÜG Rz. 238; *Pawlik* in Köln-Komm. WpHG, § 14 WpHG Rz. 34; *Schiessl* in FS 25 Jahre WpHG, 2019, S. 171, 174 f.; BaFin, Emittentenleitfaden 2020, Ziff. I.4.2.5.2.1.5.
108 Vgl. Erwägungsgrund 25 der MMVO.
109 Siehe Erwägungsgrund 31 der MMVO; zum alten Rechtsstand unter dem WpHG siehe *Hopt* in FS Goette, 2011, S. 179, 185.
110 Siehe Erwägungsgründe 25 und 31 MMVO; zum alten Rechtsstand unter dem WpHG i.E. ebenso *Bank*, NZG 2012, 1337, 1340 ff.; *Schiessl* in FS 25 Jahre WpHG, 2019, S. 171, 172, 174 f.
111 Zum Rechtsstand unter dem WpHG siehe BaFin, Emittentenleitfaden 2020, Ziff. I.4.2.5.2.1.5.; *Hasselbach*, NZG 2004, 1087, 1093.
112 Vgl. *Hasselbach*, NZG 2004, 1087, 1093, der durch die Veröffentlichung der Angebotsunterlage die Bereichsöffentlichkeit hergestellt sieht; zur Frage, ob der Vorstand der Zielgesellschaft aus § 33 Abs. 1 WpÜG verpflichtet werden kann, eine Ad-hoc-Mitteilung nach § 15 Abs. 3 WpHG a.F. aufzuschieben, *Decker*, Ad-hoc-Publizität bei öffentlichen Übernahmen, S. 376 f.
113 Hieran kann der Bieter allerdings gehindert sein, wenn er sich der Zielgesellschaft gegenüber auch zur vertraulichen Behandlung potenzieller Insiderinformationen verpflichtet hat.
114 Dazu *Simmat/Schneider* in Jesch/Striegel/Boxberger, Rechtshandbuch Private Equity, 2010, § 17.

schaft noch an der Emittenteneigenschaft fehlt[115]. Entschließen sich die Eigentümer dann für den Börsengang, kann es sein, dass ein bereits **am Auktionsverfahren beteiligter Kaufinteressent anschließend ein Übernahmeangebot** in Erwägung zieht. Das kommt z.B. in Betracht, wenn der Aktienkurs der Zielgesellschaft nach der Börseneinführung unter den Wert fällt, der im Auktionsverfahren geboten wurde oder sich aus einer auf Informationen der Due Diligence gestützten Unternehmensbewertung ergibt. Einem Insiderhandelsverbot kann der Bieter jedoch nur dann unterliegen, wenn er im Zeitpunkt des Übernahmeangebots noch über Insiderinformationen verfügt. Dabei ist zunächst davon auszugehen, dass in den im Rahmen der Börseneinführung veröffentlichten Wertpapierprospekt alle wesentlichen Informationen über die Zielgesellschaft eingeflossen und somit allgemein bekannt sind. Insiderrelevant können nur solche Informationen sein, die der Bieter erhalten hat und die nicht in den Wertpapierprospekt eingegangen sind. Hiervon betroffen sind vor allem Planzahlen, die nicht im Wertpapierprospekt angegeben werden müssen. Ob die Kenntnis des Bieters von diesen für die Unternehmensbewertung wichtigen Planzahlen einen späteren Erwerb wegen Art. 8 Abs. 1 MMVO ausschließt, hängt im Wesentlichen von folgenden Überlegungen ab: Zum einen müssen diese Planzahlen hinreichend präzise und ihr Eintritt muss vernünftigerweise zu erwarten sein[116]. Ferner müssen sie im Zeitpunkt der Veröffentlichung der Angebotsunterlage[117] noch für die aktuelle Bewertung der Zielgesellschaft relevant sein. Das ist nicht der Fall, wenn diese Zahlen überholt sind, z.B. weil sich zwischen dem Zeitpunkt der Kenntniserlangung und der Veröffentlichung des öffentlichen Angebots die Planungen der Zielgesellschaft wesentlich geändert haben. Zum anderen darf das ursprüngliche und unabhängig von diesen Insiderinformationen begründete Erwerbsinteresse nicht einfach fortbestehen. Vielmehr muss es aufgrund dieser Kenntnisse einerseits und der aktuellen Börsenbewertung der Zielgesellschaft andererseits neu hervorgerufen worden sein. Hat der Bieter z.B. während des Auktionsverfahrens seine Erwerbsabsicht aufgegeben, entschließt er sich aber nach Börseneinführung zur Abgabe eines Angebots, weil er aufgrund der Kenntnis der Planzahlen bzw. des hieraus abgeleiteten Unternehmenswerts weiß, dass die Gesellschaft an der Börse unterbewertet ist, liegt eine verbotene Nutzung von Insiderinformationen vor. Der Bieter hat dann aber die Möglichkeit, seine Kenntnisse vom Unternehmenswert **in der Angebotsunterlage darzustellen**; damit wird diese Information öffentlich, und der Bieter gibt gleichzeitig seinen Kenntnisvorsprung auf, indem er sein Sonderwissen allen Aktionären der Zielgesellschaft zur Verfügung stellt.

Sofern der Bieter vor Veröffentlichung der Angebotsunterlage eine Due Diligence oder eine vergleichbare Prüfung durchführt, **empfiehlt** es sich zunächst, den Prozess der Entscheidungsfindung zu **dokumentieren**, um später nachweisen zu können, dass seine Erwerbsabsicht unabhängig von etwaigen Insiderinformationen begründet wurde. Außerdem sollte der Bieter durch Berater vorher prüfen lassen, welche im Rahmen einer Due Diligence zur Verfügung gestellten Unterlagen Insiderinformationen betreffend die Zielgesellschaft enthalten könnten[118].

62.52

bb) Ad-hoc-Mitteilungspflicht durch die Zielgesellschaft

Der Umstand eines bevorstehenden Erwerbsangebots kann jedenfalls dann eine **Insiderinformation** darstellen, wenn sich durch den Vollzug des Erwerbsangebots die Beteiligungsverhältnisse an der Zielgesellschaft wesentlich verändern[119]. Regelmäßig wird dies bei Übernahmeangeboten der Fall sein,

62.52a

---

115 Art. 1 Abs. 1 Buchst. a MMVO; siehe auch *Schlitt/Schäfer* in FS Hopt, 2010, S. 2469, 2480.
116 Art. 7 Abs. 2 MMVO; zum Rechtsstand unter dem WpHG siehe *Reichert/Ott* in FS Hopt, 2010, S. 2385, 2391.
117 Nach Erwägungsgrund 25 der MMVO kommt es darauf an, ob der Bieter im Zeitpunkt der Ordererteilung im Besitz von Insiderinformationen war. Erfolgte die Ordererteilung vor der Erlangung von Insiderinformationen, ist nicht von einem Insidergeschäft auszugehen; vgl. auch BaFin, Emittentenleitfaden 2020, Ziff. I.4.2.5.2.2.1, S. 60 f.
118 *Hasselbach*, NZG 2004, 1087, 1092.
119 Rz. 14.89 ff.; *Klöhn* in Klöhn, Marktmissbrauchsverordnung, 2018, Art. 7 MMVO Rz. 372; *Schiessl* in FS 25 Jahre WpHG, 2019, S. 171, 183 („Paradefall einer Insiderinformation").

während es bei einfachen Erwerbsangeboten auf die konkreten Umstände ankommt. Nach Art. 11 Abs. 1 Buchst. a MMVO reicht es für eine Insiderinformation aus, dass sie die Zielgesellschaft oder deren Aktien unmittelbar oder mittelbar betrifft. Deshalb ist es **unerheblich**, ob das Erwerbsangebot freundlich oder feindlich ist[120]. Sobald nach Kenntnis der Zielgesellschaft als **vernünftigerweise zu erwarten** ist, dass ein Angebot abgegeben wird, besteht daher grundsätzlich die Pflicht zur Abgabe einer **Ad-hoc-Mitteilung** nach Art. 17 Abs. 1 MMVO. Die Formulierung „vernünftigerweise zu erwarten" entspricht der „hinreichenden Wahrscheinlichkeit" unter dem WpHG[121]. Hinreichende Wahrscheinlichkeit war nach WpHG gegeben, wenn unter Würdigung aller verfügbaren Anhaltspunkte tatsächlich erwartet werden kann, dass es zur Abgabe eines Angebots kommt[122]. Ob das schon mit Abschluss einer Vertraulichkeitsvereinbarung über die Durchführung einer Due Diligence-Prüfung der Fall war, oder erst nach deren Abschluss bzw. wenn weitere Vereinbarungen über die Transaktion z.B. durch ein Term Sheet o.Ä. getroffen werden, hing vom Einzelfall ab[123]. Die BaFin scheint sehr frühzeitig von einer Insiderinformation auszugehen, was den Tatbestand der Insiderinformation jedoch deutlich überspannt[124]. Unter den Voraussetzungen des Art. 11 Abs. 3 MMVO können bereits Zwischenschritte innerhalb eines gestreckten Vorgangs Insiderinformationen darstellen. Somit kann schon vor der Angebotsentscheidung (Rz. 62.53 ff.) eine Ad-hoc-Mitteilungspflicht nach Art. 17 Abs. 1 MMVO bestehen. Im Rahmen von Angebotsverfahren ist es daher **grundsätzlich empfehlenswert**, frühzeitig einen Beschluss über den **Aufschub der Veröffentlichung** von Insiderinformationen nach Art. 17 Abs. 4 MMVO zu fassen[125], was allerdings voraussetzt, dass die Zielgesellschaft ein eigenes berechtigtes Interesse an der Vermeidung einer frühzeitigen Offenlegung eines bevorstehenden Übernahmeangebots hat, keine Irreführung der Anleger erfolgt und während des Aufschubs die Vertraulichkeit gewährleistet ist[126]. Die Zielgesellschaft kann allerdings auch eine frühzeitige Ad-hoc-Mitteilung dazu nutzen, um den Erfolg eines ungewollten Angebots zu erschweren[127].

b) Ausschluss von Aktionären bei grenzüberschreitenden Angeboten

62.52b Auf Antrag des Bieters kann die BaFin nach § 24 WpÜG gestatten, dass bestimmte Aktionäre mit Wohnsitz, Sitz oder gewöhnlichem Aufenthaltsort außerhalb des EWR vom Angebot ausgenommen werden. Voraussetzung dafür ist zunächst, dass neben dem WpÜG auch das Recht eines anderen Staates auf das Angebot anzuwenden ist (**grenzüberschreitende Wirkung**). Nach dem Wortlaut von § 24 WpÜG muss dem Bieter die Einhaltung der ausländischen Bestimmungen **unzumutbar** sein. Dafür reicht eine finanzielle Mehrbelastung nicht aus[128], vielmehr muss sich die Unzumutbarkeit aus Rechtsgründen ergeben[129]. Erforderlich ist, dass der Bieter bereits im Vorfeld des Angebots Maßnahmen ergriffen hat, durch die er die Einhaltung der ausländischen Vorschriften gewährleistet. Insbesondere muss sich der Bieter um die rechtzeitige Zustimmung von Behörden sowie eine Abstimmung unter den Behörden bemüht haben. Unzumutbarkeit ist jedoch dann gegeben, wenn der Bieter auf die Mitwirkung Dritter angewiesen ist und deshalb nach WpÜG geltende Fristen nicht einhalten kann. Das ist etwa der Fall, wenn der Bieter bei einem konkurrierenden Angebot an feste Fristen nach dem WpÜG gebunden ist, die im Ausland erforderlichen Zustimmungen aber nicht fristgemäß eingeholt

---

120 Zum Rechtsstand unter dem WpHG siehe *Hirte* in KölnKomm. WpÜG, § 10 WpÜG Rz. 103.
121 *Poelzig*, NZG 2016, 528, 531 f.; Rz. 14.15.
122 EuGH v. 28.6.2012 – C-19/11 – Geltl/Daimler, AG 2012, 555 = DB 2012, 1496; dazu ausführlich Rz. 14.15.
123 Eher verneinend *Schlitt/Schäfer* in FS Hopt, 2010, S. 2469, 2480.
124 BaFin, Emittentenleitfaden 2020, Ziff. I.2.1.5.6; dazu *Merkner/Sustmann/Retsch*, NZG 2020, 688, 691 f.; kritisch zur Praxis der BaFin *Schiessl* in FS 25 Jahre WpHG, 2019, S. 171, 184 u. 189 f.
125 Vgl. *Bachmann* in Veil, Übernahmerecht in Praxis und Wissenschaft, S. 109, 117 f.
126 So ausdrücklich Art. 17 Abs. 4 Buchst. a MMVO; *Merkner/Sustmann/Retsch*, NZG 2020, 688, 693 f.
127 *Hirte* in KölnKomm. WpÜG, § 10 WpÜG Rz. 103; *Merkner/Sustmann/Retsch*, NZG 2020, 688, 693.
128 BaFin, Jahresbericht 2013, S. 180; *Süßmann* in Angerer/Geibel/Süßmann, § 24 Rz. 14.
129 *Boucsein/Schmiady*, AG 2016, 597, 602 f.; *Klepsch* in Steinmeyer, § 24 Rz. 6.

werden können[130]. Praktische Bedeutung haben Anträge nach § 24 WpÜG häufig bei **Tauschangeboten**, wenn die vom Bieter zum Tausch angebotenen Aktien nach ausländischem Recht zum Börsenhandel zugelassen oder registriert werden müssen. Insbesondere wenn die zum Tausch angebotenen Aktien in den **USA** registriert werden müssen, kann der damit verbundene finanzielle Aufwand erheblich sein. Auch wenn eine solche finanzielle Mehrbelastung nicht ausreicht, um die Unzumutbarkeit zu begründen, lässt die BaFin für in den USA ansässige Aktionäre eine besondere Abwicklung des Tauschangebots, ein sog. „**Vendor Placmement**", zu, wenn dadurch eine Registrierung der Aktien im Ausland vermieden werden kann. Dabei werden die als Gegenleistung zu gewährenden Aktien den Aktionären nicht übertragen, sondern an sog. *qualified institutional buyers* nach Rule 144A des United States Securities Exchange Act von 1933 übertragen und dann von diesen im Namen der Aktionäre über die Börse verkauft; der Veräußerungserlös wird dann an die Aktionäre ausgekehrt[131].

c) Angebotsentscheidung

aa) Allgemeines

Nach § 10 Abs. 1 Satz 1 WpÜG muss der Bieter seine Entscheidung zur Abgabe eines öffentlichen Erwerbsangebots (Angebotsentscheidung) **unverzüglich** veröffentlichen. Planungen zur Abgabe eines Angebots sind in der Regel besonders kursrelevante **Insiderinformationen**[132]. Unterliegt der Bieter den Bestimmungen der MMVO, erfüllt er seine Verpflichtungen mit Veröffentlichung der Angebotsentscheidung und braucht nach § 10 Abs. 6 WpÜG keine gesonderte Ad hoc-Mitteilung zu veröffentlichen, wenn die Veröffentlichung der Angebotsentscheidung den Vorgaben des Art. 2 Abs. 1 Durchführungsverordnung (EU) 2016/1055 entspricht[133]. § 10 WpÜG bezweckt, die Öffentlichkeit möglichst frühzeitig hierüber zu informieren, um das Ausnutzen von Spezialwissen zu verhindern[134]. Die Verpflichtung zur ordnungsgemäßen und rechtzeitigen Veröffentlichung der Angebotsentscheidung ist gemäß § 60 Abs. 1 Nr. 1 lit. a WpÜG bußgeldbewehrt. Verstöße können nach § 60 Abs. 3 WpÜG mit einer Geldbuße von bis zu 1 Mio. Euro geahndet werden.

62.53

Mit Veröffentlichung der Angebotsentscheidung beginnt für den Bieter die Frist von vier Wochen, innerhalb derer er nach § 14 Abs. 1 WpÜG die Angebotsunterlage an die BaFin zu übermitteln hat[135]. Die Angebotsentscheidung ist allerdings weder ein verbindliches Angebot noch eine rechtsgeschäftliche Willenserklärung[136].

62.54

bb) Zeitpunkt der Veröffentlichung

Unter bestimmten Voraussetzungen kann der Bieter ein Interesse daran haben, die Veröffentlichung der Angebotsentscheidung **hinauszuzögern**, z.B. um Zeit für Vorbereitungen der Strukturierung oder Finanzierung des Angebots zu gewinnen[137]. Bei feindlichen und sonstigen mit dem Vorstand der Zielgesellschaft vorher nicht abgestimmten Angeboten würde eine zu frühzeitige Veröffentlichung der Angebotsentscheidung den Bieter unter Zeitdruck setzen und den oft gewollten Überraschungseffekt beseitigen. Allerdings lässt sich nicht belegen, dass Bieter grundsätzlich daran interessiert sind, den Ver-

62.55

---

130 BaFin, Jahresbericht 2013, S. 180; *Cascante* in FS Wegen, 2015, S. 175, 194 f.
131 Siehe hierzu Ziffer 1.6 der Angebotsunterlage der Vonovia SE betreffend die Deutsche Wohnen AG v. 1.12.2015 sowie *Boucsein/Schmiady*, AG 2016, 597, 606 f.
132 *Assmann* in Assmann/Pötzsch/Uwe H. Schneider, § 10 WpÜG Rz. 5 f.; *Thoma* in Baums/Thoma, § 10 WpÜG Rz. 7.
133 Dazu *Hasselbach/Stepper*, BB 2021, 771, 774.
134 Begr. RegE, BT-Drucks. 14/7034, S. 39; *Noack/Holzborn* in Schwark/Zimmer, § 10 WpÜG Rz. 1; *Thoma* in Baums/Thoma, § 10 WpÜG Rz. 7.
135 Zur Frage, ob der Bieter berechtigt ist, nach Veröffentlichung der Angebotsentscheidung von seiner Absicht, ein Angebot abzugeben, abrücken darf, Rz. 62.68 ff.
136 *Thoma* in Baums/Thoma, § 10 WpÜG Rz. 12 („Absichtserklärung").
137 *Thoma* in Baums/Thoma, § 10 WpÜG Rz. 14.

öffentlichungszeitpunkt nach hinten zu verlagern. Da mit Veröffentlichung der Angebotsentscheidung gemäß § 5 Abs. 1 WpÜG-AngVO der für den gesetzlichen Mindestpreis von Übernahme- oder Pflichtangeboten maßgebliche Referenzzeitraum endet, kann der Bieter im Fall einer für ihn günstigen Entwicklung des Börsenkurses der Zielgesellschaft durchaus auch ein Interesse haben, die Angebotsentscheidung möglichst frühzeitig zu veröffentlichen. Dies gilt erst recht, wenn im Markt bereits erste Gerüchte über das bevorstehende Angebot verbreitet werden.

62.56 Das Gesetz definiert weder, wann von einer Entscheidung auszugehen ist, noch gibt es klare Vorgaben, wann die Angebotsentscheidung zu veröffentlichen ist. Das ist auch sachgerecht, da der Tatbestand einer Entscheidung in hohem Maße von der Rechtsform des Bieters und den **Umständen des Einzelfalls** abhängt. Bei der Bestimmung des Zeitpunkts für die Veröffentlichung der Angebotsentscheidung ist ein Ausgleich zu finden zwischen den Belangen des Bieters und seinen internen Strukturen einerseits sowie andererseits dem Interesse des Kapitalmarkts, das Ausnutzen von Insiderwissen zu verhindern.

62.57 Eine Angebotsentscheidung ist eine innere Tatsache, von der erst dann auszugehen ist, wenn sich die Absicht, ein Angebot abzugeben, so weit **verdichtet** hat, dass ein Abrücken von dem Plan nicht mehr ernsthaft erwartet werden kann[138]. Wenn der Bieter eine Gesellschaft oder ein Personenverband ist, hängt der Abschluss des Entscheidungsfindungsprozesses von seiner Binnenstruktur sowie dem darauf anwendbaren Gesellschaftsrecht ab[139]. Ausdrücklich außer Betracht bleibt dabei nach § 10 Abs. 1 Satz 2 WpÜG grundsätzlich ein etwaig erforderlicher **Beschluss der Gesellschafterversammlung** auf Seiten des Bieters.

62.58 Bei einer Bietergesellschaft ist zunächst erforderlich, dass deren Geschäftsleitungsorgan (z.B. die Geschäftsführer oder der Vorstand) seinen Willensbildungsprozess beendet und sich ohne weitere Vorbehalte oder Bedingungen zur Abgabe eines Angebots entschlossen hat[140]. Wenn die Entscheidung über die Abgabe eines Angebots noch vom Eintritt bestimmter Voraussetzungen wie etwa der positiven Stellungnahme des Vorstands der Zielgesellschaft oder der Einigung mit einem Großaktionär über einen Vorerwerb abhängt, ist die Willensbildung noch nicht abgeschlossen. Eine Angebotsentscheidung liegt dann noch nicht vor. Dies gilt insbesondere auch dann, wenn der Bieter seine Entscheidung vom Abschluss einer zufrieden stellenden **Due Diligence-Prüfung** abhängig macht. Den Bieter für den Fall, dass ihm der Vorstand der Zielgesellschaft eine solche Prüfung verweigert, darauf zu verweisen, einen entsprechenden Vorbehalt in die Angebotsbedingung aufzunehmen, hilft nicht weiter. Ihm wird auch in der Annahmephase die Due Diligence verweigert werden; und eine über den Vollzug des Angebots hinausreichende Bedingung wäre unzulässig (dazu näher Rz. 62.97)[141]. Abzulehnen ist die im Schrifttum teilweise befürwortete Möglichkeit, eine bedingte Angebotsentscheidung zu veröffentlichen[142]. Das spätere Angebot kann selbstverständlich nach Maßgabe von § 18 WpÜG unter Bedingungen abgegeben werden. Die Angebotsentscheidung ist indessen **bedingungsfeindlich**[143]. Eine endgültige Angebotsentscheidung könnte ohnehin erst mit Bedingungseintritt vorliegen (vgl. § 158 Abs. 1

---

138 *Liebscher*, ZIP 2001, 853, 860; *Thoma* in Baums/Thoma, § 10 WpÜG Rz. 17.
139 *Assmann* in Assmann/Pötzsch/Uwe H. Schneider, § 10 WpÜG Rz. 15; *Noack/Holzborn* in Schwark/Zimmer, § 10 WpÜG Rz. 7.
140 *Assmann* in Assmann/Pötzsch/Uwe H. Schneider, § 10 WpÜG Rz. 14; *Thoma* in Baums/Thoma, § 10 WpÜG Rz. 18.
141 Siehe auch *Merkner/Sustmann* in Baums/Thoma, § 18 WpÜG Rz. 135.
142 Eine aufschiebend bedingte Angebotsentscheidung und die analoge Anwendung von § 18 Abs. 2 WpÜG befürwortend *Hirte* in KölnKomm. WpÜG, § 10 WpÜG Rz. 30 f.; *Oechsler* in Ehricke/Ekkenga/Oechsler, § 10 WpÜG Rz. 14; zu Recht ablehnend *Assmann* in Assmann/Pötzsch/Uwe H. Schneider, § 10 WpÜG Rz. 12; *Geibel/Louven* in Angerer/Geibel/Süßmann, § 10 WpÜG Rz. 11 sowie nunmehr auch *Thoma* in Baums/Thoma, § 10 WpÜG Rz. 19.
143 *Boucsein/Schmiady*, AG 2016, 597, 598 f.; *Strunk/Linke* in Veil/Drinkuth, Reformbedarf im Übernahmerecht, S. 3, 29.

BGB). Würde man bereits vorher eine Veröffentlichung zulassen oder gar verlangen, würden die hiermit verbundenen Fristen vorverlagert, obwohl zu diesem Zeitpunkt noch gar nicht feststeht, ob es überhaupt zum Bedingungseintritt und damit der Angebotsentscheidung kommt.

Sofern nach dem für die Bietergesellschaft geltenden Gesetz oder Gesellschaftsvertrag die Zustimmung eines gesetzlich vorgeschriebenen oder fakultativen Gesellschaftsorgans erforderlich ist, darf diese **Zustimmungsentscheidung** abgewartet werden[144]. Es gelten dann die zu § 15 WpHG a.F. vor Inkrafttreten des AnSVG entwickelten und nun in Art. 11 Abs. 3 MMVO normierten Grundsätze für **mehrstufige Entscheidungsprozesse** entsprechend[145]. Aus dem Gesetzeszweck des § 10 WpÜG ist die Pflicht des Bieters abzuleiten, die Entscheidung dieses Gesellschaftsorgans zügig einzuholen[146]. Das bedeutet, dass das Geschäftsleitungsorgan nach Abschluss seines Entscheidungsprozesses eine Beschlussfassung des Aufsichtsorgans zu veranlassen hat. Eine Verpflichtung, die im Gesetz, Gesellschaftsvertrag oder der Geschäftsordnung vorgeschriebenen Einberufungsfristen zu verkürzen oder eine formlose Beschlussfassung herbeizuführen, besteht indessen nicht. Wenn man von einer solchen Förderpflicht ausgeht, besteht kein Bedürfnis, in Ausnahmefällen von der Zustimmung des Aufsichtsorgans abzusehen. 62.59

Eine **schriftliche Dokumentation** des Entscheidungsfindungsprozesses ist gesetzlich nicht vorgeschrieben, aber in jedem Fall ratsam. 62.60

Da es sich bei der Angebotsentscheidung um eine innere Tatsache handelt, ist fraglich, ob man auf ihr **Vorliegen aufgrund bestimmter Indizien** schließen kann. Diskutiert wurde das kurz nach Inkrafttreten des WpÜG etwa für den Fall, dass die Angebotsunterlage deutlich vor Ablauf der vierwöchigen Frist des § 14 Abs. 1 WpÜG an die BaFin übermittelt wird[147] oder dass mit einem Großaktionär bereits eine Einigung über den Erwerb eines Aktienpakets an der Zielgesellschaft getroffen wurde[148]. Aus dem Vorliegen bloßer Indizien darf noch keine Veröffentlichungspflicht abgeleitet werden. Außerdem ist zu berücksichtigen, dass Angebotsunterlagen inzwischen derart standardisiert sind, dass es zumindest einem Bieter, der die Gelegenheit zur Durchführung einer Due Diligence-Prüfung erhalten hat, grundsätzlich ohne besondere Schwierigkeiten möglich ist, die Angebotsunterlage deutlich vor Ablauf der gesetzlichen Frist einzureichen. Solange auf Seiten des Bieters der Willensbildungsprozess noch nicht abgeschlossen ist, kommt eine Vorverlagerung der Veröffentlichungspflicht selbst dann nicht in Betracht, wenn der Bieter Vorbereitungshandlungen aufgenommen und bereits mit der Erstellung der Angebotsunterlage begonnen hat. So kann es etwa bei der Vorbereitung eines nicht mit der Zielgesellschaft abgestimmten oder eines konkurrierenden Angebots sowie zur Vermeidung eines konkurrierenden Angebots durchaus sinnvoll sein, mit der Erstellung der Angebotsunterlage bereits vor Abschluss des Entscheidungsprozesses zu beginnen. 62.61

---

144 *Assmann* in Assmann/Pötzsch/Uwe H. Schneider, § 10 WpÜG Rz. 17 f.; *Noack/Holzborn* in Schwark/Zimmer, § 10 WpÜG Rz. 7; *Oechsler* in Ehricke/Ekkenga/Oechsler, § 10 WpÜG Rz. 7; ebenso im Grundsatz *Thoma* in Baums/Thoma, § 10 WpÜG Rz. 22 f.
145 Begr. RegE, BT-Drucks. 14/7034, S. 39; *Assmann* in Assmann/Pötzsch/Uwe H. Schneider, § 10 WpÜG Rz. 15; *Groß* in Happ/Groß/Möhrle/Vetter, Aktienrecht, Bd. II, 5. Aufl. 2020, 22. Abschnitt, Rz. 2.1; *Hopt*, ZHR 166 (2002), 383, 402; *Liebscher*, ZIP 2001, 853, 860.
146 *Thoma* in Baums/Thoma, § 10 WpÜG Rz. 24.
147 *Lenz/Behnke*, BKR 2003, 43, 44. Im Durchschnitt erfolgte die Veröffentlichung – nicht Übermittlung – der Angebotsunterlage bei Übernahmeangeboten 35 Tage, bei Pflichtangeboten 30 Tage und bei einfachen Erwerbsangeboten 34 Tage nach Veröffentlichung der Angebotsunterlage. Wenn man davon 15 Kalendertage für die Prüfung der Angebotsunterlage durch die BaFin abzieht (vgl. § 14 Abs. 2 Satz 1 WpÜG: zehn Werktage), dürfte der Zeitraum zwischen Veröffentlichung der Angebotsentscheidung und der Übermittlung der Angebotsunterlage im Durchschnitt bei etwa 20 Kalendertagen liegen. Danach müsste die Einreichung der Angebotsunterlage schon in deutlich kürzerer Zeit erfolgen, um ein Indiz für eine verspätete Veröffentlichung der Angebotsentscheidung zu konstruieren.
148 *Hirte* in KölnKomm. WpÜG, § 10 WpÜG Rz. 27; *Noack/Holzborn* in Schwark/Zimmer, § 10 WpÜG Rz. 6 f.; *Thoma* in Baums/Thoma, § 10 WpÜG Rz. 17.

62.62 Im Fall einer **Bietergemeinschaft** nach § 2 Abs. 4 WpÜG sind die Voraussetzungen für das Vorliegen der Angebotsentscheidung zunächst für jeden Bieter gesondert zu ermitteln[149]. In der Regel kann davon ausgegangen werden, dass jeder einzelne Bieter seine Entscheidung zur Abgabe eines Angebots davon abhängig macht, dass auch alle übrigen Mitglieder der Bietergemeinschaft ihre Angebotsentscheidungen getroffen haben. Zulässig ist es, wenn sich die Bieter darauf verständigen, dass die Veröffentlichung der Angebotsentscheidung stellvertretend durch einen Bieter für alle vorgenommen wird.

cc) Inhalt der Veröffentlichung

62.63 In Bezug auf den Inhalt der Veröffentlichung der Angebotsentscheidung macht das Gesetz mit Ausnahme der nach § 10 Abs. 3 Satz 2 WpÜG geforderten Angabe der Internetadresse, unter der die Angebotsentscheidung veröffentlicht wird, keine Vorgaben. Aus dem Zweck von § 10 WpÜG, Insiderhandel und Marktverzerrungen zu vermeiden, ergibt sich folgender Mindestinhalt[150]:

- Entscheidung zur Abgabe eines Angebots, wobei die Angebotsart (Übernahmeangebot, Pflichtangebot oder einfaches Erwerbsangebot)[151] anzugeben ist.
- Firmenname der Zielgesellschaft.
- Genaue Bezeichnung der vom Angebot erfassten Wertpapiere.
- Im Fall einer Bietergemeinschaft ist auf die Mitbieter hinzuweisen, wobei in der Regel die Bieter entweder eine gemeinsame Veröffentlichung vornehmen oder ein Bieter diese stellvertretend für alle anderen Bieter übernimmt.

62.64 Eckdaten der Angebotsunterlage sind ebenso wenig erforderlich wie der Hinweis, dass das Angebot unter Bedingungen stehen soll. Unter bestimmten Voraussetzungen kann der Bieter aber ein Interesse daran haben, den **Angebotspreis** bereits in der Veröffentlichung der Angebotsentscheidung anzugeben[152]. Das kann etwa der Fall sein bei einem konkurrierenden Angebot oder wenn Spekulationen über einen Kursanstieg der Aktie der Zielgesellschaft gedämpft werden sollen. In dem Zusammenhang ist **fraglich, ob** der **Bieter an** solche vorab **angekündigten Bedingungen gebunden** ist und diese in seine Angebotsunterlage aufnehmen muss. Die BaFin nimmt eine solche Bindungswirkung an[153]. Dagegen spricht, dass die Angebotsentscheidung, wie oben ausgeführt (vgl. Rz. 62.54), weder ein verbindliches Angebot noch eine rechtsgeschäftliche Willenserklärung darstellt[154], so dass sich eine Bindungswirkung nicht begründen lässt. Zwar muss der Bieter den Grundsatz des § 3 Abs. 5 WpÜG sowie das Verbot von Marktverzerrungen beachten. Eine gegenüber der Angebotsentscheidung in der Angebotsunterlage vorgenommene Erhöhung des Angebotspreises dürfte schon wegen § 21 WpÜG nicht zu beanstanden sein und auch keine Marktverzerrung darstellen. Zwar erlaubt das WpÜG keine nachträglichen Verschlechterungen der Bedingungen der Angebotsunterlage, doch kann das wegen des rechtlich unverbindlichen Charakters der Angebotsentscheidung hier nicht gelten. Ob hierdurch Marktverzerrungen ausgelöst werden, ist nicht generell zu bejahen, sondern vom Einzelfall abhängig. Jedenfalls dürfte die BaFin bei einer Abweichung der Angebotsbedingungen in der eingereichten An-

---

149 *Geibel/Louven* in Angerer/Geibel/Süßmann, § 10 WpÜG Rz. 23; *Hirte* in KölnKomm. WpÜG, § 10 WpÜG Rz. 45.
150 Muster einer Angebotsentscheidung bei *Groß* in Happ/Groß/Möhrle/Vetter, Aktienrecht, Bd. II, 5. Aufl. 2020, 22. Abschnitt, 22.01 Buchst. a). Auswertung der Inhalte von Angebotsentscheidungen bei *Seibt*, CFL 2013, 145, 154 ff.
151 So zutreffend *Thoma* in Baums/Thoma, § 10 WpÜG Rz. 55; a.A. *Assmann* in Assmann/Pötzsch/Uwe H. Schneider, § 10 WpÜG Rz. 48; *Hirte* in KölnKomm. WpÜG, § 10 WpÜG Rz. 24; offen gelassen bei *Noack/Holzborn* in Schwark/Zimmer, § 10 WpÜG Rz. 27.
152 *Geibel/Louven* in Angerer/Geibel/Süßmann, § 10 WpÜG Rz. 39.
153 *Boucsein/Schmiady*, AG 2016, 597, 598; zust. *Hasselbach* in KölnKomm. WpÜG, § 21 WpÜG Rz. 11.
154 Gegen eine Bindungswirkung daher *Oechsler* in Ehricke/Ekkenga/Oechsler, § 21 WpÜG Rz. 1a; *Thoma* in Baums/Thoma, § 10 WpÜG Rz. 57.

gebotsunterlage von den in der Angebotsentscheidung veröffentlichten Eckdaten jedenfalls keine Grundlage für eine Untersagung des Angebots nach § 15 WpÜG haben. Insbesondere greift der Verbotstatbestand des § 15 Abs. 1 Nr. 2 WpÜG nicht ein, weil die von der Angebotsentscheidung abweichende Angebotsunterlage keine offensichtlich WpÜG-widrigen Angaben enthält.

dd) Veröffentlichung der Angebotsentscheidung

Vor Veröffentlichung muss der Bieter die Angebotsentscheidung den **Geschäftsführungen der Börsen**, an denen die Wertpapiere der Zielgesellschaft gehandelt werden, und der **BaFin** mitteilen (§ 10 Abs. 2 Satz 1 WpÜG). Anschließend muss der Bieter die Angebotsentscheidung gemäß § 10 Abs. 3 WpÜG im Internet und einem elektronischen Informationsverbreitungssystem in deutscher Sprache bekanntmachen und den Geschäftsführungen der Börsen sowie der BaFin hiervon nach § 10 Abs. 4 WpÜG Belegexemplare übersenden. Ferner muss der Bieter dem **Vorstand der Zielgesellschaft** die Veröffentlichung der Angebotsentscheidung unverzüglich schriftlich mitteilen (§ 10 Abs. 5 WpÜG). Der Vorstand der Zielgesellschaft muss dann seinerseits den zuständigen **Betriebsrat** unterrichten[155]. Bevor der Bieter seine Angebotsentscheidung gemäß § 10 Abs. 3 Satz 1 WpÜG veröffentlicht hat, darf er diese nach § 10 Abs. 3 Satz 3 WpÜG nicht anderweitig öffentlich bekannt geben.

62.65

ee) Verhältnis zur Ad-hoc-Publizität

Die Tatsache der Angebotsentscheidung ist vom **Bieter** allein nach § 10 Abs. 1 WpÜG zu veröffentlichen, der insoweit als spezialgesetzliche Regelung die Ad-hoc-Publizität nach Art. 17 Abs. 1 MMVO verdrängt[156]. Voraussetzung ist, dass für die Angebotsentscheidung die gleichen Verbreitungskanäle verwendet werden wie sie für eine Ad hoc-Mitteilung erforderlich sind[157]. Dieser ausdrücklich in § 10 Abs. 6 WpÜG normierte Vorrang der übernahmerechtlichen Publizität beschränkt sich indessen auf die Angebotsentscheidung. Sofern der Bieter selbst Emittent ist, können bei ihm vor, neben oder nach Veröffentlichung der Angebotsentscheidung eintretende Umstände eine Insiderinformation begründen und grundsätzlich eine Veröffentlichungspflicht nach Art. 17 Abs. 1 MMVO auslösen[158]. Nach § 10 Abs. 6 WpÜG gilt die Ad hoc-Mitteilungspflicht nicht für Angebotsentscheidungen, sofern diese gemäß der MIFID-DVO veröffentlicht wird. Es ist zwar richtig, dass der deutsche Gesetzgeber sich nicht über die höherrangige MMVO hinwegsetzen kann[159], doch tut er das bei verständiger Auslegung von § 10 Abs. 6 WpÜG auch nicht. Diese Bestimmung dient nämlich völlig in Übereinstimmung mit der MMVO der sachgerechten Information der Anleger, indem verwirrende Doppelmeldungen vermieden werden. Jedenfalls ist der Bieter berechtigt, einen Aufschub der Veröffentlichung unter den Voraussetzungen des Art. 17 Abs. 4 MMVO zu beschließen[160].

62.66

Da § 10 Abs. 6 WpÜG nur für die vom Bieter zu veröffentlichende Angebotsentscheidung gilt, findet diese Bestimmung auf die Ad-hoc-Publizitätspflicht der **Zielgesellschaft** grundsätzlich keine Anwendung[161]. Nach Art. 11 Abs. 1 Buchst. a MMVO kommt es für das Vorliegen einer Insiderinformation nicht darauf an, ob sich der Umstand auf den Tätigkeitsbereich der Emittentin bezieht. Vielmehr reicht es aus, wenn der Umstand die Emittentin oder ihre Finanzinstrumente unmittelbar oder mittelbar betrifft. Ein bevorstehendes öffentliches Angebot betrifft die Emittentin, weil es sie zur Zielgesell-

62.67

---

155 Dazu näher 1. Aufl., § 58 Rz. 60 ff.
156 Siehe Rz. 14.90 f.
157 *Hasselbach/Stepper*, BB 2021, 771, 774.
158 *Klöhn* in Klöhn, Marktmissbrauchsverordnung, 2018, Art. 17 Rz. 393 ff.
159 *Klöhn* in Klöhn, Marktmissbrauchsverordnung, 2018, Art. 17 MMVO Rz. 49.
160 *Klöhn* in Klöhn, Marktmissbrauchsverordnung, 2018, Art. 17 MMVO Rz. 395.
161 *Decker*, Ad-hoc-Publizität bei öffentlichen Übernahmen, S. 350; siehe auch unter Hinweis auf die Geltl/Schrempp/Daimler-Rechtsprechung Rz. 62.52.

schaft macht und jedenfalls für ihre Organe unmittelbare Rechtsfolgen auslöst[162]. Daher ist es auch unerheblich, ob das Erwerbsangebot freundlich oder feindlich ist[163]. Aus Sicht der Zielgesellschaft kann **bereits vor** der Angebotsentscheidung eine Insiderinformation vorliegen, wenn sich durch den Vollzug des Erwerbsangebots die Beteiligungsverhältnisse an der Zielgesellschaft **wesentlich** verändern. Regelmäßig wird dies bei Übernahmeangeboten der Fall sein, während es bei einfachen Erwerbsangeboten auf die konkreten Umstände ankommt. Während von einer Angebotsentscheidung erst dann ausgegangen werden kann, wenn die Abgabe des Angebots als nahezu sicher gilt (siehe Rz. 62.57 m.w.N.), reicht für das Vorliegen einer Insiderinformation gemäß nach Art. 7 Abs. 2 MMVO bereits aus, dass der Eintritt des Ereignisses vernünftigerweise zu erwarten ist[164]. Davon ist auszugehen, wenn unter Würdigung aller verfügbaren Anhaltspunkte mit einer überwiegenden Wahrscheinlichkeit (mehr als 50 %) erwartet werden kann, dass es zur Abgabe eines Angebots kommt[165]. Die BaFin stellt allerdings nicht allein auf die überwiegende Wahrscheinlichkeit ab, sondern fragt im Rahmen einer Gesamtschau, ob ein verständiger Anleger Informationen über Zwischenschritte bereits für sich nutzen würde[166]. Ob das schon mit Abschluss einer Vertraulichkeitsvereinbarung über die Durchführung einer Due Diligence-Prüfung der Fall ist, oder erst nach deren Abschluss bzw. wenn weitere Vereinbarungen über die Transaktion z.B. durch ein Term Sheet o.Ä. getroffen werden, lässt sich damit schwer beurteilen und hängt weitgehend vom Einzelfall ab[167]. Aus Sicht der Zielgesellschaft kann sich daher **bereits vor** Veröffentlichung der Angebotsentscheidung die Pflicht zur Veröffentlichung einer Ad-hoc-Mitteilung ergeben. Kommt der Vorstand dieser Verpflichtung nach, kann durch die Veröffentlichung die Vorbereitung des Angebots für den Bieter erheblich erschwert und verteuert werden[168]. Die Zielgesellschaft kann von der Möglichkeit des Aufschubs der Veröffentlichung nach Art. 17 Abs. 4 Buchst. a MMVO Gebrauch machen, wenn die erfolgreiche Durchführung des Angebots in ihrem Unternehmensinteresse liegt (dazu Rz. 62.229 ff.). Eine Verpflichtung zum Aufschub besteht indessen nicht[169]; sie lässt sich selbst bei Übernahmeangeboten auch nicht aus § 33 Abs. 1 WpÜG herleiten, weil diese Bestimmung vor Veröffentlichung der Angebotsentscheidung noch nicht anwendbar ist.

ff) Abbruch des Angebots nach Veröffentlichung der Angebotsentscheidung

62.68 Gemäß § 14 Abs. 1 WpÜG muss der Bieter innerhalb von vier Wochen nach Veröffentlichung der Angebotsentscheidung die Angebotsunterlage an die BaFin übermitteln. Umstritten ist, ob der Bieter berechtigt ist, nach Veröffentlichung der Angebotsentscheidung von seinem Vorhaben Abstand zu nehmen und von der Einreichung der Angebotsunterlage abzusehen.

62.69 Nach Auffassung der BaFin und auch dem klaren Gesetzeswortlaut ist der Bieter jedenfalls nicht berechtigt, nach Veröffentlichung der Angebotsentscheidung einseitig von der Abgabe eines Angebots Abstand zu nehmen[170]. Eine **rechtliche Verpflichtung** gegenüber den Aktionären auf Abgabe eines Angebots löst die Veröffentlichung der Angebotsentscheidung allerdings nicht aus, weil die Angebots-

---

162 *Assmann* in Assmann/Pötzsch/Uwe H. Schneider, § 10 WpÜG Rz. 5; *Klöhn* in Klöhn, Marktmissbrauchsverordnung, 2018, Art. 17 MMVO Rz. 388.
163 *Hirte* in KölnKomm. WpÜG, § 10 WpÜG Rz. 103; *Lebherz*, WM 2010, 154, 161.
164 Vgl. dazu *Wackerbarth* in MünchKomm. AktG, 5. Aufl. 2021, § 10 WpÜG Rz. 92 ff.; zum Rechtsstand unter Geltung von § 13 WpHG a.F. siehe *Pawlik* in KölnKomm. WpHG, § 13 WpHG Rz. 23.
165 Erwägungsgründe 16 und 17 der MMVO; zum Rechtsstand unter Geltung des WpHG siehe EuGH v. 28.6.2012 – C-19/11 – Geltl/Daimler, AG 2012, 555 = DB 2012, 1496; dazu ausführlich Rz. 14.15; siehe auch *Merkner/Sustmann/Retsch*, NZG 2020, 688, 693.
166 BaFin, Emittentenleitfaden 2020, Ziff. I.2.1.4.3.
167 Unter Geltung des WpHG eher verneinend *Schlitt/Schäfer* in FS Hopt, 2010, S. 2469, 2480.
168 *Versteegen* in KölnKomm. WpHG, § 15 WpHG Rz. 134.
169 *Decker*, Ad-hoc-Publizität bei öffentlichen Übernahmen, S. 375 ff.
170 *Boucsein/Schmiady*, AG 2016, 597, 598; *Strunk/Salomon/Holst* in Veil, Übernahmerecht in Praxis und Wissenschaft, 2009, S. 1, 3; zu Reformüberlegungen vgl. *Cascante/Tyrolt*, AG 2012, 97, 102 ff. Zu damit verbundenen praktischen Konsequenzen im Fall der Untersagung des Angebots Andrem/3W Power siehe auch *Seibt*, CFL 2013, 145, 154 ff.

entscheidung, wie oben ausgeführt (Rz. 62.54), weder ein verbindliches Angebot noch eine rechtsgeschäftliche Willenserklärung ist[171]. Anders als bei einem Pflichtangebot, für das § 38 WpÜG einen zivilrechtlichen Zinsanspruch begründet, sieht das Gesetz bei Übernahme- oder einfachen Erwerbsangeboten auch keine zivilrechtliche Sanktion vor. Daraus kann aber nicht geschlossen werden, dass der Bieter berechtigt ist, seine Angebotsentscheidung frei zurückzunehmen[172].

Davon zu trennen ist die Konstellation, dass der Bieter in seiner Angebotsentscheidung bereits eine Bedingung des späteren Angebots ankündigt. Stellt sich schon vor Veröffentlichung der Angebotsunterlage heraus, dass die Bedingung nicht mehr eintreten kann, ist das Angebot zu untersagen[173].

Reicht der Bieter nach Veröffentlichung der Angebotsentscheidung die Angebotsunterlage nicht oder nicht rechtzeitig ein, hat die BaFin das Angebot gemäß § 15 Abs. 1 Nr. 3 WpÜG **zu untersagen**[174]. Dies löst die einjährige **Sperrfrist** nach § 26 WpÜG aus und stellt einen **Bußgeldtatbestand** nach § 60 Abs. 1 Nr. 2a WpÜG dar[175]. Sollte ein bereits an der Zielgesellschaft beteiligter Bieter eine Angebotsentscheidung veröffentlichen, ohne danach auch ein Angebot abzugeben, sondern nur um den Kurs der Aktie der Zielgesellschaft zu beeinflussen, liegt eine nach Art. 15 MMVO verbotene Marktmanipulation vor[176]. Die BaFin kann den Bieter indessen nicht zur Abgabe des Angebots bzw. Veröffentlichung der Angebotsunterlage verpflichten. Eine solche Verfügung wäre entgegen § 37 VwVfG nicht bestimmbar.

d) Vorerwerbe, Beteiligungsaufbau

aa) Allgemein

In vielen Fällen treffen Bieter vor Veröffentlichung der Angebotsentscheidung mit Großaktionären der Zielgesellschaft **Vereinbarungen** über den Erwerb von Aktienpaketen. Für den Bieter dienen solche Vorerwerbe der Transaktionssicherheit[177], u.a. weil sie die Wahrscheinlichkeit von konkurrierenden Angeboten verringern[178]. Vorerwerbe sind rechtlich **zulässig**. Der Bieter ist hieran nicht durch das Insiderhandelsverbot gehindert, sofern er außer der von ihm selbst geschaffenen Insiderinformation, die Abgabe eines Angebots zu beabsichtigen, keine Kenntnis von weiteren Insiderinformationen bezüglich der Zielgesellschaft hat.[179] In der Regel werden Vorerwerbe unter der aufschiebenden Bedingung geschlossen, dass das Angebot vollzogen wird[180]. Aus Sicht der veräußernden Großaktionäre und der

---

171 *Cascante/Tyrolt*, AG 2012, 97, 103; *Groß* in Happ/Groß/Möhrle/Vetter, Bd. II, 5. Aufl. 2020, 22. Abschnitt, Anm. 2.5; *Meyer* in Mülbert/Wittig/Kiem, 10 Jahre WpÜG, 2011, S. 226, 231.
172 Vgl. näher 1. Aufl., § 58 Rz. 48.
173 So etwa bei der angekündigten Übernahme der Deutsche Wohnen AG an die Aktionäre der LEG Immobilien AG; vgl. dazu *Boucsein/Schmiady*, AG 2016, 597, 598 f.
174 Dementsprechend hatte die BaFin am 29.3.2006 der Merck KGaA (bzw. ihrer Tochtergesellschaft) die Veröffentlichung eines Angebots an die Aktionäre der Schering AG untersagt, nachdem Merck nicht fristgemäß nach Veröffentlichung ihrer Angebotsentscheidung eine Angebotsunterlage eingereicht hatte; vgl. BaFin, Jahresbericht 2006, S. 182 f.
175 *Thoma* in Baums/Thoma, § 10 WpÜG Rz. 61.
176 Zum Rechtsstand unter Geltung von § 20a WpHG a.F. siehe *Cascante/Tyrolt*, AG 2012, 97, 103.
177 *Seibt*, CFL 2013, 145, 151 spricht daher auch von „Deal Protection". Zur Frage, ob aufgrund derartiger Vorerwerbsvereinbarungen erlangte Aktien beim übernahmerechtlichen Squeeze out zur Erreichung der 90 %-Schwelle nach § 39a Abs. 1 Satz 3 WpÜG mitzurechnen sind, *Deilmann*, NZG 2007, 721, 723 f.; *Paefgen*, WM 2007, 765, 769 sowie Rz. 62.348.
178 *Kiesewetter* in Paschos/Fleischer, Handbuch Übernahmerecht nach dem WpÜG, § 8 Rz. 2.
179 Die Umsetzung des eigenen Erwerbsentschlusses wird als legitime Handlung i.S.d. Art. 9 Abs. 5 MMVO angesehen; *Kiesewetter* in Paschos/Fleischer, Handbuch Übernahmerecht nach dem WpÜG, § 8 Rz. 108.
180 *Schiessl* in FS 25 WpHG, 2019, S. 171, 177. Anders etwa beim Übernahmeangebot der PPR in Bezug auf die Aktien der Puma AG: PPR hatte vom damaligen Großaktionär Mayfair bereits vor Veröffentlichung der Angebotsentscheidung dessen Aktienpaket auch dinglich erworben.

Zielgesellschaft ist das jedoch unvorteilhaft[181]. Zunehmend werden nämlich bereits durch die Veröffentlichung der Angebotsentscheidung Hedge Fonds angelockt, die sich mit größeren Aktienpaketen einkaufen, um den Bieter zu einer Erhöhung des Angebots zu bewegen.[182] Lehnt der Bieter das ab und kommt es nicht zum Vollzug des Angebots, bleiben die Hedge Fonds in der Zielgesellschaft. Das führt zunächst zu einer Reduzierung des *free float*. Vor allem werden für spätere Übernahmen hohe Hürden gesetzt, weil der oder die Hedge Fonds in solchen Konstellationen zu hohen Preisen investiert haben und deshalb noch deutlich höhere Preiserwartungen bei künftigen Angeboten haben. Besteht der Bieter darauf, dass der Aktienkaufvertrag unter der Bedingung des Vollzugs des Angebots steht, sollte seitens der veräußernden Aktionäre sowie ggf. der Zielgesellschaft darauf geachtet werden, dass die Mindestannahmeschwelle so bemessen ist, dass es jedenfalls für Hedge Fonds nicht oder nur sehr schwer möglich ist, den Eintritt dieser Bedingung zu verhindern[183].

bb) Mitteilungspflichten beim Beteiligungsaufbau

62.72 In der Vergangenheit ist es einigen Bietern gelungen, durch bestimmte Gestaltungen vor Veröffentlichung einer Angebotsentscheidung eine **Beteiligungsposition** an der Zielgesellschaft **aufzubauen, ohne Stimmrechtsmitteilungen** abzugeben. Bekannt geworden sind insbesondere die Fälle Schaeffler/Continental sowie Porsche/Volkswagen[184]. Der Gesetzgeber hat darauf durch das Gesetz zur Stärkung des Anlegerschutzes und Verbesserung der Funktionsfähigkeit des Kapitalmarkts (**AnsFuG**) vom 5.4.2011[185] reagiert, indem auch solche Finanzinstrumente der Meldepflicht unterworfen wurden, die ihrem Inhaber den Erwerb von Aktien lediglich „ermöglichen" (insbesondere durch § 25a WpHG a.F.). Dadurch wurde das **Heranschleichen** oder *creeping in* wesentlich erschwert.

62.73 Die im Rahmen des AnsFuG reformierten §§ 21 ff. WpHG a.F. wurden durch das Gesetz zur Umsetzung der Transparenzrichtlinie-Änderungsrichtlinie[186] erneut nicht unerheblich geändert[187]. §§ 25, 25a WpHG a.F. gehen im neuen § 38 WpHG (bis 2.1.2018: § 25) auf[188]. § 39 WpHG (bis 2.1.2018: § 25a) regelt nur noch die Pflicht zur Mitteilung der aggregierten Stimmrechte aus den Tatbeständen der §§ 33, 34 und 38 WpHG (bis 2.1.2018: §§ 21, 22 und 25). Trotz mancher Unterschiede im Wortlaut zwischen § 25a WpHG a.F. und § 25 WpHG a.F. bzw. § 39 WpHG i.d.F. des 2. FiMaNoG sollten mit dem Umsetzungsgesetz keine inhaltlichen Änderungen verbunden sein[189].

Nach Ziffer I.2.1.5.6 des Modul C des Emittentenleitfadens der BaFin sollen bloße Vorbereitungshandlungen und lediglich interne Entscheidungen des Bieters noch nicht zur Entstehung einer Insiderinformation führen, während bei allen darüber hinausgehenden und nicht lediglich einseitigen Maßnahmen jedenfalls im Einzelfall genau zu prüfen sei, ob nicht bereits in diesem Stadium eine präzise Information mit Kursrelevanz vorliegt[190]. Je weiter der Übernahmeprozess fortgeschritten sei, um so größer

---

181 Vgl. auch *Goslar/Witte* in Paschos/Fleischer, Handbuch Übernahmerecht nach dem WpÜG, § 4 Rz. 7.
182 So etwa beim Übernahmeangebot der Vodafone Vierte Verwaltungsgesellschaft mbH v. 30.7.2013 an die Aktionäre der Kabel Deutschland Holding AG sowe bei dem letztlich im zweiten Anlauf erfolgreichen Übernahmeangebot der Dragonfly GmbH & Co. KGaA (Mc Kesson) an die Aktionäre der Celesio AG v. 5.12.2013 (erstes Angebot) und 28.2.2014 (zweites Angebot).
183 Siehe auch *Merkner/Sustmann* in Baums/Thoma, § 18 WpÜG Rz. 96.
184 Dazu näher 3. Aufl., § 60 Rz. 72 sowie *Habersack*, AG 2008, 817 ff.; *Schanz*, DB 2008, 1899 ff.; *Uwe H. Schneider/Brouwer*, AG 2008, 557 ff.
185 BGBl. I 2011, 538 ff.
186 BGBl. I 2015, 2029.
187 Zum Hintergrund *Tautges*, WM 2017, 512.
188 BaFin, FAQ v. 28.11.2016 zum Transparenzrichtlinie-Änderungsrichtlinie-Umsetzunggesetz, Ziffer X zu Fragen 39 und 40 (S. 23 f.) (abrufbar auf der Website der BaFin); siehe *Tautges*, WM 2017, 512, 513, der jedoch zu Recht auf inhaltliche Änderungen für das Emissionsgeschäft hinweist.
189 Begr. RegE, BT-Drucks. 18/5010, S. 46; *Tautges*, WM 2017, 512, 513.
190 BaFin, Emittentenleitfaden 2020, Ziff. I.2.1.5.6, S. 27.

werde die Eignung zur Kursbeeinflussung[191]. Das ist im Ansatz nachvollziehbar, allerdings scheint die BaFin in vielen Maßnahmen, die regelmäßig am Anfang eines Transaktionsprozesses stehen, bereits einen ausreichenden Fortschritt im Übernahmeprozess zu sehen und kommt damit sehr frühzeitig zur Annahme einer Insiderinformation[192]. Grundsätzlich dürften für die nachstehenden Maßnahmen folgende Grundsätze gelten:

Absichtserklärungen, Vertraulichkeitsvereinbarungen: Durch im Vorfeld eines Aktienerwerbs abgegebene Absichtserklärungen (*Letter of Intent*) oder vergleichbare Regelungen (*Term Sheet, Memorandum of Understanding*) oder Vertraulichkeitsvereinbarungen kann nach Auffassung der BaFin bereits eine Insiderinformation entstehen[193]. Das lässt sich nur dann nachvollziehen, wenn man unter hinreichender Wahrscheinlichkeit versteht, dass das Endergebnis nicht völlig ausgeschlossen ist, was aber nicht sachgerecht erscheint[194]. Daher sollte an den Maßstäben des EuGH festgehalten werden, wonach tatsächlich erwartet werden kann, dass das Ereignis eintreten wird[195]. Davon ist bei Abschluss einer Vertraulichkeitsvereinbarung grundsätzlich nicht auszugehen, bei Unterzeichnung einer Absichtserklärung allenfalls dann, wenn darin die wesentlichen Punkte der Transaktion bereits so präzise beschrieben sind, dass ihre Umsetzung erwartet werden kann.

62.74

Aktienkaufverträge: Aktienkaufverträge sind ab Vertragsschluss (*Signing*) meldepflichtig. Es spielt keine Rolle, ob ihr Vollzug aufschiebend bedingt ist[196].

Call- und Put-Optionen: Vereinbarungen, nach denen der Bieter das Recht auf Kauf (*Call-Option*) oder die Pflicht zum Kauf oder Erwerb (*Put-Option*) von Aktien hat, gelten ebenfalls als meldepflichtige Instrumente[197].

Differenzgeschäfte: Gestaltungen wie sie bei Schaeffler/Continental und Porsche/Volkswagen angewendet wurden und lediglich einen Barausgleich vorsehen (z.B. Options- oder Termingeschäfte mit Barausgleich, Cash Settled Equity Swaps, Contracts for Difference) sind nunmehr in § 38 Abs. 2 Nr. 6 WpHG (bis 2.1.2018: § 25 Abs. 2 Nr. 4) ausdrücklich als Instrumente erwähnt.

Irrevocable Offers: Es handelt sich um Verpflichtungen von Aktionären, dem Bieter ihre Aktien im Fall der Veröffentlichung eines Übernahmeangebots anzubieten. Auch wenn im Fall eines Irrevocable Offer ein Aktienerwerb nicht nur davon abhängt, ob überhaupt ein Angebot abgegeben wird, sondern auch davon, ob überhaupt alle Vollzugsbedingungen eintreten, gelten sie als Finanzinstrumente, die eine Mitteilungspflicht nach § 38 Abs. 1 Nr. 2 WpHG auslösen[198]. In der Praxis werden Irrevocable Offers deshalb meistens erst nach Veröffentlichung der Angebotsentscheidung abgeschlossen[199].

Mittelbarer Aktienerwerb: Häufig beziehen sich Erwerbsrechte auf Anteile an einer nicht börsennotierten Gesellschaft, die wiederum an einer Zielgesellschaft beteiligt ist. Bei derartigen Erwerbsrechten handelt es sich weder um Finanzinstrumente noch um sonstige Instrumente i.S.d. § 38 WpHG (bis 2.1.2018: § 25). Deshalb kann es auch keine Rolle spielen, dass § 38 Abs. 1 Satz 1 WpHG (bis

---

191 BaFin, Emittentenleitfaden 2020, Ziff. I.2.1.5.6, S. 28.
192 Siehe die Beispiele unter BaFin, Emittentenleitfaden 2020, Ziff. I.1.2.5.6, S. 28. Zu Recht kritisch zu diesem Ansatz etwa *Schiessl* in FS 25 Jahre WpHG, 2019, S. 171, 183 ff.; *Vetter/Engel/Lauterbach*, AG 2019, 160 ff.
193 BaFin, Emittentenleitfaden 2020, Ziff. I.1.2.5.6, S. 28.
194 *Schiessl* in FS 25 Jahre WpHG, 2019, S. 171, 187.
195 EuGH v. 28.6.2012 – C-19/11 (Geltl/Daimler), WM 2012, 1807 Rz. 46 ff.; vgl. auch *Vetter/Engel/Lauterbach*, AG 2019, 160, 164 ff. die nach Art der Zwischenschritte differenzieren und nur bei solchen, ihre Insiderrelevanz aus sich heraus ableiten, auf das Erfordernis der überwiegenden Wahrscheinlichkeit verzichten wollen.
196 Vgl. auch ESMA-Report, Tz. 156 sowie Annex VI, Ziffer 3 Buchst. (g).
197 Siehe ESMA-Report, Annex VI, Ziffer 2.
198 *Schiessl* in FS 25 Jahre WpHG, 2019, S. 171, 177; *Uwe H. Schneider* in Assmann/Uwe. H. Schneider/Mülbert, § 38 WpHG Rz. 52.
199 *Seibt*, CFL 2013, 145, 152.

2.1.2018: § 25 Abs. 1 Satz 1) auch mittelbare Inhaber von Instrumenten erfasst. Auch ein Rückgriff auf § 38 Abs. 1 Satz 1 Nr. 2 WpHG (bis 2.1.2018: § 25 Abs. 1 Satz 1 Nr. 2) (vergleichbare wirtschaftliche Wirkung) scheidet aus, weil auch das voraussetzt, dass ein Instrument gehalten wird.

Parallelerwerb: Nach Ansicht der BaFin ist der bloße Parallelerwerb von Finanzinstrumenten oder sonstigen Instrumenten nicht nach § 38 WpHG (bis 2.1.2018: § 25) meldepflichtig, sofern die Erwerber sich nicht gemäß § 34 Abs. 2 WpHG (bis 2.1.2018: § 22 Abs. 2) hinsichtlich einer Kontrollausübung bei der Zielgesellschaft abstimmen (*acting in concert*)[200]. Wie sich aus § 34 Abs. 2 Satz 3 WpHG (bis 2.1.2018: § 22 Abs. 2 Satz 3) ergibt, werden im Rahmen des *acting in concert* Stimmrechte jedoch nur nach § 34 Abs. 1 WpHG (bis 2.1.2018: § 22 Abs. 1) zugerechnet. Darunter fallen nur dingliche Erwerbsoptionen nach § 34 Abs. 1 Satz 1 Nr. 5 WpHG (bis 2.1.2018: § 22 Abs. 1 Satz 1 Nr. 5), nicht aber Finanzinstrumente und sonstige Instrumente i.S.v. § 38 WpHG (bis 2.1.2018: § 25). Insoweit kommt daher grundsätzlich keine Zurechnung nach § 34 Abs. 2 WpHG (bis 2.1.2018: § 22) in Betracht.

Vorerwerbsrechte, Mitveräußerungsrechte und -pflichten: In vielen Gesellschafterverinbarungen finden sich Bestimmungen, wonach unter bestimmten Voraussetzungen Mitgesellschafter Erwerbsrechte, Mitveräußerungsrechte (*Tag Along Rights*) oder Mitveräußerungspflichten (*Drag Along Obligations*) haben. Die BaFin hat unter Geltung des § 25a WpHG a.F. noch eine Mitteilungspflicht angenommen[201], inzwischen aber ihre Verwaltungspraxis geändert. Danach besteht dann keine Mitteilungspflicht, wenn die zugrundeliegende Gesellschaftervereinbarung eine bereits nach § 30 Abs. 2 WpÜG mitteilungspflichtige Verhaltensabstimmung zum Inhalt hat[202]. Viel gewonnen ist damit jedenfalls für die Vielzahl der Gesellschaftsverträge oder Gesellschaftervereinbarungen, die keine Verhaltensabstimmung regeln, allerdings nicht. Nach Ziffer 3 Buchst. (j) in Annex VI des ESMA-Reports sollen Regelungen in Gesellschaftervereinbarungen nur dann mitteilungspflichtig sein, wenn sie Rechte i.S.v. Art. 13 Abs. 1 i.V.m. Abs. 2 Buchst. b der Transparenzrichtlinie[203] verleihen. Danach muss eine Partei das vertraglich vereinbarte Recht haben, „von sich aus" Aktien zu erwerben. Das trifft weder auf Mitveräußerungsrechte noch auf Mitveräußerungspflichten zu, weil sich diese nicht auf den Erwerb, sondern die *Veräußerung* von Aktien beziehen. Nichts anderes kann aber auch für typische Vorkaufs- oder Vorerwerbsrechte gelten, weil diese nur dann greifen, wenn der Aktieninhaber seine Anteile veräußern möchte, sie aber kein Gesellschafter „von sich aus" auslösen kann[204].

Wandelschuldverschreibungen: Umstritten ist, ob Vereinbarungen über den **derivativen Erwerb** von Wandelschuldverschreibungen denen über Aktienerwerbe gemäß § 31 Abs. 6 WpÜG gleichzusetzen sind. Die BaFin hat die Frage im Hinblick auf das Übernahmeangebot der Dragonfly GmbH & Co. KGaA an die Aktionäre der Celesio AG verneint[205]. Das OLG Frankfurt/Main hat die Frage in demselben Fall jedenfalls dann bejaht, wenn das Wandlungsrecht in der Vorerwerbsfrist ausgeübt wurde[206]. Der BGH hat die Auffassung des OLG Frankfurt/Main bestätigt[207]. Allerdings richtete sich der deriva-

---

200 *Merkner/Sustmann*, NZG 2012, 241, 243; siehe auch BaFin, FAQ v. 28.11.2016 zum Transparenzrichtlinie-Änderungsrichtlinie-Umsetzunggesetz, Ziffer X zu Frage 43a (S. 26) (abrufbar auf der Website der BaFin).
201 Zu Recht krit. *Cascante/Bingel*, NZG 2011, 1086, 1096; *Merkner/Sustmann*, NZG 2012, 241, 243.
202 BaFin, FAQ v. 28.11.2016 zum Transparenzrichtlinie-Änderungsrichtlinie-Umsetzunggesetz, Ziffer X zu Frage 42a (S. 25) (abrufbar auf der Website der BaFin).
203 ABl. EU Nr. L 390/38 v. 31.12.2004.
204 So auch *Brellochs*, AG 2016, 157, 166.
205 Vgl. BaFin, Jahresbericht 2014, S. 233 ff. betreffend das Übernahmeangebot der Dragonfly GmbH & Co. KGaA (McKesson) an die Aktionäre der Celesio AG v. 28.2.2014.
206 OLG Frankfurt am Main v. 19.1.2016 – 5 U 2/15, Der Konzern 2016, 237. Aufgrund einer Change of Control-Klausel in den Wandelanleihebedingungen wurde im vorliegenden Fall das Wandlungsrecht bereits einen Tag nach Erwerb der Wandelanleihe ausgeübt. Zust. *Nikoleyczik/Hildebrand*, NZG 2016, 505; krit. *Technau*, Der Konzern 2016, 313 ff.; *Boucsein/Schmiady*, AG 2016, 597, 602 f.
207 BGH v. 7.11.2017 – II ZR 37/16, AG 2018, 105.

tive Erwerb gerade nicht auf Aktien, sondern auf die Übertragung der Schuldverschreibung. Außerdem kann aufgrund der Vereinbarung über die Veräußerung der Wandelanleihe gerade nicht die Übereignung von Aktien vom Bieter verlangt werden, da dieser Anspruch ausschließlich gegenüber der Zielgesellschaft besteht. Zu einem anderen Ergebnis gelangt man beim **erstmaligen Erwerb** einer Wandelschuldverschreibung; sie fällt unter § 31 Abs. 6 WpÜG[208]. Zu berücksichtigen ist außerdem, dass sich nach Auffassung der ESMA Wandel- oder Optionsschuldverschreibungen jedenfalls auf bereits ausgegebene Aktien beziehen müssen[209].

In jedem Fall ist es **empfehlenswert**, die Verwaltungspraxis der BaFin sowie auch der ESMA regelmäßig zu verfolgen und in Zweifelsfragen eine Abstimmung mit der BaFin vorzunehmen[210].   62.75

Festzuhalten ist weiter, dass durch das AnsFuG **nur** die Mitteilungspflichten nach **WpHG** erweitert wurden, nicht jedoch die Berechnung oder Zurechnung von Stimmrechten nach §§ 29, 30 WpÜG[211].   62.76

Erlangt die Zielgesellschaft Kenntnis von einem Vorerwerb oder einer entsprechenden Vereinbarung, kann sie zur **Ad-hoc-Publizität** verpflichtet sein, sofern sie durch die bevorstehende Änderung ihrer Aktionärsstruktur unmittelbar betroffen ist und dieser Umstand kursrelevant ist[212].   62.77

e) Mit dem Bieter gemeinsam handelnde Personen

Einige Bestimmungen des Gesetzes gelten nicht nur für den Bieter selbst, sondern rechnen ihm auch das Verhalten mit ihm gemeinsam handelnder Personen zu. Dies gilt namentlich für § 18 Abs. 1 WpÜG (Unzulässigkeit bestimmter Angebotsbedingungen), § 20 Abs. 2 WpÜG (Antrag auf Nichtberücksichtigung von Stimmrechten im Handelsbestand), § 23 Abs. 1 Satz 1 und Abs. 2 WpÜG (Wasserstandsmeldungen), § 31 Abs. 1 Satz 2, Abs. 3, Abs. 4 und Abs. 5 WpÜG (Berücksichtigung von Vor-, Parallel- und Nacherwerben für die Mindestgegenleistung)[213], § 33d WpÜG (Verbot der Vorteilsgewährung) und § 59 Abs. 1 WpÜG (Rechtsverlust) sowie § 2 Nr. 1 und 5 (Angabepflichten in der Angebotsunterlage)[214] und § 4 WpÜG-AngVO (Maßgeblichkeit von Vorerwerben). Die Identifizierung gemeinsam handelnder Personen im Vorfeld sowie während des Angebotsverfahrens ist daher für den Bieter von großer Bedeutung, weil ihm ihr Verhalten in den genannten Fällen zugerechnet wird. Besonders relevant ist dies bei Vor-, Parallel- und Nacherwerben, weil hier von gemeinsam mit dem Bieter handelnden Personen abgeschlossene oder vereinbarte Aktienerwerbe unmittelbare Auswirkung auf die Höhe der für Übernahme- oder Pflichtangebote mindestens zu gewährenden Gegenleistung haben.   62.78

§ 2 Abs. 5 WpÜG enthält eine **Legaldefinition** des Begriffs der gemeinsam handelnden Personen. Zum relevanten Personenkreis gehören gemäß § 2 Abs. 5 Satz 3 WpÜG zunächst die Tochterunterneh-   62.79

---

208 BGH v. 29.7.2014 – II ZR/353/12 – Deutsche Bank/Postbank, AG 2014, 662, 665; *Krause* in Assmann/Pötzsch/Uwe H. Schneider, § 31 WpÜG Rz. 151a, der die Auffassung des BGH noch mit dem Wortlaut für vertretbar hält, aber in einem Spannungsverhältnis zu dem sonst eher formalen Charakter des WpÜG sieht.
209 ESMA-Report, Ziffer 148 sowie Annex VI Ziffer 3 Buchst. (a).
210 So ausdrücklich BaFin, FAQ v. 28.11.2016 zum Transparenzrichtlinie-Änderungsrichtlinie-Umsetzungsgesetz, Ziffer X zu Frage 42 (S. 25) (abrufbar auf der Website der BaFin).
211 *Brellochs*, AG 2016, 157, 162.
212 *Klöhn* in Klöhn, Marktmissbrauchsverordnung, 2018, Art. 17 MMVO Rz. 389; ähnlich *Brandi/Süßmann*, AG 2004, 642, 656 f.; vgl. auch Rz. 62.52a f.
213 Vgl. BaFin, Jahresbericht 2010, S. 224: In Bezug auf das Übernahmeangebot von ACS an HOCHTIEF ging die BaFin der Frage nach, ob die US-amerikanische Southeastern Asset Management, Inc., die nach Veröffentlichung der Angebotsunterlage HOCHTIEF-Aktien erworben und anschließend den Vorstand von HOCHTIEF zum Rücktritt aufgefordert hatte, eine mit ACS gemeinsam handelnde Person sei, was Einfluss auf den Angebotspreis gehabt hätte.
214 Werden die gemeinsam handelnden Personen nicht vollständig in der Angebotsunterlage bezeichnet, kann das zur Untersagung des Angebots führen; vgl. BaFin, Jahresbericht 2008, S. 182.

men des Bieters. Weiterhin zählen dazu diejenigen Personen, die mit dem Bieter ihr Verhalten hinsichtlich des Erwerbs von Wertpapieren der Zielgesellschaft oder der Ausübung von Stimmrechten aus Aktien der Zielgesellschaft in irgendeiner Weise abstimmen. § 2 Abs. 5 WpÜG hat (nur) teilweise Überschneidungen mit dem Tatbestand der Verhaltensabstimmung nach § 30 Abs. 2 WpÜG (*acting in concert*)[215]. Ein wesentlicher Unterschied besteht darin, dass § 2 Abs. 5 WpÜG auch die Abstimmung hinsichtlich des Erwerbs von Aktien der Zielgesellschaft erfasst, § 30 Abs. 2 WpÜG indessen nach herrschender und zutreffender Auffassung nicht[216]. Ein weiterer erheblicher Unterschied liegt darin, dass § 2 Abs. 5 WpÜG auch die nur auf Einzelfälle gerichtete Verhaltenskoordination zur Ausübung von Stimmrechten erfasst[217]. § 30 Abs. 2 Satz 1 Halbs. 2 WpÜG nimmt derartige auf Einzelfälle bezogene Verhaltensabstimmungen ausdrücklich von der Stimmrechtszurechnung aus. In der praktischen Anwendung bedeutet das für den Bieter Folgendes:

62.80 **Erwerb und Veräußerung von Aktien.** Der Verkäufer eines Aktienpakets an den Bieter ist grundsätzlich keine mit dem Bieter gemeinsam handelnde Person, und zwar auch dann nicht, wenn der Verkäufer in Kenntnis der Erwerbsabsicht des Bieters Aktien an der Zielgesellschaft erwirbt, um diese später an den Bieter zu veräußern[218]. Erst wenn sich der Verkäufer des Aktienpakets darüber mit dem Bieter verständigt hat und somit sein Aktienpaket im Auftrag des Bieters erwirbt, wird er eine mit diesem gemeinsam handelnde Person[219]. Stimmt sich der Bieter mit einem Dritten über den Erwerb von Aktien der Zielgesellschaft ab, dann erfüllt auch das den Tatbestand des § 2 Abs. 5 WpÜG, wenn dieser Dritte ein Eigeninteresse am Erwerb der Wertpapiere hat, die Gegenstand des Angebots sind. Das ist nach der Praxis der BaFin z.B. auch der Fall, wenn der Bieter mit Vorstandsmitgliedern der Zielgesellschaft vereinbart, dass diese bei Erfolg des Angebots eine unmittelbare oder mittelbare Rückbeteiligung an der Erwerbsgesellschaft erhalten[220]. Hier haben die Vorstandsmitglieder ein Eigeninteresse am Erfolg des Angebots, wenngleich sich dieses nicht auf die Aktien der Zielgesellschaft richtet, sondern auf Anteile an einer Erwerbergesellschaft. Aktionäre, mit denen der Bieter Vorerwerbsvereinbarungen abschließt, sind indessen nur dann mit ihm gemeinsam handelnde Personen, wenn sie z.B. an der Erwerbsgesellschaft beteiligt werden sollen oder in sonstiger Weise nicht nur ein Interesse an der Veräußerung ihrer Aktien, sondern auch an einer unmittelbaren oder mittelbaren Beteiligung an der Zielgesellschaft haben.

Abstimmung über Beschlussfassungen. Stimmt sich der Bieter im Zusammenhang mit einem öffentlichen Erwerbsangebot z.B. über die Wahl von Aufsichtsratsmitgliedern, die Beschlussfassung über Kapitalmaßnahmen, Dividenden oder sonstige Beschlussgegenstände bei einer Hauptversammlung der Zielgesellschaft mit einem Dritten ab, dann ist dieser Dritte eine mit dem Bieter gemeinsam handelnde Person. Dies gilt – wie ausgeführt – auch dann, wenn sich die Koordination über die Ausübung von Stimmrechten nur auf einen Einzelfall bezieht.

---

215 Gegen die Annahme der Kongruenz beider Bestimmungen auch *von Bülow* in KölnKomm. WpÜG, § 30 WpÜG Rz. 241 f.; *Schockenhoff/Wagner*, NZG 2008, 361, 362; siehe auch BaFin, Jahresbericht 2010, S. 224 f.; *Uwe H. Schneider/Favoccia* in Assmann/Pötzsch/Uwe H. Schneider, § 2 WpÜG Rz. 97. Zum *acting in concert* gemäß § 30 Abs. 2 WpÜG Rz. 62.204 ff.
216 Vgl. etwa *Süßmann* in Angerer/Geibel/Süßmann, § 30 WpÜG Rz. 34.
217 *Baums/Hecker* in Baums/Thoma, § 2 WpÜG Rz. 117; *Schockenhoff/Wagner*, NZG 2008, 361, 362; a.A. *Wackerbarth* in MünchKomm. AktG, 5. Aufl. 2021, § 30 WpÜG Rz. 50 ff.
218 BaFin, Jahresbericht 2014, S. 235; siehe auch BaFin, Jahresbericht 2010, S. 224; dort verneinte die BaFin im Zusammenhang mit dem Übernahmeangebot der spanischen ACS an die Aktionäre der Hochtief AG, die Southeastern Asset Management, Inc. deshalb als mit ACS gemeinsam handelnde Person anzusehen, weil diese das Angebot von ACS annahm und dieser dadurch zum Erreichen der 30 %-Schwelle verhalf.
219 BaFin, Jahresbericht 2014, S. 235.
220 Vgl. etwa Ziff. 6.2 und 6.3 der Angebotsunterlage der Heat Beteiligungs III GmbH (BC Partners) betreffend die Techem AG v. 14.12.2006 sowie Ziff. 6.4 der Angebotsunterlage der Traviata II S.à r.l. (KKR) betreffend Axel Springer SE v. 5.7.2019.

3. Angebotsphase – Angebotsunterlage
a) Überblick
aa) Bedeutung und Rechtsnatur der Angebotsunterlage

Der Bieter muss innerhalb von vier Wochen nach Veröffentlichung der Angebotsentscheidung bzw. der Mitteilung über den Kontrollerwerb eine Angebotsunterlage an die BaFin übermitteln und nach deren Gestattung unverzüglich veröffentlichen (§ 14 Abs. 1 Satz 1, § 11 Abs. 1 Satz 1, § 35 Abs. 2 Satz 1 WpÜG). Die BaFin kann (Ermessen) diese Frist unter den Voraussetzungen des § 14 Abs. 1 Satz 3 WpÜG um bis zu vier Wochen verlängern. Praktisch bedeutsam ist das vor allem bei Tauschangeboten sowie grenzüberschreitenden Angeboten[221].

62.81

Der Inhalt der Angebotsunterlage ist durch § 11 WpÜG i.V.m. § 2 AngVO gesetzlich vorgeschrieben, um zum Zweck der **Transparenz** und **Gleichbehandlung** sicherzustellen, dass jeder Aktionär der Zielgesellschaft über sämtliche Informationen verfügt, die für die Entscheidung über die Annahme oder Ablehnung des Angebots erforderlich sind. Die Angebotsunterlage verkörpert ein verbindliches Angebot i.S.d. § 145 BGB auf Abschluss von Verträgen zwischen dem Bieter und den Aktionären der Zielgesellschaft über den Erwerb von Wertpapieren[222]. Die Abgabe des Angebots erfolgt durch Veröffentlichung nach § 14 Abs. 2 und 3 WpÜG, durch die der Zugang der Willenserklärung ersetzt wird[223]. Die Angebotsunterlage enthält nach h.M. Allgemeine Geschäftsbedingungen i.S.d. § 305 BGB[224].

bb) Verbindlichkeit

Der Bieter muss ein **verbindliches Angebot** abgeben. Das folgt bereits aus § 17 WpÜG, der unverbindliche Aufforderungen an die Aktionäre der Zielgesellschaft, ihre Aktien zum Erwerb anzubieten, ausdrücklich verbietet. Gleiches ergibt sich aus § 18 WpÜG. Danach sind Bedingungen, deren Eintritt allein in der Hand des Bieters, mit ihm gemeinsam handelnder oder bestimmter sonstiger ihm zurechenbarer Personen liegt, ebenso unzulässig wie Angebote unter Widerrufs- oder Rücktrittsvorbehalt. Die Pflicht zur Abgabe eines verbindlichen Angebots dient dem Interesse der Zielgesellschaft und ihrer Aktionäre an Rechtssicherheit und soll Störungen des Kapitalmarkts durch nicht ernst gemeinte Angebote verhindern[225]. Wie sich aus den § 18, § 11 Abs. 2 Nr. 5, § 16 Abs. 2, § 21 Abs. 1 Nr. 4 und auch § 25 WpÜG ergibt, dürfen freiwillige[226] öffentliche Erwerbsangebote aber unter objektiven, nicht allein vom Bieter zu beeinflussenden Bedingungen abgegeben werden. Damit trägt das Gesetz den Interessen des Bieters Rechnung, weil der Erwerb von Aktien der Zielgesellschaft unter bestimmten Voraussetzungen unzulässig und/oder unwirksam (z.B. bei Fehlen erforderlicher öffentlich-rechtlicher Erlaubnisse) oder sinnlos sein kann (z.B. wenn sich die Verhältnisse bei der Zielgesellschaft während des Angebotsverfahrens grundlegend verändert haben oder die angestrebte Mindestannahmeschwelle nicht erreicht wurde).

62.82

---

221 Dazu näher *Boucsein/Schmiady*, AG 2016, 597, 604 ff. u. 609.
222 OLG Frankfurt am Main v. 18.4.2007 – 21 U 72/06, AG 2007, 749 Rz. 65.
223 *Renner* in FrankfurtKomm. WpÜG, § 11 WpÜG Rz. 15; *Noack/Holzborn* in Schwark/Zimmer, § 11 WpÜG Rz. 3; *Seydel* in KölnKomm. WpÜG, § 11 WpÜG Rz. 20.
224 *Geibel/Süßmann* in Angerer/Geibel/Süßmann, § 11 WpÜG Rz. 3; *Seydel* in KölnKomm. WpÜG, § 11 WpÜG Rz. 23; *Oechsler* in Ehricke/Ekkenga/Oechsler, § 11 WpÜG Rz. 50; *Thoma* in Baums/Thoma, § 11 WpÜG Rz. 29; dagegen mit beachtlichen Gründen *Meyer* in Assmann/Pötzsch/Uwe H. Schneider, § 11 WpÜG Rz. 33 ff.
225 Begr. RegE zu § 18 WpÜG, BT-Drucks. 14/7034, S. 47 f. (abgedruckt bei *Fleischer/Kalss*, Das neue WpÜG, S. 459 f.); *Krause/Favoccia* in Assmann/Pötzsch/Uwe H. Schneider, § 18 WpÜG Rz. 3.
226 Pflichtangebote sind, wie sich aus § 39 WpÜG ergibt, grundsätzlich bedingungsfeindlich; Ausnahmen gelten nur für gesetzlich vorgeschriebene Zustimmungserfordernisse wie z.B. fusionskontrollrechtliche Freigabeerfordernisse; vgl. *Pötzsch/Assmann/Stephan* in Assmann/Pötzsch/Uwe H. Schneider, § 39 WpÜG Rz. 16 ff. und Rz. 62.221.

cc) Inhaltliche Grundsätze

62.83 **Notwendiger Inhalt.** § 11 Abs. 1 Satz 2 WpÜG legt den allgemeinen Maßstab für den Inhalt der Angebotsunterlage fest, der für die Auslegung und Bestimmung des Detaillierungsgrads der nach § 11 WpÜG und § 2 WpÜG-AngVO erforderlichen Angaben von Bedeutung ist. Die dort enthaltenen inhaltlichen Anforderungen beschreiben nicht lediglich Mindestangaben, sondern sind grundsätzlich abschließend[227]. Dieser Grundsatz wird in Ausnahmefällen durch das Gebot der Vollständigkeit und Verständlichkeit eingeschränkt, wenn ohne zusätzliche Angaben für den Anleger wesentliche Entscheidungsinformationen fehlen. So ist z.B. die Vereinbarung einer sog. *break fee* (dazu näher Rz. 62.173 ff.) durch die Zielgesellschaft an den Bieter in der Angebotsunterlage zu beschreiben, auch wenn derartige Angaben von § 11 WpÜG, § 2 WpÜG-AngVO nicht ausdrücklich verlangt werden[228].

62.84 **Richtigkeit, Verständlichkeit und Vollständigkeit.** Die für Wertpapierprospekte geltenden Anforderungen der Richtigkeit, Verständlichkeit und Vollständigkeit, wie sie z.B. in § 5 WpPG niedergelegt sind, gelten grundsätzlich auch für die Angebotsunterlage[229]. Dies ergibt sich auch aus dem Transparenzgebot des § 3 Abs. 2 WpÜG. Dabei ist allerdings zu beachten, dass grundsätzliche Unterschiede zwischen einer Angebotsunterlage und einem Wertpapierprospekt bestehen. Die Angebotsunterlage ist für die Aktionäre der Zielgesellschaft bestimmt, während der Wertpapierprospekt an einen unbestimmten Kreis von Anlegern gerichtet ist. Zweck des Wertpapierprospektes ist es gemäß § 5 Abs. 1 WpPG, die Anleger umfassend über die wesentlichen wirtschaftlichen und rechtlichen Verhältnisse der Zielgesellschaft zu informieren. Dagegen dient die Angebotsunterlage für ein Barangebot weder der umfassenden Information über die Zielgesellschaft noch über den Bieter[230]. Anderes gilt für ein Tauschangebot, doch ergibt sich das hier aus der Notwendigkeit nach § 2 Nr. 2 WpÜG-AngVO, über die angebotenen Wertpapiere die nach § 7 WpPG erforderlichen Angaben zu machen. Die Angebotsunterlage hat somit jedenfalls bei Barangeboten einen anderen Informationsschwerpunkt; sie soll vor allem eine Grundlage für die Entscheidung zwischen dem Verkauf und dem Halten von Aktien schaffen.

62.85 Für die Gestaltung von Angeboten hat sich mittlerweile ein Marktstandard entwickelt. Üblicherweise hat eine Angebotsunterlage für ein Barangebot folgenden Aufbau[231]:

Inhaltsverzeichnis einer Angebotsunterlage gemäß §§ 34, 14 Abs. 1 und 2 WpÜG

(Freiwilliges öffentliches Übernahmeangebot)

1. Allgemeine Hinweise

1.1 Durchführung des freiwilligen öffentlichen Übernahmegebots nach den Vorschriften des deutschen Wertpapiererwerbs- und Übernahmegesetzes

1.2 Veröffentlichung der Angebotsunterlage

1.3 Veröffentlichung der Entscheidung zur Abgabe des Angebots

1.4 Verbreitung der Angebotsunterlage und Annahme des Angebots außerhalb der Bundesrepublik Deutschland

---

[227] *Meyer* in Assmann/Pötzsch/Uwe H. Schneider, § 11 WpÜG Rz. 45 m.w.N.; *Geibel/Süßmann* in Angerer/Geibel/Süßmann, § 11 WpÜG Rz. 10; *Groß* in Happ/Groß/Möhrle/Vetter, Aktienrecht, Bd. II, 5. Aufl. 2020, 22. Abschnitt Rz. 5.1; a.A. *Renner* in FrankfurtKomm. WpÜG, § 11 WpÜG Rz. 33.

[228] *Krause* in Assmann/Pötzsch/Uwe H. Schneider, § 22 WpÜG Rz. 86; vgl. auch die zwischen Thermo Fisher und QIAGEN in *business combination agreement* vereinbarten Kündigungszahlungen gem. Ziff. 8.2.2017 der Angebotsunterlage der Quebec B.V. (Thermo Fisher) betreffend QIAGEN N.V. v. 18.5.2020.

[229] *Steinhardt/Nestler* in Steinmeyer, § 11 WpÜG Rz. 11; *Thoma* in Baums/Thoma, § 11 WpÜG Rz. 34 ff.; zu diesen Grundsätzen näher 1. Aufl., § 58 Rz. 121 ff.

[230] OLG Frankfurt am Main v. 18.4.2007 – 21 U 72/06, AG 2007, 749 Rz. 72.

[231] Ein vollständiges Muster einer Angebotsunterlage ist abgedruckt bei *Groß* in Happ/Groß/Möhrle/Vetter, Aktienrecht, Bd. II, 5. Aufl. 2020, 22. Abschnitt, 22.01 Buchst. b).

1.5 Stand der in dieser Angebotsunterlage enthaltenen Informationen
1.6 Informationen, die von Dritten bereitgestellt werden
1.7 Zukunftsgerichtete Aussagen
1.8 Keine Aktualisierung
2. Zusammenfassung des Angebots
3. Das Angebot
4. Angebotsbedingungen
4.1 Angebotsbedingungen
4.1.1 Freigabe durch die Europäische Kommission
4.1.2 Mindestannahmeschwelle
4.1.3 Keine wesentlichen nachteiligen Veränderungen
4.1.4 Keine Kapitalmaßnahmen
4.2 Verzicht auf Angebotsbedingungen
4.3 Nichteintritt von Angebotsbedingungen
4.4 Veröffentlichung des Eintritts bzw. Nichteintritts der Angebotsbedingungen
5. Annahmefrist des Angebots
5.1 Beginn und Ablauf der Annahmefrist
5.2 Mögliche Verlängerung der Annahmefrist
5.3 Weitere Annahmefrist
6. Beschreibung der Bieterin und der mit ihr gemeinsam handelnden Personen
6.1 Beschreibung der Bieterin
6.2 Mit der Bieterin gemeinsam handelnde Personen
6.3 Beteiligung der Bieterin und mit ihr gemeinsam handelnder Personen an der Zielgesellschaft
7. Beschreibung der Zielgesellschaft
7.1 Börsennotierung
7.2 Grundkapital, Genehmigtes Kapital, Bedingtes Kapital
7.3 Keine Satzungsregelungen zur Europäischen Durchbrechungsregel
7.4 Geschäftstätigkeit
7.4.1 Geschäftsfelder
7.4.2 Geschäftsentwicklung
7.5 Gemeinsam mit der Zielgesellschaft handelnde Personen
8. Hintergrund des Angebots
8.1 Strategisches Konzept
8.2 Bevorstehende Kontrollerlangung

9.	**Absichten der Bieterin**
9.1	Künftige Geschäftstätigkeit, Vermögen und Verpflichtungen der Zielgesellschaft
9.2	Vorstand und Aufsichtsrat der Zielgesellschaft
9.3	Sitz der Zielgesellschaft, Standorte wesentlicher Unternehmensteile
9.4	Arbeitnehmer, Arbeitnehmervertretungen und Beschäftigungsbedingungen
9.5	Mögliche Strukturmaßnahmen
9.5.1	Beherrschungs- und Gewinnabführungsvertrag nach §§ 291 ff. AktG
9.5.2	Ausschluss der Minderheitsaktionäre
9.5.2.1	Ausschluss der Minderheitsaktionäre nach §§ 39a ff. WpÜG
9.5.2.2	Ausschluss der Minderheitsaktionäre nach §§ 327a ff. AktG
9.5.3	Angemessene Barabfindung
10.	**Erläuterung zur Gegenleistung**
10.1	Mindestangebotspreis
10.2	Vergleich mit historischen Börsenkursen
10.3	Angemessenheit des Angebotspreises
11.	**Finanzierung des Angebots**
11.1	Höchstbetrag der zu finanzierenden Gegenleistung
11.2	Finanzierung des Angebots[232]
11.3	Finanzierungsbestätigung
12.	**Angaben zu erwarteten Auswirkungen eines erfolgreichen Angebots auf die Vermögens-, Finanz- und Ertragslage der Bieterin**
13.	**Kartellrechtliche und sonstige behördliche Verfahren**
13.1	Kartellrechtliches Verfahren
13.2	Gestattung der Veröffentlichung dieser Angebotsunterlage
13.3	Weitere behördliche Verfahren
14.	**Geldleistungen oder andere geldwerte Vorteile, die Vorstands- oder Aufsichtsratsmitgliedern der Zielgesellschaft gewährt oder in Aussicht gestellt wurden**
14.1	Geldleistungen oder andere geldwerte Vorteile, die Vorstandsmitgliedern der Zielgesellschaft gewährt oder in Aussicht gestellt wurden
14.2	Geldleistungen oder andere geldwerte Vorteile, die Aufsichtsratsmitgliedern der Zielgesellschaft gewährt oder in Aussicht gestellt wurden

---

[232] Grundsätzlich muss sich die Finanzierung auf sämtliche Aktien der Zielgesellschaft erstrecken. Dazu zählen nach der Verwaltungspraxis der BaFin neben den zu Beginn der Angebotsfrist bereits ausgegebenen Aktien auch solche, mit deren Ausgabe bis zum Ablauf der Andienungsfrist nach § 39c WpÜG zu rechnen ist. Nicht zu berücksichtigen sind indessen die vom Bieter selbst an der Zielgesellschaft gehaltenen Aktien. Ebenfalls unberücksichtigt bleiben können solche Aktien, die einem *No Tender Agreement* unterliegen oder sich auf einem Sperrdepot befinden und deshalb nicht eingereicht werden können; vgl. *Boucsein/Schmiady*, AG 2016, 597, 607 f.

15. **Mögliche Auswirkungen für Aktionäre der Zielgesellschaft, die das Angebot nicht annehmen**
15.1 Absichten der Bieterin
15.2 Mögliche Auswirkungen des Angebots und der von der Bieterin beabsichtigten Maßnahmen

16. **Annahme und Abwicklung des Angebots**
16.1 Abwicklungsstelle
16.2 Annahmeerklärung und Umbuchung
16.3 Weitere Erklärung der Aktionäre bei Annahme des Angebots
16.4 Rechtsfolgen der Annahme
16.5 Abwicklung des Angebots
16.6 Kosten und Spesen
16.7 Abwicklung des Angebots bei Annahme in der weiteren Annahmefrist
16.8 Börsenhandel mit zum Verkauf eingereichten Aktien
16.9 Rückabwicklung bei Nichteintritt der Angebotsbedingungen
16.10 Aufbewahrung der Unterlagen

17. **Rücktrittsrecht**
17.1 Rücktrittsgründe
17.2 Ausübung des Rücktrittsrechts

18. **Finanzberater, begleitende Banken**
19. **Steuern**
20. **Veröffentlichungen**
21. **Anwendbares Recht und Gerichtsstand**
22. **Erklärung der Übernahme der Verantwortung**

Anlage 1: Gemeinsam mit der Zielgesellschaft handelnde Personen
Anlage 2: Gemeinsam mit dem Bieter handelnde Personen
Anlage 3: Finanzierungsbestätigung

dd) Prüfung, Gestattung oder Untersagung der Angebotsunterlage

Prüfung. Nach Eingang der Angebotsunterlage bei der BaFin beginnt gemäß § 14 Abs. 2 Satz 1 WpÜG eine Prüfungsfrist von **zehn** Werktagen. Sofern die BaFin nichts an der Angebotsunterlage zu beanstanden hat oder sich Beanstandungen innerhalb der Zehntagesfrist klären lassen, kann die BaFin die Angebotsunterlage **ausdrücklich** gestatten[233]. Die Zehntagesfrist kann aber auch nach § 14 Abs. 2 Satz 3 WpÜG einmalig oder mehrmals um insgesamt fünf Werktage verlängert werden. Die BaFin prüft zunächst, ob die Angebotsunterlage alle gesetzlich vorgeschriebenen Angaben enthält. Daneben untersucht sie **wesentliche** Teile der Angebotsunterlage näher. Dazu zählen etwa Angaben über die Absicht des Bieters, Bedingungen sowie auch die Darstellung von Vorerwerben oder sonstigen preis-

62.86

---

233 Die meisten Angebotsunterlagen wurden bislang innerhalb der Zehntagesfrist gestattet.

relevanten Vorgängen. Hat der Bieter z.B. mit einem Großaktionär einen Vorerwerbsvertrag oder mit einzelnen Vorstandsmitgliedern einen Beteiligungsvertrag abgeschlossen, können entsprechende Regelungen Auswirkungen auf die Höhe des Angebotspreises gemäß § 4 WpÜG-AngVO oder auch § 31 Abs. 4 bis 6 WpÜG haben oder später eine Anpassung erforderlich machen. Das ist etwa der Fall bei *earn-out*-Regeln oder Rückbeteiligungen des Managements an der Erwerbergesellschaft. Die BaFin wird sich daher die entsprechenden Verträge vorlegen lassen, um sicherzustellen, dass die Angebotsunterlage die preisrelevanten Vereinbarungen zutreffend und vollständig wiedergibt. In Bezug auf einzelne Themen der Angebotsunterlage ist in der Regel eine Abstimmung mit der BaFin vor Übermittlung der Angebotsunterlage möglich. Die Angebotsunterlage gilt nach § 14 Abs. 1 Satz 1 WpÜG als gestattet und ist dann auch unverzüglich zu veröffentlichen, wenn seit dem Eingang der Angebotsunterlage zehn Werktage verstrichen sind, ohne dass die BaFin das Angebot untersagt hat. Eine solche **Gestattungsfiktion** hat es seit Inkrafttreten des WpÜG nur ein einziges Mal beim dritten und letztlich erfolgreichen Übernahmeangebot an die Aktionäre der OSRAM Licht AG nach Ablauf der Zehn-Werktagefrist am 6.11.2019 gegeben[234].

62.87 **Untersagung.** Liegt einer der in § 15 Abs. 1 WpÜG geregelten Tatbestände vor, *muss* die BaFin die Angebotsunterlage untersagen. Unter den Voraussetzungen des § 15 Abs. 2 WpÜG *kann* die Angebotsunterlage untersagt werden. Die Untersagung ist ein belastender Verwaltungsakt, der vor seinem Erlass nach § 28 Abs. 1 VwVfG der Anhörung des Bieters bedarf. Daraus folgt praktisch, dass dem Bieter vor einer Untersagungsverfügung im Rahmen der Fristverlängerung gemäß § 14 Abs. 2 Satz 3 WpÜG Gelegenheit gegeben werden muss, die Angebotsentscheidung zu korrigieren. Im Fall der Untersagung darf die Angebotsunterlage gemäß § 15 Abs. 3 Satz 1 WpÜG nicht veröffentlicht werden. Alle auf ihrer Grundlage abgeschlossenen Rechtsgeschäfte sind nach § 15 Abs. 3 Satz 2 WpÜG nichtig. Außerdem löst die Untersagung die einjährige **Sperrfrist** gemäß § 26 WpÜG aus[235].

ee) Haftung für fehlerhafte Angebotsunterlagen

62.88 § 12 Abs. 1 WpÜG regelt die Haftung für unrichtige oder unvollständige Angebotsunterlagen. **Haftungsschuldner** sind diejenigen, die für die Angebotsunterlage die Verantwortung übernommen haben, oder von denen die Angebotsunterlage ausgeht[236]. Das ist in jedem Fall der Bieter, der seine Verantwortung durch Unterzeichnung der Angebotsunterlage dokumentiert (§ 11 Abs. 1 Satz 5 WpÜG). Hinzu kommen alle sonstigen Personen, die gemäß § 11 Abs. 3 WpÜG die Verantwortung übernommen haben. Dazu zählen Personen, die auf den Inhalt der Angebotsunterlage Einfluss genommen haben und an dem Angebot ein eigenes wirtschaftliches Interesse haben. Das sind z.B. der hinter der Bietergesellschaft stehende Investor sowie mit dem Bieter gemeinsam handelnde Personen[237]. Keine Haftungsschuldner sind indessen Personen, die zwar an der Erstellung der Angebotsunterlage mitgewirkt, auf ihren Inhalt aber nicht eigenverantwortlich oder maßgeblich Einfluss genommen haben und am Erfolg des Angebots auch kein eigenes wirtschaftliches Interesse haben, wie z.B. Rechtsanwälte oder Wirtschaftsprüfer. Auch das finanzierende Wertpapierdienstleistungsunternehmen gehört nicht zum Kreis der Haftungsschuldner[238]. Haftungsgläubiger sind die Wertpapierinhaber der Zielgesell-

---

234 BaFin, Jahresbericht 2019, S. 107. Gegen die Gestattung der Angebotsunterlage durch Nichtuntersagung legte der Konzernbetriebsrat der Zielgesellschaft Beschwerde beim OLG Frankfurt am Main ein. Diese wurde unter Hinweis auf fehlenden Drittschutz im WpÜG abgewiesen; OLG Frankfurt am Main v. 18.11.2019 – WpÜG 3/19, AG 2020, 183.
235 Zu möglichen Rechtsbehelfen Dritter gegenüber mangelhaften Angebotsunterlagen Rz. 62.358 ff.
236 *Louven* in Angerer/Geibel/Süßmann, § 12 WpÜG Rz. 17.
237 *Louven* in Angerer/Geibel/Süßmann, § 12 WpÜG Rz. 19; *Paschos/Goslar* in Handbuch Übernahmerecht nach dem WpÜG, § 14 Rz. 182.
238 *Assmann* in Assmann/Pötzsch/Uwe H. Schneider, § 12 WpÜG Rz. 38; *Louven* in Angerer/Geibel/Süßmann, § 12 WpÜG Rz. 20; *Vaupel*, WM 2002, 1170, 1171; *Wackerbarth* in MünchKomm. AktG, 5. Aufl. 2021, § 12 WpÜG Rz. 23.

schaft, die das Angebot angenommen haben, nicht jedoch diejenigen, welche die Annahme des Angebots ausgeschlagen haben[239].

Der **Haftungsinhalt** ist darauf gerichtet, den das Angebot annehmenden Wertpapierinhaber so zu stellen, wie er stünde, wenn er die wahre Sachlage gekannt und daher das Angebot nicht angenommen hätte (*negatives Interesse*)[240]. Es gelten die allgemeinen Bestimmungen der §§ 249 ff. BGB. Danach muss der Bieter dem Aktionär die Aktien Zug um Zug gegen Rückzahlung der Gegenleistung übertragen und ihm darüber hinaus seine Aufwendungen erstatten, die dem Aktionär im Vertrauen auf die Wirksamkeit des mit der Annahme des Angebots abgeschlossenen Vertrages entstanden sind[241]. Ersatzfähig ist grundsätzlich auch der *entgangene Gewinn*. Der geschädigte Aktionär kann etwa geltend machen, dass er die Aktien bei Nichtannahme des Angebots zwischenzeitlich zu einem höheren Preis hätte verkaufen können. Dieser Nachweis dürfte leicht zu erbringen sein, wenn der Kurs der Aktien nach Veröffentlichung der Angebotsunterlage über den Angebotspreis gestiegen ist. Hat sich der Kurswert der Aktien zwischenzeitlich verschlechtert, hat der Bieter die Differenz zu erstatten, wenn er nachweist, dass er zu dem damals höheren Preis verkauft hätte. Sind die Wertpapiere nicht mehr vorhanden oder fungibel, z.B. weil die Zielgesellschaft inzwischen auf eine andere Gesellschaft verschmolzen wurde, schuldet der Bieter Geldersatz. Hat der Geschädigte die im Fall eines Tauschangebots als Gegenleistung erhaltenen Wertpapiere bereits veräußert, muss er die dafür erhaltene Gegenleistung Zug um Zug gegen Ersatz seines Schadens zurückübertragen. Anders als bei Wertpapierprospekten hat es unter Geltung des WpÜG bislang keinen Fall gegeben, in dem ein Bieter wegen der Unrichtigkeit der Angebotsunterlage in Anspruch genommen wurde.

b) Angebotsbedingungen

aa) Grundsätze

Begriff. Bedingungen i.S.d. WpÜG sind in der Angebotsunterlage bestimmte rechtliche oder tatsächliche Umstände, von deren Eintritt die Durchführung des Angebots abhängt. Das sind zunächst aufschiebende Bedingungen gemäß § 158 Abs. 1 BGB sowie auch Rechtsbedingungen[242]. Grundsätzlich fallen darunter auch auflösende Bedingungen gemäß § 158 Abs. 2 BGB. Um etwaige dem Beschleunigungsgebot und der Pflicht zur Interessenwahrung der Zielgesellschaft zuwiderlaufenden Rückabwicklungsfolgen zu vermeiden, können auflösende Bedingungen nur dann als zulässig angesehen werden, wenn ihr Eintritt spätestens mit Ablauf der Annahmefrist feststeht[243]. Dann besteht aber kein Bedürfnis für auflösende Bedingungen, weil unter diesen Voraussetzungen jede Bedingung auch als negative (Nichteintritt) aufschiebende Bedingung formuliert werden kann[244].

---

239 *Möllers* in KölnKomm. WpÜG, § 12 WpÜG Rz. 83.
240 *Möllers* in KölnKomm. WpÜG, § 12 WpÜG Rz. 131; *Noack/Holzborn* in Schwark/Zimmer, § 12 WpÜG Rz. 15 f.; *Oechsler* in Ehricke/Ekkenga/Oechsler, § 12 WpÜG Rz. 17; *Thoma* in Baums/Thoma, § 12 WpÜG Rz. 77.
241 *Assmann* in Assmann/Pötzsch/Uwe H. Schneider, § 12 WpÜG Rz. 60; *Oechsler* in Ehricke/Ekkenga/Oechsler, § 12 WpÜG Rz. 17; *Thoma* in Baums/Thoma, § 12 WpÜG Rz. 77.
242 *Krause/Favoccia* in Assmann/Pötzsch/Uwe H. Schneider, § 18 WpÜG Rz. 13a; a.A. *Wackerbarth* in MünchKomm. AktG, 5. Aufl. 2021, § 18 Rz. 9.
243 Vgl. Ziff. 8.2 der Angebotsunterlage der Erwerbsgesellschaft der S-Finanzgruppe GmbH & Co. KG betreffend die Landesbank Berlin Holding AG v. 1.8.2007. Hier hatte die Bieterin vor Veröffentlichung der Angebotsunterlage einen Antrag auf Befreiung vom Pflichtangebot gestellt, der abschlägig beschieden wurde. Im Anschluss daran wurde dann ein freiwilliges Übernahmeangebot veröffentlicht und Widerspruch gegen die ablehnende Entscheidung der BaFin eingelegt. Das Übernahmeangebot stand daher unter der auflösenden Bedingung der Befreiung vom Pflichtangebot. Die auflösende Bedingung galt aber nur als eingetreten, wenn Befreiung vom Pflichtangebot bis zum Ablauf der Annahmefrist eingetreten wäre.
244 Großzügiger *Hasselbach* in KölnKomm. WpÜG, § 18 Rz. 21; vgl. auch *Vogel* in FrankfurtKomm. WpÜG, § 18 WpÜG Rz. 21, dessen Beispiel für eine zulässige auflösende Bedingung (Eintritt wesentli-

62.91 **Verbot von Potestativ- und Wollensbedingungen.** Nach dem Zweck der § 17 und 18 WpÜG dürfen Bedingungen nicht so ausgestaltet sein, dass hierdurch die Verbindlichkeit des Angebots entfällt. § 18 Abs. 1 WpÜG verbietet daher solche Bedingungen, deren Eintritt der Bieter, mit ihm gemeinsam handelnde Personen oder deren Tochterunternehmen oder im Zusammenhang mit dem Angebot für den Bieter tätige Berater ausschließlich selbst herbeiführen können. Unzulässig sind damit zunächst solche Bedingungen, deren Eintritt allein von einem Tun oder Unterlassen oder dem Willen des Bieters abhängen[245]. Problematisch sind **behördliche Genehmigungsvorbehalte**, wenn der Bieter ein **Staatsunternehmen** ist[246]. Die BaFin scheint in solchen Fällen darauf abzustellen, ob in dem jeweiligen Staat eine klare staatliche Gewaltenteilung gilt oder der Staat auf die Entscheidung der Genehmigungsbehörde Einfluss nehmen kann; letzteres wird anscheinend für China angenommen[247]. Das überzeugt jedoch nicht. Sinnvoller wäre es, danach zu entscheiden, welchen Ermessensspielraum die Behörde bei ihrer Entscheidung hat. Handelt es sich umgebundene Entscheidungen oder solche, bei denen lediglich ein begrenztes rechtliches Ermessen besteht, kann nicht von einer Potestativbedingung ausgegangen werden; denn die Entscheidung hängt dann nicht vom Willen des dem Bieter zugehörigen Staates ab, sondern von gesetzlichen Regelungen.

Ebenfalls unzulässig sind Bedingungen, die bereits vor Veröffentlichung der Angebotsunterlage ausfallen können; hierdurch würde dem Bieter die Möglichkeit gegeben, sich von seinem Angebot zu lösen[248].

62.91a Die **§§ 17 und 18 WpÜG gelten nicht unmittelbar für Bedingungen**, die der Bieter **in einem Aktienkaufvertrag** mit einem Großaktionär im Rahmen eines Vorerwerbs vereinbart. Gleichwohl dürfen darin keine aufschiebenden Bedingungen vorgesehen werden, auf deren Eintritt der Bieter Einfluss hat, sofern hierdurch auf den Eintritt von Angebotsbedingungen Einfluss genommen wird. Würden z.B. das Angebot unter der Bedingung des Erreichens einer Mindestannahmeschwelle und der Aktienkaufvertrag mit einem Großaktionär unter einem Gremienvorbehalt beim Bieter stehen, hätte dieser die Möglichkeit auf den Eintritt einer Angebotsbedingung Einfluss zu nehmen. Wegen der Preisrelevanz von Vorerwerben kann sich die BaFin entsprechende Aktienkaufverträge vorlegen lassen. Sie könnte die Streichung des Gremienvorbehalts verlangen oder anderenfalls das Angebot untersagen[249].

62.92 Zum **relevanten Personenkreis** gehören dabei auch die **Geschäftsleitungs- und Aufsichtsorgane** des Bieters[250]. Unzulässig wäre daher der sog. Gremienvorbehalt, d.h. Bedingung der Zustimmung des Aufsichtsrats oder Beirats der Bietergesellschaft. Ausgenommen ist hiervon grundsätzlich nur die Gesellschafterversammlung des Bieters, wie sich aus § 18 Abs. 1 i.V.m. § 25 WpÜG ergibt. In der Praxis wird häufig eine Zweckgesellschaft als Bieter eingesetzt, hinter der als unmittelbares oder mittelbares

---

cher Verschlechterungen bei der Zielgesellschaft) aber gerade zeigt, dass es auflösender Bedingungen nicht bedarf.
245 *Krause/Favoccia* in Assmann/Pötzsch/Uwe H. Schneider, § 18 WpÜG Rz. 14; *Oechsler* in Ehricke/Ekkenga/Oechsler, § 18 WpÜG Rz. 2; *Strunk/Linke* in Veil/Drinkuth, Reformbedarf im Übernahmerecht, S. 3, 26.
246 Vgl. etwa Ziffer 11.1 Buchst. (b) der Angebotsunterlage der DB Sechste Vermögensverwaltungsgesellschaft mbH, einem von der staatseigenen Deutsche Bahn AG abhängigem Unternehmen, v. 7.8.2002 an die Aktionäre der Stinnes AG, wonach der Vollzug des Angebots von der Zustimmung des Bundesministeriums für Verkehr, Bau- und Wohnungswesen abhängig war.
247 *Hippeli*, AG 2014, 267, 273 ff.
248 BaFin, Jahresbericht 2012, S. 198 f. betreffend das untersagte Angebot der Andrem Power S.C.A. an die Aktionäre der 3W Power S.A.; siehe auch *Merkner/Sustmann* in Baums/Thoma, § 18 WpÜG Rz. 22.
249 *Merkner/Sustmann* in Baums/Thoma, § 18 WpÜG Rz. 34; siehe auch BaFin, Jahresbericht 2015, S. 247, zur Untersagung des Angebots der Deutsche Wohnen AG an die Aktionäre der LEG Immobilien AG. Hier hatte der Bieter die Hauptversammlung, auf die über die zur Finanzierung des Tauschangebots erforderliche Kapitalerhöhung beschlossen werden sollte, abgesagt.
250 *Hasselbach* in KölnKomm. WpÜG, § 18 WpÜG Rz. 53; *Krause/Favoccia* in Assmann/Pötzsch/Uwe H. Schneider, § 18 WpÜG Rz. 17.

Mutterunternehmen der wirtschaftliche Bieter steht. In solchen Konstellationen ist der Vorbehalt der Zustimmung der Gesellschafterversammlung der Bietergesellschaft in der Regel unzulässig[251].

Neben den Organen des Bieters gehören zum relevanten Personenkreis auch die im Zusammenhang mit dem Angebot tätigen **Berater**. Es soll vermieden werden, dass Personen, die bei dem Erwerbsangebot im Interesse und Auftrag des Bieters handeln, über den Eintritt von Bedingungen befinden können. Unzulässig ist daher z.B. eine Bedingung, dass keine wesentlich nachteilige Veränderung bei der Zielgesellschaft (sog. MAC-Bedingung, dazu näher Rz. 62.103) eingetreten sein darf, wenn die den Bieter bei dem Angebot beratende Wirtschaftsprüfungsgesellschaft den Eintritt dieser Bedingung feststellen soll. Die Feststellung des Eintritts einer MAC-Bedingung oder einer vergleichbaren Bedingung muss daher einem **unabhängigen Sachverständigen** übertragen werden[252]. 62.93

Nach § 18 Abs. 1 WpÜG sind solche Bedingungen unzulässig, deren Eintritt ausschließlich vom Bieter und den in Abs. 1 bezeichneten Personen herbeigeführt werden kann. Daran fehlt es, wenn auf den Bedingungseintritt auch **sonstige Dritte** Einfluss haben können. Fraglich ist, wie Bedingungen zu behandeln sind, die zwar nicht allein der Bieter oder die weiteren in § 18 Abs. 1 WpÜG bezeichneten Personen, aber sonstige vom Bieter kontrollierte Dritte herbeiführen können[253]. Da der Tatbestand des § 18 Abs. 1 WpÜG bereits weitere dem Bieter zurechenbare Personen aufführt, ist er insoweit als abschließend auszusehen. Die Möglichkeit sonstiger Dritter, auf den Eintritt von Bedingungen Einfluss zu nehmen, kann dem Bieter grundsätzlich nicht zugerechnet werden[254]. 62.94

Förderpflicht und Bedingungsvereitelung. Der Bieter ist im Rahmen des ihm Zumutbaren verpflichtet, auf den Bedingungseintritt hinzuwirken[255]. Die zur Erteilung behördlicher Erlaubnisse oder fusionskontrollrechtlicher Freigaben erforderlichen Anträge oder Anmeldungen muss der Bieter daher vorbereiten und abgeben. Der Bieter ist aber grundsätzlich nicht verpflichtet, behördliche Auflagen zu akzeptieren. Vereitelt der Bieter indessen den Bedingungseintritt, gilt § 162 BGB[256]. 62.95

Bestimmtheit und Klarheit. Bedingungen müssen eindeutig und verständlich formuliert sein, damit jeder Anleger erkennen kann, von welchen Voraussetzungen die Verbindlichkeit des Angebots noch abhängt (vgl. § 11 Abs. 1 Satz 4 WpÜG). Insbesondere ist es daher erforderlich, dass der Eintritt der Bedingung objektiv feststellbar ist und nicht vom Beurteilungsermessen des Bieters abhängt[257]. Verständlichkeit ist gegeben, wenn die Bedingung und ihre Eintrittsvoraussetzungen klar definiert sind, selbst wenn deren Feststellung für den Aktionär im Einzelfall schwierig sein mag[258]. Die Verwendung unbestimmter Begriffe wie „wesentlich" oder „vernünftigerweise" wird von der BaFin nicht gestat- 62.96

---

251 *Krause/Favoccia* in Assmann/Pötzsch/Uwe H. Schneider, § 18 WpÜG Rz. 18 f.; *Scholz* in Frankfurt-Komm. WpÜG, § 18 WpÜG Rz. 40.
252 *Krause/Favoccia* in Assmann/Pötzsch/Uwe H. Schneider, § 18 WpÜG Rz. 21; a.A. *Wackerbarth* in MünchKomm. AktG, 5. Aufl. 2021, § 18 WpÜG Rz. 11. Die Gegenauffassung würde allerdings zur Folge haben, dass MAC-Vorbehalte als Angebotsbedingungen ausscheiden, da nicht ersichtlich ist, wer bis Ablauf der Annahmefrist über ihr Vorliegen entscheiden soll.
253 Vgl. *Krause/Favoccia* in Assmann/Pötzsch/Uwe H. Schneider, § 18 WpÜG Rz. 25 f. einerseits und Rz. 30 andererseits.
254 *Krause/Favoccia* in Assmann/Pötzsch/Uwe H. Schneider, § 18 WpÜG Rz. 25 f.; a.A. *Hasselbach* in KölnKomm. WpÜG, § 18 WpÜG Rz. 17 f.
255 *Busch*, AG 2002, 145, 146; *Merkner/Sustmann* in Baums/Thoma, § 18 WpÜG Rz. 45.
256 *Hasselbach* in KölnKomm. WpÜG, § 18 WpÜG Rz. 18; *Krause/Favoccia* in Assmann/Pötzsch/Uwe H. Schneider, § 18 WpÜG Rz. 30; *Oechsler* in Ehricke/Ekkenga/Oechsler, § 18 WpÜG Rz. 10; a.A. *Busch*, AG 2002, 145, 146.
257 *Klepsch/Schmiady/von Buchwaldt* in Kämmerer/Veil (Hrsg.), Übernahme- und Kapitalmarktrecht in der Reformdiskussion, 2013, S. 1, 11.
258 *Krause/Favoccia* in Assmann/Pötzsch/Uwe H. Schneider, § 18 WpÜG Rz. 32; vgl. auch BaFin, Jahresbericht 2011, Abschnitt VI.4., S. 224.

tet[259]. Neben der präzisen Beschreibung der Bedingung muss in der Angebotsunterlage eindeutig geregelt sein, wie und ggf. von wem der Bedingungseintritt verbindlich für Bieter und Aktionäre festzustellen ist und in welcher Form dies wann bekannt gemacht werden soll.

62.97 **Zeitlicher Rahmen.** Angebotsbedingungen müssen nach der Praxis der BaFin grundsätzlich so gestaltet sein, dass ihr Eintritt oder Nichteintritt spätestens mit dem Ende der regulären Annahmefrist feststeht[260]. Die zeitliche Begrenzung des Bedingungseintritts der sonstigen Bedingungen lässt sich u.a. mit dem Beschleunigungsgrundsatz gemäß § 3 Abs. 4 WpÜG begründen[261]. Allerdings gilt diese zeitliche Befristung nicht ausnahmslos. Sie findet etwa keine Anwendung für die fusionskontrollrechtliche Freigabe[262]. Beim Übernahmeangebot von E.On an die Aktionäre der innogy SE vom 27.4.2018 hat die BaFin sogar eine zwölf Monate über das Ende der Annahmefrist gehende fusionskontrollrechtliche Freigabebedingung gestattet[263]. Gleiches gilt für erforderliche behördliche Genehmigungen[264] sowie auch ausstehende Handelsregistereintragungen bei Tauschangeboten[265]. Auch der Eintritt der Bedingung des Vollzugs eines Vorerwerbsvertrages kann nach dem Ende der Annahmefrist liegen, jedenfalls wenn ein solcher Vorerwerb seinerseits unter Kartellvorbehalt steht[266]. Soweit ersichtlich, beschränkt die BaFin die Zulässigkeit des nach dem Ende der Annahmefrist eintretenden Bedingungseintritts auf die vorgenannten Konstellationen. Diese restriktive Handhabung überzeugt aber in solchen Fällen nicht, in denen der Bieter ein berechtigtes Interesse daran hat, wegen bestimmter Bedingungen das Angebot offen zu halten, sofern sichergestellt ist, dass der Bedingungseintritt vor Vollzug des Angebots feststehen wird. Steht das Angebot etwa unter der zulässigen Bedingung der fusionskontrollrechtlichen Freigabe und ist abzusehen, dass der Eintritt dieser Bedingung erst geraume Zeit nach dem Ende der Annahmefrist erfolgen kann, ist nicht einzusehen, warum sich der Bieter für diesen möglicherweise mehrwöchigen Schwebezustand nicht z.B. durch eine über die Annahmefrist hinausgehende Bedin-

---

259 Vgl. BaFin, Jahresbericht 2011, S. 223 f. in Bezug auf das Übernahmeangebot der Alpha Beta Netherlands Holding N.V. an die Aktionäre der Deutsche Börse AG.
260 Das bedeutet, dass grundsätzlich nicht bis zum Ende der weiteren Annahmefrist des § 16 Abs. 2 Satz 1 WpÜG gewartet werden darf; vgl. *Strunk/Linke* in Veil/Drinkuth, Reformbedarf im Übernahmerecht, S. 29 f. Die abweichende Praxis, wonach etwa im Übernahmeangebot der Robert Bosch AG für die Aktien der Buderus AG das Erreichen der Mindestannahmeschwelle bis zum Eintritt der Fusionskontrollfreigabe zugelassen wurde, hat die BaFin aufgegeben. Allerdings hält die BaFin diesen Grundsatz nicht strikt ein; vgl. etwa Ziff. 4.1.2 der Angebotsunterlage der Heat Beteiligungs III GmbH (BC Partners) betreffend die Techem AG v. 14.12.2006 (Keine Kapitalmaßnahmen bis zum „Zeitpunkt des Ablaufs der – gegebenenfalls verlängerten – Annahmefrist").
261 *Merkner/Sustmann* in Baums/Thoma, 18 WpÜG Rz. 48.
262 *Oechsler* in Ehricke/Ekkenga/Oechsler, § 18 WpÜG Rz. 9; *Strunk/Linke* in Veil/Drinkuth, Reformbedarf im Übernahmerecht, S. 3, 30; vgl. auch *Geibel/Süßmann* in Angerer/Geibel/Süßmann, § 18 WpÜG Rz. 58; *Hasselbach* in KölnKomm. WpÜG, § 18 WpÜG Rz. 68. Von den Kartellvorbehalten in Übernahmeangeboten sahen 19 die Freigabe bis zum Ende der Annahmefrist vor, während bei den übrigen 61 Kartellvorbehalten der späteste Eintrittszeitpunkt nach Ablauf der Annahmefrist lag.
263 Siehe dazu BaFin, Jahresbericht 2018, S. 146 f. Nach der Verwaltungspraxis der BaFin scheint dieser Zwölf-Monatszeitraum die Obergrenze für den sog. *Long-Stop Date* zu sein; hierzu zu Recht kritisch *Hasselbach/Stepper*, BB 2021, 771 f.
264 *Krause/Favoccia* in Assmann/Pötzsch/Uwe H. Schneider, § 18 WpÜG Rz. 109; *Oechsler* in Ehricke/Ekkenga/Oechsler, § 18 WpÜG Rz. 9; *Thoma* in Baums/Thoma, § 18 WpÜG Rz. 135; dies entspricht auch der Praxis der BaFin, vgl. etwa Ziff. 12.1.3 bis 12.1.6 der Angebotsunterlage der Swiss Life Beteiligungs GmbH betreffend die AWD Holding AG v. 14.1.2008; Ziff. 9.1 lit. c) der Angebotsunterlage der MPC Münchmeyer Petersen Capital AG betreffend die HCI Capital AG v. 12.3.2008 oder Ziff. 12.1 der Angebotsunterlage der HRE Investment Holdings L.P. betreffend Hypo Real Estate Holding AG v. 23.6.2008.
265 *Boucsein/Schmiady*, AG 2016, 597, 609; *Merkner/Sustmann* in Baums/Thoma, § 18 WpÜG Rz. 51 m.w.N. in Fn. 138.
266 Vgl. etwa Ziff. 13.1 der Angebotsunterlage der ALL3MEDIA Deutschland GmbH betreffend die MME MOVIEMENT AG v. 29.3.2007 sowie Ziff. 6.3.1 der Angebotsunterlage der Lavena Holding 4 GmbH betreffend die ProSiebenSat. 1 Media AG v. 30.1.2007.

gung schützen darf, dass sich die Verhältnisse bei der Zielgesellschaft während dieses Zeitraums wesentlich verschlechtern (*Material Adverse Change* – MAC)[267].

Wenn der Bedingungseintritt nach dem Ablauf der Annahmefrist liegen darf, verlangt die BaFin allerdings, dass den Aktionären der Zielgesellschaft durch diese Verlängerung des für den Bedingungseintritt maßgeblichen Zeitpunkts kein Nachteil entsteht, so dass ihnen entweder ein zusätzliches Rücktrittsrecht eingeräumt oder der Börsenhandel der eingereichten Aktien sichergestellt werden muss[268]. Für diese zusätzliche Verlangen findet sich im Gesetz allerdings keine Stütze. Ein Bedürfnis besteht dafür auch nicht, sofern aus der Angebotsunterlage hinreichend klar hervorgeht, dass sich der Bedingungseintritt erst nach dem Ende der Annahmefrist bestimmen lässt. Derartige zusätzliche Rücktrittsrechte könnten auch mit anderen Bedingungen, insbesondere der Mindestannahmeschwelle kollidieren. Beim Übernahmeangebot von E.ON an die Aktionäre der innogy SE hat die BaFin außerdem vom Bieter eine Verlängerung des Nacherwerbszeitraums vom Zeitpunkt der Wasserstandsmeldung nach Ablauf der Annahmefrist (§ 31 Abs. 5 Satz 1 i.V.m. § 23 Abs. 1 Satz 1 Nr. 2 WpÜG) auf das Ende der Frist für den Bedingungseintritt (*Long-Stop Date*).

Verzicht. Der Bieter kann gemäß § 21 Abs. 1 Satz 1 Nr. 4 WpÜG bis zum letzten Werktag vor Ablauf der Annahmefrist auf einzelne oder sämtliche Angebotsbedingungen verzichten. Im Einklang mit zivilrechtlichen Grundsätzen kann auf eine aufschiebende Bedingung nicht mehr verzichtet werden, nachdem sie ausgefallen ist und ihr Nichteintritt damit feststeht[269]. Nach überwiegender Ansicht soll das auch im Übernahmerecht gelten. Um die Möglichkeit zu erhalten, auch auf eine bereits ausgefallene Bedingung verzichten zu können, werden Angebotsbedingungen häufig als Vollzugsbedingungen ausgestaltet[270]. Hierbei handelt es sich nicht um aufschiebende Bedingungen i.S.v. § 158 BGB, sondern um Bestimmungen, welche die Voraussetzung für die Umsetzung des Angebots und die Fälligkeit der hiernach geschuldeten Leistungen regeln[271].

bb) Einzelne Angebotsbedingungen

Mindestannahmequote. Die Zulässigkeit der Aufnahme einer Mindestannahmequote ergibt sich aus § 16 Abs. 2 Satz 2, § 21 Abs. 1 Satz 1 Nr. 3 und § 26 Abs. 1 Satz 2 WpÜG. Bislang lagen die meisten Mindestannahmeschwellen bei 75 % und 50 % (siehe Rz. 62.9). Auch eine Mindestannahmequote von 95 % (insbesondere mit dem Ziel, einen anschließenden Squeeze out durchzuführen) ist zulässig. Ein darüber hinausgehender Schwellenwert ist wegen § 17 WpÜG nur bei Vorliegen eines sachlichen Grundes zulässig[272]. Ein solcher kann sich z.B. aus der Absicht des Bieters ergeben, die 90 %-Schwelle des § 39a Abs. 3 Satz 2 WpÜG für einen übernahmerechtlichen Squeeze out zu erreichen (dazu

---

267 *Busch*, AG 2002, 145, 151; *Krause/Favoccia* in Assmann/Pötzsch/Uwe H. Schneider, § 18 WpÜG Rz. 93 u. 111; *Wackerbarth* in MünchKomm. AktG, 5. Aufl. 2021, § 18 WpÜG Rz. 20; grundsätzlich offen auch *Hopt* in FS K. Schmidt, 2009, S. 681, 699 f.; siehe auch *Mielke*, JB 2012, 1969; a.A. *Merkner/Sustmann* in Baums/Thoma, § 18 WpÜG Rz. 52 u. 124; zur sog. MAC-Bedingung Rz. 62.103 f.
268 BaFin, Jahresbericht 2018, S. 146 f. betreffend Übernahmeangebot an die Aktionäre der innogy SE; BaFin, Jahresbericht 2005, S. 174 f. (in Bezug auf das Übernahmeangebot der UniCredito Italiana S.p.A. an die Aktionäre der Bayerische Hypo- und Vereinsbank Aktiengesellschaft v. 10.10.2005) sowie Untersagungsbescheid der BaFin v. 5.4.2012 betreffend das Angebot von Andrem für 3W Power; Fundstelle bei *Seibt*, CFL 2013, 145, 154 (Fn. 59); sowie *Boucsein/Schmiady*, AG 2016, 597, 609.
269 *Bork* in Staudinger, § 158 BGB Rz. 16; *Noack* in Schwark/Zimmer, § 21 WpÜG Rz. 13; § 18 WpÜG Rz. 45; *Thun* in Angerer/Geibel/Süßmann, § 21 WpÜG Rz. 22; a.A. *Merkner/Sustmann* in Baums/Thoma, § 18 WpÜG Rz. 45.
270 *von Bülow* in Mülbert/Kiem/Wittig, 10 Jahre WpÜG, S. 9, 15 mit Nachweisen zu entsprechenden Angebotsunterlagen. Zur Frage, ob der Bieter nach Ablauf der Annahmefrist noch auf die Bedingung einer Mindestannahmequote verzichten kann *Cascante/Tyrolt*, AG 2012, 97, 99 ff.
271 *Seibt* in Beck'sches Formularbuch Mergers & Acquisitions, 3. Aufl. 2018, Ziff. E.III.4 Anm. 27.
272 *Hasselbach* in KölnKomm. WpÜG, § 18 WpÜG Rz. 31; *Krause/Favoccia* in Assmann/Pötzsch/Uwe H. Schneider, § 18 WpÜG Rz. 36.

Rz. 62.339 ff.). Bei Ausgestaltung der Angebotsbedingung kann und sollte der Bieter präzise bestimmen, ob sich die Mindestannahmequote nur auf die Aktien der das Angebot annehmenden Aktionäre bezieht oder auch Aktien umfassen soll, die der Bieter entweder bereits besitzt, vor dem Angebot schuldrechtlich oder dinglich erworben hat oder während der Annahmefrist außerhalb des Angebots erwirbt[273].

62.99 **Vollzug einer Vorerwerbsvereinbarung.** Wie oben ausgeführt (Rz. 62.71) sind Vereinbarungen über den Vorerwerb von Aktienpaketen üblich und aus Sicht des Bieters sinnvoll. Die Bedingung, dass eine Vorerwerbsvereinbarung vollzogen wird, ist allerdings nach den oben gemachten Ausführungen nur dann zulässig, wenn der Vollzug einer solchen Vereinbarung nicht ausschließlich in der Hand des Bieters liegt[274]. Um das feststellen zu können, muss der Bieter die Vorerwerbsvereinbarung gegenüber der BaFin offenlegen und etwaige aufschiebende Bedingungen oder sonstige Vorbehalte in der Angebotsunterlage darstellen[275].

62.100 **Höchstannahmequote.** Bei einem einfachen Erwerbsangebot bestehen gegen eine Höchstannahmequote keine Bedenken; bei Übernahmeangeboten ist eine solche indessen unzulässig, weil dort gemäß § 32 WpÜG Teilangebote nicht erlaubt sind[276]. Von praktischer Bedeutung ist die Frage für **Angebote an Aktionäre von Immobiliengesellschaften**, weil der Bieter ein Interesse hat, unter einer Beteiligung von 90 % zu bleiben, um Grunderwerbsteuer zu vermeiden (§ 1 Abs. 3 GrEStG). Um dieses Ziel zu erreichen, wird etwa statt einer unzulässigen Höchstannahmequote geregelt, dass eine bestimmte Anzahl von Aktien ohne Zwischenerwerb durch den Bieter einem Dritten angedient werden[277]; oder der Bieter schließt mit bestimmten Aktionären eine Vereinbarung, entweder ihre Aktien nicht einzureichen[278] oder ihre Aktien nur nach ausdrücklicher Aufforderung durch den Bieter einzureichen (No Tender Agreements) und vom Angebot zurückzutreten, falls der Bieter anderenfalls 90 % oder mehr der Aktien erwerben würde[279]. Derartige Regelungen sind mit § 18 WpÜG vereinbar, müssen aber so gestaltet sein, dass hierdurch nicht der Gleichbehandlungsgrundsatz verletzt wird[280].

62.101 **Fusionskontrollrechtliche Freigabe.** Unabhängig davon, ob das anwendbare Kartellrecht das mit der Durchführung eines Angebots verbundene Zusammenschlussvorhaben einem Vollzugsverbot[281] unterwirft oder nicht, ist der Bieter berechtigt, sein Angebot unter die aufschiebende Bedingung der Zustimmung der zuständigen Kartellbehörden zu stellen[282]. Sofern mehrere Behörden zuständig sind, ist darauf zu achten, für jede einzelne Erlaubnis eine eigene Bedingung aufzunehmen. Dadurch kann der Bieter auf einzelne Bedingungen verzichten. Der Zulässigkeit des sog. Kartellvorbehalts steht auch nicht entgegen, dass der Bieter auf den Bedingungseintritt Einfluss nehmen kann; denn die fusionskontrollrechtliche Freigabe wird durch einen Dritten, nämlich die zuständige Kartellbehörde erteilt.

---

273 Vgl. *Cascante/Tyrolt*, AG 2012, 97, 100 Fn. 41.
274 *Merkner/Sustmann* in Baums/Thoma, § 18 WpÜG Rz. 101.
275 Vgl. Ziff. 5.6.1 der Angebotsunterlage der Vue Beteiligungs AG betreffend die CinemaxX Aktiengesellschaft v. 6.8.2012.
276 *Geibel/Süßmann* in Angerer/Geibel/Süßmann, § 18 WpÜG Rz. 31; *Merkner/Sustmann* in Baums/Thoma, § 18 WpÜG Rz. 102; vgl. auch *Hasselbach* in KölnKomm. WpÜG, § 18 WpÜG Rz. 31.
277 Siehe Ziffer 5.9 der Angebotsunterlage der Vonovia SE betreffend die Deutsche Wohnen AG v. 1.12.2015.
278 Siehe Ziffer 5.8.1 der Angebotsunterlage der alstria Office REIT-AG betreffend die DO Deutsche Office AG v. 21.8.2015.
279 Siehe auch vor dem Hintergrund der zu dieser Zeit anstehenden Änderung des GrEStG interessante Regelung in Ziff. 5.9 der Angebotsunterlage der Aroundtown SA an die Aktionäre der TLG Immobilien AG v. 18.12.2019.
280 Vgl. BaFin, Jahresbericht 2015, 249 f. sowie *Boucsein/Schmiady*, AG 2016, 597, 604 f.
281 § 41 Abs. 1 Satz 1 GWB und Art. 7 Abs. 1 Fusionskontrollverordnung.
282 Die fusionskontrollrechtliche Freigabe (kurz: Kartellvorbehalt) ist die am häufigsten angewendete Bedingung. Von den bis zum 30.6.2013 veröffentlichten 171 Übernahmeangeboten enthielten 80 einen Kartellvorbehalt.

Gleichwohl trifft den Bieter eine **Förderpflicht**. Sofern – was die Regel ist – das Zusammenschlussvorhaben bereits vor Veröffentlichung der Angebotsunterlage anmeldefähig ist, muss die Anmeldung auch vorher (nicht jedoch vor Veröffentlichung der Angebotsentscheidung) bei den zuständigen Behörden eingereicht worden sein[283]. Hinsichtlich der **Ausgestaltung** des Kartellvorbehalts kann der Bieter die uneingeschränkte, d.h. nicht mit Auflagen versehene Freigabe als Bedingung vorsehen[284]. Eine Grenze zur wegen § 17 WpÜG unzulässigen Umgehung besteht dort, wo mit einer auflagenfreien Kartellfreigabe offensichtlich nicht gerechnet werden kann[285]. Im Übrigen besteht keine Verpflichtung des Bieters, Auflagen der Kartellbehörden zu akzeptieren. Bestimmt die Angebotsbedingung die uneingeschränkte Freigabe ohne Auflagen, wird der Zusammenschluss indessen nur unter Auflagen erteilt, die aber für den Bieter akzeptabel sind, soll er innerhalb der Frist des § 21 Abs. 1 WpÜG noch auf den Bedingungseintritt verzichten dürfen[286]. Erfolgt die Freigabe wie üblich erst nach dem Ende der Annahmefrist, kommt eine Angebotsänderung durch Bedingungsverzicht nicht mehr in Betracht. Der Bieter sollte daher bis zum Ablauf der Änderungsfrist (§ 21 Abs. 1 WpÜG) versuchen zu klären, ob mit Auflagen der Kartellbehörden zu rechnen ist. Gelegentlich lässt sich im Vorfeld nicht mit Sicherheit feststellen, ob und bei welcher Behörde eine Zusammenschlusskontrolle erforderlich ist. Derartige Unsicherheiten können insbesondere dann auftreten, wenn der Bieter bereits aufgrund einer vorausgegangenen und von einer zuständigen Wettbewerbsbehörde freigegebenen Transaktion über 25 % der Aktien an der Zielgesellschaft erworben hat. Will er anschließend ein Übernahmeangebot abgeben, kann sich erst nach Anmeldung zur Fusionskontrolle ergeben, dass z.B. nach Auffassung des Bundeskartellamts kein anmeldepflichtiger Zusammenschlusstatbestand besteht. Die üblicherweise formulierte Bedingung, dass der Zusammenschluss entweder freigegeben oder nicht innerhalb der gesetzlichen Frist untersagt wird, scheint nach Auffassung der BaFin diesen Fall nicht zu erfassen. Daher sollte man bei der **Formulierung auch** ausdrücklich den Fall als Bedingungseintritt bestimmen, dass die zuständige Behörde das **Nichtvorliegen eines anmeldepflichtigen Zusammenschlusstatbestands** mitteilt.

Sonstige behördliche Zustimmungen. Ebenfalls zulässig sind auf die Erteilung sonstiger behördlicher Erlaubnisse gerichteter Bedingungen. Als solche kommen etwa **bank- oder versicherungsrechtliche Erlaubnisse** in Betracht, aber auch die Gestattung durch die BaFin gemäß § 24 WpÜG, bestimmte ausländische Aktionäre vom Angebot ausnehmen zu dürfen. 62.102

Von zunehmender Bedeutung sind Angebotsbedingungen zur **außenwirtschaftlichen Kontrolle**[287]. Inzwischen begründet § 15 Abs. 2 AWG bei Unternehmen, deren Erwerb eine Meldepflicht erfordert, ein Vollzugsverbot. Mit der 17. Änderungsnovelle der AWV, die am 1.5.2021 in Kraft getreten ist, wurde der im Rahmen der sektorübergreifenden Prüfung geltende Anwendungsbereich der meldepflichtigen Beteiligungserwerbe deutlich ausgeweitet; insbesondere wurde der Katalog der sog. Schlüsselindustrien auf 27 Fallgruppen erweitert[288]. Meldepflichtig ist nach § 55a Abs. 4 Satz 1 AWV der Abschluss eines schuldrechtlichen Vertrags über den Erwerb einer Beteiligung von 10 % oder mehr an einem der in § 55a Abs. 1 Nr. 1 bis 7 genannten Unternehmen oder von 20 % oder mehr an einem der in § 55a Abs. 1 Nr. 8 bis 27 genannten Unternehmen. Für meldepflichtige Beteiligungserwerbe ist die 62.102a

---

283 *Krause/Favoccia* in Assmann/Pötzsch/Uwe H. Schneider, § 18 WpÜG Rz. 40 ff.; a.A. *Hasselbach* in KölnKomm. WpÜG, § 18 WpÜG Rz. 35.
284 *Busch*, AG 2002, 145, 146; *Krause/Favoccia* in Assmann/Pötzsch/Uwe H. Schneider, § 18 WpÜG Rz. 47.
285 Zutr. *Hasselbach* in KölnKomm. WpÜG, § 18 WpÜG Rz. 27; abw. *Krause/Favoccia* in Assmann/Pötzsch/Uwe H. Schneider, § 18 WpÜG Rz. 47.
286 *Busch*, AG 2002, 145, 146; *Hasselbach* in KölnKomm. WpÜG, § 18 WpÜG Rz. 36; *Krause/Favoccia* in Assmann/Pötzsch/Uwe H. Schneider, § 18 WpÜG Rz. 48; ausf. *Merkner/Sustmann* in Baums/Thoma, WpÜG, § 18 WpÜG Rz. 70 ff.
287 Zu den aktuellen Entwicklungen des Außenwirtschaftsrechts im übernahmerechtlichen Kontext *Hasselbach/Stepper*, BB 2021, 771, 775 f.
288 Zur 17. AWV-Novelle und ihre Bedeutung für die M&A-Praxis *Annweiler*, GWR 2021, 241 sowie *Hasselbach/Stepper*, BB 2021, 771, 775 f.

Unbedenklichkeitsbescheinigung abgeschafft worden (§ 58 Abs. 3 AWV). An ihre Stelle tritt die Freigabe nach § 58a AWV. Entweder erfolgt diese ausdrücklich (Abs. 1) oder durch Ausbleiben einer Untersagung innerhalb der in § 14 Abs. 1 AWG vorgesehenen Fristen (Abs. 2). Da nicht immer trennscharf erkennbar ist, ob eine Zielgesellschaft unter einer der meldepflichtigen Fallgruppen fällt, dürften die meisten Bieter stets auch eine Unbedenklichkeitsbescheinigung beantragen[289]. Die US-amerikanische Außenwirtschaftskontrolle unter dem CFIUS-Verfahren sieht kein Vollzugsverbot, aber gleichwohl die Möglichkeit vor, die Transaktion zu untersagen.

62.102b Die genaue **Ausformulierung** entsprechender **Vollzugsbedingungen** in der Angebotsunterlage ist jedoch mitunter schwierig. Eine Unbedenklichkeitsbescheinigung wird ausschließlich für Beteiligungserwerbe an Zielgesellschaften erteilt, die in keiner der in § 55a Abs. 1 AWV aufgelisteten Schlüsselindustrien tätig sind. Da nicht immer trennscharf erkennbar ist, ob eine Zielgesellschaft unter einer der meldepflichtigen Fallgruppen fällt, dürften die meisten Bieter stets auch eine Unbedenklichkeitsbescheinigung beantragen[290]. Zusätzlich sollte jedenfalls dann, wenn nicht eindeutig feststeht, dass die Zielgesellschaft in keiner Schlüsselindustrie tätig ist, die Freigabe nach § 58a AWV beantragt werden. In diesen Fällen könnte die Vollzugsbedingung sinngemäß wie folgt formuliert werden:

Die außenwirtschaftsrechtliche Freigabe durch das BMWi wurde erteilt. Das ist der Fall, wenn einer der folgenden Tatbestände eingetreten ist: (i) Das BMWi hat für den mit dem Angebot beabsichtigten Erwerb von Aktien an der Zielgesellschaft eine Unbedenklichkeitsbescheinigung nach § 58 Abs. 1 AWV erteilt oder die Unbedenklichkeitsbescheinigung gilt gemäß § 58 Abs. 2 AWV als erteilt. (ii) Das BMWi hat für den mit dem Angebot beabsichtigten Erwerb von Aktien an der Zielgesellschaft die Freigabe [ohne Auflagen nach § 58a Abs. 3 AWV] nach § 58a Abs. 1 AWV erteilt oder diese Freigabe gilt nach § 58 Abs. 2 AWV als erteilt.

62.102c Falls die Zielgesellschaft „kritische" Vermögensgegenstände in den USA besitzt, sollte der Bieter ein möglicherweise durchzuführendes **CFIUS-Verfahren** gegebenenfalls bereits bei der Bemessung der Annahmefrist berücksichtigen. Außerdem sollte hier als Angebotsbedingung entweder die schriftliche Benachrichtigung vom CFIUS, dass die Übernahme unbedenklich ist, oder die nicht erfolgte oder nicht fristgemäß erfolgte Untersagung oder Aussetzung durch den US-Präsidenten aufgenommen werden[291].

62.102d In der Angebotsunterlage muss der Bieter gemäß § 2 Nr. 8 WpÜG-AngVO nähere Angaben zur Erforderlichkeit der Erlaubnisse sowie zum Stand der behördlichen Verfahren machen, damit sich die Aktionäre ein Bild über die damit verbundenen Risiken und die voraussichtliche Dauer bis zum Angebotsvollzug machen können[292].

62.103 **Kein Eintritt wesentlich nachteiliger Veränderungen (MAC-Vorbehalt).** Weit verbreitet ist auch eine Angebotsbedingung, wonach bis zum Ablauf der Annahmefrist keine wesentliche Verschlechterung bei der Zielgesellschaft (*Material Adverse Change – MAC*) eingetreten oder bekannt gemacht worden sein darf[293]. MAC-Vorbehalte, die sich auf Veränderungen bei der Zielgesellschaft (*Target MAC*)[294], des gesamtwirtschaftlichen Umfelds (*Market MAC*) oder von Aktienindices (*Index MAC*) beziehen, sind im Rahmen der oben dargestellten Grundsätze zulässig[295] und insbesondere bei Tauschangeboten

---

289 *Anweiler*, GWR 2021, 771, 241, 243.
290 *Anweiler*, GWR 2021, 771, 241, 243.
291 Siehe etwa Ziff.13.1.2(ii) der Angebotsunterlage der GlobalWafers GmbH v. 21.12.2020 betreffend die Siltronic AG.
292 *Steinhardt/Nestler* in Steinmeyer, § 11 WpÜG Rz. 93.
293 Von 34 Übernahmeangeboten, die im Zeitraum vom 1.1.2019 bis 30.6.2021 veröffentlicht wurden, enthielten 13 einen oder mehrere MAC-Vorbehalt(e).
294 Nahezu alle der 13 in den zwischen dem 1.1.2019 bis 30.6.2021 veröffentlichten Übernahmeangeboten bestimmten MAC-Vorbehalte bezogen sich zumindest auch auf Veränderungen der Zielgesellschaft.
295 *Busch*, AG 2002, 145, 150 f.; *Berger/Filgut*, WM 2005, 253 ff.; *Hasselbach* in KölnKomm. WpÜG, § 18 WpÜG Rz. 42 f.; *Krause/Favoccia* in Assmann/Pötzsch/Uwe H. Schneider, § 18 WpÜG Rz. 89; *Oechsler* in Ehricke/Ekkenga/Oechsler, § 18 WpÜG Rz. 6.

auch zweckdienlich[296]. Ein MAC-Vorbehalt, der sich auf die Verhältnisse beim Bieter bezieht, ist indessen grundsätzlich unzulässig[297]. Vorauszusetzen ist, dass der Tatbestand der wesentlichen Verschlechterung **klar definiert** und sein Vorliegen **objektiv feststellbar** ist. In der Praxis ist es üblich, den *Target-MAC*-Vorbehalt so zu formulieren, dass – in der Regel bis zum Ablauf der Annahmefrist – kein neuer Umstand über eine wesentliche Verschlechterung der wirtschaftlichen Verhältnisse bei der Zielgesellschaft nach Art. 17 Abs. 1 MMVO veröffentlicht wird oder veröffentlicht werden müsste. Dabei sind im Geschäftsverkehr übliche Kennzahlen veröffentlicht werden. Als Kennzahlen kommen in Betracht: Umsatz, Ergebnis pro Aktie, EBIT, EBITDA, EBT, Eigenkapitalquote oder Cash Flow[298]. Damit ist allerdings nicht zwingend gesagt, dass auch für einen MAC-Vorbehalt nur diese Kennzahlen maßgeblich sind[299]. Im Rahmen von § 18 WpÜG kommt es in erster Linie darauf an, ob die Angebotsbedingungen die allgemeinen Voraussetzungen erfüllen. Sie müssen insbesondere klar bestimmbar sein, und ihr Eintritt darf nicht vom Beurteilungsermessen des Bieters abhängen. Die Feststellung des Eintritts solcher *Target MACs* kann gemäß § 18 Abs. 1 WpÜG weder allein dem Bieter noch einem seiner im Zusammenhang mit dem Übernahmeangebot tätigen Berater überlassen werden[300]. Daher ist es üblich, dass der Bieter einen **Sachverständigen** (in der Regel eine Wirtschaftsprüfungsgesellschaft) beauftragt, das Vorliegen einer wesentlichen Verschlechterung zu prüfen und verbindlich für alle Parteien des Angebots deren Eintritt oder Nichteintritt festzustellen. Die Prüfung muss in der Regel bis zum Ablauf der Annahmefrist abgeschlossen[301] und das Ergebnis der Prüfung vor Veröffentlichung des Angebotsergebnisses gemäß § 23 Abs. 1 Satz 1 Nr. 2 WpÜG veröffentlicht sein. Die Veröffentlichung erfolgt im Internet unter der in der Angebotsunterlage angegebenen Adresse sowie im Bundesanzeiger. Allerdings ist nicht zu verkennen, dass die Feststellbarkeit einer *Target MAC* durch einen Sachverständigen voraussetzt, dass dieser von der Zielgesellschaft auch Zugang zu den erforderlichen Informationen erhält[302]. Die Zielgesellschaft ist auch nicht verpflichtet, dem Sachverständigen entsprechende Informationen zur Verfügung zu stellen.

Die BaFin scheint darüber hinaus zu verlangen, dass der Eintritt der wesentlichen Verschlechterung durch eine **Ad-hoc-Mitteilung** der Zielgesellschaft bekannt gemacht werden muss. Darauf kann es aber nicht allein ankommen, weil es sonst in der Hand der Zielgesellschaft läge, durch Unterlassen einer Bekanntmachung nach Art. 17 Abs. 1 MMVO auf das Ergebnis des Angebotsverfahrens Einfluss zu nehmen[303]. In der Praxis wird daher auch nicht nur darauf abgestellt, ob eine Ad-hoc-Mitteilung veröffentlicht wurde, sondern auch ob diese hätte veröffentlicht werden müssen[304]. Letztlich muss es ausreichen, wenn die wesentliche Verschlechterung durch einen sachverständigen Dritten festgestellt wird. Damit ist bereits sichergestellt, dass der Eintritt der MAC-Bedingung nicht der Beurteilung des Bieters unterliegt.

---

296 Siehe etwa Ziffer 11.1.3 der Angebotsunterlage der Vonovia SE v. 23.6.2021 betreffend die Deutsche Wohnen SE.
297 *Hasselbach* in KölnKomm. WpÜG, § 18 WpÜG Rz. 85; *Hopt* in FS K. Schmidt, 2009, S. 681, 688; *von Bülow* in Mülbert/Kiem/Wittig, 10 Jahre WpÜG, S. 9, 16.
298 BaFin, Emittentenleitfaden 2009, Ziff. IV.2.2.10, S. 61.
299 *Hopt* in FS K. Schmidt, 2009, S. 681, 696 f. u. 701 (dort mit weiteren Kriterien). Denkbar ist es z.B., auf eine Veränderung des Unternehmenswerts der Zielgesellschaft abzustellen; vgl. Ziff. 8.1.2 der Angebotsunterlage der Erwerbsgesellschaft der S-Finanzgruppe GmbH & Co. KG betreffend die Landesbank Berlin Holding AG v. 1.8.2007.
300 *Hopt* in FS K. Schmidt, 2009, S. 681, 692 f.; *Strunk/Linke* in Veil/Drinkuth, Reformbedarf im Übernahmerecht, S. 3, 28.
301 So die Praxis der BaFin, während die besseren Argumente dafür sprechen, dem Bieter zu gestatten, sich auf MAC-Bedingungen bis Ablauf der Kartellbedingung berufen zu dürfen, vgl. Rz. 62.97.
302 Zutreffend *von Bülow* in Mülbert/Kiem/Wittig, 10 Jahre WpÜG, S. 9, 16 f.
303 Aus diesem Grund wird die Abgabe einer positiven Stellungnahme der Verwaltung nach § 27 WpÜG überwiegend abgelehnt; *Strunk/Linke* in Veil/Drinkuth, Reformbedarf im Übernahmerecht, S. 3, 29, sowie – krit. – Rz. 62.111.
304 Vgl. Ziff. 10.1.5 der Angebotsunterlage der Beauty Holding Three AG v. 31.10.2012 betreffend die DOUGLAS HOLDING AG.

Als nicht auf die Zielgesellschaft bezogene wesentliche Verschlechterung kommt z.B. eine Unterschreitung des Wertes eines bestimmten Aktienindex (***Index MAC***)[305] oder ein erheblich negatives politisches oder gesamtwirtschaftliches Ereignis (***Market MAC***)[306] in Betracht. Letztere sind aber nur dann zulässig, wenn das Ereignis eindeutig feststellbar ist.

62.103a **Compliance.** Zunehmend findet sich in Angebotsunterlagen die Bedingung, dass von keinem Mitglied eines Verwaltungsorgans oder Mitarbeiters in Ausübung seiner Tätigkeit für die Zielgesellschaft eine Straftat oder Ordnungswidrigkeit, ein Verstoß gegen kartellrechtliche Bestimmungen, (dann näher definierte) ethische Bestimmungen oder ein sonstiger erheblicher Compliance-Verstoß begangen wurde[307]. Da Verstöße gegen bestimmte Vorschriften (vor allem Kartellrecht, Geldwäsche, Bestechung) für die Zielgesellschaft zu erheblichen Geldbußen und weiteren Sanktionen führen können, hat der Bieter ein nachvollziehbares Interesse an einem entsprechenden Compliance-Vorbehalt. Gegen die Zulässigkeit einer Compliance-Bedingung ist auch rechtlich nichts einzuwenden, sofern die allgemeinen Grundsätze eingehalten werden[308]. Insbesondere müssen die relevanten Bestimmungen, gegen die nicht verstoßen worden sein darf, **eindeutig bestimmt** werden. Außerdem muss die Schwere eines Verstoßes näher beschrieben und objektiv feststellbar sein. Regelmäßig wird darauf abgestellt, ob ein entsprechender Compliance-Verstoß eine nach Art. 17 Abs. 1 MMVO zu veröffentlichende Insiderinformation darstellen würde. Die Feststellung über den (Nicht-)Eintritt der Compliance-Bedingung erfolgt entweder aufgrund einer ***Ad-hoc-Mitteilung*** der Zielgesellschaft oder durch einen unabhängigen ***Sachverständigen***[309]. Letzterenfalls darf die Vollzugsbedingung allerdings nicht dergestalt formuliert werden, dass ein Sachverständiger festgestellt haben muss, dass kein Compliance-Verstoß vorliegt; denn das würde eine umfassende investigative Untersuchung voraussetzen, die aber schon aus Zeitgründen nicht möglich ist[310].

62.104 **Ausbleiben bestimmter Hauptversammlungsbeschlüsse bei der Zielgesellschaft.** Häufig anzutreffen sind Bedingungen, dass bestimmte Beschlüsse der Hauptversammlung der Zielgesellschaft nicht von der Verwaltung vorgeschlagen, gefasst oder durchgeführt werden (vgl. dazu Rz. 33.18 ff.). Davon betroffen sind u.a. Beschlussfassungen über *Kapitalmaßnahmen*, die Ausschüttung von außergewöhnlichen *Dividenden* (insbesondere wenn die ordentliche Hauptversammlung während der Annahmephase terminiert ist), *Umwandlungsmaßnahmen*, Zustimmung zum Abschluss von *Unternehmensverträgen*, Ermächtigung zum *Erwerb eigener Aktien* oder zur Begebung von *Wandelschuldverschreibungen* sowie *Satzungsänderungen* oder *Änderungen im Aufsichtsrat*. Solche Bedingungen sollen den Bieter davor schützen, an sein Angebot gebunden zu sein, wenn die Zielgesellschaft Abwehrmaßnahmen getroffen hat. Sie sind zulässig, sofern die zu fassenden Beschlüsse eindeutig formuliert sind.

62.105 **Ausbleiben bestimmter Geschäftsleitungsmaßnahmen.** Zahlreiche Angebotsunterlagen stehen unter der Bedingung des Ausbleibens bestimmter Geschäfte oder Geschäftsleitungsmaßnahmen. Dazu zäh-

---

305 Vgl. z.B. Ziff. 11.1.3 der Angebotsunterlage der Vonovia SE betreffend Deutsche Wohnen SE v. 23.6.2021.
306 Vgl. etwa Ziff. 10.1 (e) (i) der Angebotsunterlage der Continental Aktiengesellschaft betreffend die Phoenix Aktiengesellschaft v. 26.4.2004 (Bankenmoratorium oder Börsenschließung gemäß § 47 Abs. 2 Nr. 2 und/oder Nr. 3 KWG) oder Ziff. 6.1.4 (i) der Angebotsunterlage der Dritte BV GmbH (Bayer) betreffend die Schering AG v. 13.4.2006 (Einstellung des Devisen- oder Fremdkapitalhandels an bestimmten Börsenplätzen für länger als einen Handelstag); siehe auch *Krause/Favoccia* in Assmann/Pötzsch/Uwe H. Schneider, § 18 WpÜG Rz. 88; *Strunk/Linke* in Veil/Drinkuth, Reformbedarf im Übernahmerecht, S. 3, 29.
307 Erstmals im Übernahmeangebot für die Tognum AG, vgl. Ziff. 13.1.6 der Angebotsunterlage der Engine Holding GmbH v. 6.4.2011 (dazu BaFin, Jahresbericht 2011, S. 228); siehe auch Ziff. 12.1.8 der Angebotsunterlage der ABBA BidCo AG (Borg Warner) betreffend Akasol AG v. 26.3.2021.
308 Vgl. *Merkner/Sustmann* in Baums/Thoma, § 18 WpÜG Rz. 128 ff.
309 So in Ziff. 11.1.7 der Angebotsunterlage der Marsella Holdings S. à r.l. (Standard Industries, Inc.) v. 14.10.2016 an die Aktionäre der Braas Monier Building S.A.
310 Siehe dazu *Geibel/Süßmann* in Angerer/Geibel/Süßmann, § 18 WpÜG Rz. 46.

len etwa die Veräußerung von *Unternehmensteilen, Unternehmensbeteiligungen* oder *Vermögensgegenständen* der Zielgesellschaft, die *Kapitalerhöhung aus genehmigtem Kapital*, Begebung von *Wandel- oder Optionsschuldverschreibungen* oder der Rückerwerb oder die Veräußerung *eigener Aktien*. Auch solche Bedingungen begegnen keinen Bedenken, wenn die Geschäftsleitungsmaßnahmen eindeutig beschrieben sind[311].

Kein konkurrierendes Angebot. Bis Mitte des Jahres 2006 stand keines der Übernahmeangebote unter der aufschiebenden Bedingung, dass kein konkurrierendes Angebot veröffentlicht wird. Seitdem ab dem Jahr 2006 die ersten konkurrierenden Angebote abgegeben worden sind, ist diese Bedingung vereinzelt anzutreffen[312]. Auch wenn der Gesetzgeber die Abgabe konkurrierender Angebote fördert[313], kann vom Bieter nicht verlangt werden, sich auf einen Bieterwettstreit einzulassen. Die Aufnahme einer solchen Bedingung ist daher zulässig[314]. Zum Teil ist die Bedingung dahin gehend formuliert, dass die Abgabe eines konkurrierenden Angebots nur nicht zu einer Verlängerung der Annahmefrist über einen bestimmten Zeitpunkt hinaus führen darf[315].

62.106

Keine Abwehrmaßnahmen. Vereinzelt zu beobachten sind Bedingungen, wonach der Vorstand der Zielgesellschaft keine Abwehrmaßnahmen nach § 33 WpÜG vorgenommen haben darf. Beschränkt sich die Formulierung der Bedingung mehr oder weniger auf die Wiedergabe des Gesetzeswortlauts[316], fehlt es an der erforderlichen Bestimmtheit. § 33 Abs. 1 WpÜG enthält nicht nur wertende Begriffe, sondern differenziert außerdem zwischen grundsätzlich unzulässigen Handlungen (Satz 1) und sog. Ausnahmen (Satz 2). Keinesfalls zulässig ist eine derart formulierte Bedingung, wenn nicht wenigstens klar geregelt ist, wie und durch wen der Bedingungseintritt festzustellen ist[317]. Dass die BaFin bislang bei zwei Angeboten derartige Bedingungen unbeanstandet ließ, kann daher nur auf einem Versehen beruhen.

62.107

Nicht zu beanstanden sind indessen Bedingungen, in denen die einzelnen Maßnahmen der Zielgesellschaft oder ihrer Verwaltung, deren Vornahme das Angebot unverbindlich machen soll, im Einzelnen bezeichnet sind. Ebenso zulässig ist die auch vereinzelt anzutreffende Bedingung, dass der Vorstand der Zielgesellschaft kein konkurrierendes Angebot befürwortet haben darf[318].

In jedem Fall ist darauf zu achten, dass für nicht eindeutig und objektiv zu ermittelnde Maßnahmen die Feststellung durch einen sachverständigen Dritten vorgesehen wird.

---

311 Bedenklich daher Ziff. 5.7 (b) (ii) der Angebotsunterlage der Stationary Products S.à.r.l. betreffend die Herlitz Aktiengesellschaft v. 23.9.2005 mit der unklaren Einschränkung, sofern diese nicht nach den Regeln einer ordnungsgemäßen und sorgfältigen Geschäftsführung erforderlich war. Eindeutig indessen die Formulierung in Ziff. 10.1.5 der Angebotsunterlage der Beauty Holding Three AG v. 31.10.2012 betreffend die DOUGLAS HOLDING AG.
312 In den im Jahr 2006 veröffentlichten Angebotsunterlagen in zwei Fällen und 2007 in drei Fällen. Seit dem 1.7.2008 fand sich eine solche Angebotsbedingung in insgesamt fünf Übernahmeangeboten.
313 *Krause* in Assmann/Pötzsch/Uwe H. Schneider, § 22 WpÜG Rz. 3.
314 *Geibel/Süßmann* in Angerer/Geibel/Süßmann, § 18 WpÜG Rz. 51; *Oechsler* in Ehricke/Ekkenga/Oechsler, § 18 WpÜG Rz. 6; *Scholz* in FrankfurtKomm. WpÜG, § 18 WpÜG Rz. 52; *Merkner/Sustmann* in Baums/Thoma, § 18 WpÜG Rz. 114.
315 Vgl. Ziff. 3.5 (8) der Angebotsunterlage der MEIF II Energie Beteiligungen GmbH & Co. KG (Macquarie) betreffend die Techem AG v. 16.1.2006.
316 Bedenklich daher Ziff. 10 (c) der Angebotsunterlage der Finba Bakery Europe AG (Barilla) betreffend die Kamps AG v. 25.5.2002 („Der Vorstand der Kamps AG darf bis zum Vollzug (*sic!*) dieses Übernahmeangebots keine Handlungen vornehmen, durch die der Erfolg des Übernahmeangebots verhindert werden könnte.") sowie Ziff. 3.4.5 (g) der Angebotsunterlage der Bandai GmbH betreffend die Zapf Creation AG v. 28.6.2006 („Der Vorstand der Zapf Creation AG hat keine Verteidigungshandlungen im Sinne des § 33 WpÜG vorgenommen.").
317 *Strunk/Linke* in Veil/Drinkuth, Reformbedarf im Übernahmerecht, S. 3, 29.
318 Vgl. Ziff. 4.(a) (vi) der Angebotsunterlage der BCB Crystal Acquisition GmbH & Co. KG (Blackstone) betreffend Celanese AG v. 15.3.2004.

62.108 **Fortbestand wichtiger Vertragsbeziehungen trotz Change of Control.** Viele Verträge sehen Sonderkündigungsrechte für den Fall des Kontrollwechsels bei einem Vertragspartner vor. Diese sog. *Change of Control*-Klauseln können auch als Verteidigungsmittel gegen feindliche Übernahmen eingesetzt werden (dazu Rz. 62.283 ff.). Der Bieter hat ein Interesse daran, dass der Fortbestand wichtiger Vertragsbeziehungen auch nach Durchführung des Angebots sichergestellt ist. Entsprechende Bedingungen sind grundsätzlich zulässig[319].

Zu beachten ist allerdings auch hier das **Bestimmtheitsgebot**. Aus der Bedingung muss eindeutig hervorgehen, auf welche Verträge sich der Vorbehalt beziehen soll. Die betreffenden Vertragsbeziehungen müssen daher im Einzelnen bezeichnet werden[320]. Zu unbestimmt wäre eine Bezugnahme auf alle wesentlichen Verträge der Zielgesellschaft. Möglich ist auch eine Angebotsbedingung, wonach bestimmte Vertragspartner vor dem Ende der Annahmefrist ausdrücklich erklärt haben müssen, von einem Sonderkündigungsrecht aufgrund des Kontrollwechsels keinen Gebrauch zu machen (sog. *CoC Waiver*)[321].

Grundsätzlich muss der Eintritt oder Nichteintritt einer *Change of Control*-Bedingung bis zum Ende der Annahmefrist feststehen. Sofern das Angebot noch von der Erteilung der Freigabe einer Kartellbehörde oder einer sonstigen behördlichen Erlaubnis abhängt, spricht nach der hier vertretenen Auffassung nichts dagegen, wenn der Bedingungseintritt auf einen Zeitpunkt bis zur Erteilung der ausstehenden behördlichen Erlaubnisse gelegt wird (siehe Rz. 62.97). Unzulässig ist indessen eine **auflösende Bedingung**, wonach das Angebot nach Vollzug unverbindlich werden kann, falls bestimmte Verträge aufgrund einer *Change of Control*-Klausel gekündigt werden. Da in den meisten Fällen das Sonderkündigungsrecht erst entsteht, wenn der Kontrollwechsel vollzogen wurde, nützt eine entsprechende Angebotsbedingung dem Bieter nur dann, wenn sie bereits bei der Ankündigung eines Vertragspartners, von seinem Sonderkündigungsrecht Gebrauch zu machen, eingreift. In diesem Fall ist wiederum das Bestimmtheitsgebot zu beachten. Der Inhalt einer möglichen Ankündigung des Vertragspartners muss eindeutig formuliert und objektiv nachweisbar sein.

62.109 **Gesellschafterbeschluss bei der Bietergesellschaft.** Wie sich aus dem Zusammenspiel der § 18 Abs. 1, § 25 und § 10 Abs. 1 Satz 2 WpÜG ergibt, ist der Bieter grundsätzlich berechtigt, die Verbindlichkeit seines Angebots von der Zustimmung seiner Gesellschafterversammlung oder der Annahme sonstiger im Zusammenhang mit dem Angebot stehender Beschlüsse[322] abhängig zu machen. In der übernahmerechtlichen Praxis hat eine solche Bedingung indessen bislang keine Rolle außer bei Kapitalerhöhungsbeschlüssen gespielt. Nicht erforderlich ist, dass die Zustimmung der Gesellschafter des Bieters rechtlich zwingend vorgeschrieben ist[323]. Dieses Erfordernis ist selbst bei Aktiengesellschaften nicht mit hinreichender Sicherheit feststellbar. Maßgebend kann alleine sein, ob es für eine derartige Bedingung einen sachlichen Grund gibt (dann zulässig) oder ob hiermit ein versteckter Rücktrittsvorbehalt geschaffen wird (dann unzulässig). Setzt z.B. ein Investor als Bieter eine Zweckgesellschaft ein, deren Anteile er alleine hält, ist eine entsprechende Bedingung nur dann zulässig, wenn es für den zustimmenden Gesellschafterbeschluss einen sachlichen Grund gibt. Zulässig wäre indessen die Bedingung der Zustimmung der Gesellschafterversammlung der Muttergesellschaft des Bieters. Handelt es sich beim Bieter um eine Publikums-Aktiengesellschaft, ist dort ggf. mit der Anfechtung des Zustimmungs-

---

319 *Scholz* in FrankfurtKomm. WpÜG, § 18 WpÜG Rz. 58; *Oechsler* in Ehricke/Ekkenga/Oechsler, § 18 WpÜG Rz. 7; *Merkner/Sustmann* in Baums/Thoma, § 18 WpÜG Rz. 131.
320 *Krause/Favoccia* in Assmann/Pötzsch/Uwe H. Schneider, § 18 WpÜG Rz. 102; *Merkner/Sustmann* in Baums/Thoma, § 18 WpÜG Rz. 132.
321 Vgl. Ziff. 13.1 der Angebotsunterlage der Aurelius Development Invest GmbH v. 9.9.2011 betreffend die HanseYachts AG; vgl. auch *Merkner/Sustmann* in Baums/Thoma, § 18 WpÜG Rz. 133.
322 Vgl. *Hasselbach* in KölnKomm. WpÜG, § 18 WpÜG Rz. 74; *Merkner/Sustmann* in Baums/Thoma, § 18 WpÜG Rz. 84 f.
323 *Krause/Favoccia* in Assmann/Pötzsch/Uwe H. Schneider, § 18 WpÜG Rz. 60; a.A. *Geibel/Süßmann* in Angerer/Geibel/Süßmann, § 18 WpÜG Rz. 245; *Hasselbach* in KölnKomm. WpÜG, § 18 WpÜG Rz. 75; *Merkner/Sustmann* in Baums/Thoma, § 18 WpÜG Rz. 87.

beschlusses zu rechnen. Dann besteht möglicherweise erst nach Abschluss eines langjährigen Gerichtsverfahrens Klarheit über das Vorliegen eines wirksamen Beschlusses. Im Übernahmeverfahren kann darauf allerdings nicht gewartet werden[324]. Der Bieter muss seine Bedingung daher so formulieren, dass bis zum Ablauf der Annahmefrist der Hauptversammlungsbeschluss mit der erforderlichen Mehrheit gefasst und hiergegen weder Widerspruch zu Protokoll erklärt noch eine fristgemäße Anfechtungsklage eingereicht wurde[325]. Etwas anders gelagert war die Angebotsbedingung im Übernahmeangebot von E.ON an die Aktionäre von innogy, die darin bestand, dass keine Gerichtsentscheidung ergeht, mit der dem Bieter der Vollzug des Angebots oder einzelner Transaktionsschritte aufgrund fehlenden Hauptversammlungsbeschlusses beim Bieter aufgrund der Holzmüller/Gelatine-Rechtsprechung untersagt wird[326]. Diese Bedingung wurde von der BaFin gestattet[327].

Zufriedenstellende Due Diligence. Diskutiert wird die Zulässigkeit einer Bedingung, dass sich aus einer *Due Diligence*-Prüfung keine wesentlich nachteiligen Erkenntnisse ergeben haben[328]. Bei einem Unternehmenskauf ist eine solche Prüfung vor Vertragsabschluss die Regel, bei freundlichen Übernahmeangeboten zumindest nicht unüblich. Während vor einem Unternehmenskauf ein – überwiegend rechtlich unverbindlich – abgeschlossener *Letter of Intent* meist den Vorbehalt einer zufrieden stellenden Due Diligence-Prüfung vorsieht, hat es entsprechende Bedingungen in Übernahmeangeboten bislang – soweit ersichtlich – nicht gegeben. Das liegt wohl im Wesentlichen daran, dass die Due Diligence meistens vor Abgabe der Angebotsentscheidung durchgeführt wird. Als problematisch bei einem Due Diligence-Vorbehalt wird zum einen angesehen, dass dabei u.U. dem Vorstand der Zielgesellschaft die Möglichkeit gegeben wird, auf den Erfolg des Übernahmeangebots Einfluss zu nehmen. Das größere Problem liegt darin, einen objektiven Maßstab für die Feststellung des Nichteintritts der Bedingung zu finden. Dazu ist es zum einen erforderlich, objektive Kriterien für negative Ergebnisse aufzustellen[329]. Zum anderen ist ein nicht zu dem in § 18 Abs. 1 WpÜG bezeichneten Personenkreis gehörender Sachverständiger zu benennen, der den Bedingungseintritt festzustellen hat.

62.110

Positive Stellungnahme der Verwaltung der Zielgesellschaft. Umstritten ist, ob der Bieter die Verbindlichkeit seines Angebots davon abhängig machen darf, dass Vorstand und/oder Aufsichtsrat der Zielgesellschaft eine positive Stellungnahme nach § 27 WpÜG veröffentlichen[330]. Da der Bieter wegen §§ 17, 18 Abs. 2 WpÜG keine Bedingungen vorsehen darf, deren Nichteintritt bereits feststeht, ist ein solcher Vorbehalt jedenfalls unzulässig, wenn Vorstand und/oder Aufsichtsrat bereits im Vorfeld ihre Ablehnung gegenüber dem Angebot deutlich gemacht haben[331]. Ferner ist zu beachten, dass nach § 18 Abs. 1 WpÜG Bedingungen unzulässig sind, deren Eintritt ausschließlich in der Hand des Bieters, mit ihm gemeinsam handelnder Personen oder sonstiger Dritter liegt. Ist nach der Angebotsstruktur etwa eine

62.111

---

324 Abw. und Ausnahmen erwägend *Krause/Favoccia* in Assmann/Pötzsch/Uwe H. Schneider, § 18 WpÜG Rz. 59; a.A. auch *Merkner/Sustmann* in Baums/Thoma, § 18 WpÜG Rz. 88, die es grundsätzlich für zulässig halten, als Vollzugsbedigung das Vorliegen eines bestandskräftigen Beschlusses zu verlangen.
325 Vgl. *Hasselbach* in KölnKomm. WpÜG, § 18 WpÜG Rz. 79.
326 Ziff. 13.1.2(ii) der Angebotsunterlage der E.ON Verwaltungs SE betreffend innogy SE v. 27.4.2018; vgl. BGH v. 25.2.1982 – II ZR 174/80 – Holzmüller, BGHZ 83, 122 und BGH v. 26.4.2004 – II ZR 155/02 – Gelatine, BGHZ 159, 30.
327 BaFin, Jahresbericht 2018, S. 147.
328 *Krause/Favoccia* in Assmann/Pötzsch/Uwe H. Schneider, § 18 WpÜG Rz. 98 ff.; *Merkner/Sustmann* in Baums/Thoma, WpÜG, § 18 WpÜG Rz. 134 f.
329 Z.B. die im Rahmen der Due Diligence gewonnene Erkenntnis über einen Umstand, der zu einem Abschlag des nach einer festgelegten Methode ermittelten Unternehmenswerts der Zielgesellschaft in bestimmter Höhe führt.
330 Zum Diskussionsstand siehe *Hasselbach* in KölnKomm. WpÜG, § 18 WpÜG Rz. 71; *Krause/Favoccia* in Assmann/Pötzsch/Uwe H. Schneider, § 18 WpÜG Rz. 79 f.; *Merkner/Sustmann* in Baums/Thoma, § 18 WpÜG Rz. 116 ff.
331 *Oechsler* in Ehricke/Ekkenga/Oechsler, § 18 WpÜG Rz. 8; *Merkner/Sustmann* in Baums/Thoma, § 18 WpÜG Rz. 114.

Rückbeteiligung des Vorstands (**Management Buy-Out**) vorgesehen, sind die betreffenden Vorstandsmitglieder mit dem Bieter gemeinsam handelnde Personen (siehe Rz. 62.78 ff.). In diesem Fall darf das Angebot jedenfalls nicht von der positiven Stellungnahme des Vorstands der Zielgesellschaft abhängig gemacht werden[332]. In Bezug auf die verbleibenden Fälle ist die BaFin der Auffassung, dass eine solche Bedingung deshalb unzulässig sei, weil der Vorstand dadurch einen unangemessen starken Einfluss auf den Ausgang des Angebotsverfahrens hätte; die Entscheidung über den Erfolg des Angebots solle aber ausschließlich bei den Aktionären liegen[333]. Diese Auffassung überzeugt jedoch schon deshalb nicht, weil sonst auch die – von der BaFin gebilligten und allgemein üblichen – Bedingungen der Nichtvornahme bestimmter Handlungen bei der Zielgesellschaft (siehe Rz. 62.104 und 62.107) ebenfalls unzulässig sein müssten. Der Bieter hat in der Regel ein berechtigtes Interesse daran, dass sein Angebot von der Verwaltung der Zielgesellschaft befürwortet wird. Das gilt insbesondere, wenn der Bieter als sog. *white knight* im Rahmen eines konkurrierenden Angebots fungiert.

62.112 **Finanzierungsvorbehalte.** Nach § 13 Abs. 1 Satz 1 WpÜG trägt der Bieter die Finanzierungsverantwortung für sein Angebot. Ein Barangebot ist dementsprechend gemäß § 13 Abs. 1 Satz 2 WpÜG nur zulässig, wenn der Angebotsunterlage eine Finanzierungsbestätigung beigefügt ist. Daher darf das Angebot grundsätzlich nicht von der generellen Bedingung der erfolgreichen Finanzierung der Gegenleistung abhängig gemacht werden[334]. Fraglich ist die Zulässigkeit von solchen Bedingungen **außerhalb der Finanzierungsverantwortlichkeit des Bieters**. Sie ist zu verneinen, sofern der Bieter sein Angebot davon abhängig machen will, dass die Kreditzusage seiner Bank nicht wegen einer wesentlich nachteiligen Veränderung gekündigt wird. Selbst wenn der Grund der Kündigung in einer Verschlechterung der Verhältnisse bei der Zielgesellschaft liegt, bleibt der Bieter in seiner Finanzierungsverantwortung[335]. Er kann sich hier nur durch einen allgemeinen (*Target-*) MAC-Vorbehalt (zu MAC-Bedingungen siehe Rz. 62.103) schützen.

Bei **Tauschangeboten** gibt es keine Finanzierungsbestätigung nach § 13 Abs. 1 WpÜG. Sollen erst noch auszugebende Aktien als Gegenleistungen angegeben werden, verlangt die BaFin, dass vor Veröffentlichung der Angebotsunterlage der Kapitalerhöhungsbeschluss gefasst worden ist; die Beschlussfassung kann daher nicht als Angebotsbedingung aufgenommen werden[336]. Ist die notwendige Kapitalerhöhung bei Veröffentlichung der Angebotsunterlage noch nicht durchgeführt, kann nicht nur, sondern muss sogar eine entsprechende Angebotsbedingung aufgenommen werden[337]. Ebenfalls zulässig ist es, die Verbindlichkeit des Angebots von der Börsenzulassung der als Gegenleistung anzubietenden Wertpapiere abhängig zu machen[338].

Sofern der Bieter die auf seiner Seite erforderlichen Maßnahmen getroffen hat, um die Kapitalerhöhung oder die Börsenzulassung herbeizuführen, d.h. die erforderlichen Beschlussfassungen veranlasst sowie Anmeldungen und Anträge ordnungsgemäß bis zum Ende der Annahmefrist gestellt hat, kann der Bedingungseintritt der Eintragung bzw. Börsenzulassung auch nach dem Ende der Annahmefrist

---

332 *Hasselbach* in KölnKomm. WpÜG, § 18 WpÜG Rz. 71 a.E. m.w.N.; *Merkner/Sustmann* in Baums/Thoma, § 18 WpÜG Rz. 113.
333 Vgl. *Strunk/Linke* in Veil/Drinkuth, Reformbedarf im Übernahmerecht, S. 3, 29; zust. *Krause/Favoccia* in Assmann/Pötzsch/Uwe H. Schneider, § 18 WpÜG Rz. 80.
334 *Busch*, AG 2002, 145, 147; *Oechsler* in Ehricke/Ekkenga/Oechsler, § 18 WpÜG Rz. 2; *Steinmeyer* in Steinmeyer, § 18 WpÜG Rz. 21; *Wackerbarth* in MünchKomm. AktG, 5. Aufl. 2021, § 18 WpÜG Rz. 37 f.
335 *Hasselbach* in KölnKomm. WpÜG, § 18 Rz. 84 f.; *Scholz* in FranfurtKomm. WpÜG, § 18 WpÜG Rz. 64; a.A. *Merkner/Sustmann* in Baums/Thoma, § 18 WpÜG Rz. 138 ff.
336 *Boucsein/Schmiady*, AG 2016, 597, 608 f.
337 *Boucsein/Schmiady*, AG 2016, 597, 609; vgl. auch *Hasselbach* in KölnKomm. WpÜG, § 18 WpÜG Rz. 86 f.; *Krause/Favoccia* in Assmann/Pötzsch/Uwe H. Schneider, § 18 WpÜG Rz. 71; *Steinmeyer* in Steinmeyer, § 18 WpÜG Rz. 22; *J. Vetter* in FS Uwe H. Schneider, 2011, S. 1371, 1388.
338 *Busch*, AG 2002, 145, 151; *Hasselbach* in KölnKomm. WpÜG, § 18 WpÜG Rz. 82; *Merkner/Sustmann* in Baums/Thoma, § 18 WpÜG Rz. 152.

liegen³³⁹. Hier gilt das Gleiche wie für Kartellfreigaben oder sonstige behördliche Erlaubnisse (dazu Rz. 62.97).

Eine Besonderheit im Zusammenhang mit einer derartigen Bedingung (Kapitalerhöhungsbeschluss) trat beim letztlich nur angekündigten Angebot der Deutsche Wohnen AG an die Aktionäre der LEG Immobilien AG auf. Nach Veröffentlichung der Abgebotsentscheidung kündigte die Vonovia SE ein Übernahmeangebot für die Deutsche Wohnen AG an. Diese sagte daraufhin ihre außerordentliche Hauptversammlung, auf der über die Kapitalerhöhung beschlossen werden sollte, ab. Die BaFin untersagte daraufhin das Angebot der Deutsche Wohnen AG an die Aktionäre der LEG Immobilien AG³⁴⁰. Durch die Absage der Hauptversammlung nach Veröffentlichung seiner Angebotsunterlage kann der Bieter in derartigen Fällen das Scheitern einer Bedingung selbst herbeiführen.

Veränderungen des Börsenkurses. Abgesehen von sog. *Index MAC*-Vorbehalten (dazu Rz. 62.103) fragt sich, ob auch Bedingungen zulässig sind, die an bestimmte Kursentwicklungen der Bieteraktie bzw. der Aktie der Zielgesellschaft anknüpfen. 62.113

Bei einem **Tauschangebot** muss der Bieter zwei unterschiedliche Regelungen beachten. Übernahmerechtlich ist er – jedenfalls bei einem Übernahmeangebot – an die Mindestpreisvorgaben gemäß § 31 WpÜG, § 7 WpÜG-AngVO gebunden. Danach markiert der gewichtete Drei-Monats-Kurs der Bieteraktie bis zur Veröffentlichung der Angebotsentscheidung den Höchstwert, mit dem der Bieter seine zum Tausch angebotenen Aktien ansetzen darf. Auf der anderen Seite muss jedenfalls eine deutsche Aktiengesellschaft als Bieter § 255 Abs. 2 AktG beachten, wonach der Ausgabebetrag für die neuen Aktien nicht unangemessen niedrig sein darf³⁴¹. Ein **Tauschangebot** darf der Bieter vor dem Hintergrund des § 255 Abs. 2 AktG daher davon abhängig machen, dass der Börsenkurs seiner eigenen Aktien einen bestimmten Wert nicht *überschreitet* oder der Kurs der Aktie der Zielgesellschaft einen bestimmten Wert nicht *unterschreitet*³⁴². Der Bieter hat somit ein berechtigtes Interesse, sich davor zu schützen, eigene Aktien zu billig auszugeben.

Der Vorbehalt, dass die Aktien der Zielgesellschaft nicht unter einen bestimmten Kurs fallen, kann hinreichend bestimmt formuliert werden³⁴³. Sein Eintritt hängt auch nicht vom Bieter oder der ihm nach § 18 Abs. 1 WpÜG zurechenbaren Personen ab.

Vor diesem Hintergrund spricht grundsätzlich auch nichts dagegen, eine solche auf den Kurs der Aktie der Zielgesellschaft bezogene Bedingung auch für **Barangebote** zuzulassen³⁴⁴.

Einstweilen frei. 62.114

c) Kommunikationspflichten

Nach § 11 Abs. 2 Satz 1 Nr. 5 WpÜG muss der Bieter die Bedingungen in seiner Angebotsunterlage angeben, und nach § 2 Nr. 8 WpÜG-AngVO muss er bei behördlichen Erlaubnissen deren Erforderlichkeit sowie den Stand des Erlaubnisverfahrens erläutern. Der Eintritt oder Nichteintritt von Angebots- 62.115

---

339 *Boucsein/Schmiady*, AG 2016, 597, 609; *Krause/Favoccia* in Assmann/Pötzsch/Uwe H. Schneider, § 18 WpÜG Rz. 71 u. 73; *J. Vetter* in FS Uwe H. Schneider, 2011, S. 1371, 1389; *von Bülow* in Mülbert/Kiem/Wittig, 10 Jahre WpÜG, S. 9, 18.
340 Siehe dazu auch BaFin, Jahresbericht 2015, S. 247 f.
341 Siehe dazu *Herfs/Wyen* in FS Hopt, 2010, S. 1955, 1976 ff.
342 *Krause/Favoccia* in Assmann/Pötzsch/Uwe H. Schneider, § 18 WpÜG Rz. 76; *Thoma/Stöcker* in Baums/Thoma, § 18 WpÜG Rz. 132 ff.; zu § 255 Abs. 2 AktG *Decher* in FS Wiedemann, 2002, S. 787, 795 ff.; abl. *Merkner/Sustmann* in Baums/Thoma, § 18 WpÜG Rz. 156 f.
343 Skeptisch *Merkner/Sustmann* in Baums/Thoma, § 18 WpÜG Rz. 156.
344 Siehe etwa Ziff. 11.1.2 der Angebotsunterlage der Vonovia SE betreffend Deutsche Wohnen SE v. 23.6.2021. Dort wird auf Veränderungen in einem Index abgestellt, der für den Bieter und die Zielgesellschaft gleichermaßen maßgeblich ist.

bedingungen ist entsprechend § 14 Abs. 3 Satz 1 WpÜG zu veröffentlichen und gegenüber der BaFin zu kommunizieren. Dementsprechend ist z.B. bei MAC-Vorbehalten vorgesehen, dass der beauftragte Sachverständige das Ergebnis seiner Prüfung im Internet und im Bundesanzeiger bekannt macht.

d) Folgen unzulässiger Bedingungen

62.116 **Prüfung und Beanstandung durch die BaFin.** Eine unzulässige Bedingung in der Angebotsunterlage führt zunächst zur Beanstandung durch die BaFin und bei Nichtabhilfe zur Untersagung des Angebots nach § 15 Abs. 1 Nr. 2 WpÜG.

62.117 **Gestattung des Angebots trotz unzulässiger Bedingung.** Hat die BaFin die Angebotsunterlage gestattet, obwohl diese eine unzulässige Bedingung enthält, kommt eine nachträgliche Untersagung des Angebots, die nur auf § 4 Abs. 1 Satz 3 WpÜG gestützt werden könnte, wegen des Vorrangs von § 15 WpÜG nicht mehr in Betracht[345]. Verstößt eine Angebotsbedingung gegen § 17 und/oder § 18 WpÜG, ist sie gemäß § 134 BGB nichtig[346]. Die Nichtigkeit der Bedingung führt grundsätzlich nach § 139 BGB zur Gesamtnichtigkeit des Rechtsgeschäfts; demnach wäre das gesamte Angebot nichtig[347]. Diese Rechtsfolge könnte der Bieter nur vermeiden, indem er rechtzeitig auf die Angebotsbedingung verzichtet. Annahme der Gesamtnichtigkeit ist aber zumindest dann unangemessen, wenn sich der Bieter auf eine unzulässige Bedingung berufen will. In solchen Fällen ist nur die Bedingung selbst als nichtig anzusehen mit der Folge, dass das Angebot im Übrigen verbindlich ist[348].

62.118 **Streit über Bedingungseintritt.** Beruft sich der Bieter zu Unrecht auf den Nichteintritt einer zulässigen Bedingung oder hat er ihren Nichteintritt entgegen § 162 BGB treuwidrig herbeigeführt, ist das Angebot gleichwohl verbindlich. Die BaFin kann den Bieter gemäß § 4 Abs. 1 Satz 3 WpÜG auffordern, die Bekanntmachung des Nichteintritts der Bedingung zu unterlassen bzw. zu korrigieren. Nach h.M. haben die Aktionäre der Zielgesellschaft aber keinen Anspruch auf ein Einschreiten der BaFin (zum Rechtsschutz siehe Rz. 62.360). Die Aktionäre können den Bieter jedoch vor den allgemeinen Zivilgerichten auf Zahlung der versprochenen Leistung aus dem ihrer Ansicht nach verbindlichen Vertrag über den Verkauf und die Abtretung ihrer Aktien verklagen[349].

4. Annahmephase – Überblick

a) Annahmefristen

62.119 § 16 Abs. 1 WpÜG bestimmt die Regel-Annahmefristen und gibt zwingend einen zeitlichen Mindest- und Höchstrahmen vor. Daneben schreiben Spezialvorschriften in bestimmten Fällen eine Verlängerung der Annahmefristen vor. Damit soll gleichermaßen dem Beschleunigungsgrundsatz gemäß § 3 Abs. 4 WpÜG und den Interessen der Wertpapierinhaber an ausreichender Bedenkzeit und Prüfung der Angebotsunterlage (§ 3 Abs. 2 WpÜG) Rechnung getragen werden.

aa) Regelfrist

62.120 **Zwingender Mindestrahmen.** Nach § 16 Abs. 1 WpÜG muss die Annahmefrist mindestens vier Wochen und darf höchstens zehn Wochen betragen. Innerhalb dieses zwingend vorgegebenen Rahmens

---

345 *Krause/Favoccia* in Assmann/Pötzsch/Uwe H. Schneider, § 18 WpÜG Rz. 115; i.E. ebenso *Busch*, AG 2002, 145, 152.
346 *Krause/Favoccia* in Assmann/Pötzsch/Uwe H. Schneider, § 18 WpÜG Rz. 115; *Thoma/Stöcker*, § 18 WpÜG Rz. 145.
347 So in der Tat *Krause/Favoccia* in Assmann/Pötzsch/Uwe H. Schneider, § 18 WpÜG Rz. 115 a.E.; *Oechsler* in Ehricke/Ekkenga/Oechsler, § 18 WpÜG Rz. 12.
348 I.E. ebenso *Hasselbach* in KölnKomm. WpÜG, § 18 WpÜG Rz. 95; vgl. auch *Wackerbarth* in Münch-Komm. AktG, 5. Aufl. 2021, § 18 WpÜG Rz. 61.
349 *Krause/Favoccia* in Assmann/Pötzsch/Uwe H. Schneider, § 18 WpÜG Rz. 116.

ist der Bieter frei, die Länge der Annahmefrist zu bestimmen[350]. Bei der Festlegung der Annahmefrist wird der Bieter u.a. folgende Aspekte in Erwägung ziehen:

- zu erwartende Reaktion der Zielgesellschaft. Bei einem feindlichen oder nicht mit der Verwaltung der Zielgesellschaft abgegebenen Übernahmeangebot wird der Bieter in der Regel eine kurze Annahmefrist wählen;
- Art des Angebots. Bei Pflichtangeboten wird eher eine kurze Frist gewählt als bei freiwilligen Erwerbsangeboten;
- Art der Gegenleistung. Bei Tauschangeboten wird meistens eine längere Frist gewählt, um die erforderlichen Kapitalmaßnahmen umsetzen zu können;
- die Aktionärsstruktur (z.B. Höhe des Streubesitzes und Anzahl der im Ausland ansässigen Aktionäre);
- die Finanzierungskosten;
- die Wahrscheinlichkeit eines konkurrierenden Angebots; oder
- die zu erwartende Öffentlichkeitswirkung eines langen Angebotsverfahrens.

Die bisherige Praxis hat indessen gezeigt, dass bei den meisten Übernahmeangeboten die Annahmefrist zwischen vier und sechs Wochen betrug. Auch die deutliche Mehrzahl der Pflichtangebote sah eine Annahmefrist von nur vier Wochen vor (vgl. Rz. 62.11).

Fristverlängerung durch den Bieter. Der Bieter ist berechtigt, die Annahmefrist innerhalb des gesetzlich zulässigen Rahmens zu verlängern[351]. Um eine materielle Angebotsänderung handelt es sich dabei nach allgemeinem Vertragsrecht nicht[352]. Die Interessen der Aktionäre werden hierdurch nicht beeinträchtigt. Da die Zielgesellschaft ohnehin eine Annahmefrist von bis zu zehn Wochen hinnehmen muss, werden auch ihre Belange hierdurch nicht nachteilig betroffen. Allerdings muss der Bieter in der Angebotsunterlage einen entsprechenden Vorbehalt aufnehmen. Für die Fristverlängerung gilt § 21 Abs. 3 WpÜG entsprechend[353].

62.121

Fristberechnung. Die Annahmefrist beginnt zwingend mit Veröffentlichung der Angebotsunterlage. Der Bieter darf den Fristbeginn daher nicht auf einen anderen Zeitpunkt legen. Für die Fristberechnung gelten die § 187 Abs. 1, § 188 Abs. 2, § 193 BGB. Der Tag der Veröffentlichung der Angebotsunterlage wird nicht mitgezählt[354]. Angebote können an diesem Tage aber schon angenommen werden[355].

62.122

bb) Gesetzliche Verlängerung der Annahmefrist

Weitere Annahmefrist. Ausschließlich für **Übernahmeangebote** bestimmt § 16 Abs. 2 Satz 1 WpÜG eine *weitere Annahmefrist* von zwei Wochen ab Veröffentlichung des Angebotsergebnisses gemäß § 23

62.123

---

350 *Merkner/Sustmann* in Baums/Thoma, § 16 WpÜG Rz. 6; *Oechsler* in Ehricke/Ekkenga/Oechsler, § 16 WpÜG Rz. 2; *Seiler* in Assmann/Pötzsch/Uwe H. Schneider, § 16 WpÜG Rz. 12.
351 *Diekmann* in Baums/Thoma, § 21 WpÜG Rz. 11; *Hasselbach* in KölnKomm. WpÜG, § 16 WpÜG Rz. 22 ff.; *Seiler* in Assmann/Pötzsch/Uwe H. Schneider, § 16 WpÜG Rz. 14 ff.; *Oechsler* in Ehricke/Ekkenga/Oechsler, § 16 WpÜG Rz. 7; *Wackerbarth* in MünchKomm. AktG, 5. Aufl. 2021, § 16 WpÜG 16; wohl auch *Merkner/Sustmann* in Baums/Thoma, § 16 WpÜG Rz. 13 ff.; a.A. *Geibel/Süßmann* in Angerer/Geibel/Süßmann, § 16 WpÜG Rz. 11; *Santelmann* in Steinmeyer, § 16 WpÜG Rz. 5; *Schröder* in FrankfurtKomm. WpÜG, § 21 WpÜG Rz. 9.
352 *Heinrichs* in Palandt, § 148 BGB Rz. 4; *Wackerbarth* in MünchKomm. AktG, 5. Aufl. 2021, § 16 WpÜG 16, Fn. 20.
353 *Seiler* in Assmann/Pötzsch/Uwe H. Schneider, § 16 WpÜG Rz. 18.
354 *Merkner/Sustmann* in Baums/Thoma, § 16 WpÜG Rz. 25.
355 *Seiler* in Assmann/Pötzsch/Uwe H. Schneider, § 16 WpÜG Rz. 19.

Abs. 1 Satz 1 Nr. 2 WpÜG. Diese sog. „**Zaunkönigregelung**" soll es insbesondere Klein- und Belegschaftsaktionären[356] ermöglichen, sich dem Übernahmeangebot noch anzuschließen, nachdem sich abzeichnet, dass es zu einem Kontrollwechsel kommen wird. Zu beachten ist, dass § 16 Abs. 2 WpÜG nur für *Aktionäre*, nicht aber sonstige Wertpapierinhaber gilt[357]. § 16 Abs. 2 WpÜG gilt auch nur für Übernahmeangebote, die auf das Erreichen der formalen Kontrolle von 30 % oder mehr der Stimmrechte gerichtet sind, nicht indessen für Pflicht- oder Aufstockungsangebote[358]. Es ist allerdings wie bei § 35 Abs. 3 WpÜG (dazu Rz. 62.229 ff.) ausreichend, wenn die Kontrolle nicht durch das Übernahmeangebot allein, sondern mit in seinem Zusammenhang abgeschlossenen Paketerwerben erlangt werden soll.

62.124 Die weitere Annahmefrist setzt nach § 16 Abs. 2 Satz 2 WpÜG nicht ein, wenn die vom Bieter ausbedungene **Mindestannahmequote** nicht erreicht wurde. Maßgeblich ist der Zugang der Annahmeerklärungen. Auf den dinglichen Erwerb der Aktien kommt es nicht an. Die Mindestannahmequote gilt daher auch dann als erreicht, wenn genügend Aktionäre das Angebot angenommen haben, der Vollzug des Aktienerwerbs aber noch unter dem Vorbehalt der Kartellfreigabe oder einer sonstigen Bedingung steht. Ob und in welchem Umfang Vorerwerbe zu berücksichtigen sind, hängt von der Formulierung der Mindestannahmebedingung in der Angebotsunterlage ab.

62.125 Enthält die Angebotsunterlage keine Mindestannahmequote oder wurde auf eine solche rechtzeitig nach § 21 Abs. 1 Satz 1 Nr. 2 WpÜG verzichtet, kommt es nach dem Gesetzeswortlaut nicht darauf an, ob das Übernahmeangebot erfolgreich war und ein Kontrollerwerb eingetreten ist. Die wohl überwiegende Auffassung in der Literatur beschränkt den Geltungsbereich der weiteren Annahmefrist im Wege der **teleologischen Reduktion** indessen auf erfolgreiche Übernahmeangebote. Der mit der Zaunkönigregelung verfolgte Zweck, Kleinaktionären die Möglichkeit zu geben, noch „auf den fahrenden Zug aufzuspringen", werde nur erreicht, wenn der Kontrollwechsel feststehe. Anderenfalls werde das sog. Gefangenendilemma nur zeitlich verlagert[359]. Dafür sprechen zwar vertretbare Argumente. Angesichts der erheblichen Auswirkungen einer solchen einschränkenden Auslegung und des Bedürfnisses nach Rechtssicherheit im Übernahmeverfahren, kann eine Begrenzung des Anwendungsbereichs von § 16 Abs. 2 WpÜG aber nur durch ausdrückliche gesetzliche Anordnung erfolgen. Vorbehaltlich einer Gesetzesänderung, greift die weitere Annahmefrist auch dann, wenn es während der Annahmefrist nicht zu einem Kontrollwechsel gekommen ist[360]. In den Genuss der weiteren Annahmefrist kommen unter den Voraussetzungen des § 16 WpÜG alle Aktionäre der Zielgesellschaft, und zwar unabhängig von der Höhe ihres Anteilsbesitzes sowie ihrer Kenntnis vom Stand des Angebotsverfahrens. Diese Rechtsfolge ist im Übrigen für die Aktionäre der Zielgesellschaft im Rahmen eines konkurrierenden Angebots günstig, wenn der Erstbieter den Angebotspreis durch Parallelerwerb faktisch erhöht hat, weil sie dann wegen der weiteren Annahmefrist die Möglichkeit haben, das Erstangebot noch anzunehmen (dazu näher Rz. 62.151).

62.126 Die weitere Annahmefrist **beginnt** gemäß § 187 Abs. 1 BGB am Tag nach Veröffentlichung des Angebotsergebnisses gemäß § 23 Abs. 1 Satz 1 Nr. 2 WpÜG. Das **Fristende** bestimmt sich nach § 188 Abs. 2 BGB. Liegen die Voraussetzungen des § 16 Abs. 2 WpÜG vor, sind nach dem Gesetzeszweck

---

356 Zur Situation der Belegschaftsaktionäre bei Übernahmeangeboten *Seiler* in Assmann/Pötzsch/Uwe H. Schneider, § 16 WpÜG Rz. 37.
357 *Merkner/Sustmann* in Baums/Thoma, § 16 WpÜG Rz. 45; *Oechsler* in Ehricke/Ekkenga/Oechsler, § 16 WpÜG Rz. 10.
358 *Geibel/Süßmann* in Angerer/Geibel/Süßmann, § 18 WpÜG Rz. 31; *Merkner/Sustmann* in Baums/Thoma, § 16 WpÜG Rz. 36 f.
359 *Geibel/Süßmann* in Angerer/Geibel/Süßmann, § 16 WpÜG Rz. 34 f f.; *Noack/Zetzsche* in Schwark/Zimmer, § 16 WpÜG Rz. 17; *Seiler* in Assmann/Pötzsch/Uwe H. Schneider, § 16 WpÜG Rz. 34 f.; *Steinmeyer* in Steinmeyer, § 16 WpÜG Rz. 7; *Wackerbarth* in MünchKomm. AktG, 5. Aufl. 2021, § 16 WpÜG Rz. 20; a.A. *Hasselbach* in KölnKomm. WpÜG, § 16 WpÜG Rz. 44.
360 *Thoma/Stöcker* in Baums/Thoma, § 16 WpÜG Rz. 39.

auch solche Annahmeerklärungen zu berücksichtigen, die zwischen dem Ablauf der Annahmefrist und dem Beginn der weiteren Annahmefrist abgegeben werden[361].

Einberufung der Hauptversammlung durch die Zielgesellschaft. Nach § 16 Abs. 3 Satz 1 WpÜG verlängert sich die Annahmefrist unbeschadet weiterer Verlängerungsmöglichkeiten wegen Angebotsänderungen oder konkurrierender Angebote stets auf zehn Wochen, wenn bei der Zielgesellschaft nach Veröffentlichung der Angebotsunterlage im Zusammenhang mit dem Angebot eine Hauptversammlung einberufen wird. § 16 Abs. 3 WpÜG findet auf alle Angebotsarten Anwendung und ist nicht auf Übernahmeangebote beschänkt[362]. 62.127

Das Gesetz gibt die **Qualität des Zusammenhangs** zwischen der Hauptversammlung und dem Angebot nicht vor[363]. § 16 Abs. 3 WpÜG ist weder zu entnehmen, dass das Angebot alleiniger Tagesordnungspunkt zu sein hat, noch dass konkrete Beschlüsse betreffend das Angebot oder gar Abwehrmaßnahmen gefasst werden müssen[364]. Dementsprechend ergibt sich der erforderliche Zusammenhang auch aus Beschlussgegenständen, die der Umsetzung des Angebots dienen[365]. Selbst wenn auf der Hauptversammlung kein Beschluss mit Bezug zum Angebot gefasst, sondern nur eine Aussprache hierzu erfolgen soll, besteht der notwendige Zusammenhang[366]. Vorauszusetzen ist lediglich, dass der Bezug zum Angebot aus der Tagesordnung erkennbar ist und das Angebot nicht lediglich unter der Rubrik „Verschiedenes" behandelt wird. Nur auf diese Weise ist eine rechtssichere und weitestgehend wertungsfreie Feststellung möglich, ob es zu einer **Fristverlängerung** kommt. Nicht zu einer Verlängerung der Annahmefrist führen somit lediglich solche Hauptversammlungen, die entweder bereits vor Veröffentlichung der Angebotsunterlage einberufen worden sind oder in deren Tagesordnung das Angebot keine Erwähnung findet. 62.128

Die **Rechtsfolge** der Fristverlängerung tritt allein mit der Einberufung der Hauptversammlung nach Veröffentlichung der Angebotsunterlage ein. Wird eine solche Hauptversammlung nachträglich wieder abgesetzt, **bleibt** es bei der Fristverlängerung. Der Vorstand der Zielgesellschaft hat damit z.B. im Fall eines unerwünschten Angebots die nicht zu unterschätzende Möglichkeit, die Dauer des Angebotsverfahrens bereits durch die Einberufung einer Hauptversammlung zu verzögern, ohne dass konkrete Abwehrmaßnahmen beschlossen oder gar durchgeführt zu werden brauchen. 62.129

Fristverlängerung durch Angebotsänderung. Bei einer Änderung des Angebots innerhalb der letzten beiden Wochen der regulären Annahmefrist verlängert sich die Annahmefrist gemäß § 21 Abs. 5 WpÜG um zwei Wochen. Dies gilt aus Gründen der Rechtssicherheit nach Satz 2 auch dann, wenn das geänderte Angebot gegen Rechtsvorschriften verstößt. Eine Angebotsänderung ist nach Ablauf der regulären Annahmefrist während der weiteren Annahmefrist (§ 16 Abs. 2 Satz 1 WpÜG) nicht mehr möglich[367] und kann dementsprechend auch keine Rechtsfolgen gemäß § 21 Abs. 5 WpÜG auslösen. Fristauslösend ist die Veröffentlichung der geänderten Angebotsunterlage (§ 21 Abs. 2 WpÜG). Die verlängerte Annahmefrist beginnt mit dem Ablauf der zuvor bestimmten Annahmefrist und nicht be- 62.130

---

361 *Hasselbach* in KölnKomm. WpÜG, § 16 WpÜG Rz. 51; *Noack/Zetzsche* in Schwark/Zimmer, § 16 WpÜG Rz. 19; *Seiler* in Assmann/Pötzsch/Uwe H. Schneider, § 16 WpÜG Rz. 41.
362 *Merkner/Sustmann* in Baums/Thoma, § 16 WpÜG Rz. 60.
363 *Seiler* in Assmann/Pötzsch/Uwe H. Schneider, § 16 WpÜG Rz. 50.
364 *Merkner/Sustmann* in Baums/Thoma, § 16 WpÜG Rz. 64; *Wackerbarth* in MünchKomm. AktG, 5. Aufl. 2021, § 16 WpÜG Rz. 34; a.A. *Geibel/Süßmann* in Angerer/Geibel/Süßmann, § 16 WpÜG Rz. 52 ff.
365 *Seiler* in Assmann/Pötzsch/Uwe H. Schneider, § 16 WpÜG Rz. 50; *Wackerbarth* in MünchKomm. AktG, 5. Aufl. 2021, § 16 WpÜG Rz. 34.
366 *Merkner/Sustmann* in Baums/Thoma, § 16 WpÜG Rz. 64 m.w.N.; vgl. auch die Verschärfung in Ziff. 3.7 DCGK.
367 *Oechsler* in Ehricke/Ekkenga/Oechsler, § 21 WpÜG Rz. 25; *Rothenfußer/Friese-Dormann/Rieger*, AG 2007, 137, 139 f.

reits mit Veröffentlichung der geänderten Angebotsunterlage[368]. Es kommt durch die nach § 21 Abs. 5 Satz 1 WpÜG erfolgte Angebotsänderung daher stets zu einer Fristverlängerung von zwei Wochen gegenüber der ursprünglichen Annahmefrist. Innerhalb der durch seine Angebotsänderung verlängerten Frist darf der Bieter keine weitere Angebotsänderung vornehmen[369].

62.131 **Fristverlängerung durch konkurrierendes Angebot.** Eine Verlängerung der Annahmefrist kraft Gesetzes kann sich auch aufgrund eines konkurrierenden Angebots ergeben. Nach der Legaldefinition in § 22 Abs. 1 WpÜG muss das konkurrierende Angebot während der Annahmefrist des Erstangebots veröffentlicht werden. Damit ist die reguläre Annahmefrist i.S.d. § 16 Abs. 1 WpÜG gemeint, nicht aber auch die weitere Annahmefrist gemäß § 16 Abs. 2 Satz 1 WpÜG[370]. Ist die Annahmefrist eines konkurrierenden Angebots länger als die des ersten Angebots, endet die Annahmefrist des ersten Angebots nach § 22 Abs. 2 Satz 1 WpÜG gleichzeitig mit der im konkurrierenden Angebot bestimmten Frist. Dies gilt gemäß § 22 Abs. 2 Satz 2 WpÜG auch dann, wenn das konkurrierende Angebot geändert, oder untersagt wird oder gegen Rechtsvorschriften verstößt. Nach der Verwaltungspraxis der BaFin gelten als konkurrierende Angebote allerdings nur solche, die der BaFin zur Prüfung vorgelegt wurden, nicht aber solche, die ohne eine solche Prüfung veröffentlicht werden[371]. Dieses unter Missbrauchsgesichtspunkten nachvollziehbare Ergebnis lässt sich rechtlich nur halten, wenn man das Tatbestandsmerkmal „gegen Rechtsvorschriften verstößt" dahin gehend auslegt, dass damit Rechtsverstöße trotz vorheriger Gestattung durch die BaFin gemeint sind. Gemäß § 22 Abs. 2 Satz 2 Alt. 1 WpÜG kommt es auch dann zu einer Fristverlängerung des Erstangebots, wenn die Annahmefrist des konkurrierenden Angebots aufgrund einer Angebotsänderung über die Annahmefrist des Erstangebots verlängert wird. In allen diesen Fällen tritt die Verlängerung der Angebotsfrist mit Veröffentlichung des konkurrierenden Angebots kraft Gesetzes ein, ohne dass es hierfür einer Veröffentlichung durch den Erstbieter bedarf. Durch § 22 Abs. 2 WpÜG wird die reguläre Annahmefrist verlängert. Dies hat zur Folge, dass der Erstbieter sein Angebot unter den Voraussetzungen des § 21 WpÜG ändern kann[372].

b) Wasserstandsmeldungen – Angaben nach § 23 WpÜG

aa) Allgemeines

62.132 Nach § 23 WpÜG muss der Bieter sowohl **während** als auch **nach Ablauf des Übernahmeverfahrens** Transparenz über die von ihm gehaltenen und ihm zurechenbaren Wertpapiere und Stimmrechte an der Zielgesellschaft schaffen (sog. *„Wasserstandmeldungen"*). Die nach § 23 Abs. 1 WpÜG erforderlichen Angaben beziehen sich auf die Entwicklung der Beteiligungsverhältnisse während der Angebotsphase und nach Abschluss des Angebotsverfahrens. § 23 Abs. 2 WpÜG ist nur auf Übernahme- und Pflichtangebote anwendbar, dient der Ermittlung etwaiger Erhöhungen des Angebotspreises nach § 31 Abs. 3 bis Abs. 5 WpÜG und betrifft Angaben über Wertpapiererwerbe, die zeitlich während und nach, sachlich aber außerhalb des Angebotsverfahrens erfolgen.

---

368 *Seiler* in Assmann/Pötzsch/Uwe H. Schneider, § 21 WpÜG Rz. 54.
369 Zur Fristverlängerung bei Angebotsänderungen im Rahmen von konkurrierenden Angeboten Rz. 62.146 ff.
370 *Diekmann* in Baums/Thoma, § 22 WpÜG Rz. 24; *Hasselbach* in KölnKomm. WpÜG, § 22 WpÜG Rz. 13; *Rothenfußer/Friese-Dormann/Rieger*, AG 2007, 137, 142.
371 BaFin, Jahresbericht 2019, S. 108. Dort wird berichtet über ein Angebot, das während der Annahmefrist des Delisting-Angebots der Highlight Communications AG an die Aktionäre der Constantin Medien AG ohne Gestattung der BaFin im Bundesanzeiger veröffentlicht wurde. Dieses Angebot wurde nicht als konkurrierendes Angebot behandelt, so dass die Annahmefrist des ersten Delisting-Angebots unverändert blieb. Im Ergebnis ähnlich *Wackerbarth* in MünchKomm. AktG, 5. Aufl. 2021, § 22 WpÜG Rz. 13.
372 Zu Einzelfragen der Fristverlängerung bei Angebotsänderungen und konkurrierenden Angeboten Rz. 62.146 ff.

bb) Wasserstandsmeldungen nach § 23 Abs. 1 WpÜG

Der Bieter muss 62.133

- ab Veröffentlichung der Angebotsunterlage und bis eine Woche vor Ablauf der Annahmefrist *wöchentlich*,
- während der letzten Woche der Annahmefrist *täglich*,
- *unverzüglich* nach Ende der Annahmefrist,
- *unverzüglich* nach Ende der weiteren Annahmefrist,
- *unverzüglich* nach Erlangen der für einen übernahmerechtlichen Squeeze out erforderlichen Beteiligungshöhe von 95 %

in der Form des § 14 Abs. 3 Abs. 1 Satz 1 WpÜG (d.h. im Internet sowie im Bundesanzeiger) folgende Angaben veröffentlichen:

- *Anzahl* der von ihm, gemeinsam mit ihm handelnden Personen und deren Tochtergesellschaften zustehenden *Wertpapiere* an der Zielgesellschaft,
- einschließlich der *Höhe* der jeweiligen *Anteile* (z.B. Anteil der Aktien am Grundkapital in %) sowie der ihm zustehenden und/oder nach § 30 WpÜG zurechenbaren *Stimmrechte*, sowie
- Anzahl der sich *aus* den ihm zugegangenen *Annahmeerklärungen ergebenden Wertpapiere*, die Gegenstand des Angebots sind, einschließlich der entsprechenden *Anteile* und der *Stimmrechte*[373].

Beispiel: Der Bieter hält 1.000.000 Aktien an der Zielgesellschaft, deren Grundkapital 20 Mio. Euro beträgt. Der Vorstand der Zielgesellschaft, der 150.000 Aktien hält, soll an dem Erwerbsvehikel des Bieters beteiligt werden. Ferner hat der Bieter mit Aktionär D eine dingliche Erwerbsoption über 350.000 Aktien der Zielgesellschaft vereinbart. Bis zum dritten Tag vor Ablauf der Annahmefrist haben Aktionäre Annahmeerklärungen für insgesamt 1.500.000 Aktien abgegeben. Die Wasserstandsmitteilung nach § 23 Abs. 1 WpÜG hat folgenden Inhalt: 62.134

[Bieterin]

[Straße] [PLZ, Stadt]

Bekanntmachung

gemäß § 23 Abs. 1 Satz 1 Nr. 1

des Wertpapiererwerbs- und Übernahmegesetzes („WpÜG")

Die [Bieterin] („**Bieterin**") hat am ... die Angebotsunterlage für das freiwillige öffentliche Übernahmeangebot an die Aktionäre der [Zielgesellschaft] zum Erwerb der von ihnen gehaltenen auf den Inhaber lautenden Stammaktien („**Angebotsaktien**") (ISIN ...) („**Übernahmeangebot**") veröffentlicht. Die Angebotsunterlage ist im Internet unter ... abrufbar. Die Frist für die Annahme des Übernahmeangebots endet am ..., ... Uhr (MEZ), soweit sie nicht nach den gesetzlichen Bestimmungen des WpÜG verlängert wird.

Bis zum ..., ... Uhr (MEZ) („**Stichtag**"), wurde das Übernahmeangebot für insgesamt 1.500.000 Angebotsaktien angenommen. Dies entspricht einem Anteil von 7,5 % des Grundkapitals und der Stimmrechte der [Zielgesellschaft].

Der Bieterin und mit ihr gemeinsam handelnden Personen im Sinne des § 2 Abs. 5 Satz 1 WpÜG (siehe Ziffer ... der Angebotsunterlage) stehen am Stichtag folgende Angebotsaktien zu:

---

[373] Ein Muster einer Wasserstandsmeldung findet sich bei *Groß* in Happ/Groß/Möhrle/Vetter, Aktienrecht, Bd. II, 5. Aufl. 2020, 22. Abschnitt, 22.01 d).

Die [Bieterin] hält unmittelbar 1.000.000 Angebotsaktien, entsprechend 5 % des Grundkapitals und der Stimmrechte der [Zielgesellschaft].

Die mit der Bieterin gemeinsam handelnden Vorstandsmitglieder der [Zielgesellschaft] Herr ..., Herr ... und Herr ... halten insgesamt 150.000 Angebotsaktien. Dies entspricht 0,75 % des Grundkapitals und der Stimmrechte der [Zielgesellschaft].

Weiterhin sind der Bieterin gemäß § 30 Abs. 1 Satz 1 Nr. 5 WpÜG die Stimmrechte aus 350.000 von Herrn D gehaltenen Angebotsaktien, entsprechend 1,75 % des Grundkapitals und der Stimmrechte der [Zielgesellschaft], zuzurechnen.

Über den vorstehend genannten Anteilsbesitz hinaus stehen am Stichtag weder der Bieterin noch, nach Kenntnis der Bieterin, mit ihr gemeinsam handelnden Personen Angebotsaktien oder Stimmrechte zu, noch wurden der Bieterin oder, nach Kenntnis der Bieterin, mit ihr gemeinsam handelnden Personen am Stichtag über den oben genannten Aktienbesitz hinaus Stimmrechte der [Zielgesellschaft] zugerechnet.

Die Gesamtzahl der Angebotsaktien, für die das Übernahmeangebot bis zum Stichtag angenommen wurde, zuzüglich der von der Bieterin und mit ihr gemeinsam handelnden Personen zum Stichtag gehaltenen und der Bieterin zuzurechnenden Angebotsaktien, beläuft sich somit auf 3.000.000 Angebotsaktien. Dies entspricht 15 % des Grundkapitals und der Stimmrechte der [Zielgesellschaft].

..., den ...

Zielgesellschaft

cc) Bekanntmachung nach § 23 Abs. 2 WpÜG

62.135 Erwerben der Bieter, mit ihm gemeinsam handelnde Personen und/oder deren Tochtergesellschaften bei Übernahmeangeboten, aufgrund derer der Bieter die Kontrolle über die Zielgesellschaft erlangt hat, und bei Pflichtangeboten

- nach Veröffentlichung der Angebotsunterlage und vor Ablauf eines Jahres nach der Veröffentlichung gemäß § 23 Abs. 1 Satz 1 Nr. 2 WpÜG (Angebotsergebnis nach Ablauf der (regulären) Annahmefrist)
- außerhalb des Angebotsverfahrens

Aktien der Zielgesellschaft,

hat der Bieter im Internet und im Bundesanzeiger folgende Angaben zu veröffentlichen:

- Höhe der dinglich erworbenen[374] Aktien und Stimmrechtsanteile sowie von schuldrechtlich vereinbarten Erwerbsoptionen gemäß § 31 Abs. 6 WpÜG und
- Art und Höhe der dafür gewährten Gegenleistung.

Außerhalb des Angebotsverfahrens erworben sind Aktien bei jedem börslichen und außerbörslichen Erwerb, der nicht aufgrund der Annahme des Angebots erfolgt. Da Nacherwerbe über die Börse gemäß § 31 Abs. 5 Satz 1 WpÜG keine Nachbesserungspflichten auslösen, sollte in der Mitteilung nach § 23 Abs. 2 WpÜG auf den Börsenerwerb ausdrücklich hingewiesen werden.

---

374 Dies ergibt sich aus dem Verweis auf § 31 Abs. 6 WpÜG in § 23 Abs. 2 Satz 2 WpÜG; vgl. auch *Diekmann* in Baums/Thoma, § 23 WpÜG Rz. 62.

5. Angebotsänderung und konkurrierende Angebote

a) Angebotsänderung

aa) Zeitlicher Rahmen

Der Bieter hat unter den Voraussetzungen des § 21 WpÜG die Möglichkeit, sein Angebot bis zum Ablauf des vorletzten Werktages der Annahmefrist zu ändern. Die Frist endet einen **vollen Werktag** vor dem Ablauf der Annahmefrist; endet diese z.B. an einem Freitag um 14:00 Uhr, kann der Bieter sein Angebot bis zum Ablauf des Mittwochs letztmalig ändern[375]. Die Gegenauffassung, wonach es genügen soll, wenn zwischen dem Ablauf der Annahmefrist und der letzten Angebotsänderung 24 Stunden liegen[376], lässt sich weder mit dem Wortlaut des § 21 Abs. 1 WpÜG noch mit § 188 Abs. 1 BGB vereinbaren. Für die Frage, ob ein Werktag gegeben ist, kommt es auf die Verhältnisse am Ort der Zielgesellschaft an[377]. Wird die Frist überschritten, ist die Angebotsänderung unverbindlich und löst keine Rechtsfolgen aus. § 21 Abs. 5 Satz 2 WpÜG, wonach auch eine gegen Rechtsvorschriften verstoßende Angebotsänderung zu einer Verlängerung der Annahmefrist führt, ist nicht anwendbar[378]. Diese Bestimmung bezweckt, den Lauf von Fristen nicht von etwaigen Unsicherheiten hinsichtlich der inhaltlichen Zulässigkeit des geänderten Angebots in Frage zu stellen[379]. Wurde die Angebotsänderung aber nicht rechtzeitig veröffentlicht, bestehen diese Unsicherheiten nicht. Anderenfalls hätte es der Bieter in der Hand, eine offensichtlich unzulässige Änderung seines Angebots zu veröffentlichen, um auf diese Weise die Annahmefrist für sein ursprüngliches Angebot zu verlängern.

62.136

bb) Inhaltlicher Rahmen

Der **Inhalt der Änderungsmöglichkeiten** ist durch den abschließenden Katalog des § 21 Abs. 1 WpÜG beschränkt[380]. Danach darf der Bieter sein Angebot nachträglich nur noch **verbessern**, indem er die Gegenleistung erhöht (§ 21 Abs. 1 Satz 1 Nr. 1 WpÜG), wahlweise eine andere Gegenleistung anbietet (§ 21 Abs. 1 Satz 1 Nr. 2 WpÜG), die Mindestannahmequote reduziert (§ 21 Abs. 1 Satz 1 Nr. 3 WpÜG) oder auf Bedingungen verzichtet (§ 21 Abs. 1 Satz 1 Nr. 4 WpÜG). Ein Bedingungsverzicht erfordert den vollständigen Verzicht auf eine Angebotsbedingung. Dem genügt eine, auch für die Aktionäre günstige, Änderung der Bedingung nicht[381]. Dies ergibt sich zum einen aus dem Umkehrschluss zu § 21 Abs. 1 Satz 1 Nr. 3 WpÜG, der nur hinsichtlich der Mindestannahmeschwelle eine Reduzierung der Bedingung gestattet. Zum anderen wäre die Zulassung von Teilverzichten mit dem Gebot der Rechtsklarheit nur schwer zu vereinbaren. Praktische Schwierigkeiten ergeben sich für den Bieter daraus in aller Regel nicht. Der Bieter kann und sollte für einzelne Tatbestände gesonderte Bedingungen vorsehen, auf die er dann auch einzeln verzichten kann[382].

62.137

---

375 *Diekmann* in Baums/Thoma, § 21 WpÜG Rz. 34; *Oechsler* in Ehricke/Ekkenga/Oechsler, § 21 WpÜG Rz. 9; *Thun* in Angerer/Geibel/Süßmann, § 21 WpÜG Rz. 36.
376 *Busch*, ZIP 2003, 102, 104; *Seiler* in Assmann/Pötzsch/Uwe H. Schneider, § 21 WpÜG Rz. 11.
377 *Diekmann* in Baums/Thoma, § 21 WpÜG Rz. 35.
378 Abw. *Hasselbach* in KölnKomm. WpÜG, § 21 WpÜG Rz. 13.
379 Begr. RegE WpÜG, BT-Drucks. 14/7034, S. 49 f.
380 Die Gegenauffassung von *Wackerbarth* in MünchKomm. AktG, 5. Aufl. 2021, § 21 WpÜG Rz. 13 f. überzeugt nicht und sie widerspricht auch dem praktischen Bedürfnis an Rechtsklarheit in einem Angebotsverfahren.
381 *Hasselbach* in KölnKomm. WpÜG, § 21 WpÜG Rz. 27; *Schröder* in FrankfurtKomm. WpÜG, § 21 WpÜG Rz. 19; *Wackerbarth* in MünchKomm. AktG, 5. Aufl. 2021, § 21 WpÜG Rz. 30; a.A. *Oechsler* in Ehricke/Ekkenga/Oechsler, § 21 WpÜG Rz. 8; *Seiler* in Assmann/Pötzsch/Uwe H. Schneider, § 21 WpÜG Rz. 36.
382 Dem entsprechend sehen Angebotsbedingungen üblicherweise z.B. für jeden Unterfall eines vom Bieter nicht gewollten Hauptversammlungsbeschlusses eine eigene Angebotsbedingung vor; vgl. etwa Ziffer 12.1.4 Buchst. (a) bis (f) der Angebotsunterlage der ABBA BidCo AG betreffend die AKASOL AG v. 26.3.2021.

cc) Verfahren, Veröffentlichung der Angebotsänderung

62.138 Der Bieter muss die Angebotsänderung gemäß § 21 Abs. 2 i.V.m. § 14 Abs. 3 Satz 1 WpÜG im Internet und im Bundesanzeiger unter ausdrücklichem Hinweis auf das Rücktrittsrecht nach § 21 Abs. 4 WpÜG veröffentlichen. Wenn die Änderung des Angebots eine Erhöhung der Bar-Gegenleistung oder wahlweise eine Geldleistung vorsieht, muss der Bieter eine neue **Finanzierungsbestätigung** beifügen. Das ergibt sich aus § 21 Abs. 3 WpÜG, der auf die §§ 12 und 13 WpÜG verweist. Für das geänderte Angebot findet **kein Billigungsverfahren** statt. Daher ist auch keine vorherige Übermittlung der geänderten Angebotsunterlage an die BaFin erforderlich[383]. Die BaFin kann das geänderte Angebot jedoch nachträglich wegen offensichtlichem Verstoß gegen Bestimmungen des WpÜG untersagen (§ 21 Abs. 3 i.V.m. § 15 Abs. 1 Nr. 2 WpÜG). Im Fall der Untersagung bleibt das Angebot in seiner ursprünglichen Form wirksam. Das Rücktrittsrecht besteht gleichwohl, wie sich aus § 21 Abs. 5 Satz 2 WpÜG ergibt. Fraglich ist, wie auf das geänderte (unwirksame) Angebot gerichtete Annahmeerklärungen zu behandeln sind. Hier ist zu differenzieren: Für erstmalig abgegebene Annahmeerklärungen ist nicht anzunehmen, dass sie sich ersatzweise auf das ursprüngliche Angebot beziehen sollen; denn indem die entsprechenden Aktionäre dieses nicht angenommen hatten, haben sie zum Ausdruck gebracht, ihre Aktien unter diesen Bedingungen nicht verkaufen zu wollen. Bei Annahmeerklärungen, die nach Ausübung des Rücktrittsrechts ausgeübt werden, ist dies anders. Hier haben die Aktionäre zunächst auf Grundlage des ursprünglichen Angebots verkaufen wollen. Sie haben ihren Rücktritt in der Erwartung erklärt, dass die Angebotsänderung wirksam ist. Stellt sich später heraus, dass diese unwirksam ist, verliert der Rücktritt seine Grundlage, so dass die alte Annahmeerklärung wiederauflebt.

dd) Folgen der Änderung

62.139 Diejenigen Aktionäre, die das Angebot bereits vor Veröffentlichung der Angebotsänderung angenommen hatten, können von ihrer Annahmeerklärung gemäß § 21 Abs. 4 WpÜG **zurücktreten**. Das Rücktrittsrecht kann bis zum Ablauf der – gemäß § 21 Abs. 5 WpÜG verlängerten – Annahmefrist erklärt werden. Für diejenigen Aktionäre, die den Rücktritt nicht erklärt haben, gelten trotzdem die verbesserten Bedingungen[384]. Das ergibt sich aus dem Gleichbehandlungsgrundsatz.

62.140 Die Angebotsänderung führt nach § 21 Abs. 5 WpÜG zu einer **Verlängerung der Annahmefrist** um zwei Wochen[385].

ee) Alternativangebote

62.141 Fraglich ist die Zulässigkeit von Alternativangeboten. Darunter versteht man neue Angebote, die der Erstbieter im Anschluss an sein erstes Angebot in Bezug auf dieselbe Zielgesellschaft während der Annahmefrist seines ersten Angebots abgibt. Sie waren in Art. 14 des Übernahmekodex geregelt. Das WpÜG enthält hierfür keine Bestimmungen. Die wohl h.M. hält Alternativangebote für „zweifellos" zulässig[386]. Ob dafür dann § 21 WpÜG und/oder § 22 Abs. 2 und Abs. 3 WpÜG gelten sollen[387], ist streitig. Die Zulässigkeit von solchen Alternativangeboten, die sich ganz oder teilweise auf dieselbe

---

[383] *Diekmann* in Baums/Thoma, § 21 WpÜG Rz. 50.
[384] *Diekmann* in Baums/Thoma, § 21 WpÜG Rz. 54 ff.; *Hasselbach* in KölnKomm. WpÜG, § 21 WpÜG Rz. 45 u. 16; a.A. *Schröder* in FrankfurtKomm. WpÜG, § 21 WpÜG Rz. 31.
[385] Dazu allgemein Rz. 62.130. Zur Sonderproblematik der Verlängerung der Annahmefrist bei Angebotsänderungen im Rahmen von konkurrierenden Angeboten Rz. 62.131.
[386] *Hasselbach* in KölnKomm. WpÜG, § 21 WpÜG Rz. 14; *Oechsler* in Ehricke/Ekkenga/Oechsler, § 21 WpÜG Rz. 14; *Seiler* in Assmann/Pötzsch/Uwe H. Schneider, § 21 WpÜG Rz. 17.
[387] *Diekmann* in Baums/Thoma, § 21 WpÜG Rz. 9 (für § 22 Abs. 2 und Abs. 3 WpÜG); abl. *Hasselbach* in KölnKomm. WpÜG, § 21 WpÜG Rz. 14; *Seiler* in Assmann/Pötzsch/Uwe H. Schneider, § 21 WpÜG Rz. 17.

Gattung der Aktien der Zielgesellschaft beziehen, ist indessen entgegen der h.M. zu verneinen[388]. Andernfalls könnte § 21 WpÜG unterlaufen werden. Ebenso könnte ein Alternativangebot dazu führen, dass der zulässige Höchstrahmen des § 16 Abs. 1 WpÜG für Annahmefristen überschritten wird. Davon zu unterscheiden sind Angebote, die sich auf eine andere Gattung der Aktien der Zielgesellschaft beziehen, z.B. auf Stammaktien, nachdem sich das erste Angebot ausschließlich auf Vorzugsaktien gerichtet hat; sie sind nicht zu beanstanden[389].

b) Konkurrierende Angebote
aa) Allgemeines

Nach der **Legaldefinition** des § 22 Abs. 1 WpÜG liegt ein konkurrierendes Angebot dann vor, wenn während der – regulären[390] – Annahmefrist des Erstangebots von einem Dritten ein weiteres Angebot abgegeben wird. Neben § 22 WpÜG gelten für das konkurrierende Angebot sämtliche Regeln für öffentliche Angebote. Als **Dritter** gilt nur eine vom Bieter verschiedene Rechtspersönlichkeit. Dabei ist **formal abzugrenzen**, so dass grundsätzlich auch mit dem Erstbieter gemäß § 15 AktG verbundene Unternehmen oder diesem in sonstiger Weise nahestehende Personen als Dritte i.S.v. § 22 Abs. 1 WpÜG anzusehen sind[391]. Die Zielgesellschaft zählt allerdings deshalb nicht zu den Dritten, weil öffentliche Angebote auf Rückerwerb eigener Aktien nicht in den Anwendungsbereich des WpÜG fallen (siehe Rz. 62.27). Ein konkurrierendes Angebot liegt im Übrigen nur dann vor, wenn sein Gegenstand wenigstens **teilweise deckungsgleich mit** dem **Erstangebot** ist. Das ist der Fall, wenn sich z.B. das Erstangebot nur auf Stammaktien der Zielgesellschaft bezog, das zweite Angebot aber auch Vorzugsaktien einbezieht[392].

62.142

bb) Rechtsfolgen des konkurrierenden Angebots

§ 22 Abs. 2 und Abs. 3 WpÜG regeln die Rechtsfolgen eines fristgemäß veröffentlichten konkurrierenden Angebots. Die Fristverlängerung tritt zwar nach § 22 Abs. 2 Satz 2 WpÜG ähnlich wie bei einer Angebotsänderung auch dann ein, wenn das konkurrierende Angebot rechtswidrig ist. Voraussetzung für den Eintritt der Rechtsfolgen ist jedoch, dass das konkurrierende Angebot von der BaFin gestattet und nach § 14 Abs. 3 Satz 1 WpÜG fristgemäß veröffentlicht wurde[393].

62.143

Anpassung der Annahmefrist des Erstangebots. Sofern die Annahmefrist des ersten Angebots vor der des konkurrierenden Angebots endet, verlängert sie sich automatisch gemäß § 22 Abs. 2 WpÜG. Zu einer derartigen Anpassung kommt es auch dann, wenn die Annahmefrist des konkurrierenden Angebots infolge einer Angebotsänderung verlängert wird (§ 22 Abs. 2 Satz 2 Alt. 1 WpÜG) oder sich

62.144

---

388 Ebenso *Wackerbarth* in MünchKomm. AktG, 5. Aufl. 2021, § 21 WpÜG Rz. 5.
389 Ebenso *Wackerbarth* in MünchKomm. AktG, 5. Aufl. 2021, § 21 WpÜG Rz. 5, der solche Angebote als „echte" Alternativangebote bezeichnet.
390 Kein konkurrierendes Angebot liegt vor, wenn das zweite Angebot erst während der weiteren Annahmefrist des § 16 Abs. 2 Satz 1 WpÜG abgegeben wurde; siehe Rz. 62.123 ff.
391 *Diekmann* in Baums/Thoma, § 22 WpÜG Rz. 15 ff.; *Krause* in Assmann/Pötzsch/Uwe H. Schneider, § 22 WpÜG Rz. 17 ff.; *Steinhardt* in Steinmeyer, § 22 WpÜG Rz. 5; a.A. *Hasselbach* in KölnKomm. WpÜG, § 22 WpÜG Rz. 16; *Hasselbach/Stepper*, NZG, 2020, 170, die alle „im Lager des Bieters" stehenden Personen nicht als Dritte ansehen; *Oechsler* in Ehricke/Ekkenga/Oechsler, § 22 WpÜG Rz. 5; *Schröder* in FrankfurtKomm. WpÜG, § 22 WpÜG Rz. 14; *Wackerbarth* in MünchKomm. AktG, 5. Aufl. 2021, § 22 WpÜG Rz. 8, der als Dritten jede Person versteht, die das Erstangebot nicht mit dem Bieter abgestimmt hat.
392 *Diekmann* in Baums/Thoma, § 22 WpÜG Rz. 19 ff.; *Hasselbach* in KölnKomm. WpÜG, § 22 WpÜG Rz. 20.
393 *Hasselbach* in KölnKomm. WpÜG, § 22 WpÜG Rz. 28; *Schröder* in FrankfurtKomm. WpÜG, § 22 WpÜG Rz. 15.

aufgrund einer Einberufung der Hauptversammlung der Zielgesellschaft nach § 16 Abs. 3 Satz 1 WpÜG verlängert[394].

Sofern die Annahmefrist des konkurrierenden Angebots kürzer ist als die des ersten Angebots, erfolgt weder eine Anpassung der Annahmefrist des Erstangebots noch derjenigen des konkurrierenden Angebots[395].

62.145 **Rücktrittsrecht.** § 22 Abs. 3 WpÜG gewährt jedem Angebotsadressaten des ersten Angebots ein Rücktrittsrecht, sofern er dieses erste Angebot bereits vor Veröffentlichung des konkurrierenden Angebots angenommen hatte. Dieses Rücktrittsrecht kann bis zum Ende der Annahmefrist ausgeübt werden. Es steht entgegen dem Wortlaut nicht nur dem Inhaber des Wertpapiers zu, sondern auch denjenigen Aktionären, die vor Veröffentlichung des konkurrierenden Angebots bereits ihr Eigentum an den Wertpapieren an den Bieter übertragen haben[396]. Hatte der Wertpapierinhaber das ursprüngliche Angebot angenommen und ist davon gemäß § 22 Abs. 3 WpÜG zurückgetreten, hat er unter den Voraussetzungen des § 21 Abs. 4 WpÜG ein weiteres Rücktrittsrecht, wenn das konkurrierende Angebot geändert wurde.

c) Annahmefristen und Rücktrittsrechte bei Angebotsänderungen im Rahmen konkurrierender Angebote

aa) Überblick

62.146 Die **§§ 21 und 22 WpÜG** sind nur teilweise aufeinander abgestimmt. So regelt zwar § 22 Abs. 2 Satz 2 Alt. 1 WpÜG, dass im Falle der Änderung des konkurrierenden Angebots auch eine Anpassung der Annahmefrist des ersten Angebots erfolgt. § 21 WpÜG bestimmt indessen ausdrücklich nur, dass sich bei einer Änderung des Erstangebots dessen Annahmefrist verlängert, lässt aber offen, ob sich in diesem Fall auch die Frist des konkurrierenden Angebots ändert. § 22 Abs. 3 WpÜG gewährt den Aktionären, die das Erstangebot vor Veröffentlichung des konkurrierenden Angebots angenommen haben, ein Rücktrittsrecht. Ob auch diejenigen Aktionäre ein Rücktrittsrecht haben, die das konkurrierende Angebot vor Veröffentlichung einer Änderung des ersten Angebots angenommen haben, ist nicht ausdrücklich geregelt.

bb) Beispielsfälle

62.147 Die Problematik lässt sich am einfachsten durch folgende **Beispielsfälle** veranschaulichen: Der Erstbieter (EB) veröffentlicht ein Angebot mit einer Annahmefrist von vier Wochen. Zwei Wochen später veröffentlicht ein weiterer Bieter (KB) ein konkurrierendes Angebot, das ebenfalls eine Annahmefrist von vier Wochen vorsieht und damit zwei Wochen nach der Annahmefrist des ersten Angebots endet. Nach § 22 Abs. 2 Satz 1 WpÜG verlängert sich die Angebotsfrist des ersten Angebots automatisch um zwei Wochen und endet somit zum selben Zeitpunkt wie das konkurrierende Angebot.

Innerhalb der letzten beiden Wochen der nach § 22 Abs. 2 Satz 1 WpÜG verlängerten Annahmefrist ändert EB sein Angebot. Für diesen Fall schreibt § 21 Abs. 5 Satz 1 WpÜG vor, dass sich die Annahmefrist dieses (ersten) Angebots um zwei Wochen verlängert. Eine Verlängerung der Annahmefrist für

---

394 *Hasselbach* in KölnKomm. WpÜG, § 22 WpÜG Rz. 25.
395 *Diekmann* in Baums/Thoma, § 22 WpÜG Rz. 34; *Hasselbach* in KölnKomm. WpÜG, § 22 WpÜG Rz. 24; *Hasselbach/Stepper*, NZG, 2020, 170, 171; *Krause* in Assmann/Pötzsch/Uwe H. Schneider, § 22 WpÜG Rz. 31; *Rothenfußer/Friese-Dormann/Rieger*, AG 2007, 137, 142 f.; a.A. *Bachmann* in Mülbert/Kiem/Wittig, 10 Jahre WpÜG, S. 191, 197; *Steinhardt* in Steinmeyer, § 22 WpÜG Rz. 8. Zu Besonderheiten der Fristverlängerungen im Zusammenspiel von konkurrierendem Angebot und Erstangebot einerseits und Angebotsänderungen andererseits Rz. 62.146 ff.
396 *Diekmann* in Baums/Thoma, § 22 WpÜG Rz. 48; *Krause* in Assmann/Pötzsch/Uwe H. Schneider, § 22 WpÜG Rz. 48; *Steinhardt* in Steinmeyer, § 22 WpÜG Rz. 16.

das konkurrierende Angebot ist im Gesetz nicht ausdrücklich vorgesehen. § 22 Abs. 2 Satz 2 WpÜG regelt lediglich den Fall, dass das konkurrierende Angebot geändert wird. Nach der Verwaltungspraxis der BaFin und wohl einhelligen Auffassung in der Literatur soll § 22 Abs. 2 Satz 2 WpÜG für den Fall der Änderung des ersten Angebots entsprechende Anwendung auf das konkurrierende Angebot finden[397]. Dies ist sachgerecht. Es ist nämlich kein Grund ersichtlich, Angebotsänderungen durch KB (hier: Fristanpassung gemäß § 22 Abs. 2 Satz 2 WpÜG) anders zu behandeln als solche durch EB. Die Annahmefrist für das konkurrierende Angebot verlängert sich somit ebenso wie die des geänderten ersten Angebots. Die Aktionäre, die das Angebot von EB vor Veröffentlichung der Angebotsänderung angenommen hatten, können gemäß § 21 Abs. 4 WpÜG vom Erstangebot zurücktreten. Die BaFin und die h.A. gewähren in entsprechender Anwendung des § 22 Abs. 3 WpÜG auch den Aktionären, die das konkurrierende Angebot zu diesem Zeitpunkt bereits angenommen hatten, ein Rücktrittsrecht[398]. Auch das ist sachgerecht, weil nur auf diese Weise die vom Gesetz beabsichtigte Entscheidungsfreiheit der Aktionäre sichergestellt ist.

Wenn KB innerhalb der entsprechend § 22 Abs. 2 Satz 2 WpÜG verlängerten Annahmefrist sein konkurrierendes Angebot ändert, führt dies zunächst gemäß § 21 Abs. 5 Satz 1 WpÜG zu einer Verlängerung der Annahmefrist des konkurrierenden Angebots um zwei Wochen. Nach § 22 Abs. 1 Satz 2 Alt. 1 WpÜG verlängert sich die Annahmefrist des ersten Angebots entsprechend um zwei Wochen.

Beschränkt man den Anwendungsbereich von § 21 Abs. 6 WpÜG (Verbot einer zweiten Angebotsänderung) nur auf die durch die Änderung des eigenen Angebots verlängerte Frist, dann ist EB wiederum frei, innerhalb der durch das konkurrierende Angebot um zwei Wochen verlängerten Annahmefrist sein Angebot erneut zu ändern. Dies führt gemäß § 21 Abs. 5 Satz 1 WpÜG zu einer Verlängerung der Annahmefrist des ersten Angebots um weitere zwei Wochen. In entsprechender Anwendung des § 21 Abs. 5 Satz 1 WpÜG ändert sich dann auch die Annahmefrist des konkurrierenden Angebots um zwei Wochen.

Nun könnte KB wiederum eine Angebotsänderung vornehmen mit der Folge der synchronisierten Verlängerung der Annahmefristen für beide Angebote. Danach wäre wieder EB am Zuge, usw. Auf diese Weise könnten EB und KB sich nicht nur **fortlaufend überbieten**[399], sondern auch eine ständige Verlängerung der Annahmefristen herbeiführen.

Dieses Beispiel zeigt, dass man zu der Rechtsfolge des gegenseitigen Überbietens mit fortlaufender Fristverlängerung nur gelangt, wenn man im Fall der ersten Angebotsänderung von EB § 22 Abs. 2 Satz 1 WpÜG analog anwendet und insoweit das erste Angebot wie ein konkurrierendes Angebot behandelt, um auf diese Weise den Gleichlauf der Annahmefristen herzustellen. Lehnt man diese Analogie ab, hat bei konkurrierenden Angeboten die Änderung des ersten Angebots keine Auswirkung auf

---

397 BaFin, Jahresbericht 2007, S. 191; *Strunk/Salomon/Holst* in Veil, Übernahmerecht in Praxis und Wissenschaft, S. 1, 15 ff. sowie *Bachmann* in Mülbert/Kiem/Wittig, 10 Jahre WpÜG, S. 191, 196 f.; *Diekmann* in Baums/Thoma, § 22 WpÜG Rz. 35 f.; *Hasselbach* in KölnKomm. WpÜG, § 22 WpÜG Rz. 27; *Hasselbach/Stepper*, NZG, 2020, 170, 171 f.; *Oechsler* in Ehricke/Ekkenga/Oechsler, § 22 WpÜG Rz. 16; *Rothenfußer/Friese-Dormann/Rieger*, AG 2007, 137, 145; *Krause* in Assmann/Pötzsch/Uwe H. Schneider, § 22 WpÜG Rz. 37; *Steinhardt* in Steinmeyer, § 22 WpÜG Rz. 8.
398 BaFin, Jahresbericht 2007, S. 192; *Strunk/Salomon/Holst* in Veil, Übernahmerecht in Praxis und Wissenschaft, S. 1, 15 ff. sowie *Diekmann* in Baums/Thoma, § 22 WpÜG Rz. 35 f.; *Hasselbach/Stepper*, NZG, 2020, 170, 172; *Noack* in Schwark/Zimmer, § 22 WpÜG Rz. 19; *Oechsler* in Ehricke/Ekkenga/Oechsler, § 22 WpÜG Rz. 16; *Rothenfußer/Friese-Dormann/Rieger*, AG 2007, 137, 148 f.; *Krause* in Assmann/Pötzsch/Uwe H. Schneider, § 22 WpÜG Rz. 54; *Steinhardt* in Steinmeyer, § 22 WpÜG Rz. 8; *Wackerbarth* in MünchKomm. AktG, 5. Aufl. 2021, § 22 WpÜG Rz. 21.
399 So *Hasselbach* in KölnKomm. WpÜG, § 22 WpÜG Rz. 29; *Krause* in Assmann/Pötzsch/Uwe H. Schneider, § 22 WpÜG Rz. 39 m.w.N.; einschränkend *Diekmann* in Baums/Thoma, § 22 WpÜG Rz. 43 einerseits und unter § 21 WpÜG Rz. 74 andererseits: nur jeweils eine weitere Änderung; anders 1. Aufl., § 58 Rz. 290 sowie *Rothenfußer/Friese-Dormann/Rieger*, AG 2007, 137, 146 f.: analoge Anwendung des § 21 Abs. 6 WpÜG.

die Annahmefrist des konkurrierenden Angebots. Dann wäre KB die Änderung seines Angebots zwar nicht verwehrt. Für sein konkurrierendes Angebot gilt zunächst § 21 Abs. 1 Satz 1 WpÜG. Danach kann KB sein konkurrierendes Angebot – ggf. auch unabhängig vom ersten Angebot – bis zu einem Werktag vor Ablauf der – gemäß § 22 Abs. 2 Satz 1 WpÜG verlängerten – Annahmefrist ändern. Allerdings wäre die Möglichkeit für KB, auf eine in „letzter Minute" veröffentlichte Angebotsänderung durch EB noch rechtzeitig zu reagieren, stark eingeschränkt. Die Angebotsänderung von EB wird wirksam mit Veröffentlichung im Internet und im Bundesanzeiger (vgl. § 21 Abs. 2 i.V.m. § 14 Abs. 3 Satz 1 WpÜG). Einer vorherigen Gestattung durch die BaFin bedarf es nicht. Die Angebotsänderung muss beim Bundesanzeiger nach derzeitiger Praxis spätestens bis 14:00 Uhr des Tages vor der Veröffentlichung eingehen. In besonders eiligen Fällen soll es ausreichen, wenn die Angebotsänderung im Verlaufe des Vormittags des Tages der Veröffentlichung eingeht. Der Bundesanzeiger erteilt über eingereichte Texte vor Veröffentlichung keine Auskunft. Der konkurrierende Bieter erfährt somit von der Angebotsänderung in „letzter Minute" durch den Erstbieter erst, wenn es für seine Änderung zu spät ist. KB befindet sich daher in einem Dilemma. Entweder muss er das „Ruder in die Hand" nehmen und vorauseilend im Wege der Angebotsänderung nachbessern. Dadurch verlängert sich die Annahmefrist um zwei Wochen. EB kommt dann gemäß § 22 Abs. 2 Satz 1 WpÜG in den Genuss der Fristverlängerung. Damit bleibt KB in einer strukturell nachteiligen Position, weil er Gefahr läuft, wegen der Frist des § 21 Abs. 1 Satz 1 WpÜG nicht mehr auf eine Angebotsänderung von EB reagieren zu können. Dies aber verträgt sich nicht mit dem Anliegen des Gesetzes, konkurrierende Angebote zu fördern.

Im **Ergebnis** ist daher bei einer Angebotsänderung durch EB innerhalb der durch § 22 Abs. 2 Satz 1 WpÜG angepassten Annahmefrist entsprechend § 22 Abs. 2 Satz 2 Alt. 1 WpÜG die Annahmefrist für das konkurrierende Angebot zu verlängern. Sämtliche Aktionäre, die vor Veröffentlichung der Angebotsänderung durch EB das Erstangebot oder das konkurrierende Angebot angenommen hatten, haben ein Rücktrittsrecht.

62.148 Um eine dauerhafte „Belagerung" der Zielgesellschaft durch ein – wohl nur theoretisch vorstellbares – dauerhaftes Überbieten zu vermeiden[400], ist **rechtspolitisch** zu erwägen, dass Änderungen innerhalb der durch § 22 Abs. 2 WpÜG angepassten Annahmefrist vor Veröffentlichung der BaFin mitgeteilt werden müssen. Die BaFin könnte dann verpflichtet werden, im Fall einer solchen Angebotsänderung durch EB unverzüglich KB zu informieren und ihn aufzufordern, in Unkenntnis des Inhalts der Änderung des ersten Angebots sein konkurrierendes Angebot ebenfalls innerhalb von einer kurzen Frist von etwa 24 Stunden zu ändern. Beide Angebotsänderungen würden dann zeitgleich veröffentlicht werden mit der Folge einer letztmaligen Fristverlängerung um zwei Wochen und Rücktrittsrechten für alle Angebotsadressaten, die vor diesen Veröffentlichungen das Angebot von EB oder KB angenommen haben. Auf diese Weise würde zwischen den Bietern Chancengleichheit hergestellt. Die annahmewilligen Aktionäre kämen in den Genuss eines – wenn auch zeitlich etwas eingeschränkten – Bieterwettstreits. Die Belastung der übrigen Aktionäre und der Zielgesellschaft durch das konkurrierende Angebotsverfahren wäre begrenzt.

d) Faktische Angebotsänderung durch Parallelerwerb
aa) Überblick

62.149 Gelegentlich kommt es zu einer faktischen Angebotsänderung durch Parallelerwerb gegen Gewährung einer höheren Gegenleistung als dem Angebotspreis[401]. Dies führt nach § 31 Abs. 4 WpÜG automatisch zu einer gesetzlichen Nachbesserungspflicht des Bieters und damit zu einer faktischen Erhöhung

---

400 Vgl. zu diesem Problem auch *Böckmann/Kießling*, DB 2007, 1796 ff.
401 So erstmals durch MEIF II Energie Beteiligungen GmbH & Co. KG (Macquarie) nach dem konkurrierenden Angebot der Heat Beteiligungs III GmbH (BC Partners) betreffend die Techem AG; siehe auch die Information über Erhöhung des Angebotspreises in der Angebotsunterlage über das geänderte Angebot der Société des Participations du Commissariat à l'Energie Atomique (AREVA) im Rahmen des konkurrierenden Angebots für die Aktien der REpower Systems AG v. 22.3.2007.

des Angebotspreises (dazu Rz. 62.278 f.). Fraglich ist, ob auf eine durch Parallelerwerb herbeigeführte faktische Angebotsänderung die Regeln des § 21 WpÜG ganz oder teilweise entsprechend anwendbar sind. Man könnte insbesondere an die Veröffentlichungspflicht, das Rücktrittsrecht sowie die Fristverlängerung, aber auch die Pflicht zu einer erweiterten Finanzierungszusage denken[402].

bb) Analoge Anwendung des § 21 WpÜG?

Parallelerwerb ohne konkurrierendes Angebot. Die BaFin und die überwiegende Auffassung in der Literatur lehnen für derartige Fälle die Anwendung von § 21 WpÜG ab[403]. Die Aktionäre der Zielgesellschaft hätten kraft Gesetzes Anspruch auf den durch Parallelerwerb erhöhten Angebotspreis. Zu ihrem Schutz würden grundsätzlich die Veröffentlichungspflichten nach § 23 Abs. 1 und insbesondere Abs. 2 WpÜG ausreichen, so dass es weder einer Veröffentlichung nach § 21 Abs. 2 WpÜG noch eines Rücktrittsrechts gemäß § 21 Abs. 5 WpÜG bedürfe[404]. Teilweise werden nur einzelne Bestimmungen für anwendbar gehalten, wie z.B. die Veröffentlichungspflicht nach § 21 Abs. 2 i.V.m. § 14 Abs. 3 Satz 1 WpÜG[405] oder das Erfordernis einer erweiterten Finanzierungsbestätigung[406]. Zum Teil wird indessen auch die unmittelbare und vollständige Geltung von § 21 WpÜG für durch Parallelerwerb bedingten Angebotserhöhungen vertreten[407]. Es sprechen indessen keine überzeugenden Argumente für eine entsprechende oder gar unmittelbare Anwendung sämtlicher Bestimmungen des § 21 WpÜG auf Parallelerwerbe. Insbesondere ist weder die zeitliche Befristung des Parallelerwerbs entsprechend § 21 Abs. 1 WpÜG noch die Einräumung eines Rücktrittsrechts nach § 21 Abs. 4 WpÜG im Falle des Parallelerwerbs sachgerecht[408]. Ebenso wenig gibt es einen Grund für eine Veröffentlichungspflicht analog § 21 Abs. 2 WpÜG. Die Information der Angebotsadressaten wird durch § 23 Abs. 2 WpÜG, der insoweit als speziellere Vorschrift anzusehen ist, sichergestellt. Dass nur diejenigen Aktionäre Nachbesserungsansprüche haben, die das Angebot angenommen haben[409], steht dem nicht entgegen. Auch das Rücktrittsrecht gemäß § 21 Abs. 4 WpÜG kann nur von denjenigen Aktionären ausgeübt werden, die das Angebot bereits angenommen hatten. Die anderen Aktionäre können sowohl nach Veröffentlichung der Angebotsänderung als auch des Parallelerwerbs das Angebot noch annehmen. Der Unterschied besteht jedoch darin, dass die einen in den Genuss der Fristverlängerung nach § 21 Abs. 5 WpÜG kommen, während eine solche beim Parallelerwerb nicht ausgelöst wird. Um somit denjenigen Aktionären, die das Angebot bis zur Veröffentlichung des Parallelerwerbs nicht angenommen haben, die Möglichkeit zu geben, ihre Aktien zu den faktisch verbesserten Bedingungen zu verkaufen, ist hier – lediglich – § 21 Abs. 5 WpÜG entsprechend anzuwenden. Für diese Fristverlängerung gilt aber die Änderungssperre des § 21 Abs. 6 WpÜG analog. Der Bieter darf während dieser Fristverlängerung zwar weitere Parallelerwerbe, aber keine Angebotsänderung mehr nach § 21 WpÜG vornehmen. Der Vorschlag, Parallelerwerbe entsprechend § 21 Abs. 1 Satz 1 WpÜG nur bis zum Ablauf eines Werktages vor dem Ende der Annahmefrist zu erlauben[410], ist abzulehnen. Er ist weder mit dem Gesetz

62.150

---

402 Dazu eingehend *Rothenfußer/Friese-Dormann/Rieger*, AG 2007, 137, 150 ff.; siehe auch *Berrar*, ZBB 2002, 174, 179; *Oechsler*, NZG 2001, 817, 826.
403 BaFin, Jahresbericht 2007, S. 192 (in Bezug auf die konkurrierenden Angebote an die Aktionäre der REpower Systems AG); *Strunk/Salomon/Holst* in Veil, Übernahmerecht in Praxis und Wissenschaft, S. 1, 19 f.; *Bachmann* in Mülbert/Kiem/Wittig, 10 Jahre WpÜG, S. 191, 207; *Diekmann* in Baums/Thoma, § 21 WpÜG Rz. 14; *Hasselbach* in KölnKomm. WpÜG, § 21 WpÜG Rz. 23; siehe auch *Seibt*, CFL 2013, 145, 158.
404 *Diekmann* in Baums/Thoma, § 21 WpÜG Rz. 14; *Krause* in Assmann/Pötzsch/Uwe H. Schneider, § 31 WpÜG Rz. 120; *Kremer/Oesterhaus* in KölnKomm. WpÜG, § 31 WpÜG Rz. 74; *Schröder* in Frankfurt-Komm. WpÜG, § 21 WpÜG Rz. 13.
405 *Wackerbarth* in MünchKomm. AktG, 3. Aufl. 2011, § 31 WpÜG Rz. 75.
406 *Berrar*, ZBB 2002, 174, 179; *Oechsler* in Ehricke/Ekkenga/Oechsler, § 31 WpÜG Rz. 38.
407 *Rothenfußer/Friese-Dormann/Rieger*, AG 2007, 137, 151 ff.
408 So aber *Rothenfußer/Friese-Dormann/Rieger*, AG 2007, 137, 153 f.
409 So ausdrücklich Begr. RegE zu § 31, BT-Drucks. 14/7034, S. 41; siehe auch Rz. 62.363.
410 *Rothenfußer/Friese-Dormann/Rieger*, AG 2007, 137, 153; offen gelassen bei *Bachmann* in Mülbert/Kiem/Wittig, 10 Jahre WpÜG, S. 191, 207.

noch dem Grundsatz der Privatautonomie vereinbar. Im Übrigen ist eine solche Lösung unpraktikabel, weil preisrelevant nicht nur Parallelerwerbe des Bieters, sondern auch solche von mit ihm gemeinsam handelnden Personen sowie deren Tochtergesellschaften sind; auf diese Personen hat der Bieter aber keinen unmittelbaren Einfluss. Im Übrigen bleibt unklar, welche Rechtsfolgen sich aus einem „verfristeten" Parallelerwerb ergeben sollen.

62.151 **Parallelerwerb bei konkurrierenden Angeboten.** Wenn z.B. der Erstbieter unmittelbar vor Ablauf der gemäß § 22 Abs. 2 WpÜG synchronisierten Annahmefrist durch Parallelerwerb eine Preiserhöhung herbeiführt, führt dies nach hier vertretener Ansicht zu einer Verlängerung der Annahmefrist entsprechend § 21 Abs. 5 WpÜG. Ferner ist in diesem Fall den Aktionären, die das konkurrierende Angebot angenommen haben, analog § 21 Abs. 4 WpÜG ein Rücktrittsrecht einzuräumen[411]. Die Änderungssperre des § 21 Abs. 6 WpÜG gilt nur für den parallel erwerbenden Bieter, aber nicht für den konkurrierenden Bieter[412]. Er kann eine Änderung seines Angebots vornehmen und dadurch dann wiederum eine weitere Fristverlängerung gemäß § 22 Abs. 2 Satz 2 Alt. 2 WpÜG auslösen. Innerhalb dieser ist dann auch der Erstbieter wieder berechtigt, sein Angebot zu ändern. Es gilt dann das zu Rz. 62.147 Gesagte.

6. Pflichten der Verwaltungsorgane der Zielgesellschaft

a) Allgemeines

62.152 Öffentliche Erwerbsangebote lösen für die betroffene Zielgesellschaft in aller Regel eine Ausnahmesituation aus, die vor allem deren Vorstand und Aufsichtsrat vor besondere Herausforderungen stellt. Innerhalb eines engen Zeitrahmens müssen die Verwaltungsorgane der Zielgesellschaft zahlreichen Pflichten gerecht werden. Diese richten sich zum einen nach den Bestimmungen des WpÜG, dessen zeitlicher Anwendungsbereich – jedenfalls aus der Perspektive der Zielgesellschaft – mit der Veröffentlichung der Angebotsentscheidung beginnt. Neben den speziellen übernahmerechtlichen Regeln sind weitere kapitalmarktrechtliche Vorschriften wie insbesondere die insiderrechtlichen Bestimmungen des WpHG (dazu Rz. 62.41 ff.) sowie die sonstigen gesetzlichen Normen zu beachten. Dazu gehört auch das Kartellrecht. Die Zielgesellschaft ist Partei des durch den Vollzug eines öffentlichen Angebots bedingten Zusammenschlussvorhabens. Daher treffen die Zielgesellschaft im Rahmen der Fusionskontrolle bestimmte Mitwirkungspflichten[413]. Uneingeschränkte Geltung beanspruchen vor, während und nach dem Angebotsverfahren die Bestimmungen des Aktienrechts[414]. Diese werden durch das WpÜG keineswegs verdrängt, sondern allenfalls überlagert[415].

b) Stellungnahme nach § 27 WpÜG

aa) Überblick

62.153 Nach § 27 WpÜG sind Vorstand und Aufsichtsrat der Zielgesellschaft verpflichtet, unverzüglich nach Veröffentlichung der Angebotsunterlage zu dem Angebot Stellung zu nehmen[416]. Die Pflicht zur Stel-

---

411 *Hasselbach/Stepper*, NZG, 2020, 170; die BaFin lehnt indessen die Anwendung von § 21 WpÜG bei Parallelerwerben grundsätzlich, also auch bei konkurrierenden Angeboten ab; vgl. BaFin, Jahresbericht 2007, S. 192 (in Bezug auf die Übernahmeangebote von AREVA und Suzlon an die Aktionäre der REpower Systems AG).
412 *Hasselbach/Stepper*, NZG, 2020, 170, 171 m.w.N.
413 Vgl. dazu *Drinkuth* in Veil/Drinkuth, Reformbedarf im Übernahmerecht, S. 59, 77.
414 *Baums/Hecker* in Baums/Thoma, § 3 WpÜG Rz. 30; *Hopt*, ZHR 166 (2002), 383, 400.
415 *Drinkuth* in Veil/Drinkuth, Reformbedarf im Übernahmerecht, S. 59, 61; *Fleischer*, NZG 2002, 545, 546 f.; *Seibt* in Mülbert/Kiem/Wittig, 10 Jahre WpÜG, S. 148, 149 u. 161.
416 Siehe auch Art. 9 Abs. V der EU-Übernahmerichtlinie (RL 2004/25/EG des Europäischen Parlaments und des Rates v. 21.4.2004).

lungnahme ist eine besondere Ausprägung des Transparenzgebots gemäß § 3 Abs. 2 WpÜG[417]. Dies leuchtet schon deshalb ein, weil die Meinung derjenigen, welche die Zielgesellschaft am besten kennen, für die Aktionäre von besonderem Interesse ist. Die Verwaltungsorgane haben die Pflicht, **zu jedem Angebot**, d.h. auch zu einem geänderten oder konkurrierenden Angebot, jeweils einmal **Stellung zu nehmen**. In den Grenzen des § 28 WpÜG sowie – bei Übernahme- und Pflichtangeboten – des § 33 WpÜG dürfen die Verwaltungsorgane auch mehrmals Stellungnahmen zum selben Angebot abgeben[418].

bb) Stellungnahme der Verwaltung

Willensbildung der Verwaltungsorgane. Die Stellungnahme ist vom Vorstand und Aufsichtsrat jeweils als Gesamtorgan, nicht aber von den einzelnen Mitgliedern abzugeben[419]. In der Regel geben beide Organe ihre Stellungnahme in einem gemeinsamen Dokument ab, doch können sie auch getrennte Stellungnahmen veröffentlichen[420]. Für den **Vorstand** ist die Stellungnahme (auch) eine Maßnahme der Geschäftsleitung[421] und erfolgt auf Grundlage eines einstimmigen Beschlusses, soweit Satzung und Geschäftsordnung gemäß § 77 Abs. 1 Satz 2 AktG nichts anderes bestimmen[422]. Der **Aufsichtsrat** gibt seine Stellungnahme ebenfalls (auch) im Rahmen seiner aktienrechtlichen Pflichten und auf der Grundlage eines Beschlusses ab, der jedoch mit einfacher Mehrheit gefasst wird[423]. Für den Aufsichtsrat besteht die Möglichkeit, die Abgabe der Stellungnahme an einen nach § 107 Abs. 3 AktG gebildeten Ausschuss zu delegieren[424]. Jedes Organmitglied ist **stimmberechtigt**. Bei Beschlussfassungen bezüglich der Stellungnahme gibt es keinen Stimmrechtsausschluss wegen Befangenheit[425]. Ein Stimmverbot wegen Befangenheit lässt sich weder aus dem WpÜG noch dem Aktiengesetz ableiten. Der Anwendung der allgemeinen Bestimmung des § 34 BGB steht entgegen, dass § 27 Abs. 1 Satz 2 Nr. 4 WpÜG vorschreibt, dass diejenigen Verwaltungsmitglieder, die Aktien an der Zielgesellschaft halten oder in sonstiger Weise von dem öffentlichen Angebot betroffen sind, dies sowie ihre Veräußerungsabsicht offen legen müssen. Damit setzt das WpÜG geradezu voraus, dass befangene Vorstands- oder Aufsichtsratsmitglieder an der Stellungnahme mitwirken. Vor diesem Hintergrund sind auch **Stimmenthaltungen** abzulehnen[426]. Sinn und Zweck von § 27 WpÜG gebieten es, dass Vorstand und Aufsichtsrat „Farbe bekennen"[427]. Gerade dann, wenn sie selbst Aktien an der Zielgesellschaft halten, sich – z.B. im Rahmen eines *Management Buy-out* – an dem Übernahmeangebot beteiligen oder Or-

62.154

---

417 Begr. RegE zu § 27 WpÜG, BT-Drucks. 14/7034, S. 52; siehe auch *Hippeli/Hofmann*, NZG 2014, 850, 851.
418 *Hirte* in KölnKomm. WpÜG, § 27 WpÜG Rz. 16; *Winter/Harbarth*, ZIP 2002, 1, 16.
419 *Hirte* in KölnKomm. WpÜG, § 27 WpÜG Rz. 20; *Krause/Pötzsch* in Assmann/Pötzsch/Uwe H. Schneider, § 27 WpÜG Rz. 35.
420 *Ekkenga* in Ehricke/Ekkenga/Oechsler, § 27 WpÜG Rz. 9; *Krause/Pötzsch* in Assmann Pötzsch/Uwe H. Schneider, § 27 WpÜG Rz. 42; *Röh* in FrankfurtKomm. WpÜG, § 27 WpÜG Rz. 35. In gut 90 % der Fälle wurden Stellungnahmen bisher gemeinsam von Vorstand und Aufsichtsrat abgegeben; vgl. Rz. 62.12.
421 *Harbarth* in Baums/Thoma, § 27 WpÜG Rz. 21; *Hirte* in KölnKomm. WpÜG, § 27 WpÜG Rz. 20.
422 *Drinkuth* in Veil/Drinkuth, Reformbedarf im Übernahmerecht, S. 59, 73.
423 Bei mitbestimmten Gesellschaften hat der Aufsichtsratsvorsitzende im Fall der Stimmengleichheit bei der zweiten Beschlussfassung gemäß § 29 Abs. 2 MitbestG ein Zweitstimmrecht.
424 *Ekkenga* in Ehricke/Ekkenga/Oechsler, § 27 WpÜG Rz. 23; *Harbarth* in Baums/Thoma, § 27 WpÜG Rz. 32; *Hirte* in KölnKomm. WpÜG, § 27 WpÜG Rz. 20; vgl. dazu auch Rz. 27.85.
425 *Bachmann* in Veil, Übernahmerecht in Praxis und Wissenschaft, S. 109, 129; *Drinkuth* in Veil/Drinkuth, Reformbedarf im Übernahmerecht, S. 59, 74; *Hirte* in KölnKomm. WpÜG, § 27 WpÜG Rz. 22; *Noack/Holzborn* in Schwark/Zimmer, § 27 WpÜG Rz. 15; *Wackerbarth* in MünchKomm. AktG, 5. Aufl. 2021, § 27 WpÜG Rz. 12; abweichend *Harbarth* in Baums/Thoma, § 27 WpÜG Rz. 31; *Hopt*, ZGR 2002, 333, 371 f.
426 Dafür aber *Harbarth* in Baums/Thoma, § 27 WpÜG Rz. 31; *Krause/Pötzsch* in Assmann/Pötzsch/Uwe H. Schneider, § 27 WpÜG Rz. 37.
427 *Hippeli/Hofmann*, NZG 2014, 850, 852 f.

ganfunktionen beim Bieter wahrnehmen, ist die Stellungnahme dieser Organmitglieder für die Aktionäre der Zielgesellschaft besonders aussagekräftig. Erforderlich ist aber, sämtliche (potenziellen) Interessenkonflikte in der Stellungnahme offenzulegen[428].

62.155 **Abweichende Auffassungen einzelner Verwaltungsmitglieder.** Fraglich ist, ob und wie abweichende Meinungen einzelner Verwaltungsmitglieder zu dem öffentlichen Angebot (sog. *Split Boards*) innerhalb der Stellungnahme oder in sonstiger Weise dargestellt werden müssen. Bei der **Stellungnahme des Vorstands** stellt sich die Frage nur dann, wenn die entsprechende Geschäftsordnung keine Einstimmigkeit vorschreibt, sondern Vorstandsbeschlüsse auch **mehrheitlich** gefasst werden können. Die Stellungnahme wird gemäß § 27 Abs. 1 WpÜG nicht von den einzelnen Organmitgliedern, sondern jeweils vom Gesamtorgan geschuldet. Daher lässt sich jedenfalls aus § 27 WpÜG keine ausdrückliche Pflicht ableiten, auch den **Entscheidungsfindungsprozess** darzustellen[429]. Der Abstimmungsvorgang und ebenso das Abstimmungs**ergebnis** sind gesellschaftsinterne Angelegenheiten, die der **Geheimhaltung** unterliegen. Die Geheimhaltungspflicht ist in den § 93 Abs. 1 Satz 2, § 116 AktG gesetzlich zwingend vorgeschrieben. Daher können sich weder Vorstand noch Aufsichtsrat hiervon selbst befreien, solange die gesetzlichen Voraussetzungen hierfür nicht erfüllt sind[430]. Vor diesem Hintergrund besteht keine Grundlage für eine Verpflichtung, die Abstimmungsergebnisse innerhalb des jeweiligen Verwaltungsorgans in der Stellungnahme oder in sonstiger Weise zu veröffentlichen[431], selbst wenn eine derartige Information für die Angebotsadressaten von besonderem Interesse ist.

cc) Inhalt der Stellungnahme

62.156 Die Stellungnahme ist zu begründen. § 27 Abs. 1 Satz 2 WpÜG ist nicht abschließend, sondern nennt nur **Regelbeispiele**. Den Maßstab für den Inhalt der Stellungnahme bilden das Transparenzgebot sowie die Unternehmensinteressen der Zielgesellschaft. Jedenfalls ist zu den Punkten in § 27 Abs. 1 Satz 2 WpÜG sowie zu allen Gesichtspunkten, die für die Aktionäre von Belang sein können, Stellung zu nehmen[432]. Sachliche Grundlage für die Stellungnahme ist die Angebotsunterlage[433]. Allerdings darf nicht bloß der Inhalt der Angebotsunterlage wiedergegeben werden. Vorstand und Aufsichtsrat müssen vielmehr **alle Informationen** verarbeiten, die ihnen in Bezug auf das Angebot zur Verfügung stehen[434] und diese für die Aktionäre der Zielgesellschaft nachvollziehbar darstellen[435]. In den letzten Jahren haben sich für Stellungnahmen Standards herausgebildet[436], was auch dazu geführt hat, dass

---

428 *Röh* in FrankfurtKomm. WpÜG, § 27 WpÜG Rz. 63.
429 *Noack/Holzborn* in Schwark/Zimmer, § 27 WpÜG Rz. 14 f.; so wohl auch *Bachmann* in Veil, Übernahmerecht in Praxis und Wissenschaft, S. 109, 129; anders Note 2 (Satz 1) on Rule 25.1 des City Code on Takeovers and Mergers: „If the board of the offeree company is split in its views on an offer, the directors who are in a minority should also publish their views."
430 *Drinkuth* in Veil/Drinkuth, Reformbedarf im Übernahmerecht, S. 59, 74; a.A. *Fleischer/Schmolke*, DB 2007, 95, 97 f.; *Hirte* in KölnKomm. WpÜG, § 27 WpÜG Rz. 20.
431 I.E. ebenso *Kiesewetter/Kreymborg*, CFL 2013, 105, 113 f.; *Seibt* in FS Hoffmann-Becking, 2013, S. 1119, 1138. A.A. *Fleischer/Schmolke*, DB 2007, 95, 98 f.
432 *Hippeli/Hofmann*, NZG 2014, 850, 852; vgl. auch LG München I v. 9.6.2016 – 17 HKO 6754/15 – Vodafone/Kabel Deutschland, AG 2017, 85, 86 zur Berechtigung einer Sonderprüfung, weil Vorstand und Aufsichtsrat „wesentliche Aspekte zur Beurteilung der Angemessenheit der vom Bieter angebotenen Gegenleistung vorenthalten" haben.
433 *Harbarth* in Baums/Thoma, § 27 WpÜG Rz. 35.
434 *Brandi* in Thaeter/Brandi, Öffentliche Übernahmen, Teil 3, § 3 Rz. 133; *Ekkenga* in Ehricke/Ekkenga/Oechsler, § 27 WpÜG Rz. 12; *Hopt*, ZHR 166 (2002), 383, 420; *Krause/Pötzsch* in Assmann/Pötzsch/Uwe H. Schneider, § 27 WpÜG Rz. 27f./44/53 ff.
435 *Hippeli/Hofmann*, NZG 2014, 850, 851, 853.
436 *Seibt* in Mülbert/Kiem/Wittig, 10 Jahre WpÜG, S. 148, 181; Muster finden sich bei *Groß* in Happ/Groß/Möhrle/Vetter, Aktienrecht, Bd. II, 5. Aufl. 2020, 22. Abschnitt, 22.01 Buchst. c) sowie bei *Seibt* in Beck'sches Formularbuch Mergers & Acquisitions, Ziff. E.IV. Anm. 10 (S. 966 ff.).

ihr Umfang gewachsen ist und mittlerweile im Durchschnitt bei über 30 Seiten liegen dürfte[437]. Ein Zugewinn an Informationen ist damit allerdings nicht notwendigerweise verbunden[438].

Art und Höhe der Gegenleistung. Aus Sicht der Aktionäre der Zielgesellschaft ist die Beurteilung der Angemessenheit der Gegenleistung durch die Verwaltungsmitglieder am wichtigsten. Vorstand und Aufsichtsrat müssen zur Art und Höhe der Gegenleistung Stellung nehmen. Dabei ist für jede Aktiengattung eine gesonderte Prüfung vorzunehmen. Zunächst sind Angaben zur **Art der Gegenleistung** erforderlich. Bei Barangeboten ist darauf jedoch nur dann näher einzugehen, wenn die Gewährung von Aktien attraktiver erscheint[439]. Bei einem Tauschangebot muss die Stellungnahme die Vor- und Nachteile von Wertpapieren als Gegenleistung sowie die Besonderheiten der angebotenen Wertpapiere erläutern. Einzugehen ist auch auf die Handelbarkeit der Wertpapiere. Außerdem müssen sich Vorstand und Aufsichtsrat mit der **Angemessenheit der Gegenleistung** befassen. Bei Übernahme- und Pflichtangeboten ist zunächst anzugeben, ob die gesetzlichen Bestimmungen (§ 31 WpÜG i.V.m. §§ 3 ff. WpÜG-AngVO) eingehalten sind. Darauf darf sich die Stellungnahme jedoch nicht beschränken. Vielmehr ist zu erläutern, ob die angebotene Gegenleistung auch im Verhältnis zum Unternehmenswert der Zielgesellschaft angemessen erscheint. Gerade diese Frage ist für die Aktionäre von wesentlicher Bedeutung und niemand kann sie besser beantworten als die Verwaltungsmitglieder der Zielgesellschaft. Diese müssen daher eine Unternehmensbewertung durchführen lassen, selbst wenn der Zeitrahmen dafür sehr eng ist[440]. Das WpÜG schreibt nicht vor, dass eine bestimmte Bewertungsmethode anzuwenden ist[441]. Allerdings muss in der Stellungnahme angegeben werden, nach welcher Methode der innere Wert der Zielgesellschaft ermittelt wurde. Allgemein anerkannt und üblich sind die am Ertragspotential ausgerichteten Methoden[442]. Daneben kommen auch Vergleichsanalysen[443] in Betracht, und zwar sowohl alternativ als auch komplementär. In diesem Zusammenhang ist auch zu beschreiben, ob die Zielgesellschaft in ihrem Status vor Durchführung der Übernahme (*stand alone*) oder unter Berücksichtigung der hiermit einhergehenden Verbundeffekte bewertet wurde[444]. Im Rahmen von Unternehmensbewertungen wird nach wohl noch h.M. jedenfalls bei der Bemessung von Ausgleichs- und Abfindungszahlungen auf den Wert der Gesellschaft vor dem Bewertungsanlass abgestellt, so dass zukünftige Verbundvorteile nicht mit einbezogen werden[445]. In Bezug auf die Angemessenheit der Gegenleistung kommt es darauf an, ob zukünftige Ertragsaussichten aufgrund zu erwartender Verbundvorteile im Börsenkurs der Zielgesellschaft bereits berücksichtigt sind. In diesem Fall spiegeln sie sich bereits in dem nach dem gewichteten Durchschnittskurs gemäß § 5 Abs. 1 WpÜG-AngVO zu ermittelnden Mindestpreis wieder. Im Übrigen besteht kein Anlass, zukünftige Verbundvorteile, die erst durch Maßnahmen und/oder Investitionen des Bieters entstehen, den Aktionären der Zielgesellschaft

62.157

---

437 Die Stellungnahme von Vorstand und Aufsichtsrat der KUKA AG zum Übernahmeangebot der MEC-CA International (BVI) Limited (Midea) v. 28.6.2016 umfasst ohne Anlagen 67 Seiten.
438 Krit. zur Länge der Stellungnahmen auch *Hippeli/Hofmann*, NZG 2015, 850, 852.
439 *Ekkenga* in Ehricke/Ekkenga/Oechsler, § 27 WpÜG Rz. 12; *Harbarth* in Baums/Thoma, § 27 WpÜG Rz. 40; *Hirte* in KölnKomm. WpÜG, § 27 WpÜG Rz. 38; *Kiesewetter/Kreymborg*, CFL 2013, 105, 106; *Krause/Pötzsch* in Assmann/Pötzsch/Uwe H. Schneider, § 27 WpÜG Rz. 63.
440 In der Regel wird mit der Unternehmensbewertung schon ab Vorliegen der Angebotsentscheidung begonnen.
441 Nach dem OLG Frankfurt am Main müssen die Bewertungsmethoden bei Barangeboten nicht einmal in der Angebotsunterlage näher dargestellt werden, vgl. OLG Frankfurt am Main v. 18.4.2007 – 21 U 70/06, Rz. 58.
442 In Betracht kommen insbesondere die Ertragswertmethode und das *Discounted Cash Flow* (DCF)-Verfahren.
443 Gängig ist die sog. *Compareable Companies Analysis* (CCA), d.h. die Analyse vergleichbarer börsennotierter Unternehmen, sowie die *Compareable Transaction Analysis* (CTA), d.h. die Analyse vergleichbarer Unternehmensverkäufe.
444 *Hüffer/Schmidt-Aßmann*, Anteilseigentum, Unternehmenswert und Börsenkurs, 2005, S. 32.
445 BGH v. 4.3.1998 – II ZB 5/97, BGHZ 138, 136, 140 = AG 1998, 286; IDW S1 2008, Rz. 43, abgedruckt in WPg 2000, 830; zum Meinungsstand *Kiesewetter/Kreymborg*, CFL 2013, 105, 107.

zukommen zu lassen[446]. In der Stellungnahme sollte indessen ausdrücklich darauf hingewiesen werden, wenn die Angemessenheit auf *stand-alone*-Basis geprüft wurde und etwaige Verbundeffekte nicht berücksichtigt worden sind. Ein solcher Hinweis ist vor allem für diejenigen Aktionäre von Bedeutung, die erwägen, ihre Aktien zu behalten.

62.158 Üblich und empfehlenswert ist die Einholung eines **Sachverständigengutachtens** zur Prüfung der Angemessenheit der Gegenleistung (sog. *Fairness Opinion*)[447]. Vorstand und Aufsichtsrat dürfen sich auf die *Fairness Opinion* aber nicht „blind" verlassen, sondern müssen sich mit dieser erkennbar auseinandersetzen. Daher ist es empfehlenswert, die *Fairness Opinion* zusammen mit dem Sachverständigen im Rahmen einer Vorstands- und/oder Aufsichtsratssitzung zu erörtern und dies entsprechend zu dokumentieren.

62.159 **Voraussichtliche Folgen des Angebots für die Zielgesellschaft.** Die Verwaltung muss sich gemäß § 27 Abs. 1 Satz 2 Nr. 2 WpÜG mit den Angaben des Bieters in der Angebotsunterlage zu den Folgen des Angebots auseinandersetzen. Dieser Teil der Stellungnahme ist für die Arbeitnehmer der Zielgesellschaft und die Aktionäre, die das Angebot nicht annehmen wollen, sowie im Fall von Tauschangeboten von Bedeutung. Daher ist auch zu den unmittelbaren und mittelbaren Auswirkungen des Angebots auf die Beschäftigungsbedingungen einzugehen[448].

62.160 **Vom Bieter verfolgte Ziele.** Mit den nach § 27 Abs. 1 Satz 2 Nr. 3 WpÜG erforderlichen Ausführungen muss die Verwaltung der Zielgesellschaft vor allem die Plausibilität und Realisierbarkeit der vom Bieter verfolgten Pläne erläutern[449]. Zwar darf sich die Stellungnahme nicht darauf beschränken, nur die Darstellung in der Angebotsunterlage zu wiederholen. Andererseits können die Verwaltungsmitglieder auch nur die Informationen in ihrer Stellungnahme verarbeiten, die ihnen hinsichtlich der Absichten des Bieters zur Verfügung stehen. Hält sich der Bieter hierzu in seiner Angebotsunterlage bedeckt, sind die Verwaltungsmitglieder jedenfalls nicht verpflichtet, Spekulationen anzustellen[450].

62.161 **Annahmeabsicht der Verwaltungsmitglieder.** Die nach § 27 Abs. 1 Satz 2 Nr. 4 WpÜG notwendige Offenlegung der eigenen Absichten der Verwaltungsmitglieder in Bezug auf die Annahme des Angebots dient in besonderer Weise der Transparenz. Soweit Organmitglieder keine Wertpapiere der Zielgesellschaft besitzen, ist dies ausdrücklich anzugeben[451]. Da die Mitteilungspflicht nur die Annahmeabsicht, nicht aber die Zahl der von den Organmitgliedern jeweils gehaltenen Wertpapiere erfasst, muss deren Anzahl jedenfalls dann nicht genannt werden, wenn das Angebot sämtliche von den Organmitgliedern gehaltenen Aktien angenommen oder abgelehnt werden soll[452].

---

446 *Drinkuth* in Veil/Drinkuth, Reformbedarf im Übernahmerecht, S. 59, 71; *Harbarth* in Baums/Thoma, § 27 WpÜG Rz. 46; a.A. *Hirte* in KölnKomm. WpÜG, § 27 WpÜG Rz. 39.
447 Zum Begriff *Achleitner*, Handbuch Investmentbanking, S. 210 ff.; *Seibt* in Beck'sches Formularbuch Mergers & Acquisitions, Ziff. E.IV. Anm. 10 (S. 976). Inzwischen sind fast allen Stellungnahmen eine oder mehrere *Fairness Opinions* beigefügt. Teilweise werden auch sog. *Inadequacy Opinions* angefertigt, mit denen die Unangemessenheit der Gegenleistung belegt werden soll. Siehe dazu auch *Fleischer*, ZIP 2011, 201 ff.; *Kiesewetter/Kreymborg*, CFL 2013, 105, 112. Bemerkenswert ist, dass Vorstand und Aufsichtsrat der KUKA AG für ihre Stellungnahme zum Übernahmeangebot der MECCA International (BVI) Limited (Midea) insgesamt vier Fairness Opinions eingeholt haben (Commerzbank, Deutsche Bank, Goldman Sachs und Berenberg).
448 *Ekkenga* in Ehricke/Ekkenga/Oechsler, § 27 WpÜG Rz. 15; *Hirte* in KölnKomm. WpÜG, § 27 WpÜG Rz. 43; *Krause/Pötzsch* in Assmann/Pötzsch/Uwe H. Schneider, § 27 WpÜG Rz. 79 ff.
449 Ausf. *Harbarth* in Baums/Thoma, § 27 WpÜG Rz. 50 ff.; *Hirte* in KölnKomm. WpÜG, § 27 WpÜG Rz. 44; *Krause/Pötzsch* in Assmann/Pötzsch/Uwe H. Schneider, § 27 WpÜG Rz. 82.
450 *Drinkuth* in Veil/Drinkuth, Reformbedarf im Übernahmerecht, S. 59, 72.
451 *Hirte* in KölnKomm. WpÜG, § 27 WpÜG Rz. 48.
452 *Hippeli/Hofmann*, NZG 2014, 850, 851, 854; *Krause/Pötzsch* in Assmann/Pötzsch/Uwe H. Schneider, § 27 WpÜG Rz. 85; a.A. *Kiesewetter/Kreymborg*, CFL 2013, 105, 109.

Handlungsempfehlung. Aus § 27 WpÜG lässt sich keine Verpflichtung der Verwaltungsorgane ableiten, eine konkrete Handlungsempfehlung zu geben[453]. Auch der Gesetzeszweck der Transparenz gebietet eine solche nicht zwingend. § 3 Abs. 2 WpÜG geht vielmehr von einer *autonomen* Entscheidung der Aktionäre aus, die auf Grundlage ausreichender Informationen zu erfolgen hat. Eine solche Entscheidungsgrundlage wird den Aktionären der Zielgesellschaft jedenfalls dann gegeben, wenn die Stellungnahme Vor- und Nachteile des Angebots aus Sicht der Zielgesellschaft sowie der Aktionäre darstellt. Dann können Vorstand und Aufsichtsrat von einer Handlungsempfehlung Abstand nehmen[454].

62.162

Berichtigung und Aktualisierung. Ist die Stellungnahme unzutreffend oder unvollständig, muss sie berichtigt werden[455]. Ob Vorstand und Aufsichtsrat verpflichtet sind, ihre Stellungnahme zu aktualisieren, wenn sie zwar anfänglich richtig, jedoch durch eine Änderung der Verhältnisse unzutreffend wurde, ist umstritten[456]. Die Frage kann sich zum Beispiel dann stellen, wenn sich die Absicht einzelner Organe, ihre Aktien zu veräußern, geändert hat. Da die Stellungnahme eine wesentliche Entscheidungsgrundlage für die Angebotsadressaten darstellt, ist von einer Aktualisierungspflicht jedenfalls für wesentliche Punkte auszugehen[457].

62.163

dd) Veröffentlichung und Kommunikation der Stellungnahme

Die Stellungnahme muss gemäß § 27 Abs. 3 Abs. 1 WpÜG **unverzüglich** nach Übermittlung der Angebotsunterlage an den Vorstand veröffentlicht werden. Zwar gibt es keine Verwaltungspraxis der BaFin für eine bestimmte Höchstfrist[458], doch wird angenommen, dass die Stellungnahme grundsätzlich innerhalb von zwei Wochen nach Veröffentlichung der Angebotsunterlage abzugeben ist[459]. Die Frist für den Vorstand beginnt mit Übermittlung der Angebotsunterlage. Für den Aufsichtsrat beginnt die Frist mit Zuleitung durch den Vorstand, spätestens jedoch mit Veröffentlichung der Angebotsunterlage. Die Stellungnahme ist in der durch § 14 Abs. 3 Satz 1 WpÜG vorgeschriebenen Form im Internet und im Bundesanzeiger zu veröffentlichen. Nach § 27 Abs. 3 Satz 3 WpÜG müssen der Vorstand und der Aufsichtsrat der BaFin unverzüglich nach Veröffentlichung der Stellungnahme ein **Belegexemplar** übersenden[460].

62.164

Aus § 27 Abs. 2 WpÜG geht hervor, dass der **Betriebsrat** oder die **Arbeitnehmer der Zielgesellschaft** das Recht – aber nicht die Pflicht – haben, zu dem Angebot eine Stellungnahme abzugeben. Sofern diese Stellungnahme rechtzeitig eingeht, müssen Vorstand und Aufsichtsrat diese ihrer eigenen Stel-

62.165

---

453 Im Ergebnis ebenso *Land/Schmoll*, NZG, 2021, 185 ff.
454 *Bachmann* in Veil, Übernahmerecht in Praxis und Wissenschaft, S. 109, 130; *Drinkuth* in Veil/Drinkuth, Reformbedarf im Übernahmerecht, S. 59, 72; dementsprechend wird in vielen der nach § 27 WpÜG veröffentlichten Stellungnahmen auf eine Handlungsempfehlung verzichtet; vgl. auch *Hippeli/Hofmann*, NZG 2014, 850, 854, die allerdings eine Begründung dafür verlangen, warum keine Handlungsempfehlung abgegeben wurde. A.A. *Harbarth* in Baums/Thoma, § 27 WpÜG Rz. 82; *Krause/Pötzsch* in Assmann/Pötzsch/Uwe H. Schneider, § 27 WpÜG Rz. 90 ff.; einschränkend *Seibt* in Beck'sches Formularbuch Mergers & Acquisitions, Ziff. E.IV. Anm. 16 (S. 979): auf eine Handlungsempfehlung könne in Patt-Situationen verzichtet werden.
455 *Krause/Pötzsch* in Assmann/Pötzsch/Uwe H. Schneider, § 27 WpÜG Rz. 95.
456 Vgl. *Harbarth* in Baums/Thoma, § 27 WpÜG Rz. 90 ff.; *Hirte* in KölnKomm. WpÜG, § 27 WpÜG Rz. 69.
457 *Harbarth* in Baums/Thoma, § 27 WpÜG Rz. 91 ff.; *Hirte* in KölnKomm. WpÜG, § 27 WpÜG Rz. 69; *Krause/Pötzsch* in Assmann/Pötzsch/Uwe H. Schneider, § 27 WpÜG Rz. 97; *Seibt* in Beck'sches Formularbuch Mergers & Acquisitions, Ziff. E.IV. Anm. 6 (S. 974).
458 *Hippeli/Hofmann*, NZG 2014, 850, 855, entgegen 3. Aufl., § 60 Rz. 164.
459 OLG Frankfurt am Main v. 8.12.2005 – WpÜG 1/05, AG 2006, 207; dazu näher *Hippeli/Hofmann*, NZG 2014, 850, 855 f.
460 Nach der Verwaltungspraxis der BaFin reicht es aus, wenn der Veröffentlichungsbeleg innerhalb von drei Werktagen seit Veröffentlichung der Stellungnahme bei der BaFin eingeht; vgl. BaFin, Jahresbericht 2004, S. 204.

lungnahme beifügen. Wie sich aus dem Verweis in § 21 Abs. 2 auf § 14 Abs. 3 und Abs. 4 WpÜG ergibt, muss dem Betriebsrat oder den Arbeitnehmern jedoch auch Gelegenheit zur Stellungnahme zu einem geänderten Angebot gegeben werden[461].

ee) Rechtsfolgen von Verstößen gegen § 27 WpÜG

62.166 **Sanktionen.** Teilweise wird angenommen, dass auch inhaltlich falsche Stellungnahmen gemäß § 60 Abs. 1 Nr. 1b oder Nr. 2c WpÜG **bußgeldbewehrt** sind[462]. Beide Tatbestände verweisen aber auf § 27 Abs. 3 WpÜG. Diese Bestimmung regelt indessen nicht den Inhalt der Stellungnahme, sondern nur die Art ihrer Übermittlung einschließlich der Übersendung des Veröffentlichungsbelegs. Die Bußgeldvorschriften finden daher wegen des strafrechtlichen Analogieverbots keine Anwendung auf inhaltlich unzutreffende Stellungnahmen. Werden in der Stellungnahme vorsätzlich falsche Angaben über Umstände gemacht, die für die Bewertung der zur Veräußerung anstehenden Wertpapiere von Bedeutung sind, oder werden solche Umstände verschwiegen, kann dies den **Straftatbestand** der Marktmanipulation gemäß Art. 15 MMVO verwirklichen[463].

62.167 **Schadensersatz.** Das **WpÜG** enthält für den Fall fehlerhafter Stellungnahmen keine ausdrückliche Haftungsregelung. Zum Teil wird erwogen, § 12 WpÜG analog anzuwenden[464]. Dem ist nicht zu folgen. Es fehlt bereits an einer *planwidrigen* Regelungslücke. Das Problem der Haftung für fehlerhafte Stellungnahmen war dem Gesetzgeber vor Erlass des WpÜG bekannt[465]. Außerdem lassen sich Angebotsunterlage und Stellungnahme nicht miteinander vergleichen. Eine analoge Anwendung von § 12 WpÜG scheidet daher aus[466].

62.168 Vorstand und Aufsichtsrat handeln bei Abgabe der Stellungnahme auch in Erfüllung ihrer aktienrechtlichen Organpflichten. Daher greifen grundsätzlich die aktienrechtlichen Bestimmungen über die **Organhaftung** (§ 93 Abs. 2, § 116 AktG). Die Haftung aus § 93 Abs. 2 AktG besteht allerdings nur gegenüber der Gesellschaft[467]. Ein Schaden der Zielgesellschaft aufgrund fehlerhafter Stellungnahmen dürfte wohl nur entstehen, wenn sie selbst nach § 31 BGB in Anspruch genommen wurde[468].

62.169 Die Stellungnahme ist nicht nur an die Aktionäre der Zielgesellschaft gerichtet, sondern an alle Kapitalmarktteilnehmer. Sie ist damit eine Kapitalmarktinformation[469]. Daher liegt es nahe, die Regeln der **Prospekthaftung** auf fehlerhafte Stellungnahmen entsprechend anzuwenden. Allerdings fehlt es an der Vergleichbarkeit von Wertpapierprospekten einerseits und Stellungnahmen nach § 27 WpÜG andererseits[470]. Einer Stellungnahme fehlt nicht nur der verkaufsfördernde Charakter eines Wertpapier-

---

461 *Harbarth* in Baums/Thoma, § 27 WpÜG Rz. 135; a.A. *Hirte* in KölnKomm. WpÜG, § 27 WpÜG Rz. 55.
462 *Achenbach* in Baums/Thoma, § 60 WpÜG Rz. 10.
463 Vgl. *Mock/Stoll/Eufinger* in KölnKomm. WpHG, § 20a WpHG Rz. 153 ff.; vgl. dazu Rz. 23.103.
464 *Hirte* in KölnKomm. WpÜG, § 27 WpÜG Rz. 23; *Noack/Holzborn* in Schwark/Zimmer, § 27 WpÜG Rz. 33 f.
465 *Drinkuth* in Veil/Drinkuth, Reformbedarf im Übernahmerecht, S. 59, 75; *Krause/Pötzsch* in Assmann/Pötzsch/Uwe H. Schneider, § 27 WpÜG Rz. 145.
466 *Drinkuth* in Veil/Drinkuth, Reformbedarf im Übernahmerecht, S. 59, 75; *Friedl*, NZG 2004, 448, 452 f.; *Harbarth* in Baums/Thoma, § 27 WpÜG Rz. 135; *Krause/Pötzsch* in Assmann/Pötzsch/Uwe H. Schneider, § 27 WpÜG Rz. 145.
467 Rz. 23.103 sowie *Teigelack/Dolff*, BB 2016, 387, 393; *Spindler* in MünchKomm. AktG, 3. Aufl. 2008, § 93 AktG Rz. 126; *Mertens/Cahn* in KölnKomm. AktG, 3. Aufl. 2010, § 93 AktG Rz. 207; a.A. offenbar *Hirte* in KölnKomm. WpÜG, § 27 WpÜG Rz. 27; vgl. dazu auch Rz. 23.2 und 23.47.
468 Eine Haftung der Gesellschaft wegen § 57 AktG abl. *Röh* in FrankfurtKomm. WpÜG, § 27 WpÜG Rz. 55; vgl. auch *Ulmer*, ZHR 166 (2002), 150, 169.
469 *Merkt*, ZHR 156 (2001), 224, 246 f.
470 *Friedl*, NZG 2004, 448, 451; *Harbarth* in Baums/Thoma, § 27 WpÜG Rz. 139; *Krause/Pötzsch* in Assmann/Pötzsch/Uwe H. Schneider, § 27 WpÜG Rz. 145.

prospekts. Ihre Verfasser sind auch weit weniger in der Rolle der aktiven Gestalter, sondern handeln in Erfüllung gesetzlicher Verpflichtungen[471].

Es bleibt daher nur eine **deliktsrechtliche Haftung**. § 823 Abs. 1 BGB scheidet jedoch als Rechtsgrundlage ebenso aus wie § 823 Abs. 2 BGB, weil § 27 WpÜG kein Schutzgesetz ist[472]. In Betracht kommt daher lediglich eine Haftung wegen vorsätzlicher sittenwidriger Schädigung unter den Voraussetzungen des § 826 BGB[473].

c) Pflicht zur Bietergleichbehandlung?

Fraglich ist, ob der Vorstand der Zielgesellschaft verpflichtet ist, während des Angebotsverfahrens nicht nur die Aktionäre, sondern z.B. auch verschiedene Bieter gleich zu behandeln. Die Frage der Gleichbehandlung spielt nicht nur im Zusammenhang mit der Zulassung einer **Due Diligence-Prüfung**, sondern z.B. auch bei der Gewährung von **Exklusivität**, dem Abschluss von **Investorenvereinbarungen** (*Business Combination Agreements*) sowie der Vereinbarung sog. *Break Fees* eine Rolle[474]. Während einige ausländische Übernahmeregelungen den Vorstand der Zielgesellschaft ausdrücklich zur Bietergleichbehandlung verpflichten[475], fehlt im WpÜG eine entsprechende Bestimmung. Der Übernahmekodex sah in Art. 2 Abs. 2 noch eine ähnliche Verpflichtung vor. § 3 Abs. 1 WpÜG gebietet indessen nur die Pflicht zur Gleichbehandlung der Aktionäre der Zielgesellschaft, d.h. der Inhaber von Wertpapieren einer bestimmten Gattung. Hierauf kann in Bezug auf einen Mitbieter nicht zurückgegriffen werden[476], selbst wenn dieser bereits Aktionär der Zielgesellschaft ist; denn § 3 Abs. 1 WpÜG schützt den Aktionär nur in seiner Eigenschaft als Adressat des Angebots[477]. Ein allgemeines kapitalmarktrechtliches Gleichbehandlungsgebot in dem Sinne, dass alle Kapitalmarktteilnehmer grundsätzlich gleich zu behandeln sind, lässt sich ebenfalls nicht begründen[478].

Im Rahmen von konkurrierenden Angeboten lässt sich aus § 22 und § 33 Abs. 1 Satz 2 Alt. 2 WpÜG entnehmen, dass das Gesetz einem derartigen Bieterwettbewerb grundsätzlich positiv gegenüber steht[479]. Diese Wertung hat Auswirkungen auf die aktien- und kapitalmarktrechtlichen Verhaltenspflichten der Verwaltungsorgane. Nach § 93 Abs. 1 AktG muss der Vorstand sein Verhalten am Unternehmensinteresse ausrichten; Satz 3 verpflichtet ihn, über Geschäftsgeheimnisse Stillschweigen zu bewahren. Hat der Vorstand der Zielgesellschaft unter diesen Voraussetzungen etwa einem Bieter ver-

---

471 *Drinkuth* in Veil/Drinkuth, Reformbedarf im Übernahmerecht, S. 59, 75 f.
472 Näher *Drinkuth* in Veil/Drinkuth, Reformbedarf im Übernahmerecht, S. 59, 75 f.; *Krause/Pötzsch* in Assmann/Pötzsch/Uwe H. Schneider, § 27 WpÜG Rz. 150 ff.; a.A. *Ekkenga* in Ehricke/Ekkenga/Oechsler, § 27 WpÜG Rz. 44.
473 Ebenso *Wackerbarth* in MünchKomm. AktG, 5. Aufl. 2021, § 27 WpÜG Rz. 17 ff.
474 Vgl. *von Falkenhausen* in Veil, Übernahmerecht in Praxis und Wissenschaft, S. 93 ff.; *Krause* in Assmann/Pötzsch/Uwe H. Schneider, § 22 WpÜG Rz. 67 ff.; *Schiessl* in FS Hopt, 2010, S. 2455 ff.
475 Vgl. etwa Rule 21.3 (Equality of Information to Competing Offerors) des City Code on Takeovers and Mergers.
476 *von Falkenhausen* in Veil, Übernahmerecht in Praxis und Wissenschaft, S. 93, 96; *Liekefett*, AG 2005, 802, 803; *Schiessl* in FS Hopt, 2010, S. 2455, 2461 f.; a.A. *Ekkenga* in Ehricke/Ekkenga/Oechsler, § 33 WpÜG Rz. 54.
477 *Fleischer*, ZIP 2002, 651, 654.
478 *Austmann*, ZGR 2009, 277, 285; *von Falkenhausen* in Veil, Übernahmerecht in Praxis und Wissenschaft, S. 93, 106; *Kiem* in Baums/Thoma, § 33a WpÜG Rz. 60; *Schiessl* in FS Hopt, 2010, S. 2455, 2460 ff.; *Seibt* in Mülbert/Kiem/Wittig, 10 Jahre WpÜG, S. 148, 178; zurückhaltend auch *Hasselbach/Stepper*, NZG 2020, 170, 177; a.A. *Ekkenga* in Ehricke/Ekkenga/Oechsler, § 33 WpÜG Rz. 54; *Fleischer*, Gutachten für den 64. Deutschen Juristentag, F 27 f.; *Hirte* in KölnKomm. WpÜG, § 33 WpÜG Rz. 77; vgl. auch *Bachmann*, ZHR 170 (2006), 144, 166 f., der eine „implizit vereinbarte" Gleichbehandlungspflicht z.B. dann annimmt, wenn der Vorstand der Zielgesellschaft zur Neutralität verpflichtet ist.
479 Die EU-Übernahmerichtlinie lässt es dagegen offen, ob konkurrierende Bieter unterstützt werden sollen, vgl. *Liekefett*, AG 2005, 802, 803.

trauliche Gesellschaftsunterlagen in zulässiger Weise zur Verfügung gestellt, bedarf es eines sachlichen Grundes, einem anderen Bieter die Weitergabe dieser Informationen zu verweigern. Diese Rechtfertigung kann allerdings allein mit dem Unternehmensinteresse begründet werden, z.B. wenn es sich bei dem anderen Bieter um einen Wettbewerber handelt[480]. Auch aus § 33 Abs. 1 WpÜG kann keine Verpflichtung abgeleitet werden, jedem Bieter die für eine Due Diligence-Prüfung erforderlichen Unterlagen offen zu legen, zumal in der Regel eine solche Prüfung vor Abgabe der Angebotsentscheidung und damit vor Beginn des zeitlichen Anwendungsbereichs des WpÜG durchgeführt wird[481]. Ebensowenig lässt sich aus § 22 WpÜG eine Pflicht auf Gleichbehandlung der Bieter ableiten[482]. Dass der Gesetzgeber konkurrierenden Angeboten positiv gegenüber steht, kann Einfluss auf das unternehmerische Leitungsermessen des Vorstands haben, vermag sein Leitungsermessen aber gerade nicht dahin gehend zu binden, dass er jeden Übernahmeinteressenten gleich behandeln muss[483].

Im **Ergebnis** ist daher ein allgemeines Gebot der Bietergleichbehandlung abzulehnen[484]. Ob der Vorstand der Zielgesellschaft einzelne Bieter durch einseitige Informationsweitergabe, Exklusivitätszusagen oder *Break Fee*-Verpflichtungen bevorzugen darf, ist am Maßstab seiner aktienrechtlichen Pflichten und insbesondere der Rechtfertigung durch das Unternehmensinteresse der Zielgesellschaft zu messen[485]. Dabei sind die Interessen der veräußerungswilligen Aktionäre mit denen der das Angebot ablehnenden Anteilseigner sowie die sonstigen Belange der Träger des Unternehmensinteresses abzuwägen.

d) Break Fees

aa) Überblick

62.172 Im Rahmen von freundlichen Übernahmeangeboten sowie bei konkurrierenden Angeboten versuchen Bieter gelegentlich, mit der Zielgesellschaft zu vereinbaren, dass diese bei Scheitern des Angebots einen bestimmten Geldbetrag an den Bieter zahlen muss. Überwiegend werden derartige Zahlungen als *Break Fees* bezeichnet[486]. *Break Fees* dienen meist der Erstattung von Aufwendungen (**Kostenpauschale**), können darüber hinaus aber auch einen **poenalen Zweck** verfolgen. Das auslösende Moment (sog. *Trigger Event*) der Zahlungsverpflichtung kann in einem Verhalten oder Umstand aus der Sphäre der Zielgesellschaft liegen. Zu denken ist vor allem an die Abgabe einer ablehnenden Stellungnahme, die Vornahme von Abwehrmaßnahmen oder die Suche nach einem konkurrierenden Bieter (sog. *White Knight*). Zahlungspflichten können auch ausgelöst werden durch von der Zielgesellschaft nicht zu beeinflussende Ereignisse wie z.B. das Ausbleiben fusionskontrollrechtlicher Freigaben, behördlicher Erlaubnisse oder bestimmter Angebotsbedingungen. Nicht zu verwechseln mit *Break Fees* sind z.B. in einem *Business Combination Agreement* vorgesehene Vertragsstrafen für den Fall der vorzeitigen Kündigung[487].

---

480 Vgl. auch *Drygala*, WM 2004, 1457, 1459; *Krause* in Assmann/Pötzsch/Uwe H. Schneider, § 22 WpÜG Rz. 70.
481 *Hopt*, ZGR 2002, 333, 358; *Liekefett*, AG 2005, 802, 805 f.; *Schiessl* in FS Hopt, 2010, S. 2455, 2462 f.
482 In diesem Sinne aber *Hopt*, ZGR 2002, 333, 358; *Schlitt* in MünchKomm. AktG, 5. Aufl. 2021, § 33 WpÜG Rz. 163 unter Verweis auf Rule 20.1 City Code; zu Recht ablehnend *Hasselbach/Stepper*, NZG 2020, 170, 177.
483 *Krause* in Assmann/Pötzsch/Uwe H. Schneider, § 22 WpÜG Rz. 98 f.; *Schiessl* in FS Hopt, 2010, S. 2455, 2463 f.
484 *Krause* in Assmann/Pötzsch/Uwe H. Schneider, § 22 WpÜG Rz. 98 f.
485 Vgl. auch *Liekefett*, AG 2005, 802, 806, der dies auch aus § 3 Abs. 3 WpÜG ableitet.
486 Vgl. etwa – auch mit Hinweisen zu weiteren Begriffen – *Banerjea*, DB 2003, 1489 ff.; *Drygala*, WM 2004, 1413 ff.; *Krause* in Assmann/Pötzsch/Uwe H. Schneider, § 22 WpÜG Rz. 74 ff.; *Seibt* in Beck'sches Formularbuch Mergers & Acquisitions, Ziff. L.II.2. Anm. 19 (S. 1556).
487 Siehe etwa Ziff. 8.2.2017 der Angebotsunterlage der Quebec B.V. (Thermo Fisher) betreffend QIAGEN N.V. v. 18.5.2020.

bb) Zulässigkeit von Break-Fee-Vereinbarungen

Ob der Vorstand einer Zielgesellschaft *Break-Fee*-Vereinbarungen abschließen darf, ist im Gesetz nicht ausdrücklich geregelt und in der Literatur umstritten[488]. Zu beurteilen ist die Zulässigkeit von *Break Fees* am Maßstab der Sorgfaltspflichten des Vorstands (§ 76 Abs. 1, § 93 Abs. 1 AktG, vgl. dazu Rz. 20.30 sowie Rz. 23.12 ff.), der aktienrechtlichen Kapitalerhaltungsvorschriften (§§ 57, 71a AktG) – ggf. einschließlich des § 311 AktG – sowie der übernahmerechtlichen Bestimmungen (§ 33 Abs. 1, § 22 WpÜG)[489]. 62.173

Sorgfaltspflichten des Vorstands. Verhaltensmaßstab für den sorgfältigen und gewissenhaften Vorstand ist nach § 76 Abs. 1 i.V.m. § 93 Abs. 1 AktG das Unternehmensinteresse der Zielgesellschaft[490]. Der Vorstand einer Zielgesellschaft darf Zahlungsverpflichtungen aufgrund einer *Break-Fee*-Vereinbarung daher nur dann eingehen, wenn diese im Unternehmensinteresse liegen[491]. Die Durchführung eines Angebots durch einen bestimmten Bieter kann mit besonderen Vorteilen für die Zielgesellschaft verbunden sein. Diese können sich etwa aus Verbundvorteilen oder Synergieeffekten, dem Zugang zu neuen Finanzierungsquellen, der Verbesserung des Ratings oder der Erschließung neuer Absatzmärkte ergeben. Ist ein solcher Bieter nur dann zur Abgabe eines Angebots bereit, wenn ihm für den Fall des Scheiterns bestimmte Kosten erstattet werden, kann die Vereinbarung einer angemessenen[492] Break Fee im Unternehmensinteresse liegen. Die aktienrechtlichen Sorgfaltspflichten stehen somit *Break-Fee*-Vereinbarungen nicht grundsätzlich entgegen. 62.174

Verbot der Einlagenrückgewähr. § 57 Abs. 1 Satz 1 AktG verbietet der Zielgesellschaft jede Zuwendung aus dem Gesellschaftsvermögen an einen Aktionär außerhalb der Verteilung des Bilanzgewinns sowie gesetzlich ausdrücklich zugelassener Ausnahmen[493]. Verboten sind auch Leistungen an zukünftige Aktionäre, sofern zwischen der Leistung und dem Aktienerwerb ein enger zeitlicher und sachlicher Zusammenhang besteht und sie im Hinblick auf den Aktienerwerb erfolgt[494]. Die *Break Fee* wird indessen gerade nicht im Hinblick auf den Aktienerwerb gezahlt, sondern nur, wenn das Übernahmeangebot des Bieters scheitert. Jedenfalls dann, wenn der **Bieter nicht Aktionär** der Zielgesellschaft ist, fehlt es an einer Leistung gemäß § 57 AktG[495]. Ob man zum selben Ergebnis kommt, wenn der **Bieter bereits Aktionär** ist, dürfte nach dem sog. Telekom III-Urteil des BGH[496] indessen fraglich sein. Die Zahlung an den Bieter aufgrund der *Break-Fee*-Vereinbarung wäre eine unmittelbare Leistung an einen bestehenden Aktionär. Ob diese Leistung *causa societatis* erfolgt, scheint nach den Ausführungen des BGH in der Telekom III-Entscheidung allein davon abhängig zu sein, ob ihr „konkrete, bilanziell messbare" Vermögensvorteile in gleicher Höhe gegenüberstehen[497]. Dafür kommen allgemeine Erwägungen des Unternehmensinteresses nicht in Betracht, wenn sie keinen objektiv feststellbaren und bezifferbaren Wert haben. Der BGH scheint die Kompensation der Leistung durch vollwertige Vermögensvorteile nicht mehr lediglich als Indiz für das Bestehen des Drittvergleichs bei Prüfung der Frage, ob die Leistung *causa societatis* geleistet wurde, sondern als zwingende Voraussetzung dafür anzuse- 62.175

---

488 Dazu ausf. *Banerjea*, DB 2003, 1489 ff.; *Guinomet*, Break fee-Vereinbarungen, 2003; *Kuhn*, Exklusivitätsvereinbarungen bei Unternehmenszusammenschlüssen, 2007, S. 54 ff., 254 ff.; *Krause* in Assmann/Pötzsch/Uwe H. Schneider, § 22 WpÜG Rz. 74 ff.; *Sieger/Hasselbach*, BB 2000, 625 ff.
489 *Fleischer*, AG 2011, 345, 350 ff.
490 *Fleischer* in Spindler/Stilz, § 76 AktG Rz. 21 ff.; vgl. dazu auch Rz. 20.30 sowie Rz. 23.12 ff.
491 *Banerjea*, DB 2003, 1489, 1490 f.; *Drygala*, WM 2004, 1457, 1460 f.; *Fleischer*, AG, 2009, 345, 350; *Guinomet*, Break fee-Vereinbarungen, 2003, S. 234 ff.; *Seibt* in Beck'sches Formularbuch Mergers & Acquisitions, Ziff. L.II.2. Anm. 19 (S. 1557).
492 Zur Höhe einer *break fee* Rz. 62.178.
493 Siehe nur *Fleischer* in K. Schmidt/Lutter, § 57 AktG Rz. 9 m.w.N.
494 BGH v. 13.11.2007 – XI ZR 294/07, AG 2008, 120 = ZIP 2008, 118.
495 Ebenso *Fleischer*, AG 2009, 345, 352; *Krause* in Assmann/Pötzsch/Uwe H. Schneider, § 22 WpÜG Rz. 81; *Seibt* in Beck'sches Formularbuch Mergers & Acquisitions, Ziff. L.II.2 (S. 1558).
496 BGH v. 31.5.2011 – II ZR 141/09, AG 2011, 548.
497 BGH v. 31.5.2011 – II ZR 141/09, AG 2011, 548, 550.

hen[498]. Eine andere Frage ist, ob die Zahlung einer *Break Fee* als **Leistung an die Aktionäre** anzusehen ist. Das ist grundsätzlich zu verneinen. Zwar lässt § 57 AktG auch mittelbare Vermögenszuwendungen genügen, setzt dafür aber voraus, dass diese vom Aktionär veranlasst sind und in seinem wirtschaftlichen Interesse erfolgen[499]. Auch wenn die *Break Fee* im wirtschaftlichen Interesse der Aktionäre ist, weil sie dazu dient, dass ein konkurrierender Bieter ein besseres Angebot abgibt, fehlt es hier an der Veranlassung durch die Aktionäre. Der Tatbestand des § 57 Abs. 1 AktG ist indessen erfüllt, wenn die *Break-Fee*-Vereinbarung **auf Veranlassung eines wesentlich beteiligten Aktionärs** geschlossen wird.

62.176 **Financial Assistance (§ 71a AktG).** § 71a Abs. 1 Satz 1 AktG verbietet der Gesellschaft Finanzierungshilfen an Dritte zum Erwerb eigener Aktien. Vom Verbot erfasst sind auch sonstige Gestaltungen, durch die das finanzielle Risiko des Aktienerwerbs von der Gesellschaft übernommen wird[500]. Teilweise werden *Break Fees* als Sicherheitsleistungen angesehen, weil sie dem Erwerber einen Teil des Finanzierungsrisikos abnähmen[501]. Diese sehr strenge Auslegung von § 71a AktG überzeugt jedoch nicht und ist auch nicht durch Art. 23 der Kapitalrichtlinie[502] geboten. Zum einen wird die *Break Fee* nur dann fällig, wenn gerade kein Aktienerwerb stattfindet[503]. Dient die *Break Fee* nur als Kostenpauschale und beschränkt sie sich auf einen Bruchteil der Angebotsgegenleistung, bleibt das Finanzierungsrisiko beim Bieter, so dass es dann auch an einer gegen § 71a AktG verstoßenden Unterstützung des Aktienerwerbs fehlt[504].

62.177 **Vereitelungsverbot.** Wird die *Break-Fee*-Vereinbarung vor Veröffentlichung der Angebotsentscheidung getroffen, ist der zeitliche Anwendungsbereich des § 33 WpÜG nicht eröffnet, so dass schon deshalb das Vereitelungsverbot nicht verletzt sein kann. Aber auch wenn die *Break Fee* nach Veröffentlichung der Angebotsentscheidung vereinbart wird, liegt in aller Regel kein Verstoß gegen § 33 Abs. 1 Satz 1 WpÜG vor. Um das Vereitelungsverbot zu verletzen, müsste die *Break Fee* derart hoch sein, dass sie andere Bieter davor abschreckt, weitere Angebote abzugeben. Dann wäre die *Break-Fee*-Vereinbarung aber schon wegen Verstoßes gegen § 71a AktG unzulässig (siehe Rz. 62.176).

cc) Angemessenheit der Break Fee

62.178 Voraussetzung für die Zulässigkeit einer *Break-Fee*-Vereinbarung ist, dass sie in Einklang steht mit den aktienrechtlichen Sorgfaltspflichten des Vorstands. Sie muss daher im Unternehmensinteresse gerechtfertigt sein (siehe Rz. 62.174) und darf nicht gegen Kapitalerhaltungsvorschriften verstoßen (siehe Rz. 62.175 f.). Auch die Höhe der *Break Fee* muss angemessen sein. Das ist nicht der Fall, wenn dem Bieter dadurch das Transaktionsrisiko genommen wird (siehe Rz. 62.176). Bislang wurden vor diesem Hintergrund und in Anlehnung an Note 1(a) zu der inzwischen nicht mehr geltenden Rule 21.2 des City Code on Takeovers and Mergers *Break Fees* in Höhe von bis zu 1 % des Transaktionsvolumens

---

498 Anders z.B. noch OLG Frankfurt am Main v. 30.11.1995 – 6 U 192/91, AG 1996, 324, 326.
499 BGH v. 31.5.2011 – II ZR 141/09, AG 2011, 548, 549; siehe bereits LG Düsseldorf v. 22.12.1978 – 40 O 138/78, AG 1979, 290, 291.
500 *T. Bezzenberger* in K. Schmidt/Lutter, § 71a AktG Rz. 10.
501 *T. Bezzenberger* in K. Schmidt/Lutter, § 71a AktG Rz. 12; *Merkt* in Großkomm. AktG, 4. Aufl. 2007, § 71a AktG Rz. 39; *Oechsler* in MünchKomm. AktG, 3. Aufl. 2008, § 71a AktG Rz. 29; etwas unklar *Hilgard*, BB 2008, 286, 293.
502 Richtlinie 77/91/EWG v. 13.12.1976, ABl. EG Nr. L 26, geändert durch Richtlinie 2006/68/EG des Europäischen Parlaments und des Rates v. 6.9.2006, ABl. EU Nr. L 264, S. 32.
503 *Banerjea*, DB 2003, 1489, 1493; *Drygala*, WM 2004, 1457, 1461; *Krause* in Assmann/Pötzsch/Uwe H. Schneider, § 22 WpÜG Rz. 79; *Kuhn*, Exklusivitätsvereinbarungen bei Unternehmenszusammenschlüssen, 2007, S. 269; *Seibt* in Beck'sches Formularbuch Mergers & Acquisitions, Ziff. K.II.2. Anm. 18 (S. 1059 f.); *Sieger/Hasselbach*, BB 2000, 625, 628.
504 *Cahn* in Spindler/Stilz, § 71a AktG Rz. 42; *Fleischer*, AG 2009, 345, 353 f.; *Habersack* in FS Hopt, 2010, S. 725, 744; *Krause* in Assmann/Pötzsch/Uwe. H. Schneider, § 22 WpÜG Rz. 79; *Seibt* in Beck'sches Formularbuch Mergers & Acquisitions, Ziff. L.II.2. Anm. 19 (S. 1557 f.).

(Anzahl der ausgegebenen Aktien multipliziert mit dem Angebotspreis) für angemessen angesehen[505]. Seit dem 20.9.2011 sind *Break Fees* nur noch mit Zustimmung des Takeover Panel zulässig. Diese Einschränkung beruht aber nicht auf gesellschaftsrechtlichen Erwägungen, sondern soll die Stellung der Zielgesellschaft im Angebotsverfahren verbessern[506]. Die 1 %-Grenze dürfte daher nach wie vor ein vernünftiger Maßstab sein, weil bei *Break Fees* bis zu dieser Höhe nicht davon ausgegangen werden kann, dass das Transaktionsrisiko vom Bieter auf die Zielgesellschaft übergeht.

e) Hinwirken auf einen möglichst hohen Angebotspreis?

Wie oben ausgeführt wurde (Rz. 62.174), ist der Vorstand der Zielgesellschaft dem Unternehmensinteresse der Zielgesellschaft verpflichtet. Im Rahmen seiner Geschäftsleitungstätigkeit steht dem Vorstand ausweislich der in § 93 Abs. 1 Satz 2 AktG normierten *Business Judgement Rule* unternehmerisches **Ermessen** zu[507]. Das Unternehmensinteresse ist **mehrpolig**. Zu seinen Bestandteilen zählen die Belange der Aktionäre, der Arbeitnehmer und der Öffentlichkeit. Eine bestimmte Rangfolge unter diesen Interessen gibt es nach h.M. nicht. Da der Vorstand hiernach aber zumindest auch – nach teilweise vertretener Auffassung sogar überwiegend[508] – den Aktionärsinteressen gerecht werden muss, fragt sich, ob daraus die Verpflichtung abzuleiten ist, für einen möglichst hohen Angebotspreis zu sorgen.

62.179

Eine entsprechende Verpflichtung lässt sich weder dem AktG noch dem WpÜG entnehmen. Das Aktienrecht gibt den Inhalt des Unternehmensinteresses und eine mögliche Rangfolge seiner Bestandteile ebenso wenig vor wie § 3 Abs. 3 WpÜG. Das Übernahmerecht beschränkt die Pflichten des Vorstands auf die Verpflichtung zur Abgabe der Stellungnahme, die nach § 27 Abs. 1 Satz 2 Nr. 1 WpÜG auf die Art und Höhe der Gegenleistung eingehen muss (dazu Rz. 62.157 f.). § 22 WpÜG, dem eine grundsätzlich positive Grundhaltung des Gesetzgebers zu konkurrierenden Angeboten entnommen werden kann, richtet sich nicht direkt an den Vorstand der Zielgesellschaft. Aus dieser Bestimmung kann daher auch **keine Verpflichtung** abgeleitet werden, **für** einen möglichst **hohen Angebotspreis** zu sorgen[509].

62.180

Für eine derartige Verpflichtung besteht auch kein Bedürfnis. Jedenfalls bei Übernahmeangeboten sind die Aktionäre der Zielgesellschaft durch die zwingenden Mindestpreisvorschriften der § 31 WpÜG und § 2 WpÜG-AngVO geschützt. Der Vorstand muss nach hier vertretener Auffassung in seiner Stellungnahme nicht nur darlegen, ob die vom Bieter angebotene Gegenleistung den gesetzlichen Mindestpreisbestimmungen entspricht, sondern sich auch dazu äußern, ob die angebotene Gegenleistung auch dem inneren Unternehmenswert der Zielgesellschaft gerecht wird (vgl. Rz. 62.158). Nach der Konzeption des WpÜG sollen die Aktionäre auf dieser Informationsgrundlage autonom über die Annahme oder Ablehnung des Übernahmeangebots entscheiden. Es ist nicht Aufgabe der Zielgesellschaft, die nicht Partei der bei Durchführung des Angebots abgeschlossenen Verträge wird, sich um einzelne Angebotsbedingungen zu kümmern. Im Übrigen ist zu berücksichtigen, dass ein außergewöhnlich hoher Angebotspreis zwar durchaus für das Angebot annehmenden Aktionäre vorteilhaft ist, aber nachteilig für andere Träger des Unternehmensinteresses sein kann. Hat sich der Übernahmepreis infolge eines Bieterwettkampfs erheblich erhöht, kann es dazu führen, dass dem Bieter notwendige finanzielle Mittel fehlen, um z.B. Investitionen bei der Zielgesellschaft zur Verwirklichung seiner strategischen Ziele zu finanzieren.

62.181

---

505 *Seibt* in Beck'sches Formularbuch Mergers & Acquistions, Ziff. L.II.2. Anm. 19 (S. 1556).
506 The Takeover Panel, Code Committee, Statement 2011/18, S. 2.
507 *Hüffer/Koch*, § 76 AktG Rz. 36; *Seibt* in Mülbert/Kiem/Wittig, 10 Jahre WpÜG, S. 148, 161 ff.; vgl. dazu auch Rz. 20.32.
508 *Fleischer* in Spindler/Stilz, § 76 AktG Rz. 33; *Mülbert* in FS Röhricht, 2005, S. 421, 424 ff.
509 Vgl. auch *Bachmann* in Veil, Übernahmerecht in Praxis und Wissenschaft, S. 109, 133 f.; *Seibt* in Mülbert/Kiem/Wittig, 10 Jahre WpÜG, S. 148, 172 f.

III. Übernahme- und Pflichtangebote

1. Überblick

a) Begriffsbestimmungen

62.182 Die Abschnitte 4, 5 und 5a des WpÜG enthalten besondere Bestimmungen für Übernahme- und Pflichtangebote. Sie bilden das Kernstück des Übernahmerechts. Von zentraler Bedeutung für Übernahme- und Pflichtangebote ist der Tatbestand der **Kontrolle**. Diesen erfüllt nach § 29 Abs. 2 WpÜG, wer 30 % oder mehr der Stimmrechte an der Zielgesellschaft selbst oder durch Zurechnung gemäß § 30 WpÜG hält.

62.183 **Übernahmeangebote** sind nach § 29 Abs. 2 WpÜG öffentliche Angebote, die auf die Erlangung der Kontrolle gerichtet sind. Das Übernahmeangebot ist auf den Kontrollerwerb gerichtet, wenn es bei vollständiger Annahme dazu führen würde, dass der Bieter erstmals[510] insgesamt mindestens 30 % der Stimmrechte an der Zielgesellschaft erlangt. Dabei sind Stimmrechtszurechnungen nach § 30 WpÜG zu beachten (dazu Rz. 62.201 ff.). Bei der Beurteilung der Beteiligungsverhältnisse sind die Verhältnisse bei Veröffentlichung der Angebotsunterlage maßgebend[511]. Dementsprechend kann auch ein anfangs unzulässiges (und nach § 15 Abs. 1 Nr. 2 WpÜG zu untersagendes) Teilangebot nicht nachträglich zulässig werden, wenn z.B. die Zielgesellschaft ihr Grundkapital unter Ausschluss des Bezugsrechts erhöht, so dass der Bieter auch bei vollständiger Annahme seines Angebots keine Kontrolle erlangen würde.

62.184 **Pflichtgebote** sind Übernahmeangebote, die gemäß 35 Abs. 2 WpÜG zwingend von denjenigen abzugeben sind, die nach Inkrafttreten des WpÜG die Kontrolle über eine Zielgesellschaft erlangt haben. Dabei ist es unerheblich, auf welche Weise die Kontrolle erlangt wurde[512].

b) Besondere Vorschriften für Übernahme- und Pflichtangebote

62.185 Zunächst bestimmt § 32 WpÜG die **Unzulässigkeit von Teilangeboten**. Übernahme- und Pflichtangebote müssen sich auf den Erwerb aller Aktien, gleich welcher Gattung, der Zielgesellschaft richten, soweit sich nicht aus § 35 Abs. 2 Satz 2 WpÜG etwas anderes ergibt[513] oder Aktien bestimmter Aktionäre nach § 24 WpÜG ausgenommen werden dürfen. Praktische Bedeutung hat der in § 32 WpÜG zum Ausdruck kommende Vollangebotsgrundsatz etwa bei Angeboten für Immobiliengesellschaften und dem Interesse des Bieters, das Erreichen der 90 %-Schwelle und das Auslösen von Grunderwerbsteuer zu vermeiden. Auch in diesen Fällen hat sich das Angebot auf sämtliche Aktien der Zielgesellschaft zu richten; der Bieter muss deshalb andere Gestaltungen wählen, um das Erreichen der 90 %-Schwelle zu vemeiden (dazu näher Rz. 62.100). Vom Verbot der Teilangebote umfasst sind auch Aktien, die entweder überhaupt nicht oder nicht i.S.d. § 2 Abs. 7 WpÜG börsennotiert sind[514]. Die Gegenansicht[515] ist

---

510 Ebenso umfasst sind Fälle, in denen der Bieter zunächst eine Kontrollbeteiligung besaß, sein Stimmrechtsanteil danach unter die 30 %-Grenze abgesunken und dann erstmals wieder über die Kontrollschwelle gestiegen ist.
511 So zu Recht *Kremer/Oesterhaus* in KölnKomm. WpÜG, § 31 WpÜG Rz. 21, für die Bemessung der Gegenleistung; nichts anderes kann hier gelten.
512 Begr. RegE zu § 35 Abs. 1 WpÜG (abgedruckt bei *Fleischer/Kalss*, Das neue WpÜG, S. 650); *Harbarth*, ZIP 2002, 321, 323; *Meyer* in Angerer/Geibel/Süßmann, § 35 WpÜG Rz. 31.
513 Pflichtangebote müssen sich nicht auf unmittelbar oder mittelbar von der Zielgesellschaft gehaltene eigene Aktien beziehen.
514 Begr. RegE zu § 32 WpÜG, BT-Drucks. 14/7034, S. 57; *Diekmann* in Baums/Thoma, § 32 WpÜG Rz. 6; *Favoccia* in Assmann/Pötzsch/Uwe H. Schneider, § 32 WpÜG Rz. 11 f.; *Thun* in Angerer/Geibel/Süßmann, § 32 WpÜG Rz. 4; *Vogel* in FrankfurtKomm. WpÜG, § 32 WpÜG Rz. 15; so inzwischen wohl auch *Hasselbach* in KölnKomm. WpÜG, § 32 WpÜG Rz. 8; vgl. aus der Praxis etwa Ziff. 3.1 des Pflichtangebots der Schuler Aktiengesellschaft betreffend die Müller Weingarten AG v. 17.4.2007.
515 *Noack* in Schwark/Zimmer, § 29 WpÜG Rz. 2 sowie § 32 WpÜG Rz. 13 f.

abzulehnen. Die §§ 29 ff. WpÜG knüpfen an die Kontrolle an. Für die Kontrollposition spielt es jedoch keine Rolle, ob die Aktien börsennotiert sind oder nicht. Entscheidend sind die Stimmrechte. Nach § 32 WpÜG wäre ein auf bestimmte Aktiengattungen (z.B. nur Stammaktien unter Ausnahme von stimmrechtslosen Vorzugsaktien) gerichtetes Übernahme- oder Pflichtangebot ebenfalls unzulässig[516]. Übernahme- und Pflichtangebote müssen auch Aktien, die erst bis zum Ablauf der Annahmefrist entstehen, einbeziehen[517]; Aktien, die erst während der weiteren Annahmefrist des § 16 Abs. 2 WpÜG oder danach entstehen, werden indessen nicht berücksichtigt[518]. Das Verbot der Teilangebote erstreckt sich nach dem Wortlaut von § 32 WpÜG allerdings nur auf Aktien und nicht auf sonstige Wertpapiere i.S.d. § 2 Abs. 2 WpÜG. Wie Aktien zu behandeln sind aber *Depositary Receipts*[519].

Bei Übernahme- und Pflichtangeboten ist der Bieter in der Bestimmung seiner **Gegenleistung** nicht frei. Vielmehr hat die angebotene Gegenleistung den Anforderungen des § 31 WpÜG sowie der §§ 3–7 WpÜG Angebots-VO zu entsprechen (dazu näher Rz. 62.248 ff.).

Der Bieter von Übernahme- und Pflichtangeboten unterliegt besonderen **Mitteilungs- und Veröffentlichungspflichten** nach § 23 Abs. 2 WpÜG. Diese dienen zur Absicherung von Nachbesserungsansprüchen hinsichtlich der Gegenleistung gemäß § 31 Abs. 4 und 5 WpÜG. 62.186

Für Übernahmefristen gilt die sog. **Zaunkönigregelung** (dazu Rz. 62.123 ff.), wonach den Wertpapierinhabern nach Ablauf der regulären Annahmefrist eine weitere Annahmefrist eingeräumt wird. 62.187

Außerdem unterliegt der Vorstand der Zielgesellschaft gemäß § 32 WpÜG nur bei Übernahme- und Pflichtangeboten dem kapitalmarktrechtlichen **Vereitelungsverbot**. Falls die Satzung der Zielgesellschaft dies vorsieht, kann für solche Fälle das Vereitelungsverbot nach § 33a Abs. 2 eingeschränkt werden. Im Rahmen von Übernahmeangeboten ist es dem Bieter und den mit ihm gemeinsam handelnden Personen verboten, Verwaltungsorganen der Zielgesellschaft ungerechtfertigte Leistungen zu gewähren oder in Aussicht zu stellen. 62.188

Schließlich gilt der übernahmerechtliche **Squeeze out** sowie das **Andienungsrecht** nach §§ 39a ff. WpÜG nur bei Übernahme- und Pflichtangeboten. 62.189

2. Kontrolle

a) Kontrollbegriff

Nach § 29 Abs. 2 WpÜG ist Kontrolle das Halten von 30 % oder mehr der Stimmrechte der Zielgesellschaft. Der Kontrollbegriff ist nicht durch die Übernahmerichtlinie vorgegeben[520]. Die Größe von 30 % hat der Gesetzgeber angesichts der geringen Hauptversammlungspräsenzen sowie internationaler Standards gewählt[521]. Der Tatbestand des § 29 Abs. 2 WpÜG normiert eine **unwiderlegliche Kontrollvermutung**[522]. Gemeint ist die unwiderlegliche Vermutung des Kontrolltatbestandes, was nicht gleich- 62.190

---

516 *Hasselbach* in KölnKomm. WpÜG, § 32 WpÜG Rz. 6; *Favoccia* in Assmann/Pötzsch/Uwe H. Schneider, § 32 WpÜG Rz. 8.
517 *Diekmann* in Baums/Thoma, § 32 WpÜG Rz. 8; *Hasselbach* in KölnKomm. WpÜG, § 32 WpÜG Rz. 7; *Favoccia* in Assmann/Pötzsch/Uwe H. Schneider, § 32 WpÜG Rz. 15.
518 *Hasselbach* in KölnKomm. WpÜG, § 32 WpÜG Rz. 6; *Favoccia* in Assmann/Pötzsch/Uwe H. Schneider, § 32 WpÜG Rz. 15; a.A. *Thun* in Angerer/Geibel/Süßmann, § 32 WpÜG Rz. 22.
519 *Hasselbach* in KölnKomm. WpÜG, § 32 WpÜG Rz. 15; *Favoccia* in Assmann/Pötzsch/Uwe H. Schneider, § 32 WpÜG Rz. 20 ff.; a.A. *Ekkenga* in Ehricke/Ekkenga/Oechsler, § 32 WpÜG Rz. 10; *Noack* in Schwark/Zimmer, § 32 WpÜG Rz. 5.
520 Vgl. Art. 5 Abs. 3 der Richtlinie 2004/25/EG v. 30.4.2004, ABl. EU Nr. L 142 v. 30.4.2004, S. 12 ff. (Übernahmerichtlinie).
521 Begr. RegE zu § 29 Abs. 2 WpÜG, BT-Drucks. 14/7034, S. 53; vgl. zu aktuellen Kontrollschwellen und Reformtendenzen in anderen EU-Ländern *Hopt* in Mülbert/Kiem/Wittig, 10 Jahre WpÜG, S. 42, 45.
522 *Diekmann* in Baums/Thoma, § 29 WpÜG Rz. 38.

zusetzen ist mit der Frage, ob der Bieter auch tatsächlich Kontrolle ausüben kann[523]. Der Kontrolltatbestand ist im Interesse an einer eindeutigen und schnellen Feststellung der Beteiligungsverhältnisse als **starre** Schwelle konzipiert[524]. Der Kontrollbegriff des WpÜG ist daher nicht mit anderen gesetzlichen Bestimmungen zu vergleichen, die ebenfalls die Beherrschung oder Kontrolle regeln und zum Teil wertende Gesichtspunkte berücksichtigen (z.B. § 17 Abs. 1 AktG, § 290 Abs. 2 HGB oder § 37 GWB)[525]. Nicht erforderlich ist daher, dass das „Halten" der Stimmrechte eine gewisse Zeit andauert[526]. Ebenfalls unerheblich ist, ob der Stimmrechtsanteil von 30 % oder mehr den Bieter in die Lage versetzt, die Kontrolle tatsächlich ausüben zu können[527]. Umgekehrt liegt kein Kontrolltatbestand vor, wenn ein Aktionär weniger als 30 % der Stimmrechte hält, selbst wenn er damit z.B. aufgrund besonders schwacher Hauptversammlungspräsenzen die Kontrolle ausüben kann[528].

b) Berechnung der Stimmrechte

aa) Allgemeines

62.191 Für die Berechnung der Kontrolle kommt es auf die vom Bieter selbst gehaltenen sowie die ihm nach § 30 WpÜG zuzurechnenden Stimmrechte an. Diese sind ins Verhältnis zu setzen zu sämtlichen von der Gesellschaft ausgegebenen stimmberechtigten Aktien. Grundsätzlich sind zunächst dem Eigentümer der Aktien die sich daraus ergebenden Stimmrechte anzurechnen. Dies ergibt sich bei stimmberechtigten Aktien aus § 12 Abs. 1 Satz 1 AktG. Das Stimmrecht kann vom Eigentum an den Aktien nicht getrennt werden (**Abspaltungsverbot**)[529]. Sobald der Tatbestand der dinglichen Rechtsinhaberschaft vollständig erfüllt ist, sind dem Eigentümer der Aktien die sich daraus ergebenden Stimmrechte anzurechnen. Werden Aktien unter einer aufschiebenden Bedingung erworben, stehen die Stimmrechte dem Erwerber erst mit Bedingungseintritt zu (§ 158 Abs. 1 BGB). Stimmrechte aus vinkulierten Namensaktien werden erst mit Erteilung der Zustimmung durch die Gesellschaft gemäß § 68 Abs. 2 AktG erworben. **Fremde Aktien** können unter den Voraussetzungen des § 30 WpÜG dem Bieter zurechenbar sein. Dies führt dann zur Mehrfachberücksichtigung von Stimmrechten beim Eigentümer sowie beim Dritten.

bb) Einzelfälle

62.192 **Bezugsrechte und gezeichnete Aktien.** Solange Bezugsrechte noch nicht wirksam ausgeübt wurden, resultieren hieraus keine Stimmrechte[530]. Dies wird auch durch § 38 Abs. 1 Satz 1 Nr. 1 Buchst. a WpHG (bis 2.1.2018: § 25 Abs. 1 Satz 1 Nr. 1 Buchst. a) bestätigt, der auf „bereits ausgegebene Aktien" abstellt. Erwerbsoptionen, die durch einseitige Ausübung den dinglichen Erwerb stimmberechtigter

---

523 *von Bülow* in KölnKomm. WpÜG, § 29 WpÜG Rz. 73.
524 Begr. RegE zu § 29 Abs. 2 WpÜG, BT-Drucks. 14/7034, S. 53; vgl. auch *Süßmann* in Angerer/Geibel/Süßmann, § 29 WpÜG Rz. 17.
525 *Diekmann* in Baums/Thoma, § 29 WpÜG Rz. 37.
526 *Diekmann* in Baums/Thoma, § 29 WpÜG Rz. 43; *Rothenfußer* in Paschos/Fleischer, Handbuch Übernahmerecht nach dem WpÜG, § 11 Rz. 37 ff.; vgl. auch den Befreiungstatbestand des § 9 Satz 1 Nr. 6 WpÜG-AngVO; a.A. *Assmann/Favoccia* in Assmann/Pötzsch/Uwe H. Schneider, § 29 WpÜG Rz. 22; *Süßmann* in Angerer/Geibel/Süßmann, § 29 WpÜG Rz. 19; zweifelnd auch *Noack* in Schwark/Zimmer, § 29 WpÜG Rz. 24.
527 *von Bülow* in KölnKomm. WpÜG, § 29 WpÜG Rz. 77; *Harbarth*, ZIP 2002, 321, 323. Der Bieter hat im Rahmen von Pflichtangeboten allerdings die Möglichkeit, einen Befreiungsantrag gemäß § 37 Abs. 1 Alt. 4 und 5 WpÜG i.V.m. § 9 Satz 2 Nr. 1 und 2 WpÜG-AngVO zu stellen, wenn ihm 30 % oder mehr der Stimmrechte keine Kontrollmöglichkeit verschaffen.
528 *von Bülow* in KölnKomm. WpÜG, § 29 WpÜG Rz. 72; *Assmann/Favoccia* in Assmann/Pötzsch/Uwe H. Schneider, § 29 WpÜG Rz. 15.
529 *Hüffer/Koch*, § 12 AktG Rz. 3; *Rothenfußer* in Paschos/Fleischer, Handbuch Übernahmerecht nach dem WpÜG, § 11 Rz. 46.
530 *von Bülow* in KölnKomm. WpÜG, § 29 WpÜG Rz. 91 u. 125.

Wertpapiere vermitteln, führen indessen zur Stimmrechtszurechnung gemäß § 30 Abs. 1 Satz 1 Nr. 5 WpÜG. Das Eigentum an neuen Aktien entsteht jedoch nicht bereits durch Zeichnung, sondern erst mit Eintragung der Durchführung der Kapitalerhöhung im Handelsregister (§ 189 AktG)[531]. Vorher existieren auch keine Stimmrechte.

Depositary Receipts. Hierbei handelt es sich um übertragbare Wertpapiere, die ein Recht an Aktien, welche bei einer ausländischen Bank (*Custodian Bank*) hinterlegt sind, vermitteln. Depositary Receipts werden nicht von der Gesellschaft, sondern der für die Hinterlegung verantwortlichen Bank (*Depositary Bank*), die das Eigentum an den Aktien hält, ausgegeben[532]. Die *Depositary Bank* übt das Stimmrecht aus den Aktien ausschließlich auf Weisung des Inhabers der *Depositary Receipts* aus. Hier führt ausnahmsweise das zivilrechtliche Eigentum der *Depositary Bank* nicht zur Anrechnung der Stimmrechte[533].

62.193

Eigene Aktien gewähren der Gesellschaft gemäß § 71b AktG keine Stimmrechte. Sie sind gleichwohl in die Berechnung der Gesamtzahl der Stimmrechte einzubeziehen[534]. Das ist aus Gründen der Rechtssicherheit sachgerecht. Würde man eigene Aktien unberücksichtigt lassen, könnte ein Bieter mit knapp 30 % der Stimmrechte bereits infolge des Rückerwerbs kleinerer Mengen eigener Aktien durch die Zielgesellschaft zu einem Pflichtangebot gezwungen werden. Hiergegen lässt sich auch nicht die Befreiungsmöglichkeit des § 37 Abs. 1 WpÜG einwenden, zumal der BaFin insoweit Ermessen zusteht. Anders ist es indessen im Fall der **Kapitalherabsetzung durch Einziehung eigener Aktien**. Erreicht ein Aktionär auf diese Weise 30 % der Stimmrechte, erlangt er Kontrolle. In diesem Fall kann der Bieter nach § 37 WpÜG Befreiung von der Abgabe eines Pflichtangebots beantragen[535]. Allerdings hat die **BaFin** ihre **Verwaltungspraxis zur Stimmrechtszurechnung eigener Aktien**, die von **Tochterunternehmen** der Zielgesellschaft gehalten werden, geändert. Sie bleiben zukünftig unberücksichtigt[536]. Die Bedeutung dieser zu begrüßenden neuen Verwaltungspraxis der BaFin lässt sich an folgendem *Beispiel* verdeutlichen[537]: Ein Aktionär (A) hält an einer börsennotierten AG (Z) 27,5 % der Stimmrechte; die börsennotierte Z hat zunächst 1 % eigene Aktien. Ist die regelmäßige Hauptversammlungspräsenz bei Z sehr niedrig, hat A mit 27,5 % der Stimmrechte beherrschenden Einfluss, so dass Z nach § 2 Abs. 6 Alt. 2 WpÜG Tochterunternehmen des A ist und dem A die eigenen Aktien der Z zugerechnet werden. Wenn Z den Anteil eigener Aktien auf 2,5 % erhöht und man diese eigenen Aktien dem A zurechnet, würde A die Schwelle von 30 % erreichen. Da der Bestand von 2,5 % unter den Meldeschwellen des § 40 Abs. 1 Satz 1 WpHG (bis 2.1.2018: § 26 Abs. 1 Satz 1) liegt und A auch keine Möglichkeit hat, sich tagesaktuell über den Bestand der eigenen Aktien zu informieren[538], hätte er kaum eine Möglichkeit, rechtzeitig einen Befreiungsantrag zu stellen oder eine Geldbuße zu vermeiden. Diese Sorge ist ihm nun genommen, weil ihm die eigenen Aktien der Z nicht zugerechnet werden.

62.194

---

531 *Hüffer/Koch*, § 189 AktG Rz. 3; *Assmann/Favoccia* in Assmann/Pötzsch/Uwe H. Schneider, § 29 WpÜG Rz. 19.
532 *von Bülow* in KölnKomm. WpHG, § 22 WpHG Rz. 68; *Wienecke*, AG 2001, 504, 505.
533 *Diekmann* in Baums/Thoma, § 29 WpÜG Rz. 54; a.A. *von Bülow* in KölnKomm. WpÜG, § 29 WpÜG Rz. 126; *Noack* in Schwark/Zimmer, § 29 WpÜG Rz. 38; *Rothenfußer* in Paschos/Fleischer, Handbuch Übernahmerecht nach dem WpÜG, § 11 Rz. 60.
534 Begr. RegE zu § 29 Abs. 2 WpÜG, BT-Drucks. 14/7034, S. 53; *von Bülow* in KölnKomm. WpÜG, § 29 WpÜG Rz. 141; *Diekmann* in Baums/Thoma, § 29 WpÜG Rz. 59 f.; *Assmann/Favoccia* in Assmann/Pötzsch/Uwe H. Schneider, § 29 WpÜG Rz. 21; *Noack* in Schwark/Zimmer, § 29 WpÜG Rz. 48; *Meyer* in Angerer/Geibel/Süßmann, § 35 WpÜG Rz. 35; *Steinmeyer* in Steinmeyer, § 29 WpÜG Rz. 26; *Krause*, AG 2015, 553, 555 ff.; *Wackerbarth* in MünchKomm. AktG, 5. Aufl. 2021, § 29 Rz. 56; a.A. *Fleischer/Körber*, BB 2001, 2589, 2593 f.; *Harbarth*, ZIP 2002, 321, 323.
535 BaFin, Jahresbericht 2011, S. 228 f. (NCR GmbH hinsichtlich der Turbon AG).
536 BaFin, Jahresbericht 2014, S. 234; dazu *Krause*, AG 2015, 553.
537 Siehe auch *Meyer-Uellner* in CMS Blog v. 27.3.2015.
538 *Rothenfußer* in Paschos/Fleischer, Handbuch Übernahmerecht nach dem WpÜG, § 11 Rz. 92.

62.195 **Namensaktien.** Nach § 67 Abs. 2 AktG gilt im Verhältnis zur Gesellschaft nur der im Aktienregister eingetragene Aktionär als stimmberechtigt. Gleichwohl bleibt es auch für Namensaktien bei dem Grundsatz, dass jedenfalls ihrem rechtlichen Eigentümer die Stimmrechte anzurechnen sind, selbst wenn dieser noch nicht im Aktienregister eingetragen ist[539]. Daraus folgt umgekehrt, dass dem zu Unrecht (noch) eingetragenen Aktionär keine Stimmrechte zugeschrieben werden.

62.196 **Nicht voll eingezahlte Aktien** gewähren nach § 134 Abs. 2 Satz 1 AktG grundsätzlich keine Stimmrechte, sofern die Satzung keine Ausnahmeregelung vorsieht (Satz 5). Auch hier kommt es aber für die Stimmrechtsberechnung auf die formale Eigentümerstellung an, so dass nicht voll eingezahlte Aktien voll angerechnet werden.

62.197 **Pfandrecht.** Der Verpfänder bleibt zivilrechtlicher Eigentümer der Aktien. Ihm stehen daher ebenfalls die Stimmrechte an den verpfändeten Aktien zu[540].

62.198 **Ruhen des Stimmrechts.** Zu berücksichtigen sind dabei auch Aktien, deren Stimmrecht vorübergehend ruht, etwa im Fall des § 59 WpÜG oder § 40 WpHG (bis 2.1.2018: § 28)[541].

62.199 **Sicherungseigentum.** Stimmrechte aus Aktien, die im **Sicherungseigentum** stehen, werden dem Sicherungsnehmer angerechnet[542]. Das ergibt sich bereits aus § 30 Satz 1 Nr. 4 WpÜG und ist im Interesse der Rechtssicherheit sachgerecht, auch wenn das wirtschaftliche Eigentum dem Sicherungsnehmer zusteht. Daneben werden die Stimmrechte auch dem Sicherungsgeber gemäß § 30 Abs. 1 Satz 1 Nr. 3 WpÜG zugerechnet.

62.200 **Stimmrechtslose Vorzugsaktien** sind nicht zu berücksichtigen, solange deren Stimmrechte nicht unter den Voraussetzungen des § 140 Abs. 2 AktG aufleben[543].

62.200a **Entherrschungsverträge** ändern an der Zurechnung der Stimmrechte nichts, wie der BGH unter Verweis auf den Wortlaut des § 290 Abs. 2 Nr. 1 HGB bestätigt hat[544].

c) Zurechnung von Stimmrechten

62.201 Neben Stimmrechten, die dem Bieter aufgrund des dinglichen Eigentums an den Aktien zustehen, sind ihm unter den Voraussetzungen des § 30 WpÜG auch Stimmrechte aus Aktien Dritter zuzurechnen. § 30 WpÜG enthält in Absatz 1 eine abschließende Aufzählung von recht klar formulierten Zurechnungstatbeständen. § 30 Abs. 2 WpÜG sieht daneben eine Stimmrechtszurechnung für den Fall der Verhaltensabstimmung in Bezug auf die Ausübung von Stimmrechten (*acting in concert*) vor (dazu Rz. 62.204 ff.). Ist einer dieser Zurechnungstatbestände erfüllt, werden die Stimmrechte des Dritten dem Bieter in voller Höhe zugerechnet. Die Zurechnung ändert nichts daran, dass dieselben Stimmrechte daneben noch dem Eigentümer der Aktien angerechnet werden. Hierdurch kann es zur **mehr-**

---

[539] *Diekmann* in Baums/Thoma, § 29 WpÜG Rz. 41; *Noack* in Schwark/Zimmer, § 29 WpÜG Rz. 36; *Rothenfußer* in Paschos/Fleischer, Handbuch Übernahmerecht nach dem WpÜG, § 11 Rz. 54; *Süßmann* in Angerer/Geibel/Süßmann, § 29 WpÜG Rz. 28.
[540] *Diekmann* in Baums/Thoma, § 29 WpÜG Rz. 55; *Uwe H. Schneider* in Assmann/Pötzsch/Uwe H. Schneider, § 30 WpÜG Rz. 100 sowie *Assmann/Favoccia* in Assmann/Pötzsch/Uwe H. Schneider, § 29 WpÜG Rz. 22; *Noack* in Schwark/Zimmer, § 29 WpÜG Rz. 38.
[541] *Assmann/Favoccia* in Assmann/Pötzsch/Uwe H. Schneider, § 29 WpÜG Rz. 21; *Noack* in Schwark/Zimmer, § 29 WpÜG Rz. 46; *Wackerbarth* in MünchKomm. AktG, 5. Aufl. 2021, § 29 Rz. 54.
[542] *von Bülow* in KölnKomm. WpÜG, § 29 WpÜG Rz. 115; *Diekmann* in Baums/Thoma, § 29 WpÜG Rz. 51 f.; *Uwe H. Schneider/Favoccia* in Assmann/Pötzsch/Uwe H. Schneider, § 30 WpÜG Rz. 106.
[543] *Süßmann* in Angerer/Geibel/Süßmann, § 29 WpÜG Rz. 26.
[544] BGH v. 22.9.2020 – II ZR 399/18, AG 2020, 905, Rz. 17 ff.; zustimmend *Hasselbach/Stepper*, BB 2021, 771, 776 f.; *Hoffmann-Becking*, ZGR 2021, 309, 321 f.

fachen Berücksichtigung von Stimmrechten kommen[545] (**keine Stimmrechtsabsorption**). Von dieser Mehrfachberücksichtigung ausgenommen ist hingegen eine mehrfache Zurechnung von Stimmrechten aus denselben Aktien bei derselben Person aufgrund verschiedener Zurechnungstatbestände des § 30 WpÜG[546].

Erwerbsoption. Die Stimmrechtszurechnung nach § 30 Abs. 1 Satz 1 Nr. 5 WpÜG setzt einen dinglichen Erwerbsanspruch voraus. Ein lediglich schuldrechtlicher Anspruch auf Übereignung der Aktien genügt nicht, und zwar auch dann nicht, wenn er aufgrund einer Pflichtwandelanleihe besteht[547].   62.201a

Kettenzurechnung. Fraglich ist, ob nicht nur eigene Stimmrechte des Dritten, sondern auch dem Dritten selbst nur nach § 30 WpÜG zurechenbare Stimmrechte zu berücksichtigen sind. Für die Tatbestände des § 30 Abs. 1 Satz 1 Nr. 2 bis 6 WpÜG wird die Frage von § 30 Abs. 1 Satz 2 WpÜG bejaht. Stimmt der Bieter z.B. sein Verhalten mit einem Dritten gemäß § 30 Abs. 2 WpÜG ab, werden ihm nach § 30 Abs. 2 Satz 2 WpÜG nicht nur die unmittelbar vom Dritten gehaltenen, sondern auch die diesem **nach § 30 Abs. 1 WpÜG zurechenbaren** Stimmrechte angerechnet. Dagegen sind dem Bieter Stimmrechte aus Aktien Dritter, die dem Tochterunternehmen **nach § 30 Abs. 2 WpÜG** zuzurechnen sind, **nicht zuzurechnen**[548]. Dies ergibt sich aus dem Wortlaut des § 30 Abs. 1 Satz 2 WpÜG. Die teilweise zum WpHG vertretene Gegenauffassung wird auf die Transparenzrichtlinie 2004/109/EG gestützt[549]. Das kann aber für die Auslegung von § 30 WpÜG wegen seiner anderen Zweckrichtung keine Rolle spielen.   62.202

Auslegung. § 30 WpÜG ist nahezu wortgleich zu § 34 WpHG (bis 2.1.2018: § 22). Beide Gesetze verfolgen jedoch unterschiedliche Zwecke. § 34 WpHG (bis 2.1.2018: § 22) dient der Transparenz, während § 30 WpÜG vor allem der Ermittlung einer Kontrollposition dient[550]. Das Erreichen bestimmter Stimmrechtsschwellen ist in beiden Gesetzen auch mit völlig unterschiedlichen Rechtsfolgen verknüpft. Daher gibt es **keinen Auslegungsgleichlauf** von § 30 WpÜG und § 34 WpHG (bis 2.1.2018: § 22)[551]. Auch durch § 38 WpHG (bis 2.1.2018: § 25) (hierzu Rz. 62.71 ff.), der im WpÜG keine Entsprechung findet, wird der unterschiedliche Zweck von WpHG und WpÜG deutlich. Viele Argumente für einen Auslegungsgleichlauf haben sich damit erledigt.   62.203

d) Acting in Concert

aa) Überblick

Nach § 30 Abs. 2 Satz 1 WpÜG werden dem Bieter Stimmrechte von Dritten **zugerechnet**, mit denen der Bieter oder sein Tochterunternehmen sein Verhalten in Bezug auf die Zielgesellschaft aufgrund einer Vereinbarung oder in sonstiger Weise über bloße Einzelfälle hinaus abstimmt. § 30 Abs. 2 WpÜG ist durch das **Risikobegrenzungsgesetz**[552] um einen neuen Satz 2 ergänzt worden. Damit ist der Tatbe-   62.204

---

545 *von Bülow* in KölnKomm. WpÜG, § 30 WpÜG Rz. 29; *Diekmann* in Baums/Thoma, § 30 WpÜG Rz. 15; *Rothenfußer* in Paschos/Fleischer, Handbuch Übernahmerecht nach dem WpÜG, § 11 Rz. 34; *Uwe H. Schneider/Favoccia* in Assmann/Pötzsch/Uwe H. Schneider, § 30 WpÜG Rz. 22.
546 *von Bülow* in KölnKomm. WpÜG, § 30 WpÜG Rz. 33; *Rothenfußer* in Paschos/Fleischer, Handbuch Übernahmerecht nach dem WpÜG, § 11 Rz. 306.
547 BGH v. 29.7.2014 – II ZR 353/23 – Deutsche Bank/Postbank, AG 2014, 662, 666 f. Rz. 40; abw. *Wackerbarth* in MünchKomm. AktG, 5. Aufl. 2021, § 30 WpÜG Rz. 27, der im Fall einer schuldrechtlichen Kaufoption die widerlegliche Vermutung aufstellen will, dass zu einer Stimmrechtszurechnung gemäß § 30 Abs. 2 WpÜG führende Abreden zwischen den Parteien bestehen.
548 *Diekmann* in Baums/Thoma, § 30 WpÜG Rz. 15 u. 77; *Liebscher*, ZIP 2002, 1005, 1010.
549 *Uwe H. Schneider* in Assmann/Uwe H. Schneider/Mülbert, § 34 WpHG Rz. 24.
550 *Drinkuth*, ZIP 2008, 676, 678 m.w.N.; a.A. *Wackerbarth*, ZIP 2007, 2340, 2341.
551 Str., vgl. *Drinkuth*, ZIP 2008, 676, 677 ff. m.w.N. Die BaFin vertrat zumindest bis zur Einführung von § 25a WpHG a.F. einen Auslegungsgleichlauf, vgl. *Hoppe/Michel*, BaFinJournal 04/2010, S. 3.
552 Gesetz zur Begrenzung der mit Finanzinvestoren verbundenen Risiken, BGBl. I 2008, 1666; vgl. dazu auch *Drinkuth*, ZIP 2008, 676; *Eidenmüller*, DStR 2007, 2116; *Schmidtbleicher*, AG 2008, 73; *Spindler*, WM 2007, 2357; *Timmann/Birkholz*, BB 2007, 2749; *Wilsing/Goslar*, DB 2007, 2467.

stand der Vorschrift um bestimmte Fälle des koordinierten Zusammenwirkens von Aktionären **außerhalb der Hauptversammlung** erweitert worden[553].

Dieser Zurechnungstatbestand wird in Anlehnung an Rule 9.1 des City Code on Takeovers and Mergers allgemein als *acting in concert* bezeichnet[554]. Die Begriffsbestimmung in der Übernahmerichtliche, die unter *„persons acting in concert"* Personen versteht, die mit dem Bieter zusammenarbeiten, um die Kontrolle an der Zielgesellschaft zu erlangen, ist ebenso wie der City Code on Takeovers and Mergers jedoch wesentlich enger als § 30 Abs. 2 WpÜG[555].

62.205 Liegen die Voraussetzungen des § 30 Abs. 2 WpÜG vor, werden auch solche Stimmrechte dem Bieter zugerechnet, die dem Dritten nach § 30 Abs. 1 WpÜG zurechenbar sind. Daraus folgt auch, dass der Dritte nicht Aktionär sein muss, sondern es ausreicht, wenn ihm oder seinen Tochterunternehmen Stimmrechte lediglich gemäß § 30 Abs. 1 WpÜG zugerechnet werden[556]. Stimmrechte, die dem Dritten aufgrund einer § 30 Abs. 2 Satz 1 WpÜG unterliegenden Verhaltensabstimmung zugerechnet werden, bleiben indessen außen vor (siehe Rz. 62.202)[557]. § 30 Abs. 2 WpÜG ist nur auf die vom Gesetzeswortlaut ausdrücklich erfassten Fallkonstellationen anzuwenden und daher weder analogiefähig noch als Auffangtatbestand geeignet[558].

bb) Verhaltensabstimmung

62.206 Die Verhaltensabstimmung kann aufgrund einer Vereinbarung sowie in sonstiger Weise erfolgen. Der klassische Fall der Vereinbarung ist der Stimmbindungsvertrag. Ein rechtlich bindender Vertrag ist aber nicht erforderlich. Es reicht auch ein sog. *Gentlemen's Agreement* mit lediglich wirtschaftlicher oder moralischer[559] Bindungswirkung[560]. Erforderlich ist allerdings ein **bewusstes kommunikatives Zusammenwirken** mehrerer Personen[561]. Wer sein Stimmverhalten an wem ausrichtet, spielt keine Rolle[562]. Erforderlich ist aber, dass entweder beide Parteien ihr Verhalten koordinieren oder wenigstens eine Partei ihr Verhalten an der anderen Partei ausrichtet. Daher genügt weder ein bloßer Informationsaustausch noch ein unabgestimmtes Parallelverhalten[563].

---

553 *von Bülow* in FS Uwe H. Schneider, 2011, S. 141, 144.
554 Begr. RegE zu § 30 Abs. 2 WpÜG, BT-Drucks. 14/7034, S. 54, 70; krit. *von Bülow* in KölnKomm. WpÜG, § 30 WpÜG Rz. 204; *Diekmann* in Baums/Thoma, § 30 WpÜG Rz. 67.
555 ESMA, Public Statement – Information on shareholder cooperation and acting in concert under the Takeover Bids Directive – 1st update v. 20.6.2014, Appendix C, Ziffer 2.
556 *Uwe H. Schneider*, WM 2006, 1321, 1323; für § 22 WpHG a.F. *von Bülow* in KölnKomm. WpÜG, § 30 WpÜG Rz. 202.
557 *von Bülow* in KölnKomm. WpÜG, § 30 WpÜG Rz. 32; *Diekmann* in Baums/Thoma, § 30 WpÜG Rz. 77; *Rothenfußer* in Paschos/Fleischer, Handbuch Übernahmerecht nach dem WpÜG, § 11 Rz. 306.
558 BGH v. 19.7.2011 – II ZR 246/09, AG 2011, 786 = ZIP 2011, 1862 (fremdnützige Verwaltungstreuhand), dazu *Seibt*, CFL 2013, 145, 160; *Wilk*, ZIP 2013, 1549 ff.
559 So z.B. der „strenge Blick des Familienoberhaupts", vgl. *Casper*, ZIP 2003, 1469, 1475; *Schockenhoff/Schumann*, ZGR 2005, 568, 592.
560 *Diekmann* in Baums/Thoma, § 30 WpÜG Rz. 68; *Uwe H. Schneider/Favoccia* in Assmann/Pötzsch/Uwe H. Schneider, § 30 WpÜG Rz. 160; *Walz* in FrankfurtKomm. WpÜG, § 30 WpÜG Rz. 62 f.
561 *von Bülow* in Veil, Übernahmerecht in Praxis und Wissenschaft und Praxis, S. 141, 142; *Diekmann* in Baums/Thoma, § 30 WpÜG Rz. 69; *Drinkuth*, ZIP 2008, 676; *Krause* in FS Uwe H. Schneider, 2011, S. 699, 689; *Liebscher*, ZIP 2002, 1005, 1009; *Noack/Zetzsche* in Schwark/Zimmer, § 30 WpÜG Rz. 25; *Uwe H. Schneider/Favoccia* in Assmann/Pötzsch/Uwe H. Schneider, § 30 WpÜG Rz. 160.
562 *von Bülow* in KölnKomm. WpÜG, § 30 WpÜG Rz. 107.
563 *von Bülow* in KölnKomm. WpÜG, § 30 WpÜG Rz. 215; *Diekmann* in Baums/Thoma, § 30 WpÜG Rz. 69; zu § 22 Abs. 2 WpHG a.F. auch OLG Stuttgart v. 10.11.2004 – 20 U 16/03, ZIP 2004, 2232, 2237 = AG 2005, 125; *Krause* in FS Uwe H. Schneider, 2011, S. 699, 689; *Uwe H. Schneider/Favoccia* in Assmann/Pötzsch/Uwe H. Schneider, § 30 WpÜG Rz. 161.

cc) Gegenstand der Verhaltensabstimmung

Nach § 30 Abs. 2 Satz 2 WpÜG kann Gegenstand der Verhaltensabstimmung zum einen die **Ausübung von Stimmrechten** sein (im Folgenden auch kurz „Stimmrechtsabstimmung"). Zum anderen kann die Verhaltensabstimmung die Einflussnahme auf die Zielgesellschaft in sonstiger Weise, d.h. auch außerhalb der Hauptversammlung, zum Gegenstand haben, wenn sie das Ziel einer dauerhaften und erheblichen **Änderung der unternehmerischen Ausrichtung** der Zielgesellschaft verfolgt (im Folgenden auch kurz: „Verhaltensabstimmung"). In beiden Fällen ist es erforderlich, dass das koordinierte Verhalten über den Einzelfall hinausgeht (§ 30 Abs. 2 Satz 1 Halbs. 2 WpÜG)[564].

62.207

Fraglich ist, ob es für die Stimmrechtsabstimmung allein darauf ankommt, ob ihr Gegenstand die Ausübung von Stimmrechten oder die faktische Einflussnahme auf die Zielgesellschaft betrifft[565], oder ob es stets erforderlich ist, dass sie das Ziel einer dauerhaften und erheblichen Änderung der unternehmerischen Ausrichtung der Zielgesellschaft verfolgt[566]. Der Wortlaut spricht für die erste Auffassung. Danach würde eine über Einzelfälle hinausgehende Stimmrechtsabstimmung auch dann zur Zurechnung führen, wenn sie z.B. darauf beschränkt wäre, den Vorschlägen der Verwaltung zur Verwendung des Bilanzgewinns, Entlastung der Leitungsorgane sowie Wahl des Abschlussprüfers zu folgen. Allerdings ist zu berücksichtigen, dass Gegenstand von § 30 Abs. 2 WpÜG die Ermittlung der Kontrolle über die Zielgesellschaft ist. Deshalb muss das Ziel der Verhaltensabstimmung die Qualität einer Kontrollausübung haben[567]. Es entsprach daher der herrschenden Auffassung zu § 30 WpÜG a.F., dass von einem *acting in concert* nur dann die Rede sein kann, wenn die Verhaltensabstimmung auch auf eine **nachhaltige Einflussnahme** gerichtet ist und sich auf für die Zielgesellschaft **wesentliche Beschlussgegenstände** beziehen[568]. Daran hat sich durch das Risikobegrenzungsgesetz nichts geändert. Mit diesem wurde lediglich bezweckt, die von der Rechtsprechung erkannte Beschränkung des Zurechnungstatbestandes auf das Stimmrechtsverhalten in der Hauptversammlung[569] aufzuheben und § 30 Abs. 2 WpÜG auf Verhaltensabstimmungen außerhalb der Hauptversammlung zu erstrecken[570].

Eine Verhaltensabstimmung außerhalb der Hauptversammlung muss das Ziel einer **dauerhaften** und **erheblichen Änderung der unternehmerischen Ausrichtung** der Zielgesellschaft verfolgen. Der Begriff der unternehmerischen Auslegung ist im Gesetz nicht definiert. Die Beispiele, die in der Begründung des Regierungsentwurfs (Zerschlagung oder die Gesellschaft lähmende Sonderdividende)[571] und im Bericht des Finanzausschusses (grundlegende Änderung des Geschäftsmodells oder Trennung von wesentlichen Geschäftsbereichen)[572] verwendet werden, deuten darauf hin, dass mit der unternehme-

62.208

---

564 Str., dazu näher Rz. 62.218.
565 So BaFin, *Hoppe/Michel*, BaFinJournal 04/2010, S. 3, 4.
566 So *von Bülow* in FS Uwe H. Schneider, 2011, S. 141, 145; Uwe H. Schneider/Favoccia in Assmann/Pötzsch/Uwe H. Schneider, § 30 WpÜG Rz. 161.
567 Vgl. *Krause* in FS Uwe H. Schneider, 2011, S. 699, 691 f. In diesem Sinne ist auch das Positionspapier der ESMA v. 20.6.2014 zu verstehen, in dem Absprachen unter Aktionären zu bestimmten kontrollfernen Punkten auf einer „White List" aufgenommen sind, um eine Stimmrechtszurechnung auszuschließen; vgl. ESMA, Public Statement – Information on shareholder cooperation and acting in concert under the Takeover Bids Directive – 1st update, Ziffer 4.1 Buchst. (d)(A).
568 Vgl. OLG Frankfurt am Main v. 25.6.2004 – WpÜG 5/03a, 6/03 und 8/03a – Pixelpark, ZIP 2004, 1309, 1312 = AG 2004, 617 ff.; LG Hamburg v. 16.10.2006 – 412 O 102/04 – Beiersdorf, ZIP 2007, 427, 429 = AG 2007, 177; *von Bülow/Bücker*, ZGR 2004, 669, 609; *Saenger/Kessler*, ZIP 2006, 837, 839 f.; *Schockenhoff/Schumann*, ZGR 2005, 568, 587 ff.; *Seibt*, ZIP 2004, 1829, 1831; für § 22 WpHG a.F. *von Bülow* in KölnKomm. WpHG, § 22 WpHG Rz. 165.
569 BGH v. 18.9.2006 – II ZR 137/05 – WMF, BGHZ 169, 98 ff. = AG 2006, 883.
570 *von Bülow* in FS Uwe H. Schneider, 2011, S. 141, 145 f.; vgl. auch *Anders/Filgut*, ZIP 2010, 1115, 1117; Uwe H. Schneider/Favoccia in Assmann/Pötzsch/Uwe. H. Schneider, § 30 WpÜG Rz. 169 f.
571 Begr. RegE, BT-Drucks. 16/7438, S. 11.
572 Bericht des Finanzausschusses zum Risikobegrenzungsgesetz, BT-Drucks. 16/9821, S. 12.

rischen Ausrichtung die **grundsätzliche Unternehmensstrategie** gemeint ist[573]. Dafür reicht nicht jede Änderung des satzungsmäßigen Unternehmensgegenstandes oder der Unternehmenspolitik[574]. Vielmehr ist es erforderlich, dass die Verhaltensabstimmung bezweckt, die Unternehmensstrategie der Zielgesellschaft grundlegend zu verändern und ihr damit eine neue Richtung zu geben[575]. Das ist z.B. nicht der Fall, wenn Gegenstand der Verhaltensabstimmung der Zusammenschluss mit einem anderen Unternehmen ist, dessen Geschäftätigkeit im Vergleich zur Zielgesellschaft lediglich komplementär ist und nicht dazu führt, dass die Zielgesellschaft zukünftig wesentliche Teile ihrer bisherigen Unternehmensstrategie nicht mehr umsetzen kann[576]. Die beabsichtigte Änderung der grundsätzlichen Unternehmensstrategie muss zudem **dauerhaft und erheblich** sein. Erfasst werden also nur Änderungen, die von großer Bedeutung sind und langfristige Auswirkungen auf die Unternehmensstrategie haben[577]. Die meisten Maßnahmen dürften dauerhafte Wirkung haben. Die Abberufung eines Aufsichtsratsmitglieds ist endgültig und deshalb dauerhaft. Die Bestellung eines Aufsichtsratsmitglieds ist jedenfalls dann dauerhaft, wenn sie für die gesetzlich vorgesehene Amtsdauer erfolgt und eine Wiederwahl nicht ausgeschlossen ist. Daher kommt dem Merkmal der Erheblichkeit besondere Bedeutung zu. Hierbei muss auf die Verhältnisse der jeweiligen Zielgesellschaft abgestellt werden[578]. Nach h.M. muss die Verhaltensabstimmung stets auf eine **Änderung** der grundsätzlichen Unternehmensstrategie gerichtet sein, so dass ein Zusammenwirken zu dem Zweck, den Status quo zu erhalten, nicht zu einer Stimmrechtszurechnung führt[579]. Dieses Ergebnis ist jedenfalls für sog. **Interessenschutzklauseln**, durch die dem Veräußerer von Unternehmensanteilen bestimmte Maßnahmen untersagt sind, die zu einer Veränderung des Unternehmens führen und die in der M&A-Praxis in kartellrechtlichen Grenzen weit verbreitet sind[580]. Teilweise wird eingewandt, dass durch dieses Erfordernis ein Zusammenwirken von institutionellen Anlegern wie im Fall „Deutsche Börse", durch das ein Zusammenschluss mit der LSE verhindert werden sollte, kein *acting in concert* begründen würde[581]. Wenn allerdings der Vorstand der Zielgesellschaft durch ein Akquisitionsvorhaben die unternehmerische Weichenstellung vorgegeben hat, ist damit die unternehmerische Ausrichtung neu bestimmt. Dann ist jedes Zusammenwirken, dass auf das Festhalten der vorherigen Strategie gerichtet ist, eine Änderung der Unternehmensstrategie und kann somit ein *acting in concert* begründen. Schließlich muss die mit der Verhaltensabstimmung verfolgte Einflussnahme **gesellschaftsrechtlich geeignet** sein, eine solche Ände-

---

573 Zutreffend *Krause* in FS Uwe H. Schneider, 2011, S. 669, 692 f.; *Schüppen/Walz* in FrankfurtKomm. WpÜG, § 30 WpÜG Rz. 84.
574 So wohl die BaFin, vgl. *Hoppe/Michel*, BaFinJournal 04/2010, S. 3, 4.
575 BGH v. 25.9.2018 – II ZR 190/17 (Deutsche Bank/Postbank), AG 2019, 37 Rz. 17; der BGH spricht von den „grundlegenden Weichenstellungen" und dem „verfolgten Geschäftsmodell".
576 *Krause* in FS Uwe H. Schneider, 2011, S. 669, 693.
577 *Diekmann* in Baums/Thoma, § 30 WpÜG R. 74d; *Schüppen/Walz* in FrankfurtKomm. WpÜG, § 30 WpÜG Rz. 85; *Uwe H. Schneider/Favoccia* in Assmann/Pötzsch/Uwe H. Schneider, § 30 WpÜG Rz. 181.
578 *Hoppe/Michel*, BaFinJournal 04/2010, S. 3, 4.
579 BGH v. 25.9.2018 – II ZR 190/17, AG 2019, 37 Rz. 18; OLG Köln v. 16.12.2020 – 13 U 231/17, NZG 2021, 201, Rz. 33 ff.; Bericht des Finanzausschusses zum Risikobegrenzungsgesetz, BT-Drucks. 16/9821, S. 11; *von Bülow* in Veil, Übernahmerecht in Praxis und Wissenschaft und Praxis, S. 141, 148; *Noack/Zetzsche* in Schwark/Zimmer, § 30 WpÜG Rz. 32; *Rothenfußer* in Paschos/Fleischer, Handbuch Übernahmerecht nach dem WpÜG, § 11 Rz. 330; *Uwe H. Schneider/Favoccia* in Assmann/Pötzsch/Uwe H. Schneider, § 30 WpÜG Rz. 183.
580 Der Auffassung von *Wackerbarth* in MünchKomm. AktG, 5. Aufl. 2021, § 30 WpÜG Rz. 27, der im Fall einer schuldrechtlichen Kaufoption die widerlegliche Vermutung aufstellen will, dass zu einer Stimmrechtszurechnung gemäß § 30 Abs. 2 WpÜG führende Abreden zwischen den Parteien bestehen, kann daher nicht gefolgt werden.
581 Vgl. *Krause* in FS Uwe H. Schneider, 2011, S. 669, 695; zweifelnd auch *von Bülow* in Veil, Übernahmerecht in Praxis und Wissenschaft und Praxis, S. 141, 148; *Noack/Zetzsche* in Schwark/Zimmer, § 30 WpÜG Rz. 32 f.; im Ergebnis ebenso auch noch die Vorauflage. Zum „Fall Deutsche Börse" vgl. *Seifert*, Invasion der Heuschrecken, 2006, S. 135 ff.

rung herbeizuführen[582]. Anderenfalls kann nicht von einer Kontrollposition der Beteiligten ausgegangen werden. Sprechen etwa verschiedene Aktionäre koordiniert den Vorstand oder Aufsichtsrat der Zielgesellschaft an, um diesen zu bestimmten Maßnahmen zu bewegen, muss dieses Organ auch zur Umsetzung der verlangten Maßnahmen zuständig sein. Daraus folgt auch, dass sich die Verhaltensabstimmung auf einen konkreten Gegenstand beziehen muss und sich nicht auf vage Erwartungen beschränken darf. Die bloße Verständigung über die Wahl einzelner oder gar mehrerer Aufsichtsratsmitglieder kann daher nach richtiger Auffassung nicht ausreichen[583]. Derartige Absprachen über die Besetzung des Aufsichtsrats im Vorfeld einer Hauptversammlung begründen für sich genommen schon deshalb keine Verhaltensabstimmung, weil die unternehmerische Leitung einer AG allein dem Vorstand obliegt (§ 76 Abs. 1 AktG). Außerdem ist jedes Aufsichtsratsmitglied unabhängig und allein dem Unternehmensinteresse verpflichtet[584]. Schließlich würde die einmalige Wahl des Aufsichtsrats nur einen Einzelfall darstellen und daher von der Zurechnung nicht erfasst sein.

Grundsätzlich ausgeklammert bleiben Absprachen, die sich auf einen koordinierten **Parallelerwerb** von Aktien der Zielgesellschaft oder **Beschlussfassungen im Aufsichtsrat**[585] beschränken. Auch in diesen Fällen fehlt es entweder an einer Abstimmung über die Ausübung von Stimmrechten in der Hauptversammlung oder an der Verfolgung einer dauerhaften und erheblichen Änderung der unternehmerischen Ausrichtung der Zielgesellschaft[586]. Anders ist es, wenn **Wahlen von Aufsichtsratsmitgliedern**, Parallelerwerbe oder Absprachen über Angelegenheiten des Aufsichtsrats Teil einer Strategie sind, die auf eine erhebliche und dauerhafte Änderung der grundsätzlichen Unternehmensstrategie gerichtet ist[587]. Planen etwa mehrere Personen einen gemeinsamen oder parallelen Erwerb von Aktien der Zielgesellschaft, um später ihre Stimmrechte koordiniert auszuüben oder über Ansprachen des Vorstands substanziell auf die unternehmerische Ausrichtung der Zielgesellschaft Einfluss zu nehmen, liegt ein tauglicher Abstimmungsgegenstand vor. Gleiches gilt, wenn mehrere Aktionäre z.B. gezielt den Vorstand der Zielgesellschaft ansprechen und ihn zu einem bestimmten Verhalten auffordern und gleichzeitig damit drohen, bei Nichtbefolgung die Abwahl des Aufsichtsrats herbeizuführen[588].

62.209

Aus dem in § 30 Abs. 2 Satz 2 WpÜG eng gefassten Gegenstand der Verhaltensabstimmung ergibt sich auch, dass zwischen dem Tatbestand des *acting in concert* sowie dem Begriff der **gemeinsam handelnden Personen** gemäß § 2 Abs. 5 WpÜG **keine volle Übereinstimmung** besteht (siehe Rz. 62.79).

62.210

---

582 *von Bülow* in KölnKomm. WpÜG, § 30 WpÜG Rz. 220; *Krause* in FS Uwe H. Schneider, 2011, S. 669, 693 f.; *Rothenfußer* in Paschos/Fleischer, Handbuch Übernahmerecht nach dem WpÜG, § 11 Rz. 333.
583 *von Bülow* in KölnKomm. WpÜG, § 30 WpÜG Rz. 273; *Krause* in FS Uwe H. Schneider, 2011, S. 669, 694; *Noack/Zetzsche* in Schwark/Zimmer, § 30 WpÜG Rz. 31; *Diekmann*, DStR 2007, 445, 446.
584 BGH v. 18.9.2006 – II ZR 137/05 – WMF, BGHZ 169, 98 = AG 2006, 883, 886, Rz. 18; *Hopt/Roth* in Großkomm. AktG, 4. Aufl. 2005, § 111 AktG Rz. 745; sowie Rz. 31.5 m.w.N.
585 *Süßmann* in Angerer/Geibel/Süßmann, § 30 WpÜG Rz. 35; *Kocher*, Der Konzern 2010, 162, 166; *Uwe H. Schneider/Favoccia* in Assmann/Pötzsch/Uwe H. Schneider, § 30 WpÜG Rz. 164 u. 202; a.A. *Wackerbarth* in MünchKomm. AktG, 5. Aufl. 2021, § 30 WpÜG Rz. 50 ff., der dem Bieter in solchen Fällen die Möglichkeit einer Befreiung vom Pflichtangebot einräumen will.
586 *von Bülow* in KölnKomm. WpÜG, § 30 WpÜG Rz. 125; *Casper*, ZIP 2003, 1469, 1476; *Diekmann* in Baums/Thoma, § 30 WpÜG Rz. 82; *Schockenhoff/Schumann*, ZGR 2005, 568, 596 ff.; *Süßmann* in Angerer/Geibel/Süßmann, § 30 WpÜG Rz. 34; a.A. *Berger/Filgut*, AG 2004, 592, 599 f.; *Wackerbarth*, ZIP 2007, 2340, 2345.
587 *von Bülow* in FS Uwe H. Schneider, 2011, S. 141, 152; *Uwe H. Schneider/Favoccia* in Assmann/Pötzsch/Uwe H. Schneider, § 30 WpÜG Rz. 201; *Schüppen/Walz* in FrankfurtKomm. WpÜG, § 30 WpÜG Rz. 80; Absprachen über die Wahl von Aufsichtsratsmitgliedern generell nicht als *acting in concert* ansehend *Süßmann* in Angerer/Geibel/Süßmann, § 30 WpÜG Rz. 35 u. 38.
588 *Drinkuth*, ZIP 2008, 676, 677. Allerdings ist stets die Einzelfallausnahme nach § 30 Abs. 2 Satz 1 Halbs. 2 WpÜG zu beachten; zu § 22 Abs. 2 WpHG a.F. ebenso *von Bülow* in KölnKomm. WpHG, § 22 WpHG Rz. 163.

dd) Shareholder Activism

62.210a Seit einigen Jahren ist zu beobachten, dass bestimmte Investoren versuchen, meist im Vorfeld von Hauptversammlungen aktiv **Einfluss auf Beschlussfassungen** zu nehmen und dabei auch andere institutionelle Investoren für ihre Vorschläge zu gewinnen[589]. Dabei geht es teilweise um Beschlussfassungen über die Zusammensetzung des Aufsichtsrats sowie mittelbar des Vorstands. Zum Teil wird aber auch eine andere Dividenden- oder Finanzierungspolitik oder ein bestimmtes Vorgehen beim Erwerb oder der Veräußerung von Vermögensgegenständen sowie die Ablehnung bestimmter Kapitalmaßnahmen gefordert. Bekannte Beispiele bieten die Aktivitäten bestimmter Investoren bei der Deutsche Börse, CeWe Color, Demag Cranes und zuletzt Stada. Zwar haben die aktiven Investoren meist nur einen Anteil von deutlich unter 30 % der Stimmrechte. Fraglich ist allerdings, ob ihnen die Stimmrechte anderer institutioneller Investoren zugerechnet werden, wenn diese ihren Empfehlungen folgen[590].

62.210b Die **ESMA** steht aktivistischen Aktionären grundsätzlich positiv gegenüber und sieht in deren Engagement ein wesentliches Element der Corporate Governance börsennotierter Unternehmen. Sie hat deshalb eine sog. **„White List"** veröffentlicht, in der bestimmte Maßnahmen beschrieben sind, bei denen eine Abstimmung unter Aktionären nicht zu einer Stimmrechtszurechnung führen soll[591]. Danach sollen etwa Verhaltensabstimmungen über die Vergütung von Leitungsorganen, Aktienrückkäufe, Kapitalerhöhungen, Dividenden oder die Bestellung des Abschlussprüfers nicht geeignet sein, um ein *acting in concert* zu begründen[592]. Anderes ist es im Fall von Verhaltensabstimmungen über die Besetzung der Leitungsorgane. Hier kommt es auf den jeweiligen Einzelfall an, wobei Kriterien wie die Anzahl der zu besetzenden Leitungsorgane, die Häufigkeit sowie die Auswirkung der Veränderung („shift in the balance of power on the board") ankommen soll[593]. Die Aussagen in diesem ESMA-Papier sind rechtlich unverbindlich, scheinen aber von der BaFin grundsätzlich ernstgenommen zu werden[594].

ee) Über Einzelfälle hinausgehende Beständigkeit

62.211 Nach § 30 Abs. 2 Satz 1 Halbs. 2 WpÜG sind „Vereinbarungen über die Ausübung von Stimmrechten in Einzelfällen" von der Zurechnung wegen *acting in concert* ausgenommen (**Einzelfälle-Ausnahme**). Sinn und Zweck dieser Ausnahmeregelung ist es, Verhaltensabstimmungen von der Stimmrechtszurechnung auszuschließen, die zwar auf einen geeigneten Abstimmungsgegenstand beziehen, aber nicht die Qualität einer Kontrollausübung in Bezug auf die Zielgesellschaft haben[595]. Die Einzelfälle-Ausnahme gilt zunächst nicht nur für „Vereinbarungen", sondern auch für Verhaltensabstimmungen in sonstiger Weise[596]. Die Einzelfälle-Ausnahme gilt **sowohl für die Stimmrechtsabstimmung** (§ 30 Abs. 2 Satz 2 Alt. 1 WpÜG) **als auch die Verhaltensabstimmung** (§ 30 Abs. 2 Satz 2 Alt. 2

---

589 Siehe *Poelzig*, ZHR 185 (2021), 373 ff.
590 Im Fall Stada Arzneimittel AG hat die BaFin überprüft, ob der Active Ownership Capital, die bestimmte Änderungen in der Zusammensetzung der Leitungsorgane verlangt hat, die Stimmrechte anderer Aktionäre zugerechnet werden müssten; vgl. HANDELSBLATT v. 28.7.2016 („BaFin nimmt AOC ins Visier").
591 ESMA, Public Statement – Information on shareholder cooperation and acting in concert under the Takeover Bids Directive – 1st update, 20.6.2014.
592 ESMA, Public Statement – Information on shareholder cooperation and acting in concert under the Takeover Bids Directive – 1st update, 20.6.2014, Ziffer 4.1; im Ergebnis ebenso *Hell*, ZGR 2021, 70.
593 ESMA, Public Statement – Information on shareholder cooperation and acting in concert under the Takeover Bids Directive – 1st update, 20.6.2014, Ziffer 5.
594 BaFin, Jahresbericht 2013, S. 179.
595 *Diekmann* in Baums/Thoma, § 30 WpÜG Rz. 75.
596 *von Bülow* in KölnKomm. WpÜG, § 30 WpÜG Rz. 235; *Diekmann* in Baums/Thoma, § 30 WpÜG Rz. 75; *Noack/Zetzsche* in Schwark/Zimmer, § 30 WpÜG Rz. 46; *Uwe H. Schneider/Favoccia* in Assmann/Pötzsch/Uwe H. Schneider, § 30 WpÜG Rz. 186 mit Hinweis in Fn. 326 a.E., dass auch die BaFin ihre gegenteilige Auffassung inzwischen aufgegeben habe.

WpÜG)⁵⁹⁷. Das führt unweigerlich dazu, die Einzelfälle-Ausnahme auf Stimmrechtsabstimmungen zu beschränken. Diese Ansicht ist jedoch mit dem Gesetz nicht zu vereinbaren. Die vom Gesetzgeber mit dem Risikobegrenzungsgesetz vorgenommene Streichung der Worte „über die Ausübung von Stimmrechten" nach dem Begriff „Vereinbarung" kann nur in dem Sinn verstanden werden, dass der Anwendungsbereich der Einzelfälle-Ausnahme auf beide Formen des abgestimmten Verhaltens erweitert werden sollte[598]. Umstritten ist, ob das Vorliegen eines oder mehrerer **Einzelfälle** anhand **formaler** oder **materieller** Kriterien festgestellt werden muss. Bezieht sich die Verhaltensabstimmung nur auf einen – wenn auch für die Zielgesellschaft wesentlichen – Beschlussgegenstand wie z.B. die Wahl sämtlicher Anteilseignervertreter im Aufsichtsrat oder die Zustimmung zum Abschluss eines Verschmelzungsvertrages der Zielgesellschaft mit einem übertragenden Rechtsträger, liegt nach **formaler Betrachtung** gleichwohl ein Einzelfall vor. Stellt man indessen auf den Inhalt des jeweiligen Beschlussgegenstandes ab[599], dann besteht bei materieller Betrachtung aufgrund der damit verbundenen Auswirkungen für die Zielgesellschaft kein Einzelfall. Der BGH hatte die Frage im WMF-Urteil offen gelassen, schien aber bereits damals die formale Betrachtung zu bevorzugen[600]. Inzwischen hat sich der **BGH** in einem § 22 Abs. 2 WpHG a.F. (nunmehr § 34 Abs. 2 WpHG) ausdrücklich für die **formale Betrachtung** ausgesprochen[601]. Der formalen Betrachtungsweise und ihrer Geltung auch für § 30 Abs. 2 WpÜG ist schon deshalb zuzustimmen, weil die §§ 29 f. WpÜG vom Konzept eines starren Kontrollbegriffs ausgehen, um das Bestehen eines Kontrolltatbestandes im Interesse der Rechtssicherheit eindeutig feststellen zu können (siehe bereits Rz. 62.190). Damit verträgt es sich nicht, für die Zurechnung von Stimmrechten vornehmlich auf Wertungen abstellen zu müssen[602]. Es ist kein Grund ersichtlich, weshalb die tragenden Gründe dieser Entscheidung nicht auch für § 30 Abs. 2 WpHG Geltung beanspruchen sollen[603]. Die Einzelfälle-Ausnahme greift daher dann ein, wenn sich der Gegenstand der Verhaltensabstimmung nur auf Einzelfälle bezieht. Dafür kommt es auf den Gegenstand des Beschlusses an, nicht aber auf seine materielle Bedeutung oder Auswirkung für die Zielgesellschaft. Wie es der Wortlaut von § 30 Abs. 2 Satz 1 Halbs. 2 WpÜG („Einzel*fälle*") nahe legt, spielt es dabei keine Rolle, wenn ein inhaltlich zusammen gehörender Beschlussgegenstand rechtstechnisch in mehrere Einzelbeschlüsse aufgeteilt ist. Zu denken ist etwa an die Begebung von Wandelschuldverschreibungen. Dafür können zwei Hauptversammlungsbeschlüsse gefasst werden, nämlich einer zur Schaffung eines bedingten Kapitals und ein weiterer zur Ermächtigung des Vorstands zur Ausgabe der Wandelschuldverschreibungen. Inhaltlich geht es um einen Gegenstand. Besteht ein solcher **inhaltlicher Zusammenhang**, bilden auch mehrere Einzelbeschlüsse einen Einzelfall[604].

ff) Darlegungs- und Beweislast

Die vor allem für die Aufsichtspraxis erhebliche Frage der Darlegungs- und Beweislast ist im Gesetz nicht geregelt. Es gelten daher die allgemeinen Verfahrensgrundsätze. Beweiserleichterungen im Sinne

62.212

---

597 *Krause* in FS Uwe H. Schneider, 2011, S. 669, 697; *Rothenfußer* in Paschos/Fleischer, Handbuch Übernahmerecht nach dem WpÜG, § 11 Rz. 337.
598 Zutreffend *Krause* in FS Uwe H. Schneider, 2011, S. 669, 697.
599 Für eine materielle Betrachtungsweise etwa *Anders/Filgut*, ZIP 2010, 1115, 1118; *Schüppen/Walz* in FrankfurtKomm. WpÜG, § 30 WpÜG Rz. 79.
600 BGH v. 18.9.2006 – II ZR 137/05 – WMF, BGHZ 169, 98, 106 = ZIP 2006, 2077, 2080 = AG 2006, 883, 886, Rz. 22.
601 BGH v. 25.9.2018 – II ZR 190/17, AG 2019, 37 Rz. 30 ff.
602 *Drinkuth*, ZIP 2008, 676, 677; für eine formale Betrachtungsweise auch *von Bülow* in KölnKomm. WpÜG, § 30 WpÜG Rz. 236; *Krause* in FS Uwe H. Schneider, 2011, S. 669, 697; *Noack/Zetzsche* in Schwark/Zimmer, § 30 WpÜG Rz. 46; *Rothenfußer* in Paschos/Fleischer, Handbuch Übernahmerecht nach dem WpÜG, § 11 Rz. 340; a.A. *Schüppen/Walz* in FrankfurtKomm. WpÜG, § 30 WpÜG Rz. 79.
603 Zutreffend *Brellochs*, AG 2019, 29, 33; *Uwe H. Schneider/Favoccia* in Assmann/Pötzsch/Uwe H. Schneider, § 30 WpÜG Rz. 189; zweifelnd dagegen *Gegler*, NZG 2020, 931, 933 ff.
604 *von Bülow* in KölnKomm. WpÜG, § 30 WpÜG Rz. 239; *Diekmann* in Baums/Thoma, § 30 WpÜG Rz. 75 („Fortsetzungszusammenhang").

einer Beweislastumkehr sind abzulehnen. Ebenfalls unvereinbar mit den allgemeinen Verfahrensregeln ist die Annahme von widerleglichen Vermutungen oder sonstigen Indizien aufgrund äußerer Umstände[605]. So kann z.B. aus der Tatsache, dass mehrere Personen gleichzeitig zusammen 30 % oder mehr der Anteile an einer Zielgesellschaft erwerben, nicht die von den Erwerbern zu widerlegende Vermutung eines *acting in concert* aufgestellt werden[606]. Im Einzelnen ist in Bezug auf Darlegungs- und Nachweispflichten nach der jeweiligen Verfahrensart zu unterscheiden.

62.213 Ihre Aufsichtstätigkeit übt die BaFin im Rahmen des **verwaltungsrechtlichen Verfahrens** aus. Wegen der damit verbundenen Eingriffe für den Betroffenen, insbesondere im Hinblick auf die Verfolgung von Bußgeldtatbeständen wegen unterlassener Kontrollmitteilung (§ 60 Abs. 1 Nr. 2a WpÜG i.V.m. § 35 Abs. 2 WpÜG) obliegt der BaFin die Beweislast[607].

62.214 Werden im **zivilrechtlichen Verfahren** z.B. Ansprüche auf die Zahlung von Zinsen gemäß § 38 WpÜG wegen verspäteter Veröffentlichung des Pflichtangebots geltend gemacht (dazu näher Rz. 62.365), bleibt es auch hier bei den allgemeinen Verfahrensregeln. Den Kläger trifft die Darlegungs- und Beweislast[608].

e) Fallbeispiele

62.215 **Stimmbindungsvereinbarungen.** Vereinbarungen über die Ausübung von Stimmrechten stellen in der Regel den typischen Fall der Stimmrechtsabstimmung dar. Sieht die Stimmrechtsvereinbarung vor, dass mit wechselnder Mehrheit über die einheitliche Stimmausübung beschlossen werden soll, hat jede Partei die Möglichkeit zu erreichen, dass ihren Vorstellungen entsprechend in der Hauptversammlung der Zielgesellschaft abgestimmt wird. In diesem Fall erfolgt eine wechselseitige Zurechnung der Stimmrechte[609]. Umstritten ist die Beurteilung von Stimmrechtsvereinbarungen, nach denen eine Partei bestimmen kann, wie bei der Zielgesellschaft abgestimmt wird, und sich die anderen Parteien dem unterwerfen müssen. Teilweise wird vertreten, dass in diesem Fall nur dem Stimmführer die Stimmrechte der anderen Parteien zuzurechnen sind, aber nicht umgekehrt[610]. Nach anderer Auffassung sind die Stimmrechte jeder Partei zuzurechnen; es besteht dann allenfalls eine Befreiungsmöglichkeit[611]. Zwar wirkt in derartigen Fällen auch die „beherrschte" Partei an einer Einflussnahme auf die Zielgesellschaft mit, jedoch kann sie selbst keinen Einfluss ausüben. Jedenfalls im Anwendungsbereich der §§ 29, 30 WpÜG kommt daher eine Stimmrechtszurechnung bei der „beherrschten" Partei nicht in Betracht.

---

605 *von Bülow* in KölnKomm. WpÜG, § 30 WpÜG Rz. 298 f.; *Schüppen/Walz* in FrankfurtKomm. WpÜG, § 30 WpÜG Rz. 69.
606 *Schockenhoff/Schumann*, ZGR 2005, 568, 596 ff.; *Pentz*, ZIP 2003, 1487, 1481; vgl. auch OLG Frankfurt am Main v. 25.6.2004 – WpÜG 5/03a, 6/03 u. 8/03a – Pixelpark, ZIP 2004, 1309, 1312 = AG 2004, 617; vgl. auch *Drinkuth*, ZIP 2008, 676; sowie zu § 22 WpHG a.F. OLG Stuttgart v. 10.11.2004 – 20 U 16/03, AG 2005, 125, 128 f.; *von Bülow* in KölnKomm. WpHG, § 22 WpHG Rz. 277; a.A. *Wackerbarth*, ZIP 2007, 2340, 2345; *Wackerbarth* in MünchKomm. AktG, 5. Aufl. 2021, § 30 WpÜG Rz. 50 ff.
607 *Schockenhoff/Schumann*, ZGR 2005, 568, 596 ff.; *Pentz*, ZIP 2003, 1487, 1481; vgl. auch OLG Frankfurt am Main v. 25.6.2004 – WpÜG 5/03a, 6/03 u. 8/03a – Pixelpark, ZIP 2004, 1309, 1312 = AG 2004, 617.
608 *Liebscher*, ZIP 2002, 1005, 1008; *Pentz*, ZIP 2003, 1478, 1481; *Uwe H. Schneider*, WM 2006, 1321, 1326 f.; zumindest unklar allerdings *Uwe H. Schneider/Favoccia* in Assmann/Pötzsch/Uwe H. Schneider, § 30 WpÜG Rz. 196; a.A. *Wackerbarth*, ZIP 2007, 2340, 2345.
609 *von Bülow* in KölnKomm. WpÜG, § 30 WpÜG Rz. 254; *Noack/Zetzsche* in Schwark/Zimmer, § 30 WpÜG Rz. 36.
610 *von Bülow* in KölnKomm. WpÜG, § 30 WpÜG Rz. 254; *Noack/Zetzsche* in Schwark/Zimmer, § 30 WpÜG Rz. 36 f.; *Veil* in FS Karsten Schmidt, 2009, S. 1645, 1656.
611 So die Auffassung der BaFin, vgl. Emittentenleitfaden 2009, Ziff. VIII.2.5.8, S. 147 sowie *Strunk/Salomon/Holst* in Veil, Übernahmerecht in Praxis und Wissenschaft, S. 1, 32. sowie *Braun*, NZG 2008, 928, 930 f.

Aufsichtsratswahl. Nach geltendem Recht liegt zwar ein Bezug auf die Stimmrechtsausübung vor, doch reicht das alleine nicht aus, wenn mit einem solchen Beschluss nicht eine nachhaltige Einflussnahme verbunden ist. Außerdem fällt eine nur auf die Aufsichtsratswahl beschränkte Verhaltensabstimmung nach hier vertretener formaler Betrachtungsweise (Rz. 62.211) unter die Einzelfälle-Ausnahme. Durch das Risikobegrenzungsgesetz hat sich insoweit nichts geändert.

Beschlussfassung im Aufsichtsrat. Nach geltendem Recht fehlt es hier an einem geeigneten Gegenstand der Stimmrechtsabstimmung, da es nicht um die Ausübung von Stimmrechten in der Hauptversammlung geht[612]. § 30 Abs. 2 Satz 2 WpÜG erfasst zwar auch Verhaltenskoordinationen außerhalb der Hauptversammlung, doch muss nach hier vertretener Auffassung der Beschluss des Aufsichtsrats gesellschaftsrechtlich geeignet sein, um die erforderlichen Änderungen herbeizuführen (vgl. Rz. 62.208). Das ist nicht der Fall bei der Abberufung oder Bestellung von Vorstandsmitgliedern, selbst wenn davon faktisch eine neue Strategie erwartet wird; denn der Vorstand ist dem Unternehmensinteresse verpflichtet und nicht dem Willen einzelner Aktionäre. Die gesellschaftsrechtliche Eignung ist indessen gegeben, wenn der Aufsichtsrat z.B. über die Zustimmung von bestimmten wesentlichen Geschäften oder die Ausübung eines genehmigten Kapitals beschließen soll[613].

62.216

Stimmrechtsempfehlungen, Aktionärsforum, gemeinsame Beratungen. Ein gleiches Stimmverhalten aufgrund von Empfehlungen institutioneller Aktionärsvertreter oder Aktionärsvereinigungen führt jedenfalls dann nicht zu einer Stimmrechtszurechnung, wenn es vorher keine gemeinsame Verständigung unter den Aktionären gegeben hat, sondern diese unabhängig voneinander einer Stimmrechtsempfehlung folgen[614]. Nach dem Willen des Gesetzgebers soll auch die Beteiligung an einem Aktionärsforum gemäß § 127a AktG nicht zur Stimmrechtszurechnung führen[615]. Die ESMA geht noch einen Schritt weiter und klammert auch Abstimmungen über die Stimmrechtsausübung zu bestimmten Beschlussgegenständen vom *acting in concert* aus (vgl. Rz. 62.210a f.). Wenn sich allerdings Aktionäre untereinander und/oder mit einer Aktionärsvereinigung beraten und über ihr Stimmverhalten in Angelegenheiten abstimmen, die für die auf eine unternehmerische Ausrichtung der Zielgesellschaft gerichtet sind, kann das den Tatbestand einer Stimmrechtsabstimmung begründen.

Mittelbare Beteiligung – Zwischenholding. Hält eine Zwischenholding 30 % der Aktien an einer Zielgesellschaft, ohne selbst nach § 35 Abs. 2 WpÜG angebotspflichtig zu sein[616], und stimmen sich die jeweils nicht mehrheitlich beteiligten Gesellschafter dieser Zwischenholding darüber ab, wie diese ihre Stimmrechte ausübt, ist umstritten, ob in diesem Fall § 30 Abs. 2 WpÜG eingreift. Hier ist kein Gesellschafter der Zwischenholding allein in der Lage, die Kontrolle über diese auszuüben, die mangels Mehrheitsbesitz auch kein Tochterunternehmen von einem der Gesellschafter ist. Wirtschaftlich betrachtet richtet sich die Verhaltensabstimmung auf die Zielgesellschaft. Es fehlt lediglich an einem Abstimmungsverhalten unmittelbar in Bezug auf die Zielgesellschaft. Es wird vertreten, dass in solchen Fällen mangels unmittelbaren Bezugs der Abstimmung zur Zielgesellschaft eine Zurechnung nach § 30 Abs. 2 WpÜG ausscheidet[617]. Dem Gesetz lässt sich jedoch nicht entnehmen, dass

62.217

---

612 BGH v. 18.9.2006 – II ZR 137/05, BGHZ 169, 98, 105 f. = ZIP 2006, 2077, 2079 = AG 2006, 883, Rz. 17 f.
613 *von Bülow* in KölnKomm. WpÜG, § 30 WpÜG Rz. 275; *Süßmann* in Angerer/Geibel/Süßmann, § 30 WpÜG Rz. 33.
614 *Hell*, ZGR 2021, 50, 70; *Noack/Zetzsche* in Schwark/Zimmer, § 30 WpÜG Rz. 28; zu § 22 WpHG a.F. vgl. *Uwe H. Schneider* in Assmann/Uwe H. Schneider/Mülbert, § 34 WpHG Rz. 180 und *Schwark* in Schwark/Zimmer, § 22 WpHG Rz. 23.
615 Begr. RegE, BT-Drucks. 16/7438, S. 11; im Ergebnis ebenso *Schlitt* in Reichert, Arbeitshandbuch für die Hauptversammlung, § 4 Rz. 258.
616 Z.B. weil die Kontrollposition bereits vor Inkrafttreten des WpÜG erlangt wurde; zu diesem Beispielsfall ausführlich 1. Aufl., § 59 Rz. 42.
617 *von Bülow* in KölnKomm. WpÜG, § 30 WpÜG Rz. 262; *Casper* in Veil/Drinkuth, Reformbedarf im Übernahmerecht, S. 43, 54; *Liebscher*, ZIP 2002, 1005, 1012 f.; *Noack/Zetzsche* in Schwark/Zimmer,

sich das Abstimmungsverhalten unmittelbar auf die Zielgesellschaft beziehen muss. Eine derartig enge Auslegung ist auch weder mit Blick auf die Bußgeldtatbestände wegen des Analogieverbots geboten noch aufgrund des Normzwecks vertretbar.

Nach § 30 Abs. 2 Satz 2 WpÜG führt die Einflussnahme über eine Zwischenholding bei entsprechendem Gewicht zu einer Stimmrechtszurechnung[618].

62.218 **Parallelerwerb.** Sofern die Abstimmung über den Parallelerwerb nicht auch die spätere koordinierte Stimmrechtsausübung zum Inhalt hat, liegt darin kein *acting in concert*[619]. Nach § 30 Abs. 2 Satz 2 WpÜG gilt im Ergebnis nichts anderes. Die Absprache darf sich nicht auf den Parallelerwerb beschränken, sondern muss sich auf die Einflussnahme der Zielgesellschaft in dem in Satz 2 beschriebenen Umfang erstrecken.

62.219 **Stand-Still-Vereinbarungen.** Sie haben zum Gegenstand, dass Aktionäre vereinbaren, ihre Beteiligungsquote an der Zielgesellschaft nicht zu verändern. Beschränkt sich der Inhalt der *Stand-Still*-Vereinbarung darauf, führt dies nicht zur Stimmrechtszurechnung[620].

62.219a **Interessenschutzklausel.** Sofern Verträge über die Veräußerung und den Erwerb von Aktien nicht sofort vollzogen werden können oder sollen, wird üblicherweise geregelt, dass der Verkäufer – sofern er eine entsprechend große Beteiligung hält – verpflichtet ist, eine gewöhnliche Geschäftstätigkeit der Zielgesellschaft sicherzustellen und ohne Zustimmung des Käufers keine außergewöhnlichen Maßnahmen zu treffen[621]. Darin kann keine die Änderung der unternehmerischen Ausrichtung bezweckende Verhaltensabstimmung verbunden sein. Vielmehr dient eine Interessenschutzklausel der Aufrechterhaltung des Status quo, die nicht zu einer Stimmrechtszurechnung nach § 30 Abs. 2 WpÜG führen kann[622].

3. Pflichtangebote

a) Überblick

aa) Allgemeines

62.220 § 35 WpÜG behandelt das Pflichtangebot, d.h. das bei Erreichen einer Kontrollposition zwingend abzugebende Übernahmeangebot. Die Regelung dient dem Schutz der außen stehenden Aktionäre vor dem Eintritt einer Kontrollsituation oder einem Kontrollwechsel und soll ihnen die Möglichkeit geben, ihre Aktien zu einem angemessenen Preis abgeben zu können[623]. Die Regelung eines Pflichtangebots ist durch Art. 5 der Übernahmerichtlinie vorgegeben[624]. Die praktische Bedeutung von Pflichtangeboten ist hoch. Bis zum 30.6.2021 wurden insgesamt 165 Pflichtangebote veröffentlicht.

---

§ 30 WpÜG Rz. 44; *Rothenfußer* in Paschos/Fleischer, Handbuch Übernahmerecht nach dem WpÜG, § 11 Rz. 349.
618 Ebenso zu § 22 WpHG a.F. *Schwark* in Schwark/Zimmer, § 22 WpHG Rz. 23.
619 *von Bülow* in KölnKomm. WpÜG, § 30 WpÜG Rz. 125; *Casper*, ZIP 2003, 1469; 1476; *Diekmann* in Baums/Thoma, § 30 WpÜG Rz. 82; *Halász/Kloster*, WM 2006, 2152, 2158: *Schockenhoff/Schumann*, ZGR 2005, 568, 577; a.A. *Berger/Filgut*, AG 2004, 592, 599 f.; *Wackerbarth*, ZIP 2007, 2340, 2345.
620 *von Bülow* in KölnKomm. WpÜG, § 30 WpÜG Rz. 282; *Casper* in Veil/Drinkuth, Reformbedarf im Übernahmerecht, S. 43, 54; *Schüppen/Walz* in FrankfurtKomm. WpÜG, § 30 WpÜG Rz. 74.
621 Siehe die Beschreibung des Inhalts des Business Combination Agreement in Ziffer 8.2.3 der Angebotsunterlage der GE Germany Holdings AG an die Aktionäre der SLM Solutions Group AG v. 26.9.2016.
622 BGH v. 25.9.2018 – II ZR 190/17, AG 2019, 37, Rz. 18; OLG Köln v. 16.12.2020 – 13 U 231/17, NZG 2021, 201, Rz. 33 ff.
623 Begr. RegE, Allgemeiner Teil und zu § 35 WpÜG.
624 Zur rechtspolitischen Diskussion vgl. 1. Aufl., § 59 Rz. 55 ff.

§ 35 Abs. 1 WpÜG normiert zunächst die Verpflichtung desjenigen, der unmittelbar oder mittelbar die Kontrolle über die Zielgesellschaft erlangt hat[625], diesen Kontrolltatbestand unverzüglich zu veröffentlichen (**Kontrollmitteilung**)[626]. Nach § 35 Abs. 2 WpÜG muss der Bieter innerhalb von vier Wochen nach Veröffentlichung des Kontrolltatbestandes eine Angebotsunterlage veröffentlichen[627]. Aus den Verweisen in § 39 WpÜG ergibt sich, dass sich das in der Angebotsunterlage enthaltene Angebot auf alle Aktien der Zielgesellschaft richten muss[628], und zwar gegen eine angemessene Gegenleistung[629], und die Angebotsunterlage den Anforderungen des § 11 WpÜG zu entsprechen hat[630]. Mit Ausnahme von gesetzlich vorgeschriebenen behördlichen Erlaubnissen ist das Pflichtangebot **bedingungsfeindlich**.

62.221

Kein Pflichtangebot muss abgegeben werden, wenn die Kontrolle „auf Grund" eines Übernahmeangebots erlangt wurde (§ 35 Abs. 3 WpÜG). Für den Bieter ist es in der Regel vorteilhaft, statt eines Pflichtangebots ein (freiwilliges) Übernahmeangebot abzugeben, weil er dann Bedingungen vorsehen kann und unter Umständen ein geringerer Mindestpreis gilt. Unter den Voraussetzungen des § 36 WpÜG haben auf Antrag des Bieters bestimmte **Stimmrechte unberücksichtigt** zu bleiben. Nach Maßgabe von § 37 WpÜG i.V.m. den §§ 8 bis 11 WpÜG-AngVO kann der Bieter auf Antrag vom Pflichtangebot **befreit** werden (dazu näher Rz. 62.236 ff.).

62.222

Verstößt der Bieter gegen die sich aus § 35 WpÜG ergebenden Pflichten, drohen ihm neben **Bußgeldern** die **Sanktionen** der §§ 38 und 59 WpÜG ggf. auch **zivilrechtliche Haftungsfolgen**. Ob die BaFin berechtigt ist, die Abgabe eines Pflichtangebots behördlich anzuordnen, hat der BGH in der BKN-Entscheidung offen gelassen[631]. Die Unterlassung der Veröffentlichung eines Pflichtangebots löst jedoch keinen Anspruch der Aktionäre gegen den Bieter auf Übernahme ihrer Aktien gegen den gesetzlichen Mindestpreis aus[632]. Allerdings hat der BGH entschieden, dass sich im Fall verspäteter Veröffentlichung eines Pflichtangebots die **Referenzzeiträume** für die Ermittlung des gesetzlichen Mindestpreises nach §§ 4 und 5 WpÜG-AngVO entsprechend **verlängern**, d.h. der Referenzzeitraum bereits in dem Zeitpunkt beginnt, zu dem die Kontrollerwerbsmitteilung bzw. die Angebotsunterlage für das Pflichtangebot hätte veröffentlich werden müssen[633].

62.223

Angesichts der erheblichen Rechtsfolgen, die mit der Kontrollerlangung verbunden sind, sowie der Unsicherheiten bei der Stimmrechtszurechnung und damit der Feststellung des Kontrolltatbetandes ist vorgeschlagen worden, der BaFin die gesetzliche Befugnis einzuräumen, ein **Negativattest** hinsichtlich der Pflicht zur Abgabe eines Pflichtangebots erteilen zu können[634]. Ein solches Negativattest hätte indessen nur Sinn, wenn es umfassend (*inter omnes*) verbindlich wäre, also insbesondere auch für Zivilgerichte und gegenüber Aktionären. Wegen dieser umfassenden Wirkung wäre die Erteilung eines Negativattests anders als eine Befreiungsentscheidung nach §§ 36, 37 WpÜG allerdings nicht ohne ein Mindestmaß an Drittschutz denkbar. Der Verweis auf § 4 Abs. 2 WpÜG[635] überzeugt nicht, weil die BaFin mit Erteilung eines Negativattests Befugnisse wahrnehmen würde, die über ihre Überwachungsfunktion im öffentlichen Interesse an der Funktionsfähigkeit des Kapitalmarkts hinausgehen würden.

---

625 Derjenige, der unmittelbar oder mittelbar die Kontrolle über die Zielgesellschaft erlangt hat und damit aus § 35 WpÜG verpflichtet ist, wird nachfolgend nur als „Bieter" bezeichnet.
626 Zu den Veröffentlichungs- und sonstigen Kommunikationspflichten ausf. 1. Aufl., § 59 Rz. 78 ff.
627 Hierzu näher 1. Aufl., § 59 Rz. 86 ff.
628 § 39 i.V.m. § 32 WpÜG – Verbot von Teilangeboten; eine Ausnahme gilt gemäß § 35 Abs. 2 Satz 3 WpÜG allerdings für eigene Aktien der Zielgesellschaft.
629 § 39 i.V.m. § 31 WpÜG.
630 § 39 WpÜG i.V.m. Abschnitt 3.
631 BGH v. 11.6.2013 – II ZR 80/12, AG 2013, 634; vgl. auch *Heusel*, AG 2014, 232, 237.
632 BGH v. 11.6.2013 – II ZR 80/12, AG 2013, 634; bestätigt durch BGH v. 29.7.2014 – II ZR 353/12 – Deutsche Bank/Postbank, AG 2014, 662, 663 Rz. 19; siehe auch *Habersack*, NZG 2019, 881.
633 BGH v. 29.7.2014 – II ZR 353/12, AG 2014, 662, 666 Rz. 35.
634 Vgl. zum Diskussionsstand *Cascante/Tyrolt*, AG 2012, 97, 111 f.
635 *Cascante/Tyrolt*, AG 2012, 97, 112; *von Falkenhausen*, ZHR 174 (2010), 293, 318 f.

62.224 **Normadressat** der sich aus § 35 Abs. 1 WpÜG ergebenden Pflichten ist jeder, der die Kontrolle über die Zielgesellschaft erlangt hat. Demgegenüber scheint sich nach Abs. 2 die eigentliche Verpflichtung zur Veröffentlichung der Angebotsunterlage nur an den Bieter und somit gemäß der Definition des § 2 Abs. 4 WpÜG an einen engeren Personenkreis[636] zu richten. Diese Unterscheidung ergibt aber keinen Sinn. Aus dem Gesetzeszweck ist zu folgern, dass sich sämtliche Pflichten des § 35 WpÜG an alle in Abs. 1 genannten Personen richten[637]. Ein Verstoß gegen das Analogieverbot, das wegen der Bußgeldbewehrung gemäß § 60 Abs. 1 WpÜG grundsätzlich zu beachten ist, liegt darin nicht, denn es handelt sich um ein offensichtliches Redaktionsversehen[638].

62.225 Da jeder, der die Kontrolle über die Zielgesellschaft erlangt hat, zu den Normadressaten zählt, kann es **mehrere Verpflichtete** aus § 35 WpÜG geben. Würden mehrere Kontrollinhaber ihren Veröffentlichungspflichten aus § 35 Abs. 1 und 2 WpÜG gleichzeitig und voneinander unabhängig nachkommen, könnte dies die Kapitalmarkttransparenz gefährden. Es ist zu unterscheiden zwischen den Veröffentlichungspflichten nach § 35 Abs. 1 und Abs. 2 WpÜG. Erstere dienen vor allem der Transparenz. Insoweit besteht ein Interesse daran, dass alle Kontrolltatbestände veröffentlicht werden. Daher ist jeder Kontrollinhaber zur Veröffentlichung des von ihm jeweils verwirklichten Kontrolltatbestandes gemäß § 35 Abs. 1 WpÜG verpflichtet. Einer Veröffentlichung durch mehrere Bieter steht nichts entgegen. Dagegen ist kein schützenswertes Interesse der Aktionäre an der Abgabe mehrerer Pflichtangebote anzuerkennen. Die Vorteile eines Bieterwettbewerbs bieten sich im Rahmen des Pflichtangebots gerade nicht. Zwar bleiben alle Kontrollinhaber auch zur Abgabe des Angebots verpflichtet. Die vollständige Erfüllung der Verpflichtungen aus § 35 Abs. 2 WpÜG durch einen Kontrollinhaber führt jedoch zur Befreiung der übrigen (**Absorption**)[639].

bb) Kontrollerlangung

62.226 § 35 Abs. 1 WpÜG setzt voraus, dass jemand nach Inkrafttreten des WpÜG **erstmals** die Kontrolle über die Zielgesellschaft erlangt hat. Der Tatbestand der Kontrolle bestimmt sich ausschließlich nach § 29 Abs. 2 i.V.m. § 30 WpÜG. Es gilt auch hier der **formale Kontrollbegriff**; die tatsächliche Möglichkeit der Kontrollausübung spielt keine Rolle[640]. Ebenso ist es unerheblich, auf welche Weise die Kontrolle erlangt wurde[641]. Die Kontrolle kann daher unmittelbar, mittelbar, passiv, durch Änderung der Anzahl der Stimmrechte (wobei eigene Aktien in diesem Sinne nicht zu einer Reduzierung der Stimmrechte führen, siehe Rz. 62.194), durch Umwandlungsvorgänge oder sonstige Umstrukturierungen erfolgen[642].

---

636 Zu den in § 2 Abs. 4 WpÜG genannten Personen zählen etwa nicht eingetragene Vereine oder sonstige nicht rechtsfähigen Personenvereinigungen nicht, vgl. *Versteegen* in KölnKomm. WpÜG, § 2 WpÜG Rz. 128 f.
637 *Hasselbach* in KölnKomm. WpÜG, § 35 WpÜG Rz. 64.
638 Zur Reichweite des Analogieverbots im Rahmen des WpHG siehe *Uwe H. Schneider/S. Schneider* in Assmann/Mülbert/Uwe H. Schneider, § 34 WpHG Rz. 199.
639 *Hasselbach* in KölnKomm. WpÜG, § 35 WpÜG Rz. 81; *Krause/Pötzsch* in Assmann/Pötzsch/Uwe H. Schneider, § 35 WpÜG Rz. 195 ff.
640 *Hasselbach* in KölnKomm. WpÜG, § 35 WpÜG Rz. 73 ff.; *Harbarth*, ZIP 2002, 321, 323; *Krause/Pötzsch* in Assmann/Pötzsch/Uwe H. Schneider, § 35 WpÜG Rz. 66; *Noack/Zetzsche* in Schwark/Zimmer, § 35 WpÜG Rz. 5; *Thoma*, NZG 2002, 105, 111; *Wackerbarth* in MünchKomm. AktG, 5. Aufl. 2021, § 35 WpÜG Rz. 66; vgl. auch BaFin, Jahresbericht 2007, S. 193 in Bezug auf das Pflichtangebot der Dr. Ing. h.c.F. Porsche Aktiengesellschaft an die Aktionäre der Volkswagen Aktiengesellschaft, nachdem Porsche knapp über 30 % der Stimmrechte an Volkswagen erlangt hatte, tatsächlich wegen der Sperrminorität des Landes Niedersachsen aber keine Kontrolle ausüben konnte.
641 *Harbarth*, ZIP 2002, 321, 323; *Krause/Pötzsch* in Assmann/Pötzsch/Uwe H. Schneider, § 35 WpÜG Rz. 70; *Meyer* in Angerer/Geibel/Süßmann, § 35 WpÜG Rz. 31.
642 Zu den verschiedenen Arten der Kontrollerlangung siehe 1. Aufl., § 59 Rz. 67 ff. sowie *Krause/Pötzsch* in Assmann/Pötzsch/Uwe H. Schneider, § 35 WpÜG Rz. 70 ff.

Vorauszusetzen ist aber, dass die Stimmrechte beim Bieter neu entstehen oder ihm neu zuzurechnen sind. Das ist z.B. nicht der Fall, wenn die Aktien einer Gesellschaft, an welcher der Bieter mit über 30 % beteiligt ist, **erstmals zum Börsenhandel zugelassen** werden. Die Börsenzulassung ändert nur die Eigenschaft der Zielgesellschaft (vgl. § 3 Abs. 2 AktG) und der von ihr ausgegebenen Aktien, löst aber keinen (neuen) Kontrolltatbestand aus[643]. Demgegenüber führt das Erreichen der Kontrollschwelle nach vorherigem Unterschreiten der 30 %-Grenze wieder zur Kontrollerlangung[644]. 62.227

Der Annahme einer Kontrollerlangung steht nicht entgegen, dass bei der Zielgesellschaft bereits ein kontrollierender Aktionär vorhanden ist[645]. Dies mag dazu führen, dass der Stimmrechtsanteil von 30 % oder mehr tatsächlich keine Kontrolle über die Zielgesellschaft ermöglicht. Doch kommt es darauf gerade nicht an[646]. In derartigen Fällen kann der Bieter jedoch die Befreiung vom Pflichtangebot gemäß § 37 Abs. 1 WpÜG i.V.m. § 9 Satz 2 Nr. 1 WpÜG-AngVO beantragen. 62.228

cc) Entbehrlichkeit des Pflichtangebots gemäß § 35 Abs. 3 WpÜG

Wer auf Grund eines Übernahmeangebots die unmittelbare Kontrolle über die Zielgesellschaft erworben hat, braucht kein Pflichtangebot abzugeben. § 35 Abs. 3 WpÜG ist weit auszulegen[647]. Das Tatbestandsmerkmal „auf Grund" beschreibt nach h.M. **kein Kausalitätserfordernis** in dem Sinne, dass ausreichend Annahmeerklärungen abgegeben worden sein müssen. Ein solches ist auch nicht durch die Bestimmungen der Übernahmerichtlinie zwingend vorgegeben[648]. Vielmehr reicht ein **zeitlicher Zusammenhang** mit dem Übernahmeangebot aus[649]. Der zeitliche Rahmen beginnt mit dem zeitlichen Anwendungsbereich des WpÜG, d.h. der Veröffentlichung der Angebotsentscheidung[650] und endet mit Ablauf der (weiteren) Annahmefrist[651]. Für das Übernahmeangebot ist es ausreichend, wenn es weder vor noch während des Angebotsverfahrens von der BaFin beanstandet wurde[652]. Trotz einer seit 2009 umfangreichen rechtspolitischen Diskussion ist es dem Bieter nach geltendem Recht erlaubt, eine Beteiligung an der Zielgesellschaft von knapp unter 30 % aufzubauen, dann ein Übernahmeangebot zum gesetzlichen Mindestpreis abzugeben, um dann später die Beteiligung auszubauen, ohne eine Pflichtangebot abgeben zu müssen (*low balling*)[653]. Durch die verschärfte Meldepflicht nach § 38 WpHG (bis 2.1.2018: § 25) ist jedoch ein derartiger stiller Beteiligungsaufbau im Sinne eines „Heranschleichens" (*creeping in*) an die Zielgesellschaft nahezu unmöglich (dazu Rz. 62.72). 62.229

---

643 *Hasselbach* in KölnKomm. WpÜG, § 35 WpÜG Rz. 102; *Krause/Pötzsch* in Assmann/Pötzsch/Uwe H. Schneider, § 35 WpÜG Rz. 76; *Rothenfußer* in Paschos/Fleischer, Handbuch Übernahmerecht nach dem WpÜG, § 11 Rz. 41.
644 *Hasselbach* in KölnKomm. WpÜG, § 35 WpÜG Rz. 135 mit dem Hinweis auf Befreiungsmöglichkeiten.
645 So aber *Liebscher*, ZIP 2002, 1005, 1014; *Oechsler*, NZG 2001, 817, 825; *Thoma*, NZG 2002, 105, 111.
646 *Hasselbach* in KölnKomm. WpÜG, § 35 WpÜG Rz. 77; *Harbarth*, ZIP 2002, 321, 323; *Steinmeyer* in Steinmeyer, § 29 WpÜG Rz. 18; insoweit übereinstimmend *Thoma*, NZG 2002, 105, 111; a.A. *Oechsler*, NZG 2001, 817, 825.
647 BaFin, Merkblatt v. 12.7.2007, abrufbar unter www.bafin.de.
648 *Kossmann/Horz*, NZG 2006, 481, 483 f.
649 *Krause/Pötzsch* in Assmann/Pötzsch/Uwe H. Schneider, § 35 WpÜG Rz. 275 m.w.N.; *Meyer* in Angerer/Geibel/Süßmann, § 35 WpÜG Rz. 78.
650 *Lenz/Behnke*, BKR 2002, 43, 48.
651 BaFin, Merkblatt v. 12.7.2007, abrufbar unter www.bafin.de.
652 *Hasselbach* in KölnKomm. WpÜG, § 35 WpÜG Rz. 245; *Tyrolt/Cascante* in Mülbert/Kiem/Wittig, 10 Jahre WpÜG, 110, 115; vgl. auch *Krause/Pötzsch* in Assmann/Pötzsch/Uwe H. Schneider, § 35 WpÜG Rz. 271; *Hommelhoff/Witt* in FrankfurtKomm. WpÜG, § 35 WpÜG Rz. 104.
653 Dazu *Baums*, ZIP 2010, 2374; *Cascante* in FS Wegen, 2015, S. 178, 188 f.; *Süßmann* in Angerer/Geibel/Süßmann, § 29 WpÜG Rz. 11; *Merkt* in Veil, Übernahmerecht in Praxis und Wissenschaft, S. 53, 70 ff.; *Seibt*, CFL 2011, 213, 217 u. 239.

b) Nichtberücksichtigung von Stimmrechten nach § 36 WpÜG

aa) Allgemeines

62.230 Nach § 36 WpÜG bleiben auf Antrag des Bieters bestimmte Stimmrechte unberücksichtigt, sofern diese unter den in Nrn. 1 bis 3 genannten Voraussetzungen erworben wurden. Führt ein solcher Sachverhalt nicht zum Erwerb der Aktien, aber zur Verwirklichung eines Zurechnungstatbestandes, ist § 36 WpÜG entsprechend anwendbar[654]. Der Erwerb der Aktien aufgrund eines der in § 36 Nr. 1 bis 3 WpÜG bezeichneten Tatbestände muss für die Kontrollerlangung ursächlich sein[655]. Hat z.B. der Bieter durch Erbfolge 25 % der Stimmrechte an einer Zielgesellschaft erlangt und erwirbt er einige Zeit später weitere 5 % der Stimmrechte hinzu, fehlt es an der unmittelbaren Ursächlichkeit der Erbfolge für die Kontrollerlangung. Die geerbten Stimmrechte sind dann zu berücksichtigen. Die Stattgabe des Antrags bleibt im Übrigen auf die Nichtberücksichtigung der Stimmrechte des Antragstellers beschränkt. Soweit diese Stimmrechte Dritten zuzurechnen sind, werden sie dort berücksichtigt[656].

62.231 In der Praxis spielt die Nichtberücksichtigung von Stimmrechten nach § 36 Nr. 3 WpÜG wegen **konzerninterner Umstrukturierungen** die größte Rolle[657]. Nach der Praxis der BaFin findet die Bestimmung auch bei mittelbarer Kontrollerlangung Anwendung. Voraussetzung ist zum einen, dass bereits vor der Umstrukturierung eine Konzernlage bestand. Nach Praxis der BaFin muss es sich um einen **Konzern im Sinne des Aktienrechts** handeln[658]. Das bedeutet, dass an der (ultimativen) Konzernspitze ein Unternehmen und damit eine Person steht, die neben der Beteiligung der Zielgesellschaft noch mindestens eine weitere Beteiligung hält[659]. Weitere Voraussetzung ist, dass die – unmittelbare oder mittelbare – **Kontrollposition ununterbrochen** bestanden hat.

62.232 Liegen die Voraussetzungen des § 36 WpÜG vor[660] und hat der Bieter einen entsprechenden Antrag gestellt, muss die BaFin die Nichtberücksichtigung der aufgrund eines der in Nrn. 1, 2 oder 3 beschriebenen Sachverhalte erworbenen Stimmrechte gestatten. Es handelt sich um eine **gebundene Entscheidung**. Die **Gestattung bewirkt**, dass die entsprechenden Stimmrechte im Hinblick auf den Kontrollerwerb unberücksichtigt bleiben.

bb) Verhältnis zu § 37 WpÜG

62.233 Im Verhältnis zu § 37 WpÜG ist § 36 WpÜG nicht lex specialis, auch wenn seine tatbestandlichen Voraussetzungen eng und abschließend sind. Gegenüber dem Befreiungsantrag nach § 37 WpÜG hat der Antrag auf Nichtberücksichtigung von Stimmrechten aber verschiedene Vorteile, die sich aus dem fehlenden Ermessen der BaFin ergeben. Das Fehlen von Ermessen hat nicht nur zur Folge, dass Entscheidungen gerichtlich uneingeschränkt überprüfbar sind, sondern – anders als Befreiungen nach § 37 WpÜG – nur in eingeschränktem Umfang mit den Bieter belastenden Nebenentscheidungen versehen werden können (§ 36 VwVfG)[661].

---

654 *von Bülow* in KölnKomm. WpÜG, § 36 WpÜG Rz. 19; *von Bülow/Bücker*, Der Konzern 2003, 185, 194; *Klepsch* in Steinmeyer, § 36 WpÜG Rz. 12.
655 *von Bülow* in KölnKomm. WpÜG, § 36 WpÜG Rz. 20 f.; *Meyer* in Angerer/Geibel/Süßmann, § 36 WpÜG Rz. 2.
656 *von Bülow/Bücker*, Der Konzern 2003, 185, 196.
657 Siehe auch *Cascante/Tyrolt*, AG 2012, 97, 112; *Uwe H. Schneider/Rosengarten* in Assmann/Pötzsch/Uwe H. Schneider, § 36 WpÜG Rz. 11; *Strunk/Salomon/Holst* in Veil, Übernahmerecht in Wissenschaft und Praxis, S. 1, 23.
658 *Uwe H. Schneider/Rosengarten* in Assmann/Pötzsch/Uwe H. Schneider, § 36 WpÜG Rz. 12; *Strunk/Salomon/Holst* in Veil, Übernahmerecht in Wissenschaft und Praxis, S. 1, 23.
659 Vgl. *Cascante/Tyrolt*, AG 2012, 97, 112, auch zu Reformüberlegungen.
660 Zu den Erwerbstatbeständen im Einzelnen 1. Aufl., § 59 Rz. 101 ff.
661 *Uwe H. Schneider/Rosengarten* in Assmann/Pötzsch/Uwe H. Schneider, § 36 WpÜG Rz. 21; *von Bülow/Bücker*, Der Konzern 2003, 185, 187.

cc) Verfahren

Die BaFin entscheidet über die Nichtberücksichtigung von Stimmrechten auf entsprechenden **Antrag** durch Bescheid (Verwaltungsakt). Die Entscheidung wird in einem Verwaltungsverfahren getroffen, für das die Bestimmungen des VwVfG gelten, soweit die §§ 40 ff. WpÜG keine Sonderregelungen enthalten[662]. Ein auf beide Entscheidungen nach § 36 und § 37 WpÜG alternativ oder hilfsweise gerichteter Antrag ist zulässig[663]. Die BaFin entscheidet erst nach Kontrollerlangung, wobei vorher eine Abstimmung möglich ist. 62.234

Eine **Frist** sieht das Gesetz für die Antragstellung – anders als § 8 Satz 2 WpÜG-AngVO für den Antrag gemäß § 37 WpÜG – nicht vor. Allerdings ist durch die in § 35 Abs. 1 Satz 1 und Abs. 2 Satz 1 WpÜG normierten Fristen mittelbar ein Zeitrahmen vorgegeben. Ob der Antrag vor Kontrollerlangung gestellt werden kann, ist umstritten[664]. Die BaFin lehnt bei § 36 WpÜG die Möglichkeit einer Antragsstellung vor Kontrollerlangung ab[665]. 62.235

c) Befreiung von der Abgabe des Pflichtangebots
aa) Überblick

Unter den Voraussetzungen des § 37 WpÜG kann die BaFin den Bieter auf seinen Antrag hin von den Verpflichtungen aus § 35 WpÜG befreien. Es handelt sich um eine **Ermessensentscheidung**, die nach allgemeinen Regeln (§ 36 Abs. 2 VwVfG) mit Nebenbestimmungen versehen werden kann. Mit der Befreiungsmöglichkeit des § 37 WpÜG wird ein gewisser Ausgleich geschaffen für die an starre Kontrolltatbestände anknüpfenden und für den Bieter weitreichenden Verpflichtungen aus § 35 WpÜG. § 37 Abs. 1 WpÜG setzt einen Rahmen, innerhalb dessen unter den durch § 37 Abs. 2 WpÜG i.V.m. § 8 WpÜG-AngVO spezifizierten Voraussetzungen eine Befreiungsverfügung erlassen werden kann. Erfasst sind Konstellationen, die zu einer vom Regelfall (Pflichtangebot) abweichenden und den Bieter begünstigenden Beurteilung der Interessenlage führen. Dies erfordert eine Abwägung der Interessen des Bieters und der Zielgesellschaft. 62.236

§ 37 Abs. 1 WpÜG umschreibt bestimmte Umstände im Zusammenhang mit der Kontrollerlangung. Diese werden in § 9 WpÜG-AngVO konkretisiert. In § 37 Abs. 1 WpÜG sind die Gesichtspunkte, die zu einer Befreiung von den Pflichten aus § 35 WpÜG führen können, **abschließend** normiert, auch wenn die Tatbestände in § 9 WpÜG-AngVO nur beispielhaft sind[666]. Andere als die in § 37 Abs. 1 WpÜG genannten Umstände sind für die Befreiungsentscheidung unbeachtlich[667]. In der Praxis erfolgen die meisten Befreiungen aufgrund der allgemeinen Regelung des § 37 Abs. 1 WpÜG sowie wegen Sanierung[668]. 62.237

bb) Befreiung wegen Sanierung der Zielgesellschaft

Nach § 37 Abs. 1 i.V.m. § 9 Satz 1 Nr. 3 WpÜG-AngVO kann der Bieter vom Pflichtangebot befreit werden, wenn er die Kontrolle zum Zweck der Sanierung der Zielgesellschaft erwirbt. Bildet die Sanierung der Zielgesellschaft das Ziel der **Kontrollerlangung**, erscheint es nicht gerechtfertigt, dieses im Interesse der Zielgesellschaft und ihrer Aktionäre liegende Vorhaben durch ein Pflichtangebot zu er- 62.238

---

662 *von Bülow* in KölnKomm. WpÜG, § 36 WpÜG Rz. 65.
663 *von Bülow* in KölnKomm. WpÜG, § 36 WpÜG Rz. 72.
664 Zum Streitstand *Uwe H. Schneider/Rosengarten* in Assmann/Pötzsch/Uwe H. Schneider, § 36 WpÜG Rz. 16 f. sowie 1. Aufl., § 59 Rz. 107.
665 *Strunk/Salomon/Holst* in Veil, Übernahmerecht in Wissenschaft und Praxis, S. 1, 25.
666 *Meyer* in Angerer/Geibel/Süßmann, § 37 WpÜG Rz. 31.
667 *Harbarth*, ZIP 2002, 321, 330; *Versteegen* in KölnKomm. WpÜG, § 37 WpÜG Rz. 54.
668 Im Jahr 2020 wurden insgesamt 39 Befreiungsanträge gestellt; 30 stützten sich auf § 37 Abs. 1 WpÜG und 9 auf § 36 WpÜG, BaFin, Jahresbericht 2020, S. 103.

schweren. Ein Pflichtangebot hätte auch deshalb einen gegenläufigen Effekt, weil die hierfür erforderlichen Mittel dem Bieter für die Sanierung der Zielgesellschaft fehlen würden.

62.239 Auf welche Weise der die Sanierung der Zielgesellschaft anstrebende Bieter die Kontrolle erlangt hat, spielt keine Rolle. Zwar ist in Sanierungsfällen eine Beteiligung im Wege der **(Bar-)Kapitalerhöhung gegen Ausgabe neuer Aktien** naheliegend, weil auf diese Weise der Gesellschaft und nicht ihren Aktionären Mittel zufließen. Doch wird man den Bieter hierauf schon deshalb nicht beschränken dürfen, weil sich die Durchführung einer solchen Kapitalmaßnahme bei einer börsennotierten Gesellschaft wegen der an sie geknüpften rechtlichen Anforderungen häufig nicht rechtzeitig realisieren lässt. Erforderlich ist allerdings ein zeitlicher Zusammenhang zwischen dem Kontrollerwerb und der Sanierung[669].

62.240 **Sanierungsfall.** Der Begriff der Sanierung ist im Gesetz nicht definiert. Er ist im Hinblick auf den wirtschaftspolitischen Zweck der Vorschrift, Unternehmenssanierungen zu erleichtern, weit auszulegen. Etwaige Korrekturen kann die BaFin im Rahmen ihres Ermessens vornehmen. Es ist daher nicht erforderlich, dass die Zielgesellschaft einen Insolvenzantrag gestellt hat oder ein Insolvenzgrund vorliegt[670]. Nach Praxis der BaFin ist ein Sanierungsfall jedenfalls bei Vorliegen bestandsgefährdender Risiken i.S.d. § 322 Abs. 2 Satz 3 HGB gegeben[671]. Dieser Ansatz bietet den Vorteil, dass das Vorliegen bestandsgefährdender Risiken vom Abschlussprüfer gemäß § 322 Abs. 2 Satz 2 HGB zu vermerken ist und daher von einem unabhängigen Dritten festgestellt wird. Allerdings kann es darauf allein nicht ankommen. Zum einen hilft dieser Ansatz nicht, wenn die Krise nach Erstellung des Prüfungsberichts eingetreten ist. Zum anderen kann es sein, dass bestandsgefährdende Risiken z.B. durch Gesellschafterdarlehen vermieden werden, nun aber diese Darlehen abgelöst werden müssen. Daher muss es ausreichen, wenn sich die Lage der Zielgesellschaft so nachhaltig verschlechtert hat und die Zielgesellschaft auf die Zufuhr der zur Wiederherstellung der Rentabilität erforderlichen Mittel angewiesen ist[672].

62.241 **Sanierungsfähigkeit.** Die Befreiung vom Pflichtangebot ist nur gerechtfertigt, wenn die Zielgesellschaft sanierungsfähig ist und der Bieter eine Sanierungsabsicht hat. Voraussetzung dafür ist ein Sanierungskonzept des Bieters[673]. In dem Sanierungskonzept müssen die Maßnahmen zur Behebung der Krise beschrieben werden. Die Sanierungsmaßnahmen müssen geeignet sein, den Fortbestand der Gesellschaft zu bewirken (***Going-Concern*-Prognose**)[674].

62.242 **Sanierungsbeitrag.** Erforderlich ist ferner ein eigener Beitrag des Bieters zur Sanierung der Zielgesellschaft[675]. Nicht erforderlich ist, dass der Bieter liquide Mittel bereitstellt. Der Sanierungsbeitrag kann auch in anderen vermögenswerten Leistungen bestehen, sofern diese objektiv geeignet sind, die Krise der Zielgesellschaft zu beseitigen[676]. Dazu gehört z.B. die Gewährung von Sicherheiten sowie der Erlass oder die Übernahme von Verbindlichkeiten. Hinsichtlich der Höhe des Sanierungsbeitrages ist nicht erforderlich, dass dieser den Kosten eines andernfalls erforderlichen Pflichtangebots entspricht[677].

---

669 *Versteegen* in KölnKomm. WpÜG, Anh. zu § 37 WpÜG, § 9 WpÜG-AngVO Rz. 16; vgl. auch *Schlitt* in MünchKomm. AktG, 5. Aufl. 2021, § 37 WpÜG Rz. 109 u. 112.
670 *Strunk/Salomon/Holst* in Veil, Übernahmerecht in Wissenschaft und Praxis, S. 1, 35; *Thaeter* in Thaeter/Brandi, Öffentliche Übernahmen, § 7, Rz. 623.
671 *Lenz/Behnke*, AG 2002, 361, 367; siehe auch *Hecker* in Baums/Thoma, § 37 WpÜG Rz. 84 ff.
672 *Schlitt* in MünchKomm. AktG, 5. Aufl. 2021, § 37 WpÜG Rz. 104.
673 *Klepsch/Kiesewetter*, BB 2007, 1403, 1406 f.; *Schlitt* in MünchKomm. AktG, 5. Aufl. 2021, § 37 WpÜG Rz. 107; *Strunk/Salomon/Holst* in Veil, Übernahmerecht in Wissenschaft und Praxis, 2009, S. 1, 38 f.
674 Vgl. *Klepsch* in Steinmeyer, § 37 WpÜG Rz. 29.
675 *Klepsch/Kiesewetter*, BB 2007, 1403, 1407; a.A. *Krause/Pötzsch/Seiler* in Assmann/Pötzsch/Uwe H. Schneider, WpÜG, § 9 WpÜG-AngVO Rz. 33.
676 *Schlitt* in MünchKomm. AktG, 5. Aufl. 2021, § 37 WpÜG Rz. 109; *Strunk/Salomon/Holst* in Veil, Übernahmerecht in Wissenschaft und Praxis, S. 1, 39.
677 *Klepsch/Kiesewetter*, BB 2007, 1403, 1407; *Schlitt* in MünchKomm. AktG, 5. Aufl. 2021, § 37 WpÜG Rz. 110.

Als ausreichender Sanierungsbeitrag wird grundsätzlich auch die Einbringung von Gläubigerforderungen in die Zielgesellschaft gegen Ausgabe von Anteilen im Rahmen eines *Debt Equity Swap*[678].

cc) Verfahren

Antrag. Die Einzelheiten der Antragstellung im Rahmen von § 37 WpÜG sind in den §§ 8, 10 und 11 WpÜG-AngVO geregelt. Der Antrag muss schriftlich mit dem in § 10 bezeichneten Inhalt sowie unter Beifügung erforderlicher Unterlagen bei der BaFin gestellt werden. Von großer praktischer Bedeutung ist die Regelung des § 8 Satz 2 WpÜG-AngVO zum **Zeitrahmen** der Antragstellung. Nach ihr kann der Antrag (unbefristet) vor Kontrollerlangung gestellt werden. Hiervon wird in der Praxis bei Aktienerwerben zu Sanierungszwecken regelmäßig Gebrauch gemacht[679]. Für die Antragstellung nach Kontrollerlangung stehen dem Bieter nur sieben Kalendertage zu, nachdem er vom Kontrolltatbestand Kenntnis erlangt hat oder hätte erlangen müssen. Der Bieter kann den Antrag in solchen Fällen innerhalb der Sieben-Tages-Frist auch nach Veröffentlichung des Kontrolltatbestandes gemäß § 35 Abs. 1 Satz 1 WpÜG stellen[680].

62.243

Suspensiveffekt. Ebenso wie bei § 36 WpÜG stellt sich im Rahmen von § 37 WpÜG die Frage, ob die Stellung des Befreiungsantrags den Bieter vorläufig von der Veröffentlichung des Kontrolltatbestandes und dem Pflichtangebot befreien kann. Auch hier überwiegt das Transparenzinteresse die Belange des Bieters insoweit, als dieser in jedem Fall seinen Veröffentlichungspflichten nach § 35 Abs. 1 WpÜG nachkommen muss, es sei denn, der Bieter hat Transparenz durch eine Stimmrechtsmitteilung nach dem WpHG hergestellt. Andererseits ist der Bieter nach ordnungsgemäßer Antragstellung als von den Pflichten aus § 35 Abs. 2 WpÜG und – falls er eine Stimmrechtsmitteilung nach WpÜG veröffentlicht hat – aus § 35 Abs. 1 WpÜG vorläufig befreit anzusehen[681]. Die BaFin hat sich insoweit noch nicht festgelegt, setzt aber die Pflichten des Bieters nach § 35 Abs. 1 und 2 WpÜG bis zur Bescheidung über den Antrag nicht durch. Diese Verwaltungspraxis hilft dem Bieter nur teilweise. Vor dem Hintergrund des Rechtsverlusts nach § 59 WpÜG wäre Rechtssicherheit über das Bestehen des Suspensiveffekts wünschenswert.

62.244

Entscheidung der BaFin und Rechtsschutz. Gibt die BaFin dem Antrag statt, ist der Bieter von den Verpflichtungen des § 35 Abs. 1 WpÜG oder, soweit sich der Antrag auf die Pflichten aus § 35 Abs. 2 WpÜG beschränkt, von diesen befreit. Da der BaFin Ermessen zusteht, kann sie die Befreiung mit **Nebenbestimmungen** (§ 36 Abs. 2 VwVfG) versehen. Anders als bei der gebundenen Entscheidung im Rahmen des § 36 WpÜG ist hier eine vorläufige Entscheidung rechtstechnisch nicht problematisch. Da Nebenbestimmungen zulässig sind, kommt eine zeitliche Befristung oder ein Widerrufsvorbehalt (§ 36 Abs. 2 Nr. 1 oder 3 VwVfG) in Betracht.

62.245

Sowohl gegen die Versagung der Befreiung als auch gegen eine etwaige Nebenbestimmung[682] muss der Bieter gemäß § 41 WpÜG zunächst **Widerspruch** einlegen. Zuständig ist der Widerspruchsausschuss (§ 6 Abs. 1 WpÜG). Zwar hat der Widerspruch gemäß § 42 WpÜG aufschiebende Wirkung, doch hilft das dem Bieter nur, wenn man auch den Suspensiveffekt seines Antrags anerkennt. Gegen

62.246

---

678 Vgl. BaFin, Jahresbericht 2013, S. 180 betreffend centrotherm photovoltaics AG. Dort wurden Gläubigerforderungen an eine Verwaltungsgesellschaft abgetreten, die diese dann nach einer vorher erfolgten Kapitalherabsetzung als Sacheinlage im Rahmen einer Kapitalerhöhung einbrachte.
679 So etwa im Fall der Übernahme der Mehrheit der Stimmrechte an der ProSiebenSat.1 Media AG durch den Investor Haim Saban; siehe dazu OLG Frankfurt am Main v. 27.5.2003 – WpÜG 1/03, AG 2003, 516 ff.
680 *Versteegen* in KölnKomm. WpÜG, Anh. zu § 37 WpÜG, § 8 WpÜG-AngVO Rz. 7.
681 *Bunz*, ZIP 2014, 454, 456 ff.; *Krause/Pötzsch/Seiler* in Assmann/Pötzsch/Uwe H. Schneider, § 37 WpÜG Rz. 92; *Meyer* in Angerer/Geibel/Süßmann, § 37 WpÜG Rz. 18.
682 Zu der umstrittenen Frage des Rechtsschutzes gegen Nebenbestimmungen siehe *Kopp/Ramsauer*, § 36 VwVfG Rz. 60 ff.

den ablehnenden Widerspruchsbescheid ist die Beschwerde statthaft. Wird die Befreiung nachträglich zurückgenommen oder widerrufen[683], sind hiergegen ebenfalls Widerspruch und Beschwerde statthaft. Beide Rechtsbehelfe haben wiederum aufschiebende Wirkung (§§ 42, 49 WpÜG).

62.247 Einen **Rechtsschutz Dritter** gegen eine den Bieter begünstigende Befreiungsverfügung gemäß § 37 WpÜG hat die Rechtsprechung ausdrücklich abgelehnt (dazu Rz. 62.358 ff.).

4. Gegenleistung bei Übernahme- und Pflichtangeboten
a) Überblick

62.248 Für Übernahme- und Pflichtangebote macht § 31 WpÜG Vorgaben hinsichtlich Höhe (Angemessenheit) und Art der vom Bieter anzubietenden Gegenleistung. § 31 Abs. 1 bis 6 WpÜG geben mit allgemeinen Grundsätzen den Rahmen vor, während die über § 31 Abs. 7 anwendbare WpÜG-AngVO Einzelheiten regelt.

b) Angemessenheit
aa) Grundsätze nach § 31 WpÜG

62.249 **Gegenseitigkeit.** Die gesetzlichen Bestimmungen bezwecken die Gewährung eines Mindestwertes für die Aktionäre als Gegenleistung für die Veräußerung ihrer Aktien. Davon sind Leistungen des Bieters abzugrenzen, die für andere Leistungen als die Veräußerung der Aktien gewährt werden[684]. Bedeutung hat dies vor allem bei den Vor-, Parallel- und Nacherwerben (dazu Rz. 62.255 ff. und 62.275 ff.).

62.250 **Maßstab der Angemessenheit.** § 31 WpÜG nennt als Grundsatz **zwei Bezugsgrößen**, nämlich zum einen den durchschnittlichen **Börsenkurs** und zum anderen unabhängig vom Angebotsverfahren erbrachte **Gegenleistungen** für Aktien der Zielgesellschaft. Einzelheiten regeln die §§ 3 bis 7 WpÜG-AngVO. Das Gesetz liegt damit zum Teil auf der Linie der Rechtsprechung des Bundesverfassungsgerichts (BVerfG) zum Konzernrecht[685]; teilweise weicht es davon ab. Übereinstimmung besteht hinsichtlich der Heranziehung des Börsenkurses. Das BVerfG hat diesen in seiner DAT/Altana-Entscheidung als mit dem Verkehrswert „regelmäßig identisch" und gleichzeitig als Untergrenze der nach Art. 14 Abs. 1 GG gebotenen „wirtschaftlich vollen Entschädigung" angesehen[686]. Eine Abweichung besteht in der Berücksichtigung von Erwerbsvorgängen außerhalb des Angebotsverfahrens. Das BVerfG erkennt zumindest in dem außerbörslich gezahlten Preis „regelmäßig keine Beziehung" zum „wahren Wert des Anteilseigentums"[687]. Die Bedeutung dieser beiden Parameter – Börsenkurs und tatsächlicher Erwerbspreis – für das WpÜG ist zurückzuführen auf den engen Zeitrahmen, in dem sich öffentliche Angebotsverfahren bewegen. Hier besteht ein besonderes Bedürfnis an einer schnellen und eindeutigen Feststellung der Angemessenheit der Gegenleistung[688]. Die Heranziehung beider Bezugsgrößen ist

---

683 So etwa im Fall der Kontrollerlangung der Dowslake Venture Limited, an der PANDATEL Aktiengesellschaft, deren Antrag auf Befreiung vom Pflichtangebot am 17.1.2006 stattgegeben wurde, aber unter Widerrufsvorbehalt stand, falls bis zum 31.12.2006 eine Sachkapitalerhöhung bei der Zielgesellschaft nicht wirksam durchgeführt sein sollte. Nachdem der Kapitalerhöhungsbeschluss angefochten und daher die Kapitalerhöhung nicht rechtzeitig wirksam wurde, hat die BaFin die Befreiung am 31.7.2007 widerrufen, so dass die Bieterin am 17.9.2007 ein Pflichtangebot veröffentlicht hat (vgl. Ziff. 5.4 der Angebotsunterlage).
684 *Krause* in Assmann/Pötzsch/Uwe H. Schneider, § 31 WpÜG Rz. 27.
685 Vgl. BVerfG v. 27.4.1999 – 1 BvR 1613/94 – DAT/Altana, BVerfGE 100, 289, 302 ff. = AG 1999, 566; BGH v. 12.3.2001 – II ZB 15/00, BGHZ 147, 108, 115 ff. = AG 2001, 417; *Habersack*, ZIP 2003, 1123 ff.; zur Bedeutung des Börsenkurses ausführlich § 13.
686 BVerfG v. 27.4.1999 – 1 BvR 1613/94 – DAT/Altana, BVerfGE 100, 289, 308 = AG 1999, 566.
687 BVerfG v. 27.4.1999 – 1 BvR 1613/94 – DAT/Altana, BVerfGE 100, 289, 306 = AG 1999, 566.
688 Begr. RegE zu § 31 Abs. 1 WpÜG.

rechtspolitisch nicht unumstritten. Teilweise wird gefordert, entweder auf die Heranziehung des Börsenkurses vollständig oder jedenfalls im Fall von Vorerwerben von 5 % oder mehr der Aktien der Zielgesellschaft zu verzichten[689]. Der BGH hat in dem Deutsche Bank/Postbank-Urteil indessen grundsätzlich festgestellt, dass sich der Bieter stets an dem Preis festhalten lassen muss, den er im zeitlichen Zusammenhang mit dem Übernahme- oder Pflichtangebot selbst als angemessen angesehen hat[690].

Daher bilden die § 31 WpÜG, §§ 4 ff. WpÜG-AngVO den **abschließenden Maßstab** für die Berechnung des Mindestpreises[691]. Eine darüber hinaus gehende Angemessenheitsprüfung am Maßstab des inneren Unternehmenswerts der Zielgesellschaft ist abzulehnen. Anders als im Konzern- oder Umwandlungsrecht besteht dafür ein Bedürfnis[692]. Es geht bei der Bemessung der Gegenleistung für Übernahme- und Pflichtangebote weniger um einen Ausgleich für einen schwerwiegenden Eingriff in das Aktieneigentum, sondern vor allem darum, den Aktionären der Zielgesellschaft die Möglichkeit eines marktkonformen Ausstiegs (**„Exit"**) zu verschaffen[693]. Zu bedenken ist auch, dass die Durchführung eines Übernahme- oder Pflichtangebots stets nur die Vorstufe einer sich möglicherweise anschließenden Konzernierung bedeutet[694]. Dementsprechend hat der Gesetzgeber im WpÜG **kein Spruchverfahren** vorgesehen. Es ist auch sonst kein Wille des Gesetzgebers erkennbar, dass Erwerbspreise oder Börsenkurse i.S.d. § 31 Abs. 1 Satz 1 WpÜG nur die Untergrenze markieren sollten. Somit ist davon auszugehen, dass die Gegenleistung angemessen ist, wenn sie den Bestimmungen des § 31 Abs. 1 Satz 1 WpÜG entspricht[695].

62.251

Die Aktionäre der Zielgesellschaft haben dagegen **keinen Anspruch** auf eine über dem am Markt erzielbaren Preis liegende Abfindung, weil ihnen durch die §§ 31 ff. WpÜG nur ein marktkonformer Exit ermöglicht werden soll. Diskutiert wird, ob die gesetzlichen Mindestpreisregelungen über die in § 31 Abs. 1 Satz 2 WpÜG und die §§ 4 ff. WpÜG-AngVO bestimmten Ausnahmen hinaus, nach unten angepasst werden können, indem etwa in Sanierungsfällen teure Vorerwerbe unberücksichtigt bleiben sollen[696]. Nach Art. 5 Abs. 4 Unterabs. 2 der Übernahmerichtlinie wäre das grundsätzlich möglich. Es ist jedoch festzuhalten, dass die § 31 WpÜG, §§ 3 ff. WpÜG-AngVO im Interesse der Rechtssicherheit **abschließend** sind[697], auch wenn dies in Einzelfällen zu nicht mit Befreiungen zu begegnenden Härten führen kann. Es wäre auch unpraktikabel, in Einzelfällen Ausnahmen zuzulassen. Über diese könnte die BaFin auch gar nicht abschließend entscheiden.

62.252

---

689 Zum Diskussionsstand *Cascante/Tyrolt*, AG 2012, 97, 109 f.; siehe auch EuGH v. 10.12.2020 – C-735/19 – Euromin Holdings, AG 2021, 512 zu der Frage, ob eine nationale Regelung mit Art. 5 Abs. 4 der Übernahmerichtlinie vereinbar ist, die zur Bestimmung der bei einem Pflichtangebot zu zahlenden Gegenleistung mehrere Methoden vorschreibt, von denen diejenige, die zum höchsten Wert führt, maßgeblich sein soll.
690 BGH v. 29.7.2014 – II ZR 353/12, AG 2014, 662, 665 Rz. 31.
691 *Krause* in Assmann/Pötzsch/Uwe H. Schneider, § 31 WpÜG Rz. 34 ff. m.w.N.; *Marsch-Barner* in Baums/Thoma, § 31 WpÜG Rz. 16 f.; *Reinhardt/Kocher* in Paschos/Fleischer, Handbuch Übernahmerecht nach dem WpÜG, § 15 Rz. 60.
692 *Decher* in FS Wiedemann, 2002, S. 787, 797 f.; *Habersack*, ZIP 2002, 1123, 1127.
693 *Kleindiek*, ZGR 2002, 546, 558.
694 Ebenso *Fabritius* in VGR, Gesellschaftsrecht in der Diskussion 2002, S. 45, 57 f.; *Haarmann* in FrankfurtKomm. WpÜG, § 31 WpÜG Rz. 23; vgl. auch 1. Aufl., § 59 Rz. 140.
695 *Haarmann* in FrankfurtKomm. WpÜG, § 31 WpÜG Rz. 24; *Habersack*, ZIP 2003, 1123, 1127; *Santelmann/Nestler* in Steinmeyer, § 31 WpÜG Rz. 8 ff.; *Kremer/Oesterhaus* in KölnKomm. WpÜG, § 31 WpÜG Rz. 16; *Marsch-Barner* in Baums/Thoma, § 31 WpÜG Rz. 16.
696 *Haarmann* in FrankfurtKomm. WpÜG, § 31 WpÜG Rz. 24 ff.; *Kremer/Oesterhaus* in KölnKomm. WpÜG, § 31 WpÜG Rz. 20; *Marsch-Barner* in Baums/Thoma, § 31 WpÜG Rz. 17; nach *Habersack*, ZIP 2003, 1123, 1126, sollen die Ausnahmen wegen des Verfahrenszwecks des WpÜG jedoch in beiden Richtungen eng sein.
697 *Kremer/Oesterhaus* in KölnKomm. WpÜG, § 31 WpÜG Rz. 20; *Süßmann* in Angerer/Geibel/Süßmann, § 31 WpÜG Rz. 5.

62.253 **Trennung nach Aktiengattungen.** Die Angemessenheit der Gegenleistung ist für jede Aktiengattung **gesondert** zu ermitteln. Praktisch wirkt sich das insbesondere dann aus, wenn die Zielgesellschaft neben Stammaktien auch Vorzugsaktien ausgegeben hat, auf die sich wegen § 32 WpÜG das Übernahmeangebot ebenfalls beziehen muss. Diese getrennte Betrachtungsweise kann zu nicht unerheblichen Unterschieden zwischen den verschiedenen Aktiengattungen führen. Fraglich ist, ob die Gegenleistungen für die einzelnen Aktiengattungen zueinander in einem angemessenen Verhältnis stehen müssen und z.B. ein etwa gewährter Aufschlag gleich hoch sein muss[698]. Dagegen spricht aber schon die Regelung des § 3 Abs. 1 WpÜG, der nur Gleichbehandlung innerhalb einer Gattung verlangt. Dieses Ergebnis wird außerdem von § 31 Abs. 4 WpÜG und § 3 Satz 3 WpÜG-AngVO gestützt. Aus diesen Vorschriften folgt, dass der Bieter grundsätzlich nicht verpflichtet ist, eine besondere Prämie für Stammaktien in gleicher Höhe auch für Vorzugsaktien zu gewähren[699].

62.254 **Maßgeblicher Zeitpunkt.** Maßgeblich für die Beurteilung der Angemessenheit der Gegenleistung ist der Zeitpunkt der **Veröffentlichung der Angebotsunterlage**[700]. Haben sich danach die Verhältnisse der Zielgesellschaft geändert, ist der Bieter weder berechtigt, seine Gegenleistung zu reduzieren, noch ist er verpflichtet, diese nachträglich zu erhöhen. Im letztgenannten Fall hat er allerdings die Möglichkeit, die Gegenleistung (freiwillig) durch entsprechende Angebotsänderung nach § 21 Abs. 1 Satz 1 Nr. 1 WpÜG zu verbessern.

bb) Angemessenheit aufgrund von Vorerwerben

62.255 Die gesetzlichen Grundlagen für die Relevanz von Vorerwerben bilden Art. 5 Abs. 4 der Übernahmerichtlinie, § 31 Abs. 1 WpÜG und § 4 WpÜG-AngVO. Maßgeblich ist gemäß § 4 WpÜG-AngVO die **höchste Gegenleistung**, die der Bieter, mit ihm gemeinsam handelnde Personen oder deren Tochterunternehmen[701] innerhalb der letzten sechs[702] Monate vor Veröffentlichung der Angebotsunterlage für den **Erwerb** der Aktien der Zielgesellschaft vereinbart oder gewährt haben. Die Vereinbarung muss dem Bieter einen Anspruch auf Erwerb der Aktien gewähren; ein bloßes Andienungsrecht des Aktionärs reicht nicht aus[703]. Das WpÜG und die WpÜG-AngVO sehen weder einen Abschlag für Paketerwerbe noch eine Bagatellgrenze im Fall nur geringfügiger Vorerwerbe vor. **Sondereffekte** wie z.B. eine zwischenzeitlich durchgeführte Kapitalerhöhung, ein sog. *Aktiensplit* oder eine Dividendenausschüttung[704]

---

698 So ist die Rechtslage in Österreich (§ 26 Abs. 2 ÜbG) in England (Rule 14 City Code i.V.m. Note 1) sowie in der Schweiz (Art. 32 Abs. 5 BEHG). Im Fall der Übernahme der Wella AG durch die Procter & Gamble Management Germany GmbH betrug der Angebotspreis je Stammaktie 92,25 Euro, was einem Aufschlag gegenüber dem gewichteten Drei-Monats-Durchschnittskurs der Stammaktien von rund 44 % entsprach. Für Vorzugsaktien betrug der Angebotspreis jeweils 65,00 Euro, was einem Aufschlag gegenüber dem Drei-Monats-Durchschnittskurs von nur 14 % entsprach. Das Übernahmeangebot der EP Global Commerce II GmbH v. 10.7.2019 an die Aktionäre der METRO AG sah für Stammaktien einen Aufschlag von knapp 10 % und für Vorzugsaktien von etwa 6,6 % vor.
699 *Haarmann* in FrankfurtKomm. WpÜG, § 31 WpÜG Rz. 21; *Habersack*, ZIP 2003, 1123 u. 1128; *Kremer/Oesterhaus* in KölnKomm. WpÜG, Anh. zu § 31 WpÜG, § 3 WpÜG-AVO Rz. 10; *Marsch-Barner* in Baums/Thoma, § 31 WpÜG Rz. 22; *Noack* in Schwark/Zimmer, § 31 WpÜG Rz. 7; *Strunk/Salomon/Holst* in Veil, Übernahmerecht in Praxis und Wissenschaft, S. 1, 5; vgl. auch OLG Frankfurt am Main v. 27.5.2003 – WpÜG 2/03, AG 2003, 515 f.
700 *Krause* in Assmann/Pötzsch/Uwe H. Schneider, § 31 WpÜG Rz. 28; *Kremer/Oesterhaus* in KölnKomm. WpÜG, § 31 WpÜG Rz. 21; *Strunk/Salomon/Holst* in Veil, Übernahmerecht in Praxis und Wissenschaft, S. 1, 5.
701 Im Folgenden nur „Bieter" genannt.
702 § 4 WpÜG-AngVO wurde in Umsetzung der Übernahmerichtlinie, die in Art. 5 Abs. 4 einen Referenzzeitraum von mindestens sechs und höchstens zwölf Monaten vorschreibt, angepasst.
703 OLG Frankfurt am Main v. 7.7.2020 – 5 U 71/19, AG 2021, 161, Rz. 60 ff.
704 Hierzu ausdrücklich Ziff. 4. der *Notes on Rule 9.5* des *City Code*; *Reinhardt/Kocher* in Paschos/Fleischer, Handbuch Übernahmerecht nach dem WpÜG, § 15 Rz. 64.

sind bei der Berechnung des Mindestpreises zu berücksichtigen[705]. Dies ergibt sich aus dem Zweck der Regelungen über die Gegenleistung, die Gleichbehandlung der Aktionäre sicherzustellen[706]. Wurde z.B. im Rahmen eines Vorerwerbs ein Preis von 60 Euro je Aktie gezahlt und anschließend das Grundkapital der Gesellschaft von 100 Mio. Euro um 10 % auf 110 Mio. Euro erhöht, kann als Vorerwerbspreis nicht mehr ein Betrag von 60 Euro maßgebend sein. Vielmehr muss hier ein Abschlag wegen der eingetretenen Verwässerung vorgenommen werden. Wie hoch der sein wird, hängt von der Art der Kapitalerhöhung ab. Im Fall einer Kapitalerhöhung aus Gesellschaftsmitteln, bei welcher der Gesellschaft kein frisches Kapital zugeführt wird, dürfte ein Abschlag in voller Höhe des Kapitalerhöhungsbetrages gerechtfertigt sein. Im Fall einer Kapitalerhöhung gegen Einlagen wird der Abschlag geringer ausfallen müssen. Nach Auffassung der BaFin sind **Preisanpassungsklauseln** in Angebotsunterlagen, die zu einer nachträglichen Herabsetzung des Angebotspreises führen, stets **unzulässig**[707]. Der Bieter kann sich somit nach derzeitiger Verwaltungspraxis gegen derartige Sondereffekte nur durch das Angebot einer zunächst niedrigeren Gegenleistung (die freilich dem gesetzlichen Mindestpreis entsprechen muss) oder eine entsprechende Angebotsbedingung schützen. Beides kann jedoch unpraktikabel sein; insbesondere wird eine entsprechende Angebotsbedingung kaum im Interesse der Aktionäre der Zielgesellschaft sein, weil damit das Angebot bei Eintritt entsprechender Sondereffekte unverbindlich wird. Solange der nach unten angepasste Angebotspreis zumindest dem gesetzlichen Mindestpreis entspricht und den Aktionären im Fall einer Preisanpassung ein Rücktrittsrecht eingeräumt wird, spricht nichts gegen derartige Gestaltungen. **Zulässig** dürfte aber sein, **bei einer gemischten Gegenleistung** aus Barkomponente in Euro und liquiden Aktien, innerhalb der beiden Komponenten Anpassungen vorzusehen, die jedoch den Gesamtbetrag der Gegenleistung unberührt lassen. So könnte der Bieter Kursschwankungen bei den liquiden Aktien durch Anpassungen (nach oben oder unten) der Barkomponente begegnen[708]. Hierbei handelt es sich nicht um eine nachträgliche Angebotsänderung – die auch von § 21 Abs. 1 Nr. 2 WpÜG gar nicht erfasst wäre, weil hier nicht wahlweise eine andere Gegenleistung angeboten würde[709] –, wenn der Anpassungsmechanismus in der Angebotsunterlage beschrieben wird und automatisch erfolgt.

Vorerwerbsgegenstand. Relevant sind nur **Vorerwerbe von Aktien** der Zielgesellschaft; ihnen werden nach h.M. *Depositary Receipts* gleichgestellt[710]. Anderes gilt nach Auffassung der BaFin für (derivativ) erworbene Schuldverschreibungen, die ein Recht auf Aktienerwerb vermitteln[711]. Wie der Erwerb erfolgt, d.h. über die Börse oder außerbörslich, spielt keine Rolle. Nicht vom Wortlaut des § 4 WpÜG-AngVO erfasst ist der **mittelbare Vorerwerb** durch Erwerb von Anteilen an einer Zwischengesellschaft, welche die Aktien an der Zielgesellschaft hält. In der Praxis dürften solche Gestaltungen insbesondere bei Private-Equity-Transaktionen nicht selten anzutreffen sein[712]. Aus Sicht der Aktionäre der Zielgesellschaft, deren Gleichbehandlung die Mindestpreisvorschriften sicherstellen sollen, müssen auch mittelbare Aktienerwerbe einbezogen werden. Dies ist zum Zweck des Umgehungsschutzes dann einleuchtend, wenn die Zwischenholding außer den Aktien der Zielgesellschaft kein weiteres Vermö-

62.256

---

705 *Kremer/Oesterhaus* in KölnKomm. WpÜG, § 31 WpÜG Rz. 87 ff. und Anh. § 31, § 4 WpÜG-AngVO Rz. 18.
706 Zum Regelungszweck vgl. Begr. RegE zu § 4 WpÜG-AngVO.
707 *Strunk/Salomon/Holst* in Veil, Übernahmerecht in Praxis und Wissenschaft, S. 1, 6.
708 Auf einen solchen Anpassungsmechanismus – allerdings bei einem Vorerwerb – hatte die Lenovo Germany Holding im Rahmen ihres am 28.6.2011 veröffentlichten Übernahmeangebots an die Aktionäre der Medion AG zurückgegriffen; vgl. dazu BaFin, Jahresbericht 2011, S. 227.
709 *Boucsein/Schmiady*, AG 2016, 597, 600 m.w.N. in Fn. 16.
710 *Krause* in Assmann/Pötzsch/Uwe H. Schneider, WpÜG, § 4 WpÜG-AngVO Rz. 6.
711 BaFin, Jahresbericht 2014, S. 234 f. am Beispiel des Übernahmeangebots der Dragonfly GmbH & Co. KGaA an die Aktionäre der Celesio AG; siehe auch *Boucsein/Schmiady*, AG 2016, 597, 602 ff.; aA OLG Frankfurt am Main v. 19.1.2016 – 5 U 2/15, AG 2016, 249.
712 Vgl. Ziff. 6.1 der Angebotsunterlage der TDMI Duitsland Holding B.V. betreffend die arxes Network Communication Consulting AG v. 7.1.2008.

gen besitzt[713]. Hat die Zwischenholding jedoch weitere Vermögensgegenstände, dann kann jedenfalls nicht die gesamte für die Anteile an der Zwischenholding gewährte Gegenleistung zugrunde gelegt werden. Insoweit fehlt es offensichtlich am Gegenseitigkeitsverhältnis. In solchen Fällen ist dann nur der auf die Aktien der Zielgesellschaft entfallende anteilige Wert der Gegenleistung anzusetzen. Werden die Anteile einer Zwischenholding übernommen, die Verbindlichkeiten hat, sind diese erhöhend auf die Gegenleistung anzurechnen. Barvermögen ist dagegen abzuziehen. Dies entspricht der bei Anteilskäufen üblichen *cash and debt free*-Kaufpreisberechnung[714].

62.256a **Vorerwerbszeitraum.** Der Vorerwerb, d.h. der dingliche Erwerb der Aktien, muss innerhalb des Referenzzeitraums stattfinden. Wird die schuldrechtliche Vereinbarung für den Aktienerwerb vor Beginn des Referenzzeitraums geschlossen, erfolgt der Vollzug des Aktienerwerbs allerdings innerhalb dieses Zeitraums, liegt ein relevanter Vorerwerb vor[715]. Dem dinglichen Erwerb gleichgestellt werden nach § 4 Satz 2 WpÜG-AngVO Vereinbarungen, aufgrund derer die Übereignung von Aktien verlangt werden kann. Derartige Vereinbarungen müssen aber während des Vorerwerbszeitraums abgeschlossen worden sein[716]; es reicht nicht aus, wenn die Zeitspanne zwischen dem Abschluss und dem Vollzug einer solchen Vereinbarung auch im Vor-, Parallel- und Nacherwerbszeitraum lag[717]. Bei Pflichtangeboten soll sich nach Ansicht des BGH der Vorerwerbszeitraum nach vorne auf den tatsächlichen Zeitpunkt der Kontrollerlangung verlängern, wenn der Bieter versäumt hat, die Kontrollerlangung rechtzeitig anzuzeigen[718].

62.257 **Vorerwerbsgegenleistung.** Die im Rahmen des Vorerwerbs geleistete oder vereinbarte Gegenleistung bildet den Mindestbetrag, den der Bieter anbieten muss. Die Vorerwerbsgegenleistung ist einfach zu ermitteln, wenn sich diese in der Zahlung eines Kaufpreises in Geld erschöpft. Bei außerbörslichen Erwerbsvorgängen werden indessen nicht selten **zusätzliche Leistungen** oder Verpflichtungen vereinbart. Solche Gestaltungen sind nur dann – werterhöhend oder wertmindernd – zu berücksichtigen, wenn und soweit sie Bestandteil der Gegenleistung für die Aktien sind. Dies ist nur dann der Fall, wenn zwischen dem Aktienerwerb und diesen Nebenleistungen ein Austauschverhältnis besteht[719]. Beziehen sich derartige Nebenleistungen auf eine andere Gegenleistung des Aktionärs, z.B. dessen Bereitschaft zur Fortsetzung seiner Tätigkeit im Management der Zielgesellschaft (sog. *Management Incentives*), sind sie nicht zu berücksichtigen[720]. Sieht die Vorerwerbsvereinbarung einen variablen Kaufpreisbestandteil wie etwa einen *Earn-out* vor, ist der **Angebotspreis nachträglich anzupassen** gemäß **§ 31 Abs. 4 WpÜG**[721].

---

713 *Strunk/Salomon/Holst* in Veil, Übernahmerecht in Praxis und Wissenschaft, S. 1, 8; *Marsch-Barner* in Baums/Thoma, § 31 WpÜG Rz. 33; *Reinhardt/Kocher* in Paschos/Fleischer, Handbuch Übernahmerecht nach dem WpÜG, § 15 Rz. 127.
714 Vgl. *Schrader* in Beck'sches Formularbuch Mergers & Acquisitions, Ziff. C.II.1 Anm. 26.
715 *Marsch-Barner* in Baums/Thoma, § 31 WpÜG Rz. 29.
716 *Marsch-Barner* in Baums/Thoma, § 31 WpÜG Rz. 29.
717 BGH v. 29.7.2014 – II ZR 353/12 – Deutsche Bank/Postbank, AG 2014, 662, 666; zust. *Krause*, AG 2014, 833, 835f.
718 BGH v. 29.7.2014 – II ZR 353/12 – Deutsche Bank/Postbank, AG 2014, 662, 666; krit. *Krause*, AG 2014, 833, 836f.
719 *Krause* in Assmann/Pötzsch/Uwe H. Schneider, § 31 WpÜG Rz. 27 und § 4 WpÜG-AngVO Rz. 18; *Kremer/Oesterhaus* in KölnKomm. WpÜG, Anh. zu § 31 WpÜG, § 4 WpÜG-AngVO Rz. 13 f.; *Marsch-Barner* in Baums/Thoma, § 31 WpÜG Rz. 29; *Tyrolt/Cascante* in Mülbert/Kiem/Wittig, 10 Jahre WpÜG, S. 110, 128.
720 *Krause* in Assmann/Pötzsch/Uwe H. Schneider, § 31 WpÜG Rz. 27 u. 115 sowie § 4 WpÜG-AngVO Rz. 17; *Marsch-Barner* in Baums/Thoma, § 31 WpÜG Rz. 28.
721 *Santelmann/Nestler* in Steinmeyer, § 31 WpÜG Rz. 24 u. 97; *Strunk/Salomon/Holst* in Veil, Übernahmerecht in Praxis und Wissenschaft, S. 1, 6; *Tuttlies/Bredow*, BB 2008, 911, 913; vgl. auch Ziff. 10.1.4 der Angebotsunterlage der Augur Financial Holding Zwei GmbH & Co. KG betreffend die Schnigge Wertpapierhandelsbank AG v. 5.2.2008.

Grundsätzlich ist der wirtschaftliche Wert der **Sachleistung** im Zeitpunkt der Vereinbarung oder Gewährung zugrunde zu legen. Besteht die Sachleistung in **Aktien**, gilt § 7 WpÜG-AngVO, d.h. die §§ 5, 6 WpÜG-AngVO finden entsprechende Anwendung. Fraglich ist, ob es für die Wertberechnung der bei einem Vorerwerb als Gegenleistung übertragenen Aktien auf deren **Durchschnittskurs** gemäß §§ 5 bzw. 6 WpÜG-AngVO ankommt[722] oder auf ihren (punktuellen) **Stichtagskurs** im Zeitpunkt des Vorerwerbs[723]. Für die Maßgeblichkeit des Durchschnittkurses spricht neben dem Verweis in § 7 WpÜG-AngVO auf deren § 5, dass aufgrund des Durchschnittskurses viel eher der eigentliche Wert der Gegenleistung ermittelbar ist. Nach der Praxis der BaFin ist indessen der Höchstkurs zum jeweiligen Stichtag, d.h. zum Zeitpunkt des schuldrechtlichen Erwerbsgeschäfts und der dinglichen Übertragung maßgeblich[724].

62.258

Kontrollerlangung durch Umwandlungsvorgänge. Beruht der Kontrollerwerb auf der Gewährung von Anteilen im Rahmen einer Verschmelzung, Aufspaltung oder Abspaltung (§ 2, § 123 Abs. 1 und 2 UmwG), ist fraglich, ob die dabei zugrunde gelegten Bedingungen des Umtauschs oder der Barzuzahlung als Vorerwerbsgegenleistung zu berücksichtigen sind. Dies wäre vor allem dann schwierig, wenn diese Leistungen in einem Spruchverfahren überprüft würden, so dass ihre Höhe erst zu einem wesentlich späteren Zeitpunkt endgültig feststünde. Eine ausdrückliche Nichtberücksichtigung für die Berechnung der Gegenleistung ist in § 31 Abs. 5 Satz 2 WpÜG nur für den Fall des Nacherwerbs vorgesehen. Für Vorerwerbe fehlt eine entsprechende Regelung. Es ist jedoch kein Grund ersichtlich, diese Ausnahmebestimmung auf Nacherwerbe zu beschränken. Daher ist § 31 Abs. 5 Satz 2 WpÜG auf Vorerwerbe entsprechend anzuwenden[725].

62.259

cc) Angemessenheit aufgrund des durchschnittlichen Börsenkurses

Die §§ 5, 6 WpÜG-AngVO unterscheiden zwischen der Börsennotierung im Inland und im EU/EWR-Ausland. Als im **Inland** börsennotiert gelten Aktien, die gemäß § 33 BörsG im **regulierten Markt** zum Börsenhandel zugelassen sind. Nicht erfasst sind nur zum Börsenhandel im Freiverkehr einbezogene Aktien[726]. Abgestellt wird auf den nach Umsätzen gewichteten durchschnittlichen Börsenkurs innerhalb eines **Referenzzeitraums** von drei Monaten bis zur Veröffentlichung der Angebotsentscheidung oder – bei Pflichtangeboten – des Kontrolltatbestandes. Sind die Aktien der Zielgesellschaft erst kurze Zeit börsennotiert, gilt der entsprechend kürzere Zeitraum (§ 5 Abs. 2 WpÜG-AngVO). Dem Bieter steht gegenüber der BaFin ein Rechtsanspruch auf Erteilung der erforderlichen Auskünfte zu. Hat während des Referenzzeitraums nur eine eingeschränkte Kursfeststellung bei gleichzeitig hoher Volatilität stattgefunden, ist nach § 5 Abs. 4 WpÜG-AngVO nicht der Börsenkurs, sondern der **Unternehmenswert** der Zielgesellschaft maßgeblich. § 5 Abs. 4 WpÜG-AngVO gibt indessen nicht vor, nach welcher Methode die Unternehmensbewertung durchzuführen ist[727].

62.260

Börsennotierung im Ausland. Sind die Aktien der Zielgesellschaft *ausschließlich* im EU/EWR-Ausland zum Börsenhandel zugelassen, wird der durchschnittliche Börsenkurs nach § 6 WpÜG-AngVO

62.261

---

722 *Bücker*, CFL 2010, 177, 185; *Haarmann* in FrankfurtKomm. WpÜG, § 31 WpÜG Rz. 75; *Santelmann/Nestler* in Steinmeyer, § 31 WpÜG Rz. 18; *Herfs/Wyen* in FS Hopt, 2010, S. 1955, 1982 f.; *Marsch-Barner* in Baums/Thoma, § 31 WpÜG Rz. 31.
723 *Krause* in Assmann/Pötzsch/Uwe H. Schneider, § 4 WpÜG-AngVO Rz. 20 f.; *Kremer/Oesterhaus* in KölnKomm. WpÜG, Anh. zu § 31 WpÜG, § 4 WpÜG-AngVO Rz. 17.
724 BaFin, Jahresbericht 2011, S. 225 ff. (Pflichtangebot der Clariant Verwaltungsgesellschaft mbH an die Aktionäre der Süd-Chemie AG v. 17.5.2011); *Boucsein/Schmiady*, AG 2016, 597, 602; zu Recht kritisch *Reinhardt/Kocher* in Paschos/Fleischer, Handbuch Übernahmerecht nach dem WpÜG, § 15 Rz. 157.
725 *Krause* in Assmann/Pötzsch/Uwe H. Schneider, § 31 WpÜG Rz. 150.
726 *Kremer/Oesterhaus* in KölnKomm. WpÜG, § 5 WpÜG-AngVO Rz. 8; *Marsch-Barner* in Baums/Thoma, § 31 WpÜG Rz. 34.
727 Dazu näher 1. Aufl., § 59 Rz. 152 sowie *Haarmann* in FrankfurtKomm. WpÜG, § 31 WpÜG Rz. 37 ff.; *Marsch-Barner* in Baums/Thoma, § 31 WpÜG Rz. 46 ff.

ermittelt. Sind die Aktien der Zielgesellschaft an mehreren ausländischen Börsen zugelassen, ist der Ort mit den höchsten Umsätzen maßgeblich[728]. Der Unterschied zu § 5 WpÜG-AngVO besteht darin, dass nicht der nach Umsätzen gewichtete, sondern der nach börsentäglich festgestellten Schlusskursen ermittelte Kurs maßgeblich ist. Der Bieter muss die Ermittlung des Börsenkurses im Einzelnen dokumentieren (§ 6 Abs. 5 WpÜG-AngVO).

62.262 **Gegenleistung in Wertpapieren.** Besteht die vom Bieter angebotene Gegenleistung in Wertpapieren, wird deren Wert gemäß § 7 WpÜG-AngVO nach deren §§ 5 und 6 bestimmt. § 4 WpÜG-AngVO findet dagegen keine Anwendung, weil vermieden werden soll, dass der Bieter den Wert der von ihm angebotenen Wertpapiere durch überteuerte Vorerwerbe nach oben zu treiben versucht[729].

62.263 Im Rahmen von **Tauschangeboten** ist fraglich, inwieweit ein Bieter, der eine Aktiengesellschaft ist und eigene Aktien als Gegenleistung anbietet, § 255 Abs. 2 AktG zu beachten hat. Die Vorschrift dient der Gleichbehandlung der Aktionäre und ihrem Schutz vor Verwässerung[730]. Für den Bieter kann sich in solchen Fällen eine **Konfliktsituation** ergeben. Er muss auf der einen Seite den Aktionären der Zielgesellschaft einen angemessenen Preis anbieten, der oft nicht unerheblich über dem Börsenkurs und/oder inneren Wert der zu erwerbenden Aktien liegen wird. Gleichzeitig darf er die Aktien der eigenen Gesellschaft nicht zu einem zu niedrigen Betrag ausgeben[731]. Das Problem liegt darin, Kriterien für die Angemessenheit des Ausgabebetrages der zum Tausch angebotenen eigenen Aktien zu finden. Würde man entsprechend der sog. DAT/Altana-Rechtsprechung[732] auf den Börsenkurs der Bieter-Aktie abstellen, wären möglicherweise die gesetzlichen Vorgaben der § 31 WpÜG und §§ 4 ff. WpÜG-AngVO nicht zu erfüllen, oder das Angebot wäre für die Aktionäre der Zielgesellschaft nicht mehr attraktiv[733]. Allerdings ergibt sich schon aus dem Wortlaut des § 255 Abs. 2 AktG, dass nur unangemessen niedrige Ausgabebeträge unzulässig sind. Die Angemessenheit ist im Rahmen einer Gesamtbetrachtung zu beurteilen, in die neben dem Wert der Sacheinlagen (Aktien der Zielgesellschaft) auch das Interesse der Bietergesellschaft an der Übernahme der Zielgesellschaft einfließt[734]. Der Vorstand der Bieter-AG muss das Umtauschverhältnis rechtzeitig festlegen, wenn die als Gegenleistung anzubietenden Aktien durch eine Kapitalerhöhung geschaffen werden müssen. Selbst vor dem Hintergrund der Fristverlängerungsmöglichkeit nach § 14 Abs. 1 Satz 2 WpÜG dürfte der späteste Zeitpunkt für die Festlegung des Umtauschverhältnisses die Veröffentlichung der Angebotsentscheidung sein[735], der damit jedenfalls deutlich vor dem Vollzug des Angebots liegt. Im wirtschaftlich vergleichbaren Fall einer Verschmelzung ist indessen anerkannt, dass das Umtauschverhältnis nach den Verhältnissen im Zeitpunkt der Beschlussfassung zu bestimmen ist[736]. Verändern sich danach die Verhältnisse, führt

---

728 Begr. RegE zu § 6 Abs. 1 WpÜG-AngVO (abgedruckt bei *Fleischer/Kalss*, Das neue WpÜG, S. 695); *Kremer/Oesterhaus* in KölnKomm. WpÜG, Anh. zu § 31 WpÜG, § 6 WpÜG-AVO Rz. 12; *Marsch-Barner* in Baums/Thoma, § 31 WpÜG Rz. 49.
729 Begr. RegE zu § 7 WpÜG-AngVO (abgedruckt bei *Fleischer/Kalss*, Das neue WpÜG, S. 696); *Kremer/Oesterhaus* in KölnKomm. WpÜG, Anh. zu § 31 WpÜG, § 7 WpÜG-AVO Rz. 6; *Marsch-Barner* in Baums/Thoma, § 31 WpÜG Rz. 55.
730 *Hüffer/Koch*, § 255 AktG Rz. 2; *Kremer/Oesterhaus* in KölnKomm. WpÜG, Anh. zu § 31 WpÜG, § 7 WpÜG-AVO Rz. 8; vgl. auch *Herfs/Wyen* in FS Hopt, 2010, S. 1955, 1976.
731 *Herfs/Wyen* in FS Hopt, 2010, S. 1955, 1976 f.; *Johannsen-Roth/Goslar*, AG 2007, 573; *Marsch-Barner* in Baums/Thoma, § 31 WpÜG Rz. 60.
732 BVerfG v. 27.4.1999 – 1 BvR 1613/94, BVerfGE 100, 289 ff. = AG 1999, 566 sowie BGH v. 12.3.2001 – II ZB 15/00, BGHZ 147, 108 ff. = AG 2001, 417.
733 *Decher* in FS Wiedemann, 2002, S. 787, 797 ff.; *Herfs/Wyen* in FS Hopt, 2010, S. 1955, 1977; *Johannsen-Roth/Goslar*, AG 2007, 573, 577 f.; *Kremer/Oesterhaus* in KölnKomm. WpÜG, Anh. zu § 31 WpÜG, § 7 WpÜG-AVO Rz. 9.
734 *Bücker*, CFL 2010, 177, 185 f.; *Johannsen-Roth*, AG 2007, 573, 578 f. *Kremer/Oesterhaus* in KölnKomm. WpÜG, Anh. zu § 31 WpÜG, § 7 WpÜG-AVO Rz. 9; *Zöllner* in KölnKomm. AktG, 2. Aufl. 2004, § 255 AktG Rz. 9 f.
735 *Herfs/Wyen* in FS Hopt, 2010, S. 1955, 1978.
736 *Marsch-Barner* in Kallmeyer, § 15 UmwG Rz. 2.

dies nicht zu einer Anpassung des Umtauschverhältnisses. Im Rahmen eines Tauschangebots kann nichts anderes gelten. War das Umtauschverhältnis im Zeitpunkt seiner Festlegung angemessen i.S.v. § 255 Abs. 2 AktG, kann eine nachträgliche Erhöhung des Kurswerts der als Gegenleistung angegebenen Aktie und/oder der Verschlechterung des Kurswerts der Zielgesellschafts-Aktie daran nichts ändern[737].

Gleichwohl sind bei Tauschangeboten **Preisanpassungsmechanismen** denkbar, um allen Kurs- oder sonstigen Wertveränderungen in Bezug auf die Tauschgegenstände Rechnung zu tragen[738]. Preisanpassungsklauseln dürfen jedoch nicht dazu führen, dass der gesetzliche Mindestpreis unterschritten werden kann[739]. In Bezug auf über den Mindestpreis hinausgehende Prämien sind sie aber zulässig. Ihre Anwendung führt nicht zu einer Änderung des Angebots i.S.d. § 21 WpÜG, wenn sie bereits in der Angebotsunterlage beschrieben sind und bei Vorliegen bestimmter Voraussetzungen automatisch greifen[740]. 62.264

Feststellung der Mindestgegenleistung. Der nach § 5 WpÜG-AngVO ermittelte durchschnittliche Börsenkurs ist mit dem Vorerwerbspreis gemäß § 4 WpÜG-AngVO zu vergleichen. Der jeweils höhere Wert ist für die Feststellung der Mindestgegenleistung maßgeblich. Der das Übernahme- oder Pflichtangebot annehmende Aktionär hat einen Zahlungsanspruch sowohl auf den sich hieraus ergebenden Wert wie auf den Betrag, um den sich der Angebotspreis aufgrund von Vorerwerben ergibt[741]. 62.265

c) Art der Gegenleistung
aa) Allgemeines

Nach § 31 Abs. 2 WpÜG hat der Bieter eine Geldleistung in Euro oder in liquiden Aktien anzubieten. Der Bieter kann auch eine **kombinierte Gegenleistung** anbieten, was bei einem Tauschangebot zum Ausgleich von Spitzen häufig erforderlich sein wird[742]. Nach § 21 Abs. 1 Nr. 2 WpÜG kann der Bieter den Aktionären der Zielgesellschaft vor Ablauf der Annahmefrist im Wege der Angebotsänderung wahlweise eine andere Gegenleistung anbieten. Ebenso ist es dem Bieter gestattet, von Anfang an zwei alternative Gegenleistungen anzubieten[743]. Die BaFin erlaubt dabei zwar, dass bei der Art der wahlweise gewährten Gegenleistung von § 31 Abs. 2 WpÜG abgewichen wird und somit auch außerhalb des EWR gehandelte Aktien angeboten werden dürfen, hinsichtlich der Höhe der Gegenleistung will die BaFin indessen die Mindestpreisregel gelten lassen[744]. Das überzeugt nicht. Der Aktionär der Zielgesellschaft ist aufgrund des Wahlrechts nicht schlechter gestellt als wenn der Bieter nur eine nach § 31 Abs. 2 WpÜG zulässige Gegenleistung anbieten würde[745]; es muss nur sichergestellt sein, dass die Ak- 62.266

---

737 *Bücker*, CFL 2010, 177, 186; *Herfs/Wyen* in FS Hopt, 2010, S. 1955, 1978 f.; i.E. ebenso *Kremer/Oesterhaus* in KölnKomm. WpÜG, Anh. zu § 31 WpÜG, § 7 WpÜG-AVO Rz. 10.
738 Dazu näher *Hasselbach/Alles*, AG 2021, 209 ff.
739 *Hasselbach/Alles*, AG 2021, 209, 213.
740 *Hasselbach/Alles*, AG 2021, 209, 214; *Kremer/Oesterhaus* in KölnKomm. WpÜG, § 7 WpÜG-AVO Rz. 11; *Marsch-Barner* in Baums/Thoma, § 31 WpÜG Rz. 59; *Merkner/Sustmann* in Baums/Thoma, § 18 WpÜG Rz. 155.
741 BGH v. 29.7.2014 – II ZR 353/12, AG 2014, 662, 664 Rz. 21 ff.
742 *Haarmann* in FrankfurtKomm. WpÜG, § 31 WpÜG Rz. 100; *Herfs/Wyen* in FS Hopt, 2010, S. 1955, 1966 ff.; *Marsch-Barner* in Baums/Thoma, § 31 WpÜG Rz. 61; vgl. etwa das Teilangebot der Deutsche Balaton Biotech AG an die Aktionäre der Biofrontera AG v. 28.5.2018, das Übernahmeangebot der Deutsche Annington Immobilien SE v. 19.12.2014 an die Aktionäre der GAGFAH S.A. sowie das Übernahmeangebot der ADLER Real Estate Aktiengesellschaft v. 30.4.2015 an die Aktionäre der WESTGRUND Aktiengesellschaft.
743 *Boucsein/Schmiady*, AG 2016, 597, 600; *Hasselbach/Alles*, AG 2021, 209, 201.
744 *Boucsein/Schmiady*, AG 2016, 597, 600 f.; zust. *Diekmann* in Baums/Thoma, § 21 WpÜG Rz. 21; *Hasselbach* in KölnKomm. WpÜG, § 21 WpÜG Rz. 26.
745 *Herfs/Wyen* in FS Hopt, 2010, S. 1955, 1966; *Reinhardt/Kocher* in Paschos/Fleischer, Handbuch Übernahmerecht nach dem WpÜG, § 15 Rz. 52; *Wackerbarth* in MünchKomm. AktG, 5. Aufl. 2021, § 31 WpÜG Rz. 71.

tionäre auf jeden Fall das Recht haben, eine § 31 WpÜG entsprechende Gegenleistung verlangen zu können[746]. Aus § 11 Abs. 1 Satz 2 WpÜG ergibt sich allerdings, dass in der Angebotsunterlage deutlich werden muss, dass die alternative Gegenleistung den Anforderungen des § 31 WpÜG nicht genügt. Zulässig auch nach der Verwaltungspraxis der BaFin ist es, wenn die alternative Gegenleistung nicht den Anforderungen des § 31 Abs. 2 WpÜG entspricht, sofern die andere Gegenleistung diesen Anforderungen genügt[747].

62.267 **Geldleistung in Euro.** Mit der Festlegung auf die Währung Euro wollte der Gesetzgeber die Aktionäre der Zielgesellschaft vor Währungsrisiken schützen[748]. Die Beschränkung auf Euro gilt aber nur, soweit die Geldleistung – ggf. mit einem Teil der Gegenleistung in liquiden Aktien – erforderlich ist, um den für die Angemessenheit notwendigen Mindestbetrag zu erreichen. Darüber hinausgehende Aufschläge kann der Bieter frei gestalten und insoweit auch eine Geldleistung in anderer Währung anbieten[749].

bb) Liquide Aktien

62.268 Im Rahmen von Tauschangeboten können als Gegenleistung nur liquide Aktien, mit Ausnahme von *Depositary Receipts*[750], aber keine sonstigen Wertpapiere i.S.d. § 2 Abs. 2 WpÜG angeboten werden. Ob die Aktien vom Bieter selbst oder von einer anderen Gesellschaft ausgegeben sind, spielt keine Rolle[751]. Die Aktien müssen auch erst im Zeitpunkt der Erfüllung der Gegenleistung börsennotiert sein[752]. Ferner kann es sich auch um Aktien einer Gesellschaft handeln, die ihrerseits kontrolliert wird, solange nur die Liquidität gewahrt ist. Was unter **liquiden Aktien** zu verstehen ist, ergibt sich nur zum Teil aus § 31 Abs. 2 WpÜG. Jedenfalls muss es sich um Aktien handeln, die an einem organisierten Markt i.S.d. § 2 Abs. 7 WpÜG zum Börsenhandel zugelassen sind. Damit scheiden Aktien von Unternehmen aus, die z.B. ausschließlich an einer US-amerikanischen Börse notiert sind[753]. Die Börsennotierung an einem organisierten Markt reicht aber alleine nicht aus[754]. Vielmehr müssen die Aktien geeignet sein, schnell und einfach an der Börse veräußert werden zu können[755]. Zur weiteren Konkretisierung wurde bislang nur vereinzelt vertreten, hierfür auf den Begriff der liquiden Aktie nach der MIFID-Durchführungsverordnung (kurz: MIFID-DVO) abzustellen[756]. Art. 22 Abs. 1 MIFID-DVO

---

[746] Begr. RegE zu § 31 Abs. 2 WpÜG; *Haarmann* in FrankfurtKomm. WpÜG, § 31 WpÜG Rz. 96 f.; *Marsch-Barner* in Baums/Thoma, § 31 WpÜG Rz. 61; *Süßmann* in Angerer/Geibel/Süßmann, § 31 WpÜG Rz. 24.

[747] *Boucsein/Schmiady*, AG 2016, 597, 601 f.; *Hasselbach* in KölnKomm. WpÜG, § 21 WpÜG Rz. 36; *Hasselbach/Alles*, AG 2021, 209, 210. Denkbar sind z.B. Wertpapiere, die nicht an einem organisierten Markt i.S.d. § 2 Abs. 7 WpÜG zugelassen und damit nicht liquide i.S.v. § 31 Abs. 2 Satz 1 WpÜG sind.

[748] Begr. RegE zu § 31 Abs. 2 WpÜG.

[749] *Herfs/Wyen* in FS Hopt, 2010, S. 1955, 1966; *Kremer/Oesterhaus* in KölnKomm. WpÜG, § 31 WpÜG Rz. 37; *Marsch-Barner* in Baums/Thoma, § 31 WpÜG Rz. 61.

[750] *Kremer/Oesterhaus* in KölnKomm. WpÜG, § 31 WpÜG Rz. 25; *Marsch-Barner* in Baums/Thoma, § 31 WpÜG Rz. 66.

[751] In dem am 28.5.2018 veröffentlichten Angebot der Deutsche Balaton Biotech AG an die Aktionäre der Biofrontera AG wurde erstmals eine Gegenleistung angeboten, die in anderen Aktien als denen des Bieters bestand; vgl. BaFin, Jahresbericht 2018, S. 147.

[752] Begr. RegE zu § 31 Abs. 2 WpÜG (Börsenzulassung „spätestens zum Zeitpunkt der Übereignung" an die Angebotsadressaten); *Technau*, AG 2002, 260, 265.

[753] Begr. RegE zu § 31 Abs. 2 WpÜG mit dem Hinweis, dass in solchen Fällen Bieter nicht gehindert seien, „ihre Aktien an einer Börse im Europäischen Wirtschaftsraum zuzulassen"; *Marsch-Barner* in Baums/Thoma, § 31 WpÜG Rz. 68.

[754] *Brandi/Kiefer*, ZIP 2021, 1382, 1383 m.w.N.

[755] *Kremer/Oesterhaus* in KölnKomm. WpÜG, § 31 WpÜG Rz. 30.

[756] VO (EG) Nr. 1287/2006 der Kommission v. 10.8.2006, ABl. EU Nr. L 241 v. 2.9.2006; für die Anwendung dieser Verordnung *Wackerbarth* in MünchKomm. AktG, 5. Aufl. 2021, § 31 WpÜG Rz. 64.

verlangt, dass die Aktie täglich gehandelt wird, der Streubesitz nicht unter 500 Mio. Euro liegt und der durchschnittliche Handel mit der Aktie nicht unter 500 sowie der durchschnittliche Handelsumsatz nicht unter 2 Mio. Euro liegt. Das OLG Frankfurt/Main hat sich dem entgegen der bisherigen Entscheidungspraxis der BaFin und der überwiegenden Literaturauffassung angeschlossen[757]. Damit mag zwar ein klares Kriterium geschaffen worden zu sein. Im Ergebnis führt das dazu, dass künftig nur noch Aktien von börsennotierten Gesellschaften mit einer Marktkapitalisierung von mindestens 500 Mio. Euro als Gegenleistung angeboten werden dürfen.

§ 31 Abs. 2 Satz 2 WpÜG stellt im Sinne des Gleichbehandlungsgrundsatzes klar, dass für **stimmberechtigte Aktien** der Zielgesellschaft auch Aktien mit Stimmrecht als Gegenleistung angeboten werden müssen. Dies gilt nicht für Vorzugsaktien, die nur nach § 140 Abs. 2 AktG ein vorübergehendes Stimmrecht gewähren; den Inhabern von Vorzugsaktien dürfen daher stimmrechtslose Aktien angeboten werden[758]. Nicht vorausgesetzt wird, dass das Stimmrecht der angebotenen Aktien auch das gleiche Stimmgewicht hat wie die Aktien der Zielgesellschaft. Dies kann sich etwa auswirken, wenn die Bietergesellschaft neben den angebotenen Aktien auch Aktien mit Mehrstimmrechten ausgegeben hat[759]. In diesem Fall muss aber die Angebotsunterlage gemäß § 2 Nr. 2 WpÜG-AngVO i.V.m. § 7 WpPG entsprechende Hinweise enthalten.

62.269

cc) Obligatorische Geldleistung

Nach § 31 Abs. 3 WpÜG muss der Bieter eine Geldleistung in Euro anbieten, wenn er Aktien oder Stimmrechte der Zielgesellschaft in einem bestimmten Umfang vor Veröffentlichung der Angebotsunterlage bzw. der Kontrollerlangung (Vorerwerbe, vgl. § 31 Abs. 3 WpÜG) oder während der Annahmefrist (Parallelerwerbe, vgl. § 31 Abs. 4 WpÜG) erworben hat. Die Regelung ist eine besondere Ausprägung des Gleichbehandlungsgrundsatzes[760].

62.270

Für § 31 Abs. 3 WpÜG kommt es allein auf den **Erwerb** von Aktien oder Stimmrechten der Zielgesellschaft in dem jeweils bestimmten Umfang, nicht aber auf den **Bestand** an. Dementsprechend ist es unerheblich, ob der Bieter seinen Aktienbestand an der Zielgesellschaft während des jeweiligen Referenzzeitraums wieder reduziert oder ob Kapitalveränderungen zu einer Bestandserhöhung oder -reduzierung führen[761]. Der Erwerb muss sich unmittelbar auf Aktien der Zielgesellschaft richten. Abgesehen von Umgehungsfällen reicht es nicht aus, wenn Geschäftsanteile an einer GmbH erworben werden, die Aktien an der Zielgesellschaft hält[762]. Neben dem dinglichen Erwerb werden gemäß § 31 Abs. 6 Satz 1 WpÜG auch dingliche Erwerbsrechte erfasst. Der Erwerb kann über die Börse sowie außerbörslich erfolgen. Erwerbsvorgänge von mit dem Bieter gemeinsam handelnden Personen oder deren Tochtergesellschaften werden dem Bieter zugerechnet, und zwar unabhängig davon, ob er davon Kenntnis hat oder nicht[763]. Der Bieter muss während der o.g. Zeiträume insgesamt entweder mindestens 5 % der Aktien oder der Stimmrechte erworben haben. Sind Gegenstand eines Vor- oder Parallelerwerbs nur Aktien einer Gattung (z.B. nur Vorzugsaktien), muss der Bieter gleichwohl für alle zum

62.271

---

757 OLG Frankfurt am Main v. 11.1.2021 – WpÜG 1/20, AG 2021, 351; dazu *Brandi/Kiefer*, ZIP 2021, 1382 ff.
758 *Haarmann* in FrankfurtKomm. WpÜG, § 31 WpÜG Rz. 94; *Kremer/Oesterhaus* in KölnKomm. WpÜG, § 31 WpÜG Rz. 35; *Marsch-Barner* in Baums/Thoma, § 31 WpÜG Rz. 74.
759 *Haarmann* in FrankfurtKomm. WpÜG, § 31 WpÜG Rz. 92 a.E.; *Kremer/Oesterhaus* in KölnKomm. WpÜG, § 31 WpÜG Rz. 36; *Marsch-Barner* in Baums/Thoma, § 31 WpÜG Rz. 73; siehe auch BaFin, Jahresbericht 2005, S. 173 (in Bezug auf das Übernahmeangebot der UniCredit an die Aktionäre der HVB).
760 Begr. RegE zu § 31 Abs. 3 WpÜG (abgedruckt bei *Fleischer/Kalss*, Das neue WpÜG, S. 641 f.).
761 *Haarmann* in FrankfurtKomm. WpÜG, § 31 WpÜG Rz. 103; *Kremer/Oesterhaus* in KölnKomm. WpÜG, § 31 WpÜG Rz. 50 f.; *Marsch-Barner* in Baums/Thoma, § 31 WpÜG Rz. 80.
762 *Marsch-Barner* in Baums/Thoma, § 31 WpÜG Rz. 82.
763 *Kremer/Oesterhaus* in KölnKomm. WpÜG, § 31 WpÜG Rz. 52.

Erwerb angebotenen Aktien der Zielgesellschaft eine Geldleistung anbieten[764]. Maßgebend ist allein, ob der Bieter durch den Erwerb von Vorzugsaktien oder Stammaktien mindestens 5 % des Grundkapitals oder der Stimmrechte erworben hat.

62.272 Nicht geregelt ist der Fall, der **gemischten Geldleistung**. Da § 31 Abs. 3 WpÜG die Gleichbehandlung der Angebotsadressaten bezweckt, ist kein Grund ersichtlich, warum die Aktionäre der Zielgesellschaft während eines Übernahmeangebots anders oder besser behandelt werden sollen als Parteien im Rahmen des Vorerwerbs. Daher ist der Bieter nur verpflichtet, im selben Verhältnis eine Gegenleistung in Euro anzubieten[765].

62.273 Wird die Angebotsfrist gemäß §§ 21 oder 22 WpÜG verlängert, erweitert sich entsprechend der Referenzzeitraum des § 31 Abs. 3 WpÜG. Aktienerwerbe während der weiteren Annahmefrist gemäß § 16 Abs. 2 WpÜG sind angesichts des eindeutigen Wortlauts im Rahmen von § 31 Abs. 3 WpÜG nicht zu berücksichtigen[766].

62.274 **Rechtsfolge.** Liegt ein Tatbestand des § 31 Abs. 3 WpÜG vor, muss die Gegenleistung im Rahmen des Übernahme- oder Pflichtangebots zwingend in Euro bestehen; in welcher Währung die Gegenleistung bei einem solchen Vor- oder Parallelerwerb erbracht wurde, spielt keine Rolle. Es reicht aber aus, wenn der Bieter die Geldleistung in Euro wahlweise anbietet[767]. Die Rechtsfolge des § 31 Abs. 3 WpÜG kann auch Einfluss auf den Inhalt der Angebotsunterlage haben. Bei einem Vorerwerb muss die obligatorische Geldleistung von Anfang an in der Angebotsunterlage berücksichtigt werden. Im Fall eines Parallelerwerbs kommt eine Änderung der Angebotsunterlage nach § 21 Abs. 1 Nr. 2 WpÜG jedoch nicht in Betracht[768].

dd) Erhöhung der Gegenleistung

62.275 Unter den Voraussetzungen des § 31 Abs. 4 und 5 WpÜG muss der Bieter seine Gegenleistung nach oben anpassen, wenn er parallel zum Angebotsverfahren (Abs. 4 – **Parallelerwerb**) oder innerhalb eines Jahres nach dessen Beendigung (Abs. 5 – **Nacherwerb**) Aktien der Zielgesellschaft gegen eine wertmäßig höhere Gegenleistung erwirbt. Auch hier muss sich der Erwerb auf Aktien der Zielgesellschaft richten[769], so dass – abgesehen von Umgehungsfällen – der Erwerb von Anteilen an einer Gesellschaft, die Aktien der Zielgesellschaft hält, grundsätzlich keinen Nach- oder Parallelerwerb darstellt. Die Pflicht zur Erhöhung der Gegenleistung wird durch entsprechende Mitteilungs- und Veröffentlichungspflichten nach § 23 Abs. 2 WpÜG im Sinne des Transparenzgebots flankiert.

62.276 **Parallelerwerb gemäß § 31 Abs. 4 WpÜG.** § 31 Abs. 4 WpÜG setzt zunächst voraus, dass der Bieter Aktien (nicht sonstige Wertpapiere i.S.d. § 2 Abs. 7 WpÜG) der Zielgesellschaft entweder über die Börse oder in sonstiger Weise erwirbt. Der Umfang des Erwerbs spielt keine Rolle; das Gesetz kennt im Rahmen von § 31 Abs. 4 WpÜG **keine Bagatellgrenze**. Der maßgebliche Zeitraum beginnt mit der Veröffentlichung der Angebotsunterlage nach § 14 Abs. 3 Satz 1 WpÜG und endet mit Veröffentlichung des Angebotsergebnisses gemäß § 23 Abs. 1 Satz 1 Nr. 2 WpÜG. Relevant und nachbesserungspflichtig ist nur ein Aktienerwerb gegen **wertmäßig höhere Gegenleistung**. Zu deren Feststellung ist ein Wert-

---

[764] *Kremer/Oesterhaus* in KölnKomm. WpÜG, § 31 WpÜG Rz. 41; vgl. auch *Süßmann* in Angerer/Geibel/Süßmann, § 31 WpÜG Rz. 31.
[765] *Kremer/Oesterhaus* in KölnKomm. WpÜG, § 31 WpÜG Rz. 50; abw. *Marsch-Barner* in Baums/Thoma, § 31 WpÜG Rz. 85 (maßgebend sei der Schwerpunkt der Gegenleistung).
[766] *Krause* in Assmann/Pötzsch/Uwe H. Schneider, § 31 WpÜG Rz. 76c; *Kremer/Oesterhaus* in KölnKomm. WpÜG, § 31 WpÜG Rz. 47; *Marsch-Barner* in Baums/Thoma, § 31 WpÜG Rz. 85; *Süßmann* in Angerer/Geibel/Süßmann, § 31 WpÜG Rz. 34; a.A. *Santelmann/Nestler* in Steinmeyer, § 31 WpÜG Rz. 84.
[767] *Haarmann* in FrankfurtKomm. WpÜG, § 31 WpÜG Rz. 149.
[768] Siehe Rz. 62.150; anders noch 1. Aufl., § 59 Rz. 168.
[769] *Kremer/Oesterhaus* in KölnKomm. WpÜG, § 31 WpÜG Rz. 62.

vergleich erforderlich. Maßgeblich ist zunächst, welche Gegenleistung im Rahmen des Parallelerwerbs gewährt oder vereinbart wurde. Dabei ist für die Gegenleistung des Parallelerwerbs der **Zeitpunkt** ihrer Vereinbarung oder Gewährung maßgeblich[770]. Einfach ist diese Feststellung, wenn Leistung und Gegenleistung identisch sind und z.B. ein höherer Barpreis oder ein besseres Umtauschverhältnis für die gleichen Aktien angeboten wurden. Im Übrigen ist eine Bewertung vorzunehmen. Alle wertbeeinflussenden Tatsachen sind zu berücksichtigen, soweit sie als Gegenleistung des Parallelerwerbs anzusehen sind und somit in einem Austauschverhältnis stehen. Das bedeutet, dass werterhöhende Bestandteile der Gegenleistung hinzu zu rechnen sind, während Leistungsbestandteile, die nicht mit dem Erwerb der Aktien zusammenhängen und zusätzlich erbracht werden, herauszurechnen sind[771]. Die Wert beeinflussenden Faktoren müssen allerdings nach objektiven Maßstäben quantifizierbar sein und sich auf den wirtschaftlichen Wert der Gegenleistung auswirken[772].

Rechtsfolge. Durch den Parallelerwerb gegen eine höhere Gegenleistung erhöht sich gegenüber denjenigen Aktionären, die das Angebot noch nicht angenommen haben, aber noch annehmen können, kraft Gesetzes die Gegenleistung; diejenigen Aktionäre, die das Angebot angenommen haben, erhalten einen gesetzlichen Anspruch auf Nachbesserung[773]. Um diesen Nachbesserungsanspruch feststellen zu können, muss der Bieter Parallelerwerbe nach § 23 Abs. 2 WpÜG veröffentlichen.

Nacherwerb gemäß § 31 Abs. 5 WpÜG. Nach § 31 Abs. 5 WpÜG muss der Bieter die Gegenleistung nachträglich erhöhen, wenn er innerhalb eines Jahres nach Veröffentlichung des Angebotsergebnisses (§ 23 Abs. 1 Nr. 2 WpÜG) Aktien außerhalb der Börse für eine höhere Gegenleistung erworben oder den Erwerb vereinbart hat. Als Vereinbarung über einen Erwerb gilt nicht die Einräumung eines Andienungsrechts des Aktionärs (Put Option)[774]. Die Vorschrift birgt für den Bieter ein erhebliches **Risiko**, weil ihm auch Nacherwerbe von gemeinsam handelnden Personen oder deren Tochterunternehmen zugerechnet werden. Der Aktienerwerb muss **außerhalb der Börse** erfolgen; eine Bagatellgrenze gibt es ebenso wenig wie bei § 31 Abs. 4 WpÜG. Im Umkehrschluss aus § 31 Abs. 6 Satz 2 WpÜG ergibt sich, dass auch die Zeichnung von Aktien im Rahmen einer Kapitalerhöhung unter Ausschluss des gesetzlichen Bezugsrechts als Nacherwerb anzusehen ist[775]. Hinsichtlich der Wertberechnung gilt das Gleiche wie zu § 31 Abs. 4 WpÜG. Ausgenommen sind Nacherwerbe aufgrund einer gesetzlichen Verpflichtung, so dass etwa Abfindungszahlungen aufgrund von Beherrschungs- und Gewinnabführungsverträgen sowie von Umwandlungsmaßnahmen nicht zu einer Erhöhung des Angebotspreises führen (§ 31 Abs. 5 Satz 2 pÜG). Das gilt nach Ansicht der OLG Frankfurt/Main auch, wenn mit einzelnen Aktionären die Höhe der Abfindung für den Fall der Durchführung einer solchen Maßnahme vereinbart wurde[776].

Rechtsfolge. Ein Nacherwerb zu besseren Konditionen führt nicht automatisch zu einer höheren Gegenleistung, sondern begründet einklagbare (§ 61 Abs. 1 AktG) Ansprüche der Aktionäre gegen den Bieter auf Zahlung des Differenzbetrages in Geld. Umstritten ist, ob die Fälligkeit dieses Differenzanspruchs bereits dann eintritt, wenn im Rahmen des Nacherwerbs die Gegenleistung vereinbart wird[777]. Dafür spricht der Wortlaut der Bestimmung. Aus Gründen der Gleichbehandlung spricht je-

---

770 *Haarmann* in FrankfurtKomm. WpÜG, § 31 WpÜG Rz. 131; *Krause* in Assmann/Pötzsch/Uwe H. Schneider, § 31 WpÜG Rz. 112; *Marsch-Barner* in Baums/Thoma, § 31 WpÜG Rz. 99.
771 *Marsch-Barner* in Baums/Thoma, § 31 WpÜG Rz. 98.
772 *Kremer/Oesterhaus* in KölnKomm. WpÜG, § 31 WpÜG Rz. 70.
773 *Pohlmann*, ZGR 2007, 1, 14 f.
774 OLG Frankfurt am Main v. 7.7.2020 – 5 U 71/19, AG 2021, 161, Rz. 60; dazu *Hasselbach/Stepper*, BB 2021, 771, 777 f.
775 *Renzenbrink/Holzner*, NZG 2003, 200, 202; *Marsch-Barner* in Baums/Thoma, § 31 WpÜG Rz. 103; *Süßmann* in Angerer/Geibel/Süßmann, § 31 WpÜG Rz. 71.
776 OLG Frankfurt am Main v. 7.7.2020 – 5 U 71/19, AG 2021, 161, Rz. 57.
777 So *Krause* in Assmann/Pötzsch/Uwe H. Schneider, § 31 WpÜG Rz. 145; *Kremer/Oesterhaus* in KölnKomm. WpÜG, § 31 WpÜG Rz. 93; *Marsch-Barner* in Baums/Thoma, § 31 WpÜG Rz. 115; a.A. *Süßmann* in Angerer/Geibel/Süßmann, § 31 WpÜG Rz. 58.

doch nichts dafür, die Aktionäre der Zielgesellschaft besser zu stellen als den Verkäufer im Rahmen des Nacherwerbs. Die Fälligkeit der Differenzzahlung richtet sich nach der Fälligkeit des Nacherwerbs; hat der Bieter vor Fälligkeit geleistet, muss er den Differenzbetrag entsprechend früher leisten. Nach § 31 Abs. 5 Satz 2 WpÜG ist der Bieter nicht zur Leistung des Differenzbetrages verpflichtet, wenn der Nacherwerb im Zusammenhang mit einer gesetzlichen Abfindungspflicht stand, also bei Verschmelzungen, Spaltungen oder Vermögensübertragungen. Erfasst werden in solchen Fällen auch Abfindungszahlungen, die im Rahmen solcher Verfahren aufgrund eines Vergleichs gezahlt wurden.

d) Erwerbsoptionen
aa) Tatbestand des § 31 Abs. 6 WpÜG

62.280   In Bezug auf Vor-, Parallel- und Nacherwerbe erweitert § 31 Abs. 6 WpÜG den Erwerbsbegriff insoweit, als hierunter auch die Einräumung des Rechts fällt, die dingliche Übertragung von Aktien zu verlangen. Diese Bestimmung dient dem **Umgehungsschutz**[778]. Der Bieter soll an dem Preis festgehalten werden, den er aufgrund von Aktienerwerben im zeitlichen Zusammenhang mit einem Übernahme- oder Pflichtangebot selbst als angemessen angesehen hat[779]. Die Formulierung in § 31 Abs. 6 WpÜG ist weiter gefasst als im Zurechnungstatbestand des § 30 Abs. 1 Satz 1 Nr. 5 WpÜG. Im Rahmen von § 31 Abs. 6 WpÜG kommt es offenbar nicht darauf an, dass die Herbeiführung des Eigentumserwerbs allein in der Hand des Berechtigten liegt. Somit dürften hier Bedingungen oder Befristungen, deren Eintritt der Bieter nicht allein bestimmen kann, unschädlich sein[780]. Gleichwohl muss es sich auch hier um Erwerbsrechte handeln und nicht lediglich um Ankaufsrechte oder Kaufoptionen[781]. Auch Put Optionen fallen nicht unter § 31 Abs. 6 WpÜG[782]. Der Berechtigte muss in der Lage sein, die dingliche Übertragung von Aktien zu verlangen. Darunter fallen auch Bezugsrechte aus Wandel- und Optionsschuldverschreibungen[783]. Ausdrücklich **ausgenommen** sind gemäß § 31 Abs. 6 Satz 2 WpÜG **gesetzliche Bezugsrechte** aus Kapitalerhöhungen. Diese gesetzliche Ausnahme gilt dagegen nicht für Bezugsrechte einzelner Zeichner bei Kapitalerhöhungen unter Ausschluss des gesetzlichen Bezugsrechts[784].

Umstritten ist die Behandlung von **Wandelschuldverschreibungen**. Hierbei ist zunächst zu unterscheiden zwischen dem **derivativen** Erwerb einer bereits ausgegebenen Wandelschuldverschreibung sowie dem **erstmaligen** Erwerb. Hinsichtlich des derivativen Erwerbs hat das OLG Frankfurt im Januar 2016 bezüglich des Übernahmeangebots der Dragonfly GmbH & Co. KGaA (McKesson Corporation) an die Aktionäre der Celesio AG entschieden, dass dieser unter § 31 Abs. 6 WpÜG falle[785]. Die BaFin lehnt dies indessen ab[786]. Beim erstmaligen Erwerb von Wandelschuldverschreibungen besteht indessen Einigkeit, dass dieser grundsätzlich unter § 31 Abs. 6 WpÜG fällt; allerdings kommt es hinsichtlich für die Berechnung des maßgeblichen Zeitraums auf den Zeitpunkt der Vereinbarung über die Zeichnung oder den erstmaligen Erwerb der Schuldverschreibung, nicht jedoch darüber hinaus auch auf den ggf. wesentlich längeren Ausübungszeitraum an[787].

---

778 Begr. RegE zu § 31 Abs. 6 WpÜG (abgedruckt bei *Fleischer/Kalss*, Das neue WpÜG, S. 644).
779 BGH v. 29.7.2014 – II ZR 353/12, AG 2014, 662, 665 Rz. 31.
780 *Kremer/Oesterhaus* in KölnKomm. WpÜG, § 31 WpÜG Rz. 97; *Marsch-Barner* in Baums/Thoma, § 31 WpÜG Rz. 122.
781 A.A. insoweit *J. Vetter*, AG 2003, 478, 482.
782 *Marsch-Barner* in Baums/Thoma, § 31 WpÜG Rz. 122.
783 *Haarmann* in FrankfurtKomm. WpÜG, § 31 WpÜG Rz. 160; *Marsch-Barner* in Baums/Thoma, § 31 WpÜG Rz. 122.
784 *Marsch-Barner* in Baums/Thoma, § 31 WpÜG Rz. 125; *Süßmann* in Angerer/Geibel/Süßmann, § 31 WpÜG Rz. 71; *Renzenbrink/Holzner*, NZG 2003, 200, 202.
785 OLG Frankfurt am Main v. 19.1.2016 – 5 U 2/15, AG 2016, 249; zust. *Nikoleyczik/Hildebrand*, NZG 2016, 505; siehe dazu auch näher Rz. 62.74.
786 BaFin, Jahresbericht 2014, S. 233 ff.; siehe auch *Boucsein/Schmiady*, AG 2016, 597, 602 ff.
787 BGH v. 29.7.2014 – II ZR 353/12 – Deutsche Bank/Postbank, AG 2014, 662, 665 Rz. 32 f.

bb) Bemessung der Gegenleistung

Das Gesetz regelt nicht, wie die Gegenleistung bei Einräumung von Erwerbsrechten zu berechnen ist. Im Schrifttum wird die Frage kontrovers diskutiert[788]. Richtig ist, dass sich die Gegenleistung für Erwerbsrechte zunächst aus der Summe der für die Einräumung des Rechts erbrachten Leistung (Optionsprämie) und der bei Ausübung des Erwerbsrechts zu erbringenden Leistung (Ausübungspreis) ergibt. In Anbetracht des Gleichbehandlungsgrundsatzes muss aber weiter differenziert werden, indem nicht auf die ursprünglich gezahlte Optionsprämie abgestellt wird, sondern auf deren Wert im Zeitpunkt der Ausübung des Erwerbsrechts[789].

62.281

e) Durchsetzung und Sanktionen

War die erhöhte Gegenleistung schon in der Angebotsunterlage zu berücksichtigen, führt das bei Unterlassen der Angabe der richtigen Gegenleistung dazu, dass das Angebot gesetzwidrig ist und nach § 15 Abs. 1 Nr. 2 WpÜG untersagt werden muss. Der BaFin stehen im Übrigen umfangreiche Ermittlungsbefugnisse zu, um die Angemessenheit der Gegenleistung beurteilen zu können (§ 40 Abs. 1 WpÜG). Einzelne Aktionäre müssen ihre Ansprüche notfalls klageweise im Rahmen ordentlicher Gerichtsverfahren geltend machen[790], da ein Spruchverfahren nicht vorgesehen ist. Hinsichtlich der Darlegungs- und Beweislast gelten die allgemeinen Grundsätze[791]. Sanktionen wie eine Sperrfrist nach § 26 WpÜG oder die Verzinsungspflicht (§ 38 WpÜG) werden durch den Verstoß gegen § 31 WpÜG nicht ausgelöst[792]; diese Bestimmungen greifen nur bei vollständiger Nichterfüllung, nicht aber im Falle zu niedriger Gegenleistung.

62.282

5. Verteidigungsmaßnahmen gegen feindliche Übernahmeangebote

a) Überblick

aa) Begriff und Bedeutung

Von einem **feindlichen Übernahmeangebot** spricht man, wenn dieses dem Willen der Verwaltung der Zielgesellschaft widerspricht[793]. Die Ursachen dafür, warum ein Übernahmeangebot aus Sicht der Verwaltung unerwünscht ist, können vielfältig sein. Sie liegen häufig in der Aufgabe der Selbständigkeit der Zielgesellschaft, weil der Vorstand in einer nicht kontrollierten Gesellschaft in der Regel mehr Handlungsspielraum hat. Weitere Ursachen können die Änderung der Geschäftspolitik oder erwartete Integrationsprobleme sein. Daneben werden die Verwaltungsmitglieder nicht selten den Verlust ihrer Posten befürchten[794]. Bislang haben feindliche Übernahmen unter Geltung des WpÜG eine geringe Rolle gespielt[795]. Jedenfalls wurden bislang keine Abwehrmaßnahmen ergriffen, mit denen Übernahmeangebote zum Scheitern gebracht wurden[796]. Gelegentlich zu beobachten sind mit dem Vorstand

62.283

---

[788] Zum Meinungsstand *J. Vetter*, AG 2003, 478, 482.
[789] *Kremer/Oesterhaus* in KölnKomm. WpÜG, § 31 WpÜG Rz. 99; *Marsch-Barner* in Baums/Thoma, § 31 WpÜG Rz. 123; *J. Vetter*, AG 2003, 478, 482 f.
[790] Zuständig ist das Landgericht entweder am Sitz der Zielgesellschaft oder dem Sitz bzw. Gerichtsstand des Bieters, § 61 Abs. 1 Satz 1 und 3 WpÜG.
[791] *Häger/Santelmann* in Steinmeyer/Häger, § 31 WpÜG Rz. 88; *Kremer/Oesterhaus* in KölnKomm. WpÜG, § 31 WpÜG Rz. 107; *Marsch-Barner* in Baums/Thoma, § 31 WpÜG Rz. 128.
[792] *Kremer/Oesterhaus* in KölnKomm. WpÜG, § 31 WpÜG Rz. 109.
[793] Vgl. BaFin, Jahresbericht 2010, Ziff. VI.5., S. 223 (zum Übernahmeangebot von ACS in Bezug auf HOCHTIEF).
[794] Zurückhaltend hinsichtlich der Bedeutung von solchen persönlichen Erwägungen *Sünner* in FS Quack, 1991, S. 457, 458.
[795] Siehe Rz. 62.14 und, auch mit internationalem Überblick, *Rowoldt/Starke*, Corporate Finance 2014, 209, 218.
[796] Die einzige Ausnahme war bislang die Kapitalerhöhung aus genehmigtem Kapital bei HOCHTIEF nach Veröffentlichung der Angebotsunterlage von ACS um knapp 10 %; vgl. dazu BaFin, Jahresbericht

der Zielgesellschaft nicht abgestimmte Angebote, sog. *unsolicited offers*. Eine weitere Variante ist der Erwerb von kleineren Aktienpaketen durch Finanzinvestoren, die zum Teil konzertiert versuchen, die Leitungsorgane der Zielgesellschaft unter Druck zu setzen. Symptomatisch war dafür der Fall „Deutsche Börse"[797]. Seitdem sind bei der KUKA AG, der AUGUSTA Technologie AG und zuletzt auch Stada Arzneimittel AG derartige Sachverhalte aufgetreten[798].

bb) Verteidigungsmaßnahmen

62.284 Es gibt eine Reihe denkbarer Verteidigungsmaßnahmen mit zum Teil schillernden Bezeichnungen (*poison pills; Pac Man defense, crown jewel defense* und *golden parachutes*)[799]; Vieles davon stammt aus der US-amerikanischen Praxis, wo es kein Vereitelungsgebot gibt und Einschränkungen von Abwehrmaßnahmen geringer sind[800], insbesondere in Bezug auf den Rückerwerb eigener Aktien[801]. Die meisten dieser Maßnahmen sind jedoch auf deutsches Recht nicht ohne Weiteres übertragbar[802]; ihre Anwendung scheitert häufig an den allgemeinen gesellschaftsrechtlichen Regeln. Verteidigungsmaßnahmen lassen sich grob danach einteilen, ob sie vorbeugend eingesetzt werden sollen oder zur Abwehr eines konkreten Übernahmeangebots. Diese Unterscheidung ist von Bedeutung, weil der zeitliche Anwendungsbereich des § 33 WpÜG auf die Übernahmephase[803] beschränkt ist.

cc) Maßgebliche Rechtsgrundlagen

62.285 **Aktienrecht und sonstige allgemeine Bestimmungen.** Die Organe der Zielgesellschaft sind zunächst an die aktienrechtlichen Bestimmungen gebunden, die vor, während und nach der Angebotsphase gelten, allerdings durch § 33 WpÜG teilweise überlagert werden. Außerdem sind (selbstverständlich) sonstige Bestimmungen der Rechtsordnung anwendbar (z.B. des allgemeinen Zivilrechts – etwa § 138 BGB – sowie des Strafrechts – etwa § 266 StGB).

62.286 **WpÜG.** Für Übernahmeangebote wird der allgemeine Pflichtenrahmen der Verwaltungsorgane während der Angebotsphase durch die Bestimmungen des WpÜG überlagert, insbesondere durch § 3 Abs. 3 und § 33 WpÜG, daneben noch § 10 Abs. 5 Satz 2, § 14 Abs. 4 Satz 2, § 27 und § 28 WpÜG. § 33 WpÜG bestimmt den kapitalmarktrechtlichen Rahmen für die Verhaltensmaßstäbe des Vorstands. Die aktienrechtlichen Vorschriften bleiben im Übrigen unberührt.

62.287 **Übernahmerichtlinie.** Die im April 2004 verabschiedete Übernahmerichtlinie sieht ein generelles Verbot für die Verwaltungsorgane der Zielgesellschaft vor, Maßnahmen zu treffen, durch die der Erfolg des Übernahmeangebots vereitelt werden kann (generelles **Vereitelungsverbot**). Davon ausgenommen

---

2010, Ziff. VI.5., S. 223 sowie Rz. 62.14; der Versuch des kanadischen Unternehmens Potash Corporation of Saskatchewan Inc., die K+S AG zu übernehmen, war bereits gescheitert, bevor eine Angebotsunterlage veröffentlicht wurde; siehe hierzu auch *Gaul*, AG 2016, 484.
797 Dazu *Seifert*, Invasion der Heuschrecken, 2006, passim.
798 Vgl. hierzu *Cahn* in Mülbert/Kiem/Wittig, 10 Jahre WpÜG, S. 77, 95 ff. sowie *Krause* in FS Uwe H. Schneider, 2011, S. 669 ff.; im Fall Stada Arzneimittel AG hat die BaFin überprüft, ob der Active Ownership Capital, die bestimmte Änderungen in der Zusammensetzung der Leitungsorgane verlangt hat, die Stimmrechte anderer Aktionäre zugerechnet werden müssten; vgl. HANDELSBLATT v. 28.7.2016 („BaFin nimmt AOC ins Visier").
799 Vgl. dazu *Achleitner*, Handbuch Investment Banking, 3. Aufl. 2002, S. 216 ff.; *Rowoldt/Starke*, Corporate Finance 2014, 209 ff.; *von Falkenhausen* in FS Stiefel, 1987, S. 163, 181 ff.
800 *Hopt* in Mülbert/Kiem/Wittig, 10 Jahre WpÜG, S. 42, 62 f.; *Rowoldt/Starke*, Corporate Finance 2014, 209, 2011 f.
801 *von Buddenbrock* in von Rosen/Seifert, Übernahme börsennotierter Unternehmen, S. 277, 279 f.
802 *Seibt* in Mülbert/Kiem/Wittig, 10 Jahre WpÜG, S. 148, 155; *Sünner* in FS Quack, 1991, S. 457, 459.
803 D.h. auf den Zeitraum ab Veröffentlichung der Angebotsentscheidung gemäß § 10 Abs. 3 WpÜG bis zur Veröffentlichung des Angebotsergebnisses nach § 23 Abs. 1 Nr. 2 oder Nr. 3 WpÜG; vgl. *Grunewald* in Baums/Thoma, § 33 WpÜG Rz. 17.

sind nach Art. 9 Abs. 2 Unterabs. 2 und Abs. 3 der Übernahmerichtlinie nur von der Hauptversammlung gebilligte Maßnahmen, Handlungen innerhalb des gewöhnlichen Geschäftsbetriebs sowie bereits vor dem Angebot gefasste oder umgesetzte Maßnahmen außerhalb des gewöhnlichen Geschäftsbetriebs und die Suche nach einem konkurrierenden Bieter. Art. 11 der Übernahmerichtlinie regelt die **Durchbrechung** bestimmter Satzungsregeln sowie Vereinbarungen zwischen einzelnen Aktionären, welche etwa Erschwerungen der Übertragung von Aktien oder Stimmrechtsbeschränkungen vorsehen. Die Wirkung derartiger Beschränkungen ist während der Annahmefrist aufgehoben. Nach Art. 10 der Übernahmerichtlinie muss die Gesellschaft bestimmte satzungsmäßige oder in Aktionärsvereinbarungen geregelte **Übernahmebeschränkungen veröffentlichen**. Die Mitgliedstaaten können jedoch gemäß Art. 12 der Übernahmerichtlinie bestimmen, das strenge Vereitelungsverbot und die Durchbrechungsregeln nicht in das nationale Recht umzusetzen (*opt out*). Gleichzeitig muss den Zielgesellschaften die Möglichkeit gegeben werden, sich freiwillig dem strengen Regime der Übernahmerichtlinie zu unterwerfen (*opt in*). Im Rahmen des opt in ist den entsprechenden Zielgesellschaften wiederum das Recht einzuräumen, die strengen Regeln dann nicht anwenden zu müssen, wenn auch der Bieter diesen Regeln nicht unterliegt (**Reziprozität**).

Umsetzung. Die Übernahmerichtlinie ist durch Gesetz vom 8.7.2006 umgesetzt worden[804]. Der deutsche Gesetzgeber hat von der opt out-Möglichkeit Gebrauch gemacht, so dass § 33 Abs. 1 WpÜG weiterhin gilt. Die *opt in*-Regelung im Hinblick auf das **europäische Vereitelungsverbot** findet sich in § 33a WpÜG und in Bezug auf die **Durchbrechungen** in § 33b WpÜG. Die **Reziprozität** ist in § 33c WpÜG geregelt. Die erforderliche **Transparenz** von möglichen Übernahmebeschränkungen muss durch Darstellung im Lagebericht oder Konzernlagebericht gemäß **§ 289 Abs. 4, § 315 Abs. 4 HGB** hergestellt werden.

62.288

Vereitelungsverbot. Nach § 33a Abs. 1 WpÜG kann die Satzung der Zielgesellschaft bestimmen, dass das mit zahlreichen Einschränkungen versehene Vereitelungsverbot des § 33 WpÜG keine Anwendung findet, sondern durch das strengere Vereitelungsverbot des § 33a Abs. 2 WpÜG ersetzt wird. Gemäß § 33a Abs. 2 Satz 2 Nr. 1 WpÜG dürfen zunächst nur solche, das Übernahmeangebot möglicherweise verhindernde Maßnahmen vorgenommen werden, wenn der Vorstand hierzu von einer nach Veröffentlichung der Angebotsentscheidung einberufenen Hauptversammlung ermächtigt wurde. Eine zeitlich vor einem bestimmten Übernahmeverfahren erteilte Vorratsermächtigung reicht somit nicht aus. Dann darf der Vorstand gemäß § 33a Abs. 2 Satz 2 Nr. 2 WpÜG nur Maßnahmen innerhalb des „normalen Geschäftsbetriebs" vornehmen. Maßnahmen außerhalb des gewöhnlichen Geschäftsbetriebs sind nur zulässig, wenn sie der Umsetzung von Entscheidungen dienen, die bereits vor Veröffentlichung der Angebotsentscheidung getroffen wurden. Schließlich erlaubt § 33a Abs. 2 Satz 2 Nr. 4 WpÜG die Suche nach einem konkurrierenden Bieter. Der wesentliche Unterschied zu § 33 WpÜG besteht somit zum einen darin, dass eine Selbstbefreiung vom Vereitelungsverbot durch die Verwaltung (d.h. durch Zustimmung des Aufsichtsrats, § 33 Abs. 1 Satz 2 Alt. 3 WpÜG) nicht ausreicht. Zum anderen ist der Umfang der Geschäftstätigkeit stärker eingeschränkt, weil neue außergewöhnliche Geschäftsmaßnahmen nicht vorgenommen werden dürfen. Schließlich sieht § 33a Abs. 2 WpÜG keine Vorratsbeschlüsse vor. Der Vorstand der Zielgesellschaft muss die BaFin sowie sonstige zuständige Aufsichtsbehörden gemäß § 33a Abs. 3 WpÜG unverzüglich von der Beschlussfassung über eine Satzungsregelung nach § 33a Abs. 1 WpÜG unterrichten. Soweit ersichtlich, wurde von der Möglichkeit des *opt in* bislang praktisch kein Gebrauch gemacht.

62.289

Durchbrechung[805]. Nach § 33b Abs. 1 WpÜG kann die Satzung der Zielgesellschaft vorschreiben, dass ab Veröffentlichung der Angebotsunterlage bestimmte Regelungen, die den Erfolg des Übernahmeangebots[806] verhindern könnten, außer Kraft gesetzt sind. Von der Durchbrechungsregelung erfasst sind

62.290

---

804 BGBl. I 2006, 1426.
805 Hierzu ausf. *Harbarth*, ZGR 2007, 37 ff.
806 Die Durchbrechungsregel gilt nur für Übernahmeangebote, nicht aber für Pflichtangebote; *Kiem* in Baums/Thoma, § 33b WpÜG Rz. 21.

für die Dauer der Annahmefrist zum einen Beschränkungen der Übertragung von Aktien. Betroffen sind nach § 33b Abs. 2 Nr. 1 WpÜG sowohl satzungsmäßige Übertragungsbeschränkungen als auch solche, die zwischen der Zielgesellschaft und einzelnen Aktionären sowie in Vereinbarungen unter den Aktionären geregelt sind. Zum anderen entfalten gemäß § 33b Abs. 2 WpÜG Stimmbindungsvereinbarungen während der Annahmefrist keine Wirkung. Diese Regelung gilt für gemäß § 16 Abs. 3 WpÜG einberufene Hauptversammlungen. Schließlich setzt § 33b Abs. 2 Nr. 3 WpÜG unter der Voraussetzung, dass der Bieter 75 % der Stimmrechte hält, Stimmrechtsvereinbarungen und Mehrstimmrechte in der ersten auf Verlangen des Bieters einberufenen Hauptversammlung nach Vollzug des Übernahmeangebots außer Kraft. Die Beschränkungen gelten indessen nach § 33b Abs. 2 Satz WpÜG nicht für Vorzugsaktien ohne Stimmrecht sowie für Übertragungsbeschränkungen oder Stimmrechtsregelungen in Vereinbarungen zwischen der Zielgesellschaft und den Aktionären und/oder unter den Aktionären, die vor Inkrafttreten der Übernahmerichtlinie am 22.4.2004 getroffen wurden. Der Bieter ist den Aktionären wegen des teilweisen Entzugs ihrer Sonderrechte gemäß § 33b Abs. 5 WpÜG zu einer angemessenen Entschädigung verpflichtet. Der Nachweis eines Schadens dürfte indessen nur schwer möglich sein[807].

62.291 **Reziprozität.** § 33c WpÜG bestimmt, dass die Hauptversammlung, die Beschlüsse über Satzungsregelungen nach § 33a und/oder § 33b WpÜG gefasst hat, für einen Zeitraum von 18 Monaten beschließen kann, dass § 33 WpÜG im Fall eines Übernahmeangebots doch gelten soll, wenn die Satzung des Bieters oder des ihn beherrschenden Unternehmens keine dem § 33a oder § 33b WpÜG entsprechenden Regelungen enthält.

62.292 **Transparenzregeln.** Der Vorstand einer Zielgesellschaft muss nach den § 289 Abs. 4 und § 315 Abs. 4 HGB im Lage- und/oder Konzernlagebericht potenzielle Übernahmehindernisse darlegen. Derartige Berichte enthalten in der Regel Ausführungen zum genehmigten und/oder bedingten Kapital, etwaigen Ermächtigungen zum Erwerb eigener Aktien, der Begebung von Wandelschuldverschreibungen, der Übertragung von Aktien und der Wahl des Aufsichtsrats.

b) Aktienrechtliche Grundsätze

62.293 Die Geltung der aktienrechtlichen Bestimmungen wird durch das WpÜG auch während der Übernahmephase grundsätzlich nicht berührt. Von Bedeutung sind in diesem Zusammenhang die Regeln über die Sorgfaltspflichten der Verwaltung einschließlich der Bindung an den Unternehmensgegenstand[808], die innere Ordnung der AG, vor allem betreffend die Zuständigkeit der Hauptversammlung, sowie die materiellen und formalen Anforderungen an Beschlüsse und die Vorschriften über Kapitalaufbringung und -erhaltung. Viele dieser Normen sind durch die Zweite Richtlinie vorgegeben.

62.294 **Vorstand.** Im Grundsatz bestimmt § 76 Abs. 1 AktG, dass der Vorstand die Aktiengesellschaft unter eigener Verantwortung leitet. Er übt seine Geschäftsleitungsfunktion grundsätzlich weisungsfrei und nach eigenem unternehmerischem Ermessen aus[809]. Dem Vorstand steht bei der Leitung der Geschäfte ein weiter Handlungsspielraum zu[810]. Das ist durch § 93 Abs. 1 Satz 2 AktG, der sog. *Business Judgment Rule*, ausdrücklich klargestellt (dazu Rz. 62.179)[811]. Maßstab für die Ermessensausübung sind der Un-

---

807 *Diekmann*, NJW 2007, 17, 18.
808 *Brandi* in Angerer/Geibel/Süßmann, § 33 WpÜG Rz. 43; *Hirte* in KölnKomm. WpÜG, § 33 WpÜG Rz. 73; *Paefgen*, Unternehmerische Entscheidungen und Rechtsbindung der Organe in der AG, 2002, S. 420 f.; *Seibt* in Mülbert/Kiem/Wittig, 10 Jahre WpÜG, S. 148, 161; vgl. dazu auch Rz. 20.30.
809 *Fleischer* in Spindler/Stilz, § 76 AktG Rz. 21 ff.; *Hüffer/Koch*, § 76 AktG Rz. 25; *Kort* in Großkomm. AktG, 4. Aufl. 2003, § 76 AktG Rz. 41 ff.; vgl. dazu auch Rz. 23.18.
810 BGH v. 21.4.1997 – II ZR 175/95 – ARAG, BGHZ 135, 244, 253 = AG 1997, 377; *Kort* in Großkomm. AktG, 4. Aufl. 2003, § 76 AktG Rz. 51 ff.; siehe auch Rz. 23.18 ff.
811 Zur Geltung der Business Judgement Rule im Übernahmerecht siehe *Schirrmacher/Hildebrandt*, AG 2021, 220 ff. und – grds. ablehnend – *Schlitt* in MünchKomm. WpÜG, 5. Aufl. 2021, § 33 WpÜG Rz. 53.

ternehmensgegenstand und das Unternehmensinteresse. Dieses ist mehrpolig[812]; die verschiedenen Interessen müssen zum Ausgleich gebracht werden[813]. Grundsätzlich gehört es nicht zur Leitungskompetenz des Vorstands, auf die Zusammensetzung des Aktionärskreises Einfluss zu nehmen[814]. Ob sich hieraus ableiten lässt, dass der Vorstand einem strikten **Neutralitätsgebot** unterliegt, ist umstritten[815].

Der Erwerb und die Veräußerung von Aktien der Zielgesellschaft gehört indessen – außer in Bezug auf eigene Aktien – nicht zum Tätigkeitsbereich der Gesellschaft. Daraus folgt, dass sich der Vorstand hier nicht in vollem Umfang auf sein Leitungsermessen berufen kann. Vielmehr ist er verpflichtet, die auf Ebene der Aktionäre zu treffende Desinvestitionsentscheidung auch dort zu belassen, sofern ihm von den Aktionären insoweit nicht ausdrücklich Kompetenzen zugewiesen wurden, wie etwa im Rahmen von § 68 Abs. 2 AktG bei vinkulierten Namensaktien. Die Neutralitätspflicht endet mit der Folge einer „Eingriffskompetenz" des Vorstands allerdings dann, wenn eine Übernahme den elementaren Interessen der Gesellschaft zuwider läuft. Anerkannt sind Fälle, in denen eine bevorstehende Übernahme zu konkreten, nicht nur unerheblichen Gesetzesverstößen führt oder eine Verschlechterung der Position der Zielgesellschaft am Markt verursacht[816]. Umstritten ist dagegen, ob eine durch die Übernahme zu erwartende Veränderung der Liquiditätslage, z.B. durch Veräußerung von Vermögensgegenständen und anschließende Ausschüttung einer „**Superdividende**", dem Vorstand ein Eingriffsrecht gibt[817]. Dagegen spricht, dass die Aktionäre selbst jederzeit über die Auflösung der Gesellschaft entscheiden können. Andererseits trifft dies nicht ohne Weiteres auf Fälle der sog. „**stillen Liquidation**" zu. Jedenfalls dann, wenn ein Bieter sein Ziel, die Vermögensgegenstände der Gesellschaft zu liquidieren und danach die Gesellschaft nur noch eingeschränkt fortbestehen zu lassen, offen ankündigt[818], dürfte kein Grund ersichtlich sein, den Vorstand gegen den Willen der Aktionäre zu einem Eingreifen zu berechtigen.

§ 33 Abs. 1 WpÜG bestimmt allerdings, dass der Vorstand während der Übernahmephase (dazu Rz. 62.284) bestimmte Handlungen nicht vornehmen darf, nämlich solche, durch die der Erfolg des Angebots verhindert werden könnte. Insoweit scheint § 33 Abs. 1 WpÜG die Leitungsmacht des Vorstands der Zielgesellschaft während der Übernahme einzuschränken und § 76 Abs. 1 AktG zu verdrängen. Allerdings wird diese scheinbare Verdrängung schon in Satz 2 des § 33 WpÜG erheblich aufgeweicht, weil der Vorstand hiernach auch in der Übernahmephase insbesondere sämtliche Handlungen vornehmen darf, die auch ein ordentlicher und gewissenhafter Vorstand einer nicht von einem Übernahmeangebot betroffenen Aktiengesellschaft vorgenommen hätte. Die **Überlagerung des § 76 Abs. 1 AktG beschränkt sich** deshalb **auf zielgerichtete Abwehrmaßnahmen**, die § 33 Abs. 1 WpÜG in einer Übernahmesituation ohne Zustimmung von Aufsichtsrat oder Hauptversammlung untersagt. Wenn dem Erfolg eines Übernahmeangebots gewichtige Unternehmensinteressen der Zielgesellschaft entgegenstehen, ist der Vorstand auch nach § 76 Abs. 1 AktG befugt, Abwehrmaßnahmen zu ergrei-

---

812 *Hopt*, ZGR 1993, 534, 536; *Kort* in Großkomm. AktG, 4. Aufl. 2003, § 76 AktG Rz. 52 ff.
813 *Hopt*, ZGR 1993, 534, 536 („praktische Konkordanz"); *Mertens/Cahn* in KölnKomm. AktG, 3. Aufl. 2010, § 76 AktG Rz. 19.
814 *Hopt* in FS Lutter, 2000, S. 1361, 1379; *Kort* in Großkomm. AktG, 4. Aufl. 2003, § 76 AktG Rz. 100; *Mertens/Cahn* in KölnKomm. AktG, 3. Aufl. 2010, § 76 AktG Rz. 26; krit. *Paefgen*, Unternehmerische Entscheidungen und Rechtsbindung der Organe in der AG, 2002, S. 339 ff.; zurückhaltend *Hüffer/Koch*, § 76 AktG Rz. 40.
815 Nachweise zum Streitstand bei *Hüffer/Koch*, § 76 AktG Rz. 40 f.; *Kort* in Großkomm. AktG, 4. Aufl. 2003, § 76 AktG Rz. 101; *Krause/Pötzsch/Stephan* in Assmann/Pötzsch/Uwe H. Schneider, § 33 WpÜG Rz. 46 ff.; *Schlitt* in MünchKomm. WpÜG, 5. Aufl. 2021, § 33 WpÜG Rz. 42 ff.; *Wolf*, ZIP 2008, 300 ff.
816 *Hopt* in Großkomm. AktG, 4. Aufl. 1999, § 93 AktG Rz. 122 u. 125; *Kort* in Großkomm. AktG, 4. Aufl. 2003, § 76 AktG Rz. 102; *Mertens/Cahn* in KölnKomm. AktG, 3. Aufl. 2010, § 76 AktG Rz. 26.
817 Grundsätzlich dafür *Kort* in Großkomm. AktG, 4. Aufl. 2003, § 76 AktG Rz. 103; dagegen *Hopt* in Großkomm. AktG, 4. Aufl. 1999, § 93 AktG Rz. 124; *Mertens/Cahn* in KölnKomm. AktG, 3. Aufl. 2010, § 76 AktG Rz. 26.
818 Nach § 43 WpHG (bis 2.1.2018: § 27a) müssen Aktionäre, die 10 % oder mehr der Stimmrechte an der Emittentin halten, dieser auf Verlangen u.a. ihre strategischen Ziele mitteilen.

fen. Umgekehrt dürfte dem Vorstand unabhängig von § 33 Abs. 1 WpÜG nicht gestattet sein, aus nicht im Unternehmensinteresse liegenden Erwägungen, Handlungen vorzunehmen, die den Erfolg eines Übernahmeangebots verhindern könnten. Somit dürfte die oft beschriebene Überlagerung oder Verdrängung von § 76 Abs. 1 AktG durch § 33 Abs. 1 WpÜG[819] eher eine Klarstellung und ohne greifbare praktische Bedeutung sein.

62.295 Auch wenn sich aus den aktienrechtlichen Bestimmungen (insbesondere den §§ 53a und 76 AktG) keine strikte Neutralitätspflicht ableiten lässt, dürfte ein Recht des Vorstands, auf den Erfolg eines auf die Aktien der Zielgesellschaft gerichteten Erwerbsangebots Einfluss zu nehmen, nur in Ausnahmefällen anzuerkennen sein[820]. Der Grund liegt im Wesentlichen darin, dass es hier um ein Geschäft auf Ebene der Aktionäre geht, welches die Zielgesellschaft in der Regel nur mittelbar berührt.

62.296 **Aufsichtsrat.** Auch für Aufsichtsratsmitglieder bildet das Unternehmensinteresse den wesentlichen Verhaltensmaßstab, was sich schon aus dem Verweis des § 116 AktG auf § 93 AktG ergibt[821]. Allerdings ist zu berücksichtigen, dass der Aufsichtsrat kein Leitungs-, sondern in erster Linie ein Überwachungsorgan ist[822]. Soweit der Aufsichtsrat aber – im aktienrechtlich zulässigen Rahmen – Leitungsfunktionen wahrnimmt, insbesondere durch Vertretung der Gesellschaft (§ 84 Abs. 1 Satz 5, § 87 Abs. 1, § 111 Abs. 2 Satz 3 und § 112 AktG), gelten für ihn dieselben Anforderungen wie für den Vorstand[823]. § 33 WpÜG richtet sich ausdrücklich nur an den Vorstand, nicht aber auch an den Aufsichtsrat. Das schließt nicht aus, dass in einer Übernahmesituation auch der Aufsichtsrat die Beschränkungen des § 33 WpÜG zu berücksichtigen hat[824]. Umgekehrt dürfte selbstverständlich sein, dass § 33 Abs. 1 Satz 2 Alt. 3 WpÜG dem Aufsichtsrat keinen Freibrief erteilt, sondern er stets verpflichtet ist, die Erteilung der Zustimmung zu Abwehrmaßnahmen – und zwar gemäß seinen aktienrechtlichen Sorgfaltspflichten, die insoweit überhaupt nicht durch § 33 WpÜG überlagert oder verdrängt werden – davon abhängig zu machen, ob diese im Unternehmensinteresse zu rechtfertigen sind[825].

62.297 **Hauptversammlung.** Die Hauptversammlung unterliegt dagegen keiner Neutralitätspflicht, und zwar auch nicht in Übernahmesituationen[826]. Das versteht sich von selbst, weil die Aktionäre über eine Veräußerung ihrer Aktien frei entscheiden können. Eine Grenze bilden in engen Ausnahmefällen allenfalls die auch für die Aktionäre untereinander und gegenüber der Gesellschaft bestehenden Treuepflichten.

c) Vorbeugende Maßnahmen

aa) Allgemeines

62.298 **Bedeutung.** Die praktische Bedeutung vorbeugender Maßnahmen ist nicht zu unterschätzen, da sich (reaktive) Abwehrhandlungen aus praktischen und/oder rechtlichen Gründen oft als wenig effizient erweisen[827].

---

819 Siehe etwa *Grunewald* in Baums/Thoma, § 33 WpÜG Rz. 8; *Steinmeyer* in Steinmeyer, § 33 WpÜG Rz. 6.
820 *Paefgen*, Unternehmerische Entscheidungen und Rechtsbindung der Organe in der AG, 2002, S. 357 f.
821 *Lutter/Krieger*, Rechte und Pflichten des Aufsichtsrats, Rz. 893; *Mertens/Cahn* in KölnKomm. AktG, 3. Aufl. 2010, § 93 AktG Rz. 10 ff.; siehe auch Rz. 30.5.
822 *Geßler* in Geßler/Hefermehl/Eckardt/Kropff, § 116 AktG Rz. 8; *Paefgen*, Unternehmerische Entscheidungen und Rechtsbindung der Organe in der AG, 2002, S. 12 f.
823 *Winter/Harbarth*, ZIP 2002, 1, 11; siehe auch *Hirte* in KölnKomm. WpÜG, § 33 WpÜG Rz. 49; *Grunewald* in Baums/Thoma, § 33 WpÜG Rz. 22; für die grundsätzliche Annahme der Neutralitätspflicht für den Vorstand daher *Hopt*, ZGR 1993, 534, 565; *Mülbert*, IStR 1999, 83, 89.
824 *Ekkenga* in Ehricke/Ekkenga/Oechsler, § 33 WpÜG Rz. 24; *Hirte* in KölnKomm. WpÜG, § 33 WpÜG Rz. 50; *Schlitt* in MünchKomm. WpÜG, 5. Aufl. 2021, § 33 WpÜG Rz. 61 f.
825 I.E. ebenso *Grunewald* in Baums/Thoma, § 33 WpÜG Rz. 22; *Hirte* in KölnKomm. WpÜG, § 33 WpÜG Rz. 50.
826 *Bayer*, ZGR 2002, 588, 605, 610; *Schlitt* in MünchKomm. WpÜG, 5. Aufl. 2021, § 33 WpÜG Rz. 63.
827 Vgl. *Krause*, AG 2002, 133 f.; *von Falkenhausen*, NZG 2007, 97.

Rechtlicher Rahmen. Der zeitliche Anwendungsbereich von § 33 WpÜG ist erst ab Veröffentlichung der Angebotsentscheidung eröffnet[828]. Außerhalb des zeitlichen Anwendungsbereichs von § 33 WpÜG bilden die aktienrechtlichen Bestimmungen den rechtlichen Maßstab[829]. Fraglich ist, ob für vorbeugende Maßnahmen auch die aktienrechtliche Neutralitätspflicht gilt[830]. Dies ist zu bejahen, sofern man die Neutralitätspflicht nicht so versteht, dass der Vorstand alle Maßnahmen, die eine zukünftige Übernahme verhindern könnten, nur mit ausdrücklicher Zustimmung der Hauptversammlung vornehmen darf. Bei einem derart weiten Verständnis der Neutralitätspflicht wäre in der Tat der unternehmerische Spielraum aufgrund unvermeidlicher Abgrenzungsschwierigkeiten zwischen nur die Geschäftstätigkeit betreffenden Maßnahmen und (auch) der Abwehr von Übernahmen dienenden Maßnahmen zu stark eingeschränkt[831]. Den Maßstab bildet aber das Unternehmensinteresse, an dem sich der Vorstand auch bei prophylaktischen Maßnahmen zu orientieren hat[832]. Er darf insbesondere keine Maßnahmen treffen, durch welche die Zielgesellschaft zur „uneinnehmbaren Festung" wird[833], weil auf diese Weise für den konkreten Fall eines Übernahmeangebots vollendete Tatsachen geschaffen würden, die dann eine autonome Deinvestitionsentscheidung der Aktionäre vereiteln könnten.

62.299

bb) Einzelne Maßnahmen

Standortbestimmung, Selbstanalyse, Ernstfallpläne. Ohne Weiteres zulässig, wenn nicht sogar aufgrund der Sorgfaltspflichten des Vorstands geboten, ist die Analyse der Zielgesellschaft im Hinblick auf ihre Attraktivität als Übernahmeobjekt[834]. Das Gleiche gilt für die ständige Kursanalyse und Kurspflege[835]. Der Vorstand wird schon im Rahmen der *Investor-Relations*-Politik regelmäßig die Aktionärsstruktur der Gesellschaft sowie das Handelsgeschehen analysieren[836]. Ebenfalls zulässig und geboten ist auch die Erstellung einer **Handlungsanleitung** für die Leitungsorgane der Zielgesellschaft für den Fall eines Übernahmeangebots. Darin kann unter anderem festgelegt werden, welche Mitglieder von Vorstand und Aufsichtsrat zu informieren sind, welche Kommunikationswege gelten und welche Berater zu beauftragen sind[837]. Grundsätzlich empfehlenswert ist es außerdem, für eine funktionsfähige Dokumentenverwaltung Sorge zu tragen; ggf. mag es sogar sinnvoll sein, stets einen aktuellen Datenraum vorzuhalten[838].

62.300

Einführung von besonderen Satzungsregelungen. Da Regelungen in der Satzung jeden, auch den neu hinzutretenden Aktionär binden, sind Satzungsbestimmungen grundsätzlich geeignet, Übernahmen zu erschweren. Allerdings lassen sich entsprechende Satzungsbestimmungen nur unter Mitwirkung der Aktionäre einführen. Der Vorstand hat hier nur ein Initiativrecht. Zu beachten sind die Transparenzbestimmungen der § 289 Abs. 4, § 315 Abs. 4 HGB.

62.301

---

828 *Grunewald* in Baums/Thoma, § 33 WpÜG Rz. 18; *von Falkenhausen*, NZG 2007, 97; abw. *Krause/Pötzsch/Stephan* in Assmann/Pötzsch/Uwe H. Schneider, § 33 WpÜG Rz. 64 und *Schlitt* in MünchKomm. WpÜG, 5. Aufl. 2021, § 33 WpÜG Rz. 70, die § 33 WpÜG bereits dann für anwendbar erklären, sobald der Vorstand von dem Übernahmeangebot erfährt.
829 *von Falkenhausen*, NZG 2007, 97, 98; *Grunewald* in Baums/Thoma, § 33 WpÜG Rz. 17; *Hirte* in KölnKomm. WpÜG, § 33 WpÜG Rz. 44; *Kort* in Großkomm. AktG, 4. Aufl. 2003, § 76 AktG Rz. 104; *Paschos* in Paschos/Fleischer, Handbuch Übernahmerecht nach dem WpÜG, § 24 Rz. 14.
830 Dazu *Hopt*, ZGR 1993, 534, 558 f.; *Krause*, AG 2002, 133, 235 f.
831 *Hopt*, ZGR 1993, 534, 559.
832 *von Falkenhausen*, NZG 2007, 97, 98.
833 *Hirte* in KölnKomm. WpÜG, § 33 WpÜG Rz. 27.
834 Dazu *Achleitner*, Handbuch Investment Banking, S. 212 ff.
835 *Klemm/Reinhardt*, NZG 2010, 1006, 1009; zu den rechtlichen Aspekten des *„shareholder value"* als Maßstab der Unternehmensleitung vgl. *Mülbert*, ZGR 1997, 129 ff.
836 *Krause*, AG 2002, 133, 134 Fn. 22; *Seibt* in Mülbert/Kiem/Wittig, 10 Jahre WpÜG, S. 148, 174 f.
837 *Klemm/Reinhardt*, NZG 2010, 1006, 1008; *Paschos* in Paschos/Fleischer, Handbuch Übernahmerecht nach dem WpÜG, § 24 Rz. 81 ff.
838 *Klemm/Reinhardt*, NZG 2010, 1006, 1009.

62.302 **Vorerwerbsrechte und -pflichten.** In der Satzung einer Aktiengesellschaft kann die Verpflichtung von Aktionären zur Einräumung von Vorerwerbsrechten nicht geregelt werden, weil dies eine über § 54 AktG hinausgehende Sonderverpflichtung darstellen würde[839]. Die Aktionäre selbst können allerdings entsprechende schuldrechtliche Pflichten untereinander vereinbaren, was in der Praxis auch im Rahmen von Poolverträgen vorkommt. Auch insoweit besteht eine Berichtspflicht nach § 289 Abs. 4, § 315 Abs. 4 HGB.

62.303 **Namensaktien.** Namensaktien haben aus Sicht der Gesellschaft den Vorteil, dass sie über das bei ihr geführte Aktienregister (§ 67 Abs. 1 AktG) Informationen über ihre Aktionäre hat. Damit ist die Namensaktie ein Instrument, um die Kommunikation mit ihren Anlegern (*Investor Relations*) zu stärken und sich laufend über Änderungen der Beteiligungsstruktur ein Bild zu machen[840]. Durch das Risikobegrenzungsgesetz wurde der Informationsgehalt des Aktienregisters durch eine Änderung des § 67 AktG gesteigert[841]. Vinkulierte Namensaktien sind bei börsennotierten Gesellschaften zwar unüblich, aber anzutreffen[842]. Ihre nachträgliche Einführung ist wegen § 180 Abs. 2 AktG praktisch unmöglich. Zwar steht die Vinkulierung der Börsenzulassung nicht grundsätzlich entgegen (siehe Rz. 5.104), doch dürfte eine massenhafte Zustimmungsverweigerung mit den Börsenzulassungsfolgepflichten unvereinbar sein[843] und schon deshalb gegen die Sorgfaltspflichten des Vorstands verstoßen. Daher dürften sich vinkulierte Namensaktien allenfalls zur Verhinderung eines Paketerwerbs im Zusammenhang mit einem Übernahmeangebot als verwendungsfähiges Abwehrinstrument eignen. Sinnvoll kann die Einführung von Namensaktien indessen für die Übernahmeprophylaxe sein[844].

62.304 **Stimmrechtslose Vorzugsaktien.** Zulässig ist die Einführung von Vorzugsaktien ohne Stimmrecht (§§ 139 ff. AktG). Sie können durch nachträgliche Umwandlung oder im Rahmen einer Kapitalerhöhung geschaffen werden. Die erste Variante scheidet praktisch aus, da hierfür neben einer satzungsändernden Mehrheit insbesondere die Zustimmung der betroffenen Aktionäre erforderlich ist[845] und nach wohl h.M. auch die der übrigen Aktionäre[846]. Vorzugsaktien können nach § 139 Abs. 2 AktG nur bis zur Hälfte des Grundkapitals ausgegeben werden. Weit verbreitet sind Vorzugsaktien derzeit nicht[847]. Die Ursache liegt darin, dass sie am Kapitalmarkt i.d.R. schlechter bewertet werden als Stammaktien[848]. Ihre Einführung dürfte daher nur schwer zu rechtfertigen sein. Als nur vorübergehendes Verteidigungsmittel taugen Vorzugsaktien ohne Stimmrecht nur bedingt, weil ihre nachträgliche Um-

---

839 *Bayer* in MünchKomm. AktG, 3. Aufl. 2008, § 68 AktG Rz. 39; *Bungeroth* in MünchKomm. AktG, 3. Aufl. 2008, § 54 AktG Rz. 24; *Henze* in Großkomm. AktG, 4. Aufl. 2011, § 54 AktG Rz. 47; *Drygala* in KölnKomm. AktG, 3. Aufl. 2011, § 54 AktG Rz. 24.
840 Dazu *von Rosen/Gebauer* in von Rosen/Seifert (Hrsg.), Die Namensaktie, S. 133 ff.
841 *Klemm/Reinhardt*, NZG 2010, 1006, 1009 f.
842 Unter den im DAX-30 gelisteten Unternehmen haben mit der Allianz SE, der Lufthansa AG und der Münchener Rückversicherungs AG drei Gesellschaften vinkulierte Namensaktien ausgegeben.
843 *Merkt* in Großkomm. AktG, 4. Aufl. 2013, § 68 AktG Rz. 237 ff.
844 *Klemm/Reinhardt*, NZG 2010, 1006, 1009 f.
845 BGH v. 19.12.1977 – II ZR 136/76 – Mannesmann, BGHZ 70, 117, 122.
846 *Hüffer/Koch*, § 139 AktG Rz. 16. sowie Rz. 6.16.
847 Zahlen bei *Wirth/Arnold*, ZGR 2002, 859, 860 f.; zur wechselhaften Entwicklung der Vorzugsaktie *Feddersen* in FS Ulmer, 2003, S. 105, 107 f.; siehe auch Rz. 6.22. Eine Ausnahme bildet die im März/April 2010 durchgeführte Kapitalerhöhung bei der Volkswagen Aktiengesellschaft, mit der knapp 65 Mio. Vorzugsaktien gegen einen Brutto-Emissionserlös von über 4,2 Mrd. Euro ausgegeben wurden.
848 *Bezzenberger* in Großkomm. AktG, 4. Aufl. 1999, § 139 AktG Rz. 7 f.; *Feddersen* in FS Ulmer, 2003, S. 105, 108 f.; *Paschos* in Paschos/Fleischer, Handbuch Übernahmerecht nach dem WpÜG, § 24 Rz. 47; *Wirth/Arnold*, ZGR 2002, 859, 860 f. Dies kann sich auch in deutlich abweichenden Angebotspreisen, vor allem der Höhe von Aufschlägen gegenüber dem Börsenpreis (premiums) für Stammaktien einerseits und Vorzugsaktien andererseits niederschlagen. Bei der Übernahme der Wella AG wurden für Stammaktien 92,25 Euro und für Vorzugsaktien 65 Euro angeboten (siehe dazu Rz. 62.253).

wandlung in Stammaktien mit nicht unerheblichen rechtlichen Schwierigkeiten verbunden ist[849]. Aus diesem Grund können sie sich aber zur Abschreckung potenzieller Bieter eignen[850]. Die Wirkung stimmrechtsloser Vorzugsaktien kann durch die gleichzeitige Erhöhung der Mehrheitserfordernisse verstärkt werden.

Erhöhung der Mehrheitserfordernisse für Hauptversammlungsbeschlüsse. Denkbar ist auch, durch Satzungsänderung die Mehrheitserfordernisse für Hauptversammlungsbeschlüsse zu verschärfen, und zwar nicht nur für Kapitalmaßnahmen und sonstige Satzungsänderungen, sondern auch für sog. Holzmüller-Beschlüsse[851]. Abgesehen von der geringen Kapitalmarktakzeptanz solcher Regelungen, sind die Veröffentlichungspflichten nach § 289 Abs. 4, § 315 Abs. 4 HGB zu beachten. 62.305

Regelungen für den Aufsichtsrat. Nach § 103 Abs. 1 Satz 2 AktG bedarf ein Beschluss zur Abberufung von (Anteilseigner-)Aufsichtsratsmitgliedern einer Drei-Viertel-Mehrheit. Die meisten AG-Satzungen sehen indessen geringere Mehrheitserfordernisse vor, was nach § 103 Abs. 1 Satz 3 AktG zulässig ist. Um die Abberufung von Aufsichtsratsmitgliedern im Falle einer Übernahme zu erschweren, kann in der Satzung (wieder) eine qualifizierte Mehrheit eingeführt werden. Außerdem kann bestimmt werden, dass entsprechend der Regelung für den Vorstand (§ 84 Abs. 3 Satz 1 AktG) die Abberufung der Anteilseignervertreter eines wichtigen Grundes bedarf[852]. Des Weiteren kann entweder durch Satzungsregelung oder versetzte Neubestellung erreicht werden, dass die Amtszeiten der Aufsichtsratsmitglieder gestaffelt sind, also nicht – wie üblich – gleichzeitig, sondern zu verschiedenen Zeitpunkten enden (sog. *Staggered Boards*)[853]. Kombiniert mit einem erhöhten Abberufungs-Quorum kann eine solche Maßnahme es dem Bieter erheblich erschweren, den gesamten Aufsichtsrat gleichzeitig auszuwechseln. Die Satzung kann einzelnen Aktionären nach § 101 Abs. 2 AktG **Entsendungsrechte** einräumen, insgesamt jedoch nur für ein Drittel der von den Aktionären zu bestellenden Aufsichtsratsmitglieder (§ 101 Abs. 2 Satz 4 AktG). Von einem solchen Entsendungsrecht kommt der Bieter unter Umständen nur schwer los, weil eine Aufhebung des Entsendungsrechts nicht nur eine Satzungsänderung mit entsprechender Mehrheit, sondern auch die Zustimmung des Entsendungsberechtigten erfordert[854]. Entsprechende Bestimmungen sind gemäß § 289 Abs. 4, § 315 Abs. 4 HGB zu veröffentlichen. 62.306

Höchstzahl der Vorstandsmitglieder. In der Satzung kann auch eine Höchstzahl der Vorstandsmitglieder bestimmt werden. Erweist sich die Abberufung der vorhandenen Vorstandsmitglieder als schwierig, kann der Bieter keine zusätzlichen Vorstandsmitglieder bestellen[855]. 62.307

Kapitalmaßnahmen. Ein Übernahmeangebot erstreckt sich gemäß § 32 WpÜG auf alle Aktien der Zielgesellschaft, die bis zum Ende der Annahmefrist entstehen[856]. Davon umfasst werden auch solche Aktien, die nach Veröffentlichung der Angebotsentscheidung entstehen und zum Börsenhandel zugelassen werden[857]. Die meisten Zielgesellschaften verfügen über ein genehmigtes Kapital[858]. Zum Zweck 62.308

---

849 Dazu ausf. *Wirth/Arnold*, ZGR 2002, 859, 863 ff.
850 *Bayer*, ZGR 2002, 588, 592.
851 Vgl. *Krause*, AG 2002, 133, 141.
852 *Lutter/Krieger*, Rechte und Pflichten des Aufsichtsrats, Rz. 30.
853 Vgl. dazu *Achleitner*, Handbuch Investmentbanking, S. 217 f.; *Bayer*, ZGR 2002, 588, 591; *Grunewald* in Baums/Thoma, § 33 WpÜG Rz. 45; *Krause*, AG 2002, 133, 141 f.
854 *Hüffer/Koch*, § 101 AktG Rz. 10.
855 Vgl. *Assmann/Bozenhardt*, ZGR-Sonderheft Nr. 9, S. 1, 138; *Krause*, AG 2002, 133, 142.
856 *Hasselbach* in KölnKomm. WpÜG, § 32 WpÜG Rz. 7.
857 *Hasselbach* in KölnKomm. WpÜG, § 32 WpÜG Rz. 6; *Thun* in Angerer/Geibel/Süßmann, § 32 WpÜG Rz. 20.
858 Vgl. bereits *Lutter*, Der Aktionär in der Marktwirtschaft, 1974, S. 13 ff.; aus heutiger Sicht *Bayer* in FS Ulmer, 2003, S. 20, 21; *Hirte* in Großkomm. AktG, 4. Aufl. 2011, § 202 AktG Rz. 87 ff.; *Roth*, ZBB 2001, 50 ff.

der Abwehr eines Übernahmeangebots kann ein genehmigtes Kapital nur im Rahmen des praktisch bedeutungslosen § 33 Abs. 2 WpÜG genutzt werden[859].

62.309 **Ausgabe von Wandel- oder Optionsschuldverschreibungen.** Sofern Wandel- oder Optionsschuldverschreibungen eingesetzt werden sollen, um in einer Übernahmesituation bestimmte Personen als Aktionäre aufnehmen zu können, bedarf es gemäß § 221 Abs. 4 Satz 2 AktG des Bezugsrechtsausschlusses unter den Voraussetzungen des § 186 Abs. 4 AktG. Soll ihre Ausgabe nur dazu dienen, die Anzahl der vom Angebot zu erfassenden Aktien und damit den Preis der Übernahme zu erhöhen, bedarf es der Börsenzulassung, was innerhalb des knappen Zeitrahmens kaum realisierbar sein dürfte. Wird mit der Begebung von Wandel- oder Optionsanleihen die Vereitelung eines Übernahmeangebots bezweckt, muss die Ermächtigung den Voraussetzungen des § 33 Abs. 2 WpÜG genügen. Zur Prophylaxe kann die Gesellschaft den Gläubigern in den Anleihebedingungen das Recht zur vorzeitigen Kündigung für den Fall eines Kontrollwechsels einräumen (*Change of Control Put*)[860].

62.310 **Eigene Aktien.** Soweit der Erwerb eigener Aktien dazu führt, dass hierdurch wegen der Verringerung der Anzahl der auf dem Kapitalmarkt angebotenen Aktien der Börsenkurs steigt, kann dies zur Verteuerung des Übernahmeangebots führen[861]. Dieser Effekt darf jedoch nicht überschätzt werden. Die kurssteigernde Wirkung dürfte kurzfristig wieder durch die mit dem Aktienrückkauf oft einhergehende Reduzierung des Unternehmenswertes der Zielgesellschaft kompensiert werden[862]. Fraglich ist auch hier, ob der Vorstand in einer Übernahmesituation von einer Ermächtigung nach § 71 Abs. 1 Nr. 8 AktG Gebrauch machen darf, sofern diese nicht ausdrücklich zum Zweck der Abwehr eines Übernahmeangebots erteilt wurde (dazu näher Rz. 62.326). Vor Veröffentlichung der Angebotsentscheidung unterliegt der Erwerb eigener Aktien nicht den Beschränkungen des § 33 Abs. 1 WpÜG. Nach diesem Zeitpunkt darf die Zielgesellschaft nur unter den Voraussetzungen des § 33 Abs. 1 Satz 2 WpÜG eigene Aktien erwerben[863].

62.311 **Ausgabe von Stock Options.** Die Ausgabe von Bezugsrechten oder Aktien an Mitarbeiter und Führungskräfte der Gesellschaft kann zur Übernahmeprophylaxe dann sinnvoll sein, wenn zu erwarten ist, dass die Begünstigten einem feindlichen Übernahmeangebot und/oder anschließenden Squeeze out kritisch gegenüber stehen[864]. Denkbar ist aber auch, dass die Mitarbeiter oder Führungskräfte ein attraktives Übernahmeangebot zu Gewinnmitnahmen nutzen wollen. Dann hätten *Stock Options* den gegenteiligen Effekt[865]. Zu bedenken ist, dass seit Einführung des Gesetzes zur Angemessenheit der Vorstandsvergütung (VorstAG) im August 2009 strengere Anforderungen hinsichtlich der Struktur und Bemessung der Vorstandsvergütung gelten und u.a. die Laufzeit für *Stock Options* und *Stock Appreciation Rights* verlängert wurde. § 116 Abs. 1 Satz 3 AktG bestimmt ausdrücklich eine Schadensersatzpflicht des Aufsichtsrats im Fall der Festsetzung einer unangemessenen Vergütung. Die Einführung von Aktienoptionsprogrammen zum Zweck der Übernahmeprophylaxe ist daher (wie übrigens auch schon vor Inkrafttreten des VorstAG) rechtswidrig.

---

859 *Hirte* in KölnKomm. WpÜG, § 33 WpÜG Rz. 101. Der einzige Fall, in dem es bislang zu einer Kapitalerhöhung aus genehmigtem Kapital während eines Angebotsverfahrens kam, betraf das Übernahmeangebot von ACS an die Aktionäre von HOCHTIEF (hierzu BaFin, Jahresbericht 2010, Ziff. VI.5., S. 223). Vgl. auch Rz. 62.331 f.
860 Vgl. *von Falkenhausen/von Klitzing*, ZIP 2006, 1513 ff.; *Schlitt/Seiler/Singhoff*, AG 2003, 254, 267.
861 *Bayer*, ZGR 2002, 588, 592 f.; vgl. zum Erwerb eigener Aktien in Übernahmesituationen auch *Hitzer/Simon/Düchting*, AG 2012, 237, 240 ff.
862 *Böhm* in von Rosen/Seifert, Übernahme börsennotierter Unternehmen, S. 327, 335 f.
863 Dazu *Leyendecker-Langner*, BB 2013, 2051, 2052 f., der verlangt, dass der Kaufpreis dem Drittvergleich standhält. Das gilt aber ohnehin nach Aktienrecht.
864 *Krause*, AG 2002, 133, 138.
865 So etwa bei der Mannesmann-Übernahme, vgl. *Krause*, AG 2002, 133, 139 bei Fn. 86; siehe auch *Hirte* in KölnKomm. WpÜG, § 33 WpÜG Rz. 22.

Gewinnung von Groß- oder Ankeraktionären. Als Übernahmeprophylaxe wird auch die Gewinnung wohlgesonnener Großaktionäre erwogen (*White Squire*), bei denen Aktien der Zielgesellschaft entweder „geparkt" werden oder von denen Unterstützung gegen ein unerwünschtes Übernahmeangebot erhofft wird[866]. Technisch erfolgt die Gewinnung solcher Großaktionäre entweder durch Ausgabe neuer Aktien oder die Veräußerung eigener Aktien. Neben der Einhaltung der entsprechenden aktienrechtlichen Spezialbestimmungen ist zu beachten, dass die Zielgesellschaft zum Erwerb ihrer Aktien keine finanzielle Unterstützung leisten darf (§ 71a AktG). Auch Maßnahmen zur Gewinnung von Ankeraktionären müssen jedenfalls dann, wenn sie von den Leitungsorganen umgesetzt werden sollen, im Unternehmensinteresse geboten sein[867]. Letztlich gewähren auch Ankeraktionäre keinen Schutz vor Unternehmensübernahmen, weil sie bei einem attraktiven Übernahmeangebot bereit – wenn nicht sogar nach den für die geltenden Bestimmungen sogar verpflichtet – sein dürften, das Angebot anzunehmen[868].

62.312

Asset Lock-up. Die Zielgesellschaft kann bestimmte Vermögensgegenstände auf einen Rechtsträger übertragen, auf den der Bieter auch im Fall einer erfolgreichen Übernahme keinen Einfluss hätte[869].

62.313

Change-of-Control-Klauseln. Der Vorstand kann für Dauerschuldverhältnisse mit dem Vertragspartner der Zielgesellschaft Sonderkündigungsrechte für den Fall vereinbaren, dass sich die Aktionärsstruktur ändert, insbesondere für den Fall, dass ein Übernahmeangebot durchgeführt wird. Hierbei ist aktienrechtlich aber das Schädigungsverbot zu beachten. Die Vereinbarung solcher Klauseln ist nur dann zulässig, wenn seitens der Zielgesellschaft ein schützenswertes Interesse hieran besteht[870]. Ist eine derartige Change-of-Control-Klausel zu weit gefasst, kann dies außerhalb einer Übernahmesituation sehr nachteilige Wirkungen für die Gesellschaft haben.

62.314

Abfindungsregelungen für Verwaltungsmitglieder und Mitarbeiter. Aus der US-amerikanischen Praxis bekannt sind besondere Abfindungsregelungen für den Fall einer (feindlichen) Übernahme (sog. *Golden Parachutes*). Sofern sie den Vorstand betreffen, bedarf es hierzu der Mitwirkung des Aufsichtsrats (§ 84 Abs. 1, § 112 AktG). Der Aufsichtsrat ist hierbei an die ihm obliegenden Sorgfaltspflichten gebunden und darf solche Klauseln nur vereinbaren, wenn sie im Gesellschaftsinteresse geboten sind (§ 116 Satz 3 AktG)[871]. Das ist dann zu bejahen, wenn mit derartigen Regelungen erreicht werden soll, wichtige Führungskräfte entweder für die übernahmegefährdete Gesellschaft zu gewinnen oder sie zu motivieren, auch im Falle einer Übernahme bei der Zielgesellschaft zu bleiben. In diesem Fall haben diese Regelungen jedoch oft eine übernahmefördernde Zielrichtung[872]; dann stellt sich schon vor dem Hintergrund der §§ 57 und 71a AktG die Frage, ob die Gesellschaft überhaupt berechtigt ist, Mittel dafür zu verwenden. Zu beachten ist im Übrigen auch Ziff. 4.2.3 Deutscher Corporate Governance Kodex.

62.315

Börseneinführung von Tochterunternehmen. Durch ein sog. *equity carve out* können Anteile an Tochtergesellschaften an der Börse eingeführt werden. Der Bieter kann dann zu einem Folgepflichtangebot gezwungen werden, wenn ihm durch die Übernahme der (Ziel-)Muttergesellschaft zugleich 30 % oder

62.316

---

866 Auch in solchen Fällen spricht man bei den wohlgesonnenen Dritten von sog. White Knights, vgl. *Paefgen*, Unternehmerische Entscheidungen und Rechtsbindung der Organe in der AG, 2002, S. 412 f. sowie *Klemm/Reinhardt*, NZG 2010, 1006, 1009.
867 *Seibt* in Mülbert/Kiem/Wittig, 10 Jahre WpÜG, S. 148, 175.
868 So hatte sich etwa die mit 25,1 % an der KUKA AG beteiligte J.M. Voith GmbH & Co. Beteiligungen KG entschlossen, das Übernahmeangebot von Midea anzunehmen.
869 *von Falkenhausen*, NZG 2007, 97 f. mit dem Hinweis in Fn. 22 auf die Einbringung der Tochtergesellschaft Dofasco durch Arcelor in eine Stiftung zur Abwehr der Übernahme durch Mittal; siehe auch *Paschos* in Paschos/Fleischer, Handbuch Übernahmerecht nach dem WpÜG, § 24 Rz. 61 f.
870 *Krause*, AG 2002, 133, 143; *Hopt* in FS Lutter, 2000, S. 1361, 1389.
871 *Dreher*, AG 2002, 214, 216 f.; *Sailer-Coceani* in VGR, Gesellschaftsrecht in der Diskussion 2009, 2010, S. 141, 143 f. sowie Rz. 21.132 f.
872 Vgl. *Dreher*, AG 2002, 214 ff.; abw. *Grunewald* in Baums/Thoma, § 33 WpÜG Rz. 40.

mehr der Stimmrechte am Tochterunternehmen angerechnet werden. Allerdings kann sich der Bieter in einem solchen Fall gemäß § 9 Satz 2 Nr. 3 WpÜG-AngVO vom Pflichtangebot befreien lassen.

62.317 **Staffelung der Amtszeiten für Vorstandsmitglieder.** Denkbar ist auch, die Amtszeiten von Vorstandsmitgliedern zu staffeln. Auch dies würde dazu führen, dass der gesamte Vorstand, sofern nicht für jedes Mitglied ein wichtiger Grund für seine Abberufung gemäß § 84 Abs. 3 AktG vorliegt, nicht gleichzeitig ausgetauscht werden kann.

62.318 **Ermächtigungen nach § 33 Abs. 2 WpÜG.** Ausdrücklich im Gesetz geregelt sind Ermächtigungen der Hauptversammlung für den Vorstand, im Fall eines Übernahmeangebots Abwehrmaßnahmen zu ergreifen. Solche Vorratsbeschlüsse werden vor einer Übernahmesituation gefasst[873]. Dagegen erfolgt ihre Ausnutzung in aller Regel erst nach Beginn der Übernahmephase.

cc) Zusammenfassende Bewertung

62.319 Die Analyse der einzelnen Maßnahmen zeigt, dass sich nur wenige von ihnen zur Übernahmeprophylaxe eignen. Viele dieser vorbeugenden Mittel sind wirtschaftlich unsinnig und/oder unverhältnismäßig aufwendig. Wirtschaftlich unsinnig sind insbesondere solche Maßnahmen, die dazu führen, die Attraktivität der Zielgesellschaft für Anleger generell zu schmälern. Aus Sicht eines börsennotierten Unternehmens, welches auf den Kapitalmarkt zur Finanzierung angewiesen ist, sind solche Maßnahmen ein Widerspruch in sich. Sie sind mit dem Unternehmensinteresse und daher mit den Sorgfaltspflichten der Leitungsorgane schwer vereinbar. Sinnvoll erscheinen demgegenüber Maßnahmen der Marktanalyse und Standortbestimmung sowie solche zur Ermittlung der Aktionärsstruktur.

d) Abwehrmaßnahmen während des Übernahmeverfahrens

aa) Tatbestand des § 33 WpÜG

62.320 **Verhinderungsverbot (§ 33 Abs. 1 Satz 1 WpÜG).** § 33 Abs. 1 Satz 1 WpÜG beinhaltet im Grundsatz das (nur) an den Vorstand der Zielgesellschaft gerichtete Verbot, während einer Übernahmesituation Maßnahmen zu treffen, die den Erfolg des Übernahmeangebots verhindern könnten. Dieses Verhinderungsverbot bedeutet jedoch nicht, dass der Vorstand sich jeder Meinungsäußerung zum Übernahmeangebot enthalten müsste. Das ergibt sich schon aus § 27 WpÜG, der eine besondere Ausprägung des Transparenzgebots darstellt und die Grundlage für eine informierte Anlegerentscheidung schaffen soll. Das Verhinderungsverbot **beginnt** gemäß § 33 Abs. 1 Satz 1 WpÜG mit Veröffentlichung der Angebotsentscheidung (§ 10 Abs. 3 WpÜG); eine Vorverlagerung auf den Zeitpunkt der Kenntnis des Übernahmeangebots ist schon aus Gründen der Rechtssicherheit abzulehnen. Das Verhinderungsverbot **endet** mit der Veröffentlichung des Angebotsergebnisses gemäß § 23 Abs. 1 Satz 1 Nr. 2 WpÜG. Bei einer Verlängerung der Angebotsfrist endet der zeitliche Anwendungsbereich mit der Veröffentlichung gemäß § 23 Abs. 1 Satz 1 Nr. 3 WpÜG[874]. Eine **Nachwirkung** des Verhinderungsverbots gemäß § 33 Abs. 1 Satz 1 WpÜG für die Zeit nach Veröffentlichung des Angebotsergebnisses besteht nicht. Es ist zwar richtig, dass der Vorstand keine „Politik der verbrannten Erde" betreiben und z.B. notwendige Umsetzungsmaßnahmen, die nach Durchführung des Übernahmeangebots erforderlich sind, nicht verweigern darf[875]. Doch ergibt sich das schon aus den aktienrechtlichen Sorgfaltspflichten, so dass für eine Verlängerung des zeitlichen Anwendungsbereichs von § 33 Abs. 1 Satz 1 WpÜG kein Bedürfnis besteht. Vorstand und Aufsichtsrat werden auf § 33 Abs. 1 Satz 2 und Abs. 2 WpÜG gestützte Abwehrmaßnahmen in der Regel erst dann vornehmen dürfen, wenn die Angebotsunterlage veröffentlicht ist[876]. Dies ergibt sich zwar nicht aus § 33 WpÜG, sondern aus der aktienrechtlichen Sorg-

---
873 *Krause*, AG 2002, 133, 136.
874 *Grunewald* in Baums/Thoma, § 33 WpÜG Rz. 19; *Hirte* in KölnKomm. WpÜG, § 33 WpÜG Rz. 41.
875 *Hirte* in KölnKomm. WpÜG, § 33 WpÜG Rz. 44; *Hopt* in FS Lutter, 2000, S. 1361, 1389.
876 Vgl. *Grunewald* in Baums/Thoma, § 33 WpÜG Rz. 17; *Hirte* in KölnKomm. WpÜG, § 33 WpÜG Rz. 39 ff.; *Winter/Harbarth*, ZIP 2002, 1, 14.

faltpflicht. Ohne Kenntnis der genauen Angebotsbedingungen dürfte nämlich eine abschließende Beurteilung der mit dem Angebot verbundenen Vor- und Nachteile nicht möglich sein.

Persönlicher Anwendungsbereich. Adressat des Verhinderungsverbots ist nur der Vorstand der Zielgesellschaft bzw. bei der KGaA die Vertretungsorgane der Komplementärgesellschaft[877]. Der Aufsichtsrat ist von dem Verbot ausgenommen[878], bleibt jedoch an die aktienrechtlichen Pflichten gebunden; da hierzu die Überwachung des Vorstands, der an § 33 WpÜG gebunden ist, gehört, wird der Aufsichtsrat auch diese Bestimmung berücksichtigen. In keinem Fall wird sich der Aufsichtsrat auf § 33 Abs. 1 Satz 2 Alt. 3 WpÜG (vgl. dazu Rz. 27.86) berufen können, sondern die Erteilung der Zustimmung zu Abwehrmaßnahmen gemäß §§ 116, 93 AktG davon abhängig machen, ob die Maßnahme mit dem Unternehmensinteresse der Zielgesellschaft vereinbar ist. 62.321

Inhalt. Verboten sind dem Vorstand alle Maßnahmen, „durch die der Erfolg des Angebots verhindert werden könnte". Es kommt weder auf die tatsächliche Wirkung der Maßnahme noch auf eine Verhinderungsabsicht an[879]. Ausschlaggebend ist, ob die Maßnahme objektiv geeignet ist, den Erfolg des Angebots zu verhindern[880]. Dieses Verhinderungsverbot bedeutet jedoch nicht, dass der Vorstand sich jeder Meinungsäußerung zum Übernahmeangebot enthalten müsste. Das ergibt sich schon aus § 27 WpÜG, der eine besondere Ausprägung des Transparenzgebots darstellt und die Grundlage für eine informierte Anlegerentscheidung schaffen soll. 62.322

Fraglich ist, ob das Verhinderungsverbot nur auf **aktive Maßnahmen** oder auch auf **Unterlassen** gerichtet ist. Der Wortlaut des § 33 Abs. 1 Satz 2 WpÜG erwähnt nur Handlungen. Der Normzweck dürfte indessen dafür sprechen, auch das den Übernahmeerfolg vereitelnde Unterlassen zu verbieten, wenn der Vorstand zur Vornahme bestimmter Maßnahmen verpflichtet ist. Bedeutung kann dieses Problem z.B. haben, wenn der Bieter eine **Due Diligence** durchführen will und der Vorstand der Zielgesellschaft ihm die Offenlegung dieser Daten verweigert[881]. 62.323

bb) Ausnahmen vom Verhinderungsverbot

Das Verhinderungsverbot erfährt in § 33 Abs. 1 Satz 2 und Abs. 2 WpÜG folgende Einschränkungen: **Maßnahmen eines ordentlichen und gewissenhaften Geschäftsleiters.** Nach § 33 Abs. 1 Satz 2 Alt. 1 WpÜG sind solche Maßnahmen zulässig, die auch ein ordentlicher und gewissenhafter Geschäftsleiter ohne Vorliegen eines Übernahmeangebots vorgenommen hätte. Diese Bestimmung dürfte im Rahmen des gesamten § 33 WpÜG die größte praktische Bedeutung haben. Die damit verbundene Ausblendung der Übernahmesituation betrifft nur den kapitalmarktrechtlichen Verhaltensmaßstab, suspendiert den Vorstand jedoch nicht von den aktienrechtlichen Sorgfaltspflichten[882]. Aus diesen folgt, dass der Vorstand insoweit das Vorliegen des Übernahmeangebots berücksichtigen muss. 62.324

Daraus ergibt sich eine **zweistufige Prüfung**. Zunächst ist die Maßnahme am Aktienrecht zu messen. Dürfte ein ordentlicher und gewissenhafter Geschäftsleiter die Maßnahme schon außerhalb einer Übernahmesituation nicht vornehmen, ist sie sowohl aktienrechtlich als auch kapitalmarktrechtlich unzulässig. Auf der zweiten Stufe muss der Vorstand prüfen, ob die – isoliert betrachtet – zulässige Maßnahme auch vor dem Hintergrund des Übernahmeangebots zulässig ist. Nur auf diese Weise ist der Vorstand in der Lage, eine Entscheidung zu treffen, die dem tatsächlichen Interesse der Gesellschaft 62.325

---

877 *Paschos* in Paschos/Fleischer, Handbuch Übernahmerecht nach dem WpÜG, § 24 Rz. 106.
878 *Hirte*, ZGR 2002, 623, 628; *Krause*, BB 2002, 1053, 1059; *Winter/Harbarth*, ZIP 2002, 1, 4; a.A. *Grunewald* in Baums/Thoma, § 33 WpÜG Rz. 22.
879 *Grunewald* in Baums/Thoma, § 33 WpÜG Rz. 24; *Krieger* in RWS-Forum Gesellschaftsrecht 2001, S. 289, 305; *Winter/Harbarth*, ZIP 2002, S. 1, 4.
880 *Hirte* in KölnKomm. WpÜG, § 33 WpÜG Rz. 55.
881 Dazu näher 1. Aufl., § 59 Rz. 233; vgl. auch Rz. 62.171.
882 *Grunewald* in Baums/Thoma, § 33 WpÜG Rz. 56; *Hirte* in KölnKomm. WpÜG, § 33 WpÜG Rz. 28; *Krause*, AG 2002, 133; *Krause*, BB 2002, 1053, 1055; vgl. dazu auch Rz. 20.30.

entspricht. Befindet sich die Gesellschaft z.B. vor Veröffentlichung eines Übernahmeangebots mit einem Dritten in Verhandlungen über die (Aus-)Lizenzierung eines für die Zielgesellschaft bedeutenden Patents und ist der Bieter ein Wettbewerber dieses Dritten, darf der Vorstand vor dem Übernahmeangebot nicht die Augen verschließen. Anderenfalls würde der Gesellschaft ein erheblicher Schaden drohen, wenn das Übernahmeangebot erfolgreich ist und die Zielgesellschaft in das Unternehmen des Bieters integriert wird[883].

Auf der **ersten Stufe** kommt es darauf an, ob der Vorstand auch bei isolierter Betrachtungsweise die Maßnahme hätte vornehmen dürfen. Außerhalb einer Übernahmesituation gelten die Maßstäbe der § 76 Abs. 1, § 93 Abs. 1 Satz 2 und § 317 Abs. 2 AktG. Dem Vorstand steht dabei ein weites Ermessen zu, soweit er seine Entscheidungen ausschließlich am Unternehmenswohl ausrichtet[884]. Teilweise wird in Übernahmesituationen eine Einschränkung der *Business Judgment Rule* gefordert, weil sich der Vorstand auf sie nur berufen können soll, wenn er frei von Eigeninteressen handelt, was bei Vorliegen eines Übernahmeangebots aber nicht der Fall sei[885]. Im Rahmen dieser isolierten Betrachtungsweise können solche Interessenkonflikte aber noch keine Rolle spielen, weil das Vorliegen eines Übernahmeangebots gerade ausgeblendet wird. Zulässig sind hiernach zum einen gewöhnliche Geschäftsleitungsmaßnahmen des **Tagesgeschäfts**. Nach dem Willen des Gesetzgebers fallen unter § 33 Abs. 1 Satz 1 Alt. 1 WpÜG aber auch **außergewöhnliche Geschäfte**[886]. Das setzt jedoch voraus, dass diese der Weiterverfolgung einer bereits eingeschlagenen Unternehmensstrategie dienen[887]. Das Gesetz verlangt nicht, dass diese Unternehmensstrategie auch dokumentiert ist[888]. Gleichwohl sollte der Vorstand aus praktischen Gründen in der Lage sein, einen entsprechenden Nachweis zu erbringen, so dass eine ausreichende Dokumentation zu empfehlen ist[889]. Diese kann durch veröffentlichte Dokumente (z.B. Lagebericht), aber auch durch interne Dokumente (Vorstands- oder Aufsichtsratsprotokolle) erbracht werden[890].

Ergibt die Prüfung auf der ersten Stufe, dass die Maßnahme bei isolierter Betrachtung zulässig wäre, liegt kein Verstoß gegen das (kapitalmarktrechtliche) Verhinderungsverbot vor. Der Vorstand muss die beabsichtigte Handlung nun aber einer weiteren Prüfung unterziehen. Auf dieser **zweiten Stufe** bilden § 93 Abs. 1, § 76 Abs. 1 AktG i.V.m. § 33 Abs. 1 WpÜG den Maßstab, wobei jetzt die Übernahmesituation zu berücksichtigen ist. Daraus folgt, dass nun das unternehmerische Ermessen wegen Vorliegens eines zumindest potenziellen Interessenkonflikts reduziert ist und das Handlungsermessen nach der *Business Judgment Rule* daher eingeschränkt ist. Vor allem muss der Vorstand prüfen, ob die geplante Maßnahme auch bei erfolgreicher Durchführung noch im Interesse der Zielgesellschaft liegen würde.

62.326 Fraglich ist, ob von § 33 Abs. 1 Satz 2 Alt. 1 WpÜG auch solche **Maßnahmen** erfasst sind, die der Vorstand nur **aufgrund** einer **Ermächtigung** oder ausdrücklichen Zustimmung **durch die Hauptversammlung** vornehmen darf. Praktisch wirkt sich das vor allem bei der Ausübung von Ermächtigungen zur Kapitalerhöhung aus genehmigtem Kapital oder zur Begebung von Wandelschuldverschreibungen sowie dem Erwerb oder der Veräußerung eigener Aktien aus. Die Entscheidung des Vorstands zur Ausnutzung eines genehmigten Kapitals ist eine Geschäftsleitungsmaßnahme[891]. Teilweise wird danach

---

883 Zutreffend *Bayer*, ZGR 2002, 588, 617; zu weitgehend *Winter/Harbarth*, ZIP 2002, 1, 6.
884 BGH v. 21.4.1997 – II ZR 175/95, BGHZ 135, 245, 253 = AG 1997, 377.
885 *Krause*, BB 2002, 1053, 1058; *Krause* in Assmann/Pötzsch/Uwe H. Schneider, § 33 WpÜG Rz. 161 ff.; *Winter/Harbarth*, ZIP 2002, 1, 6 f.; *Schirrmacher/Hildebrandt*, AG 2021, 220, 224 ff.
886 Begr. RegE zu § 33 Abs. 1 Satz 2 WpÜG, WpÜG; *Krause*, BB 2002, 1053, 1059; *Winter/Harbarth*, ZIP 2002, 1, 6.
887 *Winter/Harbarth*, ZIP 2002, 1, 6; *Grunewald* in Baums/Thoma, § 33 WpÜG Rz. 58 f.
888 *Hirte* in KölnKomm. WpÜG, § 33 WpÜG Rz. 70; abw. *Winter/Harbarth*, ZIP 2002, 1, 7, die „strenge Anforderungen an die Dokumentation" stellen.
889 *Hopt*, ZHR 166 (2002), 383, 426 f.
890 Abw. *Winter/Harbarth*, ZIP 2002, 1, 7.
891 *Hüffer/Koch*, § 202 AktG Rz. 20; *Lutter* in KölnKomm. AktG, 2. Aufl. 1995, § 204 AktG Rz. 17; *Schlitt* in MünchKomm. AktG, 5. Aufl. 2021, § 33 WpÜG Rz. 145.

unterschieden, ob durch solche Maßnahmen aus abgeleiteter Kompetenz unmittelbar in die Aktionärsstruktur eingegriffen wird; dann soll § 33 Abs. 1 Satz 2 Alt. 1 WpÜG als Grundlage nicht ausreichen[892]. Hier bedürfe es dann eines Beschlusses nach § 33 Abs. 2 WpÜG. Im Verhältnis zu § 33 Abs. 1 Satz 2 Alt. 1 WpÜG kann es indessen keinen Vorrang des § 33 Abs. 2 WpÜG geben. Letzterer regelt nämlich zielgerichtete („um zu verhindern") Abwehrmaßnahmen, während es bei ersterem um Geschäftsleitungsmaßnahmen geht, die gerade nicht das Scheitern des Übernahmeangebots bezwecken, sondern lediglich diese Wirkung haben können[893].

Der **Erwerb eigener Aktien** fällt jedenfalls dann unter § 33 Abs. 1 Satz 1 Alt. 1 WpÜG, wenn er Bestandteil eines bereits vor dem Angebot begonnenen Aktienrückkaufprogramms ist. Zweifel an der Zulässigkeit des Erwerbs eigener Aktien ergeben sich jedoch, wenn dieser nach Veröffentlichung eines Übernahmeangebots beschlossen und durchgeführt wird[894].

Suche nach einem konkurrierenden Bieter (§ 33 Abs. 1 Satz 2 Alt. 2 WpÜG). Vom Verhinderungsverbot ausgenommen sind auch solche Maßnahmen, die der Förderung eines Konkurrenzangebots durch einen weiteren Bieter (sog. *White Knight*) dienen. Es kann dahinstehen, ob es sich hierbei tatsächlich um eine Verteidigungsmaßnahme handelt und § 33 Abs. 1 Satz 2 Alt. 2 WpÜG damit eine Ausnahme von der Regel beschreibt oder nicht[895]. Jedenfalls ist die Förderung eines konkurrierenden Angebots grundsätzlich wünschenswert, was auch durch § 22 WpÜG zum Ausdruck kommt. Hierdurch wird der Wettbewerb um den besten Preis und um das beste Konzept gefördert. Entscheidet sich der Vorstand dafür, nach einem *White Knight* zu suchen, legt er sich damit aber gleichzeitig fest, die Unabhängigkeit der Gesellschaft aufzugeben bzw. einen Kontrollwechsel zu akzeptieren. In zeitlicher Hinsicht darf sich der Vorstand auch schon vor Veröffentlichung der Angebotsentscheidung um einen zusätzlichen Bieter bemühen[896]. Das kann sinnvoll sein, wenn der (unerwünschte) Bieter zunächst eine einvernehmliche Übernahme versucht hat oder der Vorstand der Zielgesellschaft aus sonstigen Gründen Kenntnis von einem bevorstehenden Übernahmeangebot hat. Sinnvoll kann eine vorzeitige Suche sein, weil der Zeitrahmen sehr eng ist. Verboten ist der Zielgesellschaft im Rahmen der Förderung eines Konkurrenzangebots jede finanzielle Unterstützung des Bieters beim Erwerb ihrer Aktien (§ 71a AktG)[897].

62.327

Maßnahmen mit Zustimmung des Aufsichtsrats (§ 33 Abs. 1 Satz 2 Alt. 3 WpÜG). Diese dritte Alternative, die erst am Ende des Gesetzgebungsverfahrens zum WpÜG eingefügt wurde, gilt allgemein als verfehlt[898]. Der Tatbestand des europäischen Verhinderungsverbots sieht keine entsprechende Ausnahme vor (§ 33a Abs. 2 Satz 2 WpÜG). Nach § 33 Abs. 1 Satz 2 Alt. 3 WpÜG darf der Vorstand das Angebot vereitelnde Maßnahmen vornehmen, sofern der Aufsichtsrat hierzu seine Zustimmung erteilt hat. Zumindest dem Wortlaut nach wird damit die eigentliche Ausnahme vom Verhinderungsverbot beschrieben. Die Zustimmung des Aufsichtsrats ist im Voraus zu erteilen[899].

62.328

---

892 *Bayer*, ZGR 2002, 588, 615 ff., 617.
893 I.E. ebenso *Krause*, BB 2002, 1053, 1054; *Grunewald* in Baums/Thoma, § 33 WpÜG Rz. 60.
894 So hatten z.B. Vorstand und Aufsichtsrat der R. STAHL Aktiengesellschaft nach Veröffentlichung der Angebotsunterlage durch die Weidmüller Beteiligungsgesellschaft mbH beschlossen, weitere insgesamt 127.709 eigene Aktien zu erwerben. Diese führte zu Kritik seitens der Aktionäre, die sich u.a. in einem Antrag auf Sonderprüfung äußerte.
895 *Hopt*, ZGR 1993, 534, 557; *Winter/Harbarth*, ZIP 2002, 1, 4.
896 *Hopt*, ZGR 1993, 534, 556 f.; *Kort* in Großkomm. AktG, 4. Aufl. 2003, § 76 AktG Rz. 94; zur Frage der Bietergleichbehandlung bei konkurrierenden Angeboten Rz. 62.171.
897 *Winter/Harbarth*, ZIP 2002, 1, 5; zur Frage der Zulässigkeit von Break Fees Rz. 62.172 ff.
898 *Hopt*, ZHR (166), 2002, 383, 427 spricht vom „deutschen Sündenfall"; zu verfassungsrechtlichen Bedenken *Winter/Harbarth*, ZIP 2002, 1, 8.
899 *Winter/Harbarth*, ZIP 2002, 1, 8; mit Einschränkungen *Grunewald* in Baums/Thoma, § 33 WpÜG Rz. 73; a.A. *Hirte* ZGR 2002, 623, 644; relativierend *Hirte* in KölnKomm. WpÜG, § 33 WpÜG Rz. 86, wonach es einer Einwilligung bedarf, wenn sonst die Entscheidung des Aufsichtsrats durch die schon getroffene Vorstandsmaßnahme präjudiziert würde.

62.329 Fraglich ist, ob § 33 Abs. 1 Satz 2 Alt. 3 WpÜG nur Geschäftsleitungsmaßnahmen erfasst[900], oder ob der Vorstand z.B. auch Handlungen vornehmen darf, für die (originär) die Hauptversammlung zuständig ist[901]. Soweit es um die Durchführung einer Abwehrmaßnahme geht, ist § 33 Abs. 2 WpÜG lex specialis. Verteidigungshandlungen, für die eine Zuständigkeit der Verwaltung aus einer Ermächtigung der Hauptversammlung abgeleitet wird, dürfen daher nur unter den Voraussetzungen des § 33 Abs. 2 WpÜG getroffen werden; sie können nicht auf § 33 Abs. 1 Satz 2 Alt. 3 WpÜG gestützt werden[902]. Es besteht ein Unterschied zu Maßnahmen i.S.v. § 33 Abs. 1 Satz 2 Alt. 1 WpÜG, die gerade nicht auf die Abwehr des Übernahmeangebots gerichtet sind, sondern unabhängig davon getroffen werden.

62.330 Vorstand und Aufsichtsrat werden durch § 33 Abs. 1 Satz 2 WpÜG nicht von ihren aktienrechtlichen Organpflichten (§§ 116, 93 AktG) entbunden[903]. Das bedeutet u.a., dass der Aufsichtsrat seine Entscheidung über die Erteilung der Zustimmung zu Abwehrmaßnahmen nur vom Unternehmensinteresse abhängig machen darf (vgl. auch § 3 Abs. 3 WpÜG)[904]. Da auch der Aufsichtsrat in einer Übernahmesituation einem potenziellen Interessenkonflikt unterliegt, kann er sich hier ebenfalls nicht auf einen weiten Ermessensspielraum nach der *business judgment rule* berufen[905]. Die **Bedeutung** dieses Ausnahmetatbestandes dürfte daher **gering** sein.

62.331 **Maßnahmen aufgrund eines Ermächtigungsbeschlusses der Hauptversammlung.** Nach § 33 Abs. 2 WpÜG darf der Vorstand solche Abwehrmaßnahmen vornehmen, zu denen er aufgrund eines Beschlusses von der Hauptversammlung im Voraus **ermächtigt** wurde. Diese Bestimmung weicht erheblich von § 33a Abs. 2 Satz 2 Nr. 1 WpÜG ab, weil sie eine Vorabermächtigung vorsieht, während vom europäischen Vereitelungsverbot nur aufgrund eines nachträglichen Hauptversammlungsbeschlusses befreit werden kann. Soweit ersichtlich, hat es bis zum 2.5.2013 erst einen Vorratsbeschluss gegeben, dem aufgrund einer erfolgreichen Anfechtungsklage auch noch die Wirksamkeit versagt blieb[906]. Dies überrascht nicht, weil von einem solchen Beschluss regelmäßig ein negatives Signal für den Kapitalmarkt ausgeht.

62.332 Abwehrmaßnahmen darf der Vorstand nur treffen, wenn er dazu durch einen **rechtmäßigen** Hauptversammlungsbeschluss ermächtigt wurde. Rechtmäßig ist ein solcher Beschluss, wenn er neben den Voraussetzungen des § 33 Abs. 2 WpÜG auch den allgemeinen gesellschaftsrechtlichen Anforderungen genügt. Dazu zählt insbesondere die Beachtung der **Informationspflichten** gegenüber den Aktionären der Zielgesellschaft[907]. Der Ermächtigungsbeschluss bedarf ferner einer Mehrheit von drei Vierteln des vertretenen Grundkapitals. Inhaltlich ist der Spielraum für Vorratsbeschlüsse in zweifacher

---

900 Vgl. *Hirte*, ZGR 2002, 623, 641; *Hirte* in KölnKomm. WpÜG, § 33 WpÜG Rz. 80; *Bayer*, ZGR 2002, 588, 615 ff.
901 *Winter/Harbarth*, ZIP 2002, 1, 8 f.; *Schlitt* in MünchKomm. AktG, 5. Aufl. 2021, § 33 WpÜG Rz. 169.
902 Wie hier *Hirte* ZGR 2002, 623, 641; *Hirte* in KölnKomm. WpÜG, § 33 WpÜG Rz. 80; *Steinmeyer* in Steinmeyer, § 33 WpÜG Rz. 27 ff.; ähnlich *Bayer*, ZGR 2002, 588, 615 ff., 617, der eine Zuständigkeit des Aufsichtsrats ablehnt, wenn die Maßnahme unmittelbar in die Aktionärsstruktur eingreift (z.B. Ausübung des genehmigten Kapitals unter Ausschluss des Bezugsrechts); a.A. *Grunewald* in Baums/Thoma, § 33 WpÜG Rz. 69; *Brandi* in Angerer/Geibel/Süßmann, § 33 WpÜG Rz. 5; *Winter/Harbarth*, ZIP 2002, 1, 12; zum Erwerb eigener Aktien zwecks Abwehr eines Angebots siehe *Hitzer/Simon/Düchting*, AG 2012, 237, 243.
903 *Grunewald* in Baums/Thoma, § 33 WpÜG Rz. 72; *Krause/Pötzsch/Stephan* in Assmann/Pötzsch/Uwe H. Schneider, § 33 WpÜG Rz. 127 m.w.N.
904 *Grunewald* in Baums/Thoma, § 33 WpÜG Rz. 72; *Hopt* in Großkomm. AktG, 4. Aufl. 1999, § 93 AktG Rz. 144 ff.; *Kindler*, ZHR 162 (1998), 101, 106; *Mertens/Cahn* in KölnKomm. AktG, 3. Aufl. 2010, § 93 AktG Rz. 10 ff.; *Semler* in FS Ulmer, 2003, S. 627, 639.
905 *Hirte* in KölnKomm. WpÜG, § 33 WpÜG Rz. 84; *Winter/Harbarth*, ZIP 2002, 1, 11.
906 LG München v. 23.12.2004 – 5 HK O 15081 – IM International Media, AG 2005, 261; dazu *Drinkuth*, AG 2005, 597 ff.
907 Dazu näher *Drinkuth*, AG 2005, 597 ff.

Hinsicht eingeschränkt. Die Ermächtigung kann höchstens für die Dauer von 18 Monaten erteilt werden; um einen lückenlosen „Schutz" zu erzielen, müsste daher auf jeder ordentlichen Hauptversammlung ein solcher Vorratsbeschluss gefasst werden. Die Maßnahme, zu deren Vornahme im Voraus ermächtigt werden kann, muss „der Art nach" bestimmt werden[908].

Die Ausnutzung der Ermächtigung bedarf gemäß § 33 Abs. 2 Satz 4 WpÜG der **Zustimmung des** 62.333
Aufsichtsrats. Auch hier entscheidet der Aufsichtsrat durch Beschluss (§ 108 Abs. 1 AktG) und kann seine Befugnis auf einen Ausschuss übertragen (§ 107 Abs. 3 AktG)[909]. Der Beschluss ist im Voraus zu fassen[910]. Alleiniger Maßstab für den Aufsichtsrat bei Erteilung der Zustimmung ist das Unternehmensinteresse. Der Aufsichtsrat haftet nach §§ 116, 93 AktG. Hat er der Veräußerung einer Unternehmensbeteiligung unter Wert zugestimmt und ist der Gesellschaft dadurch ein Schaden entstanden, haftet er – ggf. zusammen mit dem Vorstand – auf Schadenersatz. Soweit der Ermächtigungsbeschluss gesetzmäßig i.S.d. § 93 Abs. 4 Satz 1 AktG war, enthaftet er nur den Vorstand, nicht jedoch den Aufsichtsrat[911]. Derartige Haftungsfragen können sich insbesondere dann auswirken, wenn die Abwehrmaßnahmen gescheitert sind und die Übernahme erfolgreich ist. Dann kann insbesondere der Bieter ein Interesse an Regressforderungen gegen die (ehemaligen) Verwaltungsorgane haben.

Maßnahmen aufgrund einer Ad-hoc-Hauptversammlung. Neben den Maßnahmen aufgrund von 62.334
§ 33 Abs. 1 Satz 2 und Abs. 2 WpÜG besteht für den Vorstand der Zielgesellschaft die Möglichkeit, unmittelbar nach Vorliegen eines Übernahmeangebots nach § 16 Abs. 3 WpÜG eine Hauptversammlung einzuberufen, um dort über Abwehrmaßnahmen Beschluss zu fassen. Handlungen des Vorstands, die aufgrund gesetzmäßiger Ad-hoc-Beschlüsse vorgenommen werden, sind in jedem Fall zulässig, wie sich bereits im Umkehrschluss aus § 33a Abs. 2 Satz 1 WpÜG ergibt. Soweit ersichtlich, hat es bislang keine derartigen Ad-hoc-Hauptversammlungsbeschlüsse gegeben.

e) Rechtsfolgen bei unzulässigen Verteidigungsmaßnahmen
aa) Ordnungswidrigkeit und Bußgeld

Für den Fall des vorsätzlichen oder leichtfertigen Verstoßes durch den Vorstand sieht § 60 Abs. 1 Nr. 8, 62.335
Abs. 3 WpÜG ein Bußgeld in Höhe von bis zu einer Mio. Euro vor.

bb) Schadensersatz
Verletzung aktienrechtlicher Sorgfaltspflichten. Verletzen Vorstand oder Aufsichtsrat bei Vornahme 62.336
von Verteidigungsmaßnahmen ihre Organpflichten, haften sie gegenüber der Zielgesellschaft auf Schadensersatz (§ 93 Abs. 2 AktG). Ein Pflichtverstoß ist jedenfalls dann anzunehmen, wenn die Maßnahme gegen § 33 Abs. 1 Satz 1 WpÜG verstößt und/oder die Voraussetzungen der Ausnahmeregeln gemäß § 33 Abs. 1 Satz 2 oder Abs. 2 WpÜG nicht vorliegen. Die Ausnahmen in § 33 Abs. 1 Satz 2 und Abs. 2 WpÜG stellen keinen aktienrechtlichen Rechtfertigungsgrund dar. Andernfalls könnte der Vorstand mit Billigung des Aufsichtsrats (Mehrheitsbeschluss) unter Berufung auf § 33 Abs. 1 Satz 2 Alt. 3 WpÜG ein für die Zielgesellschaft nachteiliges Geschäft sanktionslos vornehmen. Auch gelten die Ausnahmen vom Verhinderungsverbot nur für den Vorstand der Zielgesellschaft, nicht aber für den Aufsichtsrat, der sich schon deshalb nicht auf diese Bestimmung berufen kann. § 33 WpÜG berührt auch insoweit nicht die aktienrechtlichen Bestimmungen. Handlungen, die sich im Rahmen von § 33 Abs. 1 Satz 2 und/oder Abs. 2 WpÜG bewegen, mögen kapitalmarktrechtlich zulässig sein und damit zum Ausschluss der Bußgeldpflicht führen, lassen indessen aktienrechtliche Sanktionsmöglichkeiten grund-

---

908 Dazu näher 1. Aufl., § 59 Rz. 255.
909 Zur Besetzung eines solchen Ausschusses mit Arbeitnehmervertretern siehe Rz. 29.18.
910 Begr. RegE zu § 33 Abs. 2 Satz 4 WpÜG (abgedruckt bei *Fleischer/Kalss*, Das neue WpÜG, S. 649); vgl. auch *Hüffer/Koch*, § 111 AktG Rz. 46; zweifelnd *Hirte* in KölnKomm. WpÜG, § 33 WpÜG Rz. 137.
911 *Hirte* in KölnKomm. WpÜG, § 33 WpÜG Rz. 88.

sätzlich unberührt. Ein aktienrechtlicher Schadensersatzanspruch besteht ausschließlich gegenüber der Gesellschaft, nicht aber gegenüber den Aktionären[912].

62.337 **Verletzung des § 33 Abs. 1 Satz 1 WpÜG.** Ein Schadensersatzanspruch der Aktionäre der Zielgesellschaft oder des Bieters gegen den Vorstand wegen Verletzung des Verhinderungsverbots kommt nicht in Betracht, weil § 33 Abs. 1 Satz 1 WpÜG kein Schutzgesetz i.S.d. § 823 Abs. 2 BGB ist[913].

cc) Unterlassung

62.338 Praktische Bedeutung kann Anträgen auf Unterlassung bestimmter Verteidigungsmaßnahmen zukommen. Eine gewöhnliche Unterlassungsklage wird insbesondere in Übernahmekonstellationen wegen des Zeitrahmens nicht erfolgversprechend sein[914]. In Betracht kommt aber die Geltendmachung eines Unterlassungsbegehrens im Wege des **einstweiligen Rechtsschutzes**. Denkbare Anspruchsteller sind insbesondere der Bieter oder ihm nahestehende Personen. Soweit Unterlassungsansprüche im Wege des einstweiligen Rechtsschutzes geltend gemacht werden, müssen zunächst die allgemeinen prozessualen Voraussetzungen gegeben sein (Verfügungsanspruch, Verfügungsgrund und günstiges Ergebnis der Interessenabwägung)[915]. In den Entscheidungen „Holzmüller" und „Mangusta" hat der BGH im Grundsatz anerkannt, dass Unterlassungsansprüche gegen Maßnahmen des Vorstands geltend gemacht werden können, wenn deren einseitige Vornahme durch die Verwaltung die **Kompetenz** der Aktionäre verletzt[916]. Soweit Abwehrmaßnahmen gegen Übernahmeangebote in die ausschließliche Geschäftsführungskompetenz des Vorstands fallen, dürften Unterlassungsansprüche danach ausscheiden[917]. Handelt es sich hingegen um Maßnahmen, die – z.B. nach Holzmüller-Grundsätzen – in die Zuständigkeit der Hauptversammlung fallen oder von der Hauptversammlung abgeleitet sind, sind Unterlassungsansprüche gegen (bevorstehende) Maßnahmen des Vorstands nicht ausgeschlossen.

IV. Übernahmerechtlicher Squeeze out und Andienungsrecht

1. Überblick

62.339 Neben dem aktienrechtlichen Squeeze out (dazu § 63) sowie dem umwandlungsrechtlichen Squeeze out (dazu Rz. 62.341) sieht das Übernahmerecht gemäß § 39a WpÜG auch ein **übernahmerechtliches Ausschlussverfahren** vor. Dieser sog. übernahmerechtliche Squeeze out wurde durch das Übernahmerichtlinie-Umsetzungsgesetz in das WpÜG aufgenommen.[918]

Nach § 39a Abs. 1 Satz 1 WpÜG kann ein Bieter, dem nach einem Übernahme- oder Pflichtangebot mindestens 95 % der stimmberechtigten Aktien der Zielgesellschaft gehören, beim **ausschließlich zuständigen Landgericht Frankfurt am Main** (§ 39a Abs. 5 WpÜG) beantragen, dass ihm die übrigen stimmberechtigten Aktien durch **Gerichtsbeschluss** übertragen werden. Gehören dem Bieter außerdem mindestens 95 % des Grundkapitals, kann er beantragen, dass ihm auch die übrigen stimmrechtslosen Vorzugsaktien gegen Gewährung einer angemessenen Abfindung zu übertragen sind (§ 39a Abs. 1

---

912 *Winter/Harbarth*, ZIP 2002, 1, 16.
913 *Grunewald* in Baums/Thoma, § 33 WpÜG Rz. 103; *Krause* in Assmann/Pötzsch/Uwe H. Schneider, § 33 WpÜG Rz. 312; *Winter/Harbarth*, ZIP 2002, 1, 16; a.A. *Hirte*, ZGR 2002, 623, 654.
914 *Cahn*, ZHR 164 (2000), 113, 118.
915 *Schlitt/Seiler*, ZHR 166 (2002), 544, 550 f.
916 BGH v. 25.2.1982 – II ZR 174/80 – Holzmüller, BGHZ 83, 122, 134 = AG 1982, 158; BGH v. 10.10.2005 – II ZR 148/03 u. II ZR 90/03 – Mangusta, AG 2006, 36; dazu *Drinkuth*, AG 2006, 142 ff.
917 LG Düsseldorf v. 14.12.1999 – 10 O 495/99 Q – Mannesmann/Vodafone, AG 2000, 233, 234; *Schlitt/Seiler*, ZHR 166 (2002), 544, 561; *Winter/Harbarth*, ZIP 2002, 1, 17.
918 Gesetz zur Umsetzung der Richtlinie 2004/25/EG des Europäischen Parlaments und des Rates v. 8.7.2006 („Übernahmerichtlinie-Umsetzungsgesetz"), BGBl. I 2006, 1426 ff.

Satz 2 WpÜG). Der **Antrag muss** gemäß § 39a Abs. 4 Satz 1 WpÜG **innerhalb von drei Monaten nach Ablauf der Annahmefrist** gestellt werden.

Eine **Besonderheit** des übernahmerechtlichen Squeeze out besteht darin, dass unter den gesetzlichen Voraussetzungen die Übertragung der Aktien auf den Bieter nicht durch Beschluss der Hauptversammlung der Zielgesellschaft bzw. Eintragung desselben in das Handelsregister, sondern durch einen rechtskräftigen Gerichtsbeschluss erfolgt.

Die vom Bieter zu gewährende **Abfindung** muss gemäß § 39a Abs. 3 Satz 1 WpÜG zunächst ihrer Art nach der im Rahmen des Übernahme- oder Pflichtangebots angebotenen Gegenleistung entsprechen, wobei nach § 39a Abs. 1 Satz 2 WpÜG stets wahlweise eine Geldleistung anzubieten ist. Außerdem muss die Abfindung **angemessen** sein. Insoweit sieht der übernahmerechtliche Squeeze out eine **weitere Besonderheit** vor: Hat der Bieter auf Grund des Übernahme- oder Pflichtangebots mindestens 90 % der vom Angebot betroffenen Aktien erworben, ist die bei diesem vorausgegangenen Angebot gewährte Gegenleistung gemäß § 39a Abs. 3 Satz 3 WpÜG als angemessen anzusehen. Ein **Spruchverfahren** gemäß SpruchG ist für die Abfindung beim übernahmerechtlichen Squeeze out **nicht vorgesehen**.

Dem Recht des Bieters, unter bestimmten Voraussetzungen den Ausschluss der Minderheitsaktionäre zu verlangen, steht das in § 39c WpÜG geregelte **Andienungsrecht** der Minderheitsaktionäre gegenüber. Sofern der Bieter berechtigt ist, einen übernahmerechtlichen Squeeze out zu verlangen, kann jeder Aktionär, der das Übernahme- oder Pflichtangebot nicht angenommen hat, dieses noch innerhalb von drei Monaten nach Ablauf der Annahmefrist annehmen. Die auf den ersten Blick einfach erscheinenden Regelungen werfen eine Vielzahl von z.T. umstrittenen Rechtsfragen auf (dazu gleich Rz. 62.341). Der übernahmerechtliche Squeeze out hat sich daher in der Praxis bislang nicht bewährt[919].

62.340

2. Einzelfragen zum übernahmerechtlichen Squeeze out

a) Verhältnis zum aktienrechtlichen Squeeze out gemäß §§ 327a ff. AktG sowie zum umwandlungsrechtlichen Squeeze out gemäß § 62 Abs. 5 UmwG

Ein Aktionär, dem 95 % oder mehr der Aktien gehören (Hauptaktionär), kann nach den §§ 327a ff. AktG verlangen, dass die Hauptversammlung die Übertragung der von den außen stehenden Aktionären gehaltenen Aktien auf ihn beschließt (**aktienrechtlicher Squeeze out**, dazu § 63).

62.341

Falls eine Aktiengesellschaft 90 % oder mehr der Aktien an einer zu übernehmenden Kapitalgesellschaft (in diesem Zusammenhang also einer Zielgesellschaft) unmittelbar hält[920], kann diese gemäß § 62 Abs. 5 UmwG ebenfalls die Fassung eines Übertragungsbeschlusses nach §§ 327a ff. AktG verlangen. Weitere Voraussetzung dieses **umwandlungsrechtlichen Squeeze out** ist, dass der Verschmelzungsvertrag oder sein Entwurf einen entsprechenden Hinweis auf den Squeeze out enthält und der Übertragungsbeschluss innerhalb von drei Monaten nach Abschluss des Verschmelzungsvertrages gefasst wird. Der Übertragungsbeschluss wird gemäß § 62 Abs. 5 Satz 7 UmwG mit Eintragung der Verschmelzung im Handelsregister des übernehmenden Rechtsträgers (Zielgesellschaft) wirksam.

Der Bieter hat zunächst ein **Wahlrecht**, für welche Variante des Squeeze out er sich entscheidet. § 39a Abs. 6 WpÜG bestimmt allerdings, dass die §§ 327a ff. AktG nach Stellung des Antrags auf übernahmerechtlichen Squeeze out keine Anwendung mehr finden. Zwar verweist das WpÜG nicht ausdrücklich auf den umwandlungsrechtlichen Squeeze out. Da dieser aber ein Sonderfall des aktienrechtlichen Squeeze out ist, gilt die **Sperrwirkung** auch für den umwandlungsrechtlichen Squeeze out, zumal dieser zu seiner Umsetzung eines aktienrechtlichen Übertragungsbeschlusses bedarf. Nach h.M. führt die-

---

919 Vgl. dazu näher *Merkner/Sustmann* in Baums/Thoma, § 39a WpÜG Rz. 82 ff.
920 Es findet also keine Zurechnung von Stimmrechten nach § 16 Abs. 2 AktG statt; vgl. auch *Merkner/Sustmann* in Baums/Thoma, § 39a WpÜG Rz. 11.

se Sperrwirkung dazu, dass ein Ausschlussverfahren nach den §§ 327a ff. AktG als beendet gilt[921]. Sollte der Antrag auf übernahmerechtlichen Squeeze out nicht zum Erfolg führen, müsste ein aktienrechtliches (oder umwandlungsrechtliches) Ausschlussverfahren wieder neu aufgenommen werden[922]. Nach a.A. soll das aktienrechtliche Ausschlussverfahren in solchen Fällen lediglich ausgesetzt werden[923]. Das kann aber nur für ein nach Fassung des Übertragungsbeschlusses folgendes Verfahren auf Eintragung dieses Übertragungsbeschlusses bzw. ein Gerichtsverfahren gelten. Nach Beantragung des übernahmerechtlichen Squeeze out kann ein rechtmäßiger Übertragungsbeschluss nicht mehr gefasst werden. **Umgekehrt** gilt die **Sperrwirkung nicht**. Der Bieter kann also auch nach Ingangsetzung des aktienrechtlichen bzw. umwandlungsrechtlichen Ausschlussverfahrens einen übernahmerechtlichen Squeeze out einleiten[924], allerdings mit den oben beschriebenen Folgen.

Darüber hinaus steht es dem Bieter offen, nach rechtskräftiger Beendigung des übernahmerechtlichen Verfahrens das aktienrechtliche Verfahren zu betreiben und umgekehrt[925]. Der Bieter kann die Sperre des § 39a Abs. 6 WpÜG auch dadurch beseitigen, dass er den Antrag nach § 39a Abs. 1 WpÜG zurücknimmt. Zwar wird hierdurch das Verfahren nicht rechtskräftig abgeschlossen, doch bewirkt die Rücknahme des Antrags entsprechend § 269 ZPO, dass dieser als niemals gestellt zu behandeln ist[926]. Der Bieter kann daher nach einem Übernahme- oder Pflichtangebot zunächst den übernahmerechtlichen Squeeze out betreiben. Wird gegen den Beschluss des Landgerichts Beschwerde eingelegt und ist mit einem langjährigen Verfahren wegen Bewertungsfragen zu rechnen, kann der Bieter seinen Antrag zurücknehmen und den **aktienrechtlichen Squeeze out** betreiben[927].

b) 95 %-Schwelle

62.342 § 39a Abs. 1 Satz 1 WpÜG verlangt, dass dem Bieter nach einem Übernahme- oder Pflichtangebot mindestens 95 % der stimmberechtigten Aktien der Zielgesellschaft gehören. Der übernahmerechtliche Squeeze out setzt also die Durchführung eines Übernahmeangebots voraus[928], ein vorheriges Aufstockungsangebot oder ein Paketerwerb reicht dafür indessen nicht aus[929]. Auf die Ermittlung der **Beteiligungshöhe** finden gemäß § 39a Abs. 2 WpÜG die § 16 Abs. 2 und 4 AktG, nicht aber die § 34 Abs. 2 WpHG (bis 2.1.2018: § 22), § 30 Abs. 2 WpÜG[930] Anwendung. Danach werden bei der Ermittlung der Anteilshöhe auch solche Aktien berücksichtigt, die von einem abhängigen Unternehmen oder von einem Dritten für Rechnung des Bieters oder eines von ihm abhängigen Unternehmens gehalten werden[931]. Unerheblich ist, wem die Stimmrechte aus diesen Aktien zustehen[932].

---

921 *DAV-Handelsrechtsausschuss*, NZG 2006, 177, 179; *Merkner/Sustmann* in Baums/Thoma, § 39a WpÜG Rz. 85; *Ott*, WM 2008, 384, 385; *Paefgen*, WM 2007, 765, 765.
922 Dazu krit. *Seiler* in Assmann/Pötzsch/Uwe H. Schneider, § 39a WpÜG Rz. 142.
923 *Hasselbach* in KölnKomm. WpÜG, § 39a WpÜG Rz. 105; *Seiler* in Assmann/Pötzsch/Uwe H. Schneider, § 39a WpÜG Rz. 142.
924 *Seiler* in Assmann/Pötzsch/Uwe H. Schneider, § 39a WpÜG Rz. 142; **a.A.** *Heidel/Lochner* in Heidel, § 39a WpÜG Rz. 73.
925 Begr. RegE, BT-Drucks. 16/1003, S. 16, 22; *Paefgen*, WM 2007, 765, 765.
926 Ebenso *Ott*, WM 2008, 384, 385.
927 *Seiler* in Assmann/Pötzsch/Uwe H. Schneider, § 39a WpÜG Rz. 142; *Hasselbach* in KölnKomm. WpÜG, § 39a WpÜG Rz. 106; dem entsprechend hat die Vue Beteiligungs GmbH nach Scheitern des übernahmerechtlichen Squeeze out ein aktienrechtliches Ausschlussverfahren bei der CinemaxX Aktiengesellschaft angestrengt.
928 *Merkner/Sustmann* in Baums/Thoma, § 39a WpÜG Rz. 12.
929 *Grunewald* in MünchKomm. AktG, 5. Aufl. 2021, § 39a WpÜG Rz. 18; *Hasselbach* in KölnKomm. WpÜG, § 39a WpÜG Rz. 33; *Merkner/Sustmann* in Baums/Thoma, § 39a WpÜG Rz. 15; *Seiler* in Assmann/Pötzsch/Uwe H. Schneider, § 39a WpÜG Rz. 38.
930 *Merkner/Sustmann*, NZG 2013, 374.
931 BGH v. 18.12.2012 – II ZR 198/11 – DSGV/Landesbank Berlin Holding AG, AG 2013, 262 ff.; *Hasselbach* in KölnKomm. WpÜG, § 39a WpÜG Rz. 43; zust. *Seiler/Rath*, AG 2013, 252, 254.
932 *DAV-Handelsrechtsausschuss*, NZG 2006, 177, 179; *Ott*, WM 2008, 384, 387.

Umstritten ist, welcher **zeitliche Zusammenhang** zum Angebot erforderlich ist. Das Meinungsspektrum reicht von einem sehr engen zeitlichen Zusammenhang (die 95 %-Schwelle muss bis zum Ende der weiteren Annahmefrist erreicht sein) bis zu einem großzügig bemessenen Zeitraum (ausreichend ist es, wenn die 95 %-Schwelle bis Ablauf der dreimonatigen Antragsfrist erreicht ist)[933]. Der BGH hat die Frage inzwischen im Sinne der engen Auslegung entschieden. Danach setzen sowohl der übernahmerechtliche Squeeze out als auch das Andienungsrecht voraus, dass der Bieter mindestens 95 % der stimmberechtigten Aktien der Zielgesellschaft bis zum Ablauf der weiteren Annahmefrist hält[934]. Der BGH hat dabei ebenso bestätigt, dass auch durch außerhalb des formellen Angebotsverfahrens abgeschlossene Paketerwerbe erworbene Aktien anzurechnen sind[935].

c) Abfindung
aa) Art der Abfindung

Die Abfindung der Minderheitsaktionäre hat gemäß § 39a Abs. 3 Satz 1 WpÜG der Art des Abfindungsangebots zu entsprechen, doch muss der Bieter nach § 39a Abs. 3 Satz 2 WpÜG stets wahlweise eine Geldleistung anbieten[936]. War das vorausgegangene Angebot ein Tauschangebot, so ist die Höhe der geschuldeten Geldleistung durch analoge Anwendung von § 31 WpÜG i.V.m. §§ 4 ff. WpÜG-AngVO zu berechnen[937]. Der Referenzzeitraum des § 5 Abs. 1 WpÜG-AngVO bleibt unverändert[938]. 62.343

bb) Höhe der Abfindung

Unwiderlegliche Angemessenheitsvermutung. Hat der Bieter „auf Grund des Angebots" mindestens **90 %** des vom Angebot betroffenen Grundkapitals erworben, ist die im Übernahme- oder Pflichtangebot gewährte Gegenleistung nach § 39 Abs. 3 Satz 1 WpÜG als angemessen anzusehen. Es handelt sich hierbei um eine **unwiderlegliche Angemessenheitsvermutung**[939]. Die Gegenauffassung, die für diesen Fall nur eine widerlegliche Vermutung der Angemessenheit annehmen will, ist als unvereinbar mit dem Wortlaut und dem Gesetzeszweck abzulehnen[940]. Könnte auch bei Erreichen der in § 39a Abs. 3 Satz 1 WpÜG vorausgesetzten Erwerbsschwelle die Angemessenheit gerichtlich überprüft werden, hätte sich der Gesetzgeber die Vorschrift ersparen können[941]. 62.344

---

933 Zum Meinungsstand *Seiler* in Assmann/Pötzsch/Uwe H. Schneider, § 39a WpÜG Rz. 47 ff.
934 BGH v. 18.12.2012 – II ZR 198/11 – DSGV/Landesbank Berlin Holding AG, AG 2013, 262 ff.; dazu krit. *Merkner/Sustmann*, NZG 2013, 374, 375 ff.; *Seiler/Rath*, AG 2013, 252 ff.
935 BGH v. 18.12.2012 – II ZR 198/11 – DSGV/Landesbank Berlin Holding AG, AG 2013, 262 ff. Rz. 18; *Merkner/Sustmann* in Baums/Thoma, § 39a WpÜG Rz. 20.
936 *Seiler* in Assmann/Pötzsch/Uwe H. Schneider, § 39a WpÜG Rz. 66.
937 *Merkl/Binder*, BB 2006, 1285, 1290; *Ott*, WM 2008, 384, 387; *Seiler* in Assmann/Pötzsch/Uwe H. Schneider, § 39a WpÜG Rz. 67 ff.
938 Nach *Ott*, WM 2008, 384, 388 soll die Referenzperiode mit Stellung des Antrags gemäß § 39a Abs. 1 WpÜG enden. In diesem Fall würden allerdings Kursverzerrungen infolge der Durchführung des öffentlichen Erwerbsangebots einfließen, sodass eine entsprechende Anpassung des Bezugszeitraums abzulehnen ist.
939 OLG Stuttgart v. 5.5.2009 – 20 W 13/08, AG 2009, 707; *Seiler* in Assmann/Pötzsch/Uwe H. Schneider, § 39a WpÜG Rz. 85; *Hasselbach* in KölnKomm. WpÜG, § 39a WpÜG Rz. 68 ff.; *Merkner/Sustmann* in Baums/Thoma, § 39a WpÜG Rz. 588 ff.; *Merkl/Binder*, BB 2006, 1285, 1291; *Santelmann* in Steinmeyer, § 39a WpÜG Rz. 31; offen gelassen von OLG Frankfurt am Main v. 9.12.2008 – WpÜG 2/08, AG 2009, 89 sowie v. 28.1.2014 – WpÜG 3/13, ZIP 2014, 617, 620; a.A. *Rühland*, NZG 2006, 401, 406 f.; *Schüppen/Tretter* in FrankfurtKomm. WpÜG, § 39a WpÜG Rz. 27. Zur grundsätzlichen Verfassungsmäßigkeit der Angemessenheitsvermutung BVerfG v. 16.5.2012 – 1 BvR 96/09, 117/09, 118/09 u. 128/09, NZG 2012, 907 ff. = AG 2012, 625 ff.
940 Vgl. hierzu auch *Seiler* in Assmann/Pötzsch/Uwe H. Schneider, § 39a WpÜG Rz. 84.
941 Zum Diskussionsstand OLG Stuttgart v. 5.5.2009 – 20 W 13/08, AG 2009, 707.

62.345 Die Erwerbsschwelle des § 39a Abs. 3 Satz 1 WpÜG ist erreicht, wenn 90 % des vom Angebot betroffenen Grundkapitals auf Grund des Angebots erworben wurden. Maßgebend ist daher die Anzahl der Aktien, die Gegenstand des Angebots sind. Hat der Bieter z.B. vor einem Pflichtangebot bereits 65 % des Grundkapitals in Höhe von nominal 6.500.000 Euro bzw. 6.500.000 Stückaktien erworben, sind noch 3.500.000 Stückaktien Gegenstand des Angebots. Wird das Pflichtangebot für 3.160.000 Stückaktien angenommen, entspricht dies rund 90,30 %. Die Voraussetzungen des § 39a Abs. 3 Satz 1 WpÜG sind damit erfüllt[942].

62.346 Nach § 39a Abs. 3 Satz 1 WpÜG müssen die Aktien **auf Grund des Angebots** erworben sein. Das sind zunächst alle aufgrund von auf das Angebot bezogenen Annahmeerklärungen dinglich vom Bieter erworbenen Aktien. Fraglich ist, ob auch aufgrund von **Vor-, Parallel- oder Nacherwerben** i.S.d. § 31 Abs. 4 und Abs. 5 WpÜG erworbene Aktien in die Berechnung einfließen dürfen. § 39a Abs. 3 Satz 1 WpÜG verwendet dieselbe Formulierung wie § 35 Abs. 3 WpÜG. Bei Pflichtangeboten wird das Tatbestandsmerkmal „auf Grund" nicht als enges Kausalitätserfordernis verstanden. Vielmehr reicht dort aus, dass der Aktienerwerb in **zeitlichem Zusammenhang** mit dem Angebot erfolgt ist[943]. Der erforderliche zeitliche Zusammenhang ist nach richtiger Auffassung gegeben, wenn der Aktienerwerb ab der Veröffentlichung der Angebotsentscheidung und bis zur Veröffentlichung nach § 23 Abs. 1 Satz 1 Nr. 2 WpÜG erfolgt[944]. Diese Auslegung des § 35 Abs. 3 WpÜG ist auch auf § 39a Abs. 3 WpÜG zu **übertragen**, so dass Aktienerwerbe außerhalb des Angebotsverfahrens, die zwischen den Veröffentlichungen nach § 10 Abs. 3 und § 23 Abs. 1 Satz 1 Nr. 2 WpÜG vollzogen werden, als „auf Grund des Angebots" erworben anzusehen sind[945]. Diese Voraussetzung ist auch erfüllt, wenn Aktien aufgrund von *Irrevocable Offers*, die vor der Angebotsentscheidung abgegeben wurden, während dieses Zeitraums erworben werden. Nach Ansicht des LG Frankfurt am Main muss das Angebotsverfahren aber **kausal** für den Aktienerwerb sein. Hieran fehlt es, wenn ein Aktionär dem Bieter seine Aktien vor Veröffentlichung der Angebotsentscheidung unbedingt – insbesondere unabhängig vom Vollzug des Angebots – zum Erwerb angeboten hat, selbst wenn die Aktien während des Angebotsverfahrens erworben werden[946]. Für dieses Kausalitätsbedürfnis ist jedoch kein nachvollziehbarer Grund ersichtlich. Maßgeblich ist allein, ob der Erwerb im Zusammenhang mit dem Übernahme- oder Pflichtangebot erfolgt ist. Dieser Zusammenhang lässt sich auch bei einem unbedingten Aktienerwerb schon aufgrund der Relevanz des dort vereinbarten Kaufpreises für die Höhe der Mindestgegenleistung nicht bestreiten. Ob der Aktienerwerb unter der Bedingung des Vollzugs des Übernahmeangebots steht oder unbedingt ist, hängt von dem zwischen Bieter und Aktionär erzielten Verhandlungsergebnis ab. Die Interessen sind hier gegenläufig. Während der Bieter im Regelfall auf einen bedingten Aktienerwerb drängen dürfte, wird der Großaktionär Wert darauf legen, den Aktienkaufvertrag unabhängig vom Erfolg des Übernahmeangebots vollziehen zu können. Auf dieses Verhandlungsergebnis kann es aber für die Frage, welche Aktien zu berücksichtigen sind, nicht ankommen.

62.347 Liegen die Voraussetzungen des § 39a Abs. 3 WpÜG nicht vor, dann ist die Angemessenheit der Abfindung nach denselben Grundsätzen zu ermitteln wie beim aktienrechtlichen Squeeze out[947]. Hier

---

942 Vgl. LG Frankfurt am Main v. 19.2.2013 – 3-5 O 116/12 – CinemaxX, ZIP 2013, 625, 628 = AG 2013, 433; LG Frankfurt am Main v. 2.8.2007 – 3-5 O 138/07 – Müller-Weingarten AG, EWiR 2007, 763 mit Anm. *Wilsing/Ogorek*.
943 OLG Frankfurt am Main v. 28.1.2014 – WpÜG 3/13, ZIP 617, 621 f.; *Merkner/Sustmann* in Baums/Thoma, § 39a WpÜG Rz. 38; *von Bülow* in KölnKomm. WpÜG, § 35 WpÜG Rz. 185; *Krause/Pötzsch* in Assmann/Pötzsch/Uwe H. Schneider, § 35 WpÜG Rz. 275 sowie Rz. 62.229.
944 Vgl. bereits Rz. 62.229; siehe auch – teils abweichend – *Krause/Pötzsch* in Assmann/Pötzsch/Uwe H. Schneider, § 35 WpÜG Rz. 275 m.w.N.
945 So i.E. auch LG Frankfurt am Main v. 19.2.2013 – 3-5 O 116/12 – CinemaxX, ZIP 2013, 625, 629 = AG 2013, 433; *Ott*, WM 2008, 384, 388; *Seiler* in Assmann/Pötzsch/Uwe H. Schneider, § 39a WpÜG Rz. 78 ff.; vgl. auch *Paefgen*, WM 2007, 765, 769.
946 LG Frankfurt am Main v. 19.2.2013 – 3-5 O 116/12 – CinemaxX, ZIP 2013, 625, 629 = AG 2013, 433.
947 *Seiler* in Assmann/Pötzsch/Uwe H. Schneider, § 39a WpÜG Rz. 108.

bildet nach allgemeinen Regeln der **Börsenkurs** der Zielgesellschaft im Zeitpunkt der Antragstellung die Untergrenze. Liegt der Angebotspreis darüber, kann er zumindest als widerlegliche Vermutung der Angemessenheit herangezogen werden. Problematisch aus Sicht des Bieters ist es, dass die Regeln des **SpruchG** weder in direkter noch analoger **Anwendung** heranzuziehen sind[948]. Die nach § 39b Abs. 3 Satz 3 WpÜG zur Geltendmachung der Unwirksamkeit des Beschlusses eröffnete sofortige Beschwerde kann somit auf eine fehlerhafte Bewertung gestützt werden. Angesichts der aufschiebenden Wirkung der sofortigen Beschwerde (§ 39b Abs. 3 Satz 3, 2. Halbsatz, Satz 4 WpÜG) kann damit das Ausschlussverfahren erheblich verzögert werden; denn der Ausschluss ist erst mit Rechtskraft des – stattgebenden – gerichtlichen Beschlusses wirksam (§ 39b Abs. 5 Satz 1 WpÜG).

d) Verfahren

aa) Antrag

Das Ausschlussverfahren setzt einen **Antrag** des Bieters beim allein zuständigen Landgericht Frankfurt am Main (§ 39a Abs. 5 Satz 1 WpÜG) voraus. Der Antrag ist nach § 39a Abs. 4 Satz 1 WpÜG innerhalb von drei Monaten nach Ablauf der Annahmefrist gemäß § 16 Abs. 1 WpÜG zu stellen; falls eine weitere Annahmefrist nach § 16 Abs. 2 WpÜG in Gang gesetzt wurde, beginnt die Frist nach Ablauf dieser weiteren Annahmefrist[949]. Da das Angebot aufgrund etwaig noch ausstehender Bedingungen zu diesem Zeitpunkt noch nicht vollzogen sein kann, reicht es für die Antragstellung gemäß § 39a Abs. 4 Satz 2 WpÜG aus, wenn das Angebot in dem für den Squeeze out erforderlichen Umfang angenommen wurde[950]. Nur der Bieter, der zuvor ein Übernahme- oder Pflichtangebot abgegeben hat, ist **antragsberechtigt**. Mit dem Bieter gemeinsam handelnde Personen oder Personen, deren Stimmrechte dem Bieter zuzurechnen sind, sind nicht antragsberechtigt[951]. Dieses formelle Verständnis des Bieterbegriffs bedingt, dass bei Einschaltung eines Erwerbsvehikels als Bieter auch nur dieses antragsberechtigt ist, nicht jedoch die dahinter stehenden wirtschaftlichen Initiatoren des Übernahme- bzw. Pflichtangebots[952]. Das Landgericht hat den Antrag gemäß § 39b Abs. 2 WpÜG **bekannt** zu machen. Zu diesem Antrag können sich dann die außen stehenden Aktionäre äußern[953].

62.348

bb) Entscheidung des Landgerichts

Das Landgericht entscheidet nach § 39b Abs. 3 WpÜG durch **begründeten Beschluss (Begründungszwang)**[954]. Die Entscheidung darf frühestens nach Ablauf von einem Monat seit Bekanntmachung des Antrags und erst dann ergehen, wenn der Bieter **glaubhaft** gemacht hat, dass ihm die zum Ausschluss erforderlichen Aktien gehören (§ 39b Abs. 3 Satz 2 WpÜG)[955]. Dies setzt den Vollzug des Angebots. Das Landgericht stellt den Beschluss dem Antragsteller und der Zielgesellschaft zu; sofern außen stehende Aktionäre im Beschlussverfahren angehört wurden, ist auch diesen der Beschluss zuzustellen (§ 39b Abs. 4 Satz 1 WpÜG). Der Beschluss ist außerdem – ohne Gründe – in den Gesellschaftsblättern bekannt zu machen[956].

62.349

---

948 *Seiler* in Assmann/Pötzsch/Uwe H. Schneider, § 39a WpÜG Rz. 110 f.
949 OLG Frankfurt am Main v. 28.1.2014 – WpÜG 3/13, ZIP 2014, 617, 618 f.; *Merkner/Sustmann* in Baums/Thoma, § 39a WpÜG Rz. 71.
950 *Seiler* in Assmann/Pötzsch/Uwe H. Schneider, § 39a WpÜG Rz. 127 ff.
951 *Ott*, WM 2008, 384, 385; *Seibt/Heiser*, AG 2006, 301, 317.
952 *Santelmann* in Steinmeyer, § 39a WpÜG Rz. 12; *Ott*, WM 2008, 384, 385.
953 Begr. RegE, BT-Drucks. 16/1003, S. 22; *Seiler* in Assmann/Pötzsch/Uwe H. Schneider, § 39b WpÜG Rz. 20.
954 *Seiler* in Assmann/Pötzsch/Uwe H. Schneider, § 39b WpÜG Rz. 23.
955 *Seiler* in Assmann/Pötzsch/Uwe H. Schneider, § 39b WpÜG Rz. 22.
956 *Seiler* in Assmann/Pötzsch/Uwe H. Schneider, § 39b WpÜG Rz. 23.

cc) Rechtsbehelfe

62.350 Gegen den Beschluss ist die **Beschwerde** statthaft; über sie entscheidet das Oberlandesgericht Frankfurt am Main. Die Beschwerde hat nach § 39b Abs. 3 Satz 3 WpÜG **aufschiebende Wirkung**[957]. Sie ist gemäß § 39b Abs. 4 Satz 4, § 39b Abs. 1 WpÜG i.V.m. § 63 Abs. 1 und 3 FamFG innerhalb von einem Monat ab Bekanntmachung des Beschlusses im Bundesanzeiger beim Landgericht oder Oberlandesgericht Frankfurt am Main einzureichen. Sofern einzelnen Antragstellern der Beschluss zugestellt wurde, beginnt die Beschwerdefrist ab Zustellung (§ 39b Abs. 4 Satz 4, letzter Halbsatz WpÜG). Falls das Oberlandesgericht die Rechtsbeschwerde zugelassen hat, kann gegen den Beschwerdebeschuss gemäß § 70 FamG Rechtsbeschwerde beim Bundesgerichtshof eingelegt werden.

dd) Rechtskraft und Folgen

62.351 Die Entscheidung des Landgerichts entfaltet erst mit formeller Rechtskraft Wirkung (§ 39b Abs. 5 Satz 1 WpÜG). Ein stattgebender rechtskräftiger Beschluss bewirkt die Übertragung der außen stehenden Aktien mit Wirkung **gegen jedermann** auf den Bieter (§ 39b Abs. 5 Satz 2 WpÜG).

V. Rechtsschutz

1. Überblick

62.352 Das Übernahmerecht ist zum einen **verwaltungsrechtlich** und zum anderen **zivilrechtlich** geprägt. Sofern die BaFin als Aufsichtsbehörde durch Verfügungen und/oder sonstige hoheitliche Maßnahmen gegenüber dem Bieter oder sonstigen Adressaten[958] tätig wird, ist das Angebotsverfahren ein Verwaltungsverfahren i.S.d. § 1 VwVfG[959]. Soweit das **WpÜG** keine besonderen Bestimmungen enthält, gelten für alle Maßnahmen der BaFin die Regelungen des **VwVfG**. Im Verhältnis zwischen den am Angebotsverfahren beteiligten Privatpersonen gilt das Zivilrecht. Dies betrifft insbesondere die rechtlichen Beziehungen zwischen dem Bieter einerseits und z.B. der Zielgesellschaft und/oder ihren Aktionären andererseits. Deutlich wird dies bei etwaigen Ansprüchen von Aktionären gegen den Bieter wegen einer fehlerhaften Angebotsunterlage gemäß § 12 Abs. 1 WpÜG, dem Zinsanspruch nach § 38 WpÜG oder Ansprüchen auf eine angemessene Gegenleistung gemäß § 31 Abs. 1 WpÜG oder auf Anpassung der Gegenleistung nach § 31 Abs. 4 und 5 WpÜG bei Übernahme- und Pflichtangeboten. Für Verfügungen der BaFin gegenüber den sonstigen Beteiligten des Angebotsverfahrens, enthält das WpÜG besondere Bestimmungen des Rechtsschutzes, die an das Verwaltungsrecht angelehnt sind. Gegen Verfügungen der BaFin sieht das WpÜG den Widerspruch und die Beschwerde als Rechtsbehelfe vor. Die Besonderheit in diesem verwaltungsrechtlich geprägten Verfahren liegt darin, dass für die gerichtliche Beschwerde ausschließlich das **OLG Frankfurt am Main** zuständig ist, welches in erster und letzter Instanz entscheidet. Nach § 67 WpÜG ist dort ein Wertpapier- und Übernahmesenat zuständig. Der Rechtsschutz für zivilrechtliche Ansprüche richtet sich nach den allgemeinen **Regeln des Zivilprozessrechts**. Hinzu kommen für bestimmte Ansprüche die Regelungen über Musterverfahren nach dem **KapMuG** (§ 1 Abs. 1 Nr. 2 KapMuG).

---

957 Seiler in Assmann/Pötzsch/Uwe H. Schneider, § 39b WpÜG Rz. 29.
958 Neben dem Bieter kommen die Zielgesellschaft, der Vorstand oder der Aufsichtsrat der Zielgesellschaft sowie Aktionäre, denen z.B. ein Verstoß gegen die Meldepflichten nach § 35 WpÜG zur Last gelegt wird, als Angebotsadressaten in Betracht.
959 Vgl. nur Bosch/Kobbelt in Thaeter/Brandi, Öffentliche Übernahmen, 2003, Teil 5, § 1 Rz. 6.

2. Verwaltungsrechtlicher Rechtsschutz
a) Allgemeines

Verfügungen der BaFin sind **Verwaltungsakte**. Hiergegen ist als Rechtsbehelf nach § 41 WpÜG der **Widerspruch** statthaft. Über den Widerspruch entscheidet die BaFin, sofern nicht nach § 6 Abs. 1 WpÜG der Widerspruchsausschuss zuständig ist. Die Durchführung des Widerspruchsverfahrens ist Voraussetzung für die Zulässigkeit der gerichtlichen Beschwerde. Entbehrlich ist das Vorverfahren gemäß § 41 Abs. 1 Satz 2 WpÜG nur, wenn der Widerspruchsbescheid erstmals eine Beschwer enthält. Gegenstand des Widerspruchsverfahrens ist die Überprüfung der Recht- und Zweckmäßigkeit der angegriffenen Verfügung[960]. Mangels besonderer Vorschriften im WpÜG richtet sich die Zulässigkeit des Widerspruchs nach § 42 Abs. 2 VwGO[961]. Widerspruchsbefugt ist danach stets der Adressat einer belastenden Maßnahme oder derjenige, der geltend macht, einen Rechtsanspruch auf Erlass einer ihn begünstigenden Verfügung zu haben[962]. Dies ist insbesondere der Bieter, wenn er sich gegen eine belastende Verfügung oder z.B. die Ablehnung eines Antrags auf Befreiung vom Pflichtangebot zur Wehr setzen will. In der Regel hat der Widerspruch aufgrund der Regelung des § 42 WpÜG keinen Suspensiveffekt. Darüber hinaus kann die BaFin analog § 80 Abs. 2 Nr. 4 VwGO die sofortige Vollziehbarkeit einer Verfügung anordnen. Nach Durchführung des Widerspruchsverfahrens ist die **Beschwerde** das statthafte Rechtsmittel gegen Verfügungen der BaFin. Weitere Rechtsmittel sind ausgeschlossen. Trotz Zuständigkeit eines ordentlichen Zivilgerichts handelt es sich um einen Verwaltungsprozess[963]. Daneben finden über § 58 WpÜG die Bestimmungen des GVG sowie einige Regelungen der ZPO Anwendung[964].

62.353

Nach § 48 Abs. 2 WpÜG sind nur die am Verfahren **Beteiligten** befugt, Anfechtungsbeschwerde einzulegen. Zur Einlegung einer Verpflichtungsbeschwerde ist gemäß § 48 Abs. 3 Satz 1 WpÜG nur derjenige befugt, der behauptet, ein **Recht** auf Vornahme einer bestimmten Verfügung zu haben. § 52 WpÜG regelt nur, dass der Beschwerdeführer und die BaFin Beteiligte sind. Ob und unter welchen Voraussetzungen sonstige Personen Beteiligte des Beschwerdeverfahrens sind, sagt § 52 WpÜG nicht. Dies legt es nahe, auf die allgemeine Bestimmung des § 13 VwVfG zurückzugreifen[965]. Als sonstige Beteiligte kommen daher nur solche Personen in Betracht, die nach § 13 VwVfG zu dem Verfahren von der BaFin hinzugezogen worden sind. § 13 Abs. 2 VwVfG unterscheidet zwischen einfacher und notwendiger Beiladung. Notwendig ist die Beiladung, wenn der Ausgang des Verfahrens für den Dritten unmittelbar rechtsgestaltende Wirkung hat, weil hierdurch ein subjektives Recht eines Dritten begründet, geändert oder aufgehoben wird[966]. Der Dritte muss somit entsprechend § 42 Abs. 2 VwGO geltend machen, aus einer für das Beschwerdeverfahren entscheidungserheblichen Norm, d.h. einer Bestimmung des WpÜG oder ggf. aus Grundrechten, ein subjektives öffentliches Recht ableiten zu können.

62.354

§ 49 WpÜG ordnet für den Fall, dass eine Verfügung angefochten wird, mit der bestimmte Begünstigungen widerrufen werden (§ 10 Abs. 1 Satz 3, § 37 Abs. 1 und § 36 WpÜG), die **aufschiebende Wirkung** der Beschwerde an. Das gleiche gilt für den Fall der Rücknahme oder nachteiligen Änderungen

62.355

---

960 Siehe dazu näher 1. Aufl., § 60 Rz. 22 f.
961 *Giesberts* in KölnKomm. WpÜG, § 41 WpÜG Rz. 28; *Schnorbus*, ZHR 166 (2002), 72, 91f.; *von der Linden* in Paschos/Fleischer, Handbuch Übernahmerecht nach dem WpÜG, § 28 Rz. 1; a.A. *Ihrig*, ZHR 167 (2003), 315, 332.
962 *Cahn*, ZHR 167 (2003), 262, 284; *Giesberts* in KölnKomm. WpÜG, § 41 WpÜG Rz. 29; *Verse* in Mülbert/Kiem/Wittig, 10 Jahre WpÜG, S. 276, 278 f.; zur Unterscheidung zwischen Anfechtungswiderspruch und Verpflichtungswiderspruch *Ritz* in Baums/Thoma, § 41 WpÜG Rz. 7.
963 *Pohlmann* in KölnKomm. WpÜG, § 48 WpÜG Rz. 4, 51; *Ihrig*, ZHR 167 (2003), 315, 327.
964 Dazu 1. Aufl., § 60 Rz. 30.
965 *Ihrig*, ZHR 167 (2003), 315, 329; *Möller*, AG 2002, 170; *Pohlmann*, ZGR 2007, 1, 22; vgl. auch OLG Frankfurt am Main v. 22.5.2003 – WpÜG 01/03 – ProSiebenSat. 1 Media AG, AG 2003, 515 f.
966 *Ihrig*, ZHR 167 (2003), 315, 329.

einer der vorgenannten begünstigenden Verfügungen[967]. Unter den Voraussetzungen des § 50 Abs. 1 WpÜG kann in den Fällen des § 49 WpÜG die aufschiebende Wirkung der Beschwerde beseitigt und die sofortige Vollziehbarkeit der angefochtenen Verfügung angeordnet werden[968].

b) Rechtsschutz Dritter
aa) Allgemeines

62.356   An einem Angebotsverfahren sind in der Regel **drei Personengruppen** unmittelbar beteiligt, nämlich der **Bieter**, die **Zielgesellschaft** und die **Aktionäre**. Deren Belange können in unterschiedlicher Weise von derselben Maßnahme betroffen sein. Daneben können die Interessen der **Arbeitnehmer** der Zielgesellschaft oder eines weiteren Bieters berührt sein, auch wenn diese Personen nicht zu den Parteien des Angebotsverfahrens zählen[969]. Hat etwa der Bieter eine fehlerhafte Angebotsunterlage veröffentlicht, die aber nicht von der BaFin untersagt worden ist, so ist die Billigung der Angebotsunterlage und auch das Unterlassen, hiergegen einzuschreiten, für ihn vorteilhaft, während das z.B. für die Zielgesellschaft oder auch deren Aktionäre nachteilig wirken kann[970]. Handelt es sich dabei um ein konkurrierendes Angebot, hat der Erstbieter ein Interesse daran, dass ein rechtswidriges konkurrierendes Angebot untersagt wird. Gestattet die BaFin z.B. dem Bieter auf Antrag gemäß § 24 WpÜG, bestimmte im Ausland ansässige Wertpapierinhaber von dem Angebot auszuschließen, liegt darin ein den Bieter begünstigender Verwaltungsakt, der jedoch für die ausgeschlossenen Aktionäre offensichtlich nachteilig ist[971]. Wird dem Bieter antragsgemäß Befreiung vom Pflichtangebot nach § 37 WpÜG erteilt, bedeutet das für ihn einen rechtlichen Vorteil, für die Aktionäre jedenfalls deshalb einen Nachteil, weil sie dann keinen Anspruch (mehr) haben, dem Bieter ihre Aktien zu einer angemessenen Gegenleistung zum Erwerb anzubieten[972]. Nicht aus jeder Interessenberührung kann allerdings auf das Bestehen von schutzfähigen Rechtspositionen geschlossen werden.

bb) Voraussetzungen des Rechtsschutzes Dritter im Verwaltungsverfahren

62.357   Wie oben ausgeführt wurde (Rz. 62.354), richtet sich die Widerspruchsbefugnis nach § 42 Abs. 2 VwGO analog. Beschwerdebefugt ist nur der Beteiligte. Ein Dritter hat nur dann einen Anspruch auf Verfahrensbeteiligung, wenn die Voraussetzungen der notwendigen Beiladung gemäß § 13 Abs. 2 VwVfG vorliegen. Somit kann ein Dritter in einem Verfahren nach dem WpÜG nur dann Rechtsbehelfe einlegen, wenn er aus den Normen des WpÜG ein subjektives öffentliches Recht für sich ableiten kann. Die bloße Beeinträchtigung von wirtschaftlichen Interessen reicht nicht aus.

---

967 *Pohlmann* in KölnKomm. WpÜG, § 49 WpÜG Rz. 3.
968 Dazu näher 1. Aufl., § 60 Rz. 39 ff.
969 So hatte beispielsweise der Betriebsrat der OSRAM Licht AG gegen die Gestattung der Angebotsunterlage der ams-Gruppe durch Nichtuntersagung Beschwerde eingelegt; vgl. dazu OLG Frankfurt am Main v. 18.11.2019 – WpÜG 3/19, AG 2020, 183.
970 Dazu *Aha*, AG 2002, 160 ff.; *Cahn*, ZHR 167 (2003), 262, 292 f.; *Pohlmann*, ZGR 2007, 1, 4; *Schnorbus*, ZHR 166 (2002) 72, 108. Die Vorzugsaktionäre der Wella AG hatten bei der BaFin eine höhere Gegenleistung und hilfsweise die Untersagung des Angebots von Procter & Gamble beantragt; OLG Frankfurt am Main v. 4.7.2003 – WpÜG 4/03, ZIP 2003, 1392; vgl. auch BVerfG v. 2.4.2004 – 1 BvR 1620/03, AG 2004, 607. Im Fall des Übernahmeangebots der Schaeffler KG betreffend die Continental Aktiengesellschaft v. 30.7.2008 wurde seitens der Zielgesellschaft bzw. ihrer Berater außerhalb rechtsförmlicher Verfahren geltend gemacht, dass dieses Angebot nicht als freiwilliges Übernahme-, sondern nur als Pflichtangebot hätte veröffentlicht werden dürfen; denn die Schaeffler KG habe bereits einige Zeit vor Veröffentlichung der Angebotsentscheidung die Kontrolle über die Zielgesellschaft erlangt. Die BaFin hätte nach Auffassung der Zielgesellschaft dieses Verfahren daher untersagen müssen.
971 Vgl. *Ihrig*, ZHR 167 (2003), 315, 341; *Versteegen* in KölnKomm. WpÜG, § 24 WpÜG Rz. 33.
972 Dazu OLG Frankfurt am Main v. 22.5.2003 – WpÜG 1/03 – ProSiebenSat. 1 Media, AG 2003, 516 f.; *Cahn*, ZHR 167 (2003), 262, 293 ff.; *Ihrig*, ZHR 167 (2003), 315, 340 ff.

Rechtsschutz von Aktionären. Nach § 4 Abs. 2 WpÜG handelt die BaFin nur im öffentlichen Interesse. Die Rechtsprechung hat aus § 4 Abs. 2 WpÜG gefolgert, dass das WpÜG daher keine subjektiv öffentlichen Rechts vermitteln würde[973]. Ein Drittschutz scheide daher aus, sofern sich der Betroffene nicht auf die Verletzung von Grundrechten berufen könne[974]. Überzeugend ist diese Begründung allerdings nicht. § 4 Abs. 2 WpÜG bestimmt nur die Zielrichtung des behördlichen Handelns, sagt aber nichts darüber aus, welchen Schutzzweck die jeweils angewendete Norm hat[975]. Grundrechtsrelevanz hat die Rechtsprechung den Normen des WpÜG bislang ebenfalls aberkannt. Obwohl § 37 Abs. 1 WpÜG eine Abwägung mit den Interessen der Aktionäre der Zielgesellschaft sogar ausdrücklich anordnet, hat das OLG Frankfurt in dem Verfahren betreffend ProSiebenSat.1 Media AG den Drittschutz abgelehnt[976]. Die Bestimmungen der Übernahmerichtlinie erfordern keine zwingende Korrektur dieser Rechtsprechung. Art. 4 Abs. 6 Satz 1 der Übernahmerichtlinie überlässt es grundsätzlich den Mitgliedstaaten, ob und in welchem Umfang sie Rechtsschutz zugunsten der Aktionäre im Übernahmeverfahren gewähren[977]. Der drittschützenden Wirkung von Bestimmungen des WpÜG sind nicht solche Regelungen der Übernahmerichtlinie gleichzusetzen, die unmittelbare Wirkung haben, so dass deren nicht rechtmäßige Umsetzung Staatshaftungsansprüche gegen den jeweiligen Mitgliedstaat begründen können[978].

62.358

Rechtsschutz sonstiger Beteiligter. Für den verwaltungsrechtlichen Rechtsschutz sonstiger Beteiligter gelten dieselben Grundsätze. Auch insoweit lehnt die Rechtsprechung einen Drittrechtsschutz ab[979]. Die **Zielgesellschaft** ist zwar von einem öffentlichen Angebot betroffen. Das ergibt sich schon aus § 3 Abs. 3 und Abs. 4 WpÜG. Jedoch ist zu bedenken, dass Adressaten des Angebots nur die Aktionäre sind. Der Vollzug des Angebots betrifft ausschließlich Rechtsgeschäfte zwischen dem Bieter und den annehmenden Aktionären. Die Zielgesellschaft ist nur Objekt des Verfahrens und genießt daher nach den Maßstäben der Rechtsprechung keinen Drittschutz. Das gilt im Ergebnis auch für **konkurrierende Bieter** sowie den Erstbieter im Fall eines konkurrierenden Angebots. Angebote lösen für den **Vorstand und Aufsichtsrat** der Zielgesellschaft unmittelbar die Pflicht aus, eine Stellungnahme nach § 27 WpÜG abzugeben. Bei Übernahmeangeboten hat der Vorstand § 33 Abs. 1 WpÜG oder ggf. sogar § 33a WpÜG zu beachten, was ihn in seiner Handlungsfähigkeit beschränken kann. Dabei geht es aber um die Tätigkeit als Organ im Gesellschafts- und nicht im Eigeninteresse. Für den Vorstand lassen sich aus diesen Beschränkungen daher ebenfalls keine subjektiven öffentlichen Rechte ableiten, zur Aufrechterhaltung seiner uneingeschränkten Handlungsfreiheit die Untersagung rechtswidriger Übernahmeangebote verlangen zu können.

62.359

---

973 Vgl. *Paul* in Veil, Übernahmerecht in Praxis und Wissenschaft, S. 43, 45 f.; vgl auch *Heusel*, AG 2014, 232, 237.
974 Ständige Rechtsprechung; vgl. OLG Frankfurt am Main v. 22.5.2003 – WpÜG 1/03 – ProSiebenSat.1 Media, AG 2003, 516 f.; zuletzt OLG Frankfurt am Main v. 18.11.2019 – WpÜG 3/19 (OSRAM Licht AG), AG 2020, 183; *Giesberts* in KölnKomm. WpÜG, § 4 WpÜG Rz. 62 ff.; *Pohlmann*, ZGR 2007, 1, 20 f. (anders allerdings noch in KölnKomm. WpÜG, § 48 WpÜG Rz. 69); vgl. auch *Ihrig*, ZHR 167 (2003), 315, 343 f.; *Heusel*, AG 2014, 232, 237; *Kreße* in MünchKomm. AktG, 5. Aufl. 2021, § 52 WpÜG Rz. 6; *von der Linden* in Paschos/Fleischer, Handbuch Übernahmerecht nach dem WpÜG, § 28 Rz. 7.
975 Zutr. *Cahn*, ZHR 167 (2003), 262, 284; *Zschocke/Rahlf*, DB 2003, 1375, 1377; näher 1. Aufl., § 60 Rz. 45 ff.; a.A. *Pohlmann*, ZGR 2007, 1, 20 m.w.N.
976 OLG Frankfurt am Main v. 22.5.2003 – WpÜG 1/03, AG 2003, 516 f.
977 EuGH v. 10.12.2020 – C-735/19 – Euromin Holdings, AG 2021, 512, 517, Rz. 82; *Hopt/Mülbert/Kumpan*, AG 2005, 109, 119; *Pohlmann*, ZGR 2007, 1, 5 ff.; *Verse* in Mülbert/Kiem/Wittig, 10 Jahre WpÜG, S. 276, 282 ff.
978 EuGH v. 10.12.2020 – C-735/19 – Euromin Holdings, AG 2021, 512, 517, Rz. 82.
979 OLG Frankfurt am Main v. 18.11.2019 – WpÜG 3/19 – OSRAM Licht AG, AG 2020, 183.

3. Zivilrechtlicher Rechtsschutz
a) Überblick

62.360 Dem Bieter obliegen gegenüber den Aktionären der Zielgesellschaft nach dem WpÜG verschiedene zivilrechtliche Verpflichtungen. Unabhängig von der Angebotsart ist der Bieter jedem Aktionär unter den Voraussetzungen des § 12 Abs. 1 WpÜG auf Schadensersatz wegen einer fehlerhaften Angebotsunterlage verpflichtet. Bei Übernahme- und Pflichtangeboten muss der Bieter den Aktionären eine angemessene Gegenleistung anbieten (§ 31 Abs. 1 WpÜG) und die Gegenleistung ggf. im Fall von Parallel- oder Nacherwerben nachbessern (§ 31 Abs. 4 und Abs. 5 WpÜG). Verstößt der Bieter im Rahmen von Pflichtangeboten gegen seine Pflichten aus § 35 WpÜG, ist er unter den Voraussetzungen des § 38 WpÜG zur Zinszahlung verpflichtet. Ob und in welchem Umfang diesen Pflichten des Bieters rechtlich durchsetzbare Ansprüche der Aktionäre gegenüber stehen und wie diese geltend zu machen sind, ist im Gesetz allenfalls ansatzweise geregelt.

b) Bestehen zivilrechtlich durchsetzbarer Ansprüche
aa) Angemessene Gegenleistung

62.361 **Nachbesserung.** Nach § 31 Abs. 4 und Abs. 5 WpÜG muss der Bieter die Gegenleistung erhöhen, wenn er im Rahmen eines Parallel- oder Nacherwerbs eine wertmäßig höhere Gegenleistung vereinbart oder gewährt hat. Im Ergebnis besteht Einigkeit darüber, dass § 31 Abs. 5 WpÜG für den Fall des **Nacherwerbs** einen eigenständigen Zahlungsanspruch derjenigen Aktionäre begründet, die das Angebot angenommen haben[980]. Auch § 31 Abs. 4 WpÜG begründet beim **Parallelerwerb** einen Anspruch auf eine erhöhte Gegenleistung für diejenigen Aktionäre, die das Angebot entweder schon angenommen haben oder dieses bis zum Ablauf der Annahmefrist annehmen[981]. Auch der BGH hat in der Postbank-Entscheidung einen einklagbaren Anspruch der Aktionäre der Zielgesellschaft gegen den Bieter auf Zahlung der gesetzlich geforderten angemessenen Gegenleistung anerkannt[982]. Diese Ansprüche kann jeder Aktionär vor den Zivilgerichten geltend machen. Ausschließlich zuständig sind gemäß § 32b Abs. 1 Satz 1 Nr. 2 ZPO die Gerichte am Sitz der Zielgesellschaft. Ferner können die anspruchsberechtigten Aktionäre das Musterverfahren nach dem KapMuG in Anspruch nehmen (§ 1 Abs. 1 Nr. 2 KapMuG)[983].

62.362 **Anfängliche Gegenleistung.** Nach § 31 Abs. 1 WpÜG i.V.m. § 4 WpÜG-AngVO muss die Gegenleistung mindestens dem innerhalb der letzten drei Monate vor Veröffentlichung der Angebotsunterlage gewährten oder vereinbarten Vorerwerbspreis entsprechen. Haben keine relevanten Vorerwerbe stattgefunden, muss die Gegenleistung gemäß § 31 Abs. 1 WpÜG i.V.m. § 5 Abs. 1 WpÜG-AngVO mindestens dem innerhalb des sechsmonatigen Referenzzeitraums ermittelten gewichteten durchschnittlichen Börsenkurses der Zielgesellschaft entsprechen. Fraglich ist, welche Rechtsschutzmöglichkeiten dem Aktionär zustehen, wenn die vom Bieter angebotene Gegenleistung den gesetzlichen Mindestbetrag unterschreitet. Zunächst ist davon auszugehen, dass zumindest bei Unterschreitung des nach § 5 Abs. 1 WpÜG-AngVO vorgeschriebenen Mindestbetrages die BaFin einschreiten und den Bieter zur entsprechenden Änderung der eingereichten Angebotsunterlage auffordern wird[984]. Ebenso kann die BaFin eine Angebotserhöhung und/oder Berichtigung der Angebotsunterlage verlangen, wenn ein

---

980 Begr. RegE zu § 31 Abs. 5 WpÜG, BT-Drucks. 14/7034, S. 56; *Kremer/Oesterhaus* in KölnKomm. WpÜG, § 31 WpÜG Rz. 90; *Pohlmann*, ZGR 2007, 1, 14; *Verse*, ZIP, 2004, 199, 201.
981 *Noack* in Schwark/Zimmer, § 31 WpÜG Rz. 77; *Pohlmann*, ZGR 2007, 1, 14 f.; *Verse*, ZIP 2004, 199, 202.
982 BGH v. 29.7.2014 – II ZR 352/12, AG 2014, 662 ff.; dazu auch *von der Linden* in Paschos/Fleischer, Handbuch Übernahmerecht nach dem WpÜG, § 29 Rz. 19 ff.
983 *Verse* in Mülbert/Kiem/Wittig, 10 Jahre WpÜG, S. 276, 286.
984 So musste etwa die Schaeffler KG die in ihrer Angebotsentscheidung v. 15.7.2008 betreffend die Continental Aktiengesellschaft bezeichnete Gegenleistung von 69,37 Euro auf Anordnung der BaFin auf 70,12 Euro je Aktie erhöhen.

relevanter Vorerwerb außer Acht gelassen wurde[985]. Macht ein betroffener Aktionär die BaFin auf einen in der Angebotsunterlage nicht erwähnten Vorerwerb aufmerksam, ist davon auszugehen, dass die BaFin dies aufgreifen, Ermittlungen anstellen und ggf. eine Berichtigung der Angebotsunterlage anordnen wird. Einen verwaltungsrechtlichen Anspruch auf Einschreiten hat der Aktionär nach der Rechtsprechung des OLG Frankfurt am Main (dazu Rz. 62.358) allerdings nicht. Unterbleibt ein Einschreiten der BaFin, ist hinsichtlich zivilrechtlicher Ansprüche wie folgt zu unterscheiden: Ein Anspruch des Aktionärs gegenüber dem Bieter auf Abgabe eines Angebots gegen Gewährung einer den gesetzlichen Bestimmungen entsprechenden Gegenleistung besteht nicht[986]. Der Aktionär kann aber das nach seiner Auffassung zu niedrige Angebot annehmen und nachträglich vor den ordentlichen Gerichten seinen Anspruch auf eine den gesetzlichen Bestimmungen entsprechende Gegenleistung einklagen. In der Postbank-Entscheidung hat der BGH § 31 Abs. 1 WpÜG als **Anspruchsgrundlage** angesehen[987]. Nach anderer Auffassung hat der Bieter einen Schadensersatzanspruch nach § 12 Abs. 1 WpÜG, weil die in der Angebotsunterlage angegebene Gegenleistung falsch und daher die Angebotsunterlage fehlerhaft ist[988].

bb) Zinsen

Verstößt der Bieter gegen seine Veröffentlichungspflichten nach § 35 WpÜG, ist er gemäß § 38 WpÜG den Aktionären der Zielgesellschaft für die Dauer des Verstoßes zur Zahlung von Zinsen auf die Gegenleistung in Höhe von 5 % über dem Basiszinssatz gemäß § 247 BGB verpflichtet. § 38 WpÜG ist unsauber formuliert. Unklar ist vor allem, wer zum Kreis der **Anspruchsberechtigten** zählt. Umstritten ist vor allem, ob § 38 WpÜG einen eigenständigen Anspruch auf Zinsen normiert, der unabhängig vom Vorliegen eines Pflichtangebots ist[989], oder nur denjenigen Aktionären zustehen soll, die das Pflichtangebot **angenommen** haben. Der BGH hat im WMF-Urteil bereits Zweifel geäußert, ob § 38 WpÜG einen eigenständigen Zahlungsanspruch begründet, und im Juni 2013 im BKN-Urteil dahin entschieden, dass ein Zinsanspruch nur geschuldet ist, wenn ein Pflichtangebot – verspätet – veröffentlicht wurde[990]. Dies entspricht der h.M., die den Zinsanspruch nur denjenigen[991] Aktionären zukommen lassen will, die Pflichtangebot angenommen haben[992]. Für diese Auffassung spricht zunächst der Wortlaut von § 38 WpÜG. Danach sind Zinsen „auf die Gegenleistung" zu zahlen. Dadurch wird angedeutet, dass tatsächlich eine Gegenleistung gewährt worden sein muss, was die – wenn auch verspätete – Abgabe des Pflichtangebots voraussetzt. Anderenfalls hätte der Gesetzgeber als Bemessungsgrundlage für den Zinsanspruch die nach § 31 Abs. 1 WpÜG i.V.m. §§ 4 ff. WpÜG-AngVO zu ermittelnde Mindestgegenleistung bestimmen müssen. Ferner spricht für die h.M., dass auch Ansprüche auf die Mindestgegenleistung bzw. eine nachträgliche Anpassung der Gegenleistung nur denjenigen Aktionären zustehen, die das Angebot auch angenommen haben. Zu einem anderen Ergebnis kommt, wer § 38

62.363

---

985 Nach einem Vortrag von *Strunk* bei der Bucerius Law School am 27.6.2008 hat die BaFin in einem Fall ein Angebot untersagt, weil ein relevanter Vorerwerb nicht angegeben wurde.
986 BGH v. 11.6.2013 – II ZR 80/12, AG 2013, 634 = ZIP 2013, 1565; dazu *Merkner/Sustmann*, NZG 2013, 1087 ff.; BGH v. 29.7.2014 – II ZR 353/12, AG 2014, 662.
987 BGH v. 29.7.2014 – II ZR 353/12, AG 2014, 662, 664; ebenso LG Köln v. 29.7.2011 – 82 O 28/11, ZIP 2012, 229; *Kremer/Oesterhaus* in KölnKomm. WpÜG, § 31 WpÜG Rz. 107; auch *Ihrig*, ZHR 167 (2003), 315, 346; *Verse*, ZIP 2004, 199, 202 ff.; vgl. auch *Pohlmann*, ZGR 2007, 1, 15 ff.
988 *Noack* in Schwark/Zimmer, § 31 WpÜG Rz. 103; *Lappe/Stafflage*, BB 2002, 2185, 2189 ff.
989 Dafür *Grunewald* in MünchKomm. AktG, 5. Aufl. 2021, § 38 WpÜG Rz. 2.
990 BGH v. 11.6.2013 – II ZR 80/12 – BKN International AG, ZIP 2013, 1565, 1566 f. = AG 2013, 634; dazu *Merkner/Sustmann*, NZG 2013, 1087 ff.; *Heusel*, AG 2014, 232; bestätigt durch BGH v. 29.7.2014 – II ZR 353/12 – Deutsche Bank/Postbank, AG 2014, 662.
991 BGH v. 18.9.2006 – II ZR 137/05 – WMF, AG 2006, 883, 884, Rz. 5 ff.; zum Meinungsstand *Verse* in Mülbert/Kiem/Wittig, 10 Jahre WpÜG, S. 276, 286 ff.
992 *Assmann* in Assmann/Pötzsch/Uwe H. Schneider, § 38 WpÜG Rz. 7; *Ekkenga* in Ehricke/Ekkenga/Oechsler, § 38 WpÜG Rz. 11; *Noack/Zetzsche* in Schwark/Zimmer, § 38 WpÜG Rz. 2; *Pohlmann*, ZGR 2007, 1, 19; *Simon*, Rechtsschutz im Hinblick auf Pflichtangebote nach § 35 WpÜG, 2005, S. 221 ff.

WpÜG (auch) als **Sanktionsnorm** ansieht. In diesem Fall müssten die Zinsansprüche von jedem Aktionär der Zielgesellschaft geltend gemacht werden können, und zwar unabhängig davon, ob der Bieter überhaupt ein Pflichtangebot abgibt[993]. In der Tat wäre die Verpflichtung zur Abgabe eines Pflichtangebots weitgehend sanktionslos, wenn der Zinsanspruch voraussetzen würde, dass der Bieter später ein Pflichtangebot abgibt. Diese Rechtsfolge ist insbesondere in den Fällen misslich, in denen Aktionäre geltend machen, dass der Bieter z.B. aufgrund des Tatbestandes des *acting in concert* die Kontrolle über die Zielgesellschaft erreicht, aber kein Angebot abgegeben hat[994]. Gegen die enge Auslegung durch die h.M. sprechen schließlich auch europarechtliche Erwägungen. Die Übernahmerichtlinie betont in Art. 5 Abs. 1 den Schutz der Aktionäre im Fall der Kontrollerlangung. Nach Art. 17 Satz 2 der Übernahmerichtlinie legen die Mitgliedstaaten Sanktionen gegen Verstöße des Übernahmerechts fest, die „wirksam, verhältnismäßig und abschreckend" sein müssen. Vor diesem Hintergrund sprechen die besseren Gründe dafür, § 38 WpÜG als **unabhängige Anspruchsgrundlage** anzusehen. Der BGH meint indessen, dass das bestehende Sanktionssystem den Anforderungen der Übernahmerichtlinie gerecht werde[995].

cc) Schadensersatz

62.364 Unstreitig ist, dass diejenigen Aktionäre, die das Angebot angenommen haben, unter den Voraussetzungen des § 12 Abs. 1 WpÜG Ersatzansprüche gegen den Bieter haben[996]. Der Anspruch auf Schadensersatz wegen fehlerhafter Angebotsunterlage ist auf das negative Interesse gerichtet. Der Aktionär ist so zu stellen, wie er stehen würde, wenn er Kenntnis von der Unrichtigkeit der Angebotsunterlage gehabt hätte (vgl. Rz. 62.89). Wenn der Aktionär, der das Angebot aufgrund der fehlerhaften Angebotsunterlage nicht angenommen hat, nachweisen kann, dass er in Kenntnis der wahren Sachlage angenommen hätte, kann auch er Schadensersatz verlangen[997].

dd) Sonstiges

62.365 Bestimmungen des WpÜG können in Zivilprozessen u.a. auch im Rahmen von Anfechtungsklagen gegen Hauptversammlungsbeschlüsse zur Anwendung kommen. § 59 WpÜG ordnet an, dass Rechte aus Aktien nicht bestehen, solange die Veröffentlichungspflichten nach § 35 Abs. 1 und Abs. 2 WpÜG nicht erfüllt sind. Hauptversammlungsbeschlüsse können daher angefochten werden, wenn unter Rechtsverlust stehende Aktien bei der Auszählung der Stimmen berücksichtigt wurden.

4. Darlegungs- und Beweislast

a) Verwaltungs- und Bußgeldverfahren

62.366 Im Verwaltungs- und Bußgeldverfahren gilt der Untersuchungsgrundsatz[998]. Dem entsprechend stehen der BaFin nach § 40 WpÜG Ermittlungsbefugnisse zu. Für Beweiserleichterungen ist kein Raum; im Bußgeldverfahren wären diese ohnehin unzulässig. Die Parteien des Verwaltungs- und Bußgeldverfahrens unterliegen somit keiner prozessualen Beweislast[999].

---

993 *Ihrig*, ZHR 167 (2003), 315, 347 f.; *Hecker* in Baums/Thoma, § 38 WpÜG Rz. 10; *Schnorbus*, WM 2003, 657, 663.
994 So z.B. der Ausgangsfall, der dem WMF-Urteil des BGH zugrunde lag.
995 BGH v. 11.6.2013 – II ZR 80/12, ZIP 2013, 1565, 1567 = AG 2013, 634; zweifelnd *Merkner/Sustmann*, NZG 2013, 1087, 1089 f.
996 Vgl. nur *Pohlmann*, ZGR 2007, 1, 19 m.w.N.
997 Ebenso *Ihrig*, ZHR 167 (2003), 315, 355 f.; abl. *Lappe/Stafflage*, BB 2002, 2185, 2190.
998 *Schockenhoff/Schumann*, ZGR 2005, 568, 594.
999 *Noack/Holzborn* in Schwark/Zimmer, § 55 WpÜG Rz. 1; *Schockenhoff/Schumann*, ZGR 2005, 568, 595.

b) Zivilprozess

Die Darlegungs- und Beweislast für die Geltendmachung von zivilrechtlichen Ansprüchen ist im WpÜG nicht geregelt. Es gilt der allgemeine Grundsatz, dass der Anspruchsteller die Beweislast für die rechtsbegründenden Tatbestandsmerkmale trägt, während der Anspruchsgegner für die rechtshindernden und rechtshemmenden Merkmale beweispflichtig ist[1000]. Macht der Aktionär geltend, dass die Gegenleistung erhöht werden muss, weil der Bieter einen Vor-, Parallel-, oder Nacherwerb vorgenommen hat, trägt er hierfür die Darlegungs- und Beweislast. Kann er einen solchen Erwerbstatbestand beweisen, müsste der Bieter darlegen und beweisen, dass bestimmte wertmindernde Kaufpreisbestandteile gegen gerechnet werden müssen. Beweiserleichterungen oder gar eine Beweislastumkehr kommen nur im Rahmen der allgemeinen Regeln des Zivilprozessrechts in Betracht[1001]. Für eine generelle Beweislastumkehr oder Anscheinsbeweise zugunsten der Aktionäre gibt es keine Grundlage[1002].

62.367

1000 *Schockenhoff/Schumann*, ZGR 2005, 568, 595.
1001 *Prütting* in MünchKomm. ZPO, 4. Aufl. 2013, § 286 ZPO Rz. 123 ff.
1002 Zutreffend *Schockenhoff/Schumann*, ZGR 2005, 568, 599 ff.

b) Zivilprozess

Die Darlegungs- und Beweislast für die Geltendmachung von zivilrechtlichen Ansprüchen ist im WpÜG nicht geregelt. Es gilt der allgemeine Grundsatz, dass der Anspruchsteller die beweislast für die anspruchsbegründenden Tatbestandsmerkmale trägt, während der Anspruchsgegner für die rechtshindernden und rechtshemmenden Merkmale beweispflichtig ist[1000]. Macht der Aktionär geltend, dass die Gegenleistung erhöht werden muss, weil der Bieter einen Vor-, Parallel-, oder Nacherwerb vorgenommen hat, trägt er hierfür die Darlegungs- und Beweislast. Kann er einen solchen Erwerbsakt bestand beweisen, musste der Bieter darlegen und beweisen, dass die gezahlte Gegenleistung der preisbestandteile gegen gerechnet werden müssen. Beweiserleichterungen oder gar eine Beweislast umkehr kommen nur im Rahmen der allgemeinen Regeln des Zivilprozessrechts in Betracht[1001]. Für eine generelle Beweislastumkehr oder etwa sachenähnliche Argumenten der Aktionäre gibt es keine Grundlage[1002].

[1000] S. Bockelmann, Schumann, WM 2005, 568, 569.
[1001] Tritzinger in Mitschleiter, WpÜG Aufl 27. Rz. 380, 382 Rz. 213 ff.
[1002] Zutreffend S. Bockelmann/Schumann, ZGR 2008, 365, 394 ff.

13. Kapitel
Rückzug von der Börse

§ 63
Delisting

I. Going Private	63.1
II. Rechtsquellen	63.2
III. Zulassungsentziehung: Rücknahme oder Widerruf von Amts wegen	63.3
1. Dauerhafter Wegfall des ordnungsgemäßen Börsenhandels	63.3
2. Dauerhafte Nichterfüllung der Zulassungsfolgepflichten	63.4
3. Beendigung der Zulassung nach dem Verwaltungsverfahrensgesetz	63.5
4. Beachtung gesellschafts- oder zivilrechtlicher Anforderungen	63.6
5. Veröffentlichung, Bekanntgabe und Mitteilung von Rücknahme und Widerruf	63.7
IV. Börsenentlassung: Widerruf auf Antrag des Emittenten	63.9
1. Börsenrechtliche Wirksamkeitsvoraussetzungen	63.10
a) Antrag des Emittenten	63.11
b) Kein Widerspruch zum Anlegerschutz	63.12
aa) Ermessensleitlinie: Anlegerinteressen	63.13
bb) Anlegernachteile und Kompensation	63.15
cc) Börsenkonzentration, Markt- und Marktbereichswechsel	63.18
dd) Börsenordnungen	63.20
c) Erwerbsangebot bei Wertpapieren i.S.d. § 2 Abs. 2 WpÜG	63.21
aa) Rechtsgrund und Rechtsfolgenverweisung auf das WpÜG	63.22
bb) Erwerbsgegenstand	63.25
cc) Vollangebot	63.26
dd) Erwerber	63.30
ee) Andienungsberechtigte	63.34
ff) Bedingungs- und vorbehaltsloses Erwerbsangebot	63.35
gg) Art und Höhe der Abfindung	63.38
hh) Annahmefrist	63.45
ii) Finanzierungskonzept und Finanzierungsbestätigung	63.46
jj) Angebotsunterlage	63.49
kk) Veröffentlichungen	63.51
d) Nebenbestimmungen, insbesondere Befristung	63.53
e) Veröffentlichung und Bekanntgabe des Widerrufs	63.54
f) Entscheidungsanspruch	63.56
2. Gesellschaftsrechtliche Wirksamkeitsvoraussetzungen	63.57
a) Hauptversammlungsbeschluss	63.59
aa) (Keine) Kompetenz der Hauptversammlung	63.60
bb) Formelle Beschlussvoraussetzungen: Informationsrechte, Vorstandsbericht	63.63
cc) Materielle Beschlussvoraussetzungen: sachliche Rechtfertigung	63.64
b) Abfindungsangebot und Fungibilitätsausgleich	63.65
V. Rechtsschutz	63.66
1. Widerspruch sowie öffentlich-rechtliche Anfechtungs- und Verpflichtungsklage	63.67
2. Klage auf angemessene Höhe des Erwerbsangebots	63.72
3. Spruchverfahren	63.75
4. Gesellschaftsrechtliche Klagen	63.76
VI. Schadensersatz	63.77
VII. Kapitalmarktrechtliche Sonderfälle	63.79
1. Andere Wertpapiere	63.79
2. Einbeziehung	63.80
3. Freiverkehr und Organisiertes Handelssystem an der Börse	63.81
VIII. Kaltes Delisting	63.82
1. Zulässigkeit des kalten Delisting	63.83
2. Einzelfälle des kalten Delisting	63.84
a) Eingliederung	63.84
aa) Börsenrechtliche Konsequenzen	63.84
bb) Vereinbarkeit mit dem Anlegerschutz	63.86
cc) Rechtsschutz	63.88
b) Squeeze-out	63.89

aa) Börsenrechtliche Konsequenzen 63.89	aa) Börsenrechtliche Konsequenzen 63.92
bb) Vereinbarkeit mit dem Anlegerschutz 63.90	bb) Vereinbarkeit mit dem Anlegerschutz 63.93
cc) Rechtsschutz 63.91	cc) Rechtsschutz 63.94
c) Verschmelzung, Aufspaltung, Formwechsel 63.92	3. Fungibilitätsausgleich 63.95

Schrifttum: Seit 2014 (neue Rechtslage unter Frosta und nach der Gesetzesänderung 2015): *Aders/Lavrova/Schwetzler,* Taking Private in Deutschland: Total Cost of Acquisition (TCA), CF 2021, 50; *Aders/Muxfeld/Lill,* Die Delisting-Neuregelung und die Frage nach dem Wert der Börsennotierung, CF 2015, 389; *Arnold/Rothenburg,* BGH-Entscheidung zum Delisting: Alle Fragen geklärt?, DStR 2014, 150; *Auer,* Der Rückzug von der Börse als Methodenproblem, JZ 2015, 71; *Bachmann,* Rocket Internet – Ein Fall für den Gesetzgeber?, NZG 2021, 609; *Bayer,* Delisting: Korrektur der Frosta-Rechtsprechung durch den Gesetzgeber, NZG 2015, 1169; *Bayer,* Aktionärsschutz beim Delisting: Empfehlungen an den Gesetzgeber, ZIP 2015, 853; *Bayer,* Rechtsschutz gegen Delisting nach der Übergangsregelung in § 52 Abs. 9 BörsG n.F. im Fall Sachsenmilch, AG 2016, R3; *Bayer/Hoffmann,* Das „FRoSTA"-Zeitalter ist zu Ende – ein rechtstatsächlicher Nachruf, AG 2015, R307; *Bayer/Schmidt,* Wer ist mit welchen Anteilen bei Strukturveränderungen abfindungsberechtigt?, ZHR 2014 (178), 150; *von Berg,* Zur gerichtlichen Kontrolle von Abfindungen im Rahmen des Delistings, BKR 2020, 339; *von Berg,* Der Marktrückzug des Emittenten, 2018; *Berninger/Schiereck/van de Vathorst,* Der Abfindungsanspruch beim Rückzug aus dem regulierten Markt – eine empirische Evaluation der gesetzlichen Neuregelung, ZBB 2019, 329; *Brandenstein/Höfling,* Sind Freiverkehrskurse eine taugliche Untergrenze der Barabfindung in Spruchverfahren?, NZG 2021, 18; *Brellochs,* Der Rückzug von der Börse nach „Frosta" – Rechtsdogmatische Einordnung, Durchführung und Rechtsschutz in zukünftigen Fällen, AG 2014, 633; *Brellochs,* Stellungnahme im Rahmen der Anhörung des Finanzausschusses Deutschen Bundestags am 7.9.2015 zum Gesetzesentwurf der Bundesregierung „Entwurf eines Gesetzes zur Uni der Transparenzrichtlinie-Änderungsrichtlinie", BT-Drucks. 18/5010 und zum Änderungsantrag der Fraktionen der CDU/CSU und SPD zum Delisting vom 31.8.2015 (abrufbar unter https://www.bundestag.de/blob/386820/5ea2c4ee849631dfe2a4f220555d778c/01—dr-brellochs-data.pdf; Stand 26.4.2017); *Buckel/Glindemann/Vogel,* Delisting nach „Frosta" – Eckpunkte für eine gesetzliche Regelung, AG 2015, 373; *Bungert/Leyendecker-Langner,* Börsenkursrechtsprechung beim vorgeschalteten Delisting – Folgerungen aus der Frosta-Entscheidung des BGH –, BB 2014, 521; *Bungert/Leyendecker-Langner,* Unternehmensbewertung oder Durchschnittsbörsenkurs beim Delisting? – Die Diskussion um den aktuellen Gesetzesvorschlag –, DB 2015, 2251; *Bungert/Leyendecker-Langner,* Die Neuregelung des Delisting, ZIP 2016, 49; *Casper,* Delisting – das Ende einer unendlichen Geschichte?, in FS Köndgen, 2016, S. 117; *v. Falkenhausen,* Die Übernahme der Postbank – Neues zum Recht des Pflichtangebots, NZG 2014, 1368; *Fuhrmann,* Zweigleisiger Rechtsschutz der Aktionäre gegen Delisting, Anm. zu VGH Kassel v. 22.2.2021 – 6 B 2656/20, EWiR 2021, 396; *Gegler,* Die Neuregelung des Delistings – Angemessener Aktionärsschutz oder „Dolchstoß"?, BKR 2016, 273; *Glienke/Röder,* „FRoSTA ist für alle da." - Praxisfolgen der BGH-Rechtsprechungsänderung insbesondere für anhängige Delisting-Spruchverfahren, BB 2014, 899; *Goetz,* Fragwürdige Neuregelung des Börsenrückzugs, BB 2015, 2691; *Goslar/Klingen,* Verfassungsmäßigkeit der Rechtsprechung zur Unzulässigkeit eines anhängigen Spruchverfahrens nach Änderung der Rechtsprechung zur Abfindung beim Delisting, Anm. zu BVerfG v. 5.11.2015 – 1 BvR 1667/15, EWiR 2016, 37; *Groß,* Die Neuregelung des Anlegerschutzes beim Delisting, AG 2015, 812; *Habersack,* Stellungnahme zum Entwurf eines Gesetzes zur Änderung des Aktiengesetzes (Aktienrechtsnovelle 2014) (abrufbar unter https://www.bundestag.de/blob/372592/4fa5dcc6925299639e78e4ee209de2f5/habersack-data.pdf; Stand 26.4.2017); *Habersack,* Anmerkung zu BGH v. 8.10.2013 – II ZB 26/12 – „Frosta", JZ 2014, 147; *Häller,* Delisting von Aktien in der Insolvenz, ZIP 2016, 1903; *Hammen,* Verwaltungsgerichtlicher Rechtsschutz für Aktionäre beim freiwilligen Rückzug des Emittenten von der Börse? Ordnungspolitische Überlegungen, ZBB 2016, 398; *Harnos,* Aktionärsschutz beim Delisting, ZHR 179 (2015), 750; *Harnos,* Rechtsschutzlücken bei der Bezifferung einer Delisting-Klage, AG 2020, 601; *Harnos,* Buchbesprechung Sanders, Anlegerschutz beim Delisting zwischen Kapitalmarkt- und Gesellschaftsrecht, ZHR 182 (2018), 363; *Hasselbach/Pröhl,* Delisting mit oder ohne Erwerbsangebot nach neuer Rechtslage, NZG 2015, 209; *Heidel,* Insolvenz und Delisting – Zugleich Besprechung von VGH Kassel, Beschluss vom 15. Januar 2021 – 6 A 857/1.Z, BKR 2021, 530; *Heidel,* Anm. zu VGH Kassel v. 22.2.2021 – 6 B 2656/20, BKR 2021, 438; *Hirte,* Die

Entwicklung des Unternehmens- und Gesellschaftsrechts im Jahr 2016, NJW 2017, 1213; *Hoffmann,* Möglichkeiten und Grenzen einer analogen Anwendung des Spruchverfahrens, in FS Eberhard Stilz, 2014, S. 216 ff.; *Hornung/Westermann,* Vereinbarkeit der Delisting-Neuregelung mit der europarechtlichen Kapitalverkehrsfreiheit, BKR 2017, 409; *Kaetzler,* Delisting: Die Reaktion des deutschen Gesetzgebers auf die Frosta-Entscheidung des BGH, ZfgK 2015, 400; *Karami/Schuster,* Anlegerschutz beim Börsenrückzug im Spannungsfeld zwischen Rechtsdogmatik, Jurisprudenz und Rechtstatsachenforschung: Problemskizze und Würdigung aus ökonomischer Sicht, Corporate Finance 2016, 106; *Karami/Schuster,* Eine empirische Analyse des Kurs- und Liquiditätseffekts auf die Ankündigung eines Börsenrückzugs am deutschen Kapitalmarkt im Lichte der „FRoSTA"-Entscheidung des BGH, Working Paper 2015; *Kastl,* der Rückzug kapitalmarktfähiger Unternehmen von der Börse, 2016; *Kiefner/Happ,* Zulässigkeit von Standstill und Lock-up Agreements bei der Aktiengesellschaft, ZIP 2015, 1811; *Kirsch/Wege,* Die Bestimmung des Betafaktors von KMU beim Delisting nach § 39 BörsG, 2019; *Klepsch/Hippeli,* Update Delisting, RdF 2016, 194; *Koch,* Der Börsenrückzug von Rocket Internet: Delisting zu Schleuderpreisen?, AG 2021, 249; *Koch,* Stellungnahme zur Aktienrechtsnovelle 2014 und Änderungsanträgen (abrufbar unter https://www.bundestag.de/blob/373420/7f7973bb06ba786c2060c6795ce4b7d7/koch-data.pdf; Stand 26.4.2017); *Koch/Harnos,* Die Neuregelung des Delistings zwischen Anleger- und Aktionärsschutz, NZG 2015, 729; *Kocher/Seiz,* Das neue Delisting nach § 39 Abs. 2 – 6 BörsG, DB 2016, 153; *Korch,* Delisting und Insolvenz, BKR 2020, 285; *Krug,* Der Rückzug von der Börse, 2019; *Krause,* Fragen über Fragen zur angemessenen Gegenleistung bei Übernahme-, Pflicht- und Delisting-Angeboten, in FS Hopt, 2020, S. 599; *Kusenbach,* Rechtsrahmen des Börsenrückzuges, 2014; *Lampert/Weichel,* Wegfall der „Macrotron-Trias" – Folgen für Umstrukturierungskonstellationen in Konfliktlagen des Aktien- und Kapitalmarktrechts, WM 2014, 1024; *Leyendecker/Herfs,* Mindestpreis- und Preisanpassungsregelungen bei Delistingangeboten, BB 2018, 643; *von der Linden,* Kann die Satzung eine Börsennotierung vorschreiben?, NZG 2015, 176; *Lochner,* Delisting – Rückwirkung der „Frosta"-Entscheidung für laufende Spruchverfahren?, AG 2014, 489; *Löhdefink/Jaspers,* Fortgeschrittenenveranstaltung zum WpÜG – Die Postbank-Entscheidung des BGH und ihre praktischen Implikationen, ZIP 2014, 2261; *Linnerz/Freyling,* Delisting im Freiverkehr – Sanktionsregime und Pflichtenprogramm, BB 2017, 1354; *Mayen,* Anlegerschutz ist (auch) öffentliches Recht!, ZHR 179 (2015), 1; *Mense/Klie,* Neues zum Going Private – Praxisfragen zur aktuellen Rechtslage zum Delisting, DStR 2015, 2782; *Morell,* Rechtssicherheit oder Einzelfallgerechtigkeit im neuen Recht des Delistings, AcP 217 (2017), 61; *Morell,* Gefahr erkannt, Gefahr gebannt? Ist eine Abfindung beim regulären Delisting aus Effizienzsicht überhaupt geboten?, ZBB 2016, 67; *Müller/Schorn,* Auswirkungen der Frosta-Entscheidung des BGH auf bereits anhängige Delisting-Spruchverfahren, AG 2015, 420; *Nikoleyczik/Peitsmeyer,* Keine Fortsetzung eines Spruchverfahrens nach Änderung der Rechtsprechung zur Abfindung beim Delisting („MWG Biotech AG"), Anm. zu OLG München, Beschl. v. 28.1.2015 – 31 Wx 292/14, EWiR 2015, 507; *Noack,* Stellungnahme zur Aktienrechtsnovelle 2014 und zu einer Regelung des sog. Delisting (abrufbar unter https://www.bundestag.de/blob/373542/7ca5d39034fa08336cd40001e7ced860/noack-data.pdf; Stand 26.4.2017); *Pasch/Schmeling/Starke,* Wechsel vom regulierten Markt in den Freiverkehr in Deutschland, CF 2015, 296; *Paschos/Klaaßen,* Delisting ohne Hauptversammlung und Kaufangebot – der Rückzug von der Börse nach der Frosta-Entscheidung des BGH, AG 2014, 33; *Pilsl/Knoll,* Delisting und Börsenkurs, DB 2016, 181; *Redenius-Hövermann,* Zum Anlegerschutz beim Delisting – de lege lata/de lege ferenda, ZIP 2021, 485 ff.; *Riedel,* Freiwilliges und zwangsweises Delisting im deutschen und südkoreanischen Recht, 2018; *Rosskopf,* Delisting zwischen Gesellschafts- und Kapitalmarktrecht – Zugleich Besprechung der Entscheidung BGH DB 2013, 2672 (Frosta), ZGR 2014, 487; *Rubner/Pospiech,* Rückzug von der Börse – Neue Regeln für Delisting und Downgrading, NJW-Spezial 2016, 207; *Ruiz de Vargas,* Börsenwert: Alleinige Maßgeblichkeit oder nur Wertuntergrenze? – Teil I & II – Zur Frage der angemessenen Abfindung bei aktienrechtlichen Konzernierungsmaßnahmen, NZG 2021, 1001 (Teil I), 1056 (Teil II); *Ruthardt/Hachmeister,* Börsenkurs, Ertragswert, Liquidationswert und fester Ausgleich – Zur methodenbezogenen Meistbegünstigung bei der Ermittlung der angemessenen Barabfindung im Gesellschaftsrecht, WM 2014, 725; *Rutz,* Delisting und Downgrading: Voraussetzungen und Rechtstatsachen, 2015; *Sanders,* Anlegerschutz beim Delisting zwischen Kapitalmarkt- und Gesellschaftsrecht, 2017; *Schilha/Fekonja,* Antragsbefugnis des Anlegers gegen Widerruf der Börsenzulassung zum regulierten Markt, Anm. zu VG Düsseldorf, Beschl. v. 7.8.2015 – 20 L 2589/15, EWiR 2015, 666; *Schmidt,* Das Abstellen auf den Börsenkurs bei der Ermittlung von Abfindung und Ausgleich, NZG 2020, 1361; *Schockenhoff,* Delisting – Karlsruhe locuta, causa finita?, ZIP 2013, 2429; *Scholz,* Zurück ins „Macrotron"-Zeitalter durch Satzungsregelung?, BB 2015, 2248; *Schulz/Wieneke,* Delisting ausländischer Emittenten, NZG 2017, 449; *Staake,* Zwischenentscheidung: „Frosta"-Rechtsprechung: „kaltes" Delisting, WuB 2017, 146; *Stöber,* Ungeschriebene Hauptversammlungskompetenzen am Beispiel des Börsenrückzugs und der fakultativen Insolvenzantragstellung, WM 2014, 1757; *Stöber,* Die Zukunft der Macrotron-Regeln zum Delisting nach den jüngsten Entscheidungen des BVerfG und des

BGH, BB 2014, 9; *Thomale*, Minderheitenschutz gegen Delisting – die Macrotron-Rechtsprechung zwischen Eigentumsgewähr und richterlicher Rechtsfortbildung, ZGR 2013, 686; *Thomale*, Anmerkung zu BGH v. 8.11.2013 – II ZB 26/12 (Frosta), DStR 2013, 2529; *Thomale/Walter*, Delisting als Regulierungsaufgabe, ZGR 2016, 679; *Ulrich*, Verlustausgleichsanspruch im GmbH-Vertragskonzern, GmbHR 2014, R181; *Verse*, Aktionärsschutz beim Delisting, in FS Baums, 2017, S. 1317; *Verse*, Neues zum Rechtsschutz der Aktionäre im Übernahmerecht – Die Postbank-Entscheidung des BGH und ihre Folgen, Der Konzern 2014, 1; *Wackerbarth*, Das neue Delisting-Angebot nach § 39 BörsG oder: Hat der Gesetzgeber hier wirklich gut nachgedacht?, WM 2016, 385; *Wasmann/Glock*, Die FRoSTA-Entscheidung des BGH – Das Ende der Macrotron-Grundsätze zum Delisting, DB 2014, 105; *Wedlich*, Auswirkungen eines Börsenrückzugs (Delisting), ZCG 2019, 112; *Weidemann/Simon/Weiß*, Kein Barabfindungsangebot bei Widerruf der Zulassung einer Aktie zum Handel im regulierten Markt, Anmerkung zu BGH, Beschluss v. 8.10.2013 – II ZB 26/12, BKR 2014, 168; *Weimann*, Ertragswert oder Börsenwert, 2020; *Wicke*, Aktionärsschutz beim Delisting – Reformüberlegungen nach der Frosta-Entscheidung des BGH, DNotZ 2015, 488; *Wieneke*, Aktien- und kapitalmarktrechtlicher Schutz beim Delisting nach dem FRoSTA-Beschluss des BGH, NZG 2014, 22; *Wieneke/Schulz*, Durchführung eines Delistings – Gesellschafts- und kapitalmarktrechtliche Pflichten von Vorstand und Aufsichtsrat der Gesellschaft, AG 2016, 809; *Winter/Keßler*, „Macrotron II" – zurück auf Start, Der Konzern 2014, 69; *Wittgens/Fischer*, Barabfindung beim kalten Delisting trotz „Frosta"-Rechtsprechung des BGH, Anm. zu. OLG Düsseldorf v. 19.11.2015 – I-26 W 4/15 (AktE), EWiR 2016, 461; *Yildrim*, Die Neuregelung des Delisting im Deutschen Börsengesetz, FM 2018, 4 (1); *Zimmer/Imhoff*, Die Neuregelung des Delisting in § 39 BörsG – Zur Bedingungsfeindlichkeit des Delisting-Angebots und dem zeitlichen Zusammenhang zwischen Erwerbsangebot und Delisting-Antrag, NZG 2016, 1056; *Zwirner/Kähler*, (Unternehmens-)Bewertung beim Delisting: Auswirkungen der Neuregelung des § 39 BörsG auf KMU, BB. 2016, 171; *Zwirner/König*, Segmentwechsel einer kapitalmarktorientierten Kapitalgesellschaft, KoR 2014, 378.

Bis 2013 (alte Rechtslage unter Macrotron bis Frosta): *Adolff/Tieves*, Über den rechten Umgang mit einem entschlusslosen Gesetzgeber: Die aktienrechtliche Lösung des BGH für den Rückzug von der Börse, BB 2003, 797; *Arnold*, Mitwirkungsbefugnisse der Aktionäre nach Gelatine und Macrotron, ZIP 2005, 1573; *Bayer*, Empfehlen sich besondere Regelungen für börsennotierte und für geschlossene Gesellschaften, Gutachten E zum 67 Deutschen Juristentag, 2008; *Beck/Hedtmann*, Ausgewählte Rechtsfragen des börsenrechtlichen Delistings, BKR 2003, 190; *Beermann/Masucci*, Motive eines Going Private, FinanzBetrieb 2000, 705; *Benecke*, Gesellschaftsrechtliche Voraussetzungen des Delisting – zur Begründung und Fortentwicklung der neuen Rechtsprechung des BGH zum freiwilligen Rückzug von der Börse, WM 2004, 1122; *Both*, Delisting: Eine Analyse der kapitalmarktrechtlichen und gesellschaftsrechtlichen Voraussetzungen des vollständigen Rückzugs von den deutschen Börsen, 2006; *Böttcher/Blasche*, Die Grenzen der Leitungsmacht des Vorstands, NZG 2006, 569; *von Braunschweig*, Going Private und Delisting deutscher Aktiengesellschaften nach einem Mehrheitserwerb, M&A Review 4/1999, 165; *Brauer*, Die Rechte der Aktionäre beim Börsengang und Börsenrückzug ihrer Aktiengesellschaft, 2005; *Bürgers*, Aktienrechtlicher Schutz beim Delisting?, NJW 2003 1642; *Bungert*, Delisting und Hauptversammlung, BB 2000, 53; *Bungert/Wettich*, Das weitere Schicksal der „Macrotron"-Grundsätze zum Delisting nach der Entscheidung des BVerfG, DB 2012, 2265; *Clauß*, Abfindungsanspruch beim Wechsel vom regulierten Markt in den Freiverkehr, 2012; *de Vries*, Delisting, 2002; *Ding*, Delisting in Deutschland und China, 2006; *Drygala/Staake*, Delisting als Strukturmaßnahme, ZIP 2013, 905; *Eickhoff*, Der Gang an die Börse – und kein Weg zurück?, WM 1988, 1713; *Einsele/Götz/Walter*, Going Private-Transaktionen am deutschen Kapitalmarkt – Eine empirische Bestandsaufnahme, FinanzBetrieb 2003, 839; *Einsele/Walter*, Kurswertreaktionen auf die Ankündigung von Going-Private-Transaktionen am deutschen Kapitalmarkt, 2003; *Ekkenga*, „Macrotron" und das Grundrecht auf Aktieneigentum – der BGH als der bessere Gesetzgeber?, ZGR 2003, 878; *Engelbach*, Delisting: das börsenrechtliche Marktentlassungsverfahren als Alternative zum kalten Delisting, 2004; *Eßers/Weisner/Schlienkamp*, Anforderungen des BGH an den Rückzug von der Börse – die Macrotron-Entscheidung des BGH, DStR 2002, 1315; *Even/Vera*, Die Techniken des Going Private in Deutschland, DStR 2002, 1315; *Fischer zu Cramburg*, Delisting und Deregistrierung deutscher Emittenten in den USA, 2004; *Fleischer*, Das neue Recht des Squeeze out, ZGR 2002, 757; *Fluck*, Zum Verzicht des Begünstigten auf Rechte aus einem VA am Beispiel der Börsenzulassung, WM 1995, 553; *Funke*, Minderheitenschutz im Aktienrecht beim „kalten" Delisting, 2005; *Gebhardt*, Prime und General Standard: Die Neusegmentierung des Aktienmarkts an der Frankfurter Wertpapierbörse, WM 2003, Sonderbeilage 2; *Geyrhalter/Gänßler*, Gesellschaftsrechtliche Voraussetzung eines formalen Delistings, NZG 2003, 313; *Geyrhalter/Zirngibl*, Alles unklar beim formalen Delisting – eine Zwischenbilanz 18 Monate nach „Macrotron", DStR 2004, 1048; *Goetz*, Das Delisting-Urteil des BVerfG – freie Bahn für Erleichterungen des Börsenrückzugs?, BB 2012, 2767; *Groß*, Zulassung von Wertpapieren zum Börsenhandel mit Amtlicher Notierung, FinanzBetrieb 1999, 32; *Grub/Streit*, Börsenzulassung und Insolvenz,

BB 2004, 1397; *Grunewald*, Die Auswirkungen der Macrotron-Entscheidung auf das kalte Delisting, ZIP 2004, 542; *Grupp*, Going Private Transaktionen aus Sicht eines Finanzinvestors: Spannungsfeld zwischen gesamtwirtschaftlichem Nutzen und Minderheitenschutz, 2006; *Grupp*, Börseneintritt und Börsenaustritt, 1995; *Gutte*, Das reguläre Delisting von Aktien, 2006; *Habersack*, „Macrotron" – was bleibt?, ZHR 176 (2012), 463; *Habersack*, Mitwirkungsrechte der Aktionäre nach Macrotron und Gelatine, AG 2005, 137; *Halasz/Kloster*, Börsengang eine Entscheidung der Hauptversammlung?, ZBB 2001, 474; *Hamann*, Minderheitenschutz beim Squeeze-out-Beschluss, 2003; *Heidel/Lochner*, Delisting und Eigentumsgarantie, AG 2012, 169; *Heine*, Anleger- und Minderheitenschutz beim Börsenaustritt und Voluntary Delisting, 2003; *Heldt/Royé*, Das Delisting-Urteil des BVerfG aus kapitalmarktrechtlicher Perspektive, AG 2012, 660; *Hellwig*, Möglichkeiten einer Börsenreform zur Stärkung des deutschen Kapitalmarktes, ZGR 1999, 781; *Hellwig/Bormann*, Die Abfindungsregel beim Going-Private – der Gesetzgeber ist gefordert!, ZGR 2002, 465; *H. Henze*, Gesichtspunkte des Kapitalerhaltungsgebotes und seiner Ergänzung im Kapitalgesellschaftsrecht in der Rechtsprechung des BGH, NZG 2003, 649; *H. Henze*, Holzmüller vollendet das 21. Lebensjahr, in FS Ulmer, 2003, S. 211; *M. Henze*, Delisting, 2002; *Hirte*, Ad-hoc-Publizität und Krise der Gesellschaft – Aktuelle Fragen im Grenzbereich zwischen Kapitalmarkt- und Insolvenzrecht, ZInsO 2006, 1289; *Hofmann*, Der Minderheitenschutz im Gesellschaftsrecht, 2011; *Hohn*, Going Private, Vorteilhaftigkeitsanalyse und Gestaltungsformen, 2000; *Holzborn*, BGH verschärft Delisting-Voraussetzungen, WM 2003, 1105; *Holzborn/Hilpert*, Wechsel in den Freiverkehr als Rückzug aus dem regulierten Markt ohne Delisting, WM 2010, 1347; *Holzborn/Schlößer*, Systemwechsel beim going private, BKR 2002, 486; *Hopt*, Das Dritte Finanzmarktförderungsgesetz – börsen- und kapitalmarktrechtliche Überlegungen, in FS Drobnig, 1998, S. 525; *Hüffer*, Zur Holzmüller-Problematik: Reduktion des Vorstandsermessens oder Grundlagenkompetenz der Hauptversammlung?, in FS Ulmer, 2003, S. 279; *Jäger*, Der Schutz der Minderheitsaktionäre bei Delisting und Wechsel des Börsensegments, AG 2008, R400; *Keinath*, Taking Private-Optionen für Private Equity-Investoren: Ein Rechtsvergleich der Börsenrückzugsmöglichkeiten in den USA und in Deutschland, 2010; *Kiefner/Gillessen*, Die Zukunft von „Macrotron" im Lichte der jüngsten Rechtsprechung des BVerfG, AG 2012, 645; *Kießling*, Der übernahmerechtliche Squeeze-out gem. §§ 39a, 39b WpÜG, 2008; *Kleindiek*, „Going Private" und Anlegerschutz, in FS Bezzenberger, 2000, S. 653; *Klenke*, Der Rückzug mehrfach notierter Unternehmen von den deutschen Regionalbörsen, WM 1995, 1089; *Kleppe*, Anlegerschutz beim Rückzug eines Unternehmens von der Börse, 2002; *Klöhn*, Delisting – Zehn Jahre später, NZG 2012, 1041; *Klöhn*, Das System der aktien- und umwandlungsrechtlichen Abfindungsansprüche, 2009; *Klöhn*, Zum Pflichtangebot und Spruchverfahren beim regulären Delisting, ZBB 2003, 208; *Kocher/Bedkowski*, Berichts- und Prüfungserfordernisse beim Delisting?, NZG 2008 135; *Königshausen*, BVerfG öffnet den Weg für Neugestaltung der Abfindungsregelung beim Delisting, BB 2012, 2014; *Kohlik*, Ausgewählte Aspekte von Going Private Transaktionen unter besonderer Berücksichtigung der Dekotierung (Delisting), 2005; *Koppensteiner*, „Holzmüller" auf dem Prüfstand des BGH, Der Konzern 2004, 381; *Kossmann*, Ausschluss („Freeze-out") von Aktionären gegen Barabfindung, NZG 1999, 1198; *Krämer/Theißen*, Delisting nach der Macrotron-Entscheidung des BGH, AG 2003, 225; *Kretschmer/Karakaya*, Zur Berichtspflicht des Vorstandes beim Delisting von Aktiengesellschaften, WM 2002, 2494; *Kreymborg/Land/Undritz*, Delisting von Aktien in der Insolvenz, ZInsO 2011, 71; *Krolop*, Der Rückzug vom organisierten Kapitalmarkt (Delisting), 2005; *Krolop*, Die Umsetzung von „Macrotron" im Spruchverfahren durch das BayObLG, NZG 2005, 546; *Kruse*, Das „kalte" Delisting börsennotierter Aktiengesellschaften, 2003; *Kruse*, „Fungibilitätsausgleichspflicht" beim Börsenrückzug?, WM 2003, 1843; *Kruse*, Gerichtliche Kontrolle des obligatorischen Aktienkaufangebots beim börsenrechtlichen Delistingverfahren?, NZG 2000, 1112; *Kruse*, Gerichtliche Kontrolle des obligatorischen Aktienkaufangebots beim börsenrechtlichen Delistingverfahren?, BB 2000, 2271; *Kück*, Delisting, ZInsO 2001, 649; *Land/Behnke*, Die praktische Durchführung eines Delisting nach der Macrotron-Entscheidung des BGH, DB 2003, 2531; *Land/Hasselbach*, „Going Private" und „Squeeze-Out" nach deutschem Aktien-, Börsen- und Übernahmerecht, DB 2000, 557; *Leyendecker-Langner*, (Un-)Zulässigkeit von Aktienrückkaufprogrammen bei öffentlichen Übernahmen, BB 2013, 2051; *Liebscher*, Ungeschriebene Hauptversammlungszuständigkeiten im Lichte von Holzmüller, Macrotron und Gelatine, ZGR 2005, 1; *Lutter*, Anmerkungen zu BGH, Urt. v. 25.11.2002 – II ZR 133/01 („Macrotron"), JZ 2003, 684; *Lutter*, Gesellschaftsrecht und Kapitalmarkt, in FS Zöllner, 1998, S. 363; *Lutter/Drygala*, Rechtsfragen beim Gang an die Börse, in FS Raisch, 1995, S. 239; *Lutter/Leinekugel*, Der Ermächtigungsbeschluss der Hauptversammlung zu grundlegenden Strukturmaßnahmen – zulässige Kompetenzübertragung oder unzulässige Selbstentmachtung?, ZIP 1998, 805; *Martinius/von Oppen*, Verfassungsrechtliche Zulässigkeit des Delisting-Spruchverfahrens?, DB 2005, 212; *Maas*, Zwangsdelisting und Anlegerschutz, 2009; *Mayer/Weiler*, Neuregelungen durch das Zweite Gesetz zur Änderung des Umwandlungsgesetzes (Teil I), DB 2007, 1235; *Meyer*, Gesellschaftsrechtliche Ausgleichs- und Abfindungsansprüche im Spruchverfahren, 2010; *Mülbert*, Rechtsprobleme des Delisting, ZHR 165 (2001), 104; *W. Müller*, Anteilswert oder anteiliger Unternehmenswert? – Zur Frage der Barabfindung bei der kapitalmarktorientierten Aktiengesellschaft, in FS Röhricht, 2005, S. 1015; *Opitz*, Rechtliche Bewertung von Börsenrückzügen auf Antrag des Emittenten im Hinblick auf die Macrotron-Entscheidung des BGH, 2006; *Ott*, Der Rückzug von der Börse, 2005; *Paschos/Klaaßen*, Offene Fragen nach der Entscheidung des BVerfG zum Delisting und Folgen für die Beratungspraxis, ZIP 2013, 154; *Peters*, Übertragung von Gesellschaftsvermögen und „Freezeout"-Konfliktpotential im Minderheitenschutz, BB 1999, 801; *Pfüller/Anders*, Delisting-Motive vor dem Hintergrund neuer Rechtsentwicklungen, NZG 2003, 459; *Picot*, Die Rechte der Aktionäre beim Delisting börsennotierter Gesellschaften, 2009; *Pluskat*, „Das kalte Delisting", BKR 2007, 54; *Pluskat*, Going Private durch reguläres Delisting, WM 2002, 833; *Pluskat*, Das vollständige Delisting im Spannungsfeld von Gesellschafts- und Kapitalmarktrecht, FinanzBetrieb 2002, 592; *Pluskat* Rechtsprobleme beim Going Private, 2002; *Pötzsch*, Das Dritte Finanzmarktförderungsgesetz, WM 1998, 949; *Probst*, Rechtsfragen des regulären Börsenrückzugs, 2013; *Radtke*, Delisting, Rückzug aus dem amtlichen Handel oder dem geregelten Markt auf Wunsch des Emittenten aus kapitalmarktrechtlicher Sicht, 1998; *Rathausky*, Squeeze-out in Deutschland: Eine Empirische Untersuchung zu Anfechtungsklagen und Spruchverfahren, AG 2004, R24; *Reger/Schilha*, Aktienrechtlicher Aktionärsschutz beim Delisting und Downgrading, NJW 2012, 3066; *Reiff*, Gesellschaftsrechtliche Aspekte des regulären Delistings, 2004; *Rieske*, Der Rückzug von der Börse – Recht der Aufgabe der Börsennotierung, 2005; *Richard/Weinheimer* (Hrsg.), Handbuch Going Private, 2003; *Richard/Weinheimer*, Der Weg zurück: Going Private, BB 1999, 1613; *M. Roth*, Die übertragende Auflösung nach Einführung des Squeeze-out, NZG 2003, 998; *Rubel/Kunz*, Notwendigkeit eines Hauptversammlungsbeschlusses beim „Delisting" aus einem Qualitätssegment des Freiverkehrs?, AG 2011, 399; *Scharpf/von Wittich*, Umfassende Neusegmentierung des Freiverkehrs – Auswirkungen auf Emittenten und Anleger, AG 2012, R93; *Schiessl*, Ist das deutsche Aktienrecht kapitalmarkttauglich?, AG 1999, 442; *Schiffer/Goetz*, Umsetzung des Macrotron-Urteils: Spruchverfahren nach regulärem Delisting, BB 2005, 453; *Schlitt*, Strafrechtliche Risiken bei Squeeze-out und Delisting, NZG 2006, 925; *Schlitt*, Die gesellschaftsrechtlichen Voraussetzungen des regulären Delisting – Macrotron und die Folgen, ZIP 2004, 533; *Schlitt/Seiler/Singhof*, Aktuelle Rechtsfragen und Gestaltungsmöglichkeiten im Zusammenhang mit Wandelschuldverschreibungen, AG 2003, 254; *Schlößer*, Delisting auf Initiative des Emittenten, 2003; *K. Schmidt*, Macrotron oder: Weitere Ausdifferenzierung des Aktionärsschutzes durch den BGH, NZG 2003, 601; *Schnaittacher/Westerheide/Stindt*, „Freie Fahrt in den Freiverkehr (?)", WM 2012, 2225; *Schwark/Geiser*, Delisting, ZHR 161 (1997), 739; *Schwichtenberg*, Downgrading oder Delisting? Der Wechsel vom regulierten Markt in das Segment M:access der Börse München, AG 2005, 911; *Schwichtenberg*, Going Private und Freezeouts: der Rückzug von der Börse und der Ausschluss von Minderheitsaktionären nach deutschem und US-amerikanischem Recht, 2003; *Schwichtenberg*, Going Private und Squeezeouts in Deutschland, DStR 2001, 2080; *Seibt/Wollenschläger*, Downlisting einer börsennotierten Gesellschaft ohne Abfindungsangebot und Hauptversammlungsbeschluss, AG 2009, 807; *Seiffert*, Going Private und Anlegerschutz, 2005; *Siebel*, Delisting von Anleihen sowie Folgen eines Delisting bei verbrieften Bezugsrechten und Indexzertifikaten, ZGR 2002, 842; *Siems*, Going Private unter Beteiligung von Finanzinvestoren in Deutschland, 2003; *Simon/Burg*, Zum Anwendungsbereich des § 29 Abs. 1 Satz 1 UmwG beim „kalten" Delisting, Der Konzern 2009, 214; *Staake*, Ungeschriebene Hauptversammlungszuständigkeiten in börsennotierten und nicht-börsennotierten Aktiengesellschaften, 2009; *Steck*, „Going Private" über das UmwG, AG 1998, 460; *Streit*, Anmerkung zu BGH, Urt. v. 25.11.2002 – II ZR R 133/01 („Macrotron"), ZIP 2003, 392; *Streit*, Delisting light – Die Problematik der Vereinfachung des freiwilligen Rückzugs von der Frankfurter Wertpapierbörse, ZIP 2002, 1279; *Süßmann*, Anmerkung zu BGH, Urt. v. 25.11.2002 – II ZR 133/01 („Macrotron"), BKR 2003, 257; *Thomas*, Delisting und Aktienrecht, 2009; *Vater*, Todesstoß für Delistings?, M&A Review 2003, 276 ff.; *J. Vetter*, Ausweitung des Spruchverfahrens, ZHR 168 (2004), 8; *E. Vetter*, Squeeze-out – Der Ausschluss der Minderheitsaktionäre aus der Aktiengesellschaft nach den §§ 327a-327f AktG, AG 2002, 176; *Vollmer/Grupp*, Der Schutz der Aktionäre beim Börseneintritt und Börsenaustritt, ZGR 1995, 459; *Vossius*, Squeeze-out – Checkliste für Beschlussfassung und Durchführung, ZIP 2002, 511; *Wackerbarth*, Die Begründung der Macrotron-Rechtsfortbildung nach dem Delisting-Urteil des BVerfG, WM 2012, 2077; *Wardenbach*, Anm. zu BGH: „Stollwerk"-Grundsätze zum Referenzzeitraum für den Börsenwert, GWR 2011, 332; *Wasmann*, Anforderungen an die Zulässigkeit eines Antrages nach dem Spruchverfahrensgesetz und Auswirkungen der (Un-)Zulässigkeit, WM 2004, 819; *Weber*, Sanierung, Denotierung und Delisting, ZInsO 2001, 385; *Weißhaupt*, Holzmüller – Informationspflichten nach den Erläuterungen des BGH in Sachen „Gelatine", AG 2004, 585; *Wiedemann*, Minderheitsrechte ernstgenommen, ZGR 1999, 857; *Wiedenbusch*, Going Private durch den Formwechsel einer Aktiengesellschaft in eine Personengesellschaft, 2005; *Wilhelm/Dreier*, Beseitigung von Minderheitsbeteiligungen auch durch übertragende Auflösung einer AG?, ZIP 2003, 1369; *Wilsing/Kruse*, Börsenrechtliches Delisting nach Macrotron, WM 2003, 1110; *Wilsing/Kruse*, Die Änderung des § 54a BörsO/Ffm: Ein Schritt in die richtige Richtung?, NZG

2002, 807; *Wirth/Arnold*, Anlegerschutz beim Delisting von Aktiengesellschaften, ZIP 2000, 111; *Wolf*, Der Minderheitenausschluss qua „übertragende Auflösung" nach Einführung des Squeeze-Out gemäß §§ 327a-f AktG, ZIP 2002, 153; *Zetzsche*, Reguläres Delisting und deutsches Gesellschaftsrecht, NZG 2000, 1065; *Zillmer*, Going private: der freiwillige Börsenrückzug in Deutschland, 2003.

I. Going Private

Dem Gang an eine Börse als regulierten Markt oder vergleichbare organisierte Märkte (§ 2 Abs. 11 WpHG, § 2 Abs. 7 WpÜG, § 2 Nr. 8 WpPG[1]) als „Going Public"[2] steht die Umkehrung dieses Vorganges als **„Going Private"** gegenüber. Eine publikumsoffene Gesellschaft wird in eine geschlossene, marktferne Gesellschaft mit geschlossenem Gesellschafterkreis überführt[3]. Ein Handel der Wertpapiere an einem regulierten oder zumindest organisierten Markt findet nicht mehr statt (Börsen- und Marktrückzug)[4]. Bei einer börsennotierten AG (§ 3 Abs. 2 AktG) lässt sich der Börsenrückzug vom regulierten Markt rechtstechnisch sowohl auf börsenrechtlichem (sog. **reguläres Delisting**) als auch auf gesellschafts- oder umwandlungsrechtlichem Weg (sog. **kaltes Delisting**) erreichen. Die börsenrechtliche Folge ist immer der **Verlust der Zulassung zum regulierten Markt**, sog. „Listing", sodass übergreifend vom „**Delisting**" gesprochen wird[5]. Die Gesellschaft verliert damit das Börsenpublikum, nicht aber notwendigerweise ihre Ausrichtung an den Kapitalmarkt. Die Beendigung der Zulassung von Wertpapieren an einer deutschen Börse kann *ipso iure* durch Erledigung des Zulassungsverwaltungsakts eintreten, wird aber regelmäßig Folge eines Einschreitens der Börsengeschäftsführung von Amts wegen oder auf Antrag des Emittenten sein. Das mit der Zulassung als begünstigendem Verwaltungsakt begründete öffentlich-rechtliche Nutzungsverhältnis zwischen der Börse und dem Emittenten wird dann *actus contrarius* durch den Verwaltungsakt der Rücknahme oder des Widerrufs in einem öffentlich-rechtlich organisierten Verwaltungsverfahren beendet[6]. Dies führt zu einem Börsenrückzug (zum Teilrückzug siehe Rz. 63.18 f.), nicht aber zwingend zu einem Marktrückzug, wenn die Wertpapiere des betroffenen Emittenten an einem anderen organisierten Markt weiter gehandelt werden können.

63.1

II. Rechtsquellen

Die Rechtsgrundlagen eines **regulären Delistings** finden sich in **§ 39 Abs. 1** (Zulassungsentziehung oder unechtes reguläres Delisting) **und Abs. 2 bis 6** (Börsenentlassung oder echtes reguläres Delisting) **BörsG** und der einschlägigen **BörsO**. Subsidiär ist das **allgemeine Verwaltungsverfahrensrecht** des Sitzlandes der Börse anwendbar, insbesondere auch die §§ 48, 49 LVwVerfG[7]. Die Vereinbarung der

63.2

---

1 Die verschiedenen deutschen Definitionen des organisierten Marktes sind im Ergebnis deckungsgleich mit dem „geregelten Markt" i.S. des Art. 4 Abs. 1 Nr. 14 RL 2004/39/EG (MiFID I) bzw. Art. 4 Abs. 1 Nr. 21 RL 2014/65/EU (MiFID II).
2 Siehe hierzu *Meyer*, § 7 und für einen Börsengang im Ausland *Strauch/Miller*, § 11.
3 *Mülbert*, ZHR 165 (2001), 104, 105; *Schwark/Geiser*, ZHR 161 (1997), 739, 743, jeweils m.w.N.
4 Überblick über die Erscheinungsformen des „Going Private" bei *Even/Vera*, DStR 2002, 1315, 1316 ff.
5 Zu weiteren Begrifflichkeiten, über die weiterhin Uneinigkeiten bestehen, vgl. 2. Aufl. § 61 Rz. 1 ff.; *Klöhn*, NZG 2012, 1041 m.w.N.
6 VG Frankfurt a.M. v. 2.11.2001 – 9 G 3103/01 – Macrotron, AG 2003, 218; *Groß*, ZHR 165 (2001), 141, 147, 151; *Hammen*, ZBB 2016, 398, 399.
7 Vgl. zur Anwendbarkeit Begr. RegE Begleitgesetz zum Gesetz zur Umsetzung von EG-Richtlinien zur Harmonisierung bank- und wertpapieraufsichtsrechtlicher Vorschriften, BT-Drucks. 13/7143, S. 16, 23; dazu Rz. 63.5.

Bundesländer zur Simultangesetzgebung[8] hat bislang eine weitgehende Einheitlichkeit des Verwaltungsverfahrensrechts bewirkt. **Spezifische gesellschaftsrechtliche Rechtsgrundlagen zum Delisting auf Gesetzesebene fehlen.** Die Macrotron-Entscheidung des BGH aus dem Jahre 2002 hatte zwar noch über Art. 14 GG versucht, dem AktG über das Aktieneigentum besondere Bedeutung zuzumessen, wenn auf Antrag des Emittenten ein Delisting von Aktien betrieben wurde[9]. Dieser verfassungsrechtlich begründete gesellschaftsrechtliche Regelungsansatz wurde indes mit der Frosta-Entscheidung aus dem Jahr 2013 wieder aufgegeben[10]. Hintergrund für die Kehrtwende des BGH waren zwei Entscheidungen des BVerfG aus dem Jahr 2012, wonach Art. 14 GG verfassungsrechtlich einen Schutz der Aktionäre zwar nicht im Wege stehe, aber auch nicht gebiete[11]. Hierdurch war (erneut) eine lebhafte Diskussion über die gesellschafts- und/oder kapitalmarktrechtlichen Voraussetzungen eines Delisting entfacht worden, da dem vom BGH besonderen gesellschaftsrechtlichen Anforderungen vorgeschalteten verfassungsrechtlichen Argument der Boden entzogen worden war[12]. Eben deshalb verwarf sodann der BGH mit der Frosta-Entscheidung (ohne Not[13]) seinen gesellschaftsrechtlichen Regelungsansatz, denn er entnahm den Entscheidungen des BVerfG einen Regelungsauftrag an den Gesetzgeber. Die Rechtsprechungswende des BGH fand sowohl Zustimmung[14] als auch Ablehnung[15], veranlasste aber jedenfalls den Gesetzgeber dazu, mit dem Gesetz zur Umsetzung der Transparenzrichtlinie-Änderungsrichtlinie vom 20.11.2015, in Kraft getreten am 26.11.2016[16], die börsenrechtlichen Voraussetzungen des regulären Delistings auf Antrag des Emittenten in § 39 Abs. 2 bis 6 BörsG neu zu regeln[17]. Der Gesetzgeber hat hierbei einer börsen- oder besser kapitalmarktrechtlichen Lösung den Vorzug vor einer gesellschaftsrechtlichen Lösung gegeben, sodass weiterhin delistingspezifische gesellschaftsrechtliche Regelungen fehlen (näher Rz. 63.57 ff.)[18]. Mit dem kapitalmarktrechtlichen Regelungsansatz verfolgt der Gesetzgeber einen Kompromiss: Ein grundsätzlich am Börsenkurs orientiertes Erwerbsange-

---

8 Beschluss der Innenministerkonferenz v. 20.2.1976 zur Vereinheitlichung des Verwaltungsverfahrensrechts.
9 BGH v. 25.11.2002 – II ZR 133/01 – Macrotron, BGHZ 153, 47, 53 ff. = AG 2003, 273 ff.; dazu 3. Aufl. § 61 Rz. 21, 29 ff.; zusammenfassend *Hüffer/Koch*, § 119 AktG Rz. 31.
10 BGH v. 8.10.2013 – II ZB 26/12 – Frosta, AG 2013, 878 ff.
11 BVerfG v. 11.7.2012 – 1 BvR 3142/07, 1 BvR 1569/08, AG 2012, 557; vgl. dazu und zur dadurch entfachten Diskussion *Rosskopf*, ZGR 2014, 487, 495 ff.; *Thomale*, ZGR 2013, 686, 701 ff.; eingehend *Kastl*, Der Rückzug kapitalmarktfähiger Unternehmen von der Börse, 2016. Vgl. aus europarechtlicher Perspektive *Hornung/Westermann*, BKR 2017, 409 ff.
12 Vgl. exemplarisch: *Goetz*, BB 2012, 2767; *Schnaittacher/Westerheide/Stindt*, WM 2012, 2225; *Kiefner/Gillessen*, AG 2012, 645; zu w.N. siehe Rz. 63.57 ff.
13 Siehe dazu 3. Aufl. § 61 Rz. 29 ff. sowie bspw. *Habersack*, JZ 2014, 147 ff.; *Bayer*, ZfPW 2015, 167 ff.; zu börsenrechtlichen Auswirkungen siehe bspw. *Hasselbach/Pröhl*, NZG 2015, 209 ff. m.w.N.
14 *Arnold/Rothenburger*, DStR 2014, 633, 634 ff.; *Paschos/Klaaßen*, AG 2014, 33; *Kocher/Widder*, NJW 2014, 127; *Wasmann/Glock*, DB 2014, 105; *Lampert/Weichel*, WM 2014, 1024 ff.; *Rosskopf*, ZGR 2014, 487, 497 ff.; *Lienke/Röder*, BB 2014, 899; wohl auch *Wieneke*, NZG 2014, 22, 23.
15 Ausführlich *Bayer*, ZfPW 2015, 167, 199 ff., 214 ff.; siehe aber auch *Habersack*, JZ 2014, 147 ff.; *Stöber*, WM 2014, 1757 ff.; *Bayer/Hoffmann*, AG 2013, R371 ff.; *Winter/Keßler*, Der Konzern 2014, 69 ff.; differenzierend *Brellochs*, AG 2014, 633, 644 f.; zweifelnd am BGH-Standpunkt auch *Schockenhoff*, ZIP 2013, 2429 ff.
16 Übergangsfrist mit Rückwirkung in § 52 Abs. 9 BörsG, dazu *Bayer*, AG 2016, R3 f.; *Harnos*, ZHR 179 (2015), 750, 755, jeweils m.w.N.
17 BGBl. I 2015, 2029; dazu BeschlussE FinA, TransparenzRL-ÄndRL-UmsetzungsG BT-Drucks. 18/6220, S. 83 bis 87; die Entwicklung zusammenfassend bspw. *Bayer*, NZG 2015, 1169 ff.; *Mense/Klie*, DStR 2015, 2782 ff.; *Sanders*, Anlegerschutz beim Delisting, S. 54 ff.; krit. zum Gesetzgebungsverfahren *von Berg*, Der Marktrückzug des Emittenten, S. 397 ff.
18 Zur Diskussion über die Abwägung zwischen kapitalmarktrechtlichen oder gesellschaftsrechtlichen Lösungsmodellen siehe die Stellungnahmen von *Brellochs*, *Habersack*, *Koch* und *Noack* vor dem Deutschen Bundestag; aus der Literatur bspw. *Bayer*, ZfPW 2015, 167, 220 ff.; *Bayer*, ZIP 2015, 853, 857 ff.; *Casper* in FS Köndgen, 2016, S. 117, 133 ff.; *Buckel/Glindemann/Vogel*, AG 2015, 373, 375 f.; *Koch/Harnos*, NZG 2015, 729, 730 ff.; *Habersack*, ZHR 176 (2012), 463, 466. Für einen kapitalmarktrechtlichen Ansatz wurde hier bereits seit der 1. Auflage geworben, zuletzt in der 3. Aufl. § 61 Rz. 29, 31.

bot soll einerseits etwaige Nachteile der Anleger hinreichend kompensieren, aber andererseits dem rückzugswilligen Emittenten sein Delisting nicht übermäßig durch eine am Unternehmenswert orientierte Abfindung und ein zu komplexes Börsenentlassungsverfahren erschweren[19]. Eine Überprüfung dieses Ansatzes hat der Gesetzgeber im Jahre 2017 vorgenommen und konnte keinen Handlungsbedarf feststellen[20]. Allerdings wirft bspw. der Fall „Rocket Internet" aus dem Jahr 2020 die Frage der Anpassung von § 39 Abs. 2 BörsG erneut auf[21], jedenfalls wenn die Lösung von derartigen Ausnahmesituationen im Wege der Auslegung oder Rechtsfortbildung entgegen der hier vertretenen Auffassung ausgeschlossen wird (vgl. insb. Rz. 63.16, 63.41)[22]. Unabhängig hiervon ist streitig, ob in der **Satzung des Emittenten** unter Berücksichtigung der Einschränkungen des § 23 Abs. 5 AktG Regelungen zu den gesellschaftsrechtlichen, nicht aber zu den dem öffentlichen Recht unterliegenden und der Privatautonomie entzogenen börsenrechtlichen Fragen des Delisting getroffen werden können (Rz. 63.61 – siehe auch *Gätsch*, Rz. 4.44; *Marsch-Barner/von der Linden*, Rz. 33.55). Die daneben bestehenden Möglichkeiten zum **kalten Delisting**, bei dem gesellschafts- oder umwandlungsrechtliche Maßnahmen die Beendigung der Börsenzulassung herbeiführen, unterliegen ihren spezifischen Regelungen und sind in Rz. 63.82 ff. erörtert. Es geht in diesen Fällen um außerhalb der börsenrechtlichen Bestimmungen herbeigeführte Änderungen der Kapitalmarktfähigkeit der betroffenen Wertpapiere, deren Auswirkungen auf die börsenrechtliche Rechtslage abgebildet werden müssen.

III. Zulassungsentziehung: Rücknahme oder Widerruf von Amts wegen

1. Dauerhafter Wegfall des ordnungsgemäßen Börsenhandels

Die Zulassung zum regulierten Markt einer Börse kann von Amts wegen widerrufen werden, wenn nach vorheriger Einstellung der Notierung (§ 25 Abs. 1 Nr. 2 BörsG) absehbar ist, dass ein ordnungsgemäßer Börsenhandel auf Dauer nicht mehr gewährleistet ist (§ 39 Abs. 1 BörsG)[23]. Im Rahmen der Ermessensentscheidung sind die **Interessen** des betroffenen Börsenhandels und des Emittenten zu berücksichtigen. Kriterien sind eine den tatsächlichen Verhältnissen entsprechende Preisbildung[24] oder, ob für vorhandene oder potentielle Anleger gravierende Schäden drohen[25]. Die Börse muss eigene Interessen, bspw. an einem möglichst langen Kurszettel, außer Betracht lassen[26]. Die Widerrufsentscheidung führt die Einstellungsentscheidung nach § 25 Abs. 1 Nr. 2 BörsG fort und verlangt eine **eigene**, nicht aber unbedingt eine (noch) negativere **Prognose**[27]. Die Börsengeschäftsführung hat darüber zu befinden, ob eine Wiederaufnahme eines ordnungsgemäßen Börsenhandels dauerhaft nicht zu erwarten ist, etwa bei Eröffnung des Insolvenzverfahrens des Emittenten, wobei die Eröffnung allein nicht

63.3

---

19 Vgl. BeschlussE FinA, TransparenzRL-ÄndRL-UmsetzungsG BT-Drucks. 18/6220, S. 83 f.; zusammenfassend *Bayer*, NZG 2015, 1069, 1172 f.; krit. aufgrund ordnungspolitischer Überlegungen *Hammen*, ZBB 2016, 398 ff.; krit. mit Blick auf die Kosten zur Zielerreichung *Morell*, AcP 217 (2017), 61 ff.; krit. wegen der Orientierung am Börsenkurs *Aders/Muxfeld/Lill*, CF 2015, 389 ff., jeweils m.w.N.
20 Evaluierung abgedruckt bei *Weimann*, Ertragswert oder Börsenwert, S. 278 ff. mit Kritik hierzu auf S. 201; vgl. auch *Redenius-Hövermann*, ZIP 2021, 485 mit Fn. 12; *Beringer/Schiereck/van de Vathorst*, ZBB 2019, 329 ff. (positive Wirkung beim regulären Delisting, S. 342; negative Wirkung beim Downlisting in Freiverkehr, S. 343).
21 Vgl. *Bachmann*, NZG 2021, 609 f.; krit. *Paschos*, Börsen-Zeitung v. 29.12.2020, S. 9.
22 Siehe auch *Koch*, AG 2021, 249 ff. m.w.N.
23 Begr. RegE BörsZulG, BT-Drucks. 10/4296, S. 15.
24 Näher *Jaskulla*, WM 2002, 1093, 1095 ff.; *Gebhardt* in Schäfer/Hamann, Kapitalmarktgesetze, § 38 BörsG Rz. 10 ff.
25 *Heidelbach* in Schwark/Zimmer, § 39 BörsG Rz. 8 (anders noch 3. Aufl. 2010, § 38 BörsG Rz. 22).
26 *Eickhoff*, WM 1988, 1713, 1716; *Klenke*, WM 1995, 1089, 1100; *Hopt* in FS Drobnig, 1998, S. 525, 534 f.; *Gebhardt* in Schäfer/Hamann, Kapitalmarktgesetze, § 38 BörsG Rz. 11; *Schwark/Geiser*, ZHR 161 (1997), 739, 767; *Groß*, Kapitalmarktrecht, § 39 BörsG Rz. 14; *Hammen*, ZBB 2016, 398, 403.
27 Ebenso *Heidelbach* in Schwark/Zimmer, § 39 BörsG Rz. 5.

zum Widerruf der Zulassung zwingt (siehe noch Rz. 63.16a)[28]. Hierfür genügt es nicht, wenn der nach § 9 Abs. 1 Satz 2 BörsZulV für die Zulassung erforderliche Streubesitz von 25 % unterschritten wird[29].

2. Dauerhafte Nichterfüllung der Zulassungsfolgepflichten

63.4 Ein zwangsweiser Widerruf der Zulassung zum regulierten Markt einer Börse von Amts wegen ist zudem als *ultima ratio* möglich, wenn der Emittent seine Zulassungsfolgepflichten auch nach Setzung einer angemessenen Nachfrist nicht erfüllt (§ 39 Abs. 1 BörsG a.E.). Die **Nachfrist** ist grundsätzlich so zu bemessen, dass der Emittent bei objektiver Betrachtung zumutbar zur fristgemäßen Erfüllung der fraglichen Pflichten in der Lage ist[30]. Eine Fristsetzung ist entbehrlich, wenn der Emittent zuvor die Erfüllung der Zulassungsfolgepflichten **ernsthaft und endgültig verweigert** hat. Allerdings kann und darf nicht jede Pflichtverletzung des Emittenten zum Widerruf der Zulassung zum regulierten Markt führen, da der Widerruf auch das Anlegerpublikum trifft[31]. Über die Nichteinhaltung von Zulassungsfolgepflichten darf insbesondere die Verpflichtung zum Erwerbsangebot nach § 39 Abs. 2 BörsG nicht umgangen werden. Bei der Entscheidung sind die Schutzgüter des ordnungsgemäßen Börsenhandels und des Publikumsschutzes gegen die Interessen des Emittenten abzuwägen.

3. Beendigung der Zulassung nach dem Verwaltungsverfahrensgesetz

63.5 Schließlich kann die Zulassung von Amts wegen nach den Vorschriften des LVwVerfG beendet werden. Dies geschieht im Falle einer von Anfang an rechtswidrigen Zulassung nach Maßgabe von § 48 LVwVerfG und im Falle einer anfänglich rechtmäßigen Zulassung nach Maßgabe von § 49 LVwVerfG, wobei für den begünstigenden Verwaltungsakt der Zulassung die Einschränkungen des § 49 Abs. 2 LVwVerfG zu beachten sind; in Betracht kommt insbesondere § 49 Abs. 2 Nr. 3 LVwVerfG, wenn die ursprünglich gegebenen Zulassungsvoraussetzungen nachträglich weggefallen sind[32].

4. Beachtung gesellschafts- oder zivilrechtlicher Anforderungen

63.6 Gesellschaftsrechtliche oder allgemeine zivilrechtliche Anforderungen wird die Börsengeschäftsführung bei der Entscheidung über eine Rücknahme oder einen Widerruf von Amts wegen grundsätzlich nicht berücksichtigen. Allerdings erfordert in den Fällen gesellschafts- oder umwandlungsrechtlicher Umstrukturierungen, die als kaltes Delisting ein Einschreiten von Amts wegen auslösen (näher Rz. 63.82 ff.), der Grundsatz der Gesetzmäßigkeit der Verwaltung (Art. 20 Abs. 3 GG), dass die Börsengeschäftsführung als Verwaltungsbehörde eine am Grundsatz der Verhältnismäßigkeit ausgerichtete Entscheidung vornimmt[33]. Es ist zumindest eine **Plausibilitätsprüfung** aller für die Entscheidung relevanten **gesellschafts-, umwandlungs- oder sonstiger allgemeiner zivilrechtlicher Voraussetzungen** vorzunehmen, um (zumindest auch) dem Schutz des Anlegerpublikums Rechnung zu tragen[34]. Bei eintragungsbedürftigen Umstrukturierungen (Eingliederung, Formwechsel, Verschmelzung etc.) wird regelmäßig auf die Beurteilung durch das Registergericht zurückgegriffen werden können.

---

28 Vgl. zur Wiederaufnahme des Börsenhandels bei werthaltiger Liquidationsquote *Grub/Streit*, BB 2004, 1397, 1398, 1403 f., 1410; zum Delisting in der Insolvenz *Korch*, BKR 2020, 285; *Oberle*, NZI 2021, 407 f.; *Häller*, EWiR 2020, 621; *Heidel*, BKR 2021, 530 ff.; zur alten Rechtslage auch *Häller*, ZIP 2016, 1903 ff.; *Kreymborg/Land/Undritz*, ZInsO 2011, 71 ff.; *Stöber*, WM 2014, 1757, 1762.
29 *Krämer/Theis*, AG 2003, 225, 233 f.; *Jaskulla*, WM 2002, 1093, 1095 ff.
30 *Heidelbach* in Schwark/Zimmer, § 39 BörsG Rz. 7; vgl. allg. *Gebhardt*, WM 2003, Sonderbeilage 2, 1, 14.
31 Vgl. schon Begr. RegE BörsZulG, BT-Drucks. 10/4296, S. 16.
32 Vgl. nur *Groß*, Kapitalmarktrecht, § 39 BörsG Rz. 6 und § 19 BörsG Rz. 17 m.w.N.
33 Ähnl. schon *Grupp*, Börseneintritt und Börsenaustritt, S. 180 f.
34 Vgl. zum umstr. Umfang der Prüfung bei der Zulassungsentscheidung *Gebhardt* in Schäfer/Hamann, Kapitalmarktgesetze, § 30 BörsG Rz. 58; *Heidelbach* in Schwark/Zimmer, § 32 BörsG Rz. 59 f. m.w.N.

5. Veröffentlichung, Bekanntgabe und Mitteilung von Rücknahme und Widerruf

Das BörsG lässt unklar, ob die Beendigung der Zulassung zum regulierten Markt durch Zulassungsentziehung zu veröffentlichen ist. Es wäre aber befremdlich, die Maßnahmen der Aussetzung oder Einstellung des Handels veröffentlichen zu müssen (so ausdrücklich § 25 Abs. 1 Satz 3 BörsG), einen Widerruf der Zulassung aber nicht. Teilweise wird deshalb aus Gründen der Transparenz für den Widerruf der Zulassung von Amts wegen das **Veröffentlichungsgebot für einen Widerruf auf Antrag des Emittenten analog** herangezogen[35]. Danach wäre gem. § 39 Abs. 5 Satz 1 BörsG eine Veröffentlichung im Internet erforderlich (dies aufgreifend bspw. § 47 Abs. 2 BörsO FWB, Stand 28.6.2021). Allerdings nimmt § 39 Abs. 5 Satz 1 BörsG auch in seiner Neufassung ausdrücklich nur auf einen Widerruf nach § 39 Abs. 2 BörsG und nicht auf einen Widerruf nach § 39 Abs. 1 BörsG Bezug. Auch bleibt bei einer rein elektronischen Veröffentlichung die Bedeutung des § 32 Abs. 5 BörsG unklar. Danach haben „die vorgeschriebenen Veröffentlichungen" (zumindest auch) in überregionalen Börsenpflichtblättern zu erfolgen, zu denen die Börsengeschäftsführung im Wege der Börsenbekanntmachung mindestens drei inländische Zeitungen mit überregionaler Verbreitung zu bestimmen hat. Da § 32 BörsG selbst keinerlei Veröffentlichungen anordnet, dürfte § 32 Abs. 5 BörsG zumindest alle im selben Gesetzesabschnitt vorgesehenen Veröffentlichungen erfassen[36]. Wird eine Veröffentlichungspflicht bejaht, müsste Entsprechendes für einen Widerruf nach § 49 LVwVfG bzw. eine Rücknahme nach § 48 LVwVfG gelten[37].

63.7

Gegenüber dem Emittenten als Adressat des Verwaltungsakts besteht gemäß § 41 Abs. 1 LVwVfG eine **Pflicht zur Bekanntgabe**. Diese wird regelmäßig durch Postübersendung des schriftlichen Verwaltungsakts gemäß § 41 Abs. 2 LVwVfG erfüllt. Schwierigkeiten können sich ergeben, soweit durch die Rücknahme oder den Widerruf der Zulassung subjektive Rechte einzelner Anleger als betroffen angesehen werden (Rz. 63.68 f.). In diesem Fall bestünde auch gegenüber den einzelnen Anlegern eine Pflicht zur Bekanntgabe[38]. Diese hätte öffentlich (§ 41 Abs. 3 Satz 1 LVwVfG) im Wege einer „ortsüblichen" Bekanntgabe zu erfolgen (§ 41 Abs. 4 LVwVfG). Unklar bleibt, ob die Rechtsvorschrift, die eine öffentliche Bekanntgabe zulässt (§ 41 Abs. 3 Satz 1 LVwVfG), analog in der Regelung des § 39 Abs. 5 Satz 1 BörsG bzw. § 32 Abs. 5 BörsG gesehen werden kann. Es ist aber kein Sachgrund ersichtlich, weshalb bei Rücknahme und Widerruf der Zulassung zum regulierten Markt von Amts wegen aufgrund von Drittinteressen strengere formelle Anforderungen an die Bekanntgabe zu stellen sein sollen als bei einem Widerruf auf Antrag (Rz. 63.54 f.). Die Veröffentlichungsart genügt den Anforderung einer ortsüblichen Bekanntmachung, soweit der verfügende Teil des Verwaltungsakts veröffentlicht wird (§ 41 Abs. 4 Satz 1 LVwVfG) und angegeben ist, wo der Verwaltungsakt und seine Begründung eingesehen werden können (§ 41 Abs. 4 Satz 2 LVwVfG). Der Verwaltungsakt gilt dann zwei Wochen nach der Veröffentlichung als bekanntgegeben (§ 41 Abs. 4 Satz 3 LVwVfG). Wird diesen Anforderungen nicht genügt, besteht das Risiko, dass der Widerruf gegenüber einzelnen Anlegern unwirksam bleibt (§ 43 Abs. 1 LVwVfG) und Rechtsbehelfsfristen nicht in Gang gesetzt werden. Unabhängig von der Veröffentlichung sieht § 38 Abs. 1a BörsG seit 2017 vor, dass die Börsengeschäftsführung sowohl die **Börsenaufsichtsbehörde** (= Landesebene) als auch die **BaFin** (= Bundesebene) über einen Widerruf nach § 39 Abs. 1 BörsG **unverzüglich informieren** müssen. Die Regelung „verlängert" die Informationspflicht nach § 25 Abs. 1b BörsG über die Aussetzung des Börsenhandels, da im Widerruf letztlich eine dauerhafte Einstellung des Börsenhandels liegt. Beide Regelungen dienen der Umsetzung von Art. 52 Abs. 2 MiFID II[39]. Dies hat analog in den Fällen des Widerrufs nach den §§ 48, 49 LVwVAG zu gelten.

63.8

---

35 *Heidelbach* in Schwark/Zimmer, § 39 BörsG Rz. 4 (ohne Annahme einer Bekanntmachungspflicht gemäß § 41 Abs. 1, 3 und 4 LVwVfG).
36 Zustimmend jetzt *Habersack* in Habersack/Mülbert/Schlitt, Unternehmensfinanzierung am Kapitalmarkt, Rz. 40.34.
37 Beachte aber Gegenäußerung BReg 4. FFG, BT-Drucks. 14/8017, S. 178, wonach die Anforderungen des § 38 Abs. 4 Satz 2 bis 5 BörsG a.F. bewusst nicht auf § 43 BörsG a.F. übertragen wurden.
38 I.d.S. offenbar OLG Zweibrücken v. 3.8.2004 – 3 W 60/04, DB 2004, 2311, 2312 = AG 2005, 306.
39 Begr. RegE 2. FiMaNoG, BT-Drs. 18/10936, S. 270.

IV. Börsenentlassung: Widerruf auf Antrag des Emittenten

63.9 Will der Emittent von sich aus die Beendigung der Zulassung zum regulierten Markt herbeiführen, steht ihm das öffentlich-rechtliche, europarechtlich unbedenkliche[40] **Börsenentlassungsverfahren** gemäß § 39 Abs. 2 bis 6 BörsG, der Antrag auf Widerruf der Zulassung zum regulierten Markt zur Verfügung (**reguläres Delisting**). Für Emittenten kann es hierfür zahlreiche ökonomische Motive geben[41], wobei oft auch ein Interessenkonflikt zwischen dem Haupteigner und den Minderheitsgesellschaftern besteht[42]. Emittenten, deren Wertpapiere im **Freiverkehr** (§§ 48, 48a BörsG) oder in einem Organisierten Handelssystem an der Börse (§ 48b BörsG) gehandelt werden, sind von den Regelungen nicht erfasst, sondern ein Rückzug aus diesen Märkten richtet sich nach deren privatrechtlich organisiertem Regelwerk, deren Allgemeine Geschäftsbedingungen[43].

1. Börsenrechtliche Wirksamkeitsvoraussetzungen

63.10 Gemäß § 39 Abs. 2 Satz 1 BörsG steht es im pflichtgemäßen Ermessen der Börsengeschäftsführung, die Zulassung zum regulierten Markt an einer Börse auf **Antrag** des Emittenten zu widerrufen („... kann ..."). Der Widerruf darf nicht dem **Schutz der Anleger** widersprechen (§ 39 Abs. 2 Satz 2 BörsG). Die Widerrufsentscheidung ist zu veröffentlichen (§ 39 Abs. 5 Satz 1 BörsG). Dabei darf der Zeitraum zwischen der **Veröffentlichung** und der Wirksamkeit des Widerrufs zwei Jahre nicht überschreiten (§ 39 Abs. 5 Satz 2 BörsG). Außerdem ist seit November 2016[44] (Rz. 63.2) bei Wertpapieren i.S.d. § 2 Abs. 2 WpÜG (Rz. 63.25) ein Widerruf nur zulässig, wenn den Anlegern entweder ein **Erwerbsangebot** unterbreitet wird (§ 39 Abs. 2 Satz 3 Nr. 1, Abs. 3 BörsG – Rz. 63.21 ff.) oder (was aber schon kein Delisting darstellt) die Wertpapiere zum Handel in einem vergleichbaren Markt zugelassen bleiben und die Beendigung der Zulassung zum Handel an diesem Markt einem dem BörsG gleichartigen Anlegerschutz gewährleistet (§ 39 Abs. 2 Satz 3 Nr. 2 BörsG – Rz. 63.18 ff.). **Vergleichbare Märkte** sind nach den gesetzlichen Vorgaben nur regulierte Märkte anderer inländischer Börsen (§ 39 Abs. 2 Satz 3 Nr. 2 lit. a BörsG) oder organisierte Märkte in einem anderen Mitgliedstaat der Europäischen Union bzw. einem anderen Vertragsstaat des Abkommens über den Europäischen Wirtschaftsraum (§ 39 Abs. 2 Satz 3 Nr. 2 lit. b BörsG), wobei diese für einen Widerruf der Zulassung zum Handel an diesem Markt einen entsprechenden Anlegerschutz vorsehen müssen[45]. Der Gesetzgeber versucht damit zu verhindern, dass ein börsenrückzugswilliger Emittent den Anlegerschutz dadurch umgeht, dass er die Zulassung seiner Wertpapiere zunächst an einen Markt mit gleichartigen Anlegerschutz konzentriert und sodann einen vollständigen Börsen- oder Marktrückzug einleitet (**schleichender Börsenrückzug** – Rz. 63.18 f.)[46]. Es verbleibt freilich dabei, dass der deutsche Gesetzgeber allenfalls politischen Einfluss darauf hat, ob andere nationale Gesetzgeber den zum Zeitpunkt des Börsenrückzugs von den deutschen Börsen noch gleichartigen Anlegerschutz im Nachhinein wieder abschwächen oder sogar entfallen lassen. Allenfalls sich schon zum Zeitpunkt des inländischen Börsenrückzugs abzeichnende Änderungen an den verbleibenden ausländischen Börsenplätzen werden Berücksichtigung finden können. Während der Gesetzgeber das Risiko einer zukünftigen Änderung des Rechtslage

---

40 *Hornung/Westermann*, BKR 2017, 409 ff. m.w.N.
41 Vgl. m.w.N. bspw. *Krug*, Der Rückzug von der Börse, S. 40 ff.; *Sanders*, Anlegerschutz beim Delisting, S. 34 ff.
42 *Harnos*, ZHR 182 (2018), 363; *Morell*, ZBB 2016, 67, 76 ff.
43 Vgl. bspw. *Hüffer/Koch*, § 119 AktG Rz. 36; *Goetz*, BB 2015, 2691; *Groß*, AG 2015, 812, 814; *Harnos*, ZHR 179 (2015), 750, 754 f m.w.N.; zur Forderung einer gesetzlichen Regelung zuletzt *Redenius-Hövermann*, ZIP 2021, 485, 491 m.w.N.
44 Zur Übergangsregelung des § 52 Abs. 9 BörsG siehe *Harnos*, ZHR 179 (2015), 750, 755.
45 Zum Hintergrund BeschlussE FinA, TransparenzRL-ÄndRL-UmsetzungsG BT-Drucks. 18/6220, S. 86; *Harnos*, ZHR 179 (2015), 750, 773; die Beschränkung auf EU/EWR-Märkte als systematisch verfehlt kritisierend *Groß*, AG 2015, 812, 815 f.; zust. *Bungert/Leyendecker-Langner*, ZIP 2016, 49, 52.
46 BeschlussE FinA, TransparenzRL-ÄndRL-UmsetzungsG BT-Drucks. 18/6220, S. 86; *Zimmer/von Imhoff*, NZG 2016, 1056.

beim *Downlisting* in den privatrechtlich organisierten Freiverkehr (§ 48 BörsG) als zu schließende Schutzlücke für die Anleger bewertet (Rz. 63.18 f.)[47], vertraut er damit bei einem Rückzug des Emittenten aus dem deutschen regulierten Markt in vergleichbare ausländische EU/EWR-Märkte auf den Fortbestand des dort zum Zeitpunkt des Börsenrückzugs als vergleichbar festgestellten Anlegerschutz. Das Rechtsänderungsrisiko tragen in diesen Fällen die Anleger. Für andere börsennotierte Wertpapiere als die von § 39 Abs. 2 Satz 3 BörsG in Verbindung mit § 2 Abs. 2 WpÜG erfassten, verbleibt es bei der für jedes reguläre Delisting geltenden übergreifenden Vorgabe, dass der Widerruf dem Schutz der Anleger nicht widersprechen darf (§ 39 Abs. 2 Satz 2 BörsG). Weitere Anforderungen können sich aus den einzelnen BörsO ergeben (§ 39 Abs. 5 Satz 3 BörsG – Rz. 63.20).

a) Antrag des Emittenten

Das Börsenentlassungsverfahren ist als Umkehrung des Börsenzugangsverfahrens ein **ausschließlich auf Antrag des Emittenten** durchzuführendes öffentlich-rechtliches Verwaltungsverfahren[48]. Der Antrag ist formelle Voraussetzung für die Zulässigkeit des Börsenentlassungsverfahrens und materielle Voraussetzung für die Sachentscheidung der Börsengeschäftsführung (§ 22 Satz 2 Nr. 2 LVwVfG); einer besonderen Form bedarf es – vorbehaltlich Regelungen in der BörsO – nicht[49]. In den Fällen des § 39 Abs. 2 Satz 3 Nr. 1 BörsG ist jedoch ein ordnungsgemäß veröffentlichtes Erwerbsangebot nachzuweisen. **Antragsgegenstand** ist der gegenüber dem Emittenten erlassene begünstigende Verwaltungsakt der Zulassung zum regulierten Markt. Die **Antragsbefugnis** steht dem vertretungsberechtigten Organ des börsenrückzugswilligen Emittenten zu, im Falle einer börsennotierten (inländischen) AG gemäß §§ 78, 82 AktG dem Vorstand[50], im Fall ihrer Insolvenz dem Insolvenzverwalter[51]. Dritten steht das Antragsrecht nicht zu, auch dann nicht, wenn diese erst die Voraussetzungen für den Widerruf der Zulassung zum regulierten Markt nach § 39 Abs. 2 Satz 3 Nr. 1 BörsG schaffen (Rz. 63.21 ff., insb. Rz. 63.27). Entsprechendes gilt *argumentum a maiori ad minus* unabhängig von einer expliziten Regelung in der BörsO für einen Antrag des Emittenten auf Widerruf einer Zulassung zu einem **Teilbereich des regulierten Marktes** (§ 42 BörsG), womit sich aufgrund des Verbleibs im regulierten Markt allerdings kein Delisting verbindet (Rz. 63.18). **Fehlt der Antrag** von Anfang an oder fällt er mit Wirkung *ex tunc* weg, so ist bzw. wird das Börsenentlassungsverfahren unzulässig (§ 22 Satz 2 Nr. 2 LVwVfG). Ein gleichwohl ergehender Widerrufsverwaltungsakt ist nach den Regeln des Verwaltungsrechts grundsätzlich wirksam, aber rechtswidrig und damit anfechtbar, wenn der Mangel nicht nachträglich geheilt wird (§ 45 Abs. 1 Nr. 1 LVwVfG); in schweren Fällen kann Nichtigkeit (§ 44 LVwVfG) vorliegen.

63.11

b) Kein Widerspruch zum Anlegerschutz

Der Widerruf auf Antrag des Emittenten darf gemäß § 39 Abs. 2 Satz 2 BörsG nicht dem Schutz der Anleger widersprechen. Die Regelung schränkt den **Ermessensspielraum der Börsengeschäftsführung** ein, die ihre Ermessenentscheidung übergeordnet am Anlegerschutz auszurichten hat (im Anschluss Rz. 63.13). War die Aufstellung weiterer ermessenslenkender Regelungen bislang allein den BörsO überlassen (§ 39 Abs. 2 Satz 5 BörsG a.F.), ergeben sich seit November 2016 (Rz. 63.2) aus § 39 Abs. 2 Satz 3, Abs. 3 BörsG für die Fälle des regulären Delistings von Wertpapiere i.S.d. § 2 Abs. 2 WpÜG und damit insbesondere auch Aktien (Rz. 63.25), besondere gesetzliche Ermessensgrenzen (Rz. 63.16 und 63.21 ff.). Eine gebundene Entscheidung folgt hieraus gleichwohl nicht (str.). § 39 Abs. 2 Satz 2 BörsG misst dem

63.12

---

47 Vgl. zusammenfassend *Bayer*, NZG 2015, 1169, 1176; *Harnos*, ZHR 179 (2015), 750, 754; *Morell*, AcP 217 (2017), 61, 71 f. (hier auch mit Blick auf den sog. Markt der Märkte), jeweils m.w.N.
48 *Pötzsch*, WM 1998, 949, 952; *Wirth/Arnold*, ZIP 2000, 111, 112.
49 Ebenso schon zum alten Recht *Gebhardt* in Schäfer/Hamann, Kapitalmarktgesetze, § 38 BörsG Rz. 46; *Probst*, Rechtsfragen des regulären Börsenrückzugs, S. 153.
50 *Groß*, ZHR 165 (2001), 141, 161; *Geyrhalter/Zirngibl*, DStR 2004, 1048, 1049; *Kocher/Seiz*, DB 2016, 153, 159 unter Hinweis auf die Weisungsmöglichkeit im Falle eines Beherrschungsvertrages.
51 Vgl. Hessischer VGH v. 3.9.2007 – 6 UZ 179/07, NVwZ-RR 2008, 295; *Hirte*, ZInsO 2006, 1289, 1296.

Anlegerschutz eine im Entscheidungsermessen zu berücksichtigende übergeordnete Bedeutung zu. Auch sind von § 39 Abs. 2 Satz 3, Abs. 3 BörsG nicht sämtliche Fälle des regulären Delistings erfasst und in den Fällen des § 39 Abs. 2 Satz 3 Nr. 2 BörsG hat die Börsengeschäftsführung nach pflichtgemäßem Ermessen zu beurteilen, ob ein vergleichbarer Markt vorliegt (Rz. 63.10 und Rz. 63.18)[52]. Regelmäßig wird in den Fällen des § 39 Abs. 2 Satz 3 BörsG eine Ermessensreduzierung auf Null vorliegen, zwingend ist dies aber nicht (Rz. 63.16). Auch können diese weiterhin durch Einzelregelungen in den BörsO ergänzt werden (§ 39 Abs. 5 Satz 3 BörsG – Rz. 63.20)[53].

aa) Ermessensleitlinie: Anlegerinteressen

63.13 Die Ermessensentscheidung verlangt die **Rückzugsinteressen des Emittenten** als Antragsteller zu berücksichtigen, jedoch treten diese nach der ausdrücklichen gesetzlichen Anordnung hinter berechtigte **Schutzinteressen der** vorhandenen (nicht der potentiellen) **Anleger** als wirtschaftlich durch die Delistingentscheidung Betroffene zurück[54]. Erkennbare (subjektive) Rückzugsmotive des Emittenten können in der Ermessensentscheidung gewichtet werden, doch bedarf es keines erkennbaren objektiven Interesses des Emittenten am Delisting[55]. Die Börsengeschäftsführung hat zu hinterfragen, welche Nachteile ein Widerruf der Zulassung zum regulierten Markt der Börse für die Anleger mit sich bringt und ggf. ob diese im Börsenentlassungsverfahren hinreichend kompensiert werden. Inwieweit nur die Interessen der Anleger in ihrer Gesamtheit als öffentliche Interessen (Arg. § 15 Abs. 8 BörsG) oder auch subjektive Interessen einzelner Anleger (Arg. § 39 Abs. 2 BörsG) zu berücksichtigen sind, war jedenfalls bis zur Gesetzesänderung im November 2016 streitig[56], wird allerdings vor allem im Zusammenhang mit dem möglichen Rechtsschutz der einzelnen Anleger diskutiert (Rz. 63.68 f.). Soweit es um das Delisting von Aktien geht, wird in der Praxis wohl selten ein Gleichlauf der Aktionärsinteressen vorliegen, denn der Börsenrückzug wird meist von einem Groß- oder Mehrheitsaktionär verfolgt, dessen Interesse sich mit den Interessen der übrigen (Klein-)Aktionäre am Erhalt einer transparenten, preisabschlagsunabhängigen sowie möglichst jederzeitigen Verkaufsmöglichkeit ihrer Wertpapiere über die Börse nicht decken wird[57].

63.14 Die **Interessen der einzelnen Börsen**, betroffener **Intermediäre** (Makler, Skontroführer etc.) **oder sonstiger Dritter** verlangen keine eigenständige Berücksichtigung[58]. Entsprechende Vorschläge des Bun-

---

52 Zu weit gehend wohl *Harnos*, ZHR 179 (2015), 750, 776, der eine gebundene Entscheidung annimmt, ohne zwischen den Fallgruppen des Delistings zu differenzieren. Gebundene Entscheidung annehmend jetzt auch *Groß* in Ebenroth/Bojong/Joost/Strohn, § 39 BörsG Rz. 16; wie hier aber Hessischer VGH v. 22.2.2021 – 6 B 2656/20, ZIP 2021, 1115 Rz. 28 und zust. *Heidel*, BKR 2021, 438, 439.
53 Grundsätzlich ebenso *Groß*, AG 2015, 812, 814 und 815, der im Anwendungsbereich des § 39 Abs. 2 Satz 3 BörsG freilich nur noch Regelungsraum für „formale Aspekte" in den BörsO sieht und im Übrigen gesellschaftsrechtliche Voraussetzungen für unzulässig hält; wie hier grds. darüber hinausgehende Regelungen zulassend *Hüffer/Koch*, § 119 AktG Rz. 39.
54 Vgl. statt vieler, allerdings noch zu § 39 BörsG a.F. VG Frankfurt a.M. v. 2.11.2001 – 9 G 3103/01 – Macrotron, AG 2003, 218, 220 f.; VG Frankfurt a.M. v. 17.6.2002 – 9 E 2285/01 (V) – Macrotron, ZIP 2002, 1446, 1447 ff. (wirkungslos wegen Erledigungserklärung in der Sprungrevision, BVerwG v. 4.7.2003 – 6 C 21.02); zur neuen Rechtslage siehe jetzt Hessischer VGH v. 22.2.2021 – 6 B 2656/20, ZIP 2021, 1115 Rz. 28 ff.
55 Enger *Groß*, FinanzBetrieb 1999, 32, 37; ähnl., aber mit teils widersprüchlicher Begründung *Schlößer*, Delisting, S. 150 ff. (S. 145 ff.: Rechtsmissbrauchskontrolle ja, S. 150 ff.: Motivationsberücksichtigung nein); vgl. zu den Gründen für ein Delisting die 2. Aufl., § 61 Rz. 7 ff. sowie *Grupp*, Going Private Transaktionen, S. 15 ff.
56 Vgl. etwa (zum alten wie neuen Recht) *Kumpan* in Baumbach/Hopt, § 39 BörsG Rz. 7 (individualschützend) einerseits und (noch zum alten Recht) *Beck/Hedtmann*, BKR 2003, 190 ff. (rein öffentliche Interessen) andererseits.
57 Eingehend *Morell*, ZBB 2016, 67 ff.; zusammenfassend *Morell*, AcP 217 (2017), 61, 70 ff.
58 Begr. RegE 3. FFG, BT-Drucks. 13/8933, S. 75; *Eickhoff*, WM 1988, 1713, 1715 f.; *Hopt* in FS Drobnig, 1998, S. 525, 534 f.; *Klenke*, WM 1995, 1089, 1100; *Pötzsch*, WM 1998, 949, 952; *Groß*, ZHR 165 (2001), 141, 152; siehe auch schon *Radtke*, Delisting, S. 74 ff., 102 f.

desrates im Gesetzgebungsverfahren des Dritten Finanzmarktförderungsgesetzes haben auch weiterhin keinen Eingang in das Gesetz gefunden[59]. Dennoch nimmt ein Teil der Lehre an, dass der Funktionserhalt der Börsen, sonstige **kapitalmarktpolitische Erwägungen** oder sogar die (fiskalischen) Interessen einzelner Börsen zu berücksichtigen sind[60]. Es besteht aber Einigkeit, dass zumindest das Interesse der Börsen, einen diversifizierten Kurszettel aufrechtzuerhalten, unberücksichtigt bleibt[61]. Gleiches gilt für das Gewinninteresse der Handelsteilnehmer[62]. Insgesamt ist nicht ersichtlich, weshalb die Börsengeschäftsführung aus kapitalmarktpolitischen Gründen den Rückzug eines Emittenten von der Börse längerfristig untersagen können soll. Eine Berücksichtigung des Funktionserhalts der Börsen oder – anders ausgedrückt – des Institutionenschutzes, ist nur insoweit gerechtfertigt, wie dies zum Schutz der Börsenteilnehmer und im Besonderen der Anleger erforderlich ist[63]. Hierfür spricht nunmehr auch § 39 Abs. 2 Satz 3 BörsG, der keine Rücksichtnahme auf die Interessen der Börse oder ihres privaten Trägers verlangt[64]. Daher kann den Börsen letztendlich zum Schutz der Anleger zwar eine gewisse Übergangsfrist von maximal zwei Jahren (§ 39 Abs. 5 Satz 2 BörsG) zzgl. eines angemessenen Zeitraums zur Bearbeitung des Widerrufsantrags bis zum Wirksamkeitseintritt des Widerrufs zu gewähren sein, aber eine dauerhafte Versagung des Delistings aufgrund kapitalmarktpolitischer Aspekte findet im Gesetz keine Stütze[65]. Entsprechend dürfen auch die ermessenslenkenden Regelungen der **nachrangigen BörsO** keine anderen als die im BörsG verankerten Interessen berücksichtigen[66]; wohl aber sollen die BörsO die Voraussetzungen für das Delisting insbesondere zum Schutz der Anleger näher regeln (§ 39 Abs. 5 Satz 3 BörsG). Letzteres obliegt den BörsO nach der Neujustierung des Anlegerschutzes im November 2016 vor allem mit Blick auf die Wertpapiere, die von § 39 Abs. 2 Satz 3 BörsG nicht erfasst werden (Rz. 63.25; vgl. dazu bspw. § 46 Abs. 2 BörsO FWB, Stand 28.6.2021), da in den Fällen des § 39 Abs. 2 Satz 3 Nr. 1 BörsG ein entsprechendes Erwerbsangebot (Rz. 63.21 f.) regelmäßig einen hinreichenden Interessenausgleich für die Anleger schafft (Rz. 63.16). Stets ist im Blick zu halten, dass § 39 Abs. 2 Satz 1 BörsG Ausdruck der gesetzgeberischen **Grundentscheidung** ist, dass der Anlegerschutz **keine dauerhafte Aufrechterhaltung der Börsenzulassung** und Börsennotierung verlangt (siehe noch Rz. 63.56)[67].

bb) Anlegernachteile und Kompensation

Objektive Kriterien für die Beurteilung der Auswirkungen eines Widerrufs der Zulassung zum regulierten Markt auf den Schutz der Anleger bilden etwa die Dauer der Börsenzulassung, die Anlegerstruktur, die Folgen der Zulassung für die AG sowie der Umfang und die konkreten Auswirkungen

63.15

---

59 Vgl. Begr. RegE 3. FFG, BT-Drucks. 13/8933, S. 165 (Stellungnahme BRat), 182 (Gegenäußerung BReg); BeschlussE FinA 3. FFG, BT-Drucks. 13/9874, S. 131; *M. Henze*, Delisting, S. 67 f.; *Kruse*, Das „kalte" Delisting, S. 68 ff.; *Hammen*, ZBB 2016, 398, 403 ff.
60 Vgl. *Schwark/Geiser*, ZHR 161 (1997), 739, 768 f.
61 *Fluck*, WM 1995, 553, 560; *Richard/Weinheimer*, BB 1999, 1613, 1618.
62 *Hopt* in FS Drobnig, 1998, S. 525, 534 f.; *Mülbert*, ZHR 165 (2001), 104, 112; *Pötzsch*, WM 1998, 949, 952 ff.
63 Ähnl. *Kleindiek* in FS Bezzenberger, 2000, S. 653, 671 (abhebend auf den gesellschaftsrechtlichen Schutz); *Kruse*, Das „kalte" Delisting, S. 69. Vgl. zum mittelbaren Interesse der Anleger an einem funktionierenden Kapitalmarkt *Hopt* in FS Drobnig, 1998, S. 525, 536; *Grupp*, Börseneintritt und Börsenaustritt, S. 139 ff.
64 Krit. hierzu mit Blick auf die Neuregelung des § 39 BörsG, vor allem wegen der dennoch den Börsenträger treffenden Gefahr einer Schadensersatzhaftung bei Ermessensfehlgebrauch oder Verfahrensfehlern *Hammen*, ZBB 2016, 398, 402 ff.
65 So i.E. auch Begr. RegE 3. FFG, BT-Drucks. 13/8933, S. 57, 75; *Eickhoff*, WM 1988, 1713, 1716; *M. Henze*, Delisting, S. 68 ff.; jeweils m.w.N.; a.A. offenbar *Schwark/Geiser*, ZHR 161 (1997), 739, 769.
66 *Pötzsch*, WM 1998, 949, 952; vgl. zum abschließenden Charakter Gegenäußerung BReg, BT-Drucks. 13/8933, S. 182.
67 Wie hier noch zur alten Rechtslage Begr. RegE 3. FFG, BT-Drucks. 13/8933, S. 57, 75; *Gebhardt* in Schäfer/Hamann, Kapitalmarktgesetze, § 38 BörsG Rz. 52; sehr restriktiv noch *Groß*, FinanzBetrieb 1999, 24, 28 f.

des Delisting[68]. Nachteile, die dem Schutz der Anleger widersprechen, können sich dabei aber vor allem aus dem Fortfall oder der Reduzierung einer **öffentlich-rechtlich organisierten Verkaufsmöglichkeit** mit überwachtem **Preisbildungsverfahren** ergeben, wie die Neuregelung des § 39 Abs. 2 Satz 3 BörsG belegt. Bei einer Börsen- oder Marktpräsenzreduktion auf ausländische Märkte sind zusätzlich Handelserschwerungen durch erhöhte Transaktionskosten zu berücksichtigen. Zudem sind Beeinträchtigung durch eintretende **Informationsnachteile** sowie der Wegfall bestimmter **Verhaltenspflichten** des Emittenten in die Ermessensentscheidung einzustellen. Es zeigt sich, dass die Einschätzung, ob der Widerruf der Zulassung zum regulierten Markt dem Schutz der Anleger widerspricht, in erheblichem Maße von wertenden Elementen geprägt ist. Diese wurden in der Vergangenheit von den Börsen (nicht zuletzt erkennbar in der Ausgestaltung der jeweiligen BörsO, Rz. 63.20), aber auch von den Gerichten höchst unterschiedlich bewertet[69]. Die Neuregelung des § 39 Abs. 2 BörsG versucht dem mit der Setzung eines **Mindeststandards** entgegenzuwirken, in dem jetzt zwischen solchen Anlegern in Wertpapiere i.S.d. § 2 Abs. 2 WpÜG (Rz. 63.25) und solchen, die in Wertpapiere investiert sind, die nicht unter § 2 Abs. 2 WpÜG fallen, unterschieden wird:

63.16 Für **Anleger in Aktien und anderen Wertpapiere i.S.d. § 2 Abs. 2 WpÜG** (Rz. 63.25) vermutet § 39 Abs. 2 Satz 3 BörsG unwiderleglich einen (auflösbaren) Widerspruch zum Anlegerschutz, sobald der Widerruf der Zulassung dazu führt, dass dem Anleger kein Handelsplatz im Sinne der Vorgaben des § 39 Abs. 2 Satz 3 Nr. 2 BörsG verbleibt (siehe Rz. 63.10 und noch Rz. 63.18 f.). Der Börsengeschäftsführung steht insoweit kein Beurteilungsspielraum zu. Das Gesetz bewertet die in diesen Fällen entstehende Beeinträchtigung der Veräußerungschancen als zwingend kompensationsbedürftig durch **Verschaffung einer Veräußerungsmöglichkeit**: Der rückzugswillige Emittent hat deshalb bei der Stellung des Widerrufsantrags ein Erwerbsangebot an alle Anleger (beachte aber Rz. 63.27) nach § 39 Abs. 2 Satz 3 Nr. 1 BörsG nachzuweisen (Rz. 63.21 ff.). Dies stellt die Anleger vor die Entscheidung, die mit dem Börsenrückzug einhergehenden Chancen und Risiken selbst zu tragen oder durch Annahme des Erwerbsangebots gegen Abfindung an den Erwerber zu übertragen. Es ist ihnen nicht möglich die Wertpapiere zu behalten und Ausgleichszahlung für den Verlust der Börsenhandelbarkeit zu verlangen (sog. Fungibilitätsausgleich, Rz. 63.65). Führt der Emittent den Nachweis über diese Veräußerungsmöglichkeit, kann die Börsengeschäftsführung umgekehrt eine Ablehnung des Widerrufantrags nicht mehr auf eine die Anleger als Folge des Börsenrückzugs belastende Beeinträchtigung der Veräußerungschancen stützen[70]. Dies gilt entsprechend für Emittenten mit Sitz im **Ausland** (§ 39 Abs. 4 BörsG – beachte aber Rz. 63.23). Ungeachtet des Nachweises eines Erwerbsangebots i.S.d. § 39 Abs. 2 Satz 3 Nr. 1 BörsG hat die Börsengeschäftsführung weitergehend in ihre Ermessensentscheidung einzustellen, ob **besondere Umstände** vorliegen, aufgrund derer der Widerruf der Zulassung zum regulierten Markt der Börse dem Schutz der Anleger gleichwohl widerspricht[71]. § 39 Abs. 2 Satz 3 BörsG postuliert Mindestanforderungen (dies verdeutlicht das „nur" in der Formulierung „… ist ein Widerruf nur zulässig, wenn …"), die nach Vorgabe der BörsO (§ 39 Abs. 5 Satz 2 BörsG) und in engen Ausnahmefällen im Wege der allgemeinen Ermessensausübung durch die Börsengeschäftsführung aus Gründen des Anlegerschutzes (§ 39 Abs. 2 Satz 2 BörsG) ergänzt, aber nicht abgeschwächt werden können (Rz. 63.20). So mag bspw. in Ausnahmefällen das berechtigte Vertrauen der Anleger bei einem kurzzeitig nach dem Börsengang erfolgenden Delisting in besonderem Maße beeinträchtigt sein und das Verhalten des Emittenten unter Umständen in die Nähe eines „Delistings zur Unzeit" oder gar

---

68 Ähnl. *Schwark/Geiser*, ZHR 161 (1997), 739, 744, 769 f.; ausführlich *Grupp*, Börseneintritt und Börsenaustritt, S. 47 ff., 180 ff.; *M. Henze*, Delisting, S. 63 ff., jeweils m.w.N.; zusammenfassender Überblick aus Sicht der Anlegerentscheidung bei *Wedlich*, ZCG 2019, 112 ff.
69 Für Einzelheiten siehe 3. Aufl. § 61 Rz. 11 ff. und Rz. 63.20.
70 Vgl. zur Zielsetzung der Regelung einen Ausgleich für die Beeinträchtigung der Veräußerungschancen zu schaffen BeschlussE FinA, TransparenzRL-ÄndRL-UmsetzungsG BT-Drucks. 18/6220, S. 84.
71 Wie hier jetzt Hessischer VGH v. 22.2.2021 – 6 B 2656/20, ZIP 2021, 1115 Rz. 28 und zust. *Heidel*, BKR 2021, 438, 439; a.A., gebundene Entscheidung *Harnos*, ZHR 179 (2015), 750, 775f., trotz der Zulassung von Verschärfungen durch die BörsO. *Habersack* in Habersack/Mülbert/Schlitt, Unternehmensfinanzierung am Kapitalmarkt, Rz. 40.31; *Herrler* in Griogleit, § 119 AktG Rz. 48.

eines *venire contra factum proprium* rücken[72], jedenfalls wenn die damit verbundenen Störungen nicht durch das Erwerbsangebot kompensiert werden können (Rz. 63.41). Allerdings wird die Börsengeschäftsführung im Regelfall von einer hinreichenden Kompensation der Beeinträchtigungen der Anleger durch ein den gesetzlichen Anforderungen genügendes Erwerbsangebot ausgehen dürfen, ohne dabei die Angemessenheit des Erwerbsangebots prüfen zu müssen und zu dürfen (Arg. § 39 Abs. 6 BörsG)[73]. Darüber hinausgehende Anforderungen – abgesehen von Fristen – erscheinen wenig praktisch. Vorbehaltlich weiterer Anforderungen abgesehen von einer Umsetzungsfrist bis zur Beendigung der Börsenzulassung in den BörsO wird deshalb bei Einhaltung der Vorgaben des § 39 Abs. 2 Satz 3 BörsG typischerweise eine **Ermessensreduzierung auf Null** und damit ein Anspruch des Emittenten auf Widerruf der Zulassung zum regulierten Markt vorliegen.

Die Notwendigkeit einer Kompensation der Anlegernachteile durch Stellung eines Erwerbsangebotes entfällt nach der obergerichtlichen Rechtsprechung selbst dann nicht, wenn der Emittent im **Insolvenzverfahren** abgewickelt wird. Wortlaut („... ist nur zulässig wenn ...") und Gesetzesgenese lassen aus Sicht der Rechtsprechung eine Abweichung von der Angebotsverpflichtung nicht zu[74]. Selbst wenn rechtspolitisch Verbesserungsbedürftigkeit angenommen werden müsste, eröffne dies nach der klaren Gesetzeslage keine Abhilfe im Wege der Rechtsfortbildung. Dies knüpft unausgesprochen an die Überlegungen des BGH in der Frosta-Entscheidung an, dass es nicht Aufgabe der Gerichte ist, Ersatzgesetzgeber zu sein (vgl. Rz. 63.2, 63.58). Hingegen plädiert die insolvenzrechtliche Lehre zunehmend dafür, im **Insolvenzfall** § 39 Abs. 2 BörsG teleologisch zu reduzieren[75]. Denn jedenfalls wenn der innere Wert der Wertpapiere „Null" oder nahe Null betrage, entfalle ein rationaler Handelsanreiz und auch die Ratio des Erwerbsangebotes nach § 39 Abs. 2 BörsG, da die Wertpapiere keine werthaltige Beteiligung mehr verbriefen[76]. Der Schutz der Anleger dürfte nicht über den Schutz der Insolvenzgläubiger gestellt werden[77], wie auch die Befriedigungsreihenfolge des § 39 InsO belege[78]. Es bestünden keine schützenswerten Interessen der Anleger mehr, spätestens nach Durchführung des Schlusstermins im Insolvenzverfahren, wenn feststeht, dass eine Ausschüttung nach § 199 InsO ausgeschlossen ist, der Emittent nicht fortgeführt wird und die Anteilsrechte nach Abschluss des Insolvenzverfahrens untergehen werden[79]. Die Gegenauffassung anerkennt eine rechtspolitische Berechtigung der Einschränkungen der Erwerbsangebotspflicht im Falle der Insolvenz, verweist aber darauf, dass es hierzu de lege ferenda einer Anpassung des § 39 BörsG bedürfe, um der Börsengeschäftsführung „eine Art Zwangsdelisting" zu ermöglichen[80]. Letzteres ließe sich schon heute für die vorstehend angeführten Fälle erreichen, wenn eine Ermessensreduktion auf Null angenommen wird, da mangels „innerem Wert" ein ordnungsgemäßer Börsenkontakt i.S.d. § 39 Abs. 1 BörsG nicht mehr gewährleistet ist[81]. Der Widerruf

63.16a

---

72 *Schwark/Geiser*, ZHR 161 (1997), 739, 769 f. m. Fn. 137; *Grupp*, Börseneintritt und Börsenaustritt, S. 186; *Kleppe*, Anlegerschutz, S. 188 f., 190 f.; *Holzborn/Schlößer*, BKR 2002, 486, 490; *M. Henze*, Delisting, S. 66; wohl auch *Schockenhoff*, ZIP 2013, 2429, 2434.
73 Für Beschränkung der Prüfungsmöglichkeiten der Börsengeschäftsführung auch *Hüffer/Koch*, § 119 AktG Rz. 38; *Groß*, AG 2015, 812, 818; *Harnos*, ZHR 179 (2015), 750, 775.
74 Hessischer VGH v. 15.1.2021 – 6 A 857/19.Z, NZI 2021, 404 ff. in Bestätigung der Vorinstanz VG Frankfurt a.M. v. 8.3.2019 – 2 K 6239/17.F, ZIP 2020, 1816; zust. *Hippeli*, jurisPR-HaGesR 3/2021 Anm. 5; *Heidel*, BKR 2021, 530 ff.; vgl. zuvor schon *Hirte*, ZInsO 2006, 1289, 1296; a.A. *Häller*, EWiR 2021, 621; *Häller*, ZIP 2016, 1903, 1906 f.
75 *Korch*, BKR 2020, 285 ff.; *Häller*, EWiR 2021, 621; *Oberle*, NZI 2021, 407 f.; zuvor bereits *Häller*, ZIP 2016, 1903, 1907.
76 *Häller*, EWiR 2021, 621; darüber hinausgehend *Korch*, BKR 2020, 285 ff.; dagegen *Heidel*, BKR 2021, 530, 533 f.
77 Vgl. bspw. *Oberle*, NZI 2021, 407, 408 unter Verweis auf §§ 1, 199 InsO.
78 Vgl. bspw. *Korch*, BKR 2020, 285, 288; a.A., weil ein außenstehender Dritter das Angebot abgeben könne, *Heidel*, BKR 2021, 530, 533, was indes nur bei einer sanierungsfähigen Gesellschaft realistisch ist.
79 *Oberle*, NZI 2021, 407, 408; dagegen *Heidel*, BKR 2021, 530, 534.
80 *Hippeli*, jurisPR-HaGesR 3/2021 Anm. 5; vgl. auch *Hüffer/Koch*, § 119 AktG Rz. 37; die Gesetzeslage für angemessen einordnend *Heidel*, BKR 2021, 530 ff., insb. 533 ff.
81 Vgl. zu diesem Gedanken *Kumpan* in Schwark/Zimmer, § 25 BörsG Rz. 10 m.w.N.

von Amts wegen würde dann zur Gefahrenabwehr erfolgen. Umgekehrt belegt § 43 BörsG, dass nach der gesetzgeberischen Wertung nicht jede Insolvenz ein Einschreiten der Börsengeschäftsführung rechtfertigt[82].

63.17 Handelt es sich **nicht** um **Wertpapiere i.S.d. § 2 Abs. 2 WpÜG** (bspw. börsennotierten Anleihen, Genussscheinen oder Investmentanteilen, näher Rz. 63.25), muss die Börsengeschäftsführung die Schutzbedürftigkeit der Anleger unter Beachtung etwaiger ermessenslenkender Regelungen in den BörsO ermitteln (§ 39 Abs. 2 Satz 2, Abs. 5 Satz 3 BörsG). Die Vermutung des § 39 Abs. 2 Satz 3 BörsG greift nicht ein. Ob § 39 Abs. 2 Satz 3 Nr. 1 BörsG in diesen Fällen zu dem Umkehrschluss zwingt, dass Anlegern in solchen Wertpapieren im Falle eines Delistings nie ein Erwerbs- oder anderes Kompensationsangebot unterbreitet werden muss, wovon jedenfalls die BörsO FWB (Stand 28.6.2021) auszugehen scheint, ist noch nicht geklärt. Entfaltet § 39 Abs. 2 Satz 3 Nr. 1 BörsG keine solche Sperrwirkung, wäre es möglich, praktisch wegen des Wettbewerbs der Börsen untereinander aber unwahrscheinlich, dass die BörsO ein Erwerbs- oder Abfindungsangebot vorsehen (§ 39 Abs. 5 Satz 3 BörsG); tatsächlich finden sich in den BörsO Fristenlösungen (dazu noch Rz. 63.20). Unabhängig hiervon ergibt sich bei einigen der nicht von § 39 Abs. 2 Satz 3 BörsG erfassten Wertpapiere (im Sinne des BörsG und nicht des § 2 Abs. 2 WpÜG) regelmäßig keine besondere Schutzbedürftigkeit der Anleger[83]. So bedarf es weder langer Wartefrist oder einer Kompensation bei einem Delisting von **börsennotierten Investmentanteilen**, wenn den Anteilscheininhabern das Recht zusteht, jederzeit oder zumindest in angemessenen Intervallen ihre Investmentanteile an den Fonds zum inneren Wert (net asset value) zurückzugeben. Einschränkungen können wieder gelten, wenn die Rückgabeintervalle zu groß sind, die Rücknahme durch den Fonds ausgesetzt wurde oder erhebliche Rücknahmeabschläge vorgesehen sind. Für ein Delisting von **Anleihen** (nicht Wandelanleihen, soweit diese unter § 2 Abs. 2 WpÜG fallen, Rz. 63.25) gelten eingeschränkte Anforderungen durch den Anlegerschutz, wenn die Bedeutung der Börsenzulassung für die Handelbarkeit der Anleihe aufgrund eines mathematisch berechenbaren Wertes „nur" die Berücksichtigung der Bedeutung der Bonität des Emittenten erfordert und daher als eingeschränkt zu bezeichnen ist[84]. Häufig wird ein einseitige Delistingentscheidung des Emittenten schon deshalb ausscheiden, weil die Börsenzulassung Vertragsbestandteil der Anleihebedingungen ist[85]. Schwierige Abgrenzungsfragen können sich bei **Genussscheinen** (nicht Wandelgenussscheine, soweit diese unter § 2 Abs. 2 WpÜG fallen, Rz. 63.25) ergeben, insbesondere wenn diese eigenkapitalgleich ausgestaltet sind. Zu einer Verringerung der Schutzbedürftigkeit der Anleger kann es auch kommen, wenn mangels hinreichender Streuung der Wertpapiere (*Free Float*) ein nennenswerter Börsenhandel dauerhaft nicht (mehr) stattfindet (Marktenge)[86], soweit dies nicht ohnehin zu einem Widerruf der Zulassung von Amts wegen nach § 39 Abs. 1 BörsG führt.

cc) Börsenkonzentration, Markt- und Marktbereichswechsel

63.18 Umgekehrt gilt: Bleibt (zumindest) eine inländische Börsenzulassung nach § 39 Abs. 2 Satz 3 Nr. 2 lit. a BörsG oder eine Zulassung zu einem Markt i.S.d. § 39 Abs. 2 Satz 3 Nr. 2 lit. b BörsG (Rz. 63.10) bestehen, liegt nur ein **Teilrückzug** vor (**Börsenkonzentration**). Dieser beeinträchtigt die Interessen der Anleger nach der gesetzlichen Wertung nicht derart, dass ein Widerruf der Zulassung alleine des-

---

82 Hierauf abstellend, aber die Aussagekraft des § 43 BörsG insgesamt überbewertend *Heidel*, BKR 2021, 530, 531 f., 533, 534 m.w.N.; vgl. auch VG Frankfurt a.M. v. 8.3.2019 – 2 K 6239/17.F, ZIP 2020, 1816 ff.
83 Entsprechend sehen die BörsO vor, dass die Wartefristen bis zum Wirksamwerden des Widerrufs von der Börsengeschäftsführung verkürzt werden können.
84 Vgl. zum Delisting von Anleihen, noch auf Basis des alten Rechtszustandes *Siebel*, ZGR 2002, 842 ff.; *Habersack* in Habersack/Mülbert/Schlitt, Unternehmensfinanzierung am Kapitalmarkt, Rz. 40.32 ff.
85 *Siebel*, ZGR 2002, 842, 847; *Schlitt/Seiler/Singhof*, AG 2003, 254, 268.
86 VG Frankfurt a.M. v. 17.6.2002 – 9 E 2285/01 (V) – Macrotron, ZIP 2002, 1446, 1449 f. (wirkungslos wegen Erledigungserklärung in der Sprungrevision, BVerwG v. 4.7.2003 – 6 C 21.02); *Beck/Hedtmann*, BKR 2003, 190, 194 ff., 196; *Ekkenga*, ZGR 2003, 878, 890; *Süßmann*, BKR 2003, 257, 258.

halb unzulässig wäre⁸⁷. Dies galt der Sache nach schon vor der Einführung des § 39 Abs. 2 Satz 3 Nr. 2 BörsG und behält seine Rechtfertigung *a maiore ad minus* ebenso für Wertpapiere, die nicht von § 39 Abs. 2 Satz 3 BörsG erfasst sind[88]. Es ergibt sich **keine erhebliche Beeinträchtigung der Veräußerungsmöglichkeiten**, wenn von mehreren gleichwertigen Börsenhandelsplätzen einer wegfällt. Eine Liste der zugelassenen Börsen und anderen organisierten Märkten veröffentlicht die BaFin regelmäßig[89]. Diskussionspotential birgt in diesen Fällen aber, die **Vergleichbarkeit ausländischer organisierter Märkte** festzustellen[90]. Dies wird nur in Teilen entschärft, soweit es sich um organisierte Märkte innerhalb der EU bzw. des EWR handelt (und jedenfalls in den Fällen des § 39 Abs. 2 Satz 3 BörsG handeln muss, Rz. 63.10). Zwar ist in diesen Fällen ein erhebliches Schutzgefälle mit Blick auf die weitgehend europarechtlich determinierten Transparenz- und Preisbildungspflichten regelmäßig nicht zu befürchten (Arg. § 33 Abs. 1 Nr. 1 lit. b und § 39 Abs. 2 Satz 3 Nr. 2 lit. b BörsG)[91]. Für nicht unter § 39 Abs. 2 Satz 3 BörsG fallende Wertpapiere wird deshalb die Vergleichbarkeit von organisierten EU/EWR-Märkten regelmäßig anzunehmen sein. Doch jedenfalls für die Fälle des § 39 Abs. 2 Satz 3 Nr. 2 lit. b BörsG verbleibt zu klären, ob die Anleger auch im Falle eines nachgängigen Delistings der betroffenen Wertpapiere von dem jeweiligen organisierten EU/EWR-Markt vergleichbar § 39 Abs. 2 Satz 3 Nr. 1 BörsG geschützt sind[92]. Dies bedarf einer eigenständigen Prüfung durch die Börsengeschäftsführung (Umkehrschluss aus dem Vergleich von § 33 Abs. 1 Nr. 1 lit. b zu § 39 Abs. 2 Nr. 2 lit. b BörsG[93]). Teilweise sehen die BörsO deshalb vor, dass der Antragsteller den Nachweis über die Widerrufsvoraussetzungen zu führen hat[94]. Soweit praktisch, tritt in den Fällen der nicht unter § 39 Abs. 2 Satz 3 BörsG unterfallenden Wertpapieren die Frage der Vergleichbarkeit von organisierten Märkten in Drittstaaten hinzu, da § 39 Abs. 2 Satz 3 Nr. 2 lit. b BörsG diese bewusst nicht erfasst[95]. Erst recht berührt auch „nur" ein **Teilbereichswechsel (Downgrading)** innerhalb des regulierten Marktes der betroffenen Börse die Interessen der Anleger nicht substanziell, bspw. vom Prime Standard der FWB zurück in deren General Standard als Grundform des regulierten Markts an der FWB[96] (vgl. bspw. auch § 57 BörsO-FWB, Stand 28.6.2021). Auch der bloße Wechsel des Börsenplatzes in Deutschland ist unbeachtlich.

Umstritten war und ist, ob die Anleger auch dann nicht schutzbedürftig sind, wenn ein Wechsel vom regulierten Markt (nur) in den **Freiverkehr** (§ 48 BörsG) als multilaterales Handelssystem (MTF, § 2

---

87 BeschlussE FinA, TransparenzRL-ÄndRL-UmsetzungsG BT-Drucks. 18/6220, S. 86.
88 Überzeugender wäre es daher, wenn der Gesetzgeber die in § 39 Abs. 2 Satz 3 Nr. 2 BörsG enthaltene Regelung auf alle börsennotierten Wertpapiere beziehen würde, etwa als eigenständigen Satz in § 39 Abs. 2 BörsG. I.E. wohl wie hier *Groß*, AG 2015, 812, 815 und die Regelung in § 46 Abs. 2 BörsO-FWB (Stand 28.6.2021); zu eng *Bungert/Leyendecker-Langner*, ZIP 2016, 49, 52.
89 Hintergrund ist § 193 Abs. 1 Satz 1 Nr. 2 und 4 KAGB, vgl. BaFin v. 16.2.2011, zuletzt geändert am 20.5.2021, Gz.: WA 43 – Wp 2100-2013/0003, abrufbar auf der Internetseite www.bafin.de (zuletzt aufgerufen am 29.9.2021).
90 Verweist § 39 Abs. 2 Satz 3 Nr. 2 lit. b BörsG anders als § 19 Abs. 4 Satz 2 BörsG auch nicht ausdrücklich auf die Definition des organisierten Marktes in § 2 Abs. 11 WpHG, geht es doch hier wie dort um geregelte Märkte i.S.d. RL 2004/39/EG (MiFID I) bzw. RL 2014/65/EU (MiFID II), was sich auch über § 2 Abs. 7 WpÜG begründen lässt; vgl. schon Rz. 63.2.
91 Vgl. auch *Harnos*, ZHR 179 (2015), 750, 773; zurückhaltender *Klepsch/Hippeli*, RDF 2016, 194, 195.
92 BeschlussE FinA, TransparenzRL-ÄndRL-UmsetzungsG BT-Drucks. 18/6220, S. 86; *Groß*, AG 2016, 812, 815 f.; die Anforderungen abschwächend aber *Schulz/Wieneke*, NZG 2017, 449, 451.
93 Vergleichbar für das Zugangsrecht zum Börsenhandel § 19 Abs. 4 Satz 2 BörsG; dazu Begr. RegE 4. FFG, BT-Drucks. 14/8017, S. 72, 75; *Kumpan* in Schwark/Zimmer, § 19 BörsG Rz. 31.
94 Vgl. bspw. § 46 Abs. 5 BörsO-FWB (Stand 28.6.2021) und dazu *Heidelbach* in Schwark/Zimmer, § 39 BörsG Rz. 17.
95 Krit. zu der räumlichen Begrenzung des § 39 Abs. 2 Satz 3 Nr. 2 BörsG insgesamt *Groß*, AG 2015, 812, 815 f.; *Bungert/Leyendecker-Langner*, ZIP 2016, 49, 52; *Heidelbach* in Schwark/Zimmer, § 39 BörsG Rz. 17.
96 Ebenso *Habersack* in Habersack/Mülbert/Schlitt, Unternehmensfinanzierung am Kapitalmarkt, Rz. 40.12.

Abs. 6 BörsG, § 2 Abs. 8 Nr. 8, Abs. 21 WpHG, § 1 Abs. 1a Satz 2 Nr. 1b KWG, § 2 Abs. 2 Nr. 6 WpIG) erfolgt[97]. Während der BGH in der Macrotron-Entscheidung als *obiter dictum* im Wechsel in den Freiverkehr ein Delisting erkannte, hatten verschiedene Obergerichte unter Geltung der Rechtslage vor November 2016 (Rz. 63.2) zwischen einem Wechsel in den sog. qualifizierten Freiverkehr (als sog. **Downlisting**) und in den einfachen Freiverkehr (als Delisting) unterschieden[98]. Die Entscheidung sollte davon abhängen, ob das jeweilige Freiverkehrssegment die Anleger durch entsprechende Transparenzpflichten und Überwachung der Preisbildung ausreichend schützt[99]. Ungeklärt blieb, wo die Grenzen zwischen hinreichender und unzureichender Qualifizierung des Freiverkehrs verlief und ob dann der Rückzug vom qualifizierten Freiverkehr oder der Wegfall seiner qualifizierenden Merkmale unabhängig von dessen privatrechtlichen Regelungswerken gesetzlich besonderen Voraussetzungen unterworfen war (Gefahr der Schutzlücke und Umgehungsmöglichkeit)[100]. Letztlich steht dahinter die weiterhin aktuelle Frage, ob und inwieweit der Börsenrückzug überhaupt einer gesetzlichen Regelung bedarf oder dessen Ausgestaltung an die Betreiber der Handelsplätze delegiert werden kann, welche die privatrechtlichen Regelungswerke nach Wettbewerbsgesichtspunkten ausgestalten[101]. **Börsenrechtlich** lag aber bereits nach alter Rechtslage und liegt – jedenfalls für Wertpapiere i.S.d. § 2 Abs. 2 WpÜG – nach der Neuregelung des § 39 Abs. 2 Satz 3 Nr. 2 BörsG in diesen Fällen eine Beendigung der Zulassung der Zulassung zum regulierten Markt und damit ein **reguläres Delisting** vor[102]. Der Gesetzgeber lässt die Gefahr „zumindest eine[r] Beeinträchtigung der Veräußerungschancen" ausreichen, um ein kompensationsbedürftiges Delisting zu bejahen[103]. Dies gilt auch für den KMU-Wachstumsmarkt (§ 48b BörsG) und erst recht für Organisierte Handelssystem an der Börse (OHB, § 48a BörsG). *De lege ferenda* bleibt zu diskutieren, ob und inwieweit die börsenrechtlichen Regelungen auf den Freiverkehr oder andere Handelsplätze erstreckt werden können und sollen, wobei die Abgrenzung zwischen öffentlich-rechtlich und privatrechtlich organisierten Marktplatz gegen einen solchen staatlichen Eingriff in die privatrechtliche Organisationsfreiheit der Freiverkehrs- bzw. Marktbetreiber spricht[104]. Die Anleger dürfen nicht darauf vertrauen, dass ein privatrechtliches Regelwerk, dessen

---

97 Umfassend zuletzt *Clauß*, Abfindungsanspruch beim Wechsel vom regulierten Markt in den Freiverkehr, 2012; *Kastl*, Der Rückzug kapitalmarktfähiger Unternehmen von der Börse, 2016, S. 350 ff., jeweils m.w.N.; gegen die Erfassung des Downlistings im Rahmen des Gesetzgebungsverfahrens etwa *Bungert*, DB 2015, 2251, 2253; *Karami/Schuster*, Corporate Finance 2016, S. 106, 108 ff.; krit. weiterhin *Bungert/Leyendecker-Langner*, ZIP 2016, 49, 52; dafür aber bspw. *Gegler*, BKR 2016, 273; *Koch/Harnos*, NZG 2015, 729, 731 f.; *Verse* in FS Baums, 2017, S. 1317, 1320 m.w.N.
98 BGH v. 25.11.2002 – II ZR 133/01 – Macrotron, BGHZ 153, 47 = AG 2003, 273 ff.; Delisting bei Wechsel in den qualifizierten Freiverkehr verneinend: KG Berlin v. 30.4.2009 – 2 W 119/08, AG 2009, 697; OLG München v. 21.5.2008 – 31 Wx 62/07, WM 2008, 1602 = AG 2008, 674; OLG Bremen v. 12.10.2012 – 2 W 25/12, ZIP 2013, 821; LG Berlin v. 20.3.2013 – 99 O 103/12, ZIP 2013, 1531, 1532; Delisting bei dem Wechsel in den einfachen Freiverkehr bejahend: OLG Frankfurt v. 20.12.2011 – 21 W 8/11, AG 2012, 330, 331; LG Köln v. 24.7.2009 – 82 O 10/08, AG 2009, 835, 836.
99 Vgl. die Überlegungen bei *Seibt/Wollenschläger*, AG 2009, 807, 813 f.; *Simon/Burg*, Der Konzern 2009, 214, 218 f.; *Holzborn/Lippert*, WM 2010, 1347, 1350 ff.
100 3. Aufl. § 61 Rz. 12, 29 f. m.z.N.; siehe eingehend *Bayer*, ZfPW 2015, 163, 218 f. m.w.N.; zusammenfassend bspw. *Gegler*, BKR 2016, 273, 274 m.w.N.
101 Vgl. beispielhaft für das Erste *Morell*, ZBB 2016, 67 ff.; *Morell*, AcP 217 (2017), 61, 71 f.; für das Zweite vgl. *Thomale/Walter*, ZGR 2016, 679, 724 f., jeweils m.w.N.
102 So auch *Groß*, Kapitalmarktrecht, § 39 BörsG Rz. 16 und 19a; *Groß*, AG 2015, 812, 816; *Bayer*, NZG 2015, 1169, 1176; *Goetz*, BB 2015, 2691; *Linnerz/Freyling*, BB 2017, 1354, 1356; *Mense/Klie*, DStR 2015, 2782, 2784, jeweils m.w.N.; vgl. zum alten Rechtslage 3. Aufl. § 61 Rz. 12, 29 f. m.z.N.
103 BeschlussE FinA, TransparenzRL-ÄndRL-UmsetzungsG BT-Drucks. 18/6220, S. 84.
104 Befürwortend bspw. *Bayer*, NZG 2015, 1169, 1175; *Linnerz/Freyling*, BB 2017, 1354 ff.; für „Qualitätssegmente des Freiverkehrs" *Kastl*, Der Rückzug kapitalmarktfähiger Unternehmen von der Börse, S. 378 ff. (Regelungsvorschlag, S. 397 f.); *Verse* in FS Baums, 2017, S. 1317, 1320; *Redenius-Hövermann*, ZIP 2021, 485, 491, jeweils m.w.N.; abl. bspw. *Bungert*, DB 2015, 2251, 2253; *Harnos*, ZHR 179 (2015), 750, 754 f.; *Koch/Harnos*, NZG 2015, 729, 732; *Paschos/Klaaßen*, ZIP 2013, 154, 159; aktuelle Grenzziehung begrüßend *Buckel/Glindeman/Vogel*, AG 2015, 373, 376.

Ausgestaltung nicht dem Staat, sondern dem privaten Marktbetreiber obliegt, einen den öffentlich-rechtlichen Regelungen entsprechenden Schutzstandard gewährt. Solange ein solcher Schutzstandard nicht EU/EWR-weit auf alle MTF oder sogar OTF bzw. OHB (§ 48b BörsG) erstreckt wird gibt es keinen Grund, die Anleger des Freiverkehrs als börsenangegliederten MTF (§§ 48, 48a BörsG) gegenüber denen eines anderen MTF durch nationale Sonderregelungen abweichend zu behandeln. Hieran ändert nichts, dass die Auswirkungen für die Anleger sogar über die Auswirkungen eines Downlistings hinausgehen können[105], da der unterschiedliche Schutzstandard den unterschiedlichen Marktsegmenten immanent ist. Die Erstreckung vieler bislang auf den regulierten Markt konzentrierter Pflichten (bspw. MMVO) dienen der Schaffung ordnungsgemäßer Marktspielregeln, nicht aber der Vereinheitlichung aller Marktsegmente. Umgekehrt gilt, dass solange keine gesetzliche Pflicht zur Stellung eines Erwerbsangebotes bei Aufgabe der Notierung am Freiverkehr existiert, das Downlisting als reguliertes Delisting einzuordnen ist[106].

dd) Börsenordnungen

Dem Regelungsauftrag, nähere Bestimmungen über den Widerruf in der BörsO zu treffen (§ 39 Abs. 5 Satz 3 BörsG), kommen die Börsen seit jeher mit unterschiedlicher Detailtiefe nach[107]. Es ließen sich bislang zwei Schutzmechanismen unterscheiden, von denen neuerdings im Wesentlichen nur noch einer und dieser auch nur auf die nicht von § 39 Abs. 2 Satz 3 BörsG erfassten Wertpapiere, zur Anwendung gebracht wird: **Rückzugsfristen** und **Abfindungsangebot** (bzw. ihre Kombination). Dabei sehen die BörsO unterschiedlich lange Fristen bis zum Wirksamkeitseintritt des Widerrufs vor. Regelmäßig steht die Verkürzung oder Verlängerung der Frist im Ermessen der Börsengeschäftsführung (vgl. etwa § 46 Abs. 3 bis 5 BörsO-FWB, Stand 28.6.2021). Teils wird über die BörsO bspw. die Nachweislast explizit dem Emittenten auferlegt (vgl. etwa § 46 Abs. 5 BörsO-FWB, Stand 28.6.2021). Abfindungsangebote außerhalb des Anwendungsbereichs des § 39 Abs. 2 Satz 3 Nr. 1 BörsG sind heute nicht mehr vorgesehen (Rz. 63.17). Diese Vorgehensweise schützt die Interessen der Anleger, solange eine ausreichende Handelbarkeit der Wertpapiere zu annähernd gleichbleibenden Bedingungen gewährleistet und eine nachhaltige Beeinflussung des Börsenkurses durch das Delisting nicht zu erwarten ist. Der BGH hat allerdings in seiner Macrotron-Entscheidung Bedenken gegen diese Fristenlösung geäußert, weil unmittelbar nach dem Bekanntwerden des Delistings erfahrungsgemäß ein Kursverfall der Aktien eintrete, der es den Anlegern unmöglich macht, die von ihnen investierten Vermögenswerte zu realisieren, diese Einschätzung sodann in seiner Frosta-Entscheidung unter Hinweis auf eine Studie des DAI umgekehrt[108]. Die Richtigkeit dieser Annahme war damals und bleibt auch heute in die eine wie in die andere Richtung bestritten[109]. Dennoch hat der Gesetzgeber in den Gesetzesmaterialen

63.20

---

105 Vgl. zuletzt *Redenius-Hövermann*, ZIP 2021, 485, 491, unter Hinweis auf die empirische Untersuchung von *Pils/Knoll*, DB 2016, 181, 186 und *Weimann*, Ertragswert oder Börsenwert, S. 158 ff.; wegen der Erstreckung vieler Zulassungsfolgepflichten auf MTF offener für Regelung jetzt auch *Hüffer/Koch*, § 119 AktG Rz. 36.
106 Vgl. zu den Auswirkungen des Downlistings auf den Börsenkurs *Berninger/Schiereck/van de Vathorst*, ZBB 2019, 329, 342 ff. m.w.N. auf weitere empirische Untersuchungen.
107 Näher unter der Geltung des alten Rechts zuletzt *Probst*, Rechtsfragen des regulären Börsenrückzugs, S. 176 ff. sowie, auch mit Blick auf die Neuregelung, *Kastl*, Der Rückzug kapitalmarktfähiger Unternehmen von der Börse, S. 121 ff.
108 BGH v. 25.11.2002 – II ZR 133/01 – Macrotron, BGHZ 153, 47, 56 f. = AG 2003, 273 ff. unter Hinweis auf *Schwark/Geiser*, ZHR 161 (1997), 739, 762; ebenso *Streit*, ZIP 2002, 1279, 1284; umgekehrt wieder BGH v. 8.10.2013 – II ZB 26/12 – Frosta, AG 2013, 878 Rz. 13 f.; jüngst zur Fristenlösung *Kastl*, Der Rückzug kapitalmarktfähiger Unternehmen von der Börse, S. 138 f. m.w.N.
109 Fehlende empirische Belege vor der Frosta-Entscheidung sah BVerfG v. 11.7.2012 – 1 BvR 3142/07, 1 BvR 1569/08, AG 2012, 557 unter Bezugnahme auf eine Studie des DAI; dies aufgreifend BGH v. 8.10.2013 – II ZB 26/12 – Frosta, AG 2013, 878 Rz. 13 f.; näher *Heldt/Royé*, AG 2012, 660 f. Zur Kritik an der DAI Studie *Bayer/Hoffmann*, AG 2013, R371 ff.; *Karami/Schuster*, Working-Paper 2015, 2; *Doumet/Limbach/Theisen*, Workingpaper 9/2015; neuere Untersuchung der Rechtstatsachen bei *Aders/*

zum heutigen § 39 BörsG konstatiert, dass „in der Zeit zwischen der Ankündigung und dem Wirksamwerden des Delistings ... es ... zu erheblichen Kursverlusten kommen" könne, wie insbesondere nach der Rechtsprechungsänderung durch die Frosta-Entscheidung in der Praxis festgestellt worden sei[110]. Die zwingende Erforderlichkeit eines Abfindungsangebotes nach § 39 Abs. 2 Satz 3 Nr. 1 BörsG hat der Gesetzgeber aber nur für Wertpapiere i.S.d. § 2 Abs. 2 WpÜG angeordnet. Für alle anderen börsennotierte Wertpapiere bedarf es der Einzelfallprüfung. Hierbei indiziert die Nichtanwendbarkeit von § 39 Abs. 3 Satz 3 BörsG, dass in diesen Fällen die Anforderungen an den Anlegerschutz geringer ausfallen. Weitere Einzelheiten können die BörsO sowohl für die nicht, als auch die von § 39 Abs. 2 Satz 3 BörsG erfassten Wertpapiere treffen[111].

c) Erwerbsangebot bei Wertpapieren i.S.d. § 2 Abs. 2 WpÜG

63.21   Liegt ein reguläres **Delisting von Aktien** oder anderen von § 2 Abs. 2 WpÜG erfassten Wertpapieren (Rz. 63.25) vor (§ 39 Abs. 2 Satz 3 Nr. 2 BörsG – Rz. 63.18 f.), darf der Widerruf der Zulassung zum regulierten Markt einer Börse seit November 2016[112] (Rz. 39 Abs. 2) nur erfolgen, wenn zum Zeitpunkt der Stellung des Widerrufantrags ein **Erwerbsangebot** bzgl. aller betroffenen Wertpapiere nach den Vorschriften des WpÜG eingeleitet und noch nicht beendet (Rz. 63.34)[113] worden ist (§ 39 Abs. 2 Satz 3 Nr. 1 BörsG)[114]. Eine bloße Aufforderung an die Anleger, ihrerseits die Wertpapiere zum Erwerb anzubieten, genügt nicht (§ 39 Abs. 2 Satz 3 Nr. 1 BörsG i.V.m. § 17 WpÜG)[115]. Dies gilt entsprechend für Wertpapiere i.S.d. § 2 Abs. 2 WpÜG von **ausländischen Emittenten**, die diese an einer inländischen Börse zugelassen haben (dies letztlich nur klarstellend[116] § 39 Abs. 4 BörsG)[117]. Der Gesetzgeber hat die Aufgabe eines im Gesellschaftsrecht verankerten Lösungsansatzes durch den BGH im Jahr 2013 zum Anlass genommen, börsenrechtlich seit dem Jahr 2015 einen Lösungsansatz im Kapitalmarktrecht zu verankern (Rz. 63.2). Dieser stellt einen Kompromiss zwischen der von den Befürwortern einer Abfindungslösung bislang diskutierten gesellschaftsrechtlichen Anspruchs- und Bedingungslösung dar[118]: Einerseits ist das Vorliegen eines Erwerbsangebotes **Bedingung für die Zulässigkeit des Widerrufs der Zulassung** zum regulierten Markt der Börse (§ 39 Abs. 2 Satz 3 Nr. 1 BörsG). Einen Anspruch auf ein Erwerbsangebot haben die Anleger damit nicht, aber der Emittent kann ohne ein solches Erwerbsangebot den Widerruf der Zulassung seiner Wertpapiere zum regulierten Markt nicht erreichen. Letzteres gilt nach obergerichtlicher Rechtsprechung jedenfalls für deutsche Emittenten regelmäßig auch in der Insolvenz (Rz. 63.16a)[119]. Andererseits berührt eine fehlerhafte Umsetzung

---

Muxfeld/Lill, CF 2015, 389, 393 ff.; *Bayer/Hoffmann*, AG 2015, R55 ff.; *Morell*, ZBB 2016, 67 ff.; *Pilsl/Knoll*, DB 2016, 181 ff.; *Rutz*, Delisting und Downgrading: Voraussetzungen und Rechtstatsachen, 2015; *Thomale/Walter*, ZGR 2016, 679 ff.

110 BeschlussE FinA, TransparenzRL-ÄndRL-UmsetzungsG BT-Drucks. 18/6220, S. 84.
111 Ebenso *Hüffer/Koch*, § 119 AktG Rz. 45; zust. mit Differenzierungen *Krug*, Der Rückzug von der Börse, S. 285 ff. wohl auch *Schmitz*, Entwicklung des Anlegerschutzes, S. 279 f.; a.A. die wohl h.L. *Herrler* in Grigoleit, § 119 AktG Rz. 50.
112 Übergangsfrist mit Rückwirkung in § 52 Abs. 9 BörsG; dazu *Bayer*, AG 2016, R3 f.; *Harnos*, ZHR 179 (2015), 750, 755, jeweils m.w.N.
113 Vgl. *Groß*, AG 2015, 816, 817; *Bungert/Leyendecker-Langer*, ZIP 2016, 49, 52; a.A. *Heidelbach* in Schwark/Zimmer, § 39 BörsG Rz. 23.
114 Vgl. zur Unterscheidung des Erwerbsangebots zu einem Übernahmeangebot *Leyendecker/Herfs*, BB 2018, 642, 644.
115 Zust. *Habersack* in Habersack/Mülbert/Schlitt, Unternehmensfinanzierung am Kapitalmarkt, Rz. 40.15 m. Fn. 42.
116 *Harnos*, ZHR 179 (2015), 750, 757 f.; *Habersack*, Stellungnahme, S. 7; *Noack*, Stellungnahme, S. 7.
117 Zum Delisting von ausländischen Emittenten *Schulz/Wieneke*, NZG 2017, 449 ff.
118 Zum Streit um das gesellschaftsrechtliche Abfindungsangebot unter der Macrotron-Entscheidung siehe 3. Aufl. § 61 Rz. 29 ff.; zur Bedingungslösung *Heidel*, DB 2003, 548, 549; zur Anspruchslösung *Adolff/Tieves*, BB 2003, 797, 801 ff.
119 Vgl. Hessischer VGH v. 15.1.2021 – 6 A 857/19.Z, NZI 2021, 404; VG Frankfurt a.M. v. 8.3.2019 – 2 K 6239/17.F, ZIP 2020, 1816 (Vorinstanz); zust. *Heidel*, BKR 2021, 530 ff.; krit. dazu *Häller*, EWiR 2021,

des Erwerbsangebots mit Blick auf die Vorgaben durch § 39 Abs. 3 BörsG die Rechtmäßigkeit eines trotzdem ergangenen Widerrufsverwaltungsakts nicht (§ 39 Abs. 6 BörsG)[120]. Insoweit handelt es sich nicht um eine Wirksamkeitsbedingung, sondern ein einmal abgegebenes Erwerbsangebot verschafft den annehmenden Anlegern gegen den Erwerber einen Anspruch stets zwingend in der gesetzlich erforderlichen Höhe[121]. Fehlt ein gesetzlich erforderliches Erwerbsangebot aber gänzlich, können sich die Anleger gegen die Widerrufsentscheidung der Börse wenden (Rz. 63.69 f.)[122].

aa) Rechtsgrund und Rechtsfolgenverweisung auf das WpÜG

Rechtsgrund für die Erforderlichkeit eines Erwerbsangebots ist gemäß **§ 39 Abs. 2 Satz 3 Nr. 1 BörsG**, dass Wertpapiere i.S.d. § 2 Abs. 2 WpÜG (Rz. 63.25) aus dem regulierten Markt einer Börse zurückgezogen werden, ohne dass den Anlegern ein Handelsplatz i.S.d. § 39 Abs. 2 Satz 3 Nr. 2 BörsG verbleibt (Rz. 63.10 und 63.18 f.). Es kommt ausschließlich auf den Umstand des Börsenrückzugs an, also dass die Anleger mit der Stattgabe des Antrags auf Widerruf der Zulassung zum regulierten Markt der zur Entscheidung berufenen Börse Wertpapiere i.S.d. § 2 Abs. 2 WpÜG nicht mehr an einem vergleichbaren Handelsplatz handeln können. Börsenrechtlich macht es keinen Unterschied, ob der Börsenrückzug sich auf eine sachliche Rechtfertigung stützen kann, bei einer AG auf der Grundlage eines Hauptversammlungsbeschlusses erfolgt (Rz. 63.58 ff.) oder ob damit bspw. der Mehrheitsaktionär eigennützige Interessen verfolgt. Diskutiert wird allerdings, ob eine Befreiung von der Angebotspflicht im Falle der Insolvenz oder im Rahmen einer Sanierung möglich ist oder eingeführt werden sollte (vgl. schon Rz. 63.16a)[123]. Liegt der Rechtsgrund vor, verlangt § 39 Abs. 2 Satz 1 Nr. 1 BörsG „ein Angebot zum Erwerb aller Wertpapiere, die Gegenstand des Antrags sind, nach den Vorschriften des Wertpapiererwerbs- und Übernahmegesetzes". Entsprechendes gilt nach Maßgabe des § 39 Abs. 4 BörsG für ausländische Emittenten. Hierbei handelt es sich um eine **Rechtsfolgenverweisung** auf die Regelungen des WpÜG über ein einfaches öffentliches Erwerbsangebot gemäß der §§ 10 bis 28 WpÜG einschließlich der für alle Arten von Angeboten geltenden Bestimmungen (§§ 2 bis 9, 40 bis 68 WpÜG)[124]. Diese werden nach Maßgabe des § 39 Abs. 3 Satz 2 BörsG durch die Anwendung von (nur) § 31 WpÜG ergänzt, während die Bestimmungen für Übernahme- und Pflichtangebote (§§ 29 bis 39c WpÜG) keine Anwendung über die Rechtsfolgenverweisung finden. Die Rechtsfolgenverweisung des BörsG auf das WpÜG reicht dabei immer nur soweit, wie das BörsG keine abweichende Regelung enthält.

63.22

Teilweise wird wegen der börsenrechtlichen Besonderheiten des Erwerbsangebots angenommen, § 39 Abs. 2 Satz 3 BörsG schaffe eine eigene Angebotskategorie des WpÜG[125]. Es führt umgekehrt aber zu dogmatisch schlüssigeren und konsistenteren Ergebnissen, wenn die Regelung des BörsG als **eigenständige Angebotsform des BörsG** verstanden wird, die sich bestimmte Verfahrensvorschriften des WpÜG in modifizierter Form zu eigen macht[126]. § 39 Abs. 2 Satz 3 Nr. 1 BörsG erweitert nicht § 1

63.23

621; *Oberle*, NZI 2021, 407 f.; Rspr. dogmatisch zust., aber rechtspolitische Fortentwicklung fordernd *Hippeli*, jurisPR-HaGesR 3/2021 Anm. 5.
120 BeschlussE FinA, TransparenzRL-ÄndRL-UmsetzungsG BT-Drucks. 18/6220, S. 84 f. (zum Angebot), 86 (zur Wirksamkeit).
121 BeschlussE FinA, TransparenzRL-ÄndRL-UmsetzungsG BT-Drucks. 18/6220, S. 86 unter Hinweis auf BGH v. 29.7.2014 – II ZR 353/12 – Postbank, BGHZ 202, 180 ff. = AG 2014, 662 ff.
122 Fehlt es an einem Erwerbsangebot, fehlt es auch an einem Erwerber, von dem die Anleger ein Erwerbsangebot verlangen könnten. Der Emittent wird regelmäßig schon gesellschaftsrechtlich nicht in der Lage sein, den Anlegern die eigenen Aktien abzunehmen (Rz. 63.30 ff.; siehe auch Rz. 63.69 f.).
123 Vgl. dazu *Verse* in FS Baums, 2017, S. 1317, 1324; *Korch*, BKR 2020, 285, 286 ff.; *Sanders*, Anlegerschutz beim Delisting, S. 215 f.
124 BeschlussE FinA, TransparenzRL-ÄndRL-UmsetzungsG BT-Drucks. 18/6220, S. 85.
125 So *Wackerbarth*, WM 2016, 385 ff.; ähnl. *Klepsch/Hippeli*, RdF 2016, 194, 195; unklar *Schulz/Wieneke*, NZG 2017, 449, 451 f.
126 Zust. jetzt *Hüffer/Koch*, § 119 AktG Rz. 37; *Habersack* in Habersack/Mülbert/Schlitt, Unternehmensfinanzierung am Kapitalmarkt, Rz. 40.17; *Harnos*, ZHR 182 (2018), 363, 364 f.

WpÜG, sondern ersetzt diesen für börsenrechtliche Belange. Zwar sind Fallgestaltungen denkbar, in denen ein (von der Emittentin verschiedener, Rz. 63.30 f.) Erwerber über das Delisting erstmalig Kontrolle über den Emittenten (§ 29 Abs. 2 WpÜG) zu erlangen beabsichtigt oder erlangt. Die damit verbundenen **übernahmerechtlichen Konsequenzen** werden aber nicht durch die Rechtsfolgenverweisung des § 39 Abs. 2 Satz 3 Nr. 1 WpÜG ausgelöst, sondern erst die tatsächlichen Folgen des Börsenrückzugs setzen einen eigenständigen Rechtsgrund, der den originären Anwendungsbereich des WpÜG eröffnet[127]. Dies entspricht dem Verständnis des Gesetzgebers, wie sich aus der Gesetzesbegründung und der ergänzenden Bezugnahme auf die Veröffentlichung eines Angebotes nach § 35 Abs. 1 Satz 1 WpÜG in § 39 Abs. 3 Satz 2 und 4 BörsG, aber auch aus § 39 Abs. 4 BörsG ergibt. Die Regelungen für Übernahme- und Pflichtangebote (§§ 29 ff. WpÜG) kommen über die Rechtsfolgenverweisung des BörsG folglich nur zur Anwendung, soweit dies in § 39 Abs. 3 Satz 2 BörsG gesondert angeordnet ist, namentlich für § 31 WpÜG[128]. Evident wird dies mit Blick auf ausländische Emittenten, denn Sinn und Zweck des § 39 Abs. 4 BörsG ist es nicht, den Erwerber im Zusammenhang mit einem regulären Delisting zur Übernahme einer ausländischen Gesellschaft zu verpflichten, wenn die Vorschriften des WpÜG nicht aus sich heraus ihre Anwendung verlangen[129]. Die Regelung übernahmerechtlicher Themenstellungen verbleibt den Regelungen des WpÜG überlassen.

63.24 Eine **originäre Anwendung des WpÜG** kommt beim Börsenrückzug inländischer Emittenten in Betracht[130], wenn es sich nicht um ein Aufstockungsangebot eines ohnehin i.S.d. § 29 Abs. 2 WpÜG kontrollierenden Aktionärs handelt[131]. In diesen Fällen besteht aufgrund der Unzulässigkeit von Teilangeboten (Rz. 63.26 ff.) die Möglichkeit, dass über das Erwerbsangebot nach § 39 Abs. 2 Satz 3 Nr. 1 BörsG die Kontrollschwelle erreicht oder überschritten wird und dieses vom Erwerber über die Ausgestaltung des Erwerbsangebots nicht gesteuert werden kann (Rz. 63.34 ff.). Beabsichtigt der Erwerber aber keinen **Kontrollerwerb** i.S.d. § 29 Abs. 1 WpÜG, verbleibt es solange bei der Anwendung der §§ 10 ff. WpÜG für einfache Erwerbsangebote bis tatsächlich ein Kontrollerwerb eintritt. Es ist nämlich umgekehrt ungewiss, ob das Erwerbsangebot nach § 39 Abs. 2 Satz 3 Nr. 1 BörsG tatsächlich von einer solchen Anzahl von Aktionären angenommen wird, dass ein Kontrollerwerb eintritt, der den Rechtsgrund für Pflichtangebot nach § 35 Abs. 1 WpÜG bildet. Freilich sollte jeder Erwerber, der einen Kontrollerwerb anstrebt oder mit einem Kontrollerwerb als Folge des Börsenrückzugverfahrens und damit die Auslösung eines Pflichtangebots erwartet, bereits vor der Abgabe eines Erwerbsangebot nach § 39 Abs. 2 Satz 3 Nr. 1 BörsG erwägen, dieses sogleich mit einem Übernahmeangebot zu kombinieren[132]. Denn auch ein (vorgeschaltetes) Übernahmeangebot lässt die Angebotspflicht nach § 39

---

127 Vgl. aber *Wackerbarth*, WM 2016, 385 f., mit dem unzutreffenden Vorwurf an den Gesetzgeber, dieser habe die Reichweite des Rechtsfolgenverweises in § 39 Abs. 2 Satz 3 Nr. 1 BörsG verkannt. Zum Anwendungsbereich des WpÜG siehe *Drinkuth*, Rz. 62.18 ff.
128 BeschlussE FinA, TransparenzRL-ÄndRL-UmsetzungsG BT-Drucks. 18/6220, S. 85: „Auf dieses Angebot sind grundsätzlich die Vorschriften über einfache Erwerbsangebote nach dem WpÜG anwendbar; die Vorschriften über Übernahme- und Pflichtangebote gelten hingegen nur, soweit eine Geltung – wie im Falle des § 31 WpÜG – ausdrücklich angeordnet wird."
129 Vgl. dazu BeschlussE FinA, TransparenzRL-ÄndRL-UmsetzungsG BT-Drucks. 18/6220, S. 86, wonach über § 39 Abs. 4 BörsG nur „die entsprechende Geltung der für das Angebot nach Absatz 2 geltenden Vorschriften des WpÜG für ausländische Emittenten" erreicht werden soll; undeutlich *Schulz/Wieneke*, NZG 2017, 449, 451 f. Zur Frage, ob diese Anordnung deklaratorisch oder konstitutiv ist *Harnos*, ZHR 179 (2015), 750, 757 f. m.w.N.
130 Zum Anwendungsbereich des WpÜG bei Auslandsemittenten siehe *Pötzsch/Favoccia* in Assmann/Pötzsch/Uwe H. Schneider, § 1 WpÜG Rz. 44 ff. m.w.N.
131 *Wackerbarth*, WM 2016, 385, 386; *Schulz/Wieneke*, NZG 2017, 449, 451; zum Aufstockungsangebot vgl. *Angerer* in Angerer/Geibel/Süßmann, § 29 WpÜG Rz. 7.
132 Zu den Kombinationsmöglichkeiten erste Überlegungen bei *Bungert/Leyendecker-Langner*, ZIP 2016, 49, 53 f.; *Klepsch/Hippeli*, RdF 2016, 104, 198; *Wieneke/Schulz*, AG 2016, 809, 811. Siehe zu Kombinationsmöglichkeiten aus Sicht des WpÜG bei nur teilweise börsengehandelten Wertpapieren *Pötzsch/Favoccia* in Assmann/Pötzsch/Uwe H. Schneider, § 1 WpÜG Rz. 34 ff.

Abs. 2 BörsG nicht entfallen[133]. Erwerber, die einen Kontrollerwerb in jedem Fall vermeiden möchten, können dies nur durch Maßnahmen außerhalb des Erwerbsangebots zu verhindern suchen oder müssen von einem Erwerbsangebot absehen.

bb) Erwerbsgegenstand

Gegenstand des Erwerbsangebots sind Wertpapiere i.S.d. § 2 Abs. 2 WpÜG, deren Zulassung zum regulierten Markt auf Antrag des Emittenten (Rz. 63.11) als Ergebnis des Börsenentlassungsverfahrens widerrufen werden sollen (§ 39 Abs. 2 Satz 3 Nr. 1 BörsG). Losgelöst vom Wertpapierbegriff des § 2 Abs. 2 WpÜG ist damit börsenrechtliche Voraussetzung, dass die Wertpapiere tatsächlich am regulierten Markt der durch den Antrag des Emittenten zur Entscheidung berufenen Börse zugelassen worden sind. Der Wertpapierbegriff des § 2 Abs. 2 WpÜG bildet danach eine Teilmenge des börsenrechtlichen Wertpapierbegriffs, der die Zulassungsfähigkeit der Wertpapiere voraussetzt[134]. Erfasst sind zunächst **alle börsenfähigen und börsenzugelassenen Aktien des Emittenten** und Zertifikate, die Aktien vertreten (§ 2 Abs. 2 Nr. 1 WpÜG). Ebenfalls vom Wertpapierbegriff des WpÜG als mit Aktien vergleichbare Wertpapiere erfasst sind Zwischenscheine, für die typischerweise aber keine Zulassung an der Börse erfolgt[135]. Allerdings kommen als mit Aktien vergleichbare Papiere auch ausländische Wertpapiere in Betracht, soweit diese nicht als Aktien qualifiziert werden können. Weiter werden Wertpapiere erfasst, die den Erwerb von Aktien, mit Aktien vergleichbare Wertpapiere oder Zertifikaten, die Aktien vertreten, zum Gegenstand haben (§ 2 Abs. 2 Nr. 2 WpÜG)[136]. Letzteres meint nach den Gesetzesmaterialien des WpÜG **Optionsanleihen, Wandelschuldverschreibungen** und **Wandelgenussscheine**, aber auch **Optionsscheine**, „wenn diese zum Bezug von Aktien berechtigen"[137]. Es soll in diesen Fällen darauf ankommen, dass das Wertpapier dem Anleger als Inhaber und Gläubiger das Recht gibt, sich Aktien des Emittenten zu verschaffen. Hingegen würden Wertpapiere, die dem Emittenten als Schuldner das Recht einräumen, seine Schuld durch die Übertragung von in § 2 Abs. 2 Nr. 1 WpÜG genannten Wertpapieren zu tilgen, jedoch dem Anleger als Gläubiger keinen entsprechenden Anspruch verschaffen, nicht erfasst[138]. Dies könnte (theoretisch) zur Folge haben, dass der Emittent ein Delisting seiner Aktien durchführt und dem Anleger seine nicht mehr börsennotierten Aktien ohne die Veräußerungsmöglichkeit über ein Erwerbsangebot „aufdrängt". Dies erscheint nicht sachgerecht[139]. Für die Anwendung des § 39 Abs. 2 Satz 3 BörsG ist es irrelevant, ob die Zulassung ausgenutzt wird, also tatsächlich ein Börsenhandel mit den Wertpapieren stattfindet; dies kann aber zu einer Zulassungsentziehung nach § 39 Abs. 1 BörsG von Amts wegen führen (Rz. 63.3 ff.). Nicht von § 2 Abs. 2 WpÜG erfasst werden andere als die vorgenannten Arten von Anleihen und Genussscheine sowie Investmentanteile (vgl. schon Rz. 63.17)[140].

63.25

---

133 *Harnos*, ZHR 182 (2018), 363, 369; *Sanders*, Anlegerschutz beim Delisting, S. 203 ff.
134 Vgl. dazu *Heidelbach* in Schwark/Zimmer, § 32 BörsG Rz. 24 ff.
135 Diese sind allerdings nie zum Handel an einem regulierten Markt zugelassen.
136 Vgl. zu § 2 Abs. 2 WpÜG bspw. *Assmann/Favoccia* in Assmann/Pötzsch/Uwe H. Schneider, § 2 WpÜG Rz. 46 ff.; *Angerer* in Angerer/Geibel/Süßmann, § 1 WpÜG Rz. 38 ff.; *Wackerbarth* in Münch-Komm. AktG, 5. Aufl. 2021, § 2 WpÜG Rz. 27 ff. m.w.N.
137 Begr. RegE WpÜG, BT-Drucks. 14/7034, S. 34; näher *Assmann/Favoccia* in Assmann/Pötzsch/Uwe H. Schneider, § 2 WpÜG Rz. 53.
138 *Assmann/Favoccia* in Assmann/Pötzsch/Uwe H. Schneider, § 2 WpÜG Rz. 53 f.; *Angerer* in Angerer/Geibel/Süßmann, § 1 WpÜG Rz. 43.
139 Wie hier *Habersack* in Habersack/Mülbert/Schlitt, Unternehmensfinanzierung am Kapitalmarkt, Rz. 40.13.
140 *Assmann/Favoccia* in Assmann/Pötzsch/Uwe H. Schneider, § 2 WpÜG Rz. 55; *Angerer* in Angerer/Geibel/Süßmann, § 1 WpÜG Rz. 43.

cc) Vollangebot

63.26 Es ist „… ein Angebot zum Erwerb aller Wertpapiere, die Gegenstand des Antrags sind …" nach den Vorschriften des WpÜG erforderlich (§ 39 Abs. 2 Satz 3 Nr. 1 BörsG). Damit ist ein **Vollangebot** nach den Vorschriften des WpÜG für einfache Erwerbsangebote gemeint (Rz. 63.21), allerdings nur bezogen auf die Wertpapiere, die von der Börse genommen werden sollen. **Teilangebote** sind unzureichend[141], soweit damit vom Börsenrückzug betroffene Wertpapiere ausgeklammert werden. Wertpapiere gleicher Gattung sind gleich zu behandeln (§ 39 Abs. 2 Satz 3 Nr. 1 BörsG i.V.m. § 3 Abs. 1 WpÜG)[142]. Kein Teilangebot, sondern ein Vollangebot im dargestellten börsenrechtlichen Sinn des § 39 Abs. 1 Satz 3 Nr. 1 BörsG ist es deshalb, wenn bei einem Emittenten, der verschiedene Gattungen an Wertpapieren ausgegeben hat, von denen aber nicht alle an der Börse zum Handel im regulierten Markt zugelassen sind, und der Erwerber sein Erwerbsangebot auf die Wertpapiere beschränkt, die Gegenstand des Widerrufantrags sind, bspw. bei börsennotierten Vorzugsaktien, aber nicht-börsennotierten Stammaktien[143]. Allein dass Inhaber anderer (an der Börse verbleibender oder dort nicht zugelassener) Wertpapiere des börsenrückzugswilligen Emittenten von der Börsenzulassung und -notierung davon zu unterscheidender Wertpapiere möglicherweise mittelbar profitiert haben, führt nicht zu deren unmittelbaren Schutzbedürftigkeit i.S.d. § 39 Abs. 2 BörsG, wenn der Emittent diese von der Börse zurückzieht. Bei ausländischen Emittenten kann sich die Frage stellen, ob diese ihr Erwerbsangebot auf Deutschland beschränken dürfen, ohne dies als unzulässiges Teilangebot zu bewerten[144].

63.27 Verfehlt wäre es aber, aus dem Gebot des Vollangebots aufgrund der Formulierung „aller Wertpapiere" des § 39 Abs. 2 Satz 3 Nr. 1 BörsG ableiten zu wollen, dass das Erwerbsangebot immer auf 100 % aller vom Börsenrückzug betroffener Wertpapiere gerichtet sein muss. Ein solches Verständnis würde zu **perplexen Erwerbsangeboten** führen, wenn der Erwerber bereits bei Abgabe des Erwerbsangebots über Wertpapiere verfügt, die Gegenstand des Börsenrückzugs sind. Es macht keinen Sinn und erfüllt auch nicht den mit § 39 Abs. 2 Satz 3 Nr. 1 BörsG verfolgten Zweck, börsenrückzugsunwilligen Aktionären eine Veräußerungsoption anzubieten, wenn ein börsenrückzugswilliger (in der Praxis typischerweise Mehrheits-)Aktionär als Erwerber auch sich selbst das Erwerbsangebot unterbreiten muss, will er dem Emittenten den Börsenrückzug ermöglichen (Rz. 63.29)[145]. Dies muss auch dann gelten, wenn eine Erwerbergemeinschaft das Erwerbsangebot abgibt (Rz. 63.30 f.).

63.28 Vergleichbar sinnentleert wäre es, wenn das Erwerbsangebot auch auf Wertpapiere gerichtet sein müsste, die der börsenrückzugswillige Emittent, die AG, selbst hält. Abweichend von einem Übernahmeangebot hat es der Emittent hier über den Antrag auf Widerruf der Zulassung seiner Wertpapiere am regulierten Markt allein in der Hand, den Börsenrückzug herbeizuführen (Rz. 63.11)[146]. Es macht keinen Sinn, dem Emittenten (zwingend) die **Veräußerung eigener Aktien an den Erwerber** zu gestatten, der für ihn die Voraussetzungen des Börsenrückzugs erst schafft (vgl. aber auch Rz. 63.31). Im Wege der teleologischen Reduktion des § 39 Abs. 2 Satz 3 Nr. 1 BörsG ist der Emittent aus dem Adressatenkreis des Erwerbsangebotes auszunehmen. Vorsorglich wird der Erwerber in der Praxis, will er die eigenen Wertpapiere der AG nicht erwerben, dies über eine Lock-up-Vereinbarung mit der AG sicherstellen wollen[147], deren Einhaltung während des Börsenrückzugsverfahrens überwacht werden

---

141 BeschlussE FinA, TransparenzRL-ÄndRL-UmsetzungsG BT-Drucks. 18/6220, S. 85.
142 Wie hier *Habersack* in Habersack/Mülbert/Schlitt, Unternehmensfinanzierung am Kapitalmarkt, Rz. 40.19; *Heidelbach* in Schwark/Zimmer, § 39 BörsG Rz. 24.
143 *Bayer*, NZG 2015, 1169, 1174; *Groß*, AG 2016, 812, 817; *Kocher/Seiz*, DB 2016, 153, 156; wohl a.A. jedenfalls aber missverständlich *Wackerbarth*, WM 2016, 385 f.
144 Bejahend *Schulz/Wieneke*, NZG 2017, 449, 452 f.
145 Zust. *Habersack* in Habersack/Mülbert/Schlitt, Unternehmensfinanzierung am Kapitalmarkt, Rz. 40.19; wie hier in der Sache, aus Sicht etwaiger Treuwidrigkeit auch KG v. 25.3.2021 – 12 AktG 1/12, AG 2021, 597 Rz. 61; wohl a.A. *Heidel*, BKR 2021, 438, 441.
146 Zust. *Habersack* in Habersack/Mülbert/Schlitt, Unternehmensfinanzierung am Kapitalmarkt, Rz. 40.19.
147 Vgl. zu Lock-up Agreements *Kiefner/Happ*, ZIP 2015, 1811 ff. m.w.N.

kann, soweit er nicht sogar vorgängig eine Einziehung der eigenen Aktien herbeizuführen versucht (§ 237 AktG). Andernfalls läuft er (theoretisch) Gefahr, dass der Emittent eigene Aktien an Dritte veräußert, die diese dem Erwerber wieder andienen können[148]. Entsprechendes sollte für **abhängige oder im Mehrheitsbesitz stehende Unternehmen** des Emittenten respektive des Erwerbers (wozu der Emittent selbst gehören kann, Rz. 63.31) gelten, soweit deren Verhalten kontrolliert werden kann (Rechtsgedanke des § 35 Abs. 2 Satz 3 WpÜG[149]). § 39 Abs. 2 Satz 3 Nr. 1 BörsG ist seinem Sinn und Zweck entsprechend korrigierend so zu lesen, dass es eines Angebots zum Erwerb „aller nicht vom Emittenten oder dem Erwerber und von diesen abhängigen oder im Mehrheitsbesitz stehenden Unternehmen zum Zeitpunkt des Erwerbsangebots gehaltenen Wertpapiere" bedarf. Ob wieder anderes gelten muss, wenn ein Angebot nach § 39 Abs. 2 Satz 3 Nr. 1 BörsG mit einem Übernahmeangebot verknüpft wird (Rz. 63.24) ist streitig[150], wobei in der Praxis ein nicht übernahmewilliger Emittent auch keinen Antrag nach § 39 Abs. 2 Satz 1 BörsG stellen wird.

Hingegen dürfte es selten praktikabel und kaum mit dem Regelungszweck des § 39 Abs. 2 Satz 3 Nr. 1 BörsG vereinbar sein, dass der Erwerber die Voraussetzungen des Erwerbsangebots durch im Vorfeld eingeholte **Verzichtserklärungen** anderer (ihm nicht zuzurechnender) **andienungsberechtigter Anleger** erfüllt. Zwar lässt der Regelungstelos von § 39 Abs. 2 Satz 2 und 3 BörsG es zu, etwaige individualschützende Wirkungen der Regelung (siehe dazu noch Rz. 63.68 f.) der Disposition der betroffenen (Einzel-)Anleger zu überlassen. Denn Anleger sollten grundsätzlich auf ihren Individualschutz verzichten können, weshalb insoweit ein **Vorabverzicht** auf die Annahme des beabsichtigten Erwerbsangebots möglich erscheint. Doch hierüber hinaus würde das Börsenrückzugsverfahren insgesamt mit schwierigen Folge- und Abgrenzungsproblemen belastet, die dem Regelungsziel zuwiderlaufen, im öffentlichen Interesse dem Emittent, Anlegerkollektiv und Kapitalmarkt ein einfaches Börsenrückzugsverfahren bereitzustellen (§ 15 Abs. 8 BörsG, § 4 Abs. 2 WpÜG, § 4 Abs. 1a und 4 FinDAG). Es soll nach der gesetzlichen Konzeption weder Aufgabe der Börsengeschäftsführung noch der BaFin sein darüber zu befinden, ob privatrechtliche Vereinbarungen zwischen dem Erwerber und Anlegern die Erforderlichkeit eines Erwerbsangebotes ganz oder teilweise entfallen lassen. Insbesondere führt es zu Problemen, wenn ein Anleger trotz seiner Verzichtserklärung (mangels dinglich wirkender Einflussnahmemöglichkeit des Erwerbes) seine Wertpapiere über die Börse weiterveräußert hat und dem neuen Inhaber der Wertpapiere kein Verzicht entgegenhalten werden kann (Rz. 63.32)[151]. Entsprechend ist es Verwaltungspraxis der BaFin bei unmittelbarer Anwendung der Vorschriften des WpÜG, Verzichtserklärungen grundsätzlich nicht zu berücksichtigen[152]. Etwas anderes mag im Einzelfall gelten, wenn bspw. Emittent und Mehrheitsaktionär einen Vorabverzicht vereinbaren (siehe noch Rz. 63.31). Eine Praxis muss sich hier noch ausbilden.

63.29

dd) Erwerber

Weder BörsG noch WpÜG treffen eine Aussage dazu, wer das Erwerbsangebot an die Anleger abgeben kann (nicht muss – Rz. 63.21). Es kann folglich grundsätzlich von jedem am Erwerb der Wertpapiere Interessierten abgegeben werden, wenn dieser im Sinne des **WpÜG tauglicher Bieter** sein kann (§ 39 Abs. 2 Satz 3 Nr. 1 BörsG i.V.m. § 2 Abs. 4 WpÜG). Dies gilt unabhängig davon, ob der Erwerber

63.30

---

148 Wegen dieser Gefahr eigene Aktien der AG im Anwendungsbereich des WpÜG einbeziehend *Wackerbarth* in MünchKomm. AktG, 5. Aufl. 2021, § 32 WpÜG Rz. 21 f. m.w.N.
149 Vgl. zum Streitstand aus Sicht des § 32 WpÜG *Favoccia* in Assmann/Pötzsch/Uwe H. Schneider, § 32 WpÜG Rz. 10 m.w.N.; aus Sicht des § 13 WpÜG *Steinhardt* in Steinmeyer, § 13 WpÜG Rz. 4 m.w.N.
150 Vgl. zum Streitstand zur ähnlichen, aber nicht gleich gelagerten Problematik bei Übernahmeangeboten *Hasselbach* in KölnKomm. WpÜG, § 32 WpÜG Rz. 8 m.w.N.; aus Sicht der erforderlichen Finanzierung *Krause* in Assmann/Pötzsch/Uwe H. Schneider, § 13 WpÜG Rz. 17 ff. m.w.N. – dazu auch noch Rz. 63.46 ff.
151 Vgl. zur ähnlichen Problematik schon unter Geltung der Macrotron-Entscheidung 3. Aufl. § 61 Rz. 33.
152 Vgl. *Krause* in Assmann/Pötzsch/Uwe H. Schneider, § 13 WpÜG Rz. 17; *Steinhardt* in Steinmeyer, § 13 WpÜG Rz. 4, jeweils m.w.N.

bereits Wertpapiere hält, Aktionär der AG ist oder erst werden möchte, bspw. durch Kombination von Delisting und Übernahmeangebot (Rz. 63.24). Praxisrelevant bleibt im Besonderen der Fall, dass ein **Groß- oder der Mehrheitsaktionär** in Abstimmung mit der Verwaltung die AG von der Börse nimmt, um seine Interessen besser und oft unter Ausschluss der Minderheitsaktionäre verfolgen zu können[153]. Dennoch kann auch eine **Erwerbergemeinschaft** ein gemeinsames Erwerbsangebot abgeben (§ 2 Abs. 4 WpÜG), bspw. mehrere Großaktionäre oder solche, die es gemeinsam werden wollen[154]. Ein solches auf Erwerb aller betroffenen Wertpapiere der anderen Wertpapierinhaber gerichtetes gemeinschaftliches Erwerbsangebot stellt börsenrechtlich ein Vollangebot und kein verbotenes Teilangebot dar (Rz. 63.27 ff.). Es kann börsenrechtlich keinen Unterschied machen, ob die Erwerbergemeinschaften, wie in der Praxis für Übernahmeangebote üblich, eine separate Erwerbsgesellschaft gründen, die als alleinige Erwerberin auftreten soll, oder die Erwerbergemeinschaft gemeinschaftlich erwirbt[155].

63.31 Differenziert zu beantworten ist die Frage, ob der Emittent, **die AG selbst** zur Ermöglichung des Börsenrückzugs als Erwerber der von ihr emittierten Wertpapiere (also typischerweise ihrer eigenen Aktien) auftreten kann. Unter der zwischenzeitlich abgelösten gesellschaftsrechtlichen Lösung nach der Macrotron-Entscheidung wurde dies angenommen, soweit beim **Rückerwerb eigener Aktien** zum regulären Delisting die Grenzen der §§ 71 f. AktG als gesetzliche Ausnahmen zu § 57 Abs. 1 Satz 1 AktG beachtet wurden[156]. Eben hier liegt nach der Neufassung des Anlegerschutzes durch § 39 Abs. 2 BörsG die Schwierigkeit, da § 39 Abs. 2 Satz 3 Nr. 1 BörsG seinem Wortlaut nach zwingend ein Vollangebot verlangt (Rz. 63.26). Die AG muss bei allen in Betracht kommenden Ermächtigungstatbeständen des § 71 Abs. 1 Satz 1 AktG zum Rückerwerb ihrer eigenen Aktien stets die **Erwerbsgrenze des § 71 Abs. 2 Satz 1 AktG** beachten[157]. Ein Vollangebot kann die AG folglich alleine nur dann abgeben, wenn entweder keine unter § 71 f. AktG fallende Wertpapiere betroffen sind (bspw. bestimmte Anleihen, Rz. 63.25) oder nur Aktien, die weniger als 10 % ihres Grundkapitals ausmachen (denkbar bei Vorzugsaktien, die insgesamt nicht mehr als 10 % des Grundkapitals ausmachen)[158]. Theoretisch denkbar bleibt es auch, der AG zu gestatten diese börsenrechtliche Anforderung trotz der angeführten Zweifel durch im Vorfeld eingeholte Vorabverzichtserklärungen betroffener Aktionäre zu erfüllen, bspw. mit Blick auf einen Mehrheitsaktionär oder wenige Großaktionäre durch Nichtandienungsvereinbarungen und Depotsperrvereinbarungen (Rz. 63.28 f.)[159]. Eine Notwendigkeit hierfür gibt es allerdings nicht, da ein Börsenrückzug in der Praxis ohnehin der Rückendeckung des Mehrheitsaktionärs oder der Aktionärsmehrheit bedarf. Diese können als Erwerber oder jedenfalls mit der AG gemeinsam als Erwerbergemeinschaft auftreten (zu den Wirkungen siehe Rz. 63.27 f.), solange dies für die AG nicht zu einem Rückerwerb eigener Aktien über die Grenzen des § 71 f. AktG hinaus oder zu anderen Verstößen gegen Kapitalerhaltungsregelungen führen kann[160]. Praxisnäher dürfte es in diesen Fällen sein, dass die

---

153 *Goetz* BB 2015, 2691, 2692; *Mense/Klie*, DStR 2015, 2782, 2783 f.; *Verse* in FS Baums, 2017, S. 1317, 1321; zu pauschal *von Berg*, BKR 2020, 339, 341, wenn von einer Verpflichtung des Großaktionärs gesprochen wird.
154 Vgl. aus Sicht des gesellschaftsrechtlichen Abfindungsangebots *H. Henze*, NZG 2003, 649, 652; *Benecke*, WM 2004, 1122, 1126.
155 Vgl. aus Sicht des WpÜG *Versteegen* in KölnKomm. WpÜG, § 2 WpÜG Rz. 142; *Santelmann* in Steinmeyer, § 2 WpÜG Rz. 15.
156 Vgl. 3. Aufl. § 61 Rz. 34 ff., 41 ff.; weiterhin im Grundsatz bejahend, aber wegen §§ 71 f. AktG als Ausnahmefall betrachtend *Bungert/Leyendecker-Langner*, ZIP 2016, 49, 50; *Schulz/Wieneke*, NZG 2017, 449; *Hasselbach/Pröhl*, NZG 2015, 209, 214.
157 Aus Sicht des Delistings unter der Macrotron-Rechtsprechung *Adolff/Tieves*, BB 2003, 797, 803 f.; *H. Henze*, NZG 2003, 649, 651; *Schlitt*, ZIP 2004, 533, 537; *de Vries*, Delisting, S. 121.
158 Ähnl. *Hasselbach/Pröhl*, NZG 2015, 209, 214.
159 Vgl. zu einer solchen Vereinbarung im Falle des Börsenrückzuges der Rocket Internet SE *Heidel*, BKR 2021, 438, 440, der (entgegen der Billigung durch KG v. 25.3.2021 – 12 AktG 1/12, AG 2021, 597 Rz. 61), darin ein unzulässiges Teilangebot erkennt.
160 Ähnl. *Hasselbach/Pröhl*, NZG 2015, 209, 214, die darauf hinweisen, dass auch finanzielle Beteiligungen der AG an den Kosten des Erwerbers typischerweise in Konflikt mit den Kapitalerhaltungsregelungen geraten.

AG einem Börsenrückzug durch ein vorgeschaltetes Aktienrückkaufprogramm in den Grenzen des § 71 f. AktG den Weg bereitet[161]. Stets ist daneben aus Sicht der AG eine besondere Prüfung der kapitalmarktrechtlichen Zulässigkeit nach MMVO, WpHG, WpÜG vorzunehmen[162].

Eine AG, die das reguläre Delisting durch den Rückerwerb eigener Aktien ermöglichen oder unterstützen möchte, kann in der Praxis teilweise auf die Ausnahme vom Verbot des Erwerbs eigener Aktien beruhend auf einer **Ermächtigung durch die Hauptversammlung** gemäß **§ 71 Abs. 1 Satz 1 Nr. 8 AktG** oder im Falle der Herabsetzung des Grundkapitals auch **§ 71 Abs. 1 Satz 1 Nr. 6 AktG** zurückgreifen[163]. Die Ermächtigung muss keine positive Zweckvorgabe für den Rückerwerb vorsehen, aber das Erwerbsangebot muss dann nicht nur den börsenrechtlichen, sondern ebenso den gesellschaftsrechtlichen Anforderungen genügen. Die höchstens auf die Zeit von 18 Monaten erteilbare Ermächtigung muss von Anfang an den niedrigsten und den höchsten Gegenwert festlegen sowie an dem Gebot der Gleichbehandlung ausgerichtet sein (§ 71 Abs. 1 Satz 3, § 53a AktG)[164]. Zudem gilt die **Kapitalgrenze des § 71 Abs. 2 Satz 2 AktG**, sodass die AG über genügend freie Rücklagen verfügen muss, um eine Rücklage für eigene Anteile in Höhe des Kaufpreises zu bilden (§ 272 Abs. 4 HGB)[165]. Der Ausgabebetrag der Aktien (anders als bei § 71 Abs. 1 Satz 1 Nr. 3 AktG) muss gemäß **§ 71 Abs. 2 Satz 3 AktG** voll eingezahlt sein[166].

63.32

Unter Geltung des gesellschaftsrechtlich begründeten Abfindungsangebotes nach der Macrotron-Entscheidung (Rz. 63.2 und noch Rz. 63.57 ff.) wurde zur Erleichterung des Aktienrückerwerbs durch die AG eine analoge Anwendung der Erwerbsberechtigung nach **§ 71 Abs. 1 Satz 1 Nr. 3 AktG** diskutiert. Dies lag nahe, soweit der Abfindungsanspruch beim regulären Delisting auf eine analoge Anwendung der §§ 29, 207 UmwG gestützt wurde, da § 71 Abs. 1 Satz 1 Nr. 3 AktG gerade in diesen Fällen der AG zur Erfüllung ihrer gesetzlichen Verpflichtungen gegenüber Minderheitsaktionären die Möglichkeit einräumt, Aktien zurück zu erwerben[167]. Entsprechendes galt, soweit für die Begründung der Angebotsverpflichtung (zusätzlich) eine Analogie zu den § 305 Abs. 2, § 320b AktG befürwortet wurde[168]. Teilweise wurde darüber hinaus wegen des § 29 Abs. 1 Satz 1 Halbsatz 2, § 207 Abs. 1 Satz 1 Halbsatz 2 UmwG angenommen, dass auch die **Nichtigkeitsfolge des § 71 Abs. 4 Satz 2 AktG** nachträglich nicht eintreten konnte[169]. Indes wurde gegen die Analogie zu § 71 Abs. 1 Satz 1 Nr. 3 AktG bereits damals eingewandt, dass die Einschnitte bei der Umwandlung gravierender seien, sodass es für eine Analogie an der Vergleichbarkeit der Interessenlagen fehle[170]. Diese Argumentation kann für sich in Anspruch nehmen, dass im Delisting heute keine Strukturmaßnahme mehr gesehen werden kann, die rechtliche Einschnitte anderer Art sind[171]. Eine solche Analogie lässt sich angesichts der Aufgabe des gesellschaftsrechtlichen Ansatzes durch die Frosta-Entscheidung (Rz. 63.2 und noch Rz. 63.57 ff.) und der Einführung der börsenrechtlichen Lösung durch den Gesetzgeber ohne Anpassung des § 71 AktG da-

63.33

---

161 In der Sache ebenso *Harnos*, ZHR 182 (2018), 363, 369; *Sanders*, Anlegerschutz beim Delisting, S. 210 ff.
162 Vgl. zu diesem Problemfeld aus Sicht einer Übernahmesituation *Leyendecker-Langner*, BB 2013, 2051 ff. m.w.N.
163 Ebenso jetzt KG v. 25.3.2021 – 12 AktG 1/12, AG 2021, 597 Rz. 55.
164 Vgl. aus Sicht des gesellschaftsrechtlichen Abfindungsangebotes *H. Henze*, NZG 2003, 649, 650.
165 *Adolff/Tieves*, BB 2003, 797, 803 f.
166 Hierauf aus Sicht des gesellschaftsrechtlichen Abfindungsangebotes hinweisend *H. Henze*, NZG 2003, 649, 650.
167 Näher m.w.N. 3. Aufl. § 61 Rz. 41; exemplarisch *Klöhn*, NZG 2012, 1041, 1045; *Drygala/Staake*, ZIP 2013, 905, 913.
168 *Kleppe*, Anlegerschutz, S. 201.
169 *Kleppe*, Anlegerschutz, S. 203; *Adolff/Tieves*, BB 2003, 797, 804, jeweils m.w.N.; zur umwandlungsrechtlichen Lit.: *Schlitt*, ZIP 2004, 533, 536 Fn. 54; weitergehend *M. Henze*, Delisting, S. 172.
170 *H. Henze*, NZG 2003, 649, 650 f.; dezidiert hiergegen *M. Henze*, Delisting, S. 100 ff. m.w.N.
171 So nun auch die BeschlussE FinA, TransparenzRL-ÄndRL-UmsetzungsG BT-Drucks. 18/6220, S. 84; zur Frage, ob sich Friktionen zu § 29 UmwG ergeben *Bayer*, NZG 2015, 1169, 1173; *Harnos*, ZHR 179 (2015), 750, 759 f. Fn. 43.

her nicht mehr rechtfertigen, insbesondere wenn der Antrag nach § 39 Abs. 2 BörsG (anders als in den in § 71 Abs. 1 Satz 1 Nr. 3 AktG genannten Fällen) nicht durch einen Hauptversammlungsbeschluss getragen wird (Rz. 63.59 ff.).[172]

ee) Andienungsberechtigte

63.34 Das Erwerbsangebot muss sich an **jeden (anderen) Inhaber** der vom Widerruf der Zulassung zum regulierten Markt **betroffener Wertpapiere** richten. Dies ist zwingende Konsequenz daraus, dass Teilangebote unzulässig und Erwerbsgegenstand alle vom Börsenrückzug betroffenen Wertpapiere sein müssen (Rz. 63.26). Dies schließt nach hier vertretener Ansicht allerdings weder den Erwerber noch die Emittentin und von diesen abhängigen oder in deren Mehrheitsbesitz stehenden Unternehmen ein (Rz. 63.27 f.). Das Andienungsrecht ist hierbei unabhängig von einem konkreten oder abstrakten Vertrauen der Anleger auf die Börsenzulassung, da das Erwerbsangebot einen Eingriff in eine vom Gesetz als schützenswert betrachtete Rechtsposition ausgleicht. Deshalb verbietet es sich auch, das Andienungsrecht vom Verhalten oder den Absichten der anderen Wertpapierinhaber abhängig zu machen, zumal ein ordnungsgemäßer Börsenhandel bis zum Wirksamkeitseintritt des Widerrufs der Zulassung zum regulierten Markt aufrecht zu erhalten ist. Die Andienungsberechtigung besteht selbst dann, wenn die Wertpapiere erst **nach der Veröffentlichung der Börsenrückzugsabsicht** des Emittenten respektive der Stellung des Widerrufsantrags oder nach Veröffentlichung der Erwerbsentscheidung bzw. des Erwerbsangebots erworben worden sind. Es ist unerheblich, wann, wie oder von wem der Inhaber die Wertpapiere erworben hat, solange der Andienungsberechtigte nicht rechtsmissbräuchlich handelt. Unerheblich ist es auch, ob zeitnah im Vorfeld des Delistings schon aus anderen Gründen ein Übernahmeangebot an die Anleger gerichtet wurde, denn § 39 Abs. 2 Satz 3 Nr. 1 BörsG setzt das Erwerbsangebot „bei Antragstellung" voraus[173]. Entsprechend darf das Erwerbsangebot zum Zeitpunkt des Antrages auf Widerruf der Zulassung zum regulierten Markt auch noch nicht beendet sein[174]. Unbenommen bleibt es dem Erwerber (Rz. 63.29), im Vorfeld des Erwerbsangebotes durch bilaterale Absprachen zu gewährleisten, dass nicht alle Inhaber betroffener Wertpapiere diese ihm andienen werden (zur Auswirkung auf die Finanzierung Rz. 63.46) oder dass der Emittent im Rahmen des Zulässigen (Rz. 63.31 ff.) zuvor eigene Wertpapiere zurückerwirbt.

ff) Bedingungs- und vorbehaltsloses Erwerbsangebot

63.35 Das Erwerbsangebot ist zum einen **bedingungsfeindlich** und darf nicht von Bedingungen abhängig gemacht werden (§ 39 Abs. 3 Satz 1 BörsG); es ist zum anderen **vorbehaltsfeindlich** und darf nicht unter dem Vorbehalt des Widerrufs oder des Rücktritts abgegeben werden (§ 39 Abs. 2 Satz 3 Nr. 1 BörsG i.V.m. § 18 Abs. 2 WpÜG)[175]. Hierdurch soll sichergestellt werden, dass ein einmal veröffentlichtes Erwerbsangebot nicht nur bei der Antragstellung des Emittenten auf Widerruf der Zulassung

---

172 Vorschläge, Aktienrückkaufprogramme von § 39 BörsG auszunehmen, sind nicht Gesetz geworden. Offenbar a.A. *Merkt* in Großkomm. AktG, 5. Aufl. 2018, § 71 AktG Rz. 215; *Paefgen* in Henssler/Strohn, Gesellschaftsrecht, § 71 AktG Rz. 19; wie hier wohl *Cahn* in BeckOGK AktG, Stand 1.6.2021, § 71 AktG Rz. 74, 154 ff.
173 Wie hier *Groß*, AG 2015, 812, 815; *Zimmer/von Imhoff*, NZG 2016, 1056, 1057, 1059 ff.; ähnlich *Bungert/Leyendecker-Langner*, ZIP 2016, 49, 52, die dieses Ergebnis unter Hinweis auf ihren Beitrag in DB 2015, 2251, 2255, aber aus der Entwicklungsgeschichte heraus begründen; zu den Überlegungen während des Gesetzgebungsverfahrens bestimmte Konstellationen auszunehmen *Bayer*, ZIP 2016, 853, 856; *Buckel/Glindemann/Vogel*, AG 2015, 373, 377 f., jeweils m.w.N.
174 BeschlussE FinA, TransparenzRL-ÄndRL-UmsetzungsG BT-Drucks. 18/6220, S. 85; a.A. *Zimmer/von Imhoff*, NZG 2016, 1056, 1059 ff.
175 Es dürfte sich um ein Versehen handeln, dass in den Gesetzesmaterialien aus § 39 Abs. 3 Satz 1 BörsG abgeleitet wird, § 18 WpÜG komme nicht zur Anwendung (BeschlussE FinA, TransparenzRL-ÄndRL-UmsetzungsG BT-Drucks. 18/6220, S. 85), da nur § 18 Abs. 1 WpÜG den in Bezug genommenen Fall der Bedingung regelt.

zum regulierten Markt besteht, aber nach der Antragstellung infolge der Angebotsausgestaltung wieder wegfällt[176]. Erklärtes gesetzgeberisches Ziel ist es zu unterbinden, dass der Erwerber durch entsprechende Gestaltung seiner Angebotserklärung das Zustandekommen der Wertpapierkaufverträge verhindern oder im Nachhinein von diesen wieder Abstand nehmen kann. Der Erwerber soll bis zum Ablauf der Annahmefrist (Rz. 63.45) an seinem Erwerbsangebot und über diese hinaus an einmal durch die Annahmeerklärung der Andienungsberechtigten (Rz. 63.34) zustande gekommenen Wertpapierkaufverträgen gebunden bleiben. Er hat mit der Angebotsabgabe eine endgültige Entscheidung getroffen und darf nach dem Ende der Annahmefrist nicht noch einmal über die Durchführung des Erwerbsangebots entscheiden. Das Interesse der Anleger – insoweit aber auch des Kapitalmarktes und der Börse – auf Rechtssicherheit hat Vorrang. Entsprechend dem verfolgten Regelungsziel sind jede Art von Bedingungen oder Widerrufs- und Rücktrittsvorbehalt erfasst. Damit geht § 39 Abs. 3 Satz 1 BörsG über § 18 Abs. 1 WpÜG hinaus, da es nicht darauf ankommt, ob es sich um eine Wollens- oder Potestativbedingung zugunsten des Erwerbswilligen handelt[177]. Keine Bedingung in diesem Sinne sind indes Vorbehalte, die eine zwingend erforderliche behördliche Zustimmung adressieren (bspw. im Fusionskontrollverfahren), soweit diese nicht im Vorfeld einer Delistingentscheidung eingeholt werden können[178]. Ebenfalls keine unzulässige Bedingung liegt darin, wenn die Delistingentscheidung (und nicht der Antrag oder das Erwerbsangebot, Rz. 63.37) von der Zustimmung der Anteilseigner abhängig gemacht wird[179]. Ein **Finanzierungsvorbehalt** scheidet schon wegen der zwingend beizubringenden Finanzierungsbestätigung aus (§ 39 Abs. 3 Satz 1 BörsG i.V.m. § 13 Abs. 1 WpÜG, Rz. 63.46).

Die Bedingungs- und Vorbehaltsfeindlichkeit in Kombination mit dem Verbot von Teilangeboten (Rz. 63.26) führt zunächst dazu, dass der Erwerbswillige sein Erwerbsangebot trotz des Verweises von § 39 Abs. 2 und 3 BörsG auf das WpÜG nicht unter die nach § 18 Abs. 1, § 25 WpÜG zulässigen Beschränkungen stellen kann[180]. Der Zweck des Erwerbsangebotes, jedem interessierten Anleger die (außerbörsliche) Veräußerungsmöglichkeit der betroffenen Wertpapiere zu ermöglichen, verbietet damit insbesondere **Höchst- oder Mindestannahmequoten** im Erwerbsangebot vorzusehen[181]. Umstritten ist es aber, ob **Bedingungen** zulässig sind, **deren Eintreten oder Ausbleiben noch vor oder gleichzeitig mit der Stellung des Widerrufsantrages feststehen**[182]. Für ihre Zulässigkeit wird argumentiert, dass bei solchen Bedingungen mit Stellung des Widerrufsantrags geklärt sei, ob ein noch andauerndes Erwerbsangebot veröffentlicht wurde, wie dies § 39 Abs. 2 Satz 3 Nr. 1 BörsG fordert. Gegen diese Sichtweise spricht allerdings nicht nur der Wortlaut des § 39 Abs. 3 Satz 1 BörsG, sondern auch die in § 39 Abs. 2 Satz 3 BörsG vorgesehene Zuständigkeitsverteilung zur Wahrung des Schutzes der Anleger[183]: Danach ist die Prüfung eines den Anforderungen des WpÜG genügenden Erwerbsangebots der BaFin überantwortet (§ 39 Abs. 2 Satz 3 Nr. 1 BörsG i.V.m. §§ 14 f. WpÜG), während die Börsengeschäftsführung bei einer durch die BaFin gestatteten oder jedenfalls nicht untersagten (§ 14 Abs. 2 Satz 1 WpÜG) Veröffentlichung des Erwerbsangebots zum Zeitpunkt des Antrags auf Widerruf der Zulassung zum regulierten Markt davon ausgehen darf, dass das Erwerbsangebot den Anforderungen

63.36

---

176 BeschlussE FinA, TransparenzRL-ÄndRL-UmsetzungsG BT-Drucks. 18/6220, S. 84.
177 Zur abweichenden Rechtslage im Anwendungsbereich des WpÜG siehe *Drinkuth*, Rz. 62.82 m.w.N.
178 Weitergehend *Hüffer/Koch*, § 119 AktG Rz. 39; *Kocher/Seiz*, DB 2016, 153, 156; *Mense/Klie*, DStR 2015, 2782, 2784; enger *Habersack* in Habersack/Mülbert/Schlitt, Unternehmensfinanzierung am Kapitalmarkt, Rz. 40.21; *Zimmer/Imhoff*, NZG 2016, 1056, 1058 f.; *Sanchers*, Anlegerschutz beim Delisting, S. 89 f.
179 KG v. 25.3.2021 – 12 AktG 1/21, AG 2021, 597 Rz. 53.
180 BeschlussE FinA, TransparenzRL-ÄndRL-UmsetzungsG BT-Drucks. 18/6220, S. 84; *Bungert/Leyendecker-Langner*, ZIP 2016, 49, 50; zu den unter dem WpÜG üblichen Bedingungen und Vorbehalten siehe *Drinkuth*, Rz. 62.90 ff.
181 Für die Mindestabnahmequote so auch BeschlussE FinA, TransparenzRL-ÄndRL-UmsetzungsG BT-Drucks. 18/6220, S. 85; *Bungert/Leyendecker-Langner*, ZIP 2016, 49, 50; *Wackerbarth*, WM 2016, 385; *Zimmer/v. Imhoff*, NZG 2016, 1056, 1058.
182 Bejahend *Bungert/Leyendecker-Langner*, ZIP 2016, 49, 52 f.; *Kocher/Seiz*, DB 2016, 153, 156; abl. *Harnos*, ZHR 179 (2015), 750, 756; *Wackerbarth*, WM 2016, 385 Fn. 3.
183 Zust. *Habersack* in Habersack/Mülbert/Schlitt, Unternehmensfinanzierung am Kapitalmarkt, Rz. 40.18.

nach § 39 Abs. 2 Satz 3 Nr. 1 BörsG genügt. Könnte ein Erwerbsangebot nach seiner Veröffentlichung, aber vor Stellung des Widerrufsantrages seine Wirksamkeit aufgrund der in ihm enthaltenen Bedingungen verlieren, wäre es entgegen der gesetzlichen Wertung doch wieder an der Börsengeschäftsführung oder den Anlegern zu ermitteln, ob das veröffentlichte Erwerbsangebot zum Zeitpunkt der Stellung des Widerrufsantrags überhaupt noch annahmefähig ist.

63.37 Von dieser gesetzgeberischen Grundentscheidung ausgehend kommt es nicht in Betracht, dass ein vom Emittent verschiedener Erwerber das Erwerbsangebot unter die **Bedingung der Stellung des Widerrufsantrags durch den Emittenten** stellt[184], zumal der Erwerber sich insoweit durch entsprechende Vereinbarungen mit dem Emittenten selbst schützen können sollte[185]. Ebenso ist es unzulässig, dass der Erwerber sein Erwerbsangebot unter die **Bedingung der Stattgabe des Widerrufantrags** des Emittenten durch die Börsengeschäftsführung stellt. Zwar mag letztere Einschränkung zum Schutz der Anleger vor den Auswirkungen des Delistings nicht zwingend sein[186], sie entspricht aber der zu respektierenden gesetzgeberischen Entscheidung, einen umfassenden und über § 18 Abs. 1 WpÜG hinausgehenden Bedingungsausschluss vorzusehen. Ohnehin würde selbst bei Anwendung des § 18 Abs. 1 WpÜG ein auf die Stellung des Widerrufsantrags durch den Emittenten bedingtes Erwerbsangebot oft schon eine unzulässige Bedingung enthalten, weil der Emittent eine mit dem Erwerber „gemeinsam handelnde Person" oder im Falle des Mehrheitsaktionärs sogar sein „Tochterunternehmen" ist[187]. Der Erwerber trägt danach das Risiko, angediente Wertpapiere erwerben und spiegelbildlich der andienende Anleger das Risiko, seine Wertpapiere an den Erwerber veräußern zu müssen, selbst wenn es nicht (oder jedenfalls nicht zeitnah) zum Delisting kommt[188]. Eine stattgebende Widerrufsentscheidung der Börsengeschäftsführung ist nämlich auch **kein gesetzliches Wirksamkeitserfordernis, keine Rechtsbedingung** in Bezug auf das Erwerbsangebot. Hieraus ergibt sich weder, dass der Erwerber mit dem Erwerbsangebot „in Vorleistung treten" muss, wie es *Kocher/Seiz* meinen, ohne es in der Hand zu haben, ob der Emittent den Widerrufsantrag überhaupt stellt, noch eröffnet dies, wie *Wackerbarth* meint, „recht interessante Varianten" aus dem Zusammenspiel von Erwerbsangebot und dann doch nicht durchgeführten Delisting[189]. Der Emittent hat den Kapitalmarkt unverzüglich und zutreffend über seine Börsenrückzugsabsicht zu informieren (§ 26 WpHG, Art. 17 MMVO). Will er sein reguläres Delisting auf ein Erwerbsangebot eines Dritten stützen, muss er diese Absicht zwingend vor Ablauf der Angebotsfrist, regelmäßig aber schon vor Veröffentlichung der Erwerbsentscheidung des Erwerbes (§ 10 Abs. 1 Satz 1 WpÜG) bzw. des Erwerbsangebots (§ 14 WpÜG) und ganz sicher vor oder mit der Stellung des Widerrufsantrags (§ 39 Abs. 2 Satz 3 Nr. 1 BörsG) mindestens als ad-hoc Information veröffentlichen (näher *Schäfer*, Rz. 14.14a und Rz. 15.17), da das Erwerbsangebot bei Stellung des Widerrufsantrags noch nicht beendet sein darf (Rz. 63.21). Geschieht dies nicht oder fehlerhaft, droht eine Schadensersatzhaftung gegenüber den Anlegern (§§ 97 f. WpHG, Delikt). Es ist praktisch deshalb kaum vorstellbar, dass die Anleger ein Erwerbsangebot eines Dritten annehmen müssten, welches unter Hinweis auf ein bevorstehendes Delisting erfolgt, ohne die Absichten des Emittenten zu

---

184 Eine solche Bedingung rückt das Angebot zudem in den Bereich der „bedingten Angebotsabgabe", dazu *Drinkuth*, Rz. 62.58; *Assmann* in Assmann/Pötzsch/Uwe H. Schneider, § 10 WpÜG Rz. 12, jeweils m.w.N.
185 A.A. *Kocher/Seiz*, DB 2016, 153, 156; wie hier i.E. *Harnos*, ZHR 179 (2015), 750, 756; *Wackerbarth*, WM 2016, 385 Fn. 3 und 4; *Bungert/Leyendecker-Langner*, ZIP 2016, 49, 50; siehe auch *Wieneke/Schulz*, AG 2016, 809, insb. 813 ff. zu „Delisting-Vereinbarungen".
186 So *Kocher/Seiz*, DB 2016, 153, 156, die sich aber nicht mit der Frage auseinandersetzen, wie es um den Anlegerschutz steht, wenn Anleger aufgrund des angekündigten Erwerbsangebots zwischenzeitliche Verkaufsmöglichkeiten ausgelassen haben.
187 A.A. *Kocher/Seiz*, DB 2016, 153, 156; wie hier i.E. *Wackerbarth*, WM 2016, 385 Fn. 3 und 4; *Harnos*, ZHR 179 (2015), 750, 756.
188 Es ist allerdings zu erwarten, dass die Börsengeschäftsführungen zügig über einen Widerrufsantrag entscheiden, wenn dieser mit einem Erwerbsangebot verbunden ist, da dieses bereits durch die BaFin geprüft wurde (Rz. 63.51).
189 *Kocher/Seiz*, DB 2016, 153, 156; *Wackerbarth*, WM 2016, 385; krit. *Klepsch/Hippeli*, RdF 2016, 194, 197: „Scheinprobleme".

kennen. Der Erwerber muss in seiner Angebotsunterlage gerade auch auf die Börsenrückzugsabsicht des Emittenten hinweisen (§ 2 Nr. 7a WpÜG-AngVO – Rz. 63.49). Ebenso hat es der Erwerber in der Hand solange zuzuwarten, bis er sich über die Absichten des Emittenten im Klaren ist, sei es aufgrund der in der Praxis typischen Vorabstimmung (Rz. 63.27) oder aufgrund der Veröffentlichung der Börsenrückzugsabsicht durch den Emittenten.

gg) Art und Höhe der Abfindung

Die **Regelabfindung** bestimmt sich durch entsprechende Anwendung des § 31 WpÜG nach Maßgabe des § 39 Abs. 3 Sätze 2 bis 4 BörsG. Danach ist dem Anleger als angemessene Gegenleistung für die Übertragung der Wertpapiere stets ein **Barangebot** zu unterbreiten, dessen Geldbetrag in Euro lauten muss (§ 39 Abs. 3 Satz 2 BörsG)[190]. Ein **Tauschangebot** ist in Abweichung von § 31 Abs. 2 WpÜG ausgeschlossen[191]. Der Gesetzgeber schließt sich insoweit der Auffassung an, dass es mit dem Schutz vor dem Verlust der durch den regulierten Markt gewährleisteten (jederzeitigen) Desinvestitionsfreiheit der Anleger unvereinbar ist, diese (ausschließlich) auf ein Tauschangebot zu verweisen[192]. Dies verbietet auch den Umtausch einer börsennotierten Wertpapiergattung (bspw. Vorzugsaktien) in die einer anderen Wertpapiergattung (bspw. Stammaktien) des gleichen Emittenten zur Erfüllung der Anforderungen nach § 39 Abs. 2 Satz 3 Nr. 1 BörsG anzubieten. Es bleibt dem Emittenten respektive Erwerber freilich unbenommen, den Anlegern alternative Abfindungen parallel zum Erwerbsangebot nach § 39 Abs. 2 Satz 3 Nr. 1 BörsG anzubieten[193]. Kein Anleger ist gezwungen, sich für das gesetzlich vorgesehene Barabfindungsangebot zu entscheiden. Dies wird aber regelmäßig nur dann wirtschaftlich Sinn machen, wenn der Erwerber das Delisting-Abfindungsangebot mit einem Übernahmeangebot verbindet.

63.38

Weitergehend verfolgt das Gesetz mit der Anknüpfung an § 31 WpÜG durch § 39 Abs. 3 Satz 2 BörsG bei gleichzeitiger Einführung von Ausnahmen in § 39 Abs. 3 Sätzen 3 und 4 BörsG einen **Kompromiss**, zwischen den Fürsprechern einer am Börsenpreis orientierten Abfindung und den Fürsprechern einer Abfindung zum inneren Unternehmenswert[194]. Ausgehend von der Überlegung, dass der Börsenrückzug zwar Auswirkungen auf die Einfachheit der Handelbarkeit der Wertpapiere hat, aber die Inhaberschaft am Wertpapier unberührt lässt, soll den Anlegern im Grundsatz eine Veräußerungsmöglichkeit der Wertpapiere zu einem **Preis** verschafft werden, der **mindestens** dem **gewichteten durchschnittlichen inländischen Börsenkurs** (in der Terminologie des Börsenrechts: Börsenpreis, § 24 BörsG) **der Wertpapiere** während der letzten sechs Monate (in Abweichung von § 5 Abs. 1 WpÜG-AngVO: drei Monate) vor der Veröffentlichung der Erwerbsabsicht nach § 10 Abs. 1 Satz 1 oder § 35 Abs. 1 Satz 1 WpÜG entspricht (§ 39 Abs. 3 Satz 2 BörsG)[195]. Entscheidend für die Preisfindung ist

63.39

---

190 Vgl. nur *Bayer*, NZG 2015, 1169, 1174; jetzt ebenso BGH v. 22.10.2019 – XI ZR 682/18, BKR 2020, 305, 306.
191 *Wackerbarth*, WM 2016, 385.
192 Siehe 3. Aufl. § 61 Rz. 39; vgl. allg. BayObLG v. 28.7.2004 – 3 Z BR 087/04, ZIP 2004, 1952, 1953; *Adolff/Tieves*, BB 2003, 797, 801 Fn. 88, 804; *Schlitt*, ZIP 2004, 533, 537; siehe zum Delisting von Anleihen *Siebel*, ZGR 2002, 842, 847 f.
193 Zust. *Krug*, Der Rückzug von der Börse, S. 173; *Habersack* in Habersack/Mülbert/Schlitt, Unternehmensfinanzierung am Kapitalmarkt, Rz. 40.23; wie hier auch *Krause* in FS Hopt, 2020, S. 599, 618.
194 Zusammenfassung dazu bei *Schmidt*, NZG 2020, 1361, insb. 1364 ff.; jeweils m.w.N., für Anknüpfung an den Börsenkurs bspw. *Buckel/Glindemann/Vogel*, AG 2015, 373, 379; *Bungert/Leyendecker-Langner*, DB 2015, 2251, 2254; *Habersack*, Stellungnahme, S. 6; *Habersack*, JZ 2014, 147, 148 f.; *Noack*, Stellungnahme, S. 8; für Heranziehung des inneren Unternehmenswertes bspw. *Bayer*, ZfPW 2015, 163, 221 f.; *Bayer*, ZIP 2015, 853, 857; *Koch*, Stellungnahme, S. 7; *Koch/Harnos*, NZG 2015, 729, 732 f.; im Grundsatz auch *Wicke*, DNotZ 2015, 488, 493 f.
195 BeschlussE FinA, TransparenzRL-ÄndRL-UmsetzungsG BT-Drucks. 18/6220, S. 84 f.; in die gleiche Richtung argumentierend *Brellochs*, AG 2014, 633, 645; *Buckel/Glindemann/Vogel*, AG 2015, 373, 379; *Habersack*, ZHR 176 (2012), 463, 467; *Roßkopf*, ZGR 2014, 487, 500 f.; *Verse* in FS Baums, 2017, S. 1317, 1325, jeweils m.w.N.

damit nicht, wann ein Anleger das Erwerbsangebot annimmt oder wann die Angebotsunterlage veröffentlicht wurde (§ 14 Abs. 2 WpÜG, Rz. 63.51), sondern wann die Erwerbsabsicht veröffentlicht wurde, denn bereits diese Information wird Einfluss auf den Börsenpreis nehmen[196]. Die um drei Monate gegenüber dem WpÜG verlängerte **Referenzperiode** rechtfertigt der Gesetzgeber ohne weitere Erläuterung mit dem Hinweis auf ein von „Übernahmesituationen regelmäßig abweichende[s] Börsenumfeld in Delisting-Fällen"[197]. Hingegen lässt der Gesetzgeber das gegen eine am Börsenpreis orientierte Preisfindung vorgebrachte Argument nicht durchgreifen, dass die Anleger bei Annahme des Erwerbsangebots schlussendlich ihre Inhaberschaft an den Wertpapieren verlieren[198]. Stattdessen soll der Unternehmenswert erst berücksichtigt werden, wenn (insbesondere) die in § 39 Abs. 3 Satz 3 und 4 BörsG aufgegriffenen Zweifel an der Richtigkeit des Börsenpreises bestehen (Rz. 63.41 ff.). Der Gesetzgeber geht davon aus, dass bei funktionierenden Börsenmärkten der Börsenpreis dem Wert des Wertpapiers entspricht, sodass die „Orientierung ... am einfach festzustellenden Börsenkurs sowie an Vorerwerben ... im Regelfall ... ein transparentes und rechtssicheres Verfahren [bereitstellt], das auch für die betroffenen Emittenten handhabbar ist und keine übermäßigen bürokratischen Hürden aufbaut"[199].

63.40 **Berechnungsgrundlage** ist der nach Umsätzen gewichtete Durchschnittskurs aller der BaFin nach § 22 WpHG als börslich gemeldeten Geschäfte (§ 5 Abs. 3 WpÜG-AngVO). Berücksichtigt werden nach jedenfalls bisher h.M. und Verwaltungspraxis der BaFin bei Übernahmeangeboten ausschließlich börsliche Geschäfte, die im regulierten Markt abgewickelt werden; parallele Freiverkehrsgeschäfte oder Geschäfte auf anderen MTFs und OTFs bleiben unberücksichtigt[200]. Dies ist konsequent, da § 24 Abs. 2 Satz 3 BörsG die Einpreisung von Geschäften auf anderen Marktplätzen bei der Börsenpreisermittlung berücksichtigt. Weitere Konkretisierungen ergeben sich aus der (modifizierten) **WpÜG-AngVO**, die über die durch § 39 Abs. 3 Satz 2 BörsG für entsprechend anwendbar erklärte Verordnungsermächtigung des § 31 Abs. 7 WpÜG zur Anwendung kommt[201]. Danach darf der angebotene Preis nicht niedriger sein als der höchste Preis, den der Erwerber (oder ihm zuzurechnende Dritte) im Falle eines Vorerwerbs innerhalb der letzten sechs Monate vor Veröffentlichung der Ankündigung des Angebots für die Wertpapiere geleistet oder vereinbart hat (§ 4 Satz 1 WpÜG-AngVO)[202]. Eine Bagatellgrenze im Sinne einer Mindestanzahl vorerworbener Wertpapiere existiert (anders als im Falle des § 31 Abs. 3 WpÜG) nicht.[203] Einem Vorerwerb gleich stehen Vereinbarungen, auf deren Grundlage die Übereignung von Aktien verlangt werden kann (§ 4 Satz 2 WpÜG-AngVO i.V.m. § 31 Abs. 6 Satz 1 WpÜG). Da der Erwerber typischerweise (in Abstimmung mit der Verwaltung des Emittenten) den Zeitpunkt

---

196 In diesem Sinne dürfte auch F&A zu IDW S 1 i.d.F. 2008 (Werkstand IDW Life 10/2021) Nr. 3 zu verstehen sein, wonach für die Rückrechnung auf die „Bekanntgabe" abgestellt wird.
197 BeschlussE FinA, TransparenzRL-ÄndRL-UmsetzungsG BT-Drucks. 18/6220, S. 84; krit. dazu, allerdings bei Vorschlag einer mehr generalklauselartigen Regelung *Morell*, AcP 217 (2017), 61, 74 ff.; krit. auch *Wackerbarth*, WM 2016, 385, 386; die verlängerte Referenzperiode als Schutzmaßnahme vor Manipulationen begreifend *Bayer*, NZG 2015, 1169, 1175; *Verse* in FS Baums, 2017, S. 1317, 1326.
198 *Bayer*, ZfPW 2015, 163, 221 f.; *Bayer*, NZG 2015, 1069, 1172 f.; *Harnos*, ZHR 179 (2015), 750, 759; *Koch/Harnos*, NZG 2015, 729, 732 f.; *Gegler*, BKR 2016, 273, 276 f.; jüngst mit beachtlichen Argumenten wieder *Koch*, AG 2021, 249, 255 f., jeweils m.w.N; vgl. zusammenfassend zur Unterscheidung zwischen Verkehrswert und „wahren Wert" *Ruiz de Vargas*, NZG 2021, 1056, 1058.
199 BeschlussE FinA, TransparenzRL-ÄndRL-UmsetzungsG BT-Drucks. 18/6220, S. 84 f.; gegen Berücksichtigung von Vor- und Nacherwerben *Leyendecker/Herfs*, BB 2018, 643, 644 ff.; differenzierend und § 4 WpÜG-AngVO teleologisch entsprechend dem Rechtsgedanken von § 31 Abs. 5 Satz 2 WpÜG reduzierend *Krause* in Assmann/Pötzsch/Uwe H. Schneider, § 31 WpÜG Rz. 150a ff.; vgl. auch *Krause* in FS Hopt, 2020, S. 599, 621 ff.
200 *Bayer*, NZG 2015, 1169, 1174 m.w.N.
201 *Krause* in FS Hopt, 2020, S. 599, 617 m.w.N.; *Klepsch*, BaFin-Journal, Januar 2016, 23, 24.
202 Abl. *Leyendecker/Herfs*, BB 2018, 643 ff.; einschränkend wohl auch *Sanders*, Anlegerschutz beim Delisting, S. 90 ff., 234 ff.; krit. im Falle der Abfindungsarbitrage auch *Gehling*, Rz. 13.17, 13.45 ff.; wie hier aber die h.L. *Hüffer/Koch*, § 119 AktG Rz. 39; *Ilyewich*, Delisting, S. 155 ff.; *Harnos*, ZHR 182 (2018), 363, 365 f.; *Schmitz*, Die Entwicklung des Anlegerschutzes beim regulären Delisting, S. 182, je m.w.N.
203 *Bayer*, NZG 2015, 1169, 1174 m.w.N.

des Antrags auf Widerruf der Zulassung zum regulierten Markt frei bestimmen kann, lässt sich hierüber steuern, ob Vorerwerbe für die Abfindung relevant werden[204].

Ausnahmsweise kommt nach § 39 Abs. 3 Satz 3 und 4 BörsG eine Berechnung der **Abfindung unter Berücksichtigung des Unternehmenswerts** in Betracht, wenn die Aussagekraft des Börsenpreises trotz § 24 Abs. 2 und 2a BörsG begründet in Zweifel steht[205]. Darlegungs- und beweispflichtig sind hierfür die Anleger[206]. Letztlich greifen § 39 Abs. 3 Sätze 3 und 4 BörsG damit die schon in § 31 Abs. 1 Satz 2 WpÜG angelegte Öffnungsklausel auf, denn auch danach bestimmt sich der Preis nur „grundsätzlich" am durchschnittlichen Börsenpreis[207]. § 39 Abs. 3 Satz 2 BörsG soll nach der gesetzlichen Vorgabe nur solange und insoweit eine Preisuntergrenze („… mindestens …") entnommen werden, als die Bildung des Börsenpreises ordnungsgemäß erfolgen konnte (§ 24 Abs. 2 Satz 1 BörsG)[208]. Dies ist zumindest in den von § 39 Abs. 3 Satz 3 und 4 BörsG geregelten und nachstehend erläuterten Fällen nicht gegeben. Es erscheint allerdings fraglich, dass die ausdrücklich geregelten Ausnahmen alle relevanten Fälle von möglichen **Verzerrungen des Börsenpreises** erfassen[209]. Es sind vielschichtige Problemlagen möglich, die die Maßgeblichkeit des Börsenpreises in Frage stellen können[210]. Dennoch wird angenommen, dass das BörsG die Ausnahmen taxativ geregelt habe, um in allen anderen Fällen rechtssicher eine Berechnung des Erwerbspreises auf Basis des Börsenpreises zu gewährleisten[211]. Dies überzeugt nicht, da jede Ausnahmevorschrift in den Grenzen ihres Grundgedankens auslegungs- und analogiefähig bleibt[212]. Hier ergibt sich aus dem Zusammenwirken von § 24 Abs. 2 und 2a BörsG mit § 39 Abs. 3 BörsG der Grundgedanke, dass bedeutende Störungen in der Börsenpreisbildung bei der Bemessung des Preises für das Erwerbsangebot nicht unbeachtet bleiben sollen. Der Börsenpreis ist nach der gesetzlichen Wertung nur dann „eine angemessen Gegenleistung" (§ 39 Abs. 3 Satz 2 BörsG i.V.m. § 31 Abs. 1 WpÜG), wenn von seiner ordnungsgemäßen Bildung ausgegangen werden kann. Der Wortlaut des § 39 Abs. 3 Satz 3 und 4 BörsG schließt weitere Anwendungsfälle gerade nicht aus[213].

63.41

---

204 *Bayer*, NZG 2015, 1169, 1174 m.w.N.
205 Krit. hierzu *Bungert*, BB 2015, 2251, 2254 f.; zur vergleichbaren Diskussion im Übernahmerecht siehe *Noack* in Schwark/Zimmer, § 31 WpÜG Rz. 43 einerseits und *Krause* in Assmann/Pötzsch/Uwe H. Schneider, § 5 WpÜG-AngVO Rz. 28 andererseits.
206 *Krug*, Der Rückzug von der Börse, S. 323 ff.
207 Wie hier *Koch*, AG 2021, 249, 251, der auch die Systemgerechtigkeit des Regel-Ausnahme-Verhältnisses darlegt (S. 254 ff.); ähnl. *Harnos*, ZHR 179 (2015), 750, 771 f.; für § 31 WpÜG *Noack* in Schwark/Zimmer, § 31 WpÜG Rz. 42 ff.; a.A. aber die h.L. zum WpÜG, wonach § 31 Abs. 1 WpÜG i.V.m. §§ 3 ff. WpÜG-AngVO abschließenden Charakter haben sollen, vgl. *Krause* in Assmann/Pötzsch/Uwe H. Schneider, § 31 WpÜG Rz. 34 ff. m.w.N.
208 Vgl. auch BeschlussE FinA, TransparenzRL-ÄndRL-UmsetzungsG BT-Drucks. 18/6220, S. 85 „die auf Grundlage des Börsenkurses errechnete Gegenleistung auch im Falle eines Ad-hoc-Verstoßes die Untergrenze für die zu leistende Gegenleistung darstellt …".
209 Vgl. insb. die Überlegungen bei *Morell*, AcP 217 (2017), 61, 74 ff. m.w.N., der deshalb *de lege ferenda* eine Auffanggeneralklausel zur Ausbildung durch die Gerichte vorschlägt. Ähnlich jetzt auch *von Berg*, Der Marktrückzug des Emittenten, S. 431 ff.; *Kastl*, Der Rückzug von der Börse, S. 270 ff.; *Sanders*, Anlegerschutz beim Delisting, S. 114 f.; *Schmitz*, Die Entwicklung des Anlegerschutzes beim regulären Delisting, S. 264; *Krug*, Der Rückzug von der Börse, S. 277 ff.
210 Vgl. zusammenfassend und übergreifend zu Abfindungen von Aktionären *Ruiz de Vargas*, NZG 2021, 1001 ff. und 1056 ff.
211 *Harnos*, AG 2020, 601, 609 (aber mit rechtspolitischer Kritik und de lege ferenda Änderung befürwortend); *Habersack* in Habersack/Mülbert/Schlitt, Unternehmensfinanzierung am Kapitalmarkt, Rz. 40.24; wohl auch *Krug*, Der Rückzug von der Börse, S. 277 f.; *Harnos*, ZHR 179 (2015), 750, 771 f.; *Gegler*, BKR 2016, 273, 276; in der Tendenz auch *Verse* in FS Baums, 2017, S. 1317, 1330 f., der bei Kursmanipulationen durch Dritte die Anleger auf die allgemeinen Schutzinstrumente verweisen möchte.
212 Zust. und mit vertiefter Argumentation *Koch*, AG 2021, 249 ff., der die Erweiterung über die Auslegung herleitet; die hier vertretene Auffassung als „diskussionwürdig" und die für die Anerkennung weiterer Ausnahmen „gute Gründe" sehend *Redenius-Hövermann*, ZIP 2021, 485, 488 m. Fn. 57; iE. auch *Heidel*, BKR 2021, 438, 440.
213 *Koch*, AG 2021, 249, 251 f.; wohl a.A. *Morell*, AcP 217 (2017), 61, 84.

Denkbar ist bspw., dass der Zeitpunkt des Delistings zur Unzeit erfolgt, wenn die Preisbildung aufgrund äußerer Verhältnisse gestört ist (vgl. auch Rz. 63.16 f.)[214]. Hingegen können Emittent und Erwerber nur darauf vertrauen, dass Rechtsunsicherheiten bei der Preisfindung die Wirksamkeit eines Widerrufs der Zulassung zum regulierten Markt an einer Börse nicht hindern (§ 39 Abs. 6 BörsG), nicht aber darauf, dass die Anleger die Preisfindung nicht hinterfragen und (gerichtlich) überprüfen lassen können[215]. Immerhin erhält der Erwerber Wertpapiere im entsprechenden Gegenwert, sodass ihm hieraus insoweit keine Nachteile treffen. Es wird daher im Einzelfall zu prüfen sein, ob die Anleger auf den gewichteten Börsenpreis verwiesen werden können. Hierbei ist freilich zu berücksichtigen, dass der Gesetzgeber schon die geregelten Ausnahmefälle nur dann zur Anwendung bringen möchte, wenn die zu befürchtenden Einwirkungen auf den Börsenpreis ins Gewicht fallen (§ 39 Abs. 3 Satz 3 BörsG: nicht bei „unwesentliche Auswirkungen"; § 39 Abs. 3 Satz 4 BörsG: Kursschwankungen von „mehr als 5 Prozent" – Rz. 63.44).

63.42 Zum einen ist von der Preisfindung anhand des Börsenpreises ausdrücklich in den Fällen abzuweichen, in denen entweder der Emittent durch (rechts- bzw. bestandskräftig festgestellten[216]) Verstoß gegen die Ad hoc-Pflicht (Art. 17 MMVO, sofern kein Fall des Art. 17 Abs. 4 MMVO) respektive vergleichbarer ausländischer Vorschriften oder wegen Verstoß des Emittenten oder des Erwerbers gegen das Verbot der Marktmanipulation (Art. 15 i.V.m. Art. 12 MMVO) die korrekte Börsenpreisbildung infrage gestellt wird (§ 39 Abs. 3 Satz 3 BörsG)[217]. Hier besteht die Gefahr, dass der **Börsenpreis in Folge rechtswidriger** (nicht zwingend schuldhafter) **Einflussnahmen** durch Emittent oder Erwerber **verzerrt** ist und sich nicht uneingeschränkt als Grundlage für die Ermittlung des (Mindest-)Preises eignet. Der Börsenpreis ist entgegen § 24 Abs. 2 Satz 1 BörsG in der maßgeblichen Referenzperiode (Rz. 63.39)[218] nicht manipulationsfrei gebildet worden. Um die Auswirkungen der Manipulation durch Emittent und/oder Erwerber auszugleichen, wird der Erwerber in diesen Fällen zur Zahlung des Unterschiedsbetrags zwischen dem im Erwerbsangebot festgelegten Preis und dem Preis verpflichtet, der dem anhand einer Bewertung des Emittenten ermittelten Wert des Unternehmens entspricht. Hierbei geht der Gesetzgeber von der Zahlung des Unterschiedsbetrages aus, weil die infrage stehende Manipulation typischerweise erst nach Veröffentlichung der Angebotsunterlage aufgedeckt werden wird; sollte diese doch vor der Angebotsdurchführung erkannt werden, wird die BaFin schon im Rahmen ihrer Angebotsprüfung einschreiten müssen[219]. Der Erwerber trägt damit unabhängig von einen Verschulden nicht nur die Verantwortung für sein eigenes Verhalten, sondern auch für das des Emittenten und ggf. sonstiger zurechenbarer Dritter[220]. Da in diesen Fällen davon ausgegangen wird, dass der Börsenpreis

---

214 Insoweit zu formalistisch das Argument des KG v. 25.3.2021 – 12 AktG 1/21, AG 2021, 597 Rz. 50, wonach der Vorstand den Zeitpunkt des Delistings frei wählen könne.
215 Dafür spricht auch die in Rz. 63.44 erörterte Rückausnahme, wonach es dem Erwerber möglich ist darzulegen und zu beweisen, dass das rechtswidrige Verhalten keine wesentlich Auswirkungen auf den Börsenpreis hatte. Siehe auch die Überlegungen bei *Harnos*, ZHR 179 (2015), 750, 770 bei Kursmanipulationen durch Dritte.
216 So BeschlussE FinA, TransparenzRL-ÄndRL-UmsetzungsG BT-Drucks. 18/6220, S. 85; KG v. 25.3.2021 – 12 AktG 1/21, AG 2021, 597 Rz. 51; *Groß*, AG 2015, 809, 817 f.; krit. hierzu *Harnos*, ZHR 179 (2015), 750, 767 f.; *Wackerbarth*, WM 2016, 385, 387 a.A. *Hüffer/Koch*, § 119 AktG Rz. 40; *Krause* in FS Hopt, 2020, S. 599, 620.
217 Vgl. hierzu BeschlussE FinA, TransparenzRL-ÄndRL-UmsetzungsG BT-Drucks. 18/6220, S. 85; *Groß*, AG 2015, 812, 818; *Kocher/Seiz*, DB 2016, 153, 155; *Wackerbarth*, WM 2016, 385, 388; *Mense/Klie*, DStR 2015, 2782, 2785; *Sanders*, Anlegerschutz beim Delisting, S. 101 ff.; *Krug*, Der Rückzug von der Börse, S. 224 ff.; krit. zur Unterscheidung zwischen § 39 Abs. 3 Satz 3 Nr. 1 und 2 BörsG, da dessen Nr. 1 auch immer ein Fall des Nr. 2 sei, *Verse* in FS Baums, 2017, S. 1317, 1332.
218 Vgl. zur Frage, ob zuvor begangene Verstöße sich noch auswirken können, *Casper* in FS Köndgen, 2016, S. 117, 143; *Habersack* in Habersack/Mülbert/Schlitt, Unternehmensfinanzierung am Kapitalmarkt, Rz. 40.27 m.w.N.
219 *Bayer*, NZG 2015, 1169, 1175; *Verse* in FS Baums, 2017, S. 1317, 1328.
220 Krit. für die Einstandspflicht des Erwerbes für den Emittenten *Wackerbarth*, WM 2016, 385, 388; für erweiterte Zurechnung *Harnos*, ZHR 179 (2015), 750, 763 ff.; differenzierend *Verse* in FS Baums, 2017,

im Übrigen korrekt gebildet wurde, dient nach dem Wortlaut der gewichtete Börsenpreis hier weiterhin als Untergrenze bei der Preisfindung (Rz. 63.40). Ob dieses Ergebnis eine teleologischen Reduktion des § 39 Abs. 3 Satz 3 BörsG für den Fall erfordert, in dem der Börsenpreis ausnahmsweise zum Vorteil der Anleger (bspw. durch Zurückhaltung einer negativen Insiderinformation) verzerrt war, ist umstritten[221]. Auch ist die Diskussion darüber noch nicht abgeschlossen, ob Kursmanipulationen, die zeitlich vor der Referenzperiode (Rz. 63.39) liegen oder nicht vom Emittenten oder Erwerber begangen wurden, erfasst sind, sei es im Wege der teleologischen Extension des § 39 Abs. 3 Satz 3 BörsG[222]. Die Reichweite der Ausnahme ist insgesamt noch nicht geklärt[223], was erneut nahelegt, die Regelungen nicht als abschließend zu begreifen (Rz. 63.41).

Zum anderen erfolgt die Preisfindung anhand des Unternehmenswerts, wenn für die betroffenen Wertpapiere im Referenzzeitraum (Rz. 63.39) **weniger als einem Drittel der Börsentage Börsenpreise festgestellt** worden sind und hiervon mehrere (also mindestens zwei)[224] unmittelbar[225] nacheinander festgestellte **Börsenpreise um mehr als 5 % voneinander abweichen** (§ 39 Abs. 3 Satz 4 BörsG)[226]. In diesen Fällen geht das Gesetz davon aus, dass der Börsenpreis den Unternehmenswert nicht hinreichend reflektiert[227]. Anders als in den Fällen rechtswidriger Einflussnahmen auf den Börsenpreis des § 39 Abs. 3 Satz 3 BörsG sieht das Gesetz hier aber nicht die Zahlung des Unterschiedsbetrages vor, sondern eine Zahlung „die dem anhand einer Bewertung des Emittenten ermittelten Wert des Unternehmens entspricht". Der Börsenpreis bildet in diesem Fall weder eine Unter- noch eine Obergrenze (Rz. 63.41)[228]. Das gilt nach dem Wortlaut in Abweichung von § 39 Abs. 3 Satz 2 BörsG auch in den Fällen, in denen der Unternehmenswert unterhalb des durchschnittlichen Börsenpreises liegt.

63.43

Für die Fallgruppe rechtswidriger Einflussnahmen auf den Börsenpreis sieht das Gesetz eine **Rückausnahme** vor, da das rechtswidrige Verhalten von Emittent und/oder Erwerber eine wesentliche Auswirkung auf den Börsenpreis gehabt haben muss (§ 39 Abs. 3 Satz 3 Halbsatz 2 BörsG). Danach ist eine Orientierung am Unternehmenswert nicht erforderlich, wenn die Gesetzesverstöße „nur unwesentliche Auswirkungen auf den ... errechneten Durchschnittskurs hatten". Der Gesetzgeber will dem Erwerber die Möglichkeit einräumen, im Einzelfall **nachzuweisen**, dass die **Kursbeeinflussung** so **unbedeutend** war, dass es nicht gerechtfertigt erscheint, von einer am Börsenpreis orientierten Bewertung des Emittenten abzusehen[229]. Anders als im Fall des § 39 Abs. 3 Satz 4 BörsG trifft das Gesetz aber

63.44

S. 1317, 1330 f. Ob sich hieraus Ansprüche des Erwerbes gegen den Emittenten oder dessen Organe ergeben, bedarf noch einer vertieften Erörterung.
221 Bejahend *Verse* in FS Baums, 2017, S. 1317, 1328; *Habersack* in Habersack/Mülbert/Schlitt, Unternehmensfinanzierung am Kapitalmarkt, Rz. 40.26, 40.29; *Sanders*, Anlegerschutz beim Delisting, S. 106 ff.; verneinend *Harnos*, ZHG 179 (2015), 750, 762 f.
222 Für Einbeziehung in Referenzperiode *Bayer*, NZG 2015, 1169, 1175 f.; *Casper* in FS Köndgen, 2016, S. 117, 143; *Verse* in FS Baums, 2017, S. 1317, 1331 f. Zur Kursmanipulation durch Dritte vgl. *Schmidt*, NZG 2020, 1361, 1366; *Krug*, Der Rückzug von der Börse, S. 234 ff. m.w.N.
223 Vgl. hierzu BeschlussE FinA, TransparenzRL-ÄndRL-UmsetzungsG BT-Drucks. 18/6220, S. 85 sowie die kritischen Überlegungen bei *Harnos*, ZHR 179 (2015), 750, 761 ff.; *Verse* in FS Baums, 2017, S. 1317, 1328 ff. (der u.a. *de lege ferenda* für ein Abstellen auf den hypothetischen, bereinigten Kursverlauf statt des Ertragswertes plädiert).
224 BGH v. 22.10.2018 – XI ZR 682/18, BKR 2020, 305, 307; *Harnos*, AG 2020, 601 Rz. 35 ff.; *von Berg*, Der Marktrückzug des Emittenten, S. 408.
225 BGH v. 22.10.2018 – XI ZR 682/18, BKR 2020, 305, 307 f.
226 Vgl. hierzu BeschlussE FinA, TransparenzRL-ÄndRL-UmsetzungsG BT-Drucks. 18/6220, S. 85; *Harnos*, ZHR 179 (2015), 750, 770 f.; *Wackerbarth*, WM 2016, 385, 388; *Mense/Klie*, DStR 2015, 2782, 2785. Die Regelung entspricht, mit Ausnahme des zugrunde zu legenden Referenzzeitraums, § 5 Abs. 4 WpÜG-AngVO. Rechtspolitisch krit. bspw. *Casper* in FS Köndgen, 2016, S. 117, 144 f.; *Morell*, AcP 217 (2017), 61, 90 f.
227 Vgl. zu Einzelheiten *Krug*, Der Rückzug von der Börse, S. 269 ff.
228 Zust. *Habersack* in Habersack/Mülbert/Schlitt, Unternehmensfinanzierung am Kapitalmarkt, Rz. 40.24.
229 BeschlussE FinA, TransparenzRL-ÄndRL-UmsetzungsG BT-Drucks. 18/6220, S. 85.

keine Aussage darüber, wann die Grenze zur Wesentlichkeit überschritten ist, sondern überlässt diese Entscheidung den Gerichten. Da das Gesetz die Wesentlichkeitsschwelle zusätzlich fordert, muss „wesentlich" anders verstanden werden als „erheblich" i.S.v. Art. 7 Abs. 1 lit. a MMVO, die auf eine situative Veränderungen beim Einzelkurs und nicht über einen längeren Zeitraum abstellt[230]. Einzelne „erhebliche" Kursausschläge können bei einer Durchschnittsbetrachtung über einen längeren Zeitraum durchaus verblassen. Erste Vorschläge zur Eingrenzung orientieren sich an der 5 %-Schwelle des § 39 Abs. 3 Satz 4 BörsG, obwohl der Gesetzgeber diese gerade nicht auf § 39 Abs. 3 Satz 3 BörsG übertragen hat[231].

hh) Annahmefrist

63.45 Über den Verweis von § 39 Abs. 2 Satz 3 Nr. 1 BörsG greifen auch die Regelungen zur Annahmefrist des § 16 WpÜG ein. Hiernach muss der Erwerber bei dem Erwerbsangebot eine **vierwöchige Mindest-** und eine **zehnwöchige Höchstfrist** beachten (§ 16 Abs. 1 Satz 1 WpÜG). Ober- und Untergrenze des Fristenrahmens stehen weder zur Disposition des Erwerbers noch der BaFin oder Börsengeschäftsführung[232]. Den durch die Mindest- und Höchstfrist bestimmten Zeitrahmen kann der Erwerber – vorbehaltlich etwaiger Sonderregelungen bei einer Verknüpfung mit einem Übernahmeangebot – nach freiem Belieben in die eine oder andere Richtung ausschöpfen. Die Annahmefrist beginnt mit der Veröffentlichung der Angebotsunterlage (§ 16 Abs. 1 Satz 2 WpÜG, Rz. 63.51 f.)[233]. Dabei muss die Veröffentlichung vor der Stellung des Antrags auf Widerruf der Zulassung zum regulierten Markt erfolgen und über dieses angemessen hinausgehen (§ 39 Abs. 2 Satz 3 Nr. 1 BörsG). Soll das Erwerbsangebot auf die Mindestfrist beschränkt werden, wird die Veröffentlichung der Angebotsunterlage zeitgleich mit der Stellung des Antrags zusammenfallen müssen. Den Anlegern ist nicht zuzumuten, dass diese ein Erwerbsangebot annehmen müssen, ohne sicher zu sein, dass der Emittent tatsächlich auch den Rückzugsantrag gestellt hat. Soll das Angebot von Personen, die bei der Zielgesellschaft Führungsaufgaben wahrnehmen, angenommen werden können, sollten bei der Festlegung der Dauer der Annahmefrist die geschlossenen Zeiträume nach Art. 19 Abs. 11 MMVO berücksichtigt werden[234]. Die Annahmefrist (nur deren Beginn und Ende, nicht deren Dauer) ist in der zu veröffentlichenden Angebotsunterlage anzugeben (§ 11 Abs. 2 Satz 2 Nr. 6 WpÜG, Rz. 63.49). Wird das Erwerbsangebot mit einem Übernahmeangebot verknüpft, sind die weiteren Einschränkungen, aber auch Erleichterungen im Zusammenhang mit der Einberufung einer Hauptversammlung zu beachten (§ 16 Abs. 2 bis 4 WpÜG). (Nur) Innerhalb der Annahmefrist können die Anleger das Erwerbsangebot annehmen (§ 148 BGB – siehe noch unter Rz. 63.73). Mit der Annahme kommt ein Wertpapierkaufvertrag zustande.

ii) Finanzierungskonzept und Finanzierungsbestätigung

63.46 Erledigt hat sich die Grundsatzdebatte zur früheren gesellschaftsrechtlichen Abfindungslösung (Rz. 63.2 und 63.57 ff.) über die Sicherstellung der finanziellen Durchführung eines Erwerbsangebots[235]. Infolge der Rechtsfolgenverweisung des § 39 Abs. 2 Satz 3 Nr. 1 BörsG (Rz. 63.22 ff.) auf § 13 Abs. 1 Satz 1

---

230 Richtig *Kumpan* in Baumbach/Hopt, § 39 BörsG Rz. 9; zust. jetzt auch *Habersack* in Habersack/Mülbert/Schlitt, Unternehmensfinanzierung am Kapitalmarkt, Rz. 40.28.
231 *Kumpan* in Baumbach/Hopt, § 39 BörsG Rz. 9; wohl a.A. und krit. zur gesetzlichen Regelung *Harnos*, ZHR 179 (2015), 750, 769.
232 Vgl. aus Sicht des WpÜG *Seiler* in Assmann/Pötzsch/Uwe H. Schneider, § 16 WpÜG Rz. 14 ff., dort auch zu der Frage, ob innerhalb des Zeitrahmens nachträgliche Änderungen zulässig sind.
233 *Seiler* in Assmann/Pötzsch/Uwe H. Schneider, § 16 WpÜG Rz. 19 m.w.N.
234 *Geibel/Süßmann* in Angerer/Geibel/Süßmann, § 16 WpÜG Rz. 8.
235 Zum Streit siehe 3. Aufl. § 61 Rz. 43; Besicherung bejahend unter Rückgriff auf eine Analogie zu § 13 WpÜG, § 327b Abs. 3 AktG *Heidel*, DB 2003, 548, 550; für Absicherung damals auch *Eßer/Weisner/Schlienkamp*, DStR 2003, 985, 989; dagegen *Benecke*, WM 2004, 1122, 1126; *Grunewald*, ZIP 2004, 542, 543; *Wilsing/Kruse*, WM 2003, 1110, 1114.

WpÜG ist dem Erwerber aufgegeben, rechtzeitig vor Abgabe für die Finanzierung seines Erwerbsangebots Sorge zu tragen (**Finanzierungskonzept**). Hierbei muss der Erwerber sein Finanzierungskonzept zwingend auf ein Barangebot in Euro ausrichten (Rz. 63.38). Dies bedingt, dass der Erwerber gemäß § 13 Abs. 1 Satz 2 WpÜG auch die Bestätigung eines unabhängigen Wertpapierdienstleistungsunternehmens beibringen muss, dass die vom ihm getroffenen Finanzierungsmaßnahmen ausreichend zur Durchführung des Erwerbsangebotes sind (**Finanzierungsbestätigung**)[236]. Hierdurch soll eine weitgehende **Sicherung der Finanzierung** des Erwerbsangebots bewirkt werden. Einerseits zum Schutz der Integrität des Kapitalmarktes vor unseriösen, kursmanipulativen Erwerbsangeboten, andererseits soll den Anlegern nicht zugemutet werden entscheiden zu müssen, ob das Erwerbsangebot eine solide finanzielle Grundlage besitzt[237]. Finanzierungskonzept und Finanzierungsbestätigung beziehen sich auf „die zur vollständigen Erfüllung" des Erwerbsangebots notwendigen Geldmittel (§ 13 Abs. 1 und 2 WpÜG), sodass bei der Finanzierung zu unterstellen ist, dass **sämtliche Adressaten das Erwerbsangebot annehmen**[238]. Dies schließt nach der hier vertretenen Ansicht nicht nur den Erwerber aus, soweit dieser schon betroffene Wertpapiere hält, sondern auch den Emittenten, die AG, soweit diese eigene Aktien oder andere Wertpapiere i.S.d. § 2 Abs. 2 WpÜG hält (Rz. 63.27 f.). Ebenfalls nicht erfasst sind nach hiesiger Ansicht vom Emittenten oder Erwerber kontrollierte Unternehmen (Rz. 63.28). Hingegen ist es nach der zum WpÜG gefestigten Aufsichtspraxis der BaFin für das Finanzierungskonzept und die Finanzierungsbestätigung grundsätzlich irrelevant, ob einzelne Wertpapierinhaber bindend erklärt haben, das Erwerbsangebot nicht anzunehmen (siehe auch Rz. 63.29); Ausnahmen mit Blick auf abhängigen oder im Mehrheitsbesitz stehenden Unternehmen behandelt die BaFin insoweit uneinheitlich[239]. In der Praxis wird hier eine Abstimmung mit der BaFin erfolgen müssen, inwieweit einzelne Wertpapierinhaber bei der Ausarbeitung des Finanzierungskonzepts außer Betracht gelassen werden können.

Die Bewertung des Finanzierungskonzepts wird der besonderen Sachkunde des einzubindenden Wertpapierdienstleistungsunternehmens überantwortet, dessen Finanzierungsbestätigung mit der Angebotsunterlage zur Information aller Anleger und des Marktes zu veröffentlichen ist (Rz. 63.51 f.). Das **Vertrauen der Anleger** in diese Finanzierungsbestätigung muss das Wertpapierdienstleistungsunternehmen durch **Haftungsübernahme** nach Maßgabe der § 13 Abs. 2 und 3, § 12 Abs. 2 bis 6 WpÜG rechtfertigen. Fehlt es an einem schlüssigen Finanzierungskonzept und stehen das Erwerbsangebot annehmenden Anlegern zum Zeitpunkt der Fälligkeit des Anspruchs auf die Geldleistung aus diesem Grunde die notwendigen Mittel nicht zur Verfügung, so können diese von dem Wertpapierdienstleistungsunternehmen den Ersatz des ihnen aus der nicht vollständigen Erfüllung entstandenen Schadens verlangen (Rz. 63.78). Die **rechtliche Qualität dieser Finanzierungsbestätigung** ist umstritten. Während vereinzelt darin eine Garantieerklärung erkannt wird, lehnt die überwiegende Lehre eine echte Garantie ohne (durchaus mögliche und in der Praxis vorkommende) ausdrückliche Erklärung des Wertpapierdienstleistungsunternehmens unter Hinweis auf den Haftungtatbestand der § 13 Abs. 2 und 3, § 12 Abs. 2 bis 6 WpÜG ab[240]. Unabhängig dogmatischer Fragestellungen steht damit jedenfalls fest, dass den Anlegern über die Finanzierungsbestätigung ggf. ein zweiter Schuldner zur Verfügung steht. Der Gesetzgeber baut so den Einsatz von Sicherungsinstrumenten bei Abfindungsangeboten zunehmend zu einer allgemeinen gesellschafts- und kapitalmarktrechtliche Regelung aus[241].

63.47

---

236 *Groß*, AG 2015, 812, 816; *Schulz/Wieneke*, NZG 2017, 449, 454; zu Einzelheiten des WpÜG *Drinkuth*, Rz. 62.112.
237 Vgl. zum Regelungszweck des § 13 WpÜG beispielhaft *Krause* in Assmann/Pötzsch/Uwe H. Schneider, § 13 WpÜG Rz. 3 ff., 81; *Vogel* in FrankfKomm. WpÜG, § 13 WpÜG Rz. 3, jeweils m.w.N.
238 Zur parallelen Fragestellung des WpÜG siehe *Krause* in Assmann/Pötzsch/Uwe H. Schneider, § 13 WpÜG Rz. 17; *Steinhardt* in Steinmeyer, § 13 WpÜG Rz. 4, jeweils m.w.N.
239 *Krause* in Assmann/Pötzsch/Uwe H. Schneider, § 13 WpÜG Rz. 17 m.w.N.
240 Vgl. allg. *Krause* in Assmann/Pötzsch/Uwe H. Schneider, § 13 WpÜG Rz. 82 f., 109 ff.; *Steinhardt* in Steinmeyer, § 13 WpÜG Rz. 16, jeweils m.w.N.
241 Hiergegen *Grunewald*, ZIP 2004, 542, 543; eingehend *Thomas*, Delisting und Aktienrecht, S. 320 ff. m.w.N.

63.48 **Aussteller** der Finanzierungsbestätigung muss ein vom Erwerber unabhängiges Wertpapierdienstleistungsunternehmen sein (§ 13 Abs. 1 Satz 2 WpÜG), ohne dass das WpÜG eine Definition liefert. Basierend auf den Gesetzesmaterialien zum WpÜG bestimmt sich dies nach § 2 Abs. 10 WpHG, wobei in der Praxis typischerweise inländische (§ 1 Abs. 1 KWG) oder in der EU/EWR ansässige Kreditinstitute (§ 53b KWG) die Finanzierungsbestätigung abgeben[242]. Insbesondere beim Börsenrückzug ausländischer Emittenten kann sich die strittige Frage stellen, inwieweit eine Finanzierungsbestätigung eines ausländischen Wertpapierdienstleistungsunternehmen aus einem Drittstaat ausreicht[243]. Die **Unabhängigkeit** des Wertpapierdienstleistungsunternehmens ist vor allem anhand gesellschaftsrechtlicher Verbindungen und persönlicher Verflechtungen festzustellen[244]. Die Finanzierungsbestätigung hat in **Schriftform** zu erfolgen (§ 13 Abs. 1 Satz 2 WpÜG, § 126 BGB). Sie muss erkennen lassen, wer die Finanzierungsbestätigung zu welchem Zeitpunkt erklärt (§ 11 Abs. 2 Satz 3 Nr. 4 WpÜG) und inhaltlich die von § 13 Abs. 1 Satz 2 WpÜG geforderten **Mindestaussage** enthalten, kann aber hierüber hinausgehen. In der Regel orientiert sich der Wortlaut der Finanzierungsbestätigung am Gesetzeswortlaut. Die Finanzierungsbestätigung darf **keine Bedingungen, Vorbehalte oder sonstige Einschränkungen** enthalten[245], da andernfalls die durch das bedingungs- und vorbehaltslos anzubietende Erwerbsangebot (Rz. 63.35 ff.) erreichte Rechtssicherheit für die Anleger über eine bedingte oder vorbehaltsbelastete Finanzierungsbestätigung entwertet würde.

jj) Angebotsunterlage

63.49 **Zentrale Informationsgrundlage für die Desinvestitionsentscheidung** der Anleger bildet die vom Erwerber zu veröffentlichende Angebotsunterlage (§ 39 Abs. 3 Satz 3 Nr. 1 BörsG i.V.m. §§ 11, 14 WpÜG, § 2 WpÜG-AngVO). Inhaltlich muss diese den Anforderungen des WpÜG in der Konkretisierung durch die WpÜG-AngVO entsprechen, aber unter Berücksichtigung der vorrangigen börsenrechtlichen Abweichungen (Rz. 63.22)[246]. Die Angebotsunterlage hat das Ziel zu verfolgen, den Anlegern alle Informationen zu liefern, die notwendig sind, um in Kenntnis der Sachlage über das Angebot entscheiden zu können (§ 11 Abs. 1 Satz 2 WpÜG). Es gilt der allgemeine Grundsatz, dass die Angebotsunterlage **richtig, verständlich und vollständig** sein muss (§ 14 Abs. 1 Satz 3 und 4 WpÜG). Die Anforderungen an die Angebotsunterlage sind im Falle eines reinen Delistingsangebots mit Rücksicht auf den Zweck, eine einfache Veräußerungsmöglichkeit zu verschaffen, nicht zu überspannen[247]. Sie muss neben den für ein Wertpapiererwerbsangebot erforderlichen *essentialia negotii* (Name des Erwerbers, Erwerbspreis, betroffener Emittent und welche Wertpapiere Gegenstand des Erwerbsangebots sind, § 11 Abs. 2 Satz 2 Nr. 1 bis 4 WpÜG), insbesondere auf den **„bevorstehenden Antrag"** des Emittenten auf einen Widerruf der Zulassung der betroffenen Wertpapiere zum Handel im regulierten Markt hinweisen (§ 11 Abs. 4 Nr. 2 WpÜG, § 2 Nr. 7a WpÜG-AngV). Dieser Hinweis ist mit dem **Risikohinweis** „auf mögliche Einschränkungen der Handelbarkeit der betroffenen Wertpapiere als Folge des Widerrufs und die damit einhergehende Möglichkeit von Kursverlusten" zu verbinden (§ 11 Abs. 4 Nr. 2 WpÜG, § 2 Nr. 7a WpÜG-AngV)[248]. Um die Preisermittlung nachvollziehbar zu machen, sind angewendeten Bewertungsmethoden (§ 2 Nr. 3 WpÜG-AngVO) und berücksichtigte Vorerwerbe (§ 2 Nr. 7 WpÜG-AngVO) zu benennen[249]. Ebenso ist das **Finanzierungskonzept** darzulegen (§ 13

---

242 Begr. RegE WpÜG 14/7034, 44; *Krause* in Assmann/Pötzsch/Uwe H. Schneider, § 13 WpÜG Rz. 89.
243 Vgl. *Schulz/Wieneke*, NZG 2017, 449, 454; zum Diskussionsstand unter dem WpÜG siehe *Möllers* in KölnKomm. WpÜG, § 13 WpÜG Rz. 71 f.; *Süßmann* in Angerer/Geibel/Süßmann, § 13 WpÜG Rz. 26 f.
244 *Krause* in Assmann/Pötzsch/Uwe H. Schneider, § 13 WpÜG Rz. 91 ff.; *Wackerbarth* in MünchKomm. AktG, § 13 WpÜG Rz. 21 ff., jeweils m.w.N.
245 H.M., aber vereinzelt bestritten, vgl. *Krause* in Assmann/Pötzsch/Uwe H. Schneider, § 13 WpÜG Rz. 103 m.w.N.
246 Vgl. *Harnos*, ZHR 179 (2015), 750, 756 f. m.w.N.; *Sanders*, Anlegerschutz im Delisting, S. 115 ff., 221 ff.
247 *Koch/Harnos*, NZG 202015, 729, 735; *Bayer*, NZG 2015, 1169, 1176.
248 BeschlussE FinA, TransparenzRL-ÄndRL-UmsetzungsG BT-Drucks. 18/6220, S. 88.
249 Ebenso *Harnos*, AG 2020, 601, 605; *Ilyevich*, Delisting, S. 184 f.

Abs. 1 Satz 1, § 11 Abs. 2 Satz 3 Nr. 1 WpÜG) und die **Finanzierungsbestätigung** (§ 13 Abs. 1 Satz 2, § 11 Abs. 2 Satz 3 Nr. 4 WpÜG) als Anlage mit zu veröffentlichen (Rz. 63.46 ff.)[250]. Auch sind Angaben dazu erforderlich, bis wann (§ 11 Abs. 2 Satz 2 Nr. 6 WpÜG, **Annahmefrist**, Rz. 63.45), wie und verbunden mit welchen Kosten die Anleger das Erwerbsangebot annehmen können (§ 2 Nr. 4 WpÜG-AngVO). Schließlich ist der Gerichtsstand im Falle von Streitigkeiten über das Erwerbsangebot aufzunehmen (§ 66 WpÜG, § 2 Nr. 12 WpÜG-AngVO).

Ob und in welchem Umfang die primär auf Übernahmesituationen zugeschnittenen Angaben der § 11 Abs. 2 Satz 3 Nr. 2 und 3 WpÜG, § 2 Nr. 1, 3a, 5, 8, 9 und 11 WpÜG-AngVO erforderlich sind, hängt vom Einzelfall ab. Regelmäßig werden diese nur sinnvoll sein, wenn das Erwerbsangebot nach § 39 Abs. 2 Satz 3 Nr. 1 BörsG mit einem Übernahmeangebot kombiniert wird[251]. Werden wegen § 39 Abs. 3 Satz 1 BörsG keinerlei **Bedingungen oder Vorbehalte** zugelassen (Rz. 63.35 ff.), entfällt jedenfalls die Notwendigkeit in der Angebotsunterlage diese zu erläutern (§ 11 Abs. 2 Satz 2 Nr. 5 WpÜG). Da **Teilangebote** nach § 39 Abs. 2 Satz 3 Nr. 1 BörsG (Rz. 63.26) ebenso wie **Tauschangebote** nach § 39 Abs. 3 Satz 2 BörsG (Rz. 63.26) ausscheiden, bedarf es hierzu keiner Angaben (§ 11 Abs. 2 Satz 2 Nr. 4 WpÜG, § 2 Nr. 2, 2a und 6 WpÜG-AngVO)[252]. Eine **Angabe zur Rechtswahl** ist erforderlich (§ 2 Nr. 12 WpÜG-AngVO), soweit dem Erwerber eine solche gestattet wird. Letzteres dürfte insbesondere beim Erwerb von Wertpapieren ausländischer Emittenten von Bedeutung sein, die sich von einer inländischen Börse zurückziehen. Insoweit ist aber offen, ob einerseits der durch Art. 4 Abs. 1 lit. h, Art. 6 Abs. 4 lit. d Rom I-VO bezweckte Integritätsschutz der Börse und andererseits der von § 39 Abs. 2 BörsG bezweckte Anlegerschutz es zulassen, dem Erwerber die Wahl eines anderen Rechts zu gestatten, als auf dem zu verlassenden regulierten Markt anzuwenden ist. Zwar wird das Geschäft nicht an der Börse geschlossen, doch es ist Teil des Börsenentlassungsverfahrens und Funktionsäquivalent zu einem Geschäft des Anlegers, welcher dieser ohne Börsenrückzug über die Börse abgeschlossen hätte. Ob auch hier der Grundsatz gilt, dass eine Rechtswahl für den einzelnen Vertrag möglich bleibt oder dies nicht mit dem *ordre public* vereinbar ist, bedarf noch der Klärung, zumal § 39 Abs. 2 Satz 3 Nr. 2 BörsG immerhin zeigt, dass dem Anleger der Handel an ausländischen Märkten unter ausländischem Recht zugemutet werden können soll und die betroffenen Wertpapiere ebenfalls ausländischem Recht unterliegen[253].

63.50

kk) Veröffentlichungen

Erwerbsabsicht und Erwerbsangebot hat der Erwerber nach den **Bestimmungen des WpÜG** mitzuteilen und zu veröffentlichen (§ 39 Abs. 2 Satz 3 Nr. 1 BörsG i.V.m. §§ 10, 14 WpÜG)[254]. Soweit der Emittent nicht selbst auch als Erwerber auftritt (Rz. 63.31), greifen für seine Entscheidung, sich von der Börse zurückzuziehen, die Bestimmungen des WpÜG nicht ein. Auch das BörsG enthält dazu keine Regelung. Fallen, wie regelmäßig (Rz. 63.30 f.), Erwerber und Emittent auseinander, muss der Emittent seine Börsenrückzugsentscheidung als **Ad-hoc-Information** bekanntgeben (Art. 17 MMVO – näher *Schäfer*, Rz. 14.14a und Rz. 15.17)[255]. Dennoch werden der Zeitpunkt der Veröffentlichung der Entscheidung zum Delisting (Art. 17 MMVO) und der Zeitpunkt zur Veröffentlichung des Erwerbsangebotes (§ 10 Abs. 1 Satz 1, § 35 Abs. 1 Satz 1 WpÜG) typischerweise zusammenfallen, müssen es aber nicht[256]. Indes muss das Erwerbsangebot „bei Antragstellung" schon nach den Vorschriften nach dem WpÜG veröffentlicht worden sein (§ 39 Abs. 2 Satz 3 Nr. 1 BörsG). Hierdurch soll eine Prüfung und Freigabe der Angebotsunterlage durch die BaFin gemäß § 14 Abs. 2, § 15 Abs. 1 WpÜG vor einer

63.51

---

250 Vgl. *Seydel* in KölnKomm. WpÜG, § 11 WpÜG Rz. 58 ff. m.w.N.
251 Vgl. auch die Kritik bei *Harnos*, ZHR 179 (2015), 750, 756 f.
252 Ebenso *Harnos*, ZHR 179 (2015), 750, 756 f.
253 Vgl. allg. *Martiny* in MünchKomm. BGB, 6. Aufl. 2015, Art. 4 Rom I-VO Rz. 162 m.w.N.
254 Krit. zur Regelung wegen Manipulationsmöglichkeiten *Wackerbarth*, WM 2016, 385, 386.
255 *Kumpan/Grütze* in Schwark/Zimmer, Art. 17 VO (EU) 596/2014 Rz. 41; *Klöhn* in Klöhn, Art. 7 MAR Rz. 385 f., Art. 17 MAR Rz. 403.
256 Vgl. *Wieneke/Schulz*, AG 2016, 809, 811.

Entscheidung der Börsengeschäftsführung über den Widerruf sichergestellt werden[257]. Daher dürften sich selbst bei einem Auseinanderfallen der verschiedenen Zeitpunkte keine wesentlichen Auswirkungen auf den Börsenpreis ergeben, da ein Kursverfall nach Bekanntgabe der Delistingentscheidung – wie die Erfahrungen nach der Macrotron-Entscheidung gelehrt haben – durch Einpreisung der Pflicht zum Erwerbsangebot nicht zu erwarten ist. Danach ist die **Entscheidung des Erwerbers**, ein Erwerbsangebot i.S.d. § 39 Abs. 3 Satz 3 Nr. 1 BörsG abzugeben, vor einer Information des Marktes und Anlegerpublikums der Börsengeschäftsführung und der BaFin mitzuteilen, damit diese ihren aufsichtsrechtlichen Aufgaben nachkommen können (§ 10 Abs. 2 WpÜG). Sodann ist die Erwerbsabsicht des Erwerbs zur Information des Marktes im **Internet** (§ 10 Abs. 3 Satz 1 Nr. 1 WpÜG) und besonderen elektronisch betriebenen Informationssystemen der Finanzwirtschaft (sog. **Schalterpublizität** – § 10 Abs. 3 Satz 1 Nr. 2 WpÜG) zu veröffentlichen[258]. In der Veröffentlichung sind mindestens der Erwerber oder die Erwerbergemeinschaft (Rz. 63.30), die betroffenen Wertpapiere und deren Emittent zu benennen. Außerdem ist eine Internetadresse anzugeben, unter der die Veröffentlichung der Angebotsunterlage im Internet erfolgen wird (§ 10 Abs. 3 Satz 2, § 14 Abs. 3 Satz 1 Nr. 1 WpÜG). Über die Veröffentlichung der Erwerbsentscheidung sind erneut die Börsengeschäftsführung und die BaFin zu informieren (§ 10 Abs. 4 WpÜG), aber auch der Emittent (§ 10 Abs. 5 WpÜG).

63.52 Im Anschluss hat der Erwerber die **Angebotsunterlage** grundsätzlich innerhalb von vier Wochen nach der Veröffentlichung der Entscheidung zur Abgabe eines Angebots der BaFin zu übermitteln (§ 14 Abs. 1 Satz 1 WpÜG). Für Form und Inhalt der Angebotsunterlage ist auf Rz. 63.49 f. zu verweisen. Die BaFin (nicht die Börsengeschäftsführung) prüft vor der Veröffentlichung des Erwerbsangebots, ob dieses die gesetzlichen Mindestanforderungen erfüllt[259]. Erst wenn die BaFin die Veröffentlichung gestattet oder jedenfalls nach entsprechender Anzeige der Veröffentlichungsabsicht nicht innerhalb von zehn Werktagen untersagt worden ist, darf der Erwerber die Angebotsunterlage veröffentlichen (§ 39 Abs. 2 Satz 2 Nr. 1 BörsG i.V.m. § 14 Abs. 2 Satz 1 und 2 WpÜG). Die Prüfung durch die BaFin soll sicherstellen, dass der angebotene **Erwerbspreis nicht offensichtlich unangemessen** ist und eine **ordnungsgemäße Finanzierungsbestätigung** vorliegt (§ 39 Abs. 2 Satz 2 Nr. 1 BörsG i.V.m. § 13 WpÜG – Rz. 63.46 ff.). Hierbei soll die BaFin auch berücksichtigen, ob der zugrunde gelegte Börsenkurs zutreffend ermittelt wurde[260]. Ist die Veröffentlichung des Erwerbsangebots statthaft, erfolgt diese stets im Internet (§ 14 Abs. 3 Nr. 1 WpÜG – dort, wo die Veröffentlichung angekündigt worden war) und nach Wahl des Erwerbes im Bundesanzeiger oder durch Bereithalten zur kostenlosen Ausgabe bei einer geeigneten Stelle im Inland. Im letzteren Fall ist im Bundesanzeiger bekannt zu machen, bei welcher Stelle die Angebotsunterlage bereit gehalten wird und unter welcher Adresse die Veröffentlichung der Angebotsunterlage im Internet nach Nr. 1 erfolgt ist (§ 14 Abs. 3 Nr. 2 WpÜG). Über die Veröffentlichung des Erwerbsangebots ist erneut die BaFin zu informieren (§ 14 Abs. 3 Satz 2 WpÜG), aber auch der Emittent (§ 14 Abs. 4 WpÜG).

d) Nebenbestimmungen, insbesondere Befristung

63.53 Die Geschäftsführung der Börse kann den als Verwaltungsakt zu qualifizierenden Widerruf mit **Nebenbestimmungen** (§ 36 LVwVfG) versehen. Die Befugnis rechtfertigt sich aus dem gesetzlichen Auftrag, bei der im pflichtgemäßen Ermessen zu treffenden Widerrufsentscheidung den Schutz der Anleger sicherzustellen. § 39 Abs. 5 Satz 2 BörsG setzt diese **Befugnis** stillschweigend voraus, wenn dort eine der möglichen Nebenbestimmungen, namentlich der Zeitraum einer Befristung (§ 36 Abs. 2 Nr. 1 LVwVfG), ausdrücklich konkretisiert wird[261]. Danach darf der Zeitraum zwischen der Veröffent-

---

257 BeschlussE FinA, TransparenzRL-ÄndRL-UmsetzungsG BT-Drucks. 18/6220, S. 85 f.
258 Näher *Assmann* in Assmann/Pötzsch/Uwe H. Schneider, § 10 WpÜG Rz. 66 ff. m.w.N.
259 BeschlussE FinA, TransparenzRL-ÄndRL-UmsetzungsG BT-Drucks. 18/6220, S. 86; *Bayer*, NZG 2015, 1169, 1177; *Groß*, AG 2015, 812, 818; *Harnos*, ZHR 179 (2015), 750, 774 f.
260 BeschlussE FinA, TransparenzRL-ÄndRL-UmsetzungsG BT-Drucks. 18/6220, S. 86.
261 *Heidelbach* in Schwark/Zimmer, § 39 BörsG Rz. 37, geht von einer Spezialregelung zu § 36 Abs. 2 Nr. 1 LVwVfG aus.

lichung und der Wirksamkeit des Widerrufs zum Schutz vor einer übermäßigen Beeinträchtigung der Dispositionsfreiheit des Emittenten zwei Jahre nicht überschreiten (**Warte- oder Nachfrist**)[262]. Die BörsO sehen regelmäßig deutlich kürzere Fristen vor, insbesondere in den Fällen des § 39 Abs. 2 Satz 3 BörsG, aber auch im Übrigen (siehe bspw. § 46 Abs. 2 BörsO-FWB, Stand 28.6.2021). Diese Wartefrist ist von der Annahmefrist für eine Erwerbsangebot zu unterscheiden (Rz. 63.45). Dies schließt aber nicht aus, dass der Widerruf mit weiteren Nebenbestimmungen verbunden wird. Weitere ermessenseinschränkende oder ermessenslenkende Regelungen können und sind vor allem in den jeweiligen BörsO getroffen worden, betreffen nach der Gesetzesänderung im November 2016 (Rz. 63.2) aber im Wesentlichen nur noch börsennotierte Wertpapiere, die nicht von § 39 Abs. 2 Satz 3 BörsG erfasst werden (Rz. 63.25). Denkbar sind auch **Auflagen** (§ 36 Abs. 2 Nr. 4 LVwVfG), wie bspw. die Verpflichtung eines ausländischen Emittenten, bei einem Börsenrückzug von allen deutschen Börsen für einige Zeit im Inland Zahlstellen beizubehalten, um inländischen (Klein-)Anlegern möglichst ohne Vermögenseinbußen eine Desinvestition ihres Kapitals zu ermöglichen[263]. Ebenso ist daran zu denken, dass der Widerruf unter eine **Bedingung** (§ 36 Abs. 2 Nr. 2 LVwVfG) gestellt wird. Unzulässig dürften Auflagen oder Bedingungen sein, ein Erwerbsangebot nach § 39 Abs. 2 Satz 3 Nr. 1 BörsG nachzubessern, dessen inhaltliche Prüfung allein der BaFin und den Zivilgerichten zugewiesen ist (Umkehrschluss aus § 39 Abs. 6 BörsG)[264]. In keinem Fall darf aber die Nebenbestimmung dem Zweck des Verwaltungsakts zuwiderlaufen (§ 36 Abs. 3 LVwVfG).

e) Veröffentlichung und Bekanntgabe des Widerrufs

Die Börsengeschäftsführung hat einen auf Antrag des Emittenten vorgenommenen Widerruf der Zulassung zum regulierten Markt der Börse „unverzüglich", also ohne schuldhaftes Zögern (§ 121 Abs. 1 Satz 1 BGB), jedenfalls im **Internet** zu veröffentlichen (§ 39 Abs. 5 Satz 1 BörsG – die BörsO greifen dies regelmäßig auf). Trotz der (weiterhin) unklaren Gesetzesfassung dürfte daneben eine Veröffentlichung in einem **überregionalen Börsenpflichtblatt** erforderlich sein (siehe schon Rz. 63.7). Insoweit ergibt sich aus den Gesetzesmaterialien, dass die Internetveröffentlichung „zusätzlich" zu erfolgen hat[265]. Die Börsengeschäftsführung kann nicht von der Veröffentlichung absehen. Es besteht **kein Entscheidungsermessen**. Dagegen liegt es in ihrem **pflichtgemäßen Auswahlermessen**, in wie vielen überregionalen Börsenpflichtblättern der Widerruf neben der Internetveröffentlichung angezeigt wird. Mit Blick auf die zwingende Veröffentlichung im Internet nimmt die Bedeutung einer Veröffentlichung in überregionalen Börsenpflichtblättern allerdings ab. Der Gesetzgeber hat das BörsG aber der Rechtswirklichkeit noch nicht angepasst. Offen lässt das Gesetz, ob, wie bislang, ein einmaliges Schalten der Widerrufsanzeige in den Börsenpflichtblättern ausreicht, die Art und Weise der Internetveröffentlichung, der „Ort" und wie lange die Zugreifbarkeit auf die Veröffentlichung im Internet gewährleistet werden muss. Teilweise regeln dies die BörsO.

63.54

Der **inhaltliche Umfang** der Veröffentlichung liegt weitgehend im Ermessen der Börsengeschäftsführung. Es kann ausreichen, dass die bloße Widerrufsverfügung an sich veröffentlicht wird, im Falle eines Delistings nach § 39 Abs. 2 Satz 3 BörsG allerdings stets unter Hinweis auf das veröffentlichte Erwerbsangebot. Doch bei einem mit Nebenbestimmungen versehen Widerruf (Rz. 63.53) wird oftmals die Möglichkeit deren Kenntnisnahme für die Anleger zum Schutz ihrer berechtigten Interessen notwendig sein. Dies betrifft vor allem die in der Praxis nach den BörsO übliche Fristsetzung für den Eintritt der Wirksamkeit des Widerrufs, die stets veröffentlicht werden muss, damit sich der Markt rechtzeitig auf die veränderte Sachlage einstellen kann. Auch wird das Ermessen der Börsengeschäfts-

63.55

---

262 Begr. RegE 3. FFG, BT-Drucks. 13/8933, S. 57, 75.
263 Vgl. *Schwark/Geiser*, ZHR 161 (1997), 739, 770.
264 Ebenso jetzt *Habersack* in Habersack/Mülbert/Schlitt, Unternehmensfinanzierung am Kapitalmarkt, Rz. 40.31.
265 Vgl. Begr. RegE FRUG, BR-Drucks. 833/06, S. 205; a.A. *Goslar/Klingen* in Beck'sches Hdb. AG, § 26 Rz. 27.

führung eingeschränkt, wenn eine **Pflicht zur Bekanntgabe** des Verwaltungsaktes aus § 41 Abs. 1 LVwVfG angenommen wird, weil die Anleger durch Rücknahme oder Widerruf der Zulassung als in ihren Rechten „betroffen" angesehen werden (Rz. 63.8 und 63.68 f.); § 41 Abs. 4 LVwVfG ist zu beachten[266].

f) Entscheidungsanspruch

63.56 Der Emittent als Antragsteller hat im Hinblick auf die Entscheidung der Börsengeschäftsführung einen **Anspruch auf fehlerfreie Ermessensbetätigung**[267]. Es handelt sich nicht um eine gebundene Entscheidung (Rz. 63.12 und 63.16). Ein Anspruch auf Widerruf der Zulassung zum regulierten Markt besteht nur bei einer Ermessensreduktion auf Null, also wenn bei Abwägung aller zu berücksichtigenden Umstände und Interessen die Ablehnung des Widerrufs ermessensfehlerhaft wäre[268]. Etwas anderes ergibt sich auch nicht aus § 39 Abs. 5 Satz 2 BörsG oder § 39 Abs. 2 Satz 3 BörsG[269]. Die Regelungen sprechen zwar dafür, dass der Anlegerschutz keine dauerhafte Aufrechterhaltung der Börsenzulassung verlangt; es bedeutet aber nicht, dass der Anlegerschutz in atypischen Fällen nicht mehr als zwei Jahre einem Widerruf entgegenstehen kann[270]. Insbesondere in den Fälle des § 39 Abs. 2 Satz 3 BörsG formuliert das Gesetz, dass „ein Widerruf nur zulässig [ist], wenn" die dort festgelegten Voraussetzungen vorliegen. Es kann nicht angenommen werden, dass der Emittent wegen § 39 Abs. 5 Satz 2 BörsG dennoch die vom Gesetzgeber als unzureichend verworfene „Fristenlösung" faktisch erzwingen kann, wenn er selbst zwei Jahre nach seinem Widerrufsantrag die Voraussetzungen nach § 39 Abs. 2 BörsG nicht geschaffen hat. Dass der Börsenpreis nach zwei Jahren das Rückzugsbegehren des Emittenten sicher eingepreist hat, steht dem nicht entgegen, es ist vielmehr darüber nachzudenken, ob in einer solchen Situation § 39 Abs. 3 Satz 3 oder 4 BörsG oder jedenfalls der dahinterstehende Rechtsgedanke zur Anwendung gebracht werden kann und sollte, also eine Abfindungsverpflichtung berechnet anhand des Unternehmenswerts (Rz. 63.41)[271].

2. Gesellschaftsrechtliche Wirksamkeitsvoraussetzungen

63.57 Während bis zur Neuregelung des regulären Delistings in § 39 Abs. 2 bis 6 BörsG (Rz. 63.2) die Verwirklichung des Anlegerschutzes beim Vorgang des Börsenrückzugs einer AG überwiegend im Gesellschafts- oder Umwandlungsrecht gesucht wurde[272], geht der Gesetzgeber jetzt unter dem Eindruck der Frosta-Entscheidung unmissverständlich davon aus, dass „es sich beim Delisting – ebenso wie beim Listing – um einen kapitalmarktrechtlichen Vorgang und nicht um eine gesellschaftsrechtliche Strukturmaßnahme handelt"[273]. Es geht danach um den **kapitalmarktrechtlichen Schutz aller Anleger** in börsennotierte Wertpapiere und nicht nur um den gesellschaftsrechtlichen Schutz des Aktionärs börsennotierter Aktien. Börsenrechtlich ist dies konsequent, da Aktien nur eine, wenngleich die praxisrelevanteste Teilmenge der börsennotierten Wertpapiere darstellen, die vom regulären Delisting be-

---

266 Vgl. dazu auch OLG Zweibrücken v. 3.8.2004 – 3 W 60/04, DB 2004, 2311, 2312 = AG 2005, 306, wonach die äußere Wirksamkeit des Widerrufsverwaltungsakts von der Veröffentlichung nach § 38 Abs. 4 Satz 3 BörsG a.F. abhängt.
267 Begr. RegE 3. FFG, BT-Drucks. 13/8933, S. 75; *Hellwig*, ZGR 1999, 781, 799; *Wirth/Arnold*, ZIP 2000, 111, 112.
268 Ähnlich, allerdings noch zum alten Recht *Holzborn/Schlößer*, BKR 2002, 486, 488.
269 Insoweit missverständlich zu § 39 Abs. 2 Satz 4 BörsG a.F. Begr. RegE 3. FFG, BT-Drucks. 13/8933, S. 57; a.A. *Kumpan* in Baumbach/Hopt, § 39 BörsG Rz. 10.
270 *Heidelbach* in Schwark/Zimmer, § 39 BörsG Rz. 37; wie hier noch zur alten Rechtslage auch Begr. RegE 3. FFG, BT-Drucks. 13/8933, S. 57, 75; i.E. auch *Eickhoff*, WM 1988, 1713 ff., 1716 f.
271 § 39 Abs. 3 Sätze 3 und 4 BörsG als abschließend betrachtend aber *Gegler*, BKR 2016, 273, 276.
272 Dezidiert dazu 3. Aufl. § 61 Rz. 20 ff., wobei hier von Beginn an eine kapitalmarktrechtliche Lösung favorisiert wurde, siehe ebd. § 61 Rz. 29, 32 und bereits 1. Aufl. § 62 Rz. 52.
273 BeschlussE FinA, TransparenzRL-ÄndRL-UmsetzungsG BT-Drucks. 18/6220, S. 84.

troffen sein können (siehe auch Rz. 63.16 f. und 63.25)[274]. Ebenso stellt sich die Frage des Anlegerschutzes auch für Wertpapiere ausländischer Emittenten, die diese an deutschen Börsen zugelassen haben, die aber nicht dem deutschen Gesellschafts- und Umwandlungsrecht unterliegen (Arg. § 39 Abs. 4 BörsG – siehe auch Rz. 63.22 ff.). Entsprechend setzt der Gesetzgeber seinen erweiterten **Anlegerschutz beim Delisting im Börsenrecht und nicht im Gesellschafts- oder Umwandlungsrecht** an[275].

Anlass hierfür war nicht zuletzt, dass der **BGH** in seiner **Frosta-Entscheidung** seinem eigenen Macrotron-Lösungsansatz und allen übrigen im Schrifttum bislang entwickelten gesellschafts- oder umwandlungsrechtlichen Schutzinstrumenten für das Delisting börsennotierter Aktien eine Absage erteilt und die **Anleger auf den Schutz durch § 39 Abs. 2 BörsG a.F. verwiesen** hat[276]. Hieraus wird spätestens nach der Neufassung von § 39 Abs. 2 bis 6 BörsG verbreitet gefolgert, dass neben dem börsenrechtlichen Schutzinstrumentarium kein Raum mehr für gesellschafts- oder umwandlungsrechtliche Schutzinstrumente verbleibt[277]. Dem ist insoweit zuzustimmen als aus dem Gesellschafts- oder Umwandlungsrecht ableitbarer Schutz das börsenrechtliche Schutzinstrumentarium nicht konterkarieren darf. Wohl aber bleibt es denkbar, gesellschafts- oder umwandlungsrechtliche Schutzinstrumente ergänzend zur Anwendung zu bringen. **Aktionärsschutz ist nicht deckungsgleich mit Anlegerschutz**: Die Aktionärsrechte gehen über die am Kapitalmarkt gehandelten, mit den Regeln des Kapitalmarkts zu schützenden Vermögensrechte hinaus, weshalb Aktionärsschutz auch einen Minderheitenschutz losgelöst von der Kompensation von Vermögenbeeinträchtigungen beinhaltet. Es wird auch zukünftig zu hinterfragen sein, ob sich mit dem Börsenrückzug eine Beeinträchtigung von Aktionärsrechten verbindet, welche der Beachtung gesellschafts- oder umwandlungsrechtlicher Schutzinstrumente bedarf oder – was nach der gesetzgeberischen Vorstellung der Regelfall sein soll – ob die Beeinträchtigung der Aktionäre hinreichend durch den börsenrechtlichen Anlegerschutz ausgeglichen wird. **BörsG und BörsO treffen** weiterhin **keine abschließende Regelung** über die Voraussetzungen des Delisting[278]. Dies gilt erst recht mit Blick auf ausländische Emittenten. Deutlich wird dies auch in den Fällen des kalten Delistings, bei denen die Verbindung von Börsenrückzug mit umwandlungs- oder gesellschaftsrechtlichen Maßnahmen besondere Schutzinstrumente erfordern kann[279].

63.58

a) Hauptversammlungsbeschluss

Börsenrechtlich bedarf der Widerruf der Zulassung zum regulierten Markt einer Börse nach § 39 Abs. 2 BörsG des Antrags des Emittenten. Wurden die Wertpapiere von einer AG emittiert, bedarf es damit des Antrages der Gesellschaft vertreten durch ihren Vorstand (Rz. 63.11). Der Antragstellung geht allerdings ein **interner Prozess der Willensbildung** des Emittenten über den Börsenrückzug voraus.

63.59

---

274 Vgl. insb. schon die Überlegungen zum kapitalmarktrechtlichen Anlegerschutz bei *Ekkenga*, ZGR 2003, 878 ff.; *Mülbert*, ZHR 165 (2001), 104 ff.; *Heldt/Royé*, AG 2012, 660 ff.; neuerdings auch *Auer*, JZ 2015, 71, 75 f.; Forderung nach einer kapitalmarktrechtlichen Lösung auch hier bereits seit der 1. Aufl. 2004, zuletzt 3. Aufl. § 61 Rz. 29, 32.
275 Dazu, dass dies gleichwohl auf gesellschaftsrechtlicher Ebene Auswirkungen haben kann, *Koch/Harnos*, NZG 2015, 729, 730; *Sanders*, Anlegerschutz beim Delisting, S. 80 ff.
276 BGH v. 8.10.2013 – II ZB 26/12 – Frosta, AG 2013, 878 ff.; zur Diskussion oben Rz. 63.2 m.w.N.; zur Fraglichkeit der vom BGH zugrunde gelegten öffentlich-rechtlichen Prämissen *Mayen*, ZHR 179 (2015), 1, 4 ff.
277 BeschlussE FinA, TransparenzRL-ÄndRL-UmsetzungsG BT-Drucks. 18/6220, S. 86; *Bayer*, NZG 2015, 1169, 1173f.; *Goetz*, BB 2015, 2691, 2962; *Groß*, AG 2015, 812, 813; *Harnos*, ZHR 179 (2015), 750, 752 m. Fn. 4; *Hüffer/Koch*, § 119 AktG Rz. 36; *Thomale*, DStR 2013, 2529; *Verse* in FS Baums, 2017, S. 1317, 1321 f.; a.A. *Stöber*, WM 2014, 1757, 1760 f.; wohl auch *Schockenhoff*, ZIP 2013, 2429, 2434.
278 Ähnlich, freilich vor der Neuregelung *Zetzsche*, NZG 2000, 1065 f.; *Benecke*, WM 2004, 1122, 1126; a.A. etwa *Krämer/Theiß*, AG 2003, 225, 230; *Wirth/Arnold*, ZIP 2000, 111 ff.; *Goetz*, BB 2012, 2767 ff.; *Kiefner/Gillessen*, AG 2012, 645, 654.
279 Vgl. zu Friktionen zwischen § 39 BörsG und § 29 UmwG bspw. *Bayer*, NZG 2015, 1169, 1173; *Harnos*, ZHR 179 (2015), 750, 759 f. Fn. 43.

Die Anforderungen an diesen Willensbildungsprozess unterliegen nicht dem Börsenrecht, sondern dem (einschlägigen heimischen) Gesellschaftsrecht. Dies sind im Falle der AG das AktG, die Satzung und die Geschäftsordnungen. Weder BörsG noch BörsO regeln die gesellschaftsrechtlichen Entscheidungszuständigkeiten und das Willensbildungsverfahren[280].

aa) (Keine) Kompetenz der Hauptversammlung

63.60 Ob die Entscheidung zum Rückzug von der Börse eines Hauptversammlungsbeschlusses bedarf, ist seit jeher umstritten. Es entspricht aber heute der Rechtsprechung des BGH und der herrschenden Lehre, dass die Entscheidung einen Börsenrückzug zu beantragen als **Geschäftsführungsmaßnahme** (jedenfalls grundsätzlich) in der **Kompetenz des Vorstandes** liegt[281]. Zwar ordnete der BGH noch in seiner Macrotron-Entscheidung aus dem Jahr 2002 die Zuständigkeit zur Entscheidung über einen Börsenrückzug unter Hinweis auf die durch Art. 14 Abs. 1 GG verfassungsrechtlich geschützte Verkehrsfähigkeit der Aktie der Hauptversammlung zu[282]. Dem stimmte das Schrifttum wohl überwiegend im Ergebnis zu, wenn zumeist auch mit anderer (einfach-gesetzlicher) dogmatischer Begründung[283]. Doch gab der BGH die Macrotron-Regeln in der Frosta-Entscheidung im Jahr 2013 insgesamt wieder auf (Rz. 63.2). Für seine Kehrtwende verweist der BGH auf die Rechtsprechung des BVerfG aus dem Jahr 2012. Danach wird der bloße Vermögenswert des Aktieneigentums von der Bestand einzelner wertbildender Faktoren, insbesondere solche, welche die tatsächliche Verkehrsfähigkeit einer Aktie steigern, von Art. 14 GG nicht geschützt[284]. Unter dieser Prämisse, so der BGH im Anschluss an entsprechende Vorarbeiten im Schrifttum, fehle es dem verfassungsrechtlichen Begründungsansatz der Macrotron-Entscheidung an seiner Rechtfertigung[285]. Dann jedoch, so die weitere Überlegung des BGH im Anschluss an seine Feststellungen schon in der Macrotron-Entscheidung, lasse sich eine **ungeschriebene Hauptversammlungskompetenz** einfach-gesetzlich entgegen verschiedener Stimmen in der Literatur nicht begründen[286]: Ein Delisting beinhalte keinen Eingriff in die Innenstruktur der Gesellschaft, der einer Mediatisierung der Mitwirkungsrechte im Sinne der Holzmüller-

---

280 *Mülbert* in Großkomm. AktG, 5. Aufl. 2017, § 119 AktG Rz. 152, hebt deshalb zutreffend hervor, dass die BörsO eine Hauptversammlungskompetenz nicht begründen können; ebenso *Kocher/Seiz*, DB 2016, 153, 159; offener *Mayen*, ZHR 179 (2015), 1, 7; *Hüffer/Koch*, § 119 AktG Rz. 45.
281 BGH v. 8.10.2013 – II ZB 26/12 – Frosta, AG 2013, 878 ff.; *Hüffer/Koch*, § 119 AktG Rz. 36; *von der Linden*, NZG 2015, 176, 177; *Weidemann/Simon/Weiß*, BKR 2014, 168, 170, jeweils m.w.N.
282 BGH v. 25.11.2002 – II ZR 133/01 – Macrotron, BGHZ 153, 47, 53 ff. = AG 2003, 273 ff.; i.E. noch bestätigt durch BGH v. 7.12.2009 – II ZR 239/08, AG 2010, 453; gegen den verfassungsrechtlichen Begründungsansatz schon damals *Bungert*, BB 2000, 53, 55; *Even/Vera*, DStR 2002, 1315, 1317; *Halasz/Kloster*, ZBB 2001, 474, 482; *Mülbert*, ZHR 165 (2001), 104, 129 ff.; *Groß*, ZHR 165 (2001), 141, 163 ff.; *Wirth/Arnold*, ZIP 2000, 111, 114 f.
283 Übersicht über die damalige Diskussion 4. Aufl. § 61 Rz. 21; zusammenfassend auch *Mülbert* in Großkomm. AktG, 5. Aufl. 2017, § 119 AktG Rz. 142 ff. m.w.N.; eingehend *Picot*, Die Rechte der Aktionäre beim Delisting, S. 61 ff.; *Staake*, Ungeschriebene Hauptversammlungszuständigkeiten in börsennotierten und nicht börsennotierten Aktiengesellschaften, S. 161 ff.
284 BVerfG v. 11.7.2012 – 2 BvR 3142/07, 1 BvR 1569/08, AG 2012, 557; vgl. zu den zahlreichen verfassungsrechtlichen Stellungnahmen im Vorfeld dieser Entscheidung zusammenfassend 3. Aufl. § 61 Rz. 21 und 31 m.w.N.
285 BGH v. 8.10.2013 – II ZB 26/12 – Frosta, AG 2013, 878 ff.; ebenso in der verfassungsrechtlichen Beurteilung etwa: *Habersack*, ZHR 176 (2012), 463, 467; *Sanders*, JZ 2012, 1070, 1071; *Wackerbarth*, WM 2012, 2077, 2078 f.
286 Vgl. dazu *Glienke/Röder*, BB 2014, 899, 903; *Goetz*, BB 2012, 2767 ff.; *Bungert/Wettich*, DB 2012, 2265, 2268; *Kiefner/Gillessen*, AG 2012, 645, 650 ff.; *Königshausen*, BB 2012, 2014, 2015; *Kocher/Widder*, NJW 2014, 127, 129; *Schockenhoff*, ZIP 2013, 2429, 2434; *Schnaittacher/Westerheide/Stindt*, WM 2012, 2225, 2229; zweifelnd aber *Paschos/Klaaßen*, ZIP 2013, 154, 157; a.A. *Drygala/Staake*, ZIP 2013, 905, 907; *Klöhn*, NZG 2012, 1041, 1046; *Wackerbarth*, WM 2012, 2077, 2079; *Stöber*, WM 2014, 1757, 1760 ff.

Rechtsprechung[287] gleichkommen würde[288]. Vielmehr lasse der Rückzug von der Börse *de iure* die verbandsinterne Struktur unberührt[289]. Auch greife ein Delisting weder in den Bestand der Mitgliedschaft oder in relative Beteiligungsrechte ein noch verwässere es den Vermögenswert der Beteiligung oder zehre diesen aus[290]. Sämtliche einfach-gesetzlichen Begründungsansätze einschließlich aller (Gesamt-) Analogieversuche zu Regelungen des AktG oder des UmwG würden deshalb mangels Vergleichbarkeit der Sachlage nicht eingreifen, womit es bei einer Zuständigkeit des Vorstandes verbleiben müsse[291]. Die Praxis wird danach davon ausgehen können, dass es eines Hauptversammlungsbeschlusses über den Börsenrückzug grundsätzlich nicht bedarf. Dies gilt erst recht für weniger intensiv eingreifende Maßnahmen wie dem partiellen Börsenrückzug[292].

Ebenfalls umstritten ist die Frage, ob über die **Satzung** eine Zuständigkeit der Hauptversammlung begründet werden kann, sei es unmittelbar durch einen Zustimmungsvorbehalt oder mittelbar durch Verankerung der Börsennotierung in der Satzung unter Bezugnahme auf § 3 Abs. 2 AktG (siehe auch *Gätsch*, Rz. 4.44; *Marsch-Barner/von der Linden*, Rz. 33.55)[293]. Letzteres würde im Ergebnis dazu führen, dass jeder Börsenrückzug einer Satzungsänderung und folglich eines satzungsändernden Hauptversammlungsbeschlusses bedürfte (§ 179 AktG)[294]. Während die Gegner einer Satzungsregelung in diesen stets eine mit dem Grundsatz der Satzungsstrenge des § 23 Abs. 5 Satz 1 AktG unvereinbare Abweichung von der Kompetenzordnung des AktG (§ 119 AktG) und unzulässige Beschneidung der Leitungsmacht des Vorstandes erkennen (§ 76 Abs. 1 AktG)[295], betonen die Befürworter, dass es sich um eine nach § 23 Abs. 5 Satz 2 AktG zulässige Ergänzung der aktienrechtlichen Regelungen handelt, die wegen § 3 Abs. 2 AktG geradezu im AktG angelegt sei[296]. Mag es vielleicht noch verfrüht sein, die börsennotierte und nichtbörsennotierte AG als unterschiedliche Rechtsformen zu begreifen, da es an einem einheitlichen, in sich geschlossenen „Börsengesellschaftsrecht" noch fehlt (näher mit Nachweisen *Marsch-Barner/Schäfer*, § 1, zusammenfassend in Rz. 1.45 ff.), erscheint es gleichwohl bedenklich, eine Satzungsregelung für oder gegen eine Zulassung der Aktien an der Börse i.S.v. § 3 Abs. 2 AktG auf eine bloße Kompetenzregelung zu reduzieren. Das Recht der börsennotierten AG ergibt sich inzwi-

63.61

---

287 BGH v. 25.2.1982 – II ZR 174/80 – Holzmüller, BGHZ 83, 122, 136 ff. = AG 1982, 158 ff.; dazu eingehend *H. Henze* in FS Ulmer, 2003, S. 211 ff.; *Hüffer* in FS Ulmer, 2003, S. 279 ff.
288 BGH v. 8.10.2013 – II ZB 26/12 – Frosta, AG 2013, 878 ff. Rz. 3; BGH v. 25.11.2002 – II ZR 133/01 – Macrotron, BGHZ 153, 47, 54 = AG 2003, 273 ff.
289 So auch BVerfG v. 11.7.2012 – 1 BvR 3142/07, 1 BvR 1569/08, AG 2012, 557; zuvor bspw. *Groß*, ZHR 165 (2001), 141, 163 ff.; *Krämer/Theiß*, AG 2003, 225, 237 f.; *H. Henze* in FS Ulmer, 2003, S. 241 ff.; *Mülbert*, ZHR 165 (2001), 104, 129 ff.; a.A. *Lutter* in FS Zöllner, 1998, S. 363, 376 ff.; *Lutter/Drygala* in FS Raisch, 1995, S. 239, 240 f.; *de Vries*, Delisting, S. 92 ff.
290 BGH v. 8.10.2013 – II ZB 26/12 – Frosta, AG 2013, 878 ff.; BGH v. 25.11.2002 – II ZR 133/01 – Macrotron, BGHZ 153, 47, 54 = AG 2003, 273 ff., jeweils m.w.N.
291 BGH v. 8.10.2013 – II ZB 26/12 – Frosta, AG 2013, 878 ff.; a.A. *Stöber*, WM 2014, 1757, 1760 ff. m.w.N.
292 *Mülbert* in Großkomm. AktG, 5. Aufl. 2017, § 119 AktG Rz. 153; *Tröger* in KölnKomm. AktG, § 119 AktG Rz. 173 m.w.N.
293 Bejahend *Arnold*, ZIP 2005, 1573, 1576; *Brellochs*, AG 2014, 633, 638; *Gutte*, Das reguläre Delisting von Aktien, S. 162; *Habersack*, AG 2005, 137, 141; *Mülbert*, ZHR 165 (2001), 104, 129; *Schockenhoff*, ZIP 2013, 2429, 2434; *Rosskopf*, ZGR 2014, 487, 503; *Vollmer/Grupp*, ZGR 1995, 459, 467 f.; *Wirth/Arnold*, ZIP 2000, 111, 115; verneinend *Hüffer/Koch*, § 119 AktG Rz. 45; *Kocher/Seiz*, DB 2016, 153, 158; *von der Linden*, NZG 2015, 176 ff.; *Scholz*, BB 2015, 2248 ff.; *Groß*, AG 2016, 812, 814; *Verse* in FS Baums, 2017, S. 1317, 1321 in Fn. 23.
294 Vgl. zum umgekehrten Fall, dass die Satzung eine Börsenzulassung ausschließt *Drescher* in BeckOGK AktG, Stand 1.6.2021, § 3 AktG Rz. 7, wonach die börsennotierte AG keine entgegenstehende Satzungsregelung vorsehen können soll.
295 Pointiert *Scholz*, BB 2015, 2248 ff.; *von der Linden*, NZG 2015, 176 ff.; zust. *Kocher/Seiz*, DB 2016, 153, 158.
296 *Mülbert*, ZHR 165 (2001), 104, 129; *Mülbert*, in Großkomm. AktG, 5. Aufl. 2017, § 119 AktG Rz. 151 m.w.N.; *Schockenhoff*, ZIP 2013, 2429, 2434 f.; zust. *Rosskopf*, ZGR 2014, 487, 503.

schen nicht mehr nur aus dem AktG und dem BörsG, sondern auch aus einer Reihe weiterer Gesetze und EU-VO (näher *Marsch-Barner/Schäfer*, Rz. 1.7 ff.). Die Entscheidung über den Börsengang oder Börsenrückzug steht zunehmend einer in die Zuständigkeit der Aktionäre fallenden „Rechtsformwahl" näher als einer bloßen Kompetenzregelung oder Finanzierungsgestaltung[297]. Es werden damit zentrale wirtschaftliche Rahmenbedingungen konturiert, deren Bestimmung in die Entscheidungsmacht der Aktionäre fällt. Dass der Vorstand seine Leitungsmacht nur in den Grenzen der Satzung ausüben kann, ist keine Besonderheit des Börsengangs- oder Börsenrückzugs und Herren der Satzung sind die Aktionäre. Fehlen Satzungsregelungen, die die (Nicht-)Zulassung an den Börsen vorsehen, kann das reguläre Delisting mit einer Satzungsänderung freilich nicht gleichgestellt werden[298].

63.62 Auch ist es möglich, dass der Vorstand über den Börsenrückzug die Entscheidung der Hauptversammlung gemäß **§ 119 Abs. 2 AktG** einholt[299]. Die praktische Bedeutung der Regelung des § 119 Abs. 2 AktG ist allgemein gering und dürfte im Bereich des Delistings noch unbedeutender sein. Ohnehin wird es auch unter der kapitalmarktrechtlichen Lösung des § 39 Abs. 2 BörsG regelmäßig erforderlich sein, dass der Vorstand die Rückendeckung der Aktionärsmehrheit hat. Regelmäßig wird die Aktionärsmehrheit als Erwerber auftreten müssen (Rz. 63.30). Deren Rückendeckung hat sich der Vorstand schon bislang außerhalb der Hauptversammlung versichert und es ist zu erwarten, dass er dies typischerweise auch in der Zukunft so handhaben wird, sodass es praktisch auf eine Hauptversammlungsvorlage nach § 119 Abs. 2 AktG nicht ankommt.

bb) Formelle Beschlussvoraussetzungen: Informationsrechte, Vorstandsbericht

63.63 Soweit ein Hauptversammlungsbeschluss eingeholt wird oder werden muss, hat die Vorbereitung und Durchführung der hierüber beschließenden Hauptversammlung den Formvorschriften des AktG zu genügen. Liegt eine Satzungsänderung vor, gelten die darauf anzuwendenden Regelungen. Hierbei kommt den **Informationsmöglichkeiten** der Aktionäre besondere Bedeutung zu, wenngleich das Informationsbedürfnis der Anleger in den Fällen des § 39 Abs. 2 Satz 3 Nr. 1 BörsG im Wesentlichen über die Angebotsunterlage befriedigt wird (Rz. 63.49 ff.). Unter der Macrotron-Entscheidung wurde entsprechend dem Rechtsgedanken des § 124 Abs. 2 Satz 2 AktG gefordert, dass den Aktionären der Widerrufsantrag mit der **Tagesordnung** der Hauptversammlung bekannt gegeben wird[300]. Darüber hinaus reiche aber die Darlegung der Auswirkungen eines Delistings für die Gesellschaft und ihre Aktionäre in der Hauptversammlung, jedenfalls soweit die aufgeführten Gründe aus sich heraus verständlich und geeignet seien, die Entscheidung der Hauptversammlung zu tragen. Zudem stehen den Aktionären die **Auskunftsrechte** gemäß § 131 AktG zu. Dagegen lehnt die Rechtsprechung einen **Vorstandsbericht** analog § 186 Abs. 4 Satz 2 AktG ab[301]. Die Neuregelung des § 39 BörsG gibt keinen Anlass, diese Anforderungen zu verschärfen, eher das Gegenteil ist mit Rücksicht auf die kapitalmarktrechtlichen Schutzinstrumente der Fall.

---

297 A.A. *Tröger* in KölnKomm. AktG, § 119 AktG Rz. 174; aufgeschlossen für den hier vertretenen Ansatz wohl *Harnos*, ZHR 182 (2018), 363, 370.
298 Ebenso *Benecke*, WM 2004, 1122, 1124; *Schlößer*, Delisting, S. 257; *Wackerbarth*, WM 2012, 2077, 2078 f. m. Fn. 21; *Kiefner/Gillessen*, AG 2012, 645, 651.
299 *Kocher/Seiz*, DB 2016, 153, 159.
300 BGH v. 25.11.2002 – II ZR 133/01 – Macrotron, BGHZ 153, 47, 59 = AG 2003, 273 ff.; BGH v. 7.12.2009 – II ZR 239/08, AG 2010, 453; weitergehend *Schlitt*, ZIP 2004, 533, 536; krit. *Bürgers*, NJW 2003, 1642, 1643; *Wilsing/Kruse*, WM 2003, 1110, 1112 f.
301 BGH v. 25.11.2002 – II ZR 133/01 – Macrotron, BGHZ 153, 47, 59 = AG 2003, 273 ff.; BGH v. 7.12.2009 – II ZR 239/08, AG 2010, 453; krit. *Weißhaupt*, AG 2004, 585, 690; *Schlitt*, ZIP 2004, 533, 536; *Kruse*, Das „kalte" Delisting, S. 72; zuvor bereits *Kiem*, EWiR 2000, 75 f.; *de Vries*, Delisting, S. 108; a.A. *Lutter* in FS Zöllner, 1998, S. 363, 382; *Kretschmer/Karakaya*, WM 2002, 2494, 2496 f.

cc) Materielle Beschlussvoraussetzungen: sachliche Rechtfertigung

63.64 Ein Hauptversammlungsbeschluss über ein Delisting bedarf keiner sachlichen Rechtfertigung, sodass eine materielle Beschlusskontrolle ausscheidet[302]. Die Entscheidung hat unternehmerischen Charakter und es liegt allein im Ermessen der Aktionäre, ob ein Delisting im Interesse der Gesellschaft zweckmäßig und geboten ist. Diese Sichtweise schließt an die Rechtsprechung an, dass grundsätzlich **Hauptversammlungsbeschlüsse**, die mit ausreichender Mehrheit zustande kommen, ihre **Rechtfertigung in sich tragen**[303]. Für das Delisting findet sie ihre Rechtfertigung darin, dass auch in anderen Fällen, in denen den Schutzinteressen der Minderheitsaktionäre durch einen Abfindungsanspruch Rechnung getragen wird, eine materielle Beschlusskontrolle ausscheidet. Dies konnte schon bislang mit dem Regelungsauftrag des § 39 Abs. 2 BörsG a.F. begründet werden und folgt heute aus § 39 Abs. 2 Satz 3 BörsG[304].

b) Abfindungsangebot und Fungibilitätsausgleich

63.65 Für eine Analogie zu umwandlungs- oder gesellschaftsrechtlichen Vorschriften zur Begründung eines Abfindungsangebotes für den Fall des regulären Delistings i.S.d. § 39 Abs. 2 Satz 3 Nr. 1 BörsG fehlt es nach der Neuregelung des § 39 Abs. 2 bis 6 BörsG an einer **Regelungslücke**. Wurde in Ergänzung zu dem über § 39 Abs. 2 BörsG a.F. (Rz. 63.2) erreichbaren Schutz der Anleger überwiegend noch ein Abfindungsangebot an die Aktionäre gestützt auf eine Analogie zu § 29 UmwG[305], einer Gesamtanalogie zu den §§ 29, 207 UmwG, § 305 AktG respektive den §§ 29, 207 UmwG, §§ 327a ff. AktG[306] befürwortet oder teilweise auch (nur) der Rechtsgedanke der §§ 304 f., 320a f. und 327a f. AktG[307] bzw. der §§ 190 ff. UmwG bemüht[308], hat der Gesetzgeber mit der Neuregelung des § 39 BörsG insoweit eine abschließende Regelung getroffen[309]. Ohnehin hatte der BGH mit der Frosta-Entscheidung unter Aufgabe seiner Macrotron-Entscheidung für die Praxis verbindlich allen umwandlungs- oder gesellschaftsrechtlich begründeten Abfindungsangebotspflichten unter Verweis auf den börsenrechtlichen Anlegerschutz eine Absage erteilt[310]. Eben diese Kehrtwende des BGH hat der Gesetzgeber zum Anlass genommen, den Kern des Anlegerschutzes beim Delisting nach kapitalmarktrechtlichen und nicht (mehr) nach gesellschaftsrechtlichen Regeln vorzunehmen[311]. Damit ist durch die gesetzliche Neurege-

---

302 BGH v. 25.11.2002 – II ZR 133/01 – Macrotron, BGHZ 153, 47, 58 f. = AG 2003, 273 ff.; zust. *Krämer/Theiß*, AG 2003, 225, 235; *Schwark/Geiser*, ZHR 161 (1997), 739, 763 f.; *Drygala/Staake*, ZIP 2013, 905, 912; krit. *Lutter*, JZ 2003, 684, 686; *Ekkenga*, ZGR 2003, 878, 899 ff.; *Bürgers*, NJW 2003, 1642, 1643.
303 BGH v. 28.1.1980 – II ZR 124/78, BGHZ 76, 352, 353; BGH v. 1.2.1988 – II ZR 75/87 – Linotype, BGHZ 103, 183, 194; krit. *Wiedemann*, ZGR 1999, 857, 865 ff. m.w.N.
304 Vgl. auf Basis der alten Rechtslage ausführlich *M. Henze*, Delisting, S. 160 ff.; *de Vries*, Delisting, S. 110 ff.; *Thomas*, Delisting und Aktienrecht, S. 220 ff. jeweils m.w.N.
305 *Klöhn*, NZ 2012, 1041; *Klöhn*, Das System der aktien- und umwandlungsrechtlichen Abfindungsansprüche, S. 316 (anders noch *Klöhn*, ZBB 2003, 208, 213 f.); a.A. bspw. *Kiefner/Gillessen*, AG 2012, 645, 654 ff. m.w.N.
306 Vgl. etwa *Adolff/Tieves*, BB 2003, 797, 801 ff.; *Benecke*, WM 2004, 1122, 1125; *Schlitt*, ZIP 2004, 533, 536; *J. Vetter*, ZHR 168 (2004), 8, 39 f.; *Hellwig/Bormann*, ZGR 2002, 465, 487 ff.; *Holzborn*, WM 2003, 1105, 1108; *Vollmer/Grupp*, ZGR 1995, 459, 475 f.; *Zetzsche*, NZG 2000, 1065, 1068 ff.; abl. *Ekkenga*, ZGR 2003, 878, 896; *Groß*, ZHR 165 (2001), 141, 160 f.; *Klöhn*, ZBB 2003, 208, 213 ff.; *Mülbert*, ZHR 165 (2000), 104, 137 ff.; *Wirth/Arnold*, ZIP 2000, 111, 116.
307 *H. Henze*, NZG 2003, 649, 651 Fn. 35; *Geyrhalter/Gänßler*, NZG 2003, 313, 315.
308 *Drygala/Staake*, ZIP 2013, 905, 906 ff.; *Staake*, Ungeschriebene Hauptversammlungszuständigkeiten in börsennotierten und nicht börsennotierten Aktiengesellschaften, S. 161 ff.
309 Vgl. neben den Nachweisen in Rz. 63.58; *Mülbert* in Großkomm. AktG, 5. Aufl. 2017, § 119 AktG Rz. 141.
310 BGH v. 8.10.2013 – II ZB 26/12 – Frosta, AG 2013, 878 ff.; BGH v. 25.11.2002 – II ZR 133/01 – Macrotron, BGHZ 153, 47, 54 = AG 2003, 273 ff., jeweils m.w.N.
311 Vgl. insb. schon die Überlegungen zum kapitalmarktrechtlichen Anlegerschutz bei *Ekkenga*, ZGR 2003, 878 ff.; *Mülbert*, ZHR 165 (2001), 104 ff.; *Heldt/Royé*, AG 2012, 660 ff.; neuerdings auch *Auer*, JZ 2015,

lung in § 39 Abs. 2 bis 6 BörsG die **gesellschaftsrechtliche Diskussion zur Rechtsgrundlage eines Abfindungsangebotes überholt**[312]. Dies gilt auch, soweit vereinzelt zur Altregelung eine Verpflichtung zur Leistung eines Fungibilitätsausgleichs diskutiert wurde. Dieser sollte eine Entschädigung in Form einer Barauszahlung für den Verlust der besonderen Verkehrsfähigkeit börsennotierter Aktien ohne Aufgabe der Aktionärsstellung beinhalten[313]. Allerdings entsprach es schon zum alten Recht der h.M., dass ein solcher Fungibilitätsausgleich jedenfalls in den Fällen des regulären Delistings ausscheidet[314]. Insoweit bestätigt § 39 BörsG, dass die Aktionäre nicht berechtigt sein können, sich einerseits die Nachteile einer fehlenden Börsenzulassung ausgleichen zu lassen, sich andererseits aber die sich aus der Beendigung der Börsenzulassung ergebenden Chancen offen zu halten.

V. Rechtsschutz

63.66 Der Rechtsschutz im Zusammenhang mit dem Widerruf der Börsenzulassung nach § 39 BörsG ist zweigleisig ausgestaltet: **öffentlich-rechtlich hinsichtlich des Börsenentlassungsverfahrens** und **zivilrechtlich hinsichtlich des Erwerbsangebotes** nach § 39 Abs. 2 Satz 3 Nr. 1 BörsG[315]. Obwohl das Anstaltsnutzungsverhältnis mit der Börse und dessen Beendigung öffentlich-rechtlichen Regelungen folgt[316], sodass diesbezüglicher Rechtsschutz in die Zuständigkeit der Verwaltungsgerichte fällt, eröffnet § 39 Abs. 2 Satz 3 Nr. 1 BörsG mit dem Verweis auf § 31 WpÜG die Möglichkeit, die Höhe des Erwerbsangebots von den Zivilgerichten überprüfen zu lassen, denn insoweit ist das Rechtsverhältnis zwischen Anlegern und Erwerber betroffen[317]. Letztere sind bei deutschen Emittenten auch zuständig, soweit mit dem regulären Delisting gesellschaftsrechtliche Auswirkungen überprüft werden sollen, da es insoweit um das Rechtsverhältnis zwischen dem Emittenten als Gesellschaft und deren Gesellschafter geht (Rz. 63.57 ff.); bei ausländischen Emittenten gilt insoweit regelmäßig das einschlägige Heimatrecht des Emittenten. Für die Rechtsschutzfragen vor der Änderung des § 39 BörsG und der Aufgabe der Macrotron-Rechtsprechung durch die Frosta-Entscheidung ist auf die 3. Auflage zu verweisen[318].

1. Widerspruch sowie öffentlich-rechtliche Anfechtungs- und Verpflichtungsklage

63.67 Erfolgt die **Beendigung des öffentlich-rechtlichen Benutzungsverhältnisses** zwischen Börse und Emittent auf der Grundlage der § 39 Abs. 1 BörsG, §§ 48, 49 LVwVfG von Amts wegen durch belastenden Verwaltungsakt, so kann der **Emittent als Adressat** verwaltungsrechtlichen Rechtsschutz durch

---

71, 75 f.; Forderung nach einer kapitalmarktrechtlichen Lösung auch hier bereits seit der 1. Aufl. 2004, zuletzt 3. Aufl. § 61 Rz. 29, 32.

312 Zur Diskussion 3. Aufl. § 61 Rz. 31; zum heutigen Diskussionsstand zusammenfassend bspw. *Mülbert* in Großkomm. AktG, 5. Aufl. 2017, § 119 AktG Rz. 141 ff. m.w.N.

313 Vgl. LG Düsseldorf v. 15.6.2000 – 31 O 106/97, AG 2001, 373, 374; *Kleppe*, Anlegerschutz, S. 245 ff.; *Kruse*, Das „kalte" Delisting, S. 57, 109 ff., 136 ff., 168; *Land/Hasselbach*, DB 2000, 557, 559; *Steck*, AG 1998, 460 ff.

314 *Grupp*, Börseneintritt und Börsenaustritt, S. 203; *Kleppe*, Anlegerschutz, S. 246 f.; *Kruse*, WM 2003, 1843, 1847 ff.; *W. Müller* in FS Röhricht, 2005, S. 1015, 1023 f.; *Zetzsche*, NZG 2000, 1065, 1069; vgl. auch OLG Frankfurt v. 20.12.2011 – 21 W 8/11, AG 2012, 330 Rz. 17; OLG Stuttgart v. 22.9.2009 – 20 W 20/06, AG 2010, 42, 45 ff.

315 Ebenso jüngst Hessischer VGH v. 22.2.2021 – 6 B 2656/20, ZIP 2021, 1115 Rz. 25 mit Anm. von *Fuhrmann*, EWiR 2021, 396 f.; *Heidel*, BKR 2021, 438 ff. Zum Rechtsschutz bei der Beantragung der Zulassung zum Börsenhandel siehe *Groß*, Rz. 9.85 ff.

316 Eingehend *Müssig*, Börsenbenutzungsverhältnisse unter Berücksichtigung multilateraler Handelssysteme, 2014.

317 BeschlussE FinA, TransparenzRL-ÄndRL-UmsetzungsG BT-Drucks. 18/6220, S. 86; *Gegler*, BKR 2016, 273, 278 m.w.N.; vgl. zum Rechtsschutz aus Sicht des WpÜG auch *Drinkuth*, Rz. 62.352 ff.

318 Zu den Auswirkungen der Frosta-Entscheidung auf laufende Rechtsschutzverfahren siehe Rz. 63.75; *Lochner/Schmitz*, AG 2014, 489 ff.; *Müller/Schorn*, AG 2015, 420 ff.

einen – soweit landesrechtlich vorgesehen – **Anfechtungswiderspruch** (§§ 68 ff. VwGO) und bei seiner Erfolglosigkeit oder im Falle seiner Unzulässigkeit gerichtlichen Rechtsschutz im Wege der **Anfechtungsklage** (§ 42 Abs. 1 Var. 1 VwGO) nachsuchen[319]. Die Börsengeschäftsführung nimmt Aufgaben der öffentlichen Verwaltung wahr, sodass für Streitigkeiten hierüber der Verwaltungsrechtsweg (§ 40 VwGO) eröffnet ist[320]. Entsprechendes gilt, wenn die Börsengeschäftsführung den gemäß § 39 Abs. 2 Satz 1 BörsG beantragten Widerruf der Zulassung verweigert, sodass dem Emittenten hiergegen der – soweit landesrechtlich vorgesehen – **Verpflichtungswiderspruch** (§§ 68 ff. VwGO) und die **Verpflichtungsklage** (§ 42 Abs. 1 Var. 2 VwGO) offensteht[321]. Die Regelung des § 15 Abs. 8 BörsG gilt (jedenfalls) für unmittelbare Adressaten aufsichtsrechtlicher Maßnahmen nicht[322].

Schwieriger gestaltet sich die Frage, ob auch **einzelne Anleger**, die nicht Adressaten des Verwaltungsakts sind, aufgrund der sie treffenden Auswirkungen des Verwaltungsakts befugt sind, verwaltungsrechtlichen Rechtsschutz in Anspruch zu nehmen. Dies wurde und wird hauptsächlich im Zusammenhang mit einem Widerruf auf Antrag des Emittenten (§ 39 Abs. 2 BörsG) diskutiert. Hier lässt sich für eine **Widerspruchs- und Klagebefugnis** (§ 42 Abs. 2 VwGO [analog]) auf der Grundlage der Schutznormlehre seit jeher anführen, dass der Widerruf dem Schutz der Anleger nicht widersprechen darf (§ 39 Abs. 2 Satz 2 BörsG). Die verwaltungsgerichtliche Rechtsprechung und die wohl überwiegende Literatur hat auf dieser Basis jedenfalls bis zur Einführung des § 31 Abs. 5 BörsG a.F. am 1.7.2002 durch das 4. FFG und heutigen **§ 15 Abs. 8 BörsG** die Widerspruchs- und Klagebefugnis bejaht[323]. Da auch mit Blick auf die Widerrufs- bzw. Rücknahmebefugnisse der § 39 Abs. 1 BörsG, §§ 48, 49 LVwVfG die Schutzinteressen der Anleger zu berücksichtigen sind, wird für diese von einem Teil der Lehre ebenso argumentiert[324]. Allerdings ist seit dem Jahr 2002 ausdrücklich gesetzlich angeordnet, dass die Börsengeschäftsführung die ihr nach dem BörsG „zugewiesenen Aufgaben und Befugnisse nur im öffentlichen Interesse" wahrnimmt. Das VG Frankfurt a.M. nahm dies unter Geltung des § 39 BörsG a.F. zum Anlass, eine Klagebefugnis von der Börsenentlassung betroffener Anleger zu verneinen[325]. In den Gesetzesmaterialien heißt es hierzu, dass die Tätigkeit den „Belangen der Anleger in ihrer Gesamtheit und nicht zum Schutze einzelner Anleger" dient[326]. Gleichwohl sprach sich schon für § 39 Abs. 2 BörsG a.F. die wohl h.M. weiterhin für eine Widerspruchs- und Klagebefugnis der einzelnen Anleger jedenfalls im Falle des **Widerrufs auf Antrag des Emittenten** aus[327]. Die Regelung des § 15 Abs. 8 BörsG ziele nicht auf den Ausschluss verwaltungsrechtlicher Widerspruchs- oder Klagerechte, sondern der Verhinderung der Haftung von Börse und Börsengeschäftsführung (siehe auch *Groß*, Rz. 9.90)[328]. Dieser Re-

63.68

---

319 Vgl. *Hammen*, ZBB 2016, 398, 400; *Gebhardt* in Schäfer/Hamann, Kapitalmarktgesetze, § 38 BörsG Rz. 40.
320 Vgl. nur *Gebhardt* in Schäfer/Hamann, Kapitalmarktgesetze, § 38 BörsG Rz. 40.
321 *Gebhardt* in Schäfer/Hamann, Kapitalmarktgesetze, § 38 BörsG Rz. 62.
322 Vgl. allg. Bericht FA 4. FFG, BT-Drucks. 12/7918, S. 220.
323 VG Frankfurt a.M. v. 2.11.2001 – 9 G 3103/01 – Macrotron, AG 2003, 218 f.; VG Düsseldorf v. 29.8.2007 – 20 L1171/07; VGH Mannheim v. 6.12.2007 – 6 S 2293/07; *Groß*, ZHR 165 (2001), 141, 158 f.; *Kruse*, BB 2000, 2271, 2273; *de Vries*, Delisting, S. 66 ff.; a.A. *Bungert*, BB 2000, 53, 55; *Schiffer/Renner*, DB 2002, 1990; *Beck/Hedtmann*, BKR 2003, 190 ff.
324 Vgl. *Groß*, ZHR 161 (2001), 141, 151 f.; *Heidel*, BKR 2021, 530, 532 (spricht von h.M.); a.A. *Gebhardt* in Schäfer/Hamann, Kapitalmarktgesetze, § 38 BörsG Rz. 40; *Hammen*, ZBB 2016, 398, 403; a.A. OLG Frankfurt v. 18.1.2001 – 1 U 209/99, ZIP 2001, 730, 732; zust. *Jaskulla*, WM 2002, 1093, 1103 f. m.w.N.
325 VG Frankfurt a.M. v. 23.3.2013 – 2 L 1073/13.F, AG 2013, 847; zust. *Hammen*, ZBB 2016, 398, 405; *Roßkopf*, ZGR 2014, 488, 507; wohl auch *Mayen*, ZHR 179 (2015), 1, 5; dagegen aber VG Düsseldorf v. 7.8.2015 – 20 L 2589/15, ZIP 2015, 1733, 1734 f.; *Groß*, Kapitalmarktrecht, § 39 BörsG Rz. 14, 29 m.w.N.; *Reger/Schilha*, NJW 2012, 3066, 3067.
326 Begr. RegE 4. FFG, BT-Drucks. 14/8017, S. 79 zur Vorgängerregelung.
327 *Heidelbach* in Schwark/Zimmer, 4. Aufl. 2010, § 39 BörsG Rz. 40 i.V.m. § 32 BörsG Rz. 76 ff.; *Geyrhalter/Zirngibl*, DStR 2004, 1048, 1053; *Streit*, ZIP 2003, 392, 395; *Wilsing/Kruse*, EWiR 2002, 953 f.; *Kruse*, Das „kalte" Delisting, S. 73 f.; *Thomale*, ZGR 2013, 686, 719; a.A. *Beck/Hedtmann*, BKR 2003, 190; *Land/Behnke*, DB 2003, 2531, 2534.
328 Vgl. VG Düsseldorf v. 7.8.2015 – 20 L 2589/15, ZIP 2015, 1733, 1734 f.; *Groß*, AG 2015, 812, 819.

gelungszweck sei nicht berührt oder trete jedenfalls hinter § 39 Abs. 2 BörsG a.F. als *lex speciales* zurück. Eine bestehende Zulassung zum regulierten Markt der Börse schaffe einen Vertrauenstatbestand, auf dessen Grundlage einzelne Anleger Vermögensentscheidungen getroffen haben, der einen Drittschutz rechtfertige[329]. Auch der BGH und das BVerwG scheinen davon auszugehen, dass § 39 Abs. 2 BörsG a.F. ein Widerspruchs- und Klagebefugnis rechtfertigendes subjektiv-öffentliches Recht vermittelt hat[330]. Entsprechendes muss dann aber auch für einen **Widerruf oder eine Rücknahme von Amts wegen** gelten (§ 39 Abs. 1 BörsG, §§ 48, 49 LVwVfG)[331].

63.69 Unter Hinweis auf die **Neufassung von § 39 Abs. 2 bis 6 BörsG** nehmen die Stimmen weiter zu, die einzelnen Anlegern eine Widerspruchs- und Klagebefugnis einräumen, da das neue Recht nicht nur eine zivilrechtliche Klagemöglichkeit, sondern auch die Befugnis zur öffentlich-rechtlichen Anfechtung der Widerrufsentscheidung gewähre[332]. Insbesondere die Regelung des § 39 Abs. 6 BörsG belege, dass § 39 Abs. 2 BörsG in Abweichung von § 15 Abs. 8 BörsG dem Aktionär ein subjektiv-öffentliches Recht vermittele[333]. Der Gesetzgeber habe in den Gesetzesmaterialien klar zum Ausdruck gebracht, dass der Rechtsschutz der Anleger sowohl zivilrechtlich (§ 31 WpÜG) als auch öffentlich-rechtlich gestärkt werden solle[334]. Entstehungsgeschichte, Wortlaut, Systematik sowie Sinn und Zweck legen ein (auch) **individualschützendes Verständnis** in der Tat nahe (siehe auch *Groß*, Rz. 9.90)[335]. Allerdings ist zu erwarten, dass der verwaltungsgerichtliche Rechtsschutz aus Sicht der Anleger wenig praxisrelevant wird, da diesen es regelmäßig um die Überprüfung der Höhe des Erwerbsangebotes gehen wird (Rz. 63.72 ff.)[336]. Dies kann aufgrund der ausdrücklichen gesetzlichen Anordnung in § 39 Abs. 6 BörsG nicht vor den Verwaltungsgerichten erfolgen, denn die Rechtmäßigkeit des Widerrufs der Börsenzulassung bleibt von etwaigen Berechnungsmängeln des Angebotspreises nach § 39 Abs. 3 BörsG unberührt[337]. Dies soll auch für die Frage gelten, ob das Erwerbsangebot unbedingt (Rz. 63.35 ff.) erfolgt ist, da sämtliche Voraussetzungen des § 39 Abs. 3 BörsG einer Überprüfung durch die Verwaltungsgerichte entzogen seien[338]. Der Gesetzgeber folgt hiermit Vorschlägen aus der Literatur, sich an den § 305 Abs. 5, § 327 AktG zu orientieren und will damit bewusst erreichen, dass das durch die Börsengeschäftsführung durchzuführende Widerrufsverfahren nicht mit Rechtsunsicherheiten infolge der Be-

---

329 *Groß*, AG 2015, 812, 819.
330 BGH v. 8.10.2013 – II ZB 26/12 – Frosta, AG 2013, 878 ff. Rz. 16 unter Hinweis auf die Stellungnahme des 8. Revisionssenats des BVerwG, wiedergegeben bei BVerfG v. 11.7.2012 – 1 BvR 3142/07, 1 BvR 1569/08, www.bverfg.de/entscheidungen/rs20120711-1bvr314207.html, Rz. 35. (insoweit nicht abgedruckt in AG 2012, 557 ff.).
331 Sachlich jetzt zustimmend, dies aber *de lege lata* für im Gesetz nicht verankert ansehend *Hammen*, ZBB 2016, 398, 403.
332 *Groß*, AG 2015, 812, 818; *Harnos*, ZHR 179 (2015), 750, 776; *Hammen*, ZBB 2016, 398, 405 f.; krit. *Gegler*, BKR 2016, 273, 278; *Buckel/Glindemann/Vogel*, AG 2015, 373, 380; unentschieden *Kocher/Seiz*, DB 2016, 153, 157; siehe im Vorfeld der gesetzlichen Neuregelung auch *Koch/Harnos*, NZG 2015, 729, 736.
333 *Harnos*, ZHR 179 (2015), 750, 776; *Groß*, Kapitalmarktrecht, § 39 BörsG Rz. 14, 19, 29; *Hammen*, ZBB 2016, 398, 406; a.A. *Klepsch/Hippeli*, RDF 2016, 194, 196 f.; *Habersack* in Habersack/Mülbert/Schlitt, Unternehmensfinanzierung am Kapitalmarkt, Rz. 40.32 m.w.N.
334 Unter Hinweis auf BeschlussE FinA TransparenzRL-ÄndRL-UmsetzungsG, BT-Drucks. 18/6220, S. 86.
335 I.E. so jetzt auch Hessischer VGH v. 22.2.2021 – 6 B 2656/20, ZIP 2021, 1115 Rz. 24 ff. (ebenso jetzt auch wieder die Vorinstanz VG Frankfurt a.M. unter Aufgabe der früheren Rechtsprechung); zust. *Fuhrmann*, EWiR 2021, 396 f.; *Heidel*, BKR 2021, 438 ff.
336 So auch *Schilha/Fekonja*, EWiR 2015, 666, 667.
337 BeschlussE FinA TransparenzRL-ÄndRL-UmsetzungsG, BT-Drucks. 18/6220, S. 86: „… Angemessenheit der Gegenleistung sowie die übrigen Anforderungen nach Absatz 3 nicht Gegenstand des verwaltungsrechtlichen Rechtsschutzes gegen die Entscheidung über den Widerruf durch die Geschäftsführung der jeweiligen Börse sind …"; ebenso Hessischer VGH v. 22.2.2021 – 6 B 2656/20, ZIP 2021, 1115 Rz. 24 ff.
338 Hessischer VGH v. 22.2.2021 – 6 B 2656/20, ZIP 2021, 1115 Rz. 27; zust. *Fuhrmann*, EWiR 2021, 396 f.; abl. *Heidel*, BKR 2021, 438 ff., insb. 441.

stimmung der Angemessenheit des Erwerbsangebotes belastet wird[339]. Teilweise wird deshalb angenommen, Anleger können bei einem auf § 39 Abs. 2 Satz 3 Nr. 1 BörsG gestützten Antrag auf Widerruf der Börsenzulassung die Entscheidung der Börsengeschäftsführung nur (aber auch jedenfalls) dann erfolgreich angreifen, wenn ein gesetzlich erforderliches Erwerbsangebot fehlt[340].

Hingegen ist nicht ersichtlich, welche öffentlich-rechtlich schützenswerten Individualinteressen der **Erwerber** in den Fällen des **§ 39 Abs. 2 Satz 3 Nr. 1 BörsG** im Zusammenhang mit Entscheidungen der **Börsengeschäftsführung** haben könnte, sodass dieser als Nicht-Adressat gegen diese rechtlich vorgehen können sollte[341]. Zwar mag er mit Blick auf sein Erwerbsangebot ein wirtschaftliches Interesse am Ausgang des Börsenentlassungsverfahren haben, eigene öffentlich-rechtlich schützenswerten Individualinteressen ergeben sich hieraus aber nicht. Praktische Relevanz dürfte diese Frage selten entfalten, da der Erwerber sich insoweit mit dem Emittenten abstimmen wird und diese untereinander mit den Mitteln des Zivilrechts für die Wahrnehmung bestehender Rechtsschutzmöglichkeiten Sorge tragen werden. Der Erwerber ist in diesen Fällen auf seine Vereinbarungen mit dem Emittenten zu verweisen. Allerdings kann dem Erwerber verwaltungsrechtlicher Rechtsschutz gegenüber der BaFin im Hinblick auf das **Prüfungsverfahren des Erwerbsangebotes** zustehen (§ 39 Abs. 2 Satz 3 Nr. 1 BörsG i.V.m. § 41 WpÜG)[342]. Hier werden wiederum die Anleger nicht auf verwaltungsrechtlichen Rechtsschutz bauen können: fehlt es an einem erforderlichen Erwerbsangebot und kommt es dennoch zum Widerruf der Börsenzulassung, werden die Anleger gegen die Widerrufsentscheidung vorzugehen haben (Rz. 63.69)[343]. Denn an einem Angebotsverpflichteten, der auf Abgabe eines Erwerbsangebotes verklagt werden könnte, wird es mangels Angebotspflicht regelmäßig fehlen (Rz. 63.21 und 63.30)[344]. Liegt ein Erwerbsangebot vor, ist dieses aber zu niedrig, schließt § 39 Abs. 6 BörsG eine allein hierauf gestützte Widerspruchs- oder Klagebefugnis aus, sodass *argumentum a maiore ad minus* erst recht ein hierauf gestütztes Vorgehen der Anleger gegen die Entscheidung der BaFin schon deshalb nicht möglich ist[345]. Gegenüber der BaFin soll es zudem wegen § 4 Abs. 2 WpÜG (der inhaltlich § 15 Abs. 8 BörsG entspricht, vgl. Rz. 63.68) an einem Drittschutz zur Erzwingung eines behördlichen Einschreitens fehlen[346].

63.70

Soweit die Widerspruchs- und Klagebefugnis (§ 42 VwGO [analog]) gegen die Entscheidungen der Börsengeschäftsführung bejaht werden kann gilt: Widerspruchsbehörde ist die Börsengeschäftsführung als Selbstverwaltungsbehörde, § 73 Abs. 1 Satz 2 Nr. 3 VwGO[347]. Ihre Beteiligtenfähigkeit im **Widerspruchsverfahren** folgt aus § 79 VwGO i.V.m. § 11 Nr. 3 LVwVfG. Die Beteiligtenfähigkeit des Emittenten bzw. des betroffenen Anlegers folgt aus § 70 VwGO i.V.m. § 11 Nr. 1, § 12 Abs. 1 Nr. 1 bis 3 LVwVfG. Bei der Berechnung der Widerspruchsfrist (§ 70 VwGO) ist zu berücksichtigen, dass die Veröffentlichung i.S.d. § 39 Abs. 5 Satz 1 BörsG als öffentliche Bekanntmachung die Frist gemäß § 41

63.71

---

339 BeschlussE FinA, TransparenzRL-ÄndRL-UmsetzungsG BT-Drucks. 18/6220, S. 86; zu den Vorüberlegungen siehe *Koch/Harnos*, NZG 2015, 729, 736; *Thomale*, ZGR 2013, 686, 720.
340 *Harnos*, ZHR 179 (2015), 750, 776 und 778, nach dem bspw. Mängel der Angebotsunterlage einer gerichtlichen Überprüfung durch die Anleger nicht zugänglich sein sollen; ähnlich *Groß*, AG 2015, 812, 819; siehe auch *Kastl*, Der Rückzug kapitalmarktfähiger Unternehmen von der Börse, S. 343; *Klepsch/Hippeli*, RDF 2016, 194, 196.
341 Wie hier wohl *Harnos*, ZHR 179 (2015), 750, 777; zust. jetzt *Krug*, Der Rückzug von der Börse, S. 306 f.
342 *Harnos*, ZHR 179 (2015), 750, 777 m.w.N.; vgl. aus Sicht des WpÜG *Drinkuth*, Rz. 62.352 ff.
343 So jetzt auch Hessischer VGH v. 22.2.2021 – 6 B 2656/20, ZIP 2021, 1115 Rz. 25.
344 Anderes kann sich ergeben, wenn eine Kombination von Delisting- und Übernahmeangebot vorliegt, Rz. 63.24.
345 I.E. ebenso *Kocher/Seiz*, DB 2016, 153, 157 und 158. Vgl. auch Hessischer VGH v. 22.2.2021 – 6 B 2656/20, ZIP 2021, 1115 Rz. 25.
346 *Gegler*, BKR 2016, 273, 278; *Harnos*, ZHR 179 (2015), 750, 777; *Verse* in FS Baums, 2017, S. 1317, 1332 f.; jeweils unter Hinweis auf OLG Frankfurt v. 4.7.2003 – WpÜG 4/03, AG 2012, 335 ff.
347 *Gebhardt* in Schäfer/Hamann, Kapitalmarktgesetze, § 38 BörsG Rz. 61; *Heidelbach* in Schwark/Zimmer, § 32 BörsG Rz. 63; *de Vries*, Delisting, S. 71.

Abs. 4 Satz 3 LVwVfG erst zwei Wochen nach der ortsüblichen Bekanntmachung in Gang setzt[348]. Es gilt grundsätzlich der Untersuchungsgrundsatz (§ 24 Abs. 1 LVwVfG), wobei aber die einschlägige BörsO nach Abweichungen zu prüfen ist. Klagegegner einer **verwaltungsrechtlichen Anfechtungs- oder Verpflichtungsklage** kann die Börsengeschäftsführung sein, soweit das Landesrecht gemäß § 78 Abs. 1 Nr. 2, § 61 Nr. 3 VwGO Behörden als prozessführungsbefugt und beteiligtenfähig erklärt; die Prozessfähigkeit folgt aus § 62 Abs. 3 VwGO. Andernfalls kann die Börse als öffentlich-rechtliche Anstalt gemäß § 2 Abs. 5 BörsG unter ihrem Namen verklagt werden, die in diesem Fall durch ihren Geschäftsführer vertreten wird, § 15 Abs. 3 BörsG i.V.m. § 62 Abs. 3 VwGO[349]. Die Beteiligten- und Prozessfähigkeit des Emittenten und der Anleger ergibt sich aus § 61 Nr. 1, § 62 Abs. 1 und 3 VwGO. Widerspruch und Klage haben grundsätzlich gemäß § 80 Abs. 1 VwGO **aufschiebende Wirkung**[350]. Vorschläge, die aufschiebende Wirkung gesetzlich auszuschließen, hat der Gesetzgeber auch bei der Neufassung von § 39 BörsG nicht aufgegriffen[351]. Im Falle eines Widerspruchs eines Anlegers gegen den Widerruf der Zulassung steht dem Emittenten die Möglichkeit offen, bei der Börsengeschäftsführung (§ 80a Abs. 1 Nr. 1, § 80 Abs. 2 Satz 1 Nr. 4 VwGO) oder beim Gericht (§ 80a Abs. 3 Satz 1, § 80 Abs. 2 Satz 1 Nr. 4 VwGO) die Anordnung der sofortigen Vollziehung zu beantragen[352].

2. Klage auf angemessene Höhe des Erwerbsangebots

63.72 Befindet sich zwischen dem Erwerber und den Anlegern die Höhe des Angebotspreises in Streit, steht den Anlegern der Rechtsweg zu den Zivilgerichten offen. In den Gesetzesmaterialien heißt es ausdrücklich, dass über die „Geltung des § 31 WpÜG sowie die ausdrückliche Anordnung der Zahlungsansprüche" in § 39 Abs. 3 Satz 3 und 4 BörsG erreicht werden soll, dass jeder Anleger, der das Erwerbsangebot angenommen hat, die „**Angemessenheit der Gegenleistung in einem zivilrechtlichen Verfahren überprüfen lassen**" kann[353]. Der Gesetzgeber überträgt die Rechtsprechung der Postbank-Entscheidung des BGH zu § 31 WpÜG, wonach eine im Rahmen eines Übernahmeangebots nach § 29 Abs. 1 WpÜG unangemessene Gegenleistung einen **klagbaren Anspruch** der Aktionäre gegen den Bieter auf Zahlung der angemessenen Gegenleistung begründet[354], auf das reguläre Delisting in den Fällen des § 39 Abs. 2 Satz 3 Nr. 1 BörsG[355]. Entgegen verbreiteten Forderungen im Vorfeld der Neuregelung des regulären Delistings nach der Frosta-Entscheidung (Rz. 63.2 und 63.57 ff.) und anders als unter Geltung der Macrotron-Entscheidung, verweist der Gesetzgeber die Anleger damit auf die Geltendmachung ihrer Ansprüche im regulären Zivilprozess und **nicht im Spruchverfahren** (siehe auch *Mimberg*, Rz. 40.4)[356]. Diese gesetzgeberische Entscheidung wird kritisiert und für eine (Wieder-)Einführung des Spruchverfahrens plädiert[357], wie dies ebenso schon mit Blick auf die vom Gesetzgeber he-

---

348 Ähnlich *Groß*, ZHR 165 (2001), 141, 159; *Heidelbach* in Schwark/Zimmer, § 32 BörsG Rz. 75 a.E.
349 Ebenso jetzt *Gebhardt* in Schäfer/Hamann, Kapitalmarktgesetze, § 38 BörsG Rz. 61; vgl. auch VGH Kassel v. 19.3.1996 – 11 UE 1714/93, NJW-RR 1997, 110 f.; *Groß*, AG 2015, 812, 818.
350 Ebenso *Kleppe*, Anlegerschutz, S. 216 f.; *Kruse*, Das „kalte" Delisting, S. 74; *Schlößer*, Delisting, S. 154.
351 Vgl. *Brellochs*, AG 2014, 633, 646; *Koch/Harnos*, NZG 2015, 729, 736.
352 *Geyrhalter/Zirngibl*, DStR 2004, 1048, 1052; *de Vries*, Delisting, S. 74, der indes zu pauschal bei der Gewährleistung des Anlegerschutzes die Voraussetzungen des § 80 Abs. 2 Satz 1 Nr. 4 VwGO als begründet ansieht; *Schlößer*, Delisting, S. 154, 162.
353 BeschlussE FinA TransparenzRL-ÄndRL-UmsetzungsG, BT-Drucks. 18/6220, S. 86; zu den im Gesetzgebungsverfahren diskutierten Rechtsschutzmöglichkeiten vgl. den Überblick bei *Koch/Harnos*, NZG 2015, 729, 736 m.w.N.
354 BGH v. 29.7.2014 – II ZR 353/12 – Postbank, BGHZ 202, 180 ff. = AG 2014, 662 ff.
355 *Bayer*, NZG 2015, 1169, 1177; *Gegler*, BKR 2016, 270, 278 Fn. 86; *Harnos*, ZHR 179 (2015), 750, 777; *Klepsch/Hippeli*, RDF 2016, 194, 196; vgl. auch schon den Vorschlag von *Brellochs*, AG 2014, 633, 645.
356 Zum Spruchverfahren nach der Macrotron-Entscheidung siehe 3. Aufl. § 61 Rz. 50 ff. Im Vorfeld für ein Spruchverfahren plädierend bspw. *Bayer*, ZfPW 2015, 163, 222; *Bayer*, ZIP 2015, 853, 857 f.; *Koch*, Stellungnahme, S. 8; *Koch/Harnos*, NZG 2015, 729, 737; *Wicke*, DNotZ 2015, 488, 494.
357 *Bayer*, NZG 2015, 1169, 1177; *Gegler*, BKR 2016, 270, 278 f.; *Harnos*, ZHR 179 (2015), 750, 779 f.; *Verse* in FS Baums, 2017, S. 1317, 1336 ff. m.w.N.

rangezogene Rechtslage zu § 31 WpÜG gefordert wird[358]. Gegenwärtig steht das Spruchverfahren den Anlegern aber nicht zur Verfügung, vielmehr wurde den Vorschlägen gefolgt, durch Erweiterung des Anwendungsbereichs **des Kapitalanleger-Musterverfahrensgesetz** (KapMuG) die Möglichkeit eines Musterverfahrens zu eröffnen (§ 1 Abs. 1 Nr. 3 KapMuG)[359].

Anleger, die das Erwerbsangebot angenommen haben, sind berechtigt, zusätzlich zu der angebotenen Gegenleistung die Zahlung des Differenzbetrages zwischen Angebotspreis und gesetzlicher Mindestpreis zu verlangen (Rz. 63.40 ff.). Ergibt sich der Anspruch auf die mit dem Erwerbsangebot versprochene Gegenleistung aus dem mit Annahme des Erwerbsangebotes geschlossenen Wertpapierkaufvertrag, sieht der Gesetzgeber die **Rechtsgrundlage** für einen **Zahlungsanspruch auf den Differenzbetrag** offenbar in § 39 Abs. 3 Satz 3 und 4 BörsG, wenn in den Gesetzesmaterialien von einer „ausdrückliche[n] Anordnung der Zahlungsansprüche" gesprochen wird[360]. Hingegen hat der BGH in der von den Gesetzesmaterialien ebenfalls in Bezug genommenen Postbank-Entscheidung offen gelassen, ob die Rechtsgrundlage des Differenzanspruches im Gesetz oder im (gesetzlich auf eine angemessene Gegenleistung modifizierten) Anteilskaufvertrag zu sehen ist[361]. Die Praxis wird mit beiden Einordnungen umgehen können, wobei der BGH jüngst wohl auch die Anspruchsgrundlage in § 39 Abs. 3 BörsG gesehen hat[362]. Indes scheidet nach der derzeitigen gesetzlichen Konzeption auch in den Fällen eines der Höhe nach unzutreffenden Erwerbsangebotes ein **nachträgliches Andienungsrecht** der Anleger gegen den Erwerb auf Übernahme ihrer Anteile aus[363]. Zwar wäre in diesen Fällen eine Verlängerung der Annahmefrist analog § 305 Abs. 4 Satz 3 AktG, § 209 Satz 2 UmwG, § 7 Abs. 4 Satz 2 SAEG und insbesondere auch § 31 Satz 2 UmwG im Fall des Abfindungsanspruchs nach § 29 UmwG bei Umwandlung einer börsennotierten AG in eine nicht-börsennotierte Gesellschaft denkbar. Dem steht derzeit aber die gesetzgeberische Grundentscheidung entgegen, das reguläre Delisting als Nicht-Strukturmaßnahme selbständig zu regeln[364]. Andienungswillige Anleger müssen ein unangemessenes Erwerbsangebot in der Angebotsfrist annehmen und sind darauf verwiesen, im Nachgang dessen Korrektur auf einen angemessenen Erwerbspreis durchzusetzen. Anleger, die das zu niedrige Erwerbsangebot abgelehnt haben, später aber davon erfahren, dass eine höhere Abfindung geschuldet war, sind derzeit auf Sekundäransprüche verwiesen (etwa §§ 97 f. WpHG, Delikt).

63.73

Die Zuordnung zum gewöhnlichen Zivilprozess hat u.a. zur Folge, dass der gerichtlichen Entscheidung anders als im Spruchverfahren (§ 13 Satz 2 SpruchG) **keine *erga-omnes* Wirkung** zukommt[365]. Dies gilt auch dann, wenn über einen Musterverfahrensantrag nach dem KapMuG (§ 1 Abs. 1 Nr. 3 KapMuG) ein Zwischenverfahren mit bindender Wirkung zur Bewertungsfrage einheitlich für alle Ausgangsverfahren (§§ 16, 22 KapMuG) durchgeführt wird[366]. Ohnehin wird in Zweifel gezogen, dass KapMuG-Verfahren geeignet sind, die ggf. komplexen Bewertungsfragen zur Bestimmung der Ange-

63.74

---

358 *Verse*, ZIP 2004, 199, 207; *Seibt*, ZIP 2003, 1865, 1874.
359 *Brellochs*, AG 2014, 633, 645; *Buckel/Glindemann/Vogel*, AG 2015, 373, 380; krit. dazu *Kocher/Seiz*, DB 2016, 153, 158.
360 BeschlussE FinA TransparenzRL-ÄndRL-UmsetzungsG, BT-Drucks. 18/6220, S. 86.
361 BGH v. 29.7.2014 – II ZR 353/12 – Postbank, BGHZ 202, 180 ff. Rz. 21 f. = AG 2014, 662 ff.; dazu *v. Falkenhausen*, NZG 2014, 1368, 1369; *Verse*, Der Konzern 2014, 1; aus Sicht des Delistings *Verse* in FS Baums, 2017, S. 1317, 1333.
362 BGH v. 22.10.2019 – XI ZR 682/18, BKR 2020, 305, 306.
363 *Verse* in FS Baums, 2017, S. 1317, 1333 ff. mit Parallelbetrachtung der Rechtslage nach dem WpÜG; *Harnos*, ZHR 182 (2018), 363, 368.
364 Im Ergebnis ebenso *Verse* in FS Baums, 2017, S. 1317,1335.
365 Ebenso KG v. 25.3.2021 – 12 AktG 1/21, AG 2021, 597 Rz. 52; zu weiteren Unterschieden vgl. *Ilyevich*, Delisting, S. 21 ff.; *Kastl*, Der Rückzug von der Börse, S. 344 ff.; *Schmitz*, Die Entwicklung des Anlegerschutzes beim regulären Delisting, S. 198 ff.
366 Hieran entzündet sich ganz wesentlich die Kritik der Literatur, vgl. bspw. *Verse* in FS Baums, 2017, S. 1317, 1336 f.

messenheit der Gegenleistung aufzuarbeiten[367]. Obwohl nicht ersichtlich ist, welche Umstände der Anlegerentscheidung in den Fällen eines unangemessenen Erwerbsangebots einer Klärung im Individualprozess mit den einzelnen Anlegern bedürfen, werden Anleger und Erwerber mit höheren **Kostenrisiken** als im Spruchverfahren (§ 23 Nr. 14 GNotKG, § 12 SpruchG) belastet, zumal die Führung ggf. zahlreicher Einzelprozesse erhebliche zeitliche Ressourcen beim Erwerber binden kann[368]. Da es an einer Antragsfrist vergleichbar dem Spruchverfahren (§ 4 SpruchG) fehlt, ist der Erwerber für die Dauer der Verjährung dem Risiko von Nachforderungsansprüchen der Anleger ausgesetzt. Mangels gesonderter Verjährungsregelung in § 39 BörsG, aber auch § 31 WpÜG soll hierbei nach h.L. die Regelverjährung der §§ 195, 199 BGB gelten, während vereinzelt zu § 31 WpÜG eine Analogie zur § 12 Abs. 4 WpÜG befürwortet wird[369]. Die Zahlungsklage ist nach der Rechtsprechung des BGH zu beziffern (§ 253 Abs. 2 Nr. 2 ZPO)[370], wenngleich Fälle denkbar bleiben, in denen dies den Anlegern nicht möglich oder nicht zumutbar ist[371].

3. Spruchverfahren

63.75 Für die Fälle des regulären Delistings ist das Spruchverfahren **nach neuer Rechtslage nicht mehr eröffnet**, da es an einem im Spruchverfahren kontrollfähigen Abfindungsangebot fehlt (Rz. 63.21, 63.30 und 63.65)[372]. Entsprach es auf Basis der Macrotron-Entscheidung noch der Rechtsprechung, dass außenstehende Aktionäre ein Recht auf gerichtliche Angemessenheitskontrolle im Spruchverfahren haben[373], hat der Gesetzgeber sich mit dem Verweis von § 39 Abs. 3 Satz 2 BörsG gegen eine Überprüfung im Spruchverfahren entschieden (Rz. 63.72)[374]. Schon zuvor wurden überwiegend auf Basis der die Macrotron-Entscheidung aufgebenden Frosta-Entscheidung angenommen, dass laufende Spruchverfahren (auch bereits anhängige) unstatthaft geworden und als unzulässig abzuweisen sind[375]. Das BVerfG kann in dieser Rechtsprechungswende keine unzulässige Rückwirkung erkennen[376]. Auch eine wirksame schuldrechtliche Vereinbarung über die Durchführung eines Spruchverfahrens kommt nicht in Betracht, da die Zulässigkeit eines Verfahrens vor den staatlichen Gerichten nicht zur Disposition der Beteiligten steht[377].

---

367 *Harnos*, ZHR 179 (2015), 750, 779 f.; *Kocher/Seiz*, DB 2016, 153, 158; *Mense/Klier*, DStR 2015, 2782, 2786; *Verse* in FS Baums, 2017, S. 1317, 1336 f.
368 *Gegler*, BKR 2016, 270, 278; *Harnos*, ZHR 179 (2015), 750, 779 f.; *Verse* in FS Baums, 2017, S. 1317, 1337.
369 Vgl. für die Annahme der Regelverjährung bei § 39 BörsG *Harnos*, ZHR 179 (2015), 750, 780; *Verse* in FS Baums, 2017, S. 1317, 1337; für Analogie zu § 12 Abs. 4 WpÜG in den Fällen des § 31 WpÜG *Löhdefink/Jaspers*, ZIP 2014, 2261, 2268 f.
370 BGH v. 22.10.2019 – XI ZR 682/18, BKR 2020, 305, 306.
371 Vgl. dazu mit Kritik an der Rspr. *Harnos*, AG 2020, 601 ff., insb. 605 f.; *von Berg*, BKR 2020, 339, 342 ff.; *Ilyevich*, Delisting, S. 242 f.; zuvor schon *Drygala* in Gesellschaftsrecht in der Diskussion 2015, 2016, S. 75, 86.
372 Krit. zur Konzeption *Kastl*, Rückzug kapitalmarktfähiger Unternehmen von der Börse, S. 344 ff.; *Schmitz*, Entwicklung des Anlegerschutzes, S. 268 ff., je m.w.N.
373 BGH v. 25.6.2008 – II ZB 39/07, AG 2008, 659; BGH v. 25.11.2002 – II ZR 133/01 – Macrotron, BGHZ 153, 47, 57 f. = AG 2003, 273 ff.; OLG München v. 21.5.2008 – 31 Wx 62/07, WM 2008, 1602, 1603 = AG 2008, 674; OLG Koblenz v. 21.6.2007 – 4 SmA 29/07, NJW 2008, 552 = AG 2007, 822; OLG Stuttgart v. 15.10.2008 – 20 U 19/07, AG 2009, 124.
374 BGH v. 22.10.2019 – XI ZR 682/18, BKR 2020, 305, 306 f.
375 Vgl. bspw. OLG Düsseldorf v. 22.9.2014 – I-26 W 20/12, AG 2015, 270 ff.; OLG München v. 28.1.2015 – 31 Wx 292/14, AG 2015, 277 ff.; OLG Stuttgart v. 18.2.2015 – 20 W 8/14, AG 2015, 326 ff.; OLG Jena v. 20.3.2015 – 2 W 353/14, AG 2015, 450 ff.; OLG Karlsruhe v. 12.3.2015 – 12a W 2/15, AG 2015, 366 ff.; *Müller/Schorn*, AG 2015, 420 ff.; *Roßkopf*, ZGR 2014, 487, 503 f.; *Paschos/Klaaßen*, AG 2014, 33, 36; *Wienecke*, NZG 2014, 22, 25; *Wasmann/Glock*, DB 2014, 105, 108; a.A. *Lochner/Schmitz*, AG 2014, 489 ff.
376 BVerfG v. 5.11.2015 -1 BvR 1667/15, AG 2016, 85 ff.; zust. *Goslar/Klingen*, EWiR 2016, 37, 38.
377 OLG München v. 28.1.2015 – 31 Wx 292/14, AG 2003, 273; dazu *Nikoleyczik/Peitsmeyer*, EWiR 2015, 507 f.; *Goslar/Klingen*, EWiR 2016, 37, 38.

4. Gesellschaftsrechtliche Klagen

Ist gesellschaftsrechtlich ein **Hauptversammlungsbeschluss** gefordert (Rz. 63.58 f.), gelten für die gesellschaftsrechtliche Anfechtungs- oder Nichtigkeitsklage gegen einen solchen Delistingbeschluss verfahrensrechtlich keine Besonderheiten[378]. Eine Geltendmachung eines Mangels der Abfindungshöhe im Rahmen der gesellschaftsrechtlichen Anfechtungsklage scheidet schon deshalb aus, weil der Hauptversammlungsbeschluss kein Abfindungsangebot (mehr) vorsehen muss (Rz. 63.65). Die materielle Beschlusskontrolle ist auf die **allgemeine Missbrauchskontrolle** und **formelle Beschlussmängel** beschränkt[379]. Ebenso eröffnen **abfindungsbezogene Informationsmängel** grundsätzlich nicht die Anfechtbarkeit des Hauptversammlungsbeschlusses, sondern mangelhafte Informationen zum Erwerbsangebot sind im Erwerbsverfahren zu berücksichtigen. Besondere gesellschaftsrechtliche Rechtsschutzmöglichkeiten im Zusammenhang mit dem Börsenentlassungsverfahren nach § 39 BörsG sind nicht ersichtlich.

63.76

VI. Schadensersatz

Ob sich aus Verstößen gegen börsenrechtliche Delistingvorschriften ein **Schadensersatzanspruch** der (einzelnen) Anleger **gegen die Börse** ergeben kann, ist äußerst umstritten[380]. Ausgangspunkt der Diskussion ist § 15 Abs. 8 BörsG (vgl. insg. § 4 Abs. 4 FinDAG), wonach die Börsengeschäftsführung als staatliche Behörde die ihr nach dem BörsG zugewiesenen Aufgaben und Befugnisse nur im öffentlichen Interesse wahrnimmt. Die wohl h.M. folgert hieraus, dass nur Funktionsschutz und Schutz des Publikums in seiner Gesamtheit, nicht aber subjektiver Schutz einzelner Anleger verfolgt wird. Der Rechtsreflex des Individualschutzes sei nicht bezweckt. Deshalb scheide eine Staatshaftung nach § 839 BGB i.V.m. Art. 34 GG aus, denn diese setzt eine „dem Geschädigten gegenüber bestehende" Amtspflicht voraus. Allenfalls unmittelbar betroffenen Adressaten des Verwaltungshandelns, nicht aber für die nur mittelbar betroffenen Anleger könne ein Amtshaftungsanspruch zustehen[381]. Ebenso sei eine Haftung aus § 823 Abs. 2 BGB i.V.m. aufsichtsrechtlichen Vorschriften mangels deren Schutzgesetzqualität nicht gegeben. Die Gegenauffassung erkennt in § 39 Abs. 2 BörsG als speziellere Regelung zu § 15 Abs. 8 BörsG ein Schutzgesetz und bejaht Ansprüche aus § 839 BGB und § 823 Abs. 2 BGB[382]. Denkbar sind weiter Ansprüche des **Emittenten gegen seine Organe** gemäß §§ 93, 116 AktG, insbesondere, wenn ein Delisting ohne einen – soweit erforderlich (Rz. 63.58 f.) – Hauptversammlungsbeschluss betrieben wird oder Verstöße gegen die §§ 57, 71 f. AktG vorliegen.

63.77

Eine vergleichbare Diskussion wie zur **Haftung** der Börse wird im Zusammenhang mit der Tätigkeit der **BaFin** unter dem WpÜG geführt. Auch hier nimmt die BaFin ihre Aufgaben im öffentlichen Interesse wahr (§ 4 Abs. 2 WpÜG). Ebenso wie für das BörsG nimmt die h.M. an, dass das WpÜG den Bietern, Zielunternehmen, Wertpapierinhabern der Zielgesellschaft oder sonstigen Interessengruppen kein subjektives Recht auf ein Einschreiten der BaFin gegen Missstände zugesteht und deshalb eine haftungsbewehrte drittschützende Wirkung ausscheide[383]. Hiervon wird die Praxis auch im Falle der

63.78

---

378 Vgl. zum Ganzen *Mimberg*, § 39.
379 Ähnlich unter der Macrotron-Rechtsprechung *Geyrhalter/Zirngibl*, DStR 2004, 1048, 1052; *Schlitt*, ZIP 2004, 533, 539.
380 Vgl. zu strafrechtlichen Risiken im Zusammenhang mit einem Delisting *Schlitt*, NZG 2006, 925 ff.
381 Vgl. bspw. OLG Frankfurt a.M. v. 18.1.2001 – 1 U 209/99, ZIP 2001, 730, 731 f. (zu § 38 Abs. 1 BörsG), zust. *Jaskulla*, WM 2002, 1093, 1102; OLG Frankfurt a.M. v. 15.12.2005 – 1 U 178/05, WM 2006, 394; *Beck*, BKR 2002, 662, 666; vgl. zu verfassungsrechtlichen Zweifeln *Papier/Shirvani* in MünchKomm. BGB, 8. Aufl 2020, § 839 BGB Rz. 312 m.w.N.
382 *Heidelbach* in Schwark/Zimmer, § 39 BörsG Rz. 40.
383 OLG Frankfurt a.M. v. 8.1.2018 – WpÜG 1/17, AG 2019, 615 ff. Rz. 41 ff.; OLG Frankfurt a.M. v. 5.12.2011 – WpÜG 1/11, AG 2012, 335 ff. Rz. 32; *Kreße* in MünchKomm. AktG, 5. Aufl. 2021, § 4 WpÜG Rz. 23 f. (unmittelbar Betroffene), 25 ff. (mittelbar Betroffene) m.w.N.

entsprechenden Anwendung der Regelungen des WpÜG über § 39 BörsG auszugehen haben. Allerdings können Anleger in den Fällen eines Erwerbsangebotes nach § 39 Abs. 2 Satz 3 Nr. 1 BörsG **Schadensersatzansprüche über die Finanzierungsbestätigung** (§ 13 WpÜG, Rz. 63.46 ff.) gegen das bestätigende **Wertpapierdienstleistungsinstitut** ableiten, wenn der Erwerber die erforderlichen Maßnahmen nicht getroffen hat und ihm zum Zeitpunkt der Fälligkeit des Anspruchs auf die Geldleistung aus diesem Grunde die notwendigen Mittel nicht zur Verfügung stehen[384]. Auch sind **Schadensersatzansprüche wegen einer fehlerhaften Angebotsunterlage** nach § 12 WpÜG denkbar, die sich gegen denjenigen richten, die für die Angebotsunterlage die Verantwortung übernommen haben oder von denen der Erlass der Angebotsunterlage ausgegangen ist[385].

VII. Kapitalmarktrechtliche Sonderfälle

1. Andere Wertpapiere

63.79 Ein Börsenrückzug kommt grundsätzlich auch für andere Wertpapiere als Aktien in Betracht, steht in der praktischen Bedeutung aber hinter dem Delisting von Aktien zurück. Die Auswirkungen der jeweiligen Besonderheiten der verschiedenen Arten von börsengehandelten Wertpapieren ist wenig hinterfragt und bedarf weiterhin näherer Klärung[386]. Grundsätzlich gelten aber die oben im Zusammenhang dargestellten **börsenrechtlichen Anforderungen** unter Berücksichtigung der jeweiligen näheren Ausgestaltung durch die BörsO (vgl. auch Rz. 63.17, 63.25).

2. Einbeziehung

63.80 Kein Delisting i.S.d. § 39 Abs. 2 BörsG liegt in der börsenrechtlichen Beendigung der **Einbeziehung** von Wertpapieren **in den regulierten Markt** (§ 33 BörsG). Die Einbeziehung erfolgt auf Antrag eines Handelsteilnehmers oder von Amts wegen unabhängig vom Willen des Emittenten, sodass ein öffentlich-rechtliches Nutzungsverhältnis allenfalls zwischen der Börse und dem antragstellenden Handelsteilnehmer entsteht. Der Emittent ist nicht (per se) den Zulassungsfolgepflichten der einbeziehenden Börse unterworfen (regelmäßig aber denen des organisierten Marktes, der die Einbeziehung überhaupt möglich macht, § 33 Abs. 1 Nr. 1 lit. a bis c BörsG)[387]. Folgerichtig verweist § 33 Abs. 4 Satz 2 BörsG nur auf das Widerrufsrecht von Amts wegen nach § 39 Abs. 1 BörsG, räumt aber dem **Emittenten kein Antragsrecht** ein. Ohnehin entfallen die Einbeziehungsvoraussetzungen nach § 33 Abs. 1 BörsG, wenn der Emittent sich im Übrigen von allen organisierten Märkten zurückzieht.

3. Freiverkehr und Organisiertes Handelssystem an der Börse

63.81 Das öffentlich-rechtliche Börsenentlassungsverfahren ist **nicht auf einen Rückzug aus dem privatrechtlich organisierten Freiverkehr** (§ 48 BörsG) und ab 2018 auch nicht auf den **KMU-Wachstumsmarkt** (§ 48a BörsG) **oder in einem Organisierten Handelssystem an der Börse** (§ 48b BörsG) an-

---

384 Einzelheiten bei *Krause* in Assmann/Pötzsch/Uwe H. Schneider, § 13 WpÜG Rz. 114 ff.; *Wackerbarth* in MünchKomm. AktG, 5. Aufl. 2021, § 13 WpÜG Rz. 37 ff.; *Süßmann* in Angerer/Geibel/Süßmann, § 13 WpÜG Rz. 34 ff., jeweils m.w.N.
385 Einzelheiten bei *Drinkuth*, Rz. 62.364; *Assmann* in Assmann/Pötzsch/Uwe H. Schneider, § 12 WpÜG; *Wackerbarth* in MünchKomm. AktG, 5. Aufl. 2021, § 12 WpÜG; *Loven* in Angerer/Geibel/Süßmann, § 12 WpÜG, jeweils m.w.N.
386 Vgl. zum Ganzen auch *Siebel*, ZGR 2002, 842 ff. (mit Fallbeispielen); *Habersack* in Habersack/Mülbert/Schlitt, Unternehmensfinanzierung am Kapitalmarkt, Rz. 40.42 f.; *Heidelbach* in Schwark/Zimmer, § 39 BörsG Rz. 29 ff.; *Gebhardt* in Schäfer/Hamann, Kapitalmarktgesetze, § 38 BörsG Rz. 43.
387 Vgl. *Heidelbach* in Schwark/Zimmer, § 33 BörsG Rz. 19.

wendbar. Die Aufhebung der Handelsgenehmigung richtet sich stattdessen nach den jeweiligen Freiverkehrsbedingungen der Börsen, die regelmäßig Kündigungs- oder Widerrufsrechte vorsehen[388].

VIII. Kaltes Delisting

63.82 Ein Rückzug von der Börse kann auch Folge gesellschafts- oder umwandlungsrechtlicher Umstrukturierungsmaßnahmen sein, soweit diese dazu führen, dass die Wertpapiere einer AG nicht mehr an Börsen oder vergleichbaren organisierten Märkten i.S.d. § 2 Abs. 11 WpHG gehandelt werden können (kaltes Delisting)[389]. Dies ist der Fall, wenn am Ende der Umstrukturierung die (bisherige) börsennotierte AG entweder erlischt, in eine andere, nicht börsennotierte bzw. nicht börsenfähige Rechtsform wechselt oder sich alle Anteile in einer Hand befinden, sodass ein Börsenhandel nicht mehr stattfinden kann. Die **Rechtsgrundlagen** sind **abhängig von der** gesellschafts- oder umwandlungsrechtlichen **Umstrukturierungsmaßnahme**. Daher können auch aus der Frosta-Entscheidung zum regulären Delisting (Rz. 63.2 und 63.57 ff.) allenfalls vorsichtig Schlüsse auf das kalte Delisting gezogen werden[390]. Spezielle börsenrechtliche Regelungen existieren nicht. Ein kaltes Delisting ist keine im BörsG oder in den BörsO vorgesehene Sonderform des Delisting, vielmehr gelten die allgemeinen Eingriffsbefugnisse der Börsengeschäftsführung, mit denen ggf. auf die Strukturänderungen reagiert werden muss.

1. Zulässigkeit des kalten Delisting

63.83 Der Einsatz gesellschafts- und umwandlungsrechtlicher Gestaltungsmodelle stellt keine **Umgehung des börsenrechtlichen Börsenentlassungsverfahrens** nach § 39 Abs. 2 BörsG einschließlich des hiermit verbundenen Verwaltungsrechtsschutzes dar[391]. Vielmehr findet der Fall der Verschmelzung einer börsennotierten auf eine nicht-börsennotierte AG seit April 2007 eine ausdrückliche Regelung in § 29 UmwG[392]. Es bestehen keine Anhaltspunkte dafür, dass erst ein reguläres Delisting durchgeführt werden muss, bevor bestimmte Umstrukturierungsmaßnahmen möglich werden. Der Gesetzgeber hat im Zusammenhang mit der Neufassung des § 39 BörsG klar zum Ausdruck gebracht, dass er die Auswirkungen eines (bloßen) Börsenrückzugs von den als kaltes Delisting bezeichneten Strukturmaßnahmen unterscheidet, die ihren eigenen Regelungen unterliegen. Hieraus mögen sich rechtspolitisch zu beanstandende, möglicherweise *de lege ferenda* zu beseitigende Friktionen ergeben[393], die derzeitige Gesetzeslage lässt insoweit jedoch keine unbewusste Regelungslücke erkennen. Außerdem ist das Schutzniveau des AktG, UmwG und WpÜG regelmäßig vergleichbar, wenn nicht aufgrund zusätzlicher Anforderungen höher, als die Regelungen im BörsG und den BörsO oder kann durch analoge Heranziehung anderer Schutzregelungen untereinander vergleichbarer Strukturmaßnahmen (nicht aber des § 39 Abs. 2 bis 6 BörsG) ausgeglichen werden[394]. Tatsächlich wird ein reguläres Delisting infolge der

---

388 Vgl. näher *Linnerz/Freyling*, BB 2017, 1354 ff. m.w.N., die allerdings für eine Erstreckung von § 39 BörsG auf den Freiverkehr plädieren, dazu Rz. 63.19.
389 Übersicht über die verschiedenen Techniken für ein Going Private bei *Land/Hasselbach*, DB 2000, 556 ff.; *Richard/Weinheimer*, BB 1999, 1613, 1615 f.; umfassend *Kruse*, Das „kalte" Delisting; *Funke*, Minderheitenschutz im Aktienrecht beim „kalten" Delisting.
390 Rückschlüsse abl. OLG Düsseldorf v. 19.11.2015 – I-26 W 4/15, AG 2016, 366 f.; dazu *Staake*, WuB 2017, 146, 149; *Wittgens/Fischer*, EWiR 2016, 461 f.; *Hirte*, NJW 2017, 1213, 1215.
391 Wie hier *Habersack* in Habersack/Mülbert/Schlitt, Unternehmensfinanzierung am Kapitalmarkt, Rz. 40.36; *Bayer*, NZG 2015 1169, 1173. Vgl. noch zur alten Gesetzeslage ausführlich *Kruse*, Das „kalte" Delisting, S. 77 ff.; *Schlößer*, Delisting, S. 289 ff.; zur Rechtsschutzproblematik siehe *Grunewald*, ZIP 2004, 542, 543.
392 Fassung durch das Zweite Gesetz zur Änderung des Umwandlungsgesetzes v. 19.4.2007 (BGBl. I 2007, 542); vgl. Begr. RegE, BT-Drucks. 16/2919, S. 13.
393 *Bayer*, NZG 2015, 1169, 1173; *Harnos*, ZHR 179 (2015), 750, 759 f. Fn. 43.
394 Vgl. zu solchen Überlegungen noch vor der Gesetzesänderung OLG Düsseldorf v. 7.3.2005 – I-19 W 1/04 AktE, AG 2005, 480; *Kumpan* in Baumbach/Hopt, § 39 BörsG Rz. 16; *Land/Hasselbach*, DB 2000,

geänderten Gesetzeslage heute als reizvolle Alternative zum kalten Delisting bewertet, etwa zum verschmelzungsbedingten Delisting[395].

2. Einzelfälle des kalten Delisting

a) Eingliederung

aa) Börsenrechtliche Konsequenzen

63.84 Die börsenrechtliche Bedeutung der Eingliederung wird überwiegend in dem Umstand erkannt, dass zwar die eingegliederte AG als selbständige juristische Person fortbesteht, sich aber sämtliche Aktien der eingegliederten Tochter-AG in der Hand der Hauptgesellschaft als einziger Aktionärin vereinigen. Dies bedingt, dass ein Börsenhandel der Aktien nicht mehr gewährleistet ist. Die **börsenrechtlichen Konsequenzen** hieraus sind **umstritten:** Ein Teil der Lehre nimmt an, dass wegen dauerhaften Wegfalls des Börsenhandels die Zulassung gemäß § 39 Abs. 1 BörsG von Amts wegen zu widerrufen ist[396], während die Gegenansicht davon ausgeht, die Zulassung werde *ipso iure* wegen Erledigung gemäß § 43 Abs. 2 LVwVfG wirkungslos[397]. Während die erstgenannte Ansicht unter Hinweis auf § 327 Abs. 1 Nr. 3 AktG den Schluss zieht, dass der gesetzliche Beendigungsgrund die grundsätzlich weiterbestehende Möglichkeit des Aktienhandels aufzeige und deshalb keine Erledigung des Zulassungsverwaltungsakts eintrete, folgert die zweitgenannte Ansicht daraus ein offensichtliches Entfallen der Voraussetzungen des Börsenhandels.

63.85 Richtigerweise wird zwischen der **Eingliederung einer 100%igen Tochter-AG** und der Mehrheitseingliederung **zu unterscheiden** sein. Im zuerst genannten Fall vereinigen sich die Aktien schon vor der Eingliederung in einer Hand, sodass die Einstellungsentscheidung (§ 25 Abs. 1 Satz 1 Nr. 2 BörsG) und die Widerrufsentscheidung (§ 39 Abs. 1 BörsG) nicht zwingend vom Vollzug der Eingliederung abhängt. Eine bevorstehende Eingliederung kann aber Ausdruck für die notwendige Dauerhaftigkeit des Wegfalls des ordnungsgemäßen Börsenhandels sein. Wie in allen anderen Fällen der Beeinträchtigung des ordnungsgemäßen Börsenhandels durch Rückgang oder vollständigem Erliegen des Börsenhandels, endet die Zulassung hierdurch nicht automatisch, sondern es bedarf eines Einschreitens seitens der zuständigen Börsenorgane. Hingegen vereinigen sich alle Aktien im Fall der **Mehrheitseingliederung** erst als Folge der Eingliederungsmaßnahme in einer Hand, sodass die Folgen der Eingliederung zu betrachten sind. Diese bedeutet eine grundlegende Veränderung der Sachlage auf Seiten des Emittenten[398], die nach der gesetzlichen Wertung so gravierend ist, dass eine Eingliederung nur bei einer Einmann-AG gerechtfertigt ist (§ 319 Abs. 1 Satz 1, § 320a Satz 1 AktG), also keine Streuung der Aktien mehr gegeben ist. Damit entfällt mit der Eingliederung ein Moment, das gemäß § 32 Abs. 3 Nr. 1 BörsG gerade Grundvoraussetzung für die Börsenzulassung war. Es spricht deshalb mehr dafür, an den Vollzug der Eingliederung ipso iure eine **Erledigung der Börsenzulassung** gemäß § 43 Abs. 2 Var. 5 LVwVfG anzuknüpfen. Die Börsengeschäftsführung kann aber die Erledigung durch feststellenden Verwaltungsakt klarstellen.

557, 559; *Richard/Weinheimer*, DB 1999, 1613, 1619; *Steck*, AG 1998, 460, 466; vgl. auch *Grunewald*, ZIP 2004, 542, 543; *Kleppe*, Anlegerschutz, S. 195 ff.; *Kruse*, Das „kalte" Delisting, S. 83; *Schlößer*, Delisting, S. 290 f.
395 So bspw. *Kalss* in Semler/Stengel/Leonard, 5. Aufl. 2021, § 29 UmwG Rz. 16c.
396 *Grunewald*, ZIP 2004, 542; *Heidelbach* in Schwark/Zimmer, § 39 BörsG Rz. 43; *Hohn*, Going Private, S. 53; *Weinheimer/Fritzsche* in Richard/Weinheimer, Hdb. Going Private, S. 269; *Probst*, Rechtsfragen des regulären Börsenrückzugs, S. 31.
397 *Groß*, ZHR 165 (2001), 141, 150; *Land/Hasselbach*, DB 2000, 557, 560; *Kleppe*, Anlegerschutz, S. 55; *Pluskat*, FinanzBetrieb 2002, 592, 593; *Pluskat*, BKR 2007, 54, 55; *Streit*, ZIP 2002, 1279, 1281; *de Vries*, Delisting, S. 135 f.
398 Ähnlich die Argumentation bei *Kleppe*, Anlegerschutz, S. 55.

bb) Vereinbarkeit mit dem Anlegerschutz

Mit dem Ausscheiden der außenstehenden Aktionäre der eingegliederten AG verbindet sich (nur) eine **Verpflichtung zur angemessenen Abfindung** gemäß § 320b Abs. 1 Satz 1 AktG. Dabei sind als Abfindung grundsätzlich eigene Aktien der Hauptgesellschaft (§ 320b Abs. 1 Satz 2 AktG) und (nur) im Falle ihrer eigenen Abhängigkeit (§ 17 AktG) zur Wahl der abfindungsberechtigten Aktionäre eigene Aktien der Hauptgesellschaft oder eine Barabfindung (§ 320b Abs. 1 Satz 3 AktG) zu gewähren. Hierin liegt zugleich ein wesentlicher Unterschied zum Squeeze-out oder zur übertragenden Auflösung, weil die Minderheitsaktionäre durch eine Eingliederung **nicht zwangsweise aus der Unternehmensgruppe ausgeschlossen** werden, sondern über die Hauptgesellschaft mittelbar an der eingegliederten AG beteiligt bleiben können[399]. Eine Barabfindung oder bare Zuzahlungen zum Ausgleich von Spitzenbeträgen beim Aktientausch (§ 320b Abs. 1 Satz 4 AktG) sind hierbei zu verzinsen (§ 320b Abs. 1 Satz 6 AktG).

63.86

Trotz dieser vorhandenen **Abfindungsregelung** wird in den Fällen der Eingliederung, die ein **kaltes Delisting** nach sich ziehen, in Zweifel gezogen, dass die gesetzlich vorgesehene Abfindung mit Aktien der Hauptgesellschaft ausreicht[400]. Es wird argumentiert, dass es letztlich keinen Unterschied mache, auf welche Weise das Delisting erfolge, vielmehr müsse stets ein adäquater Ausgleich angeboten werden. Dieser könne nicht in einem Tauschangebot liegen, wenn die Hauptgesellschaft nicht börsennotiert ist, da es an einer Kompensation des Fungibilitätsverlusts fehle[401]. Weiter wird die Verpflichtung zum Barabfindungsangebot analog § 320b Abs. 1 Satz 3 AktG mit einem *argumentum a minori ad maius* begründet: Weil den außenstehenden Aktionären eine Barabfindung nach § 320b Abs. 1 Satz 3 AktG bei einer Eingliederung in eine zwar abhängige, aber dafür börsennotierte AG angeboten werden müsse, müsse dies erst recht bei der Eingliederung in eine zwar nicht abhängige, aber dafür nicht börsennotierte AG gewährt werden[402]. Einer Ausweitung der Verpflichtung, ein Barabfindungsangebot zu unterbreiten, wird indes entgegengehalten, dass das AktG trotz verschiedener Differenzierungen für börsennotierte AG (§ 3 Abs. 2 AktG) keine Sonderregelung in § 320b AktG getroffen hat und es deshalb an einer **planwidrigen Regelungslücke** fehlt[403]. Hierfür lässt sich anführen, dass anders als in den Fällen des regulären Delisting für den Fall der Eingliederung eher ein Verweis auf ein Umtauschangebot zu rechtfertigen ist, da durch die Eingliederung über die Hauptgesellschaft eine mittelbare Einflussnahme auf die Geschicke der eingegliederten AG erhalten bleibt und die Hauptgesellschaft auf das Vermögen der eingegliederten AG zugreifen kann (vgl. zu Auskunftsrechten § 326 AktG). Es sprechen deshalb gute Gründe dafür, in den Regelungen der §§ 319 ff. AktG auch im Falle des kalten Delisting eine nicht zu beanstandende Einschränkung des Aktionärseigentums zu sehen. Letztlich hat der Gesetzgeber mit der Neufassung des § 39 BörsG zum Ausdruck gebracht, dass er die Auswirkungen des Delistings von den als kaltes Delisting bezeichneten Strukturmaßnahmen unterscheidet, sodass sich die Rechtsfolgen im Grundsatz stets nach ihren spezifischen Regelungen zu richten haben (Rz. 63.83)[404].

63.87

---

399 *Even/Vera*, DStR 2002, 1315, 1319; *Land/Hasselbach*, DB 2000, 557, 560; *Kleppe*, Anlegerschutz, S. 56; E. *Vetter*, AG 2002, 176, 179.
400 *Grunewald*, ZIP 2004, 542, 544; die Möglichkeit eines „Fungibilitätsausgleich[s] durch bare Zuzahlung" mit einer zweifelhaft begründeten Analogie zu den §§ 15, 5 Abs. 1 Nr. 3, § 68 Abs. 3 UmwG a.F. und einen Barabfindungsanspruch analog § 320b Abs. 1 Satz 3 AktG bejahend *Kruse*, Das „kalte" Delisting, S. 135 ff.
401 So für die Eingliederung explizit *Grunewald*, ZIP 2004, 542, 544; *Habersack* in Emmerich/Habersack, Aktien- und GmbH-Konzernrecht, § 320b Rz. 7 f.; ähnlich *Kruse*, Das „kalte" Delisting, S. 139 ff., 145 (§ 320b Abs. 1 Satz 3 AktG analog), der aber einen Fungibilitätsausgleich durch bare Zuzahlung für möglich hält (S. 136 ff.); a.A. *de Vries*, Delisting, S. 137 f.; i.E. auch *Schlößer*, Delisting, S. 284 f., 297 ff. (keine Umgehung).
402 So *Kruse*, Das „kalte" Delisting, S. 144 f.
403 I.d.S. *de Vries*, Delisting, S. 137 f.; vgl. auch *Göckeler* in Beck'sches Hdb. AG, 2. Aufl. 2009, § 26 Rz. 59.
404 Weiterhin für eine Analogie zu § 29 UmwG aber *Habersack* in Emmerich/Habersack, Aktien- und GmbH-Konzernrecht, § 320b Rz. 7 f m.w.N.

cc) Rechtsschutz

63.88 Der Rechtsschutz bei der Eingliederung hat zwischen dem Eingliederungsbeschluss der einzugliedernden AG und dem Zustimmungsbeschluss der Hauptgesellschaft zu unterscheiden[405]. So kann die **Angemessenheit eines Abfindungsangebotes** für den Eingliederungsbeschluss nur im **Spruchverfahren** überprüft werden (§ 320b Abs. 2 Satz 2 AktG), eine Anfechtung scheidet diesbezüglich aus (§ 320b Abs. 2 Satz 1 AktG), während hinsichtlich des Zustimmungsbeschlusses nur eine Anfechtung (§§ 243 ff. AktG) möglich ist, das Spruchverfahren ist nicht vorgesehen. Im Übrigen sind beide Beschlüsse nach den allgemeinen Grundsätzen angreifbar. Welcher Art daneben (auch) **Verwaltungsrechtsschutz** gewährt wird, hängt davon ab, inwieweit sich mit der Eingliederung der Verwaltungsakt der Börsenzulassung *ipso iure* ohne Eingreifen der Geschäftsführung erledigt oder ob diese eine Widerrufsentscheidung nach § 39 Abs. 1 BörsG treffen muss. Im ersten Fall kommt vor allem eine verwaltungsgerichtliche Feststellungsklage auf Fortbestehen der Zulassung in Betracht (§ 43 VwGO), während im zweiten Fall die verwaltungsgerichtliche Verpflichtungs- und aus Anlegersicht insbesondere die Anfechtungsklage (§ 42 Abs. 1 VwGO) möglich sind.

b) Squeeze-out

aa) Börsenrechtliche Konsequenzen

63.89 Ähnlich wie bei der Eingliederung wird die börsenrechtliche Bedeutung eines Squeeze-out (dazu insg. *Drinkuth*, § 64) überwiegend in der mit der Eintragung des Übertragungsbeschlusses in das Handelsregister eintretenden Vereinigung sämtlicher Aktien der AG in der Hand des Hauptaktionärs erkannt (§ 327e Abs. 3 Satz 1 AktG). Hierdurch ist der Börsenhandel der Aktien auf Dauer nicht mehr gewährleistet, sodass von der h.M. gefolgert wird, die Geschäftsführung könne wegen dauerhaften Wegfalls des Börsenhandels die **Zulassung** gemäß § 39 Abs. 1 BörsG **von Amts wegen widerrufen**[406]. Eine Erledigung der Zulassung gemäß § 43 Abs. 2 LVwVfG wird zumeist nicht in Erwägung gezogen, weil der Hauptaktionär die Aktien theoretisch wieder dem Börsenhandel zuführen könne[407].

bb) Vereinbarkeit mit dem Anlegerschutz

63.90 Die Frage der Vereinbarkeit des Squeeze-out mit dem Anlegerschutz wurde bereits zur Einführung der §§ 327a bis 327f AktG sowie erneut zur Einführung des übernahmerechtlichen Squeeze-out gemäß §§ 39a, 39b WpÜG und des verschmelzungsrechtlichen Squeeze-out gemäß § 62 Abs. 5 UmwG unter dem Blickwinkel der **verfassungsrechtlichen Zulässigkeit eines Zwangsausschlusses gegen Barabfindung** diskutiert[408]. Es verwundert daher nicht, dass diese Frage in der Vergangenheit zum Gegenstand zahlreicher Anfechtungsklagen gemacht wurde[409], obwohl die h.M. verfassungsrechtliche Bedenken stets zurückgewiesen hat und bislang stets durch das BVerfG bestätigt wurde[410]. Danach darf das unternehmerische Gestaltungsinteresse des Hauptaktionärs den Bestandsinteressen der Minderheitenaktionäre von Verfassungs wegen vorgeordnet werden, sofern für eine angemessene und gerichtlich

---

405 Vgl. *Hüffer/Koch*, § 320b AktG Rz. 8 f.
406 *Grigoleit/Rachlitz* in Grigoleit, § 320a AktG Rz. 2; *Singhof* in Spindler/Stilz, § 320a AktG Rz. 4; *Grunewald*, ZIP 2004, 542; *Heidelbach* in Schwark/Zimmer, § 39 BörsG Rz. 43; *Hohn*, Going Private, S. 53; *Pluskat*, FinanzBetrieb 2002, 592, 594; *Kruse*, Das „kalte" Delisting, S. 149; *Schlößer*, Delisting, S. 288; wohl auch *Vossius*, ZIP 2002, 511, 514.
407 Für Erledigung allerdings *Pluskat*, BKR 2007, 54, 55.
408 Vgl. schon die Begr. RegE WpÜG, BT-Drucks. 14/7034, S. 31 f. unter Hinweis auf BVerfG v. 27.4.1999 – 1 BvR 1613/94 – DAT/Altana, BVerfGE 100, 289 = AG 1999, 566.
409 Vgl. dazu die Studie von *Rathausky*, AG 2004, R24.
410 BVerfG v. 16.5.2012 – 1 BvR 96/09, 1 BvR 117/09, 1 BvR 118/09, 1 BvR 128/09, AG 2012, 625; BVerfG v. 30.5.2007 – 1 BvR 390/04, AG 2007, 544, 545; BGH v. 18.9.2006 – II ZR 225/04, AG 2006, 887; OLG Hamburg v. 14.6.2012 – 11 AktG 1/12, AG 2012, 639; *Hüffer/Koch*, § 327a AktG Rz. 6; *Fleischer*, ZGR 2002, 757, 763 f.

überprüfbare Abfindung gesorgt ist. Für das aktien- und verschmelzungsrechtliche Squeeze-out wurden diese verfassungsrechtlichen Vorgaben dahingehend konkretisiert, dass nur – hier liegt ein Unterschied zum regulären Delisting – für den Hauptaktionär die Verpflichtung besteht, eine den Verhältnissen der AG zum Zeitpunkt der Beschlussfassung entsprechende Barabfindung zu zahlen (§ 327b Abs. 1 Satz 1 AktG, § 62 Abs. 5 UmwG)[411]. Beim übernahmerechtlichen Squeeze-out knüpft das Gesetz an das zwingend vorangegangene Pflichtangebot des Bieters an, dessen Angemessenheit das Gesetz regelmäßig vermutet (§ 39a Abs. 3 Satz 3 WpÜG)[412]. Auch ist eine gerichtliche Überprüfung im Spruchverfahren (§ 327f AktG, § 62 UmwG) bzw. im übernahmerechtlichen Verfahren (§ 39a WpÜG) möglich[413]. Das **kalte Delisting** durch ein Squeeze-out **erfordert** deshalb **keine Ergänzung** des vorhandenen Schutzinstrumentariums[414].

cc) Rechtsschutz

Die Rechtsschutzmöglichkeiten gegen einen aktien- und verschmelzungsrechtlichen Squeeze-out sind – soweit es nicht umwandlungsrechtliche Besonderheiten betrifft – in § 327f AktG geregelt. So kann die **Anfechtung des Übertragungsbeschlusses** nach § 243 Abs. 1 AktG, nicht aber nach § 243 Abs. 2 AktG (§ 327f Satz 1 AktG) erfolgen, wenn der Mehrheitsaktionär nicht über die erforderliche Kapitalmehrheit verfügt oder Verfahrensmängel vorliegen. Die **Angemessenheit der Barabfindung** ist im Wege des **Spruchverfahrens** überprüfbar, auch wenn eine Barabfindung angeboten, aber nicht angemessen ist und auch, wenn eine Barabfindung nicht angeboten oder ein vorhandenes Angebot nicht ordnungsgemäß ist (§ 327f Satz 3 AktG)[415]. Offen und umstritten ist, ob und wenn ja, in welchen Fällen beim übernahmerechtlichen Squeeze-out eine Überprüfung der Angemessenheit des Angebotes möglich ist, wobei die h.M. eine Überprüfung im Spruchverfahren ablehnt[416]. Der **Verwaltungsrechtsschutz** hängt davon ab, inwieweit sich mit dem Squeeze-out der Verwaltungsakt der Börsenzulassung erledigt (§ 43 Abs. 2 Var. 5 LVwVfG) oder ob die Geschäftsführung eine Widerrufsentscheidung nach § 39 Abs. 1 BörsG treffen muss. Im ersten Fall kommt vor allem eine verwaltungsgerichtliche Feststellungsklage auf Fortbestehen der Zulassung in Betracht (§ 43 VwGO), während im zweiten Fall die verwaltungsgerichtliche Verpflichtungs- und aus Anlegersicht insbesondere die Anfechtungsklage (§ 42 Abs. 1 VwGO) möglich sind[417].

63.91

c) Verschmelzung, Aufspaltung, Formwechsel
aa) Börsenrechtliche Konsequenzen

Das kalte Delisting folgt bei einer Verschmelzung, Aufspaltung und einem Formwechsel aus den mit der jeweiligen Eintragung in das Handelsregister eintretenden Wirkungen: So gehen bei einer Verschmelzung oder Aufspaltung nicht nur Vermögen und Verbindlichkeiten der übertragenden AG auf den über-

63.92

---

411 Vgl. zu diesem Unterschied zum regulären Delisting nach alter Rechtslage auch *Grunewald*, ZIP 2004, 542, 543.
412 Zu den Besonderheiten des übernahmerechtlichen Squeeze-out vgl. *Hasselbach* in KölnKomm. WpÜG, § 39a WpÜG; *Seiler* in Assmann/Pötzsch/Uwe H. Schneider, § 39a WpÜG.
413 Ungeklärt ist noch, ob beim übernahmerechtlichen Verfahren auch die Angemessenheitsvermutung des § 39a Abs. 3 WpÜG widerlegt werden kann, vgl. zum Diskussionsstand OLG Frankfurt v. 28.1.2014 – WpÜG 3/13, AG 2014, 410 Rz. 62, 74; *Drinkuth*, Rz. 62.344 und Rz. 64.15; *Kießling*, Der übernahmerechtliche Squeeze-out gem. §§ 39a, 39b WpÜG, 2008, S. 8 ff., S. 73 ff.; *Seiler* in Assmann/Pötzsch/Uwe H. Schneider, § 39a WpÜG Rz. 83 ff. m.w.N.
414 I.E. ebenso *Grunewald*, ZIP 2004, 542, 543; *Kruse*, Das „kalte" Delisting, S. 148 ff., 163.
415 Einzelheiten hierzu § 63. Zum Stand der Diskussion, welche Börsenkurse berücksichtigt werden können, vgl. *Brandenstein/Höfling*, NZG 2021, 18; *Schmidt*, NZG 2020, 1361 ff.
416 Vgl. dazu *Noack/Zetzsche* in Schwark/Zimmer, § 39a WpÜG Rz. 29 ff., insb. Rz. 32; *Seiler* in Assmann/Pötzsch/Uwe H. Schneider, § 39a WpÜG Rz. 111, jeweils m.w.N.
417 Keinen Raum für Rechtsschutzmöglichkeiten im Verwaltungsverfahren sieht wegen Unvermeidbarkeit des Delisting *Grunewald*, ZIP 2004, 542, 543.

nehmenden oder neuen Rechtsträger über (§ 20 Abs. 1 Nr. 1 bzw. § 131 Abs. 1 Nr. 1 UmwG), sondern die übertragende AG erlischt ohne besondere Abwicklung oder Löschung *ipso iure* (§ 20 Abs. 1 Nr. 2 bzw. § 131 Abs. 1 Nr. 2 UmwG) und die bisherigen Aktionäre werden Anteilsinhaber des übernehmenden oder neuen Rechtsträgers (§ 20 Abs. 1 Nr. 3 bzw. § 131 Abs. 1 Nr. 3 UmwG). Eine **Verschmelzung oder Aufspaltung beendet** also den rechtlichen Bestand der übertragenden AG einschließlich ihrer Aktien, sodass damit nach zutreffender h.L. auch die **Börsenzulassung** der Aktien *ipso iure* endet, weil der Verwaltungsakt der Zulassung mit Wegfall des Regelungsobjekts gegenstandslos wird, sich gemäß § 43 Abs. 2 Var. 5 LVwVfG[418] auf sonstige Weise erledigt hat[419]. Dies gilt auch, wenn der aufnehmende Rechtsträger im Freiverkehr notiert ist[420]. Entsprechendes bewirkt ein Formwechsel, bei dem zwar im Unterschied zur Verschmelzung und Aufspaltung der formwandelnde Rechtsträger unter Wahrung seiner Identität in der in dem Umwandlungsbeschluss (§ 193 UmwG) bestimmten Rechtsform weiterbesteht (§ 190 Abs. 1, § 202 Abs. 1 Nr. 1 UmwG), aber mit dem Verlust der bisherigen Rechtsform geht ein Austausch des anzuwendenden Normensystems einher, sodass die bisherigen Aktionäre jetzt „nur noch" Anteile an dem Rechtsträger nach den für die neue Rechtsform geltenden Vorschriften halten (§ 190 Abs. 1, § 202 Abs. 1 Nr. 2 Satz 1 UmwG). Ein **Formwechsel in einen nicht börsenfähigen Rechtsträger beendet** daher ebenso nicht nur die Existenz der bisherigen Rechtsform, sondern auch den rechtlichen Bestand der Aktien, womit sich nach zutreffender h.L. auch die **Börsenzulassung** der Aktien *ipso iure* gemäß § 43 Abs. 2 Var. 5 LVwVfG erledigt hat (siehe auch *Groß*, Rz. 9.76)[421].

bb) Vereinbarkeit mit dem Anlegerschutz

63.93 Eine Verschmelzung untersteht dem ausdifferenzierten Regelungssystem der §§ 2 ff. UmwG, eine Spaltung ergänzend (vgl. insbesondere § 125 UmwG) denen der §§ 123 ff. UmwG und ein Formwechsel denen der §§ 190 ff. UmwG. Hierbei zeigt ein **Vergleich mit dem BörsG** für ein reguläres Delisting, dass zum Schutz der Aktionärsminderheit in weiten Teilen durch das UmwG sogar höhere Anforderungen aufgestellt werden. Auch ist den der Verschmelzung, Aufspaltung oder dem Formwechsel widersprechenden Aktionären regelmäßig ein Ausscheiden aus der AG gegen **Barabfindung** anzubieten (§§ 29 ff., 125, 207 ff. UmwG). Ein Zwangsausschluss verbindet sich hiermit nicht[422]. **Friktionen** ergeben sich, wenn die börsennotierte AG eine Verschmelzung oder Aufspaltung auf eine (andere) Gesellschaft bzw. einen Formwechsel und so ein Delisting beabsichtigt[423]. Bis April 2007 sah das UmwG eine Abfindungsregelung nämlich nur für den Formwechsel (§ 207 UmwG), die Verschmelzung (§ 29 Abs. 1 Satz 1 UmwG a.F.) oder Aufspaltung (§ 29 Abs. 1 Satz 1 a.F., § 125 UmwG) auf einen Rechtsträger anderer Rechtsform sowie die Verschmelzung (§ 29 Abs. 1 Satz 2 UmwG a.F.) oder Aufspaltung (§ 29 Abs. 1 Satz 2 a.F., § 125 UmwG) auf einen Rechtsträger, dessen Anteile vinkuliert sind, vor. Da-

---

418 Zur Erledigung eines Verwaltungsakts wegen Wegfall des Regelungsobjekts vgl. BVerwG v. 15.11.1990 – 3 C 49/87, NVwZ 1991, 570, 571; BVerwG v. 24.1.1991 – 2 C 289, BVerwGE 87, 319, 323.
419 Vgl. (regelmäßig allerdings nur für die Verschmelzung) OLG Stuttgart v. 8.3.2006 – 20 W 5/05, AG 2006, 421; *Pluskat*, BKR 2007, 54,55; *Groß*, ZHR 165 (2001), 141, 149; *Heidelbach* in Schwark/Zimmer, § 39 BörsG Rz. 42; *Kleppe*, Anlegerschutz, S. 58; *Kruse*, Das „kalte" Delisting, S. 97 f., 131; *Schlitt*, ZIP 2004, 533, 540; *de Vries*, Delisting, S. 125; a.A. *Hohn*, Going Private, S. 53; wohl auch, jedenfalls aber offen: *Grunewald*, ZIP 2004, 542; *Richard/Weinheimer*, BB 1999, 1613, 1619.
420 Vgl. *Drescher* in BeckOGK AktG, Stand 1.6.2021, § 1 AktG Rz. 19.
421 *Adolff/Tieves*, BB 2003, 797, 805; *Groß*, ZHR 165 (2001), 140, 149; *Happ/Göthel* in Lutter, § 226 UmwG Rz. 9, § 233 UmwG Rz. 61; *Kleppe*, Anlegerschutz, S. 60; *Kruse*, Das „kalte" Delisting, S. 90 f.; *Mülbert*, ZHR 165 (2001), 104, 105; *Pluskat*, WM 2002, 833; *Schlitt*, ZIP 2004, 533, 540; *de Vries*, Delisting, S. 134; a.A. (Widerruf notwendig) *Hohn*, Going Private, S. 53; wohl auch *Grunewald*, ZIP 2004, 542; *Richard/Weinheimer*, BB 1999, 1613, 1619.
422 Vgl. nur *E. Vetter*, AG 2002, 176, 179 m.w.N.
423 Auch deswegen für das reguläre Delisting eine Barabfindungspflicht abl. *Mülbert*, ZHR 165 (2001), 104, 137 f.; zust. *Krämer/Theiß*, AG 2003, 225, 240; mit Blick auf die Verschmelzung krit. auch *Groß*, ZHR 165 (2001), 141, 160 f.

gegen kannte das UmwG keine Abfindungsregelung für die **Verschmelzung oder Aufspaltung auf eine nicht börsennotierte AG, SE oder KGaA**. Weitergehend ordnet § 250 UmwG bei einem **Formwechsel in eine KGaA** sogar ausdrücklich an, dass die Vorschriften der §§ 207 bis 212 UmwG zur Barabfindung von Minderheitsaktionären keine Anwendung finden[424]. Seit April 2007 regelt § 29 Abs. 1 Satz 1 UmwG auch für den Fall der Verschmelzung einer börsennotierten auf eine nicht-börsennotierte AG eine Verpflichtung zur Barabfindung ausscheidungswilliger Aktionäre[425]. Dies gilt über § 125 UmwG grundsätzlich auch für die relevanten Fälle der Spaltung. Dass die Regelung des § 250 UmwG für den Formwechsel zwischen AG und KGaA dem nicht angeglichen wurde, wird mit Rücksicht auf die Gesetzesmaterialien als Redaktionsversehen anzusehen sein[426].

cc) Rechtsschutz

Der Rechtsschutz bei Maßnahmen nach dem UmwG ist abhängig von den gesellschafts- und umwandlungsrechtlichen Abläufen und Auswirkungen. Die **Angemessenheit, Ordnungsgemäßheit oder das Fehlen eines Abfindungsangebots** kann nur im Spruchverfahren nach dem SpruchG, nicht aber im Wege der (gesellschaftsrechtlichen) Anfechtungsklage (§§ 243 ff. AktG) gerichtlich überprüft werden (§§ 32, 125, 210 UmwG)[427]. Im Übrigen finden auch hier die allgemeinen Grundsätze der (gesellschaftsrechtlichen) **Anfechtungs- und Nichtigkeitsfeststellungsklage** Anwendung. 63.94

3. Fungibilitätsausgleich

Beim kalten Delisting wird ergänzend zu bestehenden Abfindungsverpflichtungen eine **Verpflichtung zur Leistung eines Fungibilitätsausgleichs** diskutiert[428]. Damit ist eine Entschädigung in Form einer Barauszahlung für den Verlust der besonderen Verkehrsfähigkeit börsennotierter Aktien ohne Aufgabe der Aktionärsstellung gemeint[429]. Eine solche Ausgleichszahlung soll nach vereinzelter Auffassung in Anlehnung an die §§ 15, 125, 196 UmwG immer dann von den Aktionären gefordert werden können, wenn trotz des Wegfalls der Börsenzulassung keine freiwillige oder gesetzliche Möglichkeit besteht, die AG gegen Erhalt einer Barabfindung zu verlassen[430]. Dies zielte bislang auf die Fallgruppen der Verschmelzung, Aufspaltung und des Formwechsels ab, bei denen das UmwG ausdrücklich zunächst keine Abfindungsregelungen vorsah[431]. Diese Auffassung läuft mit Blick auf das kalte Delisting nach der Änderung des § 29 Abs. 1 UmwG im April 2007 (jedenfalls dann) leer, soweit auch diese Fälle um eine Abfindungsregelung ergänzt werden. Schließlich steht auch eine Vergleichbarkeit mit den Ausnahme- 63.95

---

424 Dieser Unterschied wird überraschenderweise oft nicht aufgegriffen, vgl. etwa *Grunewald*, ZIP 2004, 542, 544; *Kruse*, Das „kalte" Delisting, S. 89 ff.; *de Vries*, Delisting, S. 134 f.
425 Fassung durch das Zweite Gesetz zur Änderung des Umwandlungsgesetzes v. 19.4.2007 (BGBl. I 2007, 542); siehe dazu *Mayer/Weiler*, DB 2007, 1235; zur vorherigen Rechtslage vgl. 3. Aufl.
426 Vgl. Begr. RegE 2. UmwGÄndG, BT-Drucks. 16/2919, S. 13; siehe auch *Mayer/Weiler*, DB 2007, 1235, 1236 (Anwendung auf KGaA analog).
427 Vgl. insg. §§ 38, 39; siehe aber auch LG Hanau v. 2.5.2002 – 5 O 63/01, DB 2002, 2261 = AG 2003, 534 f., wo bei einer Anfechtung eines Verschmelzungsbeschlusses wegen der Verschaffung eines Sondervorteils (§ 243 Abs. 2 AktG) auch der Wegfall der Börsenzulassung beachtet wurde.
428 Vgl. zum Diskussionsstand LG Düsseldorf v. 15.6.2000 – 31 O 106/97, AG 2001, 373, 374; LG Köln v. 19.12.2003 – 82 O 95/03, ZIP 2004, 220, 221 (nicht behandelt in der Beschwerdeentscheidung OLG Düsseldorf v. 14.1.2005 – I-16 U 59/04, AG 2005, 293); *Kleppe*, Anlegerschutz, S. 245 f.; *Kruse*, WM 2003, 1843 ff.; *Kruse*, Das „kalte" Delisting, S. 57, 109 ff., 136 ff., 168; *Steck*, AG 1998, 460 ff.
429 Vgl. zur Frage, ob und wie der Verlust der Börsenzulassung bei der Bewertung von Abfindungsangeboten zu berücksichtigen ist *Steck*, AG 1998, 460, 463 f.; *Groß*, ZHR 165 (2001), 140, 161 (bei Einbeziehung der Eingliederung); *Kruse*, Das „kalte" Delisting, S. 109 ff. m.w.N.
430 *Kruse*, WM 2003, 1843 ff., insb. 1848 f.; *Kruse*, Das „kalte" Delisting, S. 57, 109 ff., 136 ff., 168; vgl. auch *Zetzsche*, NZG 2000, 1065, 1069.
431 Deutlich *Kruse*, WM 2003, 1843, 1850; siehe auch, aber i.E. abl. *Groß*, ZHR 165 (2001), 140, 160 f.

fällen der §§ 15, 125, 196 UmwG (und des § 304 Abs. 1 AktG) in Frage[432], zumal mehr noch als bei den ausdrücklich durch diese Normen erfassten Fällen erhebliche Unsicherheiten hinsichtlich der Berechnung des Ausgleichsbetrages bestehen[433]. Die h.M. lehnt die Möglichkeit eines eigenständigen Fungibilitätsausgleichs ab[434].

§ 64
Übertragung von Aktien gegen Barabfindung (Squeeze out)

I. Einführung 64.1
1. Entwicklung und Bedeutung 64.2
   a) Entstehungsgeschichte 64.2
   b) Normzweck 64.3
   c) Ausländische Regelungen 64.4
   d) Vereinbarkeit mit höherrangigem Recht 64.5
   e) Praktische Bedeutung 64.6
   f) Würdigung 64.7
2. Voraussetzungen und Ablauf im Überblick 64.8

II. Ablauf eines Squeeze out 64.13
1. Planung 64.13
2. Alternativen zum aktienrechtlichen Squeeze out 64.14
   a) Übernahmerechtlicher Squeeze out 64.15
   b) Verschmelzungsrechtlicher Squeeze out 64.16
   c) Würdigung 64.17
3. Ablaufplan eines aktienrechtlichen Squeeze out 64.18

III. Einzelfragen 64.19
1. AG, KGaA oder SE 64.19
2. Hauptaktionär 64.20
   a) Persönliche Voraussetzungen 64.21
   b) Berechnung der Kapitalmehrheit . 64.22
   c) Maßgeblicher Zeitraum 64.25
3. Übertragungsverlangen 64.26

4. Pflichten des Vorstands der Gesellschaft 64.32
   a) Ad-hoc-Mitteilung 64.32
   b) Prüfung der Voraussetzungen ... 64.33
   c) Informationspflichten gegenüber dem Hauptaktionär 64.34
   d) Vorbereitung und Einberufung der Hauptversammlung 64.35
5. Unternehmensbewertung, Angemessenheit der Barabfindung 64.36
   a) Überblick 64.36
   b) Gesetzliche Vorgaben 64.37
   c) Sachverständiger Prüfer 64.41
6. Übertragungsbericht 64.44
7. Gewährleistungserklärung 64.48
8. Hauptversammlung 64.53
   a) Überblick 64.53
   b) Vorbereitung 64.54
   c) Einberufung 64.59
   d) Durchführung und Beschlussfassung 64.61
9. Anmeldung zum Handelsregister, Eintragung und Rechtsfolgen 64.63
   a) Anmeldung 64.63
   b) Prüfungskompetenz des Handelsregisters 64.64
   c) Rechtsfolgen der Eintragung ... 64.65
10. Rechtsschutz 64.68
11. Sonstiges 64.71

---

432 Vgl. *Kleppe*, Anlegerschutz, S. 246 f.; vgl. auch OLG Stuttgart v. 22.9.2009 – 20 W 20/06, AG 2010, 42, 45 f.; insoweit a.A. *Kruse*, WM 2003, 1843, 1845 f.; 1848, jeweils m.w.N.
433 Vgl. *Steck*, AG 1995, 460, 463 f.; *de Boer*, EWiR 2004, 879, 880; *Groß*, ZHR 165 (2001), 140, 161; *Land/Hasselbach*, DB 2000, 557, 559.
434 Vgl. zur abl. h.M. etwa OLG Frankfurt v. 20.12.2011 – 21 W 8/11, AG 2012, 330 Rz. 17; OLG Stuttgart v. 22.9.2009 – 20 W 20/06, AG 2010, 42, 46; LG Düsseldorf v. 15.6.2000 – 31 O 106/97, AG 2001, 373, 374; LG Köln v. 19.12.2003 – 82 O 95/03, ZIP 2004, 220, 221 (nicht behandelt in der Beschwerdeentscheidung OLG Düsseldorf v. 14.1.2005 – I-16 U 59/04, AG 2005, 293); *Groß*, ZHR 165 (2001), 140, 161; *Kleppe*, Anlegerschutz, S. 245 ff.

Schrifttum: *Adolff,* Unternehmensbewertung im Aktien- und Konzernrecht, in Fleischer/Hüttemann (Hrsg.), Rechtshandbuch Unternehmensbewertung, 2015, S. 567; *Austmann,* Der verschmelzungsrechtliche Squeeze-out nach dem 3. UmwÄndG 2011, NZG 2011, 684; *Bühler,* Inhalts- und Rechtsmissbrauchskontrolle beim Squeeze-out, BB 2018, 2886; *Bungert/Wettich,* Der neue verschmelzungsspezifische Squeeze-out nach § 62 Abs. 5 UmwG n.F., DB 2013, 1500; *Cascante/Tyrolt,* 10 Jahre WpÜG – Reformbedarf im Übernahmerecht?, AG 2012, 97; *Deilmann,* Aktienrechtlicher versus übernahmerechtlicher Squeeze-out, NZG 2007, 721; *Ehricke/Roth,* Squeeze-out im geplanten deutschen Übernahmerecht, DStR 2001, 1120; *Fleischer,* Unternehmensbewertung zwischen Tat- und Rechtsfrage, AG 2016, 185; *Florstedt,* Die Grenzen der Gestaltungsfreiheit beim verschmelzungsrechtlichen Squeeze-out, NZG 2015, 1212; *Fröde,* Missbräuchlicher Squeeze-out gemäß §§ 327a ff. AktG, NZG 2007, 729; *Fuhrmann/Simon,* Der Ausschluss von Minderheitsaktionären, WM 2002, 1211; *Habersack,* Der Finanzplatz Deutschland und die Rechte der Aktionäre – Bemerkungen zur bevorstehenden Einführung des „Squeeze Out", ZIP 2001, 1230; *Halm,* „Squeeze-Out" heute und morgen: Eine Bestandsaufnahme nach dem künftigen Übernahmerecht, NZG 2000, 1162; *Hofmeister,* Der verschmelzungsrechtliche Squeeze-out: Wichtige Aspekte und Besonderheiten der Verschmelzung, NZG 2012, 688; *Ihrig/Seibel,* Anmerkung zum BGH-Urteil vom 22.03.2011 (II ZR 229/09; BB 2011, 613), BB 2011, 1617; *Kiefner/Brügel,* Der umwandlungsrechtliche Squeeze-out – Verfahren, Einsatzmöglichkeiten, Rechtsschutzfragen, AG 2011, 525; *Kocher/Heydel,* Aktienrechtlicher Squeeze out: Zeitpunkt des Anteilsbesitzerfordernisses und Möglichkeit eines Bestätigungsbeschlusses, BB 2012, 401; *Lieder/Stange,* Squeeze-out: Aktuelle Streit- und Zweifelsfragen, Der Konzern 2008, 617; *Mayer,* Praxisfragen des verschmelzungsrechtlichen Squeeze-out-Verfahrens, NZG 2012, 561; *Merkner/Sustmann,* Update: Freigabeverfahren nach gut eineinhalb Jahren ARUG, CFL 2011, 65; *Müller-Eising/Stoll,* Klagebefugnis von Minderheitsaktionären gegen Squeeze-out-Beschlüsse und Bestandskraft der Eintragung, GWR 2011, 349; *Ott,* Der übernahmerechtliche Squeeze-out gemäß §§ 39a f. WpÜG, WM 2008, 384; *Paefgen,* Der neue übernahmerechtliche Squeeze-out – die bessere Alternative?, in FS Westermann, 2008, S. 1221; *Paul,* Sechs Jahre Übernahmerecht – Erfahrungen der Gerichtspraxis, in Veil (Hrsg.), Übernahmerecht in Praxis und Wissenschaft, 2009, S. 43 ff.; *Rieder,* (Kein) Rechtsmissbrauch beim Squeeze-out, ZGR 2009, 981; *Ruthardt,* Abfindungsbemessung beim Squeeze Out, NZG 2015, 1387; *Schäfer/Dette,* Aktienrechtlicher Squeeze-out – Beschlussnichtigkeit bei missbräuchlicher Erlangung des Kapitalquorums?, NZG 2009, 1; *Schockenhoff/Lumpp,* Der verschmelzungsrechtliche Squeeze out in der Praxis, ZIP 2013, 749; *Seibt,* Übernahmerecht: Update 2010/2011, CFL 2011, 213; *Seibt/Heiser,* Der neue Vorschlag einer EU-Übernahmerichtlinie und das deutsche Übernahmerecht, ZIP 2002, 2193; *Seibt/Heiser,* Analyse des Übernahmerichtlinie-Umsetzungsgesetzes, AG 2006, 310; *Seiler/Rath,* Voraussetzungen des übernahmerechtlichen Squeeze-out – 95 % Anteilsbesitz bis zum Ende der (weiteren) Annahmefrist, AG 2013, 252; *Sieger/Hasselbach,* Der Ausschluss von Minderheitsaktionären nach den neuen §§ 327a ff. AktG, ZGR 2002, 120; *E. Vetter,* Squeeze-out – Der Ausschluss der Minderheitsaktionäre aus der Aktiengesellschaft nach den §§ 327a–327f AktG, AG 2002, 176; *Wicke,* Die Barabfindung im Fall des Squeeze-out bei bestehendem Gewinnabführungsvertrag, DStR 2021, 998.

Herrn Rechtsanwalt Dr. *Andre Nolting* sei an dieser Stelle sehr herzlich gedankt für seine wertvolle Unterstützung bei der Erstellung dieses Abschnitts.

I. Einführung

Die §§ 327a ff. AktG ermöglichen einem Aktionär, der mindestens 95 % des Grundkapitals einer AG, einer KGaA oder einer SE[1] hält („**Hauptaktionär**"), die übrigen Aktionäre („**Minderheitsaktionäre**") gegen angemessene Barabfindung aus der Gesellschaft auszuschließen und deren Aktien zu erwerben („**Squeeze out**"). Die **Übertragung** der Aktien der Minderheitsaktionäre erfolgt **kraft Gesetzes** aufgrund eines entsprechenden Beschlusses der Hauptversammlung („**Übertragungsbeschluss**") und wird mit Eintragung des Übertragungsbeschlusses im Handelsregister wirksam. Der Hauptaktionär wird damit zum **Alleinaktionär**. Der Squeeze out ermöglicht insbesondere ein Delisting, weshalb er häufig als dessen Vorstufe durchgeführt wird.

64.1

---

1 Art. 9 Abs. 1 Buchst. c der Verordnung (EG) Nr. 2157/2001 des Rates v. 8.10.2001 über das Statut der Europäischen Gesellschaft (SE), ABl. EG Nr. L 294 v. 10.11.2001, S. 1.

1. Entwicklung und Bedeutung
a) Entstehungsgeschichte

64.2 Die §§ 327a ff. AktG wurden zusammen mit dem WpÜG durch Art. 7 des Gesetzes zur Regelung von öffentlichen Angeboten zum Erwerb von Wertpapieren und von Unternehmensübernahmen vom 20.12.2001[2] geschaffen und sind am 1.1.2002 in Kraft getreten. Dem vorausgegangen waren Forderungen aus Wirtschaft und Wissenschaft, einem mit deutlicher Mehrheit (90–95 %) beteiligten Aktionär eine Möglichkeit zum Ausschluss bzw. Auskauf von Minderheitsaktionären aus der Gesellschaft zu geben[3]. Der Gesetzgeber hat diese Vorschläge mit der Schaffung der §§ 327a ff. AktG aufgegriffen. Abgesehen von kleineren Änderungen sind die Regelungen zum Squeeze out im Gesetzgebungsverfahren weitgehend unverändert geblieben[4]. Seit ihrem In-Kraft-Treten haben die §§ 327a ff. AktG verschiedene kleinere Änderungen erfahren[5]. Im Zuge der Finanzkrise wurden mit § 12 Abs. 4 Satz 1 FMStBG bestimmte Erleichterungen für ein Übertragungsverlangen durch den Finanzmarktstabilisierungsfonds geschaffen[6]. Mittelbar beeinflusst wurden die §§ 327a ff. AktG durch den im Rahmen des UMAG eingeführten § 243 Abs. 4 Satz 2 AktG sowie die Schaffung des sog. übernahmerechtlichen Squeeze out gemäß §§ 39a ff. WpÜG[7] und des sog. verschmelzungsrechtlichen Squeeze out gemäß § 62 Abs. 5 UmwG (siehe dazu Rz. 64.14 ff.).

b) Normzweck

64.3 Die Schaffung eines Rechts zum Ausschluss von Minderheitsaktionären beruht auf der Überlegung, dass das Vorhandensein einer kleinen Aktionärsminderheit für die AG wegen der zahlreichen zwingenden Vorschriften zum Minderheitenschutz einen erheblichen und zudem kostenintensiven Formalaufwand bedeutet, der die Gesellschaft und den Hauptaktionär in der Unternehmensführung behindern kann. Demgegenüber sind die Minderheitsaktionäre aufgrund ihrer geringfügigen Beteiligung ohnehin nicht in der Lage, nennenswerten Einfluss auszuüben[8]. Zudem würden Kleinstbeteiligungen nicht selten dazu missbraucht, den Hauptaktionär zu finanziellen Zugeständnissen zu veranlassen[9].

---

2 BGBl. I 2001, 3822, 3838 f.

3 Vgl. aus der Wirtschaft Stellungnahme des *Gemeinsamen Arbeitsausschusses des BDI, BdB und anderer* zum KonTraG, abgedruckt in WM 1997, 490, 491 und 496 f.; vgl. aus der Wissenschaft insbes. *Forum Europaeum Konzernrecht*, ZGR 1998, 672, 732 ff.; *Handelsrechtsausschuss des DAV*, NZG 1999, 850 ff.; siehe ferner *Börsensachverständigenkommission beim Bundesministerium der Finanzen*, Standpunktepapier zur künftigen Regelung von Unternehmensübernahmen, Februar 1999, S. 22, 26 sowie Empfehlung der *Expertenkommission „Unternehmensübernahmen"* v. 17.5.2000, abgedruckt in WM 2000, Sonderbeilage 2, 38.

4 Siehe den ursprünglichen Vorschlag des *Bundesministeriums der Finanzen*, abgedruckt in NZG 2000, 844, 855 f.; den Referentenentwurf, abgedruckt bei *Fleischer/Kalss*, Das neue Wertpapiererwerbs- und Übernahmegesetz, 2002, S. 374 und 401 ff.; den Regierungsentwurf, BT-Drucks. 14/7034, S. 24 f., abgedruckt in ZIP 2001, 1262 ff., 1295 ff.; die Stellungnahme des Bundesrates, BR-Drucks. 14/7034, S. 84, 86 f. sowie die Beschlussempfehlung des Finanzausschusses, BT-Drucks. 14/7477, ab S. 6.

5 Überblick bei *Habersack* in Emmerich/Habersack, Aktien- und GmbH-Konzernrecht, § 327a AktG Rz. 3.

6 Diese Norm fand im Zuge der Übernahme der Hypo Real Estate durch den Finanzmarktstabilisierungsfonds Anwendung, vgl. zur Wirksamkeit im Einzelnen BVerfG v. 5.5.2009 – 1 BvR 971/09, juris; LG München I v. 20.1.2011 – 5 HK O 18800/09, NZG 2011, 390 ff. = AG 2011, 211 ff.; EuGH v. 24.3.2011 – C-194/10, AG 2011, 507 ff.; OLG München v. 28.9.2011 – 7 U 711/11 – Hypo Real Estate, WM 2011, 2048 = AG 2011, 849 sowie LG München I v. 21.6.2013 – 5 HK O 19183/09, AG 2014, 168 und zuletzt OLG München v. 5.5.2015 – 31 Wx 366/13, NZG 2015, 683 = AG 2015, 508.

7 Siehe dazu *Ott*, WM 2008, 384; *Paefgen*, WM 2007, 765 sowie Rz. 62.339 ff.

8 Vgl. RegE, BT-Drucks. 14/7034, S. 31; *Grunewald* in MünchKomm. AktG, 5. Aufl. 2021, Vor § 327a AktG Rz. 2 f.; siehe auch BVerfG v. 30.5.2007 – 1 BvR 390/04, AG 2007, 544.

9 Vgl. RegE, BT-Drucks. 14/7034, S. 31.

Daneben wurde zur Begründung für die Einführung der §§ 327a ff. AktG regelmäßig auf die internationale Üblichkeit derartiger Regelungen verwiesen[10].

c) Ausländische Regelungen

In zahlreichen Rechtsordnungen bestehen vergleichbare Möglichkeiten zum Ausschluss einer Aktionärsminderheit, die jedoch im Einzelnen voneinander abweichen[11].

64.4

Der Ausschluss von Gesellschaftern ist in **Österreich** durch das Bundesgesetz über den Ausschluss von Minderheitsgesellschaftern (GesAusG)[12] geregelt[13]. Zunächst regelt § 1 GesAusG den allgemeinen Ausschluss von Minderheitsgesellschaftern bei der AG und der GmbH, welcher durch Beschluss der Haupt- oder Gesellschafterversammlung herbeigeführt werden kann, wenn ein Aktionär oder Gesellschafter mindestens 90 % der Anteile hält. Eine Besonderheit besteht darin, dass der Squeeze out durch Satzungsregelung entweder ausgeschlossen oder von einer höheren Beteiligungsquote abhängig gemacht werden kann. § 7 GesAusG regelt den Squeeze out nach einem vorausgegangenen Übernahmeangebot, der innerhalb von drei Monaten nach dem Ablauf der Annahmefrist durch Beschluss der Hauptversammlung herbeigeführt werden kann. Diese Regelung ist dem übernahmerechtlichen Squeeze out vergleichbar.

Im **US-amerikanischen** Gesellschaftsrecht der meisten Bundesstaaten ist der Ausschluss von Minderheitsaktionären entweder als sog. *short form merger* oder als *freeze out* vorgesehen, letzterer bereits für den Inhaber von 50 % + 1 stimmberechtigte Aktie[14].

Frankreich sieht ein den deutschen §§ 327a ff. AktG grundsätzlich vergleichbares Ausschlussrecht vor, allerdings ergänzt um das Recht der Minderheit auf Übernahme ihrer Anteile durch den Hauptaktionär[15].

Das **niederländische** Recht enthält ebenfalls eine der deutschen vergleichbare Regelung, allerdings ergänzt um eine Ausnahme, soweit ein Aktionär trotz der Abfindung erheblichen materiellen Schaden durch die Übertragung erleiden würde oder ein Anteil betroffen ist, mit dem ein satzungsmäßiges Sonderrecht bezüglich der „Entscheidungsbefugnisse in der Gesellschaft verbunden ist".

d) Vereinbarkeit mit höherrangigem Recht

Die §§ 327a ff. AktG sind **verfassungsgemäß**. Zwar betrifft der Ausschluss von Aktionären den Schutzbereich des Eigentumsgrundrechts, stellt aber keinen unzulässigen Eingriff in das von Art. 14 Abs. 1 Satz 1 GG geschützte Eigentumsrecht dar. Das hat das Bundesverfassungsgericht (**BVerfG**) ausdrücklich **bestätigt**[16]. Danach schließt es Art. 14 Abs. 1 Satz 1 GG nicht grundsätzlich aus, eine Aktionärsminderheit gegen ihren Willen aus einer AG zu drängen, sofern ein legitimer Zweck für den Ausschluss vorliegt, die Minderheitsaktionäre für den Verlust ihrer Aktionärsstellung wirtschaftlich voll entschädigt werden und die Entschädigung gerichtlich nachprüfbar ist. Dies sei durch die §§ 327a ff.

64.5

---

10 Vgl. RegE, BT-Drucks. 14/7034, S. 3 und 32; *Forum Europaeum Konzernrecht*, ZGR 1998, 672, 734 ff.
11 Ausführlicher Überblick bei *Merkner/Sustmann* in Baums/Thoma, § 39a WpÜG Rz. 90 ff.
12 Österr. BGBl. I Nr. 75/2006 i.d.F. v. 31.7.2009.
13 Dazu näher *Kalss* in MünchKomm. AktG, 5. Aufl. 2021, Abschnitt GesAusG (nach § 327 f. AktG); *Merkner/Sustmann* in Baums/Thoma, § 39a WpÜG Rz. 90 ff.
14 *Merkner/Sustmann* in Baums/Thoma, § 39a WpÜG Rz. 105 ff.; *Merkt*, US-amerikanisches Gesellschaftsrecht, 3. Aufl. 2013, Rz. 1380 ff.
15 *Helms* in Hommelhoff/Hopt/Lutter, Konzernrecht und Kapitalmarktrecht, 2001, S. 69, 93 f.
16 BVerfG v. 30.5.2007 – 1 BvR 390/04, AG 2007, 544; BVerfG v. 28.8.2007 – 1 BvR 861/06, WM 2007, 1884 = AG 2007, 821; für eine AG im Abwicklungsstadium BVerfG v. 19.9.2007 – 1 BvR 2984/06, AG 2008, 27; siehe auch BGH v. 25.7.2005 – II ZR 327/03, ZIP 2005, 2107; zur Verfassungsmäßigkeit der §§ 39a ff. WpÜG BVerfG v. 16.5.2012 – 1 BvR 96/09, AG 2012, 625; zur Verfassungsmäßigkeit des § 12 Abs. 4 FMStBG OLG München v. 28.9.2011 – 7 U 711/11 – Hypo Real Estate, WM 2011, 2048 = AG 2011, 849.

AktG gewährleistet[17]. Die Entscheidung liegt auf einer Linie mit der Rechtsprechung zur Mehrheitseingliederung[18] und zur übertragenden Auflösung[19]. Im Fall der §§ 327a ff. AktG besteht der legitime Zweck in dem Interesse des Hauptaktionärs an der Entfaltung seiner unternehmerischen Tätigkeit. Die wirtschaftliche Entschädigung wird durch das Erfordernis einer angemessenen Barabfindung und deren Nachprüfbarkeit im Spruchverfahren gewährleistet[20]. Aus den gleichen Erwägungen heraus sind die §§ 327a ff. AktG auch mit der Eigentumsgarantie der europäischen Menschenrechtskonvention (EMRK) vereinbar, wenngleich der EGMR hierzu bisher keine Entscheidung getroffen hat[21].

e) Praktische Bedeutung

64.6 Die praktische Bedeutung **der §§ 327a ff. AktG** war und ist bis heute **hoch**[22]. Das liegt auch an der vergleichsweise rechtssicheren Handhabbarkeit des Verfahrens, insbesondere weil der Squeeze out keiner sachlichen Rechtfertigung bedarf[23] und Streitigkeiten über die Angemessenheit der Barabfindung den Bestand des Übertragungsbeschlusses nicht berühren[24]. Damit unterscheidet sich vom aktienrechtlichen Squeeze out vom **übernahmerechtlichen Squeeze out**, dessen **praktische Bedeutung** aufgrund diverser Rechtsunsicherheiten und insbesondere dem fehlenden Spruchverfahren bislang äußerst **gering** geblieben ist (dazu auch Rz. 62.339 ff.). Dagegen wird der der 2011 in Kraft getretene verschmelzungsrechtliche Squeeze out, dessen Verfahren an die §§ 327a ff. AktG angelehnt ist, in der Praxis angenommen[25].

f) Würdigung

64.7 Die Schaffung der Möglichkeit zum Ausschluss einer Minderheit von Aktionären ist sowohl als solche als auch in ihrer konkreten Ausgestaltung von Beginn an auf große Zustimmung gestoßen[26]. Kritisiert wird allerdings gelegentlich, dass die §§ 327a ff. AktG nicht auf börsennotierte Gesellschaften beschränkt sind[27]. Die hinter den §§ 327a ff. AktG stehenden Überlegungen (vgl. Rz. 64.3) gelten jedoch

---

17 BVerfG v. 30.5.2007 – 1 BvR 390/04, AG 2007, 544, 545 ff.; zust. *Bungert*, BB 2007, 1518 f.; siehe auch *Grunewald* in MünchKomm. AktG, 5. Aufl. 2021, Vor § 327a AktG Rz. 7.
18 BVerfG v. 27.4.1999 – 1 BvR 1613/94 – DAT/Altana, BVerfGE 100, 289 = ZIP 1999, 1436 = AG 1999, 566 unter Hinweis auf BVerfG v. 7.8.1962 – 1 BvL 16/60 – Feldmühle, BVerfGE 14, 263 = NJW 1962, 1667.
19 BVerfG v. 23.8.2000 – 1 BvR 68/95 und 1 BvR 147/97 – Moto Meter, ZIP 2000, 1670 = AG 2011, 42.
20 Vgl. BVerfG v. 30.5.2007 – 1 BvR 390/04, AG 2007, 544, 545 f.; *Habersack* in Emmerich/Habersack, Aktien- und GmbH-Konzernrecht, § 327a AktG Rz. 7.
21 *Fleischer/Schoppe*, Der Konzern 2006, 329 ff.; *Fleischer* in Großkomm. AktG, 4. Aufl. 2007, Vor §§ 327a–f AktG Rz. 57 ff. unter Hinweis auf Urteile des EGMR mit ähnlichen Gegenständen; *Grunewald* in MünchKomm. AktG, 4. Aufl. 2015, Vor § 327a AktG Rz. 2 f.; *Grunewald* in MünchKomm. AktG, 5. Aufl. 2021, § 327a AktG Rz. 9; *Habersack* in Emmerich/Habersack, Aktien- und GmbH-Konzernrecht, § 327a AktG Rz. 7.
22 *Habersack* in Emmerich/Habersack, Aktien- und GmbH-Konzernrecht, § 327a AktG Rz. 5; *Schockenhoff/Lumpp*, ZIP 2013, 749, zählen weit über 400 Squeeze outs seit Inkrafttreten der §§ 327a ff. AktG.
23 BGH v. 18.9.2006 – II ZR 225/04, ZIP 2006, 2080, 2081; BGH v. 16.3.2009, – II ZR 302/06, BGHZ 180, 154, 161 = ZIP 2009, 908, 910; OLG Karlsruhe v. 29.6.2006 – 7 W 22/06, AG 2007, 92, 93; *Grunewald* in MünchKomm. AktG, 5. Aufl. 2021, Vor § 327a AktG Rz. 17; *Habersack* in Emmerich/Habersack, Aktien- und GmbH-Konzernrecht, § 327a AktG Rz. 26; *Hüffer/Koch*, § 327a AktG Rz. 14.
24 Vgl. § 327f Abs. 1 Satz 1 Alt. 2 AktG; *Fleischer* in Großkomm. AktG, 4. Aufl. 2007, § 327f AktG Rz. 4; *Hüffer/Koch*, § 327f AktG Rz. 1.
25 Das zeigen die Bekanntmachungen im Bundesanzeiger (www.bundesanzeiger.de).
26 Vgl. *Habersack* in Emmerich/Habersack, Aktien- und GmbH-Konzernrecht, § 327a AktG Rz. 5 mit Hinweisen in Fn. 13 f.; *Singhof* in Spindler/Stilz, § 327a AktG Rz. 6.
27 Für eine Beschränkung auf börsennotierte Gesellschaften *Fleischer* in Großkomm. AktG, 4. Aufl. 2007, Vor §§ 327a–f AktG Rz. 13; *Habersack* in Emmerich/Habersack, Aktien- und GmbH-Konzernrecht, § 327a AktG Rz. 5; differenzierend *Hüffer/Koch*, § 327a AktG Rz. 7 m.w.N.; *Merkt*, AG 2003, 126, 133.

im Grundsatz genauso für die nicht börsennotierte AG. Die **Erstreckung auf nicht börsennotierte Gesellschaften** ist daher nur **konsequent**[28]. Als **weniger einleuchtend** mag es indessen anzusehen sein, dass das Übertragungsverlangen **keinerlei zeitlichen Beschränkungen** – z.B. im Anschluss an das Erreichen der 95 %-Schwelle oder vorherige konzernintegrative Maßnahmen – unterliegt und den Aktionären auch kein korrespondierendes Andienungsrecht eingeräumt wurde, so dass die Bestandsschutzinteressen der Minderheitsaktionäre im Wesentlichen unbefristet und unbegrenzt dem Gestaltungsinteresse des Hauptaktionärs untergeordnet werden[29].

2. Voraussetzungen und Ablauf im Überblick

Die wesentlichen Voraussetzungen und der Ablauf eines Squeeze out lassen sich wie folgt zusammenfassen: Grundvoraussetzung ist nach § 327a AktG zunächst die Existenz eines **Hauptaktionärs**, dem entweder direkt oder kraft Zurechnung mindestens 95 % des Grundkapitals einer Gesellschaft gehören (dazu im Einzelnen Rz. 64.20 ff.). Der Hauptaktionär kann vom Vorstand der Gesellschaft die Herbeiführung eines Übertragungsbeschlusses, d.h. eines Beschlusses der Hauptversammlung zur Übertragung der Aktien der Minderheitsaktionäre auf den Hauptaktionär gegen Gewährung einer angemessenen Barabfindung, verlangen („**Übertragungsverlangen**") (dazu Rz. 64.26 ff.). Anschließend ist auf Basis einer Unternehmensbewertung die Höhe der **Barabfindung** festzulegen (dazu Rz. 64.36 ff.). Der Vorstand ist dem Hauptaktionär zur Erteilung der für die Unternehmensbewertung relevanten Informationen verpflichtet (§ 327b Abs. 1 Satz 2 AktG, dazu Rz. 64.34). Zudem hat der Hauptaktionär eine **Gewährleistungserklärung eines Kreditinstituts** beizubringen, die den Anspruch der Minderheitsaktionäre auf Barabfindung sichert (§ 327b Abs. 3 AktG, dazu Rz. 64.48 ff.).

64.8

Liegt ein ordnungsgemäßes Übertragungsverlangen des Hauptaktionärs vor, hat der Vorstand der Gesellschaft eine Hauptversammlung einzuberufen und das Übertragungsverlangen auf die Tagesordnung zu setzen. §§ 327c und 327d AktG sehen diesbezüglich spezielle Auskunfts- und Informationspflichten vor, namentlich einen **Übertragungsbericht** des Hauptaktionärs nach § 327c Abs. 2 AktG (siehe im Einzelnen Rz. 64.44 ff.) sowie den Prüfungsbericht eines **gerichtlich bestellten Prüfers** (dazu Rz. 64.44 ff.). Die Hauptversammlung entscheidet über das Übertragungsverlangen durch **Beschluss**, der ohne weiteres mit den Stimmen des Mehrheitsaktionärs gefasst werden kann (Rz. 64.53 ff.).

64.9

Der Hauptversammlungsbeschluss ist nach § 327e Abs. 1 AktG vom Vorstand **zur Eintragung in das Handelsregister anzumelden**. Die Minderheitsaktionäre können die Eintragung (zunächst) durch Erhebung einer Anfechtungsklage zu verhindern versuchen, allerdings mit der Maßgabe, dass die Unangemessenheit der Barabfindung nur im **Spruchverfahren** gerügt werden kann und der Gesellschaft über § 327e Abs. 2 i.V.m. § 319 Abs. 6 AktG das **Freigabeverfahren** zur Verfügung steht. Mit der Eintragung des Übertragungsverlangens gehen die Aktien der Minderheitsaktionäre nach § 327e Abs. 3 Satz 1 AktG **kraft Gesetzes auf den Hauptaktionär über**. Gleichzeitig entsteht der Anspruch der Minderheitsaktionäre auf Barabfindung.

64.10

Zu beachten ist schließlich, dass der Squeeze out **konzernrechtsneutral** ausgestaltet ist, d.h. eine konzernrechtliche Verbundenheit ist keine Voraussetzung des Squeeze out. Zumindest die §§ 311 ff. AktG sind jedoch im Hinblick auf das Mehrheitserfordernis anwendbar, sofern dem Hauptaktionär nicht ausnahmsweise die Unternehmenseigenschaft fehlt. Der Squeeze out hat auch keine konzernrechtlichen Folgen. Anders als z.B. die Mehrheitseingliederung begründet er kein Konzernverhältnis; bestehende Konzernverbindungen bleiben vom Squeeze out unberührt[30].

64.11

---

28 *Grunewald* in MünchKomm. AktG, 5. Aufl. 2021, Vor § 327a Rz. 5; *Sieger/Hasselbach* ZGR 2002, 120, 132; *Vetter*, AG 2002, 176, 184.
29 Vgl. *Habersack* in Emmerich/Habersack, Aktien- und GmbH-Konzernrecht, § 327a AktG Rz. 5; eingehend dazu *Hanau*, NZG 2002, 1040.
30 *Habersack* in Emmerich/Habersack, Aktien- und GmbH-Konzernrecht, § 327a AktG Rz. 6; *Singhof* in Spindler/Stilz, § 327a AktG Rz. 12.

64.12 Zusätzlich zu den §§ 327a ff. AktG sind von den Beteiligten bei Börsennotierung der Gesellschaft oder des Hauptaktionärs auch die **kapitalmarktrechtlichen Meldepflichten** zu beachten, insbesondere die Pflicht zur Ad-hoc-Publizität nach Art. 17 MMVO (dazu Rz. 64.31 und Rz. 64.32).

II. Ablauf eines Squeeze out

1. Planung

64.13 Ein Squeeze out bedarf sowohl auf Seiten des Hauptaktionärs als auch der Gesellschaft **sorgfältiger Vorbereitung**. Auf Seiten des Hauptaktionärs ist insbesondere die Festsetzung der Barabfindung zeitraubend, da diese eine Unternehmensbewertung erfordert und durch einen vom Gericht ausgewählten und bestellten sachverständigen Prüfer zu prüfen ist. Aufwändig ist auch die Erstellung des Übertragungsberichts, in dem neben den Voraussetzungen für die Übertragung ebenfalls die Angemessenheit der Barabfindung erläutert und begründet werden müssen. Für die Gesellschaft ist insbesondere die Vorbereitung der Hauptversammlung mit einem nicht unerheblichen Aufwand verbunden. Für einen Squeeze out sollte daher ein Zeitraum von **vier bis sechs Monaten** eingeplant werden (siehe auch den Ablaufplan unter Rz. 64.18).

2. Alternativen zum aktienrechtlichen Squeeze out

64.14 Bei den Überlegungen zur Durchführung eines Squeeze out sollten stets auch die sonstigen Möglichkeiten zum Ausschluss von Minderheitsaktionären in Betracht gezogen werden, da diese im Einzelfall gegenüber dem aktienrechtlichen Squeeze out vorzugswürdig sein können. Zu nennen sind hier vor allem der **übernahmerechtliche** und der **verschmelzungsrechtliche Squeeze out**. Demgegenüber haben „Behelfskonstruktionen" wie z.B. die **übertragende Auflösung**[31] mit Erlass der §§ 327a ff. AktG deutlich an Bedeutung verloren[32]. Auch die **Mehrheitseingliederung** nach § 320 AktG wird aufgrund ihrer konzernrechtlichen Folgen, insbesondere der gesamtschuldnerischen Haftung für die Verbindlichkeiten der eingegliederten Gesellschaft nach § 322 AktG, regelmäßig keine ernsthafte Alternative zum – konzernrechtlich neutralen – Squeeze out darstellen[33]. Von einer Darstellung dieser Möglichkeiten wurde deshalb abgesehen.

a) Übernahmerechtlicher Squeeze out

64.15 Der übernahmerechtliche Squeeze out nach § 39a WpÜG (dazu im Einzelnen Rz. 62.339 ff.) kommt nur innerhalb von **drei Monaten nach Durchführung eines Übernahme- oder Pflichtangebots** in Betracht, erfordert allerdings nicht die Durchführung einer Hauptversammlung zur Herbeiführung eines Übertragungsbeschlusses. Stattdessen erfolgt die **Übertragung durch rechtskräftigen Beschluss des** ausschließlich zuständigen **LG Frankfurt am Main** (§ 39a Abs. 1 Satz 1 und § 39a Abs. 5 WpÜG). Attraktiv kann der übernahmerechtliche Squeeze out vor allem dann sein, wenn der Bieter auf Grund des Angebots Aktien in Höhe von mindestens 90 % des vom Angebot betroffenen Grundkapitals erworben hat, weil dann die **Angemessenheitsvermutung** des § 39a Abs. 3 WpÜG eingreift, die eine Unternehmensbewertung grundsätzlich entbehrlich macht. Die **Rechtsprechung** hat die Bestimmungen und insbesondere die Angemessenheitsvermutung des § 39a Abs. 3 Satz 3 WpÜG bisher allerdings

---

31 Siehe dazu BVerfG v. 23.8.2000 – 1 BvR 68/95 und 1 BvR 147/97 – Moto Meter, ZIP 2000, 1670 = AG 2001, 42.
32 Siehe dazu *Grunewald* in MünchKomm. AktG, 5. Aufl. 2021, Vor § 327a AktG Rz. 12 f.; *Habersack* in Emmerich/Habersack, Aktien- und GmbH-Konzernrecht, § 327a AktG Rz. 10.
33 Ähnlich auch *Habersack* in Emmerich/Habersack, Aktien- und GmbH-Konzernrecht, § 327a AktG Rz. 9.

restriktiv ausgelegt[34] und damit den praktischen Anwendungsbereich deutlich eingeschränkt. Nach wie vor nicht abschließend geklärt ist, ob die Angemessenheit des Angebotspreises im Fall des § 39a Abs. 1 Satz 3 WpÜG unwiderleglich oder lediglich widerleglich vermutet wird[35]. Hinzu kommt, dass die §§ 39a ff. WpÜG keinen Verweis auf das SpruchG enthalten und auch kein Freigabeverfahren vorsehen[36]. Die Minderheitsaktionäre haben stattdessen im gerichtlichen Verfahren die Möglichkeit, den Bestand des (gerichtlichen) Übertragungsbeschlusses wegen vermeintlicher Unangemessenheit der Barabfindung zu rügen[37]. Dadurch kann jedoch das übernahmerechtliche Ausschlussverfahren massiv verzögert werden. Ungeachtet der rechtlichen Probleme ist wirtschaftlich zu bedenken, dass zur Erreichung der Annahmequote des § 39a Abs. 3 WpÜG in der Regel eine hohe Prämie auf den Aktienkurs erforderlich sein wird. § 39a Abs. 6 WpÜG verbietet schließlich eine parallele Durchführung von übernahmerechtlichem und aktienrechtlichem Squeeze out. Die **praktische Bedeutung** des übernahmerechtlichen Squeeze out ist dementsprechend bis heute **gering**[38].

b) Verschmelzungsrechtlicher Squeeze out

Nach § **62 Abs. 5 UmwG** (sog. verschmelzungsrechtlicher Squeeze out) kann ein Ausschluss von Minderheitsaktionären auch im Zusammenhang mit der Verschmelzung einer AG, KGaA oder SE mit Sitz im Inland[39] auf eine AG (bzw. KGaA oder SE) erreicht werden. Attraktiv ist an dieser Variante vor allem, dass ein Ausschluss der Minderheitsaktionäre bereits dann möglich ist, wenn der Hauptaktionär **90 %** – und zwar erst bei Beschlussfassung der Hauptversammlung[40] und noch bei Eintragung des Übertragungsbeschlusses[41] – des Grundkapitals hält. Anders als beim aktienrechtlichen Squeeze out kommt jedoch **keine Zurechnung von Aktien** abhängiger Unternehmen in Betracht[42]. Zudem muss es sich nach § 62 Abs. 1 Satz 1 UmwG bei dem **Hauptaktionär** zwingend um eine **AG**, eine **KGaA** oder eine (inländische) **SE** handeln[43]. Schließlich wird der Ausschluss der Minderheitsaktionäre nur wirksam, wenn er innerhalb von drei Monaten nach Abschluss eines Verschmelzungsvertrages zwischen Gesellschaft und Hauptaktionär beschlossen wird und die Verschmelzung auch tatsächlich erfolgt, § 62 Abs. 5 Satz 1 und 7 UmwG. Im Übrigen richtet sich das Verfahren im Wesentlichen nach den §§ 327a ff. AktG (§ 62 Abs. 5 Satz 8 UmwG), so dass insbesondere die Bestimmungen über das **Spruchverfahren** und das **Freigabeverfahren anwendbar** sind. Der verschmelzungsrechtliche Squeeze out erfreut sich in der Praxis mittlerweile großer Beliebtheit. Dabei werden nicht selten Gestaltungen gewählt, um einen solchen Ausschluss erst möglich zu machen, wie z.B. vorbereitende Anteilsübertragungen auf Zweckgesellschaften, vorübergehende Aktienübertragungen im Wege der Wertpapierleihe oder Formwechsel der übernehmenden Gesellschaft[44]. Nach bislang herrschender Auffassung werden solche Gestaltungen auch beim verschmelzungsrechtlichen Squeeze out grundsätzlich für zulässig an-

64.16

---

34 BGH v. 18.12.2012 – II ZR 198/11, AG 2013, 262, 263, der verlangt, dass die 95 %-Schwelle innerhalb der (weiteren) Annahmefrist erreicht werden muss; siehe zu den Streitfragen beim übernahmerechtlichen Squeeze out näher Rz. 62.341 ff.
35 Zum Streitstand eingehend *Merkner/Sustmann* in Baums/Thoma, § 39a WpÜG Rz. 50 ff. sowie *Groß* in Happ/Groß/Möhrle/Vetter, Aktienrecht, 5. Aufl. 2020, Abschn. 21.03 Rz. 6.6 und Rz. 62.344.
36 Es findet auch keine analoge Anwendung des Spruchverfahrens statt, vgl. OLG Stuttgart v. 5.5.2009 – 20 W 13/08, AG 2009, 707, 708 f.; OLG Celle v. 25.3.2010 – 9 W 17/10, AG 2010, 456; Ott, WM 2008, 384, 390 f.
37 LG Frankfurt v. 5.8.2008 – 3-5 O 15/08, AG 2008, 790, 792.
38 *Hüffer/Koch*, § 327a AktG Rz. 2; *Merkner/Sustmann* in Baums/Thoma, § 39a WpÜG Rz. 85.
39 § 78 UmwG i.V.m. Art. 10 SE-VO.
40 *Grunewald* in Lutter, § 62 UmwG Rz. 34; *Schockenhoff/Lumpp*, ZIP 2013, 749, 753.
41 *Austmann*, NZG 2011, 684, 689. Dies entspricht nach h.M. auch der Rechtslage beim aktienrechtlichen Squeeze out, vgl. nur *Habersack* in Emmerich/Habersack, Aktien- und GmbH-Konzernrecht, § 327a AktG Rz. 18; a.A. *Grunewald* in Lutter, § 62 UmwG Rz. 34: nur bei Beschlussfassung.
42 Vgl. *Diekmann* in Semler/Stengel/Leonard, § 62 UmwG Rz. 32 f.
43 *Diekmann* in Semler/Stengel/Leonard, § 62 UmwG Rz. 32e; *Grunewald* in Lutter, § 62 UmwG Rz. 32.
44 Beispiele bei *Florstedt*, NZG 2015, 1212, 1214 bei Fn. 23.

gesehen[45]. Sollte sich diese Einschätzung verfestigen, wäre der verschmelzungsrechtliche Squeeze out aufgrund des niedrigen Schwellenwerts eine beachtenswerte Alternative zum aktienrechtlichen Ausschluss von Minderheitsaktionären[46].

c) Würdigung

64.17 Für den aktienrechtlichen Squeeze out streiten in der Regel die rechtssichere Handhabbarkeit, die Anwendbarkeit des Freigabeverfahrens sowie die Verlagerung von Bewertungsfragen (einschließlich diesbezüglicher Informationen, § 243 Abs. 4 Satz 2 AktG) in das Spruchverfahren, was vor allem in zeitlicher Hinsicht eine verlässliche Planung erlaubt. Demgegenüber bietet sich der übernahmerechtliche Squeeze out aufgrund der zahlreichen Rechtsunsicherheiten allenfalls dann an, wenn die Angemessenheitsvermutung des § 39a Abs. 3 WpÜG erfüllt ist und auch keine Umstände vorliegen, die ernsthafte Zweifel an der Angemessenheit des Angebotspreises aufkommen lassen können. Der verschmelzungsrechtliche Squeeze out ist dagegen mittlerweile weit verbreitet. Ob das so bleibt, wird auch davon abhängen, ob sich die bislang herrschende Auffassung, Fälle des Gestaltungsmissbrauchs wie beim aktienrechtlichen Squeeze out nur in engen Ausnahmefällen anzunehmen, auch beim verschmelzungsrechtlichen Squeeze out durchsetzt.

3. Ablaufplan eines aktienrechtlichen Squeeze out

64.18 Die wesentlichen Schritte[47] zur Durchführung eines aktienrechtlichen Squeeze out sind in dem nachfolgenden Ablaufplan dargestellt.

Ereignis/Maßnahme (Rechtsgrundlage)	t +/- x (t = HV)	Anmerkungen	Zuständigkeit
Vorbereitungsphase	t – ca. 120 bis 180	Prüfung des Aktienbestandes, Planung des Verfahrens, Abstimmung zwischen den Beteiligten, Beginn der Unternehmensbewertung	Hauptaktionär
Übertragungsverlangen (§ 327a Abs. 1 Satz 1 AktG)	t – ca. 100	Das Übertragungsverlangen muss noch keine konkrete Barabfindung nennen	Hauptaktionär
Ad-hoc-Meldung Hauptaktionär (Art. 17 Abs. 1 MMVO)	Mit Übertragungsverlangen	Nur bei Börsennotierung des Hauptaktionärs, in der Regel fehlt die Kursrelevanz für die Aktien des Hauptaktionärs, Einzelfallprüfung erforderlich	

---

45 Zum Fall des vorherigen Formwechsels einer GmbH in eine AG ausdrücklich OLG Hamburg v. 14.6.2012 – 11 AktG 1//12, AG 2012, 639, 641 f.; allgemein *Bühler*, BB 2018, 2886, 2891; *Diekmann* in Semler/Stengel/Leonard, § 62 UmwG Rz. 32f; *Grunewald* in Lutter, § 62 UmwG Rz. 51; *Heckschen*, NJW 2011, 2390, 2393; *Marsch-Barner/Oppenhoff* in Kallmeyer, § 62 UmwG Rz. 36; *Göthel*, ZIP 2011, 1541, 1549; *Kiefner/Brügel*, AG 2011, 525, 534 f.; *Mayer*, NZG 2012, 561, 563; die Annahme eines Rechtsmissbrauchs bei einem vorhergehenden Formwechsel abgelehnt hat auch das OLG Hamburg v. 14.6.2012 – 11 AktG 1/12, AG 2012, 639, 641 f.; *Stephanblome*, AG 2012, 814, 818 ff.; *Widmann*, AG 2014, 189; krit. dagegen *Florstedt*, NZG 2015, 1212, 1214 ff.; *Wagner*, DStR 2010, 1629, 1634; *Keller/Klett*, GWR 2010, 415, 416.
46 Vgl. *Schockenhoff/Lumpp*, ZIP 2013, 749, 750.
47 Auf allgemeine Fristen und Maßnahmen im Zusammenhang mit der Abhaltung einer Hauptversammlung wurde weitgehend verzichtet. Diese sind selbstverständlich gleichwohl zu beachten.

Ereignis/Maßnahme (Rechtsgrundlage)	t +/- × (t = HV)	Anmerkungen	Zuständigkeit
Ad-hoc-Meldung Gesellschaft (Art. 17 Abs. 1 MMVO)	Unverzüglich nach Bekanntwerden der Squeeze out-Absicht	Nur bei Börsennotierung, spätestens mit Übertragungsverlangen, Kursrelevanz bei der Gesellschaft i.d.R. gegeben	Vorstand
Informationen für Berechnung Barabfindung (§ 327b Abs. 1 Satz 2 AktG)	Ab Übertragungsverlangen	Vorstand ist zur Bereitstellung verpflichtet	Vorstand
Antrag auf Bestellung des sachverständigen Prüfers (§ 327c Abs. 2 Satz 2 AktG)	In der Regel kurz nach Übertragungsverlangen	Antrag ist beim Landgericht am Sitz der Gesellschaft zu stellen	Hauptaktionär
Kontaktaufnahme mit Bank	t – ca. 95	Ansprache Banken wegen Gewährleistungserklärung nach § 327b Abs. 3 AktG	Hauptaktionär
Bestellung des sachverständigen Prüfers (§ 327c Abs. 2 Satz 3 AktG)	Ca. 1–2 Wochen nach Antragstellung	Nach Bestellung Abstimmung mit sachverständigem Prüfer über Ablauf des Verfahrens, insbes. voraussichtlicher Bearbeitungszeitraum, Sachverständiger Prüfer und Gutachter des Hauptaktionärs können parallel arbeiten	Landgericht/ Hauptaktionär
Erstellung des Berichts des Hauptaktionärs und Festlegung der Barabfindung (§ 327c Abs. 2 Satz 1 AktG)	t – ca. 90 (Prüfungszeit von ca. 25 Tagen, geschätzt)	Bericht muss mindestens 2 Wochen vor Einberufung der Hauptversammlung vorliegen, da Vorstand und Aufsichtsrat Beschlussvorschlag machen müssen	Hauptaktionär/ Abschlussprüfer
Prüfungsberichts des sachverständigen Prüfers (§ 327c Abs. 2 Satz 2 AktG)	t – 66	Bericht muss mindestens 2 Wochen vor Einberufung der Hauptversammlung vorliegen, da Vorstand und Aufsichtsrat Beschlussvorschlag machen müssen	Prüfer
Ggf. konkretisiertes Barabfindungsverlangen	t – 65	Sofern das Übertragungsverlangen noch keine konkrete Barabfindung enthielt oder der Betrag erhöht/verringert werden soll	Hauptaktionär
Prüfung erneuter Ad-hoc-Pflicht Gesellschaft (Art. 17 Abs. 1 MMVO)	Mit Zugang des konkretisierten Verlangens	I.d.R. fehlt es an der Kursrelevanz, wenn und weil die Squeeze out-Absicht bereits bekannt ist	Vorstand

Ereignis/Maßnahme (Rechtsgrundlage)	t +/- x (t = HV)	Anmerkungen	Zuständigkeit
Übermittlung Gewährleistungserklärung an die Gesellschaft (§ 327b Abs. 3 AktG)	t – 65	Gewährleistung muss den Anforderungen des § 327b Abs. 3 AktG genügen, insbesondere direkten Zahlungsanspruch begründen; keine eigenen Einreden der Bank zulässig	Hauptaktionär/Bank
Finalisierung der Tagesordnung mit Beschlussvorschlägen	t – 65	Tagesordnung muss auch die Angaben nach § 327c Abs. 1 AktG enthalten	Vorstand
Entwurf Q&A-Katalog	t – ca. 65	Siehe zu den Themen, die grundsätzlich abgedeckt sein sollten, Rz. 64.54	Hauptaktionär/Gesellschaft/Gutachter/Prüfer/Anwälte
Versand von Tagesordnung an Aufsichtsratsmitglieder	t – 60	In der Regel beträgt die Einberufungsfrist 14 Kalendertage; Abkürzung nur mit Zustimmung aller Aufsichtsratsmitglieder	Aufsichtsratsvorsitzender
Beschluss des Vorstands zur Tagesordnung einschließlich Beschlussvorschlägen (§ 124 Abs. 3 AktG)	t – 46	Vor Beschlussfassung des Aufsichtsrats, nur mit konkretem Abfindungsbetrag, Bestätigung des sachverständigen Prüfers und Bankgarantie	Vorstand
Beschluss des Aufsichtsrats zu Beschlussvorschlägen (§ 124 Abs. 3 AktG)	t – 45	Termin der Aufsichtsratssitzung bzw. Umlaufbeschluss, spätestens am Tag 39 (vormittags) wg. Veröffentlichung im BAnz Nur mit konkretem Abfindungsbetrag, Bestätigung des sachverständigen Prüfers und entsprechender Bankgarantie gemäß § 327b Abs. 3 AktG	Aufsichtsrat
Fertigstellung des Einberufungstextes	t – 44	Bei Börsennotierung zwingend	Gesellschaft
Absendung der Einberufung an BAnz	t – 41	AGB BAnz: Einreichung zwei (ggf. auch drei) Tage vor der Veröffentlichung (vor 14:00 Uhr)	Gesellschaft
Veröffentlichung der Einberufung im BAnz (§ 123 Abs. 1, 2 § 121 Abs. 4 Satz 1 AktG, § 49 Abs. 1 Satz 1 Nr. 1 WpHG)	t – 39	2 Tage Puffer, Einberufung in der Regel spätestens 37 Tage vor der Hauptversammlung, da Tag der Mitteilung nicht in die Fristberechnung einfließt	Gesellschaft

Ereignis/Maßnahme (Rechtsgrundlage)	t +/- × (t = HV)	Anmerkungen	Zuständigkeit
Auslegung der Squeeze out Unterlagen/Einstellung in Internetseite (§ 327c Abs. 3 AktG)	Ab Einberufung der Hauptversammlung	Veröffentlichung im Internet macht Auslegung grundsätzlich entbehrlich, § 327c Abs. 5 AktG; sicherheitshalber sollte aber beides erfolgen	Gesellschaft
Einstellung in Internetseite (§ 124a AktG)	Ab Einberufung der Hauptversammlung		Gesellschaft
Nachweisstichtag (§ 123 Abs. 3 Satz 3 AktG)	t – 21, 0:00 Uhr	Beginn des 21. Tages vor dem Tag der Hauptversammlung (nur bei Inhaberaktien)	
Letzter Anmeldetag (§ 123 Abs. 2 Satz 2, 3 AktG)	t – 7, 24:00 Uhr	Zugang mindestens 6 Tage vor der Versammlung; Zugangstag zählt nicht mit	
Tag der Hauptversammlung	t – 0		
Anfechtungsfrist (§ 246 Abs. 1 AktG)	t + 1 Monat	Keine Anfechtung wegen Bewertungsfragen, § 327f AktG und § 243 Abs. 4 Satz 2 AktG	
Ggf. Freigabeverfahren (§ 327e Abs. 2, § 319 Abs. 5 und 6)		Einzuleiten durch die Gesellschaft (Vorstand); ggf. Haftungsübernahme durch Hauptaktionär einzuholen	Vorstand
Anmeldung des Squeeze out zum Handelsregister (§ 327e Abs. 1 Satz 1 AktG)	Nach Ablauf der Anfechtungsfrist		Gesellschaft (Vorstand)
Eintragung des Squeeze out in das Handelsregister (§ 327e Abs. 3 Satz 1 AktG)	2 bis 4 Wochen nach der Anmeldung	Damit erfolgt die Übertragung der Aktien der Minderheitsaktionäre und der Barabfindungsanspruch entsteht	Gesellschaft/Handelsregister
Zahlung Barabfindung	Nach Eintragung	Gegen Nachweis der Aktionärsstellung und Rückgabe von Aktienurkunden	
Mitteilung nach § 42 AktG (Alleinaktionär)	Unverzüglich nach Eintragung		Hauptaktionär
Ggf. Antrag auf Widerruf Zulassung zum Börsenhandel (§ 39 Abs. 2 BörsG)			Vorstand
Ggf. Spruchverfahren	t + x		Gesellschaft (Vorstand)

III. Einzelfragen

1. AG, KGaA oder SE

64.19 Die §§ 327a ff. AktG finden auf die AG und die KGaA und über Art. 9 Abs. 1 Buchst. c ii sowie Art. 10 SE-VO auch auf die SE Anwendung. Unerheblich ist, ob die Gesellschaft börsennotiert ist[48]. Die Fassung eines Auflösungsbeschlusses nach § 262 AktG steht dem Squeeze out nicht entgegen, weil durch die Auflösung nur der Gesellschaftszweck geändert wird[49]. Dasselbe gilt für die Eröffnung eines Insolvenzverfahrens[50].

2. Hauptaktionär

64.20 Der den Squeeze out Betreibende muss Hauptaktionär i.S.d. § 327a Abs. 1 Satz 1 AktG sein, also ein Aktionär, dem Aktien in Höhe von mindestens 95 % des Grundkapitals gehören.

a) Persönliche Voraussetzungen

64.21 Hauptaktionär kann jeder sein, der auch Aktionär sein kann, mithin jeder, der **rechtsfähig** ist. Das sind zunächst alle natürlichen und juristischen Personen einschließlich Vorgesellschaften, Außengesellschaften bürgerlichen Rechts sowie rechtsfähige Gesamthandsgemeinschaften. Bei **Beteiligungsgesellschaften, Stimmrechtspools** und **Konsortien** kommt es darauf an, ob diese als rechtsfähiges Gebilde (z.B. Außen-GbR) existieren und ihnen die Aktien auch tatsächlich dinglich zuzuordnen sind, d.h. deren Mitglieder die Aktien eingebracht haben. Sofern die Mitglieder hingegen selbst Inhaber der Aktien bleiben und ihr Stimmverhalten lediglich über den Pool koordinieren, sind lediglich die Mitglieder als Inhaber anzusehen[51]. Zweifelhaft kann die Rechtsfähigkeit und damit die Aktionärseigenschaft ferner bei **ausländischen Trusts** sein[52]. Darüber hinaus muss der Hauptaktionär keine besonderen Voraussetzungen erfüllen. Unternehmenseigenschaft ist zwar möglich und praktisch die Regel, aber nicht erforderlich. Rechtsform und Sitz sind ebenfalls unerheblich, da die Minderheitsaktionäre ausreichend über die nach § 327b Abs. 3 AktG beizubringende Bankgarantie geschützt sind[53].

b) Berechnung der Kapitalmehrheit

64.22 Für die Berechnung der Kapitalmehrheit verweist § 327a Abs. 2 AktG auf § 16 Abs. 2 und 4 AktG. Danach ist als Grundkapital das im Handelsregister eingetragene Grundkapital **abzüglich eigener** oder für Rechnung der Gesellschaft gehaltener **Aktien** anzusetzen. Genehmigte und bedingte Kapitalia sowie Bezugsrechte Dritter bleiben unberücksichtigt. Stimmrechtlose Vorzugsaktien sind hingegen zu berücksichtigen, da es nicht auf die Stimmrechts-, sondern die Kapitalmehrheit ankommt[54].

---

48 Begr. RegE, BT-Drucks. 14/7034, 32.
49 BGH v. 18.9.2006 – II ZR 225/04, AG 2006, 887, 888; *Grunewald* in MünchKomm. AktG, 5. Aufl. 2021, § 327a AktG Rz. 4; *Habersack* in Emmerich/Habersack, Aktien- und GmbH-Konzernrecht, § 327a AktG Rz. 12; *Hüffer/Koch*, § 327a AktG Rz. 9; a.A. *Koppensteiner* in KölnKomm. AktG, 3. Aufl. 2004, § 327a AktG Rz. 2.
50 *Schnorbus* in K. Schmidt/Lutter, § 327a AktG Rz. 2; *Fleischer* in Großkomm. AktG, 4. Aufl. 2007, § 327a AktG Rz. 5; *Habersack* in Emmerich/Habersack, Aktien- und GmbH-Konzernrecht, § 327a AktG Rz. 12; a.A. *Koppensteiner* in KölnKomm. AktG, 3. Aufl. 2004, § 327a AktG Rz. 2.
51 *Habersack* in Emmerich/Habersack, Aktien- und GmbH-Konzernrecht, § 327a AktG Rz. 145; *Schnorbus* in K. Schmidt/Lutter, § 327a AktG Rz. 4.
52 Zu dem Verhältnis von Trust und Eigentum *Wittuhn*, ZEV 2007, 419.
53 *Habersack* in Emmerich/Habersack, Aktien- und GmbH-Konzernrecht, § 327a AktG Rz. 14; *Hüffer/Koch*, § 327a AktG Rz. 10.
54 Vgl. zum Ganzen *Hüffer/Koch*, § 327a AktG Rz. 17; *Habersack* in Emmerich/Habersack, Aktien- und GmbH-Konzernrecht, § 327a AktG Rz. 17; a.A. *Koppensteiner* in KölnKomm. AktG, 3. Aufl. 2004, § 327a AktG Rz. 12, wonach auch 95 % der Stimmen erforderlich sind.

Die Frage, welche Aktien dem Hauptaktionär „gehören", beurteilt sich nach der **dinglichen Zuordnung**[55]. Schuldrechtliche Ansprüche auf Übertragung von Aktien, noch auszuübende oder noch nicht bediente Optionen oder Bezugsrechte des Aktionärs genügen somit nicht[56]. Gleiches gilt für aufschiebend bedingte Erwerbe durch den Hauptaktionär, so lange die aufschiebende Bedingung noch nicht eingetreten ist. Umgekehrt lassen schuldrechtliche oder dingliche (Rück-) Übertragungspflichten die dingliche Zuordnung nicht entfallen. Dementsprechend gehören z.B. auch auflösend bedingt erworbene Aktien dem Hauptaktionär, solange die auflösende Bedingung nicht eingetreten ist. Auch die Verpfändung oder die Bestellung eines Nießbrauchs schaden nicht[57]; ebenso wenig der schuldrechtliche Anspruch auf Rückübertragung bei einer Wertpapierleihe[58]. Ein Squeeze out kann also grundsätzlich auch dann durchgeführt werden, wenn der Hauptaktionär die erforderliche Kapitalmehrheit nur vorübergehend hält[59]. Im Einzelfall kann allerdings Rechtsmissbrauch oder Treuwidrigkeit vorliegen[60] (vgl. auch Rz. 64.28).

64.23

Über **§ 16 Abs. 4 AktG** sind dem Hauptaktionär auch solche Aktien **zuzurechnen**, die einem von ihm abhängigen Unternehmen gehören oder von einem anderen für Rechnung des Hauptaktionärs gehalten werden. Damit sollte ein unter Umständen aufwändiges „Umhängen" von Beteiligungen vermieden werden[61]. **Teilweise wird** allerdings **verlangt**, dass der **Hauptaktionär zumindest eine Aktie** unmittelbar halten müsse[62]. Dafür spricht zwar, dass § 327a Abs. 1 Satz 1 AktG nur „Aktionären" das Recht einräumt, ein Übertragungsverlangen zu stellen. Aus dem uneingeschränkten Verweis auf **§ 16 Abs. 4 AktG** ergibt sich jedoch, dass ein unmittelbares Halten gerade **nicht erforderlich** ist. Auch im Hinblick auf die Hauptversammlung ist kein unmittelbarer Aktienbesitz erforderlich, da sich der Hauptaktionär ohne weiteres bevollmächtigen lassen kann. Dementsprechend kann die Kapitalmehrheit auch ausschließlich durch zugerechnete Aktien erreicht werden[63]. Im Sinne einer möglichst rechtssicheren Gestaltung empfiehlt es sich aber gleichwohl sicherzustellen, dass der Hauptaktionär zumindest eine Aktie unmittelbar hält. Sofern infolge der Zurechnung mehrere Gesellschaften über

64.24

---

55 BGH v. 16.3.2009 – II ZR 302/06, BGHZ 180, 154, 157 f. = NJW-RR 2009, 828, 829 = AG 2009, 441; *Habersack* in Emmerich/Habersack, Aktien- und GmbH-Konzernrecht, § 327a AktG Rz. 16; *Hüffer/Koch*, § 327a AktG Rz. 15.
56 *Fleischer* in Großkomm. AktG, 4. Aufl. 2007, § 327a AktG Rz. 31 ff.; *Grunewald* in MünchKomm. AktG, 5. Aufl. 2021, § 327a AktG Rz. 6; *Habersack* in Emmerich/Habersack, Aktien- und GmbH-Konzernrecht, § 327a AktG Rz. 16.
57 Für die Verpfändung: OLG München v. 12.11.2008 – w7 1775/08, NZG 2009, 506, 508.
58 BGH v. 16.3.2009 – II ZR 302/06, BGHZ 180, 154, 158 = NJW-RR 2009, 828, 829 = AG 2009, 441 zur Wertpapierleihe; OLG München v. 12.11.2008 – 7 W 1775/08, NZG 2009, 506, 508 = AG 2009, 589 zur Verpfändung; ebenso die Vorinstanz LG München I v. 28.8.2008 – 5 HKO 2522/08, NZG 2009, 143, 145 = AG 2008, 904; *Fleischer* in Großkomm. AktG, 4. Aufl. 2007, § 327a AktG Rz. 36; *Habersack* in Emmerich/Habersack, Aktien- und GmbH-Konzernrecht, § 327a AktG Rz. 16; *Hüffer/Koch*, § 327a AktG Rz. 5.
59 Vgl. OLG Düsseldorf v. 19.12.2008 – 17 W 63/08, AG 2009, 535, 536; *Koppensteiner* in KölnKomm. AktG, 3. Aufl. 2004, § 327a AktG Rz. 11; *Schnorbus* in K. Schmidt/Lutter, § 327a AktG Rz. 14; *Grunewald* in MünchKomm. AktG, 5. Aufl. 2021, § 327a AktG Rz. 9.
60 *Grunewald* in MünchKomm. AktG, 5. Aufl. 2021, § 327a AktG Rz. 18 ff., insbesondere Rz. 20 ff.; *Habersack* in Emmerich/Habersack, Aktien- und GmbH-Konzernrecht, § 327a AktG Rz. 28 ff.; die Annahme eines Rechtsmissbrauchs bei Einsatz eines Wertpapierdarlehens grds. zu Recht ablehnend *Bühler*, BB 2018, 2886, 2890 f.
61 Begr. RegE, BT-Drucks. 14/7034, S. 72; LG Dortmund v. 7.4.2005 – 18 O 136/04, DB 2005, 1449; *Hüffer/Koch*, § 327a AktG Rz. 18.
62 *Grunewald* in MünchKomm. AktG, 5. Aufl. 2021, § 327a AktG Rz. 7; *Habersack* in Emmerich/Habersack, Aktien- und GmbH-Konzernrecht, § 327a AktG Rz. 17.
63 Vgl. OLG Köln v. 6.10.2003 – 18 W 35/03, AG 2004, 39, 41; OLG Stuttgart v. 1.12.2008 – 20 W 12/08, AG 2009, 204, 207; *Fleischer* in Großkomm. AktG, 4. Aufl. 2007, § 327a AktG Rz. 52; *Hüffer/Koch*, § 327a AktG Rz. 18; *Koppensteiner* in KölnKomm. AktG, 3. Aufl. 2004, § 327a AktG Rz. 7; *Schnorbus* in K. Schmidt/Lutter, § 327a AktG Rz. 13.

die erforderliche Kapitalmehrheit verfügen, z.B. in Mutter-Tochter-Enkel-Konstellationen, ist jede zur Durchführung des Squeeze out berechtigt[64].

c) Maßgeblicher Zeitraum

64.25 Die **erforderliche Kapitalmehrheit** muss bereits **bei Stellung** des Übertragungsverlangens[65] vorliegen. Sie muss ferner **im Zeitpunkt der Beschlussfassung** und darüber hinaus **bis zur Eintragung** vorliegen[66]. Letzteres ist erforderlich, weil nachträglich veräußerte Aktien nicht vom Hauptversammlungsbeschluss umfasst sind und somit auch nicht nach § 327e Abs. 3 Satz 1 AktG auf den Hauptaktionär übergehen und dieser folglich mit Eintragung nicht zum Alleinaktionär würde. Damit würde es aber an der Legitimation für den Ausschluss der Minderheitsaktionäre fehlen. Nach Eintragung des Beschlusses vorgenommene oder wirksam werdende Verfügungen ändern an der Rechtmäßigkeit des Squeeze outs nichts, sofern nicht ausnahmsweise ein Fall des Rechtsmissbrauchs vorliegt.

3. Übertragungsverlangen

64.26 Das Ausschlussverfahren wird nur auf Verlangen des Hauptaktionärs eröffnet. Es handelt sich um eine korporationsrechtliche (einseitige) Willenserklärung[67]. Zu richten ist das Verlangen an die Gesellschaft, die durch ihren Vorstand vertreten wird. § 78 Abs. 2 Satz 2 AktG findet Anwendung, d.h. der Zugang bei einem Vorstandsmitglied reicht aus[68]. Eine besondere Form schreibt das Gesetz nicht vor, das Verlangen kann also auch mündlich oder konkludent gestellt werden[69]. Zu Beweiszwecken, insbesondere gegenüber der Hauptsammlung und dem Handelsregister, ist aber Schrift- oder Textform zu empfehlen[70].

64.27 Inhaltlich muss das Verlangen zum Ausdruck bringen, dass ein Beschluss der Hauptversammlung über die Übertragung der Aktien der Minderheitsaktionäre auf den Hauptaktionär gefasst werden soll und dass der Erklärende berechtigt ist, dieses Verlangen zu stellen, also über die erforderliche Kapitalmehrheit verfügt[71].

64.28 Weiteren Anforderungen unterliegt das Übertragungsverlangen nicht. Insbesondere bedarf der Squeeze out **keiner sachlichen Rechtfertigung**. Vielmehr hat der Gesetzgeber mit der Schaffung der §§ 327a ff. AktG bereits eine grundsätzliche Interessenabwägung zugunsten der Leitungsmacht des Hauptaktionärs vorgenommen[72]. Des Weiteren unterliegt das Übertragungsverlangen im Grundsatz auch **keiner**

---

64 *Fleischer* in Großkomm. AktG, 4. Aufl. 2007, § 327a AktG Rz. 47; *Grunewald* in MünchKomm. AktG, 5. Aufl. 2021, § 327a AktG Rz. 7; *Schnorbus* in K. Schmidt/Lutter, § 327a AktG Rz. 12.
65 BGH v. 22.3.2011 – II ZR 229/09, BGHZ 189, 32, 43 f. = AG 2011, 518, 521.
66 BGH v. 22.3.2011 – II ZR 229/09, BGHZ 189, 32, 43 f. = AG 2011, 518, 521; OLG Düsseldorf v. 16.1.2004 – 16 W 63/03, NZG 2004, 328, 331 = AG 2004, 207; *Austmann* in MünchHdb. AG, § 75 Rz. 31; *Habersack* in Emmerich/Habersack, Aktien- und GmbH-Konzernrecht, § 327a AktG Rz. 18; etwas modifiziert *Singhof* in Spindler/Stilz, § 327a AktG Rz. 18, wonach es reicht, wenn alsbald nach dem Verlangen die erforderliche Beteiligung gegeben ist, spätestens aber bei Beschlussfassung vorhanden sein muss; a.A. *Grunewald* in MünchKomm. AktG, 5. Aufl. 2021, § 327a AktG Rz. 9 ff. (nur im Zeitpunkt der Beschlussfassung).
67 OLG Düsseldorf v. 29.12.2009 – 6 U 69/08, AG 2010, 711, 713; *Fleischer* in Großkomm. AktG, 4. Aufl. 2007, § 327a AktG Rz. 56; *Habersack* in Emmerich/Habersack, Aktien- und GmbH-Konzernrecht, § 327a AktG Rz. 19.
68 BGH v. 22.3.2011 – II ZR 229/09, BGHZ 189, 32, 43 f. = AG 2011, 518, 521; *Habersack* in Emmerich/Habersack, Aktien- und GmbH-Konzernrecht, § 327a AktG Rz. 19; *Hüffer/Koch*, § 327a AktG Rz. 11.
69 OLG Stuttgart v. 1.12.2008 – 20 W 12/08, AG 2009, 204, 207; *Hüffer/Koch*, § 327a AktG Rz. 11.
70 So auch *Singhof* in Spindler/Stilz, § 327a AktG Rz. 19.
71 *Austmann* in MünchHdb. AG, § 75 Rz. 34.
72 BGH v. 18.6.2006 – II ZR 225/04, AG 2006, 887, 888; OLG Hamburg v. 14.6.2012 – 11 AktG 1/12, AG 2012, 639, 642; *Bühler*, BB 2018, 2886, 2889; *Hüffer/Koch*, § 327a AktG Rz. 11; *Krieger*, BB 2002, 53, 55; *E. Vetter*, AG 2002, 176, 186; ähnlich auch *Fleischer*, ZGR 2002, 757, 784.

zeitlichen Beschränkung[73]. Es kann also nicht nur innerhalb einer bestimmten Frist nach Erreichen der 95 %-Schwelle gestellt werden. Ausnahmen hiervon kommen nur bei Treuepflichtverletzungen oder Rechtsmissbrauch in Betracht. Nach dem Urteil des BGH vom 16.3.2009[74] wird man dies aber nur in eng begrenzten Ausnahmefällen annehmen können. Danach ist es weder Zweck noch Voraussetzung der §§ 327a ff. AktG, dass der Hauptaktionär dauerhaft mit 95 % an der Gesellschaft beteiligt ist. Deshalb ist es unschädlich, wenn der Hauptaktionär sich die hierzu erforderlichen Aktien nur vorübergehend – dort im Wege der Wertpapierleihe – beschafft hat; das gilt auch dann, wenn die Rechte aus den Aktien wirtschaftlich bei einer anderen Person verbleiben. Auch die Mehrheitsbeschaffung mit dem alleinigen Ziel der Durchführung eines Squeeze out begründet danach noch keinen Rechtsmissbrauch. Ebenso wenig bedarf es eines übergeordneten unternehmerischen Ziels[75]. Als möglicher Rechtsmissbrauch verbleibt damit im Wesentlichen die Konstellation, dass der Hauptaktionär gegenüber den Minderheitsaktionären (berechtigtes) Vertrauen geweckt hat, keinen Squeeze out durchführen zu werden (venire contra factum proprium)[76] oder ihn ausschließlich dazu einsetzt, um die Geltendmachung bestehender Rechte von Minderheitsaktionären oder Gläubigern zu verhindern[77]. Denkbar ist Rechtsmissbrauch ferner dort, wo sich der Hauptaktionär die Möglichkeit zum Squeeze out „erschleicht", z.B. durch vorherigen Formwechsel in eine AG und unmittelbar darauf folgendes Übertragungsverlangen ohne vorherigen Hinweis an die Minderheitsgesellschafter[78]. Von derartigen Fällen abgesehen, kann aber der vorherige Formwechsel einer GmbH in die Rechtsform einer AG grundsätzlich keinen Missbrauchstatbestand erfüllen[79]. Der Mehrheitsgesellschafter macht hier nur von einer rechtlichen Gestaltung Gebrauch, die ihm das geltende Umwandlungsrecht unter den dort näher geregelten Voraussetzungen ermöglicht. Bei der börsennotierten AG spielt ein kurz vor dem Übertragungsbeschluss durchgeführter Formwechsel freilich keine Rolle[80].

Nicht erforderlich ist, bereits **im ersten Übertragungsverlangen** einen bestimmten **Abfindungsbetrag anzugeben**[81]. Das widerspräche der gesetzlichen Konzeption, da der Vorstand erst ab Zugang des Übertragungsverlangens nach § 327a Abs. 1 Satz 2 AktG verpflichtet ist, dem Hauptaktionär die für die Bewertung maßgeblichen Dokumente zur Verfügung zu stellen. Bis dahin hat der Vorstand nach

64.29

---

73 Vgl. *Habersack* in Emmerich/Habersack, Aktien- und GmbH-Konzernrecht, § 327a AktG Rz. 19; *Koppensteiner* in KölnKomm. AktG, 3. Aufl. 2004, § 327a AktG Rz. 14; krit. dazu *Fleischer*, ZGR 2002, 757, 769 f.
74 BGH v. 16.3.2009 – II ZR 302/06, BGHZ 180, 154 ff. = ZIP 2009, 908 ff. = AG 2009, 441 ff.
75 BGH v. 16.3.2009 – II ZR 302/06, BGHZ 180, 154, 161 = ZIP 2009, 908, 910 f. = AG 2009, 441, 443.
76 *Habersack* in Emmerich/Habersack, Aktien- und GmbH-Konzernrecht, § 327a AktG Rz. 30; *Hüffer/Koch*, § 327a AktG Rz. 21.
77 Vgl. OLG Köln v. 14.12.2017 – 18 AktG 1/17, AG 2018, 126, 129 zu einem Sachverhalt, in dem es um einen umwandlungsrechtlichen Squeeze out ging, der dem Zweck diente, eine Haftung des Hauptaktionärs nach §§ 311, 317 AktG abzuwenden; dazu *Bühler*, BB 2018, 2886, 2892.
78 *Krieger*, BB 2002, 53, 61 f.; *Grunewald*, ZIP 2002, 18, 21; *Habersack* in Emmerich/Habersack, Aktien- und GmbH-Konzernrecht, § 327a AktG Rz. 29; *Singhof* in Spindler/Stilz, § 327a AktG Rz. 27; siehe auch die Auflistung möglicher Missbrauchsfälle bei OLG Düsseldorf v. 16.1.2004 – 16 W 63/03, ZIP 2004, 359, 361 f. = AG 2004, 207.
79 *Austmann* in MünchHdb. AG, § 75 Rz. 122 ff.
80 Anders beim verschmelzungsrechtlichen Squeeze out, weil hier der Formwechsel auf Ebene der aufnehmenden Hauptaktionärin stattfindet, was grundsätzlich ebenfalls nicht als rechtsmissbräuchlich anzusehen ist; so ausdrücklich OLG Hamburg v. 14.6.2012 – 11 AktG 1/12, AG 2012, 639, 641 f. (siehe auch Rz. 64.16).
81 Streitig. Wie hier *Austmann* in MünchHdb. AG, § 75 Rz. 34; *Groß* in Happ/Groß/Möhrle/Vetter, Aktienrecht, 5. Aufl. 2020, Abschn. 21.01 Rz. 21; *Habersack* in Emmerich/Habersack, Aktien- und GmbH-Konzernrecht, § 327b AktG Rz. 19; *Hasselbach* in KölnKomm. AktG Rz. 66; *Hüffer/Koch*, § 327a AktG Rz. 11; *Schnorbus* in K. Schmidt/Lutter, § 327a AktG Rz. 16; *Singhof* in Spindler/Stilz, § 327a AktG Rz. 19; a.A. *Fleischer* in Großkomm. AktG, 4. Aufl. 2007, § 327a AktG Rz. 58; *Koppensteiner* in KölnKomm. AktG, 3. Aufl. 2004, § 327a AktG Rz. 14.

pflichtgemäßem Ermessen zu entscheiden, ob er dem Hauptaktionär entsprechende Informationen zur Verfügung stellt. Im Sinne einer möglichst rechtssicheren Gestaltung empfiehlt es sich gleichwohl, bereits im Übertragungsverlangen eine (geschätzte) Barabfindung zu nennen und diese nach Abschluss der Bewertung und deren Prüfung bei Bedarf zu konkretisieren, was bis zur Bekanntmachung der Tagesordnung ohne weiteres zulässig ist. Nach der Bekanntmachung der Tagesordnung sind demgegenüber nur noch Erhöhungen zulässig[82].

64.30 Sofern die Barabfindung nicht bereits im Übertragungsverlangen festgelegt wurde, muss der Hauptaktionär nach Fertigstellung der Bewertung ein durch die Barabfindung **konkretisiertes Übertragungsverlangen** stellen, da die Barabfindung in der Einladung zur Hauptversammlung enthalten sein muss, Vorstand und Aufsichtsrat jedoch erst dann über die Tagesordnung beschließen können, wenn der Hauptaktionär die Barabfindung festgelegt hat.

64.31 Mit Stellung des Übertragungsverlangens ist bei Börsennotierung des Hauptaktionärs zudem zu prüfen, ob dieser zur Veröffentlichung einer **Ad-hoc-Mitteilung** verpflichtet ist. Die Gesellschaft selbst ist dazu regelmäßig verpflichtet (vgl. sogleich Rz. 64.32). Das gilt auch für den Hauptaktionär, sofern die Veröffentlichung der Squeeze out-Absicht ein erhebliches Kursbeeinflussungspotential im Hinblick auf die Aktien des Hauptaktionärs (nicht der Gesellschaft) hat[83]. Letztlich ist das eine Frage des Einzelfalls. Sofern die Barabfindung erst im Nachhinein festgelegt wird, stellt sich die Frage nochmals bei der Übermittlung des (um die Barabfindung) konkretisierten Übertragungsverlangens. Dies dürfte aber regelmäßig keine Insiderinformation beim Hauptaktionär begründen. Die Absicht zur Durchführung des Squeeze out wird regelmäßig bereits bekannt sein. Etwaige Spekulationen werden sich allenfalls auf eine Erhöhung der Barabfindung im Spruchverfahren beziehen. Dies wird aber nur selten zur Kursbeeinflussung der Aktie des Hauptaktionärs geeignet sein.

4. Pflichten des Vorstands der Gesellschaft

Der Zugang des Übertragungsverlangens löst für den Vorstand der Gesellschaft eine Reihe von Pflichten aus.

a) Ad-hoc-Mitteilung

64.32 Ein Squeeze out-Verlangen des Hauptaktionärs ist in der Regel geeignet, im Falle seines Bekanntwerdens den **Börsenkurs** der Aktien der Gesellschaft **erheblich zu beeinflussen**. Der Vorstand ist dann spätestens mit Zugang des Übertragungsverlangens verpflichtet, eine Ad-hoc-Mitteilung nach Art. 17 Abs. 1 MMVO vorzunehmen[84]. Eine vertiefte Prüfung der Voraussetzungen, namentlich der Kapitalmehrheit, ist vor Veröffentlichung der Ad-hoc-Mitteilung weder veranlasst noch geboten, da es jedenfalls vernünftigerweise zu erwarten ist i.S.d. Art. 7 Abs. 2 MMVO, dass ein Squeeze out stattfindet. Lediglich dort, wo ernsthafte Zweifel am Bestehen der Kapitalmehrheit bestehen oder deren Nichtvorliegen evident ist, kann daher zunächst von einer Ad-hoc-Mitteilung abgesehen werden.

---

82 *Habersack* in Emmerich/Habersack, Aktien- und GmbH-Konzernrecht, § 327b AktG Rz. 4; *Hüffer/Koch*, § 327b AktG Rz. 8.

83 Tendenziell bejahend *Habersack* in Emmerich/Habersack, Aktien- und GmbH-Konzernrecht, § 327c AktG Rz. 4; die Kursrelevanz eher abl. *Singhof* in Spindler/Stilz, § 327c AktG Rz. 14 (im Ausnahmefall); *Austmann* in MünchHdb. AG, § 75 Rz. 39; *Fleischer* in Großkomm. AktG, 4. Aufl. 2007, § 327a AktG Rz. 22, die Kursrelevanz regelmäßig verneinend auch die Vorgängerin der BAFin, BAWe, NZG 2002, 563, 564. Vgl. auch Emittentenleitfaden der BaFin Modul C v. 25.3.2020. Ziff. I.2.1.5.13, S. 22; siehe auch *Klöhn* in Klöhn, Art. 17 MMVO Rz. 402.

84 *Habersack* in Emmerich/Habersack, Aktien- und GmbH-Konzernrecht, § 327c AktG Rz. 4 sowie *Hüffer/Koch*, § 327c AktG Rz. 1; *Klöhn* in Klöhn, Art. 17 MMVO Rz. 398 ff.

b) Prüfung der Voraussetzungen

Der Vorstand hat ferner die Berechtigung des Übertragungsverlangens zu prüfen, bevor er weitere Maßnahmen der Gesellschaft (insbesondere die Einberufung einer Hauptversammlung) einleitet. Zu prüfen ist insbesondere, ob der Hauptaktionär unmittelbar oder kraft Zurechnung über die **erforderliche Kapitalmehrheit** verfügt. Im Zweifelsfall ist dies vom Hauptaktionär darzulegen[85]. Steht die Berechtigung des Hauptaktionärs fest, hat der Vorstand den Aufsichtsrat über den Eingang des Übertragungsverlangens zu informieren (§ 90 Abs. 1 Satz 3 AktG).

64.33

c) Informationspflichten gegenüber dem Hauptaktionär

Ab Zugang des Übertragungsverlangens ist der Vorstand nach § 327b Abs. 1 Satz 2 AktG verpflichtet, dem Hauptaktionär alle für die Festlegung der Barabfindung erforderlichen Unterlagen zur Verfügung zu stellen und Auskünfte zu erteilen. Dies ist erforderlich, weil der Hauptaktionär die Barabfindung nur dann ordnungsgemäß festlegen kann, wenn er über alle **bewertungsrelevanten Informationen** verfügt[86]. Diese umfassen neben den öffentlich zugänglichen Unterlagen auch gesellschaftsinterne Informationen wie z.B. Plandaten, Unterlagen des internen Kosten- und Rechnungswesens, Risikobewertungen etc., auf die der Hauptaktionär keinen Zugriff hat[87]. § 327b Abs. 1 Satz 2 AktG räumt ihm deshalb ein entsprechendes Informationsrecht ein. Der Anspruch richtet sich gegen die Gesellschaft und dort gegen den Vorstand. Dieser ist zugleich von seiner Geheimhaltungspflicht nach § 93 Abs. 1 Satz 3 AktG befreit, weil § 327b Abs. 1 Satz 2 AktG als lex specialis vorgeht[88]. Ein Informationsverweigerungsrecht steht der Gesellschaft nicht zu; die Informationserteilung kann (und sollte) jedoch vom Abschluss einer Geheimhaltungsvereinbarung abhängig gemacht werden[89]. Unabhängig davon ist der Hauptaktionär aufgrund seiner Treuepflicht grundsätzlich zur Verschwiegenheit gegenüber der Gesellschaft verpflichtet[90]. Er ist allerdings berechtigt, sich bei der Bewertung der Mitwirkung Dritter zu bedienen. Dabei hat er dafür Sorge zu tragen, dass diese ihrerseits kraft Gesetzes oder durch gesonderte Vereinbarung zur Verschwiegenheit verpflichtet werden[91]. Die Informationserteilung begründet schließlich für die übrigen Aktionäre keinen Auskunftsanspruch nach § 131 Abs. 4 AktG, da der Hauptaktionär die Informationen in dieser besonderen Funktion erhält[92].

64.34

---

85 Vgl. OLG Stuttgart v. 1.12.2008 – 20 W 12/08, AG 2009, 204, 211; *Koppensteiner* in KölnKomm. AktG, 3. Aufl. 2004, § 327a AktG Rz. 19.
86 *Hüffer/Koch*, § 327b AktG Rz. 9; *Fleischer* in Großkomm. AktG, 4. Aufl. 2007, § 327b AktG Rz. 7 m.w.N.
87 *Habersack* in Emmerich/Habersack, Aktien- und GmbH-Konzernrecht, § 327b AktG Rz. 5.
88 *Fleischer* in Großkomm. AktG, 4. Aufl. 2007, § 327b AktG Rz. 8; *Hüffer/Koch*, § 327b AktG Rz. 9.
89 *Fleischer* in Großkomm. AktG, 4. Aufl. 2007, § 327b AktG Rz. 8; *Grunewald* in MünchKomm. AktG, 5. Aufl. 2021, § 327b AktG Rz. 5; *Habersack* in Emmerich/Habersack, Aktien- und GmbH-Konzernrecht, § 327b AktG Rz. 5; *Singhof* in Spindler/Stilz, § 327b AktG Rz. 6.
90 *Fleischer* in Großkomm. AktG, 4. Aufl. 2007, § 327b AktG Rz. 9; *Habersack* in Emmerich/Habersack, Aktien- und GmbH-Konzernrecht, § 327b AktG Rz. 5; *Singhof* in Spindler/Stilz, § 327b AktG Rz. 6.
91 Überwiegend wird verlangt, dass der herangezogene Dritte berufsrechtlich zur Verschwiegenheit verpflichtet ist, vgl. *Fleischer* in Großkomm. AktG, 4. Aufl. 2007, § 327b AktG Rz. 8; *Grunewald* in MünchKomm. AktG, 5. Aufl. 2021, § 327b AktG Rz. 5; *Habersack* in Emmerich/Habersack, Aktien- und GmbH-Konzernrecht, § 327b AktG Rz. 5; *Singhof* in Spindler/Stilz, § 327b AktG Rz. 6.
92 OLG Düsseldorf v. 16.1.2004 – 16 W 63/03, ZIP 2004, 359, 364 f. = AG 2004, 207; LG Saarbrücken v. 28.7.2004 – 7 I O 24/04, NZG 2004, 1012, 1013; *Grunewald* in MünchKomm. AktG, 5. Aufl. 2021, § 327b AktG Rz. 5; *Habersack* in Emmerich/Habersack, Aktien- und GmbH-Konzernrecht, § 327b AktG Rz. 5; *Hüffer/Koch*, § 327b AktG Rz. 9; a.A. *Heidel/Lochner* in Heidel, Aktienrecht und Kapitalmarktrecht, § 327b AktG Rz. 6.

d) Vorbereitung und Einberufung der Hauptversammlung

64.35 Nach Erhalt des konkretisierten Übertragungsverlangens (Rz. 64.30) ist der Vorstand verpflichtet, eine Hauptversammlung, deren Gegenstand jedenfalls auch die Beschlussfassung über den Squeeze out ist, vorzubereiten und einzuberufen. Der Vorstand hat den Zeitpunkt der Hauptversammlung im Interesse der Gesellschaft und unter Berücksichtigung der Belange des Hauptaktionärs zu bestimmen. Nach herrschender Auffassung kann mit der Einberufung bis zur nächsten ordentlichen Hauptversammlung gewartet werden, wenn nicht im Interesse der Gesellschaft ausnahmsweise eine sofortige Beschlussfassung geboten ist[93]. Dabei ist zu beachten, dass angesichts der Verpflichtung, für eine ordnungsgemäße Einberufung und gesetzmäßige Beschlussfassung zu sorgen, ausreichend Zeit für die Vorbereitung der Hauptversammlung bestehen muss. Liegen zwischen dem Zeitpunkt einer unter Berücksichtigung der angemessenen Vorbereitungszeit möglichen außerordentlichen Hauptversammlung und der vorgesehenen ordentlichen Hauptversammlung nicht mehr als drei Monate, dürfte in der Regel kein Interesse der Gesellschaft an einer außerordentlichen Hauptversammlung erkennbar sein. Die Kosten für die Vorbereitung und Durchführung der Hauptversammlung hat die Gesellschaft zu tragen, weil sie aufgrund einer gesetzlichen Verpflichtung gemäß § 327a AktG handelt und daher auch keine verbotene Einlagenrückgewähr nach § 57 AktG vorliegt (siehe Rz. 64.58).

5. Unternehmensbewertung, Angemessenheit der Barabfindung

a) Überblick

64.36 Nach § 327b Abs. 1 AktG hat der Hauptaktionär die Höhe der Barabfindung festzulegen. Die Barabfindung ist der verfassungsrechtlich gebotene[94] Ausgleich für den Entzug des Anteilseigentums der Minderheitsaktionäre und damit – neben der erforderlichen Kapitalmehrheit des Hauptaktionärs (siehe bereits Rz. 64.22 ff.) – der zentrale Bestandteil des Ausschlussverfahrens. Aufgrund der verfassungsrechtlichen Vorgaben sowie der Bedeutung der Barabfindung unterliegt die Angemessenheit der Barabfindung der Prüfung durch einen unabhängigen, gerichtlich bestellten **sachverständigen Prüfer**, § 327c Abs. 2 Satz 2 AktG. Zum Zweck der Festlegung der Barabfindung wird der Hauptaktionär zunächst eine eigene Unternehmensbewertung der Gesellschaft vornehmen, mit der häufig bereits im Vorfeld des Übertragungsverlangens begonnen wird. Unabhängig vom Stand der eigenen Bewertung wird der Antrag auf Bestellung des sachverständigen Prüfers zur Beschleunigung des Verfahrens unmittelbar nach dem Übertragungsverlangen gestellt. Der vom Hauptaktionär beauftragte Bewertungsgutachter und der gerichtlich bestellte Prüfer arbeiten dann nebeneinander. Rechtliche Bedenken gegen diese Vorgehensweise bestehen nicht[95], zumal die Angemessenheit der Barabfindung auch noch in einem Spruchverfahren überprüft werden kann.

b) Gesetzliche Vorgaben

64.37 aa) Die Barabfindung muss die Verhältnisse der Gesellschaft im Zeitpunkt der Fassung des Übertragungsbeschlusses durch die Hauptversammlung berücksichtigen. Damit umschreibt § 327b Abs. 1 Satz 1 AktG zunächst das aus Art. 14 Abs. 1 Satz 1 GG folgende Gebot, dass den Aktionären für den Verlust ihres Aktieneigentums eine Entschädigung in Höhe des **vollen wirtschaftlichen Werts** zu ge-

---

[93] OLG Stuttgart v. 1.12.2008 – 20 W 12/08, AG 2009, 204, 210; *Grunewald* in MünchKomm. AktG, 5. Aufl. 2021, § 327b AktG Rz. 12; *Habersack* in Emmerich/Habersack, Aktien- und GmbH-Konzernrecht, § 327a AktG Rz. 20.
[94] Vgl. BVerfG v. 30.5.2007 – 1 BvR 390/04, AG 2007, 544, 546; BGH v. 12.1.2016 – II ZB 25/14, ZIP 2016, 666, 668 Tz. 23 f. = AG 2016, 359; *Fleischer* in Großkomm. AktG, 4. Aufl. 2007, § 327b AktG Rz. 1.
[95] BGH v. 18.9.2006 – II ZR 225/04, NZG 2006, 905, 906 = AG 2006, 887; BGH v. 16.3.2009 – II ZR 302/06, BGHZ 180, 154, 168 = ZIP 2009, 908, 913 = AG 2009, 441; OLG Frankfurt v. 5.11.2007 – 5 W 22/07, AG 2008, 167, 170; *Habersack* in Emmerich/Habersack, Aktien- und GmbH-Konzernrecht, § 327c AktG Rz. 11 m.w.N.

währen ist (Angemessenheit der Barabfindung)[96]. Maßgeblich ist der volle Unternehmenswert der Gesellschaft, aus dem der anteilige Wert der Aktien abgeleitet wird[97]. Für die Ermittlung des Unternehmenswerts gelten die zu § 305 AktG entwickelten Grundsätze. Das gilt auch für die börsennotierte Gesellschaft. Die Ermittlung des Unternehmenswerts erfordert stets eine **Unternehmensbewertung**[98]. Ein bestimmtes Bewertungsverfahren ist zwar gesetzlich nicht vorgeschrieben[99], aber das Bewertungsverfahren muss betriebswirtschaftswissenschaftlich anerkannt, gebräuchlich und geeignet sein, um den Normzweck zu erfüllen, nämlich den vollen Wert der Beteiligung zu ermitteln[100]. In der Praxis findet bislang **in der Regel** das **Ertragswertverfahren oder das Discounted Cash Flow Verfahren (DCF-Verfahren)** Anwendung[101]. Das beruht darauf, dass als sachverständige Prüfer der Barabfindung nach § 327c Abs. 2 i.V.m. § 293d Abs. 1 AktG i.V.m. § 319a Abs. 1 HGB nur Wirtschaftsprüfer in Betracht kommen, die zumindest mittelbar an die Grundsätze ordnungsgemäßer Unternehmensbewertung und damit an den Prüfungsstandard IDW S 1[102] gebunden sind. Beim Ertragswert- und DCF-Verfahren werden im Grundsatz die künftig erzielbaren Überschüsse anhand der vorhandenen Planung für die Zukunft (verifiziert bzw. plausibilisiert durch Erfahrungswerte der Vergangenheit) ermittelt und mittels eines Kapitalisierungszinssatzes, der sich aus einem Basiszinssatz und einem Risikozuschlag zusammensetzt, in den Unternehmens- bzw. Anteilswert („ewige Rente") umgerechnet. Beim DCF-Verfahren erfolgt die Bewertung auf Basis der diskontierten erwarteten zukünftigen Kapitalflüsse, bei der Ertragswertmethode anhand der diskontierten künftigen Ertragserwartung[103]. Beide Verfahren stehen grundsätzlich gleichwertig nebeneinander und führen daher in der Regel zu nahezu identischen Ergebnissen. Maßgeblicher **Stichtag für die Bewertung** ist stets der **Tag** der Fassung des **Übertragungsbeschlusses** durch die Hauptversammlung[104]. Im Rahmen der Unternehmensbewertung kann für zurückliegende Sachverhalte auf die jeweils aktuelle Fassung der Bewertungsstandards zurückgegriffen werden[105].

Zu den tatsächlich bestehenden Verhältnissen der Gesellschaft i.S.d. § 327a Abs. 1 Satz 1 AktG gehören auch etwaige bereits vorhandene konzernrechtliche Verbindungen, insbesondere ein oft schon bestehender **Beherrschungs- und/oder Gewinnabführungsvertrag (BEAV)**[106]. Fraglich ist, welche Bedeutung der Barwert der aufgrund eines BEAV nach § 304 AktG zu leistenden Ausgleichszahlung für die Bestimmung der Barabfindung beim Squeeze out hat. Hierzu hat der BGH mit Beschluss vom 12.1.2016 zunächst entschieden, dass die Ausgleichszahlung jedenfalls keine Obergrenze der Barabfindung bilde,

64.38

---

96 BVerfG v. 15.5.2012 – 1 BvR 96, 117, 118 u. 128/09, AG 2012, 625, 626; BGH v. 12.1.2016 – II ZB 25/14, ZIP 2016, 666, 668 ff. Tz. 20 ff. = AG 2016, 359; OLG Frankfurt v. 7.6.2011 – 21 W 2/11, NZG 2011, 990, 991; OLG Frankfurt v. 17.6.2010 – 5 W 39/09, AG 2011, 717, 718; *Fleischer*, AG 2016, 185, 190; *Hüffer/Koch*, § 327b AktG Rz. 5 f. m.w.N.; *Ruthardt*, NZG 2015, 1387, 1388.
97 Siehe nur *Hüffer/Koch*, § 327b AktG Rz. 5.
98 BGH v. 12.1.2016 – II ZB 25/14 – Nestlé, NZG 2016, 461, 463 Tz. 21 = AG 2016, 359; *Habersack* in Emmerich/Habersack, Aktien- und GmbH-Konzernrecht, § 327b AktG Rz. 9.
99 BVerfG v. 27.4.1999 – 1 BvR 1613/94 – DAT/Altana, BVerfGE 100, 289, 307 = ZIP 1999, 1436, 1441 = AG 1999, 566; BGH v. 12.1.2016 – II ZB 25/14, ZIP 2016, 666, 667 Tz. 13 = AG 2016, 359; *Stephan* in K. Schmidt/Lutter, § 305 AktG Rz. 47; eingehend dazu auch Rz. 13.13.
100 BVerfG v. 15.5.2012 – 1 BvR 96, 117, 118 u. 128/09, AG 2012, 625, 626; BGH v. 12.1.2016 – II ZB 25/14 – Nestlé, NZG 2016, 461, 463 Tz. 21 = AG 2016, 359; *Fleischer*, AG 2016, 185, 190.
101 Vgl. Rz. 13.13 sowie *Hüffer/Koch*, § 305 AktG Rz. 24 ff.; *Emmerich* in Emmerich/Habersack, Aktien- und GmbH-Konzernrecht, § 305 AktG Rz. 51; *Stephan* in K. Schmidt/Lutter, § 305 AktG Rz. 47, jeweils m.w.N., insbesondere aus der Rechtsprechung.
102 Vgl. *Emmerich* in Emmerich/Habersack, Aktien- und GmbH-Konzernrecht, 7§ 305 AktG Rz. 51.
103 IDW S 1 v. 2.4.2008; Überblick bei *Stephan* in K. Schmidt/Lutter, § 305 AktG Rz. 49 ff.; *Hüffer/Koch*, § 305 AktG Rz. 28 ff.
104 *Habersack* in Emmerich/Habersack, Aktien- und GmbH-Konzernrecht, § 327b AktG Rz. 9.
105 BGH v. 29.9.2015 – II ZB 23/14 – Stinnes, AG 2015, 133; OLG Düsseldorf v. 8.8.2013 – I 26 W 15/12 (AktE), ZIP 2013, 1816, 1817; *Fleischer*, AG 2016, 185, 193 ff., 195 ff.; *Ruthardt*, NZG 2015, 1387 ff.
106 BGH v. 12.1.2016 – II ZB 25/14 – Nestlé, ZIP 2016, 666, 668 Tz. 20 = AG 2016, 359.

wenn der anteilige Unternehmenswert höher sei[107]. Das leuchtet ein, weil die Ausgleichszahlung zu einem anderen Stichtag ermittelt wurde, es aber für die Barabfindung auf die Verhältnisse zum Zeitpunkt des Übertragungsbeschlusses ankommt. Gleichwohl ist die umgekehrte Fallkonstellation umstritten: markiert der **Barwert der Ausgleichszahlung nach § 304 AktG** eine (weitere) **Untergrenze für die Barabfindung?**[108] Der BGH hat diese Frage für den Fall, dass vom Fortbestand des BEAV ausgegangen werden kann, **bejaht**[109]. Im Kern begründet der BGH seine Entscheidung mit zwei Erwägungen: Erstens gehöre ein bereits bestehender BEAV zu den Verhältnissen der Gesellschaft am Stichtag[110]. Zweitens richte sich der Wert der Beteiligung des Minderheitsaktionärs nach den zukünftigen Erträgen, die dieser ohne den Squeeze out erhalten würde, was beim Bestehen eines BEAV die Ausgleichsansprüche seien; es sei daher mit dem Postulat der Angemessenheit schwerlich zu vereinbaren, wenn allein dem Hauptaktionär der Wert dieser Ausgleichszahlungen anwüchse, die er sich durch den Squeeze out ersparen würde[111]. Diese Argumentation überzeugt nicht. Es stimmt zwar, dass auch ein vor dem Übertragungsbeschluss abgeschlossener BEAV zu den Verhältnissen der Gesellschaft am Bewertungsstichtag gehört. Das ist aber keine Besonderheit eines BEAV, sondern gilt für alle Vertrags- und sonstigen Rechtsverhältnisse der Gesellschaft. Der BGH lässt außer Acht, dass die Ausgleichszahlung vor dem für die Barabfindung maßgeblichen Bewertungsstichtag ermittelt wurde und es überhaupt nicht sicher ist, dass dem Hauptaktionär in Zukunft Erträge auch tatsächlich in Höhe des Ausgleichsanspruchs zufließen werden[112]. Der BGH scheint auch nicht hinreichend zu berücksichtigen, dass sich die Höhe der Barabfindung aus dem Unternehmenswert ableitet und nicht aus dem Wert der Aktie selbst[113]. Für den Unternehmenswert kann es aber nur auf die zum Stichtag ermittelten zukünftigen Erträge der Gesellschaft ankommen und nicht auf diejenigen, die zu einem zurückliegenden Stichtag im Rahmen der Bestimmung der Ausgleichszahlung ermittelt wurden. Die Unternehmenspraxis wird sich mit dieser Entscheidung abzufinden haben. Dabei ist zunächst zu überlegen, ob man bei einer Gesellschaft, deren Aktien zu 95 % oder mehr einem Hauptaktionär gehören, tatsächlich noch davon ausgehen kann, dass ein bestehender BEAV über den nach § 14 Abs. 1 Nr. 3 KStG erforderlichen Fünf-Jahreszeitraum fortbestehen wird[114]. Falls es die fünfjährige Mindestlaufzeit eines BEAV erlaubt, ist aus Sicht eines Hauptaktionärs zu prüfen, ob der BEAV vor dem Übertragungsbeschluss beendet werden kann. Dies erscheint jedenfalls dann eine Option, wenn sich die wirtschaftliche Lage der Gesellschaft seit der Festsetzung der Ausgleichszahlung nach § 304 AktG deutlich verschlechtert hat und die Kosten des BEAV seinen Nutzen überwiegen.

64.38a Zukünftige Kostenersparnisse nach Durchführung des Squeeze out bleiben demgegenüber unberücksichtigt[115]. Das gleiche gilt für **Dividenden**[116]. Diese stehen den bisherigen Aktionären so lange zu, wie der Squeeze out noch nicht eingetragen ist. Dementsprechend dürfen Dividenden auch dann nicht als Abzugsposten in Ansatz gebracht werden, wenn sie erst nach dem Bewertungsstichtag ausgezahlt werden. Entgegenstehende Regelungen, insbesondere sog. Anrechnungsklauseln, führen zur Anfecht-

---

107 BGH v. 12.1.2016 – II ZB 25/14 – Nestlé, ZIP 2016, 666, 668 Tz. 20 = AG 2016, 359.
108 Zum Streitstand etwa BGH v. 15.9.2020 – II ZB 6/20 – Wella III, NZG 2020, 1386, 1388 f. Tz. 24 f. = AG 2020, 949 und *Schnorbus* in K. Schmidt/Lutter, § 327b Rz. 6 jeweils m.w.N.
109 BGH v. 15.9.2020 – II ZB 6/20 – Wella III, NZG 2020, 1386, 1388 f. Tz. 27 ff. = AG 2020, 949; dazu *Ruiz de Vargas/Göz*, NZG 2021, 21; *Wicke*, DStR 2021, 998.
110 BGH v. 15.9.2020 – II ZB 6/20 – Wella III, NZG 2020, 1386, 1388 f. Tz. 28 = AG 2020, 949.
111 BGH v. 15.9.2020 – II ZB 6/20 – Wella III, NZG 2020, 1386, 1388 f. Tz. 30 = AG 2020, 949.
112 *Schnorbus* in K. Schmidt/Lutter, § 327b Rz. 6.
113 Zutreffend *Schnorbus* in K. Schmidt/Lutter, § 327b Rz. 6.
114 Vgl. zu dieser Frage auch *Ruiz de Vargas/Göz*, NZG 2021, 21, 23.
115 OLG Frankfurt v. 17.6.2010 – 5 W 39/09, AG 2011, 717, 718; *Hüffer/Koch*, § 327b AktG Rz. 5.
116 So auch BGH v. 19.4.2011 – II ZR 237/09 – Wella I, BGHZ 189, 261, 264 f. = AG 2011, 514 sowie die Vorinstanz in der Parallelentscheidung OLG Frankfurt v. 29.9.2009 – 5 U 107/08, AG 2010, 408, 411 f.; bestätigt durch BVerfG v. 5.12.2012 – 1 BvR 1577/11, AG 2013, 255, 256; *Schnorbus* in K. Schmidt/Lutter, § 327b Rz. 6.

barkeit des Übertragungsbeschlusses[117]. Auf der anderen Seite sind derartige Ansprüche auch nicht werterhöhend in Ansatz zu bringen, wenn sie infolge des Squeeze out nicht mehr (vollständig) zur Entstehung gelangen[118]. Sofern der Übertragungsbeschluss im Rahmen einer ordentlichen Hauptversammlung gefasst wird, ist es in der Praxis üblich, im Rahmen des rechtlich zulässigen (§ 254 AktG), keine Dividendenzahlung vorzusehen.

bb) Fraglich ist, ob auch die Ermittlung der Barabfindung aufgrund des **Börsenkurses** als anzuerkennende Bewertungsmethode in Betracht kommt, die anstelle und nicht nur in Ergänzung des aufwändigen DCF- oder Ertragswertverfahrens herangezogen werden kann (dazu auch Rz. 13.51 ff.)[119]. Nach wohl noch überwiegender Auffassung stellt bei der börsennotierten Gesellschaft ein vorhandener **Börsenkurs** der Aktien die **Untergrenze** für die Barabfindung dar[120]. Das BVerfG hat in einem Nichtannahmebeschluss betreffend den verschmelzungsrechtlichen Squeeze out bei der Deutsche Hypothekenbank durch die NordLB jedoch betont, dass der Aktionär keinen verfassungsrechtlichen Anspruch auf die unter verschiedenen Methoden günstigste Bewertung habe. Außerdem hat das BVerfG festgestellt, dass jedenfalls die Heranziehung des Börsenkurses bei Erreichen der in § 39a Abs. 1 Satz 3 WpÜG erforderlichen Annahmequote von 90 % verfassungsrechtlich unbedenklich sei[121]. Daraus kann geschlossen werden, dass der Börsenkurs zwar nicht stets, aber dann maßgeblich ist, wenn durch seine Heranziehung der Normzweck (Sicherstellung des vollen Ausgleichs für den Minderheitsaktionär) erreicht wird[122]. Ob das nur dann der Fall ist, wenn es am Tatbestand fehlender Liquidität oder des längerfristig ausbleibenden Handels der Aktie fehlt bzw. ein Fall des § 5 WpÜG-AngVO vorliegt, ist fraglich, insbesondere wenn man die (zu) strengen Maßstäbe des OLG Frankfurt/Main anlegt[123]. Dem oben genannten Nichtannahmebeschluss des BVerfG lässt sich das nicht eindeutig entnehmen, weil dort die Besonderheit der Annahmequote von 90 % bestand. Da bei einem Squeeze out die Liquidität der Aktie gering ist (oft liegt der Streubesitz deutlich unter 5 %), dürfte das alleinige Abstellen auf den Börsenkurs nur in seltenen Fällen in Betracht kommen.

64.39

Soweit der Börsenkurs zur Ermittlung der Barabfindung herangezogen wird, ist anders als für die Unternehmensbewertung als **Stichtag** nicht der Tag der Fassung des Übertragungsbeschlusses maßgeblich, sondern – in Anlehnung an § 5 Abs. 1 WpÜG-AngVO – der gewichtete durchschnittliche inländische Börsenkurs der Aktie während der letzten drei Monate vor Bekanntgabe des Squeeze out[124]. Das ist in der Regel der Tag des Übertragungsverlangens bzw. dessen Bekanntmachung durch Ad-hoc-Mitteilung. Im Einzelfall kann aber auch ein früherer Termin maßgeblich sein, etwa wenn der Hauptaktionär seine Absicht zur Durchführung eines Squeeze out bereits anderweitig kundgetan hat, z.B. in der Presse[125]. Eine vor der Ad-hoc-Mitteilung oder einer sonstigen durch Pflichtmitteilung verlautbarten Bekanntgabe kommt aber nur dann Bedeutung für den Referenzzeitraum zu, wenn sie von der

64.40

---

117 OLG Hamburg v. 11.4.2003 – 11 U 215/02, NZG 2003, 529, 540 f. = AG 2003, 441; *Schnorbus* in K. Schmidt/Lutter, § 327b AktG Rz. 7.
118 *Hüffer/Koch*, § 327b AktG Rz. 7.
119 Vgl. zur marktorientierten Bewertungsmethode *Schnorbus/Rauch/Grimm*, AG 2021, 391.
120 Vgl. BVerfG v. 27.4.1999 – 1 BvR 1613/94 – DAT/Altana, BVerfGE 100, 289, 308 = ZIP 1999, 1436, 1441 = AG 1999, 566, wo das BVerfG diese Vorgabe für den Fall der Eingliederung entwickelt hat; BGH v. 12.1.2016 – II ZB 25/14, ZIP 2016, 666, 668 Tz. 22 = AG 2016, 359; OLG Köln v. 26.8.2004 – 18 U 48/04, NZG 2005, 931, 933; *Habersack* in Emmerich/Habersack, Aktien- und GmbH-Konzernrecht, § 327b AktG Rz. 9; *Ruthardt*, NZG 2015, 1387, 1388; a.A. *Hüffer/Koch*, § 305 AktG Rz. 39; sowie Rz. 13.61 ff.
121 BVerfG v. 15.5.2012 – 1 BvR 96, 117, 118 u. 128/09, AG 2012, 625, 626 f.; zustimmend *Schnorbus/Rauch/Grimm*, AG 2021, 391, 396 f.
122 *Hüffer/Koch*, § 305 AktG Rz. 37 und § 327b AktG Rz. 5.
123 OLG Frankfurt/Main v. 11.1.2021 – WpÜG 1/20, AG 2021, 356; dazu auch Rz. 62.15 und Rz. 62.268.
124 So BGH v. 19.7.2010 – II ZB 18/09 – Stollwerck, BGHZ 186, 229, 232 ff. = AG 2010, 629, 630, anders noch BGH v. 12.3.2001 – II ZB 15/00 – DAT/Altana, BGHZ 147, 108, 117 = AG 2001, 417, 419; *Schnorbus* in K. Schmidt/Lutter, § 327b AktG Rz. 5 m.w.N.
125 So auch *Schnorbus* in K. Schmidt/Lutter, § 327b AktG Rz. 5.

Gesellschaft oder dem Hauptaktionär veranlasst und schriftlich in öffentlich zugänglicher Form kommuniziert wurde, konkret ist und außerdem ein hinreichender zeitlicher Zusammenhang zum Übertragungsbeschluss besteht[126].

64.40a Sofern und soweit man den Börsenkurs als geeignete Bewertungsmethode neben dem DCF- oder Ertragswertverfahren anerkennen und den Abfindungsbetrag ausschließlich aufgrund des Börsenkurses ermitteln würde, hätte das spürbare **Auswirkungen** auf das Verfahren zum Ausschluss von Minderheitsaktionären: Zum einen wäre der Hauptaktionär grundsätzlich berechtigt, in seinem Bericht die Herleitung der Barabfindung ausschließlich – wenn auch nach § 327c Abs. 2 Satz 4 i.V.m. § 293e Abs. 1 Nr. 3 AktG unter Darstellung der Ergebnisse der verschiedenen Bewertungsmethoden – auf den gewichteten Börsenkurs zu stützen, ohne dass hierdurch ein Anfechtungsgrund ausgelöst werden könnte. Zum anderen dürften in einem Spruchverfahren die Minderheitsaktionäre nicht mit dem Argument gehört werden, dass sich bei Anwendung des Ertragswert- oder DCF-Verfahrens ein höherer Wert ergeben würde[127]. Auf einen nach anderer Methode ermittelten Unternehmenswert würde es nur ankommen, wenn seitens der Minderheitsaktionäre geltend gemacht wird, dass der Börsenkurs aus den o.g. Gründen (Rz. 64.39) ungeeignet ist, den verfassungsrechtlich gebotenen Normzweck zu erfüllen. Hierdurch würden etwaige Spruchverfahren im Regelfall deutlich verkürzt werden, was dem vom BVerfG betonten Gebot des effektiven Rechtsschutzes[128] in vollem Umfang gerecht würde.

64.40b Nach der Rechtsprechung – *DAT/Altana, Nestlé und Wella III* – ist nunmehr von zwei Untergrenzen für die Bestimmung des Barwerts auszugehen, nämlich dem Börsenkurs und dem Barwert der Ausgleichszahlung nach § 304 AktG. *Wicke* hat das Verhältnis der Bewertungsansätze nach Ertragswert, Börsenkurs und Barwert der Ausgleichszahlung anschaulich wie folgt beschrieben[129]: (1) Ein höherer Börsenwert „sticht" einen niedrigeren Ertragswert. (2) Ein höherer Barwert der Ausgleichszahlung „sticht" einen niedrigeren Ertragswert und/oder Börsenwert. (3) Ein höherer Ertragswert „sticht" einen niedrigeren Barwert der Ausgleichszahlung.

c) Sachverständiger Prüfer

64.41 Die Barabfindung ist nach § 327c Abs. 2 Satz 2 AktG durch einen oder mehrere sachverständige Prüfer zu prüfen. Die Prüfungspflicht gilt vorbehaltlich des bei börsennotierten Gesellschaften praktisch irrelevanten Verzichts (§ 293b Abs. 2, § 293a Abs. 3 AktG) ausnahmslos[130]. Gegenstand der Prüfung ist die **Angemessenheit der Barabfindung**. Die Prüfer werden auf Antrag des Hauptaktionärs vom Gericht ausgewählt und bestellt. Damit soll die Unabhängigkeit des Prüfers sichergestellt werden. Ferner soll durch die Vorlage eines von einem unabhängigen Prüfer erstellten Prüfungsberichts die Einleitung „überflüssiger" Spruchverfahren vermieden und dennoch eingeleitete Spruchverfahren entlastet werden. Wegen der Einzelheiten verweist § 327c Abs. 2 Satz 2 AktG auf die §§ 293c, 293d und 293e AktG, die ihrerseits wiederum auf §§ 319, 319a, 320 HGB verweisen. Danach gilt im Wesentlichen: Zuständig ist das Landgericht am Sitz der Gesellschaft und dort die Kammer für Handelssachen, § 293c Abs. 1 AktG. Als Prüfer kommen nur **Wirtschaftsprüfer oder Wirtschaftsprüfungsgesellschaften** in Betracht, § 319 Abs. 1 HGB. Es gelten die Ausschlussgründe der § 319 Abs. 2 bis 4 und § 319a Abs. 1 HGB mit der Maßgabe, dass diese (auch) dann erfüllt sind, wenn sie nur in Bezug auf den Hauptaktio-

---

126 Eingehend Rz. 13.80 ff.; siehe auch *Hüffer/Koch*, § 305 AktG Rz. 43; zu weitgehend OLG Karlsruhe v. 22.6.2015 – 12a W 5/15, ZIP 1874, 1876 = AG 2015, 789: Tag der Mitteilung auf der Hauptversammlung, dass der Hauptaktionär demnächst einen Squeeze out durchführen werde.
127 BVerfG v. 15.5.2012 – 1 BvR 96, 117, 118 u. 128/09, AG 2012, 625, 626 f.; BVerfG v. 26.4.2011 – 1 BvR 2658/10, AG 2011, 511 Tz. 23 f.: kein verfassungsrechtlicher Anspruch darauf, „dass zur Bestimmung des „wahren Werts" der Unternehmensbeteiligung stets jede denkbare Unternehmensbewertung heranzuziehen und die Abfindung nach dem „Meistbegünstigungsprinzip" zu berechnen wäre."
128 BVerfG v. 15.5.2012 – 1 BvR 96, 117, 118 u. 128/09, AG 2012, 625, 627.
129 *Wicke*, DStR 2021, 998, 1000.
130 Vgl. *Singhof* in Spindler/Stilz, § 327c AktG Rz. 8.

när vorliegen[131]. Allein die Tatsache, dass das Gericht dem Vorschlag des Hauptaktionärs folgt, macht die Bestellung nicht fehlerhaft[132]. Im Übrigen kann die Bestellung nur nach Maßgabe der § 327c Abs. 2 Satz 4 i.V.m. § 293c Abs. 2 AktG i.V.m. § 10 Abs. 3 bis 5 UmwG angegriffen werden. Für die Haftung gelten § 327c Abs. 2 Satz 4, § 293d Abs. 2 Satz 2 AktG i.V.m. § 323 HGB, d.h. der Prüfer haftet der Gesellschaft, dem Hauptaktionär und den Minderheitsaktionären, allerdings bei Fahrlässigkeit nach § 323 Abs. 2 Satz 2 HGB beschränkt auf vier Millionen Euro (bei börsennotierten Gesellschaften).

Aufgabe des sachverständigen Prüfers ist die Prüfung der Angemessenheit der vom Hauptaktionär bestimmten Barabfindung. Hierüber hat der Prüfer einen **Prüfungsbericht** zu erstellen, dessen Inhalt sich im Einzelnen aus § 293e AktG ergibt, der über § 327c Abs. 2 Satz 4 AktG sinngemäße Anwendung findet. Im Wesentlichen geht es auch hier darum, den Aktionären eine eigene – im Gegensatz zum Übertragungsbericht des Hauptaktionärs allerdings unabhängige – Beurteilung der Plausibilität der Angemessenheit der Barabfindung zu ermöglichen. In der Praxis wird den Prüfern über die gesetzlichen Anforderungen hinaus häufig aufgegeben, nicht nur die Bewertung des Hauptaktionärs nachzuprüfen, sondern eine eigene Unternehmensbewertung vorzunehmen. Damit soll gewährleistet werden, dass die Bewertung des sachverständigen Prüfers in einem etwaigen Spruchverfahren verwertet und eine erneute (zeitaufwändige) Bewertung vermieden werden kann. Wenn der Hauptaktionär den Betrag der Barabfindung unter bestimmten Voraussetzungen zulässigerweise allein aus dem gewichteten Börsenkurs ableitet (siehe dazu Rz. 64.39 ff.), besteht die wesentliche Aufgabe des sachverständigen Prüfers darin, die Geeignetheit des Börsenkurses im Hinblick auf den verfassungsrechtlich gebotenen Normzweck (Sicherstellung des vollen Ausgleichs) zu untersuchen. Dabei muss er allerdings nach § 327b Abs. 2 Satz 4 i.V.m. § 293e Abs. 1 Satz 2 Nr. 3 AktG auf andere Bewertungsmethoden und die sich hieraus ergebenden Werte eingehen. Der sich hieraus ergebende höchste Wert muss allerdings nicht zwingend als Maßstab für die Abfindung herangezogen werden, da weder aus verfassungsrechtlichen noch aus sonstigen Gründen die Anwendung des Meistbegünstigungsprinzips geboten ist[133]. Gleichwohl ist dann, wenn man die Ermittlung der Abfindung allein aufgrund des Börsenkurses für zulässig ansieht, der sachverständige Prüfer nicht gehindert, die Angemessenheit der aus dem gewichteten Börsenkurs hergeleiteten Barabfindung zu bestätigen, auch wenn diese niedriger sein sollte als sich durch Anwendung anderer Methoden ergebende Werte.

64.42

Das Fehlen eines Prüfungsberichts führt zur Anfechtbarkeit des Squeeze out-Beschlusses. Dasselbe gilt beim Fehlen von Pflichtinhalten nach § 293e AktG. Inhaltliche Mängel des Prüfungsberichts berechtigen hingegen wegen des insoweit vorrangigen Spruchverfahrens nicht zur Anfechtung des Beschlusses[134].

64.43

6. Übertragungsbericht

Nach § 327c Abs. 2 Satz 1 AktG hat der Hauptaktionär der Hauptversammlung einen schriftlichen Bericht zu erstatten, in dem die Voraussetzungen für die Übertragung dargelegt und die Angemessenheit der Barabfindung erläutert und begründet werden.

64.44

Zu den **Voraussetzungen** für die Übertragung gehören die Stellung des Übertragungsverlangens, das Vorliegen einer Gewährleistungserklärung eines Kreditinstituts, welche den Anforderungen des § 327b

64.45

---

131 *Habersack* in Emmerich/Habersack, Aktien- und GmbH-Konzernrecht, § 327c AktG Rz. 12; *Schnorbus* in K. Schmidt/Lutter, § 327c AktG Rz. 15.
132 Vgl. BGH v. 18.9.2006 – II ZR 225/04, AG 2006, 887, 888; OLG Düsseldorf v. 13.1.2006 – 16 U 137/04, AG 2006, 202, 204; *Habersack* in Emmerich/Habersack, Aktien- und GmbH-Konzernrecht, § 327c AktG Rz. 12.
133 BVerfG v. 15.5.2012 – 1 BvR 96, 117, 118 u. 128/09, AG 2012, 625, 626 f.; BVerfG v. 26.4.2011 – 1 BvR 2658/10, AG 2011, 511 Tz. 23 f.
134 OLG Stuttgart v. 1.12.2008 – 20 W 12/08, AG 2009, 204, 209; *Habersack* in Emmerich/Habersack, Aktien- und GmbH-Konzernrecht, § 327c AktG Rz. 13; *Hüffer/Koch*, § 327c AktG Rz. 5.

Abs. 3 AktG genügt, sowie das Vorliegen der erforderlichen Kapitalmehrheit. Im Falle der Zurechnung von Aktien sind insbesondere die Personen, deren Aktien zugerechnet werden, genau zu bezeichnen sowie der Zurechnungsgrund und das Vorliegen der Voraussetzungen desselben zu erläutern. Ferner ist die Nichtberücksichtigung eigener Aktien der Gesellschaft zu erläutern. Gründe für die Durchführung des Squeeze out müssen hingegen nicht genannt werden, da der Übertragungsbeschluss bei Einhaltung der gesetzlich vorgeschriebenen Voraussetzungen seine Rechtfertigung in sich trägt[135]. § 327c Abs. 2 AktG verlangt nur, dass die Voraussetzungen dargelegt werden. Ein Nachweis ist demgegenüber nicht erforderlich.

64.46 Neben den Voraussetzungen des Squeeze out muss der Bericht die **Angemessenheit** der Barabfindung begründen und erläutern. Anzugeben und zu begründen sind danach zunächst die angewandte Methode und deren Ergebnis. Darüber hinaus sind die verwendeten Bewertungsgrundsätze anzugeben und deren Anwendung auf den konkreten Fall rechnerisch nachvollziehbar darzustellen. Erforderlich sind mithin Angaben zur Methodik, deren Anwendung auf den konkreten Fall sowie die Ergebnisse[136]. Wenn sich der Hauptaktionär zur Herleitung der Barabfindung nur auf den gewichteten Börsenkurs stützt (siehe Rz. 64.39 f.), sollte er in dem Bericht auch den Handel mit der Aktie im Referenzzeitraum darstellen, um deutlich zu machen, dass keine Umstände gegeben sind, welche die Ungeeignetheit des Börsenkurses zur Erfüllung des Normzwecks (Sicherstellung des vollen Ausgleichs) begründen[137]. Sofern die Barabfindung den Börsenkurs unterschreitet, sind auch die Gründe für die Unterschreitung zu erläutern[138]. Nicht erforderlich ist, dass die Minderheitsaktionäre durch den Bericht in die Lage versetzt werden, eine eigene Unternehmensbewertung vornehmen zu können. Es soll ihnen lediglich ermöglicht werden, sich ein eigenes Urteil über die Plausibilität der Barabfindung zu bilden[139]. Bei Bedarf können sie die weiteren Einzelheiten in der Hauptversammlung erfragen. In der Praxis verbreitet sind ferner Angaben zu den Verhältnissen der Gesellschaft und zu den zivil- und steuerrechtlichen Folgen des Squeeze out. Erforderlich sind solche Angaben jedoch nicht[140].

64.47 Schuldner des Berichts ist nicht der Vorstand der Gesellschaft, sondern der Hauptaktionär. Insbesondere mit Blick auf die Angaben zur Unternehmensbewertung sollte frühzeitig mit der Erstellung des Berichts begonnen werden. Der nach § 327c Abs. 2 Satz 4 i.V.m. § 293a Abs. 3 AktG mögliche Verzicht der Minderheitsaktionäre ist bei börsennotierten Gesellschaften praktisch bedeutungslos. Im Übrigen gilt für den Bericht die Schutzklausel des § 293a Abs. 2 AktG, wobei als schutzwürdige Geheimhaltungsinteressen sowohl die des Mehrheitsaktionärs und der mit ihm verbundenen Unternehmen als auch die der Gesellschaft in Betracht kommen[141].

7. Gewährleistungserklärung

64.48 § 327b Abs. 3 AktG verpflichtet den Hauptaktionär vor Einberufung der Hauptversammlung zur Beibringung einer Gewährleistungserklärung eines Kreditinstituts in Bezug auf die Barabfindung. Damit

---

135 BGH v. 16.3.2009 – II ZR 302/06, AG 2009, 441; OLG Hamburg v. 14.6.2012 – 11 AktG 1/12 – AG 2012, 639, 641.
136 Vgl. das Muster bei *Groß* in Happ/Groß/Möhrle/Vetter, Aktienrecht, 5. Aufl. 2020, Abschn. 21.01 Rz. 9 f.; vgl. auch *Schnorbus* in K. Schmidt/Lutter, § 327c AktG Rz. 18, der das für den Prüfungsbericht so fordert.
137 Weitergehend *Hüffer/Koch*, § 327c AktG Rz. 3: Darlegung, dass keine Gründe für höheren Ertragswert sprechen. Das ist aber inkonsequent, wenn man die grundsätzliche Geeignetheit der Heranziehung des Börsenkurses zur Bestimmung des Unternehmenswerts anerkennt.
138 *Habersack* in Emmerich/Habersack, Aktien- und GmbH-Konzernrecht, § 327c AktG Rz. 9; *Hüffer/Koch*, § 327c AktG Rz. 3.
139 OLG Düsseldorf v. 19.12.2008 – 17 W 63/08, AG 2009, 535, 537; *Hüffer/Koch*, § 327c AktG Rz. 3.
140 *Fleischer* in Großkomm. AktG, 4. Aufl. 2007, § 327c AktG Rz. 8; *Habersack* in Emmerich/Habersack, Aktien- und GmbH-Konzernrecht, § 327c AktG Rz. 8.
141 *Habersack* in Emmerich/Habersack, Aktien- und GmbH-Konzernrecht, § 327c AktG Rz. 9; *Fleischer* in Großkomm. AktG, 4. Aufl. 2007, § 327c AktG Rz. 14; *Singhof* in Spindler/Stilz, § 327c AktG Rz. 7.

soll verhindert werden, dass die Minderheitsaktionäre ihr Anteilseigentum im Austausch gegen einen unbesicherten schuldrechtlichen Barabfindungsanspruch verlieren. Gleichzeitig macht die Gewährleistungserklärung besondere Anforderungen an die Person des Hauptaktionärs (z.B. Inlandssitz) entbehrlich[142].

Die Gewährleistungserklärung muss von einem **Kreditinstitut** i.S.d. § 1 Abs. 1 KWG mit Geschäftserlaubnis im Inland (§ 32 KWG) abgegeben werden. **Konzernrechtliche Verbundenheit** mit dem Hauptaktionär schadet nicht[143]; denn durch die Anforderungen an die Eigenschaft des Kreditinstituts ist die Sicherstellung der Barabfindung hinreichend gewährleistet. Inhaltlich muss die Erklärung ein eigenes, einseitiges **Zahlungsversprechen** für den Fall begründen, dass der Hauptaktionär die von ihm geschuldete Barabfindung nicht oder nicht rechtzeitig (nämlich unverzüglich nach Eintragung des Squeeze out-Beschlusses) zahlt. In Betracht kommen vor allem Garantie, Schuldbeitritt, Bürgschaft oder abstraktes Schuldanerkenntnis, und zwar grundsätzlich als **echter Vertrag zugunsten Dritter** i.S.d. § 328 BGB[144]. Die Stellung von Sicherheiten oder die Abgabe einer Finanzierungsbestätigung reicht nicht aus. Vorbehalte im Hinblick auf die Gewährleistung sind nur zulässig, soweit sie sich aus dem Schuldverhältnis zwischen Haupt- und Minderheitsaktionär ergeben. Weitere Bedingungen wie z.B. die Einrede der Vorausklage oder Befristungen sind unzulässig. Umgekehrt muss die Gewährleistungserklärung keine Pflicht zur Zahlung auf erstes Anfordern vorsehen[145]. Die Gewährleistungserklärung muss ferner sämtliche Minderheitsaktionäre einschließen, namentlich auch die Gesellschaft im Hinblick auf eigene Aktien sowie etwaige Bezugsberechtigte (vgl. Rz. 64.65).

64.49

Betragsmäßig muss die Gewährleistung die vom Hauptaktionär im Übertragungsbeschluss festgelegte Barabfindung umfassen. Zinsen nach § 327b Abs. 2 AktG sowie etwaige Erhöhungen der Barabfindung im Spruchverfahren müssen nicht von der Garantie umfasst sein[146], wohl aber Erhöhungen der Barabfindung im Vorfeld der Hauptversammlung[147]. Die Aufnahme eines Höchstbetrags ist unschädlich, solange dieser die Barabfindung für sämtliche Minderheitsaktionäre deckt[148].

64.50

Die Erklärung ist nach § 327b Abs. 3 AktG **vor Einberufung der Hauptversammlung** in der Form, in der sie ausgestellt wurde, an den Vorstand zu übermitteln. Die Übermittlung kann auch direkt durch das Kreditinstitut erfolgen. Eine bestimmte Form schreiben die §§ 327a ff. AktG nicht vor; zu Beweis-

64.51

---

142 *Habersack* in Emmerich/Habersack, Aktien- und GmbH-Konzernrecht, § 327a AktG Rz. 14; *Hüffer/Koch*, § 327a AktG Rz. 10; *Fleischer* in Großkomm. AktG, 4. Aufl. 2007, § 327a AktG Rz. 12.
143 LG München I v. 14.8.2003 – 5 HK O 13413/03, ZIP 2004, 167, 169; offen gelassen vom OLG Stuttgart v. 1.12.2008 – 20 W 12/08, AG 2009, 204, 208; *Habersack* in Emmerich/Habersack, Aktien- und GmbH-Konzernrecht, § 327b AktG Rz. 11; *Grunewald* in MünchKomm. AktG, 5. Aufl. 2021, § 327b AktG Rz. 16; enger und nur Minderheitsbeteiligungen als unschädlich bezeichnet *Hüffer/Koch*, § 327b AktG Rz. 12.
144 Von einem direkten Anspruch spricht Begr. RegE, BT-Drucks. 14/7034, S. 72; *Grunewald* in MünchKomm. AktG, 5. Aufl. 2021, § 327b AktG Rz. 17, 19; *Schnorbus* in K. Schmidt/Lutter, § 327b AktG Rz. 31; *Hüffer/Koch*, § 327b AktG Rz. 12.
145 BGH v. 22.3.2011 – II ZR 229/09, BGHZ 189, 32, 40 = AG 2011, 518, 520; *Habersack* in Emmerich/Habersack, Aktien- und GmbH-Konzernrecht, § 327b AktG Rz. 12; *Singhof* in Spindler/Stilz, § 327b AktG Rz. 11.
146 BGH v. 16.3.2009 – II ZR 302/06, BGHZ 180, 154, 167 Tz. 28; BGH v. 25.10.2005 – II ZR 327/03, ZIP 2005, 2107, 2108 = AG 2005, 921; OLG Düsseldorf v. 29.6.2005 – 15 W 38/05, AG 2005, 654, 655 f.; *Schnorbus* in K. Schmidt/Lutter, § 327b AktG Rz. 38; *Grunewald* in MünchKomm. AktG, 5. Aufl. 2021, § 327b AktG Rz. 21 m.w.N.; a.A. im Hinblick auf die Zinsen *Singhof* in Spindler/Stilz, § 327b AktG Rz. 13.
147 Für Deckung auch der Erhöhung in der Hauptversammlung *Singhof* in Spindler/Stilz, § 327b AktG Rz. 12; *Habersack* in Emmerich/Habersack, Aktien- und GmbH-Konzernrecht, § 327b AktG Rz. 15.
148 *Habersack* in Emmerich/Habersack, Aktien- und GmbH-Konzernrecht, § 327b AktG Rz. 15; *Schnorbus* in K. Schmidt/Lutter, § 327b AktG Rz. 37; *Dißars/Kocher*, NZG 2004, 856, 857; a.A. LG Frankfurt v. 9.3.2004 – 3/5 O 107/03, NZG 2004, 672, 674 f.

zwecken empfiehlt sich aber Schrift- bzw. Textform[149]. Ohne Gewährleistungserklärung darf der Vorstand die Hauptversammlung nicht einberufen[150]. Beruft der Vorstand gleichwohl eine Hauptversammlung ein, macht er sich ggf. schadensersatzpflichtig (§ 93 Abs. 2 AktG). Ein Schaden kann der Gesellschaft durch unnötige Aufwendungen für die Vorbereitung der Hauptversammlung entstehen. Bei Fassung des Übertragungsbeschlusses im Rahmen einer ordentlichen Hauptversammlung ist das Schadenspotenzial jedoch gering. Beruft der Vorstand die Hauptversammlung trotz fehlender Gewährleistungserklärung ein, ist ein Übertragungsbeschluss jedenfalls dann nicht anfechtbar, wenn die Gewährleistungserklärung bei Beschlussfassung vorliegt[151]. Das ergibt sich daraus, dass die Gewährleistungserklärung nicht zu den nach § 327c AktG gegenüber den Aktionären vor Durchführung der Hauptversammlung vorzulegenden Unterlagen gehört. Empfehlenswert ist eine Einberufung bei Fehlen der Gewährleistungserklärung dennoch nicht. Sie kommt allenfalls in Betracht, wenn die Verschiebung der Hauptversammlung im Fall von technischen Verzögerungen bei der Erstellung der Gewährleistungserklärung vermieden werden soll. Sofern der Hauptaktionär die Barabfindung vor oder in der Hauptversammlung – zulässigerweise (vgl. Rz. 64.29) – erhöht, ist es aber ausreichend, dass der Erhöhungsbetrag ab dem Zeitpunkt der Erhöhung gewährleistet wird. Dementsprechend ist es zulässig, betragsmäßig begrenzte Höchstbetragserklärungen nachträglich zu erhöhen, sofern die ergänzte Gewährleistungserklärung nur zuvor dem Vorstand übermittelt wurde. Dasselbe gilt, wenn die Barabfindung erst in der Hauptversammlung erhöht wird. In diesem Fall reicht es aus, wenn die erweiterte Gewährleistung bis zur Eintragung vorliegt[152].

64.52 Die Kosten der Gewährleistungserklärung sind vom Hauptaktionär zu tragen, da der Squeeze out jedenfalls primär in seinem Interesse liegt. Eine Übernahme der Kosten durch die Gesellschaft ist lediglich im Vertragskonzern zulässig. Im faktischen Konzern würde die **Übernahme der Kosten** für die Gewährleistungserklärung durch die Gesellschaft indessen nach § 57 AktG und § 311 AktG unzulässig sein, soweit der Kostenübernahme nicht objektiv feststellbare und bezifferbare Vorteile gegenüberstehen[153].

8. Hauptversammlung

a) Überblick

64.53 Der Squeeze out kann entweder in die ordentliche Hauptversammlung eingebettet oder im Rahmen einer hierfür anberaumten außerordentlichen Hauptversammlung beschlossen werden. Dabei sind stets die allgemeinen Anforderungen an die Einberufung und Durchführung von Hauptversammlungen zu beachten (vgl. § 33). § 327c AktG und § 327d AktG enthalten zusätzliche Anforderungen. Im Hinblick darauf, dass Squeeze out-Beschlüsse oft im Wege der Anfechtungsklage oder des Spruchverfahrens angegriffen werden, empfiehlt sich eine frühzeitige und sorgfältige Vorbereitung durch den Hauptaktionär und die Gesellschaft.

---

149 So auch *Austmann* in MünchHdb. AG, § 75 Rz. 63; *Habersack* in Emmerich/Habersack, Aktien- und GmbH-Konzernrecht, § 327b AktG Rz. 12; *Schnorbus* in K. Schmidt/Lutter, § 327b AktG Rz. 39; *Singhof* in Spindler/Stilz, § 327b AktG Rz. 15.
150 *Habersack* in Emmerich/Habersack, Aktien- und GmbH-Konzernrecht, § 327b AktG Rz. 14; *Fleischer* in Großkomm. AktG, 4. Aufl. 2007, § 327b AktG Rz. 52.
151 *Habersack* in Emmerich/Habersack, Aktien- und GmbH-Konzernrecht, § 327b AktG Rz. 14; *Fleischer* in Großkomm. AktG, 4. Aufl. 2007, § 327b AktG Rz. 52; *Schnorbus* in K. Schmidt/Lutter, § 327b AktG Rz. 43; *Singhof* in Spindler/Stilz, § 327b AktG Rz. 16; für Nachreichbarkeit bis zur Eintragung *Grunewald* in MünchKomm. AktG, 5. Aufl. 2021, § 327b AktG Rz. 22.
152 *Habersack* in Emmerich/Habersack, Aktien- und GmbH-Konzernrecht, § 327b AktG Rz. 14; zust. *Singhof* in Spindler/Stilz, § 327b AktG Rz. 16; *Schnorbus* in K. Schmidt/Lutter, § 327b AktG Rz. 44.
153 BGH v. 31.5.2011 – II ZR 141/09, BGHZ 190, 7 = AG 2011, 548; *Habersack* in Emmerich/Habersack, Aktien- und GmbH-Konzernrecht, § 327b AktG Rz. 13.

b) Vorbereitung

64.54 Die Squeeze out-spezifischen Vorbereitungsmaßnahmen treffen in erster Linie den Hauptaktionär, wenngleich der Vorstand der Gesellschaft für die ordnungsgemäße Einberufung und Durchführung der Hauptversammlung verantwortlich ist. Der Hauptaktionär hat insbesondere die Unternehmensbewertung durchzuführen, den Übertragungsbericht zu erstellen, für die gerichtliche Bestellung des sachverständigen Prüfers zu sorgen und die Gewährleistungserklärung des Kreditinstituts beizubringen.

64.55 Den Vorstand trifft vor allem die Pflicht, dem Hauptaktionär und dem sachverständigen Prüfer die für die Bemessung der Barabfindung erforderlichen Informationen zu erteilen. Daneben muss er die Hauptversammlung vorbereiten, d.h. Tagungsräume anmieten, die Einladung erstellen, Meldepflichten erfüllen etc. Schließlich bleibt der Vorstand unabhängig davon, dass der Squeeze out auf Betreiben des Mehrheitsaktionärs erfolgt, nach § 131 AktG auskunftsverpflichtet[154]. Gerade bei Squeeze out-Beschlüssen empfiehlt sich eine sorgfältige Vorbereitung auf mögliche Aktionärsfragen. Dies geschieht üblicherweise durch die Erstellung von sog. **Q&A-Katalogen**, in der mögliche Aktionärsfragen bereits im Vorfeld antizipiert und Antworten auf diese Fragen entworfen werden. Erfahrungsgemäß sollte ein Q&A-Katalog mindestens folgende Themenbereiche abdecken: Allgemeines zum Squeeze out (Voraussetzungen, Rechtsfolgen etc.); Vorliegen der Voraussetzungen im konkreten Fall (Aktienbesitz, Zurechnung), Verfahren des Squeeze out und jeweilige Zeitpunkte (Übertragungsverlangen, Ad-hoc-Mitteilung, Bestellung des Prüfers, konkretisiertes Übertragungsverlangen, weitere Ad-hoc-Mitteilung, Beschlussfassungen der Leitungsorgane, etc.), Beweggründe für den Squeeze out (empfehlenswert, aber nicht erforderlich, siehe Rz. 64.45), Bewertungsfragen (Methodik, angewandte Parameter wie z.B. Zinssätze, zugrunde gelegte Planungen und Annahmen), Börsenkurs der Aktien, gerichtlich bestellter Prüfer (Unabhängigkeit, Vorgehen) und Prüfungsergebnisse, Fragen zu Barabfindung und Spruchverfahren, Gewährleistungserklärung des Kreditinstituts, Folgen des Squeeze out für die Aktionäre und die Gesellschaft sowie Steuern.

64.56 Die Einberufung der Hauptversammlung erfolgt durch den Vorstand[155]. Dieser ist grundsätzlich zur Einberufung verpflichtet. Der Hauptaktionär kann die Einberufung unter den Voraussetzungen des § 122 AktG verlangen und sich ggf. vom zuständigen Amtsgericht zur Einberufung ermächtigen lassen[156]. Es empfiehlt sich jedenfalls seitens des Vorstands der Gesellschaft, den Termin der Hauptversammlung frühzeitig mit dem Hauptaktionär abzustimmen. Unabhängig davon kann und darf der Vorstand die Hauptversammlung erst einberufen, wenn alle hierfür erforderlichen Voraussetzungen vorliegen[157]. Der Vorstand ist deshalb erst zur Einberufung der Hauptversammlung verpflichtet, wenn der Hauptaktionär das Übertragungsverlangen gestellt, die Barabfindung festgelegt und die Gewährleistungserklärung beigebracht hat. Ferner müssen die nach § 327c Abs. 3 AktG ab Einberufung der Hauptversammlung auszulegenden Unterlagen fertiggestellt sein, also vor allem der Übertragungsbericht und der Bericht des sachverständigen Prüfers. Schließlich müssen die allgemeinen Unterlagen für die Hauptversammlung vorbereitet sein, insbesondere die **Einberufungsbekanntmachung** mit Tagesordnung. Diese hat die **Angaben nach § 327c Abs. 1 AktG** zu enthalten. Nach Nr. 1 sind das zunächst Angaben zur Identität des Hauptaktionärs d.h. bei Kaufleuten Name (einschließlich Rechtsformzusatz) und Sitz, bei natürlichen Personen Name und Adresse, d.h. Wohnort, Straße und Haus-

---

154 *Habersack* in Emmerich/Habersack, Aktien- und GmbH-Konzernrecht, § 327d AktG Rz. 5; *Fleischer* in Großkomm. AktG, 4. Aufl. 2007, § 327d AktG Rz. 10 f.; *Schnorbus* in K. Schmidt/Lutter, § 327d AktG Rz. 7.
155 § 121 Abs. 2 AktG, vgl. auch *Hüffer/Koch*, § 327a AktG Rz. 11; *Habersack* in Emmerich/Habersack, Aktien- und GmbH-Konzernrecht, § 327a AktG Rz. 20.
156 *Fleischer* in Großkomm. AktG, 4. Aufl. 2007, § 327a AktG Rz. 62; *Grunewald* in MünchKomm. AktG, 5. Aufl. 2021, § 327a AktG Rz. 12; *Habersack* in Emmerich/Habersack, Aktien- und GmbH-Konzernrecht, § 327a AktG Rz. 20.
157 Dies ergibt sich daraus, dass der Vorstand zunächst das Vorliegen der Voraussetzungen zu prüfen hat, vgl. *Austmann* in MünchHdb. AG, § 75 Rz. 37; *Singhof* in Spindler/Stilz, § 327a AktG Rz. 19.

nummer[158]. Nr. 2 fordert ferner die Angabe der vom Hauptaktionär festgelegten Barabfindung, d.h. der Betrag, der pro Aktie einer bestimmten Gattung gezahlt werden soll.

64.57 Im Zusammenhang mit der Einberufung der Hauptversammlung ist zu beachten, dass **Vorstand** und **Aufsichtsrat** nach § 124 Abs. 3 AktG einen **Vorschlag zur Beschlussfassung** des Squeeze out zu machen haben. Die in diesem Zusammenhang zu beachtenden Fristen für die **Einberufung des Aufsichtsrats** sind bei der Zeitplanung zu berücksichtigen; insbesondere der Barabfindungsbetrag muss praktisch spätestens im Zeitpunkt der Beschlussfassung von Vorstand und Aufsichtsrat feststehen, da diese nur so in der Lage sind, sich eine Meinung über den Squeeze out zu bilden und einen entsprechenden Beschlussvorschlag für die Hauptversammlung zu fassen. **Vorstand** und **Aufsichtsrat** sind **nicht verpflichtet**, der Hauptversammlung die **Annahme des Übertragungsbeschlusses vorzuschlagen**. Vielmehr haben sie ihre Entscheidung am Unternehmensinteresse auszurichten[159]. Dabei kann z.B. der Verlust der Börsennotierung gegen die Annahme des Übertragungsbeschlusses sprechen, wenn die Gesellschaft zur Finanzierung (voraussichtlich) auf den Kapitalmarkt angewiesen ist. Allerdings muss der Gesellschaft dann auch trotz der 95 %-Mehrheit des Hauptaktionärs auch tatsächlich der Zugang zur Eigenkapitalfinanzierung am Kapitalmarkt offenstehen.

64.58 Fraglich ist, ob die AG dem Einberufungsverlangen nur folgen darf, wenn der Hauptaktionär die Übernahme der damit verbundenen **Kosten** zugesichert hat. Das ist jedoch nicht der Fall. Zwar erfolgt die Tragung der nicht unerheblichen mit der Hauptversammlung verbundenen Kosten durch die AG auf Veranlassung des Hauptaktionärs sowie in seinem wirtschaftlichen Interesse und stellt somit eine mittelbare Vermögenszuwendung dar[160]. Der Hauptaktionär hat jedoch einen gesetzlichen Anspruch darauf, dass eine Hauptversammlung durchgeführt wird, auf der über den Übertragungsbeschluss abzustimmen ist. Der Vorstand und die AG sind demgegenüber verpflichtet, für eine ordnungsgemäße Durchführung und Einberufung der Hauptversammlung Sorge zu tragen. Leistungen an Aktionäre sind nach § 57 AktG dann nicht verboten, wenn der Aktionär hierauf einen Anspruch hat[161].

c) Einberufung

64.59 Ab dem Zeitpunkt der Einberufung müssen die in § 327c Abs. 3, 4 AktG genannten **Unterlagen** in den Geschäftsräumen der Gesellschaft **ausgelegt** und auf Verlangen jedem Aktionär unverzüglich und kostenlos in Form einer Abschrift übersandt werden. Dazu zählen der Entwurf des Übertragungsbeschlusses, die Jahresabschlüsse und Lageberichte für die letzten drei Geschäftsjahre, der Übertragungsbericht und der Prüfungsbericht. In der Praxis hat es sich eingebürgert, auch die Konzernabschlüsse, die Gewährleistungserklärung und das Übertragungsverlangen zugänglich zu machen. Wenngleich die Aktionäre keinen Anspruch auf Auslegung dieser Unterlagen haben, können sie die dort enthaltenen Informationen grundsätzlich ohne weiteres über ihr Auskunftsrecht in der Hauptversammlung erfragen. § 327c Abs. 5 AktG erlaubt anstelle der Auslegung auch die Veröffentlichung über die Internetseite. Bei börsennotierten Gesellschaften ist die **Veröffentlichung auf der Internetseite** wegen § 124a AktG zwingend. Bei nichtbörsennotierten Gesellschaften kann es dagegen aufgrund der Sensibilität der im Übertragungsbericht enthaltenen Informationen im Einzelfall sinnvoll sein, von einer Veröffentlichung im Internet abzusehen. Unabhängig davon sollte im Hinblick auf mögliche technische Probleme auch bei Veröffentlichung im Internet stets zusätzlich eine Auslegung der erforderlichen Unterlagen in den Geschäftsräumen erfolgen.

---

158 *Hüffer/Koch*, § 327c AktG Rz. 2; *Grunewald* in MünchKomm. AktG, 5. Aufl. 2021, § 327c AktG Rz. 3.
159 *Fleischer* in Großkomm. AktG, 4. Aufl. 2007, § 327a AktG Rz. 60; *Habersack* in Emmerich/Habersack, Aktien- und GmbH-Konzernrecht, § 327a AktG Rz. 20; *Hüffer/Koch*, § 327a AktG Rz. 11b; *Singhof* in Spindler/Stilz, § 327a AktG Rz. 19.
160 Zu diesen beiden Aspekten – Veranlassung und wirtschaftliche Betrachtung – bei der Feststellung des Tatbestands von § 57 AktG siehe BGH v. 31.5.2011 – II ZR 141/09 – Telekom III, AG 2011, 548, 549.
161 Im Ergebnis ebenso *Habersack* in Emmerich/Habersack, Aktien- und GmbH-Konzernrecht, § 327a AktG Rz. 20; *Hüffer/Koch*, § 327a AktG Rz. 11.

Ab der Veröffentlichung der Einberufung kann der Hauptaktionär die von ihm festgelegte **Barabfindung** nicht mehr zum Nachteil der Minderheitsaktionäre **ändern**[162]. Ihm bleibt dann nur noch die Möglichkeit, gegen den Squeeze out-Beschluss zu stimmen, was zwar grundsätzlich zulässig, ohne entsprechenden Grund aber treuwidrig sein wird, weshalb er in diesem Fall vorbehaltlich besonderer Umstände zum Ersatz der Kosten der Hauptversammlung und ihrer Vorbereitung verpflichtet ist[163].

64.60

d) Durchführung und Beschlussfassung

aa) Bei der Durchführung der Hauptversammlung ist neben den allgemeinen Regeln zunächst § 327d AktG zu beachten. Nach dessen Satz 1 sind die in § 327c Abs. 3 AktG genannten Unterlagen auch auf der Hauptversammlung auszulegen. Damit soll den Minderheitsaktionären die Möglichkeit gegeben werden, sich noch auf der Hauptversammlung über den Squeeze out zu informieren[164]. Nach Satz 2 kann der Vorstand dem Hauptaktionär Gelegenheit geben, den Entwurf des Übertragungsbeschlusses und die Bemessung der Barabfindung zu Beginn der Verhandlung mündlich zu erläutern. Eine diesbezügliche Pflicht des Hauptaktionärs besteht allerdings nicht, vielmehr wird dem Hauptaktionär nur eine zusätzliche Möglichkeit gegeben, den Squeeze out oder die Höhe der Barabfindung nochmals zu begründen oder eine vorhandene Begründung zu aktualisieren, da der Squeeze out eine vor allem in seinem Interesse liegende Maßnahme ist[165]. Die Vorschrift darf ferner nicht dahingehend verstanden werden, dass die **Erläuterung des Übertragungsbeschlusses** und der Barabfindung eine freiwillige Maßnahme ist. Vielmehr ist und bleibt es nach allgemeinen Grundsätzen primär Aufgabe des Vorstands, seine Beschlussvorschläge zu erläutern. § 327d Satz 2 AktG eröffnet lediglich die Möglichkeit, dies teilweise dem Hauptaktionär zu überlassen. Entsprechendes gilt für das Auskunftsrecht der Minderheitsaktionäre. Auch hier ist es grundsätzlich alleinige Aufgabe des Vorstands, die erbetenen Auskünfte zu erteilen, solange nicht im Einzelfall Auskunftsverweigerungsrechte bestehen. Der Hauptaktionär ist demgegenüber mangels einer entsprechenden Vorschrift nicht zur Auskunft verpflichtet. Etwaige (freiwillige) Auskünfte des Hauptaktionärs auf Fragen von Minderheitsaktionären kann und muss sich der Vorstand ggf. zu Eigen machen[166].

64.61

bb) Der **Beschluss** der Hauptversammlung wird mangels anderweitiger Vorgaben nach § 133 Abs. 1 AktG mit **einfacher Mehrheit** gefasst. **Vorzugsaktionäre** haben **kein Stimmrecht**, obwohl auch ihre Aktien Gegenstand der Übertragung sind. Der **Hauptaktionär** ist **stimmberechtigt**. Das Erfordernis der nur einfachen Mehrheit kann für den Hauptaktionär dann hilfreich sein, wenn seine Kapitalbeteiligung zum großen Teil aus Vorzugsaktien besteht. Auch ein Sonderbeschluss ist insoweit nicht erforderlich[167]. Für die KGaA folgt aus § 327a Abs. 1 Satz 2 AktG, dass eine Zustimmung der Komplementäre ebenfalls nicht erforderlich ist. Die Voraussetzungen des § 136 AktG liegen nicht vor. Materielle Bedeutung im Sinne einer „Hürde" für den Squeeze out kommt dem Beschlusserfordernis somit prak-

64.62

---

162 *Habersack* in Emmerich/Habersack, Aktien- und GmbH-Konzernrecht, § 327b AktG Rz. 4; *Hüffer/Koch*, § 327b AktG Rz. 8.
163 Gegen die Treuwidrigkeit eines solchen Verhaltens *Schnorbus* in K. Schmidt/Lutter, § 327b AktG Rz. 10; *Koppensteiner* in KölnKomm. AktG, 3. Aufl. 2004, § 327b AktG Rz. 4.
164 *Habersack* in Emmerich/Habersack, Aktien- und GmbH-Konzernrecht, § 327d AktG Rz. 1; *Schnorbus* in K. Schmidt/Lutter, § 327d AktG Rz. 1.
165 *Habersack* in Emmerich/Habersack, Aktien- und GmbH-Konzernrecht, § 327d AktG Rz. 3; *Singhof* in Spindler/Stilz, § 327d AktG Rz. 3 f.
166 *Koppensteiner* in KölnKomm. AktG, 3. Aufl. 2004, § 327d AktG Rz. 8; *Habersack* in Emmerich/Habersack, Aktien- und GmbH-Konzernrecht, § 327d AktG Rz. 5; *Singhof* in Spindler/Stilz, § 327d AktG Rz. 5.
167 OLG Düsseldorf v. 14.1.2005 – 16 U 59/04, AG 2005, 293, 298; LG Bochum v. 7.12.2004 – 12 O 136/04, AG 2005, 738, 740; *Fleischer* in Großkomm. AktG, 4. Aufl. 2007, § 327a AktG Rz. 69; *Habersack* in Emmerich/Habersack, Aktien- und GmbH-Konzernrecht, § 327a AktG Rz. 24; *Schnorbus* in K. Schmidt/Lutter, § 327a AktG Rz. 23.

tisch nicht zu. Seine Bedeutung besteht vielmehr in der Eröffnung des aktienrechtlichen Beschlussmängelrechts[168].

9. Anmeldung zum Handelsregister, Eintragung und Rechtsfolgen

a) Anmeldung

64.63 Der Vorstand der Gesellschaft hat den Übertragungsbeschluss in vertretungsberechtigter Zahl zum Handelsregister anzumelden, § 327e Abs. 1 Satz 1 AktG. Zuständig ist das Handelsregister des Amtsgerichts am Sitz der Gesellschaft. Die Anmeldung hat in öffentlich beglaubigter Form und damit über einen Notar zu erfolgen. Ihr sind gemäß § 327e Abs. 1 Satz 2 AktG die Niederschrift des Übertragungsbeschlusses sowie die Anlagen in Ausfertigung oder öffentlich beglaubigter Abschrift beizufügen[169]. Dazu gehören insbesondere der Übertragungsbericht sowie der Prüfungsbericht, ferner nach § 130 Abs. 3 AktG der Einberufungsbeleg. Nach § 327e Abs. 2 AktG i.V.m. § 319 Abs. 5 und 6 AktG hat der Vorstand außerdem eine sog. **Negativerklärung** in Bezug auf Anfechtungs- oder Nichtigkeitsklagen abzugeben. Ohne die Negativerklärung darf die Eintragung nicht erfolgen. Die Einleitung eines Spruchverfahrens hindert die Eintragung demgegenüber nicht. In der Praxis werden bei börsennotierten Gesellschaften Übertragungsbeschlüsse häufig mit der Anfechtungs- oder Nichtigkeitsklage angegriffen, so dass die Eintragung erst nach Durchführung des Anfechtungs- oder Freigabeverfahrens erfolgen kann (dazu unter Rz. 64.68 ff.).

b) Prüfungskompetenz des Handelsregisters

64.64 Das Registergericht hat die Rechtmäßigkeit des Übertragungsbeschlusses in formeller und materieller Hinsicht zu prüfen[170]. In **formeller** Hinsicht wird das Registergericht vor allem das Vorliegen aller erforderlichen Unterlagen prüfen. In **materieller** Hinsicht sind insbesondere das Vorliegen der Kapitalbeteiligung sowie eines ordnungsgemäßen Abfindungsgebots Gegenstand der Prüfung. Die Angemessenheit der Barabfindung gehört demgegenüber aufgrund der Vorrangigkeit des Spruchverfahrens grundsätzlich nicht zur Prüfungskompetenz des Registergerichts[171]. Etwas anderes kann ausnahmsweise gelten, wenn der Hauptaktionär eine vom sachverständigen Prüfer als unangemessen eingestufte Abfindung anbietet[172].

c) Rechtsfolgen der Eintragung

64.65 Mit der Eintragung des Übertragungsbeschlusses gehen die Aktien sämtlicher Minderheitsaktionäre kraft Gesetzes auf den Hauptaktionär über; die **Eintragung** ist mithin **konstitutiv**[173]. Das betrifft zunächst sämtliche Aktien (einschließlich etwaiger **Vorzugsaktien**) der Minderheitsaktionäre, d.h. derjenigen, deren Aktien weder dem Hauptaktionär gehören noch ihm zugerechnet werden[174]. Vom Squeeze out erfasst sind ferner etwaige von der Gesellschaft gehaltene **eigene Aktien**. Auch diese Aktien gehen

---

168 In diese Richtung auch *Hüffer/Koch*, § 327a AktG Rz. 12; *Koppensteiner* in KölnKomm. AktG, 3. Aufl. 2004, § 327a AktG Rz. 18. Zur Frage des Erfordernisses der Beurkundung des Übertragungsbeschlusses, die sich wegen § 130 Abs. 1 Satz 1 AktG freilich bei der börsennotierten AG nicht stellt, *Gotthard/Krengel*, NZG 2016, 1411.
169 *Hüffer/Koch*, § 327e AktG Rz. 2; *Habersack* in Emmerich/Habersack, Aktien- und GmbH-Konzernrecht, § 327e AktG Rz. 2 f.
170 *Austmann* in MünchHdb. AG, § 75 Rz. 83; *Schnorbus* in K. Schmidt/Lutter, § 327e AktG Rz. 3.
171 *Habersack* in Emmerich/Habersack, Aktien- und GmbH-Konzernrecht, § 327e AktG Rz. 4; *Schnorbus* in K. Schmidt/Lutter, § 327e AktG Rz. 3.
172 OLG Bremen v. 16.8.2012 – 2 U 51/12 (AktG), AG 2013, 643, 644 ff.
173 Begr. RegE, BT-Drucks. 14/7034, S. 73; *Hüffer/Koch*, § 327e AktG Rz. 4; *Schnorbus* in K. Schmidt/Lutter, § 327e AktG Rz. 21.
174 *Fleischer* in Großkomm. AktG, 4. Aufl. 2007, § 327b AktG Rz. 24 m.w.N.; *Singhof* in Spindler/Stilz, § 327b AktG Rz. 4.

mit Eintragung des Squeeze out-Beschlusses auf den Hauptaktionär über[175]. Dies erscheint zwar vor dem Hintergrund des § 71b AktG keineswegs als zwingend. Der Übergang der eigenen Aktien dient aber letztlich auch den Interessen des Hauptaktionärs, weil dieser infolge des Übergangs davor geschützt ist, dass die Gesellschaft den Squeeze out durch die Veräußerung eigener Aktien zunichte macht. Schließlich sind auch Bezugsrechte wie z.B. **Wandlungs- oder Optionsrechte** vom Squeeze out erfasst. Derartige Rechte wandeln sich mit Eintragung des Squeeze out nach zutreffender Auffassung analog § 327a Abs. 1 Satz 1 AktG in einen Anspruch auf Barabfindung gegen den Hauptaktionär um[176]. Die Gegenauffassung, wonach die Bezugsrechte den Squeeze out „überleben"[177], überzeugt indessen nicht. Danach stünden die Bezugsberechtigten besser als die Aktionäre; zudem wäre der Erfolg des Squeeze out von vorneherein nur vorübergehender Natur, nämlich bis zu Ausübung der Wandlungs- oder Optionsrechte[178].

Mit der Eintragung des Übertragungsbeschlusses entsteht ferner der Anspruch der Minderheitsaktionäre und Bezugsberechtigten auf Barabfindung, der allerdings bereits ab dem Tag der Hauptversammlung zu verzinsen ist (§ 327b Abs. 1 Satz 2 AktG, fünf Prozentpunkte über dem Basiszinssatz). **Umstritten** ist, ob auch die **Gesellschaft** selbst im Hinblick auf eigene Aktien **abfindungsberechtigt** ist[179]. Dagegen spricht § 71b AktG, wonach der Gesellschaft aus eigenen Aktien „keine Rechte" zustehen und somit auch kein Anspruch auf Barabfindung[180]. Etwaige **Aktienurkunden** verbriefen ab Eintragung des Übertragungsbeschlusses bis zur Aushändigung an den Hauptaktionär nur noch den Anspruch auf Barabfindung, § 327e Abs. 3 Satz 2 AktG[181]. Die Abwicklung erfolgt bei börsennotierten Gesellschaften, deren Aktien von der Clearstream Banking AG girosammelverwahrt werden, mithilfe des Clearstream-Abwicklungsverfahrens. Dabei werden die Miteigentumsanteile an der Globalaktie Zug-um-Zug gegen Buchung der Barabfindung auf den Hauptaktionär übertragen[182].

64.66

Mit dem Verlust der Aktionärseigenschaft verlieren die Aktionäre zugleich ihre **Anfechtungsbefugnis**. Für im Zeitpunkt der Eintragung bereits rechtshängige Anfechtungsklagen bleiben die Minderheitsaktionäre hingegen weiterhin berechtigt, sofern ein rechtliches Interesse an der Fortführung besteht[183]. Dasselbe gilt für Nichtigkeitsklagen. Erweist sich die Anfechtungs- oder Nichtigkeitsklage später als begründet, bleibt der Beschluss gleichwohl bestandskräftig, wenn ein stattgebender Freigabebeschluss vorliegt[184]. Ist das nicht der Fall, bewirkt die Eintragung allein keine Bestandskraft. Stattdessen ist auf

64.67

---

175 So auch *Habersack* in Emmerich/Habersack, Aktien- und GmbH-Konzernrecht, § 327b AktG Rz. 7; *Heidel/Lochner* in Heidel, Aktienrecht und Kapitalmarktrecht, § 327b AktG Rz. 2; a.A. LG München I v. 30.5.2018 – 5 HK 10044/16, BeckRS 2018 18223, Rz. 173; *Fleischer* in Großkomm. AktG, 4. Aufl. 2007, § 327b AktG Rz. 25; § 327e AktG Rz. 44; *Austmann* in MünchHdb. AG, § 75 Rz. 93; *Singhof* in Spindler/Stilz, § 327b AktG Rz. 7; *Schnorbus* in K. Schmidt/Lutter, § 327b AktG Rz. 12.
176 LG Düsseldorf v. 4.3.2004 – 31 O 144/03 – Kamps, ZIP 2004, 1755, 1757; *Arens*, WM 2014, 682; *Fleischer* in Großkomm. AktG, 4. Aufl. 2007, § 327b AktG Rz. 29; *Habersack* in Emmerich/Habersack, Aktien- und GmbH-Konzernrecht, § 327b AktG Rz. 7, jeweils m.w.N.
177 *Schüppen/Tretter* in FrankfurtKomm. WpÜG, § 327e AktG Rz. 33; *Baums*, WM 2001, 1843, 1847 ff.
178 So auch LG Düsseldorf v. 4.3.2004 – 31 O 144/03, ZIP 2004, 1755, 1757; *Hüffer/Koch*, § 327b AktG Rz. 3.
179 Zum Streitstand *Habersack*, in Emmerich/Habersack, Aktien und GmbH-Konzernrecht, § 327b AktG Rz. 6 (befürwortend); *Grunewald*, in MünchKomm, 5. Aufl. 2021, § 327e AktG Rz. 12; *Hüffer/Koch*, § 327e Rz. 4 (ablehnend).
180 Anders noch 3. Aufl., § 62 Rz. 65.
181 Zum Wegfall der Verbriefung des Anspruchs nach Aushändigung der Aktienurkunde vgl. BGH v. 31.1.2017 – II ZR 285/15, AG 2017, 231.
182 *Groß* in Happ/Groß/Möhrle/Vetter, Aktienrecht, 5. Aufl. 2020, Abschn. 21.01, Rz. 16.1.
183 BGH v. 9.10.2006 – II ZR 46/05, BGHZ 169, 221, 225 ff. = ZIP 2006, 2167, 2168 f. = AG 2006, 931; *Fleischer* in Großkomm. AktG, 4. Aufl. 2007, § 327e AktG Rz. 56; *Grunewald* in MünchKomm. AktG, 5. Aufl. 2021, § 327e AktG Rz. 14; *Heidel/Lochner* in Heidel, Aktienrecht und Kapitalmarktrecht, § 327e AktG Rz. 17.
184 *Hüffer/Koch*, § 327e AktG Rz. 5; *Schnorbus* in K. Schmidt/Lutter, § 327e AktG Rz. 34.

die Grundsätze zur fehlerhaften Gesellschaft zurückzugreifen und den Minderheitsaktionären ein Recht auf (ex nunc) Wiederbegründung ihrer Mitgliedschaft gegen den Hauptaktionär zuzugestehen[185]. Im Fall der Nichtigkeit ist weitergehend zu erwägen, den Verlust der Aktionärsstellung ex tunc als nichtig anzusehen. Trägt das Registergericht den Beschluss zu früh ein, kommen neben Anfechtungs- und Nichtigkeitsklage, die in diesem Fall nicht durch die Eintragung gehemmt werden, auch die **Amtslöschung** nach § 395 FamFG in Betracht[186].

10. Rechtsschutz

64.68 Im Hinblick auf die Rechtsschutzmöglichkeiten der Minderheitsaktionäre sieht § 327f AktG ein zweigeteiltes Verfahren vor. Die Unangemessenheit der Barabfindung kann nur im **Spruchverfahren** gerügt werden; das gilt jedenfalls dann, wenn die vom Hauptaktionär angebotene Barabfindung nicht bereits vom sachverständigen Prüfer als unangemessen bewertet wurde[187]. Dasselbe gilt für **Informationspflichtverletzungen** im Zusammenhang mit der Barabfindung, § 243 Abs. 4 Satz 2 AktG. Die Einleitung eines Spruchverfahrens hindert die Eintragung des Übertragungsbeschlusses nicht. Für das Verfahren gelten die allgemeinen Regeln (dazu im Einzelnen Rz. 40.9). Antragsberechtigt ist gemäß § 3 Nr. 2 SpruchG jeder Aktionär und nach hier vertretener Auffassung auch der Inhaber von Wandlungs- oder Optionsrechten (vgl. Rz. 64.65).

64.69 Im Übrigen, d.h. hinsichtlich aller nicht die Höhe der Barabfindung betreffenden Rügen, steht den Minderheitsaktionären die Erhebung der Anfechtungs- und der Nichtigkeitsklage offen. Die rechtzeitige Erhebung dieser Klagen begründet eine Registersperre. Die wichtigsten **Nichtigkeits- und Anfechtungsgründe** lassen sich wie folgt zusammenfassen: Nichtig ist der Beschluss vor allem bei Fehlen der erforderlichen Kapitalmehrheit[188]. Darüber hinaus gehen Teile der Literatur[189] auch bei **Rechtsmissbrauch** von Nichtigkeit aus; die wohl h.L.[190] scheint demgegenüber nur Anfechtbarkeit anzunehmen. Geht man mit dem BGH[191] davon aus, dass ein rechtsmissbräuchlicher Squeeze out nur in eng begrenzten Fallkonstellationen anzunehmen ist, spricht allerdings viel dafür, in diesen Fällen von einem Nichtigkeitsgrund auszugehen. Der BGH scheint indes von Anfechtbarkeit auszugehen[192]. Bedeutung hat dieser Streit für die Frage der Klage- bzw. Anfechtungsfrist. Zur Anfechtbarkeit führen – neben den allgemein zu beachtenden Anfechtungsgründen wie z.B. Einberufungsmängel und Auskunftspflichtverstöße (jenseits von § 243 Abs. 4 Satz 2 AktG) – insbesondere folgende Mängel: Fehlen-

---

185 *Schnorbus* in K. Schmidt/Lutter, § 327e AktG Rz. 33; *Hüffer/Koch*, § 327e AktG Rz. 5; wohl auch BGH v. 22.3.2011 – II ZR 229/09, BGHZ 189, 32, 42 f. = AG 2011, 518; *Müller-Eising/Stoll*, GWR 2011, 349 halten deshalb auch nach Eintragung ein Freigabeverfahren möglich, um die Bestandskraftwirkungen des § 320 Abs. 6 AktG zu erreichen.
186 *Habersack* in Emmerich/Habersack, Aktien- und GmbH-Konzernrecht, § 327e AktG Rz. 8; *Hüffer/Koch*, § 327e AktG Rz. 3; vgl. auch BVerfG v. 9.12.2009 – 1 BvR 1542/06, AG 2010, 160, 161 mit dem Hinweis, dass § 395 FamFG nicht hinter § 398 FamFG zurücktritt; a.A. zur Vorgängervorschrift OLG Düsseldorf v. 22.6.2004 – 3 Wx 44/04, AG 2004, 676, 677; ebenso *Schnorbus* in K. Schmidt/Lutter, § 327e AktG Rz. 35, nach dem allerdings bei einer verfrühten Eintragung gar keine Amtslöschung in Betracht kommt, da es sich lediglich um einen Verfahrensfehler handelt.
187 Vgl. OLG Bremen v. 16.8.2012 – 2 U 51/12 (AktG), AG 2013, 643 ff.
188 *Hüffer/Koch*, § 327a AktG Rz. 19; *Habersack* in Emmerich/Habersack, Aktien- und GmbH-Konzernrecht, § 327a AktG Rz. 18, jeweils m.w.N.
189 *Baums*, WM 2001, 1843, 1847; a.A. *Schäfer/Dette*, NZG 2009, 1, 7, die einen Schadensersatzanspruch auf Naturalrestitution gegen den Hauptaktionär befürworten.
190 Für Anfechtbarkeit auch *Habersack* in Emmerich/Habersack, Aktien- und GmbH-Konzernrecht, § 327a AktG Rz. 27; *Hüffer/Koch*, § 327a AktG Rz. 21; *Grunewald* in MünchKomm. AktG, 5. Aufl. 2021, § 327a AktG Rz. 18; *Austmann* in MünchHdb. AG, § 75 Rz. 133.
191 BGH v. 16.3.2009 – II ZR 302/06, BGHZ 180, 154 ff. = ZIP 2009, 908 ff. = AG 2009, 441.
192 BGH v. 16.3.2009 – II ZR 302/06, BGHZ 180, 154, 160 = ZIP 2009, 908, 910 = AG 2009, 441.

des oder unwirksames Übertragungsverlangen[193]; fehlende Bankgarantie[194]; fehlender oder unvollständiger Übertragungs- oder Prüfungsbericht (nicht hingegen inhaltlich fehlerhafte Berichte)[195]; Fehler bei der Bekanntmachung der Tagesordnung, insbesondere Fehlen von Angaben nach § 327c AktG[196]; Herabsetzung der Barabfindung nach Bekanntmachung der Tagesordnung[197]; Verstöße gegen Auslegungspflichten nach §§ 327c und 327d AktG[198] sowie inhaltliche Beschlussmängel wie z.B. die Aufnahme einer Anrechnungsklausel für Dividenden[199]. Die Anfechtung setzt jeweils die Relevanz des Verstoßes voraus. Diese beurteilt sich nach den allgemeinen Regeln[200]. Dagegen kann die Anfechtung von vorneherein nicht auf § 243 Abs. 2 AktG[201] oder eine fehlerhafte Prüferauswahl[202] gestützt werden.

Im Fall einer Anfechtungsklage kann nach § 327e Abs. 2 i.V.m. § 319 Abs. 6 AktG das **Freigabeverfahren** beantragt werden (siehe dazu im Einzelnen Rz. 39.171 ff.)[203]. Antragsberechtigt ist nach allgemeinen Regeln die Gesellschaft, vertreten durch den Vorstand, nicht der Hauptaktionär[204]. Der Vorstand hat nach pflichtgemäßem Ermessen und damit am Maßstab des Gesellschaftsinteresses über die Beantragung zu entscheiden, was in der unverbundenen oder faktisch konzernierten AG unter Umständen auch eine **Kostenübernahme und Haftungsfreistellung** durch den Hauptaktionär voraussetzen kann[205]. Anders als bei der Durchführung einer Hauptversammlung hat der Hauptaktionär keinen

64.70

---

193 *Habersack* in Emmerich/Habersack, Aktien- und GmbH-Konzernrecht, § 327a AktG Rz. 19; *Grunewald* in MünchKomm. AktG, 5. Aufl. 2021, § 327a AktG Rz. 11; *Singhof* in Spindler/Stilz, § 327a AktG Rz. 19; vgl. auch OLG Köln v. 6.10.2003 – 18 W 36/03, Der Konzern 2004, 30, 32 f., wonach es an der Relevanz dieses Mangels für die Beschlussfassung fehlen kann, a.A. insoweit *Koppensteiner* in KölnKomm. AktG, 3. Aufl. 2004, § 327a AktG Rz. 14.
194 OLG Frankfurt v. 19.7.2005 – 5 U 134/04, AG 2005, 657, 658; *Hüffer/Koch*, § 327b AktG Rz. 11; *Schnorbus* in K. Schmidt/Lutter, § 327b AktG Rz. 43; *Grunewald* in MünchKomm. AktG, 5. Aufl. 2021, § 327b AktG Rz. 22; für Nichtigkeit hingegen *Heidel/Lochner* in Heidel, Aktienrecht und Kapitalmarktrecht, § 327b AktG Rz. 14.
195 OLG Köln v. 26.8.2004 – 18 U 48/04, NZG 2005, 931, 933; OLG Stuttgart v. 1.12.2008 – 20 W 12/08, AG 2009, 204, 208 f.; LG München I v. 28.8.2008 – 5 HKO 2522/08, AG 2008, 904, 907 f.; *Habersack* in Emmerich/Habersack, Aktien- und GmbH-Konzernrecht, § 327c AktG Rz. 7, 13, § 327f AktG Rz. 4; *Singhof* in Spindler/Stilz, § 327c AktG Rz. 5, 10; *Schnorbus* in K. Schmidt/Lutter, § 327c AktG Rz. 10, 20.
196 *Habersack* in Emmerich/Habersack, Aktien- und GmbH-Konzernrecht, § 327c AktG Rz. 4; *Schnorbus* in K. Schmidt/Lutter, § 327c AktG Rz. 2; *Singhof* in Spindler/Stilz, § 327c AktG Rz. 2; alle mit dem Hinweis, dass die Voraussetzungen des § 243 Abs. 4 AktG gegeben sein müssen.
197 *Grunewald* in MünchKomm. AktG, 5. Aufl. 2021, § 327b AktG Rz. 8; *Singhof* in Spindler/Stilz, § 327b AktG Rz. 3.
198 *Fleischer* in Großkomm. AktG, 4. Aufl. 2007, § 327c AktG Rz. 56, 61, zweifelnd für den Verstoß gegen § 327d Abs. 1 AktG bei § 327d AktG Rz. 2; *Grunewald* in MünchKomm. AktG, 5. Aufl. 2021, § 327c AktG Rz. 18, 20; *Habersack* in Emmerich/Habersack, Aktien- und GmbH-Konzernrecht, § 327c AktG Rz. 14, 15, § 327d AktG Rz. 1; *Schnorbus* in K. Schmidt/Lutter, § 327c AktG Rz. 31.
199 OLG Hamburg v. 11.4.2003 – 11 U 215/02, NZG 2003, 529, 540 f. = AG 2003, 441; *Schnorbus* in K. Schmidt/Lutter, § 327b AktG Rz. 7.
200 Vgl. *Fleischer* in Großkomm. AktG, 4. Aufl. 2007, § 327f AktG Rz. 7; *Schnorbus* in K. Schmidt/Lutter, § 327f AktG Rz. 2.
201 § 327f Satz 1 AktG; BGH v. 16.3.2009 – II ZR 302/06, BGHZ 180, 154, 164 = ZIP 2009, 908, 911 = AG 2009, 441; *Hüffer/Koch*, § 327f AktG Rz. 2.
202 *Schnorbus* in K. Schmidt/Lutter, § 327c AktG Rz. 20; eingehend zu der Problematik *Baßler*, AG 2006, 487 ff.
203 Siehe zum Freigabeverfahren auch *Merkner/Sustmann*, CFL 2011, 65.
204 *Müller-Eising/Stoll*, GWR 2011, 349; *Grunewald* in MünchKomm. AktG, 5. Aufl. 2021, § 327e AktG Rz. 7; *Holzborn/Müller* in Bürgers/Körber/Lieder, § 327e AktG Rz. 2; *Fleischer* in Großkomm. AktG, 4. Aufl. 2007, § 327e AktG Rz. 17; *Singhof* in Spindler/Stilz, § 327e AktG Rz. 6; a.A. *Koppensteiner* in KölnKomm. AktG, 3. Aufl. 2004, § 327e AktG Rz. 5; *Grzimek* in Angerer/Geibel/Süßmann, WpÜG, § 327e AktG Rz. 12; wohl auch *Krieger*, BB 2002, 53, 60.
205 *Grunewald* in MünchKomm. AktG, 5. Aufl. 2021, § 327e AktG Rz. 8; *Holzborn/Müller* in Bürgers/Körber/Lieder, § 327e AktG Rz. 5; *Singhof* in Spindler/Stilz, § 327e AktG Rz. 6.

Anspruch darauf, dass die AG einen Freigabeantrag stellt. Wird das Freigabeverfahren durchgeführt, sind bei der Abwägung nach § 320 Abs. 6 Satz 3 Nr. 3 AktG dagegen neben den Interessen der Gesellschaft auch die Interessen des Hauptaktionärs am alsbaldigen Wirksamwerden des Beschlusses zu berücksichtigen[206]. Das bloße Interesse am Wirksamwerden des Squeeze out lässt die **Interessenabwägung** allerdings noch nicht zugunsten des Hauptaktionärs ausfallen. Vielmehr müssen besondere Gründe hinzukommen[207], wie z.B. eine geplante (umfassende) Umstrukturierung[208] oder sonstige erhebliche Nachteile, die der AG oder dem Hauptaktionär bei Verzögerung drohen. Praktisch bedeutsamer dürfte vor diesem Hintergrund die **offensichtliche Unbegründetheit** der Klage sein (§ 320 Abs. 3 Satz 3 Nr. 1 AktG). Offensichtliche Unbegründetheit setzt voraus, dass das Gericht hinsichtlich einer Rechtsfrage zu einem eindeutigen Ergebnis kommen kann und eine andere Entscheidung nicht oder kaum vertretbar ist. Das Gericht hat dabei die Rechtsfrage vollständig und nicht nur kursorisch zu prüfen[209]. Von offensichtlicher Unbegründetheit ist auszugehen, wenn die Rechtsfrage bereits höchstrichterlich entschieden ist; ein Umkehrschluss ist indessen nicht angezeigt[210]. Sofern ein Freigabebeschluss ergeht, die Klage sich aber in Nachhinein als zulässig und begründet erweist, ist die Gesellschaft[211] den Minderheitsaktionären zum Schadensersatz verpflichtet (vgl. § 327e Abs. 2, § 319 Abs. 6 Satz 8 AktG); sie sollte daher für diesen Fall vom Hauptaktionär eine Freistellungserklärung einholen[212]. Im Übrigen ist die Beseitigung der Eintragung nach § 319 Abs. 6 Satz 11 AktG ausgeschlossen[213].

11. Sonstiges

64.71 Mit Eintragung des Übertragungsbeschlusses wird der Hauptaktionär zum Alleinaktionär. Dies ist nach § 42 **AktG** mit den dort vorgesehenen Angaben dem Handelsregister des Sitzes der Gesellschaft zu **melden**. Grundsätzlich geht mit der Eintragung des Übertragungsbeschlusses auch eine Änderung der mit den zugelassenen Wertpapieren verbundenen Rechte i.S.d. § 50 Abs. 1 Nr. 1 WpHG einher, was entsprechend von der Gesellschaft zu veröffentlichen wäre. Die BaFin sieht die Eintragung eines Übertragungsbeschlusses gleichwohl nicht als veröffentlichungspflichtig an, da sich die Rechtsfolgen kraft Gesetzes ergeben.[214]

64.72 Der Übergang sämtlicher Aktien auf den Alleinaktionär führt schließlich dazu, dass es keinen Streubesitz mehr gibt. Damit entfällt eine wesentliche Voraussetzung für die Börsenzulassung nach den relevanten Börsenordnungen, so dass die Börsen, an denen die Aktien der Gesellschaft zum Handel zugelassen sind, bereits von sich aus die **Börsenzulassung zu widerrufen** haben (dazu auch Rz. 63.9 ff.). Um den Prozess zu beschleunigen, kann es jedoch hilfreich sein, dass die Gesellschaft einen Antrag auf Widerruf der Börsenzulassung nach § 39 Abs. 2 BörsG stellt. Angesichts der Vereinigung aller Aktien beim Hauptaktionär ist das weitere Verfahren grundsätzlich mit keinen zusätzlichen Problemen verbunden.

---

206 *Hüffer/Koch*, § 327e AktG Rz. 3; *Grunewald* in MünchKomm. AktG, 5. Aufl. 2021, § 327e AktG Rz. 8.
207 *Holzborn/Müller* in Bürgers/Körber/Lieder, § 327e AktG Rz. 6; offenbar auch *Grunewald* in MünchKomm. AktG, 5. Aufl. 2021, § 327e AktG Rz. 7; restriktiv auch *Singhof* in Spindler/Stilz, § 327e AktG Rz. 7.
208 So explizit Begr. RegE, BT-Drucks. 14/7034, S. 73.
209 OLG München v. 14.12.2011 – 7 AktG 3/11, AG 2012, 260; *Hüffer/Koch*, § 246a AktG Rz. 17.
210 OLG Hamburg v. 14.6.2012 – 11 AktG 1/12, AG 2012, 639, 640.
211 Vgl. nur *Singhof* in Spindler/Stilz, § 327e AktG Rz. 6; *Grunewald* in MünchKomm. AktG, 5. Aufl. 2021, § 327e AktG Rz. 8, jeweils m.w.N., auch zur Gegenansicht und zum Inhalt des Schadensersatzanspruchs.
212 *Grunewald* in MünchKomm. AktG, 5. Aufl. 2021, § 327e AktG Rz. 8; *Holzborn/Müller* in Bürgers/Körber/Lieder, § 327e AktG Rz. 7; *Singhof* in Spindler/Stilz, § 327e AktG Rz. 6. Das gilt insbesondere mit Blick auf BGH v. 31.5.2011 – II ZR 141/09, BGHZ 190, 7, 12 = AG 2011, 548.
213 Anders insoweit § 12 Abs. 4 Satz 4 FMStBG.
214 Vgl. BaFin, Emittentenleitfaden Modul C v. 25.3.2020, Ziff. II.5.2.2; abl. *Groß* in Happ/Groß/Möhrle/Vetter, Aktienrecht, 5. Aufl. 2020, Abschn. 21.01 Rz. 17.1.

Stichwortverzeichnis

Bearbeiterin: Ass. iur. Stefanie Hörpel

Abfindung
- Angemessenheitsgebot § 13 13.58
- DAT/Altana-Entscheidung § 13 13.14
- Feldmühle-Entscheidung § 13 13.10
- gegen Aktienübernahme § 52 52.10
- Kapitalherabsetzung, Aktieneinziehung § 13 13.49
- Schutz des Anteilseigentums § 13 13.8
- Strukturmaßnahme, Bekanntmachung § 13 13.74
- Vorstandsmitglieder, Aufhebungsvertrag § 22 22.4
- Wertermittlung § 13 13.50

Abfindung – Börsenkurs
- Abweichung vom Verkehrswert § 13 13.87
- Berücksichtigungsgebot § 13 13.15
- Unter-/Überschreiten § 13 13.12

Abfindungsangebot
- Delisting, reguläres § 63 63.38
- Minderheitsaktionäre, Rechtsschutz § 64 64.69
- Prüfungspflicht § 64 64.41
- Spruchverfahren § 40 40.3; s.a. Spruchverfahren
- Squeeze out, Angemessenheit § 64 64.36
- Squeeze out, übernahmerechtlicher § 62 62.343

Abgestimmtes Verhalten
- acting in concert § 18 18.34; s.a. acting in concert
- Meldepflichten, Hinzurechnung v. Anteilen § 18 18.34
- Risikobegrenzungsgesetz § 18 18.36

Abschlussprüfer
- Aufsichtsratsmitgliedschaft § 26 26.16a
- berufsrechtliche Sanktionen § 60 60.253
- Bestellung § 1 1.17c
- Bilanzsitzung, Grundsätze der Berichterstattung § 60 60.191
- Bilanzsitzung, Teilnahme § 60 60.177
- Deutscher Corporate Governance Kodex § 2 2.60
- Dritthaftung § 60 60.239
- Entsprechenserklärung § 2 2.83
- Haftung § 60 60.119, 60.219
- Haftung, Comfort Letter § 10 10.305 ff., 10.328 ff.
- Haftungsbegrenzung § 60 60.229
- Management Letter § 60 60.197
- mündliche Berichterstattung § 60 60.170, 60.191
- Nachtragsprüfung § 57 57.123
- Pflichten § 60 60.201
- Prüfungsgehilfen § 60 60.120, 60.219
- Reformvorhaben § 1 1.44
- Strafbarkeit § 60 60.246
- Teilnahme, Aufsichtsratssitzung § 28 28.45
- Unabhängigkeit § 2 2.62
- Verhältnis z. Aufsichtsrat § 24 24.25
- Wahl, Aufsichtsratsausschuss § 29 29.35

Abschlussprüfer – Bestellung
- als Konzernabschlussprüfer § 60 60.37, 60.54
- Auswahlverfahren § 33 33.27
- Empfehlung d. Prüfungsausschusses § 33 33.27
- EU-AbschlussprüferreformRL § 60 60.8a
- Gemeinschaftsprüfer § 60 60.71
- gerichtliche Bestellung/Ersetzung § 60 60.55
- Kündigung d. Auftrags § 60 60.67
- Nachtragsprüfungen § 60 60.70
- Unabhängigkeit § 60 60.8a
- Vorschlagsrecht d. Aufsichtsrats § 27 27.63
- Wahl § 33 33.27
- Wahlvorschlag § 33 33.27
- Wechsel d. Abschlussprüfers § 33 33.27
- Widerruf d. Auftrags § 60 60.50

Abschlussprüferrichtlinie § 1 1.43
- Corporate Governance § 2 2.60

Accelerated Bookbuilding § 7 7.91
- Bezugsrechtsausschluss, Kapitalerhöhung aus genehmigtem Kapital § 45 45.23

Acting in concert
- ESMA, White List of Activities § 18 18.42a
- Meldepflichten, Hinzurechnung v. Anteilen § 18 18.34
- Übernahmeangebot § 62 62.204

Ad-hoc-Publizität
- Aktualisierung § 15 15.44
- Anlegerschutz § 15 15.4
- Aufschub zur Wahrung der Stabilität des Finanzsystems § 15 15.38

- Aufschub, Voraussetzungen § 15 15.33
- BaFin, Kontrolle § 15 15.25
- Begriff § 15 15.6
- Berichtigung § 15 15.43
- Börsenzulassungsrichtlinie § 15 15.6
- Emittent § 15 15.11; § 17 17.5
- Emittent, unmittelbare Betroffenheit § 15 15.16
- Entsprechenserklärung, Unterlassen § 2 2.98
- Erwerb eigener Aktien § 52 52.64
- Erwerbsangebot, Eintritt v. Veränderungen § 62 62.103
- Erwerbsangebot, Vorerwerbe § 62 62.77
- Finanzinstrumente § 15 15.11; § 17 17.5
- Geltl/Daimler-Entscheidung § 8 8.59a
- Haftung § 15 15.53
- Haftungsumfang, Kursdifferenzschaden § 17 17.26
- Haftungsumfang, Schaden § 17 17.24
- Individualschutz § 15 15.10
- Information d. Kapitalmarkts § 15 15.4
- Informationsweitergabe, an Dritte § 15 15.22
- Institutionenschutz § 15 15.4
- KapInHaG § 17 17.4
- Kapitalerhöhung § 43 43.10
- Kapitalerhöhung aus Gesellschaftsmitteln § 47 47.1
- Kapitalherabsetzung § 48 48.6
- Kapitalmarktpublizitätsrichtlinie § 15 15.7
- konzerninterne Informationsweitergabe § 15 15.18
- Kursmanipulation § 15 15.51
- Marktmissbrauchsrichtlinie § 15 15.8
- Missbrauch zu Werbezwecken § 15 15.47
- Mitarbeiterbeteiligungen § 56 56.63
- Nachholung § 15 15.37
- öffentliches Erwerbsangebot § 62 62.52a
- Ordnungswidrigkeiten § 15 15.49
- Pflichtverletzung § 15 15.49
- Platzierung § 8 8.59
- Primärmarkt § 17 17.1
- Schuldverschreibungen, börsennotierte § 15 15.19
- Sekundärmarkt § 17 17.2
- Sekundärmarktpublizität § 15 15.4
- Selbstbefreiung § 15 15.25
- Squeeze out § 64 64.32
- Stock Options § 55 55.119
- Transparenzgebot § 1 1.35
- Unterlassung, Haftung § 17 17.8, 17.16
- unverzügliche § 15 15.21
- unwahre Informationen § 17 17.10, 17.19
- Verhältnis z. Übernahmeangebot § 62 62.66
- Veröffentlichungsverfahren § 15 15.40
- Zeitpunkt, bei Due Diligence § 10 10.54
- Zulassungswiderruf § 15 15.52
- Zweck § 15 15.4

Ad-hoc-Publizität – Haftung
- Anspruchsberechtigung § 17 17.16
- Ausschluss § 17 17.23
- Beweislast § 17 17.31
- Insolvenz, Rangfolge Schadensersatzansprüche § 17 17.34a
- Kausalität § 17 17.29
- Rechtswidrigkeit § 17 17.12
- subjektive Pflichtwidrigkeit § 17 17.13
- Verjährung § 17 17.35
- Verwaltungsmitglieder § 17 17.36
- Voraussetzungen § 17 17.5
- Vorstand § 23 23.101

AGG *s.a. Gleichbehandlungsgebot*
- Altersgrenze § 21 21.165
- Vorstandsmitglieder § 21 21.162

Agio
- korporativ/schuldrechtlich § 44 44.17, 44.31

Aktien
- Abtretung § 5 5.84
- aktienvertretende Zertifikate § 9 9.38
- anvertraute, Meldepflichten § 18 18.30
- Arbeitnehmeraktien § 45 45.50; § 46 46.12, 46.26, 46.28, 46.33, 46.39; § 52 52.7, 52.23, 52.36
- Arten, Umwandlung § 5 5.41
- Arten, Wahlfreiheit § 5 5.36
- Aufgebotsverfahren § 5 5.90
- Begriff § 5 5.1, 5.34
- beschränkt dingliche Rechte, Bestellung § 5 5.87
- Bezugsaktie § 5 5.14
- Börsenzulassung § 9 9.1
- Börsenzulassung bei Bezugs-/Umtauschrecht § 9 9.37
- Dividendenscheine § 5 5.24
- Druckausstattung § 9 9.31
- eigene *s. Eigene Aktien*
- Eigentumsübertragung § 5 5.80
- Einbeziehung durch Handelsteilnehmer § 12 12.1
- Einziehung § 6 6.46; § 13 13.49
- Einziehung, Erwerb eigener Aktien § 52 52.26
- Einziehung, nichtige Kapitalerhöhung § 51 51.37
- Enhanced Income Securities (EIS) § 6 6.53
- Erneuerungsscheine § 5 5.25
- Fungibilitätsausgleich § 63 63.95
- Gesamtzulassung § 9 9.27

- Gesetz zur Einführung elektronischer Wertpapiere § 5 5.3
- Girosammelverwahrung § 5 5.18
- Globalurkunde § 4 4.47
- gutgläubiger Erwerb § 5 5.85
- Handelbarkeit § 9 9.24
- Huckepack-Aktien § 6 6.53
- Income Depositary Shares (IDS) § 6 6.53
- Inhaberaktien s. *Inhaberaktien*
- Kapitalherabsetzung durch Einziehung § 51 51.1
- Kraftloserklärung § 5 5.89
- Kraftloserklärung nicht eingereicher Aktien § 49 49.48
- Legitimationsübertragung § 5 5.86
- Markteinführung § 9 9.95
- Mitverkaufsverpflichtung § 4 4.76
- Namensaktien § 1 1.17; s.a. *Namensaktien*
- Nebenpapiere § 5 5.23
- Nennbetrag, Herabsetzung § 49 49.45
- Nennbetragsaktie § 5 5.7; s.a. *Nennbetragsaktie*
- Publizitätspflichten § 18 18.1
- Rechtsverlust, Meldepflichtverletzung § 18 18.48
- Record Date § 2 2.18
- Redeemable Shares § 6 6.42, 6.46
- rückerwerbbare § 6 6.46
- Rückkauf eigener, Zulässigkeit § 5 5.57
- Rückkauf, Anwendbarkeit d. WpÜG § 62 62.27
- Rückkaufprogramme § 14 14.11, 14.55, 14.92, 14.94; § 52 52.20
- Sicherungsübereignung, Meldepflichten § 18 18.25
- Spartenaktien § 6 6.43; s.a. *Tracking Stocks*
- stimmberechtigte § 6 6.4
- stimmrechtslose Vorzugsaktien § 6 6.20; s.a. *stimmrechtslose Vorzugsaktien*
- Stückaktie § 5 5.7; s.a. *Stückaktie*
- Teilrechte § 47 47.30
- Tracking Stocks § 6 6.4, 6.7, 6.40
- Übertragung, bei Vinkulierung § 5 5.93
- Umtausch § 5 5.89, 5.92
- Umwandlung v. Inhaberaktien in Namensaktien § 5 5.41
- Unteilbarkeit § 5 5.22
- Verbriefungsanspruch § 5 5.15
- Verbriefungsanspruch, Ausschluss § 4 4.41
- Verfügungsbeschränkungen § 4 4.75; § 5 5.93; s.a. *Vinkulierung*
- Verkehrsfähigkeit § 5 5.78

- Verkehrsfähigkeit, Beeinträchtigung § 13 13.45
- verkörpertes Anteilseigentum § 13 13.8
- Verpfändung, Meldepflichten § 18 18.25
- Verwahrkette § 19 19.3
- Verwaltungsvollmacht § 18 18.31
- Verwertung, nicht bezogener Aktien § 44 44.71
- Verwertung, nicht eingereichter Aktien § 49 49.49
- Vinkulierung § 4 4.48; § 5 5.93; s.a. *Vinkulierung*
- Vollrechtsübertragung § 5 5.78
- Wertpapiereigenschaft § 5 5.3, 5.12
- Zeichnung, Privatplatzierung § 8 8.184
- Zulassungsverfahren § 9 9.53
- Zwangseinziehung § 51 51.3
- Zwischenscheine § 5 5.23

Aktien – Ausgabe
- Agio, korporativ/schuldrechtlich § 44 44.17
- Aktienoptionsprogramm § 55 55.24
- Arbeitnehmeraktien § 52 52.7, 52.23, 52.36
- Ausgabebetrag § 7 7.33; § 44 44.16; § 45 45.11
- Ausgabebetrag, Bekanntgabe § 1 1.26
- Ausgabebetrag, Kapitalerhöhung gegen Sacheinlage § 13 13.43
- Ausgabebetrag, Kapitalerhöhung unter Bezugsrechtsausschluss § 13 13.38
- bedingte Kapitalerhöhung § 46 46.24, 46.55
- eigene § 52 52.7, 52.36; § 55 55.54
- falscher Aktienart § 5 5.38
- Gründung § 5 5.5, 5.38
- Kapitalerhöhung aus genehmigtem Kapital § 45 45.11
- Kapitalerhöhung aus Gesellschaftsmitteln § 47 47.27, 47.49
- Kapitalerhöhung, ordentliche § 44 44.16, 44.27, 44.54, 44.115
- Namensaktien § 5 5.36
- stimmrechtslose Vorzugsaktien § 6 6.32
- Urkunde § 44 44.115; § 46 46.55
- Zeitpunkt § 5 5.13, 5.34

Aktien – Übernahme
- Due Diligence, Auswirkungen auf Vertragsgestaltung § 10 10.120
- Einlageleistung § 8 8.120
- Einzahlungsbestätigung § 8 8.124
- Emission/Platzierung § 8 8.60
- Emissionsbank § 8 8.1
- mittelbares Bezugsrecht § 8 8.126
- Neugründung § 4 4.16
- Übernahmequote § 8 8.115a
- Übernahmevertrag, Inhalt § 8 8.114

– Umplatzierung, Altaktien § 8 8.132
– Zeichnung neuer § 8 8.115
– zeitlicher Ablauf § 8 8.14
Aktien – Urkunde
– Ausgabe § 44 44.115; § 46 46.55
– Dauerglobalurkunde § 5 5.18, 5.62
– Druckrichtlinien § 5 5.18
– Einzelurkunden § 5 5.59
– Formerfordernisse § 5 5.17
– Globalurkunde § 5 5.15, 5.70
– Inhalt § 5 5.16
– Kraftloserklärung § 5 5.89; § 51 51.37
– Mängel § 5 5.19
– Sammelurkunden § 5 5.61
– Übertragung § 5 5.80
– Umtausch § 5 5.89, 5.92
– vinkulierte Namensaktien § 5 5.16
Aktien – Veräußerung s.a. Platzierung
– Ausstiegsszenarien § 7 7.10
– Beweggründe § 7 7.8
– gutgläubiger Erwerb § 5 5.85
– Mittelbeschaffung d. Aktionärs § 7 7.8
– Pre-Deal Research Report § 7 7.24a
– Re-IPO § 7 7.24a
Aktien – Zeichnung
– Form § 44 44.97
– Kapitalerhöhung aus genehmigtem Kapital § 45 45.33, 45.39
– mittelbares Bezugsrecht § 44 44.64
– ordentliche Kapitalerhöhung § 44 44.64, 44.95
Aktienanleihen § 53 53.20; s.a. Anleihen
– mit Tilgungswahlrecht § 53 53.20
– Verfall-/Rückübertragungsklauseln § 55 55.73
Aktiengattungen
– Abschaffung § 6 6.19
– ADRs § 6 6.50
– Änderung d. Verhältnisses § 5 5.53
– Begriff § 5 5.44; § 6 6.2
– Bezugsrecht, ordentliche Kapitalerhöhung § 44 44.52
– Dividendenberechtigung § 6 6.5
– Einführung § 5 5.49; § 6 6.15
– Gestaltungsmöglichkeiten § 6 6.7
– Huckepackaktien § 5 5.48
– Investment-AG § 4 4.38
– Kapitalerhöhung aus Gesellschaftsmitteln § 47 47.38
– Merkmale § 5 5.45
– ordentliche Kapitalerhöhung § 44 44.8
– rückerwerbbare Aktien § 6 6.46
– Satzungsänderung § 44 44.13
– Satzungsregelung § 4 4.38

– Sonderbeschlüsse § 44 44.8
– Spartenaktien § 5 5.48; § 6 6.43; s.a. Tracking Stocks
– Stammaktien § 5 5.47
– Stapled Stock § 6 6.51
– Umwandlung § 5 5.55; § 6 6.16
– unterschiedliche, Beschlusserfordernisse § 6 6.11
– unterschiedliche, Verhältnis § 6 6.9
– Vorzugsaktien § 5 5.47
– Wechsel § 5 5.54
– Zustimmungserfordernisse § 6 6.15
Aktiengesellschaft
– Aktiengattung, Auswahl § 5 5.49; § 6 6.15
– Arten § 1 1.2
– Auflösung, HV-Beschluss § 33 33.37
– Auflösungsantrag § 4 4.111
– Beklagter, Anfechtungsklage § 39 39.102
– börsennotierte, Begriff § 1 1.6
– Corporate Governance § 2 2.1; s.a. Corporate Governance; Deutscher Corporate Governance Kodex
– Dauer § 4 4.35
– Erklärung zur Unternehmensführung § 61 61.28
– Formwechsel, zwecks Börsengang § 4 4.8
– Führungssystem § 2 2.9, 2.21; s.a. Führungssystem
– Grundkapital § 4 4.36
– Investment-AG § 6 6.48
– Kapitalmarktorientierung § 1 1.6
– kleine § 1 1.3
– Kreditverträge mit Aufsichtsratsmitgliedern § 31 31.19
– Neugründung, zwecks Börsengang § 4 4.11
– Nichtigerklärung § 4 4.110; § 41 41.17
– Organe, zusätzliche § 4 4.70
– Rechtsentwicklung § 1 1.1
– Satzungsänderung § 4 4.85
– schuldrechtliche Vereinbarungen, Auswirkungen § 4 4.77
– Sitz, Festlegung § 4 4.31a, 4.44
– Trennungsprinzip § 21 21.1
– Umplatzierung, Mitwirkung d. AG § 7 7.19
– Umwandlung, HV-Beschluss § 33 33.37
– Unternehmensgegenstand § 4 4.32, 4.44
– Unternehmenskontrolle § 20 20.19, 20.23
– Verhältnis z. Aktionären § 38 38.37
– Wesen, Verstoß § 39 39.18
– wirtschaftliche Bedeutung § 1 1.1
Aktiengesellschaft – Vertretung
– ggü. Vorstand § 20 20.71
– im Anfechtungsprozess § 39 39.107

- organschaftliche § 20 20.64
Aktiengesetz
- Bilanzrecht § 57 57.44
- zwingende Vorschriften § 4 4.26
Aktienleihe
- Greenshoe-Option § 8 8.133
Aktienoptionen *s.a. Stock Options*
- Vorstandsmitglieder § 21 21.80
- Vorstandsvergütung § 22 22.11
Aktienoptionsprogramme
- Aktienoptionsplan § 55 55.8
- Änderung/Aufhebung § 55 55.59
- aus bedingtem Kapital § 55 55.12
- aus dem Rückkauf eigener Aktien § 55 55.14
- aus genehmigtem Kapital § 55 55.11
- bedingte Kapitalerhöhung § 46 46.12, 46.28
- Erwerb eigener Aktien § 52 52.7, 52.23, 52.36
- Gleichbehandlungsgrundsatz § 55 55.71
- HV, Beschluss § 55 55.8
- Insiderhandelsverbot § 14 14.72
- Kapitalerhöhung aus genehmigtem Kapital § 45 45.50
- Kapitalerhöhung aus Gesellschaftsmitteln § 47 47.44
- Zulässigkeit § 1 1.27
- Zweck § 55 55.7
Aktienrechtsnovelle 2016 § 1 1.17, 1.22; § 4 4.61a; § 5 5.34
- Abschlussprüfer, Bestellung § 1 1.17c
- Aufsichtsrat, Zusammensetzung § 25 25.2
- Geschlechterquote § 1 1.17a
- stimmrechtslose Vorzugsaktien § 1 1.17
- umgekehrte Wandelschuldverschreibung § 1 1.17
Aktienregister
- Eintragung § 5 5.70
- Informationsrechte d. Aktionärs § 5 5.76
- Legitimationsübertragung § 5 5.86
- Löschung § 5 5.72
- Mitteilungspflicht d. Intermediäre § 5 5.74
- Namensaktie § 5 5.69
- Neueintragung § 5 5.72
- Platzhalter § 5 5.72
- Umschreibungsstopp § 5 5.73
- Zwischenscheine § 5 5.77
Aktionäre *s.a. Privatanleger*
- Abfindung, Börsenkurs § 13 13.3
- Abfindung, g. Aktienübernahme § 52 52.10
- Abspaltungsverbot § 38 38.17
- Aktienübergabe, Gewährleistungen § 8 8.158
- Aktienübergabe, Verhaltenspflichten § 8 8.164
- Aktionärsforum § 33 33.5
- aktivistische § 33 33.11

- allgemeine Aktionärsklage § 41 41.12
- Anlagestrategie § 7 7.10
- Arten § 1 1.4
- Aufsichtsrat, Zusammensetzung § 41 41.11
- Auskunftserzwingungsverfahren § 41 41.1
- Auskunftsrecht § 1 1.34
- Ausschluss, Aktieneinziehung § 51 51.12
- außenstehende, Abfindung § 13 13.20
- Ausstiegsszenarien § 7 7.10
- Auswirkungen ordentlicher Kapitalherabsetzung § 49 49.27, 49.32
- Berechtigungsnachweis § 4 4.61
- besonderer Vertreter § 42 42.20
- Bezugsrechtsausschluss, Neuemission § 7 7.27
- Delisting, Erwerbsangebot § 13 13.45
- Drittgläubigerrechte § 38 38.9
- eigennützige Rechte § 38 38.6, 38.36
- Ersatzansprüche, g. Vorstand § 23 23.64, 23.79
- Fragerecht § 33 33.3
- gebotswidrige Handlungen § 1 1.25
- Geltendmachung v. Gesellschaftsansprüchen § 41 41.18; § 42 42.20
- Gläubigerrechte § 38 38.8
- Gleichbehandlung § 10 10.31; § 12 12.12; § 38 38.19; § 49 49.14
- Gleichbehandlungsgebot, Verstoß § 38 38.26
- Großaktionär, Paketverkauf § 10 10.45
- Haltevereinbarung/Freigabeklausel § 8 8.99
- Haupt-/Nebenrechte § 38 38.7
- Hauptaktionär, Einberufungsverlangen § 34 34.31
- Individualklagerechte § 39 39.1
- Informationsrecht, Aktienregister § 5 5.76
- Informationsrecht, Due Diligence § 10 10.30
- Informationsübermittlung § 19 19.1
- Klagerechte § 40 40.1; § 41 41.1
- Legitimationsaktionäre, Begrenzung § 1 1.20
- Marktschutzregelung § 8 8.99
- Minderheitsaktionär § 1 1.28
- Minderheitsaktionär, Rechtsschutz § 64 64.68
- Mitgliedschaftspflichten § 38 38.12
- Mitgliedschaftsrecht § 38 38.4, 38.14
- mittelbares Bezugsrecht § 8 8.126
- Mitverkaufsverpflichtung § 4 4.76
- Nachweisstichtag § 2 2.18; *s.a. Record Date*
- Nichtigerklärung d. AG, Klagerecht § 41 41.17
- Nichtigkeitsklage, Klagebefugnis § 39 39.139
- positive Beschlussfeststellungsklage § 38 38.41
- Rechtsstellung § 38 38.1
- Rederecht, Beschränkung § 4 4.62

2405

Stichwortverzeichnis

- Schadensersatzklage, g. Organe/ Aktionäre § 41 41.15
- schuldrechtliche Vereinbarungen, Auswirkungen § 4 4.77
- Schutz des Anteilseigentums § 13 13.8
- Shareholder Value § 1 1.32
- Sonderprüferbestellung, gerichtliche § 41 41.18; § 42 42.2
- Sonderrechte § 38 38.10
- Sondervorteile § 39 39.61
- Spruchverfahren § 40 40.1; s.a. Spruchverfahren
- Stakeholder Value § 1 1.32
- Stimmrecht s. Stimmrecht
- Streubesitz § 2 2.4
- Treuepflicht § 38 38.28, 38.39; § 49 49.16; s.a. Treuepflicht
- übertragende Auflösung, Kaufpreisbestimmung § 13 13.23
- Umplatzierung, Altaktien § 8 8.132
- Verbriefungsanspruch § 5 5.15
- Verbriefungsanspruch, Ausschluss § 4 4.47
- Verbriefungsanspruch, REIT-AG § 4 4.41
- Verhältnis untereinander § 38 38.38, 38.41
- Verhältnis z. AG § 38 38.35
- Verhältnis z. Vorstand § 20 20.132
- Vermögensrechte § 38 38.5
- Verwaltungsrechte § 38 38.5
- Zuzahlung, bei Kapitalherabsetzung § 50 50.18

Aktionäre – Mitgliedschaftsrecht
- Begriff § 5 5.2
- Erwerb/Verlust § 38 38.14
- Übertragbarkeit § 38 38.17
- Verbriefung § 5 5.3, 5.13

Aktionäre – Zustimmung
- neue Aktiengattung § 6 6.17
- Rechtsstellung § 38 38.1
- Sonderrechte § 38 38.10
- stimmrechtslose Vorzugsaktien § 6 6.18
- Umwandlung Vorzugsaktien in Stammaktien § 5 5.55; § 6 6.16, 6.36
- unterschiedliche Aktiengattungen § 6 6.11
- Vorzugsbeschränkung § 6 6.30

Aktionariat
- Auskunft § 19 19.11

Aktionärsforum § 33 33.5

Aktionärsrechterichtlinie § 1 1.4, 1.8
- HV-Teilnahme, grenzüberschreitende § 1 1.24a
- institutionelle Investoren § 2 2.23b
- nahestehende Unternehmen, Transaktionen § 2 2.25

- Stimmrechtsvertretung § 1 1.23
- Vorstandsvergütung, Vergütungspolitik/-bericht § 2 2.57

American Depositary Receipts (ADRs)
- ADR-Programme § 11 11.40
- Begriff § 5 5.28; § 6 6.50; § 11 11.35
- Formular F 6 § 11 11.40
- Global Shares § 5 5.33
- Level I, II, III § 11 11.40
- Registrierungsantrag § 11 11.39, 11.64
- Vorteile § 11 11.41

Amtlicher Markt
- Abschaffung § 12 12.10
- General Standard § 12 12.12
- Zulassungsfolgepflichten § 12 12.12

Analysten
- Research, Emissionsbank § 8 8.6

Andienungsrechte
- Erwerb eigener Aktien § 52 52.41

Anfechtbarkeit
- Aufsichtsratswahl § 39 39.154
- Bestätigungsbeschluss § 39 39.64
- Bezugsrechtsausschluss § 7 7.25, 7.33
- einstweiliger Rechtsschutz § 39 39.193
- Gewinnverwendungsbeschluss § 39 39.165
- HV-Beschluss § 4 4.102; § 38 38.41; § 39 39.37
- Inhaltsfehler § 39 39.54
- Kapitalerhöhung § 39 39.167; § 47 47.15
- materielle Beschlusskontrolle § 39 39.54
- Satzung § 4 4.100
- Verfahrensfehler § 39 39.43

Anfechtungsbefugnis
- Aktionäre § 39 39.75
- Missbrauch § 39 39.92
- Organmitglieder § 39 39.91
- Squeeze out § 39 39.78
- Vorstand § 39 39.89

Anfechtungsklage
- AG, als Beklagte § 39 39.102
- AG, Vertretung § 39 39.107
- Anfechtungsbefugnis § 39 39.73
- Anfechtungsfrist § 39 39.109
- Aufsichtsratswahl § 39 39.154
- Bekanntmachung § 39 39.118, 39.131
- Börsenzulassung § 9 9.86
- Delisting § 63 63.67, 63.76
- Dispositionsgrundsatz § 39 39.121
- Freigabeverfahren § 39 39.171
- Freigabeverfahren, Wirkung § 39 39.182, 39.187
- Gerichtszuständigkeit § 39 39.71
- Gewinnverwendungsbeschluss § 39 39.165

- Kapitalmaßnahmen § 39 39.167
- Klageänderung, nach Bestätigungsbeschluss § 39 39.69
- Missbrauch § 39 39.92, 39.174
- Nebenintervention § 39 39.101
- positive Beschlussfeststellungsklage § 39 39.132
- Prozesskostenhilfe § 39 39.126
- Registersperre, faktische § 39 39.172, 39.174, 39.183
- Registersperre, formale § 39 39.173, 39.176
- Satzungsmängel § 4 4.100
- Schiedsfähigkeit § 39 39.72
- Sonderbeschlüsse § 39 39.3
- Squeeze out § 64 64.69
- Streitgenossenschaft § 39 39.100
- Streitwert § 39 39.123
- Urteilswirkung § 39 39.127
- Verbindung mit Feststellungsantrag § 39 39.132
- Verfahrensgang § 39 39.119
- Verhältnis z. Nichtigkeitsklage § 39 39.146
- Zustellung § 39 39.115

Anlegerschutz
- Delisting § 63 63.82
- Finanzierungsinstrumente § 54 54.1
- kapitalmarktrechtlicher § 54 54.4
- Schuldverschreibungsgesetz § 54 54.3

Anleihebedingungen
- als Allgemeine Geschäftsbedingungen (AGB) § 54 54.5

Anleihen
- Aktienanleihen § 53 53.20
- Aktienanleihen mit Tilgungswahlrecht § 53 53.9
- Anleihebedingungen (AGB) § 54 54.5
- Going-Public Anleihen § 53 53.10
- Pflichtwandelanleihen § 53 53.7, 53.21
- Stock Options § 55 55.1; s.a. Stock Options
- umgekehrte Wandelanleihen (CoCo-Bonds) § 53 53.8a
- Umtauschanleihen § 53 53.18
- Wandel- und Optionsanleihen § 53 53.11; s.a. Wandel- und Optionsanleihen

Arbeitnehmer
- Aktienoptionspläne § 46 46.12, 46.26, 46.28, 46.33, 46.39; s.a. Aktienoptionsprogramme; Mitarbeiterbeteiligung
- Besteuerung, Mitarbeiterbeteiligungen § 56 56.43
- Besteuerung, Stock Options § 55 55.80
- Optionszusage, Rechtsgrundlage § 55 55.66
- Vergütung, Aktienoptionen § 55 55.63

Arbeitnehmeraktien § 56 56.19, 56.28; s.a. Aktienoptionsprogramme; Mitarbeiterbeteiligung
- Besteuerung § 56 56.55
- Erwerb eigener Aktien § 52 52.7, 52.23, 52.36

Arbeitnehmervertreter
- Abberufung § 26 26.60
- Wählbarkeitsvoraussetzungen § 26 26.16

AReG § 1 1.9

ARUG
- Anfechtungsbefugnis, Missbrauch § 39 39.99a
- eigene Aktien § 52 52.2
- Freigabeverfahren § 7 7.25
- Mehrstimmrechtsaktien § 47 47.39
- Record Date § 1 1.24
- Sachgründung, Prüfung § 4 4.19
- Sachkapitalerhöhung § 44 44.23, 44.27, 44.38
- Satzungsänderung, Registeranmeldung § 4 4.89
- Zweck § 1 1.8

ARUG II § 5 5.37a, 5.69
- Aufsichtsratsvergütung, Beschluss d. Hauptversammlung § 30 30.32a, 30.52a
- Billigung Vorstandsvergütungssystem § 33 33.28
- Geschäfte m. nahestehenden Personen § 32 32.1 ff.
- Informationsübermittlung an Aktionäre § 19 19.1
- Vergütungsbericht § 21 21.101

Audi/NSU-Entscheidung § 38 38.28

Audit Committee § 2 2.17, 2.60; § 29 29.35
- Sarbanes Oxley Act § 2 2.104

Aufgebotsverfahren § 5 5.90

Aufschiebende Bedingung
- Übernahmevertrag § 8 8.166

Aufsichtsrat
- arbeitnehmerfreie AG § 25 25.2
- Beirat § 24 24.13
- Berichtspflichten § 34 34.106 ff.; § 35 35.5; § 58 58.15
- Board System § 24 24.2
- Compliance § 20 20.26
- Deutscher Corporate Governance Kodex § 2 2.48; § 24 24.9
- dualistisches System § 1 1.30; § 24 24.2
- Effizienzkontrolle § 28 28.82
- Entsenderecht § 4 4.50
- Entsprechenserklärung § 2 2.78
- Errichtungspflicht § 24 24.12
- erste Bestellung § 4 4.17
- Festlegung d. Vertretungsbefugnis § 20 20.77
- Finanzexpertise § 24 24.11

2407

Stichwortverzeichnis

- Geschäfte m. nahestehenden Personen, Zustimmung § 32 32.29 ff.
- Geschäftsordnung § 4 4.54, 4.78; § 28 28.1, 28.54; § 29 29.5, 29.19
- Geschlechterquote § 1 1.17a; § 25 25.22
- Kollegialorgan § 24 24.27
- Mitbestimmung § 2 2.12; § 24 24.6, 24.24
- Organstellung § 24 24.12
- Pflichten bei öffentlicher Übernahme § 62 62.152
- Professionalisierung § 30 30.26
- Selbstkontrolle § 28 28.82; § 30 30.11
- Statusverfahren § 25 25.28
- Statusverfahren, Auswirkungen § 26 26.68
- Tendenzunternehmen § 25 25.2
- Übernahmeangebot, Verhaltenspflichten § 28 28.64
- Verhältnis z. Abschlussprüfer § 24 24.25
- Verhältnis z. HV § 33 33.14
- Verhältnis z. Vorstand § 20 20.2; § 24 24.1, 24.20
- Verkleinerung § 2 2.13; § 26 26.70
- Wahl, Unwirksamkeit § 26 26.72

Aufsichtsrat – Beschluss
- Ausschuss, Einsetzung § 29 29.4
- Beschlussfähigkeit § 28 28.48
- Beschlussfassung § 28 28.53
- Beschlussvorschläge § 27 27.88; § 34 34.51
- Meinungsbildung § 27 27.18
- Mitbestimmung, Beschlussfähigkeit § 28 28.50
- Mitbestimmung, Beschlussverfahren § 28 28.59
- Stimmabgabe, schriftliche § 28 28.56, 28.69
- Vertagung § 28 28.51
- Zustimmung, Bedeutung § 27 27.35
- Zustimmung, Beratungsverträge § 31 31.12
- Zustimmung, betroffene Geschäfte § 27 27.24, 27.41
- Zustimmung, Kreditverträge § 31 31.22
- Zustimmung, Satzungsregelung § 4 4.42, 4.56
- Zustimmung, Verfahren § 27 27.36
- Zustimmung, Verweigerung § 27 27.40

Aufsichtsrat – Beschlussmängel § 28 28.77; § 30 30.85
- Vorstand, Anstellung/Bestellung § 21 21.21

Aufsichtsrat – Kompetenzen
- Abhängigkeitsbericht, Prüfung § 27 27.44
- Abschlussprüfer, Bestellung § 27 27.63
- Abschlussprüfung, Vorabbericht § 60 60.170
- Auskunftsrecht § 27 27.7
- Beratungsaufgabe § 20 20.125
- Beratungsfunktion § 27 27.15

- Berichtspflichten § 27 27.53
- Bestellung d. Vorstands, bei Mitbestimmung § 21 21.16
- beteiligte Unternehmen/Konzern § 27 27.79
- Bilanzsitzung § 27 27.67; § 60 60.177
- Corporate Social Responsibility § 27 27.10
- Deutscher Corporate Governance Kodex § 27 27.15
- Due Diligence, Zustimmung § 10 10.37
- Durchsetzung v. Aufsichtsratsrechten § 30 30.87
- Einberufung d. HV § 27 27.87
- Einsichtnahmerecht § 27 27.19
- Entlastung § 33 33.21
- Entsprechenserklärung § 27 27.72
- Ersatzansprüche, g. Vorstand § 23 23.57; § 27 27.42
- feindliche Übernahmen § 62 62.296, 62.328
- Geschäfte m. nahestehenden Personen, Zustimmungsvorbehalt § 27 27.41a
- Geschäftsordnung, Erlass § 28 28.5
- HV-Einberufung § 34 34.19
- Informationsrechte § 20 20.115
- Jahresabschluss, Berichtspflicht § 57 57.37
- Jahresabschluss, Feststellung § 57 57.41
- Jahresabschlussprüfung § 27 27.54, 27.63; § 57 57.33
- Kapitalerhöhung aus genehmigtem Kapital § 45 45.32
- Kapitalmaßnahmen § 27 27.78
- Konzernabschluss § 27 27.71
- Konzernabschluss, Billigung § 58 58.16
- Konzernabschluss, Vorlagepflicht d. Vorstands § 58 58.13
- Konzernabschlussprüfung § 58 58.5, 58.14
- Personalhoheit § 21 21.12; § 22 22.28; § 27 27.47
- Prüfung d. Geschäftsführung § 27 27.55
- Prüfungsrecht § 27 27.19
- Rechenschaftsbericht § 27 27.53
- Satzungsänderung, Befugnis § 4 4.92
- Satzungsfassung, Änderung § 27 27.89
- Stellungnahme bei Übernahmeangebot § 27 27.85
- Überwachung der Ausschüsse § 29 29.25
- Überwachungsfunktion § 27 27.1
- Überwachungsintensität § 27 27.14
- Überwachungsmaßnahmen § 27 27.17
- Überwachungsmaßstab § 27 27.9
- Überwachungsumfang § 27 27.3
- Vertretungsbefugnis, ggü. Vorstand § 20 20.71; § 27 27.52
- Vorstandsvergütung § 21 21.13

2408

- Zusammenarbeit, mit Vorstand § 20 20.113, 20.125
- Zwischenbericht, Prüfung § 59 59.12

Aufsichtsrat – Sitzung § 28 28.26
- Deutscher Corporate Governance Kodex § 28 28.29, 28.41, 28.43
- Einberufung § 28 28.30
- Interessenkonflikte, Aufsichtsratsmitglied § 28 28.43, 28.60
- Niederschrift § 28 28.72
- Sitzungsleitung § 28 28.38
- Sitzungsturnus § 4 4.54; § 28 28.27
- Stimmverbot § 28 28.61, 28.66
- Teilnahmerechte § 28 28.40

Aufsichtsrat – Zusammensetzung
- DrittelbG § 25 25.5
- gerichtliche Entscheidung § 41 41.11
- MitbestG § 25 25.12
- MontanMitbestG § 25 25.18
- Regelungen § 25 25.1
- Satzungsregelung § 4 4.50
- SE § 2 2.13

Aufsichtsratsausschuss
- Abschlussprüfer, Wahl § 29 29.35
- Audit Committee § 29 29.34; s.a. Audit Committee
- Aufgaben § 29 29.1
- Aufsichtsratspräsidium § 29 29.31
- Ausschussvorsitz § 29 29.20
- Berichtspflichten § 29 29.25
- Beschlussfassung § 29 29.22
- Besetzung § 29 29.17
- Delegationsverbote § 29 29.8
- Deutscher Corporate Governance Kodex § 29 29.2
- Einsetzung § 29 29.4
- Geschäftsordnung, d. Aufsichtsrats § 29 29.5, 29.19
- Größe § 29 29.14
- Haftungsmaßstab § 30 30.60
- Interessenkonflikte, Aufsichtsratsmitglied § 28 28.66
- Personalausschuss § 29 29.29
- Prüfungs-/Bilanzausschuss § 29 29.34
- Prüfungsausschuss § 57 57.35
- sonstige Ausschüsse § 29 29.38
- ständiger Ausschuss/Vermittlungsausschuss § 29 29.6, 29.33
- Teilnahmerechte § 29 29.23
- Überwachung § 29 29.25
- Zweitstimmrecht § 29 29.20

Aufsichtsratsmitglieder
- Abberufung § 26 26.55

- Abberufung, gerichtliche § 26 26.61
- Abberufung, HV-Beschluss § 26 26.23
- Amtsausübung § 30 30.8
- Amtsniederlegung § 4 4.53; § 26 26.52
- Amtszeit § 4 4.52
- Anfechtungsbefugnis § 39 39.91
- Aufsichtsratssitzung, Verhinderung § 28 28.46
- Beratungsvertrag § 31 31.1
- D&O-Versicherung § 30 30.75
- Deutscher Corporate Governance Kodex § 2 2.48
- Diversity § 2 2.53
- Durchsetzung organschaftlicher Befugnisse § 30 30.82
- Durchsetzung persönlicher Rechtsansprüche § 30 30.81
- Durchsetzung v. Aufsichtsratsrechten § 30 30.87
- eigennützige Einflussnahme § 30 30.30
- Entsenderecht § 4 4.50
- Gefährdung d. Gesellschaftsinteressen § 28 28.40
- Geschäfte v. Führungspersonen § 16 16.2, 16.6; s.a. Geschäfte v. Führungspersonen
- Gleichheitsgrundsatz § 30 30.3
- Insiderhandelsverbot § 14 14.67
- Insiderinformationen § 30 30.12, 30.31
- Insiderinformationen, Nutzungsverbot § 14 14.56
- Insiderinformationen, Weitergabeverbot § 14 14.61
- Interessenkollisionen § 28 28.43, 28.60; § 30 30.22
- Interessenkollisionen, Beratungsvertrag § 31 31.1
- Interessenkollisionen, Nebenamt § 30 30.27
- Klagebefugnisse § 30 30.79
- Kreditverträge § 31 31.19
- Mitgliedschaft, Beendigung § 26 26.52
- Nebenamtscharakter § 30 30.26
- Nichtigkeitsklage, Klagebefugnis § 39 39.139
- Statusverfahren § 26 26.68
- Teilnahmerechte § 29 29.23
- Treuepflichten § 30 30.26
- Unabhängigkeit § 2 2.51; § 30 30.5
- Verschwiegenheitspflicht § 30 30.12
- Verschwiegenheitspflicht, Verletzung § 30 30.23

Aufsichtsratsmitglieder – Bestellung
- Abberufung § 26 26.55
- Amtsbeginn § 26 26.51
- Amtsdauer § 26 26.45

2409

Stichwortverzeichnis

- Amtsdauer, Ablauf § 26 26.77
- Amtsdauer, bei gerichtlicher Bestellung § 26 26.44
- Amtsdauer, Ersatzmitglieder § 26 26.33
- Amtsniederlegung § 26 26.53
- Beendigung § 26 26.52
- Deutscher Corporate Governance Kodex § 26 26.15a, 26.16b f.
- Eignungsvoraussetzungen § 4 4.50
- Entsendungsrecht § 26 26.27, 26.59
- Ersatzmitglieder § 26 26.29
- Finanzexperten, unabhängige § 26 26.16a
- Frauenquote § 2 2.54
- gerichtliche § 26 26.38
- Inkompatibilität mit Ämtern § 26 26.11, 26.13a
- Konzernprivileg § 26 26.7
- Mandat bei Konkurrenzunternehmen § 26 26.17
- Mandatshöchstzahl § 26 26.4
- persönliche Voraussetzungen § 26 26.1
- persönliche Voraussetzungen, Sektorvertrautheit § 26 26.3a
- Wahl § 33 33.26
- Wahl, Anfechtbarkeit § 39 39.154
- Wahl, durch Belegschaft § 26 26.26
- Wahl, durch HV § 26 26.19
- Wahl, Nichtigkeit § 39 39.148
- Wahl, Unwirksamkeit § 26 26.72
- Wählbarkeitsvoraussetzungen § 26 26.14
- Wählbarkeitsvoraussetzungen, Wegfall § 26 26.65
- Wiederwahl § 26 26.49

Aufsichtsratsmitglieder – Vergütung
- Arten § 30 30.37
- Aufwendungsersatz § 30 30.51
- Bemessung § 30 30.46
- Besteuerung § 30 30.52
- Festsetzung § 30 30.33
- Formen, Zulässigkeit § 56 56.14
- Hauptversammlungsbeschluss § 30 30.32a, 30.52a
- Herabsetzung § 30 30.36
- HV-Beschluss § 33 33.31
- Satzungsregelung § 4 4.55; § 30 30.32
- Tantieme, Kapitalerhöhung aus Gesellschaftsmitteln § 47 47.43
- unentgeltliche Tätigkeit § 30 30.32
- Vergütungsbericht § 30 30.52a
- Wahl, Unwirksamkeit § 26 26.75

Aufsichtsratsvorsitzender
- Amtszeit § 28 28.22
- Aufgaben § 28 28.12
- Aufsichtsrat, Beschluss § 28 28.55, 28.59
- Aufsichtsratspräsidium § 29 29.31
- Bekanntmachung bedingter Kapitalerhöhung § 46 46.45
- Berichtspflichten § 27 27.53, 27.59
- gerichtliche Bestellung § 28 28.21
- HV, Leitung § 28 28.11
- HV, Vorsitz § 4 4.62
- Informationspflichten der AG § 28 28.23
- institutionelle Investoren, Dialog § 28 28.10a
- Kompetenzen § 28 28.7
- Rechtsstellung § 28 28.7
- ständiger Ausschuss, Mitgliedschaft § 28 28.13
- Stellvertreter § 28 28.15
- Stimmabgabe, schriftliche § 28 28.69
- Vertretungsbefugnis § 28 28.10
- Wahlverfahren § 28 28.17
- Zweitstimmrecht § 28 28.13, 28.59

Aufsichtsratsvorsitzender – Sitzung
- Ausschluss v. Mitgliedern § 28 28.65
- Einberufung § 28 28.30
- Leitung § 28 28.8, 28.30, 28.38
- Niederschrift § 28 28.73

Aufspaltung
- Delisting § 63 63.92

Aufwendungsersatz
- Aufsichtsratsmitglieder § 30 30.51

Auktionsverfahren
- Backstop Underwriting § 8 8.38
- bei Block Trades § 8 8.38
- bei IPO § 8 8.39
- bei Kapitalerhöhung § 8 8.37
- holländische Auktion § 8 8.28
- Upside Sharing § 8 8.38

Auskunftserzwingungsverfahren
- Antragstellung § 41 41.4

Auskunftsrecht
- Aktionär § 1 1.34
- Auskunftserzwingungsverfahren § 41 41.1
- besonderer Vertreter § 42 42.26
- Verletzung § 39 39.52

Auslandssitz
- Gründung § 4 4.31a

Auslegung
- Bilanzrecht § 57 57.71
- IAS/IFRS § 58 58.51
- Satzung § 4 4.79

Auswahlindex § 7 7.63
- Aufnahme, Voraussetzungen § 7 7.66

Autorité des Marchés Financiers § 11 11.130

BaFin
- Enforcement § 58 58.90
- Erwerb eigener Aktien § 52 52.63, 52.66
- Erwerb eigener Aktien, bei Übernahmeangebot § 52 52.69
- HV-Einberufungsverlangen § 34 34.35
- öffentliches Erwerbsangebot, Aufsicht § 62 62.352
- öffentliches Erwerbsangebot, Kontrolle § 62 62.17
- Pflichtangebot, Befreiung § 62 62.243
- Prospektbilligung § 9 9.67; § 10 10.446
- Prospektpflicht, Kapitalerhöhung § 43 43.8
- Rechtsschutz § 62 62.352
- Stimmrechte, Meldepflicht § 8 8.60
- Veröffentlichungspflichten, Inlandsemittenten § 18 18.77

BaFin – Meldepflichten
- bei Stock Options § 55 55.122
- Mitteilungsempfänger § 18 18.46
- Schwellenwert § 18 18.9
- Stimmrechtsanteile § 18 18.1
- Überwachung § 18 18.77

Bankenkonsortium s.a. Emissionsbank
- Bezugsrechtsemission § 43 43.12
- Datenraum, Organisation § 10 10.77
- Due Diligence, kapitalmarktrechtliche § 10 10.8 ff., 10.82 ff.
- Emission § 8 8.18
- Konsortenausfall § 8 8.136
- Konsortialvertrag § 8 8.195
- Rechtsnatur § 8 8.193
- Trennbankengesetz § 8 8.18

Barprämie
- Umwandlung Vorzugsaktien in Stammaktien § 5 5.56

Bedingtes Kapital
- Zweck § 4 4.46

Beherrschungs-/Gewinnabführungsvertrag
- Abfindung, Spruchverfahren § 40 40.3; s.a. Abfindung, Spruchverfahren
- außenstehende Aktionäre, Abfindung § 13 13.20
- DAT/Altana-Entscheidung § 13 13.22
- Geltendmachung v. Gesellschaftsansprüchen § 41 41.18
- Unternehmensleitung § 20 20.63

Beherrschungsverhältnis s.a. Konzern; Verbundene Unternehmen
- Abhängigkeitsbericht, Prüfung § 27 27.44
- außenstehende Aktionäre, Abfindung § 13 13.20
- Geltendmachung v. Gesellschaftsansprüchen § 41 41.18
- Haftung, Vorstand § 23 23.111
- Kapitalerhöhung aus Gesellschaftsmitteln § 47 47.46
- Meldepflichten, Hinzurechnung v. Anteilen § 18 18.11, 18.18
- Meldepflichten, Stimmrechtsanteile § 18 18.1
- Sonderprüferbestellung, gerichtliche § 41 41.18; § 42 42.2
- Verschmelzung, Umtauschverhältnis § 13 13.29

Beratungsvertrag
- Abschluss § 31 31.12
- AG/Beratungsgesellschaft § 31 31.10
- Aufsichtsrat/-mitglieder § 31 31.6
- Gesellschaft/Aufsichtsratsmitglieder § 31 31.1
- Publizität § 31 31.7
- Zustimmung, fehlerhafte § 31 31.15
- Zustimmungserfordernis § 31 31.12

Berichtspflichten
- Aufsichtsrat § 27 27.53; § 58 58.15
- Aufsichtsrat, Jahresabschluss § 57 57.37
- Aufsichtsratsausschuss § 29 29.25
- bedingte Kapitalerhöhung § 46 46.32
- Bericht d. Hauptaktionärs § 34 34.109
- Berichte d. Aufsichtsrats § 34 34.106 ff.; § 35 35.5
- Berichte d. Vorstands § 34 34.102 ff.; § 35 35.4
- Berichte Dritter § 34 34.110
- Kapitalerhöhung aus genehmigtem Kapital § 45 45.24, 45.39, 45.43; s.a. Kapitalerhöhung aus genehmigtem Kapital
- Kapitalerhöhung, bedingte § 46 46.32; s.a. Kapitalerhöhung, bedingte
- Konzernabschluss § 58 58.15
- Prüfungsberichte § 34 34.110
- Squeeze out § 34 34.109
- Übertragungsbericht § 34 34.109
- US-Wertpapierregulierung § 11 11.32
- Vorstand § 20 20.115, 20.129, 20.132

Besonderer Vertreter
- Bestellungsverfahren § 42 42.22
- Bestellungsvoraussetzungen § 42 42.21
- Funktion § 42 42.20
- Rechtsstellung § 42 42.24
- Vergütung § 42 42.28

Bestätigungsvermerk
- Bedeutung § 60 60.76
- eingeschränkter § 60 60.93
- Inhalt § 60 60.85
- Konzernabschluss § 60 60.106

Stichwortverzeichnis

- Nachtragsprüfung § 60 60.103
- Offenlegung § 61 61.10
- Versagungsvermerk § 60 60.87, 60.96, 60.121
- Widerruf § 60 60.115

Beteiligung
- Offenlegung § 1 1.38a

Betriebsrat
- Mitarbeiterbeteiligungen § 56 56.40
- Stock Options § 55 55.75

Betriebsübergang
- Mitarbeiterbeteiligungen § 56 56.41
- Stock Options § 55 55.76

Bewertung s. *Unternehmensbewertung*

Bezugspreis
- Angebot, öffentliches § 8 8.31
- Bezugsrechtskapitalerhöhung mit Vorabplatzierung § 7 7.38a
- börsennotierte Aktien § 8 8.35
- Festpreisverfahren § 7 7.39
- Festpreisverfahren, Backstop § 7 7.40a
- marktnahe Festsetzung § 7 7.35
- Platzierbarkeit § 7 7.34
- Preisermittlung s. *Preisermittlung*
- TransPuG § 7 7.36

Bezugsrecht
- Arbeitnehmeraktien § 56 56.21
- Bezugsrechtskapitalerhöhung mit Vorabplatzierung § 7 7.38a
- Börsenzulassung bei Bezugs-/Umtauschrecht § 9 9.37
- feste Bezugsverpflichtung § 7 7.39
- Genussrechte § 53 53.76
- Gewinnschuldverschreibungen § 53 53.71
- Kapitalerhöhung § 1 1.26
- Meldepflichten, Hinzurechnung v. Anteilen § 18 18.28
- mittelbares s. *Bezugsrecht – mittelbares*
- TransPuG § 7 7.36
- Verwässerungsschutz § 39 39.167
- Verzicht § 7 7.38
- Vorerwerbsrecht beim Tochter-IPO § 8 8.46
- Wandel- und Optionsanleihen § 53 53.4, 53.47; s.a. *Wandel- und Optionsanleihen*
- Wandelanleihe § 56 56.30
- Zuteilungsverfahren s. *Zuteilungsverfahren*

Bezugsrecht – bedingte Kapitalerhöhung
- Aktienausgabe § 46 46.55
- Anspruch § 46 46.48
- Berechtigung § 46 46.23, 46.32, 46.50
- Bezugserklärung § 46 46.53
- Schutz § 46 46.50

Bezugsrecht – mittelbares
- ordentliche Kapitalerhöhung § 44 44.42

- über Emissionsunternehmen § 8 8.126
- Wandel- und Optionsanleihen § 53 53.57

Bezugsrecht – ordentliche Kapitalerhöhung
- Ausgabebetrag § 44 44.54
- ausländische Aktionäre § 44 44.50
- Ausübung § 44 44.57
- Bekanntmachung § 44 44.53
- Berechtigung § 44 44.45
- Bezugsfrist § 44 44.14, 44.53
- Bezugsrechtshandel § 44 44.68
- eigene Aktien § 44 44.46
- Einzahlung § 44 44.65
- Gattungsbezugsrecht § 44 44.8, 44.52
- Greenshoe § 44 44.46
- Inhalt § 44 44.42
- mittelbares § 44 44.58
- mittelbares, Aktienzeichnung § 44 44.64
- mittelbares, Bezugsangebot § 44 44.61
- mittelbares, Emissionsunternehmen § 44 44.59
- Übertragbarkeit § 44 44.48
- Verfall § 44 44.71
- Verhältnis § 44 44.45
- Verwertung nicht bezogener Aktien § 44 44.71
- Verzicht § 44 44.49

Bezugsrechtsausschluss
- 10 %-Grenze § 7 7.32
- Anfechtungsrisiko § 7 7.25, 7.33
- Arbeitnehmeraktien § 56 56.21
- Ausgabebetrag, Untergrenzengebot § 13 13.38
- bei Neuemission § 7 7.27
- Beschlusskontrolle § 39 39.59
- eigene Aktien § 52 52.53
- Genussrechte § 53 53.76
- Gewinnschuldverschreibungen § 53 53.71
- Siemens/Nold-Entscheidung § 53 53.52
- Wandel- und Optionsanleihen § 53 53.48

Bezugsrechtsausschluss – genehmigtes Kapital
- Berichtspflichten § 45 45.24
- erleichterter § 45 45.22
- Rechtfertigung § 45 45.18
- Zulässigkeit § 45 45.17

Bezugsrechtsausschluss – ordentliche Kapitalerhöhung
- erleichterter § 44 44.86
- faktischer § 44 44.93
- fehlerhafter § 44 44.94
- formelle Voraussetzungen § 44 44.72
- im Konzern § 44 44.92
- materielle Voraussetzungen § 44 44.78
- ordentliche Kapitalerhöhung § 43 43.1

- Sonderbeschlüsse bei Kapital-
  erhöhung § 44 44.8
Bezugsrechtsemission
- Begriff § 7 7.100b
- Bezugsfrist § 44 44.14
- ISIN § 43 43.9
- Kreditinstitute, Einschaltung § 43 43.12
- Meldepflichten, WpHG § 43 43.10
- ordentliche Kapitalerhöhung § 44 44.12
- Prospektpflicht § 43 43.8
- verhältnismäßiges Prospektregime § 7 7.100a
Bezugsrechtshandel
- ordentliche Kapitalerhöhung § 44 44.68
Bilanz
- Begriff § 57 57.51
Bilanzeid
- Jahresabschluss § 57 57.21
- Konzernabschluss § 58 58.11
- Transparenzrichtlinie § 1 1.43
Bilanzgewinn
- Einziehung von Aktien § 51 51.19
Bilanzierung
- Änderung des Jahresabschlusses § 57 57.100
- Corporate Governance § 2 2.19, 2.46
- eigene Aktien § 52 52.50
- Entsprechenserklärung § 2 2.74
- Gläubigerschutz § 57 57.12
- Grundsätze ordnungsgemäßer
  Buchführung § 57 57.76
- IAS/IFRS § 57 57.86; s.a. IAS/IFRS
- Jahresabschluss § 57 57.1; s.a. Jahresabschluss
- maßgebliche Rechtsnormen § 57 57.44
- Publizitätspflichten § 61 61.1
- Sachkapitalerhöhung § 44 44.29
- Stock Options § 55 55.96
Bilanzrecht
- Abschlussprüferrichtlinie § 1 1.43
- AktG/HGB § 57 57.44
- Anhang § 57 57.53
- AReG § 1 1.44
- Auslegung § 57 57.71
- Bilanzeid § 1 1.43
- Bilanzrechtsreformgesetz (BilReG) § 57 57.89
- BilMoG § 1 1.43; § 57 57.56, 57.67, 57.91; s.a. BilMoG
- BilRUG § 1 1.43a; § 57 57.96; § 58 58.40a
- BiRiLiG § 57 57.45
- EU-Bilanzrecht § 57 57.86; § 58 58.18
- EU-RechnungslegungsRL § 57 57.93; § 58 58.22
- Grundsätze ordnungsgemäßer
  Buchführung § 57 57.76
- HGB § 57 57.47

- Modernisierungsrichtlinie EU-Bilanz-
  recht § 57 57.88; § 58 58.21
- Reformvorhaben § 1 1.44
- Struktur § 57 57.47
- Transparenzrichtlinie § 1 1.43
- Vierte Bilanzrichtlinie § 57 57.45
Bilanzrichtlinie
- Umsetzung § 57 57.45
Bildübertragung
- Hauptversammlung § 4 4.65
BilKoG
- Enforcement § 58 58.90
BilMoG
- Aufsichtsratsmitglieder, Unabhängigkeit/
  Rechnungslegungskenntnisse § 30 30.6
- eigene Aktien § 52 52.2, 52.50
- Entsprechenserklärung, Begründung § 2 2.77
- Konzernabschluss § 58 58.37
- Lagebericht, Angabepflichten § 57 57.56, 57.67
- Überblick § 57 57.91
- Zielsetzung § 1 1.43
- Zweck § 1 1.13
BilReG § 57 57.89
Bookbuilding
- Aktienpreisfestsetzungsvertrag § 8 8.30
- Angebot, öffentliches § 8 8.31
- Angebotsphase § 8 8.30
- Begriff § 8 8.30
- entkoppeltes (decoupled) § 8 8.34
- Orderbuch § 8 8.30
- Privatplatzierung § 8 8.183
- Technik der Kapitalerhöhung § 43 43.6
- Vorteile/Kritik § 8 8.32
Börse
- Auswahl § 7 7.41
- Frankfurter Börse § 7 7.41, 7.43
- Regionalbörsen § 7 7.42, 7.48c
Börsengang s.a. Emission
- Begriff § 7 7.1
- Entscheidungsbefugnis § 1 1.36
Börsenhandel s.a. Kapitalmarkt; Wertpapier-
handel
- Aufnahme, Streubesitz § 7 7.2, 7.2a
- Einbeziehung von Aktien § 12 12.1
- Rückzug, Wertpapiere § 63 63.79
- vinkulierte Namensaktien § 5 5.104; § 9 9.25
- Widerruf/Rücknahme § 63 63.1
Börsenkurs
- Abweichung vom Verkehrswert § 13 13.87
- Aktienausgabepreis, Kapitalerhöhung unter
  Bezugsrechtsausschluss § 13 13.38
- Bedeutung, aktienrechtliche § 13 13.2

2413

Stichwortverzeichnis

- Bedeutung, für Unternehmensbewertung § 1 1.33
- Bekanntmachung § 13 13.74
- Berücksichtigungsgebot § 13 13.15 f., 13.19
- Bewertungsstichtag/-periode § 13 13.70
- BVerfG-Rechtsprechung § 13 13.8
- DAT/Altana-Entscheidung § 13 13.14
- Delisting, Aufgabe Macrotron-Rechtsprechung § 13 13.48
- Feldmühle-Entscheidung § 13 13.10
- gewichteter Durchschnittskurs § 13 13.72
- Kaufpreisbestimmung, übertragende Auflösung § 13 13.23
- Meldepflichten, WpÜG-AngVO § 13 13.73
- Stollwerck-Entscheidung § 13 13.72
- Untergrenzengebot § 13 13.12, 13.16
- Verschmelzung, Barabfindung § 13 13.36
- Verschmelzung, Umtauschverhältnis § 13 13.29

Börsenkurs – Abfindung
- Angemessenheit § 64 64.39
- Hochrechnung nach Bekanntgabe § 13 13.86
- Wertermittlung § 13 13.50

Börsenkurs – Abfindungswert
- Ausnahmen § 13 13.12
- Beherrschungsvertrag § 13 13.20
- Eingliederung § 13 13.20
- Fallgruppen § 13 13.20
- Squeeze out § 13 13.22

Börsennotierung
- Aktieneinführung § 9 9.95
- Beendigung § 9 9.75
- Begriff § 1 1.6
- Going Private § 63 63.1; s.a. Delisting
- Indizes § 7 7.61
- Kapitalherabsetzung § 49 49.51
- Pflichtangebot § 62 62.182, 62.220; s.a. Pflichtangebot
- SE § 3 3.4
- Übernahmeangebot § 62 62.182; s.a. Übernahmeangebot
- US-Wertpapierbörsen § 11 11.61
- Vorbereitung § 7 7.93
- Widerruf/Rücknahme § 63 63.1
- Zeitplan § 7 7.93
- Ziele § 7 7.3

Börsenorganisationsrecht
- Freiverkehr, Geschäftsbedingungen § 12 12.9
- Marktsegmentregulierung § 12 12.10
- Rechtsquellen § 12 12.6
- regulierter Markt, Zulassungsfolgepflichten § 12 12.12

Börsenrückzug s. Delisting; Going Private

Börsenzulassung
- Abgrenzung zu Emission § 9 9.5
- Ablauf, Emission § 8 8.21
- Ablehnung § 9 9.74
- Aktienstreuung § 9 9.33
- Aktienstückelung § 9 9.26
- aktienvertretende Zertifikate § 9 9.38
- Anfechtungsklage § 9 9.86
- Antrag § 9 9.56
- Antrag, Emissionsbank § 8 8.137
- Ausnahmen § 9 9.8
- Bedeutung § 9 9.6
- Beendigung von Amts wegen § 9 9.78
- Begriff § 9 9.3; § 12 12.1
- Börsenzulassungsverordnung § 9 9.11
- elektronische Form § 9 9.62
- Emissionsbank, Beratung § 8 8.4
- emittentenbezogene Voraussetzungen § 9 9.14
- emittentenbezogene Voraussetzungen, Drittstaaten § 9 9.36
- Erlöschen kraft Gesetz § 9 9.75
- Finanzierungsinstrumente § 54 54.4
- Folgepflichten, Nichterfüllung § 63 63.4
- Frankreich § 11 11.130
- Freiverkehr § 7 7.48; § 12 12.41
- Gesamtzulassungsgrundsatz § 9 9.27
- Going Private s. Delisting
- Haftung, Zulassungsstelle § 9 9.91
- im Ausland § 11 11.1
- in Frankreich § 11 11.125
- Kapitalerhöhung aus Gesellschaftsmitteln § 47 47.48
- Kosten § 9 9.83
- ordentliche Kapitalherabsetzung § 49 49.50
- Prospekterstellung, Beratung § 8 8.4
- Prospektpflicht § 9 9.6
- Prospektpflicht, Kapitalerhöhung § 43 43.8
- Publizitätspflichten § 61 61.25
- Rechtsmittel § 9 9.85
- regulierter Markt § 9 9.11; § 12 12.33
- Rückzug, Wertpapiere § 63 63.79
- Schriftformerfordernis § 9 9.62
- Special Purpose Acquisition Vehicle (SPAV) § 9 9.22
- Stock Options § 55 55.107
- Überblick § 9 9.1, 9.53
- Untätigkeitsklage § 9 9.85
- Unterlagen, erforderliche § 9 9.66
- Verpflichtungsklage § 9 9.86
- vinkulierte Namensaktien § 9 9.25
- Voraussetzungen § 9 9.11

- wertpapierbezogene Voraussetzungen § 9 9.23
- Wertpapiere, Druckausstattung § 9 9.31
- Wertpapiere, Handelbarkeit § 9 9.24
- Widerruf § 9 9.80; § 15 15.52; s.a. *Delisting*
- Widerruf, Amtshaftung § 9 9.93
- Widerruf/Rücknahme § 63 63.1
- Widerspruchsverfahren § 9 9.86
- Zulassungsanspruch § 9 9.73
- Zulassungsfolgepflichten § 9 9.29, 9.83; s.a. *Zulassungsfolgepflichten*
- Zulassungsstelle, Prüfungspflicht § 9 9.46
- Zulassungsverordnung § 12 12.6

Börsenzulassungsprospekt § 7 7.13; § 9 9.39
- Billigung § 9 9.39
- EU/EWR-Anerkennung § 11 11.180
- Frankreich § 11 11.125 f., 11.130, 11.136
- Prospekterstellung/-nachtrag/ -berichtigung § 8 8.138
- Spanien § 11 11.172

Börsenzulassungsrichtlinie
- Ad-hoc-Publizität § 15 15.6

Börsenzulassungsverordnung § 12 12.6

Break fees § 8 8.102; § 62 62.172

Buchführung s.a. *Bilanz; Jahresabschluss; Rechnungslegung*
- Grundsätze ordnungsgemäßer Buchführung § 57 57.76
- Pflicht § 57 57.14

Business Combination Agreement § 33 33.41 ff.
- Due Diligence § 10 10.46

Business Due Diligence § 10 10.15

Business Judgement Rule § 23 23.3
- unternehmerisches Ermessen § 23 23.20
- unternehmerisches Interesse § 20 20.32

Call option
- Erwerb eigener Aktien § 52 52.39
- Mitteilungspflichten, Zusammenrechnung mit Aktien § 18 18.64

CESR-Standard s.a. *ESMA*
- Kursstabilisierung § 8 8.82a
- Zuteilungsmethoden § 8 8.54

CoCo-Bonds § 53 53.8a

Comfort Letter
- Begriff § 10 10.291
- Emission § 8 8.22
- Emittenteninteresse § 10 10.316
- Funktion § 10 10.292
- Gerichtsstand § 10 10.371
- Haftungsumfang § 10 10.305 ff., 10.320, 10.328 ff.
- Inhalt § 10 10.319, 10.349
- kollisionsrechtliche Fragen § 10 10.377
- Prospekthaftung § 10 10.305 ff.
- Versicherungsschutz § 10 10.321
- Verwendungsbeschränkungen § 10 10.370

Compliance
- Compliance-Gewährleistungen § 8 8.145a
- Insiderinformationen § 14 14.101
- Konzern § 20 20.29
- Marktmissbrauchsverordnung § 1 1.39
- öffentliches Erwerbsangebot § 62 62.103a
- Organisation § 2 2.103
- Verstoß, Untersuchung § 20 20.26

Contracts for Difference
- Mitteilungspflichten § 18 18.62

Corporate Governance
- Begriff § 2 2.1
- Bericht § 2 2.85
- Bewertung § 2 2.35
- Börsenregeln § 2 2.106
- Compliance, Organisation § 2 2.103
- CSR-Berichterstattung § 2 2.8
- CSR-Richtlinie § 2 2.109a
- Deutscher Corporate Governance Kodex § 2 2.29, 2.42; s.a. *Deutscher Corporate Governance Kodex*
- Entsprechenserklärung § 2 2.34
- EU, Entwicklungen § 2 2.109
- Europäisches Forum, Grünbuch § 2 2.28
- Führungssysteme, Vergleich § 2 2.9
- Jahresabschluss § 60 60.8
- nationale Kodizes, Entwicklung § 2 2.26
- neuere Entwicklungen § 2 2.99
- OECD-Grundsätze § 2 2.24
- Rating § 2 2.37
- Regierungskommission § 2 2.32
- SE § 3 3.43
- Standards, Entwicklung § 2 2.23
- Stimmrechtsberater § 2 2.23
- unternehmenseigene § 2 2.66
- Unternehmensinteresse § 2 2.47
- Wahlrecht § 2 2.21
- Zielsetzung § 2 2.4

Corporate Social Responsibility (CSR) § 27 27.10; s.a. *CSR-Richtlinie*

Covenants
- High Yield Bonds § 10 10.105

Covid-19
- Hauptversammlung, erleichterte Vorgaben § 1 1.24b
- Hauptversammlung, virtuelle § 33 33.8

- Insolvenzaussetzungsgesetz § 20 20.25
- Nasdaq, Bedeutungsgewinn § 11 11.62
- Wirtschaftsstabilisierung § 53 53.1
- Wirtschaftsstabilisierungsfonds § 46 46.5

CRD IV-Umsetzungsgesetz
- CRR-Kreditinstitute § 8 8.18

CRR-Verordnung
- stimmrechtslose Vorzugsaktien § 6 6.21

CSR-Richtlinie § 1 1.44a; § 2 2.109a; § 27 27.67a
- CSR-Berichterstattung § 2 2.8
- EU, Entwicklungen § 2 2.109a
- Umsetzungsgesetz, Lagebericht § 57 57.60, 57.99; § 58 58.40b

D&O-Versicherung § 21 21.126
- Aufsichtsratsmitglieder § 30 30.75
- Deckungsschutz § 23 23.123
- Selbstbehalt § 23 23.128
- Versicherungsgegenstand § 23 23.122

Daimler/Chrysler-Entscheidung
- Verschmelzung, Umtauschverhältnis § 13 13.32

Darlehen
- Arbeitnehmerdarlehen § 56 56.7
- Gewährung an Vorstandsmitglieder § 21 21.155

DAT/Altana-Entscheidung § 13 13.13 ff., 13.47; § 62 62.250; § 64 64.40b
- Abfindungswert § 13 13.14

Datenschutz
- bei Due Diligence § 10 10.61 ff.

Datenübermittlung
- elektronische § 4 4.41

DAX § 7 7.63

Deliktshaftung s.a. Haftung
- Ad-hoc-Mitteilung, fehlerhafte § 23 23.101
- Entsprechenserklärung, Fehler/ Unterlassen § 2 2.91
- vorsätzliche sittenwidrige Schädigung § 23 23.104
- Vorstandsmitglieder § 23 23.79, 23.88

Delisting
- Abfindung, Spruchverfahren § 40 40.4
- Arten § 63 63.1
- Begriff § 63 63.1
- echtes § 33 33.40
- Eingriff in Aktieneigentum § 13 13.45
- Entscheidungsbefugnis § 1 1.37
- Erwerbsangebot, Minderheitsaktionäre § 13 13.45
- HV-Beschluss § 33 33.53; § 63 63.59
- kaltes § 63 63.1
- kaltes, Begriff § 63 63.82
- kaltes, Eingliederung § 63 63.84
- kaltes, Squeeze out § 63 63.89
- kaltes, Umwandlung § 63 63.92
- kaltes, Zulässigkeit § 63 63.83
- Macrotron-Rechtsprechung, Aufgabe § 13 13.48
- reguläres § 63 63.1
- reguläres, Rechtsschutz § 63 63.66
- reguläres, Voraussetzungen § 63 63.9
- regulierter Markt § 63 63.1
- Schadensersatz § 63 63.77
- SE § 3 3.16b
- Spruchverfahren § 63 63.50
- Squeeze out § 64 64.1
- von Amts wegen (ex officio delisting) § 63 63.1

Delisting – Voraussetzungen
- Anlegerschutz § 63 63.12
- Entscheidungsanspruch § 63 63.56
- Erwerbsangebot § 63 63.21
- Erwerbsangebot, Abfindung § 63 63.38
- Erwerbsangebot, Angebotsunterlage § 63 63.49
- Erwerbsangebot, Annahmefrist § 63 63.45
- Erwerbsangebot, bedingungs- und vorbehaltsloses § 63 63.35
- Erwerbsangebot, Erwerber § 63 63.30
- Erwerbsangebot, Finanzierungskonzept/ -bestätigung § 63 63.46
- Erwerbsangebot, Veröffentlichungen § 63 63.51
- Erwerbsangebot, Vollangebot § 63 63.26
- Nebenbestimmungen § 63 63.53
- Veröffentlichung des Widerrufs § 63 63.54

Deutscher Corporate Governance Kodex
- Abschlussprüfer, Unabhängigkeit § 2 2.62
- Abweichung § 39 39.41a
- Abweichungen, sinnvolle § 2 2.110
- Aufsichtsrat § 2 2.48; § 24 24.9
- Aufsichtsrat, Auftreten nach außen § 2 2.20
- Aufsichtsrat, Beratungsfunktion § 27 27.16
- Aufsichtsrat, Selbstkontrolle § 28 28.82; § 30 30.11
- Aufsichtsratsausschüsse § 29 29.2
- Aufsichtsratsmandate § 26 26.15a, 26.16b f.
- Aufsichtsratsmitglied, Interessenkonflikt § 28 28.43, 28.67
- Aufsichtsratsmitglieder, Unabhängigkeit § 30 30.6
- Aufsichtsratssitzung § 28 28.41

- Aufsichtsratssitzung, außerordentliche § 28 28.29
- Aufsichtsratsvergütung § 30 30.41
- Aufsichtsratsvorsitzender, Aufgaben § 28 28.12
- Beauftragter § 2 2.70
- bedingte Kapitalerhöhung § 46 46.29
- Bericht § 2 2.85, 2.109
- Berichtspflichten § 27 27.53
- Diversity § 2 2.53, 2.109
- elektronische Datenübermittlung § 4 4.41
- Entsprechenserklärung § 2 2.42; s.a. Entsprechenserklärung
- Entsprechenserklärung, fehlerhafte § 2 2.86
- Entsprechenserklärung, Mitwirkung § 27 27.72
- Entsprechungserklärung, Offenlegung § 61 61.14
- Entstehung/Wirkung § 1 1.29
- Frauenquote § 2 2.54
- Geschäftsordnung, Aufsichtsrat § 28 28.5
- Haftung, Vorstand/Aufsichtsrat § 2 2.59
- Interessenkonflikte, Organe § 2 2.49
- Konzerne § 2 2.65
- Kritik § 2 2.111
- Mitarbeiterbeteiligungen § 56 56.15
- nachhaltige Wertschöpfung § 2 2.47
- Prime Standard § 7 7.52
- Prüfungs-/Bilanzausschuss, Vorsitz § 29 29.36
- Prüfungsausschuss § 2 2.60
- Rechtscharakter § 2 2.42
- Rechtsentwicklung § 2 2.29, 2.110
- Risikomanagement § 20 20.22
- SE § 3 3.7
- Sorgfaltspflichtverletzung, Vorstand § 23 23.14
- Unternehmen, Umsetzung § 2 2.66
- Verträge mit Aufsichtsratsmitgliedern § 31 31.6
- Vorstand, maßgebliche Ziele § 20 20.14
- Ziele § 2 2.42

Digitalisierungsrichtlinie
- Geltungsbereich § 4 4.12

Direct Listing
- Streubesitz § 7 7.2a

Directors' dealings s. Geschäfte v. Führungspersonen

Disclaimer
- Due Diligence § 10 10.125

Disclosure Letter
- Formulierung § 10 10.214
- Funktion § 10 10.215

Disclosure opinion
- Begriff § 10 10.212
- Emission § 8 8.22
- Emission, Beratung § 8 8.5

Dividenden s.a. Ausschüttung
- Ausschüttungsbemessung § 57 57.5
- Kapitalherabsetzung, Auswirkungen § 49 49.28, 49.30
- Mitarbeiterbeteiligungen § 56 56.16
- Rechtsverlust § 18 18.58

Dodd-Frank Wall Street Reform and Consumer Protection Act § 11 11.12
- Handelsgeschäfts auf eigene Rechnung § 8 8.18

Dualistisches System
- Wahlrecht § 2 2.21

Due Diligence
- Abhängigkeit v. Ratingergebnis § 10 10.107
- Absicherung der Zielgesellschaft § 10 10.69
- arbeitsrechtliche Auswirkungen § 10 10.63
- Arten § 10 10.15 ff.
- Begriff § 10 10.1
- bei Mergers & Acquisitions § 10 10.5 ff.
- Bericht, Inhalt § 10 10.125
- Börsengang § 10 10.85
- Bring Down Calls § 10 10.131
- Business Combination Agreement, geplantes § 10 10.46
- Business Due Diligence § 8 8.5; § 10 10.15
- Datenraum § 10 10.72
- Datenschutz § 10 10.61 ff.
- Disclaimer § 10 10.125
- Dokumentation § 10 10.125
- due diligence defense § 10 10.222, 10.310, 10.316
- Einfluss auf Legal Opinion § 10 10.128
- Financial Due Diligence § 8 8.5; § 10 10.16 f.
- Funktion § 10 10.2, 10.5 ff., 10.8 ff.
- Funktion, bei Emission § 8 8.21
- Gegenstand § 10 10.14 ff.
- Gewährleistung § 10 10.114
- Großaktionäre, Gewinnung § 10 10.43
- Großaktionäre, Paketverkauf § 10 10.45
- großvolumige Anleihen § 10 10.102
- Haftung, Emissionsbank § 10 10.116
- Haftung, Emittent § 10 10.114
- Insiderhandelsverbot § 10 10.50
- Insiderinformation § 14 14.83
- Insiderinformationen, Verbot d. Weitergabe § 10 10.47
- Kapitalerhöhung/Umplatzierung § 10 10.95
- Kapitalmarkttransaktion § 10 10.8 ff., 10.38, 10.82 ff.

Stichwortverzeichnis

- kartellrechtliche Auswirkungen § 10 10.65
- Legal § 10 10.126
- Legal and Tax Due Diligence § 10 10.18 ff.
- öffentliche Unternehmen § 10 10.110
- Pflichten des Vorstands § 10 10.41, 10.44, 10.54, 10.75, 10.130
- Publizitätspflichten, Zeitpunkt § 10 10.54
- Technische Due Diligence § 10 10.23 ff.
- Übernahmeangebote § 10 10.44
- Umfang, Auswirkungen auf Vertragsgestaltung § 10 10.120
- Umtauschanleihen § 10 10.100
- Umwelt-Due Diligence § 10 10.26
- Unternehmenskauf § 10 10.114
- Unternehmensübernahme, Vorbereitung § 10 10.38
- Vertraulichkeitsvereinbarung § 10 10.70
- Vollständigkeitserklärung § 10 10.130
- Voraussetzungen § 10 10.30
- Wandel-/Optionsanleihen, Emission § 10 10.98
- Ziele § 10 10.8 ff.

Eigene Aktien
- Ad-hoc-Publizität § 52 52.64
- Aktienoptionsprogramme § 55 55.1; s.a. Aktienoptionsprogramme; Stock Options
- Beteiligungspublizität, Mitteilungspflichten § 52 52.66
- Bezugsrecht, ordentliche Kapitalerhöhung § 44 44.46
- bilanzielle Behandlung § 52 52.50
- Genussscheine/Schuldverschreibungen § 52 52.39
- Kapitalherabsetzung durch Einziehung § 51 51.11
- Marktmanipulation § 52 52.68
- Meldepflicht § 18 18.8
- Meldepflicht, BaFin § 52 52.63, 52.66
- Meldepflicht, Hinzurechnung v. Anteilen § 18 18.11
- Mitgliedschaftsrechte § 52 52.49
- rechtliche Behandlung § 52 52.49
- Repricing § 55 55.54
- Rückkauf, Aktienoptionsprogramme § 55 55.14, 55.41
- Stock Options s. Stock Options
- Übernahmeangebot § 52 52.69

Eigene Aktien – Erwerb
- Abfindung von Aktionären § 52 52.10
- Ad-hoc-Publizität § 52 52.64

- Beteiligungspublizität, Mitteilungspflichten § 52 52.66
- BilMoG § 52 52.2, 52.50
- Einkaufskommission § 52 52.30
- Einziehungsermächtigung § 52 52.26
- Erwerbsvorgang § 52 52.39
- Festpreisangebot § 52 52.41, 52.43
- Finanzdienstleistungsunternehmen § 52 52.6, 52.30
- genehmigter Eigenerwerb § 52 52.20
- Gleichbehandlungsgebot § 52 52.40
- Hauptversammlungsbeschluss § 52 52.20
- Holländische Auktion § 52 52.41, 52.43
- Inpfandnahme § 52 52.61
- Kapitalaufbringung § 52 52.3, 52.13
- Kapitalerhaltung § 52 52.3
- Marktmanipulation § 52 52.68
- Marktmissbrauchsverordnung § 1 1.21a
- Meldepflicht, BaFin § 52 52.63, 52.66
- öffentliche Rückkaufsangebote § 52 52.42
- Pakethandel § 52 52.41, 52.43
- Put/Call Options § 52 52.39, 52.44
- Rückkauf, Anwendbarkeit d. WpÜG § 62 62.27
- Rückkauf, Ausgabe v. Aktienoptionen § 55 55.14
- Rückkauf, Rechtsentwicklung § 1 1.21
- Rückkauf, zwecks Umwandlung § 5 5.57
- Rückkaufprogramme § 14 14.11, 14.55, 14.92, 14.94; § 52 52.20
- Sacheinlageverbot § 52 52.3
- Safe Harbour § 52 52.22, 52.68
- Übernahmeangebot § 52 52.69
- Umgehungsgeschäfte § 52 52.16, 52.58
- Unterrichtung der Hauptversammlung § 52 52.62
- Verbot/Ausnahmen § 52 52.1
- Verbotsverstoß § 52 52.46
- Verbotsverstoß, Haftung § 52 52.15, 52.18
- Zeichnungsverbot § 52 52.13
- Zweckbestimmung § 52 52.21

Eigene Aktien – Veräußerung
- Ad-hoc-Publizität § 52 52.64
- Beteiligungspublizität, Mitteilungspflichten § 52 52.66
- Bezugsrechtsausschluss § 52 52.53
- Gleichbehandlungsgebot § 52 52.52
- Marktmanipulation § 52 52.68
- Meldepflicht, BaFin § 52 52.63

Eigenkapital § 5 5.1
- Beschaffung § 7 7.1, 7.3
- Rating § 7 7.5

Einlageleistung
- Kapitalerhöhung aus genehmigtem Kapital § **45** 45.40; s.a. *Kapitalerhöhung aus genehmigtem Kapital*
- ordentliche Kapitalerhöhung § **44** 44.101

Einlagen
- Neugründung § **4** 4.18

Einlagenrückgewähr
- Gesellschafterdarlehen, Emissionsbank § **8** 8.123b
- Gewährleistungen d. AG, Emission § **8** 8.151
- Haftung, Vorstand § **23** 23.78
- Prospekthaftung § **10** 10.480

Einstweiliger Rechtsschutz
- HV-Beschluss § **39** 39.193
- Verhältnis z. Freigabeverfahren § **39** 39.194

Emission s.a. *Kapitalmarkt*
- Abgrenzung zu Börsenzulassung § **9** 9.5
- Ablauf § **8** 8.14
- Ad-hoc-Mitteilung § **8** 8.59
- Analystenveranstaltung § **7** 7.53
- Auktionsverfahren § **8** 8.28, 8.37
- Ausgabebetrag § **7** 7.33
- Bankenkonsortium § **8** 8.18
- best execution-Regelung § **8** 8.41
- Bezugspreis, Festlegung § **7** 7.33
- Bezugsrechtsausschluss, 10 %-Grenze § **7** 7.32
- Bezugsrechtsausschluss, Anforderungen § **7** 7.28
- Bookbuilding § **8** 8.30; § **43** 43.6, 43.6
- Börsenplätze, Auswahl § **7** 7.41
- Claw-Back § **7** 7.36
- Comfort Letter § **8** 8.22; § **10** 10.305 ff.
- Designated Sponsor § **8** 8.11
- Disclosure Opinion § **8** 8.5, 8.22
- Dokumentation § **8** 8.83
- Due Diligence § **8** 8.5; § **10** 10.8 ff., 10.82 ff.
- Due Diligence Bericht, Inhalt § **10** 10.128
- Durchführung § **8** 8.23
- Emissionsbank, Auswahl § **8** 8.17
- Emissionsbank, Beratung § **8** 8.1
- Emittenten aus Drittstaaten § **9** 9.36
- Europäischer Pass § **7** 7.102
- Festpreisverfahren § **8** 8.26
- Finanzmarktrichtlinie, Neuerungen § **8** 8.23a, 8.41a, 8.53a
- Folgeemission, derselben Gattung § **12** 12.21
- Frankfurter Börse, Zulassungsvoraussetzungen § **7** 7.49
- Frankreich § **11** 11.125, 11.130
- Freiverkehr § **7** 7.48
- General Standard § **7** 7.50
- Gleichbehandlung d. Investoren § **8** 8.52
- Greenshoe-Option § **8** 8.60m, 8.68
- Grundsätze der Aktienzuteilung an Privatanleger § **8** 8.54
- Haftung, Comfort Letter § **10** 10.305 ff., 10.328 ff.
- Indizes § **7** 7.61
- Insiderinformation § **8** 8.57
- Insiderrecht § **8** 8.57
- ISIN § **43** 43.9
- Italien § **11** 11.158
- Kapitalerhöhung, Ermächtigung § **7** 7.26
- Konsortialbanken § **8** 8.20
- Konsortialvertrag § **8** 8.195
- Konzeptionierung § **8** 8.15
- Kursstabilisierung § **8** 8.63
- Legal Opinion § **8** 8.22
- Letter of Engagement § **8** 8.89
- Mandatsvereinbarung § **8** 8.89
- Marketingzwecke § **7** 7.7
- Marktschutzregelung § **8** 8.98
- Marktsegmente § **7** 7.43
- Marktsondierung § **8** 8.58a
- Marktteilbereiche § **7** 7.49
- Naked Short § **8** 8.73, 8.82
- Preisermittlung § **8** 8.24, 8.41a
- Prime Standard § **7** 7.51; § **12** 12.11
- Rechnungslegungsstandards § **7** 7.52, 7.55, 7.57
- regulierter Markt § **7** 7.45
- Scale § **7** 7.57
- Sekundäremission, vereinfachte Offenlegung § **43** 43.8
- Sellers/Selling Group § **8** 8.19
- Spanien § **11** 11.165
- Stimmrechte, Meldepflicht § **8** 8.60
- Technik der Kapitalerhöhung § **43** 43.7
- Übernahmevertrag § **8** 8.104
- Übernahmevertrag, Verhandlungen § **8** 8.22
- USA § **11** 11.1
- Verbot d. Marktmanipulation § **8** 8.74
- verhältnismäßiges Prospektregime § **7** 7.100a
- Vertragsdokumentation § **8** 8.22, 8.84
- Vertraulichkeitsvereinbarung § **8** 8.84
- Vorbereitung § **7** 7.93; § **8** 8.21
- Zeitplan § **7** 7.93
- Ziele § **7** 7.3
- Zuteilungsverfahren § **8** 8.42

Emissionsbank
- Aktieneigentum, Pflichtangebot § **8** 8.61
- Aktienregister § **8** 8.10
- Auswahl § **8** 8.17
- Bankenkonsortium s. *Bankenkonsortium*
- best execution § **8** 8.41

2419

- Bezugsrechtsemission § 8 8.126
- Börsenzulassung, Antrag § 8 8.137
- Börsenzulassungsprospekt § 8 8.4
- CRR-Kreditinstitute § 8 8.18
- Designated Sponsor § 8 8.11
- Due Diligence Bericht, Inhalt § 10 10.128
- Due Diligence, Börsengang § 10 10.85
- Due Diligence, kapitalmarktrechtliche § 10 10.8 ff., 10.77, 10.82 ff.
- Emissionsberatung § 8 8.1
- Emissionsfolgebetreuung § 8 8.8
- Gesellschafterdarlehen § 8 8.123b
- Gewährleistungen, Übernahmevertrag § 8 8.161
- Globalurkunde, Übergabe § 8 8.125
- Konsortenausfall § 8 8.136
- Konsortialbanken § 8 8.193
- Mandatsvereinbarung § 8 8.89
- mittelbare Bezugsrechte § 8 8.126; § 44 44.59
- Platzierung, Fehlschlagen § 8 8.123a
- Prospekterstellung, Beratung § 8 8.4
- Prospekthaftung § 8 8.94; § 10 10.405; s.a. Prospekthaftung
- Provisionsvereinbarung § 8 8.102
- Research, Interessenkonflikte § 8 8.6
- transaktionsbezogene Beratung § 8 8.2
- Trennbankengesetz § 8 8.18
- Übernahmevertrag § 8 8.104; s.a. Übernahmevertrag
- Unternehmenskauf, Due Diligence § 10 10.116
- verdeckte Sacheinlage § 8 8.123a
- Verhaltenspflichten, Übernahmevertrag § 8 8.165
- Vertragsunterlagen, Aufbewahrung/Herausgabe § 8 8.87
- Zahlstellendienst § 8 8.9
- Zeichnung neuer Aktien § 8 8.115

Emittent
- Begriff, Ad-hoc-Publizität § 15 15.11
- Drittlandsemittent § 18 18.7
- Geschäfte v. Führungspersonen § 16 16.3
- Haftung für fehlerhafte Kapitalmarktinformationen § 17 17.5
- Haftung, Comfort Letter § 10 10.305 ff., 10.328 ff.
- Inlandsemittent, Meldepflichten § 18 18.7
- Insolvenz, Zulassungsfolgepflichten § 12 12.3
- Mitteilung von Unternehmensereignissen § 19 19.2
- Prospekthaftung § 10 10.403; s.a. Prospekthaftung
- Veröffentlichungspflichten, WpHG § 18 18.69

Endorsement-Verfahren § 58 58.26, 58.52
Enforcement
- einstufiges Verfahren § 58 58.98
- nationales Verfahren § 58 58.90
- Zweck § 58 58.87
- zweistufiges Verfahren § 58 58.87

Entry Standard § 12 12.42
Entsenderecht
- Aufsichtsratsmitglieder § 4 4.50; § 26 26.27

Entsprechenserklärung
- Abgabe, Turnus § 2 2.72
- Abgabe, Zuständigkeit § 2 2.78
- Änderung § 2 2.80 f.
- Begründung § 2 2.77
- fehlerhafte § 2 2.86
- fehlerhafte, Beschlussanfechtung § 2 2.111
- Haftung bei Fehlerhaftigkeit § 23 23.110
- Haftung, ggü. AG § 2 2.89
- Haftung, ggü. Dritten § 2 2.90
- Inhalt § 2 2.75
- Jahresabschlussprüfung § 60 60.21
- Kodex, Anwendung § 2 2.72
- Mitwirkung d. Aufsichtsrats § 27 27.72
- Offenlegung § 61 61.14
- Prüfung § 2 2.83
- Unterlassen § 2 2.86
- Zugänglichmachen § 2 2.73

Erwerbsangebot
- bei Delisting § 63 63.21

ESMA
- Kursstabilisierung § 8 8.82a
- White List of Activities § 18 18.42a

EU-Recht
- Corporate Governance, Entwicklungen § 2 2.109
- Harmonisierung § 1 1.7
- Komitologie-Beschluss § 58 58.27

EU-Richtlinien
- Abschlussprüferreformrichtlinie § 60 60.8a
- Abschlussprüferrichtlinie § 1 1.43; § 2 2.60
- Aktionärsrechterichtlinie § 1 1.23
- ARRL-Änderungsrichtlinie § 5 5.37a
- ARUG II § 5 5.37a, 5.69
- Bilanzrichtlinien § 57 57.45
- Börsenzulassungsrichtlinie § 15 15.6
- CRIM-MAD § 14 14.103
- Endorsement-Verfahren § 58 58.26
- Finanzmarktrichtlinie-Umsetzungsgesetz § 9 9.10, 9.12
- gesellschaftsrechtliche § 1 1.7
- Insiderrichtlinie § 14 14.2
- Kapitalmarktpublizitätsrichtlinie § 15 15.7
- kapitalmarktrechtliche § 1 1.9

- Marktmissbrauchsrichtlinie § 14 14.2; § 15 15.8
- Prospektrichtlinie § 9 9.9, 9.41; § 11 11.123
- Prospektrichtlinie, jährliches Dokument § 12 12.32
- Prospektrichtlinie, Überarbeitung 2012 § 7 7.14, 7.100a
- Rechnungslegung, Modernisierungsrichtlinie § 57 57.88; § 58 58.21
- Rechnungslegungsrichtlinie § 57 57.93; § 58 58.22
- Transparenzrichtlinie § 18 18.1; s.a. Transparenzrichtlinie
- Transparenzrichtlinie-Änderungsrichtlinie § 7 7.53
- über strafrechtliche Sanktionen für Insiderhandel und Marktmanipulation (MAD) § 14 14.3

EU-Verordnungen
- internationale Rechnungslegungsstandards § 57 57.86; § 58 58.1, 58.20
- Kursstabilisierungsmaßnahmen § 8 8.75
- Leerverkaufsverordnung § 8 8.82b
- Marktmissbrauchsverordnung (MAR) § 14 14.3, 14.8
- Prospektverordnung § 9 9.10a
- Wiederaufbauprospekt § 7 7.100f; § 9 9.39; § 43 43.8

Face-to-face-Geschäft § 10 10.50
Familienpool
- Insiderinformationen § 14 14.70
- Verfügungsbeschränkungen § 4 4.75

Feldmühle-Entscheidung
- Abfindungswert § 13 13.10

Feststellungsantrag
- Nichtigkeitsklage § 39 39.135
- Verbindung mit Anfechtungsklage § 39 39.132

Feststellungsklage
- allgemeine Aktionärsklage § 41 41.13
- Satzungsmängel § 4 4.100, 4.102

Financial Due Diligence § 10 10.16 f.
Finanzberichte
- Halbjahresbericht § 59 59.17
- Quartalsberichterstattung § 59 59.12, 59.31
- Quartalsmitteilungen § 59 59.28
- unterjährig § 59 59.1
- Zwischenbericht s. Zwischenbericht

Finanzdienstleistungsunternehmen
s.a. Bankenkonsortium; Emissionsbank; Wertpapierdienstleistungsunternehmen
- Erwerb eigener Aktien § 52 52.6, 52.30

Finanzexperten
- Aufsichtsratsmitgliedschaft § 26 26.16a

Finanzierung
- Formen § 53 53.1; s.a. Genussrechte; Gewinnschuldverschreibungen; Optionsanleihen; Wandelanleihen

Finanzierungsinstrumente
- Anlegerschutz § 54 54.1
- Hauptversammlung, Mitwirkungsrechte § 53 53.1; s.a. Genussrechte; Gewinnschuldverschreibungen; Optionsanleihen; Wandelanleihen
- Kombinationsformen § 53 53.3
- spezielle Ausgestaltungsformen § 53 53.7

Finanzinstrumente
- Ad-hoc-Publizität § 15 15.11
- Begriff § 17 17.5
- Insiderhandelsverbot § 14 14.8
- Kursstabilisierungsregeln § 8 8.76
- Mitteilungspflichten, AnsFuG § 1 1.35
- Mitteilungspflichten, Schwellenwert § 18 18.64
- Mitteilungspflichten, WpHG § 18 18.60
- Mitteilungspflichten, Zusammenrechnung mit Aktien § 18 18.64
- Stimmrechtsmitteilungen § 8 8.60a

Finanzmarktintegritätsgesetz (FISG) § 27 27.4
- Auskunftsrecht § 24 24.23; § 27 27.7; § 29 29.36a
- einstufiges Enforcement Verfahren § 58 58.98 ff.
- Finanzexpertise § 24 24.11; § 26 26.16a
- Prüfungsausschuss § 2 2.60; § 20 20.121; § 24 24.8, 24.27; § 29 29.4, 29.34
- Risikomanagementsystem § 27 27.4

Finanzmarktnovellierungsgesetz § 1 1.9; § 9 9.62; § 14 14.103
- Ad-hoc-Publizität § 15 15.85
- Offenlegungspflichten, Sanktionen § 1 1.38a

Finanzmarktrichtlinie
- Informationspflichten Wertpapierdienstleistungsunternehmen § 8 8.16
- Research Berichte, Anlageempfehlungen § 8 8.6a
- Umsetzungsgesetz § 9 9.10, 9.12

Finanzmarktrichtlinie-Umsetzungsgesetz
- best execution-Regelung § 8 8.41

Formwechsel
- Delisting § 63 63.92
- Gründungsvorschriften § 4 4.9
- Nachgründungsvorschriften § 4 4.10
- SE § 4 4.10a
- SE, Gründung § 3 3.33

2421

Frankfurter Börse
- Designated Sponsor § 8 8.11
- General Standard § 7 7.50
- Marktteilbereiche § 7 7.49
- Prime Standard § 7 7.51
- Scale § 7 7.57

Frankreich
- Börsenzulassung § 11 11.125, 11.130

Frauenquote *s.a. Geschlechterquote*
- Angaben im Lagebericht § 57 57.95
- FüPoG II *s. FüPoG II*
- SE § 3 3.12c
- Vorstand, Zielgrößen § 21 21.2

Freigabeverfahren
- Bagatellquorum § 39 39.179b
- Freigabevoraussetzungen § 39 39.179
- Interessenabwägung § 39 39.180
- Kapitalmaßnahmen § 39 39.183
- Produktfreigabeverfahren § 8 8.23a
- Rechtsmittel § 39 39.178
- Registersperre, faktische § 39 39.183
- Registersperre, formale § 39 39.173
- Schadensersatzanspruch § 39 39.182
- UMAG § 39 39.175
- Verfahrensregeln § 39 39.177, 39.185
- Verhältnis z. einstweiligen Rechtsschutz § 39 39.194
- Wirkung § 39 39.182, 39.187
- Zweck § 39 39.171

Freiverkehr
- Basic Board § 7 7.60a; § 12 12.42
- Einbeziehung von Aktien § 12 12.1
- Geschäftsbedingungen § 12 12.9, 12.41
- Marktsegmente § 12 12.42
- Missbrauchsaufsicht § 7 7.48
- Open Market § 12 12.42
- Quotation Board § 7 7.48
- Regeln § 7 7.48
- Regionalbörsen § 7 7.48c
- Rückzug, Wertpapiere § 63 63.81
- Scale § 7 7.48a, 7.57; § 12 12.42
- Zulassungsantrag § 12 12.41

Führungssystem
- Corporate Governance § 2 2.9
- dualistisches § 2 2.11
- monistisches § 2 2.14
- Wahlrecht, SE § 2 2.21

FüPoG II § 2 2.54; § 21 21.4, 21.8
- Geschlechterquote § 1 1.17b

Garantien
- Übernahmevertrag § 8 8.149

Geheimhaltungsbedürfnis *s.a. Vertraulichkeitsvereinbarung*
- Spruchverfahren § 40 40.24
- Umplatzierung, Mitwirkung d. AG § 7 7.23
- Verschwiegenheitspflicht, Aufsichtsratsmitglieder § 30 30.12
- Verschwiegenheitspflicht, Vorstand § 23 23.31

Gelatine-Entscheidung § 8 8.47

Geltl/Daimler-Entscheidung
- Ad-hoc-Publizität § 8 8.59a
- Insiderinformationen § 14 14.15
- Publizitätspflichtverletzung, rechtmäßiges Alternativverhalten § 17 17.31

Gemeinschaftsunternehmen
- Konzernabschluss § 58 58.68

Genehmigtes Kapital *s.a. Kapitalerhöhung – genehmigtes Kapital*
- Satzungsregelung § 4 4.45
- Vorzüge, Neuemission § 7 7.26
- Zustimmung, Aufsichtsrat § 27 27.78

General Standard § 7 7.50
- Amtlicher Markt § 12 12.12
- Geregelter Markt § 12 12.11
- Index § 7 7.68
- Marktsegmentverfassung § 12 12.11
- Vergleich mit Prime Standard § 7 7.54

Genussrechte
- Anlegerschutz § 54 54.11
- Ausgabe, Hauptversammlungsbeschluss § 53 53.75
- Bedeutung § 53 53.73
- Begriff § 53 53.72
- Bezugsrecht/-ausschluss § 53 53.76
- Erwerb eigener Aktien § 52 52.39
- Gewinnfeststellung/-verwendung § 54 54.14
- Kapitalherabsetzung, Auswirkungen § 49 49.31
- Kapitalmaßnahmen § 54 54.16
- Mitarbeiterbeteiligungen § 56 56.9, 56.32

Genussscheine
- Kapitalerhöhung aus Gesellschaftsmitteln § 47 47.44

Gerichtsstandsklausel
- Satzungsregelung § 4 4.71

Gesamtschuldnerschaft
- Haftung, Vorstand § 23 23.55

Geschäfte mit nahestehenden Personen
- Aufsichtsratsausschuss § 32 32.35
- ausgenommene Geschäfte § 32 32.18 ff.
- Ausnahmetatbestände § 32 32.25 ff.
- Begriff § 32 32.1, 32.5 ff.
- erfasste Geschäfte § 32 32.12
- erfasste Gesellschaften § 32 32.3 f.

- erfasste Maßnahmen § 32 32.13
- Geschäfte v. Führungspersonen § 16 16.9
- Kreditgewährung d. Gesellschaft § 21 21.155
- Offenlegung § 32 32.36 ff.
- organisatorische Vorkehrungen § 32 32.22 ff.
- Wesentlichkeitsschwelle § 32 32.15 ff.
- Zustimmung Aufsichtsrat § 32 32.29 ff.
- Zustimmungsvorbehalt d. Aufsichtsrats § 27 27.41a

Geschäfte v. Führungspersonen
- Aufsichtsratsmitglieder § 30 30.31
- erfasste Transaktionen § 16 16.13
- Führungspersonen § 16 16.2, 16.6
- Haftung § 16 16.24
- Handelsverbot § 16 16.22
- Komitologieverfahren § 16 16.1
- Konzernklausel § 16 16.7
- Marktmissbrauchs-VO (MAR) § 16 16.1
- Mitteilungs- und Veröffentlichungspflicht § 16 16.13
- nahestehende juristische Personen/Gesellschaften § 16 16.10
- persönlicher Anwendungsbereich § 16 16.6
- Publizität, kapitalmarktrechtliche § 15 15.3
- sachlicher Anwendungsbereich § 16 16.3
- Sanktionen § 16 16.23

Geschäftsführung
- allgemeine Sorgfaltspflichten § 20 20.30
- Anlegerschutz § 54 54.13
- Aufbau-/Ablauforganisation § 20 20.19
- Befugnis, Satzungsregelung § 4 4.32
- Board System § 24 24.2
- Business Judgement Rule § 23 23.3, 23.20
- Compliance § 20 20.23
- dualistisches Prinzip § 20 20.4; § 24 24.2
- feindliche Übernahmen § 62 62.283
- Gesamtgeschäftsführung § 20 20.91
- Gesamtgeschäftsführung, Verstoß § 23 23.41
- Gesamtvertretung § 20 20.1, 20.73
- Geschäfte v. Führungspersonen § 16 16.2, 16.6; s.a. *Geschäfte v. Führungspersonen*
- Haftung § 23 23.18; s.a. *Haftung – Vorstand; Haftung – Vorstandsmitglieder*
- Konzernleitungspflicht § 20 20.57
- Legalitätspflicht § 23 23.15
- Leitungsaufgaben, Delegation § 20 20.9, 20.15
- Personalangelegenheiten § 21 21.15
- Prüfung, durch Aufsichtsrat § 27 27.55
- Risikomanagement § 20 20.21, 20.22
- Risikoüberwachungssystem § 23 23.17
- unternehmerisches Ermessen § 23 23.20
- Verhältnis der Organe § 20 20.1; § 24 24.15
- Vorstandsaufgaben § 20 20.7

Geschäftsjahr
- Satzungsregelung § 4 4.34

Geschäftsordnung
- Aufsichtsrat § 4 4.54, 4.78; § 28 28.1
- Hauptversammlung § 4 4.78; § 35 35.50
- Vorstand § 20 20.103
- Vorstand, Erlasskompetenz § 4 4.49, 4.78

Geschlechterquote § 1 1.17a
- Aufsichtsrat § 25 25.21
- EU, Entwicklungen § 2 2.109a
- FüPoG II § 1 1.17b; § 21 21.4, 21.8

Geschlechterquote – Aufsichtsrat
- börsennotierte/paritätisch mitbestimmte AG § 25 25.22, 25.24
- Erklärung zur Unternehmensführung § 25 25.27
- Gesamterfüllung, Prinzip § 25 25.22
- Verstoß, Sanktionen § 25 25.23
- Zielgrößen, Frauenanteil § 25 25.24

Geschlechterquote – Vorstand
- Zielgrößen, Frauenanteil § 25 25.24

Gesellschafterdarlehen
- Emissionsbank § 8 8.123b

Gesetz zur Einführung elektronischer Wertpapiere (eWpG) § 5 5.3, 5.62, 5.81

Gewährleistung
- Haftungsausschluss § 10 10.125
- Übernahmevertrag § 8 8.143
- Übernahmevertrag, Freistellung § 8 8.147
- Übernahmevertrag, Zulässigkeit § 8 8.151
- Unternehmenskauf, Due Diligence § 10 10.114

Gewinn-/Verlustrechnung
- Begriff § 57 57.51

Gewinnausschüttung *s.a. Dividende*
- Beginn der Dividendenberechtigung § 4 4.68
- Begrenzung, bei Kapitalherabsetzung § 50 50.27
- Sachausschüttung, Zulässigkeit § 4 4.68

Gewinnbeteiligung
- Arbeitnehmer § 56 56.4, 56.16
- teileingezahlte Rechte § 47 47.35
- Vorstandsmitglieder § 21 21.71

Gewinnrücklage
- Einziehung von Aktien § 51 51.19
- Festlegung § 4 4.67
- Satzungsregelung § 4 4.67
- Umwandlung in Grundkapital § 47 47.16
- vereinfachte Kapitalherabsetzung § 50 50.9, 50.12

Gewinnschuldverschreibungen
- Anlegerschutz § 54 54.11

- Ausgabe, Hauptversammlungs-
  beschluss § 53 53.70
- Bezugsrecht/-ausschluss § 53 53.71
- Gewinnfeststellung/-verwendung § 54 54.14
- Kapitalerhöhung aus Gesellschafts-
  mitteln § 47 47.44
- Kapitalmaßnahmen § 54 54.16

Gewinnverwendung
- Anlegerschutz § 54 54.14
- Beschluss, Anfechtbarkeit § 39 39.165
- Beschluss, Nichtigkeit § 39 39.162
- HV, Zuständigkeit § 33 33.18
- Schutz Minderheitsaktionäre § 57 57.13
- Vorschlag, Offenlegung § 61 61.13

Girmes-Entscheidung § 38 38.30, 38.42

Girosammelverwahrung
- Aktienübertragung § 5 5.82
- beschränkt dingliche Rechte, Bestel-
  lung § 5 5.87
- Dauerglobalurkunden § 5 5.18
- Pfändung von Aktien § 5 5.88

Gläubigerschutz
- Einziehung von Aktien § 51 51.16
- ordentliche Kapitalerhöhung § 44 44.120
- ordentliche Kapitalherabsetzung § 49 49.33
- vereinfachte Kapitalherabsetzung § 50 50.16
- Verstoß, HV-Beschluss § 39 39.19

Gleichbehandlungsgebot
- Aktienoptionsprogramme § 55 55.71
- Aktionäre § 12 12.12; § 38 38.19
- Altersgrenze § 21 21.165
- Aufsichtsratsvergütung § 30 30.47
- Bieter, Erwerbsangebot § 62 62.171
- eigene Aktien, Erwerb § 52 52.40
- eigene Aktien, Veräußerung § 52 52.52
- Investoren, Zuteilungsverfahren § 8 8.52
- Mitarbeiterbeteiligungen § 56 56.38
- ordentliche Kapitalherabsetzung § 49 49.14
- Verstoß § 38 38.26
- Vorstand, Verhältnis z. Aktionären
  § 20 20.132
- Vorstandsmitglieder § 21 21.162

Global Shares § 5 5.33; § 11 11.42

Globalurkunde
- Aktienübertragung § 5 5.80
- Begriff § 5 5.61
- Verbriefungsanspruch, Ausschluss § 4 4.47

Going Private § 63 63.1; *s.a. Delisting*

Going Public-Anleihen § 53 53.10

Greenshoe-Option § 8 8.68
- Aktienübernahme § 8 8.133
- Bezugsverhältnis § 44 44.46

- Kapitalerhöhung aus genehmigtem
  Kapital § 45 45.48
- Meldepflichten § 8 8.60m
- Mitteilungspflichten § 8 8.82c
- Stabilisierungszeitraum § 8 8.82

Großaktionäre
- Insiderinformationen § 14 14.68
- Paketaufbau § 14 14.81

Grundkapital
- Aktienanteile § 5 5.1
- Mindesthöhe § 5 5.1
- Mindestnennbetrag § 5 5.8
- Satzungsregelung § 4 4.36
- Zerlegung, Festlegung § 4 4.37

Gründung
- Aktienausgabe § 5 5.5
- Aktiengattung, Auswahl § 5 5.49; § 6 6.15
- Aktienübernahme § 4 4.16
- Bericht, Erforderlichkeit § 4 4.19
- Bestellung Aufsichtsrat/Vorstand § 4 4.17
- Einheitsgründung § 4 4.16
- Formwechsel, zwecks Börsengang § 4 4.8
- Handelndenhaftung, Erlöschen § 4 4.21
- Neugründung, zwecks Börsengang § 4 4.11
- Problemfelder/Überblick § 4 4.12
- Registereintragung § 4 4.20
- Registerkontrolle § 4 4.20
- Sitz, Festlegung § 4 4.31a, 4.44
- wirtschaftliche Neugründung § 4 4.21

Gründungsaufwand
- Satzungsregelung § 4 4.23, 4.42

Gründungshaftung
- Vorstandsmitglieder § 23 23.8

Gründungsvorschriften
- Formwechsel, zwecks Börsengang § 4 4.9

Haftung *s.a. Gewährleistung; Prospekthaftung*
- Abschlussprüfer § 10 10.305 ff., 10.320, 10.328 ff.; § 60 60.119, 60.219
- Börsenzulassung § 9 9.91
- Comfort Letter § 10 10.305 ff., 10.320, 10.328 ff.
- Emissionsbank § 10 10.305 ff., 10.328 ff.
- Emittent § 10 10.305 ff., 10.320, 10.328 ff.
- fehlerhafte Kapitalmarktinformation
  § 17 17.1
- Handelndenhaftung, Erlöschen § 4 4.21
- In-house-Opinion § 10 10.249
- Insiderhandelsverbot § 14 14.106
- Klagezulassungsverfahren § 42 42.29
- Legal Opinion § 10 10.237

- Minderheitenklage, nach Klagezulassungsverfahren § 42 42.49
- öffentliches Erwerbsangebot § 62 62.88
- Publizitätspflichtverletzung § 15 15.49, 15.53
- Treuepflicht, Verletzung § 38 38.39
- US-Wertpapierhandel § 11 11.44

Haftung – Aufsichtsratsmitglieder
- Aktionärsklage, g. Organe/Aktionäre § 41 41.15
- Anspruchsinhaber § 30 30.68
- Ausschussmitglieder § 30 30.60
- Beschränkung/Ausschluss § 30 30.56, 30.78
- Deutscher Corporate Governance Kodex § 2 2.59
- Entsprechenserklärung, fehlerhafte § 2 2.86
- Erwerb eigener Aktien, Verbot § 52 52.46
- feindliche Übernahmen § 62 62.336
- Geltendmachung § 30 30.69
- ggü. Aktionären § 30 30.71
- Grundlage § 30 30.54
- Insiderhandelsverbot § 14 14.102
- Pflichtenkreis § 30 30.61
- Sorgfaltsmaßstab § 30 30.57
- Übernahmeangebot, Stellungnahme § 62 62.166
- Verschwiegenheitspflicht, Verletzung § 30 30.23
- Vorstandsvergütung, Festsetzung § 21 21.27, 21.93
- Wahl, Unwirksamkeit § 26 26.74

Haftung – Vorstandsmitglieder
- Ad-hoc-Mitteilung, fehlerhafte § 23 23.101
- Aktionärsklage, g. Organe/Aktionäre § 41 41.15
- Anstellungsverhältnis § 23 23.39
- Außenhaftung § 23 23.1, 23.79
- Binnenhaftung § 23 23.1
- Business Judgement Rule § 23 23.3, 23.20
- D&O-Versicherung § 23 23.122
- Darlegungs-/Beweislast § 23 23.50
- deliktsrechtlicher Anspruch d. Aktionäre § 23 23.84, 23.104
- Deutscher Corporate Governance Kodex § 2 2.59
- Doppelmandat § 23 23.11
- Due Diligence § 10 10.41
- Entsprechenserklärung, fehlerhafte § 2 2.86; § 23 23.110
- Erwerb eigener Aktien, Verbot § 52 52.46
- feindliche Übernahmen § 62 62.336
- Geltendmachung, durch Aktionäre § 23 23.64, 23.79
- Geltendmachung, durch Aufsichtsrat § 23 23.57; § 27 27.42
- Geltendmachung, durch Gesellschaftsgläubiger § 23 23.72
- Geltendmachung, durch HV § 23 23.61
- Gesamtgeschäftsführung, Verstoß § 23 23.41
- Gesamtschuldnerschaft § 23 23.55
- Insiderhandelsverbot § 14 14.102
- Insolvenzantragspflicht § 20 20.56
- Kapitalanleger-Musterverfahren § 23 23.108
- Konzern, abhängige Gesellschaft § 23 23.117
- Konzern, beherrschende Gesellschaft § 23 23.112
- Legalitätspflicht § 23 23.15
- Marktmanipulation § 23 23.103
- Maßnahmen aufgrund HV-Beschluss § 23 23.52
- nachwirkende Haftung § 23 23.8
- Ordnungswidrigkeiten § 23 23.96
- pflichtwidrige Vorstandsbeschlüsse § 23 23.40
- Prospekthaftung § 23 23.109
- Publizitätspflichtverletzung § 15 15.54
- Schaden § 23 23.47
- schädigende Einflussnahme § 23 23.79
- Sorgfaltsmaßstab § 23 23.3, 23.9
- Sorgfaltspflichtverletzung § 23 23.12
- Übernahmeangebot, Stellungnahme § 62 62.166
- Untreue § 23 23.97
- Verjährung § 23 23.76
- Verschulden § 23 23.44
- Verstoß g. Aktienerwerbsverbot § 52 52.15, 52.18
- Verstöße gem. § 93 Abs. 3 AktG § 23 23.77
- Verzicht/Vergleich § 23 23.67
- vorsätzliche sittenwidrige Schädigung § 23 23.104
- vorvertragliche Pflichtverletzung § 23 23.94

Haftungsbegrenzung
- Abschlussprüfer § 60 60.229
- Legal Opinion § 10 10.267

Halbjahresfinanzbericht
- Sanktionen § 12 12.30
- Veröffentlichung § 12 12.28
- Vorschriften § 59 59.17
- Zulassungsfolgepflichten § 12 12.25

Handelsregisteranmeldung
- Anfechtungsklage, Urteil § 39 39.131
- Aufsichtsratsvorsitz § 28 28.23
- bedingte Kapitalerhöhung, Beschluss § 46 46.45
- bedingte Kapitalerhöhung, Durchführung § 46 46.58

Stichwortverzeichnis

- Kapitalerhöhung aus genehmigtem Kapital § 45 45.14
- Kapitalerhöhung aus Gesellschaftsmitteln § 47 47.21
- Kapitalerhöhung, ordentliche § 44 44.105
- Kapitalherabsetzung durch Aktieneinziehung § 51 51.30, 51.34
- Kapitalherabsetzung, Durchführung § 49 49.52
- Kapitalherabsetzung, ordentliche § 49 49.19
- Kapitalherabsetzung, vereinfachte § 50 50.16
- Rechtsbehelfe § 44 44.114
- Satzungsänderung § 4 4.89
- Squeeze out § 64 64.63

Handelsregistereintragung
- Entsprechenserklärung § 2 2.74
- Freigabeverfahren § 39 39.171
- HV-Beschluss, Amtslöschung § 39 39.25
- Kapitalerhöhung aus genehmigtem Kapital § 45 45.14, 45.41, 45.45
- Kapitalerhöhung aus Gesellschaftsmitteln § 47 47.24
- Kapitalerhöhung, bedingte § 46 46.60
- Kapitalherabsetzung durch Aktieneinziehung § 51 51.30, 51.34
- Kapitalherabsetzung, ordentliche § 49 49.24
- Kapitalherabsetzung, vereinfachte § 50 50.16, 50.36
- Neugründung § 4 4.20
- Prüfung, Kapitalerhöhung § 44 44.110
- Rechtsschutz § 44 44.114
- Registersperre, faktische § 39 39.183
- Registersperre, formale § 39 39.173
- Satzungsänderung § 4 4.90
- Squeeze out § 64 64.65

Hauptaktionär
- Einberufungsverlangen § 34 34.31
- Squeeze out § 64 64.20
- Squeeze out, Rechtsfolgen § 64 64.71
- Übertragungsbericht § 34 34.110

Hauptversammlung
- Absage § 34 34.66
- Abstimmungsbestätigung § 35 35.62
- außerordentliche § 34 34.11, 34.111
- Backoffice § 35 35.58
- Beschlussvorschläge § 34 34.51
- Bild- und Tonaufzeichnungen § 37 37.31
- Briefwahl § 35 35.60
- Dokumentation § 37 37.1
- Einberufung § 34 34.9 ff.
- Eingangsbestätigung § 35 35.61
- Ergänzung d. Tagesordnung § 34 34.68
- feindliche Übernahmen § 62 62.297, 62.331

- Funktion § 33 33.1
- Insiderinformationen § 14 14.68
- Investor Relations § 33 33.13
- Jahresabschluss, Berichtspflicht d. Aufsichtsrats § 57 57.37
- Mitteilungspflichten § 34 34.76
- notarielle Niederschrift § 37 37.2
- Online-Teilnahme § 4 4.62a; § 35 35.59
- ordentliche § 4 4.58; § 34 34.10
- Präsenzbonus § 33 33.9
- Privatanleger § 33 33.12
- stenographisches Protokoll § 37 37.28
- Teilnahme § 33 33.7
- Übertragung Bild u. Ton § 35 35.57
- Übertragung Nebenräume § 35 35.58
- Unterrichtung d. Aktionäre § 33 33.2
- Verhältnis z. anderen Organen § 33 33.14
- Verhältnis z. Aufsichtsrat § 33 33.14
- Verhältnis z. Vorstand § 20 20.3, 20.128
- Veröffentlichung d. Abstimmungsergebnisse § 37 37.27
- Versammlungsleiter § 35 35.36
- virtuelle HV s. Hauptversammlung – Virtuelle HV
- virtuelle Teilnahme § 33 33.7

Hauptversammlung – Ablauf
- Abstimmungen § 35 35.7
- Aussprache § 35 35.6
- Berichte d. Aufsichtsrats § 35 35.5
- Berichte d. Vorstands § 35 35.4
- Beschlussfeststellung § 35 35.8
- Einzeldebatte § 35 35.6
- Eröffnung § 35 35.2
- Generaldebatte § 35 35.6
- Geschäftsordnung § 35 35.50
- Grundlagen § 35 35.1
- Regularien § 35 35.3
- Schließung § 35 35.9
- Teilnehmerverzeichnis § 35 35.42

Hauptversammlung – Aktionärsrechte
- Aktionäre § 36 36.2
- Aktionärsvertreter § 36 36.2
- Allgemeines § 36 36.11
- Antragsrecht § 36 36.37
- Auskunftsrecht § 36 36.11
- Beschlüsse u. Wahlen § 36 36.58
- Beschränkungen § 36 36.2
- Frage- u. Rederecht § 36 36.3
- Gleichbehandlung § 36 36.11
- Grundlagen § 36 36.1
- Investorendialog § 36 36.11
- Rechtsgrundlage § 36 36.2, 36.11
- Stimmrecht § 36 36.41

- Teilnahmerecht § 36 36.2
- Widerspruchsrecht § 36 36.74
- Zweck § 36 36.11

Hauptversammlung – Antragsrecht
- Abberufung § 36 36.39
- Absetzung § 36 36.38
- Abwahl Versammlungsleiter § 36 36.38
- Allgemeines § 36 36.37
- besonderer Vertreter § 36 36.39
- Bezugsrechtausschluss § 36 36.39
- Einberufung neuer HV § 36 36.38
- Gegenanträge § 36 36.39
- Geltendmachung Ersatzansprüche § 36 36.39
- Geschäftsordnungsanträge § 36 36.38
- Gewinnverwendung § 36 36.39
- Kapitalerhöhung § 36 36.39
- mündliche Antragstellung § 36 36.37
- negative Bindung § 36 36.37
- Reihenfolge Abstimmungen § 36 36.40
- Sachanträge § 36 36.39
- Satzungsänderung § 36 36.39
- Sonderprüfung § 36 36.39
- Verfahrensanträge § 36 36.38
- Vertagung § 36 36.38
- Vertrauensentzug § 36 36.39
- Wahlvorschläge § 36 36.39

Hauptversammlung – Auskunftsrecht
- Abschlussprüfer § 36 36.13
- Anfechtungsklage § 36 36.36
- Angelegenheit d. Gesellschaft § 36 36.15
- Aufsichtsrat § 36 36.13
- Aukunftserzwingungsverfahren § 36 36.36
- Ausforschungsfrage § 36 36.35
- Auskunft an verbundene Unternehmen § 36 36.34
- Auskunft über verbundene Untenehmen § 36 36.17
- Auskunftsberechtigter § 36 36.12
- Auskunftsschuldner § 36 36.13
- Auskunftsverlangen § 36 36.14, 36.35
- Auskunftsverweigerung § 36 36.22
- Backoffice § 36 36.13
- Begründung d. Auskunfts- verweigerung § 36 36.31
- Bewertungsmethoden § 36 36.26, 36.28
- Bilanzierungsmethoden § 36 36.26, 36.28
- drohender Nachteil § 36 36.23
- Erforderlichkeit d. Auskunft § 36 36.16
- Erweiterung § 36 36.18
- Form d. Auskunft § 36 36.19
- Gesellschaftsgeheimnis § 36 36.27
- Gremienvertraulichkeit § 36 36.15, 36.23
- informatorische Gleichbehandlung § 36 36.32

- Inhalt d. Auskunft § 36 36.20
- Insiderinformation § 36 36.27, 36.31
- Internetauskunft § 36 36.29
- Nachinformation § 36 36.32
- personenbezogene Daten § 36 36.27
- Pflichtverletzungen eines Organmitglieds § 36 36.23
- Protokollierung unbeantworteter Fragen § 36 36.31
- quantitativer Fragenexzess § 36 36.30
- Rechtsfolge Verstöße § 36 36.36
- Rechtsmissbrauch § 36 36.30
- Sonderprüfer § 36 36.3
- Sonderregelung f. Institute § 36 36.28
- Staatsgeheimnis § 36 36.27
- Steuern § 36 36.24
- stille Reserven § 36 36.25, 36.28
- Strafbarkeit § 36 36.27, 36.36
- Transaktionen § 36 36.33
- Verrechnungen § 36 36.28
- vertragliche Schweigepflichten § 36 36.23
- Vorstand § 36 36.13
- Zeitpunkt d. Auskunft § 36 36.21

Hauptversammlung – Bedeutung
- Aktivistische Aktionäre § 33 33.11
- Corporate Social Responsibility § 33 33.13
- Hedgefonds § 33 33.11
- institutionelle Anleger § 33 33.10
- Investor Relations § 33 33.13
- Investorengespräche § 33 33.10
- Stimmrechtsberater § 33 33.10
- Vermögensverwalter § 33 33.10

Hauptversammlung – Beschlüsse und Wahlen
s.a. Hauptversammlung – Beschlussmängel
- Abstimmungsergebnis § 36 36.67; § 39 39.53
- Abstimmungsmedium § 36 36.64
- Abstimmungsmodus § 36 36.64
- Abstimmungsverfahren § 36 36.64
- Additionsverfahren § 36 36.67
- Aktienoptionsprogramme § 55 55.8
- Allgemeines § 36 36.58
- Alternativwahl § 36 36.70
- Anfechtbarkeit § 4 4.102
- Anfechtbarkeit, Treuepflicht- verletzung § 38 38.41
- Anfechtung d. Stimmabgabe § 36 36.62
- Anfechtung, fehlerhafte Entsprechens- erklärung § 2 2.111
- Anfechtungsklage § 36 36.59; *s.a. Anfechtungsklage*
- Aufhebung § 4 4.111
- Aufhebungsbeschluss § 36 36.72
- Aufsichtsratswahl § 26 26.22

2427

Stichwortverzeichnis

- Auslegung § 36 36.58
- Bedingung § 36 36.58
- Beschlussantrag § 36 36.61
- Beschlussfähigkeit § 4 4.64; § 36 36.60
- Bestätigungsbeschluss § 36 36.73; § 39 39.64
- Beurkundung § 36 36.68
- Blockwahl § 36 36.70
- Delisting § 39 39.60
- Deutscher Corporate Governance Kodex, Abweichung § 39 39.41a
- Einzelwahl § 36 36.70
- Einziehungsermächtigung § 52 52.26
- Erwerb eigener Aktien § 52 52.21
- Feststellung d. Beschlussinhalts § 36 36.68
- Form d. Stimmabgabe § 36 36.64
- Freigabeverfahren § 39 39.171
- geheime Abstimmung § 36 36.64
- Globalwahl § 36 36.70
- Handelsregistereintragung § 39 39.35
- Inhalt d. Stimmabgabe § 36 36.63
- Jahresabschluss, Änderung § 57 57.113
- Kapitalerhöhung, bedingte § 46 46.14
- Kapitalerhöhungsbeschluss § 5 5.6
- Kapitalmehrheit § 36 36.66
- Listenwahl § 36 36.70
- materielle Beschlusskontrolle § 38 38.33
- Mehrheitserfordernisse § 4 4.64
- negativer Beschluss § 36 36.59
- Nicht-/Scheinbeschluss § 39 39.7
- Nichtigerklärung § 39 39.24
- Nichtigkeit § 4 4.102
- Nichtigkeitsklage § 36 36.59
- offene Abstimmung § 36 36.64
- positive Beschlussfeststellungsklage § 36 36.59; § 38 38.41; § 39 39.132
- positiver Beschluss § 36 36.59
- Rechtsnatur d. Stimmabgabe § 36 36.62
- Rechtsschutz § 36 36.59
- relative Mehrheit § 36 36.69
- Sachausschüttung § 4 4.68
- Satzungsänderung nach Mängelfeststellung § 4 4.109
- Simultanwahl § 36 36.70
- Sonderbeschluss § 44 44.8
- Sondervorteile § 39 39.61
- Squeeze out § 64 64.53
- Stichentscheid § 36 36.69
- Stichwahl § 36 36.69
- Stimmenmehrheit § 36 36.65
- Stimmenthaltung § 36 36.63
- stimmloser Beschluss § 36 36.68
- Stimmverlust, Meldepflichtverletzung § 18 18.58
- Subtraktionsverfahren § 36 36.64, 36.67
- Sukzessivwahl § 36 36.70
- uneinheitliche Stimmabgabe § 36 36.63
- Unwirksamkeit § 39 39.8
- Unwirksamkeit, Klageart § 39 39.137
- verdeckte Abstimmung § 36 36.64
- Verhältniswahl § 36 36.69
- Vollzug durch Vorstand, Haftung § 23 23.52
- Vorschlagsrecht d. Aufsichtsrats § 27 27.88
- Wahl des Abschlussprüfers § 60 60.30
- Wahlen § 36 36.69
- Wahlmodus § 36 36.70, 36.71
- Wandel- und Optionsanleihen § 53 53.31
- Wandelschuldverschreibung § 46 46.36
- Wandlungspflicht § 46 46.7, 46.36
- Widerruf d. Stimmabgabe § 36 36.62
- widersprüchliche Stimmabgabe § 36 36.63
- Wiederholung/Neuvornahme § 39 39.66

Hauptversammlung – Beschlussmängel
- Abstimmungsergebnis, Feststellung § 39 39.53
- Amtslöschung § 39 39.25
- Anfechtung/Nichtigkeit, Abgrenzung § 39 39.3
- Anfechtungsbefugnis § 39 39.73, 39.92
- Anfechtungsgründe § 39 39.37, 39.154, 39.165
- Anfechtungsklage § 39 39.70
- Arten § 39 39.4
- Aufsichtsratswahl § 39 39.148
- Bestätigungsbeschluss § 39 39.64
- Beurkundungsmangel § 39 39.17
- Einberufungsmangel § 39 39.11, 39.33
- einstweiliger Rechtsschutz § 39 39.193
- Gewinnverwendungsbeschluss § 39 39.161
- HV-Vorbereitung § 39 39.47
- Inhaltsfehler § 39 39.54
- Inhaltsmangel, Heilung § 39 39.33
- Klagerechte, Systematik § 39 39.1
- materielle Beschlusskontrolle § 39 39.54
- Mitteilungspflichten, Verletzung § 39 39.49
- Nicht-/Scheinbeschluss § 39 39.7
- Nichtigerklärung § 39 39.23, 39.69
- Nichtigkeit, Heilung § 39 39.30
- Nichtigkeitsgründe § 39 39.9, 39.27, 39.147 f., 39.162
- Nichtigkeitsklage § 39 39.135
- schwebende Wirksamkeit § 39 39.4
- sittenwidrige Beschlüsse § 39 39.23
- Sonderbeschlüsse, Klagerecht § 39 39.3
- Treuepflichtverletzung § 39 39.57
- unwirksame Beschlüsse § 39 39.8, 39.137
- Verfahrensfehler § 39 39.43

- Wiederholungsbeschluss/ Neuvornahme § 39 39.66
Hauptversammlung – Durchführung
- Beschlussfähigkeit § 4 4.64
- Bild-/Tonübertragung § 4 4.65
- Covid 19, erleichterte Vorgaben § 1 1.24b
- Dokumentation § 37 37.1
- elektronische Datenübermittlung § 4 4.41
- Geschäftsordnung § 4 4.78
- Niederschrift § 37 37.1
- Online-Teilnahme § 4 4.62a
- Rederecht, Beschränkung § 4 4.62
- Teilnahme, grenzüberschreitende § 1 1.24a
- Teilnahme, Stimmrechtsvertretung § 1 1.23
- Teilnahmeberechtigung, Bescheinigung § 1 1.24
- Vorsitz, Festlegung § 4 4.62

Hauptversammlung – Einberufung
- Aktionärsverlangen § 34 34.21
- Änderung/Absage § 34 34.66
- Anmeldeerfordernis § 34 34.99
- BaFin, Einberufungsverlangen § 34 34.35
- Bekanntmachung § 34 34.63
- Berechtigungsnachweis § 4 4.61
- Berichte d. Aufsichtsrats § 34 34.106 ff.
- Berichte d. Vorstands § 34 34.102 ff.
- Berichtspflichen § 34 34.102 ff.
- Beschlussvorschläge d. Verwaltung § 34 34.51
- Bindung an Beschussvorschläge § 34 34.54
- Bundesanzeiger § 34 34.63
- Datenschutz, Hinweise § 34 34.60 ff.
- durch Aufsichtsrat § 27 27.87
- Einberufender § 34 34.46
- Einberufung durch Aufsichtsrat § 34 34.19
- Einberufung durch sonstige Personen § 34 34.20
- Einberufung durch Vorstand § 34 34.18
- Einberufungsverlangen § 4 4.59; *s.a. Hauptversammlung – Einberufungsverlangen*
- elektronische Übermittlung § 4 4.41
- Entbehrlichkeit v. Beschlussvorschlägen § 34 34.53
- EU-weite Verbreitung § 34 34.64
- Firma § 34 34.40
- freiwillige Initiative § 34 34.15
- Frist § 4 4.59; § 34 34.36
- gesetzliche Einberufungsgründe § 34 34.10
- Hauptaktionär, Einberufungsverlangen § 34 34.31
- Inhalt § 34 34.39
- Internetpublizität § 34 34.65
- Internetseite d. Gesellschaft § 34 34.59, 34.65
- Konzernverschmelzung § 34 34.33

- Legitimation bei Inhaberaktien § 34 34.100
- Legitimation bei Namensaktien § 34 34.101
- Mängel § 39 39.11, 39.33, 39.47
- Mitteilungspflichten § 34 34.87
- Nachweisstichtag § 34 34.55, 34.100
- Rechte d. Aktionäre § 34 34.58
- Rechtsfolge Verstöße § 34 34.67
- Record Date § 1 1.24; § 2 2.18; § 34 34.55, 34.100
- satzungsmäßige Einberufungsgründe § 34 34.14
- Selbstverpflichtung § 34 34.54
- Sitz § 34 34.41
- Squeeze out § 64 64.35, 64.59
- Stimmabgabe durch Bevollmächtigte § 34 34.56
- Stimmabgabe per Briefwahl § 34 34.57
- Tagesordnung § 34 34.47
- Teilnahmevoraussetzungen § 34 34.55
- Überblick § 4 4.58
- Übernahmeangebot § 4 4.60a; § 34 34.14, 34.32, 34.111
- Umschreibungsstopp § 34 34.101
- Verlustanzeige § 20 20.48
- Versammlungsort § 34 34.43
- Vorbunterrichtung § 34 34.102 ff.
- Wahlvorschläge d. Aktionäre § 34 34.98
- Zeit d. HV § 34 34.42

Hauptversammlung – Einberufungsverlangen
- Absage d. HV § 34 34.28
- gerichtliche Ermächtigung § 34 34.29
- materielle Rechtmäßigkeit § 34 34.26
- Missbräuchlichkeit § 34 34.26
- Quorum § 34 34.21
- Schriftform § 34 34.24
- Selbstvornahme § 34 34.30
- Vorstandspflichten § 34 34.27
- Zweck, Gründe § 34 34.25

Hauptversammlung – Ergänzungsverlangen
- Begründung § 34 34.69
- Bekanntmachung § 34 34.71 ff.
- Beschlussvorlage § 34 34.69
- Fristen § 34 34.70
- gerichtliche Ermächtigung § 34 34.75
- Quorum § 34 34.68
- Schriftform § 34 34.69

Hauptversammlung – Frage- u. Rederecht
- allgemeine Beschränkung § 36 36.6
- Allgemeines § 36 36.3
- Beschränkung § 36 36.5
- Durchsetzung v. Beschränkungen § 36 36.8
- Geschäftsordnung § 36 36.5
- individuelle Beschränkung § 36 36.7

2429

Stichwortverzeichnis

- Ordnungsmaßnahme § 36 36.7, 36.8
- ordnungsrechtliche Befugnisse § 36 36.7, 36.8
- Rechtsgundlage § 36 36.3
- Rechtsgundlage f. Beschränkungen § 36 36.5
- Rednerliste § 36 36.4, 36.9
- Reihenfolge d. Redner § 36 36.4
- Satzung § 36 36.5
- Schließung d. Rednerliste § 36 36.9
- Schluss d. Debatte § 36 36.10
- sukzessive Beschränkung § 36 36.6
- verfahrensrechtliche Befugnisse § 36 36.6
- Wortmeldung § 36 36.4

Hauptversammlung – Gegenanträge
- Adressierung § 34 34.90
- Allgemeines § 34 34.87
- Ausnahmen § 34 34.95
- Begriff § 34 34.88
- Begründung § 34 34.89
- Berechtigung § 34 34.91
- Form § 34 34.90
- Frist § 34 34.92
- Publizität § 34 34.93 f.
- Stellungnahme d. Verwaltung § 34 34.97
- überlange Begründung § 34 34.96

Hauptversammlung – Geschäftsordnung
- Beschlussvorschlag § 35 35.55
- Form-/Mehrheitserfordernisse § 35 35.55
- Inhalt § 35 35.52
- Rechtsfolgen v. Verstößen § 35 35.56
- Rechtsnatur § 35 35.51
- Selbstorganisation § 35 35.50, 35.51

Hauptversammlung – Gesetzliche Kompetenzen
- Abberufung von Aufsichtsratsmitgliedern § 33 33.39
- Abschlussprüfer, Bestellung § 33 33.27
- Allgemeines § 33 33.16
- Auflösung § 33 33.37
- Billigung d. Vergütungsberichts § 33 33.32
- Entlastung von Vorstand/Aufsichtsrat § 33 33.21
- Erwerb eigener Aktien § 33 33.39
- Feststellung Jahresabschluss § 33 33.17
- Geltendmachung v. Ersatzansprüchen § 33 33.39
- Gewinnverwendung § 33 33.18
- Herabsetzung d. Maximalvergütung § 33 33.39
- Kapitalbeschaffung und -herabsetzung § 33 33.36
- Kapitalherabsetzung § 33 33.36
- Kapitalmaßnahmen § 33 33.36
- Satzungsänderung § 33 33.35
- Say on Pay § 33 33.28 ff.
- Sonderprüfung § 33 33.39
- Strukturentscheidungen § 33 33.35
- Umwandlung der AG § 33 33.37
- Unternehmensverträge § 33 33.37
- Vergleich über Ersatzansprüche § 33 33.39
- Vergütung d. Aufsichtsratsmitglieder § 33 33.31
- Vertrauensentzug § 33 33.39
- Vorstandsvergütungssystem, Billigung § 33 33.28
- Wahl d. Abschlussprüfers § 33 33.27
- Wahl d. Aufsichtsratsmitglieder § 33 33.26
- Zustimmung z. Datenfernübertragung § 33 33.39

Hauptversammlung – Mitteilungspflichten
- Allgemeines § 34 34.76
- anderweitige Aufsichtsratsmandate § 34 34.82
- Einberufung d. HV § 34 34.79
- Form d. Mitteilungen § 34 34.83
- geänderte Tagesordnung § 34 34.80
- Hinweis Stimmrechtsvollmacht § 34 34.81
- Mitteilungsempfänger § 34 34.78
- Mitteilungsfrist § 34 34.85
- Mitteilungsschuldner § 34 34.77
- Mitteilungssprache § 34 34.84
- Rechtsfolge Verstöße § 34 34.86

Hauptversammlung – Niederschrift
- Abstimmungsart § 37 37.5
- Abstimmungsergebnis § 37 37.6 ff.
- Anlagen § 37 37.21
- Auskunftsverweigerung § 37 37.17
- Berichtigung, Ergänzung § 37 37.20
- Beurkundungspflicht § 37 37.2
- Beweiskraft § 37 37.3
- Einreichung Handelsregister § 37 37.26
- Feststellung d. Beschlussfassung § 37 37.9 ff.
- Inhalt d. Niederschrift § 37 37.4
- Mängel § 37 37.25
- Minderheitsverlangen § 37 37.16
- sonstige Inhalte § 37 37.19
- Unterschrift Notar § 37 37.22 ff.
- Widerspruch § 37 37.18

Hauptversammlung – Organisatorische Vorbereitung
- Allgemeines § 34 34.2
- Backoffice § 34 34.8
- Finanzkalender § 34 34.2
- Fragenkatalog § 34 34.8
- Generalplan § 34 34.6
- Leitfaden § 34 34.7
- technische Vorbereitung § 34 34.5
- Teilnehmerverzeichnis § 34 34.5

- Termin § 34 34.2
- Unternehmenskalender § 34 34.2
- Versammlungsort § 34 34.3
- Versammlungsraum § 34 34.4

Hauptversammlung – Satzungsmäßige Kompetenzen
- Aktionärsausschuss § 33 33.40
- Beirat § 33 33.40
- echtes Delisting § 33 33.40, 33.55
- vinkulierte Namensaktien § 33 33.40

Hauptversammlung – Stimmrecht
- Abspaltungsverbot § 36 36.41
- acting in concert § 36 36.50
- Allgemeines § 36 36.41
- Anspruchsverfolgung § 36 36.46
- Befreiung v. Verbindlichkeit § 36 36.46
- Beginn § 36 36.42
- Depotstimmrecht § 36 36.52
- Eigene Aktien § 36 36.47
- Entlastung § 36 36.46
- Höchststimmrecht § 36 36.43
- Mehrstimmrechte § 36 36.44
- Proxy-Voting § 36 36.57
- Rechtsnatur § 36 36.41
- Rechtsverlust § 36 36.48
- Related Party Transactions § 36 36.46
- Sonderprüfung § 36 36.46
- Stimmbindungsverträge § 36 36.50
- Stimmenkauf § 36 36.50
- stimmrechtslose Vorzugsaktien § 36 36.45
- Stimmrechtsvertreter d. AG § 36 36.57
- Stimmrechtsvollmacht § 36 36.51
- Stimmverbote § 36 36.46
- treuwidrige Stimmabgabe § 36 36.49
- Umfang § 36 36.42
- Vollmachtsstimmrecht d. Banken § 36 36.52

Hauptversammlung – Tagesordnung
- Allgemeines § 34 34.47
- bekanntmachungsfreie Anträge § 34 34.48
- Bindungswirkung § 34 34.48
- Konkretisierung § 34 34.49
- positive/negative Bindung § 34 34.48
- Say on Pay § 34 34.49
- Zusatzangaben § 34 34.50

Hauptversammlung – Teilnahmerecht
- Abschlussprüfer § 35 35.22
- Aktionäre § 35 35.10
- Aktionärsvertreter § 35 35.14
- Aufsichtsratsmitglieder § 35 35.18
- BaFin § 35 35.24
- Behördenvertreter § 35 35.24
- Berater § 35 35.25
- Beschränkungen § 35 35.13
- Dienstleister § 35 35.25
- ehemalige Organmitglieder § 35 35.18
- Gäste § 35 35.25
- gemeinschaftlicer Vertreter § 35 35.16
- Gesamtbevollmächtigte § 35 35.16
- gesetzliche Vertreter § 35 35.16
- Mitarbeiter § 35 35.25
- Notar § 35 35.23
- Pressevertreter § 35 35.25
- Sonderprüfer § 35 35.22
- Sonderversammlung § 35 35.12
- statutarische Vertretungsbeschränkungen § 35 35.17
- Versammlungsleiter § 35 35.21
- Vorstandsmitglieder § 35 35.18
- Zurückweisung v. Aktionärsvertretern § 35 35.15

Hauptversammlung – Teilnehmerverzeichnis
- Allgemeines § 35 35.42
- Anmeldeverzeichnis § 35 35.43
- Briefwähler § 35 35.44
- Eigenbesitz § 35 35.45
- Erstellung § 35 35.43
- Form § 35 35.46
- Fremdbesitz § 35 35.45
- Inhalt § 35 35.44
- Kennungen § 35 35.45
- nachträgliche Einsichtnahme § 35 35.48
- Nachtragsverzeichnis § 35 35.43
- Offenlegung § 35 35.47
- Online-Teilnehme § 35 35.44
- Präsenzliste § 35 35.43
- Rechtsfolgen v. Verstößen § 35 35.49
- Vollmachtsbesitz § 35 35.45; § 36 36.55

Hauptversammlung – Ungeschriebene Kompetenzen
- Börseneinführung § 33 33.51
- Börsengang Tochtergesellschaft § 33 33.52
- Business Combination Agreement § 33 33.41 ff.
- echtes Delisting § 33 33.53
- Gelatine-Entscheidung § 33 33.41 ff.
- Holzmüller-Entscheidung § 33 33.41 ff.
- öffentliches Tauschangebot § 33 33.41 ff.
- Zusammenschluss unter Holding § 33 33.41 ff.

Hauptversammlung – Versammlungsleiter
- Abwahl § 35 35.32
- Allgemeines § 35 35.26
- Aufgaben und Befugnisse § 35 35.36
- Aufsichtsratsvorsitzender § 35 35.27
- Auswahl § 35 35.27
- Besorgnis d. Befangenheit § 35 35.29

- Dritter § 35 35.27
- gerichtliche Bestimmung § 35 35.28
- gespaltene Versammlungsleitung § 35 35.30
- Haftung § 35 35.41
- öffentliche Sicherheit/Ordnung § 35 35.40
- ordnungsrechtliche Befugnisse § 35 35.38
- Personen-/Gepäckkontrollen § 35 35.39
- satzungsmäßige Bestimmung § 35 35.27
- Sicherheitsfragen § 35 35.39
- verfahrensrechtliche Befugnisse § 35 35.37
- Wahl durch HV § 35 35.31

Hauptversammlung – Virtuelle HV § 33 33.1
- Anmeldefrist § 35 35.70
- Antragsrecht § 35 35.68; § 41 41.1, 41.4
- Begriff § 35 35.63
- Bild-/Tonübertragung § 35 35.64
- Einberufungsfrist § 35 35.69
- Ergänzungsverlangen § 35 35.70
- Fragerecht § 35 35.66
- Fristen, Termine § 35 35.69
- Kompetenzen § 33 33.56
- Mitteilungen § 35 35.70
- Nachweisfrist § 35 35.70
- Record Date § 35 35.70
- Richtlinienkonformität § 35 35.72
- Stimmrecht § 35 35.65
- Verfassungskonformität § 35 35.71
- Widerspruchsrecht § 35 35.67

Hauptversammlung – Vollmachtsstimmrecht d. Banken
- Abstimmungsvorschläge d. Intermediärs § 36 36.54
- Allgemeines § 36 36.52
- Ausweis § 36 36.55
- Beschlussvorschläge d. Verwaltung § 36 36.54
- Dauervollmacht § 36 36.53
- eigene HV § 36 36.56
- Form d. Vollmacht § 36 36.53
- Nachweis § 36 36.55
- Selbstbeschränkung § 36 36.56
- Stimmrechtsvollmacht § 36 36.53
- Stimmrechtsausübung § 36 36.54
- Teilnehmerverzeichnis § 36 36.55
- Vollmachtbesitz § 36 36.55
- Weisung d. Aktionärs § 36 36.54

Hauptversammlung – Zuständigkeit
- Aktiengattung, Auswahl § 5 5.51
- Aktienoptionsprogramme § 55 55.8, 55.59, 55.65
- Aktienübertragung, Beschränkung § 4 4.48
- Anleihen auf „alte" Aktien § 53 53.15
- Anleihen mit Tilgungswahlrecht § 53 53.9, 53.20

- Aufsichtsratsmitglieder, Abberufung § 26 26.55
- Aufsichtsratsvergütung § 4 4.55; § 30 30.32
- Aufsichtsratswahl § 26 26.19
- Aufsichtsratswahl, Anfechtbarkeit § 39 39.154
- Aufsichtsratswahl, Nichtigkeit § 39 39.148
- Ausweitung § 33 33.6
- Börseneintritt/Delisting, Entscheidungsbefugnis § 1 1.36
- Delisting, reguläres § 63 63.59
- Ersatzansprüche, g. Vorstand § 23 23.61
- Erwerb eigener Aktien § 52 52.20, 52.48
- Genussrechte § 53 53.75
- Gewinnschuldverschreibungen § 53 53.70
- Gewinnverwendungsbeschluss § 39 39.162
- Going Public-Anleihen § 53 53.10
- Jahresabschluss, Feststellung § 57 57.41
- Kapitalerhöhung aus genehmigtem Kapital § 45 45.2
- Kapitalerhöhung, Anfechtbarkeit § 39 39.167
- Kapitalerhöhungsbeschluss § 44 44.2
- Mitwirkungsbefugnisse, Konzernklausel § 4 4.33
- Mitwirkungsrecht, Finanzierungsformen § 53 53.1; *s.a. Genussrechte; Gewinnschuldverschreibungen; Optionsanleihen; Wandelanleihen*
- naked warrants § 53 53.11, 53.14
- Pflichtwandelanleihen § 53 53.8
- Rückkaufprogramme § 52 52.20
- Say on pay § 21 21.28
- Umtauschanleihen § 53 53.18
- Vorstandsvergütung, Billigung § 2 2.56
- Wandel- und Optionsanleihen § 53 53.29

HGB
- Bilanzierung § 57 57.47
- Jahresabschluss-Pflichtangaben § 57 57.52
- Konzernabschluss § 58 58.35

High Yield Bonds
- Convenants § 10 10.105
- Due Diligence, Umfang § 10 10.104

Höchststimmrecht
- Zulässigkeit § 1 1.22

Holding
- Kompetenz d. HV § 33 33.41 ff.

Holzmüller-Entscheidung
- allgemeine Aktionärsklage § 41 41.12
- Kapitalerhöhung, Zustimmungsbeschluss § 45 45.29

IAS/IFRS
- Abschluss, Offenlegung § 61 61.16

Stichwortverzeichnis

- Anhang § 58 58.81
- Anwendungsbereich § 58 58.18;
  s.a. Konzernabschluss
- Auslegung § 58 58.51
- Bilanzrechtsreformgesetz § 57 57.89
- Eigenkapitalveränderungsrechnung § 58 58.77
- Emission § 7 7.52, 7.55, 7.57
- Endorsement-Verfahren § 58 58.26, 58.52
- Grundlagen § 58 58.48
- Kapitalflussrechnung § 58 58.79
- Lagebericht § 58 58.85
- Rechnungslegungsstandards § 2 2.19
- Rechtsentwicklung § 1 1.42
- SEC-Listing § 58 58.32
- Stock Options § 55 55.104
- USA, Börsenzulassung § 11 11.32

IDW-Stellungnahmen
- Konzernabschluss § 58 58.45

IKB-Entscheidung
- Publizitätspflichtverletzung, Beweislast § 17 17.32
- Publizitätspflichtverletzung, Schaden § 17 17.28

Income Depositary Shares (IDS) § 6 6.53

Index
- All Share Index § 7 7.72
- Aufnahme § 7 7.61
- Auswahlindex § 7 7.62
- Benchmark Index § 7 7.72
- Bluechips § 7 7.64
- Branchenindex § 7 7.76
- Entry Standard Index § 7 7.68
- GEX § 7 7.74
- HDAX § 7 7.66
- Midcap Market Index § 7 7.65
- Mittelstandsindex § 7 7.74
- NEMAX 50 § 7 7.65
- TecDAX § 7 7.65

Informationsrecht
- Aktienregister, Inhalt § 5 5.76
- Aufsichtsratsmitglieder § 20 20.115; § 30 30.12
- Aufsichtsratsvorsitzender § 28 28.23
- Due Diligence § 10 10.30

Informationsübermittlung
- Aktionär zum Emittent § 19 19.10
- Aktionariat, Auskunft § 19 19.11
- börsennotierte Gesellschaften § 19 19.1
- Intermediär, Definition § 19 19.6
- Letztintermediär § 19 19.8
- Sanktionen bei Verstoß § 19 19.12
- Unternehmensereignis, Definition § 19 19.4

Inhaberaktien
- Berechtigungsnachweis § 4 4.61
- Hinterlegungserfordernis, Abschaffung § 1 1.24
- HV-Teilnahmeberechtigung § 34 34.100
- Satzungsregelung § 4 4.39, 4.61
- Übertragung § 5 5.35, 5.39
- Umwandlung § 5 5.41

In-house-opinion
- Begriff § 10 10.208
- Haftung § 10 10.249, 10.259

Inlandsemittent
- Meldepflichten, WpHG § 18 18.7
- Veröffentlichungspflichten, WpHG § 18 18.69

Insider
- Begriff § 14 14.28
- Primärinsider § 14 14.29; § 30 30.12
- Sekundärinsider § 14 14.34
- Straftatinsider § 14 14.33

Insiderhandelsverbot § 14 14.1
- Aktienrückkaufprogramme § 14 14.11, 14.55, 14.92, 14.94
- Aufsichtsratsmitglieder § 30 30.12, 30.31
- Bedeutung § 14 14.4
- Berater § 14 14.67, 14.92
- Due Diligence § 10 10.50; § 14 14.83
- Empfehlungsverbot § 14 14.47
- Erwerb eigener Aktien § 52 52.68
- gestreckte Sachverhalte § 14 14.15
- Haftung, zivilrechtliche § 14 14.106
- Insiderverzeichnis § 14 14.98
- Kausalitätstheorie § 14 14.42
- Konzern, Informationsweitergabe § 14 14.65
- Kursstabilisierungsmaßnahen § 14 14.8, 14.55
- Management Buy Out § 14 14.76
- Master-Plan-Theorie § 14 14.42, 14.86
- Mitarbeiterbeteiligungen § 56 56.62
- MTF/OTF § 14 14.8
- Nutzungs-/Empfehlungsverbot, Ausnahmen § 14 14.49
- Nutzungsverbot § 14 14.38
- Offenlegungsverbot § 14 14.48
- öffentliches Erwerbsangebot § 62 62.41
- Optionsprogramme § 14 14.72
- Organinsider, Nutzungsverbot § 14 14.56
- Paketaufbau § 14 14.81
- Phantom Stocks § 14 14.75
- Prävention § 14 14.97
- Reichweite § 14 14.9
- Rückkaufprogramme § 52 52.22
- Sanktionen, strafrechtliche § 14 14.102
- Spector Photo Group-Entscheidung § 14 14.43

2433

- Stock Appreciation Rights § 14 14.75
- Stock Options § 55 55.110
- Übernahmeangebote § 14 14.88
- Unterlassen d. Erwerbs/
  Veräußerung § 14 14.40
- Unternehmenskauf § 14 14.76, 14.88
- Verdachtsanzeige § 14 14.97
- Wertpapierdienstleistungs-
  unternehmen § 14 14.101
- White Knight § 14 14.92

Insiderhandelsverbot – Ausnahmen
- bei Erwerb eines Unternehmens § 14 14.53
- Erfüllung fälliger Verpflichtung § 14 14.52
- Hedging-Geschäfte § 14 14.50
- Market Making § 14 14.51

Insiderinformationen
- Ad-hoc-Publizität § 15 15.11;
  s.a. *Ad-hoc-Publizität*
- Analysen/Bewertungen als – § 7 7.24b
- Aufsichtsratsmitglieder § 30 30.12
- Aufsichtsratsmitglieder,
  Weitergabe § 14 14.67
- Auswertung öffentlich bekannter
  Tatsachen § 14 14.27
- Begriff § 14 14.7, 14.13
- Begriff, Ad-hoc-Publizität § 15 15.16
- Bezugsrechtskapitalerhöhung mit
  Vorabplatzierung § 7 7.38d
- Compliance § 14 14.101
- Einwand d. Unkenntnis § 15 15.20
- Emission, Durchführung § 8 8.57
- Emittenten-/Insiderpapierbezug § 14 14.20
- Empfehlungsverbot § 14 14.47
- fehlerhafte Kapitalmarktinformation
  s.a. *Ad-hoc-Publizität*
- Geltl/Daimler-Entscheidung § 14 14.15
- gestreckte Sachverhalte § 14 14.15
- Kapitalerhöhung § 43 43.10
- Kapitalerhöhung aus Gesellschafts-
  mitteln § 47 47.1
- Kapitalherabsetzung § 48 48.6
- konzerninterne Weitergabe § 14 14.65;
  § 15 15.18
- Kursrelevanz § 14 14.22
- Lafonta-Entscheidung § 14 14.13
- Mitteilungsverbot § 14 14.35
- nicht öffentlich bekannter
  Umstand § 14 14.17
- Nutzungsverbot § 14 14.38
- öffentliches Erwerbsangebot § 62 62.41
- Optionsprogramme § 14 14.72
- Organinsider, Weitergabe § 14 14.61
- Pre-Deal Research Report § 7 7.24a

- Privatplatzierung, Investorenkreis § 8 8.185a
- selbst geschaffene § 14 14.54
- Spector Photo
  Group-Entscheidung § 14 14.43
- Umplatzierung, Mitwirkung d. AG § 7 7.24
- Verhältnis z. Verschwiegenheits-
  pflicht § 23 23.37
- Weitergabe an Aktionäre/HV § 14 14.68
- Weitergabe an Dritte § 15 15.22
- Weitergabe an HV § 14 14.68
- Weitergabeverbot, Due Diligence § 10 10.47

Insiderpapiere
- Begriff § 14 14.7
- Phantom Stocks § 14 14.75
- Stock Appreciation Rights § 14 14.75

Insiderverzeichnis § 14 14.98

Insolvenz
- COVID 19-Insolvenzaussetzungs-
  gesetz § 20 20.55
- Kapitalerhöhung § 44 44.21
- Überschuldung § 20 20.52
- Verlustanzeige § 20 20.45
- Zahlungsunfähigkeit § 20 20.51
- Zahlungsverbot § 20 20.56
- Zulassungsfolgepflichten § 12 12.3

Insolvenzverwalter
- Meldepflichten, Hinzurechnung v.
  Anteilen § 18 18.23

Institutionelle Investoren
- Corporate Governance § 2 2.23
- Hauptversammlung § 33 33.10
- Pre-Deal Research Report § 7 7.24a
- Privatplatzierung § 7 7.85
- Stimmrechtsberater § 2 2.23

Investment-AG
- Aktienart § 5 5.36
- Aktiengattung § 4 4.38
- Begriff § 6 6.48
- Firma § 4 4.30
- Satzung § 4 4.38

Investmentfonds
- Meldepflichten, Hinzurechnung v.
  Anteilen § 18 18.32

Investor Relations
- Hauptversammlung, Funktion § 33 33.13

Investoren s.a. *Privatanleger*
- Aktienplatzierung § 7 7.11
- institutionelle § 2 2.23
- Marktsondierung § 8 8.58a
- Pilot Fishing § 8 8.58a
- Pre-Deal Research Report § 7 7.24a
- Privatplatzierung, Investorenkreis § 8 8.185a
- Vorstandsvergütung, Boni § 21 21.180

Stichwortverzeichnis

- Zuteilungsverfahren, Gleichbehandlung § 8 8.52
Investorengespräche § 33 33.10
IOSCO
- Prospekt, Anerkennung § 11 11.147
IPO § 7 7.1, 7.78
- Treuepflicht, Bezugsvorrecht § 8 8.47
- Vorerwerbsrecht beim Tochter-IPO § 8 8.46
ISIN § 5 5.18; § 43 43.9
Issuer's Council § 8 8.21
Italien
- Börsenzulassung § 11 11.158
- Börsenzulassung, befreite Angebote § 11 11.168
ITT-Entscheidung § 38 38.28

Jahresabschluss
- Abkopplungsthese § 57 57.52
- aktienrechtliche Vorschriften § 57 57.44
- Änderung, Offenlegung § 61 61.6, 61.15
- Anhang § 57 57.47, 57.53
- Aufstellungsfrist § 57 57.18
- Aufstellungspflicht § 57 57.16
- Begriff § 57 57.17
- Berichtigung § 57 57.100
- Berichtspflicht, Aufsichtsrat § 57 57.37
- Bestandskraft, Bindungswirkung § 57 57.43
- Bestandteile § 57 57.50
- Bilanz § 57 57.51
- Bilanzeid § 57 57.21
- Bilanzierung nach HGB § 57 57.44
- BilMoG § 57 57.56, 57.67, 57.91
- Buchführungspflicht § 57 57.14
- Erwerb eigener Aktien § 52 52.62
- ESEF § 61 61.22a
- EU-RechnungslegungsRL § 57 57.93; § 58 58.22
- fehlerhafter § 57 57.109
- Feststellung § 57 57.41
- Feststellung, Zulässigkeit v. Änderungen § 57 57.113
- Gewinn-/Verlustrechnung § 57 57.51
- IAS/IFRS § 57 57.86; § 58 58.1; s.a. IAS/IFRS
- Kapitalerhöhung aus Gesellschaftsmitteln § 47 47.7
- Lagebericht § 57 57.56
- Nachtragsprüfung § 57 57.123
- nichtiger § 57 57.100
- Offenlegung § 61 61.3
- Offenlegungsfrist § 61 61.21
- Pflichtangaben § 57 57.52
- vereinfachte Kapitalherabsetzung § 50 50.4

- Vorlagepflicht § 57 57.30
- Wahlpflichtangaben § 57 57.53
- Zweck § 57 57.1, 57.52
Jahresabschluss – Prüfung
- Abschlussprüfer, Bestellung § 27 27.63; § 60 60.29; s.a. Abschlussprüfer – Bestellung
- Bestätigungsvermerk s.a. Bestätigungsvermerk
- Bilanzausschuss § 29 29.34
- Bilanzsitzung § 60 60.177
- Corporate Governance § 60 60.8
- Entsprechenserklärung § 60 60.21
- Erkenntnismöglichkeiten § 60 60.5
- ESEF § 60 60.18a
- EU-AbschlussprüferreformRL § 60 60.8a
- freiwillige Bestandteile § 60 60.26
- Funktion § 60 60.1
- mündliche Berichterstattung § 60 60.170, 60.191
- Nachtragsprüfung § 60 60.13
- Offenlegung § 61 61.12
- Prüfungsbericht § 60 60.123
- Prüfungsergebnis § 60 60.76
- Prüfungspflicht, Aufsichtsrat § 57 57.33
- Prüfungspflicht, gesetzliche § 60 60.12
- Risikofrüherkennungssystem § 60 60.19
- Umfang § 60 60.18
- Unternehmensführung § 60 60.23
- Verstoß gegen Prüfpflicht § 60 60.9
- Verwendung von Prüfergebnissen Dritter § 60 60.27
- Vorabbericht § 60 60.170
- Zuständigkeit § 27 27.54, 27.63
Jahresabschluss – Prüfungsbericht
- Aufgaben § 60 60.123
- Inhalt § 60 60.125
- Konzernabschluss § 60 60.162
- Nachtragsprüfungsbericht § 60 60.159
- Sanktionen § 60 60.168
- Unterzeichnung § 60 60.157
- Vorlage § 60 60.158
Jahresfinanzbericht
- Publizitätspflichten § 61 61.23
Joint Arrangements
- Konzernabschluss § 58 58.69
Juristische Personen
- nahestehende Personen/ Angehörige § 16 16.10

Kali und Salz-Entscheidung
- Aktienausgabepreis, Kapitalerhöhung gegen Sacheinlage § 13 13.43

2435

Stichwortverzeichnis

- Aktienausgabepreis, Kapitalerhöhung unter Bezugsrechtsausschluss § 13 13.39
Kapitalanlagegesetzbuch (KAGB)
- Investment-AG § 6 6.48
- Kapitalverwaltungsgesellschaft § 18 18.21
- Verkaufsprospekt § 10 10.397; § 17 17.1
Kapitalanleger-Musterverfahren § 7 7.82; § 23 23.108
- Prospekthaftung § 10 10.512
Kapitalaufbringung
- Grundsatz § 52 52.3, 52.13
Kapitalbeschaffung
- HV-Beschluss § 33 33.36
Kapitalbeteiligung
- Mitarbeiterbeteiligungen § 56 56.16; s.a. *Mitarbeiterbeteiligungen*
Kapitalerhaltung
- Grundsatz § 52 52.3
Kapitalerhöhung
- Ad-hoc-Mitteilung § 43 43.10
- Aktienemission § 7 7.3
- Aktiengattung, Beschlusserfordernisse § 5 5.51; § 6 6.18
- Anfechtungsrisiko § 7 7.25
- Anlegerschutz § 54 54.16
- Bezugsrechtsausschluss, Ausgabebetrag § 13 13.38
- Bezugsrechtsausschluss, Zulässigkeit § 1 1.26
- Bookbuilding § 43 43.6
- Due Diligence § 10 10.95
- Ermächtigung § 7 7.26
- Erwerb eigener Aktien § 52 52.13
- Formen § 43 43.1
- gegen Sacheinlage, Ausgabekurs neuer Aktien § 13 13.43
- Grundzüge § 43 43.3
- HV, Zuständigkeit § 33 33.36
- Insiderinformationen § 43 43.10
- Meldepflichten § 43 43.10
- Nichtigkeit, Aktieneinziehung § 51 51.37
- Prospektpflicht § 43 43.8
- SE § 3 3.12b
- Verbindung mit Herabsetzung § 50 50.17, 50.33
Kapitalerhöhung – aus genehmigtem Kapital
- accelerated bookbuilding § 45 45.23
- Aktienoptionsprogramme § 55 55.11; s.a. *Aktienoptionsprogramme*
- allgemeine Aktionärsklage § 41 41.13
- Arbeitnehmeraktien § 45 45.50; § 56 56.19
- Berichtspflichten § 45 45.24, 45.39, 45.43
- Beschluss s. *Kapitalerhöhungsbeschluss – genehmigtes Kapital*

- Durchführung § 45 45.39
- Durchführung, fehlerhafte § 45 45.44
- Einlagenerbringung § 45 45.40
- Ermächtigungsbeschluss § 45 45.2
- Erwerb eigener Aktien § 52 52.13
- Greenshoe § 45 45.48
- Inanspruchnahme der Ermächtigung § 45 45.26
- Registereintragung § 45 45.41, 45.45
- Registerkontrolle § 45 45.15
- Sachkapitalerhöhung § 45 45.34
- Stock Options s. *Stock Options*
- Überblick § 45 45.1
- Zustimmung, Aufsichtsrat § 27 27.78
Kapitalerhöhung – aus Gesellschaftsmitteln
- Ad-hoc-Mitteilung § 47 47.1
- Aktienausgabe § 47 47.49
- Aktienzuordnung § 47 47.27
- Aktienzuordnung, verschiedene Aktiengattungen § 47 47.38
- Aufsichtsratsvergütung § 47 47.43
- Ausgleichansprüche, verbundenen Unternehmen § 47 47.46
- Auswirkungen auf Dritte § 47 47.41
- Börsenzulassung § 47 47.48
- Durchführung § 47 47.47
- Erwerb eigener Aktien § 52 52.13
- Registeranmeldung/-eintragung § 47 47.21
- Schütt-aus-Hol-zurück-Verfahren § 47 47.1
- teileingezahlte Aktien § 47 47.32
- Teilrechte § 47 47.30
- unter-pari-Emission § 47 47.45
- Vorzugsaktien § 47 47.38
- Wandel-/Optionsanleihen § 47 47.44
Kapitalerhöhung – bedingte
- Aktienausgabe § 46 46.55
- Aktienoptionspläne § 46 46.12, 46.28, 46.33, 46.39
- Aktienoptionsprogramme s. *Aktienoptionsprogramme*
- Beschluss s. *Kapitalerhöhungsbeschluss – bedingtes Kapital*
- Bezugserklärung § 46 46.53
- Bezugsrecht § 46 46.48
- Börsenzulassung, Folgepflichten § 46 46.61
- Durchführung § 46 46.53
- Durchführung, Registeranmeldung § 46 46.58
- Erwerb eigener Aktien § 52 52.13
- Mitgliedschaft, Entstehung § 5 5.14
- Sacheinlage § 46 46.39
- Satzungsänderung § 46 46.62
- Stock Options s. *Stock Options*

- Unternehmenszusammenschluss § 46 46.9, 46.24, 46.34, 46.44
- Verschmelzung, Sacheinlage § 46 46.44
- Verwässerungsschutz § 46 46.51
- Wandelschuldverschreibung § 46 46.6, 46.36, 46.39, 46.57
- Wesen § 46 46.1
- Wirksamwerden § 5 5.14
- Zwecke § 46 46.5

Kapitalerhöhung – ordentliche
- Aktienausgabe § 44 44.115
- Aktienzeichnung § 44 44.64, 44.95
- Beschluss s. *Kapitalerhöhungsbeschluss – ordentliche Erhöhung*
- Einlageleistung § 44 44.101
- fehlerhafte § 44 44.117
- Mehrheitserfordernisse, Satzungsregelung § 4 4.64
- Rechtsbehelfe § 44 44.114
- Registeranmeldung § 44 44.105
- Registeranmeldung, Rücknahme § 44 44.109
- Registerkontrolle § 44 44.110
- Registerkontrolle, Rechtsschutz § 44 44.114
- Überblick § 44 44.1
- verschleierte Sacheinlage § 44 44.103
- Verwässerungsschutz § 44 44.120
- Voreinzahlung auf künftige Bareinlagepflicht § 44 44.104
- Zeichnungsvertrag § 5 5.6

Kapitalerhöhungsbeschluss
- Nichtigkeit, Aktieneinziehung § 51 51.37

Kapitalerhöhungsbeschluss – bedingtes Kapital
- Aktienausgabe § 46 46.24
- Aktienrechte § 46 46.21
- Ausgabebetrag § 46 46.24
- Berichtspflichten § 46 46.32
- Beschlussfassung § 46 46.14
- Bezugsberechtigung § 46 46.23, 46.32, 46.48
- Gesamtbetrag § 46 46.18
- Inhalt § 46 46.17
- Mängel § 46 46.36
- Mehrheitserfordernisse § 46 46.16
- Rechtfertigung § 46 46.33, 46.39
- Registeranmeldung/-eintragung § 46 46.45
- Wandelschuldverschreibung § 46 46.36
- Zweck § 46 46.22

Kapitalerhöhungsbeschluss – genehmigtes Kapital
- Aktienzeichnung § 45 45.33, 45.39
- Anfechtungsrisiko § 45 45.12
- Aufsichtsratsbeschluss § 45 45.32
- Ausgabebetrag § 45 45.11
- Beschlussinhalt § 45 45.7

- Betrag § 45 45.8
- Bezugsrecht, Entstehung § 45 45.16
- Inanspruchnahme der Ermächtigung § 45 45.26
- Laufzeit § 45 45.10
- mehrere Ermächtigungen § 45 45.12
- Mehrheitserfordernisse § 45 45.4
- Registeranmeldung, -eintragung § 45 45.14
- Satzungsänderung § 45 45.13
- Vorstandsbeschluss § 45 45.30

Kapitalerhöhungsbeschluss – Gesellschaftsmittelumwandlung
- Anfechtbarkeit § 47 47.15
- Bilanz, Verlustausweis § 47 47.19
- Erhöhungsbetrag § 47 47.4
- Gewinnberechtigung § 47 47.5
- Inhalt § 47 47.4
- Jahresbilanz § 47 47.7
- Mehrheitserfordernis § 47 47.3
- Nichtigkeit § 47 47.15, 47.20
- Rücklagen § 47 47.16
- Satzungsanpassung § 47 47.6
- Sonderbilanz § 47 47.9
- Zwischenbilanz § 47 47.9

Kapitalerhöhungsbeschluss – ordentliche Erhöhung
- Aktienarten/-gattungen § 44 44.13
- Aufhebung/Änderung § 44 44.20
- Ausgabebetrag § 44 44.16
- Bezugsfrist § 44 44.14
- Charakter § 44 44.2
- Erhöhungsbetrag § 44 44.11
- gemischte Bar-/Sacheinlage § 44 44.40
- gemischte Bar-/Sachkapitalerhöhung § 44 44.22
- Gewinnberechtigung § 44 44.14
- Hindernisse § 44 44.3
- Inhalt § 44 44.11
- Mängel § 44 44.117
- Mehrheitserfordernisse § 44 44.6
- Sachkapitalerhöhung § 44 44.27

Kapitalherabsetzung
- Ad-hoc-Publizität § 48 48.6
- Aktieneinziehung, Entgelt/Abfindung § 13 13.49
- Anlegerschutz § 54 54.16
- Formen § 48 48.1
- HV-Beschluss § 33 33.36
- Insiderinformationen § 48 48.6
- Meldepflichten § 48 48.7
- nach Erhöhungsermächtigung § 45 45.9
- Statusverfahren § 48 48.8

Kapitalherabsetzung – durch Aktien-einziehung
- Ausschluss aus wichtigem Grund § 51 51.12
- Beschluss s. *Kapitalherabsetzungsbeschluss – Aktieneinziehung*
- Durchführung, Registeranmeldung § 51 51.34
- Einziehung bei nichtiger Kapital-erhöhung § 51 51.37
- Einziehungsentgelt § 51 51.9
- Einziehungshandlung § 51 51.33
- Formen § 51 51.1
- nach Erwerb eigener Aktien § 51 51.11
- ordentliches Einziehungsverfahren § 51 51.14
- Registeranmeldung/-eintragung § 51 51.30
- stimmrechtslose Vorzugsaktien § 51 51.14
- vereinfachtes Einziehungs-verfahren § 51 51.17
- vinkulierte Namensaktien § 51 51.6
- Wirksamwerden § 51 51.30
- Zwangseinziehung § 51 51.3

Kapitalherabsetzung – ordentliche
- Auswirkung auf Mitgliedschafts-rechte § 49 49.27, 49.32
- Auswirkungen auf Rechte Dritter § 49 49.28
- Beschluss s. *Kapitalherabsetzungsbeschluss – ordentliche Herabsetzung*
- Börsenneuzulassung § 49 49.50
- Durchführung § 49 49.44
- Gläubigerschutz § 49 49.33
- Kraftloserklärung nicht eingereichter Aktien § 49 49.48
- Nennbetrag, Herabsetzung § 49 49.45
- Notizumstellung § 49 49.51
- Pensionssicherungsverein § 49 49.36
- Registeranmeldung § 49 49.19
- Registereintragung § 49 49.23
- Schutz ausscheidender Aktionäre § 49 49.32
- Sicherheitsleistung § 49 49.34
- Sperrfrist § 49 49.40
- Wirksamwerden § 49 49.26
- Zusammenlegung § 49 49.47
- Zweck § 49 49.1

Kapitalherabsetzung – vereinfachte
- Aufstockung d. Kapitalrücklage § 50 50.20
- Begrenzung § 50 50.11
- Bekanntmachung § 50 50.37
- Eigenkapitalerschöpfung § 50 50.8
- Gewinnausschüttung, Begrenzung § 50 50.27
- Gläubigerschutz § 50 50.16
- Rückbeziehung § 50 50.28
- Rücklagendotierung § 50 50.11, 50.20
- Thesaurierungsgebot § 50 50.25

- Verbindung mit Kapitalerhöhung § 50 50.17, 50.33
- Verbindung mit Zuzahlungen § 50 50.18
- Verfahren § 50 50.14
- Verwendung der Eigenkapital-posten § 50 50.19
- Voraussetzungen § 50 50.4
- Zulässigkeit § 50 50.1
- Zweck § 50 50.1, 50.11

Kapitalherabsetzungsbeschluss – Aktieneinziehung
- Gläubigerschutz § 51 51.16
- Inhalt § 51 51.24
- Mehrheitserfordernisse § 51 51.25
- ordentliches Verfahren § 51 51.14
- Registeranmeldung/-eintragung § 51 51.30
- Rücklagendotierung § 51 51.26
- vereinfachtes Verfahren § 51 51.17

Kapitalherabsetzungsbeschluss – ordentliche Herabsetzung
- Aufhebung/Änderung § 49 49.17
- fehlerhafter § 49 49.18
- formelle Voraussetzungen § 49 49.4
- Herabsetzungsbetrag § 49 49.6
- Inhalt § 49 49.6
- materielle Voraussetzungen § 49 49.11
- Rechtfertigung § 49 49.11
- Satzungsänderung § 49 49.10
- Stimmpflichten § 49 49.16

Kapitalherabsetzungsbeschluss – vereinfachte Herabsetzung
- Beschlussfassung § 50 50.15
- Registeranmeldung/-eintragung § 50 50.16, 50.36

Kapitalmarktpublizitätsrichtlinie
- Ad-hoc-Publizität § 15 15.7

Kapitalmarktrecht
- Due Diligence § 10 10.2, 10.8 ff., 10.82 ff.
- Haftung, Vorstand § 23 23.101
- Verhaltenspflichten § 12 12.1, 12.3; s.a. *Zulassungsfolgepflichten*

Kapitalmaßnahmen
- Aktienoptionsprogramme § 55 55.10; s.a. *Aktienoptionsprogramme*
- Anfechtbarkeitsgründe § 39 39.167
- Anlegerschutz § 54 54.16
- Aufsichtsratsvorsitzender, Aufgaben § 28 28.12
- Freigabeverfahren § 39 39.183
- HV-Beschluss § 33 33.36
- Technik der Kapitalerhöhung § 43 43.2
- Zustimmung, Aufsichtsrat § 27 27.78

Kapitalrücklage
- Aufstockung, durch Kapitalherabsetzung § **50** 50.20
- Umwandlung in Grundkapital § **47** 47.16
- vereinfachte Kapitalherabsetzung § **50** 50.8

Kapitalverwaltungsgesellschaft *s.a. Kapitalanlagegesetzbuch (KAGB)*
- Meldepflichten, Hinzurechnung v. Anteilen § **18** 18.21

Kaufoption
- Meldepflichten, Hinzurechnung v. Anteilen § **18** 18.27

Klagerecht
- Individualklagerechte § **39** 39.1; *s.a. Anfechtungsklage; Nichtigkeitsklage*

Klagezulassungsverfahren
- Antragsgegner § **42** 42.44
- Darlegungs-/Beweislast § **42** 42.42
- eigene Rechtsverfolgung durch d. AG § **42** 42.46
- Gerichtszuständigkeit § **42** 42.43
- Kosten § **42** 42.58
- nachfolgende Haftungsklage § **42** 42.49
- Nachweis, erfolgloser Klageaufforderung § **42** 42.36
- Nachweis, rechtzeitigen Aktienerwerbs § **42** 42.35
- Quorum § **42** 42.33
- Überblick § **42** 42.29
- Unzulässigkeit § **42** 42.46
- Urteil, Wirkung § **42** 42.54
- Verfahren § **42** 42.43
- Vergleich § **42** 42.55
- Voraussetzungen § **42** 42.32

Kleine und mittlere Unternehmen (KMU)
- Scale § **7** 7.57
- verhältnismäßiges Prospektregime § **7** 7.100a

Klöckner-Entscheidung
- Anleihebedingungen (AGB) § **54** 54.5, 54.13

Kommissionsgeschäft
- Meldepflichten, Hinzurechnung v. Anteilen § **18** 18.22

Konzern
- Abhängigkeitsbericht, Prüfung § **27** 27.44
- Aufsichtsrat, Beteiligungsrechte § **27** 27.79
- Aufsichtsrat, Kompetenzen § **27** 27.8
- Aufsichtsratsmitgliedschaften § **26** 26.7
- Beherrschung, Begriff § **58** 58.55
- Beratungsverträge mit Aufsichtsratsmitgliedern § **31** 31.9
- Bezugsrechtsausschluss, Kapitalerhöhung § **44** 44.92
- Compliance § **20** 20.29
- faktischer § **41** 41.18
- faktischer Konzern, Leitung § **20** 20.62
- Haftung, Vorstand § **23** 23.111
- Insiderinformationen, Weitergabe § **14** 14.65
- Investmentgesellschaft als beherrschendes Unternehmen § **58** 58.59
- Kapitalerhöhung aus Gesellschaftsmitteln § **47** 47.46
- konzerninterne Informationsweitergabe § **15** 15.18
- Leitung, Obergesellschaft § **20** 20.57
- Leitung, Untergesellschaft § **20** 20.61
- Meldepflichten, Hinzurechnung v. Anteilen § **18** 18.18
- Mitarbeiterbeteiligungen § **56** 56.42
- Rechnungslegung *s. Konzernabschluss*
- Stock Options § **55** 55.77, 55.95
- Verschmelzung, HV-Einberufung § **34** 34.33
- Vorstandsmitglieder, Doppelmandat § **21** 21.178
- WpHG, Meldepflichtiger § **18** 18.42

Konzernabschluss
- Adressaten § **58** 58.4
- Anhang § **58** 58.81
- assoziierte Unternehmen/Joint Ventures § **58** 58.68
- Aufstellungspflicht § **58** 58.6
- BaFin § **58** 58.90
- Beherrschungsverhältnis § **58** 58.53
- Berichtpflicht, d. Aufsichtsrats § **58** 58.15
- Bestätigungsvermerk § **60** 60.106
- Bilanzeid § **58** 58.11
- Billigung, durch d. Aufsichtsrat § **58** 58.16
- BilMoG § **58** 58.37
- DRSC § **58** 58.41
- Eigenkapitalveränderungsrechnung § **58** 58.77
- Einbeziehungswahlrecht/-verbot § **58** 58.57
- Enforcement § **58** 58.87
- Erforderlichkeit § **58** 58.37
- ESEF § **61** 61.22a
- EU-RechnungslegungsRL § **58** 58.22
- Gemeinschaftsunternehmen § **58** 58.68
- Grundsatz d. Einheitlichkeit § **58** 58.61
- HGB-Vorschriften § **58** 58.35
- IDW Stellungnahmen § **58** 58.45
- Informationsfunktion § **58** 58.2, 58.4
- Inhalt § **58** 58.8, 58.18; § **60** 60.260
- Jahresabschluss, Konsolidierung § **58** 58.66
- Kapitalflussrechnung § **58** 58.79
- kapitalmarktorientierte Unternehmen § **58** 58.24
- Konsolidierungskreis § **58** 58.52

- Lagebericht § 58 58.6, 58.85
- maßgebliche Normen § 58 58.18
- Offenlegung § 61 61.18
- Offenlegungsfrist § 61 61.21
- Publizitätspflichten § 61 61.18
- SEC-Listing § 58 58.32
- special purpose entities § 58 58.56
- Vorlagepflicht § 58 58.13
- Zweck § 58 58.1

Konzernabschluss – Prüfung
- Abschlussprüfer § 60 60.37, 60.54
- Billigung, durch Aufsichtsrat § 27 27.71
- fehlende § 60 60.11
- Prüfstelle, nationale § 58 58.87
- Prüfungsanweisungen § 60 60.265
- Prüfungsbericht § 60 60.162
- Prüfungspflicht § 58 58.14; § 60 60.12, 60.256
- Prüfungsumfang § 60 60.260
- Verwendung von Prüfungsergebnissen § 60 60.264

Konzernklausel
- Geschäfte v. Führungspersonen § 16 16.7
- HV-Beschluss, Notwendigkeit § 4 4.33

Kreditinstitute
- Bezugsrechtsemission § 43 43.12
- CRR-Kreditinstitute § 8 8.18
- Erwerb eigener Aktien § 52 52.6, 52.30
- Stimmrechtsvertretung § 1 1.23
- Vorstandsvergütung, Struktur § 2 2.58

Kreditvertrag
- mit Aufsichtsratsmitgliedern § 31 31.19

Kursmanipulation
- Publizitätspflichten, Verletzung § 15 15.51; s.a. Marktmanipulation

Kursstabilisierung § 8 8.63
- Bekanntgabe-/Mitteilungspflichten § 8 8.80
- ergänzende Maßnahmen § 8 8.82
- EU-Leerverkaufs-VO § 8 8.82b
- Finanzinstrumente § 8 8.76
- Greenshoe-Option § 8 8.68
- Insiderhandelsverbot § 14 14.8, 14.55
- Mehrzuteilung § 8 8.66, 8.82
- Naked Short § 8 8.73, 8.82b
- Safe Harbour Rules § 8 8.75
- Stabilisierungsmanager § 8 8.77
- Stabilisierungszeitraum § 8 8.78
- Underlying § 8 8.79
- Verbot d. Marktmanipulation § 8 8.74
- Verordnung (EG) Nr. 2273/2003 § 8 8.75
- Wertpapierleihe § 8 8.73
- Zwei-Tranchen-Modell § 8 8.69

Lafonta-Entscheidung
- Insiderinformationen § 14 14.16

Lagebericht
- Angabepflichten § 57 57.56
- BilMoG § 57 57.56, 57.67
- Erklärung zur Unternehmensführung § 61 61.28
- Konzernabschluss § 58 58.6
- Offenlegung § 61 61.9
- Untenehmensführung, Erklärung § 57 57.68
- Vorlagepflicht § 57 57.30

Legal and Tax Due Diligence § 10 10.18 ff.

Legal Opinion § 8 8.22
- Abgabe, Zeitpunkt § 10 10.233
- Annahmen, zugrunde gelegte § 10 10.170
- Arten § 10 10.147
- Aufbau/Inhalt § 10 10.161 ff.
- Aussagen, materielle § 10 10.176
- Begriff § 10 10.141
- Begriffe, wichtige § 10 10.197
- Disclosure Letter § 10 10.212
- Dokumente, geprüfte § 10 10.167
- Einfluss d. Due Diligence § 10 10.128
- Einschränkungen § 10 10.188
- Funktionen § 10 10.142, 10.220
- Haftung § 10 10.237
- Haftungsbegrenzung § 10 10.267
- In-house-opinion § 10 10.208
- Interessenkonflikte § 10 10.273
- internationale Praxis § 10 10.196 ff.
- Privatplatzierung § 10 10.151
- Rechtsordnung, zugrunde gelegte § 10 10.175
- Third Party Legal Opinion § 10 10.220

Legal Opinion – Anwendungsgebiete
- Kapitalmarkttransaktionen § 10 10.149
- Kreditverträge § 10 10.148
- M&A-Transaktionen § 10 10.154

Leitung
- Konzernleitungspflicht § 20 20.57
- unternehmerisches Ermessen § 23 23.20

Letter of Engagement
- Emission, Vertragsdokumentation § 8 8.89

Letter of Intent
- Insiderinformation § 14 14.84

Linotype-Entscheidung § 38 38.30

Liquidität
- Aktien, Veräußerung § 7 7.8
- Aktienemission § 8 8.11

LMV
- Ley del Mercado de Valores § 11 11.165

Macrotron
- Aufgabe der Rechtsprechung § 13 13.48

Management Buy Out (MBO)
- Insiderhandel § 14 14.76

Mandatsvereinbarung
- Emission, Vertragsdokumentation § 8 8.89

Mangusta/Commerzbank-Entscheidungen
- allgemeine Aktionärsklage § 41 41.13

Mantelverwendung
- Sachkapitalerhöhung § 44 44.22
- wirtschaftliche Neugründung § 4 4.21

Market Maker
- Meldepflichten, Hinzurechnung v. Anteilen § 18 18.40

Marktmanipulation
- Erwerb eigener Aktien § 52 52.68
- Haftung, Vorstand § 23 23.103
- Kursstabilisierungsmaßnahmen § 8 8.74
- Rückkaufprogramme § 52 52.22

Marktmissbrauchsrichtlinie
- Ad-hoc-Publizität § 15 15.8
- Insiderhandelsverbot § 14 14.3, 14.8
- Research Berichte, Anlageempfehlungen § 8 8.6a

Marktmissbrauchs-VO (MAR) § 1 1.38a
- Analysen/Bewertungen als Insiderinformationen § 7 7.24b
- Compliance-Regelungen § 1 1.39
- Geschäfte v. Führungspersonen § 16 16.1
- Haftung, Vorstand § 23 23.103
- Insiderhandelsverbot § 14 14.3, 14.8
- Publizitätspflichten, Verletzung § 15 15.51
- Rückkauf eigener Aktien § 1 1.21a

Marktschutzvereinbarungen § 8 8.98

Marktsegmente
- Frankfurter Börse § 7 7.43

Marktsegmentregulierung § 12 12.10
- Regulierter Markt, Teilbereiche § 12 12.33

Mehrstimmrecht
- Kapitalerhöhung aus Gesellschaftsmitteln § 47 47.39
- Wegfall, Spruchverfahren § 40 40.4

Meldepflichten – Marktmissbrauchsverordnung
- gewichteter Durchschnittskurs § 13 13.75

Meldepflichten – WpHG
- abgestimmtes Verhalten § 18 18.34; s.a. *abgestimmtes Verhalten*
- Auslösungszeitpunkt § 18 18.12
- Ausnahmetatbestände § 8 8.60f
- Beteiligung, Nachweispflicht § 18 18.75
- betroffene Stimmrechte § 18 18.7
- Emission/Platzierung § 8 8.60
- Erwerb eigener Aktien § 52 52.63, 52.66

- Finanzinstrumente, Stimmrechte § 8 8.60a
- Finanzinstrumente, TUG § 18 18.60
- Finanzmarktrichtlinie, Neuerungen § 8 8.60a
- Geschäfte v. Führungspersonen § 16 16.1
- Hinzurechnung v. Anteilen § 18 18.16
- Inhalt § 18 18.43
- Kapitalerhöhung § 43 43.10
- Kapitalherabsetzung § 48 48.7
- Mitarbeiterbeteiligungen § 56 56.63
- Mitteilungsempfänger § 18 18.46
- Mitteilungsfrist § 18 18.45
- Platzierungsvertrag § 8 8.60
- Rechtsnatur § 18 18.4
- Sanktionen § 18 18.47, 18.74
- Schwellenwert § 18 18.9, 18.64
- Stimmrechte § 8 8.60
- Stimmrechte, Nichtberücksichtigung § 18 18.40
- Stimmrechtsanteile § 18 18.1
- Stock Options § 55 55.122
- Strategie- und Mittelherkunftsbericht § 18 18.65
- Überwachung § 18 18.77
- Umplatzierung § 8 8.60g
- Verhältnis zu AktG/WpÜG § 18 18.5
- Verletzung, Rechtsverlust § 18 18.48
- Veröffentlichungspflichten, Inlandsemittenten § 18 18.69
- Verpflichteter § 18 18.41
- Wandelanleihe § 53 53.46a
- Zweck § 18 18.3

Minderheitenschutz
- Abfindung, Börsenkurs § 13 13.3
- Abgrenzung z. Individualrechten § 39 39.2
- Aktionäre, Rechtsstellung § 1 1.4
- Antragsrechte § 42 42.1
- Ausschluss, Gesetzesregelungen § 1 1.28
- besonderer Vertreter § 42 42.20
- Delisting, Erwerbsangebot § 13 13.45
- Eingliederung, Abfindung § 13 13.20
- Geltendmachung v. Gesellschaftsansprüchen § 42 42.20
- Gewinnfeststellung/-verwendung § 57 57.13
- Haftungsklage, nach Klagezulassung § 42 42.49
- HV, Einberufungsverlangen § 34 34.21
- Klagezulassungsverfahren § 42 42.29; s.a. *Klagezulassungsverfahren*
- Sonderprüferbestellung, gerichtliche § 41 41.18; § 42 42.2
- Squeeze out § 46 46.50
- Squeeze out, Rechtsschutz § 64 64.68
- übertragende Auflösung § 13 13.23

2441

Mitarbeiterbeteiligung
- Arbeitnehmeraktien § 56 56.19, 56.28
- Arbeitnehmerdarlehen § 56 56.7
- Arten § 56 56.3
- aus genehmigtem Kapital § 56 56.19
- Begriff § 55 55.1
- Besteuerung § 56 56.43
- Betriebsübergang § 56 56.41
- Börsenzulassung § 56 56.61
- Deutscher Corporate Governance Kodex § 56 56.15
- erfolgs- und gewinnabhängige Beteiligung § 56 56.26
- Erfolgsbeteiligungen § 56 56.4
- Genussrechte/-scheine § 56 56.9, 56.32
- Gleichbehandlungsgrundsatz § 56 56.38
- Insiderhandelsverbot § 56 56.62
- Kapitalbeteiligung, Besteuerung § 56 56.54
- Kapitalbeteiligung, mittelbare § 56 56.23
- Kapitalbeteiligung, unmittelbare § 56 56.16
- Konzern § 56 56.42
- Meldepflichten § 56 56.63
- Mitbestimmung § 56 56.40
- Phantom Stocks § 56 56.11, 56.27, 56.44
- Rechtsgrundlagen § 56 56.37
- Schuldverschreibungen § 56 56.10, 56.29
- stille Gesellschaft § 56 56.25, 56.58
- Stock Appreciation Rights § 56 56.11, 56.27, 56.44
- Stock Options § 55 55.3; s.a. *Stock Options*
- Verbreitung § 56 56.2
- Verfall-, Rückzahlungs-/Rückübertragungsklauseln § 56 56.39
- Verhältnis zur Vergütung § 56 56.35
- Wandelanleihe § 56 56.24
- Zweck § 56 56.1

Mitarbeiterbeteiligung – Besteuerung
- Arbeitnehmeraktien § 56 56.55
- Arbeitnehmerdarlehen § 56 56.47
- Genussrechte/-scheine § 56 56.49
- Phantom Stocks/Stock Appreciation Rights § 56 56.44
- Schuldverschreibungen § 56 56.52
- stille Beteiligung § 56 56.58

Mitbestimmung
- Arbeitnehmervertreter § 2 2.52
- Arbeitnehmervertreter, Voraussetzungen § 26 26.16
- Arbeitsdirektor § 21 21.19
- Aufsichtsrat, Beschlussfähigkeit § 28 28.50
- Aufsichtsrat, Beschlussverfahren § 28 28.59
- Aufsichtsrat, beteiligte Unternehmen/Konzern § 27 27.79
- Aufsichtsratsausschuss § 29 29.6, 29.33
- Aufsichtsratsvorsitzender, Wahl § 28 28.19
- Aufsichtsratsvorsitzender, Zweitstimmrecht § 28 28.13, 28.59
- Auswirkung auf Aufsichtsrat § 24 24.6
- dualistisches System § 1 1.30; § 2 2.11
- Mitarbeiterbeteiligungen § 56 56.40
- Personalausschuss § 29 29.29
- SE § 3 3.49
- Statusverfahren § 25 25.28
- Stock Options § 55 55.75
- Tendenzunternehmen § 25 25.2
- Vorstand, Vertretungsbefugnis § 20 20.86
- Vorstandsmitglieder, Bestellung/Widerruf § 21 21.16
- Zusammensetzung, Aufsichtsrat § 25 25.12

Mitgliedschaftsrecht § 38 38.4, 38.14
- Abspaltungsverbot § 38 38.17
- Abtretung § 5 5.84
- allgemeine Aktionärsklage § 41 41.12
- Auswirkungen der ordentlichen Kapitalherabsetzung § 49 49.27, 49.32
- Begriff § 5 5.2
- Entstehung, bedingte Kapitalerhöhung § 5 5.14
- Erwerb § 38 38.14
- gutgläubiger Erwerb § 5 5.85
- Pflichtenstellung § 38 38.12
- Treuepflicht § 38 38.28; s.a. *Treuepflicht*
- Treuepflichtverletzung § 38 38.39
- Übertragbarkeit § 38 38.17
- Verbriefung § 4 4.39, 4.47; § 5 5.2, 5.13, 5.59
- Verbriefungsanspruch § 5 5.9
- Verlust § 38 38.15
- Verwässerungsschutz § 39 39.167

Mitteilungspflichten s.a. *Meldepflichten – WpHG*
- Aktienerwerb von mehr als 25 % § 4 4.16
- Erwerb eigener Aktien § 52 52.66
- Greenshoe-Option § 8 8.82c
- Kursstabilisierung § 8 8.80
- Verletzung § 39 39.49
- Zulassungsfolgepflichten § 12 12.14
- Zulassungsfolgepflichten, jährliches Dokument § 12 12.32

MMVO s. *Marktmissbrauchs-VO (MAR)*
Mobilitätsrichtlinie § 4 4.31a
Moto-Meter-Entscheidung
- übertragende Auflösung § 13 13.23
- Verschmelzung, Umtauschverhältnis § 13 13.29

Multilateral Trading Facilities
- Ad-hoc-Publizität § 15 15.13
- Insiderhandelsverbot § 14 14.8

Mündliche Verhandlung
- Bekanntmachung § 39 39.118

Musterfeststellungsklage § 10 10.528

Muttergesellschaft *s.a. Beherrschungsverhältnis; Konzern; Tochtergesellschaft; Verbundene Unternehmen*
- bevorrechtigter Zuteilungsanspruch § 8 8.51
- Konzernabschluss § 58 58.1, 58.53
- Tochter-IPO § 8 8.46

Mutterschutz
- Vorstandsmitglieder § 21 21.138 ff.

Nachgründungsvorschriften
- Formwechsel, zwecks Börsengang § 4 4.10
- Sachkapitalerhöhung § 44 44.24

Nahestehende Personen *s. Geschäfte mit nahestehenden Personen*

Naked Short § 8 8.73, 8.82b

Naked Warrants § 5 5.27; § 53 53.13
- Börsenzulassung § 9 9.37

Namensaktien
- Aktienregister § 8 8.10
- Aktienregister, Eintragung § 5 5.69
- Aktienurkunde, Inhalt § 5 5.16
- HV-Teilnahmeberechtigung § 34 34.101
- nichtbörsennotierte AG § 4 4.39
- Record Date § 2 2.18
- Satzungsregelung § 4 4.39
- Transparenz, Risikobegrenzungsgesetz § 1 1.20
- Übertragung § 5 5.35, 5.40
- Umtauschrecht § 4 4.39
- Umwandlung § 5 5.41
- Vinkulierung, Zulässigkeit § 5 5.93; *s.a. Vinkulierung*
- zwingende Ausgabe § 5 5.36

Nasdaq § 11 11.62
- Börsenregeln § 2 2.106

Nebenintervention
- Anfechtungsklage § 39 39.101
- Haftungsklage, nach Klagezulassung § 42 42.52

Nebenleistungsaktie § 6 6.4, 6.8

Nennbetrag
- Herabsetzung § 49 49.45
- Mindesthöhe § 5 5.1, 5.8
- Satzungsregelung § 4 4.37

Nennbetragsaktie § 5 5.7
- Umstellung auf Stückaktie § 5 5.11

Nichtigkeit
- HV-Beschluss § 39 39.9, 39.27, 39.147; *s.a. HV-Beschluss; Hauptversammlung – Beschlussmängel*

Nichtigkeitsklage
- anwendbare Vorschriften § 39 39.141
- Aufsichtsratswahl § 39 39.148
- Bekanntmachung § 39 39.142
- Feststellungsantrag § 39 39.135
- Freigabeverfahren, Wirkung § 39 39.187
- Frist § 39 39.143
- Gerichtszuständigkeit § 39 39.142
- Gewinnverwendungsbeschluss § 39 39.162
- Kapitalerhöhung, Rückabwicklung § 51 51.37
- Klagebefugnis § 39 39.139
- Parteien § 39 39.139
- Prozessverbindung § 39 39.144
- Rechtsmissbrauch § 39 39.136
- Rechtsschutzinteresse § 39 39.136
- Satzungsmängel § 4 4.100, 4.102
- Sonderbeschlüsse § 39 39.3
- Squeeze out § 64 64.69
- Überblick § 39 39.135
- Urteil § 39 39.145
- Urteil, Registeranmeldung § 39 39.145
- Urteilswirkung § 39 39.145
- Verhältnis z. Anfechtungsklage § 39 39.146

Nießbrauch
- Stimmrechtsanteile, Meldepflichten § 18 18.26

NYSE § 11 11.61
- Börsenregeln § 2 2.106
- Global Shares § 5 5.33

Öffentliches Erwerbsangebot *s.a. Wandelanleihen*
- Ablauf § 62 62.34
- Ablauf, Schema § 62 62.39
- Absichtserklärungen, Vertraulichkeitsvereinbarungen § 62 62.74
- Ad-hoc-Publizität § 62 62.52a, 62.66, 62.77, 62.103
- Angebot, Abbruch nach Veröffentlichung § 62 62.68
- Angebot, konkurrierendes § 62 62.142
- Angebotsänderung § 62 62.136
- Angebotsänderung, Annahmefrist § 62 62.146
- Angebotsänderung, faktische § 62 62.149
- Angebotsänderung, Rücktritt § 62 62.146
- Angebotsbedingungen § 62 62.90

- Angebotsbedingungen,
  unzulässige § 62 62.116
- Angebotsentscheidung § 62 62.53
- Angebotsentscheidung, Veröffentlichungs-
  inhalt § 62 62.63
- Angebotsphase § 62 62.81
- Angebotspreis, Ermessen § 62 62.179
- Angebotsunterlage, Fehler § 62 62.88
- Angebotsunterlage, Inhalt § 62 62.83
- Angebotsunterlage, Prüfung § 62 62.86
- Annahmefrist § 62 62.119, 62.146
- Arten § 62 62.24
- Aufsicht § 62 62.17, 62.352
- Auslandsbezug § 62 62.20
- Ausschluss von Aktionären bei grenz-
  überschreitenden Angeboten § 62 62.52b
- Bieter, Gleichbehandlung § 62 62.171
- break fees § 62 62.172
- Compliance-Bedingung § 62 62.103a
- europäisches § 62 62.26
- Insiderrecht § 62 62.41
- Kommunikationspflichten § 62 62.115
- Organe d. Zielgesellschaft,
  Pflichten § 62 62.152
- Pflichtangebot § 62 62.182, 62.220
- Rechtsentwicklung § 62 62.1
- Rechtsschutz, verwaltungs-
  rechtlicher § 62 62.353
- Rechtsschutz, zivilrechtlicher § 62 62.360
- Übernahmeangebot § 62 62.182
- Übernahmepraxis, empirisch § 62 62.2
- Verteidigungsmaßnahmen,
  Unzulässigkeit § 62 62.335
- Vorbereitungsphase § 62 62.40
- Vorerwerbe § 62 62.71
- Wasserstandsmeldung § 62 62.132
- WpÜG, Grundsätze § 62 62.28
- WpÜG, Regelungsbereich § 62 62.16
- Zurechnung v. Drittverhalten § 62 62.78

Optionsanleihen s.a. Aktien – Veräußerung;
Privatplatzierung
- Aktienoptionsprogramme § 55 55.6
- Anlegerschutz § 54 54.11
- auf existierende Aktien § 53 53.15
- bedingte Kapitalerhöhung § 46 46.7
- Begriff § 5 5.26; § 46 46.6; § 53 53.2, 53.22
- bei Börsenzulassung § 9 9.37
- Bezugsrecht/-ausschluss § 53 53.47, 53.71
- Einlage auf die Aktien § 53 53.61
- Emission, Due Diligence § 10 10.98
- Erwerb eigener Aktien § 52 52.39
- Gewinnfeststellung/-verwendung § 54 54.15
- Hauptversammlungsbeschluss § 53 53.29

- Kapitalerhöhung aus Gesellschafts-
  mitteln § 47 47.44
- Kapitalmaßnahmen § 54 54.16
- Meldepflichten, Hinzurechnung v.
  Anteilen § 18 18.28
- Meldepflichten, WpHG § 53 53.46a
- Mitteilungspflichten, Zusammenrechnung
  mit Aktien § 18 18.61
- Rechtsnatur § 53 53.26
- Umtausch-/Bezugsrechte,
  Sicherung § 53 53.59

Orderpapier
- Namensaktie § 5 5.35, 5.40

Ordnungswidrigkeiten
- feindliche Übernahmen § 62 62.335
- Geschäfte v. Führungspersonen § 16 16.23
- Haftung, Vorstand § 23 23.96
- Publizitätspflichtverletzung § 15 15.49
- WpHG, Meldepflichten § 18 18.47, 18.74

Organe
- Anfechtungsbefugnis § 39 39.89
- Aufsichtsrat § 24 24.15
- Geschäftsführung § 20 20.1; s.a. Geschäfts-
  führung
- Klagebefugnisse, Aufsichtsrat § 30 30.79
- Verhältnis HV/Aufsichtsrat § 33 33.14
- Verhältnis HV/Vorstand § 33 33.14

Organhaftung
- Entsprechenserklärung, fehlerhafte § 2 2.86
- öffentliches Erwerbsangebot § 62 62.168
- Vorstandsmitglieder § 23 23.1, 23.6;
  s.a. Haftung – Vorstandsmitglieder

Organised Trading Facilities
- Ad-hoc-Publizität § 15 15.13
- Insiderhandelsverbot § 14 14.8

Paketaufbau
- Insiderinformation § 14 14.81

Pakethandel
- Erwerb eigener Aktien § 52 52.41, 52.43

Pensionssicherungsverein
- ordentliche Kapitalherabsetzung § 49 49.36

Personalausschuss § 21 21.14; § 27 27.48;
§ 29 29.29
- Besetzung § 21 21.18

Personalhoheit § 21 21.12
- Aufsichtsrat, Aufgaben § 27 27.47

Pfandrecht
- Meldepflichten, Hinzurechnung v.
  Anteilen § 18 18.25

Pfändung
- Aktienurkunden § 5 5.88

Pflichtangebot
- acting in concert § 62 62.204
- Aktieneigentum d. Emissionsbank § 8 8.61
- Aufsicht § 62 62.352
- Befreiungsmöglichkeit § 62 62.236
- Begriff § 62 62.24, 62.184
- Entbehrlichkeit § 62 62.229
- Erwerbsoptionen § 62 62.280
- Gegenleistung § 62 62.248
- Gegenleistung, Angemessenheit § 62 62.249
- Gegenleistung, Erhöhung § 62 62.275
- Gegenleistung, Unterlassen d. Angabe § 62 62.282
- Kontrolle, Begriff § 62 62.190, 62.226
- Kontrolle, Beispiele § 62 62.215
- Kontrolle, Erlangung § 62 62.226
- maßgebliche Normen § 62 62.185
- Rechtsschutz, verwaltungsrechtlicher § 62 62.353
- Rechtsschutz, zivilrechtlicher § 62 62.360
- Regelungsadressaten § 62 62.224
- Sanierungsfälle § 62 62.238
- Stimmrecht § 62 62.222
- Stimmrechte, Berechnung § 62 62.191
- Stimmrechte, Nichtberücksichtigung § 62 62.230
- Stimmrechte, Zurechnung § 62 62.201
- Überblick § 62 62.220
- Übernahmepraxis, empirisch § 62 62.8
- Verteidigungsmaßnahmen § 62 62.283
- Verteidigungsmaßnahmen, Unzulässigkeit § 62 62.335

Pflichtwandelanleihen § 53 53.7, 53.21

Phantom Stocks
- Insiderhandel § 14 14.75
- Mitarbeiterbeteiligungen § 56 56.11, 56.27, 56.44

Platzierung
- Ablauf § 8 8.14
- Ad-hoc-Mitteilung § 8 8.59
- Arten § 7 7.77
- Ausgabebetrag § 7 7.33
- Ausland § 11 11.1
- Bankenkonsortium § 8 8.18
- Begriff § 7 7.1
- Bezugsrechtskapitalerhöhung mit Vorabplatzierung § 7 7.38a
- Blackout Period § 7 7.113
- Börsenplätze, Auswahl § 7 7.41
- Dokumentation § 8 8.83
- Durchführung § 8 8.23
- Emissionsbank, Auswahl § 8 8.17
- Emissionsbank, Beratung § 8 8.1

- Fehlschlagen § 8 8.123a
- Frankreich § 11 11.125, 11.130
- Gleichbehandlung d. Investoren § 8 8.52
- Indizes § 7 7.61
- Italien § 11 11.158
- Kapitalerhöhung aus genehmigtem Kapital § 45 45.33
- Konsortialbanken § 8 8.193
- Konsortialvertrag § 8 8.195
- Konzeptionierung § 8 8.15
- Kursstabilisierung § 8 8.63
- Letter of Engagement § 8 8.89
- Mandatsvereinbarung § 8 8.89
- Marktschutzregelung § 8 8.98
- Marktsegmente § 7 7.43
- öffentliche § 7 7.78
- Platzierungsvertrag, Meldepflichten § 8 8.60
- private § 7 7.84
- Prospekthaftung § 7 7.17
- Prospektpflicht § 7 7.13
- Re-IPO § 7 7.2
- Spanien § 11 11.165
- Stabilisierungszeitraum § 8 8.78
- Stimmrechte, Meldepflicht § 8 8.60
- Übernahmevertrag § 8 8.104; s.a. Übernahmevertrag
- Umplatzierung § 7 7.12, 7.19
- USA § 11 11.1
- Vertraulichkeitsvereinbarung § 8 8.84
- Vorbereitung § 7 7.93; § 8 8.21
- Zeitplan § 7 7.93
- Zuteilungsverfahren § 8 8.42; s.a. Zuteilungsverfahren

Platzierung – Umplatzierung
- Altaktien § 8 8.132
- Geheimhaltungspflichten § 7 7.23
- Meldepflichten § 8 8.60g
- Mitwirkung d. AG § 7 7.19
- private § 7 7.89
- Prospekthaftung § 7 7.20

Platzierungsbeschränkungen
- Übernahmevertrag § 8 8.141

Platzierungsgeschäft
- Begriff § 8 8.41
- soft/hard unterwriting § 8 8.41

Platzierungsvertrag
- Market Sounding/Pilot Fishing § 8 8.58a

Positive Beschlussfeststellungsklage § 39 39.129, 39.132
- Treuepflichtverletzung § 38 38.41

Preisermittlung § 7 7.33; s.a. Bezugspreis
- Auktionsverfahren § 8 8.28, 8.37
- Auktionsverfahren, bei Block Trades § 8 8.38

Stichwortverzeichnis

- Auktionsverfahren, bei IPO § 8 8.39
- Auktionsverfahren, bei Kapitalerhöhung § 8 8.37
- Bookbuilding § 8 8.30
- börsennotierte Aktien § 8 8.35
- Emission § 8 8.24
- Festpreisverfahren § 8 8.26
- kombinierte Verfahren § 8 8.36
- Preisspanne § 8 8.30

Primärinsider
- Berufsinsider § 14 14.32
- Beteiligungsinsider § 14 14.31
- Insiderhandelsverbot § 14 14.56
- Insiderinformationen, Nutzungsverbot § 14 14.56
- Insiderinformationen, Weitergabeverbot § 14 14.61
- Organinsider § 14 14.29

Primärmarkt
- fehlerhafte Kapitalmarktinformation § 17 17.1
- Publizität, kapitalmarktrechtliche § 15 15.2

Prime Standard § 12 12.11
- Analystenveranstaltung § 7 7.53
- DAX-Unternehmen § 7 7.54
- Deutscher Corporate Governance Kodex § 7 7.52
- Finanzberichte § 7 7.52, 7.55
- Marktsegmentverfassung § 12 12.11
- Transparenzanforderungen § 7 7.51
- Vergleich mit General Standard § 7 7.54
- Zulassungsfolgepflichten § 12 12.40

Principal Agent Konflikt
- Aktienoptionsprogramm, Zulässigkeit § 1 1.37

Privatanleger
- Grundsätze der Aktienzuteilung § 8 8.54
- Hauptversammlung, Teilnahme § 33 33.12

Private Equity
- Mittelbeschaffung § 7 7.8
- Mitverkaufsverpflichtung § 4 4.76
- Vorstandsvergütung, Boni § 21 21.180

Privatplatzierung
- Accelerated Bookbuilding § 7 7.91
- Aktienleihe § 8 8.181
- Aktienzeichnung § 8 8.184
- Arten § 7 7.90
- Bookbuilding § 8 8.183
- Festübernahme § 7 7.92; § 8 8.187
- institutionelle Investoren § 7 7.85
- Italien § 11 11.164
- Kapitalerhöhung § 8 8.180
- Kommission § 7 7.92; § 8 8.189

- Nachteile § 7 7.88
- Übernahmevertrag § 8 8.180
- Umplatzierung § 8 8.186
- Upside Sharing § 7 7.92; § 8 8.192
- USA § 11 11.93
- US-Wertpapierregulierung, Haftung § 11 11.55
- Vereinigtes Königreich § 11 11.181
- Vorteile § 7 7.84

Produktfreigabeverfahren § 8 8.23a

Prokurist
- Aufsichtsratsmandat § 26 26.12

Prospekt
- Befreiungstatbestände § 9 9.43
- Bezugsrechtskapitalerhöhung mit Vorabplatzierung § 7 7.38c
- Billigung § 9 9.39, 9.67
- Billigung durch BaFin § 10 10.446
- Börsenzulassungsprospekt § 7 7.13; § 9 9.39
- Emissionsbank, Beratung § 8 8.4
- Erstellung, Verantwortliche § 10 10.403
- EU/EWR-Anerkennung § 11 11.180
- Frankreich § 11 11.126, 11.136
- Kapitalerhöhung, Emission § 43 43.8
- Mindestangaben § 9 9.42
- Pre-Deal Research Report § 7 7.24a
- Prospektpflicht § 7 7.13, 7.78, 7.80; § 43 43.8
- Prospektpflicht, Ausnahmen § 7 7.15
- Prospektpflicht, Befreiung § 9 9.43
- Prospektrichtlinie-Umsetzungsgesetz § 9 9.9, 9.41
- Spanien § 11 11.172
- Sprache § 7 7.102
- Übernahmevertrag § 8 8.137
- Übernahmevertrag, Haftung § 8 8.152
- Umplatzierung, Mitwirkung d. AG § 7 7.19
- verhältnismäßiges Prospektregime § 7 7.14, 7.100a
- Verkaufsprospekt § 7 7.13
- Veröffentlichung § 9 9.69
- Veröffentlichung, Internet § 9 9.70
- vorläufiges (Red Herring) § 8 8.107
- Zulassung zum Börsenhandel § 9 9.6

Prospektbilligungsverfahren
- Ablauf, Emission § 8 8.21

Prospekthaftung § 7 7.17
- Anspruchsberechtigung § 10 10.462
- Außenverhältnis § 10 10.415
- Beurteilungszeitpunkt, maßgeblicher § 10 10.447
- Comfort Letter § 10 10.305 ff.
- Durchsetzung § 10 10.505
- Einlagenrückgewähr, Verbot § 10 10.480

- Emissionsbank § 8 8.94
- Entsprechenserklärung, Fehler/ Unterlassen § 2 2.96
- EU-Prospektrichtlinie § 11 11.123
- Fehlerhaftigkeit § 10 10.423
- Frankreich § 11 11.150
- Gewährleistungen d. AG § 8 8.152
- Gewährleistungen d. Emissionsbank § 8 8.161
- Haftungsausschluss § 10 10.487
- Informationsmemorandum § 10 10.397
- Innenverhältnis § 10 10.417
- Kapitalanleger-Musterverfahren § 7 7.82; § 10 10.512; § 23 23.108
- Kausalität, haftungsausfüllende § 10 10.478
- Kausalität, haftungsbegründende § 10 10.470
- Konkurrenzen § 10 10.494
- öffentliche Platzierung § 7 7.82
- öffentliches Erwerbsangebot § 62 62.169
- Privatplatzierung § 7 7.87
- Prospekt, Begriff § 10 10.397
- Prospektbilligung § 10 10.446
- Schadensminderungspflicht § 10 10.479
- Überblick § 10 10.391
- Umfang § 10 10.476
- Umplatzierung § 7 7.20
- Unvollständigkeit s. Prospekthaftung – Unvollständigkeit
- Verantwortliche § 10 10.403
- Verjährung § 10 10.505
- Verschuldensmaßstab § 10 10.452
- verwaltungsrechtliche Sanktionen § 10 10.533
- Vorstandspflichten § 23 23.109
- wertpapierrechtliche § 10 10.397
- Zuständigkeit, gerichtliche § 10 10.506

Prospekthaftung – Unvollständigkeit § 10 10.434
- Betriebs-/Bankgeheimnis § 10 10.439
- Prognosen § 10 10.440
- Ratings § 10 10.438
- Risikofaktoren § 10 10.437

Prozesskostenhilfe
- Anfechtungsklage § 39 39.126

Publizität
- Verhältnis z. Verschwiegenheitspflicht § 23 23.36

Publizitätspflichten
- Abstimmungergebnis § 37 37.27
- Ad-hoc-Publizität § 15 15.4; s.a. Ad-hoc-Publizität
- Adressatenkreis § 15 15.1, 15.11
- Börsenzulassung § 61 61.25
- CSR-Berichterstattung § 61 61.30
- Directors' Dealings § 15 15.3

- Entsprechenserklärung § 61 61.14
- Erklärung zur Unternehmensführung § 61 61.28
- Finanzberichte § 59 59.1
- Haftung § 17 17.1
- IAS/IFRS-Abschluss, Offenlegung § 61 61.16
- Jahresabschluss § 61 61.1
- Jahresfinanzbericht § 61 61.23
- Kapitalerhöhung § 43 43.8
- Kapitalmarktinformationen § 17 17.1
- Konzernabschluss § 61 61.18
- Lagebericht § 61 61.9
- Marktmissbrauchs-VO (MAR) § 15 15.51
- Meldepflichten, Stimmrechtsanteile § 18 18.1
- Missbrauch zu Werbezwecken § 15 15.47
- öffentliches Erwerbsangebot § 62 62.53
- Primärmarkt § 15 15.2
- Sekundärmarkt § 15 15.2
- US-Wertpapierregulierung § 11 11.79
- Vergütungsbericht § 61 61.32
- Verträge mit Aufsichtsratsmitgliedern § 31 31.7, 31.21
- Vorstandsvergütungen § 21 21.101
- Zeitpunkt, bei Due Diligence § 10 10.54

Put option
- Erwerb eigener Aktien § 52 52.39, 52.44
- Mitteilungspflichten § 18 18.63

Quartalsbericht
- Emission § 7 7.55

Quartalsmitteilungen § 59 59.28
- Emission § 7 7.52

Rating
- Corporate Governance § 2 2.37
- Due Diligence, Umfang § 10 10.103, 10.107
- Eigenkapitalrate § 7 7.5

Rechnungslegung s.a. Bilanzierung; Bilanzrecht; Buchführung; Jahresabschluss
- deutsches Committee (DRSC) § 58 58.41
- Emission § 7 7.52
- Gläubigerschutz § 57 57.12
- Halbjahresbericht § 59 59.17
- IAS/IFRS § 2 2.19, 2.46; § 7 7.52, 7.55, 7.57; § 57 57.86; § 58 58.1
- IDW § 58 58.45
- internationale Rechnungslegungsstandards § 57 57.86; § 58 58.18
- internationale Standards § 1 1.42
- internationale Standards, Endorsementverfahren § 58 58.26

Stichwortverzeichnis

- interne § 57 57.9
- Jahresabschluss, Änderung § 57 57.100
- Modernisierungsrichtlinie § 57 57.88; § 58 58.21
- Nachtragsprüfung § 57 57.123
- Prüfung, Berichtspflicht § 34 34.106 ff.
- Prüfungs-/Bilanzausschuss § 29 29.34
- Prüfungsausschuss § 2 2.60
- Publizitätspflichten § 61 61.1
- Rechtsentwicklung § 1 1.40
- Sarbanes Oxley Act § 2 2.100
- unterjährige § 59 59.1
- Vorstand, Aufgaben § 20 20.42
- Vorstandsvergütungen, Offenlegung § 21 21.101
- Zweck § 57 57.1

Rechtsschutz s.a. Anfechtungsklage; Nichtigkeitsklage
- Aufsichtsratsmitglieder § 30 30.79
- Börsenzulassung § 9 9.85
- Maßnahmen d. BaFin § 62 62.353
- Registereintragung § 44 44.114

Rechtsverlust
- Aktionär § 1 1.25
- Meldepflichten, Sanktionen § 18 18.48
- Zuwiderhandlung § 18 18.58

Rechtswahl
- Übernahmevertrag § 8 8.176

Record Date § 4 4.61
- HV-Teilnahmeberechtigung, Bescheinigung § 1 1.24
- Stichtag § 2 2.18

Red Herring
- Prospekt, vorläufiges § 8 8.107

Redeemable Shares § 6 6.42, 6.46

Rederecht
- Beschränkung § 4 4.62

Registerkontrolle § 64 64.64
- Kapitalerhöhung § 44 44.110; § 45 45.15
- Kapitalherabsetzung, ordentliche § 44 44.114
- Neugründung § 49 49.23
- Sachkapitalerhöhung § 4 4.20; § 44 44.112
- Satzungsänderung § 44 44.114
- Satzungsmängel, Aufforderung zur Änderung § 4 4.90
- Squeeze out § 4 4.108

Regulierter Markt
- Börsenrückzug § 63 63.1
- Firmierung § 12 12.26
- Frankfurter Börse, Zulassungsvoraussetzungen § 12 12.1
- Halbjahresfinanzbericht § 7 7.49
- Marktsegmentregulierung § 12 12.25

- Meldepflichten, betroffene Stimmrechte § 12 12.10
- Rechtsquellen § 18 18.7
- Teilbereiche § 12 12.6
- Wertpapiere, Einbeziehung § 12 12.33
- Zulassungsfolgepflichten § 12 12.12; § 63 63.80
- Zulassungsvoraussetzungen § 7 7.46
- Zwischenmitteilung § 7 7.45

REIT-AG
- Meldepflichten, Hinzurechnung v. Anteilen § 4 4.41
- Verbriefungsanspruch, Ausschluss § 4 4.30

Related Party Transactions s. Geschäfte m. nahestehenden Personen

Repo-Geschäft
- Ausgabe aufgrund neuer Beschlussfassung § 18 18.29

Repricing – Stock Options
- Ausgabe aufgrund Vorratsbeschluss § 55 55.58
- Ausgabe eigener Aktien § 55 55.65
- bei Ausübungspreisanpassungen § 55 55.54
- Emissionsbank § 55 55.51

Research § 8 8.6
- Finanzanalysen § 8 8.6
- Interessenkonflikte § 8 8.6c

Reverse convertible bonds
- Finanzinstrumente, Mitteilungspflichten § 53 53.20

Risikobegrenzungsgesetz § 62 62.1
- Informationspflicht, Erwerb wesentlicher Beteiligung § 18 18.64
- Meldepflichten, Hinzurechnung v. Anteilen § 1 1.35
- Meldepflichten, Sanktionen § 18 18.36, 18.48
- Meldepflichten, Stimmrechtsanteile § 18 18.56
- öffentliches Erwerbsangebot § 18 18.2

Risikoüberwachungssystem
- Rechtswahl, Übernahmevertrag § 23 23.17

Rom II-VO
- eigener Aktien, Zulässigkeit § 8 8.178a

Rückkauf § 6 6.46
- Redeemable Shares § 5 5.57; § 6 6.42

Rückkaufangebot, öffentliches
- Erwerb eigener Aktien § 52 52.42

Rückkaufprogramme
- Erwerb eigener Aktien § 14 14.92
- Insiderhandelsverbot § 52 52.20

Rücklagen
- Kapitalerhöhung aus Gesellschaftsmitteln § 47 47.1; § 52 52.45

- Kapitalherabsetzung § 50 50.8
- vereinfachte Kapitalherabsetzung § 47 47.16

Rücklagendotierung
- Kapitalherabsetzung § 50 50.11
- Übernahmevertrag § 51 51.26
- vereinfachtes Aktieneinziehungsverfahren § 50 50.20

Rücktrittsrecht
- Mitarbeiterbeteiligungen § 8 8.170
- Übernahmevertrag § 8 8.168

Rückübertragungsklauseln
- Satzungsregelung § 56 56.39

Sacheinlage
- bedingte Kapitalerhöhung § 44 44.103
- Unternehmenseinbringung, Ausgabekurs neuer Aktien § 4 4.23
- verdeckte, fehlgeschlagene Platzierung § 13 13.43
- verschleierte § 8 8.123a; § 44 44.23

Sachkapitalerhöhung
- aus genehmigtem Kapital § 46 46.39
- Siemens/Nold-Entscheidung § 45 45.34

Sachkapitalerhöhung – ordentliche Erhöhung
- Anfechtungsrisiko § 44 44.25
- Bareinlagepflicht, Fortbestehen § 44 44.22
- Beschluss § 44 44.38
- Beschlusshindernisse § 44 44.27
- Bilanzierung der Sacheinlage § 44 44.3
- Differenzhaftung § 44 44.29
- Einlageleistung § 44 44.26
- fehlerhafte § 44 44.26
- Festsetzung des Ausgabebetrags § 44 44.117
- gemischte Bar-/Sachkapitalerhöhung § 44 44.22, 44.27
- Mantelverwendung § 44 44.40
- Nachgründungsvorschriften § 44 44.24
- Registeranmeldung § 44 44.24
- Registerkontrolle § 44 44.105
- Registerkontrolle, Rechtsschutz § 44 44.112
- Satzungsregelung § 44 44.120
- Schütt-aus-hol-zurück-Verfahren § 44 44.114
- verschleierte Sacheinlage § 44 44.23, 44.26
- wirtschaftlicher Schutz Dritter § 44 44.33

Sachübernahme
- Erwerb eigener Aktien § 4 4.23

Safe Harbour-Regelung § 8 8.75; § 52 52.68
- Erwerb eigener Aktien § 52 52.22

Sammelverwahrung
- Kapitalerhöhung § 5 5.65

Sanierung
- Audit Committee § 62 62.238

- Pflichtangebot, Befreiung § 44 44.21

Sarbanes Oxley Act § 11 11.6, 11.54
- Rechnungslegungsstandards § 2 2.104
- Straftatbestände § 2 2.100

Satzung
- Aktiengattung, Auswahl § 4 4.29
- Aktiengattungen, Festlegung § 4 4.38
- Aktienübertragung, Beschränkung § 6 6.6
- Anfechtbarkeit § 4 4.48
- Auslegungsgrundsätze § 26 26.66
- bedingtes Kapital § 4 4.79
- Bekanntmachung § 4 4.1
- Dividendenberechtigung, Beginn § 4 4.35
- Due Diligence, Zustimmung § 4 4.68
- Durchbrechung § 10 10.37
- Entsendungsrecht § 4 4.93
- fakultative Bestimmungen § 4 4.24; § 26 26.27
- Feststellung, Ausland § 4 4.43
- Firma § 4 4.15, 4.30
- Funktion § 4 4.44
- genehmigtes Kapital § 4 4.2
- Gerichtsstandsklausel § 4 4.45
- gesetzliche Abweichungsmöglichkeiten § 4 4.34
- Gewinnrücklage, Höhe § 4 4.27
- Grundkapital, Höhe § 4 4.67
- Grundkapital, Zerlegung § 4 4.36
- Grundsatz d. Satzungsstrenge § 4 4.5, 4.37
- Gründungsaufwand § 4 4.23, 4.25
- Inlandssitz § 4 4.31a
- Investment-AG § 4 4.44
- Kapitalerhöhung, Mehrheitserfordernisse § 4 4.38
- Mehrheitserfordernisse § 4 4.64
- Mindestinhalt § 4 4.22
- Nichtigkeit § 4 4.30
- Organe, zusätzliche § 4 4.100
- Sacheinlage § 4 4.70
- Sondervorteile § 4 4.69
- Teilnahmerecht § 4 4.74
- Übernahmerichtlinie, opt-out § 4 4.72
- Unternehmensgegenstand § 4 4.32, 4.72a
- Vorstandsmitglieder, Anzahl § 5 5.94
- Zustimmungserfordernisse § 4 4.40
- zwingende Vorschriften § 4 4.26, 4.42

Satzung – Änderung
- Aktiengattung, Auswahl § 5 5.52
- Aktiengattungen § 5 5.55
- Anfechtbarkeit § 44 44.13
- bedingte Kapitalerhöhung § 4 4.100
- Bedingung/Befristung § 46 46.62
- Befugnis § 4 4.82, 4.88
- Befugnis, Übertragung § 4 4.57, 4.86

2449

Stichwortverzeichnis

- Einschränkung § 4 4.92
- faktische § 4 4.85
- fehlerhafte § 4 4.107; § 27 27.89
- HV-Beschluss § 4 4.99; § 33 33.35
- Kapitalerhöhung aus Gesellschaftsmitteln § 45 45.13
- nach Nichtigkeit § 4 4.107
- Nichtigkeit § 4 4.100
- öffentlich-rechtliche Genehmigungen § 4 4.102
- ordentliche Kapitalerhöhung § 4 4.87
- ordentliche Kapitalherabsetzung § 44 44.18
- Publikumsgesellschaft § 49 49.10
- Registeranmeldung § 4 4.85
- Registereintragung § 4 4.89
- Umstellung auf Stückaktie § 4 4.90
- Vinkulierung § 4 4.83
- Vinkulierungsklausel, fehlende § 4 4.48

Satzung – Aufsichtsrat
- Amtszeit/Niederlegung § 4 4.100
- Beschlussfassung § 4 4.52
- Sitzungsturnus/Anwesenheit § 28 28.49
- Vergütung § 4 4.50
- Wahl § 26 26.14; § 30 30.32
- Zusammensetzung § 4 4.54

Satzung – Hauptversammlung
- Beschlussfähigkeit § 4 4.42
- Bild-/Tonübertragung § 4 4.64
- Einberufung § 4 4.63a
- Online-Teilnahme § 4 4.58
- Teilnahmevoraussetzungen § 4 4.63
- Vorsitz § 4 4.61

Satzung – Mängel
- Änderung, Zustimmungszwang § 4 4.99
- Anfechtbarkeit § 4 4.107
- Aufforderung zur Änderung § 4 4.100
- Auflösungsantrag § 4 4.108
- Bestätigung § 4 4.111
- Heilung § 4 4.105
- HV-Beschluss, Aufhebung § 4 4.106
- nach Kapitalerhöhung aus genehmigtem Kapital § 4 4.96
- Nichtigerklärung § 4 4.111
- Nichtigkeit § 4 4.100, 4.110
- Rechtsfolgen § 4 4.102
- Registereintragung § 4 4.100
- vor Registereintragung § 4 4.95

Satzungsfassung
- Ad-hoc-Publizitätspflichten § 45 45.13

Say on Pay § 24 24.8; § 33 33.28 ff.;
s.a. Vorstandsvergütungssystem

Scale
- Ad-hoc-Publizitätspflichten § 7 7.59

- Einbeziehungsvoraussetzungen § 7 7.58
- Konzernabschluss/-lagebericht § 7 7.48a
- Unternehmensanleihe § 7 7.60
- Zweck § 7 7.57
- Zwischenbericht § 7 7.59

SCE
- Aktionärsklage, g. Organe/ Aktionäre § 40 40.12

Schadensersatz
- Anfechtungsklage § 62 62.336
- Delisting § 41 41.15
- Freigabeverfahren, Wirkung § 63 63.77
- Meldepflichten, Sanktionen § 39 39.182
- Treuepflichtverletzung § 18 18.59
- Übernahmeangebot § 38 38.39

Schiedsgerichtsklausel
- Anwendungsbereich § 39 39.72

Schuldverschreibungsgesetz
- Corporate Governance § 54 54.3

SE
- börsennotierte § 2 2.13
- Corporate Governance § 3 3.4
- Corporate Identity § 3 3.43
- Delisting § 3 3.59
- Deutscher Corporate Governance Kodex § 3 3.16b
- Formwechsel § 3 3.7
- Formwechsel, grenzüberschreitender § 4 4.10a
- Frauenquote § 3 3.33
- Führungssystem, Wahlrecht § 3 3.12c
- Geschlechterquote § 2 2.21
- gesellschaftsrechtliche Regelungen § 3 3.11
- Grundkapital § 1 1.17a
- Gründung § 3 3.10; § 4 4.10a
- Holding-SE § 3 3.17
- Kapitalerhöhung aus genehmigtem Kapital § 3 3.24
- Mitbestimmung § 3 3.12b
- monistische Struktur § 3 3.7a, 3.12a, 3.37, 3.49
- rechtliche Besonderheiten § 1 1.30
- Rechtsform § 3 3.8
- Satzungsstrenge § 3 3.1
- Sitz, inländischer § 3 3.13
- Sitzverlegung § 3 3.12
- Sitzverlegung, Sicherheitsleistung § 3 3.32
- Spruchverfahren § 3 3.36
- Tochter-SE § 3 3.27; § 40 40.11
- Umwandlung § 3 3.30
- Verschmelzung § 3 3.12, 3.28
- Wertpapierformen § 3 3.18

2450

SE – rechtliche Besonderheiten § 3 3.16c
- kapitalmarktrechtliche Regelungen § 3 3.10
- Rechnungslegung/Abschlussprüfung § 3 3.14

Securities and Exchange Commission (SEC) § 2 2.108; § 11 11.1, 11.21
- ADR, Registrierungsantrag § 11 11.39
- Anerkennung der IAS/IFRS § 11 11.64
- elektronisches Datensystem (EDGAR) § 58 58.32
- Prospekterstellung, endgültige § 11 11.67
- Prüfungsverfahren § 8 8.107
- Registrierungsantrag, Inhalt § 11 11.77
- Registrierungsformular § 11 11.65
- Selbstregulierung § 11 11.64
- Whistleblowing § 11 11.63

Securities Exchange Act § 11 11.1
- fehlerhafte Kapitalmarktinformation § 11 11.5

Sekundäremission
- vereinfachte Offenlegung § 43 43.8

Sekundärmarkt
- Begriff § 15 15.2
- Publizität, kapitalmarktrechtliche § 17 17.2

Sellers § 8 8.19

Shareholder Activism
- Begriff § 62 62.210a

Shareholder Value
- Corporate Governance § 1 1.32
- Meldepflichten, Hinzurechnung v. Anteilen § 2 2.6

Sicherungsübereignung
- Bezugsrechtsausschluss, Kapitalerhöhung aus genehmigtem Kapital § 18 18.25

Siemens/Nold-Entscheidung
- Bezugsrechtsausschluss, Wandelanleihe § 45 45.20
- HV-Beschluss § 44 44.25
- Sachkapitalerhöhung § 53 53.52

Sittenwidrigkeit
- Auslandssitz, bei Gründung § 39 39.23

Sitz
- Mobilitätsrichtlinie § 4 4.31a
- Satzungsregelung § 4 4.31a
- SE § 3 3.12; § 4 4.44

Sonderbeschlüsse
- Aktiengattung, Auswahl § 5 5.51; § 6 6.16
- HV-Einberufung § 5 5.55
- Kapitalerhöhung aus Gesellschaftsmitteln § 6 6.11
- Klagerechte § 34 34.34
- ordentliche Kapitalerhöhung § 39 39.3
- Sonderversammlung § 44 44.8

- Umwandlung Vorzugsaktien in Stammaktien § 6 6.33
- unterschiedliche Aktiengattungen § 6 6.36

Sonderprüfer § 42 42.18
- Bestellung, gerichtliche § 42 42.1
- Rechtsstellung § 41 41.18

Sonderverwahrung
- Beschlusskontrolle § 5 5.64

Sondervorteile
- Deutscher Corporate Governance Kodex § 39 39.61

Sorgfaltspflichtverletzung
- Börsenzulassung § 23 23.12
- Entsprechenserklärung, Fehler/Unterlassen § 23 23.14
- Vorstandsmitglieder § 2 2.86

Spartenaktien § 5 5.48; § 6 6.43

Special Purpose Acquisition Vehicle (SPAV)
- Börsenzulassung § 9 9.22

Spector Photo Group-Entscheidung
- Antragsbefugnis § 14 14.43

Spruchverfahren
- Abfindung § 40 40.33
- Antragsrücknahme § 40 40.6
- Antragstellung § 40 40.32
- Anwendungsbereich § 40 40.13
- Delisting § 40 40.3
- Delisting, Überprüfung d. Erwerbsangebots § 63 63.50
- Entscheidung § 13 13.45
- Erledigung § 40 40.29
- Gerichtszuständigkeit § 40 40.32
- Kosten § 40 40.5
- mündliche Verhandlung § 40 40.34
- Rechtsmittel § 40 40.20
- SE-/SCE-Gründung § 40 40.29
- Squeeze out, Rechtsschutz § 40 40.11
- Überblick § 64 64.68
- Unanwendbarkeit, Squeeze out § 40 40.1
- Vergleich § 62 62.339

Squeeze out
- Ablauf, Schema § 64 64.13
- Ad-hoc-Mitteilung § 64 64.18
- aktienrechtlicher § 1 1.28; § 64 64.1, 64.32
- Alternativen § 62 62.341
- Anwendungsbereich § 64 64.14
- Bedeutung § 64 64.19
- Begriff § 64 64.6
- Bezugsrecht, bedingte Kapitalerhöhung § 64 64.1
- Corporate Governance § 64 64.32
- Delisting § 46 46.50
- Gewährleistungserklärung § 63 63.89

2451

Stichwortverzeichnis

- Hauptaktionär, Einberufungsverlangen § **64** 64.48
- Hauptaktionär, Voraussetzungen § **34** 34.31
- Hauptversammlungsbeschluss § **64** 64.20
- Minderheitsaktionäre, Rechtsschutz § **64** 64.53
- Planung § **64** 64.68
- Rechtsfolgen § **64** 64.2
- Registeranmeldung/-eintragung § **64** 64.71
- Überblick § **64** 64.63
- übernahmerechtlicher § **1** 1.28; § **64** 64.8, 64.15
- Übertragungsbericht § **62** 62.339
- Übertragungsverlangen § **64** 64.44
- verschmelzungsrechtlicher § **64** 64.26
- Vorstand, Pflichten § **64** 64.16

Squeeze out – Abfindung
- Angemessenheit § **13** 13.22
- Prüfung § **64** 64.36
- Spruchverfahren § **40** 40.3, 40.9; § **64** 64.41

Stakeholder
- Begriff § **2** 2.6

Stakeholder Value
- Begriff § **1** 1.32

Stammaktien § **6** 6.39
- Umwandlung in Vorzugsaktien § **5** 5.47

Stapled Stock
- Antragsberechtigung § **6** 6.51

Statusverfahren
- Anwendungsbereich § **25** 25.30
- Aufsichtsratsvergütung § **25** 25.30
- Einfluss auf Aufsichtsratsmandate § **25** 25.28
- Kapitalherabsetzung § **26** 26.68
- Verfahren § **25** 25.36

Steuern
- Auskunftsverweigerung § **30** 30.52
- Mitarbeiterbeteiligungen § **55** 55.80
- Mitarbeiterbeteiligungen, Freibetrag § **23** 23.98
- Mitarbeiterbeteiligungen/Aktienoptionen/Stock Options § **56** 56.43

Stille Gesellschaft
- Auskunftsverweigerung § **56** 56.58
- Mitarbeiterbeteiligungen § **56** 56.25

Stimmbindungsvereinbarung § **4** 4.74

Stimmrecht § **29** 29.20
- Beginn, Umfang § **29** 29.22
- Höchststimmrecht § **1** 1.22
- HV, Online-Teilnahme § **4** 4.63a
- Interessenkonflikte, Aufsichtsratsmitglied § **4** 4.62a
- Mehrstimmrecht § **28** 28.60
- Pflichtangebot § **18** 18.40; § **62** 62.191
- Stimmabgabe § **28** 28.56; § **62** 62.226
- teileingezahlte Aktien § **28** 28.69
- treuwidrige Stimmabgabe § **47** 47.36
- WpHG, Mitteilungspflichtverletzung § **62** 62.191
- Zweitstimmrecht, Aufsichtsratsvorsitzender § **28** 28.13
- Zweitstimmrecht, Ausschussvorsitzender § **28** 28.59

Stimmrechtsanteile
- abgestimmtes Verhalten § **18** 18.34
- börsennotierte AG, Meldepflichten § **18** 18.1
- comply or explain § **18** 18.64
- Finanzinstrumente, Meldepflichten § **18** 18.7
- Meldepflichtiger § **18** 18.9
- Nachweispflicht § **18** 18.41
- Rechtsverlust, Meldepflichtverletzung § **18** 18.75
- Strategie- und Mittelherkunftsbericht § **18** 18.48
- Transparenzrichtlinie § **18** 18.65
- Veränderung, Mitteilung an Meldepflichtigen § **18** 18.1
- Veröffentlichungspflichten, Inlandsemittenten § **18** 18.10
- Zusammenrechnung mit Finanzinstrumenten, Meldepflicht § **18** 18.69

Stimmrechtsanteile – Meldepflichten
- Auslösungszeitpunkt § **18** 18.7
- Hinzurechnung v. Anteilen § **18** 18.12
- Inhalt § **18** 18.16
- Kettenzurechnung § **18** 18.43
- Sanktionen § **18** 18.45
- Schwellenwert § **18** 18.47

Stimmrechtsberater
- Hauptversammlung § **33** 33.10

Stimmrechtslose Vorzugsaktien § **6** 6.34
- Aktienrechtsnovelle 2016 § **1** 1.17
- Aktionärsrechterichtlinie § **6** 6.27
- Bilanzangabe § **6** 6.22
- Corporate Governance § **6** 6.9
- CRR-Verordnung § **6** 6.22
- Einziehung § **6** 6.21
- Gesellschaftsvermögen, Verteilung § **6** 6.21
- Kapitalerhöhung aus genehmigtem Kapital § **6** 6.26
- nachzahlbarer/nicht nachzahlbarer Vorzug, Kombination § **6** 6.26
- ordentliche Kapitalerhöhung § **6** 6.24
- Schaffung § **6** 6.20
- Stammaktienausgabe, Zustimmungserfordernis § **6** 6.34
- Stimmrecht § **6** 6.32

- Umwandlung in Stammaktien § 6 6.28
- Umwandlung, Individualvertrag § 6 6.36
- Vorzugsbeschränkung, Zustimmungs-
  erfordernis § 6 6.39
- Vorzugsdividende § 6 6.30
- Zustimmungserfordernisse § 6 6.18, 6.23

Stimmrechtsvertretung
- Aktionärsvereinigung § 1 1.23
- Deutscher Corporate Governance
  Kodex § 1 1.24
- Meldepflichten, Hinzurechnung v.
  Anteilen § 5 5.86; § 18 18.30
- Satzungsregelung § 18 18.34
- Stimmrechtsausübung durch Dritte § 4 4.63

Stimmverbot
- Aufsichtsratsmitglied § 28 28.61
- eigene Aktien § 28 28.66

Stock Appreciation Rights
- Ad-hoc-Publizität § 56 56.44
- Mitarbeiterbeteiligungen § 14 14.75;
  § 56 56.11, 56.27

Stock Options
- Aktienoptionsplan § 55 55.119
- Arten § 55 55.8
- Aufsichtsratsvergütung § 55 55.5
- aus bedingtem Kapital,
  Ausgestaltung § 55 55.12
- aus genehmigtem Kapital § 55 55.11, 55.39
- aus Gleichbehandlungsgrundsatz § 55 55.20
- aus Wandel-/Optionsschuld-
  verschreibungen § 55 55.18
- aus dem Rückkauf eigener Aktien § 55 55.14
- Ausgabebetrag § 30 30.43
- bedingtem Kapital § 55 55.24
- Betriebsübergang § 55 55.81
- Bezugsberechtigung § 55 55.22, 55.76
- Bezugsrechte § 55 55.44
- Bilanzierung nach US-GAAP/IFRS § 55 55.96
- Börsenzulassung § 55 55.116
- Erfolgs-/Kursziele § 55 55.107
- Erwerbszeitraum § 55 55.30
- Hauptversammlungsbeschluss § 55 55.71
- im Konzern § 55 55.77
- Insiderhandelsverbot § 55 55.8
- Konzern § 55 55.110
- Mitbestimmung § 55 55.122
- Optionszusage, Rechtsgrundlage § 55 55.75
- Repricing § 55 55.51
- Verfalls-/Rückübertragungsklauseln § 55 55.4
- Verhältnis z. Vergütung § 55 55.73
- verschiedenen Kapitalmaßnahmen § 55 55.63

Stock Options – Besteuerung
- Betriebsausgabe § 55 55.3

- internationaler Kontext § 55 55.90
- Veräußerungsgewinn § 55 55.94

Stollwerck-Entscheidung
- Abschlussprüfer § 13 13.72

Streitgenossenschaft
- Anfechtungsklage § 39 39.100

Streitwert
- Börsenhandel § 39 39.123

Streubesitz
- Anzahl, Satzungsregelung § 7 7.6
- Steigerung § 7 7.2

Stückaktie § 5 5.7, 5.10
- Einführung § 4 4.37
- Mindestanteil § 1 1.20
- Zulassung § 5 5.9

Swap
- Mitteilungspflichten, Zusammenrechnung
  mit Aktien § 18 18.24
- Vertagung/Absetzung einzelner
  Punkte § 18 18.61

Tantieme § 47 47.42
- Ermessenstantieme § 30 30.40
- Garantietantieme § 21 21.78

Technische Due Diligence § 10 10.23 ff.

Thesaurierungsgebot
- Einbringung, Konzernklausel § 50 50.25

Tochtergesellschaft § 18 18.42
- Konzernabschluss § 4 4.33; § 58 58.1, 58.53
- Meldepflichten, Hinzurechnung v.
  Anteilen § 18 18.11
- Vorerwerbsrecht beim
  Tochter-IPO § 18 18.18
- WpHG, Meldepflichtiger § 8 8.46

Tonübertragung
- Meldepflichten, Hinzurechnung v.
  Anteilen § 4 4.65

Tracking Stocks § 6 6.40; § 51 51.5
- Begriff § 6 6.4
- Zwangseinziehung § 6 6.7

Transaction Counsel
- Ad-hoc-Publizität § 8 8.21

Transparenzgebot
- Bilanzeid § 1 1.35
- Mitteilungspflichten, AnsFuG § 1 1.35
- Namensaktien, Aktienregister § 1 1.35
- Risikobegrenzungsgesetz § 1 1.20
- Vorstandsvergütung § 1 1.35

Transparenzrichtlinie § 18 18.1
- Meldepflichten, Stimmrechtsanteile § 1 1.43

Transparenzrichtlinie-Änderungsrichtlinie
- Bezugspreis, Festlegung § 62 62.73

2453

TransPuG § 1 1.11
- Informationsrecht, Aufsichtsrats-
  mitglied § 7 7.36
- Zweck § 30 30.12

Trennbankengesetz
- Audi/NSU-Entscheidung § 8 8.18

Treuepflicht
- Aufsichtsratsmitglieder § 38 38.30
- Girmes-Entscheidung § 38 38.28, 38.30
- im Verhältnis d. Aktionäre
  untereinander § 38 38.37 f.
- im Verhältnis z. AG § 38 38.41
- im Verhältnismäßigkeitsgrundsatz § 38 38.35
- im Verhältnis AG z. Aktionär § 4 4.72
- Inhalt § 30 30.26
- ITT-Entscheidung § 38 38.42
- Linotype-Entscheidung § 38 38.28
- materielle Beschlusskontrolle § 38 38.32
- Meldepflichten, Hinzurechnung v.
  Anteilen § 23 23.29
- Satzungsänderung, Zustimmungs-
  zwang § 38 38.28
- Satzungsregelung § 4 4.107
- Verletzung § 38 38.38 f.; § 39 39.57
- Vorerwerbsrecht beim
  Tochter-IPO § 38 38.41
- Vorstandsmitglieder § 8 8.49

Treuhandverhältnis
- elektronische Datenübermittlung § 18 18.23

TUG
- Aktien, öffentliches Erwerbs-
  angebot § 59 59.15
- Finanzinstrumente, Mitteilungs-
  pflichten § 4 4.41
- Meldepflichten, Stimmrechts-
  anteile § 18 18.60
- Offenlegungspflichten, Ausweitung § 18 18.2
- Zwischenberichte § 1 1.38

Übernahme
- feindliche § 62 62.26, 62.283
- Pflichtangebot § 62 62.14

Übernahmeangebot
- Abwehrmaßnahmen § 34 34.111
- Anmeldefrist für HV § 34 34.111
- Arten § 62 62.204
- Aufsicht § 62 62.182
- Due Diligence § 62 62.183
- Due Diligence, Haftung § 10 10.44
- Einberufungsfrist für HV § 34 34.111
- Erwerb eigener Aktien,
  Zielgesellschaft § 10 10.116
- Erwerbsoptionen § 52 52.69
- Gegenleistung § 62 62.280
- Gegenleistung, Angemessenheit § 62 62.248
- Gegenleistung, Erhöhung § 62 62.249
- Gegenleistung, Unterlassen d.
  Angabe § 62 62.275
- HV-Einberufung § 34 34.14, 34.32; § 62 62.282
- Kontrolle, Begriff § 4 4.60a
- Kontrolle, Beispiele § 62 62.190
- maßgebliche Normen § 62 62.215
- Ordnungswidrigkeiten § 62 62.185
- Organe d. Zielgesellschaft,
  Pflichten § 62 62.293, 62.335
- Rechtsschutz, verwaltungs-
  rechtlicher § 62 62.324
- Rechtsschutz, zivilrechtlicher § 62 62.360
- Satzungsregelungen § 5 5.100
- Schadensersatz § 62 62.367
- Squeeze out § 62 62.336
- Stellungnahme d. Aufsichtsrats § 62 62.339
- Stimmrechte, Berechnung § 27 27.85
- Stimmrechte, Zurechnung § 62 62.191
- unsolicited offers § 62 62.201
- US-Praxis § 62 62.338
- Verhinderungsverbot § 28 28.64; § 62 62.287
- Verhinderungsverbot,
  Ausnahmen § 62 62.320
- Verteidigungsmaßnahmen § 62 62.283, 62.320, 62.335
- Vorabunterrichtung, d. HV § 62 62.284
- Zustimmung der AG § 62 62.298

Übernahmerichtlinien-Umsetzungsgesetz
- Abschlusszeitpunkt § 4 4.72a

Übernahmevertrag
- Aktienübernahme, Altaktien § 8 8.106
- Aktienübernahme, Greenshoe-
  Aktien § 8 8.132
- Aktienübernahme, neue Aktien § 8 8.133
- aufschiebende Bedingung § 8 8.115
- Beteiligungsschwelle § 8 8.112
- Einlageleistung § 8 8.166
- Einzahlungsbestätigung § 8 8.120
- Einzelgewährleistungen § 8 8.124
- Funktionen § 8 8.145
- Gewährleistungen d. AG,
  Zulässigkeit § 8 8.104
- Gewährleistungen d. Altaktionäre § 8 8.151
- Gewährleistungen d. Emissionsbank § 8 8.158
- Gewährleistungen, Rechtsnatur § 8 8.161
- Gewährleistungsfreistellung § 8 8.147, 8.149, 8.151
- mittelbares Bezugsrecht § 8 8.136

- Platzierungsbeschränkungen § 8 8.126
- Platzierungspflicht § 8 8.141
- Privatplatzierungen § 8 8.140
- Prospekterstellung/-nachtrag/
  -berichtigung § 8 8.180
- Prospektgewährleistung § 8 8.138
- Provisionsvereinbarung § 8 8.143
- Rechtswahlklausel § 8 8.104
- Rücktrittsrecht § 8 8.168, 8.176
- Vertragsinhalt § 8 8.165
- Vertragsparteien § 8 8.114

Übertragende Auflösung
- Kaufpreisbestimmung § 13 13.27
- Moto-Meter-Entscheidung § 13 13.23
- United Kingdom Listing Authority § 13 13.23

UMAG
- Berechtigungsnachweis § 39 39.131
- Freigabeverfahren § 4 4.61a
- Holzmüller-Entscheidung § 1 1.11
- Record Date § 39 39.175
- Schadensersatzpflicht d. Aktionärs § 1 1.16
- Sonderprüferbestellung, gerichtliche § 38 38.42; § 42 42.1, 42.5
- Zweck § 42 42.13

Umtauschanleihen § 10 10.100
- bedingte Kapitalerhöhung § 53 53.18
- Emission, Due Diligence § 9 9.37

Umwandlung
- bedingte Kapitalerhöhung § 46 46.9, 46.24, 46.34
- Delisting § 46 46.44
- HV-Beschluss § 33 33.37; § 63 63.92
- SE, Gründung § 39 39.143
- Spruchverfahren § 3 3.17; § 40 40.1

Umwelt-Due Diligence § 10 10.26
Untätigkeitsklage
- Ausgabe g. Wandelschuldverschreibungen § 9 9.85

Unterlassungsklage
- Aktienausgabepreis, Kapitalerhöhung unter Bezugsrechtsausschluss § 41 41.13
- vorbeugende § 62 62.338

Unternehmensbewertung
- AGB-Kontrolle § 13 13.32
- Börsenkurs, Bedeutung § 1 1.33; § 13 13.38
- Daimler/Chrysler-Entscheidung § 13 13.70
- DAT/Altana-Entscheidung § 13 13.32
- Kali und Salz-Entscheidung § 13 13.15, 13.39
- Moto-Meter-Entscheidung § 13 13.43
- Squeeze out, Abfindung § 13 13.23
- übertragende Auflösung § 64 64.30
- Verkehrswert, Abweichung vom Börsenkurs § 13 13.23

- Verschmelzung, Umtauschverhältnis § 13 13.87

Unternehmenskauf
- Due Diligence § 10 10.5 ff., 10.114
- Due Diligence, Auswirkungen auf Vertragsgestaltung § 10 10.114
- Haftungsausschluss § 10 10.120
- Insiderinformation § 10 10.125; § 14 14.76
- Kaufpreisbestimmung, übertragende Auflösung § 14 14.88
- Vorstand, Aufgaben § 13 13.23

Unternehmensplanung
- Due Diligence § 20 20.16

Unternehmensübernahme
- HV-Beschluss § 10 10.38

Unternehmensverträge
- HV-Beschluss § 33 33.37

Unternehmenswert
- nachhaltige Wertschöpfung § 2 2.8
- Steigerung, durch Corporate Governance § 2 2.47
- Zulassungsfolgepflichten § 2 2.35

Unter-pari-Emission
- Kapitalerhöhung aus Gesellschaftsmitteln § 46 46.56
- Mitarbeiterbeteiligungen § 47 47.45

Unterrichtungspflichten
- Privatplatzierung § 12 12.14

Upside Sharing § 8 8.38, 8.192
US-GAAP § 11 11.32
- USA, Börsenzulassung § 55 55.104

US-Proxy-Voting
- ADR-Programme § 1 1.23

US-Wertpapierregulierung
- Berichtspflichten § 11 11.36
- Deregistrierung § 11 11.32
- Dodd-Frank Wall Street Reform and Consumer Protection Act § 11 11.12, 11.84
- Global Shares § 11 11.1
- Haftung § 11 11.42
- Haftung, Privatplatzierung § 11 11.44
- Hiring Incentives to Restore Employment Act § 8 8.18
- Jumpstart Our Business Startups Act § 11 11.10
- Marketingaktivitäten, verbotene § 11 11.16
- Prüfungsverfahren § 11 11.112
- Publizitätspflichten § 11 11.77
- Registrierung/-befreiung § 11 11.79
- registrierungsbefreite Angebote § 11 11.26
- Research-Berichte § 11 11.85
- RICO § 11 11.83
- Sarbanes Oxley Act § 11 11.1, 11.6, 11.54

- SEC § 11 11.1, 11.59
- Securities Act § 11 11.21
- Securities Exchange Act § 11 11.1, 11.1
- Selbstregulierung d. Börsen § 11 11.5
- Volcker-Regel § 11 11.13, 11.63
- Wertpapierbörsen § 8 8.18
- Wertpapiere, Arten § 11 11.61
- Wertpapierregulierung § 11 11.35
- Zulassungs- und Handlungsverbote für bestimmte ausländische Unternehmen § 11 11.84a

Venture Capital
- Anspruch § 7 7.3

Verbundene Unternehmen
- Konzernabschluss § 47 47.46; § 58 58.1, 58.53

Vereinigtes Königreich
- Mitarbeiterbeteiligungen § 11 11.181

Verfallklauseln
- Aktien § 56 56.39

Verkehrsfähigkeit
- vereinfachte Kapitalherabsetzung § 5 5.78

Verlustabzug
- Kapitalerhöhung aus Gesellschaftsmitteln § 50 50.11

Verlustvortrag
- Einsetzung § 47 47.19

Vermittlungsausschuss § 28 28.13
- Einsetzung § 29 29.6
- Mitglieder, Aufsichtsratsvorsitzender § 29 29.33

Vermögensübertragung
- Börsenzulassung § 13 13.43
- Sacheinlage, Ausgabekurs neuer Aktien § 13 13.23

Verpflichtungsklage
- Barabfindung, Untergrenze § 63 63.67
- Delisting § 9 9.86

Verschmelzung
- Aufsichtsratsmitglieder § 13 13.57
- bedingte Kapitalerhöhung § 13 13.36
- Daimler/Chrysler-Entscheidung § 46 46.44
- Delisting § 13 13.32
- Haftung, Vorstand § 23 23.100; § 63 63.92
- Moto-Meter-Entscheidung § 34 34.33
- SE § 13 13.29
- Umtauschverhältnis § 3 3.18; § 13 13.29, 13.54, 13.66

Verschwiegenheitspflicht
- Bezugsangebot durch Emissionsunternehmen § 23 23.31
- Verhältnis z. Publizitätspflichten § 30 30.12

- Vorstandsmitglieder § 23 23.36

Vertraulichkeitsvereinbarung
- außergerichtliche § 14 14.84
- Emission, Vertragsdokumentation § 10 10.70
- Insiderinformation § 8 8.84

Vertretung
- gerichtliche § 20 20.67, 20.68
- organschaftliche § 20 20.64
- Prinzip der Gesamt- § 20 20.64, 20.73

Vertretungsbefugnis
- Aufsichtsrat § 39 39.107
- Einzelermächtigung § 27 27.52
- Einzelvertretung/unechte Gesamtvertretung § 20 20.81
- Mängel § 4 4.49
- Satzungsregelung § 20 20.78

Vertretungsmacht
- Umfang, Vorstand § 21 21.21

Verwaltungsrechte
- Stimmrechtsanteile, Meldepflichten § 5 5.2

Verwaltungsvollmacht
- Aufsichtsrat § 18 18.31

Vinkulierte Namensaktien
- Aktienurkunde, Inhalt § 51 51.6
- HV, Zuständigkeit § 9 9.25
- Zwangseinziehung § 44 44.48

Vinkulierung
- betroffene Rechtsgeschäfte § 5 5.16
- Börsenhandel § 5 5.98
- Familienpool § 5 5.104
- fehlende § 5 5.102
- Satzungsregelung § 4 4.75
- Satzungsregelung/-änderung § 5 5.94
- Übertragung, Verpflichtungsgeschäft § 4 4.48
- Übertragung, Wirksamwerden § 5 5.97
- Umgehung § 5 5.101
- Zustimmung der AG § 5 5.103
- Zustimmungsverweigerung § 5 5.99

Vinkulierungsklausel § 5 5.94
- Handelndenhaftung, Erlöschen § 4 4.48

Vorratsgesellschaft
- Vorstandsvergütung, Billigung § 4 4.21

VorstAG
- Anzahl der Mitglieder § 1 1.14
- Vorstandsvergütung, Festsetzung § 2 2.56
- Vorstandsvergütung, Struktur § 21 21.26
- Vorstandsvergütungen, Offenlegung § 2 2.55
- Zweck § 21 21.101

Vorstand
- Aufbau-/Ablauforganisation § 4 4.40
- Aufsichtsratssitzung, Teilnahme § 20 20.19; § 28 28.44
- Beherrschungsvertrag § 28 28.76

- Berichtspflichten § 35 35.4
- Business Judgement Rule § 20 20.32, 20.63
- Chief Executive Officer § 1 1.31; § 20 20.111; s.a. Haftung
- Compliance § 20 20.23, 20.26
- Corporate Social Responsibility § 20 20.15
- dualistisches System § 20 20.4; § 23 23.122
- Eigenverantwortlichkeit § 20 20.13
- Eigenverantwortung § 1 1.31
- Geschäftsordnung § 4 4.17, 4.49, 4.78; § 20 20.103
- Geschäftsverteilung § 20 20.98
- Geschlechterquote, FüPoG II § 1 1.17b
- Haftung ggü. der Gesellschaft § 1 1.17a; § 23 23.1
- Organisation § 39 39.139
- Prinzip d. Einstimmigkeit § 20 20.93
- Prinzip der Gesamtvertretung § 20 20.1, 20.73
- Satzungsregelung § 4 4.40; § 20 20.91
- Selbstverpflichtung § 4 4.49
- Trennungsprinzip § 20 20.96
- Vergütung § 29 29.11a; s.a. Vorstandsmitglieder – Vergütung
- Verhältnis z. Aktionären § 20 20.4
- Verhältnis z. Aufsichtsrat § 20 20.2, 20.113, 20.132; § 24 24.1
- Verhältnis z. HV § 20 20.2; § 24 24.20; § 33 33.14
- Vertretungsmacht, Umfang § 20 20.64
- Vertretungsregelung § 20 20.82
- Vorsitz § 20 20.76
- Vorstandssprecher § 20 20.112
- Vorstandsvorsitzender § 20 20.107
- Willensbildung § 20 20.93
- Wissenszurechnung § 20 20.88

Vorstand – Aufgaben
- allgemeine Sorgfaltspflichten § 27 27.44
- Anfechtungsbefugnis § 20 20.30
- Aufstellung des Jahresabschlusses § 39 39.91
- Ausgabebetrag, Festsetzung § 57 57.16
- Auskunftspflicht § 45 45.11
- Berichtspflichten § 20 20.115, 20.129; § 46 46.45
- Beschlussfassung § 20 20.7
- Bilanzeid § 58 58.11
- Buchführungspflicht § 57 57.21
- Compliance, Organisation § 57 57.14
- Corporate Social Responsibility § 20 20.33
- Deutscher Corporate Governance Kodex § 2 2.103; § 20 20.14, 20.22
- Due Diligence, Pflichten § 10 10.33, 10.41, 10.44, 10.54, 10.75; § 62 62.152
- Entlastung § 2 2.48
- Entsprechenserklärung § 33 33.21; § 60 60.21
- Ersatzansprüche g. Aufsichtsrat, Geltendmachung § 2 2.78
- faktischer Konzern § 30 30.69
- feindliche Übernahmen § 20 20.57; § 62 62.283, 62.294
- Geheimhaltungspflicht, Umplatzierung v. Aktien § 62 62.324
- Geschäftsführung § 7 7.23
- Geschäftsführungsbefugnis, Festlegung § 4 4.32; § 20 20.7
- HV, Einberufung § 34 34.18
- HV-Beschluss, Handelsregistereintragung § 4 4.49
- Insolvenzantragspflicht § 4 4.59
- Investor Relations § 20 20.33; 20.50
- Konzernabschluss, Aufstellungspflicht § 45 45.26
- Konzernabschluss, Unterzeichnung § 58 58.6
- Konzernabschluss, Vorlagepflicht § 58 58.12
- Konzernleitungspflicht § 58 58.13
- Leitungsaufgaben § 20 20.57
- Leitungsaufgaben, Delegation § 20 20.8
- Management Letter § 20 20.9
- maßgebliche Ziele § 60 60.197
- Mitteilungspflicht, HV-Einberufung § 20 20.14
- nachhaltige Unternehmensentwicklung § 21 21.60
- Öffentlichkeitsarbeit § 21 21.71
- Public Relations § 20 20.33
- Publizitätspflichten § 10 10.130
- Rechnungslegung § 20 20.42; § 61 61.1
- Risikomanagement § 20 20.21; § 23 23.17
- Statusverfahren § 64 64.32
- Unternehmensplanung § 25 25.30
- Unterrichtungspflicht, Erwerb eigener Aktien § 20 20.16
- Unterzeichnung des Jahresabschlusses § 52 52.62
- Verlustanzeige § 57 57.26
- Vorabunterrichtung, d. HV § 20 20.45
- Vorlage des Lagebericht § 57 57.30
- Zusammenarbeit, mit Aufsichtsrat § 20 20.113; § 57 57.30

Vorstand – Beschluss
- Beschlussmängel § 20 20.97
- Beschlussvorschläge § 20 20.96; § 34 34.51
- Einziehungsermächtigung § 1 1.36
- Erwerb eigener Aktien, Ausgabe an Arbeitnehmer § 52 52.7, 52.26
- Form § 20 20.93

Stichwortverzeichnis

- Mängel § 52 52.36
- Sitzungen § 20 20.96
- Willensbildung § 20 20.96
Vorstand – Vertretungsbefugnis
- außergerichtliche § 21 21.21
- Festlegung § 20 20.67
- gerichtliche § 4 4.49
- Handelsregisteranmeldung § 20 20.68
- organschaftliche § 20 20.87
Vorstandsmitglieder
- Anfechtungsbefugnis § 22 22.16
- Anstellung, Auflösungsklauseln § 39 39.91
- Anstellung, durch Dritte § 21 21.149
- Anstellung, Verlängerung § 21 21.179
- Anzahl § 21 21.175
- Bestellung, zwingende § 21 21.19
- BetrAVG § 20 20.5
- Bilanzeid § 22 22.51; § 58 58.11
- Deutscher Corporate Governance Kodex § 57 57.23
- Doppelmandat § 2 2.53
- Eignungsvoraussetzungen § 21 21.178
- Elternzeit, Mutterschutz § 21 21.138 ff.
- gerichtliche Bestellung § 2 2.54
- Geschäfte v. Führungspersonen § 2 2.48; § 16 16.2, 16.6
- Geschlechterquote § 20 20.5
- Gleichbehandlungsgebot § 21 21.15
- Haftung § 21 21.162
- Insiderinformationen, Weitergabeverbot § 14 14.56
- Jahresabschluss, Aufstellungspflicht § 14 14.61
- Kreditgewährung d. Gesellschaft § 21 21.155, 21.178
- Leitungsaufgaben, Delegierung § 21 21.155
- Nichtigkeitsklage, Klagebefugnis § 21 21.135
- Sorgfaltsmaßstab § 23 23.3; § 39 39.139
- Teilnahmerecht § 23 23.9
- Übergangsgelder § 23 23.29
- Vergütungssystem § 21 21.29 ff.
- Verschwiegenheitspflicht § 21 21.137
- Versorgungszusage, Kürzung § 21 21.167
- Versorgungszusage, Widerruf § 22 22.53
- Wechsel in Aufsichtsrat § 22 22.56
- Wettbewerbsverbot § 2 2.50
- Wiederbestellung § 21 21.128
- Wissenszurechnung § 21 21.175
Vorstandsmitglieder – Anstellung
- Abberufung § 27 27.51
- Abmahnung § 22 22.52
- Anhörung § 22 22.37
- Aufhebungsvertrag § 22 22.37

- Beendigung, Abfindung § 22 22.2
- Dauer § 22 22.4
- Doppelmandat § 21 21.9
- Gleichlaufklausel § 23 23.11
- Haftung § 23 23.39
- Haftung aus Vertrag § 22 22.27
- Kündigung § 22 22.20
- Mängel § 22 22.28
- Suspendierung § 21 21.22
- Verhältnis zur Bestellung § 22 22.46
- Vorstandsvergütungssystem *s. Vorstandsvergütungssystem*
- Zuständigkeit § 21 21.1, 21.13
Vorstandsmitglieder – Bestellung
- Abberufung, Handelsregistereintragung § 22 22.19
- Abberufung, Kompetenz § 22 22.45
- Abberufung, Rechtsschutz § 27 27.50
- Abberufung, Zuständigkeit § 22 22.38
- Beendigung, Abfindung § 21 21.165
- bei Organhaftung § 21 21.16
- Dauer § 22 22.4
- Doppelmandat § 21 21.9
- Eignung § 23 23.11
- Frauenanteil, Zielgrößen § 21 21.2
- Gleichlaufklausel § 21 21.2
- Handelsregistereintragung § 22 22.27
- Inkompatibilität mit Ämtern § 21 21.25; § 26 26.11
- Kompetenz § 26 26.13a
- Mängel § 27 27.50
- Mitbestimmung § 21 21.21
- Suspendierung § 23 23.6
- Verhältnis zur Anstellung § 22 22.46
- Zuständigkeit § 21 21.2
Vorstandsmitglieder – Vergütung
- Aktienoptionen § 21 21.125; § 22 22.11
- Aktienoptionsprogramm, Übervergütung § 21 21.80
- Angemessenheit § 1 1.27
- Ausrichtung an nachhaltiger Unternehmensentwicklung § 21 21.60
- Begrenzung, Diskussion § 21 21.60
- Bestandteile § 1 1.17d
- D&O-Versicherung § 21 21.180
- Deutscher Corporate Governance Kodex § 21 21.81, 21.126
- durch Erfolgsbeteiligungen § 21 21.179
- EU, Entwicklungen § 21 21.71
- Herabsetzung § 2 2.109
- Höchstgrenzen § 21 21.95
- HV-Beschluss § 2 2.57a
- Offenlegung § 21 21.91

- Publizität § 1 1.35
- Tantieme, Kapitalerhöhung aus Gesellschaftsmitteln § 2 2.55
- Übergangsgelder § 47 47.42
- Unangemessenheit § 21 21.27, 21.168
- variable Vergütung § 21 21.93
- Vergütungspolitik, -bericht § 21 21.81
- Versorgungszusage § 2 2.57
- VorstAG § 21 21.26, 21.167
- Vorstandsvergütungssystem s. Vorstandsvergütungssystem
- Zuständigkeit § 1 1.16; § 21 21.13

Vorstandsvergütungssystem § 21 21.29 ff.; § 27 27.51; § 29 29.11a; § 33 33.28; s.a. Say on Pay

Vorzugsaktien § 5 5.58
- Kapitalerhöhung aus Gesellschaftsmitteln § 5 5.47
- stimmberechtigte § 47 47.38
- stimmrechtslose § 6 6.4
- Umwandlung in Stammaktien § 5 5.55; § 6 6.16; s.a. Stimmrechtslose Vorzugsaktien

Wandelanleihen
- Aktienoptionsprogramme § 55 55.6
- auf Gewinnfeststellung/-verwendung § 53 53.15
- Ausgabe § 54 54.11
- Bedeutung § 53 53.29
- bedingte Kapitalerhöhung § 46 46.7, 46.36, 46.39; § 53 53.24
- Begriff § 46 46.6, 46.57; § 53 53.22
- bei Einlage auf die Aktien § 9 9.37
- Bekanntmachung § 5 5.26
- Bezugsberechtigung § 53 53.46
- Bezugsrecht § 56 56.30
- Bezugsrecht, mittelbares § 53 53.47
- Bezugsrechtsausschluss § 53 53.48, 53.57
- Börsenzulassung § 53 53.71
- Emission, Due Diligence § 53 53.64
- Entstehung § 10 10.98
- Erwerb eigener Aktien § 53 53.44
- existierende Aktien § 52 52.39
- Hauptversammlungsbeschluss § 54 54.15; § 56 56.29
- Hinterlegung § 53 53.29
- Kapitalerhöhung aus Gesellschaftsmitteln § 53 53.45
- Kapitalherabsetzung, Auswirkungen § 47 47.44
- Kapitalmaßnahmen § 49 49.29

- Meldepflichten, Hinzurechnung v. Anteilen § 54 54.16
- Meldepflichten, WpHG § 18 18.28
- Mitarbeiterbeteiligungen § 53 53.46a; § 56 56.10, 56.24
- Mitteilungspflichten, Zusammenrechnung mit Aktien § 56 56.29
- Rechtsnatur § 18 18.61
- Stock Options § 53 53.26; s.a. Stock Options
- umgekehrte § 53 53.59
- Umtausch-/Bezugsrechte, Sicherung § 53 53.8a

Wandelschuldverschreibung
- Meldepflichten, Hinzurechnung v. Anteilen § 1 1.17

Wertpapierabwicklungssysteme
- CESR-Standard § 18 18.40

Wertpapieraufsichtsbehörde
- Insiderhandel, Organisationspflichten § 8 8.54

Wertpapierdienstleistungsunternehmen § 18 18.40
- Meldepflichten, Hinzurechnung v. Anteilen § 14 14.101; § 18 18.21

Wertpapiere
- Aktien § 5 5.3
- aktienrechtliche Nebenpapiere § 5 5.12
- American Depositary Receipts (ADRs) § 5 5.23, 5.28
- Begriff, Börsenzulassung § 5 5.12
- Börsenrückzug § 9 9.13
- Delisting § 5 5.26
- Einbeziehung, regulierter Markt § 63 63.79
- Gewinnschuldverschreibung § 63 63.80
- Global Shares § 5 5.26
- Handelbarkeit § 5 5.33
- öffentliches Erwerbsangebot § 5 5.26
- Pflichtangebot § 5 5.26
- Teilzulassung § 63 63.81
- Übernahmeangebot § 9 9.27

Wertpapierhandel § 5 5.28; § 18 18.40
- Going Private § 63 63.1
- Meldepflichten, Hinzurechnung v. Anteilen § 5 5.18

Wertpapierleihe § 8 8.181
- Erwerb, Informationspflichten § 8 8.73
- Meldepflichten, Hinzurechnung v. Anteilen § 18 18.24
- Privatplatzierung § 18 18.29

Whistleblowing
- Börsenzulassung § 2 2.108

Widerspruchsverfahren
- Comfort Letter § 9 9.86

Wirtschaftsprüfer § 10 10.409;
s.a. Abschlussprüfer
– Bericht über vereinbarte Untersuchungshandlungen § 10 10.297
– Prospekthaftung § 10 10.291
Wirtschaftsstabilisierungsfonds § 46 46.5
WKN
– Meldepflichten § 5 5.18
WpHG
– Meldepflichten, Verhältnis zu AktG/WpHG § 18 18.69
WpÜG
– gewichteter Durchschnittskurs § 4 4.72a
– Übernahmerichtlinien-Umsetzungsgesetz, opt-out § 18 18.5
WpÜG-AngVO
– Designated Sponsor § 13 13.73

Zeichnungsvertrag
– Meldepflichten, Hinzurechnung v. Anteilen § 5 5.6
Zulassungsfolgepflichten
– Auskunftserteilung § 12 12.3
– Auskunftspflicht § 12 12.31
– bedingte Kapitalerhöhung § 12 12.31
– Gleichbehandlungsgebot § 12 12.21
– Halbjahresfinanzbericht § 12 12.12
– Insolvenz des Emittenten § 12 12.25
– jährliches Dokument § 12 12.3
– Kapitalmarktinformationen § 12 12.32; § 17 17.2
– kapitalmarktrechtliche Verhaltenspflichten § 12 12.1, 12.3; *s.a. Ad-hoc-Publizität*
– Marktsegmentregulierung § 12 12.5
– regulierter Markt § 12 12.10
– Unterrichtungen, Mitteilungen § 12 12.14, 12.33

– Zahl-/Hinterlegungsstelle § 12 12.14
– Zwischenmitteilung § 12 12.13
Zuteilungsverfahren
– Absicherung, Greenshoe § 8 8.56
– Anspruch auf Zuteilung § 8 8.68
– Börsensachverständigenkommission § 8 8.44
– CESR-Standard § 8 8.54
– Gleichbehandlung § 8 8.54
– Insiderrecht § 8 8.52
– Interessenlage § 8 8.57
– Market Sounding/Pilot Fishing § 8 8.42
– Mehrzuteilung § 8 8.58a, 8.66
– Naked Shorts § 8 8.82
– Vorerwerbsrecht beim Tochter-IPO § 8 8.73
– zulässige § 8 8.46
– Zwei-Tranchen-Modell § 8 8.54
Zwei-Tranchen-Modell
– Änderung/Berichtigung § 8 8.69
Zwischenbericht
– combination view § 59 59.48
– DRS 16 § 59 59.1
– eigenständiger Ansatz § 59 59.2, 59.33
– Halbjahresbericht § 59 59.4
– IAS 34 § 59 59.17
– integrativer Ansatz § 59 59.40
– Kapitalerhöhung aus Gesellschaftsmitteln § 59 59.1
– maßgebliche Normen § 59 59.2
– Quartalsberichterstattung § 59 59.15
– Schutz des Publikums § 59 59.12
– TUG § 12 12.4
– Verantwortliche § 59 59.15
– Zweck § 59 59.10
Zwischenbilanz
– Sanktionen § 47 47.9
Zwischenmitteilung § 12 12.26
– Veröffentlichung § 12 12.30
– Zulassungsfolgepflichten § 12 12.28